Daum/Schenk

Schulwörterbuch Russisch

Edmund Daum · Werner Schenk

Schulwörterbuch Russisch

Russisch-Deutsch
Deutsch-Russisch

LANGENSCHEIDT
BERLIN · MÜNCHEN · WIEN · ZÜRICH · NEW YORK

Das Schulwörterbuch Russisch ist inhaltsgleich mit den bisher im Verlag Enzyklopädie erschienenen Wörterbüchern Russisch-Deutsch und Deutsch-Russisch von Edmund Daum und Werner Schenk.

Auflage:	*12.*	*11.*	*10.*	*Letzte Zahlen*
Jahr:	*04*	*03*	*02*	*maßgeblich*

Druck: Graph. Betriebe Langenscheidt, Berchtesgaden/Obb.
ISBN 3-468-07290-2

Wörterbuch
Russisch-Deutsch

VORWORT

Das vorliegende russisch-deutsche Wörterbuch enthält etwa 40 000 Stichwörter. Die Auswahl umfaßt das wichtigste Wortgut der modernen russischen Schriftsprache und berücksichtigt außerdem die russische Literatur des 19. Jahrhunderts. Sämtlichen Stichwörtern sind grammatische Angaben beigefügt. In den vorangestellten Deklinations- und Konjugationstabellen erhält der Benutzer die Möglichkeit, sich über alle Flexionsformen des Stichworts zu informieren. Von diesen Mustern abweichende Formen sind bei den einzelnen Stichwörtern vermerkt. Von jedem unregelmäßigen Verb wird durch einen Stern auf die Liste der unregelmäßigen Verben verwiesen, die dem Wörterbuch vorangestellt ist. Auch die Kurzformen der Adjektive, die unregelmäßigen Steigerungsformen sowie die Aspektbeziehungen der Verben sind angegeben. Ein ausführliches Verzeichnis russischer Familiennamen befindet sich am Schluß des Buches. Der Bearbeitung des russischen Wortguts liegen die einschlägigen Werke der sowjetischen Lexikographie zugrunde.

Der Fachredaktion des Moskauer Verlages „Sowjetenzyklopädie“ sowie den Lektoren der Karl-Marx-Universität Leipzig, K. Leyn und W. Voigt, danken wir aufrichtig für ihre wertvollen Korrekturhinweise.

Wir bitten die Benutzer, durch Mitteilung von Wünschen und Änderungsvorschlägen an den Verlag zur weiteren Verbesserung des Buches beizutragen.

E. DAUM W. SCHENK

INHALT

HINWEISE FÜR DIE BENUTZUNG

Abkürzungen

a.	auch
A	Akkusativ
Abk	Abkürzung
Adj	Adjektiv
Adv	Adverb
Adv Ptz uv	Adverbialpartizip (Gerundium) des unvollendeten Aspekts
Adv Ptz v	Adverbialpartizip des vollendeten Aspekts
Akt	Aktiv
alt	veraltet
anat	Anatomie
arch	Architektur, Bauwesen
astr	Astronomie
ausländ	ausländisch, außerhalb der UdSSR
berg	Bergbau
best	bestimme Aktionsart
biol	Biologie
bot	Botanik
buchspr	buchsprachlich
bzw.	beziehungsweise
chem	Chemie
D	Dativ
Dekl	Deklination
Dem	Deminutivum
Dem Pron	Demonstrativpronomen
Deter Pron	Determinativpronomen
dgl	dergleichen
el	Elektrotechnik
etw.	etwas
f	Femininum
finanz	Finanzwesen
flug	Flugwesen
folkl	Folklore
fut	Futurum
G	Genitiv
gbt	gebietsweise gebraucht
geogr	Geographie
geol	Geologie
gram	Grammatik
hdl	Handel
hist	historisch
I	Instrumental
idkl	ohne Deklination
Imp	Imperativ

Indef Pron	Indefinitpronomen
Inf	Infinitiv
Interj	Interjektion
Interr Pron	Interrogativpronomen
iron	ironisch
itr	intransitiv
j-m, j-n, j-s	jemandem, -en, -es
jur	Rechtswesen
kirch	Kirche
Koll	Kollektivum
Komp	Komparativ
Konj	Konjunktion
Kzf	Kurzform
landw	Landwirtschaft
ling	Sprachwissenschaft
lit	Literatur
m	Maskulinum
math	Mathematik
med	Medizin
met	Meteorologie
metr	Metrik
mil	Militärwesen
min	Mineralogie
mißb	mißbilligend
mod	Modalwort
mom	Verb vollendeten Aspekts m. d. Bedeutung der einmal. Handlung
mus	Musik
myth	Mythologie
n	Neutrum
N	Nominativ
nahr	Ernährungswesen
naut	Schiffahrt, Seewesen
Num	Zahlwort
P	Präpositiv
Part	Partikel
Pass	Passiv
Pers	Person
Pers Pron	Personalpronomen
pharm	Pharmazeutik
phil	Philosophie
phon	Phonetik
phot	Photographie
phys	Physik
Pl	Plural
poet	poetisch
pol	Politik
Poss Pron	Possessivpronomen

Präf	Präfix
Präpos	Präposition
Präs	Präsens
Prät	Präteritum
Pron	Pronomen
psych	Psychologie
Ptz	Partizip
rad	Rundfunk
refl	reflexiv
Refl Pron	Reflexivpronomen
rel	Religion
Rel Pron	Relativpronomen
s.	siehe
S.	Seite
scherz	scherzhaft
Sg	Singular
Sprichw	Sprichwort
Subst	Substantiv
Sup	Superlativ
tech	Technik
text	Textilindustrie
theat	Theater
tr	transitiv
typ	Typographie
u.	und
u. a.	und andere(s)
u. ä.	und ähnliche(s)
übtr	in übertragener Bedeutung
umg	umgangssprachlich
unbest	unbestimmte Aktionsart
ungebr	ungebräuchlich
unpers	unpersönlich
usw.	und so weiter
uv	unvollendeter Aspekt
v	vollendeter Aspekt
V	Vokativ
verächtl	verächtlich
vet	Veterinärmedizin
vgl.	vergleiche
Vn	Vorname
volksspr	volkssprachlich, der volksstümlichen Umgangssprache angehörend
weibl	weiblich
wirtsch	Wirtschaft
zärtl	zärtlich
z. B.	zum Beispiel
zool	Zoologie
Zuss	Zusammensetzungen

Zeichen

~ Die Tilde ersetzt das Stichwort innerhalb der Beispiele und Wendungen; innerhalb einer Gruppe steht sie für den vor dem senkrechten Strich stehenden Stichwortteil, z. B.:

колоко́льный, -ая, -ое . . .; ~ звон (lies: колоко́льный звон)
за|же́чь* . . .; ~ спичку (lies: заже́чь спичку)
книго|ве́дение, -я *n* . . .; **~е́д**, -а *m* . . .; **~лю́б**, -а *m* . . .
(lies: книгове́дение, книгое́д, книголю́б)
зло|ка́чественный, -ая, -ое . . .; ~ка́чественная о́пухоль
(lies: злока́чественная о́пухоль)

\- Der Bindestrich vor russischen Wortteilen steht als Ersatz für das ganze Stichwort oder für einen Teil von ihm, z. B.:

стол, -а́ *m* (lies: стол, стола́)
кре́пкий, -ая, -ое; *Kzf* -пок, -пка́! (lies: кре́пкий, кре́пкая, кре́пкое; *Kzf* кре́пок, крепка́!)
кни́жка, -и, *PlG* -жек, *D* -жкам
(lies: кни́жка, кни́жки, *PlG* кни́жек, *D* кни́жкам)
заровня́ть, -я́ю, -я́ешь; заро́вненный, -ен, -а
(lies: заровня́ть, заровня́ю, заровня́ешь; заро́вненный, заро́внен, заро́внена, заро́внено, заро́внены)
автомати́ческий, -ая, -ое . . .; -ая ли́ния (lies: автомати́ческая ли́ния)

| Der senkrechte Strich steht nur beim ersten russischen Stichwort einer Gruppe und trennt den ersten bei den folgenden Stichwörtern der Gruppe durch eine Tilde ersetzten Teil des Wortes ab, z. B.:

зоо|па́рк, -а *m* . . .; **~са́д**, -а *m* . . .; **~те́хник**, -а *m* . . .
(lies: зоопа́рк, зооса́д, зооте́хник)

Trennt bei einem präfigierten russischen Verb ein senkrechter Strich das Präfix ab (за|кры́ть*), so sind die Konjugationsformen bei dem unpräfigierten Verb (крыть*) in der Liste der unregelmäßigen Verben nachzuschlagen.

Die verschiedenen Wortarten werden bei gleichlautenden Wörtern durch fette arabische Ziffern getrennt.
Bei den deutschen Übersetzungen eines russischen Stichworts werden Synonyme durch Komma, leichte Bedeutungsnuancen durch Semikolon getrennt. Stärker verschiedene Bedeutungen der Übersetzungen werden durch fette arabische Ziffern geschieden. Falls es zur Verdeutlichung der Übersetzung erforderlich ist, werden die Bedeutungen durch die im Verzeichnis der Abkürzungen (S. VII) aufgeführten Sachgebietshinweise oder durch erläuternde Zusätze in kursiver Schrift näher bestimmt. Redewendungen stehen unmittelbar bei den Bedeutungen, zu denen sie gehören.

Aussprache und Betonung

Ausspracheangaben bei einigen russischen Stichwörtern stehen in eckigen Klammern, z. B.:

парте́р [тэ], -а *m*

Die Betonung der russischen Wörter wird durch einen Akzent über dem Vokal der Tonsilbe angegeben. Trägt ein Wort zwei Akzentzeichen, so kommen beide Betonungen vor, z. B.:

на́ли́л (lies: на́лил *u.* нали́л)

Trägt eine mit einem Bindestrich angeführte Kurzform des Adjektivs oder eine Flexionsform ein Akzentzeichen, so gilt nur diese Betonung, z. B.:

кре́пкий, -ая, -ое; *Kzf* -пок, -пка́! (lies: кре́пок, крепка́!)
мая́к, -а́ *m* (lies: мая́к, маяка́)

Zur Betonung der Konjugationsformen nach der Liste der unregelmäßigen Verben:
Bei allen unregelmäßigen Verben gibt die Liste der unregelmäßigen Verben auch Aufschluß über die Betonung. Jedoch werden abweichend betonte Formen im Wörterbuch genannt; dabei gilt der Akzent der angeführten Pluralform in gleicher Weise für das Neutrum, z. B.:

со|рва́ться*; -рва́ли́сь, ergänze: -рва́ло́сь und nach der „Liste der unregelmäßigen Verben" -рва́лся, -рвала́сь
подня́ться*; подня́лся́, -яли́сь, ergänze: -яло́сь und nach der „Liste der unregelmäßigen Verben" -яла́сь

Die Betonung der in der Liste aufgeführten unpräfigierten Verben gilt auch für alle präfigierten Verben, die in das Wörterbuch aufgenommen worden sind, z. B.:

крыл — укры́л
то́птанный — нато́птанный

In der Liste gibt es außerdem eine Reihe von Formen mit vorgesetztem Bindestrich, die nur für Verben mit Präfixen gelten. Tragen diese Formen kein Akzentzeichen, so ist in jedem Fall das Präfix betont, z. B.:

-спанный, -спан, -а — про́спанный, -ан, -а
-гнанный, -гнан, -а — за́гнанный, -ан, -а

Die von der Liste abweichend betonten Formen werden im Wörterbuch vermerkt, z. B.:

про|зва́ть*; прозвана́! (lies: про́званный, про́зван, прозвана́!)

Zur Bedeutung des Ausrufezeichens bei einigen Konjugationsformen in der Liste s. Abschnitt „Zeichen", S. VIII.

Das russische Alphabet

Buchstaben klein	groß	Russ. Benennung beim Buchstabieren	Deutsche Umschrift (in Eigennamen)
а	А	а	a
б	Б	бэ	b
в	В	вэ	w
г	Г	гэ	g
д	Д	дэ	d
е	Е	е	e, je
ё	Ё	ё	o, jo
ж	Ж	жэ	sh
з	З	зэ	s
и	И	и	i
й	Й	и кра́ткое	i, j
к	К	ка	k
л	Л	эль	l
м	М	эм	m
н	Н	эн	n
о	О	о	o
п	П	пэ	p
р	Р	эр	r
с	С	эс	s, ss, ß
т	Т	тэ	t
у	У	у	u
ф	Ф	эф	f
х	Х	ха	ch
ц	Ц	цэ	z
ч	Ч	чэ	tsch
ш	Ш	ша	sch
щ	Щ	ща	schtsch
ъ		твёрдый знак	*unbezeichnet*
ы		еры́	y
ь		мя́гкий знак	*unbezeichnet*
э	Э	э оборо́тное	e
ю	Ю	ю	ju
я	Я	я	ja

GRAMMATIK

Die nachstehenden Tabellen geben eine Übersicht über die Flexionsendungen der Substantive, der Adjektive, der Pronomen und der Verben. Bei der Zusammenstellung dieser Tabellen haben wir uns bewußt auf die Angabe der regelmäßigen Endungen beschränkt. Alle abweichenden Bildungen, die sich auf Grund der Lautgesetze und des Betonungswandels ergeben, sind bei den Stichwörtern genannt. Die grammatischen Angaben, die den Substantiven, Adjektiven, Pronomen und Verben beigefügt sind (s. Abschnitt „Aufbau der Artikel", S. X), ermöglichen es dem Benutzer, ohne Schwierigkeiten die Einreihung in die nachfolgenden Beispiele vorzunehmen.

Deklinationsmuster

Substantive

Maskulina

Sg	N	**балкóн**	**писáтел|ь**	**герó|й**	**мурав|éй**
	G	балкóн-а	писáтел-я	герó-я	мурав-ья́
	D	балкóн-у	писáтел-ю	герó-ю	мурав-ью́
	A	+	+	+	+
	I	балкóн-ом	писáтел-ем	герó-ем	мурав-ьём
	P	балкóн-е	писáтел-е	герó-е	мурав-ьé
Pl	N	балкóн-ы*	писáтел-и	герó-и	мурав-ьи́
	G	балкóн-ов	писáтел-ей	герó-ев	мурав-ьёв
	D	балкóн-ам	писáтел-ям	герó-ям	мурав-ья́м
	A	+	+	+	+
	I	балкóн-ами	писáтел-ями	герó-ями	мурав-ья́ми
	P	балкóн-ах	писáтел-ях	герó-ях	мурав-ья́х

Feminina

Sg	N	**карти́н|а**	**недéл|я**	**батарé|я**
	G	карти́н-ы*	недéл-и	батарé-и
	D	карти́н-е	недéл-е	батарé-е
	A	карти́н-у	недéл-ю	батарé-ю
	I	карти́н-ой *oder* -ою	недéл-ей *oder* -ею	батарé-ей *oder* -ею
	P	карти́н-е	недéл-е	батарé-е
Pl	N	карти́н-ы	недéл-и	батарé-и
	G	карти́н	недéл-ь	батарé-й
	D	карти́н-ам	недéл-ям	батарé-ям
	A	+	+	+
	I	карти́н-ами	недéл-ями	батарé-ями
	P	карти́н-ах	недéл-ях	батарé-ях

\+ bei belebten Substantiven: A = G
bei unbelebten Substantiven: A = N

* nach г, к, х, ж, ч, ш, щ steht и statt ы

Sg N	**стат|ья́**	**ли́ни|я**	**опа́сност|ь**
G	стат-ьи́	ли́ни-и	опа́сност-и
D	стат-ье́	ли́ни-и	опа́сност-и
A	стат-ью́	ли́ни-ю	опа́сност-ь
I	стат-ьёй *oder* -ьёю	ли́ни-ей *oder* -ею	опа́сност-ью
P	стат-ье́	ли́ни-и	опа́сност-и
Pl N	стат-ьи́	ли́ни-и	опа́сност-и
G	стат-е́й	ли́ни-й	опа́сност-ей
D	стат-ья́м	ли́ни-ям	опа́сност-ям
A	+	+	+
I	стат-ья́ми	ли́ни-ями	опа́сност-ями
P	стат-ья́х	ли́ни-ях	опа́сност-ях

Neutra

Sg N	**по́л|е**	**пит|ьё**	**сре́дств|о**
G	по́л-я	пит-ья́	сре́дств-а
D	по́л-ю	пит-ью́	сре́дств-у
A	по́л-е	пит-ьё	сре́дств-о
I	по́л-ем	пит-ьём	сре́дств-ом
P	по́л-е	пит-ье́	сре́дств-е
Pl N	пол-я́	пит-ья́	сре́дств-а
G	пол-е́й	пит-е́й	средств
D	пол-я́м	пит-ья́м	сре́дств-ам
A	пол-я́	пит-ья́	сре́дств-а
I	пол-я́ми	шит-ья́ми	сре́дств-ами
P	пол-я́х	пит-ья́х	сре́дств-ах
Sg N	**жили́щ|е**	**зда́ни|е**	**уще́л|ье**
G	жили́щ-а	зда́ни-я	уще́л-ья
D	жили́щ-у	зда́ни-ю	уще́л-ью
A	жили́щ-е	здани-е	уще́л-ье
I	жили́щ-ем	зда́ни-ем	уще́л-ьем
P	жили́щ-е	зда́ни-и	уще́л-ье
Pl N	жили́щ-а	зда́ни-я	уще́л-ья
G	жили́щ	зда́ни-й	уще́л-ий
D	жили́щ-ам	зда́ни-ям	уще́л-ьям
A	жили́щ-а	зда́ни-я	уще́л-ья
I	жили́щ-ами	зда́ни-ями	уще́л-ьями
P	жили́щ-ах	зда́ни-ях	уще́л-ьях

Adjektive

mit hartem Stammauslaut

	Sg/m	Sg/f	Sg/n	Pl/m, f, n
N	**но́в|ый**	**но́в|ая**	**но́в|ое**	**но́в|ые**
G	но́в-ого	но́в-ой	но́в-ого	но́в-ых
D	но́в-ому	но́в-ой	но́в-ому	но́в-ым
A	+	но́в-ую	но́в-ое	+
I	но́в-ым	но́в-ой	но́в-ым	но́в-ыми
P	но́в-ом	но́в-ой	но́в-ом	но́в-ых

\+ bei belebten Substantiven: A = G
bei unbelebten Substantiven: A = N

	Sg/m	Sg/f	Sg/n	Pl/m, f, n
N	**золот|ой**	**золот|ая**	**золот|ое**	**золот|ые**
G	золот-ого	золот-ой	золот-ого	золот-ых
D	золот-ому	золот-ой	золот-ому	золот-ым
A	+	золот-ую	золот-ое	+
I	золот-ым	золот-ой	золот-ым	золот-ыми
P	золот-ом	золот-ой	золот-ом	золот-ых

mit weichem Stammauslaut

	Sg/m	Sg/f	Sg/n	Pl/m, f, n
N	**син|ий**	**син|яя**	**син|ее**	**син|ие**
G	син-его	син-ей	син-его	син-их
D	син-ему	син-ей	син-ему	син-им
A	+	син-юю	син-ее	+
I	син-им	син-ей	син-им	син-ими
P	син-ем	син-ей	син-ем	син-их

gemischte Deklination

	Sg/m	Sg/f	Sg/n	Pl/m, f, n
N	**высок|ий**	**высок|ая**	**высок|ое**	**высок|ие**
G	высок-ого	высок-ой	высок-ого	высок-их
D	высок-ому	высок-ой	высок-ому	высок-им
A	+	высок-ую	высок-ое	+
I	высок-им	высок-ой	высок-им	высок-ими
P	высок-ом	высок-ой	высок-ом	высок-их
N	**свеж|ий**	**свеж|ая**	**свеж|ее**	**свеж|ие**
G	свеж-его	свеж-ей	свеж-его	свеж-их
D	свеж-ему	свеж-ей	свеж-ему	свеж-им
A	+	свеж-ую	свеж-ее	+
I	свеж-им	свеж-ей	свеж-им	свеж-ими
P	свеж-ем	свеж-ей	свеж-ем	свеж-их
N	**больш|ой**	**больш|ая**	**больш|ое**	**больш|ие**
G	больш-ого	больш-ой	больш-ого	больш-их
D	больш-ому	больш-ой	больш-ому	больш-им
A	+	больш-ую	больш-ое	+
I	больш-им	больш-ой	больш-им	больш-ими
P	больш-ом	больш-ой	больш-ом	больш-их

Deklination der Gattungsadjektive

	Sg/m	Sg/f	Sg/n	Pl/m, f, n
N	**лис|ий**	**лис|ья**	**лис|ье**	**лис|ьи**
G	лис-ьего	лис-ьей	лис-ьего	лис-ьих
D	лис-ьему	лис-ьей	лис-ьему	лис-ьим
A	+	лис-ью	лис-ье	+
I	лис-ьим	лис-ьей	лис-ьим	лис-ьими
P	лис-ьем	лис-ьей	лис-ьем	лис-ьих

\+ mit belebten Substantiven: A = G
mit unbelebten Substantiven: A = N

Deklination der Possessivadjektive

	Sg/m	Sg/f	Sg/n	Pl/m, f, n
N	**дя́дин**	**дя́дин|а**	**дя́дин|о**	**дя́дин|ы**
G	дя́дин-а *oder* -ого	дя́дин-ой	дя́дин-а *oder* -ого	дя́дин-ых
D	дя́дин-у *oder* -ому	дя́дин-ой	дя́дин-у *oder* -ому	дя́дин-ым
A	+	дя́дин-у	дя́дино	+
I	дя́дин-ым	дя́дин-ой *oder* -ою	дя́дин-ым	дя́дин-ыми
P	дя́дин-ом*	дя́дин-ой	дя́дин-ом	дя́дин-ых

*Männliche Familiennamen auf -ов, -ев, -ин und -ын haben die Endung -е.

Pronomen

	Sg/m	Sg/f	Sg/n	Pl/m, f, n
N	**наш**	**на́ш|а**	**на́ш|е**	**на́ш|и**
G	на́ш-его	на́ш-ей	на́ш-его	на́ш-их
D	на́ш-ему	на́ш-ей	на́ш-ему	на́ш-им
A	+	на́ш-у	на́ше	+
I	на́ш-им	на́ш-ей *oder* -ею	на́ш-им	на́ш-им
P	на́ш-ем	на́ш-ей	на́ш-ем	на́ш-их
N	**мой**	**мо|я́**	**мо|ё**	**мо|й**
G	мо-его́	мо-е́й	мо-его́	мо-и́х
D	мо-ему́	мо-е́й	мо-ему́	мо-и́м
A	+	мо-ю́	моё	+
I	мо-и́м	мо-е́й *oder* -е́ю	мо-и́м	мо-и́ми
P	мо-ём	мо-е́й	мо-ём	мо-и́х
N	**э́т|от**	**э́т|а**	**э́т|о**	**э́т|и**
G	э́т-ого	э́т-ой	э́т-ого	э́т-их
D	э́т-ому	э́т-ой	э́т-ому	э́т-им
A	+	э́т-у	э́то	+
I	э́т-им	э́т-ой *oder* -ою	э́т-им	э́т-ими
P	э́т-ом	э́т-ой	э́т-ом	э́т-их

\+ mit belebten Substantiven: A = G
mit unbelebten Substantiven: A = N

Konjugationsmuster

e-Konjugation

1. Verben auf -ать, -ять, -еть

	(про)чита́ть
Präs *bzw.* Fut	(про)чита́ю, -ешь, -ет, -ем, -ете, -ют
Imp	(про)чита́й, -те
Ptz Präs Akt	чита́ющий
Adv Ptz uv	чита́я
Ptz Präs Pass	чита́емый
Prät	(про)чита́л, -ла, -ло, -ли
Ptz Prät Akt	(про)чита́вший
Adv Ptz v	прочита́в
Ptz Prät Pass	прочи́танный; Kzf -ан, -ана, -ано, -аны

2. Verben auf -нуть

Ausfall des Suffix -ну- im Präteritum ist im Wörterbuch stets angegeben, Diese Verben bilden auch das Partizip Präteritum Aktiv und das Adverbial, partizip des vollendeten Aspekts von der suffixlosen Präteritalform, z. B. сох- со́хший, со́хши.

	сту́кнуть
(Präs *bzw.*) Fut	сту́кну, -ешь[1], -ет, -ем, -ете, -ут
Imp	сту́кни, -те; -ь, -ьте[2]
Prät	сту́кнул, -ла, -ло, -ли
Ptz Prät Akt	сту́кнувший
Adv Ptz v	сту́кнув
Ptz Prät Pass	сту́кнутый; Kzf -т, -та, -то, -ты

[1] Bei endbetonten Verben steht -ё statt -е.
[2] Der Imperativ endet auf -ь(те), wenn vor der Endung nur ein Konsonant steht und die Endung der 1. Pers Sg Präs nicht betont ist, z. B. сунь.

3. Verben auf -овать, -евать

	электрифици́ровать
Präs *bzw.* Fut	электрифици́рую, -ешь, -ет, -ем, -ете, -ют
Imp	электрифици́руй, -те
Ptz Präs Akt	электрифици́рующий
Adv Ptz uv	электрифици́руя
Ptz Präs Pass	электрифици́руемый
Prät	электрифици́ровал, -ла, -ло, -ли
Ptz Prät Akt	электрифици́ровавший
Adv Ptz v	электрифици́ровав
Ptz Prät Pass	электрифици́рованный; Kzf -ан, -ана, -ано, -аны

i-Konjugation

Verben auf -ить, -еть, -ать, -ять

Mit Bindestrich beginnende Formen (z. B. -говори́в) gelten für präfigierte Verben.

	говори́ть
Präs (*bzw.* Fut)	говорю́ (-у[1]), -и́шь, -и́т, -и́м, -и́те, -я́т (-ат[1])
Imp	говори́, -и́те; -й, -йте; -ь, -ьте[2]
Ptz Präs Akt	говоря́щий (-ащий[1])
Adv Ptz uv	говоря́ (-а[1])
Ptz Präs Pass	-и́мый
Prät	говори́л, -ла, -ло, -ли
Ptz Prät Akt	-говори́вший
Adv Ptz v	-говори́в
Ptz Prät Pass	говорённый; Kzf -ён, -ена́, -ено́, -ены́ (-енный; *Kzf* -ен, -ена, -ено, -ены[3])

[1] Nach Zischlauten steht у statt ю, а statt я.
[2] Der Imperativ endet auf -ь(те), wenn vor der Endung nur ein Konsonant steht und die Endung der 1. Pers Sg Präs nicht betont ist, z. B. верь.
[3] Bei nicht endungsbetonten Verben steht е statt ё.

Konjugation der wichtigsten

Infinitiv	Präs *bzw.* Fut	Imp	Ptz Präs Akt	Adv Ptz uv
бежáть	бегý, бежи́шь	беги́	бегýщий	—
берéчь	берегý, -жёшь	береги́	берегýщий	—
бить	бью, бьёшь	бей	бьющий	бия́ *alt*
блестéть	блещý, -сти́шь, -стя́т; *daneben* блéщешь, -ут	блести́	блéщущий *oder* блестя́щий	блестя́
блюсти́	блюдý, -ёшь	блюди́	блюдýщий	блюдя́
бормотáть	бормочý, -óчешь	бормочи́	бормóчущий	бормочá
борóться	борю́сь, бóрешься	бори́сь	бóрющийся	боря́сь
брать	берý, -ёшь	бери́	берýщий	беря́
брести́	бредý, -ёшь	бреди́	бредýщий	бредя́
брехáть	брешý, брéшешь	бреши́	брéшущий	—
брить	брéю, -éешь	брей	брéющий	брéя
бры́згать	бры́зжу, -зжешь	бры́згай	бры́зжущий	бры́зжа
быть	—, (есть), (суть); *Fut* бýду, -ешь	будь	—	бýдучи
-быть *v*	-бýду, -ешь	-бýдь	—	—
везти́	везý, -ёшь	вези́	везýщий	везя́
вести́	ведý, -ёшь	веди́	ведýщий	ведя́
взять *v*	возьмý, -ёшь	возьми́	—	—
вить	вью, вьёшь	вей	вьющий	вия́ *alt*
влечь	влекý, влечёшь	влеки́	влекýщий	влечá
волóчь	волокý, волочёшь	волоки́	волокýщий	волочá
врать	вру, врёшь	ври	врýщий	—
выть	вóю, вóешь	вой	вóющий	вóя
вязáть	вяжý, вя́жешь	вяжи́	вя́жущий	—
вя́нуть	вя́ну, -ешь	вянь	вя́нущий	—
глодáть	гложý, глóжешь	глодáй	глóжущий	глодáя *oder* гложá
гнать	гоню́, гóнишь	гони́	гоня́щий	гоня́
гнести́	гнетý, -ёшь	гнети́	гнетýщий	гнетя́

[1] Mit Bindestrich beginnende Verbformen (z. B. -данный) gelten für die betref-
der Form. — Im Präteritum und Partizip Präteritum Passiv gilt der Akzent der
nur diese Form von der vorher genannten in der Betonung abweicht, z. B.

unregelmäßigen Verben[1]

Ptz Präs Pass	Prät	Ptz Prät Akt	Adv Ptz v	Ptz Prät Pass Langform	Ptz Prät Pass Kurzform
—	бежáл, -а	бежáвший	-бежáв	—	—
берегóмый	берёг, берегла́	берёгший	-берёгши	-бережённый	-бережён, -бережена́
—	бил, -а	би́вший	-би́в	би́тый	бит, -а
—	блестéл, -а	блестéвший	-блестéв	—	—
блюдóмый *alt*	блюл, -á	блю́дший	блю́дши	блюдённый	блюдён, -ена́ *alt*
—	бормотáл, -а	бормотáвший	-бормотáв	-бормóтанный	-бормóтан, -а
—	борóлся, -ась	борóвшийся	-борóвшись	—	—
—	брал, -á!	брáвший	-брáв	-бранный	-бран, -а
—	брёл, брела́	брéдший	-брéдши	(-бредённый)	(-бредён, -бредена́)
—	брехáл, -а	брехáвший	-брехáв	—	—
—	брил, -а	бри́вший	-бри́в	бри́тый	брит, -а
бры́згаемый	бры́згал, -а	бры́згавший	-бры́згав	бры́занный	бры́зган, -а
—	был, -á!	бы́вший	—	—	—
—	-бы́л, -á!	-бы́вший	-бы́в(ши)	-бы́тый	-бы́т, -а
(везóмый)	вёз, везла́	вёзший	-вёзши	везённый	везён, везена́
ведóмый	вёл, вела́	вéдший	-вéдши	ведённый	ведён, ведена́
—	взял, -á!	взя́вший	взяв	взя́тый	взят, -á!
—	вил, -á!	ви́вший	-ви́в	ви́тый	вит, -á!
влекóмый	влёк, влекла́	влёкший	-влёкши	-влечённый	-влечён, -влечена́
—	волóк, -ла́	волóкший	-волóкши	—	—
—	врал, -á!	врáвший	-врáв	-вранный	-вран, -а
—	выл, -а	вы́вший	-вы́в	—	—
—	вязáл, -а	вязáвший	-вязáв	вя́занный	вя́зан, -а
—	вя́нул, -а *oder* вял, -а	вя́дший *oder* вя́нувший	-вя́дши	—	—
—	глодáл, -а	глодáвший	-глодáв	глóданный	глóдан, -а
гони́мый	гнал, -á!	гнáвший	-гнáв	-гнанный	-гнан, -а
—	—	—	—	—	—

fenden Verben mit Präfixen. Klammern weisen auf eingeschränkten Gebrauch letzten Form auch für die übrigen Formen; das Ausrufezeichen bedeutet, daß **был, -á! — ergänze бы́ло, бы́ли. Siehe auch Abschnitt „Betonung", S. XI**

Infinitiv	Präs *bzw.* Fut	Imp	Ptz Präs Akt	Adv Ptz uv
гнить	гнию́, -ёшь	—	гнию́щий	гния́
грести́	гребу́, -ёшь	греби́	гребу́щий	гребя́
грохота́ть	грохочу́, -о́чешь	грохочи́	грохо́чущий	грохоча́
грызть	грызу́, -ёшь	грызи́	грызу́щий	грызя́
дава́ть	даю́, даёшь	дава́й	даю́щий	дава́я
дать *v*	дам, дашь, даст, дади́м, дади́те, даду́т	дай	—	—
дви́гать	дви́гаю, -ешь; *daneben* дви́жу, -жешь	дви́гай	дви́жущий *od.* дви́гающий	дви́гая
деть *v*	де́ну, -ешь	день	—	—
доня́ть *v*	дойму́, -ёшь	дойми́	—	—
драть	деру́, -ёшь	дери́	деру́щий	деря́
дрема́ть	дремлю́, -е́млешь	дремли́	дре́млющий	дремля́
дуть	ду́ю, ду́ешь	дуй	ду́ющий	ду́я
есть	ем, ешь, ест, еди́м, еди́те, едя́т	ешь	едя́щий	едя́
е́хать	е́ду, е́дешь	(поезжа́й)	е́дущий	е́хав *u. alt* е́дучи
жа́ждать	жа́жду, -ешь	(жа́жди)	жа́ждущий	жа́ждя
[1]**жать**	жму, жмёшь	жми	жму́щий	—
[2]**жать**	жну, жнёшь	жни	жну́щий	—
ждать	жду, ждёшь	жди	жду́щий	—
жева́ть	жую́, жуёшь	жуй	жую́щий	жуя́
жечь	жгу, жжёшь	жги	жгу́щий	—
жить	живу́, -ёшь	живи́	живу́щий	живя́
жрать	жру, жрёшь	жри	жру́щий	—
заня́ть *v*	займу́, -ёшь	займи́	—	—
запере́ть *v*	запру́, -ёшь	запри́	запру́щий	—
застря́ть *v*	застря́ну, -ешь	застря́нь	—	—
нача́ть *v*	зачну́, -ёшь	зачни́	—	—
звать	зову́, -ёшь	зови́	зову́щий	зовя́
-знава́ть	-знаю́, -знаёшь	-знава́й	-знаю́щий	-знава́я
идти́	иду́, идёшь	иди́	иду́щий	идя́ *oder* и́дучи
изъя́ть *v*	изыму́, изы́мешь	изыми́	—	—

Ptz Präs Pass	Prät	Ptz Prät Akt	Adv Ptz v	Ptz Prät Pass Langform	Ptz Prät Pass Kurzform
—	гнил, -а́!	гни́вший	-гни́в	—	—
—	грёб, гребла́	грёбший	-грёбши	-гребённый	-гребён, -гребена́
—	грохота́л, -а	грохо- та́вший	-грохота́в	—	—
грызо́мый	грыз, -ла	гры́зший	-гры́зши	-гры́зенный	-гры́зен, -а
дава́емый	дава́л, -а	дава́вший	-дава́в(ши)	—	—
—	дал, -а́!	да́вший	дав	да́нный -данный	дан, -а́ -дан, -а́!
движи́- мый	дви́гал, -а	дви́гав- ший	-дви́гав	—	—
—	дел, -а	-де́вший	-де́в(ши)	-де́тый	-де́т, -а
—	до́нял, до- няла́!	доня́вший	доня́в	до́нятый	до́нят, до- нята́!
—	драл, -а́!	дра́вший	-дра́в	-дранный	-дран, -а
—	дрема́л	дрема́вший	-дрема́в	—	—
—	дул, -а	ду́вший	-ду́в	ду́тый	дут, -а
едо́мый	ел, -а	е́вший	-е́в(ши)	-е́денный	-е́ден, -а
—	е́хал, -а	е́хавший	-е́хав	—	—
—	жа́ждал, -а	жа́ждав- ший	-жа́ждав	—	—
—	жал, -а жал, -а	жа́вший жа́вший	-жа́в -жа́в	жа́тый жа́тый	жат, -а жат, -а
—	ждал, -а́!	жда́вший	-жда́в	-жда́нный	—
—	жева́л, -а	жева́вший	-жева́в	жёванный	жёван, -а
—	жёг, жгла	(-жёгший)	(-жёгши)	-жжённый	-жжён, -жжена́
—	жил, -а́!	жи́вший	-жи́в	-житый	-жит, -а́!
—	жрал, -а́	жра́вший	-жра́в	-жранный	-жран, -а
—	за́нял, -а́!	заня́вший	заня́в	за́нятый	за́нят, -а́!
—	за́пер, -ла́!	запе́рший	запере́в	запертый	за́перт, -а!
—	застря́л, -а	застря́в- ший	застря́в	—	—
—	зача́л, -а́!	зача́вший	зача́в	зача́тый	зача́т, -а́!
—	звал, -а́!	зва́вший	-зва́в	зва́нный -званный	зван, -а́! -зван, -а
-знава́е- мый	-знава́л, -а	-знава́в- ший	—	—	—
—	шёл, шла	ше́дший	-ше́дши	—	—
—	изъя́л, -а	изъя́вший	изъя́в	изъя́тый	изъя́ть, -а

Infinitiv	Präs *bzw.* Fut	Imp	Ptz Präs Akt	Adv Ptz uv
иска́ть	ищу́, и́щешь	ищи́	и́щущий	ища́
-йти́ *v*	-йду́, -йдёшь	-йди́	—	—
(-)каза́ть *v*	(-)кажу́,(-)ка́жешь	-кажи́	—	—
класть	кладу́, -дёшь	клади́	кладу́щий	кладя́
клева́ть	клюю́, -юёшь	клюй	клюю́щий	клюя́
клевета́ть	клевещу́, -е́щешь	клевещи́	клеве́щущий	клевеща́
клепа́ть	клеплю́, кле́плешь	клепли́	кле́плющий	клепля́
кли́кать	кли́чу, -ешь	кличь	кли́чущий	кли́ча *oder* кли́кая
клокота́ть	клокочу́, клоко́-чешь	клокочи́	клоко́чущий	клокоча́
клохта́ть	клохчу́, кло́хчешь	клохчи́	кло́хчущий	клохча́
клясть	кляну́, -ёшь	кляни́	кляну́щий	кляня́
кова́ть	кую́, куёшь	куй	кую́щий	куя́
колеба́ть	коле́блю, -лешь	коле́бли	коле́блющий	коле́бля
коло́ть	колю́, ко́лешь	коли́	ко́лющий	коля́
колыха́ть	колы́шу, -ешь	колыши́	колы́шущий	колы́ша
красть	краду́, -ёшь	кради́	краду́щий	крадя́
крыть	кро́ю, -ешь	крой	кро́ющий	кро́я
куда́хтать	куда́хчу, -ешь	куда́хчи	куда́хчущий	куда́хча
лгать	лгу, лжёшь	лги	лгу́щий	—
лезть	ле́зу, -ешь	лезь	ле́зущий	ле́зя
лепета́ть	лепечу́, -е́чешь	лепечи́	лепе́чущий	лепеча́
лечь *v*	ля́гу, ля́жешь	ляг	—	—
лиза́ть	лижу́, ли́жешь	лижи́	ли́жущий	—
лить	лью, льёшь	лей	лью́щий	лия́ *alt*
лопота́ть	лопочу́, лопо́чешь	лопочи́	лопо́чущий	лопоча́
ма́зать	ма́жу, -ешь	мажь	ма́жущий	—
маха́ть	машу́, ма́шешь	маши́	ма́шущий	(маша́)
-мере́ть *v*	-мру́, -мрёшь	-мри́	-мру́щий	—
мести́	мету́, -ёшь	мети́	мету́щий	метя́
мета́ть	мечу́, ме́чешь	мечи́	ме́чущий	меча́
моло́ть	мелю́, ме́лешь	мели́	ме́лющий	меля́
(-)мочь	могу́, мо́жешь	(-)моги́	могу́щий	—
мыть	мо́ю, мо́ешь	мой	мо́ющий	мо́я
мять	мну, мнёшь	мни	мну́щий	—

Ptz Präs Pass	Prät	Ptz Prät Akt	Adv Ptz v	Ptz Prät Pass Langform	Kurzform
иско́мый	иска́л, -а	иска́вший	-иска́в	-и́сканный	-и́скан, -а
—	-шёл, -шла́	-ше́дший	-ше́дши *oder* -йдя́	-йденный	-йден, -а
—	-каза́л, -а	-каза́вший	-каза́в	-ка́занный	-ка́зан, -а
—	клал, -а	кла́вший	-кла́в(ши)	кла́денный	кла́ден, -а
—	клева́л, -а,	клева́вший	-клева́в	клёванный	клёван, -а
—	клевета́л, -а	клевета́вший	-клевета́в	—	—
—	клепа́л	клепа́вший	-клепа́в	клёпанный	клёпан, -а
—	кли́кал, -а	кли́кавший	-кли́кав	—	—
—	клокота́л, -а	клокота́вший	-клокота́в	—	—
—	клохта́л, -а	—	—	—	—
—	клял, -а́!	кля́вший	-кля́в	кля́тый	клят, -а́!
	кова́л, -а	кова́вший	-кова́в	ко́ванный	ко́ван, -а
коле́блемый	колеба́л, -а	колеба́вший	-колеба́в	-коле́бленный	-коле́блен, -а
—	коло́л, -а	коло́вший	-коло́в	ко́лотый	ко́лот, -а
—	колыха́л, -а	колыха́вший	-колыха́в	—	—
—	крал, -а	кра́вший	-кра́в	кра́денный	кра́ден, -а
—	крыл, -а	кры́вший	-кры́в	кры́тый	крыт, -а
—	куда́хтал, -а	куда́хтавший	-куда́хтав	—	—
—	лгал, -а́!	лга́вший	-лга́в	-лганный	-лган, -а
—	лез, -ла	ле́зший	-ле́зши	—	—
—	лепета́л, -а	лепета́вший	-лепета́в	—	—
—	лёг, легла́	лёгший	лёгши	—	—
—	лиза́л, -а	лиза́вший	-лиза́в	ли́занный	ли́зан, -а
—	лил, -а́!	ли́вший	-ли́в	ли́тый	лит, -а́!
—	лопота́л, -а	лопота́вший	-лопота́в	—	
—	ма́зал, -а	ма́завший	-ма́зав	ма́занный	ма́зан, -а
—	маха́л, -а	маха́вший	-маха́в	—	—
—	-мер, -мерла́!	-ме́рший	-ме́рши	—	—
—	мёл, мела́	мётший	мётши	метённый	метён, -ена́
—	мета́л, -а	мета́вший	-мета́в	мётанный	мётан, -а
—	моло́л, -а	моло́вший	-моло́в	мо́лотый	мо́лот, -а
	мог, -ла́	мо́гший	-мо́гши	(изне)можённый	-можён, -можена́
—	мыл, -а	мы́вший	-мы́в	мы́тый	мыт, -а
—	мял, -а	мя́вший	-мя́в	мя́тый	мят, -а

Infinitiv	Präs *bzw.* Fut	Imp	Ptz Präs Akt	Adv Ptz uv
наня́ть *v*	найму́, -мёшь	найми́	—	—
нача́ть *v*	начну́, -ёшь	начни́	—	—
нести́	несу́, -ёшь	неси́	несу́щий	неся́
низа́ть	нижу́, ни́жешь	нижи́	ни́жущий	—
ныть	но́ю, но́ешь	ной	но́ющий	но́я
обле́чь *v*	облеку́, -чёшь	облеки́	—	—
обня́ть *v*	обниму́, обни́мешь; *daneben* обойму́, обоймёшь	обними́	—	—
обрести́ *v*	обрету́, -ёшь	обрети́	—	—
обу́ть *v*	обу́ю, -у́ешь	обу́й	—	—
обяза́ть *v*	обяжу́, обя́жешь	обяжи́	—	—
опере́ть *v*	обопру́, -ёшь	обопри́	—	—
опоя́сать *v*	опоя́шу, -ешь	опоя́шь	—	—
ора́ть	ору́, орёшь	ори́	ору́щий	(оря́)
отня́ть *v*	отниму́, отни́мешь	отними́	—	—
отпере́ть *v*	отопру́, -ёшь	отопри́	—	—
пасти́	пасу́, -ёшь	паси́	пасу́щий	пася́
пасть *v*	паду́, -ёшь	пади́	—	—
паха́ть	пашу́, па́шешь	паши́	па́шущий	(вспа́хивая)
переня́ть *v*	переиму́, -ёшь	переими́	—	—
пере́ть	пру, прёшь	при	—	—
петь	пою́, поёшь	пой	пою́щий	—
пе́чь	пеку́, печёшь	пеки́	пеку́щий	—
писа́ть	пишу́, пи́шешь	пиши́	пи́шущий	—
пить	пью, пьёшь	пей	пью́щий	—
пла́кать	пла́чу, -чешь	плачь	пла́чущий	пла́ча
плева́ть	плюю́, -юёшь	плюй	плюю́щий	плюя́
плеска́ть	плещу́, пле́щешь	плещи́	пле́щущий	плеска́я *oder* плеща́

Ptz Präs Pass	Prät	Ptz Prät Akt	Adv Ptz v	Ptz Prät Pass Langform	Ptz Prät Pass Kurzform
—	на́нял, -а́!	наня́вший	наня́в	на́нятый	на́нят, -а́!
—	на́чал, -а́!	нача́вший	нача́в	на́чатый	на́чат, -а́!
несо́мый	нёс, несла́	нёсший	-нёсши	несённый	несён, несена́
—	низа́л, -а	низа́вший	-низа́в	ни́занный	ни́зан, -а
	ныл, -а	ны́вший	-ны́в	—	—
—	облёк, облекла́	облёкший	облёкши	облечённый	облечён, облечена́
—	о́бнял, -а́!	обня́вший	обня́в	о́бнятый	о́бнят, -а́!
—	обрёл, обрела́	обре́тший	обре́тши *oder* обретя́	обретённый	обретён, обретена́
—	обу́л, -а	обу́вший	обу́в	обу́тый	обу́т, -а
—	обяза́л, -а	обяза́вший	обяза́в	обя́занный	обя́зан, -а
—	опёр, оперла́ *u.* опёрла, опёрло	опёрший	опёрши *oder* опере́в	опёртый	опёрт, оперта́ u. опёрта, опёрто
—	опоя́сал, -а	опоя́савший	опоя́сав	опоя́санный	опоя́сан, -а
—	ора́л, -а	ора́вший	-ора́в	—	—
—	о́тнял, отняла́!	отня́вший	отня́в	о́тнятый	о́тнят, -а́!
—	о́тпер, -ла́!	отпёрший	отпере́в *od.* о́тперши	о́тпертый	о́тперт, отперта́!
(пасо́мый)	пас, -ла́	па́сший	-па́сши	пасённый	пасён, пасена́
—	пал, -ла	па́вший *oder* па́дший	пав	—	—
(вспа́хиваемый)	паха́л, -а	паха́вший	-паха́в(ши)	па́ханный	па́хан, -а
—	пе́ренял, -а́!	переня́вший	переня́в	пе́ренятый	пе́ренят, -а́!
—	пёр, -ла	пёрший	-пёрши	пёртый	пёрт, -а
—	пел, -а	пе́вший	-пе́в	пе́тый	пет, -а
—	пёк, пекла́	пёкший	-пёкши	печённый	печён, печена́
—	писа́л, -а	писа́вший	-писа́в	пи́санный	пи́сан, -а
—	пил, -а́!	пи́вший	-пи́в	пи́тый	пит, -а́!
—	пла́кал, -а	пла́кавший	-пла́кав	-пла́канный	-пла́кан, -а
—	плева́л, -а	плева́вший	-плева́в	плёванный	плёван, -а
—	плеска́л -а,	плеска́вший	-плеска́в	—	—

Infinitiv	Präs *bzw.* Fut	Imp	Ptz Präs Akt	Adv Ptz uv
плести́	плету́, -ёшь	плети́	плету́щий	плетя́
плыть	плыву́, -ёшь	плыви́	плыву́щий	плывя́
пляса́ть	пляшу́, пля́шешь	пляши́	пля́шущий	—
подня́ть *v*	подниму́, подни́мешь	подними́	—	—
подпере́ть *v*	подопру́, -ёшь	подопри́	—	—
подпоя́сать *v*	подпоя́шу, -ешь	подпоя́шь	—	—
подъя́ть *v*	подыму́, поды́мешь	подыми́	—	—
ползти́	ползу́, -ёшь	ползи́	ползу́щий	ползя́
полоска́ть	полощу́, -о́щешь	полощи́	поло́щущий	полоща́
поло́ть	полю́, по́лешь	поли́	по́лющий	—
поня́ть *v*	пойму́, -ёшь	пойми́	—	—
поро́ть	порю́, по́решь	пори́	по́рющий	поря́
пренебре́чь *v*	пренебрегу́, -жёшь	пренебреги́	—	—
приня́ть *v*	приму́, при́мешь	прими́	—	—
проня́ть *v*	пройму́, -ёшь	пройми́	—	—
прясть	пряду́, -ёшь	пряди́	пряду́щий	прядя́
пря́тать	пря́чу, -ешь	прячь	пря́чущий	пря́ча
-прячь *v*	-прягу́, -пряжёшь	-пряги́	—	—
пы́хать	пы́шу, -ешь	—	пы́шущий	пы́ша
разня́ть *v*	разниму́, разни́мешь	разними́	—	—
разу́ть *v*	разу́ю, -ешь	разу́й	—	—
распоя́сать *v*	распоя́шу, -ешь	распоя́шь	—	—
распя́ть *v*	распну́, -ёшь	распни́	—	—
рассвести́ *v*	рассветёт	—	—	—
расти́	расту́, -ёшь	расти́	расту́щий	растя́
расче́сть *v*	разочту́, -ёшь	разочти́	—	—
рвать	рву, рвёшь	рви	рву́щий	рвя
реве́ть	реву́, -ёшь	реви́	реву́щий	ревя́
ре́зать	ре́жу, -ешь	режь	ре́жущий	—
-речь *v*	-реку́, -речёшь	-реки́	—	—

Ptz Präs Pass	Prät	Ptz Prät Akt	Adv Ptz v	Ptz Prät Pass Langform	Kurzform
—	плёл, плела́	плётший	-плётши	плетённый	плетён плетена́
—	плыл, -а́!	плы́вший	-плы́в	—	—
—	плясáл, -а	плясáвший	-плясáв	-пля́санный	пля́сан, -а
—	по́днял, -а́!	подня́вший	подня́в	по́днятый	по́днят, -а́!
—	подпёр, -ла	подпёрший	подпере́в *oder* подпёрши	подпёртый	подпёрт, -а
—	подпоя́сал, -а	подпоя́савший	подпоя́сав	подпоя́санный	подпоя́сан, -а
—	подъя́л, -а	—	—	подъя́тый	подъя́т, -а
—	полз, -ла́	по́лзший	-по́лзши	—	—
—	полоска́л, -а	полоска́вший	-полоска́в	поло́сканный	поло́скан, -а
—	поло́л, -а	поло́вший	-поло́в	по́лотый	по́лот, -а
—	по́нял, -а́!	поня́вший	поня́в	по́нятый	по́нят, -а́!
—	поро́л, -а	поро́вший	-поро́в	по́ротый	по́рот, -а
—	пренебрёг, -брегла́	пренебре́гший	пренебре́гши	пренебрежённый	пренебрежён, -ена́
—	при́нял, -а́!	приня́вший	приня́в	при́нятый	при́нят, -а!
—	про́нял, -а́!	проня́вший	проня́в	про́нятый	про́нят, -а́!
—	прял, -а́!	пря́дший	-пря́дши	пря́денный	пря́ден, -а
—	пря́тал, -а	пря́тавший	-пря́тав	-пря́танный	пря́тан, -а
—	-пря́г, -прягла́	-пря́гший	-пря́гши	-пряжённый	-пряжён, -пряжена́
—	пыша́л, -а	пы́шавший	-пы́шав	—	—
—	разня́л, -а́!	разня́вший	разня́в	разня́тый	разня́т, -а́!
—	разу́л, -а	разу́вший	разу́в	разу́тый	разу́т, -а
—	распоя́сал, -а	распоя́савший	распоя́сав	распоя́санный	распоя́сан, -а
—	распя́л, -а	распя́вший	распя́в	распя́тый	распя́т, -а
—	рассвело́	—	—	—	—
—	рос, -ла́	ро́сший	-ро́сши	—	—
—	расчёл, разочла́	—	разочтя́	разочтённый	разочтён, -ена́
—	рвал, -а́!	рва́вший	-рва́в	-рванный	-рван, -а
—	реве́л, -а	реве́вший	-реве́в	—	—
—	ре́зал, -а	ре́завший	-ре́зав	ре́занный	ре́зан, -а
—	-рёк, -рекла́	-ре́кший	-ре́кши	-речённый	-речён, -речена́

Infinitiv	Präs *bzw.* Fut	Imp	Ptz Präs Akt	Adv Ptz uv
ржать	ржу, ржёшь	ржи	ржу́щий	—
ропта́ть	ропщу́, ро́пщешь	ропщи́	ро́пщущий	ропща́
ры́скать	ры́щу, -ешь	ры́щи	ры́щущий	ры́ща
рыть	ро́ю, -ешь	рой	ро́ющий	ро́я
свиста́ть	свищу́, сви́щешь	свищи́	сви́щущий	свистя́
сесть *v*	ся́ду, -ешь	сядь	—	—
сечь	секу́, сечёшь	секи́	секу́щий	(сеча́)
сжечь *v*	сожгу́, сожжёшь	сожги́	—	—
скака́ть	скачу́, ска́чешь	скачи́	ска́чущий	скача́
скрежета́ть	скрежещу́, скреже́щешь	(скрежещи́)	—	(скрежеща́)
скрести́	скребу́, -ёшь	скреби́	скребу́щий	скребя́
слать	шлю, шлёшь	шли	шлю́щий	—
слыть	слыву́, -ёшь	слыви́	слыву́щий	слывя́
сниска́ть *v*	снищу́, сни́щешь	—	—	—
снова́ть	сную́, снуёшь	(снуй)	сную́щий	снуя́
снять *v*	сниму́, сни́мешь	сними́	—	—
соблюсти́ *v*	соблюду́, -ёшь	соблюди́	—	—
сова́ть	сую́, -ёшь	суй	сую́щий	(су́я́)
созда́ть *v*	созда́м, -да́шь, -да́ст, -дади́м, -дади́те, -даду́т	созда́й	—	—
соса́ть	сосу́, -ёшь	соси́	сосу́щий	craft
спать	сплю, спишь, спят	спи	спя́щий	—
-става́ть	-стаю́, -стаёшь	-става́й	-стаю́щий	-става́я
стать *v*	ста́ну, -ешь	стань	—	—
стере́чь	стерегу́, -жёшь	стереги́	стерегу́щий	стережа́
-стичь *v* (*neben* -сти́гнуть	-сти́гну, -ешь	-сти́гни	—	—
стлать	стелю́, сте́лешь	стели́	сте́лющий	стеля́
стона́ть	стону́, сто́нешь	стони́	сто́нущий	стона́я
стрекота́ть	стрекочу́, стреко́чешь	стрекочи́	стреко́чущий	стрекоча́
стричь	стригу́, -жёшь	стриги́	стригу́щий	—

Ptz Präs Pass	Prät	Ptz Prät Akt	Adv Ptz v	Ptz Prät Pass Langform	Kurzform
—	ржал, -а	ржáвший	-ржáв	—	—
—	роптáл, -а	роптáв-ший	-роптáв	—	—
—	ры́скал, -а	ры́скавший	-ры́скав	—	—
—	рыл, -а	ры́вший	-ры́в	ры́тый	рыт, -а
—	свистáл, -а	свистáв-ший	-свистáв	—	— —
—	сел, -а	сéвший	сев	—	—
(секóмый)	сек, сéкла (prügeln) *oder* секлá (abschlagen)	сéкший	сéкши	сéченный -сечённый	сéчен, -а -сечён, -енá
—	сжёг, сожглá	сжёгший	сжёгши	сожжённый	сожжён, -енá
—	скакáл, -а	скакáвший	-скакáв	—	—
—	скреже-тáл, -а	скреже-тáвший	-скреже-тáв	—	—
—	скрёб, скреблá	скрёбший	-скрёбши	скребённый	скребён, скребенá
—	слал, -а	-слáвший	-слáв	-сланный	-слан, -а
—	слыл, -á!	слы́вший	-слы́в	—	—
—	снискáл, -а	—	—	сни́сканный	сни́скан, -а
—	сновáл, -а	сновáв-ший	-сновáв	-снóванный	-снóван, -а
—	снял, -á!	сня́вший	сняв	сня́тый	снят, -á!
—	соблю́л, -á	соблю́дший	соблюдя́	соблюдён-ный	соблюдён, -енá
—	совáл, -а	совáвший	-совáв	сóванный	сóван, -а
—	сóздал, -á!	создáвший	создáв	сóзданный	сóздан, -á!
—	сосáл, -а	сосáвший	-сосáв	сóсанный	сóсан, -а
—	спал, -á!	спáвший	-спáв	-спанный	-спан, -а
	-ставáл, -а	-ставáв-ший	-ставáв	—	—
—	стал, -а	стáвший	став	—	—
—	стерёг, стереглá	стерёгший	-стерёгши	стережённый	стережён, -енá
—	-сти́г, -ла	-сти́гший	-сти́гши	-сти́гнутый	-сти́гнут, -а
—	-стлáл, -а	-стлáвший	-стлáв	-стланный	-стлан, -а
—	стонáл, -а	стонáвший	-стонáв	—	—
—	стрекотáл, -а	стрекотáв-ший	-стрекотáв	—	—
—	стриг, -ла	стри́гший	-стри́гши	стри́женный	стри́жен, -а

Infinitiv	Präs *bzw.* Fut	Imp	Ptz Präs Akt	Adv Ptz uv
стыть (*neben* сты́нуть)	сты́ну, -ешь	стынь	сты́нущий	—
счесть *v*	сочту́, -ёшь	сочти́	—	—
сы́пать	сы́плю, -ешь	сыпь	сы́плющий	сы́пля
тере́ть	тру, трёшь	три	тру́щий	—
теса́ть	тешу́, те́шешь	теши́	те́шущий	теша́
течь	теку́, течёшь	теки́	теку́щий	—
ткать	тку, ткёшь	тки	тку́щий	—
толо́чь	толку́, -чёшь	толки́	толку́щий	толча́
топота́ть	топочу́, топо́чешь	топочи́	топо́чущий	топо́ча
топта́ть	топчу́, то́пчешь	топчи́	то́пчущий	топча́
трепа́ть	треплю́, тре́плешь	трепли́	тре́плющий	трепля́
трепета́ть	трепещу́, трепе́щешь	трепещи́	трепе́щущий	трепеща́
трясти́	трясу́, -ёшь	тряси́	трясу́щий	тряся́
ты́кать	ты́чу, -ешь	тычь	ты́чущий	ты́ча
уня́ть *v*	уйму́, -ёшь	уйми́	—	—
упере́ть *v*	упру́, -ёшь	упри́	—	—
хлеста́ть	хлещу́, хле́щешь	хлещи́	хле́щущий	хлеща́
хлопота́ть	хлопочу́, -о́чешь	хлопочи́	хлопо́чущий	хлопоча́
хны́кать	хны́чу, -ешь	хнычь	хны́чущий	хны́ча
хоте́ть	хочу́, хо́чешь, хо́чет, хоти́м, -ти́те, -тя́т	(хоти́)	хотя́щий	(хотя́)
хохота́ть	хохочу́, -о́чешь	хохочи́	хохо́чущий	хохоча́
цвести́	цвету́, -ёшь	цвети́	цвету́щий	цветя́
чеса́ть	чешу́, че́шешь	чеши́	че́шущий	чеша́
-честь *v*	-чту́, -чтёшь	-чти́	—	—
чтить	чту, чтишь, чтят *u.* чтут	чти	чту́щий	чтя
чу́ять	чу́ю, чу́ешь	чуй	чу́ющий	чуя

Ptz Präs Pass	Prät	Ptz Prät Akt	Adv Ptz v	Ptz Prät Pass Langform	Kurzform
—	стыл, -а	сты́вший *oder* сты́нувший	-сты́в	—	—
—	счёл, сочла́	счётший	сочтя́	сочтённый	сочтён, -ена́
—	сы́пал, -а	сы́павший	-сы́пав	сы́панный	сы́пан, -а
—	тёр, -ла	тёрший	тёрши	тёртый	тёрт, -а
—	теса́л	теса́вший	-теса́в	тёсанный	тёсан, -а
—	тёк, текла́	тёкший	-тёкши	—	—
—	ткал, -а́!	тка́вший	-ткав	тка́нный -тканный	ткан, -а́! -ткан, -а
—	толо́к, толкла́	толо́кший	-толо́кши	толчённый	толчён, -ена́
—	топота́л, -а	топота́вший	-топота́в	—	—
(затапты-ваемый)	топта́л, -а	топта́вший	-топта́в	то́птанный	то́птан, -а
—	трепа́л, -а	трепа́вший	-трепа́в	трёпанный	трёпан, -а
—	трепета́л, -а	трепета́вший	-трепета́в	—	—
—	тряс, -ла́	тря́сший	-тря́сши	трясённый	трясён, -ена́
—	ты́кал, -а	ты́кавший	-ты́кав	ты́канный	ты́кан, -а
—	уня́л, -а́!	уня́вший	уня́в	уня́тый	уня́т, -а́!
—	упёр, -ла	упёрший	уперéв *oder* упёрши	упёртый	упёрт, -а
—	хлеста́л, -а	хлеста́вший	-хлеста́в	хлёстанный	хлёстан, -а
—	хлопота́л, -а	хлопота́вший	-хлопота́в	—	—
—	хны́кал, -а	хны́кавший	—	—	—
—	хоте́л, -а	хоте́вший	-хоте́в	—	—
	хохота́л, -а	хохота́вший	-хохота́в	—	—
—	цвёл	цве́тший	-цве́тши	—	—
—	цвела́				
(почёсыва-емый)	чеса́л, -а	чеса́вший	-чеса́в	чёсанный	чёсан, -а
—	-чёл, -чла́	-чётший	-чтя́	-чтённый	-чтён, -чтена́
чти́мый	чтил, -а	чти́вший	-чти́в	—	—
—	чу́ял, -а	чу́явший	-чу́яв	чу́янный	—

Infinitiv	Präs *bzw.* Fut	Imp	Ptz Präs Akt	Adv Ptz uv
шептáть	шепчý, шéпчешь	шепчи́	шéпчущий	шепчá
-шиби́ть *v*	-шибý, -шибёшь	-шиби́	—	—
шить	шью, шьёшь	шей	шью́щий	—
щебетáть	щебечý, -éчешь	щебечи́	щебéчущий	щебечá
щекотáть	щекочý, -óчешь	щекочи́	щекóчущий	щекочá
щепáть	щеплю́, щéплешь	щепли́	щéплющий	—
щипáть	щиплю́, щи́плешь	щипли́	щи́плющий	щипля́
-ыскáть *v*	-ыщý, -ы́щешь	-ыщи́	—	—

Fortsetzung:

Ptz Präs Pass	Prät	Ptz Prät Akt	Adv Ptz v	Ptz Prät Pass Langform	Ptz Prät Pass Kurzform
—	шептáл, -а	шептáвший	-шептáв	-шёптанный	-шёптан, -а
—	-ши́б, -ши́бла	-ши́бший	-ши́бши	-ши́бленный	-ши́блен, -а
—	шил, -а	ши́вший	-шив	ши́тый	шит, -а
—	щебетáл, -а	щебетáвший	-щебетáв	—	—
—	щекотáл, -а	щекотáвший	-щекотáв	—	—
—	щепáл, -а	щепáвший	—	—	—
—	шипáл, -а	щипáвший	-щипáв	ши́паннный	щи́пан, -а
—	-ыскáл, -а	-ыскáвший	-ыскáв	-ы́сканный	-ы́скан, -а

A

[1]а *Konj* **1.** und, aber; он бо́лен, а она́ здоро́ва er ist krank und sie ist gesund **2.** aber, jedoch; хотя́ здесь и о́чень ве́село, а на́до уходи́ть hier ist es zwar sehr lustig, aber ich muß gehen **3.** sondern; я приду́ не за́втра, а послеза́втра ich komme nicht morgen, sondern übermorgen **4.** *am Beginn einer Frage oft unübersetzt*: а кто э́то сказа́л? wer hat denn das gesagt? ◇ а (не) то sonst, andernfalls; а и́менно und zwar, nämlich

[2]**а** *Part* ja?, nicht wahr?; сыгра́ем ещё па́ртию, а? wir spielen noch eine Partie, nicht wahr?

[3]**а** *Interj* ach!, ah!

абажу́р, -а *m* Lampenschirm

абба́т, -а *m* Abt

аббати́са, -ы *f* Äbtissin

аббревиату́ра, -ы **1.** Abkürzung **2.** Kurzwort, *z. B.* исполко́м

аберра́ция, -и *f phys* Aberration, Abweichung

абза́ц, -а, *I* -ем, *G Pl* -ев *m* Absatz *im Text*

абонеме́нт, -а *m* Abonnement; *theat* Anrecht

абонеме́нтный, -ая, -ое Abonnements-

абоне́нт, -а *m* Abonnent; Teilnehmer *Telefon*

абориге́н, -а *m* Ureinwohner

або́рт, -а *m* Fehlgeburt, Abort

абрико́с, -а *m* Aprikosenbaum; Aprikose

абрико́совый, -ая, -ое Aprikosen-

абсолюти́зм, -а *m* Absolutismus

абсолюти́стский, -ая, -ое absolutistisch

абсолю́тный, -ая, -ое; *Kzf* -тен, -тна absolut

абсорби́ровать, -рую, -руешь *v, uv* absorbieren, einsaugen

абсо́рбция, -и *f* Absorption, Einsaugung

абстракциони́зм, -а *m* abstrakte Kunst

абсу́рд, -а *m* Unsinn; довести́ до -а ad absurdum führen

абсу́рдный, -ая, -ое; *Kzf* -ден, -дна absurd, unsinnig

абсце́сс, -а *m med* Abszeß

абсци́сса, -ы *f math* Abszisse

абха́з, -а *m* Abchase

Абха́зия, -и *f* Abchasien

абха́зка, -и, *Pl G* -зок, *D* -зкам *f* Abchasin

абха́зский, -ая, -ое abchasisch; Абха́зская АССР Abchasische ASSR

аван|га́рд, -а *m mil, pol* Vorhut; **~га́рдный,** -ая, -ое Vorhut-; **~по́рт,** -а *m* Außenhafen; **~по́ст,** -а *m* Vorposten

ава́нс, -а *m* Vorschuß; получи́ть -ом де́сять рубле́й zehn Rubel Vorschuß bekommen

аванси́ровать, -рую, -руешь; -рованный, -рован, -а *v, uv* vorstrecken, vorschießen; ~ предприя́тие dem Betrieb viel Geld vorschießen

ава́нсом *Adv umg* im voraus, als Vorschuß

авансце́на, -ы *f theat* Vorbühne

аванто́ра, -ы *f* Abenteuer

авантюри́ст, -а *m* Abenteurer, Hochstapler

авантюристи́ческий, -ая, -ое abenteuerlich

авантюри́стка, -и, *Pl G* -ток, *D* -ткам *f* Abenteurerin, Hochstaplerin

авантюри́стский, -ая, -ое abenteuerlich

авантю́рный, -ая, -ое; *Kzf* -рен, -рна abenteuerlich

авари́йный, -ая, -ое Havarie-; -ая слу́жба Abschleppdienst *Auto*

ава́рия, -и *f* Panne; Havarie ◇ потерпе́ть -ю eine Panne haben; *übtr* Pech haben

а́вгуст, -а *m* August; в конце́ -а Ende August

А́вгуст, -а *m* August *männl Vn*

Авдо́тья, -ьи *f weibl Vn, Nebenform von* Евдоки́я

а́виа *Adv, Abk für* авиапо́чтой mit [per] Luftpost

авиа- *in Zuss Abk für* авиацио́нный Luft-, Flug-, Flieger-

авиа|ба́за, -ы *f* Luftstützpunkt; **~бо́мба,** -ы *f* Fliegerbombe; **~дви́гатель,** -я *m* Triebwerk; **~деса́нт,** -а *m* Luftlandung; Luftlandetruppe(n); **~деса́нтный,** -ая, -ое Luftlande-; **~заво́д,** -а *m* Flugzeugwerk; **~компа́ния,** -и *f* Luftverkehrsgesellschaft; **~констру́ктор,** -а *m* **1.** Flugzeugkonstrukteur **2.** Flugzeugbaukasten; **~мая́к,** -а́ *m flug* Landefeuer; **~модели́ст,** -а *m* Flugmodellbauer; **~моде́ль,** -и *f* Flugmodell; **~но́сец,** -сца, *I* -сцем, *G Pl* -сцев *m* Flugzeugträger; **~па́рк,** -а *m* Flugzeugpark; **~по́чта,** -ы *f* Luftpost; -ой mit [per] Luftpost; **~промы́шленность,** -и *f* Flugzeugindustrie; **~разве́дка,** -и *f* Luftaufklärung; **~разве́дчик,** -а *m* Aufklärungsflugzeug; **~соедине́ние,** -я *n* Fliegerverband

авиа́тор, -а *m* Flieger

авиатра́нспорт, -а *m* **1.** Lufttransport **2.** Flugzeugmutterschiff

авиацио́нный, -ая, -ое Flug-, Flieger-; -ая шко́ла Fliegerschule; ~ заво́д Flugzeugwerk; -ая промы́шленность Luftfahrtindustrie

авиа́ция, -и *f* **1.** Luftflotte **2.** Flugwesen, Luftfahrt

авиа|шко́ла, -ы *f* Fliegerschule; **~эска́дра,** -ы *f* Fliegergeschwader

авие́тка, -и, *Pl G* -ток, *D* -ткам *f* Kleinflugzeug

аво́сь *Part umg* vielleicht; на ~ aufs Geratewohl

авра́л, -а *m* **1.** gemeinsame Arbeit der Schiffsmannschaft **2.** *übtr* vom gesamten Kollektiv ausgeführte dringende Arbeit

австрали́ец, -и́йца, *I* -и́йцем, *G Pl* -и́йцев *m* Australier

австрали́йский, -ая, -ое australisch

Австра́лия, -и *f* Australien

австри́ец, -и́йца, *I* -и́йцем, *G Pl* -и́йцев *m* Österreicher

австри́йка, -и, *Pl G* -ри́ек, *D* -ри́йкам *f* Österreicherin

австри́йский, -ая, -ое österreichisch

А́встрия, -и *f* Österreich

автарки́я, -и *f* Autarkie

авто́ *n, m idkl umg* Auto

авто- **1.** *in Zuss Abk für* автомоби́льный Auto(mobil)- **2.** *in Zuss Abk für* автомати́ческий automatisch **3.** Selbst-, Auto- *z. B.* автопортре́т Selbstbildnis

авто|ба́за, -ы *f* Kraftwagenpark; **~биографи́ческий,** -ая, -ое autobiographisch; **~биогра́фия,** -и *f* Autobiographie; Lebenslauf

авто́бус, -а *m* Autobus

авто́бусный, -ая, -ое Autobus-

автоге́нщик, -а *m* Autogenschweißer

авто|го́нки, -нок, -нкам *Pl* Autorennen; **~го́нщик,** -а *m* Autorennfahrer

авто́граф, -а *m* **1.** Autogramm **2.** Originalhandschrift

авто|доро́жный, -ая, -ое Autostraßen-; **~дрези́на,** -ы *f* Motordraisine; **~жи́р,** -а *alt* Hubschrauber; **~заво́д,** -а *m* Auto(mobil)werk; **~ка́р,** -а *m* Elektrokarren; **~коло́нна,** -ы *f* Autokolonne; **~констру́ктор,** -а *m* **1.** Autokonstrukteur **2.** Autobaukasten

автокра́тия, -и *f* Autokratie, Selbstherrschaft

авто|ку́рсы, -ов *Pl* Fahrschule; **~магази́н,** -а *m* Verkaufszug; **~магистра́ль,** -и *f* Autobahn

автома́т, -а *m* **1.** Automat; ~-контролёр Kontrollautomat **2.** Maschinenpistole

автоматиза́ция, -и *f* Automatisierung

автоматизи́ровать, -рую, -руешь; -рованный, -рован, -а *v, uv* automatisieren

автома́тика, -и *f* Automatik

авто|мати́ческий, -ая, -ое automatisch; -ая телефо́нная ста́нция Selbstanschlußfernsprechamt, Selbstwählanlage; -ая ли́ния Taktstraße; -ая межплане́тная ста́нция automatische interplanetare Station, Raumkapsel; **~мати́чный,** -ая, -ое; *Kzf* -чен, -чна automatisch, unwillkürlich

автома́тчик, -а *m mil* MPi-Schütze

авто|маши́на, -ы *f* Auto, Kraftwagen; **~мобилестрое́ние,** -я *n* Automobilbau; **~мобили́зм,** -а *m* Autosport; **~мобили́ст,** -а *m* Kraftfahrer

автомоби́ль, -я *m* Auto; легково́й ~ Personenauto, Personenkraftwagen; ~-пика́п Lieferwagen

автомоби́льный, -ая, -ое Auto-, Automobil-; -ое сообще́ние Autoverkehr; -ая пое́здка Autofahrt

авто|моtри́са, -ы *f* Dieseltriebwagen; **~но́мия,** -и *f* Autonomie; **~но́мный,** -ая, -ое; *Kzf* -мен, -мна autonom; **~пило́т,** -а *m flug* automatische Kurssteueranlage; **~плу́г,** -а *m* Motorpflug; **~погру́зчик,** -а *m tech* Hub-, Gabelstapler; **~по́езд,** -а, *Pl* автопоезда́, -о́в, -а́м *m* Lastzug; **~по́илка,** -и, *Pl G* -лок, *D* -лкам *f* Selbsttränke; **~портре́т,** -а *m* Selbstbildnis; **~про-**

бе́г, -а *m* Autorennen; **~происше́ствие,** -я *n* Autounfall
а́втор, -а *m* Autor, Verfasser; Urheber
авто|ремо́нтная, -ой *Subst f* Autoreparaturwerkstatt, Kraftfahrzeug-Instandsetzungswerk; **~ремо́нтный,** -ая, -ое Autoreparatur-
авторизова́ть, -зу́ю, -зу́ешь; -зо́ванный, -зо́ван, -а *v, uv* autorisieren
авторита́рный, -ая, ое; *Kzf* -рен, -рна autoritär
авторите́т, -а *m* Autorität; по́льзоваться (больши́м) -ом (große) Autorität besitzen; подорва́ть чей-н. ~ j-s Autorität untergraben
авторите́тный, -ая, -ое; *Kzf* -тен, -тна maßgebend, kompetent
а́вторские, -их *Subst Pl* Autorenhonorar
а́вторский, -ая, -ое Autoren-; ~ экземпля́р Autorenexemplar; -ое пра́во Urheberrecht
а́вторств|о, -а *n* Autorschaft
авто|ру́чка, -и, *Pl G* -чек, *D* -чкам *f* Füll(feder)halter; **~самосва́л,** -а *m* Kipper *Lkw*; **~са́ни,** -сане́й, -саня́м *Pl* Autoschlitten; **~спу́ск,** -а *m phot* Selbstauslöser
автостра́да, -ы *f* Autobahn
авто|теле́жка, -и, *Pl G* -жек, *D* -жкам *f* Eidechse *Fahrzeug*; **~тра́кторный,** -ая, -ое: -ая промы́шленность Automobil- und Traktorenindustrie; **~тра́нспорт,** -а *m* Autoverkehr, Kraftverkehr; **~цисте́рна,** -ы *f* Tankwagen; **~ши́на,** -ы *f* Autoreifen; **~шко́ла,** -ы *f* Fahrschule
ага́ [aha] *Interj* 1. aha! 2. *volksspr* ja
ага́ва, -ы *f bot* Agave
ага́т, -а *m* Achat
Ага́фья, -ьи *f* Agathe
аге́нт, -а *m* 1. Agent, Vertreter 2. Spion
аге́нтство, -а *n* Agentur; телегра́фное ~ Telegrafenagentur, Nachrichtenbüro.
агенту́ра, -ы *f* Agenten; Agentur
агит- *in Zuss Abk. für* агитацио́нный Agitations-
агитацио́нный, -ая, -ое Agitations-
агита́ция, -и *f* Agitation
агитба́за, -ы *f* (агитацио́нная ба́за) Agitationszentrale
агити́ровать, -рую, -руешь *uv* 1. agitieren 2. überzeugen ‖ *v* сагити́ровать *zu* 2
аги́тка, -и, *Pl G* -ток, *D* -ткам *f umg* Agitationsschrift, -plakat
агит|ма́ссовый, -ая, -ое: -ая рабо́та Agitationsarbeit unter den Massen; **~про́п,** -а *m* (агитацио́нно-пропаганди́стский отде́л) Agitations- und Propagandaabteilung; **~пу́нкт,** -а *m* Aufklärungslokal
Агла́я, -и *f weibl Vn*
аго́ния, -и *f* Agonie, Todeskampf
агра́рий, -я, *P* -и, *G Pl* -ев *m buchspr* Großgrundbesitzer
агра́рный, -ая, -ое Agrar-
агрега́т, -а *m* Aggregat; Baugruppe
агрега́тный, -ая, -ое Aggregat-; -ая констру́кция Baukastensystem
агрема́н, -а *m pol* Agrément
агресси́вный, -ая, -ое; *Kzf* -вен, -вна aggressiv
агре́ссия, -и *f* Aggression, bewaffneter Überfall
агро- *in Zuss Abk für* агрономи́ческий
агро|ба́за, -ы *f* (агрономи́ческая ба́за) landwirtschaftliche Station; **~ми́нимум,** -а *m* für die Landwirtschaft nötige Mindestkenntnisse
агроно́м, -а *m* Agronom
агроно́мия, -и *f* Agronomie
агро|пу́нкт, -а *m* (агрономи́ческий пункт) agronomische Station; **~те́хника,** -и *f* Agrotechnik
ад, -а, *P* об а́де, в аду́ *m* Hölle *a. übtr*; у них су́щий ~ в до́ме bei ihnen zu Hause ist eine wahre Hölle
ада́жио 1. *Adv* adagio 2. *n idkl* Adagio
ада́мов, -а, -о: -о я́блоко *anat* Adamsapfel
ада́птер [тэ] -а *m* Tonabnehmer
адвока́т, -а *m* Rechtsanwalt
Адди́с-Абе́ба, -ы *f* Addis-Abeba
адеква́тный, -ая, -ое; *Kzf* -тен, -тна adäquat
А́ден [дэ], -а *m* Aden *Stadt*
аджа́рец, -рца, *I* -рцем, *G Pl* -рцев *m* Adshare
Аджа́рия, -и *f* Adsharien
аджа́рский, -ая, -ое adsharisch; Аджа́рская АССР Adsharische ASSR
администрати́вный, -ая, -ое administrativ, Verwaltungs-; -ые о́рганы Verwaltungsorgane; в -ом поря́дке auf dem Verwaltungswege
администра́тор, -а *m* Verwalter; verantwortlicher Leiter
администра́ция -и *f* Verwaltung
адмира́л, -а *m* Admiral
адмиралте́йство, -а *n* Admiralität
а́дрес, -а, *Pl* адреса́, -о́в, -а́м *m* 1. Adresse, Anschrift; по моему́ ~у an meine Adresse 2.: поздрави́тель-

ный ~ Glückwunschschreiben ◇ обратиться не по ~у an die falsche Adresse geraten; это по твоему ~у das ist an deine Adresse gerichtet, das ist auf dich gemünzt

адресат, -а *m* Adressat, Empfänger; ~ выбыл Empfänger verzogen

адресный, -ая, -ое Adreß-; -ая книга Adreßbuch; ~ стол Adressenauskunftsstelle, Adreßbüro

адресовать, -сую, -суешь; -сованный, -сован, -а *v, uv* adressieren; ~ письмо кому-н. einen Brief an j-n adressieren

адресоваться, -суюсь, -суешься *v, uv* sich (schriftlich) wenden (an); ~ к директору sich an den Direktor wenden

адриатический, -ая, -ое adriatisch; Адриатическое море Adria(tisches Meer)

адски *Adv umg* verteufelt; это ~ тяжело das ist verteufelt schwer; я ~ устал ich bin hundemüde

адский, -ая, -ое höllisch; ~ холод Hundekälte; ~ шум Höllenlärm

адъютант, -а *m* Adjutant

адыгеец, -ейца, *I* -ейцем, *G Pl* -ейцев *m* Adyge

адыгейский, -ая, -ое adygisch; Адыгейская Автономная область Adygisches Autonomes Gebiet

ажурный, -ая, -ое durchbrochen; -ые чулки Netzstrümpfe ◇ -ая работа feine [kunstvolle] Arbeit

аз, -а *m* 1. *alter Name des Buchstabens* а 2. *Pl* Anfangsgründe des Wissens; начать с -ов *umg* ganz von vorn anfangen; ни -а не знать *umg* gar nichts wissen

азалия, -и *f bot* Azalee

азарт, -а *m* 1. Eifer; войти в ~ sich ereifern; работать с -ом eifrig arbeiten 2. Jähzorn, Wut

азартный, -ая, -ое; *Kzf* -тен, -тна leidenschaftlich, hitzig ◇ -ые игры Glücksspiele

азбука, -и *f* 1. Alphabet; ~ Морзе Morsealphabet; нотная ~ Notenschrift 2. Fibel 3. Anfangsgründe

азбучный, -ая, -ое 1. alphabetisch 2. elementar; -ая истина Binsenwahrheit

Азербайджан, -а *m* Aserbaidshan

азербайджанец, -нца, *I* -нцем, *G Pl* -нцев *m* Aserbaidshaner

азербайджанский, -ая, -ое aserbaidshanisch; Азербайджанская Советская Социалистическая Республика Aserbaidshanische sozialistische Sowjetrepublik

азиат, -а *m* Asiat

азиатский, -ая, -ое asiatisch

азимут, -а *m astr* Azimut

Азия, -и *f* Asien

Азов, -а *m* Asow *Stadt*

азовский, -ая, -ое: Азовское море Asowsches Meer

азорский, -ая, -ое: Азорские острова Azoren

азот, -а *m* Stickstoff

азотистый, -ая, -ое salpetrig, stickstoffhaltig; -ая кислота salpetrige Säure

азотный, -ая, -ое Stickstoff-; -ая кислота Salpetersäure

аист, -а *m* Storch

ай *Interj* 1. au!, ach!, oh weh!; ай, больно! au weh! 2. ach!, sieh an! *Vorwurf, Tadel* ◇ ай да . . . *Ausruf des Entzückens*; ~ да молодец! was für ein Prachtkerl!

айва, -ы *f* Quittenbaum; Quitte

айда *Interj volksspr* los!, wir wollen gehen!; ~ в лес! gehen wir in den Wald!

айсберг, -а *m* Eisberg

акад. (академик) Akademiemitglied

академик, -а *m* Akademiemitglied

академический, -ая, -ое 1. akademisch; ~ час akademische Stunde 2. rein theoretisch, abstrakt; этот вопрос имеет чисто ~ характер diese Frage hat einen rein theoretischen Charakter ◇ -ая живопись traditionelle Malerei *in den ersten Jahrzehnten des 19. Jahrh.*

академичный, -ая, -ое; *Kzf* -чен, -чна rein theoretisch, abstrakt

академия, -и *f* Akademie; Академия Наук Akademie der Wissenschaften; медицинская ~ Medizinische Akademie

аканье, -ья *n* Akanje *Aussprache eines unbetonten russischen* о *als* а

акать, -аю, -аешь *uv* unbetontes о wie а aussprechen

акация, -и *f* Akazie

акваланг, -а *m* Sauerstoffgerät *für Taucher*

аквалангист, -а *m* Sporttaucher

акваплан, -а *m* Wasserschi

акварель, -и *f* 1. Aquarell-, Wasserfarbe 2. Aquarell *Bild*

акварельный, -ая, -ое Aquarell-

Аким, а *m* Achim

Аким(уш)ка, -и *m Dem zu* Аким

акклиматизация, -и *f* Akklimatisierung

акклиматизи́ровать, -рую, -руешь; -рованный, -рован, -а *v*, *uv* akklimatisieren, anpassen
аккомпанеме́нт, -а *m mus* Begleitung; петь под ~ роя́ля mit Klavierbegleitung singen
аккомпани́ровать, -рую, -руешь *uv D mus* begleiten
акко́рд, -а *m mus* Akkord; заключи́тельный ~ Schlußakkord; взять ~ einen Akkord greifen
аккордео́н, -а *m* Akkordeon; игра́ть на ~е Akkordeon spielen
аккордеони́ст, -а *m* Akkordeonspieler
акко́рдный, -ая, -ое Akkord-
А́ккра, -ы *f* Akkra
аккредити́в, -а *m* Akkreditiv, Kreditbrief
аккредити́вный, -ая, -ое: -ая гра́мота *pol* Beglaubigungsschreiben
аккредито́ванный, -ая, -ое beglaubigt, akkreditiert
аккредитова́ть, -ту́ю, -ту́ешь; -то́ванный, -то́ван, -а *v*, *uv* als diplomatischen Vertreter akkreditieren, bevollmächtigen
аккумуля́тор, -а *m* Akku(mulator)
аккура́т *Adv volksspr* gerade
аккура́тный, -ая, -ое; *Kzf* -тен, -тна **1.** korrekt, pünktlich **2.** genau, ordentlich
акроба́т, а *m* Akrobat
акроба́тика, -и *f* Akrobatik
акроба́тка, -и, *Pl G* -ток, *D* -ткам *f* Akrobatin
акселера́тор, -а *m* Gaspedal
аксельба́нты *Pl* -ов, *Sg* аксельба́нт, -а *m* Achselschnüre *an Uniformen von Offizieren*
аксессуа́р, -а *m* **1.** Zubehör, Beiwerk **2.** *theat* Requisit
аксио́ма, -ы *f* Axiom
акт, -а *m* **1.** Akt; террористи́ческий ~ Terrorakt; пье́са в пяти́ -ах Theaterstück in fünf Akten **2.** Urkunde, Akte; обвини́тельный ~ Anklageschrift; соста́вить ~ ein Protokoll aufnehmen, -ы гражда́нского состоя́ния Personenstandsregister **3.** Festakt, Feier
актёр, -а *m* Schauspieler
актёрский, -ая, -ое Schauspieler-, schauspielerisch
актёрство, -а *n* Schauspielerei, Heuchelei
[1]**акти́в,** -а *m* Aktiv; профсою́зный ~ Gewerkschaftsaktiv
[2]**акти́в,** -а *m wirtsch* Aktiva, Aktivbestand
активиза́ция, -и *f* Aktivierung
активизи́ровать, -рую, -руешь; -рованный, -рован, -а *v*, *uv* aktivieren
активизи́роваться, -руюсь, -руешься *v*, *uv* lebhafter [aktiver] werden
активи́ст, -а *m* Angehöriger eines Aktivs, gesellschaftlich aktiver Mensch
акти́вность, -и *f* Aktivität; проявля́ть ~ Aktivität entwickeln
акти́вный, -ая, -ое; *Kzf* -вен, -вна aktiv; -ое избира́тельное пра́во aktives Wahlrecht
а́ктовый, -ая, -ое **1.** Akten-; -ая бума́га Aktenpapier **2.** Fest(akt)-; ~ зал Festsaal, Aula
актри́са, -ы *f* Schauspielerin
актуа́льность, -и *f* Aktualität
актуа́льный, -ая, -ое; *Kzf* -лен, -льна aktuell
аку́ла, -ы *f* Haifisch *a. übertr von Ausbeutern*
аку́стика, -и *f* **1.** Akustik, Schallehre **2.** Akustik, Klangwirkung
акусти́ческий, -ая, -ое akustisch
акушёр, -а *m* Geburtshelfer
акуше́рка, -и *Pl G* -рок, *D* -ркам Hebamme
акуше́рство, -а *n* Wissenschaft von der Geburtshilfe
акце́нт, -а *m* **1.** Akzent, Betonungszeichen **2.** Akzent ◇ сде́лать ~ на чём-н. *buchspr* auf etw. besonderen Nachdruck legen
акценти́ровать, -рую, -руешь; -рованный, -рован, -а *v*, *uv* **1.** akzentuieren **2.** *übtr* betonen
акци́з, -а *m* Akzise, indirekte Verbrauchssteuer
акционе́рный, -ая, -ое Aktien-; -ое о́бщество Aktiengesellschaft
[1]**а́кция,** -и *f* Aktie
[2]**а́кция,** -и *f* Aktion
акы́н, -а *m* Volkssänger, -dichter *in Kasachstan, Kirgisien*
ала́ндский, ая, -ое: Ала́ндские острова́ Alandsinseln
алба́нец, -нца, *I* -нцем, *G Pl* -нцев *m* Albaner
Алба́ния, -и *f* Albanien; Наро́дная Респу́блика ~ Volksrepublik Albanien
алба́нский, -ая, -ое albanisch
а́лгебра, -ы *f* Algebra
алгебраи́ческий, -ая, -ое algebraisch
алеба́стр, -а *m* Alabaster
Алекса́ндр, -а *m* Alexander
Алекса́ндра, -ы *f weibl Vn*
александри́йский, -ая, -ое alexandrinisch; -ие ли́стья Sennesblätter
Александри́я, -и *f* Alexandria *Stadt*
Алексе́й, -я *m* Alexei

але́ть, *1. u. 2. Pers. ungebr,* -е́ет *uv* 1. rot schimmern 2. rot werden
алеу́тский, -ая, -ое alëutisch; Алеу́тские острова́ Alëuten
Алёша, -и, *I* -ей *m Dem zu* Алексе́й
Алжи́р, -а *m* 1. Algier 2. Algerien
алжи́рец, -рца, *I* -рцем, *G Pl* -рцев *m* Algerier
алжи́рский, -ая, -ое algerisch
а́либи *n idkl* Alibi
алиме́нтщик, -а *m umg* Alimentenzahler
алиме́нты, -ов *Pl* Alimente
алка́ть, а́лчу, а́лчешь *u.* алка́ю, алка́ешь *uv buchspr alt* verlangen
алкого́лик, -а *m* Alkoholiker, Trinker
алкого́ль, -я *m* Alkohol
алла́х, -а *m* Allah; одному́ -у изве́стно das weiß niemand
аллего́рия, -и *f* Allegorie, Sinnbild
алле́гро 1. *Adv* allegro 2. *n idkl* Allegro
алле́я, -и *f* Allee
аллитера́ция, -и *f* Stabreim
алло́! *Interj* hallo
аллю́вий, -я, *P* -и *m geol* Alluvium
аллю́р, -а *m* Gangart *von Pferden*
Алма́-Ата́, -ы́ *f* Alma-Ata
алма́з, -а *m* 1. Diamant; техни́ческий ~ Industriediamant 2. Glasschneider *Instrument*
алма́зный, -ая, -ое diamanten
алоэ *n idkl* Aloe
Алта́й, -я *m* Altai(gebirge); на -е im Altai
алта́йский, -ая, -ое Altai-; Алта́йские го́ры Altaigebirge
алта́рь, -я́ *m* Altar
алфави́т, -а *m* Alphabet; расста́вить по -у nach dem Alphabet ordnen
алфави́тный, -ая, -ое alphabetisch
а́лчность, -и *f* Habsucht, Gier; ~ к деньга́м Geldgier
а́лчный, -ая, -ое; *Kzf* -чен, -чна habsüchtig, gierig; ~ к деньга́м geldgierig
а́лый, -ая, -ое; *Kzf* ал, а́ла́, а́ло purpurrot, hochrot
альбатро́с, -а *zool* Albatros
альбино́с, -а *m* Albino
альбо́м, -а *m* Album
альмана́х, -а *m* Almanach
альпи́йский, -ая, -ое alpin, Alpen-
альпина́рий, -я, *P* -и, *G Pl* -ев *m* Steingarten
альпини́зм, -а *m* Bergsteigen
альпини́ст, -а *m* Bergsteiger
А́льпы, Альп, Альпам *Pl* Alpen; в Альпах in den Alpen
альт, -а́ *u.* -а, *Pl* альты́, -о́в, -а́м *m* 1. *mus* Alt 2. Bratsche
альти́ст, -а *m* Bratschist
альти́стка, -и, *Pl G* -ток, *D* -ткам *f* Bratschistin
альфо́ль, -и *f* (алюми́ниевая фо́льга) Aluminiumfolie
алюми́ниевый, -ая, -ое Aluminium-
алюми́ний, -я, *P* -и Aluminium
аляпова́тый, -ая, -ое; *Kzf* -а́т, -а geschmacklos; plump
Аля́ска, -и *f* Alaska
амазо́нка, -и, *Pl G* -нок, *D* -нкам *f alt* 1. Amazone 2. Reitkleid
Амазо́нка, -и *f* Amazonas *Fluß*
амба́р, -а *m* Speicher, Lagerraum
амба́рный, -ого *Subst m* Speicherwächter
амби́ция, -и *f* Ehrgeiz; Eitelkeit ◇ войти́ [вломи́ться *oder* уда́риться] в -ю *umg* den Beleidigten spielen
амбразу́ра, -ы *f* 1. Schießscharte 2. Fensternische, Türnische
амбулато́рия, -и *f* Ambulatorium, Ambulanz
амбулато́рный, -ая, -ое ambulatorisch; ~ больно́й ambulanter Kranker
амёба, -ы *f* Amöbe
Аме́рика, -и *f* Amerika; Соединённые Шта́ты Аме́рики Vereinigte Staaten von Amerika
америка́нец, -нца, *I* -нцем, *G Pl* -нцев *m* Amerikaner
америка́нка, -и, *Pl G* -нок, *D* -нкам *f* 1. Amerikanerin 2. Schnellimbiß 3. *typ* Tiegeldruckpresse
америка́нский, -ая, -ое amerikanisch
аммиа́к, -а *m* Ammoniak; Salmiakgeist
аммо́ний, -я, *P* -и *m* Ammonium
амнисти́ровать, -рую, -руешь; -рованный, -рован, -а *v, uv* amnestieren
амни́стия, -и *f* Amnestie
амора́льный, -ая, -ое; *Kzf* -лен, -льна unmoralisch
амортиза́тор, -а *m* Stoßdämpfer
амортиза́ция, -и *f* 1. *wirtsch* Amortisation 2. Stoßdämpfung
ампе́р, -а, *G Pl* ампе́р *el* Ampere
ампе́р-ча́с, -а *m* Amperestunde
ампи́р, -а *m arch* Empirestil
амплиту́да, -ы *f* Amplitude, Schwingungsweite
а́мпула, -ы *f* Ampulle
ампута́ция, -и *f* Amputation
ампути́ровать, -рую, -руешь; -рованный, -рован, -а *v, uv* amputieren
Амстерда́м, -а *m* Amsterdam
Аму́-Дарья́, -и́ *f* Amu-Darja *Fluß*
амуни́ция, -и *f alt* Ausrüstung des

Soldaten (außer Waffen und Kleidung)
Аму́р, -а *m* Amur
амфи́бия, -и *f* 1. *biol* Amphibie 2. Amphibienflugzeug; Amphibienfahrzeug
амфитеа́тр, -а *m* Amphitheater
АН (Акаде́мия Нау́к) Akademie der Wissenschaften
ана́лиз, -а *m* Analyse
аналити́ческий, -ая, -ое analytisch
аналоги́ческий, -ая, -ое analog
аналоги́чный, -ая, -ое; *Kzf* -чен, -чна analog, gleichartig
анало́гия, -и Analogie; заключе́ние по -и Analogieschluß
анало́й, -я, *G Pl* -ев *m kirch* Chorpult
анана́с, -а *m* Ananas
анана́сный, -ая, -ое *u.* **анана́совый,** -ая, -ое Ananas-
ана́пест, -а *m lit* Anapäst
анархи́ст, -а *m* Anarchist
анархи́стский, -ая, -ое anarchistisch
анархи́ческий, -ая, -ое anarchisch
анархи́чный, -ая, -ое; *Kzf* -чен, -чна zu Anarchie neigend
ана́рхия, -и *f* Anarchie, Unordnung
Анаста́сий, -я, *P* -и *m männl Vn*
Анаста́сия, -и *f weibl Vn*
Анато́лий, -я, *P* -и *m männl Vn*
ана́том, -а *m* Anatom
анатоми́ровать, -рую, -руешь; -рованный, -рован, -а *v, uv* sezieren
анатоми́ческий, -ая, -ое anatomisch; ~ теа́тр Seziersaal
анатоми́чка, -и, *Pl G* -чек, *D* -чкам *f volkssp* Anatomieprüfung
анато́мия, -и *f* Anatomie
ана́фема, -ы 1. Kirchenbann 2. *Schimpfwort volksspr* Verfluchter
анахрони́ческий, -ая, -ое anachronistisch, zeitwidrig
ангажи́ровать, -рую, -руешь; -рованный, -рован, -а *v, uv alt* 1. engagieren *Künstler* 2. zum Tanz auffordern
анга́р, -а *m* Hangar, Flugzeughalle
Ангара́, -ы́ *f* Angara *Fluß*
а́нгел, -а *m* Engel *a. übertr*; день -а *alt* Namenstag
англи́йский, -ая, -ое englisch ◇ -ая була́вка Sicherheitsnadel; ~ замо́к Sicherheitsschloß
англика́нский, -ая, -ое anglikanisch
англи́стика, -и *f* Anglistik
англича́нин, -а, *Pl* -а́не, -а́н, -а́нам *m* Engländer
англича́нка, -и, *Pl G* -нок, *D* -нкам *f* Engländerin
А́нглия, -и *f* England
анго́рский, -ая, -ое Angora-
анда́нте [тэ] 1. *Adv* andante 2. *n idkl* Andante
Андре́й, -я *m männl Vn*
Андрю́ша, -и, *I* -ей *u.* **Андрю́шка,** -и *m Dem zu* Андре́й
Анды, Анд, А́ндам *Pl* Anden *Gebirge*
анекдо́т, -а *m* 1. Anekdote 2. *umg* ungewöhnlicher Vorfall; с ним случи́лся ~ mit ihm ist etwas Komisches passiert
анекдоти́ческий, -ая, -ое anekdotenhaft, wenig wahrscheinlich
анекдоти́чный, -ая, -ое; *Kzf* -чен, -чна anekdotenhaft, wenig wahrscheinlich
анеми́ческий, -ая, -ое blutarm; bleich
анеми́чный, -ая, -ое; *Kzf* -чен, -чна blutarm; bleich, welk
анеми́я, -и *f* Anämie, Blutarmut
анемо́н, -а *m u.* **анемо́на,** -ы *f* Anemone, Windröschen
анестези́ровать [нэстэ], -рую, -руешь *v, uv* anästhesieren, unempfindlich machen
анестези́рующий, -ая, -ее anästhetisch
анестези́я [нэстэ], -и *f* 1. Anästhesie, Unempfindlichkeit 2. Schmerzbetäubung
анили́новый, -ая, -ое Anilin-
анимали́ст, -а *m* Tiermaler
ани́с, -а *m* 1. Anis 2. Anisapfel
ани́совка, -и *f* Anisbranntwein
Анкара́, -ы *f* Ankara
а́нкер, -а *m* Anker *in der Uhr*
а́нкерный, -ая, -ое Anker-; часы́ на -ом ходу́ Ankeruhr
анке́та, -ы *f* Fragebogen
А́нна, -ы *f* 1. Anna 2. *hist* Annenorden
анна́лы, -ов *Pl* Annalen
аннексиони́стский, -ая, -ое annexionistisch
аннекси́ровать, -рую, -руешь; -рованный, -рован, -а *v, uv* annektieren
анне́ксия, -и *f* Annexion
аннота́ция, -и *f* kurze Inhaltsangabe
аннот́ировать, -рую, -руешь; -рованный, -рован, -а *v, uv* eine kurze Inhaltsangabe verfassen
аннули́ровать, -рую, -руешь; -рованный, -рован, -а *v, uv* annullieren, rückgängig machen
А́ннушка, -и *f Dem zu* Анна 1
ано́д, -а *m* Anode
аноди́ровать, -рую, -руешь; -рованный, -рован, -а *v, uv* eloxieren
анома́лия, -и *f* Anomalie

анони́мка, -и, *Pl G* -мок, *D* -мкам *f volksspr* anonymer Brief
анони́мный, -ая, -ое; *Kzf* -мен, -мна anonym
ано́нс, -а *m* Annonce
анса́мбль, -я *m* **1.** Gesamtbild **2.** Ensemble, Kulturgruppe; ~ пе́сни и пля́ски Volkstanzgruppe
антагонисти́ческий, -ая, -ое antagonistisch
Антаркти́да, -ы *f* Antarktika *Kontinent*
Анта́рктика, -и *f* Antarktis
антаркти́ческий, -ая, -ое antarktisch
Антве́рпен, -а *m* Antwerpen
анте́нна [тэ], -ы *f* Antenne; ~ напра́вленного де́йствия Richtantenne
анти- *in Zuss* anti-
антибио́тик, -а *m* Antibiotikum
анти|вое́нный, -ая, -ое Antikriegs-; ~вое́нный конгре́сс Kongreß der Kriegsgegner; **~детонацио́нный,** -ая, -ое klopffest *Benzin*; **~империалисти́ческий,** -ая, -ое antiimperialistisch
антиква́р, -а *m* Antiquitätenhändler
антиква́рный, -ая, -ое **1.** altertümlich **2.** Antiquitäten-; ~ магази́н Antiquitätenhandlung
антило́па, -ы *f* Antilope
анти́льский, -ая, -ое: Анти́льские острова́ Antillen
анти|наро́дный, -ая, -ое; *Kzf* -ден, -дна volksfeindlich; **~нау́чный,** -ая, -ое; *Kzf* -чен, -чна unwissenschaftlich; wissenschaftsfeindlich
антипати́чный, -ен, -на; *Kzf* -чен, -чна unsympathisch
антипа́тия, -и *f* Antipathie; я чу́вствую к ней -ю ich habe eine Abneigung gegen sie
анти|религио́зный, -ая, -ое; *Kzf* -зен, -зна antireligiös; **~санита́рный,** -ая, -ое; *Kzf* -рен, -рна gesundheitswidrig; **~семи́т,** -а *m* Antisemit; **~семити́ческий,** -ая, -ое *u.* **~семи́тский,** -ая, -ое antisemitisch
антисе́птика [сэ], -и *f* **1.** Antisepsis **2.** *Koll* Antiseptika
анти|септи́ческий [сэ], -ая, -ое antiseptisch; **~сове́тский,** -ая, -ое antisowjetisch, sowjetfeindlich
антите́за [тэ], -ы *f* Antithese
анти|фаши́ст, -а *m* Antifaschist; **~фаши́стский,** -ая, -ое antifaschistisch; **~фри́з,** -а *m* Frostschutzmittel *für Kühlwasser*; *flug* Enteisungsflüssigkeit; **~худо́жественный,** -ая, -ое; *Kzf* -ен, -енна unkünstlerisch; kunstfeindlich
анти́чный, -ая, -ое antik; ~ мир Antike, Altertum
антоло́гия, -и *f Lit* Anthologie, Sammlung ausgewählter Werke verschiedener Autoren
анто́ним, -а *m ling* Antonym
Антони́на, -ы *f weibl Vn*
анто́новка, -и *f* Antonowka *Apfelsorte*
Анто́ша, -и, *I* -ей *m Dem zu* Анто́н
антра́кт, -а *m theat* Zwischenpause
антреко́т, -а *m* Rippenstück *vom Rind*, Entrecôte
антрепренёр, -а *m* privater Theaterunternehmer
антресо́ль, -и *f* Zwischenstockwerk, Zwischengeschoß
антропо́лог, -а *m* Anthropologe
антрополо́гия, -и *f* Anthropologie
анфила́да, -ы *f* Zimmerflucht
анчо́ус, -а *m* Anchovis
аншла́г, -а *m* Anschlag über eine ausverkaufte Vorstellung; спекта́кль с -ом Vorstellung vor ausverkauftem Hause
Аню́та, -ы *f Dem zu* Анна 1
аню́тин, -а, -о: -ы гла́зки *bot* Stiefmütterchen
А́ня, -и *f Dem zu* Анна 1
ао́рта, -ы *f* Aorta
апати́чный, -ая, -ое; *Kzf* -чен, -чна apathisch, gleichgültig, teilnahmslos
апа́тия, -и *f* Apathie
апа́ш *Adj idkl*: руба́шка ~ Herrenhemd mit weitem, offenem Kragen
апелли́ровать, -рую, -руешь *v, uv* **1.** *jur* Berufung einlegen **2.** appellieren (к *D* an)
апелля́ция, -и *f jur* Appellation, Berufung
апельси́н, -а *m* **1.** Apfelsine **2.** Apfelsinenbaum
апельси́нный, -ая, -ое Apfelsinen-
апельси́новый, -ая, -ое Apfelsinen-
апенни́нский, -ая, -ое apenninisch, Apenninen-; ~ полуо́стров Apenninenhalbinsel
Апенни́ны, -и́н *Pl* Apenninen
аплоди́ровать, -рую, -руешь *uv* applaudieren, Beifall spenden
аплодисме́нты, -ов *Pl* Applaus, Beifall
апло́мб, -а *m* Selbstsicherheit
апоге́й, -я, *G Pl* -ев *m* **1.** *astr* Apogäum, Erdferne **2.** höchste Stufe, Höhepunkt
аполити́чность, -и *f* unpolitische Haltung, Gleichgültigkeit gegenüber dem gesellschaftlich-politischen Leben

аполити́чный, -ая, -ое; *Kzf* -чен, -чна unpolitisch
апологе́т, -а *m* Apologet, Verteidiger
апоплекси́ческий, -ая, -ое apoplektisch
апопле́ксия, -и *f med* Apoplexie, Schlag, Schlaganfall
апо́стол, -а *m* Apostel
апостро́ф, -а *m* Apostroph
апофео́з, -а *m* **1.** Apotheose, Verherrlichung **2.** *theat* feierliche Massenszene *am Schluß einer Vorstellung*
аппара́т, -а *m* **1.** *tech* Apparat, Gerät; телефо́нный ~ Telefonapparat; лета́тельный ~ Flugkörper **2.** *biol* Apparat, Organe; пищевари́тельный ~ Verdauungsorgane; дыха́тельный ~ Atmungsorgane **3.** Verwaltung(sapparat); госуда́рственный ~ Staatsapparat ◇ нау́чный ~ wissenschaftlicher Apparat *bei einer wissenschaftl. Arbeit benutztes Material*
аппарату́ра, -ы *f Koll* Apparatur; ~ свя́зи Nachrichtengerät; ~ самонаведе́ния *mil* Zielsuchgerät
аппара́тчик, -а *m* **1.** Arbeiter, der einen oder mehrere Apparate überwacht **2.** *umg* Funktionär
аппендици́т, -а *m* Blinddarmentzündung
аппети́т, -а *m* Appetit; прия́тного -а! guten Appetit!; у меня́ появи́лся ~ ich habe Appetit; он ест с больши́м -ом er spricht dem Essen tüchtig zu; лиши́ться -а den Appetit verlieren; э́то лиши́ло его́ -а das hat ihm den Appetit verschlagen
аппети́тный, -ая, -ое; *Kzf* -тен, -тна appetitlich
аппрету́ра, -ы *f* Appretur
апре́ль, -я *m* April
апре́льский, -ая, -ое April-
апроба́ция, -и *f* Approbation, Genehmigung
апте́ка, -и *f* Apotheke ◇ как в -е *scherz* ganz genau
апте́карский, -ая, -ое: -ие това́ры Drogen; ~ магази́н Drogerie
апте́карь, -я *m* Apotheker
апте́чка, -и, *Pl G* -чек, *D* -чкам *f* Hausapotheke; Verbandkasten
апте́чный, -ая, -ое Apotheken-
ар, -а *m* Ar
ара́б, -а *m* Araber
ара́бка, -и, *Pl G* -бок, *D* -бкам *f* Araberin
ара́бский, -ая, -ое arabisch
арави́йский, -ая, -ое arabisch; Арави́йский зали́в Golf von Arabien
Ара́вия, -и *f* Arabien
ара́к, -а *m* Arrak
аракче́евский, -ая, -ое despotisch, diktatorisch; ~ режи́м Araktschejew-Regime *nach dem Minister Araktschejew, Günstling Alexanders I.*
аракче́евщина, -ы *f hist u. übtr* Araktschejew-Regime
ара́льский, -ая, -ое: Ара́льское мо́ре Aralsee
аранжи́ровать, -рую, -руешь; -рованный, -рован, -а *v, uv mus* bearbeiten
аранжиро́вка, -и *f mus* Bearbeitung
ара́п, -а *alt* Mohr
ара́пник, -а *m* Jagdpeitsche
Арара́т, -а *m* Ararat *Berg*
арба́, -ы́, *Pl* а́рбы, арб, а́рбам *f* zweirädriger Karren *im Süden der UdSSR*
арбале́т, -а *m* Armbrust
арби́тр, -а *m* Schiedsrichter
арбитра́ж, -а, *I* -ем, *G Pl* -ей *m* **1.** Schiedsgericht **2.** Schiedsspruch
арбу́з, -а *m* Wassermelone
Аргенти́на, -ы *f* Argentinien
аргенти́нец, -нца, *I* -нцем, *G Pl* -нцев *m* Argentinier
аргенти́нский, -ая, -ое argentinisch
арго́ *n idkl* Jargon; воровско́е ~ Rotwelsch
арго́н, -а *m chem* Argon
арготи́зм, -а *m* Jargonausdruck
аргуме́нт, -а *m* Argument, Beweis; вы́двинуть ве́ские ~ы schwerwiegende Beweise erbringen
аргумента́ция, -и *f* Argumentation, Beweisführung
аргументи́ровать, -рую, -руешь; -рованный, -рован, -а *v, uv* argumentieren
Арде́нны, -е́нн *Pl* Ardennen *Gebirge*
аре́на, -ы *f* **1.** Arena **2.** *übtr* Schauplatz
аре́нда, -ы *f* Pacht; взять в -у pachten; сдать в -у verpachten; сни́зить -у die Pacht senken
аренда́тор, -а *m* Pächter
аре́ндный, -ая, -ое Pacht
арендова́ть, -ду́ю, -ду́ешь; -до́ванный, -до́ван, -а *v, uv* pachten
аре́ст, -а *m* **1.** Arrest, Verhaftung; взять [посади́ть] под ~ verhaften; под -ом hinter Schloß und Riegel; вы́дать о́рдер на ~ einen Haftbefehl erlassen; стро́гий ~ *mil* verschärfter Arrest **2.** Beschlagnahme; наложи́ть ~ mit Beschlag belegen; *mil* eine Arreststrafe verhängen
ареста́нт, -а *m alt* Arrestant
аре́стный, -ая, -ое Arrest-, Haft-; ~ дом *alt* Haftlokal

арестóванный, -ого *Subst m* Verhafteter
арестовáть, -тýю, -тýешь; -тóванный, -тóван, -а *v, uv* 1. verhaften, festnehmen 2. beschlagnahmen ‖ *uv a.* **арестóвывать,** -аю, -аешь
ариóзо *n idkl mus* Arioso
аристократи́ческий, -ая, -ое aristokratisch
арифмéтика, -и *f* Arithmetik
арифмети́ческий, -ая, -ое arithmetisch
арифмóметр, -а *m* Rechenmaschine
áрия, -и *f* Arie
áрка, -и, *PlG* áрок, *D* áркам *f arch* Bogen
аркáда, -ы *f* Arkade, Bogengang
аркáн, -а *m* Lasso
Áрктика, -и *f* Arktis
аркти́ческий, -ая, -ое arktisch, Polar-; ~ перелёт Polarflug
арлеки́н, -а *m* Harlekin
арлекинáда, -ы *f* Harlekinade
арматýра, -ы *f* Armatur
армéец, -éйца, *I* -éйцем, *G Pl* -éйцев *m* Armeeangehöriger, Soldat
армéйский, -ая, -ое Armee-; ~ кóрпус Armeekorps
Армéния, -и *f* Armenien
áрмия, -и *f* Armee, Heer; Совéтская Áрмия Sowjetarmee; нарóдно-освободи́тельная ~ Volksbefreiungsarmee; регуля́рная ~ stehendes Heer; дéйствующая ~ Feldheer, Fronttruppen; ~ безрабóтных *übtr* Arbeitslosenarmee
армя́к, -á *m alt* Bauernkittel
армяни́н, -а, *Pl* -я́не, -я́н, -я́нам *m* Armenier
армя́нка, -и, *PlG* -нок, *D* -нкам *f* Armenierin
армя́нский, -ая, -ое armenisch; Армя́нская Совéтская Социалисти́ческая Респýблика Armenische Sozialistische Sowjetrepublik
аромáт, -а *m* Aroma
ароматический, -ая, -ое aromatisch
аромати́чный, -ая, -ое; *Kzf* -чен, -чна aromatisch
аромáтный, -ая, -ое; *Kzf* -тен, -тна aromatisch
áрочный, -ая, -ое Bogen-
аррети́р, -а *m tech* Feststelleinrichtung, Feststeller
арсенáл, -а *m* 1. Arsenal, Waffenlager 2. Rüstungsbetrieb 3.: ~ знáний Quelle des Wissens; цéлый ~ посóбий ein ganzer Vorrat von Hilfsmitteln
арт- *in Zuss Abk für* артиллери́йский
артáчиться, -чусь, -чишься *uv umg* sich sträuben, sich widersetzen
артéль, -и *f* Artel, Genossenschaft; промыслóвая ~ Produktionsgenossenschaft des Handwerks
артéрия, -и *f* 1. Arterie, Schlag-, Pulsader 2. Verkehrsader
арти́кль, -я *m gram* Artikel
артикуляциóнный, -ая, -ое Artikulations-; -ая бáза Artikulationsbasis
артикуля́ция, -и *f* Artikulation
артиллери́ст, -а *m* Artillerist
артиллéрия, -и *f* Artillerie
арти́ст, -а *m* Schauspieler; Künstler; заслýженный ~ респýблики Verdienter Schauspieler der Republik; нарóдный ~ СССР Volkskünstler der UdSSR ◇ ~ в своём дéле ein Meister seines Faches
артисти́ческий, -ая, -ое künstlerisch, meisterhaft; ~ приём Kunstgriff
арти́стка, -и, *PlG* -ток, *D* -ткам *f* Künstlerin; Schauspielerin
артишóк, -а *m* Artischocke
артри́т, -а *m med* Arthritis, Gelenkentzündung
áрфа, -ы *f* Harfe
арфи́ст, -а *m* Harfenist
арфи́стка, -и, *PlG* -ток, *D* -ткам Harfenistin
арх. (архитéктор) Architekt
архаи́зм, -а *m* 1. Archaismus, veraltetes Wort 2. Überbleibsel des Alten
архаи́ческий, -ая, -ое archaisch
архаи́чный, -ая, -ое; *Kzf* -чен, -чна archaisch
Архáнгельск, -а *m* Archangelsk
археóлог, -а *m* Archäologe
археолóгия, -и *f* Archäologie
архи- *in Zuss* Erz-
архи́в, -а *m* Archiv ◇ сдать чтó-н. в ~ etw. zu den Akten legen *a. übtr*
архивáриус, -а *m* Archivar
архи́вный, -ая, -ое Archiv-
архиепи́скоп, -а *m* Erzbischof
архиерéй, -я, *G Pl* -ев *m* Bischof, Erzbischof
архипелáг, -а *m* Archipel
архитéктор, -а *m* Architekt, Baumeister
архитектýра, -ы *f* Architektur
архитектýрный, -ая, -ое Architektur-; ~ стиль Baustil; ~ пáмятник Baudenkmal
арши́н, -а, *G Pl* арши́н *m* Arschin *russ. Längenmaß, 0,71 m*

ары́к, -а *m* Bewässerungsgraben *in Mittelasien*
арьерга́рд, -а *m* Nachhut
арьерга́рдный, -ая, -ое *mit* Nachhut-
асепти́ческий [сэ], -ая, -ое aseptisch
асимметри́ческий, -ая, -ое asymmetrisch
асимметри́чный, -ая, -ое; *Kzf* -чен, -чна asymmetrisch
аскети́зм, -а *m* Askese
аспе́кт, -а *m buchspr* Gesichtspunkt, Aspekt
[1]**а́спид,** -а *m* **1.** giftige Natter **2.** *volksspr* Giftschlange *Schimpfwort*
[2]**а́спид,** -а *m* Schiefer(stein)
а́спидный, -ая, -ое: -ая доска́ Schiefertafel
аспира́нт, -а *m* Aspirant
ассамбле́я, -и *f* Versammlung; Генера́льная Ассамбле́я Организа́ции Объединённых На́ций Vollversammlung der Organisation der Vereinten Nationen
ассигна́ция, -и *f all* Geldschein
ассигнова́ние, -я *n* **1.** *finanz* Bewilligung **2.** bewilligte Summe; -я на социа́льные ну́жды Aufwendungen für soziale Zwecke
ассигнова́ть, -ну́ю, -ну́ешь; -но́ванный, -но́ван, -а *v, uv Geld* bewilligen
ассигно́вка, -и, *Pl G* -вок, *D* -вкам *f* Geldanweisungsschein
ассимили́ровать, -рую, -руешь; -рованный, -рован, -а *v, uv* assimilieren
ассимили́роваться, -руюсь, -руешься *v, uv* sich anpassen
ассимиля́ция, -и *f* Assimilation
ассири́йский, -ая, -ое assyrisch
Асси́рия, -и *f* Assyrien
ассисти́ровать, -рую, -руешь *uv* assistieren
ассортиме́нт, -а *m* Sortiment, Auswahl
ассоциа́ция, -и *f* **1.** Vereinigung, Gesellschaft **2.** Assoziation, Gedankenverbindung
ассоции́ровать, -рую, -руешь; -рованный, -рован, -а *v, uv* assoziieren, verbinden
АССР (Автоно́мная Сове́тская Социалисти́ческая Респу́блика) ASSR
а́стма, -ы *f* Asthma
а́стра, -ы *f* Aster
астраха́нец, -нца, *I* -нцем, *G Pl* -нцев *m* Astrachaner
астраха́нский, -ая, -ое astrachanisch, Astrachaner
А́страхань, -и *f* Astrachan
астро́лог, -а *m* Astrologe
астрона́вт, -а *m* Astronaut, Weltraumfahrer
астрона́втика, -и *f* Astronautik
астроно́м, -а *m* Astronom
астроно́мия, -и *f* Astronomie
астрофи́зика, -и *f* Astrophysik
Асунсьо́н, -а *m* Asunción *Stadt*
асфа́льт, -а *m* Asphalt
асфа́льтовый, -ая, -ое Asphalt-
атависти́ческий, -ая, -ое atavistisch
ата́ка, -и *f* Angriff, Attacke
атакова́ть, -ку́ю, -ку́ешь; -ко́ванный, -ко́ван, -а *v, uv mil* angreifen
атама́н, -а *m* **1.** Ataman *Kosakenoberhaupt* **2.** Anführer
атеи́ст [тэ], -а *m* Atheist
атеисти́ческий [тэ], -ая, -ое atheistisch
ателье́ *n idkl* Atelier, Werkstatt; ~ мод Modeatelier; ~ индивидуа́льного поши́ва Atelier für Maßkleidung
атланти́ческий, -ая, -ое atlantisch; Атланти́ческий океа́н Atlantischer Ozean
а́тлас, -а *m* Atlas *Kartenwerk*; анатоми́ческий ~ Anatomieatlas
атла́с, -а *m* Atlas *Seidenstoff*
атла́сный, -ая ,-ое atlassen, Atlas-; -ая ко́жа samtweiche Haut
атла́сский, -ая, -ое: Атла́сские го́ры Atlasgebirge
атле́т, -а *m* Athlet
атле́тика, -и *f* Athletik; лёгкая ~ Leichtathletik
атмосфе́ра, -ы *f* **1.** Atmosphäre, Lufthülle **2.** Milieu, Umgebung **3.** Atmosphäre *Maßeinheit für den Druck*
атмосфери́ческий, -ая, -ое atmosphärisch
атмосфе́рный, -ая, -ое atmosphärisch; -ые оса́дки Niederschläge
а́том, -а *m* Atom; расщепле́ние -а Atomspaltung; ме́ченые -ы markierte Atome
атомисти́ческий, -ая, -ое atomistisch, Atom-
а́томник, -а *m* Atomwissenschaftler
а́томный, -ая, -ое Atom-, atomar; ~ вес Atomgewicht; -ая война́ Atomkrieg; ~ котёл Atommeiler; -ая электроста́нция Atomkraftwerk; ~ век Atomzeitalter
атомохо́д, -а *m* Atomschiff
а́томщик, -а *m verächtl* Atompolitiker
атони́я, -и *f* Atonie, Erschlaffung
атрофи́роваться, *1. u. 2. Pers ungebr,*

-руется *v, uv buchspr* schrumpfen, verkümmern

атрофи́я, -и *f* Athrophie, Zellenschwund

АТС (автомати́ческая телефо́нная ста́нция) Fernsprechamt für Selbstwählbetrieb, automatische Fernsprechanlage

атташе́ *m idkl* Attaché; вое́нный ~ Militärattache

аттеста́т, -а *m* Zeugnis, Bescheinigung; ~ зре́лости Reifezeugnis

аттестова́ть, -ту́ю, -ту́ешь; -то́ванный, -то́ван, -а *v, uv* attestieren, empfehlen

аттракцио́н, -а *m* **1.** Attraktion, Zugstück **2.** *meist Pl* Rummelplatzvergnügen

ау́ *Interj* hallo *Zuruf im Wald, um einander nicht zu verlieren*

аудито́рия, -и *f* **1.** Hörsaal **2.** *Koll* Zuhörerschaft

ау́кать, -аю, -аешь, *uv umg* hallo rufen *im Wald* || *v mom* ау́кнуть, **-ну, -нешь**

ау́каться, -аюсь, -аешься *uv umg* einander hallo zurufen || *v mom* **ау́кнуться,** -нусь, -нешься ◇ как ау́кнется, так и откли́кнется *Sprichw* wie man in den Wald ruft, so schallt es heraus

аукцио́н, -а *m* Auktion, Versteigerung; прода́ть с -а versteigern

аукцио́нщик, -а *m* Auktionator

ау́л, -а *m* Aul *Siedlung im Kaukasus und in Mittelasien*

а́ут, -а *m Sport* Aus

аутенти́чность [тэ], -и *f* Echtheit, Glaubwürdigkeit

аутенти́чный [тэ], -ая, -ое; *Kzf* -чен, -чна authentisch, echt

Афана́сий, -я, *P* -и *m männl Vn*

афга́нец, -нца, *I* -нцем, *G Pl* -нцев *m* Afghane

Афганиста́н, -а *m* Afghanistan

афга́нский, -ая, -ое afghanisch

афе́ра, -ы *f* Schwindelei, unsauberes Geschäft; зло́стная ~ Hochstapelei; пусти́ться в -у sich in eine unsaubere Sache einlassen

афери́ст, -а *m* Hochstapler, Schwindler

Афи́ны, Афи́н *Pl* Athen

афи́нянин, -а, *Pl* -яне, -ян, -янам *m* Athener

афи́ша, -и, *I* -ей *f* Anschlagzettel

афиши́ровать, -рую, -руешь; -рованный, -рован, -а *v, uv buchspr* zur Schau stellen

афи́шный, -ая, -ое Plakat-

Афо́нька, -и, **Афо́нюшка, -и, Афо́ня,** -и *m Dem zu* Афана́сий

А́фрика, -и *f* Afrika

африка́нец, -нца, *I* -нцем, *G Pl* -нцев *m* Afrikaner

африка́нский, -ая, -ое afrikanisch

аффе́кт, -а *m* Affekt, Gemütserregung

аффекта́ция, -и *f* Affektiertheit

аффекти́рованный, -ая, -ое affektiert, geziert

ах *Interj* ach!; ах да! ach ja!

а́хать *uv zu* а́хнуть

ахилле́сов, -а, -о: -а пята́ Achillesferse

ахине́я, -и *f umg* Unsinn; нести́ -ю Unsinn reden

а́хнуть, -ну, -нешь *v mom* **1.** *umg* ach rufen **2.** *volksspr A* einen Hieb versetzen **3.** *volksspr* krachen, donnern || *uv* а́хать, -аю, -аешь *zu* 1

ахти́ *Interj alt* ach, o weh

Ашхаба́д, -а *m* Aschchabad *Stadt*

аэра́рий, -я, *P* -и, *G Pl* -ев *m* Terrasse für Luftbäder

аэро- *in Zuss* Luft-, Flug-

аэро|бо́мба, -ы *f* Fliegerbombe; **~вокза́л,** -а *m* Empfangsgebäude des Flughafens; **~динами́ческий,** -ая, -ое aerodynamisch; **~дро́м,** -а *m* Flugplatz; **~клу́б,** -а *m* Fliegerklub

аэроли́т, -а *m* Meteorstein

аэро|мая́к, -а́ *m flug* Landefeuer; **~навига́ция,** -и *f* Aeronautik

аэропла́н, -а *m alt* Flugzeug

аэро|по́рт, -а, *P* об аэропо́рте, в аэропорту́ *m* Flughafen; **~по́чта,** -ы *f* Luftpost; **~са́ни,** -сане́й, -саня́м *Pl* Propellerschlitten

аэроста́т, -а *m* (Fessel-) Ballon

аэросъёмка, -и, *Pl G* -мок, *D* -мкам *f* Luftbildaufnahme

Аэрофло́т, -а *m* Aeroflot *sowjetische Luftfahrtgesellschaft*

аэрофото|аппара́т, -а *m* Luftbildkamera; **~разве́дка,** -и *f* Luftbilderkundung; **~сни́мок,** -мка *m* Luftaufnahme, Luftbild; **~съёмка,** -и, *Pl G* -мок, *D* -мкам *f* Luftbildaufnahme

аэрохо́д, -а *m* Luftkissenfahrzeug

Б

б *Part statt* бы *nach Wörtern, die auf Vokal enden*: если б я мог wenn ich könnte; было б врéмя wenn (noch) Zeit wäre
ба *Interj des Staunens, umg* ei, ei!; da sieh mal an!; ба! когó я вúжу! ei, ei! wen sehe ich!
[1]**бáба,** -ы *m* **1.** *volksspr meist verächtl* Frauenzimmer, Weibsbild, Weib; вздóрная ~ zänkisches Weib; Mannweib **2.** *alt* Bäuerin **3.** *volksspr* Frau, Ehefrau **4.** *iron* Memme; Feigling **5.** *tech* Rammer, Rammbär ◇ кáменная ~ steinernes Götzenbild, Idol; снéжная ~ Schneemann
[2]**бáба,** -ы *m tech* Rammbär
[3]**бáба,** -ы *m* Napfkuchen
бáба-ягá, бáбы-ягú *f folkl* Hexe; böse Fee
баббúт, -а *m* Weißmetall, Lagermetall
бабёнка, -и, *Pl G* -нок, *D* -нкам *f volksspr* fesches, junges Weib
бáбий, -ья, -ье *volksspr* weibisch ◇ **-ьи скáзки** Ammenmärchen; -ье лéто Altweibersommer
[1]**бáбка,** -и, *Pl G* -бок, *D* -бкам *f* **1.** Großmutter **2.**: повивáльная ~ *alt* Hebamme; Geburtshelferin
[2]**бáбка,** -и, *Pl G* -бок, *D* -бкам *f* Fußgelenk; Knöchel, Fessel *bei Tieren* ◇ игрá в -и Knöchelspiel
[3]**бáбка,** -и, *Pl G* -бок, *D* -бкам *f*: перéдняя ~ *tech* Spindelkasten, -stock; зáдняя ~ Reitstock
бáбник, -а *m volksspr* Schürzenjäger
бáбочка, -и, *Pl G* -чек, *D* -чкам *f* **1.** Schmetterling, Falter; капýстная ~ Kohlweißling; ночнáя ~ Nachtfalter **2.** *umg* Fliege *Krawatte*
бабýся, -и *f umg* Großmütterchen
бáбушка, -и, *Pl G* -шек, *D* -шкам *f* **1.** Großmutter **2.** *umg* Mütterchen *Anrede für eine alte Frau* ◇ (э́то ещё) ~ нáдвое сказáла das wird die Zukunft lehren [zeigen]; das werden wir noch sehen; вот тебé, ~, и Ю́рьев день! da haben wir die Bescherung!
бабьё, -ья́ *n Koll volksspr verächtl* Weibervolk
бавáрец, -рца, *I* -рцем, *G Pl* -рцев *m* Bayer
Бавáрия, -и *f* Bayern
бавáрский, -ая, -ое bayrisch
багáж, -á, *I* -óм *m* **1.** Gepäck; ручнóй ~ Handgepäck; сдать **вéщи в** ~ das Gepäck aufgeben; кáмера хранéния -á Gepäckaufbewahrung *Raum*; отпрáвить вéщи -óм das Gepäck abfertigen **2.** *übtr* Kenntnisse, Wissen; ýмственный ~ *übtr* Wissensschatz
багáжник, -а *m* Gepäckträger *am Fahrrad*; Kofferraum *Auto*
багáжный, -ая, -ое Gepäck-; -ая квитáнция Gepäckschein
багáмский, -ая, -ое: **Багáмские** островá Bahamainseln
Багдáд, -а *m* Bagdad
багéт, -а *m* Leiste, Zierleiste; ~ для занавéсок Gardinenleiste
багóр, -грá *m* Hakenstange; Boots-, Fischhaken; пожáрный ~ Feuer(wehr)haken
бáгрить, -рю, -ришь; **бáгренный,** бáгрен, -а *uv* mit dem Haken fischen
багрúть, -рю́, -рúшь; -рённый, -рён, -ренá *uv* röten, flammendrot [glutrot] färben
багровéть, -éю, -éешь *uv* glutrot werden, sich purpurrot färben; ~ от гнéва vor Wut rot werden
багрóвый, -ая, -ое; *Kzf* -óв, -а glutrot, purpurrot
багря́нец, -нца, *I* -нцем, *G Pl* -нцев *m buchspr* flammende Röte, Purpurröte
багря́ный, -ая, -ое; *Kzf* -я́н, -а purpurn
бадéйка, -и, *Pl G* -éек, *D* -éйкам *Dem zu* бадья́ *f* kleiner Eimer; Milchtopf
бадья́, -ú, *Pl G* -éй, *D* -ья́м *f* Eimer, Kübel, Bottich; рудоподъёмная ~ *berg* Fördereimer
бáза, -ы *f* **1.** Basis, Grundlage; материáльно-техни́ческая ~ materielltechnische Basis; на -е чегó-н. auf Grund von etw; auf der Grundlage von etw; подвестú -у подо чтó-н. einer Sache eine feste Grundlage geben **2.** Basis, Fundament; ~ колóнны Säulenfuß **3.** Station, Depot; Zentralstelle; Versorgungspunkt; Materiallager; турúстская [экскурсиóнная] ~ Touristenheim; лы́жная ~ Schiausleihstelle **4.** *mil* Stützpunkt; воéнно-морскáя ~ Flottenstützpunkt **5.** Radstand *Auto*
базáльт, -а *m* Basalt
базáр, -а *m* **1.** Markt; Marktplatz **2.** Sonderverkauf; Jahrmarkt; кни́жный ~ Bücherbasar **3.** *übtr*

umg Stimmengewirr; Rummel ◇ пти́чий ∼ Sammelplatz der Vögel an Meeresküsten
база́рный, -ая, -ое Markt-; ∼ день Markttag
базе́дов, -а, -о: -аболе́знь Basedowsche Krankheit
Ба́зель, -я *m* Basel
базили́ка, -и *f* Basilika
бази́ровать, -рую, -руешь *uv* basieren, sich stützen, gründen (на *P* auf)
бази́роваться, -руюсь, -руешься *uv* **1.** sich gründen, sich stützen, beruhen (на *P* auf) **2.** als Stützpunkt [Versorgungspunkt] haben, stationiert sein (на *A oder P*)
ба́зис, -а *m* **1.** Basis, Fundament; Säulenfuß **2.** *übtr* Basis, Grundlage; материа́льный ∼ materielle Basis [Grundlage]
ба́зисный, -ая, -ое Grund-; ∼ склад Materiallager
бай, ба́я, *G Pl* -ев *m* Bai, Großbauer *in Mittelasien*
бай-ба́й *Interj* eia, eiapopeia
байба́к, -а́ *m* **1.** *zool* Siebenschläfer **2.** *übtr umg* Faulpelz, Nichtstuer
байда́рка, -и, *Pl G* -рок, *D* -ркам *f* Paddelboot; разбо́рная ∼ Faltboot; ∼-одино́чка Kajak
[1]**ба́йка,** -и *f* Boi *Baumwollgewebe*
[2]**ба́йка,** -и, *Pl G* ба́ек, *D* ба́йкам *f gbt* kleine Fabel
Байка́л, -а *m* Baikal, Baikalsee
байка́льский, -ая, -ое Baikal-; Байка́льское о́зеро Baikalsee
[1]**бак,** -а *m* Tank, Behälter
[2]**бак,** -а *m naut* Back
бакала́вр, -а *m* Bakkalaureus
бакале́йный, -ая, -ое: ∼ магази́н Lebensmittelgeschäft für Gewürze, Teigwaren, Zucker u. a.
бакале́я, -и *f Koll* Genußmittel und Lebensmittel (*wie Gewürze, Teigwaren, Zucker u. a.*)
ба́кан ↑ ба́кен
ба́кен *u.* **ба́кан,** -а *m naut* Boje, Bake
бакенба́рды *Pl* -ба́рд, *Sg* бакенба́рда, -ы *f* Backenbart
ба́ки, бак, ба́кам *Pl* Backenbart
баки́нец, -нца, *I* -нцем, *G Pl* -нцев *m* Einwohner von Baku
баки́нский, -ая, -ое von [aus] Baku
[1]**баккара́** *n idkl* Kristallglas; ва́за ∼ Kristallvase
[2]**баккара́** *n idkl alt* Bakkarat *Kartenglücksspiel*
бакла́га, -и *f* flaches Gefäß; Feldflasche
баклажа́н, -а, *G Pl* -жа́н *u.* -жа́нов *m bot* Aubergine, Eierfrucht
бакла́н, -а *m zool* Kormoran
баклу́ши: бить ∼ faulenzen
бактери́йный, -ая, -ое Bakterien-; ∼ яд Bakteriengift
бактерио́лог, -а *m* Bakteriologe
бактериологи́ческий, -ая, -ое bakteriologisch
бакте́рия, -и *f* Bakterie
баку́ *m idkl* Baku *Stadt*
бал, -а, *P* о ба́ле, на балу́, *Pl* балы́, -о́в, -а́м *m* Ball, Tanzabend; костюмиро́ванный ∼ *oder* ∼-маскара́д Maskenball ◇ ко́нчен ∼! *umg* aus ist der Schmaus!
балабо́лка, -и, *Pl G* -лок, *D* -лкам *umg* **1.** *f* Berlocke, Schmuckanhängsel **2.** *m, f* Schwätzer(in)
балага́н, -а *m alt* **1.** Bude, Schuppen **2.** Schaubude, Jahrmarktsbude **3.** Posse, Schaubudenvorstellung **4.** *übtr volksspr* Rummel
балага́нить, -ню, -нишь *uv volksspr* Possen treiben [reißen]
балага́нный, -ая, -ое **1.** *alt* Schaubuden-; -ое представле́ние Schaubudenvorstellung **2.** *übtr umg* possenhaft, mutwillig, närrisch
балагу́р, -а *m umg* Witzbold, Spaßvogel
балагу́рить, -рю, -ришь *uv umg* Possen reißen; Spaß machen; spaßen
балагу́рство, -а *n umg* Spaß, Posse
балала́ечник, -а *m* Balalaikaspieler
балала́йка, -и, *Pl G* -ла́ек, *D* -ла́йкам *f mus* Balalaika
баламу́т, -а *m volksspr* Schwätzer
баламу́тить, -у́чу, -у́тишь *uv volksspr* **1.** verwirren; beunruhigen **2.** trübe machen *Wasser*
бала́нс, -а *m* **1.** Balance, Gleichgewicht **2.** *finanz* Bilanz; составля́ть [подводи́ть] ∼ die Bilanz ziehen
балансёр, -а *m* Balancekünstler; ∼ на кана́те Seiltänzer
баланси́р, -а *m* **1.** Balancierstange **2.** *tech* Schwinge **3.** Unruhe *Uhr*
баланси́ровать, -рую, -руешь *uv* **1.** balancieren, das Gleichgewicht halten **2.** *finanz* Bilanz ziehen **3.** ausgleichen **4.** *tech* auswuchten ‖ *v* сбаланси́ровать *zu* 3
Ба́латон, -а *m* Balaton, Plattensee
балахо́н, -а *m alt* Kittel; *umg* weites, schlechtsitzendes Kleidungsstück; э́то пла́тье сиди́т как ∼ dieses Kleid sitzt wie ein Sack
балбе́с, -а *m derb* Tölpel; Tagedieb

балда́, -ы́ 1. *f alt berg* schwerer Hammer 2. *m, f derb* Dummkopf
балеа́рский, -ая, -ое: Балеа́рские острова́ Balearen
балери́на, -ы *f* Ballerina, Balletttänzerin
бале́т, -а *m* Ballett
бале́тка, -и, *Pl G* -ток, *D* -ткам *f umg* Stadtköfferchen
балетме́йстер, -а *m* Ballettmeister
бале́тный, -ая, -ое Ballett-
балетома́н, -а *m* (leidenschaftlicher) Ballettliebhaber
[1]**ба́лка,** -и, *Pl G* -лок, *D* -лкам *f tech* Balken, Träger
[2]**ба́лка,** -и, *Pl G* -лок, *D* -лкам *f* Schlucht
балка́нский, -ая, -ое Balkan-; Балка́нский полуо́стров Balkanhalbinsel; Балка́нские го́ры Balkangebirge
Балка́ны, -а́н *Pl* Balkan
балко́н, -а *m* 1. Balkon 2. *theat* Rang(plätze)
балл, -а *m* 1. Grad, Stärkegrad; ве́тер в шесть -ов Windstärke sechs 2. Zensur, Note *Schule, Sport* 3. Punkt *im Wettbewerb*
балла́да, -ы *f* Ballade
балла́ст, -а *m* 1. Ballast 2. Bettung *für Eisenbahnschwellen*
балли́стика, -и *f* Ballistik, Wurflehre
баллисти́ческий, -ая, -ое ballistisch; -ая межконтинента́льная раке́та interkontinentale ballistische Rakete
балло́н, -а 1. Ballon 2. Gasflasche; Glaskolben; ~ с кислоро́дом Sauerstoffflasche; возду́шный ~ Preßluftflasche 3. Kugelschreiberpatrone 4. (Luft-) Reifen *für Fahrzeuge*
баллоти́ровать, -рую, -руешь; -рованный, -рован, -а *uv* wählen; zur Abstimmung bringen
баллоти́роваться, -руюсь, -руешься *uv* kandidieren; zur Abstimmung gebracht werden
баллотиро́вка, -и *f* Abstimmung
балованный, -ая, -ое verwöhnt, verzogen, verhätschelt
балова́ть, -лу́ю, -лу́ешь; -ло́ванный, -ло́ван, -а *uv* 1. verwöhnen, verziehen, verhätscheln 2. *volksspr* unartig [ausgelassen] sein; Unfug treiben
балова́ться, -лу́юсь, -лу́ешься *uv umg* 1. unartig sein; Unfug treiben 2. *I* sich vergnügen, sich zerstreuen
ба́ловень, -вня *m umg* verwöhntes [verhätscheltes] Kind; Nesthäkchen ◇ ~ сча́стья vom Glück Verwöhnter; Glückspilz; он всео́бщий ~ er ist der Liebling aller
баловни́к, -а́ *m umg* verzogenes Kind, Balg, Schelm
баловни́ца, -ы, *I* -ей *f umg* verzogenes Kind, Balg, Schelm *Mädchen*
баловно́й, -а́я, -о́е *volksspr* ausgelassen, unartig
баловство́, -а́ *n umg* 1. Verwöhnung, Verhätschelung 2. Übermut, Mutwille, Ungezogenheit; э́то одно́ ~ das ist nicht ernst zu nehmen
балти́ец, -и́йца, *I* -и́йцем, *G Pl* -и́йцев 1. Balte 2. Matrose der Ostseeflotte
балти́йский, -ая, -ое baltisch; Балти́йское мо́ре Ostsee
Балха́ш, -а, *I* -ем *m* Balchaschsee
балы́к, -а́ *m* Balyk, gedörrter Störrücken
бальза́м, -а *m* Balsam
бальзамирование, -я *n* Einbalsamierung
бальзами́ровать, -рую, -руешь; -рованный, -рован, -а *uv* (ein)balsamieren ‖ *v* набальзами́ровать
ба́льный, -ая, -ое Ball-; -ое пла́тье Ballkleid
балюстра́да, -ы *f* Balustrade
баля́сина, -ы *f* Geländerpfeiler
баля́сничать, -аю, -аешь *uv gbt* scherzen, Witze reißen
баля́сы, -ля́с *Pl*: точи́ть ~ *volksspr* müßiges Zeug reden
бамбу́к, -а *m* Bambus
бамбу́ковый, -ая, -ое Bambus-
ба́мпер, -а *m* Stoßstange *Auto*
бана́льный, -ая, -ое; *Kzf* -лен, -льна banal, abgedroschen
бана́н, -а *m* 1. Banane 2. Bananenbaum
бана́новый, -ая, -ое Bananen-; ~ конта́кт Bananenstecker
Бангко́к, -а *m* Bangkok
ба́нда, -ы *m* Bande, Rotte
банда́ж, -а́, *I* -о́м, *G Pl* -е́й *m* 1. Bandage, Binde; Bruchband 2. *tech* Radreifen, Ring
бандажи́ст, -а *m* Bandagist
бандеро́ль, -и *f* 1. Kreuzband; Drucksache; Päckchen; посыла́ть (под) -ю als Drucksache verschicken 2. Zoll-, Steuerstreifen
банди́т, -а *m* Bandit
бандити́зм, -а *m* Banditentum
Банду́нг, -а *m* Bandung
банду́ра, -ы *f mus* Bandura, Bandola
бандури́ст, -а *m* Bandolaspieler
банк, -а *m* 1. *finanz* Bank; государст-

венный ~ Staatsbank; име́ть счёт в -е ein Bankkonto haben 2. Bank *im Glücksspiel*; держа́ть ~ die Bank halten; сорва́ть ~ die Bank sprengen 3. Pharao *Kartenglücksspiel*

[1]**ба́нка,** -и, *Pl G* -нок, *D* -нкам *f* 1. Büchse, Einweckglas; консе́рвная ~ Konservenglas, -büchse 2. *med* Schröpfkopf; ста́вить -и Schröpfköpfe setzen

[2]**ба́нка,** -и, *Pl G* -нок, *D* -нкам *f naut* Sandbank

банкабро́ш, -а, *I* -ем, *G Pl* -ей *m text alt* Spindelbank, Flyer

банке́т, -а *m* Bankett, Festessen

банки́р, -а *m* Bankier

банки́рский, -ая, -ое Bank-; -ая конто́ра Bankgeschäft, -haus

банкно́ты *Pl* -но́т, *Sg* банкно́т, -а *m u. alt* банкно́та, -ы *f* Banknoten, Geldscheine

ба́нковский, -ая, -ое Bank-; ~ рабо́тник Bankangestellter

ба́нковый, -ая, -ое Bank-; ~ биле́т Banknote

банкомёт, -а *m* Bankhalter

банкро́т, -а *m* Bankrotteur *a. übtr*; объяви́ть себя́ -ом den Bankrott erklären

банкро́тство, -а *n* Konkurs; Bankrott *a. übtr*

ба́нный, -ая, -ое Bade- ◇ приста́ть к кому́-н. как ~ лист *volksspr* sich an j-n wie eine Klette hängen

бант, -а *m* Schleife; завяза́ть -ом eine Schleife binden

ба́нтик, -а *m Dem zu* бант kleine Schleife; гу́бки -ом mit aufgeworfener Oberlippe

ба́нщик, -а *m* Badegehilfe, Badewärter

ба́ня, -и *f* 1. Badeanstalt; Baderaum 2. *umg* Bad(en), Dampfbad 3. *übtr* Schwitzbad, Hitze ◇ крова́вая ~ Blutbad; зада́ть -ю кому́-н. *umg* j-m (tüchtig) den Kopf waschen

баоба́б, -а *m bot* Affenbrotbaum

[1]**бар,** -а *m* Imbißstube

[2]**бар,** -а *m phys* Bar

бараба́н, -а *m* 1. *mus* Trommel; большо́й ~ Pauke; бить в ~ trommeln 2. *tech* Trommel, Zylinder; Federgehäuse 3. *anat* Paukenhöhle 4. *arch* Kuppelunterbau

бараба́нить, -ню, -нишь *uv* trommeln; ~ на роя́ле *umg* auf dem Klavier klimpern

бараба́нный, -ая, -ое Trommel-; ~ бой Trommelschlag; -ая перепо́нка *anat* Trommelfell

бараба́нщик, -а *m* Trommler

бара́к, -а *m* Baracke

бара́н, -а *m* 1. Hammel, Widder 2. Schaf ◇ как ~ на но́вые воро́та смотре́ть [уста́виться] *umg* dastehen wie die Kuh vorm neuen Tor

бара́ний, -ья, -ье 1. Hammel-; -ья груди́нка Hammelbrust 2. Schaf(fell)-; -ья ша́пка Schaffellmütze ◇ согну́ть [скрути́ть] кого́-н. в ~ рог j-n kleinkriegen, j-n ins Bockshorn jagen

бара́нина, -ы *f* Hammelfleisch

бара́нка, -и, *Pl G* -нок, *D* -нкам *f* 1. Kringel *Gebäck* 2. *volksspr* Lenkrad *Auto*

барахло́, -а́ *n Koll volksspr* Plunder, Kram, unbrauchbares Zeug

бара́хтаться, -аюсь, -аешься *uv* zappeln, strampeln

бара́чный, -ая, -ое Baracken-

бара́шек, -шка *m* 1. *Dem zu* бара́н Lamm 2. Schafpelz 3. *Pl* -шки, -шков kleine schaumgekrönte Wellen, Schaumkronen 4. *Pl* -шки, -шков Schäfchenwolken 5. Flügelmutter

бара́шковый, -ая, -ое Lammfell-

барбари́с, -а (-у) *m bot* Berberitze

барбо́с, -а *m* 1. Hofhund 2. böser, grober Mensch

барви́нок, -нка *m bot* Immergrün

бард, -а *m hist* Barde

барда́, -ы́ *u.* **ба́рда,** -ы *f* Treber

барелье́ф, -а *m* Basrelief, Flachrelief

ба́ренцев, -а, -о: Ба́ренцево мо́ре Barentssee

ба́ржа, -и, *G Pl* барж *u.* **баржа́,** -и́, *G Pl* -е́й *f* Last-, Schleppkahn

ба́рий, -я, *P* -и *m chem* Barium

ба́рин, -а, *Pl volksspr* ба́ре *u.* ба́ры, бар, ба́рам *m* 1. *hist* Gutsbesitzer, -herr; Adliger; Beamter 2. *alt* (*im Pl gebräuchlich* господа́, госпо́д, господа́м) Herr, Hausherr; gnädiger Herr *als Anrede* 3. *umg* Schmarotzer ◇ держа́ть себя́ -ом den großen Herrn spielen; жить -ом ein sorgloses Leben führen, auf großem Fuße leben; сиде́ть -ом faulenzen

барито́н, -а *m* 1. Bariton(stimme) 2. Bariton(sänger) 3. Bariton *Musikinstrument*

ба́рич, -а, *I* -ем, *G Pl* -ей *m umg alt* 1. Herrensohn, junger Adliger 2. Gutsherr; Adliger 3. Beamter 4. Schmarotzer

ба́рка, -и, *Pl G* -рок, *D* -ркам *f* Barke
баркаро́ла, -ы *f* Barkarole, Gondellied
барка́с, -а *m* Barkasse
ба́рмы, барм *Pl* reichverzierter weiter Schulterumhang der Moskauer Zaren und Fürsten
баро́граф, -а *m* Barograph
бароке́мера, -ы *f* Unterdruckkammer
баро́кко *n idkl* Barock
баро́метр, -а *m* Barometer; ~ па́дает das Barometer fällt; ~ поднима́ется das Barometer steigt
барометри́ческий, -ая, -ое Barometer-
баро́н, -а *m* Baron
барone̋сса, -ы *f* Baronesse
барра́ж, -а, *I* -ем, *G Pl* -ей *m* **1.** *mil* Ballonsperre **2.** Schneezaun *an Eisenbahnlinien*
баражи́ровать, -рую, -руешь *uv mil* (Luft-) Sperre fliegen, sperren
баррика́да, -ы *f* Barrikade; сража́ться на -ах auf den Barrikaden kämpfen
баррикади́ровать, -рую, -руешь *uv* verbarrikadieren, versperren
баррика́дный, -ая, -ое Barrikaden-
барс, -а *m* Panther, Leopard
ба́рский, -ая, -ое *hist* herrschaftlich, Herren-; -ие зама́шки herrisches Wesen
ба́рство, -а *n* **1.** Herrenmanieren, Hoffart **2.** Schmarotzertum **3.** *Koll alt* adlige Sippe
ба́рствовать, -твую, -твуешь *uv* ein müßiges Leben führen
барсу́к, -а́ *m* Dachs
барха́ны *Pl* -ов, *Sg* барха́н, -а *m* Wanderdünen *in Steppen und Wüsten*
ба́рхат, -а (-у) *m* Samt
бархати́стый, -ая, -ое; *Kzf* -и́ст, -а samtig, samtweich
ба́рхатка, -и *Pl G* -ток, *D* -ткам *f* kleines Samtband
ба́рхатный, -ая, -ое **1.** samten, Samt-; -ое пла́тье Samtkleid **2.** *übtr* samtweich; ~ го́лос samtweiche Stimme
барчу́к, -а́ *m volksspr* junger Adliger, Junker; junger Herr, Herrensohn
ба́рщина, -ы *f hist* Fron, Frondienst
ба́рщинный, -ая, -ое Fron-
ба́рыня, -и *f* **1.** *hist* Herrin, Gutsherrin **2.** *alt* gnädige Frau *als Anrede* **3.** *mißb* große Dame, Schmarotzerin **4.** Name eines Volkstanzliedes
бары́ш, -а́, *I* -о́м, *G Pl* -е́й *m alt* **1.** Profit, Gewinn; дава́ть -и́ Gewinn bringen **2.** Vorteil
бары́шник, -а *m alt* **1.** Zwischenhändler, Aufkäufer **2.** Pferdehändler
бары́шничать, -аю, -аешь *uv I alt* Zwischenhandel treiben, aufkaufen, wuchern
бары́шничество, -а *n alt* Zwischenhandel, Aufkauf
ба́рышня, -и *Pl G* -шень, *D* -шням *f alt* Fräulein; gnädiges Fräulein *Anrede* ◇ кисе́йная ~ Zierpuppe, Gänschen
барье́р, -а *m* **1.** Barriere, Schranke; Schlagbaum; тамо́женные -ы Zollschranken **2.** *Sport* Hürde; взять ~ eine Hürde nehmen **3.**: звуково́й ~ Schallmauer
барье́рный, -ая, -ое: ~ бег Hürdenlauf
бас, -а, *Pl* басы́, -о́в, -а́м *m* **1.** Baß(stimme); петь -ом Baß singen **2.** Bassist, Baß(sänger) **3.** Baßtuba; Baßgeige
баси́стый, -ая, -ое; *Kzf* -и́ст, -а tief, Baß-; ~ го́лос tiefe Stimme; -ые зву́ки Baßtöne
баси́ть, башу́, баси́шь *uv umg* im Baß(ton) sprechen, Baß singen
ба́ска, -и, *Pl G* -сок, *D* -скам *f* Schößchen
баскетбо́л, -а *m* Basketball
баскетболи́ст, -а *m* Basketballspieler
баскетбо́льный, -ая, -ое Basketball-
басма́ч, -а́, *I* -о́м, *G Pl* -е́й *m* Basmatsch(e), konterrevolutionärer Bandit in Mittelasien
баснопи́сец, -сца, *I* -сцем, *G Pl* -сцев *m* Fabeldichter
баснослóвный, -ая, -ое; *Kzf* -вен, -вна **1.** *alt* legendär **2.** fabelhaft, unglaublich
ба́сня, -и, *Pl G* -сен, *D* -сням *f* **1.** Fabel **2.** *übtr umg* Erfindung, Einfall ◇ -и расска́зывать einen Stiefel zusammenreden
басови́тый, -ая, -ое; *Kzf* -и́т, -а *umg* tief, Baß-
басо́вый, -ая, -ое *mus* Baß-
басо́к, -ска́ *m umg* weiche Baßstimme
басо́н, -а (-у) *m* Tresse, Borte
басс́ейн, -а *m* **1.** Bassin, (Wasser-) Becken; ~ для пла́вания Schwimmbassin, -becken; закры́тый [зи́мний] ~ Hallen(schwimm)bad **2.**: каменноу́гольный ~ Steinkohlenbecken **3.**: (речно́й) ~ Stromgebiet
ба́ста! *Interj umg* basta!, genug davon!
бастова́ть, -ту́ю, -ту́ешь *uv* streiken, in den Streik treten
басту́ющий, -его *Subst m* Streikender
басурма́н, -а *m alt* Andersgläubiger, *meist* Mohammedaner

баталист, -а *m* Schlachtenmaler
бата́лия, -и *f* 1. *alt* Schlacht 2. *umg iron* Streit, Zank
бата́льный, -ая, -ое Schlachten-; -ая живопись Schlachtenmalerei
батальо́н [лье], -а *m* Bataillon
батальо́нный [лье], -ая, -ое Bataillons-; ~ команди́р Bataillonskommandeur
батаре́ец, -ре́йца, *I* -ре́йцем, *G Pl* -ре́йцев *m umg* Artillerist
батаре́йка, -и, *Pl G* -ре́ек, *D* -ре́йкам *f Dem zu* батаре́я kleine Batterie; Taschenlampenbatterie
батаре́йный, -ая, -ое Batterie-
батаре́я, -и *f mil, el* Batterie; ~ парово́го отопле́ния Heizkörper
ба́тенька, -и, *Pl G* -нек, *D* -нькам *m alt* mein Lieber *Anrede*
ба́тик, -а *m text* Batik
бати́ст, -а (-у) *m* Batist
бато́г, -а́ *m* 1. *hist* Stock *für Prügelstrafen* 2 *alt u. gbt* Stock, Stab
бато́н, -а *m* 1. (längliches) Weißbrot 2. Riegel *Schokolade u.a.*
батра́к, -а́ *hist m* Knecht, Landarbeiter
батра́цкий, -ая, -ое Knechts-, Landarbeiter-
батра́чество, -а *n hist* 1. Knechtsarbeit 2. *Koll* Landarbeiter
батра́чить, -чу, -чишь *uv* als Knecht arbeiten
батра́чка, -и, *Pl G* -чек, *D* -чкам *f* Magd, Landarbeiterin
баттерфля́й, -я *m Sport* Schmetterlingsstil
Бату́ми *m idkl* Batumi *Stadt*
ба́тюшка, -и, *Pl G* -шек, *D* -шкам *m* 1. *alt* Vater, Väterchen; ваш ~ Ihr Herr Vater 2. *alt* mein Lieber *Anrede* 3. *umg* Geistlicher ◇ -и (мой)! ach, du meine Güte!; как вас по -е? wie ist Ihr Vatersname?
ба́тюшкин, -а, -о dem Vater gehörig, Vater-
бау́л, -а *m* länglicher Reisekoffer
бах 1. *Interj* bums! 2. *prädikativ umg* versetzte einen Schlag; он его́ ~ er gab ihm einen Schlag
ба́хать *uv zu* ба́хнуть
бахва́л, -а *m volksspr* Prahlhans
бахва́литься, -люсь, -лишься *uv volksspr I* prahlen (mit), aufschneiden
бахва́льство, -а *n volksspr* Prahlerei
ба́хнуть, -ну, -нешь *v mom umg* 1. krachen 2. geräuschvoll einen Schlag versetzen; plumpsen ‖ *uv* ба́хать, -аю, -аешь
бахрома́, -ы́ *f* Franse(n)
бахро́мчатый, -ая, -ое mit Fransen, fransig
бахча́, -и́, *I* -о́й, *G Pl* -е́й *f* Melonenfeld
бахчево́дство, -а *n* Melonenanbau
бац 1. *Interj* bums!, bauz! 2. *prädikativ umg* versetzte einen Schlag
баци́лла, -ы *f* Bazillus
баци́лловый, -ая, -ое Bazillen-
бациллоноси́тель, -я *m* Bazillenträger
бачо́к, -чка́ *m* Behälter
ба́шенный, -ая, -ое Turm-
башибузу́к, -а *m alt* Räuber, Wagehals
башка́, -и́ *f volksspr* Kopf, Schädel
башки́р, -а, *G Pl* башки́р *m* Baschkire
Башки́рия, -и *f* Baschkirien
башки́рка, -и, *Pl G* -рок, *D* -ркам *f* Baschkirin
башки́рский, -ая, -ое baschkirisch; Башки́рская АССР Baschkirische ASSR
башкови́тый, -ая, -ое; *Kzf* -и́т, -а *volksspr* klug
башлы́к, -а́ *m* Kapuze
башма́к, -а́ *m* 1. Schuh 2. *tech* Bremsklotz, -schuh ◇ быть под -о́м у жены́ unter dem Pantoffel stehen
башма́чник, -а *m alt* Schuhmacher
башма́чный, -ая, -ое Schuh-
башмачо́к, -чка́ *m* kleiner Schuh; Pantöffelchen
ба́шня, -и, *Pl G* -шен, *D* -шням *f arch, mil* Turm; водонапо́рная ~ Wasserturm; бронева́я ~ Panzerturm
бахта́н, -а *m gbt* Melonenfeld
ба́ю-ба́й, ба́юшки-баю́, ба́ю-ба́юшки-баю́ *Interj* eia, eiapopeia
баю́кать, -аю, -аешь *uv* in den Schlaf singen [wiegen]
[1]**бая́н,** -а *m* altrussischer Barde
[2]**бая́н,** -а *m* große Ziehharmonika
баяни́ст, -а *m* Ziehharmonikaspieler
бде́ние, -я *n buchspr alt* Wachen
бдеть, *1. Pers. ungebr.*, бдишь *uv buchspr alt* 1. wachen 2. aufmerksam beobachten
бди́тельный, -ая, -ое; *Kzf* -лен, -льна wachsam
бег, -а, *P* о бе́ге, на бегу́ *m* 1. Lauf; на -у́ im Laufen 2. (Wett-) Rennen; состяза́ние в -е Wettlauf; ~ на сто ме́тров 100-m-Lauf; ~ с препя́тствиями Hindernislauf; барье́рный ~ Hürdenlauf; ~ на ме́сте Stehlaufschritt 3. *Pl* бега́, -о́в Pferderennen; рыси́стые -а́ Trabrennen; он был на -а́х er war zum Pferderennen

4. *Pl* бегá, -óв *alt* Desertion; в -áх *umg* unterwegs, auf den Beinen; *alt* auf der Flucht
бéганье, -ья *n* Laufen, Rennen
бéгать, -аю, -аешь *uv* 1. *unbest zu* бежáть 2. *volksspr* от *G* meiden, ausweichen 3. *1. u. 2. Pers ungebr* rasch hin- und herlaufen 4. umherschweifen *Augen*
бегемóт, -а *m* Nilpferd, Flußpferd
беглéц, -á, *I* -óм, *G Pl* -óв *m* Entlaufener
бéглый, -ая, -ое 1. *alt* flüchtig; ausgebrochen 2. -ого *Subst m alt* Flüchtling 3. flüchtig, oberflächlich; schnell; ~ взгляд flüchtiger Blick 4. fließend, geläufig *vom Lesen, Schreiben, Sprechen* 5. flüchtig *von Sprachlauten* ◇ ~ огóнь *mil* Gruppenfeuer; ~ шаг Laufschritt
беглянка, -и, *Pl G* -нок, *D* -нкам *f* Flüchtige, Entlaufene
беговóй, -áя, -óе Renn-; -áя лóшадь Rennpferd; -áя дорóжка Aschen-, Rennbahn
бегóм *Adv* im Laufschritt, im Lauf; ~ марш! *mil* im Laufschritt marsch! ◇ бежáть ~ eilig laufen, rennen
бегóния, -и *f bot* Begonie
беготня́, -и́ *f umg* 1. Hin- und Herrennen, -laufen 2. Lauferei
бéгство, -а *n* Flucht; обрати́ть в ~ in die Flucht schlagen; обрати́ться в ~ die Flucht ergreifen, flüchten
бегý ↑ бежáть
бегýн, -á *m* 1. Läufer; ~ на корóткие дистáнции Kurzstreckenläufer, Sprinter; ~ на дли́нные дистáнции Langstreckenläufer 2. *Pl tech* Misch- und Mahlmaschine
бегýнья, -ьи, *Pl G* -ний, *D* -ньям *f* Läuferin
бедá, -ы́, *Pl* бéды, бед, бéдам *f* 1. Unglück, Unheil; Elend, Not; попáсть в -ý in die Klemme geraten; ~ не великá das hat nichts auf sich; что за ~! das schadet nichts! 2. *prädikativ umg* schlimm, schwierig; ~ мне с ним ich habe meine liebe Not mit ihm; в тóм-то и ~ das ist es eben, das ist eben das Schlimme; (э́то) не ~! das macht nichts!, das ist nicht schlimm!; на -ý zum Unglück, unglücklicherweise; ~ как *umg* sehr, schrecklich; ~ емý! wehe ihm!; лихá ~ начáло *Sprichw* aller Anfang ist schwer
бедлáм, -а *m umg* Durcheinander, Chaos
беднéть, -éю, -éешь *uv* arm werden, verarmen
бéдность, -и *f* Armut, Elend; Dürftigkeit
беднотá, -ы́ *f* 1. *Koll* die Armen, Armut 2. *umg* Armut, Elend, Dürftigkeit
бéдный, -ая, -ое; *Kzf* -ден, -днá 1. arm, ärmlich; mittellos 2. dürftig, kümmerlich, karg; ~ чéм-н. arm an etw. 3. *ohne Kzf* arm, unglücklich, elend
бедня́га, -и *m, f umg* armer Schlucker, armer Teufel
бедня́жка, -и, *Pl G* -жек, *D* -жкам *m, f umg* armer Tropf
бедня́к, -á *m* 1. Armer, Mittelloser 2. Kleinbauer
бедня́цкий, -ая, -ое kleinbäuerlich, Kleinbauern-
бедóвый, -ая, -ое *umg* keck, verwegen
бедокýрить, -рю, -ришь *uv umg* Unheil anrichten
бéдренный, -ая, -ое *anat* Schenkel-, Hüft-
бедрó, -á, *Pl* бёдра, -дер, -драм *n* 1. Oberschenkel 2. Hüfte 3. Lendenstück
бéдственный, -ая, -ое; *Kzf* -вен, -венна elend, erbärmlich; -ое положéние Notlage
бéдствие, -я *n* Not, Unglück, Katastrophe; стихи́йное ~ Naturkatastrophe
бéдствовать, -твую, -твуешь *uv* Not leiden, darben
бедуи́н, -а *m* Beduine
беж *Adj idkl* beige; чулки́ цвéта ~ beigefarbene Strümpfe
бежáть* *uv* 1. *best* laufen, rennen; ~ ры́сью traben 2. laufen, rennen, fließen, vergehen; водá бежи́т das Wasser rinnt; врéмя бежи́т die Zeit verrinnt; молокó бежи́т die Milch läuft über 3. *best a. v* fliehen, flüchten; ausbrechen; die Flucht ergreifen | *unbest* бéгать *zu* 1, 2
бéжевый, -ая, -ое *umg* beige(farben)
бéженец, -нца, *I* -нцем, *G Pl* -нцев *m* Flüchtling
бéженка, -и, *Pl G* -нок, *D* -нкам *f* Flüchtling *Frau*
бéженский, -ая, -ое Flüchtlings-
без *u. vor* весь *u.* вся́кий **безо** *ohne Betonung Präpos mit G* 1. ohne; ~ сомнéния ohne Zweifel, zweifellos; ~ исключéния ausnahmslos; остáвить ~ внимáния außer acht lassen 2. in Abwesenheit (von); ~ меня́ in

meiner Abwesenheit, als ich fort war 3. weniger als *bei Maßangaben*; ~ пятна́дцати грамм полкило́ es fehlen fünfzehn Gramm an einem Pfund 4. vor *bei Zeitangaben*; ~ че́тверти час drei Viertel eins; ~ десяти́ (мину́т) три zehn (Minuten) vor drei ◇ пропа́сть бе́з вести vermißt sein; бе́з году неде́ля vor kurzem, neulich; ~ того́ ohnehin

безала́берный, -ая, -ое; *Kzf* -рен, -рна *umg* liederlich, unordentlich

безала́берщина, -ы *f umg* Schlamperei

безалкого́льный, -ая, -ое alkoholfrei

безапелляцио́нный, -ая, -ое; *Kzf* -о́нен, -о́нна kategorisch; *jur* keine Berufung zulassend

безбе́дный, -ая, -ое 1. sorgenlos, sorgenfrei; -ое существова́ние gesicherte Verhältnisse 2. -о *Adv*: жить -о auskömmlich leben

безбиле́тный, -ая, -ое ohne Fahrkarte; ~ пассажи́р blinder Passagier, Schwarzfahrer

безбо́жие, -я *n* Atheismus

безбо́жник, -а *m* Gottloser, Atheist

безбо́жный, -ая, -ое *umg* gewissenlos, unverschämt

безболе́зненный, -ая, -ое; *Kzf* -ен, -енна 1. schmerzlos 2. *übtr* glatt, reibungslos

безборо́дый, -ая, -ое bartlos

безбоя́зненный, -ая, -ое; *Kzf* -ен, -енна *buchspr* furchtlos, unerschrocken

безбра́чие, -я *n* Ehelosigkeit, Zölibat

безбра́чный, -ая, -ое ehelos, unverheiratet

безбре́жный, -ая, -ое; *Kzf* -жен, -жна uferlos, endlos; grenzenlos

безве́рие, -я *n* Ungläubigkeit, Unglaube

безве́стность, -и *f* Unbekanntheit; жить в -и unbekannt leben

безве́стный, -ая, -ое; *Kzf* -тен, -тна unbekannt; в -ом отсу́тствии *jur* verschollen

безве́тренный, -ая, -ое; *Kzf* -рен, -ренна windstill

безве́трие, -я *n* Windstille

безви́нный, -ая, -ое; *Kzf* -ви́нен, -ви́нна schuldlos, unschuldig

безвку́сие, -я *n* Geschmacklosigkeit

безвку́сица, -ы, *I* -ей *f umg* Geschmacklosigkeit

безвку́сный, -ая, -ое; *Kzf* -сен, -сна 1. geschmacklos, fade, schal 2. geschmacklos, ohne Eleganz; -ая обстано́вка ко́мнаты geschmacklose Zimmereinrichtung

безвла́стие, -я *n* Anarchie

безво́дный, -ая, -ое; *Kzf* -ден, -дна 1. wasserarm, -los 2. *chem* wasserfrei

безво́дье, -ья *n* Wassermangel, Wassernot

безвозвра́тный, -ая, -ое; *Kzf* -тен, -тна 1. unwiederbringlich 2. unwiderruflich; -ая ссу́да Darlehen ohne Rückerstattung

безвозду́шный, -ая, -ое luftleer

безвозме́здный, -ая, -ое unentgeltlich, kostenlos; -ое отчужде́ние entschädigungslose Enteignung

безво́лие, -я *n* Willenlosigkeit

безво́льный, -ая, -ое; *Kzf* -лен, -льна willenlos

безвре́дный, -ая, -ое; *Kzf* -ден, -дна unschädlich; harmlos

безвре́менный, -ая, -ое *hoher Stil* vorzeitig, verfrüht, (zu) früh; -ая конч́ина vorzeitiger Tod

безвре́менье, -ья *n alt* schwere Zeiten

безвы́ездный, -ая, -ое 1. ständig, ohne den Aufenthaltsort zu ändern 2. -о *Adv*: он -о живёт в Москве́ er lebt ständig in Moskau

безвы́ходный, -ая, -ое 1. ständig, ohne auszugehen 2. *Kzf* -ден, -дна aussichts-, hoffnungslos, verzweifelt, ausweglos

безгла́вый, -ая, -ое ohne Augen; einäugig

безгла́сный, -ая, -ое; *Kzf* -сен, -сна *alt* 1. wortlos, schweigsam, stumm 2. urteilslos

безголо́вый, -ая, -ое; *Kzf* -о́в, -а 1. kopflos, ohne Kopf 2. *übtr umg* dumm, beschränkt; vergeßlich

безголо́сый, -ая, -ое ohne Stimme; mit schlechter *oder* schwacher Stimme

безгра́мотность, -и *f* 1. Analphabetentum 2. Unwissenheit, Mangel an Bildung 3. ungenügende Kenntnisse im Lesen und Schreiben

безгра́мотный, -ая, -ое; *Kzf* -тен, -тна 1. des Lesens und Schreibens unkundig 2. ungebildet, unwissend (в *P* in) 3. fehlerhaft, schlecht *von einer Arbeit* 4. *Adv*: -о писа́ть beim Schreiben grobe Fehler machen

безграни́чный, -ая, -ое; *Kzf* -чен, -чна grenzenlos, unbeschränkt

безда́рный, -ая, -ое; *Kzf* -рен, -рна unbegabt, talentlos; stümperhaft

бездействие, -я *n* Untätigkeit, Müßiggang; Stillstand
бездействовать, -твую, -твуешь *uv* untätig [müßig] sein; stillstehen, außer Betrieb sein
безделица, -ы, *I* -ей *f umg* Kleinigkeit
безделка, -и, *Pl G* -лок, *D* -лкам *f alt* 1. Nippsache, Tand 2. Kleinigkeit, Bagatelle
безделушка, -и, *Pl G* -шек, *D* -шкам *f* Nippsache
безделье, -ья *n* Müßiggang, Nichtstun
бездельник, -а *m umg* Müßiggänger, Faulenzer, Nichtstuer
бездельничать, -аю, -аешь *uv* faulenzen, auf der faulen Haut liegen
бездельный, -ая, -ое; *Kzf* -лен, -льна *umg* unbeschäftigt, müßig, untätig
безденежный, -ая, -ое 1. bargeldlos 2. *umg* ohne Geld
безденежье, -ья *n* Geldmangel
бездетность, -и *f* Kinderlosigkeit
бездетный, -ая, -ое; *Kzf* -тен, -тна kinderlos
бездеятельный, -ая, -ое; *Kzf* -лен, -льна untätig, tatenlos
бездна, -ы *f* 1. Abgrund, Kluft 2. *G übtr umg* Unmenge, Unmasse ◇ ~ премудрости *scherz* abgrundtiefe Weisheit
бездоказательный, -ая, -ое; *Kzf* -лен, -льна beweislos, unbewiesen
бездомный, -ая, -ое; *Kzf* -мен, -мна obdachlos; -ая собака herrenloser Hund
бездонный, -ая, -ое; *Kzf* -нен, -нна bodenlos, abgrundtief ◇ -ая бочка *scherz* a) Erzsäufer; b) „Faß ohne Boden"
бездорожный, -ая, -ое; *Kzf* -жен, -жна unwegsam, unbefahrbar
бездорожье, -ья *n* 1. Wegelosigkeit 2. Zeit der Unbefahrbarkeit; aufgeweichte Wege
бездоходный, -ая, -ое; *Kzf* -ден, -дна ertraglos, ohne Nutzen, unrentabel
бездумный, -ая, -ое gedankenlos, sorglos, leichtsinnig
бездушие, -я *n* Herzlosigkeit, Hartherzigkeit
бездушный, -ая, -ое; *Kzf* -шен, -шна 1. herzlos, hartherzig 2. leblos, ausdruckslos
бездымный, -ая, -ое rauchlos
бездыханный, -ая, -ое; *Kzf* -анен, -анна leblos, tot
безе [зэ] *n idkl* Baiser *Schaumgebäck*
безжалостный, -ая, -ое; *Kzf* -тен, -тна unbarmherzig, schonungslos
безжизненный, -ая, -ое; *Kzf* -нен, -ненна 1. tot, leblos 2. *übtr* leblos, ausdruckslos
беззаботный, -ая, -ое; *Kzf* -тен, -тна sorglos, sorgenfrei
беззаветный, -ая, -ое; *Kzf* -тен, -тна 1. selbstlos, grenzenlos 2. -о *Adv*: -о преданный grenzenlos ergeben
беззаконие, -я *n* 1. Gesetzlosigkeit, Willkür 2. Gesetzwidrigkeit, ungesetzliche Handlung; совершать -я gesetzwidrig handeln
беззаконный, -ая, -ое; *Kzf* -нен, -нна ungesetzlich, gesetzwidrig; willkürlich
беззастенчивый, -ая, -ое; *Kzf* -ив, -а unverschämt, rücksichtslos
беззащитный, -ая, -ое; *Kzf* -тен, -тна schutzlos, wehrlos; hilflos
беззвёздный, -ая, -ое; *Kzf* -ден, -дна sternenlos
беззвучный, -ая, -ое; *Kzf* -чен, -чна klanglos, lautlos; kaum hörbar, still
безземелье, -ья *n* Landmangel, -hunger
безземельный, -ая, -ое landlos, ohne (Besitz an) Land
беззлобный, -ая, -ое; *Kzf* -бен, -бна gutmütig, gutherzig
беззубый, -ая, -ое 1. zahnlos 2. *übtr* ohne Schärfe, schwach; ohnmächtig; -ая злоба ohnmächtige Wut
безлесный, -ая, -ое; *Kzf* -сен, -сна waldlos, unbewaldet
безлесье, -ья *n* Waldmangel
безликий, -ая, -ое ohne charakteristische Eigenschaften
безлиственный, -ая, -ое blattlos, unbelaubt, ohne Blätter
безличный, -ая, -ое; *Kzf* -чен, -чна 1. ohne Eigenart, unpersönlich 2. *gram* unpersönlich
безлунный, -ая, -ое; *Kzf* -нен, -нна mondlos
безлюдный, -ая, -ое; *Kzf* -ден, -дна menschenleer; schwach bevölkert
безлюдье, -ья *n* Menschenleere; Menschenmangel
безмен, -а *m* Schnell-, Balkenwaage
безмерный, -ая, -ое; *Kzf* -рен, -рна maßlos, unermeßlich
безмозглый, -ая, -ое *umg* hirnlos, stupid
безмолвие, -я *n* Schweigen, Stille
безмолвный, -ая, -ое; *Kzf* -вен, -вна schweigend, still, stumm
безмолвствовать, -твую, -твуешь *uv* schweigen, sich in Schweigen hüllen

безмяте́жный, -ая, -ое; *Kzf* -жен, -жна ruhig, friedlich, ungestört
безнадёжный, -ая, -ое; *Kzf* -жен, -жна hoffnungslos; игра́ для них -а das Spiel ist für sie aussichtslos
безнадзо́рный, -ая, -ое unbeaufsichtigt
безнака́занный, -ая, -ое; *Kzf* -ан, -анна ungestraft, straflos; оста́ться -ым straflos ausgehen
безнали́чный, -ая, -ое bargeldlos
безнача́лие, -я *n* Anarchie; Fehlen der Staatsgewalt
безно́гий, -ая, -ое bein-, fußlos; ohne Bein, ohne Fuß
безнра́вственность, -и *f* Sittenlosigkeit, Unsittlichkeit
безнра́вственный, -ая, -ое; *Kzf* -вен *u.* -венен, -венна sittenlos, unsittlich, unmoralisch
безо ↑ без
безоби́дный, -ая, -ое; *Kzf* -ден, -дна harmlos, ungefährlich
безо́блачный, -ая, -ое; *Kzf* -чен, -чна 1. wolkenlos, unbewölkt; heiter, klar 2. *übtr* ungetrübt
безобра́зие, -я *n* 1. (äußere) Häßlichkeit, Mißgestalt 2. Unordnung; Unfug 3. Unanständigkeit, Unschicklichkeit; како́е ~! *umg* wie abscheulich!, was für eine Gemeinheit!
безобра́зить, -а́жу, -а́зишь *uv* 1. entstellen, verunstalten 2. *volksspr* sich flegelhaft [unanständig] benehmen
безобра́зник, -а *m umg* Flegel
безобра́зничать, -аю, -аешь *uv umg* sich flegelhaft [unanständig] benehmen
безо́бразный, -ая, -ое; *Kzf* -зен, -зна *buchspr* ausdruckslos, trocken
безобра́зный, -ая, -ое; *Kzf* -зен, -зна 1. häßlich *im Aussehen* 2. *übtr* empörend, abscheulich, gemein *von einer Handlung*
безоговоро́чный, -ая, -ое; *Kzf* -чен, -чна bedingungslos, unbedingt, vorbehaltlos
безопа́сность, -и *f* Gefahrlosigkeit, Sicherheit; обще́ственная ~ soziale Sicherheit; Сове́т Безопа́сности Sicherheitsrat
безопа́сный, -ая, -ое; *Kzf* -сен, -сна 1. ungefährlich; sicher; ~ от чего́ vor etw. sicher; спря́тать в -ом ме́сте sicher unterbringen 2. *tech* Sicherheits-; -ая бри́тва Rasierapparat
безору́жный, -ая, -ое; *Kzf* -жен, -жна 1. unbewaffnet 2. *übtr* wehrlos, hilflos
безоснова́тельный, -ая, -ое; *Kzf* -лен, -льна unbegründet; grundlos
безостано́вочный, -ая, -ое; *Kzf* -чен, -чна ununterbrochen, unaufhörlich
безотве́тный, -ая, -ое; *Kzf* -тен, -тна 1. unbeantwortet; -ая любо́вь unerwiderte Liebe 2. schweigend, wortlos 3. demütig, unterwürfig
безотве́тственность, -и *f* Verantwortungslosigkeit
безотве́тственный, -ая, -ое; *Kzf* -вен, -венна unverantwortlich, verantwortungslos
безотговоро́чный, -ая, -ое *umg* widerspruchslos, ohne Widerspruch
безотка́зный, -ая, -ое; *Kzf* -зен, -зна *umg* 1. störungslos, ununterbrochen 2. -о *Adv*: мото́р рабо́тает -о der Motor arbeitet einwandfrei
безотлага́тельный, -ая, -ое; *Kzf* -лен, -льна unverzüglich, unaufschiebbar, dringend
безотлу́чный, -ая, -ое; *Kzf* -чен, -чна ständig, beständig
безотноси́тельно *Adv* unabhängig (к *D* von); beziehungslos
безотноси́тельный, -ая, -ое; *Kzf* -лен, -льна absolut
безотра́дный, -ая, -ое; *Kzf* -ден, -дна freudlos, trostlos, untröstlich
безотры́вный, -ая, -ое ohne Unterbrechung
безотчётный, -ая, -ое; *Kzf* -тен, -тна 1. unbewußt, unwillkürlich, instinktiv; ~ страх unerklärliche Angst 2. unkontrolliert
безоши́бочный, -ая, -ое; *Kzf* -чен, -чна fehlerfrei, -los; unfehlbar
безрабо́тица, -ы, *I* -ей *f* Arbeits-, Erwerbslosigkeit
безрабо́тный, -ая, -ое 1. arbeits-, erwerbslos 2. -ого *Subst m* Arbeits-, Erwerbsloser
безра́достный, -ая, -ое; *Kzf* -тен, -тна freudlos, trübselig
безразде́льный, -ая, -ое; *Kzf* -лен, -льна ungeteilt, vollständig, uneingeschränkt
безразли́чие, -я *n* Gleichgültigkeit
безразли́чный, -ая, -ое; *Kzf* -чен, -чна 1. gleichgültig, indifferent; unwichtig 2. -о *Adv*: э́то мне -о das ist mir gleich
безрассу́дный, -ая, -ое; *Kzf* -ден, -дна unbesonnen, unvernünftig; -ая сме́лость Verwegenheit, Tollkühnheit
безрезульта́тный, -ая, -ое; *Kzf* -тен,

-тна ergebnislos, erfolglos; ~ шаг ein Schlag ins Wasser
безре́льсовый, -ая, -ое schienenlos; -ые доро́ги Landstraßen
безро́гий, -ая, -ое ohne Hörner
безро́дный, -ая, -ое; *Kzf* -ден, -дна **1.** alleinstehend, ohne Angehörige, verwaist **2.** heimatlos, vaterlandslos **3.** *alt* nichtadeliger Herkunft
безро́потный, -ая, -ое; *Kzf* -тен, -тна **1.** ergeben, demütig **2.** -о *Adv* ohne zu murren
безрука́вка, -и, *Pl G* -вок, *D* -вкам *f* ärmellose Jacke, Weste
безру́кий, -ая, -ое **1.** ohne Arm, ohne beide Arme, ohne Hand, ohne beide Hände **2.** *umg scherz* ungeschickt, linkisch
безры́бье, -ья *n* Fischmangel ◇ на ~ и рак ры́ба *Sprichw* in der Not frißt der Teufel Fliegen
безубы́точный, -ая, -ое; *Kzf* -чен, -чна verlustlos, ohne Verlust
безуда́рный, -ая, -ое; *Kzf* -рен, -рна *ling* unbetont
безу́держный, -ая, -ое; *Kzf* -жен, -жна unaufhaltsam, ungestüm
безукори́зненный, -ая, -ое; *Kzf* -ен, -енна tadellos, untadlig, makellos; einwandfrei
безу́мец, -мца, *I* -мцем, *G Pl* -мцев *m* **1.** *alt* Geisteskranker **2.** *übtr* Tor, höchst unvernünftiger Mensch
безу́мие, -я *n* **1.** *alt* Wahnsinn **2.** Unbesonnenheit, Verrücktheit, Torheit; люби́ть до -я wahnsinnig lieben
безу́мный, -ая, -ое; *Kzf* -мен, -мна **1.** *alt* wahnsinnig, verrückt **2.** unsinnig, töricht **3.** *übtr umg* sehr stark, heftig, wahnsinnig
безумо́лчный, -ая, -ое; *Kzf* -чен, -чна unausgesetzt, unaufhörlich
безу́мство, -а *n* Wahnsinn, Tollkühnheit
безу́мствовать, -твую, -твуешь *uv* unvernünftig handeln, toben, rasen, sich wie ein Besessener aufführen
безупре́чный, -ая, -ое; *Kzf* -чен, -чна tadellos, einwandfrei, makellos
безусло́вно **1.** *Adv* unbedingt, völlig, absolut **2.** *mod* zweifellos, natürlich
безусло́вный, -ая, -ое; *Kzf* -вен, -вна **1.** unbedingt; -ое повинове́ние unbedingter Gehorsam **2.** unzweifelhaft, sicher
безуспе́шный, -ая, -ое; *Kzf* -шен, -шна erfolglos
безуста́нный, -ая, -ое; *Kzf* -нен, -нна *alt* unermüdlich; unaufhörlich
безу́сый, -ая, -ое **1.** bartlos **2.** *übtr, scherz* unerfahren, grün; ~ мальчи́шка Grünschnabel **3.** ohne Grannen
безуте́шный, -ая, -ое; *Kzf* -шен, -шна trostlos, untröstlich
безуча́стие, -я *n* Teilnahmslosigkeit, Gleichgültigkeit
безуча́стный, -ая, -ое; *Kzf* -тен, -тна teilnahmslos, gleichgültig
безъя́дерный, -ая, -ое kernwaffenfrei
безъязы́кий, -ая, -ое ohne Sprache, stumm
безъязы́чный, -ая, -ое; *Kzf* -чен, -чна ohne Sprache, stumm
безыде́йный, -ая, -ое; *Kzf* -де́ен, -де́йна ideenlos
безызве́стный, -ая, -ое; *Kzf* -тен, -тна unbekannt
безымя́нный *u.* **безымённый,** -ая, -ое namenlos, anonym ◇ безымя́нный па́лец Ringfinger
безынициати́вный, -ая, -ое; *Kzf* -вен, -вна ohne Initiative
безынтере́сный, -ая, -ое; *Kzf* -сен, -сна uninteressant
безыску́ственный, -ая, -ое; *Kzf* -ен, -енна ungekünstelt, natürlich, einfach
безысхо́дный, -ая, -ое; *Kzf* -ден, -дна hoffnungslos, ausweglos
бе́йка, -и, *Pl G* бе́ек, *D* бе́йкам *f* Blende; Streifen *an Kleidung*
Бейру́т, -а *m* Beirut
бек, -а *m alt Sport* Verteidiger
бека́р, -а *m mus* Auflösungszeichen
бека́с, -а *m* Schnepfe
беке́ша, -и, *I* -ей *f* Pekesche, Schnürenrock
беко́н, -а *m* Bacon, geräucherter Speck
Белгра́д, -а *m* Belgrad
белена́, -ы́ *f bot* Bilsenkraut ◇ он -ы́ объе́лся er ist nicht recht bei Trost
беле́ние, -я *n* Bleichen
белёный, -ая, -ое gebleicht
белёсый *u. selten* **беле́сый,** -ая, -ое weißlich
беле́ть, -е́ю, -е́ешь *uv* **1.** weiß werden, verbleichen **2.** *1. u. 2. Pers ungebr* weiß schimmern, weiß scheinen
беле́ться, *1. u. 2. Pers ungebr,* -е́ется *uv umg* weiß schimmern
бе́ли, -ей *Pl med* Weißfluß
белиберда́, -ы́ *f umg* Unsinn
белизна́, -ы́ *f* das Weiße *als Farbe*
бели́ла, -и́л *Pl* **1.** weiße Farbe; свинцо́вые ~ Bleiweiß **2.** weiße Schminke

бели́льный, -ая, -ое zum Bleichen dienend
бели́льня, -и, *Pl G* -лен, *D* -льням *f* Bleiche, Bleicherei
бели́ть, белю́, бе́лишь; белённый, -ён, -ена́ *uv* **1.** weißen, tünchen; weiß anstreichen **2.** weiß schminken **3.** bleichen
бели́ться, белю́сь, бе́лишься *uv* sich weiß schminken
бе́личий, -ья, -ье Eichhörnchen-; ~ мех Feh
бе́лка, -и, *Pl G* -лок, *D* -лкам *f* **1.** Eichhörnchen **2.** Feh ◇ как ~ в колесе́ ohne Rast und Ruh
белкови́на, -ы *f* Eiweißstoff
белко́вый, -ая, -ое Eiweiß-; -ое перерожде́ние Eiweißzersetzung; -ое вещество́ Eiweißstoff, Albumin
беллладо́нна, -ы *f bot* Tollkirsche
беллетри́стика, -и *f* Belletristik
беллетристи́ческий, -ая, -ое belletristisch
бело- *in Zuss* **1.** weiß- **2.** weiß-, konterrevolutionär
бело|боро́дый, -ая, -ое weißbärtig; **~бры́сый,** -ая, -ое; *Kzf* -брыс, -а *umg* weißblond
белова́тый, -ая, -ое weißlich
белови́к, -а́ *m* Reinschrift, ins reine geschriebenes Manuskript
белово́й, -а́я, -о́е ins reine geschrieben; ~ экземпля́р Reinschrift
бело|воло́сый, -ая, -ое weißhaarig; **~гварде́ец,** -де́йца, *I* -де́йцем, *G Pl* -де́йцев *m* Weißgardist; **~гварде́йский,** -ая, -ое weißgardistisch; **~голо́вый,** -ая, -ое; *Kzf* -о́в, -а weißköpfig, weißhaarig; blondköpfig
бело́к, -лка́ *m* **1.** das Weiße *des Eies* **2.** *biol, chem* Eiweiß(stoff) **3.** das Weiße *des Auges*
бело|кро́вие, -я *n med* Leukämie, Weißblütigkeit; **~ку́рый,** -ая, -ое; *Kzf* -у́р, -а blond, hellblond; **~ли́цый,** -ая, -ее; *Kzf* -и́ц, -а mit weißem Gesicht, weißhäutig
Беломоркана́л, -а *m* (Беломо́рско-Балти́йский кана́л) Weißmeer-Ostsee-Kanal
бело|мо́рский, -ая, -ое Weißmeer-; **~ру́с,** -а *m* Belorusse
Белору́ссия, -и *f* Belorußland
бело|ру́сский, -ая, -ое belorussisch; Белору́сская Сове́тская Социалисти́ческая Респу́блика Belorussische Sozialistische Sowjetrepublik; **~ру́чка,** -и, *Pl G* -чек, *D* -чкам *m, f umg, verächtl* Arbeitsscheue(r); **~снѐжный,** -ая, -ое; *Kzf* -жен, -жна schneeweiß; **~шве́йка,** -и, *Pl G* -е́ек, *D* -е́йкам *f* Weißnäherin; **~шве́йный,** -ая, -ое Weißnäh-; ~шве́йная мастерска́я Weißnähwerkstatt; **~эмигра́нт,** -а *m* (in den ersten Jahren der Sowjetmacht) emigrierter Konterrevolutionär
белу́га, -и *f zool* Hausen ◇ реве́ть -ой *umg* wild schreien; zetern
белу́ха, -и *f* Weißwal
бе́лый, -ая, -ое **1.** *Kzf* бел, бела́, бе́ло́, бе́лы́ weiß; hell; -ые но́чи die weißen [hellen] Nächte **2.** weißgardistisch ◇ ~ гриб Steinpilz; -ая горя́чка Säuferwahnsinn; -ые стихи́ reimlose Verse, Blankverse; на -ом све́те in [auf] der weiten Welt; среди́ бе́ла (*oder* -ого) дня am hellichten Tage; -ая кость *iron* blaues Blut; Бе́лое мо́ре Weißes Meer
бельги́ец, -и́йца, *I* -и́йцем, *G Pl* -и́йцев *m* Belgier
бельги́йский, -ая, -ое belgisch
Бе́льгия, -и *f* Belgien
бельё, -ья́ *n* Wäsche; столо́вое ~ Tischwäsche; посте́льное ~ Bettwäsche; носи́льное ~ Leibwäsche; ни́жнее ~ Unterwäsche
бельево́й, -а́я, -о́е Wäsche
бельме́с, -а *m*: ни -а не знать *volksspr* gar nichts wissen, nichts verstehen
бельмо́, -а́, *Pl* бе́льма, бельм, бе́льмам *n med* weißer Star ◇ как ~ на глазу́ *umg* wie ein Dorn im Auge
бельэта́ж, -а, *I* -ем, *G Pl* -ей *m* **1.** erster Stock **2.** erster Rang *im Theater*
беля́к, -а́ *m* **1.** Schneehase **2.** *Pl* Schaumwellen
беля́нка, -и, *Pl G* -нок, *D* -нкам *f* **1.** Blondine **2.** *zool* Kohlweißling
бемо́ль, -я *m mus* Zeichen ♭ Erniedrigungszeichen
бенга́льский, -ая, -ое bengalisch; Бенга́льский зали́в Golf von Bengalen
бенефи́с, -а *m* Benefizvorstellung
бензи́н, -а (-у) *m* Benzin
бензи́нка, -и, *Pl G* -нок, *D* -нкам *f* Benzinkocher
бензи́новый, -ая, -ое Benzin-; -ая горе́лка Benzinlampe
бензово́з, -а *m* Tankwagen
бензозапра́вочный, -ая, -ое: -ая коло́нка Tankstelle
бензоколо́нка, -и, *Pl G* -нок, *D* -нкам *f* Tankstelle
бензо́л, -а (-у) *m* Benzol
бензоме́р, -а *m* Benzinstandsmesser

бензохрани́лище, -а, *I* -ем *n* Benzinbehälter; Benzinlager
бенуа́р, -а *m*: ло́жа -а Parkettloge
берда́нка, -и, *Pl G* -нок, *D* -нкам *f* Berdangewehr
бёрдо, -а *n tech* Weberkamm
бе́рег, -а, *P* о бе́реге, на берегу́, *Pl* берега́, -о́в, -а́м *m* Ufer, Küste, Strand; сойти́ на ~ an Land gehen; вы́йти из -о́в über die Ufer treten; держа́ться -а an der Küste entlang fahren; приста́ть к -у landen, (am Ufer) anlegen ◇ от одного́ -а отста́ть, к друго́му не приста́ть sich zwischen zwei Stühle setzen
берегово́й, -а́я, -о́е Ufer-, Land-, Küsten-, Strand-; ~ ве́тер Landwind; -ые ска́лы Strandklippen
берегу́ ↑ бере́чь
береди́ть, -ежу́, -еди́шь *uv* reizen, aufreiben, wund reiben; ~ ста́рую ра́ну *übtr* eine alte Wunde aufreißen
бережёный, -ая, -ое *gbt* behütet, beschützt
бережли́вый, -ая, -ое; *Kzf* -и́в, -а sparsam, wirtschaftlich, haushälterisch
бе́режный, -ая, -ое vorsichtig, behutsam, schonend
берёза, -ы *f* Birke; плаку́чая ~ Trauerbirke
бере́зник, -а *m* Birkenwald
березня́к, -а́ *m* Birkenwald
берёзовик, -а *m* Birkenpilz
берёзовый, -ая, -ое Birken-; -ая ро́ща Birkenhain
бере́йтор, -а *m* **1.** Zureiter **2.** Reitlehrer
бере́менеть, -ею, -еешь *uv* schwanger werden
бере́менная; *Kzf* -енна schwanger
бере́менность, -и *f* Schwangerschaft
берёста *u.* **бере́ста,** -ы *f* Birkenrinde
берёстовый, -ая, -ое aus Birkenrinde
берестяно́й, -а́я, -о́е aus Birkenrinde
бере́т, -а *m* Barett; Baskenmütze
бере́чь* *uv* **1.** hüten, bewachen **2.** (auf)bewahren, verwahren; aufheben, sparen; ~ та́йну ein Geheimnis wahren; копе́йка рубль бережёт wer den Pfennig nicht ehrt, ist des Talers nicht wert **3.** schonen, bewahren; ~ глаза́ die Augen schonen; ~ свои́ си́лы seine Kräfte schonen
бере́чься* *uv* **1.** sich vorsehen; береги́сь! (-и́тесь!) Vorsicht!, Achtung! **2.** *G* sich hüten (vor), sich in acht nehmen (vor)
бери́лл, -а *m min* Beryll
бери́ллий, -я, *P* -и *m* Beryllium
бе́рингов, -а, -о: Бе́рингов проли́в Beringstraße; Бе́рингово мо́ре Beringmeer
бе́рковец, -вца, *I* -вцем *m alt* Gewichtseinheit von 10 Pud (= 163 kg)
бе́ркут, -а *m zool* Königsadler
Берли́н, -а *m* Berlin
берли́нец, -нца, *I* -нцем, *G Pl* -нцев *m* Berliner
берли́нский, -ая, -ое Berliner, berlinisch; -ая лазу́рь Berlinerblau
берло́га, -и *f* **1.** Bärenhöhle **2.** *umg, scherz* Behausung
берму́дский, -ая, -ое: Берму́дские острова́ Bermuda-Inseln
Берн, -а *m* Bern
беру́ ↑ брать
берцо́вый, -ая, -ое: больша́я -ая кость *anat* Schienbein; ма́лая -ая кость *anat* Wadenbein
бес, -а *m* Teufel, böser Geist ◇ рассыпа́ться ме́лким -ом пе́ред ке́м-н. *umg* j-m schmeicheln; scharwenzeln vor j-m; седина́ в бо́роду, а ~ в ребро́ Alter schützt vor Torheit nicht; je oller, je toller
бесе́да, -ы *f* **1.** Unterhaltung, Gespräch; Meinungsaustausch **2.** Unterredung; Besprechung **3.** (öffentlicher) Vortrag mit Diskussion
бесе́дка, -и, *Pl G* -док, *D* -дкам *f* Laube, Gartenlaube; Pavillon
бесе́довать, -дую, -дуешь *uv* sich unterhalten, ein Gespräch führen (с *I* mit)
бесе́дчик, -а *m umg* Diskussionsleiter
бесёнок, -нка, *Pl* бесеня́та, -я́т, -я́там *m umg Dem zu* бес **1.** kleiner Teufel [Unhold] **2.** Wildfang, Schalk
беси́ть, бешу́, бе́сишь *uv* in Wut bringen; rasend machen
беси́ться, бешу́сь, бе́сишься *uv* **1.** *1. u. 2. Pers ungebr* an Tollwut erkranken *von Tieren* **2.** wüten, rasen; vor Wut toben **3.** *volksspr* ausgelassen sein, (herum)toben ◇ он с жи́ру бе́сится *volksspr* ihn sticht der Hafer
бескла́ссовый, -ая, -ое klassenlos
бескозы́рка, -и, *Pl G* -рок, *D* -ркам *f* schirmlose Mütze, Tellermütze; матро́сская ~ Matrosenmütze
бесконе́чность, -и *f* **1.** Unendlichkeit **2.** Ewigkeit, sehr lange Zeit **3.** *math* Infinität ◇ до -и bis ins Un-

endliche; sehr lange; ждать до -и eine Ewigkeit warten

бесконе́чный, -ая, -ое; *Kzf* -чен -чна **1.** unendlich, endlos; -ая дробь *math* unendlicher Bruch; ~ винт *tech* endlose Schnecke; ~ реме́нь *tech* Laufriemen **2.** unaufhörlich, ewig, ohne Ende **3.** grenzenlos, unbegrenzt

бесконтро́льный, -ая, -ое; *Kzf* -лен, -льна unkontrolliert, unbeaufsichtigt

беско́рмица, -ы, *I* -ей *f* Futtermangel

бескоры́стие, -я *n* Uneigennützigkeit, Selbstlosigkeit

бескоры́стный, -ая -ое; *Kzf* -тен, -тна uneigennützig, selbstlos

беско́стный, -ая, -ое; *Kzf* -тен, -тна ohne Knochen, ohne Gräten

бескра́йний, -яя, -ее *u.* **бескра́йный,** -ая, -ое unendlich, grenzenlos

бескро́вный, -ая, -ое; *Kzf* -вен, -вна **1.** blutlos, blutleer; -ые гу́бы bleiche Lippen **2.** ohne Blutvergießen

бескры́лый, -ая, -ое **1.** *zool* flügellos **2.** *übtr* flügellahm

бескульту́рье, -ья *n umg* Kulturlosigkeit; kulturelle Rückständigkeit

бесновáние, -я *n* Besessenheit, Raserei

бесновáться, -ну́юсь, -ну́ешься *uv* rasen, wüten, sich wie ein Besessener aufführen

бесо́вский, -ая, -ое teuflisch

беспáлый, -ая, -ое fingerlos; zehenlos

беспáмятный, -ая, -ое; *Kzf* -тен, -тна *umg* vergeßlich ◇ в -ом состоя́нии besinnungslos, bewußtlos

беспáмятство, -а *n* Bewußt-, Besinnungslosigkeit; Ohnmacht; впасть в ~ das Bewußtsein verlieren; в -е ohne Besinnung; *übtr* außer sich

беспардо́нный, -ая, -ое *volksspr* rücksichtslos, frech

беспарти́йный, -ая, -ое **1.** parteilos **2.** -ого *Subst m* Parteiloser

беспáспортный, -ая, -ое ohne Paß

бесперебо́йный, -ая, -ое; *Kzf* -óен, -óйна ununterbrochen, störungsfrei, regelmäßig

беспереме́нный, -ая, -ое unveränderlich

беспересáдочный, -ая, -ое durchgehend, ohne Umsteigen; -ое сообще́ние direkte (Zug-) Verbindung; по́езд -ого сообще́ния durchgehender Zug

бесперспекти́вный, -ая, -ое; *Kzf* -вен, -вна ohne klare Perspektiven

беспёрый, -ая, -ое *zool* ungefiedert

беспечáльный, -ая, -ое; *Kzf* -лен, -льна sorglos, unbekümmert

беспе́чность, -и *f* Sorglosigkeit, Leichtsinn; Fahrlässigkeit

беспе́чный, -ая, -ое; *Kzf* -чен, -чна sorglos, unbekümmert, leichtsinnig; fahrlässig; быть -ым alles auf die leichte Schulter nehmen

беспило́тный, -ая, -ое *flug* unbemannt

бесписьменный, -ая, -ое ohne Schrifttum

бесплáновый, -ая, -ое planlos

бесплáтный, -ая, -ое; *Kzf* -тен, -тна unentgeltlich, kostenlos; ~ биле́т Freikarte; ~ вход freier Eintritt

беспло́дие, -я *n* **1.** Unfruchtbarkeit **2.** Unergiebigkeit *vom Boden*

беспло́дный, -ая, -ое; *Kzf* -ден, -дна **1.** unfruchtbar **2.** unergiebig *Boden* **3.** *übtr* fruchtlos, vergeblich

беспло́тный, -ая, -ое; *Kzf* -тен, -тна *buchspr* körperlos, immateriell

беспоборо́тный, -ая, -ое; *Kzf* -тен, -тна unwiderruflich, unwiederbringlich

беспodо́бный, -ая, -ое; *Kzf* -бен, -бна unvergleichlich, beispiellos; unübertroffen

беспозвоно́чный, -ая, -ое **1.** wirbellos **2.** -ые, -ых *Pl Subst* Wirbellose

беспоко́ить, -óю, -óишь *uv* **1.** beunruhigen; меня́ беспоко́ит . . . mich beunruhigt . . . **2.** stören, belästigen; э́то вас не беспоко́ит? stört Sie das (nicht)?

беспоко́иться, -óюсь, -óишься *uv* **1.** besorgt sein (о *P* um), sich Sorgen machen (um, wegen); ~ не́чего! kein Grund zur Beunruhigung! **2.** sich bemühen; не беспоко́йтесь, пожáлуйста! lassen Sie sich bitte nicht stören!, bitte machen Sie sich keine Mühe!

беспоко́йный, -ая, -ое; *Kzf* -óен, -óйна **1.** unruhig, ruhelos **2.** *übtr* bewegt

беспоко́йство, -а *n* **1.** Unruhe **2.** Störung; прости́те за ~! entschuldigen Sie, daß ich (Sie) störe!

бесполе́зный, -ая, -ое; *Kzf* -зен, -зна unnütz, nutzlos, vergeblich

беспо́лый, -ая, -ое *biol* geschlecht(s)-los, ungeschlechtlich

беспо́мощный, -ая, -ое; *Kzf* -щен, -щна hilflos, unbeholfen; schwach

беспоро́дный, -ая, -ое; *Kzf* -ден, -дна nicht reinrassig; von geringerer Qualität

беспоро́чный, -ая, -ое; *Kzf* -чен, -чна *alt* makellos, fehlerfrei; ~ свиде́тель unbescholtener Zeuge
беспоря́док, -дка *m* 1. Unordnung 2. *alt Pl* Unruhen
беспоря́дочный, -ая, -ое; *Kzf* -чен, -чна unordentlich, liederlich
беспоса́дочный, -ая, -ое: ~ перелёт Nonstopflug
беспо́чвенный, -ая, -ое; *Kzf* -ен, -енна unbegründet, grundlos
беспо́шлинный, -ая, -ое zollfrei
беспоща́дный, -ая, -ое; *Kzf* -ден, -дна erbarmungslos, unerbittlich
беспра́вие, -я *n* Gesetzlosigkeit; Rechtlosigkeit
беспра́вный, -ая, -ое; *Kzf* -вен, -вна rechtlos
беспреде́льный, -ая, -ое; *Kzf* -лен, -льна grenzenlos, unendlich
беспредме́тный, -ая, -ое; *Kzf* -тен, -тна gegenstandslos, sinnlos
беспрекосло́вный, -ая, -ое; *Kzf* -вен, -вна widerspruchslos, unweigerlich
беспрепя́тственный, -ая, -ое; *Kzf* -ен *u.* -енен, -енна ungehindert; ~ вход и вы́ход freier Ein- und Ausgang
беспреры́вный, -ая, -ое; *Kzf* -вен, -вна ununterbrochen, pausenlos, unausgesetzt; идёт ~ дождь es regnet unaufhörlich
беспреста́нный, -ая, -ое; *Kzf* -та́нен, -та́нна 1. ununterbrochen, fortwährend 2. -о *Adv*: -о смея́ться in einem fort lachen
беспри́быльный, -ая, -ое; *Kzf* -лен, -льна unvorteilhaft, unrentabel
бесприда́нница, -ы, *I* -ей *f alt* Braut ohne Mitgift
беспризо́рник, -а *m* obdachloses [verwahrlostes] Kind
беспризо́рный, -ая, -ое; *Kzf* -рен, -рна 1. aufsichtslos, verwahrlost 2. obdachlos
беспримéрный, -ая, -ое; *Kzf* -рен, -рна beispiellos, unvergleichlich
беспринци́пный, -ая, -ое; *Kzf* -пен, -пна ohne Grundsätze, prinzipienlos
беспристра́стие, -я *n* Unparteilichkeit, Unvoreingenommenheit
беспристра́стный, -ая, -ое; *Kzf* -тен, -тна unparteiisch, unvoreingenommen
беспричи́нный, -ая, -ое; *Kzf* -нен, -нна grundlos; зате́ять ~ спор einen Streit vom Zaune brechen
бесприю́тный, -ая, -ое; *Kzf* -тен, -тна obdachlos
беспробу́дный, -ая, -ое; *Kzf* -ден, -дна 1. tief, fest *Schlaf* 2. *umg* hemmungslos *Säufer*
беспро́волочный, -ая, -ое drahtlos
беспро́игрышный, -ая, -ое: -ая лотере́я Lotterie ohne Nieten; *übtr* -ое де́ло sichere Sache, sicheres Geschäft
беспросве́тный, -ая, -ое; *Kzf* -тен, -тна 1. stockfinster 2. *übtr* hoffnungslos, düster
беспросы́пный, -ая, -ое *umg* 1. fest *Schlaf* 2. hemmungslos *Trunksucht*
беспроце́нтный, -ая, -ое ohne Zinsen; ~ вы́игрышный заём unverzinsliche Gewinnanleihe
беспу́тник, -а *m alt* Wüstling
беспу́тничать, -аю, -аешь *uv umg* ein loses [ausschweifendes] Leben führen
беспу́тный, -ая, -ое; *Kzf* -тен, -тна 1. sinnlos, unvernünftig 2. leichtfertig; ausschweifend, sittenlos
беспу́тство, -а *n* Leichtfertigkeit, Liederlichkeit; Sittenlosigkeit
Бессара́бия, -и *f* Bessarabien
бессвя́зный, -ая, -ое; *Kzf* -зен, -зна unzusammenhängend
бессеме́йный, -ая, -ое ohne Familie, alleinstehend, unverheiratet
бессеме́ровский, -ая, -ое *tech* Bessemer-
бессемя́нный, -ая, -ое samen-, kernlos
бессерде́чие, -я *n* Herzlosigkeit
бессерде́чный, -ая, -ое; *Kzf* -чен, -чна herzlos, hartherzig
бесси́лие, -я *n* 1. Kraftlosigkeit; ста́рческое ~ Altersschwäche; полово́е ~ *med* Impotenz 2. *übtr* Machtlosigkeit, Ohnmacht
бесси́льный, -ая, -ое; *Kzf* -лен, -льна 1. kraftlos, schwach; impotent 2. *übtr* machtlos, ohnmächtig
бессисте́мный, -ая, -ое; *Kzf* -мен, -мна systemlos, unsystematisch
бессла́вие, -я *n* Schmach
бессла́вный, -ая, -ое; *Kzf* -вен, -вна ruhmlos, schmachvoll, schmählich
бессле́дный, -ая, -ое spurlos
бессловéсный, -ая, -ое; *Kzf* -сен, -сна 1. stumm 2. wortkarg
бессме́нный, -ая, -ое; *Kzf* -нен, -нна nicht ablösbar, ständig, ohne Unterbrechung
бессме́ртие, -я *n* Unsterblichkeit
бессме́ртник, -а *m bot* Immortelle
бессме́ртный, -ая, -ое; *Kzf* -тен, -тна unsterblich
бессмы́сленный, -ая, -ое; *Kzf* -ен, -енна 1. sinnlos 2. stumpfsinnig, verständnislos
бессмы́слица, -ы, *I* -ей *f umg* Unsinn, ungereimtes Zeug

бесснéжный, -ая, -ое schneelos, -frei
бессóвестный, -ая, -ое; *Kzf* -тен, -тна 1. gewissenlos, ehrlos 2. frech, unverschämt; skrupellos
бессодержáтельный, -ая, -ое; *Kzf* -лен, -льна inhaltslos, hohl
бессознáтельный, -ая, -ое; *Kzf* -лен, -льна 1. besinnungslos; -ое состоя́ние Bewußtlosigkeit 2. unbewußt, nicht vorsätzlich
бессóнница, -ы, *I* -ей *f* Schlaflosigkeit
бессóнный, -ая, -ое schlaflos
бесспóрный, -ая, -ое; *Kzf* -рен, -рна unstreitig, unbestreitbar; unumstößlich; -ое прáво unbestrittenes Recht
бессребреник, -а *m alt* uneigennütziger Mensch
бессрóчный, -ая, -ое unbefristet
бесстрáстный, -ая, -ое; *Kzf* -тен, -тна leidenschaftslos, gelassen; kaltblütig
бесстрáшие, -я *n* Furchtlosigkeit
бесстрáшный, -ая, -ое; *Kzf* -шен, -шна furchtlos, unerschrocken, kühn
бесступéнчатый, -ая, -ое *tech* stufenlos
бессты́дник, -а *m umg* Schamloser
бессты́дница, -ы, *I* -ей *f umg* Schamlose
бессты́дный, -ая, -ое; *Kzf* -ден, -дна schamlos, unverschämt
бессты́дство, -а *n* Schamlosigkeit, Unverschämtheit
бессты́жий, -ая, -ее *volksspr u. gbt* schamlos, unverschämt
бессчётный, -ая, -ое zahllos, unzählig
бестáктность, -и *f* Taktlosigkeit; соверши́ть ~ sich eine Taktlosigkeit zuschulden kommen lassen
бестáктный, -ая, -ое; *Kzf* -тен, -тна taktlos
беталáнный, -ая, -ое; *Kzf* -нен, -нна 1. unbegabt, talentlos 2. *folkl* unglücklich, unglückselig
бестелéсный, -ая, -ое; *Kzf* -сен, -сна körperlos
бéстия, -и *f* schlauer Betrüger; продувнáя ~ durchtriebener Kerl; тóнкая ~ Schlaukopf
бестолкóвщина, -ы *f umg, verächtl* Wirrwarr, Unordnung
бестолкóвый, -ая, -ое; *Kzf* -óв, -а 1. verständnislos, begriffsstutzig 2. zusammenhanglos; unverständlich
бéстолочь, -и *f umg, verächtl* 1. Wirrwarr, Unordnung 2. Dummkopf
бестрéпетный, -ая, -ое; *Kzf* -тен, -тна *hoher Stil* furchtlos, unerschrocken
бесфóрменный, -ая, -ое; *Kzf* -ен, -енна form-, gestaltlos; verschwommen
бесхарáктерный, -ая, -ое; *Kzf* -рен, -рна charakterlos, -schwach
бесхвóстый, -ая, -ое schwanzlos
бесхи́тростный, -ая, -ое; *Kzf* -тен, -тна treu-, offenherzig; einfach
бесхóзный, -ая, -ое *umg* herrenlos
бесхозя́йственность, -и *f* Mißwirtschaft
бесхозя́йственный, -ая, -ое; *Kzf* -вен, -венна unwirtschaftlich; unpraktisch; -ое ведéние дел Mißwirtschaft
бесхребéтный, -ая, -ое; *Kzf* -тен, -тна *übtr* prinzipienlos; ohne Rückgrat
бесцвéтный, -ая, -ое; *Kzf* -тен, -тна 1. farblos, blaß 2. *übtr* farblos, fade; trocken, ausdruckslos
бесцéльный, -ая, -ое; *Kzf* -лен, -льна ziellos, zwecklos
бесцéнный, -ая, -ое; *Kzf* -нен, -нна 1. unschätzbar, kostbar 2. *alt* wertlos
бесцéнок, -нка *m umg*: за ~ spottbillig
бесцеремóнный, -ая, -ое; *Kzf* -нен, -нна 1. rücksichtslos, ungeniert 2. -о *Adv*: дéйствовать -о kurzen Prozeß machen
бесчеловéчный, -ая, -ое; *Kzf* -чен, -чна unmenschlich, grausam
бесчéстить, -éщу, -éстишь *uv* entehren
бесчéстный, -ая, -ое; *Kzf* -тен, -тна ehrlos, schändlich
бесчéстье, -ья *n* Schmach, Schande
бесчи́нство, -а *n* Unfug, Ausschreitung
бесчи́нствовать, -твую, -твуешь *uv* Unfug treiben; randalieren
бесчи́сленный, -ая, -ое; *Kzf* -ен, -енна zahllos, unzählig; -ое мнóжество Unzahl
бесчу́вственный, -ая, -ое; *Kzf* -ен *u.* -енен, -енна 1. gefühllos; teilnahmslos 2. mitleidslos
бесчу́вствие, -я *n* 1. Bewußtlosigkeit, Ohnmacht; до -я bis zur Bewußtlosigkeit 2. Gefühllosigkeit; Kälte; Teilnahmslosigkeit
бесшабáшный, -ая, -ое; *Kzf* -шен, -шна *umg* unbekümmert, sorglos; übermütig, ausgelassen
бесшóвный, -ая, -ое nahtlos; -ые трýбы nahtlose Rohre
бесшу́мный, -ая, -ое; *Kzf* -мен, -мна geräusch-, lautlos
бетóн, -а (-у) *m* Beton

бетони́рование, -я *n* Betonieren
бетони́ровать, -рую, -руешь; -рованный, -рован, -а *uv* betonieren
бето́нный, -ая, -ое Beton-, aus Beton
бетономеша́лка, -и, *Pl G* -лок, *D* -лкам *f* Betonmischmaschine
бето́нщик, -а *m* Betonarbeiter
бетонье́рка, -и, *Pl G* -рок, *D* -ркам *f* Betonmischmaschine
беф-стро́ганов *m idkl* Beef Stroganow *Fleischgericht*
бечева́, -ы́ *f* Schlepptau, Zugseil
бечёвка, -и, *Pl G* -вок, *D* -вкам *f* Schnur, Bindfaden
бечевни́к, -а́ *u.* **бече́вник,** -а *m* Treidelweg
бешаме́ль, -и *f* Bechamelsoße
бе́шенство, -а *n* 1. *med* Tollwut 2. *übtr* Raserei; прийти́ в ~ in Wut geraten
бе́шеный, -ая, -ое 1. *med* tollwütig 2. *übtr* ungestüm, rasend; -ая ско́рость enorme Geschwindigkeit; -ое сопротивле́ние erbitterter Widerstand 3. *übtr* rasend, besessen ◇ -ые це́ны *umg* enorme Preise; -ые де́ньги leicht erworbenes und verausgabtes Geld; -ая го́нка вооруже́ний fieberhaftes Wettrüsten
биатло́н, -а *m Sport* Biathlon
библе́йский, -ая, -ое biblisch
библиографи́ческий, -ая, -ое bibliographisch
библиогра́фия, -и *f* Bibliographie
библиоте́ка, -и *f* Bibliothek, Bücherei; ~-чита́льня Bibliothek mit Lesesaal; ~-передви́жка Wanderbibliothek
библиоте́карский, -ая, -ое bibliothekarisch
библиоте́карша, -и, *I* -ей *f umg* Bibliothekarin
библиоте́карь, -я *m* Bibliothekar
библиотекове́дение, -я *n* Bibliothekswissenschaft
библиоте́чный, -ая, -ое Bibliotheks-, Bücherei-; -ое де́ло Bibliothekswesen
библиофи́л, -а *m* Bibliophile
би́блия, -и *f* Bibel
бива́к *u.* **бивуа́к,** -а *m mil* Biwak, Feld(nacht)lager; стоя́ть -ом biwakieren, im Freien lagern
би́вни *Pl* -ей, *Sg* би́вень, -вня *m* Stoßzahn, Hauer
бивуа́к ↑ бива́к
бигуди́ *Pl idkl* Lockenwickel
бидо́н, -а *m* (Blech-) Kanne, Kanister; ~ для молока́ Milchkanne; ~ для кероси́на Petroleumbehälter
бие́ние, -я *n* Schlag, Schlagen; ~ пу́льса Pulsschlag ◇ ~ жи́зни Pulsschlag des Lebens
би́знес [нэ], -а *m umg* Busineß
бизо́н, -а *m zool* Bison
бикфо́рдов, -а, -о: ~ шнур Zündschnur
билабиа́льный, -ая, -ое *ling* bilabial
биле́т, -а *m* 1. (Fahr-) Schein, (Eintritts-) Karte; проездно́й ~ Fahrkarte; обра́тный ~ Rückfahrkarte; перо́нный ~ Bahnsteigkarte; входно́й ~ Eintrittskarte; ~ в теа́тр Theaterkarte 2. Ausweis, Buch; Kärtchen; парти́йный ~ Parteidokument; чле́нский ~ Mitgliedskarte; отпускно́й ~ Urlaubsschein; пригласи́тельный ~ Einladung 3. *alt* креди́тный ~ Banknote, Geldschein ◇ бе́лый ~ *hist* Bescheinigung über Befreiung vom Wehrdienst wegen Untauglichkeit
билетёр, -а *m* Platzanweiser
билетёрша, -и, *I* -ей *f umg* Platzanweiserin
биле́тный, -ая, -ое Karten-, Fahrkarten-; -ая ка́сса Fahrkartenschalter; *theat* Theaterkasse
биллиа́рд [лья], -а *m* Billard
биллио́н, -а *m Num* Billion
би́ло, -а *m* 1. Schlägel 2. Klopfbrett
билья́рд, -а *m* Billard; игра́ть на -е Billard spielen
билья́рдный, -ая, -ое Billard-
бино́кль, -я *m* Doppelglas, Fernglas; театра́льный ~ Opernglas; полево́й ~ Feldstecher
бинт, -а́ *m* Binde; наложи́ть ~ на ра́ну eine Wunde verbinden
бинтова́ть, -ту́ю, -ту́ешь *uv* einen Verband anlegen, verbinden
био́граф, -а *m* Biograph
биогра́фия, -и *f* Biographie
био́лог, -а *m* Biologe
биоло́гия, -и *f* Biologie
биофа́к, -а *m* (биологи́ческий факульте́т) biologische Fakultät
бипла́н, -а *m flug* Zweidecker, Doppeldecker
би́ржа, -и, *I* -ей *f* Börse; фо́ндовая ~ Effektenbörse; ~ труда́ Arbeitsamt; Stempelstelle
биржеви́к, -а́ *m* Börsenspekulant
биржево́й, -а́я, -о́е Börsen-; -а́я сде́лка Börsengeschäft
би́рка, -и, *Pl G* -рок, *D* -ркам *f* 1. Kerbholz, Kerbstock 2. beschriftetes Schildchen *am Gepäck usw.*
Би́рма, -ы *f* Birma
бирма́нец, -нца, *I* -нцем, *G Pl* -нцев *m* Birmane

бирма́нка, -и, *Pl G* -нок, *D* -нкам *f* Birmanin
бирма́нский, -ая, -ое birmanisch
Би́рмингем, -а *m* Birmingham
бирюза́, -ы́ *f* Türkis *Edelstein*
бирюзо́вый, -ая, -ое Türkis-, türkisblau
бирю́к, -а́ *m* **1.** *gbt* nicht im Rudel lebender Wolf **2.** *übtr* Griesgram; смотре́ть -о́м finster dreinschauen
бирю́льки *Pl* -лек, *Sg* бирю́лька, -и *f* Stäbchenspiel; игра́ть в ~ das Stäbchenspiel spielen; *übtr* tändeln, seine Zeit vergeuden
бис! *Interj* noch einmal!, da capo!; выступле́ние на ~ Zugabe
би́сер, -а (-у) *m Koll* Glasperlen ◇ мета́ть ~ пе́ред сви́ньями *übtr* Perlen vor die Säue werfen
би́серина, -ы *f umg* Glasperle
би́серинка, -и, *Pl G* -нок, *D* -нкам *f Dem zu* би́серина (kleine) Glasperle
би́серный, -ая, -ое **1.** Glasperlen-, perlenartig **2.** zierlich, klein
биси́ровать, -рую, -руешь *v, uv* seinen Auftritt wiederholen, zugeben
биска́йский, -ая, -ое: Биска́йский зали́в Golf von Biskaya
бискви́т, -а *m* Biskuit
биссектри́са, -ы *f math* Winkelhalbierende, Halbierungslinie
бита́, -ы́ *f umg* Schlagholz, Schläger *bei einigen Spielen*
би́тва, -ы *f* Schlacht
битки́ *Pl* -о́в, *Sg* бито́к, -тка́ *m* (Fleisch-) Klopse
битко́м *Adv*: ~ наби́тый vollgestopft, überfüllt; zum Bersten voll, brechend voll
бито́чки *Pl* -ов, *Sg* бито́чек, -чка *m Dem zu* битки́ (Fleisch-) Klopse
би́тый, -ая, -ое zerschlagen; geschlachtet ◇ ~ час eine geschlagene [volle] Stunde
бить* *uv* **1.** schlagen (по *D oder* в *A* auf, an); ~ в бараба́н die Trommel rühren, trommeln; ~ в ладо́ши in die Hände klatschen; ~ по недоста́ткам *übtr* die Mängel bekämpfen **2.** schlagen, läuten; ~ в колокола́ die Glokken läuten; ~ трево́гу *mil* Alarm schlagen; ~ отбо́й *mil* zum Rückzug blasen; *übtr* sich drücken, kneifen; часы́ бьют die Uhr schlägt **3.** schlagen, prügeln, hauen **4.** schlagen, besiegen **5.** schlachten **6.** schießen, erlegen; ~ за́йца einen Hasen schießen **7.** tragen; ружьё бьёт пятьсо́т ме́тров das Gewehr schießt fünfhundert Meter weit **8.** treffen, zielen; ~ в цель ins Ziel schießen; *übtr* ins Schwarze treffen **9.** sprudeln, springen, quellen; ~ ключо́м hervorsprudeln; жизнь бьёт ключо́м *übtr* das Leben pulsiert **10.** zerschlagen, zerbrechen ◇ ~ в глаза́ in die Augen springen; ~ ка́рту eine Karte stechen; ~ ма́сло Butter schlagen, buttern; ~ баклу́ши faulenzen, die Zeit totschlagen; меня́ бьёт лихора́дка ich habe Schüttelfrost; ~ по самолю́бию das Ehrgefühl verletzen; ~ за́дом ausschlagen *vom Pferd*; ~ чело́м *alt* untertänigst bitten; э́то бьёт по карма́ну das reißt ins Geld; на что он бьёт? worauf will er hinaus?
битьё, -ья́ *n* **1.** Prügel, Schläge **2.** Zerschlagen
би́ться* *uv* **1.** sich schlagen, sich raufen; ~ на шпа́гах sich duellieren **2.** schlagen, klopfen; се́рдце бьётся das Herz klopft **3.** kämpfen; ~ за выполне́ние пла́на um die Erfüllung des Planes kämpfen **4.** schlagen, stoßen (о *A* gegen, an); ~ голово́й о сте́ну mit dem Kopf gegen die Wand rennen **5.** sich abmühen, sich abplagen (над *I* mit); ~ над реше́нием зада́чи sich mit der Lösung einer Aufgabe abplagen **6.** sich zerschlagen lassen; стекло́ легко́ бьётся Glas zerbricht leicht ◇ ~ как ры́ба об лёд vergebliche Anstrengungen machen; ~ об закла́д wetten, eine Wette eingehen; ~ в исте́рике einen hysterischen Anfall haben
битю́г, -а́ *m* Lastpferd
бифурка́ция, -и *f buchspr* Gabelung, Zweiteilung
бифште́кс [тэ], -а *m* Beefsteak, gebratenes Lendenstück
бич, -а́, *I* -о́м, *G Pl* -е́й *m* **1.** Peitsche **2.** *übtr* Geißel, Plage; война́ — ~ челове́чества der Krieg ist die Geißel der Menschheit
бичева́ние, -я *n* Geißelung; *übtr* Brandmarkung
бичева́ть, -чу́ю, -чу́ешь *uv buchspr* geißeln; *übtr* brandmarken; anprangern
бишь *Part umg alt* doch, ja; как ~ его́ зову́т? wie heißt er doch gleich?
б-ка (библиоте́ка) Bibliothek
[1]**бла́го, -**а *n* **1.** Wohl, Heil, Nutzen; обще́ственное ~ das allgemeine Wohl **2.** *meist Pl* Güter, Wohlstand; бла́га жи́зни die Güter des Lebens ◇ всех благ! alles Gute!; счита́ть за ~ für gut erachten; ни за каки́е

бла́га (в ми́ре) um nichts in der Welt

[2]**бла́го** *Konj umg* um so mehr als; weil ja; da doch; я помогу́, ~ я здесь da ich einmal da bin, werde ich helfen

благо|ве́рная, -ой *Subst f umg, scherz* Ehehälfte, Ehefrau; **~ве́рный,** -ого *Subst m umg, scherz* Ehehälfte, Ehemann

бла́говест, -а *m alt* Kirchenglockengeläut *vor dem Gottesdienst*

благове́щение, -я *n* Mariä Verkündigung *kirchlicher Feiertag*

благо|ви́дный, -ая, -ое; *Kzf* -ден, -дна anständig; angemessen, schicklich; под ~ви́дным предло́гом unter einem passenden Vorwand; **~воле́ние,** -я *n alt* Wohlwollen, Gunst; **~воли́ть,** -лю́, -ли́шь *uv* 1. wohlwollen, gewogen sein, begünstigen (к *D*) 2. *mit Inf*: благоволи́те *alt* seien Sie so gut; **~во́ние,** -я *n buchspr* Wohlgeruch; **~во́нный,** -ая, -ое *buchspr* wohlriechend, duftend; **~воспи́танный,** -ая, -ое; *Kzf* -ан, -анна wohlerzogen, gesittet; **~гове́йный,** -ая, -ое; *Kzf* -е́ен, -е́йна ehrfurchtsvoll, andächtig; **~гове́ние,** -я *n* Ehrfurcht, Andacht; **~гове́ть,** -е́ю, -е́ешь *uv* verehren, emporschauen (пе́ред *I* zu); **~дари́ть,** -рю́, -ри́шь *uv A* danken, Dank sagen; sich bedanken (bei); благодарю́ тебя́ ich danke dir; **~да́рность,** -и *f* 1. Dankbarkeit 2. *Pl* Erkenntlichkeit, Dankesworte 3. Dank, Würdigung; приноси́ть ~да́рность seinen Dank aussprechen; **~да́рный,** -ая, -ое; *Kzf* -рен, -рна dankbar, dankerfüllt; я ему́ о́чень благода́рен ich bin ihm sehr dankbar; **~да́рственный,** -ая, -ое *alt* Dank-; ~да́рственное письмо́ Dankschreiben, Dankbrief

благодаря́ *Präpos mit D* dank, durch, infolge; ~ твое́й по́мощи dank deiner Hilfe; ~ случа́йности durch (einen) Zufall; ~ тому́, что dadurch, daß

благо|да́тный, -ая, -ое; *Kzf* -тен, -тна glückselig; wohltätig, segensreich; ~да́тный край ein fruchtbares Land; **~да́ть,** -и *f* 1. Glückseligkeit 2. *alt* Gnade, Segen; **~де́нствие,** -я *n alt* Wohlleben, Wohlstand; **~де́нствовать,** -твую, -твуешь *uv alt* im Wohlstand leben; **~де́тель,** -я *m alt* Wohltäter; **~де́тельный,** -ая, -ое; *Kzf* -лен, -льна wohltuend; wohltätig; **~де́тельствовать,** -твую, -твуешь *uv alt* Wohltaten erweisen; **~дея́ние,** -я *n alt* Wohltat; **~ду́шествовать,** -твую, -твуешь *uv* sorglos dahinleben, angenehm leben; **~ду́шие,** -я *n* Gutmütigkeit, Herzensgüte; **~ду́шный,** -ая, -ое; *Kzf* -шен, -шна gutmütig; ~ду́шное настрое́ние gute [heitere] Stimmung; **~жела́тель,** -я *m* Gönner; **~жела́тельность,** -и *f* Wohlwollen; **~жела́тельный,** -ая, -ое; *Kzf* -лен, -льна wohlwollend, gutgemeint; **~зву́чие,** -я *n* Wohlklang; **~зву́чность,** -и *f* Wohlklang; **~зву́чный,** -ая, -ое; *Kzf* -чен, -чна wohlklingend

[1]**благо́й,** -а́я, -о́е *alt* gut, trefflich; -и́е наме́рения gute Vorsätze

[2]**благо́й,** -а́я, -о́е: -и́м ма́том крича́ть *umg* aus vollem Halse schreien, schreien, als ob man am Spieß steckt

благо|ле́пие, -я *n buchspr, alt* Schönheit, Pracht, Gepränge; **~надёжный,** -ая, -ое; *Kzf* -жен, -жна *alt* 1. zuverlässig, vertrauenswürdig 2. regierungstreu; **~наме́ренный,** -ая, -ое; *Kzf* -ен, -енна *alt* regierungstreu; **~нра́вие,** -я *n alt* Sittsamkeit; **~нра́вный,** -ая, -ое; *Kzf* -вен, -вна *alt* sittsam, gesittet; **~обра́зие,** -я *n alt* wohlgestaltetes Äußeres, Würde; **~обра́зный,** -ая, -ое; *Kzf* -зен, -зна *alt* wohlgestaltet, würdig; **~полу́чие,** -я *n* Wohlergehen, Wohlstand, Wohlfahrt; **~полу́чный,** -ая, -ое; *Kzf* -чен, -чна wohlbehalten, glücklich, günstig; **~приобре́тенный,** -ая, -ое; *Kzf* -тен, -а *jur* gekauft, selbst erworben; **~присто́йный,** -ая, -ое; *Kzf* -о́ен, -о́йна *alt* wohlanständig; **~прия́тный,** -ая, -ое; *Kzf* -тен, -тна günstig; wohlwollend; anerkennend, beifällig; ~прия́тный о́тзыв günstiges Gutachten; представля́ть де́ло в ~прия́тном ви́де eine Sache in ein vorteilhaftes Licht rücken; **~прия́тствовать,** -твую, -твуешь *uv D* begünstigen, gewogen sein; **~разу́мие,** -я *n* Vernunft, Verständigkeit, Klugheit; Umsicht; **~разу́мный,** -ая, -ое; *Kzf* -мен, -мна vernünftig, verständig, einsichtsvoll; **~располо́женный,** -ая, -ое; *Kzf* -жен, -а *alt* geneigt, gewogen; **~ро́дие,** -я *n* Wohlgeboren *alter Titel*; **~ро́дный,** -ая, -ое; *Kzf* -ден, -дна 1. edel, edelmütig; ~ро́дный посту́пок eine edle Tat 2. ideal, erhaben 3. *alt* adlig, vornehm 4. *chem, zool* Edel-; ~ро́дный мета́лл Edelmetall; ~ро́дный оле́нь Edelhirsch; **~ро́дство,** -а *n* 1. Edelmut, Edelsinn 2. hohe Qualität, Eleganz 3. *alt* Zugehörigkeit zum Adel; **~склóнность, -и** *f* Wohlwollen, Zuneigung; Gunst; **~склóнный,** -ая, -ое; *Kzf* -óнен, -óнна wohlwollend, gewogen, zugetan; **~словéние,** -я *n kirch* Segen *auch übtr*; Segnen; **~словéнный,** -ая, -ое; *Kzf* -éн, -éнна *hoher Stil* gesegnet

благословúть, -влю, -вúшь 1. segnen, Segen spenden 2. *alt* dankbar sein || *uv* **благословлять,** -яю, -яешь

благосостоя́ние, -я *n* Wohlstand

бла́гостный, -ая, -ое; *Kzf* -тен, -тна *buchspr* gütig, wohltuend

благо|творúтель, -я *m* Wohltäter; **~творúтельный,** -ая, -ое wohltätig; ~творúтельный спектáкль Wohltätigkeitsvorstellung; **~твóрный,** -ая, -ое; *Kzf* -рен, -рна wohltuend, heilsam; **~устрóенный,** -ая, -ое; *Kzf* -óен, -óенна wohlgeordnet, geregelt, gut eingerichtet; ~устрóенная квартúра eine gut eingerichtete Wohnung; **~устрóить,** -óю, -óишь; -óенный, -óен, -а *v* komfortabel einrichten; **~устрóйство,** -а *n* 1. bestmögliche Einrichtung, vorbildliche Ordnung 2. Wohnkultur; **~ухáние,** -я *n* Wohlgeruch, Duft, Aroma; **~ухáнный,** -ая, -ое; *Kzf* -áнен, -áнна wohlriechend, aromatisch; **~ухáть,** -áю, -áешь *uv* duften (*I* nach); **~честúвый,** -ая, -ое; *Kzf* -úв, -а *buchspr alt* fromm, strenggläubig; **~чéстие,** -я *n buchspr alt* Frömmigkeit, Strenggläubigkeit

блажéнный, -ая, -ое 1. *Kzf* -éн, -éнна (glück)selig, wonnig; -ая улы́бка verzücktes Lächeln 2. *umg* töricht 3. -ого *Subst m* Besessener

блажéнство, -а *n* (Glück-) Seligkeit, Wonne ◇ быть на верхý -а im siebenten Himmel sein

блажéнствовать, -твую, -твуешь *uv* sich selig [glücklich] fühlen, in Glückseligkeit schwelgen

блажúть, -жý, -жúшь *uv volksspr* launisch [eigensinnig] sein

блажнóй, -áя, -óе *volksspr* launisch, eigensinnig, unberechenbar

блажь, -и *f volksspr* Laune, Eigensinn, Unberechenbarkeit, Grille

бланк, -а *m* Vordruck, Formular; ~ для заявóк Bestellzettel; ~ для почтóвого перевóда Postanweisung

бла́нковый, -ая, -ое Blanko-; -ая нáдпись Blankoindossament

блат, -а *m* 1. Gaunersprache 2. *volksspr* Vetternwirtschaft; по -у durch Protektion, durch die Hintertür

блатнóй, -áя, -óе: ~ язы́к *oder* -áя мýзыка Gaunersprache, Rotwelsch

блевáть, блюю, блюёшь *uv volksspr* erbrechen

бледнéть, -éю, -éешь *uv* 1. erblassen, bleich werden 2. *übtr* verblassen

бледнолúцый, -ая, -ое; *Kzf* -úц, -а blaß, mit blassem Gesicht

блéдность, -и *f* 1. Blässe 2. *übtr* Farblosigkeit, Nüchternheit

блéдный, -ая, -ое; *Kzf* -ден, -днá! 1. bleich, blaß; óчень ~ totenbleich 2. *übtr* farblos, nüchtern; э́то блéдно das hat weder Saft noch Kraft ◇ -ая нéмочь *med* Bleichsucht, Chlorose

блёклый, -ая, -ое welk; fahl, matt; verschossen; -ые áстры mattfarbene Astern

блёкнуть, -ну, -нешь; блёк, -ла *uv* welken; fahl [matt] werden; verschießen, verblassen

блеск, -а (-у) *m* 1. Glanz, Blitzen, Funkeln; ~ алмáза das Blitzen [Funkeln] des Brillanten 2. *übtr* Pracht, Prunk; ~ наря́да Kleiderpracht; ~ остроýмия Geistesblitz 3. *min* Glanz; желéзный ~ Eisenglanz, Roteisenerz

блеснá, -ы́, *Pl* блёсны, -сен, -снам *f* (metallischer) Köder

блеснýть, -нý, -нёшь *v* 1. *v mom zu* блестéть 2. *übtr* aufblitzen; у меня́ блеснýла мысль ein Gedanke schoß mir durch den Kopf

блестéть* *uv* glänzen, strahlen; funkeln; leuchten; глазá блестя́т a) die Augen glänzen; b) die Augen funkeln || *v mom* блеснýть, -нý, -нёшь

блёстки *Pl* -ток, *Sg* блёстка, -и *f* Flitter; ~ остроýмия Geistesblitze

блестя́щий, -ая, -ее; *Kzf* -я́щ, -а 1. glänzend, strahlend, funkelnd 2. *übtr* glanzvoll, prächtig 3. *übtr* glänzend; ~ примéр leuchtendes Vorbild

блеф, -а *m* Bluff

блещý ↑ блестéть

блéяние *u.* **блея́ние,** -я *n* Blöken *von Schafen*, Meckern *von Ziegen*

блéять, *1. u. 2. Pers ungebr*, блéет *u.* **блея́ть,** блеёт *uv* blöken *von Schafen*, meckern *von Ziegen*

ближáйший, -ая, -ее 1. nächst(liegend); в -ем бýдущем in allernächster Zukunft; -ее учáстие unmittelbare Teilnahme 2. näher; при -ем рассмотрéнии bei näherer Betrachtung 3. nah, intim

блúже ↑ блúзкий

ближневосто́чный, -ая, -ое vorderasiatisch
бли́жний, -яя, -ее **1.** nah; vertraut **2.** -его *Subst m alt* Nächster
близ *Präpos mit G* nahe (an), bei
бли́зиться, *1. u. 2. Pers ungebr*, бли́зится *uv* **1.** nahen, sich nähern **2.** anbrechen
бли́зкие, -их *Subst Pl* nahe Verwandte
бли́зкий, -ая, -ое; *Kzf* -зок, -зка́! *Komp* бли́же; *Sup* ближа́йший **1.** nah, nahegelegen **2.** nahestehend, intim; -ие отноше́ния a) freundschaftliches Verhältnis; b) Liebesverhältnis **3.** (wort-) getreu; ähnlich
бли́зко **1.** *Adv* nah; intim, gut; ~ от nahe bei; мы ~ знако́мы wir sind gute Bekannte **2.** *prädikativ* in der Nähe gelegen, nicht (mehr) weit
близлежа́щий, -ая, -ее nahegelegen
близнецы́ *Pl* -о́в, *Sg* близне́ц, -а́, *I* -о́м *m* **1.** Zwillinge **2.** (Близнецы́) *astr* Zwillinge
близору́кий, -ая, -ое; *Kzf* -у́к, -а kurzsichtig *a. übtr*
близору́кость, -и *f* Kurzsichtigkeit *a. übtr*
бли́зость, -и *f* **1.** Nähe **2.** enge Freundschaft, Vertraulichkeit **3.** Ähnlichkeit
блик, -а *m* Lichtstelle, Lichtfleck *stark kontrastierend auf dunklem Hintergrund*; со́лнечные -и besonnte Stellen
блин, -а́ *m* Plinse, flacher Pfannkuchen ◇ пе́рвый ~ ко́мом *Sprichw* aller Anfang ist schwer
блинда́ж, -а́, *I* -о́м, *G Pl* -е́й *m mil* Unterstand
бли́нчики *Pl* -ов, *Sg* бли́нчик, -а *m* Pfannkuchen
блиста́тельный, -ая, -ое; *Kzf* -лен, -льна *buchspr* glänzend, großartig, prachtvoll
блиста́ть, -а́ю, -а́ешь *uv* glänzen; sich auszeichnen; ~ отсу́тствием *übtr* durch Abwesenheit glänzen
[1]**блок,** -а *m tech* Block; Seilscheibe; Flaschenzug
[2]**блок,** -а *m* **1.** *pol* Block **2.** Block; ~ домо́в Häuserblock
блокга́уз, -а *m mil* Blockhaus
блоки́рование, -я *n* **1.** Blockierung, Absperrung **2.** *pol* Blockbildung
блоки́ровать, -рую, -руешь; -рованный, -рован, -а *v, uv* blockieren, sperren
блоки́роваться, -руюсь, -руешься *v, uv pol* einem Block beitreten || *v a.* сблоки́роваться
блокиро́вка, -и, *Pl G* -вок, *D* -вкам *f* **1.** Blockade **2.** *pol* Blockbildung **3.** Blockung, Blockierung *Eisenbahn*
блокно́т, -а *m* Notizblock
блонди́н, -а *m* Blonder, Blondkopf
блонди́нка, -и, *Pl G* -нок, *D* -нкам *f* Blondine
блоха́, -и́, *Pl* бло́хи, блох, блоха́м *f* Floh
бло́чный, -ая, -ое *tech* Block-; ~ кана́т Blockseil; -ая сбо́рка Baukastensystem
блоши́ный, -ая, -ое Floh-; ~ уку́с Flohbiß
бло́шка, -и, *Pl G* -шек, *D* -шкам *f* **1.** *Dem zu* блоха́ (kleiner) Floh **2.** *Pl* Flohspiel
блуд, -а *m alt* Unzucht, Ausschweifung
[1]**блуди́ть,** блужу́, блуди́шь *uv volksspr* ein ausschweifendes [unzüchtiges] Leben führen
[2]**блуди́ть,** блужу́, блу́дишь *uv volksspr* umherirren
блудли́вый, -ая, -ое; *Kzf* -и́в, -а *volksspr, alt* unzüchtig, geil, lüstern
блудни́к, -а́ *m alt* Wüstling, Wollüstling
блудни́ца, -ы, *I* -ей *f alt* Dirne, Hure
[1]**блу́дный,** -ая, -ое: ~ сын *scherz* der verlorene Sohn
[2]**блу́дный,** -ая, -ое *alt* unzüchtig, lüstern
блужда́ние, -я *n* **1.** Umherschweifen; Umherirren **2.** Wandern
блужда́ть, -а́ю, -а́ешь *uv* **1.** umherschweifen *ohne Ziel*; umherirren *den Weg suchend* **2.** wandern
блужда́ющий, -ая, -ее umherschweifend; umherirrend; wandernd; ~ огонёк Irrlicht; -ая по́чка *med* Wanderniere; ~ нерв *anat* Vagus
блу́за, -ы *f* (Arbeits-) Kittel; Bluse
блу́зка, -и, *Pl G* -зок, *D* -зкам *f* Bluse
блю́дечко, -а, *Pl G* -чек, *D* -чкам *n Dem zu* блю́дце Untertasse; Schälchen
блю́до, -а *n* **1.** (flache) Schüssel **2.** Gericht, Gang; второ́е ~ zweiter Gang, Hauptgericht
блюду́ ↑ блюсти́
блю́дце, -а, *Pl G* -дец, *D* -дцам *n* Untertasse, Schälchen
блю́минг, -а *m tech* Blockwalzwerk, Blooming
блюсти́* *uv* (be)hüten, beschützen; beachten; ~ зако́ны die Gesetze befolgen
блюсти́тель, -я *m alt, jetzt iron* Hüter; ~ поря́дка Ordnungshüter

бля́ха, -и *f* Blechschild *mit eingestanzter Schrift*
боа́ *idkl* 1. *m* Boa, Riesenschlange 2. *n alt* Pelzboa
боб, -а́ *m* Bohne ◇ оста́ться на -а́х das Nachsehen haben; -ы́ разводи́ть Unsinn reden
бобёр, -бра́ *m* 1. Biberfell 2. Biberkragen, Biberpelz
боби́на, -ы *f tech* Bobine, Spule
бобко́вый, -ая, -ое aus Lorbeeren, Lorbeer-
бобо́вый, -ая, -ое Bohnen-; -ые расте́ния Hülsenfrüchte
бобр, -а́ *m* Biber ◇ уби́ть -а́ *iron* einen Bock schießen
бо́брик, -а *m text* Flausch
бо́бриком *Adv*: приче́ска ~ Bürstenfrisur, Bürstenschnitt
бобро́вый, -ая, -ое Biber-, aus Biberpelz
бобы́ль, -я́ *m* 1. *alt* armer landloser Bauer 2. *umg* Unverheirateter, Hagestolz, Einsamer
бог [бох], бо́га, *Pl* бо́ги, бого́в, бога́м *m* Gott ◇ ~ зна́ет *oder* ~ весть *umg* weiß Gott, weiß der Kuckuck; сла́ва -у! *umg* Gott sei Dank!; не дай ~! *umg* Gott bewahre!; дава́й ~ но́ги *umg* nahm die Beine unter die Arme
богаде́льня, -и, *Pl G* -лен, *D* -льням *f alt* Altersheim ◇ разводи́ть -ю *umg iron* untätig herumsitzen
богате́й, -я *m volksspr* Reicher
богате́ть, -е́ю, -е́ешь *uv* reich werden
бога́тство, -а *n* Reichtum
бога́тый, -ая, -ое; *Kzf* -а́т, -а; *Komp* бога́че; *Sup* богате́йший 1. reich, vermögend; о́чень ~ schwerreich, steinreich 2. reich, üppig 3. reich, herrlich; -ые перспекти́вы *übtr* großartige Aussichten 4. -ого *Subst m* Reicher ◇ чем бога́ты, тем и ра́ды nehmen Sie bitte vorlieb mit dem, was das Haus bieten kann *Einladung des Gastgebers, wenn er die Gäste zu Tisch bittet*
богаты́рский, -ая, -ое reckenhaft, riesenstark; Riesen-; -ая си́ла Riesenkraft; ~ го́лос Stentorstimme; ~ э́пос Heldenepos; -ое здоро́вье eiserne Gesundheit
богаты́рь, -я́ *m* Recke, Held; Kraftmensch
бога́ч, -а́, *I* -о́м, *G Pl* -е́й *m* Reicher, reicher Mann
бога́че ↑ бога́тый
богдыха́н, -а *m hist* Kaiser von China
боге́ма, -ы *f* Boheme
Боге́мия, -и *f* Böhmen
боге́мский, -ая, -ое böhmisch
боги́ня, -и *f* Göttin
бого|боя́зненный, -ая, -ое; *Kzf* -ен, -енна *alt* gottesfürchtig; **~ма́терь, -и** *f* Mutter Gottes, Madonna; **~мо́лец,** -льца, *I* -льцем, *G Pl* -льцев *m alt* Betbruder; Pilger, Wallfahrer; **~мо́лье, -ья** *n alt* Wallfahrt, Pilgerfahrt; **~мо́льный, -ая, -ое;** *Kzf* -лен, -льна *alt* fromm; **~отсту́пник, -а** *m alt* Gottesleugner; **~ро́дица, -ы,** *I* -ей *f* Mutter Gottes, Madonna; **~сло́в,** -а *m* Theologe; **~сло́вие, -я** *n* Theologie; **~сло́вский, -ая, -ое** theologisch; **~служе́бный, -ая, -ое** gottesdienstlich; **~служе́ние, -я** *n* Gottesdienst; **~твори́ть, -рю́, -ри́шь** *uv* vergöttern; **~уго́дный, -ая, -ое;** *Kzf* -ден, -дна *alt* gottgefällig, wohltätig; **~ху́льник, -а** *m alt* Gotteslästerer; **~ху́льствовать, -твую,** -твуешь *uv alt* Gott lästern
бода́ть, -а́ю, -а́ешь *uv* mit den Hörnern stoßen ‖ *v mom* боднýть, -нý, -нёшь
бода́ться, -а́юсь, -а́ешься *uv* 1. die Angewohnheit haben, mit den Hörnern zu stoßen 2. einander mit den Hörnern stoßen
Бо́денское о́зеро, -а *n* Bodensee
бодли́вый, -ая, -ое; *Kzf* -и́в, -а stößig
бодну́ть *v mom zu* бода́ть
бодри́ть, -рю́, -ри́шь *uv* ermutigen, ermuntern; stärken
бодри́ться, -рю́сь, -ри́шься *uv* sich Mut machen, Mut fassen
бо́дрость, -и *f* Munterkeit, Frische, Rüstigkeit; Mut; ~ ду́ха Lebensmut; э́то придаёт мне ~ das hebt meinen Mut
бо́дрствовать, -твую, -твуешь *uv* wachen, wach bleiben
бо́дрый, -ая, -ое; *Kzf* бодр, -а́! munter, frisch; lebensvoll; rüstig, wacker
бодря́щий, -ая, -ее ermutigend; aufmunternd; stärkend, belebend
боеви́к, -а́ *m* 1. Mitglied einer revolutionären Kampfgruppe 2. *umg alt* ~ сезо́на der Schlager der Saison
боево́й, -а́я, -о́е 1. Kampf-, Kriegs-, Gefechts-; ~ това́рищ Kampfgenosse; Kriegskamerad; -о́е креще́ние Feuertaufe; -а́я пози́ция Gefechtsstellung; -ы́е припа́сы Munition; -а́я мощь Kampfkraft 2. kriegerisch; ~ дух Kampfmoral 3. kriegerisch, kampflustig; ~ па́рень

umg ein schneidiger [flotter] Bursche ◇ ~ патрóн scharfe Patrone; -ая пружи́на Schlagfeder *an Schußwaffen*

боеголóвка, -и, *Pl G* -вок, *D* -вкам *f*: áтомная ~ Atomsprengkopf

боёк, бойкá *m* Schlagbolzen *an Schußwaffen*

бое|питáние, -я *n* Munitionsversorgung; **~припáсы,** -ов *Pl* Munition; **~спосóбность,** -и *f* Kampffähigkeit, Kampfwert; **~спосóбный,** -ая, -ое; *Kzf* -бен, -бна kampftüchtig, kampffähig

боéц, бойцá, *I* бойцóм, *Pl G* бойцóв *m* Kämpfer *a. übtr*; Soldat

бóже *Interj* ach Gott!, mein Gott!

божéственный, -ая, -ое **1.** *Kzf* -ен, -енна göttlich; religiös **2.** *übtr, umg* göttlich schön, bezaubernd

божествó, -á *n* **1.** Gottheit **2.** *übtr* Abgott

бóжий, -ья, -ье Gottes- ◇ -ья корóвка *zool* Marienkäfer

божи́ться, -жýсь, -жи́шься *uv* (bei Gott) schwören ‖ *v* побожи́ться

божóк, -жкá *m* **1.** Götzenbild **2.** *übtr* Abgott

бой, бóя (с бóю), *P* о бóе, в бою́, *Pl* бои́, боёв, боя́м *m* **1.** Kampf, Gefecht; рукопáшный ~ Handgemenge; *mil* Nahkampf; кулáчный ~ Faustkampf; ~ быкóв Stierkampf; взять с -ю im Sturm nehmen, erstürmen; сдáться без -я sich kampflos ergeben; ввести́ в ~ *mil* einsetzen **2.** Schläge, Prügel; бить смéртным -ем halbtot schlagen **3.** Zerschlagen, Zertrümmern **4.** Scherben, Bruch ◇ барабáнный ~ Trommelschlag, Getrommel; ~ часóв Schlag der Uhr

бой-бáба, -ы *f* *scherz* energisches Frauenzimmer

бóйкий, -ая, -ое; *Kzf* бóек, бойкá! *Komp* бóйче **1.** behend, gewandt; lebhaft, findig, schlagfertig; у негó -ое перó er führt eine gewandte Feder; имéть ~ язы́к ein gewandtes Mundwerk haben **2.** belebt; -ая ýлица belebte Straße, -ое движéние reger Verkehr

бóйкость, -и *f* **1.** Behendigkeit; Lebhaftigkeit, Schlagfertigkeit; ~ языкá Redegewandtheit **2.** Belebtheit

бойкóт, -а *m* Boykott

бойкоти́ровать, -рую, -руешь; -рованный, -рован, -а *uv* boykottieren

бойни́ца, -ы, *I* -ей *f* Schießscharte

бóйня, -и, *Pl G* бóен, *D* бóйням *f* **1.** Schlachthof **2.** *übtr* Gemetzel, Massaker; кровáвая ~ Blutbad

бóйче ↑ бóйкий

бок, бóка, *P* о бóке, на бокý, *Pl* бокá, -óв, -áм *m* **1.** Seite; по -áм von beiden Seiten; с -у нá ~ von einer Seite auf die andere; ложи́ться нá ~ *naut* kentern **2.** Seite; *bei Tieren* Flanke; у меня́ кóлет в -ý ich habe Seitenstechen **3.** *Pl* Hüften ◇ ~ ó ~ Seite an Seite, Schulter an Schulter; пóд -ом in (aller)nächster Nähe, nebenan; намя́ть комý-н. -á j-n windelweich schlagen; пó -у *volksspr* fort, beiseite; лежáть на -ý auf der Seite liegen; *übtr* auf der faulen Haut liegen

бокáл, -а *m* Pokal, Römer; подня́ть ~ das Glas erheben

бокови́на, -ы *f* *volksspr* Seitenteil

боковóй, -áя, -óе Seiten-; -áя кáчка *naut* Schlingern; -áя дверь Nebeneingang ◇ отпрáвиться на -ýю *umg* sich schlafen legen

бóком *Adv* **1.** mit der Schulter nach vorn **2.** seitwärts, von der Seite ◇ вы́йти ~ *übtr umg* schiefgehen

бокс, -а *m* Boxkampf

боксёр, -а *m* Boxer

боксёрский, -ая, -ое Boxer-, Box-; -ая перчáтка Boxerhandschuh; -ое восстáние *hist* Boxeraufstand

боксúровать, -рую, -руешь *uv* boxen

бокси́т, -а *m* Bauxit

болвáн, -а *m* **1.** *gbt* Hackklotz **2.** *grob* Dummkopf, Tölpel

болвáнка, -и, *Pl G* -нок, *D* -нкам *f* **1.** *tech* Barren, Rohling **2.** Hutform, Hutblock

болгáрин, -а, *Pl* -áры, -áр, -áрам *m* Bulgare

Болгáрия, -и *f* Bulgarien; Нарóдная Респýблика ~ Volksrepublik Bulgarien

болгáрка, -и, *Pl G* -рок, *D* -ркам *f* Bulgarin

болгáрский, -ая, -ое bulgarisch

болевóй, -áя, -óе schmerzhaft, Schmerz-

бóлее *Adv* **1.** mehr; ни ~ ни мéнее nicht mehr und nicht minder; ~ тогó mehr als das; всё ~ immer mehr (und mehr); тем ~ um so mehr **2.** *mit Adj oder Adv zur Bildung des Komp*; ~ подрóбный ausführlicher

болéзненный, -ая, -ое; *Kzf* -нен, -ненна **1.** *nur Langform* kränklich **2.** krankhaft; -ые явлéния Krankheitserscheinungen **3.** schmerzhaft

болезнетвóрный, -ая, -ое krankheitserregend

боле́знь, -и *f* Krankheit, Leiden; морска́я ~ Seekrankheit; схвати́ть ~ sich eine Krankheit zuziehen; перенести́ ~ eine Krankheit durchmachen; по -и krankheitshalber
боле́льщик, -а *m umg* Schlachtenbummler; Kiebitz *beim Kartenspiel*; leidenschaftlicher Anhänger, Fan
[1]**боле́ть,** -е́ю, -е́ешь *uv* 1. krank sein, leiden; ~ гри́ппом die Grippe haben 2. sich sorgen, bangen ◇ у меня́ душа́ боли́т mir wird weh ums Herz; мать боле́ет душо́й о ребёнке das Wohl des Kindes liegt der Mutter sehr am Herzen 3. *umg* leidenschaftlich Partei ergreifen *für eine Sportgemeinschaft, für einen Sportler*
[2]**боле́ть,** *1. u. 2. Pers ungebr*, боли́т *uv* schmerzen, weh tun; что у вас боли́т? was tut Ihnen weh?; у меня́ боли́т голова́ ich habe Kopfschmerzen
болеутоля́ющий, -ая, -ее schmerzstillend, lindernd
боливи́ец, -и́йца, *I* -и́йцем, *G Pl* -и́йцев *m* Bolivianer
боливи́йка, -и, *Pl G* -ви́ек, *D* -ви́йкам *f* Bolivianerin
боливи́йский, -ая, -ое bolivianisch
Боли́вия, -и *f* Bolivien
боли́д, -а *m astr* Bolid, Feuerkugel, Meteor
боло́нка, -и, *Pl G* -нок, *D* -нкам *f* Bologneser Hündchen, Schoßhündchen
боло́тистый, -ая, -ое; *Kzf* -ист, -а sumpfig, morastig
боло́тный, -ая, -ое Sumpf-, Moor-; ~ газ Sumpfgas, Methan
боло́то, -а *n* Sumpf, Morast; торфяно́е ~ Torfmoor
боло́тце, -а, *I* -ем, *G Pl* -ев *n Dem zu* боло́то Sumpf, Moor, Morast
болт, -а́ *m tech* Bolzen
[1]**болта́ть,** -а́ю, -а́ешь *uv* 1. (um-)rühren; schütteln *Flüssigkeit*; ~ ло́жкой mit dem Löffel rühren 2. baumeln, schlenkern; ~ нога́ми mit den Beinen schlenkern
[2]**болта́ть,** -а́ю, -а́ешь *uv* plaudern, schwatzen; ~ вздор faseln; Unsinn schwatzen
болта́ться, -а́юсь, -а́ешься *uv* 1. *umg* baumeln, herunterhängen, hin- und herschaukeln; schlottern *weite Kleidung* 2. *volksspr* sich herumtreiben
болтли́вый, -ая, -ое; *Kzf* -и́в, -а schwatzhaft, geschwätzig
болтовня́, -и́ *f umg* Geschwätz, Gerede; э́то пуста́я ~ das ist leeres Geschwätz, da steckt nichts dahinter
[1]**болту́н,** -а́ *m umg* Schwätzer
[2]**болту́н,** -а́ *m* taubes Ei
болту́нья, -ьи, *Pl G* -ний, *D* -ньям *umg* Schwätzerin
[1]**болту́шка,** -и, *Pl G* -шек, *D* -шкам *f umg Dem zu* болту́нья Schwätzerin, Plappermäulchen
[2]**болту́шка,** -и, *Pl G* -шек, *D* -шкам *f volksspr, gbt* 1. Rührei 2. Quirl 3. Mehltränke *für das Vieh*
боль, -и *f* Schmerz, Weh; причини́ть ~ weh tun ◇ душе́вная ~ Herzweh; с -ю в душе́ mit blutendem Herzen
больни́ца, -ы, *I* -ей *f* Krankenhaus
больни́чный, -ая, -ое Krankenhaus-, Kranken-; ~ листо́к Krankenschein
[1]**бо́льно** 1. *Adv* empfindlich, schmerzhaft 2. *unpers, prädikativ*; мне ~ за него́ es tut mir leid um ihn; де́лать ~ кому́-н. j-m weh tun; j-m Schmerzen bereiten
[2]**бо́льно** *Adv volksspr* sehr, allzusehr; он ~ хитёр er ist unerhört schlau
больно́й, -а́я, -о́е; *Kzf* бо́лен, больна́ 1. krank, leidend; *übtr* krankhaft; он тяжело́ бо́лен er ist schwerkrank; -о́е ме́сто wunder Punkt; ~ вопро́с brennende Frage; -о́е воображе́ние krankhafte Einbildung 3. -о́го *Subst m* Kranker, Patient
больша́к, -а́ *m gbt* 1. Familienoberhaupt 2. Landstraße
бо́льше *Komp zu* большо́й, вели́кий *u.* мно́го größer (als), mehr; ~ того́ mehr noch ◇ чтоб э́того ~ не́ было! daß es nie wieder vorkommt!; всё ~ и ~ immer mehr und mehr
большеви́зм, -а *m* Bolschewismus
большеви́к, -а́ *m* Bolschewik
большеви́стский, -ая, -ое bolschewistisch
большеголо́вый, -ая, -ое mit großem Kopf
большегру́зный, -ая, -ое: ~ ваго́н Großraum(güter)wagen
бо́льший, -ая, -ее *Komp von* большо́й *u.* вели́кий größer; -ая часть der größere Teil; -ей ча́стью *oder* по -ей ча́сти größtenteils, meistens; са́мое -ее höchstens, nicht mehr als
большинство́, -а́ *n* Mehrheit; подавля́ющее ~ die überwiegende Mehrheit; ~ това́рищей die meisten Kollegen; в -е слу́чаев meist(ens)
большо́й, -а́я, -о́е; *Komp* бо́льший, бо́льше, бо́лее 1. groß; bedeutend; ~ учёный ein großer Gelehrter 2. er-

wachsen; ~ сын erwachsener Sohn 3. groß, zahlreich; -óe знакóмство großer Bekanntenkreis; -ие дéньги viel Geld ◇ ~ пáлец Daumen; die große Zehe; -áя бýква großer Buchstabe, Anfangsbuchstabe; -ие друзья́ dicke Freunde

большу́щий, -ая, -ее *volksspr* riesig, ungeheuer, rießengroß

болячка, -и, *Pl G* -чек, *D* -чкам *f umg* (eitrige) Hautwunde

бóмба, -ы *f* Bombe; фугáсная ~ Sprengbombe; глуби́нная ~ Wasserbombe

бомбардировáть, -рýю, -рýешь; -рóванный, -рóван, -а *uv* mit Artilleriefeuer belegen; bombardieren *a. übtr*

бомбардирóвка, -и, *Pl G* -вок, *D* -вкам *f* Artilleriebeschuß; Bombardierung, Bombardement; воздýшная ~ Bombenangriff

бомбардирóвщик, -а *m* Bombenflugzeug, Bomber; пики́рующий ~ Sturzkampfflugzeug

бомбёжка, -и, *Pl G* -жек, *D* -жкам *f umg* Bombardierung, Bombenangriff

Бомбéй, -я *m* Bombay

бомби́ть, -блю́, -би́шь *uv umg* bombardieren

бомбовóз, -а *m* Bombenflugzeug, Bomber

бóмбовый, -ая, -ое *u.* **бомбовóй,** -áя, -óе Bomben-; ~ удáр Bombenangriff

бомбо|держáтель, -я *m* Bombenträger, Bombenaufhängung(svorrichtung); **~мёт,** -а *m* Wasserbombenwerfer; **~метáние,** -я *n* Bombenabwurf; **~сбрáсыватель,** -я *m* Bombenabwurfgerät; **~убéжище,** -а, *I* -ем *n* Luftschutzkeller, Luftschutzraum

бонбоньéрка, -и, *Pl G* -рок, *D* -ркам *f alt* Bonbonniere, Konfektschachtel

бондáрный, -ая, -ое Böttcher-; ~ прóмысел Böttcherhandwerk

бондáрня, -и, *Pl G* -рен, *D* -рням *f* Böttcherwerkstatt, Böttcherei

бóндáрство, -а *n* Böttcherhandwerk

бóндарь, -я *u.* **бондáрь,** -я́ *m* Böttcher, Faßbinder

бóнза, -ы *m* 1. Bonze *buddhistischer Priester* 2. *umg* Bonze *schmarotzerhafter Funktionär*

бонификáция, -и *f* Vergütung

Бонн, -а *m* Bonn

бóнна, -ы *f alt* Kindererzieherin

бóны *Pl* бон, *Sg* бóна, -ы *f finanz* 1. Kreditscheine 2. alte Geldscheine

¹бор, -а, *P* о бóре, в борý, *Pl* боры́, -óв, -áм *m* Nadelwald ◇ с -у да с сóсенки *umg* wahllos

²бор, -а *m* Bohrer *Zahnarzt*

³бор, -а *m chem* Bor

Бордó *m idkl* Bordeaux *Stadt*

¹бордó *Adj idkl* bordeauxrot, weinrot

²бордó *n idkl* Bordeauxwein

бордóвый, -ая, -ое *umg* bordeauxrot

бордю́р, -а *m* Borte, Bordüre, Besatz

Бóренька, -и *m Dem zu* Бори́с

борéц, -рцá, *I* -рцом, *G Pl* -рцóв *m* 1. Kämpfer, ~ за свобóду Freiheitskämpfer 2. *Sport* Ringer, Ringkämpfer

боржóм, -а (-у) *m* Borshom-Wasser *ein Mineralwasser*

борзáя, -óй *Subst f* Barsoi, russischer Windhund

борзопи́сец, -сца, *I* -сцем, *G Pl* -сцев *m iron* Schreiberling

бóрзый, -ая, -ое *alt, poet* schnell, schnellfüßig; ~ конь feuriges Roß

Бори́с, -а *m* Boris

бормаши́на, -ы *f* Bohrmaschine *Zahnarzt*

бормотáть* *uv* murmeln, brummen; ~ чтó-н. под нос etw. in den Bart brummen

бормочý ↑ бормотáть

Борнéо [нэ] *m idkl* Borneo

Бóрнхольм, -а *m* Bornholm

бóрный, -ая, -ое *chem* Bor-

¹бóров, -а, *Pl* бóровы, боровóв, боровáм *m* Bork, kastrierter Eber

²бóров, -а, *Pl* боровá, -óв, -áм *m* Fuchs, Rauchzug

борови́к, -á *m gbt* Steinpilz

бородá, -ы́, *A* бóроду, *Pl* бóроды, борóд, бородáм *f* Bart

бородáвка, -и, *Pl G* -вок, *D* -вкам *f* Warze

бородáвчатый, -ая, -ое; *Kzf* -ат, -а warzig, voller Warzen

бородáтый, -ая, -ое; *Kzf* -áт, -а bärtig

бородáч, -á, *I* -óм, *G Pl* -éй *m* 1. *umg* bärtiger Mensch 2. *bot* Bartgras

Бородинó, -á *n* Borodino

борóдка, -и, *Pl G* -док, *D* -дкам *f* 1. Bärtchen 2. Schlüsselbart

бороздá, -ы́, *A* бóрозду *u.* борозду́, *Pl* бóрозды, борóзд, бороздáм *f* Furche

бороздить, -зжý, -зди́шь *uv* 1. furchen 2. *übtr* durchfurchen; пароxóд борозди́т океáн das Schiff durchpflügt den Ozean 3. *übtr* durchfurchen

борóздка, -и, *Pl G* -док, *D* -дкам *f Dem zu* бороздá Furche, Rinne

боро́здчатый, -ая, -ое; *Kzf* -ат, -а durchfurcht
борона́, -ы́, *A* бо́рону, *Pl* бо́роны, боро́н, борона́м *f* Egge
борони́ть, -ню́, -ни́шь *uv* eggen
бороно́вать, -ну́ю, -ну́ешь *uv* eggen
бороньба́, -ы́ *f* Eggen
боро́ться* *uv* 1. kämpfen, ringen 2. *Sport* ringen
борт, -а, *P* о бо́рте, на борту́, *Pl* борта́, -о́в, -а́м *m* 1. *naut* Bord; пра́вый ~ Steuerbord; ле́вый ~ Backbord; вы́бросить за́ ~ *a. übtr* über Bord werfen; на -у́ an Bord; челове́к за -ом! Mann über Bord! 2. Seitenwand *eines Lastwagens usw.* 3. Borte, Kleiderborte
бортжурна́л, -а *m naut* Schiffstagebuch
бо́ртик, -а *m Dem zu* борт (Kleider-) Borte
бортмеха́ник, -а *m* Bordmechaniker
бо́ртник, -а *m alt* Waldbienenzüchter
бортово́й, -а́я, -о́е Bord-; -а́я ка́чка *naut* Schlingern
борт|проводни́к, -а́ *m* Steward *im Flugzeug*; **~проводни́ца,** -ы, *I* -ей *f* Stewardeß *im Flugzeug*; **~ради́ст,** -а *m* Bordfunker
борть, -и *f alt* Bienenstock *im hohlen Baum(stamm)*
борщ, -а́ (-у́), *I* -о́м, *G Pl* -е́й *m* Borstsch *Suppe aus roten Rüben*
борьба́, -ы́ *f* Kampf, Ringen; кла́ссовая ~ Klassenkampf; вы́держать -у́ den Kampf bestehen; во́льная ~ Freistilringen
Бо́рька, -и *m Dem zu* Бори́с
борю́сь ↑ боро́ться
Бо́ря, -и *m Dem zu* Бори́с
босико́м *Adv* barfuß
босни́йский, -ая, -ое bosnisch
Бо́сния, -и *f* Bosnien
босо́й, -а́я, -о́е; *Kzf* бос, -а́! barfüßig ◇ на босу́ но́гу barfuß
босо|но́гий, -ая, -ое barfüßig; **~но́жка,** -и, *Pl G* -жек, *D* -жкам *f* Barfüßige; **~но́жки** *Pl* -жек, -жкам, *Sg* босоно́жка, -жки *f* Pantoletten
босто́н, -а *m* 1. Boston *Kartenspiel* 2. (feines) Tuch 3. Boston *langsamer Walzer*
Босфо́р, -а *m* Bosporus
бося́к, -а́ *m* Landstreicher, Strolch
бот, -а *m* Kahn, Boot, kleines Schiff
ботаниза́рка, -и, *Pl G* -рок, *D* -ркам *f* Botanisiertrommel
бота́ник, -а *m* Botaniker
бота́ника, -и *f* Botanik
ботани́ческий, -ая, -ое botanisch
ботва́, -ы́ *f* Kraut *von Kartoffeln, Rüben u. a.*
ботви́нья, -ьи *f* Botwinja *Suppe aus Kwas, Gemüse und Fisch*
ботворе́зальный, -ая, -ое: -ая маши́на Krauthobel
бо́тик, -а *m Dem zu* бот Nachen, kleines Boot
бо́тики *Pl* -ов, *Sg* бо́тик, -а *m* hohe Überschuhe *für Damen*
боти́нки *Pl* -нок, -нкам, *Sg* боти́нок, -нка *m* Schnürschuhe; Halbstiefel
ботни́ческий, -ая, -ое: Ботни́ческий зали́в Bottnischer Meerbusen
ботфо́рты *Pl* -ов, *Sg* ботфо́рт, -а *m* Kanonenstiefel
бо́ты *Pl* бо́тов *u.* бот, *Sg* бот, -а *m* hohe Überschuhe
бо́цман, -а *m* Bootsmann
боча́р, -а́ *m* Böttcher, Faßbinder
боча́рный Böttcher-
бо́чка, -и, *Pl G* -чек, *D* -чкам *f* Faß, Tonne
бочко́м *Adv* seitwärts; пробира́ться ~ sich seitwärts vorbeidrücken
бочо́нок, -нка *m* Fäßchen
боязли́вый, -ая, -ое; *Kzf* -и́в, -а ängstlich, furchtsam
боя́знь, -и *f* Angst, Furcht; ~ простра́нства *med* Platzangst
боя́рин, -а, *Pl* боя́ре, -я́р, -я́рам *m hist* Bojar
боя́рский, -ая, -ое *hist* Bojaren-; -ая ду́ма Bojarenduma
боя́рство, -а *n hist* Bojarentum
боя́рыня, -и *f hist* Bojarin
боя́рышник, -а *m bot* Hagedorn, Weißdorn
боя́рышня, -и, *Pl G* -шень, *D* -шням *f hist* Bojarentochter
боя́ться, бою́сь, бои́шься *uv* 1. (sich) fürchten, Angst haben (*G* vor); бою́сь, что бу́дет по́здно ich fürchte, es wird zu spät sein 2. *1. u. 2. Pers ungebr* nicht vertragen; расте́ния боя́тся темноты́ Pflanzen vertragen keine Dunkelheit ◇ бою́сь сказа́ть ich bin nicht sicher
бра *n idkl* Wandleuchter, Wandarm
брава́да, -ы *f* Bravourstück
брави́ровать, -рую, -руешь *uv* (leichtsinnig) riskieren; prahlen; ~ опа́сностью mit der Gefahr spielen
бра́во! *Interj* bravo!
браву́рный, -ая, -ое; *Kzf* -рен, -рна laut, schneidig *von Musik*; ~ марш Bravourmarsch
бра́вый, -ая, -ое wacker, tapfer
бра́га, -и *f* Dünnbier, selbstgebrautes Bier

брадобре́й, -я, *G Pl* -ев *m alt* Barbier
бра́жничать, -аю, -аешь *uv alt, gbt* zechen; schlemmen
бразды́ *Pl buchspr, alt* Zügel; ~ правле́ния *hoher Stil* die Zügel der Regierung
брази́лец, -льца, *I* -льцем, *G Pl* -льцев *m* Brasilianer
Брази́лия, -и *f* Brasilien
брази́льский, -ая, -ое brasilianisch
бразилья́нка, -и, *Pl G* -нок, *D* -нкам *f* Brasilianerin
[1]**брак,** -а *m* Ehe; вступи́ть в ~ heiraten, eine Ehe schließen; состоя́ть в -е verheiratet sein
[2]**брак,** -а *m* **1.** Ausschuß(ware) **2.** Fehler, Schaden
бракера́ж, -а, *I* -ем *m* Sortieren der Ware nach der Qualität
брако́ванный, -ая, -ое Ausschuß-; ~ това́р Ausschußware
бракова́ть, -ку́ю, -ку́ешь; -ко́ванный, -ко́ван, -а *uv wegen Unbrauchbarkeit* beanstanden, aussondern, als Ausschuß erklären
брако́вка, -и *f* Aussortieren, Aussondern
брако́вщик, -а *u.* **браковщи́к,** -а́ *m* Warenprüfer
бракоде́л, -а *m* Arbeiter, der viel Ausschuß erzeugt
бракоде́льство, -а *n* Ausschußarbeit
браконье́р, -а *m* Wilddieb
браконье́рство, -а *n* Wilddieberei
бракоразво́дный, -ая, -ое Ehescheidungs-
бракосочета́ние, -я *n* Eheschließung
Брамапу́тра, -ы *f* Brahmaputra
брами́н, -а *m* Brahmane
Бра́нденбург, -а *m* Brandenburg
брандспо́йт, -а *m* **1.** Feuerspritze **2.** Endstück des Feuerwehrschlauches
брани́ть, -ню́, -ни́шь *uv* schelten, schimpfen, tadeln
брани́ться, -ню́сь, -ни́шься *uv* **1.** sich streiten, sich zanken **2.** schimpfen
[1]**бра́нный,** -ая, -ое Schelt-, Schimpf-; -ые слова́ Schimpfworte
[2]**бра́нный,** -ая, -ое *alt* Kriegs-, Schlacht-; -ое по́ле Schlachtfeld; -ые доспе́хи Kriegsrüstung
бранчи́вый, -ая, -ое; *Kzf* -и́в, -а *u.* **бранчли́вый,** -ая, -ое; *Kzf* -и́в, -а *volksspr* zänkisch, streitsüchtig
[1]**брань,** -и *f* Zank, Gezänk; Geschimpfe
[2]**брань,** -и *f alt* Krieg, Schlacht; на по́ле -и auf dem Schlachtfeld
брасле́т, -а *m* Armband
брасле́тка, -и, *Pl G* -ток, *D* -ткам *f umg* Armband
брасс, -а *m* Brustschwimmen
брат, -а, *Pl* бра́тья, -ьев, -ьям *m* **1.** Bruder; родно́й ~ der leibliche Bruder; двоюродный ~ Vetter; сво́дный ~ Stiefbruder **2.** Brüderchen, mein Lieber *Anrede* ◇ наш ~ *umg* unsereins, unsereiner; на -а *umg* pro Person
брата́ние, -я *n* Verbrüderung
брата́ться, -а́юсь, -а́ешься *uv* **1.** sich verbrüdern, enge Freundschaft schließen **2.** sich verbrüdern *Soldaten* ‖ *v* побрата́ться *zu* 1
братва́, -ы́ *f Koll volksspr* Jungens, Freunde
бра́тец, -тца, *I* -тцем, *G Pl* -тцев *m Dem zu* брат Brüderchen; *Anrede* mein Lieber
бра́тина *u.* **брати́на,** -ы *f alt* (großer) Humpen
Братисла́ва, -ы *f* Bratislava
брати́шка, -и, *Pl G* -шек, *D* -шкам *m umg* kleiner Bruder
бра́тия, -и *f* **1.** *alt, kirch* Bruderschaft **2.** *umg, scherz* Gesellschaft
бра́тнин, -а, -о *umg* dem Bruder gehörig, des Bruders; ~ дом des Bruders Haus
братоуби́йственный, -ая, -ое: -ая война́ Bruderkrieg
братоуби́йство, -а *n* Brudermord
бра́тский, -ая, -ое brüderlich, Bruder- ◇ -ая моги́ла Massengrab
бра́тство, -а *n* **1.** Brüderlichkeit **2.** *alt, kirch* Bruderschaft
брать* *uv* **1.** nehmen, ergreifen; ~ па́лку einen Stock nehmen; ~ под ру́ку кого́-н. j-n unter den Arm fassen, sich bei j-m einhaken **2.** mitnehmen, mit sich nehmen; ~ кни́гу с собо́й das Buch mitnehmen **3.** entgegennehmen, übernehmen; ~ поруче́ние einen Auftrag übernehmen; ~ на себя́ обя́занность eine Verpflichtung übernehmen **4.** einstellen, in Dienst nehmen; ~ кого́-н. на слу́жбу j-n einstellen; ~ в солда́ты einziehen **5.** leihen, borgen; ~ взаймы́ borgen, leihen; ~ кни́гу ein Buch (aus)leihen **6.** erheben, einfordern; ~ штраф Geldstrafe erheben; ~ по́шлину Zoll erheben **7.** einnehmen, Besitz ergreifen; ~ при́ступом im Sturm (ein)nehmen; ~ плéнных Gefangene machen; ~ власть die Macht ergreifen; ~ под стра́жу verhaften **8.** *1. u. 2. Pers ungebr, übtr* ergreifen, packen;

страх меня́ берёт Furcht erfaßt mich; его́ берёт сомне́ние ihn überkommen Zweifel 9. *1. u. 2. Pers ungebr, übtr* beanspruchen, wegnehmen 10. (ein)holen, kaufen; ~ биле́т eine Fahrkarte lösen ◇ бери́ впра́во! halte dich rechts!; ~ верх die Oberhand gewinnen, den Sieg davontragen; ~ кого́-н. в жёны j-n zur Frau nehmen; ~ на му́шку *übtr* aufs Korn nehmen; ~ под обстре́л *mil* unter Feuer nehmen; ~ на учёт registrieren; berücksichtigen; ~ на себя́ сме́лость sich erkühnen, sich erdreisten; ~ нача́ло entspringen *Fluß*; ~ приме́р с кого́-н. sich an j-m ein Beispiel nehmen; ~ сло́во das Wort ergreifen; ~ себя́ в ру́ки sich beherrschen; его́ пу́ля не берёт ihn trifft keine Kugel; его́ ничто́ не берёт er ist gegen alles gefeit; ~ за се́рдце zu Herzen gehen; ~ за ско́бки *math* ausklammern; ~ в ско́бки *math* einklammern; ~ кого́-н. за го́рло j-m an die Gurgel fahren; *übtr* j-m das Messer an die Kehle setzen; ~ своё sich nichts entgehen lassen; ~ кого́-н. в оборот j-m tüchtig den Kopf waschen; ~ го́лыми рука́ми etw. ohne Mühe erreichen; ~ на пору́ки *jur* für j-n bürgen; ~ сло́во с кого́-н. j-m das Versprechen abnehmen || *v* взять*

бра́ться*; брали́сь *uv* 1. einander anfassen; ~ за́ руки einander [sich] an den Händen fassen 2. übernehmen, auf sich nehmen; он берётся почини́ть сам er übernimmt es, selber zu reparieren 3. herangehen, in Angriff nehmen; ~ за рабо́ту an die Arbeit gehen, sich an die Arbeit machen ◇ ~ за ум zur Besinnung kommen, vernünftig werden; ~ за кого́-н. как сле́дует *umg* j-n tüchtig vornehmen; отку́да де́ньги беру́тся? wo kommt das Geld her? || *v* взя́ться*; взяли́сь

бра́унинг, -а *m* Browning *Pistole*

бра́чный, -ая, -ое ehelich, hochzeitlich; ~ сою́з Ehebund

бра́шпиль, -я *m naut* Ankerwinde

бреве́нчатый, -ая, -ое Balken-, aus Balken

бревно́, -а́, *Pl* брёвна, -вен, -внам *n* 1. Balken 2. *übtr umg* ungeschliffener Patron, (grober) Klotz 3.: ~ для равнове́сия *Sport* Schwebebalken

бред, -а, *P* о бре́де, в бреду́ *m* Delirium, Fieberphantasie

бре́день, -дня *m* kleines Schleppnetz

бре́дить, бре́жу, бре́дишь *uv* 1. phantasieren, im Fieber sprechen 2. schwärmen; ~ ке́м-н. von j-m entzückt sein; ~ наяву́ wachend träumen

бре́дни, -ей *Pl verächtl* Gefasel, Phantastereien

бредово́й, -а́я, -о́е Wahn-, Phantasie-; -а́я иде́я Wahngebilde

бреду́ ↑ брести́

бре́згать, -аю, -аешь *uv* 1. sich ekeln, Widerwillen haben 2. *übtr* verachten, verschmähen, Abscheu empfinden; он не бре́згает ниче́м kein Mittel ist ihm zu schlecht || *v* побре́згать

брезгли́вый, -ая, -ое; *Kzf* -и́в, -а 1. ekelig, (leicht) Ekel empfindend; -ое чу́вство Ekelgefühl, Widerwille 2. voller Ekel

брезе́нт, -а *m* Plane, Zeltbahn

брезе́нтовый, -ая, -ое Zeltbahn-; -ая ку́ртка Windjacke

бре́зжить, -ит *uv* 1. *1. u. 2. Pers ungebr* schwach schimmern 2. *unpers* dämmern, tagen

бре́зжиться, -ится *uv* 1. *1. u. 2. Pers ungebr* schwach schimmern 2. *unpers* dämmern, tagen

брек! *Sport* trennen!

бреква́тер, -а *m naut* Wellenbrecher

брело́к .-а *m* Berlocke, Anhängsel *an Uhrketten*

Бре́мен, -а *m* Bremen

бре́мя, *G, D, P* -мени, *I* -менем *n* Last, Bürde; разреши́ться от -мени gebären, entbunden werden

бре́нный, -ая, -ое; *Kzf m ungebr,* бре́нна *buchspr, alt* vergänglich; -ые оста́нки die sterblichen Überreste

бренча́ть, -чу́, -чи́шь *uv* klirren, klimpern

Брест, -а *m* Brest

брести́* *uv best* 1. sich schleppen, sich mit Mühe fortbewegen 2. langsam gehen, schlendern || *unbest* [1]броди́ть

Брета́нь, -и *f* Bretagne

брете́ли [тэ] *Pl* -ей, *Sg* брете́ль, -и *f* Träger *am Rock, Leibchen*; брю́чки на -ях Trägerhöschen

брете́лька [тэ], -и, *Pl G* -лек, *D* -лькам *f* Träger, Achselband *am Rock u. ä.*

брето́нец, -нца, *I* -нцем, *G Pl* -нцев *m* Bretagner, Bretone

брето́нка, -и, *Pl G* -нок, *D* -нкам *f* Bretagnerin, Bretonin

брето́нский, -ая, -ое bretonisch

бреха́ть* *uv gbt, volksspr* 1. bellen, kläffen 2. lügen; aufschneiden
брехня́, -и́ *f volksspr* Aufschneiderei; Verleumdung, dummes Gerede
брех́ун, -а́ *m volksspr* Lügner, Aufschneider
брешу́ ↑ бреха́ть
брешь, -и *f* 1. Bresche; пробива́ть ~ в чём-н. *übtr* in etw. eine Bresche schlagen 2. *übtr* Mangel, Manko
бре́ю ↑ брить
бре́ющий, -ая, -ее: бре́ющий полёт *flug* Tiefflug
бриг, -а *m naut* Brigg
брига́да, -ы *f* 1. *mil* Brigade 2. Brigade, Gruppe; уда́рная ~ Stoßbrigade 3. Zugmannschaft; паровóзная ~ Lokomotivbesatzung
[1]**бригади́р,** -а *m* Brigadier
[2]**бригади́р,** -а *m alt* Brigadegeneral
брига́дный, -ая, -ое Brigade-
бридж, -а, *I* -ем *m* Bridge *Kartenspiel*
бриз, -а *m* Brise
БРИЗ, -а, *m* (бюро́ по рационализа́ции и изобрета́тельству) Büro für Erfindungs- und Vorschlagswesen
бриза́нтный, -ая, -ое Spreng-, Brisanz-; ~ снаря́д Brisanzgeschoß
брике́т, -а *m* Brikett
брике́тный, -ая, -ое Brikett-; -ые щипцы́ Brikettzange
бриллиа́нт [лья́] *u.* **брилья́нт,** -а *m* Brillant
бриллиа́нтовый [лья] *u.* **брилья́нтовый,** -ая, -ое Brillant-
Бри́столь, -я *m* Bristol *Stadt*
брита́нец, -нца, *I* -нцем, *G Pl* -нцев *alt* Brite
Брита́ния, -и *f* Britannien
брита́нка, -и, *Pl G* -нок, *D* -нкам *f alt* Britin
брита́нский, -ая, -ое britisch
бри́тва, -ы *f* Rasiermesser; безопа́сная ~ Rasierapparat ◇ у него́ язы́к как ~ *übtr* er hat eine scharfe Zunge, er hat Haare auf den Zähnen
бри́твенный, -ая, -ое Rasier-; ~ прибо́р Rasierzeug
бри́тый, -ая, -ое rasiert
брить* *uv* rasieren
бритьё, -ья́ *n* Rasieren
бри́ться* *uv* sich rasieren (lassen)
бри́чка, -и, *Pl G* -чек, *D* -чкам *f* Kalesche
Брно, -а *m* Brno
бровь, -и, *Pl* бро́ви, брове́й, бровя́м *f* Augenbraue, Braue; хму́рить -и die Stirn runzeln ◇ попа́сть не в ~, а (пря́мо) в глаз den Nagel auf den Kopf treffen; он и -ью не повёл er verzog keine Miene
брод, -а (-у) *m* Furt
броди́льный, -ая -ое Gärungs-
[1]**броди́ть,** брожу́, бро́дишь *uv* 1. *unbest zu* брести́ 2. huschen, streifen; улы́бка броди́ла по лицу́ ein Lächeln huschte übers Gesicht ◇ ~ в потёмках *übtr* im Dunkeln tappen
[2]**броди́ть,** *1. u. 2. Pers ungebr*, бро́дит *uv* gären
бродя́га, -и *f, m* Vagabund, Landstreicher
бродя́жить, -жу, -жишь *uv umg* sich herumtreiben, vagabundieren
бродя́жничать, -аю, -аешь *uv umg* sich herumtreiben, vagabundieren
бродя́жничество, -а *n* Landstreicherei
бродя́чий, -ая, -ее umherziehend, Wander-; -ая жизнь Nomadenleben; -ая соба́ка herrenloser Hund
броже́ние, -я *n* 1. Gärung, Fermentierung 2. *übtr* Gärung, Unruhen; ~ умо́в Erregung der Gemüter
бром, -а *m* Brom
бро́мистый, -ая, -ое bromhaltig, Brom-; ~ на́трий Bromnatrium
бро́мовый, -ая, -ое Brom-; ~ щёлок Bromlauge
бро́не- *in Zuss Abk für* бронево́й, брониро́ванный Panzer-; gepanzert
броне|автомоби́ль, -я *m* Panzerspähwagen; **~ба́шня,** -и, *Pl G* -шен, *D* -шням *f* Panzerturm; **~бо́йка,** -и, *Pl G* -бо́ек, *D* -бо́йкам *f umg* Panzerbüchse; **~бо́йный,** -ая, -ое panzerbrechend, panzerdurchschlagend; ~бо́йный снаря́д Panzergeschoß; **~бо́йщик,** -а *m* Panzerbüchsenschütze; **~ви́к,** -а́ *m* Panzerspähwagen
бронево́й, -а́я, -о́е Panzer-, gepanzert-; -ы́е пли́ты Panzerplatten
броне|маши́на, -ы *f* gepanzertes Fahrzeug; **~но́сец,** -сца, *I* -сцем, *G Pl* -сцев *m* 1. Panzerschiff 2. *zool* Gürteltier; **~но́сный,** -ая, -ое gepanzert; ~но́сный кре́йсер Panzerkreuzer; **~по́езд,** -а, *Pl* бронепоезда́, -о́в, -а́м *m* Panzerzug; **~та́нковый,** -ая, -ое: ~та́нковые войска́ Panzertruppen; **~транспортёр,** -а *m* Schützenpanzerwagen
бро́нза, -ы *f* 1. Bronze 2. *Koll* Kunstwerke aus Bronze
бронзирова́ть, -ру́ю, -ру́ешь; -ро́ванный, -ро́ван, -а *v, uv* bronzieren
бронзиро́вка, -и *f* Bronzieren, Bronzierung

бронзиро́вщик, -а *m* Bronzierer, Bronzearbeiter

бро́нзовый, -ая, -ое 1. bronzen, Bronze-; ~ век Bronzezeit 2. bronzefarben

бронииро́ванный, -ая, -ое gepanzert

брони́рованный, -ая, -ое reserviert

брониро́вать, -ру́ю, -ру́ешь; -ро́ванный, -ро́ван, -а *v, uv* panzern

брони́ровать, -рую, -руешь; -рованный, -рован, -а *v, uv* reservieren, sichern

бро́нхи *Pl* -ов, *Sg* бронх, -а *m* Bronchien

бронхиа́льный, -ая, -ое bronchial, Bronchial-

бронхи́т, -а *m* Bronchitis

бро́ня, -и *f* Reservierung, Sicherung; ~ на ме́сто в по́езде Reservierung eines Platzes im Zuge

броня́, -и́ *f* 1. *hist* Panzerhemd, Brustharnisch 2. *mil* Panzer, Panzerung

броса́ть, -а́ю, -а́ешь *uv* 1. werfen, hinwerfen, schleudern, schmeißen *auch übtr*; ~ взгляд на кого́-н. einen Blick auf j-n werfen; ~ замеча́ние eine Bemerkung fallen lassen; ~ обвине́ние кому́-н. j-n beschuldigen; ~ кому́-н. упрёк j-m einen Vorwurf machen 2. werfen; ~ това́ры на ры́нок Waren auf den Markt werfen; ~ войска́ в сраже́ние Truppen in die Schlacht werfen 3. verlassen, im Stich lassen; ~ семью́ Frau und Kind verlassen; ~ всё alles stehen und liegen lassen 4. aufhören, aufgeben; ablassen; ~ рабо́ту aufhören zu arbeiten, die Arbeit an den Nagel hängen; ~ кури́ть das Rauchen aufgeben ◇ ~ я́корь Anker werfen, ankern; ~ ору́жие die Waffen strecken; ~ жре́бий das Los werfen, losen ‖ *v* **бро́сить,** бро́шу, бро́сишь; бро́шенный, -ен, -а; меня́ бро́сило в дрожь ich schauderte; меня́ бро́сило в жар и хо́лод mir wurde heiß und kalt; брось! laß das (bleiben)!

броса́ться, -а́юсь, -а́ешься *uv* 1. einander bewerfen; ~ снежка́ми einander mit Schneebällen bewerfen 2. sich werfen, sich stürzen; ~ на ше́ю sich an den Hals werfen; ~ в сто́рону zur Seite stürzen 3. hinunterspringen ◇ ~ деньга́ми Geld verschleudern; ~ в глаза́ auffallen, in die Augen springen ‖ *v* **бро́ситься,** бро́шусь, бро́сишься; кровь бро́силась мне в лицо́ das Blut stieg mir ins Gesicht; бро́ситься бежа́ть die Flucht ergreifen

бро́ский, -ая, -ое; *Kzf* -сок, -ска *umg* auffällig, grell; ~ узо́р ein auffallendes Muster

броско́м *Adv* mit einem Ruck

бро́совый, -ая, -ое *volksspr* schlecht, wertlos; ~ э́кспорт Dumping; -ая цена́ Schleuderpreis

бросо́к, -ска́ *m* 1. Wurf 2. *mil* Sprung

бро́шка, -и, *Pl G* -шек, *D* -шкам *f* Brosche

брошь, -и *f* Brosche

брошю́ра [шу], -ы *f* Broschüre, Heft

брошюрова́ть [шу], -ру́ю, -ру́ешь; -ро́ванный, -ро́ван, -а *uv* broschieren, heften ‖ *v* сброшюрова́ть

брошюро́вка [шу], -и *f* Broschieren, Heften

брудерша́фт [дэ], -а *m* Brüderschaft; вы́пить на ~ с ке́м-н. mit j-m Brüderschaft trinken

брус, -а, *Pl* бру́сья, -ьев, -ьям *m* Balken, Bohle; попере́чный ~ Querbalken; паралле́льные бру́сья *Sport* Barren

бруско́вый, -ая, -ое Stab-, Stangen-; -ое мы́ло Stangenseife

бруси́ка, -и *f* 1. Preiselbeere *Strauch* 2. *Koll* Preiselbeeren

бруси́чный, -ая, -ое Preiselbeer-

брусо́к, -ска́ *m* 1. Schleifstein 2. Block, Klotz; Stange, Riegel

бру́ствер, -а *m mil* Brustwehr

брусча́тка, -и *f Koll* vierkantige Pflastersteine

брусча́тый, -ая, -ое 1. aus Blöcken [Klötzen] gemacht 2. mit Vierkantsteinen gepflastert

бру́тто *Adj idkl u. Adv.* brutto

брыже́йка, -и, *Pl G* -еек, *D* -е́йкам *f anat* Gekröse

бры́згать* *u.* -аю, -аешь *uv* 1. spritzen, sprühen; ~ слюно́й geifern 2. bespritzen, besprengen ‖ *v mom* бры́знуть, -ну, -нешь

бры́згаться* *u.* -аюсь, -аешься *uv* 1. bespritzen 2. sich [einander] bespritzen

бры́зги, брызг *Pl* 1. Spritzer; ме́лкие ~ Wasserstaub 2. Splitter

бры́зжу ↑ бры́згать

бры́знуть, -ну, -нешь *v* 1. *mom zu* бры́згать 2. hervorspritzen, herausschießen

брыка́ть, -а́ю, -а́ешь *uv* ausschlagen (mit den Hinterbeinen) ‖ *v mom* **брыкну́ть,** -ну́, -нёшь

брыка́ться, -а́юсь, -а́ешься *uv* 1. ausschlagen 2. *volksspr* bocken, bockig

[störrisch] sein || *v mom* **брыкну́ться** -ну́сь, -нёшься
бры́нза, -ы *f* Schafkäse
брысь! *Interj* weg! *Ausruf zum Verscheuchen einer Katze*
брюзга́, -и́ *m, f* Brummbär, Nörgler
брюзгли́вый, -ая, -ое; *Kzf* -и́в, -а mürrisch, brummig, verdrießlich
брюзжа́ние, -я *n* Gebrumm, Meckern
брюзжа́ть, -зжу́, -зжи́шь *uv* brummen, meckern, nörgeln
брю́ква, -ы *f* Steckrübe
брю́ки, брюк *Pl* Hose
брюкодержа́тель, -я *m* Hosenbügel
брюне́т, -а *m* brünetter Mann
брюне́тка, и, *Pl G* -ток, *D* -ткам *f* brünette Frau
Брюссе́ль, -я *m* Brüssel
брюссе́льский, -ая, -ое Brüsseler; -ая капу́ста Rosenkohl
брю́хо, -а *n volksspr* Bauch, Wanst
брюши́на, -ы *f anat* Bauchfell
брюшко́, -а́, *Pl* брюшки́, -о́в, -а́м *n* 1. *umg* Schmerbauch 2. hinterer Körperteil der Gliederfüßler
брюшно́й, -а́я, -о́е Bauch-; ~ тиф Bauchtyphus, Unterleibstyphus
бря́кать *uv zu* бря́кнуть
бря́кнуть, -ну, -нешь *v mom umg* 1. klappern, klirren; ~ посу́дой mit dem Geschirr klappern 2. geräuschvoll hinwerfen 3. herausplatzen, offen sagen || *uv* бря́кать, -аю, -аешь
бря́кнуться, -нусь, -нешься *v, uv umg* schwer hinstürzen, hinschlagen
бря́нец, -нца, *I* -нцем, *G Pl* -нцев *m* Einwohner von Brjansk
Брянск, -а *m* Brjansk *Stadt*
бряца́ние, -я *n* Geklirr
бряца́ть, -а́ю, -а́ешь *uv* klirren, klimpern; ~ ору́жием *übtr* mit dem Säbel rasseln
БСЭ (Больша́я Сове́тская Энциклопе́дия) Große Sowjet-Enzyklopädie
бу́бен, -бна *m u.* **бу́бны,** -ов *Pl* Tamburin, Schellentrommel
бубене́ц, -нца́, *I* -нцо́м, *G Pl* -нцо́в *m* Schelle; колпа́к с -нца́ми Schellenkappe, Narrenkappe
бубе́нчик, -а *m Dem zu* бубене́ц Schelle; звон -ов Schellengeläut
бу́блик, -а *m* Kringel *Gebäck*
бубни́ть, -ню́, -ни́шь *uv umg* in den Bart brummen
бубно́вый, -ая, -ое Karo-; ~ вале́т Karo Bube
[1]**бу́бны** *Pl* бубён, бубна́м *u.* бу́бен, бу́бнам, *Sg volksspr* бу́бна, -ы *f* Karo, Schellen *Spielkartenfarbe*
[2]**бу́бны** ↑ бу́бен
бубо́н, -а *m med* Drüsengeschwulst, Leistengeschwulst; Beule
бубо́нный, -ая, -ое Beulen-; -ая чума́ *med* Beulenpest
Буг, -а *m* Bug *Fluß*
бу́гель, -я *m* Gleitbügel *Stromabnehmer bei Straßenbahn, O-Bus u. a.*
буго́р, -гра́ *m* Hügel, Anhöhe
бугоро́к, -рка́ *m* 1. kleiner Hügel 2. *med* Knötchen; туберкулёзный ~ Tuberkel
бугорча́тка, -и *f alt* Tuberkulose
бугорча́тый, -ая, -ое hügelig
бугри́стый, -ая, -ое; *Kzf* -и́ст, -а hügelig, uneben
Будапе́шт, -а *m* Budapest
будапе́штец, -тца, *I* -тцем, *G Pl* -тцев *m* Budapester
будди́зм, -а *m* Buddhismus
будди́йский, -ая, -ое buddhistisch
будди́ст, -а *m* Buddhist
будёновец, -вца, *I* -вцем, *G Pl* -вцев *m* Reiter der Budjonny-Armee
будёновка, -и *Pl G* -вок, *D* -вкам *f* Budjonny-Helmmütze
бу́дет! *als Adv, umg* genug (davon)!, basta!
буди́льник, -а *m* Wecker *Uhr*
буди́ть, бужу́, бу́дишь *uv* 1. (auf)-wecken 2. *übtr* wachrufen, aufrütteln
бу́дка, -и, *Pl G* бу́док, *D* -дкам *f* Häuschen; постова́я ~ Schilderhaus; суфлёрская ~ Souffleurkasten; железнодоро́жная ~ Bahnwärterhäuschen; телефо́нная ~ Fernsprechzelle
бу́дни *Pl* -ей, *Sg alt, volksspr* бу́день, -дня *m* 1. Werktag, Wochentag 2. *übtr* Alltag
бу́дний, -яя, -ее Werktags-; ~ день Wochentag
бу́дничный, -ая, -ое *u.* **бу́днишний,** -яя, -ее 1. Werktags-; ~ день Wochentag 2. *übtr* Alltags-, alltäglich
будора́жить, -жу, -жишь *uv umg* aufregen; aufwühlen
будора́житься, -жусь, -жишься *uv* sich beunruhigen, sich erregen
бу́дочник, -а *m* 1. Bahnwärter 2. *hist* Polizeiposten
бу́дто 1. *Konj* als ob, als wenn; ~ ничего́ не случи́лось als ob nichts geschehen wäre 2. *Konj* daß *mit einem Ausdruck des Zweifels*; говоря́т, ~ он уе́хал man sagt, er sei fortgefahren 3. *Part* es scheint; мне послы́шалось, ~ кто́-то идёт mir scheint, da kommt jemand
бу́ду ↑ быть
будуа́р, -а *m* Boudoir

бу́дущее, -его *Subst n* Zukunft
бу́дущий, -ая, -ее zukünftig, nächst; -ее вре́мя *gram* Zukunft, Futurum; в ~ раз das nächste Mal
бу́дущность, -и *f* Zukunft
буёк, буйка́ *m Dem zu* буй Boje
бу́ер, -а, *Pl* буера́, -о́в, -а́м *m* Segelschlitten
буера́к, -а *m gbt* Mulde, Erdkluft
бу́ерный, -ая, -ое: ~ спорт Eissegeln
буж, -а́, *I* -о́м, *G Pl* -е́й *m med* Bougie
буженина, -ы *f* gekochtes Schweinefleisch besonderer Zubereitung
[1]**буза́,** -ы́ *f gbt* Busa *alkoholisches Getränk*
[2]**буза́,** -ы́ *f grob, volksspr* Skandal, Radau
бузина́, -ы́ *f* Holunder
бузи́ть, *1. Pers ungebr*, -зи́шь *uv grob, volksspr* Unfug treiben, lärmen
бузотёр, -а *m grob volksspr* Skandalmacher, Krakeeler, Störenfried
буй, -я, *Pl* буи́, -ёв, -я́м *m* Boje; ~-реву́н Heulboje
бу́йвол, -а *m* Büffel
бу́йволица, -ы, *I* -ей *f* Büffelkuh
бу́йволовый, -ая, -ое Büffel-
бу́йный, -ая, -ое; *Kzf* бу́ен, буйна́! 1. stark, heftig; ~ве́тер heftiger Wind 2. ungestüm, stürmisch ◇ -ое помеша́тельство Tobsucht; ~ рост üppiges Wachstum
бу́йство, -а *n* Radau, Unfug, Gewalttätigkeit
бу́йствовать, -твую, -твуешь *uv* toben, Unfug treiben, Radau machen, Gewalttätigkeiten verüben
бук, -а *m* Buche
бу́ка, -и *m, f umg alt* 1. Schreckgespenst, Popanz für Kinder 2. *übtr* Griesgram ◇ сиде́ть [смотре́ть] -ой mit finsterer Miene dasitzen
бука́шка, -и, *Pl G* -шек, *D* -шкам *f* Käferchen *Bez. für kleine Insekten*
бу́ква, -ы *f* 1. Buchstabe; прописна́я ~ großer Buchstabe; строчна́я ~ kleiner Buchstabe; нача́льная ~ Anfangsbuchstabe 2. *typ* Schriftzeichen ◇ остава́ться мёртвой -ой nur auf dem Papier stehen; ~ в -у Wort für Wort, buchstäblich
буква́льный, -ая, -ое 1. buchstäblich, wörtlich; ~ перево́д wörtliche Übersetzung 2. buchstäblich, tatsächlich; в -ом смы́сле сло́ва im eigentlichen Sinne des Wortes
буква́рь, -я́ *m* Fibel
бу́квенный, -ая, -ое Buchstaben-; -ое обозначе́ние Bezeichnung mit Hilfe von Buchstaben
буквое́д, -а *m iron* Pedant, Haarspalter
буквое́дство, -а *n* Haarspalterei, Pedanterie
буквопеча́тающий, -ая, -ее Fernschreib-; ~ (телегра́фный) аппара́т Fernschreiber
буке́т, -а *m* 1. Strauß, Blumenstrauß 2. Blume, Aroma *bei Wein, Tee usw.*
букини́ст, -а *m* Antiquar
букинисти́ческий, -ая, -ое: ~ магази́н Antiquariat
бу́кли, -ей *Pl alt* Locken
Букови́на, -ы *f* Bukowina
бу́ковый, -ая, -ое buchen, Buchen-
буколи́ческий, -ая, -ое bukolisch, Schäfer-; -ая пьеса Schäferspiel
букс, -а *m* Buchsbaum
бу́кса, -ы *f tech* Buchse, Büchse
букси́р, -а *m* 1. Schleppdampfer 2. Schlepptau; брать на ~ ins Schlepptau nehmen, schleppen; *übtr* kollektive Nachhilfe leisten
букси́рный, -ая, -ое Schlepp-
букси́ровать, -рую, -руешь *uv* schleppen, bugsieren
букциро́вка, -и *f* Schleppen, Bugsieren
буксиро́вщик, -а *m* Schleppdampfer
буксова́ть, *1. u. 2. Pers ungebr*, букс́ует *uv* sich auf der Stelle drehen, rutschen *Räder*
булава́, -ы́ *f* 1. Keule *alte Waffe, Sportgerät* 2. *hist* Stab; ге́тманская ~ Hetmanstab
була́вка, -и, *Pl G* -вок, *D* -вкам *f* Stecknadel; англи́йская ~ Sicherheitsnadel
була́вочный, -ая, -ое Stecknadel-; с -ую голо́вку so groß wie ein Stecknadelkopf ◇ -ые уко́лы Nadelstiche
була́ный, -ая, -ое falb
була́т, -а *m, alt* Damaszener Klinge
бу́лка, -и, *Pl G* -лок, *D* -лкам *f* Weißbrot; Brötchen
бу́лла, -ы *f kirch* Bulle
бу́лочка, -и, *Pl G* -чек, *D* -чкам *f* Brötchen
бу́лочная [шн], -ой *Subst f* Bäckerei
бу́лочник [шн], -а *m alt* Bäcker
бултых *prädikativ, umg* plumpste [fiel] ins Wasser
бултыха́ться, -а́юсь, -а́ешься *uv umg* 1. klatschend ins Wasser fallen, plumpsen 2. klatschen, plätschern *Flüssigkeit* ‖ *v mom* **булты́хнуться,** -нусь, -нешься *u.* **бултыхну́ться,** -ну́сь, -нёшься
булы́жник, -а *m, auch Koll* Pflasterstein, Katzenkopf
булы́жный, -ая, -ое steinern, Stein-

бульва́р, -а *m* Boulevard
бульва́рный, -ая, -ое Boulevard- ◇ -ая пре́сса Asphaltpresse
бульдо́г, -а *m* Bulldogge
бульдо́зер, -а *m* Planierraupe
бу́лькать, -аю, -аешь *uv* gluckern, glucksen ‖ *v mom* **бу́лькнуть,** -ну, -нешь
бульо́н, -а *m* Bouillon, Fleischbrühe
бум, -а *m umg* Boom, plötzlicher kurzer wirtschaftlicher Aufschwung
[1]**бума́га,** -и *f* 1. Papier; пи́счая ~ Schreibpapier; почто́вая ~ Briefpapier; промока́тельная ~ Löschblatt, Löschpapier; ~ в кле́тку kariertes Papier; нажда́чная ~ Schmirgelpapier; обёрточная ~ Packpapier; слоно́вая ~ Büttenpapier; светочувстви́тельная ~ Kopierpapier; копирова́льная ~ Kohlepapier 2. Schreiben, Schriftstück; официа́льная ~ dienstliches Schreiben 3. *Pl* Papiere, Akten, Dokumente ◇ це́нные -и Wertpapiere
[2]**бума́га,** -и *f alt, umg* Baumwolle
бумаго|мара́ние, -я *n umg* Vielschreiberei, Schmiererei; **~мара́тель,** -я *m umg, iron* Schmierer, Vielschreiber; **~пряде́ние,**-я *n alt* Baumwollspinnen; **~пряди́льный,** -ая, -ое *alt* Spinn-, Baumwollspinn-; **~пряди́льня,** -и *f alt* Baumwollspinnerei
бума́жка, -и, *Pl G* -жек, *D* -жкам *f* 1. Papierchen, ein Fetzen Papier 2. *umg, alt* Geldschein 3. amtliches Schrifttück, Papier
[1]**бума́жник,** -а *m* Brieftasche
[2]**бума́жник,** -а *m* Papierarbeiter
бума́жный, -ая, -ое 1. Papier-; ~ стака́н Papierbecher 2. Baumwoll-, baumwollen 3. bürokratisch 4. *übtr* papieren
бумажо́нка, -и, *Pl G* -нок, *D* -нкам *f umg* ein Fetzen Papier
бумазе́йный, -ая, -ое Barchent-
бумазе́я, -и *f* Barchent
бумера́нг, -а *m* Bumerang
бумкомбина́т, -а *m* (бума́жный комбина́т) Papierkombinat
бу́нкер, -а, *Pl* бункера́, -о́в, -а́м *m* Bunker, Lagerraum
бункерова́ть, -ру́ю, -ру́ешь *uv* bunkern
бункеро́вка, -и *f* Einlagerung *von Schüttgut*
[1]**бунт,** -а́ *m* Bund, Ballen
[2]**бунт,** -а *m* Empörung, Aufruhr, Rebellion
бунта́рский, -ая, -ое aufrührerisch, aufständisch, rebellisch
бунта́рство -а *n alt* Rebellentum
бунта́рь, -я́ *m alt* Aufrührer, Aufständischer, Rebell
бунтова́ть, -ту́ю, -ту́ешь *uv* 1. sich empören, rebellieren 2. *alt* aufwiegeln, zum Aufstand aufreizen
бунтова́ться, -ту́юсь, -ту́ешься *uv volksspr* sich empören, rebellieren
бунтовско́й, -а́я, -о́е aufrührerisch, aufständisch, rebellisch
бунтовщи́к, -а́ *m* Empörer, Aufrührer, Rebell
бунчу́к, -а́ *m* Stab mit daran befestigtem Roßschweif *Machtsymbol der Kosakenhetmane*
бур, -а *m* (Erd-) Bohrer
бура́, -ы́ *f chem* Borax
бура́в, -а́ *m* Bohrer
бура́вить, -влю, -вишь *uv* bohren
бура́вчик, -а *m Dem zu* бура́в Bohrer *Werkzeug*
[1]**бура́к,** -а́ *m gbt* Runkelrübe
[2]**бура́к,** -а́ *m gbt* runder Behälter aus Birkenrinde
бура́н, -а *m* Schneesturm, -gestöber
бургоми́стр, -а *m* Bürgermeister
бурда́, -ы́ *f umg* dünne, trübe Brühe
бурдю́к, -а́ *m* Weinschlauch *aus Tierhäuten*
буреве́стник, -а *m zool* Sturmvogel
бурево́й, -а́я, -о́е Sturm-
бурело́м, -а *m* Windbruch
буре́ние, -я *n* Bohren; глубо́кое ~ Tiefbohrung
буре́ть, -е́ю, -е́ешь *uv* (grau)braun werden, sich (grau)braun färben
буржуа́ *m idkl* Bourgeois
буржуази́я, -и *f* Bourgeoisie
буржуа́зный, -ая, -ое; *Kzf* -зен, -зна bürgerlich
буржу́й, -я, *G Pl* -ев *m volksspr* Bourgeois, Ausbeuter
буржу́йка, -и, *Pl G* -у́ек, *D* -у́йкам *f* kleiner Kanonenofen
бури́льный, -ая, -ое Bohr-
бури́льщик, -а *m* Bohrer *Arbeiter*
бури́ть, -рю́, -ри́шь *uv geol* bohren
бу́рка, -и, *Pl G* -рок, *D* -ркам *f* Burka *Filzmantel der Kaukasier*
бу́рки, бу́рок *Pl* Filzstiefel mit Ledersohlen
бу́ркнуть, -ну, -нешь *v mom volksspr* brummen, knurren
бурла́к, -а́ *m alt* Treidler
бурла́цкий, -ая, -ое Treidler-
бурла́чество, -а *n* 1. Treideln 2. *Koll* die Treidler
бурла́чить, -чу, -чишь *uv* treideln
бурли́вый, -ая, -ое; *Kzf* -и́в, -а unruhig, stürmisch

бурли́ть, -лю́, -ли́шь *uv* brodeln, wallen, sieden; у него́ кровь бурли́т *übtr* sein Blut gerät in Wallung
бурми́стр, -а *m alt* Gutsverwalter, Amtmann
бу́рный, -ая, -ое; *Kzf* -рен, -рна́! stürmisch, heftig; -ое мо́ре schwere See; ~ разгово́р heftige Auseinandersetzung; -ые аплодисме́нты stürmischer [brausender] Beifall; -ая ра́дость ungestüme Freude
бурово́й, -а́я, -о́е Bohr-; -а́я сква́жина Bohrloch
бу́рса, -ы *f alt* Priesterseminar
бурса́к, -а́ *m hist* Seminarist einer geistlichen Lehranstalt
бу́рский, -ая, -ое Buren-; ~ язы́к Afrikaans
буру́н, -а́ *m* Sturzwelle, Brandung
бурунду́к, -а́ *m* Erdeichhörnchen
бурча́ние, -я *n* 1. Brummen, Murmeln 2. Brodeln; Knurren (im Magen)
бурча́ть, -чу́, -чи́шь *uv umg* 1. brummen, murmeln; ~ себе́ под нос etw. in den Bart brummen 2. *1. u. 2. Pers ungebr* kollern, knurren; brodeln; у меня́ в животе́ бурчи́т mein Magen knurrt
бу́рщик, -а *m* Bohrer *Arbeiter*
бу́рый, -ая, -ое; *Kzf* бур, -а́! 1. graubraun; ~ у́голь Braunkohle 2. schwarzbraun; ~ медве́дь Braunbär
бурья́н, -а *m Koll* Steppengras; (hohes) Unkraut
бу́ря, -и *f* Sturm, Unwetter
буря́т, -а, *G Pl* -ов *u.* буря́т *m* Burjate
буря́тка, -и, *Pl G* -ток, *D* -ткам *f* Burjatin
буря́тский, -ая, -ое burjatisch; Буря́тская АССР Burjatische ASSR
бу́сина, -ы *f* Glasperle
бу́синка, -и, *Pl G* -нок, *D* -нкам *f* Glasperle
буссо́ль, -и *f* Richtkreis, Bussole
бу́сы, бус *Pl* Glasperlen, Halskette
бут, -а *m tech* Baustein, Bruchstein
бута́н, -а *m chem* Butan
бутафо́р, -а *m theat* Requisiteur
бутафо́рия, -и *f* 1. *theat* Requisiten 2. Attrappe
бутафо́рский, -ая, -ое 1. *theat* Requisiten- 2. *übtr* künstlich
бутербро́д [тэ], -а *m* belegte Schnitte
бути́ть, бучу́, бути́шь; бучённый, -ён, -ена́ *uv* mit Bruchsteinen ausmauern
бу́товый, -ая, -ое Bruchstein-; -ая кла́дка Bruchsteinmauerung
буто́н, -а *m* (Blüten-) Knospe
бу́тсы, бутс *Pl* Fußballschuhe
буту́з, -а *m umg* Pausback, Dickerchen
буты́лка, -и, *Pl G* -лок, *D* -лкам *f* Flasche; ~ из-под вина́ Weinflasche; ~ вина́ eine Flasche Wein
буты́лочный, -ая, -ое Flaschen-; ~ цвет Flaschengrün
буты́ль, -и *f* große Flasche, Ballon
бу́фер, -а, *Pl* буфера́, -о́в, -а́м *m* Puffer *Eisenbahn*
бу́ферный, -ая, -ое Puffer-
буфе́т, -а *m* 1. Büfett, Geschirrschrank 2. Schenktisch; Erfrischungsraum
буфе́тная, -ой *Subst f* Anrichtezimmer
буфе́тчик, -а *m* Büfettier
буфе́тчица, -ы, *I* -ей *f* Büfetteuse
буфф *Adj idkl* komisch, spaßig; о́пера-~ komische Oper
бу́фы, буф *Pl* Rüschen; отде́лано бу́фами mit Rüschen besetzt; рука́в с бу́фами Puffärmel
бух 1. *Interj* plumps!, bums! 2. *prädikativ volksspr* fiel hin, stürzte, plumpste
буха́нка, -и, *Pl G* -нок, *D* -нкам *f* Laib Brot
Бухара́, -ы́ *f* Buchara
Бухаре́ст, -а *m* Bukarest
буха́рец, -рца, *I* -рцем, *G Pl* -рцев *m* Buchare
буха́рка, -и, *Pl G* -рок, *D* -ркам *f* Bucharin
буха́рский, -ая, -ое bucharisch
бу́хать *uv* zu [1]бу́хнуть
бу́хаться *uv zu* бу́хнуться
бухга́лтер [γha], -а *m* Buchhalter
бухгалте́рия [γha], -и *f* Buchhaltung, Buchführung
бухга́лтерский [γha], -ая, -ое Buchhaltungs-, Buchhalter-; -ая кни́га Geschäftsbuch
[1]**бу́хнуть,** -ну, -нешь *v mom, umg* 1. krachen *Schuß*; knallen *Tür* 2. krachend hinwerfen ‖ *uv* бу́хать, -аю, -аешь
[2]**бу́хнуть,** -ну, -нешь; бух, -ла *uv* (auf)quellen
бу́хнуться, -нусь, -нешься *v mom umg* hinstürzen, hinplumpsen ‖ *uv* бу́хаться, -аюсь, -аешься
бу́хта, -ы *f* Bucht
бу́хты-бара́хты: с бу́хты-бара́хты *volksspr* ohne zu überlegen, so mit einem Mal, holterdiepolter!
бу́ча, -и, *I* -ей *f volksspr* Lärm, Tumult
бушева́ть, -шу́ю, -шу́ешь *uv* 1. brausen, stürmen, tosen; branden 2. *übtr, umg* toben, Radau machen

бушла́т, -а *m* Matrosenjacke
бушме́н, -а *m* Buschmann
бушпри́т, -а *m naut* Bugspriet
Бу́энос-А́йрес, -а *m* Buenos Aires
буя́н, -а *m* Raufbold, Radaumacher
буя́нить, -ню, -нишь *uv umg* Radau machen, krakeelen, Unfug treiben
буя́нство, -а *n* Radau, Unfug
б. ч. (бо́льшею ча́стью) größtenteils
бы, *auch* **б** *Part* 1. *mit Prät zur Bildung des Konjunktivs*: a) *mögliche Handlung*; я пришёл бы к вам, е́сли бы был свобо́ден ich würde zu Ihnen kommen, wenn ich Zeit hätte; b) *höflich-bestimmter Vorschlag*; ты бы поспа́л немно́го schlaf doch ein wenig 2. *mit Inf*: a) *Ausdruck eines Wunsches*; вы́спаться бы könnte ich mich doch ausschlafen; b) *mit* не *in der Bedeutung des Konjunktivs*; е́сли б не намекну́ли, ему́ не догада́ться бы wenn man keine Andeutung gemacht hätte, hätte er es nicht erraten können
быва́ло *mod* früher, manchmal; я ~ ча́сто е́здил в дере́вню früher reiste ich öfters aufs Land
быва́лый, -ая, -ое *umg* 1. erfahren, bewandert 2. alltäglich; э́то де́ло -ое das ist etwas Alltägliches 3. *alt* früher, vergangen
быва́ть, -а́ю, -а́ешь *uv* 1. vorkommen, geschehen; быва́ет, что . . . es kommt vor, daß . . .; таки́х веще́й не быва́ет so etwas gibt es nicht 2. sich befinden, sein; zu sein pflegen; по суббо́там он быва́ет в клу́бе sonnabends ist er im Klub ◇ как ни в чём не быва́ло als ob nichts geschehen wäre; бо́ли как не быва́ло die Schmerzen waren spurlos verschwunden
бы́вший, -ая, -ее gewesen, ehemalig, Ex-
бык, -а́ *m* Stier, Bulle ◇ он упёрся как ~ er ist halsstarrig
быки́ *Pl* -о́в, *Sg* бык, -а́ *m* Brückenpfeiler
были́на, -ы *f* Byline, (altrussische) Sage, Heldengedicht
были́нка, -и, *Pl G* -нок, *D* -нкам *f* Grashalm
были́нный, -ая, -ое Bylinen-
было (unbetont) *Part, mit dem Prät, zur Bezeichnung dessen, daß eine Handlung begonnen hat oder beabsichtigt war, jedoch aus irgendwelchen Gründen nicht verwirklicht wurde*; я, ~, во́все не хоте́л идти́ в кино́ ich wollte eigentlich gar nicht ins Kino gehen; я чуть ~ не упа́л fast [beinahe] wäre ich gefallen; я чуть ~ не сказа́л ich wollte schon sagen
было́е, -о́го *Subst n* Vergangenheit, das Vergangene
было́й, -а́я, -о́е *hoher Stil* vergangen, früher
быль, -и *f* 1. *alt* Vergangenes 2. wahre Erzählung
быльё, -ья́ *n Koll alt* Gras ◇ быльём поросло́ darüber ist endlich Gras gewachsen
быстрина́, -ы́, *Pl* быстри́ны, -и́н, -и́нам *f* Stromschnelle
быстро|заморо́женный, -ая, -ое Feinfrost-; **~но́гий,** -ая, -ое schnellfüßig
быстрота́, -ы́ *f* Schnelligkeit; с -о́й мо́лнии blitzschnell
быстроте́чный, -ая, -ое; *Kzf* -чен, -чна *alt* schnell vergehend
быстрохо́дность, -и *f* Schnelligkeit
быстрохо́дный, -ая, -ое; *Kzf* -ден, -дна schnellaufend; ~ ка́тер Schnellboot
бы́стрый, -ая, -ое; *Kzf* быстр, -а́! schnell, rasch, geschwind
быт, -а, *P* о бы́те, в быту́ *m* 1. Lebensweise, Sitten und Bräuche 2. alltägliches Leben; дома́шний ~ häusliches Leben ◇ э́то вошло́ в ~ das hat sich eingebürgert
бытие́, -я́ *n* Sein, Dasein; ~ определя́ет созна́ние das Sein bestimmt das Bewußtsein
бы́тность, -и *f*: в ~ zur Zeit, während; в его́ ~ während seines Aufenthalts; в мою́ ~ на Крыму́ als ich auf der Krim war
бытова́ть, *1. u. 2. Pers ungebr*, быту́ет *uv* vorkommen, sich erhalten
бытови́к, -а́ *m umg* 1. Sittenschilderer 2. Genremaler
бытово́й, -а́я, -о́е Lebens-; ~ укла́д Lebensweise; стать -ы́м явле́нием zum Brauch werden
бытописа́тель, -я *m* 1. *alt* Geschichtsschreiber 2. Sittenschilderer
быть* *Präs nur 3. Pers Sg* есть *u. alt 3. Pers Pl* суть *uv* 1. *Hilfsverb* sein, werden; бу́дьте так добры́! seien Sie so gut!; чем ты хо́чешь ~? was willst du werden? 2. sein, sich befinden, anwesend sein; ~ в отсу́тствии abwesend sein, fehlen 3. existieren, vorhanden sein; есть те до́брые лю́ди на све́те es gibt doch gute Menschen; у него́ есть де́ньги er hat Geld 4. stattfinden, sich ereignen ◇ должно́ ~ wahrscheinlich; ~ мо́жет vielleicht, es ist möglich; так и ~! meinetwegen!; как ~? was

tun?, was nun?; ~ не при чём nicht schuld sein; бу́дет тебе́! genug davon! hör auf!; ~ в си́лах imstande sein; была́ не была́ man muß es riskieren; будь что бу́дет mag kommen, was will; бу́дет ему́ за э́то er wird schon sein Teil dafür abbekommen; и был тако́в und weg war er

бытьё, -ья́ *n alt* Lebensweise; **житьё-**~ Leben und Treiben

быча́чий, -ья, -ье Stier-, Bullen-

бы́чий, -ья, -ье Stier-, Bullen-

[1]**бычо́к,** -чка́ *m* junger Stier, junger Bulle

[2]**бычо́к,** -чка́ *m* Kaulkopf *Fisch*

бьеф, -а *m* Fluß- oder Kanalabschnitt zwischen zwei Schleusen oder Wehren

бью ↑ бить

бюва́р, -а *m* Schreibmappe

бюдже́т, -а *m* Budget, Haushaltsplan ◇ вы́йти из -а zu viel verbrauchen

бюдже́тный, -ая, -ое Budget-, Haushalts-

бюллете́нить, -ню, -нишь *uv umg* krank machen, Kasse machen

бюллете́нь, -я *m* 1. Bericht; ~ пого́ды, метеорологи́ческий ~ Wetterbericht 2. Bulletin 3. Wahlschein; избира́тельный ~ Stimmzettel 4. *umg* Krankenschein

бю́ргер, -а *m* 1. *alt* Bürger *ausländ* 2. *übtr* Spießbürger, Philister

бюре́тка, -и, *Pl G* -ток, *D* -ткам *f chem* Bürette, Maßröhre

[1]**бюро́** *n idkl* 1. Büro, Amt; спра́вочное ~ Auskunftsbüro; похоро́нное ~ Bestattungsamt; маши́нное ~ Schreibmaschinenzimmer; ~ нахо́док Fundstelle; ~ поврежде́ний Störungsstelle 2. Leitung, leitendes Organ

[2]**бюро́** *n idkl* Schreibpult, Sekretär

бюрократи́ческий, -ая, -ое bürokratisch

бюрокра́тия, -и *f* Bürokratie

бюст, -а *m* 1. Büste *Skulptur* 2. Büste, Busen

бюстга́льтер [бюзhальтэр], -а *m* Büstenhalter

бя́зевый, -ая, -ое Nessel-; **-ая руба́шка** Hemd aus Nesselstoff

бязь, -и *f text* Nessel(stoff)

В

в, *vor einigen Konsonantengruppen, vor* весь, вся́кий *und einigen Ausdrücken* **во** *Präpos* **I.** *mit A* 1. in, nach *Richtung, Ziel*; идти́ в лес in den Wald gehen; е́хать в Москву́ nach Moskau fahren; прыжки́ в высоту́ Hochsprung; дверь в ку́хню Küchentür; биле́т в теа́тр Theaterkarte 2. an, in *Zeit*; в сре́ду am Mittwoch; в свобо́дное вре́мя in der Freizeit; в по́лночь um Mitternacht; в три часа́ um drei Uhr 3. bei *Witterung*; в дождь и снег bei Regen und Schnee; в любу́ю пого́ду bei jedem Wetter 4. in, innerhalb, pro; раз в неде́лю einmal in der Woche; две ты́сячи оборо́тов в мину́ту zweitausend Umdrehungen pro Minute; я э́то сде́лаю в полчаса́ das mache ich in [während] einer halben Stunde 5. von *Maß*; парохо́д водоизмеще́нием в две ты́сячи тонн ein Dampfer mit zweitausend Bruttoregistertonnen; у́гол в со́рок пять гра́дусов ein Winkel von fünfundvierzig Grad; ве́тер в шесть ба́ллов Windstärke sechs; большинство́ в две тре́ти Zweidrittelmehrheit; длино́й в сто ме́тров hundert Meter lang; в пять раз бо́льше fünfmal soviel 6. zu *Resultat*; объедине́ние крестья́н в колхо́зы Zusammenschluß der Bauern zu Kolchosen; перерабо́тать де́рево в бума́гу Holz zu Papier verarbeiten 7. zu *Zweck*; в доказа́тельство zum Beweis; в заключе́ние zum (Ab-) Schluß; в его́ по́лзу zu seinen Gunsten; отнести́ пальто́ в химчи́стку den Mantel zur chemischen Reinigung schaffen 8. *Art und Weise*; вы́пить в два глотка́ in zwei Zügen austrinken; ю́бка в скла́дку Faltenrock; ткань в поло́ску [в горо́шек] gestreifter [gepunkteter] Stoff; тетра́дь в лине́йку [в кле́тку] liniertes [kariertes] Heft; упла́та в рассро́чку Teilzahlung, Ratenzahlung 9. *mit A Pl* (*formengleich mit N Pl, nicht mit G Pl*): приня́ть в пионе́ры in die Pionierorganisation aufnehmen; пойти́ в меха́ники Mechaniker werden; годи́ться в лётчики zum Flieger taugen; произвести́ в майо́ры zum Major befördern; кандида́т в президе́нты Präsidentschaftskandidat; идти́ в го́сти zu Besuch gehen ◇ смотре́ть в окно́ zum Fenster hinaussehen, durchs Fenster sehen; она́ вся в мать sie ist ganz die Mutter; сказа́ть в шу́тку zum Scherz sagen **II.** *mit P* 1. in; жить в Москве́ in Moskau wohnen; во мно́гих газе́тах in vielen Zeitungen; боль в го́рле Halsschmerzen; мир во всём ми́ре Weltfrieden 2. in *Zeit*; в ма́е im Mai; в про́шлом году́ voriges Jahr, im vorigen Jahr; в де́тстве in der Kindheit 3. *Entfernung*; в киломе́тре [в пяти́ мину́тах] от ста́нции einen Kilometer [fünf Minuten] vom Bahnhof 4. *Art und Weise*; письмо́ в стиха́х ein Brief in Versen ◇ он был в се́ром костю́ме er hatte einen grauen Anzug an; не́бо бы́ло в ту́чах der Himmel war von Wolken bedeckt; он пришёл весь в снегу́ er kam und war ganz mit Schnee bedeckt; ру́ки у тебя́ в черни́лах deine Hände sind voll Tinte; быть в восто́рге от конце́рта von dem Konzert begeistert sein; в э́той о́бласти auf diesem Gebiet; во главе́ госуда́рства an der Spitze des Staates

в. (век) Jahrhundert

ва́бик, -а *m Jagd* Lockpfeife

ва́бить, -блю, -бишь *uv Jagd* (an-)locken

Вавило́н, -а *m* Babylon

вавило́нский, -ая, -ое babylonisch; -ое столпотворе́ние der Turmbau zu Babel; *übtr* Wirrwarr, Durcheinander

ва́га, -и *f* 1. *gbt* große Waage 2. Hebebaum

ваго́н, -а *m* Waggon, (Eisenbahn-) Wagen; спа́льный ~ Schlafwagen; мя́гкий ~ Wagen der ersten Klasse *gepolstert*; жёсткий ~ Wagen der zweiten Klasse *ungepolstert*; това́рный ~ Güterwagen; бага́жный ~ Gepäckwagen; трамва́йный ~ Straßenbahnwagen; изотерми́ческий ~ Kühlwagen; ~-рестора́н Speisewagen; ~-транспортёр Tiefladewagen; ~-цисте́рна Kesselwagen

вагоне́тка, -и, *Pl G* -ток, *D* -ткам *f* Lore; *berg* Hund

ваго́нный, -ая, -ое Waggon-, Wagen-

вагоновожа́тый, -ого *Subst m* Straßenbahnfahrer

вагоноремо́нтный, -ая, -ое Eisenbahnausbesserungs-

вагоностро́ительный, -ая, -ое Waggonbau-; ~ заво́д Waggonwerk

вагра́нка, -и, *Pl G* -нок, *D* -нкам *f tech* Kupolofen

ва́жничанье, -ья *n umg* Wichtigtuerei, Großtuerei

ва́жничать, -аю, -аешь *uv umg* wichtig tun, großtun

ва́жно *prädikativ*: э́то о́чень ~ das ist sehr wichtig; э́то не ~ das ist nicht wichtig, das hat nichts zu sagen; мне ~ es liegt mir daran

ва́жность, -и *f* 1. Wichtigkeit, Bedeutung 2. Wichtigtuerei, Hochmut ◇ э́ка ~! *oder* велика́ ~! *umg* das ist unwichtig, das ist nicht der Rede wert

ва́жный, -ая, -ое; *Kzf* -жен, -жна́! 1. wichtig, bedeutend, schwerwiegend 2. *umg* wichtig, gewichtig, maßgebend; -ая ши́шка großes Tier 3. aufgeblasen, hochmütig, stolz 4. -о *Adv*: -о держа́ть себя́ sich hochmütig benehmen

ва́за, -ы *f* Vase

вазели́н, -а (-у) *m* Vaselin(e)

вака́нсия, -и *f* unbesetzte [freie] Stelle

вака́нтный, -ая, -ое; *Kzf* -тен, -тна unbesetzt, frei

ва́кса, -ы *f* schwarze Schuhkrem

ва́ксить, ва́кшу, ва́ксишь *uv umg* wichsen ‖ *v* нава́ксить

ва́куум, -а *m* Vakuum

вакци́на, -ы *f* Vakzine, Impfstoff

вакцина́ция, -и *f* Schutzimpfung

[1]**вал,** -а, *P* о ва́ле, на валу́, *Pl* валы́, -о́в, -а́м *m* 1. Wall, Erdwall 2. Woge ◇ девя́тый ~ *übtr* die schwerste Prüfung

[2]**вал,** -а, *P* о ва́ле, на валу́, *Pl* валы́, -о́в, -а́м *m tech* Walze, Welle

вала́ндаться, -аюсь, -аешься *uv volksspr u gbt* 1. die Zeit vertrödeln, langsam arbeiten 2. herumlungern, bummeln

Вала́хия, -и *f* Walachei

Валда́йская возвы́шенность Waldai-Höhe

валёжник, -а (-у) *m Koll* Bruchholz

валёк, -лька́ *m* 1. Wäschebleuel 2. *typ* Walze 3. Rudergriff 4. Ortscheit, Zugscheit

ва́ленки *Pl* -нок, -нкам, *Sg* -нок, -нка *m* Filzstiefel

вале́нтность, -и *f chem* Valenz, Wertigkeit
валерья́на, -ы *f bot* Baldrian
валерья́нка, -и *f umg* Baldriantropfen
валерья́новый, -ая, -ое Baldrian-; -ые ка́пли Baldriantropfen
вале́т, -а *m* Bube *im Kartenspiel*
ва́лик, -а *m* 1. *Dem zu* ²вал *tech* (kleine) Walze 2. Sofarolle, Schlummerrolle
¹**вали́ть,** валю́, ва́лишь *uv* 1. umwerfen, niederwerfen, umstoßen; ~ дере́вья Bäume fällen 2. *umg* unordentlich zusammenwerfen, -legen; ~ всё в одну́ ку́чу alles auf einen Haufen werfen; *übtr* alles über einen Kamm scheren 3. *übtr umg* abwälzen; ~ вину́ на кого́-н. j-m die Schuld zuschieben
²**вали́ть,** *1. u. 2. Pers ungebr*, -и́т *uv* 1. *umg* in Massen herbeiströmen; fallen, fliegen; снег вали́т хло́пьями es schneit in großen Flocken; дым вали́т из трубы́ der Rauch steigt in Schwaden auf 2. *Imp* вали́(те)! *volksspr* los!
вали́ться, валю́сь, ва́лишься *uv* (um)fallen, stürzen; sich zur Seite neigen; ~ с ног от уста́лости vor Müdigkeit umfallen; у него́ всё из рук ва́лится ihm fällt alles aus den Händen ◇ на бе́дного Мака́ра все ши́шки ва́лятся er ist ein Pechvogel
¹**ва́лка,** -и *f* Fällen *der Bäume*
²**ва́лка,** -и *f text* Walken
ва́лкий, -ая, -ое; *Kzf* -лок, -лка́! wackelig, schwankend; labil ◇ ни ша́тко ни -о nicht sonderlich gut, mittelmäßig
валово́й, -а́я, -о́е Brutto-
вало́м *Adv*: ~ вали́ть sich haufenweise fortbewegen, in Massen kommen
валто́рна, -ы *f mus* Waldhorn
валу́н, -а́ *m* Rollstein, runder Feldstein, Findling
ва́льдшнеп [нэ], -а *m* Waldschnepfe
вальс, -а *m* Walzer
вальси́ровать, -рую, -руешь *uv* Walzer tanzen
вальцева́ть, -цу́ю, -цу́ешь; -цо́ванный, -цо́ван, -а *uv tech* walzen
вальцо́вка, -и, *Pl G* -вок, *D* -вкам *f* 1. das Walzen 2. Walzmaschine
вальцо́вщик, -а *m* Walzer *Arbeiter*
вальцо́вый, -ая, -ое *tech* Walz-
вальяжный, -ая, -ое; *Kzf* -жен, -жна *volksspr* gewichtig, würdevoll
валю́та, -ы *f* Valuta, Währung
валю́тный, -ая, -ое Valuta-, Währungs-
Ва́ля, -и *m, f Dem zu* Валенти́н *u.* Валенти́на
валя́льный, -ая, -ое Walk-, Walker-
валя́льщик, -а *m* Walker
ва́ляный, -ая, -ое gewalkt
валя́ть, -я́ю, -я́ешь; ва́лянный, -ян, -а *uv* 1. wälzen, rollen, schleppen; ~ по́ полу am Boden schleppen; ~ в грязи́ durch den Schmutz ziehen 2. *volksspr u. gbt* kneten 3. walken 4. *volksspr* etw. liederlich [nachlässig] tun 5. *Imp* валя́й(те)! *volksspr* los! ◇ ~ дурака́ faulenzen; Dummheiten machen; sich dumm stellen
валя́ться, -я́юсь, -я́ешься *uv* 1. sich wälzen 2. *umg* untätig daliegen 3. *umg* umherliegen; на полу́ валя́ется бума́га auf dem Fußboden liegt Papier herum ◇ ~ в нога́х у кого́-н. auf den Knien vor j-m liegen, j-n anflehen
вам ↑ вы
ва́ми ↑ вы
вана́дий, -я, *P* -и *m chem* Vanadium
вандáл, -а *m* Barbar, Vandale
Ва́нечка, -и *m Dem zu* Ива́н
ванили́н, -а (-у) *m* Vanillin
вани́ль, -и *f* Vanille
ва́нна, -ы *f* 1. Wanne; Badewanne; но́мер с -ой Zimmer mit Bad 2. (Wannen-) Bad; приня́ть -у ein Bad nehmen; со́лнечная ~ Sonnenbad; возду́шная ~ Luftbad; ножна́я ~ Fußbad 3. *tech* Wanne, Becken
ва́нная, -ой *Subst f* Badezimmer
ва́нный, -ая, -ое Wannen-, Bade-; -ая ко́мната Badezimmer
ва́нты *Pl* вант, *Sg* ва́нта, -ы *f naut* Wanten
Ва́нька, -и *m Dem zu* Ива́н
ва́нька, -и, *Pl G* -нек, *D* -нькам *m alt* armseliger Droschkenkutscher
ва́нька-вста́нька, ва́ньки-вста́ньки *m* Stehaufmännchen
Ва́ня, -и *m Dem zu* Ива́н
вар, -а *m* 1. Pech; сапо́жный ~ Schusterpech 2. *volksspr* heißes Wasser меня́ сло́вно [то́чно, как] -ом о́бдало mich überkam es heiß
ва́рвар, -а *m* Barbar
Варва́ра, -ы *f* Barbara
ва́рварский, -ая, -ое barbarisch, grausam
ва́рево, -а *n volksspr* (dünne) Brühe
ва́режки *Pl* -жек, -жкам, *Sg* ва́режка, -и *f* Fausthandschuhe, Fäustlinge

варене́ц, -нца́, *I* -нцо́м *m* im Ofen gedämpfte Sauermilch
варе́ние, -я *n* Kochen, Sieden
варе́ники *Pl* -ов, *Sg* варе́ник, -а *m* kleine Pasteten mit Quark, Beeren u. a. gefüllt
варёный, -ая, -ое gekocht
варе́нье, -ья *n* Konfitüre *ganze Früchte in Zuckersirup oder Honig*
вариа́нт, -а *m* Variante
вариа́ция, -и *f* **1.** Variante **2.** *mus* Variation
вари́ть, варю́, ва́ри́шь; ва́ренный, -ен, -а *uv* **1.** kochen; sieden; ~ пи́во Bier brauen; ~ суп Suppe kochen **2.** *tech* schweißen ◇ желу́док ва́рит der Magen verdaut; голова́ у него́ ва́рит *umg* er hat Köpfchen
вари́ться, варю́сь, ва́ри́шься *uv* kochen, sieden *itr* ◇ ~ в со́бственном соку́ im eigenen Saft schmoren
ва́рка, -и *f* **1.** Kochen **2.** *tech* Schweißen
ва́ркий, -ая, -ое *volksspr* leicht zu kochen
ва́рница, -ы, *I* -ей *f alt* Salzsiederei
Варша́ва, -ы *f* Warschau
варша́вец, -вца, *P* -вцем, *G Pl* -вцев *m* Warschauer
варша́вский, -ая, -ое Warschauer
варшавя́нка, -и, *Pl G* -нок, *D* -нкам *f* **1.** Warschauerin **2.** *ohne Pl* Warschawjanka *poln. Revolutionslied*
варьете́ [тэ] *n idkl* Varieté
варьи́ровать, -рую, -руешь *uv* variieren, (ab)wechseln
Ва́рька, -и *f Dem zu* Варва́ра
Ва́ря, -и *f Dem zu* Варва́ра
варя́ги *Pl* -ов, *Sg* варя́г, -а *m hist* Waräger
вас ↑ вы
Ва́сек, -а *m Dem zu* Васи́лий
Ва́сенька, -и *m Dem zu* Васи́лий
василёк, -лька́ *m* Kornblume
Васи́лий, -я, *P* -и *m männl Vn*
васили́ск, -а *m myth, zool* Basilisk
василько́вый, -ая, -ое Kornblumen-; ~ цвет Kornblumenblau
васса́л, -а *m* Vasall, Lehnsmann
васса́льный, -ая, -ое Vasallen-; -ая зави́симость Vasallenschaft
Ва́ська, -и *m Dem zu* Васи́лий
Ва́ся, -и *m Dem zu* Васи́лий
ва́та, -ы *f* Watte; на -е wattiert
ватага, -и *f umg* Schar, Bande, Rotte
ватерли́ния [тэ], -и *f naut* Wasserlinie
ватерпа́с [тэ], -а *m tech* Wasserwaage, Libelle
вати́н, -а *m text* Watteline
ва́тман, -а *m* (dickes) Zeichenpapier
ва́тник, -а *m umg* gesteppte Wattejacke
ва́тный, -ая, -ое **1.** Watte-; aus Watte **2.** wattiert; -ое одея́ло Steppdecke
ватру́шка, -и, *Pl G* -шек, *D* -шкам *f* Quarkspitze *Gebäck*
ватт, -а, *G Pl* ватт *m el* Watt
ватт-ча́с, -а *m el* Wattstunde
ва́фельница, -ы, *I* -ей *f* Waffeleisen
ва́фельный, -ая, -ое Waffel-
ва́фля, -и, *Pl G* -фель, *D* -флям *f* Waffel
вахла́к, -а́ *m volksspr, alt* Tolpatsch
ва́хта, -ы *f* **1.** *naut* Wache; стоя́ть на -е Wache stehen **2.** *übtr* Wacht; стоя́ть на -е ми́ра auf Friedenswacht stehen
ва́хтенный, -ая, -ое *naut* Wach-; Wacht-; ~ журна́л Logbuch
ва́хтер *u. volksspr* **вахтёр,** -а *m* Wächter, Pförtner *Betriebsschutz*
ваш, -его *m*; ва́ша, -ей *f*; ва́ше, -его *n*; *Pl* ва́ши, -их *Poss Pron* euer, Ihr, der eure, der Ihrige; как -и пожива́ют? wie geht es Ihren Angehörigen?; лу́чше -его besser als ihr [Sie] ◇ по-ва́шему nach Ihrer Meinung
Вашингто́н, -а *m* Washington
ва́яние, -я *n alt* Bildhauerkunst
ва́ятель, -я *m alt* Bildhauer
ва́ять, ваю́, вае́шь *uv Kunst* meißeln, aus Stein hauen; gießen; schnitzen
вбега́ть *uv zu* вбежа́ть
в|бежа́ть* *v* hineinlaufen, -rennen ‖ *uv* вбега́ть, -а́ю, -а́ешь
вбива́ть *uv zu* вбить
вбира́ть *uv zu* вобра́ть
в|бить*, вобью́ *v A oder* в *A* einschlagen, -rammen ◇ ~ себе́ в го́лову что́-н. sich etw. in den Kopf setzen ‖ *uv* вбива́ть, -а́ю, -а́ешь
вблизи́ *Adv u. Präpos mit G* in der Nähe, unweit von
вбок *Adv umg* zur Seite
вброд *Adv* watend, durch eine Furt; переходи́ть реку́ ~ den Fluß durchwaten
вв. (века́) Jahrhunderte
ВВА (Вое́нно-возду́шная акаде́мия) Fliegerakademie
вва́ливаться *uv zu* ввали́ться
ввали́ться, ввалю́сь, вва́лишься *v* **1.** *umg* в *A* hineinfallen, -stürzen **2.** *1. u. 2. Pers ungebr* einfallen *von der Haut, von den Augen*; щёки ввали́лись die Wangen sind eingefallen **3.** *volksspr* hereinstürzen,

-platzen || *uv* вва́ливаться, -аюсь, -аешься

введéние, -я *n* 1. Einleitung; Einführung 2. *mus, theat* Vorspiel

в|везти́* *v* в *A* 1. hineinfahren *tr* 2. einführen, importieren || *uv* ввози́ть, ввожу́, ввóзишь

ввек *Adv umg* niemals; ~ не забу́ду э́того ich werde es nie (im Leben) vergessen

ввергáть(ся) *uv zu* ввéргнуть(ся)

ввéргнуть, -ну, -нешь; вверг, -ла; ввéргнутый, -ут, -а *v* (hinein)werfen, (hinein)stürzen (в *A* in) *a. übtr*; ~ в отчáяние zur Verzweiflung treiben || *uv* вверга́ть, -а́ю, -а́ешь

ввéргнуться, -нусь, -нешься; ввéргся, -лась *v* eindringen, sich hineinstürzen || *uv* вверга́ться, -а́юсь, -а́ешься

ввéрить, -рю, -ришь; ввéренный, -рен, -а *v* anvertrauen || *uv* вверя́ть, -я́ю, -я́ешь

ввéриться, -рюсь, -ришься *v* sich anvertrauen || *uv* вверя́ться, -я́юсь, -я́ешься

ввернýть, -нý, -нёшь; ввёрнутый, -ут, -а *v* 1. einschrauben 2. *umg, übtr*: ~ словéчко ein Wort einflechten || *uv* **ввёртывать,** -аю, -аешь

вверх *Adv* nach oben, hinauf; рýки ~! Hände hoch!; ~ по рекé flußaufwärts; ~ по лéстнице treppauf ◇ стоя́ть ~ ногáми (auf dem) Kopf stehen; ~ дном drunter und drüber

вверхý *Adv* oben

вверя́ть(ся) *uv zu* ввéрить(ся)

в|вести́* *v* 1. hinführen, herein-, hineinführen; ~ войскá в гóрод die Stadt mit Truppen besetzen 2. einführen, einsetzen; ~ в эксплуатáцию [в строй] in Betrieb nehmen; ~ вóинскую обя́занность die Wehrpflicht einführen 3. hineinziehen; ~ когó-н. в расхóды j-n in Unkosten stürzen; ~ в заблуждéние irreführen 4. einführen; ~ когó-н. в курс дéла j-n in eine Sache einweihen; ~ во владéние *jur* in den Besitz einführen || *uv* вводи́ть, ввожу́, ввóдишь

в|вести́сь*, *1. u. 2. Pers ungebr v* üblich werden || *uv* вводи́ться, ввóдится

ввивáть *uv zu* ввить

ввидý *Präpos mit G* in Anbetracht, wegen; ~ тогó, что da, weil; ~ э́того in Anbetracht dessen

ввинти́ть, -нчý, -нти́шь; ввúнченный, -ен, -а *v* einschrauben || *uv* **ввúнчивать,** -аю, -аешь

в|вить*, вовью́ *v* einflechten || *uv* ввивáть, -áю, -áешь

ввод, -а *m* 1. Einführung, Einsetzung, Einweisung 2.: ~ в эксплуатáцию Inbetriebnahme 3. Anschluß(stelle); Zuleitung; электри́ческий ~ Stromanschluß

вводи́ть(ся) *uv zu* ввести́(сь)

ввóдный, -ая, -ое 1. Anschluß-, Zuleitungs- 2. einführend, einleitend; -ое слóво Schaltwort; -ое предложéние Schaltsatz

ввоз, -а *m* Einfuhr, Import

ввози́ть *uv zu* ввезти́

ввóзный, -ая, -ое Einfuhr-, Import-

ввóлю *Adv umg* nach Herzenslust; in Hülle und Fülle, sehr viel

ввóсьмеро *Adv* achtmal, achtfach

ввосьмерóм *Adv* zu acht

в-восьмы́х *mod* achtens

ВВС (Воéнно-воздýшные си́лы) Luftstreitkräfte

ввысь *Adv* in die Höhe, nach oben

в|вязáть* *v* в *A* 1. (hin)einstricken (in) 2. *übtr umg* verstricken, hineinziehen (in) || *uv* **ввя́зывать,** -аю, -аешь

в|вязáться* *v umg* sich einmischen (в *A* in) || *uv* **ввя́зываться,** -аюсь, -аешься

вгибáть(ся) *uv zu* вогнýть(ся)

вглубь *Adv* in die Tiefe; tief hinein

вглядéться, -яжýсь, -яди́шься *v* в *A* genau [aufmerksam] betrachten, fixieren || *uv* **вгля́дываться,** -аюсь, -аешься

вгоня́ть *uv zu* вогнáть

вгрызáться *uv zu* вгры́зться

в|гры́зться* *v umg* sich verbeißen, sich festbeißen *von Tieren* || *uv* вгрызáться, -áюсь, -áешься

вдавáться *uv zu* вдáться

вдави́ть, вдавлю́, вдáвишь; вдáвленный, -ен, -а *v* (hin)eindrücken, -pressen || *uv* **вдáвливать,** -аю, -аешь

вдáлбливать *uv zu* вдолби́ть

вдалекé *Adv* in der Ferne; ~ от fern von

вдали́ *Adv* in der Ferne, fern

вдаль *Adv* in die Ferne

в|дáться*, вдали́сь *v* 1. eindringen, hineinragen, einschneiden 2. sich (in etw.) einlassen, sich (einer Sache) ergeben ◇ ~ в подрóбности auf Einzelheiten eingehen || *uv* в|давáться *

вдвигáть *uv zu* вдви́нуть

вдви́нуть, -ну, -нешь; -нутый, -нут,

-а *v* hineinschieben || *uv* вдвига́ть, -а́ю, -а́ешь

вдво́е *Adv* 1. doppelt, zweimal; ~ бо́льше zweimal soviel; zweimal so groß; увели́чивать ~ verdoppeln 2. in zwei Hälften; сложи́ть лист ~ das Blatt zusammenfalten

вдвоём *Adv* zu zweit

вдвойне́ *Adv* doppelt (soviel), zweifach

вдева́ть *uv zu* вдеть

вде́вятеро *Adv* neunmal, neunfach

вдевятеро́м *Adv* zu neunt

в-девя́тых *mod* neuntens

вде́лать, -аю, -аешь; -анный, -ан, -а *v* einsetzen, einfassen || *uv* **вде́лывать,** -аю, -аешь

вдёргивать *uv zu* вдёрнуть

вдёрнуть, -ну, -нешь; -нутый, -нут, -а *v* einziehen, einfädeln || *uv* вдёргивать, -аю, -аешь

вде́сятеро *Adv* zehnmal, zehnfach

вдесятеро́м *Adv* zu zehnt

в-деся́тых *mod* zehntens

в|деть* *v* durchziehen, -schieben, -stecken; ~ ни́тку в иго́лку einfädeln; ~ но́гу в стре́мя den Fuß in den Steigbügel setzen || *uv* вдева́ть, -а́ю, -а́ешь

ВДНХ (Вы́ставка достиже́ний наро́дного хозя́йства СССР) Ausstellung der Errungenschaften der Volkswirtschaft der UdSSR *in Moskau*

вдоба́вок *Adv umg* obendrein, außerdem

вдова́, -ы́, *Pl* вдо́вы, вдов, вдо́вам *f* Witwe ◇ соло́менная ~ Strohwitwe

вдове́ть, -е́ю, -е́ешь *uv* verwitwet sein

вдове́ц, -вца́, *I* -вцо́м, *G Pl* -вцо́в *m* Witwer

вдо́вий, -ья, -ье Witwen-

вдо́воль *Adv umg* vollauf, reichlich; im Überfluß; ~ нае́сться sich satt essen

вдовство́, -а́ *n* Witwenstand

вдо́вый, -ая, -ое; *Kzf* вдов, -а verwitwet

вдого́нку *Adv umg* hinterher; пусти́ться ~ за ке́м-н. j-m nachjagen; кри́кнуть ~ кому́-н. j-m nachrufen

вдолби́ть, -блю́, -би́шь; -блённый, -блён, -блена́ *v volksspr* einpauken, eintrichtern; ~ что́-н. в го́лову j-m etw. eintrichtern [begreiflich machen] || *uv* вда́лбливать, -аю, -аешь

вдоль 1. *Präpos mit G* entlang, längs; идти́ ~ бе́рега das Ufer entlang gehen 2. *Adv* der Länge nach; разре́зать ~ der Länge nach durchschneiden ◇ ~ и поперёк kreuz und quer; знать что́-н. ~ и поперёк etw. wie seine Westentasche kennen

вдо́сталь *Adv volksspr* vollauf, reichlich

вдох, -а *m* Atemzug

вдохнове́ние, -я *n* Eingebung, Inspiration; Begeisterung

вдохнове́нный, -ая, -ое; *Kzf* -е́нен, -е́нна inspiriert; begeistert; -ая речь eine flammende Rede

вдохнови́тель, -я *m* Inspirator

вдохнови́ть, -влю́, -ви́шь; -влённый, -влён, -влена́ *v* 1. begeistern 2. anregen; inspirieren (кого́-н. на что́-н. j-n zu etw.) || *uv* **вдохновля́ть,** -я́ю, -я́ешь

вдохнови́ться, -влю́сь, -ви́шься *v* 1 sich begeistern (für), entflammen || *uv* **вдохновля́ться,** -я́юсь, -я́ешься

вдохну́ть, -ну́, -нёшь *v* 1. einatmen 2. einhauchen, einflößen (что́-н. в кого́-н. j-m etw.); ~ в кого́-н. му́жество j-m Mut einflößen || *uv* вдыха́ть, -а́ю, -а́ешь *zu* 1

вдре́безги *Adv* 1. in (kleine) Stücke; разби́ть ~ kurz und klein schlagen; разби́ться ~ in Scherben gehen 2. *umg* vollkommen, völlig; ~ пья́ный völlig betrunken

вдруг *Adv* plötzlich, auf einmal; все ~ alle auf einmal

вдува́ние, -я *n* 1. Einblasen 2. *med* Einblasung

вдува́ть *uv zu* вдуть

вду́маться, -аюсь, -аешься *v* sich hineindenken, sich vertiefen (в *A* in) || *uv* вду́мываться, -аюсь, -аешься

вду́мчивый, -ая, -ое; *Kzf* -ив, -а nachdenklich, gedankenvoll, ernst

вду́мываться *uv zu* вду́маться

вду́нуть *v mom zu* вдува́ть

в|дуть* *v* einblasen, einhauchen || *uv* вдува́ть, -а́ю, -а́ешь | *v mom* вду́нуть, -ну, -нешь; -нутый, -нут, -а

вдыха́ние, -я *n* Einatmen, Einatmung

вдыха́тельный, -ая, -ое Einatmungs-

вдыха́ть *uv zu* вдохну́ть

вегетариа́нец [рья], -нца, *I* -нцем, *G Pl* -нцев *m* Vegetarier

вегетариа́нский [рья], -ая, -ое vegetarisch

вегета́ция, -и *f* Vegetation

ве́дать, -аю, -аешь *uv* 1. *alt* kennen, wissen; не ве́дает, что твори́т er weiß nicht, was er tut 2. *I* verwalten,

leiten; кто ве́дает этим? wer ist dafür zuständig?
ве́дение, -я *n* 1. Leitung; Verwaltung 2. Kompetenz
веде́ние, -я *n* Führung, Leitung; ~ де́ла *jur* Prozeßführung
ве́домо *mod alt* es ist bekannt
ве́домость, -и, *Pl* ве́домости, ведомосте́й, ведомостя́м *f* 1. Verzeichnis, Liste 2. *Pl* Nachrichten *Benennung einiger Periodica*; -и Верхо́вного Сове́та СССР Nachrichten des Obersten Sowjets der UdSSR
ве́домственный, -ая, -ое behördlich, Behörden-
ве́домство, -а *n* Behörde, Amt
ве́домый, -ая, -ое; *Kzf* -ом, -а 1. *alt* bekannt 2.: с -а mit Wissen, mit Einverständnis; без -а ohne Wissen, ohne Einverständnis
ведро́, -а́, *Pl* вёдра, -дер, -драм *n* 1. Eimer; (дождь) льёт как из -а́ es gießt in Strömen 2. russisches Flüssigkeitsmaß, etwa 12 l
вёдро, -а *n alt u. volksspr* schönes, trockenes Wetter
веду́ ↑ вести́
веду́щий, -ая, -ее 1. Vor-, Spitzen-, vorangehend; ~ самолёт Führungsflugzeug 2. -его *Subst m* Leiter 3. führend, leitend; Haupt-, Grund- 4. *tech* Trieb-; -ее колесо́ Triebrad
ведь 1. *Konj* doch, ja; ~ я не ребёнок ich bin doch kein Kind 2. *mod, Part zur Verstärkung der Aussage* ja, doch, wirklich; ~ вы бы́ли пра́вы in der Tat, Sie hatten recht; ~ я не спо́рю! ich streite ja gar nicht!
ве́дьма, -ы, *G Pl* ведьм *f folkl* Zauberin, Hexe
ве́ер, -а, *Pl* веера́, -о́в, -а́м *m* Fächer
ве́жливость, -и *f* Höflichkeit
ве́жливый, -ая, -ое; *Kzf* -ив, -а höflich, zuvorkommend; artig
везде́ *Adv* überall
вездесу́щий, -ая, -ее; *Kzf* -ущ, -а allgegenwärtig; *umg* Hansdampf in allen Gassen
вездехо́д, -а *m* geländegängiger Kraftwagen
вездехо́дный, -ая, -ое geländegängig
везе́ние, -я *n umg* Glück, Erfolg
везти́* *uv* 1. *best* fahren, bringen, holen *mit dem Wagen*; ~ кого́-н. j-n fahren 2. *unpers umg* Glück haben; ему́ везёт в жизни er hat Glück im Leben; с меха́никами ему́ не везло́ mit den Mechanikern hatte er kein Glück; ему́ не везёт er hat Pech ‖ *v* повезти́ *zu* 2 | *unbest* вози́ть *zu* 1
везу́ ↑ везти́
Везу́вий, -я, *P* -и *m* Vesuv
Ве́ймар, -а *m* Weimar
[1]**век,** -а (-у), *P* о ве́ке, на веку́, *Pl* века́, -о́в, -а́м *m* 1. Jahrhundert 2. Zeit(alter); ка́менный ~ Steinzeit; сре́дние века́ Mittelalter 3. Leben, Lebenszeit; на его́ -у́ zu seinen Lebzeiten; весь свой ~ sein ganzes Leben lang 4. *übtr umg* eine Ewigkeit, sehr lange Zeit; ~ с тобо́й мы не вида́лись wir haben uns seit einer Ewigkeit nicht gesehen ◇ ~ живи́, ~ учи́сь zum Lernen ist niemand zu alt; в ко́и-то -и alle Jubeljahre einmal; во -и -о́в *alt* ewig
[2]**век** *Adv umg* immer, ständig
ве́ки *Pl* век, *Sg* ве́ко, -а *n* Augenlider
векова́ть, -ку́ю, -ку́ешь *uv umg*: век ~ *folkl* sein ganzes Leben zubringen
векове́чный, -ая, -ое; *Kzf* -чен, -чна dauernd, ewig
веково́й, -а́я, -о́е jahrhundertealt, uralt; ~ дуб hundertjährige Eiche
ве́ксель, -я, *Pl* векселя́, -е́й, -я́м *m finanz* Wechsel
ве́ксельный, -ая, -ое *finanz* Wechsel-
ве́кша, -и, *I* -ей *f gbt* Eichhörnchen
веле́невый, -ая, -ое Velin-
веле́ние, -я *n alt* Gebot, Befehl
веле́ть, велю́, вели́шь *v, uv* (*Prät nur v*) befehlen, gebieten
велика́н, -а *m* Riese
вели́кий, -ая, -ое; *Kzf* вели́к, -ика́, -ико́, -ики́; *Sup* величайший 1. *Kzf* -ик, -ика́; *Komp* бо́льший *u.* бо́льше sehr groß, gewaltig 2. *Kzf* -ик, -ика groß, hervorragend, bedeutend; Вели́кая Октя́брьская социалисти́ческая револю́ция die Große Sozialistische Oktoberrevolution; -ие держа́вы Großmächte 3. *nur Kzf* -и́к, -ика́ zu groß; боти́нки -ики́ die Schuhe sind zu groß ◇ от ма́ла до -и́ка groß und klein
Великобрита́ния, -и Großbritannien
велико|во́зра́стный, -ая, -ое; *Kzf* -тен, -тна erwachsen, volljährig; **~держа́вный,** -ая, -ое; Großmacht-; **~ду́шие,** -я *n* Großmut, Hochherzigkeit; **~ду́шничать,** -аю, -аешь *uv umg* den Großmütigen spielen; **~ду́шный,** -ая, -ое; *Kzf* -шен, -шна großmütig, großherzig; **~ле́пие,** -я *n* Pracht, Prunk, Luxus; **~ле́пный,** -ая, -ое; *Kzf* -пен, -пна 1. pracht-

voll, prunkvoll, luxuriös 2. *umg* großartig, herrlich, ausgezeichnet; **~ру́сский,** -ая, -ое (groß)russisch; **~ру́с,** -а *m* Großrusse; **~све́тский,** -ая, -ое *alt* aristokratisch, vornehm, mondän
велича́вый, -ая, -ое; *Kzf* -а́в, -а erhaben, majestätisch
велича́йший ↑ вели́кий
велича́льный, -ая, -ое *alt* preisend, rühmend
велича́ть, -а́ю, -а́ешь *uv* 1. *alt* nennen, titulieren 2. *alt* rühmen, preisen
вели́чественный, -ая, -ое; *Kzf* -ен, -енна erhaben, groß, majestätisch
вели́чество, -а *n* Majestät *Titel*
вели́чие, -я *n* Größe, Erhabenheit
величина́, -ы́, *Pl* величи́ны, -и́н, -и́нам *f* Größe *a. math*; в натура́льную -у́ in Lebensgröße
вело- *in Zuss Abk für* велосипе́дный Fahrrad-, Rad-
вело|апте́чка, -и, *Pl G* -чек, *D* -чкам *f* Fahrradflickzeug; **~го́нка,** -и, *Pl G* -нок, *D* -нкам *f* Radrennen; **~го́нщик,** -а *m* Radrennfahrer; **~доро́жка,** -и, *Pl G* -жек, *D* -жкам *f* Radweg
велодро́м, -а *m* Radrennbahn
вело|ка́мера, -ы *f* Fahrradschlauch; **~пря́жка,** -и, *Pl G* -жек, *D* -жкам *f* Hosenklammer; **~ро́ллер,** -а *m* Kleinroller
велосипе́д, -а *m* Fahrrad; е́хать на -е radfahren
велосипеди́ст, -а *m* Radfahrer
велосипе́дный, -ая -ое Fahrrad-; -ая доро́жка Radweg
велотури́зм, -а *m* Radwandern
вельве́т, -а (-у) *m* Velvet; ~ в ру́бчик Manchester
вельмо́жа, -ы, *I* -ей *m alt* Würdenträger, Magnat
велю́р, -а (-у) *m text* Velours
Ве́на, -ы *f* Wien
ве́на, -ы *f anat* Vene
венге́рец ↑ венгр
[1]**венге́рка,** -и, *Pl G* -рок, *D* -ркам *f* Ungarin
[2]**венге́рка,** -и, *Pl G* -рок, *D* -ркам *f* 1. ungarischer Tanz 2. *alt* Jacke mit aufgenähten Schnüren
венге́рский, -ая, -ое ungarisch; Венге́рская Наро́дная Респу́блика Ungarische Volksrepublik
венгр, -а *u. alt* **венге́рец,** -рца, *I* -рцем, *G Pl* -рцев *m* Ungar
Ве́нгрия, -и *f* Ungarn
Вене́ра, -ы *f astr, myth* Venus
венери́ческий, -ая, -ое *med* Geschlechts-, venerisch
Венесуэ́ла, -и *f* Venezuela
венесуэ́лец, -льца, *I* -льцем, *G Pl* -льцев *m* Venezolaner
вене́ц, -нца́, *I* -нцо́м, *G Pl* -нцо́в *m* 1. *alt* Kranz, Krone; терно́вый ~ Dornenkrone 2. *rel, alt* Brautkrone 3. (Herrscher-) Krone 4. *übtr* Krönung, Höhepunkt 5. *astr* Korona 6. Aureole, Heiligenschein 7. waagerechte Balkenreihe *im Zimmerwerk* ◇ идти́ под ~ *alt* heiraten; по́сле венца́ *alt* nach der Trauung; коне́ц — де́лу ~ Ende gut, alles gut
ве́нец, -нца, *I* -нцем, *G Pl* -нцев *m* Wiener
Вене́ция, -и *f* Venedig
ве́нзель, -я, *Pl* вензеля́, -е́й, -я́м *m* Monogramm
ве́ник, -а *m* (Ruten-) Besen; Rute
ве́нка, -и, *Pl G* -нок, *D* -нкам *f* Wienerin
вено́зный, -ая, -ое Venen-, venös
вено́к, -нка́ *m* Kranz
ве́нский, -ая, -ое Wiener
вентили́ровать, -рую, -руешь *uv* lüften, ventilieren
ве́нтиль, -я *m* Ventil
вентиля́ция, -и *f* 1. Ventilation, Lüftung 2. Ventilationssystem, -anlage
венча́льный, -ая, -ое Trau-, Hochzeits-
венча́ние, -я *n* 1. *kirch* Trauung 2. Krönung
венча́ть, -а́ю, -а́ешь; ве́нчанный, -ан, -а *uv* 1. *a. v* krönen, bekränzen; ~ на ца́рство inthronisieren 2. *übtr* krönen, abschließen 3. (kirchlich) trauen ◇ ~ ла́врами mit einem Lorbeerkranz schmücken
венча́ться, -а́юсь, -а́ешься *uv* sich kirchlich trauen lassen
ве́нчик, -а *m* 1. *Dem zu* вене́ц Kränzchen 2. Blütenblätter, Blütenkelch
вепрь, -я *m* Wildschwein
ве́ра, -ы *f* 1. Glaube, Zuversicht 2. Glaube, Religion 3. *alt u. umg* Vertrauen ◇ приня́ть на -у что́ н. etw. auf Treu und Glauben annehmen
Ве́ра, -ы *f* Vera
ве́рба, -ы *f bot* Weide(nbaum)
верблю́д, -а *m* Kamel
верблю́жий, -ья, -ье 1. Kamel- 2. Kamelhaar-
ве́рбный, -ая, -ое Weiden- ◇ -ое воскресе́нье *kirch* Palmsonntag
вербова́ть, -бу́ю, -бу́ешь; -бо́ванный, -бо́ван, -а *uv* (an)werben (в *A* für)
вербо́вка, -и *f* Werbung, Anwerbung
вербо́вщик, -а *m* Werber

Верде́н, -а *m* Verdun

верёвка, -и, *Pl G* -вок, *D* -вкам *f* Strick, Leine, Seil

верёвочка, -и, *Pl G* -чек, *D* -чкам *f Dem zu* верёвка Schnur, Bindfaden

верёвочный, -ая, -ое Strick-, Seil-; -ая ле́стница Strickleiter

верени́ца, -ы, *I* -ей *f* (lange) Reihe; Zug, Kette *a. Vögel*

ве́реск, -а *m* Heidekraut, Erika

веретено́, -а́, *Pl* веретёна, -ён, -ёнам *n* 1. Spindel 2. (rotierende) Achse

верещА́ть, -щу́, -щи́шь *uv* kreischen, schreien; zirpen

верзи́ла, -ы *m, f umg* Lulatsch

вери́тельный, -ая, -ое: -ая гра́мота Beglaubigungsschreiben

ве́рить, -рю, -ришь *uv* 1. glauben, vertrauen 2. glauben (в *A* an), Glauben schenken ◇ не ~ свои́м глаза́м seinen Augen kaum trauen ‖ *v* пове́рить; пове́ренный, -ен, -а

ве́риться, -ится *unpers uv*: не ве́рится es ist nicht zu glauben; ве́рится с трудо́м es ist kaum zu glauben

вермише́ль, -и *f* Fadennudeln

верне́е *mod* genauer gesagt; ~ сказа́ть vielmehr

ве́рно 1. *Adv* richtig, wahr; э́то ~ das stimmt 2. *Adv* treu, zuverlässig 3. *mod* wohl, wahrscheinlich

верноподда́ннический, -ая, -ое *alt* 1. untertänig 2. *übtr* kriecherisch

верноподда́нный, -ого *Subst m alt* treuer Untertan

ве́рность, -и *f* 1. Richtigkeit, Genauigkeit 2. Treue, Zuverlässigkeit ◇ для -и *umg* zur Sicherheit

верну́ть, -ну́, -нёшь *v* 1. zurückgeben, -erstatten, abgeben; ~ долг eine Schuld bezahlen; ~ себе́ wieder-, zurückgewinnen 2. zurückholen, -rufen; ~ кого́-н. домо́й j-n nach Hause (zurück)schicken

верну́ться, -ну́сь, -нёшься *v* zurückkehren, -kommen; ~ домо́й heimkehren; ~ наза́д umkehren

ве́рный, -ая, -ое; *Kzf* -рен, -рна́! 1. treu, ergeben; ~ друг ein treuer Freund 2. sicher, zuverlässig; из -ых исто́чников aus zuverlässiger Quelle 3. richtig, wahr, genau; -ое реше́ние richtige Lösung [Entscheidung]; у вас -ые часы́? geht Ihre Uhr richtig? 4. genau, unfehlbar 5. sicher, unvermeidlich; -ая ги́бель ein sicherer Tod; ~ при́знак ein untrügliches Zeichen

ве́рование, -я *n* Glaube, Religion

ве́ровать, -рую, -руешь *uv alt* glauben

веро|исповеда́ние, -я *n* Glaubensbekenntnis, Konfession; **~ло́мный,** -ая, -ое; *Kzf* -мен, -мна treulos, verräterisch; **~ло́мство,** -а *n* Treulosigkeit, Verrat; **~отсту́пник,** -а *m alt* Glaubensabtrünniger; **~терпи́мость,** -и *f* religiöse Toleranz, Glaubensfreiheit; **~уче́ние,** -я *n* Glaubenslehre, Religion

вероя́тие, -я *n alt* Wahrscheinlichkeit; по всему́ -ю aller Wahrscheinlichkeit nach

вероя́тно *mod* wahrscheinlich, wohl

вероя́тность, -и *f* Wahrscheinlichkeit; по всей -и aller Wahrscheinlichkeit nach

вероя́тный, -ая, -ое; *Kzf* -тен, -тна wahrscheinlich, vermutlich

Верса́ль, -я *m* Versailles

версифика́ция, -и *f alt* Versbau

ве́рсия, -и *f* Version, Fassung

верста́, -ы́, *A* версту́ *u.* вёрсту, *Pl* вёрсты, вёрст, вёрстам *f* Werst *altes russisches Längenmaß*, 1,06 km ◇ за́ -у sehr weit

верста́к, -а́ *m* Werkbank, Hobelbank

верста́ть, -а́ю, -а́ешь; вёрстанный, -ан, -а *uv* 1. *typ* umbrechen 2. *I alt* zuteilen

вёрстка, -и *f typ* Umbruch

верстово́й, -а́я, -о́е Werst-

ве́ртел, -а, *Pl* вертела́, -о́в, -а́м *m* Bratspieß

верте́п, -а *m* 1. Verbrecherhöhle, Lasterhöhle 2. *hist* Puppentheater

верте́ть, верчу́, ве́ртишь; ве́рченный, -ен, -а *uv* 1. *A u. I* drehen, herumdrehen 2. *I umg* nach Belieben [nach Laune] verfahren (mit)

верте́ться, верчу́сь, ве́ртишься *uv* 1. sich drehen, sich herumdrehen 2. *übtr umg* sich herumtreiben; sich ständig befinden 3. *übtr volksspr* ausweichen, Ausflüchte machen ◇ э́та мысль ве́ртится у меня́ в голове́ dieser Gedanke will mir nicht aus dem Sinn; ~ на языке́ *übtr* auf der Zunge liegen

вертика́льный, -ая, -ое vertikal

вертихво́стка, -и, *Pl G* -ток, *D* -ткам *f volksspr verächtl* leichtsinnige, kokette Frau

вёрткий, -ая, -ое; *Kzf* вёрток, вертка́! *umg* beweglich, wendig

вертлю́г, -а́ *m* 1. *anat* Oberschenkelkopf 2. *tech* Drehbolzen, Wirbel

вертля́вый, -ая, -ое; *Kzf* -я́в, -а *umg* beweglich, unruhig, zappelig

вертолёт, -а *m* Hubschrauber
вертопрах, -а *m umg alt* Leichtfuß
вертушка, -и, *Pl G* -шек, *D* -шкам *f umg* 1. Drehscheibe, Wählscheibe *Telefon* 2.: дверь-~ Drehtür 3. leichtsinnige Frau
верующий, -его *Subst m* Gläubiger
верфь, -и *f* Werft
верх, -а (-у), *P* о верхе, на верху́, *Pl* верхи́, -о́в, -а́м *m* 1. oberer Teil, Oberteil; жить на са́мом -у́ ganz oben wohnen 2. Wagenverdeck 3. rechte Seite *eines Stoffes*, Außenseite *der Kleidung* 4. *übtr* Oberhand; взять ~ die Oberhand gewinnen 5. Gipfel, Höhepunkt, Spitze; он на -у́ сла́вы er ist auf dem Gipfel seines Ruhmes; ~ наха́льства Gipfel der Frechheit 6. *Pl umg* führende Kreise, Spitzen *der Gesellschaft, einer Organisation usw.*; конфере́нция в верха́х Gipfelkonferenz 7. *Pl übtr* Äußerlichkeiten, Oberfläche; скользи́ть по-а́м an der Oberfläche schwimmen; нахвата́ться -о́в sich etw. oberflächlich aneignen 8. *meist Pl mus* hohe Noten, hohe Töne
верхне- *in Zuss* Ober-, ober-
ве́рхний, -яя, -ее 1. oberer; Ober-; -ее тече́ние Во́лги Oberlauf der Wolga; -яя оде́жда Straßenkleidung 2. *mus* hoch, höchst ◇ ве́рхняя пала́та Oberhaus
верхо́вный, -ая, -ое oberster; Ober-; Верхо́вный Сове́т СССР der Oberste Sowjet der UdSSR; -ое кома́ндование *mil* Oberkommando
верхово́д, -а *m umg* Rädelsführer
верхово́дить, -о́жу, -о́дишь *uv umg I* anführen; die erste Geige spielen
[1]**верхово́й,** -а́я, -о́е 1. Reit-; -а́я езда́ Ritt, Reiten, Reitkunst; -а́я ло́шадь Reitpferd 2. -о́го *Subst m* Reiter, Berittener
[2]**верхово́й,** -а́я, -о́е *u.* **верхо́вый,** -ая, -ое am Oberlauf des Flusses gelegen
верхо́вье, -ья, *G Pl* -ьев *n* Oberlauf
верхогля́д, -а *m umg* oberflächlicher Mensch
верхола́з, -а *m* Hochbauarbeiter; сва́рщик-~ Hochbauschweißer
ве́рхом *Adv* 1. oben, auf der Anhöhe; идти́ ~ oben gehen 2. bis zum Rand; höher als der Rand
верхо́м *Adv* zu Pferde; е́здить ~ reiten
верху́шка, -и, *Pl G* -шек, *D* -шкам *f* 1. Spitze, Wipfel, Gipfel 2. *übtr umg* Spitzen, obere Schichten *einer Gesellschaft, Organisation*
верче́ние, -я *n* Drehen

ве́рша, -и, *I* -ей *f* (Fisch-) Reuse
верши́на, -ы *f* 1. Gipfel, Spitze; ~ угла́ *math* Scheitelpunkt des Winkels 2. *übtr* Gipfel, Höhe, Höhepunkt
верши́тель, -я *m buchspr* Herr, Machthaber
верши́ть, -шу́, -ши́шь *uv I hoher Stil* entscheiden, verfügen (über), lenken; vollziehen
вершо́к, -шка́ *m* Werschok *altes russisches Längenmaß*, 4,4 cm
[1]**вес,** -а (-у), *Pl von Maßeinheiten* -а́, -о́в, -а́м *m* 1. Gewicht; чи́стый ~ Nettogewicht; -ом в три кило́ drei Kilo schwer; на́ ~ nach Gewicht; ме́ры и -а́ Maße und Gewichte 2. *Sport* полутяжёлый ~ Halbschwergewicht; полусре́дний ~ Weltergewicht 3. *übtr* Gewicht, Einfluß; он по́льзуется больши́м -ом er ist sehr einflußreich ◇ на ~ зо́лота Goldes wert
[2]**вес,** -а *m*: на -у́ in hängender Lage, hängend
веселе́ть, -е́ю, -е́ешь *uv* lustig werden
весели́ть, -лю́, -ли́шь *uv* belustigen, erheitern
весели́ться, -лю́сь, -ли́шься *uv* sich vergnügen, sich amüsieren
весёлый, -ая, -ое; *Kzf* ве́сел, -а́! 1. lustig, heiter, fröhlich; amüsant 2. *unpers, prädikativ*: мне ве́село mir ist froh zumute
весе́лье, -ья *n* 1. Heiterkeit, Ausgelassenheit 2. Unterhaltung; у нас сего́дня ~ wir haben heute eine Feier
весельча́к, -а́ *m umg* Spaßvogel
весе́нний, -яя, -ее Frühjahrs-
ве́сить, ве́шу, ве́сишь *uv* wiegen, Gewicht haben
ве́ский, -ая, -ое; *Kzf* -сок, -ска 1. schwer 2. *übtr* schwerwiegend, gewichtig
весло́, -а́, *Pl* вёсла, -сел, -слам *n* Ruder
весна́, -ы́, *Pl* вёсны, -сен, -снам *f* Frühling
весно́й *u.* **весно́ю** *Adv* im Frühling
весну́шки *Pl* -шек, -шкам, *Sg* весну́шка, -и *f* Sommersprossen
весну́шчатый, -ая, -ое; *Kzf* -ат, -а sommersprossig
[1]**весово́й,** -а́я, -о́е 1. Gewichts-; -а́я ги́ря Gewicht; -ы́е катего́рии *Sport* Gewichtsklassen 2. nach Gewicht verkauft
[2]**весово́й,** -а́я, -о́е Waage-; ~ сбор Wiegegebühr
весовщи́к, -а́ *m* Wiegemeister

весóмый, -ая, -ое; *Kzf* -óм, -а wägbar; Gewicht [Masse] besitzend
вест, -а *m* 1. *naut* Westen 2. *naut, met* Westwind
вести́* *uv* 1. *best* führen, geleiten; ~ слепóго einen Blinden führen 2. *best* lenken, steuern *Fahrzeug*; anführen *Truppen*; ~ сýдно das Schiff steuern 3. (an)legen *Weg, Leitung* 4. *best* hinweggleiten, -fahren (чéм-н. по чемý-н. mit etw. über etw.); ~ смычкóм по стрýнам den Bogen über die Saiten führen 5. *1. u. 2. Pers ungebr* führen, gehen; дорóга ведёт чéрез лес der Weg führt durch den Wald 6. *übtr* lenken, leiten, führen; ~ войнý Krieg führen; ~ развéдку aufklären, erkunden; ~ торгóвлю Handel treiben; ~ кружóк einen Zirkel leiten; ~ перепи́ску im Briefwechsel stehen; ~ дом das Haus verwalten 7. *übtr* führen (к *D* zu), zur Folge haben ◇ ~ себя́ sich benehmen, sich betragen; ~ (своё) нача́ло seinen Anfang nehmen | *unbest* води́ть *zu* 1, 2, 4
вестибю́ль, -я *m* Vorhalle, Vestibül
Вест-И́ндия, -и *f* Westindien
вести́сь*, *1. u. 2. Pers ungebr uv* 1. geführt [geleitet] werden 2. *umg* üblich sein, Sitte sein; так уж у нас ведётся so ist es bei uns üblich, so ist es bei uns Brauch || *v* повести́сь
вéстник, -а *m* 1. Bote 2. *Name einiger Zeitschriften*
вестовóй, -áя, -óе 1. *alt* Signal-, Alarm- 2. -óго *Subst m mil* Ordonnanz
вéсточка, -и, *Pl G* -чек, *D* -чкам *f Dem zu* ¹весть Nachricht
Вестфáлия, -и *f* Westfalen
¹**весть,** -и, *Pl* вéсти, вестéй, вестя́м *f* Nachricht, Kunde, Botschaft; бéз вести пропáсть spurlos verschwinden, verschollen sein
²**весть:** бог ~ кто *oder* не ~ кто es ist unbekannt, wer
весы́, -óв *Pl* Waage
весь, всегó, всемý, весь (всегó), всем, о(бо) всём *m*; вся, всей, всей, всю, всей, о всей *f*; всё, всегó, всемý, всё, всем, о(бо) всём *n*; *Pl* все, всех, всем, всех (все), всéми, о всех *Deter Pron* alle, ganz, voll, sämtlich; ~ день den ganzen Tag; во ~ гóлос aus vollem Halse; я ~ промóк ich bin völlig durchnäßt; при всём желáнии beim besten Willen; сáхар ~ (кóнчился) *umg* der Zucker ist alle; он всё забы́л er hat alles vergessen; всегó хорóшего! alles Gute!, auf Wiedersehen! ◇ при всём том a) bei alledem; b) obendrein, außerdem; всё равнó a) einerlei; es ist gleichgültig; b) sowieso; по всемý allen Anzeichen nach; без всегó a) unbekleidet; b) unbemittelt; все и вся alle ohne Ausnahme; прéжде всегó vor allem; всё бóльше immer größer; immer mehr
весьмá *Adv* sehr, überaus; я был ~ удивлён ich war höchst verwundert; ~ возмóжно durchaus möglich
ветви́стый, -ая, -ое; *Kzf* -и́ст, -а vielästig, weitverzweigt
ветви́ться, *1. u. 2. Pers ungebr,* -и́тся *uv* sich verzweigen, sich gabeln
ветврáч, -á, *I* -óм, *G Pl* -éй *m* (ветеринáрный врач) Tierarzt
ветвь, -и, *Pl* вéтви, ветвéй, ветвя́м *f* 1. Zweig, Ast 2. *übtr* Zweig 3. (Familien-) Zweig, (Neben-) Linie
вéтер, -тра (-тру), *P* о вéтре, на ветрý, *Pl* вéтры, вéтрóв, вéтрáм *m* Wind; попýтный ~ Rückenwind; ~ поднимáется der Wind kommt auf; ~ стихáет der Wind legt sich ◇ держáть нос по -тру den Mantel nach dem Wind hängen; бросáть словá на ~ in den Wind reden; ~ в головé leichtsinnig; подби́тый -тром a) leichtsinnig; b) ohne Futter *Kleidung*
ветеринáр, -а *m* Tierarzt
ветеринáрия, -и *f* Veterinärmedizin
ветеринáрный, -ая, -ое Veterinär-, tierärztlich
ветерóк, -ркá *m* leichter Wind, Lüftchen
вéтка, -и, *Pl G* -ток, *D* -ткам *f* 1. Zweig, Reis 2. Abzweigung, Zweiglinie; железнодорóжная ~ Zweigbahn
ветлá, -ы́, *Pl* вётлы, -тел, -тлам *f* Silberweide
вéто *n idkl* Veto, Einspruch; прáво ~ Veto-, Einspruchsrecht
ветóшка, -и, *Pl G* -шек, *D* -шкам *f umg* alter Lappen, Lumpen, Fetzen
ветóшник, -а *m alt* Trödler
вéтошь, -и *f* Trödel, Kram
вéтреник, -а *m umg* Wildfang
вéтреный, -ая, -ое; *Kzf* -ен, -а 1. windig; на дворé -о draußen ist es windig 2. *übtr* leichtsinnig, -fertig
ветровóй, -áя, -óе Wind-; -óе стеклó Windschutzscheibe *Auto*
ветро|гóн, -а *m volksspr, übtr* Windbeutel; **~двигатель,** -я *m* Windkraftmaschine; **~мéр,** -а *m* Windmesser
ветря́к, -á *m* 1. *umg* Windmotor 2. *volksspr* Windmühle
¹**ветря́нка,** -и, *Pl G* -нок, *D* -нкам *f gbt u. volksspr* Windmühle

[2]**ветря́нка,** -и *f med, umg* Windpocken

[1]**ве́тряный,** -ая, -ое *u.* **ветряно́й,** -а́я, -о́е Wind(kraft)-; -а́я ме́льница Windmühle

[2]**ве́тряный,** -ая, -ое: -ая о́спа Windpocken

ве́тхий, -ая, -ое; *Kzf* ветх, -а́! 1. baufällig, alt; abgenutzt 2. gebrechlich, hinfällig ◇ Ве́тхий заве́т *rel* Altes Testament

ве́тхость, -и *f* 1. Alter, Baufälligkeit; приходи́ть в ~ baufällig werden, in Verfall geraten 2. Gebrechlichkeit, Altersschwäche

ветчина́, -ы́ *f* Schinken

ветша́ть, -а́ю, -а́ешь *uv* alt [baufällig] werden, in Verfall geraten

ве́ха, -и *f* 1. Absteckpfahl; ста́вить -и abstecken 2. *übtr* Abschnitt, Meilenstein

ве́че, -а, *Pl* ве́ча, ве́чей, ве́чам *n hist* 1. Wetsche, (altslawische) Volksversammlung 2. Ort für diese Versammlung

ве́чер, -а, *Pl* вечера́, -о́в, -а́м *m* 1. Abend; под ~ *oder* к -у gegen Abend; по -а́м abends 2. Abend(veranstaltung); литерату́рный ~ literarischer Abend; танцева́льный ~ Tanzabend

вечере́ть, *1. u. 2. Pers ungebr*, -е́ет *uv meist unpers* Abend werden ‖ *v* повечере́ть

вечери́нка, -и, *Pl G* -нок, *D* -нкам *f* Abendgesellschaft, Party, geselliger Abend; ~ с та́нцами Tanzabend

вечерко́м *Adv umg* abends

вече́рний, -яя, -ее Abend-

вече́рник, -а *m volksspr* Schüler einer Abendschule

вече́рня, -и, *Pl G* -рен, *D* -рням *f rel* Vesper, Abendandacht

ве́чером *Adv* am Abend, abends; сего́дня ~ heute abend

ве́чно *Adv* 1. ewig 2. *umg* ständig

вечнозелёный, -ая, -ое immergrün

ве́чность, -и *f* Ewigkeit; ка́нуть в ~ spurlos verschwinden

ве́чный, -ая, -ое; *Kzf* -чен, -чна 1. ewig 2. *umg* fortwährend, dauernd ◇ -ое перо́ Füllfederhalter

ве́шалка, -и, *Pl G* -лок, *D* -лкам *f* 1. Kleiderhaken, -ständer 2. Aufhänger *am Kleidungsstück*

[1]**ве́шать,** -аю, -аешь *uv* 1. hängen, aufhängen 2. hängen, henken ◇ ~ го́лову den Kopf hängen lassen

[2]**ве́шать,** -аю, -аешь *uv* abwiegen

[1]**ве́шаться,** -аюсь, -аешься *uv* 1. aufgehängt werden *Kleidung* 2. sich erhängen ◇ ~ кому́-н. на́ ше́ю sich j-m an den Hals werfen

[2]**ве́шаться,** -аюсь, -аешься *uv volksspr* sich wiegen, sein Gewicht prüfen

ве́шний, -яя, -ее *alt u. gbt* Frühlings-

веща́ние, -я *n* 1. *alt* Verkündung 2. Radiosendung

веща́ть, -а́ю, -а́ешь *uv* 1. *alt* verkünden 2. *rad 1. u. 2. Pers ungebr* senden

вещево́й, -а́я, -о́е Sach-; ~ мешо́к Rucksack; ~ обо́з *mil* Gepäcktroß; -а́я лотере́я Sachwertlotterie, Tombola

веще́ственный, -ая, -ое; *Kzf* -ен, -енна materiell, körperlich; -ое доказа́тельство *jur* Beweisstück

вещество́, -а́ *n* Stoff, Materie

ве́щий, -ая, -ее *alt* prophetisch; weise

вещи́ца, -ы, *I* -ей *f Dem zu* вещь kleiner Gegenstand, Kleinigkeit

вещу́н, -а́ *m alt* Prophet

вещь, -и, *Pl* ве́щи, веще́й, веща́м *f* 1. Sache, Ding; Gegenstand, Stück 2. *meist Pl* Gepäck(stücke), Sachen 3. Werk, Stück *der Wissenschaft, Literatur, Kunst*; уда́чная ~ ein gelungenes Stück [Werk, Bild] 4. Ding, Umstand; произошла́ непоня́тная ~ es geschah etwas Unverständliches ◇ ~ в себе́ *phil* das Ding an sich; в поря́дке -е́й gewöhnlich, normal

ве́ялка, -и, *Pl G* -лок, *D* -лкам *f* Kornschwinge

ве́яние, -я *n* 1. das Wehen *des Windes* 2. *landw* Schwingen, Worfeln 3. *übtr* Strömung, Richtung, Tendenz

ве́янный, -ая, -ое; *Kzf* ве́ян, -а geworfelt *Getreide*

ве́ять, ве́ю, ве́ешь; ве́янный, ве́ян, -а *uv* 1. *1. u. 2. Pers ungebr* blasen, wehen 2. *1. u. 2. Pers ungebr* flattern 3. *landw* schwingen, worfeln

вжива́ться *uv zu* вжи́ться

в|жи́ться*; вжили́сь *v* sich einleben (в *A* in) ‖ *uv* вжива́ться, -а́юсь, -а́ешься

взад *Adv umg* zurück: ~ и вперёд hin und her

взаи́мность, -и *f* 1. Gegenseitigkeit 2. gegenseitige Sympathie, Gegenliebe; люби́ть без -и unglücklich lieben

взаи́мный, -ая, -ое; *Kzf* -мен, -мна gegenseitig; ~ глаго́л *gram* reziprokes Verb

взаимо|вы́годный, -ая, -ое; *Kzf* -ден, -дна zu beiderseitigem Nutzen; **~де́йствие,** -я *n* 1. Wechselwirkung 2. Zusammenarbeit, Zusammenwirken; **~действовать,** -твую, -твуешь *uv* zusammenwirken; **~зависимость,** -и *f* gegenseitige Abhängigkeit; **~отношение,** -я *n* **1.** Wechselbeziehung **2.** *Pl* Beziehungen; **~помощь,** -и *f* gegenseitige Hilfe [Unterstützung]; **~понимание,** -я *n* gegenseitiges Verständnis; gegenseitiges Einverständnis; Verständigung; **~связь,** -и *f* wechselseitige Verbindung; wechselseitiger Zusammenhang

взаймы *Adv* leihweise; взять ~ (ent-)leihen, borgen; дать ~ (ver)leihen

взалкать, -аю, -аешь *v G hoher Stil, jetzt iron* verlangen, heiß begehren

взамен 1. *Adv* statt dessen, dafür **2.** *Präpos mit G* anstatt, an Stelle

взаперти *Adv* eingesperrt, hinter Schloß und Riegel

взаправду *Adv volksspr* wirklich

взапуски *Adv umg* um die Wette; бегать ~ um die Wette laufen

взасос *Adv:* целоваться ~ *volksspr* sich lange und leidenschaftlich küssen

взатяжку *Adv:* курить ~ *volksspr* auf [durch die] Lunge rauchen

взбадривать *uv zu* взбодрить

взбаламутить, -учу, -утишь; -ученный, -учен, -а *v* **1.** in Aufregung versetzen **2.** trübe machen *Flüssigkeit*

взбалмошный, -ая, -ое; *Kzf* -шен, -шна *umg* unberechenbar; töricht

взбалтывать *uv zu* взболтать

взбегать *uv zu* взбежать

вз|бежать* *v* hinauflaufen ‖ *uv* взбегать, -аю, -аешь

взбелениться, -нюсь, -нишься *v volksspr* in Wut geraten

взбесить, -ешу, -есишь; -ешённый, -ешён, -ешена *v* in Wut bringen

взбеситься, -ешусь, -есишься *v* **1.** an Tollwut erkranken *Tiere* **2.** wütend werden, toben

взбешённый, -ая, -ое; *Kzf* -ён, -ена wütend, rasend

взбивать *uv zu* взбить

взбираться *uv zu* взобраться

взбитый, -ая, -ое (zu Schaum) geschlagen; -ые сливки Schlagsahne

вз|бить*, взобью *v* **1.** (zu Schaum) schlagen; ~ сливки Sahne schlagen **2.** aufschütteln *Kissen* ‖ *uv* взбивать, -аю, -аешь

взбодрить, -рю, -ришь; -рённый, -рён, -рена *v umg* ermutigen, aufmuntern ‖ *uv* взбадривать, -аю, -аешь

взболтать, -аю, -аешь; взболтанный, -ан, -а *v* durchschütteln ‖ *uv* взбалтывать, -аю, -аешь

взбороздить, -зжу, -здишь; взборождённый, -ён, -ена *v* (durch)furchen

взборонить, -ню, -нишь; -нённый, -нён, -нена *v* (durch)eggen

взбороновать, -ную, -нуешь; -нованный, -нован, -а *v* eggen

взбредать *uv zu* взбрести

вз|брести* *v umg* (langsam, mühselig) hinaufsteigen ◇ ~ в голову [на ум] *umg* einfallen, in den Sinn kommen ‖ *uv* взбредать, -аю, -аешь

взбрызгивать *uv zu* взбрызнуть

взбрызнуть, -ну, -нешь; -нутый, -нут, -а *v* **1.** *umg* bespritzen **2.** *volksspr scherz* „begießen" *mit Alkohol* ‖ *uv* взбрызгивать, -аю, -аешь

взбудораживать(ся) *uv zu* взбудоражить(ся)

взбудоражить, -жу, -жишь; -женный, -жен, -а *v* in Aufruhr bringen ‖ *uv* взбудораживать, -аю, -аешь

взбудоражиться, -жусь, -жишься *v umg* in Aufruhr geraten ‖ *uv* взбудораживаться, -аюсь, -аешься

взбунтовать, -тую, -туешь; -тованный, -тован, -а *v* aufwiegeln

взбунтоваться, -туюсь, -туешься *v* sich empören, rebellieren

взбухать *uv zu* взбухнуть

взбухнуть, *1. u. 2. Pers ungebr*, -нет; взбух, -ла *v* anschwellen, aufquellen ‖ *uv* взбухать, -ает

взбучка, -и *f*: задать -у кому-н. *volksspr* j-m den Kopf waschen

взваливать *uv zu* взвалить

взвалить, -алю, -алишь; -аленный, -ален, -а *v* aufladen, aufbürden (на *A* j-m) ‖ *uv* взваливать, -аю, -аешь

взвесить, -ешу, -есишь; -ешенный, -ешен, -а *v* **1.** (ab)wiegen **2.** *übtr* abwägen, erwägen ‖ *uv* взвешивать, -аю, -аешь

взвеситься, -ешусь, -есишься *v* sich wiegen lassen ‖ *uv* взвешиваться, -аюсь, -аешься

вз|вести* *v* **1.** hinaufführen **2.** verleumden; grundlos einer Sache bezichtigen; ~ на кого-н. напраслину j-m etw. andichten; он взвёл на него обвинение в краже er beschuldigte ihn des Diebstahls ◇ ~ очи den Blick erheben; ~ курок den Hahn spannen ‖ *uv* взводить, -ожу, -одишь

взвешивание, -я *n* **1.** Abwiegen **2.** Abwägen

взвешивать(ся) *uv zu* взвесить(ся)

взвивать(ся) *uv zu* взвить(ся)

взвизгивать *uv zu* взвизгнуть

взви́згнуть, -ну, -нешь *v mom* (auf-) kreischen, (auf)winseln || *uv* взви́згивать, -аю, -аешь

взвинти́ть, -нчу́, -нти́шь; взви́нченный, -ен, -а *v umg* 1. reizen; erregen *Nerven* 2. *übtr*: ~ це́ны die Preise in die Höhe schrauben || *uv* взви́нчивать, -аю, -аешь

взви́нчивание, -я *n* 1. *übtr* starke Anspannung 2.: ~ цен Preistreiberei

взви́нчивать *uv zu* взвинти́ть

вз|вить*, взовью́ *v* aufwirbeln || *uv* взвива́ть, -а́ю, -а́ешь

вз|ви́ться*, взовью́сь; взви́лся́, взвили́сь *v* aufsteigen, sich in die Höhe schwingen || *uv* взвива́ться, -а́юсь, -а́ешься

взви́хриться, *1. u. 2. Pers ungebr*, -рится *v* wirbeln, sich aufwirbelnd erheben

взвихри́ться, *1. u. 2. Pers ungebr*, -ри́тся *v umg* aufwirbeln *itr*

[1]**взвод,** -а *m mil* Zug

[2]**взвод,** -а *m* 1.: ~ курка́ Spannen des Hahnes 2. Rast *am Gewehr*; куро́к на -е gespannter Hahn ◇ быть на -е angeheitert sein

взводи́ть *uv zu* взвести́

взво́дный, -ая, -ое *mil* 1. Zug- 2. -ого *Subst m* Zugführer

взволно́ванность, -и *f* Aufregung, Erregung

взволно́ванный, -ая, -ое; *Kzf* -ан, -анна aufgeregt, erregt

взволнова́ть, -ну́ю, -ну́ешь; -но́ванный, -но́ван, -а *v* 1. bewegen, in wellenartige Bewegung versetzen 2. aufregen, erregen

взволнова́ться, -ну́юсь, -ну́ешься *v* 1. in Bewegung geraten, wogen 2. sich aufregen

вз|выть* *v* aufheulen

взгляд, -а *m* 1. Blick; бро́сить ~ на что́-н. einen Blick auf etw. werfen; любо́вь с пе́рвого -а Liebe auf den ersten Blick 2. Meinung, Ansicht; ~ на жизнь Lebensauffassung; ~ на приро́ду Naturauffassung; на мой ~ meiner Meinung nach ◇ на ~ dem Anschein nach

взгля́дывать *uv zu* взгляну́ть

взгляну́ть, -яну́, -я́нешь *v* anblicken, betrachten, (an)schauen, sehen; ~ в лицо́ ins Gesicht sehen; взгляни́ сюда́! schau her!; он взгляну́л на э́то соверше́нно серьёзно *übtr* er nahm die Sache sehr ernst || *uv* взгля́дывать, -аю, -аешь

взго́рье, -ья *n umg* Anhöhe, Hügel

взгрева́ть *uv zu* взгреть

взгреть, -е́ю, -е́ешь; -е́тый, -е́т, -а *v volksspr A* verprügeln; *übtr* (j-m) den Kopf waschen, einheizen || *uv* взгрева́ть, -а́ю, -а́ешь

взгроможда́ть(ся) *uv zu* взгромозди́ть(ся)

взгромозди́ть, -зжу́, -зди́шь; взгромождённый, -ён, -ена́ *v umg* auftürmen || *uv* взгроможда́ть, -а́ю, -а́ешь

взгромозди́ться, -зжу́сь, -зди́шься *v umg* (mit Mühe) erklettern || *uv* взгроможда́ться, -а́юсь, -а́ешься

взгрустну́ться, -нётся *unpers v umg*: мне взгрустну́лось es wurde mir wehmütig ums Herz

вздёргивать *uv zu* вздёрнуть

вздёрнутый, -ая, -ое: ~ нос Stupsnase

вздёрнуть, -ну, -нешь; -нутый, -нут, -а *v* 1. nach oben ziehen, hinaufziehen 2. *volksspr* henken, aufknüpfen ◇ ~ нос *volksspr* die Nase hoch tragen || *uv* вздёргивать, -аю, -аешь

вздор, -а *m umg* Unsinn, dummes Zeug ◇ поро́ть [нести́, моло́ть] ~ Unsinn reden

вздо́рить, -рю, -ришь *uv umg* sich zanken, streiten || *uv* повздо́рить

вздо́рный, -ая, -ое; *Kzf* -рен, -рна *umg* 1. unsinnig 2. zänkisch

вздорожа́ние, -я *n* Verteuerung

вздорожа́ть, *1. u. 2. Pers ungebr*, -а́ет *v* teurer werden, sich verteuern

вздох, -а *m* Seufzer ◇ испусти́ть после́дний ~ den Geist aufgeben

вздохну́ть, -ну́, -нёшь *v* 1. *mom zu* вздыха́ть 2. *umg* verschnaufen

вздра́гивать *uv zu* вздро́гнуть

вздремну́ть, -ну́, -нёшь *v umg* (ein-) schlummern; ein wenig schlafen

вздро́гнуть, -ну, -нешь *v* zusammenzucken, -fahren, auffahren || *uv* вздра́гивать, -аю, -аешь

вздува́ть *uv zu* [1]вздуть

вздува́ться *uv zu* вздуться

взду́мать, -аю, -аешь *v umg* (plötzlich, unerwartet) auf einen Gedanken kommen; не взду́майте *mit Inf* laßt es euch nicht einfallen zu ...

взду́маться, -ается *unpers v umg* einfallen, in den Sinn kommen; что тебе́ взду́малось? was fällt dir ein?

взду́тие, -я *n* 1. *med* Schwellung, Blähung 2. Anschwellen; Ansteigen *vom Preis*

[1]**вз|дуть*** *v* 1. aufwirbeln 2. anfachen, anblasen 3. *unpers*: у меня́ взду́ло

щёку meine Wange ist angeschwollen 4. *übtr umg* übermäßig erhöhen; ~ цéны die Preise hochtreiben || *uv* вздувáть, -áю, -áешь

[2]**вз|дуть*** *v volksspr* verprügeln

вздýться, *1. u. 2. Pers ungebr,* -ýется *v umg* 1. anschwellen, schwellen 2. übermäßig ansteigen *vom Preis* || *uv* вздувáться, -áется

вздыбиться, *1. u. 2. Pers ungebr,* -ится *v* sich aufbäumen, sich auf die Hinterbeine stellen

вздымáть, -áю, -áешь *uv* in die Höhe stieben; ~ пыль Staub aufwirbeln

вздыхáть, -áю, -áешь *uv* 1. seufzen 2. sich sehnen (по *oder* о *P* nach) ◇ ~ по дéвушке *scherz* verliebt sein || *v mom* вздохнýть, -нý, -нёшь *zu* 1

взимáние, -я *n* Erhebung, Eintreibung

взимáть, -áю, -áешь *uv* erheben, eintreiben, einziehen *Gebühren, Steuern*

взирáть, -áю, -áешь *uv alt* schauen ◇ не взирáя на лица ohne Rücksicht auf die Person; не взирáя на э́то ungeachtet dessen; не взирáя ни на что trotz alledem

взлáмывать *uv zu* взломáть

взлезáть *uv zu* взлезть

вз|лезть* *v umg* hinaufklettern; я взлез на скалý ich erklomm den Felsen || *uv* взлезáть, -áю, -áешь

взлёт, -а *m* 1. Auffliegen, Aufsteigen; *flug* Start 2. *übtr G* Aufschwung

взлетáть *uv zu* взлетéть

взлетéть, взлечý, взлетишь *v* 1. (hin-)auffliegen, sich in die Luft erheben 2. *flug* aufsteigen, starten 3. *umg* schnell hinauflaufen, -fahren; hinaufstürzen *Treppen* ◇ ~ на вóздух in die Luft fliegen, explodieren || *uv* взлетáть, -áю, -áешь

взлётный, -ая, -ое: -ая дорóжка *flug* Startbahn

взлиза *u.* **взлизина,** -ы *f umg* „Geheimratsecken"

взлом, -а *m* Einbruch; крáжа со -ом Einbruchsdiebstahl

взломáть, -áю, -áешь; взлóманный, -ан, -а *v* 1. aufbrechen, einbrechen; aufreißen 2. *mil* durchbrechen || *uv* взлáмывать, -аю, -аешь

взлóмщик, -а *m* Einbrecher

взлохмáтить, -áчу, -áтишь; -áченный, -áчен, -а *v* zerzausen

взлущить, -щý, -щишь; -щённый, -щён, -щенá *v landw* schälen *Boden*

взлюбить, -юблю́, -ю́бишь *v*: не ~ когó-н. *umg* j-n nicht mögen

взмах, -а *m* Schwingen, Schwenken; Schwung; ~ крыльев Flügelschlag

взмáхивать *uv zu* взмахнýть

взмахнýть, -нý, -нёшь *v* schwenken, schwingen; ~ крыльями mit den Flügeln schlagen || *uv* взмáхивать, -аю, -аешь

взмáщиваться *uv zu* взмоститься

[1]**вз|метáть*** *u. umg* -áю, -áешь *v* hochheben, aufwirbeln || *uv* взмётывать, -аю, -аешь

[2]**взметáть** *uv zu* взметнýть

взметнýть, -нý, -нёшь *v mom* 1. hoch-, hinaufwerfen 2. *I* schwingen, schlagen || *uv* взметáть, -áю, -áешь *u.* взмётывать, -аю, -аешь

взметнýться, *1. u. 2. Pers ungebr,* -нётся *v* nach oben streben, steil aufsteigen || *uv* взмётываться, -аюсь, -аешься

взмётывать *uv zu* [1]взметáть *u.* взметнýть

взмётываться *uv zu* взметнýться

взмолиться, -олю́сь, -óлишься *v* о *P* flehen, flehend bitten (um)

взмóрье, -ья *n* Strand, Küste

взмоститься, -ощýсь, -остишься *v volksspr* hinaufklettern, -steigen || *uv* взмáщиваться, -аюсь, -аешься

взмутить, -учý, -ýтишь; -ýченный, -ýчен, -а *v* aufwühlen, trüben || **взмýчивать,** -аю, -аешь

взмывáть *uv zu* взмыть

взмыленный, -ая, -ое schaumbedeckt *Pferd*

вз|мыть* *v* (hin)auffliegen, aufsteigen || *uv* взмывáть, -áю, -áешь

взнос, -а *m* 1. Zahlung, Einzahlung 2. (Mitglieds-) Beitrag

взнуздáть, -áю, -áешь; взнýзданный, -ан, -а *v* aufzäumen || *uv* **взнýздывать,** -аю, -аешь

взо|брáться*, взберýсь; взобрáлись *v* hinaufklettern, -steigen, erklimmen || *uv* взбирáться, -áюсь, -áешься

взо|йти*, *kein Ptz Prät Pass v* 1. hinaufsteigen, -gehen; ~ нá гору einen Berg ersteigen 2. aufgehen *Sonne* 3. aufkeimen, aufgehen || *uv* всходить, -ожý, -óдишь

взопрéть, -éю, -éешь *v volksspr* schwitzen

взор, -а *m* Blick ◇ потýпить ~ die Augen senken

взо|рвáть* *v* 1. sprengen; ~ на вóздух in die Luft sprengen 2. *übtr* empören, aus der Fassung bringen || *uv* взрывáть, -áю, -áешь *zu* 1

взо|рвáться*, *1. u. 2. Pers ungebr;*

-рвали́сь *v* **1.** explodieren **2.** *übtr vor Ärger, Wut* platzen, hochgehen || *uv* взрыва́ться, -а́ется
вз|реве́ть* *v* aufheulen, -brüllen
вз|ре́зать* *v* aufschneiden || *uv* **взреза́ть,** -а́ю, -а́ешь *u.* **взре́зывать,** -аю, -аешь
взросле́ть, -е́ю, -е́ешь *uv umg* erwachsen werden
взро́слый, -ая, -ое **1.** erwachsen **2.** -ого *Subst m* Erwachsener
взрыв, -а *m* **1.** Explosion, Detonation **2.** Sprengung **3.** *übtr* Ausbruch; ~ сме́ха Lachsalve; ~ весе́лья Heiterkeitsausbruch; ~ аплодисме́нтов Beifallssturm
взрыва́тель, -я *m* Zünder *am Geschoß*; дистанцио́нный ~ Zeitzünder
[1]**взрыва́ть** *uv zu* взорва́ть
[2]**взрыва́ть** *uv zu* взрыть
взрыва́ться *uv zu* взорва́ться
взрывно́й, -а́я, -о́е **1.** Spreng-, Explosions- **2.**: ~ согла́сный *ling* Explosiv-, Verschlußlaut
взрывча́тка, -и, *Pl G* -ток, *D* -ткам *f umg* Sprengstoff
взры́вчатый, -ая, -ое explosiv; -ое вещество́ Sprengstoff
вз|рыть* *v* aufgraben, auflockern || *uv* взрыва́ть, -а́ю, -а́ешь
взрыхли́ть, -лю́, -ли́шь; -лённый, -лён, -лена́ *v* auflockern *Boden* || *uv* **взрыхля́ть,** -я́ю, -я́ешь
взъерепе́ниться, -нюсь, -нишься *v volksspr u. gbt* widerspenstig sein, sich widersetzen
взъеро́шенный, -ая, -ое *umg* zerzaust
взъеро́шивать(ся) *uv zu* взъеро́шить(ся)
взъеро́шить, -шу, -шишь; -шенный, -шен, -а *v umg* zerzausen *Haare* || взъеро́шивать, -аю, -аешь
взъеро́шиться, *1. u. 2. Pers ungebr,* -ится *v umg* zerzaust sein *Haare* || *uv* взъеро́шиваться, -ается
взъ|е́сться* *v volksspr* ausschimpfen; ~ на кого́-н. über j-n herfallen
взыва́ть, -а́ю, -а́ешь *uv hoher Stil* anrufen, anflehen (к кому́-н. о чём-н. j-n um etw.)
взыгра́ть, -а́ю, -а́ешь *v* **1.** in Erregung [in Spieleifer] geraten **2.** in Bewegung geraten, stürmisch werden **3.** *gbt* losbrechen *Sturm*
взыска́ние, -я *n* **1.** Eintreibung, Einziehung *Schulden* **2.** Strafe; дисциплина́рное ~ Disziplinarstrafe; снима́ть ~ eine Strafe löschen; отменя́ть ~ eine Strafe aufheben
взыска́тельный, -ая, -ое; *Kzf* -лен, -льна anspruchsvoll, streng
взы|ска́ть* *v* **1.** einziehen, eintreiben *Schulden, Strafe u. ä.*; ~ нало́ги с кого́-н. von j-m Gebühren erheben **2.** bestrafen (с *G* j-n) ◇ не взыщи́(те) ich bitte um Nachsicht || *uv* **взы́скивать,** -аю, -аешь
взыщу́ ↑ взыска́ть
взя́тие, -я *n* Einnahme, Eroberung; ~ в плен Gefangennahme
взя́тка, -и, *Pl G* -ток, *D* -ткам *f* **1.** Bestechung(sgeld), Schmiergeld; брать -и sich bestechen lassen; дава́ть -у кому́-н. j-n bestechen **2.** Stich *im Kartenspiel*
взя́точник, -а *m* bestechlicher Mensch
взя́точнический, -ая, -ое bestechlich
взя́точничество, -а *n* Bestechlichkeit
взять* *v* **1.** *v zu* брать **2.** folgern, schließen, entnehmen; с чего́ ты взял, что . . . wie kommst du darauf, daß . . . **3.** festnehmen, verhaften **4.** *meist Imp mit* да *u. einem Verb in der gleichen Form zum Ausdruck einer unerwarteten Handlung*; а он возьми́ да умри́ und plötzlich starb er ◇ он взял да и сказа́л er sagte es, ohne sich lange zu besinnen; а ты возьми́ да скажи́ ему́? hast du es ihm tatsächlich gesagt?; ~ на му́шку aufs Korn nehmen; ~ себя́ в ру́ки sich zusammennehmen; ~ в толк begreifen; его́ взял страх Angst befiel ihn; меня́ взяла́ охо́та . . . ich bekam plötzlich Lust . . .; ~ сло́во a) das Wort ergreifen; b) das Versprechen abnehmen; чёрт возьми́! hol's der Teufel!; на́ша взяла́! der Sieg ist unser!
взя́ться *v zu* бра́ться
виаду́к, -а *m* Viadukt
вибра́тор, -а *m* **1.** *phys* Oszillator **2.** Rüttler *Bauwesen*
вибра́ция, -и *f* Vibration, Schwingung
вибри́ровать, *1. u. 2. Pers ungebr,* -рует *uv* vibrieren, schwingen
вигонь, -и *f* **1.** *zool* Vikunja **2.** Vikunjawolle
[1]**вид,** -а (-у), о ви́де, в ви́де, в виду́, на виду́ *m* **1.** Aussehen, Äußeres; у него́ здоро́вый ~ er sieht gesund aus; молодцева́тый ~ schneidiges Auftreten **2.** Anblick, Aussicht, Ausblick; Ansicht; Sicht; при -е beim Anblick; откры́тки с -ами Ansichtskarten **3.** Landschaft **4.** Gestalt, Form; брошь в -е цветка́ eine Brosche in der Gestalt einer Blume **5.** Zu-

stand; в нетре́звом -е betrunken 6. *Pl* Aussichten, Absicht(en), Perspektiven, Vorhaben, Pläne; -ы на урожа́й Ernteaussichten; име́ть -ы на кого́-н. [что́-н.] Absichten auf j-n [etw.] haben 7. *übtr* Anschein, Schein; под -ом unter dem Schein; для -а zum Schein; де́лать ~ sich verstellen; не показа́ть -а sich nichts merken lassen, keine Miene verziehen ◇ ни под каки́м -ом keinesfalls; в -е чего́-н. in der Art [Weise], als; в -е о́пыта versuchsweise; име́ть в -у́ *G* im Sinne haben, berücksichtigen, beabsichtigen; в -у́ того́, что da, weil; быть на -у́ eine ansehnliche Stellung innehaben; потеря́ть и́з -у aus den Augen verlieren; поста́вить кому́-н. на ~ j-m einen Verweis erteilen

[2]**вид,** -а *m* 1. *biol* Art, Spezies 2. *gram* Aspekt

[1]**вида́ть,** -а́ю, -а́ешь; ви́данный, -ан, -а *uv* 1. oft sehen, oft treffen 2. erleben, erfahren; ви́дано ли э́то де́ло? hat man so etwas schon erlebt?; он вида́л ви́ды er hat viel erlebt 3. *umg mit Negation*: не ~ nicht zu sehen, nicht bemerkbar

[2]**вида́ть** *volksspr* 1. *unpers prädikativ* sehen; zu sehen sein; ничего́ не ~ es ist nichts zu sehen 2. *mod* offensichtlich, anscheinend

вида́ться, -а́юсь, -а́ешься *uv* sich sehen [treffen], einander begegnen

ви́дение, -я *n* Sicht; Sehvermögen

виде́ние, -я *n* Erscheinung, Gespenst

видео|кана́л, -а *m* Bildkanal *Fernsehen*; **~телефо́н,** -а *m* Fernsehtelefon, Bildtelefon

ви́деть, ви́жу, ви́дишь; ви́денный *uv* 1. sehen; ~ во сне́ träumen; ~ ме́льком flüchtig sehen 2. sehen können 3. begegnen, treffen 4. durchmachen, erleben; он мно́гое ви́дел в свое́й жи́зни er hat in seinem Leben viel durchgemacht 5. einsehen, erkennen ◇ ~ насквозь кого́-н. j-n durchschauen; ви́дишь ли *mod* siehst du | *uv iterativ umg* ви́дывать, *ohne Präs, zu* 1, 3, 4

ви́деться, ви́жусь, ви́дишься *uv* 1. sich sehen, sich treffen, einander begegnen 2. *unpers* erscheinen; мне ви́делось во сне mir träumte

ви́димо *mod* anscheinend, augenscheinlich; он, ~, бо́лен er scheint krank zu sein

ви́димо-неви́димо *Adv umg* eine unzählige Menge, unzählig, sehr viel

ви́димость, -и *f* 1. Sicht 2. Schein, Anschein

ви́димый, -ая, -ое; *Kzf* -им, -а 1. sichtbar 2. offensichtlich, merklich 3. *nur Langform* scheinbar, trügerisch

видне́ться, *1. u. 2. Pers ungebr*, -е́ется *uv* sichtbar [zu sehen] sein

ви́дно 1. *prädikativ* (es) ist zu sehen, man kann sehen; самолёта уже́ почти́ не́ было ~ das Flugzeug war kaum noch zu sehen 2. *mod umg* augenscheinlich, offenbar

ви́дный, -ая, -ое 1. *Kzf* ви́ден, видна́, ви́дно, ви́дны́ sichtbar, erkennbar 2. bedeutend, hervorragend 3. *umg* stattlich, ansehnlich

[1]**видово́й,** -а́я, -о́е Ansichts-; ~ фильм Landschaftsfilm

[2]**видово́й,** -а́я, -о́е 1. Art-; -о́е поня́тие Artbegriff 2.: -ы́е разли́чия глаго́ла Aspektunterschiede des Verbs

видоизмене́ние, -я *n* 1. Abwandlung, Abänderung 2. Abart, Variante

видоизмени́ть, -еню́, -ени́шь; -енённый, -енён, -енена́ *v* abwandeln, (ab)ändern, modifizieren ‖ *uv* **видоизменя́ть,** -я́ю, -я́ешь

видоизмени́ться, -ню́сь, -ни́шься *v* sich verändern, sich modifizieren ‖ *uv* **видоизменя́ться,** -я́юсь, -я́ешься

видоиска́тель, -я *m phot* Sucher

ви́дывать *uv iterativ zu* ви́деть

ви́за, -ы *f* 1. Visum; ~ на въезд Einreisevisum; ~ на вы́езд Ausreisevisum 2. Sichtvermerk

византи́ец, -и́йца, *I* -и́йцем, *G Pl* -и́йцев Byzantiner

византи́йский, -ая, -ое byzantinisch

Византи́я, -и *f* Byzanz

визг, -а *m* Gekreisch, Gewinsel

визгли́вый, -ая, -ое; *Kzf* -и́в, -а 1. kreischend, winselnd 2. häufig schreiend [kreischend]

визжа́ть, -жу́, -жи́шь *uv* kreischen, winseln, quieken

визи́га, -и *f* gedörrte Rückensehne *der Knorpelfische*

визи́р, -а *m* 1. *mil* Visier 2. *phot* Sucher

[1]**визи́ровать,** -рую, -руешь; -рованный, -рован, -а *v*, *uv* mit einem Visum versehen

[2]**визи́ровать,** -рую, -руешь; -рованный, -рован, -а *v*, *uv* (an)visieren

визи́т, -а *m* Besuch, Visite; нанести́ ~ einen Besuch machen; отве́тный ~ Gegenbesuch

визи́тка, -и, *Pl G* -ток, *D* -ткам *f alt* Halbfrack

визи́тный, -ая, -ое Visiten-

ви́ка, -и *f bot* Wicke
Вике́нтий, -я, *P* -и *m* Vinzenz
ви́кинг, -а *m hist* Wikinger
Ви́ктор, -а *m* Viktor
виктори́на, -ы *f* Frage- und Antwortspiel, Quiz, Wissenstoto
Викто́рия, -и *f* Viktoria
ви́лка, -и, *Pl G* -лок, *D* -лкам *f* **1.** Gabel **2.** *tech* Gabel; *el* Stecker; ште́псельная ~ Steckkontakt
ви́лла, -ы *f* Villa
вило́к, -лка́ *m umg* Kohlkopf
вилообра́зный, -ая, -ое; *Kzf* -зен, -зна gabelförmig
ви́лы, вил, ви́лам *Pl* Heu-, Mistgabel ◇ э́то ещё -ами по воде́ пи́сано das ist noch völlig unklar
вильну́ть *v mom zu* виля́ть
Ви́льнюс, -а *m* Wilnjus *Stadt*
виля́ть, -я́ю, -я́ешь *uv* **1.** *I* wedeln **2.** *übtr umg* ausweichen, Ausflüchte machen ‖ *v mom* вильну́ть, -ну́, -нёшь *zu* 1
вина́, -ы́, *Pl* ви́ны, вин, ви́нам *f* **1.** Schuld, Vergehen; поста́вить [вмени́ть] кому́-н. в -у́ j-m die Schuld zuschreiben; э́то не по мое́й -е́ daran bin ich nicht schuld **2.** Ursache
винегре́т, -а *m* **1.** Salat aus feingeschnittenem Gemüse, Fleisch, Fisch und Eiern **2.** *übtr umg* Mischmasch, Durcheinander
вини́тельный, -ая, -ое: ~ паде́ж *gram* Akkusativ
вини́ть, -ню́, -ни́шь *uv* **1.** beschuldigen; ~ кого́-н. в чём-н. j-m die Schuld an etw. zuschreiben **2.** einen Vorwurf machen (за *A* wegen)
вини́ться, -ню́сь, -ни́шься *uv alt u. volksspr* в *P* sich schuldig bekennen ‖ *v* повини́ться
ви́нный, -ая, -ое Wein-; ~ по́греб Weinkeller ◇ ~ ка́мень a) *chem* Weinstein; b) Zahnstein; -ая я́года getrocknete Feige
вино́, -а́, *Pl* ви́на, вин, ви́нам *n* **1.** Wein *Getränk* **2.** *umg* Schnaps
винова́тый, -ая, -ое; *Kzf* -а́т, -а **1.** *meist Kzf* schuldig; он круго́м винова́т er trägt alle Schuld; он в э́том не винова́т er ist nicht schuld daran **2.** schuldbewußt ◇ винова́т! Verzeihung!
вино́вник, -а *m* Schuldiger, Urheber
вино́вность, -и *f* Schuld
вино́вный, -ая, -ое; *Kzf* -вен, -вна schuld (в *P* an)
вино|гра́д, -а (-у) *m* **1.** Wein, Weinrebe, Weinstock **2.** *Koll* Weintrauben; сбор ~гра́да Weinlese; разведе́ние ~гра́да Weinbau; **~гра́дарство,** -а *n* Weinbau; **~гра́дарь,** -я *m* Winzer, Weinbauer; **~гра́дина,** -ы *f umg* eine einzelne Weinbeere; **~гра́дник,** -а *m* Weinberg; **~гра́дный,** -ая, -ое Weintrauben-; ~гра́дная лоза́ Weinrebe, -stock; ~гра́дный сок Traubensaft; ~гра́дная кисть Traubenzweig; ~гра́дное су́сло Weinmost; **~де́л,** -а *m* Fachmann für Weinbereitung; **~де́лие,** -я *n* Weinbereitung, Weinfabrikation; **~ку́р,** -а *m* Branntweinbrenner; **~куре́ние,** -я *n* Branntweinbrennerei; **~ку́ренный,** -ая, -ое: ~ку́ренный заво́д Branntweinbrennerei; **~торго́вля,** -и *f* Weinhandel
[1]**винт,** -а́ *m* **1.** Schraube; затяну́ть ~ eine Schraube anziehen **2.** Propeller; Schiffsschraube
[2]**винт,** -а *m* Wint *Kartenspiel*
ви́нтик, -а *m Dem zu* [1]винт Schräubchen; у него́ -а не хвата́ет *volksspr* bei ihm ist eine Schraube locker
винти́ть, -нчу́, -нти́шь *uv umg* schrauben, zuschrauben, losschrauben
винто́вка, -и, *Pl G* -вок, *D* -вкам *f* Gewehr; автомати́ческая ~ Schnellfeuergewehr
винтово́й, -а́я, -о́е Schrauben-; -а́я ле́стница Wendeltreppe; ~ паро-хо́д Schraubendampfer; ~ самолёт Flugzeug mit Kolbentriebwerk
винто́м *Adv umg* spiral-, schraubenförmig
винтообра́зный, -ая, -ое; *Kzf* -зен, -зна schraubenförmig; spiral
винторе́зный, -ая, -ое: ~ стано́к Schraubendrehbank
винье́тка, -и, *Pl G* -ток, *D* -ткам *f* Vignette
вио́ла, -ы *f mus* Viola
виолончели́ст, -а *m* Cellist
виолонче́ль, -и *f* Violoncell, Cello
[1]**вира́ж,** -а́, *I* -о́м, *G Pl* -е́й *u.* **ви́раж,** -а, *I* -ем, *G Pl* -ей *m* Kurve; Drehung; круто́й ~ steile Kurve
[2]**вира́ж,** -а, *I* -ем, *G Pl* -ей *m phot* Tonbad; ~-фикса́ж Tonfixierbad
виртуо́з, -а *m* Virtuose
виртуо́зный, -ая, -ое; *Kzf* -зен, -зна virtuos, meisterhaft
ви́русный, -ая, -ое Virus-
ви́русы *Pl* -ов, *Sg* ви́рус, -а *m* Viren
вис, -а *m Sport* Hang; ~ на со́гнутых рука́х Beugehang
Ви́сбаден [дэ], -а *m* Wiesbaden
ви́селица, -ы, *I* -ей *f* Galgen

ви́сельник, -а *m* 1. *alt* Gehenkter; ю́мор -а *übtr* Galgenhumor 2. Halunke, Galgenvogel
висе́ть, -шу́, -си́шь *uv* 1. hängen *itr* 2. schweben *Vogel, Ballon* ◇ ~ на волоске́ *übtr* an einem Haar [Faden] hängen; вопро́с виси́т в во́здухе *volksspr* die Frage schwebt in der Luft; ~ на ше́е у кого́-н. *übtr* von j-m unterhalten werden, j-m zur Last fallen 3. над *I* überhängen, hervorragen
ви́ски *n idkl* Whisky
виско́за, -ы *f* 1. Viskose 2. Kunstseide
Ви́сла, -ы *f* Weichsel *Fluß*
вислоу́хий, -ая, -ое; *Kzf* -у́х, -а schlappohrig; langohrig
ви́смут, -а *m chem* Wismut
ви́снуть, -ну, -нешь; вис, -ла *u.* ви́снул, -а *uv umg* hängen *itr* ◇ ~ у кого́-н. на ше́е *umg* sich an j-n hängen; j-m sehr zugetan sein
висо́к, -ска́ *m* Schläfe
високо́сный, -ая, -ое: ~ год Schaltjahr
висо́чный, -ая, -ое Schläfen-; -ая кость *anat* Schläfenbein
вист, -а *m* Whist *Kartenspiel*
вису́лька, -и, *Pl G* -лек, *D* -лькам *f umg* kleines (Schmuck-) Anhängsel
вися́чий, -ая, -ее hängend, Hänge-; ~ мост Hängebrücke; ~ замо́к Vorhängeschloß
витамино́зный, -ая, -ое Vitamin-, vitaminreich
витами́ны *Pl* -ов, *Sg* витами́н, -а *m* Vitamine
вита́ть, -а́ю, -а́ешь *uv poet, iron* schweben; sich befinden; ~ в облака́х in höheren Regionen schweben; смерть вита́ет над ним er ist dem Tode nahe
витиева́тый, -ая, -ое; *Kzf* -а́т, -а geschraubt, geziert, schwülstig *Stil*
вити́я, -и, *G Pl* -и́й *m alt, poet* Rhetoriker
вито́й, -а́я, -о́е gewunden, gedreht
вито́к, -тка́ *m* 1. Windung *einer Spirale* 2. (Erd-) Umkreisung *Astronautik*
витри́на, -ы *f* 1. Vitrine, Schaukasten 2. Schaufenster
Ви́ттенберг, -а *m* Wittenberg
вить* *uv* winden, drehen, flechten; ~ верёвку einen Strick drehen; ~ гнездо́ ein Nest bauen ◇ из него́ верёвку мо́жно ~ er läßt sich alles gefallen
витьё, -ья́ *n* Winden, Drehen, Flechten
ви́ться*; вили́сь *uv* 1. sich ranken, sich winden; sich schlingen; де́ти вью́тся о́коло ма́тери *übtr* die Kinder umschmeicheln die Mutter 2. wirbeln, aufwirbeln 3. kreisen (*Raub-*)*Vögel* 4. sich schlängeln *Weg, Bach* 5. sich locken, sich kräuseln; sich wellen *Haare*
Ви́тя, -и *m, f Dem zu* Ви́ктор
ви́тязь, -я *m poet, alt* Recke, Held
вихля́ть, -я́ю, -я́ешь *uv volksspr* wackeln; schwanken *beim Laufen*
вихо́р, -хра́ *m* (Haar-) Schopf; Haarlocke
вихра́стый, -ая, -ое; *Kzf* -а́ст, -а zottig; mit zottigem Haar
вихрево́й, -а́я, -о́е Wirbel-, Wirbelwind-; wirbelartig, wirbelförmig
ви́хрем *Adv* wie ein Wirbelwind
ви́хриться, *1. u. 2. Pers. ungebr,* ви́хрится *uv* wirbeln
вихрь, -я *m* Wirbel, Wirbelwind; сне́жный ~ Schneegestöber, -sturm ◇ в -е собы́тий *übtr* im Wirbel der Ereignisse
вице- *in Zuss* Vize-
вице-адмира́л, -а *m* Vizeadmiral
ви́шенник, -а *m* Kirschgarten
вишнёвка, -и *f* Kirschlikör
вишнёвый, -ая, -ое (Sauer-) Kirsch-; -ого цве́та kirschrot; ~ сад Kirschgarten
ви́шня, -и, *Pl G* -шен, *D* -шням *f* 1. Sauerkirschbaum 2. Sauerkirsche
вишь *Part gbt u. volksspr* schau mal!, sieh einmal an!; ~ ты како́й! du bist mir einer!
вка́лывать *uv zu* вколо́ть
вка́пывать *uv zu* вкопа́ть
вкати́ть, -ачу́, -а́тишь; -а́ченный, -а́чен, -а *v* hineinrollen, -wälzen, -fahren, -schieben ‖ *uv* **вка́тывать,** -аю, -аешь
вкати́ться, -ачу́сь, -а́тишься *v* hineinrollen, -fahren *itr*, sich hineinwälzen; мяч вкати́лся в воро́та der Ball rollte ins Tor ‖ *uv* **вка́тываться,** -аюсь, -аешься
вклад, -а *m* 1. Anlage, Einzahlen; Investition 2. eingezahltes Geld, Einlage; Deposit 3. *übtr* Beitrag; сде́лать ~ в нау́ку der Wissenschaft einen wichtigen Beitrag liefern
вкла́дка, -и, *Pl G* -док, *D* -дкам *f* 1. Einlegen 2. Beilage, eingelegtes Blatt *in einem Buch*
вкладно́й, -а́я, -о́е 1. Einlage-, Deposit- 2. eingelegt *in ein Buch u. ä.*; ~ лист *typ* Einlegebogen
вкла́дчик, -а *m* Deponent

вкла́дывать *uv zu* вложи́ть
вкла́дыш, -а, *I* -ем, *G Pl* -ей *m* etwas Zwischengelegtes; Beilage, Einlage, eingelegtes Blatt; ~ подши́пника *tech* Lagerschale
вкле́ивать *uv zu* вкле́ить
вкле́ить, -е́ю, -е́ишь; -е́енный, -е́ен, -а *v* einkleben ◇ ~ словцо́ *übtr umg* ein Wort ins Gespräch werfen || *uv* вкле́ивать, -аю, -аешь
вкле́йка, -и, *Pl G* -е́ек, *D* -е́йкам *f* **1.** Einkleben **2.** eingeklebtes Blatt Papier
вкли́нивать(ся) *uv zu* вклини́ть(ся)
вкли́нить, -ню, -нишь; -ненный, -нен, -а *u.* **вклини́ть,** -ню́, -ни́шь; -нённый, -нён, -нена́ *v* einkeilen, hineintreiben || *uv* вкли́нивать, -аю, -аешь
вкли́ниться, -нюсь, -нишься *u.* **вклини́ться,** -ню́сь, -ни́шься *v* sich einkeilen, einbrechen, -dringen; ~ в расположе́ние проти́вника einen Keil in die Aufstellung des Gegners treiben || *uv* вкли́ниваться, -аюсь, -аешься
включа́тель, -я *m el* Einschalter
включа́ть(ся) *uv zu* включи́ть(ся)
включа́я *Präpos mit A* einschließlich
включе́ние, -я *n* **1.** Einschluß, Einschließung; со -ем einschließlich **2.** *tech* Schaltung, Einschaltung; одновреме́нное ~ Simultanschaltung
включи́тельно *Adv* einschließlich
включи́ть, -чу́, -чи́шь; -чённый, -чён, -чена́ *v* **1.** aufnehmen; einfügen, einbeziehen; einreihen, eingliedern **2.** anschließen **3.** einschalten, in Gang setzen; einkuppeln *Auto*; ~ ста́ртер *Auto* anlassen; ~ свет das Licht einschalten || *uv* включа́ть, -а́ю, -а́ешь
включи́ться, -чу́сь, -чи́шься *v* в *A* teilnehmen (an), sich einreihen (in), sich anschließen (an), sich einschalten (in) || *uv* включа́ться, -а́юсь, -а́ешься
вкола́чивать *uv zu* вколоти́ть
вколоти́ть, -очу́, -о́тишь; -о́ченный, -о́чен, -а *v* einrammen, einschlagen || *uv* вкола́чивать, -аю, -аешь
в|коло́ть* *v* hineinstecken || *uv* вка́лывать, -аю, -аешь
вконе́ц *Adv umg* ganz und gar, gänzlich
вкопа́ть, -а́ю, -а́ешь; вко́панный, -ан, -а *v* eingraben ◇ он стои́т как вко́панный er steht wie angewurzelt || *uv* вка́пывать, -аю, -аешь
вкорени́ть, -ню́, -ни́шь; -нённый, -нён, -нена́ *v* einwurzeln, verwurzeln, fest einbürgern || *uv* **вкореня́ть,** -я́ю, -я́ешь
вкорени́ться, *1. u. 2. Pers ungebr*, -и́тся *v* sich einbürgern; in Fleisch und Blut übergehen || *uv* **вкореня́ться,** -я́ется
вкось *Adv* schräg, schief
ВКП(б) [Всесою́зная Коммунисти́ческая па́ртия (большевико́в)] KPdSU (B) [Kommunistische Partei der Sowjetunion (Bolschewiki)]; *heute* КПСС
вкра́дчивость, -и *f* einschmeichelndes Wesen
вкра́дчивый, -ая, -ое; *Kzf* -ив, -а einschmeichelnd
вкра́дываться *uv zu* вкра́сться
вкра́пить, -плю, -пишь; -пленный, -плен, -а *u.* **вкрапи́ть,** -плю́, -пи́шь; -плённый, -плён, -плена́ *v* **1.** besprenkeln **2.** *übtr* einfügen
вкра́сться* *v* **1.** *1. u. 2. Pers ungebr* sich hineinstehlen, sich einschleichen; в текст вкра́лась оши́бка *übtr* in den Text hat sich ein Fehler eingeschlichen **2.** *übtr* sich einschleichen *ins Vertrauen* || *uv* вкра́дываться, -аюсь, -аешься
вкра́тце *Adv* kurz, mit knappen Worten
вкривь *Adv* krumm ◇ ~ и вкось schief und krumm; суди́ть ~ и вкось vorschnell [ungerecht] urteilen
вкруг *alt* **1.** *Adv* rings(her)um, ringsumher **2.** *Präpos mit G* um . . . herum
вкругову́ю *Adv* ringsum, im Kreis
вкрути́ть, -учу́, -у́тишь; -у́ченный, -у́чен, -а *v umg* einschrauben || *uv* вкру́чивать, -аю, -аешь
вкруту́ю *Adv*: свари́ть яйцо́ ~ ein Ei hart kochen
вкру́чивать *uv zu* вкрути́ть
вку́пе *Adv*, *buchspr*, *alt* zusammen
вкус, -а *m* **1.** Geschmack, одева́ться со -ом sich geschmackvoll kleiden; э́то мне не по -у das ist nicht mein Geschmack; э́то де́ло -а das ist Geschmacksache **2.** Neigung, Lust; ~ к поэ́зии Neigung zur Poesie **3.** Stil, Manier ◇ войти́ во ~ чего́-н. Geschmack an etw. finden
вкуси́ть, вкушу́, вку́сишь; вкушённый, -ён, -ена́ *v* **1.** *buchspr*, *alt* kosten, probieren **2.** *hoher Stil* genießen; *Leid* erfahren || *uv* вкуша́ть, -а́ю, -а́ешь
вку́сный, -ая, -ое; *Kzf* -сен, -сна́! wohlschmeckend, schmackhaft
вкусово́й, -а́я, -о́е geschmacklich,

Geschmacks-; -óе ощуще́ние Geschmacksempfindung
вкуша́ть *uv zu* вкуси́ть
вла́га, -и *f* Feuchtigkeit, Nässe
влага́лище, -a, *I* -ем *n* **1.** *anat* Scheide **2.** *bot* Blattscheide
влага́ть *uv zu* вложи́ть
владе́лец, -льца, *I* -льцем, *G Pl* -льцев *m* Eigentümer, Besitzer; Inhaber
владе́льческий, -ая, -ое herrschaftlich, Herrschafts-
владе́ние, -я *n* **1.** Beherrschung; ~ англи́йским языко́м die Beherrschung der englischen Sprache **2.** *alt* Besitztum, Besitzung, Gut ◇ вступи́ть во ~ чём-н. Besitz ergreifen von etw.
владе́тель, -я *m alt* Herrscher, Machthaber
владе́тельный, -ая, -ое *alt* herrschend, regierend
владе́ть, -е́ю, -е́ешь *uv I* **1.** besitzen **2.** *übtr* beherrschen, handhaben; ~ ру́сским языко́м die russische Sprache beherrschen ◇ ~ перо́м eine gewandte Feder führen; ~ собо́й sich in der Gewalt haben
Владивосто́к, -а *m* Wladiwostok
Влади́мир, -а *m männl Vn*
влады́ка, -и *m* **1.** *alt, hoher Stil* Herrscher, Machthaber **2.** Erzbischof
влады́чество, -а *n alt, hoher Stil* Herrschaft, Obergewalt
влады́чествовать, -твую, -твуешь *uv alt, hoher Stil* herrschen
влажне́ть, *1. u. 2. Pers ungebr*, -е́ет *uv* feucht werden
вла́жность, -и *f* Feuchtigkeit
вла́жный, -ая, -ое; *Kzf* -жен, -жна́ feucht
вла́мываться *uv zu* вломи́ться
вла́ствовать, -твую, -твуешь *uv hoher Stil* herrschen (над *I* über); regieren
власте́ли́н, -а *m hoher Stil* Herrscher
власти́тель, -я *m alt* Herrscher
вла́стный, -ая, -ое; *Kzf* -тен, -тна **1.** herrschsüchtig, machthaberisch; gebieterisch **2.** *nur Kzf* ermächtigt, berechtigt; в э́том я не вла́стен das steht nicht in meiner Macht
властолю́бец, -бца, *I* -бцем, *G Pl* -бцев *m* Herrschsüchtiger
властолюби́вый, -ая, -ое; *Kzf* -и́в, -а *buchspr* herrschsüchtig
властолю́бие, -я *n* Herrschsucht
власть, -и, *Pl* вла́сти, -те́й, -тя́м *f* **1.** (Staats-) Macht, Gewalt; исполни́тельная ~ Exekutive; прийти́ к -и zur Macht gelangen **2.** *meist Pl* Obrigkeit, Behörde; ме́стные -и die lokalen Behörden **3.** Macht, Gewalt ◇ в моей -и es liegt in meiner Macht; ва́ша ~ wie Sie wollen; ~ над сами́м собо́й Selbstbeherrschung; превыше́ние -и Überschreitung der Machtbefugnisse
влачи́ть, -чу́, -чи́шь *uv*: ~ жа́лкое существова́ние ein elendes Leben fristen
вле́во *Adv* nach links, links
влеза́ть *uv zu* влезть
в|лезть* *v* **1.** hinaufklettern, hinaufkriechen **2.** hineinklettern, hineinkriechen; eindringen; einsteigen; ~ в окно́ durchs Fenster klettern **3.** Platz finden; sich unterbringen lassen **4.** *volksspr* hineingehen ◇ ~ в долги́ sich in Schulden stürzen; ~ кому́-н. в ду́шу sich in j-s Vertrauen einschleichen, j-n in aufdringlicher Weise über sein Privatleben ausfragen; ско́лько вле́зет soviel man will ‖ *uv* влеза́ть, -а́ю, -а́ешь
влеку́ ↑ влечь
влепи́ть, влеплю́, вле́пишь *v* einkleben ◇ ~ кому́-н. пощёчину j-m eine Ohrfeige geben ‖ *uv* **влепля́ть, -я́ю,** -я́ешь
влета́ть *uv zu* влете́ть
влете́ть, влечу́, влети́шь *v* **1.** hineinfliegen **2.** schnell hineinlaufen ◇ мне влете́ло ich habe einen Verweis erhalten ‖ *uv* влета́ть, -а́ю, -а́ешь
влече́ние, -я *n* Hang, Neigung
влечь* *uv* **1.** *buchspr* schleppen, ziehen **2.** *übtr* anziehen, Anziehungskraft besitzen ◇ ~ за собо́й nach sich ziehen, zur Folge haben
влива́ние, -я *n* **1.** Eingießen **2.** *med* Infusion
влива́ть(ся) *uv zu* вли́ть(ся)
влипа́ть *uv zu* вли́пнуть
вли́пнуть, -ну, -нешь; влип, -ла *v volksspr* in eine unangenehme Situation geraten; in die Klemme geraten ‖ *uv* влипа́ть, -а́ю, -а́ешь
в|лить*, волью́ *v* **1.** eingießen; *übtr* einflößen; ~ в кого́-н. бо́дрость j-m Mut einflößen **2.** *übtr* zuführen, eingliedern ‖ *uv* влива́ть, -а́ю, -а́ешь
в|ли́ться*, *1. u. 2. Pers ungebr*, вольётся; влила́сь, вли́ли́сь *v* **1.** (hin)einfließen **2.** *übtr* sich anschließen; ~ в ряды́ sich einreihen ‖ *uv* влива́ться, -а́юсь, -а́ешься
влия́ние, -я *n* **1.** Einfluß, Einwirkung; ока́зывать ~ Einfluß ausüben; поддава́ться -ю sich beeinflussen lassen; быть под -ем кого́-н. von j-m be-

einflußt werden 2. Ansehen, Autorität

влия́тельный, -ая, -ое; *Kzf* -лен, -льна einflußreich

влия́ть, -я́ю, -я́ешь *uv* на *A* beeinflussen || *v* повлия́ть

ВЛКСМ (Всесою́зный Ле́нинский Коммунисти́ческий Сою́з Молодёжи) Leninscher Kommunistischer Jugendverband der Sowjetunion

вложе́ние, -я *n* 1. (Hin-) Einlegen; со -ем (mit) Anlage *in Briefen* 2. *wirtsch* Anlage, Investierung; ~ капита́ла Kapitalanlage

вложи́ть, вложу́, вло́жишь; вло́женный, -ен, -а *v* 1. hineinlegen, hineintun 2. deponieren, anlegen, investieren; ~ все си́лы alle Kräfte aufbieten || *uv* влага́ть, -а́ю, -а́ешь *zu 1 u.* вкла́дывать, -аю, -аешь

вломи́ться, вломлю́сь, вло́мишься einbrechen, gewaltsam eindringen; ~ в дверь sich mit Gewalt Eintritt verschaffen || *uv* вла́мываться, -аюсь, -аешься

вло́паться, -аюсь, -аешься *v volksspr* (durch Unvorsichtigkeit, unvermutet) hineingeraten

влюби́ть, влюблю́, влю́бишь *v A* den Kopf verdrehen, verliebt machen || *uv* влюбля́ть, -я́ю, -я́ешь

влюби́ться, влюблю́сь, влю́бишься *v* sich verlieben || *uv* влюбля́ться, -я́юсь, -я́ешься

влюблённый, -ая, -ое; *Kzf* -лён, -лена́ verliebt

влюбля́ть(ся) *uv zu* влюби́ть(ся)

влю́бчивый, -ая, -ое; *Kzf* -ив, -а *umg, iron* leicht verliebt; leicht entflammt

вм. (вме́сто) anstatt, an Stelle

в|ма́зать* *v* einmauern; einsetzen, einkitten || *uv* вма́зывать, -аю, -аешь

вма́зка, -и *f umg* Einsetzen, Einkitten; Einmauern

вма́зывать *uv zu* вма́зать

вма́тывать *uv zu* вмота́ть

вмени́ть, -ню́, -ни́шь; -нённый, -нён, -нена́ *v alt*: ~ что́-н. кому́-н. в вину́ j-m etw. als Schuld anrechnen, j-n einer Sache beschuldigen; ~ что́-н. кому́-н. в обя́занность j-m etw. zur Pflicht machen, j-n verpflichten zu etw. || *uv* вменя́ть, -я́ю, -я́ешь

вменя́емость, -и *f* Zurechnungsfähigkeit

вменя́емый, -ая, -ое; *Kzf* -ем, -а zurechnungsfähig

вменя́ть *uv zu* вмени́ть

вме́сте *Adv* 1. zusammen; gemeinschaftlich 2. gleichzeitig, zugleich ◇ ~ с тем zugleich, gleichzeitig; всё ~ взя́тое alles zusammen, alles in allem

вмести́лище, -а, *I* -ем *n* Behälter

вмести́мость, -и *f* Rauminhalt, Fassungsvermögen

вмести́тельный, -ая, -ое; *Kzf* -лен, -льна geräumig

вмести́ть, вмещу́, вмести́шь; вмещённый, -ён, -ена́ *v* 1. *1. u. 2. Pers ungebr* fassen, aufnehmen 2. hineinlegen, -stellen || *uv* вмеща́ть, -а́ю, -а́ешь

вмести́ться, вмещу́сь, вмести́шься *v* sich unterbringen lassen, Platz finden; hineingehen || *uv* вмеща́ться, -а́юсь, -а́ешься

вме́сто *Präpos mit G* statt, anstelle; ~ того́ что́бы рабо́тать anstatt zu arbeiten

вмета́ть, -а́ю, -а́ешь; вмётанный, -ан, -а *v* einheften, lose einnähen || *uv* **вмётывать,** -аю, -аешь

вмеша́тельство, -а *n* Einmischung, Einschreiten; Eingriff; хирурги́ческое ~ chirurgischer Eingriff

вмеша́ть, -а́ю, -а́ешь; вме́шанный, -ан, -а *v* 1. hinein-, beimischen 2. *übtr* verwickeln, mit hineinziehen || *uv* **вме́шивать,** -аю, -аешь

вмеша́ться, -а́юсь, -а́ешься *v* 1.: ~ в толпу́ sich unter die Menge mischen 2. sich einmischen; ~ в чужи́е дела́ sich in fremde Angelegenheiten mischen || *uv* **вме́шиваться,** -аюсь, -аешься

вмеща́ть(ся) *uv zu* вмести́ть(ся)

вмеще́ние, -я *n* Aufnehmen, Fassen; Hineinlegen, Unterbringen

вмиг *Adv* im Nu, im Handumdrehen

вмина́ть *uv zu* вмять

вмонти́ровать, -рую, -руешь *v* einmontieren

вмота́ть, -а́ю, -а́ешь; вмо́танный, -ан, -а *v* hineinwickeln || *uv* вма́тывать, -аю, -аешь

вмя́тина, -ы *f* eingedrückte Stelle

в|мять*, вомну́ *v* hineindrücken || *uv* вмина́ть, -а́ю, -а́ешь

внаём *u.* **внаймы́** *Adv*: взять ~ mieten; отда́ть ~ vermieten

внаки́дку *Adv* umgehängt, übergeworfen

внакла́де *Adv volksspr*: оста́ться ~ im Nachteil sein

вна́кладку *Adv umg*: пить чай ~ Tee mit (darin aufgelöstem) Zucker trinken

внача́ле *Adv* zuerst, anfangs

вне *Präpos mit G* außer, außerhalb;

~ го́рода außerhalb der Stadt; ~ до́ма außer Haus; ~ опа́сности außer Gefahr; ~ о́череди außer der Reihe ◇ он был ~ себя́ er war außer sich, er war ganz aus dem Häuschen; ~ пла́на über den Plan hinaus; объяви́ть ~ зако́на für vogelfrei erklären; быть ~ подозре́ния über jeden Verdacht erhaben sein

вне- *in Zuss* außer-, un-

внебра́чный, -ая, -ое außerehelich, unehelich

вневре́менный, -ая, -ое *buchspr* außerhalb der Zeit, zeitlos

внедре́ние, -я *n* Einführung, Einbürgerung

внедри́ть, -рю́, -ри́шь; -рённый, -рён, -рена́ *v* einführen, einbürgern ‖ *uv* **внедря́ть,** -я́ю, -я́ешь

внедри́ться, -рю́сь, -ри́шься *v* sich einprägen, eindringen ‖ *uv* **внедря́ться,** -я́юсь, -я́ешься

внеза́пный, -ая, -ое; *Kzf* -пен, -пна plötzlich, unerwartet, unvermutet

вне|кла́ссный, -ая, -ое außerschulisch, außerhalb des Unterrichts; **-кла́ссовый,** -ая, -ое außerhalb der gesellschaftlichen Klassen (stehend); **-ма́точный,** -ая, -ое: ~ма́точная бере́менность Bauchhöhlenschwangerschaft; **-очередно́й,** -а́я, -о́е außerordentlich, außer der Reihe; ~очередна́я се́ссия außerordentliche Sitzung; **-парти́йный,** -ая, -ое außerhalb der Partei stehend; **-пла́новый,** -ая, -ое außerplanmäßig

внесе́ние, -я *n* 1. Hineintragen 2. Einzahlung 3. Eintragung, Aufnahme

внеслуже́бный, -ая, -ое außerdienstlich

в|нести́* *v* 1. hineintragen, -bringen 2. einzahlen 3. eintragen; ~ в кни́ги buchen; ~ попра́вки Korrekturen vornehmen 4. einbringen, vorlegen; ~ предложе́ние Antrag stellen, beantragen; ~ законопрое́кт einen Gesetzentwurf einbringen; ~ измене́ние eine Änderung beantragen 5. *übtr* beitragen, beisteuern; ~ оживле́ние beleben, Leben in die Bude bringen ‖ *uv* вноси́ть, вношу́, вно́сишь

внешко́льный, -ая, -ое außerschulisch; -ое образова́ние Erwachsenenbildung

вне́шне *Adv* äußerlich

внешне|полити́ческий, -ая, -ое außenpolitisch; **-торго́вый,** -ая, -ое Außenhandels-

вне́шний, -яя, -ее 1. äußerlich, äußerer; oberflächlich; ~ вид die Außenseite; das Äußere; ~ лоск *übtr* der äußere Schein 2. auswärtig; Außen-; -яя торго́вля Außenhandel

вне́шность, -и *f* Äußere

внешта́тный, -ая, -ое außerhalb des Etats, außeretatmäßig; ~ сотру́дник freiberuflicher Mitarbeiter

Внешто́рг, -а *m* (Министе́рство вне́шней торго́вли) Ministerium für Außenhandel

вниз *Adv* abwärts, hinunter, nach unten; ~ по тече́нию stromab(wärts); ~ по ле́стнице treppab; све́рху ~ смотре́ть на кого́-н. auf j-n herabsehen

внизу́ *Adv* unten

вника́ть *uv zu* вни́кнуть

вни́кнуть, -ну, -нешь; вник, -ла *u.* вни́кнул, -а *v* ergründen, zu begreifen suchen; ~ в суть де́ла in das Wesen einer Sache eindringen ‖ *uv* вника́ть, -а́ю, -а́ешь

внима́ние, -я *n* 1. Aufmerksamkeit; обрати́ть на себя́ ~ die Aufmerksamkeit auf sich ziehen; досто́йный -я beachtenswert; уделя́ть ~ чему́-н. etw. Beachtung schenken 2. Aufmerksamkeit; Rücksicht; приня́ть во ~ in Betracht ziehen; принима́я во ~ unter Berücksichtigung von, mit Rücksicht auf; оставля́ть без -я unberücksichtigt lassen ◇ ока́зывать ~ Achtung erweisen; он весь ~ er ist ganz Auge und Ohr; ~! Achtung!

внима́тельный, -ая, -ое; *Kzf* -лен, -льна 1. aufmerksam, achtsam 2. aufmerksam, zuvorkommend

внима́ть, -а́ю, -а́ешь *u. alt* вне́млю, вне́млешь; внима́й *u. alt* вне́мли́; внима́я *u. alt* вне́мля *uv D* 1. *alt* lauschen, (an)hören 2. *hoher Stil* die Aufmerksamkeit richten ‖ *v* внять, *Fut ungebr*, внял, -а́! *zu* 1

вничью́ *Adv* unentschieden; сыгра́ть па́ртию ~ eine Partie remis spielen

вновь *Adv* 1. von neuem, nochmals, wieder; всё ~ и ~ immer wieder 2. unlängst, neulich

вноси́ть *uv zu* внести́

вно́ска, -и *f* Einfügung, Zusatz

внук, -а *m* Enkel

вну́тренне *Adv* innerlich

вну́тренний, -яя, -ее 1. innerlich, inner; -ие боле́зни innere Krankheiten; для -его употребле́ния zur innerlichen Verwendung *Medizin* 2. Innen-, Binnen-; -яя торго́вля Binnenhandel; -яя поли́тика Innen-

politik ◇ ~ смысл der eigentliche Sinn
вну́тренность, -и *f* **1.** das Innere **2.** *Pl anat* innere Organe, Eingeweide
внутри́ *Adv u. Präpos mit G* innen, innerhalb; ~ го́рода innerhalb der Stadt; ~ страны́ im Inneren des Landes
внутри- *in Zuss* inner-, innerhalb
внутри|ве́нный, -ая, -ое intravenös; **-мы́шечный,** -ая, -ое intramuskulär; **-парти́йный,** -ая, -ое innerparteilich; parteiintern
внутрь *Adv u. Präpos mit G* nach innen, ins Innere; приня́ть ~ лека́рство eine Arznei einnehmen
внуча́та, -а́т, -а́там *Pl* Enkelkinder
внуча́тный *u.* **внуча́тый,** -ая, -ое im 3. Grade (großelterlicherseits) verwandt: ~ племя́нник Großneffe; ~ брат Großcousin
вну́чка, -и, *Pl G* -чек, *D* -чкам *f* Enkelin
внуша́ть *uv zu* внуши́ть
внуше́ние, -я *n* **1.** Einflößung, Suggestion; Hypnose **2.** Verweis
внуши́тельный, -ая, -ое; *Kzf* -лен, -льна eindrucksvoll; imponierend, imposant; у него́ ~ вид er sieht (sehr) imponierend aus
внуши́ть, -шу́, -ши́шь; -шённый, -шён, -шена́ *v* **1.** einflößen, eingeben, einflüstern; (an)raten; ~ му́жество Mut einflößen; ~ кому́-н. что́-н. j-m etw. auf die Seele binden **2.** suggerieren ‖ *uv* внуша́ть, -а́ю, -а́ешь
вня́тный, -ая, -ое; *Kzf* -тен, -тна **1.** hörbar, vernehmlich **2.** deutlich, klar *sprechen*
внять, *Fut ungebr*; внял, -а́! *v D* **1.** *alt v zu* внима́ть **2.** die Aufmerksamkeit richten; ~ про́сьбе eine Bitte erhören
во ↑ в
во́бла, -ы *f* Plötze *Fisch*
во|бра́ть*, вберу́ *v* einsaugen, aufsaugen; in sich aufnehmen ‖ *uv* вбира́ть, -а́ю, -а́ешь
Во́ва, -ы *m Dem zu* Влади́мир
вове́к *u.* **вове́ки** *Adv poet* **1.** ewig **2.**: ~ не niemals
вовлека́ть(ся) *uv zu* вовле́чь(ся)
вовлече́ние, -я *n* Heranziehung
во|вле́чь* *v* **1.** heranziehen, (hin)zuziehen **2.** verleiten; ~ в преступле́ние zum Verbrechen verleiten ‖ *uv* вовлека́ть, -а́ю, -а́ешь
во|вле́чься* *v* hingerissen werden ‖ *uv* вовлека́ться, -а́юсь, -а́ешься
вовне́ *Adv* darüber hinaus; außen, draußen
вовну́трь *Adv u. Präpos volksspr* nach innen, ins Innere
во́время *Adv* zur rechten Zeit; не ~ ungelegen
во́все *Adv* ganz und gar; ~ не durchaus nicht, keineswegs
вовсю́ *Adv umg* mit allen Kräften, mit aller Macht; бежа́ть ~ aus Leibeskräften rennen
во-вторы́х *mod* zweitens
во|гна́ть*, вгоню́ *v* **1.** hineinjagen, hineintreiben **2.** *umg* hineinschlagen; ~ гвоздь einen Nagel (hin)einschlagen **3.** in eine unangenehme Lage bringen; ~ в страх Schrecken einjagen ◇ ~ в кра́ску кого́-н. j-m die Schamröte ins Gesicht treiben; ~ в пот кого́-н. *umg* j-n in Schweiß bringen ‖ *uv* вгоня́ть, -я́ю, -я́ешь
во́гнутый, -ая, -ое; *Kzf* -ут, -а konkav, hohl
вогну́ть, -ну́, -нёшь; во́гнутый, -ут, -а *v* nach innen biegen, einbiegen ‖ *uv* вгиба́ть, -а́ю, -а́ешь
вогну́ться, *1. u. 2. Pers ungebr*, -нётся *v* sich einwärts biegen ‖ *uv* вгиба́ться, -а́ется
вода́, -ы́, *A* во́ду, *Pl* во́ды, вод, во́да́м *f* **1.** Wasser; питьева́я ~ Trinkwasser; сыра́я ~ ungekochtes Wasser; пре́сная ~ Süßwasser; родниќо́вая ~ Quellwasser; по -е́ zu Wasser **2.** *Pl* Kurort mit Heilquellen **3.** *Pl* Gewässer ◇ чи́стой -ы́ von reinstem Wasser; как в -у ка́нуть spurlos verschwinden; вы́вести кого́-н. на чи́стую -у j-n entlarven; вы́йти сухи́м из -ы́ sich aus der Affäre ziehen; в му́тной -е́ ры́бу лови́ть im trüben fischen; их -о́й не разольёшь sie sind unzertrennlich; толо́чь -у (в сту́пе) leeres Stroh dreschen; он и -ы́ не заму́тит er kann kein Wässerchen trüben; он прошёл сквозь ого́нь и -у er ist mit allen Wassern gewaschen; в докла́де его́ мно́го -ы́ *iron* sein Bericht war inhaltsarm; с него́ как с гу́ся ~ es läßt ihn kalt, es macht ihm nichts aus
водворе́ние, -я *n* **1.** Ansiedlung **2.** Einführung, Herstellung
водвори́ть, -рю́, -ри́шь; -рённый, -рён, -рена́ *v* **1.** ansiedeln, einquartieren, unterbringen **2.** *übtr* (wieder)herstellen, einführen; ~ тишину́ Ruhe herstellen ‖ *uv* **водворя́ть,** -я́ю, -я́ешь

водвори́ться, -рю́сь, -ри́шься *v* **1.** sich ansiedeln, sich niederlassen; sich einrichten **2.** *1. u. 2. Pers ungebr* eingeführt werden; eintreten; водвори́лась тишина́ Ruhe trat ein || *uv* **водворя́ться,** -я́юсь, -я́ешься

води́тель, -я *m* Fahrer, Chauffeur, Traktorist

води́тельский, -ая, -ое Fahrer-; -ие права́ Fahrerlaubnis

води́тельство, -а *n alt, hoher Stil* Führung

води́ть, вожу́, во́дишь *uv* **1.** *unbest zu* вести́ **2.** verkehren, Umgang haben (mit); ~ дру́жбу с ке́м-н. mit j-m befreundet sein; ~ кого́-н. за́ нос *übtr* j-n an der Nase herumführen

води́ться, вожу́сь, во́дишься *uv* **1.** *1. u. 2. Pers ungebr* es gibt; es ist vorhanden; в э́том лесу́ во́дится мно́го ди́чи es gibt viel Wild in diesem Walde; у него́ води́лись де́ньги er hatte Geld **2.** *umg* с *I* verkehren, Umgang haben ◇ э́то за ним во́дится das sieht ihm ähnlich; как во́дится wie üblich, wie es Brauch ist; в ти́хом о́муте че́рти во́дятся stille Wasser sind tief

во́дка, -и *f* Branntwein, Wodka, Schnaps; ца́рская ~ *chem* Königswasser

во́дник, -а *m* Binnenschiffer

во́дный, -ая, -ое Wasser-

водо|боя́знь, -и *f med* Tollwut; **~во́з,** -а *m* Trinkwasserfuhrmann; **~воро́т,** -а *m* Wasserwirbel, Strudel; **~ём,** -а *m* Wasserbehälter, Staubecken; **~измеще́ние,** -я *n* Wasserverdrängung; су́дно ~измеще́нием в 200 тонн ein Schiff mit 200 Tonnen Wasserverdrängung; **~ка́чка,** -и, *Pl G* -чек, *D* -чкам *f* Pumpenhaus

[1]**водола́з,** -а *m* Taucher

[2]**водола́з,** -а *m* Neufundländer *Hund*

водо|ла́зный, -ая, -ое Taucher-; ~ ла́зный ко́локол Taucherglocke; **~ле́й,** -я, *G Pl* -ев *m* **1.** Wasserträger, -holer *Arbeiter* **2.** *umg* Schwätzer

Водоле́й, -я *m astr* Wassermann

водо|лече́бница, -ы, *I* -ей *f* Wasserheilanstalt; **~лече́ние,** -я *n* Wasserkur; **~лы́жный,** -ая, -ое *Sport* Wasserschi-; **~ме́р,** -а *m tech* Wassermesser; **~мёт,** -а *m* Wasserwerfer; **~мото́рник,** -а *m* Motorwassersportler; **~напо́рный,** -ая, -ое Wasser(druck)-; ~напо́рная ба́шня Wasserturm; **~непроница́емый,** -ая, -ое; *Kzf* -ем, -а wasserdicht, wasserundurchlässig; **~но́с,** -а *m* Wasserträger; **~но́сный,** -ая, -ое; *Kzf* -сен, -сна *geol* wasserhaltig; **~отво́дный,** -ая, -ое Wasserableitungs-, Dränier-; ~отво́дный кана́л Wasserableitungskanal, Wasserabzugskanal; **~отли́вный,** -ая, -ое Wasserabfluß-; **~очисти́тельный,** -ая, -ое Wasserreinigungs-; **~па́д,** -а *m* Wasserfall; **~пла́вающий,** -ая, -ее Schwimm-; ~пла́вающие пти́цы Schwimmvögel; **~подъёмный,** -ая, -ое Wasserpump-; **~по́й,** -я, *G Pl* -ев *m* Tränke; **~прово́д,** -а *m* Wasserleitung; **~прово́дный,** -ая, -ое Wasserleitungs-; ~прово́дная сеть Wasserleitungsnetz; **~прово́дчик,** -а *m* Wasserleitungsarbeiter; **~проница́емый,** -ая, -ое; *Kzf* -ем, -а wasserdurchlässig; **~разбо́рный,** -ая, -ое: ~разбо́рная коло́нка Hydrant; **~разде́л,** -а *m* Wasserscheide; **~ре́з,** -а *m naut* Bug; **~ро́д,** -а *m* Wasserstoff; **~ро́дный,** -ая, -ое Wasserstoff-; ~ро́дная бо́мба Wasserstoffbombe

во́доросль, -и *f* Alge, Tang

водо|сбо́рный, -ая, -ое: ~сбо́рная плоти́на Talsperre; **~сли́в,** -а *m* Deichschleuse, Wasserableitungsvorrichtung; **~снабже́ние,** -я *n* Wasserversorgung; **~спу́ск,** -а *m* Schleuse, Wasserablaß; **~сто́к,** -а *m* Wasserabfluß, Wasserabflußrinne, Abflußgraben; **~сто́чный,** -ая, -ое Wasserabfluß-; ~сто́чный жёлоб Abflußrinne; Dachrinne; ~сто́чная труба́ Abflußrohr; **~упо́рный,** -ая, -ое wasserdicht; ~упо́рная гли́на wasserdichter Lehm; **~храни́лище,** -а, *I* -ем *n* Stausee

во́дочный, -ая, -ое Branntwein-, Schnaps-; ~ заво́д Branntweinbrennerei

водружа́ть *uv zu* водрузи́ть

водрузи́ть, -ужу́, -узи́шь; -ужённый, -ужён, -ужена́ *v hoher Stil* aufrichten, aufstellen; hissen, aufpflanzen *Fahne* || *uv* водружа́ть, -а́ю, -а́ешь

водяни́стый, -ая, -ое; *Kzf* -и́ст, -а **1.** wässerig **2.** *übtr* blaß, ausdruckslos

водя́нка, -и *f med* Wassersucht

[1]**водяно́й,** -о́го *Subst m* Nix, Wassermann

[2]**водяно́й,** -а́я, -о́е Wasser-; ~ знак Wasserzeichen; ~ смерч Wasserhose; -а́я ме́льница Wassermühle; -а́я ба́ня *chem* Wasserbad

воева́ть, вою́ю, вою́ешь *uv* **1.** Krieg führen, kämpfen **2.** *umg* sich streiten

воево́да, -ы *m hist* Heerführer; Statthalter *im alten Rußland*

воево́дство, -а *n* Wojewodschaft

воеди́но *Adv buchspr* zusammen, vereint

воен- *in Zuss Abk für* вое́нный Militär-, Kriegs-

военача́льник, -а *m* Feldherr, Heerführer

военвра́ч, -а́, *I* -о́м, *G Pl* -е́й *m* (вое́нный врач) Militärarzt

военииза́ция, -и *f* Anpassung an die Erfordernisse des Krieges

военизи́ровать, -рую, -руешь *v, uv* den Erfordernissen des Krieges anpassen

военко́м, -а *m* (вое́нный комисса́р) Kriegskommissar

военкома́т, -а *m* (вое́нный комиссариа́т) Kriegskommissariat

военко́р, -а *m* (вое́нный корреспонде́нт) Kriegsberichterstatter

вое́нно- *in Zuss* Kriegs-, Militär-

вое́нно-возду́шный, -ая, -ое Luftkampf-, Luftstreit-, Luft-; -ые си́лы Luftstreitkräfte

вое́нно-морско́й, -а́я, -о́е Kriegsmarine-; -и́е си́лы Seestreitkräfte

военнообя́занный, -ого *Subst m* Wehrpflichtiger, Militärpflichtiger

военнопле́нный, -ого *Subst m* Kriegsgefangener

вое́нно-полево́й, -а́я, -о́е: ~ суд Standgericht, Feldgericht

военнопромы́шленный, -ая, -ое Kriegsindustrie-

военнослу́жащий, -его *Subst m* Militärperson

вое́нный, -ая, -ое **1.** Kriegs-, Wehr-, Militär-; -ая слу́жба Militär-, Wehrdienst; -ое положе́ние Kriegszustand; ~ бюдже́т Rüstungshaushalt; ~ о́круг Militärbezirk; ~ суд Kriegsgericht; нача́ть -ые де́йствия die Feindseligkeiten eröffnen; -ая хи́трость Kriegslist **2.** -ого *Subst m* Militärperson

военру́к, -а *m* (вое́нный руководи́тель) militärischer Leiter

вое́нщина, -ы *f Koll* **1.** Soldateska **2.** *verächtl* aggressive militärische Kreise, Militärclique

вожа́к, -а́ *m* **1.** Führer, Begleiter; ~ медве́дя Bärenführer **2.** Anführer, Führer, Leiter **3.** Leittier

вожа́тый, -ого *Subst m* **1.** *alt* Führer, Begleiter **2.** Pionierleiter **3.** *umg* Straßenbahnfahrer **4.** Leittier

вожделе́ние, -я *n* **1.** Begierde, starkes Verlangen **2.** Lüsternheit

вожделе́нный, -ая, -ое *buchspr* heißersehnt, heißbegehrt

вожде́ние, -я *n* Führung, Leitung; ~ войск Truppenführung

вождь, -я́ *m* Führer

во́жжи *Pl* -е́й, *Sg* вожжа́, -и́ *f* Zügel, Leine

воз, -а (-у), *P* о во́зе, на возу́, *Pl* возы́ *u.* воза́, возо́в, воза́м *m* **1.** Fuhre, Fuhrwerk **2.** Fuhre, Fuder ◇ ~ новосте́й ein Sack voll Neuigkeiten

возбрани́ть, -ню́, -ни́шь; -нённый, -нён, -нена́ *v alt* verbieten, untersagen || *uv* **возбраня́ть,** -я́ю, -я́ешь

возбуди́мый, -ая, -ое; *Kzf* -и́м, -а erregbar, reizbar

возбуди́тель, -я *m* Erreger; ~ боле́зни Krankheitserreger

возбуди́ть, -ужу́, -уди́шь; -уждённый, -уждён, -уждена́ *v* **1.** erregen, anregen; hervorrufen; ~ любопы́тство Neugier erregen **2.** aufreizen, aufwiegeln **3.** aufpeitschen **4.** zur Entscheidung vorlegen; ~ вопро́с eine Frage aufwerfen; ~ хода́тайство ein Gesuch einreichen || *uv* **возбужда́ть,** -а́ю, -а́ешь

возбуди́ться, -ужу́сь, -уди́шься *v* in Erregung geraten, sich aufregen || *uv* **возбужда́ться,** -а́юсь, -а́ешься

возбужда́ющий, -ая, -ее Reiz-; -ее сре́дство Reizmittel

возбужде́ние, -я *n* **1.** Anregung, Reizung; Aufwiegelung **2.** Erregung, Aufregung

возбуждённость, -и *f* Erregung

возбуждённый, -ая, -ое; *Kzf* -ён, -ена́ erregt, aufgeregt

возведе́ние, -я *n* **1.** Errichtung **2.**: ~ в сте́пень *math* Potenzieren

возвели́чение, -я *n alt, hoher Stil* Rühmen, Preisen

возвели́чивать *uv zu* возвели́чить

возвели́чить, -чу, -чишь *v alt, hoher Stil* rühmen, preisen; ~ до небе́с in den Himmel heben || *uv* возвели́чивать, -аю, -аешь

воз|вести́* *v* **1.** errichten, (auf)bauen **2.** *math* ~ в сте́пень potenzieren, in eine Potenz erheben **3.** к *D* ableiten, herleiten (von); zurückführen (auf) **4.** *alt* erheben, emporheben; ~ о́чи (к не́бу) den Blick (zum Himmel) erheben **5.** *alt* eine Würde [ein Amt] verleihen ◇ ~ в при́нцип zum Prinzip machen; ~ клевету́ на кого́-н. j-n verleumden, j-m etw. andichten; ~ обвине́ние на кого́-н. j-n beschuldigen; ~ на престо́л inthronisieren || *uv* возводи́ть, -ожу́, -о́дишь

возвести́ть, -ещу́, -ести́шь; -ещённый,

-ещён, -ещена́ *v* (feierlich) verkünden || *uv* **возвеща́ть,** -а́ю, -а́ешь
возводи́ть *uv zu* возвести́
возвра́т, -а *m* 1. Rückgabe; Rückzahlung 2. Rückkehr; ~боле́зни *med* Rückfall, Rezidiv
возврати́ть, -ащу́, -ати́шь; -ащённый, -ащён, -ащена́ *v* 1. zurückerstatten, zurückgeben, zurückzahlen 2. zurückgewinnen, wiederherstellen || *uv* возвраща́ть, -а́ю, -а́ешь
возврати́ться, -ащу́сь, -ати́шься *v* zurück-, wiederkehren, zurückkommen; ~ к рабо́те den Dienst [die Arbeit] wiederaufnehmen || *uv* возвраща́ться, -а́юсь, -а́ешься
возвра́тный, -ая, -ое 1. Rück-; ~ путь Rückweg 2. Rückfall-; ~ тиф *med* Rückfalltyphus 3. reflexiv; ~ глаго́л *gram* reflexives Verb
возвраща́ть(ся) *uv zu* возврати́ть(ся)
возвраще́ние, -я *n* 1. Rückgabe, Rückerstattung, Rückzahlung 2. Rückkehr; ~ домо́й [на ро́дину] Heimkehr 3. Wiederherstellung
возвы́сить, -ы́шу, -ы́сишь; *alt* -ы́шенный, -ы́шен, -а *v* erhöhen, erheben ◇ ~ го́лос die Stimme erheben || *uv* **возвыша́ть,** -а́ю, -а́ешь
возвы́ситься, -ы́шусь, -ы́сишься *v* steigen, sich heben; он о́чень возвы́сился в мои́х глаза́х *übtr* er ist in meinen Augen sehr gestiegen || *uv*
[1]**возвыша́ться,** -а́юсь, -а́ешься
[2]**возвыша́ться,** -а́юсь, -а́ешься *uv* sich erheben
возвыше́ние, -я *n* 1. Aufstieg; Hebung 2. Erhöhung, Anhöhe
возвы́шенность, -и *f* 1. Anhöhe, Erhöhung 2. Erhabenheit
возвы́шенный, -ая, -ое; *Kzf* -шен, -шенна 1. hochgelegen, erhöht 2. *hoher Stil* erhaben
возгла́вить, -влю, -вишь; -вленный, -влен, -а *v* leiten, an der Spitze stehen || *uv* **возглавля́ть,** -я́ю, -я́ешь
во́зглас, -а *m* Ausruf, Ruf; -ы ра́дости Freudenrufe
возгласи́ть, -ашу́, -аси́шь; -ашённый, -ашён, -ашена́ *v* (laut) verkünden || *uv* **возглаша́ть,** -а́ю, -а́ешь
возго́нка, -и *f chem* Sublimation
возгора́емый, -ая, -ое leichtentzündlich
возгора́ться *uv zu* возгоре́ться
возгорди́ться, -ржу́сь, -рди́шься *v I* stolz werden (auf), anfangen zu prahlen (mit)
возгоре́ться, -рю́сь, -ри́шься *v* 1. *alt* sich entzünden, entflammen 2. *übtr* ausbrechen, entbrennen || *uv* возгора́ться, -а́юсь, -а́ешься
воздава́ть *uv zu* возда́ть
воз|да́ть* *v* 1.: ~ кому́-н. по заслу́гам j-n nach Verdienst behandeln; ~ кому́-н. до́лжное j-m geben, was ihm gebührt 2. vergelten; ~ злом за добро́ Gutes mit Bösem vergelten || *uv* воз|дава́ть*
воздая́ние, -я *n alt* 1. Lohn, Belohnung 2. Vergeltung
воздвига́ть *uv zu* воздви́гнуть
воздви́гнуть, -ну, -нешь; воздви́г, -ла; -нутый, -нут, -а *v* errichten, erbauen || воздвига́ть, -а́ю, -а́ешь
воздева́ть *uv zu* возде́ть
возде́йствие, -я *n* Einwirkung, Einfluß
возде́йствовать, -твую, -твуешь *v, uv* на *A* einwirken; beeinflussen, Einfluß ausüben
возде́лать, -аю, -аешь *v* 1. bebauen, bestellen 2. anbauen, züchten || *uv* **возде́лывать,** -аю, -аешь
воздержа́ние, -я *n* Enthaltsamkeit; Abstinenz
возде́ржанный, -ая, -ое; *Kzf* -ан, -анна enthaltsam, maßvoll
воздержа́ться, -ержу́сь, -е́ржишься *v* sich enthalten, verzichten; ~ от голосова́ния sich der Stimme enthalten; при двух воздержа́вшихся bei zwei Stimmenthaltungen || *uv* **возде́рживаться,** -аюсь, -аешься
возде́ржный, -ая, -ое; *Kzf* -жен, -жна (*Langform alt*) enthaltsam, maßvoll
воз|де́ть*: ~ ру́ки *alt* die Hände emporheben || *uv* воздева́ть, -а́ю, -а́ешь
во́здух, -а *m* Luft; сжа́тый ~ Druckluft, Preßluft; жи́дкий ~ flüssige Luft; давле́ние -а Luftdruck; на во́льном [све́жем] -е im Freien ◇ вопро́с виси́т в -е die Frage schwebt in der Luft; ~! *mil* Fliegeralarm!; подня́ть на ~ sprengen
воздухо|ду́вка, -и, *Pl G* -вок, *D* -вкам *f tech* Gebläse; **~ду́вный,** -ая, -ое: ~ду́вный мех Blasebalg; **~ме́р,** -а *m phys* Luftmesser, Aerometer; **~нагнета́тельный,** -ая, -ое: ~нагнета́тельный насо́с Luftpumpe; **~пла́вание,** -я *n* Luftschiffahrt; **~пла́ватель,** -я *m* Luftschiffer
воздушнодеса́нтный, -ая, -ое Luftlande-; -ые войска́ Luftlandetruppen
возду́шный, -ая, -ое 1. Luft-; -ое давле́ние Luftdruck; ~ пото́к Luft-

strom, -zug; -ое сообще́ние Luftverkehr; ~ шар Luftballon; ~ флот Luftflotte; ~ насо́с Luftpumpe; -ая разве́дка Luftaufklärung; ~ бой Luftgefecht, -kampf; ~ гимна́ст Luftakrobat 2. *Kzf* -шен, -шна luftig, leicht; -ое пла́тье ein luftiges Kleid 3. gepufft *Getreidekörner*; ~ рис Puffreis ◇ -ые за́мки Luftschlösser

воззва́ние, -я *n* Aufruf, Appell

воз|зва́ть* *v alt* anrufen, anflehen (кому́-н. о чём-н. j-n um etw.)

воззре́ние, -я *n buchspr* Ansicht, Meinung

воззри́ться, -рю́сь, -ри́шься *v volksspr* unverwandt ansehen, fixieren

вози́ть, вожу́, во́зишь *uv* 1. *unbest zu* везти́ 2. *umg* hinstreichen (по *D* über)

вози́ться, вожу́сь, во́зишься *uv* 1. hantieren, herumwirtschaften 2. sich abmühen 3. trödeln 4. sich balgen, toben

во́зка, -и *f umg* 1. Fahren, Transport 2. Fuhre

возлага́ть *uv zu* возложи́ть

во́зле 1. *Adv* daneben, nebenan; жить ~ nebenan wohnen 2. *Präpos mit G* neben, bei

возликова́ть, -ку́ю, -ку́ешь *v hoher Stil* sich sehr freuen, in Jubel ausbrechen

возложи́ть, -ожу́, -о́жишь; -о́женный, -о́жен, -а *v* 1. feierlich niederlegen 2. *übtr* auferlegen; ~ поруче́ние на кого́-н. j-m einen Auftrag erteilen ◇ ~ вину́ на кого́-н. j-m die Schuld zuschreiben; ~ отве́тственность на кого́-н. j-n verantwortlich machen ‖ *uv* возлага́ть, -а́ю, -а́ешь

возлюби́ть, -люблю́, -ю́бишь; -ю́бленный, -ю́блен, -а *v alt* liebgewinnen

возлю́бленный *hoher Stil* 1. -ая, -ое (heiß)geliebt 2. -ого *Subst m umg* Geliebter; -ая, -ой *Subst f umg* Geliebte

возме́здие, -я *n hoher Stil* Vergeltung, Strafe

возмести́ть, -ещу́, -ести́шь; -ещённый, -ещён, -ещена́ *v* vergüten, ersetzen; ~ убы́тки entschädigen ‖ *uv* возмеща́ть, -а́ю, -а́ешь

возмечта́ть, -а́ю, -а́ешь *v* 1. sich den Träumereien hingeben 2. *volksspr* мно́го ~ о себе́ sich viel einbilden

возмеща́ть *uv zu* возмести́ть

возмеще́ние, -я *n* Ersatz, Entschädigung; ~ убы́тков Schadenersatz

возмо́жно 1. *unpers, prädikativ* (es ist) möglich, es kann sein; э́то о́чень ~ das ist leicht möglich 2. *Adv* möglichst, womöglich; ~ скоре́е so schnell wie möglich, möglichst schnell 3. *mod* vielleicht; ~, меня́ не бу́дет до́ма ich werde vielleicht nicht zu Hause sein

возмо́жность, -и *f* 1. Möglichkeit; есть ~ es besteht die Möglichkeit; по -и nach Möglichkeit, möglichst 2. Gelegenheit; при пе́рвой -и bei der ersten Gelegenheit 3. *Pl* Möglichkeiten, Aussichten; материа́льные -и (Geld-) Mittel

возмо́жный, -ая, -ое; *Kzf* -жен, -жна möglich; etwaig; denkbar; сде́лать всё -ое sein Möglichstes tun

возмужа́лость, -и *f* Mannbarkeit, Reife

возмужа́лый, -ая, -ое mannbar, reif; erwachsen

возмужа́ть, -а́ю, -а́ешь *v* 1. mannbar werden 2. erwachsen werden

возмути́тельный, -ая, -ое; *Kzf* -лен, -льна empörend

возмути́ть, -ущу́, -ути́шь; -ущённый, -ущён, -ущена́ *v* 1. aufbringen, erzürnen, empören 2. *alt* aufwiegeln ‖ *uv* **возмуща́ть,** -а́ю, -а́ешь

возмути́ться, -ущу́сь, -ути́шься *v* 1. sich empören, auffahren, sich entrüsten 2. *alt* sich erheben, sich (gegen die Obrigkeit) auflehnen ‖ *uv* **возмуща́ться,** -а́юсь, -а́ешься

возмуще́ние, -я *n* 1. Empörung, Entrüstung 2. *alt* Aufruhr; Empörung 3. *alt* bewaffneter Aufstand

возмущённый, -ая, -ое empört, entrüstet

вознагради́ть, -ажу́, -ади́шь; -аждённый, -аждён, -аждена́ *v* belohnen, entgelten; ~ себя́ за что́-н. sich für etw. schadlos halten ‖ *uv* **вознагражда́ть,** -а́ю, -а́ешь

вознагражде́ние, -я *n* 1. Belohnung 2. Entlohnung, Bezahlung, Honorar; за ~ gegen Bezahlung

вознаме́риваться *uv zu* вознаме́риться

вознаме́риться, -рюсь, -ришься *v alt* beabsichtigen, die Absicht haben; beschließen ‖ *uv* вознаме́риваться, -аюсь, -аешься

вознегодова́ть, -ду́ю, -ду́ешь *v buchspr* in Zorn geraten

возненави́деть, -и́жу, -и́дишь *v* hassen, Haß empfinden (gegen)

Вознесе́ние, -я *n kirch* Himmelfahrt

воз|нести́* *v hoher Stil* (er)heben; ~ до небе́с *übtr, iron* in den Himmel heben ‖ *uv* возноси́ть, -ошу́, -о́сишь

воз|нести́сь* *v* 1. *alt* sich erheben,

sich emporschwingen 2. *volksspr* sich viel einbilden, stolz [hochmütig] werden || *uv* возноси́ться, -ошу́сь, -о́сишься
возника́ть *uv zu* возни́кнуть
возникнове́ние, -я *n* Entstehung
возни́кнуть, *1. u. 2. Pers ungebr,* -нет; возни́к, -ла *v* entstehen, aufkommen; у него́ возни́кла мысль, что ... es kam ihm der Gedanke, daß ...; возни́к слух das Gerücht kam auf; возни́к вопро́с die Frage tauchte auf || *uv* возника́ть, -а́ет
возни́ца, -ы, *I* -ей *m* Kutscher, Fuhrmann
возноси́ть(ся) *uv zu* вознести́(сь)
возня́, -и́ *f umg* 1. Durcheinander, Gepolter, Spektakel, Lärm; Balgerei 2. Scherereien; у меня́ мно́го -и́ с э́тим де́лом ich habe damit alle Hände voll zu tun
возобнови́ть, -влю́, -ви́шь; -влённый, -влён, -влена́ *v* erneuern; wiederaufnehmen; ~ разгово́р auf ein Gespräch zurückkommen; ~ пье́су ein Theaterstück wiederaufführen || *uv* возобновля́ть, -я́ю, -я́ешь
возобнови́ться, *1. u. 2. Pers ungebr,* -и́тся *v* wieder aufgenommen werden, erneuert werden || *uv* возобновля́ться, -я́ется
возобновле́ние, -я *n* Erneuerung, Wiederaufnahme; Wiederaufführung
возобновля́ть(ся) *uv zu* возобнови́ть(ся)
возомни́ть, -ню́, -ни́шь *v*: ~ о себе́ sich (zu) viel einbilden, sich dünken
возража́ть *uv zu* возрази́ть
возраже́ние, -я *n* Einwand, Erwiderung; Widerspruch; без -й ohne Widerrede; не терпе́ть -й keinen Widerspruch dulden
возрази́ть, -ажу́, -ази́шь *v* erwidern, einwenden; widersprechen || *uv* возража́ть, -а́ю, -а́ешь
во́зраст, -а *m* (Lebens-) Alter; ребёнок шко́льного -а ein schulpflichtiges Kind; призывно́й ~ Einberufungsalter ◇ войти́ в ~ erwachsen werden; де́вушка на -е erwachsenes Mädchen; вы́йти из -а zu alt werden *für etw.*
возраста́ние, -я *n* Anwachsen; Wachstum; Zunahme
возраста́ть *uv zu* возрасти́
воз|расти́*, *1. u. 2. Pers ungebr v* (an)wachsen, steigen, zunehmen || *uv* возраста́ть, -а́ет
возрастно́й, -а́я, -о́е altersmäßig, Alters-
возроди́ть, -ожу́, -оди́шь; -ождённый, -ождён, -ождена́ *v* erneuern; wiederbeleben; ~ к жи́зни ins Leben zurückrufen || *uv* **возрожда́ть,** -а́ю, -а́ешь
возроди́ться, -ожу́сь, -оди́шься *v* erneut entstehen, wiederaufleben, wiederaufkommen || *uv* **возрожда́ться,** -а́юсь, -а́ешься
возрожде́ние, -я *n* Erneuerung, Wiederbelebung, Wiedergeburt; эпо́ха Возрожде́ния die Renaissance
во́зчик [ощ], -а *m* Fuhrmann
возыме́ть, -е́ю, -е́ешь *v alt* haben, bekommen; ~ наме́рение eine Absicht haben; ~ жела́ние Lust bekommen ◇ ~ де́йствие ein Ergebnis zeitigen; ~ си́лу in Kraft treten
возьму́ ↑ взять
во́ин, -а *m* Krieger, Kämpfer
во́инский, -ая, -ое Kriegs-, Militär-; -ая обя́занность Wehrpflicht
вои́нственность, -и *f* Kampflust
вои́нственный, -ая, -ое; *Kzf* -вен, -венна 1. militärisch, soldatisch 2. kriegerisch, kampflustig
во́инство, -а *n hoher Stil* Heer, Truppen
вои́нствующий, -ая, -ее streitbar, militant; unversöhnlich
вои́стину *Adv* wirklich, wahrhaftig
вой, -я *m* Geheul, Heulen
во́йлок, -а *m* Filz
во́йлочный, -ая, -ое aus Filz, Filz-
война́, -ы́, *Pl* во́йны, войн, во́йнам *f* Krieg; гражда́нская ~ Bürgerkrieg; наступа́тельная ~ Angriffskrieg; оборони́тельная ~ Verteidigungskrieg
во́йско, -а, *Pl* войска́, во́йск, войска́м *n* Heer, Truppen; наёмное ~ Söldnerheer; инжене́рные -а́ Pioniertruppen, Pioniere; -а́ свя́зи Nachrichtentruppen
войсково́й, -а́я, -о́е Truppen-; -а́я часть Truppenteil
во|йти́* *v* 1. hineingehen, eintreten; einsteigen 2. hineingehen, Platz finden; в ба́нку войдёт кило́ джэ́ма in das Glas geht ein Kilo Marmelade hinein 3. Mitglied werden; ~ в коми́ссию Mitglied einer Kommission werden 4. sich wenden; ~ в министе́рство с хода́тайством dem Ministerium ein Gesuch vorlegen 5. *übtr* eindringen; ~ в суть де́ла in das Wesen der Sache eindringen; ~ в роль sich in die Rolle einfühlen ◇ ~ в чьё-н. положе́ние sich in j-s Lage versetzen; ~ в мо́ду in Mo-

de kommen; ~ в быт sich einbürgern; ~ в сúлу in Kraft treten; ~ в поговóрку sprichwörtlich werden; ~ в довéрие к комý-н. j-s Vertrauen erwerben; ~ в сношéния Verbindungen anknüpfen; ~ во вкус чегó-н. an etw. Geschmack finden; ~ в долгú in Schulden geraten; ~ в азáрт in Eifer geraten; ~ в переговóры in Verhandlungen eintreten; ~ с предложéнием einen Antrag stellen || *uv* входúть, вхожý, вхóдишь

вокáльный, -ая, -ое Gesangs-, Vokal-; ~ вéчер Gesangsabend; -ая мýзыка Vokalmusik

вокзáл, -а *m* Bahnhof; Empfangsgebäude; речнóй ~ Empfangsgebäude im Hafen

вокзáльный, -ая, -ое Bahnhofs-

вокрýг 1. *Adv* rings(her)um, ringsumher 2. *Präpos mit G* a) um . . .herum; ~ гóрода um die Stadt herum; ~ нас um uns her; b) um; разговóр шёл ~ вопрóсов полúтики das Gespräch drehte sich um Fragen der Politik ◇ ходúть ~ да óколо wie die Katze um den heißen Brei herumgehen

ВОКС [вокс] (Всесою́зное óбщество культýрной свя́зи с заграни́цей) Unions-Gesellschaft für kulturelle Verbindung mit dem Ausland (1925 bis 1958)

вол, -á *m* Ochse

Вóлга, -и *f* Wolga

Волгогрáд, -а *m* Wolgograd

волды́рь, -я́ *m* Wasser-, Brandblase; Hitzebläschen

волевóй, -áя, -óе 1. Willens- 2. energisch, willensstark, tatkräftig

волеизъявлéние, -я *n buchspr* Willensäußerung

волейбóл, -а *m* Volleyball

волейболúст, -а *m* Volleyballspieler

вóлей-невóлей *Adv* wohl oder übel, ob man will oder nicht

волжáнин, -а, *Pl* волжáне, -áн, -áнам *m* Bewohner des Wolgagebiets

вóлжский, -ая, -ое Wolga-

волк, -а, *Pl* вóлки, волкóв, волкáм *m* Wolf ◇ морскóй ~ *übtr* Seebär; смотрéть -ом finster dreinschauen; хоть -ом вой! es ist nicht mehr auszuhalten!; с волкáми жить – по-вóлчьи выть mit den Wölfen muß man heulen

волкодáв, -а *m* Wolfshund

волнá, -ы́, *Pl* вóлны, волн, вóлнáм *f* 1. Welle; Woge; грéбень -ы́ Wellenkamm; Wellenberg 2. *übtr* Welle; ~ забастóвок Streikwelle 3. *phys* Welle; звуковáя ~ Schallwelle; длúнные -ы Langwellen; корóткие -ы Kurzwellen; ультракорóткие -ы Ultrakurzwellen

волнéние, -я *n* 1. Wallung, Brandung, Seegang 2. *übtr* Aufregung 3. *meist Pl* Unruhen

волнúстый, -ая, -ое; *Kzf* -úст, -а wellig, gewellt; hügelig; -ое желéзо Wellblech

волновáть, -нýю, -нýешь *uv* 1. Wellen [Wogen] erzeugen 2. *übtr* aufregen, erregen; in Aufregung versetzen 3. *alt* (zum Aufstand) aufwiegeln

волновáться, -нýюсь, -нýешься *uv* 1. wallen, wogen; мóре волнýется das Meer wogt 2. *übtr* sich aufregen, sich beunruhigen 3. *alt* rebellieren, sich erheben; рабóчие волновáлись unter den Arbeitern kam es zu Unruhen

волновóй, -áя, -óе Wellen-

волно|лóм, -а *m* Wellenbrecher; **~мéр,** -а *m rad* Frequenzmesser; **~образный,** -ая, -ое; *Kzf* -зен, -зна wellenförmig, -artig; **~рéз,** -а *m* Wellenbrecher

волнýшка, -и, *Pl G* -шек, *D* -шкам *f bot* Falscher Reizker

волóвий, -ья, -ье Ochsen-, Stier-

Вóлогда, -ы *f* Wologda *Fluß u. Stadt*

Волóд(ен)ька, -и *m Dem zu* Владúмир

Волóдя, -и *m Dem zu* Владúмир

[1]**волокúта,** -ы *f* Bürokratismus; Verschleppung einer Angelegenheit; бумáжная ~ Papierkrieg

[2]**волокúта,** -ы *m umg, alt* Schürzenjäger; стáрый ~ alter Schwerenöter

волокúтчик, -а *m verächtl* saumseliger Bearbeiter; Bürokrat

волокнúстый, -ая, -ое; *Kzf* -úст, -а faserig, Faser-; ~ лён Faserflachs

волокнó, -á, *Pl* волóкна, -óкон, -óкнам *n biol, tech* Faser

вóлоком *Adv*: тащúть ~ schleifend schleppen, schleifen

волокý ↑ волóчь

волонтёр, -а *m alt* Freiwilliger

вóлос, -а, *Pl* вóлосы, волóс, волосáм *m* Haar; кóнский ~ Roßhaar ◇ ни нá ~ nicht im geringsten, keineswegs; рвать на себé -ы sich die Haare raufen; -ы встаю́т ды́бом die Haare stehen einem zu Berge; притянýть чтó-н. зá -ы etw. an den Haaren herbeiziehen

волоса́тый, -ая, -ое; *Kzf* -а́т, -а (dicht) behaart
волоси́нка, -и, *Pl G* -нок, *D* -нкам *f* einzelnes Härchen
волосно́й, -а́я, -о́е *u.* **воло́сный,** -ая, -ое Haar-, Kapillar-; -ы́е сосу́ды Haargefäße, Kapillaren
волосо́к, -ска́ *m* 1. *Dem zu* во́лос Härchen 2. Feder (im Uhrwerk); Glühfaden ◇ держа́ться на -ске́ an einem Haar hängen; быть на -ске́ от сме́рти am Rande des Todes sein; не тро́нуть -ска́ у кого́-н. j-m kein Haar krümmen
во́лость, -и, *Pl* во́лости, волосте́й, волостя́м *f hist* Amtsbezirk
волосяно́й, -а́я, -о́е Haar-; ~ матра́ц Roßhaarmatratze; ~ покро́в Haarpelz *der Tiere*
волоче́ние, -я *n* 1. Schleppen, Schleifen 2. *tech* Ziehen
волочи́льный, -ая, -ое *tech* Zieh-, Drahtzieh-
волочи́льня, -и *f* Drahtzieherei
волочи́ть, -очу́, -о́чишь *uv* 1. schleppen, schleifen; е́ле но́ги ~ *umg* sich mühsam fortschleppen 2. *tech* ziehen; ~ про́волоку Draht ziehen
волочи́ться, -очу́сь, -о́чишься *uv* 1. sich schleppen; (auf der Erde) schleifen 2. *umg, alt* den Hof machen (за ке́м-н. j-m)
воло́чь* *uv umg* schleppen, schleifen
волхв, -а́ *m* Zauberer, Wahrsager *bei den alten Slawen*
волча́нка, -и *f med* Hauttuberkulose
волча́тник, -а *m umg* Wolfsjäger
во́лчий, -ья, -ье Wolfs-, wölfisch; -ья я́года *bot* Seidelbast; -ья пасть *med* Wolfsrachen; ~ аппети́т Wolfs-, Bärenhunger ◇ ~ па́спорт [биле́т] ein Paß, auf dem die politische Unzuverlässigkeit vermerkt war *im zaristischen Rußland*
волчи́ха, -и *f volksspr* Wölfin
волчи́ца, -ы, *I* -ей *f* Wölfin
волчко́м *Adv*: верте́ться ~ sich wie toll drehen
волчо́к, -чка́ *m* (Brumm-) Kreisel
волчо́нок, -нка, *Pl* волча́та, -ча́т, -ча́там *m* Wolfsjunges
волше́бник, -а *m* Zauberer
волше́бница, -ы, *I* -ей *f* Zauberin
волше́бный, -ая, -ое 1. Zauber-, zauberhaft; -ая фле́йта Zauberflöte; ~ жезл Zauberstab, Wünschelrute; -ое ца́рство Feenreich 2. *Kzf* -бен, -бна bezaubernd, zauberhaft, wunderschön
волшебство́, -а́ *n* Zauberei, Hexerei
волы́нец, -нца, *I* -нцем, *G Pl* -нцев *m* Wolynier
[1]**волы́нка,** -и, *Pl G* -нок, *D* -нкам *f* 1. Dudelsack, Sackpfeife 2. *volksspr* absichtliche Verzögerung, Trödelei; тяну́ть -у zögern, trödeln
[2]**волы́нка,** -и *f* Getrödel, Gezauder
волы́нский, -ая, -ое wolynisch
волы́нщик, -а *m* 1. Dudelsackpfeifer 2. *umg* Trödelfritz
Волы́нь, -и *f* Wolynien
волыня́нин, -а, *Pl* -яне, -ян, -янам *m* Wolynier
вольго́тный, -ая, -ое; *Kzf* -тен, -тна frei, ungebunden, ungehemmt
волье́р, -а *m u.* **волье́ра,** -ы *f* Gehege, Käfig
во́льная, -ой *f* Freibrief, mit dem der Leibeigene aus der Leibeigenschaft entlassen wurde
во́льничать, -аю, -аешь *uv umg* sich etw. herausnehmen, eigenwillig handeln
во́льно 1. *Adv* frei, ungehemmt, ungebunden 2.: ~! rührt euch!
вольно́ *prädikativ, umg* wozu auch; уста́л? ~ же тебе́ бы́ло так бы́стро бежа́ть! bist du müde? wozu mußtest du auch so schnell laufen!; ~ тебе́ говори́ть du hast gut reden
вольно|ду́мец, -мца, *I* -мцем, *G Pl* -мцев *m alt* Freidenker, Freigeist; **~ду́мный,** -ая, -ое; *Kzf* -мен, -мна *alt* freidenkerisch; **~ду́мство,** -а *n alt* Freidenkertum, Freigeisterei; **~люби́вый,** -ая, -ое; *Kzf* -и́в, -а freiheitsliebend; **~паё́мный,** -ая, -ое 1. im freien Arbeitsverhältnis stehend 2. bei einer Militärbehörde arbeitend; **~отпу́щенник,** -а *m hist* Freigelassener; **~слу́шатель,** -я *m* Gasthörer
во́льность, -и *f* 1. *alt* Freiheit 2. Ungebundenheit, Unabhängigkeit; поэти́ческая ~ dichterische Freiheit 3. (übermäßige) Ungezwungenheit, Zwanglosigkeit 4. *Pl alt* Freiheiten, Privilegien
во́льный, -ая, -ое 1. frei, unabhängig 2. *Kzf* -лен, -льна́, -льно, во́льны́ ungebunden, ungezwungen; dreist; -ое поведе́ние zu freies Benehmen ◇ ~ го́род freie Stadt; -ая га́вань Freihafen; -ые движе́ния *Sport* Freiübungen; -ые стихи́ freie Verse; ~ перево́д eine freie Übersetzung; ~ стиль Freistil *Schwimmsport*; на -ом во́здухе im Freien
[1]**вольт,** -а, *P* о во́льте, на вольту́ *m Sport* Volte
[2]**вольт,** -а, *GPl* -ов *u.* вольт *m el* Volt

вольта́ж, -а́, *I* -о́м *m el alt* Spannung
вольтижёр, -а *m Sport* Voltigeur, Kunstspringer
вольтме́тр, -а *m el* Voltmeter, Spannungsmesser
вольфра́м, -а *m chem* Wolfram
во́ля, -и *f* 1. Wille(n); име́ть си́лу -и Willenskraft besitzen 2. Wille, Wunsch; по до́брой -е freiwillig; не по свое́й -е wider seinen Willen 3. Macht, Belieben; э́то в ва́шей -е es steht Ihnen frei 4. Freiheit; отпусти́ть на -ю freilassen, die Freiheit geben, auf freien Fuß setzen ◇ дать -ю слеза́м seinen Tränen freien Lauf lassen; дать -ю (свои́м) чу́вствам sich Luft machen; дать -ю рука́м handgreiflich werden; -ею судеб *buchspr* zufällig; сда́ться на -ю победи́теля sich auf Gnade und Ungnade ergeben
[1]**вон** *Adv umg* fort, weg, hinaus; ~ отсю́да! hinaus!; пошёл ~! mach, daß du fortkommst! ◇ из рук ~ пло́хо sehr schlecht, unter aller Kritik; из ря́да ~ выходя́щий hervorragend, außergewöhnlich
[2]**вон** *Part umg* da, dort; ~ там dort; ~ он идёт da kommt er ◇ ~ оно́ что! da sieh mal einer an!
вонза́ть(ся) *uv zu* вонзи́ть(ся)
вонзи́ть, вонжу́, вонзи́шь; вонзённый, -зён, -зена́ *v* hineinstoßen; ~ нож в грудь das Messer in die Brust stoßen ‖ *uv* вонза́ть, -а́ю, -а́ешь
вонзи́ться, *1. u. 2. Pers ungebr*, -и́тся *v* sich hineinbohren, eindringen; ~ когтя́ми sich einkrallen ‖ *uv* вонза́ться, -а́ется
вонь, -и *f umg* Gestank, übler Geruch
воню́чий, -ая, -ее; *Kzf* -ю́ч, -а *umg* stinkend, übelriechend
воню́чка, -и, *Pl G* -чек, *D* -чкам *f* Stinktier
воня́ть, -я́ю, -я́ешь *uv umg* stinken
вообража́емый, -ая, -ое scheinbar, eingebildet, imaginär
вообража́ть *uv zu* вообрази́ть
воображе́ние, -я *n* Einbildungskraft, Phantasie; всё э́то одно́ ~ das ist alles nur Einbildung
вообрази́ть, -ажу́, -ази́шь; -ажённый, -ажён, -ажена́ *v* 1. sich vorstellen, sich vergegenwärtigen 2. sich einbilden, sich ausdenken ‖ *uv* вообража́ть, -а́ю, -а́ешь; вообража́ть о себе́ *volksspr* sehr von sich eingenommen sein
вообще́ *Adv* 1. im allgemeinen, im großen (und) ganzen 2. überhaupt, immer ◇ ~ говоря́ eigentlich
воодушеви́ть, -влю́, -ви́шь; -влённый, -влён, -влена́ *v* begeistern, anfeuern ‖ *uv* воодушевля́ть, -я́ю, -я́ешь
воодушеви́ться, -влю́сь, -ви́шься *v I* in Begeisterung geraten, sich begeistern (für) ‖ *uv* воодушевля́ться, -я́юсь, -я́ешься
воодушевле́ние, -я *n* Begeisterung, Enthusiasmus
воодушевлённый, -ая, -ое *I* begeistert, entflammt (für)
воодушевля́ть(ся) *uv zu* воодушеви́ть(ся)
вооружа́ть(ся) *uv zu* вооружи́ть(ся)
вооруже́ние, -я *n* 1. Rüsten; Ausrüsten; го́нка -й Wettrüsten 2. Bewaffnung, Waffen 3. Zubehör, Ausrüstung
вооружённость, -и *f* Ausrüstung(sstand), Ausstattung
вооружённый, -ая, -ое 1. bewaffnet; -ые си́лы Streitkräfte; -ое восста́ние bewaffneter Aufstand 2. *I übtr* ausgerüstet, bestückt (mit)
вооружи́ть, -жу́, -жи́шь; -жённый, -жён, -жена́ *v* 1. bewaffnen, ausrüsten 2. *I übtr* versehen, ausrüsten (mit) 3. *übtr* aufreizen, aufbringen ‖ *uv* вооружа́ть, -а́ю, -а́ешь
вооружи́ться, -жу́сь, -жи́шься *v* 1. rüsten, sich bewaffnen 2. *übtr* sich versorgen; ~ терпе́нием sich mit Geduld wappnen ‖ *uv* вооружа́ться, -а́юсь, -а́ешься
вооч́ию *Adv* mit eigenen Augen
во-пе́рвых *mod* erstens
вопи́ть, -плю́, -пи́шь *uv umg* schreien, heulen
вопию́щий, -ая, -ее (himmel-)schreiend, empörend; -ее противоре́чие krasser Widerspruch
вопия́ть, -ию́, -ие́шь *uv hoher Stil* laut schreien, laut ausrufen ◇ ка́мни вопию́т das schreit zum Himmel
воплоти́ть, -ощу́, -оти́шь; -ощённый, -ощён, -ощена́ *v* verkörpern; ~ в жизнь verwirklichen ‖ *uv* **воплоща́ть,** -а́ю, -а́ешь
воплоти́ться, -ощу́сь, -оти́шься *v* sich verkörpern; sich verwirklichen ‖ *uv* **воплоща́ться,** -а́юсь, -а́ешься
воплоще́ние, -я *n* 1. Verkörperung; она́ ~ скро́мности sie ist die Bescheidenheit in Person 2. Verwirklichung
вопль, -я *m* Klagegeschrei; Wehklagen

вопреки́ *Präpos mit D* entgegen, zuwider, trotz; ~ тру́дностям trotz der Schwierigkeiten; ~ всем пра́вилам entgegen allen Regeln; ~ всему́ trotz allem

вопро́с, -а *m* **1.** Frage; обрати́ться с -ом к кому́-н. eine Frage an j-n richten; э́то ещё ~ das ist noch fraglich **2.** Frage, Angelegenheit, Sache; по ли́чному -у in persönlicher Angelegenheit; ~ че́сти Ehrensache; ~ вре́мени eine Frage der Zeit; весь ~ в том, что́бы ... es handelt sich darum, daß ... **3.** Frage, Problem; жили́щный ~ Wohnungsfrage ◇ поста́вить под ~ in Frage stellen; что за ~! *umg* natürlich!, selbstverständlich!; ~ жи́зни и сме́рти eine entscheidende Frage, eine Schicksalsfrage

вопроси́тельный, -ая, -ое **1.** fragend **2.** *gram* Frage-, Interrogativ-; -ое местоиме́ние Interrogativpronomen

вопроси́ть, -ошу́, -оси́шь; -ошённый, -ошён, -ошена́ *v alt* fragen ‖ *uv* вопроша́ть, -а́ю, -а́ешь

вопро́сник, -а *m* Frageliste

вопро́сный, -ая, -ое Frage-; ~ лист Fragebogen

вопроша́ть *uv zu* вопроси́ть

вопроша́ющий, -ая, -ее *übtr* fragend

вор, -а, *Pl* во́ры, воро́в, вора́м *m* Dieb; карма́нный ~ Taschendieb; ута́йщик — тот же ~ der Hehler ist so gut wie der Stehler ◇ на -е ша́пка гори́т der Schuldige verrät sich selbst

во́рвань, -и *f* Tran

во|рва́ться*; -рва́ли́сь *v* eindringen, hineinstürmen; einbrechen ‖ *uv* врыва́ться, -а́юсь, -а́ешься

вори́шка, -и, *Pl G* -шек, *D* -шкам *m Dem zu* вор Dieb

воркова́нье, -ья *n* Gurren, Girren

воркова́ть, -ку́ю, -ку́ешь *uv* **1.** *1. u. 2. Pers ungebr* gurren, girren **2.** *übtr* [illegible] kosen, schöntun

воркотня́, -и́ *f umg* Brummen, Knurren

Воркута́, -ы́ *f* Workuta *Fluß u. Stadt*

воробе́й, -бья́, *G Pl* -бьёв *m* Sperling, Spatz ◇ стре́ляный [ста́рый] ~ *umg* geriebener Kunde; ста́рого -ья́ на мяки́не не проведёшь ein alter Fuchs geht nicht zum zweiten Mal in die Falle

воробьи́ный, -ая, -ое Sperlings-, Spatzen- ◇ -ая ночь a) Gewitternacht; b) die kürzeste Sommernacht; коро́че -ого но́са sehr kurz, winzig

воро́ванный, -ая, -ое gestohlen

ворова́тый, -ая, -ое; *Kzf* -а́т, -а verstohlen, spitzbübisch; gerissen, durchtrieben

ворова́ть, -ру́ю, -ру́ешь *uv* stehlen, entwenden

воро́вка, -и, *Pl G* -вок, *D* -вкам *f* Diebin

воровски́ *Adv umg* betrügerisch, gaunerhaft

воровско́й, -а́я, -о́е Diebs-, Gauner-; ~ язы́к [жарго́н] Gaunersprache

воровство́, -а́ *n* Diebstahl; литерату́рное ~ Plagiat

ворожба́, -ы́ *f* Wahrsagerei, Zauberei

ворожея́, -и́ *f* Wahrsagerin; Kurpfuscherin

ворожи́ть, -жу́, -жи́шь *uv* wahrsagen, zaubern

во́рон, -а *m* Rabe

воро́на, -ы *f* **1.** Krähe **2.** ungeschickter, zerstreuter Mensch ◇ воро́н счита́ть Maulaffen feilhalten, gaffen; пу́ганая ~ куста́ бои́тся gebranntes Kind scheut das Feuer

Во́ронеж, -а, *I* -ем Woronesh *Stadt*

воронёнок, -нка, *Pl* -ня́та, -ня́т, -ня́там *m* Krähenjunges

воронёный, -ая, -ое *tech* brüniert

воро́ний, -ья, -ье Krähen-

воро́нить, -ню, -нишь *uv volksspr* Maulaffen feilhalten

воро́нка, -и, *Pl G* -нок, *D* -нкам *f* **1.** Trichter; стекля́нная ~ Glastrichter **2.** Granat-, Bombentrichter

воронкообра́зный, -ая, -ое; *Kzf* -зен, -зна trichterförmig

во́ронов: цве́та -а крыла́ rabenschwarz

вороно́й, -а́я, -о́е schwarz *von Pferden*; -а́я ло́шадь Rappe

voronьё, -ья́ *n Koll* Raben-, Krähenschwarm

[1]**во́рот,** -а *m* Kragen; Halsausschnitt

[2]**во́рот,** -а *m tech* Haspel, Winde

воро́та, -ро́т, -ро́там *Pl* Tor; триумфа́льные ~ Triumphbogen

воротила, [illegible] Geschäftsmann; Hauptperson

вороти́ть, -очу́, -о́тишь *v umg* zurückschicken

вороти́ться, -очу́сь, -о́тишься *v umg* zurückkommen, -kehren

воротни́к, -а́ *m* **1.** Kragen; стоя́чий ~ Stehkragen; отложно́й ~ Umlegekragen **2.** *tech* Manschette

воротничо́к, -чка́ *m Dem zu* воротни́к Kragen, Hemdkragen

во́рох, -а, *Pl* вороха́, -о́в, -а́м *m* Haufen

воро́чать, -аю, -аешь *uv* **1.** schieben, rücken; bewegen **2.** umwenden **3.** *übtr, umg* verfügen, leiten; ~ дела́ми schalten und walten

воро́чаться, -аюсь, -аешься *uv umg*: беспоко́йно ~ на посте́ли sich im Bett unruhig von einer Seite auf die andere wälzen

вороши́ть, -шу́, -ши́шь *uv* (um)wenden; ~ се́но Heu wenden

ворс, -а *m* Anrauhung, Strich *auf Stoffen*; по -у mit dem Strich; про́тив -а gegen den Strich

ворси́нка, -и, *Pl G* -нок, *D* -нкам *f* **1.** Stoffädchen **2.** Härchen *an Pflanzen oder vom Tierfell* **3.** *anat* Darmzotte

ворси́стый, -ая, -ое; *Kzf* -и́ст, -а wollig, flauschig

ворсова́льный, -ая, -ое: -ая маши́на *tech* Rauhmaschine

ворсова́ть, -су́ю, -су́ешь; -со́ванный, -со́ван, -а *uv text* kardieren, rauhen || *v* наворсова́ть

ворча́ние, -я *n* Brummen, Knurren

ворча́ть, -чу́, -чи́шь *uv* brummen, knurren

ворчли́вый, -ая, -ое; *Kzf* -и́в, -а brummig, grämig

ворчу́н, -а́ *m umg* Brummbär

восвоя́си *Adv umg* nach Hause, heim

восемнадцатиле́тний, -яя, -ее achtzehnjährig

восемна́дцатый, -ая, -ое *Num* achtzehnter

восемна́дцать, -и *Num* achtzehn

во́семь, восьми́, *I* восьмью́ *oder* восемью́ *Num* acht

во́семьдесят, восьми́десяти, *I* восьмью́десятью *oder* восемью́десятью *Num* achtzig

восемьсо́т, восьмисо́т, восьмиста́м, восемьсо́т, восемьюста́ми, восьмиста́х *Num* achthundert

во́семью *Adv* acht mal, mit acht malgenommen; ~ три acht mal drei

воск, -а (-у) *m* Wachs

воскли́кнуть, -ну, -нешь *v* ausrufen || *uv* восклица́ть, -а́ю, -а́ешь

восклица́ние, -я *n* Ausruf, Schrei

восклица́тельный, -ая, -ое Ausruf-, Ausrufungs-; ~ знак *gram* Ausrufungszeichen

восклица́ть *uv zu* воскли́кнуть

воско́вка, -и, *Pl G* -вок, *D* -вкам *f* Wachsmatrize

восково́й, -а́я, -о́е **1.** Wachs-, aus Wachs; -а́я свеча́ Wachskerze **2.** *übtr* wächsern, wachsbleich

воскреса́ть *uv zu* воскре́снуть

воскресе́ние, -я *n* **1.** *rel* Auferstehung **2.** *übtr* Wiederbelebung

воскресе́нье, -ья *n* Sonntag; по -ьям sonntags

воскреси́ть, -ешу́, -еси́шь; -ешённый, -ешён, -ешена́ *v* **1.** *rel* auferstehen lassen **2.** *übtr* wiederbeleben, -erwecken || *uv* воскреша́ть, -а́ю, -а́ешь

воскре́сник, -а *m* freiwilliger (kollektiver) Arbeitseinsatz am Sonntag

воскре́снуть, -ну, -нешь; воскре́с, -ла *v* **1.** *rel* auferstehen **2.** *übtr* wiederaufleben || *uv* воскреса́ть, -а́ю, -а́ешь

воскре́сный, -ая, -ое Sonntags-, sonntäglich

воскреша́ть *uv zu* воскреси́ть

воскреше́ние, -я *n* Wiederbeleben

воспале́ние, -я *n med* Entzündung; ~ лёгких Lungenentzündung

воспалённый, -ая, -ое; *Kzf* -лён, -лена́ entzündet

воспали́тельный, -ая, -ое Entzündungs-

воспали́ться, *1. u. 2. Pers ungebr*, -и́тся *v* sich entzünden || *uv* **воспаля́ться,** -я́ется

воспева́ть *uv zu* воспе́ть

вос|пе́ть* *v hoher Stil* besingen, lobpreisen || *uv* воспева́ть, -а́ю, -а́ешь

воспита́ние, -я *n* **1.** Erziehung **2.** (gute) Erziehung, Benehmen

воспи́танник, -а *m* **1.** Zögling **2.** Pflegekind

воспи́танный, -ая, -ое; *Kzf* -ан, -анна wohlerzogen, höflich

воспита́тель, -я *m* Erzieher

воспита́тельница, -ы, *I* -ей *f* Erzieherin

воспита́тельный, -ая, -ое erzieherisch, Erziehungs-

воспита́ть, -а́ю, -а́ешь; воспи́танный, -ан, -а *v* **1.** erziehen, aufziehen **2.** anerziehen **3.** (groß)ziehen *Tiere, Pflanzen* || *uv* **воспи́тывать,** -аю, -аешь

воспита́ться, -а́юсь, -а́ешься *v* erzogen werden || *uv* **воспи́тываться,** -аюсь, -аешься

воспламене́ние, -я *n* **1.** Entzündung, Aufflammen **2.** Begeisterung

воспламени́ть, -ню́, -ни́шь; -нённый, -нён, -нена́ *v* **1.** entzünden, anzünden **2.** *übtr* begeistern, anspornen || *uv* воспламеня́ть, -я́ю, -я́ешь

воспламени́ться, -ню́сь, -ни́шься *v* **1.** *1. u. 2. Pers ungebr* sich entzünden, in Brand geraten **2.** *I übtr* entflammen, sich begeistern (für) || *uv* воспламеня́ться, -я́юсь, -я́ешься

воспламеня́емый, -ая, -ое entzündbar

воспламеня́ть(ся) *uv zu* воспламени́ть(ся)

восполне́ние, -я *n* Ergänzen, Ergänzung

воспо́лнить, -ню, -нишь; -ненный, -нен, -а *v* ergänzen, ausfüllen || *uv* **восполня́ть,** -я́ю, -я́ешь

воспо́льзоваться, -зуюсь, -зуешься *v I* 1. ausnutzen, Nutzen ziehen (aus) 2. benutzen, verwenden

воспомина́ние, -я *n* 1. Erinnerung 2. *Pl* Lebenserinnerungen, Memoiren

воспрепя́тствовать, -твую, -твуешь *v D buchspr* (ver)hindern, hemmen

воспрети́ть, -ещу́, -ети́шь; -ещённый, -ещён, -ещена́ *v* verbieten, verwehren || *uv* **воспреща́ть,** -а́ю, -а́ешь

воспреща́ться, *1. u. 2. Pers ungebr,* -а́ется *uv* verboten sein

воспреще́ние, -я *n* Verbot

восприе́мник, -а *m kirch* Pate

восприе́мница, -ы, *I* -ей *f kirch* Patin

восприи́мчивость, -и *f* Empfänglichkeit, Aufnahmefähigkeit

восприи́мчивый, -ая, -ое; *Kzf* -ив, -а empfänglich (к *D* für); aufnahmefähig, eindrucksfähig

восприни́ма́ть *uv zu* восприня́ть

вос|приня́ть* *v* wahrnehmen; verstehen, auffassen; sich aneignen || *uv* воспринима́ть, -а́ю, -а́ешь

восприя́тие, -я *n* Wahrnehmung

воспроизведе́ние, -я *n* 1. Wiedergabe; ~ зву́ка *rad* Tonwiedergabe 2. *biol* Wiedererzeugung 3. Nachbildung, Reproduktion; Nachdruck

воспроиз|вести́* *v* 1. wiedererzeugen, reproduzieren; ~ в па́мяти sich ins Gedächtnis zurückrufen, sich vergegenwärtigen 2. nachbilden, wiedergeben || *uv* **воспроизводи́ть,** -ожу́, -о́дишь

воспроизво́дство, -а *n* Reproduktion

воспроти́виться, -влюсь, -вишься *v D* sich widersetzen, Widerstand leisten

воспря́нуть, -ну, -нешь *v alt, hoher Stil* sich aufraffen, Auftrieb bekommen ◇ ~ ду́хом wieder Mut fassen

воспыла́ть, -а́ю, -а́ешь *v übtr I* entbrennen, glühen, brennen (vor)

восседа́ть, -а́ю, -а́ешь *uv alt, iron* thronen

вос|се́сть* *v alt, iron* sich niederlassen; ~ на престо́л den Thron besteigen

восслáвить, -влю, -вишь *v hoher Stil, alt* rühmen, preisen || *uv* **восславля́ть,** -я́ю, -я́ешь

воссоедине́ние, -я *n* Wiedervereinigung

воссоедини́ть, -ню́, -ни́шь; -нённый, -нён, -нена́ *v* wiedervereinigen || *uv* **воссоединя́ть,** -я́ю, -я́ешь

воссоедини́ться, -ню́сь, -ни́шься *v* sich wiedervereinigen || *uv* **воссоединя́ться,** -я́юсь, -я́ешься

воссоздава́ть *uv zu* воссозда́ть

воссозда́ние, -я *n* Wiederherstellung, Neuschaffung

воссоз|да́ть*; воссо́зданный, воссо́здана *v* 1. neu schaffen, wiederherstellen 2. sich vergegenwärtigen || *uv* воссоз|дава́ть*

восстава́ть *uv zu* восста́ть

восста́вить, -влю, -вишь *v*: ~ перпендикуля́р *math* ein Lot fällen, eine Senkrechte errichten || *uv* **восставля́ть,** -я́ю, -я́ешь

восстана́вливать(ся) *uv zu* восстанови́ть(ся)

восста́ние, -я *n* Aufstand

восстанови́тельный, -ая, -ое Wiederherstellungs-, Wiederaufbau-, Renovierungs-

восстанови́ть, -овлю́, -о́вишь; -о́вленный, -о́влен, -а *v* 1. wiederherstellen; wiederaufbauen; restaurieren; ~ своё здоро́вье seine Gesundheit wiederherstellen 2. *übtr*: ~ что́-н. в па́мяти sich etw. ins Gedächtnis zurückrufen 3. wieder einsetzen; ~ кого́-н. в права́х j-n wieder in seine Rechte einsetzen 4. aufreizen, aufbringen || *uv* восстана́вливать, -аю, -аешь

восстанови́ться, -овлю́сь, -о́вишься *v* 1. wiederhergestellt werden, sich normalisieren 2. wiedereingesetzt werden; wiederaufgenommen werden || *uv* восстана́вливаться, -аюсь, -аешься

восстановле́ние, -я *n* 1. Wiederherstellung; Wiederaufbau; Restauration 2. Auffrischung *Gedächtnis* 3. Wiedereinsetzung; ~ в права́х Wiederherstellung der Rechte 4. *chem* Reduktion

вос|ста́ть* *v* 1. sich erheben, sich empören 2.: ~ про́тив чего́-н. sich gegen etw. auflehnen || *uv* вос|става́ть*

восто́к, -а *m* 1. Osten 2. *mit großem Anfangsbuchstaben* Orient; Osten; на -е im Osten; Бли́жний Восто́к der Nahe Osten; Да́льний Восто́к der Ferne Osten; на ~ от чего́-н. östlich von etw.

востоко|ве́д, -а *m* Orientalist; **~ве́дение,** -я *n* Orientalistik; **~ве́дческий,** -ая, -ое orientalistisch

восто́рг, -а *m* Begeisterung, Entzücken; приводи́ть в ~ entzücken, in Entzückung versetzen

восторга́ть, -а́ю, -а́ешь *uv* begeistern

восторга́ться, -а́юсь, -а́ешься *uv I* sich begeistern (für)

восто́рженность, -и *f* Entzücken, Verzückung

восто́рженный, -ая, -ое; *Kzf* -жен, -женна begeistert, entzückt

восторжествова́ть, -тву́ю, -тву́ешь *v* triumphieren, siegen (над *I* über)

восто́чнее *Adv* östlich (*G* von)

восто́чный, -ая, -ое östlich, Ost-, orientalisch

востре́бование, -я *n* Anforderung; до -я postlagernd

востре́бовать, -бую, -буешь *v* anfordern

востро́ *Adv*: держа́ть у́хо ~ *umg* auf der Hut sein, die Ohren steif halten

вострогла́зый, -ая, -ое mit scharfem Blick

восхвале́ние, -я *n* Lobpreisung

восхвали́ть, -алю́, -а́лишь; -алённый, -алён, -алена́ *v* lobpreisen, sehr loben || *uv* **восхваля́ть,** -я́ю, -я́ешь

восхити́тельный, -ая, -ое; *Kzf* -лен, -льна entzückend, reizend

восхити́ть, -ищу́, -ити́шь; -ищённый, -ищён, -ищена́ *v* entzücken, bezaubern || *uv* **восхища́ть,** -а́ю, -а́ешь

восхити́ться, -ищу́сь, -ити́шься *v I* in Entzücken geraten, entzückt sein, sich begeistern (für) || *uv* **восхища́ться,** -а́юсь, -а́ешься

восхище́ние, -я *n* Entzücken; прийти́ в ~ in Entzücken geraten

восхо́д, -а *m* Aufgang; ~ со́лнца Sonnenaufgang

восходи́ть, -ожу́, -о́дишь *uv* 1. hinauf-, besteigen 2. aufgehen *Gestirne* 3. zurückreichen, seinen Ursprung haben

восходя́щий, -ая, -ее aufsteigend, emporsteigend; -ее со́лнце aufgehende Sonne; -ая звезда́ *übtr* aufgehender Stern

восхожде́ние, -я *n* Aufstieg

восше́ствие, -я *n alt*: ~ на престо́л Thronbesteigung

восьма́я, -о́й *Subst f* Achtel

восьмёрка, -и, *Pl G* -рок, *D* -ркам *f* 1. Acht *Ziffer*; *volksspr Straßenbahn, Omnibus der Linie 8*; *umg* Gruppe von acht Personen oder Gegenständen 2. Acht *Spielkarte* 3. Achtgespann, -spänner 4. *Sport* Achter

во́сьмеро, -ы́х *kollektives Num* 1. acht *bei männlichen Subst, die Personen bezeichnen u. bei Pluraliatantum*; ~ челове́к acht Personen 2. acht Paar; ~ глаз acht Augenpaare

восьми|весе́льный, -ая, -ое *naut* achtriemig; **~гра́нник,** -а *m math* Oktaeder; Achtflach; **~десятиле́тие,** -я *n* 1. achtzig Jahre *Zeitraum* 2. achtzigster Jahrestag, Achtzigjahrfeier; achtzigjähriges Jubiläum; **~деся́тый,** -ая, -ое achtzigster; ~деся́тые го́ды achtziger Jahre; **~дне́вный,** -ая, -ое achttägig; **~кла́ссник,** -а *m* Schüler der achten Klasse; **~кра́тный,** -ая, -ое achtmalig; **~ле́тие,** -я *n* 1. acht Jahre *Zeitraum* 2. achter Jahrestag; achtjähriges Jubiläum; **~ле́тний,** -яя, -ее achtjährig; **~ме́сячный,** -ая, -ое achtmonatig; **~сло́жный,** -ая, -ое achtsilbig; **~сотле́тие,** -я *n* 1. achthundert Jahre *Zeitraum* 2. achthundertster Jahrestag, Achthundertjahrfeier; **~сотле́тний,** -яя, -ее achthundertjährig, Achthundertjahr-; **~со́тый,** -ая, -ое *Num* achthundertster; **~сти́шие,** -я *n lit* achtzeilige Strophe; **~сто́пный,** -ая, -ое *lit* achtfüßig; **~стру́нный,** -ая, -ое achtsaitig; **~ты́сячный,** -ая, -ое achttausendster; **~уго́льник,** -а *m math* Oktogon, Achteck; **~уго́льный,** -ая, -ое achteckig; **~часово́й,** -а́я, -о́е achtstündig; ~часово́й рабо́чий день Achtstundentag; **~эта́жный,** -ая, -ое siebenstöckig, achtgeschossig

восьмо́й, -а́я, -о́е 1. *Num* achter; -о́го числа́ am Achten (des Monats); -о́е ию́ня der achte Juni; ~ час es geht auf acht; в -о́м часу́ nach sieben, zwischen sieben und acht; -а́я часть Achtel; ему́ ~ деся́ток (пошёл) er ist in den Siebzigern 2. -а́я, -о́й *Subst f* Achtel

восьму́шка, -и, *Pl G* -шек, *D* -шкам 1. Achtel 2. Achtelbogen

вот *Part* 1. hier, da; ~ он идёт da kommt er; ~ и я da bin ich; ~ как ну́жно де́лать so muß man es machen; дай мне ~ э́ту кни́гу gib mir dieses Buch (da) 2. *unterstreicht das Folgende*; ~ и всё das ist alles; ~ пре́лесть! das ist ja reizend! ◇ ~ ещё! das hat gerade noch gefehlt!; ~ как! da sieh mal einer an!; ~ тебе́ на! da haben wir's!; ~ тебе́, ба́бушка, и Ю́рьев день! da haben wir die Bescherung!

вот-вот *Adv umg* jeden Augenblick; иногда́ каза́лось, что ~ пойдёт дождь manchmal schien es, als wolle es jeden Augenblick beginnen zu regnen

воти́ровать, -рую, -руешь; -рованный, -рован, -а *v, uv* abstimmen *im Parlament*

во|тка́ть* *v* (hin)einweben

воткну́ть, -ну́, -нёшь; во́ткнутый, -ут, -а *v* (hin)einstechen; (hin)einstoßen; ~ кол в зе́млю einen Pfahl in die Erde rammen || *uv* втыка́ть, -а́ю, -а́ешь

воткну́ться, *1. u. 2. Pers ungebr,* -нётся *v* (hin)eindringen *mit der Spitze* || *uv* втыка́ться, -а́ется

во́тум, -а *m pol* Votum

во́тчина, -ы *f hist* Stammgut, Erbgut

воцаре́ние, -я *n alt* Thronbesteigung

воцари́ться, -рю́сь, -ри́шься *v* 1. den Thron besteigen 2. *übtr* eintreten, anbrechen; воцари́лось молча́ние Stille trat ein || *uv* **воцаря́ться,** -я́юсь, -я́ешься

вошь, вши, *I* во́шью, *Pl* вши, вшей, вшам *f* Laus

вощáнка, -и, *Pl G* -нок, *D* -нкам *f* Wachspapier

вощёный, -ая, -ое gewachst, gebohnert; wachsgetränkt

вощи́на, -ы *f* leere Honigwaben

вощи́ть, вощу́, вощи́шь; вощённый, -ён, -ена́ *uv* wachsen, bohnern

во́ю ↑ выть

вою́ющий, -ая, -ее kriegführend

воя́ка, -и *m umg, iron* Haudegen; Raufbold

впада́ть, -а́ю, -а́ешь *uv* 1. *uv zu* впасть 2. *1. u. 2. Pers ungebr* münden, sich ergießen

впаде́ние, -я *n* Mündung

впа́дина, -ы *f* Höhlung, Vertiefung; глазна́я ~ Augenhöhle

впа́ивать *uv zu* впая́ть

впа́йка, -и *f* 1. Einlöten 2. eingelötetes Stück

впа́лый, -ая, -ое hohl, eingefallen; -ые щёки hohle Wangen

в|пасть* *v* 1. *1. u. 2. Pers ungebr* einfallen, hohl werden 2. geraten, (ver-) fallen; ~ в де́тство kindisch werden || *uv* впада́ть, -а́ю, -а́ешь *zu* 2

впая́ть, -я́ю, -я́ешь; впа́янный, -ян, -а *v* einlöten || *uv* впа́ивать, -аю, -аешь

вперво́й *Adv, volksspr, gbt, meist mit Verneinung*: э́то мне не ~ das ist mir nicht neu

впервы́е *Adv* zum ersten Mal

вперебо́й *Adv umg* einander unterbrechend

вперева́лку *Adv*: ходи́ть ~ watscheln; einen (leicht) schwankenden Gang haben

вперего́нки *u.* **вперегонки́** *Adv umg* um die Wette; бежа́ть ~ um die Wette laufen

вперёд *Adv* 1. vorwärts, voran, vor; идти́ ~ vorwärtsgehen; взад и ~ hin und her 2. künftig, in Zukunft; ~ бу́дьте осмотри́тельнее seien Sie in Zukunft vorsichtiger 3. im voraus; заплати́ть ~ vorausbezahlen ◇ часы́ иду́т ~ die Uhr geht vor; дать кому́-н. не́сколько очко́в ~ j-m weit überlegen sein

впереди́ 1. *Adv* a) vorn, voraus, voran; идти́ ~ vorangehen; b) in Zukunft, vor sich; у него́ ещё це́лая жизнь ~ er hat noch das ganze Leben vor sich 2. *Präpos mit G* vor; быть ~ други́х die anderen überflügeln

вперемéжку *Adv* abwechselnd

вперемéшку *Adv* durcheinander, kunterbunt

вспери́ть, -рю́, -ри́шь; -рённый, -рён, -рена́ *v*: ~ взор во что́-н. den Blick auf etw. richten, etw. anstarren || *uv* **впери́ть,** -я́ю, -я́ешь

впечатле́ние, -я *n* Eindruck; производи́ть ~ einen Eindruck machen

впечатли́тельный, -ая, -ое; *Kzf* -лен, -льна leicht zu beeindrucken, empfänglich

впива́ть, -а́ю, -а́ешь *uv* in sich einsaugen, in sich aufnehmen

впива́ться *uv zu* впи́ться

впи́санный, -ая, -ое *math* eingezeichnet

в|писа́ть* *v* 1. einfügen *in einen Text* 2. einschreiben, eintragen 3. einzeichnen; ~ треуго́льник в круг *math* ein Dreieck in einen Kreis zeichnen || *uv* впи́сывать, -аю, -аешь

впи́ска, -и *f volksspr* Eintragung, Ergänzung

впи́сывание, -я *n* Einschreiben; Eintragung

впи́сывать *uv zu* вписа́ть

впита́ть, -а́ю, -а́ешь *v* 1. auf-, einsaugen 2. *übtr* in sich aufnehmen || *uv* **впи́тывать,** -аю, -аешь

впита́ться, *1. u. 2. Pers ungebr,* -а́ется *v* einsickern, eindringen; вла́га впита́лась в по́чву die Feuchtig-

keit drang in den Boden ein || *uv* **впитываться,** -ается
в|питься*, вопьюсь; впилúсь *v* **1.** sich festsaugen; пиявка впилáсь der Blutegel hat sich festgesaugt **2.** sich anklammern, sich festklammern; он сýдорожно впился в стол пáльцами er hielt den Stuhl krampfhaft mit den Fingern umklammert; ~ зубáми sich festbeißen ◇ онá впилáсь в картúну глазáми *übtr* sie sah unverwandt das Bild an || *uv* впивáться, -áюсь, -áешься
впúхивать *uv zu* впихнýть
впихнýть, -нý, -нёшь; впúхнутый, -ут, -а *v umg* hineinstoßen, -pressen || *uv* впúхивать, -аю, -аешь
вплавь *Adv* schwimmend
в|плестú* *v* hineinflechten || *uv* **вплетáть,** -áю, -áешь
вплотнýю *Adv* **1.** dicht; подойтú ~ к бéрегу dicht an das Ufer herangehen **2.** ernst, wie es sich gehört
вплоть *Adv* **1.** *mit Präpos* к ganz nahe, dicht **2.** *mit Präpos* до bis; ~ до вéчера bis zum Abend
вплывáть *uv zu* вплыть
в|плыть* *v* einlaufen *Schiff* || *uv* вплывáть, -áю, -áешь
вповáлку *Adv umg* (ohne Ordnung) nebeneinander(liegend)
вполглáза *Adv volksspr* mit halbem Auge; спать ~ unruhig schlafen
вполгóлоса *Adv* halblaut
вползáть *uv zu* вползтú
в|ползтú* *v* **1.** hineinkriechen **2.** hinaufkriechen || *uv* вползáть, -áю, -áешь
вполнé *Adv* vollkommen, völlig
вполоборóта *Adv* halb zugewandt
вполовúну *Adv umg* um die Hälfte, zur Hälfte
вполпутú *Adv* auf halbem Wege
впопáд *Adv umg* zur rechten Zeit, gelegen; ответить ~ eine treffende Antwort geben
впопыхáх *Adv* **1.** atemlos, außer Atem **2.** in der Eile, in aller Eile
впóру *Adv umg* **1.** passend; э́то пальтó емý не ~ dieser Mantel paßt ihm nicht **2.** rechtzeitig, gelegen; не ~ ungelegen
впорхнýть, -нý, -нёшь *v* hineinflattern, -hüpfen
вполéдствии *Adv* danach, später
впотьмáх *Adv* im Dunkeln
впрáвду *Adv volksspr* tatsächlich
впрáве *Adv*, *prädikativ*: быть ~ berechtigt sein
впрáвить, -влю, -вишь; -вленный, -влен, -а *v med* einrenken ◇ ~ мозгú комý-н. *übtr* j-n zur Vernunft bringen || *uv* вправля́ть, -я́ю, -я́ешь
впрáвка, -и *f med* Einrenkung
вправля́ть *uv zu* впрáвить
впрáво *Adv* nach rechts, rechts
впредь *Adv* künftig, in Zukunft; fernerhin; ~ до (дальнéйшего) распоряжéния bis auf weiteres
вприглядку *Adv volksspr*, *scherz*: пить чай ~ Tee ohne Zucker trinken
вприкýску *Adv*: пить чай ~ beim Teetrinken kleine Stückchen Zucker abbeißen
вприпры́жку *Adv* hüpfend
вприся́дку *Adv*: плясáть ~ hockend tanzen
впритúрку *Adv umg* ganz dicht, in enger Berührung
вприты́к *Adv umg* sehr dicht
впрóголодь *Adv* hungernd; жить ~ hungern, am Hungertuch nagen
впрок *Adv* **1.** auf Vorrat; заготовля́ть ~ einen Vorrat anlegen **2.** *prädikativ* zum Nutzen, zum Vorteil; э́то емý не ~ das bekommt ihm nicht
впросáк *Adv umg*: попáсть(ся) ~ *umg* hereinfallen, sich blamieren
впросóнках *Adv umg* im Halbschlaf
впрóчем *Konj* **1.** übrigens, im übrigen **2.** nichtsdestoweniger, jedoch
впры́гивать *uv zu* впры́гнуть
впры́гнуть, -ну, -нешь *v* hineinspringen; hinaufspringen || *uv* впры́гивать, -аю, -аешь
впры́скивание, -я *n* Injektion
впры́скивать *uv zu* впры́снуть
впры́снуть, -ну, -нешь; -нутый, -нут, -а *v* einspritzen, injizieren || *uv* впры́скивать, -аю, -аешь
впрягáть *uv zu* впрячь
впрямь *mod umg* tatsächlich, in der Tat, wirklich
в|прячь* [pe] *v* ein-, an-, vorspannen, anschirren; ~ лóшадь в телéгу das Pferd vor den Wagen spannen || *uv* впрягáть, -áю, -áешь
впуск, -а *m* Einlaß
впускáть *uv zu* впустúть
впускнóй, -áя, -óе Einlaß-; ~ клáпан Einlaßventil
впустúть, впущý, впýстишь; впýщенный, -ен, -а *v* hinein-, hereinlassen || *uv* впускáть, -áю, -áешь
впустýю *Adv umg* unnütz, vergebens; говорúть ~ in den Wind reden
впýтать, -аю, -аешь *v* **1.** einflechten **2.** *übtr umg* verwickeln || *uv* **впýтывать,** -аю, -аешь
впýтаться, -аюсь, -аешься *v* sich ver-

wickeln, sich verstricken (во *A* in) ‖ *uv* **впу́тываться,** -аюсь, -аешься
впя́теро *Adv* fünfmal, fünffach
впятеро́м *Adv* zu fünft
в-пя́тых *mod* fünftens
враба́тываться *uv zu* врабо́таться
врабо́таться, -аюсь, -аешься *v umg* sich einarbeiten ‖ *uv* враба́тываться, -аюсь, -аешься
враг, -а́ *m* **1.** Feind, Gegner; закля́тый ~ geschworener Feind **2.** *G* prinzipieller Gegner *z. B. des Rauchens*
вражда́, -ы́ *f* Feindschaft
вражде́бность, -и *f* Feindseligkeit, Mißgunst
вражде́бный, -ая, -ое; *Kzf* -бен, -бна feindselig, feindlich; -ые де́йствия Feindseligkeiten
враждова́ть, -ду́ю, -ду́ешь *uv* feind sein; ~ ме́жду собо́й sich befeinden
вра́жеский, -ая, -ое feindlich, Feindes-
вра́жий, -ья, -ье *poet* feindlich, Feindes-
враз *Adv volksspr* **1.** gleichzeitig, auf einmal **2.** sofort
вразби́вку *Adv umg* außer der Reihe, durcheinander
вразбро́д *Adv umg* ungeordnet; getrennt; uneinheitlich
вразбро́с *Adv* **1.** mit der Hand ausstreuend **2.** *umg* verstreut
вразва́лку *Adv umg* watschelnd; ходи́ть ~ watscheln
вразнобо́й *Adv volksspr* einzeln, nicht gemeinsam
вразно́с *Adv umg*: торгова́ть ~ hausieren
вразре́з *Adv* zuwider, gegen; идти́ ~ zuwiderlaufen
вразря́дку *Adv* gesperrt; набра́ть ~ *typ* gesperrt setzen
вразуми́тельный, -ая, -ое; *Kzf* -лен, -льна **1.** klar, verständlich **2.** überzeugend
вразуми́ть, -млю́, -ми́шь; -млённый, -млён, -млена́ *v* belehren, überzeugen, zur Vernunft bringen; его́ не вразуми́шь он ist unbelehrbar ‖ *uv* **вразумля́ть,** -я́ю, -я́ешь
вра́ки, врак, вра́кам *Pl umg* Lüge, Unsinn
враль, -я́ *m umg* Lügner, Schwätzer
враньё, -ья́ *n umg* **1.** Lügen **2.** Lüge, dummes Geschwätz
врасплóх *Adv* unerwartet; заста́ть кого́-н. ~ j-n überraschen
врассыпну́ю *Adv* zerstreut; бро́ситься ~ sich (nach allen Seiten) zerstreuen
враста́ние, -я *n* Hineinwachsen
враста́ть *uv zu* врасти́
в|расти́*, *1. u. 2. Pers ungebr* hineinwachsen, Wurzel fassen ‖ *uv* враста́ть, -а́ет
врастя́жку *Adv umg* ausgestreckt, der Länge nach
врата́, врат, врата́м *Pl alt* Tor
врата́рь, -я́ *m Sport* Torwart
врать* *uv umg* **1.** lügen **2.** falsch singen, falsch spielen **3.** *alt* Unsinn reden ◇ часы́ врут die Uhr geht nach dem Mond ‖ *v* совра́ть
врач, -а́, *I* -о́м, *G Pl* -е́й *m* Arzt; гла́вный ~ Chefarzt
враче́бный, -ая, -ое ärztlich; -ая гимна́стика Heilgymnastik
врачева́ть, -чу́ю, -чу́ешь *uv buchspr* kurieren, heilen
враща́тельный, -ая, -ое rotierend
враща́ть, -а́ю, -а́ешь *uv* drehen; ~ глаза́ми mit den Augen rollen
враща́ться, -а́юсь, -а́ешься *uv* **1.** sich drehen **2.** verkehren
враще́ние, -я *n* Drehen, Drehung, Kreisen, Rotation
вред, -а́ *m* Schaden, Nachteil; во ~ zum Schaden, zum Nachteil; быть кому́-н. во ~ j-m zum Nachteil gereichen
вреди́тель, -я *m* Schädling
вреди́тельский, -ая, -ое Schädlings-
вреди́тельство, -а *n* schädliche Handlung, Schädlingstätigkeit
вреди́ть, -ежу́, -еди́шь *uv* schaden, schädigen
вре́дность, -и *f* Schädlichkeit
вре́дный, -ая, -ое; *Kzf* -ден, -дна́ schädlich, gefährlich
вредоно́сный, -ая, -ое; *Kzf* -сен, -сна *buchspr* schädlich, nachteilig
в|ре́зать* *v* **1.** einfügen; einsetzen; ~ замо́к в дверь ein Schloß in die Tür einbauen **2.** *übtr* einprägen ‖ *uv* **вреза́ть,** -а́ю, -а́ешь
в|ре́заться* *v* **1.** eindringen, einschneiden **2.** eindringen, hineinstoßen **3.** *übtr* sich einprägen; ~ в па́мять sich ins Gedächtnis einprägen **4.** *volksspr* sich verlieben ‖ *uv* **вреза́ться,** -а́юсь, -а́ешься
времена́ми *Adv* zeitweise, manchmal
времени́к, -а́ *m* Jahrbuch *Name einiger wiss. Zeitschriften*
вре́менно *Adv* zeitweilig
временно́й, -а́я, -о́е Zeit-
вре́менный, -ая, -ое; *Kzf* -менен, -менна zeitweilig; provisorisch; vorübergehend
временщи́к, -а́ *m verächtl* Günstling
вре́мя, *G, D, P* -мени, *I* -менем, *Pl*

времена́, -мён, -мена́м *n* **1.** Zeit(punkt); в э́то ~ in dieser Zeit, in diesem Augenblick; в любо́е ~ jederzeit; с того́ -мени как . . . seit . . .; за коро́ткое ~ in kurzer Zeit; в после́днее ~ in letzter Zeit, neuerdings **2.** Zeit(dauer); в коро́ткое ~ binnen kurzem **3.** Zeit, Epoche; в на́ше ~ heutzutage **4.**: ~ го́да Jahreszeit; в ле́тнее ~ im Sommer **5.** *gramm* Zeit, Tempus; настоя́щее ~ Gegenwart, Präsens; проше́дшее ~ Vergangenheit, Präteritum; бу́дущее ~ Zukunft, Futurum ◇ во ~ *G Präpos* während; в то ~ как *Konj* während; в то же ~ gleichzeitig, zu gleicher Zeit; от -мени до -мени, по -мена́м von Zeit zu Zeit, hin und wieder; с тече́нием -мени mit der Zeit, im Laufe der Zeit, nach und nach; до сего́ -мени bis jetzt; в своё ~ zu seiner Zeit; im geeigneten Augenblick; тем -менем inzwischen, unterdessen; на ~ zeitweilig, auf einige Zeit; не́которое ~ eine Zeitlang; в да́нное ~ augenblicklich; ~ пока́жет kommt Zeit, kommt Rat; де́лу ~, поте́хе час erst die Arbeit, dann das Vergnügen; ско́лько -мени? wie spät ist es?; пе́рвое ~ am Anfang, anfangs; на пе́рвое ~ um einen Anfang zu machen

времяисчисле́ние, -я *n* Zeitrechnung

время́нка, -и, *Pl G* -нок, *D* -нкам *f umg* **1.** kleine Leiter **2.** provisorischer eisener Ofen

времяпрепровожде́ние, -я *n* Zeitvertreib

вро́вень *Adv* in gleicher Höhe; ~ с края́ми bis an den Rand

вро́де **1.** *Präpos mit G* ähnlich, in der Art von **2.** *Konj* wie zum Beispiel **3.** *Part volksspr* anscheinend; он ~ заболе́л er ist anscheinend krank geworden

врождённый, -ая, -ое; *Kzf* -ён, -ена́ angeboren

врозь *Adv* getrennt, einzeln ◇ де́ло идёт ~ die Sache klappt nicht

Вро́цлав, -а *m* Wrocław

вру ↑ врать

вруба́ть(ся) *uv zu* врубить(ся)

вруби́ть, врублю́, вру́бишь; вру́бленный, -лен, -а *v* einsetzen; einrammen ‖ *uv* вруба́ть, -а́ю, -а́ешь

вруби́ться, врублю́сь, вру́бишься *v* schlagend eindringen; ‖ *uv* вруба́ться, -а́юсь, -а́ешься

вру́бовый, -ая, -ое: -ая маши́на *berg* Schrämmaschine

врукопа́шную *Adv*: они́ схвати́лись ~ es entstand ein Handgemenge

врун, -а́ *m umg* Lügner

вруча́ть *uv zu* вручи́ть

вруче́ние, -я *n* **1.** Aushändigung, Überreichung **2.** Anvertrauen

вручи́ть, -чу́, -чи́шь; -чённый, -чён, -чена́ *v* **1.** aushändigen, überreichen **2.** anvertrauen ‖ *uv* вруча́ть, -а́ю, -а́ешь

вручну́ю *Adv* mit der Hand; рабо́та ~ Handarbeit

врыва́ть *uv zu* врыть

врыва́ться *uv zu* ворва́ться

в|ры́ть* *v* eingraben, einsetzen *in eine Öffnung* ‖ *uv* врыва́ть, -а́ю, -а́ешь

вря́д ли *Adv* schwerlich, kaum; ~ он придёт es ist zweifelhaft, ob er kommt

всади́ть, всажу́, вса́дишь; вса́женный, -жен, -а *v* hineinstoßen, -hauen ‖ *uv* вса́живать, -аю, -аешь

вса́дник, -а *m* Reiter

вса́дница, -ы, *I* -ей *f* Reiterin

вса́живать *uv zu* всади́ть

вса́сывание, -я *n* Ein-, Aufsaugen

вса́сывать(ся) *uv zu* всоса́ть(ся)

все, всё ↑ весь

всё *Adv umg* **1.** immer(fort), dauernd; он ~ рабо́тает er arbeitet fortwährend **2.** bis jetzt; он ~ ещё бо́лен er ist immer noch krank **3.** nur, ausschließlich; э́то ~ вы винова́ты daran sind nur Sie schuld **4.** *mit Komp* immer; ~ да́льше immer weiter **5.** *umg* dennoch, trotzdem; ~ же dennoch ◇ ~ равно́ einerlei; sowieso

все- *in Zuss* all-

всеве́дущий, -ая, -ее *alt, iron* allwissend

всевла́стие, -я *n* unbeschränkte Macht

всево́буч, -а, *I* -ем *m* (всео́бщее вое́нное обуче́ние) allgemeine militärische Ausbildung

всевозмо́жный, -ая, -ое allerlei; verschiedenerlei

Все́волод, -а *m männl Vn*

всегда́ *Adv* immer, stets

всегда́шний, -яя, -ее ständig, immerwährend; üblich

всего |во| *Adv* **1.** im ganzen, insgesamt **2.** nur; erst; ~ на три го́да ста́рше меня́ nur drei Jahre älter als ich; ~ лишь ме́сяц наза́д erst vor einem Monat ◇ ~-на́всего alles in allem; ~ ничего́ fast nichts; ~ хоро́шего! alles Gute!, auf Wiedersehen!

в-седьмы́х *mod* sieb(en)tens

всезна́йка, -и, *Pl G* -а́ек, *D* -а́йкам *m, f umg, iron* Alleswisser, Besserwisser

вселе́ние, -я *n* Einquartierung, Ansiedelung

вселе́нная, -ой *Subst f* Weltall

вселе́нский, -ая, -ое ökumenisch
всели́ть, -лю́, -ли́шь; -лённый, -лён, -лена́ *v* 1. einquartieren, ansiedeln 2. *übtr* einflößen; ~ в кого́-н. беспоко́йство j-n in Unruhe versetzen ‖ *uv* **вселя́ть,** -я́ю, -я́ешь
всели́ться, -лю́сь, -ли́шься *v* 1. sich einquartieren, einziehen 2. *übtr* einziehen, eindringen *von Seelenzuständen* ‖ *uv* **вселя́ться,** -я́юсь, -я́ешься
всеме́рный, -ая, -ое 1. größtmöglich, nach Kräften; -ое соде́йствие jede mögliche Unterstützung 2. -о *Adv* mit allen Mitteln
все́меро *Adv* siebenmal, siebenfach
всемеро́м *Adv* zu siebt
всеми́рный, -ая, -ое Welt-; Всеми́рный Конгре́сс сторо́нников ми́ра Weltfriedenskongreß; Всеми́рная федера́ция демократи́ческой молодёжи Weltbund der Demokratischen Jugend; Всеми́рная федера́ция профсою́зов Weltgewerkschaftsbund
всемогу́щество, -а *n* Allmacht
всемогу́щий, -ая, -ее; *Kzf* -у́щ, -а allmächtig, allgewaltig
всенаро́дный, -ая, -ое; *Kzf* -ден, -дна allgemein, Volks-; -ое достоя́ние Gemeingut des Volkes
все́нощная, -ой *Subst f rel* Abendmesse
всео́буч, -а, *I* -ем *m* (всео́бщее обуче́ние) allgemeine Schulpflicht
всео́бщий, -ая -ее; *Kzf* -о́бщ, -а allgemein; -ая забасто́вка Generalstreik; -ее избира́тельное пра́во allgemeines Wahlrecht
всео́бщность, -и *f* Allgemeinheit, Gesamtheit
всеобъе́млющий, -ая, -ее; *Kzf* -лющ, -а allumfassend
всеору́жие, -я *n*: во -и gewappnet, ausgerüstet; im Vollbesitz
всепобежда́ющий, -ая, -ее alles besiegend, alles bezwingend
всепоглоща́ющий, -ая, -ее überwältigend
всепроща́ющий, -ая, -ее *alt* alles vergebend
всепроще́ние, -я *n alt* völlige Vergebung
всеросси́йский, -ая, -ое allrussisch
всерьёз *Adv umg* im Ernst, ernstlich
всеси́лие, -я *n buchspr* unbeschränkte Macht
всеси́льный, -ая, -ое; *Kzf* -лен, -льна allmächtig, allgewaltig
всесою́зный, -ая, -ое Allunions-; Всесою́зный Ле́нинский Коммунисти́ческий Сою́з Молодёжи der Leninsche Kommunistische Jugendverband der Sowjetunion
всесторо́нний, -яя, -ее allseitig; ausführlich, gründlich
всё-таки *Adv, Konj* doch; trotzdem, ungeachtet dessen; он ~ пришёл er ist doch gekommen
всеуслы́шание, -я *n*: во ~ laut, vor aller Ohren
всеце́ло *Adv* völlig, vollständig
всея́дный, -ая, -ое; *Kzf* -ден, -дна alles essend, alles fressend; -ое живо́тное Allesfresser
вска́кивать *uv zu* вскочи́ть
вска́пывать *uv zu* вскопа́ть
вскара́бкаться, -аюсь, -аешься *v umg* hinaufklettern ‖ *uv* **вскара́бкиваться,** -аюсь, -аешься
вска́рмливание, -я *n* Ernährung, Auffütterung
вска́рмливать *uv zu* вскорми́ть
вскачь *Adv* im Galopp
вски́дывать *uv zu* вски́нуть
вски́нуть, -ну, -нешь; -нутый, -нут, -а *v* 1. hinaufwerfen; ~ мешо́к на плечо́ denSack auf die Schulter heben 2. schnell heben; ~ ружьё das Gewehr hochreißen ‖ *uv* вски́дывать, -аю, -аешь
вскипа́ть *uv zu* вскипе́ть
вскипе́ть, -плю́, -пи́шь *v* 1. aufkochen 2. *übtr* aufbrausen; vor Wut schäumen ‖ *uv* вскипа́ть, -а́ю, -а́ешь
вскипяти́ть, -ячу́, -яти́шь; -ячённый, -ячён, -ячена́ *v* aufkochen
вскипяти́ться, -ячу́сь, -яти́шься *v* 1. zum Kochen kommen 2. *übtr, umg* aufbrausen
всклоко́чивать *uv zu* всклоко́чить
всклоко́чить, -чу, -чишь; -ченный, -чен, -а *v umg* zerzausen ‖ *uv* всклоко́чивать, -аю, -аешь
вскло́чивать *uv zu* вскло́чить
вскло́чить, -чу, -чишь; -ченный, -чен, -а *v umg* zerzausen, zottig machen ‖ *uv* вскло́чивать, -аю, -аешь
всколы́хивать(ся) *uv zu* всколыхну́ть(ся)
всколыхну́ть, -ну́, -нёшь *v* 1. zum Wogen bringen 2. *übtr* in Bewegung bringen, aufwühlen ‖ *uv* всколы́хивать, -аю, -аешь
всколыхну́ться, -ну́сь, -нёшься *v* 1. zu wogen beginnen 2. *übtr* in Bewegung geraten ‖ *uv* всколы́хиваться, -аюсь, -аешься
вскользь *Adv* nebenbei, beiläufig
вскопа́ть, -а́ю, -а́ешь; вско́панный, -ан, -а *v* aufgraben, auflockern ‖ *uv* вска́пывать, -аю, -аешь

вскóре *Adv* bald, in kurzer Zeit
вскорми́ть, -ормлю́, -óрмишь; -óрмленный, -óрмлен, -а *v* aufziehen, großziehen; ernähren || *uv* вскáрмливать, -аю, -аешь
вскочи́ть, -очу́, -óчишь *v* 1. hinaufspringen; ~ на лóшадь sich aufs Pferd schwingen 2. aufspringen, auffahren; ~ от испу́га vor Schreck auffahren; ~ с мéста vom Platz aufspringen 3. *1. u. 2. Pers ungebr* sich (plötzlich) bilden *blauer Fleck, Pustel* || *uv* вскáкивать, -аю, -аешь
вскри́кивать *uv zu* вскри́кнуть
вскри́кнуть, -ну, -нешь *v mom* aufschreien, einen Schrei ausstoßen || *uv* вскри́кивать, -аю, -аешь
вскрича́ть, -чу́, -чи́шь *v* schreien, ausrufen
вскружи́ть, -ужу́, -у́жи́шь *v*: ~ кому́-н. гóлову j-m den Kopf verdrehen
вскружи́ться, *1. u. 2. Pers ungebr*, -и́тся *v*: у негó вскружи́лась головá er verlor den Kopf
вскрывáть(ся) *uv zu* вскры́ть(ся)
вскры́тие, -я *n* 1. Öffnen 2. *med* Obduktion, Sezieren 3.: ~ реки́ Eisgang 4. *übtr* Aufdeckung
вс|кры́ть* *v* 1. öffnen, aufmachen 2. *med* sezieren, obduzieren; operieren 3. *übtr* aufdecken || *uv* вскрывáть, -áю, -áешь
вс|кры́ться*, *1. u. 2. Pers ungebr*, *v* 1. platzen, aufbrechen 2. sich vom Eis befreien *Flüsse* 3. *übtr* sich zeigen; aufgedeckt werden || *uv* вскрывáться, -áется
вскры́ша, -и, *I* -ей *f berg* Abraum
всласть *Adv umg* nach Herzenslust, zur Genüge
вслед 1. *Adv* hinterher, nach-; послáть ~ nachschicken; идти́ ~ за кéм-н. j-m auf dem Fuß folgen 2. *Präpos mit D* hinter, nach; онá смотрéла емý ~ sie schaute ihm nach
вслéдствие *Präpos mit G* infolge, auf Grund; ~ э́того infolgedessen
вслепу́ю *Adv umg* blindlings, aufs Geratewohl; летéть ~ *flugw* blindfliegen
вслух *Adv* laut; читáть ~ vorlesen
вслу́шаться, -аюсь, -аешься *v* в *A* aufmerksam zuhören || *uv* **вслу́шиваться,** -аюсь, -аешься
всмáтриваться *uv zu* всмотрéться
всмотрéться, -отрю́сь, -óтришься *v* genau ansehen; fixieren || *uv* всмáтриваться, -аюсь, -аешься
всмя́тку *Adv*: яйцó ~ ein weiches [weichgekochtes] Ei
всóвывать *uv zu* всу́нуть
в|сосáть* *v* ein-, aufsaugen; absorbieren ◇ ~ с молокóм мáтери mit der Muttermilch einsaugen || *uv* всáсывать, -аю, -аешь
в|сосáться*, *1. u. 2. Pers ungebr*, *v* 1. sich fest-, sich ansaugen 2. einsickern, eindringen *von Flüssigkeiten* || *uv* всáсываться, -ается
вспáивать *uv zu* вспои́ть
вспáрхивать *uv zu* вспорхну́ть
вспáрывать *uv zu* вспорóть
вс|пахáть* *v* (auf)ackern, pflügen || *uv* **вспáхивать,** -аю, -аешь
вспáшка, -и *f* Aufackern, Aufpflügen
вспéнивать(ся) *uv zu* вспéнить(ся)
вспéнить, -ню, -нишь; вспéненный, -éнен, -а *u.* вспенённый, -ён, -енá *v* Schaum bilden, schäumen machen || *uv* вспéнивать, -аю, -аешь
вспéниться, *1. u. 2. Pers ungebr*, -ится *v* schäumen || *uv* вспéниваться, -ается
всплакну́ть, -ну́, -нёшь *v umg* ein wenig weinen, leise weinen, schluchzen
всплеск, -а *m* Plätschern
всплёскивать *uv zu* всплесну́ть
всплесну́ть, -ну́, -нёшь; всплёснутый, -нут, -а *v mom*: ~ рукáми die Hände zusammenschlagen *vor Freude, Erstaunen* || *uv* всплёскивать, -аю, -аешь
всплошну́ю *Adv umg* dicht [eng] aneinander, lückenlos
всплывáть *uv zu* всплы́ть
вс|плы́ть* *v* 1. auftauchen, an die Wasseroberfläche kommen 2. *übtr 1. u. 2. Pers ungebr* zum Vorschein kommen; auftauchen *Frage* || *uv* всплывáть, -áю, -áешь
вспои́ть, -ою́, -ои́шь *u. umg* -óишь; -óенный, -óен, -а *u.* -оённый, -оён, -оенá *v umg* 1. mit Milch [mit der Flasche] aufziehen *Tiere* 2.: ~ и вскорми́ть erziehen; großziehen *Menschen* || *uv* вспáивать, -аю, -аешь
всполохну́ть(ся) *v mom zu* всполоши́ть(ся)
всполоши́ть, -шу́, -ши́шь; -шённый, -шён, -шенá *v umg* in Aufregung [Unruhe] versetzen; Aufregung verursachen; beunruhigen || *v mom gbt* всполохну́ть, -ну́, -нёшь
всполоши́ться, -шу́сь, -ши́шься *v umg* in Aufregung [Unruhe] geraten.

sich beunruhigen || *v mom gbt* всполохнуться, -нусь, -нёшься
вспоминать(ся) *uv zu* вспомнить(ся)
вспомнить, -ню, -нишь *v A oder* о *P* sich erinnern, zurückdenken (an); sich entsinnen; gedenken, sich besinnen (auf); я вспомнил то время, когда мы вместе учились ich dachte an die Zeit zurück, als wir zusammen studierten || *uv* вспоминать, -аю, -аешь
вспомниться, *1. u. 2. Pers ungebr,* -ится *v* wieder in den Sinn kommen, einfallen; мне вспомнилось es kam mir in den Sinn || *uv* вспоминаться, -ается
вспомогательный, -ая, -ое Hilfs-; ~ глагол *gramm* Hilfsverb
вспомянуть, -яну, -янешь; -янутый, -янут, -а *v A oder* о *P volksspr* sich erinnern, zurückdenken (an)
вс|пороть* *v umg* auftrennen || *uv* вспарывать, -аю, -аешь
вспорхнуть, -ну, -нёшь *v* aufflattern, -fliegen || *uv* вспархивать
вспотеть, -ею, -еешь *v* **1.** schwitzen; ins Schwitzen geraten **2.** anlaufen *Fenster, Brille*
вспрыгивать *uv zu* вспрыгнуть
вспрыгнуть, -ну, -нешь *v* (hin)aufspringen; ~ на лошадь sich aufs Pferd schwingen || *uv* вспрыгивать, -аю, -аешь
вспрыскивать *uv zu* вспрыснуть
вспрыснуть, -ну, -нешь; -нутый, -нут, -а *v* **1.** bespritzen, besprengen **2.** *umg med* einspritzen **3.** *umg scherz* „begießen" *feiern* || *uv* вспрыскивать, -аю, -аешь
вспугивать *uv zu* вспугнуть
вспугнуть, -ну, -нёшь; вспугнутый, -ут, -а *v* aufschrecken, aufscheuchen || *uv* вспугивать, -аю, -аешь
вспухать *uv zu* вспухнуть
вспухнуть, *1. u. 2. Pers ungebr,* -нет; вспух, -ла; вспух(нув)ший *v* an-, aufschwellen || *uv* вспухать, -ает
вспучивать(ся) *uv zu* вспучить(ся)
вспучить, -ит *meist unpers v volksspr* (auf)blähen || *uv* вспучивать, -аю, -аешь
вспучиться, *1. u. 2. Pers ungebr,* -ится *v volksspr* sich (auf)blähen || *uv* вспучиваться, -ается
вспылить, -лю, -лишь *v umg* aufbrausen
вспыльчивость, -и *f* Jähzorn
вспыльчивый, -ая, -ое; *Kzf* -ив, -а aufbrausend, jähzornig, hitzig
вспыхивать *uv zu* вспыхнуть
вспыхнуть, -ну, -нешь *v* **1.** aufflammen, auflodern; ausbrechen; aufbrausen **2.** ausbrechen *Panik, Streik, Krieg* **3.** erglühen, erröten || *uv* вспыхивать, -аю, -аешь
вспышка, -и, *Pl G* -шек, *D* -шкам *f* **1.** Aufblitzen; Aufflammen; Explosion **2.** *phot* Blitzlicht **3.** *übtr* Ausbruch
вспять *Adv buchspr* zurück, rückwärts
вставание, -я *n* Aufstehen
вставать *uv zu* встать
вставить, -влю, -вишь; -вленный, -влен, -а *v* einsetzen, einfügen; ~ в рам(к)у einrahmen; ~ зубы Zähne einsetzen lassen || *uv* вставлять, -яю, -яешь
вставка, -и *f* **1.** Einsetzen, Einfügen **2.** Einsatz; Zusatz; Einschub *in den Text* **3.** Einsatz *beim Kleid*
вставлять *uv zu* вставить
вставной, -ая, -ое eingesetzt, eingefügt; -ые рамы doppelte Fensterrahmen; -ые зубы falsche Zähne
встарь *Adv* in alter Zeit
в|стать* *v* **1.** aufstehen, sich erheben **2.** sich (hin)stellen; treten, steigen (на *A* auf) **3.** aufgehen *Gestirne u. ä.* **4.** entstehen; aufsteigen; встал вопрос es entstand die Frage **5.** *übtr* aufstehen, sich erheben, den Kampf aufnehmen ◇ ~ на работу die Arbeit aufnehmen; ~ на ноги auf eigenen Füßen stehen; selbständig werden || *uv* в|ставать*
встопорщить, -щу, -щишь; -щенный, -щен, -а *v umg* sträuben, (starr) emporrichten *Haare, Federn*
встопорщиться, *1. u. 2. Pers ungebr,* -ится *v umg* (sich) sträuben *Haare*
встраивать *uv zu* встроить
встревожить, -жу, -жишь; -женный, -жен, -а *v* beunruhigen, aufregen
встревожиться, -жусь, -жишься *v* sich beunruhigen, sich aufregen
встрёпанный, -ая, -ое; *Kzf* -ан, -а *umg* zerzaust ◇ как ~ ungestüm
встрепенуться, -нусь, -нёшься *v* **1.** aufwachen, sich schütteln *von Vögeln* **2.** plötzlich auffahren, zusammenzucken **3.**: сердце у него встрепенулось sein Herz schlug bis zum Halse
встрёпка, -и *f volksspr* Ausputzer; задать -у кому-н. j-m den Kopf waschen
встретить, -ечу, -етишь; -еченный, -ечен, -а *v* **1.** begegnen, treffen; stoßen (auf); я встретил его ich bin

ihm begegnet 2. finden, erfahren; я встре́тил у него́ хоро́ший приём ich fand bei ihm gute Aufnahme; ~ затрудне́ния auf Schwierigkeiten stoßen 3. entgegenkommen 4. empfangen, begrüßen, willkommen heißen || *uv* встреча́ть, -а́ю, -а́ешь; встреча́ть Но́вый год Neujahr [Silvester] feiern

встре́титься, -е́чусь, -е́тишься *v* 1. sich treffen, begegnen; ~ со знако́мыми Bekannte treffen; ~ с препя́тствием auf ein Hindernis stoßen 2. sich treffen; мы встре́тились на у́лице wir trafen uns auf der Straße 3. sich sehen, zusammenkommen 4. *1. u. 2. Pers ungebr* vorkommen || *uv* встреча́ться, -а́юсь, -а́ешься

встре́ча, -и *f* 1. Begegnung, (Zusammen-) Treffen; ме́сто -и Treffpunkt 2. Begrüßung, Empfang 3. *Sport* Wettkampf 4. Versammlung, Zusammenkunft ◇ ~ Но́вого го́да Neujahrsfeier, Silvesterfeier

встреча́ть(ся) *uv zu* встре́тить(ся)

встре́чный, -ая, -ое Gegen-; entgegenkommend; ~ по́езд Gegenzug; ~ тра́нспорт Gegenverkehr; ~ ве́тер Gegenwind; ~ иск *jur* Gegenklage; пе́рвый ~ der erste beste; ~ и попере́чный jeder (beliebige)

встро́ить, -о́ю, -о́ишь; -о́енный, -о́ен, -а *v* (hin)einbauen || *uv* встра́ивать, -аю, -аешь

встро́йка, -и, *Pl G* -оек, *D* -о́йкам *f* Einbau(en)

встря́ска, -и, *Pl G* -сок, *D* -скам *f* 1. *umg* seelische Erschütterung, Schock 2.: зада́ть -у *volksspr* j-m den Kopf waschen

встря́хивать(ся) *uv zu* встряхну́ть(ся)

встряхну́ть, -ну́, -нёшь; встря́хнутый, -ут, -а *v* 1. (aus)schütteln 2. *übtr* aufrütteln, wachrufen || *uv* встря́хивать, -аю, -аешь *zu* 1

встряхну́ться, -ну́сь, -нёшься *v* 1. sich schütteln, von sich abschütteln 2. *umg* aufleben, Mut fassen; sich zerstreuen || *uv* встря́хиваться, -аюсь, -аешься

вступа́ть(ся) *uv zu* вступи́ть(ся)

вступи́тельный, -ая, -ое Eintritts-; Antritts-; einleitend; -ое сло́во Vorrede; Einleitung; ~ экза́мен Aufnahmeprüfung

вступи́ть, -уплю́, -у́пишь *v* 1. (ein)treten; einziehen, -rücken 2. eintreten, beitreten; ~ в па́ртию in die Partei eintreten 3. beginnen, eröffnen; ~ в разгово́р с ке́м-н. ein Gespräch mit j-m anknüpfen; ~ в сноше́ния с ке́м-н. mit j-m in Beziehung treten; ~ в бой den Kampf eröffnen; ~ в спор einen Streit anfangen ◇ ~ в сою́з с ке́м-н. mit j-m ein Bündnis schließen; ~ в брак heiraten; ~ во владе́ние че́м-н. von etw. Besitz nehmen; ~ в исполне́ние обя́занностей seine Arbeit aufnehmen; ~ в си́лу in Kraft treten; ~ в строй in Betrieb genommen werden, in Gang kommen || *uv* вступа́ть, -а́ю, -а́ешь

вступи́ться, -уплю́сь, -у́пишься *v* eintreten, sich einsetzen (за *A* für); in Schutz nehmen || *uv* вступа́ться, -а́юсь, -а́ешься

вступле́ние, -я *n* 1. Eintritt, Einrücken, Einzug 2. Einleitung, Vorwort; Vorspiel

всу́нуть, -ну, -нешь; -нутый, -нут, -а *v* (hin)einstecken || *uv* всо́вывать, -аю, -аешь

всухомя́тку *Adv umg*: пита́ться [есть] ~ trocken essen, kein warmes Mittagessen essen

всу́чивать *uv zu* всучи́ть

всучи́ть, всучу́, всу́чишь; всу́ченный, -ен, -а *u.* всучённый, -ён, -ена́ *v* 1. eindrehen, einflechten 2. *volkssspr* aufbinden, -schwatzen, -zwingen || *uv* всу́чивать, -аю, -аешь

всхли́пнуть *v mom zu* всхли́пывать

всхли́пывание, -я *n* Schluchzen

всхли́пывать, -аю, -аешь *uv* schluchzen || *v mom* всхли́пнуть, -ну, -нешь

всходи́ть *uv zu* взойти́

всхо́ды, -ов *Pl* junge Saat, Keime; ~ хороши́ die junge Saat steht gut

всхо́жесть, -и *f* Keimfähigkeit

всхо́жий, -ая, -ое; *Kzf* всхож, -а keimfähig

всхрапну́ть, -ну́, -нёшь *v* 1. *mom zu* всхра́пывать 2. *volkssspr* ein Schläfchen machen

всхра́пывать, -аю, -аешь *uv* 1. schnarchen 2. schnaufen *Tiere* || *v mom* всхрапну́ть, -ну́, -нёшь *zu* 2

в|сы́пать* *v* 1. *A oder G* (hin)einschütten, (hin)einstreuen 2. *D volkssspr* ausschimpfen; verprügeln || *uv* **всыпа́ть,** -а́ю, -а́ешь

всю́ду *Adv* überall; везде́ и ~ weit und breit

вся́кий, -ая, -ое *Deter Pron* 1. jeder, jeder beliebige; во -ое вре́мя zu jeder Zeit; во -ом слу́чае jedenfalls; на ~ слу́чай auf jeden Fall, auf

alle Fälle **2.** verschieden, allerlei; **-ие** ве́щи allerhand Gegenstände **3.** *verächtl* jeder, irgendein **4.** ein jeder, jedermann; ~ зна́ет, что ... jedermann weiß, daß ... ◇ без -ой жа́лости ohne jegliches Mitleid; -ое быва́ет nichts ist unmöglich
вея́ко *Adv volksspr* sehr verschieden, auf sehr verschiedene Weise
вся́чески *Adv umg* auf jede Art und Weise, mit allen (möglichen) Mitteln
вся́ческий, -ая, -ое *umg* verschiedenartigst, jeglich; -ими спо́собами auf jede mögliche Weise
вся́чина, -ы *f umg*: вся́кая ~ Allerlei, allerhand Zeug
вся́чинка, -и *f*: со -ой *umg* mal so, mal so, sehr unterschiedlich
вта́йне *Adv* heimlich, im stillen
вта́лкивать *uv zu* втолкну́ть
вта́птывать *uv zu* втопта́ть
вта́скивать(ся) *uv zu* втащи́ть(ся)
втача́ть, -а́ю, -а́ешь; вта́чанный, -ан, -а *v* einnähen, annähen; einsetzen || *uv* **вта́чивать,** -аю, -аешь
втащи́ть, втащу́, вта́щишь; вта́щенный, -ен, -а *v* **1.** hineinschleppen, hinein-, hereinziehen **2.** hinauf-, hochschleppen, hinauf-, hochziehen || *uv* вта́скивать, -аю, -аешь
втащи́ться, втащу́сь, вта́щишься *v umg* **1.** sich (mühselig) hineinschleppen **2.** unter Anstrengungen hinaufgelangen || *uv* вта́скиваться, -аюсь, -аешься
втека́ть, *1. u. 2. Pers ungebr*, -а́ет *uv* hineinfließen; münden || *v* в|те́чь*
втёмную *Adv umg* blindlings
втемя́шить, -шу, -шишь; -шенный, -шен, -а *v*: ~ в го́лову [башку́] *volksspr* einpauken, eintrichtern
втемя́шиться, *1. u. 2. Pers ungebr*, -ится *v D*: втемя́шилось ему́ э́то *volksspr* er hat sich dies in den Kopf gesetzt
в|тере́ть*, вотру́ *v* einreiben ◇ ~ кому́-н. очки́ j-n täuschen, j-n betrügen || *uv* втира́ть, -а́ю, -а́ешь
в|тере́ться* *v* **1.** *umg* sich hineindrängen, sich mengen **2.** *umg* sich einschleichen; ~ к кому́-н. в дове́рие sich bei j-m einschmeicheln **3.** *1. u. 2. Pers ungebr* eindringen, sich einsaugen || *uv* втира́ться, -а́юсь, -а́ешься
в|теса́ться* *v volksspr* sich einschleichen, eindringen || *uv* **втёсываться,** -аюсь, -аешься
втечь *v zu* втека́ть

втира́ние, -я *n* **1.** Einreiben, Einreibung **2.** Salbe
втира́ть(ся) *uv zu* втере́ть(ся)
вти́скивать(ся) *uv zu* вти́снуть(ся)
вти́снуть, -ну, -нешь; -нутый, -нут, -а *v* hineindrücken, -pressen || *uv* вти́скивать, -аю, -аешь
вти́снуться, -нусь, -нешься *v* **1.** *umg* *1. u. 2. Pers ungebr* sich (mit Mühe) hineindrücken lassen; kaum hineinpassen **2.** *volksspr* sich hineindrängen || *uv* вти́скиваться, **-аюсь,** -аешься
втихомо́лку *Adv umg* heimlich
втиху́ю *Adv volksspr* insgeheim, heimlich; still für sich
втолкну́ть, -ну́, -нёшь; вто́лкнутый, -ут, -а *v* hineinstoßen || *uv* вта́лкивать, -аю, -аешь
втолкова́ть, -ку́ю, -ку́ешь; -ко́ванный, -ко́ван, -а *v umg* erklären, beibringen, begreiflich machen || *uv* **втолко́вывать,** -аю, -аешь
в|топта́ть* *v* hineinstampfen, -treten ◇ ~ в грязь *übtr* in den Schmutz ziehen || *uv* вта́птывать, -аю, -аешь
вто́ра, -ы *f mus* zweite Stimme; zweite Violine
вторга́ться *uv zu* вто́ргнуться
вто́ргнуться, -нусь, -нешься; вто́ргся, -лась *v* **1.** eindringen, einfallen **2.** *übtr* sich einmischen || *uv* вторга́ться, -а́юсь, -а́ешься
вторже́ние, -я *n* **1.** Einfall, Invasion **2.** Einmischung
вто́рить, -рю, -ришь *uv D* **1.** widerhallen **2.** *übtr* wiederholen, nachsprechen **3.** *mus* die zweite Stimme spielen *oder* singen
втори́чный, -ая, -ое **1.** zum zweiten Mal stattfindend, wiederholt **2.** sekundär
вто́рник, -а *m* Dienstag
второго́дник, -а *m* Sitzenbleiber
второ́й, -а́я, -о́е **1.** *Num* zweiter; ~ эта́ж erster Stock; -о́го числа́ am Zweiten (des Monats); -о́е ию́ня der zweite Juni; am zweiten Juni; ~ час es geht auf zwei; во -о́м часу́ nach eins, zwischen eins und zwei; во ~ раз zum zweiten Mal; одна́ -а́я (часть) Hälfte **2.** zweiter, zweitrangig; -ая скри́пка zweite Geige **3.** -о́е, -о́го *Subst n* zweiter Gang *beim Essen* **4.** -а́я, -о́й *Subst f* Hälfte ◇ из -ы́х рук aus zweiter Hand
второ|кла́ссник, -а *m* Schüler der zweiten Klasse; **~кла́ссница,** -ы, *I* -ей *f* Schülerin der zweiten Klasse;

~кла́ссный, -ая, -ое zweitrangig; **~очередно́й,** -а́я, -о́е zweitrangig

второпя́х *Adv* in größter Eile, überstürzt, Hals über Kopf

второ|разря́дный, -ая, -ое zweiten Ranges, mittelmäßig; **~со́ртный,** -ая, -ое zweiter Güte; **~степе́нный,** -ая, -ое; *Kzf* -е́нен, -е́нна 1. nebensächlich, zweitrangig; Neben- 2. mittelmäßig, Durchschnitts-

втрави́ть, -авлю́, -а́вишь; -а́вленный, -а́влен, -а *v* 1. zur Hetzjagd abrichten 2. *übtr, volkssspr* hineinziehen, verwickeln (в *A* in) ‖ *uv* **втра́вливать,** -аю, -аешь

в-тре́тьих *mod* drittens

втри́дорога *Adv umg* dreimal so teuer; sehr teuer

втро́е *Adv* dreimal, dreifach

втроём *Adv* zu dritt

втройне́ *Adv* dreifach, dreimal soviel

втуз, -а *m* (вы́сшее техни́ческое уче́бное заведе́ние) technische Hochschule

вту́зовец, -вца, *I* -вцем, *G Pl* -вцев *m umg* Student einer technischen Hochschule

вту́лка, -и, *Pl G* -лок, *D* -лкам *f* 1. *tech* Buchse, Nabe 2. Spund, Zapfen

в т. ч. (в том числе́) davon, darunter

втыка́ть(ся) *uv zu* воткну́ть(ся)

втя́гивать(ся) *uv zu* втяну́ть(ся)

втяжно́й, -а́я, -о́е *tech* Saug-

втяну́ть, -яну́, -я́нешь; -я́нутый, -я́нут, -а *v* 1. (hin)einziehen; hoch-, hinaufziehen 2. einsaugen, einziehen (*z. B. Kopf, Bauch; Luft*) 3. einbeziehen 4. *übtr* verleiten; verwickeln ‖ *uv* втя́гивать, -аю, -аешь

втяну́ться, -яну́сь, -я́нешься *v umg* 1. sich gewöhnen, eindringen, sich vertraut machen 2. *1. u. 2. Pers ungebr* einfallen *Wangen* ‖ *uv* втя́гиваться, -аюсь, -аешься

вуали́ровать, -рую, -руешь *uv* verschleiern

вуа́ль, -и *f* 1. Schleier 2. *phot* Nebelflecken, Nebelschleier

вуз, -а *m* (вы́сшее уче́бное заведе́ние) Hochschule

вузовец, -вца, *I* -вцем, *G Pl* -вцев *m umg* Student einer Hochschule

ву́зовский, -ая, -ое Hochschul-; -ие програ́ммы Studienpläne

вулка́н, -а *m* Vulkan ◇ жить (как) на -е (wie) auf einem Vulkan leben

вулканиза́ция, -и *f* Vulkanisierung

вулкани́ческий, -ая, -ое vulkanisch, Vulkan-

вульга́рный, -ая, -ое 1. *Kzf* -рен, -рна vulgär, gemein 2. *derb* vereinfacht, verflacht

ВФДМ (Всеми́рная Федера́ция Демократи́ческой Молодёжи) WBDJ (Weltbund der Demokratischen Jugend)

вход, -а *m* 1. Eingang; гла́вный ~ Haupteingang 2. Eintritt, Zutritt, Betreten; пла́та за ~ Eintrittsgeld

входи́ть *uv zu* войти́

входно́й, -а́я, -о́е 1. Eingangs- 2. Eintritts-; ~ биле́т Eintrittskarte

входя́щий, -ая, -ее einlaufend, eingehend *Post*

вхо́жий, -ая, -ее; *Kzf* вхож, -а *umg* freien Zutritt habend; быть -им к кому́-н. gut bekannt sein mit j-m

вхолосту́ю *Adv* unnütz; im Leerlauf

вцепи́ться, вцеплю́сь, вце́пишься *v* sich anklammern (в *A* an) ‖ *uv* **вцепля́ться,** -я́юсь, -я́ешься

ВЦИК, -а *m* (Всеросси́йский Центра́льный Исполни́тельный Комите́т) *hist* Allrussisches Zentralexekutivkomitee (1917-36)

ВЦСПС (Всесою́зный Центра́льный Сове́т Профессиона́льных Сою́зов) Zentralrat der Gewerkschaften der UdSSR

вчера́ *Adv* gestern

вчера́шний, -яя, -ее gestrig

вчерне́ *Adv* im Entwurf; im Rohbau

вчерти́ть, вчерчу́, вче́ртишь; вче́рченный, -ен, -а *v* (hin)einzeichnen ‖ *uv* **вче́рчивать,** -аю, -аешь

вче́тверо *Adv* viermal, vierfach

вчетверо́м *Adv* zu viert

в-четвёртых *mod* viertens

вчисту́ю *Adv volkssspr* vollständig, endgültig

вчита́ться, -а́юсь, -а́ешься *v umg* sich (hin)einlesen; aufmerksam durchlesen ‖ *uv* **вчи́тываться,** -аюсь, -аешься

ВЧК (Всеросси́йская чрезвыча́йная коми́ссия по борьбе́ с контрреволю́цией и сабота́жем) *hist* Allrussische Sonderkommission zur Bekämpfung von Konterrevolution und Sabotage

вчу́же *Adv umg* als Außenstehender, unbekannterweise; мне его́ ~ жаль er tut mir leid, auch wenn es mich nicht betrifft

вше́стеро *Adv* sechsmal, sechsfach

вшестеро́м *Adv* zu sechst

в-шесты́х *mod* sechstens

вшива́ть *uv zu* вшить

вши́веть, -ею, -еешь *uv* verlausen, Läuse bekommen

вшивка, -и *f umg* Einnähen; eingenähtes Stück
вшивной, -ая, -ое eingenäht, eingesetzt
вшивый, -ая, -ое; *Kzf* вшив, -а verlaust
вширь *Adv* in die Breite
в|шить*, вошью *v* einnähen, einsetzen || вшивать, -аю, -аешь
въедаться *uv zu* въесться
въедливый, -ая, -ое; *Kzf* -ив, -а *umg* 1. ätzend 2. zudringlich, neugierig
въедчивый, -ая, -ое; *Kzf* -ив, -а *umg* 1. ätzend 2. zudringlich; sticheInd, giftig
въезд, -а *m* 1. Einfahren; Einzug 2. Einfahrt, Auffahrt 3. Einreise
въездной, -ая, -ое Einfahrts-, Auffahrts-; -ая виза Einreisevisum
въезжать *uv zu* въехать
въ|есться* *v* eindringen; sich hineinfressen || *uv* въедаться, -аюсь, -аешься
въ|ехать* *v* 1. (hin)einfahren 2. hinauffahren 3. einziehen *in eine Wohnung* || *uv* въезжать, -аю, -аешь
въявь *Adv alt, volksspr* in wachem Zustand; in Wirklichkeit
вы, вас, вам, вас, вами, о вас *Pers Pron* ihr, Sie; он доволен вами er ist mit euch [mit Ihnen] zufrieden ◇ мы с ним на вы wir sagen Sie zueinander, ich sieze mich mit ihm
выбалтывать *uv zu* выболтать
выбегать *uv zu* выбежать
вы|бежать* *v* hinaus-, herauslaufen, -rennen || *uv* выбегать, -аю, -аешь
выбелить, -лю, -лишь; -ленный, -лен, -а *v* weißen
выбивать(ся) *uv zu* выбить(ся)
выбирать(ся) *uv zu* выбрать(ся)
вы|бить*, -бьешь *v* 1. herausschlagen, einschlagen; einwerfen; vertreiben 2. *umg* ausklopfen 3. prägen ◇ ~ из колеи aus dem Geleise bringen || *uv* выбивать, -аю, -аешь
вы|биться*, -бьешься *v* 1. *umg* sich mit Mühe herausarbeiten; sich emporarbeiten 2. sich befreien, loskommen, herauskommen 3. *1. u. 2. Pers ungebr* hervortreten, sich zeigen ◇ я совсем выбился из сил ich bin ganz erschöpft; ~ из колеи aus dem Geleise kommen; ~ на дорогу auf den rechten Weg kommen; ~ в люди Karriere machen; волосы выбились из-под шляпы das Haar quoll unter dem Hut hervor || *uv* выбиваться, -аюсь, -аешься
выбоина, -ы *f* 1. Schlagloch 2. Aushöhlung, Vertiefung
выболтать, -аю, -аешь; -анный, -ан, -а *v volksspr* ausplaudern, -schwatzen || *uv* выбалтывать, -аю, -аешь
выбор, -а *m* Wahl, Auswahl; у неё не было -а ihr blieb keine Wahl; сделать ~ eine Wahl treffen; на ~ zur Auswahl; ~ труден wer die Wahl hat, hat die Qual
Выборг, -а *m* Wyborg
выборка, -и, *Pl G* -рок, *D* -ркам *f* 1. Auswahl 2. *meist Pl* Auszug, Exzerpt; делать -и Auszüge machen; проверить на -у *volkssp*r eine Stichprobe machen
выборность, -и *f* Wählbarkeit
выборный, -ая, -ое 1. Wahl- 2. gewählt, abgeordnet 3. wählbar 4. -ого *Subst m* Abgeordneter, Gewählter
выборочный, -ая, -ое: -ая проверка Stichprobe
выборщик, -а *m* Wahlmann, Wählervertreter
выборы, -ов *Pl* Wahlen, Wahl; приступить к -ам zur Wahl schreiten; ~ в Верховный Совет СССР die Wahlen zum Obersten Sowjet der UdSSR
выбранить, -ню, -нишь; -ненный, -нен, -а *v umg* ausschelten
выбрасывать(ся) *uv zu* выбросить(ся)
вы|брать*, -берешь *v* 1. wählen; auswählen, die Wahl treffen 2. *umg* auslesen, aussuchen 3. wählen *durch Abstimmen* 4. herausnehmen, -ziehen; auspacken 5. lichten *Anker*; einholen *Netz* 6. *alt* erhalten, bekommen || *uv* выбирать, -аю, -аешь
вы|браться*, -берешься *v umg* 1. herauskommen, herausgelangen *mit Mühe*, loskommen; ~ на дорогу den Weg finden 2. *übtr* sich herausfinden; ~ из затруднительного положения einen Ausweg aus einer schwierigen Lage finden 3. ausziehen, umziehen *in eine andere Wohnung* 4. *umg* sich finden *Zeit* || *uv* выбираться, -аюсь, -аешься
выбривать *uv zu* выбрить
вы|брить* *v* (ab)rasieren, (ab)scheren || *uv* выбривать, -аю, -аешь
выбросить, -ошу, -осишь; -ось *u.* -оси; -ошенный, -ошен, -а *v* 1. hinaus-, herauswerfen 2. *übtr* (aus)streichen; herausnehmen 3. hinauswerfen, -jagen 4. *umg* vergeuden, hinauswerfen 5. *volkssp*r zum Verkauf bringen; ~ товар на рынок Ware auf den Markt werfen ◇ ~ что-н. из головы

etw. aus dem Sinn schlagen; ~ десáнт Truppen landen; ~ лóзунг eine Losung ausgeben || *uv* выбрáсывать, -аю, -аешь

вы́броситься, -ошусь, -осишься; -осься *u.* -осись *v* sich hinabstürzen; hinausspringen || *uv* выбрáсываться, -аюсь, -аешься

выбывáть *uv zu* вы́быть

выбы́тие, -я *n*: за -ем wegen Austrittes [Abganges]

вы́|быть* *v* **1.** verlassen; abreisen; ausziehen **2.** ausscheiden; ab-, austreten; ~ из шкóлы von der Schule abgehen; ~ из игры́ aus dem Spiel ausscheiden; ~ из стрóя a) *mil* kampfunfähig werden; b) *übtr* ausscheiden, aus den Reihen scheiden; адресáт вы́был Adressat verzogen || *uv* выбывáть, -áю, -áешь

[1]**вывáливать(ся)** *uv zu* вы́валить(ся)

[2]**вывáливать(ся)** *uv zu* вы́валять(ся)

вы́валить, -лю, -лишь; -ленный, -лен, -а *v umg* hinauswerfen, ausschütten || *uv* вывáливать, -аю, -аешь

вы́валиться, -люсь, -лишься *v* hinaus-, herausfallen || *uv* вывáливаться, -аюсь, -аешься

вы́валять, -яю, -яешь *v* (umher)wälzen || *uv* вывáливать, -аю, -аешь

вы́валяться, -яюсь, -яешься *v volksspr* sich im Schmutz wälzen || *uv* вывáливаться, -аюсь, -аешься

вывáривать *uv zu* вы́варить

вы́варить, -рю, -ришь; -ренный, -рен, -а *v* **1.** auskochen **2.** gar kochen **3.** herauskochen *von Flecken* || *uv* вывáривать, -аю, -аешь;

вы́варка, -и *f* Auskochen

вы́ведать, -аю, -аешь; -анный, -ан, -а *v* ausforschen, auskundschaften; ~ у когó-н. чтó-н. j-m auf den Zahn fühlen, aus j-m etw. herauskriegen || *uv* **вывéдывать,** -аю, -аешь

вы́|везти*, -везешь *v* **1.** wegfahren, abtransportieren **2.** ausführen, exportieren **3.** mitbringen, importieren **4.** *volksspr 1. u. 2. Pers ungebr* (aus der Not) heraushelfen || *uv* вывози́ть, -ожу́, -óзишь

вы́верить, -рю, -ришь; -ри *u. umg* -рь; -ренный, -рен, -а *v* prüfen, eichen; *tech* justieren ~ часы́ die Uhr regulieren; ~ списки избирáтелей die Wählerlisten einsehen || *uv* выверя́ть, -я́ю, -я́ешь

вы́верка, -и *f umg* Prüfung, Eichung

вы́вернуть, -ну, -нешь; -нутый, -нут, -а *v* **1.** herausschrauben, **2.** *umg* ausrenken **3.** wenden *Kleider* || *uv* вывёртывать, -аю, -аешь

вы́вернуться, -нусь, -нешься *v* **1.** *umg 1. u. 2. Pers ungebr* sich losschrauben; herausfallen **2.** *1. u. 2. Pers ungebr umg* sich ausrenken **3.** *1. u. 2. Pers ungebr* sich umstülpen *Kleider* **4.** *übtr* sich herauswinden *aus einer schwierigen Lage* || *uv* вывёртываться, -аюсь, -аешься

вы́верт, -а *m umg* **1.** (Körper-) Verrenkung **2.** Absonderlichkeit; geschraubte Redewendung; с -ом geschraubt

вы́вертеть, -рчу, -ртишь; -рченный, -рчен, -а *v volksspr* herausschrauben, -drehen || *uv* вывéрчивать, -аю, -аешь

вывёртывать(ся) *uv zu* вы́вернуть(ся)

вывéрчивать *uv zu* вы́вертеть

выверя́ть *uv zu* вы́верить

[1]**вы́весить,** -ешу, -есишь; -еси *u. umg* -есь; -ешенный, -ешен, -а *v* auf-, aus-, hinaushängen; ~ флáги flaggen || *uv* вывéшивать, -аю, -аешь

[2]**вы́весить,** -ешу, -есишь; -еси *u. umg* -есь; -ешенный, -ешен, -а *v* abwiegen; ~ ги́ри die Gewichte eichen || *uv* вывéшивать, -аю, -аешь

вы́веска, -и, *Pl G* -сок, *D* -скам *f* (Aushänge-) Schild, Firmenschild

вы́|вести*, -ведешь *v* **1.** hinaus-, heraus-, wegführen **2.** ausschließen; ~ из президиума aus dem Präsidium ausschließen **3.** entfernen; ausrotten; vertilgen; ~ злоупотреблéния Mißstände abschaffen **4.** schlußfolgern; einen Schluß ziehen **5.** ausbrüten; züchten **6.** errichten **7.** ausführen, vortragen ◇ ~ когó-н. из терпéния [из себя́] j-n aus der Fassung bringen ~ когó-н. из затруднéния j-m aus der Patsche helfen; ~ из стрóя a) *mil* kampfunfähig machen; b) *übtr* arbeitsunfähig machen; außer Betrieb setzen, ~ на чи́стую вóду entlarven; ~ самолёт ein Flugzeug abfangen || *uv* выводи́ть, -ожу́, -óдишь

вы́|вестись*, *1. u. 2. Pers ungebr*, -ведется *v* **1.** aus dem Gebrauch kommen, aussterben **2.** verschwinden; sich entfernen lassen **3.** aus dem Ei kriechen || *uv* выводи́ться, -óдится

вывéтривание, -я *n* **1.** Lüften, Lüftung **2.** *geol* Verwitterung

вывéтривать(ся) *uv zu* вы́ветрить(ся)

вы́ветрить, -рю, -ришь; -ренный, -рен, -а *v* (aus)lüften || *uv* вывéтривать, -аю, -аешь
вы́ветриться, *1. u. 2. Pers ungebr*, -ится *v* 1. *geol* verwittern 2. (dem Gedächtnis) entschwinden || *uv* вывéтриваться, -ается
[1, 2]**вывéшивать** *uv zu* [1, 2]вы́весить
вы́винтить, -нчу, -нтишь; -нченный, -нчен, -а *v* heraus-, abschrauben || *uv* **выви́нчивать,** -аю, -аешь
вы́вих, -а *m* Verrenkung, Ausrenkung
выви́хивать *uv zu* вы́вихнуть
вы́вихнуть, -ну, -нешь; -нутый, -нут, -а *v* verrenken, ausrenken || *uv* выви́хивать, -аю, -аешь
вы́вод, -а *m* 1. Zurückziehung, Abzug *der Truppen* 2. Schlußfolgerung; Ableitung; сдéлать -ы die Konsequenzen ziehen; мы пришли́ к -у, что ... wir kamen zu dem Schluß, daß ... 3. Ausbrüten; Züchtung, Aufzucht 4. *tech* Ableitung, Ablauf
выводи́ть(ся) *uv zu* вы́вести(сь)
выводнóй, -áя, -óе 1. *tech* Ablaß-, Ablauf- 2.: -áя жи́дкость Fleckenwasser
вы́водок, -дка *m* Brut, Tierjunge
вы́воз, -а *m* 1. Transport, Hinausfahren 2. Ausfuhr, Export; предмéт -а Exportartikel
вывози́ть *uv zu* вы́везти
вы́возка, -и *f* Abfuhr, Wegfahren; ~ нечистóт Müllabfuhr
вывознóй, -áя, -óе Ausfuhr-, Abfuhr-
вывола́кивать *uv zu* вы́волочь
вы́|волочь*, -волочешь *v umg* herausschleifen, -schleppen || *uv* вывола́кивать, -аю, -аешь
вывора́чивать(ся) *uv zu* вы́воротить(ся)
вы́воротить, -очу, -отишь; -оченный, -очен, -а *v volksspr* 1. herausrütteln, -ziehen, -reißen 2. wenden *Kleider* 3. ausschütteln || *uv* вывора́чивать, -аю, -аешь
вы́воротиться, *1. u. 2. Pers ungebr*, -ится *v umg* 1. herausfallen, sich losdrehen 2. sich umstülpen *Kleider* || *uv* вывора́чиваться, -ается
вы́гадать, -аю, -аешь; -анный, -ан, -а *v* einsparen, gewinnen; Vorteil aus etw. ziehen; ~ врéмя Zeit gewinnen; что ты вы́гадал? was hast du davon? || *uv* **выга́дывать,** -аю, -аешь
вы́гиб, -а *m* Krümmung, Biegung
выгиба́ть(ся) *uv zu* вы́гнуть(ся)
вы́гладить, -ажу, -адишь; -аженный, -ажен, -а *v* (aus)plätten; eben machen || *uv* **вы́гла́живать,** -аю, -аешь
вы́глядеть, -яжу, -ядишь *uv* aussehen
выгля́дывать *uv zu* вы́глянуть
вы́глянуть, -ну, -нешь; -ни *u. volksspr* -нь *v* 1. hinaus-, heraussehen 2. hervorsehen; сóлнце вы́глянуло из-за туч die Sonne sah hinter den Wolken hervor || *uv* выгля́дывать, -аю, -аешь
вы́|гнать* *v* 1. hinaustreiben, -jagen; ~ с рабóты *umg* entlassen 2. brennen, destillieren || *uv* выгоня́ть, -я́ю, -я́ешь
вы́гнуть, -ну, -нешь; -нутый, -нут, -а *v* krümmen, biegen || *uv* выгиба́ть, -а́ю, -а́ешь
вы́гнуться, -нусь, -нешься *v* sich krümmen, sich biegen || *uv* выгиба́ться, -а́юсь, -а́ешься
выгова́ривать, -аю, -аешь *uv* 1. *uv zu* вы́говорить 2. *D umg* einen Verweis erteilen, rügen
вы́говор, -а *m* 1. *ling* Aussprache 2. Verweis, Tadel
вы́говорить, -рю, -ришь; -ренный, -рен, -а *v* 1. sagen, hervorbringen 2. *ling* aussprechen 3. *D umg* ausbedingen, vorbehalten || *uv* выгова́ривать, -аю, -аешь
вы́года, -ы *f* Gewinn, Vorteil, Nutzen; извлéчь -у из чегó-н. Vorteil aus etw. ziehen; кака́я мне от э́того ~ was nützt mir das?
вы́годный, -ая, -ое; *Kzf* -ден, -дна vorteilhaft; gewinnbringend; nützlich
вы́гон, -а *m* Weide
вы́гонка, -и *f umg* Destillation
выгоня́ть *uv zu* вы́гнать
выгора́живать *uv zu* вы́городить
[1, 2]**выгора́ть** *uv zu* [1, 2]вы́гореть
[1]**вы́гореть,** *1. u. 2. Pers ungebr*, -рит *v* 1. ab-, niederbrennen; verbrennen *itr* 2. verblassen, -bleichen || *uv* выгора́ть, -а́ю, -а́ешь
[2]**вы́гореть,** *1. u. 2. Pers ungebr*, -рит *v volksspr* gelingen; дéло не вы́горело es hat nicht geklappt || *uv* выгора́ть, -а́ет
вы́городить, -ожу, -одишь; -оженный, -ожен, -а *v* 1. abzäunen 2. *übtr volksspr* einstehen; verteidigen || *uv* выгора́живать, -аю, -аешь
вы́гравировать, -рую, -руешь; -рованный, -рован, -а *v* eingravieren
выгреба́ть *uv zu* вы́грести
выгребнóй, -áя, -óе: -áя я́ма Müllgrube
вы́|грести*, -гребешь *v* 1. herauskratzen, -scharren; ausleeren 2. (hin-

aus)rudern || *uv* выгреба́ть, -а́ю, -а́ешь

выгружа́ть(ся) *uv zu* вы́грузить(ся)

вы́грузить, -ужу, -узишь; -уженный, -ужен, -а *v* ab-, ausladen; *naut* löschen || *uv* выгружа́ть, -а́ю, -а́ешь

вы́грузиться, -ужусь, -узишься *v* 1. entladen werden 2. aussteigen || *uv* выгружа́ться, -а́юсь, -а́ешься

вы́грузка, -и *f* Ausladen; Löschen

выгрыза́ть *uv zu* вы́грызть

вы́|грызть*, -грызешь *v* herausnagen || *uv* выгрыза́ть, -а́ю, -а́ешь

выдава́ть(ся) *uv zu* вы́дать(ся)

вы́давить, -влю, -вишь; -вленный, -влен, -а *v* 1. auspressen, -quetschen; ~ слезу́ *naut* eine Träne herauspressen; ~ улы́бку *übtr* sich zum Lächeln zwingen; сло́ва не вы́давишь из неё man bringt kein Wort aus ihr heraus 2. herausdrücken, -brechen 3. eindrücken || *uv* **выда́вливать,** -аю, -аешь

выда́ивать *uv zu* вы́доить

выда́лбливать *uv zu* вы́долбить

вы́данье, -ья: де́вушка на ~ *alt* heiratsfähiges Mädchen

вы́|дать* *v* 1. ausgeben; übergeben; aushändigen; ~ удостовере́ние eine Bescheinigung ausstellen; ~ за́работную пла́ту das Gehalt auszahlen 2. ausliefern 3. verraten, preisgeben 4. enthüllen, verraten; ~ свою́ мысль seinen Gedanken offenbaren 5.: ~ себя́ за кого́-н. sich ausgeben für j-n; ~ за́муж verheiraten || *uv* вы|дава́ть*

вы́|даться*, *1. u. 2. Pers ungebr v* 1. hervorragen, -treten; vorspringen 2. sich hervortun; sich auszeichnen 3. *umg* sich ereignen, vorfallen; ле́то вы́далось сухо́е der Sommer fiel trocken aus; ну, уж вы́дался денёк! das war aber [mal] ein Tag! || *uv* вы|дава́ться*

вы́дача, -и *f* Ausgabe, Aushändigung; Auslieferung; Ausstellung

выдаю́щийся, -аяся, -ееся hervorragend, bedeutend

выдвига́ть(ся) *uv zu* вы́двинуть(ся)

выдвиже́нец, -нца, *I* -нцем, *G Pl* -нцев *m*: он ~ er wurde auf einen verantwortlichen Posten befördert

выдвиже́ние, -я *n* 1. Vorrücken; Hervorkommen 2. Vorschlagen, Aufstellen 3. Beförderung *im Rang*

выдвижно́й, -а́я, -о́е herausziehbar, Schub-; ~ я́щик Schublade, -fach

вы́двинуть, -ну, -нешь; -нутый, -нут, -а *v* 1. vorrücken; hervorziehen; vorschieben 2. vorbringen *Argumente*; aufwerfen *Fragen*; aufstellen *These, Kandidatur*; ~ на пе́рвый план in den Vordergrund stellen; ~ в кандида́ты als Kandidaten aufstellen 3. befördern, ernennen || *uv* выдвига́ть, -а́ю, -а́ешь

вы́двинуться, -нусь, -нешься *v* 1. sich vorschieben 2. sich hervortun; aufrücken; befördert werden || *uv* выдвига́ться, -а́юсь, -а́ешься

вы́дворить, -рю, -ришь; -ренный, -рен, -а *v* 1. *alt* exmittieren, ausweisen 2. *umg* hinauskomplimentieren || *uv* **выдворя́ть,** -я́ю, -я́ешь

вы́дел, -а *m* Besitzanteil, Erbteil

вы́делать, -аю, -аешь; -анный, -ан, -а *v* 1. verfertigen, herstellen; zubereiten 2. bearbeiten, herrichten || *uv* выде́лывать, -аю, -аешь

выделе́ние, -я *n* 1. *jur* Abfindung 2. *chem* Ausscheidung, Aussonderung 3. Absonderung; Ausfluß

выдели́тельный, -ая, -ое: -ые о́рганы Ausscheidungsorgane

вы́делить, -лю, -лишь; -ленный, -лен, -а *v* 1. aussondern, absondern, abtrennen; aussuchen, abzweigen 2. abfinden; zuteilen *Vermögen* 3. *mil* abgeben 4. bestimmen 5. hervorheben, anmerken; kennzeichnen 6. *1. u. 2. Pers ungebr* ausscheiden, absondern, aussondern || *uv* выделя́ть, -я́ю, -я́ешь

вы́делиться, -люсь, -лишься *v* 1. sich auszeichnen, sich hervortun; hervorstechen 2. seinen (Vermögens-) Anteil übernehmen 3. *1. u. 2. Pers ungebr* sich absondern *z. B. Schweiß* || *uv* выделя́ться, -я́юсь, -я́ешься

вы́делка, -и *f* Verfertigung, Herstellung, Zubereitung; ~ кож Gerbung

выде́лывать, -аю, -аешь *uv* 1. *uv zu* вы́делать 2. bearbeiten, verfertigen, zubereiten; ~ ко́жу gerben 2. *umg* ausführen; ~ ра́зные фо́кусы allerhand Possen treiben

выделя́ть(ся) *uv zu* вы́делить(ся)

выдёргивать *uv zu* вы́дернуть

вы́держанный, -ая, -ое 1. beherrscht, diszipliniert 2. konsequent 3.: -ое вино́ (ab)gelagerter Wein

вы́держать, -жу, -жишь; -жанный, -жан, -а *v* 1. aushalten, standhalten; tragen; ertragen 2. bestehen *Prüfung* 3. (ab)lagern *Tabak, Wein* ◇ ~ не́сколько изда́ний einige Auflagen haben; ~ роль nicht aus der Rolle fallen; ~ хара́ктер festbleiben, standhalten || *uv* **выде́рживать,** -аю, -аешь; э́то не выде́рживает кри́тики das ist unter aller Kritik

[1]**вы́держка, -и** *f* **1.** Selbstbeherrschung, Ausdauer **2.** *phot* Belichtungszeit

[2]**вы́держка, -и,** *Pl G* -жек, *D* -жкам *f* Zitat, Auszug ◇ на -у aufs Geratewohl; auszugsweise; als Stichprobe

вы́дернуть, -ну, -нешь; -нутый, -нут, -а *v* herausziehen, -reißen || *uv* вы-дёргивать, -аю, -аешь

выдира́ть *uv zu* [1]вы́драть

вы́доить, -ою, -оишь; -оенный, -оен, -а *v* melken || *uv* выда́ивать, -аю, -аешь

вы́долбить, -блю, -бишь; -бленный, -блен, -а *v* **1.** aushöhlen, ausmeißeln **2.** einpauken || *uv* выда́лбливать, -аю, -аешь

вы́дох, -а *m* Ausatmung, Ausatmen

вы́дохнуть, -ну, -нешь; -нутый, -нут, -а *v* ausatmen || *uv* выдыха́ть, -а́ю, -а́ешь

вы́дохнуться, -нусь, -нешься; вы́дохся, -лась *v* **1.** verfliegen, sich verflüchtigen; verlieren *Aroma, Duft* **2.** *umg* schwächer werden; erschöpft sein || *uv* выдыха́ться, -а́юсь, -а́ешься

вы́дра, -ы *f* Fischotter

[1]**вы́|драть*,** -дерешь *v umg* (her)ausreißen || *uv* выдира́ть, -а́ю, -а́ешь

[2]**вы́|драть*,** -дерешь *v umg* durchprügeln; ~ за́ уши an den Ohren ziehen

вы́дрессировать, -рую, -руешь; -рованный, -рован, -а *v* dressieren

вы́дубить, -блю, -бишь; -бленный, -блен, -а *v* gerben

выдува́ть *uv zu* вы́дуть

выдувно́й, -а́я, -о́е geblasen, hohl *Glas*

вы́думать, -аю, -аешь; -анный, -ан, -а *v* ausdenken; erfinden; erdichten ◇ он по́роха не вы́думает er hat das Pulver nicht erfunden || *uv* выду́мывать, -аю, -аешь ◇ не выду́мывай! bilde dir das nicht ein!; что ты выду́мываешь? was fällt dir ein?

вы́думка, -и, *Pl G* -мок, *D* -мкам *f* **1.** Erfindung, Lüge **2.** Einfall **3.** *umg* Einbildungskraft, Phantasie

вы́думщик, -а *m umg* **1.** erfinderischer Mensch **2.** Lügner, Aufschneider

выду́мывать *uv zu* вы́думать

вы́|дуть* *v* **1.** (heraus)blasen; wegblasen **2.**: всё тепло́ вы́дуло *umg* die Wärme hat sich verflüchtigt **3.** *tech* blasen **4.** *volksspr* aussaufen ◇ ~ ого́нь das Feuer anblasen || *uv* выдува́ть, -а́ю, -а́ешь

выдыха́ние, -я *n* Ausatmung

выдыха́ть(ся) *uv zu* вы́дохнуть(ся)

выеда́ть *uv zu* вы́есть

вы́езд, -а *m* **1.** Ausfahrt *Ort* **2.** Abfahrt, Ausreise; Hinausreiten; Übersiedeln **3.** *alt* Gespann

вы́ездить, -зжу, -здишь; -зженный, -зжен, -а *v* einfahren; zureiten || *uv* выезжа́ть, -а́ю, -а́ешь

вы́ездка, -и *f* Einfahren; Zureiten

выездно́й, -а́я, -о́е Ausfahrts-; -о́е пла́тье *alt* Ausgehkleid ◇ -а́я се́ссия суда́ *jur* Lokaltermin

[1]**выезжа́ть** *uv zu* вы́ехать

[2]**выезжа́ть** *uv zu* вы́ездить

вы́ем, -а *m* **1.** Herausnahme **2.** Vertiefung **3.** Ausschnitt

вы́емка, -и, *Pl G* -мок, *D* -мкам *f.* **1.** Herausnahme **2.** Beschlagnahme **3.** Vertiefung, Einschnitt **4.** Ausschnitt **5.** Leerung *Briefkasten*

вы́|есть*; вы́еденный, -ен, -а *v* **1.** herausessen; herausnagen **2.** *1. u. 2. Pers ungebr* zerfressen, ausätzen ◇ не сто́ит вы́еденного яйца́ das ist keinen Pfifferling wert || *uv* выеда́ть, -а́ю, -а́ешь

вы́|ехать*; *Imp fehlt v* **1.** fort-, weg-, ausfahren; hinausreiten; мы за́втра выезжа́ем wir reisen morgen ab **2.** aus-, umziehen; übersiedeln; ~ из кварти́ры aus der Wohnung ziehen **3.** на *P umg* (zu seinem Vorteil) ausnutzen || *uv* выезжа́ть, -а́ю, -а́ешь

[1]**вы́|жать[1]*,** -жмешь *v* **1.** auspressen, -drücken **2.** (aus)wringen **3.** *Sport* heben, stemmen ◇ ~ всё, что то́лько мо́жно das Letzte herausholen || *uv* выжима́ть, -а́ю, -а́ешь

[2]**вы́|жать[2]*,** -жнешь *v* abernten; abmähen || *uv* выжина́ть, -а́ю, -а́ешь

вы́|ждать*, -ждешь *v* abwarten, abpassen || *uv* выжида́ть, -а́ю, -а́ешь

вы́желтить, -лчу, -лтишь; -лченный, -лчен, -а *v* **1.** gelb färben **2.** gelbe Flecken machen (auf)

вы́|жечь*, -жжешь *v* **1.** ver-, ausbrennen; einäschern **2.**: ~ клеймо́ ein Mal einbrennen, brandmarken **3.** *med* ausbrennen || *uv* выжига́ть, -а́ю, -а́ешь

[1,2]**выжива́ть** *uv zu* [1,2]вы́жить

вы́жига, -и *m,* f *volksspr* Schlaukopf; Gauner

выжига́ние, -я *n* **1.** Ausbrennen **2.**: ~ по де́реву Holzbrandmalerei

выжига́ть *uv zu* вы́жечь

выжида́тельный, -ая, -ое abwartend
выжида́ть *uv zu* вы́ждать
выжима́ть *uv zu* [1]вы́жать
вы́жимка, -и *f* Ausdrücken, Auspressen; Wringen
вы́жимки, -мок *u.* -мков, -мкам *Pl* (Preß-) Rückstände
выжина́ть *uv zu* [2]вы́жать
[1]**вы́|жить*,** -живешь *v* **1.** am Leben bleiben **2.** *umg* sich aufhalten, wohnen, bleiben **3.** aushalten, ertragen ◇ ~ из ума́ schwachsinnig werden || *uv* выжива́ть, -а́ю, -а́ешь
[2]**вы́|жить,** -живешь *v umg* vertreiben, verdrängen; loswerden || *uv* выжива́ть, -а́ю, -а́ешь
вы́|звать*, -зовешь *v* **1.** herbei-, herausrufen; einladen; ~ кого́-н. к себе́ j-n kommen lassen; ~ в суд vor Gericht laden; ~ кого́-н. по телефо́ну bei j-m anrufen; ~ врача́ den Arzt rufen **2.** herausfordern, aufrufen; ~ на соревнова́ние zum Wettbewerb auffordern **3.** hervorrufen, erregen; ~ слёзы у кого́-н. j-n zum Weinen bringen; ~ аппети́т den Appetit anregen || *uv* вызыва́ть, -а́ю, -а́ешь
вы́|зваться*, -зовешься *v* sich erbieten, sich anbieten; он вы́звался вести́ кружо́к er erbot sich, den Zirkel zu leiten || *uv* вызыва́ться, -а́юсь, -а́ешься
вы́звездить, -ит *v unpers*: уж вы́звездило die Sterne standen schon am Himmel
вы́зволить, -лю, -лишь; -ленный, -лен, -а *v volksspr* (aus einer schwierigen Lage) heraushelfen; ~ из беды́ aus der Patsche helfen || *uv* **вызволя́ть,** -я́ю, -я́ешь
выздора́вливать *uv zu* вы́здороветь
вы́здороветь, -вею, -веешь *v* genesen, wieder gesund werden || *uv* выздора́вливать, -аю, -аешь
выздоровле́ние, -я *n* Genesung
вы́зов, -а *m* **1.** Herausrufen; Einladung, Bestellung; Vorladung; Abruf; по -у auf Abruf; ~ по телефо́ну Anruf **2.** Herausforderung; ~ на соревнова́ние Aufforderung zum Wettbewerb ◇ броса́ть ~ (zum Kampf) herausfordern
вызола́чивать *uv zu* вы́золотить
вы́золотить, -очу, -отишь; -оченный, -очен, -а *v* vergolden || *uv* вызола́чивать, -аю, -аешь
вызрева́ть *uv zu* вы́зреть
вы́зреть, *1. u. 2. Pers ungebr*, -еет *v* ausreifen || *uv* вызрева́ть, -а́ет
вызу́бривать *uv zu* вы́зубрить
вы́зубрить, -рю, -ришь; -ренный, -рен, -а *v umg* einpauken || *uv* вызу́бривать, -аю, -аешь
вызыва́ть(ся) *uv zu* вы́звать(ся)
вызыва́ющий, -ая, -ее herausfordernd; aufreizend; ~ тон frecher Ton
вы́играть, -аю, -аешь; -анный, -ан, -а *v* **1.** gewinnen (у кого́-н. gegen j-n) **2.** Gewinn [Vorteil] haben; ~ на чём-н. einen Vorteil aus etw. ziehen || *uv* **выи́грывать,** -аю, -аешь
вы́игрыш, -а, *I* -ем, *G Pl* -ей *m* **1.** Gewinn; гла́вный ~ Hauptgewinn **2.**: быть в -е gewinnen; *übtr* im Vorteil sein **3.** Gewinn, Nutzen
вы́игрышный, -ая, -ое **1.** Gewinn-; ~ заём Gewinnanleihe **2.** vorteilhaft; gewinnbringend; в -ом положе́нии in günstiger Lage
вы́|искать* *v umg* herausfinden; ausfindig machen || *uv* **вы́искивать,** -аю, -аешь
вы́|искаться*, *1. u. 2. Pers ungebr v umg* sich finden || *uv* **вы́искиваться,** -ается
вы́|йти*, -йдешь *v* **1.** hinausgehen; herausgehen; ausscheiden, verlassen; ~ из ваго́на aussteigen; ~ из-за стола́ vom Tisch aufstehen **2.** erscheinen *Zeitschrift, Buch*; ~ на сце́ну die Bühne betreten **3.** ausgehen, zu Ende gehen; у меня́ вы́шли все де́ньги mein Geld ist zu Ende **4.** gelingen, herauskommen; werden; э́то пло́хо вы́шло das ist schlecht geraten; из него́ вы́йдет хоро́ший учи́тель aus ihm wird ein guter Lehrer **5.** folgen, herrühren; отсю́да и вы́шли все недоразуме́ния daraus folgten alle Mißverständnisse ◇ ~ в мо́ре *naut* auslaufen; ~ за́муж за кого́-н. j-n heiraten *bei Frauen*; ~ в отста́вку den Abschied nehmen; ~ на пе́нсию in (die) Rente gehen; ~ из себя́ außer sich geraten; ~ за преде́лы die Grenzen überschreiten; ~ из терпе́ния die Geduld verlieren; ~ из берего́в über die Ufer treten; ~ из стро́я kampfunfähig werden; arbeitsunfähig werden; ausfallen; ~ из положе́ния einen Ausweg finden; он ро́стом не вы́шел er ist zu klein geraten; ~ в лю́ди Karriere machen; срок вы́шел der Termin ist abgelaufen || *uv* выходи́ть, -ожу́, -о́дишь
вы́|казать* *v umg* zeigen; beweisen;

an den Tag legen ‖ *uv* **выкáзывать,** -аю, -аешь
выкáлывать *uv zu* вы́колоть
выкáпывать *uv zu* вы́копать
вы́карабкаться, -аюсь, -аешься *v umg* 1. (mit Mühe) herausklettern; sich herausarbeiten 2. *übtr* sich befreien ‖ *uv* **выкарáбкиваться,** -аюсь, -аешься
выкáрмливать *uv zu* вы́кормить
вы́катать, -аю, -аешь; -анный, -ан, -а *v* rollen, mangeln *Wäsche* ‖ *uv* выкáтывать, -аю, -аешь
вы́катить, -ачу, -атишь; -аченный, -ачен, -а *v* hinaus-, herausrollen ◇ ~ глазá *volksspr* die Augen aufreißen ‖ *uv* выкáтывать, -аю, -аешь
вы́катиться, -ачусь, -атишься *v* hinausrollen ‖ *uv* выкáтываться, -аюсь, -аешься
[1]**выкáтывать** *uv zu* вы́катать
[2]**выкáтывать** *uv zu* вы́катить
выкáтываться *uv zu* вы́катиться
вы́качать, -аю, -аешь; -анный, -ан, -а *v* (her)auspumpen *a. übtr* ‖ *uv* **выкáчивать,** -аю, -аешь
выкáшивать *uv zu* вы́косить
выкáшливать *uv zu* вы́кашлять
вы́кашлять, -яю, -яешь *v umg* beim Husten auswerfen ‖ *uv* выкáшливать, -аю, -аешь
выки́дывать(ся) *uv zu* вы́кинуть(ся)
вы́кидыш, -а, *I* -ем, *G Pl* -ей *m* 1. Fehlgeburt 2. Abtreibung
вы́кинуть, -ну, -нешь; -нутый, -нут, -а *v* 1. hinaus-, herauswerfen, wegwerfen; entfernen, (aus)streichen 2. *volksspr* eine Fehlgeburt haben ◇ вы́кинь э́то из головы́ schlag dir das aus dem Sinn; ~ шту́ку etw. anstellen ‖ *uv* выки́дывать, -аю, -аешь
вы́кинуться, -нусь, -нешься *v volksspr* sich hinausstürzen, -springen ‖ *uv* выки́дываться, -аюсь, -аешься
выкипáть *uv zu* вы́кипеть
вы́кипеть, *1. u. 2. Pers ungebr,* -пит *v* verdampfen, auskochen *itr* ‖ *uv* выкипáть, -áет
вы́кладка, -и *f* 1. Auslegen, Bedecken, Besetzen 2. *meist Pl G* -док, *D* -дкам Berechnungen 3. *mil* (Marsch) Gepäck
выклáдывать *uv zu* вы́ложить
вы́|клевать*, -клюешь *v* 1. (mit dem Schnabel) aushacken, auspicken 2. *alles* aufpicken ‖ *uv* **выклёвывать,** -аю, -аешь
выкликáть, -áю, -áешь *uv* aufrufen *namentlich* ‖ *v mom* **вы́кликнуть,** -ну, -нешь; -нутый, -нут, -а
выключáтель, -я *m el* Schalter; перекидно́й ~ Kippschalter
выключáть *uv zu* вы́ключить
вы́ключить, -чу, -чишь; -ченный, -чен, -а *v* 1. *el* aus-, abschalten; *tech* abstellen 2. ausschließen; ~ из спи́сков aus den Listen streichen ‖ *uv* выключáть, -áю, -áешь
выкля́нчивать *uv zu* вы́клянчить
вы́клянчить, -чу, -чишь; -ченный, -чен, -а *v volksspr* erbetteln ‖ *uv* выкля́нчивать, -аю, -аешь
вы́|ковать*, -куешь *v* schmieden ‖ *uv* **выко́вывать,** -аю, -аешь
выковы́ривать *uv zu* вы́ковырять
вы́ковырнуть *v mom zu* выковы́ривать
вы́ковырять, -яю, -яешь; -янный, -ян, -а *v umg* herausstochern, -kratzen ‖ *uv* выковы́ривать, -аю, -аешь | *v mom* вы́ковырнуть, -ну, -нешь; -нутый, -нут, -а
выколáчивать *uv zu* вы́колотить
выколáшиваться *uv zu* вы́колоситься
вы́колоситься, *1. u. 2. Pers ungebr,* -ится *v* in vollen Ähren stehen ‖ *uv* выколáшиваться, -ается
вы́колотить, -очу, -отишь; -оченный, -очен, -а *v* 1. ausklopfen; herausschlagen 2. *umg* erzwingen; mit Mühe verdienen ‖ *uv* выколáчивать, -аю, -аешь
вы́|колоть* *v* heraus-, ausstechen ◇ темно́, хоть глаз вы́коли es ist stockdunkel ‖ *uv* выкáлывать, -аю, -аешь
вы́копать, -аю, -аешь; -анный, -ан, -а *v* 1. graben 2. heraus-, ausgraben 3. *übtr, umg* hervorholen, -kramen ‖ *uv* выкáпывать, -аю, -аешь
вы́кормить, -млю, -мишь; -мленный, -млен, -а *v* 1. auffüttern 2. großziehen ‖ *uv* выкáрмливать, -аю, -аешь
вы́корчевать, -чую, -чуешь; -чеванный, -чеван, -а *v* 1. ausroden 2. *übtr* ausmerzen, ausrotten ‖ *uv* **выкорчёвывать,** -аю, -аешь
вы́косить, -ошу, -осишь; -ошенный, -ошен, -а *v* 1. abmähen 2. *übtr* niedermähen ‖ *uv* выкáшивать, -аю, -аешь
выкрáдывать *uv zu* вы́красть
выкрáивать *uv zu* вы́кроить
вы́красить, -ашу, -асишь; -ашенный, -ашен, -а *v* (an)streichen; färben; ~

в си́ний цвет blau färben || *uv* выкра́шивать, -аю, -аешь
вы́|красть*, -крадешь *v* stehlen || *uv* выкра́дывать, -аю, -аешь
выкра́шивать *uv zu* вы́красить
выкра́шиваться *uv zu* вы́крошиться
вы́крик, -а *m* Aufschrei, Ausruf
выкри́кивать *uv zu* вы́крикнуть
вы́крикнуть, -ну, -нешь; -нутый, -нут, -а *v* aufschreien; auf-, ausrufen || *uv* выкри́кивать, -аю, -аешь
вы́кристаллизоваться, *1. u. 2. Pers ungebr*, -зуется *v* 1. kristallisieren 2. *übtr* sich (heraus)bilden || *uv* **выкристаллизо́вываться**, -ается
вы́кроить, -ою, -оишь; -оенный, -оен, -а *v* 1. zuschneiden; herausschneiden 2. *übtr* abzweigen (für); (einen Vorteil) herausschlagen || *uv* выкра́ивать, -аю, -аешь *zu* 2
вы́кройка, -и, *Pl G* -оек, *D* -ойкам *f* Schnitt, Schnittmuster
вы́крошиться, *1. u. 2. Pers ungebr*, -ится *v umg* zerbröckeln || *uv* выкра́шиваться, -ается
выкрута́сы, -ов *Pl umg* 1. Körperverrenkungen *beim Tanzen* 2. Verzierungen, Verschnörkelungen
вы́крутить, -учу, -утишь; -ученный, -учен, -а *v* herausdrehen, -schrauben || *uv* **выкру́чивать**, -аю, -аешь
вы́крутиться, -учусь, -утишься *v volksspr* 1. sich losschrauben, -drehen 2. *übtr* sich herauswinden || *uv* **выкру́чиваться**, -аюсь, -аешься
вы́куп, -а *m* 1. Loskauf; Einlösung 2. Lösegeld
вы́купать, -аю, -аешь; -анный, -ан, -а *v* baden *tr*
выкупа́ть *uv zu* вы́купить
вы́купаться, -аюсь, -аешься *v* baden, ein Bad nehmen
вы́купить, -плю, -пишь; -пленный, -плен, -а *v* einlösen; loskaufen || *uv* выкупа́ть, -а́ю, -а́ешь
выкупно́й, -а́я, -о́е Einlöse-, Löse-; -ы́е де́ньги Lösegeld
[1, 2]выку́ривать *uv zu* [1, 2]вы́курить
[1]вы́курить, -рю, -ришь; -ренный, -рен, -а *v* 1. ausrauchen, zu Ende rauchen 2. ausräuchern 3. *volksspr* hinausekeln, hinausjagen || *uv* выку́ривать, -аю, -аешь
[2]вы́курить, -рю, -ришь; -ренный, -рен, -а *v alt u. gbt* brennen *Schnaps* || *uv* выку́ривать, -аю, -аешь
выла́вливать *uv zu* вы́ловить
вы́лазка, -и, *Pl G* -зок, *D* -зкам *f* 1. *mil* Ausfall 2. Anschlag, unerwarteter Überfall 3. *Sport* Ausflug; лы́жная ~ Skitour
вы́лакать, -аю, -аешь; -анный, -ан, -а *v* auflecken
выла́мывать *uv zu* вы́ломать
вы́лежать, -жу, -жишь *v* das Bett hüten || *uv* **вылёживать**, -аю, -аешь
вы́лежаться, -жусь, -жишься *v* 1. *umg* lange Zeit liegen; sich (liegend) ausruhen 2. *1. u. 2. Pers ungebr* ausreifen; ablagern || *uv* **вылёживаться**, -аюсь, -аешься
вылеза́ть *uv zu* вы́лезти
вы́|лезти* *u.* **вы́|лезть***; вы́лези *u. umg* вы́лезь *v* 1. herauskriechen, -klettern 2. *volksspr* aussteigen 3. *umg* zum Vorschein kommen, sich zeigen 4. *1. u. 2. Pers ungebr* ausfallen *von Haaren* || *uv* вылеза́ть, -а́ю, -а́ешь
вы́лепить, -плю, -пишь; -пленный, -плен, -а *v* modellieren || *uv* **вылепля́ть**, -я́ю, -я́ешь
вы́лет, -а *m* Fortfliegen; Abflug, Start; ~ стрелы́ Auslegeweite *eines Krans*
вылета́ть *uv zu* вы́лететь
вы́лететь, -лечу, -летишь *v* 1. hinausfliegen; fortfliegen; abfliegen 2. *übtr* hinausstürzen; автомоби́ль вы́летел из-за угла́ das Auto kam um die Ecke gerast ◇ э́то вы́летело у меня́ из головы́ das ist mir gänzlich entfallen || *uv* вылета́ть, -а́ю, -а́ешь
выле́чивать(ся) *uv zu* вы́лечить(ся)
вы́лечить, -чу, -чишь; -ченный, -чен, -а *v* heilen || *uv* выле́чивать, -аю, -аешь
вы́лечиться, -чусь, -чишься *v* sich auskurieren, gesund werden || *uv* выле́чиваться, -аюсь, -аешься
вылива́ть(ся) *uv zu* вы́лить(ся)
вы́|лизать* *v* ab-, auslecken || *uv* **выли́зывать**, -аю, -аешь
вы́линять, *1. u. 2. Pers ungebr*, -ят *v* 1. haaren; mausern 2. ausbleichen, verschießen
вы́литый, -ая, -ое: он ~ оте́ц *umg* er ist ganz der Vater
вы́|лить*, -льешь *v* 1. ausgießen, ausschütten 2. gießen *aus Metall u. ä.* || *uv* вылива́ть, -а́ю, -а́ешь
вы́|литься*, *1. u. 2. Pers ungebr*, -льется *v* 1. herausfließen, -laufen 2. *übtr* eine Form [Gestalt] annehmen; неизве́стно, во что э́то вы́льется man weiß noch nicht, was daraus wird || *uv* вылива́ться, -а́ется
вы́ловить, -влю, -вишь; -вленный, -влен, -а *v* 1. (restlos) fangen, fischen

2. herausfischen, -fangen ‖ *uv* вылáвливать, -аю, -аешь
вы́ложить, -жу, -жишь; -женный, -жен, -а *v* **1.** herauslegen; ausbreiten **2.** auslegen; besetzen; ~ дёрном mit Rasen belegen **3.** *übtr, umg* offen aussprechen; ~ всё комý-н. j-m sein Herz ausschütten **4.** *gbt* kastrieren ‖ *uv* выклáдывать, -аю, -аешь
вы́ломать, -аю, -аешь; -анный, -ан, -а *v* herausbrechen, aufbrechen; ~ дверь die Tür einschlagen ‖ *uv* вылáмывать, -аю, -аешь
вы́лощенный, -ая, -ое geschniegelt und gebügelt
вы́лудить, -ужу, -удишь; -уженный, -ужен, -а *v* verzinnen
вы́лупить, -плю, -пишь; -пленный, -плен, -а *v* **1.** abschälen **2.**: ~ глазá *volksspr* die Augen aufreißen ‖ *uv* **вылу́пливать,** -аю, -аешь
вы́лупиться, *1. u. 2. Pers ungebr,* -ится *v* **1.** aus dem Ei kriechen **2.** *volksspr* weit geöffnet sein *Augen* ‖ *uv* **вылу́пливаться,** -ается
вылу́щивать *uv zu* вы́лущить
вы́лущить, -щу, -щишь; -щенный, -щен, -а *v* **1.** ent-, aushülsen **2.** *med* herausschneiden ‖ *uv* вылу́щивать, -аю, -аешь
вы́|мазать*; вымажи *u. umg* вы́мажь *v* **1.** einschmieren, -reiben **2.** *umg* beschmieren, besudeln ‖ *uv* **вымáзывать,** -аю, -аешь
вы́|мазаться*; вымажись *u. umg* вы́мажься *v* schmutzig werden ‖ *uv* **вымáзываться,** -аюсь, -аешься
вымáливать *uv zu* вы́молить
вымáнивать *uv zu* вы́манить
вы́манить, -ню, -нишь; -ненный, -нен, -а *v* **1.** *umg* herauslocken **2.** ablisten ‖ *uv* вымáнивать, -аю, -аешь
вы́марать, -аю, -аешь; -анный, -ан, -а *v volksspr* **1.** beschmieren, -schmutzen **2.** (aus)streichen ‖ *uv* **вымáрывать,** -аю, -аешь
вы́мараться, -аюсь, -аешься *v volksspr* sich beschmieren ‖ *uv* **вымáрываться,** -аюсь, -аешься
вымáтывать *uv zu* вы́мотать
вымáчивать *uv zu* вы́мочить
вымáщивать *uv zu* вы́мостить
выме́нивать *uv zu* вы́менять
вы́менять, -яю, -яешь; -янный, -ян, -а *v* um-, eintauschen (на *A* gegen) ‖ *uv* выме́нивать, -аю, -аешь
вы́|мереть*, *1. u. 2. Pers ungebr,* -мрет *v* aussterben ‖ *uv* вымирáть, -áет
вымерзáть *uv zu* вы́мерзнуть
вы́мерзнуть, *1. u. 2. Pers ungebr,* -нет; вы́мерз, -ла *v* gefrieren; erfrieren ‖ *uv* вымерзáть, -áет
выме́ривать *uv zu* вы́мерить
вы́мерить, -рю, -ришь; -ренный, -рен, -а *v* aus-, abmessen ‖ *uv* **вымеря́ть,** -я́ю, -я́ешь *u.* выме́ривать, -аю, -аешь
вы́месить, -ешу, -есишь; -ешенный, -ешен, -а *v* (durch)kneten ‖ *uv* выме́шивать, -аю, -аешь
вы́|мести*, -метешь *v* ausfegen, auskehren ‖ *uv* выметáть, -áю, -áешь
вы́местить, -ещу, -естишь; -ещенный, -ещен, -а *v*: ~ злóбу на кóм-н. seine Wut an j-m auslassen ‖ *uv* вымещáть, -áю, -áешь
вы́метать, -аю, -аешь; -анный, -ан, -а *v*: ~ пе́тли Knopflöcher umnähen ‖ *uv* вымётывать, -аю, -аешь
выметáть *uv zu* вы́мести
вымётывать *uv zu* вы́метать
выме́шивать *uv zu* вы́месить
вымещáть *uv zu* вы́местить
вымирáть *uv zu* вы́мереть
вымогáтель, -я *m* Erpresser
вымогáтельство, -а *n* Erpressung
вымогáть, -áю, -áешь *uv* erpressen
вымокáть *uv zu* вы́мокнуть
вы́мокнуть, -ну, -нешь; вы́мок, -ла *v* **1.** durchnäßt sein; naß werden; ~ до послéдней ни́тки bis auf die Haut naß werden **2.** wässern; селёдка вы́мокла der Hering ist gewässert ‖ вымокáть, -áю, -áешь
вымолáчивать *uv zu* вы́молотить
вы́молвить, -влю, -вишь *v* aussprechen; он не вы́молвил ни слóва er sprach kein Wort
вы́молить, -лю, -лишь; -ленный, -лен, -а *v* erflehen, erbitten ‖ *uv* вымáливать, -аю, -аешь
вы́молот, -а *m* Dreschertrag
вы́молотить, -очу, -отишь; -оченный, -очен, -а *v* dreschen ‖ *uv* вымолáчивать, -аю, -аешь
вымáраживать *uv zu* вы́морозить
вы́морить, -рю, -ришь; -ренный, -рен, -а *v* vernichten, vertilgen
вы́морозить, -ожу, -озишь; -оженный, -ожен, -а *v* **1.** abkühlen; ausfrieren lassen **2.** durch Frost vertilgen ‖ *uv* вымарáживать, -аю, -аешь
вы́морочный, -ая, -ое ohne Erben; -ое иму́щество *jur* erbloses Gut
вы́мостить, -ощу, -остишь; -ощенный, -ощен, -а *v* pflastern ‖ *uv* вымáщивать, -аю, -аешь
вы́мотать, -аю, -аешь; -анный, -ан,

-а *v* zermürben, erschöpfen ◇ он мне вы́мотал всю ду́шу er hat mich (zu Tode) gequält || *uv* выма́тывать, -аю, -аешь
вы́мочить, -чу, -чишь; -ченный, -чен, -а *v* **1.** durchnässen, durchweichen **2.** weichen, wässern || *uv* вымачивать, -аю, -аешь
вы́мпел, -а *m* **1.** Wimpel **2.** *flug* Abwurftasche
вы́мученный, -ая, -ое (ab)gezwungen, erzwungen
вымучивать *uv zu* вы́мучить
вы́мучить, -чу, -чишь; -ченный, -чен, -а *v* erzwingen, mit Mühe hervorbringen || *uv* выму́чивать, -аю, -аешь
вы́муштровать, -рую, -руешь *v umg* drillen
вымыва́ть *uv zu* вы́мыть
вы́мысел, -сла *m* Erfindung, Erdichtung; Hirngespinst, Lüge
вы́|мыть* *v* (aus)waschen || *uv* вымыва́ть, -а́ю, -а́ешь
вы́|мыться* *v* sich waschen
вы́мышленный, -ая, -ое erdichtet; erdacht, erlogen
вы́мя, *G*, *D*, *P* -мени, *I* -менем, *Pl selten* вымена́, -мён, -мена́м *n* Euter
вына́шивать *uv zu* вы́носить
вы́|нести*, -несешь *v* **1.** hinaus-, forttragen; ло́дку вы́несло на бе́рег die Wellen haben das Boot ans Ufer getrieben **2.** nach vorn stellen [setzen, legen] **3.** aushalten, ertragen; erdulden; я не вы́несу э́того ich kann das nicht aushalten ◇ ~ пригово́р ein Urteil fällen; ~ резолю́цию einen Beschluß fassen; ~ за ско́бки *math* ausklammern; ~ впечатле́ние einen Eindruck bekommen; ~ на свои́х плеча́х *übtr* auf seinen Schultern tragen || *uv* выноси́ть, -ошу́ -о́сишь
вы́|нестись*, -несешься *v* hervorstürmen, -jagen, herausjagen || *uv* выноси́ться, -ошу́сь, -о́сишься
вынима́ть *uv zu* вы́нуть
вы́нос, -а *m* Leichenbegängnis
вы́носить, -ошу, -осишь; -ошенный, -ошен, -а *v* **1.** austragen, gebären **2.** gut durchdenken **3.** *umg* abtragen *Kleidung* || *uv* вына́шивать, -аю, -аешь
выноси́ть(ся) *uv zu* вынести́(сь)
вы́носка, -и *f* **1.** *umg* Hinaustragen **2.** Anmerkung, Fußnote
выно́сливый, -ая, -ое; *Kzf* -ив, -а ausdauernd, widerstandsfähig; zäh; standhaft
вы́ношенный, -ая, -ое **1.** *übtr* ausgereift; durchdacht; reif **2.** *umg* abgetragen *Kleidung*
вы́нудить, -ужу, -удишь; -ужденный, -ужден, -а *v* (er)zwingen; ~ у кого́-н. призна́ние j-m ein Geständnis abzwingen || *uv* **вынужда́ть,** -а́ю, -а́ешь
вы́нужденный, -ая, -ое erzwungen, notgedrungen; -ая поса́дка Notlandung
вы́нуть, -ну, -нешь; вынь *v* herausnehmen, -ziehen ◇ вынь да поло́жь *umg* auf der Stelle *die Erfüllung von etw. (oft Unmöglichem) verlangend* || *uv* вынима́ть, -а́ю, -а́ешь
выныривать *uv zu* вы́нырнуть
вы́нырнуть, -ну, -нешь *v* **1.** auftauchen, an die (Wasser-) Oberfläche kommen **2.** *übtr* auftauchen, plötzlich erscheinen || *uv* выныривать, -аю, -аешь
вы́нюхать, -аю, -аешь *v volksspr* **1.** finden, aufspüren *nach dem Geruch* **2.** *übtr, volksspr* auskundschaften || *uv* **вынюхивать,** -аю, -аешь
выня́нчивать *uv zu* вы́нянчить
вы́нянчить, -чу, -чишь; -ченный, чен, -а *v umg* großziehen, aufziehen || *uv* выня́нчивать, -аю, -аешь
вы́пад, -а *m* **1.** *Sport* Ausfall, Auslage **2.** Angriff, Ausfall
выпада́ть *uv zu* вы́пасть
выпаде́ние, -я *n* **1.** Herausfallen, Ausfallen **2.**: ~ сне́га Schneefall **3.** *med*: ~ ма́тки Gebärmuttervorfall
выпа́ивать *uv zu* вы́поить
выпа́ливать *uv zu* вы́палить
вы́палить, -лю, -лишь *v umg* **1.** feuern (в *A* auf) **2.** herausplatzen || *uv* выпа́ливать, -аю, -аешь *zu* 2
выпа́лывать *uv zu* вы́полоть
выпа́ривание, -я *n* Verdampfung
выпа́ривать(ся) *uv zu* вы́парить(ся)
вы́парить, -рю, -ришь; вы́пари *u. umg* вы́парь *v* **1.** durch Dampf reinigen, ausbrühen **2.** verdampfen lassen || *uv* выпа́ривать, -аю, -аешь
вы́париться, -рюсь, -ришься *v* **1.** mit Dampf reinigen **2.** verdampfen **3.** *umg* sich mit Birkenreisern schlagen *im Dampfbad* || *uv* выпа́риваться, -аюсь, -аешься
выпа́рхивать *uv zu* вы́порхнуть
выпа́рывать *uv zu* [1]вы́пороть
вы́пас, -а *m* Weideplatz
вы́|пасть*, -падешь *v* **1.** (her)ausfallen, herausgleiten **2.** *1. u. 2. Pers ungebr* fallen *von Niederschlägen*; вы́пал снег es hat geschneit **3.** *1. u.*

2. Pers ungebr zuteil werden, zufallen; на нашу долю выпала честь uns wurde die Ehre zuteil || *uv* выпадать, -аю, -аешь

выпачкать, -аю, -аешь; -анный, -ан, -а *v umg* beschmieren, beschmutzen

выпачкаться, -аюсь, -аешься *v umg* sich schmutzig machen

выпекать *uv zu* выпечь

вы|переть*, -прешь *v* **1.** *volksspr* hinausdrücken, -stoßen, verdrängen **2.** *1. u. 2. Pers ungebr* hervor-, herausstehen || *uv* выпирать, -аю, -аешь

выпестовать, -тую, -туешь *v alt* liebevoll betreuen, aufziehen; erziehen

выпечка, -и *f* Backen

вы|печь*, -печешь *v* **1.** backen **2.** ausbacken, gut durchbacken || *uv* выпекать, -аю, -аешь

выпивать *uv zu* выпить

выпивка, -и *f umg* **1.** Trinkgelage, Zecherei **2.** alkoholische Getränke

выпиливать *uv zu* выпилить

выпилить, -лю, -лишь; -ленный, -лен, -а *v* (her)aussägen || *uv* выпиливать, -аю, -аешь

выпирать *uv zu* выпереть

вы|писать* *v* **1.** herausschreiben, Auszüge machen; ~ цитату ein Zitat herausschreiben **2.** sorgfältig schreiben; sorgfältig malen **3.** ausschreiben *Dokument*; ~ ордер на квартиру die Wohnraumzuweisung ausschreiben **4.** abonnieren, bestellen, beziehen; ~ газету eine Zeitung abonnieren **5.** brieflich herbeirufen; я выписал свою мать ich schrieb, meine Mutter solle kommen **6.** abmelden, entlassen, (aus der Liste) streichen || *uv* выписывать, -аю, -аешь

выписаться, -ишусь, -ишешься *v* sich abmelden, verlassen; ausscheiden; ~ из больницы aus dem Krankenhaus entlassen werden || *uv* выписываться, -аюсь, -аешься

выписка, -и, *Pl G* -сок, *D* -скам *f* **1.** Ausschreiben, Abschreiben **2.** Auszug **3.** Bestellung *von Zeitungen* **4.** Abmeldung

выписывать(ся) *uv zu* выписать(ся)

вы|пить*, -пьешь *v* (aus)trinken; он выпил лишнее er hat einen über den Durst getrunken || *uv* выпивать, -аю, -аешь

выпихивать *uv zu* выпихнуть

выпихнуть, -ну, -нешь; -нутый, -нут, -а *v umg* hinausstoßen || *uv* выпихивать, -аю, -аешь

выплавить, -влю, -вишь; -вленный, -влен, -а *v* (aus)schmelzen || *uv* выплавлять, -яю, -яешь

выплавка, -и *f* **1.** Schmelzen **2.** Schmelzertrag

выплавлять *uv zu* выплавить

вы|плакать* *v* **1.** ausweinen **2.** unter Tränen erflehen ◇ ~ все глаза sich die Augen ausweinen

вы|плакаться* *v* sich ausweinen

выплата, -ы *f* Zahlung, Auszahlung

выплатить, -ачу, -атишь; -аченный, -ачен, -а *v* bezahlen, (aus)zahlen; ~ долг eine Schuld tilgen || *uv* выплачивать, -аю, -аешь

выплатной, -ая, -ое: ~ пункт Zahlstelle

выплачивать *uv zu* выплатить

выплёвывать *uv zu* выплюнуть

вы|плескать* *v* vergießen, verschütten || *uv* **выплёскивать,** -аю, -аешь

вы|плескаться*, *1. u. 2. Pers ungebr v* herausschwappen || *uv* **выплёскиваться,** -ается

выплеснуть, -ну, -нешь; -нутый, -нут, -а *v mom* vergießen, verschweppern; anspülen *Muscheln*

выплеснуться, *1. u. 2. Pers ungebr,* -нется *v mom* herausschwappen

вы|плести*, -плетешь *v* **1.** (her)ausflechten **2.** flechten || *uv* **выплетать,** -аю, -аешь

вы|плестись*, *1. u. 2. Pers ungebr,* -плетется *v* sich lösen und herausfallen *von Eingeflochtenem, z. B. Haarschleife* || *uv* **выплетаться,** -ается

выплывать *uv zu* выплыть

вы|плыть*, -плывешь *v* **1.** auftauchen *a. übtr* **2.** hervorschwimmen; an Land schwimmen || *uv* выплывать, -аю, -аешь

выплюнуть, -ну, -нешь; выплюни *u. umg* выплюнь *v* ausspucken || *uv* выплёвывать, -аю, -аешь

выпоить, -ою, -оишь; выпои *u. umg* выпой *v* mit einem Nährtrank aufziehen *Tiere* || *uv* выпаивать, -аю, -аешь

выполаскивать *uv zu* выполоскать

выползать *uv zu* выползти

вы|ползти* *v* heraus-, hervorkriechen || *uv* выползать, -аю, -аешь

выполнение, -я *n* Ausführung, Erfüllung

выполнимый, -ая, -ое; *Kzf* -им, -а ausführbar, erfüllbar

выполнить, -ню, -нишь; -ненный, -нен, -а *v* ausführen, erfüllen; ~ распоряжение einer Anordnung Folge leisten || *uv* **выполнять,** -яю, -яешь

вы́|полоскать* *v* (aus)spülen, gurgeln || *uv* выпола́скивать, -аю, -аешь
вы́|полоть* *v* (aus)jäten || *uv* выпа́лывать, -аю, -аешь
[1]**вы́|пороть*** *v* abtrennen || *uv* выпа́рывать, -аю, -аешь
[2]**вы́|пороть*** *v umg* durchprügeln
вы́порхнуть, -ну, -нешь *v* hinausflattern, aufflattern || *uv* выпа́рхивать, -аю, -аешь
вы́потрошить, -шу, -шишь; -шенный, -шен, -а *v* die Eingeweide herausnehmen, ausweiden
[1]**вы́править,** -влю, -вишь; вы́правь *u.* вы́прави *v volksspr* 1. gerademachen, -biegen 2. abziehen *Rasiermesser* 3. verbessern, korrigieren 4. berichtigen || *uv* выправля́ть, -я́ю, -я́ешь
[2]**вы́править,** -влю, -вишь; вы́правь *u.* вы́прави *v volksspr* erhalten, sich ausstellen lassen *Papiere* || *uv* выправля́ть, -я́ю, -я́ешь
вы́правиться, *1. u. 2. Pers ungebr,* -ится *v* 1. sich geradebiegen 2. sich bessern, besser werden || *uv* выправля́ться, -я́ется
вы́правка, -и *f* 1. *volksspr* Berichtigung 2. Haltung, Auftreten
[1, 2]**выправля́ть** *uv zu* [1, 2]вы́править
выправля́ться *uv zu* вы́правиться
выпра́стывать *uv zu* вы́простать
выпра́шивать *uv zu* вы́просить
выпрова́живать *uv zu* вы́проводить
вы́проводить, -ожу, -одишь; -оженный, -ожен, -а *v* hinauswerfen, die Tür weisen || *uv* выпрова́живать, -аю, -аешь
вы́просить, -ошу, -осишь; -ошенный, -ошен, -а *v* erbitten, erflehen || *uv* выпра́шивать, -аю, -аешь
вы́простать, -аю, -аешь *v* 1. *volksspr* herausnehmen, herausziehen 2. leeren; befreien || *uv* выпра́стывать, -аю, -аешь
выпры́гивать *uv zu* вы́прыгнуть
вы́прыгнуть, -ну, -нешь *v* hinausspringen || *uv* выпры́гивать, -аю, -аешь
выпряга́ть *uv zu* вы́прячь
выпрями́тель, -я *m el* Gleichrichter
вы́прямить, -млю, -мишь; -мленный, -млен, -а *v* 1. gerademachen, -biegen 2. *el* gleichrichten || *uv* выпрямля́ть, -я́ю, -я́ешь
вы́прямиться, -млюсь, -мишься *v* eine gerade Haltung annehmen, sich aufrichten || *uv* выпрямля́ться, -я́юсь, -я́ешься
выпрямле́ние, -я *n* Geradebiegen; *el* Gleichrichtung
выпрямля́ть(ся) *uv zu* вы́прямить(ся)
вы́|прячь*, -пряжешь *v* ausspannen || *uv* выпряга́ть, -а́ю, -а́ешь
вы́пуклость, -и *f* 1. *phys* Konvexität 2. Wölbung 3. *übtr* Klarheit
вы́пуклый, -ая, -ое 1. *phys* konvex 2. gewölbt, erhaben 3. *übtr* klar
вы́пуск, -а *m* 1. Heraus-, Ablassen 2. Herausgabe *Bücher*; Emission, Ausgabe *Banknoten* 3. Ausstoß *Produktion*; Baujahr, Herstellungsjahr 4. *tech* Abstich 5. Auslassung Streichung 6. Heft, Lieferung, Folge *eines Werkes* 7. *Koll* Abiturienten, Absolventen *eines Jahrgangs*: Schulabgänger 8. Auspuff(gase) *Auto* 9.: ~ шасси́ *flug* Ausfahren des Fahrwerks; ~ из-под воды́ Unterwasserstart *Rakete*
выпуска́ть *uv zu* вы́пустить
выпускни́к, -а́ *m* Abiturient, Absolvent
выпускно́й, -а́я, -о́е 1. *tech* Ablaß-; ~ кла́пан Ablaßventil 2. Abgangs-; -ы́е экза́мены Abschlußprüfungen
вы́пустить, -ущу, -устишь; -ущенный, -ущен, -а *v* 1. hinauslassen; ~ из рук fallen lassen 2. herausgeben *Bücher*; emittieren, im Umlauf setzen *Banknoten* 3. produzieren, herstellen 4. entlassen, freilassen; *Schulabgänger* entlassen 5.: ~ мета́лл из пе́чи *tech* abstechen 6. auslassen, streichen 7.: ~ шов den Saum auslassen 8. hinausstecken, -stellen ◇ ~ и́з виду außer acht lassen || *uv* выпуска́ть, -а́ю, -а́ешь
вы́путать, -аю, -аешь *v* entwirren || *uv* **выпу́тывать,** -аю, -аешь
вы́путаться, -аюсь, -аешься *v* 1. sich losmachen, sich (von Fesseln) befreien 2. *übtr* sich (aus der Not) heraushelfen || *uv* **выпу́тываться,** -аюсь, -аешься
выпу́чивать *uv zu* вы́пучить
вы́пучить, -чу, -чишь *v* herauspressen, vorwölben; ~ глаза́ *volksspr* die Augen aufreißen || *uv* выпу́чивать, -аю, -аешь
вы́пушка, -и, *Pl G* -шек, *D* -шкам *f* Verbrämung, Besatz
вы́пытать, -аю, -аешь *v umg* ausforschen, auskundschaften, in Erfahrung bringen || *uv* **выпы́тывать,** -аю, -аешь
выпь, -и *f zool* Rohrdommel
вы́пятить, -ячу, -ятишь; -яченный, -ячен, -а *v* heraus-, hervorstrecken;

wölben; *übtr* hervorheben || *uv* **выпя́чивать,** -аю, -аешь
вырабáтывать(ся) *uv zu* вы́работать(ся)
вы́работать, -аю, -аешь; -анный, -ан, -а *v* **1.** herstellen, erzeugen **2.** ausarbeiten, schaffen; herausbilden **3.** erarbeiten, verdienen || *uv* вырабáтывать, -аю, -аешь
вы́работаться, *1. u. 2. Pers ungebr,* -ается *v* sich herausbilden || *uv* вырабáтываться, -ается
вы́работка, -и, *PlG* -ток, *D* -ткам *f* **1.** Herstellung, Erzeugung **2.** Ausarbeitung **3.** Produktion, Ausstoß; ~ продýкции Produktionsergebnis **4.** *umg* Qualität **5.** *meist Pl berg* Abbaustelle, Grube
вырáвнивание, -я *n* Ebnen, Ausgleichen; *mil* Richten; ~ давлéний Druckausgleich
вырáвнивать(ся) *uv zu* вы́ровнять(ся)
выражáть *uv zu* вы́разить
выражáться, -áюсь, -áешься *uv* **1.** *uv zu* вы́разиться **2.** *volksspr* Schimpfwörter gebrauchen
выражéние, -я *n* **1.** Ausdruck, Äußerung **2.** Ausdruck, Redewendung **3.**: алгебраи́ческое ~ algebraische Formel **4.** Gesichtsausdruck, Mimik
вырази́тель, -я *m* Vertreter, Wortführer, Verkünder
вырази́тельность, -и *f* Ausdrucksfähigkeit, Ausdrucksstärke
вырази́тельный, -ая, -ое; *Kzf* -лен, -льна ausdrucksvoll; bedeutsam
вы́разить, -ажу, -азишь; -аженный, -ажен, -а *v* ausdrücken; äußern, || *uv* выражáть, -áю, -áешь
вы́разиться, -ажусь, -азишься *v* **1.** *1. u. 2. Pers ungebr* sich zeigen, sich äußern; расхóды вы́разились в сýмме ... die Ausgaben betrugen ... **2.** sich ausdrücken, sich äußern || *uv* выражáться, -áюсь, -áешься
вырастáть *uv zu* вы́расти
вы́|расти* *v* **1.** (auf)wachsen, groß werden **2.** *übtr* anwachsen, steigen, zunehmen **3.** auswachsen *Kleidung* **4.** sich zeigen; entstehen ◇ он вы́рос в моих глазáх er ist in meinen Augen gestiegen || *uv* вырастáть, -áю, -áешь *zu* 2, 3
вы́растить, -ащу, -астишь; -ащенный, -ащен, -а *v* **1.** großziehen *Kinder*; heranbilden *Kader*; **2.** anbauen *Kulturpflanzen*; erzielen *landw. Erträge*; ~ молодня́к Jungvieh aufziehen || *uv* выращивать, -аю, -аешь
вырáщивание, -я *n* **1.** Heranbilden **2.** Anbau; Aufzucht
вырáщивать *uv zu* вы́растить
[1]**вы́|рвать***, -рвешь *v* **1.** (her)ausreißen, entreißen; ~ зуб einen Zahn ziehen **2.** у *G übtr* abzwingen ◇ ~ с кóрнем ausrotten || *uv* вырывáть, -áю, -áешь
[2]**вы́|рвать***, -рвет *v unpers umg* sich übergeben, sich erbrechen; егó вы́рвало er hat sich erbrochen
вы́|рваться*, -рвешься *v* **1.** *1. u. 2. Pers ungebr* sich loßreißen, sich lösen **2.** sich (mit Gewalt) befreien, sich losreißen; hervor-, durchbrechen **3.** *übtr* entschlüpfen, entfahren || *uv* вырывáться, -áюсь, -áешься
вы́рез, -а *m* **1.** Herausschneiden **2.** Ausschnitt; откры́тый ~ weiter Ausschnitt
вы́|резать*; вы́режи *u. umg* вы́режь *v* **1.** (her)ausschneiden **2.** schnitzen **3.** eingravieren, einritzen **4.** abschlachten, niedermetzeln || *uv* **вырезáть,** -áю, -áешь *u.* вырéзывать, -аю, -аешь
вы́резка, -и, *Pl G* -зок, *D* -зкам *f* **1.** Herausschneiden **2.** Schnitzen; Eingravieren **3.** Zeitungsausschnitt **4.** Lendenstück
вырезнóй, -áя, -óе geschnitzt
вырéзывать *uv zu* вы́резать
вы́рисовать, -сую, -суешь; -сованный, -сован, -а *v* sorgfältig [in allen Einzelheiten] (auf)zeichnen || *uv* **вырисóвывать,** -аю, -аешь
вы́рисоваться, *1. u. 2. Pers ungebr,* -суется *v* sich abzeichnen, sichtbar werden || *uv* **вырисóвываться,** -ается
вы́ровнять, -яю, -яешь; вы́ровненный, -ен, -а *v* **1.** ebnen; *tech* nivellieren **2.** *mil* (aus)richten **3.** ausgleichen ◇ ~ шаг im Gleichschritt bleiben || *uv* вырáвнивать, -аю, -аешь
вы́ровняться, -яюсь, -яешься *v* **1.** eben [glatt] werden, ausgleichen **2.** *1. u. 2. Pers ungebr, mil* sich (aus)richten **3.** *übtr* sich bessern || *uv* вырáвниваться, -аюсь, -аешься
вы́родиться, *1. u. 2. Pers ungebr,* -ится *v* entarten, degenerieren || *uv* вырождáться, -áется
вы́родок, -дка *m umg* Mißgeburt
вырождáться *uv zu* вы́родиться
вырождéние, -я *n* Entartung, Degeneration; Dekadenz, Verfall
вы́ронить, -ню, -нишь; -ненный, -нен, -а *v* (heraus)fallen lassen
вырубáть *uv zu* вы́рубить

вы́рубить, -блю, -бишь; -бленный, -блен, -а *v* **1.** vollständig abhauen, abholzen **2.** heraushauen; zurechthauen || *uv* вырубáть, -áю, -áешь

вы́рубка, -и *f* **1.** Abholzen **2.** Holzschlag, Lichtung

вы́ругать, -аю, -аешь; -анный, -ан, -а *v umg* ausschimpfen

вы́ругаться, -аюсь, -аешься *v* schimpfen

выручáть *uv zu* вы́ручить

вы́ручить, -чу, -чишь; -ченный, -чен, -а *v umg* **1.** (aus)helfen; ~ когó-н. из беды́ j-m aus der Not helfen **2.** verdienen, Geld einnehmen || *uv* выручáть, -áю, -áешь

вы́ручка, -и *f* **1.** Hilfe **2.** Einnahme, Erlös

вырывáть *uv zu* [1]вы́рвать *u.* вы́рыть

вырывáться *uv zu* вы́рваться

вы́|рыть* *v* **1.** graben, ausheben **2.** ausgraben || *uv* вырывáть, -áю, -áешь

вы́рядить, -яжу, -ядишь; -яженный, -яжен, -а *v volksspr* herausputzen, hübsch anziehen || *uv* **выряжáть,** -áю, -áешь

вы́садить, -ажу, -адишь; -аженный, -ажен, -а *v* **1.** ausschiffen, an Land setzen **2.** aussteigen lassen **3.** verpflanzen **4.** *volksspr* einschlagen, einstoßen || *uv* высáживать, -аю, -аешь

вы́садиться, -ажусь, -адишься *v* aussteigen; an Land gehen || *uv* высáживаться, -аюсь, -аешься

вы́садка, -и *f* **1.** Ausschiffung, Landung **2.** Verpflanzung

высáживать(ся) *uv zu* вы́садить(ся)

высáсывать *uv zu* вы́сосать

высвéрливать *uv zu* вы́сверлить

вы́сверлить, -лю, -лишь; -ленный, -лен, -а *v* ausbohren || *uv* высвéрливать, -аю, -аешь

вы́|свистать* *u.* **вы́свистеть,** -ищу, -истишь *v umg* **1.** pfeifend vortragen **2.** durch Pfeifen rufen || *uv* **высви́стывать,** -аю, -аешь

вы́свободить, -божу, -бодишь; -божденный, -божден, -а *v* **1.** losmachen, freimachen **2.** befreien || *uv* **высвобождáть,** -áю, -áешь

вы́свободиться, -ожусь, -одишься *v* sich befreien, herauskommen || *uv* **высвобождáться,** -áюсь, -áешься

вы́сев, -а *m* Aussaat

высевáть *uv zu* вы́сеять

высекáть *uv zu* вы́сечь

выселéние, -я *n* Aussiedelung, Ausweisung

вы́селить, -лю, -лишь; -ленный, -лен, -а *v* aussiedeln, ausweisen || *uv* выселя́ть, -я́ю, -я́ешь

вы́селиться, -люсь, -лишься *v* ausziehen, fortziehen; übersiedeln || *uv* выселя́ться, -я́юсь, -я́ешься

вы́селок, -лка *m u.* **вы́селки,** -ов *Pl* Ansiedlung

выселя́ть(ся) *uv zu* вы́селить(ся)

вы́серебрить, -брю, -бришь; -бренный, -брен, -а *v* versilbern

[1]вы́|сечь*, -сечешь *v* einmeißeln, herausmeißeln ◇ ~ огóнь Feuer (aus einem Stein) schlagen || *uv* высекáть, -áю, -áешь

[2]вы́|сечь*, -сечешь *v* verprügeln

вы́сеять, -ею, -еешь; -еянный, -еян, -а *v* aussäen || *uv* высевáть, -áю, -áешь

вы́сидеть, -ижу, -идишь; -иженный, -ижен, -а *v* **1.** ausbrüten **2.** sitzen, sitzenbleiben, verweilen **3.** *übtr volksspr* mit Mühe und Not zustandebringen || *uv* выси́живать, -аю, -аешь

вы́сидка, -и *f* Ausbrüten

выси́живать *uv zu* вы́сидеть

вы́ситься, *1. u. 2. Pers ungebr,* **-ится** *uv* sich erheben, aufragen

выскáбливание, -я *n* Abkratzen, **Aus**kratzen; *med* Auskratzung

выскáбливать *uv zu* вы́скоблить

вы́с|казать* *v* aussprechen, äußern || *uv* выскáзывать, -аю, -аешь

вы́с|казаться* *v* sich äußern, seine Meinung sagen || *uv* выскáзываться, -аюсь, -аешься

выскáзывание, -я *n* **1.** Aussprechen, Äußern **2.** Äußerung; Ausspruch

выскáзывать(ся) *uv zu* вы́сказать(ся)

выскáкивать *uv zu* вы́скочить

выскáльзывать *uv zu* вы́скользнуть

вы́скоблить, -лю, -лишь; -ленный, -лен, -а *v* abkratzen, abschaben; *med* auskratzen || *uv* выскáбливать, -аю, -аешь

вы́скользнуть, -ну, -нешь *v* **1.** entgleiten, -schlüpfen **2.** (schnell und unbemerkt) entwischen || *uv* выскáльзывать, -аю, -аешь

вы́скочить, -чу, -чишь *v* **1.** hinausspringen; hervorspringen **2.** *umg* herausfallen ◇ э́то вы́скочило из егó головы́ das ist ihm entfallen || *uv* выскáкивать, -аю, -аешь

вы́скочка, -и, *Pl G* -чек, *D* -чкам *m, f umg* **1.** Naseweis **2.** Emporkömmling

выскребáть *uv zu* вы́скрести

выскрёбывать *uv zu* вы́скрести

вы́|скрести*, -скребешь *v umg* ab-, auskratzen || *uv* выскребáть, -áю,

-áешь *u.* выскрёбывать, -аю, -аешь

вы́|слать*, -шлешь *v* **1.** weg-, abschikken; absenden **2.** (hin)ausweisen; verbannen ‖ *uv* высылáть, -áю, -áешь

вы́следить, -ежу, -едишь; -еженный, -ежен, -а *v* aufspüren ‖ *uv* **выслéживать,** -аю, -аешь

вы́слуга, -и *f*: за -у лет für langjährigen Dienst: прéмия за -у лет Treueprämie

выслу́живать(ся) *uv zu* вы́служить(ся)

вы́служить, -жу, -жишь; -женный, -жен, -а *v* **1.** durch Dienst erwerben; ~ пéнсию pensionsberechtigt sein **2.** *umg* abdienen, im Amt sein ‖ *uv* выслу́живать, -аю, -аешь

вы́служиться, -жусь, -жишься *v verächtl, umg* liebedienern, sich einschmeicheln ‖ *uv* выслу́живаться -аюсь, -аешься

вы́слушать, -аю, -аешь; -анный, -ан, -а *v* **1.** anhören, zu Ende hören **2.** *med* abhorchen ‖ *uv* выслу́шивать, -аю, -аешь

выслу́шивание, -я *n med* Abhorchen

выслу́шивать *uv zu* вы́слушать

высмáтривать *uv zu* вы́смотреть

высмéивать *uv zu* вы́смеять

вы́смеять, -ею, -еешь; -еянный, -еян, -а *v* auslachen, verspotten ‖ *uv* высмéивать, -аю, -аешь

вы́смолить, -лю, -лишь; -ленный, -лен, -а *v* teeren

вы́сморкать, -аю, -аешь *v*: ~ нос sich die Nase putzen

вы́сморкаться, -аюсь, -аешься *v umg* sich schneuzen

вы́смотреть, -рю, -ришь; -ренный, -рен, -а *v* **1.** sorgfältig betrachten **2.** (alles) erspähen, erblicken ◇ ~ глазá *volksspr* sich die Augen müde sehen ‖ *uv* высмáтривать, -аю, -аешь

высóвывать(ся) *uv zu* вы́сунуть(ся)

высóкий, -ая, -ое; *Kzf* -óк, -окá, -óкó; *Komp* вы́ше; *Sup* вы́сший *u.* высочáйший **1.** hoch; groß; hochgelegen; -ая травá hohes Gras; -ая мéстность hochgelegene Gegend **2.** groß, reich; ~ урожáй reiche Ernte; -ое давлéние hoher Druck **3.** bedeutend, hervorragend **4.** bedeutsam, ehrenvoll; -ое звáние ehrenvoller Titel **5.** erhaben *Stil* **6.** hell *Töne* **7.** высóкó *Adv*; вы́ше hoch

высоко- *in Zuss* höchst-; hoch-

высоко|благорóдие, -я *n hist* Hochwohlgeboren; **~вóльтный,** -ая, -ое *el* Hochspannungs-; **~гóрный,** -ая, -ое Hochgebirgs-, alpin; ~гóрная мéстность Hochgebirge; **~кáчественный,** -ая, -ое hochwertig, Qualitäts-; **~квалифици́рованный,** -ая, -ое hochqualifiziert; **~мéрие,** -я *n* Hochmut, Dünkel; **~мéрный,** -ая, -ое; *Kzf* -рен, -рна hochmütig, dünkelhaft; **~образóванный,** -ая, -ое hochgebildet; **~пáрный,** -ая, -ое; *Kzf* -рен, -рна schwülstig, geschraubt *Rede*; **~постáвленный,** -ая, -ое *alt* hochgestellt; **~прóбный,** -ая, -ое; *Kzf* -бен, -бна **1.** von hohem Feingehalt *Gold, Silber* **2.** hochwertig, Qualitäts-; ~прóбное винó Qualitätswein; **~производи́тельный,** -ая, -ое; *Kzf* -лен, -льна hochproduktiv, von hoher Produktivität; **~рóдие,** -я *n hist* Hochgeboren; **~сóртный,** -ая, -ое Qualitäts-; **~товáрный,** -ая, -ое *landw* mit hoher Marktproduktion **~уважáемый,** -ая, -ое *alt* hochgeschätzt, hochverehrt; **~урожáйный,** -ая, -ое ertragreich; **~частóтный,** -ая, -ое Hochfrequenz-

вы́|сосать*, -сосешь *v* (her)aussaugen ◇ ~ из пáльца чтó-н. sich etw. aus den Fingern saugen; ~ все сóки из когó-н. *übtr* j-n aussaugen, ‖ *uv* высáсывать, -аю, -аешь

высотá, -ы́, *Pl* высóты, -óт, -óтам *f* **1.** Höhe; ~ над у́ровнем мóря Höhe über dem Meeresspiegel; ~ треугóльника *math* die Höhe des Dreiecks; набирáть -у́ *flug* steigen **2.** *geogr* Höhe, Anhöhe ◇ комáндные -ы Kommandohöhen; быть на -é положéния auf der Höhe sein, den Anforderungen genügen

высóтник, -а *m* **1.** Erbauer von Hochhäusern **2.** *flug* Spezialist für Höhenflüge

высóтный, -ая, -ое **1.** Höhen-; ~ полёт Höhenflug **2.** Hoch-; -ое строи́тельство Hochbau; -ое здáние Hochhaus

высотомéр, -а *m* Höhenmesser

вы́сохнуть, -ну, -нешь; вы́сох, -ла *v* **1.** *1. u. 2. Pers ungebr* trocken werden; vertrocknen, austrocknen **2.** verwelken **3.** *umg* abmagern ‖ *uv* высыхáть, -áю, -áешь

высочáйший, -ая, -ее **1.** *Sup von* высóкий **2.** *alt* kaiserlich, (auf Geheiß) des Zaren; ~ укáз ein Erlaß des Zaren

высóчество, -а *n hist* Hoheit

вы́|спаться* *v* (sich) ausschlafen ‖ *uv* высыпáться, -áюсь, -áешься

выспева́ть *uv zu* вы́спеть
вы́спеть, *1. u. 2. Pers ungebr*, -пеет *v* ausreifen || *uv* выспева́ть, -а́ет
выспра́шивать *uv zu* вы́спросить
вы́спренний, -яя, -ее *iron alt* schwülstig, hochtrabend
вы́спросить, -ошу, -осишь; -ошенный, -ошен, -а *v* (er)fragen, auskundschaften || *uv* выспра́шивать, -аю, -аешь
вы́ставить, -влю, -вишь; -вленный, -влен, -а *v* **1.** vorschieben, vorrücken; hinausstellen **2.** herausnehmen; ~ ра́мы die Doppelfenster herausnehmen **3.** ausstellen; zur Schau stellen **4.** aufstellen; ~ кандидату́ру eine Kandidatur aufstellen ~ тре́бование eine Forderung stellen; ~ а́рмию eine Armee aufstellen **5.** eintragen, -setzen *Datum* **6.** *volksspr* hinauswerfen, -setzen **7.** hin-, darstellen; ~ в смешно́м ви́де lächerlich machen || *uv* выставля́ть, -я́ю, -я́ешь
вы́ставка, -и, *Pl G* -вок, *D* -вкам *f* **1.** Ausstellung; ~ карти́н Gemäldeausstellung **2.** Ausstellungsgegenstände; Ausstellungs(ort)
выставле́ние, -я *n*: ~ кандида́та Aufstellung eines Kandidaten
выставля́ть *uv zu* вы́ставить
вы́ставочный, -ая, -ое Ausstellungs-
выста́ивать(ся) *uv zu* вы́стоять(ся)
[1]**вы́стегать,** -аю, -аешь; -анный, -ан, -а *v* steppen || *uv* выстёгивать, -аю, -аешь
[2]**вы́стегать,** -аю, -аешь; -анный, -ан, -а *v volksspr gbt* auspeitschen
выстёгивать *uv zu* [1]вы́стегать
вы́стелить, -лю, -лишь *v volksspr* belegen, auslegen || *uv* выстила́ть, -а́ю, -а́ешь
выстила́ть *uv zu* вы́стлать *u.* вы́стелить
вы́стирать, -аю, -аешь; -анный, -ан, -а *v* waschen *Wäsche*
вы́|стлать* *v* auslegen, belegen || *uv* выстила́ть, -а́ю, -а́ешь
вы́стоять, -ою, -оишь *v* **1.** *eine gewisse Zeit* stehen **2.** standhalten; aushalten || *uv* выста́ивать, -аю, -аешь
вы́стояться, *1. u. 2. Pers ungebr*, -оится *v* **1.** lagern *Wein* **2.** (sich) verschnaufen *Pferd* || *uv* выста́иваться, -ается
выстра́гивать *uv zu* вы́строгать
вы́страдать, -аю, -аешь; -анный, -ан, -а *v* **1.** erleiden, erdulden **2.** durch Qualen erreichen
выстра́ивать(ся) *uv zu* вы́строить(ся)
выстра́чивать *uv zu* вы́строчить
вы́стрел, -а *m* Schuß; разда́лся ~ ein Schuß fiel ◇ на ~ auf Schußweite
вы́стрелить, -лю, -лишь *v* schießen, einen Schuß abgeben (в *A* auf)
выстрига́ть *uv zu* вы́стричь
вы́|стричь*, -стрижешь *v* abscheren, abschneiden || *uv* выстрига́ть, -а́ю, -а́ешь
вы́строгать, -аю, -аешь; -анный, -ан, -а *v* abhobeln || *uv* выстра́гивать, -аю, -аешь
вы́строить, -ою, -оишь; -оенный, -оен, -а *v* **1.** (er)bauen **2.** richten, in Reih und Glied antreten lassen || *uv* выстра́ивать, -аю, -аешь
вы́строиться, -оюсь, -оишься *v* **1.** sich richten, sich in Reih und Glied aufstellen; antreten **2.** entstehen, gebaut werden || *uv* выстра́иваться, -аюсь, -аешься
вы́строчить, -чу, -чишь; -ченный, -чен, -а *v* steppen, abnähen || *uv* выстра́чивать, -аю, -аешь
вы́стругать, -аю, -аешь; -анный, -ан, -а *v* abhobeln || *uv* **выстру́гивать,** -аю, -аешь
вы́студить, -ужу, -удишь; -уженный, -ужен, -а *v volksspr* auskühlen [kalt werden] lassen *z. B. Zimmer* || *uv* **высту́живать,**-аю, -аешь
вы́стукать, -аю, -аешь; -анный, -ан, -а *v med* beklopfen, perkutieren || *uv* **высту́кивать,** -аю, -аешь
вы́ступ, -а *m* Vorsprung, vorspringender Teil
выступа́ть, -а́ю, -а́ешь *uv* **1.** *uv zu* вы́ступить **2.** *1. u. 2. Pers ungebr* vorspringen, hinausragen **3.** einherschreiten, -stolzieren
вы́ступить, -плю, -пишь *v* **1.** heraustreten, nach vorn treten **2.** aufbrechen, ausrücken; ~ в похо́д ins Feld ziehen **3.** (öffentlich) auftreten, sprechen; ~ с докла́дом einen Vortrag halten; ~ в защи́ту кого-н. für j-n eintreten **4.** *1. u. 2. Pers ungebr übtr* hinaustreten; ~ из берего́в über die Ufer treten; у меня́ вы́ступил пот mir brach der Schweiß aus; слёзы вы́ступили у неё на глаза́х ihr traten die Tränen in die Augen || *uv* выступа́ть, -а́ю, -а́ешь
выступле́ние, -я *n* **1.** Aufbruch, Ausrücken **2.** Auftritt, Darbietung **3.** (öffentliche) Rede
выстыва́ть *uv zu* вы́стыть
вы́|стыть*, *1. u. 2. Pers ungebr v*

umg auskühlen || *uv* выстыва́ть, -а́ет

вы́сунуть, -ну, -нешь; -нутый, -нут, -а *v* hinausstrecken, hinausstecken, hinaushängen ◇ вы́сунув язы́к бежа́ть in atemloser Eile laufen || *uv* высо́вывать, -аю, -аешь

вы́сунуться, -нусь, -нешься *v* sich hinauslehnen || *uv* высо́вываться, -аюсь, -аешься

высу́шивать(ся) *uv zu* вы́сушить(ся)

вы́сушить, -ушу, -ушишь; -ушенный, -ушен, -а *v* (aus)trocknen (lassen) || *uv* высу́шивать, -аю, -аешь

вы́сушиться, *1. u. 2. Pers ungebr*, -ится *v* (aus)trocknen || *uv* высу́шиваться, -ается

вы́считать, -аю, -аешь; -анный, -ан, -а *v* aus-, berechnen || *uv* **высчи́тывать,** -аю, -аешь

вы́сший, -ая, -ее **1.** *Sup von* высо́кий best, höchst; това́р -его со́рта erstklassige Ware **2.** oberst **3.** höher; Hochschul-; -ая матема́тика höhere Mathematik; -ее уче́бное заведе́ние Hochschule; -ее образова́ние Hochschulbildung ◇ в -ей сте́пени in höchstem Grade

высыла́ть *uv zu* вы́слать

вы́сылка, -и *f* **1.** Absenden, Versenden **2.** Ausweisung; Verbannung

вы́|сыпать* *v* **1.** ausschütten, -streuen, verschütten **2.** *1. u. 2. Pers ungebr med* Ausschlag bekommen **3.** *1. u. 2. Pers ungebr* все вы́сыпали из до́ма на у́лицу alle strömten aus dem Haus auf die Straße (hinaus) || *uv* **высыпа́ть,** -а́ю, -а́ешь

вы́|сыпаться*, *1. u. 2. Pers ungebr v* herausfallen, -rieseln || *uv* ¹**высыпа́ться,** -а́ется

²**высыпа́ться** *uv zu* вы́спаться

высыха́ть *uv zu* вы́сохнуть

высь, -и *f* Höhe

выта́лкивать *uv zu* вы́толкать *u.* вы́толкнуть

вы́танцеваться *v zu* вытанцо́вываться

вытанцо́вываться, *1. u. 2. Pers ungebr*, -ается *uv umg* gelingen; де́ло не вытанцо́вывается die Sache will nicht gelingen || *v* вы́танцеваться, -цуется

¹,²**выта́пливать** *uv zu* ¹,²вы́топить

выта́птывать *uv zu* вы́топтать

вытара́щивать *uv zu* вы́таращить

вы́таращить, -щу, -щишь; -щенный, -щен, -а *v*: ~ глаза́ *umg* die Augen aufreißen || *uv* вытара́щивать, -аю, -аешь

вы́таскать, -аю, -аешь; -анный, -ан, -а *v umg* hinausschleppen, -schleifen || *uv* ¹**выта́скивать,** -аю, -аешь

²**выта́скивать** *uv zu* вы́тащить

вы́тачать, -аю, -аешь; -анный, -ан, -а *v* steppen, zusammennähen

выта́чивать *uv zu* вы́точить

вы́тачка, -и, *Pl G* -чек, *D* -чкам *f* Falte, Abnäher

вы́тащить, -щу, -щишь; -щенный, -щен, -а *v* **1.** hinausschleppen, -ziehen **2.** herausreißen **3.** *umg* (heraus)stehlen || *uv* выта́скивать, -аю, -аешь

вы́твердить, -ржу, -рдишь; -рженный, -ржен, -а *v umg* (auswendig) lernen

вы́творить *v zu* вытворя́ть

вытворя́ть, -я́ю, -я́ешь *uv umg* anstellen, anrichten; ~ глу́пости Dummheiten machen || *v* вы́творить, -рю, -ришь

вытека́ть, *1. u. 2. Pers ungebr*, -а́ет *uv* **1.** *uv zu* вы́течь **2.** entspringen **3.** *übtr* folgen, sich ergeben

вы́теребить, -блю, -бишь; -бленный, -блен, -а *v* raufen, ernten *Flachs*

вы́|тереть*; вы́терев *u.* вы́терши *v* abwischen, abtrocknen || *uv* вытира́ть, -а́ю, -а́ешь

вы́|тереться* *v* **1.** sich abwischen, sich abreiben, sich abtrocknen **2.** *1. u. 2. Pers ungebr uv* sich abtragen, sich abnutzen || вытира́ться, -а́юсь -а́ешься

вы́терпеть, -плю, -пишь *v* aushalten, ertragen

вы́тертый, -ая, -ое *umg* abgetragen, schäbig *Kleidung*

вы́|тесать* *v* behauen *Holz* || *uv* вытёсывать, -аю, -аешь

вытесне́ние, -я *n* Verdrängung

вы́теснить, -ню, -нишь; -ненный, -нен, -а *v* hinaus-, verdrängen || *uv* **вытесня́ть,** -я́ю, -я́ешь

вытёсывать *uv zu* вы́тесать

вы́|течь*, *1. u. 2. Pers ungebr*, -течет *v* (her)ausfließen, auslaufen || *uv* вытека́ть, -а́ет

вытира́ть(ся) *uv zu* вы́тереть(ся)

вы́тиснить, -ню, -нишь; -ненный, -нен, -а *v* prägen; ziselieren || *uv* **вытисня́ть,** -я́ю, -я́ешь

вы́|ткать*, -ткешь *v* **1.** weben **2.** einweben *Muster*

вы́толкать, -аю, -аешь; -анный, -ан, -а *v umg* hinausstoßen || *uv* выта́лкивать, -аю, -аешь

вы́толкнуть, -ну, -нешь; -нутый, -нут, -а *v* hinausstoßen || *uv* выта́лкивать, -аю, -аешь

¹вы́топить, -плю, -пишь; -пленный, -плен, -а *v* (ein)heizen || *uv* выта́пливать, -аю, -аешь

²вы́топить, -плю, -пишь; -пленный, -плен, -а *v* schmelzen, auslassen || *uv* выта́пливать, -аю, -аешь

вы́|топтать* *v* zertreten, zerstampfen || *uv* выта́птывать, -аю, -аешь

вы́торговать, -гую, -гуешь; -гованный, -гован, -а *v umg* **1.** erhandeln, einhandeln **2.** abhandeln *vom Preis* || *uv* **выторго́вывать,** -аю, -аешь

вы́точить, -чу, -чишь; -ченный, -чен, -а *v* drehen, drechseln ◇ сло́вно вы́точенный wie (heraus)gemeißelt *Gesichtszüge, Körperformen* || *uv* выта́чивать, -аю, -аешь

вы́травить, -влю, -вишь; -вленный, -влен, -а *v* **1.** vertilgen; *chem* beseitigen, entfernen *Flecke* **2.** (aus)ätzen **3.** zerstampfen *Felder*; abgrasen **4.** *med* abtreiben || *uv* **выта́вливать,** -аю, -аешь *u.* **вытравля́ть,** -я́ю, -я́ешь

вытравно́й, -а́я, -о́е ätzend, Ätz-

вы́требовать, -бую, -буешь; -бованный, -бован, -а *v umg* **1.** verlangen, auf Anforderung erhalten **2.** kommen lassen, vorladen

вы́трезвить, -влю, -вишь; -вленный, -влен, -а *v* ernüchtern, nüchtern machen || *uv* вытрезвля́ть, -я́ю, -я́ешь

вы́трезвиться, -влюсь, -вишься *v* nüchtern werden || *uv* вытрезвля́ться, -я́юсь, -я́ешься

вытрезвле́ние, -я *n* Ernüchterung

вытрезвля́ть(ся) *uv zu* вы́трезвить(ся)

вытряса́ть *uv zu* вы́трясти

вы́|трясти*, -трясешь *v* **1.** ausschütten **2.** durch Schütteln ausstauben || *uv* вытряса́ть, -а́ю, -а́ешь

вытряха́ть *uv zu* вы́тряхнуть

вытря́хивать *uv zu* вы́тряхнуть

вы́тряхнуть, -ну, -нешь; -нутый, -нут, -а *v* herausschütteln, herausfallen lassen; ausklopfen *Pfeife* || *uv* вытря́хивать, -аю, -аешь *u. volksspr* вытряха́ть, -а́ю, -а́ешь

вытýривать *uv zu* вы́турить

вы́турить, -рю, -ришь; -ренный, -рен, -а *v volksspr* hinauswerfen, -jagen || *uv* вытýривать, -аю, -аешь

выть* *uv* heulen

вытьё, -ья́ *n volksspr* Geheul

вытя́гивать(ся) *uv zu* вы́тянуть(ся)

вы́тяжка, -и *f* **1.** Absaugen, Abziehen **2.** Ausdehnen **3.** *chem* Extrakt ◇ стоя́ть на -у stramm stehen

вытяжно́й, -а́я, -о́е Zug-, Abzug-; ~ пла́стырь Zugpflaster

вы́тянуть, -ну, -нешь; -нутый, -нут, -а *v* **1.** (aus)dehnen; ~ про́волоку Draht ziehen **2.** ausstrecken *Arme, Beine* **3.** *umg* herausziehen *a. übtr* **4.** herausziehen, aufsaugen; ~ гной пла́стырем den Eiter durch das Pflaster herausziehen **5.** aus-, durchhalten; он до́лго не вы́тянет er hält nicht lange durch ◇ ~ ду́шу quälen; ~ ру́ки по швам die Hände an die Hosennaht legen || *uv* вытя́гивать, -аю, -аешь *zu* **1**, 2, 4

вы́тянуться, -нусь, -нешься *v* **1.** *1. u. 2. Pers ungebr* sich ausdehnen, länger werden **2.** sich ausstrecken **3.** sich strecken; wachsen, aufschießen ◇ лицо́ у неё вы́тянулось sie machte ein langes Gesicht || *uv* вытя́гиваться, -аюсь, -аешься

вы́удить, -ужу, -удишь; -уженный, -ужен, -а *v* **1.** (heraus)angeln **2.** *übtr volksspr* herausziehen, erlangen || *uv* **выу́живать,** -аю, -аешь

вы́утюжить, -жу, -жишь; вы́утюжи *u. umg* вы́утюжь; -женный, -жен, а *v* (aus)bügeln

вы́ученик, -а *m umg* **1.** Lehrling **2.** Schüler

выу́чивать(ся) *uv zu* вы́учить(ся)

вы́учить, -учу, -учишь; -ученный, -учен, -а *v* **1.** (er)lernen; ~ наизу́сть auswendig lernen **2.** lehren, beibringen (*D oder Inf* etw.); он вы́учил меня́ пла́вать er hat mir das Schwimmen beigebracht || *uv* выу́чивать, -аю, -аешь

вы́учиться, -учусь, -учишься *v* **1.** (er)lernen; он вы́учился пла́вать er hat das Schwimmen gelernt **2.** die Lehre [Ausbildung] beenden || *uv* выу́чиваться, -аюсь, -аешься

вы́учка, -и *f* **1.** Lehre, Schulung; отда́ть на -у in die Lehre geben **2.** Können, Fertigkeiten, Ausbildungsstand

выха́живать *uv zu* вы́ходить

вы́хватить, -ачу, -атишь; -аченный, -ачен, -а *v* **1.** herausreißen, -ziehen; ~ что́-н. у кого́-н. j-m etw. entreißen **2.** *umg* zu viel herausschneiden *beim Zuschneiden* || *uv* **выхва́тывать,** -аю, -аешь

вы́хлоп, -а *m tech* Auspuff
выхлопа́тывать *uv zu* вы́хлопотать
выхлопно́й, -а́я, -о́е *tech* Auspuff-
вы́|хлопотать*; -отанный, -отан, -а *v* erwirken, erlangen; (sich) verschaffen ‖ *uv* выхлопа́тывать, -аю, -аешь
вы́ход, -а *m* **1.** Hinausgehen; Ausgang; при -е и́з дому beim Verlassen des Hauses **2.** *übtr* Ausscheiden, Austritt; ~ в отста́вку Abschied, Pensionierung; *pol* Rücktritt **3.** Erscheinen *von Druckerzeugnissen* **4.** Ausgang *Tür* **5.** *wirtsch* Ertrag ◇ найти ~ из положе́ния einen Ausweg aus der Lage finden; дать ~ чему́-н. etw. freien Lauf lassen; знать все хо́ды и -ы genau Bescheid wissen, alle Schliche kennen; ~ на орби́ту Eintritt in die Kreisbahn *Satellit*
вы́ходец, -дца, *I* -дцем, *G Pl* -дцев *m* **1.** Zugewanderter; ~ из Фра́нции aus Frankreich gebürtig **2.** aus einem anderen sozialen Milieu kommend; ~ из крестья́нской среды́ ein Bauer von Geburt; ~ из друго́й па́ртии ehemaliges Mitglied einer anderen Partei
вы́ходить, -ожу, -одишь; -оженный, -ожен, -а *v umg* **1.** gesundpflegen **2.** großziehen, aufziehen ‖ *uv* выха́живать, -аю, -аешь
выходи́ть, -ожу́, -о́дишь *uv* **1.** *uv zu* вы́йти **2.** окно́ выхо́дит в сад das Fenster geht zum Garten (hinaus); выхо́дит, что ты был прав es zeigt sich, daß du recht hattest
вы́ходка, -и, *Pl G* -док, *D* -дкам *f* Ausschreitung, Fehltritt
выходно́й, -а́я, -о́е **1.** Ausgangs-; -а́я дверь Ausgang **2.** Ausgeh-; ~ костю́м Ausgehanzug **3.** arbeitsfrei; ~ день (arbeits)freier Tag **4.** -о́го *Subst m* Kollege, der seinen arbeitsfreien Tag hat; он сего́дня ~ er hat heute seinen freien Tag **5.** -о́го *Subst m* arbeitsfreier Tag ◇ -а́я роль Nebenrolle; -о́е посо́бие Entlassungsgeld
выхола́щивать *uv zu* вы́холостить
вы́холенный, -ая, -ое gepflegt
вы́холить, -лю, -лишь; -ленный, -лен, -а *v* sorgsam pflegen
вы́холодить, -ложу, -лодишь; -ложенный, -ложен, -а *v volkssp*r auskühlen lassen
вы́холостить, -ощу, -остишь; ощенный -ощен, -а **1.** kastrieren **2.** *übtr* des Inhalts berauben
вы́хухоль, -я *m u.* -и *f* **1.** Bisamratte **2.** Bisam *Fell*
вы́царапать, -аю, -аешь; -анный, -ан -а *v* **1.** (her)auskratzen **2.** *übtr, umg* (mit Mühe) abringen, abzwingen ‖ *uv* выцара́пывать, -аю, -аешь
вы́|цвести*, *1. u. 2. Pers ungebr,* -цветет *v* ausbleichen, verschießen ‖ *uv* **выцвета́ть,** -а́ет
вы́цедить, -ежу, -едишь; -еженный, -ежен, -а *v* **1.** abzapfen **2.** *volksspr* langsam austrinken ‖ *uv* **выце́живать,** -аю, -аешь
вычека́нивать *uv zu* вы́чеканить
вы́чеканить, -ню, -нишь; -ненный, -нен, -а *v* prägen, schlagen *Münzen* ‖ *uv* вычека́нивать, -аю, -аешь
вычёркивать *uv zu* вы́черкнуть
вы́черкнуть, -ну, -нешь; -нутый, -нут, -а *v* (aus)streichen ‖ *uv* вычёркивать, -аю, -аешь
вы́черпать, -аю, -аешь; -анный, -ан, -а *v* (her)ausschöpfen ‖ *uv* **выче́рпывать,** -аю, -аешь
вы́чертить, -рчу, -ртишь; -рченный, -рчен, -а *v* (auf)zeichnen ‖ *uv* **выче́рчивать,** -аю, -аешь
вы́|чесать* *v* (her)auskämmen ‖ *uv* вычёсывать, -аю, -аешь
вы́|честь*, -чтешь *v* **1.** *math* subtrahieren, abziehen **2.** einbehalten, abziehen ‖ *uv* вычита́ть, -а́ю, -а́ешь
вычёсывать *uv zu* вы́чесать
вы́чет, -а *m* **1.** Abziehen, Abzug **2.** Abzug; за -ом десяти́ копе́ек nach Abzug von zehn Kopeken
вычисле́ние, -я *n* Berechnung
вычисли́тельный, -ая, -ое Rechen-
вы́числить, -лю, -лишь; -ленный, -лен, -а *v* berechenen, ausrechnen ‖ *uv* **вычисля́ть,** -я́ю, -я́ешь
вы́чистить, -ищу, -истишь; -ищенный, -ищен, -а *v* säubern, reinigen; reine machen; ~ щёткой abbürsten ‖ *uv* вычища́ть, -а́ю, -а́ешь
вы́чиститься, -ищусь, -истишься *v* sich putzen, seine Kleidung säubern ‖ *uv* вычища́ться, -а́юсь, -а́ешься
вычита́емое, -ого *n math* Subtrahend
вычита́ние, -я *n math* Subtraktion
вы́читать, -аю, -аешь; -анный, -ан, -а *v* **1.** herauslesen, durch Lesen erfahren **2.** *typ* lesen, zum Druck vorbereiten; ~ гра́нки Fahnenkorrektur lesen -аешь ‖ *uv* вычи́тывать, -аю,
вычита́ть *uv zu* вы́честь
вычи́тывать *uv zu* вы́читать
вычища́ть(ся) *uv zu* вы́чистить(ся)
вы́чурный, -ая, -ое; *Kzf* -рен, -рна

geziert, geschraubt, gekünstelt; verschnörkelt
вы́чуры *Pl* -ур, *Sg* вы́чура, -ы *f* 1. *alt* Schnörkel 2. *umg* Launen
вышвы́ривать *uv zu* вы́швырнуть
вы́швырнуть, -ну, -нешь; -нутый, -нут, -а *v umg* 1. hinauswerfen, -schleudern 2. hinausjagen || *uv* вышвы́ривать, -аю, -аешь
вы́ше 1. ↑ высо́кий 2. *Adv* oben; смотри́ ~ siehe oben 3. *Präpos mit G* über, mehr; oberhalb (von); flußaufwärts; пять гра́дусов ~ нуля́ fünf Grad über Null ◇ быть ~ предрассу́дков über Vorurteile erhaben sein; э́то ~ мои́х сил das übersteigt meine Kräfte; в э́том отноше́нии ты ~ его́ darin bist du ihm überlegen
вышеизло́женный, -ая, -ое obengesagt
вышелу́шивать *uv zu* вы́шелушить
вы́шелушить, -шу, -шишь *v* enthülsen || *uv* вышелу́шивать, -аю, -аешь
выше|на́званный, -ая, -ое obengenannt; **~озна́ченный,** -ая, -ое obenerwähnt; **~приведённый,** -ая, -ое obenangeführt; **~стоя́щий,** -ая, -ее übergeordnet; **~ука́занный,** -ая, -ое obenerwähnt, obengesagt; **~упомя́нутый,** -ая, -ое obenerwähnt
вышиба́ть *uv zu* вы́шибить
вы́|шибить*, -шибешь *v umg* 1. einschlagen *Tür*; herausschlagen *aus den Händen* 2. *übtr* hinausjagen || *uv* вышиба́ть, -а́ю, -а́ешь
вышива́льный, -ая, -ое Stick-; -ая игла́ Sticknadel
вышива́льщица, -ы, *I* -ей *f* Stickerin
вышива́ние, -я *n* 1. Sticken, Ausnähen 2. zu bestickender *oder* bestickter Stoff
вышива́ть *uv zu* вы́шить
вы́шивка, -и, *Pl G* -вок, *D* -вкам *f* Stickerei, gesticktes Muster
вышина́, -ы́, *Pl* выши́ны, выши́н, выши́нам *f* Höhe
вы́|шить*, -шьешь *v* 1. sticken, ausnähen 2. besticken || *uv* вышива́ть, -а́ю, -а́ешь
вы́шка, -и, *Pl G* вы́шек, *D* -шкам *f* 1. Söller 2. Hochstand, Turm; бурова́я ~ Bohrturm; наблюда́тельная ~ Beobachtungsturm
вы́школить, -лю, -лишь *v umg* schulen; zur Ordnung erziehen
вы́шутить, -учу, -утишь; -ученный, -учен, -а *v* auslachen, verspotten || *uv* **вышу́чивать,** -аю, -аешь
выщела́чивать *uv zu* вы́щелочить
вы́щелочить, -чу, -чишь; -ченный, -чен, -а *v* 1. auslaugen 2. in Lauge (aus)waschen || *uv* выщела́чивать, -аю, -аешь
вы́щербить, -блю, -бишь *v umg* schartig machen || *uv* **выщербля́ть,** -я́ю, -я́ешь
вы́|щипать* *v* auszupfen, -rupfen || *uv* выщи́пывать, -аю, -аешь
вы́щипнуть, -ну, -нешь *v* auszupfen, -rupfen || *uv* выщи́пывать, -аю, -аешь
выщи́пывать *uv zu* вы́щипать *u.* вы́щипнуть
вы́явить, -влю, -вишь; -вленный, -влен, -а *v* 1. zeigen, offenbaren; ~ свой спосо́бности seine Fähigkeiten unter Beweis stellen 2. enthüllen, aufdecken || *uv* выявля́ть, -я́ю, -я́ешь
вы́явиться, *1. u. 2. Pers ungebr*, -вится *v* sich zeigen, zutage treten || *uv* выявля́ться, -я́ется
выявле́ние, -я *n* Enthüllung, Entdeckung
выявля́ть(ся) *uv zu* вы́явить(ся)
выясне́ние, -я *n* (Auf-)Klärung, Klarstellung
вы́яснить, -ню, -нишь; -ненный, -нен, -а *v* (auf)klären, klarstellen || *uv* **выясня́ть,** -я́ю, -я́ешь
вы́ясниться, *1. u. 2. Pers ungebr*, -нится *v* klarwerden, sich (auf)klären || *uv* **выясня́ться,** -я́ется
Вьетна́м, -а *m* Vietnam
вьетна́мец, -мца, *I* -мцем, *G Pl* -мцев *m* Vietnamese
вьетна́мка, -и, *Pl G* -мок, *D* -мкам *f* Vietnamesin
вьетна́мский, -ая, -ое vietnamesisch
вью ↑ вить
вью́га, -и *f* Schneesturm, Schneegestöber
вью́жный, -ая, -ое: -ая пого́да Schneetreiben
вьюк, -а *m* Last, Traglast *eines Lasttieres*
вьюн, -а́ *m* 1. *zool* Schmerle *Süßwasserfisch* 2. *übtr* gewandter Mensch ◇ ви́ться о́коло кого́-н. -о́м *umg* um j-n herumscharwenzeln
вьюно́к, -нка́ *m bot* Winde
вьюро́к, -рка́ *m* Bergfink
вью́чить, -чу, чишь *uv* beladen, bepacken
вью́чный, -ая, -ое Last-, Saum-; -ое живо́тное Lasttier
вью́шка, -и, *Pl G* -шек, *D* -шкам *f* (Regulier-) Klappe im Ofenrohr

вьющийся, -аяся, -ееся **1.** kraus, lockig **2.:** -ееся растéние Schlingpflanze
Вю́ртемберг, -а *m* Württemberg
вяжу́ ↑ вязáть
вя́жущий, -ая, -ее **1.** herb *im Geschmack* **2.** *tech* (festes Material) bindend, Binde-
вяз, -а *m* Ulme
вязáльный, -ая, -ое Häkel-; Strick-; -ая спи́ца Stricknadel
вязáльщик, -а *m* **1.** Binder *Arbeiter;* ~ снопóв Garbenbinder **2.** Stricker
вязáльщица, -ы, *I* -ей *f* **1.** Binderin **2.** Strickerin
вязáние, -я *n* **1.** Binden, Zusammenbinden; ~ снопóв Garbenbinden **2.** Stricken; Häkeln
вя́занка, -и, *Pl G* -нок, *D* -нкам *f volksspr u. gbt* gestricktes Kleidungsstück
вязáнка, -и, *Pl G* -нок, *D* -нкам *f* Bund, Bündel
вя́заный, -ая, -ое gestrickt; gehäkelt
вязáнье, -ья *n* Strickerei; Häkelei
вязáть* *uv* **1.** (zusammen)binden **2.** stricken; häkeln **3.** fesseln **4.** *umg* zusammenziehen; во рту вя́жет das zieht den Mund zusammen **5.** *tech* binden, zusammenfügen *festes Material*
вязáться*, *1. u. 2. Pers ungebr*, вя́жется *uv* (zusammen)passen, übereinstimmen ◇ дéло не вя́жется die Sache klappt nicht
вязи́га, -и *f* gedörrter Störrücken
вя́зка, -и, *Pl G* -зок, *D* -зкам *f* **1.** Binden **2.** Stricken; Häkeln
вя́зкий, -ая, -ое; *Kzf* -зок, -зкá!; *Komp* вя́зче **1.** zäh, dickflüssig **2.** schlammig; sumpfig
вя́зкость, -и *f* Viskosität, Zähigkeit
вя́знуть, -ну, -нешь; вяз, -ла *uv* einsinken, steckenbleiben
вя́зче ↑ вя́зкий
вязь, -и *f* Zierschrift; Ligatur
вя́ление, -я *n* Dörren
вя́леный, -ая, -ое gedörrt, Dörr-
вя́лить, вя́лю, вя́лишь; вя́ленный, -ен, -а *uv* dörren
вя́литься, *1. u. 2. Pers ungebr*, -ится *uv* austrocknen, dörren
вя́лый, -ая, -ое **1.** welk, verwelkt **2.** *Kzf* вял, -а schlaff; träge, energielos
вя́ну ↑ вя́нуть
вя́нуть* *uv* welken, verwelken ◇ у́ши вя́нут *umg* es ist nicht zum Anhören
Вячеслáв, -а *m männl Vn*
вя́щий, -ая, -ое *buchspr, alt, jetzt scherz* größer, höher; для -ей оригинáльности der größeren Originalität halber

Г

г (грамм) Gramm
г. (год; гóрод; господи́н) Jahr; Stadt; Herr
га *m idkl umg* (гектáр) Hektar
Гаáга, -и *f* Den Haag
габарди́н, -а *m* Gabardine
габари́т, -а *m* **1.** *tech* Außenmaß, Abmessung **2.** Lade-, Durchfahrtsprofil
гавáйский, -ая, -ое hawaiisch; Гавáйские островá Hawaii-Inseln
Гавáна, -ы *f* Havanna *Stadt*
гáванский, -ая, -ое Hafen-
гавáнский, -ая, -ое: -ая сигáра Havanna(zigarre)
гáвань, -и *f* Hafen; войти́ в ~ in den Hafen einlaufen
гáвкать, -аю, -аешь *uv volksspr* bellen, kläffen
Гавр, -а *m* Le Havre *Stadt*
Гаврии́л, -а *m* Gabriel
Гаврю́ша, -и, *I* -ей *m Dem zu* Гаврии́л
гáга, -и *f* Eiderente
гагáчий, -ья, -ье Eider-; ~ пух Eiderdaunen
гад, -а *m* **1.** *meist Pl* Reptilien und Amphibien **2.** *übtr, volksspr* Scheusal
гадáлка, -и, *Pl G* -лок, *D* -лкам *f* Wahrsagerin
гадáние, -я *n* **1.** Wahrsagen; ~ на кáртах Kartenlegen; ~ по рукé Handlesekunst **2.** Vermutung
гадáтельный, -ая, -ое **1.** zum Wahrsagen gehörig **2.** *Kzf* -лен, -льна fraglich, zweifelhaft, mutmaßlich
гадáть, -áю, -áешь *uv* **1.** wahrsagen; weissagen; ~ на кáртах Karten legen **2.** о *P* Vermutungen anstellen, mutmaßen ‖ *v* погадáть *zu* **1**

га́дина, -ы *f volksspr* Scheusal
га́дить, га́жу, га́дишь *uv* **1.** *umg* sich entleeren *Tiere* **2.** *D volksspr* schaden, ver-, dazwischenpfuschen ‖ *v* нага́дить
га́дкий, -ая, -ое; *Kzf* -док, -дка́!; *Komp* га́же abscheulich, widerlich
гадли́вость, -и *f* Ekel, Abscheu
гадли́вый, -ая, -ое; *Kzf* -ив, -а Ekel-; -ое чу́вство Abscheu, Widerwillen
га́дость, -и *f umg* Gemeinheit, Niederträchtigkeit
гадю́ка, -и *f* **1.** Otter, Viper **2.** *übtr volksspr* Scheusal
гадю́чий, -ья, -ье Schlangen-
га́ер [гаэр], -а *m alt* Possenreißer
га́ечный, -ая, -ое *tech* Schrauben-
га́же ↑ га́дкий
[1]**газ,** -а (-у), *P* на га́зе *u. volksspr* на газу́ *m* **1.** Gas; приро́дный ∼ Erdgas ◇ дать [сба́вить] газ *volksspr* Gas geben [wegnehmen] *Auto*; на по́лном -у́ *volksspr* mit Vollgas **2.** *Pl* Blähungen
[2]**газ,** -а (-у) *m* Gaze
газго́льдер [дэ], -а *m* Gasbehälter
газе́ль [зэ], -и *f* Gazelle
газе́та, -ы *f* Zeitung; стенна́я ∼ Wandzeitung; бульва́рная ∼ Revolverblatt ◇ ходя́чая ∼ Klatschbase
газе́тный, -ая, -ое Zeitungs-; Presse-; ∼ рабо́тник Journalist; -ое сообще́ние Pressemeldung
газе́тчик, -а *m* **1.** Zeitungsverkäufer **2.** *umg* Journalist
газе́тчица, -ы, *I* -ей *f* **1.** Zeitungsverkäuferin **2.** *umg* Journalistin
газиро́ванный, -ая, -ое mit Kohlensäure gesättigt; -ая вода́ Sodawasser
газиро́вка, -и *f umg* Sodawasser
газифика́ция, -и *f* **1.** *tech* Vergasung **2.** Anschluß ans Gasnetz, Gasversorgung
газифици́ровать, -рую, -руешь; -рованный, -рован, -а *v, uv* **1.** vergasen, zu Gas verarbeiten **2.** ans Gasnetz anschließen
газо- *in Zuss* Gas-
газобалло́н, -а *m* Gasflasche
газова́ть, -зу́ю, -зу́ешь *uv volksspr* Gas geben
[1]**га́зовый,** -ая, -ое Gas-; ∼ счётчик Gasuhr; -ая плита́ Gasherd
[2]**га́зовый,** -ая, -ое Gaze-
газоме́р, -а *m* Gasuhr
газо́н, -а *m* Rasen(platz)
газонепроница́емый, -ая, -ое; *Kzf* -ем, -а gasdicht
газонокоси́лка,-и, *Pl G* -лок, *D* -лкам *f* Rasenmähmaschine
газо|но́сный, -ая, -ое; *Kzf* -сен, -сна gashaltig; **∼обра́зный,** -ая, -ое; *Kzf* -зен, -зна gasförmig; **∼отравле́ние,** -я *n* Gasvergiftung; **∼прово́д,** -а *m* Gasleitung; **∼убе́жище,** -а, *I* -ем *n* Gasschutzraum; **∼храни́лище,** -а, *I* -ем *n* Gasbehälter
Гаи́ти *n idkl* Haiti
гаитя́нин, -а, *Pl* -я́не, -я́н, -я́нам *m* Bewohner von Haiti
гайдама́к, -а *m* Haidamak **1.** *hist ukrainischer Kosak im 17.-18. Jahrh.* **2.** *ukrainischer Weißgardist*
га́йка, -и, *Pl G* га́ек, *D* га́йкам *f* (Schrauben-) Mutter ◇ подкрути́ть -у [-и] *volksspr* die Forderungen hochschrauben; у тебя́ ∼ слаба́ *volksspr* das schaffst du nicht, das kriegst du nicht hin
га́йморов, -а, -о: -а по́лость *anat* Oberkieferhöhle
гак, -а *m* Haken; букси́рный ∼ Schlepphaken
галантере́йный, -ая, -ое Galanterie-, Kurzwaren-
галантере́я, -и *f* Galanterie-, Kurzwaren
гала́нтный, -ая, -ое; *Kzf* -тен, -тна galant, höflich, zuvorkommend
галдёж, -ежа́, *I* -ежо́м *m volksspr* Lärm; Radau
галде́ть, *1. Pers ungebr*, -ди́шь *uv volksspr* lärmen; randalieren
гале́ра, -ы *f* Galeere
галере́я, -и *f* **1.** Galerie; Gang; карти́нная ∼ Gemäldegalerie **2.** *theat* Galerie; места́ на -е Galerieplätze **3.** *berg* Förderbrücke; Stollen
галёрка, -и, *Pl G* -рок, *D* -ркам *f umg theat* „Olymp"
гале́та, -ы *f* Zwieback
галиматья́, -ьи́ *f volksspr* Unsinn
Гали́на, -ы *f weibl Vn*
галифе́ [э] *Pl idkl* Reit-, Breecheshose
га́лка, -и, *Pl G* -лок, *D* -лкам *f* Dohle
Га́лле *m idkl* Halle *Stadt*
галлюцина́ция, -и *f* Halluzination
гало́п, -а *m* Galopp
гало́пом *Adv* **1.** im Galopp; скака́ть ∼ galoppieren **2.** *übtr* sehr schnell
га́лочка, -и, *Pl G* -чек, *D* -чкам *f umg* Zeichen zum Abhaken; ста́вить -и abhaken
Га́лочка, -и *f Dem zu* Гали́на
гало́ши *Pl* -ло́ш, *Sg* гало́ша, -и *f* Galosche, (Gummi-) Überschuh
га́лстук, -а *m* Krawatte, Schlips; Halstuch; кра́сный ∼ rotes Hals-

tuch *der Pioniere* ◇ зали́ть [заложи́ть] за ~ *volksspr scherz* einen hinter die Binde gießen
галу́н, -á *m* Tresse, Litze
галу́шки *Pl* -шек, -шкам, *Sg* галу́шка, -и *f* Mehlklöße *in Suppe oder Milch gekocht*
гальваниза́ция, -и *f* Galvanisation
га́лька, -и, *Pl G* -лек, *D* -лькам *f* 1. Kiesel(stein) 2. *Pl* Geröll
Га́ля, -и *f Dem zu* Гали́на
гам, -а (-у) *m umg* (Stimmen-) Lärm; шум и ~ Höllenlärm
гама́к, -á *m* Hängematte
гама́ши *Pl* -áш, *Sg* гама́ша, -и *f* Gamaschen
Га́мбург, -а *m* Hamburg
га́мма, -ы *f* 1. Tonleiter 2. *übtr* Skala; ~ кра́сок Farbenskala
Га́на, -ы *f* Ghana
гангре́на, -ы *f med* Gangrän, Brand
га́нгстер [тэ], -а *m* Gangster
гандика́п, -а *m Sport* Vorgaberennen; Vorgabespiel *Schach u. a.*
га́нец, -нца, *I* -нцем, *G Pl* -нцев *m* Ghanese
ганзе́йский, -ая, -ое *hist* hansisch, hanseatisch, Hanse-, Hansa-
Ганно́вер, -а *m* Hannover
га́нский, -ая, -ое ghanesisch
ганте́ль [тэ], -и *f* Hantel
гара́ж, -á, *I* -óм, *G Pl* -éй *m* Garage
гаранти́йный, -ая, -ое Garantie-; -ое письмó Garantieschein
гаранти́ровать, -рую, -руешь; -рованный, -рован, -а *v*, *uv* 1. garantieren, gewährleisten (чтó-н. комý-н. j-m etw.); bürgen (чтó-н. für etw.) 2. schützen (от *G* vor)
гара́нтия, -и *f* Garantie, Gewähr (за А, в *P* für); без -и ohne Gewähr
гардеро́б, -а *m* 1. Garderobe, Kleiderablage 2. Kleiderschrank 3. Kleidung, Kleiderbestand
гардеро́бная, -ой *Subst f* Garderobe, Kleiderablage
гардеро́бщица, -ы, *I* -ей *f* Garderobenfrau
гарди́на, -ы *f* Gardine, Store
гаревóй, -áя, -óе mit Steinkohlenasche bestreut; -áя дорóжка Aschenbahn
гаре́м, -а *m* Harem
га́ркать *uv zu* га́ркнуть
га́ркнуть, -ну, -нешь *v volksspr* kreischen, schreien ‖ *uv* га́ркать, -аю, -аешь
гармонизи́ровать, -рую, -руешь; -рованный, -рован, -а *v*, *uv mus* harmonisieren
гармонизова́ть, -зýю, -зýешь; -зóванный, -зóван, -а *v*, *uv mus* harmonisieren
гармо́ника, -и *f* 1. *mus* Ziehharmonika; губна́я ~ Mundharmonika 2. *umg* Harmonika *an Bahnwagen* ◇ сложи́ть -ой in Falten legen
гармони́ровать, -рую, -руешь *uv* harmonieren, übereinstimmen (с *I* mit)
гармони́ст, -а *m* Harmonikaspieler
гармони́ческий, -ая, -ое harmonisch
гармони́чный, -ая, -ое; *Kzf* -чен, -чна harmonisch, voll(er) Harmonie
[1]**гармо́ния,** -и *f* 1. Harmonielehre 2. Harmonie, Wohlklang 3. *übtr* Übereinstimmung, Einklang
[2]**гармо́ния,** -и *f umg* Ziehharmonika
гармо́нь, -и *f umg* Ziehharmonika
гармо́шка, -и, *Pl G* -шек, *D* -шкам *f umg* Ziehharmonika
гарни́р, -а *m* (Gemüse-) Beilage *zu Fleisch- und Fischgerichten*
га́рный, -ая, -ое *alt* Brenn-; -ое ма́сло Brennöl
гарпу́н, -á *m* Harpune; бить -óм harpunieren
гарпу́нный, -ая, -ое Harpunen-; -ая пу́шка Harpunenkanone
га́рус, -а *m* Stick-. Strickwolle
Гарц, -а, *I* -ем *m* Harz *Gebirge*
гарцева́ть, -цу́ю, -цу́ешь *uv* Reiterkunststücke vorführen
гарь, -и *f* 1. Verbranntes; Brandgeruch 2. Steinkohlenasche
гаси́тель, -я *m* 1. Feuerlöscher *Gerät* 2. *buchspr alt übtr* Unterdrücker
гаси́ть, гашу́, га́сишь *uv* 1. (aus)löschen 2. *übtr* unterdrücken 3. entwerten, ungültig machen ◇ ~ долги́ Schulden tilgen ‖ *v* погаси́ть; -áшенный, -áшен, -а
га́снуть, *1. u. 2. Pers ungebr*, -нет; га́снул, -а *u.* гас, -ла *uv* erlöschen, ausgehen; си́лы га́снут die Kräfte versiegen
гастролёр, -а *m* 1. Künstler(in), der (die) ein Gastspiel gibt 2. *umg verächtl* Arbeiter, der den Arbeitsplatz ständig wechselt
гастро́ли *Pl* -ей, *Sg* гастро́ль, -и *f* Gastspiel; Gastspielreise; выезжа́ть на ~ auf Tournee gehen; прие́хать на ~ в . . . ein Gastspiel geben in . . .
гастроли́ровать, -рую, -руешь *uv* 1. gastieren, ein Gastspiel geben 2. *übtr verächtl* eine Gastrolle geben
гастро́льный, -ая, -ое Gastspiel-; -ая поéздка Gastspielreise, Tournee

гастроно́м, -а *m* 1. Feinschmecker 2. Feinkosthandlung
гастрономи́ческий, -ая, -ое gastronomisch; Feinkost-, Delikateß-; ~ магазин Feinkosthandlung
гастроно́мия, -и *f* 1. Gastronomie, verfeinerte Kochkunst 2. Delikateßwaren
гати́ть, гачу́, гати́шь *u.* **га́тить**, га́чу, га́тишь *uv* mit Faschinen belegen
гать, -и *f* Knüppeldamm; Faschinenweg
га́убица, -ы, *I* -ей *f* Haubitze
гауптва́хта, -ы *f mil* 1. Arrestlokal 2. *alt* Hauptwache
гаше́ние, -я *n* 1. Löschen 2. Entwerten, Tilgen
гашёный, -ая, -ое: -ая и́звесть gelöschter Kalk
гаши́ш, -а, *I* -ем *m* Haschisch *Rauschgift*
га́цивать *uv umg iterativ zu* гости́ть
гвалт, -а *m umg* (Höllen-) Lärm
гварде́ец, -е́йца, *I* -е́йцем, *G Pl* -е́йцев *m* Gardist
гва́рдия, -и *f* Garde
гватема́лец, -льца, *I* -льцем, *G Pl* -льцев *m* Guatemalteke
Гватема́ла, -ы *f* Guatemala
Гвиа́на, -ы *f* Guayana
Гвине́я, -и *f* Guinea
гвоздево́й, -а́я, -о́е Nagel-
гво́здик, -а *m Dem zu* гвоздь kleiner Nagel
гвозди́ка, -и *f* Nelke *Blume*; *Koll Gewürz*
гвозди́льный, -ая, -ое Nagel-
гвозди́ть, -зжу́, -зди́шь *uv volksspr* heftig schlagen, prügeln
гвозди́чный, -ая, -ое Nelken-
гвоздь, -я́, *Pl* гво́зди, гвозде́й, гвоздя́м *m* 1. Nagel; приби́ть -я́ми annageln; заби́ть -я́ми vernageln 2. *übtr G* Haupt-, Kernpunkt; ~ програ́ммы Zugstück ◇ и никаки́х гвозде́й! *volksspr* keine Widerrede!, erledigt!
гг. (го́ды; господа́) Jahre; Herren
Гда́ньск, -а *m* Gdansk *Stadt*
где *Adv* 1. wo 2. *umg* irgendwo 3. *mit D u. Inf zum Ausdruck des Zweifels*; ~ ему́ быть писа́телем! was ist er schon für ein Schriftsteller! ◇ ~ бы ни́ было wo auch immer; ~ ни на есть *umg* ganz gleich wo
где́-либо *Adv* irgendwo
где́-нибудь *Adv* irgendwo
где́-то *Adv* irgendwo *an einem bestimmten, aber nicht genau bekannten Ort*
ГДР (Герма́нская Демократи́ческая Респу́блика) DDR
гебри́дский, -ая, -ое: Гебри́дские острова́ Hebriden
ге́йзер [зэ], -а *m* Geiser, Geysir
гекза́метр, -а *m* Hexameter
гекта́р, -а *m* Hektar
гекто́граф, -а *m* Hektograph
ге́лий, -я, *P* -и *m* Helium
Гельзенки́рхен, -а *m* Gelsenkirchen
геморро́й, -я *m* Hämorrhoiden
гемофили́я, -и *f* Bluterkrankheit
генеало́гия, -и *f* Genealogie
ге́незис [нэ], -а *m* Genesis, Entstehung
генера́л, -а *m* General
генера́л-губерна́тор, -а *m* Generalgouverneur
генерали́ссимус, -а *m* Generalissimus
генерали́те́т, -а *m* Generalität
генера́льный, -ая, -ое General-, Haupt-; ~ секрета́рь Generalsekretär; -ая репети́ция *theat* Haupt-, Generalprobe; Генера́льная Ассамбле́я ООН UN-Vollversammlung
генера́льский, -ая, -ое Generals-
гене́тика [нэ], -и *f* Genetik
генети́ческий [нэ], -ая, -ое genetisch
генйа́льность, -и *f* Genialität
гениа́льный, -ая, -ое; *Kzf* -лен, -льна genial
ге́ний, -я, *P* -и, *G Pl* -ев *m* 1. Genie 2. Genius ◇ он ~ на э́то *umg* darin ist er Meister; непризнанный ~ verkanntes Genie
Ге́нуя, -и *f* Genua
геншта́б, -а *m* (генера́льный штаб) Generalstab
гео- *in Zuss* Geo-
гео́граф, -а *m* Geograph
геогра́фия, -и *f* Geographie
геоде́зия [дэ], -и *f* Geodäsie
гео́лог, -а *m* Geologe
геоло́гия, -и *f* Geologie
геологоразве́дка, -и *f* Schürfung, geologische Erkundung
гео́метр, -а *m* Geometer
геоме́трия, -и *f* Geometrie; начерта́тельная ~ darstellende Geometrie
георазве́дка, -и, *Pl G* -док, *D* -дкам *f* (геологи́ческая разве́дка) geologische Erkundung
Гео́ргий, -я, *P* -и *m* Georg
георги́н, -а *m u.* **георги́на**, -ы *f* Dahlie, Georgine
гера́нь, -и *f* Storchschnabel, Geranie
Гера́сим, -а *m männl Vn*
герб, -а́ *m* Wappen

гербáрий, -я, *P* **-и,** *G Pl* -ев *m* Herbarium
гéрбовый, -ая, -ое **1.** Wappen- **2.** Stempel-; -ая мáрка Stempel-, Gebührenmarke
геркулéс, -а *m* **1.** Herkules, athletischer Mensch **2.** Haferflocken
геркулéсовский, -ая, -ое herkulisch
гермáнец, -нца, *I* -нцем, *G Pl* -нцев *m* Germane
германи́зм, -а *m ling* Germanismus
германи́стика, -и *f* Germanistik
Гермáния, -и *f* Deutschland
гермáнка, -и, *Pl G* -нок, *D* -нкам *f* Germanin
гермáнский, -ая, -ое **1.** germanisch **2.** deutsch *Staat u. ä.*; Гермáнская Демократи́ческая Респýблика Deutsche Demokratische Republik
гермафроди́т, -а *m* Zwitter
гермети́ческий, -ая, -ое hermetisch
гермети́чный, -ая, -ое; *Kzf* -чен, -чна hermetisch
гермокаби́на, ы *f flug* Druckausgleichkabine
герои́зм, -а *m* Heroismus, Heldentum
герои́ня, -и *f* Heldin ◇ мать-∼ Ehrentitel für Mütter, die zehn oder mehr Kinder aufgezogen haben *in der UdSSR*
герои́ческий, -ая, -ое heroisch, heldenhaft
герóй, -я, *G Pl* -ев *m* Held; Герóй Совéтского Сою́за Held der Sowjetunion; Герóй Социалисти́ческого Трудá Held der sozialistischen Arbeit
герóйский, -ая, -ое heldenhaft, -mütig
герóйство, -а *n* Heldentum, Heldenmut
гéрцогство, -а *n* Herzogtum
Гéссен, -а *m* Hessen
гéтман, -а *m hist* Hetman *Oberhaupt der ukrainischen Kosaken*
гéтры *Pl* гетр, *Sg* гéтра, **-ы** *f* Gamaschen
гéтто *n idkl* G(h)etto
г-жа (госпожá) Frau, Fräulein
гиаци́нт, -а *m* Hyazinthe
гиббóн, -а *m* Gibbon
ги́бель, -и *f* **1.** Verderben, Untergang; готóвить комý-н. ∼ j-m einen Strick drehen; находи́ться на краю́ -и reif zum Untergang sein; идти́ к своéй -и in sein Unglück rennen **2.** *G volksspr* Unmenge
ги́бельный, -ая, -ое; *Kzf* -лен, -льна unheilvoll, verhängnisvoll
ги́бкий, -ая, -ое; *Kzf* -бок, -бкá!; *Komp* ги́бче **1.** biegsam, gelenkig, flexibel **2.** *übtr* gewandt, wendig, geschmeidig
ги́блый, -ая, -ое *volksspr* verloren, hoffnungslos ◇ -ое мéсто gefährlicher Ort
ги́бнуть, -ну, -нешь; гиб, -ла *u.* ги́бнул, -а *uv* zugrunde gehen
Гибралтáр, -а *m* Gibraltar
гибралтáрский, -ая, -ое Gibraltar-; Гибралтáрский проли́в Straße von Gibraltar
гибри́д, -а *m* Hybride, Mischling
ги́бче ↑ ги́бкий
гигáнт, -а *m* Riese, Gigant; **завóд-∼** Riesenwerk, -betrieb
гигáнтский, -ая, -ое riesengroß, gigantisch; -ими шагáми mit Riesenschritten ◇ -ие шаги́ Rundlauf *Turngerät*
гигиéна, -ы *f* Hygiene
гигиени́ческий, -ая, -ое hygienisch, Hygiene-; Gesundheits-
гигиени́чный, -ая, -ое; *Kzf* -чен, -чна hygienisch, den Erfordernissen der Hygiene entsprechend
гид, -а *m* Fremden-, Reiseführer
гидрáвлика, -и *f* Hydraulik
гидро- *in Zuss* **1.** Wasser-, Hydro- **2.** hydraulisch
гидроаккумули́рующий, -ая, -ое: -ая электростáнция Pumpspeicherwerk
гидрóлиз, -а *m* Hydrolyse
гидро|монитóр, -а *m* Wasserwerfer; (Hydro-) Monitor; **∼плáн,** -а *m* Wasserflugzeug; **∼самолёт,** -а *m* Wasserflugzeug; **∼стáнция,** -и *f* Wasserkraftwerk; **∼техни́ческий,** -ая, -ое Wasserbau-; **∼турби́на,** -ы *f* Wasserturbine; **∼ýзел,** -узлá *m* System hydrotechnischer Anlagen; **∼электростáнция,** -и *f* Wasserkraftwerk
гиéна, -ы *f* Hyäne
ги́кать, -аю, -аешь *uv umg* schreien, brüllen ‖ *v mom* **ги́кнуть,** -ну, -нешь
ги́льдия, -и *f hist* Gilde, Zunft
ги́льза, -ы *f* **1.** Patronenhülse **2.** Zigarettenhülse
гильоти́на, -ы *f* Guillotine, Fallbeil
Гималáи, -ев *Pl* Himalaja
гималáйский, -ая, -ое Himalaja-; Гималáйские гóры Himalajagebirge
гимн, -а *m* Hymne; госудáрственный ∼ Nationalhymne
гимнази́ст, -а *m alt u. ausländ* Gymnasiast
гимнáзия, -и *f alt u. ausländ.* Gymnasium
гимнáст, -а *m* Turner

гимнастёрка, -и, *PlG* -рок, *D* -ркам *f* Militärhemd, -bluse (mit hohem geschlossenem Kragen)
гимна́стика, -и *f* Gymnastik, Turnen; снаря́дная ~ Geräteturnen; занима́ться -ой turnen
гимнасти́ческий, -ая, -ое gymnastisch; Gymnastik-, Turn-; ~ зал Turnhalle
гимна́стка, -и, *PlG* -ток, *D* -ткам *f* Turnerin
гинеко́лог, -а *m* Gynäkologe, Frauenarzt
гинеколо́гия, -и *f* Gynäkologie
гипе́рбола, -ы *f math, lit* Hyperbel
гиперболи́ческий, -ая, -ое hyperbolisch, übertrieben
гиперболи́чный, -ая, -ое; *Kzf* -чен, -чна hyperbolisch, übertrieben
гипертони́я, -и *f* Hypertonie
гипно́з, -а *m* Hypnose
гипнотизёр, -а *m* Hypnotiseur
гипноти́ческий, -ая, -ое hypnotisch
гипо́теза, -ы *f* Hypothese
гипотену́за, -ы *f math* Hypotenuse
гиппопота́м, -а *m* Nilpferd, Flußpferd
гипро- (госуда́рственный институ́т по проекти́рованию) Staatliches Projektierungsbüro für . . .
гипс, -а *m* **1.** Gips **2.** Gipsverband; наложи́ть ~ на́ ногу das Bein in Gips legen **3.** Gipsabguß
гипсова́ть, -су́ю, -су́ешь *uv* gipsen; einen Gipsverband anlegen
ги́псовый, -ая, -ое aus Gips, Gips-; -ая повя́зка Gipsverband
гиреви́к, -а́, *m Sport* Gewichtheber
гирево́й, -а́я, -о́е Gewicht-
ги́рло, -а *n* Flußarm *im Delta*
гирля́нда, -ы *f* Girlande
гироко́мпас, -а *m* Kreiselkompaß
ги́ря, -и, *G Pl* гирь *f* Gewicht *a. Sport*; ~ для гимна́стики Hantel
гисто́лог, -а *m* Histologe
гистоло́гия, -и *f* Histologie
гита́ра, -ы *f* Gitarre; Klampfe
гитари́ст, -а *m* Gitarrenspieler
ги́чка, -и, *Pl G* -чек, *D* -чкам *f* Gig, schmales Ruderboot
глав- *in Zuss* **1.** гла́вный Haupt-, *z. B.* главбу́х Hauptbuchhalter **2.** гла́вное управле́ние, *z. B.* Главсевморпу́ть (Гла́вное управле́ние се́верного морско́го пути́) Hauptverwaltung des nördlichen Seewegs
[1]глава́, -ы́, *Pl* гла́вы, глав, гла́вам *f* **1.** (Ober-) Haupt, Chef; ~ правительства Regierungschef; ~ делега́ции Delegationsleiter **2.** Kuppel **3.** *alt* Kopf ◇ во -е́ an der Spitze; во -е́ с *I* geführt von; поста́вить что́-н. во -у́ угла́ etw. für das Wichtigste halten
[2]глава́, -ы́, *Pl* гла́вы, глав, гла́вам *f* Kapitel, Abschnitt *in Büchern*
глава́рь, -я́ *m* Anführer, Rädelsführer
главбу́х, -а *m* (гла́вный бухга́лтер) Hauptbuchhalter
главвра́ч, -а́, *I* -о́м, *G Pl* -е́й *m* (гла́вный врач) Chefarzt
главе́нство, -а *n* (Vor-) Herrschaft, Vorrang
главе́нствовать, -твую, -твуешь *uv* vorherrschen, eine führende Stellung einnehmen (в *P oder* над *I* in), herrschen (über)
главк, -а *m* гла́вный комите́т) Hauptverwaltung
главко́м, -а *m* (главнокома́ндующий) Oberbefehlshaber, Oberkommandierender
главнокома́ндование, -я *n*: Верхо́вное ~ Oberkommando
главнокома́ндующий, -его *Subst m* Oberkommandierender; Oberbefehlshaber
гла́вный, -ая, -ое **1.** hauptsächlich, wesentlich **2.** Haupt-; Ober-; Chef-; ~ врач Chefarzt; -ое управле́ние Hauptverwaltung; -ое предложе́ние *gram* Hauptsatz **3.** -ое, -ого *Subst n* Hauptsache ◇ -ым о́бразом hauptsächlich; -ое *umg mod* vor allem
глаго́л, -а *m* Verb, Zeitwort; (не)перехо́дный ~ (in)transitives Verb
глаго́лица, -ы, *I* -ей *f* das glagolitische Alphabet
глаго́льный, -ая, -ое verbal
глади́лка, -и, *Pl G* -лок, *D* -лкам *f* **1.** *typ* Falzbein **2.** Bügelmaschine
глади́льный, -ая, -ое Plätt-, Bügel-; -ая доска́ Plättbrett
глади́льщица, -ы, *I* -ей *f* Büglerin
гла́дить, гла́жу, гла́дишь; **гла́женный,** -ен, -а *uv* **1.** plätten, bügeln **2.** *A od* по *D* streicheln, streichen; ~ кого́ п. по голо́вке a) j-m über den Kopf streichen; b) zu nachsichtig sein gegen j-n
гла́дкий, -ая, -ое; *Kzf* -док, -дка́!; *Komp* гла́же **1.** glatt, eben **2.** fließend, flüssig *Rede, Stil* ◇ с него́ взя́тки -и *umg* bei ihm ist nichts zu holen
гла́дкость, -и *f* Glattheit, Glätte
[1]гладь, -и *f* glatte Fläche, Spiegel *Wasser* ◇ тишь да ~ ruhiges, idyllisches Leben
[2]гладь, -и *f* Plattstickerei
гла́же ↑ гла́дкий
гла́женый, -ая, -ое geplättet, gebügelt

гла́женье, -ья *n* Plätten, Bügeln

глаз, -а (-у), *P* о гла́зе, в глазу́, *Pl* глаза́, глаз, глаза́м *m* **1.** Auge; невооружённым -ом mit bloßem Auge; Sehfähigkeit **2.** *umg* Aufsicht, Überwachung ◇ у него́ хозя́йский ~ er ist ein guter Wirt; куда́ достаёт ~ *oder* наско́лько хвата́ет ~ soweit das Auge reicht; игра́ть [стреля́ть] -а́ми schöne Augen machen, kokettieren; ~ не каза́ть [пока́зывать] sich nicht blicken lassen; коло́ть кому́-н. -а́ j-m ein Dorn im Auge sein; пра́вда -а́ ко́лет *Sprichw* Wahrheit tut der Zunge weh; отвести́ -а́ кому́-н. j-s Aufmerksamkeit ablenken; откры́ть кому́-н. -а́ на что́-н. j-m über etw. die Augen öffnen; проглядéть [просмотре́ть] все -а́ sich die Augen aussehen *nach j-m*; у него́ -а́ слипа́ются die Augen fallen ihm zu; для отво́да ~ *umg* zum Schein; -а́ бы (мои́) не смотре́ли [гляде́ли] э́того es fällt mir schwer, das mit anzusehen; -а́ на лоб ле́зут *volksspr* da ist man einfach platt; не знать, куда́ -а́ деть vor Scham nicht wissen, wohin; не спуска́ть ~ с кого́-н. a) von j-m kein Auge [keinen Blick] wenden; b) j-n nicht aus den Augen lassen; в -а́ говори́ть ins Gesicht sagen; смотре́ть [гляде́ть] во все -а́ ganz Auge sein; упа́сть в чьи́х-то -а́х in j-s Meinung sinken; ни в одно́м -у́ kein bißchen (betrunken); его́ в -а́ не вида́ть er ist überhaupt nicht zu sehen; в -а́х [пе́ред глаза́ми] стоя́ть vor der Seele stehen; за -а́ hinter dem Rücken; за -а́ дово́льно (es ist) übergenug; на -а́х у всех vor aller Augen; на ~ nach Augenmaß; с -у на ~ unter vier Augen; с безу́мных ~ wütend; с пья́ных ~ *volksspr* betrunken; с ~ доло́й — из се́рдца вон aus den Augen, aus dem Sinn; прочь с ~ мои́х! geh mir aus den Augen!

глаза́стый, -ая, -ое; *Kzf* -аст, -а *umg* **1.** großäugig **2.** scharf(sichtig) *von den Augen*

глазе́т, -а *m* Glanzbrokat, Glanzstoff

глазе́ть, -е́ю, -е́ешь *uv* на *A volksspr, verächtl* gaffen

глазирова́ть, -ру́ю, -ру́ешь; -ро́ванный, -ро́ван, -а *v, uv* **1.** glasieren **2.** satinieren *Papier*

глазни́к, -а́ *m umg* Augenarzt

глазни́ца, -ы, *I* -ей *f* Augenhöhle

глазно́й, -а́я, -о́е Aug(en)-; -о́е я́блоко Augapfel; -о́й врач Augenarzt

глазо́к, -зка́, *Pl* гла́зки, -зок, -зкам *u.* глазки́, -о́в, -а́м *m* **1.** (гла́зки) *Dem zu* глаз Äuglein **2.** (глазки́) *umg* Guckloch **3.** (глазки́) Knospe, Auge *zum Aufpfropfen*; Keim **4.** (глазки́) Punkt, Tupfen, Auge, *z. B. am Pfauenschwanz, Schmetterling* ◇ на ~ nach Augenmaß, über den Daumen gepeilt; де́лать [стро́ить] кому́-н. гла́зки j-m schöne Augen machen, j-m verliebte Blicke zuwerfen; одни́м глазко́м взгляну́ть [посмотре́ть] flüchtig (hin)sehen

глазоме́р, -а *m* Augenmaß; **на ~** nach Augenmaß

глазу́нья, -ьи, *Pl G* **-ний,** *D* **-ньям** *f* Spiegelei

глазурова́ть, -ру́ю, -ру́ешь; -ро́ванный, -ро́ван, -а *v, uv* glasieren *Töpferwaren, Kacheln*

глазу́рь, -и *f* **1.** Zuckerguß **2.** Glasur

гла́нды *Pl* гланд, *Sg* гла́нда, -ы (Hals-) Mandeln

гласи́ть, *1. u. 2. Pers ungebr,* -и́т *uv buchspr* lauten, besagen

гла́сность, -и *f* Öffentlichkeit; преда́ть -и veröffentlichen, bekanntgeben

[1]**гла́сный,** -ая, -ое; *Kzf* -сен, -сна öffentlich

[2]**гла́сный,** -ого *Subst m* Vokal

глаша́тай, -я, *G Pl* -ев *m hist* Herold, Verkünder *a. übtr*

Глеб, -а *m männl Vn*

гле́тчер, -а *m* Gletscher

гли́на, -ы *f* Ton, Lehm; **бе́лая ~** Kaolin

гли́нистый, -ая, -ое; *Kzf* -ист, -а lehmig

глинobи́тный, -ая, -ое Stampf(lehm)-; -ая постро́йка Stampfbau, Lehmbau

глинозём, -а *m* Tonerde

глинтве́йн, -а *m* Glühwein

гли́няный, -ая, -ое tönern, irden

гли́ссер, -а *m* Gleitboot

глист, -а́ *m* Eingeweidewurm; ле́нточный ~ Bandwurm

глиста́, -ы́ *f volksspr* Eingeweidewurm

глистого́нный, -ая, -ое *med* wurm(ab)treibend

гл. обр. (гла́вным о́бразом) hauptsächlich

гло́бус, -а *m* Globus

глода́ть* *uv* **1.** *A* nagen (an) **2.** *übtr* quälen, zermürben

гложу́ ↑ глода́ть

глосса́рий, -я, *P* -и, *G Pl* -ев *m* Glossar, Wörterverzeichnis

глота́ть, -а́ю, -а́ешь *uv* schlucken, ver-

schlingen *a. übtr*; ~ слёзы das Weinen unterdrücken; ~ слова́ Worte verschlucken ‖ *v mom* глотну́ть, -ну́, -нёшь
гло́тка, -и, *Pl G* -ток, *D* -ткам *f* **1.** Schlund **2.** *volksspr* Kehle, Gurgel; заткну́ть кому́-н. -у j-m den Mund stopfen; драть -у aus vollem Halse schreien; во всю -у aus vollem Halse
глотну́ть *v mom zu* глота́ть
глото́к, -тка́ *m* Schluck
гло́хнуть, -ну, -нешь; глох, -ла *uv* **1.** taub werden **2.** still werden, verhallen **3.** erlöschen, ausgehen; abgewürgt werden *Motor* **4.** verwildern *Gärten usw.*
глу́бже ↑ глубо́кий
глубина́, -ы́, *Pl* глуби́ны, -и́н, -и́нам *f* Tiefe *a. übtr*; ~ сце́ны Bühnenhintergrund; на -е́ десяти́ ме́тров in einer Tiefe von zehn Metern ◇ в -е́ веко́в in grauer Vorzeit; в -е́ души́ im tiefsten Inneren; из -ы́ души́ von ganzem Herzen
глуби́нный, -ая, -ое Tief-; ~ лов ры́бы Tiefseefischfang; -ая бо́мба Wasserbombe; ~ аэродро́м tief im Hinterland gelegener Flugplatz
глубо́кий, -ая, -ое; *Kzf* -о́к, -ока́, -око́; *Komp* глу́бже; *Sup* глубоча́йший **1.** tief *a. übtr*; -ая печа́ть Tiefdruck; ~ тыл tiefes Hinterland; до -ой но́чи bis tief in die Nacht hinein; ~ ана́лиз tiefschürfende Analyse; -ое убежде́ние tiefwurzelnde Überzeugung; -ие зна́ния gründliches [fundiertes] Wissen; -ое чу́вство tief(gehend)es Gefühl ◇ -ая ста́рость hohes Alter; ~ стари́к steinalter Mann; -ая о́сень Spätherbst; -ое неве́жество krasse Unwissenheit; в -ой дре́вности in grauer Vorzeit **2.** -о́ *Adv* zutiefst, höchst; глубоко́ уважа́ть hoch verehren; я глубоко́ потрясён ich bin aufs tiefste erschüttert
глубоко|во́дный, -ая, -ое **1.** *Kzf* -ден, -дна wasserreich, tief **2.** Tiefsee-; -ая ры́ба Tiefseefisch, **~мы́сленный,** -ая, -ое; *Kzf* -ен, -енна **1.** tiefsinnig **2.** ernst, konzentriert; **~уважа́емый,** -ая, -ое hochverehrt, sehr geehrt
глубоча́йший ↑ глубо́кий
глубь, -и, *P* в глуби́ *u.* в глу́би *f* Tiefe
глуми́ться, -млю́сь, -ми́шься *uv* над *I* verspotten, verhöhnen, sich lustig machen (über)
глумле́ние, -я *n* Hohn, Spott
глупе́ть, -е́ю, -е́ешь *uv* dumm werden
глупе́ц, -пца́, *I* -пцо́м, *G Pl* -пцо́в *m verächtl* Dummkopf
глупи́ть, -плю́, -пи́шь *uv umg* sich dumm benehmen; Dummheiten machen
глупова́тый, -ая, -ое; *Kzf* -а́т, -а einfältig, albern
глу́пость, -и *f* Dummheit; говори́ть -и dummes Zeug reden; глу́пости! Unsinn!, dummes Zeug!
глу́пый, -ая, -ое; *Kzf* глуп, -а́! dumm; глуп как про́бка dumm wie Bohnenstroh; -ая шу́тка fauler Witz
глупы́ш, -а́, *I* -о́м, *G Pl* -е́й *m umg* Dummchen *Kind*
глуха́рь, -я́ *m* **1.** Auerhahn **2.** *volksspr scherz* tauber Mensch
глухова́тый, -ая, -ое; *Kzf* -а́т, -а schwerhörig
глухо́й, -а́я, -о́е; *Kzf* глух, -а́!; *Komp* глу́ше **1.** taub *a. übtr*; глух ко всем про́сьбам taub gegenüber allen Bitten **2.** dumpf *Laut, Gefühl* **3.** *ling* stimmlos; ~ согла́сный stimmloser Konsonant **4.** still, abgelegen; öde; -а́я дере́вня entlegenes Dorf **5.** -о́го *Subst m* Tauber, Gehörloser ◇ -а́я ночь stille, stockfinstere Nacht; -о́е окно́ blindes Fenster
глухонемо́й, -а́я, -о́е **1.** taubstumm **2.** -о́го *Subst m* Taubstummer
глухота́, -ы́ *f* Taubheit
глу́ше ↑ глухо́й
глуши́тель, -я *m* **1.** Schalldämpfer **2.** *übtr G* Unterdrücker
глуши́ть, глушу́, глу́шишь *uv* **1.** betäuben **2.** dämpfen **3.** nicht wachsen lassen, ersticken; *übtr* unterdrücken, ersticken **4.** *volksspr* (aus-)löschen **5.** abwürgen *Motor*
глушь, -и́, *I* глу́шью *f* **1.** Dickicht **2.** Einöde; entlegener Ort
глы́ба, -ы *f* Klumpen, Scholle
глюко́за, -ы *f* Traubenzucker
гляде́ть, гляжу́, гляди́шь; гля́дя́, *poet u. gbt* гля́дючи *uv* **1.** schauen, blicken (на *A* auf); ansehen **2.** *umg* aufpassen (за *I* auf) ◇ куда́ глаза́ глядя́т ganz gleich wohin; сквозь па́льцы ~ ein Auge zudrücken; гляди́ в о́ба! sei vorsichtig!, sei auf der Hut!; идти́ куда́-н. на́ ночь гля́дя spät abends irgendwohin gehen; ни на что не глядя́ ohne jede Rücksicht; того́ и гляди́ ehe man sich's versieht; того́ и гляди́ дождь пойдёт es kann jeden Augenblick regnen; ~ в гроб [в моги́лу] mit einem Fuß im Grabe stehen, dem Tode nahe sein; ~ вон fortgehen

wollen; глядя́ по *D* je nach ‖ *v mom* гля́нуть, -ну, -нешь *umg zu* 1

глядéться, гляжу́сь, глядя́шься *uv* в *A* sich betrachten; ~ в зéркало sich im Spiegel betrachten

глядь! *Interj umg* siehe da!

гля́нец, -нца, *I* -нцем *m* Glanz, Politur; навести́ ~ на сапоги́ die Stiefel spiegelblank wichsen

гля́нуть *v mom zu* глядéть

глянцевáть, -цу́ю, -цу́ешь *uv* polieren

глянцеви́тый, -ая, -ое; *Kzf* -и́т, -а glänzend; -ая бумáга Glanzpapier

гля́нцевый, -ая, -ое glänzend, spiegelblank

гм! *Interj des Zweifelns, der Ironie* hm!, so so!

г-н (господи́н) Herr

гнать* *uv* 1. *best* treiben, jagen; ~ стáдо домóй die Herde heimtreiben; ~ лес Holz flößen 2. *best* vertreiben, verjagen; ~ из дому aus dem Hause jagen 3. antreiben, hetzen; ~ лóшадь во весь дух das Pferd zu größter Eile antreiben; ~ маши́ну mit dem Auto rasen 4. *umg* hetzen, schnell machen 5. destillieren; ~ спирт Schnaps brennen ‖ *unbest* гоня́ть *zu* 1, 3

гнáться*; гнали́сь *uv best* за *I* 1. nachjagen; ~ за кéм-н. по пятáм j-m auf den Fersen sein 2. *umg* streben, trachten (nach) ‖ *unbest* гоня́ться

гнев, -а *m* Zorn, Wut ◇ не во ~ будь скáзано *alt* nehmen Sie es mir nicht übel

гнéвный, -ая, -ое; *Kzf* -вен, -внá! zornig

гнедóй, -áя, -óе rotbraun *Pferd*

гнезди́ться, *1. u. 2. Pers ungebr*, -и́тся *uv* 1. nisten 2. *übtr* sich einnisten, sich drängen *Gedanken, Gefühle u. ä.*

гнездó, -á, *Pl* гнёзда, гнёзд, гнёздам *n* 1. Nest, Horst; вить ~ ein Nest bauen; воровскóе ~ Diebesnest; пулемётное ~ MG-Nest 2. Wurf, Brut *Tierjunge* 3. Klinke *Telefonvermittlung*; *el* (Steck-) Buchse; *rad* Sockelkontakt *bei Röhren* 4. Gruppe von zusammenwachsenden Pflanzen, Pilzen, Beeren 5. *ling* Wortfamilie, -nest

гнездовáться, *1. u. 2. Pers ungebr*, -ду́ется *uv* Nester bauen *von Vögeln*

гнездовóй, -áя, -óе: ~ посéв Dibbelsaat

гнейс, -а *m* Gneis

гнести́*; *Prät ungebr uv* 1. bedrücken, quälen 2. herauspressen

гнёт, -а *m* 1. Presse; Preßgewicht 2. *übtr* Joch, Unterdrückung; Druck

гнету́ ↑ гнести́

гнету́щий, -ая, -ее (be)drückend

гни́да, -ы *f* Nisse

гниéние, -я *n* Fäulnis, Verwesung

гнилóй, -áя, -óе; *Kzf* гнил, -á! 1. faul, verfault 2. naß, ungesund 3. *übtr* faul, hohl

гниль, -и *f* Vermodertes, Verfaultes

гнить* *uv* (ver)faulen, vermodern

гнию́ ↑ гнить

гноéние, -я *n* Eiterung, Eitern

гнои́ть, гною́, гнои́шь *uv* 1. verfaulen lassen 2.: ~ когó-н. в тюрьмé j-n im Kerker verkommen lassen

гнои́ться, *1. u. 2. Pers ungebr*, -и́тся *uv* eitern

гной, гнóя (гнóю), *P* в гнóе *u.* в гною́ *m* Eiter

гнойни́к, -á *m* Eiterbeule, -herd *a. übtr*

гнóйный, -ая, -ое eitrig, Eiter-

гном, -а *m* Gnom, Kobold

г-ну *Abk für* господи́ну *auf Briefen*

гну *m, f idkl* Gnu

гнусáвить, -влю, -вишь *uv* näseln

гнусáвый, -ая, -ое; *Kzf* -áв, -а näselnd

гнуси́ть, гнушу́, гнуси́шь *uv umg* näseln

гнусли́вый, -ая, -ое; *Kzf* -и́в, -а *umg* näselnd

гну́сный, -ая, -ое; *Kzf* -сен, -снá! gemein, schändlich

гну́тый, -ая, -ое gebogen, geschwungen

гнуть, гну, гнёшь; *Adv Ptz ungebr uv* 1. biegen, krümmen 2. niederbeugen, neigen 3. *umg* abzielen, hinarbeiten (*A oder* к *D* auf); куда́ [к чему́] он гнёт? worauf will er hinaus?; ~ свою́ ли́нию seine Linie durchsetzen ◇ ~ шéю [спи́ну] пéред кéм-н. vor j-m katzbuckeln; ~ горб [спи́ну] bis zur Erschöpfung arbeiten

гну́ться, гнусь, гнёшься; *Adv Ptz ungebr uv* 1. sich biegen, sich krümmen 2. sich biegen lassen

гнушáться, -áюсь, -áешься *uv G, I oder mit Inf* verabscheuen, sich ekeln (vor) ‖ *v* погнушáться

Гоá *m idkl* Goa

гобелéн, -а *m* Gobelin

Гóби *f idkl* Gobi

гобóй, -я, *G Pl* -ев *m* Oboe

говáривать *uv iterativ zu* говори́ть

говéть, -éю, -éешь *uv rel* fasten

го́вор, -а *m* **1.** Gerede, Gemurmel **2.** lokaler Dialekt

говори́ть, -рю́, -ри́шь; -рённый, -рён, -рена́ *uv* **1.** sprechen, reden (können); sagen; постоя́нно ~ о чём-н. etw. ständig im Munde führen; ~ речь eine Rede halten; ~ обиняка́ми drum herum reden; не дать ~ кому́-н. j-n nicht zu Worte kommen lassen; говоря́т man sagt; говоря́т, что он у́мер er soll gestorben sein **2.** о *P* sprechen (für), zeugen (von); э́то говори́т о том, что das zeugt davon, daß; э́то говори́т само́ за себя́ das spricht für sich selbst; э́то говори́т в его́ по́льзу das spricht für ihn ◇ не́чего [что и] ~ natürlich, das versteht sich von selbst; не́чего ~ об э́том das ist nicht der Rede wert; говоря́т тебе́! hörst du!; что ни говори́ was man auch sagen mag; что и говори́(ть) freilich, natürlich; что вы говори́те! was Sie nicht sagen!; ~ на ра́зных языка́х *übtr* einander nicht verstehen; ина́че говоря́ mit anderen Worten; коро́че говоря́ um es kurz zu machen; открове́нно [по со́вести] говоря́ offen gesagt; ме́жду на́ми говоря́ unter uns gesagt; по пра́вде говоря́ um die Wahrheit zu sagen; со́бственно говоря́ eigentlich; не говоря́ уже́ о abgesehen von, geschweige denn; ~ как по пи́саному wie ein Buch reden; и не говори́(те)! *umg* das ist doch klar! ‖ *uv iterativ* говá́ривать, *Präs ungebr*

говори́ться, *1. u. 2. Pers ungebr*, -и́тся *uv* gesprochen werden; как говори́тся wie es heißt, wie man sagt

говорли́вый, -ая, -ое; *Kzf* -и́в, -а redselig, geschwätzig

говору́н, -а́ *m umg* Schwätzer

говору́нья, -ьи, *Pl G* **-ний,** *D* **-ньям** *f umg* Schwätzerin

говя́дина, -ы *f* Rindfleisch

говя́жий, -ья, -ье aus Rindfleisch; ~ жир Rinderfett

го́голь, -я *m zool* Schellente ◇ ходи́ть -ем einherstolzieren

го́голь-мо́голь, -я *m* geschlagenes Eigelb mit Zucker

го́гот, -а *m* **1.** Gackern, Schnattern **2.** *volksspr* lautes Gelächter

гогота́ть, -очу́, -о́чешь *uv* **1.** schnattern *Gänse* **2.** *volksspr* laut lachen

год, -а (-у), *P* в году́, о го́де, *Pl* го́ды *u.* года́, *G Pl* годо́в *u.* лет **1.** (*G Pl* лет) Jahr; уче́бный ~ Schuljahr, Studienjahr; с Но́вым -ом! Prosit Neujahr!; с Но́вым -ом (, с но́вым сча́стьем)! viel Glück im neuen Jahr!; ско́лько вам лет? wie alt sind Sie? ей испо́лнилось три́дцать оди́н ~ [три́дцать пять лет] sie ist 31 [35] geworden; ему́ деся́тый ~ (идёт) er ist neun, er wird zehn; ро́вно че́рез ~ heute in einem Jahr; на́ ~ auf [für] ein Jahr; за́ ~ im Laufe eines Jahres, in einem Jahr **2.** (*Pl* го́ды, годо́в *mit Ordnungszahl zur Bezeichnung von Jahrzehnten*) в конце́ двадца́тых -о́в am Ende der zwanziger Jahre **3.** (*Pl* года́ *u.* го́ды, годо́в) Zeit(spanne), Periode; в -ы пе́рвой пятиле́тки in den Jahren [zur Zeit, während] des ersten Fünfjahrplans **4.** (года́ *u.* го́ды, годо́в) (Lebens-) Alter: он уже́ в -а́х er ist schon bei Jahren, er ist schon alt; он не по -а́м серьёзный er ist viel zu ernst für sein Alter; войти́ в -а́ [лета́] *alt* erwachsen werden; тепе́рь уже́ -ы не те man ist alt geworden ◇ в ста́рые -ы in alten Zeiten; бе́з -у неде́ля *scherz* vor kurzem, unlängst; из -а в ~ von Jahr zu Jahr; jahraus, jahrein; ~ о́т -у *oder* ~ от -а mit jedem Jahr; с -у на́ ~ von Jahr zu Jahr

года́ми *Adv* jahrelang

го́дик, -а *m Dem zu* год Jährchen

годи́на, -ы *f hoher Stil* Zeit; тяжёлая ~ schwere Zeit; в тя́жкую -у испыта́ний in der Zeit der schweren [harten] Prüfung(en)

годи́ться, гожу́сь, годи́шься *uv* **1.** taugen; он в лётчики не годи́тся er eignet sich nicht zum Flieger; никуда́ не ~ zu nichts taugen **2.** passen; sich schicken; э́ти боти́нки мне годя́тся diese Schuhe passen mir ◇ не годи́тся es gehört sich nicht: он ей в подмётки не годи́тся er kann ihr nicht das Wasser reichen; я тебе́ в отцы́ [в ма́тери] гожу́сь ich könnte dein Vater | deine Mutter | sein

годи́чный, -ая, -ое Jahres-, alljährlich; -ое кольцо́ *bot* Jahresring

го́дный, -ая, -ое; *Kzf* -ден, -дна́, -дно, го́дны́ geeignet, tauglich; ~ к вое́нной слу́жбе kriegsdienstfähig; ~ для питья́ trinkbar; ~ на всё zu allem brauchbar

годова́лый, -ая, -ое einjährig

годово́й, -а́я, -о́е jährlich, Jahres-; ~ дохо́д Jahreseinkommen

годовщи́на, -ы *f* Jahrestag; ~ сме́рти Todestag; деся́тая ~ сва́дьбы zehnter Hochzeitstag

годо́к, -дка́ *m umg Dem zu* год Jährchen
гол, -а *m Sport* Tor; заби́ть ~ ein Tor schießen; ~ в свой воро́та Selbsttor *a. übtr* Bumerang
голена́стый, -ая, -ое 1. *Kzf* -а́ст, -а langbeinig 2. -ые, -ых *Subst Pl* Storchenvögel
голени́ще, -а, *I* -ем *n* Stiefelschaft
голеносто́пный, -ая, -ое: ~ суста́в *anat* Sprunggelenk
го́лень, -и *f* Unterschenkel
голе́ц, -льца́, *I* -льцо́м, *G Pl* -льцо́в *m* 1. Schmerle 2. Saibling *Fisch*
голи́к, -а́ *m* Reisigbesen
голла́ндец, -дца, *I* -дцем, *G Pl* -дцев *m* Holländer
Голла́ндия, -и *f* Holland
[1]**голла́ндка** [нк], -и, *Pl G* -док, *D* -дкам *f* Holländerin
[2]**голла́ндка** [нк], -и, *Pl G* -док, *D* -дкам *f umg* 1. holländischer Kachelofen 2. holländische Kuh; Holländerhuhn
голла́ндский [нск], -ая, -ое holländisch
голова́, -ы́, *A* го́лову, *Pl* го́ловы, голо́в, голова́м *f* 1. Kopf, Haupt 2. Stück Vieh; сто голо́в скота́ hundert Stück Vieh 3. Verstand, Vernunft; он у́мная ~ er ist ein heller Kopf 4. *m, f übtr G oder D umg* Führer, Chef, Oberhaupt 5. Spitze, vorderer Teil; ~ коло́нны Spitze der Kolonne ◇ ~ са́хара [са́хару] Zuckerhut; ~ ело́вая [садо́вая] Dummkopf; вы́мыть [намы́лить] -у кому́-н. *übtr* j-m den Kopf waschen; не жале́ть -ы́ sein Leben nicht schonen; подня́ть -у *übtr* frischen Mut fassen; сложи́ть -у sein Leben lassen; поплати́ться [заплати́ть] -о́й за что́-н. etw. mit dem Leben bezahlen (müssen); снять -у den Kopf abreißen, schwer bestrafen; отвеча́ть -о́й за что́-н. für etw. voll verantwortlich sein; очертя́ -у blindlings; сломя́ -у Hals über Kopf; в -а́х am Kopfende; у меня́ э́того и в -е́ не́ было ich habe überhaupt nicht daran gedacht; мне пришло́ в -у mir fiel ein; в пе́рвую -у in erster Linie; вино́ уда́рило ему́ в -у der Wein ist ihm in den Kopf gestiegen; э́то вы́шло [вы́летело] у меня́ из -ы́ das ist mir entfallen; вы́бросить [вы́кинуть] из -ы́ sich aus dem Kopf schlagen; на свою́ -у сде́лать zum eigenen Schaden tun; он -о́й [на́ -у] вы́ше меня́ a) er ist einen Kopf größer als ich; b) er ist mir geistig überlegen; как снег на́ -у wie ein Blitz aus heiterem Himmel; на све́жую -у mit frischem Kopf; он о двух -а́х er ist unerschrocken; уйти́ [погрузи́ться] с -о́й во что́-н. sich einer Sache ganz hingeben, sich in etw. vertiefen; с -ы́ по пять ма́рок pro Kopf fünf Mark; с -ы́ до ног [пят] von Kopf bis Fuß; с больно́й -ы́ на здоро́вую свали́ть die Schuld auf einen anderen schieben; де́йствовать че́рез чью́-н. -у über j-s Kopf hinweg handeln, j-n übergehen; дурна́я ~ нога́м поко́я не даёт was man nicht im Kopf hat, muß man in den Beinen haben; сто голо́в, сто умо́в *Sprichw* soviel Köpfe, soviel Sinne
голова́стик, -а *m* Kaulquappe
голове́шка, -и, *Pl G* -шек, *D* -шкам *f* schwelendes [verkohltes] Holzscheit
голови́зна, -ы *f* Kopf und Teile des Rückgrats vom Stör *als Speise*
голо́вка, -и, *Pl* -вок, *D* -вкам *f* 1. *Dem zu* голова́ Köpfchen 2. (Nadel-) Kopf, (Nagel-) Kopf; ~ винта́ Schraubenkopf; ~ лу́ка Zwiebel-(knolle) 3. *Pl* Oberleder *an Stiefeln* ◇ стира́ющая ~ *rad* Löschkopf
головно́й, -а́я, -о́е 1. Kopf-; -а́я боль Kopfschmerz; ~ мозг Gehirn 2. vorderer, Vor-; -ы́е ваго́ны die vorderen Wagen; ~ отря́д Vortrupp
головня́, -и́, *G Pl* -е́й *f* 1. glimmendes Holzscheit 2. *landw* Kornbrand
голово|круже́ние, -я *n* Schwindel-(gefühl); **~кружи́тельный,** -ая, -ое schwindelerregend, schwindelnd; **~ло́мка,** -и, *Pl G* -мок, *D* -мкам *f* Rätsel (zum Kopfzerbrechen), Denksportaufgabe; **~ло́мный,** -ая, -ое; *Kzf* -мен, -мна Kopfzerbrechen verursachend, sehr schwer zu entscheiden; **~мо́йка,** -и, *Pl G* -мо́ек, *D* -мо́йкам *f umg* Rüffel, strenger Verweis; **~ре́з,** -а *m umg* 1. tollkühner Kerl, Wagehals 2. Bandit; **~тя́п,** -а *m umg* Tölpel; **~тя́пство,** -а *n umg* Tölpelei
го́лод, -а (-у) *m* 1. Hunger; умере́ть с -у verhungern 2. Hungersnot 3. Mangel; де́нежный [у́гольный] ~ Mangel an Geld [Kohlen]
голода́ть, -а́ю, а́ешь *uv* hungern
голо́дный, -ая, -ое; *Kzf* го́лоден, -дна́! 1. hungrig 2. Hunger-; -ая смерть Hungertod 3. *umg* kärglich; ~ паёк Hungerration
голодо́вка, -и *Pl G* -вок, *D* -вкам *f* 1. *umg* Hungern 2. Hungerstreik;

объяви́ть -у in den Hungerstreik treten
голоду́ха, -и *f volksspr* Hungern; с -и vor Hunger
гололе́дица, -ы, *I* -ей *f* Glatteis
го́лос, -а (-у), *Pl* голоса́, -о́в *m* Stimme *a. übtr*; пра́во -а Stimmrecht; име́ть пра́во -а stimmberechtigt sein; отда́ть ~ за кого́-н. für j-n stimmen, seine Stimme abgeben für j-n; собра́ть мно́го -о́в viele Stimmen erhalten; подня́ть ~ проте́ста Protest erheben; для четырёх -о́в [на четы́ре -а] *mus* für vier Stimmen, vierstimmig; петь в два -а zweistimmig singen ◇ во весь ~ aus vollem Halse; быть в -е bei Stimme sein; в оди́н ~ einstimmig, wie aus einem Mund; с -а петь nach Gehör singen; в ~ [не свои́м -ом] крича́ть laut schreien; с чужо́го -а говори́ть keine eigene Meinung haben, unbesehen fremde Meinungen übernehmen
голоси́стый, -ая, -ое; *Kzf* -и́ст, -а stimmgewaltig, stimmkräftig
голоси́ть, -ошу́, -оси́шь 1. *volksspr* laut singen 2. *alt* wehklagen
голосло́вный, -ая, -ое; *Kzf* -вен, -вна unmotiviert, unbegründet
голосова́ние, -я *n* Abstimmung; предвари́тельное ~ Urabstimmung; ~ подня́тием рук Abstimmung durch Handzeichen; поста́вить вопро́с на ~ eine Frage zur Abstimmung bringen; воздержа́ться от -я sich der Stimme enthalten
голосова́ть, -су́ю, -су́ешь *uv A oder* за *A* 1. stimmen, seine Stimme abgeben; ~ за кандида́та für den Kandidaten stimmen 2. abstimmen (über); ~ резолю́цию über die Resolution abstimmen
голосово́й, -а́я, -о́е Stimm-; -ы́е свя́зки Stimmbänder
голубе́ть, *1. u. 2. Pers ungebr*, -е́ет *uv* 1. hellblau schimmern 2. hellblau werden
голубизна́, -ы́ *f* Bläue
голуби́ка -и *f bot* Sumpfheidelbeere
голуби́ный, -ая, -ое 1. Tauben- 2. *alt* sanftmütig
голу́бить, -блю, -бишь *uv poet* liebkosen
голу́бка, -и, *Pl G* -бок, *D* -бкам *f* 1. weibliche Taube 2. *umg* mein Täubchen, meine Beste *Anrede*
голубова́тый, -ая, -ое bläulich
голубогла́зый, -ая, -ое; *Kzf* -а́з, -а blauäugig
голубо́й, -а́я, -о́е himmelblau
голу́бушка, -и, *Pl G* -шек, *D* -шкам *f umg* meine Liebe *Anrede*
голубцы́ *Pl* -о́в, *Sg* голубе́ц, -бца́, *I* -бцо́м *m* Kohlrouladen
голу́бчик, -а *m umg* mein Lieber, meine Liebe *Anrede*
го́лубь, -я, *Pl* го́луби, голубе́й, голубя́м *m* Taube; ~ ми́ра Friedenstaube; почто́вый ~ Brieftaube
голубя́тня, -и, *Pl G* -тен, *D* -тням *f* Taubenschlag
го́лый, -ая, -ое; *Kzf* гол, -а́! nackt, bloß, kahl; соверше́нно ~ splitternackt; -ые поля́ kahle Felder; -ая и́стина die reine Wahrheit; -ыми рука́ми mit bloßen Händen, ohne Waffen ◇ гол как со́кол arm wie eine Kirchenmaus
голытьба́, -ы́ *f Koll, volksspr* arme Leute, Habenichtse
голы́ш, -а́, *I* -о́м, *G Pl* -е́й *m umg* 1. Nackedei, nackter Mensch 2. nackte Zelluloidpuppe 3. Kieselstein
голышо́м *Adv umg* nackt
голь, -и *f Koll alt* arme Leute ◇ ~ на вы́думки хитра́ *Sprichw* Not macht erfinderisch
го́льды *Pl* -ов, *Sg* гольд, -а *m* die Golden *heute Nanaizen*
гольф, -а *m Sport* Golf ◇ брю́ки-~ Knickerbocker
Гольфстри́м, -а *m* Golfstrom
го́льфы, -ов *Pl umg* Knickerbocker
гомеопа́тия, -и *f* Homöopathie
гоминда́н, -а *m* Kuomintang
гомоге́нный, -ая, -ое *buchspr* homogen
го́мон, -а *m umg* Lärm, Stimmengewirr
гонг, -а *m* Gong
гондо́ла, -ы *f* Gondel *a. flug*
Гондура́с, -а *m* Honduras
гоне́ние, -я *n buchspr* Verfolgung, Unterdrückung
гоне́ц, -нца́, *I* -нцо́м, *G Pl* -нцо́в *m alt* Kurier, Eilbote
гони́мый, -ая, -ое verfolgt, gejagt
гони́тель, -я *m* Verfolger, Unterdrücker
го́нка, -и, *Pl G* -нок, *D* -нкам *f* 1. *umg* Eile, Hast 2. *Pl* Rennen; гребны́е -и Ruderregatta; па́русные -и Segelregatta; шоссе́йные -и Straßenrennen 3. Flößen 4. Destillieren ◇ го́нка вооруже́ний Wettrüsten
го́нкий, -ая, -ое; *Kzf* го́нок, гонка́! hitzig, unermüdlich bei der Verfolgung des Wildes *von Hunden*
Гонолу́лу *idkl* Honolulu

гóнор, -а (-у) *m* Dünkel
гонорáр, -а *m* Honorar
гонорéя, -и *f med* Gonorrhöe
гóночный, -ая, -ое Renn-; -ая лóдка Rennboot
гонт, -а *m Koll* Dachschindeln
гонтовóй, -áя, -óе Schindel-; -áя крыша Schindeldach
гончáр, -á *m* Töpfer
гончáрный, -ая, -ое Töpfer-; -ые издéлия Töpferwaren
гóнчая, -ей *Subst f* Jagdhund
гóнщик, -а *m* Rennfahrer
гоню ↑ гнать
гонять, -яю, -яешь *uv* **1.** *unbest zu* гнать **2.** mehrmals mit Aufträgen schicken; ~ когó-н. за чéм-н. *umg* j-n mehrmals nach etw. schicken ◇ ~ лóдыря [собáк] faulenzen, sich herumtreiben
гоняться, -яюсь, -яешься *uv unbest zu* гнáться
гоп! [хоп] *Interj* hopp!
гопáк, -á *m* Hopak *ukrainischer Tanz*
гор. (гóрод) Stadt
гор- *in Zuss Abk für* городскóй Stadt-
горá, -ы́, *A* гóру, *Pl* гóры, гор, горáм *f* **1.** Berg; *Pl* Gebirge; в гóру bergauf *a. übtr*; пóд гору bergab *a. übtr*; взбирáться [подняться] нá гору auf einen Berg steigen, einen Berg ersteigen **2.** Stoß, Berg, Haufen; ~ книг Stoß Bücher ◇ рýсские гóры Achterbahn; катáться с гор rodeln; быть не за горáми nicht allzu weit sein; надéяться на когó-н. как на кáменную гóру auf j-n felsenfest vertrauen; у меня как ~ на плечáх mir ist's schwer ums Herz; стоять горóй за когó-н. fest für j-n einstehen; у меня как ~ с плеч свалилась mir fiel ein Stein vom Herzen; пир горóй *umg* ein üppiges Mahl
горáзд, -а, -о на *A oder mit Inf volksspr* geschickt; ~ на вы́думки einfallsreich ◇ кто во что ~ jeder so gut er kann
горáздо *Adv beim Komp* viel, bedeutend; ~ лýчше viel besser
горб, -á, *P* на горбý, о горбé *m* Buckel, Höcker ◇ на своём -ý испытáть am eigenen Leibe erfahren; своим -óм заработáть mit eigenen Händen erarbeiten
горбáтый, -ая, -ое; *Kzf* -áт, -а gebogen, bucklig, verwachsen
горбинка, -и, *Pl G* -нок, *D* -нкам *f* kleiner Buckel; нос с -ой gebogene Nase
гóрбить, -блю, -бишь *uv* krümmen; ~ спину einen Buckel machen ‖ *v* сгóрбить
гóрбиться, -блюсь, -бишься *uv* den Rücken krümmen ‖ *v* сгóрбиться
горбýн, -á *m* Buckliger
горбýнья, -ьи, *Pl G* -ний, *D* -ньям *f* Bucklige
горбýшка, -и *Pl G* -шек, *D* -шкам *f* Ränftchen, Brotkanten
горделивый, -ая, -ое; *Kzf* -ив, -а stolz, hochmütig
гордéц, -á, *I* -óм, *G Pl* -óв *m* stolzer [hochmütiger] Mensch
гóрдиев, -а, -о: ~ ýзел gordischer Knoten
гордиться, -ржýсь, -рдишься *uv* stolz sein (auf *I*)
гóрдость, -и *f* Stolz
гóрдый, -ая, -ое; *Kzf* горд, гордá, гóрдо, гóрды́ *I* stolz (auf)
гóре, -я *n* **1.** Gram, Kummer, Leid; Unglück; с -я vor Kummer; делить ~ и рáдость Freud und Leid teilen; однó ~ с тобóй ich habe meinen Kummer [meine liebe Not] mit dir; к моемý -ю [на моё ~] zu meinem Unglück; ~ в том, что ... leider ... **2.** *D umg* wehe; ~ мне! weh mir! ◇ „Гóре от умá" „Verstand schafft Leiden" *Drama von Gribojedow*; емý и -я мáло *umg* er macht sich nichts daraus, es kümmert ihn wenig; с -ем пополáм *umg* mit Mühe und Not
гóре- *vor einem Subst* erbärmlich, schlecht; ~-перевóдчик erbärmlicher Übersetzer; ~-поэ́т Dichterling; ~-охóтник Sonntagsjäger
горевáть, -рю́ю, -рю́ешь *uv* sich grämen, trauern (о *P* um)
горéлка, -и, *Pl G* -лок, *D* -лкам *f tech* Brenner; свáрочная ~ Schweißbrenner
горéлки, -лок, -лкам *Pl* Fangspiel
горéлый, -ая, -ое angebrannt; verbrannt
горельéф, -а *m* Hochrelief
горемы́ка, -и *m, f umg* armer Teufel, Pechvogel
горемы́чный, -ая, -ое; *Kzf* -чен, -чна *umg* armselig; unglücklich
горéние, -я *n* Brennen, Glühen
гóрестный [сн], -ая, -ое; *Kzf* -тен, -тна traurig, kläglich
гóресть, -и *f* **1.** *alt* Kummer **2.** *Pl* Unglück
горéть, горю́, горишь *uv* **1.** (ver)-

brennen *itr* **2.** brennen, Licht [Wärme] geben **3.** glühen, sich röten **4.** glänzen, funkeln; звёзды горя́т die Sterne funkeln **5.** durch Erwärmung faulen; сено́ гори́т в копна́х das Heu fault in den Haufen ◇ ~ от стыда́ vor Scham vergehen; ~ жела́нием den brennenden Wunsch haben; ~ не́навистью vor Haß brennen; рабо́та [де́ло] гори́т в его́ рука́х die Arbeit geht ihm von der Hand; у него́ по́чва гори́т под нога́ми der Boden wird ihm zu heiß; не гори́т! es hat keine Eile

го́рец, -рца, *I* -рцем, *G Pl* -рцев *m* Bergbewohner

горе́ц, -рца́, *I* -рцо́м, *G Pl* -рцо́в *m bot* Knöterich

гореча́вка, -и *f bot* Enzian

го́речь, -и *f* **1.** Bitteres; bitterer Geschmack **2.** *übtr* Bitterkeit

горже́т, -а *m* Pelzkragen, Pelzkollier

горже́тка, -и, *Pl G* -ток, *D* -ткам *f* Pelzkragen, Pelzkollier

горизо́нт, -а *m* **1.** Horizont *a. übtr* **2.** Wasserstand **3.** *Pl* (Bereich der) Möglichkeiten

горизонта́ль, -и *f* **1.** Horizontale, Waagerechte **2.** Höhenschichtlinie

горизонта́льность, -и *f* waagerechte Lage

горизонта́льный, -ая, -ое; *Kzf* -лен, -льна horizontal, waagerecht

гори́лла, -ы *f* Gorilla

гори́стый, -ая, -ое; *Kzf* -и́ст, -а bergig, gebirgig

горихво́стка, -и, *Pl G* -ток, *D* -ткам *f* Rotschwänzchen

горицве́т, -а *m* Lichtnelke

го́рка, -и, *Pl G* -рок, *D* -ркам *f* **1.** Anhöhe **2.** Gestell, Glasschrank **3.** Ablaufberg *Eisenbahn*

го́ркнуть, *1. u. 2. Pers ungebr*, -нет; горк, -ла *u.* го́ркнул, -а ranzig werden

горко́м, -а *m* (городско́й комите́т) Stadtkomitee, Stadtleitung

горла́нить, -ню, -нишь *uv volksspr* grölen, schreien

горла́стый, -ая, -ое; *Kzf* -а́ст, -а *volksspr* laut, schreiend; ~ па́рень Schreihals

го́рлинка, -и, *Pl G* -нок, *D* -нкам *f* Turteltaube, wilde Taube

го́рлица, -ы, *I* -ей *f* Turteltaube

го́рло, -а *n* **1.** Kehle, Gurgel, Hals; дыха́тельное ~ Luftröhre; у меня́ в -е пересо́хло ich habe eine trockene Kehle **2.** Flaschenhals **3.** Mündungsarm ◇ крича́ть во всё ~ aus vollem Halse schreien; по ~ стоя́ть в воде́ bis zum Hals im Wasser stehen; рабо́ты по ~ *umg* Arbeit gibt es mehr als genug; я сыт по ~ *umg* ich bin bis oben hinauf satt; с ножо́м к -у приста́ть *umg übtr* das Messer an die Kehle setzen; драть ~ *volksspr* laut schreien; (в)стать поперёк -а кому́-н. [у кого́-н.] *umg* j-m zum Hals heraushängen; слова́ застря́ли в -е das Wort blieb in der Kehle stecken

горлови́на, -ы *f* trichterförmige Öffnung; ~ вулка́на Krater

горлово́й, -а́я, -о́е Kehl(kopf)-; **-а́я** чахо́тка Kehlkopftuberkulose

го́рлышко, -а, *Pl* -шки, -шек, -шкам *n* Flaschenhals

гормо́н, -а *m* Hormon

¹горн, -а *m* **1.** Schmiedeherd, -esse **2.** Gestell des Hochofens

²горн, -а *m mus* Horn

горни́ло, -а *n alt* **1.** Schmiedeherd **2.** *übtr, hoher Stil* Bewährungsprobe, Feuerprobe;

горни́ст, -а *m* Hornist

го́рница, -ы *f* „gute Stube" *in Bauernhäusern*

го́рничная, -ой *Subst f* Zimmermädchen

Го́рно-Алта́йск, -а *m* Gorno-Altaisk *Stadt*

го́рно-алта́йский, -ая, -ое: Го́рно-Алта́йская Автоно́мная о́бласть Autonomes Gebiet Gorno-Altaisk

го́рно-бадахша́нский, -ая, -ое: Го́рно-бадахша́нская Автоно́мная о́бласть Autonomes Gebiet Berg-Badachschan

горно|заво́дский, -ая, -ое Bergbau-, Hütten-; **~промы́шленный,** -ая, -ое Bergbauindustrie; **~рабо́чий,** -его *Subst m* Bergarbeiter, Bergmann; **~ру́дный,** -ая, -ое Erzberg(werk)-; ~ру́дная промы́шленность Erzbergbau

горноста́й, -я, *G Pl* -ев *m* Hermelin

го́рный, -ая, -ое **1.** bergig, gebirgig; Berg-; -ая страна́ Gebirgsland; -ая цепь Gebirgskette, Gebirge **2.** Bergbau-; ~ инжене́р Bergingenieur ◇ -ое со́лнце *med* Höhensonne; ~ лён *min* Bergflachs, Asbest

горня́к, -а́ *m umg* **1.** Bergarbeiter **2.** Bergingenieur; Bergbaustudent

горня́цкий, -ая, -ое *umg* Bergarbeiter-; ~ посёлок Bergarbeitersiedlung

го́род, -а, *Pl* города́, **-о́в, -а́м** *m* **1.** Stadt; ~-геро́й Heldenstadt ◇ за́

город aufs Land, ins Grüne **2.** Lager *der Spielpartei*
городи́ть, -ожу́, -о́ди́шь *uv* **1.** *gbt* einzäunen **2.** Unsinn reden; ~ вздор [чепуху́, чушь] *volksspr* dummes Zeug schwatzen ◇ ~ огоро́д sich unnötige Mühe machen
городи́ще, -а, *I* -ем *n* vorgeschichtliche Siedlung
городки́, -о́в *Pl* Knüttelspiel
городни́чий, -его *Subst m alt* Stadthauptmann
городово́й, -о́го *Subst m alt* Schutzmann, Polizist
городо́к, -дка́ *m* Städtchen
городско́й, -а́я, -о́е städtisch, Stadt-
городьба́, -ы́ *f gbt* **1.** Einzäunen **2.** Umzäunung, Zaun
горожа́нин, -а, *Pl* -а́не, -а́н, -а́нам *m* Städter
гороно́ *n idkl* (городско́й отде́л наро́дного образова́ния) Abteilung für Volksbildung bei der Stadtverwaltung
горо́х, -а (-у) *m* **1.** Erbse *Pflanze* **2.** *Koll* Erbsen ◇ как о́б стену ~ *umg* ganz wirkungslos; при царе́ Горо́хе vor undenklichen Zeiten
горо́ховый, -ая, -ое **1.** Erbsen- **2.** erbsenfarbig ◇ ~ шут Hanswurst
горо́шек, -шка (-шку) *m* **1.**: зелёный ~ grüne Erbsen, Schoten **2.**: в ~ *oder* горо́шком getupft *Muster*
горо́шина, -ы *f* **1.** (einzelne) Erbse **2.** Punkt, Tupfen *auf dem Stoff*
го́рский, -ая, -ое Berg(bewohner)-, Gebirgs(bewohner)-; -ие племена́ Bergstämme
горсове́т, -а *m* (городско́й сове́т) Stadtsowjet; Rat der Stadt
го́ретка, -и, *Pl G* -ток, *D* -ткам *f umg* **1.** hohle Hand **2.** Handvoll *a. übtr*
го́рсточка, -и, *Pl G* -чек, *D* -чкам *f Dem zu* горсть **1.** hohle Hand **2.** kleine Handvoll *a. übtr*
горсть, -и, *G Pl* -е́й *f* **1.** hohle Hand **2.** Handvoll *a. übtr*
горта́нный, -ая, -ое Kehl-; ~ звук Kehllaut, Guttural
горта́нь, -и *f* Kehlkopf
горте́нзия [тэ], -и *f bot* Hortensie
горча́йший ↑ го́рький
го́рче ↑ го́рький
горчи́ть, *1. u. 2. Pers ungebr,* **-и́т** *uv* bitter schmecken
горчи́ца, -ы, *I* -ей *f* Senf
горчи́чник [шн], -а *m* Senfpflaster
горчи́чница [шн], -ы, *I* -ей *f* Senfglas
горчи́чный [шн], -ая, -ое Senf-; -ое се́мя Senfkorn
го́рше ↑ го́рький
горше́чник, -а *m* Töpfer
горше́чный, -ая, -ое Töpfer-
горшо́к, -шка́ *m* Tontopf; Blumentopf; ночно́й ~ Nachtgeschirr
го́рький, -ая, -ое; *Kzf* -рек, -рька́; *Sup* горча́йший **1.** *Komp* го́рче bitter **2.** *Komp* го́рше, го́рший bitter, schwer; -ая и́стина bittere Wahrheit; ~ о́пыт trübe [traurige] Erfahrung ◇ го́ркий (*bzw.* го́рькая) пья́ница *umg* Trunkenbold
Го́рький -ого *Subst m* Gorki *Stadt*
горьковча́нин, -а, *Pl* -а́не, -а́н, -а́нам *m* Einwohner der Stadt Gorki
го́рько-солёный, -ая, -ое: -ая вода́ Bitterwasser
горю́чее, -его *Subst n* Treibstoff
горю́честь, -и *f* Brennbarkeit
горю́чий, -ая, -ее; *Kzf* -ю́ч, -а brennbar; -ая смесь Kraftstoffgemisch ◇ ~ие слёзы heiße Tränen
го́рюшко, -а *n Dem zu* го́ре: ему́ и -а ма́ло das kümmert ihn wenig
горя́чечный [шн], -ая, -ое Fieber-
горя́чий, -ая, -ее; *Kzf* -я́ч, -яча́ **1.** heiß; -ая пи́ща warmes Essen; ~ исто́чник Thermalquelle **2.** heiß, hitzig, heftig; ~ спор heftiger Streit; ~ о́тклик lebhafter Widerhall ◇ по -им следа́м auf frischer Spur; -ая голова́ Hitzkopf; -ая пора́ Zeit, wo mit Hochdruck gearbeitet wird
горячи́ть, -чу́, -чи́шь *uv* erhitzen; erregen, anstacheln
горячи́ться, -чу́сь, -чи́шься *uv* sich ereifern
горя́чка, -и *f umg* **1.** Fieber; роди́льная ~ Kindbettfieber; бе́лая ~ Säuferwahn, Delirium **2.** Erregung, Hast; экзаменацио́нная ~ Prüfungsfieber ◇ поро́ть -у unüberlegt [überstürzt] handeln
горя́чность, -и *f* Eifer, Feuer; Heftigkeit
гос- *in Zuss Abk für* госуда́рственный Staats-, staatlich
госаппара́т, -а *m* (госуда́рственный аппара́т) Staatsapparat
госба́нк, -а *m* (госуда́рственный банк) Staatsbank
госизда́т, -а *m* (госуда́рственное изда́тельство) Staatsverlag
Гослитизда́т (Госуда́рственное изда́тельство худо́жественной литерату́ры) Staatsverlag für schöngeistige Literatur

госпитализа́ция, -и *f* Unterbringung im Krankenhaus, Hospitalisierung
го́спиталь, -я, *Pl* го́спитали, госпита́ле́й, госпиталя́м *m* Lazarett
Госпла́н, -а *m* (Госуда́рственный пла́новый комите́т при Сове́те Мини́стров СССР) Staatliches Plankomitee beim Ministerrat der UdSSR
господи́н, -а, *Pl* господа́, -о́д, -ода́м *m* 1. Herr . . .; mein Herr *Anrede an Ausländer*; *Pl* господа́ meine Herrschaften 2. Herr, Herrscher; сам себе́ ~ sein eigener Herr; ~ положе́ния Herr der Lage
госпо́дство, -а *n* Herrschaft; мирово́е ~ Weltherrschaft; ~ в во́здухе Luftherrschaft
госпо́дствовать, -твую, -твуешь *uv* 1. herrschen (над *I* über), beherrschen 2. *übtr* (vor)herrschen
госпо́дствующий, -ая, -ое herrschend; vorherrschend; -ее положе́ние Vormachtstellung
госпо́дь, го́спода *m* Gott *des Christentums*; го́споди!, ах ты, го́споди! *etwa* großer Gott! *zum Ausdruck der Verwunderung, des Ärgers, der Ungeduld*
госпожа́, -и́, *I* -е́й *f* 1. Frau, Fräulein . . .; gnädige Frau, gnädiges Fräulein *Anrede an Ausländerinnen* 2. Herrin
Госполитиздáт (Госуда́рственное изда́тельство полити́ческой литерату́ры) Staatsverlag für politische Literatur
госстра́х, -а *m* (госуда́рственное страхова́ние) staatliche Versicherung(sanstalt)
гост. (гости́ница) Hotel
гост *u.* **ГОСТ** [гост], -а *m* (госуда́рственный общесою́зный станда́рт) Staatlicher Unions-Standard *seit 1940*
гостево́й, -а́я, -о́е: Gäste-, Ehren-; ~ биле́т Ehrenkarte
гостеприи́мный, -ая, -ое; *Kzf* -мен, -мна gastfreundlich
гостеприи́мство, -а *n* Gastfreundschaft
гости́ная, -ой *Subst f* Besuchszimmer, Salon
гости́нец, -нца, *I* -нцем, *G Pl* -нцев *m volksspr* kleines Geschenk, kleine Aufmerksamkeit
гости́ница, -ы, *I* -ей *f* Hotel, Gasthof
гости́ный, -ая, -ое: ~ двор *alt* Verkaufshalle
гости́ть, гощу́, гости́шь *uv* zu Besuch sein || *uv iterativ* га́щивать, *Präs ungebr umg*
гость, -я, *Pl* го́сти, госте́й, гостя́м *m* 1. Gast; у нас -и wir haben Besuch; идти́ в -и zu Besuch gehen; быть в -я́х zu Besuch [zu Gast] sein 2. Gast *einer Versammlung u. ä.*
го́стья, -ьи, *Pl G* -тий, *D* -тьям *f* (weiblicher) Gast
госуда́рственный, -ая, -ое staatlich, Staats-
госуда́рство, -а *n* Staat; спа́сный для -а staatsgefährdend; за счёт -а auf Staatskosten
госуда́рыня, -и *f hist* Monarchin ◇ ми́лостивая ~ gnädige Frau *alte Anrede*
госуда́рь, -я *m hist* Monarch ◇ ми́лостивый ~ gnädiger Herr *alte Anrede*
го́тика, -и *f* Gotik
готи́ческий, -ая, -ое *arch* gotisch
готова́льня, -и, *Pl G* -лен, *D* -льням *f* Reißzeug
гото́вить, -влю, -вишь *uv* 1. к *D* vorbereiten (auf); ~ книгу к печа́ти ein Buch druckfertig machen; ~ уро́ки die Aufgaben machen; ~ роль eine Rolle einstudieren 2. zubereiten, kochen 3. ausbilden; ~ учителе́й Lehrer ausbilden ◇ ~ сюрпри́з eine Überraschung vorbereiten
гото́виться, -влюсь, -вишься *uv* 1. sich vorbereiten (к *D* auf); ~ к войне́ zum Kriege rüsten 2. sich anbahnen, bevorstehen
гото́вка, -и *f umg* Vorbereitung; Zubereitung
гото́вность, -и *f* Bereitschaft; боева́я ~ Kampfbereitschaft; вы́разить ~ sich bereit erklären
гото́вый, -ая, -ое; *Kzf* -о́в, -а 1. fertig; ~ к отъе́зду reisefertig; -ое пла́тье Konfektion 2. к *D* bereit, willig; всегда́ гото́в! immer bereit!; ~ на вся́кие же́ртвы zu jedem Opfer bereit!; он гото́в на всё er ist zu allem fähig ◇ жить на всём -ом Kost und Logis haben; на -ых харча́х *volksspr* mit Verpflegung [Beköstigung]; он был гото́в запла́кать er war dem Weinen nahe
го́тский, -ая, -ое gotisch
гофриро́ванный, -ая, -ое gaufriert, gewellt; -ое желе́зо Wellblech; -ая бума́га Kreppapier
гр. (граждани́н) Bürger
граб, -а *m* Hainbuche, Weißbuche
грабёж, -ежа́, *I* -о́м, *G Pl* -е́й *m* Raub, Plünderung
граби́тель, -я *m* Plünderer, Räuber

грабительский, -ая, -ое räuberisch; -ая война Raubkrieg
грабить, -блю, -бишь; -бленный, -блен, -а *uv* (be)rauben, plündern
грабленый, -ая, -ое Raub-; -ые вещи Diebesgut
грабли, -бель *oder* -блей, -блям *Pl* Harke, Rechen
грабовый, -ая, -ое Hainbuchen-, Weißbuchen-
гравёр, -а *m* Graveur; ~ по меди Kupferstecher
гравий, -я, *P* -и *m* Kies, Schotter
гравировать, -рую, -руешь; -рованный, -рован, -а *uv* (ein)gravieren; ~ на меди in Kupfer stechen
гравировщик, -а *m* Graveur
гравюра, -ы *f* Gravüre, Stich; ~ на дереве Holzschnitt; ~ на меди Kupferstich
град, -а *m* Hagel *a. übtr*; ~ идёт es hagelt; ~ вопросов eine Unmenge Fragen
градация, -и *f* Graduierung, Abstufung
градина, -ы *f umg* Hagelkorn
градирня, -и, *Pl G* -рен, *D* -рням *f* Gradierwerk
градобитие, -я *n* Hagelschlag
градовой, -ая, -ое Hagel-; -ая туча Hagelwolke
градом *Adv*: удары ~ посыпались es hagelte Schläge; пот льётся ~ der Schweiß fließt in Strömen
градоначальник, -а *m hist* Stadthauptmann *Oberhaupt einer verwaltungsmäßig selbständigen Stadt mit den Rechten eines Gouverneurs*
градо|строение, -я *n* Städtebau; **~строительство,** -а *n* Städtebau
градус, -а *m* 1. Grad; пять -ов мороза fünf Grad Kälte 2. Prozent *Alkoholgehalt* ◇ под -ом *umg* angeheitert
градусник, -а *m umg* Thermometer
градусный, -ая, -ое Grad-; -ая сетка Gradnetz
гражданин, -а, *Pl* граждане, -ан, -анам *m* 1. Staatsbürger; советский ~ Sowjetbürger 2. Bürger *offizielle Anrede*
гражданка, -и, *Pl G* -нок, *D* -нкам *f* 1. Staatsbürgerin 2. Bürgerin *offizielle Anrede*
гражданский, -ая, -ое 1. bürgerlich, Bürger-; ~ кодекс bürgerliches Gesetzbuch; ~ долг Bürgerpflicht; -ая война Bürgerkrieg 2. zivil; -ое право Zivilrecht; -ое мужество Zivilcourage ◇ -ая смерть *alt* Aberkennung der bürgerlichen Ehrenrechte
гражданство, -а *n* Staatsbürgerschaft; состоять в советском -е Sowjetbürger sein
грамзапись, -и *f* Schallplattenaufnahme
грамм, -а, *G Pl* -ов, *mündlich nach Zahlen* грамм *m* Gramm
грамматика, -и *f* Grammatik
грамматический, -ая, -ое grammatisch
граммофон, -а *m* Grammophon *mit Schalltrichter*
граммофонный, -ая, -ое Grammophon-; -ая пластинка Schallplatte
грамота, -ы *f* 1. Lesen und Schreiben; учиться -е Lesen und Schreiben lernen 2. Urkunde, Schreiben; почётная ~ Ehrenurkunde; верительная ~ Beglaubigungsschreiben
грамотность, -и *f* Beherrschung des Lesens und Schreibens
грамотный, -ая, -ое; *Kzf* -тен, -тна 1. des Lesens und Schreibens kundig; быть -ым lesen und schreiben können 2. fehlerlos, richtig 3. mit guten Kenntnissen
грампластинка, -и, *Pl G* -нок, *D* -нкам *f* Schallplatte
[1]**гранат,** -а *m* 1. Granatapfel 2. Granatapfelbaum
[2]**гранат,** -а *m min* Granat
граната, -ы *f* Granate; ручная ~ Handgranate
гранатный, -ая, -ое Granat-; -ые осколки Granatsplitter
[1]**гранатовый,** -ая, -ое Granat(apfel)-, Granatbaum-
[2]**гранатовый,** -ая, -ое Granat-, aus [mit] Granatedelsteinen gefertigt
гранатомёт, -а *m* Gewehrgranatwerfer
грандиозный, -ая, -ое; *Kzf* -зен, -зна grandios, großartig
гранёный, -ая, -ое geschliffen
гранильный, -ая, -ое Schleif-
гранильня, -и, *Pl G* -лен, *D* -льням *f* Schleiferei
гранит, -а *m* Granit
гранитный, -ая, -ое graniten; Granit-
гранить, -ню, -нишь; -нённый, -нён, -нена *uv* schleifen, facettieren
граница, -ы, *I* -ей *f* Grenze *a. übtr*; сухопутная ~ Landgrenze; -ы возможного die Grenzen des Möglichen; этому нет границ dem sind keine Grenzen gesetzt; это переходит все -ы das übersteigt alle Grenzen; выйти из границ über die Stränge schlagen ◇ за -ей im Ausland; за

-у ins Ausland; из-за -ы aus dem Ausland
грани́чить, *1. u. 2. Pers ungebr,* -ит *uv* grenzen (с *I* an) *a. übtr*
грани́чный, -ая, -ое *alt* Grenz-
гра́нка, -и, *Pl G* -нок, *D* -нкам *f typ* Korrekturfahne
грань, -и *f* **1.** Grenze *übtr,* Rand; поли́тика на -и войны́ Politik am Rande des Krieges **2.** *geom* Fläche eines Körpers
грасси́ровать, -рую, -руешь *uv* das „r" nach französischer Art sprechen
граф, -а *m* Graf
графа́, -ы́ *f* Spalte, Rubrik
гра́фик, -а *m* graphische Darstellung; Zeitplan, graphischer Plan; рабо́тать стро́го по -у genau nach Plan arbeiten
гра́фика, -и *f* **1.** Graphik **2.** *ling* Schreibweise
графи́н, -а *m* Karaffe
графи́ня, -и *f* Gräfin
графи́т, -а *m* **1.** Graphit **2.** (Bleistift-) Mine
графи́ть, -флю́, -фи́шь; -флённый, -флён, -флена́ *uv* linieren
графи́ческий, -ая, -ое graphisch
графлёный, -ая, -ое liniert
графо́лог, -а *m* Graphologe
графоло́гия, -и *f* Graphologie
грацио́зный, -ая, -ое; *Kzf* -зен, -зна graziös, anmutig
гра́ция, -и *f* Grazie, Anmut
грач, -а́, *I* -о́м, *G Pl* -е́й *m* Saatkrähe
гребёнка, -и, *Pl G* -нок, *D* -нкам *f* Kamm ◇ стричь во́лосы под -у das Haar kurz schneiden; стричь всех под одну́ -у alle über einen Kamm scheren
гребе́нчатый, -ая, -ое kammartig, Kamm-
гре́бень, -бня *m* **1.** Kamm; ча́стый ~ Staubkamm **2.** Kamm *der Vögel;* петуши́ный ~ Hahnenkamm **3.** Gebirgskamm; Wellenkamm **4.** *text* Hechel **5.** Dammkrone
грebéц, -бца́, *I* -бцо́м, *G Pl* -бцо́в *m* Ruderer
гребешо́к, -шка́ *m* Kamm
гре́бля, -и *f* Rudern; состяза́ние по -е Ruderregatta
гребнечеса́льный, -ая, -ое: -ая маши́на *tech* Kammstuhl
гребно́й, -а́я, -о́е Ruder-; ~ спорт Rudersport; ~ винт Schiffsschraube
гребо́к, -бка́ *m* **1.** Ruderschlag, Ruderzug **2.** kurzes Ruder
гребу́ ↑ грести́
грёза, -ы *f* Träumerei; Trugbild
грéзить, -е́жу, -е́зишь *uv* träumen; sich Träumereien hingeben
гре́зиться, *1. u. 2. Pers ungebr,* -ится *uv* träumen, vorschweben; мне гре́зилось, что . . . mir träumte, daß . . .
гре́йдер [дэ], -а *m* Straßenhobel(maschine); ~ на гу́сеничном ходу́ Planierraupe
гре́йпфрут, -а *m* Pampelmuse
грек, -а *m* Grieche
гре́лка, -и, *Pl G* -лок, *D* -лкам *f* Wärmflasche; электри́ческая ~ Heizkissen; ~ на ча́йник Teewärmer
греме́ть, -млю́, -ми́шь *uv* **1.** donnern; гром греми́т es donnert **2.** dröhnen; klirren; ~ ключа́ми mit den Schlüsseln klirren **3.** ertönen, erschallen **4.** einen guten Klang haben, weit und breit bekannt sein
грему́чий, -ая, -ее; *Kzf* -у́ч, -а: -ая змея́ Klapperschlange; ~ газ Knallgas
гренаде́р, -а *m* Grenadier
гренла́ндец, -дца, *I* -дцем, *G Pl* -дцев *m* Grönländer
Гренла́ндия, -и *f* Grönland
гренла́ндка, -и, *Pl G* -док, *D* -дкам *f* Grönländerin
гренла́ндский, -ая, -ое grönländisch, Grönland-
гренки́ *Pl* -о́в, *Sg* грено́к, -нка́ *m* Toast, geröstete Weißbrotschnitten
грести́* *uv* **1.** rudern **2.** zusammenharken
греть, гре́ю, гре́ешь; гре́тый, грет, -а *uv* **1.** wärmen; warm halten; пе́чка хорошо́ гре́ет der Ofen hält warm **2.** erhitzen, aufwärmen ◇ ~ руки *umg* einen unehrlichen [unverdienten] Gewinn einstreichen
гре́ться, гре́юсь, гре́ешься *uv* **1.** sich wärmen; ~ на со́лнце sich sonnen **2.** warm [heiß] werden
грех, -а́ *m* **1.** *rel* Sünde **2.** Sünde, Vergehen; грехи́ мо́лодости Jugendsünden **3.** *prädikativ mit Inf umg* es ist eine Schande; над ста́ростью смея́ться ~ es ist eine Schande, sich über das Alter lustig zu machen **4.** *prädikativ mit Inf:* не ~ *umg* es würde nicht schaden, es wäre kein Fehler ◇ ~ попола́м *volksspr* die Schuld trifft beide; с -о́м попола́м *umg* mit Mühe und Not; что [не́чего] -а́ таи́ть *umg* es hat keinen Zweck, es zu verbergen; как на ~ *umg* wie zum Trotz; она́ дурна́ как

сме́ртный ~ sie ist häßlich wie die Nacht; от -а́ пода́льше *umg* um Unannehmlichkeiten zu vermeiden
грехо́вный, -ая, -ое; *Kzf* -вен, -вна *alt* sündhaft, sündig
грехопаде́ние, -я *n biblisch* Sündenfall
Гре́ция, -и *f* Griechenland
гре́цкий, -ая, -ое: ~ оре́х Walnuß
гре́ча, -и, *I* -ей *f umg* Buchweizen
греча́нка, -и, *Pl G* -нок, *D* -нкам *f* Griechin
гре́ческий, -ая, -ое griechisch
гречи́ха, -и *f* Buchweizen
гречи́шный, -ая, -ое Buchweizen-
гре́чневый, -ая, -ое Buchweizen-
греши́ть, -шу́, -ши́шь *uv* **1.** *alt* sündigen **2.** verstoßen ‖ *v* согреши́ть *zu* 1
гре́шник, -а *m* Sünder
гре́шный, -ая, -ое; *Kzf* -шен, -шна́! sündig, sündhaft ◇ -ым де́лом *umg* leider
грешо́к, -шка́ *m Dem zu* грех kleines Vergehen; Schwäche; за ним во́дится э́тот ~ das sieht ihm ähnlich
гриб, -а́ *m* Pilz; бе́лый ~ Steinpilz; съедо́бный ~ eßbarer Pilz
грибко́вый, -ая, -ое Pilz-; -ая культу́ра Pilzkultur
грибно́й, -а́я, -о́е Pilz- ◇ ~ дождь warmer Regen bei Sonnenschein
грибо́к, -бка́ *m* **1.** kleiner Pilz **2.** Stopfpilz **3.** Schwamm
гри́ва, -ы *f* Mähne
гри́венник, -а *m umg* Zehnkopekenstück
гри́вна, -ы, *Pl G* -вен, *D* -внам *f* **1.** *hist* Silber- oder Goldbarren *Geldeinheit* **2.** *alt* Griwna *Zehnkopekenstück*
Григо́рий, -я, *P* -и *m* Gregor
грим, -а *m theat* Schminke
грима́са, -ы *f* Grimasse
грима́сничать, -аю, -аешь *uv* Grimassen schneiden
гримёр, -яа *m theat* Maskenbildner
гримирова́ть, -ру́ю, -ру́ешь; -ро́ванный, -ро́ван, -а *uv* **1.** schminken **2.** *theat I* schminken (als); ~ де́вушку стару́хой ein Mädchen als alte Frau schminken
гримирова́ться, -ру́юсь, -ру́ешься *uv* sich schminken
грипп, -а *m* Grippe
гриппо́зный, -ая, -ое grippal, Grippe-
[1]**гриф,** -а *m* **1.** *myth* Greif **2.** *zool* Lämmergeier
[2]**гриф,** -а *m mus* Griffbrett *an Saiteninstrumenten*
[3]**гриф,** -а *m* Namensstempel
гри́фель, -я *m* Griffel, Schieferstift
гри́фельный, -ая, -ое Griffel-, Schiefer-; -ая доска́ Schiefertafel
грифо́н, -а *m* **1.** *myth* Greif **2.** Affenpinscher
Гри́ш(к)а, -и *m Dem zu* Григо́рий
гроб, -а, *P* в гробу́, на гро́бе *u.* на гробу́, о гро́бе, *Pl* гробы́ *u.* гроба́, -о́в, -а́м *m* Sarg ◇ ве́рность до -а Treue bis in den Tod; стоя́ть одно́й ного́й в -у́ mit einem Fuß im Grabe stehen; вогна́ть в ~ ins Grab bringen; переверну́ться в -у́ sich im Grabe umdrehen; э́то вго́нит меня́ в ~ das ist ein Nagel zu meinem Sarg
гробни́ца, -ы, *I* -ей *f* Grab(denk)mal
гробово́й, -а́я, -о́е Sarg-; Grabes-; -а́я тишина́, -о́е молча́ние Totenstille ◇ до -о́й доски́ bis in den Tod
гробовщи́к, -а́ *m* Sargtischler
грог, -а (-у) *m* Grog
гроза́, -ы́, *Pl* гро́зы, гроз, гро́зам *f* **1.** Gewitter **2.** *übtr* Schrecken
гроздь, -я, *Pl* гро́зди, грозде́й, гроздя́м *u.* **гро́здья** *Pl* -ьев, -ьям *m* Traube
грози́ть, -ожу́, -ози́шь *uv* **1.** *I* drohen; ~ па́льцем [кулако́м] mit dem Finger [mit der Faust] drohen; ~ войно́й mit Krieg drohen **2.** *I* drohen, ankündigen; дом грози́т паде́нием das Haus droht einzustürzen **3.** bevorstehen, drohen
грози́ться, -ожу́сь, -ози́шься *uv volksspr* drohen
гро́зный, -ая, -ое; *Kzf* -зен, -зна́! **1.** schrecklich **2.** drohend **3.** grausam
грозово́й, -а́я, -о́е Gewitter-; -а́я ту́ча Gewitterwolke
гром, -а, *Pl* гро́мы, громо́в, грома́м *m* Donner; ~ греми́т es donnert; ~ аплодисме́нтов Beifallssturm ◇ как ~ среди́ я́сного не́ба wie ein Blitz aus heiterem Himmel; пока́ ~ не гря́нет solange nichts Ernstes geschieht
грома́да, -ы *f umg* Koloß, Riese; -ы гор Bergriesen
грома́дина, -ы *f umg* Koloß, riesiger Gegenstand
грома́дный, -ая, -ое; *Kzf* -ден, -дна riesig, riesengroß
громи́ла, -ы *m umg* **1.** Einbrecher **2.** Pogromheld
громи́ть, -млю́, -ми́шь *uv* zerschlagen, vernichten
гро́мкий, -ая, -ое; *Kzf* -мок, -мка́!; *Komp* гро́мче **1.** laut **2.** berühmt, hervorragend, glänzend; ~ проце́сс aufsehenerregender Prozeß

громкоговори́тель, -я *m* Lautsprecher
громово́й, -а́я, -о́е donnernd, Donner-
громогла́сный, -ая, -ое; *Kzf* -сен, -сна laut, mit lauter Stimme; -ое заявле́ние öffentliche Erklärung
громозди́ть, -зжу́, -зди́шь *uv* aufhäufen, aufstapeln, anhäufen
громозди́ться, -зжу́сь, -зди́шься *uv* sich (auf)türmen
громо́здкий -ая, -ое; *Kzf* -док, -дка sperrig
громоотво́д, -а *m* Blitzableiter
гро́мче ↑ гро́мкий
громыха́ть, -а́ю, -а́ешь *uv umg* donnern, poltern; rattern ‖ *v mom* **громыхну́ть,** -ну́, -нёшь
гроссме́йстер, -а *m Schach* Großmeister
грот, -а *m* Grotte
гроте́ск, -а *m* Groteske
гро́хать(ся) *uv zu* гро́хнуть(ся)
гро́хнуть, -ну, -нешь *v mom umg* krachen; mit Gepolter fallen lassen ‖ *uv* гро́хать, -аю -аешь
гро́хнуться, -нусь, -нешься *v umg* mit Gepolter hin(unter)fallen ‖ *uv* гро́хаться, -аюсь, -аешься
[1]**гро́хот,** -а *m* Krachen, Gepolter
[2]**гро́хот,** -а *m tech* Sieb
грохота́ть* *uv* krachen
грохочу́ ↑ грохота́ть
грош, -а́ *m alt* Groschen *Münze im Wert von 2 Kopeken, später* ½ Kopeke ◇ быть без -а́ keinen Pfennig in der Tasche haben; за -и́ рабо́тать für einen Hungerlohn arbeiten; э́тому ∼ цена́ *oder* -а́ ло́маного [ме́дного] не сто́ит das ist nichts wert; ни на ∼ не ве́рю ему́ ich glaube ihm kein Wort
грошо́вый, -ая, -ое *umg* billig, minderwertig; -ое жа́лованье erbärmliches Gehalt
грубе́ть, -е́ю, -е́ешь *uv* rauh werden; grob werden *im Benehmen*
груби́ть, -блю́, -би́шь *uv D* grob sein (gegenüber), Grobheiten sagen
грубия́н, -а *m umg* Grobian
грубия́нить, -ню, -нишь *uv umg D* grob sein (j-m gegenüber); Grobheiten sagen
грубова́тый, -ая, -ое gröblich
гру́бость, -и *f* Grobheit
грубошёрстный, -ая, -ое aus [mit] grober Wolle
гру́бый, -ая, -ое; *Kzf* груб, -а́! **1.** grob, barsch, rauh **2.** rauh, derb; -ое сукно́ derbes Tuch; ∼ го́лос rauhe Stimme; ∼ помо́л Schrot ◇ ая игра́ *Sport* unfaires Spiel; в -ых черта́х in groben Zügen, in großen Umrissen; ∼ расчёт Überschlag
гру́да, -ы *f* Haufen, Menge
гру́дами *Adv* haufenweise, in Haufen
груди́нка, -и *f* Bruststück *Fleisch als Speise*
грудни́ца, -ы I -ей *f med* Brustdrüsenentzündung
грудно́й, -а́я, -о́е Brust-; ∼ ребёнок Säugling; ∼ го́лос tiefe Stimme; -а́я кость Brustbein
грудобрю́шный, -ая, -ое: -ая прегра́да *anat* Zwerchfell
грудь, -и, *P* о гру́ди, в [на] груди́ *f* Brust, Busen; прижа́ть к свое́й груди́ ans Herz drücken; отня́ть ребёнка от груди́ ein Kind entwöhnen; дыша́ть по́лной гру́дью in vollen Zügen atmen; корми́ть гру́дью stillen ◇ встать гру́дью за кого́-н. [что́-н.] sein Leben für j-n [etw.] einsetzen
гружёный, -ая, -ое beladen
груз, -а *m* **1.** Ladung, Fracht; ∼ ма́лой ско́рости Frachtgut; ∼ большо́й ско́рости Eilgut **2.** Last
груздь, -я́, *Pl* гру́зди, грузде́й, груздя́м *m bot* Milchpilz
грузи́ло, -а *n* Senkblei
грузи́н, -а, *G Pl* грузи́н *m* Georgier
грузи́нка, -и, *Pl G* -нок, *D* -нкам *f* Georgierin
грузи́нский, -ая, -ое georgisch; Грузи́нская Сове́тская Социалисти́ческая Респу́блика Georgische Sozialistische Sowjetrepublik
грузи́ть, гружу́, гру́зишь; гру́женный, -жен, -а *u.* гружённый, -жён, -жена́ *uv* **1.** beladen **2.** verladen, (ein)laden
грузи́ться, гружу́сь, -гру́зишься *uv* **1.** beladen werden **2.** verladen werden *Truppen*
Гру́зия, -и *f* Georgien
грузне́ть, -е́ю, -е́ешь *uv umg* schwer werden; dicklich werden
гру́зный, -ая, -ое; *Kzf* -зен, -зна́! schwer; schwerfällig; schwer beladen
грузови́к, -а́ *m* Last(kraft)wagen
грузово́й, -а́я, -о́е Last-, Fracht-; ∼ парохо́д Fracht(dampf)er
грузо|оборо́т, -а *m* Güterumschlag; **∼подъёмник,** -а *m* Lastenaufzug; **∼подъёмность,** -и *f* Tragfähigkeit; Ladefähigkeit; **∼подъёмный,** -ая, -ое Hebe-; ∼подъёмный кран Hebekran
гру́зчик [ущи] Lastträger; Schauermann
грунт, -а *m* **1.** Grund, Boden; Unter-

grund; гли́нистый ~ Lehmboden 2. Grundfarbe
грунтова́ть, -ту́ю, -ту́ешь; -то́ванный, -то́ван, -а *uv* grundieren
грунтово́й, -а́я, -о́е Grund-; -а́я кра́ска Grundfarbe; -ы́е во́ды Grundwasser; -а́я доро́га Fahrweg, unbefestigte Landstraße
гру́ппа, -ы *f* Gruppe; Gruppenaufnahme; сня́ться -ой eine Gruppenaufnahme machen lassen
группирова́ть, -ру́ю, -ру́ешь *uv* gruppieren
группирова́ться, *1. u. 2. Pers ungebr,* -ру́ется *uv* sich gruppieren, Gruppen bilden
группиро́вка, -и *Pl G* -вок, *D* -вкам *f* Gruppierung
группово́д, -а *m* Gruppenleiter
группови́на, -ы *f verächtl* Cliquenwirtschaft
грусти́ть, -ущу́, -усти́шь *uv* traurig sein
гру́стный [сн], -ая, -ое; *Kzf* гру́стен, грустна́! traurig; наводи́ть на -ые мы́сли auf trübe Gedanken bringen
грусть, -и *f* Traurigkeit; Schwermut
гру́ша, -и *f* 1. Birne 2. Birnbaum
грушеви́дный, -ая, -ое; *Kzf* -ден, -дна birnenförmig
гру́шевый, -ая, -ое *u.* **грушо́вый,** -ая, -ое 1. Birnen- 2. Birnbaum-
грушо́вка, -и, *Pl G* -вок, *D* -вкам *f* 1. Birnenlikör 2. Birnenapfel
гры́жа, -и, *I* -ей *f med* Bruch; пахова́я ~ Leistenbruch
грыжево́й, -а́я, -о́е *u.* **гры́жевый,** -ая, -ое *med* Bruch-; ~ банда́ж Bruchband
гры́зло, -а *n* Kandare
грызня́, -и́ *f umg* 1. Beißerei *zwischen Tieren* 2. Zank, Streiterei
грызть* *uv* 1. (be)nagen, knabbern, zerbeißen; ~ кость am Knochen nagen 2. fortwährend reizen [ärgern]
гры́зться* *uv* 1. sich beißen 2. *umg* sich zanken
грызу́ ↑ грызть
грызу́н, -а́ *m* Nagetier
гряда́, -ы́, *Pl* гря́ды, гряд, гряда́м *f* 1. Beet 2. Kette, Reihe; ~ холмо́в Hügelkette
гря́дка, -и, *Pl G* -док, *D* -дкам *f* Beet
гряду́щий, -ая, -ее *hoher Stil* künftig
грязево́й, -а́я, -о́е Schlamm-; -а́я ва́нна Moorbad
грязелече́бница, -ы, *I* -ей *f* Moorbad(eanstalt)
грязне́ть, -е́ю, -е́ешь *uv* schmutzig werden
грязни́ть, -ню́, -ни́шь *uv* 1. beschmutzen, beschmieren 2. *übtr* beschmutzen, entehren
грязни́ться, -ню́сь, -ни́шься *uv* schmutzig werden
грязну́ля, -и *m, f umg* Schmutzfink
гря́зный, -ая, -ое; *Kzf* гря́зен, грязна́! 1. schmutzig; -ое ведро́ Mülleimer 2. *übtr* unsauber, schmutzig, gemein
грязь, -и, *P* о гря́зи, в грязи́ *f* 1. Schmutz; Müll 2. *Pl* Schlamm *Heilmittel*; Moorbad; лечи́ться -ями Moorbäder nehmen ◇ втопта́ть в ~ in den Schmutz ziehen; не уда́рить лицо́м в ~ sich nicht blamieren; меси́ть ~ durch den Schlamm waten
гря́нуть, *1. u. 2. Pers ungebr,* -нет *v* 1. erschallen, ertönen 2. ausbrechen *Krieg u. ä.*
гря́нуться, -нусь, -нешься *v umg* mit Lärm hinstürzen, hinfallen
грясти́, гряду́, грядёшь, *Inf u. Prät ungebr uv buchspr, alt* beginnen anbrechen; sich nähern
ГСО (Гото́в к санита́рной оборо́не) Bereit zum Sanitätsdienst *Leistungsnorm und Abzeichen*
ГТО (Гото́в к труду́ и оборо́не) Bereit zur Arbeit und Verteidigung
[1]**губа́,** -ы́, *Pl* гу́бы, губ, губа́м *f* Lippe; куса́ть гу́бы sich auf die Lippen beißen ◇ наду́ть гу́бы schmollen; за́ячья ~ Hasenscharte; у него́ молоко́ на губа́х не обсо́хло er ist noch nicht trocken hinter den Ohren; у него́ ~ не ду́ра *volksspr* er hat keinen schlechten Geschmack; по губа́м пома́зать *volksspr* den Mund wäßrig machen
[2]**губа́,** -ы́, *Pl* гу́бы, губ, губа́м *f* Meerbusen *im Norden der UdSSR übliche Bezeichnung*
губа́стый, -ая, -ое; *Kzf* -а́ст, -а *umg* dicklippig
губерна́тор, -а *m* Gouverneur
губерна́торский, -ая, -ое Gouverneurs- ◇ положе́ние ху́же -ого *scherz* eine äußerst schwierige Lage
губе́рния, -и *f* Gouvernement
губе́рнский, -ая, -ое Gouvernements-
губи́тель, -я *m* Zerstörer, Verderber; ~ серде́ц Herzensbrecher
губи́тельный, -ая, -ое; *Kzf* -лен, -льна verderblich, schädlich
губи́ть, гублю́, гу́бишь 1. verderben, zugrunde richten 2. nutzlos vergeuden ‖ *v* погуби́ть
гу́бка, -и, *Pl G* -бок, *D* -бкам *f* 1. Schwamm 2. *Dem zu* [1]губа́ Lippe
губно́й, -а́я, -о́е Lippen-; ~ каран-

да́ш Lippenstift; ~звук *ling* Lippenlaut, Labial

губоцве́тные, -ых *Subst Pl bot* Lippenblütler

гу́бчатый, -ая, -ое schwammig, porig; -ая рези́на Schaumgummi

гуверна́нтка, -и, *Pl G* -ток, *D* -ткам *f* Gouvernante

гувернёр, -а *m* Erzieher in Bürger- und Adelsfamilien, meist Ausländer

гугу́ *umg*: об э́том ни ~! kein Wort darüber!; сиди́т и весь ве́чер ни ~ den ganzen Abend sitzt er da und sagt kein Wort

гуде́ние, -я *n* Heulen; Summen

гуде́ть, гужу́, гуди́шь *uv* heulen, dröhnen; summen; brummen; surren; hupen ◇ гуди́т в уша́х es saust in den Ohren

гудо́к, -дка́ *m* Hupe, Sirene; Pfeifen *Lok*; трево́жный ~ Alarmsignal

гудрони́ровать, -рую, -руешь *v, uv* mit Goudron asphaltieren

гуж, -а́, *I* -о́м, *G Pl* -е́й *m* Kummetriemen ◇ перево́зка -о́м Transport mit Pferdefuhrwerk; взя́лся за ~, не говори́, что не дюж wer A sagt, muß auch B sagen

гужево́й, -а́я, -о́е Zugtier-; ~ тра́нспорт Frachtfuhrwesen; -а́я пово́зка Pferdefuhrwerk

гужо́м *Adv* auf Pferdewagen oder -schlitten

гу́зка, -и, *Pl G* -зок, *D* -зкам *f volksspr* Bürzel *bei Vögeln*

гул, -а *m* dumpfes Getöse, Gedröhn; ~ голосо́в Stimmengewirr

гу́лкий, -ая, -ое; *Kzf* -лок, -лка́! **1.** hallend, dröhnend **2.** widerhallend

гулли́вый, -ая, -ое; *Kzf* -и́в, -а *poet, volksspr* vergnügungssüchtig

гульба́, -ы́ *f volksspr* Bummel; Gelage, Zecherei

гульну́ть *v mom zu* гуля́ть

гуля́ка, -и *m, f umg* Bummler

гуля́нье, -ья, *Pl G* -ний, *D* -ньям *n* Spaziergang; наро́дное ~ Volksfest *unter freiem Himmel*

гуля́ть, -я́ю, -я́ешь **1.** spazierengehen **2.** *umg* frei haben, nicht arbeiten **3.** sich vergnügen; zechen **4.** *volksspr* verkehren; она гуля́ла с ним задо́лго до сва́дьбы sie verkehrte mit ihm lange vor der Hochzeit ‖ *v mom volksspr* гульну́ть, -ну́, -нёшь *zu* 3

гуля́ш, -а, *I* -ем *m* Gulasch

гуля́щий, -ая, -ее *volksspr* ausschweifend

ГУМ [гум], -а *m* (Госуда́рственный универса́льный магази́н) Staatliches Warenhaus

гумани́зм, -а *m* Humanismus

гуманисти́ческий, -ая, -ое humanistisch

гуманита́рный, -ая, -ое geisteswissenschaftlich; -ые нау́ки Geisteswissenschaften

гума́нный, -ая, -ое; *Kzf* -а́нен, -а́нна human, menschlich

гумённый, -ая, -ое Tennen-

гумно́, -а́, *Pl* гу́мна, гумён *u.* гу́мен, гу́мнам *n* Tenne, Dreschplatz

гунн, -а *m* Hunne

гури́ец, -ри́йца, *I* -ри́йцем, *G Pl* -ри́йцев *m* Gurier

гури́йка, -и, *Pl G* -ри́ек, *D* -ри́йкам *f* Gurierin

гури́йский, -ая, -ое gurisch

гурма́н, -а *m* Feinschmecker

гурт, -а́ *m* Herde

гурто́м *Adv* im großen; en gros

гурьба́, -ы́ *f umg* lärmende Gruppe; идти́ -о́й in Scharen gehen

ГУС [гус], -а *m* (госуда́рственный учёный сове́т) Staatlicher wissenschaftlicher Rat *1919–1933*

гуса́к, -а́ *m* Gänserich

гуса́р, -а, *G Pl* гуса́ров, *bei Sammelbezeichnungen* гуса́р *m* Husar

гу́сеница, -ы, *I* -ей *f* **1.** *zool* Raupe **2.** Raupenkette

гу́сеничный, -ая, -ое Raupen[ketten]-; ~ тра́ктор Raupenschlepper

гусёнок, -нка, *Pl* гуся́та, -я́т, -я́там *m* junge Gans

гуси́ный, -ая, -ое Gänse- ◇ -ая ко́жа Gänsehaut

гу́сли, -ей *Pl* Gusli *altes russisches Zupfinstrument*

гусля́р, -а *u.* -а́, *Pl* гусляры́, -о́в, -а́м *m* Guslispieler

густе́ть, *1. u. 2. Pers ungebr,* -е́ет *uv* **1.** dicht(er) werden **2.** dick(flüssig) werden

густоволо́сый, -ая, -ое dicht behaart

густо́й, -а́я, -о́е; *Kzf* густ, -а́!; *Komp* гу́ще **1.** dicht, kompakt, dicht gedrängt **2.** dick(flüssig) ◇ ~ цвет satte Farbe; ~ бас tiefer [volltönender] Baß; не гу́сто *umg* nicht viel

густоли́ственный, -ая, -ое dichtbelaubt

густота́, -ы́ *f* **1.** Dichte, Dichtheit **2.** Dickflüssigkeit

гусы́ня, -и *f* weibliche Gans

гусь, -я, *Pl* гу́си, гусе́й, гуся́м *m* Gans ◇ хоро́ш ~! *iron* ein sauberer

Patron!; с негó как с -я водá das läßt ihn kalt

гуськóм *Adv* im Gänsemarsch

гусятина, -ы *f* Gänsefleisch

гусятник, -а *m* Gänsestall

гуталин, -а *f* Schuhkrem

гутóрить, -рю, -ришь *uv gbt* plaudern, schwatzen

гуцýл, -а *m* Huzule *Angehöriger eines ukrainischen Volksstammes*

гýща, -и, *I* -ей *f* **1.** Dickicht **2.** Satz, Bodensatz, Niederschlag; кофéйная ~ Kaffeesatz **3.** Gewühl

гýще ↑ густóй

гущинá, -ы́ *f volksspr* **1.** Dichte, Dichtheit **2.** Dickicht

Д

д. (день; дом) Tag; Haus; Hausnummer *bei Adressen*

¹да *Part* **1.** *zustimmend* ja; да, э́то прáвда ja, es ist wahr **2.** *fragend* ja, wirklich? **3.** *verstärkend*: да ты уж э́то знáешь? du weißt es also schon?; онá чтó-н. да скáжет! sie wird doch wohl etwas sagen!; да скажи́ мне . . . nun sag mir endlich . . .; да замолчи́! so schweige doch!

²да *Part in Verbindung mit der 3. Pers, zum Ausdruck des Wunsches* es möge(n): Да здрáвствует гермáно-совéтская дрýжба! Es lebe die deutsch-sowjetische Freundschaft!

³да *Konj* **1.** und; хлеб да соль Brot und Salz *als Ausdruck der Gastfreundschaft* **2.** aber, doch; хулигáн бежáл, да не убежáл der Rowdy riß aus, entkam aber nicht; хорошó, да не óчень es könnte besser sein ◇ да и а) und auf einmal; пошёл в лес да и заблуди́лся er ging in den Wald, und auf einmal hatte er sich verlaufen; b) ja sogar; Натáша устáла, да и отéц устáл Natascha war müde, und sogar der Vater war müde; да и тóлько in einem fort; онá плáчет, да и тóлько sie weint in einem fort

дабы́ *Konj alt* damit, um . . . zu, auf daß

давáть* *uv* **1.** *uv zu* дать **2.** *umg Imp* давáй(те) *mit Inf eines uv Verbs oder mit der 1. Pers Pl Fut eines v Verbs* wollen wir, laß(t) uns; also, wohlan; давáй(те) обéдать! *oder* давáй пообéдаем! essen wir Mittag!; давáй мири́ться laßt uns Frieden schließen; давáйте останóвимся laßt uns anhalten **3.** *umg Imp Sg* давáй *mit uv Inf* begann, fing an; он давáй бежáть da lief er los

давáться* *uv zu* дáться

дáвеча *Adv volksspr* neulich

дáвешний, -яя, -ее *volksspr* vor kurzem, jüngst geschehen; vorig

дави́льный, -ая, -ое zum Auspressen dienend; Preß-

дави́льня, -и, *Pl G* -лен, *D* -льням *f* Weinkelterei

дави́ть, давлю́, дáвишь; дáвленный, -ен, -а *uv* **1.** на *A* drücken, lasten (auf); снег дáвит на кры́шу der Schnee lastet schwer auf dem Dach **2.** *1. u. 2. Pers ungebr* drücken, beengen *a. übtr*; сапóг дáвит нóгу der Stiefel drückt; у меня́ в груди́ дáвит ich habe Brustbeklemmungen **3.** (aus)pressen, (aus)quetschen; ~ сок из виногрáда den Wein keltern **4.** zerdrücken, zerquetschen **5.** überfahren, töten; zum Krüppel machen **6.** *umg* (er)würgen, erdrosseln **7.** *übtr* unterdrücken, bedrängen

дави́ться, давлю́сь, дáвиться *uv* **1.** *I* (fast) ersticken (an), würgen; ~ от смéха vor Lachen fast ersticken **2.** *umg* sich aufhängen

дáвка, -и *f umg* Gedränge

давлéние, -я *n* **1.** Druck *a. übtr*; ~ вóздуха Luftdruck; кровянóе ~ Blutdruck; под давлéнием обстоя́тельств unter dem Druck der Verhältnisse; окáзывать ~ на когó-н. einen Druck auf j-n ausüben **2.** Pressen **3.** Beklemmung

дáвленый, -ая, -ое **1.** zerdrückt *Obst* **2.** *umg* erwürgt *durch Fangschlinge*

давнéнько *Adv Dem zu* давнó *umg* schon recht lange

дáвний, -яя, -ее **1.** längst vergangen, einstig; с -их пор von alters her **2.** alt(hergebracht)

давни́шний, -яя, -ее *umg* alt(hergebracht); -яя ссóра ein alter Streit

давнó *Adv* **1.** längst; он ~ ýмер er ist (schon) längst gestorben **2.** (schon) lange, seit langem; я ~ здесь живу́ ich wohne schon lange hier ◇ ~ бы так! na endlich!, es wird höchste Zeit!

давнопроше́дший, -ая, -ее längstvergangen ◇ -ее вре́мя *gram* Plusquamperfekt, Vorvergangenheit

да́вность, -и *f* 1. hohes Alter; langes Zurückliegen; Baufälligkeit 2. lange Dauer, langes Bestehen 3. *jur* Verjährung; срок -и Verjährungsfrist

давны́м-давно́ *Adv umg* vor [seit] sehr langer Zeit

Дагеста́н, -а *m* Dagestan

дагеста́нец, -нца, *I* -нцем, *G Pl* -нцев *m* Dagestaner

дагеста́нский, -ая, -ое dagestanisch; Дагеста́нская АССР Dagestanische ASSR

Дагоме́я, -и *f* Dahomey

да́же *Part* sogar, selbst; ~ не nicht einmal; ~ своему́ дру́гу он ничего́ не сказа́л nicht einmal seinem Freund hat er etwas gesagt

да́кать, -аю, -аешь *uv volksspr* ja sagen, bejahen ‖ *v mom* **да́кнуть,** -ну, -нешь

дактилоскопи́ческий, -ая, -ое daktyloskopisch; ~ о́ттиск Fingerabdruck

да́ктиль, -я *m lit* Daktylus

да́лее *Adv* 1. weiter, ferner; до го́рода не ~ киломе́тра bis zur Stadt ist es nicht weiter als ein Kilometer 2. darauf, sodann, hernach ◇ и так ~ und so weiter, *Abk* и т. д. usw.; не ~ как вчера́ erst gestern

далёкий, -ая, -ое; *Kzf* -ёк, -ека́, -еко́ *u.* -ёко, -еки́ *u.* -ёки; *Komp* да́льше 1. fern, weit; -ое путеше́ствие weite Reise; -ое про́шлое längst vergangene Zeiten; в далёком бу́дущем in ferner Zukunft 2. *übtr* от *G* weit entfernt (von); я далёк от мы́сли, что ... ich bin weit entfernt zu denken, daß ...; es liegt mir fern zu denken, daß ... 3. fremd, wenig Gemeinsames habend; мы с ней (лю́ди) -ие ich habe wenig Gemeinsames mit ihr ◇ он не о́чень ~ mit ihm ist es nicht weit her

далеко́; *Komp* да́льше *Adv* weit, fern; вокза́л о́чень ~ der Bahnhof ist sehr weit entfernt; ~ позади́ weit hinten ◇ он ~ пойдёт er wird es weit [zu etwas] bringen; на э́том ~ не уе́дешь damit kommt man nicht weit, dabei erreicht man nichts; ~ иду́щие це́ли weitgesteckte Ziele; ~ за по́лночь es ist längst Mitternacht vorbei; до э́того ещё ~ das liegt noch in weiter Ferne, das hat noch lange Zeit; заходи́ть сли́шком ~ zu weit gehen; ~ не все bei weitem nicht alle

да́лия, -и *f alt* Dahlie, Georgine

даль, -и, *P* о да́ли, в дали́ *f* 1. weite Fläche, Weite, Ferne 2. *umg* entlegener Ort, Ferne; не пойду́ в таку́ю ~ so weit weg gehe ich nicht

дальне- *in Zuss* fern, weit-

дальневосто́чный, -ая, -ое fernöstlich

дальне́йший, -ая, -ее weiter, ferner; -ее разви́тие Weiterentwicklung ◇ в -ем a) fernerhin, in Zukunft; b) im folgenden, (weiter) unten *im Text*

да́льний, -яя, -ее 1. fern, entlegen, entfernt, weit (ausgedehnt); по́езд -его сле́дования Fernzug; ~ путь weiter Weg 2. weitläufig, entfernt; ~ ро́дственник entfernter Verwandter ◇ без -их слов [разгово́ров] ohne viel Federlesens

дально|бо́йность, -и *f* Tragweite *eines Geschützes*; **~бо́йный,** -ая, -ое *mil* weittragend, Fern-; ~бо́йное ору́дие Ferngeschütz; **~ви́дный,** -ая, -ое; *Kzf* -ден, -дна scharfsichtig, weitblickend; umsichtig; **~зо́ркий,** -ая, -ое; *Kzf* -рок, -рка 1. *med* weitsichtig 2. *übtr* weitblickend; **~ме́р,** -а *m* Entfernungsmesser

да́льность, -и *f* Weite; ~ полёта Flugweite

дальтони́зм, -а *m* Farbenblindheit

да́льше 1. *Komp von* далёкий *u.* далеко́ 2. *Adv* weiter; чита́й ~! lies weiter! что бу́дет ~? wie wird es weitergehen? 3. *Adv* weiter unten, im folgenden 4. *Adv* später, hernach

дам ↑ дать

да́ма, -ы *f* Dame *a. Spielkarte u Tanzpartnerin*

Дама́ск, -а *m* Damaskus

да́мба, -ы *f* Damm, Wehr

да́мка, -и, *Pl G* -мок, *D* -мкам *f* Dame *im Damespiel*

да́мский, -ая, -ое Damen-

Да́ния, -и *f* Dänemark

да́нные, -ых *Subst Pl* 1. Angaben, Daten; Material; цифровы́е ~ Zahlenangaben 2. Voraussetzungen, (notwendige) Eigenschaften, Fähigkeiten; он име́ет все ~ для получе́ния пре́мии er hat alle Voraussetzungen, um eine Prämie zu erhalten

да́нный, -ая, -ое gegeben; betreffend; entsprechend; dieser; в ~ моме́нт im gegebenen Augenblick; в -ом слу́чае im vorliegenden Fall

дантист, -а *m* Zahnarzt, Dentist; Zahntechniker

дань, -и *f hist* Tribut, Abgaben ◇ отда́ть ~ чему́-н. einer Sache Tribut zollen, etw. genügend würdigen

дар, -а, *Pl* дары́, -о́в, -а́м *m* 1. Gabe, Geschenk 2. Begabung, Talent; ~ ре́чи Rednergabe

Дардане́ллы, -е́лл *Pl* Dardanellen

дардане́лльский, -ая, -ое: Дардане́лльский проли́в Dardanellen

даре́ние, -я *n buchspr* Schenkung

дарёный, -ая, -ое *umg* geschenkt ◇ -ому коню́ в зу́бы не смо́трят einem geschenkten Gaul schaut man nicht ins Maul

дари́ть, дарю́, да́ришь *uv* (be)schenken ‖ *v* подари́ть; пода́ренный, -а́рен, -а

дармое́д, -а *m umg* Schmarotzer

дармое́дничать, -аю, -аешь *uv umg* schmarotzen; nassauern

Да́рмштадт, -а *m* Darmstadt

дарова́ние, -я *n* 1. *alt* Schenkung 2. Begabung, Talent

дарова́ть, -ру́ю, -ру́ешь; -ро́ванный, -ро́ван, -а *v, uv hoher Stil, alt* gewähren, schenken

дарови́тый, -ая, -ое; *Kzf* -и́т, -а begabt, talentiert

даровой, -а́я, -о́е unentgeltlich

даровщи́нка, -и *f*: на -у *volksspr* auf fremde Kosten, unentgeltlich

да́ром *Adv umg* 1. umsonst, unentgeltlich; э́то про́сто ~ das ist spottbillig [fast geschenkt] 2. umsonst, unnütz; vergebens; ~ потеря́ть вре́мя unnütz Zeit verlieren ◇ э́то не ~ доста́лось das hat viel Mühe gekostet; э́то тебе́ ~ не пройдёт das wird dir teuer zu stehen kommen, das wird unangenehme Folgen für dich haben; ~ что *volksspr* obwohl; ungeachtet dessen, daß . . .

да́рственный, -ая, -ое: -ая за́пись Schenkungsurkunde; -ая на́дпись Widmung

Да́рья, -ьи *f weibl Vn*

да́та, -ы *f* Datum

да́тельный, -ая, -ое: ~ паде́ж Dativ

дати́ровать, -рую, -руешь; -рованный, -рован, -а *v, uv* 1. datieren 2. zeitlich bestimmen; ~ собы́тия die Ereignisse zeitlich bestimmen

да́тский, -ая, -ое dänisch

датча́нин, -а, *Pl* -а́не, -а́н, -а́нам *m* Däne

датча́нка, -и, *Pl G* -нок, *D* -нкам *f* Dänin

дать* (не́ дал, не дала́, не́ дали) *v* 1. geben; gewähren; ~ пить zu trinken geben; ~ конце́рт ein Konzert geben; ~ по́вод к чему́-н. Anlaß geben zu etw.; ~ о́тпуск Urlaub gewähren 2. (hervor)bringen; verschaffen; ~ удово́льствие Befriedigung gewähren 3. *D mit Inf* (zu)lassen; да́йте мне договори́ть lassen Sie mich aussprechen; ~ знать wissen lassen 4. *D* schlagen; *Schlag* versetzen; я тебе́ дам! ich werde es dir zeigen!; du wirst gleich was abkriegen!; ~ по́ носу кому́-н. j-m eine herunterhauen 5. ско́лько (лет) вы мне дади́те? für wie alt schätzen Sie mich?; я ему́ дам со́рок (лет) ich schätze ihn auf vierzig (Jahre) ◇ ~ взаймы́ (ver)borgen, (ver)leihen; ~ во́жжи die Zügel locker lassen; ~ во́лю своему́ гне́ву seinem Zorn Luft machen; ~ во́лю слеза́м den Tränen freien Lauf lassen; ~ вы́говор einen Verweis erteilen; ~ доро́гу den Weg freigeben, ausweichen; ~ залп eine Salve abfeuern; ~ за́навес den Vorhang herunterlassen; ~ звоно́к läuten, klingeln; ~ напрока́т verleihen; не ~ себя́ в оби́ду sich nichts gefallen lassen; ~ показа́ние aussagen, eine Aussage machen; ~ поня́ть zu verstehen geben, durchblicken lassen; ~ результа́т Erfolge zeitigen; ~ себе́ труд sich die Mühe machen; ~ себя́ знать sich bemerkbar machen; ~ сло́во a) das Wort geben, versprechen; b) das Wort erteilen; ~ свет das Licht einschalten; ~ сраже́ние eine Schlacht liefern; ~ телегра́мму ein Telegramm aufgeben; ~ течь leck werden; ~ тре́щину platzen, einen Riß bekommen; ни ~ ни взять genau so, genau dasselbe, haargenau ‖ *uv* дава́ть*

да́ться*; да́лся́, дала́сь, дали́сь *v umg* 1. *meist mit Negation* sich fangen lassen; sich . . . lassen; sich fügen, sich ergeben; не ~ в обма́н sich nicht betrügen lassen 2. *1. u. 2. Pers ungebr* sich leicht aneignen lassen, leichtfallen; матема́тика ему́ не дала́сь die Mathematik fiel ihm schwer 3. *1. u. 2. Pers ungebr* es j-m angetan haben; дала́сь тебе́ э́та кни́га! wozu brauchst du denn dieses Buch! ‖ *uv* дава́ться* *zu* 1, 2

[1]**да́ча,** -и, *I* -ей *f* bestimmte Menge; две -и овса́ zwei Rationen Hafer

[2]**да́ча,** -и, *I* -ей *f* Sommerhaus, Landhaus; Sommerfrische; на -е auf dem Lande; in der Sommerfrische; вы-

ехать на -у aufs Land fahren; in die Sommerfrische fahren

²дáча, -и, *I* -ей *f* Waldrevier; Waldparzelle

дáчник, -а *m* Landhausbewohner, Sommerfrischler

дáчный, -ая, -ое Landhaus-, Villen-; ~ посёлок Villenkolonie; -ое мéсто Sommerfrische; ~ пóезд Vorortzug

Дáша, -и, *I* -ей *f Dem zu* Дáрья

Дáшенька, -и *f Dem zu* Дáрья

даю ↑ давáть

два *Num m, n*; две *f*; двух, двум, двумя́, о двух zwei; **пó** ~ je zwei; по ~ рубля́ je zwei Rubel; в две рукú *mus* zweihändig ◇ в двух словáх kurz gesagt; он живёт в двух шагáх er wohnt ganz in der Nähe; ни ~, ни полторá nichts Ganzes und nichts Halbes; в ~ счёта *volkesspr* im Handumdrehen; ум хорошó, а ~ лу́чше *Sprichw* vier Augen sehen mehr als zwei

двадцати|лéтие, -я *n* **1.** zwanzig Jahre *Zeitraum* **2.** zwanzigster Jahrestag, Zwanzigjahrfeier; zwanzigjähriges Jubiläum; **~лéтний,** -яя, -ее zwanzigjährig

двадцатипяти|лéтие, -я *n* **1.** fünfundzwanzig Jahre *Zeitraum* **2.** fünfundzwanzigster Jahrestag, Fünfundzwanzigjahrfeier; fünfundzwanzigjähriges Jubiläum; **~лéтний,** -яя, -ее fünfundzwanzigjährig

двадцáтый, -ая, -ое *Num* zwanzigster

двáдцать, -и́, *I* -ью *Num* zwanzig

двáдцатью *Adv math* zwanzigmal

двáжды *Adv* zweimal; ~ два — четы́ре zwei mal zwei ist vier; ~ герóй Совéтского Сою́за zweifacher Held der Sowjetunion

две ↑ два

двенадцатипéрстный, -ая, -ое: -ая кишкá *anat* Zwölffingerdarm

двенáдцатый, -ая, -ое *Num* zwölfter

двенáдцать, -и *Num* zwölf

двернóй, -áя, -óе Tür-; -áя щекóлда Türklinke

двéрца, -ы, *I* -ей, *Pl G* -рец, *D* -рцам *f* **1.** Türflügel **2.** kleine Tür, Türchen; ~ автомаши́ны Autotür; ~ карéты Wagenschlag

дверь, -и, *P* о двéри, в [на] двери́, *Pl* двéри, дверéй, дверя́м, дверя́ми *u.* дверьми́, о дверя́х *f* Tür ◇ показáть комý-н. на ~ j-m die Tür weisen; ломи́ться в откры́тую ~ offene Türen einrennen; при закры́тых -я́х hinter verschlossenen Türen, unter Ausschluß der Öffentlichkeit; широкó откры́ть двéри чемý-н. einer Sache Tür und Tor öffnen; жить ~ в ~ Tür an Tür wohnen

двéсти, двухсóт, двумстáм, двумястáми, о двухстáх *Num* zweihundert

дви́гательный, -ая, -ое motorisch; Bewegungs-, Antriebs-; -ая си́ла Antriebskraft; -ые нéрвы motorische Nerven, Bewegungsnerven

дви́гатель, -я *m* **1.** Motor; ~ внýтреннего сгорáния Verbrennungsmotor; турбовинтовóй ~ Turboprop-Triebwerk; турбореакти́вный ~ Turbinentriebwerk **2.** *G übtr* Triebkraft

дви́гать* *u.* -аю, -аешь *uv* **1.** (*meist* -аю, -аешь) bewegen; verschieben, verrücken; ~ мéбель Möbel verrücken **2.** (*meist* -аю, -аешь) *I* zucken (mit), bewegen; он пáльцем не дви́нул er hat keinen Finger gerührt **3.** (*meist* -аю, -аешь) *Truppen* vorrücken lassen, in Marsch setzen **4.** *1. u. 2. Pers ungebr* in Bewegung setzen, bewegen, in Gang setzen, antreiben; пружи́на дви́жет механи́зм eine Feder setzt den Mechanismus in Bewegung **5.** *übtr* vorantreiben, fördern; ~ наýку (вперёд) die Wissenschaft vorantreiben ‖ *v mom* дви́нуть, -ну, -нешь *zu* **1-3, 5**

дви́гаться* *u.* -аюсь, -аешься *uv* **1.** sich bewegen, in Bewegung sein; sich vorwärtsbewegen, gehen; Земля́ дви́жется вокрýг Сóлнца die Erde dreht sich um die Sonne; не дви́гайся! rühr dich nicht! **2.** vorwärts kommen, befördert werden; он бы́стро дви́гался по слýжбе er hat schnell Karriere gemacht ◇ ~ в путь sich auf den Weg machen; дéло не дви́гается die Sache kommt nicht vom Fleck ‖ *v* дви́нуться, -нусь, -нешься

движéние, -я *n* **1.** Bewegung *a. übtr*; приводи́ть в ~ in Bewegung setzen; без -я bewegungslos, regungslos; ~ вперёд *mil* Vormarsch; вóльные -я *Sport* Freiübungen; рабóчее ~ Arbeiterbewegung; национáльно-освободи́тельное ~ nationale Befreiungsbewegung; ~ сторóнников ми́ра *oder* ~ за мир Friedensbewegung; ~ сопротивлéния Widerstandsbewegung **2.** Verkehr; трамвáйное ~ Straßenbahnverkehr; прáвила ýличного -я Verkehrsregeln

дви́жимость, -и *f* bewegliche Habe, Mobilien

дви́жимый, -ая, -ое; *Kzf* -им, -а **1.** bewogen, veranlaßt, angeregt; ~ чу́вством сострада́ния vom Mitleid bewogen **2.** beweglich, mobil; -ое иму́щество Mobilien
дви́житель, -я *m tech* Triebwerk
движо́к, -жка́ *m* **1.** *tech* Gleiter, Schieber **2.** hölzerne Schneeschippe **3.** *umg* kleiner Motor
движу ↑ дви́гать
дви́жущий, -ая, -ее bewegend; **-ие** си́лы Triebkräfte
Двина́, -ы́ *f* Dwina *Fluß*
дви́нуть *v mom zu* дви́гать
дви́нуться *v zu* дви́гаться
дво́е, двои́х *kollektives Num* **1.** zwei *bei männlichen Subst, die Personen bezeichnen u. bei Pluraliatantum*; нас бы́ло ~ wir waren zwei; ~ друзе́й zwei Freunde; у меня́ ~ дете́й ich habe zwei Kinder; но́мер на двои́х Zweibettzimmer; есть за двои́х für zwei essen; ~ су́ток zwei Tage, 48 Stunden **2.** zwei Paar; ~ перча́ток ein Paar Handschuhe ◇ на свои́х (на) двои́х *umg scherz* auf Schusters Rappen, zu Fuß
двое|бо́рье, -ья *n Sport* Zweikampf; **~бра́чие,** -я *n* Doppelehe; **~вла́стие,** -я *n* Doppelherrschaft; **~ду́шный,** -ая, -ое; *Kzf* -шен, -шна *alt* doppelzüngig, heuchlerisch, falsch; **~жёнство,** -а *n* Bigamie; **~то́чие,** -я *n* Doppelpunkt
дво́ечник, -а *m umg* schlechter Schüler [Student], der ständig die 2 (*zweitschlechteste Zensur*) erhält
двои́ть, двою́, двои́шь *uv* **1.** in zwei Teile teilen **2.** *landw* zum zweiten Mal ackern
двои́ться, двою́сь, двои́шься *uv meist unpers* **1.** doppelt erscheinen; у меня́ двои́тся в глаза́х ich sehe alles doppelt **2.** sich gabeln *Weg*; *übtr* sich teilen, sich spalten *Vorstellungen, Gedanken*
дво́йка, -и, *Pl G* дво́ек, *D* дво́йкам **1.** Zwei, Zweier *Ziffer*; *volksspr* Zwei *Straßenbahn, Omnibus der Linie* 2 **2.** Zwei *zweitschlechteste Schulzensur in der UdSSR* **3.** Zwei *Spielkarte* **4.** Zweier(boot)
двойни́к, -а́ *m* Doppelgänger
двойно́й, -а́я, -о́е **1.** doppelt (so groß), zweifach **2.** doppelt, Doppel-; -ы́е ра́мы Doppelfenster ◇ -а́я игра́ *übtr* Doppelspiel
дво́йня, -и, *Pl G* дво́ен, *D* дво́йням *f* Zwillingspaar, Zwillinge
двойственный, -ая, -ое; *Kzf* -ен, -енна **1.** zwiespältig **2.** heuchlerisch, unaufrichtig **3.** doppelt, zweifach ◇ -ое число́ *gram* Dual
двор, -а́ *m* **1.** Hof; за́дний ~ Hinterhof; пти́чий ~ Geflügelhof **2.** Gehöft **3.** Hof *von Monarchen* ◇ моне́тный ~ Münzamt; на -е́ draußen, im Freien; ни кола́, ни -а́ weder Haus noch Hof
дворе́ц, -рца́, *I* -рцо́м, *G Pl* -рцов *m* Palast, Schloß; ~ пионе́ров Pionierpalast; ~ культу́ры Kulturpalast; ~ съе́здов Kongreßpalast, -halle; Зи́мний ~ Winterpalais
дворе́цкий, -ого *m* Haushofmeister
дво́рник, -а *m* **1.** Hausmeister **2.** *umg* Scheibenwischer *Auto*
дво́рницкая, -ой *Subst f* Hausmeisterwohnung
дво́рничиха, -и *f umg* **1.** Hausmeisterin **2.** *alt* Frau des Hausmeisters
дво́рня, -и *f hist* Gesinde
дворня́га, -и *f umg* Hofhund
дворня́жка, -и, *Pl G* -жек, *D* -жкам *f umg* Hofhund, Hofköter
дворо́вый, -ая, -ое Hof-; ~ пёс Hofhund
дворцо́вый, -ая, -ое Schloß-; ~ парк Schloßpark ◇ ~ переворо́т Palastrevolution
дворяни́н, -а, *Pl* -я́не, -я́н, -я́нам *m* Adliger
дворя́нка, -и, *Pl G* -нок, *D* -нкам *f* Adlige
дворя́нский, -ая, -ое adlig, Adels-
дворя́нство, -а *n* Adel
двою́родный, -ая, -ое: ~ брат Cousin; -ая сестра́ Cousine; ~ дед Großonkel
двоя́кий, -ая, -ое; *Kzf* -я́к, -а **1.** doppelt, zweifach **2.** -о *Adv*: реши́ть -о auf zweierlei Art entscheiden
двояко|во́гнутый, -ая, -ое bikonkav; **~вы́пуклый,** -ая, -ое bikonvex
дву- *u.* **двух-** *in Zuss* doppel-, zwei-
дву|бо́ртный, -ая, -ое zweireihig; ~бо́ртный пиджа́к zweireihiger Sakko; **~вале́нтный,** -ая, -ое *chem* zweiwertig; **~гла́вый,** -ая, -ое doppelköpfig; **~гла́сный,** -ого *Subst m* Diphthong; **~голо́сный,** -ая, -ое zweistimmig; **~го́рбый,** -ая, -ое zweihöckerig; **~гри́венный,** -ого *Subst m umg* Zwanzigkopekenstück; **~жи́льный,** -ая, -ое *volksspr* ausdauernd, zäh; **~зна́чный,** -ая, -ое *math* zweistellig
двуко́лка, -и, *Pl G* -лок, *D* -лкам *f* zweirädriger Wagen
дву|кра́тный, -ая, -ое zweimalig,

doppelt; **~ликий, -ая,** -ое; -ик, -а zweigesichtig; doppelsinnig; **~личие,** -я *n* Heuchelei, Falschheit; **~личный,** -ая, -ое; *Kzf* -чен, -чна heuchlerisch, falsch; **~ногий,** -ая, -ое zweibeinig

двуокись, -и *f chem* Dioxyd

дву|поле, -ья *n landw* Zweifelderwirtschaft; **~польный,** -ая, -ое: ~польное хозяйство *landw* Zweifelderwirtschaft; **~рушник,** -а *m* Doppelzüngler; **~рушничать,** -аю, -аешь *uv* doppelzüngig reden, ein doppeltes Spiel spielen; **~рушнический,** -ая, -ое doppelzüngig

дву|скатный, -ая, -ое nach zwei Seiten geneigt; ~скатная крыша Satteldach; **~сложный,** -ая, -ое zweisilbig; **~смысленный,** -ая, -ое; *Kzf* -лен, -ленна 1. doppelsinnig, zweideutig 2. zweideutig, unanständig; **~спальный,** -ая, -ое: ~спальная кровать Doppelbett

дву|стволка, -и, *Pl G* -лок, *D* -лкам *f* Doppelflinte, doppelläufiges Gewehr; **~створчатый,** -ая, -ое 1. zweiflügelig *Tür*; ~створчатая дверь Flügeltür 2. *zool* zweischalig; **~стишие,** -я *n lit* Distichon, Doppelvers; **~сторонний,** -яя, -ее 1. *med* zweiseitig, beiderseitig, doppelseitig; 2. gegenseitig, für beide Seiten verbindlich; **~углекислый,** -ая, -ое *chem* doppeltkohlensauer

двух- ↑ дву-

двух|годичный, -ая, -ое zwei Jahre dauernd, zweijährig; **~годовалый,** -ая, -ое zweijährig, zwei Jahre alt; **~дневный,** -ая, -ое zweitägig; **~дорожечный,** -ая, -ое zweispurig *Tonband*; **~колейный,** -ая, -ое zweigleisig, doppelgleisig, zweispurig; **~колёсный,** -ая, -ое zweirädrig

двухлетие, -я *n* 1. zwei Jahre *Zeitraum* 2. zweiter Jahrestag; zweijähriges Jubiläum

двух|летний, -яя, -ее zweijährig *Dauer oder Alter*; **~мачтовый,** -ая, -ое zweimastig; ~мачтовое судно Zweimaster; **~местный,** -ая, -ое zweisitzig; ~местная каюта Doppelbettkabine *Schiff*; **~месячный,** -ая, -ое 1. zweimonatig *Dauer oder Alter* 2. zweimonatlich; **~моторный,** -ая, -ое zweimotorig; **~недельный,** -ая, -ое 1. zweiwöchig *Dauer oder Alter* 2. zweiwöchentlich, alle zwei Wochen erscheinend; **~осный,** -ая, -ое zweiachsig; **~палатный,** -ая, -ое *pol* Zweikammer-; **~полюсный, -ая,** -ое *phys* zweipolig

двухсотлетие, -я *n* 1. zweihundert Jahre *Zeitraum* 2. zweihundertster Jahrestag, Zweihundertjahrfeier

двух|сотлетний, -яя, -ее zweihundertjährig; **~сотый,** -ая, -ое *Num* zweihundertster; **~тактный,** -ая, -ое Zweitakt-; ~тактный двигатель Zweitaktmotor; **~тысячный,** -ая, -ое 1. *Num* zweitausendster; в ~тысячном году im Jahr zweitausend 2. aus zweitausend bestehend 3. *umg* im Wert von zweitausend Rubeln; **~цветный,** -ая, -ое zweifarbig; **~часовой,** -ая, -ое 1. zweistündig 2. Zweiuhr-; ~часовой поезд Zweiuhrzug, 2-Uhr-Zug; **~этажный, -ая,** -ое einstöckig, zweigeschossig; ~ этажный поезд Doppelstockzug

двухъярусный, -ая, -ое: ~ мост Doppelstockbrücke

дву|член, -а *m math* Binom; **~язычие,** -я *n* Zweisprachigkeit; **~язычный,** -ая, -ое; *Kzf* -чен, -чна zweisprachig

-де *Part zur Wiedergabe einer fremden Rede, volksspr* sagt er (sie); он-де не может прийти er sagt, er kann nicht kommen

дебаркадер [дэба; дэ], -а *m* 1. Landungssteg, Anlegestelle 2. *alt* Bahnsteig

дебатировать, -рую, -руешь *uv A oder* о *P* debattieren

дебатироваться, *1. u. 2. Pers ungebr*, -руется *uv* zur Debatte stehen

дебаты, -ов *Pl* Debatte

дебелый, -ая, -ое; *Kzf* -ел, **-а** *alt* dick, beleibt

дебет [дэ], -а *m* Debet, Soll; **~ и кредит** Soll und Haben

дебош, -а, *I* -ем *m* Skandal, Radau, Krach, Rauferei

дебошир, -а Ruhestörer, Radaubruder

дебоширить, -рю, -ришь *uv* randalieren, Radau machen

дебри *Pl* -ей, *Sg alt* дебрь, -и *f* 1. undurchdringliches Dickicht, Urwald 2. *übtr* Labyrinth, Wirrnis; schwer verständliche Stellen *Wissenschaft Technik u. ä.*

дебют, -а *m* 1. Debüt, erstes öffentliches Auftreten 2. Eröffnung *Schach*

дева, -ы *f alt, poet* Jungfrau; Jungfer ◇ старая ~ alte Jungfer

девальвация [дэ], -и *f finanz* Geldabwertung

девальвировать [дэ], -рую, -руешь;

-рованный, -рован, -а *v*, *uv finanz* abwerten, den Geldwert herabsetzen
девáть, -áю, -áешь *umg* 1. *uv zu* деть 2. *v* (*nur Prät*) hintun, legen, stekken *irgendwohin*; не пóмню, кудá я девáл перчáтки ich weiß nicht, wohin ich die Handschuhe getan habe 3. *v* (*nur Prät*) unterbringen; verbrauchen, ausgeben; емý дéнег ~ нéкуда er weiß nicht wohin mit seinem Geld
девáться, -áюсь, -áешься 1. *uv zu* дéться 2. *v* (*nur Prät*) (hin)geraten, hinkommen; verlorengehen, verschwinden; sich verstecken; кудá ты девáлся? wo hast du gesteckt?; кудá девáлись егó дéньги? wo ist sein Geld geblieben? 3. *v* (*nur Prät*) Unterkunft [Unterschlupf] finden
дéверь, -я, *Pl* деверья́, -рéй *u. volksspr* -рьёв, -рья́м *m* Schwager *Bruder des Mannes*
деви́з, -а *m* Devise, Wahlspruch
деви́за, -ы *f finanz* Devise
деви́ца, -ы, *I* -ей *u. poet* **дéвица,** -ы, *I* -ей *f alt* Mädchen, Jungfrau
деви́ческий, -ая, -ое Mädchen-, Jungfrauen-; jungfräulich, mädchenhaft
дéви́чий, -ья, -ье Mädchen- Jungfrauen-; jungfräulich, mädchenhaft; -ья фами́лия Mädchenname
деви́чник [шн], -а *m* Polterabend
дéвичья, -ьей *Subst f alt* Dienstmädchenzimmer
дéвка, -и, *Pl G* -вок, *D* -вкам *f* 1. *volksspr u. gbt* Mädchen, Jungfer 2. *alt* Bauernmädchen ◇ (ýличная) ~ *grob, volksspr* Dirne; засидéться в -ах sitzenbleiben, keinen Mann bekommen
дéвочка, -и, *Pl G* -чек, *D* -чкам *f* kleines Mädchen
дéвственница, -ы, *I* -ей *f* keusche Jungfrau
дéвственный, -ая, -ое; *Kzf* -ен, -енна 1. jungfräulich, keusch, unberührt 2. *übtr* jungfräulich, noch unbenutzt; ~ лес Urwald ◇ -ая плевá *anat* Jungfernhäutchen
дéвушка, -и, *Pl G* -шек, *D* -шкам *f* 1. erwachsenes Mädchen 2. *umg* Fräulein *Anrede an Kellnerinnen, Verkäuferinnen u. a.*
девчáта, -áт *Pl volksspr* Mädchen
девчóнка, -и, *Pl G* -нок, *D* -нкам *f umg meist verächtl* Mädchen
девянóсто, *G, D, I, P* -а, *A* -о *Num* neunzig
девяносто|лéтие, -я *n* 1. neunzig Jahre *Zeitraum* 2. neunzigster Jahrestag; Neunzigjahrfeier; neunzigjähriges Jubiläum; **~лéтний,** -яя, -ее neunzigjährig
девянóстый, -ая, -ое *Num* neunzigster; -ые гóды die neunziger Jahre
дéвятеро, -ы́х *kollektives Num* 1. neun *bei männlichen Subst, die Personen bezeichnen u. bei Pluraliatantum*; ~ сыновéй neun Söhne 2. neun Paar
девяти|днéвный, -ая, -ое neuntägig; **~клáссник,** -а *m* Schüler der neunten Klasse; **~крáтный,** -ая, -ое neunmalig; **~лéтие,** -я *n* 1. neun Jahre *Zeitraum* 2. neunter Jahrestag; neunjähriges Jubiläum; **~лéтний,** -яя, -ее neunjährig *Dauer oder Alter*; **~мéсячный,** -ая, -ое neunmonatig *Dauer oder Alter* 2. neunmonatlich; **~сóтый,** -ая, -ое *Num* neunhundertster; **~ты́сячный,** -ая, -ое 1. *Num* neuntausendster 2. aus neuntausend bestehend 3. *umg* im Wert von neuntausend Rubeln; **~угóльник,** -а *m* Neuneck; **~угóльный,** -ая, -ое neuneckig; **~этáжный,** -ая, -ое achtstöckig, neungeschossig
девя́тка, -и, *Pl G* -ток, *D* -ткам *f* 1. Neun *Ziffer*; *volksspr Straßenbahn, Omnibus der Linie 9*; *umg* Gruppe von neun Personen oder Gegenständen 2. Neun *Spielkarte* 3. Kartenglücksspiel
девятнадцатилéтний, -яя, -ее neunzehnjährig *Dauer oder Alter*
девятнáдцатый, -ая, -ое *Num* neunzehnter
девятнáдцать, -и, *I* -ью *Num* neunzehn
девя́тый, -ая, -ое 1. *Num* neunter; -ого числá am Neunten (des Monats); -ого июня am neunten Juni; ~ час es geht auf neun; в -ом часý nach acht, zwischen acht und neun; -ая часть Neuntel 2. -ая, -ой *Subst f* Neuntel ◇ ~ вал die schwerste Prüfung, die höchste Gefahr
дéвять, -й, *I* -ью *Num* neun
девятьсóт, девятисóт, девятистáм, девятьюстáми, о девятистáх *Num* neunhundert
дéвятью *Adv* neun mal, mit neun malgenommen; ~ пять neun mal fünf
дегазáция [дэ], -и *f* Entgasung, Entgiftung
дегази́ровать [дэ], -рую, -руешь *v, uv* entgasen, entgiften
дегенерáт, -а *m* Degenerierter
дегенерати́вный, -ая, -ое; *Kzf* -вен, -вна degeneriert, entartet

дегенера́ция [дэ, нэ], -и *f* Degenerierung, Entartung
дёготь, -гтя *m* Teer ◇ ло́жка -гтя в бо́чке мёда ein Tropfen Wermut im Freudenbecher
деграда́ция [дэ], -и *f* Verfall
деградйровать [дэ], -рую, -руешь verfallen, sich allmählich verschlechtern
дегтя́рный, -ая, -ое Teer-; teerig
дегуста́тор [дэ], -а *m* Verkoster, Geschmackprüfer
дегуста́ция [дэ], -и *f* Verkosten, Kostprobe, Prüfen des Geschmacks
дегусти́ровать [дэ], -рую, -руешь; -рованный, -рован, -а *v, uv* (ver)kosten, den Geschmack prüfen
дед, -а *m* Großvater *a. Anrede an einen alten Mann* ◇ на́ши -ы unsere Vorfahren; ~-моро́з Väterchen Frost, Weihnachtsmann
де́дов, -а, -о dem Großvater gehörend
де́довский, -ая, -ое großväterlich; altväterisch
де́душка, -и, *Pl G* -шек, *D* -шкам *m* Großvater, Großväterchen
дееприча́стие, -я *n* Adverbialpartizip, Gerundium
дееспосо́бный, -ая, -ое; *Kzf* -бен, -бна **1.** *buchspr* arbeitsfähig **2.** *jur* handlungsfähig
дежа́, -и́, *I* -о́й, *Pl* дёжи, дежей, дежа́м Backtrog
дежу́рить, -рю, -ришь *uv* **1.** Dienst haben, Dienst tun **2.** wachen
дежу́рный, -ая, -ое **1.** diensthabend, diensttuend; ~ офице́р Offizier vom Dienst; -ая апте́ка dienstbereite Apotheke; ~ магази́н Spät- oder Sonntagsverkaufsstelle **2.** -ого *Subst m* Diensthabender; ~ по кла́ссу Klassenordner; ~ по ста́нции Fahrdienstleiter ◇ -ое блю́до Stamm-, Tagesgericht
дежу́рство, -а *n* (Wach-) Dienst; ночно́е ~ Nachtdienst, Nachtwache
дез- *in Zuss Abk für* дезинфекцио́нный Desinfektions-
дезерти́р, -а *m* Deserteur, Fahnenflüchtiger
дезерти́рство, -а *n* Fahnenflucht
дезинсе́кция [дэзын], -и *f* Schädlingsbekämpfung; Entlausung
дезинфекцио́нный, -ая, -ое Desinfektions-
дезинфе́кция, -и *f* Desinfektion, Entseuchung
дезинформа́ция [дэзын], -и *f* auf Irreführung ausgehende Information
дезорганиза́ция, -и *f* Desorganisation
дезориента́ция [дэ], -и *f* Desorientierung, Irreführung
дезсре́дство, -а *n* (дезинфекцио́нное сре́дство) *meist Pl* Desinfektionsmittel
деи́зм [дэ], -а *m* Deismus
де́йственный, -ая, -ое; *Kzf* -ен, -енна aktiv, wirksam
де́йствие, -я *n* **1.** Handlung, Tätigkeit, Aktion; вое́нные -я Feindseligkeiten, militärische Operationen; боевы́е -я Kampfhandlungen; ~ происхо́дит в Москве́ die Handlung [das Stück] spielt in Moskau; его́ -я seine Handlungsweise; еди́нство -й Aktionseinheit; дру́жба в -и Freundschaft in Aktion; предоста́вить кому́-н. свобо́ду -й j-m freie Hand lassen; приводи́ть в ~ in Gang bringen [setzen] **2.** Wirkung, Einfluß, Einwirkung; обра́тное ~ Rückwirkung; лека́рство оказа́ло ~ die Arznei hat gewirkt; поле́зное ~ Nutzeffekt; под -ем чего́-н. unter dem Einfluß von etw. **3.** Wirkung, Gültigkeit; догово́р сохраня́ет своё ~ der Vertrag behält seine Gültigkeit **4.** *theat* Akt, Aufzug **5.** *math* Grundrechnungsart
действи́тельно **1.** *Adv* tatsächlich; wahrhaftig **2.** *Part mod* in der Tat
действи́тельность, -и *f* **1.** Wirklichkeit **2.** Wirksamkeit **3.** Gültigkeit; ~ па́спорта Gültigkeit des Passes ◇ в -и wirklich, in der Tat; оторва́нный от -и weltfremd, lebensfremd
действи́тельный, -ая, -ое; *Kzf* -лен, -льна **1.** wirklich, tatsächlich **2.** wirksam **3.** gültig ◇ -ая слу́жба aktiver Militärdienst; ~ член ordentliches Mitglied
де́йствовать, -твую, -твуешь *uv* **1.** handeln, verfahren, vorgehen **2.** in Gang sein, in Betrieb sein, funktionieren, gehen; телефо́н не де́йствует das Telefon geht nicht **3.** wirken, wirksam sein; beeinflussen; лека́рство уже́ де́йствует die Arznei wirkt schon; э́то мне де́йствует на не́рвы das geht mir auf die Nerven; э́то уже́ переста́ло ~ *umg* das zieht nicht mehr; ничто́ не де́йствует es hilft nichts **4.** gültig sein, gelten *Gesetze u. a.* ‖ *v* поде́йствовать *zu* 3
де́йствующий, ая, -ее: -ее лицо́ *theat* handelnde Person; -ая а́рмия Feldheer
декабри́ст, -а *m* Dekabrist *Teilnehmer am Dezemberaufstand 1825*
дека́брь, -я́ *m* Dezember
дека́брьский, -ая, -ое Dezember-

декáда, -ы *f* Dekade
декадáнс [дэ], -а *m* Dekadenz, Verfall
декадéнт, -а *m* Vertreter *oder* Anhänger der Dekadenz
декадéнтство, -а *n* Dekaden bürgerliche Kunstrichtung Anfang des 20. Jh.
декламáтор, -а *m* Rezitator, Vortragskünstler
декламáция, -и *f* Rezitation, Vortrag; хоровáя ∼ Sprechchor
декламúровать, -рую, -руешь *uv* rezitieren, vortragen
декларатúвный, -ая, -ое; *Kzf* -вен, -вна deklarativ, erklärend
декларáция, -и *f* Deklaration, Erklärung; правúтельственная ∼ Regierungserklärung; налóговая ∼ Steuererklärung; тамóженная ∼ Zollerklärung
деклассúрованный, -ая, -ое deklassiert, moralisch heruntergekommen
деклассúроваться, -руюсь, -руешься *v, uv* deklassiert werden, moralisch herunterkommen
декольтé [дэ; тэ] *n idkl* Dekolleté
декольтирóванный [дэ], -ая, -ое; *Kzf* -ван, -а dekolletiert, mit tiefem Ausschnitt (versehen)
декоратúвный, -ая, -ое; *Kzf* -вен, -вна dekorativ; -ое растéние Zierpflanze
декорáтор, -а *m* **1.** Dekorateur **2.** Bühnenmaler
декорациóнный, -ая, -ое Dekorations-; -ая жúвопись Dekorationsmalerei
декорáция, -и *f* Bühnenbild; смéна -й Kulissenwechsel
декорúровать, -рую, -руешь; -рованный, -рован, -а *v, uv* dekorieren, (aus)schmücken
декрéт, -а *m* Dekret, Verfügung ◇ уйтú в ∼ *volksspr* in Schwangerschaftsurlaub gehen
декретúровать, -рую, -руешь; -рованный, -рован, -а *v, uv* dekretieren, durch ein Dekret anordnen
декрéтный, -ая, -ое laut Dekret ◇ ∼ óтпуск Schwangerschaftsurlaub
дéланный, -ая, -ое; *ohne männl Kzf,* -анна gekünstelt, affektiert
дéлать, -аю, -аешь; -анный, -ан, -а *uv* **1.** tun, machen, handeln; ∼ покýпки Einkäufe machen; ∼ доклáд einen Vortrag halten; ∼ вы́вод den Schluß ziehen; ∼ комý-н. операцию j-n operieren; ∼ попы́тку einen Versuch unternehmen **2.** machen, verfertigen, herstellen; ∼ мéбель Möbel herstellen **3.**: ∼ когó-н. кéм-н. j-n zu etw. machen, j-n einsetzen als; егó сдéлали секретарём er ist Sekretär geworden; ∼ егó счастлúвым ihn glücklich machen **4.** bestellen, anfertigen [machen] lassen; ∼ (себé) костюм sich einen Anzug machen lassen **5.** из *G* etw. machen (aus), verwandeln (in); ∼ из когó-н. посмéшище j-n lächerlich machen ◇ ∼ нéчего da ist nichts zu machen; от нéчего ∼ vor lauter Nichtstun, aus lauter Übermut; ∼ вы́говор einen Verweis erteilen; э́то дéлает емý честь das gereicht ihm zur Ehre; ∼ вид, что (so) tun, als ob; ∼ — так ∼ wenn schon, denn schon ‖ *v* сдéлать
дéлаться, -аюсь, -аешься *uv* **1.** *I* werden; ∼ весёлым lustig werden; емý дéлается не по себé ihm wird übel **2.** *1. u. 2. Pers ungebr* geschehen vorgehen; что там дéлается? was geht dort vor (sich)? **3.** *1. u. 2. Pers ungebr umg* sich zeigen, entstehen ‖ *v* сдéлаться
делегáт, -а *m* Delegierter
делегáтский, -ая, -ое Delegierten-; -ое собрáние Delegiertenkonferenz
делегáция, -и *f* Delegation, Abordnung
делёж, -лежá, *I* -лежóм, *G Pl* -лежéй *m umg* Teilung, Auf-, Verteilung
делёжка, -и, *Pl G* -жек, *D* -жкам *f umg* Teilung, Auf-, Verteilung
делéние, -я *n* **1.** Teilen **2.** *math* Division **3.** *biol* Teilung; ∼ клéтки Zellteilung **4.** Teilstrich; термóметр поднялся на пять -й das Thermometer ist fünf Teilstriche gestiegen
делéц, -льцá, *I* -льцóм, *G Pl* -льцóв *m verächtl* Geschäftemacher; биржевóй ∼ Börsenjobber
Дéли [дэ] *m idkl* Delhi
деликатéс, -а *m* Delikatesse
деликáтничать, -аю, -аешь *uv umg* с *I* allzu schonend verfahren (mit), mit Samthandschuhen anfassen
деликáтность, -и *f* Feinfühligkeit
деликáтный, -ая, -ое; *Kzf* -тен, -тна **1.** feinfühlig, rücksichtsvoll **2.** *umg* heikel; ∼ вопрóс eine heikle Frage **3.** *umg* zart, schwach
делúмое, -ого *Subst n math* Dividend
делúмость, -и *f* Teilbarkeit
делúтель, -я *m math* Teiler, Divisor; óбщий наибóльший ∼ größter gemeinsamer Teiler
делúть, делю́, дéлишь *uv* **1.** (ver-, ein-)teilen; ∼ ученикóв на две грýппы die Schüler in zwei Gruppen

teilen 2. dividieren; ~ во́семь на два acht durch zwei dividieren 3. teilen (с *I* mit) *a. übtr*

дели́ться, делю́сь, де́лишься *uv* 1. *1. u. 2. Pers ungebr* teilbar sein: шесть де́лится на три sechs ist durch drei teilbar 2. sich teilen 3. teilen (че́м-н. с ке́м-н. etw. mit j-m); дели́лся после́дним er teilte das Letzte [sein Letztes] 4.: ~ че́м-н. с ке́м-н. j-m etw. mitteilen, j-m etw. anvertrauen

дели́шки *Pl* -шек, -шкам, *Sg* дели́шко, -а *n umg Dem zu* де́ло unbedeutende Sachen, kleine Geschäfte

де́ло, -а, *Pl* дела́, дел, дела́м *n* 1. Ding; Sache, Angelegenheit; э́то моё ~ das ist meine Sache; не твоё ~ das geht dich nichts an; э́то — ~ вку́са das ist Geschmackssache; э́то ~ давно́ забы́то diese Sache ist schon längst vergessen 2. Arbeit, Beschäftigung, Werk; взя́ться за ~ anpacken, sich an die Arbeit machen; у меня́ дел по го́рло ich habe vollauf zu tun; ~ его́ жи́зни sein Lebenswerk; по -у [-а́м] geschäftlich, in geschäftlicher Angelegenheit, dienstlich 3. Tat, Werk, Handlung; сло́вом и -ом in Wort und Tat; на (са́мом) -е in der Tat, wirklich 4. dringende Sache, Anliegen; у меня́ к вам ~ ich habe ein Anliegen an Sie; без -а не входи́ть! ohne dringenden Grund nicht eintreten!, nur in dringenden Fällen eintreten! 5. Wesen *Fachgebiet*; столя́рное ~ Tischlerhandwerk; го́рное ~ Bergbau; вое́нное ~ Kriegskunst, -wesen; газе́тное ~ Zeitungswesen 6. Prozeß, Fall; уголо́вное ~ Kriminalfall; возбуди́ть ~ einen Prozeß anstrengen 7. Akte(nstück); па́пка для дел Aktendeckel; ли́чное ~ Personalakte; подши́ть к -у zu den Akten heften 8. Gefecht 9. *alt* Unternehmen ◇ в са́мом -е wirklich, wahrhaftig; в то́м-то и ~ darauf kommt es eben an, das ist es ja eben; в чём ~? worum geht es?, worum handelt es sich?, was gibt's?; ~ в том, что es handelt sich darum, daß; ~ в шля́пе *umg* die Sache ist in Butter, der Laden klappt; вот э́то ~! das läßt sich hören!; гла́вное ~ Hauptsache; э́то ~ деся́тое *volksspr* das ist unwichtig; ~ дрянь *volksspr* das ist eine faule Sache; die Sache steht schlecht; за ~ zu Recht, nicht ohne Grund; за кем [чем] ~ ста́ло an wem [woran] liegt es?; ~ идёт о es geht um; име́ть ~ с ке́м-н. es mit j-m zu tun haben; я зна́ю, с кем име́ю ~ ich kenne meine Pappenheimer; как -а́? wie geht's [steht's]?; ме́жду -ом zwischendurch, nebenher; моё ~ сторона́ ich habe damit nichts zu tun, mein Name ist Hase, ich weiß von nichts; на -е in Wirklichkeit; пе́рвым -ом in erster Linie, vor allem; положе́ние дел Sachlage; таки́е-то -а́! so steht die Sache!; то и ~ immer wieder, ständig; что лимона́д, то ли ~ пи́во ach was, Limonade, etwas anderes wäre es mit einem Bier; како́е ему́ ~? *oder* что ему́ за ~? was geht es ihn an?

делови́тый, -ая, -ое; *Kzf* -и́т, -а geschäftig, sachlich; erfinderisch

делово́й, -а́я, -о́е 1. geschäftlich; -а́я пое́здка Geschäftsreise; -а́я бума́га Aktenstück 2. geschäftskundig; sachlich; ~ подхо́д sachliche Behandlung 3. *alt* Nutz-; ~ лес Nutzholz

дело|производи́тель, -я *m* Schriftführer, Geschäftsführer; **~произво́дство,** -а *n* Schrift-, Geschäftsführung

де́льный, -ая, -ое 1. tüchtig, gescheit, gründlich; ~ рабо́тник eine tüchtige Arbeitskraft 2. vernünftig, ernsthaft

де́льта [дэ], -ы *f* Delta *von Flüssen*

дельфи́н, -а *m* Delphin

делю́вий [дэ], -я, *P* -и *m geol* Diluvium

деля́га, -и *m umg verächtl* Geschäftemacher; prinzipienloser Praktiker

деля́нка, -и, *Pl G* -нок, *D* -нкам *f* Parzelle *zum Holzschlag oder zum Bebauen*

деля́ческий, -ая, -ое *verächtl* praktizistisch

деля́чество, -а *n verächtl* engstirniger Praktizismus

демаркацио́нный, -ая, -ое Demarkations-

демилитариза́ция [дэ], -и *f* Entmilitarisierung

демилитаризова́ть [дэ], -зу́ю, -зу́ешь; -зо́ванный, -зо́ван, -а *v, uv* entmilitarisieren

демисезо́нный, -ая, -ое: -ое пальто́ Übergangsmantel

демобилизова́ть, -зу́ю, -зу́ешь; -зо́ванный, -зо́ван, -а *v, uv* demobilisieren

демогра́фия [дэ], -и *f* Bevölkerungsstatistik

демокра́т, -а *m* Demokrat

демократиза́ция, -и *f* Demokratisierung

демократизи́ровать, -рую, -руешь; -рованный, -рован, -а *v, uv* demokratisieren
демократи́ческий, -ая, -ое demokratisch
демократи́чный, -ая, -ое; *Kzf* -чен, -чна demokratisch
демокра́тия, -и *f* Demokratie
де́мон, -а *m* Dämon
демони́ческий, -ая, -ое dämonisch
демонстра́нт, -а *m* Demonstrant
демонстрати́вный, -ая, -ое; *Kzf* -вен, -вна demonstrativ
демонстра́ция, -и *f* **1.** Demonstration, Kundgebung; первома́йская ~ Maidemonstration **2.** Vorführung *von Filmen u. ä.*
демонстри́ровать, -рую, -руешь; -рованный, -рован, -а *v, uv* **1.** demonstrieren **2.** vorführen, zeigen *Film u. a.*
демонта́ж [дэ], -а, *I* -ем *m* Demontage
демонти́ровать [дэ], -рую, -руешь; -рованный, -рован, -а *v, uv* demontieren
деморализа́ция [дэ], -и *f* Demoralisierung
деморализова́ть [дэ], -зу́ю, -зу́ешь; -зо́ванный, -зо́ван, -а *v, uv* demoralisieren
де́мпинг [дэ], -а *m wirtsch* Dumping
Демья́н, -а *m männl Vn*
денатура́т, -а *m* vergällter Spiritus
денацифика́ция [дэ], -и *f* Entnazifizierung
де́нежки, -жек, -жкам *Pl umg* Geld
де́нежно-вещево́й, -ая, -ое: -а́я лотере́я Geld- und Sachwertlotterie
де́нежный, -ая, -ое **1.** Geld-; -ое обраще́ние Geldumlauf; ~ дохо́д Geldeinnahme; ~ перево́д Geldanweisung; ~ знак Banknote **2.** *umg* reich
денёк, -нька́ *m Dem zu* день Tag
де́нно *Adv*: ~ и но́щно Tag und Nacht, ununterbrochen
денонси́ровать [дэ], -рую, -руешь; -рованный, -рован, -а *v, uv* für ungültig erklären, kündigen
де́ну ↑ деть
денщи́к, -а́ *m alt* Offiziersbursche
день, дня, *Pl* дни, дней, дням *m* **1.** Tag; рабо́чий ~ Arbeits-, Werktag; семичасово́й рабо́чий ~ Siebenstundentag; выходно́й ~ freier Tag; ~ рожде́ния Geburtstag; Междунаро́дный же́нский ~ Internationaler Frauentag **2.** *Pl* Zeit, Periode, Tage; в на́ши дни heutzutage; в дни войны́ während des Krieges ◇ в оди́н прекра́сный ~ eines (schönen) Tages; весь ~ den ganzen Tag; ~ в ~ auf den Tag genau; ~-деньско́й den ganzen Tag über, den lieben langen Tag; ~ ото дня von Tag zu Tag; до́брый ~! guten Tag!; изо дня в ~ tagaus, tagein, Tag für Tag; ~ за́ ~ einförmig, monoton; на дня́х dieser Tage, neulich; nächstens, in den nächsten Tagen; на чёрный ~ *umg* für den Notfall; по це́лым дням tagelang; со дня на́ ~ von einem Tag auf den anderen, an einem der nächsten Tage; средь бе́ла дня am hellichten Tage; тре́тьего дня vorgestern; це́лый ~ einen ganzen Tag; че́рез ~ aller zwei Tage; на дню́ *alt* am Tage, im Laufe eines Tages
де́ньги, де́нег, деньга́м *u.* де́ньгам, деньга́ми *u.* де́ньгами, о деньга́х *u.* о де́ньгах *Pl* **1.** Geld; ме́лкие ~ Kleingeld; кру́пные ~ großes Geld; нали́чные ~ Bargeld; потре́бность в -а́х Geldbedarf **2.** Gelder, Kapital; больши́е ~ viel Geld ◇ ни за каки́е ~! um keinen Preis!; быть при -а́х bei Kasse sein
деньжа́та, -а́т, -а́там *u.* **деньжо́нки,** -нок, -нкам *Pl volksspr* Geld, Moneten
департа́мент, -а *m* Departement *a. Ministerialabteilung alt*; госуда́рственный ~ USA-Außenministerium
депо́ *n idkl* Depot; трамва́йное ~ Straßenbahnhof; паровóзное ~ Lokomotivschuppen; железнодоро́жное ~ Bahnbetriebswerk; пожа́рное ~ Feuerwache
депози́т, -а *m* Depositen; внести́ в ~ deponieren
депони́ровать [дэ], -рую, -руешь; -рованный, -рован, -а *v, uv* deponieren, hinterlegen
депресси́вный [дэ], -ая, -ое; *Kzf* -вен, -вна **1.** *wirtsch* Depressions- **2.** seelisch niedergeschlagen, depressiv
депре́ссия [дэ], -и *f wirtsch, med* Depression
депута́т, -а *m* Deputierter, Abgeordneter
депута́тский, -ая, -ое Deputierten-, Abgeordneten-
де́рби [дэ] *n idkl* Derby *Pferderennen*
дёрг *prädikativ umg* zupfte, zog
дёргать, -аю, -аешь *uv* **1.** ziehen zupfen (за *A* an); ~ за рука́в am Ärmel zupfen [ziehen] **2.** *umg* ausreißen, ziehen; ~ зу́бы Zähne ziehen lassen **3.** *umg* (krampfhaft) zucken; у меня́ дёргает па́лец es zuckt mir im Finger **4.** *übtr* hin- und herzerren,

dauernd belästigen; ~ кого́-н. постоя́нными про́сьбами j-n durch ständige Bitten belästigen ◇ никто́ тебя́ за язы́к не дёргал man hat dich ja nicht zum Sprechen herausgefordert || *v mom* дёрнуть, -ну, -нешь *zu* 1, 3

дёргаться, -аюсь, -аешься *uv* 1. krampfhaft zucken 2. sich ruckweise bewegen [in Bewegung setzen] || *v mom* дёрнуться, -нусь, -нешься

деревене́ть, -е́ю, -е́ешь *uv* 1. holzig werden 2. steif werden, erstarren

дереве́нский, -ая, -ое Dorf-, Land-, dörflich; ~ жи́тель Dorfbewohner

дере́вня, -и, *Pl G* -ве́нь, *D* -вня́м *f* 1. kleines Dorf 2. Land *im Gegensatz zur Stadt*; в -е auf dem Land

де́рево, -а, *Pl* дере́вья, -ьев, -ьям *u. alt* дерева́, -ре́в, -рева́м *n* 1. Baum; хво́йное ~ Nadelbaum; ли́ственное ~ Laubbaum; плодо́вое ~ Obstbaum 2. Holz; чёрное ~ Ebenholz; кра́сное ~ Mahagoni; поде́лочное ~ Nutzholz; ◇ родосло́вное ~ Stammbaum; за -ьями [из-за -ьев] ле́са не ви́деть den Wald vor (lauter) Bäumen nicht sehen

деревообде́лочный, -ая, -ое Holzbearbeitungs-

деревообраба́тывающий, -ая, -ее holzbearbeitend, holzverarbeitend

дереву́шка, -и, *Pl G* -шек, *D* -шкам *f Dem zu* дере́вня kleines Dorf, Dörfchen

деревяни́стый, -ая, -ое 1. Holz- 2. *Kzf* -и́ст, -а holzig *Apfel*

деревя́нный, -ая, -ое 1. Holz-, aus Holz; ~ дом Holzhaus 2. *übtr* hölzern, steif

деревя́шка, -и, *Pl G* -шек, *D* -шкам *f* 1. Holzklötzchen 2. *umg* Stelzfuß, Holzbein

держа́ва, -ы *f* 1. Macht *Staat*; вели́кая ~ Großmacht 2. *hist* Reichsapfel

де́ржаный, -ая, -ое *umg* gebraucht, abgenutzt

держа́тель, -я *m* 1. Inhaber *von Wertpapieren* 2. Halter; ~ для бума́г Ordner

держа́ть, держу́, де́ржишь; де́ржанный, -ан, -а *uv* 1. halten, festhalten; stützen, tragen; ~ ребёнка за́ руку das Kind an der Hand halten; держи́те во́ра! haltet den Dieb!; ~ ру́ку вы́тянутой die Hand ausgestreckt halten; ~ под аре́стом gefangen halten 2. aufbewahren; ~ в холо́дном ме́сте! kühl aufbewahren! 3. halten, haben *Tiere*; ~ кур Hühner halten 4. Richtung einhalten; держи́ впра́во halte dich rechts 5. gewerblich unterhalten, führen ◇ ~ в ежо́вых рукави́цах streng halten, unter der Fuchtel halten; ~ в рука́х in der Hand [Gewalt] haben; ~ в та́йне geheim halten; ~ контро́ль над че́м-н. etw. kontrollieren; ~ курс на что́-н. auf etw. Kurs halten *a. übtr*; ~ пари́ wetten; ~ путь einen Weg einschlagen; ~ речь eine Rede halten; ~ сло́во sein Wort halten; ~ себя́ (прили́чно) sich (anständig) benehmen; ~ чью-н. сто́рону j-s Partei ergreifen, für j-n Partei nehmen; ~ у́хо востро́ auf der Hut sein; ~ экза́мен sich einer Prüfung unterziehen, eine Prüfung ablegen; ~ язы́к за зуба́ми den Mund halten

держа́ться, держу́сь, де́ржишься *uv* 1. за *A* sich (fest)halten (an), sich klammern (an); ~ за го́лову sich an den Kopf fassen; ~ вме́сте zusammenhalten 2. *1. u. 2. Pers ungebr* на *P* befestigt sein (an), ruhen (auf); hängen, sich halten (an) 3. sich halten; ~ на воде́ sich über Wasser halten 4. sich benehmen, auftreten 5. *G* sich halten (an) *eine bestimmte Richtung*; ~ пра́вой стороны́ sich rechts halten, rechts gehen; ~ в стороне́ sich abseits halten 6. *G* sich halten (an), sich richten (nach); ~ те́мы sich ans Thema halten; ~ взгля́да, что der Meinung [Ansicht] sein, daß 7. sich halten, standhalten, Widerstand leisten; держи́сь! halte aus! ◇ руга́ть тебя́ бу́дут то́лько держи́сь! Zunder wirst du kriegen, aber wie!

дерза́ние, -я *n hoher Stil* Wagemut, Kühnheit

дерза́ть, -а́ю, -а́ешь *uv* 1. *hoher Stil* wagen, wagemutig sein 2. *buchspr* на *A oder mit Inf* wagen, sich erkühnen || дерзну́ть, -ну, -нёшь *zu* 2

дерзи́ть, *1. Pers ungebr*, -зи́шь *uv umg* Frechheiten [Grobheiten] sagen

де́рзкий, -ая, -ое; *Kzf* -зок, -зка́!; *Komp* де́рзче *selten* 1. frech, unverschämt 2. verwegen, tollkühn

дерзнове́нный, -ая, -ое; *Kzf* -ве́н(ен), -ве́нна verwegen, kühn

дерзну́ть *v zu* дерза́ть

де́рзость, -и *f* 1. Unverschämtheit, Frechheit, Grobheit 2. Verwegenheit, Tollkühnheit

де́рзче *Komp von* де́рзкий

дермати́н, -а *m* Dermatin, Kunstleder

дерматóлог [дэ], -а *m* Dermatologe, Hautarzt
дёрн, -а *m* Rasen
дернóвый, -ая, -ое Rasen-
дёрнуть, -ну, -нешь *v* **1.** *mom zu* дёргать **2.** sich plötzlich in Bewegung setzen, sich ruckweise bewegen; лóшади дёрнули die Pferde zogen plötzlich an **3.** *volksspr* sich auf den Weg machen, aufbrechen ◇ дёрнуло [чёрт дёрнул, нелёгкая дёрнула] меня́ э́то сдéлать der Teufel hat mich geritten, das zu tun
дёрнуться, -нусь, -нешься *v* **1.** *mom zu* дёргаться **2.** sich ruckweise [plötzlich] bewegen; anfahren
дерý ↑ драть
десáнт, -а *m* **1.** *mil* Landung **2.** Landetruppen; *naut* Landungstruppen; воздýшный ~ Luftlandetruppen
десáнтный, -ая, -ое *mil* Landungs-
десéрт, -а *m* Dessert, Nachtisch
десéртный, -ая, -ое Dessert-; -ое винó Dessert-, Süßwein
дéскать *Schaltwort zur Wiedergabe einer fremden Rede umg* man [er, sie] sagt, es heißt; мне говоря́т ты, ~, сам виновáт man sagt, ich sei selbst schuld
деснá, -ы́, *Pl* дёсны, -сен, -снам *f* Zahnfleisch
Деснá, -ы́ *f* Desna *Fluß*
десни́ца, -ы, *I* -ей *f alt, poet* rechte Hand
дéспот, -а *m* Despot
десть, -и, *Pl* дéсти, дестéй, деся́м *f* Buch *Papiermaß*
дéсятеро, -ы́х *kollektives Num selten* **1.** zehn *bei männlichen Subst, die Personen bezeichnen u. bei Pluraliatantum*; ~ прия́телей zehn Freunde **2.** zehn Paar
десяти|бóрье, -ья *n Sport* Zehnkampf; **~днéвка,** -и *f umg* Dekade; **~днéвный,** -ая, -ое zehntägig; **~клáссник,** -а *m* Schüler der zehnten Klasse; **~клáссница,** -ы, *I* -ей *f* Schülerin der zehnten Klasse; **~крáтный,** -ая, -ое zehnfach; **~лéтие,** -я *n* **1.** Jahrzehnt **2.** zehnter Jahrestag, Zehnjahresfeier; zehnjähriges Jubiläum; **~лéтка,** -и, *Pl G* -ток, *D* -ткам *f* Zehnklassenschule, Zehnjahresschule; **~лéтний,** -яя, -ее **1.** zehnjährig *Dauer oder Alter* **2.** zehnter; -лéтняя годовщи́на zehnter Jahrestag; **~мéсячный,** -ая, -ое **1.** zehnmonatig *Dauer oder Alter* **2.** zehnmonatlich
десяти́на, -ы *f* **1.** *alt* Deßjatine *Flächenmaß von 1,09 Hektar* **2.** *hist* Zehnt(e)
десяти|рублёвка, -и, *Pl G* -вок, *D* -вкам *f umg* Zehnrubelschein; **~ты́сячный,** -ая, -ое zehntausendster; **~угóльник,** -а *m* Zehneck; **~угóльный,** -ая, -ое zehneckig
десяти́чный, -ая, -ое dezimal, Dezimal-; -ая дробь Dezimalbruch
десятиэтáжный, -ая, -ое zehngeschossig; neunstöckig
деся́тка, -и, *Pl G* -ток, *D* -ткам *f* **1.** Zehn *Ziffer*; *volksspr Straßenbahn, Omnibus der Linie 10*; *umg* Gruppe von zehn Personen oder Gegenständen **2.** Zehn *Spielkarte* **3.** *umg* Zehnrubelschein **4.** Zehner *Boot*
деся́тник, -а *m* Polier, Vorarbeiter
деся́ток, -тка *m* **1.** zehn Stück; ~ яи́ц zehn Eier **2.** Jahrzehnt *bei Altersangaben*; емý пошёл седьмóй ~ er ist über siebzig **3.** *Pl math* Zehner; viele, Dutzende; -тками zu Dutzenden ◇ он не рóбкого -тка *umg* er ist keiner von den Schüchternen
деся́тый, -ая, -ое **1.** *Num* zehnter; -ого числá am Zehnten (des Monats); -ое ию́ня der zehnte Juni; ~ час es geht auf zehn; в -ом часý nach neun, zwischen neun und zehn; -ая часть Zehntel **2.** -ая, -ой *Subst f* Zehntel ◇ из пя́того в -ое *oder* с пя́того на -ое vom Hundertsten ins Tausendste
дéсять, -и́, *I* -ью *Num* zehn
дéсятью *Adv* zehn mal, mit zehn malgenommen; ~ пять zehn mal fünf
дет- (дéтский) Kinder-
детализи́ровать, -рую, -руешь; -рованный, -рован, -а *v, uv* detaillieren, bis ins einzelne ausarbeiten
детализовáть, -зýю, -зýешь; -зóванный, -зóван, -а *v, uv* detaillieren, bis ins einzelne ausarbeiten
детáль, -и *f* **1.** Detail, Einzelheit; со всéми -ями in allen Einzelheiten **2.** *tech* Einzelteil; -и маши́н Maschinenteile **3.** Werkstück
детáльный, -ая, -ое; *Kzf* -лен, -льна detailliert, ausführlich
детворá, -ы́ *f Koll umg* kleine Kinder, Kinderschar
Детги́з (Госудáрственное издáтельство дéтской литератýры) Staatsverlag für Kinderliteratur
детдóм, -а *m* Kinderheim
детекти́в [дэтэ], -а *m* **1.** Detektiv **2.** *umg* Kriminalroman; Kriminalfilm

детекти́вный [дэтэ], -ая, -ое Detektiv-

дете́кторный [дэтэ], -ая, -ое Detektor-

детёныш, -а, *I* -ем, *G Pl* -ей Tierjunges

де́ти *Pl* дете́й, де́тям, детьми́, о де́тях, *Sg* дитя́ *u.* ребёнок Kinder; у меня́ дво́е [тро́е, че́тверо, пя́теро] дете́й ich habe zwei [drei, vier, fünf] Kinder

дети́на, -ы *m volksspr* stämmiger Bursche

де́тишки, -шек, -шкам *Pl Dem zu* де́ти *volksspr* Kinder

де́тище, -а, *I* -ем, *G Pl* де́тищ *n* **1.** *alt* Kind **2.** *übtr* geistiges Kind; eigenes Werk; люби́мое ~ Lieblingswerk; мертворождённое ~ *übtr* totgeborenes Kind

де́тка, -и *f umg* (liebes) Kind

детона́тор, -а *m* Detonator, Zündpatrone

детона́ция, -и *f* Detonation

детоуби́йство, -а *n* Kindesmord

де́тская, -ой *Subst f* Kinderzimmer

де́тский, -ая, -ое **1.** Kinder-; ~ сад Kindergarten; Kindertagesstätte; ~ие я́сли Kinderkrippe; ~ дом Kinderheim; -ая боле́знь Kinderkrankheit *a. übtr*; -ая игра́ Kinderspiel *a. übtr*; -ая площа́дка Kinderspielplatz **2.** kindlich, naiv; ~ по́черк kindliche Handschrift ◇ -ое ме́сто *anat* Plazenta, Mutterkuchen

де́тство, -а *n* Kindheit; с -а von klein auf, von Kind auf ◇ впасть в ~ (im Alter) kindisch werden

де́тушки, -шек, -шкам *Pl volksspr zärtl* Kind(er)chen

деть* *v umg* **1.** hintun, hinlegen, (wohin) stecken, verlegen **2.** unterbringen; vertun, verbrauchen, ausgeben ‖ *uv* дева́ть, -а́ю, -а́ешь, *nur Inf u. Präs*

де́ться* *v umg* **1.** (hin)geraten, hinkommen; verlorengehen, verschwinden; sich verstecken; куда́ он де́лся? wo ist er hingeraten?, wo steckt er?; он не зна́ет, куда́ ему́ ~ er weiß nicht, wo er hingehört; ему́ не́куда ~ от стыда́ er weiß nicht, wohin er sich vor Scham verkriechen soll **2.** Unterkunft [Unterschlupf] finden ‖ *uv* дева́ться, -а́юсь, -а́ешься, *nur Inf u. Präs*; не зна́ю, куда́ де́ньги дева́ются ich weiß nicht, wo das Geld bleibt; куда́ мне дева́ться? wo soll ich bleiben?, wo soll ich hin?

дефе́кт [дэ], -а *m* Defekt, Mangel; Schaden

дефекти́вный [дэ], -ая, -ое; *Kzf* -вен, -вна abnorm, geschädigt, mißgebildet; krankhaft, nicht normal

дефе́ктный [дэ], -ая, -ое; *Kzf* -тен, -тна defekt, fehlerhaft, beschädigt

дефили́ровать [дэ], -рую, -руешь *uv* defilieren, (parademäßig *oder* feierlich) vorüberziehen

дефи́с, -а *m* Bindestrich; Silbentrennungsstrich

дефици́т, -а *m* **1.** Defizit, Fehlbetrag; Verlust **2.** Mangel

дефици́тный, -ая, -ое; *Kzf* -тен, -тна **1.** mit Verlust arbeitend **2.** Mangel-; ~ това́р Mangelware

деформи́ровать [дэ], -рую, -руешь; -рованный, -рован, -а *v, uv* deformieren

декха́нин, -а, *Pl* -а́не, -а́н, -а́нам *m* Bauer *in Usbekistan u. Tadshikistan*

децентрализова́ть [дэ], -зу́ю, -зу́ешь; -зо́ванный, -зо́ван, -а *v, uv* dezentralisieren

дешёвенький, -ая, -ое *verächtl* recht billig

дешеве́ть, *1. u. 2. Pers ungebr*, -е́ет *uv* billiger werden

дешеви́зна, -ы *f* Billigkeit, niedriger Preis

дешёвка, -и *f umg* **1.** niedriger Preis; прода́ть по -е billig verkaufen **2.** *verächtl* wertloses Zeug

деше́вле ↑ дешёвый

дёшево *Adv* billig; ~ отде́латься billig davonkommen

дешёвый, -ая, -ое; *Kzf* дёшев, дешева́, дёшево; *Komp* деше́вле **1.** billig; -ые це́ны niedrige Preise; деше́вле всего́ am billigsten **2.** *übtr* leicht, billig; wertlos

дешифри́ровать [дэ], -рую, -руешь; -рованный, -рован, -а *v, uv* dechiffrieren, entziffern

дешифро́вка [дэ], -и *f* Dechiffrierung, Entzifferung

дея́ние, -я *n hoher Stil* Handlung, Tat

де́ятель, -я *m* auf einem Gebiet des öffentlichen Lebens Tätiger; госуда́рственный ~ Staatsmann, Staatsfunktionär; полити́ческий ~ Politiker; нау́чный ~ Wissenschaftler; профсою́зный ~ Gewerkschaftsfunktionär; заслу́женный ~ иску́сств verdienter Künstler; ~ культу́ры Kulturschaffender, -funk-

tionär; онá — общéственный ~ sie steht im gesellschaftlichen Leben
дéятельность, -и *f* Tätigkeit; развúть бýрную ~ eine rege Tätigkeit entfalten
дéятельный, -ая, -ое; *Kzf* -лен, -льна tätig, aktiv; принимáть -ое учáстие aktiv teilnehmen
дéяться, *1. u. 2. Pers ungebr*, дéется; *Prät nur* дéялось *uv volksspr u. gbt* geschehen, vor sich gehen
джаз, -а *m* 1. *mus* Jazz 2. Jazzorchester, Jazzkapelle
джаз-бáнд, джаз-бáнда *m* Jazzkapelle, Jazzband
джáзовый, -ая, -ое Jazz-
Джакáрта, -ы *f* Djakarta
джéмпер, -а *m* Jumper, ärmelloser Pullover; Westover
джигúт, -а *m* Kunstreiter; verwegener Reiter
джигитóвка, -и *f* Reiterkunststücke
джýнгли, -ей *Pl* Dschungel
джут, -а *m* Jute
джýтовый, -ая, -ое Jute-
дзот, -а *m* (дéрево-землянáя огневáя тóчка) Erdbunker, Feldbefestigung
диабéт, -а *m med* Diabetes, Zuckerkrankheit
диабéтик, -а *m umg* Diabetiker, Zuckerkranker
диáгноз, -а *m* Diagnose
диагонáль, -и *f* Diagonale; идтú по -и quer über etw. hinweggehen; читáть по -и *umg* oberflächlich lesen
диагонáльный, -ая, -ое; *Kzf* -лен, -льна diagonal
диагрáмма, -ы *f* Diagramm
диакритúческий, -ая, -ое diakritisch
диалéкт, -а *m* Dialekt, Mundart
диалектúзм, -а *m* mundartlicher Ausdruck
диалéктик, -а *m* Dialektiker
диалéктика, -и *f* Dialektik
диалектúческий, -ая, -ое dialektisch
диалектúчный, -ая, -ое; *Kzf* -чен, -чна dialektisch
диалéктный, -ая, -ое mundartlich, Dialekt-
диалóг, -а *m* Dialog
диамáт, -а *m umg* (диалектúческий материалúзм) dialektischer Materialismus *als Studienfach*
диáметр, -а *m* Durchmesser
диаметрáльный, -ая, -ое diametral
диапазóн, -а *m* 1. *mus* Stimmumfang 2. *G* Bereich, Umfang; ~ волн Wellenbereich
диапозитúв, -а *m phot* Dia(positiv)
диаскóп, -а *m* Bildwerfer für Dias
диафрáгма, -ы *f* 1. Zwerchfell 2. *phot* Blende; автоматúческая ~ Springblende
дивáн, -а *m* Diwan, Sofa; ~-кровáть Bettcouch
диверсиóнный, -ая, -ое Diversions-, Sabotage-; ~ акт Sabotageakt
дивéрсия, -и *f* 1. *mil* Ablenkungsmanöver 2. Diversion, Sabotage
дивидéнд, -а *m* Dividende
дивизиóн, -а *m mil* Abteilung; Flottille
дивúзия, -и *f mil* Division; стрелкóвая ~ Schützendivision; пехóтная ~ Infanteriedivision
дивúть, -влю́, -вúшь *uv umg* in Erstaunen setzen
дивúться, -влю́сь, -вúшься *uv D umg* sich wundern (über), staunen (über)
дúвный, -ая, -ое; *Kzf* -вен, -вна 1. wunderlich, erstaunlich 2. wunderbar, wundervoll, herrlich
дúво, -а *n* Wunder ◇ что за ~ a) das ist wunderbar, seltsam; b) das ist nicht verwunderlich; на ~ wundervoll, ausgezeichnet; -у дáться sich wundern
дидактúческий, -ая, -ое 1. didaktisch 2. *buchspr* belehrend, schulmeisterlich
диéз [иэ], -а *m mus* Kreuz, Erhöhungszeichen; фа ~ fis
диéта [иэ], -ы *f* Diät, Schonkost
диетúческий [иэ], -ая, -ое Diät-; ~ магазúн Diätkostgeschäft
дúзель, -я *m* Dieselmotor
дúзельный, -ая, -ое Diesel-
дизентерúя, -и *f med* Ruhr
дикáрка, -и, *Pl G* -рок, *D* -ркам *f* 1. Wilde *Frau* 2. *übtr umg* menschenscheue Frau
дикáрь, -я́ *m* 1. Wilder 2. *übtr umg* Menschenscheuer
дúкий, -ая, -ое; *Kzf* дик, -á! 1. wild; -ая ýтка Wildente; -ая мéстность Wildnis; -ие племенá wilde Volksstämme 2. roh, ungezügelt; -ие нрáвы rohe Sitten 3. seltsam, unsinnig, absurd; -ая идéя Schnapsidee 4. menschenscheu, schüchtern; ◇ -ое мя́со *umg* wildes Fleisch; ~ ýжас *umg* schrecklich; ~ востóрг *umg* helle Begeisterung
дикобрáз, -а *m* Stachelschwein
дикóвина -ы *f umg* Seltenheit, Wunderding; э́то не ~ das ist nichts Verwunderliches; в -у erstaunlich
дикóвинка, -и, *Pl G* -нок, *D* -нкам *f Dem* дикóвина *umg* Seltsamkeit,

Wunderding; в -у erstaunlich, verwunderlich
дико́винный, -ая, -ое; *Kzf m ungebr*, -инна *umg* sonderbar, wunderlich
дикорасту́щий, -ая, -ее wildwachsend
ди́кость, -и *f* 1. Wildheit 2. Menschenscheu 3. Unsinn
дикта́нт, -а *m* Diktat *in der Schule*
дикта́т, -а *m pol* Diktat
дикта́торский, -ая, -ое diktatorisch
диктату́ра, -ы *f* Diktatur; ~ пролетариа́та Diktatur des Proletariats
диктова́ть, -ту́ю, -ту́ешь *uv* 1. diktieren *a. pol*; ~ усло́вия ми́ра die Friedensbedingungen diktieren 2. *1. u. 2. Pers ungebr* eingeben, befehlen
дикто́вка, -и, *Pl G* -вок, *D* -вкам *f* 1. Diktat; писа́ть под -у nach Diktat schreiben; под -у auf Befehl 2. *umg* Diktat *in der Schule*
ди́ктор, -а *m rad* Sprecher, Ansager
диктофо́н, -а *m* (Band-) Diktiergerät
ди́кция, -и *f* Sprechweise, Aussprache
дилета́нт, -а *m* Dilettant, Laie
дилижа́нс, -а *m hist* Postkutsche
Ди́ма, -ы *m Dem zu* Дими́трий
Дими́трий, -я, *P* -и *männl Vn*
ди́на, -ы *f* dyn *Krafteinheit im absoluten Maßsystem*
дина́мика, -и *f phys u. übtr* Dynamik
динами́т, -а *m* Dynamit
динами́ческий, -ая, -ое *phys u. übtr* dynamisch
динами́чный, -ая, -ое; *Kzf* -чен, -чна dynamisch, voller Bewegung
дина́мо *n idkl* Dynamo
дина́мо-маши́на, -ы *f* Dynamo(maschine)
дина́р, -а *m* Dinar *jugoslawische Währungseinheit*
дина́стия, -и *f* Dynastie
динь-ди́нь *Interj* klingling
дипло́м, -а *m* Diplom
диплома́нт, -а *m* Diplomand
диплома́т, -а *m* Diplomat *a. übtr*
дипломати́ческий, -ая, -ое 1. diplomatisch; -им путём auf diplomatischem Wege 2. gewandt
дипломати́чный, -ая, -ое; *Kzf* -чен, -чна gewandt, diplomatisch
диплома́тия, -и *f* Diplomatie *a. übtr*
диплома́тка, -и, *Pl G* -ток, *D* -ткам *f* diplomatische [klug berechnende] Frau
дипломи́ровать, -рую, -руешь; -рованный, -рован, -а *v, uv buchspr* mit einem Diplom auszeichnen; дипломи́рованный инжене́р Diplomingenieur
дипло́мник, -а *m* Diplomand
дипло́мный, -ая, -ое Diplom-
дир. (дире́ктор) Direktor
директи́ва, -ы *f* Direktive, Richtlinie
директи́вный, -ая, -ое; *Kzf* -вен, -вна richtungweisend, -gebend
дире́ктор, -а, *Pl* директора́, -о́в, -а́м *m* Direktor(in)
дире́кторский, -ая, -ое Direktor(en)-; -ие обя́занности Pflichten eines Direktors
дире́кторствовать, -твую, -твуешь *uv umg* (als) Direktor (tätig) sein
дире́кция, -и *f* Direktion
дирижа́бль, -я *m* Luftschiff, Zeppelin; жёсткий ~ starres Luftschiff
дирижёр, -а *m* Dirigent
дирижёрский, -ая, -ое Dirigenten-; -ая па́лочка Taktstock
дирижи́ровать, -рую, -руешь *uv* I *mus* dirigieren
дисгармо́ния, -и *f* Disharmonie *mus. übtr*
диск, -а *m* 1. *Sport* Diskus; мета́ние -а Diskuswerfen 2. Scheibe; ~ номеронабира́теля Wählscheibe *Telefon*
ди́скант, -а *m mus* Diskant
дискобо́л, -а *m* Diskuswerfer
ди́сковый, -ая, -ое 1. Diskus- 2. Scheiben-; ~ плуг Scheibenpflug
дискредити́ровать, -рую, -руешь; -рованный, -рован, -а *v, uv* in Mißkredit [in üblen Ruf] bringen
дискримина́ция, -и *f* Diskriminierung; ра́совая ~ Rassendiskriminierung
дискримини́ровать, -рую, -руешь *v, uv* diskriminieren, in den Rechten beschränken
дискуссио́нный, -ая, -ое Diskussions-; umstritten; ~ вопро́с Streitfrage; в -ом поря́дке in einer Diskussion
дискусси́ровать, -рую, -руешь *uv A oder* о *P buchspr* diskutieren
дискуссия, -и *f* Diskussion; печа́тается в поря́дке -и als Diskussionsbeitrag gedruckt
дискути́ровать, -рую, -руешь *uv A oder* о *P* diskutieren
диспансе́р [сэ], -а *m med* Gesundheitsfürsorgestelle; туберкулёзный ~ Tbc-Fürsorge(stelle)
диспе́тчер, -а *m* Dispatcher; Fahrdienstleiter
диспе́тчерская, -ой *Subst f* Dispatcherstelle, -zimmer
диспе́тчерский, -ая, -ое Dispatcher-; -ая устано́вка Dispatcheranlage
ди́спут, -а *m* 1. Disput, Streitgespräch 2. *alt* Verteidigung einer Dissertation

диспути́ровать, -рую, -руешь *uv* disputieren

диссерта́нт, -а *m* Verteidiger einer Dissertation

диссерта́ция, -и *f* Dissertation; канди́датская ~ Doktordissertation; до́кторская ~ Habilitationsarbeit, -schrift; защи́та -и Verteidigung der Dissertation; защити́ть кандида́тскую -ю promovieren

дистанцио́нный, -ая, -ое Distanz-; -ое управле́ние Fernsteuerung, -bedienung; -ая тру́бка *mil* Zeitzünder

диста́нция, -и *f* **1.** Distanz, Entfernung **2.** Strecke; бегу́н на сре́днюю -ю Mittelstreckenläufer

дистилли́ровать, -рую, -руешь; -рованный, -рован, -а *v, uv* destillieren

дистилля́ция, -и *f* Destillation

[1]**дисципли́на,** -ы *f* Disziplin, Zucht; Ordnung; соблюда́ть -у Disziplin halten; трудова́я ~ Arbeitsdisziplin, -moral; шко́льная ~ Schuldisziplin

[2]**дисципли́на,** -ы *f* Disziplin, wissenschaftliche Fachrichtung

дисциплина́рный, -ая, -ое disziplinarisch; -ое взыска́ние Disziplinarstrafe ◇ ~ батальо́н *alt* Strafbataillon

дисциплини́рованность, -и *f* Diszipliniertheit

дисциплини́рованный, -ая, -ое; *Kzf* -ан, -анна diszipliniert

дитя́, *G, D* дитя́ти, *I* дитя́тею, *P* о дитя́ти *n*; *Pl* ↑ де́ти **1.** *alt* (kleines) Kind **2.** *übtr mit G* Kind; ~ своего́ ве́ка ein Kind seiner Zeit ◇ ~ приро́ды Naturkind

ди́тятко, -а, *Pl G* -ток, *D* -ткам *n volksspr Anrede zärtl* liebes Kind

дифира́мб, -а *m* **1.** *hist* Dithyrambe **2.** übertriebenes Lob; петь кому́-н. -ы ein Loblied auf j-n anstimmen

дифтери́т, -а *m umg* Diphtherie

дифтери́я, -и *f* Diphtherie

диффама́ция, -и *f jur* Diffamierung

дифференциа́л, -а *m* **1.** *math* Differential **2.** *tech* Differential, Ausgleichsgetriebe

дифференциа́льный, -ая, -ое **1.** *math* Differential-; -ое исчисле́ние Differentialrechnung **2.** differenziert; ~ тари́ф differenzierter Tarif

дифференциа́ция, -и *f* Differenzierung, Trennung, Scheidung

дифференци́ровать, -рую, -руешь; -рованный, -рован, -а *v, uv* differenzieren *a. math*

диффу́зный, -ая, -ое diffus, zerstreut

despite

дича́ть, -а́ю, -а́ешь *uv* **1.** verwildern **2.** schüchtern [menschenscheu] werden

дичи́ться, -чу́сь, -чи́шься *uv umg* **1.** *G* sich scheuen (vor) **2.** befangen [schüchtern, menschenscheu] sein

дичо́к, -чка́ *m bot* **1.** Wildling; я́блоня-~ wilder Apfelbaum **2.** *umg* scheues [schüchternes] Kind

дичь, -и *f* **1.** *Koll* Wild; Wildbret **2.** *umg* Unsinn; поро́ть ~ Unsinn reden **3.** *umg P* в дичи́ Wildnis, abgelegener Ort

диэле́ктрик, -а *m el* Nichtleiter

длина́, -ы́, *Pl tech, math* дли́ны, длин, дли́нам *f* Länge; -о́й (в) два ме́тра *oder* два ме́тра в -у́ zwei Meter lang; ме́ра -ы́ Längenmaß; в -у́ *oder* во всю -у́ der (ganzen) Länge nach

длинно|воло́сый, -ая, -ое; *Kzf* -о́с, -а langhaarig; **~но́гий,** -ая, -ое; *Kzf* -о́г, -а langbeinig; **~ру́кий,** -ая, -ое; *Kzf* -у́к, -а langarmig

длинно́ты, -о́т, -о́там *Pl* Längen, langatmige Stellen *im Roman u. a.*

длиннофо́кусный, -ая, -ое *phot* langbrennweitig

дли́нный, -ая, -ое; *Kzf* -и́нен, -инна́! lang *räumlich u. zeitlich* ◇ у неё ~ язы́к sie redet zu viel; ~ рубль *volksspr* leicht erworbener hoher Verdienst

дли́тельность, -и *f* (lange) Dauer

дли́тельный, -ая, -ое; *Kzf* -лен, -льна lange dauernd, langwierig; на ~ перио́д auf lange Sicht

длить, длю, длишь *uv* (ver)zögern, hinziehen, in die Länge ziehen

дли́ться, *1. u. 2. Pers ungebr*, дли́тся *uv* dauern, sich hinziehen

для *Präpos mit G* **1.** für; zu *Zweck, Empfänger*; ~ по́льзы де́ла zum Nutzen der Sache; ~ того́, что́бы узна́ть всю пра́вду um die volle Wahrheit zu erfahren; ~ чего́? wozu?; ~ поря́дка ordnungshalber; ~ прили́чия anstandshalber **2.** *im Deutschen oft zusammengesetzte Substantive*: я́щик ~ пи́сем Briefkasten; щипцы́ ~ оре́хов Nußknacker; альбо́м ~ почто́вых ма́рок Briefmarkenalbum; жи́дкость ~ воло́с Haarwasser; мы́ло ~ бритья́ Rasierseife; корзи́на ~ бума́г Papierkorb; но́жницы ~ ногте́й Nagelschere; купе́ ~ куря́щих Raucherabteil; конце́рт ~ скри́пки Violinkonzert; переда́ча ~ шко́льников Schulfunk **3.** für, im Verhältnis zu; ~ своего́ вре́мени э́то бы́ло боль-

ши́м достиже́нием für die damalige Zeit war das eine große Errungenschaft ◇ не́ ~ чего́ es ist unnötig
Дми́трий, -я, *P* -и *m männl Vn*
днева́лить, -лю, -лишь *uv mil umg* (Stuben-) Dienst haben
днева́льный, -ого *Subst m* Gehilfe des UvD, Soldat, der Stubendienst hat
днева́ть, днюю, днюешь *uv* den Tag zubringen, einen Tag Rast haben; ~ и ночева́ть у кого́-н. bei j-m den ganzen Tag sitzen [hocken]
днёвка, -и, *Pl G* -вок, *D* -вкам *f* Rasttag
дневни́к, -á *m* Tagebuch; Schülertagebuch; Aufgabenheft
дневно́й, -áя, -óе **1.** Tages-, täglich; ~ свет Tageslicht; ~ за́работок Tagesverdienst; -óе кино́ Freilichtkino **2.** Nachmittags-
днём *Adv* am Tage, tagsüber
Днепр, -á *m* Dnepr
днепро́вский, -ая, -ое Dnepr-; -ие поро́ги Dnepr-Stromschnellen
Днепрогэ́с, -а *m* (Днепро́вская гидроэлектроста́нция) Dnepr-Wasserkraftwerk
Днестр, -á *m* Dnestr *Fluß*
дни́ще, -а, *I* -ем *n* Boden *Faß, Boot*
дно, дна *n* **1.** *nur Sg* Boden, Grund *von Gewässern*; морско́е ~ Meeresgrund; идти́ ко дну versinken, untergehen; *übtr* zugrunde gehen; пуска́ть ко дну versenken **2.** *Pl* до́нья, -ьев, -ьям Boden *eines Gefäßes*; вы́пить до дна das Glas bis auf den Grund leeren; переверну́ть вверх дном das Unterste zuoberst kehren; вверх дном drunter und drüber; золото́е ~ *übtr* Goldgrube
до *Präpos mit G* **1.** bis (zu), bis nach; до реки́ bis zum Fluß; до за́втра bis morgen; с девяти́ до десяти́ (часо́в) von neun bis zehn (Uhr); до каки́х пор? bis wann?; до того́, как . . . bevor . . ., ehe . . .; до тех пор, как solange **2.** vor *zeitlich*; до револю́ции vor der Revolution; до на́шей э́ры vor unserer Zeitrechnung; за́ день до отъе́зда einen Tag vor der Abreise **3.** bis zu, gegen, ungefähr; бы́ло до десяти́ гра́дусов моро́за es waren gegen zehn Grad Kälte; си́лой до ро́ты etwa in Kompaniestärke **4.** auf *Erhöhung od. Senkung*; сни́зить брак до трёх проце́нтов die Ausschußquote auf drei Prozent senken ◇ у меня́ де́ло до тебя́ *gbt* ich habe ein Anliegen an dich, ich habe mit dir eine Angelegenheit zu besprechen; что до меня́ was mich betrifft; мне де́ла нет до э́того das geht mich nichts an, ich habe nichts damit zu tun; ему́ не до сме́ху er hat nichts zu lachen; мне не до шу́ток [разгово́ров] ich bin nicht zu Scherzen [Gesprächen] aufgelegt; до чего́ жа́рко! es ist aber heiß!
доб. (доба́вочный) zusätzlich; (Haus-) Apparat *Telefon*
доба́вить, -влю, -вишь; -вленный, -влен, -а *v A oder G* hinzufügen, ergänzen; ~ не́чего es ist nichts hinzuzufügen ‖ *uv* добавля́ть, -я́ю, -я́ешь
доба́вка, -и *f umg* Zusatz, Zugabe
добавле́ние, -я *n* Zusatz, Ergänzung; в ~ к ска́занному in Ergänzung zu dem Gesagten
добавля́ть *uv zu* доба́вить
доба́вочный, -ая, -ое ergänzend, zusätzlich; ~ паёк Zusatzration; ~ за́работок Nebenverdienst; ~ аппара́т Nebenstelle, (Haus-) Apparat *Telefon*
добега́ть *uv zu* добежа́ть
добе́гаться, -аюсь, -аешься *v umg*: ~ до уста́лости sich müde laufen
до|бежа́ть* *v* laufen bis; ~ до до́ма bis nach Hause laufen [rennen] ‖ *uv* добега́ть, -а́ю, -а́ешь
добела́ *u.* **до́бела** *Adv* **1.** bis es weiß ist; отмы́ть бельё ~ Wäsche waschen, bis sie weiß ist **2.** раскали́ть желе́зо ~ Eisen bis zur Weißglut erhitzen
добива́ть(ся) *uv zu* доби́ть(ся)
добира́ть(ся) *uv zu* добра́ть(ся)
до|би́ть* *v A* **1.** den Todesstoß [Gnadenstoß] geben **2.** *Angeschlagenes* völlig zerschlagen ‖ *uv* добива́ть, -а́ю, -а́ешь
до|би́ться* *v G* erringen, erreichen; ~ своего́ seinen Willen durchsetzen; ~ отве́та от кого́-н. j-m eine Antwort abzwingen ‖ *uv* добива́ться, -а́юсь, -а́ешься streben (nach), zu erreichen versuchen
до́блестный, -ая, -ое; *Kzf* **-тен, -тна** *hoher Stil* tapfer, Heldenmut
до́блесть, -и *f hoher Stil* Tapferkeit, Heldenmut
до|бра́ть* *v* **1.** *A oder G* noch dazunehmen; на́до ~ де́нег, нехвата́ет ich muß noch Geld dazunehmen, es reicht nicht **2.** *typ* bis zu Ende setzen ‖ *uv* добира́ть, -а́ю, -а́ешь
до|бра́ться*; добрали́сь *v* до *G* mit Mühe erreichen [erlangen], gelangen

(bis) ◇ до него́ не доберёшься *umg* bei ihm ist nicht anzukommen; я до тебя́ доберу́сь! *umg* ich werde dich schon noch an den Hammelbeinen kriegen! ‖ добира́ться, -а́юсь, -а́ешься

добре́йший *Sup von* до́брый

¹добре́ть, -е́ю, -е́ешь *uv* gutmütiger werden, besser werden

²добре́ть, -е́ю, -е́ешь *uv umg* zunehmen, dick werden

¹добро́, -а́ *n* **1.** Gutes; Wohltat; сде́лать мно́го -а́ viel Gutes tun; жела́ть кому́-н. -а́ j-m alles Gute wünschen; э́то не к -у́ das führt zu nichts Gutem; за ~ -о́м и пла́тят Gutes wird mit Gutem vergolten **2.** (Hab und) Gut; чужо́е ~ fremdes Eigentum ◇ помина́ть -о́м *umg* in gutem Andenken behalten; убира́йся по -у́ по здоро́ву hau ab, bevor etwas passiert

²добро *Adv* **1.** *unpers, prädikativ, umg* gut, einverstanden; ~, сде́лаем так! gut, machen wir es so! **2.** *Konj mit Part* бы, *umg* wenn . . . wenigstens; ~ бы сам сде́лал wenn er es (doch) wenigstens selbst getan hätte ◇ ~ пожа́ловать! herzlich willkommen!

добро|во́лец, -льца, *I* -льцем, *G Pl* -льцев *m* Freiwilliger; записа́ться в ~во́льцы sich als Freiwilliger melden; **~во́льность,** -и *f* Freiwilligkeit; **~во́льный,** -ая, -ое; *Kzf* -лен, -льна freiwillig; **~во́льческий,** -ая, -ое Freiwilligen-; **~де́тель,** -и *f* Tugend; **~де́тельный,** -ая, -ое; *Kzf* -лен, -льна tugendhaft; **~ду́шие,** -я *n* Gutmütigkeit; **~ду́шный,** -ая, -ое; *Kzf* -шен, -шна gutmütig; **~жела́тель,** -я *m* Gönner; **~жела́тельный,** -ая, -ое; *Kzf* -лен, -льна wohlwollend; **~жела́тельство,** -а *n* Wohlwollen, Gunst; **~ка́чественность,** -и *f* **1.** gute Qualität **2.** *med* Gutartigkeit; **~ка́чественный,** -ая, -ое; *Kzf* -ен, -енна **1.** von guter Qualität **2.** *med* gutartig; ~ка́чественная о́пухоль gutartige Geschwulst

добро́м *Adv umg* im Guten, freiwillig

добро|нра́вный, -ая, -ое; *Kzf* -вен, -вна sittsam; **~серде́чный,** -ая, -ое; *Kzf* -чен, -чна gutherzig; **~со́вестность** [сн], -и *f* Gewissenhaftigkeit; **~со́вестный** [сн], -ая, -ое; *Kzf* -тен, -тна gewissenhaft; **~сосе́дский,** -ая, -ое gutnachbarlich

доброта́, -ы́ *f* Güte, Gutmütigkeit; ~ се́рдца Herzensgüte

добро́тность, -и *f* Güte, gute Qualität, Haltbarkeit

добро́тный, -ая, -ое; *Kzf* -тен, -тна von guter Qualität, haltbar, gediegen; ~ дом solide gebautes Haus

до́брый, -ая, -ое; *Kzf* добр, добра́, до́бро, до́бры; добре́йший gut; gutmütig ◇ ~ день! guten Tag!; -ое у́тро! guten Morgen!; он ~ ма́лый er ist ein guter Kerl; в ~ час viel Glück!, Glück auf!; всего́ -ого alles Gute!; бу́дьте добры́ seien Sie so gut; -ых два часа́ gute [volle] zwei Stunden; все лю́ди -ой во́ли alle Menschen guten Willens; по -ой во́ле aus freiem Willen, freiwillig; чего́ -ого (он рассе́рдится) am Ende (wird er noch böse)

добря́к, -а́ *m umg* gutmütiger Mensch

добря́чка, -и, *Pl G* -чек, *D* -чкам *f umg* gutmütige Frau

добуди́ться, -ужу́сь, -у́дишься *v umg* mit Mühe aufwecken

добыва́ть *uv zu* добы́ть

до|бы́ть*; до́был, добыла́!; добы́тый, до́быт, добыта́! *v* **1.** sich verschaffen, auftreiben **2.** fördern, gewinnen *geol* ‖ *uv* добыва́ть, -а́ю, -а́ешь

добы́ча, -и, *I* -ей *f* **1.** Gewinnung, Förderung *von Bodenschätzen*; ~ ка́менного у́гля Steinkohlenförderung **2.** Beute, Fang; пойти́ за -ей auf Beute ausziehen ◇ дом стал -ей огня́ das Haus wurde ein Raub der Flammen

дова́ривать *uv zu* довари́ть

довари́ть, -арю́, -а́ришь; -а́ренный, -а́рен, -а *v* garkochen ‖ *uv* дова́ривать, -аю, -аешь

до|везти́* *v* hinfahren, hinbringen; ‖ *uv* довози́ть, -ожу́, -о́зишь

дове́ренность, -и *f* (schriftliche) Vollmacht; Prokura; ~ на получе́ние де́нег Vollmacht für den Geldempfang; по́лная [о́бщая] ~ Blankovollmacht

дове́ренный, -ая, -ое **1.** bevollmächtigt; -ое лицо́ Vertrauensperson **2.** -ого *Subst m* Bevollmächtigter; Prokurist

дове́рие, -я *n* Vertrauen, Zutrauen; челове́к, не заслу́живающий -я ein unzuverlässiger Mensch; по́льзоваться -ем Vertrauen genießen; внуша́ть ~ Vertrauen erwecken; пита́ть к кому́-н. ~ zu j-m Vertrauen haben; лиши́ть кого́-н. -я j-m das Vertrauen entziehen

довери́тель, -я *m* Vollmachtgeber

довери́тельный, -ая, -ое vertraulich

дове́рить, -рю, -ришь; -ренный, -рен, -а *v* 1. anvertrauen 2. *mit Inf* beauftragen, bevollmächtigen ‖ *uv* доверя́ть, -я́ю, -я́ешь

дове́риться, -рюсь, -ришься *v D* sich anvertrauen, sich verlassen (*D* auf) ‖ *uv* доверя́ться, -я́юсь, -я́ешься

доверну́ть, -ну́, -нёшь; довёрнутый, -ут, -а *v umg* festschrauben ‖ *uv* **довёртывать,** -аю, -аешь

до́верху *Adv* bis oben, bis zum Rand

дове́рчивость, -и *f* Zutraulichkeit; Leichtgläubigkeit

дове́рчивый, -ая, -ое; *Kzf* -ив, -а zutraulich; leichtgläubig

доверша́ть *uv zu* доверши́ть

доверше́ние, -я *n*: в ~ всего́ zu guter Letzt

доверши́ть, -шу́, -ши́шь; -шённый, -шён, -шена́ *v* vollenden ‖ *uv* доверша́ть, -а́ю, -а́ешь

доверя́ть(ся) *uv zu* дове́рить(ся)

дове́сок, -ска *m* Zugabe *bis zur Erreichung des erforderlichen Gewichts*

до|вести́* *v* 1. führen, bringen; ~ кого́-н. до до́му j-n bis nach Hause bringen 2. führen, verlängern 3. *übtr* führen, bringen; ~ де́ло до конца́ eine Sache zu Ende führen; ~ кого́-н. до слёз j-n zum Weinen bringen; ~ до кра́йности bis zum äußersten treiben ◇ ~ до све́дения zur Kenntnis bringen ‖ *uv* доводи́ть, -ожу́, -о́дишь; не доводи́ де́ло до того́, что . . . laß es nicht dahin kommen, daß . . .

до|вести́сь* *v unpers D* sich ergeben, daß . . ., Gelegenheit haben; ей (так и) не довело́сь повида́ться с ним sie hatte keine Gelegenheit, ihn wiederzusehen [sich mit ihm zu treffen] ‖ *uv* доводи́ться, -о́дится

довле́ть, *1. u. 2. Pers ungebr*, -е́ет *uv* 1. *alt D* genügen 2. *volksspr* lasten (auf над *I*)

до́вод, -а *m* Beweis, Argument

доводи́ть *uv zu* довести́

доводи́ться, -ожу́сь, -о́дишься *uv* 1. *uv zu* довести́сь 2. *D* verwandt sein; он доводи́лся ей дя́дей er war ihr Onkel

довое́нный, -ая, -ое Vorkriegs-; ~ у́ровень Vorkriegsstand

довози́ть *uv zu* довезти́

дово́льно *Adv* 1. ziemlich; ~ хорошо́ ziemlich [recht] gut; ~ большо́й ziemlich groß 2. *prädikativ mit G* genug; с меня́ э́того ~ das genügt mir; ~ на сего́дня! genug [das reicht] für heute! 3. *mit Inf* genug, hör(t) auf!; ~ спо́рить hört auf zu streiten! ~ слов! genug der Worte!

дово́льный, -ая, -ое; *Kzf* -лен, -льна *I* zufrieden

дово́льствие, -я *n mil* Verpflegung

дово́льство, -а *n* 1. materieller Wohlstand 2. Zufriedenheit

дово́льствоваться, -ствуюсь, -ствуешься *uv* 1. *mil* Verpflegung und Dienstkleidung bekommen 2. *I* sich begnügen, sich zufrieden geben (mit)

довы́боры, -ов *Pl* Nachwahl

дог, -а *m* Dogge *Hunderasse*

догада́ться, -а́юсь, -а́ешься *v* erraten ‖ *uv* дога́дываться, -аюсь, -аешься *uv* vermuten, zu erraten suchen

дога́дка, -и, *Pl G* -док, *D* -дкам *f* 1. Vermutung; теря́ться в -ах sich in Vermutungen verlieren; стро́ить -и rätseln, Vermutungen anstellen 2. *umg* Findigkeit, Scharfsinn

дога́дливость, -и *f* Findigkeit, Scharfsinn

дога́дливый, -ая, -ое; *Kzf* -ив, -а findig, scharfsinnig

дога́дываться *uv zu* догада́ться

догляде́ть, -яжу́, -яди́шь *v umg* 1. bis zu Ende ansehen 2. за *I*, *meist verneint* aufpassen; не ~ übersehen, nicht bemerken

до́гмат, -а *m* Dogma, Glaubenssatz

догма́тик, -а *m* Dogmatiker

догмати́ческий, -ая, -ое dogmatisch

догмати́чный, -ая, -ое; *Kzf* -чен, -чна dogmatisch

до|гна́ть* *v* einholen *a. übtr* ‖ *uv* догоня́ть, -я́ю, -я́ешь

догова́ривать(ся) *uv zu* договори́ть(ся)

догово́р, -а, *Pl* догово́ры, -ов, -ам *u. umg* **до́говор,** -а, *Pl* договора́, -о́в, -а́м *m* Vertrag; заключи́ть ми́рный ~ einen Friedensvertrag abschließen; ~ о ненападе́нии Nichtangriffspakt: ~ о дру́жбе и взаимопо́мощи Freundschafts- und Beistandspakt; коллекти́вный ~ предприя́тия Betriebskollektivvertrag; страна́, подписа́вшая ~ Signatarmacht

договорённость, -и *f* Vereinbarung, Übereinkunft

договори́ть, -рю́, -ри́шь; -рённый, -рён, -рена́ *v* zu Ende sprechen, ausreden; дай мне ~ laß mich ausreden ‖ *uv* догова́ривать, -аю, -аешь

договори́ться, -рю́сь, -ри́шься *v* 1. о *P* sich einigen, übereinkommen *durch Besprechungen* 2. sich versteigen (до *G* zu) ‖ *uv* догова́риваться, -аюсь, -аешься

договóрный, -ая, -ое vertraglich; на -ых начáлах auf vertraglicher Grundlage

догола́ *Adv*: раздéться ~ sich splitternackt ausziehen

догоня́лки, -лок, -лкам *Pl volksspr* Haschen *Spiel*

догоня́ть *uv zu* догнáть

догорáть *uv zu* догорéть

догорéть, *1. u. 2. Pers ungebr*, -ри́т *v* **1.** ab-, niederbrennen *itr*; костёр догорéл das Lagerfeuer ist niedergebrannt **2.** erlöschen; зáрево догорéло der Feuerschein erlosch || *uv* догорáть, -áет

догребáть *uv zu* догрести́

до|грести́* *v* **1.** zusammenharken **2.** rudern *bis zu einem Ort* || *uv* догребáть, -áю, -áешь

додавáть *uv zu* додáть

до|дáть*; дóдал, -á! *v Fehlendes* dazugeben, hinzufügen; не ~ чегó-н. von etw. zu wenig geben || *uv* до|давáть*

додáча, -и, *I* -ей *f* Zugabe

додéлать, -аю, -аешь; -анный, -ан, -а *v* (völlig) fertigmachen, fertigstellen, zu Ende führen || *uv* **додéлывать,** -аю, -аешь

доду́маться, -аюсь, -аешься *v* до чегó-н. durch (langes) Nachdenken auf einen Gedanken kommen || *uv* **доду́мываться,** -аюсь, -аешься

доедáть *uv zu* доéсть

доезжáть *uv zu* доéхать

доéние, -я *n* Melken

до|éсть* *v* aufessen; das Essen beenden || *uv* доедáть, -áю, -áешь

до|éхать* *v* fahren (до *G* bis); ankommen; ~ до стáнции bis zum Bahnhof fahren || *uv* доезжáть, -áю, -áешь; киломéтра два не доезжáя до гóрода etwa zwei Kilometer vor der Stadt

до|ждáться*; -ждали́сь *v G* erwarten; мы дождали́сь егó прихóда wir warteten, bis er kam; ~ побéды den Sieg noch erleben; онá дождалáсь, наконéц, письмá sie erhielt endlich den langerwarteten Brief ◇ ждём не дождёмся wir können es kaum erwarten || *uv* дожидáться, -áюсь, -áешься

дождевáльный, -ая, -ое Berieselungs-

дождевáние, -я *n* Berieselung, Beregnung; иску́сственное ~ (künstliche) Beregnung

[1]**дождеви́к,** -á *m bot* Bovist

[2]**дождеви́к,** -á *m* Regenmantel

дождевóй, -áя, -óе Regen-; ~ червь Regenwurm

дождемéр, -а *m* Regenmesser, Pluviometer

дóждик, -а *m Dem zu* дождь (leichter) Regen

дожди́нка, -и, *Pl G* -нок, *D* -нкам *f umg* Regentropfen

дожди́ть, -и́т *unpers uv umg* regnen

дождли́вый, -ая, -ое; *Kzf* -ив, -а regnerisch

дождь, -я́ *m* Regen; проливнóй ~ Regenguß; кратковрéменный ~ zeitweise Regenschauer *im Wetterbericht*; ~ идёт es regnet; бу́дет ~ es wird regnen; ~ льёт как из ведрá es gießt in Strömen ◇ ~ искр Funkenregen; ~ упрёков ein Schwall von Vorwürfen

доживáть *uv zu* дожи́ть

дожидáться *uv zu* дождáться

до|жи́ть*; дóжил, -á! *v* **1.** erleben, leben (до *G* bis); ~ до глубóкой стáрости ein hohes Alter erreichen; ~ на дáче до óсени bis zum Herbst in der Sommerfrische leben **2.** *restliche Zeit* verbringen; он дóжил лéто на дáче er verbrachte den Rest des Sommers in der Sommerfrische || *uv* доживáть, -áю, -áешь; доживáть свой век seinen Lebensabend verbringen

дóза, -ы *f* Dosis

дозвáниваться *uv zu* дозвони́ться

до|звáться*; -звали́сь *v* durch wiederholtes Rufen herbeirufen

дозвóленный, -ая, -ое; *Kzf* -лен, -а erlaubt, bewilligt

дозвóлить, -лю, -лишь; -ленный, -лен, -а *v alt, volksspr* gestatten || *uv* **дозволя́ть,** -я́ю, -я́ешь

дозвони́ться, -ню́сь, -ни́шься *v umg* до *G* **1.** (telefonisch) erreichen, Anschluß bekommen **2.** klingeln, bis geöffnet wird || *uv* дозвáниваться, -аюсь, -аешься

дози́ровать, -рую, -руешь; -рованный, -рован, -а *v, uv* dosieren

дозирóвка, -и *f* Dosierung

дознавáться *uv zu* дознáться

дознáние, -я *n jur* Untersuchung

дознáться, -áюсь, -áешься *v umg* ermitteln, in Erfahrung bringen || *uv* до|знавáться* in Erfahrung zu bringen suchen

дозóр, -а *m mil* Streife, Patrouille; Spähtrupp; идти́ -ом patrouillieren

дозóрный, -ая, -ое **1.** Patrouillen-, Wacht-; Späh-; -ое су́дно Wacht-

schiff 2. -ого *Subst m* Patrouillengänger, Späher
дозрева́ть *uv zu* дозре́ть
дозре́лый, -ая, -ое völlig reif
дозре́ть, *1. u. 2. Pers ungebr*, -е́ет *v* ausreifen || *uv* дозрева́ть, -а́ет
доигра́ть, -а́ю, -а́ешь; дои́гранный, -ан, -а *v* zu Ende spielen || *uv* **дои́грывать,** -аю, -аешь
доигра́ться, -а́юсь, -а́ешься *v umg* spielen *bis zum unerfreulichen Ende* ◇ вот и доигра́лся! *umg* da hast du die Bescherung! || *uv* **дои́грываться,** -аюсь, -аешься
до́йльный, -ая, -ое Melk-
до́йльщица, -ы, *I* -ей *f* Melkerin
до|иска́ться* *v umg G* ausfindig machen || *uv* дойскиваться, -аюсь, -аешься
дои́скиваться, -аюсь, -аешься *uv umg* 1. *uv zu* доиска́ться 2. zu entdecken trachten, ausfindig machen
доистори́ческий, -ая, -ое vorgeschichtlich, prähistorisch
дои́ть, дою́, до́ишь; до́енный, до́ен, -а *uv* melken
до́иться, *1. u. 2. Pers ungebr*, до́йтся *uv* Milch geben
до́йка, -и *f* Melken
дойму́ ↑ доня́ть
до́йный, -ая, -ое: -ая коро́ва Milchkuh; *übtr* melkende Kuh
до|йти́* *v* 1. gehen (до *G* bis) 2. до *G* erreichen, anlangen; gelangen 3. so weit kommen, ausarten; ссо́ры дошли́ до дра́ки der Streit artete in eine Schlägerei aus; де́ло дошло́ до того́, что ... es war dazu gekommen, daß ... 4. *übtr* kommen (auf etw.); я сам дошёл до реше́ния зада́чи ich bin selbst auf die Lösung der Aufgabe gekommen 5. völlig gar werden, völlig reif werden; помидо́ры дошли́ die Tomaten sind nachgereift || *uv* доходи́ть, -ожу́, -о́дишь; не доходя́ до вокза́ла kurz vor dem Bahnhof
док, -а *m* Dock; плаву́чий ~ Schwimmdock
до́ка, -и *m, f volksspr* Kenner, Meister seines (ihres) Fachs
доказа́тельный, -ая, -ое; *Kzf* -лен, -льна beweiskräftig
доказа́тельство, -а *n* 1. Beweis; веще́ственное ~ *jur* corpus delicti, Beweisgegenstand; в ~ zum Beweis 2. Beweisführung
до|каза́ть* *v* beweisen || *uv* дока́зывать, -аю, -аешь
доказу́емый, -ая, -ое; *Kzf* -у́ем, -а beweisbar, nachweisbar
дока́зывать *uv zu* доказа́ть
дока́нчивать *uv zu* доко́нчить
докапиталисти́ческий, -ая, -ое vorkapitalistisch
дока́пываться *uv zu* докопа́ться
докати́ть, -ачу́, -а́тишь; -а́ченный, -а́чен, -а *v* 1. (hin)rollen, (hin)wälzen (до *G* bis) 2. *umg* schnell fahren, ankommen; в три часа́ мы докати́ли до Берли́на in drei Stunden fuhren wir bis nach Berlin || *uv* **дока́тывать,** -аю, -аешь
докати́ться, -ачу́сь, -а́тишься *v* 1. rollen (bis) 2. *umg verächtl* moralisch herunterkommen; смотри́те, до чего́ он докати́лся na sehen sie, wie tief er gesunken ist || *uv* **дока́тываться,** -аюсь, -аешься
до́кер, -а *m* Hafenarbeiter *in kapitalistischen Ländern*
докла́д, -а *m* 1. Vortrag, Referat; чита́ть ~ einen Vortrag halten 2. Bericht; отчётный ~ Rechenschaftsbericht 3. Anmeldung *eines Besuchers durch Sekretärin usw.*; без -а не входи́ть! ohne Anmeldung kein Zutritt!
докладна́я, -о́й *Subst f umg* Aktennotiz
докладно́й, -а́я, -о́е: -а́я запи́ска schriftlicher Bericht, Aktennotiz
докла́дчик, -а *m* Vortragender, Referent
докла́дчица, -ы, *I* -ей *f umg* Vortragende, Referentin
[1,2]**докла́дывать** *uv zu* [1,2]доложи́ть
докла́ссовый, -ая, -ое: -ое о́бщество Gesellschaft vor Entstehung der Klassen
докли́каться, -и́чусь, -и́чешься *v volksspr* herbeirufen
доко́ле *u.* **доко́ль** *Adv alt* 1. wie lange (noch)? bis wann? 2. (so lange) bis; soweit
докона́ть, -а́ю, -а́ешь *v umg A* erledigen, den Rest geben
доко́нчить, -чу, -чишь; -ченный, -чен, -а *v* beenden, zu Ende führen || *uv* дока́нчивать, -аю, -аешь
докопа́ться, -а́юсь, -а́ешься *v* 1. graben (до *G* bis); ~ до воды graben, bis man auf Wasser stößt 2. *übtr umg* dahinterkommen, ausfindig machen; ~ до су́ти де́ла der Sache auf den Grund kommen || *uv* дока́пываться, -аюсь, -аешься
до́красна́ *Adv* 1. bis zur Rotglut 2. bis zum Rotwerden; растере́ть ко́жу ~ die Haut reiben, bis sie rot wird

докрича́ться, -чу́сь, -чи́шься *v* 1. *G* durch häufiges Schreien herbeirufen 2.: ~до хрипоты́ sich heiser schreien

до́ктор, -а, *Pl* доктора́, -о́в, -а́м *m* 1. Doktor *Grad*, Dr. habil.; ~ филосо́фии Dr. phil. habil.; получи́ть сте́пень -а (sich) habilitieren 2. Arzt; Herr Doktor *Anrede*

доктора́льный, -ая, -ое; *Kzf* -лен, -льна *buchspr* pedantisch [streng] belehren

до́кторский, -ая, -ое: -ая диссерта́ция Habilitationsarbeit; ~ экза́мен Habilitation

до́кторша, -и, *I* -ей *f volksspr* 1. Ärztin 2. *alt* Arztfrau

доктри́на, -ы *f* Doktrin

доктринёр, -а *m* Doktrinär

доктринёрский, -ая, -ое doktrinär

доку́да *Adv volksspr* bis wohin

докуме́нт, -а *m* Dokument, Ausweis; предъяви́ть (свой) ~ seinen Ausweis vorzeigen

документа́льный, -ая, -ое dokumentarisch; ~ фильм Dokumentarfilm

документа́ция, -и *f* Dokumentation; техни́ческая ~ technische Unterlagen

документи́ровать, -рую, -руешь; -рованный, -рован, -а *v, uv* dokumentieren, beurkunden

докупа́ть *uv zu* докупи́ть

докупи́ть, -уплю́, -у́пишь; -у́пленный, -у́плен, -а *v* hinzukaufen ‖ *uv* докупа́ть, -а́ю, -а́ешь

доку́ривать *uv zu* докури́ть

докури́ть, -урю́, -у́ришь; -у́ренный, -у́рен, -а *v* zu Ende rauchen ‖ *uv* доку́ривать, -аю, -аешь

докуча́ть, -а́ю, -а́ешь *uv D umg* belästigen; ~ кому́-н. постоя́нными про́сьбами j-m mit ständigen Bitten in den Ohren liegen

доку́чливый, -ая, -ое; *Kzf* -ив, -а lästig, zudringlich

доку́чный, -ая, -ое; *Kzf* -чен, -чна *umg* langweilig, lästig

дол, -а, *D Pl* по дола́м *u. alt* по до́лам *m alt, poet* Tal ◇ за гора́ми, за -а́ми über Berg und Tal

долбёжка, -и *f volksspr* Paukerei

долбёжный, -ая, -ое: -ое долото́ Stemmeißel

долби́ть, -блю́, -би́шь; -блённый, -блён, -блена́ *uv* 1. aushöhlen, meißeln; ка́пля и ка́мень долби́т *Sprichw* steter Tropfen höhlt den Stein 2. *umg* beständig wiederholen 3. *umg verächtl* pauken, büffeln

долблёный, -ая, -ое ausgehöhlt, ausgemeißelt

долг, -а (-у), *P* о до́лге, в долгу́, *Pl* долги́, -о́в, -а́м *m* 1. Pflicht, Schuldigkeit ◇ исполня́ть свой ~ пе́ред ке́м-н. seiner Pflicht j-m gegenüber nachkommen; по -у слу́жбы pflichtgemäß; отда́ть после́дний ~ кому́-н. j-m die letzte Ehre erweisen; пе́рвым -ом *umg* zu allererst, vor allen Dingen 2. (Geld-) Schuld ◇ взять в ~ у кого́-н. von j-m borgen; дать в ~ (ver)borgen, (ver)leihen; наде́лать -о́в Schulden machen; влезть в -и́ *volksspr* große Schulden machen; не оста́ться в -у́ a) nichts schuldig bleiben; b) keine Antwort schuldig bleiben; быть в -у, как в шелку́ bis über die Ohren in Schulden stecken; ~ не ревёт, а спать не даёт *Sprichw* Borgen macht Sorgen

до́лгий, -ая, -ое; *Kzf* до́лог, долга́, до́лго, до́лги; *Komp* до́льше *u.* до́лее 1. lang *zeitlich*; ~ гла́сный langer Vokal 2. *alt* lang *räumlich* ◇ э́то -ая пе́сня das ist eine lange Geschichte; откла́дывать в ~ я́щик auf die lange Bank schieben

до́лго *Adv* lange ◇ ~ ли, коро́тко ли *umg* über kurz oder lang; ~ ли до беды́ [греха́] wie leicht kann ein Unglück passieren; ~ ли упа́сть на льду wie leicht kann man auf dem Eis hinfallen

долгове́чный, -ая, -ое; *Kzf* -чен, -чна lang dauernd, dauerhaft

долгово́й, -а́я, -о́е Schuld-; -о́е обяза́тельство Schuldverschreibung

долговре́менный, -ая, -ое lange während, für lange Zeit; -ая огнева́я то́чка *mil* ständige Feueranlage

долго|вя́зый, -ая, -ое; *Kzf* -я́з, -а *umg* langaufgeschossen, schlaksig; **~жда́нный,** -ая, -ое langerwartet, langersehnt; **~игра́ющий,** -ая, -ее: ~игра́ющая пласти́нка Langspielplatte; **~ле́тний,** -яя, -ее langjährig

долгоно́сик, -а *m zool* Rüsselkäfer

долгосро́чный, -ая, -ое langfristig

долгота́, -ы́, *Pl* долго́ты, -о́т, -о́там *f geogr* Länge *a. zeitlich*

долготерпе́ние, -я *n* Langmut

долево́й, -а́я, -о́е Längs-; ~ разре́з Längsschnitt

до́лее ↑ до́лгий

долета́ть *uv zu* долете́ть

долете́ть, -лечу́, -лети́шь *v* fliegen (до *G* bis) ‖ *uv* долета́ть, -а́ю, -а́ешь

должа́ть, -а́ю, -а́ешь *uv alt* Schulden machen

до́лжен, должна́, -о́, -ы́ *prädikativ* 1. müssen, sollen; чы не ~ э́того де́лать du sollst [darfst] das nicht tun 2. muß (wohl); он ~ ско́ро верну́ться er muß (wohl) bald wiederkommen 3. *D* schulden; он мне ~ пять рубле́й er ist mir fünf Rubel schuldig ◇ должно́ быть wahrscheinlich

должни́к, -а́ *m* Schuldner

до́лжно *unpers, prädikativ, meist mit Inf alt* man muß, man soll

до́лжное, -ого *Subst n* das Gebührende ◇ отда́ть ~ кому́-н. j-m Gerechtigkeit widerfahren lassen

должностно́й, -а́я, -о́е Amts-

до́лжность, -и, *G Pl* -е́й *f* Amt, Dienststellung; занима́ть ~ eine Stelle bekleiden; по -и von Amts wegen

до́лжный, -ая, -ое gebührend, gehörig; на -ой высоте́ auf entsprechender Höhe

долива́ть *uv zu* доли́ть

доли́на, -ы *f* Tal

до|ли́ть*; до́лил, -а́!; доли́тый, до́лит, -а́! *v* vollgießen, auffüllen; ~ молока́ Milch zugießen ‖ *uv* долива́ть, -а́ю, -а́ешь

до́лларовый, -ая, -ое Dollar-; -ая зо́на Dollarzone, Dollarraum

[1]**доложи́ть,** -ожу́, -о́жишь; -о́женный, -о́жен, -а *v A oder* о *P* melden, berichten ‖ *uv* докла́дывать, -аю, -аешь

[2]**доложи́ть,** -ожу́, -о́жишь; -о́женный, -о́жен, -а *v umg A, G* hinzufügen, dazulegen ‖ *uv* докла́дывать, -аю, -аешь

доло́й *Adv* nieder mit, hinweg; hinunter, ab; ~ поджига́телей войны́! nieder mit den Kriegstreibern! ◇ уйди́ с глаз ~! geh mir aus den Augen!; с плеч ~ ich bin es los

долото́, -а́, *Pl* доло́та, -ло́т, -ло́там *n* Stemmeisen, Meißel

до́лька, -и, *Pl G* -лек, *D* -лькам *f Dem zu* до́ля Teilchen; ~ апельси́на Apfelsinenscheibe

до́льше ↑ до́лгий

до́ля, -и, *Pl* до́ли, доле́й, доля́м *f* 1. Teil, Anteil; на мою́ -ю прихо́дится со́рок копе́ек auf meinen Anteil entfallen vierzig Kopeken; в -ю секу́нды im Bruchteil einer Sekunde; в э́том есть ~ и́стины daran ist etwas Wahres; льви́ная ~ Löwenanteil 2. *bot, anat* Lappen; -и лёгких Lungenlappen 3. Schicksal, Los 4. *alt* russ. Gewicht von 44 mg

дом, -а (-у), *P* в до́ме, на дому́, *Pl* дома́, -о́в, -а́м *m* 1. Haus *a. übtr*; жило́й ~ Wohnhaus; де́тский ~ Kinderheim; инвали́дный ~ Pflegeheim; сумасше́дший ~ Irrenhaus; банки́рский ~ Bankhaus 2. Haus, Wohnung; вам и́з дому звони́ли man hat Sie von zu Hause [aus Ihrer Wohnung] angerufen; присла́ть на́ ~ ins Haus [in die Wohnung] schicken; зада́ние на́ ~ Hausaufgabe; на дому́ bei sich zu Hause; приня́ть кого́-н. в дом j-n ins Haus nehmen, in die Familie aufnehmen; тосковать по до́му Heimweh haben 3. *Koll* Familie; Hausbewohner 4. Herrscherhaus, Dynastie

дом- *in Zuss Abk für* дома́шний *oder* домо́вый Haus-

до́ма *Adv* zu Hause; бу́дьте как ~ fühlen Sie sich wie zu Hause; у него́ не все ~ *umg* er hat nicht alle Tassen im Schrank

дома́шние, -их *Subst Pl* Familienangehörige

дома́шний, -яя, -ее Haus-; -ее хозя́йство Hauswirtschaft; -яя хозя́йка Hausfrau; -яя колбаса́ hausschlachtene Wurst; -ее живо́тное Haustier; располага́йтесь по-дома́шнему *umg* machen Sie es sich bequem

до́менный, -ая, -ое Hochofen-; -ая печь Hochofen

до́менщик, -а *m* Hochöfner

до́мик, -а *m Dem zu* дом Häuschen; ка́рточный ~ Kartenhaus

доминика́нский, -ая, -ое dominikanisch; Доминика́нская Респу́блика Dominikanische Republik

доминио́н, а *m* Dominion

домини́ровать, *1. u. 2. Pers ungebr,* -рует *uv* dominieren

домино́ *n idkl* Domino *Spiel und Kostüm*

домко́м, -а *m* (домо́вый комите́т) Hauskomitee

домкра́т, -а *m* Wagenheber

до́мна, -ы, *Pl G* -мен, *D* -мнам *f* Hochofen

домови́тый, -ая, -ое; *Kzf* -и́т, -а häuslich, um das Haus besorgt

домовладе́лец, -льца, *I* -льцем, *G Pl* -льцев *m* Hausbesitzer

домовни́чать, -аю, -аешь *uv volksspr u. gbt während der Abwesenheit anderer* das Haus hüten, die Wirtschaft betreuen

домово́дство, -а *n* Haushaltsführung

домовóй, -óго *Subst m* Hausgeist
домóвый, -ая, -ое Haus-; -ая кни́га Hausbuch
домогáтельство, -а *n* dringendes Bitten, hartnäckiges Ersuchen
домогáться, -áюсь, -áешься *uv G* sich eifrig bewerben (um), hinarbeiten (auf)
домóй *Adv* nach Hause
домонополисти́ческий, -ая, -ое vormonopolistisch
домо|сéд, -а *m* Stubenhocker; **~сéдка,** -и, *Pl G* -док, *D* -дкам *f* Stubenhockerin; **~строéние,** -я *n* Hausbau, Häuserbau; **~строи́тельный,** -ая, -ое: ~строи́тельный завóд Werk für Betonfertigteile; **~строи́тельство,** -а *n* Hausbau, Häuserbau; **~ткáный,** -ая, -ое hausgewebt; **~упрáв,** -а *m* (управля́ющий домáми) Hausverwalter; **~управлéние,** -я *n* Hausverwaltung; **~хозя́ин,** -а, *Pl* -я́ева, -я́ев, -я́евам *m* Hausbesitzer; **~хозя́йка,** -и, *Pl G* -зя́ек, *D* -зя́йкам *f* Hausfrau
домочáдцы *Pl* -ев, *Sg* домочáдец, -дца *m alt* Familienangehörige, Hausgenossen mit den Rechten von Familienangehörigen
дóмра, -ы *f* Domra *mandolinenähnliches russisches Zupfinstrument*
домрабóтница, -ы, *I* -ей *f* Hausangestellte
домчáться, -чу́сь, -чи́шься *v umg* blitzschnell ankommen
дóмысел, -сла *m* Mutmaßung, Vermutung
Дон, -а, *P* о Дóне, на Дону́ *m* Don
донагá *Adv umg* splitternackt
донáшивать *uv zu* ¹доноси́ть
Донбáсс, -а *m* (Донéцкий бассéйн) Donezbecken
донéльзя *Adv umg* äußerst, wie es schlimmer nicht sein kann; ~ плóхо äußerst schlecht, hundsmiserabel
донесéние, -я *n* Meldung, Bericht
¹**до|нести́*** *v* tragen (до *G* bis) ‖ *uv* доноси́ть, -ношу́, -нóсишь
²**до|нести́*** *v* **1.** о *P* melden, berichten (über) **2.** на *A* denunzieren ‖ *uv* доноси́ть, -ношу́, -нóсишь
до|нести́сь* *v* **1.** *1. u. 2. Pers ungeor* dringen, herüberklingen *Töne*; zu Ohren kommen *Gerücht* **2.** in schneller Fahrt [schnellem Lauf] erreichen ‖ *uv* доноси́ться, -нóситься *zu* **1**
Донéц, -нцá, *I* -нцóм *m* Donez
дóнизу *Adv* bis unten; свéрху ~ von oben bis unten
донимáть *uv zu* доня́ть
дóнный, -ая, -ое Grund-; ~ лов Fischfang in großer Tiefe; ~ лёд Grundeis
дóнор, -а *m* Blutspender
дóнорский, -ая, -ое Blutspende-; ~ пункт Blutspendezentrale
дóнорство, -а *n* Blutspendewesen
донóс, -а *m* Denunziation
¹**доноси́ть,** -ношу́, -нóсишь; -нóшенный, -нóшен, -а *v* **1.** abtragen *Kleidung* **2.** austragen *Kind* ‖ *uv* донáшивать, -аю, -аешь
²˒ ³**доноси́ть** *uv zu* ¹˒ ²донести́
доноси́ться *uv zu* донести́сь
донóсчик [ощ], -а *m* Denunziant
донскóй, -áя, -óе Don-; ~ казáк Donkosak
доны́не *Adv hoher Stil* bis jetzt
доня́ть* *v umg* belästigen, quälen ‖ *uv* донимáть, -áю, áешь
дообслéдование, -я *n med* Nachuntersuchung
дооктя́брьский, -ая, -ое vor der Oktoberrevolution
допекáть *uv zu* допéчь
до|пéчь* *v* **1.** ausbacken, fertig backen **2.** *A umg* die Hölle heiß machen (j-m), einheizen (j-m) ‖ *uv* допекáть, -áю, -áешь
допивáть(ся) *uv zu* допи́ть(ся)
до|писáть* *v* fertigschreiben, -malen ‖ *uv* **дописывать,** -аю, -аешь
до|пи́ть,* *v*; дóпил, -á! austrinken, leeren ‖ *uv* допивáть, -áю, -áешь
до|пи́ться*; -пи́лся́, -пили́сь до *G v umg* durch unmäßiges Trinken unangenehme Auswirkungen erfahren; он допи́лся до чёртиков er ist total betrunken ‖ *uv* допивáться, -áюсь, -áешься
доплáта, -ы *f* Nachzahlung, Zuschlag; письмó с -ой Brief mit Nachporto; за осóбую -у gegen Mehrberechnung
доплати́ть, -ачу́, -áтишь; -áченный, -áчен, -а *v* nachzahlen, zuzahlen ‖ *uv* доплáчивать, -аю, -аешь
доплатнóй, -áя, -óе: -óе письмó Brief mit Nachporto
доплáчивать *uv* доплати́ть
допóдлинный, -ая, -ое *umg* echt, authentisch
допозднá [зн] *Adv umg* bis spät in die Nacht hinein
дополнéние, -я *n* **1.** Ergänzung, Nachtrag; Zusatzantrag; в ~ ergänzend, als Nachtrag **2.** *gram* Objekt
дополни́тельный, -ая, -ое **1.** ergänzend, zusätzlich; -ые цветá Komplementärfarben; -ое соглашéние Zusatzabkommen **2.**: -ое придáточное предложéние Objektsatz

допóлнить, -ню, -нишь; -ненный, -нен, -а *v* ergänzen, auffüllen || *uv* **дополня́ть,** -я́ю, -я́ешь

допотóпный, -ая, -ое *umg scherz* vorsintflutlich, altmodisch

допра́шивать *uv zu* допроси́ть

допра́шиваться *uv zu* ²допроси́ться

допризы́вник, -а *m* Jugendlicher in der vormilitärischen Ausbildung

допризы́вный, -ая, -ое vormilitärisch; -ая подготóвка vormilitärische Ausbildung

допрóс, -а *m* Verhör, Vernehmung; перекрёстный ~ Kreuzverhör; подверга́ть когó-н. -у j-n verhören

допроси́ть, -ошу́, -óсишь; -óшенный, -óшен, -а *v* vernehmen, verhören || *uv* допра́шивать, -аю, -аешь

¹**допроси́ться,** -ошу́сь, -óсишься *v umg* durch Bitten erreichen; у негó ничегó не допрóсишься bei ihm ist nichts zu erreichen

²**допроси́ться,** -ошу́сь, -óсишься *v umg* durch beständiges Ausfragen erfahren, herausbekommen || *uv* допра́шиваться, -аюсь, -аешься

дóпуск, -а *m* **1.** *umg* Einlaß, Zutritt **2.** *tech* Toleranz

допуска́ть, -а́ю, -а́ешь *uv* **1.** zulassen, gestatten *wohin zu gehen, etw. zu tun*; егó к отцу́ не допуска́ли man ließ ihn nicht zum Vater (gehen) **2.** annehmen, für möglich halten || *v* допусти́ть, -ущу́, -у́стишь; -у́щенный, -у́щен, -а

допусти́мый, -ая, -ое; *Kzf* -и́м, -а zulässig

допусти́ть *v zu* допуска́ть

допущéние, -я **1.** Zulassung **2.** Annahme, Hypothese

допыта́ться, -а́юсь, -а́ешься *v umg* auskundschaften, ermitteln || *uv* допы́тываться, -аюсь, -аешься

допы́тываться, -аюсь, -аешься *uv* **1.** *uv zu* допыта́ться **2.** zu ermitteln versuchen

дóпьяна́ *Adv umg*: напи́ться ~ sich betrinken; напои́ть когó-н. ~ j-n völlig betrunken machen

дораба́тывать(ся) *uv zu* доработа́ть(ся)

дорабóтать, -аю, -аешь; -анный, -ан, -а *v* **1.** fertigmachen, den letzten Schliff geben **2.** arbeiten (до *G* bis) || *uv* дораба́тывать, -аю, -аешь

дорабóтаться, -аюсь, -аешься *v umg* до *G* sich durch Arbeit etwas zuziehen; ~ до головнóй бóли vom langen Arbeiten Kopfschmerzen bekommen || *uv* дораба́тываться, -аюсь, -аешься

дораста́ть *uv zu* дорасти́

до|расти́* *v* **1.** auswachsen, die erforderliche Höhe erreichen **2.** ein bestimmtes Alter erreichen; ма́льчик ещё не дорóс, чтóбы чита́ть таки́е кни́ги der Junge ist noch nicht alt genug, um solche Bücher lesen zu können **3.** *übtr meist verneint* gewachsen sein; она́ не доросла́ до такóй зада́чи sie ist dieser Aufgabe nicht gewachsen || *uv* дораста́ть, -а́ю, -а́ешь

до|рва́ться*; -рва́ли́сь *v volksspr* herfallen (до *G* über) || *uv* дорыва́ться, -а́юсь, -а́ешься

дореволюциóнный, -ая, -ое vorrevolutionär

дорефóрменный, -ая, -ое vor einer Reform (besonders der Bauernreform von 1861 in Rußland)

дорисова́ть, -су́ю, -су́ешь; -сóванный, -сóван, -а *v* fertigzeichnen || *uv* **дорисóвывать,** -аю, -аешь

дорóга, -и *f* **1.** Weg, Landstraße; просёлочная ~ Feldweg; больша́я ~ ungepflasterte Landstraße; са́нная ~ Schlittenbahn; уступи́ть кому́-н. -у j-m aus dem Weg gehen **2.** Reise; взять еды́ на -у Proviant auf die Reise mitnehmen; отпра́виться в -у sich auf den Weg machen **3.** Weg *übtr*; идти́ своéй -ой seinen eigenen Weg gehen; пробива́ть себé -у sich Bahn brechen; стать кому́-н. поперёк -и j-m im Wege stehen, j-m in die Quere kommen ◇ нам с ва́ми по -е a) wir haben den gleichen Weg; b) wir haben gemeinsame Ziele; туда́ ему́ и ~ das geschieht ihm recht; пойти́ не по своéй -е seinen Beruf verfehlen

дорогови́зна, -ы *f* Teuerung

дорóгой *Adv* unterwegs

дорогóй, -а́я, -óе; *Kzf* дóрог, -а́!; *Komp* дорóже **1.** teuer; kostbar; ~ ка́мень Edelstein; **2.** teuer, lieb, wert; ~ друг! lieber Freund!

дорóдный, -ая, -ое; *Kzf* -ден, -дна wohlbeleibt

дорожа́ть, *1. u. 2. Pers ungebr*, -а́ет *uv* teuer werden

дорóже ↑ дорогóй

дорожи́ть, -жу́, -жи́шь *uv I* hoch einschätzen; (на́до) ~ ка́ждым ча́сом jede Stunde muß genutzt werden

дорóжка, -и, *Pl G* -жек, *D* -жкам *f* **1.** Fußweg, Pfad; велосипéдная ~ Fahrradweg; гарева́я ~ Aschenbahn; рыси́стая ~ Trabrennbahn **2.** Läufer, schmaler Teppich **3.** Spur *Tonband*

доро́жный, -ая, -ое **1.** Straßen-, Wege-; -ые усло́вия Straßenverhältnisse; -ое строи́тельство Straßenbau **2.** Reise-; -ые расхо́ды Reisespesen

Дорофе́я, -и *f* Dorothea

До́ртмунд, -а *m* Dortmund

дорыва́ться *uv zu* дорва́ться

ДОСААФ [саф], -а *m* (Доброво́льное о́бщество соде́йствия а́рмии, авиа́ции и фло́ту СССР) DOSAAF (Freiwillige Gesellschaft zur Förderung von Armee, Luftstreitkräften und Flotte der UdSSR)

доса́да, -ы *f* Ärger

[1]**досади́ть,** -сажу́, -сади́шь *v D* ärgern || *uv* досажда́ть, -а́ю, -а́ешь

[2]**досади́ть,** -сажу́, -са́дишь; -са́женный, -са́жен, -а *v* das Pflanzen beenden; (bis zu einer bestimmten Grenze) pflanzen; nachpflanzen || *uv* доса́живать, -аю, -аешь

доса́дливый, -ая, -ое; *Kzf* -ив, -а ärgerlich, verdrießlich

доса́дный, -ая, -ое; *Kzf* -ден, -дна ärgerlich, unangenehm

доса́довать, -дую, -дуешь *uv* sich ärgern (на *A* über); ~ на свою́ судьбу́ mit seinem Schicksal hadern

досажда́ть *uv zu* [1]досади́ть

доса́живать *uv zu* [2]досади́ть

досе́ле *u.* **досе́ль** *Adv alt* bisher

доска́, -и́, *A* до́ску, *Pl* до́ски, досо́к, доска́м *f* **1.** Brett, Bohle; настила́ть до́ски dielen **2.** Tafel; Platte; ~ стола́ Tischplatte; кла́ссная ~ Wandtafel; писа́ть на -е́ an die Tafel schreiben; ~ для объявле́ний Schwarzes Brett; кра́сная ~ Ehrentafel *für Auszeichnungen*; ша́хматная ~ Schachbrett; распредели́тельная ~ Schalttafel ◇ ста́вить на одну́ до́ску auf die gleiche Stufe stellen

дос|каза́ть* *v* ausreden, zu Ende erzählen || *uv* **доска́зывать,** -аю, -аешь

доскона́льный, -ая, -ое; *Kzf* -лен, -льна gründlich, genau

иссле́дование → **досле́дование,** -я *n jur* Nachuntersuchung

досло́вный, -ая, -ое **1.** wörtlich **2.** -о *Adv* Wort für Wort, wörtlich

дослужи́ться, -ужу́сь, -у́жишься *v* durch Dienen erlangen [erreichen]

дослу́шать, -аю, -аешь *v* zu Ende hören, bis zum Schluß anhören || *uv* **дослу́шивать,** -аю, -аешь

досма́тривать *uv zu* досмотре́ть

досмо́тр, -а (-у) *m* Kontrolle, Durchsuchung; тамо́женный ~ Zollkontrolle

досмотре́ть, -отрю́, -о́тришь; -о́тренный, -о́трен, -а *v* **1.** bis zu Ende ansehen **2.** kontrollieren, durchsuchen **3.** *meist verneint* aufpassen (за *I* auf); мы за ним не досмотре́ли wir haben auf ihn nicht aufgepaßt || *uv* досма́тривать, -аю, -аешь

до|спа́ть* *v* schlafen (до *G* bis); не ~ nicht ausschlafen || *uv* досыпа́ть, -а́ю, -а́ешь

доспе́хи, -ов, *Pl* Rüstung, Ritterrüstung

досро́чный, -ая, -ое vorfristig

достава́ть(ся) *uv zu* доста́ть(ся)

доста́вить, -влю, -вишь; -вленный, -влен, -а *v* **1.** liefern, zustellen **2.** verschaffen, bereiten || *uv* доставля́ть, -я́ю, -я́ешь

доста́вка, -и *f* Zustellung; ~ на́ дом Lieferung frei Haus

доставля́ть *uv zu* доста́вить

доста́вщик, -а *m* Zusteller, Überbringer

доста́ток, -тка *m* Wohlstand, Wohlhabenheit; он челове́к с -тком er hat ein gutes Auskommen

доста́точно 1. *Adv* genug; ~ большо́й groß genug **2.** *prädikativ G* genug; у нас ~ де́нег wir haben genug Geld; э́того ~ das genügt; ~ бы́ло одного́ сло́ва es bedurfte nur eines Wortes

доста́точный, -ая, -ое; *Kzf* -чен, -чна **1.** genügend **2.** *alt* wohlhabend

до|ста́ть* *v* **1.** herausnehmen, herunternehmen **2.** verschaffen, auftreiben, bekommen **3.** до *G* langen (bis), reichen (bis) **4.** *unpers G umg* (aus)reichen || *uv* до|става́ть*

до|ста́ться* *v* **1.** zufallen, zuteil werden; ему́ доста́лся вы́игрыш ihm ist ein Gewinn zugefallen **2.** *unpers umg* Strafe abbekommen; ему́ поря́дком доста́лось за ложь für seine Lüge hat er ordentlich was abgekriegt || *uv* до|става́ться*

достига́ть *uv zu* дости́гнуть *u.* дости́чь

дости́гнуть, -сти́гну, -сти́гнешь; дости́г, -ла; -сти́гнутый, -сти́гнут, -а *u.*

до|сти́чь* *v* **1.** *G* erreichen, erlangen; мы дости́гли бе́рега wir erreichten das Ufer **2.** gelangen (до *G* bis); ~ до уше́й кого́-н. bis zu j-s Ohren dringen **3.** *G* erreichen; ~ це́ли в жи́зни das Lebensziel erreichen || *uv* достига́ть, -а́ю, -а́ешь

достиже́ние, -я *n* **1.** Erreichung **2.** Errungenschaft
достижи́мый, -ая, -ое; *Kzf* -и́м, -а erreichbar
дости́чь ↑ дости́гнуть
досто|ве́рность, -и *f* Glaubwürdigkeit, Richtigkeit; **~ве́рный,** -ая, -ое; *Kzf* -рен, -рна glaubwürdig, zuverlässig
досто́инство, -а *n* **1.** Würde; счита́ть ни́же своего́ -а es für unter seiner Würde halten; роня́ть своё ~ sich erniedrigen **2.** Wert, Vorzug **3.** (Geld)-wert ◇ оцени́ть по -у nach Gebühr einschätzen
досто́йный, -ая, -ое; *Kzf* -о́ин, -о́йна **1.** *G* wert, würdig; ~ подража́ния nachahmenswert; ~похвалы́ lobenswert **2.** verdient, gerecht **3.** würdig, geschätzt
досто|па́мятный, -ая, -ое; *Kzf* -тен, -тна *alt*, *buchspr* denkwürdig; **~по-чте́нный,** -ая, -ое; *Kzf* -е́нен, -е́нна *alt*, *iron* ehrwürdig; **~примеча́тельность,** -и *f* Sehenswürdigkeit; **~примеча́тельный,** -ая, -ое; *Kzf* -лен, -льна sehenswürdig
достоя́ние, -я *n* Eigentum
достра́ивать *uv zu* достро́ить
достро́ить, -о́ю, -о́ишь *v* den Bau vollenden ‖ *uv* достра́ивать, -аю, -аешь
достро́йка, -и *f* Aufbauen
до́ступ, -а *m* Zutritt, Einlaß
досту́пный, -ая, -ое; *Kzf* -пен, -пна **1.** zugänglich; begehbar, befahrbar **2.** geöffnet **3.** leicht verständlich **4.** erschwinglich *Preis*
достуча́ться, -чу́сь, -чи́шься *v umg* nach langem Klopfen gehört werden; durch anhaltendes Klopfen sich Eintritt verschaffen
досу́г, -а *m* Freizeit; на -е in der Freizeit культу́рный ~ sinnvolle Freizeitgestaltung
досу́жий, -ая, -ее *umg* **1.** unbeschäftigt, müßig **2.** leer, müßig
до́суха *Adv*: вы́тереть ~ trockenreiben, abtrocknen
до|сы́пать* *v* (hin)zuschütten; ~ муки́ в мешо́к noch mehr Mehl in den Sack schütten ‖ *v* досыпа́ть, -а́ю, -а́ешь
[1]**досыпа́ть** *uv zu* доспа́ть
[2]**досыпа́ть** *uv zu* досы́пать
до́сыта *Adv* bis man satt ist; нае́сться ~ sich sattessen; накорми́ть кого́-н. ~ j-m zu essen geben, bis er satt ist
досю́да *Adv umg* bis hierher
досяга́емость, -и *f* Erreichbarkeit; вне преде́лов -и außer Reichweite
досяга́емый, -ая, -ое; *Kzf* -ем, -а *alt* erreichbar
дот, -а *m* (долговре́менная огнева́я то́чка) *mil* ständige Feueranlage
дота́ция, -и *f* staatliche Geldzuwendung, Subvention
дотла́ *Adv* gänzlich, bis auf den letzten Rest
дото́ле *u.* **дото́ль** *Adv alt* bis dahin, solange
дото́шный, -ая, -ое *umg* sich in jede Kleinigkeit vertiefend, wissensdurstig
дотра́гиваться *uv zu* дотро́нуться
дотро́нуться, -нусь, -нешься *v* до *G* berühren ‖ *uv* дотра́гиваться, -аюсь, -аешься
доту́да *Adv volksspr* bis dorthin
дотя́гивать(ся) *uv zu* дотяну́ть(ся)
дотяну́ть, -яну́, -я́нешь; **-я́нутый,** -я́нут, -а *v* до *G* **1.** schleppen, ziehen **2.** hinziehen, in die Länge ziehen **3.** *umg* noch erleben, sich mühselig hinschleppen; он не дотя́нет до утра́ er wird den Morgen nicht mehr erleben **4.** *umg* mit seinen Mitteln auskommen; до зарпла́ты ка́к-нибудь дотя́нем bis zum Lohntag [Gehaltstag] werden wir schon irgendwie hinkommen **5.** *umg* verschleppen, hinauszögern; ‖ *uv* дотя́гивать, -аю, -аешь
дотяну́ться, -яну́сь, -я́нешься *v* до *G* **1.** *Ort* reichen (bis); ~ рука́ми до потолка́ mit den Händen bis zur Decke reichen; у́лица дотяну́лась до ли́нии желе́зной доро́ги die Straße erstreckte sich bis zur Eisenbahnlinie **2.** *Zeit* sich hinziehen (bis) ‖ *uv* дотя́гиваться, -аюсь, -аешься
доу́чиваться *uv zu* доучи́ться
доучи́ться, -учу́сь, у́чишься *v* auslernen, die Ausbildung abschließen ‖ *uv* доу́чиваться, -аюсь, -аешься
доха́, -и́, *Pl* до́хи, дох, до́хам *f* Pelzmantel (ohne Stoffüberzug)
до́хлый, -ая, -ое **1.** krepiert, verendet **2.** *volksspr verächtl* schwächlich, kränklich
дохля́тина, -ы *f volksspr* **1.** *f* Aas **2.** *m, f* schwächlicher, kränklicher Mensch
до́хнуть, *1. u. 2. Pers ungebr*, -нет; дох, -ла *uv* krepieren, verenden ◇ там му́хи до́хнут dort ist es sterbenslangweilig
дохну́ть, -ну́, -нёшь *v* **1.** *umg* einmal

ausatmen; einen Atemzug tun 2. (leicht) wehen ◇ не сметь ∼ от у́жаса vor Schreck erstarren [nicht zu atmen wagen]; мне ∼ не́когда ich habe keine Zeit zum Verschnaufen

дохо́д, -а *m* Einkommen, Einnahme, Ertrag; нетрудово́й ∼ müheloses Einkommen; чи́стый ∼ Reingewinn; приноси́ть ∼ Gewinn bringen, Zinsen bringen

доходи́ть *uv zu* дойти́

дохо́дность, -и *f* Einträglichkeit, Rentabilität

дохо́дный, -ая, -ое; *Kzf* -ден, -дна einträglich, rentabel

дохо́дчивый, -ая, -ое; *Kzf* -ив, -а leichtverständlich

доц. (доце́нт) Dozent

доце́нт, -а *m* Dozent

доценту́ра, -ы *f* 1. Dozentur 2. *Koll* Dozentenschaft, Dozenten

до́черин ↑ доче́рнин

доче́рний, -яя, -ее Tochter-; -ее предприя́тие Tochterunternehmen

доче́рнин *u.* **до́черин,** -а, -о *volksspr* der Tochter gehörend

до́чиста *Adv* 1. bis es sauber ist; отмы́ть ∼ rein waschen 2. *umg* völlig, ohne Rest; съесть всё ∼ alles (ratzekahl) aufessen

дочита́ть, -а́ю, -а́ешь; дочи́танный, -ан, -а *v* lesen (до *G* bis), zu Ende lesen ‖ *uv* **дочи́тывать,** -аю, -аешь

до́чка, -и, *Pl G* -чек, *D* -чкам *f umg Dem zu* дочь Tochter

дочь, *G*, *D*, *P* до́чери, *A* дочь, *I* до́черью, *Pl* до́чери, дочере́й, дочеря́м, дочере́й, дочерьми́ *u. umg* дочеря́ми, дочеря́х *f* Tochter

дошко́льник, -а *m* 1. Vorschulkind *Junge* 2. Vorschulerzieher

дошко́льница, -ы, *I* -ей *f* 1. Vorschulkind *Mädchen* 2. Vorschulerzieherin

дошко́льный, -ая, -ое vorschulisch; vorschulpflichtig;

до́шлый, -ая, -ое *volksspr* erfahren, gewiegt

доща́тый, -ая, -ое Bretter-; ∼ забо́р Bretterzaun

доще́чка, -и, *Pl G* -чек, *D* -чкам *f Dem zu* доска́ Täfelchen; kleines Brett

доя́рка, -и, *Pl G* -рок, *D* -ркам *f* Melkerin

д-р 1. (до́ктор) Doktor 2. (дире́ктор) Direktor

др. (друго́й; други́е) anderer; andere

дра́га, -и *f* Schwimmbagger zum Fördern von Bodenschätzen und zur Vertiefung des Flußbettes oder des Meeresgrundes

драги́ровать, -рую, -руешь; -рованный, -рован, -а *v*, *uv* 1. mit dem Schwimmbagger Bodenschätze fördern 2. mit dem Schwimmbagger vertiefen *Flußbett*

драгоце́нность, -и *f* 1. Kleinod, Juwel 2. Kostbarkeit, Schatz,

драгоце́нный, -ая, -ое; *Kzf* -це́нен, -це́нна kostbar ◇ ∼ ка́мень Edelstein

драгу́н, -а *m hist* Dragoner

драже́ *n idkl* Dragee

дразни́ть, дразню́, дра́знишь; дразня́щий *uv* 1. reizen, hänseln, necken 2. anregen, erregen

дра́ка, -и *f* Schlägerei

драко́н, -а *m* 1. *myth* Drache 2. *zool* Flügeleidechse

драко́новский, -ая, -ое drakonisch

дра́ма, -ы *f* Drama *lit u. übtr*

драматиза́ция, -и *f* Dramatisierung

драматизи́ровать, -рую, -руешь; -рованный, -рован, -а *v*, *uv* dramatisieren, für die Bühne bearbeiten

драмати́зм, -а *m* Dramatik, Spannung

драмати́ческий, -ая, -ое dramatisch *a. übtr*; ∼ кружо́к dramatischer Zirkel, Theaterzirkel; ∼ теа́тр Schauspielhaus; ∼ слу́чай dramatischer Vorfall ◇ ∼ те́нор Heldentenor

драмати́чный, -ая, -ое; *Kzf* -чен, -чна dramatisch, voller Spannung

драмату́рг, -а *m* Dramatiker

драматурги́я, -и *f* 1. Dramaturgie 2. *Koll* dramatische Dichtung

драмкружо́к, -жка́ *m* (драмати́ческий кружо́к) dramatischer Zirkel

дра́нка, -и, *Pl G* -нок, *D* -нкам *f* 1. *Koll* Dachschindeln 2. *einzelne* Dachschindel

дра́ночный, -ая, -ое: -ая кры́ша Schindeldach

дра́ный, -ая, -ое *umg* zerrissen, zerlumpt, abgetragen

дрань, -и *f Koll*, *gbt* Dachschindeln

драп, -а *m text* Drap *Gewebe*

драпирова́ть, -ру́ю, -ру́ешь; -ро́ванный, -ро́ван, -а *uv* drapieren

драпиро́вка, -и, *Pl G* -вок, *D* -вкам *f* 1. Drapierung 2. Draperie, in breiten Falten hängender Vorhang

дра́тва, -ы *f* Pechdraht

драть* *uv* 1. *umg* zerreißen, zerfetzen 2. ab-, herausziehen; ∼ шку́ру с овцы́ einem Schaf das Fell abziehen; ~ зу́б *volkssp*r einen Zahn ziehen; си́льно дерёт ру́ку ich habe starkes Reißen im Arm **3.** ziehen, zausen (за *A* an); ~ кого́-н. за́ уши j-n an den Ohren ziehen **4.** *umg* verprügeln; ~ плетьми́ auspeitschen **5.** kratzen; бри́тва дерёт das Rasiermesser kratzt; в го́рле дерёт es kratzt im Hals **6.** (zer)reißen, zerfleischen; волк драл ове́ц der Wolf hat Schafe gerissen **7.** с *G volksspr* einen übermäßig hohen Preis fordern; ~ проце́нты zu viel Zinsen verlangen; ~ шку́ру с кого́-н. j-n ausnehmen, j-n ausplündern; он дерёт с живо́го и мёртвого er nimmt es von den Lebendigen ◇ ~ го́рло *volksspr* aus vollem Halse schreien; му́зыка дерёт у́ши die Ohren schmerzen einem von dieser Musik; ~ нос *volksspr* hochnäsig sein, die Nase hoch tragen; (моро́з) по ко́же дерёт es überläuft mich kalt

дра́ться*; дра́ли́сь *uv* **1.** sich raufen, sich schlagen **2.** kämpfen

драчли́вый, -ая, -ое; *Kzf* -и́в, -а *volksspr* rauflustig

драчу́н, -а́ *m umg* Raufbold

дре́безг, -а *m umg*: с -ом klirrend; в ме́лкие -и in tausend Stücke, in Scherben

дребезжа́ть, *1. u. 2. Pers ungebr*, -жи́т *uv* klirren

древеси́на, -ы *f* **1.** Holzfaser, Holzstoff **2.** Nutzholz

древе́сница, -ы, *I* -ей *f* **1.** Laubfrosch **2.** Roßkastanienspinner, Blausieb *Schmetterling*

древе́сно-волокни́стый, -ая, -ое: -ая плита́ Holzfaserplatte

древе́сно-стру́жечный, -ая, -ое: -ая плита́ Spanplatte

древе́сный, -ая, -ое **1.** Holz-; ~ у́голь Holzkohle; ~ спирт Methylalkohol **2.** Baum-; -ые насажде́ния Baumanpflanzungen ◇ -ая лягу́шка Laubfrosch

дре́вко, -а, *Pl* -ки, -ков, -кам *n* Schaft, Stange

древне|верхненеме́цкий, -ая, -ое althochdeutsch; **~гре́ческий,** -ая, -ое altgriechisch; **~евре́йский,** -ая, -ое hebräisch; **~ру́сский,** -ая, -ое altrussisch; **~славя́нский,** -ая, -ое altslawisch

дре́вний, -яя, -ее; *Kzf* -вен, -вня **1.** alt, antik; ~ мир Antike; -яя исто́рия Geschichte des Altertums; -ие языки́ die alten Sprachen **2.** uralt

дре́вность, -и *f* **1.** Altertümlichkeit **2.** Vorzeit; в глубо́кой -и in grauer Vorzeit **3.** *Pl* Altertümer, Antiquitäten

древонасажде́ние, -я *n* Baumanpflanzung

древото́чец, -чца, *I* -чцем, *G Pl* -чцев *m zool* Holzwurm

Дре́зден, -а *m* Dresden

дрези́на, -ы *f* Draisine *Schienenfahrzeug*

дрейф, -а *m* **1.** *naut* Abtrift **2.** Eisdrift

дрейфова́ть, *1. u. 2. Pers ungebr*, -фу́ет *uv naut* driften, treiben

дрема́, -ы́ *u. gbt* **дрёма,** -ы *f umg* Halbschlaf, Schläfrigkeit

дрема́ть* *uv* schlummern ◇ не ~ wachsam sein

дремлю́ ↑ дрема́ть

дремо́та, -ы *f* Schläfrigkeit, Halbschlaf

дремо́тный, -ая, -ое schläfrig, schlaftrunken; einschläfernd

дрему́чий, -ая, -ее; *Kzf* -у́ч, -а dicht *Wald*; ~ лес Urwald

дрена́ж, -а, *I* -ем *m* Dränage

дресва́, -ы́ *f* (Kies-) Sand

дрессирова́ть, -ру́ю, -ру́ешь; -ро́ванный, -ро́ван, -а *uv* dressieren

дрессиро́вка, -и *f* Dressur

дрессиро́вщик, -а *m* Dresseur

дроби́льный, -ая, -ое zum Körnen dienend; -ая маши́на Schrotmaschine

дроби́ть, -блю́, -би́шь; -блённый, -блён, -блена́ *uv* zerstückeln, zersplittern *a. übtr*

дроби́ться, *1. u. 2. Pers ungebr*, -и́тся *uv* zerfallen, zersplittern; во́лны дробя́тся о ска́лы die Wellen zerstieben an den Felsen

дроблёный, -ая, -ое zerkleinert, zerstückelt

[1]дро́бный, -ая, -ое; *Kzf* -бен, -бна **1.** detailliert **2.** *gbt* fein; ~ дождь feiner Regen

[2]дро́бный, -ая, -ое Bruch-; -ое число́ Bruchzahl

дробови́к, -а́ *m* Schrotflinte

дробь, -и *f* **1.** Schrot *zum Schießen* **2.** Wirbel; Triller; бараба́нная ~ Trommelwirbel; соловьи́ная ~ Nachtigallenschlag **3.** *Pl* дро́би, дробе́й, дробя́м Bruch(zahl); десяти́чная ~ Dezimalbruch

дрова́, дров, -а́м *Pl* Brennholz ◇ кто в лес, кто по ~ *Sprichw* der eine sagt hü, der andere hott

дро́вни, дро́вней *Pl* Bauernschlitten ohne Kastenaufbau zur Lastenbeförderung
дровозаготовки *Pl* -вок, -вкам, *Sg* дровозаготовка, **-и** *f* Aufbereitung von Brennholz
дровоко́л, -а *m alt* Holzhacker
дровосе́к, -а *m* **1.** *alt* Holzfäller **2.** *zool* Holzkäfer
дровяно́й, -а́я, -о́е (Brenn-) Holz-; ~ склад Holzlager
дро́ги, дрог *Pl* **1.** Bauernwagen *ohne Kasten* **2.** Leichenwagen
[1]**дро́гнуть,** -ну, -нешь *v* **1.** erzittern **2.** *übtr* ins Schwanken kommen, ins Wanken geraten ◇ у него́ рука́ не дро́гнет э́то сде́лать er wird [würde] nicht davor zurückschrecken, das zu tun
[2]**дро́гнуть,** -ну, -нешь; дрог, -ла *uv* frieren
дрожа́ние, -я *n* Zittern, Vibrieren
дрожа́ть, -жу́, -жи́шь *uv* **1.** zittern, beben; vibrieren; ~ от стра́ха vor Angst zittern **2.** flackern **3.** zittern, bangen, sich ängstigen (за *A oder* над *I* um); ~ за своего́ ребёнка sich um sein Kind ängstigen ◇ ~ над ка́ждой копе́йкой jeden Pfennig umdrehen
дрожжево́й, -ая, -ое Hefe-
дро́жжи, -е́й *Pl* Hefe; те́сто на -а́х Hefeteig ◇ расти́ как на -а́х wie Pilze wachsen
дро́жки, -жек, -жкам *Pl* Droschke
дрожь, -и *f* Zittern, Schauer; меня́ броса́ет в ~ mich überläuft ein Schauer
дрозд, -а́ *m zool* Drossel
дрок, -а *m bot* Ginster
дромаде́р [дэ], -а *m* Dromedar
дро́тик, -а *m hist* Wurfspieß, Lanze
дрофа́, -ы́, *Pl* дро́фы, дроф, дро́фам *f zool* Trappe
[1]**друг,** -а, *Pl* друзья́, -зе́й, -зья́м *m* Freund; ~ де́тства Jugendfreund ◇ без беды́ -а не узна́ешь *Sprichw* den Freund erkennt man in der Not
[2]**друг:** друг дру́га, друг дру́гу, друг дру́гом, друг о дру́ге, друг на дру́га einander; ~ с дру́гом miteinander; ~ за дру́гом hintereinander, nacheinander; они́ отли́чно понима́ют ~ дру́га sie verstehen sich ausgezeichnet; ~ от дру́га voneinander; ~ на дру́ге aufeinander
друго́й, -а́я, -о́е anderer; на ~ день am nächsten Tag; ничего́ -о́го nichts anderes; кто́-то ~ jemand anderes; и тот и ~ der eine wie der andere, beide; ни тот ни ~ weder der eine noch der andere, keiner von beiden; оди́н за -и́м einer nach dem anderen; (в) ~ раз ein andermal; в -о́м ме́сте anderswo; с -о́й стороны́ anderseits; э́то -о́е де́ло *umg* das ist etwas anderes
дру́жба, -ы *f* Freundschaft ◇ не в слу́жбу, а в -у tu(n Sie) mir das zuliebe; ~ дру́жбой, а слу́жба слу́жбой in Dienstsachen hört die Freundschaft auf
дружелю́бие, -я *n* Freundlichkeit
дружелю́бный, -ая, -ое; *Kzf* -бен, -бна freundschaftlich, freundlich
дру́жеский, -ая, -ое freundschaftlich; -ая услу́га Freundesdienst ◇ быть на -ой ноге́ с ке́м-н. mit j-m auf gutem Fuße stehen
дру́жественный, -ая, -ое: *Kzf* -вен, -венна **1.** freundschaftlich, freundlich **2.** befreundet *Staat*
дружи́на, -ы *f* **1.** *hist* Gefolge *eines Stammesfürsten* **2.** Trupp, Gruppe; боева́я рабо́чая ~ Kampfgruppe (der Arbeiter) **3.**: пионе́рская ~ Pionierfreundschaft
дружи́нник, -а *m* **1.** *hist* Gefolgsmann **2.** Angehöriger einer Gruppe *z. B Kampfgruppe, Feuerwehr u. a.*
дружи́ть, дружу́, дру́жишь *uv* befreundet sein (с *I* mit)
дружи́ться, дружу́сь, дру́жишься *uv* sich anfreunden
дружи́ще, -а, *I* -ем *m*, *Pl ungebr*, *umg*, *Anrede* lieber Freund, mein Lieber
[1]**дру́жка,** -и, *Pl G* -жек, *D* -жкам *m* Brautführer
[2]**дру́жка** *umg*: друг -у, друг -е, друг -ой einander; друг о -е *oder* друг на -у gegenseitig, einander
дру́жный, -ая, -ое; *Kzf* -жен, -жна́! **1.** einmütig, einträchtig; ~ коллекти́в ein gutes Kollektiv **2.** gleichzeitig, allgemein; ~ хо́хот allgemeines Gelächter **3.** -о: *Adv* дру́жно взя́ться за рабо́ту sich gemeinsam an die Arbeit machen
дружо́к, -жка́ *m umg Dem zu* друг Freund
дры́гать, -аю, -аешь *uv umg* strampeln, zappeln ‖ *v mom* **дры́гнуть,** -ну, -нешь
дры́згать, -аю, -аешь *uv volksspr* bespritzen
дры́хнуть, -ну, -нешь; дрых, -ла *u.* дры́хнул, -а *uv volksspr* pennen
дря́блый, -ая, -ое; *Kzf* дрябл, -а́! **1.** schlaff, welk **2.** willensschwach

дря́бнуть, -ну, -нешь *uv umg* welk [schlaff] werden
дря́зги, дрязг *Pl umg* Gezänk, Streitereien
дрянно́й, -а́я, -о́е *umg* schlecht, minderwertig; elend, zu nichts tauglich
дрянь, -и *f umg* **1.** Plunder, Schund **2.** Lump ◇ де́ло ~ *volksspr* die Sache steht schlecht, der Karren läuft schief
дряхле́ть, -е́ю, -е́ешь *uv* (alt und) gebrechlich werden
дря́хлость, -и *f* Altersschwäche, Gebrechlichkeit
дря́хлый, -ая, -ое; *Kzf* дряхл, -á! gebrechlich, altersschwach
дуб, -а, *P* в [на] ду́бе, в [на] дубу́, *Pl* дубы́, -о́в, -а́м *m* **1.** Eiche; про́бковый ~ Korkeiche **2.** *umg* Klotz, sturer Kerl
duба́сить, -а́шу, -а́сишь *uv volksspr* **1.** verprügeln **2.** по *D*, в *A* schlagen, pochen (auf, an); ~ в дверь an die Tür pochen; ~ по столу́ auf den Tisch hauen
дуби́льный, -ая, -ое Gerb-, Loh-; -ое вещество́ Gerbstoff
дуби́льня, -и, *Pl G* -лен, *D* -льням *f* Gerberei
дуби́льщик, -а *m* Gerber
дуби́на, -ы *f* **1.** Knüppel **2.** *volksspr* sturer Kerl, Klotz; Dummkopf
дуби́нка, -и, *Pl G* -нок, *D* -нкам *f* Knüppel
дуби́тель, -я *m* Gerbstoff
дуби́ть, дублю́, дуби́шь; ду́бленный, -ен, -а *uv* gerben
дублёный, -ая, -ое gegerbt
дублёр, -а *m* Double, Ersatzschauspieler; Sprecher *bei Synchronisation eines Films*
дубле́т, -а *m* **1.** Dublette, zweites Exemplar **2.** Dublette, Doppelschuß
Ду́блин, -а *m* Dublin
дубли́ровать, -рую, -руешь; -рованный, -рован, -а *uv* **1.** synchronisieren *Film* **2.**: ~ роль für j-n Double sein **3.**: ~ рабо́ту (meist unnötige) Parallelarbeit leisten
дубля́ж, -а, *I* -ем, *G Pl* -ей *m* Synchronisation *Film*
Дубна́, -ы́ *f* Dubna *Stadt bei Moskau*
дубня́к, -а́ *m* Eichenwald
дубова́тый, -ая, -ое; *Kzf* -а́т, -а *umg* grob, schwerfällig; schwer von Begriff
дубо́вый, -ая, -ое Eichen-, aus Eichenholz; -ая ро́ща Eichenhain
дубра́ва, -ы *f* **1.** Eichenwald **2.** *poet* Hain
дуга́, -и́, *Pl* ду́ги, дуг, ду́гам *f* **1.** Krummholz *an Geschirren* **2.** Bogen; во́льтова [электри́ческая] ~ Lichtbogen ◇ согну́ть кого́-н. в дугу́ [в три дуги́] j-n zur völligen Unterwerfung zwingen
дугово́й, -а́я, -о́е Bogen-; -а́я ла́мпа Bogenlampe
дугообра́зный, -ая, -ое; *Kzf* -зен, -зна bogenförmig
дуде́ть, *1. Pers ungebr*, -ди́шь *uv umg* auf der Rohrpfeife spielen
ду́дка, -и, *Pl G* -док, *D* -дкам *f* Hirtenpfeife, Rohrpfeife ◇ пляса́ть под чью-н. ду́дку nach j-s Pfeife tanzen
ду́дки *Interj volksspr zum Ausdruck der Verweigerung* nichts da!, denkst Du!, Pustekuchen!
ду́жка, -и, *Pl G* -жек, *D* -жкам *f* **1.** *Dem zu* дуга́ Krummholz **2.** Henkel, Bügel
Ду́йсбург, -а *m* Duisburg
дука́т, -а *m hist* Dukaten
ду́ло, -а *n* Mündung *an Schußwaffen*
ду́ма, -ы *f* **1.** *alt* Gedanke **2.** Duma *Parlament im zaristischen Rußland* **3.** Duma *ukrainisches Volkslied*
ду́мать, -аю, -аешь *uv* **1.** denken (о *P* an); nachdenken (над *I* über); то́лько об одно́м ~ nur auf eins bedacht sein **2.** glauben, meinen; как вы ду́маете? was meinen Sie?; не ду́маю, что́бы . . . ich glaube nicht, daß . . . **3.** (ge)denken, beabsichtigen; я не ду́маю уезжа́ть ich denke nicht daran, zu verreisen ◇ мно́го о себе́ ~ sich viel einbilden, sehr von sich eingenommen sein; ~ ду́му sich in Gedanken vertiefen; не до́лго ду́мая ohne sich lange zu besinnen, kurz entschlossen; я и не ду́маю! das fällt mir nicht im Traume ein!; и ~ не́чего! kein Gedanke daran!, das kommt nicht in Frage!; я ду́маю! das will ich meinen!, natürlich! ‖ *v* поду́мать *zu* **1, 3**
ду́маться, -ается *unpers uv D* scheinen, vorkommen
Дуна́й, -я *m* Donau
дуна́йский, -ая, -ое Donau-
дунове́ние, -я *n* Wehen, Lufthauch
ду́нуть *v mom zu* дуть
Ду́нька *Dem zu* Авдо́тья *u.* Евдоки́я
Ду́ня, -и *f Dem zu* Авдо́тья *u.* Евдоки́я
Дуня́ш(к)а, -и *f Dem zu* Авдо́тья *u.* Евдоки́я
дупли́стый, -ая, -ое; *Kzf* -и́ст, -а hohl; -ое де́рево hohler Baum

дупло́, -а́, *Pl* ду́пла, ду́пел, ду́плам *n* **1.** Höhlung *im Baum* **2.** Loch *im Zahn*

ду́ра, -ы *f* Närrin, dumme Gans

дура́к, -а́ *m* **1.** Dummkopf; он ~ -о́м *oder* он наби́тый ~ er ist ein ausgemachter Dummkopf, er hat ein Brett vor dem Kopf **2.** *Pl* Art Kartenspiel ◇ валя́ть -а́ a) sich dumm stellen; b) faulenzen; оста́вить в -а́х кого́-н. j-n zum Narren halten, hereinlegen; оста́ться в -а́х das Nachsehen haben, mit langer Nase abziehen; -а́м зако́н не пи́сан *Sprichw* mit der Dummheit kämpfen Götter selbst vergebens; он ма́лый не ~ er versteht sich gut darauf; нашли́ -а́! so dumm bin ich nicht (, das zu machen)

дуракова́тый, -ая, -ое; *Kzf* -а́т, -а *umg* etwas dumm

дурале́й, -я, *G Pl* -ев *m volksspr* Dummkopf Schafskopf

дура́цкий, -ая, -ое **1.** närrisch, Narren- **2.** *Adv* по-дура́цки *umg* närrisch

дура́чество, -а *n umg* dummer Streich

дура́чить, -чу, -чишь *uv umg* zum Narren halten, foppen

дура́читься, -чусь, -чишься *uv umg* den Narren spielen, dumme Streiche machen

дурачо́к, -чка́ *m umg* **1.** *Dem zu* дура́к Dummkopf, Narr **2.** Idiot, Schwachkopf

дура́шливый, -ая, -ое; *Kzf* -ив, -а *umg* etwas dumm, einfältig, tölpelhaft; spaßig, ausgelassen

ду́рень, -рня *m volksspr* Dummkopf

дуре́ть, -е́ю, -е́ешь *uv volksspr* verdummen, verblöden

дури́ть, дурю́, дури́шь *uv umg* **1.** Unsinn treiben, dumme Streiche machen **2.** bocken *Pferd u. ä.*

дурма́н, -а *m* **1.** *bot* Stechapfel **2.** Betäubungsmittel *a. übtr*

дурма́нить, -ню, -нишь *uv* betäuben

дурне́ть, -е́ю, -е́ешь *uv* häßlich werden

ду́рно *Adv* schlecht; ~ вести́ себя́ sich schlecht benehmen; ему́ сде́лалось [ста́ло] ~ ihm wurde übel

дурно́й, -а́я, -о́е; *Kzf* ду́рен, дурна́! **1.** schlecht, übel; ~ во́здух schlechte Luft **2.** schlecht, ungehörig; -а́я привы́чка eine schlechte Angewohnheit; приобрести́ -у́ю сла́ву in Verruf geraten ◇ она́ дурна́ собо́й sie ist häßlich

дурнота́, -ы́ *f umg* Übelkeit, Unwohlsein, leichte Ohnmacht

дурну́шка, -и, *Pl G* -шек, *D* -шкам *f umg* häßliche Frau

ду́рость, -и *f umg* Dummheit, Spleen; по -и aus Dummheit

ду́рочка, -и, *Pl G* -чек, *D* -чкам *f umg* **1.** *Dem zu* ду́ра Närrchen **2.** *alt, volksspr* Idiotin, Schwachsinnige

дуршла́г, -а *m* Durchschlag, Sieb

дурь, -и *f umg* Dummheit, Grillen; на него́ ~ нашла́ er hat Grillen im Kopf; вы́бить [вы́колотить] ~ из головы́ die Grillen aus dem Kopf schlagen

Ду́ся, -и *f Dem zu* Авдо́тья *u.* Евдоки́я

ду́тый, -ая, -ое **1.** hohl *Glas* **2.** aufgebauscht, übertrieben

дуть* *uv* **1.** blasen, wehen; здесь ду́ет *unpers* hier zieht es **2.** pusten, blasen **3.** *Glas* blasen **4.** *volksspr* in großen Mengen trinken; ~ во́дку Schnaps saufen **5.** *volksspr* mit Eifer [Leidenschaft] tun ◇ он и в ус не ду́ет *volksspr* er zuckt nicht mit der Wimper, er läßt sich deswegen keine grauen Haare wachsen || *v mom* ду́нуть, -ну, -нешь *zu* 1, 2

дутьё, -ья́ *n tech* **1.** Gebläse **2.** (Glas-)Blasen

ду́ться* *uv umg*: ~ на кого́-н. mit j-m schmollen

дух, -а (-у) *m* **1.** Geist; в здоро́вом те́ле здоро́вый ~ im gesunden Körper ein gesunder Geist **2.** Geist, Inhalt, Sinn; в -е дру́жбы ме́жду наро́дами im Geiste [Sinne] der Völkerfreundschaft **3.** Geist, Moral, Stimmung, Mut; боево́й ~ Kampfesstimmung; собра́ться с -ом Mut fassen; па́дать -ом den Mut verlieren; подня́ть ~ die Stimmung heben; быть в -е gute Laune haben; быть не в -е schlechte Laune haben **4.** Geist, überirdisches Wesen; злой ~ böser Geist **5.** *umg* Atem(zug); перевести́ ~ Atem schöpfen; у меня́ ~ захва́тывает mir stockt der Atem **6.** *volksspr* Geruch ◇ э́то в моём -е das ist in meinem Sinn, das ist nach meinem Geschmack; о нём ни слу́ху ни -у er läßt nichts von sich hören; одни́м [еди́ным] -ом in einem Zug, auf einmal; во весь ~ бежа́ть aus Leibeskräften laufen; ~ вон из него́ *umg* er ist hinüber [tot]; у меня́ не хвати́ло -у *umg* a) ich war außer Atem; b) ich brachte es nicht übers Herz, ich konnte nicht den Mut aufbringen

духа́н, -а *m* Schenke *im Kaukasus*

духи́, -о́в *Pl* Parfüm

духове́нство, -а *n Koll* Klerus

духо́вка, -и, *Pl G* -вок, *D* -вкам *f* Back-, Bratröhre

духовни́к, -а́ *m* Beichtvater

духо́вный, -ая, -ое **1.** geistig; -ые интере́сы geistige Interessen **2.** geistlich, kirchlich **3.** -ого *Subst m* Geistlicher ◇ ~ оте́ц Beichtvater

духово́й, -а́я, -о́е *mus* Blas-; ~ инструме́нт Blasinstrument ◇ -а́я печь Back-, Bratröhre

духота́, -ы́ *f* drückende Hitze, Schwüle

душ, -а, *I* -ем, *G Pl* -ей *m* Dusche; принима́ть ~ duschen

душа́, -и́, *A* ду́шу, *I* душо́й, *Pl* ду́ши, душ, ду́шам *f* **1.** Seele **2.** Charakter; благоро́дная [ни́зкая] ~ ein edler [niedriger] Charakter; он ~-челове́к er ist ein seelensguter Mensch **3.** Gefühl, Innigkeit; петь с -о́й mit Gefühl singen **4.** *übtr* Seele; быть -о́й де́ла die Seele des Unternehmens sein **5.** Mensch, Person; вокру́г не́ было ни -и́ ringsum war keine Menschenseele; их бы́ло пять душ sie waren fünf Personen **6.** *hist* Leibeigener; „Мёртвые ду́ши“ Го́голя „Die toten Seelen“ von Gogol ◇ бума́жная [черни́льная] ~ Schreiberseele, Bürokrat; ~ моя́! meine Liebe!; у меня́ ~ в пя́тки ушла́ mir wurde angst und bange, mir ist das Herz in die Hosen gefallen; у меня́ ~ не лежи́т к нему́ er ist mir nicht sympathisch; у него́ ~ не лежи́т к э́тому dafür hat er nichts übrig; у него́ ~ нараспа́шку er ist ein offenherziger Mensch, er trägt sein Herz auf der Zunge; у него́ ~ не на ме́сте er ist aufgeregt; -и́ не ча́ять в ко́м-н. *umg* an j-m einen Narren gefressen haben; ско́лько -е́ уго́дно nach Herzenslust; вложи́ть -у в де́ло sich ganz einer Sache widmen; изли́ть кому́-н. -у j-m sein Herz ausschütten; отвести́ -у *umg* seinem Herzen Luft machen; всей -о́й *oder* от всей -и́ von ganzem Herzen; криви́ть -о́й *umg* sich verstellen, lügen; *mit Präpositionen* в -е́ a) innerlich; b) seiner Natur nach; он поэ́т в -е́ er ist dichterisch veranlagt, er hat eine dichterische Ader; влезть кому́-н. в -у sich in j-s Vertrauen einschleichen; жить ~ в -у ein Herz und eine Seele sein; для -и́ *umg* zum eigenen Vergnügen; сде́лать что́-н. за ми́лую -у etw. mit großem Vergnügen tun; хвата́ть за́ ду́шу ans Herz greifen, nahe gehen; за -о́й у него́ нет ничего́ er besitzt überhaupt nichts; взять на́ ду́шу [на свою́ -у] что́-н. für etw. die Verantwortung übernehmen, etw. auf die eigene Kappe nehmen; у меня́ легко́ [тяжело́] на -е́ mir ist leicht [schwer] ums Herz; на -у населе́ния pro Kopf der Bevölkerung; как бог на́ душу поло́жит wie es einem gerade einfällt; э́то ему́ по -е́ das ist ganz nach seinem Herzen [Geschmack]; говори́ть по -е́ [по -а́м] offen sprechen

душева́я, -о́й *Subst f* Duschraum

душевнобольно́й, -а́я, -о́е **1.** geisteskrank **2.** -о́го *Subst m* Geisteskranker

душе́вный, -ая, -ое **1.** seelisch, innerlich **2.** herzlich, freundlich ◇ -ая боле́знь Geisteskrankheit

[1]**душево́й,** -а́я, -о́е pro Kopf; -о́е потребле́ние Pro-Kopf-Verbrauch

[2]**душево́й,** -а́я, -о́е Dusch-, Brause-

душегу́бка, -и, *Pl G* -бок, *D* -бкам *f* **1.** Seelenverkäufer *leicht umkippendes Boot* **2.** *faschistischer* Vergasungswagen

•**ду́шенька,** -и, *Pl G* -нек, *D* -нькам *f* Herzchen *Kosewort*

душеприка́зчик, -а *m jur, alt* Testamentsvollstrecker

душераздира́ющий, -ая, -ее herzzerreißend

души́стый, -ая, -ое; *Kzf* -и́ст, -а wohlriechend, duftend

души́тель, -я *m buchspr, alt* Unterdrücker, Verfolger

[1]**души́ть,** душу́, ду́шишь *uv* **1.** (er)würgen; зло́ба души́ла его́ er keuchte vor Wut **2.** *übtr* unterdrücken, abwürgen

[2]**души́ть,** душу́, ду́шишь *uv* parfümieren

души́ться, душу́сь, ду́шишься *uv* sich parfümieren

ду́шка, -и, *Pl G* -шек, *D* -шкам *umg* *m* netter Junge; *f* nettes Mädchen

ду́шно *prädikativ* **1.** stickig, schwül; здесь ~ hier ist es drückend warm **2.** *D* beklommen; ему́ бы́ло [ста́ло] ~ er bekam keine Luft

ду́шный, -ая, -ое; *Kzf* -шен, -шна́! schwül, drückend, stickig

душо́к, -шка́ *m umg* **1.** leicht fauler Geruch **2.** *übtr* Anflug, Hauch

душо́нка, -и *f verächtl*: дрянна́я ~ elender Wicht; ме́лкая ~ Krämerseele

дуэ́ль, -и *f* Duell; дра́ться на -и sich duellieren
дуэ́т, -а *m* Duett
ду́ю ↑ дуть
ды́ба, -ы *f hist* Folterbank
ды́биться, *1. u. 2. Pers ungebr*, ды́бится *uv* sich aufbäumen, sich auf die Hinterbeine stellen
ды́бом *Adv*: во́лосы вста́ли ~ die Haare standen zu Berge
дыбы́: встать на ~ sich auf die Hinterbeine stellen *a. übtr*
ды́лда, -ы *m, f volksspr* Lulatsch
дым, -а (-у), *P* о ды́ме, в дыму́, *Pl* дымы́, -о́в, -а́м *m* Rauch ◇ нет -а без огня́ *Sprichw* kein Rauch ohne Feuer, alles hat seine Ursache; там ~ коромы́слом dort geht es drunter und drüber, dort geht es hoch her
дыми́ть, дымлю́, дыми́шь *uv* **1.** *1. u. 2. Pers ungebr* schlecht brennen, qualmen **2.** *I* paffen, rauchen;
дыми́ться, *1. u. 2. Pers ungebr*, дыми́тся *uv* rauchen, schwelen, dampfen
ды́мка, -и *f* Dunstschleier
ды́мный, -ая, -ое verqualmt, rauchig
дымово́й, -а́я, -о́е Rauch-; -а́я труба́ Schornstein; -а́я заве́са *mil* Nebelvorhang; ~ снаря́д Nebelgranate -а́я ма́ска Rauchmaske
дымо́к, -мка́ *m* Rauchwölkchen
дымохо́д, -а *m* Zug, Rauchabzug *im Ofen*
ды́мчатый, -ая, -ое; *Kzf* -ат, -а rauchfarben; -ое стекло́ Rauchglas
ды́ня, -и *f* Zuckermelone
дыра́, -ы́, *Pl* ды́ры, дыр, ды́рам *f* **1.** Loch **2.** *übtr alt* (Provinz-) Nest ◇ заткну́ть -у́ *übtr* ein Loch stopfen
ды́рка, -и, *Pl G* -рок, *D* -ркам *f* (kleines) Loch
дыроко́л, -а *m umg* Locher *für Papier*
дыря́вить, -влю, -вишь *uv volksspr* (durch)löchern
дыря́вый, -ая, -ое; *Kzf* -я́в, -а löcherig, zerrissen ◇ -ая па́мять [голова́] *scherz* ein Gedächtnis wie ein Sieb
дыха́ние, -я *n* Atmung, Atem; затруднённое ~ Atemnot
дыха́тельный, -ая, -ое Atmungs-; -ые пути́ Atemwege; -ое го́рло Luftröhre

дыхну́ть, -ну́, -нёшь *v volksspr u. gbt* **1.** einmal ausatmen; einen Atemzug tun **2.** (leicht) wehen
дыша́ть, дышу́, ды́шишь *uv* **1.** atmen; тяжело́ ~ keuchen **2.** strahlen (*I* vor); ~ ра́достью vor Freude strahlen ◇ е́ле [на ла́дан] ~ in den letzten Zügen liegen
дыша́ться, ды́шится *unpers, uv D* atmen können; здесь ле́гче ды́шится hier kann man leichter atmen
ды́шло, -а *n* Deichsel
дья́вол, -а *m* Teufel
дьяволёнок, -нка, *Pl* -ля́та, -ля́т, -ля́там *m* **1.** *umg* kleiner Teufel **2.** *volksspr* Schalk, kleiner Schlingel
дья́вольски *Adv umg* verteufelt, schrecklich; я ~ уста́л ich bin hundemüde
дья́вольский, -ая, -ое **1.** teuflisch, heimtückisch **2.** *umg* furchtbar, schrecklich; -ое терпе́ние Engelsgeduld
дья́волщина, -ы *f umg* Teufelei
дьяк, -а́ *m* **1.** *hist* Beamter *im alten Rußland* **2.** Kirchendiener
дья́кон, -а, *Pl* дьякона́, -о́в, -а́м *m kirch* Diakon
дьячо́к, -чка́ *m* Küster
дю́жий, -ая, -ее; *Kzf* дюж, -а́, -е *volksspr* kräftig, robust
дю́жина, -ы *f* Dutzend
дю́жинами *Adv* dutzendweise
дю́жинный, -ая, -ое alltäglich, durchschnittlich; Durchschnitts-
дюйм, -а *m* Zoll *23 mm*
дюймо́вый, -ая, -ое einen Zoll lang
дю́на, -ы *f* Düne
дюралюми́ний, -я, *P* -и *m* Duraluminium
Дю́ссельдорф, -а *m* Düsseldorf
дя́денька, -и, *Pl G* -нек, *D* -нькам *m umg zärtlich zu* дя́дя Onkelchen
дя́дин, -а, -о dem Onkel gehörig
дя́дька, -и, *Pl G* -дек, *D* -дькам *m* **1.** *umg* Onkel(chen) *Anrede* **2.** *alt* Erzieher eines adligen Knaben
дя́дюшка, -и, *Pl G* -шек, *D* -шкам *f zärtlich zu* дя́дя Onkelchen
дя́дя, -и, *Pl* дя́ди, -ей, -ям *m* Onkel, *umg a. Anrede an Erwachsene*
дя́тел, -тла *m* Specht

E

Éва, -ы *f* Eva
ева́нгелие, -я *n* Evangelium
евангели́ческий, -ая, -ое evangelisch
Евге́ний, -я, *P* -и *m* Eugen
Евге́ния, -и *f* Eugenie
Евдоки́м, -а *m männl Vn*
Евдоки́я, -и *f weibl Vn*
е́внух, -а *m* Eunuch
Евпато́рия, -и *f* Eupatoria *Stadt*
евре́й, -я, *G Pl* -е́ев *m* Jude
евре́йка, -и, *Pl G* -е́ек, *D* -е́йкам *f* Jüdin
евре́йский, -ая, -ое jüdisch; Евре́йская Автоно́мная о́бласть Jüdisches Autonomes Gebiet
Евро́па, -ы *f* Europa
европе́ец, -е́йца, *I* -е́йцем, *G Pl* -е́йцев *m* Europäer
европе́йский, -ая, -ое europäisch
Евфра́т, -а *m* Euphrat
е́герь, -я, *Pl* егеря́, -е́й, -я́м *u.* е́гери, -ей, -ям *m* Jäger *a. mil*
Еги́пет, -пта *m* Ägypten
еги́петский, -ая, -ое ägyptisch
египто́лог, -а *m* Ägyptolog(e)
египтоло́гия, -и *f* Ägyptologie
египтя́нин, -а, *Pl* -я́не, -я́н, -я́нам *m* Ägypter
египтя́нка, -и, *Pl G* -нок, *D* -нкам *f* Ägypterin
его́ 1. ↑ он, оно́ 2. *Poss Pron* sein; ~ дом sein Haus
егоза́, -ы́ *m, f umg* unruhiger Mensch, Quecksilber
егози́ть, егожу́, егози́шь *uv umg* 1. hin und her rutschen, unruhig sitzen 2. *verächtl* sich einkratzen, sich einschmeicheln (пе́ред ке́м-н. bei j-m)
Его́р, -а *m* Georg
Его́рий, -я, *P* -и *m* Georg
Его́р(уш)ка, -и *m Dem zu* Его́р *u.* Его́рий
еда́, -ы́ *f* 1. Essen; во вре́мя еды́, за едо́й beim Essen 2. Speise, Kost
едва́ 1. *Adv* mit Mühe und Not; ~ вы́держал экза́мен er hat mit Ach und Krach die Prüfung bestanden 2. *Adv* kaum; он ~ уме́ет чита́ть er kann kaum lesen 3. *Adv*: ~ не fast; она́ ~ не упа́ла sie wäre beinahe gefallen 4. *Konj* kaum, sobald; ~ он вошёл, (как) на́чал говори́ть kaum war er eingetreten, da fing er schon an zu sprechen ◇ ~ ли kaum, schwerlich; ~ ли э́то уда́стся das wird kaum gelingen; ~ ли не wie es scheint, wohl, fast; э́то сочине́ние ~ ли не са́мое лу́чшее из всех dieser Aufsatz ist wohl der beste von allen
едине́ние, -я *n* Einigkeit; в -и си́ла Einigkeit macht stark
едини́ца, -ы, *I* -ей *f* 1. Eins *Ziffer* 2. Eins *i. d. UdSSR schlechteste Zensur* „ungenügend" 3. *Pl* Einer *math* 4. Einheit; ~ измере́ния Maßeinheit; де́нежная ~ Geldeinheit 5. *Pl* einzelne; не вы́полнили зада́ния то́лько -ы nur einzelne erfüllten den Plan nicht
едини́чный, -ая, -ое; *Kzf* -чен, -чна einzeln, vereinzelt; Einzel-
едино|бо́жие, -я *f* Monotheismus; **~бо́рство,** -а *n* Zweikampf; **~бра́чие,** -я *n* Monogamie; **~вла́стие,** -я *n* Alleinherrschaft; **~вла́стный,** -ая, -ое; *Kzf* -тен, -тна alleinherrschend; **~вре́менный,** -ая, -ое einmalig; **~гла́сие,** -я *n* Einstimmigkeit, Einmütigkeit; **~гла́сный,** -ая, -ое; *Kzf* -сен, -сна einstimmig, einmütig; **~ду́шие,** -я *n* Einmütigkeit, Eintracht; **~ду́шный,** -ая, -ое; *Kzf* -шен, -шна einmütig
единоли́чник, -а *m* Einzelbauer
единоли́чный, -ая, -ое 1. Einzelbauern-; -ое хозя́йство Einzel(bauern)wirtschaft 2. von einer einzelnen Person geleitet; -ое реше́ние von einem einzelnen gefaßter Beschluß
едино|мы́слие, -я *n* Gleichheit der Gesinnung; **~мы́шленник,** -а *m* 1. Gesinnungsgenosse 2. Komplize; **~нача́лие,** -я *n* Einzelleitung; **~обра́зие,** -я *n* Einheitlichkeit; **~обра́зный,** -ая, -ое; *Kzf* -зен, -зна einheitlich
еди́нственно 1. *Adv* einzig, allein, nur 2. *Part* einzig; ~ потому́, что einzig und allein deswegen, weil; и ~ для того́, что́бы nur deswegen, um
еди́нственный, -ая, -ое; *Kzf* -ен, -енна einziger; ~ в своём ро́де einzigartig; -ое число́ Singular, Einzahl
еди́нство, -а *n* Einheit, Einigkeit; ~ де́йствий Aktionseinheit
еди́ный, -ая, -ое; *Kzf* еди́н, -а 1. einheitlich, gemeinsam; ~ фронт Einheitsfront; Социалисти́ческая еди́ная па́ртия Герма́нии Sozialistische Einheitspartei Deutschlands 2. *alt* einzig: там не́ было ни -ой души́ es

war keine Menschenseele dort; все до -ого *umg* alle bis auf den letzten, alle ohne Ausnahme

éдкий, -ая, -ое; *Kzf* éдок, едкá!; *Komp* éдче 1. ätzend; ~ натр Ätznatron 2. beißend, scharf; ~ дым beißender Rauch 3. *übtr* scharf, bissig; -ая ирóния beißende Ironie; -ое замечáние bissige Bemerkung

éдкость, -и *f* 1. Ätzkraft, Schärfe 2. *übtr* Bissigkeit 3. bissige Bemerkung, Stichelei

едóк, -á *m* Esser; он плохóй ~ er ist ein schlechter Esser; в семьé три -á die Familie besteht aus drei Personen

éду ↑ éхать

éдче ↑ éдкий

её 1. ↑ онá 2. *Poss Pron* ihr; ~ дом ihr Haus

ёж, ежá, *I* ежóм, *G Pl* ежéй *m* Igel

еже- *in Zuss* jeder, jede, jedes; all-

ежевúка, -и *f* 1. Brombeerstrauch 2. *Koll* Brombeeren

ежевúчник, -а *m* Brombeerdickicht

ежевúчный, -ая, -ое Brombeer-; -ое варéнье Brombeerkonfitüre

ежегóдник, -а *m* Jahrbuch, Jahresschrift

ежегóдный, -ая, -ое (all)jährlich

ежеднéвный, -ая, -ое 1. (all)täglich 2. Alltags-

éжели *Konj alt u. volksspr dasselbe wie* éсли

ежемéсячник, -а *m* Monatsschrift, -heft

ежемéсячный, -ая, -ое (all)monatlich

ежеминýтный, -ая, -ое 1. fortwährend 2. -о *Adv* jeden Augenblick

еже|недéльник, -а *m* Wochenschrift; **~недéльный,** -ая, -ое (all)wöchentlich; **~секýндный,** -ая, -ое jede Sekunde; **~чáсный,** -ая, -ое stündlich

ёжик, -а *m* 1. *Dem zu* ёж kleiner Igel 2. Bürsten(haar)schnitt

ёжиться, ёжусь, ёжишься *uv* zusammenschauern, sich zusammenkauern

ежóвый, -ая, -ое Igel- ◇ держáть когó-н. в -ых рукавúцах j-n kurz halten, j-n unter der Fuchtel haben

ездá, -ы́ *f* Fahren; верховáя ~ Reiten; в двух часáх -ы́ от гóрода zwei Stunden Fahrt von der Stadt; ~ по желéзной дорóге das Reisen mit der Bahn

éздить, éзжу, éздишь *uv* 1. *unbest zu* éхать 2. hin und zurück fahren; вчерá я éздил в Дрéзден gestern bin ich nach Dresden gefahren, gestern war ich in Dresden 3. fahren [reiten] können; он отлúчно éздит верхóм er reitet ausgezeichnet; ~ на велосипéде radfahren

ездовóй, -áя, -óе 1. Fahr-, Reit-; -ы́е собáки Zughunde 2. -óго *Subst m mil* Fahrer

ездóк, -á *m* Reiter; Fahrgast; отлúчный ~ на велосипéде ein ausgezeichneter Radfahrer

ей ↑ онá

ей-бóгу! *Interj umg* bei Gott!, wahrhaftig!

ей-éй! *Interj volksspr* wahrlich!, wahrhaftig!

éканье, -ья *n ling* Jekanje *Aussprache eines unbetonten* я *als* е

Екатерúна, -ы *f* Katharina

ёкать, ёкаю, ёкаешь *uv*: сéрдце ёкает *umg* das Herz klopft *vor Schreck u. a.* ‖ *v mom* **ёкнуть,** ёкну, ёкнешь

éле *Adv* kaum; ~ живóй halbtot; éле-éле mit Mühe und Not; éле-éле душá в тéле *volksspr* er [sie] ist sehr schwach

елéй, -я *kirch* Olivenöl

елéйный, -ая, -ое salbungsvoll

Елéна, -ы *f* Helene

Елизавéта, -ы *f* Elisabeth

ёлка, -и, *Pl G* ёлок, *D* ёлкам *f* 1. Tanne, Fichte 2.: рождéственская ~ Weihnachtsbaum; новогóдняя ~ Neujahrstanne 3. Weihnachtsfeier; Neujahrsfeier; подарúть на -у *umg* zu Weihnachten schenken; подáрок на -у *umg* Weihnachtsgeschenk

елóвый, -ая, -ое Fichten- ◇ головá -ая *volksspr* Dummkopf

ёлочка, -и, *Pl G* -чек, *D* -чкам *f Dem zu* ёлка kleine Fichte [Tanne]; -ой *oder* в -у im Fischgrätenmuster

ёлочный, -ая, -ое Fichten-, Tannen-; Weihnachts-; -ые украшéния (Weihnachts-) Baumschmuck; -ые свéчи Maiwuchs

ель, -и *f* Fichte, Tanne

éльник, -а (-у) *m* 1. Fichtenwald 2. Fichtenreisig, -zweige

ем ↑ есть

Емельян, -а *m männl Vn*

ёмкий, -ая, -ое; *Kzf* ёмок, ёмка geräumig

ёмкость, -и *f* Geräumigkeit; Fassungsvermögen; Kapazität; мéра -и Hohlmaß; ~ ры́нка *wirtsch* Aufnahmefähigkeit des Marktes

емý ↑ он, онó

Енисéй, -я *m* Jenissei *Fluß*

енóт, -а *m* Waschbär

енóтовый, -ая, -ое Waschbär-

епископ, -а *m* Bischof
епископство, -а *n* **1.** Bischofswürde **2.** Bistum
Ереван, -а *m* Jerewan *Stadt*
ересь, -и *f* **1.** *rel* Ketzerei **2.** *umg* Unsinn; нести [городить] ~ Unsinn zusammenreden
еретик, -а *m* Ketzer
еретический, -ая, -ое ketzerisch
еретичка, -и, *Pl G* -чек, *D* -чкам *f* Ketzerin
ёрзать, -аю, -аешь *uv umg* hin- und herrutschen; не ёрзай! sitz doch still!
ермолка, -и, *Pl G* -лок, *D* -лкам *f* rundes Käppchen
ерошить, -шу, -шишь *uv umg* zerzausen
ерошиться, *1. u. 2. Pers ungebr*, -ится *uv umg* sich sträuben *Haare*
ерунда, -ы *f umg* **1.** Unsinn, dummes Zeug **2.** Kleinigkeit
ерундить, *1. u. 2. Pers ungebr*, -дишь *uv volksspr* Unsinn reden
ерундовский, -ая, -ое *volksspr* dumm, unbedeutend
[1]**ёрш,** ерша, *I* ершом, *G Pl* ершей *m* **1.** *zool* Kaulbarsch **2.** Reinigungsbürste; Flaschenbürste
[2]**ёрш,** ерша, *I* ершом *m umg* Mischung von Wodka und Bier
есаул, -а *m hist* Kosakenrittmeister
если *Konj* **1.** wenn, falls; ~ бы он был здоров wenn er gesund [gewesen] wäre; ~ бы не дождь wenn nicht der Regen [gewesen] wäre; что ~ бы пойти в кино *umg* wie wäre es, wenn wir ins Kino gingen; ~ только не ... wenn nur nicht ...; уж ~, то ... wenn schon, dann ...; ~ и wenn auch; что ~ он не придёт? und wenn er nicht kommt? **2.** während *bei Gegenüberstellung*; ~ в прибалтийских республиках климат морской, то в Средней Азии он континентальный während in den baltischen Republiken Seeklima herrscht, hat Mittelasien Kontinentalklima
естественно **1.** *Adv* natürlich; normal; ungezwungen **2.** *mod* natürlich
естественный, -ая, -ое **1.** natürlich, Natur-; -ые науки Naturwissenschaften; -ые богатства Naturschätze, Bodenschätze; ~ отбор *biol* natürliche Zuchtwahl **2.** *Kzf* -вен, -венна natürlich; normal; ungezwungen; ~ путь развития normaler Entwicklungsweg; -ым образом auf natürliche Weise; -ая поза ungezwungene Pose ◇ -ое дело *umg* selbstverständlich, natürlich
естество, -а *m* **1.** *buchspr* Wesen **2.** *alt* Natur
естество|вед, -а *m* Naturwissenschaftler; **~ведение,** -я *alt* Naturkunde; **~знание,** -я *n* Naturwissenschaft(en); **~испытатель,** -я *m* Naturforscher
[1]**есть*** **1.** essen; fressen *von Tieren*; мне хочется ~ ich möchte etwas essen; ~ глазами кого-н. *scherz* j-n mit den Augen verschlingen, sich nicht sattsehen können an j-m **2.** *chem* *1. u. 2. Pers ungebr* zerfressen; ржавчина ест железо Rost zerfrißt das Eisen; дым ест глаза der Rauch beißt in die Augen **3.** *übtr umg* quälen, bedrücken, keine Ruhe lassen **4.** *volksspr* Vorhaltungen machen, schelten
[2]**есть** **1.** *prädikativ* es gibt, es existiert, es ist [sind] da; в этом доме (есть) несколько выходов in diesem Haus gibt es [dieses Haus hat] mehrere Ausgänge; у меня ~ ... ich habe ...; спички ~? hast du [haben Sie] Streichhölzer?; ~ надежда es besteht Hoffnung **2.** *3. Pers Sg Präs zu* быть, *meist in Begriffsbestimmungen; auch in den anderen Pers gebräuchlich*; bin, bist, ist, sind, seid; кто ты ~? wer bist du?; коммунизм ~ советская власть плюс электрификация всей страны Kommunismus ist Sowjetmacht plus Elektrifizierung des ganzen Landes; я остаюсь тем, что я ~ ich bleibe, was ich bin ◇ ~ такое дело! *volksspr* einverstanden!; (так) и ~ *volksspr* wirklich, in der Tat
[3]**есть** *Interj mil* zu Befehl!
Ефим, -а *m männl Vn*
ефрейтор, -а *m* Gefreiter
ехать* *uv* **1.** *best* fahren, reisen; ~ на метро mit der U-Bahn fahren; ~ в поезде mit dem Zug fahren; ~ на велосипеде radfahren; ~ верхом reiten; ~ на лошадях mit der Postkutsche fahren; ~ на Кавказ in den Kaukasus fahren [reisen]; я еду завтра ich reise morgen ab; едут! sie kommen! **2.** *nach der Seite* gleiten, (ver)rutschen; шапка едет на бок die Mütze rutscht zur Seite ◇ дальше ~ некуда *volksspr* schlimmer kann's nicht mehr werden | *unbest* **ездить** *zu* 1
ехида, -ы *m, f volksspr* Spötter
ехидничать, -аю, -аешь *uv umg* sticheln, spotten, witzeln

ехи́дный, -ая, -ое; *Kzf* -ден, -дна boshaft, tückisch

ехи́дство, -а *n* Spötterei, Tücke

ещё *Adv* 1. noch; всё ~ noch immer, immer noch; нет ~ noch nicht; ~ успе́ю ich komme noch zurecht; съешь ~ хле́ба iß noch (mehr) Brot 2. (*mit Prät*) schon; он уе́хал ~ неде́лю наза́д er ist schon vor einer Woche abgereist; ~ Маркс указа́л на э́то schon Marx hat darauf hingewiesen ◇ ~ бы! a) und ob!, natürlich!; b) das wäre noch schöner!; вот ~! *iron* das fehlte noch!; э́то ~ ничего́! das ist noch lange nicht das Schlimmste!; ~ како́й! und was für einer!

ЭЭС [еэ́с] (Европе́йское экономи́ческое соо́бщество) EWG

е́ю ↑ она́

Ж

ж ↑ же

[1]**жа́ба,** -ы *f* Kröte

[2]**жа́ба,** -ы *f med, alt* Angina, Bräune; грудна́я ~ Angina pectoris

жа́берный, -ая, -ое *anat* Kiemen-

жа́бры *Pl* жабр, *Sg* жа́бра, -ы *f anat* Kiemen

жаве́лев, -а, -о: -а вода́ *chem* Javellesche Lauge

жа́воронок, -нка *m* Lerche

жа́дничать, -аю, -аешь *uv umg* geizen; gierig [habgierig] sein

жа́дный, -ая, -ое; *Kzf* -ден, -дна́! 1. gierig, versessen (до *G*, к *D*, на *A* auf); unersättlich; ~ до зна́ний wißbegierig; ~ на власть machthungrig; ~ на сла́ву ruhmsüchtig 2. knauserig; habgierig

жа́жда, -ы *f* 1. Durst 2. *übtr, buchspr* Begierde, Drang, Verlangen

жа́ждать* *uv G buchspr* begehren, verlangen (nach), lechzen (nach)

жа́жду ↑ жа́ждать

жаке́т, -а *m u.* **жаке́тка,** -и, *Pl G* -ток, *D* -ткам *f* kurze (Damen-) Jacke

жале́ть, -е́ю, -е́ешь *uv* 1. bedauern, Mitleid haben (mit) 2. о *P oder mit Konj* что bedauern, bereuen 3. *A oder G* schonen, sparen; не ~ сил die Kräfte nicht schonen ‖ *v* пожале́ть

жа́лить, -лю, -лишь *uv* stechen; *umg* beißen *von Schlangen* ‖ *v* ужа́лить; ужа́ленный, -ен, -а

жа́лкий, -ая, -ое; *Kzf* жа́лок, -лка́!; *Komp* жа́льче 1. bedauernswert, mitleiderregend 2. armselig, kläglich, erbärmlich

жа́лко ↑ жаль

жа́ло, -а *n* 1. Stachel 2. Zunge *von Schlangen*

жа́лоба, -ы *f* 1. Klage 2. *jur* Klage, Beschwerde; кни́га жа́лоб (и предложе́ний) Beschwerdebuch

жа́лобный, -ая, -ое; *Kzf* -бен, -бна 1. klagend, kläglich; traurig 2. Klage-, Beschwerde-; -ая кни́га *umg* Beschwerdebuch

жа́лобщик, -а *m jur* Kläger

жа́лованный, -ая, -ое *alt* verliehen; -ая гра́мота *hist* Schenkungsurkunde, Gnadenbrief

жа́лованье, -ья *n* 1. Lohn, Gehalt 2. *alt* Belohnung, Geschenk

жа́ловать, -лую, -луешь *uv* 1. *I alt* belohnen, auszeichnen (mit) 2. *umg* beachten, schätzen ‖ *v* пожа́ловать

жа́ловаться, -луюсь, -луешься *uv* 1. sich beklagen, klagen (на *A* über) 2. *jur* Klage einreichen, sich beschweren; ~ в суд beim Gericht verklagen 3. *umg* verleumden, denunzieren; он на меня́ тебе́ ~ пришёл er will mich bei dir schlecht machen ‖ *v* пожа́ловаться

жа́лостливый [сл], -ая, -ое; *Kzf* -ив, -а *umg* 1. mitleidig 2. rührend

жа́лостный [сн], -ая, -ое; *Kzf* -тен, -тна *umg* 1. kläglich; ergreifend 2. mitleidig

жа́лость, -и *f* Mitleid ◇ кака́я ~! wie schade!

жаль (*u.* **жа́лко**) *unpers prädikativ* (es ist) schade, (es ist) bedauerlich; мне ~ ребёнка das Kind tut mir leid; мне ~, что пого́да дурна́я es tut mir leid [ich bedauere], daß das Wetter schlecht ist; ~ на него́ смотре́ть es ist ein Jammer, ihn anzusehen [er sieht erbärmlich aus]; как ~! wie schade!; ~ но́вого пла́тья es ist schade um das neue Kleid

жа́льче ↑ жа́лкий

жалюзи́ *n idkl* Jalousie

жанда́рм, -а *m* Gendarm

жандарме́рия, -и *f* Gendarmerie

жанр, -а *m* **1.** Genre, Kunstgattung **2.** Genremalerei, Genrebild **3.** *übtr* Manier, Stil

жанровый, -ая, -ое **1.** Genre- **2.**: -ая живопись Genremalerei; -ые сцены Szenen aus dem täglichen Leben

жар, -а (-у), *P* о жаре, в [на] жару *m* **1.** Glut, Hitze; *umg* glühende Kohlen **2.** Fieber **3.** Eifer, Leidenschaft ◇ задать кому-н. -у j-m die Hölle heiß machen; чужими руками ~ загребать sich von j-m die Kastanien aus dem Feuer holen lassen

жара, -ы *f* Hitze

жаргон, -а *m* Jargon; воровской ~ Gaunersprache

жардиньерка, -и, *Pl G* -рок, *D* -ркам *f* Blumenständer

жареный, -ая, -ое **1.** Brat-, Röst-, gebraten, geröstet **2.** -ое, -ого *Subst n alt* Braten

жарить, жарю, жаришь; жаренный, -ен, -а *uv* **1.** braten **2.** rösten **3.**: солнце жарит die Sonne brennt [sticht] **4.** *volksspr* tüchtig einheizen; stark erhitzen

жариться, жарюсь, жаришься *uv* **1.** braten *itr* **2.** rösten *itr* **3.**: ~ [на солнце] *umg* sich sonnen, sich braun brennen lassen

жаркий, -ая, -ое; *Kzf* -рок, -рка!; *Komp* жарче **1.** heiß **2.** *übtr* glühend, leidenschaftlich; heftig

жарко **1.** *Adv* heiß; heftig, leidenschaftlich **2.** *unpers prädikativ* es ist heiß; сегодня ~ heute ist es (aber) heiß **3.** *unpers prädikativ D*: мне было ~ mir war heiß

жаркое, -ого *Subst n* Braten

жаровня, -и, *Pl G* -вен, *D* -вням *f* Kohlenbecken, *Behälter*

жаро|понижающий, -ая, -ее **1.** *med* fiebersenkend **2.** -ее, -его *Subst n med* fiebersenkendes Medikament; **~стойкий,** -ая, -ое hitzebeständig; **~упорный,** -ая, -ое; *Kzf* -рен, -рна hitzebeständig

жар-птица, -ы, *I* -ей *f folkl* Feuervogel

жарче ↑ жаркий

жарынь, -и *f volksspr* starke Hitze

жасмин, -а *m* Jasmin

жатва, -ы *f* (Getreide-) Ernte

жатвенный, -ая, -ое (Getreide-) Ernte-; -ая машина *landw* (Getreide-) Mähmaschine

жатка, -и, *Pl G* -ток, *D* -ткам *f landw* (Getreide-) Mähmaschine

[1]**жать**[1]* *uv* **1.** drücken; zusammendrücken **2.** (aus)pressen; ~ виноград keltern **3.** zu eng sein, drücken: сапог жмёт (ногу) der Schuh drückt

[2]**жать**[2]* *uv* (Korn) schneiden, mähen, ernten

жаться[1]* *uv* **1.** sich drängen, sich schmiegen (к *D* an) **2.** *umg* unschlüssig sein, sich winden **3.** *umg* knausern

жбан, -а *m* Krug mit Deckel

жвачка, -и *f* **1.** Wiederkäuen **2.** wiedergekäutes Futter; жевать -у wiederkäuen *a. übtr*

жвачный, -ая, -ое **1.** wiederkäuend; -ые животные *zool* Wiederkäuer **2.** -ые, -ых *Subst Pl zool* Wiederkäuer

жгу ↑ жечь

жгут, -а *m* **1.** Geflecht; соломенный ~ Strohwisch **2.** *med* Schlauch, (Abschnür-) Binde

жгучий, -ая, -ее; *Kzf* жгуч, -а **1.** glühend, brennend, scharf; ~ вопрос eine aktuelle Frage -ая крапива Brennessel **2.** heftig, quälend

ж. д. (железная дорога) Eisenbahn

ж.-д. (железнодорожный) Eisenbahn-, Bahn-

ждать* *uv A oder G* warten; erwarten, warten (auf) ◇ время не ждёт die Zeit drängt; дело не ждёт es ist eilig; ~ не дождаться es kaum erwarten können; не заставить себя ~ nicht auf sich warten lassen; того и жди jeden Augenblick

жду ↑ ждать

[1]**же,** *a.* **ж** *nach Wörtern mit auslautendem Vokal, Konj* aber, jedoch, hingegen

[2]**же** *u.* **ж** **1.** *Part* aber, doch, denn; говорите же! sprechen Sie (doch)!; что же? was denn? **2.** *Part zur Bezeichnung der Identität* тот же (самый) derselbe; там же ebenda; тогда же zur selben Zeit ◇ сегодня же noch heute; всё же dennoch

жёваный, -ая, -ое **1.** zerkaut **2.** *übtr umg* zerknüllt, zerdrückt

жевательный, -ая, -ое Kau-

жевать* *uv* kauen; ~ табак priemen

жезл, -а *m* Stab

желание, -я *n* Wunsch, Bitte; Verlangen; по его -ю auf seinen Wunsch; при всём -и beim besten Willen

желанный, -ая, -ое; *Kzf* -анен, -анна **1.** erwünscht, ersehnt **2.** lieb, geliebt

желательно *unpers prädikativ mit Inf oder Konj* чтобы es ist wünschenswert [erforderlich]

желательный, -ая, -ое; *Kzf* -лен, -льна wünschenswert; erwünscht

желати́н, -а (-у) *m u. tech* **желати́на,** -ы *f* Gelatine

желати́новый, -ая, -ое Gelatine-, aus Gelatine; gallertig

жела́ть, -а́ю, -а́ешь *uv* **1.** *A oder G oder mit Inf oder mit Konj* чтóбы wünschen, verlangen, wollen; желáю, чтóбы ты пришёл ich wünsche, daß du kommst; желáю тебé счáстья ich wünsche dir Glück **2.** *übtr* begehren ◇ э́то оставля́ет ~ мнóгого das läßt viel zu wünschen übrig ‖ *v* пожелáть

жела́ющий, -его *Subst m* Interessent

желва́к, -á *m* Beule, Schwellung, Geschwulst

желе́ *n idkl* **1.** Gelee; Götterspeise **2.** Sülze

железа́, -ы́, *Pl* жéлезы, желёз, железáм *f anat* Drüse

[1]**желе́зистый,** -ая, -ое; *Kzf* -ист, -а Eisen-, eisenhaltig

[2]**желе́зистый,** -ая, -ое *anat* Drüsen-

[1]**желе́зка,** -и, *Pl G* -зок, *D* -зкам *f umg* ein Stück Eisen

[2]**желе́зка,** -и *f* Art Kartenglücksspiel

желёзка, -и, *Pl G* -зок, *D* -зкам *f Dem zu* железá *anat* (kleine) Drüse

железнодоро́жник, -а *m* Eisenbahner

железнодоро́жный, -ая, -ое Eisenbahn-, Bahn-; -ая вéтка Zweigbahn

желе́зный, -ая, -ое **1.** Eisen-, eisenhaltig; ~ лом Schrott **2.** *übtr* eisern, unbeugsam ◇ -ая дорóга Eisenbahn; -ый век *hist* Eisenzeit

железня́к, -á *m*: крáсный ~ *min* Roteisenstein; магни́тный ~ *min* Magneteisenstein

желе́зо, -а *n* **1.** Eisen; листовóе ~ Eisenblech

железо|бето́н, -а *m* Stahlbeton; напряжённый ~бетóн Spannbeton; **~прока́тный,** -ая, -ое Eisenwalz-; ~прокáтный завóд Eisenwalzwerk; ~прокáтный стан Walzstraße

жёлоб, -а, *Pl* желобá, -óв, -áм *m* Rinne, Kuhle; водостóчный ~ Dachrinne

желобо́к, -бкá *m Dem zu* жёлоб kleine Rinne, Rille

желте́ть, -éю, -éешь *uv* **1.** gelb werden, vergilben **2.** gelb schimmern [leuchten]

желте́ться, *1. u. 2. Pers ungebr*, -éется *uv* gelb schimmern, gelb leuchten

желтизна́, -ы́ *f* gelbe Färbung, Gelb

желти́ть, желчу́, желти́шь *uv* gelb färben

желтова́тый, -ая, -ое; *Kzf* -áт, -а gelblich

желто́к, -ткá *m* Eidotter, Eigelb

желторо́тый, -ая, -ое; *Kzf* -óт, -а **1.**: ~ птенéц junger Vogel (mit gelbem Schnabel) **2.** *übtr umg* grün, unerfahren

желтофио́ль, -и *f bot* Goldlack

желту́ха, -и *f med* Gelbsucht

жёлтый, -ая, -ое; жёлт, желтá, жёлто *u.* желтó, жёлты *u.* желты́ gelb ◇ -ая водá *med* grüner Star; Жёлтое мóре Gelbes Meer

желуде́вый, -ая, -ое Eichel-

желу́док, -дка *m* **1.** Magen **2.** *alt* Bauch ◇ расстрóйство -дка Durchfall

желу́дочек, -чка *m anat* Herzkammer

желу́дочный, -ая, -ое Magen-

жёлудь, -я, *Pl* жёлуди, желудéй, желудя́м *m* Eichel

жёлчный, -ая, -ое **1.** Gallen- **2.** *Kzf* -чен, -чна *übtr* gallig, bitter, gehässig

жёлчь, -и *f* **1.** Galle **2.** *übtr* Erbitterung, Gereiztheit; Gehässigkeit; он пóлон -и er speit Gift und Galle

жема́ниться, -нюсь, -нишься *uv umg* sich zieren, sich affektiert benehmen

жема́нница, -ы, *I* -ей *f umg* Zierpuppe

жема́нничать, -аю, -аешь *uv umg* sich zieren

жема́нный, -ая, -ое; *Kzf* -áнен, -áнна geziert, affektiert

жема́нство, -а *n* Geziertheit, Affektiertheit

же́мчуг, -а, *Pl* жемчугá, -óв, -áм *m Koll* Perlen; Schmuck aus Perlen

жемчу́жина, -ы *f* Perle *a. übtr*

[1]**жемчу́жница,** -ы, *I* -ей *f zool* Perlmuschel

[2]**жемчу́жница,** -ы, *I* -ей *f vet* Perlsucht

жемчу́жный, -ая, -ое Perlen-; *übtr* wie Perlen schimmernd

жена́, -ы́, *Pl* жёны, жён, жёнам *f* **1.** Ehefrau, Gattin **2.** *alt* Frau, Weib

жена́тый, -ая, -ое; *Kzf* -áт, -а verheiratet *vom Mann, nur Kzf Pl vom Ehepaar*, Ehe-; он -ат на моéй сестрé er ist mit meiner Schwester verheiratet; они́ -ы sie sind verheiratet

Жене́ва, -ы *f* Genf

жене́вский, -ая, -ое: Женéвское óзеро Genfer See

же́нин, -а, -о der Ehefrau gehörig

жени́ть, женю́, жéнишь *v, uv* verheiraten ◇ без меня́ меня́ жени́ли man hat über meinen Kopf hinweg über mich verfügt

жени́тьба, -ы *f* Heirat
жени́ться, женю́сь, же́нишься *v, uv* 1. на *A* heiraten, sich verheiraten *vom Mann aus*; он жени́лся на моей сестре́ er hat meine Schwester geheiratet [zur Frau genommen] 2. *nur v Pl umg* heiraten *von Mann und Frau*
жени́х, -а́ *m* Bräutigam, Verlobter
женолю́б, -а *m* Schürzenjäger
женоненави́стник [сн], -а *m buchspr* Weiberfeind
же́нский, -ая, -ое Frauen-, weiblich; -ая о́бувь Damenschuhe; ~ род *gram* Femininum
же́нственный, -ая, -ое; *Kzf* -ен, -енна fraulich
же́нщина, -ы *f* Frau; ~-врач Ärztin
Же́ня, -и *m, f Dem zu* Евге́ний *u.* Евге́ния
жердь, -и, *Pl* же́рди, жерде́й, жердя́м *f* Stange; худо́й как ~ dürr wie eine Hopfenstange
жерёбая, -ой; *Kzf* -ба: ~ кобы́ла *landw, vet* trächtige Stute
жеребёнок, -нка, *Pl* жеребя́та, -я́т, -я́там *m* Füllen, Fohlen
жеребе́ц, -бца́, *I* -бцо́м, *G Pl* -бцо́в *m* Hengst
жереби́ться, *1. u. 2. Pers ungebr*, -и́тся *uv* fohlen
жерёбость, -и *f* Trächtigkeit *von der Stute*
жеребьёвка, -и, *Pl G* -вок, *D* -вкам (Aus-) Losen; *Sport* Auslosung
жерло́, -а́, *Pl* же́рла, жерл, же́рлам *n* 1. Schlund; Krater 2. Mündung *Geschütz*
жёрнов, -а, *Pl* жернова́, жерново́в, жернова́м *m* Mühlstein
же́ртва, -ы *f* Opfer; пасть -ой zum Opfer fallen; принести́ в -у zum Opfer bringen
же́ртвенный, -ая, -ое 1. *alt rel* Opfer- 2. *übtr* opferbereit
же́ртвовать, -твую, -твуешь *uv* 1. spenden 2. *I* opfern; ~ собо́й sich aufopfern; ~ жи́знью sein Leben opfern ‖ *v* поже́ртвовать
жертвоприноше́ние, -я *n alt rel* Opferung
жест, -а *m* Geste, Gebärde
жестикули́ровать, -рую, -руешь *uv* gestikulieren
жестикуля́ция, -и *f* Gebärdenspiel
жёсткий, -ая, -ое; *Kzf* жёсток, жестка́!; *Komp* жёстче 1. hart; rauh; starr; -ие во́лосы struppiges Haar 2. *übtr* schroff, barsch; streng, hart 3. *tech* starr ◇ ~ ваго́н Eisenbahnwagen der zweiten Klasse *ungepolstert*
жесто́кий, -ая, -ое; *Kzf* -то́к, -тока́!; *Sup* жесточа́йший 1. unbarmherzig, grausam 2. stark, heftig
жестокосе́рдный, -ая, -ое; *Kzf* -ден, -дна hartherzig, unbarmherzig
жесто́кость, -и *f* 1. Grausamkeit 2. Heftigkeit
жесточа́йший ↑ жесто́кий
жёстче ↑ жёсткий
жесть, -и *f* Blech
жестя́ник, -а *m* Klempner
жестя́нка, -и, *Pl G* -нок, *D* -нкам *f* 1. Blechdose 2. *umg* Stück Blech
жестяно́й, -а́я, -о́е Blech-, blechern
жестя́нщик, -а *m* Klempner
жето́н, -а *m* 1. Denkmünze, Plakette 2. Spielmarke
жечь* *uv* 1. verbrennen; anzünden 2. brennen, sengen 3. *übtr* quälen, schmerzen
же́чься* *uv umg* 1. brennen, beißen *itr* 2. sich verbrennen
жже́ние, -я *n* Brennen
жжёнка, -и *f* Glühpunsch
жжёный, -ая, -ое gebrannt
живи́тельный, -ая, -ое; *Kzf* -лен, -льна belebend, erfrischend ◇ -ая вла́га das edle Naß
живи́ть, живлю́, живи́шь *uv* beleben, erfrischen, aufmuntern
жи́вность, -и *f Koll umg* Geflügel, Federvieh; Kleinvieh
живодёр, -а *m volksspr* Schinder
живодёрство, -а *n volksspr* Schinderei, Grausamkeit
живо́й, -а́я, -о́е; *Kzf* жив, -а́! 1. lebendig; lebend 2. lebensvoll; lebhaft, rege 3. Lebens-; lebenswichtig 4. жи́во *Adv umg* flink, rasch, rege ◇ ~ вес Lebendgewicht; -а́я и́згородь Hecke; -а́я ра́на offene Wunde; на -у́ю ни́тку [ру́ку] nachlässig, oberflächlich; заде́ть кого́-н. за -о́е j-n im Innersten treffen; оста́ться в -ы́х am Leben bleiben; не оста́лось -о́го ме́ста es ist keine heile Stelle geblieben; жив и здоро́в gesund und munter; ни жив ни мёртв mehr tot als lebendig
живопи́сец, -сца, *I* -сцем, *G Pl* -сцев *m* (Kunst-) Maler
живопи́сный, -ая, -ое 1. Malerei-, Gemälde- 2. *Kzf* -сен, -сна malerisch; *übtr* ausdrucksvoll
жи́вопись, -и *f* 1. Malerei 2. *Koll* Gemälde
живородя́щий, -ая, -ее; *Kzf* -я́щ, -а *zool* lebendgebärend

жи́вость, -и *f* Lebendigkeit, Lebhaftigkeit; с -ю lebhaft, flink
[1]**живо́т, -а́** *m* Bauch, (Unter-) Leib; ~ подвело́ der Magen knurrt
[2]**живо́т, -а́** *m alt* Leben; не на ~, а на́ смерть auf Leben und Tod
животво́рный, -ая, -ое; *Kzf* -рен, -рна belebend; lebenspendend
животно|во́д, -а *m* Vieh-, Tierzüchter; **~во́дство, -а** *n* Vieh-, Tierzucht; **~во́дческий,** -ая, -ое Viehzucht-, Tierzucht-
живо́тное, -ого *Subst n* **1.** Tier **2.** *umg* Vieh *Schimpfwort*
живо́тный, -ая, -ое **1.** tierisch; Tier- **2.** tierisch, triebhaft **3.** *übtr* viehisch, gemein
животрепе́щущий, -ая, -ее **1.** aktuell, lebensnah **2.** lebensvoll, lebendig
живу́ ↑ жить
живу́чий, -ая, -ее; *Kzf* -у́ч, -а **1.** lebensfähig, zäh **2.** standhaft, beharrlich
жи́вчик, -а *m* **1.** *biol* Spermatozoon, Samentierchen **2.** *volksspr* sehr lebhafter Mensch, Quecksilber **3.** *umg* nervöses Zucken des Augenlids
живьём *Adv volksspr* bei lebendigem Leibe
жи́дкий, -ая, -ое; *Kzf* -док, -дка́! *Komp* жи́же **1.** flüssig **2.** wäßrig **3.** spärlich, dünn **4.** *umg* schwächlich, gebrechlich **5.** *umg* schwach, inhaltsleer
жи́дкость, -и *f* **1.** Flüssigkeit; ~ для воло́с Haarwasser **2.** Spärlichkeit
жи́жа, -и, *I* -ей *f* dicke Flüssigkeit, Brühe; наво́зная ~ Jauche
жи́же ↑ жи́дкий
жизнеде́ятельность, -и *f* Lebenstätigkeit, Lebensfunktion
жизнеде́ятельный, -ая, -ое; *Kzf* -лен, -льна *übtr* tätig, aktiv, energisch
жи́зненность, -и *f* **1.** Lebensfähigkeit **2.** Lebenswichtigkeit; Aktualität
жи́зненный, -ая, -ое **1.** *Kzf* жи́знен, жи́зненна Lebens-; lebensvoll, vital **2.** *übtr* lebenswichtig, aktuell
жизне|описа́ние, -я *n* Biographie, Lebensbeschreibung; **~понима́ние, -я** *n* Weltanschauung, Lebensauffassung; **~ра́достный,** -ая, -ое; *Kzf* -тен, -тна lebensfroh, lebenslustig; **~спосо́бный,** -ая, -ое; *Kzf* -бен, -бна lebensfähig; **~утвержда́ющий,** -ая, -ее lebensbejahend, optimistisch
жизнь, -и *f* Leben; подру́га -и *scherz* Lebensgefährtin, (Ehe-) Frau; при его́ -и zu seinen Lebzeiten; зараба́тывать на ~ den Lebensunterhalt [das tägliche Brot] verdienen; проводи́ть в ~ verwirklichen, in Kraft setzen, in die Tat umsetzen; как ~? wie geht's?; не на ~, а на́ смерть auf Leben und Tod; э́то вопро́с -и и сме́рти es geht um Tod oder Leben; он -и не рад er wird seines Lebens nicht froh
жиклёр, -а *m tech* Düse
[1]**жи́ла,** -ы *f* **1.** *umg* Ader, Blutgefäß; Sehne **2.** *berg* (Gesteins-) Ader ◇ тяну́ть -ы из кого́-н. j-n bis aufs Blut quälen
[2]**жи́ла,** -ы *m, f volksspr* Geizkragen
жилгородо́к, -дка́ *m* Wohnstadt *von Arbeitern*
жиле́т, -а *m u.* **жиле́тка,** -и, *Pl G* -ток, *D* -ткам *f* Weste; спаса́тельный жиле́т Schwimmweste
жиле́ц, -льца́, *I* -льцо́м, *G Pl* -льцо́в *m* **1.** Mieter **2.** *alt* Einwohner ◇ он не ~ на бе́лом све́те er ist ein Todeskandidat
жи́листый, -ая, -ое; *Kzf* -ист, -а adrig; sehnig; hager
жи́литься, жи́люсь, жи́лишься *uv volksspr* sich anstrengen
жили́ца, -ы, *I* -ей *f alt* Mieterin, Einwohnerin
жили́ще, -а, *I* -ем *n* Wohnung, Behausung
жили́щный, -ая, -ое Wohnungs-, Wohn-; -ое строи́тельство Wohnungsbau
жи́лка, -и, *Pl G* -лок, *D* -лкам *f* **1.** *Dem zu* жи́ла kleine [feine] Ader **2.** *übtr* Ader, Neigung, Talent
жило́й, -а́я, -о́е Wohn-, bewohnt; -о́е зда́ние Wohngebäude; -а́я пло́щадь Wohnfläche, -raum
жил|отде́л, -а *m* (жили́щный отде́л) Wohnungsamt; **~пло́щадь,** -и *f* (жила́я пло́щадь) Wohnraum, -fläche; **~строи́тельство,** -а *n* (жили́щное строи́тельство) Wohnungsbau
жильё, -ья́ *n* **1.** bewohnte Gegend, Wohnstätte **2.** *umg* Behausung, Wohnung, Logis; по́иски -ья́ Wohnungssuche; (при)го́дный для -ья́ bewohnbar
жим, -а *m Sport* Drücken; ~ двумя́ рука́ми beidarmiges Drücken
жи́молость, -и *f bot* Geißblatt
жир, -а (-у), *P* о жи́ре, в жиру́, *Pl* жиры́, жиро́в, жира́м *m* Fett; ры́бий ~ Lebertran ◇ он с -у бе́сится *volksspr* ihn sticht der Hafer
жира́ф, -а *m u.* **жира́фа,** -ы *f* Giraffe
жире́ть, -е́ю, -е́ешь *uv* fett [dick] werden, Fett ansetzen

жирномоло́чность, -и *f* Milchfettgehalt

жи́рный, -ая, -ое; *Kzf* жи́рен, жирна́! **1.** fett, fetthaltig, Fett-; fettig **2.** fett; dick ◇ -ым шри́фтом *typ* fettgedruckt; жи́рно бу́дет *volksspr* das ist zuviel (verlangt)

жирови́к, -а́ *m med* Fettgeschwulst

жиро́вка, -и, *Pl G* -вок, *D* -вкам *f wirtsch* Giroanweisung; Wohnungszuweisung

жирово́й, -а́я, -о́е **1.** Fett-, fettig, fetthaltig **2.** fettverarbeitend

жироприка́з, -а *m wirtsch* Giroanweisung

жите́йский, -ая, -ое Lebens-; Alltags-, alltäglich

жи́тель, -я *m* Einwohner, Bewohner; городско́й ~ Städter; коренно́й ~ Ureinwohner; ме́стный ~ Einheimischer

жи́тельница, -ы, *I* -ей *f* Einwohnerin, Bewohnerin;

жи́тельство, -а *n* Aufenthalt; Wohnsitz; ме́сто -а Wohnort ◇ вид на ~ *alt* Paß, Ausweis

житие́, -я́ *n* **1.** *rel*, *lit* Heiligenleben **2.** *alt*, *jetzt scherz* Leben(sweise)

жи́тница, -ы, *I* -ей *f* **1.** *alt* (Getreide-) Speicher **2.** *wirtsch* Kornkammer

жи́то, -а *n gbt* Getreide, Korn

жи́ть* (не́ жил, не жила́, не́ жили) *uv* **1.** leben; он жил нау́кой er lebte der Wissenschaft, er ging ganz in der Wissenschaft auf; ~ уединённо ein einsames Leben führen; он живёт свои́м трудо́м er lebt von seiner Hände Arbeit; ~ на пе́нсию *oder* ~ пе́нсией von der Rente leben **2.** wohnen; я живу́ на у́лице Го́рького ich wohne in der Gorkistraße **3.** *umg* verkehren ◇ как вы живёте? wie geht es Ihnen?; ~ душа́ в ду́шу ein Herz und eine Seele sein; жил-бы́л [жила́-была́, жи́ли-бы́ли] *folkl* es war(en) einmal ... *in Märchen*

житьё, -ья́ *n umg* **1.** Leben, Lebensweise **2.** Aufenthalt ◇ ему́ -ья́ не дава́ли sie machten ihm das Leben zur Qual; -ья́ нет es ist nicht zum Aushalten; ~-бытьё Leben und Treiben

жи́ться, живётся; жило́сь *unpers uv D*: ему́ жило́сь пло́хо *umg* es ging ihm schlecht

жмот, -а *m volksspr* Geizhals

жму ↑ [1]жать

жму́рить, -рю, -ришь *uv*: ~ глаза́ die Augen zusammenkneifen

жму́риться, -рюсь, -ришься *uv* blinzeln, die Augen zusammenkneifen

жму́рки, -рок, -ркам *Pl* Blindekuh; игра́ть в ~ Blindekuh spielen

жмыхи́ *Pl* жмы́хов, *Sg* жмых, -а́ *m landw* Ölkuchen

жне́йка, -и, *Pl G* жне́ек, *D* жне́йкам *f landw* (Getreide-) Mähmaschine

жнец, -а́, *I* -о́м, *G Pl* -о́в *m* Schnitter

жнивьё, -ья́, *Pl* жни́вья, -ьев, -ьям *n* **1.** Stoppelfeld **2.** *Koll* Stoppeln **3.** *gbt* (Getreide-) Ernte

жни́ца, -ы, *I* -ей *f* Schnitterin

жну ↑ [2]жать

жоке́й, -я, *G Pl* -ев *m Sport* Jockei

жом, -а *m* **1.** Presse, Quetsche **2.** *gbt* Rübenschnitzel *Viehfutter*

жонглёр, -а *m* Jongleur

жонгли́ровать, -рую, -руешь *v* jonglieren

жох, -а *m volksspr* Gauner, Schuft

жра́ть* *uv derb*, *volksspr* fressen

жре́бий, -я, *P* -и, *G Pl* -ев *m* **1.** Los **2.** *alt poet* Los, Schicksal ◇ ~ бро́шен die Würfel sind gefallen

жрец, -а́, *I* -о́м, *G Pl* -о́в *m* **1.** *hist* Opferpriester **2.** *übtr alt*, *jetzt iron* Jünger

жру ↑ жрать

жу́желица, -ы, *I* -ей *f zool* Laufkäfer

жужжа́ние, -я *n* Summen, Surren

жужжа́ть, жужжу́, жужжи́шь *uv* summen, surren, schwirren

жуи́р, -а *m alt* Genießer

жук, -а́ *m* Käfer

жу́лик, -а *m* Dieb, Gauner; *umg* Spitzbube

жулнова́тый, -ая, -ое; *Kzf* -а́т, -а *umg* spitzbübisch, gaunerhaft

жульё, -ья́ *n Koll umg* Spitzbuben, Gauner

жу́льничать, -аю, -аешь *uv umg* betrügen, mogeln

жу́льничество, -а *n umg* Betrügerei, Mogelei, Spitzbüberei

жупа́н, -а *m hist* warmer Überrock, kurzer Kaftan

жу́пел, -а *m* Schreckgespenst

жура́вль, -я́ *m* **1.** Kranich **2.** Schwengel *am Ziehbrunnen*

жури́ть, -рю́, -ри́шь *uv umg* zurechtweisen, seine Meinung sagen

журна́л, -а *m* **1.** Zeitschrift, Journal; ежеме́сячный ~ Monatsschrift; ~ мод Modenzeitung **2.** (Tage-) Buch; кла́ссный ~ Klassenbuch

журнали́ст, -а *m* Journalist

журнали́стика, -и *f* **1.** Journalistik **2.** *Koll* Zeitschriftenwesen

журча́ние, -я *n* Murmeln, Rieseln

журча́ть, *1. u. 2. Pers ungebr,* -чи́т *uv* murmeln, rauschen, rieseln; разгово́р журчи́т *übtr* die Unterhaltung plätschert dahin

жу́ткий, -ая, -ое; *Kzf* жу́ток, жутка́! unheimlich, gruselig

жу́тко 1. *Adv* unheimlich, gruselig 2. *unpers prädikativ D*: мне ~ mir ist bange, mir graut 3. *Adv volksspr* außerordentlich, unheimlich

жуть, -и *f umg* Angst, Schrecken, Grauen ◇ меня́ ~ берёт es wird mir bange, mir graut; до -и *volkssprentsetzlich*, äußerst

жу́хлый, -ая, -ое; *Kzf* жухл, -а verblichen; vertrocknet

жучо́к, -чка́ *m Dem zu* жук kleiner Käfer; древе́сный ~ Holzkäfer

жую ↑ жева́ть

жюри́ [жу] *n idkl* Jury, Preisgericht

З

з.а. (заслу́женный арти́ст) Verdienter Künstler

за *Präpos* I. *mit A* 1. hinter (wohin?); поста́вить за шкаф hinter den Schrank stellen; заложи́ть ру́ки за́ спину die Hände auf den Rücken legen; поверну́ть за́ угол um die Ecke biegen; пое́хать за Во́лгу ans andere Wolgaufer fahren; вы́бросить за окно́ zum Fenster hinauswerfen; пое́хать за́ город aufs Land fahren 2. an *sich stellen, sich setzen*; сесть за стол [за роя́ль] sich an den Tisch [ans Klavier] setzen; стать за стано́к sich an die Maschine stellen; сесть за уро́ки sich an die Schularbeiten setzen; взя́ться за де́ло ans Werk gehen 3. an *bei Verben des Festhaltens*; вести́ за́ руку an der Hand führen; тяну́ть за́ волосы [за́ уши] an den Haaren [an den Ohren] ziehen; держа́ться за пери́ла sich am Geländer festhalten; зацепи́ться за крюк an einem Haken hängenbleiben 4. über ... hinaus; ему́ за́ сорок (лет) er ist über vierzig (Jahre alt); моро́з за два́дцать гра́дусов über zwanzig Grad Kälte; за по́лночь nach Mitternacht 5. in, während, im Verlauf von; за после́дние пять лет in den letzten fünf Jahren сде́лать рабо́ту за́ год die Arbeit in einem Jahr erledigen; за́ день [за́ ночь] мы прошли́ два́дцать киломе́тров an einem Tag [in einer Nacht] legten wir zwanzig Kilometer zurück; за́ зиму im Laufe des Winters 6. für; um; голосова́ть за резолю́цию für die Resolution stimmen; боро́ться за мир für [um] den Frieden kämpfen; спаси́бо за по́мощь Dank für die Hilfe; премирова́ть за отли́чную рабо́ту für ausgezeichnete Arbeit prämieren; пла́та за обуче́ние Schulgeld; Studiengebühren 7. wegen; критикова́ть за бюрократи́зм wegen bürokratischen Verhaltens kritisieren; хвали́ть за хоро́шую рабо́ту wegen guter Arbeit loben 8. für, anstelle; дежу́рить за заболе́вшего това́рища für einen erkrankten Kollegen Dienst tun; есть за двои́х für zwei essen; он у нас за по́вара *umg* er macht bei uns den Koch 9. *zur Angabe der örtlichen und zeitlichen Entfernung, meist unübersetzt*; жить киломе́тра за́ два от заво́да etwa zwei Kilometer vom Werk wohnen; за́ два [за́ три] часа́ до нача́ла zwei [drei] Stunden vor Beginn; я приду́ за полчаса́ ich komme eine halbe Stunde vorher ◇ вы́йти (за́муж) за инжене́ра einen Ingenieur heiraten; води́ть за́ нос an der Nase herumführen; ни за что на све́те nicht um alles auf der Welt; ни за что keinesfalls; ни за что ни про что *umg* für nichts und wieder nichts II. *mit I* 1. hinter (wo?); за са́дом hinter dem Garten; за реко́й jenseits des Flusses; за Москво́й außerhalb von Moskau; за грани́цей im Ausland; зима́ не за гора́ми der Winter steht vor der Tür 2. an; сиде́ть за рулём am Steuer sitzen; усну́ть за столо́м am Tisch einschlafen; сиде́ть за кни́гой über einem Buch sitzen 3. bei *Tätigkeit*; за рабо́той bei der Arbeit; за за́втраком beim Frühstück; проводи́ть вре́мя за чте́нием die Zeit mit Lesen verbringen 4. nach, hinter (... her); идти́ друг за дру́гом hintereinander gehen; иди́те за мной! folgen Sie mir!;

шаг за ша́гом Schritt für Schritt **5.** nach, um *im Sinne von holen, holen lassen*; посла́ть за до́ктором nach einem Arzt schicken **6.** infolge, wegen; за недоста́тком вре́мени infolge Zeitmangels; за вы́ездом wegen der Abreise ◇ быть за́мужем за инжене́ром mit einem Ingenieur verheiratet sein; следи́ть [наблюда́ть] за ке́м-н. auf j-n aufpassen; за по́дписью дире́ктора mit der Unterschrift des Direktors versehen, vom Direktor unterschrieben; за кем де́ло ста́ло? worum handelt es sich?, woran liegt es?; за мной де́сять рубле́й ich bin zehn Rubel schuldig; о́чередь за тобо́й du bist an der Reihe; за ним во́дятся грешки́ er hat kleine Schwächen; пить за чьё-н. здоро́вье auf j-s Gesundheit [Wohl] trinken

заарендова́ть, -ду́ю, -ду́ешь; -до́ванный, -до́ван, -а *v* pachten ‖ *uv* **заарендо́вывать,** -аю, -аешь

заарта́читься, -чусь, -чишься *v* starrköpfig werden, anfangen, sich zu sträuben [sich zu widersetzen]

заасфальти́ровать, -рую, -руешь; -рованный, -рован, -а *v* asphaltieren

заатланти́ческий, -ая, -ое: -ие стра́ны jenseits des Atlantiks [Atlantischen Ozeans] gelegene Länder

заба́ва, -ы *f* Vergnügen, Belustigung, Kurzweil

забавля́ть, -я́ю, -я́ешь *uv* belustigen, unterhalten; ~ дете́й и́грами Kinder durch Spiele unterhalten; э́то меня́ забавля́ет das macht mir Spaß

забавля́ться, -я́юсь, -я́ешься *uv* sich belustigen, sich amüsieren

заба́вник, -а *m umg* Spaßvogel

заба́вный, -ая, -ое; *Kzf* -вен, -вна spaßig, lustig, komisch, unterhaltsam; он о́чень заба́вен er ist sehr komisch

Забайка́лье, -ья *n* Transbaikalien

забаллоти́ровать, -рую, -руешь; забаллоти́рованный, -ан, -а *u.* **забаллотирова́ть,** -ру́ю, -ру́ешь; забаллотиро́ванный, -ан, -а *v bei einer Wahl* durchfallen lassen ‖ *uv* **забаллотиро́вывать,** -аю, -аешь

заба́лтывать(ся) *uv zu* [1]заболта́ть(ся)

забаррикади́ровать, -рую, -руешь; -рованный, -рован, -а *v* verbarrikadieren, verrammeln

забаррикади́роваться, -руюсь, -руешься *v* sich verbarrikadieren

забастова́ть, -ту́ю, -ту́ешь *v* in den Streik treten

забасто́вка, -и, *Pl G* -вок, *D* -вкам *f* Streik; всео́бщая ~ Generalstreik; италья́нская ~ Sitzstreik; объяви́ть -у in den Streik treten

забасто́вочный, -ая, -ое Streik-; ~ пике́т Streikposten

забасто́вщик, -а *m* Streikender

забве́ние, -я *n alt u. hoher Stil* Vergessen(heit); преда́ть что́-н. -ю etw. dem Vergessen anheimfallen lassen

забе́г, -а *m Sport* Wettlauf, Lauf; да́льний ~ Langstreckenlauf; ~ на 400 ме́тров 400-m-Lauf

забе́гать, -аю, -аешь *v* anfangen (hin und her) zu laufen; у него́ глаза́ забе́гали *übtr* seine Augen begannen umherzuirren

забега́ть *uv zu* забежа́ть

забе́гаться, -аюсь, -аешься *v umg* sich müde laufen

за|бежа́ть* *v* **1.** к *D umg* kurz vorsprechen (bei), kurz aufsuchen; in Eile vorbeikommen **2.** (hinein)laufen; она́ забежа́ла во дво́р sie rannte in den Hof **3.** (zu) weit weg laufen ◇ ~ вперёд vorauseilen *a. übtr* ‖ *uv* забега́ть, -а́ю, -а́ешь

забе́ливать *uv zu* забели́ть

забели́ть, -елю́, -е́ли́шь; забелённый, -ён, -ена́ *v* **1.** weiß anstreichen, tünchen **2.** *umg u. gbt* Milch *oder* Sahne beigeben; ~ суп смета́ной dicke saure Sahne in die Suppe tun ‖ *uv* забе́ливать, -аю, -аешь *zu* 1

забере́менеть, -ею, -еешь *v* schwanger werden

забеспоко́иться, -о́юсь, -о́ишься *v* unruhig werden, in Unruhe geraten

забетони́ровать, -рую, -руешь; -рованный, -рован, -а *v* betonieren

забива́ть *uv zu* [1]заби́ть

забива́ться *uv zu* заби́ться

забинтова́ть, -ту́ю, -ту́ешь; -то́ванный, -то́ван, -а *v* verbinden, einen Verband anlegen ‖ *uv* **забинто́вывать,** -аю, -аешь

[1,2]забира́ть *uv zu* [1,2]забра́ть

забира́ться *uv zu* забра́ться

заби́тый, -ая, -ое; *Kzf* -и́т, -а eingeschüchtert; unterdrückt; abgestumpft

[1]за|би́ть* *v* **1.** einschlagen, einrammen **2.** *Sport ins Ziel* schießen, treffen, stoßen; ~ гол ein Tor schießen **3.** vollstopfen, zustopfen, verstopfen **4.** vernageln, zunageln, verschalen *Öffnung* **5.** *umg* ausstechen, übertreffen, schlagen **6.** *durch Prügeln* abstumpfen; totprügeln **7.** *gbt* (ab)-schlachten; ~ два́дцать голо́в скота́ zwanzig Stück Rindvieh schlachten ◇ ~ трево́гу Alarm schlagen; ~ кому́-н. го́лову j-m den Kopf vollstopfen ‖ *uv* забива́ть, -а́ю, -а́ешь

²за|би́ть* *v* **1.** anfangen zu schlagen *tr u. itr*; заби́ли бараба́ны man begann, die Trommeln zu schlagen **2.** anfangen hervorzuströmen

¹за|би́ться* *v* **1.** *umg* sich verstecken, sich verkriechen **2.** eindringen *Staub, Schnee u. a.* **3.** sich verstopfen; труба́ заби́лась das Rohr ist verstopft ‖ *uv* забива́ться, -а́юсь, -а́ешься

²за|би́ться* *v* **1.** (stärker) zu schlagen beginnen *vom Herz, Puls* **2.**: ~ в су́дорогах *med* Krämpfe kriegen

забия́ка, -и *m, f umg* Raufbold

заблаговре́менно *Adv* frühzeitig, (recht)zeitig, beizeiten; im voraus

заблаговре́менный, -ая, -ое *alt* vorherig, vorbereitend

заблагорассу́диться, -ится *unpers v* in den Sinn kommen, einfallen; он де́лает, что ему́ заблагорассу́дится er tut, was ihm beliebt

за|блесте́ть* *v* **1.** anfangen zu strahlen [zu glänzen] **2.** erglänzen, erstrahlen

заблиста́ть, -а́ю, -а́ешь *v* **1.** anfangen zu strahlen [zu glänzen] **2.** erglänzen

заблуди́ться, -ужу́сь, -у́дишься *v* sich verirren, sich verlaufen ◇ ~ в трёх со́снах einer einfachen Aufgabe nicht gewachsen sein

заблу́дший, -ая, -ее verirrt ◇ -ая овца́ *übtr* ein verlorenes Schaf

заблужда́ться, -а́юсь, -а́ешься *uv* sich irren, sich im Irrtum befinden

заблужде́ние, -я *n* Irrtum, irrige Meinung; Verirrung; ввести́ в ~ irreführen; боро́ться с -ями Verirrungen bekämpfen

забода́ть, -а́ю, -а́ешь *v* mit den Hörnern verletzen; mit den Hörnern zu Tode stoßen, aufspießen

¹забо́й, -я, *G Pl* -ев *m berg* das Ort

²забо́й, -я *m* das Schlachten

забо́йщик, -а *m berg* Häuer

забола́чивание, -я *n* Versumpfung

забола́чиваться *uv zu* заболо́титься

заболева́емость, -и *f* Erkrankungshäufigkeit, Stand der Erkrankungen

заболева́ние, -я *n* Erkrankung; Krankheit

¹,²заболева́ть *uv zu* ¹,²заболе́ть

¹заболе́ть, -е́ю, -е́ешь *v I* erkranken (an); ~ гри́ппом an Grippe erkranken ‖ *uv* заболева́ть, -а́ю, -а́ешь

²заболе́ть, *1. u. 2. Pers ungebr*, -ли́т *v* anfangen zu schmerzen ‖ *uv* заболева́ть, -а́ет

за́болонь, -и *f* Splint *junge Holzschicht unter der Rinde*

заболо́титься, *1. u. 2. Pers ungebr*, -ится *v* versumpfen ‖ *uv* забола́чиваться, -ается

заболо́ченный, -ая, -ое Sumpf-, versumpft; ~ луг Sumpfwiese

¹заболта́ть, -а́ю, -а́ешь; забо́лтанный, -ан, -а *v volksspr* einrühren, beimengen ‖ *uv* заба́лтывать, -аю, -аешь

²заболта́ть, -а́ю, -а́ешь *v umg* anfangen zu plaudern [zu schwatzen]

¹заболта́ться, -а́юсь, -а́ешься *v volksspr* ins Schwatzen kommen, beim Schwatzen die Zeit vergessen ‖ *uv* заба́лтываться, -аюсь, -аешься

²заболта́ться, -а́юсь, -а́ешься *v umg* anfangen zu baumeln [hin und her zu schwingen]

забо́р, -а *m* **1.** Zaun, Umzäunung **2.** Entnahme *von Wasser*

забо́ристый, -ая, -ое; *Kzf* -ист, -а *volksspr* scharf, beißend

забо́рный, -ая, -ое **1.** Zaun-; ~ столб Zaunpfahl **2.**: -ая ру́гань [брань] *alt* unflätige Schimpferei

забо́та, -ы *f* **1.** Sorge, Unruhe; ~ о бу́дущем Sorge um die Zukunft **2.** Fürsorge, Sorge; ~ о челове́ке Sorge um den Menschen ◇ ему́ и -ы ма́ло es kümmert ihn nicht viel

забо́тить, -о́чу, -о́тишь *uv A* Sorgen bereiten, bekümmern, beunruhigen

забо́титься, -о́чусь, -о́тишься *uv* о *P* **1.** sich sorgen (um), sich beunruhigen (wegen) **2.** sorgen (für), sich kümmern (um); ~ о семье́ für die Familie sorgen ‖ *v* позабо́титься

забо́тливый, -ая, -ое; *Kzf* -ив, -а fürsorglich, sorgsam, sorgfältig

забракова́ть, -ку́ю, -ку́ешь; -ко́ванный, -ко́ван, -а *v* aussortieren, aussondern, als Ausschuß erklären

забра́ло, -а *n hist* Visier *des Helms* ◇ с откры́тым -ом *übtr* mit offenem Visier, offen und ehrlich

¹забра́сывать *uv zu* ¹заброса́ть

²забра́сывать *uv zu* забро́сить

¹за|бра́ть*; за́брана́ *v* **1.** nehmen, ergreifen; ~ с собо́й mitnehmen **2.** *umg* wegnehmen; beschlagnahmen; verhaften **3.** *umg übtr* ergreifen, packen; страх его́ забра́л Furcht packte ihn 4. einnähen, kürzer, enger nähen; Kleidungsstücke (hinein)-stecken; ~ рукáв den Ärmel kürzen ◇ ~ себé в гóлову sich etw. in den Kopf setzen; ~ сúлу an Kraft *oder* Einfluß gewinnen ‖ *uv* забирáть, -áю, -áешь

²за|брáть*; зáбранá *v* verschalen, zu-, vernageln ‖ *uv* забирáть, -áю, -áешь

за|брáться*; -брáлúсь *v* 1. sich einschleichen, heimlich eindringen; hineinschlüpfen 2. eindringen *Wind, Regen, Kälte* 3. hinauf-, hineinklettern; hinauf-, hineinkriechen 4. (weit) wegfahren, weggehen; sich verbergen, sich verkriechen ‖ *uv* забирáться, -áюсь, -áешься

забредáть *uv zu* забрестú

забрéзжить, *1. u. 2. Pers ungebr,* -жит *v* 1. anfangen zu dämmern; забрéзжило der Morgen graute 2. aufleuchten, aufflimmern

за|брестú*; забредя́ *u. alt* забрéдши *v umg beim Umherschlendern* hin(ein)geraten, sich verlaufen ‖ *uv* забредáть, -áю, -áешь

за|брúть* *v*: ~ когó-н. *oder* ~ комý-н. лоб *alt* zum Militärdienst einziehen

забронировáть, -рýю, -рýешь; -рóванный, -рóван, -а *v* panzern

заброни́ровать, -рую, -руешь; -рованный, -рован, -а *v* reservieren, sichern

забрóс, -а *m*: в -е *umg* vernachlässigt

¹забросáть, -áю, -áешь; забрóсанный, -ан, -а *v* 1. zuwerfen, zuschütten 2. *übtr* überschütten, überhäufen; ~ грязью mit Schmutz bewerfen ‖ *uv* забрáсывать

²забросáть, -áю, -áешь *v* anfangen zu werfen

забрóсить, -óшу, -óсишь; -óшенный, -óшен, -а *v* 1. *in bestimmter Richtung* werfen; (zu) weit werfen; ~ гóлову назáд den Kopf zurückwerfen; кудá судьбá егó забрóсила? *übtr* wohin hat das Schicksal ihn verschlagen? 2. verlegen, verlieren 3. vernachlässigen; ~ рабóту die Arbeit vernachlässigen 4. *umg* bringen, schaffen, werfen ‖ *uv* забрáсывать, -аю, -аешь

забрóшенный, -ая, -ое vernachlässigt, verwildert; ungepflegt

¹забры́згать, -аю, -аешь; -анный, -ан, -а *v* be-, vollspritzen ‖ *uv* забры́згивать, -аю, -аешь

²за|бры́згать* *u.* -ает, *1. u. 2. Pers ungebr v* anfangen zu spritzen [zu sprühen]

забры́згивать *uv zu* ¹забры́згать

забубённый, -ая, -ое *volksspr* ausgelassen; -ая головá Tollkopf

забулды́га, -и *m volksspr* Säufer; heruntergekommener Mensch

забутúть, -учý, -утúшь; -ýченный, -ýчен, -а *v* mit Bruchsteinen ausmauern ‖ *uv* забýчивать, -аю, -аешь

забухáть *uv zu* забýхнуть

забýхнуть, *1. u. 2. Pers ungebr,* -нет; забýх, -ла *v vor Feuchtigkeit* aufquellen, sich ausdehnen; окóнные рáмы забýхли die Fensterrahmen sind verquollen ‖ *uv* забухáть, -áю, -áешь

забýчивать *uv zu* забутúть

забывáть(ся) *uv zu* забы́ть(ся)

забы́вчивый, -ая, -ое; *Kzf* -ив, -а vergeßlich, zerstreut

забы́тый, -ая, -ое vergessen

за|бы́ть*; забы́ла *v* 1. *A oder* о *P* vergessen, nicht (mehr) denken (an) 2. *mit Inf* unabsichtlich unterlassen zu tun 3. *aus Zerstreutheit* liegen lassen ◇ не ~ себя́ auf seinen Vorteil bedacht sein; чтó я там забы́л? was habe ich dort zu suchen? ‖ *uv* забывáть, -áю, -áешь

забытьё, -ья́, в забытьú, о забытьé *n* Bewußtlosigkeit, Dämmerzustand; Halbschlaf; впасть в ~ das Bewußtsein verlieren; einschlummern

за|бы́ться* *v* 1. einschlummern 2. das Bewußtsein verlieren 3. in Träumerei versinken 4. sich vergessen, die Beherrschung verlieren ‖ *uv* забывáться, -áюсь, -áешься

зав, -а *m umg Abk für* завéдующий Leiter, Chef

¹зав- *in Zuss Abk für* завéдующий

²зав- *in Zuss Abk für* завóдский

завáл, -а *m* 1. Verschüttung, *den Weg versperrender* Haufen; снéжный ~ Schneewehe 2. *aus Stämmen, Steinen u. ä. errichtete* Sperre

завáливать(ся) *uv zu* завалúть(ся)

завáлинка, -и, *Pl G* -нок, *D* -нкам *f* Erdaufwurf *um das Haus*

завалúть, -алю́, -áлишь; -áленный, -áлен, -а *v* 1. ver-, zuschütten; versperren 2. vollstopfen, überladen, -füllen; *umg* überlasten; ~ рабóтой *übtr umg* mit Arbeit überhäufen 3. *umg* umwerfen, (um)kippen; ~ забóр den Zaun umstürzen ◇ ~ дéло *umg* eine Sache völlig verderben || *uv* заваливать, -аю, -аешь

завали́ться, -алю́сь, -а́лишься *v* **1.** fallen, geraten (unter, hinter etwas) **2.** *volksspr* sich hinlegen; ~ спать sich schlafen legen **3.** *umg* einstürzen, umstürzen *itr*; durchfallen *in der Prüfung* **4.** *umg* sich zur Seite neigen; zurückschnellen || *uv* зава́ливаться, -аюсь, -аешься

зава́лка, -и *f* Zuschütten

за́валь, -и *f Koll volksspr* Ladenhüter

заваля́ться, -я́юсь, -я́ешься *v umg* unbeachtet [ungenutzt] lange liegen bleiben; заявле́ние заваля́лось в канцеля́рии der Antrag blieb in der Kanzlei liegen; това́р заваля́лся die Ware fand keinen Käufer

заваля́щий, -ая, -ее *volksspr* liegengeblieben, schlecht

зава́ривать(ся) *uv zu* завари́ть(ся)

завари́ть, -арю́, -а́ришь; -а́ренный, -а́рен, -а *v* **1.** *A oder G* aufgießen, aufbrühen; übergießen, überbrühen **2.** *tech* verschweißen **3.** *übtr volksspr* einbrocken || *uv* зава́ривать, -аю, -аешь

завари́ться, *1. u. 2. Pers ungebr,* -а́рится *v* **1.** ziehen; чай завари́лся der Tee hat gezogen **2.**: де́ло завари́лось *umg* eine unangenehme Sache entsteht [wurde eingebrockt] || *uv* зава́риваться, -аюсь, -аешься

зава́рка, -и *f* Aufbrühen

заварно́й, -а́я, -о́е **1.** vor dem Backen überbrüht; ~ хлеб süßes Schwarzbrot **2.** Brüh-; ~ чан Braukessel

заварýха, -и *f volksspr* Durcheinander, Wirrwarr

заведе́ние, -я *n* **1.** Anstalt, Institution, Einrichtung; уче́бное ~ Lehranstalt; вы́сшее уче́бное ~ Hochschule **2.** *wirtsch alt* Unternehmen ◇ у нас тако́е ~ *volksspr* es ist bei uns so üblich

заве́довать, -дую, -дуешь *u. alt* **заве́дывать,** -аю, -аешь *uv* **1.** *I* leiten, verwalten

заве́домо *Adv* bewußt, wissentlich; offenkundig

заве́домый, -ая, -ое (all)bekannt, offenkundig; notorisch

заве́дующий, -его *Subst m I* Leiter, Chef, Verwalter; ~ ка́федрой Leiter eines Lehrstuhls, Ordinarius; ~ хозя́йством Wirtschaftsleiter

заве́дывать ↑ заве́довать

за|везти́* *v* **1.** im Vorbeifahren (hin)bringen **2.** (zu) weit wegbringen, fahren; an den falschen Ort fahren [bringen]; verschleppen **3.** *umg* (hin)bringen, (hin)schaffen, zustellen; ~ кирпи́ч на заво́д Ziegelsteine in die Fabrik fahren || *uv* завози́ть, -ожу́, -о́зишь

завербова́ть, -бу́ю, -бу́ешь; -бо́ванный, -бо́ван, -а *v* (an)werben || *uv* **завербо́вывать,** -аю, -аешь

заверéние, -я *n* **1.** Beteuerung, Versicherung **2.** Beglaubigung

заве́рить, -рю, -ришь; -ренный, -рен, -а *v* **1.** versichern (кого́-н. в чём-н. j-m etw. *oder* j-n einer Sache); он заве́рил нас в свое́й пре́данности er versicherte uns seine Ergebenheit **2.** beglaubigen || *uv* заверя́ть, -я́ю, -я́ешь

заве́рка, -и *f* Beglaubigung

заверну́ть, -ну́, -нёшь; завёрнутый, -ут, -а *v* **1.** einwickeln, einpacken, einhüllen **2.** umschlagen, hochkrempeln; ~ рука́в die Ärmel umschlagen **3.** *auf dem Wege* einbiegen; ~ за́ угол um die Ecke biegen **4.** *umg* vorbeikommen, einkehren, einen Abstecher machen **5.** zuschrauben, zudrehen; ~ кран den Hahn zuschrauben **6.** *volksspr* plötzlich und heftig beginnen; заверну́ли моро́зы plötzlich trat starker Frost ein || *uv* завёртывать, -аю, -аешь

заверну́ться, -ну́сь, -нёшься *v* **1.** sich einwickeln, -hüllen **2.** *1. u. 2. Pers ungebr* sich umschlagen, sich hochkrempeln || *uv* завёртываться, -аюсь, -аешься

[1]**заверте́ть,** -ерчу́, -е́ртишь; -е́рченный, -е́рчен, -а *v umg* verdreht machen, verwirren; она́ его́ заверте́ла sie hat ihn ganz durcheinander gebracht

[2]**заверте́ть,** -ерчу́, -е́ртишь *v I* anfangen zu drehen; пасту́х заверте́л кнуто́м der Hirt begann die Peitsche zu drehen

[1]**заверте́ться,** -ерчу́сь, -е́ртишься *v umg* sich abrackern; он совсе́м заверте́лся er weiß nicht mehr wo ihm der Kopf steht

[2]**заверте́ться,** -ерчу́сь, -е́ртишься *v* anfangen, sich zu drehen

завёртка, -и *f* **1.** Einwickeln, Einschlagen **2.** *volksspr* Verpackung; Umschlag

завёртывать(ся) *uv zu* заверну́ть(ся)

заверша́ть(ся) *uv zu* заверши́ть(ся)

заверше́ние, -я *n* Abschluß, Vollendung

заверши́ть, -шу́, -ши́шь; -шённый, -шён, -шена́ *v* vollenden, beenden, zum Abschluß bringen, krönen || *uv* завершáть, -áю, -áешь

завершиться, *1. u. 2. Pers ungebr*, -и́тся *v* zum Abschluß kommen, zur Vollendung gelangen; э́то предприя́тие заверши́лось успе́хом das Unternehmen wurde erfolgreich beendet [war von Erfolg gekrönt] || *uv* завершáться, -áюсь, -áешься

заверя́ть *uv zu* заве́рить

заве́са, -ы *f* Vorhang; шёлковая ~ Seidenvorhang; ~ дождя́ Regenschleier; огнева́я ~ *mil* Feuervorhang, Sperrfeuer

заве́сить, -е́шу, -е́сишь; -е́шенный, -е́шен, -а *v* zuhängen, verhängen || *uv* заве́шивать, -аю, -аешь

за|вести́* *v* **1.** hin(ein)führen **2.** *umg im Vorbeigehen* (hin)führen, (hin)bringen **3.** (zu) weit *oder* an den falschen Ort führen; ~ в тупи́к *übtr* in die Sackgasse führen **4.** einführen, einrichten; ~ но́вые поря́дки eine neue Ordnung einführen **5.** anschaffen; gründen; ~ велосипе́д sich ein Fahrrad anschaffen; ~ семе́йство eine Familie gründen **6.** anfangen, anknüpfen; ~ разгово́р ein Gespräch anknüpfen **7.** aufziehen, ankurbeln; ~ часы́ die Uhr aufziehen; ~ мото́р den Motor anlassen || *uv* заводи́ть, -ожу́, -о́дишь

за|вести́сь*, *1. u. 2. Pers ungebr*; заведя́сь *v* **1.** sich einfinden, sich einstellen, auftauchen; sich einnisten; у него́ завела́сь но́вая ме́бель er hat sich neue Möbel angeschafft; завели́сь клопы́ Wanzen haben sich eingenistet **2.** sich einbürgern **3.** *tech* anspringen; завёлся мото́р der Motor sprang an || *uv* заводи́ться, -о́дится

заве́т, -а *m hoher Stil übtr* Vermächtnis; -ы Ле́нина das Vermächtnis Lenins ◇ Ве́тхий ~ Altes Testament

заве́тный, -ая, -ое **1.** sehnlichst, ersehnt; -ое жела́ние sehnlichster Wunsch **2.** sorgfältig geschützt, in Ehren [heilig] gehalten; -ая кни́га geheim gehaltenes [sorgfältig gehütetes] Buch

заве́тренный, -ая, -ое dem Wind abgekehrt

завечере́ть, -е́ет *unpers v umg* Abend werden

заве́шать, -аю, -аешь; -анный, -ан, -а *v I* dicht behängen, vollhängen || *uv* заве́шивать

[1]**заве́шивать** *uv zu* заве́шать

[2]**заве́шивать** *uv zu* заве́сить

завеща́ние, -я *n* Vermächtnis, Testament

завеща́тель, -я *m jur* Erblasser

завеща́тельный, -ая, -ое testamentarisch, Testaments-

завеща́ть, -а́ю, -а́ешь; заве́щанный, -ан, -а *v*, *uv* (testamentarisch) vermachen; als Vermächtnis auftragen

завзя́тый, -ая, -ое *umg* leidenschaftlich, eingefleischt; notorisch ~ охо́тник ein leidenschaftlicher Jäger

завива́ть *uv zu* зави́ть

завива́ться *uv zu* [1]зави́ться

зави́вка, -и, *Pl ungebr f* **1.** Wellenlegen; Ondulieren, Kräuseln der Haare **2.** Welle, wellige Frisur; шестиме́сячная ~ Dauerwelle; холо́дная ~ Wasserwelle; хими́ческая ~ Kaltwelle; сде́лать себе́ -у sich ondulieren (lassen)

зави́деть, -и́жу, -и́дишь; зави́дев(ши) *u. umg* зави́дя *v* von weitem erblicken

зави́дно **1.** *Adv* beneidenswert **2.** *prädikativ D* neiderregend, neidisch sein

зави́дный, -ая, -ое; *Kzf* -ден, -дна beneidenswert

зави́довать, -дую, -дуешь *uv D* beneiden, neidisch sein (auf) ◇ ему́ не́чего ~ er ist nicht zu beneiden

завиду́щий, -ая, -ее; *Kzf* -у́щ, -а *volksspr* neidisch

завизжа́ть, -жу́, -жи́шь *v* zu winseln [kreischen] beginnen

завизи́ровать, -рую, -руешь; -рованный, -рован, -а *v* mit einem Visum versehen

завинти́ть, -нчу́, -нти́шь; зави́нченный, -ен, -а *v* zuschrauben, festschrauben, fest zuschrauben; ~ га́йку eine Mutter festschrauben || *uv* **зави́нчивать,** -аю, -аешь

завира́льный, -ая, -ое *alt* unsinnig, unwahr

завира́ться *uv zu* завра́ться

зави́сеть, -и́шу, -и́сишь *uv* abhängig sein, abhängen (от *G* von); я сде́лал всё от меня́ зави́сящее ich habe alles getan, was in meiner Macht steht

зави́симость, -и *f* Abhängigkeit; в -и от обстоя́тельств je nach den Umständen

зави́симый, -ая, -ое; *Kzf* -им, -а abhängig

зави́стливый, -ая, -ое; *Kzf* -ив, -а neidisch

зави́стник [сн], -а *m* neidischer Mensch, Neider
за́висть, -и *f* Neid; от -и vor Neid; на ~ хорошо́ zum Beneiden schön
завито́й, -а́я, -о́е; **1.** *Kzf* за́вит, -а́! gewellt, onduliert, gekräuselt **2.** spiralförmig (gedreht)
завито́к, -тка́ *m* **1.** Welle, Locke *im Haar* **2.** Schnörkel *Schrift* **3.** Schnekke, Spirale *als Säulenschmuck* **4.** *bot* gewundene Ranke **5.** *tech* Spiralring
завиту́шка, -и, *Pl G* -шек, *D* -шкам *f umg* **1.** Welle, Locke *im Haar* **2.** Schnörkel *Schrift*
за|ви́ть* *v* **1.** *Haare* kräuseln, ondulieren **2.** drehen, flechten ‖ *uv* завива́ть, -а́ю, -а́ешь
[1]**за|ви́ться*;** завили́сь *v* **1.** sich kräuseln, sich winden **2.** sich ondulieren, frisieren (lassen) ‖ *uv* завива́ться, -а́юсь, -а́ешься
[2]**за|ви́ться*;** завили́сь *v umg* anfangen sich zu kräuseln
завко́м, -а *m* (заводско́й комите́т) Betriebsgewerkschaftsleitung
завладева́ть *uv zu* завладе́ть
завладе́ть, -е́ю, -е́ешь *v I* **1.** in Besitz nehmen, sich bemächtigen, an sich reißen **2.** *übtr* an sich reißen; ~ о́бщим внима́нием die allgemeine Aufmerksamkeit auf sich lenken ‖ *uv* завладева́ть, -а́ю, -а́ешь
завлека́тельный, -ая, -ое; *Kzf* -лен, -льна fesselnd, packend, spannend
завлека́ть *uv zu* завле́чь
за|вле́чь* *v* **1.** (hinein)locken **2.** *übtr* locken, verleiten; hineinziehen; hinreißen; ~ кого́-н. обеща́ниями j-n durch Versprechungen verleiten; ~ в серьёзный разгово́р in ein ernstes Gespräch verwickeln; он дал себя́ ~ er hat sich hinreißen lassen **3.** fesseln, stark anziehen ‖ *uv* завлека́ть, -а́ю, -а́ешь
завма́г, -а *m* (заве́дующий магази́ном) Verkaufsstellenleiter
[1]**заво́д,** -а *m* **1.** Werk, Betrieb, Fabrik; металлурги́ческий ~ Eisenhütte(nwerk); судостро́ительный ~ Schiffs(bau)werft; пивова́ренный ~ Bierbrauerei; вое́нный ~ Rüstungsbetrieb **2.**: ко́нный ~ Gestüt; рыбово́дный ~ Fischzuchtbetrieb
[2]**заво́д,** -а *m* Aufziehen, Ankurbeln; Aufziehmechanismus; ~ ко́нчился die Uhr ist abgelaufen ◇ э́того у нас и в -е нет *volksspr* so etwas kommt bei uns überhaupt nicht vor; на ~ *oder* для -а zur (Auf-) Zucht
заводи́ла, -ы *m, f volksspr* Anstifter(in), Anführer(in)
заводи́ть(ся) *uv zu* завести́(сь)
заводно́й, -а́я, -о́е Aufzieh-, Aufzugs-, Anlaß-; -а́я игру́шка mechanisches Spielzeug
заводоуправле́ние, -я *n* Betriebsleitung, -verwaltung
заво́дский, -ая, -ое *u.* **заводско́й,** -а́я, -о́е **1.** Werks-, Betriebs-, Fabriks-; заводско́й комите́т Betriebsgewerkschaftsleitung **2.** Zucht-; -а́я ло́шадь Zuchtpferd
заво́дчик, -а *m* **1.** Fabrikant **2.** *alt* Anstifter, Anführer
за́водь, -и *f* kleine flache Bucht *am Fluß oder Binnensee*
завоева́ние, -я *n* **1.** Erobern, Eroberung **2.** *meist Pl* Errungenschaft
завоева́тель, -я *m* Eroberer
завоева́тельный, -ая, -ое *alt* Eroberungs-; -ая война́ Eroberungskrieg
завоева́ть, -о́ю, -о́юешь; -оёванный, -оёван, -а *v* **1.** *mit Waffengewalt* erobern **2.** *übtr* erringen, erwerben, gewinnen; ~ пе́рвый приз den ersten Preis gewinnen ‖ *uv* **завоёвывать,** -аю, -аешь
заво́з, -а *m umg* Zufuhr, Zustellung; ~ сырья́ Rohstoffzufuhr
завози́ть *uv zu* завезти́
заво́зный, -ая, -ое *alt* eingeführt
завола́кивать(ся) *uv zu* заволо́чь(ся)
заво́лжский, -ая, -ое jenseits [östlich] der Wolga gelegen
заволнова́ться, -ну́юсь, -ну́ешься *v* **1.** zu wogen beginnen **2.** *übtr* in Erregung geraten
за|воло́чь*; заволочённый, -ён, -ена́ *v* überziehen, verschleiern *von Wolken, Tränen u. ä.*; глаза́ заволокло́ слеза́ми die Augen waren von Tränen umflort ‖ *uv* завола́кивать, -аю, -аешь
за|воло́чься* *v* sich überziehen, sich verschleiern, sich bedecken ‖ *uv* завола́киваться, -аюсь, -аешься
завора́живать *uv zu* заворожи́ть
завора́чивать *uv zu* заворота́ть
заворожи́ть, -жу́, -жи́шь; -жённый, -жён, -жена́ *v* be-, verzaubern ‖ *uv* завора́живать, -аю, -аешь
заворо́т, -а *m umg* Biegung, Krümmung; Knick; в -е реки́ in der Flußbiegung ◇ за́ворот кишо́к Darmverschlingung
завороти́ть, -очу́, -о́тишь; -о́ченный, -о́чен, -а *v umg* **1.** *auf dem Wege* umkehren; einbiegen; einkehren; ~ в трakти́р im Wirtshaus einkehren

2. umlenken; zum Umlenken [Einbiegen] zwingen; (um)leiten 3. umschlagen, hochkrempeln || *uv* завора́чивать, -аю, -аешь

заворо́шка, -и *f volksspr* Durcheinander, Wirrwarr

за|вра́ться*; -врали́сь *v umg* faustdick lügen; sich in Lügen verstricken || *uv* завира́ться, -а́юсь, -а́ешься

завсегда́тай, -я, *G Pl* -ев *m* ständiger Besucher, Stammgast

за́втра *Adv* morgen; ~ в по́лдень morgen mittag; отложи́ть до [на] ~ auf morgen verschieben ◇ не сего́дня — ~ wenn nicht heute, dann morgen; sehr bald

¹за́втрак, -а *m* Frühstück; на ~ zum Frühstück

²за́втрак, -а *m* ◇ корми́ть -ами *umg* ständig auf morgen vertrösten, mit leeren Versprechungen abspeisen

за́втракать, -аю, -аешь *uv* frühstücken

за́втрашний, -яя, -ее morgig; ~ день der morgige Tag; забо́ты о -ем дне Sorge um das Morgen

завуали́ровать, -рую, -руешь; -рованный, -рован, -а *v* verschleiern

за́вуч, -а, *I* -ем, *G Pl* -ей *m umg* (заве́дующий учёбной ча́стью) pädagogischer Leiter; Studiendirektor

завхо́з, -а *m umg* (заве́дующий хозя́йством) Wirtschaftsleiter, Verwalter

завши́веть, -ею, -еешь *v volksspr* verlausen

завыва́ть, -а́ю, -а́ешь *uv* langgezogen heulen

завы́сить, -ы́шу, -ы́сишь; -ы́шенный, -ы́шен, -а *v Zahlen, Zensuren u. ä.* zu hoch [zu gut] angeben; zu hoch festsetzen; ~ отме́тки на экза́мене bei der Prüfung zu gute Noten erteilen; он счита́ет, что план завы́шен er meint, der Plan sei zu hoch festgesetzt worden || *uv* завыша́ть, -а́ю, -а́ешь

за|вы́ть* *v* anfangen zu heulen

завыша́ть *uv zu* завы́сить

завяда́ть *uv zu* завя́нуть

завя́дший, -ая, -ее verwelkt

¹за|вяза́ть* *v* 1. mit Hilfe eines Knotens zubinden; umbinden; verschnüren; verbinden; ~ боти́нки die Schuhe zuschnüren; ~ га́лстук den Schlips umbinden; ~ го́лову платко́м ein Tuch um den Kopf binden 2. *übtr* anknüpfen, anbahnen, anfangen; ~ спор Streit anfangen, anzetteln; ~ бой den Kampf eröffnen || *uv* завя́зывать, -аю, -аешь

²завяза́ть *uv zu* завя́знуть

за|вяза́ться*, *1. u. 2. Pers ungebr v* 1. sich zubinden lassen, (zu)gebunden sein [werden]; га́лстук пло́хо завяза́лся der Schlips ließ sich schlecht binden 2. sich entspinnen; завяза́лся спор ein Streit entbrannte 3. *bot nach der Befruchtung* ansetzen || *uv* завя́зываться, -ается

завязи́ть, *1. Pers ungebr,* -зи́шь *v umg* einsinken lassen

завя́зка, -и, *Pl G* -зок, *D* -зкам *f* 1. Verknoten 2. (Schnür-) Band, Zugschnur *Beutel* 3. Beginn; Ausgangspunkt einer Handlung; ~ де́йствия *lit* Schürzung des Knotens der Handlung; ~ бо́я Eröffnung des Kampfes

завя́знуть, -ну, -нешь; завя́з, -ла *v* ein-, versinken, stecken(bleiben); где ты завя́з? wo hast du so lange gesteckt? || *uv* завяза́ть, -а́ю, -а́ешь

завя́зывать *uv zu* ¹завяза́ть

завя́зываться *uv zu* завяза́ться

за́вязь, -и *f bot* Fruchtknoten

завя́нуть, -ну, -нешь; завя́л, -ла; завя́дший *u.* завя́нувший *v* verwelken || *uv* завяда́ть, -а́ю, -а́ешь

загада́ть, -а́ю, -а́ешь; зага́данный, -ан, -а *v* 1. zu raten aufgeben; ~ зага́дку ein Rätsel aufgeben 2. *umg* sich *ein Rätsel u. ä.* ausdenken; ~ число́ sich eine Zahl ausdenken 3. *die Karten u. ä.* um die Zukunft [eine Entscheidung] befragen; ~ на ка́ртах die Karten befragen 4. *umg* vorausplanen, vorausdenken || *uv* зага́дывать, -аю, -аешь

зага́дить, -а́жу, -а́дишь; -а́женный, -а́жен, -а *v umg* beschmutzen, besudeln || *uv* зага́живать, -аю, -аешь

зага́дка, -и, *Pl G* -док, *D* -дкам *f* Rätsel; загада́ть -у ein Rätsel aufgeben; разгада́ть -у ein Rätsel lösen ◇ говори́ть -ами in Rätseln sprechen

зага́дочный, -ая, -ое; *Kzf* -чен, -чна rätselhaft, seltsam, geheimnisvoll ◇ -ая карти́нка Vexierbild

зага́дывать *uv zu* загада́ть

зага́живать *uv zu* зага́дить

зага́р, -а *m* Sonnenbräune

загаса́ть *uv zu* зага́снуть

загаси́ть, -ашу́, -а́сишь; -а́шенный, -а́шен, -а *v* (aus)löschen || *uv* загаша́ть, -а́ю, -а́ешь

зага́снуть, *1. u. 2. Pers ungebr*, -нет; зага́с, -ла *v umg* verlöschen, ausgehen || *uv* загаса́ть, -а́ет

загати́ть, -ачу́, -ати́шь; -а́ченный, -а́чен, -а *v* mit Faschinen [Bohlen] belegen; ~ боло́то einen Knüppeldamm durch einen Sumpf bauen || *uv* **зага́чивать,** -аю, -аешь

загаша́ть *uv zu* загаси́ть

загво́здка, -и, *Pl G* -док, *D* -дкам *f umg* Schwierigkeit; тут есть одна́ ~ die Sache hat einen Haken; в чём тут ~? worin liegt hier das Problem?

заги́б, -а *m* **1.** Biegung, Krümmung, Knick; ~ реки́ Flußbiegung **2.** *übtr* Abweichung

загиба́ть(ся) *uv zu* загну́ть(ся)

загипнотизи́ровать, -рую, -руешь; -рованный, -рован, -а *v* hypnotisieren

загла́вие, -я *n* Titel, Überschrift

загла́вный, -ая, -ое Titel-; ~ лист Titelblatt; -ая роль *theat* Titelrolle ◇ -ая бу́ква Großbuchstabe, Anfangsbuchstabe

загла́дить, -а́жу, -а́дишь; -а́женный, -а́жен, -а *v* **1.** glätten, glatt machen; (aus)bügeln **2.** wiedergutmachen, ausgleichen || *uv* **загла́живать,** -аю, -аешь

загла́зный, -ая, -ое *umg* **1.** hinter j-s Rücken, in j-s Abwesenheit (getan, geschehen); -ое обвине́ние hinter dem Rücken geäußerte Beschuldigung **2.** -о *Adv* hinter j-s Rücken, in j-s Abwesenheit

загла́тывать *uv zu* заглота́ть

заглота́ть, *1. u. 2. Pers ungebr*, -а́ет; загло́танный, -ан, -а *v* verschlucken, verschlingen *von Fischen* || *uv* загла́тывать, -ает

загло́хнуть, -ну, -нешь; загло́х, -ла; загло́х(нув)ший *v* **1.** verhallen; verstummen; aussetzen *Motor* **2.** verwildern *Garten u. a.*

заглуша́ть *uv zu* заглуши́ть

заглуши́ть, -шу́, -ши́шь; -шенный, -шён, -шена́ *v* **1.** übertönen **2.** betäuben, dämpfen, mildern; unterdrücken; пыта́ться ~ боль den Schmerz zu betäuben suchen **3.** *bot* überwuchern, ersticken; ~ проте́ст *übtr* den Protest ersticken || *uv* заглуша́ть, -а́ю, -а́ешь

загляде́нье, -ья *n umg* Augenweide

загляде́ться, -яжу́сь, -яди́шься *v* на *A* sich nicht satt sehen können (an), sich in den Anblick versenken (von) || *uv* загля́дываться, -аюсь, -аешься

загля́дывать *uv zu* загляну́ть

загля́дываться *uv zu* загляде́ться

загляну́ть, -яну́, -я́нешь *v* **1.** (flüchtig) hineinschauen, hineinsehen; einen Blick werfen; ~ кому́-н. в глаза́ j-m in die Augen sehen; **2.** к *D umg* kurz aufsuchen, kurz vorsprechen || *uv* загля́дывать, -аю, -аешь

загна́ивать(ся) *uv zu* загнои́ть(ся)

за́гнанный, -ая, -ое **1.** abgehetzt, abgejagt; -ая ло́шадь abgehetztes Pferd **2.** eingeschüchtert ◇ как ~ зверь wie ein gehetztes Tier [Wild]

за|гна́ть* *v* **1.** hineinjagen, hineintreiben; (ver)jagen; ~ скот (в хлев) das Vieh in den Stall treiben; ~ мяч в воро́та den Ball ins Tor jagen **2.** zuschanden hetzen; ~ зве́ря ein Tier hetzen; ~ ло́шадь ein Pferd zuschanden jagen **3.** *umg* fest einschlagen **4.** *volksspr* verkaufen, losschlagen || *uv* загоня́ть, -я́ю, -я́ешь

загнива́ние, -я *n* Verfaulen

загнива́ть *uv zu* загни́ть

за|гни́ть* *v* in Fäulnis übergehen, verfaulen || *uv* загнива́ть, -а́ю, -а́ешь

загнои́ть, -ою́, -ои́шь; -оённый, -оён, -оена́ *v umg* vereitern lassen || *uv* загна́ивать, -аю, -аешь

загнои́ться, *1. u. 2. Pers ungebr*, -и́тся *v* zu eitern beginnen, vereitern || *uv* загна́иваться, -ается

загну́ть, -ну́, -нёшь; за́гнутый, -ут, -а *v* **1.** umbiegen; hochkrempeln, umschlagen; ~ у́гол страни́цы die Ecke einer Seite umknicken **2.** *volksspr* seitlich einbiegen; ~ за́ угол um die Ecke gehen **3.** *volksspr* etwas Unangemessenes [Unsinniges] fordern, sagen; ~ це́ну einen unverschämten Preis verlangen; ~ слове́чко etwas Unverschämtes [ein Schimpfwort] sagen **4.** *volksspr* lügen || *uv* загиба́ть, -а́ю, -а́ешь

загну́ться, -ну́сь, -нёшься *v* **1.** sich um-, einbiegen, sich umschlagen **2.** *derb*, *volksspr* sterben, abkratzen || *uv* загиба́ться, -а́юсь, -а́ешься

[1]**загова́ривать,** -аю, -аешь *uv* ein Gespräch anknüpfen

[2]**загова́ривать,** -аю, -аешь *uv zu* [1]заговори́ть ◇ ~ кому́-н. зу́бы *volksspr* j-m ein X für ein U vormachen

загова́риваться, -аюсь, -аешься *uv* **1.** *umg* wirre Reden führen, unzusammenhängendes Zeug reden **2.** *uv zu* заговори́ться

за́говенье, -ья *n kirch* letzter Tag vor der Fastenzeit

загове́ться, -е́юсь, -е́ешься *v umg* das letztemal vor der Fastenzeit Fleisch, Milch u. ä. essen || *uv* **заговля́ться,** -я́юсь, -я́ешься

[1]**за́говор,** -а *m* Verschwörung, Komplott

[2]**за́говор,** -а *m* Zauberspruch, Beschwörungsformel

[1]**заговори́ть,** -рю́, -ри́шь; -рённый, -рён, -рена́ *v* 1. *umg* j-n durch Reden ermüden, totreden 2. (durch Beschwören) bannen, besprechen || *uv* загова́ривать, -аю, -аешь

[2]**заговори́ть,** -рю́, -ри́шь *v* 1. anfangen zu sprechen; anreden; я заговори́л с ним по-ру́сски ich sprach ihn auf russisch an; все заговори́ли сра́зу alle begannen auf einmal zu sprechen; ра́дио заговори́ло der Rundfunk nahm den Sendebetrieb auf; в нём заговори́ла со́весть *übtr* sein Gewissen begann zu sprechen [sich zu regen] 2. der [einer] Sprache mächtig werden, zu sprechen anfangen; он обеща́л, что заговори́т по-ру́сски че́рез год er versprach, in einem Jahr russisch sprechen zu können

заговори́ться, -рю́сь, -ри́шься *v* 1. sich verplaudern, über dem Schwatzen die Zeit vergessen 2. *umg* Überflüssiges reden; flunkern || *uv* загова́риваться, -аюсь, -аешься

загово́рщик, -а *m* Verschwörer

загово́рщицкий, -ая, -ое *umg u.* **загово́рщический** -ая, -ое verschwörerisch

загогу́лина, -ы *f volksspr* Schnörkel

за́годя *Adv volksspr* beizeiten

заголи́ть, -лю́, -ли́шь; -лённый, -лён, -лена́ *v volksspr* entblößen || *uv* заголя́ть, -я́ю, -я́ешь

заголо́вок, -вка *m* Überschrift, Titel, Kopf

заголя́ть *uv zu* заголи́ть

заго́н, -а *m* 1. Hineintreiben; Eintreiben *in den Stall* 2. Viehhürde, Pferch, Umzäunung ◇ быть в -е stiefmütterlich behandelt werden

заго́нщик, -а *m Jagd* Treiber

загоня́ть *uv zu* загна́ть

загора́живать(ся) *uv zu* загороди́ть(ся)

загора́ть(ся) *uv zu* загоре́ть(ся)

заго́рбок, -бка *m volksspr* oberer Teil des Rückens zwischen den Schultern

загорди́ться, -ржу́сь, -рди́шься *v umg* hochnäsig werden, eingebildet werden

загоре́лый, -ая, -ое sonnengebräunt, braungebrannt

загоре́ть, -рю́, -ри́шь *v* von der Sonne gebräunt [braungebrannt] werden || *uv* загора́ть, -а́ю, -а́ешь

загоре́ться, -рю́сь, -ри́шься *v* 1. anfangen zu brennen, Feuer fangen 2. aufflammen, anfangen zu leuchten, erglänzen; вдали́ загоре́лся огонёк in der Ferne flammte ein Licht auf 3. *übtr I* entbrennen, entflammen; ~ любо́вью in Liebe entbrennen 4. beginnen, ausbrechen ◇ ему́ загоре́лось неме́дленно уе́хать er brannte darauf, sofort wegzufahren || *uv* загора́ться, -а́юсь, -а́ешься

загороди́ть, -ожу́, -о́ди́шь; загоро́женный, -ен, -а *v* 1. ein-, umzäunen 2. versperren, verstellen; та́нки загороди́ли путь Panzer haben den Weg versperrt; ~ кому́-н. свет j-m im Licht stehen || *uv* загора́живать, -аю, -аешь

загороди́ться, -ожу́сь, -о́ди́шься *v* sich *durch etwas Vorgehaltenes* schützen, sich schützend umgeben; sich absondern || *uv* загора́живаться, -аюсь, -аешься

загоро́дка, -и, *Pl G* -док, *D* -дкам *f umg* Umzäunung, Zaun, Verschlag

за́городный, -ая, -ое außerhalb der Stadt gelegen, Land-; Vorort-; ~ дом Landhaus; -ая прогу́лка Ausflug aufs Land [ins Grüne]

загости́ться, -ощу́сь, -ости́шься *v umg* zu lange zu Besuch bleiben

загота́вливать *uv zu* загото́вить

заготови́тельный, -ая, -ое Beschaffungs-, Erfassungs-; ~ пункт Erfassungsstelle

загото́вить, -влю, -вишь; -вленный, -влен, -а *v A* 1. (rechtzeitig) vorbereiten, bereit halten 2. beschaffen, bereitstellen; sich versehen (mit); ~ дрова́ на́ зиму sich mit Holz für den Winter versehen || *uv* загота́вливать, -аю, -аешь *u. uv* заготовля́ть, -я́ю, -я́ешь

загото́вка, -и, *Pl G* -вок, *D* -вкам *f* 1. *meist Pl* Beschaffung, Bereitstellung, Erfassung; план -и хле́ба Plan des Getreideaufkommens; госуда́рственные -и staatliche Erfassung 2.: ~ для сапо́г Oberleder für Schuhe 3. Halbzeug, Rohling

заготовля́ть *uv zu* загото́вить

заграба́стать, -аю, -аешь; -анный, -ан, -а *v volksspr mißb* sich mit Gewalt aneignen, an sich raffen || *uv* **заграба́стывать,** -аю, -аешь

заградитель, -я *m mil* Sperrenleger; минный ~ Minenleger
заградительный, -ая, -ое Sperr-
заградить, -ажу, -адишь; -аждённый, -аждён, -аждена *v* ab-, versperren, verlegen; ~ путь den Weg verlegen ‖ *uv* **заграждать,** -аю, -аешь
заграждение, -я *n* Sperre, Hindernis; проволочное ~ Drahtverhau; линия -я Sperrlinie
заграница, -ы, *I* -ей *f umg* Ausland
заграничный, -ая, -ое ausländisch, Auslands-; ~ паспорт Auslandspaß
Загреб, -а *m* Zagreb *Stadt*
загребать, -аю, -аешь *uv* 1. zusammenscharren, zusammenraffen; ~ деньги *übtr* Geld scheffeln 2. *umg* rudern ◇ чужими руками жар ~ sich von anderen die Kastanien aus dem Feuer holen lassen ‖ *v* за|грести* *zu* 1
загребной, -ого *Subst m naut* Schlagmann *Ruderer, der dem Heck am nächsten sitzt*
загребущий, -ая, -ее *volksspr* raffgierig
[1]**загреметь,** -млю, -мишь *v volksspr* mit lautem Geräusch hinfallen
[2]**загреметь,** -млю, -мишь *v* erschallen, zu donnern [dröhnen, klirren] beginnen; загремел гром der Donner begann zu grollen
загрести *v zu* загребать
загривок, -вка *m* 1. unterer Teil der Mähne, unterer Teil des Halses über dem Widerrist des Pferdes 2. *volksspr* Genick ◇ получить по -вку eins aufs Dach bekommen
загримировать, -рую, -руешь; -рованный, -рован, -а *v* schminken ‖ *uv* **загримировывать,** -аю, -аешь
загримироваться, -руюсь, -руешься *v* sich schminken ‖ *uv* **загримировываться,** -аюсь, -аешься
загробный, -ая, -ое *rel* jenseitig, nach dem Tode; ~ мир das Jenseits ◇ ~ голос tiefe Stimme
загромождать *uv zu* загромоздить
загромождение, -я *n* Versperren, Vollstopfen, Überladung, Über(be)lastung; ~ железнодорожного пути Verstopfung der Eisenbahnstrecke
загромоздить, -зжу, -здишь; загромождённый, -ён, -ена *v* 1. vollstellen, vollstopfen 2. *übtr* überladen, über(be)lasten, überfüllen; ~ рассказ подробностями *übtr* eine Erzählung mit Einzelheiten überladen ‖ *uv* загромождать, -аю, -аешь
загрубелый, -ая, -ое 1. rauh, hart *Haut* 2. *übtr* derb, rauh, verhärtet
загрубеть, -ею, -еешь *v* 1. grob werden 2. rauh werden *Haut*
загружать *uv zu* загрузить
загруженность *u.* **загружённость,** -и *f* 1. Auslastung 2. *übtr umg* Belastung
загрузить, -ужу, -узишь; -уженный -ужен, -а *u.* -ужённый, -ужён, -ужена *v* 1. beladen, belasten; ~ вагон einen Waggon beladen 2. *umg übtr* voll auslasten 3. *tech* beschicken; ~ доменную печь den Hochofen beschicken ‖ загружать, -аю, -аешь
загрузка, -и *f* 1. Beladung, Belastung 2. *umg übtr* Auslastung; завод имеет полную -у die Fabrik ist voll ausgelastet 3. *tech* Beschickung; ~ реактора Füllung des Reaktors
загрунтовать, -тую, -туешь; -тованный, -тован, -а *v* grundieren ‖ *uv* **загрунтовывать,** -аю, -аешь
загрустить, -ущу, -устишь *v* zu trauern beginnen, traurig werden
загрызать *uv zu* загрызть
за|грызть* *v* 1. totbeißen, zerfleischen 2. *umg übtr* mit Vorwürfen peinigen; seelische Qualen zufügen ‖ *uv* загрызать, -аю, -аешь
загрязнение, -я *n* Verschmutzung, Verunreinigung
загрязнить, -ню, -нишь; -нённый, -нён, -нена *v* 1. verunreinigen, beschmutzen 2. *übtr* beschmutzen, entehren ‖ *uv* **загрязнять,** -яю, -яешь
загрязниться, -нюсь, -нишься *v* verunreinigt werden, schmutzig werden, sich beschmutzen ‖ *uv* **загрязняться,** -яюсь, -яешься
загс, -а *m* (отдел записи актов гражданского состояния) Amt für Personenstandswesen, Standesamt
загубить, -ублю, -убишь; -убленный, -ублен, -а *v* 1. *umg* zugrunde richten 2. *volksspr* verschwenden
загудеть, -ужу, -удишь *v* zu tönen [läuten, summen] anfangen; загудел гудок die Sirene begann zu heulen
загуливать(ся) *uv zu* загулять(ся)
загулять, -яю, -яешь *v volksspr* sich dem Trunk ergeben; anfangen, sich herumzutreiben ‖ *uv* загуливать, -аю, -аешь
загуляться, -яюсь, -яешься *v umg* 1. überm Spazierengehen die Zeit vergessen 2. überm Zechen [Feiern] die Zeit vergessen ‖ *uv* загуливаться, -аюсь, -аешься
загустеть, *1. u. 2. Pers ungebr,* -еет *v* dicht [dickflüssig] werden

загусти́ть, -ущу́, -усти́шь; -ущённый, -ущён, -ущенá *v* dickflüssiger [zu dickflüssig] machen ‖ *uv* **загущáть,** -áю, -áешь
зад, -а, *P* о зáде, на [в] заду́, *Pl* зады́, -óв, -áм *m* **1.** Hinterseite, hinterer Teil **2.** Gesäß, Hinterteil **3.** *Pl umg* längst Bekanntes
задáбривать *uv zu* задóбрить
задавáть *uv zu* задáть
[1]**задавáться** *uv zu* задáться
[2]**за|давáться*** *uv volkssspr* wichtig tun, hochmütig [stolz] sein
задави́ть, -авлю́, -áвишь; -áвленный, -áвлен, -а *v* **1.** erdrücken, zerquetschen; überfahren **2.** *volkssspr* erwürgen **3.** unterdrücken *Gefühl* ‖ *uv* **задáвливать,** -аю, -аешь
задáние, -я *n* Aufgabe, Auftrag; произвóдственное ~ Produktionsauflage; плáновое ~ Soll
задáривать *uv zu* задари́ть
задари́ть, -арю́, -áришь; -áренный, -áрен, -а *v* **1.** mit Geschenken überhäufen **2.** bestechen ‖ *uv* задáривать, -аю, -аешь
задáром *Adv volkssspr* **1.** unentgeltlich, umsonst **2.** vergeblich, umsonst
задáток, -тка *m* **1.** Anzahlung; внести́ ~ Anzahlung leisten, anzahlen **2.** *Pl übtr* Anlagen, Fähigkeiten; развивáть задáтки Anlagen entwickeln
задáточный, -ая, -ое Anzahlungs-
за|дáть*; зáдал, -á! *v* **1.** aufgeben, auftragen, auferlegen; ~ вопрóс eine Frage stellen; учи́тель зáдал урóк der Lehrer stellte die Hausaufgabe **2.** angeben *Ton, Kurs* **3.** *umg* veranstalten; ~ бал einen Ball [Tanzabend] geben ◇ ~ стрáху Furcht einjagen; я тебé задáм! *umg* du kriegst gleich was drauf! ‖ *uv* за|давáть*
за|дáться*; задали́сь *v* **1.** *I* sich vornehmen; ~ цéлью изучáть ру́сский язы́к sich das Ziel stellen, Russisch zu lernen; ~ мы́слью mit dem Gedanken umgehen **2.** *umg meist verneint* glücken, gelingen ‖ *uv* за|давáться*
задáча, -и, *I* -ей *f* Aufgabe, Problem; Auftrag; реши́ть алгебраи́ческую -у eine Algebraaufgabe lösen; боевáя ~ Kampfauftrag
задáчник, -а *m* Aufgabensammlung, Rechenbuch
задвигáть *uv zu* задви́нуть
за|дви́гаться* *v* beginnen, sich zu bewegen; in Bewegung geraten
задвигáться *uv zu* задви́нуться
задви́жка, -и, *Pl G* -жек, *D* -жкам *f* **1.** Riegel; дверна́я ~ Türriegel **2.** *tech* Schieber; запóрная ~ Absperrschieber
задвижнóй, -áя, -óе verschiebbar; -áя дверь Schiebetür
задви́нуть, -ну, -нешь; -нутый, -нут, -а *v* **1.** zuschieben, hinein-, darunterschieben; ~ задви́жку den Riegel vorschieben **2.** verdecken *mit etwas Verschiebbarem*; ~ дверь шкáфом die Tür mit dem Schrank verstellen; *umg* verriegeln, verschließen ‖ *uv* задвигáть, -áю, -áешь
задви́нуться, *1. u. 2. Pers ungebr*, -нется *v* zugehen, sich hineinschieben lassen ‖ *uv* задвигáться, -áется
задвóрки, -рок, -ркам *Pl* **1.** Hinterhof **2.** Platz hinter den Häusern *einer Siedlung* ◇ быть на -рках an letzter [unbeachteter] Stelle stehen
[1]**задевáть,** -áю, -áешь *v volkssspr* (ver)legen; кудá я очки́ задевáл? wohin habe ich (nur) meine Brille gelegt?
[2]**задевáть** *uv zu* задéть
задевáться, -áюсь, -áешься *v volksspr wohin* geraten *und dort schwer auffindbar sein*; кудá задевáлась кни́га? wohin ist (nur) das Buch geraten?
задéл, -а *m umg* **1.** Vorlauf **2.** Mehrbestand an Erzeugnissen und Halbfabrikaten
задéлать, -аю, -аешь; -анный, -ан, -а *v* fest zumachen, verschließen, zunageln, zumauern, zustopfen; *umg* verpacken, zukorken; ~ дыру́ солóмой ein Loch mit Stroh verstopfen ‖ *uv* задéлывать, -аю, -аешь
задéлка, -и *f* Zustopfen; Zunageln; Verschließen; Verkitten
задéлывать *uv zu* задéлать
[1]**задёргать,** -аю, -аешь; -анный, -ан, -а *v* abhetzen, drangsalieren *durch Reißen an den Zügeln, a. übtr*
[2]**задёргать,** -аю, -аешь *v* **1.** *A oder I* zu reißen anfangen; ~ вожжáми an den Zügeln zu reißen beginnen **2.** *I* zu zucken anfangen (mit)
задёргаться, -аюсь, -аешься *v itr* zu zucken beginnen; у негó задёргались гу́бы um seinen Mund begann es zu zucken
задёргивать *uv zu* задёрнуть
задеревенéлый, -ая, -ое *umg* hart geworden; erstarrt
задержáние, -я *n* **1.** Festnahme, Verhaftung **2.**: ~ мочи́ Harnverhaltung
задержáть, -ержу́, -éржишь; -éржанный, -éржан, -а *v* **1.** zurückhal-

ten, aufhalten; anhalten; меня́ задержа́ли ich bin aufgehalten worden; ~ дыха́ние den Atem anhalten 2. verzögern, verlangsamen; hinausschieben, verschleppen 3. festnehmen, verhaften; beschlagnahmen || *uv* **заде́рживать,** -аю, -аешь
задержа́ться, -ержу́сь, -е́ржишься *v* 1. sich (zu lange) aufhalten, verweilen *länger als vorgesehen* 2. stocken, ins Stocken geraten; sich verzögern || *uv* **заде́рживаться,** -аюсь, -аешься
заде́ржка, -и, *Pl G* -жек, *D* -жкам *f* 1. Stockung, Verzögerung; Aufschub; рабо́тать без -жек ohne Stockungen arbeiten 2. *mil* Ladehemmung
задёрнуть, -ну, -нешь; -нутый, -нут, -а *v* 1. zuziehen, vorziehen; ~ што́ры die Stores vorziehen 2. verdecken *mit einem Vorhang*; ~ окно́ занаве́ской das Fenster mit einem Vorhang verhängen || *uv* задёргивать, -аю, -аешь
за|де́ть* 1. *A oder* за *A* streifen, leicht berühren; anstoßen (an); ~ ного́й за ка́мень mit dem Fuß an einen Stein stoßen 2. *umg* kränken, verletzen 3. *med* angreifen; лёгкое заде́то die Lunge ist angegriffen ◇ ~ кого́-н. за живо́е j-n an einer empfindlichen Stelle treffen || *uv* задева́ть, -а́ю, -а́ешь
за́дешево *Adv volksspr* spottbillig
зади́ра, -ы *m, f umg* Händelsucher, Raufbold
задира́ть, -а́ю, -а́ешь *uv umg* 1. *uv zu* задра́ть 2. *A* necken, reizen, Streit suchen (mit)
задира́ться, -а́юсь, -а́ешься *uv umg* 1. *uv zu* задра́ться 2. Streit, Händel suchen (mit)
задне- *in Zuss* hinter-
задненёбный, -ая, -ое *ling* Hintergaumen-
заднея́зычный, -ая, -ое: ~ звук *ling* Hinterzungenlaut
за́дний, -яя, -ее hinterer, Hinter-; -ие но́ги Hinterbeine; ~ план Hintergrund ◇ ~ ход Rückwärtsgang; поме́тить -им число́м rückdatieren; он -им умо́м кре́пок er überlegt erst, wenn es zu spät ist, er hat die besten Gedanken hinterher; -яя мысль Hintergedanke
за́дник, -а *m* 1. Hackenleder, Fersenkappe *am Schuh* 2. *theat* Hintergrundvorhang
задо́брить, -рю, -ришь; -ренный, -рен, -а *v* sich j-n geneigt machen || *uv* зада́бривать, -аю, -аешь
задо́к, -дка́ *m umg* hinterer Teil
задо́лго *Adv* до *G* lange (Zeit) vor; ~ до отхо́да по́езда lange vor Abfahrt des Zuges
задолжа́ть, -а́ю, -а́ешь *v umg* Schulden machen; Schulden haben, schulden; он давно́ задолжа́л хозя́йке де́сять рубле́й er hatte bei seiner Wirtin schon lange zehn Rubel Schulden
задолжа́ться, -а́юсь, -а́ешься *v umg* Schulden machen
задо́лженность, -и *f* Verschuldung, Schulden; дебито́рская ~ Guthaben, Forderungen
за́дом *Adv* rückwärts, mit der Rückseite; дви́гаться ~ sich rückwärts bewegen; стоя́ть ~ к кому́-н. j-m den Rücken zukehren ◇ наде́ть ша́пку ~ наперёд die Mütze verkehrt aufsetzen
задо́р, -а *m* 1. Übermut, Eifer; Hitze, Feuer 2. herausforderndes Verhalten
задо́рина, -ы *f* Schramme, Riß, rauhe Stelle *im Holz*
задо́ринка, -и, *Pl G* -нок, *D* -нкам *f Dem zu* задо́рина: без сучка́, без -и wie am Schnürchen
задо́рный, -ая, -ое; *Kzf* -рен, -рна 1. übermütig; eifrig; -ая пе́сня übermütiges Lied 2. herausfordernd
задохну́ться *v zu* задыха́ться
задрапирова́ть, -ру́ю, -ру́ешь; -ро́ванный, -ро́ван, -а *v* drapieren, behängen || *uv* **задрапиро́вывать,** -аю, -аешь
за|дра́ть*; за́драна́ *v* 1. *umg* (hoch)heben; ло́шади задра́ли хвосты́ die Pferde richteten die Schwänze in die Höhe; ~ го́лову den Kopf in den Nacken werfen 2. *volksspr* schürzen, in die Höhe raffen; ~ пла́тье das Kleid schürzen 3. aufschürfen, -reißen *Haut u. ä.* 4. töten, reißen *von Raubtieren*; волк задра́л овцу́ der Wolf hat ein Schaf gerissen ◇ ~ нос die Nase hoch tragen || *uv* задира́ть, -а́ю, -а́ешь *zu* 2-4
за|дра́ться*, *1. u. 2. Pers ungebr*; -драли́сь *v* 1. *umg* sich aufschürfen, sich abschälen 2. *volksspr* sich nach oben umstülpen, sich umschlagen *Kleidungsstück* || *uv* задира́ться, -а́ется *umg*
задребезжа́ть, *1. u. 2. Pers ungebr*, -жи́т *v* zu klirren beginnen
за|дрема́ть* *v* einschlummern
задрожа́ть, -жу́, -жи́шь *v* erzittern, zu zittern beginnen

1. gaffen, Maulaffen feilhalten 2. zerstreut sein, nicht aufpassen
зазеленеть(ся), *1. u. 2. Pers ungebr,* -еет(ся) *v* zu grünen anfangen, grün werden, ergrünen
зазеленить, -ню, -нишь; -нённый, -нён, -нена *v umg A* grüne Flecken machen (an); ~ платье травой Grasflecken ans Kleid bekommen
заземление, -я *n rad* Erdung
заземлить, -лю, -лишь; -лённый, -лён, -лена *v rad* erden ‖ *uv* **заземлять,** -яю, -яешь
зазимовать, -мую, -муешь *v* überwintern
зазнаваться *uv zu* зазнаться
зазнайка, -и, *Pl G* -знаек, *D* -знайкам *m, f umg* Angeber(in); aufgeblasener Mensch
зазнайство, -а *n umg* Angeberei, Anmaßung
зазнаться, -аюсь, -аешься *v umg* überheblich werden ‖ *uv* за|знаваться*
зазноба, -ы *f folkl* Geliebte, Schatz
зазор, -а *m tech* Spiel, Spielraum
зазорный, -ая, -ое; *Kzf* -рен, -рна *alt volksspr* anstößig, schimpflich
зазрение, -я *n*: без -я (совести) skrupellos, schamlos
зазрить, *1. u. 2. Pers ungebr,* -ит *v*: его зазрила совесть *umg* er bekam Gewissensbisse
[1]**зазубренный,** -ая, -ое schartig; gezackt
[2]**зазубренный,** -ая, -ое *umg* eingepaukt, gebüffelt
[1,2]**зазубривать(ся)** *uv zu* [1,2]зазубрить(ся)
зазубрина, -ы *f* Scharte
[1]**зазубрить,** -убрю, -убришь; -убренный, -убрен, -а *v* schartig machen ‖ *uv* зазубривать, -аю, -аешь
[2]**зазубрить,** -убрю, -убришь; -убренный, -убрен, -а *v umg* einpauken, büffeln ‖ *uv* зазубривать, -аю, -аешь
[1]**зазубриться,** *1. u. 2. Pers ungebr,* -убрится *v* schartig werden ‖ *uv* зазубриваться, -ается
[2]**зазубриться,** убрюсь, -убришься *v umg* zu lange pauken, vom vielen Pauken stumpfsinnig werden ‖ *uv* зазубриваться, -аюсь, -аешься
зазывать *uv zu* зазвать
заигранный, -ая, -ое abgedroschen; abgespielt; -ая пьеса abgedroschenes Theaterstück; -ая пластинка abgespielte Schallplatte
[1]**заиграть,** -аю, -аешь; заигранный, -ан, -а *v* 1. abnutzen *durch häufiges Spielen* 2. bis zum Überdruß spielen; ~ пьесу ein Theaterstück bis zum Überdruß aufführen ‖ *uv* заигрывать, -аю, -аешь
[2]**заиграть,** -аю, -аешь *v* zu spielen anfangen
заиграться, -аюсь, -аешься *v* über dem Spielen die Zeit vergessen ‖ *uv* заигрываться, -аюсь, -аешься
[1]**заигрывать,** -аю, -аешь *uv zu* [1]заиграть
[2]**заигрывать,** -аю, -аешь *uv umg* 1. kokettieren; anbändeln *im Scherz* 2. scharwenzeln (с *I* vor)
заигрываться *uv zu* заиграться
заика, -и *m, f* Stotterer, Stotterin
заикание, -я *n* Stottern
заикаться, -аюсь, -аешься *uv* 1. *uv zu* заикнуться 2. stottern, stammeln
заикнуться, -нусь, -нёшься *v umg* 1. sich auf die Lippen beißen, *angefangenen Satz* abbrechen, steckenbleiben *in der Rede* 2. о *P* eine Andeutung machen; он и не заикнулся об этом er erwähnte es mit keinem Sterbenswörtchen ‖ *uv* заикаться, -аюсь, -аешься *zu* 2
заимка, -и, *Pl G* -мок, *D* -мкам *f* 1. *hist* von den ersten Ansiedlern in Besitz genommenes, außerhalb des Gemeindelandes liegendes Stück Land 2. *gbt* Einzelhof *oder* kleine Siedlung *in Sibirien*
заимодавец, -вца, *I* -вцем, *Pl G* -вцев, *D* -вцам *m alt* Gläubiger, Darlehensgeber
заимообразный, -ая, -ое; *Kzf* -зен, -зна 1. geliehen, Leih- 2. -о *Adv* leihweise; получить деньги -о Geld geliehen bekommen
заимствование, -я *n* Entlehnen, Entlehnung; иностранные -я fremdsprachige Entlehnungen
заимствованный, -ая, -ое; *Kzf* -ван, -а: -ое слово Lehnwort
заимствовать, -твую, -твуешь; -твованный, -твован, -а *v, uv* entlehnen, übernehmen
заиндевелый, -ая, -ое bereift
заиндеветь, -ею, -еешь *v* sich mit Reif bedecken
заинтересованность, -и *f* Interesse, Interessiertheit (в *P* an); материальная ~ materielle Interessiertheit
заинтересованный, -ая, -ое interessiert (в *P* an); -ые лица Interessenten
заинтересовать, -сую, -суешь; -сованный, -сован, -а *v* 1. *I* interessieren; он заинтересовал меня своим

расска́зом er hat mit seinem Bericht mein Interesse geweckt 2. в *P* (materiell) interessieren (an) ‖ *uv* **заинтересо́вывать,** -аю, -аешь

заинтересова́ться, -су́юсь, -су́ешься *v I* sich interessieren (für) ‖ *uv* **заинтересо́вываться,** -аюсь, -аешься

заинтригова́ть, -гу́ю, -гу́ешь; -го́ванный, -го́ван, -а *v* neugierig machen, Neugierde erwecken; я был заинтриго́ван ich war gespannt ‖ *uv* **заинтриго́вывать,** -аю, -аешь

заи́скивание, -я *n* Liebedienerei, Schmeichelei

заи́скивать, -аю, -аешь *uv* liebedienern, sich einschmeicheln (пе́ред *I* bei)

заи́скивающий, -ая, -ее schmeichlerisch

заискри́ться, *1. u. 2. Pers ungebr,* -искри́тся *v* aufblitzen, zu funkeln beginnen

займодержа́тель, -я *m wirtsch* Besitzer eines Anleihscheines

займу́ ↑ заня́ть

за|йти́*; зайдя́ *v* 1. к *D* eine Stippvisite abstatten, einen kurzen Abstecher machen; я зайду́ к тебе́ ich komme bei dir vorbei 2. за *I* abholen kommen; он зашёл за врачо́м er ist gekommen, den Arzt abzuholen 3. hin(ein)gehen, hin(ein)kommen; geraten; куда́ мы зашли́? wohin sind wir geraten? 4. untergehen *von Gestirnen* 5. aufkommen, entstehen *Streit*; разгово́р зашёл вдруг о поли́тике plötzlich kam das Gespräch auf die Politik ◇ де́ло зашло́ далеко́ die Sache nahm ungewöhnliche Ausmaße an ‖ *uv* заходи́ть, -хожу́, -хо́дишь | *uv iterativ* заха́живать, -аю, -аешь

за|йти́сь*, *1. u. 2. Pers ungebr v volksspr* erstarren, (fast) ersterben; у меня́ дух защёлся mir blieb die Luft weg; но́ги зашли́сь от хо́лода die Füße sind vor Kälte erstarrt

за́йчик, -а *m* 1. *Dem zu* за́яц kleiner Hase, Häschen 2. *umg* Lichtfleck *von Sonnenstrahlen*

зайчи́ха, -и *f* Häsin

зайчо́нок, -нка, *Pl* зайча́та, -а́т, -а́там *m* Häschen, junger Hase

закабале́ние, -я *n* Unterjochung, Versklavung

закабали́ть, -лю́, -ли́шь; -лённый, -лён, -лена́ *v* knechten, unterjochen ‖ *uv* **закабаля́ть,** -я́ю, -я́ешь

закабали́ться, -лю́сь, -ли́шься *v* sich freiwillig in Knechtschaft begeben, sich versklaven lassen ‖ *uv* **закабаля́ться,** -я́юсь, -я́ешься

закавка́зский, -ая, -ое transkaukasisch

Закавка́зье, -ья *n* Transkaukasien

закады́чный, -ая, -ое *umg*: ~ друг Busenfreund

зака́з, -а *m* Bestellung, Auftrag; подтвержде́ние -а Auftragsbestätigung; на ~ auf Bestellung, auf Sonderanfertigung *von Gebrauchswaren und Kleidungsstücken*

за|каза́ть* *v* bestellen, in Auftrag geben; ~ пла́тье у портно́го ein Kleid beim Schneider in Auftrag geben; ~ телефо́нный разгово́р ein Ferngespräch anmelden ‖ *uv* зака́зывать, -аю, -аешь

зака́зник, -а *m* Waldstück [Gewässer], in dem die Jagd [der Fischfang] verboten ist

заказно́й, -а́я, -о́е 1. *alt* bestellt, Sonder-; nach Maß; ~ авто́бус Sonderbus 2. eingeschrieben; -о́е письмо́ Einschreibebrief

зака́зчик, -а *m* Auftraggeber, Kunde

зака́зывать *uv zu* заказа́ть

зака́иваться *uv zu* зака́яться

зака́л, -а *m* 1. *tech* Härten, Härtung; ~ ста́ли Härtung des Stahls 2. Abhärtung, Stählung; Härte ◇ челове́к ста́рого -а ein Mann vom alten Schlag

зака́ливать(ся) *uv zu* закали́ть(ся)

закали́ть, -лю́, -ли́шь; -лённый, -лён, -лена́ *v* 1. *tech* härten 2. abhärten, stählen; закалённый в боя́х kampfgestählt ‖ *uv* зака́ливать, -аю, -аешь *u.* закаля́ть, -я́ю, -я́ешь

закали́ться, -лю́сь, -ли́шься *v* 1. *1. u. 2. Pers ungebr* gehärtet werden 2. sich abhärten, sich stählen ‖ *uv* зака́ливаться, -аюсь, -аешься *u.* закаля́ться, -я́юсь, -я́ешься

зака́лка, -и *f* 1. *tech* Härten, Härtung; ~ ста́ли Härtung des Stahls 2. Abhärtung, Stählung, Härte

зака́лывать(ся) *uv zu* заколо́ть(ся)

закаля́ть(ся) *uv zu* закали́ть(ся)

закамене́ть, -е́ю, -е́ешь *v umg* hart [gefühllos wie Stein] werden

закамуфли́ровать, -рую, -руешь; -рованный, -рован, -а *v mil u. umg* mit Tarnanstrich versehen, tarnen

зака́нчивать(ся) *uv zu* зако́нчить(ся)

[1]**зака́пать,** -аю, -аешь *u. alt* -плю, -плешь; -панный, -пан, -а *v* be-

spritzen, vollspritzen || *uv* зака́пывать, -аю, -аешь

[2]**зака́пать,** -аю, -аешь *u. alt* -плю, -плешь *v* anfangen zu tropfen

закапри́зничать, -аю, -аешь *v* launisch werden

[1]**зака́пывать** *uv zu* [1]зака́пать

[2]**зака́пывать** *uv zu* закопа́ть

зака́пываться *uv zu* закопа́ться

зака́рмливать *uv zu* закорми́ть

Закарпа́тье, -ья *n* Transkarpatien

закаспи́йский, -ая, -ое jenseits des Kaspischen Meeres gelegen

зака́т, -а *m* **1.** Untergang *von Gestirnen*; ~ со́лнца Sonnenuntergang **2.** *übtr* Untergang, Niedergang, Ende ◇ на -е дней im Alter

[1]**заката́ть,** -а́ю, -а́ешь; зака́танный, -ан, -а *v* **1.** einrollen, einwickeln **2.** *umg* hochkrempeln; ~ рукава́ die Ärmel hochkrempeln || *uv* зака́тывать, -аю, -аешь

[2]**заката́ть,** -а́ю, -а́ешь *v umg* zu rollen [zu wälzen] anfangen

зака́тистый, -ая, -ое; *Kzf* -ист, -а *umg*: ~ смех ein nicht enden wollendes Gelächter

закати́ть, -ачу́, -а́тишь; -а́ченный, -а́чен, -а *v* **1.** *wohin* rollen; ~ теле́гу в сара́й den Wagen in die Scheune rollen **2.** *volksspr* veranstalten **3.** *volksspr* verabreichen, versetzen; ~ пощёчину eine Ohrfeige geben ◇ ~ глаза́ die Augen verdrehen || *uv* зака́тывать, -аю, -аешь

закати́ться, -ачу́сь, -а́тишься *v* **1.** *wohin* geraten, rollen **2.** untergehen *von Gestirnen* **3.** *umg* in lautes Lachen [Husten, Weinen] ausbrechen; он закати́лся сме́хом er brach in schallendes Gelächter aus || *uv* зака́тываться, -аюсь, -аешься

[1]**зака́тывать** *uv zu* [1]заката́ть

[2]**зака́тывать** *uv zu* закати́ть

зака́тываться *uv zu* закати́ться

[1]**закача́ть,** -а́ю, -а́ешь; зака́чанный, -ан, -а *v* **1.** in Schlaf wiegen **2.** *unpers*: его́ закача́ло ihm ist schwindlig [übel] geworden || *uv* зака́чивать, -аю, -аешь

[2]**закача́ть,** -а́ю, -а́ешь *v* zu schaukeln beginnen, zum Schaukeln bringen

закача́ться, -а́юсь, -а́ешься *v* in Schaukelbewegung geraten, zu schaukeln [zu schwanken] beginnen

зака́чивать *uv zu* [1]закача́ть

зака́шивать *uv zu* [1]закоси́ть

зака́шлять, -яю, -яешь *v* zu husten beginnen

зака́шляться, -яюсь, -яешься *v* einen Hustenanfall bekommen

зака́яться, -а́юсь, -а́ешься *v umg* sich geloben *etw. nicht mehr zu tun*; я зака́ялся ходи́ть туда́ ich habe mir fest vorgenommen, nicht mehr dorthin zu gehen || *uv* зака́иваться, -аюсь, -аешься

заква́сить, -а́шу, -а́сишь; -а́шенный, -а́шен, -а *v* einsäuern, sauer werden lassen || *uv* заква́шивать, -аю, -аешь

заква́ска, -и *f* **1.** Sauerteig, Gärstoff **2.** *übtr umg anerzogene, milieubedingte* charakterliche Veranlagung, Anlage

заква́шивать *uv zu* заква́сить

закида́ть, а́ю, -а́ешь; заки́данный, -ан, -а *v umg I* **1.** vollwerfen, bewerfen; ~ я́му песко́м die Grube mit Sand zuschütten **2.** *übtr* überschütten, bewerfen ◇ ~ гря́зью mit Schmutz bewerfen || *uv* [1]**заки́дывать**, -аю, -аешь

[2]**заки́дывать** *uv zu* заки́нуть

заки́нуть, -ну, -нешь; -нутый, -ут, -а, *v* **1.** werfen, schleudern **2.** nach oben [hinten, zur Seite] werfen *von Körperteilen*, zurückwerfen; ~ го́лову den Kopf in den Nacken werfen; сиде́ть, заки́нув но́гу на́ ногу mit übereinandergeschlagenen Beinen sitzen ◇ ~ у́дочку *etwa* die Fühler ausstrecken *um etw. unbemerkt zu erfahren* || *uv* заки́дывать, -аю, -аешь

закипа́ть *uv zu* закипе́ть

закипе́ть, -плю́, -пи́шь *v* **1.** zu kochen beginnen, aufkochen **2.** in Fluß kommen, einen hohen Grad von Intensität [Schnelligkeit, Heftigkeit] annehmen; бой закипе́л die Schlacht begann zu toben || *uv* закипа́ть, -а́ю, -а́ешь

закиса́ть *uv zu* заки́снуть

заки́снуть, -ну, -нешь; заки́с, -ла *v* **1.** sauer werden **2.** *übtr* versauern, abstumpfen; он там совсе́м заки́с er ist dort ganz und gar versauert || *uv* закиса́ть, -а́ю, -а́ешь

за́кись, -и *f chem* Oxydul

закла́д, -а *m alt* Verpfändung, Pfand; взять де́ньги под ~ Geld gegen Pfand leihen; дать в ~ verpfänden ◇ би́ться об ~ wetten

закла́дка, -и, *Pl G* -док, *D* -дкам *f* **1.** Baubeginn; ~ зда́ния Grundsteinlegung eines Gebäudes; ~ корабля́ Kiellegung eines Schiffes **2.** Buch-, Lesezeichen

закладно́й, -а́я, -о́е *alt* **1.** Pfand-; -а́я квита́нция Pfandschein **2.** -а́я, -о́й *Subst f* Pfandbrief **3.**: ~ ка́мень *arch* Grundstein

закла́дчик, -а *m alt* **1.** Verpfänder **2.** Pfandleiher; Wucherer

закла́дывать *uv zu* заложи́ть

закла́ние, -я *n hoher Stil, alt* вести́ [принести́, отда́ть] на ~ zum Opfer bringen

[1]**за|клева́ть*** *v* **1.** *mit dem Schnabel* zu Tode hacken, zerfleischen **2.** *umg übtr* auf j-n einhacken, j-n fertigmachen || *uv* заклёвывать, -аю, -аешь

[2]**за|клева́ть*** *v* zu picken beginnen; anzubeißen beginnen; ры́ба заклева́ла die Fische beißen an

заклёвывать *uv zu* [1]заклева́ть

закле́ивать(ся) *uv zu* закле́ить(ся)

закле́ить, -е́ю, -е́ишь; -е́енный, -е́ен, -а *v* zu-, verkleben || *uv* закле́ивать, -аю, -аешь

закле́иться, *1. u. 2. Pers ungebr*, -е́ится *v* zukleben *itr* || *uv* закле́иваться, -ается

закле́йка, -и, *Pl G* -е́ек, *D* -е́йкам *f* **1.** Verkleben **2.** Klebestreifen

заклейми́ть, -млю́, -ми́шь; -мённый, -мён, -мена́ *v* **1.** mit einem Stempel [Warenzeichen, Kennzeichen] versehen, stempeln **2.** *übtr* brandmarken, anprangern

за|клепа́ть,* *u.* -а́ю, -а́ешь *v* ver-, zunieten || *uv* заклёпывать, -аю, -аешь

заклёпка, -и, *Pl G* -пок, *D* -пкам *f* **1.** das Nieten **2.** Niet, Niete ◇ -пок не хвата́ет у него́ *volksspr* ihm fehlt ein Schräubchen

заклёпочный, -ая, -ое Niet-

заклёпывать *uv zu* заклепа́ть

заклина́ние, -я *n* Beschwörung; Zauberspruch

заклина́тель, -я *m* Beschwörer

заклина́ть, -а́ю, -а́ешь *uv* **1.** durch Zauberformel beschwören; ~ ду́хов Geister beschwören **2.** beschwören, inständig bitten; она́ заклина́ла его па́мятью отца́ sie beschwor ihn beim Andenken seines Vaters

за|клокота́ть*, *1. u. 2. Pers ungebr* *v* zu sprudeln [zu brodeln] beginnen

заклуби́ть, *1. u. 2. Pers ungebr*, -и́т *v* anfangen, zu Wolken zu ballen

заключа́ть, -а́ю, -а́ешь *uv* **1.** *uv zu* заключи́ть **2.**: ~ в себе́ enthalten, umfassen

заключа́ться, -а́юсь, -а́ешься *uv* **1.** bestehen (в *P* in); де́ло заключа́ется в том, что die Sache besteht darin, daß; es handelt sich darum, daß **2.** *I* enden, schließen, zu Ende gehen; статья́ заключа́ется призы́вом der Aufsatz schließt mit einem Aufruf

заключе́ние, -я *n* **1.** Abschluß, Unterzeichnung; ~ ми́ра Friedensschluß **2.** Abschluß, Ende; в ~ хочу́ отме́тить zum Schluß möchte ich betonen **3.** Schluß(folgerung); Gutachten; ~ врача́ ärztliches Gutachten **4.** Inhaftierung; Haft; предвари́тельное ~ Untersuchungshaft

заключённый, -ого *Subst m* Häftling, Gefangener

заключи́тельный, -ая, -ое abschließend, Schluß-; -ое сло́во Schlußwort

заключи́ть, -чу́, -чи́шь; -чённый, -чён, -чена́ *v* **1.** abschließen, unterzeichnen; ~ догово́р einen Vertrag schließen **2.** *I* schließen, beenden; ~ речь призы́вом die Rede mit einem Aufruf beenden **3.** folgern, schließen; из э́того я заключи́л, что . . . daraus schloß ich, daß . . . **4.** inhaftieren ◇ ~ в ско́бки in Klammern setzen || *uv* заключа́ть, -а́ю, -а́ешь

за|кля́сться* *v umg* schwören, geloben

закля́тие, -я *n alt* **1.** Schwur **2.** Beschwörungsformel, Zauberspruch

закля́тый, -ая, -ое: ~ враг geschworener [erbitterter] Feind

за|кова́ть* *v* fesseln, in Ketten legen || *uv* **зако́вывать,** -аю, -аешь

закови́ристый, -ая, -ое; *Kzf* -ист, -а *volksspr* ausgeklügelt, verwickelt, kompliziert; listig

закови́рка, -и, *Pl G* -рок, *D* -ркам *f* *volksspr* **1.** Hindernis, Haken **2.** Hintergedanke, Hinterlist

закогти́ть, *1. u. 2. Pers ungebr*, -и́т *v* mit den Krallen zerreißen

закола́чивать *uv zu* заколоти́ть

заколдо́ванный, -ая, -ое verzaubert, verhext; ~ круг a) ausweglose Lage; b) circulus vitiosus

заколдова́ть, -ду́ю, -ду́ешь; -до́ванный, -до́ван, -а *v* verwünschen, verzaubern, behexen || *uv* **заколдо́вывать,** -аю, -аешь

за|колеба́ться* *v* ins Wanken geraten, zu schwanken beginnen; он заколеба́лся *übtr* er begann zu schwanken, er zauderte

зако́лка, -и, *Pl G* -лок, *D* -лкам *f umg* **1.** Aufstecken, Feststecken *der Haare* **2.** Haarnadel

заколоси́ться, *1. u. 2. Pers ungebr,* -и́тся *v* in die Ähren schießen

заколоти́ть, -очу́, -о́тишь; -о́ченный, -о́чен, -а *v umg* **1.** zunageln, verschalen **2.** hineintreiben, einschlagen; ~ гвоздь в сте́ну Nagel in die Wand schlagen || *uv* закола́чивать, -аю, -аешь

заколоти́ться, -очу́сь, -о́тишься *v umg* zu hämmern [zu pochen] beginnen; се́рдце заколоти́лось das Herz begann, heftig zu schlagen

за|коло́ть* *v* **1.** erdolchen **2.** schlachten, abstechen; ~ свинью́ ein Schwein abstechen **3.** fest-, anstecken *mit Nadeln;* ~ во́лосы шпи́лькой das Haar mit einer Haarnadel aufstecken **4.** *1. u. 2. Pers ungebr* schmerzhaft zu stechen beginnen; у него́ заколо́ло в боку́ er bekam Seitenstechen || *uv* зака́лывать, -аю, -аешь *zu* 1-3

за|коло́ться* *v* sich erstechen || *uv* зака́лываться, -аюсь, -аешься

зако́лочка, -и, *Pl G* -чек, *D* -чкам *f* kleine Haarnadel

за|колыха́ться*, *1. u. 2. Pers ungebr v* in leichte, gleichmäßige Bewegung geraten; знамёна заколыха́лись die Fahnen begannen zu wehen

закольцева́ть, -цу́ю, -цу́ешь; -цо́ванный, -цо́ван, -а *v* beringen *Vögel* || *uv* **закольцо́вывать,** -аю, -аешь

зако́н, -а *m* **1.** Gesetz; по -у laut Gesetz; -ы разви́тия приро́ды и о́бщества die Entwicklungsgesetze der Natur und der Gesellschaft **2.** Regel, Richtschnur ◇ ~ бо́жий *alt* Religionsunterricht; объяви́ть вне -а für vogelfrei erklären

зако́нник, -а *m umg* **1.** Rechtskundiger **2.** einer, der sich an die Gesetze hält

зако́нность, -и *f* Gesetzlichkeit, Rechtmäßigkeit

зако́нный, -ая, -ое; *Kzf* -о́нен, -о́нна **1.** gesetzlich; rechtmäßig **2.** berechtigt; -ая го́рдость berechtigter Stolz

законо|ве́д, -а *m* Jurist; **~ве́дение,** -я *n* Rechtskunde; **~да́тель,** -я *m* Gesetzgeber; **~да́тельный,** -ая, -ое gesetzgebend, legislativ; ~да́тельная власть gesetzgebende Gewalt; **~да́тельство,** -а *n* **1.** Gesetzgebung **2.** die Gesetze *in ihrer Gesamtheit;* **~ме́рный,** -ая, -ое; *Kzf* -рен, -рна **1.** gesetzmäßig **2.** -о *Adv*: наступа́ть ~ме́рно gesetzmäßig eintreten

законопа́тить, -а́чу, -а́тишь; -а́ченный, -а́чен, -а *v mit Werg, Moos u. dgl.* abdichten, verstopfen || *uv* **законопа́чивать,** -аю, -аешь

законо|положе́ние, -я *n jur* gesetzliche Bestimmung; **~прое́кт,** -а *m* Gesetzesentwurf; внести́ ~прое́кт einen Gesetzesentwurf einbringen; **~учи́тель,** -я *m alt* Religionslehrer

законсерви́ровать, -рую, -руешь; -рованный, -рован, -а *v* **1.** konservieren, einmachen **2.** stillegen; unterbrechen *Bau usw.*

законспекти́ровать, -рую, -руешь; -рованный, -рован, -а *v A* einen Konspekt abfassen (von)

законспири́ровать, -рую, -руешь *v* konspirieren

законтрактова́ть, -ту́ю, -ту́ешь; -то́ванный, -то́ван, -а *v* vertraglich mieten [verpflichten, kaufen], einen Mietvertrag [Verpflichtungs-, Kaufvertrag] abschließen || *uv* **законтрактóвывать,** -аю, -аешь

законтрактова́ться, -ту́юсь, -ту́ешься *v* sich vertraglich verpflichten (на *A* zu) || *uv* **законтрактóвываться,** -аюсь, -аешься

зако́нченный, -ая, -ое **1.** vollendet, abgeschlossen; -ое вы́сшее образова́ние abgeschlossene Hochschulbildung **2.** vollendet, vollkommen **3.**: ~ негодя́й ein ausgemachter Schurke

зако́нчить, -чу, -чишь; -ченный, -чен, -а *v* beenden, abschließen; vollenden || *uv* зака́нчивать, -аю, -аешь

зако́нчиться, *1. u. 2. Pers ungebr,* -ится *v* zu Ende gehen || *uv* зака́нчиваться, -ается

закопа́ть, -а́ю, -а́ешь; зако́панный, -ан, -а *v* ver-, eingraben, verscharren || *uv* зака́пывать, -аю, -аешь

закопа́ться, -а́юсь, -а́ешься *v* **1.** sich eingraben **2.** zu graben [wühlen] beginnen **3.** *volksspr* sich zu lange aufhalten || *uv* зака́пываться, -аюсь, -аешься *zu* 1

закопёрщик, -а *m volksspr* Anstifter

закопте́лый, -ая, -ое rußig, verräuchert

закопте́ть, *1. u. 2. Pers ungebr,* -ти́т *v umg* rußig werden

[1]**закопти́ть,** -пчу́, -пти́шь; -пчённый, -пчён, -пчена́ *v* **1.** rußig machen; verräuchern **2.** räuchern

[2]**закопти́ть,** -пчу́, -пти́шь *v* anfangen zu rußen [zu qualmen]

закопти́ться, *1. u. 2. Pers ungebr,* -и́тся *v* **1.** sich mit Ruß überziehen

2.: рыба хорошó закоптúлась die Fische sind gut durchgeräuchert

закоренéлый, -ая, -ое 1. eingewurzelt, hartnäckig; -ые предрассýдки eingewurzelte Vorurteile 2. unverbesserlich; notorisch

закоренéть, -éю, -éешь *v* 1. в *P* sich versteifen, beharren (auf etw.) 2. sich einwurzeln, sich festsetzen

закóрки, -рок, -ркам *Pl volksspr*: на ~ auf den Rücken, auf die Schultern; нестú на -рках auf dem Rücken [auf den Schultern] tragen

закормúть, -ормлю, -óрмишь; -óрмленный, -óрмлен, -а *v* überfüttern ‖ *uv* закáрмливать, -аю, -аешь

закорю́чка, -и, *Pl G* -чек, *D* -чкам *f umg* 1. Schnörkel 2. Trick, Finte 3. unerwartetes Hindernis

[1]**закосúть,** -ошý, -óсишь; -óшенный, -óшен, -а *v umg Fremdes* mit abmähen ‖ *uv* закáшивать, -аю, -аешь

[2]**закосúть,** -ошý, -óсишь *v umg* anfangen zu mähen

закоснéлый, -ая, -ое 1. eingewurzelt, starr 2. verstockt, unverbesserlich

закоснéть, -éю, -éешь *v* в *P* verknöchern, versauern

закостенéлый, -ая, -ое verknöchert, erstarrt, starr, steif

закостенéть, -éю, -éешь *v* 1. erstarren, steif werden 2. *übtr* verknöchern, versauern

закоýлок, -лка *m* 1. Seitengasse 2. Winkel, Ecke; во всех -лках дóма in allen Winkeln des Hauses

закоченéлый, -ая, -ое steif gefroren, *vor Kälte* erstarrt

закоченéть, -éю, -éешь *v vor Kälte* steif werden, erstarren; у меня́ рýки закоченéли meine Hände sind (ganz) steif gefroren

закрáдываться *uv zu* закрáсться

закрáивать *uv zu* закрóить

закрáина, -ы *f* 1. *umg* Rand 2. Eiskruste *am Ufer* 3. Wasserstreifen zwischen Ufer und Eis

закрáсить, -áшу, -áсишь; -áшенный, -áшен, -а *v* übermalen, überstreichen ‖ *uv* закрáшивать, -аю, -аешь

закраснéться, -éюсь, -éешься *v* 1. erröten 2. rot zu schimmern beginnen, sichtbar werden *von Rotem*

за|крáсться*, *1. u. 2. Pers ungebr v* aufkommen, sich einschleichen *von Gedanken, Gefühlen*; в егó сéрдце закрáлась грусть Trauer hatte sich in sein Herz geschlichen ‖ *uv* закрáдываться, -ается

закрáшивать *uv zu* закрáсить

закрепúтель, -я *m chem* Fixativ

закрепúтельный, -ая, -ое 1. Befestigungs- 2. *med* stopfend

закрепúть, -плю́, -пúшь; -плённый, -плён, -пленá *v* 1. befestigen, festmachen; ~ дóску гвоздя́ми ein Brett festnageln 2. *übtr* festigen, sichern; ~ побéду den Sieg festigen 3. за *I* reservieren, vorsehen (für), zuteilen; ~ зéмлю за колхóзами den Kolchosen Land zuteilen 4. *phot u. tech* fixieren 5. *med*: ~ желýдок etw. Stopfendes essen ‖ *uv* закрепля́ть, -я́ю, -я́ешь

закрепúться, -плю́сь, -пúшься *v* 1. *1. u. 2. Pers ungebr* befestigt werden 2. *mil* sich festsetzen, sich befestigen 3. sich festigen ‖ *uv* закрепля́ться, -я́юсь, -я́ешься

закреплéние, -я *n* 1. Befestigung 2. Festigung 3. Sicherung

закрепля́ть(ся) *uv zu* закрепúть(ся)

закрепля́ющий, -ая, -ее; -ее срéдство *med* Stopfmittel

закрепостúть, -ощý, -остúшь; -ощённый, -ощён, -ощенá *v* 1. *hist* zum Leibeigenen machen 2. *übtr* knechten, versklaven ‖ *uv* **закрепощáть,** -áю, -áешь

закрепощéние, -я *n* 1. *hist* Überführung in die Leibeigenschaft 2. *übtr* Knechtung, Versklavung

закристаллизовáть, -зýю, -зýешь; -зóванный, -зóван, -а *v* kristallisieren

закричáть, -чý, -чúшь *v* 1. aufschreien 2. zu schreien anfangen

закрóить, -óю, -óишь; -óенный, -óен, -а *v* zuschneiden *Kleider, Schuhe* ‖ *uv* закрáивать, -аю, -аешь

закрóйный, -ая, -ое *text* Zuschneide-; ~ цех Zuschneiderei

закрóйщик, -а *m* Zuschneider

зáкром, -а, *Pl* закромá, -óв, -áм *m landw* Kornkasten

закруглéние, -я *n* 1. Abrunden 2. Ausfeilen, Glätten *Stil* 3. Krümmung, Biegung, Rundung; Kurve

закруглённый, -ая, -ое abgerundet

закруглúть, -лю́, -лúшь; -лённый, -лён, -ленá *v* 1. abrunden, rund machen 2. *übtr* glätten, geschliffen machen *eine sprachliche Formulierung* ‖ *uv* **закругля́ть,** -я́ю, -я́ешь

закруглúться, -лю́сь, -лúшься *v* 1. *1. u. 2. Pers ungebr* rund werden 2. *volksspr scherz* sich kurz fassen ‖ *uv* **закругля́ться,** -я́юсь, -я́ешься

¹закружи́ть, -ужу́, -у́жишь; -ужённый, -ужён, -ужена́ *u.* -у́женный, -у́жен, -а *v* **1.** herumwirbeln; im Kreise drehen bis zum Schwindligwerden; он закружи́л её в та́нце er drehte sie im Tanze, daß [bis] ihr schwindlig wurde **2.** *umg* verwirrt machen

²закружи́ть, -ужу́, -у́жишь *v* (im Kreise) zu drehen anfangen, anfangen zu kreisen; он закружи́л с ней по за́лу er begann, mit ihr durch den Saal zu tanzen; я́стреб закружи́л над о́зером ein Habicht begann, über dem See zu kreisen

закружи́ться, -ужу́сь, -у́жишься *v* **1.** anfangen, sich zu drehen **2.**: у меня́ голова́ закружи́лась mir wurde schwindlig

¹закрути́ть, -учу́, -у́тишь; -у́ченный, -у́чен, -а *v* **1.** (zusammen)drehen, durch Drehen herstellen; ~ пря́жу Garn zwirnen; он закрути́л усы́ er zwirbelte seinen Schnurrbart **2.** mit Stricken fesseln; ему́ закрути́ли ру́ки за́ спину man fesselte ihm die Hände auf den Rücken **3.** wikkeln, winden (на *A* um, auf) **4.** *volksspr* anziehen, festschrauben; zudrehen || *uv* закру́чивать, -аю, -аешь *zu* 1-3

²закрути́ть, -учу́, -у́тишь *v umg* zu drehen anfangen, aufwirbeln; ве́тер закрути́л пыль der Wind wirbelte den Staub auf

закру́чивать *uv zu* ¹закрути́ть

закрыва́ть(ся) *uv zu* закры́ть(ся)

закры́тие, -я *n* **1.** Schließung, Schluß, Abschluß; ~ магази́на Schließung des Geschäfts, Ladenschluß **2.** Sperrung, Schließung; ~ грани́ц Schließen [Sperren] der Grenzen

закры́тый, -ая, -ое **1.** verdeckt, abgeschlossen, geschlossen; -ое пла́тье hochgeschlossenes Kleid **2.** geschlossen, nichtöffentlich

за|кры́ть* *v* **1.** (zu)schließen, verschließen; ~ дверь die Tür schließen; ~ глаза́ die Augen schließen **2.** zudecken, bedecken **3.** einschließen, einsperren **4.** sperren, schließen; ~ грани́цы die Grenzen schließen **5.** beenden, schließen ◇ ~ глаза́ на что́-н. die Augen vor etw. verschließen; ско́бка закры́та Klammer zu || *uv* закрыва́ть, -а́ю, -а́ешь

за|кры́ться* *v* **1.** sich schließen, zugehen **2.** sich be-, zudecken **3.** schließen, zumachen; zu Ende sein || *uv* закрыва́ться, -а́юсь, -а́ешься

закули́сный, -ая, -ое **1.** *theat* hinter den Kulissen befindlich **2.** *übtr* heimlich, geheim, hinter den Kulissen vor sich gehend; вести́ -ые перегово́ры heimlich verhandeln

закупа́ть *uv zu* закупи́ть

закупи́ть, -уплю́, -у́пишь; -у́пленный, -у́плен, -а *v* aufkaufen, in großer Menge kaufen || *uv* закупа́ть, -а́ю, -а́ешь

заку́пка, -и, *Pl G* -пок, *D* -пкам *f* Einkauf; Aufkauf; де́лать -и Einkäufe machen

заку́поривать(ся) *uv zu* заку́порить(ся)

заку́порить, -рю, -ришь; -ренный, -рен, -а *v* zupfropfen, zukorken, verstopfen || *uv* заку́поривать, -аю, -аешь

заку́пориться, *1. u. 2. Pers ungebr,* -ится *v* **1.** zugekorkt werden **2.** *med* sich verstopfen || *uv* заку́пориваться, -ается

заку́порка, -и *f* **1.** Zupfropfen, Zukorken **2.** *med* Verstopfung

заку́почный, -ая, -ое Aufkauf(s)-

заку́пщик, -а *m* Auf-, Einkäufer

заку́ривать *uv zu* закури́ть

закури́ть, -урю́, -у́ришь; -у́ренный, -у́рен, -а *v* **1.** (sich) eine Zigarette [Zigarre, Pfeife] anzünden **2.** zum Raucher werden, anfangen zu rauchen **3.** durch Rauch dunkel [schwarz] färben, verräuchern; заку́ренные усы́ ein rauchgeschwärzter Schnurrbart || *uv* заку́ривать, -аю, -аешь

¹закуса́ть, -а́ю, -а́ешь; заку́санный, -ан, -а *v umg* zerbeißen; zerstechen *von Insekten*

²закуса́ть, -а́ю, -а́ешь *v* zu beißen beginnen

¹закуси́ть, -ушу́, -у́сишь; -у́шенный, -у́шен, -а *v A* zwischen die Zähne nehmen, sich beißen (auf) ◇ ~ удила́ durchgehen *von Pferden*; *übtr* über die Stränge schlagen; ~ язы́к sich auf die Zunge beißen || *uv* заку́сывать, -аю, -аешь

²закуси́ть, -ушу́, -у́сишь *v* **1.** einen Imbiß (ein)nehmen, schnell etwas essen **2.** nachessen, *damit vorher Gegessenes oder Getrunkenes besser bekommt, oder um einen anderen Geschmack in den Mund zu bekommen*; он закуси́л во́дку ры́бой er aß auf den Wodka etwas Fisch || *uv* заку́сывать, -аю, -аешь

заку́ска, -и *f* 1. Imbiß 2. kalte Vorspeise 3. Nachspeise, *die vorher Genossenes bekömmlicher machen oder den Geschmack von vorher Genossenem beseitigen soll* ◇ на -у zu guter Letzt, zum Schluß
заку́сочная, -ой *Subst f* Imbißstube, -raum
[1,2]**заку́сывать** *uv zu* [1,2]закуси́ть
заку́т, -а *m u.* **заку́та,** -ы *f gbt* 1. Stall für Kleinvieh; Hundezwinger 2. Abstellraum
заку́тать, -аю, -аешь; -анный, -ан, -а *v* warm, dicht einhüllen (*I u.* в *A* in); ребёнок заку́тан в одея́ла das Kind ist (warm, fest) in Decken gewickelt ‖ *uv* **заку́тывать,** -аю, -аешь
заку́таться, -аюсь, -аешься *v* sich einhüllen ‖ *uv* **заку́тываться,** -аюсь, -аешься
зал, -а *m* Saal, Halle; а́ктовый ~ Aula; ~ ожида́ния Wartesaal; гимнасти́ческий ~ Turnhalle
зала́дить, -а́жу, -а́дишь *v volksspr* 1. immer wieder ein und dasselbe wiederholen 2. sich zur Gewohnheit machen; он зала́дил ходи́ть на та́нцы er geht jetzt immer tanzen
зала́мывать *uv zu* заломи́ть
заласка́ть, -а́ю, -а́ешь; зала́сканный, -ан, -а *v umg* mit Zärtlichkeiten überhäufen
залата́ть, -а́ю, -а́ешь; зала́танный, -ан, -а *v volksspr* flicken
за|ла́ять, -ла́ю, -ла́ешь *v* zu bellen anfangen
залега́ние, -я *n berg, geol* Vorkommen, Lager
залега́ть *uv zu* зале́чь
заледене́лый, -ая, -ое 1. vereist, eisbedeckt 2. eiskalt, starr vor Kälte; -ые ру́ки eiskalte Hände
заледене́ть, -е́ю, -е́ешь *v* 1. vereisen, sich mit Eis bedecken 2. eiskalt werden, vor Kälte erstarren
залежа́лый, -ая, -ое *umg* 1. (zu) lange nicht benutzt; lange auf Lager geblieben; ~ това́р Ladenhüter 2. durch langes Lagern verdorben
залежа́ться, -жу́сь, -жи́шься *v* 1. (zu) lange liegenbleiben; пи́сьма залежа́лись на по́чте die Briefe haben (zu) lange auf der Post gelegen 2. durch langes Lagern verderben; залежа́вшиеся консе́рвы verdorbene Konserven ‖ *uv* **залёживаться,** -аюсь, -аешься
за́лежь, -и *f* 1. *geol* Lager, Vorkommen; -и руд Erzvorkommen 2. *Pl* liegengebliebene Haufen; -и желе́зного ло́ма alte Schrotthaufen 3. *Koll volksspr* Ladenhüter 4. Brachland
залеза́ть *uv zu* зале́зть
за|ле́зть* *v* 1. hinauf-, hochklettern; ~ на кры́шу aufs Dach klettern 2. (hinein)klettern, (hinein)kriechen; 3. sich heimlich einschleichen, heimlich eindringen 4. *umg* hineingreifen, -langen; ~ в карма́н in die Tasche greifen ◇ ~ в долги́ in Schulden geraten ‖ *uv* залеза́ть, -а́ю, -а́ешь
залени́ться, -еню́сь, -е́нишься *v umg* faul werden, zum Faulpelz werden
за|лепета́ть* *v* zu stammeln anfangen
залепи́ть, -еплю́, -е́пишь; -е́пленный, -е́плен, -а *v* 1. zuschmieren, verschmieren; zukleben 2. überziehen, bedecken; фа́ры зале́плены гря́зью die Scheinwerfer sind mit Schmutz bedeckt 3. *volksspr* verabreichen, verpassen; ~ кому́-н. пощёчину j-m eine Backpfeife verabreichen; учи́тель залепи́л мне дво́йку der Lehrer hat mir eine Vier verpaßt ‖ *uv* **залепля́ть,** -я́ю, -я́ешь
залета́ть *uv zu* залете́ть
залете́ть, -лечу́, -лети́шь *v* 1. hereingeflogen kommen, hineinfliegen 2. weit wegfliegen; hoch emporfliegen 3. *umg* beim Fliegen einen Abstecher machen; einen Ort anfliegen; я хоте́л сего́дня ~ к тебе́ *übtr volksspr* ich wollte heute einmal (ganz) kurz bei dir vorbeikommen ‖ *uv* залета́ть, -а́ю, -а́ешь
зале́чивать(ся) *uv zu* залечи́ть(ся)
залечи́ть, -ечу́, -е́чишь; -е́ченный, -е́чен, -а *v* 1. zum Heilen bringen, heilen 2.: ~ до́ смерти *umg* durch falsche Heilbehandlung ins Jenseits befördern ‖ *uv* зале́чивать, -аю, -аешь
залечи́ться, -ечу́сь, -е́чишься *v* verheilen, vernarben ‖ *uv* зале́чиваться, -аюсь, -аешься
за|ле́чь* *v* 1. sich (hin)legen 2. sich in Deckung legen 3. (tief) gelegen sein; го́род залёг в котлови́не die Stadt liegt in einem Kessel 4. *übtr* sich festsetzen, sich einwurzeln; в ду́шу его́ залегла́ грусть in seine Seele zog Trauer ein 5. lagern *Bodenschätze* ‖ *uv* залега́ть, -а́ю, -а́ешь
зали́в, -а *m* Meerbusen, Bucht, Golf
залива́ть *uv zu* зали́ть
[1,2]**залива́ться** *uv zu* [1,2]зали́ться
зали́вка, -и *f* 1. *umg* Einfüllen *von Flüssigem* 2. Bedecken, Füllen *mit flüssigem Metall, Zement, Gummi*:

~ дорóги цемéнтом Betonierung einer Straße; Bedeckung
заливнóе, -óго *Subst n* Fleisch *oder* Fisch in Gelee
заливнóй, -áя, -óе **1.**: ~ луг durch Überschwemmung bewässerte Wiese **2.**: -áя рыба Fisch in Gelee
за|лизáть* *v* **1.** belecken, sauberlekken, durch Lecken zum Heilen bringen **2.** *umg* durch Lecken glätten *Haare, Fell* || *uv* **зали́зывать,** -аю, -аешь
за|ли́ть*; зáлил, залилá!; зáлитый, зáлит, залитá! *v* **1.** überschwemmen, überfluten **2.** *übtr* überfluten, bedecken; erfüllen, ergreifen; плóщадь залитá нарóдом der Platz ist von Menschen überflutet **3.** begießen, bespritzen; он зáлил себé салфéтку сóусом er begoß sich die Serviette mit Soße **4.** *mit Wasser* löschen **5.** *mit flüssigem Metall, Zement, Gummi* bedecken; ~ дорóгу цемéнтом die Straße mit Zement decken **6.** *umg* einfüllen; ~ горю́чее в бáки Brennstoff in die Kanister schütten ◇ ~ гóре винóм den Kummer in Wein ertränken || *uv* заливáть, -áю, -áешь
[1]**за|ли́ться*;** зали́лся, залилáсь, зали́ли́сь *v* (hinein)rinnen, eindringen *von Flüssigem;* водá залилáсь в сапóг Wasser rann in den Stiefel || *uv* заливáться, -áюсь, -áешься
[2]**за|ли́ться*;** зали́лся, залилáсь, зали́ли́сь *v* **1.** *I Gesang, Triller, Gebell* anfangen; зали́лся соловéй die Nachtigall begann zu schlagen; ~ лáем zu kläffen anfangen **2.** *in Lachen, Weinen* ausbrechen; они́ зали́ли́сь слезáми sie brachen in Tränen aus || *uv* заливáться, -áюсь, -áешься
залихвáтский, -ая, -ое *umg* übermütig, keck
[1]**залóг,** -а *m* **1.** Pfand, Verpfändung; отдавáть в ~ verpfänden **2.** Kaution, Sicherheit; освободи́ть под ~ gegen Kaution freilassen **3.** Unterpfand, Beweis, Gewähr; в э́том ~ успéха hierin liegt die Gewähr des Erfolgs
[2]**залóг,** -а *m gram* Genus *des Verbs;* страдáтельный ~ Passiv; действи́тельный ~ Aktiv
залóговый, -ая, -ое Pfand-; -ая квитáнция Pfandschein
залого|дáтель, -я *m* Pfandschuldner; **~держáтель,** -я *m* Pfandgläubiger
заложи́ть, -ожу́, -óжишь; -óженный, -óжен, -а *v* **1.** legen; ~ поду́шки зá спину Kissen unter den Rücken legen; ~ ру́ки зá спину die Hände auf den Rücken legen; ~ нóгу нá ногу ein Bein über das andere schlagen **2.** *umg* verlegen *und nicht wiederfinden* **3.** ausfüllen; ~ окнó кирпичóм ein Fenster zumauern **4.** *volksspr* zusperren; ~ дверь крючкóм den Haken vor die Tür legen **5.** *unpers* schmerzen; от вы́стрелов заложи́ло у́ши von den Schüssen schmerzten die Ohren **6.** den Grundstein legen; ~ дом den Grundstein eines Hauses legen; ~ оснóвы нóвой наýки *übtr* die Grundlagen einer neuen Wissenschaft schaffen; ~ су́дно ein Schiff auf Kiel legen **7.** anspannen, einschirren **8.** verpfänden ◇ ~ страни́цу das Lesezeichen in ein Buch legen || *uv* заклáдывать, -аю, -аешь
залóжник, -а *m* Geisel
залóм, -а *m* großer Fetthering im Kaspisee
заломи́ть, -омлю́, -óмишь; -óмленный, -óмлен, -а *v* **1.** *umg* ein-, umknicken **2.**: ~ цéну *volksspr* einen unverschämten Preis verlangen **3.** *unpers*: у меня́ заломи́ло в спинé mich schmerzt der Rücken ◇ ~ шáпку die Mütze in den Nacken [aufs Ohr] schieben || *uv* залáмывать, -аю, -аешь
залосни́ться, *1. u. 2. Pers ungebr,* -и́тся *v* glänzend werden *von langem Tragen;* лóкти у пиджакá залосни́лись das Jackett glänzt an den Ellbogen
залп, -а *m* Salve
зáлпом *Adv umg* auf einen Zug, in einem Zug, ohne Pause
залучáть *uv zu* залучи́ть
залучи́ть, -учу́, -у́чишь; -учённый, -учён, -ученá *v umg* herbei- hereinlocken || *uv* залучáть, -áю, -áешь
залюбовáться, -бу́юсь, -бу́ешься *v I* sich nicht satt sehen können (an)
зам, -а *m umg* Stellvertreter
зам- *in Zuss Abk für* замести́тель Stellvertreter, *z. B.* замдирéктора stellvertretender Direktor
за|мáзать* *v* **1.** überstreichen, übermalen **2.** *übtr umg* vertuschen **3.** verkitten, zuschmieren **4.** beschmutzen, beschmieren; ◇ ~ комý-н. глазá j-m Sand in die Augen streuen || *uv* замáзывать, -аю, -аешь
за|мáзаться* *v* sich beschmieren, sich beschmutzen || *uv* замáзываться, -аюсь, -аешься
замáзка, -и *f* **1.** Kitt **2.** Verkitten
замáзывать(ся) *uv zu* замáзать(ся)
замáлчивать *uv zu* [2]замолчáть

зама́нивать *uv zu* замани́ть
замани́ть, -аню́, -а́нишь; -а́ненный, -а́нен, -а *u.* -анённый, -анён, -анена́ *v* verlocken, heranlocken, hereinlocken ◇ его́ калачо́м не зама́нишь er läßt sich durch nichts verlocken || *uv* зама́нивать, -аю, -аешь
зама́нчивость, -и *f* (verlockender) Reiz, Anziehungskraft
зама́нчивый, -ая, -ое; *Kzf* -ив, -а verlockend, anziehend, verführerisch
замара́ть, -а́ю, -а́ешь; зама́ранный, -ан, -а *v* beschmieren, beschmutzen
замара́ться, -а́юсь, -а́ешься *v* **1.** beschmutzen, schmutzig werden **2.** *übtr* sich beflecken, sich Schande machen
замара́шка, -и, *Pl G* -шек, *D* -шкам *m, f umg* Schmutzfink
зама́ривать *uv zu* замори́ть
замаринова́ть, -ну́ю, -ну́ешь; -но́ванный, -но́ван, -а *v* **1.** marinieren, einlegen **2.** *volksspr* absichtlich verzögern || *uv* **замарино́вывать,** -аю, -аешь
замаскирова́ть, -ру́ю, -ру́ешь; -ро́ванный, -ро́ван, -а *v* **1.** maskieren **2.** *übtr* tarnen; verhüllen || *uv* **замаскиро́вывать,** -аю, -аешь
замаскирова́ться, -ру́юсь, -ру́ешься *v* **1.** sich verkleiden, sich maskieren **2.** sich tarnen || *uv* **замаскиро́вываться,** -аюсь, -аешься
зама́сливать *uv zu* зама́слить
зама́слить, -лю, -лишь; -ленный, -лен, -а *v* Fettflecken machen; ~ кни́гу Fettflecken im Buch machen || *uv* зама́сливать, -аю, -аешь
заматере́лый, -ая, -ое unverbesserlich, eingefleischt
зама́тывать *uv zu* [1]замота́ть
зама́тываться *uv zu* замота́ться
зама́х, -а *m Sport* Ausholen
за|маха́ть* *u.* -а́ю, -а́ешь *v I* anfangen zu winken [schwingen, wedeln]; он замаха́л платко́м er begann, mit dem Tuch zu winken
зама́хиваться *uv zu* замахну́ться
замахну́ться, -ну́сь, -нёшься *v* zum Schlag ausholen (че́м-н. на кого́-н. mit etw. gegen j-n) || *uv* зама́хиваться, -аюсь, -аешься
зама́чивать *uv zu* замочи́ть
зама́шка, -и, *Pl G* -шек, *D* -шкам *f umg* Angewohnheit, Manier; ба́рские -и hochmütiges Gebaren
зама́щивать *uv zu* замости́ть
зама́яться, -ма́юсь, -ма́ешься *v volksspr* sich abrackern, völlig erschöpft werden
замая́чить, -чу, -чишь *v umg* in der Ferne auftauchen
Замбе́зи *f idkl* Sambesi
замедле́ние, -я *n* **1.** Verlangsamung **2.** Verzögerung, Verzug; без -я unverzüglich
заме́дленный, -ая, -ое verlangsamt, verzögert; бо́мба -ого де́йствия Zeitzünderbombe
заме́длить, -лю, -лишь; -ленный, -лен, -а *v* **1.** verlangsamen **2.** verzögern, aufhalten **3.** in Verzug geraten **4.** *meist verneint; mit Inf oder* с *I* zögern, auf sich warten lassen; слу́чай не заме́длил предста́виться eine Gelegenheit ließ nicht lange auf sich warten || *uv* **замедля́ть,** -я́ю, -я́ешь
заме́длиться, *1. u. 2. Pers ungebr,* -ится *v* sich verlangsamen, sich verzögern; sich in die Länge ziehen || *uv* **замедля́ться,** -я́юсь, -я́ешься
замелька́ть, -а́ю, -а́ешь *v* **1.** zu flimmern [zu blinken] anfangen **2.** kurz auftauchen, vorüberfliegen; замелька́ли телегра́фные столбы́ die Telegraphenmasten flogen vorüber
заме́на, -ы *f* **1.** Ersetzen, Ersatz; Wechsel; ~ ма́сла Ölwechsel *Auto* **2.** Ersatzmann
замени́мый, -ая, -ое; *Kzf* -и́м, -а ersetzbar
замени́тель, -я *m* Ersatzstoff, Austauschstoff; -и цветны́х мета́ллов Austauschstoffe für Buntmetalle
замени́ть, -еню́, -е́нишь; -енённый, -енён, -енена́ *v* **1.** *I* ersetzen (durch); ~ ста́рые тру́бы но́выми alte Rohre durch neue ersetzen **2.** Ersatz bieten, ersetzen, an j-s Stelle treten; она́ замени́ла ей мать sie ersetzte ihr die Mutter **3.** ablösen; vertreten || *uv* **заменя́ть,** -я́ю, -я́ешь
за|мере́ть*; за́мерший *v* **1.** stehenbleiben, erstarren, ersterben, stocken; се́рдце у него́ за́мерло от стра́ха vor Schreck stand ihm das Herz still; сло́во за́мерло на его́ уста́х das Wort erstarb ihm im Munde **2.** *1. u. 2. Pers ungebr* aufhören; verklingen || *uv* замира́ть, -а́ю, -а́ешь
замерза́ние, -я *n* **1.** Gefrieren, Zufrieren; то́чка -я Gefrierpunkt **2.** Erfrieren ◇ находи́ться на то́чке -я *übtr* auf dem toten Punkt angekommen sein
замерза́ть *uv zu* замёрзнуть
замёрзнуть, -ну, -нешь; замёрз, -ла *v* **1.** gefrieren, zufrieren; река́ замёрзла

der Fluß ist zugefroren **2.** erfrieren **3.** frieren, durchfroren sein; пассажи́ры замёрзли die Fahrgäste waren ganz durchfroren || *uv* замерзáть, -áю, -áешь
замéривать *uv zu* замéрить
замéрить, -рю, -ришь; -ренный, -рен, -а *v tech* (aus)messen || *uv* замéривать, -аю, -аешь
зáмертво *Adv* leblos, bewußtlos; онá упáла ~ sie fiel wie tot zu Boden
замеси́ть, -ешу́, -éсишь; -éшенный, -éшен, -а *v* einrühren, an, machen; ~ тéсто Teig kneten || *uv* замéшивать, -аю, -аешь
за|мести́* *v* **1.** *wohin* fegen, zusammenfegen; ~ сор в у́гол Schmutz in eine Ecke fegen **2.** *nur 3. Pers oder unpers* verwehen, zuschütten; вью́га замелá следы́ der Schneesturm hat die Spuren verweht; снéгом замелó дорóгу der Schnee hat die Straße verweht ◇ ~ следы́ die Spuren verwischen || *uv* заметáть, -áю, -áешь
замести́тель, -я *m* Vertreter, Stellvertreter; ~ председáтеля stellvertretender Vorsitzender
замести́тельство, -а *n* Vertretung, Stellvertretung
замести́ть *v zu* замещáть
[1]**заметáть** *uv zu* замести́
[2]**за|метáть*** *u.* -áю, -áешь; замётанный, -ан, -а *v* anheften; ~ вы́тачки на плáтье Falten am Kleid anheften || *uv* замётывать, -аю, -аешь
за|метáться* *v* anfangen, sich hin und her zu werfen, anfangen, hin und her zu rennen
замéтить, -éчу, -éтишь; -éченный, -éчен, -а *v* **1.** bemerken, wahrnehmen; я егó сейчáс замéтил ich habe ihn gleich bemerkt **2.** sich merken, sich einprägen; он хорошó замéтил э́тот дом er hat sich das Haus gut gemerkt **3.** kennzeichnen, anmerken, notieren **4.** bemerken, eine Bemerkung machen || *uv* замечáть, -áю, -áешь
замéтка, -и, *Pl G* -ток, *D* -ткам *f* **1.** Merkzeichen, Mal **2.** Notiz, Aufzeichnung; газéтная ~ Zeitungsnotiz; -и в блокнóте Aufzeichnungen im Notizblock; ~ на поля́х Randbemerkung
замéтный, -ая, -ое **1.** *Kzf* -тен, -тна bemerkbar, merklich; -ая рáзница merklicher Unterschied **2.** auffallend, bemerkenswert; bedeutend
замётывать *uv zu* [2]заметáть
замечáние, -я *n* **1.** Bemerkung **2.** Verweis, leichte Rüge; он сдéлал емý ~ er erteilte ihm einen Verweis
замечáтельно *Adv* wunderbar, ausgezeichnet; ~ краси́вая дéвушка ein wunderschönes Mädchen
замечáтельный, -ая, -ое; *Kzf* -лен, -льна **1.** großartig, vortrefflich, außerordentlich **2.** bemerkenswert, bedeutend
замечáть *uv zu* замéтить
замечáться, *1. u. 2. Pers ungebr,* -áется *uv* sich bemerkbar machen, zu beobachten sein; замечáлось нéкоторое беспокóйство es war eine gewisse Unruhe zu bemerken
замечтáться, -áюсь, -áешься *v* sich in Träumereien [Gedanken] verlieren
замешáтельство, -а *n* Verwirrung; Verlegenheit; прийти́ в ~ in Verwirrung [Verlegenheit] geraten
замешáть, -áю, -áешь; замéшанный, -ан, -а *v* verwickeln || *uv* замéшивать, -аю, -аешь
замешáться, -áюсь, -áешься *v* **1.** hineingeraten *in eine unangenehme Sache* **2.** sich mengen, sich mischen, untertauchen; ~ в толпý sich unter die Menge mischen || *uv* замéшиваться, -аюсь, -аешься
[1]**замéшивать** *uv zu* замеси́ть
[2]**замéшивать** *uv zu* замешáть
замéшиваться *uv zu* замешáться
замéшкаться, -аюсь, -аешься *v umg* sich zu lange aufhalten, zu lange fortbleiben
замещáть, -áю, -áешь *uv* **1.** *I* ersetzen, ergänzen (durch) **2.** vertreten; он замещáет заболéвшего учи́теля er vertritt den erkrankten Lehrer **3.** *I eine Funktion* besetzen (mit) || *v* замести́ть, -ещу́, -ести́шь; -ещённый, -ещён, -ещенá *zu* 1 *u.* 3
замещéние, -я *n* **1.** Ersetzen, Ersatz **2.** Vertreten, Vertretung **3.** Besetzung *einer Funktion* **4.** *chem, math* Substitution
заминáть(ся) *uv zu* замя́ть(ся)
замини́ровать, -рую, -руешь; -рованный, -рован, -а *v* verminen
зами́нка, -и, *Pl G* -нок, *D* -нкам *f umg* Stockung; без -и fließend, reibungslos
замирáние, -я *n* **1.**: с -ем сéрдца mit stockendem Herzschlag **2.** *rad* Schwund
замирáть *uv zu* замерéть
зáмкнутый, -ая, -ое **1.** *Kzf* -ут, -а abgeschlossen, verschlossen, unzugänglich; exklusiv; вести́ ~ óбраз жи́зни zurückgezogen leben; ~ харáктер

verschlossener Charakter 2.: -ая цепь *el* geschlossener Stromkreis

замкну́ть, -ну́, -нёшь; за́мкнутый, -ут, -а *v* 1. *alt u. volksspr* zuschließen; einschließen 2. vereinigen, schließen; umschließen; ~ цепь *el* einen Stromkreis schließen || *uv* замыка́ть, -а́ю, -а́ешь

замкну́ться, -ну́сь, -нёшься *v* в *A u. P* sich absondern, sich (von der Außenwelt) abschließen || *uv* замыка́ться, -а́юсь, -а́ешься

за́мковый, -ая, -ое Schloß-, Burg-; ~ парк Schloßpark

замко́вый, -ая, -ое Schloß-, Verschluß-

замоги́льный, -ая, -ое *umg*: ~ го́лос Grabesstimme

за́мок, -мка *m* Burg, Schloß ◇ возду́шные -мки Luftschlösser

замо́к, -мка́ *m* 1. Verschluß, Schloß; вися́чий ~ Vorhängeschloß; ~ ружья́ Gewehrschloß; ~-мо́лния Reißverschluß 2. *arch* Schlußstein ◇ под -мко́м [на -мке́] unter Verschluß, eingesperrt

замо́лвить, -влю, -вишь *v umg*: ~ сло́во [слове́чко] за кого́-н. ein gutes Wort für j-n einlegen

замолка́ть *uv zu* замо́лкнуть

замо́лкнуть, -ну, -нешь; замо́лк, -ла; замо́лк(нув)ший *v* 1. verstummen, nicht weitersprechen, nicht weitersingen *usw.* 2. *1. u. 2. Pers ungebr* verstummen, nicht mehr zu hören sein, aufhören *von Geräuschen* || *uv* замолка́ть, -а́ю, -а́ешь

[1]**замолча́ть,** -чу́, -чи́шь *v* 1. verstummen, nicht weitersprechen, nicht weitersingen *usw.* 2. *1. u. 2. Pers ungebr* verstummen, nicht mehr zu hören sein *von Feuerwaffen*

[2]**замолча́ть,** -чу́, -чи́шь *v umg* verschweigen; totschweigen || *uv* зама́лчивать, -аю, -аешь

замора́живание, -я *n* 1. künstliches Gefrieren; ~ фру́ктов Gefrieren von Früchten *zur Konservierung* 2. *übtr wirtsch* Einfrieren, Stopp; ~ за́работной пла́ты Lohnstopp

замора́живать *uv zu* заморо́зить

заморённый, -ая, -ое *umg* erschöpft; ~ го́лодом halb verhungert; -ая кля́ча [кляча́нка] Schindmähre

замори́ть, -рю́, -ри́шь; -рённый, -рён, -рена́ *v umg* (zu Tode) schinden, peinigen; ~ го́лодом verhungern lassen ◇ ~ червячка́ den ärgsten Hunger stillen || *uv* зама́ривать, -аю, -аешь

заморо́женный, -ая, -ое 1. gefroren; -ое мя́со Gefrierfleisch 2. *übtr* eiskalt, gleichgültig

заморо́зить, -о́жу, -о́зишь; -о́женный, -о́жен, -а *v* 1. zum Gefrieren bringen, gefrieren lassen (zur Konservierung) 2. *umg* kalt stellen; ~ шампа́нское Sekt kalt stellen 3. *übtr wirtsch* einfrieren, ungenutzt lassen || *uv* замора́живать, -аю, -аешь

за́морозки *Pl* -ков, *Sg* за́морозок, -зка *m* leichter Morgenfrost; Nachtfrost; ~ на по́чве Bodenfrost

замо́рский, -ая, -ое 1. überseeisch, Übersee-; -ая торго́вля Überseehandel 2. *alt u. umg* ausländisch, fremdländisch

замо́рыш, -а, *I* -ем, *G Pl* -ей *m umg* schwächliches Wesen [Kerlchen], ein Häufchen Unglück

замости́ть, -ощу́, -ости́шь; -ощённый, -ощён, -ощена́ *v* pflastern || *uv* зама́щивать, -аю, -аешь

[1]**замота́ть,** -а́ю, -а́ешь; замо́танный, -ан, -а *v* 1. *umg* wickeln, winden (вокру́г *G* um) 2. *umg I* umwickeln, bedecken; ~ ше́ю ша́рфом einen Schal um den Hals wickeln 3. *volksspr* erschöpfen, aufreiben, fertigmachen 4. *volksspr* sich widerrechtlich aneignen, sich unter den Nagel reißen || *uv* зама́тывать, -аю, -аешь

[2]**замота́ть,** -а́ю, -а́ешь *v umg I* beginnen, hin und her zu bewegen; он замота́л голово́й er schüttelte den Kopf

замота́ться, -а́юсь, -а́ешься *v* 1. *umg* sich winden, sich wickeln (um) 2. *umg I* sich einhüllen, sich umwickeln; ~ ша́рфом sich in einen Schal hüllen 3. *volksspr* müde werden, ermatten, fertigwerden; я совсе́м замота́лся ich bin ganz erledigt || *uv* зама́тываться, -аюсь, -аешься

замочи́ть, -очу́, -о́чишь; -о́ченный, -о́чен, -а *v* 1. naß machen; ~ но́ги nasse Füße bekommen 2. einweichen, eintauchen; ~ лён Flachs rösten || *uv* зама́чивать, -аю, -аешь

замо́чка, -и *f* Einweichen, Wässern

замо́чный, -ая, -ое Schloß-; -ая сква́жина Schlüsselloch

за́муж *Adv*: вы́йти ~ heiraten *von der Frau* (за *A* j-n); она́ вы́шла ~ за офице́ра sie hat einen Offizier geheiratet; вы́дать [отда́ть] ~ verheiraten (за *A* mit); они́ вы́дали дочь ~ за офице́ра sie haben ihre Tochter einem Offizier zur Frau gegeben [mit einem Offizier verheiratet]

зáмужем *Adv* verheiratet *von der Frau* (за *I* mit); онá ~ за врачóм sie ist mit einem Arzt verheiratet

замýжество, -а *n* Heirat; Ehe *von der Frau*

замýжний, -яя, -ее **1.** Ehe- *von der Frau*; -яя жизнь Eheleben **2.** -яя verheiratet *von der Frau*; -яя жéнщина verheiratete Frau

замуровáть, -рýю, -рýешь; -рóванный, -рóван, -а *v* **1.** zumauern **2.** einmauern ‖ *uv* **замурóвывать,** -аю, -аешь

замуровáться, -рýюсь, -рýешься *v umg alt* sich von der Welt abschließen, sich vergraben ‖ *uv* **замурóвываться,** -аюсь, -аешься

замýсливать *uv zu* замýслить

замýслить, -лю, -лишь; -ленный, -лен, -а *v umg* anlecken, besabbern ‖ *uv* замýсливать, -аю, -аешь

замусóливать *uv zu* замусóлить

замусóлить, -лю, -лишь; -ленный, -лен, -а *v umg mit Speichel, Fettigem u. dgl.* beschmutzen ‖ *uv* замусóливать, -аю, -аешь

замýсоривать *uv zu* замýсорить

замýсорить, -рю, -ришь; -ренный, -рен, -а *v* mit Kehricht [Abfällen] verunreinigen ‖ *uv* замýсоривать, -аю, -аешь

замутúть, -учý, -ýтúшь *v* **1.** (замутнённый, -нён, -нена́) trübe machen, trüben **2.** *alt, volksspr* aufwiegeln ◇ он воды́ не замутúт er kann kein Wässerchen trüben

замутúться, *1. u. 2. Pers ungebr,* -ýтúтся *v* sich trüben, trübe werden *Flüssigkeit*

замухры́шка,- и, *Pl G* -шек, *D* -шкам *m, f volksspr* Jammergestalt, nachlässig angezogener Mensch

замýчивать *uv zu* замýчить

замýчить, -чу, -чишь; -ченный, -чен, -а *v* **1.** zu Tode quälen, foltern **2.** quälen, plagen; болéзнь замýчила ребёнка die Krankheit quälte das Kind ‖ *uv* замýчивать, -аю, -аешь

замýчиться, -чусь, -чишься *v* sich abquälen, sich abmühen

зáмша, -и, *I* -ей *f* Wildleder,

зáмшевый, -ая, -ое Wildleder-

замшéть, *1. u. 2. Pers ungebr,* -éет *v* sich mit Moos bedecken

замывáть *uv zu* замы́ть

замы́вка, -и *f* Auswaschen *eines Flecks*

замы́згать, -аю, -аешь; -анный, -ан, -а *v volksspr Kleidung* schmutzig machen; abtragen ‖ *uv* **замы́згивать,** -аю, -аешь

замыкáние, -я *n*: корóткое ~ *el* Kurzschluß

замыкáть(ся) *uv zu* замкнýть(ся)

зáмысел, -сла *m* **1.** Absicht, Vorhaben, Plan; у негó дурны́е -слы er plant Böses **2.** (Grund-) Idee, Konzeption

замы́слить, -лю, -лишь; -ленный, -лен, -а *v* vorhaben, planen, beabsichtigen ‖ *uv* замышля́ть, -я́ю, -я́ешь

замысловáтый, -ая, -ое; *Kzf* -áт, -а **1.** verzwickt, verwickelt **2.** ausgeklügelt, spitzfindig

замытáрить, -рю, -ришь; -ренный, -рен, -а *v umg* quälen, plagen

за|мы́ть* *v* **1.** herauswaschen, *durch Waschen* entfernen; ~ пятнó на скáтерти den Fleck aus dem Tischtuch herauswaschen **2.** glattspülen, verwaschen, verwischen; следы́ замы́ты дождём die Spuren sind vom Regen verwischt ‖ *uv* замывáть, -áю, -áешь

замышля́ть *uv zu* замы́слить

за|мя́ть* *v umg* **1.** zerdrücken; ~ окýрок einen Zigarettenstummel ausdrücken **2.** vertuschen, unterdrücken, nicht aufkommen lassen; absichtlich nicht beachten; ~ разговóр das Gespräch in eine andere Richtung lenken ‖ *uv* заминáть, -áю, -áешь

за|мя́ться* *v umg* **1.** unentschlossen [verwirrt] stehen bleiben **2.** sich verhaspeln, ins Stocken geraten, den Faden verlieren *beim Reden* ‖ *uv* заминáться, -áюсь, -áешься

зáнавес, -а *m* **1.** Portiere, Vorhang **2.** *theat* Vorhang ◇ под ~ gegen Ende, kurz vor Schluß

занавéсить, -éшу, -éсишь; -éшенный, -éшен, -а *v* verhängen, zuhängen, *mit einem Vorhang* verdecken; óкна занавéшены die Fenster sind verhängt ‖ *uv* занавéшивать, -аю, -аешь

занавéска, -и, *Pl G* -сок, *D* -скам *f* Vorhang, Gardine

занавéсочный, -ая, -ое Gardinen-

занавéшивать *uv zu* занавéсить

занáшивать *uv zu* ²заносúть

занемéть, -éю, -éешь *v* erstarren, absterben *Glied*

запе|мóчь* *v* krank werden

занесéние, -я *n* Eintragung

за|нести́* *v* **1.** hineintragen, (mit)-bringen; verschlagen; куда́ судьба́ занесла́ тебя́? wohin hat dich das Schicksal verschlagen? **2.** vorbeibringen, im Vorbeigehen mitbringen **3.** einschreiben, eintragen; ~ в протоко́л zu Protokoll nehmen **4.** erheben, hochheben; ~ ру́ку для уда́ра die Hand zum Schlag erheben **5.** *meist unpers* zur Seite drehen [wenden]; маши́ну занесло́ es drehte den Wagen zur Seite, der Wagen geriet ins Schleudern **6.** *meist unpers* verwehen, verschütten; доро́гу занесло́ сне́гом die Straße ist (von Schnee) verweht ‖ *uv* заноси́ть, -ошу́, -о́сишь

за|нести́сь* *v umg* **1.** sich hinreißen lassen, sich davontragen lassen *von Gedanken, Träumen* **2.** stolz werden, hoch hinaus wollen ‖ *uv* заноси́ться, -ошу́сь, -о́сишься

занижа́ть *uv zu* зани́зить

зани́зить, -и́жу, -и́зишь; -и́женный, -и́жен, -а *v* zu niedrig bemessen [bewerten, festsetzen]; ~ це́ны zu niedrige Preise festsetzen [angeben] ‖ *uv* занижа́ть, -а́ю, -а́ешь

занима́тельный, -ая, -ое; *Kzf* -лен, -льна unterhaltend, interessant, spannend, anregend

занима́ть, -а́ю, -а́ешь *uv* **1.** *uv zu* [1,2]заня́ть **2.** bewohnen; они́ занима́ют небольшу́ю кварти́ру sie haben eine kleine Wohnung **3.** innehaben, bekleiden; ~ до́лжность eine Funktion bekleiden **4.** besetzt halten

[1,2]занима́ться *uv zu* [1,2]заня́ться

занима́ться, -а́юсь, -а́ешься *uv* **1.** lernen, studieren, *geistig* arbeiten; я обы́чно занима́юсь в библиоте́ке ich arbeite gewöhnlich in der Bücherei **2.** *I* sich beschäftigen (mit), betreiben; ~ спо́ртом Sport treiben

за́ново *Adv* von neuem, noch einmal (von vorn)

зано́за, -ы **1.** *f* Splitter **2.** *m, f volksspr* Nörgler; Streithammel

зано́зистый, -ая, -ое; *Kzf* -ист, -а *umg* spottsüchtig, stichelnd

занози́ть, -ожу́, -ози́шь *v* sich einen Splitter einziehen; я занози́л па́лец ich habe mir am Finger einen Splitter eingezogen

зано́с, -а *m* **1.** *meist Pl* Verwehung; сне́жные -ы Schneeverwehungen **2.** Schleudern *Auto*

[1]заноси́ть *uv zu* занести́

[2]заноси́ть, -ошу́, -о́сишь; -о́шенный, -о́шен, -а *v* abtragen, *durch langes Tragen* abnützen; дово́льно зано́шенный костю́м ein ziemlich abgetragener Anzug ‖ *uv* зана́шивать, -аю, -аешь

заноси́ться *uv zu* занести́сь

зано́сный, -ая, -ое fremd, von einem anderen Ort hergebracht

зано́счивость, -и *f* Hochmut, Anmaßung, anmaßendes Wesen

зано́счивый, -ая, -ое; *Kzf* -ив, -а hochmütig, anmaßend, eingebildet

заночева́ть, -чу́ю, -чу́ешь *v* übernachten ‖ *uv* **заночёвывать,** -аю, -аешь

зано́шенный, -ая, -ое abgetragen *Kleidung*

занумерова́ть, -ру́ю, -ру́ешь; -ро́ванный, -ро́ван, -а *v* numerieren ‖ *uv* **занумеро́вывать,** -аю, -аешь

за|ны́ть* **1.** dumpf zu schmerzen beginnen **2.** zu jammern beginnen

за́нят, -а́! *Adj, nur Kzf gebräuchlich* besetzt, nicht frei; beschäftigt; э́то ме́сто уже́ за́нято dieser Platz ist schon besetzt; я о́чень ~ ich bin sehr beschäftigt

заня́тие, -я *n* **1.** Einnahme, Besetzung; ~ го́рода Einnahme der Stadt **2.** Übernahme *einer Funktion*, Bekleidung *eines Amtes* **3.** Beschäftigung, Beschäftigungsart **4.** *Pl umg* Lehrveranstaltungen, Studium, Unterricht **5.** *mil* Ausbildung; полево́е ~ Geländeausbildung

заня́тный, -ая, -ое; *Kzf* -тен, -тна *umg* unterhaltsam, interessant; amüsant

занято́й, -а́я, -о́е vielbeschäftigt, stark belastet; ~ челове́к ein vielbeschäftigter Mensch

за́нятость, -и *f* **1.** Beschäftigtsein; ввиду́ -и я не могу́ зайти́ da ich (stark) beschäftigt bin, kann ich nicht vorbeikommen **2.**: и́ндекс -и *wirtsch* Beschäftigungsgrad

[1]заня́ть* *v* sich leihen, sich (aus)borgen ‖ *uv* занима́ть, -а́ю, -а́ешь

[2]заня́ть* *v* **1.** einnehmen, beanspruchen, ausfüllen; ~ мно́го ме́ста viel Raum einnehmen; ~ мно́го вре́мени viel Zeit beanspruchen **2.** einnehmen, besetzen *Plätze*; ~ пере́дние места́ sich auf die vorderen Plätze setzen **3.** übernehmen, einnehmen; ~ до́лжность секретаря́ eine Sekretärsstelle übernehmen **4.** erobern, einnehmen, besetzen; ~ го́род eine Stadt besetzen **5.** beschäftigen, einsetzen 6. unterhalten; das Interesse gefangennehmen; он стара́лся ~ госте́й er bemühte sich, die Gäste zu unterhalten || *uv* занима́ть, -а́ю, -а́ешь

[1]**заня́ться***; заня́лся́, -ли́сь *v* 1. *I* sich an etw. machen; sich vorübergehend beschäftigen (mit), Interesse gewinnen (an); я заня́лся́ спо́ртом ich wandte mich für eine Zeit dem Sport zu 2. sich *als Lehrer, Betreuer* beschäftigen (с *I* mit); ~ с отстаю́щими ученика́ми mit den zurückgebliebenen Schülern arbeiten || *uv* занима́ться, -а́юсь, -а́ешься

[2]**заня́ться***, *1. u. 2. Pers ungebr*; заня́лся́, -ли́сь *v* Feuer fangen; хво́рост заня́лся́ das Reisig fing Feuer ◇ заня́лся́ день der Tag brach an; у меня́ дух заня́лся́ der Atem stockte mir || *uv* занима́ться, -а́ется

зао́блачный, -ая, -ое 1. die Wolken überragend 2. *übtr* über den Wolken schwebend, irreal

заодно́ *Adv* 1. gemeinsam, einträchtig, im gegenseitigen Einverständnis; де́йствовать ~ einträchtig handeln 2. *umg* gleichzeitig, bei dieser Gelegenheit

заокеа́нский, -ая, -ое überseeisch, Übersee-

за|ора́ть* *v volksspr* zu schreien [zu brüllen] anfangen; ~ на кого́-н. j-n anschreien

заострённость, -и *f* Zuspitzung

заострённый, -ая, -ое spitz, zugespitzt

заостри́ть, -рю́, -ри́шь; -рённый, -рён, -рена́ *v* 1. spitz machen; schärfen; ~ ко́лья Pfähle anspitzen 2. zuspitzen; ~ вопро́с eine Frage zuspitzen ◇ ~ внима́ние на чём-н. die Aufmerksamkeit auf etw. konzentrieren || *uv* **заостря́ть,** -я́ю, -я́ешь

заостри́ться, *1. u. 2. Pers ungebr*, -и́тся *v* 1. spitz werden; sich verjüngen 2. sich schärfen, angespannt sein; слух заостри́лся до бо́ли das Gehör war bis zur Unerträglichkeit angespannt || *uv* **заостря́ться,** -я́ется

зао́чник, -а *m* Fernstudent, Fernschüler

зао́чно *Adv* 1. in Abwesenheit; приговори́ть ~ in Abwesenheit verurteilen, kontumazieren 2. extern, als Externer, als Fernstudent, [Fernschüler]

зао́чный, -ая, -ое 1. in Abwesenheit der betreffenden Person erfolgend; *jur* Kontumaz- 2. Fernstudiums-, Fern-; -ое обуче́ние Fernunterricht, Fernstudium

за́пад, -а *m* 1. Westen; на -е im Westen 2. За́пад *pol* die westlichen Länder, der Westen

запада́ть *uv zu* запа́сть

за́паднее westlich (*G* von)

за́падник, -а *m* Westler

за́падничество, -а *n* Westlertum *liberale Strömung in Rußland Mitte des 19. Jahrhunderts*

западноевропе́йский, -ая, -ое westeuropäisch

за́падный, -ая, -ое westlich, West-; ~ ве́тер Westwind

западня́, -и́, *Pl G* -е́й *f* Falle; расста́вить -и́ Fallen aufstellen; замани́ть в -ю́ *übtr* in eine Falle locken; попа́сть в -ю́ *übtr* in eine Falle geraten, in die Falle gehen

запа́здывание, -я *n* Verspätung

запа́здывать *uv zu* запозда́ть

запа́ивать *uv zu* запа́ять

запакова́ть, -ку́ю, -ку́ешь; -ко́ванный, -ко́ван, -а *v* ver-, einpacken || *uv* **запако́вывать,** -аю, -аешь

запа́костить, -ощу, -остишь; -ощенный, -ощен, -а *v volksspr* beschmutzen, dreckig machen

[1]**запа́л,** -а *m* 1. Zünder, Zündkapsel 2. *umg* Eifer, Hitze ◇ под ~ *volksspr* unbedacht, in zorniger Aufwallung

[2]**запа́л,** -а *m* Herzschlächtigkeit *bei Tieren*

запа́ливать *uv zu* запали́ть

запали́ть, -лю́, -ли́шь; -лённый, -лён, -лена́ *v volksspr* anzünden, in Brand stecken || *uv* запа́ливать, -аю, -аешь

запа́льник, -а *m* Zünder, Zündkapsel

запа́льный, -ая, -ое Zünd-, Spreng-; ~ шнур Zündschnur

запа́льчивый, -ая, -ое, *Kzf* -ив, -а jähzornig, leicht aufbrausend, heftig

запа́мятовать, -тую, -туешь *v alt u. volksspr* vergessen

запанибра́та *Adv umg* wie mit seinesgleichen, (allzu) familiär, vertraulich

запа́ривать(ся) *uv zu* запа́рить(ся)

запа́рить, -рю, -ришь; -ренный, -рен, -а *v* 1. (ab)brühen, dämpfen 2. *volksspr durch Hitze* entkräften 3. abhetzen *Pferd* || *uv* запа́ривать, -аю, -аешь

запа́риться, -рюсь, -ришься *v* 1. *umg* gedämpft [gebrüht] werden

2. *volkssp* völlig erschöpft werden *durch zu langes Baden in der Sauna* 3. *volksspr* sich abhetzen || *uv* запáриваться, -аюсь, -аешься
запáрка, -и *f* 1. Dämpfen 2. gedämpftes Futter
запарши́веть, -ею, -еешь *v* räudig werden, die Räude bekommen
запáрывать *uv zu* запорóть
запáс, -а *m* 1. Vorrat, Reserve; -ы сырья́ Rohstoffvorräte 2. Bestand, Umfang, Schatz; у негó большóй ~ слов er verfügt über einen großen Wortschatz 3. *umg* Saum „auf Zuwachs" 4. *mil* Reserve; лейтенáнт -а Leutnant der Reserve ◇ про ~ für alle Fälle, für den Notfall
запасáть(ся) *uv zu* запасти́(сь)
запáсливый, -ая, -ое; *Kzf* -ив, -а vorsorglich
запáсник, -а *m volksspr* Reservist
запаснóй, -áя, -óе *u.* **запáсный, -**ая, -ое 1. Ersatz-, Auswechsel-; -ы́е чáсти Ersatzteile; ~ игрóк Ersatzspieler, Auswechselspieler; ~ вы́ход Notausgang 2. *mil* Reserve- 3. -óй, -óго *Subst m mil* Reservist
за|пасти́* *v A oder G* auf Vorrat anschaffen || *uv* запасáть, -áю, -áешь
за|пасти́сь* *v* sich versorgen [versehen] (mit); ~ ýглем нá зиму sich für den Winter mit Kohle eindecken ◇ ~ терпéнием sich mit Geduld wappnen || *uv* запасáться, -áюсь, -áешься
за|пáсть*, *1. u. 2. Pers ungebr v* 1. einfallen, schlaff werden; щёки у негó запáли seine Wangen waren eingefallen 2. *umg* (hinein)fallen, geraten; монéты запáли в прорéху в кармáне die Geldstücke sind in einen Riß in der Tasche geraten 3. sich tief einprägen || *uv* западáть, -áет
запатентовáть, -тýю, -тýешь; -тóванный, -тóван, -а *v* patentieren || *uv* **запатентóвывать, -**аю, -аешь
запатовáть, -тýю, -тýешь *v* patt setzen *beim Schachspiel*
зáпах, -а *m* Geruch, Duft
за|пахáть* *v* (um)pflügen, (um)ackern; zupflügen || *uv* [1]**запáхивать,** -аю, -аешь
[2]**запáхивать** *uv zu* запахнýть
запáхиваться *uv zu* запахнýться
запáхнуть, -ну, -нешь; запáх, -ла, *v* anfangen zu riechen [zu duften]; запáхло сирéнью Fliederduft verbreitete sich
запахнýть, -нý, -нёшь; запáхнутый, -ут, -а *v* 1. übereinanderschlagen, schließen *die Schöße eines Kleidungsstückes* 2. *umg* heftig zuwerfen || *uv* запáхивать, -аю, -аешь
запахнýться, -нýсь, -нёшься *v* sich (ein)hüllen; ~ в шýбу sich in den Pelz hüllen || *uv* запáхиваться, -аюсь, -аешься
запáчкать, -аю, -аешь; -анный, -ан, -а *v* 1. beschmutzen 2. *übtr* entehren, beschmutzen, beflecken
запáчкаться, -аюсь, -аешься *v* sich beschmutzen, sich schmutzig machen
запáшка, -и, *Pl G* -шек, *D* -шкам *f* 1. Umackern, Zupflügen, Pflügen 2. gepflügte Fläche
запашóк, -шкá *m umg* schwacher übler Geruch; от мя́са ~ пошёл das Fleisch riecht schlecht
запая́ть, -я́ю, -я́ешь; запáянный, -ян, -а *v* zulöten, verlöten || *uv* запáивать, -аю, -аешь
запéв, -а *m* 1. Sologesang *in Chorliedern* 2. *lit* Einleitung *eines altrussischen Heldenliedes*
запевáла, -ы *m, f* 1. Vorsänger(in), Solosänger(in) *im Chor* 2. Initiator(in)
запевáть, -áю, -áешь *uv* 1. *als Vorsänger* ein Lied [eine Liedstrophe] beginnen 2. ein Lied anstimmen
запéвка, -и, *Pl G* -вок, *D* -вкам *f* Vorgesang, Solopartie *eines Liedes*
запекáнка, -и, *Pl G* -нок, *D* -нкам *f* 1. *nahr* Auflauf; ~ из ри́са Reisauflauf 2. Fruchtlikör
запекáть(ся) *uv zu* запéчь(ся)
запеленáть, -áю, -áешь; запелёнатый, -ат, -а *v* in Windeln wickeln
запеленговáть, -гýю, -гýешь; -гóванный, -гóван, -а *v* anpeilen
запéниться, *1. u. 2. Pers ungebr,* -ится *v* zu schäumen beginnen, sich mit Schaum bedecken
заперéть* *v* 1. abschließen, zuschließen; ~ на задви́жку zuriegeln 2. einschließen, einsperren; ~ дéньги в пи́сьменный стол Geld im Schreibtisch verschließen 3. umzingeln, einschließen || *uv* запирáть, -áю, -áешь
заперéться*; зáперся́, заперлáсь, зáперли́сь; запёршийся; заперши́сь *v* 1. sich einschließen 2. sich (zu)schließen lassen; я́щик не зáперся́ der Kasten ließ sich nicht verschließen 3. (запёрся, запёрлась) *umg* hartnäckig leugnen || *uv* запирáться, -áюсь, -áешься

запершить, -ит *unpers v umg*: у меня́ запершило в горле es begann mir im Hals zu kratzen
запестре́ть, *1. u. 2. Pers ungebr*, -е́ет *v* **1.** bunt zu schimmern beginnen **2.** bunt werden **3.** *übtr* oft aufzutauchen beginnen
за|пе́ть* *v* ein Lied anfangen, zu singen beginnen
запеча́тать, -аю, -аешь; -анный, -ан, -а *v* **1.** versiegeln **2.** zukleben *Brief* ‖ *uv* запеча́тывать, -аю, -аешь
запечатлева́ть(ся) *uv zu* запечатле́ть(ся)
запечатле́ть, -е́ю, -е́ешь; запечатлённый, -ён, -ена́ *v* **1.** verkörpern, darstellen; prägen **2.** sich fest einprägen, im Gedächtnis behalten **3.** bezeichnen, hervorheben; besiegeln ◇ ~ поцелу́й на чём einen Kuß drücken auf etw. ‖ *uv* запечатлева́ть, -а́ю, -а́ешь
запечатле́ться, -е́юсь, -е́ешься *v* sich (fest) einprägen, fest im Gedächtnis haften bleiben ‖ *uv* запечатлева́ться, -а́юсь, -а́ешься
запеча́тывать *uv zu* запеча́тать
за|пе́чь* *v* **1.** überbacken, braun backen **2.** in Teig einbacken ‖ *uv* запека́ть, -а́ю, -а́ешь
за|пе́чься*, *1. u. 2. Pers ungebr*, *v* **1.** *vom Backen* braun werden, sich mit brauner Kruste überziehen; макаро́ны запекли́сь die Makkaroni sind braun gebacken **2.** gerinnen *Blut* **3.** *vor Trockenheit* rissig werden, aufplatzen *Lippen* ‖ *uv* запека́ться, -а́ется
[1,2]**запива́ть** *uv zu* [1,2]запи́ть
запина́ться *uv zu* запну́ться
запи́нка, -и, *Pl G* -нок, *D* -нкам *f* Stocken *beim Sprechen*
запира́тельство, -а *n* hartnäckiges Leugnen
запира́ть(ся) *uv zu* запере́ть(ся)
за|писа́ть* *v* **1.** auf-, niederschreiben, aufzeichnen; mit-, nachschreiben; ~ свои́ мы́сли seine Gedanken niederschreiben **2.** aufzeichnen, aufnehmen *auf Tonband* **3.** eintragen, einschreiben (lassen), anmelden; ~ сы́на в шко́лу seinen Sohn in der Schule anmelden **4.** *alt, volksspr* (schriftlich) vermachen ‖ *uv* запи́сывать, -аю, -аешь
за|писа́ться* *v* sich eintragen, einschreiben (lassen), sich anmelden; ~ на приём к врачу́ sich zur ärztlichen Behandlung anmelden ‖ *uv* запи́сываться, -аюсь, -аешься
запи́ска, -и, *Pl G* -сок, *D* -скам *f* **1.** Zettel *mit Notiz* **2.** schriftliche Mitteilung; докладна́я ~ schriftlicher Bericht, Aktennotiz **3.** *Pl* Aufzeichnungen; Memoiren **4.** *Pl* „Blätter" *in Titeln wiss. Zeitschriften*
[1]**записно́й,** -а́я, -о́е: -а́я кни́жка Notizbuch
[2]**записно́й,** -а́я, -о́е *umg* notorisch
запи́сывать(ся) *uv zu* записа́ть(ся)
за́пись, -и *f* **1.** Niederschreiben, Aufschreiben; Niederschrift, Nachschrift; -и ле́кции Vorlesungsskripten **2.** Eintragung, Einschreibung, Anmeldung **3.** *rad* Aufzeichnung; ~ на ле́нту Tonbandaufzeichnung
[1]**за|пи́ть*;** за́пил, -а́! *v* nachtrinken *um unangenehmen Geschmack zu beseitigen, eingenommene Tabletten aufzulösen*; hinunterspülen (что́-н. че́м-н. etw. mit etw.); ~ лека́рство водо́й Medizin mit Wasser hinunterspülen, auf Medizin Wasser trinken ‖ *uv* запива́ть, -а́ю, -а́ешь
[2]**за|пи́ть*;** за́пил, -а́! *v umg* sich dem Trunk ergeben ‖ *uv* запива́ть, -а́ю, -а́ешь
запиха́ть, -а́ю, -а́ешь; запи́ханный, -ан, -а *v umg* hineinstopfen, -pressen ‖ *uv* [1]**запи́хивать,** -аю, -аешь
[2]**запи́хивать** *uv zu* запихну́ть
запихну́ть, -ну́, -нёшь; запи́хнутый, -ут, -а *v umg* (hinein)stopfen, verstauen ‖ *uv* запи́хивать, -аю, -аешь
запища́ть, -щу́, -щи́шь *v* anfangen zu piepsen [zu quieken]
запла́канный, -ая, -ое; *Kzf* -ан, -а verweint
за|пла́кать* *v* anfangen zu weinen
заплани́ровать, -рую, -руешь; -рованный, -рован, -а *v* einplanen
запла́та, -ы *f* Flicken; наложи́ть [поста́вить] -у einen Flicken aufsetzen
заплата́ть, -а́ю, -а́ешь; запла́танный, -ан, -а *v volksspr* flicken
заплати́ть, -ачу́, -а́тишь; -а́ченный, -а́чен, -а *v* **1.** bezahlen; ~ по счёту die Rechnung begleichen **2.** vergelten (за что́-н. че́м-н. etw. mit etw.); ~ добро́м за зло́ Böses mit Gutem vergelten
за|плева́ть* *v* bespucken ‖ *uv* **заплёвывать,** -аю, -аешь
за|плеска́ть* *v* bespritzen ‖ *uv* **заплёскивать,** -аю, -аешь
запле́сневелый, -ая, -ое verschimmelt
запле́сневеть, -ею, -еешь *v* verschimmeln

¹за|плести́* *v* flechten; ~ ко́су den Zopf flechten ‖ *uv* заплета́ть, -а́ю, -а́ешь

²за|плести́* *v* zu flechten beginnen ◇ ~ вздор anfangen Unsinn zu reden

заплести́сь *v zu* заплета́ться

заплета́ть *uv zu* ¹заплести́

заплета́ться, *1. u. 2. Pers ungebr,* -а́ется *uv* sich schwerfällig [mit Mühe] bewegen, (den Dienst) versagen; у него́ язы́к заплета́ется ihm wird die Zunge schwer; у него́ но́ги заплета́ются die Beine versagen ihm den Dienst ‖ *v* за|плести́сь*

заплёчный, -ая, -ое: ~ мешо́к Rucksack ◇ ~ ма́стер *alt* Henker

запломбирова́ть, -ру́ю, -ру́ешь; -ро́ванный, -ро́ван, -а *v* 1. plombieren, füllen; ~ зуб den Zahn plombieren 2. plombieren, versiegeln; ~ ваго́н den Waggon versiegeln ‖ *uv* **запломбиро́вывать,** -аю, -аешь

заплута́ться, -а́юсь, -а́ешься *v volksspr* sich verirren, vom Wege abkommen

заплы́в, -а *m* 1. Wettschwimmen; да́льний ~ Langstreckenschwimmen 2. Lauf *beim Wettschwimmen, Wettsegeln usw.*; фина́льный ~ Endlauf

¹˒²заплыва́ть *uv zu* ¹˒²заплы́ть

¹за|плы́ть* *v* schwimmen, hineinschwimmen; он заплы́л далеко́ в мо́ре er ist weit ins Meer hinausgeschwommen ‖ *uv* заплыва́ть, -а́ю, -а́ешь

²за|плы́ть* *v I* sich (mit etw.) überziehen; ~ жи́ром verfetten, Fett ansetzen ‖ *uv* заплыва́ть, -а́ю, -а́ешь

за|пляса́ть* *v* anfangen zu tanzen

запну́ться, -ну́сь, -нёшься *v* 1. stokken, steckenbleiben *beim Sprechen* 2. за *A oder* о *A* stolpern (über) ‖ *uv* запина́ться, -а́юсь, -а́ешься

запове́дник, -а *m* Schonrevier; Naturschutzpark

запове́дный, -ая, -ое Naturschutz-; ~ лес unter Naturschutz stehender Wald

за́поведь, -и *f* Gebot

запода́зривать *u.* **заподо́зривать** *uv zu* заподо́зрить

заподо́зрить, -рю, -ришь; заподо́зренный, -ен, -а *v* 1. в *P* verdächtigen; ~ кого́-н. во лжи j-n der Lüge verdächtigen 2. argwöhnen ‖ *uv* запода́зривать *u.* заподо́зривать, -аю, -аешь

запо́ем *Adv umg* ohne Unterbrechung; рабо́тать ~ ohne Rast und Ruh arbeiten; пить ~ trunksüchtig sein

запозда́лый, -ая, -ое verspätet, spät

запозда́ние, -я *n* Verspätung

запозда́ть, -а́ю, -а́ешь *v* 1. zu spät kommen, Verspätung haben; ~ на по́езд den Zug verpassen 2. с *I* sich verspäten, im Rückstand sein ‖ *uv* запа́здывать, -аю, -аешь

запо́й, -я, *G Pl* -ев *m* periodische Trunksucht

запо́лзать, -а́ю, -а́ешь *v* anfangen zu kriechen

заполза́ть *uv zu* заползти́

за|ползти́* *v* (hinein)kriechen ‖ *uv* заполза́ть, -а́ю, -а́ешь

запо́лнить, -ню, -нишь; -ненный, -нен, -а *v* 1. gänzlich füllen, ausfüllen 2. *übtr* ausfüllen; ~ анке́ту den Fragebogen ausfüllen ‖ *uv* **заполня́ть,** -я́ю, -я́ешь

запо́лниться, *1. u. 2. Pers ungebr,* -ится *v* sich gänzlich füllen ‖ *uv* **заполня́ться,** -я́ется

заполуча́ть *uv zu* заполучи́ть

заполучи́ть, -учу́, -у́чишь; -у́ченный, -у́чен, -а *v volksspr* bekommen, kriegen, erwischen ‖ *uv* заполуча́ть, -а́ю, -а́ешь

заполя́рный, -ая, -ое jenseits des Polarkreises gelegen; ~ го́род Polarstadt

запомина́ть *uv zu* ¹запо́мнить

запомина́ться *uv zu* запо́мниться

¹запо́мнить, -ню, -нишь *v* sich einprägen, sich merken; im Gedächtnis bewahren; запо́мни э́то хорошо́ merk dir das gut ‖ *uv* запомина́ть, -а́ю, -а́ешь

²запо́мнить, -ню, -нишь *uv umg, nur verneint* sich nicht erinnern [entsinnen] können

запо́мниться, -нюсь, -нишься *v* sich (dem Gedächtnis) einprägen, im Gedächtnis haften bleiben ‖ *uv* запомина́ться, -а́юсь, -а́ешься

за́понка, -и, *Pl G* -нок, *D* -нкам *f* Kragenknopf, Manschettenknopf

¹запо́р, -а *m* Verschluß, Riegel; запере́ть на ~ verschließen, verriegeln; hinter Schloß und Riegel setzen; дверь на -е die Tür ist verschlossen [verriegelt]

²запо́р, -а *m med* Verstopfung

запора́шивать *uv zu* запороши́ть

запо́рный, -ая, -ое Verschluß-, Absperr-; ~ ве́нтиль Absperrventil

запоро́жец, -жца, *I* -жцем, *G Pl* -жцев *m hist* Saporoger *Angehöriger* *der Saporoger Setsch* (Запоро́жская Сечь), *einer befestigten Kosakensiedlung bei Chortiza am Dnepr*

запоро́жский, -ая, -ое Saporoger; zur Saporoger Setsch gehörig *ukrainische Kosakenarmee vom 15. – 17. Jh.*

за|поро́ть* *v* **1.** *umg* zu Tode prügeln **2.** *volksspr* verderben *Werkstück* || *uv* запа́рывать, -аю, -аешь

запороши́ть, *1. u. 2. Pers ungebr,* -ши́т; -шённый, -шён, -шена́ *v mit dünner Schicht von Mehl, Schnee, Staub u. dgl.* bedecken, überziehen; пы́лью ему́ запороши́ло глаза́ seine Augen waren staubbedeckt [voller Staub] || *uv* запора́шивать, -аю, -аешь

запотева́ть *uv zu* запоте́ть

запоте́лый, -ая, -ое **1.** *umg* feucht *von Dampf,* angelaufen, beschlagen **2.** *volksspr* schweißbedeckt

запоте́ть, -е́ю, -е́ешь *v* **1.** feucht werden *von Dampf,* anlaufen, beschlagen **2.** *volksspr* sich mit Schweiß bedecken, schwitzen || *uv* запотева́ть, -а́ю, -а́ешь

заправи́ла, -ы *m volksspr* Rädelsführer, Anführer

запра́вить, -влю, -вишь; -вленный, -влен, -а *v* **1.** hineinstecken, hineinschieben *beim Anziehen*; ~ брю́ки в сапоги́ die Hosenbeine in die Stiefel stecken **2.** würzen, anrichten, anmachen; ~ суп яйцо́м die Suppe mit einem Ei abziehen **3.** fahrbereit machen; gebrauchsfertig machen; ~ крова́ть [ко́йку] das Bett zurechtmachen; ~ маши́ну бензи́ном den Wagen tanken || *uv* заправля́ть, -я́ю, -я́ешь

запра́виться, -влюсь, -вишься *v* **1.** *umg*: ~ горю́чим tanken **2.** *volksspr* sich *durch Speise und Trank* stärken, gut vorlegen; ~ на доро́гу sich für die Reise stärken || *uv* заправля́ться, -я́юсь, -я́ешься

запра́вка, -и, *Pl G* -вок, *D* -вкам *f* **1.** Tanken **2.** Zurechtmachen **3.** Gewürz, Zutat

заправля́ть, -я́ю, -я́ешь *uv* **1.** *uv zu* запра́вить **2.** *I volksspr* schalten und walten, den Ton angeben; lenken, leiten; она́ заправля́ла всем до́мом sie gab im ganzen Haus den Ton an

заправля́ться *uv zu* запра́виться

запра́вочный, -ая, -ое Tank-; -ая ста́нция Tankstelle

запра́вский, -ая, -ое *umg* zünftig, waschecht

запра́вщик, -а *m* **1.** Tankwagen **2.** Tankwart

запра́шивать *uv zu* запроси́ть

запре́т, -а *m* Verbot; наложи́ть ~ на что́-н. ein Verbot gegen etw. erlassen, eine Sperre über etw. verhängen

запрети́тельный, -ая, -ое Verbots-, Sperr-

запрети́ть, -ещу́, -ети́шь; -ещённый, -ещён, -ещена́ *v* verbieten, untersagen || *uv* запреща́ть, -а́ю, -а́ешь

запре́тный, -ая, -ое verboten, Sperr-; -ая зо́на Sperrgebiet

запреща́ть *uv zu* запрети́ть

запреща́ться, *1. u. 2. Pers ungebr,* -а́ется *uv* verboten sein [werden]

запреще́ние, -я *n* Verbot; ~ а́томного ору́жия Ächtung [Verbot] der Atomwaffen

заприме́тить, -е́чу, -е́тишь; -е́ченный, -е́чен, -а *v volksspr* **1.** bemerken, sehen **2.** sich merken

заприхо́довать, -дую, -дуешь; -дованный, -дован, -а *v wirtsch* als Einnahme verbuchen

запродава́ть *uv zu* запрода́ть

запро|да́ть*; запро́дал, -ла́!; запро́данный, -ан, -а *v* einen Verkaufsvertrag abschließen, auf Lieferung verkaufen || *uv* запро|дава́ть*

запроекти́ровать, -рую, -руешь; -рованный, -рован, -а *v* planen

запроки́дывать *uv zu* запроки́нуть

запроки́нуть, -ну, -нешь; -нутый, -нут, -а *v umg*: ~ го́лову den Kopf in den Nacken werfen || *uv* запроки́дывать, -аю, -аешь

запропасти́ться, -ащу́сь, -асти́шься *v volksspr* abhanden kommen, verschwinden; куда́ же он запропасти́лся? wo bleibt [steckt] er denn?

запро́с, -а *m* **1.** offizielle Anfrage, Interpellation; ~ прави́тельству Anfrage an die Regierung **2.** *meist Pl* Forderungen, Ansprüche **3.** *meist Pl* Bedürfnisse ◇ це́ны без -а feste Preise

запроси́ть, -ошу́, -о́сишь; -о́шенный, -о́шен, -а *v* **1.** *A oder G* anfragen; erbitten; ~ разреше́ния um Genehmigung nachsuchen **2.** *überhöhten Preis* verlangen || *uv* запра́шивать, -аю, -аешь

за́просто *Adv umg* ungezwungen, ohne Umstände; он быва́ет у нас ~ er verkehrt ungezwungen bei uns

запротестова́ть, -ту́ю, -ту́ешь *v* Einspruch erheben, protestieren

запротоколи́ровать, -рую, -руешь; -рованный, -рован, -а *v* zu Protokoll nehmen, ein Protokoll anfertigen
запру́ ↑ запере́ть
запру́да, -ы *f* **1.** Staudamm, Wehr **2.** Staubecken
запруди́ть, -ужу́, -у́дишь; -у́женный, -у́жен, -у́жена *u.* -ужённый, -ужён, -ужена́ *v* **1.** stauen *Fluß* **2.** *übtr umg* überfluten, gänzlich anfüllen || *uv* **запру́живать,** -аю, -аешь
запры́гать, -аю, -аешь *v* zu springen anfangen
запряга́ть(ся) *uv zu* запря́чь(ся)
запря́жка, -и, *Pl G* -жек, *D* -жкам *f* **1.** Einspannen, Schirren **2.** Gespann, Geschirr
за|пря́тать* *v* **1.** *umg* verstecken, verbergen **2.** *volkssрr* einsperren, einkerkern || *uv* **запря́тывать,** -аю, -аешь
за|пря́чь* *v* **1.** an-, einspannen; ~ ло́шадь в теле́гу das Pferd vor den Wagen spannen **2.** *übtr, umg* einspannen *in die Arbeit* || *uv* запряга́ть, -а́ю, -а́ешь
за|пря́чься* *v übtr umg* sich einspannen; ~ в рабо́ту sich ins Zeug legen || *uv* запряга́ться, -а́юсь, -а́ешься
запу́ганный, -ая, -ое eingeschüchtert
запуга́ть, -а́ю, -а́ешь; запу́ганный, -ан, -а *v* einschüchtern || *uv* запу́гивать, -аю, -аешь
запу́гивание, -я *n* Einschüchterung
запу́гивать *uv zu* запуга́ть
за́пуск, -а *m* **1.** Anlassen *Motor* **2.** Start *Rakete, Raumschiff* **3.** Steigenlassen *Drachen*
¹,²запуска́ть *uv zu* ¹,²запусти́ть
запусте́ть, *1. u. 2. Pers ungebr,* -е́ет *v* verwildern, veröden
¹запусти́ть, -ущу́, -у́стишь; -у́щенный, -у́щен, -а *v* **1.** *umg* schleudern (что́-н. *oder* че́м-н. в *A* etw. nach); ~ ка́мнем в соба́ку einen Stein nach einem Hund werfen **2.** aufsteigen lassen; ~ змей einen Drachen steigen lassen; ~ спу́тник einen Sputnik aufsteigen lassen [starten]; ~ на орби́ту auf eine Umlaufbahn bringen **3.** *umg* anlaufen lassen, in Gang setzen; ~ тока́рный стано́к eine Drehbank in Gang setzen **4.** *umg* hineinstecken; ~ ру́ки в во́ду die Arme ins Wasser tauchen; ко́шка запусти́ла ко́гти в мышь die Katze schlug ihre Krallen in die Maus || *uv* запуска́ть, -а́ю, -а́ешь
²запусти́ть, -ущу́, -у́стишь; -у́щенный, -у́щен, -а *v* vernachlässigen; ohne Pflege [Aufsicht] lassen || *uv* запуска́ть, -а́ю, -а́ешь
запу́танный, -ая, -ое verworren, verwickelt, wirr
запу́тать, -аю, -аешь; запу́танный, -ан, -а *v* **1.** verwirren, durcheinanderbringen **2.** *übtr* komplizieren, schwer verständlich machen; ~ вопро́с eine Frage komplizieren **3.** *übtr umg* verwirren, irremachen **4.** *umg* verstricken, (hinein) verwickeln; || *uv* **запу́тывать,** -аю, -аешь
запу́таться, -аюсь, -аешься *v* **1.** sich verwickeln; ни́тки запу́тались die Fäden haben sich verfitzt **2.** *übtr* verwickelt [kompliziert, schwer verständlich] werden **3.** *übtr umg* sich verstricken, sich verwickeln, geraten (в *P* in); ~ в долга́х in Schulden geraten; ~ в противоре́чиях sich in Widersprüche verwickeln **4.** *übtr umg* sich verhaspeln **5.** *volkssрr* sich verirren || *uv* **запу́тываться,** -аюсь, -аешься
запуха́ть *uv zu* запу́хнуть
запу́хнуть, -ну, -нешь; запу́х, -ла *v umg* anschwellen || *uv* запуха́ть, -а́ю, -а́ешь
запуши́ть, *1. u. 2. Pers ungebr,* -ши́т; -шённый, -шён, -шена́ *v* wie mit Flaum bedecken *vom Schnee, Reif*
запуще́ние, -я *n alt* Verwilderung, Verödung; находи́ться в -и sich in vernachlässigtem [verwildertem] Zustand befinden
запу́щенный, -ая, -ое **1.** vernachlässigt; verwildert, verödet **2.** verschleppt *Krankheit*
запча́сти *Pl* -е́й, *Sg* запча́сть, -и *f* (запасны́е ча́сти) Ersatzteile
запыла́ть, -а́ю, -а́ешь *v* aufflammen
¹запыли́ть, -лю́, -ли́шь; -лённый, -лён, -лена́ *v* staubig machen, mit Staub bedecken
²запыли́ть, -лю́, -ли́шь *v* anfangen, Staub aufzuwirbeln
запыли́ться, -лю́сь, -ли́шься *v* verstauben, staubig werden
запыха́ться, -а́юсь, -а́ешься *uv umg* außer Atem kommen, keuchen
запьяне́ть, -е́ю, -е́ешь *v volkssрr* betrunken werden
запья́нствовать, -вую, -вуешь *v umg* zum Trinker werden
запя́стье, -ья, *G Pl* -ий *n* Handgelenk, Handwurzel
запята́я, -о́й *Subst f* Komma
запятна́ть, -а́ю, -а́ешь; запя́тнанный, -ан, -а *v* beflecken, besudeln *auch übtr*

зараба́тывать *uv zu* [1]зарабо́тать
зараба́тываться *uv zu* зарабо́таться
[1]**зарабо́тать,** -аю, -аешь; зарабо́танный, -ан, -а *v durch Arbeit* verdienen, erarbeiten; зарабо́танные де́ньги verdientes Geld || *uv* зараба́тывать, -аю, -аешь
[2]**зарабо́тать,** -аю, -аешь *v* anfangen zu arbeiten; мото́р зарабо́тал der Motor sprang an
зарабо́таться, -аюсь, -аешься *v umg* (zu) lange arbeiten; *durch vieles Arbeiten* erschöpft werden || *uv* зараба́тываться, -аюсь, -аешься
за́работный, -ая, -ое: -ая пла́та Arbeitslohn, Gehalt
за́работок, -тка *m* 1. Arbeitsverdienst, Lohn 2. *meist Pl* Lohnarbeit *außerhalb des Wohnorts*
зара́внивать *uv zu* заровня́ть
заража́ть(ся) *uv zu* зарази́ть(ся)
зараже́ние, -я *n* Ansteckung, Infektion; ~ кро́ви Blutvergiftung; радиоакти́вное ~ Aktivierung, radioaktive Verseuchung
зара́з *Adv umg* gleichzeitig, auf einmal, zugleich
зара́за, -ы *f* 1. Krankheitserreger, Bazillen 2. Infektion
зарази́тельный, -ая, -ое; *Kzf* -лен, -льна 1. ansteckend, übertragbar, Infektions-; -ая боле́знь Infektionskrankheit 2. *übtr* ansteckend, mitreißend; ~ приме́р ansteckendes Beispiel
зарази́ть, -ажу́, -ази́шь; -ажённый, -ажён, -ажена́ *v* 1. anstecken, infizieren; ~ гри́ппом mit Grippe anstecken 2. verpesten, verseuchen; ~ во́здух die Luft verpesten; aktivieren, radioaktiv verseuchen 3. *übtr* anstecken, mitreißen || *uv* заража́ть, -а́ю, -а́ешь
зарази́ться, -ажу́сь, -ази́шься *v I* 1. sich anstecken, sich infizieren, sich *durch Ansteckung* eine Krankheit holen; ~ гри́ппом an Grippe erkranken 2. *übtr* sich anstecken [mitreißen] lassen || *uv* заража́ться, -а́юсь, -а́ешься
зара́зный, -ая, -ое; *Kzf* -зен, -зна 1. ansteckend, Infektions- 2. -ого *Subst m* Infektionskranker
зара́нее *Adv* im voraus, vorher, von vornherein; ~ позабо́титься vorsorgen
зарапортова́ться, -ту́юсь, -ту́ешься *v umg* sich *beim Erzählen* verwirren; das Blaue vom Himmel herunter erzählen
зараста́ть *uv zu* зарасти́
за|расти́* *v* 1. sich bedecken *mit Pflanzenwuchs oder Haaren*, zuwachsen; ~ мхом sich mit Moos bedecken 2. *umg* zuheilen, vernarben ◇ ~ мо́хом verwildern, herunterkommen *vom Menschen* || *uv* зараста́ть, -а́ю, -а́ешь
за|рва́ться*; -рвали́сь *v umg* zu weit gehen, sich übernehmen, jedes Maß vergessen, über den Strang schlagen || *uv* зарыва́ться, -а́юсь, -а́ешься
зарде́ться, -е́юсь, -е́ешься *v* 1. sich rot färben, sich röten 2. erröten
за|реве́ть* *v* 1. anfangen zu brüllen, aufheulen; мото́р зареве́л der Motor heulte auf 2. anfangen, laut zu weinen
за́рево, -а *n* roter Schein *am Himmel*
зарегистри́ровать, -рую, -руешь; -рованный, -рован, -а *v* registrieren, eintragen
зарегистри́роваться, -руюсь, -руешься *v* 1. sich registrieren [eintragen] lassen 2. *umg* sich standesamtlich trauen lassen
заре́з, -а *m*: до -у äußerst, dringend
за|ре́зать* *v umg* 1. erstechen, die Kehle durchschneiden, ermorden 2. schlachten, abstechen 3. *übtr* umbringen, ins Verderben stürzen 4. *Pferde durch Antreiben* zu Tode hetzen
за|ре́заться* *v umg* sich die Kehle durchschneiden
зарезерви́ровать, -рую, -руешь; -рованный, -рован, -а *v* zurückbehalten, in Reserve behalten
зарека́ться *uv zu* заре́чься
зарекомендова́ть, -ду́ю, -ду́ешь; -до́ванный, -до́ван, -а *v*: ~ себя́ sich empfehlen, sich bewähren; он зарекомендова́л себя́ стара́тельным рабо́тником er hat sich als fleißiger (Mit-)Arbeiter bewährt || *uv* **зарекомендо́вывать,** -аю, -аешь
заре́чье, -ья *n* Gebiet jenseits des Flusses
за|ре́чься* *v* (sich) geloben, sich fest vornehmen *etw. nicht mehr zu tun* || *uv* зарека́ться, -а́юсь, -а́ешься
заржа́веть, *1. u. 2. Pers ungebr*, -еет *v* verrosten, rostig werden
заржа́вленный, -ая, -ое; *Kzf* -ен, -а verrostet, rostig
за|ржа́ть* *v* anfangen zu wiehern
зарисова́ть, -су́ю, -су́ешь; -со́ванный, -со́ван, -а *v* zeichnen, skizzieren; in einer Zeichnung festhalten || *uv* зарисо́вывать, -аю, -аешь
зарисо́вка, -и, *Pl G* -вок, *D* -вкам *f*

1. Zeichnen, Skizzieren 2. Zeichnung, Skizze *nach der Natur*
зарисо́вывать *uv zu* зарисова́ть
за́риться, за́рюсь, за́ришься *uv volksspr* erpicht sein (на *A* auf)
зарни́ца, -ы, *I* -ей *f* Wetterleuchten
заровня́ть, -я́ю, -я́ешь; заро́вненный, -ен, -а *v* einebnen; ~ я́му eine Grube zuschütten || *uv* зара́внивать, -аю, -аешь
зароди́ть, -ожу́, -оди́шь; -ождённый, -ождён, -ождена́ *v* hervorrufen, erzeugen, erwecken || *uv* зарожда́ть, -а́ю, -а́ешь
зароди́ться, *1. u. 2. Pers ungebr*, -и́тся *v* aufkommen, entstehen; зароди́лась но́вая иде́я eine neue Idee kam auf || *uv* зарожда́ться, -а́ется
заро́дыш, -а, *I* -ем, *G Pl* -ей *m* 1. Keim, Embryo, Leibesfrucht 2. *übtr* Keim, erster Anfang; подави́ть [уничто́жить] в -е im Keim ersticken
заро́дышевый, -ая, -ое keimhaft, Keim-, Embryonal-; -ая кле́тка Keimzelle
зарожда́ть(ся) *uv zu* зароди́ть(ся)
зарожде́ние, -я *n* Entstehung, Aufkommen
заро́к, -а *m* Gelöbnis, Schwur; дать ~ не пить (sich) geloben, nicht wieder zu trinken
зарони́ть, -оню́, -о́нишь; -о́ненный, -о́нен, -а *v* 1. *umg* entgleiten lassen, fallen lassen 2. *übtr* hervorrufen, wachrufen, einflößen; ~ в ко́м-н. мысль j-m einen Gedanken eingeben
за́росль, -и *f* Gestrüpp, Dickicht
зарпла́та, -ы *f umg* (за́работная пла́та) Arbeitslohn
заруба́ть *uv zu* заруби́ть
зарубе́жный, -ая, -ое ausländisch, Auslands-
заруби́ть, -ублю́, -у́бишь; -у́бленный, -у́блен, -а *v* 1. niedermetzeln, niedersäbeln, erschlagen 2. einkerben, eine Kerbe machen ◇ ~ себе́ на носу́ sich hinter die Ohren schreiben || *uv* заруба́ть, -а́ю, -а́ешь
зару́бка, -и, *Pl G* -бок, *D* -бкам *f* 1. Einkerben 2. Kerbe, Einkerbung, Einschnitt
зарубцева́ться, *1. u. 2. Pers ungebr*, -цу́ется *v* vernarben || *uv* **зарубцо́вываться,** -ается
зарумя́ниваться *uv zu* зарумя́ниться
зарумя́ниться, -нюсь, -нишься *v* 1. sich röten, rot werden *im Gesicht* 2. braun werden, sich mit brauner Kruste überziehen *Gebackenes* || *uv* зарумя́ниваться, -аюсь, -аешься
заруча́ться *uv zu* заручи́ться
заручи́ться, -чу́сь, -чи́шься *v I* sich sichern; ~ подде́ржкой това́рищей sich den Beistand der Kameraden sichern || *uv* заруча́ться, -а́юсь, -а́ешься
зару́чка, -и, *Pl G* -чек, *D* -чкам *f volksspr* Rückhalt, Unterstützung
зарыва́ть *uv zu* [1]зары́ть
[1]**зарыва́ться** *uv zu* зары́ться
[2]**зарыва́ться** *uv zu* зарва́ться
зарыда́ть, -а́ю, -а́ешь *v* anfangen zu schluchzen
[1]**за|ры́ть*** *v* vergraben, eingraben, verscharren ◇ вот где соба́ка зары́та da liegt der Hund begraben || *uv* зарыва́ть, -а́ю, -а́ешь
[2]**за|ры́ть*** *v* anfangen zu graben
за|ры́ться* *v* sich vergraben, sich verkriechen; ~ лицо́м в поду́шки das Gesicht in den Kissen vergraben || *uv* зарыва́ться, -а́юсь, -а́ешься
заря́, -и́, *Pl* зо́ри, зорь, заря́м *u.* зо́рям *f* 1.: у́тренняя ~ Morgenrot; вече́рняя ~ Abendrot; на -е́ [с -ёю] bei Tagesanbruch 2. *übtr* Morgenröte; ~ но́вой жи́зни die Morgenröte eines neuen Lebens 3. *A* зо́рю *mil*: у́тренняя ~ Wecken, Wecksignal; вече́рняя ~ Zapfenstreich ◇ от -и́ до -и́ vom Abend bis zum Morgen, die ganze Nacht hindurch; ни свет ни ~ vor Tau und Tag, in aller Frühe
зарябить, *1. u. 2. Pers ungebr*, -и́т *v*: у меня́ заряби́ло в глаза́х mir begann es vor den Augen zu flimmern
заря́д, -а *m el, mil* Ladung; боево́й ~ scharfe Ladung; холосто́й ~ blinde Ladung; а́томный ~ Atomsprengladung
[1]**заряди́ть,** -яжу́, -я́ди́шь; -я́женный, -я́жен, -а *u.* -яжённый, -яжён, -яжена́ *v* 1. laden; ~ ору́дие Geschütz laden 2. (auf)laden; ~ электри́ческую батаре́ю eine elektrische Batterie laden 3.: ~ фотоаппара́т einen neuen Film einlegen || *uv* заряжа́ть, -а́ю, -а́ешь
[2]**заряди́ть,** -яжу́, -яди́шь *v umg* anfangen, unaufhörlich dasselbe zu tun [ständig zu wiederholen]; loslegen; дождь заряди́л es regnet in einem fort
заряди́ться, -яжу́сь, -я́ди́шься *v* 1. *el, mil* geladen werden 2. *umg* neue Kräfte sammeln || *uv* заряжа́ться, -а́юсь, -а́ешься
заря́дка, -и, *G Pl* -док, *D* -дкам *f* 1. (Auf-) Laden; ~ аккумуля́тора Aufladen eines Akkumulators 2. *übtr*

Aufmunterung, Schuß Energie 3. *Sport* Körperübung; у́тренняя ~ Morgengymnastik
заря́дный, -ая, -ое *el, mil* Lade-, Ladungs-; Munitions-; ~ ток Ladestrom; ~ я́щик Munitionskasten
заряжа́ть *uv zu* [1]заряди́ть
заряжа́ться *uv zu* заряди́ться
заса́да, -ы *f* Hinterhalt, Versteck; Falle; сиде́ть в -е im Hinterhalt [auf der Lauer] liegen
засади́ть, -ажу́, -а́дишь; -а́женный, -а́жен, -а *v* 1. bepflanzen 2. *umg* einsperren; ~ в тюрьму́ ins Gefängnis sperren 3. *umg* zu einer Arbeit zwingen; оте́ц засади́л его́ за кни́ги der Vater zwang ihn zu lernen 4. *umg* fest hineintreiben; ~ топо́р в бревно́ die Axt in den Balken treiben ‖ *uv* **заса́живать,** -аю, -аешь
заса́живаться, -аюсь, -аешься *uv volksspr* sich setzen; ~ за что́-н. sich an etw. machen
заса́ленный, -ая, -ое schmutzig, fettig
[1]**заса́ливать** *uv zu* заса́лить
[2]**заса́ливать** *uv zu* засоли́ть
заса́лить, -лю, -лишь; -ленный, -лен, -а *v A* fettig machen, Fettflecken machen ‖ *uv* заса́ливать, -аю, -аешь
заса́сывать *uv zu* [1]засоса́ть
заса́харенный, -ая, -ое kandiert, verzuckert
заса́харивать *uv zu* заса́харить
заса́харить, -рю, -ришь; -ренный, -рен, -а *v* mit Zucker überziehen, kandieren ‖ *uv* заса́харивать, -аю, -аешь
засверка́ть, -а́ю, -а́ешь *v* aufblitzen, aufleuchten, erglänzen ◇ у них пя́тки засверка́ли sie ergriffen das Hasenpanier
[1]**засвети́ть,** -ечу́, -е́тишь; -е́ченный, -е́чен, -а *v* 1. anzünden 2. *derb, volksspr* schlagen
[2]**засвети́ть,** -ечу́, -е́тишь; -е́ченный, -е́чен, -а *v*: ~ плёнку *phot* einen Film durch Belichten verderben ‖ *uv* засве́чивать, -аю, -аешь
[1]**засвети́ться,** *1. u. 2. Pers ungebr,* -е́тится *v phot* durch Belichtung verdorben werden ‖ *uv* засве́чиваться, -ается
[2]**засвети́ться,** *1. u. 2. Pers ungebr,* -е́тится *v* aufleuchten, erstrahlen
за́светло *Adv* (noch) bei Tageslicht, vor Einbruch der Dunkelheit
засве́чивать *uv zu* [2]засвети́ть
засве́чиваться *uv zu* [1]засвети́ться
засвиде́тельствовать, -вую, -вуешь *v* 1. bezeugen, bestätigen 2. beglaubigen
за|свиста́ть* *v volksspr* anfangen zu pfeifen
засвисте́ть, -ищу́, -исти́шь *v* anfangen zu pfeifen
засева́ть *uv zu* засе́ять
заседа́ние, -я *n* Sitzung, Tagung
заседа́тель, -я *m* Beisitzer; Schöffe; прися́жный ~ *alt* Geschworener
[1]**заседа́ть,** -а́ю, -а́ешь *uv* 1. tagen; сове́т заседа́ет der Sowjet tagt 2. an einer Sitzung [Tagung] teilnehmen
[2]**заседа́ть** *uv zu* засе́сть
засе́ка *u.* **за́сека,** -и *f* 1. Sperre aus Baumstämmen 2. *alt* Schonung
[1, 2]**засека́ть** *uv zu* [1, 2]засе́чь
засекре́тить, -е́чу, -е́тишь; -е́ченный, -е́чен, -а *v* 1. für geheim [vertraulich] erklären; ~ докуме́нты Dokumente als vertraulich erklären 2. *A umg* Zutritt zu vertraulichen [geheimen] Dokumenten gewähren ‖ *uv* **засекре́чивать,** -аю, -аешь
заселе́ние, -я *n* Besiedeln, Bevölkern; ~ цели́нных земе́ль die Besiedelung von Neuland
заселённый, -ая, -ое besiedelt, bevölkert; ~ дом ein bewohntes Haus
засели́ть, -лю́, -ли́шь; -лённый, -лён, -лена́ *v* bevölkern, besiedeln; beziehen; ~ дом ein Haus beziehen [bewohnen]; ~ дом но́выми жильца́ми neue Mieter in ein Haus einweisen ‖ *uv* **заселя́ть,** -я́ю, -я́ешь
засемени́ть, -ню́, -ни́шь *v umg* tippeln
за|се́сть* *v umg* 1. sich setzen, sich niederlassen; зася́дем за рабо́ту! setzen [machen] wir uns an die Arbeit! 2. sich festsetzen, sich einschließen; ~ в кре́пости sich in einer Festung einschließen 3. sich in einen Hinterhalt legen 4. в *P* steckenbleiben *Kugel; übtr* sich festsetzen ‖ *uv* заседа́ть, -а́ю, -а́ешь *zu 4*
засе́чка, -и, *Pl G* -чек, *D* -чкам *f* Kerbe, Einschnitt
[1]**за|се́чь*;** засе́к, засекла́ *v* eine Kerbe machen, einkerben; markieren; ~ де́рево einen Baum mit einer Kerbe versehen ◇ ~ вре́мя die Zeit stoppen ‖ *uv* засека́ть, -а́ю, -а́ешь
[2]**за|се́чь*;** засе́к, -ла *v* zu Tode [bis zur Bewußtlosigkeit] prügeln [peitschen] ‖ *uv* засека́ть, -а́ю, -а́ешь
засе́ять, -е́ю, -е́ешь; -е́янный, -е́ян, -а *v* 1. besäen; ~ поля́ пшени́цей auf den Feldern Weizen säen 2. *übtr, umg* übersäen ‖ *uv* засева́ть, -а́ю, -а́ешь
засиде́ть, *1. u. 2. Pers ungebr,* -ди́т;

засиженный, -жен, -а *v umg* beschmutzen *durch Fliegen, Vögel* || *uv* **засиживать,** -аю, -аешь
засидеться, -ижусь, -идишься *v umg* (zu) lange sitzen bleiben, sich (zu) lange aufhalten || *uv* **засиживаться,** -аюсь, -аешься
засилосовать, -сую, -суешь; -сованный, -сован, -а *v landw* silieren
засилье, -ья *n* Übermacht, Vorherrschaft
засиять, -яю, -яешь *v* erstrahlen, aufleuchten, zu strahlen anfangen
заскакивать *uv zu* заскочить
заскирдовать, -дую, -дуешь; -дованный, -дован, -а *v* zu Schobern zusammenlegen
заскок, -а *m umg* Spleen, seltsames Gebaren, Überspanntheit; у него ~ в голове er hat einen Spleen
заскорузлый, -ая, -ое **1.** hart, schwielig **2.** *übtr* verknöchert, verhärtet
заскорузнуть, -ну, -нешь; заскоруз, -ла *v* **1.** schwielig werden **2.** *übtr* verknöchern
заскочить, -очу, -очишь *v* **1.** *umg* hineinspringen; aufspringen; eindringen **2.** *volksspr* vorbeikommen (bei), einen Abstecher machen ◇ ~ вперёд vorauseilen *a. übtr* || *uv* заскакивать, -аю, -аешь
за|скрежетать* *v* zu knirschen beginnen
заскрипеть, -плю, -пишь *v* zu knarren [zu knirschen] beginnen
заскучать, -аю, -аешь *v*: она заскучала es begann ihr langweilig zu werden
за|слать* *v umg* **1.** *weit oder an die falsche Stelle* schicken; ~ не по адресу an die falsche Adresse schicken **2.** zur Erkundung ausschicken || *uv* засылать, -аю, -аешь
заслон, -а *m* **1.** Schutz, Schutzwand, Schutzwall **2.** *mil* Deckungsabteilung, Sicherungseinheit
заслонить, -ню, -нишь; -нённый, -нён, -нена *v* **1.** bedecken, verdecken, verhüllen; он старался ~ её от ветра er bemühte sich, ihr Deckung vor dem Wind zu bieten **2.** *übtr* überdecken, verdecken, verdrängen || *uv* заслонять, -яю, -яешь
заслониться, -нюсь, -нишься *v* sich decken, sich schützen || *uv* заслоняться, -яюсь, -яешься
заслонка, -и, *Pl G* -нок, *D* -нкам *f* **1.** (eiserne) Ofenklappe, Ofentür **2.**: солнечная ~ *phot* Sonnenblende **3.** Schütze *an einer Schleuse* **4.** Drosselklappe *Auto*
заслонять(ся) *uv zu* заслонить(ся)
заслуга, -и *f* das Verdienst, verdienstvolle Leistung ◇ по -ам nach Gebühr, nach Verdienst; он получил по -ам ihm ist recht geschehen, er hat bekommen, was er verdient
заслуженный *u. umg* **заслужённый,** -ая, -ое verdient, verdienstvoll; пользоваться -ым успехом sich des verdienten Erfolges erfreuen; ~ деятель науки verdienter Wissenschaftler
заслуживать, -аю, -аешь *uv* **1.** *uv zu* заслужить **2.** *G* wert [würdig] sein, verdienen; это сообщение заслуживает доверия die Mitteilung ist glaubwürdig
заслужить, -ужу, -ужишь; -уженный, -ужен, -а *v* (sich) erwerben, (sich) verdienen, gewinnen || *uv* заслуживать, -аю, -аешь
заслушать, -аю, -аешь; -анный, -ан, -а *v* anhören; entgegennehmen; ~ доклад einen Vortrag anhören; ~ отчёт einen mündlichen Rechenschaftsbericht entgegennehmen || *uv* **заслушивать,** -аю, -аешь
заслушаться, -аюсь, -аешься *v* hingegeben lauschen; über dem Anhören die Zeit vergessen || *uv* **заслушиваться,** -аюсь, -аешься
засмаливать *uv zu* засмолить
засматривать, -аю, -аешь *uv umg* hineinspähen ◇ ~ кому-н. в глаза j-m forschend in die Augen blicken
засматриваться, -аюсь, -аешься *uv* **1.** *uv zu* засмотреться **2.** *umg* neidisch [gierig] blicken (на *A* auf)
засмеивать *uv zu* засмеять
засмеять, -ею, -еёшь; -еянный, -еян, -а *v umg* auslachen, verspotten || *uv* засмеивать, -аю, -аешь
засмеяться, -еюсь, -еёшься *v* in Lachen ausbrechen, anfangen zu lachen
засмолить, -лю, -лишь; -лённый, -лён, -лена *v* **1.** teeren, mit Pech zuschmieren **2.** *umg* Teerflecken machen || *uv* засмаливать, -аю, -аешь
засмотреться, -отрюсь, -отришься *v* на *A* sich nicht satt sehen können (an), sich in den Anblick vertiefen (von) || *uv* засматриваться, -аюсь, -аешься
заснежённый, -ая, -ое; *Kzf* -жён, -жена *u.* **заснеженный,** -ая, -ое; *Kzf* -жен, -а verschneit
заснимать *uv zu* заснять

заснýть, -нý, -нёшь *v* einschlafen ‖ *uv* засыпáть, -áю, -áешь
за|сня́ть* *v volksspr* photographieren, knipsen, aufnehmen; filmen ‖ *uv* заснимáть, -áю, -áешь
засóв, -а *m* (großer) Türriegel; закры́ть на ~ verriegeln
засóвывать *uv zu* засýнуть
засóл, -а *m* **1.** Einsalzen, Einlegen; огурцы́ свéжего -а frisch eingelegte Gurken **2.** Eingesalzenes, Eingelegtes
засоли́ть, -олю́, -óли́шь; -óленный, -óлен, -а *v* einsalzen, einlegen ‖ *uv* засáливать, -аю, -аешь
засóлка, -и *f umg* Einsalzen, Einlegen
засорéние, -я *n* **1.** Verunreinigung, Verschmutzung; Verstopfung ◇ ~ желýдка Magenverstimmung **2.** Verunkrautung
засори́ть, -рю́, -ри́шь; -рённый, -рён, -ренá *v* **1.** verunreinigen, verschmutzen; verstopfen; ~ желýдок sich den Magen verderben **2.** verunkrauten **3.** *übtr* verderben ‖ *uv* **засоря́ть, -**я́ю, -я́ешь
засори́ться, *1. u. 2. Pers ungebr*, -и́тся *v* sich verunreinigen, sich verstopfen; рáковина умывáльника засори́лась das Waschbecken ist verstopft ‖ *uv* **засоря́ться, -**я́ется
[1]**за|сосáть*** *v* **1.** einsaugen, aufsaugen **2.** *übtr* aufsaugen, hineinziehen ‖ *uv* засáсывать, -аю, -аешь
[2]**за|сосáть*** *v umg* anfangen zu saugen
засóхнуть, -ну, -нешь; засóх, -ла *v* vertrocknen, eintrocknen, verdorren ‖ *uv* засыхáть, -áю, -áешь
зáспанный, -ая, -ое *umg* verschlafen
за|спáться* *v umg* verschlafen, zu lange schlafen ‖ *uv* засыпáться, -áюсь, -áешься
заспеши́ть, -шý, -ши́шь *v umg* anfangen, sich zu beeilen
заспиртовáть, -тýю, -тýешь; -тóванный, -тóван, -а *v* in Spiritus legen ‖ *uv* **заспиртóвывать,** -аю, -аешь
заспóрить, -рю, -ришь *v* anfangen zu streiten, einen Streit beginnen
застáва, -ы *f* **1.** *hist* Stadttor **2.** *alt* Schlagbaum **3.** *mil* Wache, Posten, Wachabteilung; пограни́чная ~ Grenzwache, Grenzposten
за|ставáть* *uv zu* застáть
[1]**застáвить,** -влю, -вишь; -вленный, -влен, -а *v* **1.** vollstellen, vollpacken, vollstopfen **2.** verstellen, versperren, verrammeln ‖ *uv* заставля́ть, -я́ю, -я́ешь
[2]**застáвить,** -влю, -вишь *v* nötigen, zwingen; tun lassen; ~ рабóтать zum Arbeiten nötigen; он застáвил себя́ ждать er ließ auf sich warten ‖ *uv* заставля́ть, -я́ю, -я́ешь
застáвка, -и, *Pl G* -вок, *D* -вкам *f* **1.** *typ* Zierleiste *am Kapitelanfang* **2.** Schütze *am Wasserwehr*
[1,2]**заставля́ть** *uv zu* [1,2] застáвить
застáиваться *uv zu* застоя́ться
застарéлый, -ая, -ое eingewurzelt, hartnäckig; alt; -ая болéзнь verschleppte Krankheit
за|стáть* *v* **1.** antreffen, vorfinden; ~ дóма zu Hause antreffen **2.** ertappen, erwischen; ~ врасплóх überrumpeln ‖ *uv* за|ставáть*
застёгивать(ся) *uv zu* застегнýть(ся)
застегнýть, -нý, -нёшь; застёгнутый, -ут, -а *v* zuknöpfen, zuschnüren, zuschnallen, schließen *Kleidung* ‖ *uv* застёгивать, -аю, -аешь
застегнýться, -нýсь, -нёшься *v* **1.** schließen *itr, von Kleidungsstücken* **2.** *Kleidung* zuknöpfen, schließen ‖ *uv* застёгиваться, -аюсь, -аешься
застёжка, -и, *G Pl* -жек, *D* -жкам *f* Verschluß, Schließe, Spange
застекли́ть, -лю́, -ли́шь; -лённый, -лён, -ленá *v* verglasen ‖ *uv* **застекля́ть,** -я́ю, -я́ешь
застели́ть, -елю́, -éлешь; -éленный, -éлен, -а *v volksspr* **1.** bedecken, zudecken; belegen, auslegen **2.** verhüllen, bedecken, überziehen
застенографи́ровать, -рую, -руешь; -рованный, -рован, -а *v* (mit)stenographieren
застéнок, -нка *m* Folterkammer
застéнчивый, -ая, -ое; *Kzf* **-ив, -а** schüchtern, verlegen
застигáть *uv zu* засти́чь *u.* **засти́гнуть**
засти́гнуть, -ну, -нешь; засти́г, **-ла**; засти́гнутый, -ут, -а *v* ertappen, erwischen ‖ *uv* застигáть, -áю, -áешь
застилáть(ся) *uv zu* застлáть(ся)
зáстить, зáщу, зáстишь; зáсти *u.* засть *uv volksspr*: ~ (свет) im Licht stehen
за|сти́чь* *v* ertappen, erwischen; ~ врасплóх überrumpeln; ~ на мéсте преступлéния auf frischer Tat ertappen ‖ *uv* застигáть, -áю, -áешь
за|стлáть* *v* **1.** bedecken, zudecken; belegen, auslegen; ~ пол коврáми den Fußboden mit Teppichen auslegen **2.** verhüllen, bedecken, überziehen ‖ *uv* застилáть, -áю, -áешь
за|стлáться*, *1. u. 2. Pers ungebr*, *v* sich überziehen, sich bedecken ‖ *uv* застилáться, -áется

застой, -я, *G Pl* -ев *m* Stillstand, Stagnation, Flaute; ~ в экономике Wirtschaftsflaute; ~ крови Blutstauung
застойный, -ая, -ое 1. stockend, stillstehend; Flaute-; -ое состояние Flautezustand 2. langanhaltend, ununterbrochen
застольный, -ая, -ое Tisch-, Tafel-; -ая беседа Tischgespräch; -ая песня Trinklied
за|стонать* *v* anfangen zu stöhnen, aufstöhnen
застопоривать(ся) *uv zu* застопорить(ся)
застопорить, -рю, -ришь; -ренный, -рен, -а *v* 1. abstoppen, bremsen, zum Stehen bringen *Maschine* 2. *übtr, umg* bremsen, aufhalten; ~ развитие die Entwicklung hemmen ‖ *uv* застопоривать, -аю, -аешь
застопориться, *1. u. 2. Pers ungebr,* -ится *v* 1. stehen bleiben, zum Stehen kommen, stoppen 2. *übtr, umg* stecken bleiben, nicht vorankommen ‖ *uv* застопориваться, -ается
застояться, -оюсь, -оишься *v* 1. zu lange *ohne Bewegung* stehen; застоявшаяся лошадь stallmüdes Pferd 2. abgestanden werden; sich stauen; вода застоялась das Wasser ist abgestanden [schal] ‖ *uv* застаиваться, -аюсь, -аешься
застраивать(ся) *uv zu* застроить(ся)
застраховать, -страхую, -страхуешь; застрахованный, -ан, -а *v* от *G* 1. versichern (gegen) 2. *übtr* sichern (vor, gegen); от этого никто не застрахован dagegen ist niemand gefeit, davor ist niemand sicher ‖ *uv* **застраховывать,** -аю, -аешь
застраховаться, -страхуюсь, -страхуешься *v* от *G* 1. sich versichern, eine Versicherung abschließen (gegen) 2. *übtr* sich sichern (vor, gegen) ‖ *uv* **застраховываться,** -аюсь, -аешься
застрачивать *uv zu* [1]застрочить
застращать, -аю, -аешь; застращанный, -ан, -а *v volksspr* einschüchtern ‖ *uv* **застращивать,** -аю, -аешь
застревать *uv zu* застрять
застреливать(ся) *uv zu* застрелить(ся)
застрелить, -елю, -елишь; -еленный, -елен, -а *v* erschießen; erlegen ‖ *uv* застреливать, -аю, -аешь
застрелиться, -елюсь, -елишься *v* sich erschießen ‖ *uv* застреливаться, -аюсь, -аешься
застрельщик, -а *m* Initiator, Urheber
застригать *uv zu* застричь
за|стричь* *v umg Nägel, Haare* zu kurz schneiden ‖ *uv* застригать, -аю, -аешь
застроить, -ою, -оишь; -оенный, -оен, -а *v* bebauen ‖ *uv* застраивать, -аю, -аешь
застроиться, *1. u. 2. Pers ungebr,* -оится *v* bebaut werden ‖ *uv* застраиваться, -ается
застройка, -ки *f* Bebauung, Bauen; право -и Bebauungsrecht
застройщик, -а *m* Bauherr
[1]застрочить, -очу, -очишь; -оченный, -очен, -а *v* absteppen, *mit der Maschine* abnähen; ~ вытачки Abnäher machen ‖ *uv* застрачивать, -аю, -аешь
[2]застрочить, -очу, -очишь *v umg* 1. anfangen, schnell [flüchtig] zu schreiben 2. anfangen zu schießen *aus automatischen Waffen*
застругать, -аю, -аешь; заструганный, -ан, -а *v umg* glatthobeln; spitz machen *Holz*
застряну ↑ застрять
застрять* *v* 1. steckenbleiben; ~ в грязи im Schlamm steckenbleiben 2. *übtr, umg* stecken-, hängenbleiben, nicht vom Fleck kommen; дело застряло die Sache kommt nicht vom Fleck ◇ слова застряли у него в горле die Worte blieben ihm im Munde [in der Kehle] stecken ‖ *uv* застревать, -аю, -аешь
застуденеть, *1. u. 2. Pers ungebr,* -еет *v* erkalten und dabei zu Gallert werden
застудить, -ужу, -удишь; -ужен ный, -ужен, -а *v umg* 1. auskühlen (zu) kalt werden lassen 2. sich er kälten ‖ *uv* **застуживать,** -аю,-аешь
заступ, -а *m* Spaten
заступать(ся) *uv zu* заступить(ся)
заступить, -уплю, -упишь *v* 1. *volksspr* vertreten, die Stelle einnehmen 2. *umg* antreten *Arbeit* 3. *volksspr* treten (auf) 4. *alt* schützen ‖ *uv* заступать, -аю, -аешь
заступиться, -уплюсь, -упишься *v* eintreten, sich einsetzen (за *A* für) ‖ *uv* заступаться, -аюсь, -аешься
заступник, -а *m* Beschützer, Verteidiger, Fürsprecher
заступнический, -ая, -ое Verteidigungs-
заступничество, -а *n* Beistand, Eintreten; Fürsprache
застучать, -чу, -чишь *v* zu klopfen beginnen

застыва́ть *uv zu* засты́ть
застыди́ться, -ыжу́сь, -ыди́шься *v* Scham empfinden, sich schämen; verlegen werden
за|сты́ть* *v* 1. gerinnen, fest werden; сту́день засты́л die Sülze wurde fest 2. *umg* vor Kälte steif werden, erstarren 3. *übtr* erstarren, gefrieren, ersterben; усме́шка засты́ла на его́ губа́х das Lächeln erstarb auf seinen Lippen || *uv* застыва́ть, -а́ю, -а́ешь
засуди́ть, -ужу́, -у́дишь; -у́женный, -у́жен, -а *v volksspr* aburteilen, verurteilen, verdonnern || *uv* **засу́живать,** -аю, -аешь
засу́нуть, -ну, -нешь; засу́нутый, -ут, -а *v* 1. (hinein)stecken, stecken; ~ ру́ку в карма́н die Hand in die Tasche stecken 2. *umg* hinstecken, verlegen || *uv* засо́вывать, -аю, -аешь
засу́сливать *uv zu* засу́слить
засу́слить, -лю, -лишь; -ленный, -лен, -а *v volksspr* besabbern, mit Spucke [Fett] beschmutzen || *uv* засу́сливать, -аю, -аешь
за́суха, -и *f* Dürre, Trockenheit
засухоусто́йчивый, -ая, -ое; *Kzf* -ив, -а dürrebeständig; -ые расте́ния dürrefeste Pflanzen
засу́чивать *uv zu* засучи́ть
засучи́ть, -учу́, -у́чишь; -у́ченный, -у́чен, -а *v* aufkrempeln, hochstreifen; ~ рукава́ die Ärmel hochkrempeln || *uv* засу́чивать, -аю, -аешь
засу́шивать *uv zu* засуши́ть
засуши́ть, -ушу́, -у́шишь; -у́шенный, -у́шен, -а *v* eintrocknen lassen, trocknen, dörren || *uv* засу́шивать, -аю, -аешь
засу́шливый, -ая, -ое; *Kzf* -ив, -а trocken, Dürre-; ~ год Dürrejahr; -ая пого́да Dürre
засчита́ть, -а́ю, -а́ешь; засчи́танный, -ан, -а *v* anrechnen, berücksichtigen; gutschreiben || *uv* **засчи́тывать,** -аю, -аешь
засыла́ть *uv zu* засла́ть
за|сы́пать* *v* 1. zuschütten, zuwerfen; ~ я́му песко́м eine Grube mit Sand zuschütten 2. bedecken, überschütten 3. *übtr* überschütten; ~ пода́рками mit Geschenken überschütten 4. vorschütten, hineinschütten || *uv* [1]**засыпа́ть,** -а́ю, -а́ешь
[2]**засыпа́ть** *uv zu* засну́ть
[1]**за|сы́паться*** *v* 1. eindringen, hineingeraten *Sand Staub u. ä.* 2. sich bedecken, sich füllen; я́ма засы́палась песко́м die Grube hat sich mit Sand gefüllt || *uv* засыпа́ться, -а́юсь, -а́ешься
[2]**за|сы́паться*** *v volksspr* 1. einen Reinfall erleben, einbrechen 2. durchfallen, durchrauschen *beim Examen* || *uv* засыпа́ться, -а́юсь, -а́ешься
[1]**засыпа́ться** *uv zu* [1, 2]засы́паться
[2]**засыпа́ться** *uv zu* заспа́ться
засыха́ть *uv zu* засо́хнуть
затаври́ть, -рю́, -ри́шь; -рённый, -рён, -рена́ *v A einem Tier* ein Erkennungszeichen einbrennen
затаённый, -ая, -ое geheim, heimlich, verhalten
зата́ивать *uv zu* затаи́ть
затаи́ть, -аю́, -аи́шь; -аённый, -аён, -аена́ *v* 1. *umg* verstecken, verbergen 2. verbergen, nicht erkennen lassen; ~ зло́бу den Groll verbergen, heimlichen Groll hegen ◇ ~ дыха́ние den Atem anhalten || *uv* зата́ивать, -аю, -аешь
зата́лкивать *uv zu* [1]затолка́ть
зата́пливать *uv zu* [1,3]затопи́ть
зата́птывать *uv zu* затопта́ть
зата́сканный, -ая, -ое *umg* 1. abgetragen, abgeschabt, schäbig; -ое пальто́ abgetragener Mantel 2. *übtr* abgedroschen, strapaziert; abgeschmackt, banal; -ое выраже́ние abgedroschene Redensart
затаска́ть, -а́ю, -а́ешь; зата́сканный, -ан, -а *v umg* 1. abtragen, abnutzen 2. *übtr* abnutzen, strapazieren 3.: ~ кого́-н. j-n herumschleppen, j-n von einem Ort zum anderen schleppen || *uv* [1]**зата́скивать,** -аю, -аешь
[2]**зата́скивать** *uv zu* затащи́ть
зата́чивать *uv zu* [2]заточи́ть
затащи́ть, -ащу́, -а́щишь; -а́щенный, -а́щен, -а *v* 1. (hinein)schleppen; ~ мешо́к в сара́й einen Sack in die Scheune schleppen 2. fortschleppen, verschleppen 3. *übtr umg* (mit)schleppen, mitbringen, mitnehmen || *uv* зата́скивать, -аю, -аешь
затвердева́ть *uv zu* затверде́ть
затверде́лость, -и *f* Verhärtung
затверде́ние, -я *n* 1. Verhärten, Verhärtung 2. *med* verhärtete Geschwulst
затверде́ть, *1. u. 2. Pers ungebr*, -е́ет *v* hart werden, fest werden || *uv* затвердева́ть, -а́ет
[1]**затверди́ть,** -ержу́, -ерди́шь; -ерждённый, -ерждён, -ерждена́ *u.* -е́рженный, -е́ржен, -е́ржена *v durch mehrfaches Wiederholen* sich einprä-

gen, auswendig lernen || *uv* **затвéрживать,** -аю, -аешь

²затвердить, -ржý, -рдишь *v umg* anfangen, unaufhörlich zu wiederholen; он затвердил однó и тó же er fing an, immer dasselbe zu wiederholen

затвéрживать *uv zu* ¹затвердить

затвóр, -а *m* 1. *umg* Riegel, Verschluß *an Türen, Fenstern* 2. *tech* Verschluß, Schloß; Schieber; ружéйный ~ Gewehrschloß

затворить, -орю, -óришь; -óренный, -óрен, -а *v* 1. zumachen, schließen 2. *umg* einschließen, einsperren || *uv* затворять, -яю, -яешь

затвориться, -орюсь, -óришься *v* 1. zugehen, sich schließen 2. sich einschließen 3. *übtr* sich abschließen, sich absondern, sich zurückziehen *vom Umgang mit anderen* || *uv* затворяться, -яюсь, -яешься

затвóрник, -а *m* 1. Mönch, Einsiedler 2. *übtr* Einsiedler; жить -ом wie ein Einsiedler leben

затвóрнический, -ая, -ое Mönchs-, Einsiedler-

затворять(ся) *uv zu* затворить(ся)

затевáть *uv zu* затéять

затéйливый, -ая, -ое; *Kzf* -ив, -а 1. wunderlich, originell, eigenartig verschnörkelt; ~ узóр originelles Muster 2. kompliziert, verwickelt 3. *volksspr* einfallsreich, originell, drollig

затéйник, -а *m* 1. einfallsreicher Mensch, Spaßvogel 2. Organisator von Vergnügungen

затекáть *uv zu* затéчь

затéм *Adv* 1. danach, darauf, hierauf 2. deswegen, deshalb, darum; ~, чтóбы um zu

затемнéние, -я *n* 1. Verdunkeln, Verdunkelung; ~ гóрода Verdunkelung der Stadt 2. Verdunklungsvorrichtung 3. *übtr* geistige Verwirrung; ~ сознáния geistige Umnachtung 4. *med* Verschattung

затемнить, -ню, -нишь; -нённый, -нён, -ненá *v* 1. dunkel machen, das Licht nehmen 2. verdunkeln *Fenster* 3. *übtr* verschleiern, trüben || *uv* затемнять, -яю, -яешь

зáтемно *Adv umg* 1. noch vor Tagesanbruch 2. schon im Finstern

затемнять *uv zu* затемнить

затенить, -ню, -нишь; -нённый, -нён, -ненá *v* 1. beschatten 2. das Licht dämpfen; ~ лáмпу eine Lampe verhüllen || *uv* **затенять,** -яю, -яешь

за|терéть*; затёрши *u.* затерéв *v* 1. auswischen, verwischen; две литеры были затёрты zwei Buchstaben waren ausgewischt 2. *umg* abtragen, abnutzen 3. einklemmen, einkeilen; сýдно затёрто во льду das Schiff ist vom Eis eingekeilt 4. *übtr, umg* zurückdrängen, verdrängen, zurücksetzen; молодóго специалиста затёрли den jungen Fachmann ließ man nicht hochkommen || *uv* затирáть, -áю, -áешь

за|терéться* *v volksspr* sich hineindrängen || *uv* затирáться, -áюсь, -áешься

затéривать(ся) *uv zu* затерять(ся)

затéрянный, -ая, -ое verloren, einsam, der Vergessenheit anheimgefallen; он чýвствовал себя таким -ым er fühlte sich so verloren

затерять, -яю, -яешь; затéрянный, -ян, -а *v umg* verlieren || *uv* затéривать, -аю, -аешь

затеряться, -яюсь, -яешься *v umg* 1. verlorengehen, abhanden kommen 2. sich verlieren, verschwinden *a. übtr*; ~ в толпé sich in der Menge verlieren || *uv* затéриваться, -аюсь, -аешься

за|тесáться* *v volksspr* sich hineinzwängen, eindringen || *uv* **затёсываться,** -аюсь, -аешься

за|тéчь* *v* 1. (hinein)fließen; водá затеклá в подвáл Wasser ist in den Keller geflossen 2. anschwellen; глаз затёк das Auge ist geschwollen 3. gefühllos werden (infolge Unterbrechung der Durchblutung), einschlafen || *uv* затекáть, -áю, -áешь

затéя, -и *f* 1. verschrobener Einfall 2. origineller Einfall, Streich 3. *Pl alt* Verschnörkelungen *an Fassaden* ◇ без затéй ungekünstelt, einfach und geradezu

затéять, -éю, -éешь; -éянный, -éян, -а *v umg* 1. unternehmen, beginnen 2. auf den Einfall kommen, anzetteln, arrangieren || *uv* затевáть, -áю, -áешь

затирáть(ся) *uv zu* затерéть(ся)

затискивать *uv zu* затиснуть

затиснуть, -ну, -нешь; -нутый, -нут, -а *v umg* hineinstopfen, hineinschieben || *uv* затискивать, -аю, -аешь

затихáть *uv zu* затихнуть

затихнуть, -ну, -нешь; затих, -ла *v* 1. still werden, verstummen; verklingen; гóрод затих die Stadt wurde still 2. *übtr* sich beruhigen; sich legen, aufhören; бýря затихла der

Sturm legte sich || *uv* затихать, -аю, -аешь
затишье, -ья *n* **1.** Windstille **2.** Stille, Ruhe **3.** windgeschützte Stelle, ruhiges Plätzchen **4.** *übtr* Stillstand, Flaute
заткнуть, -ну, -нёшь; заткнутый, -ут, -а *v* **1.** ver-, zustopfen, verschließen; ~ уши ватой die Ohren mit Watte zustopfen **2.** *umg* (hinein)-stecken, (hinein)schieben; ~ пистолет за пояс die Pistole in den Gürtel stecken ◇ ~ за пояс кого-н. *volksspr* j-n in die Tasche stecken, j-m weit überlegen sein; ~ рот кому-н. *volkssрr* j-m den Mund stopfen || *uv* затыкать, -аю, -аешь
затмевать *uv zu* затмить
затмение, -я *n* **1.** *astr* Finsternis; солнечное ~ Sonnenfinsternis **2.** *umg* zeitweilige geistige Umnachtung, Geistesverwirrung ◇ на него нашло ~ er hat seinen Verstand nicht beisammen
затмить, *1. Pers ungebr*, -ишь *v* **1.** verdunkeln, verhüllen **2.** *übtr* in den Schatten stellen, übertreffen || *uv* затмевать, -аю, -аешь
зато *Konj* dafür (freilich); заплатил дорого, ~ хорошую вещь купил ich habe zwar viel bezahlt, aber dafür etwas Gutes gekauft
затоваривание, -я *n wirtsch* Anhäufung (zu) großer Warenvorräte
затоваривать(ся) *uv zu* затоварить(ся)
затоварить, -рю, -ришь; -ренный, -рен, -а *v wirtsch* **1.** Waren horten **2.** mit Waren überfüllen; ~ склад посудой das Lager mit Geschirr vollstopfen || *uv* затоваривать, -аю, -аешь
затовариться, -рюсь, -ришься *v wirtsch* **1.** sich überreich mit Warenvorräten versehen **2.** keinen Absatz finden, sich häufen || *uv* затовариваться, -аюсь, -аешься
¹затолкать, -аю, -аешь; затолканный, -ан, -а *v* **1.** schieben, schubsen **2.** hin und her stoßen [schubsen] **3.** *volkssрr* hineinstopfen || *uv* заталкивать, -аю, -аешь
²затолкать, -аю, -аешь *v* anfangen zu schieben [stoßen, schubsen]
затон, -а *m* tiefe Einbuchtung *eines Flusses*; geschützter Ankerplatz *für Flußschiffe*
затонуть, -ону, -онешь *v* untergehen, versinken
¹затопить, -оплю, -опишь; -опленный, -оплен, -а *v* (an)heizen || *uv* затапливать, -аю, -аешь *u. volksspr* затоплять, -яю, -яешь
²затопить, -оплю, -опишь; -опленный, -оплен, -а *v* **1.** überschwemmen, überfluten **2.** versenken || *uv* затоплять, -яю, -яешь *u. volksspr* затапливать, -аю, -аешь
³затопить, -оплю, -опишь *v* anfangen zu heizen
¹,²затоплять *uv zu* ¹,²затопить
затоптать, -опчу, -опчешь; -оптанный, -оптан, -а *v* **1.** zertreten; mit Fußspuren bedecken; ~ цветочные клумбы Blumenbeete zertreten **2.** mit den Füßen in die Erde stampfen **3.** austreten *Feuer* ◇ ~ кого-н. в грязь j-n in den Schmutz ziehen || *uv* затаптывать, -аю, -аешь
затор, -а *m* Stockung, Stauung; ~ в уличном движении Verkehrsstauung; ледяной ~ Eisstau
затормаживать(ся) *uv zu* затормозить(ся)
затормозить, -ожу, -озишь; -ожённый, -ожён, -ожена *v* **1.** bremsen, zum Stehen bringen [kommen] **2.** *übtr umg* bremsen, hemmen || *uv* затормаживать, -аю, -аешь
затормозиться, *1. u. 2. Pers ungebr*, -ится *v* **1.** gebremst [gehemmt] werden **2.** *umg* verzögert werden, steckenbleiben || *uv* затормаживаться, -ается
затосковать, -кую, -куешь *v umg* traurig werden, Sehnsucht bekommen (по *D* nach)
заточать *uv zu* ¹заточить
заточение, -я *n alt* **1.** Einkerkerung **2.** Aufenthalt im Gefängnis [in der Verbannung]; Haft
¹заточить, -чу, -чишь; -чённый, -чён, -чена *v alt* einsperren *ins Gefängnis, Kloster usw.* || *uv* заточать, -аю, -аешь
²заточить, -очу, -очишь; -оченный, -очен, -а *v umg* schärfen; abschleifen || *uv* затачивать, -аю, -аешь
затошнить, -ит *v unpers* Übelkeit verspüren; его затошнило ihm ist übel geworden
затравенеть, *1. u. 2. Pers ungebr*, -еет *v gbt* mit Gras bewachsen
затравить, -авлю, -авишь; -авленный, -авлен, -а *v* **1.** *Jagd* hetzen **2.** *übtr umg* hetzen, hin und her jagen, verfolgen || *uv* затравливать, -аю, -аешь

затрáвка, -и, *Pl G* **-вок,** *D* **-вкам** *f* **1.** Zünder, Zündloch **2.** *übtr volksspr* Anreiz
затрáвливать *uv zu* затрави́ть
затрáгивать *uv zu* затрóнуть
затрапéзный, -ая, -ое *umg* Alltags- *z. B. Kleidung*
затрáта, -ы *f* **1.** Aufwendung, Verbrauch, Aufwand; ~ трудá Arbeitsaufwand· **2.** *meist Pl* (Geld-) Ausgaben, Kosten
затрáтить, -áчу, -áтишь; -áченный, -áчен, -а *v* ausgeben, verbrauchen, aufwenden || *uv* **затрáчивать,** -аю, -аешь
затрéбовать, -бую, -буешь; -бованный, -бован, -а *v* (offiziell) anfordern; vorladen; verlangen; ~ свéдения Erkundigungen einziehen
затрёпанный, -ая, -ое *umg* abgenutzt, abgetragen; *übtr* abgedroschen
за|трепáть* *v umg* **1.** abnutzen, abtragen **2.** erschöpfen || *uv* затрёпывать, -аю, -аешь
за|трепетáть* *v* erzittern, erbeben
затрёпывать *uv zu* затрепáть
затрещáть, -щу́, -щи́шь *v* zu knistern [zu prasseln, zu knarren] anfangen
затрéщина, -ы *f volksspr* Ohrfeige
затрóнуть, -ну, -нешь; затрóнутый, -ут, -а *v* **1.** streifen, berühren; оскóлок затрóнул сéрдце der Granatsplitter hat das Herz gestreift **2.** *übtr* berühren, betreffen, verletzen; ~ интерéсы когó-н. j-s Interessen verletzen **3.** *übtr* berühren, streifen *ein Thema* ◇ у негó лёгкие затрóнуты seine Lungen sind angegriffen || *uv* затрáгивать, -аю, -аешь
затруднéние, -я *n* **1.** Beschwernis; Schwierigkeit; ~ в дыхáнии Atembeschwerden **2.** schwierige Situation; быть в -и sich in schwieriger Lage befinden
затрудни́тельный, -ая, -ое; *Kzf* -лен, -льна schwierig, beschwerlich
затрудни́ть, -ню́, -ни́шь; -нённый, -нён, -ненá *v* **1.** beschweren, bedrükken, in Verlegenheit setzen; э́тот вопрóс затрудни́л егó die Frage brachte ihn in Verlegenheit **2.** erschweren, schwierig machen ◇ éсли вас не затрудни́т wenn es Ihnen keine besondere Mühe macht || *uv* **затрудня́ть,** -я́ю, -я́ешь
затрудни́ться, -ню́сь, -ни́шься *v I oder Inf* in Schwierigkeiten [Verlegenheit] sein; затрудня́юсь отвéтить на э́тот вопрóс ich weiß nicht, wie ich diese Frage beantworten soll || *uv* **затрудня́ться,** -я́юсь, -я́ешься
за|трясти́сь* *v* erzittern, erbeben
затумáнивать(ся) *uv zu* затумáнить(ся)
затумáнить, -ню, -нишь; -ненный, -нен, -а *v* in Nebel hüllen, vernebeln; *übtr* verschleiern, verdunkeln || *uv* затумáнивать, -аю, -аешь
затумáниться, -нюсь, -нишься *v* **1.** sich in Nebel hüllen **2.** *übtr* sich verschleiern, sich trüben, sich umfloren; глазá егó затумáнились seine Augen waren umflort || *uv* затумáниваться, -аюсь, -аешься
затупи́ть, -уплю́, -у́пишь; -у́пленный, -у́плен, -а *v umg* stumpf machen || *uv* **затупля́ть,** -я́ю, -я́ешь
затухáть *uv zu* зату́хнуть
зату́хнуть, *1. u. 2. Pers ungebr*, -нет; зату́х, -ла *v* **1.** *umg* erlöschen **2.** *übtr* abklingen, nachlassen || *uv* затухáть, -áет
затушевáть, -шу́ю, -шу́ешь; -шёванный, -шёван, -а *v* **1.** mit Tusche bearbeiten; schattieren **2.** *übtr* vertuschen || *uv* **затушёвывать,** -аю, -аешь
затуши́ть, -ушу́, -у́шишь; -у́шенный, -у́шен, -а *v umg* **1.** löschen, ausmachen; ~ свет Licht ausmachen **2.** *übtr* unterdrücken, zurückhalten
зáтхлый, -ая, -ое muffig, modrig, dumpf
затыкáть *uv zu* заткну́ть
затылок, -лка *m* Nacken, Hinterkopf ◇ в ~ einer hinter dem anderen, hintereinander
заты́чка, -и, *Pl G* -чек, *D* -чкам *f umg* Pfropfen, Spund ◇ на -у *derb volksspr* als Lückenbüßer
затя́гивать *uv zu* [1]затяну́ть
затя́гиваться *uv zu* затяну́ться
затя́жка, -и, *Pl G* -жек, *D* -жкам *f* **1.** Zug *beim Rauchen* **2.** Verzögerung
затяжнóй, -áя, -óе langwierig, sich lange hinziehend; -áя болéзнь langwierige Krankheit ◇ ~ прыжóк *flug* verzögerter Absprung
[1]**затяну́ть,** -яну́, -я́нешь; -я́нутый, -я́нут, -а *v* **1.** zuschnüren, zubinden, zuziehen, zusammenbinden, verschnüren; ~ у́зел Knoten schnüren **2.** ansaugen, hineinziehen; корóву затяну́ло в болóто die Kuh ist in den Sumpf gezogen worden **3.** *übtr* hineinziehen, verwickeln **4.** *I* überziehen, bedecken; морóз затяну́л

лу́жи то́нким льдом der Frost hat die Pfützen mit dünnem Eis überzogen **5.** *unpers* zum Vernarben bringen; ра́ну затяну́ло die Wunde ist vernarbt **6.** hinausziehen, verziehen, verzögern **7.** *tech* fest anziehen || *uv* затя́гивать, -аю, -аешь

[2]**затяну́ть,** -яну́, -я́нешь *v umg* anstimmen, ein Lied beginnen

затяну́ться, -яну́сь, -я́нешься *v* **1.** sich zuziehen *Knoten* **2.** *I* sich umbinden, anlegen; sich schnüren; ~ по́ясом einen Gürtel umbinden **3.** sich hineinziehen [verwickeln] lassen **4.** sich in die Länge ziehen, lange dauern **5.** sich bedecken; sich beziehen **6.** einen Zug machen *beim Rauchen* || *uv* затя́гиваться, -аюсь, -аешься

зау́мный, -ая, -ое ausgeklügelt, überspannt, (absichtlich) unverständlich

зауны́вный, -ая, -ое; *Kzf* -вен, -вна schwermütig, wehmütig

заупря́миться, -млюсь, -мишься *v* sich zu sträuben [zu widersetzen] anfangen, widerspenstig werden

заура́льский, -ая, -ое jenseits des Ural gelegen

зауря́д- *in Zuss alt* eine Dienststellung bekleidend, ohne den entsprechenden Rang zu haben

зауря́дный, -ая, -ое; *Kzf* -ден, -дна gewöhnlich, mittelmäßig, durchschnittlich; ~ челове́к Durchschnittsmensch, Dutzendmensch

заусе́ница, -ы, *I* -ей *f* Niednagel

заутю́живать *uv zu* заутю́жить

заутю́жить, -жу, -жишь; -женный, -жен, -а *v* bügeln, plätten || *uv* заутю́живать, -аю, -аешь

зау́чивать(ся) *uv zu* заучи́ть(ся)

заучи́ть, -учу́, -у́чишь; -у́ченный, -у́чен, -а *v* auswendig lernen; einstudieren || *uv* зау́чивать, -аю, -аешь

заучи́ться, -учу́сь, -у́чишься *v umg* zu viel lernen, sich dumm lernen || *uv* зау́чиваться, -аюсь, -аешься

заушá́тельский, -ая, -ое grob, beleidigend

зау́шница, -ы, *I* -ей *f med* Ziegenpeter

зафаршировá́ть, -ру́ю, -ру́ешь; -ро́ванный, -ро́ван, -а *v* füllen *Speisen*

зафикси́ровать, -рую, -руешь; -рованный, -рован, -а *v* **1.** festhalten *in Bild, Bericht* **2.** *phot* fixieren

зафрахтова́ть, -ту́ю, -ту́ешь; -то́ванный, -то́ван, -а *v naut, wirtsch* chartern || *uv* **зафрахто́вывать,** -аю, -аешь

заха́живать *uv iterativ zu* зайти́

захва́ливать *uv zu* захвали́ть

захвали́ть, -алю́, -а́лишь; -а́ленный, -а́лен, -а *v umg* übermäßig loben, in den Himmel heben || *uv* захва́ливать, -аю, -аешь

захва́статься, -аюсь, -аешься *v* anfangen, sich zu brüsten

захва́т, -а *m* **1.** Ergreifen **2.** Raub, Eroberung, gewaltsame Besitzergreifung; ~ вла́сти Machtergreifung **3.** *tech* Greifer, Kralle

захвата́ть, -а́ю, -а́ешь; захва́танный, -ан, -а *v umg* abgreifen || *uv* захва́тывать, -аю, -аешь

захвати́ть, -ачу́, -а́тишь; -а́ченный, -а́чен, -а *v* **1.** (er)fassen, (er)greifen; in die Hand nehmen **2.** mitnehmen **3.** *übtr, umg* angesteckt werden, sich holen **4.** (gewaltsam) ergreifen, an sich reißen; ~ инициати́ву Initiative ergreifen **5.** *übtr* ergreifen, begeistern, fesseln **6.** *umg* überraschend antreffen, überraschen, erwischen; дождь захвати́л нас wir sind vom Regen überrascht worden **7.** rechtzeitig erkennen, vorbeugende Maßnahmen treffen; во́время ~ боле́знь einer Krankheit rechtzeitig vorbeugen ◇ у меня́ захвати́ло дыха́ние es verschlug mir den Atem || *uv* захва́тывать, -аю, -аешь

захва́тнический, -ая, -ое Raub-, Eroberungs-

захва́тчик, -а *m* Eindringling, Eroberer

[1]**захва́тывать** *uv zu* захвати́ть

[2]**захва́тывать** *uv zu* захвата́ть

захва́тывающий, -ая, -ее fesselnd, ergreifend, hinreißend; с -им интере́сом mit gespannter Aufmerksamkeit

захвора́ть, -а́ю, -а́ешь *v umg* krank werden

захиле́ть, -е́ю, -е́ешь *v volksspr u. gbt* schwach werden, zu kränkeln beginnen

захире́ть, -е́ю, -е́ешь *v umg* dahinsiechen, verkümmern

захлами́ть, -млю́, -ми́шь; -млённый, -млён, -млена́ *v umg* mit Gerümpel vollstellen, vollpfropfen || *uv* **захла́мливать,** -аю, -аешь *u.* **захламля́ть,** -я́ю, -я́ешь

захлебну́ться, -ну́сь, -нёшься *v* **1.** sich verschlucken; Wasser [Rauch] schlucken **2.** außer sich geraten *vor Erregung* **3.** *übtr* sich totlaufen, zusammenbrechen *Angriff* **4.** *tech* versagen *Motor, automatische Waffe* || *uv* **захлёбываться,** -аюсь, -аешься

захлестну́ть [сн], -ну́, -нёшь; захлёстнутый, -ут, -а *v* **1.** *Schlinge usw.* zuziehen, zuschnüren; überwerfen; ~ верёвку за ствол де́рева das eine Ende des Strickes um einen Baum schlingen **2.** überfluten; волна́ захлестну́ла его́ die Wellen ergossen sich über ihn **3.** *übtr* mit sich fortreißen, packen; ра́достное чу́вство захлестну́ло его́ er empfand große Freude || *uv* **захлёстывать,** -аю, -аешь

захло́пать, -аю, -аешь *v* anfangen, in die Hände zu klatschen

захло́пнуть, -ну, -нешь; -нутый, -нут, -а *v* zuschlagen, zuklappen || *uv* захло́пывать, -аю, -аешь

захло́пнуться, *1. u. 2. Pers ungebr,* -нется *v mit lautem Geräusch* zugehen, zuschlagen, zuklappen || *uv* захло́пываться, -ается

за|хлопота́ться* *v umg* sich abmühen, sich abjagen *mit Laufereien usw.*

захло́пывать(ся) *uv zu* захло́пнуть(ся)

захмеле́ть, -е́ю, -е́ешь *v volksspr* betrunken werden

захо́д, -а *m* **1.** *astr* Untergang; ~ со́лнца Sonnenuntergang **2.** Einkehr, Besuch, Einlaufen; *flug* Anflug; *naut* Anlaufen; без -а в га́вань ohne den Hafen anzulaufen

заходи́ть *uv zu* зайти́

захо́жий, -ая, -ее *volksspr* zugereist

захолу́стный [сн], -ая, -ое hinterwäldlerisch; abgelegen

захолу́стье, -ья, *G Pl* -ий *u. volksspr* -ьев, *D* -ьям *n* weit abgelegene Gegend, Krähwinkel

захорони́ть, -роню́, -ро́нишь; -ро́ненный, -ро́нен, -а *v* **1.** begraben **2.** *volksspr* verstecken

за|хоте́ть* *v* den Wunsch [das Verlangen] zeigen, wollen

за|хоте́ться* *unpers v*: мне вдруг захоте́лось ich empfand plötzlich das Verlangen

за|хохота́ть* *v* in lautes Gelächter ausbrechen

захрапе́ть, -плю́, -пи́шь *v umg* anfangen zu schnarchen

захребе́тник, -а *m volksspr* Schmarotzer

захрипе́ть, -плю́, -пи́шь *v umg* anfangen zu röcheln [zu keuchen]; heiser werden

захрома́ть, -а́ю, -а́ешь *v umg* zu hinken anfangen; lahm werden

захуда́лый, -ая, -ое **1.** *alt u. volksspr* heruntergekommen; verarmt **2.** unbedeutend, ganz gewöhnlich

за|цвести́* *v* aufblühen, anfangen zu blühen || *uv* **зацвета́ть,** -а́ю, -а́ешь

зацелова́ть, -лу́ю, -лу́ешь; -ло́ванный, -ло́ван, -а *v umg* mit Küssen bedecken, abküssen

зацепи́ть, -еплю́, -е́пишь; -е́пленный, -е́плен, -а *v* **1.** *mit einem Haken oder ähnlichem* ergreifen, festhaken, einhaken **2.** versehentlich anstoßen, hängenbleiben, streifen; он стара́лся не зацепи́ть кого́-н. er bemühte sich, niemanden anzustoßen **3.** *übtr, umg* verletzen *Gefühle, Interessen* || *uv* зацепля́ть, -я́ю, -я́ешь

зацепи́ться, -еплю́сь, -е́пишься *v* **1** sich verfangen, hängenbleiben (mit); рука́в зацепи́лся за гвоздь der Ärmel hat sich an einem Nagel verfangen || *uv* зацепля́ться, -я́юсь, -я́ешься

заце́пка, -и, *Pl G* -пок, *D* -пкам *f* **1.** Haken **2.** *umg* Grund, Vorwand **3.** *volksspr* Haken, Hindernis

зацепля́ться *uv zu* зацепи́ться

зачарова́ть, -ру́ю, -ру́ешь; -ро́ванный, -ро́ван, -а *v* **1.** verzaubern **2.** *übtr* bezaubern, berücken || *uv* **зачаро́вывать,** -аю, -аешь

зачасти́ть, -ащу́, -асти́шь *v umg* **1.** schneller werden, sich beschleunigen; sich verstärken; дождь зачасти́л der Regen wurde heftiger **2.** in raschem Rhythmus zu spielen beginnen *auf einem Instrument*; immer schneller und undeutlicher sprechen **3.** häufige Besuche beginnen, ständiger Gast werden

зачасту́ю *Adv umg* häufig, oft

зача́тие, -я *n* Empfängnis

зача́ток, -тка *m* **1.** Keim **2.** *meist Pl, übtr* erste Anzeichen, Beginn **3.** *biol* Rudiment

зача́точный, -ая, -ое Keim-, rudimentär, embryonal

[1]**зача́ть*** *v* (*alt außer Ptz Prät Pass*) *ein Kind* empfangen

[2]**зача́ть*;** за́чал, -а́! *v volksspr* anfangen || *uv* зачина́ть, -а́ю, -а́ешь

зача́хнуть, -ну, -нешь; зача́х, -ла *v* **1.** dahinsiechen, verkümmern **2.** verwelken

заче́м *Adv* weswegen, weshalb, warum, wozu

заче́м-то *Adv* aus irgendeinem Grunde

зачерви́веть, *1. u. 2. Pers ungebr,* -еет *v umg* wurmstichig werden
зачёркивать *uv zu* зачеркну́ть
зачеркну́ть, -ну́, -нёшь; зачёркнутый, -ут, -а *v* aus-, durchstreichen ‖ *uv* зачёркивать, -аю, -аешь
зачерни́ть, -ню́, -ни́шь; -нённый, -нён, -нена́ *v* schwarz färben ‖ *uv* **зачерня́ть,** -я́ю, -я́ешь
зачерпну́ть, -ну́, -нёшь; заче́рпнутый, -ут, -а *v A oder G* 1. schöpfen 2. vollaufen; ло́дка чуть не зачерпну́ла воды́ um ein Haar wäre das Boot voll Wasser gelaufen ‖ *uv* **заче́рпывать,** -аю, -аешь
зачерстве́лый, -ая, -ое 1. trocken, altbacken 2. *übtr* hartherzig
зачерстве́ть, -е́ю, -е́ешь *v* 1. trocken, hart werden, austrocknen *Brot* 2. *übtr* hartherzig werden, verhärten
зачёс, -а *m* glattgekämmte Haare
за|чеса́ть* *v Haare* glattkämmen ‖ *uv* зачёсывать, -аю, -аешь
за|чеса́ться*, *1. u. 2. Pers ungebr v* zu jucken beginnen; у него́ зачеса́лся нос ihm begann die Nase zu jucken
за|че́сть* *v* 1. anrechnen, berücksichtigen; ~ су́мму в упла́ту до́лга einen Betrag auf die Schuldtilgung anrechnen 2. als erfüllt betrachten, als bestanden anrechnen *bei Zwischenprüfungen* ‖ *uv* зачи́тывать, -аю, -аешь
за|че́сться*, *1. u. 2. Pers ungebr v*: э́то ему́ зачтётся das wird ihm angerechnet werden ‖ *uv* зачи́тываться, -аюсь, -аешься
зачёсывать *uv zu* зачеса́ть
зачёт, -а *m* 1. Anrechnung, Berücksichtigung 2. Zwischenprüfung, Testat
зачётный, -ая, -ое Prüfungs-; -ая кни́жка Studienbuch
зачехли́ть, -лю́, -ли́шь; -лённый, -лён, -лена́ *v umg* mit einem Überzug versehen
зачи́н, -а *m lit* Einleitung *einer Byline, eines Märchens u. a.*
зачина́тель, -я *m* Initiator, Urheber, Bahnbrecher
зачина́ть *uv zu* ²зача́ть
зачи́нивать *uv zu* зачини́ть
зачини́ть, -иню́, -и́нишь; -и́ненный, -и́нен, -а *v umg* 1. flicken 2. (an)spitzen ‖ *uv* зачи́нивать, -аю, -аешь
зачи́нщик, -а *m* Anstifter, Urheber *meist mißb*
зачисле́ние, -я *n* 1. Einstellung, Aufnahme, Anstellung; ~ на рабо́ту шофёром Einstellung als Kraftfahrer 2. *wirtsch* Verbuchung, Gutschrift
зачи́слить, -лю, -лишь; -ленный, -лен, -а *v* 1. einstellen, aufnehmen, anstellen; eintragen; immatrikulieren; ~ на рабо́ту einstellen, in ein Arbeitsverhältnis aufnehmen 2. *wirtsch* verbuchen, gutschreiben ‖ *uv* **зачисля́ть,** -я́ю, -я́ешь
зачи́слиться, -люсь, -лишься *v* sich einstellen [aufnehmen, eintragen] lassen; ~ на рабо́ту eine Arbeitsstelle annehmen ‖ *uv* **зачисля́ться,** -я́юсь, -я́ешься
зачита́ть, -а́ю, -а́ешь; зачи́танный, -ан, -а *v* 1. verlesen 2. *umg* abnutzen, zerlesen *Bücher, Schriftstücke* 3. *umg* behalten, nicht zurückgeben *ein geliehenes Buch* ‖ *uv* **¹зачи́тывать,** -аю, -аешь
зачита́ться, -а́юсь, -а́ешься *v umg* sich ins Lesen vertiefen, alles über dem Lesen vergessen ‖ *uv* **¹зачи́тываться,** -аюсь, -аешься
²зачи́тывать(ся) *uv zu* заче́сть(ся)
зачну́ ↑ зача́ть
зачумлённый, -ая, -ое pestkrank; mit Pest verseucht
зашага́ть, -а́ю, -а́ешь *v* anfangen zu schreiten [auszuschreiten]
зашата́ться, -а́юсь, -а́ешься *v* ins Wanken [Schwanken] geraten, zu wanken [schwanken] anfangen
зашвы́ривать *uv zu* зашвырну́ть
зашвырну́ть, -ну́, -нёшь; зашвы́рнутый, -ут, -а *v umg* (weg)werfen, schmeißen ‖ *uv* зашвы́ривать, -аю, -аешь
зашевели́ть, -елю́, -е́ли́шь *v I* zu bewegen anfangen, in Bewegung setzen
зашевели́ться, -елю́сь, -е́ли́шься *v* anfangen, sich zu bewegen, in Bewegung kommen
зашелесте́ть, *1. Pers ungebr,* -ти́шь *v* anfangen zu rauschen [zu rascheln]
зашелуди́веть, -ею, -еешь *v volksspr* räudig werden
зашерша́веть, *1. u. 2. Pers ungebr, v* -еет rauh werden
зашиба́ть, -а́ю, -а́ешь *uv volksspr* 1. *uv zu* зашиби́ть 2. zechen, trinken
за|шиби́ть* *v volksspr* 1. schmerzhaft verletzen, stoßen 2. erwerben, verdienen, einheimsen *Geld* ‖ *uv* зашиба́ть, -а́ю, -а́ешь
зашива́ть *uv zu* заши́ть
за|ши́ть* *v* 1. zunähen; ~ мешо́к einen Sack zunähen 2. einnähen; ~

посы́лку в холст ein Paket in Leinwand einnähen || *uv* зашивáть, -áю, -áешь

зашифровáть, -рýю, -рýешь; -рóванный, -рóван, -а *v* chiffrieren, verschlüsseln || *uv* **зашифрóвывать,** -аю, -аешь

зашнуровáть, -рýю, -рýешь; -рóванный, -рóван, -а *v* zuschnüren || *uv* **зашнурóвывать,** -аю, -аешь

зашнуровáться, -рýюсь, -рýешься *v* sich einschnüren || *uv* **зашнурóвываться,** -аюсь, -аешься

зашпаклевáть, -лю́ю, -лю́ешь; -лёванный, -лёван, -а *v* spachteln, verschmieren || *uv* **зашпаклёвывать,** -аю, -аешь

зашпи́ливать *uv zu* зашпи́лить

зашпи́лить, -лю, -лишь; -ленный, -лен, -а *v umg mit einer Nadel* zustecken, aufstecken || *uv* зашпи́ливать, -аю, -аешь

заштемпелевáть, -лю́ю, -лю́ешь; -лёванный, -лёван, -а *v* (ab)stempeln || *uv* **заштемпелёвывать,** -аю, -аешь

заштóпать, -аю, -аешь; -анный, -ан, -а *v* stopfen || *uv* **заштóпывать,** -аю, -аешь

заштриховáть, -штрихýю, -штрихýешь; -штрихóванный, -штрихóван, -а *v* schraffieren || *uv* **заштрихóвывать,** -аю, -аешь

заштукатýривать *uv zu* заштукатýрить

заштукатýрить, -рю, -ришь; -ренный, -рен, -а *v arch* verputzen || *uv* заштукатýривать, -аю, -аешь

заштуковáть, -кýю, -кýешь; -кóванный, -кóван, -а *v* unsichtbar zusammennähen, kunststopfen || *uv* **заштукóвывать,** -аю, -аешь

зашумéть, -млю́, -ми́шь *v* **1.** anfangen zu lärmen [Lärm zu machen] **2.** anfangen zu rauschen

за|щебетáть* *v* anfangen zu zwitschern

защёлка, -и, *Pl G* -лок, *D* -лкам *f* **1.** Türklinke **2.** Schnapper *am Schloß*

защёлкивать(ся) *uv zu* защёлкнуть(ся)

защёлкнуть, -ну, -нешь; -нутый, -нут, -а *v* zuklinken, zuschnappen lassen; ~ дверь die Tür zuklinken || *uv* защёлкивать, -аю, -аешь

защёлкнуться, *1. u. 2. Pers ungebr*, -нется *v* einschnappen, ins Schloß fallen || *uv* защёлкиваться, -ается

защеми́ть, -млю́, -ми́шь; -млённый, -млён, -млена́ *v* **1.** einklemmen, einzwängen **2.** *umg* sich einklemmen ◇ у неё сéрдце защеми́ло ihr wurde beklommen ums Herz || *uv* **защемля́ть,** -я́ю, -я́ешь

защи́па, -ы *f* Biese; отдéлано -ами mit Biesen versehen

защи́та, -ы *f* **1.** Schutz, Verteidigung; Abwehr; ~ ми́ра Verteidigung des Friedens **2.** Schutz(vorrichtung), Wehr; ~ от излучéния Strahlenschutz **3.** *jur* Verteidigung **4.** *Sport* Verteidigung, Hintermannschaft

защити́тельный, -ая, -ое Verteidigungs-, Schutz-; -ая речь Verteidigungsrede

защити́ть, -ищý, -ити́шь; -ищённый, -ищён, -ищена́ *v* **1.** verteidigen; beschützen; eintreten (für) **2.** schützen (от *G* vor, gegen); ~ глаза́ от лучéй сóлнца die Augen vor den Sonnenstrahlen schützen **3.**: ~ диссертáцию eine Dissertation verteidigen || *uv* защищáть, -áю, -áешь

защити́ться, -ищýсь, -ити́шься *v* sich verteidigen || *uv* защищáться, -áюсь, -áешься

защи́тник, -а *m* **1.** Beschützer, Verteidiger **2.** *jur* Anwalt, Verteidiger **3.** *Sport* Verteidiger, Deckungsspieler

защи́тный, -ая, -ое **1.** Verteidigungs-, Schutz-; -ые очки́ Schutzbrille **2.** *umg* schutzfarben, khakifarben; mit Tarnanstrich versehen

защищáть(ся) *uv zu* защити́ть(ся)

защýривать *uv zu* защýрить

защýрить, -рю, -ришь *v umg* blinzeln || *uv* защýривать, -аю, -аешь

заяви́ть, -явлю́, -я́вишь; -я́вленный, -я́влен, -а *v* о *P* Erklärung abgeben, erklären; ~ о своём соглáсии sein Einverständnis erklären || *uv* заявля́ть, -я́ю, -я́ешь

зая́вка, -и, *G Pl* -вок, *D* -вкам *f* **1.** Anmeldung, Antrag, Ansuchen *zwecks Zuerkennung von Rechten*; ~ на изобретéние Anmeldung einer Erfindung; концéрт по -ам Wunschkonzert **2.** Anforderung, Bedarfsanmeldung; ~ на материáлы Materialanforderung

заявлéние, -я *n* **1.** offizielle Erklärung; сдéлать ~ Erklärung abgeben **2.** Antrag, Eingabe, Gesuch; подáть ~ einen Antrag einreichen; ~ о вступлéнии Aufnahmeantrag

заявля́ть *uv zu* заяви́ть

зая́длый, -ая, -ое *umg* leidenschaftlich

зáяц, зáйца, *I* зáйцем, *G Pl* зáйцев *m* **1.** Hase **2.** Hasenfell **3.** *volksspr* blinder Passagier, Schwarzfahrer; éхать за́йцем als blinder Passagier fahren, schwarzfahren ◇ гоня́ться за двумя́ за́йцами zwei Fliegen mit einer Klappe schlagen wollen

за́ячий, -ья, -ье **1.** Hasen-; ~ мех Hasenfell **2.** *übtr umg* ängstlich, feige; -ья душа́ Hasenfuß ◇ -ья губа́ *med* Hasenscharte

зва́ние, -я *n* **1.** Rang, Titel; учёное ~ wissenschaftlicher Grad; во́инское ~ militärischer Dienstgrad **2.** Stand *im zaristischen Rußland*; меща́нское ~ Kleinbürgerstand ◇ одно́ ~ оста́лось allein der Name ist geblieben

зва́ный, -ая, -ое: ~ обе́д Festessen mit geladenen Gästen; ~ ве́чер Abendgesellschaft, Party; ~ гость (ein)geladener Gast

зва́тельный, -ая, -ое: ~ паде́ж *gram* Vokativ

звать* *uv* **1.** rufen, herbeirufen, heranwinken, anrufen **2.** *umg I* nennen; его́ зва́ли Ива́н(ом) er hieß Iwan; как вас зову́т? wie heißen Sie?

зва́ться*; зва́лся́, звала́сь, зва́ли́сь *uv I* heißen; де́вушка звала́сь Татья́ной das Mädchen hieß Tatjana

звезда́, -ы, *Pl* звёзды, звёзд, звёздам *f* **1.** Stern **2.** *übtr* Stern, Star ◇ он звёзд с не́ба не хвата́ет *etwa* er hat das Pulver nicht erfunden

звёздный [зн], -ая, -ое **1.** *astr* Stern-; -ая систе́ма Sternsystem **2.** sternübersät, sternklar, sternhell; -ая ночь sternklare Nacht **3.** *übtr* Stern-; ~ пробе́г *Sport* Sternlauf, Sternfahrt

звёздочка, -и, *Pl G* -чек, *D* -чкам *f* **1.** *Dem zu* звезда́ kleiner Stern **2.** *typ* Sternchen *als Hinweis auf Anmerkungen* **3.** *tech* Kettenrad

звене́ть, -ню́, -ни́шь *uv* **1.** klingen, tönen, klirren; це́пи звеня́т die Ketten klirren **2.** *I* klirren, klimpern (mit); он звене́л в карма́не ме́лочью er klimperte mit dem Kleingeld in der Tasche ◇ в уша́х звени́т es klingt in den Ohren

звено́, -а́, *Pl* зве́нья, зве́ньев, зве́ньям *n* **1.** Glied *einer Kette* **2.** *übtr* Kettenglied, Teil **3.** *mil* Gruppe; Kette *von Flugzeugen*; полёт -о́м Kettenflug **4.** Gruppe, kleinste Einheit *einer Organisation*; пионе́рское ~ Pioniergruppe

звеньево́й, -о́го *Subst m* Gruppenleiter

зверёк, -рька́ *u.* **зверо́к,** -рка́ *m* kleines Tier

зверёныш, -а, *I* -ем, *G Pl* -ей *m umg* Tierjunges

звере́ть, -е́ю, -е́ешь *uv* grausam werden, vertieren

звери́нец, -нца, *I* -нцем, *G Pl* -нцев *m alt u. umg* Tierkäfig, Zwinger

звери́ный, -ая, -ое **1.** Tier-; -ая шку́ра Tierfell **2.** *übtr* tierisch, bestialisch, grausam

зверово́дство, -а *n* Pelztierzucht

зверо́к ↑ зверёк

зверо́лов, -а *m* Jäger, Pelztierjäger, Fallensteller

звероло́вный, -ая, -ое Tierfang-, Tierfänger-; -ые сна́сти Tierfängerausrüstung

звероло́вство, -а *n* Tierfang

звероподо́бный, -ая, -ое; *Kzf* -бен, -бна tierähnlich

зве́рский, -ая, -ое **1.** grausam, bestialisch, tierisch **2.** *umg* gewaltig, außerordentlich, schrecklich; ~ аппети́т Wolfshunger **3.** *Adv* зве́рски, по-зве́рски bestialisch, viehisch

зве́рство, -а *n* **1.** Bestialität, Grausamkeit **2.** *meist Pl* Greueltaten

зве́рствовать, -вую, -вуешь *uv* bestialisch wüten, Greueltaten verüben

зверь, -я, *Pl* зве́ри, звере́й, зверя́м *m* **1.** Tier **2.** *übtr* Bestie, grausamer Mensch

зверьё, -ья́ *n Koll umg* wilde Tiere

звон, -а *m* Läuten, Klirren, Klang

звона́рь, -я́ *m* **1.** Glöckner **2.** *volksspr, derb* Klatschmaul

звони́ть, -ню́, -ни́шь *uv* **1.** läuten, klingeln **2.** *D* anrufen *telefonisch* ◇ ~ во все колокола́ о чём-н. *volksspr* etw. ausposaunen, etw. an die große Glocke hängen ‖ *v* позвони́ть

звони́ться, -ню́сь, -ни́шься *uv volksspr* klingeln *an der Tür* ‖ *v* позвони́ться

зво́нкий, -ая, -ое; *Kzf* -нок, -нка́!; *Komp* зво́нче klangvoll, hell tönend, laut (wider)hallend ◇ ~ согла́сный stimmhafter Konsonant; -ая моне́та Metallgeld

звонко́вый, -ая, -ое Klingel-, Läute-; -ая сигнализа́ция Läutewerk

звоно́к, -нка́ *m* **1.** Klingel, kleine Glocke; дверно́й ~ Türklingel **2.** Klingelzeichen; был пе́рвый ~ es hat zum erstenmal geläutet *im Theater*

зво́нче ↑ зво́нкий

звук, -а *m* **1.** Laut, Schall, Ton; ско́рость -а Schallgeschwindigkeit **2.** *ling* Sprachlaut; гла́сный ~ Vokal ◇ ~ пусто́й *buchspr* leere Worte

звуково́й, -а́я, -о́е Ton-, Laut-, Schall-; ~ фильм Tonfilm

звуко|глуши́тель, -я *m* Schalldämpfer; **~запи́сывающий,** -ая, -ее schallaufzeichnend; **~за́пись,** -и *f* Tonbandaufnahme, Schallplattenaufnahme; **~непроница́емый,** -ая, -ое schalldicht; **~опера́тор,** -а *m* Tonmeister; **~подража́тельный,** -ая, -ое laut-, schallnachahmend; **~прово́дность,** -и *f phys* Schalleitfähigkeit; **~ря́д,** -а *m mus* Tonleiter; **~снима́тель,** -я *m* Tonabnehmer; **~ула́вливатель,** -я *m mil* Richtungshörer

звуча́ние, -я *n* Tönen; Schall, Klang

звуча́ть, -чу́, -чи́шь *uv* 1. tönen, schallen, klingen 2. *I* Klang erzeugen, klirren (mit) 3. *I* widerhallen (von) 4. *übtr* mitklingen, anklingen, zu vernehmen sein

зву́чность, -и *f* Tonfülle, Wohlklang; ~ орке́стра Wohlklang des Orchesters

зву́чный, -ая, -ое; *Kzf* -чен, -чна́! 1. schallend, laut und deutlich; -ые шаги́ hallende Schritte 2. klangvoll, wohlklingend, klar tönend

звя́кать *uv zu* звя́кнуть

звя́кнуть, -ну, -нешь *v mom* klirren; einen kurzen Ton von sich geben || *uv* звя́кать, -аю, -аешь

зги: (ни) ~ не ви́дно es ist stockfinster

зда́ние, -я *n* Gebäude, Bau

здесь *Adv* hier

зде́шний, -яя, -ее *umg* hiesig

здоро́ваться, -аюсь, -аешься *uv* sich begrüßen; ~ за́ руку sich mit Handschlag begrüßen || *v* поздоро́ваться

здорове́нный, -ая, -ое *volksspr* 1. baumstark, hünenhaft 2. sehr groß, gewaltig; ~ о́кунь ein Riesenbarsch

здорове́ть, -е́ю, -е́ешь *uv umg* sich erholen, kräftiger werden

здо́рово *Adv volksspr* 1. sehr tüchtig; мы ~ порабо́тали wir haben tüchtig gearbeitet 2. geschickt, ausgezeichnet; ~ сде́лано! (das ist) ausgezeichnet gemacht (worden)!

здоро́во! *Interj volksspr* guten Tag!

здоро́вый, -ая, -ое; *Kzf* -о́в, -а; *Komp* -ове́е 1. gesund 2. gesund aussehend 3. *übtr* vernünftig, richtig; -ые мы́сли vernünftige Gedanken 4. gesund(heitsfördernd); -ая пи́ща gesunde Nahrung 5. *volksspr* kräftig, mächtig, hünenhaft 6. *nur Kzf volksspr* unermüdlich, immer bereit [fähig], etw. zu tun; он здоро́в врать *derb* er lügt wie gedruckt ◇ будь здоро́в! a) leb wohl!; b) Gesundheit! *beim Niesen*

здоро́вье, -ья *n* Gesundheit ◇ (за) ва́ше ~! auf Ihr Wohl!; ку́шайте на ~! lassen Sie es sich gut schmecken!; как ва́ше ~? wie geht es Ihnen?

здоровя́к, -а́ *m umg* vor Gesundheit strotzender, kerngesunder Mensch

здра́вица, -ы, *I* -ей *f* Trinkspruch, Toast; провозгласи́ть -у за кого́-н. einen Toast auf j-s Gesundheit ausbringen

здра́вница, -ы, *I* -ей *f* Heilstätte, Sanatorium

здраво- *in Zuss* 1. Gesundheits- 2. vernünftig

здраво|мы́слящий, -ая, -ее vernünftig (denkend); **~охране́ние,** -я *n* Gesundheitswesen

здравотде́л, -а *m* (отде́л здравоохране́ния) Abteilung Gesundheitswesen

здра́вствовать [аств], -вую, -вуешь *uv* 1. sich wohl befinden, bei guter Gesundheit sein 2.: *Imp* здра́вствуй(те)! Guten Tag!, Guten Morgen!, Guten Abend! 3.: *Imp* здра́вствуй(те)! *volksspr* da haben wir die Bescherung! ◇ да здра́вствует . . .! es lebe . . .!

здра́вый, -ая, -ое; *Kzf* здрав, -а 1. vernünftig, gesund, richtig; ~ ум ein vernünftiger Kopf 2. *alt* gesund, bei guter Gesundheit 3. -о *Adv:* -о мы́слить о чём-н. vernünftig über etw. denken

зе́бра, -ы *f* Zebra

зев, -а *m* 1. *anat* Rachen, Schlund 2. *alt* Rachen *eines Raubtiers* 3. *tech* Weite, Maul

зева́ка, -и *m, f umg* Gaffer, Nichtstuer

зева́ть, -а́ю, -а́ешь *uv* 1. gähnen 2. *umg* Maulaffen feilhalten 3. *umg* nicht aufpassen, schlafen 4. aus Versehen *eine Spielfigur* verlieren || *v mom* **зевну́ть,** -ну́, -нёшь *zu* 1 *u.* 4

зево́к, -вка́ *m* 1. Gähnen 2. *volksspr* Versehen, Unaufmerksamkeit

зево́та, -ы *f* Gähnbedürfnis, Gähnen

зелене́ть, -е́ю, -е́ешь *uv* 1. grünen; луга́ зеленéют die Wiesen grünen 2. grün werden, grüne [grünliche] Farbe annehmen 3. *umg* sich mit Grünspan bedecken 4. grün leuchten, grün schimmern

зелени́ть, -ню́, -ни́шь *uv* grün färben

зеленно́й, -а́я, -о́е Gemüse-; -а́я ла́вка Gemüseladen

зеленова́тый, -ая, -ое grünlich

зеленщи́к, -а́ *m* Gemüsehändler

зелёный, -ая, -ое; *Kzf* зе́лен, -а́! 1. grün, von grüner Farbe 2. *nur Langform* mit Grün bewachsen, grün *durch Pflanzen*; ве́тви образова́ли ~ свод die Zweige bildeten ein grünes Dach 3. *nur Langform* aus Grünpflanzen bestehend; grün; ~ корм Grünfutter; -ые щи Sauerampfersuppe *mit Ei u. saurer Sahne* 4. unreif, grün; -ое я́блоко unreifer Apfel 5. *übtr* unreif, grün; ~ юне́ц grüner Junge ◇ -ая у́лица Freie Fahrt! *vor allem bei der Eisenbahn, a. übtr*

зе́лень, -и *f* 1. Grünpflanzen, Grün 2. Grüngemüse; ~ для су́па Suppengrün 3. grüner Anstrich, grüne Farbe, Grün 4. *umg* Grünspan

земе́льный, -ая, -ое Land-, Boden-, Grund-; ~ уча́сток Grundstück

земле|владе́лец, -льца, *I* -льцем, *G Pl* -льцев *m* Grundbesitzer; **~де́лец,** -льца, *I* -льцем, *G Pl* -льцев *m* Bauer, Landwirt, Ackerbauer; **~де́лие,**-я *n* 1. Ackerbau; Landwirtschaft 2. Agrarwissenschaft; **~де́льческий,** -ая, -ое landwirtschaftlich, Ackerbau-, Landwirtschafts-, Agrar-; **~ко́п,** -а *m* Erdarbeiter; **~ме́р,** -а *m* Landmesser, Feldmesser; **~по́льзование,** -я *n* Bodennutzung; **~ро́йка,** -и, *Pl G* -ро́ек, *D* -ро́йкам *f* Spitzmaus; **~со́с,** -а *m* Saugbagger; **~трясе́ние,** -я *n* Erdbeben; **~устро́йство,** -а *n* Bodenbewirtschaftungssystem, Bodenbewirtschaftung; **~черпа́лка,** -и, *Pl G* -лок, *D* -лкам *f* Schwimmbagger

земли́стый, -ая, -ое; *Kzf* -и́ст, -а 1. (sehr) erdhaltig, mit Erde vermischt 2. erdfarben, fahl; ~ цвет лица́ fahle Gesichtsfarbe

земля́, -и́, *A* зе́млю, *Pl* зе́мли, земе́ль, зе́млям *f* 1. Erde, Erdball 2. Land, Festland; на корабле́ уви́дели -ю auf dem Schiff wurde Land gesichtet 3. Erdoberfläche, Erdreich, Erde; рабо́тать под -ёй unter Tage arbeiten 4. Landbesitz, Land, Grund und Boden 5. *alt* Land *als politischer Begriff* ◇ -и́ под собо́й не слы́шать [не чу́ять] vor Freude außer sich sein; сровня́ть с -ёй dem Erdboden gleichmachen; стере́ть с лица́ -и́ vom Erdboden tilgen; Земля́ Фра́нца Ио́сифа Franz-Joseph-Land; Огне́нная ~ Feuerland

земля́к, -а́ *m* Landsmann

земляни́ка, -и *f* Erdbeere

земляни́чный, -ая, -ое Erdbeer-; -ое варе́нье Erdbeerkonfitüre

земля́нка, -и, *Pl G* -нок, *D* -нкам *f* Erdhütte; *mil* Unterstand

земляно́й, -а́я, -о́е Erd-; -ы́е рабо́ты Erdarbeiten; ~ червь Regenwurm

земля́чество, -а *n* Landsmannschaft

земля́чка, -и, *Pl G* -чек, *D* -чкам *f* Landsmännin

земново́дные, -ых *Subst Pl zool* Amphibien, Lurche

земно́й, -а́я, -о́е 1. Erd-; -а́я ось Erdachse 2. *übtr* irdisch; -ы́е бла́га irdische Güter ◇ ~ покло́н *alt* tiefe Verbeugung

зе́мский, -ая, -ое *hist* Semstwo-, Landes-

земснаря́д, -а *m* (землесо́сный снаря́д) Saugbagger

зе́мство, -а *n hist* Semstwo *lokales Selbstverwaltungsorgan*

зени́т, -а *m* 1. *astr* Zenit 2. *übtr* Zenit, Gipfel-, Höhepunkt; быть в -е сла́вы auf der Höhe seines Ruhmes sein

зени́тка, -и, *Pl G* -ток, *D* -ткам *f umg* Fliegerabwehrgeschütz, Flageschütz

зени́тный, -ая, -ое 1. *astr* Zenit- 2. Fliegerabwehr-, Fla[k]-

зени́тчик, -а *m* Flakartillerist

зени́ца, -ы, *I* -ей *f alt* Auge, Pupille ◇ бере́чь [храни́ть] как -у о́ка wie seinen Augapfel hüten

зе́ркало, -а, *Pl* зеркала́, -ка́л, -кала́м *n* 1. Spiegel; ~ за́днего ви́да *Auto* Rückspiegel 2. *übtr* Spiegel *von glatter Wasseroberfläche*

зерка́льный, -ая, -ое 1. Spiegel-; -ое произво́дство Spiegelherstellung 2. spiegelglatt, spiegelblank

зерни́стый, -ая, -ое; *Kzf* -и́ст, -а 1. viele Körner enthaltend, körnerreich 2. körnig, gekörnt; -ая икра́ körniger Kaviar, schwarzer Kaviar

зерно́, -а́, *Pl* зёрна, зёрен, зёрнам *n* 1. Korn *als Pflanzensame*; конопля́ное ~ Hanfkorn; кофе́йные зёрна Kaffeebohnen 2. *Koll* Getreide 3. Körnchen, Korn; жемчу́жное ~ Perle 4. *übtr* Körnchen, Keim, Kern

зерново́й, -а́я, -о́е Korn-, Getreide-; ~ фура́ж Kornfutter

зерновы́е, -ы́х *Pl* Getreidepflanzen

зерно|очисти́тельный, -ая, -ое Kornreinigungs-, Getreidereinigungs-; **~совхо́з,** -а *m* Getreidesowchos; **~суши́лка,** -и, *Pl G* -лок, *D* -лкам *f* Getreidedarre, Korndarre; **~храни́лище,** -а, *I* -ем *n* Getreidespeicher

зёрнышко, -а, *Pl G* -шек, *D* -шкам *n Dem zu* зерно́ Körnchen

зигза́г, -а *m* Zickzacklinie

зигзагообра́зный, -ая, -ое; *Kzf* -зен, -зна Zickzack-, zickzackförmig
зи́ждиться, *1. u. 2. Pers ungebr,* -дется *uv* на *P buchspr* sich gründen, beruhen (auf)
зима́, -ы́, *A* зи́му, *Pl* зи́мы, зим, зи́мам *f* Winter
зи́мний, -яя, -ее **1.** Winter-, winterlich **2.** *Adv* по-зи́мнему winterlich
зимова́ть, -му́ю, -му́ешь *uv* überwintern
зимо́вка, -и *f* **1.** Überwinterung **2.** Überwinterungsort, -station
зимо́вщик, -а *m* Überwinterer
зимо́вье,-ья, *Pl G* -вий, *D* -вьям *n* Überwinterungsort, -station, Winterhütte
зимо́й *u.* **зимо́ю** *Adv* im Winter
зимоpо́док, -дка *m* Eisvogel
зимосто́йкий, -ая, -ое; *Kzf* -о́ек, -о́йка überwinternd, winterfest
Зи́на, -ы *f Dem zu* Зинаи́да
Зинаи́да, -ы *f weibl Vn*
Зино́вий, -я, *P* -и *m männl Vn*
зипу́н, -а́ *m* altertümlicher Bauernrock
зия́ть, *1. u. 2. Pers ungebr,* зия́ет *uv* klaffen, gähnen *Abgrund*
зла́ки, -ов *Pl* Gräser, Grasarten; хле́бные -и Getreidegräser, Getreidearten
златогла́вый, -ая, -ое *alt, poet* mit goldenen Kuppeln
зле́йший ↑ злой
злеть, зле́ю, зле́ешь *uv umg* böse werden
злить, злю, злишь *uv* ärgern, erbosen, wütend machen
зли́ться, злюсь, зли́шься *uv* sich ärgern, wütend sein (на *A* über, auf)
[1]**зло,** зла, *im Pl nur G gebräuchlich* зол *n* **1.** *nur Sg* Böses, Übles; основно́е ~ Krebsschaden **2.** Unheil, Unglück, Übel; из двух зол вы́брать ме́ньшее von zwei Übeln das kleinere wählen **3.** *nur Sg, volksspr* Zorn, Ärger; Bosheit; он сде́лал э́то со зла er hat das aus Bosheit getan ◇ на ~ zum Trotz
[2]**зло** *Adv* böse, boshaft
зло́ба, -ы *f* Bosheit, Gehässigkeit; Wut, Erbitterung ◇ ~ дня Tagesereignis, Tagesgespräch; стихотворе́ние на -у дня aktuelles Gedicht
зло́бный, -ая, -ое; *Kzf* -бен, -бна boshaft, böse, wütend
злободне́вность, -и *f* Aktualität
злободне́вный, -ая, -ое aktuell, brennend
зло́бствовать, -вую, -вуешь *uv* wütend sein (на *A* auf)

злове́щий, -ая, -ее; *Kzf* -е́щ, -а unheilverkündend, -drohend
злово́ние, -я *n* übler Geruch, Gestank; наполня́ть -ем verpesten
злово́нный, -ая, -ое; *Kzf* -нен, -нна übelriechend, stinkend
зловре́дный, -ая, -ое; *Kzf* -ден, -дна bösartig, gehässig, boshaft; schädlich
злоде́й, -я, *G Pl* -ев *m* Bösewicht, Übeltäter, Verbrecher
злоде́йский, -ая, -ое **1.** Verbrecher-; -ая ша́йка Verbrecherbande **2.** verbrecherisch, meuchlerisch, frevelhaft
злоде́йство, -а *n* **1.** verbrecherische Gemeinheit **2.** Übeltat, Verbrechen
злоде́йствовать, -твую, -твуешь *uv* Verbrechen verüben
злодея́ние, -я *n* Übeltat, Verbrechen
злой, -а́я, -о́е; *Kzf* зол, зла; *Sup* зле́йший **1.** böse, bösartig, boshaft; ~ челове́к böser Mensch **2.** *meist Kzf* böse (на *A* auf); он зол на меня́ er ist böse auf mich **3.** unheilvoll, böse; -о́е нача́ло unheilvoller Anfang **4.** *umg* schlimm, böse, heftig, grimmig; ~ моро́з grimmiger Frost **5.** *volksspr* eifrig, besessen; он ~ игро́к er ist ein leidenschaftlicher Spieler
зло|ка́чественный, -ая, -ое; *Kzf* -ен, -енна bösartig; **~ка́чественная** о́пухоль bösartige Geschwulst; **~наме́ренный,** -ая, -ое; *Kzf* -рен, -ренна *buchspr* böswillig, übelgesinnt; **~па́мятный,** -ая, -ое; *Kzf* -тен, -тна nachtragend; **~полу́чный,** -ая, -ое; *Kzf* -чен, -чна **1.** unglücklich, vom Pech verfolgt **2.** unheilbringend, unheilvoll; **~пыха́тель,** -я *m* gehässiger Mensch, Geiferer; **~ра́дный,** -ая, -ое; *Kzf* -ден, -дна schadenfroh, hämisch; **~ра́дство,** -а *n* Schadenfreude; **~ра́дствовать,** -вую, -вуешь *uv* Schadenfreude empfinden, schadenfroh sein; **~сло́вие,** -я *n* üble Nachrede, böswilliger Klatsch, Verleumdung; **~сло́вить,** -влю, -вишь *uv* lästern, schmähen
зло́стный [сн], -ая, -ое; *Kzf* -тен, -тна böswillig, böse, boshaft; -ое наме́рение böse Absicht
злость, -и *f* Bosheit, Wut; ~ меня́ взяла́ mich packte die Wut
злосча́стный, -ая, -ое; *Kzf* -тен, -тна **1.** *alt* unglücklich, vom Unglück verfolgt **2.** unglückselig, unheilbringend
зло́тый, -ого *Subst m* Zloty *polnische Währungseinheit*
злоумы́шленник, -а *m alt* vorsätzlicher Übeltäter, Verbrecher

злоумышленный, -ая, -ое *alt* böswillig, in böser Absicht
злоупотребить, -блю, -бишь *v I* Mißbrauch treiben (mit), mißbrauchen, veruntreuen || *uv* злоупотреблять, -яю, -яешь
злоупотребление, -я *n* Mißbrauch, Veruntreuung; Übergriff; ~ доверием Mißbrauch des Vertrauens
злоупотреблять *uv zu* злоупотребить
злоязычный, -ая, -ое; *Kzf* -чен, -чна *alt* klatschsüchtig, gehässig
злюка, -и *m, f umg* bösartiger [boshafter] Mensch
злючка, -и, *Pl G* -чек, *D* -чкам *m, f umg* bösartiger [boshafter] Mensch
злющий, -ая, -ее *umg* sehr böse, wütend
змееборец, -рца, *I* -рцем, *G Pl* -рцев *m myth* Drachentöter
змеёй *Adv* in Windungen, serpentinenartig
змеёныш, -а, *I* -ем, *G Pl* -ей *m* **1.** junge Schlange **2.** *volksspr, übtr* Teufelsbraten *auf Kinder u. Jugendliche gemünzt*
змеиный, -ая, -ое **1.** Schlangen-; ~ яд Schlangengift **2.** *übtr* hinterhältig
змеистый, -ая, -ое gewunden, sich schlängelnd
змеиться, *1. u. 2. Pers ungebr*, -ится *uv* **1.** sich schlängeln **2.** flüchtig hinweggleiten
змей, -я, *G Pl* -ев *m* **1.** *myth* Drache **2.** Papierdrachen; запускать -я einen Drachen steigen lassen
змея, -и, *Pl* змеи, змей, змеям *f* **1.** Schlange; гремучая ~ Klapperschlange **2.** *übtr* bösartiger [hinterhältiger] Mensch
змий, -я, *P* -и, *G Pl* -ев *m buchspr, alt* **1.** Schlange **2.** *myth* Drache ◇ допиться до зелёного -я *umg* sich besinnungslos betrinken
знак, -а *m* **1.** Zeichen; опознавательные -и Erkennungszeichen; математический ~ mathematisches Zeichen; фирменный ~ Firmenzeichen; денежный ~ Banknote; дорожный ~ Verkehrszeichen **2.** Spur, Zeichen ◇ в ~ благодарности als Zeichen der Dankbarkeit; подать ~ einen Wink geben
знакомец, -мца, *I* -мцем, *G Pl* -мцев *m umg, alt* Bekannter
знакомить, -млю, -мишь *uv* **1.** (miteinander) bekannt machen, vorstellen **2.** bekannt [vertraut] machen, einführen || *v* познакомить; -мленный, -млен, -а
знакомиться, -млюсь, -мишься *uv* **1.** sich (einander) vorstellen, sich (miteinander) bekannt machen **2.** sich bekannt [vertraut] machen *durch Studium* || *v* познакомиться
знакомство, -а *n* **1.** Bekanntschaft; возобновить старое ~ eine alte Bekanntschaft erneuern **2.** Bekanntenkreis, Bekanntschaft **3.** Vertrautsein, Kenntnis; ~ с древней историей Kenntnis der alten Geschichte
знакомый, -ая, -ое; *Kzf* -ом, -а **1.** (schon) bekannt, vertraut; -ая мелодия eine vertraute Melodie **2.** bekannt, vertraut; bewandert; он знаком со всеми обстоятельствами дела er ist mit dem ganzen Sachverhalt vertraut; ты с ней знаком? kennt sie dich? **3.** -ого *Subst m* Bekannter; старый ~ ein alter Bekannter **4.** -ая, -ой *Subst f* Bekannte
знаменатель, -я *m math* Nenner; привести к одному [общему] -ю *a. übtr* auf einen (gemeinsamen) Nenner bringen
знаменательный, -ая, -ое; *Kzf* -лен, -льна **1.** wichtig, bedeutend, denkwürdig **2.** bedeutsam, bedeutungsvoll **3.** *ling* autosemantisch
знамение, -я *n buchspr, alt* Zeichen ◇ ~ времени die Zeichen der Zeit
знаменитость, -и *f* **1.** Berühmtheit, Ruhm **2.** Berühmtheit, berühmter Mensch
знаменитый, -ая, -ое; *Kzf* -ит, -а **1.** berühmt **2.** *volksspr* ausgezeichnet, großartig
знамённый, -ая, -ое Flaggen-, Fahnen-
знаменовать, -ную, -нуешь *uv buchspr* bedeuten; kennzeichnen, bezeichnen
знаменосец, -сца, *I* -сцем, *G Pl* -сцев *m* Bannerträger, Fahnenträger
знамя, *G, D, P* -мени, *I* -менем, *Pl* знамёна, -мён, -мёнам *n* Fahne, Banner
знание, -я *n.* **1.** Wissen; Kenntnis **2.** *Pl* Kenntnisse, Wissen
знатный, -ая, -ое; *Kzf* -тен, -тна! **1.** *alt* vornehm, vornehmer Herkunft **2.** *nur Langform* bekannt, berühmt **3.** *volksspr* großartig, ausgezeichnet
знаток, -а *m* Kenner, Sachverständiger
[1]**знать,** знаю, знаешь *uv* **1.** kennen, Kenntnis haben, wissen (*A oder* о *P* von, über); я знаю об этом ich weiß davon **2.** kennen, Kenntnis haben,

Fachmann sein; ~ матема́тику Mathematiker sein; in der Mathematik Bescheid wissen; ~ жизнь das Leben kennen **3.** kennen, bekannt sein (*A* mit); я зна́ю его́ ich kenne ihn ◇ ~ толк в чём-н. in etw. bewandert sein; ~ не зна́ю! keine Ahnung!; не могу́ ~ *alt* weiß ich leider nicht; знай на́ших! jetzt kommen wir!; то и знай in einem fort, ununterbrochen; он то́лько и зна́ет, что er hat nichts anderes im Kopf, als; как ~? wer weiß?; кто его́ зна́ет? wer kann [soll] das wissen?; на́до [пора́] и честь ~ man muß wissen, wann es genug ist

²знать *Adv volkssprа* anscheinend, offensichtlich

³знать, -и *f* Aristokratie

зна́ться, зна́юсь, зна́ешься *uv umg* bekannt sein, verkehren (с *I* mit)

зна́харь, -я *m* Kurpfuscher

значе́ние, -я *n* **1.** Bedeutung, Sinn, Inhalt; ~ сло́ва die Bedeutung eines Wortes **2.** Bedeutung, Bedeutsamkeit, Wichtigkeit **3.** *math* Wert

зна́чимость, -и *f* Bedeutung, Bedeutsamkeit, Wichtigkeit

зна́чит *mod umg* also, folglich

значи́тельный, -ая, -ое; *Kzf* -лен, -льна **1.** bedeutend, bedeutsam, beträchtlich; в -ой сте́пени in bedeutendem Maße; -ые собы́тия bedeutende Ereignisse **2.** bedeutungsvoll, bedeutsam, vielsagend

зна́чить, -чу, -чишь *uv* **1.** Bedeutung haben, bedeuten; что э́то сло́во зна́чит? was bedeutet dieses Wort? **2.** Bedeutung [Gewicht] haben

зна́читься, -чусь, -чишься *uv in einer Liste* geführt werden [stehen], eingetragen sein; он в спи́ске не зна́чится er steht nicht in der Liste

значки́ст, -а *m* Träger eines Leistungsabzeichens, Ehrenzeichens usw.

значо́к, -чка́ *m* **1.** Hinweiszeichen *in Büchern, auf Landkarten* **2.** Abzeichen

зна́ющий, -ая, -ее bewandert, kundig, erfahren

знобить, *1. u. 2. Pers ungebr*, -и́т *uv* **1.** *unpers* frösteln, schütteln *vor Kälte, Fieber*; его́ знобило es schüttelte ihn **2.** *gbt* erschauern lassen, frösteln machen

зной, -я, *I* -ем *m* Sonnenglut, (drückende) Hitze

зно́йный, -ая, -ое; *Kzf* зно́ен, зно́йна (drückend) heiß

зоб, -а, *P* о зо́бе, в [на] зобу́ *m* Kropf

зов, -а *m* **1.** Ruf(signal) **2.** *umg* Einladung

зову́ ↑ зва́ть

зодиа́к, -а *m astr* Tierkreis

зо́дчество, -а *n buchspr, alt u. hoher Stil* Baukunst, Architektur

зо́дчий, -его *Subst m buchspr, alt u. hoher Stil* Baumeister, Architekt

зола́, -ы́ *f* Asche

золо́вка, -и, *Pl G* -вок, *D* -вкам *f* Schwägerin *Schwester des Ehemannes*

золоти́стый, -ая, -ое; *Kzf* -и́ст, -а **1.** goldfarbig, goldgelb **2.** Gold- *in Pflanzen- u. Mineralbezeichnungen*; ~ се́рный колчеда́н Goldkies

золоти́ть, -очу́, -оти́шь; -очённый, -очён, -очена́ *uv* **1.** vergolden **2.** *übtr* golden färben, in goldenes Licht tauchen ◇ ~ пилю́лю die bittere Pille versüßen

золоти́ться, *1. u. 2. Pers ungebr*, -и́тся *uv* **1.** golden schimmern **2.** goldfarbig werden

золотни́к, -а́ *m* **1.** *tech* Schieber *zur Dampf- oder Gasregelung* **2.** *alt* Solotnik *altes russisches Maß, 4,26 g* ◇ мал ~, да до́рог klein, aber fein

зо́лото, -а *n* **1.** Gold; чи́стое ~ reines Gold; листово́е [суса́льное] ~ Blattgold **2.** *Koll* Gegenstände aus Gold **3.** *Koll* Goldgeld; пять рубле́й -ом [в -е] fünf Rubel in Gold(währung) ◇ черво́нное ~ Dukatengold

золотоиска́тель, -я *m* Goldsucher, -gräber

золото́й, -а́я, -о́е **1.** Gold-; ~ сли́ток Goldbarren **2.** -о́го *Subst m* Goldmünze, Goldstück **3.** golden, goldfarben, goldgelb **4.** golden, wertvoll, unschätzbar; -ы́е слова́ goldene Worte; -ы́е часы́ goldene Stunden **5.** goldig, herzig, lieb **6.** Gold- *in Pflanzen-, Tier- u. Mineralbezeichnungen*; -а́я ры́бка Goldfisch ◇ -ы́е ру́ки geschickte Hände

золотоно́сный, -ая, -ое; *Kzf* -сен, -сна goldhaltig

золото|промы́шленность, -и *f* Goldindustrie; **~ты́сячник,** -а *m bot* Tausendgüldenkraut; **~шве́йный,** -ая, -ое Goldsticker(ei)-

золоту́ха, -и *f umg, alt* Skrofulose

золоту́шный, -ая, -ое; *Kzf* -шен, -шна *umg* skrofulös

золочёный, -ая, -ое vergoldet

зо́лушка, -и *f* Aschenbrödel

зо́льник, -а *m tech* Aschekasten, Ascheloch

зо́на, -ы *f* Zone

зона́льный, -ая, -ое; *Kzf* -лен, -льна zonal, Zonen-
зонд, -а *m* 1. *med, tech* Sonde 2. *met* Sondierballon
зонди́ровать, -рую, -руешь *uv* 1. mit der Sonde untersuchen, sondieren 2. *übtr* sondieren ‖ *v* позонди́ровать
зонт, -а́ *m* 1. Sonnenschirm, Regenschirm 2. Schutzdach
зо́нтик, -а *m* 1. Regen-, Sonnenschirm 2. *umg* Sonnenschild, Augenschirm *gegen Sonne* 3. *bot* Dolde
зоо́лог, -а *m* Zoologe
зоологи́ческий, -ая, -ое zoologisch
зооло́гия, -и *f* Zoologie
зоо|па́рк, -а *m* (зоологи́ческий парк) zoologischer Garten, Zoo, Tierpark; **~са́д,** -а *m* (зоологи́ческий сад) zoologischer Garten, Zoo; **~те́хник,** -а *m* Zootechniker; **~фа́к,** -а *m* (зоотехни́ческий факульте́т) zootechnische Fakultät; **~фе́рма,** -ы *f* Tier-(zucht)farm
зо́ркий, -ая, -ое; *Kzf* -рок, -рка́! 1. gute Augen besitzend, scharfsichtig 2. *übtr* scharfsichtig, wachsam, aufmerksam
зо́ркость, -и *f* 1. Scharfsichtigkeit 2. *übtr* Scharfsichtigkeit, Scharfblick, Wachsamkeit
Зо́я, -и *f weibl Vn*
зра́зы *Pl* зраз, *Sg* зра́за, -ы *f* Srasy *mit Reis oder Grütze gefüllte Fleischklöße*
зрачо́к, -чка́ *m* Pupille
зре́лище, -а, *I* -ем *n* 1. Anblick 2. *theat* Schauspiel; Vorstellung *Kino*; ма́ссовое ~ Massenaufführung
зре́лищный, -ая, -ое: -ые предприя́тия Bühnenunternehmen
зре́лость, -и *f* 1. Reife; полова́я ~ Geschlechtsreife 2. *übtr* Reife, Vollkommenheit
зре́лый, -ая, -ое; *Kzf* зрел, -а́! 1. reif, organisch völlig entwickelt; -ое я́блоко reifer Apfel 2. geistig reif, erfahren; в -ом во́зрасте im reifen Alter 3. ausgereift, reiflich überlegt; -ое реше́ние reiflich überlegter Entschluß
зре́ние, -я *n* Sehvermögen, Sehkraft ◇ то́чка -я Standpunkt; под э́тим угло́м -я unter diesem Gesichtswinkel betrachtet; по́ле -я a) Blickfeld; b) Gesichtskreis
зреть, зре́ю, зре́ешь *uv* reifen
зри́тель, -я *m* Zuschauer
зри́тельный, -ая, -ое 1. Gesichts-, Seh-; ~ нерв Sehnerv; -ая па́мять visuelles Gedächtnis; -ая труба́ Fernrohr 2. Zuschauer-; ~ зал Zuschauerraum
зря *Adv umg* unnütz, unbedacht; болта́ть ~ ins Blaue hineinschwatzen
зря́чий, -ая, -ее sehend
зря́шный, -ая, -ое *volksspr* 1. unnötig, umsonst getan 2. zu nichts nütze
зуб, -а *m* 1. (*Pl* зу́бы, зубо́в, зуба́м) Zahn; коренно́й ~ Backenzahn 2. (*Pl* зу́бья, зу́бьев, зу́бьям) *tech* Zahn; ~ шестерни́ Zahn eines Zahnrads ◇ -ы разгоре́лись на что́-н. ganz versessen sein auf etw.; положи́ть -ы на по́лку am Hungertuch nagen; име́ть ~ на кого́-н. [про́тив кого́-н.] j-n auf dem Kieker haben, j-n nicht leiden können; чеса́ть -ы *volksspr* klatschen, plappern; э́то навя́зло у меня́ в -а́х es hängt mir zum Halse heraus
зуба́стый, -ая, -ое; *Kzf* -а́ст, -а *umg* 1. zahnbewehrt, mit großen, scharfen Zähnen 2. *übtr* mit Haaren auf den Zähnen, bissig
зубе́ц, -бца́, *I* -бцо́м, *G Pl* -бцо́в *m* 1. *tech* Zahn 2. *meist Pl* Zinne
зуби́ло, -а *n* Meißel
зубно́й, -а́я, -о́е 1. Zahn-; -а́я боль Zahnschmerz 2. *ling* dental; ~ звук Dental(laut)
зубо́вный, -ая, -ое: со скре́жетом -ым zähneknirschend
зубовраче́бный, -ая, -ое: ~ кабине́т zahnärztliche Abteilung; Behandlungsraum des Zahnarztes
зубо́к, -бка́ *m:* подари́ть на ~ einem Neugeborenen schenken; попа́сть кому́-н. на ~ Opfer von j-s Gespött [Schikane] werden; знать на ~ aus dem Effeff beherrschen
зуболече́бница, -ы, *I* -ей *f* Zahnklinik
зуболече́бный, -ая, -ое Zahnarzt-
зубоска́л, -а *m volksspr* Spötter, Witzbold
зубоска́лить, -лю, -лишь *uv volksspr* spotten, witzeln; grinsen
зубочи́стка, -и, *Pl G* -ток, *D* -ткам *f* Zahnstocher
зубр, -а *m* 1. Wisent, Auerochse 2. Erzreaktionär
зубрёжка, -и *f umg* Paukerei, Büffelei
зубри́ла, -ы *m, f umg* Büffler
[1]**зубри́ть,** зубрю́, зубри́шь *u.* **зу́брить,** зу́брю, зу́бришь *uv* schartig machen
[2]**зубри́ть,** зубрю́, зу́бри́шь *uv umg* büffeln, pauken

зубцо́вка, -и *f* Zähnung *an Briefmarken*
зубча́тка, -и, *Pl G* -ток, *D* -ткам *f* Zahnrad
зубча́тый *u.* **зу́бчатый,** -ая, -ое **1.** Zahn-, Zahnrad-; gezahnt; -ое колесо́ Zahnrad; -ая желе́зная доро́га Zahnradbahn **2.** mit Zacken, gezackt
зуд, -а *m* **1.** Jucken, Juckreiz **2.** *übtr, umg* unüberwindliches Verlangen
зуде́ть, *1. u. 2. Pers ungebr,* -и́т *uv umg* jucken; но́ги зудя́т die Füße jucken ◇ у меня́ ру́ки зудя́т es juckt mir in den Fingern
зы́бкий, -ая, -ое; *Kzf* -бок, -бка́! **1.** schwankend, nachgebend; идти́ по ещё -ому льду auf noch nachgebendem Eis gehen; -ая по́чва schwankender Boden **2.** *übtr* schwankend, unzuverlässig
зыбу́чий, -ая, -ее; *Kzf* -у́ч, -а beweglich; schwankend ◇ -ие пески́ Treibsand
зыбь, -и *f* geringer Seegang; Dünung
зы́кнуть, -ну, -нешь *v volksspr* **1.** laut und scharf rufen **2.** pfeifen *Kugel*
зы́чный, -ая, -ое; *Kzf* -чен, -чна schallend, tönend, laut
зюйд, -а *m* **1.** *naut* Süden, Süd **2.** *naut, met* Südwind
зюйд-ве́ст, -а *m* **1.** *naut, met* Südwest(wind) **2.** *naut* Südwesten
зюйд-о́ст, -а *m* **1.** *naut, met* Südost(wind) **2.** *naut* Südosten
зя́бкий, -ая, -ое; *Kzf* -бок, -бка́! *umg* empfindlich gegen Kälte, leicht frierend
зя́блевый, -ая, -ое: -ая вспа́шка Herbststurz
зя́блик, -а *m* Fink
зя́бнуть, -ну, -нешь; зяб, -ла *uv* frieren
зябь, -и *f landw* Herbstacker, Herbstfurche; подъём -и Herbststurz
зять, -я, *Pl* зятья́, -ьёв, -ья́м *m* **1.** Schwiegersohn **2.** Schwager *Mann der Schwester u. der Schwester des Ehemanns*

И

¹и *Konj* **1.** und **2.** *am Anfang von Frage- u. Ausrufesätzen* doch; nur; nein, wie; и как ты мог пропусти́ть э́то ми́мо уше́й? wie hast du das nur überhören können?; и как ме́тко э́то ска́зано nein, wie treffend ist das doch gesagt **3.** *einräumend* ja (zwar); и мой ты сын, а не пойму́ я тебя́ du bist ja zwar mein Sohn, aber ich kann dich nicht begreifen **4.** *vor dem Prädikat* daraufhin, daher, also, folglich, dann auch (wirklich), nun; там он и заболе́л dort ist er dann auch erkrankt **5.** auch, ebenfalls; бу́дет и на на́шей у́лице пра́здник auch bei uns wird das Glück einmal einkehren **6.** sogar; и в ста́рости он сохрани́л я́сный, пытли́вый ум selbst im Alter hat er seinen klaren, forschenden Verstand behalten; не хочу́ и до́брой но́чи жела́ть nicht einmal gute Nacht möchte ich wünschen **7.**: и ... и sowohl ... als auch ◇ и так да́лее und so weiter; и про́чее und anderes mehr; и тому́ подо́бное und dergleichen (mehr)
²и *verstärkende Part* gerade, eben; об э́том я и говорю́ davon spreche ich gerade
³и *Interj meist gedehnt gesprochen zum Ausdruck der Ablehnung volksspr, gbt* ach, ei, nun aber, was nicht noch alles
иберийский, -ая, -ое iberisch
и́бо *Konj alt u. buchspr* denn
и́ва, -ы *f* Weide, Weidenbaum; плаку́чая ~ Trauerweide
Ива́н, -а *m männl Vn*
ива́н-да-ма́рья, ива́н-да-ма́рьи *f* **1.** Wachtelweizen **2.** *umg* Feldstiefmütterchen
ива́новский, -ая, -ое: крича́ть во всю -ую aus vollem Halse schreien
ивня́к, -а́ *m* Weidengestrüpp
и́вовый, -ая, -ое Weiden-
и́волга, -и *f* Pirol, Goldamsel
игла́, -ы́, *Pl* и́глы, игл, и́глам *f* **1.** Nadel; шве́йная ~ Nähnadel; ело́вые и́глы Tannennadeln **2.** *meist Pl* Stacheln; и́глы ежа́ die Stacheln des Igels
игли́стый, -ая, -ое; *Kzf* -и́ст, -а stachelig, mit Stacheln [Nadeln] be-

иглокóжие, -их *Pl zool* Stachelhäuter

Игнáтий, -я, *P* -и *m männl Vn*

игнори́ровать, -и́рую, -и́руешь; -и́рованный, -и́рован, -а *v, uv* ignorieren, (absichtlich) übersehen

и́го, -а *n* Joch, Gewaltherrschaft

игóлка, -и, *Pl G* -лок, *D* -лкам *f* **1.** Nadel **2.** Stachel ◇ сидéть [быть] как на -ах wie auf Nadeln sitzen

игóлочка, -и, *Pl G* -чек, *D* -чкам *f* *Dem zu* игóлка kleine Nadel ◇ **с -и** (funkel)nagelneu

игóльник, -а *m* Nadelbüchse; Nadelkissen

игóльный, -ая, -ое Nadel-; -ое ушкó Nadelöhr

игóрный, -ая, -ое Spiel-, für Glücksspiel bestimmt; -ые зáлы Spielsäle

И́горь, -я *m männl Vn*

игрá, -ы́, *Pl* и́гры, игр, и́грам *f* **1.** Spiel; дéтская ~ Kinderspiel; ~ в футбóл Fußballspiel; настóльные -ы Tischspiele; ~ крáсок Spiel der Farben; ~ на скри́пке Geigenspiel **2.** Moussieren, Schäumen, Perlen ◇ ~ слýчая Spiel des Zufalls; ~ воображéния Hirngespinst; игрáть большýю -ý ein gewagtes Spiel spielen; ~ не стóит свеч es ist die Mühe [den Einsatz] nicht wert

игрáльный, -ая, -ое Spiel-; -ые кáрты Spielkarten

игрáть, -áю, -áешь; игрáя *u. umg* игрáючи; и́гранный, -ан, -а *uv* **1.** spielen; дéти игрáют во дворé die Kinder spielen auf dem Hof; ~ в футбóл Fußball spielen; ~ головóй köpfen *Fußball*; ~ в кáрты Karten spielen; ~ на бильярде Billard spielen; ~ на роя́ле Klavier spielen; ~ на скри́пке Geige spielen **2.** *I* sein Spiel treiben (mit); он не позволя́ет собóй ~ er läßt nicht mit sich spielen **3.** moussieren, schäumen, perlen; винó игрáет der Wein moussiert ◇ ~ пéрвую скри́пку die erste Geige spielen *a. übtr*; ~ комý-н. нá руку j-m nützlich sein; ~ в молчáнку *volksspr* stumm dasitzen || *uv iterativ* и́грывать, *ohne Präs umg zu* 1

игрáючи *Adv umg* spielend leicht

и́грек, -а *m* Ypsilon

игри́вый, -ая, -ое; *Kzf* -и́в, -а **1.** ausgelassen; schalkhaft; kokett **2.** lustig, scherzend **3.** zweideutig, frivol

игри́стый, -ая, -ое; *Kzf* -и́ст, -а perlend, schäumend, moussierend

игровóй, -áя, -óе Spiel-

игрóк, -á *m* **1.** (Mit-) Spieler **2.** dem Glücksspiel verfallener Mensch, (Hasard-) Spieler

игротéка, -и *f* Ausleihstelle für Spielzeug

игрýн, -á *m umg* ausgelassenes Kind; котёнок-~ verspieltes Kätzchen

игрýшечный, -ая, -ое 1. Spiel(zeug)-, Spielwaren-; ~ автомоби́ль Spiel(zeug)auto **2.** klein wie Spielzeug; вдали́ ви́дны -ые дóмики in der Ferne sind Häuser klein wie Spielzeug zu sehen

игрýшка, -и, *Pl G* -шек, *D* -шкам *f* **1.** Spielzeug **2.** *übtr* gehorsames, willenloses Werkzeug, Spielzeug

и́грывать *uv iterativ zu* игрáть

игуáна, -ы *f zool* Leguan

игýмен, -а *m* Abt

идеáл, -а *m* Ideal; Wunschbild; Vorbild

идеали́ст, -а *m* Idealist

идеалисти́ческий, -ая, -ое 1. idealistisch; -ие взгля́ды idealistische Anschauungen **2.** *umg* unrealistisch, (gar zu) idealistisch; -ие и во мнóгом наи́вные пóрывы (gar zu) idealistische und in vieler Hinsicht naive Bestrebungen

идеалисти́чный, -ая, -ое; *Kzf* -чен, -чна zur Idealisierung neigend

идеáльный, -ая, -ое; *Kzf* -лен, -льна **1.** *phil* nur in der Vorstellung [als Idee] existierend; ideell **2.** *umg* vollkommen, mustergültig, ideal

идéйно-воспитáтельный, -ая, -ое: -ая рабóта ideologische Erziehungsarbeit

идéйность, -и *f* fortschrittlicher Ideengehalt; Progressivität

идéйный, -ая, -ое; *Kzf* идéен, идéйна **1.** ideologisch; -ая борьбá ideologischer Kampf **2.** Ideen-; ideell; -ое содержáние пьéсы Ideengehalt des Stücks **3.** von fortschrittlichen Ideen erfüllt, fortschrittliche Ideen vertretend, fortschrittlich, ~ человéк fortschrittliche Ideen vertretender Mensch

идентификáция [де], **-и** *f buchspr* Identifizierung

идентйчность [де], **-и** *f buchspr* Identität

иденти́чный [де], **-ая, -ое;** *Kzf* -чен, -чна *buchspr* identisch

идеóлог, -а *m* Ideologe

идеолóгия, -и *f* Ideologie

идéя, -и *f* **1.** *phil* Idee **2.** Grundgedanke, Idee; ~ ромáна Grundidee des Romans **3.** Gedanke, Einfall; мне пришлá в гóлову блестя́щая ~ ich hatte einen blendenden Einfall; он по́дал мне хоро́шую -ю er hat mich auf einen guten Einfall gebracht ◇ навя́зчивая ~ fixe Idee, Zwangsvorstellung

идилли́ческий, -ая, -ое idyllisch

иди́ллия, -и *f* 1. *lit* Idylle 2. *iron* Idyll

идио́м, -а *m u.* **идио́ма,** -ы *f ling* idiomatische Wendung

идиома́тика, -и *f* Idiomatik, Lehre von den idiomatischen Wendungen; Gesamtbestand der idiomatischen Wendungen *einer Sprache*

идио́т, -а *m* Idiot

идиоти́зм, -а *m* Idiotie

идио́тский, -ая, -ое idiotisch

идио́тство, -а *n umg* Blödsinn, unsinnige Handlung

и́диш *m idkl* Jiddisch

и́дол, -а *m* 1. Götzenbild, Götze; Abgott, Idol 2. *verächtl* Heuochse, Ölgötze *von einem unverständigen oder gefühllosen Menschen* ◇ стоя́ть [сиде́ть] -ом unbeweglich dastehen [dasitzen]

идолопокло́нник, -а *m* Götzendiener

идолопокло́нство, -а *n* Götzendienst

и др. (и други́е) und andere

идти́* *uv* 1. *best* gehen, kommen; laufen; ~ пешко́м zu Fuß gehen; ~ гуля́ть spazierengehen; я иду́ домо́й ich gehe nach Hause; я иду́ и́з дому ich komme von zu Hause; ~ за водо́й Wasser holen gehen 2. *best* fahren, kommen, sich fortbewegen *von und mit Verkehrsmitteln*; по Во́лге шли ба́рки auf der Wolga fuhren Barken; ~ на вёслах rudern; ~ под паруса́ми segeln; ~ в мо́ре in See stechen 3. *best* verkehren, fahren, abfahren *von Verkehrsmitteln*; по́езд идёт в 12 часо́в но́чи der Zug geht 12 Uhr nachts 4. *best* (aus)ziehen; ~ на охо́ту auf Jagd gehen; ~ на [про́тив] врага́ gegen den Feind ziehen 5. *übtr* eintreten, beitreten; ~ в комсомо́л dem Komsomol beitreten; ~ на биологи́ческий факульте́т das Studium an der biologischen Fakultät aufnehmen wollen; ~ в лётчики Flieger werden, zu den Fliegern gehen 6. *übtr* gehen, schreiten; ~ к коммуни́зму sich auf dem Wege zum Kommunismus befinden 7. entströmen, sich verbreiten; из трубы́ идёт дым aus dem Schornstein strömt Rauch; от пе́чки идёт тепло́ der Ofen strahlt Wärme aus; идёт слух es geht das Gerücht 8. geliefert werden, kommen; чай идёт с Кавка́за der Tee kommt aus dem Kaukasus 9. *übtr* sich nähern, kommen, anbrechen; идёт весна́ der Frühling bricht an 10. *umg* Absatz finden, gehen 11. *übtr* sich einfinden, eingehen; zuerkannt werden; zustehen; иду́т проце́нты Zinsen gehen ein 12. sich entlangziehen, sich erstrecken, hindurchführen; доро́га идёт ле́сом [че́рез лес] die Straße führt durch den Wald 13. *best* funktionieren, laufen, gehen; часы́ иду́т то́чно die Uhr geht genau 14. stattfinden, veranstaltet werden; иду́т экза́мены die Prüfungen sind im Gange; идёт но́вая кинокоме́дия ein neuer Lustspielfilm läuft; что сего́дня идёт в теа́тре? was wird heute im Theater gespielt? 15. sich bereitfinden, geneigt sein (на *A* zu); ~ на усту́пки sich zu Zugeständnissen bereitfinden; ~ на риск ein Risiko eingehen 16. erforderlich sein, gebraucht werden, verwendet werden, bestimmt sein (в, на, под *A* für, bei); на сти́рку идёт мно́го мы́ла beim Waschen wird viel Seife verbraucht 17. *D*, к *D* passen, entsprechen, (gut) stehen; э́та ко́фточка вам не идёт diese Bluse steht Ihnen nicht 18. *umg* hineingehen, hineinpassen, passen; сапо́г не идёт на́ ногу der Stiefel paßt nicht (für den Fuß) 19. *umg* vonstatten gehen, (gut) klappen, (gut) von der Hand gehen 20. *I*, с *G best* ziehen, einen Zug machen *Brettspiele*; ausspielen *beim Kartenspiel*; ~ конём den Springer ziehen; ~ с туза́ das As ziehen [ausspielen] 21. gegeben werden, gelangen, kommen; ~ в чи́стку in die Reinigung gegeben werden ◇ идёт! einverstanden!; идёт дождь es regnet; идёт снег es schneit; вре́мя идёт die Zeit geht dahin; идёт ты́сяча девятьсо́т пятьдеся́т седьмо́й год es ist das Jahr 1957; ему́ идёт восьмо́й год er ist im achten Jahr, er wird acht (Jahre alt); э́то не идёт в счёт das zählt nicht (mit); ~ в сравне́ние einen Vergleich aushalten; ~ за́муж за *A* heiraten *einen Mann*; ~ ко дну auf Grund gehen, sinken; ~ на у́быль abnehmen, sinken *Wasserstand*; де́ло идёт на лад die Sache geht in Ordnung; ~ на поса́дку *flug* zur Landung ansetzen; речь идёт о *P* es ist die Rede von, es handelt sich um; э́то ещё куда́ ни шло das geht noch an; ~ в но́гу с эпо́хой mit der

Zeit Schritt halten || *v* по|йти́* *zu* 1, 5, 10, 15-21 | *unbest* ходи́ть *zu* 1, 2, 3, 4, 13, 20

иду́ ↑ идти́

иезуи́т, -а *m* Jesuit

иезуи́тский, -ая, -ое 1. Jesuiten- 2. *übtr, verächtl* jesuitisch

ие́на, -ы *f* Yen *japanische Währungseinheit*

Ие́на, -ы *f* Jena

иера́рхия, -и *f* Hierarchie

иере́й, -я, *G Pl* -ев *m* Priester *der orthodoxen Kirche*

иеро́глиф, -а *m* Hieroglyphe

Иерусали́м, -а *m* Jerusalem

иждиве́нец, -нца, *I* -нцем, *G Pl* -нцев *m* nicht verdienendes Familienmitglied

иждиве́ние, -я *n*: быть на -и у кого́-н. von j-m unterhalten werden, auf j-s Kosten leben

и́жица, -ы, *I* -ей *f Name des letzten Buchstabens im kirchenslawischen und altrussischen Alphabet, der den Laut „i" bezeichnet* ◇ от аза́ до -ы von A bis Z

из, *u. vor einigen Konsonantenverbindungen, vor* весь *u.* вся́кий *u. in einigen festen Wendungen* **изо,** *Präpos mit G* 1. aus; ~ го́рода aus der Stadt (heraus); цита́та ~ Ле́нина Zitat von Lenin; он ~ рабо́чих er stammt aus einer Arbeiterfamilie, ist von Herkunft Arbeiter; он ро́дом ~ Москвы́ er stammt aus Moskau, ist gebürtiger Moskauer; бро́шка ~ зо́лота Brosche aus Gold; изо рта aus dem Mund 2. aus *Ursache*; из за́висти aus Neid; из любви́ к иску́сству aus Liebe zur Kunst 3. von; оди́н из них einer von ihnen 4. *im Deutschen oft zusammengesetzte Substantive*: сала́т из помидо́ров Tomatensalat; кровотече́ние из но́са Nasenbluten; буке́т из роз Rosenstrauß ◇ письмо́ и́з дому [из до́му *umg*] ein Brief von zu Hause; вы́йти и́з дому [из до́му *umg*] von zu Hause fortgehen, aus dem Haus gehen; потеря́ть и́з виду [из ви́ду *umg*] aus den Augen verlieren; изо всех сил aus Leibeskräften; изо дня в день tagaus, tagein; von Tag zu Tag; из го́да в год jahraus, jahrein; von Jahr zu Jahr; из э́того ничего́ не вы́йдет daraus wird nichts

изба́, -ы́, *A* и́збу, *Pl* и́збы, изб, и́збам *f* 1. *hölzernes* Bauernhaus 2. Wohnstube *im Bauernhaus*

избави́тель, -я *m* Befreier, Retter

изба́вить, -влю, -вишь; -вленный, -влен, -а *v* befreien, erlösen, erretten; verschonen; entheben; ~ от упрёков mit Vorwürfen verschonen; он изба́вил меня́ от вся́ких хлопо́т er hat mir alle Scherereien [Laufereien] abgenommen || *uv* избавля́ть, -я́ю, -я́ешь

изба́виться, -влюсь, -вишься *v* sich retten, entgehen, enthoben werden; ~ от опа́сности der Gefahr entrinnen || *uv* избавля́ться, -я́юсь, -я́ешься

избавле́ние, -я *n* Befreiung, Erlösung

избавля́ть(ся) *uv zu* изба́вить(ся)

избало́ванный, -ая, -ое verwöhnt, verzogen, launenhaft

избалова́ть, -лу́ю, -лу́ешь; -ло́ванный, -ло́ван, -а *v* verwöhnen, verziehen || *uv* **избало́вывать,** -аю, -аешь

избалова́ться, -лу́юсь, -лу́ешься *v* 1. verwöhnt [verzogen] werden 2. *umg* ungezogen werden *von Kindern* 3. *volksspr* verdorben werden, schlechte Gewohnheiten annehmen || *uv* **избало́вываться,** -аюсь, -аешься

изба́-чита́льня, избы́-чита́льни, *Pl* и́збы-чита́льни, изб-чита́лен, и́збам-чита́льням *f* Dorflesestube

избе́гать, -аю, -аешь *v umg* die ganze Gegend ablaufen, abrennen

избега́ть, -а́ю, -а́ешь *uv G oder mit Inf* 1. aus dem Wege gehen, meiden, vermeiden; ~ встре́чи с ним einer Begegnung mit ihm aus dem Wege gehen, eine Begegnung mit ihm vermeiden; ~ люде́й die Menschen meiden; ~ оши́бок Fehler vermeiden 2. entgehen, entrinnen; ~ опа́сности die Gefahr meiden || *v* из|бежа́ть* *u.* избе́гнуть, -ну, -нешь; избе́г, -ла *u. alt* избе́гнул, -а; избе́гнутый, -ут, -а

избе́гаться, -аюсь, -аешься *v umg* sich müde laufen

избе́гнуть *v zu* избега́ть

избежа́ние, -я *n*: во ~ чего́-н. zur Vermeidung von etw.

избежа́ть *v zu* избега́ть

избива́ть *uv zu* изби́ть

избие́ние, -я *n* 1. Prügeln, Verprügeln 2. Ausrottung, Vernichtung

избира́тель, -я *m* Wähler

избира́тельный, -ая, -ое 1. Wahl-; ~ бюллете́нь Stimmzettel 2. *rad* trennscharf, selektiv

избира́ть *uv zu* избра́ть

изби́тый, -ая, -ое; *Kzf* -и́т, -а ab-

gedroschen, strapaziert; ausgetreten; -ые фрáзы abgedroschene Phrasen; -ая дорóга *a. übtr* ausgetretener Pfad [Weg]
из|би́ть*, изобью́ *v* **1.** (ver)prügeln **2.** *buchspr, alt* ausrotten, hinmetzeln **3.** *meist Ptz Prät Pass umg* beschädigen, übel zurichten, zerbeulen; *volksspr* abnutzen, -tragen || *uv* избивáть, -áю, -áешь
избороздáть *uv zu* избороздúть
избороздúть, -ожжý, -оздúшь; -ождённый, -ождён, -ождена́ *v* **1.** durchfurchen, mit Furchen durchziehen; изборождённое лицó mit Runzeln überzogenes Gesicht **2.** durchziehen, durchstreifen, durchfahren; я избороздúл мнóго морéй ich habe viele Meere durchfahren || *uv* избороздáть, -áю, -áешь
избочéниваться *uv zu* избочéниться
избочéниться, -нюсь, -нишься *v umg* die Arme in die Seiten stemmen; sich schief hinstellen || *uv* избочéниваться, -аюсь, -аешься
избрáние, -я *n* Erwählung, Wahl
избрáнник, -а *m hoher Stil* Auserwählter, Gewählter
и́збранный, -ая, -ое **1.**: -ые сочинéния *lit* ausgewählte Werke **2.** ausgesucht, auserwählt, bevorzugt
из|брáть* *v* wählen; auswählen; ~ когó-н. в депутáты j-n zum Abgeordneten wählen || *uv* избирáть, -áю, -áешь
избýшка, -и, *Pl G* -шек, *D* -шкам *f Dem zu* избá Hütte, Bauernhütte
избы́ток, -тка *m* **1.** Überschuß, überschüssiger Rest; ~ сил Kräfteüberschuß **2.** Überfluß; быть в -тке im Überfluß vorhanden sein
избы́точный, -ая, -ое; *Kzf* -чен, -чна reich, im Überfluß; überschüssig
извая́ние, -я *n* Skulptur, Statue
извая́ть, -я́ю, -я́ешь; извая́нный, -ян, -а *u. alt* извая́нный, -я́н, -а *v* meißeln, schnitzen, formen *Skulptur, Figur*
извéдать, -аю, -аешь; извéданный, -ан, -а *v buchspr* am eigenen Leibe, aus eigener Erfahrung kennenlernen, erfahren, erleben, zu spüren bekommen || *uv* **извéдывать,** -аю, -аешь
изверг, -а *m* Unmensch, Ungeheuer
извергáть(ся) *uv zu* извéргнуть(ся)
извéргнуть, -ну, -нешь; извéрг, -ла; извéрженный, -ен, -а *u.* извéргнутый, -ут, -а *v* **1.** (her)ausstoßen, (her)-auswerfen; ausspeien; вулкáн извéрг лáву der Vulkan spie Lava aus **2.** *übtr* ausstoßen, verbannen || *uv* извергáть, -áю, -áешь
извéргнуться, -нусь, -нешься; извéргся, -лась *v* **1.** sich ergießen, ausgestoßen werden **2.** Feuer speien *Vulkan* || *uv* извергáться, -áюсь, -áешься
извержéние, -я *n* **1.** Ausstoßen, Auswerfen **2.** Ausbruch *eines Vulkans*
извéриться, -рюсь, -ришься *v umg* den Glauben verlieren (в *P oder A* an)
извернýться, -нýсь, -нёшься *v* **1.** rasch, geschickt ausweichen, sich herauswinden **2.** *übtr* sich aus der Verlegenheit ziehen || *uv* **извёртываться,** -аюсь, -аешься *u. umg* изворáчиваться, -аюсь, -аешься
из|вестú*; изведя́ *u. alt* извéдши *v* **1.** *umg* verbrauchen, aufbrauchen **2.** *volksspr* umbringen, ermorden; ausrotten **3.** *umg* (bis auf den Tod) quälen, peinigen, piesacken || *uv* изводúть, -ожý, -óдишь
извéстие, -я *n* **1.** Nachricht **2.** *Pl* Mitteilungen, Nachrichten *in Zeitungs- und Zeitschriftentiteln*
из|вестúсь* *v umg* sich abquälen, sich abrackern; von Kräften kommen || *uv* изводúться, -ожýсь, -óдишься
известúть, -ещý, -естúшь; -ещённый, -ещён, -ещена́ *v* benachrichtigen, in Kenntnis setzen (о *P* von), wissen lassen || *uv* извещáть, -áю, -áешь
извёстка, -и *f umg* Kalk
известковáние, -я *n* Kalkdüngung
известковáть, -кýю, -кýешь; -кóванный, -кóван, -а *v, uv* mit Kalk düngen, kalken
известкóвый, -ая, -ое kalkhaltig, Kalk-; ~ раствóр (Kalk-) Mörtel
извéстно [сн] **1.** *unpers prädikativ* es ist bekannt; как ~ bekanntlich **2.** *mod volksspr* klar!, versteht sich!
извéстность [сн], -и *f* **1.** Bekanntheit, (guter) Ruf, Ruhm **2.** *umg* eine Berühmtheit ◇ постáвить в ~ in Kenntnis setzen; привестú в ~ *alt* in Erfahrung bringen
извéстный [сн], -ая, -ое; *Kzf* -тен, -тна [сн] **1.** bekannt, berühmt **2.** bestimmt, gewiß; в -ых слýчаях in bestimmten [gewissen] Fällen
известня́к [сн], -á *m* Kalkstein
и́звесть, -и *f* Kalk
изветшáлый, -ая, -ое *alt* baufällig
извéчный, -ая, -ое; *Kzf* -чен, -чна ewig, uralt

извеща́ть *uv zu* извести́ть
извеще́ние, -я *n* Benachrichtigung, Mitteilung
изви́в, -а *m* Windung; Biegung
извива́ться, -а́юсь, -а́ешься *uv* sich schlängeln, sich winden
изви́лина, -ы *f* Krümmung, Windung; -ы мо́зга Gehirnwindungen
изви́листый, -ая, -ое; *Kzf* -ист, -а gewunden
извине́ние, -я *n* Entschuldigung
извини́тельный, -ая, -ое 1. *Kzf* -лен, -льна entschuldbar, verzeihlich 2. *alt* Entschuldigungs-; -ое письмо́ Entschuldigungsschreiben
извини́ть, -ню́, -ни́шь; -нённый, -нён, -нена́ *v* entschuldigen, verzeihen ◇ извини́те! entschuldigen Sie!; извини́те за выраже́ние verzeihen Sie den (derben) Ausdruck ‖ *uv* **извиня́ть,** -я́ю, -я́ешь
извини́ться, -ню́сь, -ни́шься *v* sich entschuldigen; он извини́лся за до́лгое молча́ние er entschuldigte sich wegen seines langen Schweigens ‖ *uv* **извиня́ться,** -я́юсь, -я́ешься
из|ви́ться*, изовью́сь; извили́сь *v* sich schlängeln, sich winden
извлека́ть *uv zu* извле́чь
извлече́ние, -я *n* 1. Ziehen, Herausziehen, Entfernen 2. Gewinnung; ~ со́ка из фру́ктов die Gewinnung von Saft aus Früchten 3. *übtr* Gewinnung, Entnahme *von Angaben* 4. Auszug, Exzerpt *aus Büchern, Zeitungen*
из|вле́чь* *v* 1. ziehen, herausziehen, entfernen; ~ оско́лок из ра́ны den Splitter aus einer Wunde ziehen 2. gewinnen, entnehmen; ~ сок из фру́ктов Saft aus Früchten gewinnen 3. *übtr* gewinnen, entnehmen, herausziehen; ~ но́вые да́нные из архи́вных материа́лов neue Angaben aus Archivmaterial gewinnen; ~ уро́к из *G* eine Lehre ziehen aus; ~ по́льзу из чего́-н. aus etw. Nutzen ziehen ‖ *uv* извлека́ть, -а́ю, -а́ешь
извне́ *Adv* von außen (her), von draußen (her)
изводи́ть(ся) *uv zu* извести́(сь)
изво́з, -а *m hist* Fuhrunternehmen
изво́зный, -ая, -ое: ~ про́мысел Fuhrwesen, Fuhrgewerbe
изво́зчик [ощ], -а *m* (Lohn-) Fuhrmann, (Lohn-) Kutscher; легково́й ~ Droschkenkutscher; ломово́й ~ Lastfuhrmann; е́хать на -е mit einer Droschke fahren
изво́лить, -лю, -лишь; -ль *uv* 1. *alt G oder mit Inf* belieben; geruhen; когда́ изво́лите поза́втракать? wann belieben Sie zu frühstücken?; изво́льте сесть bitte, nehmen Sie Platz 2. *Imp* изво́ль(те) *umg* einverstanden, meinetwegen, gut, (aber) bitte
извора́чиваться, -аюсь, -аешься *uv* 1. *uv zu* изверну́ться 2. *umg* sich drehen und wenden; sich aus der Schlinge [Verlegenheit] ziehen
изворо́тливый, -ая, -ое; *Kzf* -ив, -а gewandt, wendig, findig
изврати́ть, -ащу́, -ати́шь; -ащённый, -ащён, -ащена́ *v* 1. verdrehen, entstellen, verzerrt darstellen 2. *sittlich* verderben ‖ *uv* **извраща́ть,** -а́ю, -а́ешь
извраще́ние, -я *n* 1. Verdrehung, Entstellung 2. *sittlich* schlechter Einfluß; *sittliche* Verdorbenheit, Verderbtheit 3. Widernatürlichkeit, Perversität, Verirrung; вкусовы́ -я Geschmacksverirrungen
извращённый, -ая, -ое 1. entstellt, verzerrt, verdreht, ins Gegenteil verkehrt 2. widernatürlich, pervers
изга́дить, -а́жу, -а́дишь; -а́женный, -а́жен, -а *v volksspr* 1. (mit Kot) beschmieren, beschmutzen, besudeln 2. *übtr* verderben, zunichte machen, verpfuschen
изги́б, -а *m* 1. Krümmung, Windung; ~ реки́ Flußkrümmung 2. *tech* (Ver-) Biegen; про́чность на ~ Biegefestigkeit 3. *meist Pl* Feinheit, Nuance, Schattierung
изгиба́ть, -а́ю, -а́ешь *uv* biegen, beugen, verbiegen, krümmen, verziehen; ~ спи́ну den Rücken beugen; ~ гу́бы den Mund verziehen ‖ *v* изогну́ть, -ну́, -нёшь; изо́гнутый, -ут, -а
изгиба́ться, -а́юсь, -а́ешься *uv* sich biegen, sich beugen, sich verbiegen, sich krümmen, sich verziehen ‖ *v* изогну́ться, -ну́сь, -нёшься
изгла́дить, -а́жу, -а́дишь; -а́женный, -а́жен, -а *v* 1. verwischen; изгла́женная на́дпись verwischte Aufschrift 2. *übtr* auslöschen, verwischen; ~ неприя́тное впечатле́ние einen unangenehmen Eindruck verwischen ◇ ~ из па́мяти aus dem Gedächtnis tilgen ‖ *uv* **изгла́живать,** -аю, -аешь
изгла́диться, *1. u. 2. Pers ungebr*, -ится *v* sich verwischen, verschwinden, vergessen werden; неприя́тное впечатле́ние изгла́дилось der unangenehme Eindruck war vergessen ‖ *uv* **изгла́живаться,** -ается
изгна́ние, -я *m* 1. Vertreibung, Verbannung 2. Exil, Verbannung

изгна́нник, -а *m* Vertriebener, Verbannter
из|гна́ть* *v* vertreiben, verjagen, verbannen ‖ *uv* изгоня́ть, -я́ю, -я́ешь
изголо́вье, -ья, *Pl G* -вий, *D* -вьям *n* Kopfende *des Bettes*; Kopfunterlage *beim Schlafen*
изголода́ться, -а́юсь, -а́ешься *v* 1. ausgehungert sein, großen Hunger haben 2. *übtr* gierig [ausgehungert] sein, heftiges Verlangen haben (по *D* nach)
изгоня́ть *uv zu* изгна́ть
и́згородь, -и *f* Staket, Zaun; жива́я ~ Hecke
изгота́вливать(ся) *uv zu* изгото́вить(ся)
изгото́вить, -влю, -вишь; -вленный, -влен, -а *v* 1. herstellen, verfertigen, produzieren 2. *umg* Essen zubereiten ‖ *uv* изгота́вливать, -аю, -аешь *u.* изготовля́ть, -я́ю, -я́ешь
изгото́виться, -влюсь, -вишься *v* 1. *Sport* sich fertig machen 2. *mil* in Anschlag gehen ‖ *uv* изгота́вливаться, -аюсь, -аешься *u.* изготовля́ться, -я́юсь, -я́ешься
изготовле́ние, -я *n* Herstellung, Verfertigung, Produktion; ~ проду́кции Produktionsausstoß
изготовля́ть(ся) *uv zu* изгото́вить(ся)
изгрыза́ть *uv zu* изгры́зть
из|гры́зть* *v* zernagen, zerfressen ‖ *uv* изгрыза́ть, -а́ю, -а́ешь
[1,2]**издава́ть** *uv zu* [1,2]изда́ть
из|дава́ться* *uv* erscheinen *Bücher*
и́здавна *Adv* seit jeher, von alters her
издалека́, издалёка, и́здали *Adv* von weitem, von fern ◇ нача́ть издалека́ weit ausholen *beim Erzählen*
изда́ние, -я *n* 1. Herausgabe, Veröffentlichung; Erlaß; ~ зако́на Veröffentlichung [Erlaß] eines Gesetzes 2. Ausgabe; Auflage; шко́льное ~ Schulausgabe; второ́е ~ zweite Auflage 3. Druckerzeugnis, Veröffentlichung; -я Акаде́мии нау́к die Veröffentlichungen der Akademie der Wissenschaften
изда́тель, -я *m* Verleger, Herausgeber
изда́тельский, -ая, -ое Verlags-; -ое де́ло Verlagswesen
изда́тельство, -а *n* Verlag
[1]**из|да́ть*** *v* 1. herausgeben, verlegen, veröffentlichen, erscheinen lassen; ~ кни́гу ein Buch herausgeben 2. erlassen; ~ декре́т eine Verfügung erlassen ‖ *uv* из|дава́ть*
[2]**из|да́ть*** *v* ausstoßen, von sich geben; ausströmen; ~ звук einen Laut ausstoßen; ~ за́пах Geruch ausströmen ‖ *uv* из|дава́ть*
издева́тельский, -ая, -ое spöttisch, höhnisch
издева́тельство, -а *n* 1. Verhöhnung, Verspottung; Hohn, Spott
издева́ться, -а́юсь, -а́ешься *uv* verhöhnen, seinen Spott treiben (над *I* mit)
издёвка, -и, *Pl G* -вок, *D* -вкам *f umg* böswilliger Spott, Hohn; в -у zum Spott
изде́лие, -я *n* 1. Herstellung, Fertigung 2. Erzeugnis, Ware; галантере́йные -я Galanteriewaren
издёрганный, -ая, -ое *umg* überreizt, nervös
издёргать, -аю, -аешь; -анный, -ан, -а *v umg* nervös machen; ~ не́рвы die Nerven überreizen [zerrütten]
издержа́ть, -ержу́, -е́ржишь; -е́ржанный, -е́ржан, -а *v* verbrauchen, aufbrauchen, aufwenden, ausgeben ‖ *uv* **изде́рживать,** -аю, -аешь
издержа́ться, -ержу́сь, -е́ржишься *v umg* sein ganzes Geld ausgeben, sich verausgaben ‖ *uv* **изде́рживаться,** -аюсь, -аешься
изде́ржки *Pl* -жек, -жкам, *Sg* изде́ржка, -и *f* Ausgaben, Kosten; суде́бные ~ Gerichtskosten; ~ произво́дства Produktionskosten
издира́ть(ся) *uv zu* изодра́ть(ся)
издо́хнуть, -ну, -нешь; издо́х, -ла *v* 1. verenden, sterben *von Tieren* 2. *derb, volksspr* krepieren, verrecken ‖ *uv* издыха́ть, -а́ю, -а́ешь
издыха́ние, -я *n*: до после́днего -я bis zum letzten Atemzug; быть при после́днем -и die letzten Atemzüge tun
издыха́ть *uv zu* издо́хнуть
изжа́рить, -рю, -ришь; -ренный, -рен, -а *v* braten, rösten *tr*
изжа́риться, -рюсь, -ришься *v* gebraten, geröstet sein [werden], gar gebraten sein; гусь изжа́рился die Gans ist gar gebraten
изжёванный, -ая, -ое *volksspr* 1. zerknüllt, -knittert 2. *übtr* abgedroschen
изжива́ть *uv zu* изжи́ть
из|жи́ть*; изжи́тый, -и́т, -а́! *u. umg* изжито́й, изжи́т, -а́ *v* beseitigen, überwinden, ausmerzen; ~ свой недоста́тки seine Fehler überwinden; ~ себя́ sich überleben, veralten ‖ *uv* изжива́ть, -а́ю, -а́ешь
изжо́га [жж], -и *f* Sodbrennen
из-за *Präpos mit G* 1. hinter ... hervor; von; aus; выгля́дывать ~ две́ри hinter der Tür hervorsehen;

встать ~ стола́ vom Tisch aufstehen; ~ грани́цы aus dem Ausland 2. wegen, um ... willen, halber; ~ шу́ма ничего́ не слы́шно vor Lärm ist nichts zu hören; всё э́то случи́лось ~ тебя́ das ist alles durch deine Schuld passiert; они́ спо́рили ~ пустяко́в sie stritten sich um Bagatellen; ~ боле́зни krankheitshalber

иззя́бнуть, -ну, -нешь; иззя́б, -ла *v umg* durchfrieren

изла́вливать *uv zu* излови́ть

излага́ть *uv zu* изложи́ть

изла́мывать(ся) *uv zu* излома́ть(ся)

изле́ниваться *uv zu* излени́ться

излени́ться, -еню́сь, -е́нишься *v umg* faul [träge] werden || *uv* изле́ниваться, -аюсь, -аешься

излече́ние, -я *n* 1. Kur, Heilbehandlung, ärztliche Behandlung 2. Wiederherstellung, Heilung, Genesung

изле́чивать(ся) *uv zu* излечи́ть(ся)

излечи́мый, -ая, -ое; *Kzf* -и́м, -а heilbar

излечи́ть, -ечу́, -е́чишь; -е́ченный, -е́чен, -а *v buchspr* ausheilen, völlig heilen, (aus)kurieren || *uv* изле́чивать, -аю, -аешь

излечи́ться, -ечу́сь, -е́чишься *v buchspr* genesen, geheilt, wiederhergestellt sein [werden] (от *G* von) || *uv* изле́чиваться, -аюсь, -аешься

излива́ть, -а́ю, -а́ешь *uv* 1. *uv zu* изли́ть 2. *buchspr* ausströmen, ergießen, von sich geben, ausstrahlen *Laute, Geruch, Licht*

излива́ться, -а́юсь, -а́ешься *uv* 1. *uv zu* изли́ться 2. *buchspr* sich ergießen, sich verbreiten, herausdringen, ausströmen, ausstrahlen *Laute, Geruch, Licht* ◇ ~ в похва́лах кому́-н. j-n mit Lob überschütten

из|ли́ть*, изолью́ *v* 1. *buchspr, alt* vergießen, verströmen; ~ пото́ки слёз Ströme von Tränen vergießen 2. *übtr, buchspr* starken Ausdruck verleihen, ergießen, freien Lauf lassen; ~ свой гнев на кого́-н. seinen Zorn über j-n ergießen; ~ всю жёлчь Gift und Galle speien ◇ ~ ду́шу sein Herz ausschütten || *uv* излива́ть, -а́ю, -а́ешь

из|ли́ться*, изолью́сь; изли́ли́сь *v* 1. *buchspr, alt* sich ergießen, entströmen 2. *übtr, buchspr* sich aussprechen, sein Herz erleichtern || *uv* излива́ться, -а́юсь, -а́ешься

изли́шек, -шка *m* Überschuß; Überfluß; *Pl* freie Spitzen ◇ с -шком mehr als genug, übergenug

изли́шество, -а *n* Unmäßigkeit, Übermaß, Übertreibung

изли́шний, -яя, -ее; *Kzf* -шен, -шня, -шне 1. übermäßig, überflüssig, unnötig; -яя боя́знь unnötige Angst 2. -е *Adv* unnötig; э́то -е das ist nicht nötig

излия́ние, -я *n meist Pl* Gefühlsausbruch, Herzenserguß

изловить, -овлю́, -о́вишь; -о́вленный, -о́влен, -а *v umg* 1. fangen, ergreifen, erwischen 2. *übtr* ertappen, erwischen (на *P* bei) || *uv* изла́вливать, -аю, -аешь

изловча́ться *uv zu* изловчи́ться

изловчи́ться, -чу́сь, -чи́шься *v umg geschickt, im rechten Augenblick* fertigbringen, zustande bringen || *uv* изловча́ться, -а́юсь, -а́ешься

изложе́ние, -я *n* 1. Darstellung, Wiedergabe *mit Worten* 2. Darstellungsweise, -art 3. schriftliche Nacherzählung

изложи́ть, -ожу́, -о́жишь; -о́женный, -о́жен, -а *v* darlegen, darstellen, erläutern, vorbringen; ~ про́сьбу eine Bitte darlegen; ~ тео́рию eine Theorie auseinandersetzen || *uv* излага́ть, -а́ю, -а́ешь

изло́жница, -ы, *I* -ей *f tech* Kokille

изло́м, -а *m* 1. *tech* Bruch; испыта́ние на ~ Bruchfestigkeitsprüfung 2. Bruchstelle 3. scharfe Krümmung, Biegung; ~ реки́ scharfe Flußbiegung

изло́манный, -ая, -ое 1. gebrochen, ungerade; mit scharfen Krümmungen; -ая ли́ния gebrochene Linie 2. *übtr* gebrochen, entstellt

излома́ть, -а́ю, -а́ешь; изло́манный, -ан, -а *v* 1. zerbrechen, in Stücke brechen 2. *volksspr* mißbilden, verkrüppeln 3. *übtr, umg zu* schanden machen, verderben, zerstören; ~ чью-н. жизнь j-s Leben zerstören 4. entkräften, erschöpfen || *uv* изла́мывать, -аю, -аешь

излома́ться, -а́юсь, -а́ешься *v* 1. zerbrechen, in Stücke gehen 2. *übtr, umg* ein unnatürliches [affektiertes] Benehmen zeigen || *uv* изла́мываться, -аюсь, -аешься

излуча́ть, -а́ю, -а́ешь *uv* ausströmen, ausstrahlen || *v* излучи́ть, -чу́, -чи́шь

излуча́ться, *1. u. 2. Pers ungebr*, -а́ется *uv* entströmen, ausstrahlen *von Strahlenenergie* || *v* излучи́ться, -чи́тся

излуче́ние, -я *n* Strahlung, Ausstrahlung

излу́чина, -ы *f* scharfe Biegung, Krümmung; ~ реки́ scharfe Flußbiegung
излучи́ть(ся) *v zu* излуча́ть(ся)
излю́бленный, -ая, -ое beliebt, bevorzugt, Lieblings-
из|ма́зать* *v umg* **1.** beschmutzen, beschmieren **2.** aufbrauchen, verbrauchen *Farbe, Schmiermaterial* ‖ *uv* изма́зывать, -аю, -аешь
из|ма́заться* *v umg* **1.** sich beschmutzen, sich beschmieren **2.** draufgehen, verbraucht werden *Farbe, Schmiermaterial* ‖ *uv* изма́зываться, -аюсь, -аешься
изма́зывать(ся) *uv zu* изма́зать(ся)
измара́ть, -а́ю, -а́ешь; изма́ранный, -ан, -а *v volksspr* stark beschmutzen
измара́ться, -а́юсь, -а́ешься *v volksspr* sich schmutzig machen
изма́тывать(ся) *uv zu* измота́ть(ся)
изма́яться, -а́юсь, -а́ешься *v volksspr u. gbt* sich abrackern, sich abmühen; он совсе́м изма́ялся er ist völlig erschöpft
[1]**измельча́ть,** -а́ю, -а́ешь *v* **1.** klein [kleiner] werden **2.** flach, seicht werden; о́зеро измельча́ло der See war flach geworden **3.** *übtr* verflachen, unbedeutend werden; entarten
[2]**измельча́ть** *uv zu* измельчи́ть
измельчи́ть, -чу́, -чи́шь; -чённый, -чён, -чена́ *v* zerkleinern; zerbröckeln ‖ *uv* измельча́ть, -а́ю, -а́ешь
изме́на, -ы *f* **1.** Verrat; ~ идеа́лам Verrat der Ideale [an den Idealen]; госуда́рственная ~ Hochverrat **2.** Untreue, Ehebruch
измене́ние, -я *n* Änderung, Veränderung ◇ во ~ in Abänderung
[1]**измени́ть,** -еню́, -е́нишь; -енённый, -енён, -енена́ *v* verändern, abändern ‖ *uv* изменя́ть, -я́ю, -я́ешь
[2]**измени́ть,** -еню́, -е́нишь *v D* **1.** verraten; brechen *Wort, Eid*; untreu sein; ~ ро́дине die Heimat verraten; ~ прися́ге einen Eid brechen **2.** *übtr* im Stich lassen, versagen; сча́стье мне измени́ло das Glück hat mich verlassen; го́лос измени́л ей die Stimme versagte ihr ‖ *uv* изменя́ть, -я́ю, -я́ешь
измени́ться, -еню́сь, -е́нишься *v* sich (ver)ändern; ~ к лу́чшему sich bessern ◇ ~ в лице́ erbleichen, die Farbe wechseln ‖ *uv* изменя́ться, -я́юсь, -я́ешься
изме́нник, -а *m* Verräter; *alt* Treuloser
изме́ннический, -ая, -ое verräterisch, treulos
изме́нчивый, -ая, -ое; *Kzf* -ив, -а (leicht) veränderlich, unbeständig
изменя́емый, -ая, -ое veränderlich; *gram* flektierbar
[1,2]**изменя́ть** *uv zu* [1,2]измени́ть
изменя́ться *uv zu* измени́ться
измере́ние, -я *n* **1.** Messung, Vermessung **2.** *math* Dimension
измери́мый, -ая, -ое; *Kzf* -и́м, -а meßbar
измери́тель, -я *m* **1.** Meßgerät, -apparat **2.** Kennziffer, Kriterium
измери́тельный, -ая, -ое Meß-, Messungs-; -ые инструме́нты Meßwerkzeuge
изме́рить, -рю, -ришь; -ренный, -рен, -а *v* **1.** (ver)messen, ausmessen **2.** *übtr umg* durchqueren, bereisen ‖ *uv* **измеря́ть,** -я́ю, -я́ешь
измождённый, -ая, -ое; *Kzf* -ён, -ена́ erschöpft, entkräftet
измока́ть *uv zu* **измо́кнуть**
измо́кнуть, -ну, -нешь; измо́к, -ла *v umg* völlig durchnäßt werden [sein]; я совсе́м измо́к ich bin völlig durchnäßt ‖ *uv* измока́ть, -а́ю, -а́ешь
измо́р, -а *m*: брать [взять] -ом a) aushungern *Festung, Stadt*; b) *übtr durch Beharrlichkeit* seinen Kopf durchsetzen
измори́ть, -рю́, -ри́шь; -рённый, -рён, -рена́ *v volksspr* erschöpfen, aufreiben, zermürben; hungern lassen
и́зморозь, -и *f* Rauhreif
и́зморось, -и *f* Sprühregen
измота́ть, -а́ю, -а́ешь; измо́танный, -ан, -а *v umg* zermürben, erschöpfen ‖ *uv* изма́тывать, -аю, -аешь
измота́ться, -а́юсь, -а́ешься *v umg* von Kräften kommen, völlig erschöpft sein ‖ *uv* изма́тываться, -аюсь, -аешься
измоча́ливать *uv zu* измоча́лить
измоча́лить, -лю, -лишь; -ленный, -лен, -а *v umg* **1.** zerfasern **2.** *übtr* anstrengen, erschöpfen; völlig zerrütten *Nerven* ‖ *uv* измоча́ливать, -аю, -аешь
измы́ченный, -ая, -ое erschöpft
изму́чивать(ся) *uv zu* изму́чить(ся)
изму́чить, -чу, -чишь; -ченный, -чен, -а *v* quälen, peinigen; erschöpfen ‖ *uv* изму́чивать, -аю, -аешь
изму́читься, -чусь, -чишься *v* sich abquälen; völlig erschöpft sein ‖ *uv* изму́чиваться, -аюсь, -аешься
измыва́ться, -а́юсь, -а́ешься *uv* (над *I*) *umg* verspotten, verhöhnen
измы́згать, -аю, -аешь; -анный, -ан,

-а *v volksspr* abnutzen; verwischen; beschmutzen
измы́слить, -лю, -лишь; измы́шленный, -ен, -а *v* ersinnen, (sich) ausdenken, erfinden || *uv* измышля́ть, -я́ю, -я́ешь
измыта́рить, -рю, -ришь; -ренный, -рен, -а *v volksspr* völlig ermüden
измышле́ние, -я *n* Ersinnen, Erdichten; Erfindung; клеветни́ческое ~ verleumderische Erfindung
измышля́ть *uv zu* измы́слить
из|мя́ть*, изомну́ *v* 1. zerknittern, zerknüllen 2. zertreten, niedertreten 3. *übtr* verkrüppeln, hart mitnehmen *moralisch*
изна́нка, -и *f* 1. Rückseite, Unterseite, linke Seite; гла́дить с -и von links bügeln 2. *übtr* Kehrseite
изнаси́лование, -я *n* 1. Vergewaltigung, Notzucht 2. Vergewaltigung, Zwang
изнаси́ловать, -лую, -луешь; -лованный, -лован, -а *v* 1. vergewaltigen, notzüchtigen 2. vergewaltigen, zwingen
изна́шиваемость, -и *f tech* Verschleiß, Abnutzung, Abnutzungsgrad
изна́шивать(ся) *uv zu* износи́ть(ся)
изне́женный, -ая, -ое verweichlicht, verzärtelt, verwöhnt
изне́живать(ся) *uv zu* изне́жить(ся)
изне́жить, -жу, -жишь; -женный, -жен, -а *v* verweichlichen, verzärteln, verwöhnen || *uv* изне́живать, -аю, -аешь
изне́житься, -жусь, -жишься *v* verweichlicht werden, verweichlichen || *uv* изне́живаться, -аюсь, -аешься
изнемога́ть *uv zu* изнемо́чь
изнеможе́ние, -я *n* völlige Erschöpfung; до -я bis zum Umfallen
изнеможённый, -ая, -ое; *Kzf* -жён, -жена́ völlig erschöpft, völlig entkräftet
изне|мо́чь* *v* (völlig) von Kräften kommen, erschöpft sein || *uv* изнемога́ть, -а́ю, -а́ешь
изне́рвничаться, -аюсь, -аешься *v* völlig die Nerven verlieren, nervös werden; он весь изне́рвничался er ist mit den Nerven völlig herunter
изничтожа́ть *uv zu* изничто́жить
изничто́жить, -жу, -жишь; -женный, -жен, -а *v volksspr* vernichten, beseitigen || *uv* изничтожа́ть, -а́ю, -а́ешь
изно́с, -а (-у) *m* Verschleiß, Abnutzung; испыта́ние на ~ Verschleißprobe ◇ не знать -у [-а] unverwüstlich sein
износи́ть, -ошу́, -о́сишь; -о́шенный, -о́шен, -а *v* abtragen, abnutzen *Kleidung, Schuhe* || *uv* изна́шивать, -аю, -аешь
износи́ться, -ошу́сь, -о́сишься *v* 1. schäbig, abgenutzt, unbrauchbar werden 2. *umg* vorzeitig seine Kräfte erschöpfen; frühzeitig altern || *uv* изна́шиваться, -аюсь, -аешься
изно́шенный, -ая, -ое 1. abgenutzt, abgetragen 2. *umg* frühzeitig gealtert
изнуре́ние, -я *n* Erschöpfung, Entkräftung, Abzehrung
изнурённый, -ая, -ое äußerst erschöpft, entkräftet, abgezehrt
изнури́тельный, -ая, -ое; *Kzf* -лен, -льна kräftezehrend, ermüdend
изнури́ть, -рю́, -ри́шь; -рённый, -рён, -рена́ *v* erschöpfen, entkräften; überanstrengen || *uv* **изнуря́ть,** -я́ю, -я́ешь
изнури́ться, -рю́сь, -ри́шься *v* völlig von Kräften kommen, erschöpft sein || *uv* **изнуря́ться,** -я́юсь, -я́ешься
изнутри́ *Adv* von innen (her)
изныва́ть, -а́ю, -а́ешь *uv* 1. *uv zu* изны́ть 2. verschmachten, umkommen; ~ от жа́жды vor Durst vergehen
из|ны́ть* *v vor seelischem Schmerz* vergehen, verschmachten || *uv* изныва́ть, -а́ю, -а́ешь
и́зо ↑ из
изо- *in Zuss Abk für* изобрази́тельное иску́сство bildende Kunst
изоби́лие, -я *n* Überfluß, Fülle; в -и in Hülle und Fülle
изоби́ловать, *1. u. 2. Pers ungebr,* -лует *uv I* Überfluß haben (an), reich sein (an); о́зеро изоби́лует ры́бой der See ist fischreich
изоби́льный, -ая, -ое; *Kzf* -лен, -льна *I* reich (an)
изоблича́ть, -а́ю, -а́ешь *uv* 1. *uv zu* изобличи́ть 2. erkennen lassen, offenbaren; его́ произноше́ние изоблича́ло (в нём) иностра́нца seine Aussprache verriet den Ausländer
изобличе́ние, -я *n* Überführung, Entlarvung
изобличи́тельный, -ая, -ое überführend, belastend, Belastungs-
изобличи́ть, -чу́, -чи́шь; -чённый, -чён, -чена́ *v* в *P* überführen, entlarven; ~ во лжи der Lüge überführen || *uv* изоблича́ть, -а́ю, -а́ешь
изобража́ть, -а́ю, -а́ешь *uv* 1. *uv zu* изобрази́ть 2. darstellen, zeigen; а́втор изобража́ет в рома́не рабо́чую семью́ der Verfasser schildert in

seinem Roman eine Arbeiterfamilie **3.** *meist in Verbindung mit* собóй darstellen, sein; наш путь изображáл собóй зигзáги unser Weg stellte eine Zickzacklinie dar **4.** *meist in Verbindung mit* из себя́ *umg* sich hinstellen als, spielen; он изображáл из себя́ вели́кого учёного er spielte den großen Gelehrten

изображáться *uv zu* изобрази́ться

изображéние, -я *n* **1.** Darstellung, Schilderung **2.** Darstellung, Abbildung; Bild; монéта с -ем гербá eine Münze mit einem Wappen; зеркáльное ~ Spiegelbild; рéзкость -я Bildschärfe

изобрази́тельный, -ая, -ое; *Kzf* -лен, -льна darstellend; ~ приём Darstellungsweise ◇ -ые искýсства bildende Künste

изобрази́ть, -ажý, -ази́шь; -ажённый, -ажён, -ажена́ *v* **1.** darstellen, (künstlerisch) gestalten; schildern **2.** *theat* darstellen, spielen, verkörpern **3.** *alt* ausdrücken, erkennen lassen; лицó изобрази́ло тревóгу das Gesicht drückte Besorgnis aus || *uv* изображáть, -áю, -áешь

изобрази́ться, *1. u. 2. Pers ungebr*, -и́тся *v* sich spiegeln, sich zeigen *von Gefühlen* || *uv* изображáться, -áется

из|обрести́* *v* erfinden, eine Erfindung machen || *uv* изобретáть, -áю, -áешь

изобретáтель, -я *m* Erfinder

изобретáтельность, -и *f* Erfindungsgabe, Erfindergeist, Findigkeit

изобретáтельный, -ая, -ое; *Kzf* -лен, -льна erfinderisch, findig

изобретáтельский, -ая, -ое Erfinder-; -ое бюрó Patentamt

изобретáтельство, -а *n* Erfindertätigkeit; Erfindungswesen

изобретáть *uv zu* изобрести́

изобретéние, -я *n* **1.** Erfinden; Erfindung; ~ нóвого двигателя die Erfindung eines neuen Motors **2.** *umg* Ausgeklügeltheit; -я францýзской кýхни die Raffinessen der französischen Küche

изо|врáться*; -врали́сь *v volksspr* ein unverbesserlicher Lügner werden

изóгнутый, -ая, -ое gebogen

изогнýть(ся) *v zu* изгибáть(ся)

изо|дрáть*, издерý; изóдранный, -ан, -а *v umg* zerreißen, zerfetzen || *uv* издирáть, -áю, -áешь

изо|дрáться*, издерýсь; изодрали́сь *v umg* in Fetzen gehen, zerreißen; *umg* sich viele Kratzwunden holen || *uv* издирáться, -áюсь, -áешься

изо|йти́* *v I umg* sich erschöpfen; ~ крóвью verbluten; ~ слезáми in Tränen zerfließen || *uv* исходи́ть, -ожý, -óдишь

изо|лгáться* *v* sich das Lügen angewöhnen, zum notorischen Lügner werden

изоли́рование, -я *n* Isolieren, Isolierung, Isolation

изоли́рованный, -ая, -ое isoliert, abgesondert

изоли́ровать, -рую, -руешь; -рованный, -рован, -а *v, uv* isolieren, absondern; ~ больнóго einen Kranken isolieren; ~ кáбель Kabel isolieren

изоля́тор, -а *m* **1.** *el* Isolator, Nichtleiter **2.** *el* Porzellanstütze für blanke Leitungen, Isolator **3.** *med* Isolierzimmer

изоляциóнный, -ая, -ое Isolier-; -ая лéнта Isolierband

изоля́ция, -и *f* **1.** Isolieren, Isolierung, Isolation **2.** Isoliertheit, Absonderung, Abgesondertheit **3.** *tech* Isolierung, Isolationsmittel

изо|рвáть*; изóрванный, -ан, -а *v* zerreißen, in Stücke reißen || *uv* изрывáть, -áю, -áешь

изо|рвáться*, *1. u. 2. Pers ungebr*; изорвали́сь *v* in Fetzen gehen, zerreißen || *uv* изрывáться, -áется

изотéрма [тэ], -ы *f* Isotherme

изотерми́ческий, -ая, -ое **1.** isothermisch **2.** Kühl-; ~ вагóн Kühlwagen

изотóпы *Pl* -ов, *Sg* изотóп, -а *m* Isotope

изощрённый, -ая, -ое verfeinert, ausgesucht, raffiniert

изощри́ть, -рю́, -ри́шь; -рённый, -рён, -ренá *v* verfeinern, schärfen, bis zur Vollendung entwickeln *Fähigkeiten, Sinne*; ~ слух das Gehör schärfen; ~ пáмять das Gedächtnis schärfen || *uv* изощря́ть, -я́ю, -я́ешь

изощри́ться, -рю́сь, -ри́шься *v* **1.** sich schärfen, verfeinern, entwickeln *Fähigkeiten, Sinne* **2.** Feinheit, Übung, Fertigkeit erlangen, geübt sein (в *P* in) || *uv* изощря́ться, -я́юсь, -я́ешься

изощря́ть *uv zu* изощри́ть

изощря́ться, -я́юсь, -я́ешься *uv* **1.** *uv zu* изощри́ться **2.** seine Künste spielen lassen, alle möglichen Kniffe anwenden

из-под, *u. vor einigen Konsonantenverbindungen* **из-подо** *Präpos mit G*

1. unter ... hervor; ~ стола́ unter dem Tisch hervor; из подо льда unter dem Eis hervor 2. aus der Gegend von; колхо́зник ~ Ха́рькова Kolchosbauer aus der Gegend von Charkow 3. aus, von *bei Befreiung, Errettung*; освободи́ть ~ сле́дствия aus der Untersuchungshaft entlassen; освобожде́ние ~ и́га ... Befreiung vom Joch ... 4. *zur Bezeichnung der früheren Verwendung von Behältern*: буты́лка ~ молока́ (leere) Milchflasche; мешо́к ~ муки́ (leerer) Mehlsack ◇ ~ но́су vor der Nase weg; ~ па́лки unter Zwang, gezwungen

изразе́ц, -зца́, *I* -зцо́м, *G Pl* -зцо́в *m* Kachel

изразцо́вый, -ая, -ое Kachel-

изра́илец, -льца, *I* -льцем, *G Pl* -льцев *m* Israeli

Изра́иль, -я *m* Israel *Staat*

израильтя́нин, -а, *Pl* -я́не, -я́н, -я́нам *m* Israeli

израильтя́нка, -и, *Pl G* -нок, *D* -нкам *f* Israeli *Frau*

изра́нить, -ню, -нишь; -ненный, -нен, -а *v* viele Wunden beibringen

израсхо́довать, -дую, -дуешь; -дованный, -дован, -а *v* verbrauchen; ausgeben

израсхо́доваться, -дуюсь, -дуешься *v* 1. verbraucht werden; ausgehen 2. *umg* sich verausgaben, große Ausgaben machen *an Geld*

и́зредка *Adv* hin und wieder, bisweilen, ab und zu

из|ре́зать* *v* 1. zerschneiden, in Stücke schneiden; она́ изре́зала бума́гу на куски́ sie zerschnitt das Papier in Stücke 2. Schnitte beibringen, zerschneiden; он изре́зал себе́ ру́ки о стекло́ er hat sich an dem Glas die Hände zerschnitten 3.: изре́занная ме́стность durchschnittenes Gelände || *uv* изре́зывать, -аю, -аешь *u. volksspr* изреза́ть, -а́ю, -а́ешь

изреза́ть *uv zu* изре́зать

изре́зывать *uv zu* изре́зать

изрека́ть *uv zu* изре́чь

изрече́ние, -я *n* Ausspruch, Denkspruch

из|ре́чь*; изрёк, изрекла́ *u. alt* изре́к, -ла́; изречённый, -ён, -ена́ *u. alt* изрече́нный, -е́н, -а *v alt, poet* von sich geben, aussprechen || *uv* изрека́ть, -а́ю, -а́ешь

изрешети́ть, -ечу́, -е́тишь; -е́ченный, -е́чен, -а *u.* -ечённый, -ечён, -ечена́ *v* durchlöchern || *uv* **изреше́чивать,** -аю, -аешь

изрисова́ть, -су́ю, -су́ешь; -со́ванный, -со́ван, -а *v* (über und über) mit Zeichnungen bedecken || *uv* **изрисо́вывать,** -аю, -аешь

изруба́ть *uv zu* изруби́ть

изруби́ть, -ублю́, -у́бишь; -у́бленный, -у́блен, -а *v* 1. zerhacken, in kleine Teile hacken, hauen 2. niederhauen, -säbeln, erschlagen *mit Säbel, Axt* || *uv* изруба́ть, -а́ю, -а́ешь

изруга́ть, -а́ю, -а́ешь; изру́ганный, -ан, -а *v umg* ausschimpfen, heruntermachen, herunterputzen

[1]**изрыва́ть** *uv zu* изорва́ть

[2]**изрыва́ть** *uv zu* изры́ть

изрыва́ться *uv zu* изорва́ться

изрыга́ть, -а́ю, -а́ешь *uv* 1. erbrechen; auswerfen, (aus)speien *Rauch, Flammen* 2. *übtr* aussprechen, ausstoßen *Tadel, Fluch, Schimpfworte* || *v mom* **изрыгну́ть,** -ну́, -нёшь

из|ры́ть* *v* umwühlen, aufwühlen, um und um graben ◇ изры́тое о́спой лицо́ pockennarbiges Gesicht || *uv* изрыва́ть, -а́ю, -а́ешь

изря́дный, -ая, -ое; *Kzf* -ден, -дна 1. *alt* gut, ausgezeichnet 2. *umg* beträchtlich, bedeutend, groß, ordentlich

изуве́р, -а *m* 1. grausamer (religiöser) Fanatiker 2. Unmensch 3. *übtr* fanatischer Bildungsgegner

изуве́рский, -ая, -ое (religiös) fanatisch; grausam; -ие пы́тки grausame Folterungen

изуве́рство, -а *n* Fanatismus; Grausamkeit

изуве́чивать *uv zu* изуве́чить

изуве́чить, -чу, -чишь; -ченный, -чен, -а *v* 1. zum Krüppel machen, verstümmeln 2. unbrauchbar machen, beschädigen, zerstören || *uv* изуве́чивать, -аю, -аешь

изукра́сить, -а́шу, -а́сишь; -а́шенный, -а́шен, -а *v* 1. *alt u. umg* ausschmücken 2. *umg iron* beschmutzen; entstellen || *uv* **изукра́шивать,** -аю, -аешь

изуми́тельный, -ая, -ое; *Kzf* -лен, -льна (äußerst) erstaunlich, außergewöhnlich, wunderbar

изуми́ть, -млю́, -ми́шь; -млённый, -млён, -млена́ *v* in Erstaunen [Verwunderung] versetzen || *uv* изумля́ть, -я́ю, -я́ешь

изуми́ться, -млю́сь, -ми́шься *v* in Erstaunen [Verwunderung] geraten, sich sehr wundern, erstaunt sein (*D*

über) || *uv* изумля́ться, -я́юсь, -я́ешься
изумле́ние, -я *n* (äußerste) Verwunderung, Erstaunen
изумлённый, -ая, -ое erstaunt, verwundert, Erstaunen [Verwunderung] ausdrückend
изумля́ть(ся) *uv zu* изуми́ть(ся)
изумру́д, -а *m* Smaragd
изуро́довать, -дую, -дуешь; -дованный, -дован, -а *v* **1.** entstellen, verstümmeln, verzerren; изуро́дованное о́спой лицо́ pockennarbiges Gesicht **2.** stark beschädigen **3.** *übtr* entstellen, verzerrt darstellen; цензу́ра изуро́довала статью́ die Zensur hat den Artikel entstellt **4.** *übtr* verderben *durch schlechten Einfluß*
изу́стный [сн], -ая, -ое mündlich
изуча́ть *uv zu* изучи́ть
изуче́ние, -я *n* **1.** Erlernen, Studieren, Studium **2.** Erforschung, Untersuchung
изучи́ть, -учу́, -у́чишь; -у́ченный, -у́чен, -а *v* **1.** erlernen, (durch)-studieren; ~ иностра́нные языки́ Fremdsprachen erlernen **2.** untersuchen, erforschen, studieren; ~ вопро́с eine Frage untersuchen; я хорошо́ изучи́л хара́ктер своего́ дру́га ich habe den Charakter meines Freundes hinreichend studiert **3.** untersuchen, absuchen || *uv* изуча́ть, -а́ю, -а́ешь
изъеда́ть *uv zu* изъе́сть
изъе́здить, -е́зжу, -е́здишь; -е́зженный, -е́зжен, -а *v umg* **1.** *eine ganze Gegend* bereisen, durchreisen, durchfahren **2.** zuschanden fahren, zerfahren
изъ|е́сть*, *1. u. 2. Pers ungebr v* **1.** zerfressen, zernagen; шу́ба изъе́дена мо́лью der Pelzmantel ist von Motten zerfressen **2.** zerfressen, zerstören *durch Ätzwirkung* || *uv* изъеда́ть, -а́ет
изъяви́тельный, -ая, -ое: -ое наклоне́ние *gram* Indikativ
изъяви́ть, -явлю́, -я́вишь; -я́вленный, -я́влен, -а *v* zum Ausdruck bringen, äußern, aussprechen, bekunden; ~жела́ние einen Wunsch äußern || *uv* изъявля́ть, -я́ю, -я́ешь
изъявле́ние, -я *n* Äußerung, Ausdruck; с -ем благода́рности mit dem Ausdruck der Dankbarkeit
изъявля́ть *uv zu* изъяви́ть
изъя́н, -а (-у) *m* Defekt, Fehler, Mangel; това́р с -ом mangelhafte, nicht einwandfreie Ware
изъясни́ться, -ню́сь, -ни́шься *v alt* sich äußern, sich ausdrücken; sich verständigen || *uv* **изъясня́ться,** -я́юсь, -я́ешься; изъясня́ться по-францу́зски sich des Französischen bedienen
изъя́тие, -я *n* **1.** Herausnehmen, Entnahme, Entfernen; Beschlagnahme; ~ ста́рых де́нежных зна́ков из обраще́ния Außerkurssetzung alten Geldes **2.** Ausnahme; все без -я alle ohne Ausnahme
изъя́ть* *v* herausnehmen *aus dem Gebrauch, Umlauf*; beschlagnahmen; ~ ста́рые де́нежные зна́ки из обраще́ния altes Geld außer Kurs setzen || *uv* **изыма́ть,** -а́ю, -а́ешь
изыму́ ↑ изъя́ть
изыска́ние, -я *n* **1.** Suche, Suchen, Ausfindigmachen **2.** *meist Pl* Forschung, Untersuchung; нау́чные -я wissenschaftliche Forschungen **3.** *meist Pl* Voruntersuchung *von Baugelände*
изы́сканный, -ая, -ое; *Kzf* -ан, -анна ausgesucht, auserlesen; elegant; ~ вкус auserlesener Geschmack
из|ыска́ть* *v buchspr* ausfindig machen, ermitteln; ~ ну́жные сре́дства die erforderlichen Mittel ausfindig machen || *uv* **изы́скивать,** -аю, -аешь
изыщу́ ↑ изыска́ть
изю́м, -а (-у) *m* Rosinen ◇ э́то тебе́ не фунт -у *volksspr* das ist gewiß kein Pappenstiel
изю́мина, -ы *f umg* Rosine
изю́минка, -и, *Pl G* -нок, *D* -нкам *f* **1.** *Dem zu* изю́мина (kleine) Rosine **2.** *übtr* Würze, das gewisse Etwas
изя́щество, -а *n* Feinheit, Eleganz
изя́щный, -ая, -ое; *Kzf* -щен, -щна elegant; -ое пла́тье elegantes Kleid ◇ -ые иску́сства *alt* schöne Künste; -ая слове́сность *alt* schön(geistig)e Literatur
и́канье, -ья *n ling* Aussprache eines unbetonten е und я als и
и́кать, -аю, -аешь *uv ling* unbetontes е und я als и aussprechen
ика́ть, -а́ю, -а́ешь *uv* Schlucken [Schluckauf] haben || *v mom* икну́ть, -ну́, -нёшь
ика́ться, -а́ется *unpers uv*: мне ика́ется *umg* ich habe Schlucken
икну́ть *mom zu* ика́ть
ико́на, -ы *f* Heiligenbild, Ikone
ико́нный, -ая, -ое Ikonen-
иконопи́сец, -сца, *I* -сцем, *G Pl* -сцев *m* Ikonen-, Heiligenmaler
и́конопись, -и *f* Ikonenmalerei

ико́та, -ы *f* Schluckauf, Schlucken
[1]**икра́,** -ы́ *f* **1.** Fischlaich, Rogen **2.** Kaviar; па́юсная ~ gepreßter Kaviar; ке́товая ~ roter Kaviar **3.**: баклажа́нная ~ kleingehackte Auberginen; грибна́я ~ kleingehackte Pilze
[2]**икра́** ↑ и́кры
и́кры *Pl* икр, и́крам, *Sg* икра́, -ы́ *f* Waden; су́дорога в -ах Wadenkrampf
икряно́й, -а́я, -о́е rogenhaltig
ил, -а *m* Schlamm
ИЛ *oder* **Ил** [ил], -а *m* IL *Flugzeugtyp, nach dem Konstrukteur* Илью́шин
Иларио́н, -а *m männl Vn*
и́ли *u. umg* **иль** *Konj* oder; и́ли же beziehungsweise; и́ли . . . и́ли entweder . . . oder
и́листый, -ая, -ое; *Kzf* -ист, -а schlammig
иллю́зия, -и *f* **1.** Sinnestäuschung, Illusion **2.** irrige, unreale Vorstellung, Illusion
иллюзо́рный, -ая, -ое; *Kzf* -рен, -рна illusorisch; trügerisch
иллюмина́тор, -а *m naut* Bullauge
иллюмина́ция, -и *f* Illumination, Festbeleuchtung
иллюмини́ровать, -рую, -руешь; -рованный, -рован, -а *u.* **иллюминова́ть,** -ну́ю, -ну́ешь; -но́ванный, -но́ван, -а *v, uv* illuminieren, festlich beleuchten
иллюстрати́вный, -ая, -ое **1.** Illustrations- **2.** anschaulich
иллюстра́ция, -и *f* **1.** Illustrieren **2.** Illustration
иллюстри́ровать, -рую, -руешь; -рованный, -рован, -а *v, uv* **1.** illustrieren **2.** veranschaulichen
илова́тый, -ая, -ое; *Kzf* -а́т, -а schlammig
иль ↑ и́ли
Ильи́ч, -а́, *I* -ём *m Vatersname zu* Илья́
ильм, -а *m* Bergulme
И́льмень, -я *m* Ilmensee
Илью́ш(к)а, -и *m Dem zu* Илья́
Илья́, -и́, *I* -ёй *m männl Vn*
им ↑ он, оно́, они́
им. (и́мени) namens; шко́ла им. Го́рького Gorkischule
имби́рь, -я́ *m* Ingwer
име́ние, -я *n* **1.** Landgut *im Privatbesitz* **2.** *alt* Besitz, Habe
имени́нник, -а *m* **1.** einer, der gerade Namenstag hat, gerade seinen Namenstag feiert **2.** *übtr, scherz* Held des Tages; Geburtstagskind ◇ смотре́ть -ом froh, zufrieden aussehen; сиде́ть как ~ untätig dasitzen
имени́ны, -и́н *Pl* Namenstag; Namenstagsfeier
имени́тельный, -ая, -ое: ~ паде́ж Nominativ
имени́тый, -ая, -ое; *Kzf* -и́т, -а **1.** *umg* angesehen, berühmt **2.** *alt* vornehm
и́менно *Part* **1.** gerade, eben, ausgerechnet; ~ об э́том и идёт речь gerade davon ist die Rede **2.** *in der Verbindung* а и́менно und zwar, nämlich **3.** *in der Verbindung* вот и́менно! *umg* ganz recht!, eben!
именно́й, -а́я, -о́е **1.** mit dem Namen des Besitzers versehen; -ы́е часы́ Uhr mit eingraviertem Namen **2.** Namens-; ~ спи́сок Namensliste **3.** *gram* Nominal-; -о́е склоне́ние Nominaldeklination
имено́ванный, -ая, -ое: -ое число́ *math* benannte Zahl
именова́ть, -ну́ю, -ну́ешь; -но́ванный, -но́ван, -а *uv* (be)nennen, bezeichnen
именова́ться, -ну́юсь, -ну́ешься *uv* genannt werden, heißen
име́ть, -е́ю, -е́ешь *uv* **1.** haben, besitzen; ~ друзе́й Freunde haben **2.** *I oder* в *P buchspr* haben (als), haben (zu); он хоте́л ~ во мне слу́шателя er wollte in mir einen Zuhörer haben; вся теплота́ име́ет свои́м первоисто́чником со́лнце alle Wärme hat die Sonne als ersten Ursprung **3.** *mit Inf alt* sollen, müssen, haben; я име́ю предложи́ть де́рзкий прое́кт ich habe ein kühnes Projekt vorzuschlagen **4.** *in Verbindung mit vielen Substantiven* haben; ~ успе́х Erfolg haben; ~ пра́во das Recht haben; ~ основа́ние Grund [Veranlassung] haben; ~ на́глость die Frechheit besitzen; ~ си́лу Gültigkeit haben, gelten *von Gesetzen*; ~ цель [це́лью] zum Ziel haben; ~ хожде́ние in Umlauf sein *Geld, Gerücht*; ~ ме́сто stattfinden; ~ де́ло с *I* zu tun haben mit; не ~ никако́го поня́тия keine Vorstellung haben ◇ ~ в виду́ beabsichtigen; im Auge haben; я ничего́ не име́ю про́тив ich habe nichts dagegen
име́ться, *1. u. 2. Pers ungebr,* -е́ется *uv* vorhanden sein, existieren, bestehen; по име́ющимся да́нным nach den zur Verfügung stehenden Unterlagen

и́ми ↑ они́
имита́тор, -а *m* Imitator
имита́ция, -и *f* **1.** Imitieren, Nachahmen **2.** Imitation, Nachahmung; Ersatz; ~ ко́жи imitiertes Leder **3.** *mus* Imitation
иммигра́нт, -а *m* Einwanderer
иммиграцио́нный, -ая, -ое Einwanderungs-, Einwanderer-
иммигра́ция, -и *f* Einwanderung
иммуните́т, -а *m med, jur* Immunität
императи́в, -а *m* **1.** *phil* Imperativ, kategorische Forderung **2.** *gram* Imperativ, Befehlsform
импера́тор, -а *m* Kaiser; Imperator
империали́зм, -а *m* Imperialismus
империали́ст, -а *m* Imperialist
империалисти́ческий, -ая, -ое imperialistisch
империали́стский, -ая, -ое imperialistisch, Imperialisten-
импе́рия, -и *f* **1.** Kaiserreich **2.** imperialistische Kolonialmacht, Imperium
импоза́нтный, -ая, -ое; *Kzf* -тен, -тна imposant, eindrucksvoll
и́мпорт, -а *m* Import, Einfuhr
импортёр, -а *m* Importeur
и́мпортный, -ая, -ое Import-, Einfuhr-; -ые по́шлины Einfuhrzölle
импреса́рио *m idkl* Impresario; Theater-, Konzertunternehmer
импровиза́тор, -а *m* Improvisator; Stegreifdichter
импровиза́торский, -ая, -ое Improvisations-
импровиза́ция, -и *f* **1.** Improvisieren **2.** Improvisation, improvisiertes Werk
и́мпульс, -а *m* Impuls, Antrieb
импульси́вный, -ая, -ое; *Kzf* -вен, -вна impulsiv
и́мут *3. Pers Pl des alten Verbs* яти: мёртвые сра́му не ~ *buchspr alt* über Tote soll man nichts Schlechtes sagen
иму́щественный, -ая, -ое Vermögens-, Eigentums-; -ые отноше́ния Eigentumsverhältnisse
иму́щество, -а *n* **1.** Vermögen, Gut; недви́жимое ~ Immobilien **2.** *Koll* Gerät; ~ свя́зи *mil* Nachrichtengerät
иму́щий, -ая, -ее vermögend, besitzend ◇ власть -ие die Machthaber
и́мя *G, D, P* и́мени, *I* и́менем, *Pl* имена́, имён, имена́м *n* **1.** Name, Vorname **2.** Name, Ruf, Berühmtheit; потеря́ть до́брое ~ einen guten Namen verlieren **3.** *gram* Nomen; ~ существи́тельное Substantiv; ~ прилага́тельное Adjektiv ◇ заво́д и́мени Ки́рова Kirow-Werk; во ~ im Namen, namens, zu Ehren, um willen; от и́мени im Namen, namens, im Auftrag; письмо́ на ~ дире́ктора ein an den Direktor gerichteter Brief
инакомы́слящий, -ая, -ее *alt* andersdenkend
и́наче 1. *Adv* anders **2.** *Konj umg* andernfalls, sonst ◇ не ~ *volksspr* ganz gewiß, ganz bestimmt; так и́ли ~ auf jeden Fall, so oder so
инвали́д, -а *m* Invalide, Schwerbeschädigter; ~ войны́ Kriegsversehrter
инвали́дность, -и *f* Invalidität, Arbeitsunfähigkeit
инвентариза́ция, -и *f* Inventarisierung; Inventur
инвентаризи́ровать, -рую, -руешь; -рованный, -рован, -а *u.* **инвентаризова́ть,** -зу́ю, -зу́ешь; инвентаризо́ванный, -ан, -а *v, uv* **1.** inventarisieren, ins Bestandsbuch aufnehmen **2.** Inventur machen
инвента́рь, -я́ *m* **1.** Inventar; ме́лкий ~ Kleininventar **2.** Inventarverzeichnis ◇ живо́й ~ lebendes Inventar; мёртвый ~ totes Inventar
инве́рсия, -и *f ling* Inversion
ингаля́тор, -а *m* **1.** Inhalationsapparat **2.** Inhalatorium
ингалято́рий, -я, *P* -и, *G Pl* -ев *m* Inhalatorium
ингаля́ция, -и *f* Inhalation, Inhalieren
и́ндеветь, -ею, -еешь *uv* sich mit Reif bedecken
инде́ец, -е́йца, *I* -е́йцем, *G Pl* -е́йцев *m* Indianer
инде́йка, -и, *Pl G* -е́ек, *D* -е́йкам *f* Truthenne
инде́йский, -ая, -ое indianisch, Indianer- ◇ ~ пету́х Truthahn
и́ндекс [дэ], -а *m* Index
индиа́нка, -и, *Pl G* -нок, *D* -нкам *f* Indianerin
индиви́д, -а *m buchspr* Individuum
индивидуа́льность, -и *f* **1.** Individualität **2.** Einzelpersönlichkeit, Individuum
индивидуа́льный, -ая, -ое; *Kzf* -лен, -льна **1.** individuell, persönlich; -ые осо́бенности persönliche Eigenart; -ая черта́ individueller Zug **2.** persönlich, *zum persönlichen Besitz ge-*

hörend, dem persönlichen Bedürfnis dienend; ~ креди́т persönlicher Kredit **3.** persönlich, individuell, Einzel-; -ое соревнова́ние Wettbewerb von Mann zu Mann; ~ план persönlicher Plan **4.** einzeln, Einzel-, Sonder-; ~ слу́чай Einzelfall ◇ ~ перевя́зочный паке́т (persönliches) Verbandspäckchen
инди́го *n idkl* Indigo
инди́ец, -и́йца, *I* -и́йцем, *G Pl* -и́йцев *m* Inder
инди́йский, -ая, -ое indisch; Инди́йский океа́н Indischer Ozean
индика́тор, -а *m tech, chem* Indikator; опти́ческий ~ magisches Auge
индифференти́зм, -а *m buchspr* Gleichgültigkeit, Teilnahmslosigkeit, gleichgültiges, indifferentes Verhalten
индифферéнтный, -ая, -ое; *Kzf* -тен, -тна *buchspr* **1.** gleichgültig, teilnahmslos, indifferent **2.** *alt* uninteressant, gleichgültig
И́ндия, -и *f* Indien
индоевропе́йский, -ая, -ое *ling* indoeuropäisch
Индокита́й, -я *m* Indochina
индонези́ец, -и́йца, *I* -и́йцем, *G Pl* -и́йцев *m* Indonesier
индонези́йка, -и, *Pl G* -и́ек, *D* -и́йкам *f* Indonesierin
индонези́йский, -ая, -ое indonesisch
Индоне́зия, -и *f* Indonesien
Индоста́н, -а *m* Hindustan
индпоши́в, -а *m* (ателье́ индивидуа́льного поши́ва) Atelier für Maßkleidung
индуи́зм, -а *m* Hinduismus
индукти́вный, -ая, -ое **1.** *phil* induktiv **2.** *phys, el* induktiv, Induktions-
индукцио́нный, -ая, -ое *phys, el* Induktions-
инду́кция, -и *f phil, phys, el* Induktion
инду́с, -а *m* Hindu
инду́ска, -и, *Pl G* -сок, *D* -скам *f* Hindufrau
инду́сский, -ая, -ое Hindu-
индустриализа́ция, -и *f* Industrialisierung
индустриализи́ровать, -рую, -руешь; -рованный, -рован, -а *u.* **индустриализова́ть,** -зу́ю, -зу́ешь; -зо́ванный, -зо́ван, -а *v, uv* industrialisieren
индустриа́льный, -ая, -ое industriell, Industrie-
инду́стрия, -и *f* Industrie
индю́к, -а́ *m* Truthahn
индю́шка, -и, *Pl G* -шек, *D* -шкам *f volksspr* Truthenne, Pute
и́ней, -я *m* Reif, Rauhreif
ине́ртность, -и *f* Trägheit
ине́ртный, -ая, -ое **1.** *phys* inert, träge **2.** *Kzf* -тен, -тна träge, tatenlos
ине́рция, -и *f* **1.** *phys* Beharrungsvermögen, Trägheit; зако́н -и Trägheitsgesetz **2.** Trägheit, Tatenlosigkeit ◇ по -и dem Trägheitsgesetz folgend, aus Gewohnheit, ganz mechanisch
инжене́р, -а *m* Ingenieur; ~-строи́тель Bauingenieur
инжене́рный, -ая, -ое Ingenieur-; -ые войска́ Pioniertruppen
инжи́р, -а (-у) *m* **1.** Feigenbaum **2.** Feige
инициа́лы *Pl* -ов, *Sg* инициа́л, -а *m* Initialen, Anfangsbuchstaben
инициати́ва, -ы *f* Initiative; по его́ -е auf seine Initiative; взять -у в свои́ ру́ки die Initiative ergreifen; прояви́ть -у Initiative beweisen
инициати́вный, -ая, -ое; *Kzf* -вен, -вна Initiative besitzend, mit Initiative
инициа́тор, -а *m* Initiator
инкасса́тор, -а *m* Kassierer *der zum Schuldner kommt*, Inkassant
инкасси́ровать, -рую, -руешь; -рованный, -рован, -а *v, uv* Inkasso durchführen, einkassieren
инквизи́торский, -ая, -ое inquisitorisch
инко́гнито **1.** *Adv* inkognito **2.** *Subst n idkl* Inkognito **3.** *Subst m, n idkl* Mensch, der unter falschem Namen lebt
инкримини́ровать, -рую, -руешь; -рованный, -рован, -а *v, uv* zur Last legen; ~ кому́-н. кра́жу j-m einen Diebstahl zur Last legen
инкруста́ция, -и *f* **1.** Herstellung von Intarsien **2.** Intarsienarbeit, Einlegearbeit
инкуба́тор, -а *m* Inkubator, Brutapparat
инкубацио́нный, -ая, -ое *med, landw* Inkubations-; ~ пери́од боле́зни Inkubationszeit einer Krankheit; -ая устано́вка Brutanlage
инкуба́ция, -и *f* **1.** *med* Inkubationszeit **2.** *landw* Ausbrüten von Kücken im Brutapparat
инове́рец, -рца, *I* -рцем, *G Pl* -рцев *m alt* Andersgläubige
иногда́ *Adv* bisweilen, manchmal, von Zeit zu Zeit
иногоро́дний, -яя, -ее aus einer anderen Stadt, aus anderen Städten, auswärtig; -ие актёры auswärtige

Schauspieler; -яя корреспонде́нция auswärtige Korrespondenz

инозе́мный, -ая, -ое *alt, hoher Stil* ausländisch, fremdländisch

ино́й, -а́я, -о́е 1. anderer; ины́е времена́ andere Zeiten 2. mancher; в ины́х слу́чаях in manchen Fällen; ино́му э́то мо́жет не понра́виться manchem mag das nicht gefallen 3. mancher, jener *bei Aufzählungen*; ~ . . . ~ der eine . . . der andere; по-ино́му anders, auf andere Art und Weise ◇ ~ раз manchmal, es kommt vor, daß; не кто ~, как kein anderer als; не что ино́е, как nichts anderes als

и́нок, -а *m alt* Mönch

иноро́дный, -ая, -ое fremd(artig), ganz andersartig; -ое те́ло Fremdkörper

иносказа́тельный, -ая, -ое; *Kzf* -лен, -льна allegorisch, sinnbildlich

иностра́нец, -нца, *I* -нцем, *G Pl* -нцев *m* Ausländer

иностра́нка, -и, *Pl G* -нок, *D* -нкам *f* Ausländerin

иностра́нный, -ая, -ое 1. ausländisch, fremd, Fremd-; -ые языки́ Fremdsprachen; ~ капита́л ausländisches Kapital 2.: министе́рство -ых дел Ministerium für auswärtige Angelegenheiten, Außenministerium

иностра́нщина, -ы *f umg* Ausländertum, das [alles] Ausländische; преклоне́ние пе́ред -ой Anbetung alles Ausländischen

инохо́дец, -дца, *I* -дцем, *G Pl* -дцев *m* Paßgänger *Pferd*

и́ноходь, -и *f* Paßgang *Pferd*

иноязы́чный, -ая, -ое 1. anderssprachig; -ое населе́ние anderssprachige Bevölkerung 2. fremdsprachig, aus einer anderen Sprache; -ое сло́во Fremdwort

инсинуа́ция, -и *f buchspr* Verleumdung

инспекти́ровать, -рую, -руешь; -рованный, -рован, -а *uv* inspizieren

инспе́ктор, -а, *Pl* инспе́кторы, -ов, -ам *u.* инспектора́, -о́в, -а́м *m* Inspektor

инспе́кторский, -ая, -ое Inspektoren-, Inspektions-

инспе́кция, -и *f* 1. Inspizierung, Inspektion 2. Inspektionsbehörde; санита́рная ~ Sanitätsinspektion

инста́нция, -и *f* Instanz; вышестоя́щие -и die höheren Instanzen

инсти́нкт, -а *m* 1. *biol* Instinkt, Naturtrieb 2. *übtr* (instinktives) Gefühl, Instinkt

инстинкти́вный, -ая, -ое; *Kzf* -вен, -вна 1. *biol* instinktiv, durch Instinkt bedingt 2. unbewußt, gefühlsmäßig, unwillkürlich, instinktiv

институ́т, -а *m* 1. wissenschaftliches Institut; нау́чно-иссле́довательский ~ wissenschaftliches Forschungsinstitut 2. Hochschule; педагоги́ческий ~ *selbständiges* pädagogisches Institut 3. *jur* Institution, Einrichtung

инструкта́ж, -а, *I* -ем, *G Pl* -ей *m umg* 1. Instruieren 2. Instruktion, Anweisung, Anleitung

инструкти́вный, -ая, -ое Instruktions-; -ые указа́ния Instruktionen

инструкти́рование, -я *n* Instruieren, Instruktion, Unterweisung

инструкти́ровать, -рую, -руешь; -рованный, -рован, -а *v, uv* instruieren, unterweisen, Instruktion erteilen

инстру́ктор, -а, *Pl a.* инструктора́, -о́в, -а́м *m* Instrukteur, Ausbilder

инстру́кторский, -ая, -ое Instrukteur-

инстру́кция, -и *f* Instruktion, Vorschrift; ~ к по́льзованию Bedienungsanweisung

инструме́нт, -а *m* 1. Instrument, Werkzeug; хирурги́ческий ~ chirurgisches Besteck 2. Musikinstrument; уда́рный ~ Schlagzeug

инструмента́льный, -ая, -ое 1. Instrumenten-, Werkzeug-; -ая сталь Werkzeugstahl; ~ я́щик Werkzeugkasten 2. -ая, -ой *Subst f* Werkzeugmacherei 3. *mus* Instrumental-; -ая му́зыка Instrumentalmusik

инструмента́льщик, -а *m* Werkzeugmacher, Werkzeugschlosser

инструментова́ть, -ту́ю, -ту́ешь; -то́ванный, -то́ван, -а *v, uv mus* instrumentieren

инструменто́вка, -и *f mus* Instrumentieren, Instrumentierung

инсцени́ровать, -рую, -руешь; -рованный, -рован, -а *v, uv* 1. inszenieren; dramatisieren, *für die szenische Aufführung* bearbeiten 2. *übtr* vortäuschen, inszenieren

инсцениро́вка, -и, *Pl G* -вок, *D* -вкам *f* Inszenierung; Dramatisierung, Bühnenbearbeitung

интегра́л, -а *m math* Integral

интегра́льный, -ая, -ое 1. Integral-; -ое исчисле́ние Integralrechnung 2. *Kzf* -лен, -льна *buchspr* integral, zu einem Ganzen verschmolzen

интегри́рование, -я *n math* Integrieren

интегри́ровать, -рую, -руешь; -рованный, -рован, -а *v, uv* **1.** *math* integrieren **2.** *buchspr* zu einem Ganzen zusammenschließen, integrieren
интелле́кт, -а *m* Intellekt, Denkfähigkeit, Verstand
интеллектуа́льный, -ая, -ое; *Kzf* -лен, -льна intellektuell, geistig, Verstandes-
интеллиге́нт, -а *m* Angehöriger der Intelligenz
интеллиге́нтный, -ая, -ое **1.** zur Intelligenz gehörend, Intelligenz-, intellektuell **2.** *Kzf* -тен, -тна intelligent, gescheit, geistig interessiert
интеллиге́нтский, -ая, -ое typisch für Intellektuelle, (typisch) intellektuell, Intellektuellen-
интеллиге́нция, -и *f* **1.** die Intelligenz, Geistesschaffende; трудова́я ~ die werktätige Intelligenz **2.** *Koll* die Intellektuellen
интенда́нт, -а *m mil* Intendant
интенда́нтский, -ая, -ое *mil* Intendantur-
интенда́нтство, -а *n mil* Intendantur
интенси́вность [тэ], -и *f* Intensität
интенси́вный [тэ], -ая, -ое; *Kzf* -вен, -вна intensiv, Intensiv-; -ое хозя́йство Intensivwirtschaft
интенсифика́ция [тэ], -и *f buchspr* Intensivierung
интенсифици́ровать [тэ], -рую, -руешь; -рованный, -рован, -а *v, uv buchspr* intensivieren
интерва́л, -а *m* **1.** Zwischenraum, Abstand **2.** zeitlicher Abstand, Zeitspanne; с -ом в не́сколько секу́нд mit wenigen Sekunden Abstand **3.** *mus, phys* Intervall
интерве́нция, -и *f* Intervention, gewaltsame Einmischung
Интерви́дение, -я *n* Intervision
интервью́ [тэ] *n idkl* Interview
интервьюи́ровать [тэ], -рую, -руешь; -рованный, -рован, -а *v, uv* interviewen
интере́с, -а *m* **1.** Interesse, Aufmerksamkeit; прояви́ть ~ к чему́-н. Interesse zeigen für etw.; де́ло представля́ет ~ die Sache ist von Interesse **2.** Interesse, Wichtigkeit; э́то в ва́ших -ах das liegt in Ihrem Interesse **3.** *meist Pl* Interessen, Belange; кла́ссовые -ы Klasseninteressen **4.** *umg* Gewinn, (materieller) Nutzen; како́й мне от э́того ~ was nützt mir das, was habe ich davon
интере́сный, -ая, -ое; *Kzf* -сен, -сна **1.** interessant, fesselnd **2.** *umg* schön, anziehend; -ая вне́шность anziehendes Äußeres ◇ в -ом положе́нии *alt* schwanger
интересова́ть, -су́ю, -су́ешь *uv* interessieren; э́то вас интересу́ет? interessiert Sie das?
интересова́ться, -су́юсь, -су́ешься *uv I* sich interessieren (für), Interesse haben (für)
интерлю́дия [тэ], -и *f mus* Zwischenspiel
интерме́дия [тэ], -и *f* **1.** *theat* Intermezzo, Zwischenspiel **2.** *mus* Zwischenspiel
интерме́ццо [тэ] *n idkl mus* Intermezzo
Интернациона́л [тэ], -а *m* **1.** Internationale *Vereinigung*; Коммунисти́ческий ~ Kommunistische Internationale **2.** Internationale *Lied*
интернационали́зм [тэ], -а *m* Internationalismus
интернациона́льный [тэ], -ая, -ое; *Kzf* -лен, -льна **1.** international; -ые свя́зи internationale Verbindungen **2.** internationalistisch, im Geiste des (proletarischen) Internationalismus
интерпелля́ция [тэ], -и *f* Interpellation, Anfrage an die Regierung
интерпрета́ция [тэ], -и *f buchspr* Interpretation
интерье́р [тэ], -а *m* **1.** *arch* Interieur, Innenausstattung *eines Gebäudes* **2.** Interieur *Malerei*
инти́мность, -и *f* Vertrautheit, Intimität
инти́мный, -ая, -ое; *Kzf* -мен, -мна sehr vertraulich, ganz persönlich; vertraut, innig, intim; herzlich
интона́ция, -и *f* **1.** Tonfall **2.** *ling* Satzmelodie **3.** *mus* Intonation
интри́га, -и *f* **1.** Intrige, Ränkespiel **2.** *lit* Intrige, Knoten der Handlung **3.**: любо́вная ~ Liebesaffäre
интрига́н, -а *m* Intrigant
интригова́ть, -гу́ю, -гу́ешь *uv* **1.** intrigieren **2.** neugierig machen, Spannung erregen; кни́га с интригу́ющим назва́нием ein Buch mit vielversprechendem Titel
интроду́кция, -и *f mus* Introduktion, Einleitung
интуити́вный, -ая, -ое; *Kzf* -вен, -вна intuitiv
интуи́ция, -и *f* Intuition; по -и intuitiv
Интури́ст, -а *m* (Всесою́зное объедине́ние по обслу́живанию иностра́нных тури́стов) Intourist (sowjetisches Reisebüro für den Verkehr zwi-

schen der UdSSR und dem Ausland)
инфáк, -а *m* (факультéт инострáнных языкóв) Fremdsprachenfakultät
инфекциóнный, -ая, -ое *med* infektiös, Infektions-, ansteckend; -ая болéзнь Infektionskrankheit
инфéкция, -и *f* Infektion, Ansteckung
инфинити́в, -а *m gram* Infinitiv
инфля́ция, -и *f* Inflation
информáтор, -а *m* Informator, Berichterstatter
информациóнный, -ая, -ое Informations-; -ое бюрó Informationsbüro
информáция, -и *f* **1.** Information **2.** Benachrichtigung, Informierung
информбюрó *n idkl* (информациóнное бюрó) Informationsbüro
инфракрáсный, -ая, -ое: -ые лучи́ Infrarotstrahlen
инфузóрия, -и *f* Infusorium, Aufgußtierchen
инцидéнт, -а *m* Zwischenfall, Vorfall; пограни́чные -ы Grenzzwischenfälle
инъéкция, -и *f med* Injektion, Spritze; сдéлать -ю комý-н. j-m eine Injektion [Spritze] geben
и. о. (исполня́ющий обя́занности) kommissarisch, amtierend, in Vertretung, i. V.; ~ начáльника отдéла kommissarischer Abteilungsleiter
Иокогáма, -ы *f* Jokohama
иóн *u.* **йон,** -а *m phys* Ion
иони́йский *u.* **иони́ческий,** -ая, -ое *arch* ionisch; Иони́ческое мóре Ionisches Meer
иóнный, -ая, -ое Ionen-; -ая реáкция Ionenreaktion
Иордáн, -а *m* Jordan *Fluß*
Иордáния, -и *f* Jordanien
Иóсиф, -а *m* Josef
ипотéка, -и *f* Hypothek
ипохóндрия, -и *f* Hypochondrie
ипподрóм, -а *m* Pferderennbahn
и пр. (и прóчее, и прóчие) und dergleichen, und andere, und anderes (mehr)
ипри́т, -а *m* Yperit, Senfgas
И́ра, -ы *f Dem zu* Ири́на
Ирáк, -а *m* Irak
Ирáн, -а *m* Iran
ирáнец, -нца, *I* -нцем, *G Pl* -нцев *m* Iranier, Iraner
ирáнка, -и, *Pl G* -нок, *D* -нкам *f* Iranerin
ирáнский, -ая, -ое iranisch
Ири́на, -ы *f weibl Vn*
и́рис, -а *m* Schwertlilie, Iris
ири́с, -а *m* Sahnebonbon
Иркýтск, -а *m* Irkutsk
иркутя́нин, -а, *Pl* -я́не, -я́н, -я́нам *m* Einwohner von Irkutsk
ирлáндец, -ндца [нц], *I* -ндцем, *G Pl* -ндцев *m* Ire
Ирлáндия, -и *f* Irland
ирлáндка, -и, *Pl G* -док, *D* -дкам *f* Irin
ирлáндский [нск], -ая, -ое irisch, irländisch
и́род, -а *m volksspr Schimpfwort* Unmensch
иронизи́ровать, -рую, -руешь *uv* над *I* sich ironisch verhalten, ironische Bemerkungen machen
ирони́ческий, -ая, -ое ironisch
ирóния, -и *f* Ironie
ирреáльный, -ая, -ое *buchspr* irreal
ирригациóнный, -ая, -ое Bewässerungs-
ирригáция, -и *f* künstliche Bewässerung
Иртыш, -á, *I* -óм *m* Irtysch *Fluß*
Исаáк, -а *m* Isaak
иск, -а *m jur* gerichtliche Klage, Forderung; граждáнский ~ Zivilklage; предъяви́ть ~ к комý-н. gegen j-n klagen
искажáть(ся) *uv zu* искази́ть(ся)
искажéние, -я *n* Entstellung, Verdrehung, Verfälschung; ~ мы́сли Verfälschung eines Gedankens; ~ изображéния Bildverzerrung
искажённый, -ая, -ое **1.** verfälscht, entstellt; предстáвить в -ом ви́де verzerrt darstellen **2.** sehr verändert, entstellt *Gesichtsausdruck, Äußeres*
искази́ть, -ажý, -ази́шь; -ажённый, -ажён, -ажена́ *v* **1.** verfälschen, verdrehen, verzerrt darstellen, entstellen; ~ смысл den Sinn entstellen **2.** völlig verändern, verzerren, entstellen *Gesichtsausdruck, Äußeres* ‖ *uv* искажáть, -áю, -áешь
искази́ться, *1. u. 2. Pers ungebr*, -зи́тся *v* **1.** einen falschen Sinn bekommen, unrichtig werden **2.** sich völlig verändern, sich verzerren *Gesichtsausdruck* ‖ *uv* искажáться, -áется
искалéчивать(ся) *uv zu* искалéчить(ся)
искалéчить, -чу, -чишь; -ченный, -чен, -а *v* **1.** zum Krüppel machen, verstümmeln **2.** *übtr sittlich* verderben ‖ *uv* искалéчивать, -аю, -аешь

искале́читься, -чусь, -чишься *v umg* zum Krüppel werden; sich zum Krüppel machen, sich verstümmeln || *uv* искале́чиваться, -аюсь, -аешься

иска́лывать *uv zu* исколо́ть

иска́ние, -я *n* **1.** Suche, Suchen; ~ пра́вды Suchen nach Wahrheit **2.** *Pl* Suche(n) nach neuen Wegen *in Kunst, Wissenschaft*

иска́тель, -я *m* **1.** Sucher; ~ же́мчуга Perlensucher, Perlenfischer; ~ сча́стья Glückssucher **2.** *tech* Sucher

иска́тельный, -ая, -ое; *Kzf* -лен, -льна einschmeichelnd

иска́ть* *uv* **1.** suchen, sich bemühen zu finden [wiederzufinden]; ~ спря́тавшегося ребёнка ein Kind suchen, das sich versteckt hat **2.** *G* streben, zu erhalten suchen; suchen, sich umsehen; ~ вла́сти nach Macht streben; ~ по́вода nach einem Anlaß suchen **3.** с *G*, на *P jur* (ein)klagen; ~ су́мму убы́тка с желе́зной доро́ги gegen die Eisenbahn auf Schadenersatz klagen **4.** *mit Inf buchspr, alt* versuchen, sich bemühen

исключа́ть, -а́ю, -а́ешь *uv* **1.** *uv zu* исключи́ть **2.** ausschließen *Möglichkeit*, unmöglich machen; одно́ исключа́ет друго́е eins schließt das andere aus

исключа́ться, *1. u. 2. Pers ungebr,* -а́ется *uv* ausgeschlossen werden; э́то исключа́ется das ist ausgeschlossen, das kommt nicht in Frage

исключа́я *Präpos mit G* ausgenommen, außer; ~ прису́тствующих die Anwesenden ausgenommen

исключе́ние, -я *n* **1.** Ausschließung, Ausschluß; ~ из спи́сков Streichung aus den Listen **2.** Ausnahme; в ви́де -я ausnahmsweise ◇ ~ неизве́стного *math* Eliminierung der Unbekannten; за -ем *G* mit Ausnahme, ausgenommen

исключи́тельно *Part* nur, lediglich, ausschließlich

исключи́тельный, -ая, -ое **1.** Ausnahme-; -ые зако́ны Ausnahmegesetze **2.** *Kzf* -лен, -льна außergewöhnlich, außerordentlich, selten; в -ых слу́чаях in seltenen Fällen; -ые спосо́бности außergewöhnliche Fähigkeiten **3.** *Kzf* -лен, -льна *umg* sehr gut, ganz groß **4.** *Kzf* -лен, -льна ausschließlich, alleinig

исключи́ть, -чу́, -чи́шь; -чённый, -чён, -чена́ *v* **1.** ausscheiden, herausnehmen, entfernen, ausschließen; ~ из спи́сков aus den Listen streichen **2.** *meist Kzf Ptz Prät Pass* ausschließen *Möglichkeit*; не исключена́ возмо́жность die Möglichkeit ist nicht ausgeschlossen || *uv* исключа́ть, -а́ю, -а́ешь

исковéркать, -аю, -аешь; -анный, -ан, -а *v* **1.** zerbrechen, zerbeulen, verderben; entstellen **2.** *übtr* verderben, zuschanden machen **3.** *übtr* verdrehen, entstellen, verderben

исково́й, -а́я, -о́е *jur* Klage-; -о́е заявле́ние Klageschrift

исколá́чивать *uv zu* исколоти́ть

исколеси́ть, -ешу́, -еси́шь; -ешённый, -ешён, -ешена́ *v umg* durchfahren, -wandern, -streifen

исколоти́ть, -очу́, -о́тишь; -о́ченный, -о́чен, -а *v umg* **1.** verhauen, durchprügeln **2.** übel zurichten, beschädigen *Fläche beim Hämmern* || *uv* исколá́чивать, -аю, -аешь

ис|коло́ть* *v* **1.** zerstechen; он ру́ки об кустá́рник исколо́л er hat sich die Hände am Strauchwerk zerstochen **2.** über und über mit Nadeln bestecken || *uv* иска́лывать, -аю, -аешь

иско́мкать, -аю, -аешь; -анный, -ан, -а *v umg* zerknüllen

иско́мое, -ого *Subst n math* gesuchte Größe

иско́мый, -ая, -ое gesucht

искони́ *Adv alt* seit jeher, von alters her

иско́нный, -ая, -ое althergebracht, alt, seit langem [jeher] bestehend, ureigen; ~ враг alter Feind, Erbfeind; ~ обитá́тель Ureinwohner; -ые интерéсы ureigenste Interessen

ископа́емое, -ого *Subst n* Fossil

ископа́емый, -ая, -ое fossil

искорёживать *uv zu* искорёжить

искорёжить, -жу, -жишь; -женный, -жен, -а *v volksspr* verziehen, verzerren || *uv* искорёживать, -аю, -аешь

искорени́ть, -ню́, -ни́шь; -нённый, -нён, -нена́ *v* ausrotten, ausmerzen, vertilgen || *uv* **искореня́ть,** -я́ю, -я́ешь

и́скорка, -и, *Pl G* -рок, *D* -ркам *f* kleiner Funken, Fünkchen

и́скоса *Adv* von der Seite (her), schief; ~ [по]смотре́ть на кого́-н. j-n von der Seite ansehen

и́скра, -ы *f* **1.** Funke; электри́ческая ~ elektrischer Funke **2.** *übtr* Funke, Fünkchen; ~ надéжды ein Fünkchen Hoffnung ◇ с -ой gesprenkelt *Stoff*;

у него́ -ы из глаз посы́пались er sah Sterne *als Folge eines Schlags*
и́скренний, -яя, -ее; *Kzf* -нен, -нна aufrichtig, offenherzig, herzlich; -ее письмо́ ein herzlich gehaltener Brief
и́скренность, -и *f* Aufrichtigkeit, Offenherzigkeit
искриви́ть, -влю́, -ви́шь; -влённый, -влён, -влена́ *v* **1.** krümmen, (ver)biegen **2.** verzerren, -ziehen *Gesichtszüge* ‖ *uv* искривля́ть, -я́ю, -я́ешь
искриви́ться, -влю́сь, -ви́шься *v* **1.** krumm werden, sich verziehen **2.** sich verzerren, sich verziehen *Gesichtszüge* ‖ *uv* искривля́ться, -я́юсь, -я́ешься
искривле́ние, -я *n* **1.** Krümmen, Verbiegen; Verkrümmung, Verbiegung; ~ позвоно́чника Rückgratverkrümmung **2.** Krümmung, verbogene [gekrümmte] Stelle **3.** *übtr* (politische) Abweichung
искривлённый, -ая, -ое krumm, gekrümmt
искривля́ть(ся) *uv zu* искриви́ть(ся)
искри́стый, -ая, -ое; *Kzf* -и́ст, -а *u.* **и́скристый,** -ая, -ое; *Kzf* -ист, -а funkelnd
и́скриться, *1. u. 2. Pers ungebr,* -рится *u.* **искри́ться,** *1. u. 2. Pers ungebr,* -ри́тся *uv* funkeln, sprühen, glänzen; глаза́ и́скрятся ра́достью die Augen funkeln vor Freude
искрово́й, -а́я, -о́е Funken-
искромса́ть, -а́ю, -а́ешь; искро́мсанный, -ан, -а *v umg* sinnlos [unüberlegt] zerschneiden, verderben *durch unüberlegtes Schneiden*
искроши́ть, -ошу́, -о́шишь; -о́шенный, -о́шен, -а *v* **1.** zerkrümeln **2.** *umg* zusammen-, niederhauen, niedersäbeln
искроши́ться, *1. u. 2. Pers ungebr,* -о́шится *v* zerbröckeln
[1]**искупа́ть** *uv zu* искупи́ть
[2]**искупа́ть,** -а́ю, -а́ешь; иску́панный, -ан, -а *v umg* baden, waschen
искупа́ться, -а́юсь, -а́ешься *v umg* (sich) baden, ein Bad nehmen
искупи́тельный, -ая, -ое *buchspr* Sühne-; -ая же́ртва Sühneopfer
искупи́ть, -уплю́, -у́пишь; -у́пленный, -у́плен, -а *v* **1.** büßen, sühnen, wiedergutmachen **2.** wettmachen, ersetzen, ausgleichen *einen Mangel* ‖ *uv* искупа́ть, -а́ю, -а́ешь
искупле́ние, -я *n* **1.** Buße, Sühne **2.** Vergeltung, Sühne; час -я Stunde der Vergeltung
иску́с, -а *m übtr* Prüfung
искуса́ть, -а́ю, -а́ешь; иску́санный, -ан, -а *v* an vielen Stellen stechen [beißen], zerstechen; он искуса́л себе́ все гу́бы er hat sich die Lippen ganz und gar zerbissen ‖ *uv* иску́сывать, -аю, -аешь
искуси́тель, -я *m buchspr* Versucher, Verführer
искуси́ть *v zu* искуша́ть
иску́сник, -а *m umg* geschickter Mensch, Meister
иску́сный, -ая, -ое; *Kzf* -сен, -сна **1.** geschickt, gewandt, kunstreich **2.** kunstvoll, geschickt ausgeführt
иску́сственность, -и *f* Unnatürlichkeit, Gekünsteltheit
иску́сственный, -ая, -ое **1.** künstlich, Kunst-; -ое волокно́ Kunstfaser; -ые зу́бы künstliche Zähne **2.** *Kzf* -вен, -венна gekünstelt, geheuchelt; ~ смех gekünsteltes Lachen
иску́сство, -а *n* **1.** Kunst; совреме́нное ~ moderne Kunst **2.** Kunstfertigkeit, Kunst, Meisterschaft; с больши́м -ом kunstvoll, mit großer Kunst
искусствове́д, -а *m* Kunstwissenschaftler, Kunsthistoriker
искусствове́дение, -я *n* Kunstwissenschaft
иску́сывать *uv zu* искуса́ть
искуша́ть, -а́ю, -а́ешь *uv* zu verführen suchen; verführen; versuchen ‖ *v alt* искуси́ть, -ушу́, -уси́шь; искушённый, -ён, -ена́
искуше́ние, -я *n* Verführung, Versuchung; подда́ться -ю der Versuchung erliegen; проти́виться -ю der Versuchung widerstehen
искушённый, -ая, -ое erfahren, bewandert; ~ о́пытом reich an Erfahrung
исла́м, -а *m* Islam
исла́ндец, -дца [нц], *I* -дцем, *G Pl* -дцев *m* Isländer
Исла́ндия, -и *f* Island
исла́ндка, -и, *Pl G* -док, *D* -дкам *f* Isländerin
исла́ндский [нск], -ая, -ое isländisch
испа́костить, -ощу, -остишь *v volksspr* **1.** beschmutzen, verunreinigen **2.** verderben, verpfuschen, versauen
испа́нец, -нца, *I* -нцем, *G Pl* -нцев *m* Spanier
Испа́ния, -и *f* Spanien
испа́нка, -и, *Pl G* -нок, *D* -нкам *f* Spanierin
испа́нский, -ая, -ое spanisch
испаре́ние, -я *n* **1.** Verdampfung, Verdunstung **2.** *meist Pl* Dämpfe, Dünste, Ausdünstungen

испа́рина, -ы *f* Schweiß, Körperschweiß

испари́ться, *1. u. 2. Pers ungebr,* -и́тся *v* 1. verdampfen, verdunsten, sich verflüchtigen 2. *übtr, scherz* verschwinden, verduften || *uv* **испаря́ться,** -я́ется

испа́чкать, -аю, -аешь; -анный, -ан, -а *v* beschmutzen, besudeln

испа́чкаться, -аюсь, -аешься *v* sich beschmutzen, sich besudeln

испепели́ть, -лю́, -ли́шь; -лённый, -лён, -лена́ *v* 1. verbrennen, niederbrennen, in Schutt und Asche legen 2. *übtr* verbrennen, verzehren, verwüsten || *uv* **испепеля́ть,** -я́ю, -я́ешь

ис|пе́чь* *v* (aus)backen

ис|пе́чься* *v* ausgebacken [gar] sein, ausbacken

испещри́ть, -рю́, -ри́шь; -рённый, -рён, -рена́ *v* übersäen, über und über bedecken, durchsetzen, (über)füllen || *uv* **испещря́ть,** -я́ю, -я́ешь

испива́ть *uv zu* испи́ть

ис|писа́ть* *v* 1. vollschreiben, vollmalen 2. *umg* verschreiben, *beim Schreiben* verbrauchen || *uv* **испи́сывать,** -аю, -аешь

ис|писа́ться* *v umg* 1. sich abschreiben, sich abnutzen *beim Schreiben,* abgeschrieben [abgenutzt] sein 2. nichts Neues mehr zu sagen haben, nicht mehr schreiben können *Schriftsteller* || *uv* **испи́сываться,** -аюсь, -аешься

испито́й, -а́я, -о́е *umg* abgezehrt, ausgemergelt

ис|пи́ть*, изопью́ *v* 1. *volksspr* ein bißchen (ab)trinken 2. *alt* austrinken ◇ ~ ча́шу до дна den bitteren Kelch bis zur Neige leeren || *uv* испива́ть, -а́ю, -а́ешь

исповеда́льня, -и, *Pl G* -лен, *D* -льням *f kirch* Beichtstuhl

испове́дание, -я *n* 1. *buchspr, kirch* Beichte, Abnahme der Beichte 2. *buchspr, alt* Konfession

испове́дник, -а *m kirch* 1. Beichtvater 2. Beichtgänger

испове́довать, -дую, -дуешь; -дованный, -дован, -а *v, uv* 1. *kirch* die Beichte abnehmen; beichten 2. *übtr umg, scherz* ausfragen, ins Gebet nehmen 3. *übtr* offen bekennen, beichten 4. *nur uv buchspr* sich (offen) bekennen (zu); ~ исла́м sich zum Islam bekennen || *uv alt a.* **испове́дывать,** -аю, -аешь

испове́доваться, -дуюсь, -дуешься *v, uv* 1. *kirch* beichten, zur Beichte gehen 2. *übtr* offen bekennen, beichten || *uv alt a.* **испове́дываться,** -аюсь, -аешься

и́споведь, -и *f* 1. *kirch* Beichte 2. *übtr* offenes Bekenntnis, Geständnis, Beichte

и́сподволь *Adv umg* allmählich, nach und nach

исподло́бья *Adv* finster, mürrisch; смотре́ть на кого́-н. ~ j-n finster ansehen

испо́дни́зу *Adv umg* von unten hervor

испо́дний, -яя, -ее *alt, gbt* untergezogen, Unter-; -яя руба́шка Unterhemd

исподтишка́ *Adv umg* heimlich, verstohlen

испоко́н: ~ ве́ку *oder* ~ веко́в seit eh und jeh, seit jeher, von alters her

исполи́н, -а *m buchspr* Riese, Recke, Gigant

исполи́нов, -а, -о: Исполи́новы го́ры Riesengebirge

исполи́нский, -ая, -ое 1. riesenhaft, reckenhaft, gigantisch; -ая си́ла Riesenstärke 2. riesengroß, riesig

исполко́м, -а *m* (исполни́тельный комите́т) Exekutivkomitee, Vollzugsausschuß

исполне́ние, -я *n* 1. Ausführung, Erfüllung, Vollzug 2. *Kunst, theat, mus* Ausführung; Besetzung; Vortrag; в -и госуда́рственного орке́стра ausgeführt [gespielt] vom staatlichen Orchester

исполни́мый, -ая, -ое; *Kzf* -и́м, -а erfüllbar, ausführbar

исполни́тель, -я *m* 1. Vollstrecker, Vollzieher; суде́бный ~ Gerichtsvollzieher 2. *theat, mus* Vortragender, Interpret

исполни́тельность, -и *f* Verläßlichkeit, Zuverlässigkeit, Gewissenhaftigkeit

исполни́тельный, -ая, -ое 1. vollziehend, Vollzugs-, Exekutiv-; -ая власть vollziehende Gewalt, Exekutive 2. *Kzf* -лен, -льна verläßlich, zuverlässig, gewissenhaft ◇ ~ лист Vollstreckungsbefehl

[1]**испо́лнить,** -ню, -нишь; -ненный, -нен, -а *v* 1. ausführen, erfüllen, vollziehen, in die Tat umsetzen 2. *theat, mus* darstellen, spielen, ausführen; ~ пе́сню ein Lied vortragen [darbieten] || *uv* исполня́ть, -я́ю, -я́ешь; кто исполня́л роль Фа́уста? wer hat den Faust gespielt?

²испóлнить, -ню, -нишь; -ненный, -нен, -а *v buchspr* anfüllen, erfüllen; его́ слова́ испóлнили всех надéждой seine Worte erfüllten alle mit Hoffnung || *uv* исполня́ть, -я́ю, -я́ешь

¹испóлниться, *1. u. 2. Pers ungebr,* -ится *v* **1.** in Erfüllung gehen, sich erfüllen **2.**: ему́ испóлнилось два́дцать лет er ist zwanzig Jahre (alt) geworden; сегóдня испóлнилось четы́ре гóда с тогó дня, как es ist heute vier Jahre her, seit || *uv* исполня́ться, -я́ется

²испóлниться, -нюсь, -нишься *v I od. G buchspr, alt* sich füllen, schwellen, durchdrungen werden [sein] || *uv* исполня́ться, -я́юсь, -я́ешься

исполня́ть, -я́ю, -я́ешь *uv* **1.** *uv zu* ¹,²испóлнить **2.**: ~ обя́занности когó-н. j-n in seinem Amt vertreten; исполня́ющий обя́занности дирéктора kommissarischer Direktor

исполня́ться *uv zu* ¹,²испóлниться

исполосова́ть, -су́ю, -су́ешь; -сóванный, -сóван, -а *v umg* **1.** in Streifen schneiden **2.** verprügeln, übel zurichten

испóльзование, -я *n* Ausnutzung, Verwertung, Verwendung, Einsatz

испóльзовать, -зую, -зуешь; -зованный, -зован, -а *v, uv* ausnutzen, verwenden, verwerten, Nutzen ziehen, sich zunutze machen; ~ все срéдства alle Mittel einsetzen; ~ слу́чай die Gelegenheit wahrnehmen [ergreifen]

испóртить, -óрчу, -óртишь; -óрченный, -óрчен, -а *v* **1.** verderben, beschädigen, unbrauchbar machen **2.** sittlich verderben, verderblichen Einfluß ausüben **3.** *alt* durch Hexerei krank machen ◇ ~ мнóго крóви viel zu schaffen machen

испóртиться, -óрчусь, -óртишься *v* **1.** verdorben, unbrauchbar werden **2.** sittlich verkommen [verdorben] sein [werden]

испóрченность, -и *f* Verderbtheit, Verdorbenheit, Verkommenheit

испóрченный, -ая, -ое **1.** verdorben, beschädigt, unbrauchbar gemacht [geworden]; ~ замóк beschädigtes Schloß; -ые консéрвы verdorbene Konserven; -ое настроéние verdorbene Stimmung **2.** sittlich verdorben, verkommen

испóшлить, -лю, -лишь; -ленный, -лен, -а *v umg* banalisieren

исправи́мый, -ая, -ое; *Kzf* -и́м, -а korrigierbar, wiedergutzumachen(d)

исправи́тельный, -ая, -ое Besserungs-, Korrektions-; ~ дом *alt* Besserungsanstalt

испра́вить, -а́влю, -а́вишь; -а́вленный, -а́влен, -а *v* **1.** ausbessern, reparieren, instandsetzen; ~ замóк ein Schloß reparieren **2.** berichtigen, korrigieren, Mängel [Fehler] beseitigen; вторóе, испра́вленное изда́ние zweite, berichtigte Auflage **3.** sittlich bessern || *uv* исправля́ть, -я́ю, -я́ешь

испра́виться, -а́влюсь, -а́вишься *v* sich bessern *charakterlich, sittlich* || *uv* исправля́ться, -я́юсь, -я́ешься

исправлéние, -я *n* **1.** Korrektur, Verbesserung **2.** Besserung **3.** Reparatur

исправля́ть, -я́ю, -я́ешь *uv* **1.** *uv zu* испра́вить **2.**: ~ дóлжность *alt* ein Amt bekleiden

исправля́ться *uv zu* испра́виться

испра́вник, -а *m* Kreispolizeichef *im alten Rußland*

испра́вность, -и *f* guter Zustand, Intaktheit; в пóлной -и in bestem Zustand

испра́вный, -ая, -ое; *Kzf* -вен, -вна **1.** in gutem Zustand (befindlich), intakt, gebrauchs-, einsatzfähig **2.** verläßlich, gewissenhaft

испражнéние, -я *n* **1.** Stuhlgang **2.** *Pl* Exkremente

испражни́ться, -ню́сь, -ни́шься *v* sich entleeren, Kot absondern || *uv* **испражня́ться,** -я́юсь, -я́ешься

испра́шивать *uv zu* испроси́ть

испрóбовать, -бую, -буешь; -бованный, -бован, -а *v* **1.** ausprobieren, Qualität nachprüfen **2.** *umg, alt* kosten, probieren, eine Kostprobe nehmen **3.** erleben, erfahren, durchmachen; versuchen

испроси́ть, -ошу́, -óсишь; -óшенный, -óшен, -а *v alt* erbitten, erwirken || *uv* испра́шивать, -аю, -аешь

испу́г, -а (-у) *m* Erschrecken, Schreck; с -у vor Schreck ◇ брать [взять] когó-н. на ~ j-n einschüchtern, j-m bange machen

испуга́ть, -а́ю, -а́ешь; испу́ганный, -ан, -а *v* erschrecken, in Schrecken versetzen

испуга́ться, -а́юсь, -а́ешься *v* erschrecken, Schreck empfinden

испуска́ть, -а́ю, -а́ешь *uv* **1.** *uv zu* испусти́ть **2.** ausstrahlen, ausströmen, verbreiten *Licht, Strahlen*

испусти́ть, -ущу́, -у́стишь; -у́щенный, -у́щен, -а *v* ausstoßen, von sich geben

Laut, Geruch ◇ ~ дух [после́дний вздох] *alt, iron* den Geist aufgeben || *uv* испуска́ть, -а́ю, -а́ешь
испыта́ние, -я *n* **1.** Erprobung, Test, Prüfung; я́дерное ~ Kerntest; ~ на разры́в Zerreißprobe **2.** Examen, Prüfung **3.** Schicksalsschlag, Prüfung **4.** Empfindung; ~ бо́лей Schmerzempfindung
испы́танный, -ая, -ое erprobt, bewährt
испыта́тель, -я *m*: лётчик-~ Testpilot, Versuchsflieger
испыта́тельный, -ая, -ое Probe-, Prüf-; ~ срок Probefrist, Probezeit; ~ стенд Prüfstand
испыта́ть, -а́ю, -а́ешь; испы́танный, -ан, -а *v* **1.** prüfen, erproben **2.** erleben, erdulden, erfahren, empfinden || *uv* испы́тывать, -аю, -аешь
испыту́емый, -ая, -ое *buchspr* Versuchs-, Probe-
испыту́ющий, -ая, -ее **1.** prüfend, durchdringend *Blick* **2.** -е *Adv*: смотре́ть испыту́юще prüfend anblicken
испы́тывать *uv zu* испыта́ть
и́ссера- *in Zuss* grau-; ~-си́ний graublau
и́ссиня- *in Zuss* blau-; ~-зелёный blaugrün
иссле́дование, -я *n* **1.** Erforschung, Untersuchung **2.** wissenschaftliche Abhandlung, Untersuchung
иссле́дователь, -я *m* Forscher
иссле́довательский, -ая, -ое Forschungs-
иссле́довать, -дую, -дуешь; -дованный, -дован, -а *v, uv* **1.** wissenschaftlich erforschen, studieren, untersuchen **2.** genau betrachten, untersuchen; absuchen
иссо́хнуть, -ну, -нешь; иссо́х, -ла *v* **1.** vertrocknen, austrocknen **2.** *übtr* verkümmern || *uv* иссыха́ть, -а́ю, -а́ешь
и́сстари *Adv* von alters her; так ~ повело́сь so ist es von alters her Sitte
исстрада́ться, -а́юсь, -а́ешься *v* sich abhärmen, sich zu Tode grämen, vor Leid vergehen
исстре́ливать *uv zu* исстреля́ть
исстреля́ть, -я́ю, -я́ешь; исстре́лянный, -ян, -а *v* **1.** verschießen **2.** *umg* zerschießen, durch Schüsse zerlöchern || *uv* исстре́ливать, -аю, -аешь
исступле́ние, -я *n* Raserei, Ekstase
исступлённый, -ая, -ое rasend, verzückt, ekstatisch, leidenschaftlich

иссуша́ть *uv zu* иссуши́ть
иссу́шивать *uv zu* иссуши́ть
иссуши́ть, -ушу́, -у́шишь; -у́шенный, -у́шен, -а *v* **1.** austrocknen, ausdörren, trocken machen **2.** *übtr* erschöpfen, völlig verzehren || *uv* иссуша́ть, -а́ю, -а́ешь *u.* иссу́шивать, -аю, -аешь
Иссы́к-Ку́ль, -я *m* Issyk-Kul *See*
иссыха́ть *uv zu* иссо́хнуть
иссяка́ть *uv zu* исся́кнуть
исся́кнуть, *1. u. 2. Pers ungebr,* **-нет;** исся́к, -ла *v* versiegen, ausgehen; все сре́дства исся́кли alle Mittel sind erschöpft || *uv* иссяка́ть, -а́ю, -а́ешь
[1,2]иста́пливать *uv zu* [1,2]истопи́ть
иста́птывать *uv zu* истопта́ть
иста́сканный, -ая, -ое *umg* **1.** abgetragen, abgenutzt **2.** *übtr* abgedroschen **3.** verlebt, verbraucht
иста́чивать *uv zu* [2]источи́ть
истека́ть *uv zu* истéчь
исте́кший, -ая, -ее vergangen, verflossen, vorig, Vor-
ис|тере́ть*, изотру́ *v umg* **1.** zerreiben **2.** abreiben, durch Reiben abnutzen **3.** durchreiben; wundreiben || *uv* истира́ть, -а́ю, -а́ешь
ис|тере́ться*, *1. u. 2. Pers ungebr,* изотрётся *v umg* **1.** sich abnutzen, abgewetzt werden **2.** *alt* verwischt werden || *uv* истира́ться, -а́ется
истерза́ть, -а́ю, -а́ешь; исте́рзанный, -ан, -а *v* **1.** schwere Wunden zufügen, zerfleischen **2.** zerstören, verwüsten, zuschanden machen **3.** *übtr* peinigen, quälen, verzehren
истерза́ться, -а́юсь, -а́ешься *v* sich verzehren, vergehen, sich abquälen
исте́рика, -и *f* hysterischer Anfall
истери́ческий, -ая, -ое hysterisch
истери́чка, -и, *Pl G* -чек, *D* -чкам *f umg* Hysterikerin
истери́чный, -ая, -ое; *Kzf* -чен, -чна hysterisch
истери́я, -и *f* Hysterie
истёртый, -ая, -ое *umg* **1.** schäbig (geworden), abgetragen, abgenutzt; -ая шля́па schäbiger Hut **2.** verwischt, schlecht erkennbar; -ая на́дпись verwischte Aufschrift
исте́ц, истца́ [сц], *I* истцо́м, *G Pl* истцо́в *m jur* Kläger
истече́ние, -я *n* **1.** *tech* Ausfließen, Ausfluß; ~ не́фти из пласто́в песча́ника Ausfließen des Erdöls aus den Sandsteinschichten **2.** Ablauf, Verstreichen; по -и сро́ка nach Ablauf der Frist

ис|тéчь*; истёкший *u. alt* истéкший *v* 1. *buchspr, alt* (her)ausfließen, entströmen 2. ablaufen, verstreichen, zu Ende gehen *Frist* 3. *I*: ~ крóвью sich verbluten ‖ *uv* истекáть, -áю, -áешь

и́стина, -ы *f* Wahrheit; изби́тая ~ Binsenwahrheit

и́стинный, -ая, -ое; *Kzf* -инен, -инна 1. wahr, wirklich, echt, richtig; ~ друг echter [wirklicher] Freund; -ая прáвда reine Wahrheit 2. *tech* echt, wahr; ~ раствóр echte Lösung; ~ горизóнт der wahre Horizont

истирáть(ся) *uv zu* истерéть(ся)

истлевáть *uv zu* истлéть

истлéть, -éю, -éешь *v* 1. völlig verwesen, vermodern, verfaulen 2. verglimmen, zu Asche werden ‖ *uv* истлевáть, -áю, -áешь

истмáт, -а *m umg* (истори́ческий материали́зм) historischer Materialismus *Vorlesung, Kursus*

истóк, -а *m* 1. Ausfluß; Quelle; от -а до ýстья von der Quelle bis zur Mündung 2. *meist Pl* Ursprung, Quelle; идéйные -и оппортуни́зма der geistige Ursprung des Opportunismus

истолковáние, -я *n* Auslegung, Deutung, Erklärung, Interpretation

истолковáтель, -я *m* Erklärer, Kommentator

истолковáть, -кýю, -кýешь; -кóванный, -кóван, -а *v* auslegen, deuten, erklären, interpretieren ‖ *uv* **истолкóвывать,** -аю, -аешь

ис|толóчь* *v* zerstoßen, zerstampfen; ~ в порошóк zu Pulver zerstoßen

истóма, -ы *f* Mattigkeit

истоми́ть, -млю́, -ми́шь; -млённый, -млён, -млена́ *v* erschöpfen, ermatten ‖ *uv* истомля́ть, -я́ю, -я́ешь

истоми́ться, -млю́сь, -ми́шься *v* sich verzehren, vergehen; ~ от жáжды vor Durst vergehen ‖ *uv* **истомля́ться,** -я́юсь, -я́ешься

истомлённый, -ая, -ое matt, ermattet, erschöpft

истомля́ть(ся) *uv zu* **истоми́ть(ся)**

[1]истопи́ть, -оплю́, -óпишь; -óпленный, -óплен, -а *v* 1. heizen 2. *umg* verheizen, fürs Heizen verbrauchen ‖ *uv* истáпливать, -аю, -аешь

[2]истопи́ть, -оплю́, -óпишь; -óпленный, -óплен, -а *v umg* restlos ausschmelzen, zerlassen, auslassen ‖ *uv* истáпливать, -аю, -аешь

истопни́к, -á *m* Heizer

ис|топтáть* *v* 1. zertreten, zerstampfen, zertrampeln 2. *umg* durch Fußspuren beschmutzen 3. *volksspr* austreten, abtragen *Schuhwerk* 4. durchstreifen, durchwandern ‖ *uv* истáптывать, -аю, -аешь

истóрик, -а *m* Historiker

истори́ческий, -ая, -ое historisch, geschichtlich, Geschichts-

истóрия, -и *f* 1. Geschichte, Geschichtswissenschaft; нóвая ~ neue Geschichte; войти́ в -ю in die Geschichte eingehen 2. Angelegenheit, Geschichte 3. Erzählung, Geschichte 4. *umg* (unangenehme) Geschichte ◇ вéчная ~ (immer) die alte Geschichte, die alte Leier

истосковáться, -кýюсь, -кýешься *v umg* vor Sehnsucht vergehen (по *D* nach)

источáть, -áю, -áешь *uv* 1. *buchspr, alt*: ~ слёзы Tränen vergießen 2. ausstrahlen, ausströmen, verbreiten *Licht, Geruch* ‖ *v* **[1]источи́ть,** -очý, -óчишь

[2]источи́ть, -очý, -óчишь; -óченный, -óчен, -а *v* 1. abwetzen, abschleifen *durch häufigen Gebrauch* 2. zerfressen, zernagen, durchlöchern ‖ *uv* истáчивать, -аю, -аешь

истóчник, -а *m* 1. Quelle; сéрный ~ Schwefelquelle 2. *übtr* Quelle, Ursprung; -и сырья́ Rohstoffquellen

истóшный, -ая, -ое *volksspr* durchdringend laut, heulend, brüllend, wild; кричáть -ым гóлосом laut schreien

истощáть(ся) *uv zu* истощи́ть(ся)

истощéние, -я *n* 1. Schwächung, Erschöpfung; Entkräftung; умерéть от -я an Entkräftung sterben 2. Erschöpfung *z. B. von Bodenschätzen*

истощённый, -ая, -ое 1. erschöpft, entkräftet 2. unterernährt

истощи́ть, -щý, -щи́шь; -щённый, -щён, -щенá *v* 1. entkräften, schwächen, aufzehren, erschöpfen 2. aufbrauchen, erschöpfen, aufzehren ‖ *uv* истощáть, -áю, -áешь

истощи́ться, -щýсь, -щи́шься *v* 1. von Kräften kommen, erschöpft sein; пóчва истощи́лась der Boden ist ausgelaugt 2. zu Ende gehen, versiegen, sich erschöpfen; терпéние истощи́лось die Geduld ist zu Ende ‖ *uv* истощáться, -áюсь, -áешься

истрáтить, -áчу, -áтишь; -áченный, -áчен, -а *v* verbrauchen, ausgeben, verausgaben ‖ *uv* **истрáчивать,** -аю, -аешь

истребитель, -я *m* **1.** Vertilger; ~ грызунов Vertilger von Nagetieren **2.** *flug* Jagdflugzeug, Jäger; реактивный ~ Düsenjäger **3.** *naut* Torpedoboot

истребительный, -ая, -ое **1.** vernichtend, verheerend, Vernichtungs-; -ая война Vernichtungskrieg **2.** *flug* Jagd-; -ая авиация Jagdflieger(kräfte)

истребить, -блю, -бишь; -блённый, -блён, -блена *v* vernichten, vertilgen, ausrotten ‖ *uv* истреблять, -яю, -яешь

истребление, -я *n* Vernichtung, Vertilgung, Ausrottung

истреблять *uv zu* истребить

истребовать, -бую, -буешь; -бованный, -бован, -а *v buchspr* anfordern

ис|трепать* *v umg* **1.** abnutzen, ruinieren; истрёпанная книга abgenutztes [zerlesenes] Buch; ~ одежду Kleidung abnutzen [abtragen] **2.** *übtr* angreifen, strapazieren; истрёпанные нервы zerrüttete Nerven ‖ *uv* **истрёпывать,** -аю, -аешь

ис|трепаться* *v* **1.** *umg* schäbig [abgenutzt] werden **2.** *übtr, umg* angegriffen werden, ermüden; нервы у неё истрепались sie ist mit den Nerven herunter **3.** *volksspr* herunterkommen, verludern, *sittlich* tief sinken ‖ *uv* **истрёпываться,** -аюсь, -аешься

истрескаться, *1. u. 2. Pers ungebr,* -ается *v umg* überall rissig werden

истукан, -а *m* **1.** Götzenbild **2.** *derb volksspr* Holzklotz *von einem herzlosen oder stupiden Menschen* ◇ стоять -ом [как ~] wie ein Holzklotz dastehen

иступить, -уплю, -упишь; -упленный, -уплен, -а *v* stumpf machen, abstumpfen ‖ *uv* **иступлять,** -яю, -яешь

иступиться, *1. u. 2. Pers ungebr,* -упится *v* stumpf werden ‖ *uv* **иступляться,** -яется

истфак, -а *m* (исторический факультет) historische Fakultät

истый, -ая, -ое wahr, echt

истыкать, -аю, -аешь; -анный, -ан, -а *v umg* zerstechen ‖ *uv* **истыкивать,** -аю, -аешь

истязание, -я *n* Folter, Mißhandlung; подвергнуть -ям Mißhandlungen aussetzen, mißhandeln

истязать, -аю, -аешь *uv* foltern, mißhandeln

исхаживать *uv iterativ zu* [1]исходить

ис|хлестать* *v umg* durchpeitschen, auspeitschen ‖ *uv* **исхлёстывать,** -аю, -аешь

исход, -а *m* **1.** Ausweg **2.** Ausgang, Ergebnis **3.** Ende, Neige; день на -е der Tag geht zur Neige

исходатайствовать, -твую, -твуешь; исходатайствованный, -ан, -а *v buchspr* erwirken, auswirken

[1]**исходить,** -ожу, -одишь; -оженный, -ожен; -а *v umg* durchwandern, durchstreifen ‖ *uv iterativ* исхаживать, -аю, -аешь

[2]**исходить,** -ожу, -одишь *uv* **1.** ausgehen, stammen, veranlaßt sein (от *G*, из *G* von); решение исходит от директора die Entscheidung geht vom Direktor aus; от котлов исходил аппетитный запах von den Kesseln kam ein appetitlicher Duft **2.** из *G* ausgehen (von), sich gründen (auf), sich stützen (auf); исходя из того факта ausgehend von der Tatsache

[3]**исходить** *uv zu* изойти

исходный, -ая, -ое Ausgangs-, Anfangs-; -ое положение Ausgangsstellung, -position

исходящий, -ая, -ее: -ая почта ausgehende Post

исхудалый, -ая, -ое abgemagert, ausgemergelt

исхудать, -аю, -аешь *v* stark abmagern

исцарапать, -аю, -аешь; -анный, -ан, -а *v* zerkratzen ‖ *uv* **исцарапывать,** -аю, -аешь

исцарапаться, -аюсь, -аешься *v umg* sich zerkratzen; ~ об кусты sich an den Sträuchern zerkratzen ‖ *uv* **исцарапываться,** -аюсь, -аешься

исцеление, -я *n buchspr* **1.** Heilung, Genesung **2.** Heilung, Wiederherstellung

исцелить, -лю, -лишь; -лённый, -лён, -лена *v buchspr* heilen, gesund machen, kurieren ‖ *uv* **исцелять,** -яю, -яешь

исцелиться, -люсь, -лишься *v buchspr* genesen, gesund werden ‖ *uv* **исцеляться,** -яюсь, -яешься

исчадие, -я *n alt, buchspr* Brut, Ausgeburt; ~ ада Ausgeburt der Hölle

исчахнуть, -ну, -нешь; исчах, -ла *v* verkümmern; dahinsiechen

исчезать *uv zu* исчезнуть

исчезновение [щ], -я *n* Verschwinden

исчезнуть [щ], -ну, -нешь; исчез, -ла; исчезнувший *v* **1.** verschwinden; sich verlieren; ~ из вида [из виду] aus dem Blickfeld verschwinden **2.** *umg* verschwinden, sich unbemerkt zurückziehen; он кудá-то исчёз er ist irgendwohin verschwunden || *uv* исчезáть [щ], -áю, -áешь

исчéрпать, -аю, -аешь; -анный, -ан, -а *v* **1.** völlig verbrauchen, erschöpfen **2.** erschöpfend behandeln, erörtern; вопрóс исчéрпан die Frage ist erledigt || *uv* **исчéрпывать,** -аю, -аешь

исчéрпывающий, -ая, -ее **1.** erschöpfend, ausführlich **2.** -ще *Adv*: -ще отвéтить на вопрóс eine Frage erschöpfend beantworten

исчертúть, -ерчý, -éртишь; -éрченный, -éрчен, -а *v* **1.** vollzeichnen, mit Linien bedecken **2.** *umg* verbrauchen, aufbrauchen *beim Zeichnen* || *uv* **исчéрчивать,** -аю, -аешь

исчúркать, -аю, -аешь; -анный, -ан, -а *v umg Streichhölzer* verbrauchen

исчислéние, -я *n* Berechnung, Errechnung; ~ прúбыли Gewinnberechnung

исчúслить, -лю, -лишь; -ленный, -лен, -а *v* berechnen, ausrechnen, errechnen || *uv* **исчислять,** -яю, -яешь

исчисляться, *1. u. 2. Pers ungebr*, -яется *uv* betragen, sich belaufen auf; дохóды исчисляются тысячами рублéй die Einnahmen belaufen sich auf Tausende Rubel

итáк *Konj* also, folglich

Итáлия, -и *f* Italien

итальянец, -нца, *I* -нцем, *G Pl* -нцев *m* Italiener

итальянка, -и, *Pl G* -нок, *D* -нкам *f* Italienerin

итальянский, -ая, -ое italienisch

и т. д. (и так дáлее) und so weiter

итóг, -а *m* **1.** Endsumme, Gesamtsumme, -betrag **2.** *übtr* Endergebnis, -resultat, Bilanz; подвестú ~ Bilanz ziehen, eine Zusammenfassung geben, auswerten; в -е im Endergebnis

итогó [во] *Adv buchspr* insgesamt *bei Additionen*

итóговый, -ая, -ое **1.** zusammenfassend, Gesamt-; -ая сýмма Gesamtsumme **2.** Abschluß-; -ое занятие zusammenfassende Abschlußveranstaltung *bei Lehrgängen*

итóжить, -жу, -жишь *uv* **1.** Bilanz ziehen **2.** *umg* schließen, beschließen

и т. п. (и томý подóбное) und dergleichen (mehr), und ähnliches

ИТР (инженéрно-технúческие работники) Ingenieure und Techniker *mittleres und leitendes technisches Betriebspersonal*

иттú ↑ идтú

иудéйский, -ая, -ое jüdisch; mosaisch

их 1. ↑ онú **2.** *Poss Pron* ihr, ihnen gehörig; это их кнúга das ist ihr Buch, das Buch gehört ihnen

úхний, -яя, -ее *Poss Pron volksspr u. gbt* ihr, ihnen gehörig

ихтиозáвр, -а *m* Ichthyosaurus

ишáк, -á *m* **1.** *volksspr* Esel **2.** Maulesel

úшиас, -а *m* Ischias

ишь! *Interj volksspr* da sieh mal einer an!, da schau mal her! ◇ ~ ты! a) sieh mal einer an!; b) nun hör aber auf!, na höre mal!

ищéйка, -и, *Pl G* ищéек, *D* ищéйкам *f* **1.** Suchhund, Spürhund **2.** *übtr* Spion, Spürhund

ищý ↑ искáть

июль, -я *m* Juli

июльский, -ая, -ое Juli-

июнь, -я *m* Juni

июньский, -ая, -ое Juni-

Й

йéменец [мэ], -нца, *I* -нцем, *G Pl* -нцев *m* Jemenite

йод [ёд], -а *m* Jod

йóдистый [ёд], -ая, -ое Jod-, Jodhaltig

йóдный [ёд], -ая, -ое Jod-

йодофóрм [ёд], -а *m* Jodoform

йот [ёт] Jot *Buchstabe*

йóта [ёта], -ы *f* Jota *Buchstabe* ◇ ни на -у kein Jota, nicht um ein Haar, nicht im geringsten

К

к *u. vor einigen Konsonantenverbindungen* **ко,** *Präpos mit D* **1.** (auf) zu; дорóга к лéсу der Weg zum Wald; идти́ к врачу́ zum Arzt gehen; ко мне zu mir **2.** an; идти́ к окну́ ans Fenster gehen; обрати́ться к дирéктору sich an den Direktor wenden; у меня́ прóсьба к вам ich habe eine Bitte an Sie **3.** gegen; bis *Zeit;* к утру́ gegen Morgen; к трём часáм gegen drei Uhr; ко втóрнику рабóта бу́дет готóва bis Dienstag wird die Arbeit fertig **4.** zu *Zweck;* сухари́ к чáю Zwiebäcke zum Tee **5.** *übtr* zu, gegenüber, für; любóвь к рóдине Liebe zur Heimat; нéнависть к фаши́зму Haß gegen [auf] den Faschismus; отвращéние ко лжи Abscheu vor der Lüge; интерéс к му́зыке Interesse für Musik; жáлость к ребёнку Mitleid mit dem Kind; он равноду́шен к ней sie ist ihm gleichgültig; в процéнтах к прóшлому гóду in Prozenten gegenüber dem Vorjahr ◇ к счáстью zum Glück; к сожалéнию leider; к моему́ стыду́ zu meiner Schande; к тому́ же zudem, außerdem; плáтье ей к лицу́ das Kleid steht ihr; к ю́гу от Москвы́ südlich von Moskau; к чему́ серди́ться? wozu sich aufregen?; на пути́ к Москвé auf dem Weg nach Moskau

к. (копéйка) Kopeke

-ка 1. *Part, dem Imp angefügt zur Milderung des Befehls* mal, doch: иди́-ка! geh mal!; ну́-ка, покажи́! nun zeig doch mal!; пойдём-ка! gehen wir! **2.** *der 1. Pers Präs vollendeter Verben angefügt zum Ausdruck eines Wunsches oder Entschlusses:* попрошу́-ка я у товáрища . . . ich will mal meinen Freund bitten . . .

кабáк, -á *m alt* Schenke, Kneipe

кабалá, -ы́ *f hist* Hörigkeit; Sklaverei; *übtr* Knechtschaft

кабáльный, -ая, -ое; *Kzf* -лен, -льна **1.** hörig, leibeigen **2.** *übtr* drückend, versklavend

кабáн, -á *m* **1.** Wildschwein **2.** Eber **3.** Block, Klumpen

кабани́на, -ы *f* Wildschweinfleisch

кабаргá, -и́, *G Pl* -рóг *f* Moschustier

кабарди́нец, -нца, *I* -нцем, *G Pl* -нцев *m* Kabardiner

кабарди́нский, -ая, -ое kabardinisch; Кабарди́нская АССР Kabardinische ASSR

кабарé [рэ] *n idkl* Kabarett

кабáтчик, -а *m alt* Schankwirt

¹кабачóк, -чкá *m Dem zu* кабáк kleine Kneipe

²кабачóк, -чкá *m* Flaschenkürbis

кáбель, -я *m* Kabel

кáбельтов, -а, *Pl* -ы, -ых, -ым *m* Kabellänge (185,2 m)

каби́на, -ы *f* Kabine; ~ води́теля (маши́ны) Führerhaus *LKW, Traktor*

кабинéт, -а *m* **1.** Arbeitszimmer **2.** Fachzimmer **3.** Lehrkabinett, Studierzimmer **4.** *pol* Kabinett

кабинéтный, -ая, -ое: ~ учёный Stubengelehrter; ~ роя́ль Stutzflügel

каблу́к, -á *m* Absatz *am Schuh* ◇ быть под -óм (у жены́) *umg* unter dem Pantoffel stehen

каботáж, -а, *I* -ем *m* Küstenschiffahrt

каботáжный, -ая, -ое: -ое плáвание Küstenschiffahrt

Кабу́л, -а *m* Kabul *Stadt*

кабы́ *Konj volksspr* wenn ◇ éсли бы да ~! wenn das Wenn nicht wäre!

¹кавалéр, -а *m* Kavalier; Herr *beim Tanz*

²кавалéр, -а *m* Träger eines Ordens; ~ Золотóй Звезды́ Ritter des Goldenen Sterns

кавалери́йский, -ая, -ое Kavallerie-

кавалéрия, -и *f* Kavallerie

кавардáк, -á *m umg* Durcheinander, Wirrwarr

кáверза, -ы *f umg* Schikane, Intrige; емý устрóили -у man hat ihm einen bösen Streich gespielt

кáверзить, -ржу, -рзишь *uv umg* intrigieren, Ränke schmieden

кáверзник, -а *m umg* Intrigant, Ränkeschmied

кáверзничать, -аю, -аешь *uv umg* intrigieren, Ränke schmieden

кáверзный, -ая, -ое; *Kzf* -зен, -зна *umg* **1.** heimtückisch, ränkesüchtig **2.** schwierig, kompliziert

кавéрна, -ы *f med* Kaverne

Кавкáз, -а *m* Kaukasus; на -е im Kaukasus; на ~ in den Kaukasus

кавкáзец, -зца, *I* -зцем, *G Pl* -зцев *m* Kaukasier

кавкáзский, -ая, -ое kaukasisch

кавы́чки *Pl* -чек, -чкам, *Sg* кавы́чка, -и *f* Anführungsstriche ◇ учёный в -ах Pseudogelehrter

кадáстр, -а *m* Kataster, Grundbuch

¹кадéт, -а *m hist* Kadett

[2]**кадёт,** -а *m* Kadett *Mitglied der bürgerlichen Konstitutionellen Demokratischen Partei*
кадило, -а *n* Weihrauchfaß ◇ раздувать ~ *volksspr* Lärm machen *wegen einer Sache*; eine Tätigkeit entfalten
кадильный, -ая, -ое Weihrauch(faß)-
кадить, кажу, кадишь *uv* **1.** das Weihrauchfaß schwenken **2.** *D* beweihräuchern, schmeicheln
кадка, -и, *Pl G* -док, *D* -дкам *f* Kübel
кадмий, -я, *P* -и *m chem* Kadmium
кадр, -а *m* **1.** einzelne Aufnahme im Film(streifen), Bild **2.** Filmszene
кадриль, -и *f* Quadrille
кадровик, -а *m umg* **1.** Stammarbeiter **2.** Berufssoldat **3.** Mitarbeiter der Kaderabteilung
кадровый, -ая, -ое Stamm-; *mil* Berufs-; ~ рабочий Stammarbeiter; ~ офицер Berufsoffizier, aktiver Offizier
кадры, -ов *Pl* **1.** Kader; Personalbestand **2.** Friedensbestand einer Armee ◇ отдел -ов Kaderabteilung
кадушка, -и, *Pl G* -шек, *D* -шкам *f* kleiner Kübel
кадык, -а *m anat* Adamsapfel
каёмка, -и, *Pl G* -мок, *D* -мкам *f umg Dem zu* кайма Saum, Kante
каёмчатый, -ая, -ое *volksspr* mit einer Kante [Borte] versehen
каждодневный, -ая, -ое (all)täglich
каждый, -ая, -ое **1.** *Deter Pron* jeder (einzelne); *Pl* alle; ~ день jeden Tag; -ые три дня alle drei Tage; на -ом шагу auf Schritt und Tritt; ~ раз как so oft **2.** -ого *Subst m* jeder; ~ должен это знать ein jeder muß das wissen
кажется ↑ казаться
кажущийся, -аяся, -ееся scheinbar
казак, -а, *Pl* казаки, -ов, -ам *u.* казаки, -ов, -ам *m* Kosak
казакин, -а *m* **1.** Kosakenrock **2.** Kasack
казанец, -нца, *I* -нцем, *G Pl* -нцев *m* Kasaner, Einwohner von Kasan
казанский, -ая, -ое Kasaner ◇ ~ [-ая] сирота Jammerlappen
Казань, -и *f* Kasan *Stadt*
казарма, -ы *f* Kaserne
казать* *uv*: не ~ глаз [носу] *volksspr* sich nicht zeigen, sich nicht sehen lassen
казаться* *uv* **1.** *I* scheinen, den Anschein erwecken, vorkommen; он кажется умным er scheint klug zu sein; он кажется моложе своих лет er sieht jünger aus als er ist **2.** *unpers D* es scheint; это мне казалось странным das kam mir merkwürdig vor **3.** *mod* кажется wie es scheint, anscheinend; кажется, я не опоздал anscheinend bin ich nicht zu spät gekommen; он, кажется, согласен er scheint einverstanden zu sein **4.** *volksspr* sich zeigen, erscheinen ‖ *v* показаться
казах, -а *m* Kasache
казахский, -ая, -ое kasachisch; Казахская Советская Социалистическая Республика Kasachische Sozialistische Sowjetrepublik
Казахстан, -а *m* Kasachstan
казацкий, -ая, -ое Kosaken-
казачий, -ья, -ье Kosaken-
казачка, -и, *Pl G* -чек, *D* -чкам *f* Kosakin; Kosakenfrau; Kosakentochter
казачок, -чка *m* Kosakentanz
казашка, -и, *Pl G* -шек, *D* -шкам *f* Kasachin
Казбек, -а *m* Kasbek *Berg im Kaukasus*
казённый, -ая, -ое **1.** *alt* staatlich; на ~ счёт *alt* auf Staatskosten **2.** formal, bürokratisch
казёнщина, -ы *f umg.* Formalismus, Bürokratismus
казна, -ы *f alt* **1.** Staatseigentum, -kasse **2.** Staat, Fiskus
казначей, -я, *G Pl*-ев *m* Schatzmeister; Kassenverwalter; *mil* Zahlmeister
казнить, -ню, -нишь; -нённый, -нён, -нена *uv* **1.** *a. v* hinrichten **2.** *übtr buchspr* strafen; ~ презрением mit Verachtung strafen
казнокрадство, -а *n alt* Unterschlagung von Staatseigentum
казнь, -и *f* Hinrichtung; смертная ~ Todesstrafe; приговорить к смертной -и zum Tode verurteilen
казуист, -а *m* Haarspalter
казуистика, -и *f* Haarspalterei
казус, -а *m* schwierige, verwickelte Angelegenheit
казусный, -ая, -ое ungewöhnlich, schwierig
Каир, -а *m* Kairo
кайла, -ы *f u.* **кайло,** -а *n berg* Spitzhacke
кайма, -ы, *Pl G* каём, *D* каймам *f* Kante, Saum
как 1. *Adv* wie; ~ поживаешь? wie geht dir's?; ~ вы сказали? wie bitte?, ~ красиво! wie schön! **2.** *Konj* so ... wie; белый ~ снег

weiß wie Schnee, schneeweiß **3.** *Konj* als; Пу́шкин ~ поэ́т Puschkin als Dichter **4.** *Konj* seit; прошёл год, ~ мы ви́делись ein Jahr ist vergangen, seit wir uns gesehen haben **5.** *Konj in Verbindung mit* едва́ als; едва́ мы вошли́ в дом, ~ начался дождь wir waren kaum im Haus, als es zu regnen anfing **6.** *Konj nach Negationen* als; не что ино́е, ~ nichts anderes als **7.** *als erstes Glied von Wortverbindungen*: ~ бу́дто a) als ob; де́лай вид, ~ бу́дто ничего́ не случи́лось tu so, als wäre nichts geschehen; b) anscheinend; ей ~ бу́дто лу́чше es scheint ihr besser zu gehen; ~ бы a) wie *fragend*; ~ бы мне спра́виться с э́той рабо́той wie soll ich denn mit der Arbeit fertig werden?; b) als ob; ~ бы не *Befürchtung*: я бою́сь, ~ бы он не опозда́л ich fürchte, er könnte zu spät kommen; ~ бы не так! *volksspr* kommt nicht in Frage!, so siehst du aus!; ~ бы ни wie auch immer; ~ бы вели́ки ни́ были его́ заслу́ги wie groß seine Verdienste auch sein mögen; ~ бы то ни́ было wie dem auch sei; ~ есть *volksspr* völlig; он ~ есть дура́к er ist ein großer Idiot; ~ же так? *umg* wieso?, wie ist das möglich?; ~ же! natürlich!, selbstverständlich!; расскажи́, ~ и что *volksspr*: erzähle, wie sich die Sache verhält; ~ изве́стно bekanntlich; ~ кому́ *oder* кому́ ~ jeder wie er will, verschieden; ~ когда́ *oder* когда́ ~ *umg* je nachdem; ~ мо́жно *mit Komp* so ... wie möglich; ~ мо́жно скоре́е so bald wie möglich; ~ нельзя́ *mit Komp* so ... wie möglich; ~ нельзя́ лу́чше so gut wie möglich, bestens; ~ ни в чём не быва́ло als ob nichts geschehen wäre; ~ ника́к schließlich, jedenfalls, wie es auch sei; ~ оди́н челове́к wie ein Mann, einmütig; ~ попа́ло *umg* wie es sich gerade trifft, auf gut Glück; ~ раз a) gerade, eben; э́то ~ раз то, что мне на́до das ist gerade das, was ich brauche; b) passend; брю́ки мне ~ раз die Hose paßt mir; ~ сказа́ть *mod* kaum, schwerlich; ~ то́лько sobald **8.** *als letztes Glied in konjunktionalen Verbindungen*: в то вре́мя ~ während; вся́кий раз ~ sooft, jedesmal wenn; до того́ ~ bevor; между́ тем ~ während; пе́ред тем ~ bevor, ehe; подо́бно тому́ ~ (ähnlich) wie; по́сле того́ ~ nachdem; с тех по́р ~ seitdem

кака́о *n idkl* **1.** Kakao *Pulver und Getränk* **2.** Kakaobaum

кака́овый, -ая, -ое Kakao-

ка́к-либо *Adv* irgendwie

ка́к-нибудь *u.* **как-нибу́дь** *Adv* **1.** irgendwie *unbestimmt* **2.** *umg* (ein)mal, gelegentlich, in nächster Zeit, irgendwann; зайди́ ~ ко мне komm gelegentlich mal bei mir vorbei **3.** *umg* nachlässig, oberflächlich

како́в, -а́, -о́ *Pron, prädikativ* welch, was (für) ein ... ist; -а́ причи́на? was ist die Ursache?; ~ он собо́й? wie sieht er aus?, wie ist er?; како́в ... тако́в wie ... so: ~ поп, тако́в и прихо́д *Sprichw* wie der Herr, so der Knecht

каково́ *Adv* wie?, auf welche Weise?; ~ ему́ живётся? wie geht es ihm?

каково́й, -а́я, -о́е *Rel Pron alt* welcher, der

како́вский, -ая, -ое *Pron volksspr* was für ein, welcher ◇ по-како́вски? *volksspr* in welcher Sprache?

како́й, -а́я, -о́е *Pron* **1.** *Interr Pron* a) was für ein, welcher; -а́я сего́дня пого́да? was ist heute für Wetter?; -и́м о́бразом? wie?, auf welche Weise?; b) *negativ in rhetorischen Fragen*: ~ он специали́ст! was ist er schon für ein Spezialist! **2.** *Deter Pron in Ausrufen* was für ein; ~ краси́вый дом! was für ein schönes Haus! **3.** *Indef Pron umg meist fragend* = како́й-нибудь irgendein; нет ли у вас ~ литерату́ры? haben Sie irgendwelche Literatur? **4.** *Rel Pron* wie; дворе́ц, -о́го я никогда́ не вида́л ein Palast, wie ich noch nie einen gesehen habe ◇ ~ ни welcher ... auch (immer); ~ бы то ни́ был beliebiger; -у́ю кни́гу ни возьмёшь was für ein Buch man auch (immer) nimmt; ~ (там)! *umg* ach wo!, ganz und gar nicht!; ни в -у́ю *volksspr* auf keinen Fall

како́й-либо, -а́я-либо, -о́е либо *Indef Pron* irgendein (beliebiger), irgendeiner

како́й-нибудь, -а́я-нибудь, -о́е-нибудь *Indef Pron* **1.** irgendein (beliebiger), irgendwelcher; да́йте мне каку́ю-нибудь кни́гу geben Sie mir irgendein (beliebiges) Buch **2.** *bei Zahlenangaben umg* ungefähr; каки́е-нибудь два рубля́, не бо́льше höchstens zwei Rubel; оста́лся ~ киломе́тр es ist nur noch etwa ein Kilometer

какóй-то, -áя-то, -óе-то *Indef Pron* 1. irgendein (bestimmter), ein; ~ человéк тебя́ ждёт jemand (unbekanntes) wartet auf dich 2. eine Art, in der Art, ähnlich, fast so wie ... ; он чудáк ~ er ist wie ein [eine Art] Sonderling; э́то какóе-то безу́мие das grenzt an Wahnsinn

кáк-то *Adv* 1. irgendwie; он ~ спрáвился с дéлом er ist irgendwie mit der Sache fertig geworden 2. etwas, ein bißchen; он говори́т ~ нея́сно er spricht ein bißchen unklar 3. (ein)mal, einst; я ~ был у неё ich bin mal bei ihr gewesen 4. *Part umg* zum Beispiel, und zwar *vor Aufzählungen*

кал, -а *m* Kot, Exkremente

каламбу́р, -а *m* Wortspiel

каланчá, -и́, *I* -óй, *G Pl* -éй *f* 1. Feuerwachtturm 2. *übtr umg* lange Latte

калáч, -á, *I* -óм, *G Pl* -éй *m* Kalatsch *Weißbrot in Form eines Vorhängeschlosses* ◇ он тёртый ~ er ist mit allen Wassern gewaschen; егó -óм не замáнишь тудá *etwa* ihn kriegen keine zehn Pferde dahin

калáчиком *Adv*: сверну́ться ~ sich zusammenkauern, sich ganz zusammenrollen

Калé *m idkl* Calais

калéка, -и *m, f* Krüppel

календáрный, -ая, -ое Kalender-, kalendarisch

календáрь, -я́ *m* 1. Kalender 2. Arbeitsplan

калéние, -я *n* Glühen; Glut; бéлое ~ Weißglut ◇ довести́ до бéлого -я *übtr* zur Weißglut bringen

калёный, -ая, -ое; *Kzf* -лён, -а 1. glühend 2. geröstet

калéчить, -чу, -чишь *uv* 1. zum Krüppel machen, verstümmeln 2. *übtr* verderben, entstellen

калéчиться, -чусь, -чишься *uv* zum Krüppel werden

кали́бр, -а *m* 1. Kaliber 2. *tech* Lehre; промéрить -ом mit einer Lehre messen 3. *übtr scherz* Größe; балалáйки различного -а Balalaikas verschiedener Größe

кáлиевый, -ая, -ое Kali-

кáлий, -я, *P* -и *m* Kalium

кали́йный, -ая, -ое Kali-

кали́ка, -и *m, f alt* Bettler, Pilger; ~ перехóжий [перехóжая] *folkl* umherziehender blinder Sänger

кали́льный, -ая, -ое Glüh-; -ая сéтка Glühstrumpf

кали́на, -ы *f* Schneeballstrauch

Кали́нин, -а *m* Kalinin *Stadt*

Калинингрáд, -а *m* Kaliningrad

кали́тка, -и, *Pl G* -ток, *D* -ткам *f* Pforte

кали́ть, -лю́, -ли́шь; -лённый, -лён, -а *uv* 1. glühend machen, erhitzen 2. rösten *Nüsse, Kastanien*

каллигрáф, -а *m* Kalligraph, Schönschreiber

калмы́к, -а *u.* -á *m* Kalmück(e)

калмы́цкий, -ая, -ое kalmückisch; Калмы́цкая АССР Kalmückische ASSR

калмы́чка, -и, *Pl G* -чек, *D* -чкам *f* Kalmückin

калори́йность, -и *f* Kaloriengehalt; Heizkraft

калори́метр, -а *m* Kalorimeter, Wärmemesser

калори́фер, -а *m* Zentralheizungsanlage; Heizkörper

калóрия, -и *f* Kalorie

калóши *Pl* -лóш, *Sg* калóша, -и *f* Gummischuh, Überschuh ◇ сесть в -у sich blamieren, sich in die Nesseln setzen; посади́ть когó-н. в -у j-n in eine unangenehme [komische] Lage bringen

Калу́га, -и *f* Kaluga *Stadt*

калы́м, -а *m* Brautgeld *im Orient*

кáлька, -и, *Pl G* -лек, *D* -лькам *f* 1. Pauspapier 2. Pause *Durchzeichnung* 3. *ling* Lehnübersetzung

кальки́ровать, -рую, -руешь *v, uv* 1. durchpausen 2. durch eine Lehnübersetzung wiedergeben

калькули́ровать, -рую, -руешь *uv* kalkulieren, veranschlagen ‖ *v* скалькули́ровать

калькуля́ция, -и *f* Kalkulation, Berechnung

кальсóны, -сóн *Pl* Unterhose

кáльций, -я, *P* -и *m* Kalzium

каля́кать, -аю, -аешь *uv volksspr* schwatzen, plaudern

Кáма, -ы *f* Kama *Fluß*

камáринская, -ой *Subst f u.* **камáринский,** -ого *Subst m* 1. russisches Tanzlied 2. russischer Volkstanz

кáмбала, -ы *f* Flunder, Scholle

Камбóджа, -и, *I* -ей *f* Kambodscha

камбоджи́ец, -и́йца, *I* -и́йцем, *G Pl* -и́йцев *m* Kambodschaner

камбоджи́йский, -ая, -ое kambodschanisch

кáмбуз, -а *m* Kombüse, Schiffsküche

камвóльный, -ая, -ое Kammgarn-

кáмедь, -и *f* Gummi *Klebstoff*; аравийская ~ Gummiarabikum

камелёк, -лькá *m* kleiner Kamin, kleiner Herd

камéлия, -и *f bot* Kamelie

каменéть, -éю, -éешь *uv* 1. versteinern 2. starr, leblos werden *Gesichtsausdruck*

камени́стый, -ая, -ое; *Kzf* -и́ст, -а steinig

каменноуróльный, -ая, -ое Steinkohlen-

кáменный -ая, -ое 1. steinern, Stein-; ~ ýголь Steinkohle; -ая клáдка Mauerwerk 2. *übtr* versteinert, erstarrt ◇ ~ век Steinzeit; -ое сéрдце ein Herz aus Stein; надéяться как на -ую стéну [гóру] felsenfest vertrauen

каменолóмня, -и, *Pl G* -мен, *D* -мням *f* Steinbruch

каменотёс, -а *m* Steinmetz

кáменщик, -а *m* Maurer

кáмень, -мня, *Pl* кáмни, камнéй, камня́м *u. alt* камéнья, -ьев, -ьям *m* Stein; подвóдный ~ Klippe, Riff; драгоцéнный ~ Edelstein; кáмни в пóчках Nierensteine; прóбный ~ Prüfstein ◇ ~ преткновéния Stein des Anstoßes; кáмня на кáмне не остáвить a) keinen Stein auf dem anderen lassen; b) (durch Kritik) zerreißen; у меня́ на сéрдце [душé] ~ mir ist schwer ums Herz; у меня́ ~ с души́ свали́лся mir ist ein Stein vom Herzen gefallen; держáть ~ за пáзухой на [прóтив] когó-н. gegen j-n Groll im Herzen hegen

кáмера, -ы *f* 1. Zelle; одинóчная ~ Einzelzelle 2. Kammer; Raum; ~ пéчи Ofenröhre; ~ хранéния (багажá) Gepäckaufbewahrung *Raum* 3. *Film* Kamera 4. Schlauch *Auto, Fahrrad u. ä.*; Blase *Ball*; лóпнула задняя ~ der Hinterreifen ist geplatzt

кáмерный, -ая, -ое: ~ теáтр Kammerspiele

камертóн, -а *m* Stimmgabel

Камерýн, -а *m* Kamerun

кáмешек, -шка *m Dem zu* кáмень Steinchen ◇ э́то ~ в мой огорóд das gilt mir, das zielt auf mich

камéя, -и *f min* Kamee

ками́н, -а *m* Kamin ◇ электри́ческий ~ elektrische Heizsonne

камнелóмка, -и, *Pl G* -лóмок, *D* -лóмкам *f bot* Steinbrech

камóрка, -и, *Pl G* -рок, *D* -ркам *f* kleiner Raum, Kämmerchen

кампанéйщина, -ы *f umg mißb* Stoßarbeit; ,,Feuerwehreinsatz'' *um durch Schlendrian entstandenen Zeitverlust aufzuholen*

кампáния, -и *f* 1. Kampagne; избирáтельная ~ Wahlkampagne; посевнáя ~ Aussaatkampagne, Bodenbestellung; сáхарная ~ Zuckerkampagne; ~ по сбóру пóдписей Unterschriftensammlung 2. Feldzug 3. Flottenbewegung 4. *tech* Hauptbetriebszeit

камсá, -ы́ *f zool* Anchovis

камуфлéт, -а *m* 1. *mil* Quetschmine; Quetschsprengung 2. *übtr umg* Pech, Mißerfolg

камуфли́ровать, -рую, -руешь; -рованный, -рован, -а *v, uv mil* mit Tarnanstrich versehen, tarnen

камуфля́ж, -а, *I* -ем *m mil* Tarnanstrich

камфарá, -ы́ *f* Kampfer

камфáрный, -ая, -ое Kampfer-

камчадáл, -а *m* Kamtschadale *Bewohner der Halbinsel Kamtschatka*

Камчáтка, -и *f* Kamtschatka

камчáтный, -ая, -ое damasten; -ая скáтерть Damasttischtuch

камчáтский, -ая, -ое Kamtschatka-

камы́ш, -á, *I* -óм, *G Pl* -éй *m* 1. Schilf 2. *meist Pl* Schilf, Röhricht

камы́шевка, -и, *Pl G* -вок, *D* -вкам *f* Rohrdrossel

камышóвый, -ая, -ое Binsen-, Schilf-

канáва, -ы *f* schmaler Graben; Gosse

канáвка, -и, *Pl G* -вок, *D* -вкам *f Dem zu* канáва kleiner Graben, Rinne

Канáда, -ы *f* Kanada

канáдец, -дца, *I* -дцем, *G Pl* -дцев *m* Kanadier

канáдка, -и, *Pl G* -док, *D* -дкам *f* Kanadierin

канáдский, -ая, -ое kanadisch

канáл, -а *m* Kanal *a. übtr*; ороси́тельный ~ Bewässerungskanal; мочеиспускáтельный ~ Harnröhre; ~ стволá *mil* Rohrseele, Laufinneres

канализациóнный, -ая, -ое Kanalisations-

канализáция, -и *f* Kanalisation

канарéечный, -ая, -ое: -ого цвéта kanariengelb

канарéйка, -и, *Pl G* -рéек, *D* -рéйкам *f* Kanarienvogel

канáрский, -ая, -ое kanarisch; Канáрские островá Kanarische Inseln

канáт, -а *m* Seil, Tau; ходи́ть по -у auf dem Seil laufen

канáтный, -ая, -ое Seil-; -ая дорóга Drahtseilbahn

канатохóдец, -дца, *I* -дцем, *G Pl* -дцев *m* Seiltänzer

кана́тчик, -а *m* Seiler
Ка́нберра, -ы *f* Canberra
канва́, -ы́ *f* 1. Kanevas, Gittergewebe 2. *übtr* Grundlage, Skelett; ~ биогра́фии die wichtigsten Daten einer Biographie
кандалы́, -о́в *Pl alt* Fesseln, Ketten; закова́ть в ~ in Fesseln schlagen
канделя́бр, -а *m* Kandelaber
кандида́т, -а *m* Kandidat; ~ в чле́ны па́ртии Kandidat der Partei; вы́ставить -ом в депута́ты als Abgeordneten aufstellen; ~ нау́к Kandidat der Wissenschaften *in der UdSSR, entspricht dem Doktortitel in der DDR*
кандида́тка, -и, *Pl G* -ток, *D* -ткам *f* Kandidatin
кандида́тский, -ая, -ое Kandidaten-; ~ стаж Kandidatenzeit; ~ экза́мен Doktorexamen
кандидату́ра, -ы *f* Kandidatur; вы́ставить чью-н. -у j-n als Kandidaten aufstellen; снима́ть -у die Kandidatur zurückziehen
кани́кулы, -кул *Pl* Ferien; ле́тние ~ Sommerferien, große Ferien; прие́хать к кому́-н. на ~ zu j-m in die Ferien fahren
канителиться, -люсь, -лишься *uv umg* herumtrödeln
кани́тель, -и *f* 1. Kantille *feiner Gold- oder Silberdraht zum Sticken* 2. *umg* langweilige, langwierige Sache, Trödelei; тяну́ть ~ (herum)trödeln
кани́тельный, -ая, -ое *umg* langwierig, langweilig
канифо́ль, -и *f* Kolophonium
канона́да, -ы *f* Kanonade
канонёрка, -и, *Pl G* -рок, *D* -ркам *f* Kanonenboot
канонёрский, -ая, -ое: -ая ло́дка Kanonenboot
кано́э *n idkl Sport* Kanadier, Kanu
кант, -а *m text* Kante, Borte
канта́та, -ы *f* Kantate
кантиа́нский, -ая, -ое *phil* kantianisch
кантова́ть, -ту́ю, -ту́ешь *uv* 1. mit einer Kante [Borte] versehen [einfassen] 2. auf die Seite drehen; umkippen; не ~! nicht stürzen!
Канто́н, -а *m* Kanton *Stadt*
кану́н, -а *m* 1. Tag vor einem Feiertag; ~ Но́вого го́да Silvester 2. *übtr* Vorabend
ка́нуть, -ну, -нешь *v alt* (herab)tropfen ◇ он как в во́ду ка́нул er ist spurlos verschwunden
канцеляри́ст, -а *m alt* Kanzlist
канцеля́рия, -и *f* Kanzlei, Büro
канцеля́рский, -ая, -ое Büro-; ~ слу́жащий Büroangestellter; -ие това́ры Schreibwaren, Büroartikel; -ие принадле́жности Schreibutensilien; ~ слог geschraubter Stil ◇ -ая кры́са Schreiberseele
канцеля́рщина, -ы *f umg* Amtsschimmel, Bürokratie
ка́нцлер, -а *m pol* Kanzler
канцтова́ры, -ов *Pl* (канцеля́рские това́ры) Schreibwaren
каню́чить, -чу, -чишь *uv volksspr* aufdringlich betteln, sich dauernd beklagen
каоли́н, -а *m min* Kaolin
ка́пать, -аю, -аешь *u. alt* -плю, -плешь; ка́пай; ка́пая *uv* 1. *1. u. 2. Pers ungebr* tropfen; над ним не ка́плет er hat es nicht eilig 2. (ein)träufeln, tropfenweise eingießen, tropfen lassen 3. *I* verschütten, danebengießen ‖ *v mom* ка́пнуть, -ну, -нешь
капе́ль, -и *f* Tröpfeln *bei Tauwetter*
капельди́нер, -а *m alt* Logenschließer, Theaterdiener
ка́пелька, -и, *Pl G* -лек, *D* -лькам *f* 1. *Dem zu* ка́пля Tröpfchen; вы́пить всё до -и bis auf den letzten Tropfen austrinken 2. *umg* winzige Menge; ein klein wenig, ein bißchen; ни -и nicht im geringsten; мне ни -и не стра́шно ich habe kein bißchen Angst
ка́пельку *Adv umg* ein wenig; подожди́ ~! warte ein bißchen!
капельме́йстер, -а *m* 1. *alt* Kapellmeister 2. *mil* Leiter des Musikkorps
ка́пельник, -а *m umg* 1. *min* Tropfstein 2. *gbt* Eiszapfen *am Dach* 3. Tropfenzähler *an Flaschen*
ка́пельница, -ы, *I* -ей *f* Tropfenzähler *an Flaschen*; Pipette
ка́пельный, -ая, -ое *umg* winzig klein
ка́персы *Pl* -ов, *Sg* ка́перс, -а *m* Kapern *Gewürz*
капилля́р, -а *m* Kapillare; *anat* Kapillargefäß
капита́л, -а *m* 1. Kapital; основно́й ~ fixes Kapital; накопле́ние -а Akkumulation des Kapitals 2. Kapital, große Geldsumme, Vermögen
капитали́зм, -а *m* Kapitalismus; при -е im Kapitalismus
капитали́ст, -а *m* Kapitalist
капиталисти́ческий, -ая, -ое kapitalistisch
капиталовложе́ния *Pl* -ий, *Sg* капиталовложе́ние, -я *n* Kapitalanlage, Investition, Investierung

капитáльный, -ая, -ое grundlegend, Kapital-, Haupt-; ~ ремóнт Generalüberholung, -reparatur; -ое строительство Invest(itions)bau, Invest(itions)bauten; -ая стенá Brand-, Hauptmauer
капитáн, -а *m* **1.** Kapitän *Flotte* **2.** Hauptmann *Armee* **3.**: ~ комáнды *Sport* Mannschaftskapitän
капитáнский, -ая, -ое Kapitäns-; ~ мóстик Kommandobrücke
капитули́ровать, -рую, -руешь *v, uv* kapitulieren
капитуля́нт, -а *m* Kapitulant
капитуля́нтство, -а *n* Kapitulantentum
капитуля́ция, -и *f* Kapitulation
капкáн, -а *m* Fangeisen, Falle
каплу́н, -á *m* Kapaun
кáпля, -и, *Pl G* -пель, *D* -плям *f* **1.** Tropfen; -ями *oder* по -е tropfenweise ◇ вы́пить всё до -и alles bis auf den letzten Tropfen austrinken; ~ и кáмень долби́т steter Tropfen höhlt den Stein; ~ за -ей nach und nach, allmählich; ~ в мóре ein Tropfen auf den heißen Stein; они́ похóжи, как две -и воды́ sie gleichen sich wie ein Ei dem anderen; он и -и в рот не берёт er trinkt keinen Alkohol **2.** *G umg* ein bißchen, ein (klein) wenig; подожди́те хоть -ю! warten Sie doch ein bißchen!; ни -и gar nicht, kein bißchen, nicht im geringsten
кáпнуть *v mom zu* кáпать
кáпор, -а *m* Kapuze; Haube
капóт, -а *m* **1.** *alt* Morgenrock, Hauskleid **2.** *tech* Schutzdeckel, -klappe; Motorhaube
капремóнт, -а *m* (капитáльный ремóнт) Generalreparatur; Generalüberholung
капри́з, -а *m* Laune, Grille
капри́зник, -а *m umg* launischer Mensch, launisches Kind
капри́зничать, -аю, -аешь *uv* Launen haben; bocken
капри́зный, -ая, -ое; *Kzf* -зен, -зна **1.** eigensinnig **2.** launenhaft, launisch **3.** wunderlich
капризу́ля, -и *m, f umg* launisches Kind
капрóн, -а *m* Kapron *dederonartige Kunstfaser*
капрóновый, -ая, -ое Kapron-
кáпсула, -ы *f* Kapsel, Gelatinehülle
кáпсюль, -я *m mil* Zündhütchen; ~-детонáтор Sprengkapsel
капу́ста, -ы *f* Kohl, Kraut; ки́слая [квáшеная] ~ Sauerkraut; цветнáя ~ Blumenkohl
капу́стник [сн], -а *m* **1.** *volksspr u. gbt* Kohlfeld **2.** Kohlraupe **3.** bunter Abend *bei Studenten, Schauspielern u. a.*
капу́стница [сн], -ы, *I* -ей *f* Kohlweißling
капу́т *m idkl volksspr, scherz* Ende, Verderb(en); тут тебé и ~ jetzt ist es aus mit dir; пришёл емý ~ jetzt ist es aus mit ihm, er ist erledigt
капюшóн, -а *m* Kapuze
кáра, -ы *f* Strafe, Vergeltung
караби́н, -а *m* **1.** Karabiner **2.** Karabinerhaken
карáбкаться, -аюсь, -аешься *uv* (hinauf)klettern, klimmen
каравáй, -я, *G Pl* -ев *m* runder Laib Brot
каравáн, -а *m* Karawane
каравáн-сарáй, -я, *G Pl* -ев *m* Karawanserei
Карагандá, -ы *f* Karaganda
каракалпáк, -а *m* Karakalpake
каракалпáкский, -ая, -ое karakalpakisch; Каракалпáкская АССР Karakalpakische ASSR
каракáтица, -ы, *I* -ей *f* Tintenfisch
карáковый, -ая, -ое dunkel-, schwarzbraun *Pferd*
карáкулевый, -ая, -ое Persianer-; ~ воротни́к Persianerkragen
карáкуль, -я *m* Persianer
караку́льский, -ая, -ое: -ая овцá Karakulschaf
каракульчá, -и́, *I* -óй *f* Breitschwanz
карáкуля, -и *f* Krakel, unleserlicher Buchstabe; писáть -ями krakeln, kritzeln, schmieren
Караку́м, -а *m* Karakum
карамбóль, -я *m* Karambolage *Billard*
карамéль, -и *f* **1.** *Koll* Karamelbonbons **2.** Karamelzucker
карамéлька, -и, *Pl G* -лек, *D* -лькам *f umg* gefülltes Bonbon
карандáш, -á, *I* -óм, *G Pl* -éй *m* Bleistift; цветнóй ~ Farb-, Buntstift; крáсный ~ Rotstift; хими́ческий ~ Tinten-, Kopierstift ◇ взять чтó-н. на ~ *umg* sich etw. notieren [aufschreiben]
карандáшный, -ая, -ое Bleistift-
каранти́н, -а *m* Quarantäne
карапу́з, -а *m umg scherz* Knirps; Dickerchen
карáсь, -я́ *m zool* Karausche
карáт, -а, *G Pl* карáтов *u.* карáт *m* Karat
карáтельный, -ая, -ое Straf-; ~ отря́д Straf-, Vergeltungskommando

das Vergeltungsakte gegen die Bevölkerung unternimmt, ausländ

карáть, -áю, -áешь *uv* (be)strafen || *v* покарáть; покáранный, -ан, -а

карáться, *1. u. 2. Pers ungebr*, -áется *uv* bestraft werden; э́то преступлéние стрóго карáется закóном auf dieses Verbrechen stehen schwere Strafen

караýл, -а *m* **1.** *mil* Wache; Wachposten; почётный ~ Ehrenwache; начáльник -а Wachhabender; нести́ [держáть] ~ Wache halten; выставить -ы Wachen ausstellen; взять на ~ das Gewehr präsentieren; взять под ~ in Haft nehmen **2.** *Interj umg* ~! Hilfe!; кричáть ~ um Hilfe rufen ◇ хоть ~ кричи́! *umg* es ist zum Verzweifeln!

караýлить, -лю, -лишь *uv* **1.** bewachen; Wache stehen **2.** *A umg* auflauern (j-m)

караýлка, -и, *Pl G* -лок, *D* -лкам *f volkssp r* Wachstube

караýльный, -ая, -ое **1.** Wach-; -ое помещéние Wachraum; -ая бýдка Schilderhaus **2.** -ого *Subst m* Wachposten, Wache

Карáчи *m idkl* Karatschi *Stadt*

карáчки: на карáчки *volkssp r* auf alle viere; на карáчках *volkssp r* auf allen vieren

карачýн, -á *m*: ~ пришёл комý-н. *volkssp r* jemand ist plötzlich gestorben [umgekommen]

карби́д, -а *m* Karbid

карбóванец, -нца, *I* -нцем, *G Pl* -нцев *m gbt* Rubel *in der Ukraine*

карбóлка, -и *f umg* Karbolsäure

карбóловый, -ая, -ое Karbol-

карбýнкул, -а *m* **1.** *med* Karbunkel **2.** *min alt* Karfunkel

карбюрáтор, -а *m tech* Vergaser

каргá, -и́ *f volkssp r* böse Alte, Hexe

кардамóн, -а *m* Kardamom *Gewürz*

кардáнный, -ая, -ое *tech* Kardan-; ~ вал Kardanwelle

кардинáл, -а *m* Kardinal

кардинáльный, -ая, -ое *buchspr* Kardinal-, hauptsächlich, wichtigst

кардиогрáмма, -ы *f* Kardiogramm

карéл, -а, *G Pl a.* карéл Karelier

карéлка, -и, *Pl G* -лок, *D* -лкам *f* Karelin

карéло-фи́нский, -ая, -ое karelofinnisch

карéльский, -ая, -ое karelisch; Карéльская АССР Karelische ASSR

карéта, -ы *f* Kutsche, Wagen; ~ скóрой пóмощи Sanitäts-, Unfallwagen

карéтка, -и, *Pl G* -ток, *D* -ткам *f* **1.** *Dem zu* карéта **2.** *tech* Walze, Trommel, Schlitten **3.** Wagen *Schreibmaschine*

карéтник, -а *m alt* Stellmacher

кáриес, -а *m med* Karies

кáрий, -яя, -ее (kastanien)braun *Augen, Pferde*

карикатýра, -ы *f* Karikatur

карикатури́ст, -а *m* Karikaturist

карикатýрный, -ая, -ое; *Kzf* -рен, -рна **1.** karikiert, verzerrt; представить в -ом ви́де karikieren **2.** lächerlich

карио́з, -а *m med* Karies

кáрканье, -ья *n* Krächzen

каркáс, -а *m* Gerippe, Skelett

каркáсный, -ая, -ое Skelett-; -ое строи́тельство Skelettbauweise

кáркать, -аю, -аешь *uv* **1.** krächzen **2.** *übtr volkssp r* unken, Unheil verkünden || *v mom* **кáркнуть,** -ну, -нешь *zu* **1**

кáрлик, -а *m* Zwerg

кáрликовый, -ая, -ое zwergenhaft, Zwerg-

Кáрловы Вáры, Кáрловых Вáр *Pl* Karlovy Vary *Stadt*

кармáн, -а *m* Tasche *in Kleidungsstücken*; накладны́е -ы aufgesetzte Taschen; прорезны́е -ы eingeschnittene Taschen; ~ в портфéле Fach in der Aktentasche ◇ э́то мне не по -у das geht über meine Mittel; э́то бьёт по -у *umg* das reißt ins Geld; наби́ть себé ~ *umg* sich die Taschen füllen, sich bereichern; держи́ ~ ши́ре *umg scherz* da kannst du lange warten; darauf brauchst du gar nicht zu rechnen; онá за слóвом в ~ не полéзет *umg* sie ist nicht auf den Mund gefallen; у негó вéтер свисти́т в -ах *umg* er ist abgebrannt, er hat kein Geld; у негó тóлстый [тугóй, пóлный] ~ er hat viel Geld

кармáнник, -а *m volkssp r* Taschendieb

кармáнный, -ая, -ое Taschen-; -ые дéньги Taschengeld; ~ фонáрик Taschenlampe

карми́н, -а *m* Karmin *Farbstoff*

карми́нный, -ая, -ое karminrot

карнавáл, -а *m* **1.** Karneval, Fasching *ausländ* **2.** Volksfest mit Maskerade, Tänzen und Spielen *gewöhnlich anläßlich eines Feiertags*

карни́з, -а *m* **1.** Sims **2.** Gardinenstange

кароли́нский, -ая, -ое: Кароли́нские островá Karolinen

каротéль, -и *f Koll* Karotten
каротéлька, -и, *Pl G* -лек, *D* -лькам *f eine einzelne* Karotte
карп, -а *m* Karpfen
карпáтский, -ая, -ое: Карпáтские гóры Karpaten
Карпáты, -áт *Pl* Karpaten
кáрский, -ая, -ое: Кáрское мóре Karisches Meer
кáрта, -ы *f* **1.** (Land-) Karte; морскáя ~ Seekarte **2.** Spielkarte; игрáть в -ы Karten spielen ◇ постáвить всё на -у alles auf eine Karte setzen; постáвить свою́ жизнь на -у sein Leben aufs Spiel setzen; раскры́ть свои́ -ы Farbe bekennen; стоя́ть на -е auf dem Spiel stehen; спу́тать [смешáть] чьи́-н. -ы j-s Pläne durchkreuzen; ему́ и -ы в ру́ки er versteht sich darauf
картáвить, -влю, -вишь *uv* das r oder l unsauber aussprechen *Zäpfchen-r; u oder w statt l*
картёжник, -а *m umg* leidenschaftlicher Kartenspieler
картéль [тэ], -я *m u.* -и *f* Kartell
картéчь, -и *f* **1.** *mil* Kartätsche **2.** *Jagd* grober Schrot
карти́на, -ы *f* **1.** Bild, Gemälde; пьéса в шести́ -ах Theaterstück in sechs Bildern **2.** *umg* Film; показáть -у einen Film zeigen
карти́нка, -и, *Pl G* -нок, *D* -нкам *f* **1.** *Dem zu* карти́на 1 Bildchen **2.** Bild, Illustration; кни́жка с -ами Bilderbuch; не дéвушка, а ~ *umg* ein bildhübsches Mädchen
карти́нный, -ая, -ое **1.** Bilder-; -ая галерéя Bilder-, Gemäldegalerie **2.** *Kzf* -и́нен, -и́нна bildschön; anschaulich, bildhaft
картóграф, -а *m* Kartograph
картографи́ческий, -ая, -ое kartographisch
картогрáфия, -и *f* Kartographie
картóн, -а *m* Pappe, Karton *Material*
картонáжи *Pl* -ей, *Sg* картонáж, -а, *I* -ем *m* Kartonage
картóнка, -и, *Pl G* -нок, *D* -нкам *f* Karton, Pappschachtel; ~ для шля́пы Hutschachtel
картóнный, -ая, -ое Papp-, Karton-; ~ дóмик *übtr* Kartenhaus
картотéка, -и *f* Kartothek, Kartei
картотéчный, -ая, -ое Kartothek-, Kartei-
картофеле|копáлка, -и, *Pl G* -лок, *D* -лкам *f* Kartoffelroder, Kartoffelschleuder; **~копáтель,** -я *m* Kartoffelroder, Kartoffelschleuder; **~сажáлка,** -и, *Pl G* -лок, *D* -лкам *f* Kartoffelsetzmaschine; **~убóрочный,** -ая, -ое: ~убóрочный комбáйн Kartoffelvollerntemaschine; **~храни́лище,** -а, *I* -ем *n* Kartoffelmiete
картóфелина, -ы *f umg* (einzelne) Kartoffel
картóфель, -а (-ю) *m* **1.** Kartoffel *Pflanze* **2.** *Koll* Kartoffeln; ~ в мунди́ре Pellkartoffeln; жáреный ~ Bratkartoffeln
картóфельный, -ая, -ое Kartoffel-; -ое пюрé Kartoffelmus; -ая олáдья Kartoffelpuffer; -ая котлéта Kartoffelkeulchen
кáрточка, -и, *Pl G* -чек, *D* -чкам *f* **1.** Karte, Zettel; каталóжная ~ Karteikarte; библиотéчная ~ Bücherzettel; продовóльственная ~ Lebensmittelkarte; по -ам auf Marken **2.** (kleines) Porträtphoto, Photo
кáрточный, -ая, -ое Karten-; -ая систéма Kartensystem *der Verteilung* ◇ ~ дóмик *übtr* Kartenhaus
картóшка, -и, *Pl G* -шек, *D* -шкам *f umg* **1.** *Koll* Kartoffeln **2.** (einzelne) Kartoffel
картýз, -á *m* Schirmmütze
картýшка, -и, *Pl G* -шек, *D* -шкам *f* Rose *am Kompaß*
карусéль, -и *f* Karussell; катáться на -и Karussell fahren
Карфагéн, -а *m* Karthago
кáрцер, -а *m alt* Karzer
[1]**карьéр,** -а *m* gestreckter Galopp; в -е in vollem Lauf ◇ с мéста в ~ unverzüglich
[2]**карьéр,** -а *m* Tagebau; Steinbruch; буроýгольный ~ Braunkohlentagebau; песчáный ~ Sandgrube
карьéра, -ы *f* Karriere; Laufbahn
карьери́ст, -а *m* Karrierist, Streber
карьери́стский, -ая, -ое streberhaft
касáние, -я *n* Berührung; тóчка -я *math* Berührungspunkt
касáтельная, -ой *Subst f math* Tangente
касáтельно *Präpos mit G buchspr* bezüglich, hinsichtlich, betreffs
касáтельство, -а *n* Beziehung, Zusammenhang; э́то не имéет никакóго -а к дéлу das hat mit der Sache überhaupt nichts zu tun
касáтка, -и, *Pl G* -ток, *D* -ткам *f* **1.** Rauchschwalbe **2.** *gbt u. folkl* Liebste, Schatz *Anrede*
касáться, -áюсь, -áешься *uv G* **1.** berühren, streifen *a. übtr*; не ~ земли́ den Boden nicht berühren; он лишь слегкá касáется э́того вопрóса er

streift diese Frage nur kurz **2.** betreffen, angehen; э́то тебя́ не касáется das geht dich nichts an; что касáется меня́ was mich betrifft, ich für meine Person || *v* коснýться, -нýсь, -нёшься

кáска, -и, *Pl G* -сок, *D* -скам *f* Helm

каскáд, -а *m* **1.** Kaskade, Wasserfall **2.** *übtr buchspr*: ~ слов Redeschwall **3.** Kaskade *Zirkus* **4.** *rad* Stufe

каскéтка, -и, *Pl G* -ток, *D* -ткам *f* leichte Sportmütze

каспи́ец, -и́йца, *I* -и́йцем, *G Pl* -и́йцев *m* Matrose der Kaspiflotte

каспи́йский, -ая, -ое kaspisch; Каспи́йское мóре Kaspisches Meer

кáсса, -ы *f* **1.** Kasse; сберегáтельная ~ Sparkasse; ~ взаимопóмощи Kasse der gegenseitigen Hilfe **2.** Schalter; билéтная ~ Fahrkartenschalter ◇ несгорáемая ~ feuerfester Geldschrank; наборная ~ *typ* Setzkasten; проверя́ть -у die Kasse [den Kassenbestand] überprüfen

кассáция, -и *f* **1.** *jur* Kassation, Aufhebung eines Urteils **2.** *umg* Berufung; подáть (на) -ю Berufung einlegen

кассéта, -ы *f phot* Kassette

касси́р, -а *m* Kassierer

касси́ровать, -рую, -руешь; -рованный, -рован, -а *v, uv Urteil* aufheben, kassieren

касси́рша, -и, *I* -ей *f umg* Kassiererin

кáссовый, -ая, -ое Kassen-

кáста, -ы *f* Kaste *a. übtr*

кастеля́нша, -и, *I* -ей *f* Wäscheverwalterin *in einem Heim, Krankenhaus u. ä.*

кастéт, -а *m* Schlagring

кáстовый, -ая, -ое Kasten-

кастóрка, -и *f umg* Rizinusöl

кастóровый, -ая, -ое: -ое мáсло Rizinusöl

кастрáция, -и *f* Kastrierung

кастри́ровать, -рую, -руешь; -рованный, -рован, -а *v, uv* kastrieren

кастрю́ля, -и *f* Kochtopf

катавáсия, -и *f volksspr* Wirrwarr, Tumult

катакли́зм, -а *m* **1.** Naturkatastrophe **2.** *übtr* Umsturz

катáлиз, -а *m chem* Katalyse

каталóг, -а *m* Katalog, Verzeichnis

каталогизáция, -и *f* Katalogisierung

кáталь, -я *m* Arbeiter, der mit einem Karren Lasten zufährt

катáние, -я *n* **1.** Rollen; ~ белья́ Wäscherollen **2.** Spazierfahrt; ~ на конькáх Schlittschuhlaufen; фигýрное ~ (на конькáх) Eiskunstlauf; ~ с гор Rodeln; ~ на лóдке Bootfahren

катáнье, -ья *n*: ~ белья́ Wäscherollen ◇ не мытьём, так кáтаньем *übtr* koste es, was es wolle

катапýльта, -ы *f* Katapult

катáр, -а *m* Katarrh

катарáкта, -ы *f med* grauer Star

катастрóфа, -ы *f* Katastrophe

катастрофи́ческий, -ая, -ое katastrophal

катастрофи́чный, -ая, -ое; *Kzf* -чен, -чна katastrophal

катáть, -áю, -áешь; кáтанный, -ан, -а *uv* **1.** *unbest zu* кати́ть **2.** ausfahren, spazierenfahren; ~ когó-н. на автомоби́ле по гóроду j-n mit dem Auto durch die Stadt (spazieren)fahren; он катáл меня́ на лóдке er fuhr mich im Boot spazieren **3.** walzen, glatt machen; ~ бельё Wäsche mangeln [rollen]; ~ желéзо Eisen walzen

катáться, -áюсь, -áешься *uv* **1.** *unbest zu* кати́ться **2.** на *P* spazierenfahren *itr*; ~ на велосипéде mit dem Rad (spazieren)fahren; ~ верхóм (aus)reiten; ~ на конькáх Schlittschuh laufen; ~ на лóдке Boot fahren; ~ на байдáрке paddeln; ~ на лы́жах Schi fahren; ~ на сáнках [салáзках] rodeln **3.** sich hin- und herwälzen *im Liegen* ◇ ~ сó смеху sich vor Lachen wälzen; как сыр в мáсле ~ wie die Made im Speck sitzen

катафáлк, -а *m* **1.** Katafalk **2.** Leichenwagen

катафóт, -а *m* Katzenauge, Rückstrahler

категори́ческий, -ая, -ое **1.** kategorisch, entschieden **2.** -и *Adv* kategorisch, entschieden

категори́чный, -ая, -ое; *Kzf* -чен, -чна kategorisch, entschieden

категóрия, -и *f* Kategorie; Gruppe, Klasse

Кáтенька, -и *f Dem zu* Екатери́на

кáтер, -а, *Pl* катерá, -óв, -áм *m* Kutter; торпéдный ~ Schnellboot; ~ для прогýлок Fahrgastschiff, Ausflugsschiff; ~ на подвóдных кры́льях Tragflügelboot; пожáрный ~ Feuerlöschboot

Катери́на, -ы *f weibl Vn*

кáтет, -а *m math* Kathete

кати́ть, качу́, ка́тишь *uv* **1.** *best* rollen, wälzen, schieben **2.** *volksspr* schnell fahren [laufen] **3.** *umg* fahren *itr Fahrzeug* | *unbest* ката́ть *zu* 1

кати́ться, качу́сь, ка́тишься *uv* **1.** *best 1. u. 2. Pers ungebr* rollen; sich wälzen, gleiten; fahren, sich fortbewegen **2.** *1. u. 2. Pers ungebr* fließen, strömen; слёзы ка́тятся по щека́м die Tränen rinnen über die Wangen **3.** *volksspr* schnell rennen; кати́сь (отсю́да)! *derb* scher dich [schert euch] fort! | *unbest* ката́ться *zu* 1

като́д, -а *m* Kathode

като́к, -тка́ *m* **1.** Eisbahn **2.** Walze, Rolle; доро́жный ~ Straßenwalze **3.** Wäschemangel, -rolle

като́лик, -а *m* Katholik

католи́ческий, -ая, -ое katholisch

католи́чество, -а *n* Katholizismus

католи́чка, -и, *Pl G* -чек, *D* -чкам *f* Katholikin

ка́торга, -и *f* **1.** Zwangsarbeit, Zuchthaus **2.** *übtr* Plackerei, Schinderei

каторжа́нин, -а, *Pl* -а́не, -а́н, -а́нам *m* Zwangsarbeiter, Zuchthäusler; entlassener Zwangsarbeiter

ка́торжник, -а *m* Zwangsarbeiter, Zuchthäusler

ка́торжный, -ая, -ое **1.** Zuchthaus-; -ые рабо́ты Zwangsarbeit **2.** anstrengend, schwer; ~ труд Schinderei

кату́шка, -и, *Pl G* -шек, *D* -шкам *f* Rolle, Spule; ~ ни́ток Zwirnrolle

Ка́тька, -и *f Dem zu* Екатери́на

Катю́ша, -и, *I* -ей *f Dem zu* Екатери́на

катю́ша, -и, *I* -ей *f umg scherz* Salvengeschütz, Raketenwerfer auf Motorfahrzeug

Ка́тя, -и *f Dem zu* Екатери́на

Ка́унас, -а *m* Kaunas *Stadt*

кау́рый, -ая, -ое hell(kastanien)braun *von Pferden*; -ая ло́шадь Goldfuchs

каусти́ческий, -ая, -ое *chem* kaustisch

каучу́к, -а *m* Kautschuk

каучуконо́с, -а *m* kautschukhaltige Pflanze, Kautschukbaum

кафе́ *n idkl* Café, Kaffeehaus; ~-моло́чная Milchbar

ка́федра, -ы *f* **1.** Rednerpult **2.** Lehrstuhl *entspricht oft unseren Instituten*; ~ средневеко́вой исто́рии Institut für Geschichte des Mittelalters; заве́дующий -ой Lehrstuhlinhaber, Institutsdirektor; заве́довать -ой *alt* einen Lehrstuhl innehaben **3.** alle Lehrkräfte einer Fachrichtung an Hochschulen

ка́фель, -я *m* Kachel

ка́фельный, -ая, -ое Kachel-

кафта́н, -а *m* Kaftan

Кахе́ти *f idkl u.* **Кахе́тия,** -и *f* Kachetien *Landschaft in Grusinien*

кацаве́йка, -и, *Pl G* -е́ек, *D* -е́йкам *f* kurze (Frauen-)Jacke ohne Verschluß

кача́лка, -и, *Pl G* -лок, *D* -лкам *f* Schaukelstuhl

кача́ние, -я *n* **1.** Schaukeln, Wiegen **2.** Schwingung **3.** Pumpen *von Wasser*

кача́ть, -а́ю, -а́ешь *uv* **1.** schaukeln *tr*; wiegen; ~ ребёнка ein Kind wiegen **2.** unter Hochrufen in die Luft werfen **3.** *I* schütteln; ~ голово́й den Kopf schütteln **4.** *unpers* парохо́д кача́ло das Schiff schlingerte; его́ кача́ло от уста́лости er taumelte vor Müdigkeit **5.** pumpen *Wasser* ‖ *v mom* качну́ть, -ну́, -нёшь *zu* 1, 3

кача́ться, -а́юсь, -а́ешься *uv* **1.** sich wiegen, schaukeln; ~ на каче́лях schaukeln *auf einer Schaukel* **2.** *naut* schlingern, stampfen **3.** taumeln, schwanken ‖ *v mom* качну́ться, -ну́сь, -нёшься

каче́ли, -ей *Pl* Schaukel; Wippe

ка́чественный, -ая, -ое **1.** qualitativ; ~ ана́лиз qualitative Analyse **2.** Qualitäts-; -ая сталь Edelstahl

ка́чество, -а *n* **1.** Qualität, Güte; вы́сшего -а höchster Qualität, erster Güte; перехо́д коли́чества в ~ Umschlag von Quantität in Qualität **2.** Eigenschaft ◇ в -е *G* als

ка́чка, -и *f* Schaukeln, Rollen, Schlingern *Fahrzeug, Schiff* ◇ она́ не перено́сит морско́й -и sie wird leicht seekrank

ка́чкий, -ая, -ое *volksspr* wacklig

качну́ть(ся) *v mom zu* кача́ть(ся)

ка́ша, -и, *I* -ей *f* **1.** Brei, Grütze; овся́ная ~ Haferbrei **2.** Wirrwarr, Durcheinander; у него́ ~ в голове́ in seinem Kopf herrscht ein heilloses Durcheinander ◇ завари́ть -у *umg* (sich) eine unangenehme Sache einrühren; расхлёбывать -у *umg übtr* die Suppe auslöffeln; с ним -и не́ сва́ришь *umg* mit ihm kommt man nicht unter einen Hut; сапоги́ -и про́сят *umg scherz* die Stiefel sind zerrissen; ма́ло -и ел *umg* er ist noch jung und unerfahren, er ist noch feucht hinter den Ohren

кашалóт, -а *m* Pottwal
кашевáр, -а *m* Koch *beim Militär oder bei einer Arbeitergenossenschaft*
кáшель, -шля *m* Husten
кашемир, -а *m text* Kaschmir
кáшица *u.* **кашица,** -ы, *I* -ей *f* dünner Brei
кáшлянуть *v mom zu* кáшлять
кáшлять, -яю, -яешь *uv* husten; ~ крóвью Blut spucken ‖ *v mom* кáшлянуть, -ну, -нешь
Кашмир, -а *m* Kaschmir
кашнé [нэ] *n idkl* Halstuch, Schal
каштáн, -а *m* 1. Kastanie 2. Kastanienbaum
каштáновый, -ая, -ое Kastanien-; kastanienbraun
каюк *prädikativ*: ~ пришёл комý-н. *volksspr* es ist aus mit j-m, j-s Ende ist da
каюта, -ы *f* Kajüte
кают-компáния, -и *f* Speiseraum *Schiff*; Offiziersmesse *auf Kriegsschiffen*
кáяться, кáюсь, кáешься *uv* 1. в *P* bereuen 2. *D oder* пéред *I* (ein)gestehen ◇ кáюсь offen gestanden ‖ *v* покáяться
кв. (квадрáт; квадрáтный; квартáл; квартира) Quadrat; quadratisch, Quadrat-; Quartal, Vierteljahr; Wohnung
квадрáт, -а *m* Quadrat; возвести в ~ in die zweite Potenz erheben ◇ в -е *umg scherz* doppelt
квадрáтно-гнездовóй, -áя, -óе: ~ посéв *oder* -ая посáдка *landw* Quadratnestpflanzverfahren
квадрáтный, -ая, -ое quadratisch; ~ кóрень Quadratwurzel; -ая мéра Flächenmaß; -ая скóбка eckige Klammer
квадратýра, -ы *f* Quadratur
квáканье, -ья *n* Quaken, Gequake
квáкать, -аю, -аешь *uv* quaken ‖ *v mom* квáкнуть, -ну, -нешь
квáкер, -а *m* Quäker
квáкнуть *v mom zu* квáкать
квáкша, -и, *I* -ей *f* Laubfrosch
квалификациóнный, -ая, -ое Qualifizierungs-; ~ спрáвочник Lohngruppenkatalog
квалификáция, -и *f* Qualifizierung; производственная ~ berufliche Weiterbildung [Qualifikation]
квалифицированный, -ая, -ое; *Kzf* -ан, -анна qualifiziert; ~ рабóчий gelernter Arbeiter; ~ труд Facharbeit, qualifizierte Arbeit
квалифицировать, -рую, -руешь; -рованный, -рован, -а *v, uv* 1. *buchspr* bewerten, beurteilen; как ~ такóе поведéние? wie soll man ein derartiges Verhalten beurteilen? 2. die Qualifikation prüfen
квалифицироваться, -руюсь, -руешься *v, uv* sich qualifizieren
квант, -а *m phys* Quant
квáнтовый, -ая, -ое *phys* Quanten-
квартáл, -а *m* 1. Häuserblock; Stadtviertel 2. Quartal, Vierteljahr; по -ам vierteljährlich
квартáльный, -ая, -ое Quartals-; ~ отчёт Quartalsbericht
квартéт, -а *m mus* Quartett; стрýнный ~ Streichquartett
квартира, -ы *f* 1. Wohnung; сдаётся ~ Wohnung zu vermieten; дёшево платить за -у billig wohnen 2. *meist Pl mil* Quartier; глáвная ~ Hauptquartier, Oberkommando
квартирáнт, -а *m umg* Mieter
квартирный, -ая, -ое 1. Wohnungs-; -ая плáта Miete; -ые дéньги Übernachtungsgeld, Wohnungsgeld *bei Dienstreisen* 2. -ые, -ых *Subst Pl* Übernachtungsgeld, Wohnungsgeld
квартировáть, -рýю, -рýешь *uv* 1. *umg* wohnen 2. *mil* einquartiert sein
квартиро|нанимáтель, -я *m* (Haupt-) Mieter, Wohnungsinhaber; **~хозяин,** -а, *Pl* -яева, -яев, -яевам *m alt* Wohnungsinhaber; Hauptmieter
квартплáта, -ы *f* (квартирная плáта) (Wohnungs-) Miete
кварц, -а *m* Quarz
квáрцевый, -ая, -ое Quarz-
квас, -а (-у), *Pl* квасы, -óв, -áм *m* Kwaß *säuerliches Getränk aus Brot und Wasser*
квáсить, квáшу, квáсишь; квáшенный, -ен, -а *uv* (ein)säuern, gären lassen
кваснóй, -áя, -óе Kwaß-; ~ патриотизм Hurrapatriotismus
квасóк, -скá *m umg* säuerlicher Beigeschmack
квасцóвый, -ая, -ое Alaun-; alaunhaltig
квасцы, -óв *Pl* Alaun
квáшеный, -ая, -ое (ein)gesäuert
квашня, -и, *G Pl* -éй *f* 1. Backtrog 2. *umg* angesäuerter Teig 3. *volksspr verächtl* Schlappschwanz
квéрху *Adv* nach oben, hinauf
квинтéт, -а *m* Quintett
квит *u.* **квиты** *prädikativ umg* quitt; мы с ним ~ ich bin mit ihm quitt

квита́нция, -и *f* Quittung; бага́жная ~ Gepäckschein; почто́вая ~ Paketkarte
квито́к, -тка́ *m volksspr* Quittung, Abschnitt
квиты ↑ квит
квохта́ть, *1. u. 2. Pers ungebr,* квóхчет *uv* gackern
кегельба́н, -а *m* Kegelbahn
ке́гли *Pl* -ей, *Sg* ке́гля, -и *f* **1.** Kegel **2.** Kegelspiel; игра́ в ~ Kegeln, Kegelschieben
кедр, -а *m* Zeder; сиби́рский ~ Zirbelkiefer
кедро́вый, -ая, -ое Zedern-; -ые оре́хи Zirbelnüsse
Кейпта́ун, -а *m* Kapstadt
кейф, -а *m* Muße, Erholung
кекс, -а *m* Rosinenkuchen *meist in Kastenform*
келе́йный, -ая, -ое heimlich, geheim
Кёльн, -а *m* Köln
ке́льтский, -ая, -ое keltisch
ке́льты *Pl* -ов, *Sg* кельт, -а *m* Kelten
ке́лья, -ьи, *Pl G* -лий, *D* -льям *f* Mönchszelle
кем ↑ кто
Ке́мерово, -а *n* Kemerowo *Stadt*
ке́мпинг, -а *m* Camping; Campingplatz
кена́ф, -а *bot* Eibisch
кенгуру́ *m idkl* Känguruh
Ке́ния, -и *f* Kenia
ке́пи *n idkl* Schirmmütze, Sportmütze
ке́пка, -и, *Pl G* -пок, *D* -пкам *f umg* Schirmmütze, Sportmütze
кера́мика, -и *f* **1.** *Koll* Keramik(erzeugnisse) **2.** Keramikindustrie
керами́ческий, -ая, -ое keramisch
керога́з, -а *m* Petroleumkocher
кероси́н, -а *m* (raffiniertes) Petroleum
кероси́нка, -и, *Pl G* -нок, *D* -нкам *f* Petroleumkocher
кероси́новый, -ая, -ое Kerosin-; -ая ла́мпа Petroleumlampe
Керчь, -и *f* Kertsch *Halbinsel u. Stadt*
ке́сарев, -а, -о: -о сече́ние *med* Schnittentbindung, Kaiserschnitt
ке́сарь, -я *m alt* Kaiser
ке́та, -ы *u. umg* **кета́,** -ы́ *f* sibirischer Lachs
ке́товый *u. umg* **кето́вый,** -ая, -ое: -ая икра́ Lachskaviar
кефи́р, -а *m* Kefir, Joghurt
киберне́тика [нэ], -и *f* Kybernetik
киби́тка, -и, *Pl G* -ток, *D* -ткам *f* **1.** Wanderzelt der Nomaden **2.** *alt* Kibitka, gedeckter Wagen oder Schlitten
кива́ть, -а́ю, -а́ешь *uv I* nicken; ~ кому́-н. j-m zunicken ‖ *v mom* **кивну́ть,** -ну́, -нёшь
киво́к, -вка́ *m einmaliges* Kopfnicken
кида́ть, -а́ю, -а́ешь *uv* werfen, wegwerfen◇ ~ гря́зью в кого́-н. j-n mit Schmutz bewerfen; ~ де́ньги на ве́тер das Geld zum Fenster hinauswerfen; ~ ка́мешки в чей-н. огоро́д Anspielungen auf j-n machen; меня́ кида́ет в жар и хо́лод mich überläuft es heiß und kalt ‖ *v* ки́нуть, -ну, -нешь
кида́ться, -а́юсь, -а́ешься *uv* sich werfen, sich stürzen; sich bewerfen ◇ ~ в глаза́ in die Augen springen, auffallen; вино́ кида́ется в го́лову der Wein steigt in den Kopf ‖ *v* ки́нуться, -нусь, -нешься
Ки́ев, -а *m* Kiew
киевля́нин, -а, *Pl* -я́не, -я́н, -я́нам *m* Kiewer
киевля́нка, -и, *Pl G* -нок, *D* -нкам *f* Kiewerin
ки́евский, -ая, -ое Kiewer, aus Kiew
кизи́л, -а *u.* **кизи́ль,** -я́ *m* **1.** Kornelkirschen **2.** Kornelkirschbaum
кий, кия́, *P* кий, *Pl* кии́, киёв, кия́м *m* Billardstock, Queue
килева́ть, -лю́ю, -лю́ешь *uv naut* kielholen, kentern
килево́й, -а́я, -о́е Kiel-; -а́я ка́чка *naut* Stampfen
кило́ *n idkl umg* Kilo
килова́тт, -а, *G Pl* -ва́тт *m* Kilowatt
килова́тт-час, -а *m el* Kilowattstunde
килогра́мм, -а, *G Pl in der gesprochenen Rede meist* килогра́мм *m* Kilogramm
киломе́тр, -а *m* Kilometer
километро́вый, -ая, -ое Kilometer-
киль, -я *m naut* Kiel; *flug* Seitenflosse
Киль, -я *m* Kiel *Stadt*
кильва́тер [тэ], -а *m naut* Kielwasser; в ~ in Kiellinie
ки́лька, -и, *Pl G* -лек, *D* -лькам *f* Strömling, Sprotte
КИМ [ким] (Коммунисти́ческий Интернациона́л молодёжи) *hist* Kommunistische Jugend-Internationale
кимоно́ *n idkl* Kimono
кинематогра́фия, -и *f* Kinematographie
кинеско́п [нэ], -а *m rad* Bildröhre
кинжа́л, -а *m* Dolch

кино́ *n idkl* 1. Filmwesen 2. *umg* (Spiel-) Film 3. *umg* Kino, Lichtspieltheater

кино- *in Zuss* Kino-, kinematographisch, Film-

кино|актёр, -а *m* Filmschauspieler; **~актри́са,** -ы *f* Filmschauspielerin; **~аппара́т,** -а *m* Filmapparat *Aufnahme- oder Vorführgerät*; **~арти́ст,** -а *m* Filmschauspieler; **~арти́стка,** -и, *Pl G* -ток, *D* -ткам *f* Filmschauspielerin; **~ателье́** [тэ] *n idkl* Filmatelier

ки́новарь, -и *f* 1. *min* Zinnober 2. Zinnoberrot

кино|ве́дение, -я *n* Filmwissenschaft; **~журна́л,** -а *m* Wochenschau; **~звезда́,** -ы́, *Pl* -звёзды, -звёзд, -звёздам *f umg* Filmstar *Schauspielerin*; **~карти́на,** -ы *f* (Spiel-) Film; **~коме́дия,** -и *f* Lustspielfilm; **~ле́нта,** -ы *f* Filmstreifen; **~меха́ник,** -а *m* Filmvorführer; **~опера́тор,** -а *m* Kameramann; **~панора́ма,** -ы *f* Panoramakino; **~передви́жка,** -и, *Pl G* -жек, *D* -жкам *f* Wanderkino, Landfilm; **~промы́шленность,** -и *f* Filmindustrie; **~рабо́тник,** -а *m* Filmschaffender; **~режиссёр,** -а *m* Filmregisseur; **~сеа́нс,** -а *m* Filmvorstellung; **~сту́дия,** -и *f* Filmstudio; **~сцена́рий,** -я, *P* -и, *G Pl* -ев *m* Drehbuch; **~съёмка,** -и, *Pl G* -мок, *D* -мкам *f* Filmaufnahme; производи́ть ~съёмку einen Film drehen; **~теа́тр,** -а *m* Kino, Lichtspieltheater; **~уголо́вщина,** -ы *f* Kriminalreißer; **~фестива́ль,** -я *m* Filmfestspiele; **~фи́льм,** -а *m* (Spiel-) Film; цветно́й ~фи́льм Farbfilm

кинофици́ровать, -рую, -руешь; -рованный, -рован, -а *uv, v A* 1. mit einem Kino [mit Kinos] versehen, Kino [Kinos] bauen, einrichten 2. ständige Filmvorführungen veranstalten

кинохро́ника, -и *f* Wochenschau

ки́нуть, -ну, -нешь *v* 1. *v zu* кида́ть 2. *umg* (hin)werfen, verlassen, aufgeben

ки́нуться *v zu* кида́ться

кио́ск, -а *m* Kiosk

ки́па, -ы *f* 1. Packen, Bündel; ~ тетра́дей ein Stoß Hefte 2. Ballen *Maß*

кипари́с, -а *m* Zypresse

кипари́совый, -ая, -ое Zypressen-

кипе́ние, -я *n* Sieden, Kochen; температу́ра -я Siedepunkt

ки́пень, -и *f u.* -пня *m* weißer Schaum beim Sieden; как ~ облака́ *folkl* Wolken so weiß wie Schaum

кипе́ть, -плю́, -пи́шь *uv* 1. *1. u. 2. Pers ungebr* kochen, sieden *itr* 2. *1. u. 2. Pers ungebr* schäumen, brausen *Wasser* 3. *1. u. 2. Pers ungebr* in vollem Gang sein; рабо́та так и кипи́т die Arbeit geht mit Hochdruck voran, es wird mit Feuereifer gearbeitet; бой кипи́т der Kampf tobt 4. *I* kochen, brennen (vor); ~ гне́вом vor Wut kochen; ~ нетерпе́нием vor Ungeduld brennen ◇ как в котле́ ~ vor Arbeit nicht wissen, wo einem der Kopf steht; наро́д кипи́т на пло́щади *alt* auf dem Platz wimmelt es von Menschen

Кипр, -а *m* Zypern

кипу́честь, -и *f* Rastlosigkeit; Lebhaftigkeit

кипу́чий, -ая, -ее; *Kzf* -у́ч, -а 1. brodelnd, sprudelnd, schäumend 2. rastlos, lebhaft; -ая де́ятельность rastlose Tätigkeit, Feuereifer

кипяти́льник, -а *m* Siedekessel, Boiler

кипяти́ть, -ячу́, -яти́шь; -ячённый, -ячён, -ячена́ *uv* (ab)kochen, zum Sieden bringen

кипяти́ться, -ячу́сь, -яти́шься *uv* 1. *1. u. 2. Pers ungebr* kochen, sieden *itr* 2. *umg* aufbrausen, sich ereifern

кипято́к, -тка́ (-тку́) *m* 1. kochendes Wasser; abgekochtes Wasser 2. *umg* Hitzkopf

кипяче́ние, -я *n* (Ab-) Kochen

кипячёный, -ая, -ое (ab)gekocht

Кир, -а *m männl Vn*

Ки́ра, -ы 1. *f weibl Vn* 2. *m Dem zu* Кири́лл

кирги́з, -а *m* Kirgise

Кирги́зия, -и *f* Kirgisien

кирги́зка, -и, *Pl G* -зок, *D* -зкам Kirgisin

кирги́зский, -ая, -ое kirgisisch; Кирги́зская Сове́тская Социалисти́ческая Респу́блика Kirgisische Sozialistische Sowjetrepublik

Кири́лл, -а *m* Kyrill

кири́ллица, -ы, *I* -ей *f* kyrillische Schrift

кири́лловский, -ая, -ое kyrillisch

ки́рка, -и, *Pl G* -рок, *D* -ркам *f* lutherische Kirche

кирка́, -и́, *Pl* ки́рки, -рок, -ркам *f* Spitzhacke, Picke

Ки́ров, -а *m* Kirow *Stadt*

кирпи́ч, -а́, *I* -о́м, *G Pl* -е́й *m* 1. Ziegel *a. Koll* 2. ziegelförmiger Gegenstand

кирпи́чный, -ая, -ое Ziegel-; ~ заво́д Ziegelei
кисе́йный, -ая, -ое Mull- ◇ -ая ба́рышня *iron* Zierpuppe
кисе́ль, -я́ (-ю) *m* Kissel *süßsaure, mit Fruchtsaft und Mehl gekochte Speise* ◇ она́ мне деся́тая [седьма́я] вода́ на -е́ *umg* sie ist nur ganz entfernt mit mir verwandt
кисе́льный, -ая, -ое: моло́чные ре́ки, -ые берега́ Schlaraffenland
кисе́т, -а *m* (Tabaks-)Beutel
кисея́, -и́ *f text* Mull
кисли́нка, -и: с -ой *umg* mit säuerlichem Beigeschmack
кисли́ть, *1. u. 2. Pers ungebr*, -и́т *uv umg* sauer schmecken
кислова́тый, -ая, -ое; *Kzf* -а́т, -а säuerlich
кислоро́д, -а *m* Sauerstoff
кислоро́дный, -ая, -ое Sauerstoff-; ~ прибо́р Sauerstoffgerät
кисло-сла́дкий, -ая, -ое; *Kzf* -док, -дка süßsauer
кислосли́вочный, -ая, -ое: -ое ма́сло Sauerrahmbutter
кислота́, -ы́ *f* 1. Säure, das Saure 2. *Pl* кисло́ты, -о́т, -о́там *chem* Säure
кисло́тность, -и *f* Säuregehalt
ки́слый, -ая, -ое; *Kzf* -сел, -сла́! 1. sauer; -ые щи Sauerkohlsuppe; -ое те́сто Hefeteig 2. *übtr umg* sauer, verdrießlich; сде́лать -ую ми́ну eine saure Miene machen; быть в -ом настрое́нии mißgestimmt sein 3. *nur Langform chem* sauer, Säure-
кисля́тина, -ы *f umg* 1. saures Zeug 2. *verächtl* verdrießlicher Mensch
ки́снуть, -ну, -нешь; кис, -ла *u.* ки́снул, -а *uv* 1. *1. u. 2. Pers ungebr* sauer werden 2. *umg* versauern; mißmutig [verzagt] sein
ки́сточка, -и, *Pl G* -чек, *D* -чкам *f* 1. *Dem zu* кисть kleiner Pinsel 2. Troddel, Quaste
кисть, -и, *Pl* ки́сти, кисте́й, кистя́м *f* 1. Traube 2. Hand, Handgelenk 3. Pinsel 4. Troddel, Quaste
кит, -а́ *m* Wal
кита́ец, -та́йца, *I* -та́йцем, *G Pl* -та́йцев *m* Chinese
китаи́ст, -а *m* Sinologe
Кита́й, -я *m* China
кита́йский, -ая, -ое chinesisch; Кита́йская Наро́дная Респу́блика, *Abk* КНР Chinesische Volksrepublik ◇ э́то -ая гра́мота das sind mir böhmische Dörfer; -ие те́ни Schattenspiel; -ие церемо́нии *umg scherz* übermäßige Höflichkeit
китая́нка, -и, *Pl G* -нок, *D* -нкам *f* Chinesin
ки́тель, -я, *Pl* ки́тели, -ей, -ям *u.* кителя́, -е́й, -я́м *m* einreihige Militärjacke mit Stehkragen
кито|ба́за, -ы *f* (китобо́йная ба́за) Walfangmutterschiff; **~бо́ец,** -бо́йца, *I* -бо́йцем, *G Pl* -бо́йцев *m* Walfangschiff; **~бо́й,** -я, *G Pl* -ев *m* Walfänger *Schiff u. Person*; **~бо́йный,** -ая, -ое Walfang-; ~ бо́йная ба́за Walfangmutterschiff; ~бо́йный про́мысел Walfang
кито́вый, -ая, -ое Wal(fisch)-
китоло́в, -а *m* Walfänger *Schiff u. Person*
кичи́ться, -чу́сь, -чи́шься *uv I* sich brüsten, prahlen (mit)
кичли́вый, -ая, -ое; *Kzf* -и́в, -а eingebildet, hochnäsig, -mütig
кише́ть, *1. u. 2. Pers ungebr*, киши́т *uv* 1. (umher)kribbeln, (umher)wimmeln; sich drängen 2. *I* wimmeln (von); у́лица киши́т наро́дом auf der Straße wimmelt es von Menschen
кише́чник, -а *m* Darm, Gedärm; у него́ ~ не в поря́дке er leidet an Darmverstimmung
кише́чный, -ая, -ое Darm-
Кишинёв, -а *m* Kischinjow
кишка́, -и́, *Pl G* -шо́к, *D* -шка́м *f* 1. Darm; то́лстая ~ Dickdarm; слепа́я ~ Blinddarm; пряма́я ~ Mastdarm; воспале́ние -шо́к Darmentzündung, Enteritis 2. *umg* (Wasser-) Schlauch; пожа́рная ~ Feuerwehrschlauch ◇ у него́ ~ тонка́ [не вы́держит] *volksspr* ihm fehlt der Mumm; со́ смеху -и́ надорва́ть *volksspr* sich totlachen
кишла́к, -а́ *m* Dorf in Mittelasien
кишми́ш, -а, *I* -ем, *G Pl* -ей *u.* **кишми́ш,** -а́, *I* -о́м, *G Pl* -е́й *m* kleine Rosinen ohne Kerne, Korinthen
кишмя́ *Adv*: ~ киши́т es wimmelt (von)
клавиату́ра, -ы *f* Klaviatur
кла́виш, -а, *I* -ем, *G Pl* -ей *m u.* **кла́виша,** -и, *I* -ей *f* Taste
кла́вишный, -ая, -ое Tasten-
клад, -а *m* Schatz ◇ э́та кни́га для меня́ ~ dieses Buch ist ein Schatz für mich; э́то не рабо́тник, а про́сто ~ dieser Mensch ist ein wahrer Schatz
кла́дбище, -а, *I* -ем *n* Friedhof
кла́дезь, -я *m*: ~ прему́дрости Born der Weisheit
кла́дка, -и, *Pl G* -док, *D* -дкам *f* 1. Mauern *Bauen mit Steinen oder*

Ziegeln; производить -у стен Wände ziehen; ~ печи Setzen eines Ofens; ~ труб Röhrenlegen; ~ дров (Auf-) Stapelung von Brennholz **2.** Mauer-(werk)

кладовая, -ой *Subst f* **1.** Vorratskammer, Speisekammer **2.** Lager(raum)

кладовка, -и, *Pl G* -вок, *D* -вкам *f umg* **1.** kleine Vorratskammer **2.** kleiner Lagerraum

кладовщик, -á *m* Lagerarbeiter

кладу ↑ класть

кладь, -и *f* Gepäck; Ladung; Fracht; ручная ~ Handgepäck

кланяться, -яюсь, -яешься *uv* **1.** *D oder* с *I* sich verneigen, sich verbeugen (vor), (be)grüßen **2.** *D alt* grüßen lassen; кланяйтесь ей от меня richten Sie ihr einen Gruß von mir aus **3.** *D oder* перед *I* demütig bitten ‖ *v* поклониться, -онюсь, -онишься

клапан, -а *m* **1.** (Klappen-) Ventil **2.** Herzklappe **3.** Patte *Schneiderei*

кларнет, -а *m* Klarinette

кларнетист, -а *m* Klarinettist

класс, -а *m* Klasse **1.** *pol* Klasse; рабочий ~ Arbeiterklasse **2.** Schulklasse; он учится во втором -е er geht in die zweite Klasse **3.** Klassenzimmer **4.** Kategorie, Unterabteilung; ~ растений Pflanzenklasse; каюта первого -а Kajüte erster Klasse; ~ корабля Schiffstyp **5.** *Sport* Niveau, Rang; игра высокого -а erstklassiges Spiel; он спортсмен мирового -а er ist ein Sportler von Weltklasse

классик, -а *m* **1.** Klassiker **2.** Altphilologe

классификация, -и *f* Klassifizierung

классицизм, -а *m* Klassizismus

классический, -ая, -ое **1.** antik, klassisch; -ая филология Altphilologie; -ая гимназия humanistisches Gymnasium **2.** klassisch; русская -ая литература die klassische russische Literatur **3.** klassizistisch; -ая живопись die klassizistische Malerei **4.** klassisch, typisch **5.** -и *Adv* klassisch, musterhaft

классный, -ая, -ое **1.** (Schul-) Klassen-; ~ руководитель Klassenlehrer; ~ журнал Klassenbuch; -ые занятия Schulunterricht; -ая доска Wandtafel; -ая дама *alt* Klassenlehrerin an Mädchenschulen **2.** *Sport* Klasse-; -ая игра *Sport* Klassespiel

классовость, -и *f* Klassencharakter

классовый, -ая, -ое **1.** (Gesellschafts-) Klassen-; -ая борьба Klassenkampf **2.** klassengebunden

класть* *uv* **1.** legen, stecken, tun; ~ бельё на место die Wäsche an ihren Platz legen; ~ сахар в чай Zucker in den Tee tun [schütten]; ~ трубы Rohre legen; ~ ногу на ногу die Beine übereinanderschlagen; ~ повязку на руку die Hand verbinden **2.** mauern, aufführen; ~ стену eine Mauer hochziehen; ~ фундамент чего-н. die Grundmauer aufführen; *übtr* den Grundstein zu etw. legen; ~ печь einen Ofen setzen **3.** stapeln; ~ дрова Brennholz aufstapeln **4.** auflegen, auftragen; ~ краску на холст Farbe auf die Leinwand auftragen **5.** *umg* rechnen, veranschlagen; кладём по рублю на человека rechnen wir einen Rubel pro Person ◇ ~ яйца Eier legen; ~ клеймо einen Stempel aufdrücken; ~ отпечаток на чём-н. einer Sache das Gepräge geben; ~ в основу zugrunde legen; ~ начало чему-н. den Anstoß zu etw. geben; ~ на музыку vertonen; ~ (себе) в карман etw. mitgehen lassen; ~ конец чему-н. einer Sache ein Ende setzen; ~ под сукно auf die lange Bank schieben ‖ *v* положить, -ожу, -ожишь; -оженный, -ожен, -а *zu* 1, 3-5

клёв, -а *m* Anbeißen *von Fischen*; сегодня удачный [плохой] ~ heute beißen die Fische gut [schlecht] an

клевать* *uv* **1.** picken, *mit dem Schnabel* hacken **2.** anbeißen *von Fischen* ◇ ~ носом duseln, einnicken; у него денег куры не клюют er hat Geld wie Heu ‖ *v mom* клюнуть, -ну, -нешь

клеваться*, *1. u. 2. Pers ungebr*, клюётся *uv* einander hacken, sich beißen *von Vögeln*

клевер, -а *m* Klee

клеверный, -ая, -ое Klee-

клевета, -ы *f* Verleumdung

клеветать* *uv* на *A* verleumden

клеветник, -á *m* Verleumder

клеветнический, -ая, -ое verleumderisch

клевещу ↑ клеветать

клеевой, -áя, -óе Leim-

клеёнка, -и, *Pl G* -нок, *D* -нкам *f* Wachstuch

клеёнчатый, -ая, -ое aus Wachstuch; mit Wachstuch bezogen

клеёный, -ая, -ое mit Leim durchtränkt, geleimt; -ая фанера Sperrholz

клéить, клéю, клéишь; клéенный, клéен, -а *uv A* kleben, leimen
клéиться, *1. u. 2. Pers ungebr*, клéится *uv umg* 1. vonstatten gehen, gelingen; разговóр не клéится das Gespräch kommt nicht in Fluß; дéло не клéится die Sache will nicht klappen 2. kleben, klebrig sein [werden]
клей, клéя (клéю), *P* о клée, на клею *m* Leim
клéйкий, -ая, -ое; *Kzf* клéек, клéйка klebrig, leimig
клеймёный, -ая, -ое gestempelt, gezeichnet
клеймúть, -млю́, -мúшь; -мённый, -мён, -а *uv* 1. stempeln, markieren *Vieh, Metalle, Waren* 2. brandmarken, anprangern; ~ презрéнием mit Verachtung strafen
клеймó, -á, *Pl* клéйма, клейм, клéймам *n* Stempel *Gerät u. Abdruck*; Zeichen; Brandmal; фабрúчное ~ Fabrikmarke; ~ позóра Schandmal
клéйстер, -а *m* Kleister
клён, -а *m* Ahorn
кленóвый, -ая, -ое Ahorn-
клёпаный, -ая, -ое genietet
[1]**клепáть,** -áю, -áешь *u.* клеплю́, клéплешь; клепáй *u.* клеплú; клёпанный, -ан, -а *uv* nieten
[2]**клепáть*** *uv* на *A volksspr* anschwärzen, Übles nachreden
клёпка, -и, *Pl G* -пок, *D* -пкам *f* 1. Nieten; Vernietung 2. Faßdaube ◇ у негó какóй-то -и не хватáет *volksspr* bei ihm ist eine Schraube locker
клеплю́ ↑ клепáть
клерикáльный, -ая, -ое klerikal
клёст, клестá, *Pl* клесты́, -óв, -áм *m zool* Kreuzschnabel
клéтка, -и, *Pl G* -ток, *D* -ткам *f* 1. Käfig, (Vogel-) Bauer 2. Quadrat, Würfel, Kästchen *einer karierten Fläche*; в -у kariert, gewürfelt 3. *biol* Zelle ◇ лéстничная ~ Treppenhaus; груднáя ~ Brustkasten
клéточка, -и, *Pl G* -чек, *D* -чкам *f* 1. *Dem zu* клéтка kleiner Käfig; Kästchen, Würfel 2. *biol* Zelle
клетýшка, -и, *Pl G* -шек, *D* -шкам *f umg verächtl* kleines Zimmer, Loch
клетчáтка, -и *f* Zellulose
клéтчатый, -ая, -ое 1. gewürfelt, kariert 2. *biol* Zellen-, zellular
клеть, -и, *P* в клéти *u.* в клетú, *Pl* клéти, клетéй, клетя́м *f* 1. *berg* Förderkorb 2. *gbt* Vorratskammer
клёцки *Pl* -цек, -цкам, *Sg* клёцка, -и *f* kleine Klöße *aus Weizenmehl oder Grieß, in Suppe gekocht*
клёш, -а *m oder idkl Adj* untere Weite *an Röcken, Hosen*; юбка ~ Glockenrock; брюки ~ weite Hose
клешня́, -ú, *G Pl* -éй *f* (Krebs-) Schere
клещ, -á, *I* -óм, *G Pl* -éй *m* Milbe
клещú *u.* **клéщи,** -éй *Pl* Zange ◇ из негó словá -áми нáдо тащúть man muß ihm die Würmer aus der Nase ziehen
клиéнт [иэ], -а *m* 1. *jur* Klient 2. Kunde
клиéнтка [иэ], -и, *Pl G* -ток, *D* -ткам *f* 1. *jur* Klientin 2. Kundin
клиентýра, -ы *f Koll* 1. Klientel 2. Kundenkreis, Kundschaft
клúзма, -ы *f* 1. Klistier; постáвить комý-н. -у j-m ein Klistier geben, j-m einen Einlauf machen 2. Klistierspritze
клик, -а *m hoher Stil* Ruf, Ausruf, Schrei
клúка, -и *f* Clique, Sippschaft
клúкать* *uv* 1. *volksspr* rufen, herbeizurufen 2. *gbt* (mit einem bestimmten Namen) nennen 3. *1. u. 2. Pers ungebr* laut schreien *von Gänsen, Schwänen*
кликýшество, -а *n* Hysterie, hysterisches Benehmen
Клим, -а *m männl Vn*
климактéрий, -я, *P* -и *m* Wechseljahre, Klimakterium
клúмат, -а *m* Klima; изменéние [перемéна] -а Luftwechsel
климатúческий, -ая, -ое klimatisch; -ая стáнция Luftkurort
клин, -а, *Pl* клúнья, -ьев, -ьям *m* 1. Keil; ~ -ом выбивáют *Sprichw* ein Keil treibt den anderen, Druck erzeugt Gegendruck 2. Zwickel 3. Gruppe von Feldern; ярово́й ~ Sommeracker; ози́мый ~ Winteracker ◇ дéло -ом сошлóсь die Sache ist in eine Sackgasse geraten, die Sache hat sich festgefahren; свет не -ом сошёлся a) es gibt einen Ausweg aus dieser Lage; b) es gibt genug Raum auf der Erde; егó привы́чки и -ом не вы́шибешь man wird ihm das nicht abgewöhnen können
клúника, -и *f* Klinik
клиницúст, -а *m* Kliniker
клинúческий, -ая, -ое klinisch, Klinik-
клиновúдный, -ая, -ое; *Kzf* -ден, -дна keilförmig
клинóк, -нкá *m* Klinge

клинопись, -и *f* Keilschrift
клипсы, -ов *Pl* Ohrclips
клир, -а *m* Klerus
клирос, -а *m* Chor *erhöhter Platz vor dem Altar*
клистир, -а *m alt* Klistier
клич, -а, *I* -ем, *G Pl* -ей *m hoher Stil* (Auf-, Aus-) Ruf; боевой ~ Kampfruf
кличка, -и, *Pl G* -чек, *D* -чкам *f* **1.** (Ruf-) Name *von Haustieren* **2.** Spitzname; Deckname; партийная ~ Partei(deck)name
кличу ↑ кликать
клише *n idkl* Klischee, Druckstock ◇ (готовое) ~ Klischee, schablonenhafter Ausdruck
клок, -а, *Pl* клочья, -ьев, -ьям *u.* клоки, -ов, -ам *m* **1.** Büschel, Strähne **2.** Fetzen; изорвать в клочья zerfetzen, in Stücke reißen
клокот, -а *m* Sprudeln, Brodeln, Wallen
клокотать*, *1. u. 2. Pers ungebr uv* sprudeln, brodeln, wallen; всё в нём клокочет от ярости er schäumt vor Wut
клонить, клоню, клонишь *uv* **1.** neigen, beugen; лодку клонило на бок das Boot neigte sich zur Seite **2.** к *D* geneigt machen (zu); меня клонит ко сну mich schläfert **3.** lenken, richten (auf) *Gespräch u. ä.*; он клонит речь к тому, что . . . er will zu verstehen geben, daß . . ., er lenkt das Gespräch darauf, daß . . .
клониться, клонюсь, клонишься *uv* **1.** sich beugen, sich neigen **2.** к *D* sich neigen (zu), sich nähern; дело клонится к концу [к развязке] die Sache geht ihrem Ende entgegen; день клонится к вечеру der Tag geht zur Neige
клоп, -а *m* **1.** Wanze **2.** *umg scherz* Knirps *von Kindern*
клоун, -а *m* Clown
клохтать*, *1. u. 2. Pers ungebr uv* gackern, glucken
клочок, -чка *m Dem zu* клок Fetzen, kleines Büschel; ~ земли Stückchen Land, Parzelle
¹клуб, -а *m* Klub, Klubhaus; Klubraum
²клуб, -а, *Pl* клубы, -ов, -ам *m* Rauchschwaden; -ы пыли Staubwolke
клубень, -бня *m* Knolle
клубить, *1. u. 2. Pers ungebr,* -ит *uv* aufwirbeln
клубиться, *1. u. 2. Pers ungebr,* -ится *uv* sich ballen, in Schwaden aufsteigen; облака клубились die Wolken ballten sich zusammen
клубневой, -ая, -ое Knollen-, knollig
клубneплод, -а *m* Knollengewächs
клубника, -и *f* **1.** (Garten-) Erdbeere *Pflanze* **2.** *Koll* Erdbeeren
клубничный, -ая, -ое Erdbeer-
клубок, -бка *m* **1.** Knäuel; ~ шерсти Wollknäuel; кошка свернулась -бком die Katze rollte sich zusammen **2.** *übtr G* verwirrende Verkettung ◇ слёзы -бком подступили к горлу die Tränen schnürten die Kehle zu
клумба, -ы *f* Blumenbeet
клуша, -и, *I* -ей *f gbt* Glucke, Bruthenne
клык, -а *m* **1.** Hauer; Stoßzahn **2.** Eckzahn
клюв, -а *m* Schnabel
клюка, -и *f* Krückstock
клюква, -ы *f* **1.** Moosbeere *Pflanze* **2.** *Koll* Moosbeeren ◇ вот так ~! *volksspr* da haben wir den Salat [die Bescherung]!
клюквенный, -ая, -ое Moosbeer-
клюнуть *v mom zu* клевать
¹ключ, -а, *I* -ом, *G Pl* -ей *m* **1.** Schlüssel; гаечный ~ Schraubenschlüssel; французский ~ Franzose; консервный ~ Büchsenöffner **2.** *mus* (Noten-) Schlüssel; скрипичный ~ Violinschlüssel **3.** *übtr* Schlüssel; ~ к учебнику Schlüssel zum Lehrbuch; дать ~ к пониманию den Schlüssel zum Verständnis liefern
²ключ, -а, *I* -ом, *G Pl* -ей *m* Quelle; бить -ом hervorquellen, -sprudeln; кипеть -ом *übtr* sprudeln, pulsieren
ключевой, -ая, -ое **1.** Schlüssel-; -ая позиция Schlüsselstellung **2.** Quell-; -ая вода Quellwasser
ключица, -ы, *I* -ей *f* Schlüsselbein
клюшка, -и, *Pl G* -шек, *D* -шкам *f* Hockeyschläger
клюю ↑ клевать
Клязьма, -ы *f* Kljasma *Fluß*
клякса, -ы *f* Tintenklecks
кляну ↑ клясть
клянчить, -чу, -чишь *uv volksspr* aufdringlich bitten, betteln; ~ деньги um Geld betteln
кляп, -а *m* Knebel
клясть* *uv* verfluchen
клясться*; клялись *uv* в *P oder mit* что *oder mit Inf* schwören, beteuern; она мне клялась в вечной дружбе sie schwor mir ewige Freundschaft; клянусь честью! auf Ehre! ‖ *v* поклясться
клятва, -ы *f* Schwur, Eid; дать -у einen Eid [Schwur] leisten; нару-

шить -у eidbrüchig werden; ~ (в) ве́рности Treueid
кля́твенный, -ая, -ое eidlich; -ое обеща́ние eidesstattliche Versicherung
клятвопреступле́ние, -я *n buchspr* Meineid
кля́уза, -ы *f* Verleumdung, Intrige, kleinlicher Streit
кля́узник, -а *m umg* Intrigant
кля́узница, -ы, *I* -ей *f umg* Intrigantin
кля́узничать, -аю, -аешь *uv umg* verleumden, intrigieren, Ränke schmieden
кля́ча, -и, *I* -ей *f* Mähre, Schindmähre
км (киломе́тр) Kilometer
кни́га, -и *f* Buch; жа́лобная ~ Beschwerdebuch ◇ ему́ и -и в ру́ки er ist ein Kenner, sein Urteil ist maßgebend; ~ за семью́ печа́тями *buchspr* ein Buch mit sieben Siegeln
книго|ве́дение, -я *n* Bücherkunde; **~веде́ние,** -я *n* Buchführung; **~е́д,** -а *m* **1.** Bücherwurm, Bohrkäfer **2.** *iron* Bücherwurm; **~изда́тельство,** -а *m* Buchverlag; **~лю́б,** -а *m* Bücherliebhaber; **~но́ша,** -и, *I* -ей *m, f* Bücherkolporteur, Wanderbuchhändler; **~печа́тание,** -я *n* Buchdruck(erkunst); **~прода́вец,** -вца, *I* -вцем, *G Pl* -вцев *m alt* Buchhändler; **~торго́вля,** -и *f* Buchhandel; **~храни́лище,** -а, *I* -ем *n* **1.** Magazin *in einer Bibliothek* **2.** große öffentliche Bibliothek
кни́жка, -и, *Pl G* -жек, *D* -жкам *f* **1.** *umg* Buch, Büchlein **2.**: записна́я ~ Notizbuch; сберега́тельная ~ Sparbuch; положи́ть де́ньги на -у *umg* Geld auf die Sparkasse schaffen; чле́нская ~ Mitgliedsbuch; че́ковая ~ Scheckbuch; ~ с карти́нками Bilderbuch; библиоте́чная ~ Leseheft
кни́жник, -а *m* **1.** Buchliebhaber **2.** *iron* Buchgelehrter, Bücherwurm
кни́жный, -ая, -ое **1.** Buch-, Bücher-; ~ шкаф Bücherschrank; -ая по́лка Bücherbrett; ~ магази́н Buchhandlung **2.** lebensfremd, buchgelehrt; -ые зна́ния Bücherweisheit **3.** charakteristisch für die Schriftsprache *im Unterschied zur gesprochenen Sprache*; ~ стиль Buchstil; -ое сло́во Buchwort
книжо́нка, -и, *Pl G* -нок, *D* -нкам *f umg verächtl* Schwarte, Schmöker
кни́зу *Adv* nach unten, hinunter, hinab
кни́ксен [сэ], -а *m* Knicks
кно́пка, -и, *Pl G* -пок, *D* -пкам *f* **1.** Reißzwecke **2.** Druckknopf **3.** *el* Kontaktknopf; ~ звонка́ Klingelknopf ◇ нажа́ть на все -и *volksspr* alle Hebel in Bewegung setzen
кнут, -а́ *m* Knute, Peitsche
кнутови́ще, -а, *I* -ем *n* Peitschenstiel
княги́ня, -и *f* Fürstin
кня́жеский, -ая, -ое fürstlich
кня́жество, -а *n* Fürstentum
княжна́, -ы́, *Pl G* -жо́н, *D* -жна́м *f* ledige Fürstentochter
князь, -я, *Pl* князья́, -зе́й, -зья́м *m* Fürst; вели́кий ~ Großfürst
ко ↑ к
коалицио́нный, -ая, -ое Koalitions-
коали́ция, -и *f* Koalition
ко́бальт, -а *m* Kobalt
кобе́ль, -я́ *m* Rüde
ко́бза, -ы *u.* **кобза́,** -ы́ *f* Kobsa *altes ukrainisches Zupfinstrument*
кобза́рь, -я́ *m* Kobsaspieler, ukrainischer Volksliedersänger
ко́бра, -ы *f zool* Kobra
кобура́, -ы́ *f* Revolvertasche
кобы́ла, -ы *f* **1.** Stute **2.** Pferd *Turngerät* **3.** *hist* Bank, auf der Sträflinge zur körperlichen Züchtigung angebunden wurden
кобы́лка, -и, *Pl G* -лок, *D* -лкам *f* **1.** *Dem zu* кобы́ла junge Stute **2.** Steg *an Saiteninstrumenten* **3.** Heupferd; *Koll* Heuschrecken
ко́ваный, -ая, -ое **1.** geschmiedet, schmiedeeisern **2.** mit Eisen beschlagen *z. B. Truhe* **3.** beschlagen *Pferd* ◇ ~ стиль ausgefeilter Stil
кова́рный, -ая, -ое; *Kzf* -рен, -рна tückisch, hinterlistig
кова́рство, -а *n* Tücke, Hinterlist
кова́ть* *uv* **1.** schmieden *a. übtr*; ~ своё сча́стье sein Glück schmieden **2.** beschlagen *Pferd*
ковбо́йка, -и, *Pl G* -бо́ек, *D* -бо́йкам *f umg* **1.** Cowboyhut **2.** kariertes Hemd mit Umlegekragen
ковёр, -вра́ *m* Teppich; ~-самолёт fliegender Teppich *im Märchen*
кове́ркать, -аю, -аешь *uv* **1.** kaputt machen, verderben, verunstalten **2.** entstellt darstellen [aussprechen]; ~ мысль einen Gedanken entstellen; ~ язы́к radebrechen
ко́вка, -и *f* **1.** Schmieden **2.** Beschlagen
ко́вкий, -ая, -ое; *Kzf* -вок, -вка́ schmiedbar; -ое желе́зо Schmiedeeisen
коври́га, -и *f* Laib Brot
коври́жка, -и, *Pl G* -жек, *D* -жкам *f*

Pfefferkuchen ◇ ни за какие -и um nichts auf der Welt
коврик, -а *m Dem zu* ковёр kleiner Teppich; Bettvorleger
ковровщица, -ы, *I* -ей *f* Teppichweberin
ковровый, -ая, -ое Teppich-
ковш, -á, *I* -óм, *G Pl* -éй *m* 1. (Schöpf-) Kelle 2. *tech* Gefäß, Kübel; Löffel, Eimer; ~ экскаватора Baggereimer; литейный ~ Gießpfanne
ковыль, -я́ *m* Steppengras, Reihergras
ковылять, -я́ю, -я́ешь *uv umg* hinken, humpeln
ковырнуть *v mom zu* ковырять
ковырять, -я́ю, -я́ешь *uv* 1. *umg A oder* в *P* bohren, stochern; ~ зе́млю in der Erde wühlen; ~ в зуба́х in den Zähnen stochern 2. *volksspr* langsam arbeiten ‖ *v mom* ковырну́ть, -ну́, -нёшь
ковыряться, -я́юсь, -я́ешься *uv* 1. *umg* в *P* wühlen, graben 2. *übtr* trödeln, nicht vom Fleck kommen
когда 1. *Adv* wann; ~ вернёшься? wann kommst du wieder? 2. *Adv volksspr* manchmal; ~ е́зжу, ~ пешко́м хожу́ manchmal fahre ich, manchmal gehe ich zu Fuß 3. *Adv volksspr* (irgendwann) mal 4. *Konj* wenn; als; ка́ждый раз, ~ он приходи́л jedesmal, wenn er kam ◇ ре́дко ~ sehr selten; ~ бы то ни́ было wann es auch sei
когда-либо *Adv* irgendwann *unbestimmt*
когда-нибудь *Adv* irgendwann *unbestimmt*
когда-то *Adv* irgendwann, einst, einmal *bestimmt*
кого ↑ кто
коготь, -гтя, *Pl* ко́гти, когте́й, когтя́м *m* Kralle, Klaue ◇ показа́ть (свои́) ко́гти *übtr* seine Krallen zeigen; держа́ть кого́-н. в когтя́х j-n unter seiner Fuchtel haben
когтить, *1. u. 2. Pers ungebr*, -и́т *uv* mit den Krallen zerreißen
код, -а *m* Code, Schlüssel
кодекс, -а *m* 1. Gesetzbuch; гражда́нский ~ Zivilgesetzbuch; уголо́вный ~ Strafgesetzbuch; трудово́й ~ Arbeitsgesetzbuch 2. Kodex, alte eingebundene Handschrift ◇ мора́льный ~ Sittenkodex
кое-где *u. umg* **кой-где** *Adv* hier und da, stellenweise
кое-как *u. umg* **кой-как** *Adv* 1. mit Mühe und Not 2. irgendwie, nachlässig, schlecht
кое-какой *u. umg* **кой-какой,** -а́я, -о́е *Indef Pron* (*Präpos stehen zwischen* ко́е *u.* како́й, *z. B.* ко́е с каки́м) dieser und jener; einige; ко́е-каки́е приме́ры einige Beispiele
кое-кто, ко́е-кого́, ко́е-кому́, ко́е-кого́, ко́е с кем, ко́е о ком *u. umg* **кой-кто,** кой-кого́, кой-кому́, кой-кто, кой с кем, кой о ком *Indef Pron* 1. dieser und jener, mancher, einige; ко́е-кого́ ещё не хвата́ет einige fehlen noch; я ко́е с кем поговори́л ich habe mit diesem und jenem gesprochen 2. jemand, irgendwer
кое-куда *u. umg* **кой-куда** *Adv* hierhin und dorthin, irgendwohin
коечный, -ая, -ое: ~ больно́й Bettlägeriger, ein stationärer Kranker
кое-что [што], ко́е-чего́, ко́е-чему́, ко́е-что́, ко́е-че́м, ко́е о чём *u. umg* **кой-что,** кой-чего́, кой-чему́, кой-что́, кой-че́м, кой о чём *Indef Pron* einiges, dieses und jenes, irgendetwas; я ~ узна́л ich habe einiges erfahren; мы ко́е о чём поговори́ли wir haben über dies und jenes gesprochen
кожа, -и, *I* -ей *f* 1. Haut 2. Leder 3. *umg* Schale *von Früchten*; счища́ть -у с я́блока einen Apfel schälen ◇ он — ~ да ко́сти er ist nur Haut und Knochen; из -и вон лезть sich mächtig anstrengen, sich die größte Mühe geben; гуси́ная ~ Gänsehaut; ни -и, ни ро́жи *volksspr* ein schrecklich häßlicher Mensch
кожанка, -и, *Pl G* -нок, *D* -нкам *f umg* Lederjacke, kurzer Ledermantel
кожаный, -ая, -ое ledern, Leder-
кожгалантерея, -и *f* (коже́венная галантере́я) Lederwaren
кожевенный, -ая, -ое Leder(waren)-; -ая промы́шленность Lederindustrie; ~ заво́д Lederwarenfabrik; Gerberei
кожевник, -а *m* Gerber; Lederarbeiter
кожзаменитель, -я *m* (коже́венный замени́тель) Kunstleder
кожимит, -а *m* Lederimitation
кожица, -ы, *I* -ей *f* dünne Haut, Schale; ~ колбасы́ Wursthaut; ~ я́блока Apfelschale; снима́ть -у schälen
кожник, -а *m umg* Hautarzt
кожный, -ая, -ое Haut-
кожура, -ы́ *f* dicke (Frucht-) Schale; ~ апельси́на Apfelsinenschale
кожух, -á *m* 1. Lederjacke mit Schaffell, Schafpelz(mantel) 2. *tech* Mantel
коза, -ы́, *Pl* ко́зы, коз, ко́зам *f* Ziege ◇ драть [лупи́ть] как си́дорову ко́зу *volksspr* erbarmungslos schlagen

козёл, -зла́ *m* 1. Ziegenbock 2. Bock *Turngerät* ◇ ~ отпуще́ния Sündenbock; пусти́ть -зла́ в огоро́д den Bock zum Gärtner machen; от него́ как от -зла́ молока́ *umg* er taugt zu nichts; драть -зла́ *oder* петь -зло́м *volksspr* zum Stiefelausziehen singen
козеро́г, -а *m* Steinbock; тро́пик Козеро́га Wendekreis des Steinbocks
ко́зий, -ья, -ье Ziegen- ◇ -ья но́жка a) trichterförmige, selbstgedrehte Zigarette; b) *med* Geißfuß
козлёнок, -нка, *Pl* козля́та, -я́т, -я́там *m* Zickel, Zicklein
козли́ный, -ая, -ое Ziegen-
козло́вый, -ая, -ое Ziegenleder-
ко́злы, -зел, -злам *Pl* 1. Kutschbock 2. Gestell, Bock; Sägebock
козля́тина, -ы *f* Ziegenfleisch *Speise*
ко́зни, -ей *Pl* Intrigen, Ränke
козово́дство, -а *n* Ziegenzucht
козу́ля, -и *f* Reh
козырёк, -рька́ *m* Mützenschirm; сде́лать [взять] под ~ *mil* die Hand an den Mützenschirm legen, grüßen
[1,2]**козырну́ть** *v mom zu* [1,2]козыря́ть
ко́зырь, -я, *Pl* ко́зыри, -е́й, -я́м Trumpf *im Kartenspiel a. übtr*; ходи́ть с -я einen Trumpf ausspielen ◇ ходи́ть -ем *volksspr* einherstolzieren
[1]**козыря́ть,** -я́ю, -я́ешь *uv umg* 1. einen Trumpf ausspielen 2. *I* angeben, prahlen (mit) ‖ *v mom* козырну́ть, -ну́, -нёшь
[2]**козыря́ть,** -я́ю, -я́ешь *uv D umg mil* die Ehrenbezeigung erweisen, grüßen ‖ *v mom* козырну́ть, -ну́, -нёшь
Козьма́, -ы́ *m männl Vn*
козя́вка, -и, *Pl G* -вок, *D* -вкам *f umg* Käferchen
кой, ко́его *m*; ко́я, ко́ей *f*; ко́е, ко́его *n Interr Pron alt* welch, was für ein ◇ на ~ чёрт *volksspr Schimpfwort* warum zum Teufel; ни в ко́ем слу́чае keinesfalls, auf keinen Fall
ко́йка, -и, *Pl G* ко́ек, *D* ко́йкам *f* 1. Hängematte *auf Schiffen* 2. Bett, Schlafstelle *in Krankenhaus, Kaserne, Wohnheim u. ä.*
[1]**кок,** -а *m* abstehender Haarschopf
[2]**кок,** -а *m* Schiffskoch, Smutje
кокаи́н, -а *m* Kokain
ко́кать *uv zu* ко́кнуть
коке́тка, -и, *Pl G* -ток, *D* -ткам *f* 1. Kokette *kokette Frau* 2. Passe *an Hemd oder Kleid u. a.*
коке́тливый, -ая, -ое; *Kzf* -ив, -а kokett
коке́тничать, -аю, -аешь *uv* kokettieren
коке́тство, -а *n* Koketterie
ко́кки *Pl* -ов, *Sg selten* кокк, -а *m* Kokken *Bakterien*
коклю́ш, -а, *I* -ем *m* Keuchhusten
коклю́шка, -и, *Pl G* -шек, *D* -шкам *f* Spitzenklöppel
ко́кнуть, -ну, -нешь *v volksspr* 1. schlagen, klopfen 2. zerschlagen *Glas*; aufschlagen *Eier* ‖ *uv* ко́кать, -аю, -аешь
ко́кон, -а *m* Kokon
коко́с, -а *m* 1. Kokosnuß 2. Kokospalme
коко́совый, -ая, -ое Kokos-
коко́шник, -а *m alt* Frauenkopfputz
кокс, -а *m* Koks
кок-сагы́з, -а *m bot* Kok-Saghys, Kautschuk-Löwenzahn
коксова́льный, -ая, -ое Verkokungs-; -ая печь Koksofen
коксова́ть, -су́ю, -су́ешь; -со́ванный, -со́ван, -а *uv* verkoken
ко́ксовый, -ая, -ое Koks-
коксохими́ческий, -ая, -ое: ~ заво́д Kokerei
кокте́йль [тэ], -я *m* Cocktail
кол, -а́ *m* 1. *Pl* ко́лья, -ьев, -ьям Pfahl 2. *Pl* колы́, -о́в, -а́м *umg* Eins, schlechteste Schulzensur *in der UdSSR* ◇ у него́ ни -а́ ни двора́ er hat weder Haus noch Hof; ему́ хоть ~ на голове́ теши́ *volksspr* er hat ein Brett vor dem Kopf
ко́лба, -ы *f chem* Glaskolben
колбаса́, -ы́, *Pl* колба́сы, -а́с, -а́сам *f* Wurst; копчёная ~ geräucherte Wurst; ли́верная ~ Leberwurst; варёная ~ Kochwurst; жа́реная ~ Rostbratwurst
колба́ска, -и, *Pl G* -сок, *D* -скам *f Dem zu* колбаса́ Würstchen
колба́сный, -ая, -ое Wurst-; -ые изде́лия Wurstwaren
колдова́ть, -ду́ю, -ду́ешь *uv* zaubern, hexen
колдовство́, -а́ *n* Zauberei, Hexerei
колдо́говор, -а *m umg* (коллекти́вный догово́р) (Betriebs-) Kollektivvertrag
колду́н, -а́ *m* Zauberer, Hexenmeister
колду́нья, -и, *Pl G* -ний, *D* -ньям *f* Zauberin, Hexe
колеба́ние, -я *n* 1. *phys* Schwingung, Vibration, Pendeln 2. *übtr* Schwankung, Schwanken; ~ температу́ры Temperaturschwankung 3. *übtr* Bedenken; Unentschlossenheit; по́сле до́лгих -й nach langem Schwanken; без -й ohne zu zögern

колеба́тельный, -ая, -ое *phys* Schwingungs-
колеба́ть* *uv* 1. bewegen, schaukeln, zum Schwingen [Schwanken] bringen 2. *übtr* wankend machen, ins Wanken bringen, erschüttern || *v mom* **колебну́ть,** -ну́, -нёшь
колеба́ться* *uv* 1. schwingen, schwanken; vibrieren, pendeln 2. schwanken, nicht fest sein; температу́ра коле́блется die Temperatur schwankt 3. *übtr* schwanken, unschlüssig sein, zögern || *v mom* **колебну́ться,** -ну́сь, -нёшься
коленко́р, -а (-у) *m* Kaliko ◇ э́то друго́й ~ *volksspr* das ist was ganz anderes
коле́нный, -ая, -ое Knie-
коле́но, -а *n* 1. (*Pl* коле́ни, -ней *u.* -ле́н, -ням) Knie; стать на -и niederknien; стоя́ть на -ях knien; сиде́ть [держа́ть] на -ях auf dem Schoß sitzen [halten]; по -и bis an die Knie; knietief; kniehoch 2. *bot Pl* коле́нья, -ьев, -ьям Knoten 3. *Pl tech* (коле́нья, -ьев, -ьям *u.* коле́на, -е́н, -е́нам) Knie, Gelenk 4. Biegung, Krümmung *eines Flusses u. a.*
коленопреклоне́ние, -я *n alt u. hoher Stil* Kniefall
коле́нчатый, -ая, -ое *tech* Knie-; ~ вал Kurbelwelle
Ко́ленька, -и *m Dem zu* Никола́й
колёсико, -а *n Dem zu* колесо́ Rädchen; кре́сло на -ах Rollstuhl
колеси́ть, -ешу́, -еси́шь *uv umg* viel herumfahren, herumreisen
колесни́ца, -ы, *I* -ей *f alt* großer Wagen für feierliche Anlässe; боева́я ~ Kampfwagen *im Altertum*
колёсный, -ая, -ое Rad-; -ая спи́ца Radspeiche; -ая мазь Wagenschmiere; ~ ма́стер Stellmacher
колесо́, -а́, *Pl* колёса, -ёс, -ёсам *n* Rad; махово́е ~ Schwungrad; веду́щее ~ Treibrad; зубча́тое ~ Zahnrad; ~ обозре́ния Riesenrad ◇ ходи́ть -о́м radschlagen; вставля́ть па́лки в колёса Hindernisse in den Weg legen; пя́тое ~ в теле́ге das fünfte Rad am Wagen; но́ги -о́м krumme Beine
колесова́ть, -су́ю, -су́ешь; -со́ванный, -со́ван, -а *v, uv hist* rädern
коле́чко, -а, *Pl G* -чек, *D* -чкам *n Dem zu* кольцо́ Ringel, Ringlein
колея́, -и́ *f* 1. (Rad-) Spur, Fahrrinne 2. Gleis ◇ войти́ в -ю́ ins Geleise kommen; вы́йти [вы́биться] из -и́ aus dem Geleise kommen, in Unordnung geraten; вы́бить из -и́ aus dem Geleise bringen
ко́ли *u.* **коль** *Konj alt* wenn, falls
коли́бри *m, f idkl* Kolibri
ко́лики *Pl* -лик, *Sg* ко́лика, -и *f* Kolik
коли́т, -а *m med* Kolitis
коли́чественный, -ая, -ое quantitativ; -ое числи́тельное Grundzahlwort
коли́чество, -а *n* 1. Menge, Anzahl; большо́е ~ люде́й eine Menge Leute; ра́вные -а gleich große Mengen 2. Quantität
ко́лка, -и *f* Spalten, Zerkleinern
[1]**ко́лкий,** -ая, -ое; *Kzf* ко́лок, -лка́! 1. stachlig, spitz 2. *übtr* spitz, beißend; anzüglich
[2]**ко́лкий,** -ая, -ое; *Kzf* ко́лок, -лка́! *umg* leicht spaltbar
ко́лкость, -и *f* Stichelei
колле́га, -и *m, f buchspr* Kollege, Kollegin *vor allem bei Lehrern, Studenten, Ärzten*
коллегиа́льный, -ая, -ое; *Kzf* -лен, -льна kollegial; -ое руково́дство kollektive Leitung
колле́гия, -и *f* 1. Kollegium 2. *alt* Kollegium *Name von Lehranstalten*
коллекти́в, -а *m* Kollektiv; ~ рабо́чих и слу́жащих *oder* рабо́чий ~ Belegschaft
коллективиза́ция, -и *f* Kollektivierung; сплошна́я ~ durchgängige Kollektivierung
коллективизи́ровать, -рую, -руешь; -рованный, -рован, -а *v, uv* kollektivieren
коллекти́вный, -ая, -ое kollektiv; ~ догово́р Kollektivvertrag; -ая по́мощь Gemeinschaftshilfe
колле́ктор, -а *m* 1. *el* Stromwender 2.: библиоте́чный ~ Zentrale für die Bücherverteilung auf die Bibliotheken
коллекционе́р, -а *m* Sammler
коллекциони́ровать, -рую, -руешь *uv* sammeln, eine Kollektion anlegen
колле́кция, -и *f* Sammlung, Kollektion; ~ (почто́вых) ма́рок Briefmarkensammlung
колли́зия, -и *f übtr* Kollision, Zusammenstoß
колло́дий, -я, *P* -и *u.* **колло́диум,** -а *m* Kollodium
колло́ид, -а *m chem* Kolloid
колобро́дить, -о́жу, -о́дишь *uv volksspr* 1. ziellos umherschlendern 2. umhertollen, ausgelassen sein
коловоро́т, -а *m* Handbohrer

коловра́тный, -ая, -ое *alt* **1.** rotierend; ~ насо́с Kreiselpumpe **2.** *Kzf* -тен, -тна *übtr alt* unbeständig
[1]**коло́да,** -ы *f* **1.** Holzklotz, Holzblock **2.** *gbt* Trog, Rinne *u. a. aus ausgehöhltem Baumstamm*; водопо́йная ~ Tränktrog ◇ че́рез пень -у вали́ть etw. nachlässig tun
[2]**коло́да,** -ы *f* ein Spiel Karten
коло́дезный, -ая, -ое Brunnen-
коло́дец, -дца, *I* -дцем, *G Pl* -дцев *m* **1.** Brunnen **2.** *berg* Schacht
коло́дка, -и, *Pl G* -док, *D* -дкам *f* **1.** Schuhleisten; поста́вить на -у auf den Leisten spannen **2.** Bremsklotz; Hemmschuh **3.**: ~ руба́нка Hobelkasten **4.** *alt meist Pl* Fußblock *für Strafgefangene* **5.** Ordensspange ◇ все на одну́ -у (сши́ты, скро́ены) *übtr* sie sind alle von derselben Sorte
ко́локол, -а, *Pl* колокола́, -о́в, -а́м *m* Glocke; водола́зный ~ Taucherglocke
колоко́льный, -ая, -ое Glocken-
колоко́льня, -и, *Pl G* -лен, *D* -льням *f* Glockenturm ◇ со свое́й -и смотре́ть *iron* von seinem engen Standpunkt [aus der Froschperspektive] betrachten; отзвони́л, и с -и доло́й *volksspr* er hat die Sache verantwortungslos erledigt, nur um sie loszuwerden
колоко́льчик, -а *m* **1.** Glöckchen, Schelle; (kleine) Glocke *an Türen*; Handglocke **2.** *bot* Glockenblume
Коло́мбо *idkl* Colombo
колониали́зм, -а *m* Kolonialismus
колониа́льный, -ая, -ое kolonial; Kolonial-
колониза́торский, -ая, -ое kolonisatorisch
колониза́ция, -и *f* Kolonisation
коло́ния, -и *f* Kolonie *a. Gemeinschaft von Landsleuten im Ausland u. biol*; трудова́я воспита́тельная ~ Jugendwerkhof
коло́нка, -и, *Pl G* -нок, *D* -нкам *f* **1.** Spalte, Kolonne *Buch, Zeitung* **2.** Hydrant **3.** Badeofen **4.** Tanksäule
коло́нна, -ы *f* **1.** Kolonne **2.** *arch* Säule; зал с -ами Säulensaal
коло́нный, -ая, -ое Kolonnen-, Säulen-; Коло́нный зал Säulensaal
колоно́к, -нка́ *m* sibirischer Marder
колонти́тул, -а *m typ* Kolumnentitel
колорату́рный, -ая, -ое Koloratur-
колори́т, -а *m* Kolorit, Farbgebung; ме́стный ~ Lokalkolorit
колори́тный, -ая, -ое; *Kzf* -тен, -тна farbenreich, -prächtig
ко́лос, -а, *Pl* коло́сья, -ьев, -ьям *m* Ähre
колоси́стый, -ая, -ое; *Kzf* -и́ст, -а ährenreich
колоси́ться, *1. u. 2. Pers ungebr*, -и́тся *uv* Ähren treiben, in die Ähren schießen
колосники́ *Pl* -о́в, *Sg* колосни́к, -а́ *m* **1.** Ofenrost **2.** *theat* Dekorationsgerüst
коло́сс, -а *m* Koloß ◇ ~ на гли́няных нога́х *buchspr* ein Koloß auf tönernen Füßen
колосса́льный, -ая, -ое; *Kzf* -лен, -льна kolossal, riesig
колоти́ть, -лочу́, -ло́тишь *uv* **1.** в *A* klopfen; ~ в дверь an die Tür hämmern **2.** по *D* schlagen; ~ по столу́ auf den Tisch schlagen **3.** *umg* schlagen, verprügeln **4.** *umg* zerschlagen, zerbrechen; ~ посу́ду Geschirr zerschlagen **5.** *umg 1. u. 2. Pers ungebr* schütteln *Fieber, Erregung*; его́ коло́тит лихора́дка er wird vom Fieber geschüttelt
колоти́ться, -лочу́сь, -ло́тишься *uv* **1.** (an)klopfen, schlagen, hämmern; се́рдце коло́тится *volksspr* das Herz klopft stark **2.** *volksspr* sich schütteln, zittern; ~ в лихора́дке sich im Fieber schütteln **3.** *1. u. 2. Pers ungebr volksspr* in Scherben gehen **4.** *volksspr* sich abmühen, sich eifrig mühen; sich kümmerlich durchschlagen
колоту́шка, -и, *Pl G* -шек, *D* -шкам *f* **1.** Schlegel; Klapper **2.** *meist Pl volksspr* Faustschlag
ко́лотый, -ая, -ое **1.** zerstückelt; ~ са́хар Stückzucker; -ые дрова́ gehacktes Holz **2.**: -ая ра́на Stichwunde
[1]**коло́ть*** *uv* **1.** stechen; у меня́ в боку́ ко́лет [коло́ло] ich habe [hatte] Seitenstechen; у меня́ ко́лет па́лец es sticht mich im Finger **2.** abstechen, schlachten **3.** *übtr* sticheln, verletzen; ~ кого́-н. замеча́ниями j-n mit Sticheleien kränken ◇ ~ глаза́ кому́-н. (че́м-н.) j-m Vorhaltungen machen (wegen etw.); пра́вда глаза́ ко́лет *Sprichw* es ist unangenehm, die Wahrheit zu hören ‖ *v mom* кольну́ть, -ну́, -нёшь *zu* 1, 3
[2]**коло́ть*** *uv* spalten, (zer)hacken; knacken; ~ дрова́ Holz hacken; ~ оре́хи Nüsse knacken
ко́лотье, -ья *u.* **колотьё,** -ья́ *n umg* Stechen, stechender Schmerz; ~ в боку́ Seitenstechen

[1]**колóться*** *uv* stechen, stachlig sein; иглá кóлется die Nadel sticht; ёж кóлется der Igel stachelt
[2]**колóться*** *uv 1. u. 2. Pers ungebr* sich spalten lassen
колошмáтить, -áчу, -áтишь *uv volksspr* verdreschen, -prügeln
колпáк, -á *m* **1.** kegelförmige Mütze; шутовскóй ~ Narrenkappe **2.** Dekkel, Glocke *zum Zudecken*; Radkappe *Auto*; ~ над лáмпой Lampenschirm; стеклянный ~ Glasglocke **3.** Rauchfang **4.** *volksspr scherz* Schlafmütze, Trottel ◇ держáть под стеклянным -óм j-n in Watte packen
колумбáрий, -я, *P* -и, *G Pl* -ев *m* Urnenhalle
Колýмбия, -и *f* Kolumbien
колýн, -á *m* schwere Axt
колупáть, -áю, -áешь *uv A oder* в *P volksspr* ausklauben, (ein wenig) herauslösen, aushöhlen ‖ *v mom* **колупнýть,** -нý, -нёшь
колхóз, -а *m* (коллективное хозяйство) Kolchos(e), Kollektivwirtschaft
колхóзник, -а *m* Kolchosbauer
колхóзница, -ы, *I* -ей *f* Kolchosbäuerin
колхóзный, -ая, -ое Kolchos-
колчáн, -а *m alt* Köcher
колчедáн, -а *m min* Kies; сéрный ~ Schwefelkies
колченóгий, -ая, -ое *volksspr* lahm; mit einem zu kurzen Bein; ~ стул wackliger Stuhl
колыбéль, -и *f* Wiege *a. übtr* ◇ с -и von Kindheit an
колыбéльный, -ая, -ое **1.** Wiegen-; -ая пéсня Wiegenlied **2.** -ая, -ой *Subst f* Wiegenlied
колыхáть* *u. selten* -áю, -áешь *uv* leicht bewegen, schaukeln, wiegen *tr* ‖ *v mom* **колыхнýть,** -нý, -нёшь
колыхáться* *u. selten* -áется, *1. u. 2. Pers ungebr uv* sich wiegen; sich leicht bewegen; wehen; занавéска колышется от вéтра die Gardine weht im Wind ‖ *v mom* **колыхнýться,** -нётся
кóлышек, -шка *m Dem zu* кол **1** Pflock
колышу ↑ колыхáть
коль ↑ кóли
колье́ *n idkl* Kollier
кольнýть *v mom zu* [1]колóть
кольрáби *f idkl* Kohlrabi
кóльский, -ая, -ое: Кóльский полуóстров Halbinsel Kola
кольцевáть, -цýю, -цýешь *uv* beringen *Bäume, Vögel*
кольцевóй, -áя, -óе Ring-, Kreis-; -áя автомагистрáль Autobahnring
кольцó, -á, *Pl* кóльца, колéц, кóльцам *n* **1.** Ring; обручáльное ~ Trauring; гимнастические кóльца *Sport* Ringe; упражнéния на кольцáх Übungen an den Ringen; годичное ~ *bot* Jahresring **2.** End(halte)-stelle, Schleife *bei Straßenbahn u. Obus* **3.** *übtr* Einkreisungsring; *mil* Kessel ◇ сгибáться -óм *oder* гнуть спину в ~ sich erniedrigen, sich demütigen, demütig bitten
кóльчатый, -ая, -ое aus Ringen bestehend; Ringel-; ringförmig
кольчýга, -и *f hist* Panzerhemd
колю ↑ колóть
колючий, -ая, -ее; *Kzf* -юч, -а **1.** stachlig, dornig; -ая прóволока Stacheldraht **2.** *übtr* scharf, bissig
колючка, -и, *Pl G* -чек, *D* -чкам *f umg* Stachel, Dorn, Spitze
кóлюшка, -и, *Pl G* -шек, *D* -шкам *f* Stichling
Кóля, -и *m Dem zu* Николáй
колядá, -ы́ *f alt* Weihnachtsliedersingen
коляска, -и, *Pl G* -сок, *D* -скам *f* **1.** gefederte Kutsche **2.**: дéтская ~ Kinderwagen **3.**: ~ мотоцикла Beiwagen; мотоцикл с -ой Motorrad mit Beiwagen, Beiwagenmaschine
[1]**ком,** -а, *Pl* кóмья, -ьев, -ьям *m* Klumpen; ~ земли́ Erdklumpen; снéжный ~ Schneeball ◇ свернýться -ом sich zusammenringeln, -rollen; ~ в гóрле Krampfgefühl (in der Kehle) beim Weinen
[2]**ком** ↑ кто
ком- *in Zuss Abk für* **1.** коммунистический kommunistisch **2.** комáндный Kommando- **3.** командир *mil* Kommandeur; Führer
-кóм *in Zuss Abk für* **1.** комитéт Komitee, *z. B.* учкóм (ученический комитéт) Schülerkomitee **2.** комиссáр Kommissar, *z. B.* наркóм (нарóдный комиссáр) Volkskommissar
комáнда, -ы *f* **1.** Kommando, Befehl; по -е auf Kommando, auf Befehl **2.** Kommando, Oberbefehl **3.** Mannschaft, Trupp, Gruppe; подрывнáя ~ Sprengtrupp; спасáтельная ~ Rettungsmannschaft; пожáрная ~ Feuerlöschtrupp **4.** Schiffsbesatzung **5.** *Sport* Mannschaft; футбóльная ~ Fußballmannschaft, die Elf; сбóрная ~ Auswahlmannschaft

команда́рм, -а *m* (кома́ндующий а́рмей) Oberbefehlshaber der Armee
команди́р, -а *m* Kommandeur, Kommandant; ~ батаре́и Batteriechef; ~ взво́да Zugführer
командирова́ние, -я *n* (Ab-) Kommandierung
командирова́ть, -ру́ю, -ру́ешь; -ро́ванный, -ро́ван, -а *v, uv dienstlich* (ab)kommandieren
командиро́вка, -и, *Pl G* -вок, *D* -вкам *f* **1.** (Ab-) Kommandierung **2.** Dienstreise; Dienstreiseauftrag; уезжа́ть в -у eine Dienstreise machen; он в -е er befindet sich auf Dienstreise **3.** *umg* Dienstreisebescheinigung
командиро́вочный, -ая, -ое **1.** Dienstreise-; -ое удостовере́ние Dienstreisebescheinigung **2.** -ые, -ых *Pl umg* (Dienst-) Reisegelder
команди́рский, -ая, -ое Kommandeurs-; Kommandanten-; ~ тон Kommandoton
кома́ндный, -ая, -ое **1.** Kommando-, Befehls-; Kommandeurs- **2.** *übtr* leitend, führend; ~ соста́в Kommandeursbestand; ~ пункт Gefechtsstand; Befehlsstand; -ая высота́ a) *mil* beherrschende Höhe; b) *übtr meist Pl* leitende Stellung, führende Position; Vormachtstellung **3.** Mannschafts-; ~ зачёт *Sport* Mannschaftswertung
кома́ндование, -я *n* **1.** Kommandieren **2.** Leitung, Führung, Kommando; приня́ть ~ das Kommando übernehmen; под -ем unter der Führung, unter dem Kommando **3.** *Koll* Kommando(stab); верхо́вное ~ Oberkommando
кома́ндовать, -дую, -дуешь *uv* **1.** kommandieren, Befehl(e) geben **2.** *I* kommandieren, befehligen **3.** *I oder* над *I umg* kommandieren, anordnen, schalten und walten
командо́р, -а *m* **1.** *hist* Komtur **2.** Leiter einer Sportmannschaft *in westlichen Ländern*; Leiter einer Sportveranstaltung
кома́ндующий, -его *Subst m mil* (Ober-) Befehlshaber; Chef; ~ а́рмией Oberbefehlshaber der Armee
кома́р, -а́ *m* Mücke ◇ ~ но́су [но́са] не подто́чит da beißt die Maus keinen Faden ab
комари́ный, -ая, -ое Mücken-
комба́йн, -а *m* Kombine; зерново́й ~ Mähdrescher
комба́йнер, -а *m* Mähdrescher-, Kombineführer
комба́йнерка, -и, *Pl G* -рок, *D* -ркам *v umg* Mähdrescher-, Kombineführerin
комба́т, -а *m* **1.** (команди́р батальо́на) Bataillonskommandeur **2.** (команди́р батаре́и) Batterieführer
комбе́д, -а *m* (комите́т бедноты́) Komitee der landlosen und landarmen Bauern *im Jahr 1918*
комбина́т, -а *m* Kombinat
комбинато́рный, -ая, -ое kombinatorisch
комбинацио́нный, -ая, -ое Kombinations-; kombinatorisch
комбина́ция, -и *f* **1.** Kombination, Zusammenstellung, Verbindung **2.** Kombination, berechnende Verknüpfung; planvolles Zusammenspiel **3.** Unterkleid **4.** Spielanzug
комбинезо́н, -а *m* Kombination, Berufskleidung; Arbeitsanzug; Hemdhose
комбини́ровать, -рую, -руешь; -рованный, -рован, -а *uv* **1.** kombinieren, zusammenstellen, vereinigen, verbinden **2.** *umg* raffinierte Kombinationen anstellen, berechnen ‖ *v* скомбини́ровать
комбри́г, -а *m* (команди́р брига́ды) Brigadekommandeur
комди́в, -а *m* (команди́р диви́зии) Divisionskommandeur
комедиа́нт, -а *m* **1.** *alt* Komödiant, Schauspieler **2.** *übtr* Heuchler
комеди́йный, -ая, -ое Komödien-, Lustspiel-
коме́дия, -и *f* **1.** Komödie, Lustspiel **2.** *übtr* Heuchelei ◇ разы́грывать [лома́ть, игра́ть] -ю eine Komödie spielen, heucheln
коменда́нт, -а *m* **1.** Kommandant **2.** Hausverwalter *in Wohnheimen und öffentlichen Gebäuden*
коменда́нтский, -ая, -ое Kommandanten-; ~ час *mil* Sperrstunden
комендату́ра, -ы *f* Kommandantur
коме́та, -ы *f* Komet
Ко́ми *idkl* **1.** *Subst Pl* Komi *ostfinnisches Volk im Nordosten der UdSSR* **2.** *Adj* Komi-; Ко́ми АССР ASSR der Komi
коми́зм, -а *m* Komik, das Komische
ко́мик, -а *m* **1.** Komiker *Schauspieler* **2.** *umg* Spaßvogel, Witzbold
Коминте́рн, -а *m* (Коммунисти́ческий Интернациона́л) Kommunistische Internationale, Komintern *bis 1943*
комисса́р, -а *m* Kommissar; наро́дный ~ Volkskommissar *bis 1946*
комиссариа́т, -а *m* Kommissariat;

народный ~ Volkskommissariat *bis 1946*

комиссáрский, -ая, -ое kommissarisch, Kommissar-

комиссионéр, -а *m* Kommissionär

комиссиóнный, -ая, -ое **1.** Kommissions-; ~ магазúн Kommissionsgeschäft **2.** -ые, -ых *Subst Pl* Provision, Provisionsgebühr

комúссия, -и *f* **1.** Kommission, Ausschuß; избирáтельная ~ Wahlkommission; Государственная плáновая ~ Staatliche Plankommission; Комúссия по разоружéнию Abrüstungskommission; ~ по распределéнию молодых специалúстов Berufslenkungskommission **2.** *hdl* Kommission; взять [отдáть] на -ю in Kommission nehmen [geben]

комитéт, -а *m* Komitee, Ausschuß; исполнúтельный ~ Exekutivkomitee; ~ дéйствия Aktionsausschuß; заводскóй ~ Betriebsgewerkschaftsleitung; жéнский ~ Frauenausschuß

комúческий, -ая, -ое komisch, lächerlich; -ая óпера komische Oper

комúчный, -ая, -ое; *Kzf* -чен, -чна komisch, lächerlich

кóмкать, -аю, -аешь *uv* **1.** zerknittern, zerknüllen **2.** *übtr umg* hastig und nachlässig kürzen [erledigen], (durch Kürzung) verstümmeln

комментáрий, -я, *P* -и, *G Pl* -ев *m* Kommentar ◇ -и излúшни Kommentar überflüssig

коммерсáнт, -а *m* Großhändler

коммéрческий, -ая, -ое **1.** Handels-, kaufmännisch; ~ флот Handelsflotte; -ая корреспондéнция Handelskorrespondenz; ~ дирéктор kaufmännischer Direktor **2.** *hist*: ~ магазúн Geschäft, wo Lebensmittel ohne Marken zu erhöhtem Preis verkauft werden; -ие цéны freie Preise *ohne Marken*

коммивояжёр, -а *m ausländ* Handlungsreisender

коммýна, -ы *f* Kommune; Парúжская ~ Pariser Kommune

коммунáльный, -ая, -ое kommunal; -ые вы́боры Kommunalwahlen, Gemeindewahlen

коммунáр, -а *m* Kommunarde, Teilnehmer an der Pariser Kommune *1871*

коммунúзм, -а *m* Kommunismus; первобы́тный ~ Urkommunismus

коммуникациóнный, -ая, -ое Kommunikations-, Verkehrs-; -ая лúния Verbindungslinie

коммуникáция, -и *f* **1.** Kommunikation, Verbindung; вóдные -и Wasserwege **2.** Mitteilung, Verkehr; слóво есть срéдство -и das Wort ist ein Verständigungsmittel

коммунúст, -а *m* Kommunist

коммунистúческий, -ая, -ое kommunistisch

коммунúстка, -и, *Pl G* -ток, *D* -ткам *f* Kommunistin

коммутáтор, -а *m* **1.** *el* Kommutator, Stromwender **2.** Klappenschrank, (Hand-) Vermittlung *Telefon*

коммутациóнный, -ая, -ое *el* Schalt-; -ая доскá Schaltbrett

коммюникé *n idkl* Kommuniqué

кóмната, -ы *f* Zimmer, Stube

кóмнатный, -ая, -ое Zimmer-

комнатýшка, -и, *Pl G* -шек, *D* -шкам *f Dem zu* кóмната *umg verächtl* elendes Zimmer, Loch

комóд, -а *m* Kommode

комóк, -мкá *m* Klümpchen, Knäuel ◇ свернýться -мкóм [в ~] sich zusammenringeln; sich zusammenkauern

компáктный, -ая, -ое; *Kzf* -тен, -тна kompakt, fest, dicht

компанéйский, -ая, -ое *umg* gesellig

компáния, -и *f* **1.** Gesellschaft; за -ю zur Gesellschaft; состáвьте мне -ю leisten Sie mir Gesellschaft; расстрóить -ю ein Spielverderber sein; водúть -ю с кéм-н. *umg* mit j-m verkehren **2.** *hdl* Gesellschaft, Kompanie ◇ он тебé не ~ er ist nicht die richtige Gesellschaft für dich

компаньóн, -а *m* **1.** Gefährte **2.** *hdl* Kompagnon, Teilhaber

компáртия, -и *f* (коммунистúческая пáртия) kommunistische Partei

кóмпас, -а *m* Kompaß

кóмпасный, -ая, -ое Kompaß-; -ая стрéлка Kompaßnadel

компенсáция, -и *f* Kompensation, Entschädigung; Ausgleich

компетéнтный, -ая, -ое; *Kzf* -тен, -тна **1.** kompetent; maßgebend **2.** zuständig, befugt

компетéнция, -и *f buchspr* **1.** Kompetenz(bereich) **2.** Zuständigkeit; э́то не в моéй -и dafür bin ich nicht zuständig

кóмплекс, -а *m* Komplex, Gesamtheit; ~ гимнастúческих упражнéний eine Folge von gymnastischen Übungen

кóмплексный, -ая, -ое komplex, umfassend; -ая механизáция komplexe Mechanisierung, Vollmechanisierung

комплéкт, -а *m* Satz, Garnitur; Serie; ~ откры́ток Postkartenserie; ~ белья́ Garnitur Wäsche; ~ почтóвых мáрок Satz Briefmarken ◇ сверх -а zusätzlich
комплéктный, -ая, -ое komplett
комплектовáние, -я *n* Komplettierung, Vervollständigung, Ergänzung *a. mil*
комплектовáть, -тýю, -тýешь; -тóванный, -тóван, -а *uv* vervollständigen, ergänzen ‖ *v* скомплектовáть
комплéкция, -и *f* Körperbau
комплимéнт, -а *m* Kompliment; **говори́ть комý-н. -ы** j-m Komplimente machen
компози́тор, -а *m* Komponist
компози́ция, -и *f* Komposition *a. mus,* Aufbau *eines Kunstwerkes*
комполкá *m idkl* (команди́р полкá) Regimentskommandeur
компонéнт, -а *m buchspr* Komponente
компоновáть, -нýю, -нýешь; -нóванный, -нóван, -а *uv* zusammenstellen, anordnen, entwerfen ‖ *v* скомпоновáть
компонóвка, -и *f* Zusammenstellung, Anordnung
компóст, -а *m* Kompost
компóстер, -а *m* Locher, Lochzange *für Fahrkarten*
компости́ровать, -рую, -руешь *uv* lochen *Fahrkarten*
компóстный, -ая, -ое Kompost-; -ая кýча Komposthaufen
компóт, -а *m* Kompott
компрéсс, -а *m* Kompresse, Umschlag; положи́ть ~ einen Umschlag machen
компроми́сс, -а *m* Kompromiß; пойти́ на ~ einen Kompromiß eingehen
компрóты *m idkl* (команди́р рóты) Kompaniechef
комсомóл, -а *m* (Коммунисти́ческий Сою́з Молодёжи) Kommunistischer Jugendverband, Komsomol
комсомóлец, -льца, *I* -льцем, *G Pl* -льцев *m* Komsomolze
комсомóлка, -и, *Pl G* -лок, *D* -лкам *f* Komsomolzin
Комсомóльск, -а *m* Komsomolsk *Stadt*
комсомóльский, -ая, -ое Komsomol-; ~ билéт Mitgliedsbuch des Komsomol
комсóрг, -а *m* (комсомóльский организáтор) Organisator [Leiter] einer Komsomol-Gruppe
комсостáв, -а *m* (комáндный составв) Kommandeursbestand
комý ↑ кто
комфóрт, -а *m* Komfort, Bequemlichkeit
комфортáбельный, -ая, -ое; *Kzf* -лен, -льна komfortabel
комхóз, -а *m* (коммунáльное хозя́йство) kommunales Wirtschaftsunternehmen
кон, -а, *P* о кóне, на конý, *Pl* кóны, -óв, -áм *m* **1.** bezeichneter Ort, der mit einem geworfenen Gegenstand zu treffen ist *bei einigen Spielen* **2.** Partie, Runde; сыгрáем ещё ~ spielen wir noch eine Partie [Runde] ◇ стоя́ть [быть] на конý auf dem Spiel stehen
Конакри́ *m idkl* Conakry
конвéйер, -а *m* Fließband
конвéйерный, -ая, -ое Fließband-; -ая систéма Fließbandsystem; -ая ли́ния Bandstraße
конвéнция, -и *f* Konvention
конвéрсия, -и *f finanz* Konversion, Konvertierung
конвéрт, -а *m* **1.** Briefumschlag **2.** Steckkissen; Strampelsack
конвертоплáн, -а *m flug* Senkrechtstarter
конвои́р, -а *m* **1.** Begleitsoldat **2.** Geleitschiff
конвои́ровать, -рую, -руешь *uv* eskortieren, begleiten
конвóй, -я, *G Pl* -ев *m* **1.** Eskorte, Schutzgeleit **2.** *naut* Geleitzug
конвóйный **1.** -ая, -ое Geleit-, Bedeckungs- **2.** -ого *Subst m* Begleitsoldat, Begleitposten
конвульси́вный, -ая, -ое; *Kzf* -вен, -вна konvulsivisch, krampfhaft
конвýльсия, -и *f* Konvulsion, Krampf
конгломерáт, -а *m* Konglomerat *a. geol*
Кóнго **1.** *n idkl* Kongo *Staat* **2.** *f idkl* Kongo *Fluß*
конголéзец, -зца, *I* -зцем, *G Pl* -зцев *m* Kongolese
конголéзка, -и, *Pl G* -зок, *D* -зкам *f* Kongolesin
конголéзский, -ая, -ое kongolesisch
конгрéсс, -а *m* Kongreß; Всеми́рный ~ сторóнников ми́ра Weltfriedenskongreß
кондачóк: с кондачкá *volksspr* leichtfertig, unüberlegt
конденсáция [дэ], -и, *f* Kondensation, Verdichtung
конди́тер, -а *m* Konditor
конди́терский, -ая, -ое **1.** Konditor-, Zucker-; -ие издéлия Süßwaren, Zuckerwaren; ~ завóд Süßwaren-,

Zuckerwarenfabrik; -ие щипцы́ Kuchenzange; ~ шприц Tortenspritze 2. -ая, -ой *Subst f* Konditorei
кондиционе́р, -а *m* Klimaanlage
кондициони́рование, -я *n*: систе́ма -я во́здуха Klimaanlage
конду́ктор, -а *m* Schaffner
конду́кторша, -и, *I* -ей *f volksspr* Schaffnerin
конево́д, -а *m* Pferdezüchter
конево́дство, -а *m* Pferdezucht
конево́дческий, -ая, -ое Pferdezucht-
[1]**конёк,** -нька́ *m* 1. Pferdchen; ~-горбуно́к das Zauberpferdchen *Märchen* 2. Dachfirst 3. *übtr* Steckenpferd; сесть на своего́ -нька́ sein Steckenpferd reiten, auf sein Lieblingsthema zu sprechen kommen ◇ морско́й ~ Seepferdchen
[2]**конёк** ↑ коньки́
коне́ц, -нца́, *I* -нцо́м, *G Pl* -нцо́в *m* 1. Ende, Schluß; в -нце́ января́ Ende Januar; под ~ zum Schluß, zuletzt; без -нца́ endlos; э́тому -нца́ нет das will kein Ende nehmen; доводи́ть до -нца́ zu Ende führen, vollenden; положи́ть чему́-н. ~ einer Sache ein Ende setzen; приходи́ть к -нцу́ zu Ende [zur Neige] gehen 2. *umg* Ende, Strecke; поря́дочный ~ ein ganzes Ende, eine ordentliche Strecke; в о́ба -нца́ hin und zurück; биле́т в о́ба -нца́ Rückfahrkarte 3. Ende, Tod ◇ отда́ть -нцы́ losmachen *Schiff*; и де́ло с -нцо́м! Schluß damit!; в конце́ концо́в letzten Endes, schließlich; на худо́й ~ *umg* schlimmstenfalls, wenn alle Stricke reißen; на тот ~ *volksspr* für diesen Zweck; из -нца́ в ~ überallhin, nach allen Seiten; со всех -нцо́в von allen Ecken und Enden; оди́н ~ ganz gleich, was auch passiert; па́лка о двух -нца́х *übtr* ein zweischneidiges Schwert; до -нца́ разру́шить völlig zerstören; едва́ своди́ть -нцы́ с -нца́ми *umg* (mit dem Geld) knapp auskommen; нача́ть не с того́ -нца́ die Sache am verkehrten Ende anfangen; и -нцы́ в во́ду alle Spuren sind verwischt, kein Hahn kräht mehr danach; коне́ц — всему́ де́лу вене́ц *Sprichw* Ende gut, alles gut
коне́чно [шн] *Part oder mod* natürlich, selbstverständlich, freilich; вы, ~, пра́вы Sie haben natürlich recht
коне́чности *Pl* -ей, *Sg* коне́чность, -и *f* Extremitäten, Gliedmaßen
коне́чный, -ая, -ое 1. End-; -ая ста́нция Endstation; -ая цель Endziel, Endzweck; -ая ступе́нь Endstufe *Sputnik* 2. -чен, -чна endlich, vergänglich; -ая величина́ *math* endliche Größe ◇ в коне́чном счёте [ито́ге] letzten Endes
кони́на, -ы *f* Pferdefleisch
кони́ческий, -ая, -ое konisch, kegelförmig
ко́нка, -и, *PlG* -нок, *D* -нкам *f alt* Pferdebahn
конкретиза́ция, -и *f* Konkretisierung
конкре́тный, -ая, -ое; *Kzf* -тен, -тна konkret
конкуре́нт, -а *m* Konkurrent
конкуре́нтный, -ая, -ое Konkurrenz-
конкуре́нция, -и *f* Konkurrenz(kampf) ◇ вне -и außer Konkurrenz, außerhalb des Wettbewerbs
ко́нкурс, -а *m* 1. Wettbewerb 2. Preisausschreiben 3. *ausländ* Konkurs ◇ вне -а außer Konkurrenz
ко́нкурсный, -ая, -ое Wettbewerbs-; ~ экза́мен Aufnahmeprüfung *an sowjetischen Hochschulen*
ко́нница, -ы, *I* -ей *f* Kavallerie, Reiterei
коннозаво́дство, -а *n* 1. Pferdezucht 2. Gestüt
ко́нный, -ая, -ое 1. Pferde-; ~ заво́д Gestüt; ~ приво́д Pferdeantrieb, Göpel; -ая у́пряжь Pferdegeschirr 2. beritten, Reiter-; -ая а́рмия Reiterarmee; -ая ста́туя Reiterstandbild; -ая доро́га Reitweg 3. -ого *Subst m* Reiter ◇ пе́ший -ому не това́рищ *Sprichw* der Ochse paßt nicht zur Kutsche
конова́л, -а *m* 1. Kurpfuscher *bei Pferden* 2. schlechter Arzt
коново́д, -а *m* 1. Pferdepfleger 2. *volkssp*r Anstifter, Rädelsführer
конокра́д, -а *m* Pferdedieb
конопа́тить, -а́чу, -а́тишь; -а́ченный, -а́чен, -а *uv* kalfatern, Fugen abdichten
конопа́тый, -ая, -ое; *Kzf* -ат, -а *volksspr* pockennarbig; sommersprossig
конопля́, -и́ *f* Hanf
конопля́нка, -и, *Pl G* -нок, *D* -нкам *f zool* Hänfling
конопля́ный, -ая, -ое hanfen, Hanf-
консервати́вный, -ая, -ое; *Kzf* -вен, -вна konservativ
консервати́зм, -а *m* Konservatismus, konservative Einstellung
консерва́тор, -а *m* Konservativer
консервато́рец, -рца, *I* -рцем, *G Pl* -рцев *m umg* Musikstudent
консервато́рия, -и *f* Konservatorium
консерви́рование, -я *n* Konservierung, Haltbarmachung

консерви́ровать, -рую, -руешь; -рованный, -рован, -а *v*, *uv* **1.** konservieren, einmachen **2.** zeitweise die Tätigkeit einstellen; ~ предприя́тие einen Betrieb vorübergehend stilllegen
консе́рвный, -ая, -ое Konserven-; ~ нож [ключ] Büchsenöffner
консе́рвы, -ов *Pl* Konserven
конси́лиум, -а *m* Ärztekonsilium
ко́нский, -ая, -ое Pferde-; ~ заво́д Gestüt
конспе́кт, -а *m* Konspekt, Inhaltsübersicht
конспекти́вность, -и *f* zusammenfassende (übersichtliche) Kürze
конспекти́вный, -ая, -ое; *Kzf* -вен, -вна kurz zusammenfassend, in Form eines Konspekts
конспекти́ровать, -рую, -руешь *uv* einen Konspekt zusammenstellen, kurz zusammenfassen
конспирати́вность, -и *f* konspirativer Charakter
конспирати́вный, -ая, -ое; *Kzf* -вен, -вна konspirativ
конспира́ция, -и *f* Konspiration, Verschwörung
конста́нта, -ы *f math* Konstante
конста́нтный, -ая, -ое konstant, unveränderlich
конституцио́нный, -ая, -ое konstitutionell, verfassungsmäßig
конститу́ция, -и *f* **1.** *pol* Verfassung **2.** Konstitution, Körperbau
конструи́ровать, -рую, -руешь *v*, *uv* konstruieren, entwerfen; entwickeln; aufbauen ‖ *v a.* сконструи́ровать; -рованный, -рован, -а
конструкти́вный, -ая, -ое; *Kzf* -вен, -вна konstruktiv
констру́ктор, -а *m* **1.** Konstrukteur **2.** technischer Baukasten, Stabilbaukasten *für Kinder*
констру́кторский, -ая, -ое: -ое бюро́ Konstruktionsbüro
констру́кция, -и *f* **1.** Konstruktion, Bauweise **2.** Konstruktion, Bauwerk
ко́нсул, -а *m* Konsul
ко́нсульский, -ая, -ое konsularisch, Konsul-, Konsular-
ко́нсульство, -а *n* Konsulat
консульта́нт, -а *m* Konsulent, Berater
консультацио́нный, -ая, -ое Konsultations-, konsultativ
консульта́ция, -и *f* **1.** Konsultation, Beratung; ~ по вы́бору профе́ссии Berufsberatung **2.** Beratungsstelle; же́нская и де́тская ~ Mütterberatung

консульти́ровать, -рую, -руешь *uv* **1.** *alt* konsultieren, um Rat fragen (с *I* j-n) **2.** *A* eine Konsultation geben, einen Rat erteilen
консульти́роваться, -руюсь, -руешься *uv* konsultieren (с *I* j-n)
конта́кт, -а *m* **1.** *el* Kontakt; непло́тный ~ Wackelkontakt **2.** *übtr* Kontakt, Fühlung, Verbindung; войти́ в ~ Fühlung nehmen, Kontakt aufnehmen; быть [находи́ться] в -е с ке́м-н. mit j-m in Verbindung stehen
конта́ктный, -ая, -ое Kontakt-; ~ про́вод *el* Schleifleitung
конте́йнер [тэ], -а *m* Behälter
конте́кст, -а *m* Kontext, Textzusammenhang ◇ вы́рвать из -а aus dem Zusammenhang reißen
контине́нт, -а *m* Kontinent
континента́льный, -ая, -ое kontinental
конто́ра, -ы *f* Kontor, Büro
конто́рка, -и, *Pl G* -рок, *D* -ркам *f* Schreibpult, Stehpult
конто́рский, -ая, -ое Kontor-, Büro-; -ая кни́га Geschäftsbuch; ~ слу́жащий Büroangestellter
конто́рщик, -а *m alt* Büroangestellter, Kontorist
контр- *in Zuss* Gegen-
контраба́нда, -ы *f* **1.** Schmuggel **2.** Schmuggelware
контрабанди́ст, -а *m* Schmuggler
контраба́ндный, -ая, -ое Schmuggel-; ~ това́р Schmuggelware
контраба́с, -а *m* Kontrabaß, Baßgeige
контр-адмира́л, -а *m* Konteradmiral
контра́кт, -а *m* Kontrakt, Vertrag; заключи́ть [расто́ргнуть] ~ einen Vertrag schließen [auflösen]
контракта́ция, -и *f* kontraktmäßige Abmachung, Kontrahierung
контрактова́ть, -ту́ю, -ту́ешь *uv*, *A* einen Vertrag abschließen (über); ~ рабо́чих Arbeiter kontraktmäßig verpflichten
контра́ст, -а *m* Kontrast, Gegensatz; по -у с че́м-н. im Gegensatz zu etw.
контра́стность, -и *f* Kontrastwirkung
контра́стный, -ая, -ое; *Kzf* -тен, -тна kontrastierend
контрата́ка, -и *f* Gegenangriff, -stoß
контратакова́ть, -ку́ю, -ку́ешь *v*, *uv* einen Gegenangriff (durch)führen
контрибу́ция, -и *f* Kontribution
контрме́ра, -ы *f* Gegenmaßnahme
контрнаступле́ние, -я *n* Gegenangriff
контролёр, -а *m* Kontrolleur

контролёрша, -и, *G Pl* -ей *f umg* Kontrolleurin
контро́ль, -я *m* Kontrolle, Überwachung; де́йственный ~ wirksame Kontrolle; ~ над разоруже́нием Kontrolle der Abrüstung; установи́ть ~ над че́м-н. etw. unter seine Kontrolle bringen; взять под ~ unter Kontrolle stellen; ~ за ка́чеством Gütekontrolle; отде́л техни́ческого -я (Abteilung für) Gütekontrolle
контро́льный, -ая, -ое **1.** Kontroll- **2.** -ая, -ой *Subst f* Kontrollarbeit
контрпредложе́ние, -я *n* Gegenvorschlag
контрпрете́нзия, -и *f* Gegenanspruch, Gegenforderung
контрразве́дка, -и, *Pl G* -док, *D* -дкам *f* Spionageabwehr(organisation)
контрреволюцио́нный, -ая, -ое; *Kzf* -о́нен, -о́нна konterrevolutionär
контрреволю́ция, -и *f* Konterrevolution
контруда́р, -а *m* Gegenstoß, -angriff
ко́нтры, контр *Pl* Verstimmung, Streit; они́ друг с дру́гом в -ах sie sind verfeindet
конту́зить, -у́жу, -у́зишь; -у́женный, -у́жен, -а *v meist unpers* quetschen, durch Quetschung verletzen; его́ конту́зило в ру́ку *oder* конту́зило ему́ ру́ку ihm wurde die Hand gequetscht
конту́зия, -и *f* Kontusion, Quetschung
ко́нтур, -а *m* **1.** Kontur, Umriß **2.** *rad* (Sperr-) Kreis **3.** *el* Stromkreis
ко́нтурный, -ая, -ое Umriß-
конура́, -ы́ *f* **1.** Hundehütte **2.** *umg übtr* elendes Loch, schlechtes Zimmer
ко́нус, -а *m math* Konus, Kegel
конусообра́зный, -ая, -ое; *Kzf* -зен, -зна kegelförmig
конфедера́ция, -и *f* Konföderation
конферансье́ *m idkl* Conférencier
конфере́нц-за́л, -а *m* Konferenzsaal
конфере́нция, -и *f* Konferenz
конфе́та, -ы *f* Bonbon; шокола́дная ~ Praline
конфе́тный, -ая, -ое Süßwaren-; -ая фа́брика Süßwarenfabrik; -ая коро́бка Pralinen-, Konfektschachtel
конфетти́ *n idkl* Konfetti
конфиденциа́льный, -ая, -ое; *Kzf* -лен, -льна *buchspr* vertraulich
конфиска́ция, -и *f* Beschlagnahme, Konfiskation, Einziehung
конфискова́ть, -ку́ю, -ку́ешь; -ко́ванный, -ко́ван, -а *v, uv* beschlagnahmen, konfiszieren, einziehen
конфли́ктный, -ая, -ое Konflikt-
конфо́рка, -и, *Pl G* -рок, *D* -ркам *f* **1.** Herdring; плита́ с двумя́ -рками Zweiflammenherd **2.** Ringaufsatz *am Samowar*
конфу́з, -а *m* Verlegenheit, Verwirrung; Blamage; испы́тывать ~ in Verlegenheit sein
конфу́зить, -у́жу, -у́зишь *uv* konfus [verlegen] machen, in Verlegenheit bringen ‖ *v* сконфу́зить; -у́женный, -у́жен, -а
конфу́зиться, -у́жусь, -у́зишься *uv* **1.** in Verlegenheit geraten **2.** *G* sich genieren (vor); он вас конфу́зится er geniert sich vor Ihnen ‖ *v* сконфу́зиться
конфу́зливый, -ая, -ое; *Kzf* -ив, -а leicht verlegen, schüchtern
конфу́зный, -ая, -ое *umg* verwirrend
концево́й, -а́я, -о́е End-; -а́я строка́ *typ* Schlußzeile
концентра́т, -а *m* **1.** Konzentrat; пищево́й ~ Lebensmittelkonzentrat; бульо́нный ~ Suppenwürfel **2.** Kraftfutter
концентрацио́нный, -ая, -ое: ~ ла́герь Konzentrationslager
концентра́ция, -и *f* Konzentration
концентри́ровать, -рую, -руешь; -рованный, -рован, -а *uv* konzentrieren; ~ своё внима́ние на чём-н. seine Aufmerksamkeit auf etw. konzentrieren ‖ *v* сконцентри́ровать
концентри́ческий, -ая, -ое konzentrisch
конце́нтры, -ов *Pl math* konzentrische Kreise
конце́пция, -и *f* Konzeption
конце́рт, -а *m* Konzert; ~ по за́явкам (слу́шателей) Wunschkonzert; ~ лёгкой му́зыки Unterhaltungskonzert; ~ грамза́писи Schallplattenkonzert
концерти́ровать, -рую, -руешь *uv* konzertieren, Konzerte geben
концертме́йстер, -а *m* Konzertmeister
конце́ртный, -ая, -ое Konzert-; ~ зал Konzertsaal
конце́ссия, -и *f* Konzession; ~ на постро́йку желе́зной доро́ги Konzession zum Bau einer Eisenbahn
концла́герь, -я *m* (концентрацио́нный ла́герь) Konzentrationslager
концо́вка, -и, *Pl G* -вок, *D* -вкам *f* **1.** Schlußvignette **2.** Schlußteil *eines literarischen Werkes, einer Oper*
конча́ть(ся) *uv zu* ко́нчить(ся)
ко́нчить, -чу, -чишь; ко́нченный, -ен, -а *v* **1.** beenden, abschließen; ~ на

том, что ... damit aufhören, daß ...; ~ рабо́тать aufhören zu arbeiten 2. absolvieren; ~ университе́т die Universität absolvieren, das Studium an der Universität beenden || *uv* конча́ть, -а́ю, -а́ешь

ко́нчиться, *1. u. 2. Pers ungebr*, -ится *v* enden, zu Ende sein; уда́чно ~ glücklich ablaufen; ~ ниче́м im Sande verlaufen, ergebnislos enden; э́тим де́ло не ко́нчилось damit war die Sache nicht abgetan || *uv* конча́ться, -а́ется

ко́нченный, -ая, -ое; *Kzf* -чен, -чена erledigt ◇ ко́нчено с э́тим es ist Schluß damit; не пойду́ туда́, и ко́нчено! *umg* ich gehe nicht dahin, und damit Schluß!; ко́нчен бал *umg* aus ist der Schmaus; ко́нчено, да́льше не пое́ду! *umg* nun reichts mir, weiter fahre ich nicht!

ко́нченый, -ая, -ое *umg* erledigt; э́то де́ло -ое die Sache ist erledigt; ~ челове́к ein erledigter Mensch

ко́нчик, -а *m* Ende; Spitze; ~ верёвки das Ende des Bindfadens; ~ но́са Nasenspitze

кончи́на, -ы *f hoher Stil* Ableben, Tod

конъюнкту́ра, -ы *f* Konjunktur; спад -ы Konjunkturrückgang

конъюнкту́рщик, -а *m umg verächtl* Konjunkturritter

конь, -я́, *Pl* ко́ни, -е́й, -я́м *m* 1. Pferd 2. Rössel, Springer *Schach*; ход -я́ Rösselsprung, Springerzug 3. *Sport* Pferd ◇ ~ о четырёх нога́х да спотыка́ется *Sprichw* auch der Klügste kann einen Fehler machen; ~ (ещё) не валя́лся es ist noch nichts getan worden; не в -я́ корм a) das ist für ihn zu hoch, das begreift er nicht; b) das nützt ihm sowieso nichts

коньки́ *Pl* -о́в, *Sg* конёк, -нька́ *m* Schlittschuhe; ката́ться на -а́х Schlittschuh laufen; надева́ть ~ die Schlittschuhe anschnallen; ро́ликовые ~ Rollschuhe

конькобе́жец, -жца, *I* -жцем, *G Pl* -жцев *m* Schlittschuhläufer

конькобе́жный, -ая, -ое Eislauf-; ~ спорт Eissport, Eislaufen

конья́к, -а́ (-у́) *m* Kognak

ко́нюх, -а *m* Pferdepfleger, -knecht

коню́шня, -и, *Pl G* -шен, *D* -шням *f* Pferdestall

кооперати́в, -а *m* 1. Genossenschaft; потреби́тельский ~ Konsumgenossenschaft; сельскохозя́йственный произво́дственный ~ landwirtschaftliche Produktionsgenossenschaft; жилищно-строи́тельный ~ Wohnungsbaugenossenschaft 2. *umg* Konsumverkaufsstelle

кооперати́вный, -ая, -ое genossenschaftlich; ~ пай Genossenschaftsanteil

коопера́тор, -а *m* Genossenschaftler

коопера́ция, и *f* 1. Kooperation 2. Genossenschaft; потреби́тельская ~ Konsumgenossenschaft; промысло́вая ~ Produktionsgenossenschaft des Handwerks

коопери́ровать, -рую, -руешь *v, uv* genossenschaftlich organisieren

коопта́ция, -и *f* Kooptation, Ergänzungswahl

координа́та, -ы *f math* Koordinate

координа́тный, -ая, -ое Koordinaten-

координа́ция, -и *f* Koordinierung

коп. (копе́йка) Kopeke

копа́ть, -а́ю, -а́ешь; ко́панный, -ан, -а *uv* 1. (um)graben; ~ гря́дку ein Beet umgraben 2. graben, ausheben; ~ я́му eine Grube ausheben; ~ карто́фель Kartoffeln roden || *v mom* копну́ть, -ну́, -нёшь *zu* 1

копа́ться, -а́юсь, -а́ешься *uv* 1. herumkramen, wühlen (в *P* in); ~ в кни́гах in den Büchern stöbern 2. herumtrödeln, nicht vom Fleck kommen (с *I* mit); ты так копа́ешься, что, коне́чно, сно́ва опозда́ешь bei deiner Trödelei kommst du sicher wieder zu spät ◇ ~ в гря́зном белье́ (vor anderen) schmutzige Wäsche waschen

копе́ечка, -и, *Pl G* -чек, *D* -чкам *f Dem zu* копе́йка Kopeke ◇ э́то мне в -у ста́ло [влете́ло, обошло́сь, вскочи́ло] das habe ich teuer bezahlt

копе́ечный, -ая, -ое 1. Kopeken-, im Wert einer Kopeke 2. *umg* gering, unbedeutend; -ые расхо́ды unbedeutende Ausgaben 3. *umg* kleinlich, geizig; -ая душа́ Krämerseele

копе́йка, -и, *Pl G* копе́ек, *D* копе́йкам *f* Kopeke ◇ у него́ нет ни -и er hat keinen Pfennig [keinen roten Heller]; ~ в -у *umg* auf Heller und Pfennig; ~ рубль бережёт *Sprichw* wer den Pfennig nicht ehrt, ist den Taler nicht wert; три рубля́ с -ами etwas über drei Rubel; за -у отда́ть [уступи́ть] für einen Spottpreis weggeben; без -и оста́ться kein Geld mehr haben; дрожа́ть над ка́ждой -ой jeden Pfennig umdrehen

Копенга́ген, -а *m* Kopenhagen

копёр, -пра́ *m* 1. Förderturm 2. Pfahlramme

ко́пи *Pl* -ей, *Sg* копь, -и *f alt* Grube, Bergwerk
копи́лка, -и, *Pl G* -лок, *D* -лкам *f* Sparbüchse
копи́рка, -и, *Pl G* -рок, *D* -рка́м *f umg* Kohlepapier
копирова́льный, -ая, -ое Kopier-; -ая бума́га Kohlepapier
копиро́вка, -и *f umg* Kopieren, Abschreiben, Abmalen
копиро́вщик, -а *m* Kopist
копи́ть, коплю́, ко́пишь *uv* ansammeln, sparen; ~ на мотоци́кл für ein Motorrad sparen; ~ си́лы Kräfte sammeln
копи́ться, *1. u. 2. Pers ungebr*, ко́пится *uv* sich ansammeln, sich anhäufen
ко́пия, -и *f* **1.** Kopie, Abschrift; Durchschlag; с -ей mit Durchschlag **2.** *phot* Abzug
копна́, -ы́, *Pl* ко́пны, копён, копна́м *f* Heuhaufen; Hocke
копни́ть, -ню́, -ни́шь *uv* zusammenharken; in Hocken aufstellen
копну́ть *mom zu* копа́ть
копотли́вый, -ая, -ое; *Kzf* -и́в, -а *umg* **1.** langsam, saumselig **2.** mühsam, zeitraubend
копотня́, -и́ *f volkssprr* Trödelei
ко́поть, -и *f* Ruß
копоши́ться, -шу́сь, -ши́шься *uv* **1.** (umher)wimmeln, kribbeln **2.** schwirren *Gedanken*
[1]**копте́ть,** *1. u. 2. Pers ungebr*, -ти́т *uv* rußen
[2]**копте́ть,** копчу́, копти́шь *uv*: ~ над рабо́той über einer Arbeit sitzen [schwitzen]
копти́лка, -и, *Pl G* -лок, *D* -лкам *f umg* Petroleumfunzel
копти́льный, -ая, -ое Räucher-; ~ заво́д Räucherei
копти́ть, копчу́, копти́шь; копчённый, -ён, -ена́ *uv* **1.** *A* räuchern *Lebensmittel* **2.** *1. u. 2. Pers ungebr* rußen; ла́мпа копти́т die Lampe rußt
копу́н, -а́ *m volksspr* Trödler, nachlässiger, langsamer Mensch
копчёности *Pl* -ей, *Sg* копчёность, -и *f* Räucherwaren
копчёный, -ая, -ое geräuchert; -ая ры́ба Räucherfisch; -ая селёдка Bückling
ко́пчик, -а *m anat* Steißbein
копы́тное, -ого *Subst n* Huftier
копы́то, -а *n* Huf
копьё, -я́, *Pl* ко́пья, ко́пий, ко́пьям *n* Speer, Lanze, Spieß; мета́ние -я́ Speerwerfen ◇ ко́пья лома́ть из-за чего́-н. für etw. eine Lanze brechen
кора́, -ы́ *f* Rinde, Kruste
корабе́льный, -ая, -ое Schiffs-; ~ лес Schiffbauholz; Hochwald
корабле|вожде́ние, -я *n* Nautik; **~круше́ние,** -я *n* Schiffbruch; **~строе́ние,** -я *n* Schiffbau; **~строи́тель,** -я *m* Schiffbauer; **~строи́тельный,** -ая, -ое Schiffbau-
кора́бль, -я́ *m* Schiff; вое́нный ~ Kriegsschiff; возду́шный ~ Luftschiff; сади́ться на ~ an Bord (des Schiffes) gehen; тра́нспортный ~ Transportschiff; сжечь свои́ -и́ alle Brücken hinter sich abbrechen
кора́лл, -а *m* Koralle
кора́лловый, -ая, -ое Korallen-; ~ риф Korallenriff
корве́т, -а *m naut* Korvette
Кордилье́ры, -лье́р *Pl* Kordillieren
кордо́н, -а *m* Kordon, Postenkette *zur Absperrung*
коре́вой, -ая, -ое Masern-
коре́ец, -е́йца, *I* -е́йцем, *G Pl* -е́йцев *m* Koreaner
корёжить, -жу, -жишь *uv volksspr* **1.** *meist unpers* krümmen, verziehen; фане́ру корёжит от сы́рости das Furnier verzieht sich von der Feuchtigkeit; его́ корёжит от бо́ли er krümmt sich vor Schmerzen; его́ корёжит от отвраще́ния er schüttelt sich vor Abscheu **2.** *1. u. 2. Pers ungebr* empören, aufbringen ‖ *v* скорёжить
корёжиться, -жусь, -жишься *uv volksspr* **1.** sich verziehen; лес корёжится от сы́рости Holz verzieht sich von der Feuchtigkeit **2.** sich krümmen; ~ от бо́ли sich vor Schmerz krümmen ‖ *v* скорёжиться
коре́йка, -и *f* Kalbs- oder Schweinebrust
коре́йский, -ая, -ое koreanisch; Коре́йская Наро́дно-Демократи́ческая Респу́блика Koreanische Volksdemokratische Republik
корена́стый, -ая, -ое; *Kzf* -а́ст, -а **1.** stämmig, untersetzt; ~ челове́к ein untersetzter Mann **2.** mit starken Wurzeln
корени́ться, *1. u. 2. Pers ungebr*, -ни́тся *uv* **1.** wurzeln; суеве́рие корени́тся в неве́жестве der Aberglaube hat seine Ursache in Unwissenheit **2.** sich festgesetzt haben, fest verwurzelt sein
коренни́к, -а́ *m* Gabelpferd *in der Gabeldeichsel eingespannt*

коренно́й, -а́я, -о́е **1.** Grund-, grundlegend; ~ вопро́с grundlegende Frage; -о́е сло́во *ling* Wurzelwort **2.** gründlich, radikal; -о́е преобразова́ние radikale [durchgreifende] Umgestaltung; -ы́м о́бразом gründlich, erschöpfend **3.** ursprünglich, alteingesessen; ~ жи́тель Ureinwohner ◇ ~ зуб Backenzahn; коренна́я ло́шадь Gabelpferd *in der Gabeldeichsel eingespannt*

ко́рень, -рня, *Pl* ко́рни, -е́й, -я́м *m* **1.** Wurzel; ~ зу́ба Zahnwurzel; ~ сло́ва Wortwurzel; пусти́ть ко́рни Wurzeln schlagen *a. übtr*; вы́рвать с -рнем mit Stumpf und Stiel [mit der Wurzel] ausrotten **2.** *math* Wurzel; извлека́ть ~ die Wurzel ziehen; знак -рня Wurzelzeichen **3.** Wurzel, Ursprung; ~ зла die Wurzel des Übels **4.** *Pl* коре́нья, -ьев, -ьям Wurzelgemüse ◇ в -рне von Grund aus, völlig; в -рне неве́рный grundfalsch; хлеб на -рню́ das Getreide auf dem Halm; смотре́ть в ~ der Sache auf den Grund gehen; красне́ть до корне́й воло́с über und über rot werden

корешо́к, -шка́ *m* **1.** kleine Wurzel **2.** Buchrücken **3.** Kontroll-, Stammabschnitt

Коре́я, -и *f* Korea

коре́янка, -и, *Pl G* -нок, *D* -нкам *f* Koreanerin

корж, -а́, *I* -о́м, *G Pl* -е́й *m* süßes fladenartiges Gebäck

корзи́на, -ы *f* Korb

корзи́нка, -и, *Pl G* -нок, *D* -нкам *f* *Dem zu* корзи́на Korb, Körbchen

корзи́нщик, -а *m* Korbmacher

коридо́р, -а *m* Korridor

коридо́рный, -ая, -ое **1.** Korridor- **2.** -ого *Subst m* Zimmerkellner

кори́нка, -и *f* Korinthe

кори́нфский, -ая, -ое *arch* korinthisch

кори́ть, -рю́, -ри́шь *uv umg* **1.** tadeln, Vorwürfe machen **2.**: ~ кого́-н. че́м-н. j-m etw. vorwerfen [vorrechnen]

корифе́й, -я, *G Pl* -ев *m hoher Stil* Koryphäe

кори́ца, -ы, *I* -ей *f* Zimt

коричнева́тый, -ая, -ое; *Kzf* -а́т, -а bräunlich

кори́чневый [*a.* шн], -ая, -ое braun, zimtfarben

кори́чный, -ая, -ое Zimt-; -ое де́рево Zimtbaum

ко́рка, -и, *Pl G* -рок, *D* -ркам *f* **1.** (Baum-) Rinde; хи́нная ~ Chinarinde **2.** dicke Schale; лимо́нная ~ Zitronenschale **3.** Kruste, Rinde ◇ от ко́рки до ко́рки прочита́ть von Anfang bis Ende lesen; на все ко́рки руга́ть *volksspr* mächtig schimpfen

корм, -а (-у), *P* о ко́рме, на ко́рме *oder* корму́, *Pl* корма́, -о́в, -а́м *m* **1.** Futter; подно́жный [зелёный] ~ Grünfutter; концентри́рованный ~ Kraftfutter; задава́ть скоту́ ~ dem Vieh Futter schütten **2.** Füttern, Fütterung

корма́, -ы́ *f* Heck

кормёжка, -и, *Pl G* -жек, *D* -жкам *f* *umg* Fütterung

корми́лец, -льца, *I* -льцем, *G Pl* -льцев *m* Ernährer

корми́лица, -ы, *I* -ей *f* Amme

корми́ло, -а *n alt* Steuerruder *a. übtr*

корми́ть, кормлю́, ко́рмишь; ко́рмленный, -ен, -а *uv* **1.** füttern, zu essen geben; ~ скот das Vieh füttern; там ко́рмят хорошо́ dort gibt es gutes Essen, dort ißt man gut **2.** stillen, säugen; ~ ребёнка гру́дью das Kind stillen **3.** ernähren, unterhalten; оте́ц ко́рмит семью́ der Vater unterhält die Familie ◇ ~ обеща́ниями [за́втраками] mit leeren Versprechungen abspeisen ‖ *v* накорми́ть *zu* **1**

корми́ться, кормлю́сь, ко́рмишься *uv* **1.** sich nähren; fressen **2.** *I* sich ernähren (von), leben (von)

кормле́ние, -я *n* Füttern, Fütterung; Stillen

[1]**кормово́й,** -а́я, -о́е Futter-; -а́я ба́за Futtergrundlage; -а́я свёкла Futterrübe

[2]**кормово́й,** -а́я, -о́е Heck-; ~ ве́тер Rückenwind; -а́я часть Heck *Schiff*

кормозапа́рник, -а *m* Futterdämpfer

корму́шка, -и, *Pl G* -шек, *D* -шкам *f* **1.** Krippe, Raufe **2.** *übtr volksspr* Futterkrippe

ко́рмчий, -его *Subst m alt, gbt* Steuermann

корна́ть, -а́ю, -а́ешь *uv volksspr* zu kurz [ungleich] abschneiden *Haare*

корневи́ще, -а, *I* -ем *n* Wurzelstock

корнево́й, -а́я, -о́е Wurzel-

корнепло́д, -а *m* Hackfrucht

корнишо́н, -а *m* kleine Essiggurke

ко́роб, -а, *Pl* короба́, -о́в, -а́м *m* Spankorb ◇ наговори́ть [навра́ть] кому́-н. с три -а *umg* j-m die Hucke voll lügen

коробе́йник, -а *m alt* Hausierer

коро́бить, -блю, -бишь *uv* **1.** *meist unpers* krümmen, verziehen; до́ску коро́бит от сы́рости das Brett verzieht sich vor Feuchtigkeit **2.** *übtr*

umg abstoßen, unangenehm berühren ‖ *v* скоро́бить; скоро́бленный, -ен, -а *zu* 1
коро́биться, *1. u. 2. Pers ungebr*, -ится *uv* sich verziehen, wellig werden ‖ *v* скоро́биться
коро́бка, -и, *Pl G* -бок, *D* -бкам *f* 1. Schachtel; ~ спи́чек Schachtel Streichhölzer 2. *tech* Gehäuse, Kasten; ~ скоросте́й [переда́ч] Wechselgetriebe; дверна́я ~ Türgewände, Türeinfassung 3. *el* (Steck-) Dose ◇ черепна́я ~ *anat* Hirnschale, Schädeldecke; дом-~ Kastenhaus
коробо́к, -бка́ *m* kleine Schachtel
коро́бочка, -и, *Pl G* -чек, *D* -чкам *f Dem zu* коро́бка Schächtelchen
коро́бочный, -ая, -ое Schachtel-
коро́ва, -ы *f* Kuh; Hirschkuh; Elchkuh; до́йная ~ Milchkuh; *übtr* melkende Kuh, einträgliche Erwerbsquelle ◇ морска́я ~ Seekuh; идёт, как коро́ве седло́ das paßt wie die Faust aufs Auge
коро́вий, -ья, -ье Kuh-; -ье молоко́ Kuhmilch
коро́вка, -и, *Pl G* -вок, *D* -вкам *f*: бо́жья ~ Marienkäfer
коро́вник, -а *m* Kuhstall
коро́вница, -ы, *I* -ей *f alt* Kuhmagd
корое́д, -а *m* Borkenkäfer
короле́ва, -ы *f* 1. Königin 2. Dame *Schach*
короле́вич, -а, *I* -ем, *G Pl* -ей *m alt, folkl* Königssohn
короле́вна, -ы, *Pl G* -вен, *D* -внам *f alt, folkl* Königstochter
короле́вский, -ая, -ое Königs-
короле́вство, -а *n* Königreich
королёк, -лька́ *m* 1. Blutapfelsine 2. Goldhähnchen 3. Zwerghuhn 4. Zaunkönig
коро́ль, -я́ *m* König *a. Spielkarte und Schachfigur*; нефтяно́й ~ Ölkönig
коромы́сло, -а, *Pl G* -сел, *D* -слам *n* 1. Schulterjoch *zum Wassertragen* 2. Waagebalken ◇ дым (стои́т) коромы́слом *umg* es herrscht ein Tohuwabohu [ein Höllenlärm]
коро́на, -ы *f* 1. Krone 2. *astr* Korona; со́лнечная ~ Sonnenkorona
корона́ция, -и *f* Krönung
коро́нка, -и, *Pl G* -нок, *D* -нкам *f* Zahnkrone *oberer Teil des Zahns oder aufgesetzte Krone*; золота́я ~ Goldkrone
короновáть, -ну́ю, -ну́ешь; -но́ванный, -но́ван, -а *v, uv* krönen
коронова́ться, -нуюсь, -нуешься *v, uv* gekrönt werden
коро́ста, -ы *f* Krätzegrind
коросте́ль, -я́ *m zool* Wachtelkönig
корота́ть, -а́ю, -а́ешь *uv umg*: ~ вре́мя sich die Zeit vertreiben; ~ ве́чер в разгово́рах den Abend mit Gesprächen verbringen ‖ *v* скорота́ть
коро́ткий, -ая, -ое; *Kzf* ко́ро́ток, коротка́, ко́ро́тко́, ко́ро́тки́; *Komp* коро́че kurz; -ие во́лны *rad* Kurzwellen; на ~ срок auf kurze Zeit; -ое замыка́ние *el* Kurzschluß; -ая па́мять kurzes [schlechtes] Gedächtnis; коро́че говоря́ kurz gesagt ◇ у меня́ с ним распра́ва -ая mit ihm mache ich kurzen Prozeß; -ое знако́мство nahe Bekanntschaft; пальто́ коротко́ der Mantel ist zu kurz; брю́ки мне коротки́ die Hose ist mir zu kurz; у него́ ру́ки ко́ротки́ *umg* das steht nicht in seiner Macht; до́лго ли, коро́тко ли über kurz oder lang; во́лос до́лог, да ум коро́ток lange Haare, kurzer Verstand
ко́ротко *Adv* kurz; ~ говоря́ kurz gesagt; ~ и я́сно kurz und bündig; я ~ знако́м с ним ich bin mit ihm gut bekannt
коротковолнови́к, -а́ *m* Kurzwellenamateur
коротково́лновый, -ая, -ое Kurzwellen-; ~ переда́тчик Kurzwellensender
короткометра́жный, -ая, -ое: ~ фильм Kurzfilm
коротконо́гий, -ая, -ое; *Kzf* -но́г, -а kurzbeinig
коротыш, -а́, *I* -о́м, *G Pl* -е́й *m volksspr* Knirps, kleiner Mensch
коро́че ↑ коро́ткий
корпе́ть, -плю́, -пи́шь *uv volksspr* angestrengt arbeiten (над *I* an); ~ над кни́гами über den Büchern hocken
ко́рпия, -и *f* Scharpie
корпора́ция, -и *f* Korporation, Körperschaft; Korps
ко́рпус, -а, *Pl* ко́рпусы, -ов, -ам *u.* корпуса́, -о́в, -а́м *m* 1. (*Pl* ко́рпусы) Körper, Rumpf; наклони́ться всем ко́рпусом sich mit dem ganzen Körper vorbeugen 2. (*Pl* корпуса́) Gehäuse; ~ часо́в Uhrengehäuse; ~ су́дна Schiffsrumpf 3. (*Pl* корпуса́) Gebäude *eines Komplexes*; заво́дские -а́ Fabrikgebäude 4. (*Pl* корпуса́) Korps; арме́йский ~ Armeekorps; дипломати́ческий ~ diplomatisches Korps 5. *typ* Korpus
корректи́в, -а *m* Berichtigung, Korrektur; внести́ ~ во что́-н. etw. berichtigen

корректи́ровать, -рую, -руешь; -рованный, -рован, -а *uv* korrigieren ‖ *v* скорректи́ровать
корре́ктность, -и *f* Korrektheit
корре́ктный, -ая, -ое; *Kzf* -тен, -тна korrekt
корре́ктор, -а, *Pl* корре́кторы, -ов, -ам *u. umg* норректора́, -óв, -áм *m* Korrektor
корректу́ра, -ы *f* **1.** Korrekturabzug **2.** *typ* Korrektur; держáть [прáвить, читáть] -у Korrektur lesen
корректу́рный, -ая, -ое Korrektur-; ~ óттиск Korrekturabzug
корреляти́вный, -ая, -ое *buchspr* korrelativ
корреля́ция, -и *f buchspr* Korrelation
корреспонде́нция, -и *f* **1.** Korrespondenz, Briefwechsel **2.** Zeitungsbericht
корреспонди́ровать, -рую, -руешь *uv buchspr D oder* с *I* entsprechen
коррóзия, -и *f* Korrosion
коррýпция, -и *f* Korruption
корсáж, -а, *I* -ем, *G Pl* -ей *m* Korsage, Mieder
корсáр, -а *m* Seeräuber, Korsar
корсéт, -а *m* Korsett
Кóрсика, -и *f* Korsika
корсикáнец, -нца, *I* -нцем, *G Pl* -нцев *m* Korse
корсикáнский, -ая, -ое korsisch
корт, -а *m* Tennisplatz
кóртик, -а *m kurzer* Offiziersdolch
кóрточки, -чек, -чкам *Pl*: сидéть на -чках kauern, hocken; присéсть на ~ sich kauern, sich hinhocken
корчáга, -и *f* großer Tontopf
корчевáть, -чýю, -чýешь; -чёванный, -чёван, -а *uv* roden
корчёвка, -и *f* Roden
кóрчи *Pl* -ей, *Sg* кóрча, -и *f umg* Krämpfe
кóрчить, -чу, -чишь *uv* **1.** *meist unpers* zusammenkrampfen; егó кóрчит от бóли er krümmt sich vor Schmerzen **2.** *volksspr* spielen, markieren; ~ дуракá sich dumm stellen; он кóрчит из себя́ учёного er spielt sich als Gelehrter auf ◇ ~ рóжи [гримáсы] Grimassen schneiden ‖ *v* скóрчить; -ченный, -чен, -а *zu* 1
кóрчиться, -чусь, -чишься *uv* sich in Schmerzen winden ‖ *v* скóрчиться
корчмá, -ы́, *Pl G* -чéм, *D* -чмáм *f alt* Schenke *Ukraine u. Belorußland*
корчмáрь, -я́ *m alt* Schenkwirt
кóршун, -а *m* Milan; Weihe; Geier ◇ -ом налетéть на когó-н. wie ein Geier über j-n herfallen
коры́стный [сн], -ая, -ое; *Kzf* -тен, -тна eigennützig, gewinnsüchtig
корыстолюби́вый, -ая, -ое; *Kzf* -и́в, -а eigennützig, gewinnsüchtig
корыстолю́бие, -я *n* Eigennutz, Gewinnsucht, Geldgier
кóрысть, -и *f* **1.** Vorteil, Gewinn **2.** Eigennutz, Gewinnsucht
коры́то, -а *n* Trog ◇ остáться у разби́того -а mit gescheiterten Hoffnungen dasitzen
корь, -и *f med* Masern
кóрюшка, -и, *Pl G* -шек, *D* -шкам *f zool* Stint
коря́вый, -ая, -ое; *Kzf* -я́в, -а **1.** pockennarbig **2.** rauh, rissig **3.** verkrümmt, knorrig ◇ ~ пóчерк ungefüge Handschrift; ~ стиль schwerfälliger Stil
[1]**косá,** -ы́, *A* кóсу, *Pl* кóсы, кос, кóсам *f* Zopf
[2]**косá,** -ы́, *A* кóсу́, *Pl* кóсы, кос, кóсам *f* Sense ◇ нашлá ~ на кáмень es geht hart auf hart, zwei harte Schädel sind aneinandergeraten
[3]**косá,** -ы́, *A* кóсу́, *Pl* кóсы, кос, кóсам *f* Landzunge, Nehrung
косáрь, -я́ *m* Schnitter
кóсвенный, -ая, -ое indirekt, mittelbar; -ое влия́ние indirekter Einfluß; ~ намёк Anspielung; -ая речь *gram* indirekte Rede; узнáть -ым путём auf Umwegen [hintenherum] erfahren; ~ падéж obliquer Kasus
косéц, -сцá, *I* -сцóм, *G Pl* -сцóв *m* Schnitter
коси́лка, -и, *Pl G* -лок, *D* -лкам *f* Grasmähmaschine
кóсинус, -а *m math* Kosinus
[1]**коси́ть,** кошý, коси́шь *uv* **1.** schielen; ~ на óба глазá auf beiden Augen schielen **2.** schief sein; плáтье спéреди коси́т das Kleid sitzt vorn schief
[2]**коси́ть,** кошý, кóсишь; кóшенный, кóшен, -а *uv* **1.** mähen **2.** *übtr* dahinraffen
коси́ться, кошýсь, коси́шься *uv* **1.** *1. u. 2. Pers ungebr* schief werden **2.** на *A umg* schielen, von der Seite ansehen **3.** на *A umg* scheel ansehen, sich mißbilligend verhalten (на *A* zu); все на негó кося́тся alle sehen ihn scheel an
коси́чка, -и, *Pl G* -чек, *D* -чкам *f Dem zu* [1]косá Zöpfchen
космáтить, -áчу, -áтишь *uv umg* zerzausen
космáтый, -ая, -ое; *Kzf* -áт, -а zottig, zerzaust
космéтика, -и *f* Kosmetik

косметический, -ая, -ое kosmetisch; ~ ремонт Renovierung *Wohnung*
косметичка, -и, *Pl G* -чек, *D* -чкам *f umg* Kosmetikerin
космический, -ая, -ое **1.** kosmisch, Weltraum-; ~ полёт Weltraumflug; ~ корабль Weltraumschiff; первая -ая скорость erste kosmische Geschwindigkeit; -ая радиация kosmische Strahlung **2.** ungeheuer (groß)
космо|дром, -а *m* Kosmodrom, Startplatz für Weltraumschiffe, Raketenstartplatz; **~навт,** -а *m* Kosmonaut, Weltraumfahrer; **~полит,** -а *m* Kosmopolit; **~политизм,** -а *m* Kosmopolitismus; **~политический,** -ая, -ое kosmopolitisch
космос, -а *m buchspr* Weltall, Kosmos; освоение -а Eroberung des Weltalls
космы, косм *Pl* Haarsträhnen
коснеть, -ею, -еешь *uv* **1.** erstarren, steif werden; говорить коснеющим языком mit schwerer Zunge sprechen **2.** *in einen Zustand* versinken, versumpfen; ~ в невежестве verdummen; ~ в пороках dem Laster verfallen sein
косность, -и *f* geistige Trägheit, Stagnation
косноязычный, -ая, -ое; *Kzf* -чен, -чна **1.** an einem Sprachfehler leidend **2.** stotternd, stammelnd
коснуться *v zu* касаться
косный, -ая, -ое; *Kzf* -сен, -сна geistig träge, konservativ
косовица, -ы, *I* -ей *f* Heuernte; Mähzeit; ~ хлебов Zeit der Getreideernte
косовище, -а, *I* -ем *n* Sensenstiel
косоворотка, -и, *Pl G* -ток, *D* -ткам *f* russisches Hemd mit Stehkragen und seitlichem Verschluß
косоглазие, -я *n* Schielen
косоглазый, -ая, -ое; *Kzf* -аз, -а schieläugig
косогор, -а *m* Abhang
косой, -ая, -ое; *Kzf* кос, -а! **1.** schräg; ~ почерк schräge Handschrift; глаза с -ым разрезом Schlitzaugen **2.** schief, krumm **3.** schieläugig ◇ ~ взгляд schiefer Blick, Seitenblick; косо смотреть на кого-н. j-n scheel ansehen; ~ угол schiefer Winkel
косолапый, -ая, -ое; *Kzf* -ап, -а **1.** klumpfüßig **2.** mit nach innen gekehrten Füßen gehend *z. B. Bär* **3.** *umg* tolpatschig, ungeschickt
косоугольный, -ая, -ое *math* schiefwinklig
Коста-Рика, -и *f* Costa Rica
костенеть, -ею, -еешь *uv* erstarren; ~ от ужаса [холода] vor Schreck [Kälte] erstarren
костёр, -тра *m* Lagerfeuer; Scheiterhaufen; разложить ~ ein Lagerfeuer anmachen
костистый, -ая, -ое; *Kzf* -ист, -а **1.** knochig, mit hervorstehenden Knochen **2.** mit vielen Gräten
костить, -щу, -стишь *uv volksspr* stark beschimpfen
костлявый, -ая, -ое; *Kzf* -яв, -а **1.** knochig, dürr **2.** mit vielen Gräten
костный [сн], -ая, -ое Knochen-; ~ мозг Knochenmark; ~ клей Knochenleim
костоеда, -ы *f med* Knochenfraß
косточка, -и, *Pl G* -чек, *D* -чкам *f* **1.** Knöchelchen; Gräte **2.** Stein, Kern *in Früchten*; ~ сливы Pflaumenkern **3.** Holzkugel *am Rechenbrett* **4.** Korsettstäbchen ◇ перемывать кому-н. косточки j-n durchhecheln, kein gutes Haar an j-m lassen
кострец, -а, *I* -ом, *G Pl* -ов *m* Keule, Schwanzstück *bei geschlachtetem Vieh*
костыль, -я *m* **1.** Krücke, Krückstock **2.** Haken, Mauerhaken
кость, -и, *P* о кости, в кости *f* **1.** Knochen; Gräte; берцовая ~ Schienbein; локтевая ~ Elle; височная ~ Schläfenbein; слоновая ~ Elfenbein **2.** *meist Pl* Spielwürfel; играть в -и würfeln ◇ белая ~ *iron* blaues Blut; промокнуть до -ей bis auf die Haut durchnäßt werden; пересчитать кому-н. -и *volksspr* j-n versohlen
костюм, -а *m* **1.** Kostüm, Tracht; национальный ~ Volkstracht **2.** Damenkostüm; платье-~ Jackenkleid **3.** Anzug; ~ на заказ Maßanzug ◇ в -е Адама *scherz* im Adamskostüm
костюмер, -а *m theat* Gewandmeister
костюмированный, -ая, -ое kostümiert; ~ бал Maskenball
костюмироваться, -руюсь, -руешься *v, uv* sich kostümieren
костюмировка, -и *f* Kostümierung
Костя, -и *m Dem zu* Константин
костяк, -а *m* **1.** Knochengerüst, Skelett **2.** Grundstock, Stamm
костяной, -ая, -ое aus Knochen hergestellt, beinern; -ая мука Knochenmehl
костяшка, -и, *Pl G* -шек, *D* -шкам *f umg* **1.** Knöchel **2.** aus Knochen gefertigter Gegenstand *Knopf u. a.* **3.** Kugel des Rechenbretts
косуля, -и *f* Reh

косы́нка, -и, *Pl G* -нок, *D* -нкам *f* (dreieckiges) Kopftuch, Halstuch
косьба́, -ы́ *f* Mähen, Mahd
[1]**коса́к,** -á *m* Pfosten; дверно́й ~ Türpfosten; око́нный ~ Fensterpfosten
[2]**коса́к,** -á *m* 1. Schwarm *Vögel, Fische* 2. Stutenherde mit einem Hengst
кот, -á *m* Kater ◇ ~ в сапогáх der gestiefelte Kater; дéнег у меня́ ~ наплáкал ich habe sehr wenig Geld; купи́ть -á в мешкé die Katze im Sack kaufen; без -á мышáм мáсленица *Sprichw* wenn die Katze nicht im Haus ist, tanzen die Mäuse
котáнгенс, -а *m math* Kotangens
котёл, -тлá *m* Kessel *a. mil*; паровóй ~ Dampfkessel ◇ óбщий ~ Gemeinschaftsverpflegung; *übtr* gemeinschaftliche Benutzung; кипéть как в котлé eine fieberhafte Tätigkeit entfalten
котелóк, -лкá *m* 1. *Dem zu* котёл kleiner Essenträger; Kochgeschirr 2. steifer runder Hut, Melone
котéльная, -ой *Subst f* Kesselhaus
котéльщик, -а *m* 1. Kesselschmied 2. Heizer im Kesselhaus
котёнок, -нка, *Pl* котя́та, -я́т, -я́там *m* junges Kätzchen
кóтик, -а *m* 1. Kater 2. Bärenrobbe 3. Seal(skin)
кóтиковый, -ая, -ое Seal(skin)-
коти́ться, *1. u. 2. Pers ungebr*, -и́тся *uv* Junge werfen *Katzen u. a.*
котлéта, -ы *f* 1.: отбивнáя ~ Kotelett 2. Klops, Fleischklößchen; картóфельная ~ Kartoffelpuffer
котловáн, -а *m* Baugrube
котлови́на, -ы *f* Talkessel
котóмка, -и, *Pl G* -мок, *D* -мкам *f* Schultersack, Quersack
котóрый, -ая, -ое *Pron* 1. *Interr Pron* welcher; der wievielte; ~ час? wie spät ist es?; ~ раз? das wievielte Mal?; ~ гáлстук вы выбрали? welchen Schlips haben Sie gewählt?; в -ом часу́? um wieviel Uhr?; ~ тебé год? wie alt bist du? 2. *Rel Pron* der, welcher; дом, в -ом я живу́ das Haus, in dem ich wohne; человéк, фами́лию -ого я забы́л der Mann, dessen Namen ich vergessen habe 3. *Indef Pron* mancher *besonders mit den Substantiven*: раз, день, год; ~ день manchen Tag, seit Tagen; в ~ раз immer wieder 4. *Indef Pron volksspr* ein bestimmter; *Pl* einige; -ые разговáривали, -ые игрáли в кáрты einige unterhielten sich, andere spielten Karten
котóрый-либо, -ая-либо, -ое-либо *unbest Pron alt umg* irgendeiner, irgendjemand
котóрый-нибудь, -ая-нибудь, -ое-нибудь *unbest Pron umg* irgendeiner, irgendjemand
коттéдж [катэ], -а *m* Einfamilienhaus
кóфе *m idkl* Kaffee; ~ в зёрнах Bohnenkaffee; ~ с молокóм Milchkaffee
кофéйник, -а *m* Kaffeekanne
кофéйница, -ы, *I* -ей *f* 1. Kaffeebüchse 2. Kaffeemühle *Handmühle*
кофéйный, -ая, -ое Kaffee-; -ая гу́ща Kaffeesatz; -ого цвéта kaffeebraun
кофéйня, -и, *Pl G* -éен, *D* -éйням *f alt* Kaffeehaus
кóфта, -ы *f* kurze Frauenjacke oder -bluse; вя́заная ~ Strickjacke
кóфточка, -и, *Pl G* -чек, *D* -чкам *f Dem zu* кóфта kurze Frauenjacke aus leichtem Stoff
кочáн, -á *u.* -чнá *m* Kohlkopf
кочевáть, -чу́ю, -чу́ешь *uv* nomadisieren
кочёвка, -и *f* 1. Nomadisieren 2. Nomadenlager
кочéвник, -а *m* Nomade
кочевóй, -áя, -óе nomadisierend; -óе плéмя Nomadenstamm
кочевря́житься, -жусь, -жишься *uv volksspr* 1. sich verstellen, sich zieren 2. sich bitten lassen
кочéвье, -ья, *Pl G* -вий, *D* -вьям *n* 1. Nomadenlager 2. Weidegebiet der Nomaden
кочегáр, -а *m* Heizer
кочегáрка, -и, *Pl G* -рок, *D* -ркам *f* Kesselhaus
кочене́ть, -éю, -éешь *uv* starr [steif] werden; ~ от хóлода vor Kälte erstarren
кочергá, -и́, *Pl G* -рёг, *D* -ргáм *f* Feuerhaken
кочеры́жка, -и, *Pl G* -жок, *D* -жкам *f* Kohlstrunk
кóчка, -и, *Pl G* -чек, *D* -чкам *f* kleiner Erdhügel *auf sumpfigem Boden*
кошáтник, -а *m umg* 1. Katzenfänger 2. Katzenliebhaber
кошáчий *u.* **кóшечий,** -ья, -ье 1. Katzen-; -ья лóвкость katzenartige Gewandtheit 2. aus Katzenfell gefertigt ◇ ~ концéрт Katzenmusik
кошелёк, -лькá *m* Portemonnaie
кошёлка, -и, *Pl G* -лок, *D* -лкам *f* geflochtene Tasche, kleiner Korb
кошéль, -я́ *m* 1. Korb, geflochtene Tasche 2. *alt* Geldbeutel

кошéние, -я *n* Mähen
кóшечий ↑ кошáчий
кóшка, -и, *Pl G* -шек, *D* -шкам *f* 1. Katze; ангóрская ~ Angorakatze 2. *umg* Katzenfell 3. Steigeisen 4. kleiner Anker *zum Heben versunkener Gegenstände* 5. Katze *Lederpeitsche* ◇ игрáть в кóшки-мы́шки Katze und Maus spielen; жить как ~ с собáкой wie Hund und Katze leben; -е игрýшки, а мы́шке слёзки *Sprichw* des einen Tod, des andern Brot; чёрная ~ междý ни́ми пробежáла sie haben sich verkracht; он бéгает как угорéлая ~ er rennt wie ein Wahnsinniger
кошмáр, -а *m* Alpdruck *a. übtr*; -ы войны́ die Schrecken des Krieges
кошмáрный, -ая, -ое; *Kzf* -рен, -рна grauenhaft, entsetzlich; ~ сон Alptraum
Кощéй, -я *m in der russ. Volkssage* hagerer, reicher alter Mann, der das Geheimnis der Langlebigkeit besitzt
кощýнство, -а *n* Lästerung, Schmähung
кощýнствовать, -твую, -твуешь *uv* над *I* lästern, schmähen
коэффициéнт [эн], -а *m* Koeffizient; ~ полéзного дéйствия *tech* Wirkungsgrad, Nutzeffekt
КПГ (Коммунисти́ческая пáртия Гермáнии) KPD (Kommunistische Partei Deutschlands)
кпд (коэффициéнт полéзного дéйствия) *tech* Wirkungsgrad, Nutzeffekt
КПК (Коми́ссия партийного контрóля) Parteikontrollkommission
КПСС (Коммунисти́ческая пáртия Совéтского Союза) KPdSU (Kommunistische Partei der Sowjetunion)
краб, -а *m* Krabbe
крáвчий, -его *Subst m* Mundschenk
крáги, краг *Pl* 1. Stiefelgamaschen, Ledergamaschen 2. Handschuhstulpen
крáденое, -ого *Subst n* Diebesgut
крáденый, -ая, -ое gestohlen
крадý ↑ красть
крáдучись *Adv*: идти́ ~ *umg* schleichen
краевéд, -а *m* Heimatkundler
краевéдение, -я *n* Heimatkunde
краевéдческий, -ая, -ое heimatkundlich; ~ музéй Heimatmuseum
краевóй, -áя, -óе Regions-, Gebiets-
краеугóльный, -ая, -ое: ~ кáмень *übtr* Grundstein
крáжа, -и, *I* -ей *f* Diebstahl; ~ со взлóмом Einbruchdiebstahl
край, крáя *u.* крáю, *P* о крáе, в [на] краю́, *Pl* края́, -ёв, -ям *m* 1. Rand, Kante, Ende; на сáмом краю́ am äußersten Ende [Rand]; на краю́ свéта am Ende der Welt; перели́ться чéрез ~ überfließen; на краю́ гибели am Rande des Verderbens; перéдний ~ (оборóны) *mil* Hauptkampflinie 2. Land; роднóй ~ Heimatland 3. Region, Gebiet *große Verwaltungseinheit* ◇ слы́шать крáем ýха mit halbem Ohr hören; чéрéз ~ im Übermaß; хвати́ть чéрез ~ zu weit gehen, über die Schnur hauen; э́тому концá-крáю нет das nimmt kein Ende; моя́ хáта с крáю, я ничегó не знáю mein Name ist Hase, ich weiß von nichts
крайкóм, -а *m* (краевóй комитéт) Regionskomitee *der Partei*
крáйне *Adv* äußerst, sehr
крáйний, -яя, -ее äußerst; ~ срок letzter Termin; на Крáйнем Сéвере im Hohen Norden; в крáйнем слýчае im Notfall, notfalls; по крáйней мéре mindestens; лéвый ~ (нападáющий) Linksaußen *Fußball*
крáйность, -и *f* Extrem; впадáть в ~ ins Extrem verfallen; доводи́ть до -и bis zum Äußersten treiben
Крáков, -а *m* Kraków
краковя́к, -а *m* Krakowiak *polnischer Tanz*
[1]**кран,** -а *m* Hahn; водопровóдный ~ Wasserhahn
[2]**кран,** -а *m* (Hebe-) Kran
крановщи́к, -á *m* Kranführer
крановщи́ца, -ы, *I* -ей *f* Kranführerin
крáновый, -ая, -ое Kran-
крáпать, *1. u. 2. Pers ungebr*, -пает *u.* -плет; крáпленный, -ен, -а *uv* tröpfeln *Regen*
крапи́ва, -ы *f* Brennessel; глухáя ~ Taubnessel
крапи́вница, -ы, *I* -ей *f* Nesselfieber
крапи́вный, -ая, -ое Nessel- ◇ -ое сéмя *alt, iron* Amtsschreiber, Beamter
крáпина, -ы *f* Tüpfel, Tupfen
крáпинка, -и, *Pl G* -нок, *D* -нкам *f* Tüpfel; с чёрными -ами schwarzgetüpfelt
краплёный, -ая, -ое gezinkt, gezeichnet *Spielkarten von Falschspielern*
красá, -ы́ *f* 1. *alt, poet* Schönheit; во всей красé in aller Pracht; показáть себя́ во всей красé *iron* sein wahres Gesicht zeigen 2. *übtr* Zierde, Schmuck

краса́вец, -вца, *I* -вцем, *G Pl* -вцев *m* schöner Mann
краса́вица, -ы, *I* -ей *f* Schönheit, schöne Frau
краси́вый, -ая, -ое; *Kzf* -и́в, -а; *Komp* краси́вее *u. poet* кра́ше schön, hübsch; -ые слова́ schöne Redensarten
краси́льный, -ая, -ое Färber-, Farb-; ～ цех Färberei; -ые вещества́ Farbstoffe
краси́льня, -и, *Pl G* -лен, *D* -льням *f* Färberei
краси́льщик, -а *m* Färber
краси́тель, -я *m* Farbstoff
кра́сить, кра́шу, кра́сишь; кра́шенный, -шен, -а *uv* **1.** (chemisch) färben **2.** (an)streichen; ～ сте́ны в жёлтый цвет die Wände gelb streichen **3.** *1. u. 2. Pers ungebr* (ver)zieren, schmücken
кра́ситься, кра́шусь, кра́сишься *uv* **1.** sich schminken; sich die Haare färben **2.** abfärben **3.** sich färben lassen; мате́рия хорошо́ кра́сится der Stoff läßt sich gut färben
кра́ска, -и, *Pl G* -сок, *D* -скам *f* **1.** Farbe, Farbstoff; ма́сляная ～ Ölfarbe; светя́щиеся -и Leuchtfarben; писа́ть -ами malen **2.** Färben, Anstreichen; отда́ть пла́тье в -у das Kleid zum Färben geben **3.** gesunde Gesichtsfarbe; вогна́ть кого́-н. в -у j-n zum Erröten bringen ◇ сгуща́ть -и übertreiben
красне́ть, -е́ю, -е́ешь *uv* **1.** *1. u. 2. Pers ungebr* sich röten *Früchte* **2.** erröten, rot anlaufen **3.** sich schämen; мне прихо́дится ～ за тебя́ ich muß mich deinetwegen schämen **4.** *1. u. 2. Pers ungebr* rot leuchten, rot schimmern
красне́ться, *1. u. 2. Pers ungebr*, -еется *uv* rot leuchten [schimmern]
красноарме́ец, -е́йца, *I* -е́йцем, *G Pl* -е́йцев *m* Rotarmist
красноарме́йский, -ая, -ое Rotarmisten-
красноба́й, -я, *G Pl* -ев *m* Schönredner, Phrasendrescher
красноватый, -ая, -ое; *Kzf* -а́т, -а rötlich
красногварде́ец, -е́йца, *I* -е́йцем, *G Pl* -е́йцев *m* Rotgardist
Краснода́р, -а *m* Krasnodar *Stadt*
краснодере́вец, -вца, *I* -вцем, *G Pl* -вцев *m* Kunsttischler
краснодере́вщик, -а *m* Kunsttischler
краснознамённый, -ая, -ое mit dem Rotbannerorden ausgezeichnet
краснокóжий, -его *Subst m* Rothaut, Indianer
краснолéсье, -ья *n* Nadelwald
красноречи́вый, -ая, -ое; *Kzf* -и́в, -а **1.** redegewandt **2.** ausdrucksvoll
красноре́чие, -я *n* **1.** Beredsamkeit, Rednertalent **2.** Redekunst
краснота́, -ы́ *f* **1.** Röte **2.** *med* Rötung
краснофло́тец, -тца, *I* -тцем, *G Pl* -тцев *m* Matrose der Roten Flotte
краснощёкий, -ая, -ое; *Kzf* -ёк, -а rotbäckig, rotwangig
красну́ха, -и *f med* Röteln
кра́сный, -ая, -ое **1.** *Kzf* -сен, -сна́! rot *Farbe* **2.** *pol* rot; ～ уголо́к Rote Ecke *Raum für kulturelle Arbeit;* -ая доска́ Ehrentafel **3.** *Kzf* -сен, -сна́! *folkl* schön; -ая де́вица schönes Mädchen; -ое со́лнышко liebe Sonne ◇ -ое де́рево Mahagoni; -ая строка́ neue Zeile mit Absatz, Alinea; ра́ди -ого словца́ der schönen Worte wegen; проходи́ть -ой ни́тью sich wie ein roter Faden hindurchziehen; пусти́ть -ого петуха́ den roten Hahn aufs Dach setzen, in Brand stecken; Кра́сное мо́ре Rotes Meer
красова́ться, -су́юсь, -су́ешься *uv* **1.** schön anzusehen sein **2.** *mit oder ohne* собо́ю prunken, sich zur Schau stellen
красота́, -ы́, *Pl* красо́ты, -о́т, -о́там *f* Schönheit
красо́тка, -и, *Pl G* -ток, *D* -ткам *f umg* schönes Mädchen
кра́сочность, -и *f* Farbenreichtum, Farbenpracht
кра́сочный, -ая, -ое **1.** Farben-; кра́сочная промы́шленность Farbenindustrie **2.** *Kzf* -чен, -чна farbenprächtig ◇ ～ стиль bilderreicher Stil
красть* *uv* stehlen ‖ *v* укра́сть
кра́сться* крадя́сь *u. umg* кра́дучись *uv* (sich an-, ein-) schleichen
кра́сящий, -ая, -ее färbend, Farb-
крат: во́ сто ～ бо́льше hundertmal so groß [so viel]
кра́тер, -а *m* Krater
кра́ткий, -ая, -ое; *Kzf* -ток, -тка́!; *Komp* кра́тче; *Sup* кратча́йший **1.** kurz; knapp, gedrängt; ～ гла́сный kurzer Vokal; и кра́ткое Bezeichnung des Buchstabens й **2.** -о *Adv*: говори́ -о! fasse dich kurz!
кратковре́менный, -ая, -ое; *Kzf* -менен, -менна kurz, von kurzer Dauer
краткосро́чный, -ая, -ое; *Kzf* -чен, -чна kurzfristig
кра́ткость, -и *f* Kürze, Knappheit

кра́тное, -ого *Subst n* das Vielfache; о́бщее наиме́ньшее ~ das kleinste gemeinsame Vielfache
-кра́тный *in Zuss* -malig
кра́тный, -ая, -ое; *Kzf* -тен, -тна teilbar *math*
кратча́йший ↑ кра́ткий
кра́тче ↑ кра́ткий
крах, -а *m* Bankrott, Zusammenbruch; ~ ба́нка Bankkrach; потерпе́ть ~ zusammenbrechen
крахма́л, -а *m* Stärke(mehl)
крахма́лить, -лю, -лишь; -ленный, -лен, -а *uv* stärken, steifen
крахма́льный, -ая, -ое **1.** Stärke- **2.** gestärkt
кра́ше ↑ краси́вый
кра́шение, -я *n tech* Färben
кра́шеный, -ая, -ое **1.** gefärbt; angestrichen **2.** geschminkt
краю́ха, -и *f volksspr* Brotkanten
краю́шка, -и, *Pl G* -шек, *D* -шкам *f Dem zu* краю́ха Brotkanten
кре́дит, -а *m finanz* Haben(seite)
креди́т, -а *m* **1.** Kredit, Darlehen; откры́ть кому́-н. ~ j-m Kredit einräumen; купи́ть в ~ auf Abzahlung kaufen **2.** Kredit, Vertrauen
креди́тный, -ая, -ое Kredit-; ~ биле́т *alt* Banknote
кредитова́ние, -я *n* Kreditierung, Gewährung eines Kredits
кредитова́ть, -ту́ю, -ту́ешь; -то́ванный, -то́ван, -а *v, uv A* kreditieren, Kredit gewähren; ~ строи́тельство einen Baukredit gewähren
кредитова́ться, -ту́юсь, -ту́ешься *v, uv* Kredit aufnehmen
кредито́р, -а *m* Gläubiger, Kreditgeber
кредитоспосо́бный, -ая, -ое; *Kzf* -бен, -бна kreditfähig
крез, -а *m* Krösus
кре́йсер, -а *m* Kreuzer; лине́йный ~ Schlachtkreuzer
кре́йсерский, -ая, -ое: -ая ско́рость *flugw, naut* Reisegeschwindigkeit
крейси́ровать, -рую, -руешь *uv* **1.** verkehren *Schiffe* **2.** kreuzen *Kriegsschiffe*
крем, -а *m* **1.** Schlagkrem **2.** Schuhkrem **3.** Hautkrem
крématóрий, -я, *P* -и, *G Pl* -ев *m* Krematorium
кремацио́нный, -ая, -ое Verbrennungs-
крема́ция, -и *f* Einäscherung
креме́нь, -мня́ *m* **1.** Kiesel, Feuerstein **2.** *umg* starrköpfiger Mensch; Geizhals
кремлёвский, -ая, -ое Kreml-; -ие ба́шни Kremltürme
кремль, -я́ *m* Kreml *Stadtfestung in alten russischen Städten*; Моско́вский Кремль der Moskauer Kreml
кремнёвый, -ая, -ое Kiesel-; -ая кислота́ Kieselsäure; -ое ружьё Steinschloßflinte
кре́мний, -я, *P* -и *m* Silizium
кремни́стый, -ая, -ое Kiesel-
кре́мовый, -ая, -ое **1.** cremefarben **2.** Krem-; -ое пиро́жное Kremtörtchen
крен, -а *m* **1.** *naut* Schlagseite; дать ~ Schlagseite haben **2.** *übtr* Kurs
кре́ндель, -я, *Pl* -и *u.* -я́, -е́й, -я́м *m* Brezel
крени́ть, -ню́, -ни́шь *uv* auf die Seite legen *Schiff*
крени́ться, *1. u. 2. Pers ungebr*, -и́тся *uv naut* Schlagseite haben
креп, -а *m* **1.** *text* Krepp **2.** Flor, Trauerflor; Trauerband
крепдеши́н, -а *m text* Crêpe de Chine
крепёжный, -ая, -ое *berg* zur Sicherung der Abbaustellen bestimmt; ~ лес Grubenholz
крепи́тельный, -ая, -ое *med* stopfend
крепи́ть, -плю́, -пи́шь; -плённый, -плён, -плена́ *uv* **1.** festigen, stärken **2.** befestigen, festmachen **3.** *berg* abstützen **4.** *1. u. 2. Pers ungebr med* stopfen; его́ крепи́т er leidet an Verstopfung
крепи́ться, -плю́сь, -пи́шься *uv* sich zusammennehmen; крепи́сь! nur Mut!
кре́пки: игра́ть в ~ Dame spielen *nach den üblichen Regeln*
кре́пкий, -ая, -ое; *Kzf* -пок, -пка́!; *Komp* кре́пче; *Sup* крепча́йший **1.** fest, hart **2.** kräftig, stark; ~ челове́к ein starker Mensch **3.** stark, heftig; ~ моро́з heftiger Frost **4.** stark *Getränke*; -ие напи́тки stark alkoholhaltige Getränke ◇ ~ сон fester Schlaf; -ое словцо́ derber Ausdruck, Schimpfwort; ~ на́ ухо schwerhörig; он ещё кре́пок на нога́х er ist noch gut zu Fuß
кре́пко *Adv* **1.** fest, stark **2.** *volksspr* ordentlich, gehörig; ~-на́крепко sehr fest; sehr streng
крепколо́бый, -ая, -ое; *Kzf* -ло́б, -а *umg* dickköpfig; dumm, stupid
крепле́ние, -я *n* **1.** Befestigen; *naut* Zurren **2.** *berg* Zimmerung **3.** Bindung; лы́жное ~ Schibindung
кре́пнуть, -ну, -нешь; креп *u.* крепнул *uv* erstarken, sich festigen

крепостни́чество [сн], -а *n* Leibeigenschaft

[1]**крепостно́й** [сн], -а́я, -о́е 1. leibeigen; -о́е пра́во Leibeigenschaft 2. -ого *Subst m* Leibeigener

[2]**крепостно́й** [сн], -а́я, -о́е Festungs-; -ы́е укрепле́ния Festungswerke

[1]**кре́пость,** -и *f* Festung

[2]**кре́пость,** -и *f* 1. Festigkeit, Härte 2. Stärke, Kraft 3. Stärke *Getränke, Lösungen*

крепча́йший ↑ кре́пкий

крепча́ть, *1. u. 2. Pers ungebr,* -а́ет *uv* stärker [heftiger] werden

кре́пче ↑ кре́пкий

крепы́ш, -а́, *I* -о́м, *G Pl* -е́й *m umg* kräftiger, kerngesunder Mensch *meist von Kindern*

кре́сло, -а, *Pl G* -сел, *D* -слам *n* Sessel; ~ на колёсах Rollstuhl; ~-крова́ть ausziehbarer Sessel; катапульти́руемое ~ *flug* Schleudersitz

крест, -а́ *m* Kreuz; О́бщество Кра́сного креста́ Rotes Kreuz; ~-на́крест kreuzweise ◇ поста́вить ~ на чём-н. ein Kreuz über etw. machen, etw. aufgeben

кресте́ц, -тца́, *I* -тцо́м, *G Pl* -тцо́в *m anat* Kreuz(bein)

крести́льный, -ая, -ое Tauf-

крести́ны, -и́н *Pl* Taufe

крести́ть, крещу́, кре́стишь; крещённый, -ён, -ена́ *uv* 1. *a. v* taufen 2. bekreuzigen

крести́ться, крещу́сь, кре́стишься *uv* 1. *a. v* sich taufen lassen, den christlichen Glauben annehmen 2. sich bekreuzigen

кре́стник [сн], -а *m* Patenkind

кре́стница [сн], -ы, *I* -ей *f* (weibliches) Patenkind

кре́стный [сн], -ая, -ое Kreuz(es)-; ~ ход (Kirchen-) Prozession

крестный [сн] 1. -ая, -ое: ~ оте́ц Pate, Patenonkel; -ая мать Patin, Patentante; ~ сын, -ая дочь (männliches, weibliches) Patenkind 2. -ого *Subst m* Pate, Patenonkel; -ая, -ой *Subst f* Patin, Patentante

крестови́дный, -ая, -ое; *Kzf* -ден, -дна kreuzförmig

крестови́к, -а́ *m* Kreuzspinne

крестови́на, -ы *f arch* Kreuzstück *a. Eisenbahn*

кресто́вый, -ая, -ое Kreuz-; ~ похо́д *hist* Kreuzzug

крестоно́сец, -сца, *I* -сцем, *G Pl* -сцев *m* Kreuzfahrer, Kreuzritter

крестообра́зный, -ая, -ое; *Kzf* -зен, -зна kreuzförmig

крестоцве́тные, -ых *Pl bot* Kreuzblütler

крестцо́вый [сц], -ая, -ое *anat* Kreuz-; -ая кость Kreuzbein

крестья́нин, -а, *Pl* -я́не, -я́н, -я́нам *m* Bauer; ~-бедня́к Kleinbauer

крестья́нка, -и, *Pl G* -нок, *D* -нкам *f* Bäuerin

крестья́нский, -ая, -ое Bauern-; -ая война́ Bauernkrieg

крестья́нство, -а *n* 1. Bauern(schaft) 2. *gbt* Landwirtschaft, Bauernarbeit

крети́н, -а *m* Kretin, Schwachsinniger

креще́ние, -я *n* 1. Taufe 2. Dreikönigsfest ◇ боево́е ~ Feuertaufe

креще́нский, -ая, -ое: -ие моро́зы strenges Frostwetter in der zweiten Januarhälfte

крещёный, -ая, -ое getauft

крива́я, -о́й *Subst f* Kurve ◇ его́ на -о́й не объе́дешь ihn kann man nicht hinters Licht führen

кри́вда, -ы *f folkl* Lüge

криве́ть, -е́ю, -е́ешь *uv volksspr* auf einem Auge erblinden

кривизна́, -ы́ *f* Krümmung, Biegung

криви́ть, -влю́, -ви́шь *uv* krümmen, schief machen; ~ рот den Mund verziehen; ~ душо́й heucheln || *v* скриви́ть; скривлённый, -ён, -ена́

криви́ться, -влю́сь, -ви́шься *uv* 1. sich biegen, krumm werden 2. den Mund verziehen || *v* скриви́ться

кривля́ка, -и *m, f umg* 1. Grimassenschneider 2. Zieraffe

кривля́нье, -ья *n* 1. Grimassenschneiden 2. Geziertheit

кривля́ться, -я́юсь, -я́ешься *uv* 1. Grimassen schneiden; Faxen machen 2. sich zieren

криво́й, -а́я, -о́е; *Kzf* крив, -а́! 1. krumm, schief 2. einäugig ◇ -о́е зе́ркало Vexierspiegel *ein verzerrtes Bild zeigend*; -о́е толкова́ние Mißdeutung

кривоно́гий, -ая, -ое; *Kzf* -но́г, -а krummbeinig

кривото́лки, -ов *Pl* übles Gerede, Geschwätz

кривоши́п, -а *m tech* Kurbel

кри́зис, -а *m* Krise, Krisis; мирово́й экономи́ческий ~ Weltwirtschaftskrise

крик, -а (-у) *m* Schrei, Ruf; ~ о по́мощи Hilferuf; после́дний ~ мо́ды der letzte Schrei, die neueste Mode

крикли́вый, -ая, -ое; *Kzf* -и́в, -а 1. häufig schreiend 2. gellend, durchdringend 3.: ~ человéк vorlauter Mensch, Schreier 4. *übtr* schreiend, auffällig

крикнуть *v mom zu* кричáть

крикýн, -á *m umg* 1. Schreihals 2. leerer Schwätzer

криминáльный, -ая, -ое kriminell, Kriminal-

крúнка *u.* **крынка,** -и, *Pl G* -нок, *D* -нкам *f* enger Tontopf *für Milch*

кристáлл, -а *m* 1. *min* Kristall; прозрáчный как ~ kristallklar 2. *alt* Kristall *Geschirr*

кристаллизúровать, -рую, -руешь *v, uv* zur Kristallisation bringen

кристаллизúроваться, *1. u. 2. Pers ungebr,* -руется *v, uv* kristallisieren

кристаллизовáть, -зýю, -зýешь; -зóванный, -зóван, -а *v, uv* zur Kristallisation bringen

кристаллизовáться, *1. u. 2. Pers ungebr,* -зýется *v, uv* kristallisieren

кристáльный, -ая, -ое 1. *alt* Kristall- 2. *Kzf* -лен, -льна kristallklar, rein 3. *Kzf* -лен, -льна *übtr* makellos, rein

Крит, -а *m* Kreta

критéрий, -я, *P* -и, *G Pl* -ев *m* Kriterium

крúтик, -а *m* Kritiker; ~-искусствовéд Kunstkritiker

крúтика, -и *f* Kritik ◇ нúже вся́кой -и unter aller Kritik; э́то не выдéрживает -и das spottet jeder Kritik

критикáн, -а *m* Kritikaster

критикáнствовать, -вую, -вуешь *uv* kritteln

критиковáть, -кýю, -кýешь *uv* kritisieren

критицúзм, -а *m buchspr* 1. kritische Einstellung 2. *phil* Kritizismus

[1]**критúческий,** -ая, -ое 1. kritisch, Kritik enthaltend 2. kritisch; ~ ум kritischer Verstand

[2]**критúческий,** -ая, -ое 1. kritisch, in einer Krise befindlich 2. kritisch, schwierig

критúчный, -ая, -ое; *Kzf* -чен, -чна kritisch, Kritik enthaltend

кричáть, -чý, -чúшь *uv* 1. schreien, rufen 2.: ~ на когó-н. j-n anschreien, j-n ausschimpfen ‖ *v mom* крúкнуть, -ну, -нешь *zu* 1 aufschreien

кричáщий, -ая, -ее schreiend, auffällig

кров, -а *m buchspr alt* Obdach, Schutz; без -а obdachlos; под -ом unter Dach und Fach

кровáвый, -ая, -ое 1. blutig; -ая бáня Blutbad 2. blutüberströmt 3. blutrot

кровáть, -и *f* Bett, Bettstelle; складнáя ~ Klappbett

крóвельный, -ая, -ое Dach-; ~ толь Dachpappe

крóвельщик, -а *m* Dachdecker

кровенóсный, -ая, -ое: -ые сосýды Blutgefäße

кровúнка, -и, *Pl G* -нок, *D* -нкам *f* Blutstropfen; у негó ни -и в лицé er ist leichenblaß

крóвля, -и, *Pl G* -вель, *D* -влям *f* Dach

крóвный, -ая, -ое 1. blutsverwandt 2. *übtr* eng, innig; -ая связь enge Verbindung 3. reinrassig; -ая лóшадь Rassepferd, Vollblutpferd ◇ -ая месть Blutrache; -ая обúда tödliche Beleidigung; крóвно заинтересóван в чём-н. sehr stark an etwas interessiert; -ые дéньги *umg* schwer verdientes Geld

крово|жáдный, -ая, -ое; *Kzf* -ден, -дна blutdürstig; **~излия́ние,** -я *n* Bluterguß; **~обращéние,** -я *n* Blutkreislauf; **~останáвливающий,** -ая, -ее blutstillend; **~пúйца,** -ы, *I* -ей, *G Pl* -úйц *m, f* Unterdrücker, Blutsauger; **~подтёк,** -а *m* blutunterlaufene Stelle; **~пролúтие,** -я *n* Blutvergießen; **~пролúтный,** -ая, -ое; *Kzf* -тен, -тна blutig *z. B. Kampf*; **~пускáние,** -я *n* Aderlaß; **~смесúтельный,** -ая, -ое blutschänderisch; **~смешéние,** -я *n* Blutschande

кровотечéние, -я *n* Blutung; ~ из нóса Nasenbluten; ~ из лёгких Lungenblutung; остановúть ~ das Blut stillen

кровоточúвый, -ая, -ое; *Kzf* -úв, -а blutend

кровоточúть, *1. u. 2. Pers ungebr,* -úт, -а *uv* bluten

кровохáрканье, -я *n* Blutspucken, Bluthusten

кровь, -и, *P* о крóви, в кровú, *Pl* крóви, кровéй, кровя́м *f* Blut; пускáть ~ zur Ader lassen; прилúв -и Blutandrang; глазá, налúтые -ью blutunterlaufene Augen; он весь в -ú er ist ganz voll Blut ◇ э́то у негó в -ú das liegt ihm im Blut; -ью сéрдце обливáется das Herz blutet einem; войтú в плоть и ~ in Fleisch und Blut übergehen; пóртить ~ комý-н. j-m arg zusetzen; мстить -ью за ~ Blutrache nehmen; ~ стынет das Blut erstarrt einem in den Adern; до -и избúть blutig schlagen; ~ с молокóм *übtr* wie Milch und Blut

кровяно́й, -а́я, -о́е Blut-; -а́я колбаса́ Blutwurst; ~ ша́рик Blutkörperchen
кро́ить, крою́, крои́шь; кро́енный, кро́ен, -а *uv* zuschneiden ‖ *v* скро́ить
кро́йка, -и *f* Zuschneiden; ку́рсы -и и шитья́ Schneiderkurse
кроки́ *n idkl* Skizze
крокоди́л, -а *m* Krokodil
крокоди́лов, -а, -о Krokodils- ◇ -ы слёзы Krokodilstränen
крокоди́ловый, -ая, -ое aus Krokodilleder gefertigt
кро́лик, -а *m* Kaninchen; Kaninchenfell ◇ подо́пытный ~ *umg übtr* Versuchskarnickel
кролиководство, -а *n* Kaninchenzucht
кро́ликовый, -ая, -ое aus Kaninchenfell gefertigt
кро́личий, -ья, -ье Kaninchen-
кроль, -я *m Sport* Kraul; плыть -ем kraulen
крольча́тник, -а *m* Kaninchenstall
кро́ме *Präpos mit G* außer; ~ того́ außerdem; ~ того́ что abgesehen davon, daß; ~ шу́ток im Ernst
кроме́шный, -ая, -ое: ~ ад eine wahre Hölle; -ая тьма totale Finsternis
кро́мка, -и, *Pl G* -мок, *D* -мкам *f* 1. Webekante 2. Rand, Kante
кромса́ть, -а́ю, -а́ешь *uv umg* zerstückeln, in grobe Stücke schneiden
[1]**кро́на,** -ы *f* Baumkrone
[2]**кро́на,** -ы *f* Krone *Münze*
Кроншта́дт, -а *m* Kronstadt
кронште́йн [тэ], -а *m* 1. Konsole 2. *tech* Träger
кропа́ть, -а́ю, -а́ешь *uv*: ~ стихи́ *umg iron* Reime schmieden ‖ *v* скропа́ть; скро́панный, -ан, -а
кропи́ть, -плю́, -пи́шь *uv* 1. besprengen, bespritzen 2. tröpfeln *Regen*
кропотли́вый, -ая, -ое; *Kzf* -ив, -а 1. peinlich genau 2. mühselig, zeitraubend, Anstrengung und Geduld erfordernd
кро́сна *u.* **кро́сны,** -сен, -снам *Pl gbt* 1. Webstuhl 2. grobe Leinwand
кросс, -а *m* Geländelauf, Waldlauf; Geländefahrt
кроссво́рд, -а *m* Kreuzworträtsel
крот, -а́ *m* 1. Maulwurf 2. Maulwurfsfell
кро́ткий, -ая, -ое; *Kzf* -ток, -тка́!; *Komp* кро́тче sanft; demütig
крото́вина, -ы *f volksspr* Maulwurfshöhle
крото́вый, -ая, -ое Maulwurfs-; -ая но́рка Maulwurfshöhle; ~ воротни́к Kragen aus Maulwurfsfell
кро́тость, -и *f* Sanftmut, Milde; Demut
кро́тче ↑ кро́ткий
кро́ха, -и *m, f umg* kleines Kind
кроха́, -и́, *A* кро́ху, *Pl* кро́хи, крох, кроха́м *f* 1. Krümel, Krume: ~ хле́ба Brotkrume 2. *meist Pl* Brokken, Bruchstücke; -и зна́ний geringe Kenntnisse
крохобо́р, -а *m verächtl* Kleinigkeitskrämer
кро́хотный, -ая, -ое; *Kzf* -тен, -тна *umg* winzig
кро́шево, -а *n* Gericht aus verschiedenen zerbröckelten Produkten
кро́шечка, -и, *Pl G* -чек, *D* -чкам *f* Krümel, Krümchen
кро́шечку *Adv* ein bißchen
кро́шечный, -ая, -ое *umg* winzig
кроши́ть, крошу́, кро́шишь; кро́шенный, -ен, -а *uv* 1. zerbröckeln, zerkrümeln 2. *I* verkrümeln, Krümel verstreuen 3. in Stücke schlagen, kurz und klein schlagen
кроши́ться, *1. u. 2. Pers ungebr,* кро́шится *uv* zerbröckeln *itr*
кро́шка, -и, *Pl G* -шек, *D* -шкам *f* 1. Krümel, Krume 2. *m, f* Knirps ◇ **ни** -и kein bißchen, überhaupt nicht
кро́шку *Adv* ein bißchen
кро́ю ↑ крыть
круг, -а, *P* о кру́ге, в кру́ге *u.* в кругу́, *Pl* круги́, -о́в, -а́м *m* 1. (в, на кругу́) Kreis, Runde; по -у im Kreis 2. *math* (в, на кру́ге) Kreis; начерти́ть ~ einen Kreis ziehen 3. (в кру́ге) Ring, Gürtel; Scheibe; спаса́тельный ~ Rettungsring; рези́новый ~ Gummiring; поворо́тный ~ Drehscheibe *Eisenbahn*; ~ сы́ра ein Laib Käse 4. (в кру́ге *u.* в кругу́) *übtr* Kreis; ~ де́ятельности Wirkungskreis; пра́вящие -и́ die herrschenden Kreise; в те́сном -у́ im engen Kreise; в -у́ семьи́ im Familienkreise; в своём -у́ unter sich; поро́чный ~ Circulus vitiosus, Teufelskreis
кру́гленький, -ая, -ое rundlich
кругле́ть, -е́ю, -е́ешь *uv umg* rund werden, sich runden
круглосу́точный, -ая, -ое Tag und Nacht dauernd
кру́глый, -ая, -ое; *Kzf* кругл, -а́! 1. rund 2. völlig, ganz; ~ сирота́ Vollwaise; ~ год ein ganzes Jahr (hindurch); -ые су́тки Tag und Nacht; ~ дура́к ein ausgemachter

Dummkopf; -ым счётом rund gerechnet

круговóй, -áя, -óe Kreis-, Rund-; ~ полёт Rundflug; ~ билéт Rundreisekarte ◇ -áя порýка wechselseitige Bürgschaft

круговорóт, -а *m* Kreislauf, Wirbel

кругозóр, -а *m* Gesichtskreis, Horizont *a. übtr*; расши́рить свой (ýмственный) ~ seinen Gesichtskreis erweitern

крýгом *Adv*: у меня́ головá идёт ~ mir ist schwindlig; *übtr* ich weiß nicht, wo mir der Kopf steht

кругóм 1. *Adv* rings(her)um 2. *Adv umg* völlig; он ~ виновáт er trägt die volle Schuld 3. *Präpos mit G* um ... herum; ~ сáда um den Garten herum ◇ ~! *mil* kehrt!

кругооборóт, -а *m* Umlauf *z. B. des Kapitals*

кругообрáзный, -ая, -ое; *Kzf* -зен, -зна kreisförmig

кругосвéтный, -ая, -ое um die Welt herumführend; -ое путешéствие Weltreise

кружевни́ца, -ы, *I* -ей *f* Spitzenklöpplerin

кружевнóй, -áя, -óe Spitzen-; -óe бельё Spitzenwäsche

крýжево, -а, *Pl in derselben Bedeutung* кружевá, крýжев, кружевáм *n text* Spitze

кружи́ть, кружý, крýжишь *uv* 1. (im Kreise) drehen 2. Kreise ziehen, kreisen; орёл крýжит der Adler kreist 3. umherirren; ~ по гóроду durch die Stadt irren ◇ ~ гóлову комý-н. j-n schwindlig machen; *übtr* j-m den Kopf verdrehen

кружи́ться, кружýсь, крýжишься *uv* 1. sich (im Kreise) drehen; всё кружи́лось у негó в глазáх ihm drehte sich alles vor den Augen 2. *1. u. 2. Pers ungebr* aufgewirbelt werden 3. kreisen, Kreise ziehen ◇ у меня́ крýжится головá mir wird schwindlig

крýжка, -и, *Pl G* -жек, *D* -жкам *f* 1. Krug, Bierseidel 2. Sammelbüchse

кружкови́на, -ы *f verächtl* Cliquenwirtschaft *innerhalb einer Gruppe*

крýжный, -ая, -ое: ~ путь Umweg

кружóк, -жкá *m* 1. Scheibe 2. Zirkel, Arbeitsgruppe; драмати́ческий ~ dramatischer Zirkel

[1]**круп,** -а *m med* Krupp

[2]**круп,** -а *m anat* Kruppe *beim Pferd*

крупá, -ы́ *f* Grütze, Graupen; мáнная ~ Grieß; перлóвая ~ Perlgraupen ◇ идёт ~ es graupelt

крупи́нка, -и, *Pl G* -нок, *D* -нкам *f* 1. Körnchen 2. bißchen; ни -и нет es ist kein bißchen (mehr) da

крупи́ца, -ы, *I* -ей *f* Kleinigkeit; ни -ы даровáния kein bißchen Begabung

крупнéть, -éю, -éешь *uv* groß [größer] werden

крупноблóчный, -ая, -ое: -ое строи́тельство Großblockbauweise

крупнозерни́стый, -ая, -ое; *Kzf* -и́ст, -а grobkörnig

крупноплóдный, -ая, -ое mit großen Früchten

крýпный, -ая, -ое; *Kzf* -пен, -пнá! 1. grob(körnig), groß; -ые дéньги großes Geld 2. Groß-; ~ рогáтый скот Großvieh; -ое предприя́тие Großbetrieb; -ая буржуази́я Großbourgeoisie; ~ план Großaufnahme *Film* 3. bedeutend, wichtig; ~ писáтель ein bedeutender Schriftsteller; -ая оши́бка ein schwerer Fehler; -ые сдви́ги einschneidende Veränderungen ◇ -ая рысь scharfer Trab; ~ разговóр scharfe Auseinandersetzung

крупóзный, -ая, -ое *med* kruppös

крупчáтка, -и *f* feines Weizenmehl

крупчáтый, -ая, -ое (grob)körnig

крутизнá, -ы́ *f* 1. Steilheit 2. Steilhang

крути́ть, кручý, крýтишь; крýченный, -ен, -а *uv* 1. drehen; ~ рýчку den Griff drehen 2. drehen, durch Drehen herstellen, zusammenrollen, zwirnen; ~ папирóсу eine Zigarette drehen; ~ шёлк Seide zwirnen 3. fesseln, mit Stricken binden; ~ рýки комý-н. j-m die Hände fesseln 4. *1. u. 2. Pers ungebr* aufwirbeln *Staub, Schnee* 5.: ~ кéм-н. *umg* j-n um den kleinen Finger wickeln

крути́ться, кручýсь, крýтишься *uv* 1. sich drehen (lassen) 2. (auf)wirbeln 3. *umg* herumscharwenzeln

крутóй, -áя, -óe; *Kzf* крут, -á!; *Komp* крýче 1. steil, abschüssig 2. jäh, plötzlich; крýто повернýть дéло eine plötzliche [rasche] Wendung herbeiführen 3. schroff, streng; -ы́е мéры strenge Maßnahmen; ~ нрав schroffes Wesen ◇ -óe яйцó hartgekochtes Ei; -áя кáша dicker Brei; крýто посоли́ть stark salzen

крýтость, -и *f* 1. Steilheit, Abschüssigkeit 2. Plötzlichkeit 3. Strenge, Schroffheit

кру́ча, -и, *I* -ей *f* Steilhang
кру́че ↑ круто́й
кручёный, -ая, -ое gedreht, gezwirnt
кручи́на, -ы *f* Leid *in der Volksdichtung*
кручи́ниться, -нюсь, -нишься *uv folkl* sich grämen, sich härmen
круше́ние, -я *n* **1.** Unfall, Unglück; ~ по́езда Zugunglück; потерпе́ть ~ einen Unfall erleiden **2.** Zusammenbruch, Scheitern; ~ всех наде́жд der Zusammenbruch aller Hoffnungen; э́та поли́тика потерпе́ла ~ diese Politik ist gescheitert
круши́на, -ы *f* Faulbaum
круши́ть, -шу́, -ши́шь *uv* zerstören; *übtr* vernichten
крыжо́венный, -ая, -ое Stachelbeer-
крыжо́вник, -а *m* **1.** Stachelbeerstrauch **2.** *Koll* Stachelbeeren
крыла́тка, -и, *Pl G* -ток, *D* -ткам *f alt* Havelock *Herrenmantel*
крыла́тый, -ая, -ое; *Kzf* -а́т, -а geflügelt; beflügelt ◇ -ые слова́ geflügelte Worte
крыло́, -а́, *Pl* кры́лья, -ьев, -ьям *n* **1.** Flügel *a. flug, arch, pol*; распра́вить кры́лья die Flügel ausbreiten; *übtr* seine Kräfte entfalten; подре́зать кры́лья кому́-н. j-m die Flügel stutzen **2.** Kotflügel *Auto* **3.** (Windmühlen-) Flügel
кры́лышко, -а, *Pl* кры́лышки, -шек, -шкам *n* Flügel, Fittich
крыльцо́, -а́, *Pl* кры́льца, -ле́ц, -льца́м *n* Vorbau vorm Hauseingang
Крым, -а *m* Krim; в -у́ auf der Krim
кры́мский, -ая, -ое Krim-; Кры́мский полуо́стров Halbinsel Krim
крымча́к, -а́ *m* Bewohner der Krim
крымча́нка, -и, *Pl G* -нок, *D* -нкам *f* Bewohnerin der Krim
кры́нка ↑ кри́нка
кры́са, -ы *f* Ratte ◇ канцеля́рская ~ *volksspr* Schreiberseele
крыси́ный, -ая, -ое Ratten-; ~ яд Rattengift
крысоло́в, -а *m* Rattenfänger
крысоло́вка, -и, *Pl G* -вок, *D* -вкам *f* **1.** Rattenfalle **2.** Rattenfänger, Rattler *Hund*
кры́тый, -ая, -ое bedeckt, überdacht
крыть* *uv* **1.** decken; ~ кры́шу das Dach decken **2.** stechen *Kartenspiel* **3.** *volksspr* j-n ausschimpfen ◇ ему́ ~ не́чем *volksspr* er kann nichts mehr entgegnen
кры́ться* *uv* sich verbergen; здесь что́-то кро́ется da steckt etwas dahinter
кры́ша, -и, *I* -ей *f* Dach; черепи́чная ~ Ziegeldach; двуска́тная ~ Satteldach
кры́шка, -и, *Pl G* -шек, *D* -шкам *f* Deckel ◇ и ~! *volksspr* (und) Schluß!; тут ему́ и ~ *volksspr* nun ist es aus mit ihm
крюк, -а́, *Pl* крю́чья, -ьев, -ьям *u.* крюки́, -о́в, -а́м *m* **1.** Haken **2.** *umg* Umweg
крю́чить, *1. u. 2. Pers ungebr*, -ит *uv volkssp*r: его́ крю́чит (от бо́ли) er krümmt sich (vor Schmerz)
крючкова́тый, -ая, -ое; *Kzf* -ва́т, -а gekrümmt, gebogen; ~ нос Hakennase
крючо́к, -чка́ *m* (kleiner) Haken; рыболо́вный ~ Angelhaken
крюшо́н, -а *m* Bowle *Getränk*
кря́ду *Adv umg* nacheinander
кряж, -а, *I* -ем *m* **1.** Gebirgskette **2.** Hackklotz
кря́жистый, -ая, -ое; *Kzf* -ист, -а dick, stämmig *Baum*; untersetzt *Mensch*
кря́кать, -аю, -аешь *uv* **1.** schnattern *Enten* **2.** *umg* grunzen *meist vor Zufriedenheit* ‖ *v mom* **кря́кнуть,** -ну, -нешь
кря́ква, -ы *f* Wildente
кря́кнуть *v mom zu* кря́кать
кряхте́ть, -хчу́, -хти́шь *uv umg* ächzen
Ксе́ния, -и *f weibl Vn*
Ксе́ня, -и *f Dem zu* Ксе́ния
ксилофо́н, -а *m* Xylophon
кста́ти *Adv* **1.** gerade recht, zur rechten Zeit; э́то для меня́ о́чень ~ das kommt mir sehr gelegen; де́ньги пришли́ ~ das Geld kam zur rechten Zeit **2.** bei dieser Gelegenheit; ~ зайди́ и за кни́гами bei dieser Gelegenheit kannst du gleich die Bücher mit holen **3.** *mod* nebenbei gesagt, apropos
Ксю́ша, -и, *I* -ей *f Dem zu* Ксе́ния
кто, кого́, кому́, кого́, кем, о ком *Pron* **1.** *Interr Pron u. Rel Pron* wer; ~ там? wer (ist) da?; ~ не рабо́тает, тот не ест wer nicht arbeitet, soll auch nicht essen; спаса́йся, ~ мо́жет rette sich, wer kann; ~ бы то ни́ было wer es auch sei; кем вы рабо́таете? als was arbeiten Sie? **2.**: кто . . . кто . . . der eine . . . der andere . . .; ~ в лес, ~ по дрова́ der eine sagt hü, der andere hott **3.** *umg* irgendjemand ◇ они́ разбежа́лись ~ куда́ sie rannten nach allen Seiten auseinander;

ма́ло ~ kaum jemand; кому́ как нра́вится jeder (soll tun), wie es ihm gefällt; ~ кого́? wer (besiegt) wen?
кто́-либо, кого́-л., кому́-л., ке́м-л., о ко́м-л. *Indef Pron* irgendjemand
кто́-нибудь, кого́-н., кому́-н., ке́м-н., о ко́м-н. *Indef Pron* irgendjemand (beliebiges); пусть ~ пойдёт es soll irgendjemand gehen
кто́-то, кого́-то, кому́-то, ке́м-то, о ко́м-то *Indef Pron* jemand (bestimmtes); ~ позвони́л (по телефо́ну) es hat jemand angerufen
[1]**куб,** -а, *Pl* кубы́, -о́в, -а́м *m* **1.** Würfel **2.** Kubikzahl; два в -е zwei hoch drei **3.** *umg* Kubikmeter
[2]**куб,** -а, *Pl* кубы́, -о́в, -а́м *m* Destillierkolben
Ку́ба, -ы *f* Kuba
куба́нец, -нца, *I* -нцем, *G Pl* -нцев *m* Kubankosak; Bewohner des Kubangebietes
Куба́нь, -и *f* Kuban
ку́барем *Adv umg* Hals über Kopf; kopfüber
куба́рь, -я́ *m* Kreisel *Spielzeug*
кубату́ра, -ы *f* Rauminhalt
ку́бик, -а *m* **1.** Kubikzentimeter **2.** kleiner Würfel, Bauwürfel *für Kinder*
куби́нец, -нца, *I* -нцем, *G Pl* -нцев *m* Kubaner
куби́нка, -и, *Pl G* -нок, *D* -нкам Kubanerin
куби́нский, -ая, -ое kubanisch
куби́ческий, -ая, -ое Kubik-; ~ метр Kubikmeter
кубови́дный, -ая, -ое; *Kzf* -ден, -дна würfelförmig
ку́бовый, -ая, -ое Indigo-, indigoblau
ку́бок, -бка *m* Pokal; переходя́щий ~ Wanderpokal; игра́ на ~ Pokalspiel
кубоме́тр, -а *m* Kubikmeter
ку́брик, -а *m naut* **1.** Wohnraum auf Schiffen für die Besatzung **2.** Zwischendeck
кубы́шка, -и, *Pl G* -шек, *D* -шкам *f* **1.** Tonkrug *mit schmalem Hals*; Holzkrug; Sparbüchse **2.** *m, f* kleiner dicker Mensch, Dickchen *meist v. Frauen*
кува́лда, -ы *f* Vorschlaghammer
кувши́н, -а *m* Krug ◇ пова́дился ~ по́ воду ходи́ть, тут ему́ и го́лову сломи́ть *Sprichw* der Krug geht so lange zu Wasser, bis er bricht
кувши́нка, -и, *Pl G* -нок, *D* -нкам *f* Seerose
кувырка́ться, -а́юсь, -а́ешься *uv umg* Purzelbäume schlagen ‖ *v mom* **кувыркну́ться,** -ну́сь, -нёшься
кувырко́м *Adv* kopfüber ◇ всё пошло́ ~ alles ging schief
куда́ *Adv* **1.** wohin; ~ идёшь? wohin gehst du?; го́род, ~ мы пришли́ die Stadt, in die wir kamen; ~ ни wohin auch; ~ ни посмо́тришь wohin man auch blickt **2.** *umg* wozu?; ~ тебе́ сто́лько де́нег? wozu brauchst du das viele Geld? **3.** *mit Komp umg* viel, bei weitem; ~ бо́льше viel mehr, viel größer **4.** *mit D Ausdruck des Zweifels*; ~ тебе́! ach wo!, das kannst du ja gar nicht!; ~ тебе́ равня́ться с ним! du kannst dich doch nicht mit ihm vergleichen! ◇ ~ как *volksspr iron* sehr, und wie!; ~ ни шло meinetwegen; хоть ~! ausgezeichnet!; ~ там! ach wo!, das geht nicht!
куда́-либо *Adv* irgendwohin
куда́-нибудь *Adv* irgendwohin, ganz gleich wohin
куда́-то *Adv* irgendwohin, an einen bestimmten Ort
куда́хтать* *u. volksspr* -аю, -аешь *uv* gackern
куда́хчу ↑ куда́хтать
кудла́тый, -ая, -ое; *Kzf* -а́т, -а *umg* zerzaust
кудрева́тый, -ая, -ое; *Kzf* -ат, -а *umg* **1.** gelockt, gekräuselt **2.** geschraubt *Stil*
ку́дри, -е́й *Pl* Locken
кудря́виться, *1. u. 2. Pers ungebr,* -ится *uv* sich locken
кудря́вый, -ая, -ое; *Kzf* -я́в, -а **1.** lockig, kraus **2.**: ~ слог geschraubter Stil
кудря́шки, -шек, -шкам *Pl* Löckchen
Кузба́сс, -а *m* (Кузне́цкий бассе́йн) Kohlenbecken von Kusnezk
кузне́ц, -а́, *I* -о́м, *G Pl* -о́в *m* Schmied
кузне́чик, -а *m* Heuschrecke, Grashupfer
кузне́чный, -ая, -ое Schmiede-; ~ цех Schmiede(abteilung)
ку́зница, -ы, *I* -ей *f* Schmiede
ку́зов, -а, *Pl* кузова́, -о́в, -а́м *u.* ку́зовы, -ов, -ам *m* **1.** *gbt* Korb *aus Bast oder Birkenrinde* **2.** Karosserie, Wagenkasten
Кузьма́, -ы́ *m männl Vn*
Ку́йбышев, -а *m* Kuibyschew
кукаре́кать, *1. u. 2. Pers ungebr,* -ает *uv umg* krähen ‖ *v mom* **кукаре́кнуть,** -нет
кукареку́ *Interj* kikeriki
ку́кла, -ы, *Pl G* ку́кол, *D* ку́клам *f*

Puppe; игра́ть в -ы mit Puppen spielen; ~-голы́ш Baby-Puppe
кукова́ть, *1. u. 2. Pers ungebr,* куку́ет *uv* kuckuck rufen *vom Kuckuck*
ку́колка, -и, *Pl G* -лок, *D* -лкам *f* **1.** *Dem zu* ку́кла Püppchen **2.** Puppe, Larve *zool*
ку́коль, -я *m bot* Kornrade
ку́кольный, -ая, -ое Puppen-; ~ теа́тр Puppentheater; -ый фильм Puppenfilm ◇ -ая коме́дия *verächtl* Affentheater
ку́кситься, ку́кшусь, ку́ксишься *uv umg* mißgestimmt sein, schlechte Laune haben
кукуру́за, -ы *f* Mais
кукуру́зный, -ая, -ое Mais-
кукурузово́д, -а *m* Maiszüchter
куку́шечий, -ья, -ье Kuckucks-; -ье яйцо́ Kuckucksei
куку́шка, -и, *Pl G* -шек, *D* -шкам *f* Kuckuck
куку́шкин, -а, -о: -ы слёзки *bot* Knabenkraut; -ы сапо́жки *bot* Frauenschuh
[1]**кула́к,** -а́ *m* **1.** Faust **2.** *mil* zur Entscheidungsschlacht formierte Truppen **3.** *tech* Nocken
[2]**кула́к,** -а́ *m* Kulak, Großbauer
кула́цкий, -ая, -ое Kulaken-
кула́чество, -а *n Koll* Großbauerntum, Kulakentum
кула́чки: би́ться на ~ boxen, sich in einen Faustkampf einlassen
кула́чный, -ая, -ое Faust-; -ое пра́во Faustrecht
кулачо́к, -чка́ *f* **1.** *Dem zu* [1]кула́к kleine Faust **2.** *tech* Nocken
кулебя́ка, -и *f* längliche Pastete mit einer Füllung von Fleisch, Fisch, Kraut u. ä.
кулёк, -лька́ *m* Tüte ◇ из -лька́ в рого́жку попа́сть *volksspr* vom Regen in die Traufe kommen
кули *m idhl* Kuli
кули́к, -а́ *m zool* Schnepfe
кулина́рия, -и *f* Kochkunst
кулина́рный, -ая, -ое kulinarisch
кули́са, -ы *f* Kulisse
кули́чки, -чек, -чкам *Pl*: у чёрта на -чках *volksspr* wo sich die Füchse gute Nacht sagen
куло́н, -а *m phys* Coulomb
кулуа́ры, -ов *Pl* Wandelgang *im Parlament*
куль, -я́ *m* großer Sack
кульминацио́нный, -ая, -ое Kulminations-
кульмина́ция, -и *f astr* Kulmination *a. übtr*
культ, -а *m rel* Kult *a. übtr*; ~ ли́чности Personenkult
культ- *in Zuss Abk für* культу́рный Kultur-
культба́за, -ы *f* (культу́рно-просвети́тельная ба́за) Stützpunkt für kulturelle und für Aufklärungsarbeit
культива́тор, -а *m landw* Kultivator, Grubber
культиви́ровать, -рую, -руешь *uv* **1.** *Pflanzen* züchten, ziehen **2.** *übtr* entwickeln, pflegen
культ|ма́ссовый, -ая, -ое: ~ма́ссовая рабо́та kulturelle Massenarbeit; **~похо́д,** -а *m* Gemeinschaftsbesuch *von Theatern u. ä.*; **~рабо́та,** -ы *f* (культу́рная рабо́та) Kulturarbeit; **~това́ры,** -ов *Pl* Kulturwaren und Schreibwaren
культу́ра, -ы *f* Kultur *a. biol*; исто́рия -ы Kulturgeschichte; дворе́ц -ы Kulturpalast; ~ ре́чи Sprachpflege; техни́ческие -ы technische Kulturen [Nutzpflanzen]; ~ торго́вли Verkaufskultur; челове́к высо́кой -ы hochgebildeter Mensch
культу́рность, -и *f* kulturelles Niveau, Kultur, Bildung
культу́рный, -ая, -ое **1.** Kultur-, kulturell; ~ у́ровень Kulturniveau; ~ центр Kulturzentrum; -ые учрежде́ния Kulturstätten **2.** *Kzf* -рен, -рна kultiviert, kulturvoll; gebildet; ~ о́тдых kulturvolle Erholung; ~ челове́к gebildeter Mensch; культу́рно вести́ себя́ sich anständig benehmen **3.** kultiviert, gezüchtet; -ые расте́ния Kulturpflanzen
культфо́нд, -а *m* (культу́рный фонд) Kulturfonds
культше́фство, -а *n* kulturelle Patenschaft
культя́, -и *u.* **культя́пка,** -и, *Pl G* -пок, *D* -пкам *f* Stumpf, Stummel *eines Beins oder Arms*
кум, -а, *Pl* кумовья́, -ьёв, -ья́м *m* Gevatter
кума́, -ы́ *f* Gevatterin
кума́ч, -а́, *I* -о́м, *G Pl* -е́й *m* roter Fahnenstoff
куми́р, -а *m* **1.** Götzenbild **2.** *übtr* Abgott
кумовство́, -а́ *n* Vetternwirtschaft
ку́мушка, -и, *Pl G* -шек, *D* -шкам *f* **1.** Gevatterin **2.** *verächtl* Klatschbase
кумы́к, -а *m* Kumyk
кумы́с, -а *m* Kumys *Getränk aus gegorener Stutenmilch*
куни́ца, -ы, *I* -ей *f* Marder; Marderfell
купа́льник, -а *m umg* Badeanzug

купа́льный, -ая, -ое Bade-; ~ костю́м Badeanzug; ~ хала́т Bademantel; -ое полоте́нце Badetuch
купа́льня, -и, *Pl G* -лен, *D* -льням *f* Badeanstalt, Freibad
купа́льщик, -а *m* Badender
купа́ние, -я *n* Baden
купа́ть, -а́ю, -а́ешь *uv* baden *tr*
купа́ться, -а́юсь, -а́ешься *uv* baden, ein Bad nehmen ◇ ~ в зо́лоте steinreich sein
купе́ [пэ] *n idkl* Abteil
купе́ль, -и *f* Taufbecken
купе́ц, -пца́, *I* -пцо́м, *G Pl* -пцо́в *m* Kaufmann
купе́ческий, -ая, -ое Kaufmanns-, kaufmännisch
купе́чество, -а *n Koll* Kaufleute, Kaufmannschaft
купи́ть, куплю́, ку́пишь; ку́пленный, ку́плен, -а *v* **1.** kaufen **2.** kaufen, bestechen **3.** kaufen *im Kartenspiel*
купле́т, -а *m* **1.** einzelne Gedicht- oder Liedstrophe **2.** *Pl mus* Couplet
ку́пля, -и *f* Kauf; ~-прода́жа Ankauf und Verkauf
ку́пол, -а, *Pl* купола́, -о́в, -а́м *m* Kuppel
куполообра́зный, -ая, -ое kuppelförmig
ку́польный, -ая, -ое Kuppel-; ~ свод Kuppelgewölbe
купо́н, -а *m* **1.** Kupon **2.** *alt* Theaterkarte für einen Logenplatz **3.** Stück Stoff *für Kleid, Bluse u. a.*
купоро́с, -а *m* Vitriol; ме́дный ~ Kupfervitriol
купчи́ха, -и *f* Kaufmannsfrau
[1]**купю́ра,** -ы *f lit, mus* Kürzung, Auslassung
[2]**купю́ра,** -ы *f* einzelner Anteilschein *bei Anleihen u. a.*
Кура́, -ы́ *f* Kura *Fluß*
кура́житься, -жусь, -жишься *uv volksspr* sich hochmütig benehmen
кура́нты, -ов *Pl* Turmuhr mit Glokkenspiel; Glockenspiel *an Turmuhr*
курга́н, -а *m* Hünengrab; Hügel
курд, -а *m* Kurde
курдя́нка, -и, *Pl G* -нок, *D* -нкам *f* Kurdin
ку́рдский, -ая, -ое kurdisch
ку́рево, -а *n volksspr* Rauchtabak
куре́ние, -я *n* Rauchen
курёнок, -нка, *Pl* куря́та, -я́т, -я́там *m gbt* Kücken
куре́нь, -я́ *m gbt* **1.** Strohhütte **2.** Kosakenhaus *an Don u. Kuban*
курза́л, -а *m* Kursaal
ку́рий, -ья, -ье Hühner-
кури́лка, -и, *Pl G* -лок, *D* -лкам **1.** *f volksspr* Rauchzimmer **2.** *m, f scherz* Raucher(in) ◇ жив ~! er lebt noch!
кури́льский, -ая, -ое Kurilen-; Кури́льские острова́ Kurilen
кури́льщик, -а *m* Raucher
кури́ный, -ая, -ое Hühner-; ~ бульо́н Hühnerbrühe ◇ -ая слепота́ a) Nachtblindheit; b) *bot* Hahnenfuß
кури́тельный, -ая, -ое Rauch-; ~ таба́к Rauchtabak
кури́ть, курю́, ку́ришь *uv* **1.** rauchen; ~ тру́бку Pfeife rauchen **2.** *A oder I* räuchern **3.** brennen, durch Destillation herstellen; ~ спирт Schnaps brennen; ~ смолу́ Teer destillieren
кури́ться, *1. u. 2. Pers ungebr*, ку́рится *uv* **1.** sich rauchen lassen; сыро́й таба́к не ку́рится feuchter Tabak läßt sich nicht rauchen **2.** rauchen, dampfen; вулка́н ку́рится der Vulkan raucht
ку́рица, -ы, *I* -ей, *Pl* ку́рицы *u.* ку́ры, кур, ку́рам *f* Huhn; несу́щаяся ~ Legehenne ◇ как мо́края ~ wie ein begossener Pudel; э́то ку́рам на́ смех da lachen ja die Hühner; у него́ де́нег ку́ры не клюю́т er hat Geld wie Heu
курно́й, -а́я, -о́е: -а́я изба́ Hütte ohne Rauchfang
курно́сый, -ая, -ое; *Kzf* -о́с, -а stupsnasig
куроводство, -а *n* Hühnerzucht
куро́к, -рка́ *m* Hahn, Abzug *Gewehr*
куроле́сить, -е́шу, -е́сишь *uv volksspr* tolle Streiche machen
куропа́тка, -и, *Pl G* -ток, *D* -ткам *f* Rebhuhn
куро́рт, -а *m* Kurort, Bad; климати́ческий ~ Luftkurort; морско́й ~ Seebad
куро́ртник, -а *m* Kurgast
куро́ртный, -ая, -ое Kur-, Bade-; ~ го́род Kurort
куросле́п, -а *m bot* Hahnenfuß
курс, -а *m* **1.** Kurs *Richtung*; взять ~ на что́-н. Kurs auf etw. nehmen *a. übtr* **2.** *finanz* Kurs; ~ рубля́ der Rubelkurs; ~ повыша́ется die Kurse steigen **3.** Studienjahr; на пе́рвом -е im ersten Studienjahr **4.** Vorlesungszyklus; ~ ле́кций Vorlesungsreihe **5.**: ~ лече́ния Kur; ~ грязелече́ния Kur mit Moorbädern **6.** *Pl* Lehrgang, Kursus; шофёрские -ы Fahrschule
курса́нт, -а *m* **1.** Lehrgangsteilnehmer **2.** Offiziersschüler
курси́в, -а *m* Kursiv(schrift)

курси́вный, -ая, -ое kursiv
курси́вом *Adv* kursiv, in Kursivschrift
курси́ровать, -рую, -руешь *uv* verkehren
курсо́вка, -и, *Pl G* -вок, *D* -вкам *f* 1. Kurkarte 2. *umg* Jahresarbeit *von Studenten*
курсово́й, -а́я, -о́е 1. *finanz* Kurs- 2. Lehrgangs-; ~ ста́роста Lehrgangsvertreter
ку́ртка, -и, *Pl G* -ток, *D* -ткам *f* Joppe
курча́виться, *1. u. 2. Pers ungebr*, -ится *uv* sich kräuseln *Haare*
курча́вый, -ая, -ое; *Kzf* -а́в, -а gekräuselt, lockig; kraushaarig
курчо́нок, -нка, *Pl* курча́та, -а́т, -а́там *m umg* Kücken
ку́ры: стро́ить ~ кому́-н. *alt, scherz* j-m den Hof machen
курьёз, -а *m* Kuriosum, seltsamer Vorfall; для -а spaßeshalber
курьёзный, -ая, -ое; *Kzf* -зен, -зна kurios, seltsam
курье́р, -а *m* 1. Bote 2. Kurier
курье́рский, -ая, -ое Kurier- ◇ ~ по́езд D-Zug
куря́тина, -ы *f umg* Hühnerfleisch *Speise*
куря́тник, -а *m* Hühnerstall
куря́щий, -его *Subst m* Raucher; купе́ для -их Raucherabteil
кус, -а *m volksspr* Bissen, Stück
куса́ть, -а́ю, -а́ешь *uv* 1. beißen *Tiere* 2. stechen *Mücken u. ä.* 3. *umg* brennen *Nessel* ◇ ~ себе́ ло́кти sich über einen Mißerfolg ärgern ‖ *v mom* кусну́ть, -ну́, -нёшь *zu* 1, 2
куса́ться, -а́юсь, -а́ешься *uv* 1. beißen, bissig sein 2. einander beißen 3. *umg* viel zu teuer sein; це́ны куса́ются die Preise sind gepfeffert 4. *umg* kratzen *Wolle*
куса́чки, -чек, -чкам *Pl* Kneifzange
кускова́й, -а́я, -о́е Stück-, in Stücken
кусну́ть *v mom zu* куса́ть
кусо́к, -ска́ *m* Stück *Teil eines Ganzen*; два -ска́ то́рта zwei Stück Torte; разби́ть на -ски́ zerstückeln ◇ ~ в го́рло не идёт der Bissen bleibt einem im Halse stecken; не име́ть -ска́ хле́ба nichts zu brechen und zu beißen haben; име́ть ве́рный ~ хле́ба sein sicheres Auskommen haben
кусо́чек, -чка *m* Stückchen
куст, -а́ *m* 1. Strauch, Busch ◇ спря́таться в -ы́ *iron* sich drücken 2. *übtr* Vereinigung, Verband
куста́рник, -а *m* 1. Strauch, Busch 2. Gebüsch
куста́рничать, -аю, -аешь *uv* 1. Heimindustrie treiben 2. *übtr* planlos arbeiten, stümpern
куста́рничество, -а *n* Handwerkelei, primitive, unorganisierte Arbeit
куста́рный, -ая, -ое 1. Heimindustrie- 2. *übtr* primitiv, stümperhaft, unvollkommen
куста́рь, -я́ *m* Heimarbeiter; Handwerker; ~-одино́чка allein arbeitender selbständiger Handwerker
Кутаиси *m idkl* Kutaïssi *Stadt*
ку́тать, -аю, -аешь *uv* 1. (warm) einwickeln, einhüllen (*I oder* в *A* in); ~ ребёнка в тёплое одея́ло das Kind in eine warme Decke wickeln 2. zu warm anziehen
ку́таться, -аюсь, -аешься *uv* sich einwickeln, sich einmummen
кутёж, -ежа́, *I* -ежо́м, *G Pl* -еже́й *m* Gelage
кутерьма́, -ы́ *f umg* Durcheinander, Wirrwarr
кути́ла, -ы *m umg* Zecher, Saufkumpan
кути́ть, кучу́, ку́тишь *uv* zechen, Gelage feiern ‖ *v mom* **кутну́ть,** -ну́, -нёшь
кутья́, -ьи, *Pl G* -те́й, *D* -тья́м *f* ein Gericht aus Reis oder Graupen mit Honig oder Rosinen, das bei Totenfeiern gegessen wird
куха́рка, -и, *Pl G* -рок, *D* -ркам *f* Köchin
ку́хня, -и, *Pl G* ку́хонь, *D* ку́хням *f* Küche *a. übtr*; ру́сская ~ die russische Küche
ку́хонный, -ая, -ое Küchen-; -ая маши́на Küchenmaschine; -ое полоте́нце Geschirrtuch, Wischtuch ◇ -ая латы́нь Küchenlatein
ку́цый, -ая, -ое; *Kzf* куц, -а 1. mit gestutztem Schwanz 2. kurz, eng *Kleidung* 3. *übtr* unzulänglich
ку́ча, -и, *I* -ей *f* 1. Haufen 2. Menge, Haufen; ~ де́нег eine Menge [ein Haufen] Geld; ~ новосте́й eine Menge Neuigkeiten ◇ вали́ть всё в одну́ -у *umg* alles in einen Topf werfen
ку́чами *Adv* haufenweise, zu Hauf
кучево́й, -а́я, -о́е: -ы́е облака́ Haufenwolken
ку́чер, -а, *Pl* кучера́, -о́в, -а́м *m* Kutscher
кучеря́вый, -ая, -ое; *Kzf* -я́в, -а *gbl* lockig
ку́чка, -и, *Pl G* -чек, *D* -чкам *f Dem zu* ку́ча Häufchen, Häuflein
куш, -а, *I* -ем, *G Pl* -ей *m* große Summe Geld

кушáк, -á *m* breiter Gürtel *meist aus Stoff*
кýшанье, -ья, *Pl G* -ний, *D* -ньям *n* Essen, Speise
кýшать, -аю, -аешь *uv* essen
кушéтка, -и, *Pl G* -ток, *D* ткам *f* Schlafcouch
кую ↑ ковáть
кювéт, -а *m* Seitengraben; Straßengraben

Л

л (литр) Liter
лабáз, -а *m* Mehlhandlung; Kornspeicher
лабиáльный, -ая, -ое *ling* labial, Labial-, Lippen-
лабири́нт, -а *m* Labyrinth
лаборáнт, -а *m* Laborant; wissenschaftliche Hilfskraft *in technischen Kabinetten u. ähnl. Einrichtungen*
лабораторúя, -и *f* Labor(atorium)
лаборатóрный, -ая, -ое Labor(atoriums)-
[1]**лáва,** -ы *f* Lava
[2]**лáва,** -ы *f berg* Kohleschicht vor Ort
лавáнда, -ы *f* Lavendel
лави́на, -ы *f* Lawine; ~ кáтится с горы́ eine Lawine geht nieder
лави́ной *Adv* lawinenartig
лави́ровать, -рую, -руешь *uv* lavieren 1. *naut* gegen den Wind kreuzen 2. *übtr* sich geschickt durchschlängeln (мéжду *I* zwischen), sich drehen und wenden
[1]**лáвка,** -и, *Pl G* -вок, *D* -вкам *f* Bank, Sitzbank
[2]**лáвка,** -и, *Pl G* -вок, *D* -вкам *f* kleiner Laden, Verkaufsstand
лáвой *Adv* in unaufhaltsamem Strom
[1]**лáвочка,** -и, *Pl G* -чек, *D* -чкам *f Dem zu* [1]лáвка kleine (Sitz-) Bank
[2]**лáвочка,** -и, *Pl G* -чек, *D* -чкам *f Dem zu* [2]лáвка kleiner Laden ◇ закры́ть -у *volksspr* dem Treiben ein Ende machen
лáвочник, -а *m alt* Krämer, Ladenbesitzer
лáвочный, -ая, -ое Laden-
лавр, -а *m* Lorbeer, Lorbeerbaum ◇ пожинáть -ы Lorbeeren ernten; почи́ть на -ах auf seinen Lorbeeren ausruhen
лáвра, -ы *f* Lawra *großes Kloster der Ostkirche*
лáвровый, -ая, -ое *bot* Lorbeer-
лаврóвый, -ая, -ое *übtr* Lorbeer-; ~ венóк Lorbeerkranz
лаг, -а *m naut* Log
лáгерный, -ая, -ое Lager-; -ая жизнь Lagerleben
лáгерь, -я, *Pl* лáгери, -ей, -ям *u.* лагеря́, -éй, -я́м *m* 1. (*Pl* лагеря́) Lager, Zeltlager; пионéрский ~ Pionierlager; разби́ть ~ ein Lager aufschlagen; стоя́ть -ем kampieren, lagern 2. (*Pl* лáгери) *pol* Lager; ~ ми́ра Friedenslager
лагýна, -ы *f* Lagune
[1]**лад,** -а (-у), о лáде, в ладý, *Pl* лады́, -óв, -áм *m* 1. *umg* Eintracht; жить в -ý [в -áх] с кéм-н. in Eintracht leben mit j-m 2. Art und Weise; на нóвый ~ auf neue Art; настрóиться на другóй ~ sich umstellen ◇ дéло идёт на ~ *umg* die Sache klappt
[2]**лад,** -а (-у), о лáде, в ладý, *Pl* лады́, -óв, -áм *m* 1. *mus* Weise, Tonart 2. *meist Pl* Bünde, Querleisten *am Griffbrett von Zupfinstrumenten* 3. *meist Pl* Tasten *der Ziehharmonika*
лáдан, -а *m* Weihrauch ◇ дышáть на ~ im Sterben liegen
лáдить, лáжу, лáдишь *uv* sich (gut) vertragen (с *I* mit)
лáдиться, *1. u. 2. Pers ungebr*, -ится *uv* gut vonstatten gehen, gelingen; дéло не лáдится die Sache kommt nicht in Gang
лáдно 1. *umg Part* gut!, einverstanden!, meinetwegen! 2. *Adv volksspr* gut, passend; einträchtig
лáдный, -ая, -ое; *Kzf* -ден, -днá! *volksspr* tadellos, gut (in jeder Beziehung)
лáдожский, -ая, -ое: Лáдожское óзеро Ladogasee
ладóнь, -и *f* Handfläche, Hand ◇ я́сно [ви́дно] как на -и es liegt (klar) auf der Hand
ладóши, ладóш *Pl*: бить [хлóпать, ударя́ть] в ~ in die Hände klatschen, applaudieren
[1]**ладья́** -ьи́, *G Pl* -éй *f alt* großes Boot
[2]**ладья́,** -ьи́, *G Pl* -éй *f* Turm *Schachspiel*

лаз, -а *m* 1. Schlupfloch 2. Wildpfad
ла́занье, -ья *n* Klettern
лазаре́т, -а *m* kleines Lazarett
Ла́зарь, -я *m männl Vn*
ла́зать, -аю, -аешь *uv unbest zu* лезть
лазе́йка, -и, *Pl G* -зе́ек, *D* -зе́йкам *f* 1. Schlupfloch 2. *übtr* Hintertür(chen); оста́вить себе́ -у sich eine Hintertür offen lassen
ла́зер, -а *m tech* Laser
ла́зить, ла́жу, ла́зишь *uv unbest zu* лезть
лазо́ревка, -и, *Pl G* -вок, *D* -вкам *f* Blaumeise
лазо́ревый, -ая, -ое *folkl* lasurblau
лазу́рный, -ая, -ое; *Kzf* -рен, -рна lasurblau
лазу́рь, -и *f* Lasur(blau); берли́нская ~ Berliner Blau
лазу́тчик, -а *m alt* Kundschafter, Spion
лай, ла́я *m* Gebell
[1]**ла́йка**, -и, *Pl G* ла́ек, *D* ла́йкам *f* Eskimohund
[2]**ла́йка**, -и *f* Glacéleder
ла́йковый, -ая, -ое Glacé-
ла́йнер, -а *m* Überseefahrgastschiff; Liniendampfer; возду́шный ~ Verkehrsflugzeug
лак, -а *m* Lack, Firnis; покры́ть -ом lackieren
лака́ть, -а́ю, -а́ешь *uv* (auf)lecken *von Tieren*
лаке́й, -я, *G Pl* -ев *m* Lakai, Diener
лаке́йский, -ая, -ое Lakaien-, Diener-; lakaienhaft
лакиро́ванный, -ая, -ое lackiert, Lack-
лакирова́ть, -ру́ю, -ру́ешь; -ро́ванный, -ро́ван, -а *uv* 1. lackieren 2. *übtr* schönfärben
ла́кмус, -а *m chem* Lackmus
ла́кмусовый, -ая, -ое Lackmus-
ла́ковый, -ая, -ое Lack-, Firnis-
ла́комиться, -млюсь, -мишься; ла́комься *u.* ла́комись *uv I* naschen, sich gütlich tun (an)
ла́комка, -и, *Pl G* -мок, *D* -мкам *m, f* Leckermaul
ла́комство, -а *n* 1. *meist Pl* Naschwerk 2. Leckerbissen, schmackhaftes Gericht
ла́комый, -ая, -ое; *Kzf* -ом, -а 1. *nur Langform* lecker, schmackhaft; ~ кусо́к Leckerbissen 2. на *A*, до *G meist Kzf* (be)gierig; -ом до де́нег geldgierig
лакони́ческий, -ая, -ое lakonisch
лакони́чный, -ая, -ое; *Kzf* -чен, -чна lakonisch
лакри́ца, -ы, *I* -ей *f* Lakritze *Pflanze*; Süß-, Lakritzenholz
лакри́чник, -а *m* Süß-, Lakritzenholz; Lakritzenpflanze
[1]**ла́ма**, -ы *f zool* Lama
[2]**ла́ма**, -ы *m* Lama *buddhist. Mönch*
Ла-Ма́нш, -а *m*: проли́в Ла-Ма́нш der Ärmelkanal
ла́мпа, -ы *f* Lampe; Röhre; насто́льная ~ Tischlampe; пая́льная ~ Lötlampe; усили́тельная ~ Verstärkerröhre
лампа́да, -ы *f* Öllämpchen *vor einem Heiligenbild*
лампа́дка, -и, *Pl G* -док, *D* -дкам *f* Öllämpchen *vor einem Heiligenbild*
лампа́с, -а *m* Biese *an Uniformhosen*
лампио́н, -а *m* Lampion
ла́мповый, -ая, -ое Lampen-; Röhren-; ~ приёмник Röhrenempfänger
ла́мпочка, -и, *Pl G* -чек, *D* -чкам *f* 1. *Dem zu* ла́мпа kleine Lampe; ночна́я ~ Nacht(tisch)lämpchen 2.: (электри́ческая) Glühlampe, -birne
лангу́ст, -а *m u.* **лангу́ста**, -ы *f* Languste
ландша́фт [нш], -а *m* 1. Landschaft 2. Landschaft(sbild) *Malerei*
ла́ндыш, -а, *I* -ем, *G Pl* -ей *m* Maiglöckchen
лани́ты *Pl* -и́т, *Sg* лани́та, -ы *f alt poet* Wangen
ланце́т, -а *m* Lanzette
лань, -и *f* Damhirsch
Лао́с, -а *m* Laos
лао́сец, -сца, *I* -сцем, *G Pl* -сцев *m* Laote
лао́сский, -ая, -ое laotisch
лаотя́нин, -а, *Pl* -я́не, *G* -я́н, *D* -я́нам *m* Laote
ла́па, -ы *f* 1. Pfote, Tatze 2. Ast eines Nadelbaums 3. *tech* Zapfen am Ende eines Balkens 4. *tech* Arm, Zinken; ~ я́коря Ankerarm; ~ культива́тора Zinken eines Kultivators ◇ попа́сть кому́-н. в -ы in j-s Klauen geraten
Ла-Па́с, -а *m* La Paz
лапида́рный, -ая, -ое; *Kzf* -рен, -рна lapidar, knapp
ла́пка, -и, *Pl G* -пок, *D* -пкам *f Dem zu* ла́па 1 Pfötchen ◇ стоя́ть [ходи́ть] на за́дних -пках пе́ред ке́м-н. *übtr* vor j-m liebedienern
лапла́ндец, -дца [нц], *I* -дцем, *G Pl* -дцев *m alt* Lappländer
Лапла́ндия, -и *f* Lappland
лапла́ндка, -и, *Pl G* -док, *D* -дкам *f* Lappländerin
лапла́ндский, -ая, -ое lappländisch

ла́поть, -птя, *Pl* ла́пти, лапте́й, лаптя́м *m* Bastschuh
лапта́, -ы́ *f* 1. Ballspiel *ähnlich unserem Schlagball* 2. Schlagholz *in diesem Spiel*
Ла́птевых мо́ре die Laptewsee
лапча́тка, -и *f bot* Fingerkraut
ла́пчатый, -ая, -ое 1. pfotenartig, gezackt; ~ лист gefingertes Blatt 2. mit Schwimmhäuten an den Pfoten ◇ гусь ~ *volksspr* durchtriebener Mensch, Gauner
лапша́, -и́, *I* -о́й *f* 1. Nudeln; Nudelsuppe 2. *übtr volksspr* Waschlappen, Memme
лапшо́вый, -ая, -ое Nudel-
ларёк, -рька́ *m* Verkaufsstand, Kiosk
ларе́ц, -рца́, *I* -рцо́м, *G Pl* -рцо́в *m* kunstvoll gearbeitetes Kästchen, Schatulle
ларинги́т, -а *m med* Kehlkopfentzündung
ларингофо́н, -а *m* Kehlkopfmikrofon
ла́рчик, -а *m Dem zu* ларе́ц Kästchen ◇ а ~ про́сто открыва́лся dabei war die Sache [Lösung] ganz einfach
ларь, -я́ *m* 1. Truhe 2. Verkaufsstand
[1]**ла́ска,** -и, *G Pl* ласк *f* 1. Liebkosung 2. Freundlichkeit, Güte
[2]**ла́ска,** -и, *Pl G* -сок, *D* -скам *f* Wiesel
ласка́тельный, -ая, -ое 1. zärtlich; -ое и́мя Kosename 2. *alt* schmeichlerisch
ласка́ть, -а́ю, -а́ешь *uv* 1. liebkosen, zärtlich sein (zu) 2. *übtr* erquicken, erfreuen; кра́ски ласка́ют глаз die Farben erfreuen das Auge ◇ ~ наде́ждой *alt* in der Hoffnung wiegen
ласка́ться, -а́юсь, -а́ешься *uv* к *D* zärtlich sein (zu); *alt* umschmeicheln, sich einschmeicheln (bei)
ла́сковый, -ая, -ое; *Kzf* -ов, -а zärtlich, freundlich; *übtr* liebkosend; ~ ветеро́к sanfter Wind
лассо́ *n idkl* Lasso, Wurfschlinge
ласт, -а *m* 1. Flosse, Pfote *der Seehunde, Walrosse* 2. *Sport* Schwimmflosse
ла́стик, -а *m* 1. Baumwollatlas *gewöhnlich als Kleidungsfutter* 2. *umg* Radiergummi 3. *text* Gewebe mit Gummizug
ла́ститься, ла́щусь, ла́стишься *uv umg* к *D oder* о́коло *G* (unterwürfig) zärtlich sein (zu), sich zärtlich anschmiegen (an)
ла́стовица, -ы, *I* -ей *f* Zwickel
ластоно́гие, -их *Subst Pl zool* Flossenfüßler
ла́сточка, -и, *Pl G* -чек, *D* -чкам *f* Schwalbe ◇ пе́рвая ~ *übtr* Vorbote
ла́сточкин, -а, -о Schwalben-; -о гнездо́ Schwalbennest
лата́ть, -а́ю, -а́ешь; ла́танный, -ан, -а *uv volksspr* flicken, Flicken aufsetzen
латви́ец, -и́йца, *I* -и́йцем, *G Pl* -и́йцев *m* Lette
латви́йский, -ая, -ое lettisch; Латви́йская Сове́тская Социалисти́ческая Респу́блика Lettische Sozialistische Sowjetrepublik
латви́йка, -и, *Pl G* -и́ек, *D* -и́йкам *f* Lettin
Ла́твия, -и *f* Lettland
латини́ст, -а *m* Latinist
лати́но-америка́нский, -ая, -ое lateinamerikanisch
лати́нский, -ая, -ое 1. lateinisch; ~ язы́к die lateinische Sprache 2. die romanische Kultur, die romanischen Nationen betreffend; -ие стра́ны Евро́пы die romanischen Länder Europas; Лати́нская Аме́рика Lateinamerika
ла́тка, -и, *Pl G* -ток, *D* -ткам *f volksspr* der Flicken
лату́к, -а *m* Lattich
лату́нный, -ая, -ое Messing-
лату́нь, -и *f* Messing
ла́ты, лат *Pl hist* Harnisch
латы́нь, -и *f umg* Latein
латы́ш, -а́, *I* -о́м, *G Pl* -е́й *m* Lette
латы́шка, -и, *Pl G* -шек, *D* -шкам *f* Lettin
латы́шский, -ая, -ое lettisch
лауреа́т, -а *m* Laureat, Preisträger
лафа́ *prädikativ*: тебе́ ~! *volksspr* dir geht es gut!, du hast Glück!
лафе́т, -а *m mil* Lafette
лафе́тный, -ая, -ое *mil* Lafetten-
ла́цкан, -а *m* Aufschlag, Revers
лачу́га, -и *f* armselige Hütte
ла́ять, ла́ю, ла́ешь *uv* 1. bellen; ~ на кого́-н. j-n anbellen 2. *alt, volksspr* anschnauzen
лганьё, -ья́ *n* Lügen
лгать* *uv* 1. lügen 2. *alt* Lügen [Verleumdungen] verbreiten (на *A* über) ‖ *v* солга́ть *zu* 1
лгу ↑ лгать
лгун, -а́ *m* Lügner
лгу́нья, -ьи, *Pl G* -ний, *D* -ньям *f* Lügnerin
лебеда́, -ы́ *f bot* Melde
лебеди́ный, -ая, -ое Schwanen-; schwanenweiß ◇ -ая пе́сня [песнь] *übtr* Schwanengesang
[1]**лебёдка,** -и, *Pl G* -док, *D* -дкам *f* Schwanenweibchen

²лебёдка, -и, *Pl G* -док, *D* -дкам *f tech* Winde; я́корная ~ Ankerwinde
ле́бедь, -я *m u. poet* **ле́бедь,** -и *f, Pl* ле́беди, лебеде́й, лебедя́м Schwan
лебези́ть, -ежу́, -ези́шь *uv umg* (liebe)dienern, scharwenzeln (пе́ред *I* vor)
лебя́жий, -ья, -ье Schwanen-
¹лев, льва *m* Löwe
²лев, -а, *GPl* -ов *m* Lew *bulgarische Währungseinheit*
Лев, Льва *m* Leo
лева́к, -а́ *m umg pol* Linksradikaler
лева́цкий, -ая, -ое *pol umg* pseudoradikal
леве́ть, -е́ю, -е́ешь *uv pol* sich nach links orientieren
левизна́, -ы́ *f pol* linke oder angeblich linke Richtung; linke Abweichung
левко́й, -я, *G Pl* -ев *m bot* Levkoje
лево- *in Zuss* links-
лево|бере́жный, -ая, -ое am linken Ufer gelegen; **-сторо́нний,** -яя, -ее linksseitig
левре́тка, -и, *Pl G* -ток, *D* -ткам *f* Windhund, Windspiel
левша́, -и́, *I* -о́й, *G Pl* -е́й *m, f* Linkshänder
ле́вый, -ая, -ое **1.** linker; -ая рука́ linke Hand **2.** *pol* linksstehend, linker; -ые фра́кции парла́мента die linken Parlamentsfraktionen **3.** *pol verächtl* scheinbar linker **4.** -ые, -ых *Subst Pl pol* die Linke
лега́вый, -ая, -ое **1.** *meist nur*: -ая соба́ка Hühner-, Vorstehhund **2.** -ая, -ой *Subst f* Hühner-, Vorstehhund
легализи́роваться, -руюсь, -руешься *v, uv* legal werden
легализова́ться, -зу́юсь, -зу́ешься *v, uv* legal werden
лега́льность, -и *f* Legalität
лега́льный, -ая, -ое; *Kzf* -лен, -льна legal
¹леге́нда, -ы *f* **1.** Legende **2.** Erfindung, Märchen
²леге́нда, -ы *f* erklärender Text *für Zeichnungen, Karten, Pläne u. ä.*
легенда́рный, -ая, -ое; *Kzf* -рен, -рна legendär, sagenhaft
легио́н, -а *m* **1.** *mil* Legion; иностра́нный ~ Fremdenlegion **2.** große Anzahl; це́лые -ы подража́телей ganze Legionen von Nachahmern
легионе́р, -а *m mil* Legionär
лёгкий [хк], -ая, -ое; *Kzf* лёгок, легка́ [хк], легко́ [хк], легки́ [хк] *u.* лёгки [хк]; *Komp* ле́гче [хч]; *Sup* легча́йший [хч] **1.** leicht; -ая но́ша leichte Last; ~ мета́лл Leichtmetall; ~ за́втрак leichtes Frühstück; -ая похо́дка leichter, schwebender Gang; ~ зада́ча leichte Aufgabe; ~ сон leiser Schlaf; ~ слог flüssiger Stil **2.** verträglich, umgänglich; ~ хара́ктер verträglicher Charakter **3.** leichtsinnig, leichtfertig, oberflächlich; -ое поведе́ние leichtfertiges Verhalten **4.** *ohne Kzf* beweglich, ohne schwere Waffen; -ая артилле́рия leichte Artillerie ◇ -ая рука́ eine glückliche Hand; он лёгок на поми́не *etwa* kaum hat man den Wolf genannt, da kommt er auch schon gerannt
легко́ [хк]; *Komp* ле́гче [хч] *Adv* leicht; мне э́то ~ mir fällt es leicht; мне э́то о́чень ~ сде́лать es ist mir ein leichtes, das zu tun; вам ~ говори́ть Sie haben gut reden; ~ сказа́ть das ist leicht gesagt
легко- *in Zuss* leicht-
легко|атле́т [хк], -а *m* Leichtathlet; **-атлети́ческий** [хк], -ая, -ое Leichtathletik-; **-атле́тка** [хк], -и, *Pl G* -ток, *D* -ткам *f* Leichtathletin; **-ве́рие** [хк], -я *n* Leichtgläubigkeit; **-ве́рный** [хк], -ая, -ое; *Kzf* -рен, -рна leichtgläubig; **-ве́с** [хк], -а *m Sport* Leichtgewicht
легкове́сный [хк], -ая, -ое; *Kzf* -сен, -сна **1.** leicht, zu leicht *von Gewicht*; -ая моне́та Münze mit Untergewicht **2.** leichtsinnig, oberflächlich; ~ челове́к leichtsinniger Mensch; ~ аргуме́нт nicht ernst zu nehmendes Argument
легково́й [хк], -а́я, -о́е: ~ автомоби́ль Personenkraftwagen; ~ изво́зчик Droschkenkutscher
легковоспламеня́ющийся, -аяся, -ееся leichtentflammbar
лёгкое [хк], -ого *Subst n* **1.** *meist Pl anat* Lunge; воспале́ние -их Lungenentzündung **2.** Lunge *Speise*
легкомы́сленный [хк], -ая, -ое; *Kzf* -ен, -енна leichtsinnig, leichtfertig, oberflächlich
легкомы́слие [хк], -я *n* Leichtsinn, Leichtfertigkeit, Oberflächlichkeit
легкопла́вкий [хк], -ая, -ое; *Kzf* -вок, -вка leichtschmelzend
лёгкость [хк], -и *f* Leichtheit, Leichtigkeit, Leichtsinnigkeit; ~ ре́чи Zungenfertigkeit
лего́нько *Adv umg* leicht, sacht(e), vorsichtig; ~ приподня́ть leicht anheben
лёгочный, -ая, -ое Lungen-; -ая ча-

хо́тка Lungenschwindsucht; ~ больно́й Lungenkranker
легча́йший ↑ лёгкий
легча́ть [хч], *1. u. 2. Pers ungebr,* -а́ет *uv volksspr* **1.** schwächer werden **2.** *unpers D* besser werden *Befinden, Stimmung u. a.*
ле́гче ↑ лёгкий *u.* легко́
лёд, льда (льду), о льде́, на льду́ *m* Eis; свобо́дный ото льда eisfrei; ве́чные льды ewiges Eis ◇ ~ разби́т [сло́ман] das Eis ist gebrochen, der Anfang ist gemacht
ледене́ть, -е́ю, -е́ешь *uv* **1.** *1. u. 2. Pers ungebr* zu Eis werden; vereisen; вода́ начина́ет ~ das Wasser beginnt sich in Eis zu verwandeln; ледене́ют борта́ судо́в die Schiffsborde vereisen **2.** (vor Kälte) steif werden; absterben, erstarren
ледене́ц, -нца́, *I* -нцо́м, *G Pl* -нцо́в *m* Fruchtbonbon
ледени́стый, -ая, -ое; *Kzf* -и́ст, -а Eis-
ледени́ть, *1. u. 2. Pers ungebr,* -и́т *uv* **1.** zum Gefrieren bringen, in Eis verwandeln **2.** kalt und starr machen; снег ледени́л па́льцы der Schnee machte die Finger erstarren; у́жас ледени́т се́рдце *übtr* Entsetzen läßt das Herz erstarren
ледени́щий, -ая, -ее eisig
ле́дник, -а *m* **1.** Eiskeller **2.** Eisschrank
ледни́к, -а́ *m* Gletscher
леднико́вый, -ая, -ое Gletscher-; ~ пери́од Eiszeit
ледови́тый, -ая, -ое: Ледови́тый океа́н Eismeer
ледо́вый, -ая, -ое Eis-
ледо|ко́л, -а *m* Eisbrecher *Schiff;* **~ре́з,** -а *m* **1.** Eisbrecher *Gerüst zum Schutz von Brücken gegen Eisgang* **2.** Eisbrecher *Schiff;* **~ру́б,** -а *m* Eishacke, Eispickel; **~ста́в,** -а *m* Zufrieren *von Flüssen;* ны́нче ра́нний ~ста́в die Flüsse sind in diesem Jahr zeitig zugefroren; **~хо́д,** -а *m* Eisgang
леды́шка, -и, *Pl G* -шек, *D* -шкам *f umg* Eisstückchen
ледяно́й, -а́я, -о́е **1.** Eis-; ~ покро́в Eisdecke **2.** eisbedeckt; -ы́е верши́ны eisbedeckte Gipfel **3.** eiskalt, eisig; ~ ве́тер eisiger Wind **4.** eiskalt, steif *vor Kälte;* -ы́е па́льцы steife Finger **5.** *übtr* eisig, kalt
лежа́к, -а́ *m* Liegestuhl
лежа́лый, -ая, -ое (zu) lange gelagert, alt *z. B. Ware*
лежа́нка, -и, *Pl G* -нок, *D* -нкам *f* **1.** Ofenbank *in Form eines Vorsprungs rings um den Ofen* **2.** Liegebank
лежа́ть, -жу́, -жи́шь; лёжа *uv* **1.** liegen; ~ лицо́м вверх auf dem Rükken liegen; ~ в посте́ли bettlägerig sein; ~ в лихора́дке im Fieber liegen; во́лосы лежа́т гла́дко die Haare liegen glatt; де́ньги лежа́т в сберка́ссе das Geld liegt auf der Sparkasse **2.** *1. u. 2. Pers ungebr* gelegen sein, liegen *von Örtlichkeiten u. ä.;* го́род лежи́т на берегу́ мо́ря die Stadt liegt am Meer **3.** *1. u. 2. Pers ungebr in eine bestimmte Richtung* führen; путь лежи́т на се́вер der Weg führt nach Norden **4.** *1. u. 2. Pers ungebr* liegen, lasten (на *P* auf); отве́тственность лежи́т на мне die Verantwortung liegt auf mir; э́то лежи́т на мое́й со́вести das lastet auf meinem Gewissen ◇ ~ в осно́ве zugrunde liegen; ~ на боку́ [на печи́] *volksspr* faulenzen; у меня́ душа́ [се́рдце] не лежи́т к э́тому daraus mache ich mir nichts, das liegt mir nicht
лежа́ться, -жи́тся *unpers uv umg* keine Lust haben zu liegen, nicht liegen können
лежа́чий, -ая, -ее liegend; он ~ больно́й er ist bettlägerig; в -ем положе́нии liegend ◇ под ~ ка́мень вода́ не течёт *etwa* rast' ich, so rost' ich; -его не бьют wer am Boden liegt [besiegt ist], den schlägt man nicht
лежебо́к, -а *m u.* **лежебо́ка,** -и *m, f umg* Faulpelz
ле́жень, -жня *m* Schwelle, Sohlbalken
лёжка, -и, *Pl G* -жек, *D* -жкам *f* **1.** (langes) Liegen; идти́ в -у gelagert werden *Obst* **2.** Tierlager ◇ лежа́ть в -у *volksspr* bettlägerig sein
лежмя́ *Adv umg*: ~ лежа́ть (hilflos) liegen, ohne sich zu rühren
ле́звие, -я *n* **1.** Klinge, Schneide **2.** *umg* Rasierklinge
лезги́н, -а, *G Pl* лезги́н *m* Lesginer *Angehöriger eines kaukasischen Volkes, das einen Teil der Bevölkerung der Dagestanischen ASSR bildet*
¹лезги́нка, -и, *Pl G* -нок, *D* -нкам *f* Lesginerin
²лезги́нка, -и, *Pl G* -нок, *D* -нкам *f* Lesginka *schneller kaukasischer Tanz*
лезть* *uv* **1.** *best* на, в *A* klettern, steigen; ~ на́ гору einen Berg ersteigen; ~ в окно́ in ein Fenster klettern; ~ в во́ду ins Wasser steigen **2.** *best* под *A,* из-под

G kriechen; ~ из-под дива́на unter dem Sofa hervorkriechen 3. *best* в *A* heimlich eindringen, sich einschleichen 4. *best* в *A umg* greifen, langen *mit der Hand*; ~ в карма́н за папиро́сами nach Zigaretten in die Tasche greifen 5. в *A umg verächtl* sich einmischen; ~ не в своё де́ло sich in fremde Angelegenheiten einmischen 6. *umg* belästigen (к кому́-н. с че́м-н. j-n mit etw.) 7. *1. u. 2. Pers ungebr* в *A* eindringen; пыль ле́зет в глаза́ Staub dringt in die Augen 8. *1. u. 2. Pers ungebr* на *A umg* rutschen; капюшо́н ле́зет на глаза́ die Kapuze rutscht über die Augen 9. на *A* passen; сапо́г не ле́зет на́ ногу der Stiefel paßt nicht 10. *1. u. 2. Pers ungebr* ausfallen *von Haaren*; fadenscheinig werden *von Wolle* ◇ хоть в пе́тлю ~! man möchte sich aufhängen!; ~ из ко́жи вон sich die größte Mühe geben; не ~ за сло́вом в карма́н um eine Antwort nicht verlegen sein; ~ на́ стену rasend werden; ~ в дра́ку Händel suchen || *unbest* ла́зать *u.* ла́зить *zu* 1-4

ле́зу ↑ лезть

лей ↑ ле́я

лейбори́ст, -а *m* Mitglied der Labour Party

лейбори́стский [сск], -ая, -ое Labour-

[1]**ле́йка,** -и, *Pl G* ле́ек, *D* ле́йкам *f* 1. Gießkanne 2. *volksspr* Trichter

[2]**ле́йка,** -и, *Pl G* ле́ек, *D* ле́йкам *f* Photoapparat *der Marke „Leica" oder ähnlicher Konstruktion*

лейкеми́я, -и *f* Leukämie

Ле́йпциг, -а *m* Leipzig

лейтена́нт, -а *m* Leutnant; мла́дший ~ Unterleutnant; ста́рший ~ Oberleutnant

лейтмоти́в, -а *m* 1. *mus* Leitmotiv 2. *übtr* Grund-, Hauptgedanke

лек, -а *m* Lek *albanische Währungseinheit*

лека́ло, -а *n* 1. Kurvenlineal 2. *tech* Formlehre, Lehre, Schablone

лека́рственный, -ая, -ое Heil-, Arznei-

лека́рство, -а *n* Arznei, Medizin; приня́ть ~ Medizin einnehmen; прописа́ть ~ Medizin verschreiben; ~ от *oder* про́тив просту́ды Arznei gegen Erkältung

ле́карь, -я, *Pl* ле́кари, лекаре́й, лекаря́м *m alt u. volksspr* Arzt

ле́ксика, -и *f* Wortschatz, Lexik

лексико́граф, -а *m* Lexikograph

лексикогра́фия, -и *f* Lexikographie

лексико́лог, -а *m* Lexikologe

лексиколо́гия, -и *f* Lexikologie

лексико́н, -а *m* 1. *alt* Wörterbuch 2. Wortschatz *eines Menschen*; у него́ бе́дный ~ er verfügt über einen geringen Wortschatz

лекси́ческий, -ая, -ое lexikalisch

ле́ктор, -а *m* (Universitäts-) Lektor; Vortragender

лекто́рий, -я, *P* -и, *G Pl* -ев *m* 1. Lektorium *Institution, die öffentliche Lektionen organisiert* 2. Raum für öffentliche Lektionen, Vorlesungsraum

ле́кторская, -ой *Subst f* Lektorenzimmer

лекцио́нный, -ая, -ое Vorlesungs-; ~ пери́од Vorlesungsabschnitt

ле́кция, -и *f* Vorlesung, (öffentliche) Lektion; чита́ть -ю eine Vorlesung halten

леле́ять, -е́ю, -е́ешь; -е́янный, -е́ян, -а *uv* 1. (ver)hätscheln; ~ ребёнка ein Kind (ver)hätscheln 2. *übtr* ergötzen, erfreuen; му́зыка леле́ет слух Musik erfreut das Ohr 3. *übtr* sorgfältig hüten, hegen; ~ мечту́ einen Traum hegen

Лёля, -и *f Dem zu* Еле́на *u.* Ольга

ле́мех, -а *u.* **леме́х,** -а́, *Pl* лемеха́, -о́в, -а́м *m* Pflugschar

ле́мма, -ы *f math* Lemma, Hilfssatz

лен, -а *m hist* 1. Lehen 2. Lehensabgabe

лён, льна (льну), *P* о льне, в льне *u.* во льну, на льне *u.* на льну *m* 1. Flachs, Lein 2. *nur Pl* Flachsfeld ◇ го́рный ~ *min* Bergflachs

[1]**Ле́на,** -ы *f* Lena *Fluß*

[2]**Ле́на,** -ы *f Dem zu* Еле́на

лени́вец, -вца, *I* -вцем, *G Pl* -вцев *m* 1. Faulpelz 2. *zool* Faultier

лени́вица, -ы, *I* -ей *f* Faulenzerin

лени́вый, -ая, -ое; *Kzf* -и́в, -а 1. arbeitsscheu, faul; ~ учени́к ein fauler Schüler 2. *nur Kzf* zu faul (на *A oder* к *D* zu etw.) 3. schlaff, träge, langsam; -ая похо́дка schlaffer Gang 4. schnell zubereitet *Speise*; -ые щи Suppe aus frischem Weißkohl

Ленингра́д, -а *m* Leningrad

ленингра́дец, -дца, *I* -дцем, *G Pl* -дцев *m* Leningrader, Einwohner von Leningrad

ленингра́дка, -и, *Pl G* -док, *D* -дкам *f* Leningraderin

ленингра́дский, -ая, -ое Leningrader; Ленингра́дская о́бласть Gebiet Leningrad

ленинец, -нца, *I* -нцем, *G Pl* -нцев *m* Leninist
ленинизм, -а *m* Leninismus
ленинский, -ая, -ое Lenin-; leninistisch; ~ стиль работы leninscher Arbeitsstil; ~ кооперативный план der Leninsche Genossenschaftsplan; -ая премия Leninpreis; Ленинский комсомол der Leninsche Komsomol
лениться, ленюсь, ленишься *uv* faulenzen; *mit Inf* zu faul sein *etw. zu tun*; я ленюсь читать ich bin zu faul zum Lesen
Ленка, -и *f Dem zu* Елена
ленник, -а *m hist* Lehnsmann
ленный, -ая, -ое *hist* Leh(e)ns-
леность, -и *f* Faulheit; Neigung zur Faulheit
Леночка, -и *f Dem zu* Елена
лента, -ы *f* Band, Streifen; Ordensband; Farbband; шёлковая ~ Seidenband; изоляционная ~ Isolierband ◇ пулемётная ~ Maschinengewehrgurt
ленточка, -и, *Pl G* -чек, *D* -чкам *f Dem zu* лента Bändchen
ленточный, -ая, -ое Band-; -ая пила Bandsäge; ~ транспортёр Förderband, Bandförderer
лентяй, -а, *G Pl* -ев *m umg* Faulpelz
лентяйка, -и, *Pl G* -яек, *D* -яйкам *f umg* Faulenzerin
лентяйничать, -аю, -аешь *uv umg* faulenzen
ленца, -ы, *I* -ой *f umg*: с -ой mit gewisser Neigung zur Trägheit; он с -ой er ist ziemlich faul; работать с -ой sich (bei der Arbeit) nicht übermäßig anstrengen
лень, -и *f* 1. Faulheit, Trägheit 2. *prädikativ* кому *mit Inf umg* keine Lust haben; ему ~ было говорить er hatte keine Lust zu reden ◇ (все,) кому не ~ jeder, der Lust hat
Лёнька, -и *m Dem zu* Леонид *u.* Леонтий
Лёня, -и *m Dem zu* Леонид *u.* Леонтий
Леонид, -а *m männl Vn*
Леонтий, -я, *P* -и *m männl Vn*
леопард, -а *m* Leopard
лепесток, -тка *m* Blütenblatt
лепет, -а *m* 1. Lallen, Stammeln, Plappern; детский ~ kindliches Lallen 2. *übtr G poet* leichtes Geräusch, Rauschen; ~ листьев Rauschen der Blätter
лепетать* *uv* lallen, stammeln, plappern
лепечу ↑ лепетать
лепёшка, -и, *Pl G* -шек, *D* -шкам *f* 1. Fladen; медовые -и Honigfladen 2. Plätzchen; Tablette; мятные -и Pfefferminzplätzchen ◇ разбиться [расшибиться] в -у *volksspr* sich vor Eifer fast umbringen
лепить, леплю, лепишь *uv* 1. formen, modellieren; *aus weichem, knetbarem Material* herstellen; ~ статую из глины ein Standbild aus Ton modellieren; ~ снежную бабу einen Schneemann bauen; ~ гнездо ein Vogelnest bauen 2. *umg* an-, aufkleben
лепиться, *1. u. 2. Pers ungebr*, лепится *uv* 1. sich anklammern, sich anschmiegen 2. klebenbleiben, (fest)kleben
лепка, -и *f* Formen, Modellieren
лепной, -ая, -ое Modellier-; Stuck-; ~ потолок Stuckdecke
лепта, -ы *f* Lepta *griechische Münze* ◇ *übtr* внести свою -у sein Scherflein beitragen, seinen bescheidenen Beitrag leisten
лес, -а (-у), *P* о лесе, в лесу, *Pl* леса, -ов, -ам *m* 1. Wald; дремучий ~ Urwald; хвойный ~ Nadelwald; лиственный ~ Laubwald; ехать -ом durch den Wald fahren 2. *nur Sg*, в лесе Holz, Baumstämme *als Material*; строевой ~ Bauholz ◇ быть как в тёмном -у von etwas nichts verstehen, sich in einer Sache nicht zurechtfinden; кто в ~, кто по дрова der eine sagt hüh, der andere hott *von fehlender Übereinstimmung*
[1]**леса,** -ы *u.* **лёса,** -ы, *Pl* лёсы, лёс, лёсам *f* Angelschnur
[2]**леса,** -ов *Pl* Baugerüst; здание в -ах das Gebäude ist eingerüstet
лесенка, -и, *Pl G* -нок, *D* -нкам *f Dem zu* лестница kleine Leiter *oder* Treppe
лесистый, -ая, -ое; *Kzf* -ист, -а waldig, waldreich; Wald-
леска, -и, *Pl G* -сок, *D* -скам *f Dem zu* [1]леса Angelschnur
лесник, -а *m* Forstwart, -aufseher
лесничество, -а *n* Forstrevier; Försterei
лесничий, -его *Subst m* Förster
лесной, -ая, -ое 1. Wald-, Forst-; -ая чаща Walddickicht; защитные -ые полосы Schutzwaldstreifen; -ое хозяйство Forstwirtschaft; ~ царь *folkl* Erlkönig 2. Holz-; -ая промышленность Holzindustrie; ~ склад Holzlager

лесо- *in Zuss* 1. Wald-, Forst- 2. Holz-
лесо|во́д, -а *m* Forstwissenschaftler; Forstwirtschaftler; **~во́дство,** -а *n* Forstwissenschaft; Forstwirtschaft; **~заво́д,** -а *m* (лесопи́льный заво́д) Sägewerk; Holzverarbeitungswerk; **~заготови́тельный,** -ая, -ое Holzbeschaffungs-; **~загото́вки** *Pl* -вок, -вкам, *Sg* лесозаготовка, -и *f* staatliche Holzbeschaffung *einschließlich des Holzfällens und der Aufbereitung im Walde*; **~защи́тный,** -ая, -ое Schutzwald
лесо́к, -ска́ (-ску́) *m Dem zu* лес Wäldchen
лесо|материа́лы *Pl* -ов, *Sg* лесоматериа́л, -а *m* Nutzholz; **~насажде́ние,** -я *n* 1. Anpflanzen von Wald, Aufforstung 2. *meist Pl* Waldanpflanzungen; **~пи́лка,** -и, *Pl G* -лок, *D* -лкам *f* 1. Maschinensäge *für Holz* 2. *umg* Sägewerk, Sägemühle; **~пи́льный,** -ая, -ое Holzsäge-; ~пи́льный заво́д Sägewerk, Sägemühle; **~пи́льня,** -и, *Pl G* -лен, *D* -льням *f umg* Sägewerk, Sägemühle; **~полоса́,** -ы́, *Pl* лесопо́лосы, лесопо́лос, лесополоса́м *f* Waldstreifen; защи́тная ~полоса́ Waldschutzstreifen; **~поса́дки,** -док, -дкам *Pl* Waldanpflanzungen; **~промы́шленность,** -и *f* Holzindustrie; **~промы́шленный,** -ая, -ое Holzindustrie-; **~разведе́ние,** -я *n* Aufforstung; **~разрабо́тки** *Pl* -ток, -ткам, *Sg* лесоразрабо́тка, -и *f* Holz(ein)schlag; **~ру́б,** -а *m* Holzfäller; **~се́ка,** -и *f* Holzschlag *für den Holzschlag bestimmtes Waldstück*; **~спла́в,** -а *m* Flößerei; **~сте́пь,** -и *f* Waldsteppe; **~торго́вля,** -и *f* Holzhandel; **~ту́ндра,** -ы *f* Waldtundra
леспромхо́з, -а *m* (лесопромы́шленное хозя́йство) Forstwirtschaftsbetrieb
лёсс, -а *m geol* Löß
ле́стница [сн], -ы, *I* -ей *f* 1. Treppe; винтова́я ~ Wendeltreppe 2. Leiter; пожа́рная ~ Feuerleiter 3. *übtr* иерархи́ческая ~ hierarchische Stufenleiter
ле́стничный [сн], -ая, -ое 1. Treppen-; -ая кле́тка Treppenhaus; -ая площа́дка Treppenabsatz 2. Leiter-
ле́стный [сн], -ая, -ое; *Kzf* -тен, -тна schmeichelhaft; lobend; име́ть са́мое -ое мне́ние о ко́м-н. die günstigste (schmeichelhafteste) Meinung von j-m haben
лесть, -и *f* Schmeichelei
лесхо́з, -а *m* (лесно́е хозя́йство) Forstwirtschaft; Betrieb der Holzindustrie
лёт, -а, *P* о лёте, на лету́ *m* Flug; шесть часо́в -а sechs Flugstunden; на -у́ im Fluge; mühelos ◇ лови́ть [хвата́ть] на -у́ [*volksspr* с лёту] rasch begreifen; на -у́ отда́ть приказа́ние im Vorbeigehen einen Befehl erteilen
лета́, лет *Pl* Alter, Jahre; челове́к пожилы́х лет ein älterer Mann; ско́лько вам лет? wie alt sind Sie? на скло́не [на ста́рости] лет auf die alten Tage; мы с ним одни́х лет wir sind gleichaltrig; по мо́лодости лет aus jugendlicher Unerfahrenheit
Ле́та, -ы *f myth* Lethefluß ◇ ка́нуть в -у der Vergessenheit anheimfallen
летарги́я, -и *f* Lethargie
лета́тельный, -ая, -ое Flug-; ~ аппара́т Flugapparat, Flugkörper
лета́ть, -а́ю, -а́ешь *uv unbest zu* лете́ть fliegen; пти́цы лета́ют Vögel (können) fliegen; ~ по определённому маршру́ту eine bestimmte Linie befliegen; па́льцы его́ лета́ли по кла́вишам *übtr* seine Finger flogen über die Tasten
лете́ть, лечу́, лети́шь *uv* 1. *best* fliegen; перелётные пти́цы летя́т на юг die Zugvögel fliegen nach Süden; когда́ мы лети́м? wann fliegen wir ab?; пу́ли летя́т die Kugeln fliegen 2. *best* dahinjagen, eilen, fliegen; конь лети́т das Pferd jagt dahin 3. *best umg* (herunter)fallen, (herunter-)fliegen; стака́ны лете́ли на́ пол die Gläser flogen auf den Boden 4. *1. u. 2. Pers ungebr* schnell vergehen, dahineilen; неде́ли летя́т die Wochen eilen dahin 5. *1. u. 2. Pers ungebr* schnell steigen *oder* fallen; а́кции летя́т вверх die Aktien schnellen in die Höhe | *unbest* лета́ть *zu* 1-3
ле́тний, -яя, -ее 1. sommerlich; Sommer-; -ее пла́тье Sommerkleid 2. *Adv* по-ле́тнему wie im Sommer, sommerlich
-ле́тний, -яя, -ее *in Zuss* -jährig, -jahr-, *z. B.* пятиле́тний план Fünfjahrplan
лётный, -ая, -ое Flug-; Flieger-; -ое отве́рстие Flugloch *eines Vogelnestes*; -ая пого́да Flugwetter; -ая шко́ла Fliegerschule; ~ соста́в fliegendes Personal; -ое по́ле Rollfeld
ле́то, -а *n* Sommer
ле́том *Adv* im Sommer

летопи́сец, -сца, *I* -сцем, *G Pl* -сцев *m* Chronist, Annalenschreiber
летопи́сный, -ая, -ое Chronik-, Annalen-
ле́топись, -и *f* Chronik, Annalen
летосчисле́ние, -я *n* Zeitrechnung
лету́н, -а́ *m umg* **1.** flinker Läufer; guter Flieger **2.** jemand, der oft seinen Arbeitsplatz wechselt
лету́честь, -и *f chem* Flüchtigkeit
лету́чий, -ая, -ое; *Kzf* -у́ч, -а **1.** fliegend, Flug-; ~ песо́к Flugsand; -ая мышь Fledermaus **2.** fliegend, schnell verlegbar; -ая по́чта fliegendes Postamt; -ая ремо́нтная брига́да fliegende Reparaturabteilung **3.** *chem* flüchtig; -ие эфи́рные масла́ flüchtige ätherische Öle **4.** schnell vergehend *Zeit* **5.** kurz *Gespräch, Versammlung*
лету́чка, -и, *Pl G* -чек, *D* -чкам *f umg* **1.** Flugblatt **2.** Kurzversammlung *zur Entscheidung unaufschiebbarer Angelegenheiten* **3.** fliegendes Postamt **4.** fliegende Reparaturbrigade
лётчик, -а *m* Flieger, Pilot; ~-истреби́тель Jagdflieger; ~-испыта́тель Testpilot
лётчица, -ы, *I* -ей *f* Fliegerin, *weiblicher* Pilot
лече́бник, -а *m alt* volkstümliches Arzneibuch
лече́бница, -ы, *I* -ей *f* Klinik, Heilanstalt
лече́бный, -ая, -ое Heil-
лече́ние, -я *n* Kur, Behandlung; стациона́рное ~ stationäre Behandlung
лечи́ть, лечу́, ле́чишь; ле́ченный, -ен, -а *uv* **1.** (ärztlich) behandeln, kurieren; ~ больно́го einen Kranken behandeln; ~ плеври́т eine Rippenfellentzündung behandeln **2.** (ärztlich) behandeln lassen; ~ зу́бы die Zähne behandeln lassen
лечи́ться, лечу́сь, ле́чишься *uv* у *G* sich (ärztlich) behandeln lassen (von), in (ärztlicher) Behandlung sein (bei)
лечь* *v* **1.** sich (hin)legen; sich schlafen legen; ~ на дива́н sich auf das Sofa legen; вчера́ я лёг в де́сять gestern habe ich mich um zehn schlafen gelegt **2.** sich legen, sich ausbreiten, bedecken; на зе́млю лёг и́ней Rauhreif bedeckte die Erde; на его́ лицо́ легла́ тень ein Schatten legte sich auf sein Gesicht **3.** sich legen, fallen *von Kleidungsstücken u. ä.*; пла́тье легло́ ро́вными скла́дками das Kleid fiel in gleichmäßigen Falten **4.**: ~ на но́вый курс *flug, naut* einen neuen Kurs einschlagen **5.** на *A übtr* liegen, lasten (auf), sich schwer legen (auf); на меня́ ля́жет отве́тственность auf mir wird die Verantwortung lasten; э́то легло́ на мою́ со́весть das lastet auf meinem Gewissen ◇ ~ в осно́ву zugrunde liegen; ~ костьми́ *meist scherz* sich (vor Eifer) in Stücke reißen ‖ *uv* ложи́ться, ложу́сь, ложи́шься
Лёша, -и, *I* -ей *m Dem zu* Алексе́й
ле́ший, -его *Subst m folkl* Waldgeist
лещ, -а́, *I* -о́м, *G Pl* -е́й *m zool* Brasse, Blei
лещи́на, -ы *f* Haselstrauch
лещи́новый, -ая, -ое Haselnuß-
ле́я, -и *f u.* **лей,** ле́я *m* Lei *rumänische Währungseinheit*
лже- *in Zuss* falsch, Pseudo-
лже|нау́чный, -ая, -ое pseudowissenschaftlich; **~прися́га,** -и *f* Meineid; **~свиде́тель,** -я *m* falscher Zeuge; **~свиде́тельство,** -а *n* falsche Aussage; **~свиде́тельствовать,** -твую, -твуешь *uv* falsch aussagen; **~уче́ние,** -я *n* Irrlehre
лжец, -а́, *I* -о́м, *G Pl* -о́в *m* Lügner
лжи́вый, -ая, -ое; *Kzf* лжив, -а verlogen, lügenhaft; erlogen, lügnerisch, trügerisch; ~ челове́к ein verlogener [zum Lügen neigender] Mensch; -ые заявле́ния lügnerische Erklärungen; -ая улы́бка trügerisches Lächeln
ли *u.* **ль 1.** *Fragepartikel* ob *in indirekten Fragesätzen; in direkten Fragesätzen unübersetzt*; придёшь ли ты? не зна́ю, приду́ ли wirst du kommen? ich weiß nicht, ob ich kommen werde; не сты́дно ли тебе́ говори́ть так? schämst du dich nicht so etwas zu sagen? **2.** *disjunktive Konj* ли . . . ли . . . ob . . . oder; зимо́й ли, ле́том ли ob (nun) im Winter oder im Sommer ◇ не уйти́ ли нам? sollen wir nicht lieber fortgehen?; шу́тка ли! das ist keine Kleinigkeit!
лиа́на, -ы *f bot* Liane
либера́л, -а *m* Liberaler
либера́льничать, -аю, -аешь *uv umg* allzu nachsichtig sein
либера́льность, -и *f* **1.** *pol* liberale Einstellung, Liberalismus **2.** allzu große Nachsicht
либера́льный, -ая, -ое; *Kzf* -лен -льна **1.** *pol* liberal **2.** allzu nachsichtig
Либе́рия, -и *f* Liberia

либо *Konj* oder; либо . . . либо . . . entweder . . . oder
-либо *Part, zweiter Bestandteil indefiniter Pronomen und Pronominaladverbien, z. B.* ктó-либо irgend jemand; гдé-либо irgendwo
либрéтто *n idkl* **1.** Libretto **2.** kurze Inhaltsangabe *eines Bühnenstücks* **3.** Plan eines Szenariums *für Film oder Ballett*
Ливáн, -а *m* Libanon
ливáнский, -ая, -ое libanesisch
ли́вень, -вня *m* Regenguß, Platzregen; ~ пуль *übtr* Kugelregen
¹ли́вер, -а (-у) *m eßbare* Innereien, Geschlinge *Leber, Herz u. a.*
²ли́вер, -а *m* Saugheber, Stechheber
ли́верный, -ая, -ое: -ая колбасá Leberwurst
ливи́йский, -ая, -ое libysch; Ливи́йская пусты́ня Libysche Wüste
Ли́вия, -и *f* Libyen
ливмя́ *Adv umg*: дождь льёт ~ es regnet in Strömen
ли́вневый, -ая, -ое: -ые вóды Regenwasser
ливрéйный, -ая, -ое Livree-; ~ лакéй Lakai in Livree
ливрéя, -и *f* Livree
¹ли́га, -и *f* Liga, Bund, Vereinigung; Ли́га нáций *hist* Völkerbund
²ли́га, -и *f mus* Bindebogen, Ligaturzeichen
лигату́ра, -ы *f* **1.** Beimischung *von Kupfer oder Zinn zu Edelmetallen*; Legierung **2.** *typ, med* Ligatur
Ли́да, -ы *f Dem zu* Ли́дия
ли́дер, -а *m* **1.** *pol* Führer; профсою́зные -ы Gewerkschaftsführer **2.** *Sport* Führender, Erster; Schrittmacher; Spitzenreiter; велогóнка за -ом Steherrennen
ли́дерство, -а *n pol u. Sport* Führung; захвати́ть ~ in Führung gehen, die Führung übernehmen
лиди́ровать, -рую, -руешь *v, uv Sport* führen, an der Spitze liegen
лижу́ ↑ лизáть
Ли́за, -ы *f Dem zu* Елизавéта
лизáть* *uv* lecken, ab-, belecken; плáмя ли́жет стéны die Flamme beleckt die Wände ◇ ~ ру́ки [нóги, пя́тки] кому́-н. *volksspr* vor j-m kriechen ‖ *v mom* **лизну́ть,** -ну́, -нёшь
лизоблю́д, -а *m volksspr* Speichellecker
лизóл, -а *m* Lysol
Ли́зонька, -и *f Dem zu* Елизавéта
Ли́зочка, -и *f Dem zu* Елизавéта

¹лик, -а *m* **1.** *alt* Gesicht, Antlitz **2.** *übtr* Antlitz, Aussehen; Umrisse
²лик, -а *m alt rel* Schar
ликбéз, -а *m* (ликвидáция безгрáмотности) Beseitigung des Analphabetentums
ликвидáтор, -а *m pol hist* Liquidator
ликвидациóнный, -ая, -ое *wirtsch* Liquidations-
ликвидáция, -и *f* **1.** *wirtsch* Liquidation, Auflösung **2.** Beseitigung, Abschaffung, Vernichtung
ликвиди́ровать, -рую, -руешь; -рованный, -рован, -а *v, uv* **1.** *wirtsch* liquidieren, auflösen **2.** beseitigen, abschaffen, vernichten
ликви́дный, -ая, -ое *fin* flüssig; -ые срéдства flüssige Mittel
ликёр, -а (-у) *m* Likör
ликёрный, -ая, -ое Likör-; -ая рю́мка Likörglas
ликовáние, -я *n* Jubel, Frohlocken
ликовáть, -ку́ю, -ку́ешь *uv* jubeln, frohlocken, triumphieren
лилéйный, -ая, -ое **1.** *alt, poet* lilienweiß **2.** -ые, -ых *Subst Pl bot* Liliengewächse
лилипу́т, -а *m* Liliputaner
лилипу́тка, -и, *Pl G* -ток, *D* -ткам *f* Liliputanerin
ли́лия, -и *f* Lilie; водянáя ~ Wasserrose, Wasserlilie
лиловéть, -éю, -éешь *uv* **1.** lila werden **2.** lila schimmern
лилóвый, -ая, -ое lila, violett
Ли́ма, -ы *f* Lima
лимáн, -а *m geogr* Liman, (sumpfige) Bucht *mit Wasser angefüllte, golfartige Talerweiterung an Flußmündungen*
лими́т, -а *m* Limit, Höchstgrenze; превы́сить ~ das Limit überschreiten
лимити́ровать, -рую, -руешь; -рованный, -рован, -а *v, uv* limitieren, begrenzen; ~ ввоз и вы́воз товáров den Warenimport und -export begrenzen
лимóн, -а *m* Zitrone; Zitronenbaum
лимонáд, -а *m* Limonade; Zitronenwasser
лимóнный, -ая, -ое **1.** Zitronen-; -ая кислотá Zitronensäure **2.** zitronengelb
лимоновыжимáлка, -и, *Pl G* -лок, *D* -лкам *f* Zitronenpresse
лимузи́н, -а *m* Limousine
ли́мфа, -ы *f* Lymphe
лимфати́ческий, -ая, -ое **1.** lympha-

tisch, Lymph-; -ая железа́ Lymphdrüse 2. *alt* schlaff, leblos, träge
лингви́ст, -а *m* Linguist
лингви́стика, -и *f* Linguistik
¹линейка, -и, *Pl G* -éек, *D* -е́йкам *f* 1. Linie, Zeile *auf Schreibpapier* 2. Lineal; счётная ~ Rechenschieber 3. Linie, Reihe; Appell; пионе́рская ~ Pionierappell ◇ постро́иться в -у [по -е] sich in einer Linie aufstellen, in einer Linie antreten
²линейка, -и, *Pl G* -éек, *D* -е́йкам *f alt* Kremserwagen
лине́йный, -ая, -ое 1. linienförmig, linear; ~ орна́мент Bandornament; -ые ме́ры Längenmaße 2. *mil u. Verkehrswesen* Linien-, Strecken-; ~ кре́йсер Linienkreuzer; ~ связи́ст Funker *der eine bestimmte Linie betreut*
¹линёк, -нька́ *m Dem zu* ¹линь kleiner Schlei
²линёк, -нька́ *m naut* Tauende
ли́нза, -ы *f phys* Linse
ли́ния, -и *f* 1. Linie; начерти́ть на доске́ -ю eine Linie an die Tafel zeichnen; ~ горизо́нта Horizontlinie; постро́ить дома́ в одну́ -ю Häuser in einer Linie [Reihe] anordnen; трамва́йная ~ Straßenbahnlinie; родство́ по отцо́вской -и Verwandtschaft der väterlichen Linie [väterlicherseits] 2. Linie *Richtung, Handlungsweise*; генера́льная ~ па́ртии Generallinie der Partei 3. *el* Leitung; высоково́льтная ~ Hochspannungsleitung ◇ рабо́тать по профсою́зной -и auf gewerkschaftlichem Gebiet arbeiten; вести́ [гнуть *volksspr*] свою́ -ю *etwa* seinen Standpunkt durchsetzen
линко́р, -а *m* (лине́йный кора́бль) Linienschiff, Schlachtschiff
лино́ваный, -ая, -ое: -ая бума́га liniertes Papier
линова́ть, -ну́ю, -ну́ешь; -но́ванный, -но́ван, -а *uv* linieren
линоти́п, -а *m typ* Linotype
Линч, -а *m*: суд Ли́нча Lynchjustiz
линчева́ть, -чу́ю, -чу́ешь; -чёванный, -чёван, -а *m v, uv* lynchen
¹линь, -я́ *m zool* Schlei
²линь, -я́ *m* Schiffsleine
ли́нька, -и *f zool* Haaren, Mausern, Häuten; весе́нняя ~ пушны́х звере́й Frühjahrsmauser der Pelztiere
линю́чий, -ая, -ее; *Kzf* -ю́ч, -а, -е *umg* 1. leicht die Farbe verlierend, ausbleichend, verschießend; nicht wasch- und lichtecht; -ая мате́рия leicht die Farbe verlierender Stoff 2. *zool* in der Mauser befindlich
линя́лый, -ая, -ое *umg* verblichen, verschossen
линя́ть, *1. u. 2. Pers ungebr*, -я́ет *uv* 1. die Farbe verlieren, ausbleichen, verschießen; си́тец линя́ет der Kattun verliert die Farbe 2. *zool* haaren, mausern, sich häuten
¹ли́па, -ы *f* Linde
²ли́па, -ы *f volksspr verächtl* Fälschung, Schwindel
ли́пка, -и, *Pl G* -пок, *D* -пкам *f Dem zu* ¹ли́па kleine Linde ◇ ободра́ть кого́-н. как -у *volksspr* j-n vollständig ausplündern
ли́пкий, -ая, -ое; *Kzf* -пок, -пка́! klebrig, zäh; *übtr umg* aufdringlich
ли́пнуть, -ну, -нешь; лип, -ла *uv* 1. haftenbleiben, klebenbleiben, kleben (к *D* an); бума́га ли́пнет к па́льцам das Papier bleibt an den Fingern kleben; руба́шка ли́пла к те́лу das Hemd klebte am Körper 2. *umg* klebrig sein; подоко́нники и две́ри ли́пли Fensterbretter und Türen klebten 3. *übtr umg* к *D* nicht von der Seite weichen; де́ти ли́пли к нему́ die Kinder wichen ihm nicht von der Seite 4. *umg* zusammenkleben; гу́бы ли́пнут die Lippen kleben zusammen; глаза́ ли́пнут die Augen fallen zu
липня́к, -а́ (-у́) *m* Lindenwald
¹ли́повый, -ая, -ое Linden-; ~ чай Lindenblütentee
²ли́повый, -ая, -ое *volksspr* 1. gefälscht; ~ па́спорт gefälschter Paß 2. *übtr* unecht; он ~ писа́тель er ist kein richtiger Schriftsteller
¹ли́ра, -ы *f* 1. Lyra, Leier 2. Art Kobsa *ukrainisches Saiteninstrument mit Tasten*
²ли́ра, -ы *f* Lire *Währungseinheit in Italien*
лири́зм, -а *m* 1. Lyrismus, lyrischer Charakter; ~ му́зыки Гли́нки der lyrische Charakter der Musik Glinkas 2. lyrische Stimmung
ли́рик, -а *m* Lyriker
ли́рика, -и *f* 1. Lyrik 2. *umg* Sentimentalität, sentimentale Stimmung, Gefühlsduselei; оста́вьте -у! laßt die Gefühlsduseleien!
лири́ческий, -ая, -ое 1. lyrisch; ~ поэ́т lyrischer Dichter; -ое настрое́ние lyrische [gefühlvolle] Stimmung 2. *mus* lyrisch; ~ те́нор lyrischer Tenor ◇ ~ беспоря́док *etwa* eine „idyllische" Unordnung; -ое от-

ступле́ние a) lyrischer Einschub *in eine erzählende Darstellung*; b) *übtr scherz* Abweichen vom Thema

лири́чный, -ая, -ое; *Kzf* -чен, -чна lyrisch

лиса́, -ы́, *Pl* ли́сы, лис, ли́сам *f* Fuchs; Fuchsfell; черно-бу́рая ~ Silberfuchs; ~ он *übtr* ein Fuchs ist er ◇ Лиса́ Патрике́евна *folkl etwa* Reinecke Fuchs

лисёнок, -нка, *Pl* лися́та, -я́т, -я́там *m* Fuchsjunges, junger Fuchs

ли́сий, -ья, -ье Fuchs-; ~ след Fuchsspur; -ья шу́ба Pelz aus Fuchsfell

лиси́ца, -ы, *I* -ей *f* Fuchs; Fuchsfell; красно-бу́рая *oder* сиби́рская ~ Rotfuchs; он ста́рая ~ *übtr* er ist ein alter Fuchs

лиси́чка, -и, *Pl G* -чек, *D* -чкам *f* 1. *Dem zu* лиси́ца junger Fuchs, Füchslein 2. *bot* Pfifferling *Pilz*

Лиссабо́н, -а *m* Lissabon

лист, -а, *Pl* ли́стья, -ьев, -ьям *u.* листы́, -о́в, -а́м *m* 1. (ли́стья *u.* листы́) *bot* Blatt; -ья дере́вьев Baumblätter 2. (листы́) Blatt, Bogen *Papier* 3. (листы́) dünne Platte; ~ желе́за dünne Eisenplatte 4. (листы́) *typ* Druckbogen *16 Druckseiten*; кни́га в 10-о́в ein Buch von 10 Druckbogen 5. (листы́) Urkunde, Liste, Blatt; похва́льный ~ Belobigungsurkunde; подписно́й ~ Subskriptionsliste; исполни́тельный ~ Vollstreckungsbefehl ◇ игра́ть [петь] с -а́ vom Blatt spielen [singen]

листа́ж, -а́, *I* -о́м *m typ* Bogenzahl

листа́ть, -а́ю, -а́ешь *uv umg* durchblättern, umblättern; ~ кни́гу ein Buch durchblättern

листва́, -ы́ *f Koll* Laub, Laubwerk

ли́ственница, -ы, *I* -ей *f bot* Lärche

ли́ственный, -ая, -ое Laub-, Blatt-; ~ лес Laubwald

ли́стик, -а *m Dem zu* лист Blättchen, kleines Blatt *Pflanze, Papier*

листо́вка, -и, *Pl G* -вок, *D* -вкам *f* Flugblatt

листово́й, -а́я, -о́е 1. *bot* Blatt-, Blätter-; -а́я систе́ма Blattsystem; ~ таба́к Blättertabak 2. Blatt-, Bogen-; -blech; ~ разме́р Bogengröße; -о́е желе́зо Eisenblech

листо́к, -тка́ *m* 1. *Dem zu* лист 1 *u.* 2 kleines Blatt *Pflanze, Papier* 2. Vordruck, Eintragungsblatt, Formular; температу́рный ~ Fieberkurve; больни́чный ~ *oder* ~ нетрудоспосо́бности Krankenschein 3. Flugblatt

листопа́д, -а *m* Blätterfall, Laubfall

лит- *in Zuss Abk für* литерату́рный

лита́врщик, -а *m* Paukenschläger *Musiker*

лита́вры *Pl* лита́вр, *Sg* лита́вра, -ы *f* Pauke, Kesselpauke

Литва́, -ы́ *f* Litauen

лите́йная, -ой *Subst f* Gießerei *Fabrik*

лите́йный, -ая, -ое *tech* Guß-, Gieß-, Gießerei-; -ая фо́рма Gußform; ~ заво́д Gießerei; -ое де́ло Gießereiwesen

лите́йщик, -а *m* Gießer

ли́тер, -а *m umg durch einen bestimmten Buchstaben kenntlich gemachter* Fahrschein für ermäßigte [kostenlose] Fahrt

ли́тера, -ы *f* 1. *typ* Letter 2. *alt* Buchstabe

литера́тор, -а *m* 1. Literat, Schriftsteller, Publizist 2. *umg* Literaturwissenschaftler

литерату́ра, -ы *f* Literatur; худо́жественная ~ schöngeistige Literatur, Belletristik; указа́тель -ы Literaturnachweis

литерату́рный, -ая, -ое 1. literarisch, Literatur-; -ое насле́дство literarisches Erbe, literarischer Nachlaß; ~ кружо́к Literaturzirkel; ~ тала́нт literarische Begabung 2. *Kzf* -рен, -рна literatursprachlich, den Normen der Literatursprache entsprechend

литературове́д, -а *m* Literaturwissenschaftler

литературове́дение, -я *n* Literaturwissenschaft

литературове́дческий, -ая, -ое literaturwissenschaftlich

литкружо́к, -жка́ *m* (литерату́рный кружо́к) Literaturzirkel

лито́вец, -вца, *I* -вцем, *G Pl* -вцев *m* Litauer

лито́вка, -и, *Pl G* -вок, *D* -вкам *f* Litauerin

лито́вский, -ая, -ое litauisch; ~ язы́к litauische Sprache; Лито́вская Сове́тская Социалисти́ческая Респу́блика Litauische Sozialistische Sowjetrepublik

литогра́фия, -и *f* 1. Lithographie *Druckverfahren* 2. lithographische Werkstatt 3. Lithographie *Zeichnung*

литогра́фский, -ая, -ое lithographisch

лито́й, -а́я, -о́е *tech* gegossen; -а́я сталь Gußstahl, Flußstahl

литр, -а *m* Liter

литра́ж, -а́, *I* -о́м *m* 1. Fassungsvermögen *in Litern*; ~ ба́ка Fassungsvermögen des Kanisters 2. *tech* Hubraum

литрóвый, -ая, -ое Liter-; ~ бидóн Literkanne

литургúя, -и *f* Liturgie

лить* *uv* 1. gießen; ~ вóду в стакáн Wasser in ein Glas gießen 2. *tech* gießen 3. *übtr* gießen, ausstrahlen 4. *umg* stark *oder* ununterbrochen fließen, strömen; пот с негó лил грáдом der Schweiß floß in Strömen an ihm herab

литьё, -ьá *n tech* 1. Gießen 2. Gußstücke, Guß; стальнóе ~ Stahlguß

лúться*, *1. u. 2. Pers ungebr;* лилúсь *uv* stark [ununterbrochen] fließen, strömen; sich ergießen; слёзы льются Tränen fließen; речь егó лилáсь легкó seine Rede floß leicht dahin

лиф, -а *m* Mieder, Untertaille; ~ удлинённый verlängerte Taille

лифт, -а *m* Fahrstuhl, Aufzug

лифтёр, -а *m* Fahrstuhlführer

лифтёрша, -и, *I* -ей *f umg* Fahrstuhlführerin

лúфчик, -а *m* Leibchen, Mieder

лихáч, -á, *I* -óм, *G Pl* -éй *m* 1. kühner [tapferer] Mensch 2. Wagehals, Tollkopf; шофёр-~ tollkühner [waghalsiger] Chauffeur 3. *alt* Luxusdroschke, Luxusfiaker

лихáчество, -а *n* Tollkühnheit

лихвá, -ы́ *f alt:* с лихвóй mit Gewinn

[1]**лúхо,** -а *n alt, volksspr* Böses ◇ не поминáй меня́ -ом gedenke meiner nicht im bösen, behalte mich in gutem Angedenken

[2]**лúхо** *Adv* flott, keck

лихоúмец, -мца, *I* -мцем, *G Pl* -мцев *m alt* bestechlicher Mensch; Wucherer

[1]**лихóй,** -áя, -óе; *Kzf* лих, -á! *alt, volksspr* unheilvoll, böse, übel; ~ человéк böser Mensch; ~ час unheilvolle Stunde ◇ -á бедá начáло *etwa* aller Anfang ist schwer

[2]**лихóй,** -áя, -óе; *Kzf* лих, -á! *umg* kühn, verwegen, waghalsig; keck, flott; -úе налёты партизáн kühne Überfälle der Partisanen; -áя ездá verwegene Fahrt, verwegenes Fahren; ~ танцóр flotter Tänzer

лихорáдить, -áжу, -áдишь *uv* 1. Fieber haben, fiebern; ребёнок лихорáдил das Kind hatte Fieber 2. *unpers* fiebern; меня́ лихорáдит mich fiebert, ich habe Schüttelfrost

лихорáдка, -и, *Pl G* -док, *D* -дкам *f* Fieber; перемежáющаяся ~ Wechselfieber

лихорáдочный, -ая, -ое 1. Fieber-; ~ жар Fieberhitze 2. *Kzf* -чен, -чна *übtr* fieberhaft

лúхость, -и *f* Kühnheit, Verwegenheit

лúхтер, -а *m naut* Leichter

лицевáть, лицу́ю, лицу́ешь; лицóванный, -ан, -а *uv* wenden; wenden lassen *Kleidungsstücke*

лицевóй, -áя, -óе 1. Gesichts-; -ы́е мы́шцы Gesichtsmuskeln 2. äußerer, oberer, vorderer; Außen-, Ober-, Vorder-; -áя сторонá дóма Vorderseite [Vorderfront] des Hauses; -áя сторонá матéрии rechte Seite des Stoffes ◇ ~ счёт *finanz* Konto

лицедéйство, -а *n alt* 1. Theatervorstellung 2. Verstellung, Heuchelei

лицезрéть, -рю́, -рúшь *uv buchspr alt, iron* anblicken, ansehen

лицеúст, -а *m* Lyzeumsschüler

лицéй, -я, *G Pl* -ев *m* 1. Lyzeum *privilegierte Ober- oder Hochschule im zaristischen Rußland* 2. Lyzeum *Oberschule in westeuropäischen Ländern*

лицéйский, -ая, -ое Lyzeums-

лицемéр, -а *m* Heuchler

лицемéрие, -я *n* Heuchelei

лицемéрить, -рю, -ришь *uv* heucheln

лицемéрность, -и *f* heuchlerisches Wesen

лицемéрный, -ая, -ое; *Kzf* -рен, -рна heuchlerisch

лицензиóнный, -ая, -ое Lizenz-

лицéнзия, -и *f* 1. Einfuhrgenehmigung; Ausfuhrgenehmigung 2. Lizenz

лицеприя́тие, -я *n alt* Voreingenommenheit, parteiische Haltung

лицó, -á, *Pl* лúца, лиц, лúцам *n* 1. Gesicht, Antlitz; черты́ -á Gesichtszüge 2. Charakter, Gesicht; показáть своё (настоя́щее) ~ sein wahres Gesicht zeigen 3. Person; Persönlichkeit; чáстное ~ Privatperson; истори́ческое ~ historische Persönlichkeit; дéйствующее ~ *theat* (handelnde) Person 4. Vorderseite, Oberseite; глáдить матéрию с -á den Stoff auf der rechten Seite bügeln 5. *gram* Person ◇ говори́ть прáвду в ~ die Wahrheit offen ins Gesicht sagen; говори́ть от -á когó-нибудь in j-s Namen sprechen; пéред -óм фáктов angesichts der Tatsachen; на однó ~ zum Verwechseln ähnlich; на нём -á нет er sieht ganz verstört aus; он измени́лся в -é er verfärbte sich vor Erregung; показáть товáр

-óм etwas von der besten Seite [im günstigsten Lichte] zeigen; -óм в грязь не ударить ehrenvoll der Schwierigkeiten Herr werden, sich von der besten Seite zeigen, Ehre einlegen; знать в ~ vom Ansehen kennen; это вам не к -ý das steht Ihnen nicht; *übtr* das paßt nicht zu Ihnen, das schickt sich nicht für Sie; они стояли -óм к -ý sie standen sich von Angesicht zu Angesicht gegenüber

ли́чико, -а, *Pl* личики, -ов, -ам *n zärtl zu* лицó Gesicht(chen)

личи́на, -ы *f* **1.** *alt* Maske **2.** *übtr* Maske, Deckmantel

личи́нка, -и, *Pl G* -нок, *D* -нкам *f zool* Larve

ли́чно *Adv* persönlich, in (eigener) Person; я ~ прóтив ich für meine Person bin dagegen

личнóй, -áя, -óe Gesichts-

ли́чность, -и *f* Persönlichkeit, Person; удостовéрить свою ~ sich (über seine Person) ausweisen; прошý без -ей *alt* bitte nicht persönlich werden

ли́чный, -ая, -ое persönlich, Personal-; Privat-; -ая сóбственность persönliches Eigentum; это егó -ое дéло das ist seine Privatangelegenheit; ~ секретáрь Privatsekretär ◇ -ое дéло Personalakte; ~ состáв a) Personalbestand; b) *mil* Besatzung

лишáй, -я́, *G Pl* -ёв *m* **1.** *bot* Flechte **2.** *med* Flechte, Grind; стригýщий ~ Glatzflechte

лишáйник, -а *m bot* Flechte

лишáть(ся) *uv zu* лиши́ть(ся)

ли́шек, -шка (-шку) *m volksspr* Überschuß; два часá с -шком über zwei Stunden

лишéнец, -нца, *I* -нцем, *G Pl* -нцев *m* Person, der das Wahlrecht und andere bürgerliche Rechte wegen der Zugehörigkeit zur Ausbeuterklasse entzogen worden waren *in der UdSSR vor Annahme der Verfassung von 1936*

лишéние, -я *n* **1.** Entzug; Verlust; ~ граждáнских прав Verlust der bürgerlichen Ehrenrechte **2.** *meist Pl* Entbehrungen, Not

лиши́ть, лишý, лиши́шь; лишённый, -ён, -енá *v* (weg)nehmen, entziehen, rauben (когó-н. чегó-н. j-m etw.); berauben; ~ когó-н. слóва j-m das Wort entziehen; ~ средств к жи́зни die Mittel zum Leben rauben; ~ свобóды der Freiheit berauben; ~ себя́ жи́зни sich das Leben nehmen; быть лишённым чегó-н. etw. entbehren, einer Sache beraubt sein: обвинéние лишенó вся́кого основáния die Anklage entbehrt jeder Grundlage || *uv* лишáть, -áю, -áешь

лиши́ться, -шýсь, -ши́шься *v G* verlieren, einbüßen, verlustig gehen; ~ имýщества den Besitz verlieren; ~ чувств ohnmächtig werden || *uv* лишáться, -áюсь, -áешься

ли́шний, -яя, -ее **1.** überschüssig, überzählig; ~ экземпля́р überzähliges Exemplar; два с -им рубля́ reichlich zwei Rubel **2.** überflüssig, unnütz, nutzlos; -ие старáния nutzlose Bemühungen ◇ ~ раз (immer) noch einmal, einmal mehr; бýдет не -ее es wird nützlich sein

лишь 1. *Part* nur; erst; у меня́ ~ однá забóта ich habe nur eine Sorge; он вернýлся ~ в два часá er ist erst um zwei zurückgekommen **2.** *Konj meist in der Verbindung* лишь тóлько kaum, sobald; ~ (тóлько) он вошёл kaum war er eingetreten **3.** *Konj in Verbindung mit* бы wenn nur; ~ бы он пришёл! wenn er nur käme!; ~ бы не опоздáть! nur nicht zu spät kommen!

лоб, лба, о лбе, во [на] лбу *m* Stirn; встрéтить проти́вника в ~ dem Gegner die Stirn bieten ◇ что в ~, что пó лбу *etwa* Jacke wie Hose

лобзáние, -я *n alt* Küssen, Kuß

лобзáть, -áю, -áешь *uv alt, poet* küssen

лóбзик, -а *m* Laubsäge

лобкóвый, -ая, -ое: -ая кость *anat* Schambein

лóбный, -ая, -ое *anat* Stirn-; -ая пáзуха Stirnhöhle ◇ -ое мéсто *hist* Richtplatz

лобовóй, -áя, -óе **1.** von vorn kommend, frontal; ~ вéтер Gegenwind; -áя атáка Frontalangriff **2.** vorderer; -áя часть тáнка Vorderteil des Tanks

лобогрéйка, -и, *Pl G* -éек, *D* -éйкам *f* Getreidemähmaschine *einfacher Konstruktion mit Abwerfen des geschnittenen Getreides von Hand*

лобóк, -бкá *m anat* Schamhügel, Venusberg

лобызáть, -áю, -áешь *uv alt, jetzt scherz, iron* küssen

лов, -а *m* Fangen, Fang

ловелáс, -а *m* Schürzenjäger, Verführer

ловéц, -вцá, *I* -вцóм, *G Pl* -вцóв *m* Fischer, Jäger, Tierfänger

лови́ть, ловлю́, лóвишь; лóвленный, -ен, -а *uv* **1.** fangen, auffangen; ~

мяч Ball auffangen; ~ ры́бу fischen; ~ взгляд *übtr* einen Blick erhaschen 2. (aus)nutzen; ~ слу́чай eine (passende) Gelegenheit nutzen 3. ertappen; ~ на лжи bei einer Lüge ertappen ◇ ~ кого́-н. на сло́ве j-n beim Wort nehmen; в му́тной воде́ ры́бу ~ im Trüben fischen ‖ *v* пойма́ть, -а́ю, -а́ешь

ловка́ч, -а́, *I* -о́м, *G Pl* -е́й *m umg* gewandter [schlauer] Mensch, gerissener Kerl

ло́вкий, -ая, -ое; *Kzf* -вок, -вка́! *Komp* ло́вче *u. umg* ловче́е 1. gewandt, geschickt; ~ уда́р ein geschickter Schlag 2. *umg* pfiffig, gerieben, raffiniert; ~ плут ein geriebener Kunde 3. *umg* bequem; -ое седло́ bequemer Sattel

ло́вкость, -и *f* 1. Gewandtheit, Geschick 2. Pfiffigkeit, Geriebenheit

ло́вля, -и, *Pl G* -вель, *D* -влям *f* Fangen, Fang; ры́бная ~ Fischfang 2. *alt* Fischfangplatz

лову́шка, -и, *Pl G* -шек, *D* -шкам *f* Falle *für Tiere*; ~ на куропа́ток Rebhuhnfalle; попа́сть в -у *übtr* in eine Falle [ins Garn] gehen

ло́вче ↑ ло́вкий

ловче́е ↑ ло́вкий

ло́вчий, -его *Subst m alt* Jägermeister *in privatem Dienstverhältnis*

лог, -а, *P* в ло́ге *u.* в логу́, *Pl* лога́, -о́в, -а́м *m* breite Schlucht

логари́фм, -а *m* Logarithmus

логарифми́ческий, -ая, -ое logarithmisch, Logarithmen-; -ая лине́йка Rechenschieber

ло́гика, -и *f* Logik

логи́ческий, -ая, -ое logisch, folgerichtig

логи́чность, -и *f* Logik, Folgerichtigkeit

логи́чный, -ая, -ое; *Kzf* -чен, -чна logisch, folgerichtig; konsequent

ло́говище, -а, *I* -ем *n* Höhle, Bau, Lager *eines Tieres*

ло́гово, -а *n* Höhle, Bau, Lager *eines Tieres*

Лодзь, -и *f* Łódź

ло́дка, -и, *Pl G* -док, *D* -дкам *f* Boot; па́русная ~ Segelboot; надувна́я ~ Schlauchboot; складна́я [разбо́рная] ~ Faltboot; подво́дная ~ Unterseeboot

ло́дочка, -и, *Pl G* -чек, *D* -чкам *f* 1. *Dem zu* ло́дка kleines Boot 2. *nur Pl* Slipper *Damenschuhe*

ло́дочник, -а *m* Bootsmann *eines Lastkahns*

ло́дочный, -ая, -ое Boots-; -ая при́стань Bootsanlegestelle, Bootssteg; -ая ста́нция Bootsausleihstelle

лоды́жка, -и, *Pl G* -жек, *D* -жкам *f* Knöchel *am Fußgelenk*

ло́дырничать, -аю, -аешь *uv umg* faulenzen, herumlungern

ло́дырь, -я *m umg* Drückeberger, Faulenzer, Nichtstuer

[1]**ло́жа,** -и, *I* -ей *f* 1. *theat* Loge 2. *alt* Freimaurerloge

[2]**ло́жа,** -и, *I* -ей *f* Gewehrschaft

ложби́на, -ы *f* flacher Talkessel; Niederung

ло́же, -а, *I* -ем *n* 1. *alt* Ruhelager, Bett 2. Flußbett

ло́жечка, -и, *Pl G* -чек, *D* -чкам *f* *Dem zu* ло́жка Löffel, Löffelchen ◇ под -ой in der Herzgrube

ложи́ться *uv zu* лечь

ло́жка, -и, *Pl G* -жек, *D* -жкам *f* Löffel; ча́йная ~ Teelöffel; столо́вая ~ Eßlöffel; разлива́тельная ~ Schöpflöffel ◇ че́рез час по (ча́йной) -е sehr langsam und ungern

ло́жность, -и *f* Falschheit, Unwahrheit

ло́жный, -ая, -ое; *Kzf* -жен, -жна falsch, unwahr; vorgetäuscht, Schein-; ~ слух unwahres Gerücht; -ое показа́ние falsche Aussage; -ая скро́мность gespielte Bescheidenheit; -ая трево́га blinder Alarm ◇ -ое положе́ние zweideutige Situation

ложь, лжи, *I* ло́жью *f* Lüge; уличи́ть во лжи der Lüge überführen

лоза́, -ы́, *Pl* ло́зы, лоз, ло́зам *f* 1. Rute, Reis; виногра́дная ~ Weinrebe, Rebstock 2. Weide, Weidenbaum 3. *alt* Rute *zur Prügelstrafe*

лози́на, -ы *f umg* Weidenrute

лозня́к, -а́ *m* Weidengebüsch

ло́зунг, -а *m* 1. Losung, Losungswort; Aufruf; вы́двинуть ~ eine Losung aufstellen 2. Plakat mit einer Losung, Spruchband

ло́зунго́вый, -ая, -ое Losungs-; -ое выраже́ние Losung, Losungswort

локализа́ция, -и *f* Lokalisierung

лока́льный, -ая, -ое; *Kzf* -лен, -льна lokal, örtlich

локомоби́ль, -я *m* Lokomobile

локомоти́в, -а *m* Lokomotive

ло́кон, -а *m* Locke

локотни́к, -а́ *m* Armlehne

ло́коть, -ктя, *Pl* ло́кти, -те́й, -тя́м *m* 1. Ell(en)bogen 2. *alt* Elle *Längenmaß, etwa 0,5 m* ◇ чу́вство ло́ктя Tuchfühlung; *übtr* Zusammengehörigkeitsgefühl

локтево́й, -а́я, -о́е *anat* Ell(en)bogen-; -а́я кость Elle

лом, -а, *Pl* ло́мы, -о́в, -а́м *m* **1.** Brecheisen, Brechstange **2.** *Koll* Schrott, Bruch; желе́зный ~ Eisenschrott; пуска́ть в ~ verschrotten; шокола́д-~ Bruchschokolade

лома́ка, -и *m, f umg* Zieraffe, Zierpuppe

ло́маный, -ая, -ое **1.** zerbrochen, zerschlagen; -ые ве́щи zerbrochene Sachen **2.** gebrochen; -ая ли́ния *math* gebrochene Linie; говори́ть на -ом неме́цком языке́ gebrochen Deutsch sprechen

лома́нье, -ья *n* **1.** Brechen **2.** *umg* Ziererei, Getue

лома́ть, -а́ю, -а́ешь; ло́манный, -ан, -а *uv* **1.** brechen, abbrechen, zerbrechen; ~ сук Ast abbrechen; ~ игру́шки Spielsachen zerbrechen **2.** abreißen, niederreißen, abbrechen; ~ ста́рый дом ein altes Haus niederreißen **3.** *übtr* brechen, überwinden; grundlegend ändern; ~ свой хара́ктер seinen Charakter von Grund auf ändern **4.** ruinieren, zugrunde richten; ~ карье́ру die Karriere ruinieren **5.** *unpers* schmerzhaft reißen, ziehen; меня́ лома́ет ich habe Gliederreißen ◇ ~ го́лову над че́м-н. sich über etw. den Kopf zerbrechen; ~ ру́ки die Hände ringen; ~ ша́пку пе́ред ке́м-н. *volksspr* untertänig [kriecherisch] grüßen ‖ *v* слома́ть 1-4

лома́ться, -а́юсь, -а́ешься *uv* **1.** in Stücke gehen, (zer)brechen; zerbrechlich sein; льди́ны лома́ются die Eisschollen brechen; клино́к не лома́ется die Klinge ist unzerbrechlich; у него́ го́лос лома́ется er hat Stimmbruch **2.** *übtr* in die Brüche gehen, zerfallen; sich grundlegend ändern **3.** sich zieren **4.** aus Starrsinn nicht zustimmen ‖ *v* слома́ться *zu* 1

ломба́рд, -а *m* Pfandhaus, Leihhaus

ломба́рдный, -ая, -ое Pfandhaus-, Leihhaus-; -ая квита́нция Pfandschein

ло́мберный, -ая, -ое: ~ стол Tisch zum Kartenspielen

ломи́ть, ломлю́, ло́мишь *uv* **1.** *umg* (ab)brechen, biegen, knicken **2.** *umg* (sich) drängen, (sich) vorwärtsdrängen, sich durchdrängen **3.** *unpers* у меня́ ло́мит го́лову ich habe Kopfschmerzen

ломи́ться, ломлю́сь, ло́мишься *uv* **1.** brechend voll sein, brechen; су́чья ло́мятся под тя́жестью фру́ктов die Äste brechen fast unter der Last der Früchte; теа́тр ломи́лся от пу́блики das Theater war brechend voll **2.** mit Gewalt einzudringen suchen, sich gewaltsam Zutritt verschaffen wollen ◇ ~ в откры́тую дверь offene Türen einrennen

ло́мка, -и, *Pl G* -мок, *D* -мкам *f* **1.** Brechen, Abbrechen, Zerbrechen; Niederreißen, Abbruch **2.** Überwindung, Brechen; grundlegende Änderung, Umgestaltung; ~ ста́рого бы́та Überwindung der alten Lebensweise

ло́мкий, -ая, -ое; *Kzf* ло́мок, -мка́! brüchig, zerbrechlich, spröde; -ая посу́да zerbrechliches Geschirr

ломови́к, -а́ *m umg* Lastfuhrmann, Rollkutscher

ломово́й, -а́я, -о́е **1.** Last-; -а́я ло́шадь Lastpferd **2.** -ого *Subst m* Lastfuhrmann, Rollkutscher

ломо́та, -ы *f* Gliederreißen

ломо́ть, -мтя́ *m* Scheibe, Schnitte; ~ хле́ба Scheibe Brot ◇ отре́занный ~ auf eigenen Füßen stehender Mensch

ло́мтик, -а *m Dem zu* ломо́ть kleine Scheibe, Schnitte

Ло́ндон, -а *m* London

ло́ндонец, -нца, *I* -нцем, *G Pl* -нцев *m* Londoner

ло́но, -а *n*: на -е приро́ды im Schoße der Natur

лопа́рка, -и, *Pl G* -рок, *D* -ркам *f* Lappländerin, Lappin

лопа́рский, -ая, -ое lappländisch, lappisch

лопа́рь, -я́ *m* Lappländer, Lappe

ло́пасть, -и, *G Pl* -е́й *f* **1.** Schaufel **2.** *tech* Flügel, Blatt; ~ гребно́го винта́ Flügel der Schiffsschraube; ~ весла́ Riemenblatt, Ruderblatt

лопа́та, -ы *f* Schaufel, Spaten

лопа́тка, -и, *Pl G* -ток, *D* -ткам *f* **1.** *Dem zu* лопа́та Schaufel, Kelle; ~ для то́рта Tortenheber **2.** *anat* Schulterblatt; положи́ть на -и *Sport* auf die Schultern legen ◇ бежа́ть во все -и aus Leibeskräften laufen

лопа́точка, -и, *Pl G* -чек, *D* -чкам *f* **1.** *Dem zu* лопа́та *u.* лопа́тка kleiner Spaten, kleine Schaufel **2.** Spachtel

ло́пать, -аю, -аешь *uv volksspr* fressen, reinhauen

ло́паться, -аюсь, -аешься *uv* platzen, springen; bersten ◇ терпе́ние ло́пается die Geduld reißt

ло́пнуть, -ну, -нешь *v* **1.** bersten,

platzen, reißen, zerreißen; верёвка ло́пнула der Strick ist gerissen **2.** *übtr umg* bankrott machen, auffliegen, platzen; банк ло́пнул die Bank hat bankrott gemacht ◇ терпе́ние у него́ ло́пнуло seine Geduld ist zu Ende; ~ от сме́ха vor Lachen platzen

лопота́ть* *uv umg* schnell und undeutlich sprechen

лопоу́хий, -ая, -ое; *Kzf* -у́х, -а *umg* mit großen, abstehenden Ohren

лопочу́ ↑ лопота́ть

лопу́х, -а́ *m* Klette; Blatt der Klette

лорд, -а *m* Lord; Пала́та -ов Oberhaus *im englischen Parlament*

лорне́т, -а *m* Lorgnette

Лос-А́нжелос, -а *m* Los Angeles

лоси́на, -ы *f* **1.** Elchleder **2.** Elchfleisch

лоси́ный, -ая, -ое Elch-

лоск, -а (-у) *m* **1.** Glanz; навести́ ~ на что́-н. Glanz auftragen auf etw., etw. polieren; *übtr* den letzten Schliff geben **2.** tadelloses Aussehen, äußerer Schliff

лоску́т, -а, *Pl* лоскуты́, -о́в, -а́м *u.* лоску́тья, -ьев, -ьям *m* Flicken, Fetzen

лосни́ться, -ню́сь, -ни́шься *uv* glänzen

лососёвые, -ых *Pl zool* Lachsfische

лососи́на, -ы *f* Lachsfleisch

ло́со́сь, -я *m* Lachs

лось, -я, *Pl* ло́си, лосе́й, лося́м *m* Elch

[1]**лот,** -а *m naut* Lot, Senkblei; броса́ть ~ ausloten

[2]**лот,** -а *m* Lot *altes Gewicht, 12,8 g*

Лотари́нгия, -и *f* Lothringen

лотере́йный, -ая, -ое Lotterie-; ~ биле́т Lotterielos

лотере́я, -и *f* Lotterie; разы́грывать в -ю verlosen

лото́ *n idkl* Lotto *Kartenspiel*; игра́ть в ~ Lotto spielen

лото́к, -тка́ *m* **1.** offener Verkaufsstand *im Straßenhandel*; Bauchladen, Tragbrett *der Straßenhändler* **2.** *offene* Abflußrinne

ло́тос, -а *m* Lotos, Lotosblume

лото́чник [шн], -а *m* Straßenhändler, fliegender Händler

лото́чный [шн], -ая, -ое: -ая торго́вля Straßenhandel

лоха́нка, -и, *Pl G* -нок, *D* -нкам *f* Kübel, Zuber; Waschbecken ◇ по́чечная ~ Nierenbecken

лоха́нь, -и *f* Kübel, Zuber; Waschbecken

лохма́тить, -а́чу, -а́тишь *uv umg* zausen, zerzausen

лохма́титься, -а́чусь, -а́тишься *uv umg* ein zerzaustes Aussehen bekommen, zottig [filzig] werden; sich sträuben *Haare, Borsten usw.*

лохма́тый, -ая, -ое; *Kzf* -а́т, -а **1.** zottig, mit dichter, langhaariger Wolle bedeckt; ~ пёс zottiger Hund **2.** ungekämmt, zerzaust

лохмо́тья, -ьев, -ьям *Pl* Lumpen, Fetzen

ло́хмы, лохм *Pl volksspr* (Haar-)Strähnen; Zotteln

ло́ция, -и *f* Seehandbuch

ло́цман, -а *m* **1.** *naut* Lotse **2.** *zool* Lotsenfisch, Pilot

ло́цманский, -ая, -ое Lotsen-; ~ бот Lotsenboot

лошадёнка, -и, *Pl G* -нок, *D* -нкам *f verächtl* Gaul, Mähre

лошади́ный, -ая, -ое Pferde-; ~ хвост Pferdeschwanz *a. übtr für Haartracht*; -ая си́ла, *Abk* л. с. *tech* Pferdestärke, *Abk* PS ◇ -ая до́за *scherz* sehr starke Dosis

лоша́дка, -и, *Pl G* -док, *D* -дкам *f Dem zu* ло́шадь kleines Pferd, Pferdchen ◇ игра́ть в -и Pferdchen spielen

ло́шадь, -и, *Pl* ло́шади, лошаде́й, лошадя́м, лошадьми́ *u.* лошадя́ми *f* Pferd; верхова́я ~ Reitpferd; бегова́я ~ Rennpferd

лоша́к, -а́ *m* Maulesel

лощёный, -ая, -ое **1.** glänzend, poliert, Glanz-; -ая бума́га satiniertes Papier **2.** *übtr* von äußerem Glanz, geschniegelt

лощи́льный, -ая, -ое Polier-, Glanz-; ~ вал *tech* Glättwalze

лощи́на, -ы *f* kleines Tal, Grund, Talsenke

лощи́ть, лощу́, лощи́шь; лощённый, -ён, -ена́ *uv* **1.** *alt* polieren, blank reiben; ~ парке́т во́ском das Parkett bohnern **2.** glätten, Glanz geben; ~ бума́гу Papier satinieren

лоя́льность, -и *f* Loyalität

лоя́льный, -ая, -ое; *Kzf* -лен, -льна loyal

л. с. (лошади́ная си́ла) PS (Pferdestärke)

Луа́ра, -ы *f* Loire *Fluß*

луб, -а, *Pl* лу́бья, -ьев, -ьям *m bot* faserige innere Rinde, Rindenstück; Baststück; Bast; ли́повый ~ Lindenbast

лубо́к, -бка́ *m* **1.** *bot* Innenrinde; Bastschicht **2.** *med* Schiene; наложи́ть ~ schienen 3. (farbiger) Holzschnitt *auf einer Lindenholzplatte hergestellt, primitiv in Inhalt und Form*

лубо́чный, -ая, -ое 1. Bast- 2. Holzschnitt-; -ые карти́ны primitive (farbige) Holzschnitte 3.: -ая литерату́ра anspruchslose, primitive Literatur; ~ рома́н Hintertreppenroman

лубяно́й, -а́я, -о́е Bast-

луг, -а, *P* о лу́ге, на лугу́, *Pl* луга́, -о́в, -а́м *m* Wiese

лугово́й, -а́я, -о́е Wiesen-

луди́ть, лужу́, лу́дишь; лужённый, -жён, -жена́ *uv* verzinnen

лу́жа, -и, *I* -ей *f* Lache, Pfütze ◇ сесть в -у *umg* in der Tinte sitzen

лужа́йка, -и, *Pl G* -жа́ек, *D* -жа́йкам *f* kleine Waldwiese, Lichtung

лужёный, -ая, -ое verzinnt

лу́жица, -ы, *I* -ей *f Dem zu* лу́жа kleine Pfütze

Лу́жица, -ы, *I* -ей *f* Lausitz

лу́жицкий, -ая, -ое sorbisch; -ие се́рбы Sorben

лужича́нин, -а, *Pl* -а́не, -а́н, -а́нам *m* Sorbe

лужича́нка, -и, *Pl G* -нок, *D* -нкам *f* Sorbin

лужо́к, -жка́ *m Dem zu* луг kleine Wiese

лу́за, -ы *f* Billardbeutel, Billardloch

лузга́, -и́ *f Koll* Schalen, Hülsen

лу́згать, -аю, -аешь *uv volksspr* (auf)-knacken

[1]**лук,** -а (-у) *m* Zwiebel; ~-поре́й Porree; зелёный ~ Lauch

[2]**лук,** -а *m* Bogen *Waffe*; стреля́ть из -а mit dem Bogen schießen

лука́, -и́, *Pl* лу́ки, лук, лу́кам *f* 1. Krümmung, Biegung; ~ реки́ Flußkrümmung 2. Sattelbogen

лука́вец, -вца, *I* -вцем, *G Pl* -вцев *m umg* verschmitzter Mensch, Schlauberger, Pfiffikus

лука́вить, -влю, -вишь *uv* sich verstellen; hinterlistig sein

лука́вство, -а *n* 1. Schlauheit; Hinterlist 2. Verschmitztheit

лука́вый, -ая, -ое; *Kzf* -а́в, -а 1. hinterlistig, verschlagen 2. schelmisch, verschmitzt, pfiffig; -ая улы́бка schelmisches Lächeln 3. -ого *Subst m volksspr* der Böse, der Teufel

лу́ковица, -ы, *I* -ей *f* 1. Zwiebel, Knolle; ~ тюльпа́на Tulpenzwiebel 2. Zwiebelturm

лу́ковичный, -ая, -ое Zwiebel-; -ые расте́ния Zwiebelgewächse; -ые купола́ zwiebelförmige Kuppeln

лу́ковый, -ая, -ое Zwiebel-

лукомо́рье, -ья *n alt poet* Meeresbucht

луко́шко, -а, *Pl* луко́шки, -шек, -шкам *n geflochtener* Handkorb

луна́, -ы́, *Pl* лу́ны, лу́н, лу́нам *f* Mond; по́лная ~ Vollmond

луна́тик, -а *m* Mondsüchtiger

лунати́ческий, -ая, -ое mondsüchtig

лу́нка, -и, *Pl G* -нок, *D* -нкам *f* kleine runde Aushöhlung, kleine Grube; Pflanzloch; *anat* Zahnhöhle, Alveole

лу́нник, -а *m* Lunik, Mondraumschiff

лу́нный, -ая, -ое Mond-; -ое затме́ние Mondfinsternis

лунь, -я́ *m zool* Weihe, Turmfalke ◇ седо́й как ~ schlohweiß

лу́па, -ы *f* Lupe; ~ вре́мени Zeitlupe

лупи́н, -а *m bot* Lupine

лупи́ть, луплю́, лу́пишь; лу́пленный, -ен, -а *uv umg* 1. (ab)schälen 2. Geld abnehmen, übervorteilen 3. prügeln, schlagen 4. schnell rennen [fahren] ◇ дождь лу́пит во всю мочь es gießt in Strömen; он лупи́л в двери́ er donnerte gegen die Tür

лупи́ться, *1. u. 2. Pers ungebr*, лу́пится *uv umg* 1. sich schälen; нос лу́пится die Nase schält sich 2. abbröckeln, abblättern; штукату́рка лу́пится der Putz bröckelt ab

лупогла́зый, -ая, -ое; *Kzf* -а́з, -а *volksspr* glotzäugig

луч, -а́, *I* -о́м, *G Pl* -е́й *m* Strahl; рентге́новы -и́ Röntgenstrahlen

лучево́й, -а́я, -о́е Strahlen-; strahlenförmig; -а́я боле́знь Strahlenkrankheit; -ы́е у́лицы strahlenförmige Straßen; -а́я кость *anat* Speiche

луче|за́рный, -ая, -ое; *Kzf* -рен, -рна strahlend, leuchtend; **~испуска́ние,** -я *n* Strahlung, Ausstrahlung, Radiation; **~преломле́ние,** -я *n* Strahlenbrechung, Refraktion

лучи́на, -ы *f* Span; щепа́ть -у Späne schneiden

лучи́стый, -ая, -ое; *Kzf* -и́ст, -а 1. strahlend; ~ свет strahlendes Licht; ~ взгляд *übtr* strahlender Blick 2. Strahlen-, Strahlungs-; -ая эне́ргия Strahlungsenergie

лучи́ться, *1. u. 2. Pers ungebr*, -и́тся *uv* strahlen

лучко́вый, -ая, -ое: -ая пила́ Bügelsäge

лу́чше 1. *Komp von* хоро́ший *u.* хорошо́ besser; тем ~ um so besser;

как можно ~ möglichst gut 2. *Adv* lieber; ~ не спрашивай frag lieber [besser] nicht

лучший, -ая, -ее *Komp u. Sup von* хороший besser; bester; в -ем случае bestenfalls; измениться к -ему sich zu seinem Vorteil verändern

Луша, -и, *I* -ей *f Dem zu* Лукерья

лущёный, -ая, -ое geschält, ausgehülst

лущильный, -ая, -ое *landw* Schäl-

лущить, лущу, лущишь; лущённый, -ён, -ена *uv* 1. Schale abmachen, aushülsen; knacken; ~ горох Erbsen aushülsen; ~ подсолнухи Sonnenblumenkerne knacken *mit den Zähnen* 2. schälen *Boden*

лыжа, -и, *I* -ей *f* 1. Schi; ходить на -ах Schi laufen 2. Kufe *Propellerschlitten* ◇ навострить -и *umg* sich aus dem Staube machen

лыжник, -а *m* Schiläufer

лыжница, -ы, *I* -ей *f* Schiläuferin

лыжный, -ая, -ое Schi-; -ые палки Schistöcke

лыжня, -и, *G Pl* -ей *f* Schispur

лыко, -а, *Pl* лыки, лык, лыкам *n* Bast; Lindenbast ◇ не всякое ~ в строку man darf nicht alles auf die Goldwaage legen; -а не вязать *umg* ganz blau sein (und kaum noch reden können)

лыковый, -ая, -ое Bast-

лысеть, -ею, -еешь *uv* kahlköpfig werden

лысина, -ы *f* 1. Glatze 2. Blesse *bei Tieren*

лысый, -ая, -ое; *Kzf* лыс, -а! 1. kahlköpfig, kahl; ~ человек Kahlkopf 2. unbewachsen, kahl

ль ↑ ли

львёнок, -нка, *Pl* львята, -ят, -ятам *m* Löwenjunges

львиный, -ая, -ое Löwen- ◇ ~ зев *oder* -ая пасть *bot* Löwenmaul; -ая доля Löwenanteil

львица, -ы, *I* -ей *f* Löwin

Львов, -а *m* Lwow *Stadt*

льгота, -ы *f* Privileg, Vergünstigung, Sonderrecht; предоставить -ы Sonderrechte einräumen

льготный, -ая, -ое; *Kzf* -тен, -тна privilegiert, Vorzugs-, Sonder-; ~ проезд ermäßigte Fahrt

льдина, -ы *f* Eisscholle

льдинка, -и, *Pl G* -нок, *D* -нкам *f Dem zu* льдина kleines Stück Eis

льно- *in Zuss* Flachs-, Lein-

льно|водство, -а *n* Flachsanbau; **~водческий,** -ая, -ое Flachsanbau-; ~водческий район Flachsanbaugebiet; **~прядильный,** -ая, -ое Flachsspinn-; ~прядильная фабрика Flachsspinnerei; **~теребилка,** -и, *Pl G* -лок, *D* -лкам *f* Flachsrupfmaschine; **~трепалка,** -и, *Pl G* -лок, *D* -лкам *f* Flachsschwinge

льнуть, льну, льнёшь; *Adv Ptz ungebr uv* 1. sich anschmiegen (к *D* an) 2. sich hingezogen fühlen (к *D* zu) 3. sich einschmeicheln (к *D* bei), sich *aus eigensüchtigen Gründen* heranmachen (к *D* an); ~ к начальству sich bei den Vorgesetzten einschmeicheln

льняной, -ая, -ое Flachs-, Lein-; -ое волокно Flachsfaser; -ое масло Leinöl; -ого цвета flachsfarben, flachsblond

льстец, -а, *I* -ом, *G Pl* -ов *m* Schmeichler

льстивость, -и *f* Schmeichelei, Liebedienerei

льстивый, -ая, -ое; *Kzf* -ив, -а schmeichlerisch, liebedienerisch

льстить, льщу, льстишь *uv D* schmeicheln, nach dem Munde reden ◇ ~ себя надеждой *alt* sich in der Hoffnung wiegen ‖ *v* польстить

льститься, льщусь, льстишься *uv alt* sehnlich trachten (на *A* nach), es abgesehen haben (на *A* auf), sich verleiten lassen (*I* von); ~ на деньги es auf Geld abgesehen haben ‖ *v* польститься

лью ↑ лить

люб, -а, -о *prädikativ, alt, poet* lieb, teuer; ты мне по-прежнему ~ du bist mir nach wie vor lieb

Люба, -ы *f Dem zu* Любовь

любвеобильный, -ая, -ое; *Kzf* -лен, -льна liebevoll

любезничать, -аю, -аешь *uv umg* liebenswürdig sein [tun] (с *I* zu)

любезность, -и *f* Liebenswürdigkeit, Freundlichkeit; оказать ~ Liebenswürdigkeit erweisen; говорить -и Liebenswürdigkeiten sagen, Komplimente machen

любезный, -ая, -ое; *Kzf* -зен, -зна 1. liebenswürdig, freundlich 2.: ~ друг *alt* lieber Freund *Anrede* ◇ будьте -ы! seien Sie so freundlich!

Любек, -а *m* Lübeck

любимец, -мца, *I* -мцем, *G Pl* -мцев *m* Liebling

любимица, -ы, *I* -ей *f* Liebling *Frau*

любимчик, -а *m umg verächtl* Günstling, Vorzugskind

любимый, -ая, -ое; *Kzf* -им, -а geliebt, beliebt, Lieblings-; ~ писа́тель Lieblingsschriftsteller

люби́тель, -я *m* **1.** Amateur; Laie; фото́граф-~ Amateurphotograph; арти́ст-~ Laienkünstler **2.** Liebhaber, Freund; ~ му́зыки Musikliebhaber; он ~ говори́ть er redet gern

люби́тельница, -ы, *I* -ей *f* Liebhaberin, Freundin *einer Sache*

люби́тельский, -ая, -ое Amateur-, Liebhaber-; ~ спекта́кль Liebhaberaufführung

люби́тельство, -а *n* Liebhaberei; Dilettantentum

люби́ть, люблю́, лю́бишь; лю́бящий; люби́мый *uv* **1.** lieben, liebhaben **2.** lieben, gern haben, mögen; он лю́бит кури́ть er raucht gern **3.** lieben, brauchen, verlangen nach; цветы́ лю́бят во́ду Blumen brauchen Wasser

лю́бо *prädikativ umg* es macht Freude, ist eine Freude; ~ посмотре́ть на него́ es ist eine Freude, ihn anzusehen

любова́ться, -бу́юсь, -бу́ешься *uv I oder* на *A umg* mit Vergnügen betrachten, sich am Anblick weiden

любо́вник, -а *m* **1.** Geliebter, Liebhaber **2.** *theat* Liebhaber; роль пе́рвого -а Rolle des ersten Liebhabers

любо́вница, -ы, *I* -ей *f* Geliebte; она́ его́ ~ sie ist seine Geliebte

любо́вный, -ая, -ое Liebes-, liebevoll; ~ взгляд liebevoller Blick; -ая ли́рика Liebeslyrik; у него́ -ое отноше́ние к де́лу er zeigt Liebe zur Sache, er arbeitet mit Liebe

любо́вь, любви́, *I* любо́вью *f* Liebe; ~ к ро́дине Vaterlandsliebe; моя́ пе́рвая ~ meine erste Liebe

Любо́вь, -и *f weibl Vn*

любозна́тельный, -ая, -ое; *Kzf* -лен, -льна wißbegierig, wissensdurstig

любо́й, -а́я, -о́е jeder, beliebig, der erste beste; в -о́е вре́мя zu jeder (beliebigen) Zeit; да́йте мне -у́ю кни́гу geben Sie mir das erste beste Buch; -о́й ценой́ um jeden Preis

любопы́тный, -ая, -ое; *Kzf* -тен, -тна **1.** neugierig; wißbegierig **2.** interessant; ~ слу́чай ein interessanter Fall

любопы́тство, -а *n* **1.** Neugier; Wißbegier; из пусто́го -а aus purer Neugier; удовлетвори́ть ~ Wißbegier befriedigen **2.** Interesse; возбуди́ть ~ Interesse wecken

любопы́тствовать, -твую, -твуешь *uv* neugierig sein

лю́бящий, -ая, -ее liebend; liebevoll

люд, -а *u. volksspr* -у *m Koll umg* Menschen, Leute, Volk; рабо́чий ~ die arbeitenden Menschen

Лю́да, -ы *f Dem zu* Людми́ла

лю́ди, людéй, лю́дям, людéй, людьми́, о лю́дях *Pl* **1.** Menschen, Leute; молоды́е ~ junge Menschen [Leute]; ~ говоря́т die Leute sagen **2.** *alt* Gesinde, Dienerschaft ◇ вы́биться [вы́йти] в ~ es zu etwas bringen; на -ях vor aller Augen, öffentlich

Людми́ла, -ы *f* Ludmila

лю́дный, -ая, -ое; *Kzf* -ден, -дна dicht bevölkert; belebt; ~ го́род stark bevölkerte Stadt; -ая у́лица belebte Straße; -ое собра́ние stark besuchte Versammlung

людое́д, -а *m* Kannibale

людое́дство, -а *n* Kannibalismus

людска́я, -о́й *Subst f hist* Gesindestube

людско́й, -а́я, -о́е **1.** menschlich, Menschen-; ~ род Menschengeschlecht; -и́е резе́рвы Reserven an Menschen **2.** *Adv* по-людски́ wie alle Menschen

люк, -а *m* Luke, Falltür

[1]**люкс,** -а *m el* Lux

[2]**люкс,** -а *m*: каю́та-~ Luxuskabine

Люксембу́рг, -а *m* Luxemburg

[1]**лю́лька,** -и, *Pl G* -лек, *D* -лькам *f* **1.** Kinderwiege **2.** *arch* Hängesitz *für Außenarbeiten in großer Höhe*

[2]**лю́лька,** -и, *Pl G* -лек, *D* -лькам *f* Tabakspfeife

люмба́го *n idkl med* Hexenschuß

люминесце́нтный, -ая, -ое Lumineszenz-, Leuchtstoff-; -ая ла́мпа Leuchtstofflampe

люне́т, -а *m* **1.** *mil alt* Lünette **2.** *arch* Lünette

люпи́н, -а *m bot* Lupine

лю́стра, -ы *f* Kronleuchter

Лю́ся, -и *f Dem zu* Людми́ла

лютера́нин, -а, *Pl* -а́не, -а́н, -а́нам *m* Lutheraner

лютера́нский, -ая, -ое lutherisch

лю́тик, -а *m bot* Ranunkel, Hahnenfuß

лю́тня, -и, *Pl G* -тен, *D* -тням *f mus* Laute

лютова́ть, -ту́ю, -ту́ешь *uv volksspr* wüten, grimmig sein

лю́тый, -ая, -ое; *Kzf* лют, -а́! grausam, grimmig, schonungslos, wild; ~ враг grimmiger Feind; -ое го́ре *übtr* wilder Schmerz; ~ моро́з *übtr* grimmige Kälte

люфа́, -ы́ *f bot* Luffa, Luffaschwamm
люце́рна, -ы *f* Luzerne
ля *n idkl mus* A
ляга́ть, -а́ю, -а́ешь *uv* **1.** mit den Hinterhufen treten [schlagen] **2.** *übtr volksspr* kränken, mit Füßen treten ‖ *v mom* лягну́ть, -ну́, -нёшь
ляга́ться, -а́юсь, -а́ешься *uv* **1.** gewohnheitsmäßig ausschlagen *von Huftieren* **2.** mit den Hinterhufen treten [schlagen]
лягну́ть *v mom zu* ляга́ть
ля́гу ↑ лечь
лягуша́чий *u.* **лягу́шечий,** -ья, -ье Frosch-; лягу́шечьи лапки Froschschenkel
лягу́шка, -и, *Pl G* -шек, *D* -шкам *f* Frosch; древе́сная [зелёная] ~ Laubfrosch
лягушо́нок, -нка, *Pl* -ша́та, -ша́т, -ша́там *m* Froschjunges, junger Frosch
ля́жка, -и, *Pl G* -жек, *D* -жкам *f umg* Oberschenkel
лязг, -а *m* Klirren, Rasseln, Klappern; ~ цепе́й Kettenrasseln
ля́згать *uv zu* ля́згнуть
ля́згнуть, -ну, -нешь *v* klirren, rasseln, klappern; ~ зуба́ми mit den Zähnen klappern ‖ *uv* ля́згать, -аю, -аешь
Ля́ля, -и *f Dem zu* Еле́на *u.* О́льга
ля́мка, -и, *Pl G* -мок, *D* -мкам *f* Tragriemen; Schleppseil ◇ тяну́ть -у unaufhörlich schwere [unangenehme] Arbeit leisten (müssen)
ля́пать, -аю, -аешь *uv volksspr* **1.** *uv zu* ля́пнуть **2.** Pfuscharbeit leisten, zusammenpfuschen
ля́пис, -а *m* Höllenstein, Silbernitrat
ля́пис-лазу́рь, -и *f* Lasurstein
ля́пнуть, -ну, -нешь *v volksspr A oder* о *P* unüberlegt herausplatzen; он ля́пнул глу́пость ihm ist eine dumme Bemerkung entschlüpft ‖ *uv* ля́пать, -аю, -аешь
ля́псус, -а *m* Lapsus, Schnitzer
ля́сы: точи́ть ~ *volksspr* Unsinn reden, schwatzen

M

мавзоле́й, -я, *G Pl* -ев *m* Mausoleum
мавр, -а *m* Maure
Маври́кий, -я, *P* -и *m männl Vn*
Маврита́ния, -и *f* Mauretanien
маврита́нка, -и, *Pl G* -нок, *D* -нкам *f* Maurin
маврита́нский, -ая, -ое maurisch
маг, -а *m* Magier, Zauberer; ~ и волше́бник *scherz* Tausendkünstler
магази́н, -а *m* **1.** Geschäft, (Kauf-) Laden; универса́льный ~ Kaufhaus, Warenhaus; продукто́вый ~ Lebensmittelgeschäft; кни́жный ~ Buchhandlung; писчебума́жный ~ Schreibwarenhandlung; ~ гото́вого пла́тья Konfektionsgeschäft; овощно́й ~ Gemüsehandlung **2.** *alt* Lager, Speicher, Magazin; хле́бный ~ Kornspeicher; артиллери́йский ~ Artilleriedepot **3.** *tech, mil* (*Schußwaffe*) Magazin
магази́нный, -ая, -ое **1.** Laden-, Geschäfts-, Handlungs-; ~ счёт Geschäftsrechnung **2.** *mil* Magazin-; Mehrlade-; -ая винто́вка *oder* -ое ружьё Magazingewehr, Mehrlader
Ма́гдебург, -а *m* Magdeburg
магелла́нов, -а, -о: Магелла́нов проли́в *geogr* Magellanstraße
маги́стр, -а *m* Magister
магистра́ль, -и *f* **1.** Magistrale, Hauptverkehrslinie, Verkehrsader; Haupteisenbahnlinie **2.** *el, tech* Hauptleitung(srohr)
магистра́льный, -ая, -ое **1.** Hauptverkehrs- **2.** *el, tech* Hauptleitungs-
магистра́т, -а *m* Magistrat, Stadtverwaltung
маги́ческий, -ая, -ое magisch, zauberhaft
ма́гия, -и *f* Magie
ма́гма, -ы *f geol* Magma
магна́т, -а *m* Magnat, Großkapitalist
магне́зия, -и *f chem* Magnesia
магнети́ческий, -ая, -ое magnetisch
магне́то *n idkl tech* Magnetzünder
ма́гниевый, -ая, -ое **1.** Magnesium- **2.** magnesiumhaltig
ма́гний, -я, *P* -и *m chem* Magnesium
магни́т, -а *m* Magnet
магни́тить, -и́чу, -и́тишь; -и́ченный, -и́чен, -а *uv* magnetisieren
магни́тный, -ая, -ое Magnet-, ma-

gnetisch; -ое по́ле Magnetfeld; -ая стре́лка Magnetnadel

Магнитого́рск, -а *m* Magnitogorsk

магнито́ла, -ы *f* Rundfunkapparat [Musikschrank] mit eingebautem Tonbandgerät

магнитофо́н, -а *m* Tonbandgerät; ~ перено́сного ти́па Koffertonbandgerät

магно́лия, -и *f bot* Magnolie

магомета́нин, -а, *Pl* магомета́не, -а́н, -а́нам *m* Mohammedaner

магомета́нский, -ая, -ое mohammedanisch

магомета́нство, -а *n* mohammedanische Religion, Islam

Мадагаска́р, -а *m* Madagaskar

маде́ра, -ы *f* Madeirawein

Мадри́д, -а *m* Madrid

мадья́р, -а, *G Pl* мадья́р *m* Madjar, Ungar

мадья́рский, -ая, -ое madjarisch

маёвка, -и, *Pl G* -вок, *D* -вкам *f* 1. illegale Maifeier *im zaristischen Rußland* 2. (Frühlings-) Ausflug mit Essen im Freien

маета́, -ы́ *f volksspr* ermüdende Arbeit, Qual

мажо́р, -а *m* 1. *mus* Dur; в -е in Dur 2. *übtr umg* fröhliche Stimmung, gute Laune; быть в -е fröhlich sein

мажорита́рный, -ая, -ое *pol* Mehrheits-

мажо́рный, -ая, -ое 1. *mus* Dur- 2. *Kzf* -рен, -рна *umg* heiter, lustig

ма́жу ↑ ма́зать

ма́занка, -и, *Pl G* -нок, *D* -нкам *f* Lehmhütte

ма́зать* *uv* 1. (be)schmieren, (be)streichen; ~ хлеб ма́слом Butter aufs Brot streichen; (ein)pinseln; *umg* schminken 2. *umg* beschmutzen, beschmieren, schmutzig machen 3. *umg* schmieren, schlecht, unsauber zeichnen 4. *volksspr* danebenschießen *beim Schießen, Ballspiel*; Fehlgriffe tun; schlecht, unsauber spielen || *v mom* мазну́ть, -ну, -нешь *zu* 1, 2, 4

ма́заться* *uv* 1. sich einkremen, sich einreiben 2. *umg* sich schminken 3. *umg* sich beschmutzen, sich beschmieren 4. *1. u. 2. Pers ungebr* schmieren, abfärben

мази́ла, -ы *m, f volkssp*r 1. Schmutzfink, unsauberer Mensch 2. wer schlecht zeichnet *oder* malt 3. wer oft Fehler macht *beim Spiel, Schießen usw.*

ма́зка, -и *f* Schmieren; Bestreichen

ма́зкий, -ая, -ое; *Kzf* ма́зок, мазка́! *volkssp*r schmutzend; abfärbend

мазну́ть *v mom zu* ма́зать

мазня́, -и́ *f* 1. Gekleckse, stümperhafte Malerei; Geschmiere, schlechte Handschrift; Stümperei, stümperhafte Arbeit 2. stümperhaftes Spiel; schlechtes Schießen

мазо́к, -зка́ *m* 1. Pinselstrich 2. *med* Abstrich

мазу́рик, -а *m volkssp*r Gauner, Dieb

мазу́рка, -и, *Pl G* -рок, *D* -ркам *f mus* Masurka

мазу́т, -а *m* Masut, Erdölrückstände

мазь, -и *f* 1. *med* Salbe 2. Schmiere; сапо́жная ~ Stiefelwichse; колёсная ~ Wagenschmiere ◇ де́ло на -й *volkssp*r die Sache geht wie geschmiert

маис, -а *m* Mais

маисовый, -ая, -ое Mais-

май, ма́я, *G Pl* ма́ев *m* Mai; Пе́рвое ма́я der Erste Mai; пра́здник Пе́рвого ма́я Maifeier

майда́н, -а *m gbt* Handelsmarkt *im Süden der RSFSR*

ма́йка, -и, *Pl G* ма́ек, *D* ма́йкам *f* Turnhemd; ärmelloses Trikothemd; жёлтая ~ Gelbes Trikot *bei der Friedensfahrt*

майоне́з, -а *m* Mayonnaise

майо́р, -а *m* Major

майора́н, -а *m bot* Majoran

майо́рский, -ая, -ое Majors-

ма́йский, -ая, -ое Mai-; ~ пара́д Maiparade; ~ жук Maikäfer; -ая гроза́ Frühlingsgewitter

мак, -а (-у) *m* Mohn *Pflanze u. Samen*; бу́лка с -ом Mohnbrötchen; ~-самосе́йка Feld-, Klatschmohn

Мака́рий, -я, *P* -и *m männl Vn*

макаро́нный, -ая, -ое Makkaroni-

макаро́ны, -ро́н *Pl* Makkaroni

мака́ть, -а́ю, -а́ешь *uv* eintauchen, -tunken || *v mom* макну́ть, -ну́, -нёшь

македо́нец, -нца, *I* -нцем, *G Pl* -нцев *m* Mazedonier

Македо́ния, -и *f* Mazedonien

маке́т, -а *m* Modell, Entwurf

макинто́ш, -а, *I* -ем, *G Pl* -ей *m* Regenmantel

макла́к, -а́ *m alt* Zwischenhändler; Trödler

ма́клер, -а *m* Makler, Geschäftsvermittler; биржево́й ~ Börsenmakler

макну́ть *v mom zu* мака́ть

ма́ков, -а, -о: как ~ цвет feuerrot, blutrot *gesunde Gesichtsfarbe*

ма́ковка, -и, *Pl G* -вок, *D* -вкам *f*

1. *bot* Mohnkopf 2. *volksspr* Wipfel, Gipfel 3. Kuppel *einer Kirche* 4. Wirbel, Scheitel
ма́ковый, -ая, -ое Mohn-
макре́ль, -и *f* Makrele
макро- *in Zúss* makro-, groß-
Макси́м, -а *m männl Vn*
ма́ксима, -ы *f* Maxime, Grundsatz
максима́льный, -ая, -ое; *Kzf* -лен, -льна 1. maximal, Höchst- 2. -о *Adv* höchstens
ма́ксимум, -а *m* Maximum, Höchstmaß
макулату́ра, -ы *f* 1. *typ* Makulatur, Ausschuß, Altpapier 2. *verächtl* Schundliteratur
маку́ха, -и *f gbt* Ölkuchen; Rückstände beim Ölpressen
маку́шка, -и, *Pl G* -шек, *D* -шкам *f* 1. Wipfel, Gipfel 2. Wirbel, Scheitel ◇ у него́ у́шки на -е er spitzt die Ohren
мала́га, -и *f* Malagawein
мала́ец, -ла́йца, *I* -ла́йцем, *G Pl* -ла́йцев *m* Malaie
мала́йский, -ая, -ое malaiisch; Мала́йский архипела́г der Malaiische Archipel
малахи́т, -а *m min* Malachit
малахи́товый, -ая, -ое 1. Malachit- 2. malachitgrün
малева́ть, -лю́ю, -лю́ешь *uv* 1. (be)-malen, ausmalen; anstreichen 2. *umg* pinseln, stümperhaft malen ◇ не так стра́шен чёрт, как его́ малю́ют es wird nichts so heiß gegessen, wie es gekocht wird
мале́йший, -ая, -ее ↑ [1]ма́лый: не име́ть ни -его поня́тия о чём-н. keine blasse Ahnung von etw. haben
малёк, -лька́ *m* kleiner, junger Fisch
ма́ленький, -ая, -ое; *Komp* ме́ньше, ме́ньший; *Sup* ме́ньший 1. klein, winzig 2. unbedeutend, geringfügig; моё де́ло -ое ich habe hier nicht viel zu sagen 3. klein, minderjährig; он ведёт себя́, как ~ er beträgt sich kindisch 4. -ого *Subst m umg* Kleiner, Kind ◇ игра́ть по -ой niedrig spielen *Karten*; вы́пить по -ой eine Kleinigkeit trinken
мале́нько *Adv volksspr* ein bißchen, ein wenig
ма́лец, -льца, *I* -льцем, *G Pl* -льцев *u.* **мале́ц,** -льца́, *I* -льцо́м, *G Pl* -льцо́в *m volksspr* Junge, Knabe
мали́ец, -и́йца, *I* -и́йцем, *G Pl* -и́йцев *m* Malinese
мали́на, -ы *f* 1. *Koll* Himbeeren 2. Himbeerstrauch ◇ не житьё, а ~ ein gutes Leben
мали́нник, -а *m* Himbeergesträuch
мали́нный, -ая, -ое *umg* Himbeer-
мали́новка, -и, *Pl G* -вок, *D* -вкам *f* 1. Rotkehlchen 2. Himbeergeist
мали́новый, -ая, -ое 1. Himbeer-; ~ сок Himbeersaft 2. himbeerfarben
ма́личный, -ая, -ое aus Renntierfell
ма́лка, -и, *Pl G* -лок, *D* -лкам *f* Winkelmaß, Schmiege
ма́ло *Adv*; *Komp* ме́ньше *u.* ме́нее wenig, nicht genug; сли́шком ~ viel zu wenig; ~ кто зна́ет э́то nur wenige wissen das; э́того ~ das ist zu wenig, das genügt nicht ◇ ~ того́, что ... nicht genug, daß ...; ~ того́ *mod* außerdem; ~ ли что мо́жет случи́ться wer weiß, was alles geschehen mag; ~ ли где [куда́] wer weiß wo [wohin]
мало- *in Zuss* klein-, wenig
мало|азиа́тский, -ая, -ое kleinasiatisch; **~ва́жный,** -ая, -ое; *Kzf* -жен, жна geringfügig, unbedeutend
мало́ват, -а, -о *prädikativ* (etwas) zu klein; ~ ро́стом zu klein von Wuchs
малова́то *Adv umg* etwas zu wenig, ein bißchen wenig
мало|ве́р, -а *m* Kleingläubiger; **~ве́рие,** -я *n* Kleingläubigkeit; **~ве́рный,** -ая, -ое; *Kzf* -рен, -рна kleingläubig; **~вероя́тный,** -ая, -ое; *Kzf* -тен, -тна kaum wahrscheinlich; **~ве́сный,** -ая, -ое; *Kzf* -сен, -сна von geringem Gewicht, leicht; **~во́дный,** -ая, -ое; *Kzf* -ден, -дна wasserarm; **~во́дье,** -ья *n* 1. Wasserarmut 2. niedriger Wasserstand; **~вразуми́тельный,** -ая, -ое; *Kzf* -лен, -льна 1. schwer verständlich 2. nicht überzeugend; **~габари́тный,** -ая, -ое Kleinformat-, von geringen Abmessungen; **~говоря́щий,** -ая, -ее nichtssagend, gehaltlos; **~гра́мотность,** -и *f* 1. Halbanalphabetentum 2. Unwissenheit, Unkenntnis; **~гра́мотный,** -ая, -ое; *Kzf* -тен, -тна 1. des Lesens und Schreibens ungenügend kundig; ungebildet 2. -ого *Subst m* Halbanalphabet 3. fehlerhaft, stümperhaft; **~де́ятельный,** -ая, -ое wenig aktiv, nicht tatkräftig, nicht energisch genug; **~достове́рный,** -ая, -ое; *Kzf* -рен, -рна wenig zuverlässig; **~ду́шествовать,** -твую, -твуешь *uv* kleinmütig sein; den Mut verlieren; **~ду́шие,** -я *n* Kleinmut; **~ду́шничать,** -аю, -аешь *uv umg* verzagen, kleinmütig sein; **~ду́шный,** -ая, -ое; *Kzf* -шен, -шна

kleinmütig, mutlos; **~е́зжий,** -ая, -ее wenig befahren; **~заме́тный,** -ая, -ое; *Kzf* -тен, -тна 1. kaum sichtbar, kaum bemerkbar 2. nicht auffallend; **~земе́лье,** -ья *n* Landarmut; **~земе́льный,** -ая, -ое; *Kzf* -лен, -льна landarm; **~знако́мый,** -ая, -ое; *Kzf* -о́м, -а wenig [kaum] bekannt; **~зна́чащий,** -ая, -ее; *Kzf* -ащ, -а unwichtig, von geringer Bedeutung; **~значи́тельный,** -ая, -ое; *Kzf* -лен, -льна ohne große Bedeutung; ohne großen Einfluß; ohne wichtige Ergebnisse; **~изве́стный,** -ая, -ое; *Kzf* -тен, -тна wenig bekannt; **~иму́щий,** -ая, -ее; *Kzf* -у́щ, -а unvermögend, wenig bemittelt, arm; **~иссле́дованный,** -ая, -ое wenig erforscht; **~кали́берный,** -ая, -ое *mil* kleinkalibrig, Kleinkaliber-; **~кро́вие,** -я *n* Blutarmut, Anämie; **~кро́вный,** -ая, -ое; *Kzf* -вен, -вна blutarm

малоле́тка ↑ малоле́ток

малоле́тний, -яя, -ее 1. minderjährig, im Kindesalter 2. -его *Subst m* Minderjähriger

мало|ле́ток, -тка *m u.* **малоле́тка,** -и, *Pl G* -ток, *D* -ткам *m, f volksspr* Kind *Junge oder Mädchen*; **~ле́тство,** -а *n umg* Kindesalter; он рису́ет с ~ле́тства er zeichnet von Kindheit an; **~литра́жка,** -и, *Pl G* -жек, *D* -жкам *f umg* Kleinwagen; **~литра́жный,** -ая, -ое 1. von geringem Hubraum, mit geringem Fassungsvermögen 2. mit geringem Treibstoffverbrauch; ~литра́жный автомоби́ль Kleinwagen; **~лю́дный,** -ая, -ое; *Kzf* -ден, -дна 1. wenig bevölkert, dünn besiedelt 2. schwach besucht; wenig belebt, mit geringem Verkehr

мало-ма́льски *Adv umg* einigermaßen, leidlich

мало|ма́льский, -ая, -ое *volksspr* geringster, unbedeutendster; **~мета́жный,** -ая, -ое Klein-; ~мета́жная кварти́ра Kleinwohnung; **~мо́щный,** -ая, -ое; *Kzf* -щен, -щна 1. schwach, kraftlos 2. mittellos, arm 3. *tech* Kleinkraft-; **~надёжный,** -ая, -ое; *Kzf* -жен, -жна wenig verläßlich; unbeständig; **~населённый,** -ая, -ое wenig bevölkert, dünn besiedelt; **~о́блачный,** -ая, -ое schwach bewölkt; **~образо́ванный,** -ая, -ое; *Kzf* -ан, -анна wenig gebildet, mit geringen Kenntnissen; **~общи́тельный,** -ая, -ое; *Kzf* -лен, -льна ungesellig; verschlossen; **~о́пытный,** -ая, -ое; *Kzf* -тен, -тна mit geringer Erfahrung, unerfahren; **~пита́тельный,** -ая, -ое; *Kzf* -лен, -льна mit geringem Nährwert, wenig nahrhaft; **~подви́жный,** -ая, -ое; *Kzf* -жен, -жна schwer zu bewegen; schwerfällig

мало-пома́лу *Adv umg* allmählich, nach und nach

мало|поня́тливый, -ая, -ое; *Kzf* -ив, -а schwer von Begriff; **~поня́тный,** -ая, -ое; *Kzf* -тен, -тна schwer verständlich; **~производи́тельный,** -ая, -ое; *Kzf* -лен, -льна wenig produktiv, mit geringer Leistung; **~ра́звитый,** -ая, -ое; *Kzf* -ит, -а *u. umg* **~развито́й,** -а́я, -о́е; *Kzf* малора́звит, -а́, -о́ unentwickelt, zurückgeblieben; **~ро́слый,** -ая, -ое; *Kzf* -о́сл, -а klein (von Wuchs); niedrig; **~све́дущий,** -ая, -ее; *Kzf* -ущ, -а mit geringen Kenntnissen; unkundig, unwissend; **~семе́йный,** -ая, -ое mit kleiner Familie; он ~семе́йный er hat eine kleine Familie; **~си́льный,** -ая, -ое; *Kzf* -лен, -льна 1. schwach, kraftlos 2. *tech* Kleinkraft-; **~содержа́тельный,** -ая, -ое; *Kzf* -лен, -льна inhaltsarm, inhaltslos; **~со́льный,** -ая, -ое; *Kzf* -лен, -льна wenig gesalzen; **~состоя́тельный,** -ая, -ое 1. unvermögend 2. wenig überzeugend; **~спосо́бный,** -ая, -ое; *Kzf* -бен, -бна unbegabt, unfähig

ма́лость, -и *f* 1. *umg* Kleinigkeit, Geringfügigkeit, Lappalie; из-за вся́кой -и einer jeden Kleinigkeit wegen; са́мая ~ оста́лась es ist nur eine Kleinigkeit [fast nichts] übriggeblieben 2. *Adv volksspr* etwas, ein wenig, ein bißchen; мне ~ нездоро́вится ich fühle mich nicht ganz wohl

мало|тира́жный, -ая, -ое *typ* mit einer kleinen Auflage; **~тре́бовательный,** -ая, -ое anspruchslos; **~убеди́тельный,** -ая, -ое; *Kzf* -лен, -льна wenig überzeugend; **~употреби́тельный,** -ая, -ое; *Kzf* -лен, -льна wenig gebräuchlich; **~це́нный,** -ая, -ое; *Kzf* -це́нен, -це́нна minderwertig, von geringem Wert; **~чи́сленность,** -и *f* geringe Anzahl; **~чи́сленный,** -ая, -ое; *Kzf* -лен, -ленна klein *zahlenmäßig*, nicht zahlreich

[1]**ма́лый,** -ая, -ое; *Kzf* мал, мала́, мало́, малы́; *Komp* ме́ньше, ме́ньший; *Sup* ме́ньший, мале́йший 1. klein; gering; он мал ро́стом er ist klein von Wuchs; бесконе́чно ~ *math* unendlich klein 2. *nur Kzf* zu klein, zu eng, zu schmal; боти́нки

малы́ die Schuhe sind zu klein ◇ мал золотни́к, да до́рог klein, aber fein; от ма́ла до вели́ка alt und jung; са́мое ма́лое wenigstens, mindestens; без -ого fast, beinahe; мал мала́ ме́ньше der eine kleiner als der andere; wie die Orgelpfeifen *von Kindern*; с -ых лет von klein auf; ~ ход вперёд! *naut* halbe Kraft voraus!; Ма́лая А́зия Kleinasien

[2]**ма́лый,** -ого *Subst m volksspr* Bursche, Junge; он сла́вный ~ er ist ein Prachtkerl

малы́ш, -а́, *I* -о́м, *G Pl* -е́й *m umg* Kleiner, Knirps

малы́шка, -и, *Pl G* -шек, *D* -шкам *m, f umg* Knirps, kleines Kind

ма́льва, -ы *f bot* Malve

ма́львовый, -ая, -ое *bot* Malven-

мальга́ш, -а, *I* -ем, *G Pl* -ей *m* Madagasse

мальга́шский, -ая, -ое madagassisch

Ма́льта, -ы *f* Malta *Insel*

мальти́йский, -ая, -ое maltesisch, Malteser(-)

ма́льчик, -а *m* **1.** Knabe, Junge **2.** *alt* Lehrjunge, Lehrling; Laufbursche ◇ ~ с па́льчик Däumling *Märchen*

мальчи́шеский, -ая, -ое **1.** *umg* knabenhaft, jungenhaft **2.** lausbübisch, leichtsinnig

мальчи́шество, -а *n* Dummerjungenstreich, Lausbüberei, Bubenstreich

мальчи́шка, -и, *Pl G* -шек, *D* -шкам *m umg* **1.** Junge, Knabe; Bengel, Lausbube **2.** *alt* Lehrling; Laufbursche

мальчуга́н, -а *m umg* (kleiner) Junge

малю́сенький, -ая, -ое *umg* sehr klein

малю́тка, -и, *Pl G* -ток, *D* -ткам *m, f* Kleinkind, Kleines

маля́р, -а́ *m* (Zimmer-) Maler, Anstreicher

маляри́йный, -ая, -ое Malaria-

маляри́я, -и *f* Malaria

маля́рный, -ая, -ое (Zimmer-) Maler-

ма́ма, -ы *f* Mama, Mutti

амалы́га, -и *f gbt* Maisbrei

мама́ша, -и, *I* -ей *f umg* Mama, Mutter

ма́менька, -и, *Pl G* -нек, *D* -нькам *f alt* Mama, Mutti

ма́менькин, -а, -о *alt umg* der Mama, [Mutter] gehörig ◇ ~ сыно́к *iron* Muttersöhnchen

ма́мин, -а, -о der Mama gehörig; -о пла́тье Mamas Kleid

ма́мка, -и, *Pl G* -мок, *D* -мкам *alt* Amme

ма́монт, -а *m* Mammut

ма́монтовый, -ая, -ое Mammut-

ма́мочка, -и, *Pl G* -чек, *D* -чкам *f* Mutti

мана́тки, -ток, -ткам *Pl volksspr* Habseligkeiten, Siebensachen

[1]**мандари́н,** -а *m* **1.** Mandarine *Frucht* **2.** Mandarinenbaum

[2]**мандари́н,** -а *m* Mandarin *Beamter*

мандари́нный, -ая, -ое Mandarinen-

мандари́новый, -ая, -ое Mandarinen-

манда́т, -а *m* **1.** Mandat, Vollmacht **2.**: страна́, име́ющая ~ Mandatarstaat

манда́тный, -ая, -ое Mandats-

мандоли́на, -ы *f* Mandoline

мандолини́ст, -а *m* Mandolinenspieler

манёвр, -а *m* **1.** militärische Operation; обхо́дный ~ Umgehungsmanöver; **2.** *übtr* gewandter Kunstgriff, Kniff **3.** *Pl* Manöver; морски́е -ы Seemanöver **4.** *Pl* Rangieren *Eisenbahn*

манёвренность, -и *f mil* Manövrierfähigkeit

манёвренный, -ая, -ое *mil* beweglich; Manöver-; ~ парово́з Rangierlok

маневри́ровать, -рую, -руешь *uv* **1.** *mil* manövrieren; eine militärische Operation ausführen **2.** *mil* Manöver abhalten **3.** rangieren *Eisenbahn* **4.** manövrieren, sich geschickt bewegen **5.** *übtr* lavieren **6.** *I* manövrieren (mit), geschickt einsetzen || *v* сманеври́ровать *zu* 1, 2, 6

маневро́вый, -ая, -ое Rangier-

мане́ж, -а, *I* -ем, *G Pl* -ей *m* **1.** Manege, Reitbahn **2.** Laufgitter

манеке́н, -а *m* **1.** Schneider-, Modellpuppe **2.** Marionette, Gliederpuppe

манеке́нщица, -ы, *I* -ей *f* **1.** Herstellerin von Modellpuppen **2.** Mannequin

мане́р, -а *m nur mit Attribut in obliquen Kasus* **1.** *alt u. umg*: на ~чего́-н. nach der Art; на како́й-н. ~ in der Art und Weise von **2.** *umg*: таки́м -ом auf solch eine Art, so; живы́м -ом schnell

мане́ра, -ы *f* **1.** Manier, Art und Weise; ~ говори́ть Sprechweise **2.** *Pl* Manieren, Umgangsformen; дурны́е -ы schlechtes Benehmen

мане́рка, -и, *Pl G* -рок, *D* -ркам *f alt* Feldflasche; Trinkbecher *der Feldflasche*

мане́рничать, -аю, -аешь *uv umg* sich zieren, affektiert tun

мане́рный, -ая, -ое; *Kzf* -рен, -рна geziert, affektiert, gekünstelt

манже́та, -ы *f* Manschette

манже́тный, -ая, -ое Manschetten-

маникю́р, -а *m* Maniküre, Nagelpflege
маникю́рный, -ая, -ое Maniküre-, Nagel-
маникю́рша, -и, *I* -ей *f* Maniküre, Handpflegerin
Мани́ла, -ы *f* Manila
мани́ловщина, -ы *f* tatenloses, träumerisches Verhältnis zur Umwelt *nach Manilow, einem der Helden aus Gogols Roman „Die toten Seelen"*
мани́льский, -ая, -ое Manila-
манипули́ровать, -рую, -руешь *uv I* manipulieren; handhaben
манипуля́ция, -и *f* **1.** Manipulation, komplizierter Hand-, Kunstgriff **2.** *übtr* Machenschaft, Streich
мани́ть, маню́, ма́нишь *uv* **1.** (herbei-) winken **2.** *übtr* locken, bezaubern, anziehen ‖ *v* поманить *zu* 1
манифе́ст, -а *m* Manifest; Манифе́ст Коммунисти́ческой па́ртии Manifest der Kommunistischen Partei
манифеста́нт, -а *m* Teilnehmer an einer (Massen-) Kundgebung [Demonstration]
манифеста́ция, -и *f* (Massen-) Kundgebung, Demonstration
манифести́ровать, -рую, -руешь *uv* an einer (Massen-) Kundgebung teilnehmen, demonstrieren
мани́шка, -и, *Pl G* -шек, *D* -шкам *f* Chemisette, Vorhemd
ма́ния, -и *f* **1.** *med* Manie, Wahn; ~ вели́чия Größenwahn; ~ пресле́дования Verfolgungswahn **2.** *übtr* heftige Leidenschaft, Sucht
ма́нка, -и *f umg* Weizengrieß
манки́ровать, -рую, -руешь *v, uv* **1.** *I buchspr* vernachlässigen, versäumen; ~ свои́ми обя́занностями seine Pflichten vernachlässigen **2.** *alt* fehlen, bummeln
ма́нный, -ая, -ое **1.**: -ая ка́ша Grießbrei; -ая крупа́ Weizengrieß **2.** -ая, -ой *Subst f* Weizengrieß
манове́ние, -я *n buchspr, alt* Wink ◇ как по -ю im Handumdrehen; wie hergezaubert; -ем руки́ mit einer Handbewegung
мано́к, -нка́ *m Jagd* Pfeife zum Anlocken von Tieren, von Vögeln
манса́рда, -ы *f* Mansarde, Dachstube
манса́рдный, -ая, -ое Mansarden-
манти́лья, -и, *Pl G* -лий, *D* -льям *f* Mantille
манти́сса, -ы *f math* Mantisse
ма́нтия, -и *f* **1.** Mantel; breiter, langer Umhang **2.** Mantel *bei Mollusken*
манто́ *n idkl* weiter Damenmantel *gewöhnlich aus Pelz*
манускри́пт, -а *m buchspr meist* alte Handschrift; Schriftstück
мануфакту́ра, -ы *f* **1.** Manufaktur **2.** *nur Sg* Stoffe, Textilwaren **3.** *alt* Textilfabrik
мануфакту́рный, -ая, -ое Manufaktur-, Textil-; ~ това́р Textilwaren
Ма́нчестер, -а *m* Manchester *Stadt*
Ма́нька, -и *f Dem zu* Мари́я
маньчжу́р, -а *m* Mandschure
Маньчжу́рия, -и *f* Mandschurei
маньчжу́рский, -ая, -ое mandschurisch
манья́к, -а *m* Wahnsinniger, Geisteskranker
Ма́ня, -и *f Dem zu* Мари́я
марабу́ *m idkl zool* Marabu
мара́зм, -а *m* **1.** *med* Marasmus, Entkräftung; ста́рческий ~ Altersschwäche **2.** *übtr* Verfall, Niedergang
маракова́ть, -ку́ю, -ку́ешь *uv volksspr* в *P* sich auskennen (in), ein wenig verstehen (von)
мара́л, -а *m* Maral, großer sibirischer Hirsch
мара́нье, -ья *n umg* Schmiererei, Stümperei, Pfuscherei
мара́ть, -а́ю, -а́ешь; ма́ранный, -ан, -а *uv umg* **1.** beschmutzen, besudeln; ~ ру́ки о́бо что́-н. seine Hände an etwas schmutzig machen; ~ че́стное и́мя *übtr* einen ehrlichen Namen besudeln **2.** schmieren, liederlich schreiben, schlecht malen **3.** ausstreichen *Geschriebenes*
мара́ться, *1. u. 2. Pers ungebr,* -а́ется *uv* **1.** *umg* leicht schmutzig werden, schmutzen *z. B. von Wäsche* **2.** abfärben *von Frischgestrichenem* **3.** *umg* sich entleeren *von Säuglingen* ◇ не сто́ит ~ из-за э́того es lohnt die Mühe nicht
марафо́нский, -ая, -ое: ~ бег *Sport* Marathonlauf
ма́рганец, -нца, *I* -нцем *m chem* Mangan
ма́рганцевый, -ая, -ое *chem* Mangan-
маргари́н, -а *m* Margarine
маргари́новый, -ая, -ое Margarine-
маргари́тка, -и, *Pl G* -ток, *D* -ткам *f bot* Gänseblümchen
ма́рево, -а *n* **1.** Fata Morgana **2.** Dunst, Nebelschleier
маре́на, -ы *f bot* Färberröte, Krapp
мари́йский, -ая, -ое Mari-, marijisch; Мари́йская АССР ASSR der Mari
марина́д, -а *m* Marinade
марини́ст, -а *m* Marinemaler

маринóванный, -ая, -ое mariniert, eingemacht
мариновáть, -нýю, -нýешь; -нóванный, -нóван, -а *uv* **1.** (ein)marinieren; ~ грибы́ Pilze einmachen **2.** *übtr umg* aufschieben; auf die lange Bank schieben
марионéтка, -и, *Pl G* -ток, *D* -ткам *f* **1.** *theat* Marionette, Gliederpuppe **2.** *übtr* Marionette
марионéточный, -ая, -ое *theat u. übtr* Marionetten-
Марúя, -и *f* Maria
[1]**мáрка,** -и, *Pl G* -рок, *D* -ркам *f* **1.** Marke, Wertmarke; почтóвая ~ Briefmarke **2.** Fabrikmarke, Warenzeichen **3.** Marke, Sorte, Qualität; винó лýчшей -и Wein bester Sorte [Qualität] **4.** Spielmarke *z. B. für Automaten* ◇ держáть -у auf seinen Ruf halten
[2]**мáрка,** -и, *Pl G* -рок, *D* -ркам *f* Mark *Währungseinheit*
[3]**мáрка,** -и, *Pl G* -рок, *D* -ркам *f* **1.** *hist* Mark *altgermanische Dorfgemeinschaft* **2.** Grenzmark, -land
маркúз, -а *m* Marquis
[1]**маркúза,** -ы *f* Marquise
[2]**маркúза,** -ы *f* Markise, Sonnenschutz
маркизéт, -а *m* Markisette *Stoff*
мáркий, -ая, -ое; *Kzf* -рок, -рка leicht schmutzend
маркировáть, -рýю, -рýешь; -рóванный, -рóван, -а *v, uv* markieren, kennzeichnen *Waren*
маркирóвка, -и *f* Markierung
маркирóвщик, -а *m* Markierer
маркитáнтка, -и, *Pl G* -ток, *D* -ткам *f hist* Marketenderin
марксúзм, -а *m* Marxismus
марксúзм-ленинúзм, марксúзма-ленинúзма *m* Marxismus-Leninismus
марксúст, -а *m* Marxist
марксúстский, -ая, -ое marxistisch
марксúстско-лéнинский, -ая, -ое marxistisch-leninistisch
маркшéйдер [дэ], -а *m berg* Markscheider
мáрлевый, -ая, -ое Mull-, Gaze-
мáрля, -и *f* Mull, Gaze
мармелáд, -а (-у) *m* Geleefrüchte
марморúровать, -рую, -руешь; -рованный, -рован, -а *v, uv* marmorieren
мародёр, -а *m* Marodeur, Plünderer
мародёрство, -а *n* Marodieren, Plündern
мародёрствовать, -твую, -твуешь *uv* marodieren, plündern
мароккáнец, -нца, *I* -нцем, *G Pl* -нцев *m* Marokkaner
мароккáнский, -ая, -ое marokkanisch
Марóкко *n idkl* Marokko
мáрочный, -ая, -ое Marken-; Spielmarken-; -ая систéма оплáты Markenzahlsystem
марс, -а *m naut* Mars, Mastkorb
Марс, -а *m astr* Mars
Марсéль, -я *m* Marseille *Stadt*
марсельéза, -ы *f* die Marseillaise
март, -а *m* März
мартéн [тэ], -а *m tech* **1.** Siemens-Martin-Ofen **2.** Siemens-Martin-Stahl
мартéновский [тэ], -ая, -ое Siemens-Martin-; -ое произвóдство Siemens-Martin-Verfahren
мáртовский, -ая, -ое März-
мартышка, -и, *Pl G* -шек, *D* -шкам *f zool* Meerkatze *Affe*
Марýся, -и *f Dem zu* Марúя
Мáрфа, -ы *f* Martha
[1]**марш,** -а, *I* -ем, *G Pl* -ей *m* **1.** Marsch; торжéственный ~ Parademarsch; форсúрованный ~ Eilmarsch; построéние для -а Marschaufstellung **2.** *mus* Marsch **3.** Treppe
[2]**марш!** *Interj* marsch!; шáгом ~! im Gleichschritt marsch!; бегóм ~! im Laufschritt marsch!
мáршал, -а *m* Marschall
мáршальский, -ая, -ое Marschall(s)-
мáршевый, -ая, -ое Marsch-
маршировáть, -рýю, -рýешь *uv* marschieren
маршировка, -и *f* Marschieren
маршрýт, -а *m* **1.** Marsch-, Reiseroute; Linie, Strecke *Omnibus usw.*; ~ перелёта Flugstrecke; ~ трамвáя Straßenbahnlinie **2.** direkter Güterzug *ohne Umladung bis zum Zielort*
маршрýтный, -ая, -ое Marschrouten-; ~ пóезд direkter Güterzug *ohne Umladung bis zum Zielort*; -ая кáрта Streckenkarte
Мáрья, -ьи *f dasselbe wie* Марúя
мáска, -и, *Pl G* мáсок, *D* мáскам *f* **1.** Maske; противогáзовая ~ Gasmaske; сбрóсить -у *übtr* die Maske fallen lassen; сорвáть -у с когó-н. j-m die Maske vom Gesicht reißen, j-n entlarven **2.** Totenmaske
маскарáд, -а *m* Maskenball, Kostümfest
маскарáдный, -ая, -ое Maskenball-
маскировáть, -рýю, -рýешь; -рóванный, -рóван, -а *uv* **1.** maskieren,

verkleiden 2. *übtr* verbergen, tarnen 3. *mil* tarnen; ~ о́кна Fenster verdunkeln

маскирова́ться, -ру́юсь, -ру́ешься *uv* 1. sich maskieren 2. sich nicht bemerkbar machen, sich tarnen 3. *übtr* sich verstellen

маскиро́вка, -и *f* 1. Maskierung 2. *übtr* Verstellung, Tarnung 3. *mil* Tarnung

маскиро́вочный, -ая, -ое *mil* Tarn-, Tarnungs-

ма́сленица, -ы, *I* -ей *f hist* Fastnachtswoche ◇ ему́ не житьё, а ~ *umg* er lebt wie die Made im Speck; не всё коту́ ~, придёт и вели́кий пост *Sprichw* alle Tage ist kein Sonntag

маслёнка, -и, *Pl G* -нок, *D* -нкам *f* 1. Butterdose 2. *tech* Ölkännchen

маслёнок, -нка, *Pl* масля́та, -я́т, -я́там *m* Butterpilz

ма́сленый, -ая, -ое 1. fett(ig), ölig; -ые во́лосы fettiges Haar 2. *übtr* ölig, schmeichlerisch 3. *übtr* sinnlich; ~ взгляд schmachtender Blick

масли́на, -ы *f* 1. Olive *Frucht* 2. Olivenbaum, Ölbaum

ма́слить, -лю, -лишь *uv umg* mit Butter, Öl bestreichen; einfetten

ма́слиться, *1. u. 2. Pers ungebr*, -ится *uv* 1. Fettflecke machen 2. glänzen

ма́сличный, -ая, -ое Öl-, ölhaltig

масли́чный, -ая, -ое Oliven-

ма́сло, -а, *Pl* (*zur Bezeichnung von Sorten*) масла́, ма́сел, масла́м *n* 1. Butter; Öl; сли́вочное ~ Tafelbutter; топлёное ~ zerlassene Butter; бить ~ buttern; прова́нское ~ Olivenöl; подсо́лнечное ~ Sonnenblumenöl; сма́зочное ~ Schmieröl 2. Ölfarbe; *umg* Ölgemälde; писа́ть -ом mit Ölfarbe malen ◇ идёт как по -у es geht wie geschmiert; подли́ть -а в ого́нь Öl ins Feuer gießen; ката́ться как сыр в -е wie die Made im Speck sitzen

масло|бо́йка, -и, *Pl G*- бо́ек, *D* -бо́йкам *f* 1. Butterfaß 2. Butterkammer; **~бо́йный,** -ая, -ое Butter-; Öl-; ~бо́йный заво́д Butterfabrik; Ölmühle; ~бо́йный пресс Ölpresse; **~бо́йня,** -и, *Pl G* -бо́ен, *D* -бо́йням *f* Butterfabrik; Ölmühle; **~де́лие,** -я *n* Butterfabrikation; Ölfabrikation; **~запра́вщик,** -а *m* Öltankwagen

маслянистый, -ая, -ое; *Kzf* -и́ст, -а fetthaltig, fett, ölig

ма́сляный, -ая, -ое 1. Butter-, Öl-; -ое пятно́ Fett-, Ölfleck 2. *tech*, *chem* Öl-; -ые кра́ски Ölfarben; ~ выключа́тель Ölschalter; -ая кислота́ Buttersäure

масо́н, -а *m* Freimaurer

масо́нский, -ая, -ое Freimaurer-

масо́нство, -а *n* Freimaurerei

ма́сса, -ы *f* 1. *phys* Masse 2. *tech* Masse, Brei; бума́жная ~ Papierbrei 3. *G umg* Masse, (große) Menge; у меня́ ~ рабо́ты ich habe viel zu tun 4. *Pl* (Volks-) Massen; широ́кие -ы трудя́щихся die werktätigen Massen, die breiten Massen der Werktätigen ◇ в -е größtenteils, vorwiegend

масса́ж, -а, *I* -ем, *G Pl* -ей *m* Massage

массажи́ст, -а *m* Masseur

ма́ссами *Adv* in Massen, massenhaft

масси́в, -а *m* Massiv, Gebirgsstock; лесны́е -ы (große) Waldflächen

масси́вный, -ая, -ое; *Kzf* -вен, -вна massiv, schwer

[1]**масси́ровать,** -рую, -руешь; -рованный, -рован, -а *uv Prät a. v* massieren

[2]**масси́ровать,** -рую, -руешь; -рованный, -рован, -а *v, uv mil* massieren; konzentrieren

массиро́вка, -и *f mil* Massierung, Konzentration

массови́к, -а́ *m umg* Leiter kultureller Massenveranstaltungen

массо́вка, -и, *Pl G* -вок, *D* -вкам *f umg* 1. Meeting, Zusammenkunft 2. Massenausflug

ма́ссовый, -ая, -ое Massen-; -ая организа́ция Massenorganisation; -ое произво́дство Massenfabrikation; това́ры -ого потребле́ния Massenbedarfsartikel; ~ чита́тель Durchschnittsleser

маста́к, -а́ *m volksspr* gewandter, geschickter Mensch

ма́стер, -а, *Pl* мастера́, -ро́в, -ра́м *m* 1. Meister; Werkmeister; Handwerksmeister; оруже́йный ~ Waffenschmied; золоты́х дел ~ *alt* Goldschmied 2. Meister, Kenner; ~ спо́рта Meister des Sports; он ~ своего́ де́ла er ist ein Meister in seinem Fach; он ~ расска́зывать er ist ein Meister im Erzählen ◇ он ~ на все ру́ки er ist ein Tausendkünstler; де́ло -а бои́тся das Werk lobt den Meister

мастери́ть, -рю́, -ри́шь *uv umg* selbst anfertigen, basteln ‖ *v* смастери́ть

мастери́ца, -ы, *I* -ей *f* Meisterin

мастерска́я, -о́й *Subst f* **1.** Werkstatt, Arbeitsraum **2.** Werkabteilung
мастерско́й, -а́я, -о́е **1.** meisterhaft, Meister- **2.** -и́ *Adv* meisterhaft
мастерство́, -а́ *n* **1.** Handwerk, Gewerbe **2.** Meisterschaft
масти́ка, -и *f* **1.** Mastixkitt **2.** Bohnerwachs **3.** *bot* Mastix
масти́тый, -ая, -ое; *Kzf* -и́т, -а ehrwürdig
масть, -и, *Pl* ма́сти, масте́й, мастя́м *f* **1.** Farbe *des Fells von Tieren*; ло́шадь гнедо́й -и Brauner **2.** Farbe *der Spielkarten*; черво́нная ~ Herz ◇ всех -е́й *übtr* aller Schattierungen
масшта́б [ашт], -а *m* Maßstab; в мирово́м -е im Weltmaßstab; учёный мирово́го -а ein Gelehrter von Weltruf
масшта́бный, -ая, -ое **1.** Maßstab- **2.** *Kzf* -бен, -бна umfangreich
[1]**мат,** -а *m* Matt *Schachspiel*; объяви́ть кому́-н. ~ j-n matt setzen
[2]**мат,** -а *m* Matte, Bodenbelag
[3]**мат,** -а *m* Glanzlosigkeit; Rauhheit; навести́ ~ на стекло́ die Scheibe mattieren
[4]**мат:** крича́ть благи́м -ом *volksspr* aus Leibeskräften schreien
Матве́й, -я *m* Matthias
матема́тик, -а *m* Mathematiker
матема́тика, -и *f* Mathematik
математи́ческий, -ая, -ое mathematisch
материа́л [рья], -а *m* **1.** Material, Stoff; строи́тельный ~ Baustoff; горю́чий ~ Brennstoff; перевя́зочный ~ Verbandzeug **2.** Material, Unterlage(n), Quelle(n) **3.** Stoff, Gewebe; шерстяно́й ~ Wollstoff
материали́зм, -а *m* Materialismus; диалекти́ческий ~ dialektischer Materialismus
материали́ст, -а *m* Materialist
материалисти́ческий, -ая, -ое materialistisch
материалисти́чный, -ая, -ое **1.** materialistisch **2.** *Kzf* -чен, -чна nur auf seine eigenen materiellen Interessen und Vorteile bedacht
материалове́дение [рья], -я *n* Werkstoffkunde
материа́льный [рья], -ая, -ое **1.** Material-, materiell; ~ склад Materiallager; -ое положе́ние materielle Lage **2.** *Kzf* -лен, -льна *phil* stofflich, materiell
матери́к, -а́ *m* Kontinent, Festland
материко́вый, -ая, -ое kontinental, Festlands-
ма́терин, -а, -о *umg* der Mutter gehörig
матери́нский, -ая, -ое Mutter-, mütterlich
матери́нство, -а *n* **1.** Mutterschaft; охра́на -а Mutterschutz **2.** Mutterliebe
мате́рия, -и *f* **1.** *phil* Materie **2.** *phys* Materie, Stoff **3.** *text* Gewebe, Stoff **4.** *übtr umg* Thema, Gegenstand
матеро́й ↑ матёрый
мате́рчатый, -ая, -ое Stoff-; ~ переплёт Leineneinband
матёрый, -ая, -ое *u.* **матеро́й,** -а́я, -о́е **1.** groß; stark, kräftig, ausgewachsen **2.** (матёрый) *umg* erfahren **3.** (матёрый) berüchtigt, unverbesserlich, eingefleischt; ~ враг Erzfeind
ма́тка, -и, *Pl G* -ток, *D* -ткам *f* **1.** *anat* Gebärmutter, Uterus **2.** Muttertier, Weibchen; оле́нья ~ Hirschkuh; пчели́ная ~ Bienenkönigin, Weisel **3.** *volksspr* Mutter **4.** Mutterschiff
матова́ть, мату́ю, мату́ешь *uv* matt setzen *Schach*
ма́товый, -ая, -ое **1.** matt, glanzlos **2.** mattiert; -ое стекло́ Milchglas
ма́точник, -а *m* **1.** Weiselzelle **2.** *bot* Fruchtknoten **3.** Gewindebohrer
матра́с, -а *u.* **матра́ц,** -а, *I* -ем, *G Pl* -ев *m* Matratze; волосяно́й ~ Roßhaarmatratze; пружи́нный ~ Sprungfedermatratze
матра́сный, -ая, -ое Matratzen-
матра́ц ↑ матра́с
матриарха́льный, -ая, -ое matriarchalisch
ма́трица, -ы, *I* -ей *f typ* **1.** Matrize **2.** Mater
матрици́ровать, -рую, -руешь; -рованный, -рован, -а *v, uv typ* **1.** Matrizen herstellen **2.** matern
матро́с, -а *m* Matrose
матро́ска, -и, *Pl G* -сок, *D* -скам *f* **1.** *umg alt* Matrosenfrau **2.** Matrosenbluse
матро́сский, -ая, -ое Matrosen-
ма́тушка, -и, *Pl G* -шек, *D* -шкам *f* **1.** *alt* Mutter, Mütterchen **2.** *umg alt* Mütterchen *als Anrede*
матч, -а, *I* -ем, *G Pl* -ей *m* Spiel; sportlicher Wettkampf; футбо́льный ~ Fußballspiel; ~ на пе́рвенство ми́ра по ша́хматам Spiel um die Schachweltmeisterschaft
мать, ма́тери, *I* ма́терью, *Pl* ма́тери, матере́й, матеря́м *f* **1.** Mutter **2.** Muttertier **3.** *volksspr* Mutter *An-*

rede; крёстная ~ Taufpatin ◇ в чём ~ родила́ splitternackt
мать-и-ма́чеха *u.* **мать-ма́чеха, -и** *f bot* Huflattich
мах, -а (-у) *m* Schwung, Schlag; Umdrehung ◇ одни́м -ом mit einem Zug, mit einem Schlag; с -у unbedacht, Hals über Kopf; дать -у sich irren, einen Bock schießen
махао́н, -а *m* Schwalbenschwanz *Schmetterling*
маха́ть* *u. umg* -а́ю, -а́ешь; маха́я *u. selten* маша́ *uv I* schwenken, winken; schlagen *mit den Flügeln*; wedeln *mit dem Schwanz*; ~ руко́й mit der Hand winken || *v mom* махну́ть, -ну́, -нёшь
махи́на, -ы *f umg* Koloß; großer schwerer Gegenstand
махина́ция, -и *f* Machenschaft, Intrige
махну́ть, -ну́, -нёшь *v* 1. *mom zu* маха́ть 2. *umg* sich stürzen, springen; ~ че́рез забо́р über den Zaun setzen 3. *volksspr* (los)fahren, abreisen ◇ ~ руко́й на что́-н. etw. aufgeben
махови́к, -а́ *m tech* Schwungrad
махово́й, -а́я, -о́е Schwung-; -о́е колесо́ Schwungrad; -ы́е пе́рья *zool* Schwungfedern
махо́рка, -и *f* Machorka *Tabaksorte*
махро́вый, -ая, -ое 1. *bot* voller Blütenblätter, gefüllt 2. *übtr* eingefleischt, Erz-; ~ реакционе́р Erzreaktionär 3. Frottier-
махры́, -о́в *Pl volksspr* Fransen
ма́чеха, -и *f* Stiefmutter
ма́чта, -ы *f* Mast
ма́чтовый, -ая, -ое Mast-
маш- *in Zuss Abk für* маши́нный *u.* машинострои́тельный
Ма́ша, -и, *I* -ей *f Dem zu* Мари́я
Ма́шенька, -и *f Dem zu* Мари́я
маши́на, -ы *f* 1. Maschine; парова́я ~ Dampfmaschine; шве́йная ~ Nähmaschine; а́дская ~ Höllenmaschine 2. *übtr* Maschinerie; вое́нная ~ Kriegsmaschinerie 3. Wagen, Auto; легкова́я ~ Personenkraftwagen; грузова́я ~ Lastkraftwagen
машина́льный, -ая, -ое; *Kzf* -лен, -льна mechanisch, unbewußt
машиниза́ция, -и *f* Mechanisierung; Ausstattung mit Maschinen
машинизи́ровать, -рую, -руешь; -рованный, -рован, -а *v, uv* mechanisieren; mit Maschinen ausstatten
машини́ст, -а *m* 1. Maschinist 2. (парово́зный) Lokomotivführer
машини́стка, -и, *Pl G* -ток, *D* -ткам *f* Maschinenschreiberin, Stenotypistin
маши́нка, -и, *Pl G* -нок, *D* -нкам *f* kleinere Maschine; пи́шущая ~ Schreibmaschine; писа́ть на -е maschineschreiben, tippen; ~ для стри́жки воло́с Haarschneidemaschine
маши́нно-тра́кторный, -ая, -ое: -ая ста́нция Maschinen-und-Traktoren-Station
маши́нный, -ая, -ое 1. mechanisch; -ая обрабо́тка mechanische Bearbeitung 2. Maschinen-
машино|ве́дение, -я *n* Maschinenkunde; **~пи́сный,** -ая, -ое in Maschinenschrift, maschinegeschrieben
маши́нопись, -и *f* 1. Maschine(n)-schreiben 2. Manuskript in Maschinenschrift
машино|строе́ние, -я *n* Maschinenbau; **~строи́тельный,** -ая, -ое Maschinenbau-
машу́ ↑ маха́ть
мая́к, -а́ *m* Leuchtturm; плаву́чий ~ Leuchtschiff, Feuerschiff
ма́ятник, -а *m* 1. Pendel, Perpendikel 2. Unruhe *Teil der Uhr*
ма́яться, ма́юсь, ма́ешься *uv volksspr* sich quälen, sich abplagen
мая́чить, -чу, -чишь *uv* 1. *umg 1. u. 2. Pers ungebr* schimmern; in der Ferne sich abzeichnen 2. *volksspr* kümmerlich sein Leben fristen
мая́чный, -ая, -ое Leucht(turm)-
мгла, -ы *f* 1. Nebel, Dunst 2. Finsternis, Dunkel(heit)
мгли́стый, -ая, -ое; *Kzf* -и́ст, -а neblig, düster
мгнове́ние, -я *n* Augenblick, Moment ◇ в ~ о́ка im Handumdrehen, sofort, im Nu
мгнове́нный, -ая, -ое; *Kzf* -е́нен, -е́нна augenblicklich, rasch; plötzlich, jäh
МГУ (Моско́вский госуда́рственный университе́т и́мени Ломоно́сова) Moskauer Staatliche Lomonossow-Universität
МДФЖ (Междунаро́дная Демократи́ческая Федера́ция Же́нщин) IDFF (Internationale Demokratische Frauenföderation)
ме́бель, -и *f Koll* Möbel
ме́бельный, -ая, -ое Möbel-
ме́бельщик, -а *m* Möbeltischler
меблирова́ть, -ру́ю, -ру́ешь; -ро́ванный, -ро́ван, -а *v, uv* möblieren
меблиро́вка, -и *f* 1. Möblieren, Möblierung 2. Möbel, Mobiliar, Einrichtung

мегафóн, -а *m* Megaphon, Schallverstärker
мёд, -а (-у), *P* о мёде, в медý, *Pl* (*zur Bezeichnung von Sorten*) меды́, -óв, -áм *m* **1.** Honig; сóтовый ~ Scheibenhonig; слáдкий как ~ honigsüß **2.** Met, Honigwein
мед- *in Zuss Abk für* медици́нский Medizin-; medizinisch
медали́ст, -а *m* **1.** Absolvent einer Lehranstalt, der für hervorragende Leistungen mit einer Medaille ausgezeichnet worden ist **2.** preisgekröntes Tier
медáль, -и *f* Medaille ◇ оборóтная сторонá -и die Kehrseite der Medaille
медвéдица, -ы, *I* -ей *f* **1.** Bärin **2.**: Большáя Медвéдица *astr* der Große Bär
медвéдка, -и, *Pl G* -док, *D* -дкам *f* Sackkarre
медвéдь, -я *m* Bär; бéлый ~ Eisbär; бýрый ~ Braunbär
медвежáтина, -ы *f* Bärenfleisch
медвежáтник, -а *m* **1.** Bärenjäger **2.** Führer [Begleiter] eines gezähmten, dressierten Bären **3.** Bärenzwinger
медвéжий, -ья, -ье Bären- *a. bot*; -ья берлóга Bärenhöhle; ~ ýгол *alt* Krähwinkel ◇ оказáть комý-н. -ью услýгу j-m einen schlechten Dienst erweisen
медвежóнок, -нка, *Pl* -жáта, -жáт, -жáтам *m* **1.** Bärenjunges **2.** Teddybär
медвя́ный, -ая, -ое Honig- ◇ -ая росá *bot* Honigtau
медеплави́льный, -ая, -ое Kupferschmelz-
мéдик, -а *m* **1.** Arzt **2.** Medizinstudent
медикамéнты *Pl* -ов, *Sg* медикамéнт, -а *m* Medikamente, Arzneien
мéдиум, -а *m* Medium
медици́на, -ы *f* Medizin, Heilkunde
медици́нский, -ая, -ое medizinisch, ärztlich; Sanitäts-; -ая пóмощь ärztliche Hilfe; -ая сестрá Krankenschwester; -ое обслýживание gesundheitliche Betreuung; -ое освидéтельствование призывникóв Musterung
меди́чка, -и, *Pl G* -чек, *D* -чкам *f* *umg* Medizinstudentin
мéдленный, -ая, -ое; *Kzf* -лен *u.* -ленен, -ленна langsam
медли́тельный, -ая, -ое; *Kzf* -лен, -льна langsam, zögernd; schwerfällig
мéдлить, -лю, -лишь *uv* zögern (с *I* mit), hinausschieben; не мéдля ни минýты ohne einen Augenblick zu zögern
мéдник, -а *m* Kupferschmied
мéдницкий, -ая, -ое Kupferschmied(e)-
мéдно-крáсный, -ая, -ое kupferrot
меднолитéйный, -ая, -ое Kupfer(gieß)-; ~ завóд Kupferhütte
меднопрокáтный, -ая, -ое Kupferwalz-
мéдный, -ая, -ое kupfern, Kupfer-; -ые дéньги Kupfergeld; ~ век Kupferzeit; -ая рудá Kupfererz ◇ ~ лоб engstirniger Mensch; э́то -ого грошá не стóит das ist keinen (roten) Heller wert; -ые духовы́е инструмéнты Blechblasinstrumente
медоварéние, -я *n* Metbrauerei
медóвый, -ая, -ое Honig-; ~ пря́ник Honigkuchen ◇ ~ мéсяц Flitterwochen; -ые рéчи honigsüße Reden
медо|нóсный, -ая, -ое; *Kzf* -сен, -сна honighaltig; honigtragend; **~точи́вый,** -ая, -ое; *Kzf* -и́в, -а *alt* honigsüß, schmeichlerisch
мед|персонáл, -а *m* (медици́нский персонáл) medizinisches Personal; **~пóмощь,** -и *f* (медици́нская пóмощь) medizinische Hilfe; **~пýнкт,** -а *m* (медици́нский пункт) medizinische [ärztliche] Betreuungsstelle; Verbandplatz; **~сестрá,** -ы́, *Pl* -сёстры, -сестёр, -сёстрам *f* (медици́нская сестрá) Krankenschwester
медýза, -ы *f* *zool* Meduse
медфáк, -а *m* (медици́нский факультéт) medizinische Fakultät
медь, -и *f* **1.** Kupfer; крáсная ~ reines Kupfer; жёлтая ~ Messing; гравю́ра на -и Kupferstich **2.** *Koll umg* Kupfergeld, -münzen
медя́к, -á *m umg* Kupfermünze
медяни́ца, -ы, *I* -ей *f* Blindschleiche
медя́нка, -и, *Pl G* -нок, *D* -нкам *f* **1.** *zool* Schling-, Haselnatter **2.** *chem* Grünspan
меж *dasselbe wie* мéжду
меж- *in Zuss* inter-; zwischen-
межá, -и́, *Pl* мéжи, меж, межáм *f* Rain, (Acker-) Grenze
межгосудáрственный, -ая, -ое zwischenstaatlich
междо|мéтие, -я *n gram* Interjektion; **~усóбие,** -я *n u.* **~усóбица,** -ы, *I* -ей *f* *hist* innere Fehde
мéжду *Präpos* **I.** *mit I* **1.** zwischen; дрýжба ~ нарóдами Freundschaft zwischen den Völkern, Völkerfreund-

schaft; ~ пятью́ и шестью́ часа́ми zwischen fünf und sechs Uhr **2.** unter; ~ на́ми (говоря́) unter uns (gesagt); ~ про́чим *Adv* unter anderem, beiläufig; übrigens; ~ тем unterdessen; ~ тем как *Konj* während **II.** *mit G in einigen phraseologischen Verbindungen*; ~ двух огне́й *übtr* zwischen zwei Feuern; сиде́ть ~ двух сту́льев *übtr* zwischen zwei Stühlen sitzen; чита́ть ~ строк zwischen den Zeilen lesen
между- *in Zuss* zwischen-; inter-
между|ве́домственный, -ая, -ое zwischenbehördlich; **~горо́дный,** -ая, -ое interurban; Fern-; ~горо́дная телефо́нная ста́нция Fernsprechzentrale; ~горо́дный разгово́р Ferngespräch; **~наро́дный,** -ая, -ое international; Междунаро́дный сою́з студе́нтов der Internationale Studentenbund; Междунаро́дный же́нский день der Internationale Frauentag; ~наро́дное пра́во Völkerrecht; **~ца́рствие,** -я *n hist* Interregnum
межева́ние, -я *n* (Land-) Vermessung
межева́ть, -жу́ю, -жу́ешь; -жёванный, -жёван, -а *uv* ver-, ausmessen *Land*
межеви́к, -а́ *m* Geometer, Feldmesser
межево́й, -а́я, -о́е **1.** Rain-, Grenz-; ~ столб Grenzstein **2.** Meß-, Vermessungs-
ме́же́нь, -и *f* normaler Wasserstand
межзаво́дский, -ая, -ое *u.* **межзаводско́й,** -а́я, -о́е **1.** mehreren Werken gemeinsam gehörend **2.** zwischenbetrieblich, zwischen mehreren Werken vor sich gehend
меж|зона́льный, -ая, -ое Interzonen-; **~плане́тный,** -ая, -ое interplanetar; **~рёберный,** -ая, -ое *anat* interkostal
мезозо́й, -я *m geol* Mesozoikum
мезоли́т, -а *m geol* Mesolithikum
Ме́кленбург, -а *m* Mecklenburg
Ме́ксика, -и *f* Mexiko *Land*
мексика́нец, -нца, *I* -нцем, *G Pl* -нцев *m* Mexikaner
мексика́нский, -ая, -ое mexikanisch; Мексика́нский зали́в Golf von Mexiko
мел, -а (-у), *P* о ме́ле, в мелу́ *m* Kreide
меланхоли́ческий, -ая, -ое melancholisch, schwermütig
меланхоли́чный, -ая, -ое; *Kzf* -чен, -чна melancholisch
меланхо́лия, -и *f* Melancholie, Schwermut ◇ чёрная ~ trübe Stimmung
меле́ть, *1. u. 2. Pers ungebr*, -е́ет *uv* seicht werden *Gewässer*
мелиорати́вный, -ая, -ое Meliorations-
мелиорацио́нный, -ая, -ое Meliorations-
мели́ть, мелю́, мели́шь *uv* mit Kreide einreiben
ме́лкий, -ая, -ое; *Kzf* -лок, -лка́!; *Komp* ме́льче; *Sup* мельча́йший **1.** klein, Klein-; *übtr* unbedeutend; -ие де́ньги Kleingeld; ~ со́бственник Kleinbesitzer; -ая буржуази́я Kleinbürgertum; порва́ть на -ие куски́ in kleine Stücke reißen **2.** seicht flach; -ая река́ seichter Fluß; -ая таре́лка flacher Teller **3.** fein, feinkörnig; ~ дождь Sprühregen **4.** *übtr* kleinlich, engherzig; -ая душа́ Krämerseele ◇ -ая со́шка *volksspr* unbedeutender Mensch
мелко- *in Zuss* klein-, fein-, flach-
мелко|буржуа́зный, -ая, -ое; *Kzf* -зен, -зна kleinbürgerlich; **~во́дный,** -ая, -ое; *Kzf* -ден, -дна seicht; mit niedrigem Wasserstand; **~во́дье,** -ья *n* niedriger Wasserstand; **~зерни́стый,** -ая, -ое; *Kzf* -и́ст, -а feinkörnig; **~кали́берный,** -ая, -ое Kleinkaliber-; **~крестья́нский,** -ая, -ое kleinbäuerlich, Kleinbauern-; **~ле́сье,** -ья *n* (Klein-) Gehölz; **~поме́стный,** -ая, -ое *hist*: ~поме́стное дворя́нство Kleinadel; **~сидя́щий,** -ая, -ее mit geringem Tiefgang *bei Schiffen*; **~со́бственнический,** -ая, -ое Kleinbesitzer-
мелкота́, -ы́ *f umg* **1.** Kleinheit, Winzigkeit **2.** *Koll* die Kleinen *von Kindern*; kleines Zeug *von Gegenständen*
мелкотова́рный, -ая, -ое Kleinbetriebs-; -ое хозя́йство kleine Warenwirtschaft
мелово́й, -а́я, -о́е Kreide-, kreidehaltig ◇ ~ пери́од *geol* Kreidezeit
мелоди́ческий, -ая, -ое **1.** *mus* melodisch, Melodie- **2.** wohlklingend
мелоди́чный, -ая, -ое; *Kzf* -чен, -чна melodisch, wohlklingend
мело́дия, -и *f* Melodie
мелодрамати́чный, -ая, -ое; *Kzf* -чен, -чна melodramatisch, gefühlvoll, sentimental
мело́к, -лка́ *m* Kreidestift; ein Stück Kreide ◇ игра́ть на ~ auf Pump spielen
мелома́ния, -и *f* Leidenschaft für Musik
мелочно́й ↑ ме́лочный
ме́лочность, -и *f* Kleinlichkeit

ме́лочный, -ая, -ое *u.* **мелочно́й,** -а́я, -о́е; *Kzf* ме́лочен, -чна 1. kleinlich *von Menschen* 2. unbedeutend, nichtig 3. (мелочно́й) *alt nur Langform* Klein-; ~ торго́вец Kleinhändler

ме́лочь, -и, *Pl* ме́лочи, мелоче́й, мелоча́м *f* 1. *Koll* kleines Zeug, Kleinigkeiten 2. *Koll* Kleingeld 3. *übtr* Kleinigkeit, Nichtigkeit; жите́йские -и die Kleinigkeiten des Alltags ◇ разме́ниваться на -и [по -а́м] sich verzetteln

мель, -и, *P* о ме́ли, на мели́ *f* Sandbank; сесть на ~ a) stranden b) in eine schwierige Lage geraten; снять су́дно с -и ein Schiff flottmachen ◇ сиде́ть (как рак) на -и́ auf dem Trockenen sitzen

Мельбу́рн, -а *m* Melbourne *Stadt*

мелька́ние, -я *n* Schimmern, Flimmern

мелька́ть, -ка́ю, -ка́ешь *uv* 1. (auf)blitzen; aufleuchten; auftauchen; vorüberhuschen 2. schimmern, flimmern ‖ *v mom* **мелькну́ть,** -ну́, -нёшь *zu* 1; у меня́ мелькну́ла мысль ein Gedanke schoß mir durch den Kopf

ме́льком *Adv* flüchtig; nur kurz; слы́шать ~ mit halbem Ohr hören

ме́льник, -а *m* Müller

ме́льница, -ы, *I* -ей *f* Mühle; ветряна́я ~ Windmühle; водяна́я ~ Wassermühle; кофе́йная ~ Kaffeemühle ◇ лить во́ду на чью-н. -у Wasser auf j-s Mühle gießen

ме́льничный, -ая, -ое Mühl(en)-

мельтеши́ть, -шу́, -ши́шь *uv volksspr* flimmern, flackern *vor den Augen*

мельхио́р, -а *m* Neusilber

мельча́йший ↑ ме́лкий

мельча́ть, -а́ю, -а́ешь *uv* 1. kleiner werden 2. *übtr* verflachen

ме́льче ↑ ме́лкий

мельчи́ть, -чу́, -чи́шь *uv* 1. zerkleinern, -bröckeln 2. verkleinern

мелю́ ↑ моло́ть

мелюзга́, -и́ *f Koll umg* 1. kleines Zeug; kleines Getier 2. kleine Kinder 3. bedeutungslose Menschen

мембра́на, -ы *f* Membrane

мемориа́льный, -ая, -ое Gedenk-; ~ музе́й Gedenkstätte

мемуари́ст, -а *m* Memoirenschreiber

мему́ары, -ов *Pl* Memoiren, Erinnerungen

ме́на, -ы *f* Tausch

ме́нее *Adv, Komp zu* ма́ло weniger, minder; ~ чем за неде́лю упра́влюсь ich schaffe es in weniger als einer Woche; ~ чем когда́-н. weniger denn je; ~ всего́ am (aller)wenigsten ◇ тем не ~ nichtsdestoweniger, trotzdem; бо́лее и́ли ~ mehr oder weniger

мензу́рка, -и, *Pl G* -рок, *D* -ркам *f* Mensur, Meßglas, Strichglas

менинги́т, -а *m med* Meningitis, Gehirnhautentzündung

меново́й, -а́я, -о́е Tausch-

менструа́ция, -и *f* Menstruation, Regel

менто́л, -а *m chem* Menthol

менто́ловый, -ая, -ое *chem* Menthol-

ме́нторский, -ая, -ое *alt, iron* Mentor-, Schulmeister-

ме́ньше ↑ [1]ма́лый, ма́ленький, ма́ло

меньшеви́к, -а́ *m pol* Menschewik

меньшеви́стский, -ая, -ое *pol* menschewistisch

ме́ньший, -ая, -ее ↑ [1]ма́лый *u.* ма́ленький ◇ по -ей ме́ре wenigstens, mindestens

меньшинство́, -а́ *n* Minderheit; ничто́жное ~ verschwindend kleine Minderheit ◇ национа́льные меньши́нства nationale Minderheiten

меню́ *n idkl* Menü; Speisekarte

меня́ ↑ я

меня́ла, -ы *m* Geldwechsler

меня́ть, -я́ю, -я́ешь *uv* 1. tauschen (на *A* gegen), um-, eintauschen; ~ кни́гу на другу́ю ein Buch gegen ein anderes tauschen 2. wechseln *Geld; Wäsche* 3. *übtr* (ver)ändern; ~ своё мне́ние seine Meinung ändern; э́то обстоя́тельство меня́ет всё де́ло dieser Umstand (ver)ändert die ganze Sache

меня́ться, -я́юсь, -я́ешься *uv* 1. gegenseitig (aus)tauschen (че́м-н. с ке́м-н. etw. mit j-m), wechseln; ~ ко́мнатами die Zimmer tauschen 2. *1. u. 2. Pers ungebr* sich (ver)ändern, wechseln; обстоя́тельства меня́ются die Umstände ändern sich; ~ в лице́ die Farbe wechseln

ме́ра, -ы *f* 1. Maß, Maßeinheit; ~ длины́ Längenmaß; ~ ве́са Gewichtseinheit 2. Maß, Ausmaß; знать -у maßhalten; в по́лной -е in vollem Maße, völlig; в значи́тельной -е in bedeutendem Maße; в -у angemessen; сверх -ы übermäßig; вы́сшая ~ наказа́ния höchstes Strafmaß; всему́ есть ~ alles hat seine Grenzen 3. Maßnahme, Vorkehrung; приня́ть -ы Maßnahmen ergreifen 4. Maß, Meßgefäß; ~ овса́ ein Maß Hafer ◇ по -е того́, как . . . in dem Maße, wie . . ., je nach . . .; по -е возмо́жности soweit möglich; ни в како́й -е in keiner Hinsicht, keineswegs; по кра́йней -е wenigstens

ме́ргель, -я *m geol* Mergel

мере́жка, -и, *PlG* -жек *D* -жкам *f* Hohlsaum

мере́ть, *1. u. 2. Pers ungebr,* мрёт; мёр, -ла *uv* **1.** *umg* sterben, umkommen **2.** *volksspr* stocken, ersterben

мере́щиться, -щусь, -щишься *uv umg* (er)scheinen, vorschweben; ему́ мере́щится ihn dünkt || *v* помере́щиться

мерза́вец, -вца, *I* -вцем, *GPl* -вцев *m umg* Schurke, Schuft

ме́рзкий, -ая, -ое; *Kzf* -зок, -зка́! abscheulich, ekelhaft; *umg* schlecht

мерзлота́, -ы́ *f* Gefrorensein des Bodens; ве́чная ~ ewiger Frostboden

мёрзлый, -ая, -ое gefroren; *alt* erfroren

мёрзнуть, -ну, -нешь; мёрз, -ла; мёрз(нув)ший *uv* **1.** *1. u. 2. Pers ungebr* gefrieren; zu Eis werden **2.** frieren; erfrieren

ме́рзостный [сн], -ая, -ое; *Kzf* -тен, -тна abscheulich, ekelhaft

ме́рзость, -и *f* Abscheulichkeit

меридиа́нный, -ая, -ое Meridian-

меридиона́льный, -ая, -ое Meridian-

мери́ло, -а *n* Kriterium, Maßstab

мери́льный, -ая, -ое Meß-

ме́рин, -а *m* Wallach

мерино́с, -а *m* **1.** Merinoschaf **2.** Merinowolle

мерино́совый, -ая, -ое Merino-

мери́тельный, -ая, -ое Meß-

ме́рить, -рю, -ришь; -ренный, -рен, -а *u. volkssprr* **ме́рять,** -яю, -яешь *uv* **1.** (aus)messen; ~ на глаз nach dem Augenmaß bestimmen **2.** anprobieren ◇ ~ на свой арши́н mit eigenem Maß messen

ме́риться, -рюсь, -ришься *u. volksspr* **ме́ряться,** -аюсь, -аешься *uv* sich messen (че́м-н. с ке́м-н. mit j-m in etw.); ~ си́лами с ке́м-н. seine Kräfte mit j-m messen; челове́к де́лом ме́рится der Mensch wird nach seinen Taten gemessen || *v* поме́риться

ме́рка, -и, *Pl G* -рок, *D* -ркам *f* Maß; снять -у Maß nehmen; по -е nach Maß ◇ подходи́ть ко всему́ с одно́й -ой alles über einen Kamm scheren

меркантили́зм, -а *m hist* Merkantilismus

меркинти́льный, -ая, -ое **1.** *hist* merkantilistisch **2.** *buchspr Kzf* -лен, -льна kleinlich, berechnend, Kleinkrämer-

ме́ркнуть, *1. u. 2. Pers ungebr,* -нет; ме́ркнул, -а *u.* мерк, -ла *uv* verblassen, erlöschen; dunkel werden; созна́ние ме́ркнет das Bewußtsein schwindet

Мерку́рий, -я, *P* -и *m astr* Merkur

мерлу́шка, -и, *Pl G* -шек, *D* -шкам *f* Lammfell

ме́рный, -ая, -ое **1.** *Kzf* -рен, -рна gemessen, rhythmisch, taktmäßig; -ым ша́гом gemessenen Schrittes **2.** Meß-; -ая ле́нта Metermaß; -ая ко́лба *chem* Meßkolben

мероприя́тие, -я *n* Maßnahme; Veranstaltung

ме́ртвенно-бле́дный, -ая, -ое; *Kzf* -ден, -дна́! leichenblaß

ме́ртвенный, -ая, -ое; *Kzf* -енен, -енна leblos, totenähnlich; -ая бле́дность Totenblässe

мертве́ть, -е́ю, -е́ешь *uv* **1.** absterben, erstarren; ли́стья мертве́ют die Blätter verwelken **2.** *übtr* erstarren, versteinern *vor Schreck, Entsetzen u. ä.* || *v* помертве́ть *zu* 2

мертве́ц, -а́, *I* -о́м, *G Pl* -о́в *m* Toter, Leiche

мертве́цкая, -ой *Subst f umg* Totenkammer

мертве́цки *Adv*: ~ пьян *umg* sehr betrunken, sternhagelvoll

мертве́цкий, -ая, -ое Toten-, Leichen-

мертвечи́на, -ы *f* **1.** *Koll* Aas **2.** *umg* tödliche Langweile; Trägheit

мертви́ть, -влю́, -ви́шь *uv* **1.** töten **2.** seelisch vernichten, der Energie berauben

мертворождённый, -ая, -ое totgeboren *a. übtr*

мёртвый, -ая, -ое; *Kzf* мёртв, мертва́, мёртво *u.* мертво́, мёртвы *u.* мертвы́ **1.** tot; -ая тишина́ Totenstille; ~ час Ruhestunde *nach dem Mittagessen*; -ая петля́ *flug* Looping, спать -ым сном wie ein Murmeltier schlafen; -ая приро́да a) leblose Natur; b) *Kunst* Stilleben; ~ што́ль *naut* völlige Windstille; ~ язы́к tote Sprache; ~ сезо́н Flaute, Geschäftsstillstand; у́лицы мертвы́ die Straßen sind wie ausgestorben; пить -ую unmäßig trinken; Мёртвое мо́ре Totes Meer **2.** -ого *Subst m* Toter

мерца́ние, -я *n* Blinken, Flimmern; ~ изображе́ния Bildflimmern

мерца́тельный, -ая, -ое Flimmer-

мерца́ть, *1. u. 2. Pers ungebr,* -а́ет *uv* blinken, flimmern

ме́рять(ся) ↑ме́рить(ся)

месиво, -а *n umg* 1. *landw* Gemenge 2. *übtr* Durcheinander, Mischmasch
месильный, -ая, -ое Knet-
месить, мешу́, ме́сишь; ме́шенный, -ен, -а *uv* kneten ◇ ~ грязь durch den Schlamm waten
ме́сса, -ы *f kirch, mus* Messe
мест- *in Zuss Abk für* ме́стный Orts-, örtlich
места́ми *Adv* stellenweise
[1]**местечко,** -а, *Pl* -чки, -чек, -чкам *n Dem zu* ме́сто kleiner Ort, Plätzchen ◇ тёплое ~ gewinnbringender Posten
[2]**местечко,** -а, *Pl* -чки, -чек, -чкам *n* Städtchen, Ort *in der Ukraine u. in Belorußland*
мести́* *uv* 1. kehren, fegen 2. *1. u. 2. Pers ungebr* stöbern *vom Schnee*; (auf)wirbeln; метёт es stöbert
местко́м, -а *m* (ме́стный комите́т) örtliche Gewerkschaftsleitung
ме́стничество, -а *n* 1. *hist* Amtsbesetzung nach Geburtsrecht 2. Lokalpatriotismus
ме́стность, -и *f* 1. Gegend, Gelände; да́чная ~ Sommerfrische; в на́шей -и bei uns zulande; уче́ние на -и *mil* Geländeübung 2. Kreis, Gebiet
ме́стный, -ая, -ое 1. lokal, örtlich, Orts-; ~ го́вор Mundart, Dialekt; ~ паде́ж *gram* Lokativ; ~ нарко́з örtliche Narkose 2. hiesig; ~ уроже́нец der Hiesige
ме́сто, -а, *Pl* места́, мест, места́м *n* 1. Platz, Stelle; Sitzplatz; заня́ть ~ Platz nehmen; уступи́ть [дать] ~ Platz machen; иди́ на ~! geh auf deinen Platz!; по -а́м! auf die Plätze!; ни с -а! nicht von der Stelle!; недоста́ток -а Platzmangel 2. Ort, Stelle; ~ пребыва́ния Aufenthaltsort; ~ назначе́ния Bestimmungsort; ~ происше́ствия Tatort; ~ рожде́ния Geburtsort; в э́том -е an diesem Ort; ~ заключе́ния Gefängnis; ~ встре́чи Treffpunkt; больно́е ~ kranke Stelle; *übtr* wunder Punkt; ~ свида́ния Stelldichein; не дви́гаться с -а sich nicht von der Stelle rühren, *übtr* nicht vom Fleck kommen; э́то не к -у das ist hier fehl am Platz; ста́вить кого́-н. на ~ *übtr* j-n zurechtweisen; знать своё ~ sich bescheiden betragen 3. Stelle, Anstellung, Posten; занима́ть ~ ein Amt bekleiden 4. Stelle, Abschnitt; прочти́те э́то ~ ещё раз! lesen Sie diese Stelle noch einmal! 5. Gepäckstück, Frachtstück ◇ о́бщее ~ allgemeine [platte] Redensart; у́зкое ~ schwache Stelle; у неё глаза́ на мо́кром -е sie weint leicht; у него́ се́рдце [душа́] не на -е er kann keine Ruhe finden; не находи́ть себе́ -а außer sich sein, sehr erregt sein; име́ть ~ stattfinden
местожи́тельство, -а *n* Aufenthaltsort, Wohnort
местоиме́ние, -я *n gram* Pronomen, Fürwort; ли́чное ~ Personalpronomen; возвра́тное ~ Reflexivpronomen; указа́тельное ~ Demonstrativpronomen
местоиме́нный, -ая, -ое *gram* pronominal; -ое наре́чие Pronominaladverb
место|нахожде́ние, -я *n* Aufenthaltsort; Lage; Fund-, Lagerstätte; **~положе́ние,** -я *n* (geographische) Lage; **~пребыва́ние,** -я *n* Aufenthaltsort, Aufenthalt; **~расположе́ние,** -я *n* (geographische) Lage, Stellung; **~рожде́ние,** -я *n geol* Lager, Fundstätte; ~рожде́ние не́фти Erdöllagerstätte
месть, -и *f* Rache; кро́вная ~ *hist* Blutrache
ме́сяц, -а, *I* -ем, *G Pl* -ев *m* 1. Monat; в теку́щем -е im laufenden Monat 2. Mond; по́лный ~ Vollmond; молодо́й ~ Neumond; ~ на уще́рбе abnehmender Mond ◇ медо́вый ~ Flitterwochen
ме́сяцами *Adv* monatelang
ме́сячник, -а *m*: ~ герма́но-сове́тской дру́жбы Monat der Deutsch-Sowjetischen Freundschaft
ме́сячный, -ая, -ое 1. Mond- 2. (all)monatlich; einen Monat dauernd; ~ журна́л Monatszeitschrift; ~ биле́т Monatskarte 3. -ые, -ых *Subst Pl volksspr* Menstruation
мета́лл, -а *m* Metall; благоро́дный ~ Edelmetall; цветно́й ~ Buntmetall; чёрные -ы Eisenmetalle
металли́ст, -а *m* Metallarbeiter
металли́ческий, -ая, -ое metallisch, metallen; Metall-; -ие де́ньги Metall-, Hartgeld; ~ го́лос *übtr* metallische Stimme
металло|гра́фия, -и *f* Metallographie; **~констру́ктор,** -а *m* Metallbaukasten; **~ло́м,** -а *m* Altmetall, Schrott; **~но́сный,** -ая, -ое; *Kzf* -сен, -сна metallhaltig; **~обраба́тывающий,** -ая, -ее metallverarbeitend; ~обраба́тывающая промы́шленность Metallindustrie; **~плави́льный,** -ая, -ое Metallschmelz-; **~прока́тный,** -ая,

-ое Walz-; ~прока́тный стан Walzstraße; ~промы́шленность, -и f Metallindustrie; ~ре́жущий, -ая, -ее Metallschneide-
металлу́рг, -а *m* Metallurg, Hüttenwerker; инжене́р-~ Hütteningenieur
металлурги́ческий, -ая, -ое metallurgisch; ~ заво́д Hüttenwerk, Hütte; -ое произво́дство Hüttenwesen; Verhüttung
металлу́ргия, -и *f* Metallurgie; чёрная ~ Eisenhüttenwesen
метаморфо́з, -а *m u.* **метаморфо́за,** -ы *f* **1.** *biol* Metamorphose **2.** (метаморфо́за) *übtr* Verwandlung
мета́н, -а *m chem* Methan
мета́ние, -я *n* **1.** *Sport* Werfen, Schleudern; ~ копья́ Speerwerfen; ~ ди́ска Diskuswerfen; ~ мо́лота Hammerwerfen **2.** Laichen
метатéза [тэ], -ы *f ling* Metathese
мета́тель, -я *m Sport* Werfer
мета́тельный, -ая, -ое Schleuder-, Wurf-
[1]**мета́ть*** *uv* **1.** werfen, schleudern; ~ копьё Speer werfen; ~ взо́ры *übtr* Blicke zuwerfen **2.** *1. u. 2. Pers ungebr* Junge werfen; ~ икру́ laichen ◇ ~ банк die Bank halten *beim Kartenspiel*; ~ жре́бий losen, das Los werfen; ~ гро́мы и мо́лнии Gift und Galle speien ‖ *v mom* метну́ть, -ну́, -нёшь *zu* 1
[2]**мета́ть,** -а́ю, -а́ешь *uv* heften, (durch)nähen *mit großen Stichen*; ~ пе́тли Knopflöcher ausnähen
мета́ться* *uv* **1.** sich hin und her werfen; sich wälzen **2.** hastig hin und her laufen
мета́фора, -ы *f lit* Metapher
метафори́ческий, -ая, -ое *lit* metaphorisch; ~ смысл übertragener Sinn
мете́листый, -ая, -ое; *Kzf* -ист, -а *umg* reich an Schneestürmen
мете́лица, -ы, *I* -ей *f* Schneesturm
метёлка, -и, *Pl G* -лок, *D* -лкам *f* **1.** kleiner Besen, Wedel **2.** *bot* Rispe
мете́ль, -и *f* Schneesturm
[1]**мете́льный,** -ая, -ое Besen-
[2]**мете́льный,** -ая, -ое Schneesturm-
мете́льчатый, -ая, -ое *bot* rispenförmig
мете́льщик, -а *m* Straßenkehrer
мете́ние, -я *n* Fegen, Kehren
метеообстано́вка, -и *f met* Wetterlage
метео́р, -а *m* Meteor, Sternschnuppe
метеори́т, -а *m* Meteorit
метеори́ческий, -ая, -ое Meteorit-
метео́рный, -ая, -ое Meteor-
метеоро́лог, -а *m* Meteorologe
метеорологи́ческий, -ая, -ое meteorologisch; -ая сво́дка Wetterbericht; -ая ста́нция Wetterwarte
метеороло́гия, -и *f* Meteorologie
метеоста́нция, -и *f* Wetterwarte
метиза́ция, -и *f biol* Kreuzung
мети́зы, -ов *Pl* (металли́ческие изде́лия) Metallerzeugnisse; Eisenwaren
мети́л, -а *m chem* Methyl
метиле́н, -а *m chem* Methylen
мети́ловый, -ая, -ое *chem* Methyl-
мети́с, -а *m* **1.** *biol* Mischling **2.** Mestize
[1]**ме́тить,** ме́чу, ме́тишь; ме́ченный, -ен, -а *uv* (kenn)zeichnen; ~ бельё Wäsche zeichnen
[2]**ме́тить,** ме́чу, ме́тишь *uv* **1.** zielen (в *A* nach, in); охо́тник ме́тит в пти́цу der Jäger zielt nach dem Vogel; я ме́тил пря́мо в центр ich zielte direkt in die Mitte **2.** *umg* в *A Pl* anstreben *Stelle, Amt*; ~ высо́ко hoch hinauswollen; куда́ он ме́тит? wo will er hinaus? **3.** *umg* anspielen (в *A oder* на *A* auf)
ме́титься, ме́чусь, ме́тишься *uv* zielen
ме́тка, -и, *Pl G* -ток, *D* -ткам *f* **1.** (Kenn-) Zeichnen **2.** Kenn-, Merkzeichen
ме́ткий, -ая, -ое; *Kzf* -ток, -тка́! **1.** treffsicher; ~ вы́стрел wohlgezielter Schuß; ~ глаз scharfes Auge; ~ стрело́к Scharfschütze **2.** *übtr* treffend, schlagend
ме́ткость, -и *f* **1.** Treffsicherheit **2.** *übtr* Schlagfertigkeit
метла́, -ы́, *Pl* мётлы, -тел, -тлам *f* Besen ◇ но́вая ~ чи́сто метёт *Sprichw* neue Besen kehren gut
метну́ть *v mom zu* [1]мета́ть
ме́тод, -а *m* Methode
мето́дика, -и *f* Methodik
методи́ст, -а *m* Methodiker
методи́ческий, -ая, -ое methodisch
методи́чный, -ая, -ое; *Kzf* -чен, -чна methodisch, planmäßig, systematisch
[1]**метр,** -а *m* **1.** Meter *Maßeinheit* **2.** Metermaß; складно́й ~ Zollstock
[2]**метр,** -а *m lit* Versmaß, Metrum
метра́ж, -а́, *I* -о́м *m* Meterzahl; фильм ма́лого -а́ Kurzfilm
метранпа́ж, -а, *I* -ем, *G Pl* -ей *m typ* Metteur
[1]**ме́трика,** -и *f lit* Metrik, Verslehre
[2]**ме́трика,** -и *f* Geburtsurkunde

[1]**метрический,** -ая, -ое metrisch
[2]**метрический,** -ая, -ое standesamtlich, Matrikel-; -ое свидетельство Geburtsurkunde
метро́ *n idkl* Untergrundbahn, Metro
метро́вый, -ая, -ое Meter-, in Metern
метрополите́н [тэ], -а *m* Untergrundbahn
метропо́лия, -и *f pol* Metropole
мету́ ↑ мести́
метчи́к, -а́ *m tech* Gewindebohrer
[1]**мех,** -а, *P* о ме́хе, на меху́, *Pl* меха́, -о́в, -а́м *m* 1. Fell 2. Pelz; Pelzwerk ◇ пальто́ на ры́бьем -у́ *iron* ein sehr leichter Mantel 3. *Pl* Pelzkleidung 4. Schlauch *Tierbalg*
[2]**мех** ↑ мехи́
механиза́ция, -и *f* Mechanisierung
механи́зм, -а *m* 1. Mechanismus, Triebwerk; переда́точный ~ Getriebe; спусково́й ~ *mil* Abzugsvorrichtung; подаю́щий ~ *mil* Zubringer 2. *übtr* Apparat, Einrichtung; госуда́рственный ~ Staatsapparat
меха́ник, -а *m* Mechaniker
меха́ника, -и *f* 1. Mechanik; прикладна́я ~ angewandte Mechanik; то́чная ~ Feinmechanik 2. *übtr* komplizierter [verwickelter] Aufbau 3. *volksspr* Machwerk; verborgene Ursache
механи́ческий, -ая, -ое 1. mechanisch, Maschinen- 2. mechanisch, gewohnheitmäßig
механи́чный, -ая, -ое; *Kzf* -чен, -чна *übtr* mechanisch, automatisch
мехи́ *Pl* -о́в, *Sg* мех, -а *m* Blasebalg
Ме́хико *n idkl* Mexiko *Stadt*
мехово́й, -а́я, -о́е Pelz-, Fell-
меховщи́к, -а́ *m* 1. Pelzhändler 2. Kürschner
мецена́т, -а *m buchspr* Mäzen
ме́ццо-сопра́но *idkl mus* 1. *n* Mezzosopran 2. *f* Mezzosopran, Sängerin
меч, -а́, *I* -о́м, *G Pl* -е́й *m* Schwert; обнажи́ть ~ das Schwert ziehen ◇ Дамо́клов ~ *übtr* Damoklesschwert; преда́ть огню́ и -у́ mit Feuer und Schwert ausrotten; точи́ть ~ zum Kriege rüsten
меченосец, -сца, *I* -сцем, *G Pl* -сцев *m hist* 1. Schwertbruder 2. Knappe, Schildträger
ме́ченый, -ая, -ое ge(kenn)zeichnet; ~ а́том markiertes Atom
мече́ть, -и *f* Moschee
меч-ры́ба, меч-ры́бы *f* Schwertfisch
мечта́, -ы́, *G Pl ungebr, dafür wird verwendet* мечта́ний *f* 1. Traum; Träumerei 2. Wunschtraum
мечта́ние, -я *n* 1. Träumen, Träumerei 2. Traum(bild), Phantasie
мечта́тель, -я *m* Träumer, Phantast
мечта́тельный, -ая, -ое; *Kzf* -лен, -льна träumerisch, verträumt
мечта́ть, -а́ю, -а́ешь *uv* о *P oder mit Inf* träumen (von); schwärmen (für)
мечу́ ↑ [1]мета́ть
меша́лка, -и, *Pl G* -лок, *D* -лкам Rührkelle
мешани́на, -ы *f umg* Mischmasch
[1]**меша́ть,** -а́ю, -а́ешь *uv D mit oder ohne Inf* stören, belästigen, hindern; он мне меша́ет er stört mich; что меша́ет вам . . .? was hindert Sie . . .? ◇ не меша́ло бы ему́ es wäre gut für ihn, es würde ihm nicht schaden ‖ *v* помеша́ть
[2]**меша́ть,** -а́ю, -а́ешь *uv* 1. (um)rühren 2. vermischen, -mengen (с *I* mit) 3. verwechseln (с *I* mit), durcheinanderbringen
[1]**меша́ться,** -а́юсь, -а́ешься *uv* 1. hinderlich sein, stören; не меша́йся под нога́ми! sei mir nicht im Wege! 2. sich einmischen, sich einmengen; ~ в чужи́е дела́ sich in fremde Angelegenheiten mischen
[2]**меша́ться,** *1. u. 2. Pers ungebr,* -а́ется *uv* 1. sich vermischen; sich verwischen 2. sich verwirren, durcheinanderkommen
ме́шкать, -аю, -аешь *uv umg* säumen, zögern, trödeln
мешкова́тый, -ая, -ое; *Kzf* -а́т, -а 1. plump, ungefüge *vom Menschen* 2. sackartig, zu weit *von der Kleidung*
мешкови́на, -ы *f* Sackleinwand
ме́шкотный, -ая, -ое; *Kzf* -тен, -тна *umg* saumselig, träge
мешо́к, -шка́ *m* 1. Sack; похо́дный ~ Rucksack 2. *übtr* Tölpel, Tolpatsch, plumper Mensch ◇ мешки́ под глаза́ми Tränensäcke; Augenringe
мешо́чник, -а *m* Hamsterer
мещани́н, -а, *Pl* меща́не, -а́н, -а́нам *m* 1. *hist* Kleinbürger 2. *übtr* Spießbürger, Spießer, Philister
меща́нский, -ая, -ое 1. *hist* kleinbürgerlich; -ое сосло́вие Kleinbürgerstand 2. *übtr* spießbürgerlich, spießerisch
меща́нство, -а *n* 1. *hist* Kleinbürgertum 2. *übtr* Spießbürgertum, Spießertum, Philistertum
мзда, -ы *f* 1. *alt* Lohn, Entlohnung 2. Schmiergeld, Bestechung
миа́змы, миа́зм *Pl buchspr* Miasmen, Giftdämpfe
миг, -а *m* Augenblick; в оди́н ~ im

Augenblick, im Nu, im Handumdrehen
МИГ [миг] *oder* **миг,** -а *m* MIG *Flugzeugtyp, nach den Konstrukteuren* Микоя́н *u.* Гуре́вич
мига́ние, -я *n* 1. Blinzeln, Zwinkern 2. Flimmern, Flackern
мига́тельный, -ая, -ое: -ая перепо́нка *anat* Nickhaut, Blinzhaut
мига́ть, -а́ю, -а́ешь *uv* 1. blinzeln, zwinkern; ~ глаза́ми mit den Augen blinzeln 2. zublinzeln, zuzwinkern 3. *1. u. 2. Pers ungebr* flimmern, flackern *vom Licht* ‖ *v mom* **мигну́ть,** -ну́, -нёшь
ми́гом *Adv umg* im Nu, blitzschnell, im Handumdrehen
миграцио́нный, -ая, -ое Migrations-; -ая тео́рия Migrationstheorie
мигра́ция, -и *f* Migration, Wanderung
мигре́нь, -и *f* Migräne
Ми́дия, -и *f hist* Medien
мизансце́на, -ы *f theat* Inszenierung
мизантро́п, -а *m buchspr* Misanthrop, Menschenfeind
мизантропи́ческий, -ая, -ое *buchspr* misanthropisch, menschenscheu, menschenfeindlich
мизантро́пия, -и *f buchspr* Misanthropie, Menschenfeindlichkeit, Menschenhaß
мизе́рный, -ая, -ое; *Kzf* -рен, -рна 1. winzig, klein 2. miserabel, armselig, erbärmlich; ~ за́работок armseliges Einkommen
мизи́нец, -нца, *I* -нцем, *G Pl* -нцев *m* kleiner Finger; kleine Zehe
микро- *in Zuss* Mikro-
микро́б, -а *m biol* Mikrobe
микро|биологи́ческий, -ая, -ое mikrobiologisch; **~биоло́гия,** -и *f* Mikrobiologie
микрогэ́с *f idkl* (микрогидроэлектроста́нция) Kleinstwasserkraftwerk
микро́метр, -а *m* Mikrometer
микро́н, -а *m phys* Mikrometer
микро|органи́зм, -а *m biol* Mikroorganismus; **~по́ристый,** -ая, -ое: ~по́ристая рези́на Porokrepp; **~ско́п,** -а *m* Mikroskop; **~скопи́ческий,** -ая, -ое 1. mikroskopisch; ~скопи́ческий ана́лиз mikroskopische Analyse 2. mikroskopisch, winzig klein *auch übtr*; ~скопи́ческая по́рция mikroskopisch kleine Portion; **~скопи́чный,** -ая, -ое; *Kzf* -чен, -чна mikroskopisch klein; winzig klein
микрофо́н, -а *m* Mikrophon
миксту́ра, -ы *f* Mixtur
Ми́ла, -ы *f Dem zu* Людми́ла
Мила́н, -а *m* Mailand
ми́ленький, -ая, -ое 1. nett, niedlich 2. geliebt, teuer 3. -ого *Subst m* mein Herz; mein Liebling
милитариза́ция, -и *f* Militarisierung
милитари́зм, -а *m* Militarismus
милитари́стский, -ая, -ое militaristisch
милице́йский, -ая, -ое 1. Miliz-, Milizionärs- 2. -ого *Subst m volksspr* Milizionär *Polizist in der UdSSR*
милиционе́р, -а *m* Milizionär *Polizist in der UdSSR*
милиционе́рский, -ая, -ое Milizionärs-
мили́ция, -и *f* 1. Miliz *Polizei in der UdSSR* 2. *alt* Miliz, Landwehr
миллиа́рд [илья *oder* илиа], -а *m* Milliarde
миллиарде́р [илья *oder* илия; дэ], -а *m* Milliardär
миллиа́рдный [илья *oder* илиа], -ая, -ое Milliarden-
милли|гра́мм, -а *m* Milligramm; **~ме́тр,** -а *m* Millimeter; **~метро́вка,** -и, *Pl G* -вок, *D* -вкам *f umg* Millimeterpapier; **~метро́вый,** -ая, -ое: ~метро́вая бума́га Millimeterpapier
миллио́н [ильё *oder* илио], -а *m* Million
миллионе́р, -а *m* Millionär
миллио́нный [ильё *oder* илио], -ая, -ое 1. Millionen- 2. *Num* millionster; -ая до́ля der millionste Teil; Millionstel
ми́ловать, -лую, -луешь *uv alt* begnadigen; eine Strafe erlassen
милова́ть, -лу́ю, -лу́ешь *uv folkl* liebkosen
милова́ться, -лу́юсь, -лу́ешься *uv folkl* einander liebkosen
милови́дный, -ая, -ое; *Kzf* -ден, -дна lieblich, nett, anmutig
мило|се́рдие, -я *n* Barmherzigkeit; **~се́рдный,** -ая, -ое; *Kzf* -ден, -дна barmherzig, mildtätig
ми́лостивый, -ая, -ое; *Kzf* -ив, -а *alt* wohlwollend, gnädig, geneigt
ми́лостыня, -и *f* Almosen; проси́ть -ю betteln; um Almosen bitten
ми́лость, -и *f* 1. Gunst, Gewogenheit, Wohlwollen; втере́ться в ~ к кому́-н. sich j-s Gunst erschleichen; быть в -и у кого́-н. in j-s Gunst stehen 2. Gnade, Gnadenbezeugung 3. Gnade, Barmherzigkeit; смени́ть гнев на ~ *umg* Gnade für Recht ergehen lassen; сда́ться на ~ победи́теля sich dem Sieger auf Gnade und Ungnade ergeben ◇ -и про́сим! (seien Sie) willkommen!; скажи́те на ~! da sieh mal einer an!; сде́лайте ~ Seien Sie so gut, haben Sie die Güte

ми́лочка, -и, *Pl G* -чек, *D* -чкам *f umg* Liebling
ми́лый, -ая, -ое; *Kzf* мил, -á! 1. lieb; -ое дитя́ ein liebes Kind 2. lieblich, nett; -ое лицо́ ein liebliches Gesicht 3. lieb, teuer, wert *in der Anrede*; ~ друг lieber [teurer] Freund 4. -ого *Subst m* Geliebter
ми́ля, -и *f* Meile; морска́я ~ Seemeile
ми́мика, -и *f* Mimik, Gebärdenspiel
мими́ческий, -ая, -ое mimisch
ми́мо 1. *Adv* vorbei; прое́хать ~ vorbeifahren 2. *Präpos mit G* an . . . vorbei; пройти́ ~ по́чты an der Post vorbeigehen; бить ~ це́ли am Ziel vorbeischießen ◇ он пропусти́л замеча́ние ~ уше́й er überhörte die Bemerkung
мимое́здом *Adv* im Vorüberfahren, im Vorbeifahren
мимо́за, -ы *f bot* Mimose
мимо|лётность, -и *f* Flüchtigkeit, Vergänglichkeit; **~лётный,** -ая, -ое; *Kzf* -тен, -тна flüchtig, vergänglich; vorübergehend; ~лётный взгляд flüchtiger Blick; **~хо́дом** *Adv* 1. im Vorübergehen, im Vorbeigehen 2. *übtr* nebenbei, beiläufig
мин- *in Zuss Abk für* 1. министе́рство Ministerium 2. минера́льный Mineral- 3. миномётный Granatwerfer- 4. ми́нский Minsker
[1]**ми́на,** -ы *f mil* Mine; закла́дывать -у eine Mine legen; плаву́чая ~ Treibmine
[2]**ми́на,** -ы *f* Miene, Gesichtsausdruck; сде́лать ки́слую -у *umg* eine saure Miene machen, das Gesicht verziehen
минда́лина, -ы *f* 1. *bot* Mandelkern 2. *anat* (Rachen-) Mandel
минда́ль, -я́ *m* 1. Mandelbaum 2. *Koll* Mandeln *Früchte*; сла́дкий [го́рький] ~ süße [bittere] Mandeln
минда́льничанье, -ья *n umg* 1. übertriebene Zärtlichkeit 2. unbegründete Nachsicht
минда́льный, -ая, -ое Mandel-; -ое ма́сло Mandelöl; -ое пече́ние Mandelkuchen, Makrone
минёр, -а *m mil* Minenpionier, Minenfachmann
минера́л, -а *m* Mineral
минерало́г, -а *m* Mineraloge
минералоги́ческий, -ая, -ое mineralogisch
минерало́гия, -и *f* Mineralogie
минера́льный, -ая, -ое Mineral-, mineralisch; -ая вода́ Mineralwasser; -ые во́ды Mineralquellen
миниатю́ра, -ы *f* Miniatur(bild)
миниатюри́ст, -а *m* Miniaturmaler
миниатю́рность, -и *f* Zierlichkeit, Winzigkeit
миниатю́рный, -ая, -ое; *Kzf* -рен, -рна 1. zierlich, winzig 2. Miniatur-; -ая жи́вопись Miniaturmalerei
минима́льно *Adv* 1. minimal 2. wenigstens
минима́льный, -ая, -ое; *Kzf* -лен, -льна minimal, Minimal-, Mindest-; в ~ срок in allerkürzester Zeit
ми́нимум, -а *m* Minimum; прожи́точный ~ Existenzminimum
мини́ровать, -рую, -руешь; -рованный, -рован, -а *v*, *uv* verminen, Minen legen
министе́рский, -ая, -ое ministeriell, Minister-
министе́рство, -а *n* 1. Ministerium; ~ иностра́нных дел Ministerium für Auswärtige Angelegenheiten, Außenministerium; ~ путе́й сообще́ния Ministerium für Verkehrswesen; ~ просвеще́ния Ministerium für Bildungswesen; ~ свя́зи Ministerium für Post- und Fernmeldewesen 2. Kabinett; паде́ние -а Kabinettssturz
мини́стр, -а *m* Minister; сове́т -ов Ministerrat; премье́р-~ Premierminister, Ministerpräsident; ~ без портфе́ля Minister ohne Geschäftsbereich
миннези́нгер, -а *m hist* Minnesänger
ми́нный, -ая, -ое Minen-; -ое загражде́ние Minensperre
минова́ть, -у́ю, -у́ешь *v* 1. *a uv A* vorübergehen, vorüberfahren (an) 2. *G* vermeiden, entgehen, entrinnen 3. *1. u. 2. Pers ungebr* vergehen, verstreichen, verfließen; опа́сность минова́ла die Gefahr ist vorüber 4. *mit Negation im Inf*: не ~ nicht entgehen (können); не ~ ему́ опя́ть туда́ е́хать er kann nicht umhin, wieder dorthin zu reisen ◇ мину́я подро́бности ohne auf Einzelheiten einzugehen
мино́га, -и *f zool* Neunauge
мино|иска́тель, -я *m mil* Minensucher, Minensuchgerät; **~мёт,** -а *m* Granatwerfer, Nebelwerfer; **~мётный,** -ая, -ое Granatwerfer-; **~но́сец,** -сца, *I* -сцем, *G Pl* -сцев *m mil*, *naut* Torpedoboot; эска́дренный ~ Zerstörer
мино́р, -а *m* 1. *mus* Moll; в -е in Moll 2. *übtr* melancholische Stimmung; быть в -е *umg* traurig sein
мино́рный, -ая, -ое 1. *mus* Moll- 2. *übtr*, *umg* melancholisch, traurig
мину́вший, -ая, -ее vorig, vergangen,

мнóгие, -их 1. *Adj* viele, manche; во -их отношéниях in mancher Beziehung 2. *Subst Pl* viele, manche; ~ из нас viele von uns
мнóго 1. *Num* viel, viele; ~ лет viele Jahre; ~ шýму из ничегó viel Lärm um nichts 2. *Adv* viel, bei weitem; ~ разговáривать viel sprechen; ~ раз vielmals; ~ стáрше viel älter ◇ мнóго-мнóго höchstens
мнóго- *in Zuss* viel-, mehr-
много|бóжие, -я *n* Vielgötterei, Polytheismus; **~бóрец, -рца,** *I* -рцем, *G Pl* -рцев *m Sport* Mehrkämpfer; **~бóрье, -ья** *n Sport* Mehrkampf; **~брáчие, -я** *n* Vielweiberei, Polygamie; **~брáчный, -ая, -ое** polygam
многовáто *Adv umg* etwas [ein bißchen] viel
много|вековóй, -áя, -óе jahrhundertealt; **~вóдный, -ая, -ое;** *Kzf* -ден, -дна wasserreich; **~вóдье, -ья** *n* 1. hoher Wasserstand 2. Wasserreichtum; **~глáсный, -ая, -ое** *alt* mehrstimmig; **~говорящий, -ая, -ее** vielsagend, bedeutsam; **~голóсый, -ая, -ое** vielstimmig, mehrstimmig; **~грáнник, -а** *m math* Vielflach; Polyeder; **~грáнный, -ая, -ое** 1. *math* vielkantig, vielflächig 2. *Kzf* -áнен, -áнна *übtr* vielseitig; ~грáнный талáнт vielseitiges Talent; **~дéтный, -ая, -ое;** *Kzf* -тен, -тна kinderreich
мнóгое, -ого *Subst n* Vieles; мне нáдо ~ сдéлать ich habe viel zu tun; э́то говори́т о -ом das spricht Bände
много|жёнство, -а *n* Polygamie, Vielweiberei; **~заря́дный, -ая, -ое** *mil* Mehrlade-; ~заря́дная винтóвка Mehrlader; **~земéльный, -ая, -ое;** *Kzf* -лен, -льна länderreich; **~значи́тельный, -ая, -ое;** *Kzf* -лен, -льна 1. vielsagend, bedeutsam 2. wichtig, bedeutend, bedeutungsvoll; **~знáчный, -ая, -ое;** *Kzf* -чен, -чна 1. *math* mehrstellig, vielstellig 2. mehrdeutig, mit mehreren Bedeutungen; **~кварти́рный, -ая, -ое:** ~ дом Mehrfamilienhaus; **~колéйный, -ая, -ое** mehrgleisig; **~крáсочный, -ая, -ое:** ~крáсочная печáть Mehrfarbendruck; **~крáтный, -ая, -ое;** *Kzf* -тен, -тна vielfach, mehrfach, wiederholt; **~лáмповый, -ая, -ое** *rad* mit mehreren Röhren bestückt; **~лéтний, -яя, -ее** 1. vieljährig; ~лéтний труд langjährige Arbeit 2. *bot* vieljährig, mehrjährig, perennierend; **~лю́дность, -и** *f* Belebtheit, große Besucherzahl, starker Zulauf; **~лю́дный, -ая, -ое;** *Kzf* -ден, -дна 1. volkreich, dichtbevölkert 2. belebt, verkehrsreich *Straßen u. ä.* 3. stark besucht *Versammlungen*; **~лю́дство, -а** *n* große Menschenansammlung, Menschenauflauf; **~мéстный, -ая, -ое** vielsitzig, mit vielen Sitzplätzen; **~миллиóнный, -ая, -ое** Millionen-, millionenköpfig; **~национáльный, -ая, -ое;** *Kzf* -лен, -льна Nationalitäten-; aus vielen Nationalitäten bestehend; ~национáльное госудáрство Nationalitätenstaat; **~нóжка, -и,** *Pl G* -жек, *D* -жкам *f zool* Vielfüßler, Tausendfüßler; **~обещáющий, -ая, -ее** vielversprechend; **~обрáзие, -я** *n* Mannigfaltigkeit, Vielfalt, Vielgestaltigkeit; **~обрáзный, -ая, -ое;** *Kzf* -зен, -зна mannigfaltig, vielfältig, vielgestaltig; **~пóлье, -ья** *n* Vielfelderwirtschaft; **~пóльный, -ая, -ое** Vielfelderwirtschafts-; ~пóльная систéма Vielfeldersystem; **~речи́вость, -и** *f* Redseligkeit; **~речи́вый, -ая, -ое;** *Kzf* -и́в, -а redselig; **~семéйный, -ая, -ое;** *Kzf* -éен, -éйна kinderreich; mit einer großen Familie; **~слóвие, -я** *n* Wortschwall; Redseligkeit; **~слóвный, -ая, -ое;** *Kzf* -вен, -вна wortreich, redselig; **~слóжный, -ая, -ое** *gram* mehrsilbig; **~станóчник, -а** *m* Arbeiter, der mehrere Maschinen zugleich bedient; **~станóчный, -ая, -ое:** ~станóчная рабóта gleichzeitige Bedienung mehrerer Maschinen; **~ствóльный, -ая, -ое** mehrläufig; **~степéнный, -ая, -ое;** *Kzf* -пéнен, -пéнна mehrstufig, mehrere Stufen durchlaufend; ~степéнная систéма вы́боров indirektes Wahlsystem; **~сторóнний, -яя, -ее;** *Kzf* -óнен, -óння 1. vielflächig, vielkantig; mehrseitig 2. multilateral 3. *übtr* vielseitig; **~страдáльный, -ая, -ое;** *Kzf* -лен, -льна schmerzensreich, leidgeprüft; **~ступéнчатый, -ая, -ое** *tech* mehrstufig; **~тирáжка, -и,** *Pl G* -жек, *D* -жкам *f* Werkzeitung mit hoher Auflage; **~тирáжный, -ая, -ое** mit hoher Auflage; **~тóмный, -ая, -ое** vielbändig; mehrbändig; **~тóчие, -я** *n gram* Gedankenpunkte, Auslassungspunkte; **~ты́сячный, -ая, -ое** (viel)tausendköpfig, viele Tausende zählend; **~уважáемый, -ая, -ое** sehr geehrt *in der Anrede*; **~угóльник, -а** *m math* Vieleck, Polygon; **~угóльный, -ая, -ое** *math* vieleckig, polygon; **~цвéтный, -ая, -ое** 1. mehrfarbig, vielfarbig; Mehrfarben-, Vielfarben- 2. *bot* mit

vielen Blüten; **~целевой,** -áя, -óе *tech* Mehrzweck-; **~чи́сленность,** -и *f* große Anzahl, Menge; **~чи́сленный,** -ая, -ое; *Kzf* -ен, -енна zahlreich; **~член,** -а *m math* Polynom, vielgliedrige Größe; **~члéнный,** -ая, -ое *math* vielgliedrig; **~этáжный,** -ая, -ое mehrstöckig; **~язы́чный,** -ая, -ое; *Kzf* -чен, -чна vielsprachig, polyglott

мнóжественность, -и *f* Vielfalt

мнóжественный, -ая, -ое; *Kzf* -вен, -венна sehr zahlreich; vielfältig; -ое числó *gram* Plural, Mehrzahl

мнóжество, -а *n* Menge, große Anzahl; во -е in Menge, massenhaft; бесчи́сленное ~ Unmenge

мнóжимое, -ого *Subst n math* Multiplikand

мнóжитель, -я *m math* Multiplikator

мнóжительный, -ая, -ое *tech* zur Vervielfältigung dienend; ~ аппарáт *typ* Vervielfältigungsapparat

мнóжить, -жу, -жишь *uv* 1. multiplizieren, malnehmen (чтó-н. на чтó-н. etw. mit etw.) 2. (ver)mehren

мнóжиться, *1. u. 2. Pers ungebr*, мнóжится *uv* sich (ver)mehren

мной *oder* **мнóю** ↑ я

мну́ ↑ мять

мобилизациóнный, -ая, -ое *mil* Mobilmachungs-, Mobilisierungs-

мобилизáция, -и *f* 1. *mil* Mobilmachung, Mobilisierung; прикáз о -и Mobilmachungsbefehl; всеóбщая ~ allgemeine Mobilmachung 2. *übtr* Mobilisierung, Aufbietung

мобилизóванный, -ого *Subst m mil* Mobilisierter, Einberufener

мобилизовáть, -зу́ю, -зу́ешь; -зóванный, -зóван, -а *v, uv* mobil machen; mobilisieren, bereitstellen

моби́льный, -ая, -ое; *Kzf* -лен, -льна beweglich, schnell zu verlegen *Truppen*

могикáнин, -а, *Pl* -áне, -áн, -áнам *m* Mohikaner

моги́ла, -ы *f* Grab; Grabhügel; брáтская ~ Massengrab ◇ свести́ когó-н. в -у j-n ins Grab [unter die Erde] bringen; сойти́ в -у sterben, verscheiden

моги́льник, -а *m* alte Grabstätte

моги́льный, -ая, -ое Grab-; -ая плитá Grabstein

моги́льщик, -а *m* 1. Totengräber 2. Totengräber *Käfer*

могу́ ↑ [1]мочь

могу́чий, -ая, -ее; *Kzf* -у́ч, -а kräftig, kraftvoll; mächtig

могу́щественный, -ая, -ое; *Kzf* -вен, -венна mächtig, machtvoll

могу́щество, -а *n* Macht, Stärke

мóда, -ы *f* Mode; по послéдней -е nach der neuesten Mode; быть в -е modern sein, Mode sein; вы́йти из -ы aus der Mode kommen

модáльный, -ая, -ое *ling* modal, Modal-

моделистка [дэ], -и, *Pl G* -ток, *D* -ткам *f* Modellschneiderin

модéль [дэ], -и *f* Modell

модéльный [дэ], -ая, -ое Modell-

модéльщик [дэ], -а *m* Modellmacher, Former

модерáтор [модэ], -а *m* 1. *mus* Tonstärkeregulator, Dämpfer *an Tasteninstrumenten* 2. *tech* Moderator *zur Regulierung der Geschwindigkeit*

модернизáция [дэ], -и *f* Modernisierung

Модéст, -а *m männl Vn*

моди́стка, -и, *Pl G* -ток, *D* -ткам *f alt* Modistin; Putzmacherin

модификáция, -и *f buchspr* Modifizierung, Abwandlung

мóдник, -а *m umg* Modenarr

мóдница, -ы, *I* -ей *f umg* Modedame, Modenärrin

мóдничать, -аю, -аешь *uv* sich nach der (neuesten) Mode kleiden, alle Moden mitmachen

мóдный, -ая, -ое 1. *Kzf* -ден, -днá! modern, Mode-; -ое плáтье modernes Kleid; ~ писáтель Modeschriftsteller 2.: ~ журнáл Modeheft, Mode(n)zeitung

модуля́торный, -ая, -ое *phys* Modulations-; -ая лáмпа Modulationsröhre

модуляциóнный, -ая, -ое *mus* Modulations-

моё ↑ мой

мóечный, -ая, -ое Wasch-

можжевéлина, -ы *f gbt* Wacholderbeere

можжевёловый, -ая, -ое *bot* Wacholder-; ~ куст Wacholder(beer)strauch

можжевéльник, -а *m bot* Wacholder, Wacholder(beer)strauch

мóжно *prädikativ* 1. man kann, es ist möglich; éсли ~ wenn möglich, wenn es geht 2. es ist erlaubt, man kann, man darf; мóжно? darf ich?, ist es erlaubt? ◇ как ~ скорée möglichst schnell, so schnell wie möglich; как ~! wie ist das möglich!, was denkst du dir!, was denken Sie sich!

мозáика, -и *f* Mosaik

мозаи́чный, -ая, -ое; *Kzf* -чен, -чна Mosaik-; -ая рабóта Mosaikarbeit

мозг, -а (-у), *P* о мóзге, в мозгу́, *Pl* мозги́, -óв, -áм *m* **1.** Gehirn; головнóй ~ Großhirn **2.** Mark, Knochenmark; спиннóй ~ Rückenmark **3.** *übtr* Verstand; шевели́ть -áми *volksspr* seinen Verstand anstrengen **4.** *Pl* Hirn, Bregen *Speise* ◇ до -а костéй durch und durch, bis ins Mark

мóзглый, -ая, -ое *volksspr* feucht, durchdringend

мозгля́вый, -ая, -ое; *Kzf* -я́в, -а *volksspr* kraftlos, siech, gebrechlich

мозгови́тый, -ая, -ое; *Kzf* -и́т, -а *volksspr* gescheit, klug, verständig

мозговóй, -áя, -óе **1.** Hirn-, Gehirn-; -áя оболóчка *anat* Hirnhaut; -óе заболевáние Gehirnkrankheit **2.** *übtr* Verstandes-; -áя рабóта Kopfarbeit

мозжечóк, -чкá *m anat* Kleinhirn

мозóлистый, -ая, -ое; *Kzf* -ист, -а schwielig

мозóлить, -лю, -лишь *uv*: ~ глазá комý-н. *volksspr* j-n belästigen, j-m ein Dorn im Auge sein

мозóль, -и *f* Schwiele; Hühnerauge ◇ наступи́ть комý-н. на (люби́мую) ~ *übtr volksspr* j-m auf die Hühneraugen treten, j-s wunden Punkt berühren

мозóльный, -ая, -ое: ~ плáстырь Hühneraugenpflaster

мои́ ↑ мой

мой, -егó *m*; моя́, -éй *f*; моё, -егó *n*; *Pl* мои́, -и́х *Poss Pron* **1.** mein; э́то мои́ кни́ги das sind meine Bücher **2.** *Subst m* der Mein(ig)e, die Mein(ig)e, das Mein(ig)e; die Mein(ig)en **3.** моегó *nach Komparativen* . . . als ich; он знáет э́то лу́чше моегó er weiß es besser als ich ◇ по-мóему a) meiner Ansicht [Meinung] nach; b) nach meinem Willen, wie ich will

мóйка, -и, *Pl G* мóек, *D* мóйкам *f tech, umg* **1.** Waschen **2.** Waschvorrichtung, Waschanlage

мóкко *n idkl* Mokka

мóкнуть, -ну, -нешь; мок, -ла *uv* **1.** naß werden, durchweichen **2.** *1. u. 2. Pers ungebr* eingeweicht werden *Wäsche*

мокри́ца, -ы *f zool* Assel

мóкро *unpers, prädikativ, umg* es ist naß [feucht]

мокровáтый, -ая, -ое; *Kzf* -ат, -а etwas feucht

мокрóта, -ы *f med* Auswurf, Schleim; сли́зистая ~ Schleimauswurf

мокротá, -ы́ *f umg* Nässe; Feuchtigkeit

мóкрый, -ая, -ое; *Kzf* мокр, -á! feucht; naß ◇ -ая ку́рица *volksspr* ein begossener Pudel; Waschlappen

мóкрядь, -и *f volksspr* regnerisches Wetter, Regenwetter; Feuchtigkeit

[1]**мол,** -а, *P* о мóле, на молу́ *m* Mole

[2]**мол** *Modalwort volksspr* sagt er [sie], angeblich

молвá, -ы́ *f* Gerücht, Gerede, Ruf; о нём идёт дурнáя ~ er hat einen üblen [schlechten] Ruf ◇ людскáя ~ — что морскáя волнá die Meinung [das Urteil] der Welt ist veränderlich

мóлвить, -влю, -вишь *v*, *uv alt* sagen, (aus)sprechen

молдавáнин, -а, *Pl* -áне, -áн, -áнам *m* Moldauer

молдавáнский, -ая, -ое moldauisch

Молдáвия, -и *f* Moldau *Landschaft*

молдáвский, -ая, -ое moldauisch; ~ язы́к die moldauische Sprache; Молдáвская Совéтская Социалисти́ческая Респу́блика Moldauische Sozialistische Sowjetrepublik

молéкула, -ы *f phys* Molekül

молекуля́рный, -ая, -ое molekular, Molekular-

молéние, -я *n buchspr* **1.** Beten **2.** Flehen, inständige Bitte

молетóчина, -ы *f* Mottenfraß

моли́тва, -ы *f* Gebet, Beten

моли́твенник, -а *m* Gebetbuch

моли́твенный, -ая, -ое Gebets-

моли́ть, молю́, мóлишь *uv* flehen (о *P* um *A*), flehentlich bitten; ~ о пощáде um Gnade flehen

моли́ться, молю́сь, мóлишься *uv* **1.** beten **2.** на *A übtr* anbeten, vergöttern ‖ *v* п о м о л и́ т ь с я *zu* 1

мóлкнуть, -ну, -нешь; молк, -ла *uv* verstummen, still werden

моллю́ск, -а *m zool* Molluske, Weichtier

молниенóсный, -ая, -ое; *Kzf* -сен, -сна blitzschnell, blitzartig, blitzähnlich; с -ой быстротóй schnell wie der Blitz; -ая войнá Blitzkrieg

молниеотвóд, -а *m* Blitzableiter

молни́ровать, -рую, -руешь; -рованный, -рован, -а *v*, *uv umg* durch ein Blitztelegramm mitteilen

[1]**мóлния,** -и *f* Blitz; ~ сверкáет es blitzt; удáрила ~ der Blitz hat eingeschlagen; шарови́дная ~ Kugelblitz

[2]**мóлния,** -и *f* Blitztelegramm

[3]**мóлния,** -и *f* Reißverschluß

молода́я, -о́й *Subst f* Jungverheiratete
молодёжный, -ая, -ое Jugend-, jugendlich
молодёжь, -и *f* Jugend, junge Leute
моло́денький, -ая, -ое *umg* ganz jung; -ая де́вушка blutjunges Mädchen
молоде́ть, -е́ю, -е́ешь *uv* jung [jünger] werden
мо́лодец, -дца, *I* -дцем, *G Pl* -дцев *m poet* junger Held
молоде́ц, -дца́, *I* -дцо́м, *G Pl* -дцо́в *m* **1.** Bursche, kräftiger junger Mann **2.** Prachtkerl; Prachtmädel; ~! bravo!, alle Achtung!; он ~ er ist ein ganzer Kerl
молоде́цкий, -ая, -ое kühn, verwegen, beherzt, keck; -ая у́даль kecke Verwegenheit
молоде́чество, -а *n* Kühnheit, Verwegenheit, Beherztheit
молоди́ть, -ожу́, -оди́шь *uv* verjüngen, jung machen *im Äußeren*
молоди́ться, -ожу́сь, -оди́шься *uv* sich jung machen, jünger scheinen wollen
молоди́ца, -ы, *I* -ей *f poet, gbt* junge verheiratete (Bauers-) Frau
моло́дка, -и, *Pl G* -док, *D* -дкам *f gbt* junge verheiratete (Bauers-) Frau
молодня́к, -а́ *m* **1.** Jungvieh **2.** junger Wald, Schonung **3.** *übtr* Jugend, Nachwuchs
молодожён, -а *m* **1.** jungverheirateter Mann **2.** *Pl* Jungverheiratete, Neuvermählte
молодо́й, -а́я, -о́е; *Kzf* мо́лод, -а́!; *Komp* моло́же **1.** jung; -о́е поколе́ние junge Generation; -о́е вино́ junger Wein; ~ ме́сяц Neumond; ~ карто́фель neue Kartoffeln **2.** -о́го *Subst m umg* Jungverheirateter
мо́лодость, -и *f* Jugend; ра́нняя ~ frühe Jugend ◇ быть не пе́рвой -и über die erste Jugend hinaus sein
молоду́ха, -и *f gbt* junge verheiratete (Bauers-) Frau
молодцева́тый, -ая, -ое; *Kzf* -а́т, -а flott, schneidig, forsch; -ая вы́правка schneidiges Auftreten
моло́дчик, -а *m verächtl* **1.** Bürschchen; Gauner; хоро́ш ~! (das ist) ein sauberes Früchtchen! **2.** Geck, Fant, Stutzer
молодчи́на, -ы *m, f umg* Mordskerl, Prachtkerl; Prachtmädel
моложа́вость, -и *f* Jugend(lichkeit), jugendliches Aussehen
моложа́вый, -ая, -ое; *Kzf* -а́в, -а jugendlich (aussehend)

моло́же ↑ молодо́й
моло́ки, -о́к *Pl* Milch *der Fische*
молоко́, -а́ *n* Milch; це́льное ~ Vollmilch; снято́е ~ Magermilch; ки́слое ~ saure [dicke] Milch; сгущённое ~ kondensierte Milch, Kondensmilch; парно́е ~ kuhwarme Milch ◇ впита́ть что́-н. с -о́м ма́тери etw. mit der Muttermilch einsaugen; у него́ ~ на губа́х не обсо́хло er ist noch nicht trocken hinter den Ohren, er ist ein Grünschnabel; он — кровь с -о́м er ist kerngesund
молоко|ва́р, -а *m* Milchkochtopf; **~со́с,** -а *m umg, iron* Milchbart, Grünschnabel
мо́лот, -а *m* **1.** (schwerer) Hammer **2.** *maschinell betriebener* Hammer **3.** *Sport* Hammer
молоти́лка, -и *Pl G* -лок, *D* -лкам *f* Dreschmaschine
молоти́ло, -а *n* Klöppel *des Dreschflegels*
молоти́льный, -ая, -ое Dresch-
молоти́льщик, -а *m* Drescher *Arbeiter*
молоти́ть, -очу́, -о́тишь; -о́ченный, -о́чен, -а *uv* dreschen *Getreide*
молотобо́ец, -бо́йца, *I* -бо́йцем, *G Pl* -бо́йцев *m* Hammerschmied; Zuschläger
молотови́ще, -а, *I* -ем *n* Hammerstiel
молото́к, -тка́ *m* (kleiner) Hammer ◇ продава́ться с -тка́ unter den Hammer kommen, versteigert werden
молото́чек, -чка *m* **1.** *Dem zu* молото́к kleiner Hammer, Hämmerchen **2.** *anat* Hammer
моло́ть* *uv* **1.** mahlen; ~ ко́фе Kaffee mahlen **2.** *übtr* Unsinn schwatzen; ~ вздор *umg* Blech reden, dummes Zeug reden
молотьба́, -ы́ *f* **1.** Dreschen, Drusch **2.** Dreschzeit
молоча́й, -я *m bot* Wolfsmilch
моло́чная, -ой *Subst f* Milchhandlung
моло́чник, -а *m* **1.** Milchkrug, Milchtopf **2.** Milchhändler
моло́чница, -ы, *I* -ей *f* **1.** Milchfrau, Milchhändlerin **2.** *med* Mundschwämmchen
молочноки́слый, -ая, -ое *chem* Milchsäure-; -ые бакте́рии Milchsäurebakterien
моло́чность, -и *f* Milchergiebigkeit *des Viehs*
моло́чный, -ая, -ое Milch-, milchig; -ое хозя́йство Molkerei, Milchwirtschaft; -ый са́хар *chem* Milchzucker, Laktose; -ая кислота́ *chem* Milchsäure; -ого цве́та milchfarben ◇ -ое

стекло́ Milchglas; -ые зу́бы Milchzähne
мо́лча *Adv* schweigend, wortlos
молчали́вый, -ая, -ое; *Kzf* -и́в, -а 1. schweigsam, wortkarg 2. stillschweigend; -ое согла́сие stillschweigendes Einverständnis
молча́линство, -а *n* Kriecherei, Katzbuckelei (so genannt nach Молча́лин aus A. S. Gribojedows Komödie "Го́ре от ума́")
молча́ние, -я *n* Schweigen, Stillschweigen; храни́ть ~ Stillschweigen wahren; нару́шить ~ das Schweigen brechen; обойти́ -ем mit Stillschweigen übergehen
молча́ть, -чу́, -чи́шь *uv* (still)schweigen; ~! still!, Mund halten!
молчко́м *Adv umg* schweigend; im stillen
моль, -и *f* Motte
мольба́, -ы́ *f* Flehen; inständige Bitte
мольбе́рт, -а *m* Staffelei
моме́нт, -а *m* 1. der Moment, Augenblick; в настоя́щий ~ gegenwärtig, momentan; в оди́н ~ im Nu, im Handumdrehen 2. das Moment, Umstand; положи́тельный ~ в рабо́те das Positive der Arbeit 3. *phys* Moment; ~ ине́рции Trägheitsmoment
момента́льно *Adv* augenblicklich, momentan
момента́льный, -ая, -ое augenblicklich, Moment-; ~ сни́мок Momentaufnahme
монархи́ческий, -ая, -ое monarchisch; monarchistisch
мона́рхия, -и *f* Monarchie
мона́рший, -ая, -ее *buchspr, alt* Monarchen-
монасты́рский, -ая, -ое Kloster-
монасты́рь, -я́ *m* Kloster
мона́х, -а *m* Mönch; постри́чься в -и Mönch werden
мона́хиня, -и *f* Nonne
мона́шеский, -ая, -ое Mönchs-; Nonnen-; -ая ря́са Mönchskutte, Kutte
мона́шество, -а *n* 1. Mönchtum, Mönchsleben 2. *Koll* Mönche
Монбла́н, -а *m* Montblanc *Berg*
монго́л, -а *m* Mongole
Монго́лия, -и *f* Mongolei
монго́льский, -ая, -ое mongolisch; Монго́льская Наро́дная Респу́блика Mongolische Volksrepublik
моне́та, -ы *f* 1. Münze, Geldstück; ~ в де́сять копе́ек Zehnkopekenstück; ходя́чая ~ gangbare [im Umlauf befindliche] Münze 2. *Koll* Hartgeld ◇ приня́ть что́-н. за чи́стую -у *umg* etw. für bare Münze nehmen; плати́ть той же -ой *umg* mit gleicher Münze zahlen, Gleiches mit Gleichem vergelten
моне́тный, -ая, -ое Münz-
мони́сто, -а *n* Halskette *aus Glasperlen, Münzen oder bunten Steinen*
моно- *in Zuss* mono-
моно|га́мия, -и *f* Monogamie, Einehe; **~гра́мма,** -ы *f* Monogramm; **~гра́фия,** -и *f* Monographie, Einzeldarstellung
моно́кль, -я *m* Monokel
моно|ли́т, -а *m geol* Monolith; **~ли́тность,** -и *f* Einheitlichkeit, Geschlossenheit, Einigkeit; **~ли́тный,** -ая, -ое 1. *geol* Monolith- 2. *Kzf* -тен, -тна einheitlich, einig; ganz; aus einem Guß; **~ло́г,** -а *m* Monolog; **~пла́н,** -а *m flug* Eindecker; ~пла́н с ни́зко располо́женным крыло́м Tiefdecker; **~полиза́ция,** -и *f* Monopolisierung; **~полисти́ческий,** -ая, -ое monopolistisch, Monopol-; **~поли́стский,** -ая, -ое Monopolisten-; **~по́лия,** -и *f* Monopol; госуда́рственная ~по́лия Staatsmonopol; ~по́лия вне́шней торго́вли Außenhandelsmonopol; **~по́льный,** -ая, -ое Monopol-; ~по́льный това́р Monopolware; **~ти́п,** -а *m typ* Monotype; **~ти́пный,** -ая, -ое *typ* Monotype-; ~ти́пный набо́р Monotypesatz; **~то́нный,** -ая, -ое; *Kzf* -то́нен, -то́нна monoton, eintönig
монпансье́ *n idkl* eine Art Fruchtbonbon
монта́ж, -а́, *I* -о́м *m* Montage, Zusammenbau, Aufstellung
монта́жный, -ая, -ое Montage-; -ая мастерска́я Montagewerkstatt
Монтевиде́о *m idkl* Montevideo
монтёр, -а *m* 1. Montagearbeiter, Montagefachmann 2. Elektromonteur, Elektriker
монти́ровать, -рую, -руешь; -рованный, -рован, -а *uv* montieren, zusammenbauen, aufstellen; ~ маши́ну eine Maschine aufstellen ‖ *v* смонти́ровать
монтиро́вка, -и *f* Montage; Zusammenstellung *eines Films*
монтиро́вщик, -а *m* Montagearbeiter Montagefachmann
монуме́нт, -а *m buchspr* Monument, Denkmal
монумента́льный, -ая, -ое; *Kzf* -лен, -льна monumental, gewaltig, großartig

МОПР, -а *m* (Междунаро́дная организа́ция по́мощи борца́м революции) *hist* Internationale Rote Hilfe
мопс, -а *m* Mops *Hunderasse*
мор, -а *m alt, volksspr* Seuche, Massensterben
мор- *in Zuss Abk für* морско́й See-
Мора́вия, -и *f* Mähren
мора́вский, -ая, -ое mährisch
моралист, -а *m* Moralist, Moralprediger
мора́ль, -и *f* Moral, Sittlichkeit ◇ чита́ть кому́-н. ~ j-m eine Moralpredigt halten; прописна́я ~ Binsenweisheit
мора́льный, -ая, -ое **1.** Moral- **2.** *Kzf* -лен, -льна moralisch, sittlich
морато́рий, -я, *P* -и, *G Pl* -ев *m wirtsch* Moratorium, Stundung
морг, -а *m* Leichen(schau)haus, Leichenhalle
морга́лка, -и, *Pl G* -лок, *D* -лкам *f umg* Blinkleuchte
морга́ние, -я *n* Blinzeln, Zwinkern
морга́ть, -а́ю, -а́ешь *uv* **1.** blinzeln, zwinkern **2.** zublinzeln ‖ *v mom* **моргну́ть,** -ну́, -нёшь ◇ он да́же гла́зом не моргну́л *übtr* er hat mit keiner Wimper gezuckt
мо́рда, -ы *f* **1.** Schnauze, Maul **2.** *übtr, derb* Fresse, Fratze
морда́шка, -и, *Pl G* -шек, *D* -шкам *f umg* hübsches Gesichtchen
мордва́, -ы́ *f Koll* Mordwinen
мордви́н, -а *m* Mordwine
мордо́вский, -ая, -ое mordwinisch; Мордо́вская АССР Mordwinische ASSR
мо́ре, -я, *Pl* моря́, -е́й, -я́м *n* Meer, See; в откры́том ~ auf hoher [offener] See; вы́йти в ~ in See stechen; е́хать -ем zur See fahren; по направле́нию к -ю seewärts; за́ -ем jenseits des Meeres, drüben; за́ ~ *alt* in die Fremde; из-за -я aus fernen Ländern ◇ э́то ка́пля в ~ das ist ein Tropfen auf den heißen Stein; сиде́ть у́ -я и ждать пого́ды die Hände in den Schoß legen
море́на, -ы *f geol* Moräne
море́нный, -ая, -ое *geol* Moränen-
морёный, -ая, -ое gebeizt
море|пла́вание, -я *n* Seeschiffahrt, Seefahrt; **~пла́ватель,** -я *m* Seefahrer; **~пла́вательный,** -ая, -ое Schiffahrts-, Navigations-; **~хо́дность,** -и *f* Seetüchtigkeit; **~хо́дный,** -ая, -ое Seefahrts-; ~хо́дные ка́чества Seetüchtigkeit
морж, -а́, *I* -о́м, *G Pl* -е́й *m* Walroß
моржо́вый, -ая, -ое Walroß-
Мо́рзе: а́збука ~ Morsealphabet; аппара́т ~ Morseapparat
мори́лка, -и, *Pl G* -лок, *D* -лкам *f* Holzbeize
[1]**мори́ть,** морю́, мори́шь; морённый, -ён, -рена́ *uv* **1.** vertilgen; vergiften; ~ крыс Ratten vertilgen [vergiften] **2.** *umg* quälen, ausmergeln, verzehren; ~ го́лодом hungern lassen
[2]**мори́ть,** морю́, мори́шь; морённый, -рён, -рена́ *uv Holz* beizen; ~ под чёрное де́рево (wie Ebenholz) schwarz beizen
морко́вка, -и, *Pl G* -вок, *D* -вкам *f umg* einzelne Möhre
морко́вный, -ая, -ое Möhren-, Mohrrüben-; ~ сок Möhrensaft
морко́вь, -и *f* **1.** *nur Sg* Mohrrübe, Möhre **2.** *Koll* Möhren, Mohrrüben *Gemüse*
морово́й, -а́я, -о́е: -а́я я́зва Pest, Seuche
моро́женица, -ы, *I* -ей *f* Speiseeismaschine
моро́женое, -ого *Subst n* Speiseeis
моро́женщица, -ы, *I* -ей *f* Speiseeisverkäuferin
моро́женый, -ая, -ое gefroren, Gefrier-; -ое мя́со Gefrierfleisch
моро́з, -а *m* **1.** Frost; два́дцать гра́дусов -а zwanzig Grad Frost; треску́чий ~ starker Frost, schneidende Kälte; стоя́т моро́зы es ist anhaltendes Frostwetter; меня́ ~ подира́ет [пробега́ет] по ко́же mich überläuft es kalt **2.** *Pl* Frostwetter
моро́зилка, -и *f* Tiefkühlfach
моро́зить, -о́жу, -о́зишь; -о́женный, -о́жен, -а *uv* **1.** gefrieren [erfrieren] lassen **2.** *unpers* frieren; моро́зит es friert
моро́зно *prädikativ* es friert, es herrscht Frost
моро́зный, -ая, -ое; *Kzf* -зен, -зна Frost-, frostig, eiskalt
морозо|сто́йкий, -ая, -ое; *Kzf* -сто́ек, -сто́йка frostbeständig, kältebeständig; **~усто́йчивый,** -ая, -ое; *Kzf* -ив, -а frostbeständig
моро́ка, -и *f*: с ним одна́ ~ *volkssрr* mit ihm hat man nur Scherereien
мороси́ть, *1. u. 2. Pers ungebr,* -и́т *uv* sprühen, nieseln *vom Regen*; (дождь) -и́т es nieselt
моро́чить, -чу, -чишь *uv umg* täuschen, anführen, blauen Dunst vormachen; ~ го́лову кому́-н. j-n an der Nase herumführen

моро́шка, -и *f bot* Multbeere, Sumpfbrombeere
морс, -а (-у) *m* Fruchtsaft
морско́й, -а́я, -о́е Meer(es)-, See-, Marine-; -а́я боле́знь Seekrankheit; -о́й зали́в Meerbusen; -и́е купа́нья Seebäder; -о́е путеше́ствие Seefahrt, Seereise; ~ флот Flotte; Marine; -а́я пехо́та Marineinfanterie; -и́е си́лы Seestreitkräfte, Marine; ~ конёк *zool* Seepferdchen; -а́я капу́ста *bot* Strandkohl; -а́я трава́ *bot* Seegras ◇ ~ волк *übtr* Seebär
морти́ра, -ы *f mil* Mörser
морфе́ма, -ы *f ling* Morphem
мо́рфий, -я (-ю), *P* -и *m* Morphium
морфло́т, -а *m* (морско́й флот) Hochseeflotte, Handelsflotte
морфоло́гия, -и *f* Morphologie
морщи́на, -ы *f* Runzel, Falte, Furche
морщи́нистый, -ая, -ое; *Kzf* -ист, -а runzlig, faltig, durchfurcht
морщи́нить, -ню, -нишь *uv umg* runzeln
морщи́нка, -и, *Pl G* -нок, *D* -нкам *f Dem zu* морщи́на kleine Runzel, Fältchen; -и у глаз Krähenfüße
мо́рщить, -щу, -щишь *uv* **1.** runzeln; ~ лоб die Stirn runzeln **2.** verziehen; ~ лицо́ от бо́ли das Gesicht vor Schmerz verziehen; ~ гу́бы die Lippen schürzen; ~ нос die Nase rümpfen
морщи́ть, *1. u. 2. Pers ungebr*, -и́т *uv umg* Falten schlagen, schlecht sitzen *Kleidung*
мо́рщиться, -щусь, -щишься *uv* **1.** die Stirn runzeln [in Falten ziehen] **2.** das Gesicht verziehen **3.** *1. u. 2. Pers ungebr* Falten schlagen *Kleidung*
моря́к, -а́ *m* Seemann, Matrose
моря́цкий, -ая, -ое *umg* Seemanns-, Matrosen-
мос- *in Zuss Abk für* моско́вский Moskauer
москате́ль, -и *f Koll* Farben, Leim, Öl u. a. als Ware
москате́льный, -ая, -ое: ~ магази́н Farbenhandlung
Москва́, -ы́ *f* Moskau; ~-река́ Moskwa *Fluß*
москви́ч, -а́, *I* -о́м, *G Pl* -е́й *m* Moskauer
москви́чка, -и, *Pl G* -чек, *D* -чкам *f* Moskauerin
моски́т, -а *m* Moskito
моски́тный, -ая, -ое Moskito-
моско́вский, -ая, -ое Moskauer; Моско́вская о́бласть Moskauer Gebiet

Моссове́т, -а *m* (Моско́вский сове́т депута́тов трудя́щихся) Moskauer Sowjet der Deputierten der Werktätigen
мост, мо́ста *oder* моста́, *P* о мо́сте, на мосту́, *Pl* мосты́, -о́в, -а́м *m* Brücke; вися́чий ~ Hängebrücke; подъёмный ~ Zugbrücke; навести́ ~ eine Brücke schlagen ◇ сжечь за собо́й -ы́ alle Brücken hinter sich abbrechen; перебро́сить ~ *übtr* eine Brücke schlagen
мо́стик, -а *m* **1.** *Dem zu* мост kleine Brücke; Steg **2.** Brücke *auf Schiffen*; капита́нский ~ Kommandobrücke **3.** *Sport* Brücke
мости́ть, мощу́, мости́шь; мощённый, -ён, -ена́ *uv* **1.** pflastern; ~ у́лицу асфа́льтом die Straße asphaltieren **2.** legen *Fußbodenbretter*
мостки́, -о́в *Pl* Steg, Bretterweg; погру́зочные ~ Laderampe
мостова́я, -о́й *Subst f* **1.** Pflaster, Straßenpflaster **2.** Fahrdamm
мостови́к, -а́ *m* Brückenbauer
мостово́й, -а́я, -о́е Brücken-; ~ бык Brückenpfeiler
мостовщи́к, -а́ *m* Pflasterer *Arbeiter*
мо́ська, -и, *Pl G* -сек, *D* -ськам *f umg* Mops *Hund*
мот, -а *m umg* Verschwender, Vergeuder, Prasser
мота́льный, -ая, -ое *tech* Haspel-
[1]**мота́ть,** -а́ю, -а́ешь *uv* **1.** haspeln, (auf)wickeln aufspulen **2.**: ~ голово́й *umg* den Kopf schütteln; ~ себе́ на ус *umg* sich etwas hinter die Ohren schreiben ‖ *v mom* мотну́ть, -ну́, -нёшь *zu* 2
[2]**мота́ть,** -а́ю, -а́ешь *uv umg* verschwenden, vergeuden
[1]**мота́ться,** -а́юсь, -а́ешься *uv umg* **1.** umherlaufen, sich herumtreiben **2.** *volksspr* umherwandern, umherirren ‖ *v mom* мотну́ться, -ну́сь, -нёшься *zu* 1
[2]**мота́ться,** *1. u. 2. Pers ungebr*, -а́ется baumeln, hin und her schaukeln
моте́ль, -я *m* Motel
моти́в, -а *m* **1.** *mus* Motiv, Weise **2.** Motiv, Beweggrund
мотивиро́вка, -и, *Pl G* -вок, *D* -вкам *f* Motivierung, Begründung
мо́тка, -и *f* Haspeln, Aufwickeln
мотну́ть(ся) *v mom zu* [1]мота́ть(ся)
мотовелоспо́рт, -а *m* Rad- und Kraftradsport
мотови́ло, -а *n tech* Haspel, Garnwinde
мото́вка, -и, *Pl G* -вок, *D* -вкам *f umg* Verschwenderin, Vergeuderin

мотово́з, -а *m* (kleine) Lokomotive mit Verbrennungsmotor
мотовско́й, -а́я, -о́е *umg* verschwenderisch, prasserisch
мотовство́, -а́ *n umg* Verschwendung(ssucht), Vergeudung, Prasserei
мотого́нки, -нок, -нкам *Pl* Motorradrennen
мото́к, -тка́ *m text* Docke, Wickel; ~ пря́жи Garndocke
мото|кро́сс, -а *m Sport* Moto-Cross; **~лопа́та,** -ы *f* Kraftschaufel; **~пехо́та,** -ы *f* motorisierte Infanterie; **~планёр,** -а *m* Motorgleiter
мото́р, -а *m* Motor; подвесно́й ~ Außenbordmotor
моториза́ция, -и *f* Motorisierung
моторизо́ванный, -ая, -ое motorisiert, Motor-; -ая артилле́рия motorisierte Artillerie
мото́рка, -и, *Pl G* -рок, *D* -ркам *f umg* Motorboot
мото́рный, -ая, -ое **1.** Motor-, Trieb-; ~ ваго́н Triebwagen; -ая ло́дка Motorboot **2.** *psych* motorisch; ~ рефле́кс motorischer Reflex
моторо́ллер, -а *m* Motorroller
моторострое́ние, -я *n* Motorenbau
мото|спо́рт, -а *m* Motorsport; **~цикл,** -а *m* Motorrad; **~цикле́т,** -а *m* Motorrad; **~цикле́тный,** -ая, -ое Motorrad-; ~цикле́тный кросс Moto-Cross; **~циклист,** -а *m* Motorradfahrer
моты́га, -и *f* Hacke
моты́жить, -жу, -жишь *uv* hacken, mit der Hacke bearbeiten
мотылёк, -лька́ *m* Falter, Schmetterling
мох, мха *oder* мо́ха, *P* о мхе *oder* о мо́хе, во [на] мху, *Pl* мхи, мхов, мхам *m* Moos; поро́сший мхом bemoost
мохна́тый, -ая, -ое; *Kzf* -а́т, -а **1.** zottig *Tierfell* **2.** flauschig, wollig; -ое полоте́нце Frottierhandtuch
мохови́к, -а́ *m* Ziegenlippe *Röhrenpilz*
моцио́н, -а *m* Spaziergang, Spazierengehen
моча́, -и́, *I* -о́й *f* Urin, Harn
моча́листый, -ая, -ое; *Kzf* -ист, -а faserig
моча́лить, -лю, -лишь *uv* zerfasern; ~ лы́ко Bast zerfasern
моча́лка, -и, *Pl G* -лок, *D* -лкам *f* Bastwisch; про́волочная ~ Topfreiniger *aus Draht*
моча́ло, -а *n* Bast
моча́льный, -ая, -ое Bast-
мочеви́на, -ы *f chem* Harnstoff
мочево́й, -а́я, -о́е Harn-; ~ пузы́рь *anat* Harnblase
моче|го́нный, -ая, -ое harntreibend; **~испуска́ние,** -я *n* Harnen, Harnlassen; **~испуска́тельный,** -ая, -ое: ~испуска́тельный кана́л *anat* Harnröhre
моче́ние, -я *n* Einweichen, Einmachen
мочёный, -ая, -ое eingeweicht, eingemacht; -ые я́блоки eingemachte Äpfel
моче|отделе́ние, -я *n* Harnabsonderung, Harnabscheidung; **~полово́й,** -а́я, -о́е *med* Urogenital-; **~то́чник,** -а *m anat* Harnleiter
мочи́ть, мочу́, мо́чишь; мо́ченный, -ен, -а *uv* **1.** benetzen, anfeuchten; naß machen **2.** einweichen *Wäsche*; rösten *Flachs* **3.** einmachen *Früchte*
мочи́ться, мочу́сь, мо́чишься *uv* Harn lassen, urinieren || *v* помочи́ться
[1]**мо́чка,** -и, *Pl G* -чек, *D* -чкам *f* Ohrläppchen
[2]**мо́чка,** -и *f* Einweichen; Rösten *Flachs*
[1]**мочь*** *uv* **1.** können, vermögen, imstande sein; кто бы э́то мог быть? wer mag das gewesen sein?; он не мо́жет прийти́ er kann nicht kommen **2.** dürfen; могу́ (ли) я спроси́ть вас? darf ich Sie fragen? **3.:** ~ не *mit uv Inf* nicht brauchen; он мо́жет не приходи́ть er braucht nicht zu kommen **4.:** ~ не *mit v Inf* es kann sein, daß . . . nicht; vielleicht nicht; он мо́жет не прийти́ es kann sein, daß er nicht kommt; vielleicht kommt er nicht ◇ мо́жет быть vielleicht; не мо́жет быть! (das ist) unmöglich!
[2]**мочь,** -и *f volksspr* Kraft, Fähigkeit ◇ изо всей -и aus Leibeskräften; крича́ть что есть -и aus vollem Halse schreien; бежа́ть во всю ~ laufen, was das Zeug hält
моше́нник, -а *m* Gauner, Spitzbube, Betrüger, Schurke
моше́нничать, -аю, -аешь *uv* betrügen, (be)schwindeln, mogeln
моше́ннический, -ая, -ое spitzbübisch, gaunerhaft, betrügerisch
моше́нничество, -а *n* Betrügerei, Gaunerei, Schwindel
мо́шка, -и, *Pl G* -шек, *D* -шкам *f* Kriebelmücke
мошкара́, -ы́ *f Koll* Schnaken
мошна́, -ы́, *Pl G* -шо́н, *D* -шна́м *f alt* Geldbeutel, Geldsack

мошо́нка, -и, *Pl G* -нок, *D* -нкам *f anat* Hodensack
моще́ние, -я *n* Pflastern
мощёный, -ая, -ое gepflastert
мо́щи, -е́й *Pl kirch* Reliquien ◇ живы́е [ходя́чие] ∼ *umg* ein wandelndes Skelett
мо́щность, -и *f* **1.** Macht, Gewaltigkeit **2.** *geol* Mächtigkeit, Stärke, Dicke **3.** *tech* Leistung, Kapazität; произво́дственная ∼ Produktionskapazität, Leistungsfähigkeit **4.** *nur Pl* Produktionsobjekte
мо́щный, -ая, -ое; *Kzf* -щен, -щна́! **1.** mächtig, stark, gewaltig; -ое госуда́рство ein mächtiger Staat **2.** *tech* von großer Leistungsfähigkeit; ∼ переда́тчик Großsender
мощь, -и *f* Macht, Stärke; вое́нная ∼ Kriegsmacht
мо́ю ↑ мыть
мо́ющий, -ая, -ее Wasch-
мо́ющийся, -аяся, -ееся abwaschbar
моя́ ↑ мой
мразь, -и *f volksspr* Dreckskerl; Pack
мрак, -а *m* Finsternis, Dunkel, Dunkelheit ◇ э́то покры́то -ом неизве́стности das ist in Dunkel [Nebel] gehüllt
мракобе́с, -а *m* Obskurant, Dunkelmann, Reaktionär
мракобе́сие, -я *n* Obskurantismus, Dunkelmännertum
мра́мор, -а *m* Marmor
мра́морный, -ая, -ое **1.** marmorn, Marmor-; -ая ста́туя Marmorstandbild **2.** weiß wie Marmor, marmorglatt; -ое чело́ marmorglatte Stirn
мрачне́ть, -е́ю, -е́ешь *uv* sich verfinstern, sich verdunkeln
мра́чность, -и *f* **1.** Finsternis, Dunkel, Dunkelheit **2.** *übtr* Düsterkeit, Schwermut, Mißmut
мра́чный, -ая, -ое; *Kzf* -чен, -чна́! **1.** dunkel, finster, düster **2.** *übtr* düster, schwermütig, mißmutig; -ое настрое́ние düstere Stimmung; -ые мы́сли trübe Gedanken
МСС (Междунаро́дный Сою́з Студе́нтов) ISB (Internationaler Studentenbund)
мсти́тель, -я *m* Rächer
мсти́тельность, -и *f* Rachsucht, Rachgier
мсти́тельный, -ая, -ое; *Kzf* -лен, -льна rachsüchtig, rachgierig
мстить, мщу, мстишь *uv* sich rächen, Rache nehmen [üben] (кому́-н. за что́-н. an j-m für etw.)
МТС (маши́нно-тра́кторная ста́нция) MTS (Maschinen-und-Traktoren-Station)
муа́р, -а *m text* Moiré
мудрено́ **1.** *Adv* wunderlich, seltsam **2.** *unpers, prädikativ*: на него́ ∼ угоди́ть ihm kann man nichts recht machen; не ∼, что . . . kein Wunder, daß . . .
мудрёный, -ая, -ое; *Kzf* -ён, -ена́ **1.** wunderlich, seltsam, merkwürdig **2.** schwierig, kompliziert; -ое объясне́ние eine verwickelte Erklärung ◇ у́тро ве́чера мудрене́е *Sprichw* guter Rat kommt über Nacht
мудре́ц, -а́, *I* -о́м, *G Pl* -о́в *m* Weiser
мудри́ть, -рю́, -ри́шь *uv umg* **1.** klügeln **2.** zum Narren haben (над ке́м-н. j-n)
му́дрость, -и *f* Weisheit
му́дрствовать, -твую, -твуешь *uv umg* tüfteln, philosophieren ◇ не му́дрствуя лука́во einfach, ohne Umschweife
му́дрый, -ая, -ое; *Kzf* мудр, -а́! weise, klug
муж, -а *m* **1.** *Pl* мужья́, -же́й, -жья́м Ehemann, Gatte **2.** *alt Pl* мужи́, -же́й, -жа́м Mann; госуда́рственный ∼ Staatsmann; учёный ∼ Mann der Wissenschaft
мужа́ть, -а́ю, -а́ешь *uv* mannbar werden, erwachsen werden
мужа́ться, -а́юсь, -а́ешься *uv*: мужа́йся! sei mannhaft!, ermanne dich!
мужеподо́бный, -ая, -ое; *Kzf* -бен, -бна wie ein Mann; -ая же́нщина Mannweib
му́жественный, -ая, -ое; *Kzf* -вен, -венна mannhaft, mutig, tapfer; ∼ посту́пок mutige Tat
му́жество, -а *n* Tapferkeit, Mut
мужи́к, -а́ *m* **1.** *alt* Bauer **2.** *umg* Mann, Kerl
мужи́цкий, -ая, -ое **1.** *alt* Bauern-, bäuerlich **2.** bäuerisch, grob
му́жний, -яя, -ее *volksspr* des Mannes
му́жнин, -а, -о *umg* dem Ehemann gehörend; ∼ хала́т des Ehemanns Kittel
мужско́й, -а́я, -о́е Männer-, Herren-, männlich; ∼ хор Männerchor; ∼ портно́й Herrenschneider; ∼ род *gram* Maskulinum
мужчи́на, -ы *m* Mann
муз. (музе́й) Museum
му́за, -ы *f* Muse
Музги́з (Госуда́рственное музыка́льное изда́тельство) Staatsverlag für Musik

музееве́дение, -я *n* Museumskunde
музе́й, -я, *G Pl* -ев *m* Museum
музе́йный, -ая, -ое Museums-
му́зыка, -и *f* Musik; занима́ться -ой musizieren, Musik treiben; положи́ть на -у in Musik setzen, vertonen ◇ ~ не та *oder* друга́я ~ das ist ganz etwas anderes, das ist eine ganz andere Sache
музыка́льность, -и *f* **1.** Wohllaut, Wohlklang, Harmonie **2.** Musikalität, musikalische Begabung; он отлича́ется большо́й -ью er ist außerordentlich musikalisch
музыка́льный, -ая, -ое **1.** Musik-; ~ инструме́нт Musikinstrument **2.** *Kzf* -лен, -льна musikalisch; ~ тала́нт musikalisches Talent **3.** *Kzf* -лен, -льна wohlklingend, melodisch ◇ -ая коме́дия Musical; Operette
музыка́нт, -а *m* Musiker, Musikant
музыкове́д, -а *m* Musikwissenschaftler
музыкове́дение, -я *n* Musikwissenschaft
музыкове́дческий, -ая, -ое musikwissenschaftlich
му́ка, -и *f* Qual, Plage, Pein; хожде́ние по -ам Leidensweg ◇ ~ мне с тобо́й ich habe meine liebe Not mit dir
мука́, -и́ *f* Mehl
муко|мо́л, -а *m* Müller; **~мо́льный,** -ая, -ое Mahl-, Mühl-
мул, -а *m* Maultier
мула́т, -а *m* Mulatte
мула́тка, -и, *Pl G* -ток, *D* -ткам *f* Mulattin
мулла́, -ы́ *m* Mulla
мультипликацио́нный, -ая, -ое Multiplikations-; ~ фильм (Zeichen-) Trickfilm
мультиплика́ция, -и *f* **1.** Herstellung von (Zeichen-) Trickfilmen **2.** (Zeichen-) Trickfilm
мультфи́льм, -а *m* (мультипликацио́нный фильм) (Zeichen-) Trickfilm
мумифика́ция, -и *f* Mumifizierung
мумифици́ровать, -рую, -руешь *v, uv* mumifizieren
[1]**му́мия,** -и *f* Mumie
[2]**му́мия,** -й *f* Rötelfarbe, Eisenmennige
мунди́р, -а *m* Uniform ◇ карто́фель [карто́шка] в -е Pellkartoffeln
мунди́рный, -ая, -ое Uniform-; -ые пу́говицы Uniformknöpfe
мундшту́к [нш], -а́ *m* **1.** Mundstück *an Zigaretten und Blasinstrumenten* **2.** Zigarettenspitze **3.** Kandare
муниципализа́ция, -и *f* Munizipalisierung, Überführung in Gemeindeeigentum
муниципализи́ровать, -рую, -руешь; -рованный, -рован, -а *v, uv* munizipalisieren, in Gemeindeeigentum überführen
муниципалите́т, -а *m* Munizipalität, Stadtverwaltung
муниципа́льный, -ая, -ое munizipal
[1]**мурава́,** -ы́ *f poet* junges Gras
[2]**мурава́,** -ы́ *f* Glasur, Schmelz
мураве́й, -вья́, *G Pl* -вьёв *m* Ameise
мураве́йник, -а *m* Ameisenhaufen
мура́вить, -влю, -вишь *uv, tech* glasieren
мура́вленый, -ая, -ое glasiert; ~ изразе́ц glasierte Kachel
муравье́д, -а *m zool* Ameisenbär
муравьи́ный, -ая, -ое Ameisen-; -ая ку́ча Ameisenhaufen; ~ лев Ameisenlöwe; -ая кислота́ *chem* Ameisensäure
мура́шка, -и, *Pl G* -шек, *D* -шкам *f* **1.** *umg* (Haus-) Ameise **2.** Käferchen *umgangssprachliche Bezeichnung für jedes kleine Insekt* ◇ у меня́ -и по спине́ бе́гают *übtr* mir läuft es kalt den Rücken hinunter
мурлы́канье, -ья *n* Schnurren, Spinnen
мурлы́кать, -лы́чу, -лы́чешь *u.* -аю, -аешь *uv* **1.** *1. u. 2. Pers ungebr* schnurren, spinnen *von Katzen* **2.** *übtr*: ~ что́-н. (себе́ под нос) etw. vor sich hinsummen, leise etw. singen
Му́рманск, -а *m* Murmansk
му́рманский, -ая, -ое Murmansker
мурова́ть, -ру́ю, -ру́ешь; -ро́ванный, -ро́ван, -а *uv* mauern
муру́гий, -ая, -ое rotbraun, schwarzbraun *Farbe des Fells*
[1]**муска́т,** -а *m* Muskatnuß
[2]**муска́т,** -а *m* Muskateller, Muskatwein
муска́тный, -ая, -ое Muskat-; -ое де́рево Muskatnußbaum; ~ цвет Mazis, Muskatblüte
му́скул, -а *m* Muskel
мускулату́ра, -ы *f* Muskulatur
му́скулистый, -ая, -ое; *Kzf* -ист, -а muskulös
му́скульный, -ая, -ое Muskel-
му́скус, -а *m* Moschus
му́скусный, -ая, -ое Moschus-
мусли́н, -а *m text* Musselin
му́слить, -лю, -лишь *uv volksspr* mit Speichel benetzen
мусо́лить, -лю, -лишь *uv volksspr*

1. mit Speichel benetzen; mit klebrigen Händen beschmutzen 2. *übtr*: ~ како́й-н. вопро́с eine Frage wiederkäuen
му́сор, -а *m* Müll, Kehricht, Abfall, Schutt
му́сорить, -рю, -ришь *uv* Schmutz machen, beschmutzen
му́сорный, -ая, -ое Müll-, Schutt-, Kehricht-; ~ я́щик Müllkasten; -ая я́ма Müllgrube; -ая ку́ча Schutthaufen
мусоропрово́д, -а *m* Müllschlucker
му́сорщик, -а *m* Müllkutscher
мусс, -а *m* Schaumspeise
мусси́ровать, -рую, -руешь *uv* 1. zum Schäumen bringen 2. *1. u. 2. Pers ungebr* moussieren, perlen, schäumen 3. übertreiben; ~ слу́хи *übtr* Gerüchte verbreiten, etw. an die große Glocke hängen
муссо́н, -а *m* Monsun(wind)
муст, -а *m* Most
муста́нг, -а *m zool* Mustang
мусульма́нин, -а, *Pl* -а́не, -а́н, -а́нам *m* Mohammedaner, Moslem
мусульма́нский, -ая, -ое mohammedanisch, islamisch
мусульма́нство, -а *n* Islam
Му́ся, -и *f Dem zu* Мари́я
мута́ция, -и *f biol* Mutation
мути́ть, мучу́, му́ти́шь *uv* 1. trüben, trübe machen; ~ во́ду das Wasser trüben 2. *übtr* trüben, verwirren 3. hetzen, aufhetzen, aufwiegeln 4. *unpers*: меня́ мути́т mir ist übel
мути́ться, *1. u. 2. Pers ungebr*, мути́тся *uv* 1. sich trüben, trüb werden 2. *übtr* sich trüben, sich verschleiern *Bewußtsein*
мутне́ть, *1. u. 2. Pers ungebr*, -е́ет trübe werden, sich trüben
му́тность, -и *f* 1. Trübheit 2. Mattheit, Glanzlosigkeit
му́тный, -ая, -ое; *Kzf* -тен, -тна́! 1. trübe *von Flüssigkeiten* 2. matt, glanzlos 3. *übtr* getrübt, unklar *Bewußtsein* ◇ лови́ть ры́бу в -ой воде́ im trüben fischen
муто́вка, -и, *Pl G* -вок, *D* -вкам *f* Quirl
му́торный, -ая, -ое; *Kzf* -рен, -рна *volksspr* unangenehm
муть, -и *f* Bodensatz, Satz
му́фель, -я *m tech* Muffel
[1]**му́фта,** -ы *f* Muff
[2]**му́фта,** -ы *f tech* Muffe
му́фтовый, -ая, -ое *tech* Muffen-; -ое соедине́ние Muffenverbindung
му́ха, -и *f* Fliege ◇ он и -и не оби́дит er tut keiner Fliege etwas zuleide; быть под -ой einen Schwips haben, angeheitert sein; де́лать из -и слона́ aus einer Mücke einen Elefanten machen
мухоло́вка, -и, *Pl G* -вок, *D* -вкам 1. Fliegenfänger 2. *bot* Fliegenklappe 3. *zool* Fliegenschnäpper
мухомо́р, -а *m* Fliegenpilz
мухо́ртый, -ая, -ое braun mit gelben Flecken *vom Fell der Pferde*
муче́ние, -я *n* Qual, Pein, Marter; одно́ ~ мне с ним ich habe meine liebe Not mit ihm
му́ченик, -а *m* Märtyrer
му́ченический, -ая, -ое Märtyrer-
му́ченичество, -а *n* Martyrium, Qual
мучи́тель, -я *m* Peiniger; Quälgeist
мучи́тельный, -ая, -ое; *Kzf* -лен, -льна quälend, qualvoll
му́чить, му́чу, му́чишь *uv* quälen, peinigen, martern
му́читься, му́чусь, му́чишься *uv* 1. sich quälen, Qualen leiden; ~ угрызе́ниями со́вести von Gewissensbissen gepeinigt werden 2. sich (ab)quälen, sich (ab)plagen (с *I* mit etw. *oder* над *I* über etw.); ~ над рабо́той sich mit der Arbeit abquälen
мучни́к, -а́ *m alt* Mehlhändler
мучни́стый, -ая, -ое; *Kzf* -и́ст, -а mehlhaltig, stärkehaltig, mehlig
мучно́е, -о́го *Subst n* Mehlspeise
мучно́й, -а́я, -о́е Mehl-; -ы́е изде́лия Mehlwaren
муши́ный, -ая, -ое Fliegen-
[1]**му́шка,** -и, *Pl G* -шек, *D* -шкам *f* 1. kleine Fliege 2. Schönheitspflästerchen 3. Tüpfel, Tupfen *Stoffmuster*
[2]**му́шка,** -и, *Pl G* -шек, *D* -шкам *f* Korn, Visierkorn ◇ взять на -у кого́-н. [что́-н.] j-n [etw.] aufs Korn nehmen
мушке́т, -а *m hist* Muskete
мушкетёр, -а *m hist* Musketier
мушмула́, -ы́ *f* Mispel
муштра́, -ы́ *f mil* Drill
муштрова́ть, -ру́ю, -ру́ешь; -ро́ванный, -ро́ван, -а *uv mil* drillen
муштро́вка, -и *f mil* Drillen, Drill
муэдзи́н, -а *m* Muezzin
МХАТ, -а *m* (Моско́вский Худо́жественный академи́ческий теа́тр им. Го́рького) Moskauer Künstlertheater
м-ц (ме́сяц) Monat
мчать, мчу, мчишь *uv* 1. schnell fahren *oder* tragen; mit sich reißen 2. dahinjagen
мча́ться, мчусь, мчи́шься *uv* dahineilen, dahinjagen

мши́стый, -ая, -ое; *Kzf* мшист, -а bemoost
мще́ние, -я *n* Rache
мы, нас, нам, нас, на́ми, о нас *Pers Pron* wir ◇ мы с тобо́й du und ich
мы́кать, -аю, -аешь *uv*: го́ре ~ *volksspr* Not leiden; ein kümmerliches Dasein fristen
мы́каться, -аюсь, -аешься *uv volksspr* sich kümmerlich durchschlagen
мы́лить, -лю, -лишь *uv* (ein)seifen
мы́литься, -люсь, -лишься *uv* **1.** sich einseifen ?. *1. u. 2. Pers ungebr* schäumen, Schaum geben
мы́лкий, -ая, -ое; *Kzf* -лок, -лка́! gut schäumend, schaumbildend
мы́ло, -а, *Pl* мыла́, -о́в, -а́м *n* **1.** Seife; жи́дкое ~ Schmierseife **2.** Schaum *beim Pferd*; ло́шадь вся в -е das Pferd ist schaumbedeckt
мылова́р, -а *m* Seifensieder
мылова́ренный, -ая, -ое: ~ заво́д Seifensiederei
мы́льница, -ы, *I* -ей *f* Seifenschale, Seifendose
мы́льный, -ая, -ое Seifen-; ~ порошо́к Seifenpulver
мыс, -а *m* Kap, Vorgebirge; Мыс До́брой Наде́жды Kap der Guten Hoffnung
мы́сленный, -ая, -ое gedanklich, in Gedanken, innerlich
мы́слимый, -ая, -ое; *Kzf* -им, -а denkbar, möglich
мысли́тель, -я *m* Denker
мысли́тельный, -ая, -ое Denk-; -ая спосо́бность Denkvermögen, Denkfähigkeit
мы́слить, -лю, -лишь *uv* **1.** denken, überlegen **2.** sich vorstellen, sich denken ◇ мно́го ~ о себе́ eingebildet sein, von sich eingenommen sein
мысль, -и *f* **1.** Denken, Denkvermögen **2.** Gedanke, Idee; Einfall; у меня́ мелькну́ла ~ ein Gedanke schoß mir durch den Kopf; блестя́щая ~ glänzender Einfall; пода́ть кому́-н. ~ j-n auf einen Gedanken bringen; мне пришла́ в го́лову ~ ich kam auf den Gedanken; э́то навело́ меня́ на ~ das brachte mich auf den Gedanken; собира́ться с -ями seine Gedanken sammeln; за́дняя ~ Hintergedanke; предвзя́тая ~ Voreingenommenheit; быть одни́х -ей с ке́м-н. mit j-m einer Meinung sein
мыта́рить, -рю, -ришь *uv volksspr* plagen, strapazieren, ermüden
мыта́риться, -рюсь, -ришься *uv volksspr* sich abquälen, sich plagen, sich mühselig durchschlagen
мыта́рство, -а *n* Plage, Qual, Strapaze; пройти́ че́рез все -а viel durchmachen (müssen)
мыть* *uv* waschen ◇ рука́ ру́ку мо́ет eine Hand wäscht die andere
мытьё, -ья́ *n* Waschen
мы́ться* *uv* sich waschen
мыча́ние, -я *n* **1.** Gebrüll, Brüllen **2.** *umg übtr* unartikulierte Laute
мыча́ть, мычу́, мычи́шь *uv* **1.** muhen, brüllen *Rinder* **2.** *umg übtr* unartikulierte Laute ausstoßen
мыша́стый, -ая, -ое; *Kzf* -а́ст, -а mausgrau *Farbe des Tierfells*
мышело́вка, -и, *Pl G* -вок, *D* -вкам *f* Mausefalle
мы́шечный, -ая, -ое *anat* Muskel-
мыши́ный, -ая, -ое Maus-, Mause-; -ая но́рка Mauseloch
¹мы́шка, -и, *Pl G* -шек, *D* -шкам *f Dem zu* мышь Mäuschen, kleine Maus
²мы́шка, -и, *Pl G* -шек, *D* -шкам *f*: нести́ под -ой [под -шками] unter dem Arm tragen; взять под -у [под -шки] unter den Arm nehmen
мышле́ние, -я *n* Denken, Denkweise
мышо́нок, -нка, *Pl* мыша́та -а́т, -а́там *m* Mausjunges
мы́шца, -ы, *I* -ей *f* Muskel
мышь, -и, *Pl* мы́ши, мыше́й, мыша́м *f* Maus; лету́чая ~ Fledermaus
мышья́к, -а́ *m chem* Arsen; Arsenik
Мю́нхен, -а *m* München
мя́гкий [хк], -ая, -ое; *Kzf* -гок, -гка́ [хк]!; *Komp* мя́гче [хч]; *Sup* мягча́йший [хч] **1.** weich, zart; geschmeidig; mürbe; -ие во́лосы weiches Haar; -ое кре́сло Polstersessel; ~ ваго́н Eisenbahnwagen der ersten Klasse *gepolstert* **2.** *übtr* sanft, mild, weich; ~ кли́мат mildes Klima; ~ свет gedämpftes Licht; -ая по́ступь leiser [gedämpfter] Schritt; ~ хара́ктер sanfter Charakter; ~ пригово́р mildes Urteil ◇ мя́гко выража́ясь gelinde gesagt
мягко|серде́чие [хк], -я *n* Weichherzigkeit, Güte; **~серде́чный** [хк], -ая, -ое; *Kzf* -чен, -чна weichherzig, gütig
мя́гкость [хк], -и *f* **1.** Weichheit, Zartheit, Geschmeidigkeit **2.** *übtr* Weichheit, Milde, Sanftmut
мягко|те́лость [хк], -и *f* Schlappheit, Energielosigkeit, Charakterschwäche, Willensschwäche; **~те́лый** [хк], -ая, -ое; *Kzf* -е́л, -а schlapp, energielos, charakterlos, willensschwach

мягча́йший ↑ мя́гкий
мя́гче ↑ мя́гкий
мягчи́тельный [хч], -ая -ое *med* lindernd, Linderungs-
мягчи́ть [хч], *1. u. 2. Pers ungebr*, -и́т *uv* weich machen, zart machen
мяки́на, -ы *f* Spreu
мяки́нный, -ая, -ое Spreu- ◇ **-ая голова́** *volksspr, derb* Hohlkopf
мя́киш, -а, *I* -ем, *G Pl* -ей *m* Brotkrume
мя́кнуть, -ну, -нешь; мяк, -ла *uv* 1. *1. u. 2. Pers ungebr* weich werden, aufweichen 2. *übtr* sich erweichen lassen
мя́коть, -и *f* 1. Fleisch ohne Knochen 2. Fleisch *von Früchten*
мя́млить, -лю, -лишь *uv volksspr* langsam und undeutlich sprechen
мя́мля, -и, *G Pl* -ей *m, f volksspr* Waschlappen, Schlappschwanz
мяси́стый, -ая, -ое; *Kzf* -и́ст, -а fleischig
мясна́я, -о́й *Subst f* Fleischerladen, Fleischerei
мясни́к, -а́ *m* Fleischer
мясно́е, -о́го *Subst n* Fleischgericht, Fleischspeise
мясно́й, -а́я, -о́е Fleisch-; ~ нава́р Fleischbrühe; -ы́е консе́рвы Büchsenfleisch; ~ стол Fleischkost
мя́со, -а *n* Fleisch; ру́бленое ~ Hackfleisch; варёное ~ gekochtes Fleisch ◇ ди́кое ~ wildes Fleisch; пу́шечное ~ Kanonenfutter; ни ры́ба ни ~ weder Fisch noch Fleisch
мясо|загото́вки *Pl* -вок, -вкам, *Sg* мясозагото́вка, -и *f* planmäßige Fleischbeschaffung *durch den Staat*; **~поста́вки** *Pl* -вок, -вкам, *Sg* мясопоста́вка, -и *f* Fleischablieferung *auf Grund des Planes*; **~проду́кты,** -ов *Pl* Fleischwaren; **~пу́ст,** -а *m kirch* 1. Fasttag 2. Fastnachtswoche; **~ру́бка,** -и, *Pl G* -бок, *D* -бкам *f* Fleischwolf
мя́та, -ы *f bot* Minze
мяте́ж, -а́, *I* -о́м, *G Pl* -е́й *m* Aufruhr, Rebellion, Meuterei, Putsch
мяте́жник, -а *m* Aufrührer, Rebell, Meuterer, Putschist
мяте́жный, -ая, -ое 1. aufrührerisch, rebellisch 2. *übtr Kzf* -жен, -жна stürmisch, aufgewühlt, rastlos; ~ хара́ктер unruhiger [unsteter] Charakter
мя́тлик, -а *m bot* Rispengras
мя́тный, -ая, -ое Minz-, Pfefferminz-; -ые ка́пли Pfefferminztropfen
мя́тый, -ая, -ое zerdrückt; zerknittert, zerknüllt
мять* *uv* 1. kneten; ~ гли́ну kneten *Ton* 2. brechen *Flachs* 3. (zer)knittern, zerknüllen; ~ пла́тье das Kleid zerknüllen 4. *tech* walzen
[1]**мя́ться***, *1. u. 2. Pers ungebr*, *uv* knittern, Falten bekommen
[2]**мя́ться*** *uv* unschlüssig sein; nicht mit der Sprache heraus wollen
мяу́канье, -ья *n* Miauen
мяу́кать, -аю, -аешь *uv* miauen ‖ *v mom* **мяу́кнуть,** -ну, -нешь
мяч, -а́, *I* -о́м, *G Pl* -е́й *m* Ball; футбо́льный ~ Fußball; игра́ть в ~ Ball spielen
мя́чик, -а *m* kleiner Ball

Н

на *Präpos* **I.** *mit A* 1. auf; сесть на стул sich auf den Stuhl setzen; подня́ться на́ гору auf einen Berg steigen, einen Berg besteigen 2. an; пове́сить карти́ну на́ стену das Bild an die Wand hängen; пойти́ на па́лубу an Deck gehen; пое́хать на мо́ре [на Во́лгу] an die See [an die Wolga] fahren 3. in, zu; пое́хать на юг in den Süden fahren; на Ура́л in den Ural; идти́ на собра́ние in die Versammlung gehen 4. nach; доро́га [по́езд] на Москву́ die Straße [der Zug] nach Moskau; самолёт на Берли́н das Flugzeug nach Berlin 5. für, auf *Zeit*; биле́т на за́втра eine Karte für morgen; на коро́ткое вре́мя für kurze Zeit; уе́хать неде́ли на́ две [на́ три] für ungefähr vierzehn Tage [drei Wochen] verreisen; оста́ться на неде́лю eine Woche bleiben; запасти́сь на́ зиму sich für den Winter eindecken 6. an, in *zeitlich*; *mit Ordnungszahlen ab 2 u. gleichbedeutenden Adj*; на (сле́дующее) у́тро am nächsten Morgen; на шесто́й день am sechsten Tag; на сле́дующий год im nächsten Jahr; на пе́рвое января́ nach dem Stand vom ersten Januar **7.** zu *bei Feiertagen*; на Но́вый год zu Neujahr; на ёлку zu Weihnachten; на па́сху zu Ostern **8.** für *Zweck, nach bestimmten Verben und Subst*; рабо́тать на э́кспорт für den Export arbeiten; хле́ба хва́тит на всех das Brot reicht für alle; (тра́тить) де́ньги на кни́ги Geld für Bücher (ausgeben); учи́ться на сле́саря Schlosser lernen; экза́мен на перево́дчика Dolmetscherprüfung; расхо́ды на вооруже́ние Rüstungsausgaben; мате́рия на пальто́ Mantelstoff **9.** zu *Zweck*; *bei Verbalsubstantiven*; сдать чемода́н на хране́ние den Koffer zur Aufbewahrung geben; предложи́ть на рассмотре́ние zur Begutachtung vorlegen; испыта́ние на разры́в Zerreißprobe **10.** für *Fassungsvermögen*; зал на ты́сячу зри́телей ein Saal für tausend Zuschauer; на ско́лько челове́к? für wieviel Personen?; больни́ца на две́сти ко́ек ein Krankenhaus mit zweihundert Betten; па́чка на де́сять штук Zehnerpackung **11.** für (insgesamt); купи́ть проду́ктов на пять ма́рок für fünf Mark Lebensmittel kaufen; в э́том предме́те материа́ла на копе́йку, а рабо́ты на рубль in dieser Sache steckt für eine Kopeke Material, aber für einen Rubel Arbeit **12.** um *Differenz*; повы́сить [сни́зить] це́ну на де́сять проце́нтов den Preis um zehn Prozent erhöhen [senken]; продли́ть о́тпуск на неде́лю den Urlaub (um) eine Woche verlängern; он на пять лет моло́же её er ist fünf Jahre jünger als sie; он на́ голову вы́ше меня́ er ist einen Kopf größer als ich **13.** in *bei Verben des Teilens*; дели́ть на́ две ча́сти in zwei Teile teilen ◇ на бра́та *umg* pro Person; це́ны на кни́ги die Preise für Bücher, die Bücherpreise; сдать экза́мен на „отли́чно" die Prüfung mit Auszeichnung ablegen; э́то ему́ на́ руку das ist Wasser auf seine Mühle, das kommt ihm gelegen **II.** *mit P* **1.** auf; сиде́ть на дива́не auf dem Sofa sitzen **2.** an; висе́ть на стене́ an der Wand hängen; писа́ть на доске́ an die Tafel schreiben; отдыха́ть на мо́ре [на Во́лге] an der See [an der Wolga] ausspannen; Росто́в-на-Дону́ Rostow am Don; на медици́нском факульте́те an der medizinischen Fakultät **3.** in *Himmelsrichtung, Veranstaltung*; на ю́ге im Süden; на Кавка́зе im Kaukasus; на ле́кции in der Vorlesung; на конце́рте im Konzert **4.** in *zeitlich*; на э́той неде́ле diese Woche; на рассве́те in der Morgendämmerung; на пе́рвом эта́пе während der ersten Etappe **5.** mit *Fortbewegungsmittel*; лете́ть на самолёте mit dem Flugzeug fliegen; е́хать на велосипе́де radfahren; е́хать на оле́нях mit Rentierschlitten fahren **6.** mit *Ausstattung*; ю́бка на мо́лнии [на рези́нке] Rock mit Reißverschluß [Gummizug]; ту́фли на высо́ких каблука́х Schuhe mit hohen Absätzen; радиоприёмник на полупроводника́х Transistorradio; пальто́ на меху́ pelzgefütterter Mantel **7.** auf der Grundlage von *Rohstoff u. a.*; электроста́нция рабо́тает на бу́ром у́гле dieses Kraftwerk wird mit Braunkohle betrieben; мазь на вазели́не Salbe auf Vaselinegrundlage **8.** *umg* an *reichliches Vorhandensein*; дыра́ на дыре́ Loch an Loch; оши́бка на оши́бке Fehler über Fehler **9.** *anhaben, aufhaben*; на нём был си́ний костю́м er hatte einen blauen Anzug an; на ней кра́сная шля́пка sie hat einen roten Hut auf **10.** *bei Musikinstrumenten*: игра́ть на фле́йте [скри́пке] Flöte [Geige] spielen; игра́ на фортепья́но Klavierspiel

²на! *Part umg* da nimm!, da hast du! ◇ вот тебе́ и на! da haben wir die Bescherung [den Salat]!

наба́вить, -влю, -вишь; -вленный, -влен, -а *v* (auf den Preis) aufschlagen; (durch Aufschlag) erhöhen; ~ пять рубле́й fünf Rubel aufschlagen; ~ пла́ту за помеще́ние die Miete erhöhen ‖ *uv* набавля́ть, -я́ю, -я́ешь

наба́вка, -и *f* Zuschlag, Zulage

набавля́ть *uv zu* наба́вить

набалда́шник, -а *m* Knauf *am Stock*

набалова́ться, -лу́юсь, -лу́ешься *v* sich austoben

наба́лтывать *uv zu* ¹наболта́ть

набальзами́ровать *v zu* бальзами́ровать

наба́т, -а *m* Sturmläuten; бить в ~ Sturm läuten, Alarm schlagen *a. übtr*

наба́тный, -ая, -ое Sturm-, Alarm-

набе́г, -а *m* Überfall, Einfall; разбо́йничий ~ Raubzug

набега́ть, -а́ю, -а́ешь *uv* **1.** *uv zu* набежа́ть **2.** überfallen, angreifen **3.** *umg* Falten schlagen [werfen] *Kleider*

набе́гаться, -аюсь, -аешься *v umg* sich müde laufen
набедоку́рить, -рю, -ришь *v umg* Unheil stiften [anrichten]
на|бежа́ть* *v* **1.** на *A* (an)laufen, (an)rennen (gegen); волна́ набежа́ла на бе́рег die Welle schlug ans Ufer; набежа́ла ту́ча eine Wolke zog herauf **2.** *umg 1. u. 2. Pers Sg ungebr* zusammenströmen *Leute, Flüssigkeit* **3.** *1. u. 2. Pers ungebr* sich ansammeln *Geld u. a.* ‖ *uv* набега́ть, -а́ю, -а́ешь
набекре́нь *Adv umg* schief (aufgesetzt); наде́ть ша́пку ~ die Mütze schief aufsetzen
набели́ть, -елю́, -е́ли́шь; -елённый, -елён, -елена́ *v* **1.** weiß schminken **2.** weiß machen, bleichen
набели́ться, -елю́сь, -е́ли́шься *v* sich weiß schminken
на́бело *Adv* ins reine; переписа́ть ~ ins reine schreiben
на́бережная, -ой *Subst f* Kai, Uferstraße
набива́ть(ся) *uv zu* наби́ть(ся)
наби́вка, -и *f* **1.** Polstern, Ausstopfen **2.** Polsterung, Füllung **3.** (Textil-) Druck
набивно́й, -а́я, -о́е **1.** gestopft, gefüllt **2.** *text* Druck-, bedruckt
набира́ть(ся) *uv zu* набра́ть(ся)
наби́тый, -ая, -ое; *Kzf* -и́т, -а *umg* prall gefüllt, gepfropft voll; зал наби́т битко́м der Saal ist zum Brechen voll ◇ ~ дура́к *volksspr* ausgemachter Dummkopf
на|би́ть* *v* **1.** (aus)stopfen, füllen, (aus)polstern; ~ до отка́за vollstopfen, vollpfropfen; ~ табаку́ в тру́бку die Pfeife mit Tabak stopfen; ~ корзи́ну веща́ми den Korb mit Sachen vollstopfen **2.** на *A* aufschlagen; auftreiben *Reifen*; ~ о́бручи на бо́чку ein Faß binden **3.** *G Nägel* einschlagen *in bestimmter Menge* **4.** befestigen, festnageln **5.** *text* bedrucken *Stoff* **6.** *A oder G* schießen, erlegen *Wild* **7.** *umg Beule u. ä.* schlagen, *einen Körperteil* anschlagen; ~ ши́шку на лбу sich eine Beule an der Stirn schlagen **8.** *A oder G* viel zerschlagen ◇ ~ ру́ку на чём-н. in etw. Fertigkeit [Routine] bekommen, etw. im Griff haben; ~ це́ну на что́-н. den Preis einer Ware in die Höhe treiben; ~ (себе́) карма́н *übtr* sich die Taschen füllen ‖ *uv* набива́ть, -а́ю, -а́ешь
на|би́ться* *v* **1.** *1. u. 2. Pers ungebr* sich ansammeln; в ко́мнату [ко́мнате] наби́лось мно́го наро́ду das Zimmer ist [war] überfüllt von Menschen [voller Menschen] **2.** *umg* sich aufdrängen; ~ к кому́-н. в го́сти sich selbst bei j-m einladen ‖ *uv* набива́ться, -а́юсь, -а́ешься
наблюда́тель, -я *m* Beobachter
наблюда́тельность, -и *f* Beobachtungsgabe, Aufmerksamkeit
наблюда́тельный, -ая, -ое **1.** *Kzf* -лен, -льна aufmerksam, mit guter Beobachtungsgabe **2.** Beobachtungs-
наблюда́ть, -а́ю, -а́ешь *uv* **1.** *A oder* за *I* beobachten, betrachten, verfolgen; ~ за полётом пти́цы den Flug eines Vogels verfolgen [beobachten] **2.** за *I* beobachten, überwachen; beaufsichtigen; ~ за детьми́ auf die Kinder aufpassen; ~ за поря́дком auf Ordnung achten, für Ordnung sorgen **3.** beobachten, erforschen; ~ жизнь пчёл das Leben der Bienen erforschen **4.** *alt* einhalten, befolgen
наблюда́ться, *1. u. 2. Pers ungebr,* -а́ется *uv* sich beobachten lassen, zu beobachten sein, vorkommen
наблюде́ние, -я *n* **1.** Beobachtung **2.** Kontrolle, Aufsicht
на́божность, -и *f* Frömmigkeit
на́божный, -ая, -ое; *Kzf* -жен, -жна fromm
набо́йка, -и, *Pl G* -о́ек, *D* -о́йкам *f* **1.** Stopfen, Füllen **2.** *text* bedruckter Stoff; Druckmuster **3.** Schuhabsatz *unterste Schicht*
на́бок *Adv* auf die Seite, schief
наболе́вший, -ая, -ее **1.** empfindlich, wund; -ее ме́сто wunder Punkt **2.** dringend, aktuell; ~ вопро́с brennende Frage
наболе́ть, *1. u. 2. Pers ungebr,* -е́ет *v* durch dauernden Schmerz überempfindlich werden ◇ высказа́ть, что на душе́ наболе́ло offen sagen, was einen schon lange bedrückt
[1]**наболта́ть,** -а́ю, -а́ешь; набо́лтанный, -ан, -а *v A oder G umg* hineinrühren, -quirlen; ~ яи́ц в те́сто Eier in den Teig rühren ‖ *uv* наба́лтывать, -аю, -аешь
[2]**наболта́ть,** -а́ю, -а́ешь *v A oder G umg* (viel) zusammenschwatzen; ~ глу́постей Unsinn reden
набо́р, -а *m* **1.** Einstellung, Anwerbung *von Arbeitskräften* **2.** *mil* Anwerbung; Aushebung **3.** *typ* Satz; сдать в ~ in Satz geben **4.** Satz, Garnitur; чертёжный ~ Reißzeug;

шокола́дный ~ Schachtel Pralinen ◇ ~ слов leere Worte
набо́рный, -ая, -ое 1. *typ* Setz-; -ая ка́сса Setzkasten 2. -ая, -ой *Subst f typ* Setzerei
набо́рщик, -а *m typ* Setzer
[1]**набра́сывать** *uv zu* наброса́ть
[2]**набра́сывать** *uv zu* набро́сить
набра́сываться *uv zu* набро́ситься
на|бра́ть*; на́брана́ *v* 1. *A oder G* (ein)-sammeln; aufnehmen; ~ воды́ в буты́лку die Flasche mit Wasser füllen 2. anwerben, einstellen, aufnehmen *Arbeitskräfte*; *mil* anwerben, ausheben; aufstellen 3. *typ* setzen 4. (zu einem Ganzen) zusammenstellen; ~ буке́т цвето́в einen Blumenstrauß zusammenstellen 5.: ~ но́мер eine Telefonnummer wählen 6. gewinnen, erreichen *Tempo, Höhe*; ~ ско́рость eine große Geschwindigkeit erreichen, auf Tempo kommen; ~ высоту́ *flug* (auf)steigen, Höhe gewinnen ◇ сло́вно воды́ в рот ~ *umg* den Mund nicht auftun, keinen Ton sagen ‖ *uv* набира́ть, -а́ю, -а́ешь
на|бра́ться*; -брали́сь *v* 1. *G 1. u. 2. Pers ungebr* sich ansammeln; набрало́сь челове́к де́сять es hatten sich ungefähr zehn Mann eingefunden; у меня́ набра́ло́сь де́сять рубле́й ich habe [hatte] zehn Rubel zusammen 2.: ~ хра́брости [сме́лости] Mut fassen; ~ сил Kräfte sammeln; ~ терпе́ния Geduld fassen 3. *G umg* sich aneignen, übernehmen; ~ предрассу́дков viele Vorurteile übernehmen; с кем поведёшься, от того́ и наберёшься *Sprichw* sage mir, mit wem du umgehst, und ich sage dir, wer du bist 4.: на его́ расхо́ды де́нег не наберёшься für seine Ausgaben kann man nicht genug Geld haben 5. *volksspr* sich besaufen, sich vollaufen lassen ‖ *uv* набира́ться, -а́юсь, -а́ешься
на|брести́*; набредя́ *u. alt* набре́дши *v umg* 1. zufällig stoßen (на *A* auf); ~ на чей-н. след auf j-s Spur geraten; ~ на интере́сную мысль auf einen interessanten Gedanken kommen 2. *G meist unpers* sich ansammeln, sich einfinden
набронзирова́ть, -ру́ю, -ру́ешь; -ро́ванный, -ро́ван, -а *v* bronzieren ‖ *uv* **набронзиро́вывать,** -аю, -аешь
наброса́ть, -а́ю, -а́ешь; набро́санный, -ан, -а *v* 1. *A oder G* vollwerfen; umherwerfen, werfen *in Mengen* 2. skizzieren, entwerfen, umreißen *a. übtr* ‖ *uv* набра́сывать, -аю, -аешь
набро́сить, -о́шу, -о́сишь; -о́шенный, -о́шен, -а *v* umwerfen, überwerfen *Mantel, Tuch u. ä.*; ~ шаль на пле́чи die Stola um die Schultern legen ◇ ~ тень на кого́-н. j-n kompromittieren ‖ *uv* набра́сывать, -аю, -аешь
набро́ситься, -о́шусь, -о́сишься *v* на *A* sich werfen, sich stürzen (auf), herfallen (über) *a. übtr* ‖ *uv* набра́сываться, -аюсь, -аешься
набро́сок, -ска *m* Skizze, Entwurf
набры́згать, -аю, -аешь *v* bespritzen ‖ *uv* **набры́згивать,** -аю, -аешь
набрю́шник, -а *m* Bauchbinde
набуха́ть *uv zu* набу́хнуть
набу́хнуть, *1. u. 2. Pers ungebr*, -нет; набу́х, -ла *v* anschwellen, aufquellen ‖ *uv* набуха́ть, -а́ет
нава́га, -и *f* Nawaga *Dorschart im Nördlichen Eismeer*
нава́ксить *v zu* ва́ксить
[1]**нава́ливать** *uv zu* навали́ть
[2]**нава́ливать** *uv zu* наваля́ть
нава́ливаться *uv zu* навали́ться
навали́ть, -алю́, -а́лишь; -а́ленный, -а́лен, -а *v* 1. на *A umg* daraufwälzen; aufladen 2. *A oder G umg* hinschütten, aufhäufen; ~ дров в capа́е Holz im Schuppen aufhäufen 3.: ~ что́-н. на кого́-н. *umg* j-m etw. aufhängen, etw. auf j-n abwälzen 4. *meist unpers volksspr G* herbeiströmen, zusammenkommen; наро́ду мно́го навали́ло es sind viele Menschen zusammengeströmt 5. *A oder G*: мно́го сне́га навали́ло *umg* es ist viel Schnee gefallen ‖ *uv* нава́ливать, -аю, -аешь
навали́ться, -алю́сь, -а́лишься *v* 1. на *A* sich mit dem ganzen Körpergewicht legen (auf); ~ на вёсла sich in die Ruder legen 2. на *A volksspr* herfallen (über), sich stürzen (auf); ~ на еду́ über das Essen herfallen 3. *1. u. 2. Pers ungebr umg* in großer Menge fallen; навали́лось мно́го земли́ в ров es ist viel Erde in den Graben gerutscht ‖ *uv* нава́ливаться, -аюсь, -аешься
нава́лка, -и *f* Aufladen; в -у hingeschüttet, unverpackt
нава́лом *Adv* unverpackt; това́р ~ lose Ware
наваля́ть, -я́ю, -я́ешь; нава́лянный, -ян, -а *v* 1. *A oder G in Menge* walken 2. *A oder G in Menge* fällen *Holz* 3. *volksspr* pfuschen, (hin)schludern ‖ *uv* нава́ливать, -аю, -аешь *zu* 1

нава́р, -а *m* Fettaugen, -schicht; Brühe
нава́ривать *uv zu* навари́ть
нава́ристый, -ая, -ое; *Kzf* -ист, -а mit Fettaugen, kräftig
навари́ть, -арю́, -а́ришь; -а́ренный, -а́рен, -а *v* **1.** на *A* anschweißen **2.** *A oder G* kochen *eine best. Menge*; ~ су́пу на не́сколько дней für einige Tage Suppe kochen || *uv* нава́ривать, -аю, -аешь
нава́рный, -ая, -ое; *Kzf* -рен, -рна *umg* fett, mit dicker Fettschicht
навева́ть *uv zu* навея́ть
наве́даться, -аюсь, -аешься *v* к *D umg* kurz besuchen; vorsprechen (bei) || *uv* наве́дываться, -аюсь, -аешься
наведе́ние, -я *n* **1.** Induktion **2.** Richten *Geschütz*; *Fernrohr*; Lenkung *Raketenwaffen*; *flug* Leitung **3.**: ~ мо́ста Brückenschlag, -bau **4.** Auftragen *Farbe*; ~ ло́ска [гля́нца] Glasieren ◇ ~ спра́вок Einziehen von Erkundigungen
наве́дываться *uv zu* наве́даться
на|везти́* *v* **1.** *A oder G* anfahren, heranschaffen **2.** на *A umg* fahren (gegen), anfahren (an) || *uv* навози́ть, -ожу́, -о́зишь
наве́к(и) *Adv* für immer, auf ewig
навербова́ть, -бу́ю, -бу́ешь; -бо́ванный, -бо́ван, -а *v* anwerben || *uv* **навербо́вывать,** -аю, -аешь
наве́рно 1. *mod* wahrscheinlich, sicher **2.** *Adv* sicher, bestimmt; я зна́ю э́то ~ ich weiß das sicher
наве́рное *mod* wahrscheinlich
наверну́ть, -ну́, -нёшь; навёрнутый, -ут, -а *v* на *A* **1.** an-, aufschrauben **2.** auf-, umwickeln || *uv* навёртывать, -аю, -аешь
наверну́ться, *1. u. 2. Pers ungebr*, -нётся *v* **1.** sich aufwickeln **2.**: у неё на глаза́х наверну́лись слёзы Tränen traten ihr in die Augen **3.** *volksspr* sich einfinden, auftauchen || *uv* навёртываться, -ается
наверняка́ *Adv umg* sicher, bestimmt; де́йствовать ~ sichergehen
наверста́ть, -а́ю, -а́ешь; навёрстанный, -ан, -а *v* aufholen, nachholen *das Versäumte* || *uv* **навёрстывать,** -аю, -аешь
наверте́ть, -ерчу́, -е́ртишь; -е́рченный, -е́рчен, -а *v* **1.** aufwickeln, aufspulen **2.** *in best. Menge* bohren *Löcher*; durch Drehen herstellen || *uv* навёртывать, -аю, -аешь *zu* 1 *u.* наве́рчивать, -аю, -аешь *zu* 2
[1]**навёртывать** *uv zu* наверну́ть
[2]**навёртывать** *uv zu* наверте́ть
навёртываться *uv zu* наверну́ться
наве́рх *Adv* nach oben, hinauf, herauf
наверху́ *Adv* oben
наве́рчивать *uv zu* наверте́ть
наве́с, -а *m* Schutzdach, Vordach; offener Schuppen; Überdachung; Vorsprung *Felsen*
навеселе́ *Adv umg* angeheitert, beschwipst
наве́сить, -е́шу, -е́сишь; -е́шенный, -е́шен, -а *v* **1.** *A* an-, einhängen **2.** *A oder G in best. Menge* aufhängen || *uv* наве́шивать, -аю, -аешь
наве́ска, -и, *Pl G* -сок, *D* -скам *f* Aufhängen; Befestigen
навесно́й, -а́я, -о́е **1.** eingehängt, Einhänge- **2.** *landw* Anbau-; -о́е ору́дие Anbaugerät
наве́сный, -ая, -ое **1.** überhängend; -ая кры́ша Vordach, Schutzdach **2.** *mil* steil; ~ ого́нь Steilfeuer
на|вести́* *v* **1.** на *A* hinführen **2.** *übtr* bringen, lenken (auf); ~ на мысль auf den Gedanken bringen; ~ на след auf die Spur bringen; ~ речь на что́-н. die Rede auf etw. bringen **3.** *auf ein Ziel* richten; ~ ору́дие das Geschütz richten; ~ проже́ктор на самолёт den Scheinwerfer auf das Flugzeug richten **4.** на *A* auftragen, überziehen; ~ гля́нец на что́-н. etw. glasieren; polieren; ~ на себя́ красоту́ *umg* sich hübsch machen ◇ ~ ску́ку на кого́-н. j-n langweilen; ~ страх на кого́-н. j-m Furcht einjagen; ~ мост eine Brücke schlagen [bauen]; ~ поря́док Ordnung schaffen; ~ спра́вку о ко́м-н. [о чём-н.] Erkundigungen einziehen über j-n [etw.]; ~ кри́тику на кого́-н. j-n scharf kritisieren || *uv* наводи́ть, -ожу́, -о́дишь; э́то наво́дит на размышле́ния das läßt tief blicken, das gibt einem zu denken
навести́ть, -ещу́, -ести́шь; -ещённый, -ещён, -ещена́ *v* besuchen, aufsuchen || *uv* навеща́ть, -а́ю, -а́ешь
наве́тренный, -ая, -ое: -ая сторона́ Windseite, Luv
наве́чно *Adv* auf ewig, für immer
[1]**наве́шать,** -аю, -аешь; -анный, -ан, -а *v in best. Menge* aufhängen || *uv* наве́шивать, -аю, -аешь
[2]**наве́шать,** -аю, -аешь; -анный, -ан, -а *v in best. Menge* abwiegen || *uv* наве́шивать, -аю, -аешь
[1]**наве́шивать** *uv zu* наве́сить *u.* [1]наве́шать

²навешивать *uv zu* ²навешать
навещать *uv zu* навестить
навеять, -ею, -еешь *v* **1.** heranwehen; ~ прохладу Kühle zuwehen **2.** hervor-, wachrufen; ~ тоску [грусть] на кого-н. j-n wehmütig stimmen || *uv* навевать, -аю, -аешь
навзничь *Adv* rücklings; auf den [dem] Rücken
навзрыд *Adv*: плакать ~ laut schluchzen
навивать *uv zu* навить
навигационный, -ая, -ое Navigations-
навигация, -и *f* **1.** Schiffahrt **2.** Navigation
навидаться, -аюсь, -аешься *v G umg* viel sehen, viel erleben
навинтить, -нчу, -нтишь; навинченный, -ен, -а *v* auf-, anschrauben || *uv* **навинчивать,** -аю, -аешь
нависать *uv zu* нависнуть
навислый, -ая, -ое *umg* herabhängend; überhängend
нависнуть, *1. u. 2. Pers ungebr,* -нет; навис, -ла *v* **1.** überhängen, vorspringen **2.** *übtr* над *I* drohend schweben, (be)drohen; нависла опасность eine Gefahr droht || *uv* нависать, -ает
нависший, -ая, -ее überhängend, vorspringend; drohend; **-ие** брови buschige Augenbrauen
на|вить* *v* **1.** aufwickeln, aufspulen **2.** durch Winden *oder* Flechten herstellen **3.** *volksspr* anwehen **4.** *gbt* mit der Gabel aufladen || *uv* навивать, -аю, -аешь
навлекать *uv zu* навлечь
на|влечь* *v* на *A übtr* ziehen, lenken (auf); ~ на себя что-н. sich etw. zuziehen; ~ подозрение на кого-н. den Verdacht auf j-n lenken || *uv* навлекать, -аю, -аешь
наводить *uv zu* навести
наводка, -и *f* **1.** *mil* Richten, Zielen; прямой -ой in direktem Beschuß **2.** Einstellung; ~ на резкость *phot* Schärfeneinstellung **3.**: ~ моста Brückenbau **4.** Auftragen *Farben*
наводнение, -я *n* Überschwemmung, Hochwasser
наводнить, -ню, -нишь; -нённый, -нён, -нена *v I* überschwemmen || *uv* наводнять, -яю, -яешь
наводной, -ая, -ое: ~ мост Pontonbrücke
наводнять *uv zu* наводнить
наводчик, -а *m* **1.** Richtschütze, -kanonier **2.**: ~ лака Lackierer
наводящий, -ая, -ее: ~ вопрос andeutende Frage, Suggestivfrage
навоз, -а *m* Mist, Stalldünger
навозить, -ожу, -озишь; -оженный, -ожен, -а *uv* mit Stallmist düngen
навозить *uv zu* навезти
навозник, -а *m zool* Mistkäfer
навозный, -ая, -ое Mist-; -ая куча Misthaufen
навой, -я, *G Pl* -ев *m* **1.** Aufwickeln **2.** *text* Weberbaum
наволока, -и *f umg* Kissenbezug
наволочка, -и, *Pl G* -чек, *D* -чкам *f* Kissenbezug
навораживать *uv zu* наворожить
наворачивать, -аю, -аешь *uv* **1.** *uv zu* наворотить **2.** *volksspr* tüchtig zulangen *beim Essen*
наворожить, -жу, -жишь; -жённый, -жён, -жена *v volksspr* wahrsagen, zaubern || *uv* навораживать, -аю, -аешь
наворотить, -рочу, -ротишь; -роченный, -рочен, -а *v* unordentlich an-, aufhäufen || *uv* наворачивать, -аю, -аешь
наворсовать *uv zu* ворсовать
навострить, -рю, -ришь; -рённый, -рён, -рена *v volksspr* scharf machen; ~ уши die Ohren spitzen, lauschen
навостриться, -рюсь, -ришься *v volksspr* Geschicklichkeit [Fertigkeit] erlangen; Fähigkeiten erwerben
навощить, -щу, -щишь; -щённый, -щён, -щена *v* wachsen; bohnern
на|врать* *v umg A oder G* **1.** (vor)lügen **2.** *meist mit* на *A* verleumden **3.** *meist mit* в *P* Fehler machen (bei, in)
навредить, -ежу, -едишь *v D umg* viel Schaden zufügen
навряд ли *u. alt* **навряд** *Adv umg* kaum, schwerlich
навсегда *Adv* für immer; раз ~ ein für allemal
навстречу *Adv, a. Präpos mit D* entgegen; идти ~ кому-н. j-m entgegengehen; *übtr* j-m entgegenkommen
навыворот *Adv volksspr* **1.** umgekehrt, mit der Innenseite nach außen **2.** verkehrt, entgegengesetzt
навык, -а *m* Fertigkeit; *Pl* Routine, Übung; -и устной речи Sprechfertigkeit; у него большой ~ в переводе er hat große Übung im Übersetzen
навыкат(е): глаза ~ hervorquellende Augen, Glotzaugen
навылет *Adv*: он ранен ~ er hat einen

Durchschuß; ране́ние ~ Durchschuß

навы́нос *Adv*: продава́ть (пи́во) ~ *umg* (Bier) über die Straße verkaufen

навы́пуск *Adv* nicht in die Stiefelschäfte gesteckt *Hose*; nicht in die Hose [den Rock] gesteckt *Hemd, Bluse*

навы́рез *Adv* (etw.) als Kostprobe abschneiden

навы́тяжку *Adv*: стоя́ть ~ strammstehen

навью́чивать(ся) *uv zu* навью́чить(ся)

навью́чить, -чу, -чишь; -ченный, -чен, -а *v* beladen, bepacken || *uv* навью́чивать, -аю, -аешь

навью́читься, -чусь, -чишься *v volksspr I* sich bepacken || *uv* навью́чиваться, -аюсь, -аешься

[1]**на|вяза́ть*** *v* 1. на *A* an-, umbinden 2. aufdrängen, aufzwingen; ~ реше́ние einen Beschluß durchdrücken 3. *A oder G* stricken; häkeln || *uv* навя́зывать, -аю, -аешь

[2]**навяза́ть** *uv zu* навя́знуть

на|вяза́ться* *v D umg* sich aufdrängen || *uv* навя́зываться, -аюсь, -аешься

навя́знуть, *1. u. 2. Pers ungebr,* -нет; навя́з, -ла *v* hängen-, klebenbleiben ◇ э́то навя́зло у меня́ в зуба́х *umg* das hängt mir zum Hals heraus || *uv* навяза́ть, -а́ет

навя́зчивый [ящи], -ая, -ое; *Kzf* -ив, -а aufdringlich; -ая иде́я Zwangsvorstellung, fixe Idee

навя́зывать *uv zu* [1]навяза́ть

навя́зываться *uv zu* навяза́ться

нага́дить *v zu* га́дить

нага́йка, -и, *Pl G* -га́ек, *D* -га́йкам *f* Nagaika, Riemenpeitsche

нага́н, -а *m* (Nagan-) Revolver

нага́р, -а *m* Lichtschnuppe, abgebrannter Docht; порохово́й ~ Pulverrückstand *im Gewehrlauf*

Нагаса́ки *m idkl* Nagasaki

нагиба́ть(ся) *v zu* нагну́ть(ся)

нагишо́м *Adv umg* splitternackt

нагла́зник, -а *m* 1. Augenbinde, Augenklappe 2. Scheuklappe *für Pferde*

нагле́ть, -е́ю, -е́ешь *uv* frech werden

нагле́ц, -а́, *I* -о́м, *G Pl* -о́в *m* Frechdachs

на́глость, -и *f* Frechheit, Unverschämtheit; э́то верх -и! das ist die Höhe!, das ist ein starkes Stück!

наглота́ться, -а́юсь, -а́ешься *v G* viel geschluckt haben

на́глухо *Adv* dicht, fest (zugemacht *oder* zugeknöpft)

на́глый, -ая, -ое; *Kzf* нагл, -а́! frech, unverschämt

наглядéться, -яжу́сь, -яди́шься *v* sich satt sehen (на *A* an)

нагля́дный, -ая, -ое 1. *Kzf* -ден, -дна anschaulich, überzeugend 2. Anschauungs-; -ые посо́бия Anschauungsmaterial

наглянцева́ть, -цу́ю, -цу́ешь; -цо́ванный, -цо́ван, -а *v* polieren

нагна́иваться *uv zu* нагнои́ться

на|гна́ть* *v* 1. einholen, erreichen *a. übtr* 2. auf-, nachholen *Versäumtes* 3. *umg* einflößen (что́-н. *oder* чего́-н. на кого́-н. j-m etw.); ~ стра́ху на дете́й den Kindern Angst einjagen; ~ тоску́ langweilen; ~ сон на кого́-н. j-n einschläfern 4. *A oder G umg* zusammentreiben 5. *A oder G* destillieren, brennen; ~ спи́рту Spiritus brennen ◇ ~ це́ну den Preis hochtreiben || *uv* нагоня́ть, -я́ю, -я́ешь

на|гнести́* *v* unter Druck komprimieren, zusammenpressen, -drücken; ~ давле́ние den Druck erhöhen || *uv* нагнета́ть, -а́ю, -а́ешь

нагнета́тельный, -ая, -ое *tech* Druck-; ~ насо́с Druckpumpe

нагнета́ть *uv zu* нагнести́

нагное́ние, -я *n* 1. (Ver-) Eiterung 2. vereiterte Stelle, Eiterbeule

нагнои́ться, *1. u. 2. Pers ungebr,* -и́тся *v* vereitern || *uv* нагна́иваться, -ается

нагну́ть, -ну́, -нёшь; на́гнутый, -ут, -а *v* beugen, biegen, neigen || *uv* нагиба́ть, -а́ю, -а́ешь

нагну́ться, -ну́сь, -нёшься *v* sich beugen, sich bücken, sich neigen || *uv* нагиба́ться, -а́юсь, -а́ешься

нагова́ривать(ся) *uv zu* наговори́ть(ся)

наговóр, -а *m* 1. *umg* Verleumdung 2. Verhexung, Besprechung mit Zauberformeln

наговори́ть, -рю́, -ри́шь; -рённый, -рён, -рена́ *v* 1. *A oder G* zusammenschwatzen, viel reden; ~ ра́зной чепухи́ allen möglichen Unsinn zusammenschwatzen; ~ с три ко́роба j-m die Hucke voll reden, viel zusammenreden 2. на *A umg* verleumden; klatschen (über) 3. besprechen; ~ пласти́нку eine Platte besprechen; ~ текст на плёнку einen Text auf Band sprechen || *uv* нагова́ривать, -аю, -аешь

наговори́ться, -рю́сь, -ри́шься *v umg* sich ausgiebig unterhalten ‖ *uv* нагова́риваться, -аюсь, -аешься
наго́й, -а́я, -о́е; *Kzf* наг, -а́! nackt; kahl, bloß
на́голо́ *Adv* 1. ganz kahl; остри́чь ~ kahl scheren 2. (наголо́) (blank)gezogen *Säbel*
на́голову *Adv*: разби́ть ~ völlig zerschlagen, aufs Haupt schlagen
наголода́ться, -а́юсь, -а́ешься *v umg* lange hungern, ausgehungert sein
нагоня́й, -я, *G Pl* -ев *m umg* Rüffel, Anschnauzer
нагоня́ть *uv zu* нагна́ть
на-гора́ *Adv berg*: вы́дать у́голь ~ Kohle fördern; подня́ться ~ ausfahren
нагора́живать *uv zu* нагороди́ть
нагора́ть *uv zu* нагоре́ть
нагоре́ть, -и́т *v* 1. *1. u. 2. Pers ungebr* Ruß ansetzen 2. *unpers G umg* verbraucht werden *Brennstoff, Strom* 3. *unpers volksspr*: нагори́т тебе́ за э́то dafür wirst du schon dein Fett bekommen; мне нагоре́ло ich habe einen Rüffel bekommen ‖ *uv* нагора́ть, -а́ет
Наго́рно-Караба́хская автоно́мная о́бласть Autonomes Gebiet Berg-Karabach
наго́рный, -ая, -ое Berg-, hochgelegen; -ая страна́ Gebirgsland; ~ бе́рег Bergufer
нагороди́ть, -ожу́, -о́ди́шь; -о́женный, -о́жен, -а *v A oder G umg* 1. *in best. Menge* bauen, errichten 2. *volksspr* aufhäufen, auftürmen 3.: ~ чепухи́ [вздо́ра] *volksspr* Unsinn zusammenreden [-schreiben] ‖ *uv* нагора́живать, -аю, -аешь
наго́рье, -ья *n* Hochland, -ebene
нагота́, -ы́ *f* Nacktheit, Blöße
нагота́вливать *uv zu* наготóвить
наготове *Adv* bereit, in Bereitschaft
наготóвить, -влю, -вишь; -вленный, -влен, -а *v A oder G in Menge* vorbereiten, zubereiten; auf Vorrat anschaffen ‖ *uv* нагота́вливать, -аю, -аешь
награ́бить, -блю, -бишь; -бленный, -блен, -а *v A oder G* zusammenrauben, -raffen
награвирова́ть, -ру́ю, -ру́ешь; -ро́ванный, -ро́ван, -а *v* gravieren
награ́да, -ы *f* Belohnung, Auszeichnung; в -у zur Belohnung
награди́ть, -ажу́, -ади́шь; -аждённый ,-аждён, -аждена́ *v* 1. belohnen, auszeichnen; ~ о́рденом mit einem Orden auszeichnen 2. *1. u. 2. Pers ungebr übtr* ausstatten, bedenken; приро́да награди́ла его́ отли́чными спосо́бностями die Natur hat ihn mit ausgezeichneten Gaben bedacht ‖ *uv* награжда́ть, -а́ю, -а́ешь
наградно́й, -а́я, -о́е 1. Prämien-; ~ спи́сок Verzeichnis der Prämienempfänger 2. -ы́е, -ы́х *Subst Pl* Geldprämie, Gratifikation
награжда́ть *uv zu* награди́ть
награжде́ние, -я *n* Belohnung; Auszeichnung
нагре́в, -а *m* 1. Erwärmung, Erhitzung 2. Heizung, Feuerung; Heizfläche
нагрева́ние, -я *n* Erwärmung, Erhitzung
нагрева́тель, -я *m tech* Heizkörper
нагрева́тельный, -ая, -ое Wärme-, Heiz-; ~ прибо́р Heizgerät
нагрева́ть(ся) *uv zu* нагре́ть(ся)
нагре́ть, -е́ю, -е́ешь; -е́тый, -е́т, -а *v* 1. erwärmen; erhitzen 2. *volksspr* betrügen, hintergehen ◇ ~ ру́ки sein Schäfchen ins Trockene bringen ‖ *uv* нагрева́ть, -а́ю, -а́ешь
нагре́ться, -е́юсь, -е́ешься *v* sich erwärmen, sich erhitzen; erwärmt [erhitzt] werden ‖ *uv* нагрева́ться, -а́юсь, -а́ешься
нагримирова́ться, -ру́юсь, -ру́ешься *v* sich schminken
нагроможда́ть *uv zu* нагромозди́ть
нагроможде́ние, -я *n* 1. Aufhäufen, -türmen 2. unordentliche Aufhäufung, Durcheinander, chaotischer Haufen
нагромозди́ть, -зжу́, -зди́шь; нагромождённый, -ён, -ена́ *v A oder G* aufhäufen, -türmen ‖ *uv* нагромождать, -а́ю, -а́ешь
нагруби́ть, -блю́, -би́шь *v D* Grobheiten sagen
нагру́дник, -а *m* 1. Lätzchen *für Kinder* 2. Brustpanzer *Rüstung* 3. Brustpolster *Fechten*
нагру́дный, -ая, -ое Brust-
нагружа́ть *uv zu* нагрузи́ть
нагрузи́ть, -у́жу́, -у́зи́шь; -у́женный, -у́жен, -а *u.* -ужённый, -ужён, -ужена́ *v* 1. *I* auf-, beladen; verladen 2.: ~ кого́-н. че́м-н. j-n mit etw. belasten, j-m etw. aufbürden ‖ *uv* нагружа́ть, -а́ю, -а́ешь
нагру́зка, -и, *Pl G* -зок, *D* -зкам *f* 1. Beladen; Verladen 2. Last, Fracht 3. Belastung *a. tech*; Auslastung; рабо́тать с (не)по́лной -ой (nicht)

voll ausgelastet sein; испытáние -ой Belastungsprobe **3.** Stundensoll, -zahl; Arbeit, Verpflichtung; общéственная ~ *umg* gesellschaftliche Arbeit

нагрязни́ть, -ню́, -ни́шь; -нённый, -нён, -нена́ *v* Schmutz machen

нагря́нуть, -ну, -нешь *v* unverhofft kommen, überraschen

нагу́ливаться *uv zu* нагуля́ться

нагуля́ться, -я́юсь, -я́ешься *v* genügend lange spazieren gehen ‖ *uv* нагу́ливаться, -аюсь, -аешься

над *u. vor einigen Konsonantenverbindungen* **надо,** *Präpos mit I* über *örtlich*; карти́на виси́т ~ дива́ном das Bild hängt über dem Sofa; пове́сить карти́ну ~ дива́ном das Bild über das Sofa hängen; надо мной über mir ◇ рабо́тать ~ кни́гой an einem Buch arbeiten; скуча́ть ~ кни́гой sich beim Lesen des Buches langweilen

на|дава́ть* *v A oder G umg* reichlich geben; ~ кому́-н. поруче́ний j-m viele Aufträge erteilen

надави́ть, -авлю́, -а́вишь; -а́вленный, -а́влен, -а *v* **1.** *A oder* на *A* drücken (auf) **2.** *A oder G in best. Menge* herauspressen **3.** *A oder G umg* zerdrücken, -quetschen, töten ‖ *uv* **нада́вливать,** -аю, -аешь

нада́ивать *uv zu* надои́ть

надба́вить, -влю, -вишь; -вленный, -влен, -а *v A oder G umg* erhöhen; aufschlagen; zulegen ‖ *uv* надбавля́ть, -я́ю, -я́ешь

надба́вка, -и, *Pl G* -вок, *D* -вкам *f* Aufschlag, Zuschlag

надбавля́ть *uv zu* надба́вить

надбива́ть *uv zu* надби́ть

над|би́ть*, надобью *v umg* leicht anschlagen ‖ *uv* надбива́ть, -а́ю, -а́ешь

надвига́ть(ся) *uv zu* надви́нуть(ся)

надви́нуть, -ну, -нешь; -нутый, -нут, -а *v* на *A* schieben, rücken; aufsetzen; ~ ша́пку на лоб die Mütze in die Stirn rücken ‖ *uv* надвига́ть, -а́ю, -а́ешь

надви́нуться, -нусь, -нешься *v* heraufziehen, heranrücken, sich nähern; надвига́ется гроза́ ein Gewitter ist im Anzug ‖ *uv* надвига́ться, -а́юсь, -а́ешься

надво́дный, -ая, -ое Überwasser-

на́двое *Adv* entzwei; разре́зать ~ in zwei Teile schneiden

надво́рный, -ая, -ое Hof-; ~ сове́тник *alt* Hofrat

над|вяза́ть* *v* **1.** anstricken; anhäkeln **2.** dazu-, anbinden ‖ *uv* **надвя́зывать,** -аю, -аешь

надгорта́нник, -а *m* Kehlkopfdeckel

надгро́бный, -ая, -ое Grab-; ~ ка́мень Grabstein

надгрыза́ть *uv zu* надгры́зть

над|гры́зть* *v* annagen, benagen ‖ *uv* надгрыза́ть, -а́ю, -а́ешь

наддава́ть *uv zu* надда́ть

над|да́ть* *v volksspr* **1.** hinzufügen; ~ жа́ру Dampf dahintermachen **2.** erhöhen *Geschwindigkeit* ‖ *uv* над|дава́ть*

надебоши́рить, -рю, -ришь *v umg* Radau machen, randalieren

надева́ть *uv zu* наде́ть

наде́жда, -ы *f* Hoffnung; пита́ть -у eine Hoffnung hegen; оста́вить -у die Hoffnung aufgeben; подава́ть больши́е наде́жды zu großen Hoffnungen berechtigen

Наде́жда, -ы *f weibl Vn*

надёжный, -ая, -ое; *Kzf* -жен, -жна zuverlässig, sicher

наде́л, -а *m* Landanteil *der im vorrevolutionären Rußland einer Bauernfamilie aus dem Gemeindeland zur Nutzung zugeteilt wurde*

наде́лать, -аю, -аешь; -анный, -ан, -а *v A oder G* **1.** *in best. Menge* machen, anfertigen **2.** machen, anrichten, verursachen; что ты наде́лал? was hast du angerichtet?; ~ шу́му viel Lärm machen, viel Staub aufwirbeln; ~ хлопо́т кому́-н. j-m viel zu schaffen machen; ~ глу́постей Dummheiten machen

надели́ть, -лю́, -ли́шь; -лённый, -лён, -лена́ *v I* zuteilen; versehen (mit), ausstatten (mit); ~ крестья́н землёй den Bauern Land zuteilen; ~ пода́рками Geschenke verteilen ‖ *uv* **наделя́ть,** -я́ю, -я́ешь

На́денька, -и *f Dem zu* Наде́жда

надёргать, -аю, -аешь; -анный, -ан, -а *v A oder G* **1.** zupfen, ausreißen **2.** *übtr umg* wahllos herausgreifen ‖ *uv* [1]**надёргивать,** -аю, -аешь

[2]**надёргивать** *uv zu* надёрнуть

надерзи́ть, *1. Pers ungebr*, -и́шь *v umg* Grobheiten sagen

надёрнуть, -ну, -нешь; -нутый, -нут, -а *v umg* schnell überwerfen, anziehen; ~ на себя́ одея́ло sich eine Decke überwerfen ‖ *uv* надёргивать, -аю, -аешь

на|де́ть* *v* anziehen, überziehen, aufsetzen; anlegen; anstecken; ~ ша́пку (на́ голову) eine Mütze aufsetzen; ~ кольцо́ (на па́лец) den Ring anstecken; ~ чехлы́ на ме́бель die Möbel mit Überzügen bedecken; ~ на кого́-н. кандалы́ j-m Fesseln anlegen; что бы́ло на ней наде́то? was hatte sie an? || *uv* надева́ть, -а́ю, -а́ешь; надёванный, -ан, -а

наде́яться, -е́юсь, -е́ешься *uv* **1.** на *A oder mit Inf oder mit Konj* что hoffen; ~ на по́мощь auf Hilfe hoffen **2.** на *A* sich verlassen (auf), vertrauen (auf); я на тебя́ наде́юсь ich verlasse mich auf dich

надзе́мный, -ая, -ое über der Erde (befindlich); -ое сооруже́ние Hochbau; -ая желе́зная доро́га Hochbahn

надзира́тель, -я *m* Aufseher

надзира́ть, -а́ю, -а́ешь *uv* за *I* beaufsichtigen, überwachen

надзо́р, -а *m* Aufsicht (за *I* über); санита́рный ~ Sanitätsinspektion

надиви́ться, -влю́сь, -ви́шься *v D oder* на *A umg* genug bewundern, sich nicht genug wundern (über); не могу́ ~ его́ уму́ ich kann seinen Verstand nicht genug bewundern

надира́ть *uv zu* надра́ть

надка́лывать *uv zu* надколо́ть

надкла́ссовый, -ая, -ое über den Klassen stehend

надколе́нный, -ая, -ое: -ая ча́шка *anat* Kniescheibe

над|коло́ть* *v* **1.** leicht aufspalten, anspalten **2.** anstechen || *uv* надка́лывать, -аю, -аешь

надко́стница [сн], -ы, *I* -ей *f anat* Knochenhaut

надкуси́ть, -ушу́, -у́сишь; -у́шенный, -у́шен, -а *v* anbeißen || *uv* **надку́сывать,** -аю, -аешь

надла́мывать(ся) *uv zu* надломи́ть(ся)

надлежа́ть, -и́т; -а́ло *unpers D mit Inf buchspr* man muß, man soll; вам надлежи́т яви́ться Sie haben zu erscheinen

надлежа́щий, -ая, -ее *buchspr* gehörig, gebührend, entsprechend; -им о́бразом entsprechend; в ~ срок termingemäß

надло́м, -а *m* Bruch, angebrochene Stelle

надломи́ть, -омлю́, -о́мишь; -о́мленный, -о́млен, -а *v* **1.** anbrechen, (an)knicken **2.** *übtr* brechen, untergraben, erschüttern || *uv* надла́мывать, -аю, -аешь

надломи́ться, -омлю́сь, -о́мишься *v* **1.** *1. u. 2. Pers ungebr* angebrochen [angeknickt] werden **2.** *übtr* einen Knacks abbekommen, geschwächt werden || *uv* надла́мываться, -аюсь, -аешься

надме́нный, -ая, -ое; *Kzf* -е́нен, -е́нна hochmütig, anmaßend, arrogant

[1]**на́до** *prädikativ* **1.** *D mit Inf* es ist notwendig, man muß; мне ~ идти́ на по́чту ich muß auf die Post gehen **2.** *A oder G* brauchen, nötig haben; мне ~ воды́ ich brauche Wasser ◇ так тебе́ и ~! das geschieht dir ganz recht!; ~ быть *volksspr* anscheinend, wahrscheinlich; (ведь) ~ же! *umg* war das denn nötig!; ~ же ему́ сде́лать таку́ю глу́пость? mußte er denn so eine Dummheit machen?; что ~ *volksspr* sehr gut; мука́ – что ~ das Mehl ist sehr gut; о́чень-то мне ~! *umg iron* das habe ich wohl sehr nötig!

[2]**надо** ↑ над

на́добно *unpers prädikativ alt u. volksspr* **1.** *D mit Inf* es ist notwendig, man muß **2.** *A oder G* brauchen, nötig haben

на́добность, -и *f* Notwendigkeit, Bedürfnis; в слу́чае -и nötigenfalls; по ме́ре -и je nach Bedarf; име́ть ~ в чём-н. etw. nötig haben, etw. brauchen

надоеда́ть *uv zu* надое́сть

надое́дливый, -ая, -ое; *Kzf* -ив, -а lästig, aufdringlich; langweilig

надо|е́сть* *v D* langweilen, lästig [überdrüssig] werden; мне э́то надое́ло ich habe es satt; он мне надое́л свои́ми про́сьбами ich habe seine (dauernden) Bitten satt || *uv* надоеда́ть, -а́ю, -а́ешь

надои́ть, -ою́, -о́ишь; -о́енный, -о́ен, -а *v A oder G* melken; ~ ведро́ молока́ einen Eimer Milch melken || *uv* нада́ивать, -аю, -аешь

надо́й, -я, *G Pl* -ев *m* Milchertrag

надо́лго *Adv* auf lange Zeit

надо́мница, -ы, *I* -ей *f* Heimarbeiterin

надо́мный, -ая, -ое zu Hause gearbeitet; -ая рабо́та Heimarbeit

надо|рва́ть*; надо́рванный, -ан, -а *v* **1.** anreißen, einreißen **2.** *übtr* überanstrengen *Organe*; ~ живо́т sich verheben; ~ си́лы sich überanstrengen, sich durch Überanstrengung Schaden holen ◇ ~ живо́т(ики) со сме́ху *volksspr* sich krank [tot] lachen || *uv* надрыва́ть, -а́ю, -а́ешь; надрыва́ть гло́тку [го́рло] *volksspr* laut schreien, sprechen, singen *u. ä.*

надо|рваться*; -рвалась *v* 1. (ein bißchen) einreißen 2. *umg* sich körperlich schaden, sich überanstrengen 3.: она внутренне надорвалась sie ist innerlich zerbrochen ‖ *uv* надрываться, -аюсь, -аешься *zu* 1

надоумить, -млю, -мишь; -мленный, -млен, -а *v A umg* auf einen Gedanken bringen, raten (j-m) ‖ *uv* **надоумливать,** -аю, -аешь

надпечатка, -и *f* Überdruck *auf Briefmarken*

надпиливать *uv zu* надпилить

надпилить, -пилю, -пилишь *u. umg* -пилишь; -пиленный, -пилен, -а *v* ansägen; anfeilen ‖ *uv* надпиливать, -аю, -аешь

над|писать* *v* beschriften; daraufschreiben ‖ *uv* **надписывать,** -аю, -аешь

надпись, -и *f* Über-, Aufschrift; Inschrift

надпочечный, -ая, -ое Nebennieren-

на|драть* *v* abreißen, abschälen; ~ себе руки sich die Hände aufreißen; ~ уши кому-н. *volksspr* j-n an den Ohren ziehen ‖ *uv* надирать, -аю, -аешь

надрез, -а *m* Einschnitt, Kerbe

над|резать* *v* ein wenig an-, einschneiden ‖ *uv* **надрезать,** -аю, -аешь *u.* **надрезывать,** -аю, -аешь

надругательство, -а *n* Beschimpfung

надругаться, -аюсь, -аешься *v* над *I* beschimpfen, beleidigen

надрыв, -а *m* 1. leichter Riß 2. Überanstrengung ◇ с -ом krampfhaft

надрывать *uv zu* надорвать

надрываться, -аюсь, -аешься *uv* 1. *uv zu* надорваться 2. sich anstrengen, alles daransetzen

надрывистый, -ая, -ое; *Kzf* -ист, -а krampfhaft, heftig, überreizt

надрывный, -ая, -ое; *Kzf* -вен, -вна überspannt; hysterisch

надсадиться, -сажусь, -садишься *v volksspr* sich überanstrengen, sich überheben

надсаживаться, -аюсь, -аешься *uv volksspr* sich überanstrengen

надсматривать, -аю, -аешь *uv* над *I oder* за *I* beobachten, beaufsichtigen, aufpassen (auf)

надсмотр, -а *m* Aufsicht, Beaufsichtigung

надсмотрщик, -а *m* Aufseher

надставить, -влю, -вишь; -вленный, -влен, -а *v* ansetzen, länger machen ‖ *uv* надставлять, -яю, -яешь

надставка, -и, *Pl G* -вок, *D* -вкам *f* 1. Ansetzen, Anstücken 2. angesetztes Stück

надставлять *uv zu* надставить

надставной, -ая, -ое angesetzt; zum Ansetzen, Ansatz-

надстраивать *uv zu* надстроить

надстроить, -ою, -оишь; -оенный, -оен, -а *v arch v* aufstocken ‖ *uv* надстраивать, -аю, -аешь

надстройка, -и, *Pl G* -оек, *D* -ойкам *f* 1. Aufstocken 2. Aufbau *auf etw.*, Aufstockung, Aufgestocktes 3. *phil* Überbau

надстрочный, -ая, -ое über der Zeile (befindlich); ~ знак diakritisches Zeichen

надтреснутый, -ая, -ое; *Kzf* -ут, -а angesprungen; ~ голос brüchige Stimme

надувательский, -ая, -ое *umg* betrügerisch

надувательство, -а *n umg* Betrug

надувать(ся) *uv zu* надуть(ся)

надувной, -ая, -ое Luft-, aufblasbar; -ая подушка Luftkissen; -ая лодка Schlauchboot

надульник, -а *m mil* 1. Mündungskappe, -schoner *bei Waffen* 2. Bezug für Rohrmündung

надуманный, -ая, -ое; *Kzf* -ан, -анна ausgeklügelt, ausgedacht; unnatürlich, gekünstelt

надумать, -аю, -аешь; -анный, -ан, -а *v mit Inf umg* sich entschließen, zu dem Entschluß kommen; ausdenken

надутый, -ая, -ое; *Kzf* -ут, -а *umg* 1. aufgeblasen, hochnäsig; ~ слог schwülstiger Stil 2. beleidigt, mürrisch

на|дуть* *v* 1. aufblasen, aufpumpen; ~ камеру einen Schlauch aufpumpen; ветер надул парус der Wind blähte das Segel auf 2. *unpers* во что-н. kalt hereinziehen; у меня надуло в ухо *umg* ich habe mir durch Zugluft Ohrenreißen geholt 3. *volksspr* anschwindeln, betrügen ◇ ~ губы *volksspr* schmollen, beleidigt tun ‖ *uv* надувать, -аю, -аешь

на|дуться* *v* 1. sich aufblähen, sich mit Luft füllen 2. *umg* sich aufblasen, eingebildet werden 3. *umg* schmollen, beleidigt tun 4. *volksspr G* zu viel trinken; ~ чаю zu viel Tee trinken ‖ *uv* надуваться, -аюсь, -аешься

надушить, -ушу, -ушишь; -ушен-

ный, -ýшен, -а *u.* -ушённый, -ушён, -ушенá *v* parfümieren
надымúть, -млю́, -мúшь *v* vollrauchen
надышáться, -ышу́сь, -ы́шишься *v I* sich sattatmen ◇ онá не надышится на своегó ребёнка vor lauter Liebe zu ihrem Kind bringt sie sich fast um
Нáдька, -и *f Dem zu* Надéжда
Нáдя, -и *f Dem zu* Надéжда
наедáться *uv zu* наéсться
наединé *Adv* zu zweit; unter vier Augen
наéзд, -а *m* **1.** (kurzer) Besuch; Ankunft **2.** *alt* (berittener) Überfall
наéздить, -зжу, -здишь; -зженный, -зжен, -а *v* **1.** fahren, reisen *eine best. Zeit hindurch*; *umg* zurücklegen *eine best. Strecke* **2.** *volkssрr* durch Fahren verdienen **3.** einfahren, glatt machen *Weg* **4.** einfahren, zureiten ‖ *uv* наезжáть, -áю, -áешь *zu* 1, 3, 4
наéздник [зн], -а *m* **1.** *alt* Reiter **2.** Kunstreiter **3.** Zureiter
наéздом *Adv umg* ab und zu zu Besuch, kurz zu Besuch; он бывáет у нас ∼ er besucht uns ab und zu
¹наезжáть *uv zu* наéздить
²наезжáть, -áю, -áешь *uv* **1.** *uv zu* наéхать **2.** *umg* ab und zu besuchen
наéзженный, -ая, -ое befahren, eingefahren *Weg*
наём, нáйма *m* Mieten, Anwerbung; Heuern; рабóта по нáйму Lohnarbeit; отдáть в ∼ vermieten; плáта за ∼ Miete
наёмник, -а *m hist* Söldner
наёмный, -ая, -ое **1.** Lohn-; ∼ труд Lohnarbeit **2.** Söldner-; -ая áрмия Söldnerheer **3.** gemietet, vermietet; Miets-; -ая дáча gemietetes Landhaus **4.** gekauft, gedungen
на|éсться* *v* sich satt essen; ∼ до отвáла *umg* sich vollessen ‖ *uv* наедáться, -áюсь, -áешься
на|éхать* *v* **1.** на *A* (an)fahren, fahren (gegen, an); ∼ на дéрево gegen einen Baum fahren; (auf der Fahrt) stoßen (auf) **2.** *umg* zusammenkommen, angereist kommen ‖ *uv* наезжáть, -áю, -áешь
нажáловаться, -луюсь, -луешься *v umg* sich viel beklagen (на *A* über)
нажáривать *uv zu* нажáрить
нажáрить, -рю, -ришь; -ренный, -рен, -а *v* **1.** *A oder G in best. Menge* braten **2.** *A volkssрr* tüchtig (ein)heizen ‖ *uv* нажáривать, -аю, -аешь

¹на|жáть*¹ *v* **1.** *A oder* на *A* drücken (auf) **2.** *übtr* на *A volkssрr* einen Druck ausüben (auf), dringen (in) **3.** *übtr volkssрr* Druck dahinter legen, sich energisch an etw. machen **4.** *A oder G* herauspressen, -quetschen; ∼ сóку из лимóна Saft aus der Zitrone pressen ◇ ∼ на все рычагú [кнóпки, педáли, пружúны] *volkssрr* alle Hebel in Bewegung setzen ‖ *uv* нажимáть, -áю, -áешь
²на|жáть*² *v A u. G in best. Menge* mähen ‖ *uv* нажинáть, -áю, -áешь
наждáк, -á *m* Schmirgel
наждáчный, -ая, -ое Schmirgel-; -ая бумáга Schmirgelpapier, Sandpapier
нажúва, -ы *f umg* **1.** Gewinn, Profit **2.** leichter Erwerb
наживáть(ся) *uv zu* нажúть(ся)
нажúвка, -и, *Pl G* -вок, *D* -вкам *f* Köder, Lockmittel
наживнóй, -áя, -óе: это – дéло -óе das läßt sich kaufen [erwerben], das läßt sich ersetzen
нажúм, -а *m* **1.** Druck *a. übtr* **2.** *tech* Druckvorrichtung
нажимáть *uv zu* ¹нажáть
нажинáть *uv zu* ²нажáть
нажирáться *uv zu* нажрáться
на|жúть*; нáжил *v* **1.** erwerben, gewinnen; ∼ состоя́ние ein Vermögen erwerben **2.** sich etw. zuziehen; ∼ неприя́тности sich Unannehmlichkeiten zuziehen; ∼ себé врагóв sich Feinde machen ‖ *uv* наживáть, -áю, -áешь
на|жúться*; -жúлся́, -жилúсь *v* **1.** на *P* sich bereichern (an, bei), reich werden (durch) **2.** *volkssрr* lange genug [irgendwo] leben ‖ *uv* наживáться, -áюсь, -áешься *zu* 1
на|жрáться* *v umg* sich voll fressen ‖ *uv* нажирáться, -áюсь, -áешься
назáвтра *Adv umg* am nächsten Tag
назáд *Adv* **1.** zurück, rückwärts; отдáть ∼ zurückgeben, wiedergeben **2.** vor; год (тому́) ∼ vor einem Jahr
назадú *Adv umg* hinten
назализáция, -и *f ling* Nasalierung
назвáние, -я *n* **1.** Benennung, Bezeichnung, Name **2.** Titel *Buch, Zeitschrift*
¹на|звáть*; нáзванá! *v* **1.** *I* (be)nennen; bezeichnen: ∼ сы́на Бори́с(ом) den Sohn Boris nennen; дéвочку нельзя́ ∼ красúвой das Mädchen kann man nicht hübsch nennen **2.** nennen, aufzählen; ∼ себя́ sich vorstellen ‖ *uv* называ́ть, -áю, -áешь
²на|звáть*; нáзванá! *v* einladen, zu-

sammenrufen ‖ *uv* называ́ть, -а́ю, -а́ешь

[1]**на|зва́ться***; -звали́сь *v I* sich nennen, heißen; sich ausgeben (für) ◇ назва́лся груздём — полеза́й в ку́зов *Sprichw* wennschon, dennschon

[2]**на|зва́ться***; -звали́сь *v umg* sich aufdrängen; sich einladen ‖ *uv* называ́ться, -а́юсь, -а́ешься

назём, назёма (-у) *u.* назьма́ (-у́) *m gbt* Stallmist

назе́мный, -ая, -ое über der Erde befindlich, Erd-, Land-; -ые войска́ Landtruppen

на́земь *Adv* auf die Erde, zu Boden

назида́ние, -я *n buchspr* Erbauung, Belehrung; в ~ zur Belehrung

назида́тельный, -ая, -ое; *Kzf* -лен, -льна belehrend; ~ тон schulmeisterlicher Ton

на́зло́ *Adv D* zum Trotz, zum Ärger

назнача́ть *uv zu* назна́чить

назначе́ние, -я *n* **1.** Ernennung, Nominierung, Einsetzung; ~ мини́стром Ernennung zum Minister **2.** Bestimmung, Festsetzung; Aufgabe, Zweck; переда́ть по -ю seiner Bestimmung übergeben; для осо́бого -я zur besonderen Verwendung; ме́сто -я Bestimmungsort

назна́чить, -чу, -чишь; -ченный, -чен, -а *v* **1.** bestimmen, festsetzen; ~ собра́ние на ве́чер die Versammlung auf den Abend legen; ~ заседа́ние eine Sitzung anberaumen **2.** *I* ernennen (zu), einsetzen (als); auftragen; ~ команди́ром ро́ты zum Kompaniechef ernennen; его́ назна́чили в штаб er wurde im Stab eingesetzt **3.** *umg* verschreiben, verordnen; ~ хво́йные ва́нны Fichtennadelbäder verordnen ‖ *uv* назнача́ть, -а́ю, -а́ешь

назо́йливый, -ая, -ое; *Kzf* -ив, -а aufdringlich, zudringlich

назрева́ть *uv zu* назре́ть

назре́ть, *1. u. 2. Pers ungebr*, -е́ет *v* **1.** reifen, reif werden **2.** *übtr* heranreifen ‖ *uv* назрева́ть, -а́ет

назубо́к *Adv umg* auswendig, aus dem Effeff; знать ~ auswendig kennen

[1,2]**называ́ть** *uv zu* [1,2]назва́ть

[1]**называ́ться,** -а́юсь, -а́ешься *uv I* genannt werden, heißen ◇ что называ́ется *mod* wie man so sagt

[2]**называ́ться** *uv zu* [2]назва́ться

наибо́лее *Adv* **1.** am meisten **2.** *dient zur Bildung des Superlativs*: ~ ва́жный der wichtigste; ~ опа́сный der allergefährlichste

наибо́льший, -ая, -ее (aller)größter

наи́вничать, -аю, -аешь *uv umg* naiv tun

наи́вность, -и *f* Naivität

наи́вный, -ая, -ое; *Kzf* -вен, -вна naiv

наивы́сший, -ая, -ее (aller)höchster

наи́гранный, -ая, -ое; *Kzf* -ан, -анна gespielt, vorgetäuscht

наигра́ть, -а́ю, -а́ешь; наи́гранный, -ан, -а *v* **1.** *A oder G* (vor)spielen **2.** *A oder G* gewinnen *beim Spielen* **3.** *umg mus* leise (vor sich hin) spielen **4.:** ~ пласти́нку eine Platte bespielen ‖ *uv* наи́грывать, -аю, -аешь

наигра́ться, -а́юсь, -а́ешься *v* genug spielen

наи́грывать *uv zu* наигра́ть

наизна́нку *Adv* mit der Innenseite nach außen, links *von Stoffen*, verkehrt

наизу́сть *Adv* auswendig

наилу́чший, -ая, -ее (aller)bester ◇ всего́ -его alles, alles Gute

наиме́нее *Adv* am (aller)wenigsten

наименова́ние, -я *n buchspr* Benennung, Bezeichnung

наименова́ть, -ну́ю, -ну́ешь; -но́ванный, -но́ван, -а *v buchspr* benennen, einen Namen geben

наиме́ньший, -ая, -ее (aller)kleinster, geringster; mindester

наискосо́к *Adv umg* schräg (gegenüber)

на́искось *Adv* schräg (gegenüber)

наи́тие, -я *n* Eingebung; по -ю *buchspr* durch einen Gedankenblitz, instinktiv

наиху́дший, -ая, -ее (aller)schlechtester

найдёныш, -а, *I* -ем, *G Pl* -ей *m umg* Findling

наймит, -а *m verächtl* Söldling

найму́ ↑ наня́ть

[1]**на|йти́*** *v* **1.** finden, ausfindig machen **2.** vorfinden, antreffen; где мне ~ ...? wo treffe ich ...? **3.** finden, meinen; я нахожу́, что он прав ich finde, er hat recht **4.** *I* befinden, halten (für); врач нашёл его́ здоро́вым der Arzt befand ihn für gesund; ~ что́-н. возмо́жным etw. für möglich halten ◇ ~ вкус в чём-н. an etw. Gefallen finden; ~ себе́ утеше́ние в чём-н. in etw. Trost finden; ~ отображе́ние sich widerspiegeln; ~ воплоще́ние verkörpert werden ‖ *uv* находи́ть, -ожу́, -о́дишь

[2]на|йти́* *v* **1.** на *A* im Gehen, Fahren stoßen (auf, gegen); ~ на мель auf eine Sandbank auflaufen **2.** *1. u. 2. Pers ungebr* на *A* verdecken, sich schieben (vor, über) **3.** *1. u. 2. Pers ungebr* на *A umg* überkommen, befallen *Gefühle usw.*; что э́то на него́ нашло́? was ist mit ihm los? **4.** *1. u. 2. Pers ungebr in Menge* zusammenkommen; *in Menge* eindringen || *uv* находи́ть, -ожу́, -о́дишь

на|йти́сь* *v* **1.** sich finden; не найдётся ли у тебя́ карандаша́? hast du nicht einen Bleistift? **2.** sich (schnell) zurechtfinden, nicht verlegen sein; он не нашёлся, что мне отве́тить er blieb mir die Antwort schuldig || *uv* находи́ться, -ожу́сь, -о́дишься *zu* 1

нака́верзить, -ржу, -рзишь *u.* **нака́верзничать,** -аю, -аешь *v volksspr* intrigieren, Ränke schmieden

нака́з, -а *m* **1.** (Wähler-) Auftrag **2.** *alt u. umg* Anweisung, Anordnung

наказа́ние, -я *n* Strafe; Bestrafung; Züchtigung; в ~ zur Strafe; запрети́ть что́-н. под стра́хом [угро́зой] наказа́ния etw. bei Strafe verbieten ◇ э́то су́щее ~ das ist eine wahre Strafe; ~ мне с тобо́й ich habe meine liebe Not mit dir

на|каза́ть* *v* bestrafen; ты сам себя́ наказа́л du hast dich ins eigene Fleisch geschnitten || *uv* нака́зывать, -аю, -аешь

наказу́емый, -ая, -ое; *Kzf* -ем, -а strafbar

нака́зывать *uv zu* наказа́ть

нака́л, -а *m* Glühen, Glut; бе́лый ~ Weißglut

накалённый, -ая, -ое; *Kzf* -ён, -ена́ **1.** glühend **2.** gespannt, geladen

нака́ливание, -я *n* Erhitzen; ла́мпочка -я Glühbirne

нака́ливать *uv zu* накали́ть

накали́ть, -лю́, -ли́шь; -лённый, -лён, -лена́ *v* erhitzen, glühend machen; ~ до́бела bis zur Weißglut erhitzen ◇ атмосфе́ра накалена́ die Lage ist äußerst gespannt || *uv* нака́ливать, -аю, -аешь *u.* накаля́ть, -я́ю, -я́ешь

[1,2]нака́лывать *uv zu* [1,2]наколо́ть

накаля́ть *uv zu* накали́ть

накану́не **1.** *Adv* tags zuvor, am Tag zuvor **2.** *Präpos mit G* am Vortag; *übtr* am Vorabend; ~ Но́вого го́да kurz vor Neujahr, am Silvesterabend

нака́пать, -аю, -аешь *u. alt* -плю, -плешь *v* **1.** einträufeln **2.** *G oder I* Tropfen daneben gießen || *uv* нака́пывать, -аю, -аешь

нака́пливать *uv zu* накопи́ть

нака́пчивать *uv zu* накопти́ть

[1]нака́пывать *uv zu* нака́пать

[2]нака́пывать *uv zu* накопа́ть

наката́ть, -а́ю, -а́ешь; нака́танный, -ан, -а *v* **1.** *A oder G* (heran)wälzen, rollen **2.** *A oder G* mangeln *Wäsche*; drehen *Kugeln* **3.** bahnen, glattfahren *Weg* **4.** auftragen *Farbe, Leim* **5.** *A oder G volkssprg* zusammenschmieren, schnell hinschmieren, hinschreiben || *uv* нака́тывать, -аю, -аешь *zu* 1-4

наката́ться, -а́юсь, -а́ешься *v umg* zur Genüge spazierenfahren.

накати́ться, -ачу́сь, -а́тишься *v* на *A* **1.** im Rollen stoßen (auf, gegen) **2.** *volkssprg* sich (heran)wälzen (auf) *Welle u. a.* || *uv* нака́тываться, -аюсь, -аешься

нака́тывать *uv zu* наката́ть

нака́тываться *uv zu* накати́ться

накача́ть, -а́ю, -а́ешь; нака́чанный, -ан, -а *v* **1.** *A oder G* (voll)pumpen; herauspumpen **2.** aufpumpen; ~ ши́ну einen Reifen aufpumpen || *uv* нака́чивать, -аю, -аешь

нака́чка, -и *f* Pumpen, Aufpumpen

накида́ть, -а́ю, -а́ешь; наки́данный, -ан, -а *v* **1.** vollwerfen **2.** *A oder G in best. Menge* werfen, umherwerfen || *uv* наки́дывать, -аю, -аешь

наки́дка, -и, *Pl G* -док, *D* -дкам *f* **1.** Umhang, Pelerine **2.** Zierdecke *für das Bettkissen* **3.** *umg* Aufschlag, Zuschlag

[1]наки́дывать *uv zu* накида́ть

[2]наки́дывать *uv zu* наки́нуть

наки́дываться *uv zu* наки́нуться

наки́нуть, -ну, -нешь; -нутый, -нут, -а *v* **1.** umlegen, über-, umwerfen *Kleidungsstück* **2.** *umg* den Preis erhöhen, draufschlagen; ~ рубль einen Rubel aufschlagen || *uv* наки́дывать, -аю, -аешь

наки́нуться, -нусь, -нешься *v* sich stürzen (на *A* auf) || *uv* наки́дываться, -аюсь, -аешься

накипа́ть *uv zu* накипе́ть

накипе́ть, *1. u. 2. Pers ungebr,* -пи́т *v* **1.** Schaum bilden *beim Kochen*; sich ansetzen *Kesselstein* **2.** *übtr unpers* sich ansammeln *Zorn* || *uv* накипа́ть, -а́ет

на́кипь, -и *f* Schaum; Kesselstein

накла́дка, -и, *Pl G* -док, *D* -дкам *f* **1.** Auflage, Aufsatz; künstlicher Haaraufsatz, kleine Perücke **2.** Besatz *am Kleid* **3.** Furnier(ung) **4.** *tech* Überleger, Lasche, Schließhaken

накла́дно *prädikativ volksspr* (es ist) unvorteilhaft, kostspielig; э́то ~ das reißt ins Geld

накладно́й, -а́я, -о́е **1.** aufgetragen, aufgelegt; -о́е серебро́ plattiertes Silber; -о́е де́рево Furnier; ~ карма́н aufgesetzte Tasche **2.** falsch, künstlich *Bart, Haar* **3.** -а́я, -о́й *Subst f* Frachtbrief ◇ -ы́е расхо́ды Spesen, Unkosten

накла́дывать *uv zu* наложи́ть

на|клевета́ть* *v* verleumden

накле́ивать *uv zu* накле́ить

накле́ить, -е́ю, -е́ишь; -е́енный, -е́ен, -а *v* aufkleben, anleimen ‖ *uv* накле́ивать, -аю, -аешь

накле́йка, -и, *Pl G* -е́ек, *D* -е́йкам *f* **1.** Aufkleben **2.** Aufkleber, Etikett

¹на|клепа́ть* *u.* -а́ю, -а́ешь; наклёпанный, -ан, -а *v* aufnieten ‖ *uv* наклёпывать, -аю, -аешь

²на|клепа́ть* *v volksspr* verunglimpfen

наклёпывать *uv zu* ¹наклепа́ть

на|кли́кать*; накли́канный, -ан, -а *v* *Unheil* heraufbeschwören ‖ *uv* **наклика́ть,** -а́ю, -а́ешь

накло́н, -а *m* **1.** Neigung; Neigen **2.** Gefälle

наклоне́ние, -я *n* **1.** Neigen **2.** *gram* Modus, Aussageweise; изъяви́тельное ~ Indikativ; повели́тельное ~ Imperativ; сослага́тельное ~ Konjunktiv

наклони́ть, -оню́, -о́нишь; наклонённый, -ён, -ена́ *v* neigen, beugen ‖ *uv* наклоня́ть, -я́ю, -я́ешь

наклони́ться, -оню́сь, -о́нишься к *D oder* над *I v* **1.** sich neigen, sich beugen, sich herabbiegen **2.** sich bücken ‖ *uv* наклоня́ться, -я́юсь, -я́ешься

накло́нность, -и *f* **1.** Neigung, Hang; Veranlagung **2.** *Pl* Charakterzug, Gewohnheit

накло́нный, -ая, -ое **1.** geneigt; abschüssig, schräg; -ая пло́скость *phys* schiefe Ebene ◇ кати́ться по накло́нной пло́скости *übtr* auf die schiefe Bahn geraten **2.** *Krf* -о́нен, -о́нна к *D alt* geneigt (zu), veranlagt

наклоня́ть(ся) *uv zu* наклони́ть(ся)

наклю́зничать, -аю, -аешь *v volksspr* verleumden, anschwärzen

накова́льня, -и, *Pl G* -лен, *D* -льням *f* Amboß

нако́жный, -ая, -ое Haut-; -ая боле́знь Hautkrankheit

накола́чивать *uv zu* наколоти́ть

наколе́нник, -а *m* **1.** *Sport* Knieschutz **2.** Kniewärmer

нако́лка, -и, *Pl G* -лок, *D* -лкам *f* Häubchen, Kopfputz

наколоти́ть, -очу́, -о́тишь; -о́ченный, -о́чен, -а *v* **1.** на *A* auftreiben *Reifen u. ä.*, (auf)schlagen (auf); aufnageln **2.** *A oder G umg* einschlagen *Nägel* **3.** *A oder G umg in best. Menge* zerschlagen ‖ *uv* накола́чивать, -аю, -аешь

¹на|коло́ть* *v* **1.** на *A* anstecken, befestigen *mit Nadeln u. ä.* **2.** на *A* aufspießen (auf) **3.** aufstechen *Muster u. ä.*; anstechen; durchlöchern **4.** *A oder G* abstechen, schlachten **5.** sich stechen; ~ ру́ку sich in die Hand stechen ‖ *uv* нака́лывать, -аю, -аешь

²на|коло́ть* *v A oder G in best. Menge* hacken, spalten ‖ *uv* нака́лывать, -аю, -аешь

наконе́ц **1.** *Adv* endlich, schließlich, zum Schluß **2.** *mod* schließlich ◇ наконе́ц-то! na endlich!

наконе́чник, -а *m* Spitze; Kappe; ~ для карандаша́ Bleistifthülse, -schoner; ~ тро́сти Stockzwinge

наконе́чный, -ая, -ое End-; -ое ударе́ние Endbetonung

накопа́ть, -а́ю, -а́ешь; нако́панный, -ан, -а *v A oder G* graben, ausgraben ‖ *uv* нака́пывать, -аю, -аешь

накопи́ть, -оплю́, -о́пишь; -о́пленный, -о́плен, -а *v A oder G* anhäufen, zusammensparen; (an)sammeln ‖ *uv* нака́пливать, -аю, -аешь *u.* накопля́ть, -я́ю, -я́ешь

накопле́ние, -я *n* **1.** Ansammeln, Anhäufen **2.** *wirtsch* Akkumulation

накопля́ть *uv zu* накопи́ть

накопти́ть, -пчу́, -пти́шь; -пчённый, -пчён, -пчена́ *v* **1.** *A oder G* mit Ruß schwärzen [bedecken] **2.** *A oder G in best. Menge* räuchern *Lebensmittel* **3.** rußen ‖ *uv* нака́пчивать, -аю, -аешь *zu* 1, 2

накорми́ть *v zu* корми́ть

накоротке́ *Adv volksspr* **1.** in [aus] geringer Entfernung **2.** für kurze Zeit ◇ быть ~ с ке́м-н. mit j-m in freundschaftlichem Verhältnis stehen

нако́стный, -ая, -ое auf dem Knochen (befindlich)

накра́дывать *uv zu* накра́сть

накра́пывать, *1. u. 2. Pers ungebr,* -ает *uv* tröpfeln *Regen*

накра́сить, -а́шу, -а́сишь; -а́шенный, -а́шен, -а *v* schminken, malen ‖ *uv* накра́шивать, -аю, -аешь

накрáситься, -áшусь, -áсишься *v umg* sich schminken || *uv* накрáшиваться, -аюсь, -аешься
на|крáсть*; накрадя́ *u.* накрáв *v A oder G* (zusammen)stehlen || *uv* накрáдывать, -аю, -аешь
накрахмáленный, -ая, -ое gestärkt, gesteift *Wäsche*
накрахмáливать *uv zu* накрахмáлить
накрахмáлить, -лю, -лишь; -ленный, -лен, -а *v A oder G* stärken *Wäsche* || *uv* накрахмáливать, -аю, -аешь
накрáшивать(ся) *uv zu* накрáсить(ся)
нáкрепко *Adv* **1.** fest, dicht (zugemacht) **2.** *umg* strengstens, nachdrücklich ◇ крéпко-~ sehr fest; strengstens
нáкрест *Adv* über(s) Kreuz, kreuzweise ◇ крест-~ kreuzweise, über(s) Kreuz
накричáть, -чу́, -чи́шь *v* на *A* anschreien, anbrüllen
накричáться, -чу́сь, -чи́шься *v umg* sich müde schreien; ~ до хрипоты́ sich heiser schreien
накроши́ть, -ошу́, -óшишь; -óшенный, -óшен, -а *v* **1.** zerkrümeln, -bröckeln **2.** Krümel verstreuen
накрути́ть, -учу́, -у́тишь; -у́ченный, -у́чен, -а *v* **1.** на *A* aufwickeln **2.** *A oder G volksspr* eine schwierige Sache drehen [schaffen] || *uv* **накру́чивать,** -аю, -аешь
накрывáть(ся) *uv zu* накры́ть(ся)
на|кры́ть* *v* **1.** bedecken; zudecken; ~ стол [на стол] den Tisch decken **2.** *umg* erwischen, ertappen || *uv* накрывáть, -áю, -áешь
на|кры́ться* *v* sich ganz zudecken || *uv* накрывáться, -áюсь, -áешься
накупáть *uv zu* накупи́ть
накупи́ть, -уплю́, -у́пишь; -у́пленный, -у́плен, -а *v A oder G* viel aufkaufen || *uv* накупáть, -áю, -áешь
наку́ривать *uv zu* накури́ть
накури́ть, -урю́, -у́ришь; -у́ренный, -у́рен, -а *v* verqualmen, vollrauchen; в кóмнате наку́рено das Zimmer ist voller Rauch [verqualmt] || *uv* наку́ривать, -аю, -аешь
налáвливать *uv zu* налови́ть
налагáть *uv zu* наложи́ть
налáдить, -áжу, -áдишь; -áженный, -áжен, -а *v* **1.** in Ordnung bringen, wieder in Gang setzen, herrichten **2.** einrichten, organisieren; regeln || *uv* налáживать, -аю, -аешь
налáдиться, -áжусь, -áдишься *v* **1.** in Gang [in Ordnung] kommen, anlaufen **2.** sich gut einrichten, sich regeln **3.** *volksspr* sich gewöhnen || *uv* налáживаться, -аюсь, -аешься
налáдка, -и *f tech* Einrichten
налáдчик, -а *m tech* Einrichter
налáживать(ся) *uv zu* налáдить(ся)
налáмывать *uv zu* наломáть
на|лгáть* *v* **1.** vor-, zusammenlügen **2.** на *A* verleumden; grundlos beschuldigen
налéво *Adv* **1.** (nach) links; ~ от двéри links von der Tür **2.**: рабóтать ~ *volhsspr* schwarz arbeiten; продáть ~ *volkssрr* hintenherum verkaufen
налегáть *uv zu* налéчь
налегкé [хк] *Adv umg* **1.** ohne Gepäck, mit leichtem Gepäck **2.** leicht gekleidet
налевáть *uv zu* налéзть
на|лéзть*, *1. u. 2. Pers ungebr v umg* **1.** zusammenkriechen **2.** на *A* sich anziehen lassen; сапóг не налéз ich kam nicht in den Stiefel hinein || *uv* налезáть, -áет
налепи́ть, -еплю́, -éпишь; -éпленный, -éплен, -а *v* **1.** *umg* auf-, ankleben **2.** *A oder G in best. Menge* modellieren || *uv* **налеплять,** -я́ю, -я́ешь *zu* **1**
налёт, -а *m* **1.** Überfall, überraschender Angriff; возду́шный ~ Luftangriff; банди́тский ~ Raubüberfall **2.** Anflug, dünne Schicht; ~ пы́ли dünne Staubschicht **3.** *med* Belag **4.** *übtr* Anflug; с -ом сентиментáльности mit einem Anflug von Sentimentalität ◇ с -у [с -а] a) im Fluge; b) *übtr* frisch drauflos
[1]**налетáть** *uv zu* налетéть
[2]**налетáть,** -áю, -áешь; налётанный, -ан, -а *v* im Flug zurücklegen; самолёт налетáл двéсти ты́сяч киломéтров das Flugzeug ist zweihunderttausend Kilometer geflogen || *uv* налётывать, -аю, -аешь
налетéть, -ечу́, -ети́шь *v* **1.** на *A* aus der Luft angreifen; einen Luftangriff machen (auf) **2.** на *A* fliegen, rasen (gegen); маши́на налетéла на дéрево das Auto raste gegen einen Baum **3.** на *A* sich stürzen (auf), herfallen (über); я́стреб налетéл на кур der Habicht stürzte sich auf die Hühner **4.** *übtr* на *A umg* herfallen, herziehen (über) *mit Schimpfen, Drohungen* **5.** sich ansetzen *Staub u. ä.* **6.** heranstürmen *Sturm* **7.** *in best. Menge* herbeifliegen || *uv* налетáть, -áю, -áешь

налётчик, -а *m* Räuber, Bandit
налётывать *uv zu* ²налетáть
на|лéчь* *v* на *A* **1.** sich legen (auf), sich stemmen (gegen); ~ на вёсла sich in die Ruder legen **2.** *übtr umg* sich energisch an etw. machen, sich (ver)legen (auf); ~ на учёбу sich aufs Lernen verlegen **3.** *volksspr* drängen, antreiben || *uv* налегáть, -áю, -áешь
налúв, -а *m* **1.** Eingießen **2.** Füllungsgrad **3.** Reife(zeit), Reifegrad *der Früchte* ◇ бéлый ~ weißer Klarapfel
наливáть(ся) *uv zu* налúть(ся)
налúвка, -и, *Pl G* -вок, *D* -вкам *f* Fruchtlikör
наливнóй, -áя, -óе **1.** Tank-; -óе сýдно Tanker **2.** reif, saftig
на|лизáться* *v* **1.** *G umg* sich satt lecken (an) **2.** *derb volksspr* sich besaufen
налúм, -а *m* Aalquappe *Fisch*
налиновáть, -нýю, -нýешь; -нóванный, -нóван, -а *v A oder G* linieren || *uv* **налинóвывать,** -аю, -аешь
налипáть *uv zu* налúпнуть
налúпнуть, *1. u. 2. Pers ungebr*, -нет; налúп, -ла *v* на *A* klebenbleiben || *uv* налипáть, -áет
налитóй, -áя, -óе reif, saftig; voll, kräftig ◇ -ы́е крóвью глазá blutunterlaufene Augen
на|лúть*; нáлúл, налилá!; нáлúтый, нáлúт, налитá! *v* **1.** *G* eingießen; einschenken; вам ещё ~ чáю? soll ich Ihnen noch Tee eingießen? **2.** vollgießen, füllen; ~ бóчку водóй das Faß mit Wasser füllen; ~ стакáн молокá ein Glas Milch eingießen **3.** *G oder A* verschütten, -gießen *auf eine Fläche* || *uv* наливáть, -áю, -áешь
на|лúться*, *1. u. 2. Pers ungebr*; -лúлся́, -лилáсь, -лúлúсь *v* **1.** hineinfließen, eindringen **2.** reifen, saftig werden **3.** anschwellen *Adern, Muskeln* ◇ налúвшиеся крóвью глазá blutunterlaufene Augen || *uv* наливáться, -áется
налицó *Adv prädikativ* anwesend; vorhanden; быть ~ anwesend sein; vorliegen; доказáтельство ~ der Beweis liegt auf der Hand
налúчие, -я *n* Vorhandensein; Anwesenheit ◇ быть [оказáться] в -и anwesend sein; vorliegen
налúчник, -а *m* **1.** Fenster- oder Türverkleidung **2.** Verkleidung, Einfassung *von Türschloß u. ä.*
налúчность, -и *f* **1.** Vorhandensein **2.** (Bar-) Bestand, Kassenbestand; Warenbestand
налúчный, -ая, -ое **1.** vorhanden, verfügbar; bar; за ~ расчёт gegen Barzahlung; ~ состáв *mil* Istbestand **2.** -ые, -ых *Subst Pl* Bargeld; платúть -ыми (in) bar bezahlen
нáлóбный, -ая, -ое Stirn-
наловúть, -овлю́, -óвишь; -óвленный, -óвлен, -а *v A oder G in best. Menge* fangen || *uv* налáвливать, -аю, -аешь
наловчúться, -чýсь, -чúшься *v umg* Fertigkeit [Gewandtheit] erreichen
налóг, -а *m* Steuer; прямóй ~ direkte Steuer; ~ с оборóта Umsatzsteuer; обложúть -ом besteuern; уклонéние от уплáты -а Steuerhinterziehung
налóговый, -ая, -ое *finanz* Steuer-; ~ пресс Steuerschraube
налого|обложéние, -я *n* Besteuerung; **~плательщик,** -а *m* Steuerzahler
наложéние, -я *n* **1.** Anlegen *Verband u. ä.* **2.** Auferlegung; ~ арéста на имýщество *jur* Beschlagnahme des Vermögens **3.**: ~ печáти Aufdrücken des Stempels, Stempeln; ~ вúзы Sichtvermerk
налóженный, -ая, -ое: -ым платежóм per Nachnahme
наложúть, -ожý, -óжишь; -óженный, -óжен, -а *v* **1.** (auf)legen (auf); auftragen *Farbe, Schminke u. ä.* **2.** *med* anlegen; ~ повя́зку einen Verband anlegen **3.** aufdrücken; ~ печáть ein Siegel [einen Stempel] aufdrücken **4.** füllen, volladen; ~ пóлный воз солóмы eine Fuhre voll Stroh laden **5.** *A oder G* legen, packen, stopfen; ~ тетрáдей на стол Hefte auf den Tisch legen **6.** на *A* auferlegen; verhängen *Strafe, Verbot*; einlegen *Veto*; ~ налóг на чтó-н. etw. besteuern; ~ штраф eine Geldstrafe auferlegen; ~ арéст на имýщество das Vermögen mit Beschlag belegen [beschlagnahmen]; ~ вúзу ein Visum erteilen ◇ ~ на себя́ рýки *volksspr* Hand an sich legen; ~ отпечáток [след] *übtr* seinen Stempel aufdrücken; ~ рýку на чтó-н. von etw. Besitz ergreifen || *uv* наклáдывать, -аю, -аешь *zu* 1-5 *u.* налагáть, -áю, -áешь *zu* 6
налóжница, -ы, *I* -ей *f buchspr alt* Konkubine
наломáть, -áю, -áешь; налóманный, -ан, -а *v A oder G* (ab)brechen, zerbrechen ◇ ~ бокá комý-н. *volksspr* j-m das Fell gerben; ~ дров *volksspr*

scherz Dummheiten machen || *uv* нала́мывать, -аю, -аешь

налощи́ть, -щу́, -щи́шь; -щённый, -щён, -щена́ *v* polieren, blankreiben, bohnern; Glanz auftragen; ~ бума́гу Papier satinieren

налюбова́ться, -бу́юсь, -бу́ешься *v* sich satt sehen (на *A* an); я не мог ~ на э́ту карти́ну ich konnte mich an diesem Bild nicht satt sehen

наля́пать, -аю, -аешь; -анный, -ан, -а *v* *volksspr* **1.** schmieren, klecksen **2.** hinschmieren, (zusammen)pfuschen

нам ↑ мы

намагни́тить, -и́чу, -и́тишь; -и́ченный, -и́чен, -а *v* magnetisieren || *uv* **намагни́чивать,** -аю, -аешь

на|ма́зать* *v* **1.** bestreichen, einreiben **2.** *umg* schminken; ~ гу́бы die Lippen schminken || *uv* **нама́зывать,** -аю, -аешь

на|ма́заться* *v* **1.** sich einkremen, sich einreiben **2.** *umg* sich schminken || *uv* **нама́зываться,** -аюсь, -аешься

намалева́ть, -лю́ю, -лю́ешь; -лёванный, -лёван, -а *v* **1.** *umg* schlecht malen, schlecht zeichnen **2.** *volksspr* schlecht schminken || *uv* **намалёвывать,** -аю, -аешь

нама́лывать *uv zu* намоло́ть

намара́ть, -а́ю, -а́ешь; нама́ранный, -ан, -а *v* **1.** *volksspr* beschmieren, dreckig machen **2.** *umg* (zusammen)-pfuschen, hinschmieren

нама́сливать *uv zu* нама́слить

нама́слить, -лю, -лишь; -ленный, -лен, -а *v umg* mit Öl [Butter] bestreichen || *uv* нама́сливать, -аю, -аешь

наматра́цник, -а *m* Matratzenaufleger

нама́тывать *uv zu* намота́ть

нама́чивать *uv zu* намочи́ть

наме́дни *Adv alt u. volksspr* neulich, vor kurzem

намёк, -а *m* Andeutung, Anspielung, Wink; то́нкий ~ ein leiser Wink, eine feine Anspielung; говори́ть -ами in Andeutungen sprechen; сде́лать кому́-н. гру́бый ~ j-m einen Wink mit dem Zaun(s)pfahl geben

намека́ть, -а́ю, -а́ешь *uv* **1.** andeuten, zu verstehen geben **2.** anspielen (на *A* auf) || *v mom* **намекну́ть,** -ну́, -нёшь

наме́ливать *uv zu* намели́ть

намели́ть, -лю́, -ли́шь; -лённый, -лён, -лена́ *v* mit Kreide einreiben || *uv* наме́ливать, -аю, -аешь

намерева́ться, -а́юсь, -а́ешься *uv mit Inf* beabsichtigen, vorhaben

наме́рен, -а, -о *prädikativ mit Inf* die Absicht haben, vorhaben; im Begriff sein; что вы -ы де́лать? was gedenken Sie zu tun?; я соверше́нно не ~ э́того де́лать ich denke gar nicht daran, das zu tun

наме́рение, -я *n* Absicht, Vorhaben; с -ем absichtlich, vorsätzlich; э́то не входи́ло в мои́ -я das lag nicht in meiner Absicht

наме́ренный, -ая, -ое; *Kzf* -ен, -енна vorsätzlich, absichtlich

намерза́ть *uv zu* намёрзнуть

намёрзнуть, *1. u. 2. Pers ungebr*, -нет; намёрз, -ла; намёрз(нув)ший *v* **1.** sich ansetzen *Eis*; лёд намёрз на стёклах die Scheiben sind vereist **2.** *umg* vor Kälte erstarren; ру́ки намёрзли и в перча́тках selbst in den Handschuhen sind die Hände eiskalt || *uv* намерза́ть, -а́ет

на́мертво *Adv umg* **1.** tödlich, zu Tode **2.** ganz fest, für ewig (zusammenfügen)

на|мести́* *v* **1.** zusammenkehren, -fegen **2.** zusammenwehen || *uv* намета́ть, -а́ю, -а́ешь

наме́стник, -а *m hist* Statthalter

намётанный, -ая, -ое: ~ глаз geübtes Auge

[1]**намета́ть** *uv zu* намести́

[2]**на|мета́ть*** *v* **1.** *A oder G* zusammenwerfen **2.** *A oder G* Junge werfen *Tiere*; laichen **3.** eine Fertigkeit erlangen; ~ глаз das Auge schärfen || *uv* намётывать, -аю, -аешь

[3]**намета́ть,** -а́ю, -а́ешь; намётанный, -ан, -а *v* (an)heften, *mit großen Stichen* nähen || *uv* намётывать, -аю, -аешь

[1]**наме́тить,** -е́чу, -е́тишь; -е́ченный, -е́чен, -а *v* **1.** markieren, kennzeichnen **2.** zeichnen *Wäsche* **3.** entwerfen, skizzieren || *uv* намеча́ть, -а́ю, -а́ешь *zu* 1, 3

[2]**наме́тить,** -е́чу, -е́тишь; -е́ченный, -е́чен, -а *v* **1.** festsetzen *Termin* **2.** sich vornehmen, vorhaben, planen; vormerken **3.** zur Wahl vorschlagen; ~ кандида́тов Kandidaten aufstellen; его́ наме́тили председа́телем er wurde als Vorsitzender vorgeschlagen **4.** *umg* richten, zielen || *uv* намеча́ть, -а́ю, -а́ешь *zu* 1, 3

наме́титься, *1. u. 2. Pers ungebr*, -ится *v* sich abzeichnen *a. übtr* || *uv* намеча́ться, -а́ется

[1]**намётка,** -и, *Pl G* -ток, *D* -ткам *f* **1.** Heften **2.** Heftfaden **3.** Heftnaht

[2]**намётка,** -и, *Pl G* -ток, *D* -ткам *f umg* Entwurf, Skizze

[1,2]намётывать *uv zu* [2,3]намета́ть
[1,2]намеча́ть *uv zu* [1,2]наме́тить
намеча́ться *uv zu* наме́титься
намеша́ть, -а́ю, -а́ешь; наме́шанный, -ан, -а *v A oder G umg* beimischen; ~ са́хару в те́сто Zucker in den Teig mischen || *uv* **наме́шивать,** -аю, -аешь
на́ми ↑ мы
намина́ть *uv zu* намя́ть
намно́го *Adv* um ein Vielfaches, bedeutend
намозо́лить, -лю, -лишь; -ленный, -лен, -а *v umg* schwielig machen ◇ ~ кому́-н. глаза́ j-m. ein Dorn im Auge sein
намока́ть *uv zu* намо́кнуть
намо́кнуть, -ну, -нешь; намо́к, -ла *v* naß werden, durchweichen || *uv* намока́ть, -а́ю, -а́ешь
намола́чивать *uv zu* намолоти́ть
намолоти́ть, -очу́, -о́тишь; -о́ченный, -о́чен, -а *v A oder G in best. Menge* (aus)dreschen || *uv* намола́чивать, -аю, -аешь
на|моло́ть* *v A oder G* mahlen; ~ мешо́к муки́ einen Sack Mehl mahlen ◇ ~ чепухи́ [вздо́ру] *volksspr* Unsinn zusammenschwatzen || *uv* нама́лывать, -аю, -аешь
намо́рдник, -а *m* Maulkorb; наде́ть ~ einen Maulkorb anlegen
намо́рщивать *uv zu* намо́рщить
намо́рщить, -щу, -щишь; -щенный, -щен, -а *v* runzeln, in Falten ziehen || *uv* намо́рщивать, -аю, -аешь
намо́рщиться, -щусь, -щишься *v* 1. die Stirn runzeln 2. verziehen *Gesicht*
намости́ть, -ощу́, -ости́шь; -ощённый, -ощён, -ощена́ *v* 1. pflastern *Straße* 2. *gbt* legen *Bretter, Balken*
намота́ть, -а́ю, -а́ешь; намо́танный, -ан, -а *v* aufwickeln, aufspulen ◇ намота́й э́то себе́ на ус schreib dir das hinter die Ohren || *uv* нама́тывать, -аю, -аешь
намо́тка, -и *f* Aufwickeln, Aufspulen
намочи́ть, -очу́, -о́чишь; -о́ченный, -о́чен, -а *v* naß machen; einweichen || *uv* нама́чивать, -аю, -аешь
намудри́ть, -рю́, -ри́шь *v umg* ausklügeln
намусо́ливать *uv zu* намусо́лить
намусо́лить, -лю, -лишь; -ленный, -лен, -а *v volksspr* mit Speichel beschmutzen; mit klebrigen Händen beschmutzen || *uv* намусо́ливать, -аю, -аешь
наму́сорить, -рю, -ришь *v umg* beschmutzen, Schmutz machen
намути́ть, -учу́, -у́ти́шь *v* 1. trüben, trübe machen *Wasser* 2. *übtr umg* (auf)hetzen, Unruhe stiften
наму́читься, -чусь, -чишься *v umg* sich abplagen, seine liebe Not haben (с *I* mit)
намыва́ть *uv zu* намы́ть
намы́ливать(ся) *uv zu* намы́лить(ся)
намы́лить, -лю, -лишь; -ленный, -лен, -а *v* einseifen ◇ ~ кому́-н. го́лову *übtr* j-m den Kopf waschen || *uv* намы́ливать, -аю, -аешь
намы́литься, -люсь, -лишься *v* sich einseifen || *uv* намы́ливаться, -аюсь, -аешься
на|мы́ть* *v* 1. *A oder G umg* waschen, spülen; ~ посу́ды Geschirr abwaschen; ~ корзи́ну белья́ einen Korb Wäsche waschen 2. *A oder G* durch Auswaschen gewinnen *z. B. Gold* 3. *1. u. 2. Pers ungebr* anschwemmen || *uv* намыва́ть, -а́ю, -а́ешь
намяка́ть *uv zu* намя́кнуть
намя́кнуть, *1. u. 2. Pers ungebr*, -нет; намя́к, -ла *v* aufweichen || *uv* намяка́ть, -а́ет
на|мя́ть* *v* 1. *A oder G* kneten 2. *A oder G* zerquetschen; niedertreten 3. sich etw. einquetschen [wundreiben] ◇ ~ кому́-н. бока́ *volksspr* j-n verprügeln, j-n durchbleuen || *uv* намина́ть, -а́ю, -а́ешь
нана́ец, -а́йца, *I* -а́йцем, *G Pl* -а́йцев *m* Nanaize
нанесе́ние, -я *n* 1. Auftragen; ~ ла́ка на мета́лл das Auftragen des Lackes auf das Metall 2. *übtr* Zufügen; ~ уда́ра das Zufügen eines Schlages 3. Eintragung *auf einer Karte u. ä.*
на|нести́* *v* 1. *A oder G in best. Menge* zusammentragen; heranschleppen 2. auftragen; ~ лак Lack auftragen 3. eintragen; ~ на ка́рту но́вую доро́гу die neue Straße einzeichnen 4. *umg 1. u. 2. Pers ungebr* anschwemmen; treiben (gegen); ло́дку нанесло́ на мель das Boot wurde auf eine Sandbank getrieben 5. *A oder G* an-, zusammenwehen 6. zufügen; ~ вред Schaden zufügen; ~ уда́р einen Schlag versetzen; ~ кому́-н. оскорбле́ние j-n beleidigen ◇ ~ визи́т einen Besuch abstatten; ~ яиц *eine best. Menge* Eier legen || *uv* наноси́ть, -ошу́, -о́сишь
на|наза́ть* *v* aufreihen, auffädeln || *uv* нани́зывать, -аю, -аешь
нанима́тель, -я *m* 1. Mieter 2. Arbeitgeber
нанима́ть(ся) *uv zu* наня́ть(ся)

на́ново *Adv umg* von neuem, neu
нано́с, -а *m* Anschwemmung, Schwemmland; ~ сне́га Schneewehe
наноси́ть *uv zu* нанести́
нано́сный, -ая, -ое 1. angeschwemmt, alluvial; ~ песо́к Schwemmsand 2. *übtr* angenommen, entlehnt; fremd
наня́ть* *v* 1. mieten, pachten 2. einstellen, anstellen; ~ матро́са einen Matrosen anheuern ‖ *uv* нанима́ть, -а́ю, -а́ешь
наня́ться*; -ня́лся́, -няли́сь *v* sich verdingen ‖ *uv* нанима́ться, -а́юсь, -а́ешься
наобеща́ть, -а́ю, -а́ешь; наобе́щанный, -ан, -а *v umg* viel versprechen
наоборо́т *Adv* 1. verkehrt, umgekehrt; де́лать всё ~ alles verkehrt machen; как раз ~ gerade das Gegenteil 2. *mod* dagegen, vielmehr; im Gegenteil
наобу́м *Adv umg* auf gut Glück, aufs Geratewohl
на|ора́ть* *v volksspr* 1. на *A* anschreien, anbrüllen 2. *A oder G* viel schreien
на́отмашь *Adv*: уда́рить ~ mit aller Wucht zuschlagen
наотре́з *Adv*: отказа́ться ~ glattweg [rundweg] ablehnen
напа́дать, *1. u. 2. Pers ungebr*, -ает *v in best. Menge* fallen *Schnee, Obst*
напада́ть *uv zu* [1]напа́сть
напада́ющий, -его *Subst m Sport* Stürmer
нападе́ние, -я *n* 1. Angriff, Überfall; внеза́пное ~ Überraschungsangriff; огнево́е ~ Feuerüberfall 2. *Sport* Sturm; центр -я Mittelstürmer
напа́дки, -док, -дкам *Pl* Angriffe, Ausfälle; Beschuldigungen
[1]**напа́ивать** *uv zu* напои́ть
[2]**напа́ивать** *uv zu* напая́ть
напа́костить, -ощу, -остишь *v volksspr* 1. beschmutzen, verunreinigen 2. Schaden zufügen, schädigen
напа́лмовый, -ая, -ое Napalm-
напа́рник, -а *m umg* Partner *in einer Zweimannbrigade*; шофёр-~ Beifahrer
напа́рываться *uv zu* напоро́ться
напаса́ться *uv zu* напасти́сь
на|пасти́сь* *v umg G* sich eindecken (mit), auf Vorrat anschaffen; у́гля не напасёшься man kann sich nicht genug mit Kohle eindecken; на ребёнка не напасёшься боти́нок dauernd braucht das Kind neue Schuhe ‖ *uv* напаса́ться, -а́юсь, -а́ешься
[1]**на|па́сть*;** напа́вший *v* на *A* 1. angreifen, überfallen, herfallen (über) 2. *umg* herziehen, -fallen (über) *mit Beschuldigungen u. ä.* 3. geraten, stoßen (auf), antreffen; ~ на хоро́шую мысль auf einen guten Gedanken kommen; напа́сть на че́й-н. след j-m auf die Spur kommen 4. *1. u. 2. Pers ungebr* ergreifen, befallen *Gefühle*; на меня́ напа́л страх Angst befiel mich; на него́ напа́ла тоска́ er bekam Sehnsucht ◇ не на того́ напа́л! da bist du [ist er] an die falsche Adresse gekommen ‖ *uv* напада́ть, -а́ю, -а́ешь
[2]**напа́сть,** -и *f umg* Plage, Unglück
напа́чкать, -аю, -аешь; -анный, -ан, -а *v* beschmutzen, beschmieren
напая́ть, -я́ю, -я́ешь; напа́янный, -ян, -а *v* auflöten, anlöten ‖ *uv* напа́ивать, -аю, -аешь
напе́в, -а *m* Melodie, Weise; Motiv
напева́ть, -а́ю, -а́ешь *uv* 1. *uv zu* напе́ть 2. leise vor sich hin singen
напека́ть *uv zu* напе́чь
наперебо́й *Adv umg* durcheinander, um die Wette
наперевве́с *Adv*: с ру́жьями [с ружьём] ~ mit gefälltem Bajonett
наперего́нки *Adv umg* um die Wette
напере́д *Adv* 1. *volksspr* zuerst, zuvor 2. im voraus, von vornherein ◇ за́дом ~ verkehrt
напереко́р *Adv u. Präpos mit D* zuwider, zum Trotz, entgegen; де́йствовать ~ zuwiderhandeln
наперере́з *Adv*: бежа́ть кому́-н. ~ j-m den Weg abschneiden
наперерыв *Adv umg* durcheinander, um die Wette
на|пере́ть*; напере́в *v* на *A volksspr* drücken, sich stemmen (auf, gegen) ‖ *uv* напира́ть, -а́ю, -а́ешь
наперехва́т *Adv volksspr* 1.: идти́ ~ in die Quere kommen 2. um die Wette
наперечёт 1. *Adv* ganz und gar, ohne Ausnahme; знать всех ~ alle an den Fingern aufzählen, alle aufzählen können 2. *prädikativ* (es gibt) nur wenig
напёрсток, -тка *m* Fingerhut
наперстя́нка, -и, *Pl G* -нок, *D* -нкам *f bot* Fingerhut
напе́рчивать *uv zu* напе́рчить
напе́рчить, -чу, -чишь; -ченный, -чен, -а *v* pfeffern, mit Pfeffer bestreuen ‖ *uv* напе́рчивать, -аю, -аешь
на|пе́ть* *v* 1. *A oder G* viel singen *Lieder, Arien u. ä.* 2. besingen; ~

пласти́нку eine Platte besingen 3. *umg* anstimmen, singen || *uv* напева́ть, -а́ю, -а́ешь

напеча́тать *v zu* печа́тать

на|пе́чь* *v* 1. *A oder G in best. Menge* backen 2. *umg* verbrennen, zu stark der Sonne aussetzen || *uv* **напека́ть**, -а́ю, -а́ешь

напива́ться *uv zu* напи́ться

напи́лок, -лка *m umg* Feile

напи́льник, -а *m* Feile

напира́ть, -а́ю, -а́ешь *uv* 1. *uv zu* напере́ть 2. на *A umg* bedrängen, andrängen (gegen); проти́вник напира́л с фла́нга der Gegner griff von der Flanke an 3. на *A umg* bestehen (auf); besonderen Nachdruck legen (auf); betonen

написа́ние, -я *n* Schreibweise, Schreibung

написа́ть *v zu* писа́ть

напита́ть, -а́ю, -а́ешь; напи́танный, -ан, -а *v* 1. *umg* ernähren, verpflegen, zu essen geben 2. tränken, durchweichen; ~ гу́бку водо́й den Schwamm mit Wasser tränken || *uv* напи́тывать, -аю, -аешь *zu* 2

напита́ться, -а́юсь, -а́ешься *v* 1. *umg scherz* sich satt essen 2. *1. u. 2. Pers ungebr* sich vollsaugen, durchtränkt werden || *uv* напи́тываться, -ается *zu* 2

напи́ток, -тка *m* Getränk; спиртны́е -тки alkoholische Getränke

напи́тывать(ся) *uv zu* напита́ть(ся)

на|пи́ться*; -пили́сь *v* 1. *G* seinen Durst löschen (mit), sich satt trinken (an); где здесь мо́жно ~? wo kriegt man hier einen Schluck Wasser? 2. sich betrinken || *uv* напива́ться, -а́юсь, -а́ешься

напиха́ть, -а́ю, -а́ешь; напи́ханный, -ан, -а *v umg A oder G* viel hineinstopfen; vollstopfen (mit) || *uv* **напи́хивать,** -аю, -аешь

напи́чкать, -аю, -аешь; -анный, -ан, -а *v umg* 1. überfüttern 2. *übtr* eintrichtern

на|пла́каться* *v* 1. sich ausweinen 2.: она́ ещё напла́чется с ним *umg* sie wird ihre liebe Not mit ihm haben, sie wird viel Kummer mit ihm haben

наплева́тельский, -ая, -ое *umg* nachlässig, fahrlässig, geringschätzig

на|плева́ть* *v* 1. speien, spucken (на *A* auf) 2. на *A volksspr* verachten, spucken (auf) 3.: мне ~ на э́то *volksspr* ich pfeife darauf, das ist mir schnuppe

на|плести́* *v A oder G* 1. flechten, durch Flechten herstellen 2. *volksspr* Unsinn zusammenreden; ~ на кого́-н. j-n verleumden || *uv* **наплета́ть,** -а́ю, -а́ешь *zu* 1

напле́чный, -ая, -ое Schulter-, auf der Schulter getragen; ~ реме́нь Schulterriemen

наплы́в, -а *m* 1. Andrang, Auflauf, Zulauf 2. Überblendung *Kino* 3. Kesselstein

напова́л *Adv*: уби́ть ~ auf der Stelle töten, mit einem Hieb [Schlag, Schuß] töten; он был уби́т ~ er war auf der Stelle tot

наподо́бие *Präpos mit G* (ähnlich) wie, in der Art von

напои́ть, -ою́, -о́ишь *u. umg* -ои́шь; -ои́; напо́енный, -о́ен, -а *u.* напоённый, -ён, -ена́ *v* 1. (напо́енный) zu trinken geben, tränken; betrunken machen 2. *übtr* (напоённый) sättigen, schwängern || *uv* напа́ивать, -аю, -аешь

напока́з *Adv* zur Schau; выставля́ть ~ zur Schau stellen [tragen]

наполза́ть *uv zu* наползти́

на|ползти́* *v umg* 1. beim Kriechen stoßen (на *A* auf, gegen) 2. *1. u. 2. Pers ungebr* zusammenkriechen, hereinkriechen || *uv* наполза́ть, -а́ю, -а́ешь

наполирова́ть, -ру́ю, -ру́ешь; -ро́ванный, -ро́ван, -а *v* polieren || *uv* **наполиро́вывать,** -аю, -аешь

наполне́ние, -я *n* (An-) Füllung

напо́лнить, -ню, -нишь; -ненный, -нен, -а *v* 1. (an)füllen; ~ бак водо́й den Kanister mit Wasser füllen 2. ganz erfüllen *mit einem Gefühl* || *uv* **наполня́ть,** -я́ю, -я́ешь

напо́лниться, *1. u. 2. Pers ungebr,* -ится *v I* sich füllen (mit) || *uv* **наполня́ться,** -я́ется

наполови́ну *Adv* zur Hälfte, halb; nur halb

напома́дить, -а́жу, -а́дишь; -а́женный, -а́жен, -а *v* mit Pomade einsalben, pomadisieren

напомина́ние, -я *n* Erinnerung, Mahnung

напомина́ть *uv zu* напо́мнить

напо́мнить, -ню, -нишь *v* 1. erinnern, mahnen (кому́-н. о чём-н. *oder* что́-н. j-n an etw.); он напо́мнил мне о моём обеща́нии (*oder* моё обеща́ние) er erinnerte mich an mein Versprechen 2. *durch Ähnlichkeit* erinnern (кому́-н. кого́-н. an j-n); он напо́мнил мне де́да er erinnerte mich

an meinen Großvater || *uv* напомина́ть, -а́ю, -а́ешь
напо́р, -а *m* 1. *phys* Druck; ~ воды́ Wasserdruck 2. Druck; Ansturm, Andrang; под -ом обще́ственности unter dem Druck der Öffentlichkeit 3. Elan, Ungestüm 4. *umg* Hartnäckigkeit, Zähigkeit
напо́ристый, -ая, -ое; *Kzf* -ист, -а *umg* energisch, zielstrebig
на|поро́ться* *v* на *A* 1. *umg* sich stechen, sich verletzen (an) 2. *volksspr* unerwartet stoßen (auf) || *uv* напа́рываться, -аюсь, -аешься
напороши́ть, *1. u. 2. Pers ungebr,* -и́т; напорошённый, -ён, -ена́ *unpers v G* in feinen Flocken fallen; mit lockerem Schnee bedecken
напо́ртить, -рчу, -ртишь; -рченный, -рчен, -а *v umg* 1. *A oder G* viel verderben; beschädigen; unbrauchbar machen 2. *D* großen Schaden zufügen
напосле́док *Adv umg* zu guter Letzt, zum Schluß
напр. (наприме́р) zum Beispiel
напра́вить, -влю, -вишь; -вленный, -влен, -а *v* 1. richten, lenken; ~ все си́лы на борьбу́ с ... alle Kräfte in den Kampf gegen ... werfen 2. schicken, verweisen; меня́ напра́вили к друго́му врачу́ ich wurde an einen anderen Arzt verwiesen; его́ напра́вили рабо́тать на целину́ er wurde zur Arbeit ins Neulandgebiet geschickt 3. einrichten, regeln; ~ рабо́ту die Arbeit organisieren 4. *umg* abziehen, schärfen *Rasierklinge, Säge* || *uv* направля́ть, -я́ю, -я́ешь
напра́виться, -влюсь, -вишься *v* 1. sich begeben, sich (hin)wenden 2. *umg* sich einspielen, in Fluß kommen; рабо́та напра́вилась die Arbeit kam in Gang || *uv* направля́ться, -я́юсь, -я́ешься
направле́ние, -я *n* 1. Richten, Lenken 2. Schicken 3. Richtung *a. übtr*; ~ полёта Flugrichtung; ~ мы́слей Gesinnung; во всех -ях nach allen Richtungen; литерату́рные -я Literaturströmungen 4. Einweisung, Einweisungsschein; Dienstreiseschein, -ausweis 5. *mil* Frontabschnitt; на ю́жном -и an der Südfront
напра́вленность, -и *f* Tendenz
направля́ть(ся) *uv zu* напра́вить(ся)
напра́во *Adv* nach rechts; rechts, zur Rechten; ~! *mil* rechtsum!
напра́слина, -ы *f umg* falsche Beschuldigung, grundlose Verdächtigung, verleumderisches Gerede
напра́сно *Adv* vergeblich, umsonst
напра́сный, -ая, -ое; *Kzf* -сен, -сна 1. vergeblich; э́то ~ труд das ist verlorene Liebesmühe, da ist Hopfen und Malz verloren 2. unbegründet, unnötig 3. *alt* ungerecht, falsch
напра́шиваться, -аюсь, -аешься *uv* 1. *uv zu* напроси́ться 2. sich von selbst aufdrängen, kommen *von Gedanken*; напра́шивается мысль der Gedanke liegt nahe
наприме́р *mod* zum Beispiel
напрока́зить, -а́жу, -а́зишь *v volksspr* mutwillige Streiche verüben
напрока́зничать, -аю, -аешь *v umg* dumme Streiche verüben, Unfug treiben
напрока́т *Adv* leihweise; взять ~ ausleihen; mieten; отдава́ть ~ vermieten
напролёт *Adv umg* durchgehend; всю ночь ~ die ganze Nacht hindurch; весь день ~ den ganzen Tag über
напроло́м *Adv umg* direkt drauflos; идти́ ~ mit dem Kopf durch die Wand gehen, drauflosgehen
напропалу́ю *Adv umg* tollkühn; rücksichtslos
напроро́чить, -чу, -чишь; -ченный, -чен, -а *v umg* prophezeien
напроси́ться, -ошу́сь, -о́сишься *v umg* 1. sich aufdrängen, sich anbieten 2. herbeisehnen, -wünschen; ~ на комплиме́нт j-n zu einem Kompliment veranlassen || *uv* напра́шиваться, -аюсь, -аешься
напро́тив 1. *Adv uv. Präpos mit G* gegenüber 2. *Adv* verkehrt; он всё де́лает ~ er macht alles gerade anders 3. *Part* im Gegenteil; dagegen
на́прочь *Adv umg* ganz und gar, völlig
напру́живать(ся) *uv zu* напру́жить(ся)
напру́жить, -жу, -жишь; -женный, -жен, -а *v* anspannen, straffen || *uv* напру́живать, -аю, -аешь
напру́житься, -жусь, -жишься *v umg* sich anspannen, sich straffen || *uv* напру́живаться, -аюсь, -аешься
напряга́ть(ся) *uv zu* напря́чь(ся)
напряже́ние, -я *n* 1. Anstrengung, Anspannung, Konzentration 2. *phys, el* Spannung *a. übtr*; высо́кое ~ Hochspannung
напряжённость, -и *f* 1. Gespanntheit, Spannung *a. pol*; разря́дка -и *pol* Entspannung 2. Intensität

sätzlich 2. eigens, extra; я ~ для этого пришёл ich bin extra deswegen gekommen 3. *umg* zum Spaß ◇ как ~ wie zum Trotz, ausgerechnet
нарóчный, -ого *Subst m* Eilbote; с -ым durch Eilboten
нарсу́д, -á *m* (нарóдный суд) Volksgericht
нáрты, нарт *Pl u.* **нáрта,** -ы *f* Rentierschlitten; Hundeschlitten
[1]**нарубáть** *uv zu* нарубúть
[2]**нарубáть,** -áю, -áешь *v A oder G* abbauen, hauen *Kohle*
нарубúть, -ублю́, -у́бишь; -у́бленный, -у́блен, -а *v A oder G* 1. hacken *Holz* 2. fällen *Bäume* 3. schneiden *Kraut* ‖ *uv* нарубáть, -áю, -áешь
нару́жность, -и *f* 1. Äußeres; Aussehen; ~ обмáнчива der Schein trügt 2. Außenseite, Außenansicht
нару́жный, -ая, -ое 1. Außen-; -ая стенá Außenwand 2. äußerlich; scheinbar; -ое für äußerlichen Gebrauch *Arznei*
нару́жу *Adv* 1. nach außen 2. zum Vorschein, ans Tageslicht; дéло вы́шло ~ die Sache kam heraus [ans Tageslicht]; вы́вести ~ an den Tag bringen
нарукáвники *Pl* -ов, *Sg* нарукáвник, -а *m* Schutzärmel
нарукáвный, -ая, -ое Ärmel-; -ая повя́зка Armbinde
нарумя́нить, -ню, -нишь; -ненный, -нен, -а *v* schminken
нару́чники *Pl* -ов, *Sg* нару́чник, -а *m* Handschellen, Handfesseln
нару́чный, -ая, -ое Hand-, an der Hand, am Arm; -ые часы́ Armbanduhr
нарушáть *zu v* нару́шить
нарушéние, -я *n* 1. Übertretung, Verletzung, Verstoß (gegen); ~ закóна Verstoß gegen das Gesetz; ~ мúра Friedensbruch 2. Störung; ~ спокóйствия Ruhestörung
нарушúтель, -я *m* Verletzer; ~ границы Grenzverletzer; ~ спокóйствия Störenfried, Unruhestifter; ~ прáвил у́личного движéния Verkehrssünder
нару́шить, -шу, -шишь; -шенный, -шен, -а *v* 1. verletzen, brechen, übertreten; ~ закóн gegen das Gesetz verstoßen; ~ соглашéние das Abkommen verletzen [brechen]; ~ слóво sein Wort brechen 2. stören, unterbrechen; ~ молчáние das Schweigen brechen; ~ покóй die Ruhe stören ‖ *uv* нарушáть, -áю, -áешь
нару́шиться, *1. u. 2. Pers ungebr,* -ится *v* unterbrochen [gestört] werden
нарцúсс, -а *m bot* Narzisse
нáры, нар *Pl* Pritsche, Schlafbank
нары́в, -а *m* Geschwür, Eiterbeule
[1,2]**нарывáть** *uv zu* [1,2]нарвáть
[3]**нарывáть** *uv zu* нары́ть
нарывáться *uv zu* нарвáться
нарывнóй, -áя, -óе *u.* **нары́вный,** -ая, -ое 1. (нары́вный) Geschwür-, Abszeß- 2. (нарывнóй) blasenziehend; ~ плáстырь Zugpflaster
на|ры́ть* *v A oder G* (aus)graben, ausheben ‖ *uv* нарывáть, -áю, -áешь
[1]**наря́д,** -а *m* Kleidung, Tracht; прáздничный ~ Festtracht
[2]**наря́д,** -а *m* 1. Auftrag, Anweisung, Anordnung; ~ на вы́дачу Auslieferungsschein; ~-закáз Bestellschein 2. *mil* Dienst(auftrag); Kommando, Streife; сторожевóй ~ Wachdienst; быть в -е Dienst haben; ~ милúции Milizstreife
[1]**нарядúть,** -яжу́, -я́дишь; -я́женный, -я́жен, -а *v* 1. schmücken schön kleiden, herausputzen 2. verkleiden, maskieren; ~ клóуном als Clown verkleiden ‖ *uv* наряжáть, -áю, -áешь
[2]**нарядúть,** -яжу́, -ядúшь; -яжённый, -яжён, -яженá *v* Auftrag geben, beordern, schicken; (ab)kommandieren; ~ подвóды за пескóм die Wagen nach Sand schicken ‖ *uv* наряжáть, -áю, -áешь
нарядúться, -яжу́сь, -я́дишься *v* 1. sich schön kleiden, sich herausputzen 2. sich verkleiden, sich maskieren; ~ медвéдем sich als Bär verkleiden ‖ *uv* наряжáться, -áюсь, -áешься
наря́дный, -ая, -ое; *Kzf* -ден, -дна 1. schön gekleidet 2. schön, schmuck, elegant
наряду́ *Adv* с *I* gemeinsam (mit), zugleich; neben, außer; ebenso wie; ~ с э́тим gleichzeitig
[1,2]**наряжáть** *uv zu* [1,2]нарядúть
наряжáться *uv zu* нарядúться
нас ↑ мы
насадúть, -ажу́, -áдишь; -áженный, -áжен, -а *v* 1. *G* anpflanzen, setzen 2. befestigen, aufstecken, aufsetzen, aufspießen; ~ шúну на колесó den Reifen (auf die Felge) aufziehen 3. *volksspr* unterbringen, (hinein)setzen 4. *v zu* насаждáть ‖ *uv* насáживать, -аю, -аешь
насáдка, -и, *Pl G* -док, *D* -дкам *f*

1. Aufsetzen, Ansetzen 2. *tech* Ansatzstück, Aufsatz 3. Köder
насажáть, -áю, -áешь *v* 1. *A oder G* anpflanzen, setzen 2. unterbringen, (hinein)setzen ‖ *uv* насáживать, -аю, -аешь
насаждáть, -áю, -áешь *uv buchspr* einführen, einbürgern, verbreiten; ~ наýки die Wissenschaften pflegen ‖ *v* насадúть, -ажý, -áдишь; -аждённый, -аждён, -ажденá
насаждéние, -я *n* 1. *meist Pl* Anpflanzung; зелёные -я Grünanlagen; полезащúтные -я Schutzwaldstreifen 2. Pflanzen, Anpflanzen 3. Einführung, Einbürgerung
[1]**насáживать** *uv zu* насадúть
[2]**насáживать** *uv zu* насажáть
насáживаться *uv zu* насéсть
насáливать *uv zu* насолúть
насáсываться *uv zu* насосáться
насвúстывать, -аю, -аешь *uv* vor sich hin pfeifen
насевáть *uv zu* насéять
наседáть *uv zu* насéсть
насéдка, -и, *Pl G* -док, *D* -дкам *f* Bruthenne, Glucke
насéивать *uv zu* насéять
насекáть *uv zu* насéчь
насекомоя́дный, -ая, -ое insektenfressend
насекóмые *Pl* -ых, *Sg* насекóмое, -ого *n* Insekten
населéние, -я *n* 1. Besiedlung 2. Bevölkerung; пéрепись -я Volkszählung
населённость, -и *f* Bevölkerungsdichte
населённый, -ая, -ое 1. bewohnt 2. dicht bevölkert ◇ ~ пункт Ortschaft
населúть, -лю, -лúшь; -лённый, -лён, -ленá *v* 1. besiedeln, bevölkern 2. beziehen *Wohnung* ‖ *uv* **населя́ть,** -я́ю, -я́ешь
насéст, -а *m* Hühnerstange
на|сéсть* *v* 1. *1. u. 2. Pers ungebr* sich setzen (in), einsteigen 2. *1. u. 2. Pers ungebr* sich (an)setzen, sich ablagern 3. на *A umg* sich stürzen (auf), bedrängen, zusetzen ‖ *uv* насáживаться, -ается *umg zu* 1 *u.* наседáть, -áю, -áешь *zu* 2, 3
насéчка, -и, *Pl G* -чек, *D* -чкам *f* Einschnitt, Kerbe
на|сéчь*; -секлá *v* 1. einkerben, einschneiden 2. *umg* kleinschneiden, wiegen ‖ *uv* насекáть, -áю, -áешь
насéять, -éю, -éешь; -éянный, -éян, -а *v* 1. *in best. Menge* (aus)säen 2. *in best. Menge* (durch)sieben ‖ *uv* насевáть, -áю, -áешь *u.* насéивать, -аю, -аешь
насидéться, -сижýсь, -сидúшься *v umg* lange genug sitzen
насúженный, -ая, -ое: -ое мéсто Arbeitsplatz *oder* Wohnort, an den man sich gewöhnt hat; -ое яйцó angebrütetes Ei
насúлие, -я *n* 1. Gewalt(anwendung), Zwang 2. Gewalttätigkeit, Unterdrückung 3. Vergewaltigung
насúловать, -лую, -луешь *uv* 1. vergewaltigen 2. Gewalt antun, zwingen
насúлу *Adv umg* kaum; mit Mühe und Not
насúльник, -а *m* Gewalttäter
насúльно *Adv* gewaltsam, mit Gewalt ◇ ~ мил не бýдешь *Sprichw* Liebe läßt sich nicht erzwingen
насúльственный, -ая, -ое gewaltsam
на|скакáть* *v* 1. на *A* anreiten, anrennen, stoßen (gegen) 2. *in best. Menge* heranreiten ‖ *uv* [1]**наскáкивать,** -аю, -аешь *zu* 1
[2]**наскáкивать** *uv zu* наскочúть
наскандáлить, -лю, -лишь *v umg* randalieren
насквóзь *Adv* durch und durch, völlig; промóкнуть ~ bis auf die Haut durchnäßt werden ◇ вúдеть [знать] когó-н. ~ j-n durchschauen
наскóк, -а *m umg* 1. *Sport* Aufsprung 2. plötzlicher Überfall *zu Pferde* 3. Ausfall *gegen j-n* ◇ с -а [с -у] kurzerhand, ohne lang zu überlegen
наскóлько *Adv* 1. um wieviel?, inwiefern? 2. soviel, soweit; ~ мне извéстно soweit mir bekannt ist, soviel ich weiß
нáскоро *Adv umg* 1. eilig, in aller Eile 2. flüchtig
наскочúть, -очý, -óчишь *v* на *A* 1. anspringen, anfallen 2. anrennen (gegen), fahren (gegen), auflaufen *auf eine Mine* 3. *umg* stoßen, treffen (auf) 4. *umg übtr* herfallen, herziehen (über) *mit Vorwürfen, Beschimpfung u. ä.* ‖ *uv* наскáкивать, -аю, -аешь
наскребáть *uv zu* наскрестú
на|скрестú* *v G* zusammenscharren, -kratzen ◇ ~ дéнег на поéздку *umg* Geld für eine Reise zusammenkratzen ‖ *uv* наскребáть, -áю, -áешь
наскýчить, -чу, -чишь *v* langweilen, lästig [überdrüssig] werden; э́то мне наскýчило das habe ich satt
насладúться, -ажýсь, -адúшься *v I*

sich ergötzen (an), genießen; ~ сча́стьем das Glück genießen || *uv* **наслажда́ться**, -а́юсь, -а́ешься
наслажде́ние, -я *n* Genuß, Wonne
насла́ивать(ся) *uv zu* наслои́ть(ся)
на|сла́ть* *v A oder G umg* **1.** *in best. Menge* zuschicken **2.** *etw. über j-n* ergehen lassen || *uv* насыла́ть, -а́ю, -а́ешь
насле́дие, -я *n geistiges* Erbe, Vermächtnis
наследи́ть, -ежу́, -еди́шь; -е́женный, -е́жен, -а *v umg I* schmutzige Spuren hinterlassen
насле́дник, -а *m* Erbe; Nachfolger; Thronfolger
насле́дница, -ы, *I* -ей Erbin, Nachfolgerin
насле́дный, -ая, -ое: ~ принц Thronfolger
насле́дование, -я *n* Erbfolge; Nachfolge; пра́во -я Erbrecht
насле́довать, -дую, -дуешь; -дованный, -дован, -а *v*, *uv* **1.** erben; übernehmen **2.** *D* beerben
насле́дственность, -и *f* Erblichkeit; Vererbung
насле́дственный, -ая, -ое **1.** Erb- **2.** *biol* (ver)erblich, (v)ererbt
насле́дство, -а *n* Erbe, Erbschaft
наслое́ние, -я *n* **1.** *geol* Schichtung; Schicht **2.** *übtr* Überlagerung; später hinzugekommene Eigenschaft [Erscheinung]
наслои́ть, -ою́, -ои́шь; -оённый, -оён, -оена́ *v* (auf)schichten || *uv* насла́ивать, -аю, -аешь
наслои́ться, *1. u. 2. Pers ungebr*, -и́тся *v* sich ablagern, sich aufschichten, Schichten bilden || *uv* насла́иваться, -ается
наслу́шаться, -аюсь, -аешься *v G* **1.** viel hören **2.** lange genug anhören, sich satt hören (an)
наслы́шаться, -шусь, -шишься *v* о *P umg* viel erfahren, viel zu hören bekommen
насма́рку *Adv*: всё пошло́ ~ *umg* alles ist zum Teufel, alles ist im Eimer
на́смерть *Adv* zu Tode, tödlich; испуга́ться ~ *volksspr* zu Tode erschrecken
насмеха́ться, -а́юсь, -а́ешься *uv* над *I* spotten (über); verspotten, auslachen
насмеши́ть, -шу́, -ши́шь *v* zum Lachen bringen
насме́шка, -и, *Pl G* -шек, *D* -шкам *f* Spott, Hohn; подверга́ться -шкам als Zielscheibe des Spottes dienen; в -у zum Spott, zum Hohn
насме́шливый, -ая, -ое; *Kzf* -ив, -а spöttisch
насме́шник, -а *m umg* Spötter
насмея́ться, -ею́сь, -еёшься *v* **1.** *umg* sich totlachen, sich krank lachen **2.** над *I* sich lustig machen (über), verspotten
на́сморк, -а *m* Schnupfen; схвати́ть [получи́ть] ~ Schnupfen bekommen
насмотре́ться, -отрю́сь, -о́тришься *v* на *A* sich satt sehen (an)
насоли́ть, -олю́, -о́ли́шь; -о́ленный, -о́лен, -а *v* **1.** *A oder G in best. Menge* einsalzen, in Salzwasser einlegen **2.** *umg* stark salzen **3.**: ~ кому́-н. *umg* j-m die Suppe versalzen || *uv* наса́ливать, -аю, -аешь *zu* 1, 2
насори́ть, -рю́, -ри́шь; насо́ренный, -ен, -а *v* beschmutzen, verunreinigen
насо́с, -а *m* Pumpe; возду́шный ~ Luftpumpe; кача́ть -ом pumpen
на|соса́ться* *v G* sich satt saugen [trinken] (an); sich vollsaugen (mit) || *uv* наса́сываться, -аюсь, -аешься
насо́сный, -ая, -ое Pump(en)-; -ая ста́нция Pumpstation
на́спех *Adv* in aller Eile, hastig
наспле́тничать, -аю, -аешь *v* klatschen, Gerüchte verbreiten
наст, -а *m* Schneekruste, Harsch
настава́ть *uv zu* наста́ть
настави́тельный, -ая, -ое; *Kzf* -лен, -льна lehrhaft, schulmeisterlich
[1]**наста́вить**, -влю, -вишь; -вленный, -влен, -а *v* **1.** *A oder G in best. Menge* auf-, hinstellen **2.** ansetzen, durch Ansetzen verlängern **3.** (auf ein Ziel) richten, einstellen || *uv* наставля́ть, -я́ю, -я́ешь
[2]**наста́вить**, -влю, -вишь; -вленный, -влен, -а *v alt* belehren, beibringen ◇ ~ на ум zur Vernunft bringen; ~ кого́-н. на путь и́стинный j-n auf die rechte Bahn bringen || *uv* наставля́ть, -я́ю, -я́ешь
наста́вка, -и, *Pl G* -вок, *D* -вкам *f* Ansetzen, Anstücken, Ansatzstück
наставле́ние, -я *n* **1.** Belehrung; чита́ть кому́-н. ~ j-m die Leviten lesen, j-m eine Moralpredigt halten **2.** *mil* Instruktion, Dienstvorschrift
[1,2]**наставля́ть** *uv zu* [1,2]наста́вить
наста́вник, -а *m alt* Lehrer, Erzieher
наста́внический, -ая, -ое *alt* schulmeisterhaft
наставно́й, -а́я, -о́е Ansatz-, angesetzt; -а́я труба́ Ansatzrohr

[1,2]**настáивать** *uv zu* [1,2]настоя́ть
настáиваться *uv zu* [1]настоя́ться
Настáсья, -ьи *f dasselbe wie* Анастáсия
на|стáть*, *1. u. 2. Pers ungebr v* anbrechen, eintreten, beginnen; настáла ночь die Nacht brach herein ‖ *uv* на|ставáть*
нáстежь *Adv* (sperrangel)weit offen; óкна откры́ты ~ die Fenster stehen weit auf
настели́ть, -елю́, -éлешь; -éленный, -éлен, -а *v A oder G volksspr* ausbreiten, legen *auf den Fußboden*
настéнный, -ая, -ое Wand-
Нáстенька, -и *f Dem zu* Анастáсия
настигáть *uv zu* насти́чь *u.* насти́гнуть
насти́гнуть ↑ насти́чь
насти́л, -а *m* **1.** Bretterbelag; Fußbodenbelag **2.** Belegen; Dielen; Pflastern
настилáть *uv zu* настлáть
насти́лка, -и, *Pl G* -лок, *D* -лкам *f* **1.** Bretterbelag; Fußbodenbelag **2.** Belegen; Dielen; Pflastern
насти́льный, -ая, -ое **1.**: -ая дорóга befestigter Weg **2.** *mil* Flach-; ~ огóнь Flachfeuer **3.** *Sport* flach *vom Sprung*
на|сти́чь* *u.* **насти́гнуть,** -ну, -нешь; насти́г; насти́гнутый, -ут, -а *v* einholen; ereilen; бу́ря насти́гла рыбакóв der Sturm überraschte die Fischer ‖ *uv* настигáть, -áю, -áешь
на|стлáть* [сл] *v A oder G* belegen, bedecken; ausbreiten; ~ пол (den Fußboden) dielen; ~ мостову́ю (die Straße) pflastern ‖ *uv* настилáть, -áю, -áешь
настóй, -я, *G Pl* -ев *m* Aufguß; Tinktur
настóйка, -и, *Pl G* -óек, *D* -óйкам *f* **1.** Likör **2.** *umg* Tinktur; ~ йóда Jodtinktur
настóйчивость, -и *f* Beharrlichkeit, Ausdauer
настóйчивый, -ая, -ое; *Kzf* -ив, -а **1.** beharrlich; eigensinnig **2.** nachdrücklich, dringend
настóлько *Adv* derart, so (sehr); онá былá ~ серди́та, что ни с кем не разговáривала sie war so verärgert, daß sie mit niemandem sprach; ~-то я и сам понимáю по-ру́сски soviel verstehe ich auch selbst russisch
настóльный, -ая, -ое Tisch-; ~ тéннис Tischtennis; -ая лáмпа Tischlampe; -ая кни́га Handbuch
насторáживать(ся) *uv zu* насторожи́ть(ся)
насторожé *Adv* wachsam, auf der Hut
насторóженный, -ая, -ое; *Kzf* -ен, -енна *u.* **насторожённый,** -ая, -ое; *Kzf* -ён, -ённа in gespannter Erwartung, aufmerksam
насторожи́ть, -жу́, -жи́шь; настoрóженный, -ен, -а *u.* насторожённый, -ён, -енá *v*: ~ у́ши [слух] die Ohren spitzen, gespannt lauschen ‖ *uv* насторáживать, -аю, -аешь
насторожи́ться, -жу́сь, -жи́шься *v* die Ohren spitzen, gespannt lauschen ‖ *uv* насторáживаться, -аюсь, -аешься
настоя́ние, -я *n* Drängen; по её -ю auf ihr Drängen [Bitten] hin
настоя́тельный, -ая, -ое; *Kzf* -лен, -льна inständig, beharrlich, dringend
[1]**настоя́ть,** -ою́, -ои́шь *v* на *P* erreichen, durchsetzen; ~ на своём seinen Willen durchsetzen ‖ *uv* настáивать, -аю, -аешь bestehen (auf), beharren (auf); ~ на своём bei seiner Meinung bleiben; ~ на чём-н. etw. steif und fest behaupten
[2]**настоя́ть,** -ою́, -ои́шь; -óй; -óянный, -óян, -а *v* einen Aufguß machen, ansetzen; ~ вóдку на ви́шне Kirschen mit Alkohol ansetzen ‖ *uv* настáивать, -аю, -аешь
[1]**настоя́ться,** *1. u. 2. Pers ungebr*, -ои́тся *v* ziehen *Tee*; нáдо дать чáю ~ man muß den Tee ziehen lassen; ви́шня настоя́лась die Kirschen sind durchzogen *vom Alkohol* ‖ *uv* настáиваться, -ается
[2]**настоя́ться,** -ою́сь, -ои́шься *v umg* lange Zeit stehen
настоя́щий, -ая, -ее **1.** gegenwärtig, jetzig, heutig; в -ее врéмя heutzutage, jetzt; -ее врéмя *gram* Gegenwart, Präsens **2.** -ее, -его *Subst n* Gegenwart **3.** echt, wahr(haftig); ~ герóй ein wahrer [echter] Held; ~ друг ein echter Freund; ~ шёлк echte [reine] Seide **4.** *buchspr* vorliegender, dieser ◇ он ~ дурáк er ist ein richtiger Dummkopf; -им óбразом wie es sich gehört; по-настоя́щему richtig, wie es sich gehört
[1,2]**настрáивать** *uv zu* [1,2]настрóить
настрáиваться *uv zu* настрóиться
настрéливать *uv zu* настреля́ть
настреля́ть, -я́ю, -я́ешь; настрéлянный, -ян, -а *v A oder G* schießen, erlegen ‖ *uv* настрéливать, -аю, -аешь

настригáть *uv zu* настри́чь

на|стри́чь* *v* (ab)scheren, (ab)schneiden; ~ кило́ ше́рсти ein Kilo Wolle scheren || *uv* настригáть, -áю, -áешь

нáстрого *Adv umg* strengstens; стро́го-~ aufs allerstrengste

настроéние, -я *n* **1.** Stimmung, Laune, Lust; быть в хоро́шем [плохо́м] -и guter [schlechter] Laune sein; у меня́ нет -я гуля́ть ich habe keine Lust zum Spazierengehen **2.** Tendenz *Handel, Börse*

[1]настро́ить, -о́ю, -о́ишь; -о́енный, -о́ен, -а *v A oder G in best. Menge* bauen || *uv* настрáивать, -аю, -аешь

[2]настро́ить, -о́ю, -о́ишь; -о́енный, -о́ен, -а *v* **1.** *mus* stimmen **2.** *übtr* stimmen; beeinflussen, einnehmen; ~ кого́-н. про́тив [в по́льзу] чего́-н. j-n gegen [für] etw. einnehmen; ~ кого́-н. в свою́ по́льзу j-n für sich günstig stimmen; он вéсело настро́ен er ist heiter gestimmt **3.** *rad* einstellen; einrichten *Maschine, Gerät u. ä.*; ~ приёмник на дли́нную волну́ das Radio auf Langwelle einstellen || *uv* настрáивать, -аю, -аешь

настро́иться, -о́юсь, -о́ишься *v* sich einstellen (auf), gestimmt sein; я настро́ился рабо́тать ich habe mich auf die Arbeit eingestellt || *uv* настрáиваться, -аюсь, -аешься

настро́йка, -и, *Pl G* **-оек,** *D* **-о́йкам** *f* **1.** *rad* Abstimmung; то́чная ~ Scharfeinstellung **2.** Stimmen *Musikinstrument*

настро́йщик, -а *m* **1.** Stimmer; Klavierstimmer **2.** Fachmann für das Einstellen von Geräten

настрочи́ть, -очу́, -о́чишь; -о́ченный, -о́чен, -а *v* **1.** (ab)steppen, abnähen **2.** *umg* schnell schreiben

наступáтельный, -ая, -ое Angriffs-, offensiv; -ая война́ Angriffskrieg

[1]наступáть, -áю, -áешь *uv* **1.** *uv zu* [1]наступи́ть **2.** *mil* angreifen, vorrücken **3.** herantreten *mit einer Bitte, Forderung u. ä.*

[2]наступáть *uv zu* [2]наступи́ть

[1]наступи́ть, -уплю́, -у́пишь *v* treten (на *A* auf); ~ кому́-н. нá ногу a) j-m auf den Fuß treten; b) *übtr alt* j-n beleidigen ◇ ~ кому́-н. на (люби́мую) мозо́ль *übtr* j-m auf die Hühneraugen treten || *uv* наступáть, -áю, -áешь

[2]наступи́ть, *1. u. 2. Pers ungebr,* -у́пит *v* beginnen, anbrechen, eintreten; наступи́ла ночь die Nacht brach ein || *uv* наступáть, -áет

[1]наступлéние, -я *n* **1.** *mil* Angriff, Vormarsch, Offensive; перейти́ в ~ zum Angriff übergehen

[2]наступлéние, -я *n* Anbruch, Eintritt, Beginn; с -ем но́чи bei Anbruch der Nacht; ~ дня Tagesanbruch

насту́рция, -и *f* Kapuzinerkresse

настывáть *uv zu* насты́ть *u.* насты́нуть

на|сты́ть* *u.* **насты́нуть, -ну, -нешь** *v* **1.** *umg* an-, festfrieren (an) **2.** *volksspr* auskühlen; kalt werden, vor Kälte erstarren || *uv* настывáть, -áю, -áешь

Нáстька, -и *f Dem zu* Анастáсия

Нáстя, -и *f Dem zu* Анастáсия

насу́пить, -плю, -пишь; -пленный, -плен, -а *v*: ~ бро́ви die Augenbrauen zusammenziehen || *uv* **насу́пливать, -аю, -аешь**

насу́питься, -плюсь, -пишься *v* die Augenbrauen zusammenziehen; finster blicken || *uv* **насу́пливаться, -аюсь, -аешься**

нáсухо *Adv* (ganz) trocken; вы́тереть ~ trockenreiben, abtrocknen

насу́шивать *uv zu* насуши́ть

насуши́ть, -ушу́, -у́шишь; -у́шенный, -у́шен, -а *v A oder G in best. Menge* trocknen || *uv* насу́шивать, -аю, -аешь

насу́щный, -ая, -ое; *Kzf* **-щен, -щна** dringend nötig, lebensnotwendig; ~ вопро́с brennende Frage; -ая потрéбность unerläßliche Forderung ◇ хлеб ~ das tägliche Brot

насчёт *Präpos mit G umg* hinsichtlich, betreffs; как ~ билéтов? wie steht es mit den Karten?

насчитáть, -áю, -áешь; насчи́танный, -ан, -а *v* (auf)zählen || *uv* насчи́тывать, -аю, -аешь

насчи́тывать, -аю, -аешь *uv* **1.** *uv zu* насчитáть **2.** *1. u. 2. Pers ungebr* zählen; es gibt; го́род насчи́тывает сто ты́сяч жи́телей die Stadt hat hunderttausend Einwohner

насчи́тываться, *1. u. 2. Pers ungebr,* -ается *uv* vorhanden sein; в э́той шко́ле насчи́тывается бо́лее пятисо́т ученико́в die Schule hat über fünfhundert Schüler

насылáть *uv zu* наслáть

на|сы́пать* *v* **1.** *A oder G* streuen, (ein)schütten **2.** hinein-, vollschütten, füllen; ~ в мешо́к муки́ den Sack

mit Mehl füllen **3.** aufschütten || *uv* **насыпа́ть,** -а́ю, -а́ешь
на|сы́паться*, *1. u. 2. Pers ungebr v* fallen, herabfallen || *uv* **насыпа́ться,** -а́ется
насыпно́й, -а́я, -о́е aufgeschüttet
на́сыпь, -и *f* Damm; железнодоро́жная ~ Bahndamm
насы́тить, -ы́щу, -ы́тишь; -ы́щенный, -ы́щен, -а *v* **1.** satt machen, sättigen *a. chem* **2.** ausreichend versorgen; строи́тельство насы́щено нове́йшей те́хникой die Baustelle ist ausreichend mit der neuesten Technik versorgt || *uv* **насыща́ть,** -а́ю, -а́ешь
насы́титься, -ы́щусь, -ы́тишься *v* **1.** sich satt essen, satt werden **2.** *1. u. 2. Pers ungebr I* sich sättigen, sich anfüllen (mit) || *uv* **насыща́ться,** -а́юсь, -а́ешься
насыще́ние, -я *n* Sättigung; Saturierung
насы́щенность, -и *f chem* Sättigung
насы́щенный, -ая, -ое **1.** *chem* gesättigt **2.** *übtr Kzf* -щен, -щенна *buchspr* gehaltvoll, inhaltsvoll, reich (an)
Ната́лия, -и *f* Natalie
ната́лкивать(ся) *uv zu* натолкну́ть(ся)
[1,2]**ната́пливать** *uv zu* [1,2]натопи́ть
ната́птывать *uv zu* натопта́ть
[1]**натаска́ть,** -а́ю, -а́ешь; ната́сканный, -ан, -а *v* **1.** *A oder G in best Menge* zusammen-, herbei-, heranschleppen **2.** *A oder G umg* herausziehen; heranziehen *Beispiele u. ä.* **3.** *umg* an den Haaren herbeiziehen || *uv* ната́скивать, -аю, -аешь
[2]**натаска́ть,** -а́ю, -а́ешь; ната́сканный, -ан, -а *v* **1.** dressieren, abrichten **2.** *umg* (ein)pauken; vorbereiten *auf eine Prüfung*; ~ ученико́в к экза́мену mit den Schülern fürs Examen pauken || *uv* ната́скивать, -аю, -аешь
[1,2]**ната́скивать** *uv zu* [1,2]натаска́ть
[3]**ната́скивать** *uv zu* натащи́ть
ната́чивать *uv zu* наточи́ть
Ната́ша, -и, *I* -ей *f Dem zu* Ната́лия
Ната́шенька, -и *f Dem zu* Ната́лия
Ната́шка, -и *f Dem zu* Ната́лия
натащи́ть, -ащу́, -а́щишь; -а́щенный, -а́щен, -а *v* **1.** heranschleppen; zusammenschleppen **2.** *volksspr* überziehen; ~ на себя́ одея́ло sich eine Decke überziehen || *uv* ната́скивать, -аю, -аешь
натвори́ть, -рю́, -ри́шь *v umg* anstellen, anrichten; что ты натвори́л! da hast du ja was Schönes angerichtet!
на́те *umg Part* da nehmt!, nehmen Sie!
натёк, -а *m geol* Tropfstein
натека́ть *uv zu* нате́чь
нате́льный, -ая, -ое Leib-; -ое бельё Leibwäsche
на|тере́ть*; натере́в *u.* натёрши *v* **1.** (ein)reiben **2.** bohnern; ~ пол den Fußboden bohnern **3.** *A oder G auf dem Reibeisen* reiben; ~ морко́ви Möhren reiben **4.** (sich) wund reiben, aufreiben *Haut*; ~ но́гу sich den Fuß wund reiben; ~ мозо́ли на нога́х Hühneraugen bekommen; ~ мозо́ли на рука́х Schwielen bekommen || *uv* натира́ть, -а́ю, -а́ешь
на|тере́ться* *v umg I* sich einreiben (mit) || *uv* натира́ться, -а́юсь, -а́ешься
натерпе́ться, -ерплю́сь, -е́рпишься *v G umg* viel erleiden [durchmachen]; ~ стра́ху große Angst ausstehen
на|те́чь* *v 1. u. 2. Pers ungebr* **1.** hineinfließen, eindringen; sich ansammeln **2.** vollaufen; ведро́ уже́ натекло́ der Eimer ist vollgelaufen || *uv* натека́ть, -а́ет
нате́шиться, -шусь, -шишься *I v umg* viel Vergnügen haben (an)
натира́ть(ся) *uv zu* натере́ть(ся)
нати́рка, -и *f umg* Bohnern, Blankreiben, Blankscheuern
на́тиск, -а *m* Andrang, Ansturm, Druck
на|тка́ть* *v A oder G in best. Menge* weben
наткну́ть, -ну́, -нёшь; на́ткнутый, -ут, -а *v* aufstecken, aufspießen || *uv* натыка́ть, -а́ю, -а́ешь
наткну́ться, -ну́сь, -нёшься *v* **1.** на *A* sich aufspießen **2.** на *A* stoßen (an, auf) *a. übtr*; ~ на ка́мень an einen Stein stoßen || *uv* натыка́ться, -а́юсь, -а́ешься
натолкну́ть, -ну́, -нёшь *v* **1.** *umg* stoßen (на *A* gegen, auf) **2.** veranlassen (на *A* zu), bringen (на *A* auf); он натолкну́л меня́ на мысль er brachte mich auf den Gedanken || *uv* ната́лкивать, -аю, -аешь
натолкну́ться, -ну́сь, -нёшься *v* **1.** stoßen (на *A* an, auf) **2.** plötzlich begegnen, stoßen (auf) || *uv* ната́лкиваться, -аюсь, -аешься
на|толо́чь* *v A oder G in best. Menge* zerstoßen, durch Stoßen zerkleinern
[1]**натопи́ть,** -оплю́, -о́пишь; -о́пленный, -о́плен, -а *v* tüchtig (ein)heizen || *uv* ната́пливать, -аю, -аешь

²натопи́ть, -оплю́, -о́пишь; -о́пленный, -о́плен, -а *v A oder G in best. Menge* schmelzen, zerlassen || *uv* натáпливать, -аю, -аешь
на|топта́ть* *v umg* schmutzige Fußspuren hinterlassen || *uv* натáптывать, -аю, -аешь
наторгова́ть, -гу́ю, -гу́ешь; -го́ванный, -го́ван, -а *v umg* **1.** *A oder G* durch Handel erwerben **2.** на *A* umsetzen, verkaufen *Ware* || *uv* **наторго́вывать,** -аю, -аешь
науторе́лый, -ая, -ое *volksspr* gewandt, erfahren, geschickt
наточи́ть, -очу́, -о́чишь; -о́ченный, -о́чен, -а *v A oder G* schleifen, schärfen || *uv* натáчивать, -аю, -аешь
натоща́к *Adv* auf nüchternen Magen
натр, -а *m* Natron
натрави́ть, -авлю́, -а́вишь; -а́вленный, -а́влен, -а *v* **1.** hetzen (на *A* auf) **2.** *übtr umg* aufhetzen, aufwiegeln (на *A* gegen) **3.** *A oder G in best. Menge* vergiften, ausrotten || *uv* **натра́вливать,** -аю, -аешь
натренирова́ть, -ру́ю, -ру́ешь; -ро́ванный, -ро́ван, -а *v* trainieren; üben *tr*
на́трий, -я, *P* -и *m* Natrium
на́трое *Adv* in drei Teile
натруди́ть, -ужу́, -у́дишь; -у́женный, -у́жен, -а *u.* -ужённый, -ужён, -ужена́ *v* ermüden, überanstrengen; натру́женные ру́ки abgearbeitete Hände || *uv* **натру́живать,** -аю, -аешь
натруси́ть, -ушу́, -уси́шь; -у́шенный, -у́шен, -а *v volksspr A oder G in best. Menge* herausschütten, hinschütten
натуга, -и *f umg* Anstrengung; с -и vor Anstrengung
на́туго *Adv umg* sehr fest, straff
нату́живать(ся) *uv zu* нату́жить(ся)
нату́жить, -жу, -жишь; -женный, -жен, -а *v umg* anspannen, straffen || *uv* нату́живать, -аю, -аешь
нату́житься, -жусь, -жишься *v umg* sich (sehr) anstrengen || *uv* нату́живаться, -аюсь, -аешься
нату́ра, ы *f* **1.** Natur *des Menschen*; он по -е не злой челове́к er ist von Natur nicht boshaft **2.** *Kunst* Modell; рисова́ть с -ы nach der Natur zeichnen; быть [стоя́ть] на -е Modell stehen **3.** Naturalien; плати́ть -ой in Naturalien bezahlen
натурализова́ться, -зу́юсь, -зу́ешься *v, uv* sich naturalisieren lassen, die Staatsbürgerschaft eines fremden Landes annehmen
натурали́ст, -а *m* **1.** Naturforscher **2.** *lit* Naturalist
натура́льный, -ая, -ое **1.** natürlich, der Wirklichkeit entsprechend; в -ую величину́ in Lebensgröße **2.** echt, naturrein; ~ шёлк Naturseide; ~ ко́фе Bohnenkaffee **3.** einfach, ohne besondere Zutaten *Speisen*; яи́чница -ая Spiegelei ohne Schinken **4.** *Kzf* -лен, -льна natürlich, naturgemäß, ungezwungen **5.** Natural-; -ое хозя́йство Naturalwirtschaft; -ая опла́та Bezahlung in Naturalien
нату́рный, -ая, -ое Natur-; -ые съёмки Außen-, Naturaufnahmen
натуропла́та, -ы *f* (натура́льная опла́та) Bezahlung [Entlohnung] in Naturalien
нату́рщик, -а *m* (lebendes) Modell
нату́рщица, -ы, *I* -ей *f* (lebendes) Modell
нать́ікать, -аю, -аешь; -анный, -ан, -а *v A oder G umg* hineinstechen, -stekken *Nadeln, Zweige u. ä.* || *uv* **¹натыка́ть,** -а́ю, -а́ешь
²натыка́ть *uv zu* наткну́ть
натыка́ться *uv zu* наткну́ться
натюрмо́рт, -а *m* Stilleben *Kunst*
натя́гивать *uv zu* натяну́ть
натяже́ние, -я *n* **1.** *phys* Spannung; пове́рхностное ~ Oberflächenspannung **2.** *med* Verheilen
натя́жка, -и, *Pl G* -жек, *D* -жкам *f umg* **1.** Aufspannen, Aufziehen *Saite, Reifen* **2.** Gezwungenheit; э́то ~ das ist an den Haaren herbeigezogen; с -ой mit Mühe und Not, mit Ach und Krach; э́то мо́жно допусти́ть то́лько с большо́й -ой das kann man nur zulassen, wenn man beide Augen zudrückt
натя́нутый, -ая, -ое; *Kzf* -ут, -а **1.** gespannt; мы с ним в -ых отноше́ниях wir stehen auf gespanntem Fuß **2.** gezwungen, steif, unnatürlich; -ая улы́бка gezwungenes Lächeln
натяну́ть, -яну́, -я́нешь; -я́нутый, -я́нут, -а *v* **1.** aufspannen, aufziehen *Saite, Stickerei*; ~ одея́ло на го́лову die Decke über den Kopf ziehen **2.** (an)spannen, straffziehen; heranziehen; ~ пово́дья die Zügel anziehen *a. übtr* **3.** (mit Mühe) anziehen, überziehen *Kleidung, Schuhe* || *uv* натя́гивать, -аю, -аешь
науга́д *Adv* aufs Geratewohl, auf gut Glück
науго́льник, -а *m* **1.** rechtwinkliges Dreieck *Zeichengerät* **2.** Eckenbe-

schlag, Winkel, Stoßbeschlag *an Rahmen u. ä.*
наудалу́ю *Adv umg* unbesonnen, aufs Geratewohl
науда́чу *Adv* aufs Geratewohl, auf gut Glück
нау́ка, -и *f* 1. Wissenschaft; то́чная ~ exakte Wissenschaft; де́ятель [рабо́тник] -и Wissenschaftler 2. *übtr umg* Lehre; э́то тебе́ ~! laß dir das eine Lehre sein!, das soll dir eine Lehre sein!
наукообра́зный, -ая, -ое; *Kzf* -зен, -зна 1. pseudowissenschaftlich 2. *alt* wissenschaftlich
нау́ськать, -аю, -аешь; -анный, -ан, -а *v* на *A umg* 1. hetzen (auf) 2. aufhetzen, aufstacheln (gegen) ‖ *uv* **нау́скивать**, -аю, -аешь
наутёк *Adv umg* auf und davon; пусти́ться ~ die Beine unter die Arme nehmen, ausreißen
нау́тро *Adv* am nächsten Morgen
науча́ть(ся) *uv zu* научи́ть(ся)
научи́ть, -учу́, -у́чишь; -у́ченный, -у́чен, -а *v* 1. *D oder mit Inf* lehren, beibringen (etw.); ~ кого́-н. чему́-н. j-m etw. beibringen 2. *umg* (be)lehren, anleiten 3. lehren; zeigen, beweisen ‖ *uv alt u. volksspr* науча́ть, -а́ю, -а́ешь
научи́ться, -учу́сь, -у́чишься *v D oder mit Inf* (er)lernen ‖ *uv alt u. volksspr* науча́ться, -а́юсь, -а́ешься
нау́чно-иссле́довательский, -ая, -ое Forschungs-; ~ институ́т wissenschaftliches Forschungsinstitut; -ая рабо́та wissenschaftliche Forschungsarbeit
нау́чность, -и *f* Wissenschaftlichkeit
нау́чный, -ая, -ое; *Kzf* -чен, -чна wissenschaftlich; ~ рабо́тник Wissenschaftler
нау́шник, -а *m umg* Verleumder
нау́шники *Pl* -ов, *Sg* нау́шник, -а *m* 1. Ohrenschützer; Ohrenklappen 2. Kopfhörer
нау́шничать, -аю, -аешь *uv umg* verleumden (кому́-н. на кого́-н. j-n bei j-m)
науще́ние, -я *n alt* Anstiftung, Aufhetzen; де́йствовать по чьему́-н. -ю von j-m aufgehetzt sein
нафтали́н, -а (-у) *m* Naphthalin
наха́л, -а *m* Frechdachs, Rüpel
наха́льничать, -аю, -аешь *uv umg* frech [unverschämt] sein, sich unverschämt benehmen
наха́льный, -ая, -ое; *Kzf* -лен, -льна frech, unverschämt
наха́льство, -а *n* Frechheit, Unverschämtheit
наха́ркать, -аю, -аешь *v volksspr* (aus)spucken
нахвали́ться, -алю́сь, -а́лишься *v umg* 1. prahlen 2. *I mit Negation* genug loben; он не мог ~ свои́м дру́гом er konnte seinen Freund nicht genug loben
нахвата́ть, -а́ю, -а́ешь; нахва́танный, -ан, -а *v A oder G umg* zusammenraffen *a. übtr* ‖ *uv* **нахва́тывать**, -аю, -аешь
нахвата́ться, -а́юсь, -а́ешься *v* sich oberflächlich aneignen, aufschnappen; *umg* zusammenraffen ‖ *uv* **нахва́тываться**, -аюсь, -аешься
нахи́мовец, -вца, *I* -вцем, *G Pl* -вцев *m* Schüler der Kriegsmarineschule „Nachimow"
нахичева́нский, -ая, -ое nachitschewanisch; На́хичева́нская АССР Nachitschewanische ASSR
Нахичева́нь, -и *f* Nachitschewan *Stadt*
нахле́бник, -а *m* 1. *alt* Kostgänger 2. *verächtl* Gnadenbrotempfänger
нахлобу́чивать *uv zu* нахлобу́чить
нахлобу́чить, -чу, -чишь; -ченный, -чен, -а *v* tief ins Gesicht ziehen *Hut, Mütze* ‖ *uv* нахлобу́чивать, -аю, -аешь
нахлобу́чка, -и, *Pl G* -чек, *D* -чкам *f umg* Rüffel, Anschnauzer
нахлы́нуть, *1. u. 2. Pers ungebr*, -нет *v in Menge* heran-, zusammenströmen *a. übtr*
нахму́ренный, -ая, -ое finster, mürrisch
нахму́ривать(ся) *uv zu* нахму́рить(ся)
нахму́рить, -рю, -ришь; -ренный, -рен, -а *v* runzeln, zusammenziehen *Gesicht, Stirn, Brauen* ‖ *uv* нахму́ривать, -аю, -аешь
нахму́риться, -рюсь, -ришься *v* 1. finster (drein)blicken 2. sich verfinstern, sich beziehen ‖ *uv* нахму́риваться, -аюсь, -аешься
[1,2]**находи́ть** *uv zu* [1,2]найти́
[3]**находи́ть**, -ожу́, -о́дишь *v volksspr* durch vieles Gehen sich etw. zuziehen; ~ себе́ мозо́ль ein Hühnerauge bekommen
[1]**находи́ться**, -ожу́сь, -о́дишься *uv* 1. *uv zu* найти́сь 2. sich befinden; sich aufhalten
[2]**находи́ться**, -ожу́сь, -о́дишься *v umg* sich müde laufen
нахо́дка, -и, *Pl G* -до́к, *D* -дкам *f* Fund(sache); бюро́ -док Fundbüro

◇ это для него настоящая ~ das ist für ihn ein gefundenes Fressen
нахо́дчивость, -и *f* Findigkeit; Schlagfertigkeit
нахо́дчивый, -ая, -ое; *Kzf* -ив, -а findig; schlagfertig
нахожде́ние, -я *n* **1.** *buchspr* (Auf-) Finden **2.** Aufenthalt
нахо́хливаться *uv zu* нахо́хлиться
нахо́хлиться, -люсь, -лишься *v* **1.** sich aufplustern *von Vögeln* **2.** *übtr umg* finster dreinschauen || *uv* нахо́хливаться, -аюсь, -аешься
на|хохота́ться* *v umg* sich krank lachen
нахра́пом *Adv volksspr* dreist, rücksichtslos, mit grober Gewalt
нацара́пать, -аю, -аешь; -анный, -ан, -а *v* **1.** *umg* kritzeln **2.** zerkratzen || *uv* **нацара́пывать,** -аю, -аешь
нацеди́ть, -ежу́, -е́дишь; -е́женный, -е́жен, -а *v A oder G* durchseihen, filtern || *uv* **наце́живать,** -аю, -аешь
наце́ливать(ся) *uv zu* наце́лить(ся)
наце́лить, -лю, -лишь; -ленный, -лен, -а *v* **1.** zielen **2.** *übtr* richten, dirigieren || *uv* наце́ливать, -аю, -аешь *zu* 2
наце́литься, -люсь, -лишься *v umg* **1.** zielen (в *A* nach) **2.** *übtr* на *A* beabsichtigen, vorhaben; steuern (auf) || *uv* наце́ливаться, -аюсь, -аешься
на́цело *Adv umg* vollständig, restlos
наце́нка, -и, *Pl G* -нок, *D* -нкам *f* Aufschlag *auf Preise,* Zuschlag
нацепи́ть, -еплю́, -е́пишь; -е́пленный, -е́плен, -а *v* anhängen; aufhängen; anhaken || *uv* **нацепля́ть,** -я́ю, -я́ешь
национализа́ция, -и *f* Nationalisierung
национализи́ровать, -рую, -руешь; -рованный, -рован, -а *v, uv* **1.** nationalisieren, verstaatlichen **2.** auf nationaler Grundlage aufbauen *Institution*
национали́зм, -а *m* Nationalismus
национализова́ть, -зу́ю, -зу́ешь; -зо́ванный, -зо́ван, -а *v, uv* **1.** nationalisieren **2.** auf nationaler Grundlage aufbauen
национали́ст, -а *m* Nationalist
националисти́ческий, -ая, -ое nationalistisch
национа́льно-освободи́тельный, -ая, -ое nationale(r) Befreiungs-; -ое движе́ние nationale Befreiungsbewegung
национа́льность, -и *f* **1.** Nationalität **2.** Nation(alität) **3.** nationaler Charakter
национа́льный, -ая, -ое **1.** national; National-, Staats-; -ое меньшинство́ nationale Minderheit; ~ вопро́с nationale Frage; Nationalitätenfrage **2.** *Kzf* -лен, -льна national, der nationalen Eigenart entsprechend
наци́ст, -а *m* Nazi
на́ция, -и *f* Nation; Организа́ция Объединённых На́ций, ООН Organisation der Vereinten Nationen, UNO; Ли́га на́ций *hist* Völkerbund
нач- *Abk für* нача́льник *u.* нача́льствующий
начади́ть, -ажу́, -ади́шь *v* qualmen, räuchern
нача́ло, -а *n* **1.** Anfang, Beginn; **в** -е ма́я Anfang Mai; с са́мого -а von Anfang an, von vornherein; с -а до конца́ von A bis Z; положи́ть ~ чему́-н. den Grundstein zu etw. legen, den Anstoß zu etw. geben **2.** *meist Pl* Grundlage, Grundsatz; на парите́тных -ах auf paritätischer Grundlage **3.** Ursache, Quelle **4.** в *P* Element, wichtiges Moment; лири́ческое ~ в рома́не das lyrische Element im Roman ◇ брать ~ seinen Anfang nehmen; entspringen *Fluß*; вести́ своё ~ от чего́-н. abstammen von; быть под нача́лом у кого́-н. j-m untergeordnet sein; лиха́ беда́ ~ aller Anfang ist schwer; до́брое ~ — полови́на де́ла frisch gewagt ist halb gewonnen
нача́льник, -а *m* Chef, Vorgesetzter, Leiter; ~ ста́нции Bahnhofsvorsteher; ~ отде́ла Abteilungsleiter; ~ шта́ба Stabschef
нача́льный, -ая, -ое Anfangs-; Elementar-; -ые тру́дности Anfangsschwierigkeiten; -ая шко́ла Grundschule; -ое обуче́ние Elementarunterricht
нача́льственный, -ая, -ое *iron* herrisch, gebieterisch
нача́льство, -а *n* **1.** *Koll* die Vorgesetzten, Obrigkeit **2.** *umg* Vorgesetzte(r), Chef **3.** Leitung, Befehl, Führung ◇ быть под -ом кого́-н. j-m unterstellt [untergeordnet] sein
нача́льствовать, -твую, -твуешь *uv I oder* над *I* leiten, anführen, befehligen, kommandieren
нача́льствующий, -ая, -ее leitend, befehligend; ~ соста́в Kommandeure, Vorgesetzte; Leitung, Führung
нача́тки, -ов *Pl* Anfangsgründe; elementare Kenntnisse
нача́ть* *v* beginnen, anfangen; на́чало накра́пывать es begann zu tröpfeln;

~ с чего́-н. mit etw. beginnen; ~ бо́чку пи́ва ein Faß Bier anstecken; ~ проце́сс про́тив кого́-н. einen Prozeß gegen j-n eröffnen; ~ издалека́ *übtr* weit ausholen || *uv* начина́ть, -а́ю, -а́ешь
нача́ться*, *1. u. 2. Pers ungebr*; начался́, -али́сь *v* beginnen, anfangen *itr*; seinen Ursprung nehmen; ле́кция начала́сь в семь часо́в die Vorlesung begann um sieben Uhr; день начался́ der Tag brach an || *uv* начина́ться, -а́ется
начека́нивать *uv zu* начека́нить
начека́нить, -ню, -нишь *v A oder G* prägen *Münzen* || *uv* начека́нивать, -аю, -аешь
начеку́ *Adv*: быть ~ auf der Hut sein
начерни́ть, -ню́, -ни́шь; -нённый, -нён, -нена́ *v* schwarz färben
на́черно *Adv* 1. ins unreine, ins Konzept *schreiben* 2. *übtr* in groben Umrissen, im rohen
начерта́ние, -я *n* graphische Gestalt, Schreibweise
начерта́тельный, -ая, -ое: -ая геоме́трия darstellende Geometrie
начерта́ть, -а́ю, -а́ешь; наче́ртанный, -ан, -а *v buchspr alt* 1. schreiben, zeichnen 2. *übtr* vorzeichnen, zeigen, festlegen
начерти́ть, -ерчу́, -е́ртишь; -е́рченный, -е́рчен, -а *v* 1. zeichnen 2. *A oder G in best. Menge* zeichnen, entwerfen || *uv* **наче́рчивать,** -аю, -аешь *zu* 2
начёс, -а *m* 1. *text* Hecheln, Kämmen 2. in die Stirn gekämmte Haare 3.: с -ом angerauht 4. aufgekratzte Stelle
начёсаный, -ая, -ое *text* angerauht
на|че́сть* *v finanz* anrechnen || *uv* нечи́тывать, -аю, -аешь
начёт, -а *m finanz* zu ersetzende Auslagen, Anrechnung
начётничество, -а *n* Buchstabengelehrsamkeit
начётчик, -а *m* Buchstabengelehrter
начина́ние, -я *n* Unternehmen, Vorhaben
начина́ть(ся) *uv zu* нача́ть(ся)
начина́ющий, -ая, -ее 1. angehend; ~ писа́тель angehender Schriftsteller 2. -его *Subst m* Anfänger
начина́я *Präpos*: ~ с *G* **seit, von ... an**; ~ с пе́рвого ма́я **seit dem ersten** Mai
начи́нивать *uv zu* ²начини́ть
¹начини́ть, -ню́, -ни́шь; -нённый, -нён, -нена́ *v* **füllen**; ~ пиро́г капу́стой die Pastete mit Kraut füllen || *uv* начиня́ть, -я́ю, -я́ешь
²начини́ть, -иню́, -и́нишь; -и́ненный, -и́нен, -а *v umg A oder G* 1. ausbessern, reparieren 2. anspitzen || *uv* начи́нивать, -аю, -аешь *zu* 2
начи́нка, -и, *Pl G* -нок, *D* -нкам *f* 1. Füllen *Tätigkeit* 2. Füllung *in Speisen*; конфе́ты с -ой gefüllte Bonbons
начиня́ть *uv zu* ¹начини́ть
начисле́ние, -я *n finanz* Zuschlag *zu einer Summe*; ~ на зарпла́ту Zuschlag zum Lohn
начи́слить, -лю, -лишь; -ленный, -лен, -а *v finanz* zuschlagen, dazurechnen; ~ проце́нты на капита́л die Zinsen zum Kapital schlagen || *uv* **начисля́ть,** -я́ю, -я́ешь
начи́стить, -и́щу, -и́стишь; -и́щенный, -и́щен, -а *v* 1. *A oder G in best. Menge* reinigen, putzen; ~ карто́шки Kartoffeln schälen; ~ овоще́й Gemüse (zu)putzen 2. *A umg* gut putzen; ~ самова́р до бле́ску den Samowar blankputzen || *uv* начища́ть, -а́ю, -а́ешь
на́чисто *Adv* 1. ganz sauber, ins reine; endgültig; переписа́ть ~ ins reine schreiben 2. *umg* völlig, rundweg, gänzlich 3. *volksspr* offen, aufrichtig
начистоту́ *Adv* aufrichtig, freimütig
начи́танность, -и *f* Belesenheit
начи́танный, -ая, -ое; *Kzf* -ан, -анна belesen
начита́ть, -а́ю, -а́ешь; начи́танный*v* -ан, -а *v A oder G umg* viel lesen || *u* начи́тывать, -аю, -аешь
начита́ться, -а́юсь, -а́ешься *v* 1. *G* viel lesen 2. lange genug lesen; не могу́ ~ э́той кни́гой ich kann dieses Buch nicht oft genug lesen
¹начи́тывать *uv zu* наче́сть
²начи́тывать *uv zu* начита́ть
начища́ть *uv zu* начи́стить
начну́ ↑ нача́ть
начуди́ть, *1. Pers Sg ungebr*, -уди́шь *v umg* sich sonderbar benehmen, seltsame Dinge tun
наш, -его *m*; на́ша, -ей *f*; на́ше, -его *n*; *Pl* на́ши, -их *Poss Pron* 1. unser; э́то -е das ist unser, das gehört uns 2. -е, -его *Subst n umg* das Unsrige; -его не отдади́м was uns **gehört**, lassen wir uns nicht nehmen 3. -и, -их *Subst Pl umg* die Unsrigen; -и уе́хали unsere Leute sind weggefahren 4. -его *nach Komp* als wir; лу́чше -его besser als wir ◇ по -ему

unserer Meinung nach; с -ей стороны́ unsererseits; ~ брат *umg* unsereiner; -а взяла́! *umg* wir haben gesiegt!; и -им и ва́шим *umg* es mit beiden Seiten halten, auf beiden Schultern tragen; знай -их! *volksspr scherz* seht mal, was wir für tüchtige Kerle sind!; не -е де́ло das geht uns nichts an
нашаты́рный, -ая, -ое: ~ спирт Salmiakgeist, Ammoniak
нашаты́рь, -я́ *m* **1.** Salmiak **2.** *umg* Salmiakgeist, Ammoniak
на́шенский, -ая, -ое *volksspr* unser; unsrig
на|шепта́ть* *v* **1.** *A oder G* heimlich zutragen, klatschen, zuflüstern; einreden, suggerieren, einflüstern **2.** на *A* bezaubern, behexen ‖ *uv* **нашёптывать,** -аю, -аешь
нашест, -а *m u.* **нашесть,** -и *f gbt* Sitzstange für Hühner, Hühnerstange
наше́ствие, -я *n* Einfall, Invasion
нашива́ть *uv zu* наши́ть
наши́вка, -и, *Pl G* -вок, *D* -вкам *f* **1.** Aufnähen **2.** Litze, Tresse
нашивно́й, -а́я, -о́е aufgenäht
на|ши́ть* *v* **1.** auf-, annähen **2.** *A oder G in best. Menge* nähen ‖ *uv* нашива́ть, -а́ю, -а́ешь
нашлёпать, -аю, -аешь; -анный, -ан, -а *v A umg* einen Klaps geben
нашпигова́ть, -гу́ю, -гу́ешь; -го́ванный, -го́ван, -а *v A oder G in best. Menge* spicken ‖ *uv* **нашпиго́вывать,** -аю, -аешь
нашпи́ливать *uv zu* нашпи́лить
нашпи́лить, -лю, -лишь; -ленный, -лен, -а *v* **1.** auf eine Stecknadel aufspießen **2.** mit einer Stecknadel befestigen ‖ *uv* нашпи́ливать, -аю, -аешь
нашуме́ть, -млю́, -ми́шь *v* **1.** viel Lärm machen **2.** großes Aufsehen erregen, viel Staub aufwirbeln
на|щипа́ть* *v* **1.** *A oder G eine best. Menge* ausrupfen, herausziehen **2.** *umg* kneifen, zwicken ‖ *uv* **нащи́пывать,** -аю, -аешь
нащу́пать, -аю, -аешь; -анный, -ан, -а *v* **1.** durch Betasten finden; ~ пульс den Puls fühlen **2.** herausfinden, auf die Spur kommen ◇ ~ по́чву для перегово́ров den Boden für Verhandlungen sondieren ‖ *uv* **нащу́пывать,** -аю, -аешь **1.** betasten, abtasten **2.** herauszufinden suchen
наэлектризова́ть, -зу́ю, -зу́ешь; -зо́ванный, -зо́ван, -а *v* elektrisieren
наябедничать, -аю, -аешь *v umg* на *A* verleumden, petzen
наяву́ *Adv* wach, im Wachen; in Wirklichkeit ◇ сон ~ eine märchenhafte Sache, etwas ganz Ungewöhnliches
[1]**не** *Part* **1.** nicht *steht vor dem verneinten Satzteil*: я не иду́ в теа́тр ich gehe nicht ins Theater; я иду́ не в теа́тр, а в кино́ ich gehe nicht ins Theater, sondern ins Kino; он живёт не оди́н er wohnt nicht allein; э́то не газе́та, а журна́л das ist keine Zeitung, sondern eine Zeitschrift **2.** *mit Adv Ptz* ohne zu; не говоря́ ни сло́ва ohne ein Wort [einen Ton] zu sagen; не говоря́ уже́ о *P* ganz zu schweigen von **3.** *prädikativ, mit Inf u. D* не быть войне́ es darf keinen Krieg geben; мне бо́льше не увида́ть её ich werde sie nicht mehr wiedersehen (können); тебе́ не поня́ть э́того das kannst du nicht verstehen **4.** *umg zwischen zwei wiederholten Verben* kaum, fast nicht; он слу́шал не слу́шал er hörte kaum zu **5.** *umg zwischen zwei wiederholten Wörtern mit Konj* „а" ob ... oder nicht; хо́чешь не хо́чешь, а сде́лай ob du willst oder nicht, aber tun mußt du es; здоро́в не здоро́в, а встава́й ob du gesund bist oder nicht, aber aufstehen mußt du **6.** *doppeltes* не *bezeichnet die Unumgänglichkeit*: не могу́ не сказа́ть ich kann nicht umhin zu sagen, ich muß sagen; нельзя́ бы́ло не согласи́ться man mußte (einfach) zustimmen ◇ мне [бы́ло] не до шу́ток mir ist [war] nicht nach Späßen zumute; нам бы́ло не до сме́ху wir hatten nichts zu lachen; не то *umg* sonst, andernfalls; наде́нь пальто́, не то просту́дишься zieh einen Mantel an, sonst erkältest du dich; не то ... не то ... *umg* soll man ... oder nicht; не то идти́, не то нет? soll man gehen oder nicht?; не без того́ höchstwahrscheinlich; не́ за что! keine Ursache!
неаккура́тность, -и *f* **1.** Unpünktlichkeit **2.** Nachlässigkeit; Schlampigkeit
неаккура́тный, -ая, -ое; *Kzf* -тен, -тна **1.** unpünktlich **2.** nachlässig; unordentlich
Неа́поль, -я *m* Neapel
неаппети́тный, -ая, -ое; *Kzf* -тен, -тна unappetitlich
небезопа́сный, -ая, -ое; *Kzf* -сен, -сна nicht ungefährlich

небезупре́чный, -ая, -ое; *Kzf* -чен, -чна nicht einwandfrei, nicht makellos
небезызве́стный [сн], -ая, -ое; *Kzf* -тен, -тна **1.** allgemeinbekannt; sattsam bekannt, berüchtigt **2.** -о *Adv*: -о, что es ist (gut) bekannt, daß
небезынтере́сный, -ая, -ое; *Kzf* -сен, -сна nicht uninteressant
небеса́ ↑ не́бо
небе́сный, -ая, -ое Himmels-, himmlisch; ~ свод Firmament; ца́рство -ое *rel* Himmelreich ◇ жить как пти́ца -ая sorglos in den Tag hineinleben
неблаго|ви́дный, -ая, -ое; *Kzf* -ден, -дна **1.** *alt* häßlich, unansehnlich **2.** verwerflich, anstößig; **~да́рность,** -и *f* Undank(barkeit); **~да́рный,** -ая, -ое; *Kzf* -рен, -рна **1.** undankbar **2.** undankbar, nicht lohnend **3.** *umg* unpassend, ungeeignet; **~жела́тельный,** -ая, -ое; *Kzf* -лен, -льна mißgünstig; **~зву́чный,** -ая, -ое; *Kzf* -чен, -чна mißtönend, übelklingend; **~надёжный,** -ая, -ое; *Kzf* -жен, -жна *alt* (politisch) unzuverlässig
неблагополу́чно *unpers. prädikativ* (es) ist nicht in Ordnung, es ist nicht gut [schön]; тут что́-то ~ hier ist etwas nicht in Ordnung
неблаго|полу́чный, -ая, -ое; *Kzf* -чен, -чна mißglückt, unglücklich; **~присто́йный,** -ая, -ое; *Kzf* -о́ен, -о́йна *alt* unanständig, ungehörig; **~прия́тный,** -ая, -ое; *Kzf* -тен, -тна ungünstig; **~разу́мие,** -я *n* Unvernunft; **~разу́мный,** -ая, -ое; *Kzf* -мен, -мна unvernünftig, unklug; **~ро́дный,** -ая, -ое; *Kzf* -ден, -дна **1.** unedel **2.** unfein, unfair, niederträchtig; **~скло́нный,** -ая, -ое; *Kzf* -о́нен, -о́нна übelwollend; **~устро́енный,** -ая, -ое; *Kzf* -о́ен, -о́ена schlecht eingerichtet, unkomfortabel
нёбный, -ая, -ое Gaumen-; ~ звук Gaumenlaut, Palatal(laut)
не́бо, -а, *Pl* небеса́, небе́с, небеса́м *n* Himmel ◇ э́то — ~ и земля́ *oder* как ~ от земли́ das ist ein himmelweiter Unterschied [ein Unterschied wie Tag und Nacht]; быть на седьмо́м -е *umg* im siebenten Himmel sein; превозноси́ть кого́-н. до небе́с j-n in den Himmel heben; под откры́тым -ом unter freiem Himmel; как с -а свали́лся [упа́л] wie vom Himmel gefallen; упа́сть с -а на зе́млю aus allen Wolken fallen, aus Träumen in die Wirklichkeit zurückkehren; ~ копти́ть die Zeit totschlagen; ему́ ~ с овчи́нку показа́лось es wurde ihm schwarz vor den Augen, er hörte die Engel singen; попа́сть па́льцем в ~ danebenhauen *übtr*, etwas Unpassendes tun [sagen]
нёбо, -а *n* Gaumen
небога́тый, -ая, -ое; *Kzf* -а́т, -а bescheiden, ärmlich, dürftig
небоеспосо́бный, -ая, -ое; *Kzf* -бен, -бна kampfunfähig
небольшо́й, -а́я, -о́е nicht groß, klein; gering ◇ килогра́мм с -и́м etwas über ein Kilo; за -и́м де́ло останови́лось [ста́ло] wegen Kleinigkeiten stockte die Sache
небосво́д, -а *m* Firmament
небоскло́н, -а *m* Horizont
небоскрёб, -а *m* Wolkenkratzer
небо́сь *u.* **небо́йсь** *mod volksspr* **1.** wohl, sicher **2.** *fragend* nicht wahr?
небре́жничать, -аю, -аешь *uv umg* schludern
небре́жность, -и *f* **1.** Nachlässigkeit, Fahrlässigkeit; Schlamperei; по -и aus Nachlässigkeit, fahrlässig **2.** Geringschätzigkeit
небре́жный, -ая, -ое; *Kzf* -жен, -жна **1.** nachlässig; fahrlässig; schlampig **2.** geringschätzig
небри́тый, -ая, -ое; *Kzf* -и́т, -а unrasiert
небыва́лый, -ая, -ое (noch) nie dagewesen, unerhört
небыли́ца, -ы, *I* -ей *f* erfundene Geschichte, Märchen ◇ рассказа́ть кому́-н. -ы j-m einen Bären aufbinden; -ы в ли́цах *scherz* unglaubliche Geschichten
небью́щийся, -аяся, -ееся unzerbrechlich
Нева́, -ы́ *f* Newa
нева́жно 1. *Adv* nicht besonders gut, miserabel **2.** *prädikativ*: э́то ~ das hat keine Bedeutung, das spielt keine Rolle
нева́жный, -ая, -ое; *Kzf* -жен, -жна́ **1.** unwichtig, belanglos **2.** *umg* nicht besonders(gut), nicht gerade glänzend
невдалеке́ *Adv* in der Nähe (от von)
невдомёк *Adv*, *prädikativ D*: ему́ и ~ *umg* es kam ihm gar nicht in den Sinn, es fiel ihm gar nicht ein
неве́дение, -я *n* Unkenntnis, Unwissenheit; по -ю aus Unkenntnis; в по́лном -и ahnungslos ◇ в блаже́нном -и быть *iron* nicht die geringste Ahnung haben

нев́едомо *Adv mit* кто, что, как, зачём *u. a. umg* wer weiß, weiß der Teufel; ~ где man weiß nicht wo
неве́домый, -ая, -ое; *Kzf* -ом, -а 1. unbekannt 2. geheimnisvoll, unerklärlich
неве́жа, -и, *I* -ей *m, f* Flegel
неве́жда, -ы *m, f* Ungebildeter, Ignorant; я по́лный ~ в му́зыке ich verstehe überhaupt nichts von Musik
неве́жественный, -ая, -ое; *Kzf* -ен, -енна ungebildet, unwissend
неве́жество, -а *n* 1. Unwissenheit, Unkenntnis 2. *umg* Unhöflichkeit, Flegelhaftigkeit
неве́жливый, -ая, -ое; *Kzf* -ив, -а unhöflich
невезе́ние, -я *n umg* Mißgeschick, Pech
невезу́чий, -ая, -ее; *Kzf* -у́ч, -а *umg* vom Pech verfolgt; ~ челове́к Pechvogel
невели́чка, -и, *Pl G* -чек, *D* -чкам *m, f folkl* Mensch [Tier] von kleinem Wuchs
неве́рие, -я *n* Unglaube, mangelndes Vertrauen
неве́рность, -и *f* 1. Unrichtigkeit 2. Untreue 3. Unzuverlässigkeit
неве́рный, -ая, -ое; *Kzf* -рен, -рна́! 1. falsch, unwahr, unrichtig; э́то -о das stimmt nicht 2. unsicher, ungenau *von Sinnesorganen u. ä.*; -ая рука́ unsichere Hand; ~ глаз schlechtes Außenmaß; ~ слух kein gutes musikalisches Gehör 3. unzuverlässig 4. untreu, treulos 5. -ого *Subst m alt* Andersgläubiger, Ungläubiger, Heide; Фо́ма ~ *übtr* ungläubiger Thomas
невероя́тный, -ая, -ое; *Kzf* -тен, -тна unwahrscheinlich, unglaublich
неве́рующий, -ая, -ее 1. ungläubig 2. -его *Subst m* Ungläubiger, Atheist
невесёлый, -ая, -ое; *Kzf* -ве́сел, -весела́! traurig, unfroh, betrübt
невесо́мость, -и *f* 1. Unwägbarkeit *a. übtr* 2. *phys* Schwerelosigkeit; состоя́ние -и Zustand der Schwerelosigkeit 3. Bedeutungslosigkeit
невесо́мый, -ая, -ое; *Kzf* -о́м, -а 1. unwägbar, von sehr geringem Gewicht, imponderabel *a. übtr* 2. schwerelos 3. unbedeutend, nicht ins Gewicht fallend
неве́ста, -ы *f* 1. Braut 2. heiratsfähiges Mädchen
неве́стка [ск], -и, *Pl G* -ток, *D* -ткам *f* 1. Schwiegertochter *Frau des Sohns* 2. Schwägerin *Frau des Bruders*
неве́сть *Adv volksspr mit* кто, что, где, куда́ *u. ä.*; ~ что [где] wer weiß was [wo]
невзви́деть, -и́жу, -и́дишь *v*: он све́та невзви́дел ihm verging Hören und Sehen
невзго́ды *Pl* -о́д, *Sg* невзго́да, -ы *f* Mißgeschick, Unglück
невзира́я *Präpos* на *A* ungeachtet, ohne Rücksicht auf, trotz; ~ ни на что trotz alledem
невзнача́й *Adv* unerwartet, unvermutet
невзно́с, -а *m* Nichtbezahlung *fälliger Gelder*; ~ квартпла́ты Nichtbezahlung der Miete
невзра́чный, -ая, -ое; *Kzf* -чен, -чна unansehnlich, unschön
невзыска́тельный, -ая, -ое; *Kzf* -лен, -льна anspruchslos
не́видаль, -и *f umg* Wunder(ding), Seltenheit; что за ~!, э́ка(я) ~! was ist daran schon wunderbar!
неви́данный, -ая, -ое 1. noch nie dagewesen, unerhört, ohnegleichen; ~ в исто́рии in der Geschichte einzig dastehend [ohne Beispiel] 2. seltsam, wunderbar
невиди́мка, -и, *Pl G* -мок, *D* -мкам *m, f* 1. unsichtbares Wesen; ша́пка-~ Tarnkappe 2. feine Haarnadel
невиди́мкой *oder* **невиди́мкою** *Adv* unsichtbar, unbemerkt
неви́димый, -ая, -ое; *Kzf* -им, -а unsichtbar; unmerklich
неви́дящий, -ая, -ее: смотре́ть -им взгля́дом mit abwesendem Blick schauen, vor sich hin stieren
неви́нность, -и *f* 1. Unschuld; изобража́ть [разы́грывать] оскорблённую ~ die gekränkte Unschuld spielen 2. Harmlosigkeit, Naivität 3. Unschuld, Jungfräulichkeit
неви́нный, -ая, -ое; *Kzf* -и́нен, -и́нна 1. unschuldig, schuldlos 2. offenherzig, naiv; ~ как младе́нец naiv wie ein neugeborenes Kind 3. harmlos; -ая шу́тка harmloser Spaß 4. unschuldig, jungfräulich
невино́вный, -ая, -ое; *Kzf* -вен, -вна schuldlos, unschuldig
невку́сный, -ая, -ое; *Kzf* -сен, -сна́! schlecht schmeckend; э́то -о das schmeckt nicht [schlecht]
невменя́емый, -ая, -ое; *Kzf* -ем, -а unzurechnungsfähig
невмеша́тельство, -а *n* Nichteinmischung
невмоготу́ *u.* **невмо́чь** *Adv prädikativ umg D* unerträglich, es ist nicht zum

Aushalten; мне уже́ ~ ich kann es nicht mehr aushalten, es geht über meine Kraft; ~ ждать länger kann ich [können wir] nicht mehr warten
невнима́ние, -я *n* **1.** Unaufmerksamkeit, Zerstreutheit **2.** mangelnde Höflichkeit; ~ к ста́ршим mangelnde Höflichkeit gegenüber älteren Leuten **3.** Gleichgültigkeit (к *D* gegenüber)
невнима́тельность, -и *f* **1.** Unaufmerksamkeit, Nachlässigkeit; оши́бка по -и Fehler aus Unachtsamkeit **2.** Unhöflichkeit
невнима́тельный, -ая, -ое; *Kzf* -лен, -льна **1.** unaufmerksam, zerstreut **2.** unhöflich, gleichgültig
невня́тный, -ая, -ое; *Kzf* -тен, -тна undeutlich, unverständlich
не́вод, -а, *Pl* невода́, -о́в, -а́м *m* großes Fischnetz
невозврати́мый, -ая, -ое; *Kzf* -и́м, -а *u.* **невозвра́тный,** -ая, -ое; *Kzf* -тен, -тна unwiederbringlich, unersetzlich
невозде́ланный, -ая, -ое; *Kzf* -ан, -анна unbebaut, brachliegend *Feld*
невозде́ржанный, -ая, -ое; *Kzf* -ан, -анна *u.* **невозде́ржный,** -ая, -ое; *Kzf* -жен, -жна nicht zurückhaltend, unvorsichtig; unmäßig, haltlos; она́ -жна на язы́к sie hat eine lose Zunge
невозмо́жно *unpers, prädikativ* es ist unmöglich
невозмо́жность, -и *f* Unmöglichkeit; в слу́чае -и . . . falls unmöglich . . . ◇ до -и über alle Maßen
невозмо́жный, -ая, -ое; *Kzf* -жен, -жна **1.** unmöglich **2.** unerträglich
невозмути́мость, -и *f* Gelassenheit, unerschütterliche Ruhe
невозмути́мый, -ая, -ое; *Kzf* -и́м, -а **1.** völlig (still), ungestört; -ая тишина́ tiefe Stille **2.** gelassen, unerschütterlich; оста́ться -ым sich nicht aus der Ruhe bringen lassen
невознагради́мый, -ая, -ое; *Kzf* -и́м, -а *hoher Stil* unersetzbar; unwiederbringlich
нево́лить, -лю, -лишь *uv umg* zwingen, nötigen
нево́льник, -а *m* **1.** Sklave; торго́вля -ами Sklavenhandel **2.** *alt* Gefangener
нево́льница, -ы, *I* -ей *f* **1.** Sklavin **2.** Gefangene
нево́льный, -ая, -ое; *Kzf* -лен, -льна, -льно, нево́льны́ unwillkürlich, unfreiwillig
нево́ля, -и *f* **1.** Unfreiheit; Sklaverei **2.** Zwang ◇ охо́та пу́ще -и *Sprichw* des Menschen Wille ist sein Himmelreich
невообрази́мый, -ая, -ое; *Kzf* -и́м, -а unvorstellbar
невооружённый, -ая, -ое unbewaffnet ◇ -ым гла́зом mit bloßem Auge
невоспи́танный, -ая, -ое; *Kzf* -ан, -анна ungezogen
невосприи́мчивый, -ая, -ое; *Kzf* -ив, -а **1.** unempfänglich **2.** *med* immun
невостре́бованный, -ая, -ое nicht abgeholt *Brief, Fracht u. a.*
невпопа́д *Adv umg* unpassend, zur Unzeit
невразуми́тельный, -ая, -ое; *Kzf* -лен, -льна unverständlich, verworren
невралги́ческий, -ая, -ое neuralgisch
невралги́я, -и *f* Neuralgie, Nervenschmerzen
неврасте́ник, -а *m* Neurastheniker
неврастени́ческий, -ая, -ое neurasthenisch
неврастени́чка, -и, *Pl G* -чек, *D* -чкам *f* Neurasthenikerin
неврастени́чный, -ая, -ое; *Kzf* -чен, -чна neurasthenisch
неврастени́я, -и *f* Neurasthenie, Nervenschwäche
невреди́мость, -и *f* Unversehrtheit; в це́лости и -и heil und unversehrt
невреди́мый, -ая, -ое; *Kzf* -и́м, -а unversehrt; цел и -и́м heil und unversehrt
неври́т, -а *m* Neuritis, Nervenentzündung
невро́з, -а *m* Neurose
невропато́лог, -а *m* Neuropathologe, Nervenarzt
не́вский, -ая, -ое: Не́вский проспе́кт Newskiprospekt
невтерпёж *Adv, prädikativ, volksspr D* es ist unerträglich; ему́ ~ er kann es nicht aushalten
невы́года, -ы *f* Nachteil
невы́годный, -ая, -ое; *Kzf* -ден, -дна **1.** unvorteilhaft, nachteilig; ста́вить в -ое положе́ние in eine schlimme Lage versetzen **2.** ungünstig; показа́ть себя́ с -ой стороны́ sich von einer ungünstigen Seite zeigen
невы́деланный, -ая, -ое unbearbeitet, roh *Leder*
невы́держанный, -ая, -ое; *Kzf* -ан, -анна **1.** *nur Langform* uneben *Stil* **2.** undiszipliniert, unbeständig **3.** jung, frisch *Wein, Käse u. ä.*
невы́езд, -а *m*: подпи́ска о -е schriftliche Verpflichtung, den Wohnort

ohne amtliche Genehmigung nicht zu verlassen

невылáзный, -ая, -ое; *Kzf* -зен, -зна *umg* 1.: -ая грязь unpassierbarer Schlamm [Dreck] 2.: -ые долги́ drückende Schulden

невыноси́мый, -ая, -ое; *Kzf* -и́м, -а unerträglich

невыполнéние, -я *n* Nichterfüllung, Nichtbefolgung

невыполни́мый, -ая, -ое; *Kzf* -и́м, -а unerfüllbar, unlösbar

невырази́мый, -ая, -ое; *Kzf* -и́м, -а unsagbar, unbeschreiblich

невырази́тельный, -ая, -ое; *Kzf* -лень, -льна ausdruckslos

невы́сказанный, -ая, -ое unausgesprochen

невысóкий, -ая, -ое; *Kzf* -óк, -окá, -óкó, -óки́ 1. nicht hoch 2. mittelgroß *Wuchs* 3.: -ая ценá erträglicher Preis

невы́спавшийся, -аяся, -ееся verschlafen

невы́ход, -а *m* 1.: ~ на рабóту Fernbleiben von der Arbeit 2. Nichterscheinen *Zeitung u. ä.*

невы́ясненный, -ая, -ое ungeklärt

нéга, -и *f* 1. Wohlleben 2. Wonne, Seligkeit 3. Zärtlichkeit

негáданный, -ая, -ое *umg* (*meist in Verbindung mit* нежд́анный) unvermutet, völlig unerwartet

негати́в, -а *m phot* Negativ

[1]**негати́вный**, -ая, -ое *phot* Negativ-

[2]**негати́вный**, -ая, -ое; *Kzf* -вен, -вна *buchspr* negativ, verneinend

негашёный, -ая, -ое: -ая и́звесть ungelöschter Kalk

нéгде *Adv mit Inf* (es ist) nirgendwo Platz [möglich]; ~ сесть es ist kein Platz zum Sitzen da; э́то ~ бы́ло достáть das war nirgends zu bekommen

неглáсный, -ая, -ое; *Kzf* -сен, -сна geheim

неглижé 1. *n idkl alt* Morgenrock, Negligé 2. *Adv* nachlässig oder halb bekleidet

неглубóкий, -ая, -ое; *Kzf* -óк, -окá, -óкó, -óки́ nicht tief; oberflächlich

неглу́пый, -ая, -ое; *Kzf* -глу́п, -а! nicht dumm, recht klug

негó *nach Präpos statt* егó

негóдник, -а *m umg* Taugenichts

негóдность, -и *f* Unbrauchbarkeit, Untauglichkeit; привести́ [прийти́] в ~ unbrauchbar machen [werden]

негóдный, -ая, -ое; *Kzf* -ден, -днá, -дно, -гóдны́ 1. untauglich, unbrauchbar; водá, -ая для питья́ ungenießbares Wasser 2. nichtswürdig; ~ человéк Taugenichts

негодовáние, -я *n* Entrüstung, Unwille

негодовáть, -ду́ю, -ду́ешь *uv* sich entrüsten, ungehalten sein (на *A oder* прóтив *G* über)

негоду́ющий, -ая, -ее empört, entrüstet

негодя́й, -я, *G Pl* -ев *m* Schuft, Lump

негодя́йский, -ая, -ое gemein, schuftig

негостеприи́мный, -ая, -ое; *Kzf* -мен, -мна ungastlich

негр, -а *m* Neger

негрáмотность, -и *f* 1. Analphabetentum 2. Unwissenheit, Ungebildetheit

негрáмотный, -ая, -ое; *Kzf* -тен, -тна 1. des Lesens und Schreibens unkundig 2. viele Fehler enthaltend [machend] 3. ungebildet, unwissend 4. mit ungenügender Fachkenntnis, stümperhaft 5. -ого *Subst m* Analphabet

негритя́нка, -и, *Pl G* -нок, *D* -нкам *f* Negerin

негритя́нский, -ая, -ое Neger-

негустóй, -áя, -óе; *Kzf* -у́ст, -устá! 1. spärlich, schütter *Haare* 2. dünnflüssig 3. dünn *Stimme*

недáвний, -яя, -ее jüngst (geschehen); с -их пор seit kurzem

недáвно *Adv* vor kurzem; seit kurzem, noch nicht lange

недалёкий, -ая, -ое; *Kzf* -ёк, -екá, -екó *u.* -ёко, -еки́ *u.* -ёки 1. nicht weit, nahe; -ое путешéствие kleine Reise 2. nicht lange zurückliegend; в -ом прóшлом in jüngster Vergangenheit; в -ом бу́дущем in nächster Zeit 3. geistig beschränkt; он недалёк mit ihm ist nicht viel los

недалекó *u.* **недалёко** *prädikativ* 1. (es ist) nicht weit; ~ то врéмя, когдá . . . die Zeit ist nicht mehr fern, wo . . . 2. *übtr* es fehlt nicht viel (до *G oder* от *G* bis); емý недалекó от настоя́щего специали́ста ihm fehlt nur wenig zu einem richtigen Fachmann

недальнови́дность, -и *f* Kurzsichtigkeit *a. übtr*

недальнови́дный, -ая, -ое; *Kzf* -ден, -дна kurzsichtig

недáром *Adv* nicht ohne Grund, nicht umsonst

недви́жимость, -и *f* Immobilien

[1]**недви́жимый**, -ая, -ое immobil

[2]**недви́жимый**, -ая, -ое; *Kzf* -им, -а

oder **недвижи́мый,** -ая, -ое; *Kzf* -и́м, -а unbeweglich
недвусмы́сленный, -ая, -ое; *Kzf* -ен, -енна unzweideutig
недееспосо́бный, -ая, -ое; *Kzf* -бен, -бна **1.** *buchspr* untauglich; arbeitsunfähig **2.** *jur* handlungsunfähig
недействи́тельный, -ая, -ое; *Kzf* -лен, -льна **1.** *meist Kzf* ungültig **2.** *alt* unwirksam
неделика́тный, -ая, -ое; *Kzf* -тен, -тна taktlos; rücksichtslos
недели́мый, -ая, -ое; *Kzf* -и́м, -а unteilbar
неде́льный, -ая, -ое Wochen-; ~ за́работок Wochenlohn; ~ о́тпуск einwöchiger Urlaub; в ~ срок innerhalb einer Woche
неде́ля, -и *f* Woche; на э́той [про́шлой, сле́дующей] -е diese [vorige, nächste] Woche; че́рез -ю in acht Tagen; раз в -ю einmal wöchentlich; ка́ждую втору́ю -ю aller vierzehn Tage
недёшево *Adv* ziemlich teuer; э́то мне ~ доста́лось das hat mich viel Mühe gekostet
недисциплини́рованный, -ая, -ое; *Kzf* -ан, -анна undiszipliniert
недоброжела́тельный, -ая, -ое; *Kzf* -лен, -льна übel gesinnt, mißgünstig
недоброжела́тельство, -а *n* feindliche Einstellung, Mißgunst
недоброка́чественность, -и *f* schlechte Qualität
недоброка́чественный, -ая, -ое; *Kzf* -ен, -енна von schlechter Qualität, minderwertig
недобросо́вестный [сн], -ая, -ое; *Kzf* -тен, -тна **1.** pflichtvergessen, unzuverlässig **2.** gewissenlos, unehrlich **3.** nachlässig
недо́брый, -ая, -ое; *Kzf* -до́бр, -добра́, -до́бро, -до́бры́ **1.** böse, feindselig **2.** schlimm; unangenehm
недове́рие, -я *n* Mißtrauen; пита́ть ~ к кому́-н. gegen j-n Mißtrauen hegen
недове́рчивость, -и *f* Mißtrauen
недове́рчивый, -ая, -ое; *Kzf* -ив, -а mißtrauisch
недове́с, -а *m* Untergewicht
недове́сить, -е́шу, -е́сишь; -е́шенный, -е́шен, -а *v* **1.** *G* zu knapp wiegen **2.** *volksspr* zu wenig wiegen, Untergewicht haben ‖ *uv* недове́шивать, -аю, -аешь
недове́сок, -ска *m umg* Gegenstand mit Untergewicht
недове́шивать *uv zu* недове́сить
недово́льный, -ая, -ое; *Kzf* -лен, -льна unzufrieden (*I* mit); ~ сами́м собо́й mit sich selbst unzufrieden
недово́льство, -а *n* Unzufriedenheit
недовыполне́ние, -я *n* Nichterfüllung
недовы́полнить, -ню, -нишь *v* nicht erfüllen ‖ *uv* **недовыполня́ть,** -я́ю, -я́ешь
недовы́работка, -и, *Pl G* -ток, *D* -ткам *f* Produktionsausfall, ungenügende Arbeitsleistung
недога́дливый, -ая, -ое; *Kzf* -ив, -а begriffsstutzig; како́й он ~! hat der aber eine lange Leitung!
недогляде́ть, -яжу́, -яди́шь *v umg* **1.** nicht bemerken, übersehen **2.** nicht aufpassen (за *I* auf)
недоговорённость, -и *f* **1.** (absichtliches) Übergehen, Verschweigen **2.** Fehlen einer Vereinbarung
недогружа́ть *uv zu* недогрузи́ть
недогрузи́ть, -ужу́, -у́зи́шь; -у́женный, -у́жен, -а *u.* -ужённый, -ужён, -ужена́ *v* nicht auslasten ‖ *uv* недогружа́ть, -а́ю, -а́ешь
недогру́зка, -и *f* Unterbelastung
недоде́ланный, -ая, -ое unvollendet
недоде́лка, -и, *Pl G* -лок, *D* -лкам *f umg* **1.** unvollständige Bearbeitung **2.** noch nicht fertige Arbeit
недодержа́ть, -ержу́, -е́ржишь; -е́ржанный, -е́ржан, -а *v phot* **1.** unterbelichten **2.** unterentwickeln ‖ *uv* **недоде́рживать,** -аю, -аешь
недоде́ржка, -и *f phot* **1.** Unterbelichtung **2.** Unterentwicklung
недоеда́ние, -я *n* Unterernährung
недоеда́ть, -а́ю, -а́ешь *uv* Hunger leiden; sich schlecht ernähren
недозре́лый, -ая, -ое unreif, grün
недои́мка, -и, *Pl G* -мок, *D* -мкам *f* Rückstand *bei Zahlungen, Steuern*; есть на вас ~ за полго́да Sie sind mit ihren Zahlungen ein halbes Jahr im Rückstand; взы́скивать недои́мки Rückstände eintreiben
недои́мочный, -ая, -ое: -ые де́ньги ausstehende Gelder
недоказу́емый, -ая, -ое; *Kzf* -ем, -а unbeweisbar
недоко́нченный, -ая, -ое unvollendet
недолга́: (вот) и вся ~! *umg* das ist alles!
недо́лгий, -ая, -ое; *Kzf* -о́лог, -олга́! nicht lange, kurz
недо́лго *Adv* **1.** nicht lange **2.** *prädikativ, umg* es dauert nicht lange, bis; leicht; ~ и простуди́ться da kann man sich leicht erkälten

недолговéчный, -ая, -ое; *Kzf* -чен, -чна kurzlebig
недолёт, -а *m mil* Kurzschluß
недолю́бливать, -аю, -аешь *uv umg* nicht mögen, Abneigung haben (gegen)
недомогáние, -я *n* Unwohlsein, Unpäßlichkeit
недомогáть, -áю, -áешь *uv* sich nicht wohl fühlen
недомóлвка, -и, *Pl G* -вок, *D* -вкам *f* nicht ausgesprochener (nur angedeuteter) Gedanke
недомы́слие, -я *n* Unüberlegtheit
недонóсок, -ска *m* Frühgeburt *Kind*
недонóшенный, -ая, -ое; *Kzf* -ен, -а nicht ausgetragen, zu früh geboren
недооцéнивать *uv zu* недооцени́ть
недооцени́ть, -еню́, -éнишь; -енённый, -енён, -енена́ *v* unterschätzen ‖ *uv* недооцéнивать, -аю, -аешь
недооцéнка, -и, *Pl G* -нок, *D* -нкам *f* Unterschätzung
недоплати́ть, -ачу́, -áтишь; -áченный, -áчен, -а *v Geld* schuldig bleiben, nicht voll auszahlen ‖ *uv* **недоплáчивать,** -аю, -аешь
недополучáть *uv zu* недополучи́ть
недополучи́ть, -учу́, -у́чишь *v* nicht vollständig erhalten ‖ *uv* недополучáть, -áю, -áешь
недопусти́мый, -ая, -ое; *Kzf* -и́м, -а unzulässig; -ая недооцéнка sträfliche Unterschätzung
недопущéние, -я *n* Nichtzulassung
недорáзвитый, -ая, -ое; *Kzf* -ит, -а unterentwickelt
недоразумéние, -я *n* 1. Mißverständnis; по -ю auf Grund eines Mißverständnisses; досáдное ~ bedauerliches Mißverständnis 2. Meinungsverschiedenheit
недóрого *Adv* 1. preiswert 2. mühelos; э́то мне недóрого достáлось das hat mich wenig Mühe gekostet
недорогóй, -áя, -óе; *Kzf* -дóрог, -дорогá! nicht teuer, preiswert
недорóд, -а *m* Mißernte
нéдоросль, -я *m* 1. *hist* minderjähriger Landjunker 2. geistig unterentwickelter junger Mann *nach Fonwisins Komödie* „Нéдоросль"
недослы́шать, -шу, -шишь *v* überhören; nur halb hören
недосмáтривать *uv zu* недосмотрéть
недосмóтр, -а *m* Versehen, Unachtsamkeit; по -у aus Versehen
недосмотрéть, -отрю́, -óтришь; -óтренный, -óтрен, -а *v* 1. übersehen, nicht bemerken 2. nicht aufpassen (за *I* auf) ‖ *uv* недосмáтривать, -аю, -аешь
недо|спáть*; недóспанный, -ан, -а *v* nicht ausschlafen ‖ *uv* недосыпáть, -áю, -áешь
недо|ставáть*; *unpers uv G* fehlen; недостаёт óпыта es fehlt an Erfahrung; недостаёт слов, чтóбы es fehlen einem die Worte, um; мне óчень тебя́ недоставáло du hast mir sehr gefehlt, ich habe dich sehr vermißt ◇ э́того ещё недоставáло das hat gerade noch gefehlt
недостáток, -тка *m* 1. Fehler, Mangel; находи́ть недостáтки в чём-н. etw. auszusetzen haben an 2. *G u.* в *P* Mangel, Knappheit (an); ~ материáла Materialmangel; ~ в учителя́х Lehrermangel; за недостáтком средств aus Geldmangel 3. *meist Pl umg* Not
недостáточно *Adv* 1. nicht genug, ungenügend; ~ большóй nicht groß genug 2. *prädikativ G* es reicht nicht; э́того ~ das genügt nicht
недостáточный, -ая, -ое; *Kzf* -чен, -чна 1. ungenügend, nicht ausreichend *a. übtr* 2. *alt* unbemittelt, arm
недо|стáть* *unpers v G* fehlen
недостáча, -и, *I* -ей *f umg* 1. Fehlbetrag, Manko 2. Mangel *an etw.*
недостаю́щий, -ая, -ее fehlend, dringend gebraucht
недостижи́мость, -и *f* Unerreichbarkeit
недостижи́мый, -ая, -ое; *Kzf* -и́м, -а unerreichbar
недостовéрный, -ая, -ое; *Kzf* -рен, -рна unglaubwürdig, unzuverlässig
недостóйный, -ая, -ое; *Kzf* -óин, -óйна 1. *G* unwürdig, nicht wert 2. unwürdig, ehrlos
недосту́пный, -ая, -ое; *Kzf* -пен, -пна 1. unzugänglich *a. übtr* 2. unverständlich 3. unerschwinglich
недосу́г, -а *m umg* 1. Zeitmangel; за -ом *oder* из-за -а aus Zeitmangel 2. *prädikativ* мне ~ занимáться э́тим ich habe keine Zeit, mich damit zu befassen
недосчитáться, -áюсь, -áешься *v G* das Fehlen beim Nachzählen feststellen ‖ *uv* **недосчи́тываться,** -аюсь, -аешься
недосыпáть *zu v* недоспáть
недосягáемый, -ая, -ое; *Kzf* -ем, -а unerreichbar
недотёпа, -ы *m, f volksspr* Tolpatsch
недотрóга, -и 1. *f bot* Springkraut 2. *m,*

f umg überempfindlicher [zimperlicher] Mensch
недоу́здок, -дка *m* Halfter
недоумева́ть, -а́ю, -а́ешь *uv* nicht fassen können, unschlüssig [im Zweifel] sein
недоуме́ние, -я *n* Befremden, Erstaunen; Verlegenheit; э́то вы́звало у меня́ ~ es hat mich befremdet
недоуме́нный, -ая, -ое befremdet, erstaunt; verlegen
недоу́чка, -и, *Pl G* -чек, *D* -чкам *m, f umg* Halbgebildeter, Ignorant
недохва́тка, -и, *Pl G* -ток, *D* -ткам *f volksspr* Fehlen, Mangel; Fehlbetrag
недочёт, -а *m* 1. Fehlbetrag 2. *meist Pl* Fehler, Mangel
не́дра, недр *Pl* 1. Inneres [Schoß] der Erde; разрабо́тка недр Ausbeutung der Bodenschätze 2. *übtr* Inneres, Tiefen; в не́драх души́ in den Tiefen der Seele
недре́млющий, -ая, -ее aufmerksam, wachsam
не́друг, -а *m* Widersacher, Feind
недружелю́бие, -я *n* Unfreundlichkeit; Feindseligkeit
недружелю́бный, -ая, -ое; *Kzf* -бен, -бна unfreundlich; feindselig
недру́жный, -ая, -ое; *Kzf* -жен, -жна uneinig
неду́г, -а *m* Krankheit, Leiden
неду́житься, -ится *uv unpers D volksspr*: мне неду́жится ich fühle mich nicht wohl, mir ist nicht gut
недурно́й, -а́я, -о́е; *Kzf* -урён *u.* -у́рен, -урна́, -у́рно nicht übel, ganz gut; она́ недурна́ (собо́й) sie ist ganz hübsch
недю́жинный, -ая, -ое nicht alltäglich; überdurchschnittlich
неё *nach Präpos statt* её
неесте́ственный, -ая, -ое; *Kzf* -вен, -венна 1. unnatürlich, gekünstelt 2. unnatürlich, unnormal
нежда́нный, -ая, -ое unerwartet, unverhofft
нежела́ние, -я *n* Unlust, Widerwille
нежела́тельный, -ая, -ое; *Kzf* -лен, -льна unerwünscht, unliebsam; -ое лицо́ *pol* persona non grata
не́жели *Konj beim Komp, buchspr* als
нежена́тый, -ая, -ое unverheiratet *Mann*; -ая жизнь Junggesellenleben
не́женка, -и, *Pl G* -нок, *D* -нкам *m, f umg* verzärtelter [zimperlicher] Mensch
неживо́й, -а́я, -о́е 1. leblos, tot 2. unbelebt, anorganisch
нежи́зненный, -ая, -ое; *Kzf* -знен, -зненна unreal; lebensfremd
нежило́й, -а́я, -о́е 1. unbewohnt 2. unbewohnbar
не́жить, не́жу, не́жишь *uv* 1. verzärteln, verhätscheln 2. umschmeicheln, angenehm berühren
не́житься, не́жусь, не́жишься *uv* sich aalen, die Ruhe [das Nichtstun] genießen
не́жничать, -аю, -аешь *uv umg* 1. zärtlich sein, Zärtlichkeiten sagen 2. *übtr* с *I* mit Samthandschuhen anfassen
не́жность, -и *f* 1. Zärtlichkeit 2. Zartheit
не́жный, -ая, -ое; *Kzf* -жен, -жна́! 1. zärtlich; innig 2. zart, fein; rücksichtsvoll 3. zart, schwach ◇ ~ во́зраст Kindesalter
незабве́нный, -ая, -ое; *Kzf* -ве́н *u.* -ве́нен, -ве́нна *hoher Stil* unvergeßlich
незабу́дка, -и, *Pl G* -док, *D* -дкам *f bot* Vergißmeinnicht
незабыва́емый, -ая, -ое; *Kzf* -ем, -а unvergeßlich
незави́дный, -ая, -ое; *Kzf* -ден, -дна nicht beneidenswert, nicht gerade glänzend, unerfreulich
незави́симость, -и *f* Unabhängigkeit; война́ за ~ Unabhängigkeitskrieg
незави́симый, -ая, -ое; *Kzf* -им, -а unabhängig, selbständig
незави́сящий, -ая, -ее: по -им обстоя́тельствам durch Umstände, die nicht in j-s Macht stehen
незада́ча, -и *f umg* Mißgeschick, Pech; вот ведь ~! so ein Pech!
незада́чливый, -ая, -ое; *Kzf* -ив, -а *umg* unglücklich, vom Mißgeschick verfolgt; ~ челове́к Pechvogel
незадо́лго *Adv*: ~ до [пе́ред] kurz vor
незако́нность, -и *f* Ungesetzlichkeit
незако́нный, -ая, -ое; *Kzf* -о́нен, -о́нна ungesetzlich, rechtswidrig
незако́нченный, -ая, -ое unvollendet
незамедли́тельный, -ая, -ое; *Kzf* -лен, -льна unverzüglich
незамени́мый, -ая, -ое; *Kzf* -и́м, -а unersetzlich
незамерза́ющий, -ая, -ее eisfrei, nicht zufrierend
незаме́тный, -ая, -ое; *Kzf* -тен, -тна 1. unmerklich, unauffällig 2. unbedeutend
незаме́ченный, -ая, -ое unauffällig, unbemerkt
незаму́жняя unverheiratet *Frau*
незамыслова́тый, -ая, -ое; *Kzf* -а́т, -а *umg* einfach, primitiv

неза́нятый, -ая, -ое unbesetzt, frei
незапа́мятный, -ая, -ое: с -ых времён seit Menschengedenken, seit jeher
незапя́тнанный, -ая, -ое makellos
незара́зный, -ая, -ое; *Kzf* -зен, -зна *med* nicht ansteckend
незаслу́женный, -ая, -ое unverdient
незате́йливый, -ая, -ое; *Kzf* -ив, -а *umg* 1. einfach, unkompliziert 2. primitiv
незауря́дный, -ая, -ое; *Kzf* -ден, -дна außergewöhnlich, ungewöhnlich
не́зачем *Adv prädikativ mit Inf uv umg* es ist nutzlos [unnötig]; ~ ходи́ть туда́ es hat keinen Zweck, dorthin zu gehen
незащищённый, -ая, -ое schutzlos; ~ от со́лнца der Sonne ausgesetzt
незва́ный, -ая, -ое ungeladen, ungerufen
незде́шний, -яя, -ее *umg* fremd *in einem Ort*
нездоро́виться, -ится *unpers, uv D*: мне нездоро́вится ich fühle mich nicht wohl
нездоро́вый, -ая, -ое; *Kzf* -о́в, -а 1. *nur Langform* ungesund, krankhaft; ~ вид kränkliches Aussehen 2. *nur Langform übtr* ungesund, schädlich 3. (gesundheits)schädlich, ungesund 4. *nur Kzf* krank, unpäßlich
нездоро́вье, -ья *n* Unpäßlichkeit, Unwohlsein
неземно́й, -а́я, -о́е 1. außerhalb der Erde befindlich *Materie* 2. *alt* überirdisch
незло́би́вый, -ая, -ое; *Kzf* -о́би́в, -а sanftmütig, gutherzig
незлопа́мятный, -ая, -ое; *Kzf* -тен, -тна nicht nachtragend
незнако́мец, -мца, *I* -мцем, *G Pl* -мцев *m* Unbekannter
незнако́мка, -и, *Pl G* -мок, *D* -мкам *f* Unbekannte
незнако́мство, -а *n* Unkenntnis
незнако́мый, -ая, -ое; *Kzf* -о́м, -а unbekannt
незна́ние, -я *n* Unkenntnis, Unwissenheit; по -ю aus Unkenntnis
незна́чащий, -ая, -ее unwichtig; leer *Worte*
незначи́тельный, -ая, -ое; *Kzf* -лен, -льна unbedeutend, gering
незре́лость, -и *f* Unreife *a. übtr*
незре́лый, -ая, -ое; *Kzf* -е́л, -а unreif *a. übtr*
незри́мый, -ая, -ое; *Kzf* -и́м, -а *buchspr* unsichtbar
незы́блемый, -ая, -ое; *Kzf* -ем, -а unerschütterlich, unwandelbar
неизбе́жный, -ая, -ое; *Kzf* -жен, -жна unvermeidlich
неизве́данный, -ая, -ое; *Kzf* -ан, -анна unbekannt, unerforscht
неизве́стно [сн], *unpers prädikativ* (es ist) unbekannt, man weiß nicht; никому́ ~ kein Mensch weiß; ~ где man weiß nicht wo
неизве́стный [сн], -ая, -ое; *Kzf* -тен, -тна 1. unbekannt; fremd 2. -ого *Subst m* Unbekannter 3. -ое, -ого *Subst n math* Unbekannte
неизглади́мый, -ая, -ое; *Kzf* -и́м, -а *buchspr* unauslöschlich; unvergeßlich
неи́зданный, -ая, -ое unveröffentlicht
неизлечи́мый, -ая, -ое; *Kzf* -и́м, -а unheilbar
неизме́нность, -и *f* Unveränderlichkeit; Stabilität
неизме́нный, -ая, -ое; *Kzf* -е́нен, -е́нна 1. unveränderlich, unwandelbar, beständig 2. ständig (wiederkehrend) 3. beständig, treu
неизменя́емый, -ая, -ое; *Kzf* -ем, -а unveränderlich
неизмери́мый, -ая, -ое; *Kzf* -и́м, -а 1. unermeßlich 2. -о *Adv beim Komp* ungleich, bei weitem
неизрасхо́дованный, -ая, -ое unverbraucht
неизу́ченный, -ая, -ое unerforscht
неизъясни́мый, -ая, -ое; *Kzf* -и́м, -а unsagbar, unsäglich
неиме́ние, -я *n* Mangel (*G* an); за -ем вре́мени aus Zeitmangel
неимове́рный, -ая, -ое; *Kzf* -рен, -рна unglaublich, ungeheuerlich
неиму́щий, -ая, -ее besitzlos, mittellos
неискорени́мый, -ая, -ое; *Kzf* -и́м, -а unausrottbar
неи́скренний, -яя, -ее; *Kzf* -енен, -енна unaufrichtig, heuchlerisch
неи́скренность, -и *f* Unaufrichtigkeit, Heuchelei
неиску́сный, -ая, -ое ungeschickt, primitiv
неиску́шённый, -ая, -ое unerfahren
неисполне́ние, -я *n buchspr* Nichterfüllung
неисполни́мый, -ая, -ое; *Kzf* -и́м, -а unerfüllbar, unausführbar
неисполни́тельный, -ая, -ое; *Kzf* -лен, -льна nachlässig
неиспо́рченный, -ая, -ое unverdorben *a. übtr*
неисправи́мый, -ая, -ое; *Kzf* -и́м, -а unverbesserlich
неиспра́вность, -и *f* 1. Nachlässigkeit,

Unpünktlichkeit 2. schlechter Zustand, Defektheit 3. Fehler, Schaden, Defekt
неиспра́вный, -ая, -ое; *Kzf* -вен, -вна 1. nachlässig, unpünktlich 2. schadhaft, defekt
неиссле́дованный, -ая, -ое unerforscht
неиссяка́емый, -ая, -ое; *Kzf* -ем, -а unversiegbar, unerschöpflich
неи́стовство, -а *n* Raserei; прийти́ в ~ rasend werden
неи́стовствовать, -твую, -твуешь *uv* wüten, rasen
неи́стовый, -ая, -ое; *Kzf* -ов, -а rasend, wütend
неистощи́мый, -ая, -ое; *Kzf* -и́м, -а unerschöpflich
неистреби́мый, -ая, -ое; *Kzf* -и́м, -а unausrottbar
неисцели́мый, -ая, -ое; *Kzf* -и́м, -а *buchspr* unheilbar
неисчерпа́емый, -ая, -ое; *Kzf* -ем, -а unerschöpflich
неисчисли́мый, -ая, -ое; *Kzf* -и́м, -а unzählbar, unberechenbar
ней *nach Präpos statt* ей
нейло́н, -а *m* Nylon
нейло́новый, -ая, -ое Nylon-
неймёт *nur 3. Pers Sg Präs, uv alt*: хоть ви́дит о́ко, да зуб ~ etwas ist sehr nahe, aber nicht zu erreichen; man möchte gern, kann aber nicht
неймётся *nur 3. Pers Sg Präs, unpers uv D volksspr* unbändig verlangen, nicht zu halten sein
Не́йсе *idkl* Neiße *Fluß*
нейтрализа́ция, -и *f* Neutralisierung *a. chem*
нейтрализова́ть, -зу́ю, -зу́ешь; -зо́ванный, -зо́ван, -а *v, uv* neutralisieren
нейтралисти́ческий, -ая, -ое neutralistisch
нейтралите́т, -а *m* Neutralität
нейтра́льность, -и *f* Neutralität
нейтра́льный, -ая, -ое; *Kzf* -лен, -льна neutral
нейтро́н, -а *m* Neutron
неказистый, -ая, -ое; *Kzf* -и́ст, -а *umg* unansehnlich, unschön
неквалифици́рованный, -ая, -ое; *Kzf* -ан, -анна ungelernt
не́кий, -коего *m*; не́кая, -коей *oder* -кой *f*; не́кое, -коего *n*; *Pl* не́кие, -коих *oder* -ких *Indef Pron buchspr* ein gewisser
[1]**не́когда** *Adv prädikativ D*: мне ~ ich habe keine Zeit
[2]**не́когда** *Adv* einst, ehemals
не́кого [ово], не́кому, не́кем, не́ о ком *Pron mit Inf* es ist niemand da . . ., es gibt niemanden . . .; ~ посла́ть es gibt niemanden, den man schicken könnte; не́кому бы́ло позабо́титься о нём es gab niemanden, der sich hätte um ihn kümmern können; не́кому поручи́ть э́то es gibt niemanden, dem man das auftragen könnte; мне не́ с кем бы́ло говори́ть ich hatte niemanden, mit dem ich sprechen konnte
некомпете́нтный, -ая, -ое; *Kzf* -тен, -тна nicht zuständig
некорре́ктный, -ая, -ое; *Kzf* -тен, -тна 1. inkorrekt 2. anstößig
не́который, -ая, -ое *Pron* 1. ein gewisser 2. *Pl* einige, manche ◇ с -ых пор seit einiger Zeit
некраси́вый, -ая, -ое; *Kzf* -и́в, -а unschön, häßlich
некредитоспосо́бный, -ая, -ое; *Kzf* -бен, -бна kreditunfähig
некрити́ческий, -ая, -ое kritiklos, unkritisch
некроло́г, -а *m* Nekrolog, Nachruf
некста́ти *Adv* zur unpassenden Zeit, ungelegen; э́то замеча́ние соверше́нно ~ diese Bemerkung ist hier völlig fehl am Platz
не́кто *Pron, nur N gebräuchlich* 1. jemand; подошёл ~ в се́ром пальто́ es trat jemand in einem grauen Mantel hinzu 2. *mit Familiennamen* ein gewisser; ~ Ивано́в ein gewisser Iwanow
не́куда *Adv* 1. *mit Inf* man kann nirgendwohin . . .; мне ~ положи́ть ключи́ ich finde keinen Platz für die Schlüssel; ~ бы́ло сесть man konnte sich nirgends hinsetzen 2. *umg mit Komp*: сильне́е ~ stärker geht es nicht ◇ торопи́ться ~ es gibt keinen Grund zur Eile; да́льше (е́хать) ~ *übtr* weiter geht's nicht mehr
некульту́рность, -и *f* Unkultur, Mangel an Kultur
некульту́рный, -ая, -ое; *Kzf* -рен, -рна 1. unkultiviert; ungebildet; unordentlich 2. -о *Adv*: -о вести́ себя́ sich schlecht benehmen
некуря́щий, -его *Subst m* Nichtraucher
нела́дно *Adv prädikativ* schlecht, nicht in Ordnung; здесь что́-то ~ hier stimmt etwas nicht; у него́ ~ с лёгкими seine Lunge ist nicht in Ordnung
нела́дный, -ая, -ое; *Kzf* -ден, -дна *umg* 1. schlecht 2. ungefüge, ungestalt

◇ будь он нела́ден! daß ihn der Teufel hole!
нелады́, -о́в *Pl umg* Unstimmigkeiten, Reibereien
нелега́льность, -и *f* Illegalität
нелега́льный, -ая, -ое; *Kzf* -лен, -льна illegal
нелёгкий [хк], -ая, -ое; *Kzf* -лёгок, -легка́ **1.** nicht leicht, schwierig; э́то де́ло -ое das ist keine leichte Sache **2.** -ая, -ой *Subst f für* -ая си́ла das Böse, der Teufel; заче́м -ая тебя́ сюда́ принесла́? was zum Teufel treibt dich bloß hierher?
неле́пость, -и *f* **1.** Unsinnigkeit **2.** Unsinn, dummes Zeug; dummer Streich
неле́пый, -ая, -ое; *Kzf* -ле́п, -а unsinnig, ungereimt; absurd
нele ́стный [сн], -ая, -ое; *Kzf* -тен, -тна mißbilligend; wenig schmeichelhaft
нели́шне *Adv, prädikativ, mit Inf* es ist angebracht [nützlich], es würde nicht schaden
нело́вкий, -ая, -ое; *Kzf* -вок, -вка́! **1.** ungeschickt, linkisch **2.** unangenehm, peinlich; попа́сть в -ое положе́ние in eine peinliche Lage geraten; мне -о es ist mir peinlich **3.** unbequem **4.** unpassend, ungehörig
нело́вкость, -и *f* **1.** Ungeschicklichkeit **2.** Peinlichkeit **3.** Verlegenheit, Unbehagen **4.** Unschicklichkeit
нелоги́чный, -ая, -ое; *Kzf* -чен, -чна unlogisch, inkonsequent
нельзя́ *Adv, prädikativ, meist mit Inf* **1.** *mit uv Inf* man darf nicht, man soll nicht; ~ открыва́ть окно́ в тако́й хо́лод bei solcher Kälte darf man das Fenster nicht aufmachen **2.** *oft mit v Inf* man kann nicht, es ist unmöglich; ~ откры́ть дверь, она́ заперта́ die Tür läßt sich nicht öffnen, sie ist verschlossen ◇ как ~ лу́чше aufs beste; как ~ ху́же schlechter geht es wirklich nicht; ~ не man muß; с э́тим ~ не согласи́ться dagegen läßt sich nichts einwenden; как ~ (бо́лее) кста́ти das kommt sehr gelegen; ~ ли закури́ть? darf man hier rauchen?
нелюбе́зный, -ая, -ое, *Kzf* -зен, -зна unfreundlich
нелюби́мый, -ая, -ое; *Kzf* -и́м, -а unbeliebt
нелюбо́вь, -бви́ *f* Abneigung, Widerwillen
не́люди, -ей *Pl, meist nur N Pl* schlechte Menschen, Unmenschen
нелюди́мый, -ая, -ое; *Kzf* -и́м, -а menschenscheu, ungesellig
нём ↑ он, оно́
нема́ло *Adv* **1.** *mit Subst* nicht wenige, so manche **2.** *mit Verb* viel, nicht wenig
немалова́жный, -ая, -ое; *Kzf* -жен, -жна wichtig, wesentlich
нема́лый, -ая, -ое; *Kzf* -а́л, -ала́! nicht gering, nicht unbedeutend, erheblich
Не́ман, -а *m* Neman *Fluß*
неме́дленный, -ая, -ое unverzüglich, sofortig
неме́для *Adv* ohne zu zögern, unverzüglich
неме́ркнущий, -ая, -ее *hoher Stil* unvergänglich
неме́ть, -е́ю, -е́ешь *uv* **1.** die Sprache verlieren **2.** verstummen, still werden **3.** erstarren, absterben *Glieder*
не́мец, -мца, *I* -мцем, *G Pl* -мцев *m* Deutscher
неме́цкий, -ая, -ое deutsch; учи́ть ~ язы́к Deutsch lernen; учи́ть -ому языку́ Deutsch lehren; говори́ть по-неме́цки deutsch sprechen; в -ом языке́ im Deutschen; на -ом языке́ in deutsch(er Sprache); по -ому языку́ in Deutsch, im Deutschunterricht
немилосе́рдный, -ая, -ое; *Kzf* -ден, -дна **1.** *alt* unbarmherzig **2.** *übtr umg* schrecklich
неми́лость, -и *f alt* Ungnade; впасть в ~ in Ungnade fallen
неми́лый, -ая, -ое; *Kzf* -и́л, -ила́! *umg* ungeliebt, verhaßt
немину́емый, -ая, -ое; *Kzf* -ем, -а unvermeidlich
не́мка, -и, *Pl G* -мок, *D* -мкам *f* Deutsche
немно́гий, -ая, -ое **1.** *nur Pl* einige; в -их слова́х mit wenigen Worten **2.** -ие, -их *Subst Pl* (nur) wenige, einige **3.** -ое, -ого *Subst n* wenig
немно́го *Adv* **1.** ein bißchen, etwas **2.** (nur) wenig, nicht viel; э́то совсе́м ~ das ist durchaus nicht viel
немноговоды́й, -ая, -ое; *Kzf* -ден, -дна wasserarm
немногосло́вный, -ая, -ое; *Kzf* -вен, -вна wortkarg
немно́жко *Adv* ein kleines bißchen
немну́щийся, -аяся, -ееся knitterfrei
немо́жется *unpers uv D volksspr* sich krank [unwohl] fühlen
немо́й, -а́я, -о́е; *Kzf* нем, -а́! **1.** stumm **2.** stumm, verborgen, heimlich **3.** -о́го *Subst m* Stummer ◇ ~ фильм Stummfilm; -а́я а́збука Taubstummenalphabet; нем как ры́ба

stumm wie ein Fisch; нем как моги́ла verschwiegen wie das Grab; -а́я тишина́ Totenstille
немолодо́й, -а́я, -о́е; *Kzf* -мо́лод, -а́! bejahrt, betagt
немота́, -ы́ *f* Stummheit
не́мочь, -и *f volksspr* Krankheit
не́мощный, -ая, -ое; *Kzf* -щен, -щна 1. krank 2. schwach, kraftlos
не́мощь, -и *f umg* 1. Krankheit 2. Kraftlosigkeit, Schwäche
нему́ *nach Präpos statt* ему́
немудрено́ *Adv, unpers prädikativ* es ist leicht; es ist kein Wunder
немудрёный, -ая, -ое; *Kzf* -ён, -ена́ *umg* ganz einfach, unkompliziert
немудря́щий, -ая, -ее *volksspr* ganz einfach
немузыка́льный, -ая, -ое; *Kzf* -лен, -льна unmusikalisch
немы́слимый, -ая, -ое; *Kzf* -им, -а undenkbar
ненаблюда́тельный, -ая, -ое: ~ челове́к ein schlechter Beobachter
ненави́деть, -и́жу, -и́дишь *uv* hassen
ненави́стный [сн], -ая, -ое; *Kzf* -тен, -тна verhaßt
не́нависть, -и *f* Haß (к *D* gegen); с -ю voller Haß, haßerfüllt
ненагля́дный, -ая, -ое *Volksdichtung* herzallerliebst
ненадёжный, -ая, -ое; *Kzf* -жен, -жна 1. unzuverlässig 2. zerbrechlich; baufällig
ненадлежа́щий, -ая, -ее unpassend, ungehörig
нена́добность, -и *f* Unnötigkeit, Nutzlosigkeit; за -ью weil es nicht (mehr) gebraucht wird
ненадо́лго *Adv* nur auf kurze Zeit
ненаме́ренный, -ая, -ое unabsichtlich; unwillkürlich
ненападе́ние, -я *n*: пакт о -и Nichtangriffspakt
ненаро́ком *Adv volksspr* unabsichtlich
ненаруши́мый, -ая, -ое; *Kzf* -и́м, -а unverbrüchlich
нена́стный [сн], -ая, -ое; *Kzf* -тен, -тна regnerisch, trüb und kalt
нена́стье, -ья *n* trübes, regnerisches Wetter
ненасы́тный, -ая, -ое; *Kzf* -тен, -тна unersättlich *a. übtr*
ненау́чный, -ая, -ое; *Kzf* -чен, -чна unwissenschaftlich
не́нец, -нца, *I* -нцем, *G Pl* -нцев *m* Nenze *früher Samojede*
ненорма́льность, -и *f* Anomalie
ненорма́льный, -ая, -ое; *Kzf* -лен, -льна 1. unnormal, ungewöhnlich 2. geistig nicht normal, verrückt
нену́жный, -ая, -ое; *Kzf* -жен, -жна́! unnötig
необде́ланный, -ая, -ое unbearbeitet
необду́манный, -ая, -ое; *Kzf* -ан, -анна unüberlegt, unbedacht
необеспе́ченный, -ая, -ое 1. unbemittelt 2. ungesichert, nicht sichergestellt
необита́емый, -ая, -ое; *Kzf* -ем, -а unbewohnt
необлага́емый, -ая, -ое; *Kzf* -ем, -а steuerfrei; ~ по́шлиной zollfrei
необозри́мый, -ая, -ое; *Kzf* -и́м, -а unübersehbar, unermeßlich
необосно́ванный, -ая, -ое unbegründet, haltlos
необрабо́танный, -ая, -ое 1. unbebaut, brachliegend 2. roh, nicht bearbeitet 3. nicht ausgefeilt *Stil*
необразо́ванность, -и *f* Mangel an Bildung
необразо́ванный, -ая, -ое; *Kzf* -ан, -анна ungebildet
необу́зданный, -ая, -ое; *Kzf* -ан, -анна zügellos, unbändig
необходи́мо *prädikativ* es ist nötig; безусло́вно ~ es ist unerläßlich
необходи́мость, -и *f* Notwendigkeit; Unentbehrlichkeit; по -и notwendigerweise, notgedrungen; покори́ться неприя́тной необходи́мости in den sauren Apfel beißen; предме́ты пе́рвой -и Gebrauchsgegenstände
необходи́мый, -ая, -ое; *Kzf* -и́м, -а notwendig; ему́ -а по́мощь er braucht dringend Hilfe ◇ -ая оборо́на Notwehr
необще́ственный, -ая, -ое unsozial
необщи́тельный, -ая, -ое; *Kzf* -лен, -льна ungesellig
необъясни́мый, -ая, -ое; *Kzf* -и́м, -а unerklärlich
необъя́тный, -ая, -ое; *Kzf* -тен, -тна unermeßlich, riesig
необыкнове́нный, -ая, -ое; *Kzf* -е́нен, -е́нна 1. ungewöhnlich 2. außerordentlich, unglaublich
необыча́йный, -ая, -ое; *Kzf* -а́ен, -а́йна ungewöhnlich, erstaunlich
необы́чный, -ая, -ое; *Kzf* -чен, -чна ungewohnt, ungewöhnlich
необяза́тельный, -ая, -ое; *Kzf* -лен, -льна nicht obligatorisch; nicht unbedingt notwendig
неограни́ченный, -ая, -ое; *Kzf* -ен, -енна unbeschränkt, unbegrenzt; -ая мона́рхия absolute Monarchie

неодинáковый, -ая, -ое; *Kzf* -ов, -а ungleich, verschieden
неоднокрáтный, -ая, -ое wiederholt, mehrfach
неоднорóдный, -ая, -ое; *Kzf* -ден, -дна ungleichartig
неодобрéние, -я *n* Mißbilligung
неодобрúтельный, -ая, -ое; *Kzf* -лен, -льна mißbilligend
неодолúмый, -ая, -ое; *Kzf* -úм, -а unüberwindlich
неодушевлённый, -ая, -ое unbelebt
неожúданность, -и *f* Überraschung; от негó мóжно ожидáть всякux -ей er ist unberechenbar
неожúданный, -ая, -ое; *Kzf* -ан, -анна unerwartet, unvermutet
неоколониалúстский, -ая, -ое neokolonialistisch
неокончáтельный, -ая, -ое; *Kzf* -лен, -льна nicht endgültig
неокóнченный, -ая, -ое unvollendet, nicht abgeschlossen
неологúзм, -а *m* Neubildung, neues Wort
неóн, -а *m* Neon
неóновый, -ая, -ое Neon-; -ая трýбка Neonröhre; -ые бýквы Leuchtbuchstaben
неопáсный, -ая, -ое; *Kzf* -сен, -сна ungefährlich
неоперúвшийся, -аяся, -ееся **1.** noch nicht flügge **2.** *übtr umg* ungeübt, unerfahren
неописýемый, -ая, -ое; *Kzf* -ем, -а unbeschreiblich
неоплáтный, -ая, -ое **1.** nicht bezahlbar **2.** zahlungsunfähig
неоплáченный, -ая, -ое unbezahlt, unbeglichen
неопорóченный, -ая, -ое unbescholten, unbestritten
неопрáвданный, -ая, -ое ungerechtfertigt, unbegründet
неопределённый, -ая, -ое; *Kzf* -ёнен, -ённа **1.** unbestimmt **2.** ungewiß; ~ ответ ausweichende Antwort ◇ -ое наклонéние *oder* -ая фóрма Infinitiv
неопределúмый, -ая, -ое; *Kzf* -úм, -а unbestimmbar, undefinierbar
неопровержúмый, -ая, -ое; *Kzf* -úм, -а unwiderlegbar, unumstößlich
неопрятный, -ая, -ое; *Kzf* -тен, -тна unsauber; nachlässig
неóпытный, -ая, -ое; *Kzf* -тен, -тна unerfahren
неорганизóванный, -ая, -ое unorganisiert
неорганúческий, -ая, -ое anorganisch
неослáбный, -ая, -ое; *Kzf* -бен, -бна unablässig, unvermindert
неосмотрúтельный, -ая, -ое; *Kzf* -лен, -льна unvorsichtig, unbedacht
неосновáтельный, -ая, -ое; *Kzf* -лен, -льна **1.** unbegründet, haltlos **2.** *umg* leichtfertig, oberflächlich
неоспорúмый, -ая, -ое; *Kzf* -úм, -а unbestreitbar
неосторóжный, -ая, -ое; *Kzf* -жен, -жна unvorsichtig
неосуществúмый, -ая, -ое; *Kzf* -úм, -а undurchführbar
неосязáемый, -ая, -ое; *Kzf* -ем, -а kaum bemerkbar; unmerklich
неотвратúмый, -ая, -ое; *Kzf* -úм, -а unabwendbar
неотвязный, -ая, -ое; *Kzf* -зен, -зна aufdringlich
неотвязчивый [щи], -ая, -ое; *Kzf* -ив, -а aufdringlich
неотделúмый, -ая, -ое; *Kzf* -úм, -а untrennbar
неотёсанный, -ая, -ое; *Kzf* -ан, -анна **1.** nicht behauen, unbearbeitet **2.** *übtr umg* ungeschliffen, grob
нéоткуда *Adv mit Inf* man kann nirgendwoher ...; мне ~ взять дéньги ich weiß nicht, woher ich das Geld nehmen soll
неотлóжный, -ая, -ое; *Kzf* -жен, -жна unaufschiebbar, dringend
неотлýчный, -ая, -ое; *Kzf* -чен, -чна **1.** unzertrennlich **2.** ständig
неотразúмый, -ая, -ое; *Kzf* -úм, -а **1.** nicht abzuwehren **2.** unumstößlich, unwiderlegbar **3.** *übtr* unwiderstehlich
неотступный, -ая, -ое; *Kzf* -пен, -пна **1.** unablässig **2.** zudringlich
неотчуждáемый, -ая, -ое; *Kzf* -ем, -а unveräußerlich
неотъéмлемый, -ая, -ое; *Kzf* -ем, -а nicht wegzudenken; unverrückbar; -ое прáво verbrieftes Recht
неофашúзм, -а *m* Neofaschismus
неофициáльный, -ая, -ое; *Kzf* -лен, -льна inoffiziell
неохóта, -ы *f* **1.** Unlust **2.** *prädikativ, D, mit Inf umg* keine Lust haben; мне ~ с ним говорúть ich habe keine Lust, mit ihm zu sprechen
неохóтно *Adv* ungern
неоценúмый, -ая, -ое; *Kzf* -úм, -а unschätzbar
неощутúмый, -ая, -ое; *Kzf* -úм, -а unmerklich
Непáл, -а *m* Nepal
непáлец, -льца, *I* -льцем, *G Pl* -льцев *m* Nepalese

непáрный, -ая, -ое unpaarig
непарти́йный, -ая, -ое 1. parteilos 2. parteiwidrig
непереводи́мый, -ая, -ое; *Kzf* -и́м, -а unübersetzbar
непередавáемый, -ая, -ое; *Kzf* -ем, -а nicht wiederzugebend, unaussprechlich
непереноси́мый, -ая, -ое; *Kzf* -и́м, -а unerträglich
непереxóдный, -ая, -ое intransitiv
непи́саный, -ая, -ое ungeschrieben
неплатёж, -ежá, *I* -ежóм, *G Pl* -ежéй *m* Nicht(be)zahlung
неплатёжеспосóбный, -ая, -ое; *Kzf* -бен, -бна zahlungsunfähig
неплатéльщик, -а *m* Nichtzahler, Schuldner
неплодорóдный, -ая, -ое; *Kzf* -ден, -дна unfruchtbar
неплохóй, -áя, -óе; *Kzf* -óх, -охá! nicht schlecht, ziemlich gut
непобеди́мый, -ая, -ое; *Kzf* -и́м, -а unbesiegbar; unüberwindlich
неповáдно *Adv*, *prädikativ*: чтóбы ему́ ~ бы́ло damit ihm die Lust vergeht
невинный, -ая, -ое; *Kzf* -и́нен, -и́нна unschuldig (в *P* an)
неповиновéние, -я *n* Ungehorsam
неповорóтливый, -ая, -ое; *Kzf* -ив, -а schwerfällig, ungeschickt
неповтори́мый, -ая, -ое; *Kzf* -и́м, -а einmalig, einzigartig
непогóда, -ы *f* Unwetter
непогреши́мый, -ая, -ое; *Kzf* -и́м, -а unfehlbar
неподалёку *Adv* unweit, in der Nähe
неподáтливый, -ая, -ое; *Kzf* -ив, -а unnachgiebig
неподви́жность, -и *f* Unbeweglichkeit, Regungslosigkeit
неподви́жный, -ая, -ое; *Kzf* -жен, -жна 1. unbeweglich, starr 2. schwerfällig, wenig beweglich ◇ -ая звездá Fixstern
неподдéльный, -ая, -ое; *Kzf* -лен, -льна 1. echt, unverfälscht 2. aufrichtig
неподку́пный, -ая, -ое; *Kzf* -пен, -пна unbestechlich
неподобáющий, -ая, -ее ungehörig
неподражáемый, -ая, -ое; *Kzf* -ем, -а unnachahmlich, unvergleichlich
неподсу́дный, -ая, -ое; *Kzf* -ден, -дна *jur* nicht zuständig
неподходя́щий, -ая, -ее unpassend; unangemessen
неподчинéние, -я *n* Ungehorsam
непозволи́тельный, -ая, -ое; *Kzf* -лен, -льна unerlaubt, unzulässig
непоколеби́мый, -ая, -ое; *Kzf* -и́м, -а unerschütterlich, standhaft; unbeirrbar; он остáлся -ым er blieb fest
непокóрный, -ая, -ое; *Kzf* -рен, -рна ungehorsam, widerspenstig
непокры́тый, -ая, -ое; *Kzf* -ы́т, -а unbedeckt; с -ой головóй barhäuptig, ohne Kopfbedeckung
неполáдки *Pl* -док, -дкам, *Sg* неполáдка, -и *f umg* 1. Störungen, Defekte 2. Unstimmigkeiten
неполнотá, -ы́ *f* Unvollständigkeit; Unvollkommenheit
неполноцéнный, -ая, -ое; *Kzf* -éнен, -éнна nicht vollwertig, minderwertig
непóлный, -ая, -ое; *Kzf* -лон, -лнá! unvollständig, nicht vollzählig; -ая срéдняя шкóла siebenklassige Mittelschule; перейти́ на ~ рабóчий день zur Kurzarbeit übergehen
непомéрный, -ая, -ое; *Kzf* -рен, -рна unmäßig, maßlos
непонимáние, -я *n* Unverständnis
непоня́тливый, -ая, -ое; *Kzf* -ив, -а verständnislos; schwer von Begriff, begriffsstutzig
непоня́тный, -ая, -ое; *Kzf* -тен, -тна unverständlich, unbegreiflich
непопадáние, -я *n mil* Fehlschuß
непоправи́мый, -ая, -ое; *Kzf* -и́м, -а unverbesserlich, nicht wiedergutzumachend
непопуля́рный, -ая, -ое; *Kzf* -рен, -рна unpopulär, unbeliebt
непорóчный, -ая, -ое; *Kzf* -чен, -чна sittlich rein; makellos
непоря́док, -дка *m* Unordnung, unordentlicher Zustand
непоря́дочный, -ая, -ое; *Kzf*-чен, -чна unehrenhaft, unanständig
непосвящённый, -ая, -ое uneingeweiht
непосéда, -ы *m*, *f umg* unruhiger Mensch; он ~ er hat kein Sitzfleisch
непосéдливый, -ая, -ое; *Kzf* -ив, -а unruhig, sehr lebhaft
непосещéние, -я *n*: ~ урóков Versäumnis, Schwänzen *des Unterrichts*
непоси́льный, -ая, -ое; *Kzf* -лен, -льна die Kräfte übersteigend; э́то для меня́ -ая рабóта diese Arbeit geht über meine Kräfte
непослéдовательный, -ая, -ое; *Kzf* -лен, -льна inkonsequent
непослушáние, -я *n* Ungehorsam
непослу́шный, -ая, -ое; *Kzf* -шен, -шна ungehorsam
непосрéдственный, -ая, -ое; *Kzf* -ен,

-енна **1.** unmittelbar; direkt **2.** unbefangen
непостижи́мый, -ая, -ое; *Kzf* -и́м, -а unbegreiflich, unfaßbar; э́то уму́ -о das ist ganz unbegreiflich
непостоя́нный, -ая, -ое; *Kzf* -я́нен, -я́нна unbeständig, veränderlich
непостоя́нство, -а *n* Unbeständigkeit
непотре́бный, -ая, -ое; *Kzf* -бен, -бна *alt* gemein, unanständig, unzüchtig
непохо́жий, -ая, -ее; *Kzf* -о́ж, -а на *A* unähnlich
непоча́тый, -ая, -ое nicht angefangen; nicht angeschnitten *Brot*; nicht angebrochen *Flasche* ◇ ~ край eine Unmenge
непочти́тельный, -ая, -ое; *Kzf* -лен, -льна respektlos
непра́вда, -ы *f* Unwahrheit, Lüge; э́то ~ das stimmt nicht ◇ все́ми пра́вдами и -ами auf jede Art und Weise
неправдоподо́бие, -я *n* Unwahrscheinlichkeit
неправдоподо́бный, -ая, -ое; *Kzf* -бен, -бна unwahrscheinlich
непра́вильный, -ая, -ое; *Kzf* -лен, -льна **1.** unrichtig, falsch **2.** unregelmäßig; -ые черты́ лица́ ungleichmäßige Gesichtszüge; ~ глаго́л unregelmäßiges Verb ◇ -ая дробь *math* unechter Bruch
неправомо́чный, -ая, -ое; *Kzf* -чен, -чна unberechtigt, nicht bevollmächtigt
неправосу́дный, -ая, -ое; *Kzf* -ден, -дна gesetzwidrig
неправота́, -ы́ *f* Unrecht
непра́вый, -ая, -ое; *Kzf* -а́в, -ва́! unrecht, ungerecht; быть -ым im Unrecht sein, unrecht haben
непракти́чный, -ая, -ое; *Kzf* -чен, -чна unpraktisch
непревзойдённый, -ая, -ое; *Kzf* -ён, -ённа unübertroffen
непредви́денный, -ая, -ое unvorhergesehen
непреднаме́ренный, -ая, -ое; *Kzf* -рен, -ренна unabsichtlich
непредубеждённый, -ая, -ое unvoreingenommen
непредумы́шленный, -ая, -ое unvorsätzlich
непредусмо́тренный, -ая, -ое unvorhergesehen
непредусмотри́тельность, -и *f* Mangel an Voraussicht; Unbedachtheit
непредусмотри́тельный, -ая, -ое; *Kzf* -лен, -льна nicht vorsorglich, unbedacht
непрекло́нный, -ая, -ое; *Kzf* -о́нен, -о́нна unbeugsam, unerschütterlich
непрекраща́ющийся, -аяся, -ееся unaufhörlich
непрело́жный, -ая, -ое; *Kzf* -жен, -жна *buchspr* **1.** unverbrüchlich **2.** unbestreitbar
непреме́нный, -ая, -ое; *Kzf* -е́нен, -е́нна unbedingt, unerläßlich
непреодоли́мый, -ая, -ое; *Kzf* -и́м, -а unüberwindlich; -ая си́ла höhere Gewalt
непререка́емый, -ая, -ое; *Kzf* -ем, -а unbestreitbar
непреры́вный, -ая, -ое; *Kzf* -вен, -вна **1.** ununterbrochen, ständig **2.** zusammenhängend ◇ -ые дро́би Kettenbrüche
непреста́нный, -ая, -ое; *Kzf* -нен, -нна unaufhörlich, unablässig
неприве́тливый, -ая, -ое; *Kzf* -ив, -а unfreundlich, kühl
непривлека́тельный, -ая, -ое; *Kzf* -лен, -льна reizlos
непривы́чка, -и *f umg* Mangel an Gewohnheit [Übung]
непривы́чный, -ая, -ое; *Kzf* -чен, -чна **1.** ungewohnt, nicht gewohnt **2.** ungewöhnlich
непригля́дный, -ая, -ое; *Kzf* -ден, -дна unansehnlich, unschön
неприго́дный, -ая, -ое; *Kzf* -ден, -дна untauglich, unbrauchbar
неприе́млемый, -ая, -ое; *Kzf* -ем, -а unannehmbar
неприёмный, -ая, -ое: ~ день Sperrtag *bei Behörden*
непри́знанный, -ая, -ое verkannt
неприка́янный, -ая, -ое *umg*: ходи́ть как ~ ruhelos umhergehen
неприкоснове́нность, -и *f* Unverletzlichkeit, Unantastbarkeit; лиши́ть депута́та парла́ментской -и einem Abgeordneten die parlamentarische Immunität entziehen
неприкоснове́нный, -ая, -ое; *Kzf* -е́нен, -е́нна unverletzlich, unantastbar; ~ запа́с eiserne Ration
неприкра́шенный, -ая, -ое ungeschminkt, unverblümt
неприкры́тый, -ая, -ое unverhohlen, offenkundig
неприли́чие, -я *n* Unanständigkeit
неприли́чный, -ая, -ое; *Kzf* -чен, -чна unanständig, anstößig
непримени́мый, -ая, -ое; *Kzf* -и́м, -а nicht anwendbar
неприме́тный, -ая, -ое; *Kzf* -тен, -тна **1.** unmerklich **2.** unbedeutend, unansehnlich

непримири́мый, -ая, -ое; *Kzf* -и́м, -а unversöhnlich
непринуждённый, -ая, -ое; *Kzf* -ён, -ённа ungezwungen, zwanglos
неприня́тие, -я *n* Ablehnung; ~ мер Nichteingreifen
неприсоедине́ние, -я *n*: поли́тика -я Politik der Blockfreiheit
неприсоедини́вшийся, -аяся, -ееся nicht paktgebunden, paktfrei; -иеся стра́ны bündnisfreie Länder
неприспосо́бленный, -ая, -ое; *Kzf* -лен, -ленна ungeeignet, unpraktisch, nicht geschaffen (к *D* für)
непристо́йный, -ая, -ое; *Kzf* -о́ен, -о́йна unanständig
непристу́пный, -ая, -ое; *Kzf* -пен, -пна **1.** unzugänglich, uneinnehmbar; -ая кре́пость unbezwingbare Festung **2.** unnahbar
непритво́рный, -ая, -ое; *Kzf* -рен, -рна ungeheuchelt, aufrichtig
непритяза́тельный, -ая, -ое; *Kzf* -лен, -льна anspruchslos
неприхотли́вый, -ая, -ое; *Kzf* -и́в, -а anspruchslos
неприча́стность, -и *f* Nichtbeteiligung (к *D* an)
неприча́стный, -ая, -ое; *Kzf* -тен, -тна unbeteiligt (к *D* an)
неприя́зненный, -ая, -ое; *Kzf* -ен, -енна feindselig
неприя́знь, -и *f* Feindseligkeit
неприя́тель, -я *m* Feind, Gegner
неприя́тельский, -ая, -ое feindlich
неприя́тность, -и *f* Unannehmlichkeit
неприя́тный, -ая, -ое; *Kzf* -тен, -тна unangenehm; peinlich
непробу́дный, -ая, -ое; *Kzf* -ден, -дна: ~ сон tiefer [fester] Schlaf; -ое пья́нство ununterbrochenes Trinken; ~ пья́ница notorischer Säufer
непроводни́к, -а́ *m phys* Nichtleiter
непрогля́дный, -ая, -ое; *Kzf* -ден, -дна stockfinster, undurchdringlich
непродолжи́тельный, -ая, -ое; *Kzf* -лен, -льна kurz, von kurzer Dauer; в -ом вре́мени in Kürze
непрое́зжий, -ая, -ее unbefahrbar, unwegsam
непрозра́чный, -ая, -ое; *Kzf* -чен, -чна undurchsichtig
непроизводи́тельность, -и *f* Unproduktivität
непроизводи́тельный, -ая, -ое; *Kzf* -лен, -льна **1.** unproduktiv **2.** unnütz; -ая тра́та сил Kraftvergeudung
непроизво́льный, -ая, -ое; *Kzf* -лен, -льна unwillkürlich, unbewußt
непрола́зный, -ая, -ое; *Kzf* -зен, -зна *umg* nicht zu durchwaten
непромока́емый, -ая, -ое; *Kzf* -ем, -а wasserdicht
непроница́емый, -ая, -ое; *Kzf* -ем, -а undurchdringlich *a. übtr*, dicht; ~ для воды́ wasserdicht; ~ для во́здуха luftdicht
непропорциона́льность, -и *f* Disproportionalität
непропорциона́льный, -ая, -ое; *Kzf* -лен, -льна unproportional, unverhältnismäßig
непрости́тельный, -ая, -ое; *Kzf* -лен, -льна unverzeihlich, nicht zu entschuldigen
непротивле́ние, -я *n*: ~ злу (наси́лием) Abkehr von der Gewalt *nach der Lehre L. Tolstois*
непроходи́мый, -ая, -ое; *Kzf* -и́м, -а unwegsam, unpassierbar; undurchdringlich ◇ ~ дура́к *umg übtr* Vollidiot
непро́чный, -ая, -ое; *Kzf* -чен, -чна́! **1.** nicht haltbar; zerbrechlich **2.** unsicher
непро́шеный, -ая, -ое *umg* ungebeten
Непту́н, -а *m* Neptun
непутёвый, -ая, -ое *volksspr* unsolide, nichtsnutzig
непьющий, -ая, -ее: он ~ er trinkt nicht
нетрудоспосо́бный, -ая, -ое; *Kzf* -бен, -бна arbeitsunfähig
нерабо́чий, -ая, -ее arbeitsfrei; -ее вре́мя arbeitsfreie Zeit; ~ челове́к nichtarbeitender Mensch
нера́венство, -а *n* Ungleichheit
неравно́ *Part volksspr zum Ausdruck einer Befürchtung* bewahre, daß; gar noch; es könnte plötzlich
неравноду́шный, -ая, -ое; *Kzf* -шен, -шна nicht gleichgültig; он к ней -шен sie ist ihm nicht gleichgültig
неравноме́рный, -ая, -ое; *Kzf* -рен, -рна ungleichmäßig
неравнопра́вие, -я *n* fehlende Gleichberechtigung
неравнопра́вный, -ая, -ое; *Kzf* -вен, -вна nicht gleichberechtigt, rechtsungleich
нера́вный, -ая, -ое; *Kzf* -вен, -вна́! ungleich
нераде́ние, -я *n alt* Nachlässigkeit
нера́дивость, -и *f* Nachlässigkeit, Sorglosigkeit
нера́дивый, -ая, -ое; *Kzf* -и́в, -а nachlässig, sorglos
неразбери́ха, -и *f umg* Durcheinander, Wirrwarr

неразбо́рчивый, -ая, -ое; *Kzf* -ив, -а 1. unleserlich 2. *meist Kzf* skrupellos 3. nicht wählerisch, anspruchslos
неразвито́й, -а́я, -о́е; *Kzf* -ра́звит, -развита́! unentwickelt
неразгово́рчивый, -ая, -ое; *Kzf* -ив, -а wortkarg, nicht gesprächig
неразделимый, -ая, -ое; *Kzf* -и́м, -а unteilbar
неразде́льный, -ая, -ое; *Kzf* -лен, -льна unteilbar, untrennbar
неразличи́мый, -ая, -ое; *Kzf* -и́м, -а nicht zu unterscheiden
неразлу́чный, -ая, -ое; *Kzf* -чен, -чна unzertrennlich
неразме́нный, -ая, -ое nicht wechselbar *Geld* ◇ ~ рубль Heckrubel *in Märchen*
неразрешённый, -ая, -ое 1. ungeklärt, unentschieden 2. verboten, untersagt
неразреши́мый, -ая, -ое; *Kzf* -и́м, -а unlösbar
неразруши́мый, -ая, -ое; *Kzf* -и́м, -а unzerstörbar
неразры́вный, -ая, -ое; *Kzf* -вен, -вна untrennbar, unzertrennlich; -ая связь unlösbarer Zusammenhang
неразу́мный, -ая, -ое; *Kzf* -мен, -мна unvernünftig
нерасположе́ние, -я *n* Abneigung (к *D* gegen)
нераспоряди́тельность, -и *f* organisatorische Unfähigkeit
нераствори́мый, -ая, -ое; *Kzf* -и́м, -а unauflöslich
нерасторжи́мый, -ая, -ое; *Kzf* -и́м, -а unzerreißbar, unauflöslich
нерасторо́пный, -ая, -ое; *Kzf* -пен, -пна ungewandt
нерасчётливый, -ая, -ое; *Kzf* -ив, -а 1. unwirtschaftlich, unökonomisch 2. nicht vorsorgend
нерациона́льный, -ая, -ое; *Kzf* -лен, -льна unrationell
нерв, -а *m* Nerv; двигательные -ы motorische Nerven; зрительный ~ Sehnerv ◇ страда́ть -ами nervenkrank sein; э́то де́йствует мне на -ы das geht mir auf die Nerven; у него́ -ы сда́ли seine Nerven haben versagt, er hat die Nerven verloren; трепа́ть [мота́ть] кому́-н. не́рвы j-n aufbringen, j-n erregen
не́рвничать, -аю, -аешь *uv* nervös sein [werden]
нервнобольно́й, -ого *Subst m* Nervenkranker
не́рвность, -и *f* Nervosität
не́рвный, -ая, -ое 1. *Kzf* -вен, -вна́! nervös 2. Nerven-; -ая систе́ма Nervensystem
нерво́зный, -ая, -ое; *Kzf* -зен, -зна nervös
нереа́льный, -ая, -ое; *Kzf* -лен, -льна 1. irreal, unwirklich 2. unerfüllbar
нерегуля́рный, -ая, -ое; *Kzf* -рен, -рна unregelmäßig; regellos
нере́дкий, -ая, -ое; *Kzf* -док, -дка́! nicht selten, ziemlich häufig
нерента́бельный, -ая, -ое; *Kzf* -лен, -льна unrentabel
не́рест, -а *m* Laichen, Laichzeit *der Fische*
нереши́мость, -и *f* Unentschlossenheit; быть в -и unschlüssig sein
нереши́тельный, -ая, -ое; *Kzf* -лен, -льна unentschlossen, unschlüssig, zögernd
нержаве́ющий, -ая, -ее rostfrei; -ая сталь nichtrostender Stahl
неро́бкий, -ая, -ое; *Kzf* -бок, -бка́! nicht zaghaft, nicht furchtsam ◇ он -ого деся́тка er ist kein Hasenfuß
неро́вность, -и *f* Unebenheit
неро́вный, -ая, -ое; *Kzf* -вен, -вна́! uneben; nicht glatt ◇ ~ пульс unregelmäßiger Puls; неро́вен час *umg* es kann passieren
неро́вня, -и *u.* **неровня́,** -и́ *m, f umg gewöhnlich mit D*: он тебе́ ~ er paßt nicht zu dir, er ist dir nicht ebenbürtig
неруши́мый, -ая, -ое; *Kzf* -и́м, -а unverbrüchlich
неря́ха, -и *m, f umg* Schlampe; Schmutzfink
неря́шество, -а *n umg* Unsauberkeit; Liederlichkeit, Schlamperei
неря́шливый, -ая, -ое; *Kzf* -ив, -а unordentlich, liederlich, schlampig
несамостоя́тельный, -ая, -ое; *Kzf* -лен, -льна unselbständig
несбы́точный, -ая, -ое; *Kzf* -чен, -чна unerfüllbar
несваре́ние, -я *n*: ~ желу́дка Verdauungsstörung
несве́дущий, -ая, -ее; *Kzf* -ущ, -а unbewandert (в *P* in)
несве́жий, -ая, -ее; *Kzf* -е́ж, -ежа́ 1. nicht frisch; у него́ ~ вид er sieht abgespannt aus 2. verdorben *Lebensmittel*
несвоевре́менный, -ая, -ое; *Kzf* -менен, -менна 1. nicht rechtzeitig 2. unzeitgemäß
несво́йственный, -ая, -ое nicht eigen(tümlich), fremd
несвя́зный, -ая, -ое; *Kzf* -зен, -зна

unzusammenhängend, zusammenhanglos
несгиба́емый, -ая, -ое; *Kzf* -ем, -а nicht biegbar; *übtr* unbeugsam
несгово́рчивый, -ая, -ое; *Kzf* -ив, -а widerspenstig, halsstarrig
несгора́емый, -ая, -ое; *Kzf* -ем, -а feuerfest; ~ шкаф Panzerschrank; Safe
несде́ржанный, -ая, -ое; *Kzf* -ан, -анна unbeherrscht; heftig
несе́ние, -я *n* Ausübung, Erfüllung; ~ обя́занностей Pflichterfüllung
несерьёзный, -ая, -ое; *Kzf* -зен, -зна 1. leichtsinnig 2. unwichtig 3. -о *Adv*: относи́ться к чему́-н. -о etw. auf die leichte Schulter nehmen
несессе́р [нэсэсэр], -а *m* Necessaire; доро́жный ~ Reisenecessaire
несказа́нный, -ая, -ое; *m Kzf ungebr*, -а́нна unaussprechlich, unsagbar
нескла́дица, -ы, *I* -ей *f umg* ungereimtes Zeug, Unsinn
нескла́дный, -ая, -ое; *Kzf* -ден, -дна 1. unzusammenhängend; ungereimt 2. ungefüge, plump
несклоня́емый, -ая, -ое; *Kzf* -ем, -а undeklinierbar
[1]**не́сколько,** -их, -им, -ими, -их; по -у *Num* einige; ~ сот люде́й ein paar hundert Menschen
[2]**не́сколько** *Adv* etwas; ~ бо́льше etwas mehr, ein bißchen mehr; он ~ успоко́ился er hat sich etwas beruhigt
нескончаемый, -ая, -ое; *Kzf* -ем, -а endlos
нескро́мный, -ая, -ое; *Kzf* -мен, -мна́! 1. unbescheiden 2. taktlos, indiskret 3. unanständig, schamlos
нескрыва́емый, -ая, -ое; *Kzf* -ем, -а unverhohlen
несло́жный, -ая, -ое; *Kzf* -жен, -жна́! unkompliziert, einfach
несль́іханный, -ая, -ое; *Kzf* -ан, -анна unerhört
несль́ішный, -ая, -ое; *Kzf* -шен, -шна́! unhörbar, ganz leise
несменя́емый, -ая, -ое; *Kzf* -ем, -а 1. unabsetzbar, ständig 2. nicht austauschbar
несме́тный, -ая, -ое; *Kzf* -тен, -тна unzählig, riesig
несмина́емость, -и *f* Knitterfestigkeit
несмолка́емый, -ая, -ое; *Kzf* -ем, -а unaufhörlich, unablässig
несмотря́ *Präpos* на *A* trotz; ~ на то, что obwohl, ungeachtet dessen, daß; ~ ни на что trotz allem, unter allen Umständen
несмышлёныш, -а, *I* -ем, *G Pl* -ей *m volksspr* begriffsstutziger [bornierter] Mensch
несно́сный, -ая, -ое; *Kzf* -сен, -сна unerträglich
несоблюде́ние, -я *n* Nichtbefolgung, Nichteinhaltung
несовершеннолéтие, -я *n* Minderjährigkeit
несовершеннолéтний, -яя, -ее minderjährig
несоверше́нный, -ая, -ое; *Kzf* -нен, -нна unvollkommen ◇ ~ вид unvollendeter [imperfektiver] Aspekt
несоверше́нство, -а *n* Unvollkommenheit
несовмести́мый, -ая, -ое; *Kzf* -и́м, -а unvereinbar
несовпаде́ние, -я *n* Nichtübereinstimmung, Inkongruenz
несогла́сие, -я *n* 1. Uneinigkeit, Unstimmigkeit; ~ во мне́ниях Meinungsverschiedenheit 2. Zerwürfnis, Streitigkeit, Zwist 3. Ablehnung, Absage, Verweigerung
несогла́сный, -ая, -ое; *Kzf* -сен, -сна 1. uneinig 2. nicht einverstanden
несогласо́ванность, -и *f* mangelnde Koordinierung
несозна́тельность, -и *f* Mangel an Bewußtsein
несозна́тельный, -ая, -ое; *Kzf* -лен, -льна 1. nicht bewußt; nicht klassenbewußt 2. unbewußt
несоизмери́мый, -ая, -ое; *Kzf* -и́м, -а nicht vergleichbar
несокруши́мый, -ая, -ое; *Kzf* -и́м, -а unzerstörbar; unüberwindlich
несо́лоно: уйти́ ~ хлеба́вши *volksspr* leer ausgehen
несомне́нный, -ая, -ое; *Kzf* -е́нен, -е́нна 1. zweifellos, offensichtlich 2. -о *Adv* gewiß; zweifellos, ohne Zweifel
несообрази́тельность, -и *f* Mangel an Scharfsinn
несообрази́тельный, -ая, -ое; *Kzf* -лен, -льна begriffsstutzig
несообра́зность, -и *f* Widersinnigkeit, Absurdität
несообра́зный, -ая, -ое; *Kzf* -зен, -зна 1. ungereimt, unsinnig 2. unvereinbar
несоотве́тственный, -ая, -ое nicht entsprechend, nicht übereinstimmend
несоотве́тствие, -я *n* Mißverhältnis,

Nichtübereinstimmung, Unstimmigkeit
несоразме́рность, -и *f* Mißverhältnis, Disproportion
несоразме́рный, -ая, -ое; *Kzf* -рен, -рна unverhältnismäßig
несостоя́тельный, -ая, -ое; *Kzf* -лен, -льна **1.** zahlungsunfähig **2.** haltlos, nicht stichhaltig
неспе́лый, -ая, -ое unreif, grün
неспе́шный, -ая, -ое **1.** langsam **2.** -о *Adv*: э́то -о das hat Zeit
неспоко́йный, -ая, -ое; *Kzf* -о́ен, -о́йна unruhig, ruhelos
неспосо́бность, -и *f* Unfähigkeit
неспосо́бный, -ая, -ое; *Kzf* -бен, -бна unfähig; unbegabt; ма́льчик -бен к рисова́нию der Junge hat kein Talent zum Zeichnen
несправедли́вость, -и *f* Ungerechtigkeit
несправедли́вый, -ая, -ое; *Kzf* -и́в, -а ungerecht
неспроста́ *Adv umg* nicht ohne Grund, nicht umsonst
несрабо́танность, -и *f* mangelnde Organisation und Koordinierung in der Arbeit
несравне́нный, -ая, -ое; *Kzf* -е́нен, -е́нна **1.** unvergleichlich; einzigartig; она́ -а *umg scherz* sie ist unbezahlbar **2.** -о *Adv* ausgezeichnet, unvergleichlich gut; -о лу́чше ungleich [bei weitem] besser
несравни́мый, -ая, -ое; *Kzf* -и́м, -а unvergleichbar, nicht zu vergleichen
нестерпи́мый, -ая, -ое; *Kzf* -и́м, -а unerträglich
нести́* *uv* **1.** *best* tragen, bringen; ~ ребёнка на рука́х das Kind auf dem Arm tragen **2.** *1. u. 2. Pers ungebr arch* tragen, stützen **3.** *best 1. u. 2. Pers ungebr* jagen, treiben, tragen; ве́тер несёт ту́чи der Wind treibt die Wolken; по реке́ несло́ лед auf dem Fluß trieb Eis **4.** mit sich bringen, verursachen, о́сень несёт непого́ду der Herbst bringt schlechtes Wetter **5.** *übtr* tragen; ~ расхо́ды die Kosten tragen; ~ после́дствия die Folgen tragen **6.** *unpers umg* ziehen; со всех сторо́н несёт es zieht von allen Seiten **7.** *I unpers umg* riechen, stinken (nach); от него́ несёт лу́ком er riecht nach Zwiebel; здесь несёт ры́бой hier stinkt es nach Fisch **8.** *unpers volksspr* Durchfall verursachen; его́ тре́тий день несёт er hat schon den dritten Tag Durchfall **9.** *best* ~ яйца Eier legen ◇ ~ карау́л Wache haben; ~ наказа́ние die Strafe verbüßen; ~ поте́ри Verluste erleiden; ~ убы́ток Schaden erleiden; ~ вздор [чепуху́] *umg* Unsinn quatschen; отку́да тебя́ несёт? *volksspr* wo kommst du denn her?; куда́ вас нелёгкая несёт? *volksspr* wo zum Teufel gehen Sie denn hin? ‖ *v* снести́ *zu* 9 | *unbest* носи́ть *zu* 1, 3, 9
нести́сь* *uv* **1.** *best* jagen, rennen, eilen **2.** *best* (weithin) erschallen, ertönen; sich fortpflanzen, sich ausbreiten *Geräusche* **3.** schnell vergehen *Zeit* **4.** Eier legen ‖ *v* снести́сь *zu* 4 | *unbest* носи́ться *zu* 1, 2
несто́йкий, -ая, -ое; *Kzf* -о́ек, -о́йка *chem* unbeständig, flüchtig
Не́стор, -а *m männl Vn*
несто́ящий, -ая, -ее *umg* nicht lohnend, von geringem Wert; ~ челове́к Taugenichts
нестро́йный, -ая, -ое; *Kzf* -о́ен, -ойна́! **1.** ungeordnet **2.** unharmonisch
несу́ ↑ нести́
несура́зность, -и *f umg* Unsinn, Blödsinn
несура́зный, -ая, -ое; *Kzf* -зен, -зна *umg* unsinnig
несусве́тный, -ая, -ое; *Kzf* -тен, -тна *umg* unglaublich, unerhört; -ая чепуха́ blühender Unsinn
несу́шка, -и, *Pl G* -шек, *D* -шкам *f* Legehenne
несуще́ственный, -ая, -ое; *Kzf* -вен, -венна unwesentlich
несхо́дный, -ая, -ое; *Kzf* -ден, -дна **1.** unähnlich **2.** *volksspr* unpassend; -ая цена́ unannehmbarer Preis
несхо́дство, -а *n* Unähnlichkeit
несчастли́вый, -ая, -ое; *Kzf* -и́в, -а unglücklich; Unglücks-; быть -ым kein Glück haben, ein Pechvogel sein
несча́стный, -ая, -ое; *Kzf* -тен, -тна unglücklich; unglückselig; ~ слу́чай Unglücksfall; с ним произошёл ~ слу́чай er ist verunglückt
несча́стье, -ья *n* Unglück, Pech; к -ью zum Unglück, unglücklicherweise; това́рищ по -ью Leidensgefährte ◇ вот ещё ~! *umg* das fehlte noch!; не́ было бы сча́стья, да ~ помогло́ ich habe [du hast usw.] Glück im Unglück gehabt
несчётный, -ая, -ое; *Kzf* -тен, -тна **1.** unzählig **2.** -о *Adv*: -о бога́тый unermeßlich reich

несъедо́бный, -ая, -ое; *Kzf* -бен, -бна ungenießbar, nicht eßbar

нет 1. *Part* nein; да ~ же! aber nein!, nicht doch! 2. *Part* nicht; сказа́л ему́ и́ли ~? hast du's ihm gesagt oder nicht?; ты счита́ешь его́ у́мным, а я ~ du hältst ihn für klug, aber ich nicht 3. *prädikativ mit G* (*Prät* не́ было, *Fut* не бу́дет); es gibt nicht, es ist nicht vorhanden; для вас ~ пи́сем es sind keine Briefe für Sie da; никого́ не́ было es war niemand da; де́нег не бу́дет es wird kein Geld geben; у меня́ ~ [не́ было] де́нег ich habe [hatte] kein Geld; бра́та ~ [не́ было] до́ма der Bruder ist [war] nicht zu Hause; ~ сомне́ний es besteht kein Zweifel 4. *Subst* das Nichts *in Redewendungen*; на ~ и суда́ ~ wo nichts ist, hat der Kaiser sein Recht verloren; свести́ на ~ что́-н. etw. zunichte machen ◇ так ~ *umg* aber, jedoch; пять рубле́й дал ему́, так ~, ему́ всё ма́ло fünf Rubel habe ich ihm gegeben, aber es ist ihm immer noch zuwenig; нет и нет, нет да нет, нет как нет *Verstärkung zu* нет 3; нет-нет да и *mit v Verb im Fut* dann und wann, ab und zu; нет-нет да и напи́шет письмо́ ab und zu schreibt er mal einen Brief; а ~? *volkssprr* nicht wahr?; чего́ там то́лько ~! was es da nicht alles gibt!

нетакти́чность, -и *f* Taktlosigkeit

нетакти́чный, -ая, -ое; *Kzf* -чен, -чна taktlos

нетвёрдый, -ая, -ое; *Kzf* -твёрд, -тверда́! 1. nicht hart 2. nicht fest, schwankend *a. übtr*; -ая по́чва unsicherer Boden 3. unsicher, nicht sattelfest; он нетвёрд в матема́тике er ist in Mathematik unsicher [nicht sattelfest] 4. -о *Adv*: -о держа́ться на нога́х sich kaum auf den Beinen halten können; он -о в э́том уве́рен er ist nicht ganz davon überzeugt

нетерпёж, -ежа́, *I* -ежо́м *m volksspr* Ungeduld

нетерпели́вый, -ая, -ое; *Kzf* -и́в, -а ungeduldig

нетерпе́ние, -я *n* Ungeduld

нетерпи́мость, -и *f* Unduldsamkeit, Intoleranz

нетерпи́мый, -ая, -ое; *Kzf* -и́м, -а 1. unduldsam, intolerant 2. unzulässig

нетова́рищеский, -ая, -ое unkollegial, unkameradschaftlich

нетопы́рь, -я́ *m* Fledermaus

нетороплйвый, -ая, -ое; *Kzf* -и́в, -а nicht eilig, langsam

нето́чный, -ая, -ое; *Kzf* -чен, -чна́! ungenau

нетре́бовательный, -ая, -ое; *Kzf* -лен, -льна 1. bescheiden 2. nicht streng, geringe Anforderungen stellend

нетре́звый, -ая, -ое; *Kzf* -тре́зв, -трезва́! angeheitert, angetrunken

нетро́нутый, -ая, -ое; *Kzf* -ут, -а 1. ganz, heil 2. unberührt, unschuldig ◇ -ая о́бласть *übtr* Neuland

нетрудово́й, -а́я, -о́е 1. nicht werktätig 2. nicht erarbeitet; ~ дохо́д mühelos erworbenes Einkommen

нетрудоспосо́бный, -ая, -ое; *Kzf* -бен, -бна arbeitsunfähig

не́тто [нэ] *Adj u. Adv idkl* netto; вес ~ Nettogewicht

не́ту *unpers prädikativ G* (*umg für* нет) es gibt nicht, es ist nicht vorhanden

неубеди́тельный, -ая, -ое; *Kzf* -лен, -льна nicht überzeugend

неуваже́ние, -я *n* Geringschätzung, Respektlosigkeit

неуважи́тельный, -ая, -ое; *Kzf* -лен, -льна nicht triftig, nicht stichhaltig; отсу́тствовать по -ой причи́не unentschuldigt fehlen

неуве́ренность, -и *f* Unsicherheit; ~ в себе́ Mangel an Selbstbewußtsein

неуве́ренный, -ая, -ое; *Kzf* -ен, -енна unsicher

неувяда́емый, -ая, -ое; *Kzf* -ем, -а *buchspr* unvergänglich

неувяда́ющий, -ая, -ее unvergänglich; -ая сла́ва unsterblicher Ruhm

неувя́зка, -и, *Pl G* -зок, *D* -зкам *f umg* mangelhafte [fehlende] Koordinierung

неугаси́мый, -ая, -ое; *Kzf* -и́м, -а *hoher Stil* unauslöschlich; -ое жела́ние sehnlichster Wunsch

неуго́дный, -ая, -ое; *Kzf* -ден, -дна unerwünscht; unangenehm

неугомо́нный, -ая, -ое; *Kzf* -нен, -нна rastlos, unermüdlich; ausgelassen

не́уд, -а *m umg* ungenügende (Schul-) Zensur *in der UdSSR*

неуда́ча, -и *f* Mißerfolg, Rückschlag, Pech; его́ пресле́дует ~ er ist vom Pech verfolgt, er hat immer Pech; вот ~! so ein Pech!; ко́нчиться -ей mißlingen, in die Brüche gehen

неуда́чливый, -ая, -ое; *Kzf* -ив, -а vom Pech verfolgt; ~ челове́к Pechvogel, Unglücksrabe

неудáчник, -а *m* Pechvogel
неудáчный, -ая, -ое; *Kzf* -чен, -чна 1. mißlungen, mißglückt 2. ungeeignet
неудержи́мый, -ая, -ое; *Kzf* -и́м, -а unaufhaltsam, unwiderstehlich
неудóбный, -ая, -ое; *Kzf* -бен, -бна 1. unbequem 2. peinlich, unangenehm 3. unangebracht, unpassend
неудобовари́мый, -ая, -ое; *Kzf* -и́м, -а 1. schwer verdaulich 2. *iron* schwer verständlich
неудобопроизноси́мый, -ая, -ое; *Kzf* -и́м, -а 1. schwer auszusprechen 2. unschicklich
неудóбство, -á *n* 1. Unbequemlichkeit 2. Peinlichkeit
неудóбь *Adv*: ~ сказу́емое *alt scherz* unschicklich, unangebracht
неудовлетворённость, -и *f* Unzufriedenheit, Mißvergnügen
неудовлетворённый, -ая, -ое; *Kzf* -ён, -енá unbefriedigt
неудовлетвори́тельный, -ая, -ое; *Kzf* -лен, -льна unbefriedigend, ungenügend
неудовлетвори́тельно *n idkl* ungenügende (Schul-) Zensur *in der UdSSR*
неудовóльствие, -я *n* Unzufriedenheit
неужéли? *Part* wirklich?, ist es möglich?; ~ это прáвда? kann denn das stimmen?
неужи́вчивый, -ая, -ое; *Kzf* -ив, -а unverträglich, zänkisch
неу́жто? *Part*, *alt*, *volksspr* wirklich?, ist es möglich?
неузнавáемость, -и *f* Unkenntlichkeit; он измени́лся до -и er ist nicht wiederzuerkennen
неузнавáемый, -ая, -ое; *Kzf* -ем, -а nicht wiederzuerkennen, bis zur Unkenntlichkeit verändert
неуклóнный, -ая, -ое; *Kzf* -óнен, -óнна unerschütterlich, fest; unentwegt
неуклю́жий, -ая, -ее; *Kzf* -ю́ж, -а plump; ungeschickt, ungefüge; ungewandt
неукреплённый, -ая, -ое unbefestigt; ~ гóрод offene Stadt
неукроти́мый, -ая, -ое; *Kzf* -и́м, -а unbändig, unbezähmbar
неулови́мый, -ая, -ое; *Kzf* -и́м, -а 1. nicht zu fassen, unerreichbar 2. unmerklich, kaum merklich; ~ для слу́ха unhörbar
неумéлый, -ая, -ое; *Kzf* -éл, -а ungeschickt
неумéние, -я *n* Unfähigkeit
неумéренность, -и *f* Unmäßigkeit
неумéренный, -ая, -ое; *Kzf* -рен, -ренна unmäßig, übermäßig
неумéстный [сн], -ая, -ое; *Kzf* -тен, -тна unpassend, unangebracht
неу́мный, -ая, -ое; *Kzf* -мён, -мнá, неу́мнó, неу́мны́ unklug
неумоли́мый, -ая, -ое; *Kzf* -и́м, -а unerbittlich, unnachgiebig
неумолкáемый, -ая, -ое; *Kzf* -ем, -а unaufhörlich *von Geräuschen*; -ые аплодисмéнты nicht enden wollender Beifall
неумы́шленный, -ая, -ое; *Kzf* -ен, -енна unabsichtlich, nicht vorsätzlich
неуплáта, -ы *f* Nichtzahlung
неупотреби́тельный, -ая, -ое; *Kzf* -лен, -льна ungebräuchlich
неуравновéшенный, -ая, -ое; *Kzf* -шен, -шенна unausgeglichen
неурожáй, -я, *G Pl* -ев *m* Mißernte
неурóчный, -ая, -ое 1. nicht festgesetzt, nicht vereinbart *Zeit* 2. unpassend, ungewöhnlich; в -ое врéмя zur Unzeit
неуря́дица, -ы, *I* -ей *f umg* 1. Unordnung, Durcheinander 2. Streit
неуси́дчивый, -ая, -ое; *Kzf* -ив, -а ohne Ausdauer, ohne Sitzfleisch, unstet, unruhig
неуспевáемость, -и *f* mangelnde Leistung, Zurückbleiben *im Lernen*
неуспевáющий, -ая, -ее schwach, zurückgeblieben *im Lernen*
неуспéх, -а *m* Mißerfolg
неуспéшный, -ая, -ое; *Kzf* -шен, -шна mißglückt, mißlungen
неустáнный, -ая, -ое; *Kzf* -áнен, -áнна unermüdlich
неустóйка, -и, *Pl G* -тóек, *D* -тóйкам *f* 1. Vertragsstrafe, Konventionalstrafe 2. *umg* Mißerfolg
неустóйчивый, -ая, -ое; *Kzf* -ив, -а labil, schwankend, unbeständig
неустрани́мый, -ая, -ое; *Kzf* -и́м, -а unüberwindlich
неустраши́мый, -ая, -ое; *Kzf* -и́м, -а unerschrocken
неустрóйство, -а *n* Unordnung, Wirrnis
неусту́пчивый, -ая, -ое; *Kzf* -ив, -а unnachgiebig; starrsinnig
неусы́пный, -ая, -ое; *Kzf* -пен, -пна unermüdlich, rastlos
неутеши́тельный, -ая, -ое; *Kzf* -лен, -льна unerfreulich
неутéшный, -ая, -ое; *Kzf* -шен, -шна untröstlich

неутоли́мый, -ая, -ое; *Kzf* -и́м, -а unstillbar
неутоми́мый, -ая, -ое; *Kzf* -и́м, -а unermüdlich, rastlos
не́уч, -а, *I* -ем, *G Pl* -ей *m umg* Ungebildeter, Ignorant
неучти́вый, -ая, -ое; *Kzf* -и́в, -а unhöflich
неую́тный, -ая, -ое; *Kzf* -тен, -тна ungemütlich; unwohnlich
неуязви́мый, -ая, -ое; *Kzf* -и́м, -а unverwundbar, unverletzbar
неф, -а *m arch* Schiff
нефте|добы́ча, -и, *I* -ей *f* Erdölförderung, -gewinnung; **~наливно́й**, -а́я, -о́е: -о́е су́дно (Erdöl-) Tanker; **~но́сный**, -ая, -ое; *Kzf* -сен, -сна erdölhaltig; **~перего́нный**, -ая, -ое: ~перего́нный заво́д Erdölraffinerie; **~перераба́тывающий**, -ая, -ее erdölverarbeitend; **~прово́д**, -а *m* (Erd-) Ölleitung; магистра́льный ~прово́д Erdölfernleitung; **~промы́шленность**, -и *f* Erdölindustrie; **~хи́мия**, -и *f* Petrolchemie; **~храни́лище**, -а, *I* -ем *n* Öltank
нефть, -и *f* Erdöl; сыра́я ~ Rohöl
нефтя́ник, -а *m* Erdölarbeiter
нефтя́нка, -и, *Pl G* -нок, *D* -нкам *f umg* Ölmotor
нефтяно́й, -а́я, -о́е **1.** Erdöl-; -а́я промы́шленность Erdölindustrie **2.** Öl-; ~ двига́тель Ölmotor
нехва́тка, -и, *Pl G* -ток, *D* -ткам *f umg* Mangel (в *P oder G* an), Fehlen
нехозя́йственный, -ая, -ое unwirtschaftlich
нехоро́ший, -ая, -ее; *Kzf* -о́ш, -оша́ **1.** nicht gut, schlecht **2.** -о́ *Adv*: чу́вствовать себя́ -о́ sich nicht ganz wohl fühlen ◇ она́ нехороша́ собо́й sie ist nicht hübsch
не́хотя *Adv* ungern, widerwillig, mit Unlust
нецелесообра́зный, -ая, -ое; *Kzf* -зен, -зна unzweckmäßig
нецензу́рный, -ая, -ое; *Kzf* -рен, -рна **1.** zensurwidrig **2.** *übtr* unanständig **3.** -о *Adv*: -о руга́ться fluchen wie ein Landsknecht
нечáянный, -ая, -ое **1.** versehentlich, ungewollt **2.** unverhofft, zufällig **3.** -о *Adv*: aus Versehen, unabsichtlich; zufällig
[1]**не́чего** [во], *D* не́чему, *I* не́чем, *P* не́ о чем *Pron mit Inf* nichts, es gibt nichts, was (man); ~ де́лать da ist nichts zu machen; мне ~ тебе́ сказа́ть ich habe dir nichts zu sagen; не́чему удивля́ться das ist kein Wunder; не́ о чем бы́ло говори́ть с ним man konnte sich mit ihm über nichts unterhalten; мне не́чем писа́ть ich habe nichts zum Schreiben, ich habe nichts, womit ich schreiben könnte; тебе́ жа́ловаться не́ на что du hast keinen Grund, dich zu beschweren ◇ от ~ де́лать vor Langeweile; ~ сказа́ть! *umg iron* na, ich danke!; ~ греха́ таи́ть man [ich] muß offen gestehen
[2]**не́чего** [во] *prädikativ mit Inf umg* es hat keinen Zweck, es ist unnötig; тебе́ ~ боя́ться du brauchst dich nicht zu fürchten ◇ ~ и говори́ть, что es steht außer Frage, daß
нечелове́ческий, -ая, -ое nicht menschlich; übermenschlich
нечести́вый, -ая, -ое; *Kzf* -и́в, -а *alt* sündig, gottlos
нече́стный [сн], -ая, -ое; *Kzf* -тен, -тна́! unehrlich
не́чет, -а *m umg* ungerade Zahl
нечёткий, -ая, -ое; *Kzf* -ёток, -етка́! **1.** unleserlich **2.** undeutlich, unklar **3.** ungenau
нечётный, -ая, -ое ungerade *Zahl*
нечистопло́тный, -ая, -ое; *Kzf* -тен, -тна **1.** unsauber, unreinlich **2.** unehrlich, gewissenlos
нечистота́, -ы́ *f* **1.** Unsauberkeit **2.** *Pl* (нечисто́ты, -о́т, -о́там) Unrat, Müll
нечи́стый, -ая, -ое; *Kzf* -и́ст, -иста́! **1.** unsauber, schmutzig **2.** verfälscht, unrein **3.** unehrlich, unsauber **4.** nicht sorgfältig **5.** -ого *Subst m* Teufel ◇ он на́ руку нечи́ст *übtr* er hat lange Finger; -ая си́ла der Teufel
нечленоразде́льный, -ая, -ое; *Kzf* -лен, -льна unartikuliert
не́что *Pron, nur N u. A gebräuchlich*: ~ вро́де etwas wie, (so) eine Art
нечувстви́тельный, -ая, -ое; *Kzf* -лен, -льна **1.** unempfindlich, unempfänglich (к *D* für) **2.** gefühllos **3.** *alt* unmerklich
неща́дный, -ая, -ое; *Kzf* -ден, -дна unbarmherzig, schonungslos
неэконо́мный, -ая, -ое; *Kzf* -мен, -мна unwirtschaftlich
не́ю *nach Präpos statt* е́ю
нея́вка, -и *f* Nichterscheinen, Abwesenheit
нея́ркий, -ая, -ое; *Kzf* -я́рок, -ярка́! trübe, matt; glanzlos; blaß, bleich
нея́сность, -и *f* Unklarheit
нея́сный, -ая, -ое; *Kzf* -сен, -сна́! unklar, undeutlich
ни **1.** *Part der Verneinung* kein; ни оди́н kein einziger; ни ша́гу да́льше

keinen Schritt weiter; ни души́ keine Menschenseele **2.** *Part nach Fragewörtern* . . . auch (immer); что бы он ни говори́л was er auch sagen mag; как я ни крича́л soviel ich auch schrie; где бы он ни́ был wo er auch immer sein mag; как бы то ни́ было wie dem auch sei; во что бы то ни ста́ло um jeden Preis; koste es, was es wolle **3.** *Konj* ни . . . ни weder . . . noch; ни так ни сяк weder so noch so; ни за что ни про что für nichts und wieder nichts; ни с того́ ни с сего́ mir nichts, dir nichts ◇ ни-ни́! auf keinen Fall!; ни гу-гу́! *umg* kein Sterbenswörtchen!

ни́ва, -ы *f* **1.** Feld, Flur **2.** Wirkungsfeld

нивели́ровать, -рую, -руешь; -рованный, -рован, -а *v, uv* nivellieren; ausgleichen

нивелиро́вка, -и *f* Nivellierung *a. übtr*

нигде́ *Adv* nirgends

Ни́гер, -а *m* Niger *Fluß, Staat*

нигери́ец, -и́йца, *I* -и́йцем, *G Pl* -и́йцев *m* Nigerianer

Ниге́рия, -и *f* Nigeria

нигили́ст, -а *m* Nihilist

нигилисти́ческий, -ая, -ое nihilistisch

нидерла́ндец, -дца, *I* -дцем, *G Pl* -дцев *m* Niederländer

нидерла́ндский, -ая, -ое niederländisch

Нидерла́нды, -ов *Pl* Niederlande

нижа́йший ↑ ни́зкий

ни́же **1.** *Komp zu* ни́зкий **2.** *Adv* niedriger; weiter unten; этажо́м ∼ ein Stockwerk tiefer; смотри́ ∼ siehe unten; ∼ по тече́нию unterhalb *am Fluß* **3.** *Präpos G* unter; три гра́дуса ∼ нуля́ drei Grad unter Null; ∼ вся́кой кри́тики unter aller Kritik

нижеподписа́вшийся, -егося *Subst m buchspr* Unterzeichneter

нижесле́дующий, -ая, -ее (weiter) unten folgend

нижнеме́цкий, -ая, -ое niederdeutsch

ни́жний, -яя, -ее untere, Unter-, Nieder-; ∼ эта́ж Erdgeschoß; -яя че́люсть Unterkiefer; -ее бельё Unterwäsche; Ни́жняя А́встрия Niederösterreich; ∼ тон tiefer Ton; -яя пала́та *pol* Unterhaus

нижу́ ↑низа́ть

низ, -а (-у), *P* о ни́зе, на низу́, *Pl* низы́, -о́в, -а́м *m* **1.** unterer Teil **2.** Erdgeschoß **3.** *umg* Unterlauf *eines Flusses* **4.** *Pl alt* untere Volksschichten **5.** *Pl mus* tiefe [unterste] Töne

низа́ть* *uv* **1.** auffädeln **2.** aneinanderreihen

низверга́ть *uv zu* низве́ргнуть

низве́ргнуть, -ну, -нешь; низве́рг, -ла; низве́рженный, -ен, -а *u.* низве́ргнутый, -ут, -а *v buchspr übtr* **1.** hinabwerfen, -stürzen **2.** stürzen *Regierung* ‖ *uv* низверга́ть, -а́ю, -а́ешь

низверже́ние, -я *n buchspr* Sturz *einer Regierung*

низ|вести́* *v buchspr* herabwürdigen, herabsetzen ‖ *uv* **низводи́ть,** -ожу́, -о́дишь

низи́на, -ы *f* Niederung

ни́зкий, -ая, -ое; *Kzf* -зок, -зка́!; *Komp* ни́же; *Sup* ни́зший *u. alt* нижа́йший **1.** niedrig, Nieder-; -ая вода́ Niedrigwasser, niedriger Wasserstand; -ое давле́ние Unterdruck **2.** niedrig, ungenügend; -ое ка́чество schlechte Qualität **3.** klein *Wuchs* **4.** tief *Ton* **5.** niedrig, gemein ◇ ∼ покло́н tiefe Verbeugung

низко|покло́нник, -а *m* Kriecher, Schmeichler; **∼покло́нничать,** -аю, -аешь *uv* kriechen, liebedienern, katzbuckeln; **∼покло́нство,** -а *n* Kriecherei, Speichelleckerei; **∼про́бный,** -ая, -ое; *Kzf* -бен, -бна **1.** minderwertig **2.** gemein, schmutzig; **∼ро́слый,** -ая, -ое; *Kzf* -ро́сл, -а klein von Wuchs; **∼со́ртный,** -ая, -ое; *Kzf* -тен, -тна minderwertig, von schlechter Qualität

низлага́ть *uv zu* низложи́ть

низложе́ние, -я *n buchspr* Sturz, Entmachtung

низложи́ть, -ожу́, -о́жишь; -о́женный, -о́жен, -а *v buchspr* stürzen, entmachten ‖ *uv* низлага́ть, -а́ю, -а́ешь

ни́зменность, -и *f* **1.** Tiefebene **2.** Niederträchtigkeit, Gemeinheit

ни́зменный, -ая, -ое **1.** niedrig gelegen **2.** *Kzf* -ен, -енна niederträchtig, gemein

низово́й, -а́я, -о́е **1.** niedrig, direkt über dem Boden; -а́я трава́ niedriges Gras **2.** am Unterlauf eines Flusses gelegen **3.** unterer *Organisation, Behörde*; ∼ рабо́тник unterer Funktionär

низо́вье, -ья, *G Pl* -ьев *n* Unterlauf, Mündungsgebiet

низо́к, -зка́ *m* Unterteil

ни́зом *Adv* unten (entlang)

ни́зость, -и *f* Niedertracht, Gemeinheit

ни́зший, -ая, -ее **1.** *Sup von* ни́зкий

2. niedrigst 3. unterst; -ие органи́змы niedere Organismen 4. elementar
никáк *Adv* auf keine Weise, überhaupt nicht; ~ не понимáю ich verstehe (es) überhaupt nicht; ~ нельзя́ [невозмóжно] es ist ganz [völlig] ausgeschlossen [unmöglich] ◇ ~ нет *alt* nein
никакóй, -áя, -óе *Pron; bei Präpos wird* ни *abgetrennt und tritt vor die Präpos* 1. kein; никаки́х дéнег не получи́л ich habe kein Geld bekommen; нет никакóго сомнéния es besteht kein Zweifel 2. *umg mit* не *beim Subst* überhaupt nicht, ganz und gar nicht; ~ он не учёный er ist überhaupt kein Wissenschaftler 3. *prädikativ umg verächtl*: спортсмéн он ~ er ist ein schlechter Sportler, er ist doch gar kein Sportler ◇ и никаки́х (гвоздéй)! *volksspr* genug (damit)!, keine Widerrede!
Никарáгуа *f idkl* Nikaragua
ни́келевый, -ая, -ое Nickel-
никелировáть, -ру́ю, -ру́ешь; -рóванный, -рóван, -а *v, uv* vernickeln
никелирóвка, -и *f* Vernickelung
ни́кель, -я *m* Nickel
Ники́та, -ы *m männl Vn*
Ники́фор, -а *m männl Vn*
ни́кнуть, -ну, -нешь; ник, -ла *uv* sich neigen, (nieder)sinken
никогдá *Adv* nie(mals); как ~ wie noch nie
Никоди́м, -а *m männl Vn*
Никози́я, -и *f* Nikosia *Stadt*
никóй: никóим óбразом *oder* ни в кóем слу́чае auf keinen Fall, auf keine Weise
Николáй, -я *m* Nikolai, Nikolaus
никотóрый, -ая, -ое *Pron* niemand, kein einziger *einer best. Anzahl*
никтó, никогó, никому́, никéм, ни о кóм *Pron* niemand; я ни с кем не говори́л ich habe mit niemandem gesprochen; ~ другóй [инóй], крóме niemand anderes als
никудá *Adv* nirgendwohin; я ~ не пойду́ ich gehe nirgendwohin ◇ э́то ~ не годи́тся das taugt zu nichts
никуды́шный, -ая, -ое; *Kzf* -шен, -шна *volkssp*r nichtsnutzig, zu nichts zu gebrauchen
никчёмный, -ая, -ое *umg* nichtsnutzig, zu nichts tauglich
Нил, -а *m* Nil
ним *nach Präpos statt* им
ни́мало *Adv* nicht im geringsten, gar nicht
ни́ми *nach Präpos statt* и́ми
ни́мфа, -ы *f* Nymphe
Ни́на, -ы *f weibl Vn*
ниоткýда *Adv* nirgendwoher
нипочём *Adv* 1. *prädikativ, D oder* для *G, umg* es fällt nicht schwer; ему́ ~ соврáть lügen fällt ihm nicht schwer 2. *umg* spottbillig 3. *prädikativ D, umg* es macht nichts aus; снег и хóлод ему́ ~ Schnee und Kälte machen ihm nichts aus 4. *volksspr* auf keinen Fall
ни́ппель, -я, *Pl a.* ниппеля́, -éй, -я́м *m tech* Nippel
нискóлько *Adv* nicht im geringsten, überhaupt nicht
ниспровергáть *uv zu* ниспровéргнуть
ниспровéргнуть, -ну, -нешь; ниспровéрг, -ла; ниспровéрженный, -ен, -а *u.* ниспровéргнутый, -ут, -а *v buchspr* stürzen, vernichten ‖ *uv* ниспровергáть, -áю, -áешь
ниспровержéние, -я *n buchspr* Sturz, Vernichtung
нисходя́щий, -ая, -ее absteigend, fallend
нитеви́дный, -ая, -ое; *Kzf* -ден, -дна fadenförmig; -ые чéрви Fadenwürmer
ни́тка, -и, *Pl G* -ток, *D* -ткам *f* 1. Faden; *Pl* Garn, Zwirn; вдеть ни́тку в игóлку den Faden einfädeln; кату́шка ни́ток Garnrolle, Zwirnrolle 2. Kette *als Schmuck*; ~ жéмчуга Perlenkette ◇ вы́тянуть в -у *mil* schnurgerade ausrichten; промóкнуть до -и bis auf die Haut durchnäßt werden; как по -е schnurgerade; э́то ши́то бéлыми -ами *übtr* das fällt gleich auf, das ist zu durchsichtig
ни́точка, -и, *Pl G* -чек, *D* -чкам *f Dem zu* ни́тка *u.* нить Fädchen ◇ ходи́ть по ни́точке *umg* aufs Wort gehorchen; дéло виси́т на ни́точке die Sache hängt an einem Haar
нитчáтка, -и, *Pl G* -ток, *D* -ткам *f* Fadenwurm
нить, -и *f* 1. Faden; ~ накáла Glühfaden; нéрвные -и Nervenfasern 2. *übtr* verbindender Faden; потеря́ть ~ мы́слей [разговóра] den Faden verlieren
ни́тяный, -ая, -ое Zwirn-, Garn-
них *nach Präpos statt* их
ничегó [во] 1. *Adv, umg, meist mit* себé leidlich, einigermaßen; кóрмят там ~ dort bekommt man so einigermaßen gutes Essen 2. *prädikativ*: пи́ща там ~ das Essen ist dort ganz gut 3. *prädikativ* das macht nichts,

das schadet nichts; дéньги все вы́шли, а емý всё ~ das Geld ist alle, aber ihm macht das nichts aus
ничéй, ничья́, ничьё *Poss Pron* niemandem gehörig; ничья́ земля́ Niemandsland
ничéйный, -ая, -ое *umg* **1.** niemandem gehörig **2.** unentschieden *Spiel*
ничкóм *Adv* mit dem Gesicht nach unten
ничтó, ничегó [во], ничемý, ничéм, ни о чём **1.** *Pron* nichts; ~ егó не интересýет nichts interessiert ihn; он ничемý не рáдуется er freut sich über nichts; он ничéм не довóлен er ist mit nichts zufrieden **2.** *Subst m idkl* Nichts, Null ◇ ничегó подóбного *umg* keine Spur; ничегó не подéлаешь da ist nichts zu machen
ничтóжество, -а *n* Nichtigkeit; он совершéнное ~ er ist eine Null
ничтóжность, -и *f* **1.** Geringfügigkeit **2.** Nichtigkeit
ничтóжный, -ая, -ое; *Kzf* -жен, -жна **1.** sehr klein, unbedeutend **2.** geringfügig; armselig, nichtig
ничýть *Adv*: ~ не *umg* keineswegs, nicht im geringsten ◇ ~ не бывáло nicht im geringsten
ничья́, -ьéй *Subst f* Unentschieden *Sport, Spiel*
ни́ша, -и, *I* -ей *f* Nische
нищáть, -áю, -áешь *uv* verelenden, verarmen
ни́щенка, -и, *Pl G* -нок, *D* -нкам *f* Bettlerin
ни́щенский, -ая, -ое **1.** Bettler- **2.** armselig, elend
ни́щенство, -а *n* Betteln, Bettelei
ни́щенствовать, -твую, -твуешь *uv* **1.** betteln **2.** in großer Armut leben
нищетá, -ы́ *f* **1.** Elend, Armut **2.** *Koll* die Armen
ни́щий, -ая, -ее; *Kzf* нищ, -á! **1.** bettelarm **2.** -его *Subst m* Bettler
НКВД (Нарóдный комиссариáт внýтренних дел) Volkskommissariat für innere Angelegenheiten *bis 1946*
но 1. *Konj* aber; sondern; я соглáсен, но не пóлностью ich bin einverstanden, aber nicht völlig; не тóлько . . ., но и . . . nicht nur . . ., sondern auch . . . **2.** *Subst n idkl* Aber; éсли не бы да не но wenn nur das Wenn und das Aber nicht wär; тут есть мáленькое „но" da ist ein kleines Aber dabei
новáтор, -а *m* Neuerer
новáторство, -а *n* Neuerertum
Нóвгород, -а *m* Nowgorod
новéйший ↑ нóвый
новéлла, -ы *f* Novelle
нóвенький, -ая, -ое *umg* **1.** (funkelnagel)neu **2.** -ого *Subst m* Neuling; Schulanfänger
новизнá, -ы́ *f* **1.** Neuheit, das Neue **2.** Neuerung
новинá, -ы́ *f gbt* **1.** Neuland **2.** Getreide aus der neuen Ernte
нови́нка, -и, *Pl G* -нок, *D* -нкам *f* Neuheit, Neuerscheinung
новичóк, -чкá *m umg* Neuling, Neuer; Schulanfänger
новобрáнец, -нца, *I* -нцем, *G Pl* -нцев *m* Rekrut
новобрáчный, -ого *Subst m* Neuvermählter
нововведéние, -я *n* Neuerung
новогóдний, -яя, -ее Neujahrs-; ~ вéчер Silvester
новоиспечённый, -ая, -ое *umg scherz* frischgebacken *übtr*
новолýние, -я *n* Neumond
новомóдный, -ая, -ое; *Kzf* -ден, -дна neumodisch
новообразовáние, -я *n* Neubildung; Neologismus
новоприбы́вший, -ая, -ее **1.** neuangekommen **2.** -его *Subst m* Neuankömmling
новорождённый *u. volksspr* **новорóжденный,** -ая, -ое **1.** neugeboren **2.** -ого *Subst m* Geburtstagskind
Новоросси́йск, -а *m* Noworossisk
новосёл, -а *m* **1.** Neusiedler **2.** jemand, der in eine neue Wohnung einzieht
новосéлье, -ья *n* **1.** *alt* neue Wohnung **2.** Einzugsfeier
Новосиби́рск, -и *m* Nowosibirsk
новострóйка, -и, *Pl G* -óек, *D* -óйкам *f* Neubau
нóвость, -и, *Pl* нóвости, новостéй, новостя́м *f* **1.** Neuheit; Neuerscheinung **2.** Neuigkeit
Новочеркáсск, -а *m* Nowotschorkassk
нóвшество, -а *n* Neuerung; Neuheit
нóвый, -ая, -ое; *Kzf* нов, -á!; *Sup* новéйший **1.** neu; neuartig; modern; совершéнно ~ (funkel)nagelneu; Нóвый год Neujahr; -ая истóрия Geschichte der Neuzeit; Нóвый завéт *rel* Neues Testament; что -ого? was gibt es Neues?; по-нóвому auf neue Art; Нóвая Зелáндия Neuseeland; Нóвая Земля́ Nowaja Semlja
новь, -и *f* Neuland
ногá, -и́, *A* нóгу, *Pl* нóги, ног, ногáм *f* Fuß, Bein ◇ вверх ногáми kopfüber; давáй бог нóги *umg* die Beine un-

ter die Arme nehmen; éле нóги унестú *umg* sich nur mit Mühe retten, mit knapper Not davonkommen; ногú моéй не бýдет здесь! *umg* hier sieht man mich nie wieder!; ног под собóй не слы́шать [чýять] от рáдости *umg* außer sich sein vor Freude; с той поры́ я к немý ни ногóй *umg* seitdem habe ich sein Haus nicht mehr betreten; *mit Präpos*: быть без (зáдних) ног *umg* todmüde sein, vor Müdigkeit fast umfallen; валя́ться в ногáх пéред кéм-н. *umg* j-m zu Füßen liegen; идтú [шагáть] в нóгу с кéм-н. mit j-m Schritt halten, mit j-m im gleichen Schritt gehen; идтú в нóгу со врéменем mit der Zeit Schritt halten; в ногáх постéли am Fußende des Bettes; идтú ~ зá ногу Schritt für Schritt [mit schleppendem Schritt] gehen; положúть нóгу нá ногу die Beine übereinanderschlagen; сидéть ~ нá [зá] ногу mit übergeschlagenen Beinen (da)sitzen; жить на ширóкую [большýю, бáрскую] нóгу auf großem Fuß leben; он лёгок нá ногу er ist gut zu Fuß; быть на корóткой [дрýжеской] ногé с кéм-н. mit j-m auf freundschaftlichem Fuße stehen; стать на корóткую [дрýжескую] нóгу с кéм-н. sich mit j-m anfreunden; быть [стоя́ть] на рáвной ногé с кéм-н. mit j-m auf gleicher Stufe stehen; постáвить [подня́ть] нá ноги *umg* a) j-n wieder auf die Beine bringen, j-n heilen; b) j-m (materiell) auf die Beine helfen; j-n selbständig machen; подня́ть всех нá ноги *umg* alle auf die Beine bringen; стáть [подня́ться] нá ноги a) wieder auf die Beine kommen, wieder zu Kräften kommen; b) Fuß fassen; selbständig werden; быть на ногáх auf den Beinen sein, auf sein; перенестú болéзнь на ногáх eine Krankheit überstehen, ohne sich ins Bett zu legen; на ногáх не стоя́ть sich kaum auf den Beinen halten können; стоя́ть на (своúх) ногáх auf eigenen Füßen stehen; сбить [валúть] с ног umwerfen, über den Haufen rennen; сбúться с ногú a) aus dem Schritt fallen *mil*; b) *übtr* aus dem Gleis geworfen werden; сбúться с ног sich die Hacken ablaufen, vor Müdigkeit fast umfallen; встать с лéвой [не с той] ногú *umg übtr* mit dem linken Fuß aufstehen; бежáть со всех ног *umg* laufen, was die Beine hergeben

ногáец, -áйца, *I* -áйцем, *G Pl* -áйцев *m* Nogaier

ногáйский, -ая, -ое nogaiisch

ноготкú, -óв *Pl* Ringelblume

ноготóк, -ткá *m umg Dem zu* нóготь Nägelchen ◇ с ~ winzig klein; мужичóк с ~ Däumling

нóготь, -гтя, *Pl* нóгти, ногтéй, ногтя́м *m* Fingernagel, Fußnagel; до концá [кóнчиков] ногтéй durch und durch, ganz und gar; с [от] молоды́х ногтéй von klein auf

ногтевóй, -áя, -óе (Finger-) Nagel-; -áя щётка Nagelbürste

ногтечúстка, -и, *Pl G* -ток, *D* -ткам *f* Nagelreiniger

нож, -á, *I* -óм, *G Pl* -éй *m* Messer; перочúнный ~ Taschenmesser ◇ ~ в сéрдце ein Stich ins Herz; э́то мне ~ óстрый das ist für mich ein schwerer Schlag [ein Stich ins Herz]; быть на -áх с кéм-н. mit j-m im Streit liegen [verfeindet sein]; пристáть к комý-н. с -óм к гóрлу j-n belästigen, j-n bedrängen

ножевóй, -áя, -óе *u.* **ножóвый,** -ая, -ое Messer-; -áя рáна Schnittwunde

ножетóчка, -и, *Pl G* -чек, *D* -чкам *f* Messerschärfer

нóжик, -а *m* Messer; перочúнный ~ Taschenmesser

нóжка, -и, *Pl G* -жек, *D* -жкам *f* 1. kleiner Fuß, Füßchen 2. Bein *an Möbeln, Geräten* 3. Schenkel *des Zirkels* 4. Stiel *des Pilzes, der Pflanzen* ◇ подстáвить комý-н. нóжку j-m ein Bein stellen *a. übtr*

нóжницы, -иц *Pl* Schere

ножнóй, -áя, -óе Fuß-; -áя вáнна Fußbad

нóжны, -жен, -жнам *u.* **ножны́,** -жóн, -жнáм *Pl* Scheide *für Dolch u. a.*

ножóвка, -и, *Pl G* -вок, *D* -вкам *f* Fuchsschwanz *Säge*

ножóвый ↑ ножевóй

ноздревáтый, -ая, -ое; *Kzf* -áт, -а porig, mit kleinen Löchern

ноздревúна, -ы *f* Pore, kleines Loch

ноздря́, -ú, *Pl* нóздри, ноздрéй, ноздря́м *f* Nasenloch; Nüster

нокáут, -а *m* Knockout, K.o.

нокаутúровать, -рую, -руешь *v, uv* k.o. schlagen

ноктю́рн, -а *m mus* Notturno

нолевóй *u.* **нулевóй,** -áя, -óе Null-; -áя температýра Temperatur von Null Grad

ноль *u.* **нуль,** -я́ *m* Null; ~ грáдусов Null Grad; прибы́ть в три ноль-нóль punkt drei Uhr ankommen; результа́т ра́вен -ю́ das Ergebnis ist gleich Null; он (абсолю́тный) ~ er ist eine (absolute) Null; ~ внима́ния на кого́-н. *umg* j-n nicht beachten; свести́ к -ю́ zunichte machen; стричь под ~ den Kopf kahl scheren; два -я́ *umg scherz* Toilette, Klosett

номенклату́ра, -ы *f* Nomenklatur

но́мер, -а, *Pl* номера́, -о́в, -а́м *m* 1. Nummer; ста́рый ~ »Пра́вды« eine alte Nummer der „Prawda"; я живу́ в тре́тьем -е ich wohne in der drei *Zimmer, Wohnung oder Haus* 2. Nummer *eines Programms*; со́льный ~ Solonummer 3. Hotelzimmer; гости́ница на 150 номеро́в ein Hotel mit 150 Zimmern ◇ э́тот ~ не пройдёт *umg* damit kommt man nicht durch; вы́кинуть ~ *umg* sich etwas Sonderbares leisten

номерно́й, -а́я, -о́е 1. Nummern-; ~ знак Nummernschild 2. -о́го *Subst m* Zimmerkellner

номеро́к, -рка́ *m* 1. (Blech-) Marke; гардеро́бный ~ Garderobenmarke 2. *Dem zu* но́мер Nummer 3. *Dem zu* но́мер Hotelzimmer

номина́л, -а *m* Nominalwert, Nennwert

номина́льный, -ая, -ое; *Kzf* -лен, -льна nominell, Nominal-

нонпаре́ль, -и *f typ* Nonpareille

нора́, -ы́, *A* но́ру́, *Pl* но́ры, нор, но́рам *f* 1. Höhle, Bau 2. *umg* Loch *kleines Zimmer*

Норве́гия, -и *f* Norwegen

норве́жец, -жца, *I* -жцем, *G Pl* -жцев *m* Norweger

норве́жка, -и, *Pl G* -жек, *D* -жкам *f* Norwegerin

норве́жский, -ая, -ое norwegisch

норд, -а *m naut* 1. Norden 2. Nordwind

норд-ве́ст, -а *m naut* 1. Nordwest 2. Nordwestwind

норд-о́ст, -а *m naut* 1. Nordost 2. Nordostwind

[1]**но́рка,** -и, *Pl G* -рок, *D* -ркам *f Dem zu* нора́ (kleine) Höhle

[2]**но́рка,** -и, *Pl G* -рок, *D* -ркам *f zool* Nerz

но́рковый, -ая, -ое Nerz-; ~ воротни́к Nerzkragen

но́рма, -ы *f* Norm; ~ вы́работки Leistungs-, Arbeitsnorm; дневна́я ~ Tagesnorm; ~ при́были Profitrate; ~ пита́ния Verpflegungssatz; техни́чески обосно́ванные -ы вы́работки technisch begründete Arbeitsnormen ◇ войти́ в -у zur Regel werden

нормализа́ция, -и *f* Normalisierung

нормализи́ровать, -рую, -руешь; -рованный, -рован, -а *v, uv* normalisieren

нормализова́ть, -зу́ю, -зу́ешь; -зо́ванный, -зо́ван, -а *v, uv* normalisieren

норма́льный, -ая, -ое; *Kzf* -лен, -льна normal

Норма́ндия, -и *f* Normandie

нормати́вный, -ая, -ое; *Kzf* -вен, -вна normativ

нормирова́ние, -я *n* Normung; ~ труда́ Arbeitsnormung, Normung

нормиро́ванный, -ая, -ое genormt; rationiert, markenpflichtig *bei Lebensmitteln*

нормирова́ть, -ру́ю, -ру́ешь; -ро́ванный, -ро́ван, -а *v, uv* normen

нормиро́вка, -и, *Pl G* -вок, *D* -вкам *f* Normung

нормиро́вщик, -а *m* Normensachbearbeiter

но́ров, -а *m volksspr* Mucke, Laune

норови́стый, -ая, -ое; *Kzf* -и́ст, -а *volksspr* launisch, störrisch

норови́ть, -влю́, -ви́шь *uv umg mit Inf oder* в *A Pl* es absehen (auf); он в лётчики норови́т er möchte unbedingt Flieger werden

нос, -а, *P* о но́се, в [на] носу́, *Pl* носы, -о́в, -а́м *m* 1. Nase; ~ крючко́м Hakennase; вздёрнутый ~ Stupsnase; у него́ идёт кровь -ом er hat Nasenbluten 2. Schnabel *bei Vögeln* 3. Bug *Schiff, flug* 4. Vorgebirge, Felsvorsprung, Kap ◇ **I.** *mit Präpos* говори́ть в ~ durch die Nase sprechen, näseln; води́ть за́ ~ *umg* an der Nase herumführen; из-под но́са [но́су] взять *umg* vor der Nase wegschnappen; зима́ уже́ на носу́ *umg* der Winter steht schon vor der Tür; заруби́ть себе́ на носу́ *umg* sich hinter die Ohren schreiben; э́то ему́ не по́ носу *volksspr* das ist nicht nach seinem Sinn, das paßt ihm nicht; трамва́й ушёл пе́ред но́сом [под са́мым но́сом] die Straßenbahn fuhr (mir) vor der Nase weg; по́д нос говори́ть [бормота́ть] in den Bart murmeln; оста́ться [уйти́] с но́сом *umg* das Nachsehen haben, leer ausgehen; оста́вить с но́сом *umg* zum Narren halten, prellen **II.** *ohne Präpos* не ви́деть да́льше своего́ но́са *umg* nicht über die eigene Nasenspitze hinaussehen; вороти́ть

~ от чего-н. sich mit Verachtung von etw. abwenden; держать ~ по ветру *umg* den Mantel nach dem Wind hängen; драть ~ *volksspr* die Nase hoch tragen, hochnäsig sein; носу не казать *umg* sich nicht sehen lassen; клевать носом *umg* einnicken, duseln; натянуть [наставить] кому-н. ~ *volksspr* j-n zum Narren halten; повесить [опустить] ~ *umg* den Kopf hängen lassen; показывать ~ кому-н. j-m eine lange Nase machen; совать ~ во что-н. *umg* seine Nase in etw. stecken, sich in etw. einmischen; ткнуть носом кого-н. во что-н. *volksspr* j-n mit der Nase auf etw. stoßen; уткнуть ~ в книгу *umg* die Nase (tief) ins Buch stecken; утереть ~ кому-н. *umg* j-n übertrumpfen, j-n ausstechen

носатый, -ая, -ое; *Kzf* -ат, -а *umg* mit großer Nase

носик, -а *m* 1. *Dem zu* нос Näschen 2. Schnauze, Schnabel *an Gefäßen*

носилки, -лок, -лкам *Pl* Tragbahre

носильный, -ая, -ое: -ое бельё Leibwäsche

носильщик, -а *m* Gepäckträger

носитель, -я *m* 1. *buchspr* Träger, Repräsentant 2. Bazillenträger; ~ сыпняка Überträger des Flecktyphus

носить, ношу, носишь; ношенный, ношен, -а *uv* 1. *unbest zu* нести; он нам (всегда) почту носит er bringt uns immer die Post 2. tragen *Kleidung, Brille, Ring, Trauer, Bart*; она носит короткие волосы sie trägt das Haar kurz; он носит очки er trägt eine Brille 3. tragen *Namen*; она носит фамилию мужа sie trägt den Namen ihres Mannes 4. (*meist mit* под сердцем) *umg* schwanger sein ◇ ~ кого-н. на руках *übtr* j-n auf Händen tragen

носиться, ношусь, носишься *uv* 1. *unbest zu* нестись; слухи носятся es gehen Gerüchte um; ~ в воздухе *übtr* in der Luft liegen 2. *umg* sich tragen, sich abgeben, sich ständig beschäftigen (с *I* mit); ~ с мыслью sich mit dem Gedanken tragen; с ней слишком много носятся man gibt sich zu viel mit ihr ab 3. sich tragen *Kleidung*; ~ хорошо sich gut tragen, haltbar sein

носка, -и *f* 1. Tragen 2.: ~ яиц Eierlegen

носки *Pl* -ов, *Sg* носок, -ска *m* Socken, Söckchen

ноский, -ая, -ое; *Kzf* -сок, -ска 1. haltbar, dauerhaft 2.: -ая курица gute Legehenne

носовой, -ая, -ое 1. Nasen-; ~ платок Taschentuch 2. Nasal-; ~ звук Nasal(laut) 3. *naut* Bug-; -ая часть Bug

носоглотка, -и, *Pl G* -ток, *D* -ткам *f anat* Nasenrachenraum

носогрейка, -и, *Pl G* -еек, *D* -ейкам *m umg* kurze Tabakspfeife

носок, -ска *m* 1. Socke 2. Spitze *an Strumpf, Schuh, Ski*

носорог, -а *m* Nashorn

носчик, -а *m* (Lasten-) Träger

нота, -ы *f* 1. *mus* Note; играть по нотам nach Noten spielen 2. (diplomatische) Note; ~ протеста Protestnote 3. *übtr* Unterton; ~ неудовольствия в голосе ein Unterton von Unzufriedenheit in der Stimme ◇ всё пошло как по нотам alles klappte wie am Schnürchen; говорить, как по нотам wie ein Buch reden

нотариус, -а *m* Notar

[1]**нотация,** -и *f* Strafpredigt

[2]**нотация,** -и *f* Notierung

нотка, -и, *Pl G* -ток, *D* -ткам *f Dem zu* нота *mus* Note

нотный, -ая, -ое Noten-; -ая бумага Notenpapier; ~ магазин Musikalienhandlung

ночевать, -чую, -чуешь *v*, *uv* übernachten

ночёвка, -и, *Pl G* -вок, *D* -вкам *f* Übernachtung

ночлег, -а *m* 1. Nachtlager 2. Übernachtung

ночлежка, -и, *Pl G* -жек, *D* -жкам *f umg* Nachtasyl

ночлежный, -ая, -ое: ~ дом Nachtasyl

ночник, -а *m* 1. Nachtlampe 2. *flug* Nachtjäger *Pilot*

ночной, -ая, -ое Nacht-; nächtlich; -ая бабочка Nachtfalter; -ое дежурство Nachtdienst

ночь, -и; *P* о ночи, в ночи; *Pl* ночи, ночей, ночам *f* Nacht; лунная ~ Mondnacht; белые ночи weiße Nächte; глухая ~ stockfinstere Nacht; по ночам nachts; за ~ nachts, in der Nacht; на ~ spät abends, vor dem Schlafengehen; всю ~ напролёт *umg* die ganze Nacht hindurch; спокойной ночи! gute Nacht!

ночью *Adv* nachts

ноша, -и, *I* -ей *f* Last ◇ своя ~ не тянет eigene Last ist nicht schwer

ношеный, -ая, -ое getragen; -ое бельё getragene Wäsche

нощно *Adv*: денно и ~ *meist scherz* Tag und Nacht

но́ю ↑ ныть
ноя́брь, -я́ *m* November
ноя́брьский, -ая, -ое November-
нрав, -а *m* **1.** Wesen, Gemüt, Charakter; весёлый ~ ein fröhliches Gemüt **2.** *meist Pl* Sitte ◇ э́то мне не по нра́ву das geht mir gegen den Strich
нра́виться, -влюсь, -вишься *uv* gefallen ‖ *v* понра́виться
нра́вный, -ая, -ое; *Kzf* -вен, -вна *volksspr* böse, eigenwillig
нравоуче́ние, -я *n* **1.** Moralpredigt; чита́ть кому́-н. -я j-m eine Moralpredigt halten **2.** Moral *in Fabeln*
нравоучи́тельный, -ая, -ое moralisch erbauend, belehrend
нра́вственность, -и *f* Sittlichkeit, Moral
нра́вственный, -ая, -ое; *Kzf* -ен, -енна sittlich, moralisch
ну 1. *Interj* los!, fix!; ну, пое́хали! nun, fahren wir los! **2.** *Interj drückt Verwunderung oder Ironie aus*: ну и молоде́ц! na, so ein Prachtkerl!; ну и пого́да! *iron* das ist mir ja ein schönes Wetter! **3.** *Part* nun; ~ хорошо́ na schön, nun gut; ну что? nun, was gibt's?; ~ коне́чно aber natürlich; ну что же! nun, was ist dabei!, nun, wenn es sein muß! **4.** *Part* nun ja, nun gut *Zusage* **5.** *Part mit A des Pers Pron der 2. u. 3. Pers* weg!, fort!; ~ тебя́! ach, geh doch! **6.** *Part mit uv Inf umg* und begann gleich; вошли́ к нему́ – и ну руга́ть sie gingen zu ihm hinein und fingen gleich an zu schimpfen ◇ ну и ну *umg* nanu; ну́-ка *umg* na los!; ну́-ка, иди́ сюда́! na komm mal her!
нуга́, -и́ *f* Nougat
ну́дный, -ая, -ое; *Kzf* -ден, -дна *umg* langweilig, geistlos
нужда́, -ы́, *Pl* ну́жды, нужд, ну́ждам *f* **1.** Not; терпе́ть -у́ Not leiden **2.** Bedürfnis ◇ отправля́ть [справля́ть] -у́ *volksspr* seine Notdurft verrichten; вы́йти по -е́ austreten gehen; в слу́чае -ы́ im Notfall; без -ы́ unnötigerweise; -ы́ нет *alt* das macht nichts; по -е́ notgedrungen
нужда́ться, -а́юсь, -а́ешься *uv* **1.** Not leiden **2.** в *P* brauchen, benötigen
нужда́ющийся, -егося *Subst m* Bedürftiger, Armer
ну́жный, -ая, -ое **1.** *Kzf* ну́жен, нужна́, ну́жно, ну́жны́ notwendig, nötig; нахожу́ [счита́ю] э́то -ым ich halte das für nötig; мне ну́жен каранда́ш ich brauche einen Bleistift; ей нужны́ де́ньги sie braucht Geld **2.** *nur Langform umg* unentbehrlich, dringend erforderlich
ну́кать, -аю, -аешь *uv volksspr* antreiben, „ну" rufen
нулево́й ↑ нолево́й
нуль ↑ ноль
нумера́ция, -и *f* Numerierung
нумерова́ть, -ру́ю, -ру́ешь; **-ро́ванный,** -ро́ван, -а *uv* numerieren
нумизма́тика, -и *f* Numismatik, Münzkunde
ну́трия, -и *f* Nutria
нутро́, -а́ *n* **1.** *volksspr* innere Organe, Eingeweide **2.** *umg* Seele, Inneres; э́то мне по -у́ das ist nach meinem Sinn, das paßt mir; э́то мне не по -у́ das geht mir gegen den Strich; в са́мом -е́ души́ im tiefsten Winkel des Herzens; -о́м уга́дывать instinktiv erraten
ны́не *Adv* **1.** *alt buchspr* gegenwärtig, heutzutage **2.** *alt, volksspr* heute
ны́нешний, -яя, -ее *umg* jetzig, heutig
ны́нче *Adv* **1.** *umg* jetzt, heutzutage **2.** *alt, volksspr* heute; не ~ – за́втра sehr bald, in allernächster Zeit
нырну́ть *v mom zu* ныря́ть
ныря́ть, -я́ю, -я́ешь *uv* tauchen, untertauchen ‖ *v mom* нырну́ть, **-ну́,** -нёшь
ны́тик, -а *m umg* Nörgler
ныть* *uv* **1.** *1. u. 2. Pers ungebr* dumpf schmerzen; у меня́ се́рдце но́ет das Herz tut mir weh **2.** *umg* klagen, jammern
Нью-Йо́рк, -а *m* New York
Ньюфаундле́нд, -а *m* Neufundland
Нья́салэнд, -а *m* Njassaland
н. э. (на́шей э́ры) unserer Zeitrechnung
нэп, -а *m* (но́вая экономи́ческая поли́тика) Neue Ökonomische Politik *1921–1936*
нюа́нс, -а *m buchspr* Nuance, Schattierung
ню́ни *Pl volksspr*: распусти́ть ~ *volksspr* jammern, klagen
ню́ня, -и *m, f umg* Heulmeier, Heulsuse
Ню́ра, -ы *f Dem zu* А́нна
Ню́рнберг, -а *m* Nürnberg
нюрнбе́ргский, -ая, -ое Nürnberger
нюх, -а *m umg* Spürsinn, Witterung; у него́ хоро́ший ~ *übtr* er hat eine gute Nase
ню́хательный, -ая, -ое: ~ таба́к Schnupftabak
ню́хать, -аю, -аешь *uv* riechen, ein-

atmen; ~ сирéнь den Flieder (an)riechen; ~ табáк Tabak schnupfen ◇ он пóроху не нюхал *umg* er hat noch kein Pulver gerochen; он матемáтики и не нюхал *umg* er hat keine Ahnung von Mathematik ‖ *v* понюхать

нянчить, -чу, -чишь *uv* pflegen, versorgen

нянчиться, -чусь, -чишься *uv* c *I* 1. pflegen, versorgen 2. *umg* sich zu viel abgeben, verhätscheln

нянька, -и, *Pl G* -нек, *D* -нькам *f umg* Kinderfrau ◇ у семи нянек дитя без глáзу *Sprichw* viele Köche verderben den Brei

няня, -и *f* 1. Kinderfrau 2. *umg* Krankenpflegerin

O

[1]**o** *u. vor Vokalen* **об,** *vor einigen Konsonantenverbindungen* **обо,** *Präpos* **I.** *mit P* 1. über, von, an; статья о Лéнине ein Artikel über Lenin; говорить о нём von ihm sprechen; дýмать о ней an sie denken 2. *alt* mit 3. *alt*: о прáзднике am Feiertag; о зарé beim Morgengrauen 4. um, für; забóта о человéке die Sorge um den Menschen ◇ пáлка о двух концáх *übtr* ein zweischneidiges Schwert **II.** *mit A* 1. gegen, an; разбиться о скалý an einem Felsen zerschellen; удáриться о кáмень an [gegen] einen Stein stoßen; вытереть рýки о фáртук die Hände an der Schürze abtrocknen 2. *alt* gegen, um *zeitlich*; о пóлдень zu Mittag ◇ бок ó бок Seite an Seite

[2]**o** *Interj* o, oh *bei Ausrufen*; о нет! o nein!; о мýза! o Muse!; о, я совершéнно спокóен oh, ich bin ganz ruhig

оáзис, -а *m* Oase

об *Präpos* 1. *statt* о *gebraucht vor Vokalen*; об искýсстве über die Kunst; об эту пóру um diese Zeit 2. *neben* о *gebraucht vor jotierten Vokalen u. in bestimmten Wendungen*; удáриться об ель sich an einer Fichte stoßen; рукá óб руку Hand in Hand 3. *umg neben* о *gebraucht vor Konsonanten*; удáриться об стол sich an einem Tisch stoßen

óба, обóих *m, n u.* óбе, обéих *f Num* beide, die zwei; óба сына beide Söhne; óбе дóчери beide Töchter; мы óба wir beide, wir zwei ◇ смотрéть в óба auf der Hut sein, die Augen aufmachen; обéими рукáми mit beiden Händen, bereitwilligst

обагрить, -рю, -ришь; -рённый, -рён, -ренá *v buchspr* röten, purpurrot färben; сóлнце обагрило вершины гор die Sonne rötete die Berggipfel ◇ ~ рýки крóвью [в крови] Blutschuld auf sich laden ‖ *uv* **обагрять,** -яю, -яешь

обагриться, -рюсь, -ришься *v buchspr* sich röten, sich purpurrot färben ‖ *uv* **обагряться,** -ряюсь, -ряешься

обалдевáть *uv zu* обалдéть

обалдéлый, -ая, -ое *volksspr* blöde, (wie) von Sinnen, verwirrt, (wie) bekloppt

обалдéть, -éю, -éешь *v volksspr* verwirrt [benommen] werden, verblöden, abstumpfen ‖ *uv* обалдевáть, -áю, -áешь

обанкрóтиться, -óчусь, -óтишься *v* bankrott machen, bankrott gehen

обаяние, -я *n* Reiz, Zauber, Liebreiz

обаятельность, -и *f* Reiz, Zauber, Liebreiz

обаятельный, -ая, -ое; *Kzf* -лен, -льна bezaubernd, reizend, scharmant

обвáл, -а *m* 1. Einsturz, Bergsturz, Erdrutsch, Lawine; стенá грозит -ом die Mauer droht einzustürzen 2. einstürzende [herabstürzende] Masse *Erde, Schnee, Steine*

[1]**обвáливать(ся)** *uv zu* обвалить(ся)

[2]**обвáливать(ся)** *uv zu* обвалять(ся)

обвалить, -алю, -áлишь; -áленный, -áлен, -а *v* 1. umwerfen, umstoßen 2. *volksspr* umgeben *mit einem Wall, Damm* ‖ *uv* обвáливать, -аю, -аешь

обвалиться, *1. u. 2. Pers ungebr*, -áлится *v* 1. einstürzen; потолóк обвалился die Decke fiel ein 2. abbröckeln, abfallen; штукатýрка обвали́лась der Putz fiel ab || *uv* обва́ливаться, -ается

обваля́ть, -я́ю, -я́ешь; обва́лянный, -ян, -а *v* panieren; ~ ры́бу в муке́ Fisch in Mehl panieren; ~ в сухаря́х mit geriebener Semmel panieren || *uv* обва́ливать, -аю, -аешь

обваля́ться, -я́юсь, -я́ешься *v* sich schmutzig machen, sich beschmutzen *durch das Herumwälzen* || *uv* обва́ливаться, -аюсь, -аешься

обва́ривать(ся) *uv zu* обвари́ть(ся)

обвари́ть, -арю́, -а́ришь; обва́ренный, -ен, -а *v* 1. brühen; ~ соси́ски Würstchen brühen 2. verbrühen; ~ ру́ку sich die Hand verbrühen || *uv* обва́ривать, -аю, -аешь

обвари́ться, -арю́сь, -а́ришься *v* sich verbrühen; ~ кипятко́м sich mit kochendem Wasser verbrühen || *uv* обва́риваться, -аюсь, -аешься

обвева́ть *uv zu* обве́ять

обвенча́ть, -а́ю, -а́ешь; обве́нчанный, -ан, -а *v* kirchlich trauen

обвенча́ться, -а́юсь, -а́ешься *v* sich kirchlich trauen lassen

обверну́ть, -ну́, -нёшь; обвёрнутый, -ут, -а *v umg* um-, einwickeln, einschlagen || *uv* обвёртывать, -аю, -аешь

оберте́ть, -ерчу́, -е́ртишь; -е́рченный, -е́рчен, -а *v umg* einwickeln, umwickeln; ~ (де́ло) вокру́г па́льца mühelos mit etw. fertig werden, etw. spielend erledigen

обвёртывать *uv zu* оберну́ть

[1]**обве́сить,** -е́шу, -е́сишь; -е́шенный, -е́шен, -а *v umg* falsch wiegen, zu wenig abwiegen *beim Verkauf* || *uv* обве́шивать, -аю, -аешь

[2]**обве́сить,** -е́шу, -е́сишь; -е́шенный, -е́шен, -а *v umg* behängen || *uv* обве́шивать, -аю, -аешь

об|вести*; обве́дши *u.* обведя́ *v* 1. herumführen (вокру́г *G* um etw.) 2. umgeben, umringen; ~ забо́ром einzäunen 3. umranden, umziehen, umreißen; он обвёл незнако́мые слова́ кра́сным карандашо́м er umrandete die unbekannten Wörter mit Rotstift 4. umspielen *Fußball, Hokkey u. ä.*; ~ проти́вника den Gegner umspielen 5. *volksspr* betrügen; ~ ко́мнату глаза́ми seine Augen durch das Zimmer schweifen lassen ◇ ~ руко́й eine kreisende Armbewegung [Handbewegung] ausführen; ~ кого́-н. вокру́г па́льца j-n um den Finger wickeln, mit j-m leichtes Spiel haben || *uv* обводи́ть, -ожу́, -о́дишь

обве́тренный, -ая, -ое 1. verwittert; -ые ска́лы verwitterte Felsen 2. wetterhart, vom Wetter gezeichnet, rauh *Gesicht, Arme*

обве́тривать(ся) *uv zu* обве́трить(ся)

обве́трить, *1. u. 2. Pers ungebr*, -ит; обве́тренный, -рен, -а *v durch Windeinwirkung* rauh [rissig] machen || *uv* обве́тривать, -ает

обве́триться, *1. u. 2. Pers ungebr*, -ится *v durch Windeinwirkung* rauh und rissig werden || *uv* обве́триваться, -ается

обветша́лый, -ая, -ое baufällig, verfallen

обветша́ть, *1. u. 2. Pers ungebr*, -а́ет *v* baufällig werden, verfallen

обве́шать, -аю, -аешь; -анный, -ан, -а *v* behängen, vollhängen; ~ ёлку игру́шками den Weihnachtsbaum mit Spielzeug behängen || *uv* [1]**обве́шивать,** -аю, -аешь

[2]**обве́шивать** *uv zu* [1, 2]обве́сить

обве́ять, -е́ю, -е́ешь; -е́янный, -е́ян, -а *v* umwehen; тёплый ве́тер обве́ял его́ warmer Wind umwehte ihn || *uv* обвева́ть, -а́ю, -а́ешь

обвива́ть(ся) *uv zu* обви́ть(ся)

обвине́ние, -я *n* 1. Beschuldigung, Anklage 2. Schuldigsprechen, Schuldigsprechung 3. *jur* anklagende Seite, Ankläger

обвини́тель, -я *m* Ankläger; обще́ственный ~ öffentlicher Ankläger

обвини́тельный, -ая, -ое beschuldigend, anklagend, Anklage-; -ая речь Anklagerede

обвини́ть, -ню́, -ни́шь; -нённый, -нён, -нена́ *v* 1. *v zu* обвиня́ть 2. schuldig sprechen

обвиня́емый, -ого *Subst m* Angeklagter, Beschuldigter

обвиня́ть, -я́ю, -я́ешь *uv* 1. в *P* beschuldigen, für schuldig halten, bezichtigen; ~ во лжи der Lüge bezichtigen 2. в *P* anklagen (wegen) 3. *jur* als Ankläger, als Vertreter der Anklage fungieren || *v* обвини́ть, -ню́, -ни́шь; -нённый, -нён, -нена́ *zu* 1

обвиса́ть *uv zu* обви́снуть

обви́слый, -ая, -ое *umg* (schlaff) herabhängend

обви́снуть, *1. u. 2. Pers ungebr*, -нет; обви́с, -ла *v* (schlaff) herunterhängen || *uv* обвиса́ть, -а́ет

об|ви́ть*, обовью́ *v* 1. umwinden, umwickeln; umranken; о́кна обви́ты

плющо́м die Fenster sind von Efeu. umrankt 2. (herum)winden, (herum)wickeln (вокру́г *G* um); она́ обвила́ косу́ вокру́г головы́ sie wand den Zopf um den Kopf ◇ ~ рука́ми umfangen, umarmen ‖ *uv* обвива́ть, -а́ю, -а́ешь
об|ви́ться*, обовью́сь; обвили́сь *v* sich schlingen, sich winden, sich ranken (вокру́г *G* um) ‖ *uv* обвива́ться, -а́юсь, -а́ешься
обводи́ть *uv zu* обвести́
обводне́ние, -я *n* Bewässerung
обводни́тельный, -ая, -ое Bewässerungs-
обводни́ть, -ню́, -ни́шь; -нённый, -нён, -нена́ *v* 1. bewässern; ~ степь die Steppe bewässern 2. mit Wasser auffüllen; ~ о́зеро See mit Wasser auffüllen ‖ *uv* обводня́ть, -я́ю, -я́ешь
обво́дный, -ая, -ое: ~ кана́л Umführungskanal
обводня́ть *uv zu* обводни́ть
обвола́кивать *uv zu* обволо́чь
об|воло́чь*, *1. u. 2. Pers ungebr v* verhüllen, bedecken, umziehen ‖ *uv* обвола́кивать, -ает
обвора́живать *uv zu* обворожи́ть
обворова́ть, -ру́ю, -ру́ешь; -ро́ванный, -ро́ван, -а *v umg* bestehlen ‖ *uv* **обворо́вывать,** -аю, -аешь
обворожи́тельный, -ая, -ое; *Kzf* -лен, -льна bezaubernd, berückend, entzückend
обворожи́ть, -жу́, -жи́шь; -жённый, -жён, -жена́ *v* bezaubern, berücken, entzücken ‖ *uv* обвора́живать, -аю, -аешь
об|вяза́ть* *v* 1. umwickeln, umwinden; она́ обвяза́ла ему́ го́лову платко́м sie umwickelte ihm den Kopf mit einem Tuch 2. umbinden, (herum)-binden (вокру́г *G* um) 3. umhäkeln, umstricken 4. *volksspr*: я всех дете́й сама́ обши́ла и обвяза́ла ich habe für die Kinder alles selbst genäht und gestrickt ‖ *uv* **обвя́зывать,** -аю, -аешь
об|вяза́ться* *v I* sich etw. umbinden; он обвяза́лся верёвкой er band sich einen Strick um ‖ *uv* **обвя́зываться,** -аюсь, -аешься
обгла́дывать *uv zu* обглода́ть
об|глода́ть* *v* (ringsherum) abnagen, benagen ‖ *uv* обгла́дывать, -аю, -аешь
обго́н, -а *m* Überholen
обгоня́ть *uv zu* обогна́ть
обгора́ть *uv zu* обгоре́ть
обгоре́лый, -ая, -ое 1. verkohlt, angekohlt, von Feuer beschädigt 2. *umg* sonnenverbrannt, sonnengebräunt
обгоре́ть, -рю́, -ри́шь *v* 1. angekohlt, feuergeschwärzt, vom Feuer beschädigt werden 2. *umg* den Sonnenbrand bekommen ‖ *uv* обгора́ть, -а́ю, -а́ешь
обгрыза́ть *uv zu* обгры́зть
об|гры́зть* *v* benagen, abnagen ‖ *uv* обгрыза́ть, -а́ю, -а́ешь
обдава́ть *uv zu* обда́ть
об|да́ть*; о́бдал *v* 1. überschütten, -gießen, begießen; ~ кипятко́м mit kochendem Wasser begießen 2. umströmen, einhüllen, umgeben *mit Duft, Wärme, Atem*; си́льный за́пах о́бдал его́ starker Duft umgab ihn 3. *unpers* befallen, ergreifen *von Gefühlen*; его́ вдруг о́бдало недо́брым предчу́вствием ihn befiel plötzlich eine schlimme Vorahnung; меня́ о́бдало хо́лодом es überlief mich kalt ◇ ~' кого́-н. презре́нием j-n seine Verachtung fühlen lassen; ~ кого́-н. хо́лодом j-m die kalte Schulter zeigen ‖ *uv* об|дава́ть*
обде́лать, -аю, -аешь; -анный, -ан, -а *v* 1. bearbeiten, fertigen; ~ ко́жу Leder zubereiten 2. *alt u. volksspr* (ein)fassen; ~ клу́мбу дёрном ein Beet mit Rasen einfassen; ~ драгоце́нный ка́мень в зо́лото einen Edelstein in Gold fassen 3. *meist in Verbindung mit* де́ло, де́льце *volksspr* deichseln, zustande bringen 4. *volksspr* prellen 5. *volksspr* beschmutzen ‖ *uv* обде́лывать, -аю, -аешь
обдели́ть, -елю́, -е́лишь; -елённый, -елён, -елена́ *v* 1. *beim Teilen* benachteiligen, übervorteilen 2. *volksspr* beschenken, bedenken ‖ *uv* обделя́ть, -я́ю, -я́ешь
обде́лывать *uv zu* обде́лать
обделя́ть *uv zu* обдели́ть
обдёргать, -аю, -аешь; -анный, -ан, -а *v volksspr* 1. abrupfen, abreißen 2. zurechtzupfen ‖ *uv* [1]**обдёргивать,** -аю, -аешь
[2]**обдёргивать** *uv zu* обдёрнуть
обдёрнуть, -ну, -нешь; -нутый, -нут, -а *v umg Kleidung* zurechtziehen ‖ *uv* обдёргивать, -аю, -аешь
обдира́ла, -ы *m, f volksspr* Beutelschneider
обдира́ть(ся) *uv zu* ободра́ть(ся)
обдува́ть *uv zu* обду́ть
обду́манный, -ая, -ое; *Kzf* -ан, -анна (gut) überlegt, vorbedacht; с зара́нее -ым наме́рением mit Vorbedacht

обду́мать, -аю, -аешь; -анный, -ан, -а *v* (gut, gründlich) durchdenken, überlegen ‖ *uv* **обду́мывать,** -аю, -аешь
об|ду́ть* *v* 1. *durch Blasen* säubern, sauberblasen, abblasen 2. fortblasen; ~ пыль с портре́та den Staub vom Bild blasen 3. *unpers* umblasen, umwehen; его́ обду́ло тёплым во́здухом warme Luft umwehte ihn 4. *volksspr* betrügen, übers Ohr hauen ‖ *uv* обдува́ть, -а́ю, -а́ешь
о́бе ↑ о́ба
обе́гать, -аю, -аешь; -анный, -ан, -а *v* alles eilig ablaufen, durchlaufen; он обе́гал весь го́род er lief die ganze Stadt ab; он обе́гал всех знако́мых er ging bei allen Bekannten vorbei ‖ *uv* [1]**обега́ть** -а́ю, -а́ешь
[2]**обега́ть** *uv zu* обежа́ть
обе́д, -а *m* 1. Mittagessen; зва́ный ~ Festessen 2. *umg* Mittagszeit; по́сле -а nachmittags; до -а vormittags
обе́дать, -аю, -аешь *uv* zu Mittag essen
обе́денный, -ая, -ое Mittags-; ~ переры́в Mittagspause
обедне́лый, -ая, -ое *umg* verarmt
обедне́ние, -я *n* Verarmung, Verelendung
обедне́ть, -е́ю, -е́ешь *v* verarmen, verelenden
обе́дня, -и, *Pl G* обе́ден, *D* обе́дням *f kirch* Messe
о|бежа́ть* *v* 1. umlaufen, umrennen, ringsherum rennen; он обежа́л дом er umlief das Haus; он обежа́л вокру́г до́ма er rannte um das Haus herum 2. einen Bogen schlagen (um), umlaufen 3. *umg* überholen 4. eilig ablaufen, durchlaufen; мы обежа́ли все у́лицы wir liefen alle Straßen ab ◇ ~ глаза́ми mit den Augen überfliegen ‖ *uv* обега́ть, -а́ю, -а́ешь
обезбо́ливание, -я *n* Anästhesierung, Betäubung
обезбо́ливать *uv zu* обезбо́лить
обезбо́лить, -лю, -лишь; -ленный, -лен, -а *v* anästhesieren, betäuben; обезбо́ленные ро́ды schmerzarme Geburt ‖ *uv* обезбо́ливать, -аю, -аешь
обезво́дить, -о́жу, -о́дишь; -о́женный, -о́жен, -а *v* entwässern; Wasser entziehen ‖ *uv* **обезво́живать,** -аю, -аешь
обезвре́дить, -е́жу, -е́дишь; -е́женный, -е́жен, -а *v* unschädlich machen; обезвре́женная бо́мба entschärfte Bombe ‖ *uv* **обезвре́живать,** -аю, -аешь
обезгла́вить, -а́влю, -а́вишь; -а́вленный, -а́влен, -а *v* 1. enthaupten, köpfen 2. führerlos machen, des Führers [der Führung] berauben ‖ *uv* **обезгла́вливать,** -аю, -аешь
обездо́ленный, -ая, -ое elend, unglücklich, entrechtet
обездо́ливать *uv zu* обездо́лить
обездо́лить, -лю, -лишь; -ленный, -лен, -а *v* elend, unglücklich machen, entrechten ‖ *uv* обездо́ливать, -аю, -аешь
обезжи́ривать *uv zu* обезжи́рить
обезжи́рить, -рю, -ришь; -ренный, -рен, -а *v* entfetten; обезжи́ренное молоко́ Magermilch; ~ шерсть Wolle entfetten ‖ *uv* обезжи́ривать, -аю, -аешь
обеззара́живание, -я *n med* Desinfektion
обеззара́живать, -аю, -аешь *uv* desinfizieren, keimfrei machen ‖ *v* **обеззара́зить,** -а́жу, -а́зишь; -а́женный, -а́жен, -а
обезземе́ливать *uv zu* обезземе́лить
обезземе́лить, -лю, -лишь; -ленный, -лен, -а *v Bauern* den Boden wegnehmen ‖ *uv* обезземе́ливать, -аю, -аешь
обезле́сивать *uv zu* обезле́сить
обезле́сить, *1. Pers ungebr*, -сишь; -сенный, -сен, -а *v* abholzen, entwalden ‖ *uv* обезле́сивать, -аешь
обезли́чение, -я *n* Entpersönlichung
обезли́ченный, -ая, -ое entpersönlicht
обезли́чивать(ся) *uv zu* обезли́чить(ся)
обезли́чить, -чу, -чишь; -ченный, -чен, -а *v* 1. entpersönlichen, der Individualität [individuellen Eigenart] berauben 2. der persönlichen Verantwortung berauben [entheben] ‖ *uv* обезли́чивать, -аю, -аешь
обезли́читься, -чусь, -чишься *v* seine Individualität [individuelle Eigenart] einbüßen ‖ *uv* обезли́чиваться, -аюсь, -аешься
обезли́чка, -и *f* Fehlen persönlicher Verantwortung *in der Arbeit*
обезлю́деть, *1. u. 2. Pers ungebr*, -еет *v* menschenleer werden
обезобра́живать(ся) *uv zu* обезобра́зить(ся)
обезобра́зить, -а́жу, -а́зишь; -а́женный, -а́жен, -а *v* verunstalten, entstellen, verstümmeln ‖ *uv* обезобра́живать, -аю, -аешь
обезобра́зиться, -а́жусь, -а́зишься *v*

sich entstellen, häßlich werden || *uv* обезобра́живаться, -аюсь, -аешься

обезопа́сить, -а́шу, -а́сишь *v* sichern *gegen Gefahren*; ~ грани́цы die Grenzen sichern

обезору́живать *uv zu* обезору́жить

обезору́жить, -жу, -жишь; -женный, -жен, -а *v* 1. entwaffnen, die Waffe wegnehmen 2. *übtr* entwaffnen; entmutigen; она́ обезору́жила его́ свое́й улы́бкой sie entwaffnete ihn durch ihr Lächeln || *uv* обезору́живать, -аю, -аешь

обезу́меть, -ею, -еешь *v* (gleichsam) den Verstand verlieren, verrückt werden

обезья́на, -ы *f* 1. Affe 2. *umg* Nachäffer, Affe 3. *umg* Affenfratze *von einem häßlichen Menschen*

обезья́ний, -ья, -ье äffisch, Affen-; -ьи пова́дки äffisches Wesen

обезья́нничать, -аю, -аешь *uv umg* nachäffen, blindlings nachmachen || *v* собезья́нничать

обели́ть, -лю́, -ли́шь; -лённый, -лён, -лена́ *v umg* rechtfertigen, entschuldigen, weißwaschen || *uv* **обеля́ть,** -я́ю, -я́ешь

оберега́ть, -а́ю, -а́ешь *uv* behüten, bewachen, beschützen || *v* **о|бере́чь***

оберега́ться, -а́юсь, -а́ешься *uv* 1. sich hüten, sich in acht nehmen (от *G* vor) 2. behütet [beschützt] werden || *v* **о|бере́чься*** *zu* 1

оберну́ть, -ну́, -нёшь; обёрнутый, -ут, -а *v* 1. (herum)winden, (herum)-wickeln; ~ шарф вокру́г ше́и einen Schal um den Hals wickeln 2. einwickeln, einschlagen; ~ кни́гу в газе́ту ein Buch in eine Zeitung einschlagen 3. (hin)wenden, (zu)wenden 4. eine bestimmte Wendung [Richtung] geben; они́ оберну́т э́то замеча́ние про́тив тебя́ sie werden diese Bemerkung gegen dich wenden 5. *I oder* в *A* durch Zauber verwandeln 6. *umg, alt*: ~ де́ньги Geld wieder einbringen ◇ ~ кого́-н. вокру́г па́льца j-n um den Finger wickeln, mit j-m machen können, was man will || *uv* обёртывать, -аю, -аешь 1-4 *u.* обора́чивать, -аю, -аешь 3-6

оберну́ться, -ну́сь, -нёшься *v* 1. sich umwenden, sich umdrehen, sich drehen; он бы́стро оберну́лся er drehte sich rasch um 2. eine bestimmte Wendung nehmen; ~ катастро́фой eine katastrophale Wendung nehmen 3. *umg* umdrehen, umkehren, zurückkehren 4. *umg* sich herauswinden, einen Ausweg finden 5. *I oder* в *A* sich durch Zauber verwandeln; он оберну́лся медве́дем er verwandelte sich in einen Bären 6.: де́ньги оберну́тся das Geld wird wieder hereinkommen || *uv* обёртываться, -аюсь, -аешься *zu* 1, 2 *u.* обора́чиваться, -аюсь, -аешься

обёртка, -и, *Pl G* -ток, *D* -ткам *f* 1. Einwickeln, Einschlagen 2. Hülle, Umschlag, Verpackung

оберто́н, -а *m mus* Oberton

обёрточный, -ая, -ое Einwickel-, Einschlag-, Pack-; -ая бума́га Einwickelpapier, Packpapier

обёртывать(ся) *uv zu* оберну́ть(ся)

обескро́вить, -о́влю, -о́вишь; -о́вленный, -о́влен, -а *v* 1. blutleer machen, Blut entziehen; ~ ры́бу пе́ред посо́лом dem Fisch vor dem Einsalzen das Blut entziehen 2. *übtr* entkräften, schwere Verluste beibringen; ~ врага́ dem Feind schwere Verluste beibringen || *uv* **обескро́вливать,** -аю, -аешь

обескура́живать *uv zu* обескура́жить

обескура́жить, -жу, -жишь; -женный, -жен, -а *v* entmutigen, mutlos machen || *uv* обескура́живать, -аю, -аешь

обеспа́мятеть, -ею, -еешь *v umg* 1. gedächtnisschwach werden, das Erinnerungsvermögen verlieren, vergeßlich werden 2. besinnungslos [ohnmächtig] werden

обеспе́чение, -я *n* 1. Versorgen, Versorgung 2. Gewährleistung, Sicherstellung, Garantie 3. materielle Sicherstellung; социа́льное ~ Sozialfürsorge

обеспе́ченность, -и *f* 1. hinreichende Ausstattung, Versorgung; ~ школ уче́бными посо́биями Ausstattung der Schulen mit Lehrmitteln 2. Wohlstand, Wohlhabenheit

обеспе́ченный, -ая, -ое wohlhabend, bemittelt

обеспе́чивать(ся) *uv zu* обеспе́чить(ся)

обеспе́чить, -чу, -чишь; -ченный, -чен, -а *v* 1. materiell sicherstellen, versorgen; ~ семью́ die Familie materiell sicherstellen 2. *I* ausstatten, versorgen, versehen (mit) 3. gewährleisten, garantieren, sichern; ~ выполне́ние пла́на die Planerfüllung

sichern || *uv* обеспéчивать, -аю, -аешь
обеспéчиться, -чусь, -чишься *v* sich (ausreichend) versorgen [versehen] || *uv* обеспéчиваться, -аюсь, -аешься
обесплóдить, -óжу, -óдишь; -óженный, -óжен, -а *v* unfruchtbar machen || *uv* **обесплóживать,** -аю, -аешь
обеспокóить, -óю, -óишь; -óенный, -óен, -а *v* 1. belästigen, stören 2. beunruhigen, in Besorgnis versetzen; обеспокóенный извéстием beunruhigt durch die Nachricht
обеспокóиться, -óюсь, -óишься *v* sich beunruhigen, sich Sorgen machen
обесси́леть, -ею, -еешь *v* von Kräften kommen, kraftlos [schwach] werden
обесси́ливать *uv zu* обесси́лить
обесси́лить, -лю, -лишь; -ленный, -лен, -а *v* entkräften, schwächen || *uv* обесси́ливать, -аю, -аешь
обесслáвить, -áвлю, -áвишь; -áвленный, -áвлен, -а *v* entehren, in Verruf bringen, mit Schande bedecken || *uv* **обесслáвливать,** -аю, -аешь
обесслáвиться, -áвлюсь, -áвишься *v* sich mit Schande bedecken || *uv* **обесслáвливаться,** -аюсь, -аешься
обессмéртить, -рчу, -ртишь; -рченный, -рчен, -а *v* unsterblich machen
обесцвéтить, -éчу, -éтишь; -éченный, -éчен, -а *v* 1. entfärben, der Farbe berauben, bleichen 2. *übtr* farblos [blaß] machen, der Eigenart berauben || *uv* **обесцвéчивать,** -аю, -аешь
обесцéнивание, -я *n* Entwertung; ~ валюты Valutaentwertung
обесцéнивать *uv zu* обесцéнить
обесцéнить, -ню, -нишь; -ненный, -нен, -а *v* entwerten, wertlos machen || *uv* обесцéнивать, -аю, -аешь
обесчéстить, -éщу, -éстишь; -éщенный, -éщен, -а *v* entehren, mit Schande bedecken
обéт, -а *m* Gelübde, Gelöbnis
обетовáнный, -ая, -ое: ~ край *oder* -ая земля́ *buchspr* das gelobte Land
обещáние, -я *n* Versprechen, Zusicherung
обещáть, -áю, -áешь; обéщанный, -ан, -а *v*, *uv* versprechen, zusichern, verheißen
обещáться, -áюсь, -áешься *v*, *uv* 1. *umg* versprechen 2. *volksspr alt* einander die Ehe versprechen
обжáлование, -я *n* offizielle Beschwerde, Protest, Berufung *höherenorts*
обжáловать, -лую, -луешь; -лованный, -лован, -а *v* *höherenorts* Beschwerde [Protest, Berufung] einlegen; ~ приговóр Berufung gegen das Urteil einlegen
обжáривать *uv zu* обжáрить
обжáрить, -рю, -ришь; -ренный, -рен, -а *v* ringsherum anbraten || *uv* обжáривать, -аю, -аешь
об|жéчь*, обожгý; обожглá; обожжённый, -жён, -женá *v* 1. *allseitig* dem Feuer aussetzen, *an der Oberfläche* verkohlen lassen 2. mit Brennendem verletzen, verbrennen; он обжёг себé рýки er hat sich die Hände verbrannt 3. *tech* brennen; ~ кирпи́ч Ziegel brennen || *uv* обжигáть, -áю, -áешь
об|жéчься*, обожгýсь; обожглáсь *v* 1. sich verbrennen, sich verbrühen, sich Brandwunden zuziehen 2. *umg* Mißerfolg haben, sich die Finger verbrennen (на *P* bei) ◇ обжёгшись на молокé, бýдешь дуть и на вóду *etwa* gebranntes Kind scheut das Feuer || *uv* обжигáться, -áюсь, -áешься
обживáться *uv zu* обжи́ться
óбжиг, -а *m tech* Brennen, Rösten
обжигáние, -я *n tech* Brennen; ~ и́звести Brennen des Kalks
обжигáтельный, -ая, -ое *tech* Brenn-, Röst-; -ая печь Brennofen
обжигáть(ся) *uv zu* обжéчь(ся)
об|жи́ться*; обжи́лся *u. umg* обжился́, обжили́сь *v umg* sich einleben, warm werden || *uv* обживáться, -áюсь, -áешься
обжóра, -ы *m, f umg* Vielfraß, Freßsack
обжóрливый, -ая, -ое; *Kzf* -ив, -а gefräßig
обжóрство, -а *n umg* Gefräßigkeit
обзаведéние, -я *n* Einrichtung, Ausstattung
обза|вести́сь*; обзавéдшийся; обзаведя́сь *v I umg* sich ausstatten (mit), sich (ctw.) anschaffen; ~ плáтьем sich Kleidung anschaffen; ~ семéйством eine Familie gründen || *uv* **обзаводи́ться,** -ожýсь, -óдишься
обзóр, -а *m* 1. Besichtigung; ~ экспонáтов Besichtigung der Ausstellungsgegenstände 2. *mil* Blickfeld, Übersicht, Sicht 3. gedrängte Übersicht, zusammenfassender Bericht, Rundschau, Umschau; крáткий ~ печáти kurze Presseschau
обзóрность, -и *f* Sicht
обзывáть *uv zu* обозвáть
обивáть *uv zu* оби́ть

оби́вка, -и, *Pl G* -вок, *D* -вкам *f* 1. Tapezieren, Beziehen, Beschlagen; ~ ме́бели тка́нью Beziehen von Möbeln mit Stoff 2. Bezugsstoff, Bezugsmaterial, Bezug, Überzug; ко́жаная ~ Lederbezug
оби́вочный, -ая, -ое Bezugs-, Überzugs-; -ые тка́ни Bezugsstoffe
оби́да, -ы *f* Kränkung, Beleidigung ◇ не да́ться кому́-н. в -у sich nicht beleidigen lassen; быть в -е на кого́-н. böse sein auf j-n *wegen einer Kränkung*; не в -у будь ска́зано nichts für ungut, mit Verlaub zu sagen
оби́деть, оби́жу, оби́дишь; оби́женный, -ен, -а *v* 1. kränken, beleidigen 2. *umg* benachteiligen, übervorteilen || *uv* обижа́ть, -а́ю, -а́ешь
оби́деться, оби́жусь, оби́дишься *v* sich gekränkt [beleidigt] fühlen, gekränkt [beleidigt] sein (на *A* durch) || *uv* обижа́ться, -а́юсь, -а́ешься
оби́дно *prädikativ* 1. (es ist) schade, ärgerlich; ~, что мы опозда́ем schade, daß wir zu spät kommen; как ~! wie ärgerlich! 2. peinlich, unangenehm; kränkend; мне (э́то) ~ es ist mir peinlich; es ist für mich kränkend
оби́дный, -ая, -ое; *Kzf* -ден, -дна 1. beleidigend, kränkend 2. peinlich, unangenehm
оби́дчивый, -ая, -ое; *Kzf* -ив, -а leicht beleidigt, empfindlich, übelnehmerisch
оби́дчик, -а *m umg* Beleidiger
обижа́ть(ся) *uv zu* оби́деть(ся)
оби́женный, -ая, -ое; *Kzf* -ен, -а beleidigt, gekränkt
оби́лие, -я *n* 1. Fülle, Vielzahl 2. Überfluß, Reichtum
оби́льный, -ая, -ое; *Kzf* -лен, -льна 1. reichhaltig, ausgiebig, stark; -ые снегопа́ды starke Schneefälle; ~ обе́д reichliches Mittagessen 2. *I* reich an; река́ -а ры́бой der Fluß ist fischreich
обину́ясь: не ~ *alt* ohne zu zögern, unbedenklich
обиня́к, -а́ *m alt* Anspielung, Andeutung ◇ говори́ть без -о́в ohne Umschweife [frei von der Leber weg] sprechen
обира́ть *uv zu* обобра́ть
обита́емый, -ая, -ое bewohnt, besiedelt
обита́тель, -я *m buchspr* Einwohner, Bewohner
обита́ть, -а́ю, -а́ешь *uv buchspr* wohnen, hausen
оби́тель, -и *f buchspr* 1. Kloster; Kartause 2. *alt* Wohnsitz
о|би́ть*, обобью́ *v* 1. herunterschütteln, abschütteln, herunterschlagen; ~ снег с о́буви Schnee von den Schuhen abschütteln 2. *umg* abstoßen, abschlagen; ~ края́ брюк Hosenränder abstoßen 3. beschlagen, beziehen, überziehen, tapezieren; ~ сунду́к желе́зом die Truhe mit Eisen beschlagen; ~ сту́лья ко́жей Stühle mit Leder überziehen ◇ ~ (все) поро́ги mit Bitten [Anträgen] bestürmen, belästigen || *uv* обива́ть, -а́ю, -а́ешь
обихо́д, -а *m* 1. Alltag, gewohnte Lebensweise 2. Gebrauch, Alltagsgebrauch, Bedarf; вы́йти из -а außer Gebrauch kommen; дома́шний ~ Hausgebrauch
обихо́дный, -ая, -ое; *Kzf* -ден, -дна Alltags-, Gebrauchs-; -ые предме́ты Gebrauchsgegenstände; -ая речь Alltagssprache
обка́лывать *uv zu* обколо́ть
обка́рмливать *uv zu* обкорми́ть
обката́ть, -а́ю, -а́ешь; обка́танный, -ан, -а *v* 1. *umg* panieren *durch Hin- und Herrollen* 2. glattwalzen, glattfahren, glattwaschen; обка́танные мо́рем ка́мни vom Meer glattgewaschene Steine 3. *tech* durch Probelauf überprüfen, einem Probelauf unterziehen; *Auto* einfahren || *uv* обка́тывать, -аю, -аешь
обка́шивать *uv zu* обкоси́ть
обкла́дка, -и *f* 1. Einfassen, Besetzen 2. Einfassung, Verkleidung 3. *arch* Verkleidung, Futtermauer 4. *alt* Fassung *z. B. der Brille*
обкла́дывать *uv zu* обложи́ть
об|коло́ть* *v* 1. rundherum abhauen 2. *umg* sich zerstechen || *uv* обка́лывать, -аю, -аешь
обко́м, -а *m* (областно́й комите́т) Gebietskomitee
обкорми́ть, -ормлю́, -о́рмишь; -о́рмленный, -о́рмлен, -а *v* überfüttern || *uv* обка́рмливать, -аю, -аешь
обкорна́ть, -а́ю, -а́ешь *v volksspr* 1. verkürzen, beschneiden, stutzen 2. *übtr durch Kürzen, Weglassen von Wesentlichem* entstellen, seines Marks berauben
обкоси́ть, -ошу́, -о́сишь; -о́шенный, -о́шен, -а *v* 1. rundherum abmähen; ~ куст rings um den Strauch abmähen 2. *gbt* abmähen 3. *umg* beim

Mähen voraus sein || *uv* об ка́шивать, -аю, -аешь
обкра́дывать *uv zu* обокра́сть
обку́ривать *uv zu* обкури́ть
обкури́ть, -урю́, -у́ришь; -у́ренный, -у́рен, -а *v umg* 1. durch Rauch [Rauchen] gelb [braun] färben 2. einrauchen *Pfeife* 3. ausräuchern, der Rauchwirkung aussetzen || *uv* обку́ривать, -аю, -аешь
обкуса́ть, -а́ю, -а́ешь; обку́санный, -ан, -а *v* ringsherum benagen, abnagen || *uv* **обку́сывать,** -аю, -аешь
обл. (о́бласть) Gebiet
обл- *in Zuss Abk für* областно́й Gebiets-, z. B. облисполко́м = областно́й исполни́тельный комите́т Gebiets-Exekutivkomitee
обла́ва, -ы *f* 1. Treibjagd, Hetzjagd 2. Razzia
облага́ть *uv zu* обложи́ть
облагоде́тельствовать, -ствую, -ствуешь; -ствованный, -ствован, -а *v alt* Wohltaten erweisen, mit Wohltaten bedenken
облагора́живать *uv zu* облагоро́дить
облагоро́дить, -о́жу, -о́дишь; -о́женный, -о́жен, -а *v* 1. edler machen, noch besser machen, veredeln 2. *landw*, *tech* veredeln || *uv* облагора́живать, -аю, -аешь
облада́ние, -я *n* Besitz; Beherrschung; бой за ~ го́родом Kampf um den Besitz der Stadt
облада́тель, -я *m buchspr* Besitzer
облада́ть, -а́ю, -а́ешь *uv I* besitzen, zu eigen haben, verfügen (über); ~ миллио́нами Millionen besitzen; ~ си́лой во́ли Willenskraft besitzen; ~ же́нщиной eine Frau besitzen
обла́ивать *uv zu* обла́ять
о́блако, -а, *Pl* облака́, -о́в, -а́м *n* Wolke; кучевы́е -а́ Haufenwolken; пе́ристые -а́ Federwolken; ~ пы́ли Staubwolke ◇ быть [вита́ть] в -а́х in den Wolken schweben, die Wirklichkeit vergessen
[1]**обла́мывать(ся)** *uv zu* облома́ть(ся)
[2]**обла́мывать(ся)** *uv zu* обломи́ть(ся)
обла́пить, -а́плю, -а́пишь; -а́пленный, -а́плен, -а *v* 1. *umg* mit den Vorderbeinen [Pfoten] umfassen 2. *volksspr* umarmen || *uv* **обла́пливать,** -аю, -аешь
облапо́шивать *uv zu* облапо́шить
облапо́шить, -шу, -шишь; -шенный, -шен, -а *v volksspr* betrügen, hinters Licht führen || *uv* облапо́шивать, -аю, -аешь
обласка́ть, -а́ю, -а́ешь; обла́сканный, -ан, -а *v* gütig [freundlich, liebevoll] behandeln
областно́й, -а́я, -о́е 1. Gebiets-; ~ суд Gebietsgericht 2. landschaftlich begrenzt, lokal; mundartlich, dialektal; -о́е выраже́ние mundartlicher [gebietsweise üblicher] Ausdruck
о́бласть, -и, *Pl* о́бласти, областе́й, областя́м *f* 1. Gebiet, Gegend, Territorium 2. Gebiet *als Verwaltungseinheit der UdSSR*; моско́вская ~ Gebiet Moskau 3. Bereich, Gebiet, Gegend *von Körperteilen, Organen* 4. Bereich, Gebiet, Sphäre; ~ зна́ний Wissensgebiet
обла́тка, -и, *Pl G* -ток, *D* -ткам *f* 1. *med* Kapsel *mit Pulver*; хини́н в -ах Chinin in Kapseln 2. runde Klebeblättchen, Briefsiegel 3. *kirch* Oblate
облача́ть(ся) *uv zu* облачи́ть(ся)
облачи́ть, -чу́, -чи́шь; -чённый, -чён, -чена́ *v buchspr*, *alt u. scherz* hüllen, kleiden, bekleiden (в *A* mit) || *uv* облача́ть, -а́ю, -а́ешь
облачи́ться, -чу́сь, -чи́шься *v buchspr*, *alt u. scherz* sich hüllen, sich (be)kleiden (в *A* mit) || *uv* облача́ться, -а́юсь, -а́ешься
о́блачность, -и *f* Bewölkung
о́блачный, -ая, -ое 1. Wolken- 2. *Kzf* -чен, -чна bewölkt, wolkig
обла́ять, обла́ю, обла́ешь; обла́янный, -ян, -а *v* 1. anbellen 2. *volksspr* ausschimpfen, anschnauzen || *uv* обла́ивать, аю, -аешь
облега́ть, *1. u. 2. Pers ungebr*, -а́ет *uv* anliegen, umschließen *Kleidung*; пальто́ пло́тно облега́ет фигу́ру der Mantel liegt eng an
облегча́ть(ся) *uv zu* облегчи́ть(ся)
облегче́ние [хч], -я *n* Erleichterung
облегчённый [хч], -ая, -ое; *Kzf* -ён, -ена́ erleichtert, befreit
облегчи́ть [хч], -чу́, -чи́шь; -чённый, -чён, -чена́ *v* 1. leichter machen, erleichtern, das Gewicht verringern 2. vereinfachen, weniger kompliziert machen; ~ констру́кцию die Konstruktion vereinfachen 3. erleichtern, weniger beschwerlich machen; ~ усло́вия труда́ die Arbeitsbedingungen erleichtern 4. Erleichterung [Linderung, Beruhigung] verschaffen || *uv* облегча́ть, -а́ю, -а́ешь
облегчи́ться [хч], -чу́сь, -чи́шься *v* 1. leichter werden 2. sich beruhigen, Erleichterung [Linderung, Beruhigung] verspüren 3. *volksspr* sich erleichtern *durch Entleerung des Ma-*

gens || *uv* облегчаться, -аюсь, -аешься

обледеневать *uv zu* обледенеть

обледенелый, -ая, -ое vereist, mit Eis bedeckt

обледенение, -я *n* Vereisung

обледенеть, -ею, -еешь *v* sich mit Eis bedecken, vereisen || *uv* обледеневать, -аю, -аешь

облезать *uv zu* облезть

облезлый, -ая, -ое *umg* **1.** spärlich behaart, mit spärlichem Haarwuchs [Fell] bedeckt **2.** abgeschabt, abgenutzt; mit schadhaftem Putz [Anstrich]

об|лезть* *v umg* **1.** Haare [Federn] verlieren; sich mausern **2.** abbröckeln; краска облезла со стены die Farbe war [ist] von der Wand abgebröckelt || *uv* облезать, -аю, -аешь

облекать(ся) *uv zu* облечь(ся)

облеку ↑ облечь

обленивaться *uv zu* облениться

облениться, -енюсь, -енишься *v* faul [träge] werden || *uv* обленивaться, -аюсь, -аешься

облепить, -еплю, -епишь; -епленный, -еплен, -а *v* **1.** an allen Seiten festhaften; колёса облепила грязь an den Rädern haftete der Schmutz **2.** ringsum bekleben **3.** *übtr umg* dicht umdrängen || *uv* **облепливать,** -аю, -аешь *u.* **облеплять,** -яю, -яешь

облесение, -я *n* Bewaldung, Beforstung

облесить, *1. Pers ungebr*, -сишь; -сённый, -сён, -сена *v* mit Wald bepflanzen

¹облетать *uv zu* облететь

²облетать, -аю, -аешь; облётанный, -ан, -а *v* **1.** herumfliegen **2.** *flug* einfliegen, testen || *uv* облётывать, -аю, -аешь *zu* 2

облететь, -ечу, -етишь *v* **1.** (etw.) umfliegen, herumfliegen (вокруг *G* um) **2.** alles durchfliegen, abfliegen, einen Rundflug machen; самолёт облетел всё побережье das Flugzeug flog die ganze Küste ab **3.** vorbeifliegen, umfliegen **4.** *umg* beim Fliegen überholen **5.** sich rasch verbreiten, durcheilen, durchfliegen **6.** abfallen, herunterfallen *von Blättern, Blüten u. dgl.* **7.** *die Blätter, Blüten* verlieren || *uv* облетать, -аю, -аешь

облётывать *uv zu* ²облетать

облечь* *v* **1.** *buchspr, alt u. scherz* bekleiden, kleiden, hüllen (в *A* in) **2.** *buchspr, alt* (ein)hüllen, verhüllen, bedecken; туман облёк озеро Nebel verhüllte den See **3.** *übtr* kleiden, hüllen **4.** *übtr* ausstatten, bekleiden, versehen; ~ полномочиями mit Vollmachten ausstatten ◇ ~ доверием Vertrauen schenken, bevollmächtigen || *uv* облекать, -аю, -аешь

облечься* *v* **1.** *buchspr, alt u. scherz* sich kleiden, hüllen (в *A* in) **2.**: ~ в образ Gestalt annehmen *von Gedanken* || *uv* облекаться, -аюсь, -аешься

обливание, -я *n* Begießen, Übergießen

обливать *uv zu* облить

обливаться, -аюсь, -аешься *uv* **1.** *uv zu* облиться **2.**: ~ слезами in Tränen zerfließen; у меня сердце обливается кровью mir blutet das Herz

обливка, -и, *Pl G* -вок, *D* -вкам *f* **1.**: ~ посуды глазурью Glasieren von Geschirr **2.** *tech* Glasur *keramischer Gegenstände*

обливной, -ая, -ое *tech* glasiert, Glasur-

облигация, -и *f finanz* Obligation

об|лизать* *v* ablecken, (be)lecken ◇ пальчики оближешь du wirst dir die Finger danach lecken || *uv* облизывать, -аю, -аешь | *v mom* облизнуть, -ну, -нёшь

об|лизаться*, *1. u. 2. Pers ungebr v* sich ablecken *von Tieren* || *uv* облизываться, -ается

облизнуть(ся) *v mom zu* облизывать(ся)

облизывать *uv zu* облизать

облизываться, -аюсь, -аешься *uv* **1.** sich die Lippen [den Mund] lecken **2.** *übtr* sich die Lippen lecken (на *A* nach) **3.** *uv zu* облизаться || *v mom* облизнуться, -нусь, -нёшься *zu* 1, 2

облик, -а *m* **1.** Äußeres, äußere Erscheinung, Aussehen **2.** Charakter, Haltung, Mentalität, Geistesverfassung; моральный ~ die moralische Haltung

об|лить*, оболью; облил, облила!; облитый, облит, облита! *v* **1.** übergießen; его облили водой man übergoß ihn mit Wasser **2.** begießen, beschmutzen *mit Flüssigkeit*; ~ скатерть чернилами das Tischtuch mit Tinte beschmutzen **3.** *tech*: ~ глазурью glasieren **4.** *meist Ptz Prät Pass* fest anliegen, umschließen *von Kleidungsstücken* ◇ ~ грязью [помо́ями] mit Schmutz überschütten; ~ презре́нием die kalte Schulter zeigen, äußerste Verachtung bezeigen || *uv* облива́ть, -а́ю, -а́ешь

об|ли́ться*, оболью́сь; обли́ли́сь *v* sich begießen, sich übergießen; ~ холо́дной водо́й sich mit kaltem Wasser übergießen || *uv* облива́ться, -а́юсь, -а́ешься; он весь облива́лся по́том er war wie in Schweiß gebadet

облицева́ть, -цу́ю, -цу́ешь; -цо́ванный, -цо́ван, -а *v* verkleiden, verputzen; ~ сте́ны мра́мором Wände mit Marmor verkleiden || *uv* облицо́вывать, -аю, -аешь

облицо́вка, -и, *Pl G* -вок, *D* -вкам *f* 1. Verkleiden, Verputzen 2. Verkleidung, Putz; мра́морная ~ Marmorverkleidung

облицо́вочный, -ая, -ое Verkleidungs-, Verputz-; -ые рабо́ты Verputzarbeiten; ~ материа́л Verkleidungsmaterial

облицо́вывать *uv zu* облицева́ть

облича́ть, -а́ю, -а́ешь *uv* 1. *uv zu* обличи́ть 2. aufdecken; ~ взя́точничество Bestechung aufdecken 3. erkennen lassen, verraten; его́ произноше́ние облича́ло англича́нина seine Aussprache verriet den Engländer

обличе́ние, -я *n* 1. Aufdecken, Aufdeckung; ~ злоупотребле́ний Aufdeckung von Veruntreuungen 2. Entlarven, Entlarvung

обличи́тель, -я *m* Entlarver

обличи́тельный, -ая, -ое *buchspr* entlarvend, Entlarvungs-

обличи́ть, -чу́, -чи́шь; -чённый, -чён, -чена́ *v alt* entlarven, überführen || *uv* облича́ть, -а́ю, -а́ешь

обли́чье, -ья *n* 1. *volksspr* Gesicht 2. *übtr* Antlitz, Aussehen, Charakter

обложе́ние, -я *n* 1. Besteuerung 2. *alt* Belagerung

обложи́ть, -ожу́, -о́жишь; -о́женный, -о́жен, -а *v* 1. ringsum bedecken, umlegen; ~ дива́н поду́шками das Sofa mit Kissen bedecken 2. verkleiden, bedecken; ~ сте́ны мра́мором Wände mit Marmor verkleiden 3. umzingeln, umlagern, belagern 4. belegen *mit Steuern u. ä.*; ~ нало́гом besteuern 5. *derb volksspr*: ~ отбо́рной бра́нью mit Kraftausdrücken bedenken, heftig beschimpfen || *uv* обкла́дывать, -аю, -аешь *u.* облага́ть, -а́ю, -а́ешь *zu* 4

обложи́ться, -ожу́сь, -о́жишься *v* 1. *I* um sich herumlegen, sich umgeben (mit); она́ обложи́лась поду́шками sie legte Kissen um sich herum 2. sich verhüllen, sich bedecken (mit); не́бо обложи́лось ту́чами der Himmel hat sich mit Wolken bedeckt 3. *volksspr* an die falsche Stelle legen; я обложи́лся, положи́л де́ньги в ле́вый карма́н ich hatte das Geld an die falsche Stelle, in die linke Tasche gesteckt

обло́жка, -и, *Pl G* -жек, *D* -жкам *f* Hülle, Umschlag; кни́га в пёстрой -е ein Buch in buntem Umschlag; ~ для па́спорта Ausweishülle

обложно́й, -а́я, -о́е: ~ дождь *umg* Landregen

облока́чиваться *uv zu* облокоти́ться

облокоти́ться, -очу́сь, -о́ти́шься *v* sich mit den Ellenbogen aufstützen || *uv* облока́чиваться, -аюсь, -аешься

облома́ть, -а́ю, -а́ешь; обло́манный, -ан, -а *v* 1. (ringsherum) abbrechen; ~ ве́тки Zweige abbrechen 2. *volksspr, übtr* brechen *Willen, Trotz,* zur Räson bringen ◇ ~ бока́ кому́-н. *volksspr* j-n verprügeln; ~ де́ло [дела́] *volksspr* eine Sache hinkriegen, erfolgreich erledigen; зу́бы ~ *volksspr* sich die Zähne ausbeißen (о *A* an) || *uv* обла́мывать, -аю, -аешь

облома́ться, *1. u. 2. Pers ungebr,* -а́ется *v* abbrechen, abfallen; но́гти облома́лись die Fingernägel brachen ab || *uv* обла́мываться, -ается

обломи́ть, -омлю́, -о́мишь; -о́мленный, -о́млен, -а *v* abbrechen; ~ ве́тку einen Zweig abbrechen || *uv* обла́мывать, -аю, -аешь

обломи́ться, *1. u. 2. Per ungebr,* -о́мится *v* abbrechen, abgehen; обломи́лся сухо́й сучо́к der trockene Zweig brach ab || *uv* обла́мываться, -ается

обло́мовщина, -ы *f* Trägheit, Willenlosigkeit, Apathie *nach Oblomow, dem Helden des gleichnamigen Romans von Gontscharow*

обло́мок, -мка *m* 1. Bruchstück, Trümmer; -мки ква́рца abgebrochene Quarzstücke 2. *übtr* Überreste, Überbleibsel; -мки про́шлых веко́в Überreste aus vergangenen Jahrhunderten

облоно́ *m idkl* (областно́й отде́л наро́дного образова́ния) Abteilung für Volksbildung eines Gebiets

облупи́ть, -уплю́, -у́пишь; -у́пленный, -у́плен, -а *v volksspr* 1. schälen,

abpellen; ~ яйцо́ ein Ei schälen **2.** *übtr* prellen, das Fell über die Ohren ziehen ◇ ~ как ли́пку ratzekahl ausplündern ‖ *uv* **облу́пливать,** -аю, -аешь
облупи́ться, *1. u. 2. Pers ungebr*, -у́пится *v* **1.** *volksspr* abgehen *Schale* **2.** abbröckeln, abblättern ‖ *uv* **облу́пливаться,** -ается
облуча́ть *uv zu* облучи́ть
облуче́ние, -я *n* Bestrahlen, Bestrahlung
облучи́ть, -чу́, -чи́шь; -чённый, -чён, -чена́ *v* bestrahlen; ~ ква́рцем mit der Quarzlampe bestrahlen ‖ *uv* облуча́ть, -а́ю, -а́ешь
облучо́к, -чка́ *m* Kutschersitz, Kutschbock
облу́щивать *uv zu* облущи́ть
облущи́ть, -щу́, -щи́шь; -щённый, -щён, -щена́ *v* enthülsen ‖ *uv* облу́щивать, -аю, -аешь
облысе́ть, -е́ю, -е́ешь *v* kahlköpfig werden
облюбова́ть, -бу́ю, -бу́ешь; -бо́ванный, -бо́ван, -а *v* nach seinem Geschmack finden, auswählen ‖ *uv* **облюбо́вывать,** -аю, -аешь
об|ма́зать* *v* **1.** bestreichen, bedecken; tünchen; verschmieren; ~ сте́ны и́звестью Wände mit Kalk bestreichen [tünchen]; ~ печь гли́ной den Ofen mit Lehm verschmieren **2.** *umg* beschmieren, beschmutzen; па́льцы обма́заны ма́слом die Finger sind mit Öl beschmiert ‖ *uv* обма́зывать, -аю, -аешь
об|маза́ться* *v umg* sich beschmieren, sich vollschmieren; ~ кра́ской sich mit Farbe vollschmieren ‖ *uv* обма́зываться, -аюсь, -аешься
обма́зка, -и, *Pl G* -зок, *D* -зкам *f* **1.** Bestreichen, Tünchen; Verschmieren **2.** Anstrich, Anstrichmasse, Tünche, Verstreichmasse
обма́зывать(ся) *uv zu* обмаза́ть(ся)
обма́кивать *uv zu* обмакну́ть
обмакну́ть, -ну́, нёшь; -ну́тый, -ну́т, -а *v* kurz eintauchen, eintunken ‖ *uv* обма́кивать, -аю, -аешь
обма́н, -а *m* **1.** Betrug, absichtliche Täuschung; не да́ться в ~ sich nicht täuschen lassen **2.** Täuschung, Irrtum; впасть в ~ in einen Irrtum verfallen **3.**: ~ чувств Sinnestäuschung; ~ зре́ния optische Täuschung
обма́нка, -и, *Pl G* -нок, *D* -нкам *f min* Blende; ци́нковая ~ Zinkblende
обма́нный, -ая, -ое betrügerisch; -ым путём auf betrügerischem Wege
обману́ть, -ану́, -а́нешь; -а́нутый, -а́нут, -а *v* **1.** betrügen, hintergehen **2.** Versprechen nicht einhalten; он обеща́л прие́хать и обману́л er hat versprochen zu kommen und hat sein Versprechen nicht gehalten **3.** enttäuschen, nicht rechtfertigen **4.** verführen *ein Mädchen* ‖ *uv* **обма́нывать,** -аю, -аешь
обману́ться, -ану́сь, -а́нешься *v* **1.** sich täuschen, sich irren **2.** sich getäuscht [enttäuscht] sehen ‖ *uv* обма́нываться, -аюсь, -аешься
обма́нчивый, -ая, -ое; *Kzf* -ив, -а trügerisch, täuschend
обма́нщик, -а *m* Betrüger
обма́нывать(ся) *uv zu* обману́ть(ся)
обма́тывать(ся) *uv zu* обмота́ть(ся)
обма́хивать, -аю, -аешь *uv* fächeln, durch Fächeln kühlen; ~ лицо́ ве́ером dem Gesicht mit dem Fächer Kühlung zufächeln ‖ *v mom* обмахну́ть, -ну́, -нёшь
обма́хиваться, -аюсь, -аешься *uv* sich Luft zufächeln ‖ *v mom* обмахну́ться, -ну́сь, -нёшься
обмахну́ть, -ну́, -нёшь *v* **1.** *v mom zu* обма́хивать **2.** abwedeln, abwischen, abstauben; ~ сапоги́ тря́пкой die Stiefel mit einem Lappen abstauben **3.** wegwischen, fortwedeln *durch rasches Darüberstreichen*; ~ пыль den Staub fortwedeln ‖ *uv* обма́хивать, -аю, -аешь
обмахну́ться *v mom zu* обма́хиваться
обма́чивать(ся) *uv zu* обмочи́ть(ся)
обмеле́ние, -я *n* Versanden, Seichtwerden
обмеле́ть, *1. u. 2. Pers ungebr*, -е́ет *v* **1.** versanden, seicht werden **2.** *naut* auf Sand laufen, auflaufen
обме́н, -а *m* **1.** Umtausch, Tausch; ~ комсомо́льских биле́тов Umtausch der Mitgliedsbücher des Komsomol **2.** Austausch; ~ това́рами Warenaustausch; ~ о́пытом Erfahrungsaustausch ◇ ~ веще́ств Stoffwechsel
[1]**обме́нивать(ся)** *uv zu* обменя́ть(ся)
[2]**обме́нивать(ся)** *uv zu* обмени́ть(ся)
обмени́ть, -еню́, -е́нишь; -енённый, -енён, -енена́ *v umg* **1.** tauschen, umtauschen (на *A* gegen) **2.** vertauschen ‖ *uv* обме́нивать, -аю, -аешь
обмени́ться, -еню́сь, -е́нишься *v volksspr I* **1.** austauschen **2.** *versehentlich* vertauschen **3.** *übtr* austauschen, wechseln ‖ *uv* обме́ниваться, -аюсь, -аешься

обме́нный, -ая, -ое Tausch-, Umtausch-, Wechsel-; ~ пункт Tauschstelle

обменя́ть, -я́ю, -я́ешь; обме́нянный, -ян, -а *v* 1. tauschen, umtauschen, eintauschen (на *A* gegen, für) 2. vertauschen || *uv* обме́нивать, -аю, -аешь

обменя́ться, -я́юсь, -я́ешься *v I* 1. austauschen; ~ пле́нными Gefangene austauschen 2. *versehentlich* vertauschen, verwechseln 3. *übtr* austauschen, wechseln; ~ взгля́дами Blicke wechseln; ~ о́пытом Erfahrungen austauschen || *uv* обме́ниваться, -аюсь, -аешься

обме́р, -а *m* 1. Messung, Vermessung 2. *umg* Übervorteilen, Betrügen *durch falsches Messen beim Verkauf*

об|мере́ть*, обомру́; о́бмер *v umg* erstarren; ~ от у́жаса vor Schreck erstarren || *uv* обмира́ть, -а́ю, -а́ешь

обмерза́ть *uv zu* обмёрзнуть

обмёрзнуть, -ну, -нешь; обмёрз, -ла *v* 1. *umg* ringsherum gefrieren 2. *volksspr* vor Kälte erstarren || *uv* обмерза́ть, -а́ю, -а́ешь

обме́ривать(ся) *uv zu* обме́рить(ся)

обме́рить, -рю, -ришь; -ренный, -рен, -а *v* 1. abmessen, ausmessen, vermessen; ~ кварти́ру Wohnung ausmessen 2. *umg* zu wenig abmessen *beim Verkauf*, übervorteilen *durch falsches Abmessen* || *uv* обме́ривать, -аю, -аешь *u.* **обмеря́ть,** -я́ю, -я́ешь

обме́риться, -рюсь, -ришься *v umg* sich vermessen, sich beim Messen versehen || *uv* обме́риваться, -аюсь, -аешься *u.* **обмеря́ться,** -я́юсь, -я́ешься

об|мести́* *v* abfegen, abkehren || *uv* [1]**обмета́ть,** -а́ю, -а́ешь

[2]**об|мета́ть*** *u.* -а́ю, -а́ешь; обмётанный, -ан, -а *v* umnähen; ~ петли Knopflöcher umnähen || *uv* **обмётывать,** -аю, -аешь

обмина́ть *uv zu* обмя́ть

обмира́ть *uv zu* обмере́ть

обмозгова́ть, -гу́ю, -гу́ешь; -го́ванный, -го́ван, -а *v volksspr* gründlich überlegen, sich durch den Kopf gehen lassen || *uv* **обмозго́вывать,** -аю, -аешь

обмола́чивать *uv zu* обмолоти́ть

обмо́лвиться, -влюсь, -вишься *v* 1. sich versprechen 2. *umg* sich verplappern 3. nebenbei erwähnen, verraten ◇ не ~ (ни еди́ным) сло́вом mit keinem Wort zu erkennen geben [erwähnen]

обмо́лвка, -и, *Pl G* -вок, *D* -вкам *f* versehentlich entschlüpfte Äußerung, das Sichversprechen, lapsus linguae

обмоло́т, -а *m landw* 1. Dreschen, Drusch 2. ausgedroschenes Getreide

обмолоти́ть, -лочу́, -ло́тишь; -ло́ченный, -ло́чен, -а *v landw* dreschen || *uv* обмола́чивать, -аю, -аешь

обмора́живать(ся) *uv zu* обморо́зить(ся)

обморо́зить, -ро́жу, -ро́зишь; -ро́женный, -ро́жен, -а *v* (sich) erfrieren; ~ (себе́) у́ши sich die Ohren erfrieren || *uv* обмора́живать, -аю, -аешь

обморо́зиться, -о́жусь, -о́зишься *v* sich Erfrierungen zuziehen || *uv* обмора́живаться, -аюсь, -аешься

о́бморок, -а *m* Ohnmacht, Ohnmachtsanfall; упа́сть в ~ in Ohnmacht fallen

обморо́чить, -чу, -чишь; -ченный, -чен, -а *v volksspr* zum Narren machen, an der Nase herumführen, anführen

о́бморочный, -ая, -ое Ohnmachts-; -ое состоя́ние Besinnungslosigkeit, Ohnmachtszustand

обмота́ть, -а́ю, -а́ешь; обмо́танный, -ан, -а *v* 1. umwickeln, umwinden 2. (herum)wickeln, (herum)winden, (herum)schlingen (вокру́г *G* um); ~ плато́к вокру́г ше́и ein Tuch um den Hals wickeln || *uv* обма́тывать, -аю, -аешь

обмота́ться, -а́юсь, -а́ешься *v umg* 1. sich umwickeln, sich umwinden; ~ полоте́нцем sich ein Handtuch umwickeln 2. sich winden, sich schlingen (вокру́г *G* um) || *uv* обма́тываться, -аюсь, -аешься

обмо́тка, -и, *Pl G* -ток, *D* -ткам *f* 1. Herumwickeln, Umwickeln, Umwinden 2. *el* Wickelung; Wickeldraht 3. *meist Pl* Wickelgamaschen

обмо́тчик, -а *m el* (Anker-) Wickler

обмочи́ть, -очу́, -о́чишь; -о́ченный, -о́чен, -а *v* naß machen || *uv* обма́чивать, -аю, -аешь

обмочи́ться, -очу́сь, -о́чишься *v volksspr* 1. sich naß machen 2. einnässen || *uv* обма́чиваться, -аюсь, -аешься

обмундирова́ние, -я *n* 1. *mil* Einkleidung 2. Uniform

обмундирова́ть, -ру́ю, -ру́ешь; -ро́ванный, -ро́ван, -а *v mil* einkleiden

|| *uv* обмундиро́вывать, -аю, -аешь
обмундирова́ться, -ру́юсь, -ру́ешься *v* sich eine Uniform anschaffen || *uv* обмундиро́вываться, -аюсь, -аешься
обмундиро́вка, -и *f umg* **1.** Einkleidung **2.** Uniform
обмундиро́вывать(ся) *uv zu* обмундирова́ть(ся)
обмыва́ние, -я *n* Waschen, Abwaschen
обмыва́ть(ся) *uv zu* обмы́ть(ся)
об|мы́ть* *v* (ringsherum) abwaschen, waschen, säubern; ~ ра́ну eine Wunde waschen || *uv* обмыва́ть, -а́ю, -а́ешь
об|мы́ться* *v* sich waschen, sich reinigen || *uv* обмыва́ться, -а́юсь, -а́ешься
обмяка́ть *uv zu* обмя́кнуть
обмя́кнуть, -ну, -нешь; обмя́к, -ла *v umg* **1.** weich werden, durchweichen; крахма́ленный воротни́к обмя́к der gestärkte Kragen war [ist] durchweicht **2.** erschlaffen **3.** *übtr* weich [umgänglich] werden || *uv* обмяка́ть, -а́ю, -а́ешь
об|мя́ть*, обомну́ *v* zusammendrükken; festtreten || *uv* обмина́ть, -а́ю, -а́ешь
обнагле́ть, -е́ю, -е́ешь *v* frech [dreist] werden
обнадёживать *uv zu* обнадёжить
обнадёжить, -жу, -жишь; -женный, -жен, -а *v* mit Hoffnung erfüllen, Hoffnung machen; он обнадёжил меня́ er hat mir Hoffnung gemacht || *uv* обнадёживать, -аю, -аешь
обнажа́ть(ся) *uv zu* обнажи́ть(ся)
обнажённый, -ая, -ое **1.** nackt, entblößt **2.** entblättert, kahl **3.** unbedeckt, bloßliegend; -ые ко́рни blanke Wurzeln **4.** *übtr* unverhüllt
обнажи́ть, -жу́, -жи́шь; -жённый, -жён, -жена́ *v* **1.** entblößen **2.** entblättern, kahl machen **3.** aufdecken, bloßlegen; ~ ко́рни Wurzeln bloßlegen **4.** *übtr* aufdecken, enthüllen **5.** aus der Scheide ziehen, blank ziehen **6.** *mil* entblößen || *uv* обнажа́ть, -а́ю, -а́ешь
обнажи́ться, -жу́сь, -жи́шься *v* **1.** sich entblößen, sich entkleiden **2.** die Blätter verlieren, kahl werden **3.** unverhüllt zutage treten **4.** *mil* entblößt werden *von Schutz* || *uv* обнажа́ться, -а́юсь, -а́ешься
обнаро́дование, -я *n* Veröffentlichung, Bekanntmachung
обнаро́довать, -дую, -дуешь; -дованный, -дован, -а *v* veröffentlichen, bekanntmachen
обнару́же́ние, -я *n* Aufdeckung, Entdeckung; Enthüllung, Bloßlegung
обнару́живать(ся) *uv zu* обнару́жить(ся)
обнару́жить, -жу, -жишь; -женный, -жен, -а *v* **1.** zeigen, sehen lassen, erkennen lassen **2.** äußern, an den Tag legen, erkennen lassen; ~ жела́ние den Wunsch erkennen lassen **3.** entdecken, finden, ausmachen; ~ проти́вника den Gegner ausmachen **4.** aufdecken, enthüllen, feststellen || *uv* обнару́живать, -аю, -аешь
обнару́житься, *1. u. 2. Pers ungebr,* -ится *v* **1.** sich zeigen, zutage treten **2.** sich finden; поте́рянные пи́сьма обнару́жились die verlorenen Briefe haben sich gefunden || *uv* обнару́живаться, -ается
обна́шиваться *uv zu* обноси́ться
об|нести́* *v* **1.** вокру́г *G* herumtragen (um) **2.** *I* umgeben, einzäunen (mit) **3.** *I* reihum alle bewirten, beschenken (mit); ~ госте́й вино́м allen Gästen Wein anbieten **4.** umgehen *beim Bewirten, Anbieten* || *uv* обноси́ть, -ошу́, -о́сишь
обнима́ть *uv zu* обня́ть
обни́мка, -и *f*: в -у *umg* umschlungen, umarmt
обниму́ ↑ обня́ть
обнища́лый, -ая, -ое verarmt
обнища́ние, -я *n* Verarmung, Verelendung
обнища́ть, -а́ю, -а́ешь *v* verarmen, verelenden
обнови́ть, -влю́, -ви́шь; -влённый, -влён, -влена́ *v* **1.** erneuern **2.** *umg* einweihen, erstmalig tragen, benutzen || *uv* обновля́ть, -я́ю, -я́ешь
обнови́ться, -овлю́сь, -ови́шься *v* **1.** sich erneuern, wie neu werden **2.** sich ergänzen, ergänzt werden *durch Neues*; ~ но́выми чле́нами durch neue Mitglieder ergänzt werden || *uv* обновля́ться, -я́юсь, -я́ешься
обно́вка, -и, *Pl G* -вок, *D* -вкам *f umg* Neuanschaffung *meist von Kleidung, Schuhwerk*
обновле́ние, -я *n* Erneuerung
обновля́ть(ся) *uv zu* обнови́ть(ся)
обноси́ть *uv zu* обнести́
обноси́ться, -ошу́сь, -о́сишься *v umg* **1.** *hinsichtlich der Kleidung* herunterkommen, seine Kleidung stark abnutzen **2.** schäbig [abgetragen, fadenscheinig] werden, sich abnutzen *von*

Kleidung **3.** bequem werden, sich eintragen *von Kleidung* || *uv* обнáшиваться, -аюсь, -аешься

обнóски *Pl* -ов, *Sg* обнóсок, -ска *m umg* abgetragene Kleidungsstücke, abgetragene Kleidung

обнюхать, -аю, -аешь; -анный, -ан, -а *v* beriechen, beschnuppern || *uv* **обнюхивать,** -аю, -аешь

обня́ть* *v* **1.** umarmen, umfangen, umfassen **2.** *übtr* erfassen, ergreifen, befallen **3.** *übtr, buchspr* umfassen, einbeziehen, erfassen **4.** *übtr* erfassen, begreifen || *uv* обнимáть, -áю, -áешь

обо *Präpos statt* о *u.* об *in den Verbindungen* обо мне, обо что, обо всё, *neben* о *in den Verbindungen* обо всём, обо всей, обо всех

обо|брáть*, оберу́; обóбранный, -ан, -а *u.* -á! *v* **1.** *volksspr* restlos alles abpflücken, auflesen **2.** *umg* ausplündern || *uv* обирáть, -áю, -áешь

обо|брáться*, оберу́сь; обобрали́сь *v G umg nur mit Negation* не nicht loswerden können, sich nicht retten können (vor), man kann nicht fertig werden (mit)

обобщáть *uv zu* обобщи́ть

обобщéние, -я *n* Verallgemeinerung

обобществи́ть, -твлю́, -тви́шь; -твлённый, -твлён, -твленá *v* vergesellschaften || *uv* обобществля́ть, -я́ю, -я́ешь

обобществлéние, -я *n* Vergesellschaftung

обобществля́ть *uv zu* обобществи́ть

обобщи́ть, -щу́, -щи́шь; -щённый, -щён, -щенá *v* verallgemeinern; zusammenfassen || *uv* обобщáть, -áю, -áешь

обовши́веть, -ею, -еешь *v* Läuse bekommen, verlausen

обогати́тельный, -ая, -ое *berg* Aufbereitungs-

обогати́ть, -ащу́, -ати́шь; -ащённый, -ащён, -ащенá *v* **1.** bereichern, reich(er) machen **2.** *übtr* bereichern; ~ свои знáния seine Kenntnisse bereichern **3.** *berg* aufbereiten **4.** *tech* anreichern || *uv* **обогащáть,** -áю, -áешь

обогати́ться, -ащу́сь, -ати́шься *v* **1.** sich bereichern, reich(er) werden **2.** *übtr I* reicher werden (an); ~ óпытом reich an Erfahrung werden || *uv* **обогащáться,** -áюсь, -áешься

обогащéние, -я *n* **1.** Bereicherung **2.** *berg* Aufbereitung **3.** *tech* Anreicherung

обо|гнáть*, обгоню́; обóгнанный, -ан, -а *v* **1.** überholen *beim Laufen, Fahren usw.* **2.** *übtr, umg* übertreffen || *uv* обгоня́ть, -я́ю, -я́ешь

обогну́ть, -ну́, -нёшь; обóгнутый, -ут, -а *v* **1.** herumlegen (вокру́г *G* um) *von biegbarem Material*; ~ óбруч вокру́г бóчки Reifen um ein Faß legen **2.** umgehen, umfahren, umschiffen; ~ óстров eine Insel umfahren || *uv* огибáть, -áю, -áешь

обоготворéние, -я *n* Vergöttlichung

обоготвори́ть, -рю́, -ри́шь; -рённый, -рён, -ренá *v* vergöttlichen || *uv* **обоготворя́ть,** -я́ю, -я́ешь

обогревáть(ся) *uv zu* обогрéть(ся)

обогрéть, -éю, -éешь; обогрéтый, -éт, -а *v umg* erwärmen || *uv* обогревáть, -áю, -áешь

обогрéться, -éюсь, -éешься *v* warm werden, sich erwärmen || *uv* обогревáться, -áюсь, -áешься

óбод, -а, *Pl* обóдья, -дьев, -дьям *m* **1.** Felge, Radkranz **2.** runder, ovaler Rand, Rahmen; Reif; ~ тéннисной ракéтки Rand des Tennisschlägers

ободóк, -дкá *m* **1.** kleiner Reif **2.** Kante, Rand, Umrandung

ободрáнец, -нца, *I* -нцем, *G Pl* -нцев *m volksspr* zerlumpter Mensch, Vagabund

обóдранный, -ая, -ое abgerissen, zerlumpt

обо|дрáть*, обдеру́; обóдранный, -ан, -а *v* **1.** abziehen; schälen; ~ кору́ die Rinde abziehen; ~ лóшадь einem Pferd das Fell abziehen **2.** *umg* zerkratzen; ~ лицó das Gesicht zerkratzen **3.** *umg* abtragen, zerfetzen **4.** *übtr, volksspr* ausplündern || *uv* обдирáть, -áю, -áешь *zu* 1, 2, 4

обо|дрáться*, обдеру́сь; ободрали́сь *v* **1.** *1. u. 2. Pers ungebr* sich ablösen, abbröckeln; корá ободралáсь die Rinde hat sich gelöst **2.** *umg* zerreißen, in Fetzen gehen **3.** *volksspr* seine Kleidung herunterreißen, zerlumpen, herunterlumpen || *uv* обдирáться, -áется *zu* 1

ободрéние, -я *n* Ermutigung

ободри́тельный, -ая, -ое; *Kzf* -лен, -льна ermutigend

ободри́ть, -рю́, -ри́шь; -рённый, -рён, -ренá *u.* **обóдрить,** -рю, -ришь; -ренный, -рен, -а *v* ermutigen, Mut machen || *uv* **ободря́ть,** -я́ю, -я́ешь

ободри́ться, -рю́сь, -ри́шься *u.* **обóдриться,** -рюсь, -ришься *v* Mut fassen, mutig werden ‖ *uv* **ободря́ться, -я́юсь, -я́ешься**

обое- *in Zuss* beid(er)-, doppel-

обожа́ние, -я *n* Vergötterung, Anbetung

обожа́ть, -а́ю, -а́ешь *uv* vergöttern, anbeten, bis zur Vergötterung lieben, schwärmen (für)

обо|жда́ть* *v umg* etwas warten; обожди́те мину́тку warten Sie einen Augenblick

обожестви́ть, -твлю́, -тви́шь; -твлённый, -твлён, -твлена́ *v* vergöttlichen, als Gottheit anerkennen ‖ *uv* обожествля́ть, -я́ю, -я́ешь

обожествле́ние, -я *n* Vergöttlichung

обожествля́ть *uv zu* обожестви́ть

обо́з, -а *m* **1.** Wagenzug **2.** *mil, alt* Train, Troß **3.**: пожа́рный ~ Löschzug ◇ тяну́ться [плести́сь, быть] в -е nachhängen, den Schwanz bilden

обо|зва́ть*, обзову́; обо́званный, -ан, -а *v* **1.** *alt* nennen, bezeichnen **2.** *I* beschimpfen; ~ кого́-н. дурако́м j-n einen Dummkopf nennen, schimpfen ‖ *uv* обзыва́ть, -а́ю, -а́ешь

обозли́ть, -лю́, -ли́шь; -лённый, -лён, -лена́ *v* erbosen, erzürnen, in Wut versetzen

обозли́ться, -лю́сь, -ли́шься *v* in Wut geraten, sich erbosen, sich erzürnen

обознава́ться *uv zu* обозна́ться

обозна́ться, -а́юсь, -а́ешься *v umg* sich in der Person irren, j-n für einen anderen halten; прости́те, я обозна́лся entschuldigen Sie, ich habe Sie für einen anderen gehalten ‖ *uv* обо|знава́ться*

обознача́ть, -а́ю, -а́ешь *uv* **1.** *uv zu* обозна́чить **2.** Bedeutung haben, Sinn haben, bezeichnen, bedeuten; что обознача́ет э́то сло́во? was bedeutet dieses Wort? **3.** besagen, bedeuten, heißen; но э́то не обознача́ет, что . . . das heißt aber nicht, daß . . .

обознача́ться *uv zu* обозна́читься

обозначе́ние, -я *n* **1.** Bezeichnen, Kennzeichnen **2.** Bezeichnung, Kennzeichen, Zeichen

обозна́чить, -чу, -чишь; -ченный, -чен, -а *v* **1.** bezeichnen, kennzeichnen, markieren **2.** kennzeichnen, angeben; charakterisieren ‖ *uv* обознача́ть, -а́ю, -а́ешь

обозна́читься, *1. u. 2. Pers ungebr,* -ится *v* sichtbar werden, sich abzeichnen ‖ *uv* обознача́ться, -а́ется

обозрева́тель, -я *m* Zeitungskorrespondent, Zeitschriftenmitarbeiter; Berichterstatter, Beobachter

обозрева́ть *uv zu* обозре́ть

обозре́ние, -я *n* **1.** Besichtigung, Betrachtung **2.** gedrängter Bericht, zusammenfassende Übersicht, Umschau **3.** *theat thematisch gebundene abendfüllende* Szenenfolge *meist zu aktuellen Themen*

обозре́ть, -рю́, -ри́шь *v buchspr* **1.** überschauen, überblicken **2.** *übtr* überschauen, überblicken *in Vortrag, Aufsatz* ‖ *uv* обозрева́ть, -а́ю, -а́ешь

обозри́мый, -ая, -ое; *Kzf* **-и́м, -а** überschaubar

обо́и, -ев *Pl* Tapete(n)

обо́йма, -ы, *G Pl* обо́йм *f* **1.** Patronenrahmen, Patronenstreifen **2.** *tech* Zwinge

обойму́ ↑ обня́ть *u.* объя́ть

обо|йти́*; обоше́дши *u.* обойдя́; обойдённый, -ён, -ена́ *v* **1.** ringsherumgehen (вокру́г *G* um) **2.** umgehen, umkreisen **3.** *A* umgehen, herumgehen (um), vorbeigehen (an) **4.** *übtr* vorbeigehen, verschonen **5.** *übtr* übergehen, unerwähnt lassen **6.**: ~ чи́ном *alt* bei der Beförderung umgehen **7.** durchlaufen, durchstreifen, abgehen; ~ весь сад den ganzen Garten durchstreifen **8.** *A* an alle herantreten, sich an jeden einzelnen wenden; ~ всех госте́й, налива́я ка́ждому an jeden einzelnen herantreten und ihm einschenken **9.** *umg* überholen **10.** *umg* betrügen, hintergehen ‖ *uv* обходи́ть, -ожу́, -о́дишь | *uv iterativ* обха́живать, -аю, -аешь

обо|йти́сь*; обойдя́сь *v* **1.** с *I* behandeln, umgehen (mit); с ним обошли́сь, как с мальчи́шкой man hat ihn wie einen (dummen) Jungen behandelt **2.** *umg* zu stehen kommen, kosten; ремо́нт обошёлся о́чень дёшево die Reparatur kostete sehr wenig [war sehr billig] **3.** *I umg* auskommen *mit dem Vorhandenen;* обойдёмся холо́дным ча́ем wir kommen mit kaltem Tee aus [sind mit kaltem Tee zufrieden] **4.** без *G* entbehren können, auskommen können (ohne); обойду́сь без него́ ich komme ohne ihn aus **5.** *meist unpers* ablaufen, abgehen (без *G* ohne); без неприя́тностей де́ло не обойдётся ohne Unannehmlichkeiten wird das nicht abgehen **6.** *umg* in Ordnung kommen, glatt gehen, (glatt) ablaufen, verlaufen; всё обошло́сь неожи́данно про́сто alles lief ganz unerwartet einfach ab || *uv* обходи́ться, -ожу́сь, -о́дишься

обо́йщик, -а *m* Tapezierer

обо|кра́сть*, обкраду́; обкра́денный *u. umg* обокра́денный, -ен, -а *v* bestehlen || *uv* обкра́дывать, -аю, -аешь

обо|лга́ть*; обо́лганный, -ан, -а *v* verleumden

оболо́чка, -и, *Pl G* -чек, *D* -чкам *f* 1. Hülle, Umhüllung 2. *tech* Mantel 3. *anat* Haut; слизи́стая ~ Schleimhaut; се́тчатая ~ Netzhaut

обо́лтус, -а *m derb volksspr* Tranlampe, Blödian

обольсти́тель, -я *m alt* Verführer

обольсти́тельный, -ая, -ое; *Kzf* -лен, -льна verführerisch

обольсти́ть, -льщу́, -льсти́шь; -льщённый, -льщён, -льщена́ *v* verführen, verleiten || *uv* **обольща́ть,** -а́ю, -а́ешь

обольсти́ться, -льщу́сь, -льсти́шься *v* sich verführen [sich verleiten] lassen || *uv* **обольща́ться,** -а́юсь, -а́ешься

обольще́ние, -я *n* Verführung, Verlockung

обомлева́ть *uv* обомле́ть

обомле́ть, -е́ю, -е́ешь *v* 1. *umg* erstarren, der Ohnmacht nahe sein; ~ от стра́ха vor Furcht erstarren 2. *volksspr* einschlafen *von Gliedern* || *uv* обомлева́ть, -а́ю, -а́ешь

обомше́лый, -ая, -ое bemoost, mit Moos bewachsen

обоня́ние, -я *n* Geruchssinn

обоня́тельный, -ая, -ое Geruchs-

обоня́ть, -я́ю, -я́ешь *uv* Geruch wahrnehmen, riechen

обопру́ ↑ опере́ть

обора́чиваемость, -и *f* Umschlagsgeschwindigkeit, Umschlag; ускóрить ~ това́ров die Umlaufgeschwindigkeit der Waren erhöhen, den Umlauf der Waren beschleunigen

обора́чивать(ся) *uv zu* оберну́ть(ся)

оборва́нец, -нца, *I* -нцем, *G Pl* -нцев *m umg* zerlumpter Mensch, Vagabund, Landstreicher

обо́рванный, -ая, -ое 1. zerrissen, zerlumpt, durchlöchert 2. zerlumpt, in Lumpen gekleidet 3. abgerissen, nicht vollendet

обо|рва́ть*; обо́рванный, -ан, -а *v* 1. (ringsum) abpflücken, abreißen; ~ я́блоки Äpfel abpflücken 2. abreißen, zerreißen; ~ ни́тку einen Faden zerreißen 3. *übtr* (jäh) abbrechen; ~ разгово́р ein Gespräch jäh abbrechen 4. *übtr, umg A* das Wort abschneiden; ~ ора́тора den Redner unterbrechen ◇ у́ши ~ кому́-н. j-m die Ohren lang ziehen, j-n an den Ohren ziehen || *uv* обрыва́ть, -а́ю, -а́ешь

обо|рва́ться*; -рвали́сь *v* 1. abreißen, abgehen; оборвала́сь ве́шалка у пальто́ der Mantelanhänger ist abgegangen 2. herabstürzen, herunterfallen, abrutschen 3. *übtr* abbrechen, plötzlich aufhören 4. *umg* seine Kleidung stark abtragen, zerlumpen ◇ у меня́ оборва́ло́сь се́рдце das Herz stockte mir || *uv* обрыва́ться, -а́юсь, -а́ешься

обо́рка, -и, *Pl G* -рок, *D* -ркам *f* Rüsche, Volant

оборо́на, -ы *f* 1. Verteidigung, Abwehr 2. Verteidigungsstellung, Verteidigungsanlagen

оборони́тельный, -ая, -ое Verteidigungs-, Abwehr-; -ые бои́ Abwehrkämpfe; -ые сооруже́ния Verteidigungsanlagen

оборони́ть *v zu* обороня́ть

оборо́нный, -ая, -ое Verteidigungs-; -ая промы́шленность für Verteidigungszwecke arbeitende Industrie

обороноспосо́бность, -и *f* Verteidigungsfähigkeit, -bereitschaft

обороня́ть, -я́ю, -я́ешь *uv* verteidigen, abwehren || *v* оборони́ть, -ню́, -ни́шь; -нённый, -нён, -нена́

оборо́т, -а *m* 1. Umdrehung; три́ста -ов в мину́ту dreihundert Umdrehungen in der Minute 2. *wirtsch, finanz* Umlauf, Zirkulation 3. *meist Pl* Windung, Biegung; ~ реки́ Flußbiegung 4. neue Wendung, Verlauf *eines Geschehens* 5. Rückseite, Unterseite; смотри́ на -е siehe Rückseite 6. *ling* Wendung; фразеологи́ческий ~ phraseologische Wendung ◇ пусти́ть сло́во в ~ ein Wort in Gebrauch bringen [neu einführen]; брать [взять] в ~ ins Gebet nehmen, aus den Lumpen schütteln

о́боротень, -тня *m folkl* Werwolf *Mensch, der sich in ein Tier verwandeln kann*

оборо́тистый, -ая, -ое; *Kzf* -ист, -а *umg* wendig, findig

оборо́тливый, -ая, -ое; *Kzf* -ив, -а *umg* gewandt, geschäftstüchtig

оборо́тный, -ая, -ое 1. Umlauf-, zirkulierend; -ые сре́дства Umlaufmittel 2.: -ая сторона́ Rückseite ◇ -ая сторона́ die andere *negative*

Seite; -ая сторона́ меда́ли die Kehrseite der Medaille
обору́дование, -я *n* 1. Ausrüstung, Ausstattung, Einrichtung 2. Ausrüstungsgegenstände; Maschinen; комплéктное ~ komplette Ausrüstung
обору́довать, -дую, -дуешь; -дованный, -дован, -а *v*, *uv* ausrüsten, ausstatten, einrichten
обоснова́ние, -я *n* 1. Begründung, Erhärtung 2. Beweis, Beweisgrund
обосно́ванность, -и *f* Stichhaltigkeit, Motiviertheit, zureichende Begründung
обосно́ванный, -ая, -ое begründet, stichhaltig, gerechtfertigt
обоснова́ть, -ную́, -нуёшь; обосно́ванный, -ан, -а *v* begründen, erhärten *durch Argumente* ‖ *uv* **обосно́вывать,** -аю, -аешь
обоснова́ться, -нуюсь, -нуёшься *v umg* sich einrichten, sich niederlassen ‖ *uv* **обосно́вываться,** -аюсь, -аешься
обосо́бить, -блю, -бишь; -бленный, -блен, -а *v* 1. absondern, abtrennen; isolieren 2. *gram* isolieren, in Appositionsstellung bringen ‖ *uv* обособля́ть, -я́ю, -я́ешь
обосо́биться, -блюсь, -бишься *v* 1. sich absondern; sich isolieren, sich abschließen, sich zurückziehen 2. *gram* in Appositionsstellung geraten ‖ *uv* обособля́ться, -я́юсь, -я́ешься
обособле́ние, -я *n* Absonderung, Isolierung
обосо́бленный, -ая, -ое 1. *Kzf* -лен, -ленна abgesondert, für sich (allein) stehend; isoliert 2. *gram* appositionell, isoliert; -ое определе́ние isoliertes Attribut
обособля́ть(ся) *uv zu* обосо́бить(ся)
обостре́ние, -я *n* Verschärfung, Zuspitzung
обострённость, -и *f* 1. Schärfe *des Wahrnehmungsvermögens*; ~ слу́ха Schärfe des Gehörs 2. Zugespitztheit; ~ отноше́ний Zugespitztheit der Beziehungen
обострённый, -ая, -ое 1. scharf (hervortretend) *von Gesichtszügen* 2. geschärft, scharf *Wahrnehmungen, Wahrnehmungsvermögen*; ~ слух scharfes Gehör 3. zugespitzt, verschärft; -ые отноше́ния zugespitzte Beziehungen
обостри́ть, -рю́, -ри́шь; -рённый, -рён, -рена́ *v* 1. schärfen; verstärken *Wahrnehmungsvermögen, Empfindungen*; ~ зре́ние Sehvermögen schärfen; э́то обостри́ло у него́ жела́ние das verstärkte seinen Wunsch 2. verschärfen, zuspitzen; ~ разногла́сия die Meinungsverschiedenheiten verschärfen ‖ *uv* **обостря́ть,** -я́ю, -я́ешь
обостри́ться, *1. u. 2. Pers ungebr*, -и́тся *v* 1. sich verschärfen, stärker hervortreten *von Gesichtszügen* 2. sich schärfen, sich verstärken *Wahrnehmungsvermögen, Empfindungen*; зре́ние обостри́лось das Sehvermögen hat sich geschärft; жела́ние обостри́лось der Wunsch hat sich verstärkt 3. sich zuspitzen, sich verschärfen; кри́зис обостри́лся die Krise hat sich verschärft ‖ *uv* **обостря́ться,** -я́ется
обо́чина, -ы *f* Weg-, Straßenrand; ~ шоссе́ Chausseerand
обою́дный, -ая, -ое; *Kzf* -ден, -дна beiderseitig, gegenseitig; по -ому соглаше́нию mit beiderseitigem Einverständnis
обою́до- *in Zuss* von beiden Seiten, für beide Seiten
обоюдо|вы́годный, -ая, -ое für beide Seiten vorteilhaft; **~о́стрый,** -ая, -ое 1. zweischneidig, mit zwei Schneiden 2. *Kzf* -óстр, -а *übtr* zweischneidig; **~сторо́нний,** -яя, -ее beiderseitig, zweiseitig
обраба́тывать *uv zu* обрабо́тать
обраба́тывающий, -ая, -ее: -ая промы́шленность verarbeitende Industrie
обрабо́тать, -аю, -аешь; -анный, -ан, -а *v* 1. bearbeiten; ~ дета́ль ein Werkstück bearbeiten 2. vervollkommnen, den letzten Schliff geben; ~ го́лос seine Stimme vervollkommnen 3. *übtr, volksspr* (j-n) bearbeiten, beeinflussen 4. *volksspr* (etw.) hinkriegen, erfolgreich erledigen 5. *übtr, volksspr* verprügeln ‖ *uv* обраба́тывать, -аю, -аешь
обрабо́тка, -и *f* 1. Bearbeitung; ~ дета́ли Bearbeitung eines Werkstücks 2. Vervollkommnung, Schulung; ~ го́лоса Vervollkommnung der Stimme 3. *volksspr* Beeinflussung, Bearbeitung ◇ брать [взять] в -у кого́-н. j-n bearbeiten, sich j-n vornehmen, sich j-n vorknöpfen
обра́довать, -дую, -дуешь; -дованный, -дован, -а *v* erfreuen, Freude bereiten
обра́доваться, -дуюсь, -дуешься *v D* sich freuen, Freude empfinden (über);

он обра́довался сы́ну er freute sich über seinen Sohn

[1]**о́браз,** -а *m* 1. Bild, Gestalt; ~ её не выходи́л из мое́й головы́ ihr Bild ging mir nicht aus dem Kopf; пе́ред его́ воображе́нием встава́ли -ы проше́дшего vor seinem geistigen Auge standen die Gestalten der Vergangenheit auf 2. *lit, theat* Gestalt; актёр хорошо́ пе́редал ~ Га́млета der Schauspieler hat die Gestalt des Hamlet gut wiedergegeben 3. Abbild 4. *lit* sprachliches Bild, Metapher 5. Weise, Art und Weise; гла́вным -ом hauptsächlich; нико́им -ом auf keine (Art und) Weise

[2]**о́браз,** -а, *Pl* образа́, -о́в, -а́м *m* Heiligenbild, Ikone

образе́ц, -зца́, *I* -зцо́м, *G Pl* -зцо́в *m* 1. Muster, Probe *von Waren* 2. Muster, typisches Beispiel, typischer Vertreter; Prototyp 3. Muster, Vorbild, nachahmenswertes Beispiel; поста́вить в ~ als Beispiel hinstellen

о́бразный, -ая, -ое; *Kzf* -зен, -зна bildlich, bildhaft

-обра́зный, -ая, -ое *zweiter Teil in Zuss* -förmig, -artig, *z. B.* вилообра́зный gabelförmig

[1]**образова́ние,** -я *n* 1. Bildung, Schaffung, Entstehung, Herausbildung, Formierung 2. Gebilde, Formation; вулкани́ческие -я vulkanische Formationen

[2]**образова́ние,** -я *n* Bildung, Ausbildung, Vorbildung; о́бщее ~ Allgemeinbildung

образо́ванность, -и *f* Bildungsgrad, Bildung

образо́ванный, -ая, -ое; *Kzf* -ван, -ванна gebildet; ~ челове́к gebildeter Mensch

образова́тельный, -ая, -ое Bildungs-

[1]**образова́ть,** -зу́ю, -зу́ешь; -зо́ванный, -зо́ван, -а *v*, *uv* (*Prät nur v*) 1. schaffen, hervorbringen, bilden; доро́га образу́ет полукруг die Straße bildet einen Halbkreis 2. gründen, schaffen, bilden, ~ коми́ссию eine Kommission bilden ‖ *uv a.* **образо́вывать,** -аю, -аешь

[2]**образова́ть,** -зу́ю, -зу́ешь; -зо́ванный, -зо́ван, -а *v*, *uv* (*Prät nur v*) 1. *alt* Bildung vermitteln 2. vervollkommnen, bilden, entwickeln ‖ *uv a.* **образо́вывать,** -аю, -аешь

образова́ться, *1. u. 2. Pers ungebr*, -зу́ется *v*, *uv* (*Prät nur v*) 1. entstehen, sich bilden, sich herausbilden 2. *umg* in Ordnung, ins rechte Geleise kommen ‖ *uv a.* **образо́вываться,** -ается

образу́мить, -у́млю, -у́мишь; -у́мленный, -у́млен, -а *v umg* zur Vernunft bringen ‖ *uv* **образу́мливать,** -аю, -аешь

образу́миться, -у́млюсь, -у́мишься *v umg* zur Vernunft kommen, Vernunft annehmen ‖ *uv* **образу́мливаться,** -аюсь, -аешься

образцо́вый, -ая, -ое 1. als Muster [Vorlage, Beispiel] dienend 2. mustergültig, beispielhaft, Muster-

обра́зчик [ащ], -а *m* 1. Muster, Probe *von Waren* 2. *übtr, umg* Beispiel

обра́мить, -а́млю, -а́мишь; -а́мленный, -а́млен, -а *v umg* in einen Rahmen stellen, setzen; einrahmen ‖ *uv* обрамля́ть, -я́ю, -я́ешь

обрами́ть, -млю́, -ми́шь; -млённый, -млён, -млена́ *v* einen Rahmen bilden, umschließen, umrahmen ‖ *uv* обрамля́ть, -я́ю, -я́ешь; и́згородь обрамля́ла сад eine Hecke umschloß den Garten

обрамле́ние, -я *n* Einrahmung, Einfassung, Umrahmung

обрамля́ть *uv zu* обра́мить *u.* обрами́ть

обраста́ние, -я *n* 1. Bewachsung 2. *umg* Verspießerung

обраста́ть *uv zu* обрасти́

об|расти́* *v* 1. sich bedecken *mit Pflanzenwuchs*, zuwachsen; обро́сшая мо́хом моги́ла ein moosbewachsenes Grab 2. *I umg* sich bedecken (mit), ansetzen; ~ жи́ром Fett ansetzen 3. *I umg* sich umgeben (mit), sich ausstatten (mit), sich (etw.) schaffen; ~ хозя́йством sich eine Wirtschaft schaffen ‖ *uv* обраста́ть, -а́ю, -а́ешь

обра́т, -а *m* Magermilch

обрати́мый, -ая, -ое; *Kzf* -им, -а umkehrbar, reversibel; -ая плёнка *phot* Umkehrfilm

обрати́ть, -ащу́, -ати́шь; -ащённый, -ащён, -ащена́ *v* 1. wenden, hinwenden, zuwenden; она́ обрати́ла ко мне своё лицо́ sie wandte mir ihr Gesicht zu 2. *übtr* lenken, richten, (zu)wenden; ~ внима́ние на что́-н. seine Aufmerksamkeit auf etw. richten 3. verwandeln, umwandeln; ~ газ в жи́дкость Gas in Flüssigkeit umwandeln 4.: ~ в смех [в шу́тку] eine scherzhafte Wendung [Deutung] geben ◇ ~ в бе́гство in die Flucht schlagen ‖ *uv* обраща́ть, -а́ю, -а́ешь

обрати́ться, -ащу́сь, -ати́шься *v* **1.** sich (hin)wenden **2.** *übtr* sich richten; его́ гнев обрати́лся на меня́ sein Zorn richtete sich gegen mich **3.** sich zuwenden, sein Interesse zuwenden **4.** к *D*, в *A* sich wenden (an); ~ к юри́сту sich an einen Juristen wenden; ~ в министе́рство sich ans Ministerium wenden **5.** sich verwandeln; вода́ обрати́лась в лёд das Wasser hat sich in Eis verwandelt ◇ ~ в зре́ние ganz Auge sein; ~ в слух ganz Ohr sein; ~ в бе́гство die Flucht ergreifen ‖ *uv* обраща́ться, -а́юсь, -а́ешься

обра́тно *Adv* **1.** zurück, in entgegengesetzter Richtung; поверну́ть ~ umkehren, kehrt machen **2.** *umg* umgekehrt ◇ туда́ и ~ hin und zurück

обра́тный, -ая, -ое **1.** Rückwärts-, Rück-; ~ ход Rückwärtsgang; ~ путь Rückweg; ~ биле́т Rückfahrkarte **2.**: -ая сторона́ Rückseite **3.** entgegengesetzt, umgekehrt; в -ом поря́дке in umgekehrter Reihenfolge; ~ смысл entgegengesetzter Sinn ◇ име́ть -ую си́лу rückwirkend gelten, rückwirkende Kraft haben

обраща́ть *uv zu* обрати́ть

обраща́ться, -а́юсь, -а́ешься *uv* **1.** *uv zu* обрати́ться **2.** *buchspr* sich drehen, kreisen; Земля́ обраща́ется вокру́г Со́лнца die Erde dreht sich um die Sonne **3.** sich im Umlauf befinden, umlaufen *Geld, Waren* **4.** umgehen, Umgang haben (с *I* mit); с ним обраща́ются как с мальчи́шкой mit ihm geht man um wie mit einem dummen Jungen **5.** с *I* umgehen, benutzen; уме́ть ~ с инструме́нтом mit dem Werkzeug umzugehen verstehen

обраще́ние, -я *n* **1.** Hinwendung, Zuwendung, Wendung; ~ к нау́ке Hinwendung zur Wissenschaft **2.** Bekehrung; ~ в христиа́нство Bekehrung zum Christentum **3.** Umwandlung, Verwandlung **4.** Kreislauf; ~ кро́ви Blutkreislauf **5.** Verhalten (с *I* gegenüber); ~ с подчинёнными Verhalten den Unterstellten gegenüber **6.** Umgang (с *I* mit); ~ с инструме́нтом Umgang mit dem Werkzeug **7.** Appell, Aufruf **8.** *gram* Anrede(form) **9.** Gebrauch, Umlauf, Benutzung, Verkehr; изъя́ть из -я aus dem Verkehr [Umlauf] ziehen

обре́з, -а *m* **1.** Schnitt *bei Büchern*; кни́га с золоты́м -ом Buch mit Goldschnitt **2.** Stutzen *Gewehr* ◇ в ~ sehr knapp; вре́мени у меня́ в ~ ich habe sehr wenig Zeit

об|ре́зать* *v* **1.** abschneiden, beschneiden **2.** schneiden, eine Schnittwunde zufügen; она́ обре́зала себе́ па́лец sie hat sich in den Finger geschnitten **3.** *A übtr*, *umg* j-m das Wort abschneiden **4.** *rel* die Beschneidung vornehmen, beschneiden ◇ ~ кры́лья die Flügel beschneiden ‖ *uv* **обреза́ть,** -а́ю, -а́ешь *u.* обре́зывать, -аю, -аешь

об|ре́заться* *v umg* sich schneiden, sich eine Wunde zufügen ‖ *uv* **обреза́ться,** -а́юсь, -а́ешься *u.* обре́зываться, -аюсь, -аешься

обре́зок, -зка *m* Schnittrest, Abfallstück, Schnitzel; бума́жные -зки Papierschnitzel

обре́зывать(ся) *uv zu* обре́зать(ся)

обрека́ть *uv zu* обре́чь

обремени́тельный, -ая, -ое; *Kzf* -лен, -льна beschwerlich, lästig

обремени́ть, -ню́, -ни́шь; -нённый, -нён, -нена́ *v* **1.** *meist Ptz Prät Pass* beschweren; ве́тви, обременённые сне́гом von Schnee schwere Zweige **2.** *übtr* beschwerlich fallen, zur Last fallen, belästigen; aufbürden, belasten; ~ непоси́льным трудо́м eine über die Kräfte gehende Arbeit aufbürden; ~ про́сьбой mit einer Bitte belästigen ‖ *uv* **обременя́ть,** -я́ю, -я́ешь

обрести́* *v buchspr* finden, gewinnen, erhalten; ~ сча́стье sein Glück finden; ~ дру́га einen Freund finden ‖ *uv* **обрета́ть,** -а́ю, -а́ешь

обрету́ ↑ обрести́

обречённость, -и *f*: чу́вство -и Gefühl des sicheren Untergangs [der völligen Hoffnungslosigkeit]

обречённый, -ая, -ое vom Schicksal gezeichnet, vorbestimmt; ~ на ги́бель dem Untergang geweiht

об|ре́чь*; обрёкший; обрёкши *v buchspr* verurteilen, verdammen (на *A* zu); preisgeben ‖ *uv* обрека́ть, -а́ю, -а́ешь

обрива́ть *uv zu* обри́ть

обрисова́ть, -су́ю, -су́ешь; -со́ванный, -со́ван, -а *v* **1.** umreißen, die Konturen ziehen, umranden **2.** die Körperkonturen betonen *von Kleidung* **3.** *übtr* umreißen, beschreiben, skizzieren ‖ *uv* **обрисо́вывать,** -аю, -аешь

обрисова́ться, *1. u. 2. Pers ungebr*,

-су́ется *v* 1. sich (deutlich) abzeichnen, hervortreten; его́ фигу́ра обрисова́лась в темноте́ im Dunkeln zeichnete sich seine Gestalt ab 2. *übtr* sich abzeichnen, klar werden; зада́ча я́сно обрисова́лась die Aufgabe wurde klar [zeichnete sich deutlich ab] || *uv* **обрисо́вываться,** -ается
о|бри́ть* *v* abrasieren || *uv* обрива́ть, -а́ю, -а́ешь
обро́к, -а *m* Obrok *jährliche Natural- oder Geldabgabe der Leibeigenen an den Grundherrn*
оброни́ть, -оню́, -о́нишь; -о́ненный, -о́нен, -а *v* 1. *umg* verlieren, fallen lassen 2. verlieren, ablegen *Blätter, Nadeln* 3. eine Bemerkung fallen lassen, nebenbei bemerken
обруба́ть *uv zu* обруби́ть
обруби́ть, -ублю́, -у́бишь; -у́бленный, -у́блен, -а *v* 1. ringsherum behauen, durch Abhauen kürzen *mit dem Beil u. ä.* 2. einschlagen und umsäumen, einen Saum machen || *uv* обруба́ть, -а́ю, -а́ешь
обру́бка, -и *f* 1. Behauen 2. Umsäumen
обру́бок, -бка *m* 1. abgehackter Klotz 2. Stumpf, Stummel *Gliedmaßen*
обруга́ть, -а́ю, -а́ешь; обру́ганный, -ан, -а *v* 1. beschimpfen, ausschimpfen 2. *umg* abfällig beurteilen, heruntermachen
обрусе́ть, -е́ю, -е́ешь *v* zum Russen werden, die russische Sprache und russische Sitten annehmen
о́бруч, -а, *Pl* о́бручи, обруче́й, обруча́м *m* Faßreifen
обруча́льный, -ая, -ое Verlobungs-; Trau-; -ое кольцо́ Verlobungsring, Trauring
обруча́ть(ся) *uv zu* обручи́ть(ся)
обруче́ние, -я *n* 1. Ringewechsel *während der kirchlichen Verlobung* 2. Verlobung
обручи́ть, -чу́, -чи́шь; -чённый, -чён, -чена́ *v* verloben || *uv* обруча́ть, -а́ю, -а́ешь
обручи́ться, -чу́сь, -чи́шься *v* sich verloben || *uv* обруча́ться, -а́юсь, -а́ешься
обру́шивать(ся) *uv zu* обру́шить(ся)
обру́шить, -шу, -шишь; -шенный, -шен, -а *v* 1. zum Einsturz bringen, niederreißen 2. schütten, gießen, häufen (на *A* über); внеза́пный урага́н обру́шил на него́ ты́сячи камне́й ein plötzlicher Wirbelsturm überschüttete ihn mit Tausenden von Steinen 3. *übtr* mit Heftigkeit richten, schleudern, werfen (на *A* gegen, auf); ~ ого́нь на врага́ heftiges Feuer gegen den Feind richten || *uv* обру́шивать, -аю, -аешь
обру́шиться, -шусь, -шишься *v* 1. einstürzen, zusammenstürzen 2. (schwer) fallen, stürzen 3. *übtr* (schwer) treffen, fallen 4. на *A übtr* herfallen (über), sich stürzen (auf); ~ на врага́ sich auf den Feind stürzen || *uv* обру́шиваться, -аюсь, -аешься
обры́в, -а *m* Abhang, Steilwand
обрыва́ть(ся) *uv zu* оборва́ть(ся)
обры́вистый, -ая, -ое; *Kzf* -ист, -а 1. abschüssig, steil 2. *übtr* abgerissen; -ые мы́сли abgerissene Gedanken
обры́вок, -вка *m* 1. abgerissenes Stück, abgerissener Fetzen; -и бума́ги Papierfetzen 2. *übtr* Bruchstück, Fetzen; -и мы́слей Gedankenfetzen
обры́вочный, -ая, -ое; *Kzf* -чен, -чна fragmentarisch, bruchstückartig
обры́згать, -аю, -аешь; -анный, -ан, -а *v* bespritzen, besprengen || *uv* **обры́згивать,** -аю, -аешь
обры́згаться, -аюсь, -аешься *v* sich bespritzen, sich besprengen || *uv* **обры́згиваться,** -аюсь, -аешься
обрю́зглый, -ая, -ое krankhaft dick, aufgedunsen
обрю́згнуть, -ну, -нешь; обрю́зг, -ла *v* krankhaft dick werden, aufgedunsen werden
обрю́згший, -ая, -ее krankhaft dick, aufgedunsen
обря́д, -а *m* Zeremoniell, Ritus
обря́довый, -ая, -ое zeremoniell, rituell
обсади́ть, -ажу́, -а́дишь; -а́женный, -а́жен, -а *v* bepflanzen, umpflanzen || *uv* **обса́живать,** -аю, -аешь
обса́сывать *uv zu* обсоса́ть
обса́харивать *uv zu* обса́харить
обса́харить, -рю, -ришь; -ренный, -рен, -а *v* überzuckern || *uv* обса́харивать, -аю, -аешь
обсека́ть *uv zu* обсе́чь
обсемене́ние, -я *n* Besäen
обсемени́ть, -ню́, -ни́шь; -нённый, -нён, -нена́ *v* besäen || *uv* **обсеменя́ть,** -я́ю, -я́ешь
обсервато́рия, -и *f* Observatorium
об|се́чь*; обсекла́ *v* 1. ringsherum abhauen 2. behauen || *uv* обсека́ть, -а́ю, -а́ешь
об|скака́ть*; обска́канный, -ан, -а *v*

1. umreiten, reiten (вокру́г *G* um herum); они́ обскака́ли ро́щу sie umritten das Wäldchen 2. *volksspr reitend* durchstreifen, abreiten 3. *reitend* überholen || *uv* **обска́кивать,** -аю, -аешь
обсле́дование, -я *n* Besichtigung *zur Überprüfung*, Überprüfung
обсле́дователь, -я *m* (Über-) Prüfer
обсле́довать, -дую, -дуешь; -дованный, -дован, -а *v* besichtigen, überprüfen, untersuchen
обслу́живание, -я *n* Betreuung; Bedienung; медици́нское ~ medizinische Betreuung; отли́чное ~ в ресторане ausgezeichnete Bedienung im Restaurant; комбина́т бытово́го -я Dienstleistungskombinat
обслу́живать, -аю, -аешь *uv* 1. betreuen, bedienen; ~ покупа́теля einen Käufer bedienen 2. *tech* bedienen; ~ не́сколько станко́в mehrere Maschinen bedienen || *v* **обслужи́ть,** -ужу́, -у́жишь; -у́женный, -у́жен, -а *zu* 1
об|соса́ть* *v* 1. ringsherum absaugen, besaugen; ablutschen 2. *volksspr* durchstudieren, durchkauen || *uv* обса́сывать, -аю, -аешь
обсо́хнуть, -ну, -нешь; обсо́х, -ла *v* trocken werden, trocknen || *uv* обсыха́ть, -а́ю, -а́ешь
обста́вить, -а́влю, -а́вишь; -а́вленный, -а́влен, -а *v* 1. umstellen, umgeben 2. *übtr* umrahmen, umkleiden 3. einrichten, ausstatten, möblieren 4. *übtr* arrangieren, ausrichten, organisieren 5. *volksspr* übertreffen, ausstechen || *uv* **обставля́ть,** -я́ю, -я́ешь
обстано́вка, -и *f* 1. Einrichtung, Ausstattung; Möbeleinrichtung 2. Umgebung, Situation, Lage, Atmosphäre
обстано́вочный, -ая, -ое *theat* Ausstattungs-; -ая пье́са Ausstattungsstück
обстоя́тельность, -и *f* Ausführlichkeit, Gründlichkeit
обстоя́тельный, -ая, -ое; *Kzf* -лен, -льна 1. ausführlich, gründlich 2. *umg* gründlich, bedachtsam; umständlich
обстоя́тельственный, -ая, -ое *gram* adverbial, Umstands-
обстоя́тельство, -а *n* 1. Umstand, Begleitumstand; его́ спасло́ то ~, что ihn rettete der Umstand, daß 2. *Pl* die Umstände, Verhältnisse 3. *gram* adverbiale Bestimmung, Umstandsbestimmung; ~ о́браза де́йствия Modalbestimmung, Umstandsbestimmung der Art und Weise
обстоя́ть, *1. u. 2. Pers ungebr*, -ои́т *uv* sich verhalten; всё обстои́т благополу́чно es steht [geht] alles gut; де́ло обстоя́ло пло́хо die Sache stand schlecht
обстра́гивать *uv zu* обстрога́ть
обстра́ивать(ся) *uv zu* обстро́ить(ся)
обстре́л, -а *m* 1. Beschießung; Beschuß 2. Schußfeld ◇ брать [взять] под ~ scharf kritisieren
обстре́ливать *uv zu* обстреля́ть
обстре́лянный, -ая, -ое kampferprobt
обстреля́ть, -я́ю, -я́ешь; обстре́лянный, -ян, -а *v* 1. beschießen, unter Beschuß nehmen 2. einschießen *neue Waffen* 3. *volksspr* im Schießen übertreffen || *uv* обстре́ливать, -аю, -аешь
обстрига́ть *uv zu* обстри́чь
об|стри́чь* *v umg* schneiden, scheren || *uv* обстрига́ть, -а́ю, -а́ешь
обстрога́ть, -а́ю, -а́ешь; обстро́ганный, -ан, -а *v* hobeln, abhobeln || *uv* обстра́гивать, -аю, -аешь
обстро́ить, -о́ю, -о́ишь; -о́енный, -о́ен, -а *v umg* 1. ringsum bebauen, umbauen, umgeben; двор обстро́ен сара́ями der Hof ist von Schuppen umgeben 2. bebauen || *uv* обстра́ивать, -аю, -аешь
обстро́иться, -о́юсь, -о́ишься *v umg* 1. bauen *für sich*; переселе́нцы ещё не успе́ли ~ die Umsiedler waren noch nicht fertig mit dem Bauen 2. bebaut werden || *uv* обстра́иваться, -аюсь, -аешься
обступа́ть *uv zu* обступи́ть
обступи́ть, *1. u. 2. Pers ungebr*, -у́пит; -у́пленный, -у́плен, -а *v* 1. stehend umringen; рабо́чие обступи́ли его́ die Arbeiter umringten ihn 2. *übtr* befallen, bedrängen, ergreifen, ankommen; воспомина́ния обступи́ли его́ Erinnerungen kamen ihn an || *uv* обступа́ть, -а́ет
обсуди́ть, -ужу́, -у́дишь; -уждённый, -уждён, -уждена́ *v* erörtern, besprechen, erwägen || *uv* **обсужда́ть,** -а́ю, -а́ешь
обсужде́ние, -я *n* Erörterung, Besprechung, Überlegung, Erwägung
обсу́шивать(ся) *uv zu* обсуши́ть(ся)
обсуши́ть, -ушу́, -у́шишь; -у́шенный, -у́шен, -а *v* trocknen, trocken machen || *uv* обсу́шивать, -аю, -аешь
обсуши́ться, -ушу́сь, -у́шишься *v*

seine Kleider trocknen, sich trocknen || *uv* обсу́шиваться, -аюсь, -аешься

обсчёт, -а *m umg* Rechenfehler; Übervorteilung

обсчита́ть, -а́ю, -а́ешь; обсчи́танный, -ан, -а *v* übervorteilen, prellen *beim Berechnen* || *uv* **обсчи́тывать,** -аю, -аешь

обсчита́ться, -а́юсь, -а́ешься *v* sich verrechnen, falsch rechnen || *uv* **обсчи́тываться,** -аюсь, -аешься

об|сы́пать* *v* 1. bestreuen, bestauben, bedecken 2. *übtr* überschütten, übersäen; звёзды обсы́пали не́бо der Himmel war von Sternen übersät || *uv* **обсыпа́ть,** -а́ю, -а́ешь

обсыха́ть *uv zu* обсо́хнуть

обта́ивать *uv zu* обта́ять

обта́чивать *uv zu* обточи́ть

обта́ять, *1. u. 2. Pers ungebr,* -а́ет *v* von außen abtauen, tauen || *uv* обта́ивать, -ает

обтека́емый, -ая, -ое stromlinienförmig, Stromlinien-

обтека́ть *uv zu* обте́чь

об|тере́ть*, оботру́; обтере́в *u.* обтёрши *v* 1. trockenwischen, trockenreiben, abwischen 2. trocknen, wegwischen; ~ слёзы Tränen wegwischen 3. *I* abreiben, einreiben 4. *umg* Kleidung abtragen 5. glattreiben; ка́мень обтёрт волна́ми der Stein ist von den Wellen glattgewaschen worden || *uv* обтира́ть, -а́ю, -а́ешь

об|тере́ться*, оботру́сь; обтёршись *v* 1. sich trockenreiben 2. sich abreiben, sich einreiben *mit Flüssigkeit* 3. *umg* sich abtragen, sich abnutzen 4. *übtr, volksspr* sich eingewöhnen, sich anpassen || *uv* обтира́ться, -а́юсь, -а́ешься

об|теса́ть* *v* 1. behauen; ~ брёвна Balken behauen 2. *übtr, volksspr* Benehmen [Schliff] beibringen || *uv* **обтёсывать,** -аю, -аешь

об|теса́ться* *v volksspr* ordentliches Benehmen [Schliff] annehmen, Schliff bekommen || *uv* **обтёсываться,** -аюсь, -аешься

об|те́чь* *v* 1. *1. u. 2. Pers ungebr* umfließen 2. *übtr* umgéhen, umfáhren || *uv* обтека́ть, -а́ю, -а́ешь

обтира́ние, -я *n* Abreiben, Frottieren

обтира́ть(ся) *uv zu* обтере́ть(ся)

обточи́ть, -очу́, -о́чишь; -о́ченный, -о́чен, -а *v* 1. (ab)drehen, (ab)schleifen, (ab)drechseln *auf Werkbank, Maschine* 2. glattreiben, glattschleifen; во́лны обточи́ли ка́мень die Wellen haben den Stein glattgeschliffen || *uv* обта́чивать, -аю, -аешь

обтрёпанный, -ая, -ое stark abgetragen, zerlumpt

об|трепа́ть* *v* abtragen, abnutzen *vor allem an den Rändern*

об|трепа́ться*, *1. u. 2. Pers ungebr v* sich abnutzen, abgetragen werden *vor allem an den Rändern*

обтя́гивать *uv zu* обтяну́ть

обтя́жка, -и *f* 1. Beziehen, Beschlagen 2. Bezug; дива́н с ко́жаной -ой Ledersofa ◇ в -у eng anliegend

обтяну́ть, -яну́, -я́нешь; -я́нутый, -я́нут, -а *v* 1. beziehen, beschlagen; überziehen 2. straff umschließen, straff umspannen; фигу́ра её ту́го обтя́нута шёлком ihre Gestalt wurde von der Seide straff umspannt, die Seide lag straff an ihrem Körper an || *uv* обтя́гивать, -аю, -аешь

обува́ть(ся) *uv zu* обу́ть(ся)

обувно́й, -а́я, -о́е Schuh-; ~ магази́н Schuhgeschäft

о́бувь, -и *f* Schuhwerk

обу́гливание, -я *n chem* Verkohlung

обу́гливаться *uv zu* обу́глиться

обу́глиться, *1. u. 2. Pers ungebr,* -ится *v am Rande* verkohlen || *uv* обу́гливаться, -ается

обу́живать *uv zu* обу́зить

обу́за, -ы *f* Last, lästige [drückende] Verpflichtung

обузда́ть, -а́ю, -а́ешь; обу́зданный, -ан, -а *v* 1. Zaumzeug [Zügel] anlegen, zäumen 2. *übtr* Zügel anlegen, zügeln, bezähmen || *uv* **обу́здывать,** -аю, -аешь

обу́зить, обу́жу, обу́зишь; обу́женный, -ен, -а *v* zu eng machen || *uv* обу́живать, -аю, -аешь

обурева́ть, *1. u. 2. Pers ungebr,* -а́ет *uv übtr* mit Gewalt ergreifen, packen

обусло́вить, -о́влю, -о́вишь; -о́вленный, -о́влен, -а *v* 1. *I* vertraglich binden (an), abhängig machen (von); догово́р обусло́влен определённым сро́ком der Vertrag ist an eine bestimmte Frist gebunden 2. bedingen, verursachen, zur Folge haben || *uv* **обусло́вливать,** -аю, -аешь

обу́ть* *v* 1. Schuhe anziehen; ~ ребёнка einem Kind die Schuhe anziehen 2. *umg* mit Schuhwerk versehen || *uv* обува́ть, -а́ю, -а́ешь

обу́ться* *v* sich die Schuhe anziehen || *uv* обува́ться, -а́юсь, -а́ешься

óбух, -а *u.* **обýх,** -á *m* Beilrücken ◇ меня́ тóчно -ом по головé ich war wie vor den Kopf geschlagen
обучáть *uv zu* обучи́ть
обучáться, -áюсь, -áешься *uv* **1.** *uv zu* обучи́ться **2.** einen Lehrgang [Schule] besuchen, eine Ausbildung durchlaufen; studieren
обучéние, -я *n* Lehren, Unterrichten; Unterricht, Ausbildung; ~ грáмоте Unterricht im Lesen und Schreiben
обучи́ть, обучý, обýчишь; обýченный, -ен, -а *v D oder mit Inf* lehren, unterrichten, ausbilden; ~ ремеслý ein Handwerk lehren; ~ когó-н. францýзскому языкý j-n im Französischen unterrichten ‖ *uv* обучáть, -áю, -áешь
обучи́ться, обучýсь, обýчишься *v D oder mit Inf* lernen; ~ чтéнию и письмý lesen und schreiben lernen ‖ *uv* обучáться, -áюсь, -áешься
обýю ↑ обýть
обуя́ть, *1. u. 2. Pers ungebr,* -я́ет *v* ergreifen, sich bemächtigen *von Gefühlen;* меня́ обуя́л страх Furcht bemächtigte sich meiner
обхáживать, -аю, -аешь *uv* **1.** *iterativ zu* ¹обходи́ть ringsherum gehen; umgehen, umkreisen **2.** *umg* schmeichlerisch umgarnen, sich einschmeicheln (bei)
обхвáт, -а *m* **1.** *umg* Umfassen **2.** Umfang *von einem Menschen mit ausgebreiteten Armen umfaßbar;* дуб в два -а Eiche, die zwei Menschen umfassen können **3.** Umfang; дерéвья от двух до трёх мéтров в ~ Bäume von zwei bis drei Meter Umfang
обхвати́ть, -ачý, -áтишь; -áченный, -áчен, -а *v* umfassen, ergreifen ‖ *uv* **обхвáтывать,** -аю, -аешь
обхитри́ть, -рю́, -ри́шь *v volksspr* überlisten, betrügen
обхóд, -а *m* **1.** Rundgang **2.** Umgehung, Umgehungsmanöver **3.** Umgehungsmöglichkeit, Umgehungsweg
обходи́тельность, -и *f* Umgänglichkeit, Zuvorkommenheit
обходи́тельный, -ая, -ое; *Kzf* -лен, -льна umgänglich, zuvorkommend
¹**обходи́ть** *uv zu* обойти́
²**обходи́ть,** -ожý, -óдишь; -óженный, -óжен, -а *v umg* ganz durchwandern, durchstreifen; alles abgehen
обходи́ться *uv zu* обойти́сь
обхóдный, -ая, -ое *v. umg* **обходнóй,** -áя, -óе **1.** *mil* Umgehungs-; -ое движéние Umgehungsmanöver **2.** Umweg-, Umgehungs-, Umführungs-; -ая дорóга Umgehungsstraße **3.** *übtr:* ~ путь Umweg; -ыми путя́ми auf Umwegen ◇ -óй лист Laufzettel
обхóдчик, -а *m:* путевóй ~ Streckenwärter
обхождéние, -я *n* Behandlung, Umgang; проявля́ть нéжность в -и с детьми́ Zärtlichkeit im Umgang mit Kindern zeigen
обчи́стить, -и́щу, -и́стишь; -и́щенный, -и́щен, -а *v* **1.** *umg* säubern, putzen, reinigen **2.** *umg* schälen, die Schale entfernen **3.** *übtr, volksspr* bestehlen, ausplündern *beim Glücksspiel* ‖ *uv* **обчищáть,** -áю, -áешь
обшáривать *uv zu* обшáрить
обшáрить, -рю, -ришь; -ренный, -рен, -а *v umg* durchsuchen, durchstöbern, durchwühlen ‖ *uv* обшáривать, -аю, -аешь
обшивáть *uv zu* обши́ть
обши́вка, -и, *Pl G* -вок, *D* -вкам *f* **1.** Benähen, Umnähen; Verschalen, Verkleiden **2.** Besatz *an Kleidungsstücken* **3.** Verschalung(smaterial), Verkleidung(smaterial); желéзная ~ Eisenverkleidung, Panzerung
обши́рность, -и *f* Weite, Umfang, Größe, Weitläufigkeit
обши́рный, -ая, -ое; *Kzf* -рен, -рна **1.** weit, weitläufig, groß **2.** *übtr* umfassend, umfangreich, ausgedehnt; -ая прогрáмма umfangreiches Programm
об|ши́ть*, обошью́ *v* **1.** umnähen **2.** verkleiden, verschalen; ~ тёсом mit Bohlen verkleiden **3.** *A umg* die gesamte Kleidung (für j-n) nähen; (j-n) mit selbstgenähter Kleidung versorgen ‖ *uv* обшивáть, -áю, -áешь
обшлáг, -á *m* Ärmelaufschlag, Manschette
общáться, -áюсь, -áешься *uv* Umgang haben, verkehren
обще- *in Zuss* **1.** Gesamt-, All- **2.** allgemein-
обще|войсковóй, -áя, -óе Truppen-, Heeres-, Armee-; sämtliche Truppengattungen betreffend; **~достýпный,** -ая, -ое; *Kzf* -пен, -пна **1.** für alle erschwinglich, für alle erreichbar **2.** allgemeinverständlich, für alle faßlich; **~житéйский,** -ая, -ое alltäglich, gewöhnlich
общежи́тие, -я *n* **1.** Wohnheim **2.** Zusammenleben, Gemeinschaftsleben **3.** Alltagsleben, Alltag

общеизвестный [сн], -ая, -ое; *Kzf* -тен, -тна allgemein bekannt, allbekannt
общенародный, -ая, -ое; *Kzf* -ден, -дна Volks-; -ая собственность Volkseigentum
общение, -я *n* Verkehr, Umgang, Verbindung; ~ с людьми Umgang, Verkehr mit Menschen; поддерживать ~ с кем-н. mit j-m verkehren, mit j-m in Verbindung stehen
обще|образовательный, -ая, -ое allgemeinbildend; **~полезный,** -ая, -ое; *Kzf*-зен, -зна gemeinnützig, von allgemeinem Nutzen, von Nutzen für die Allgemeinheit; **~понятный,** -ая, -ое; *Kzf*-тен, -тна allgemeinverständlich; **~признанный,** -ая, -ое; *Kzf* -ан, -а allgemein anerkannt
общепринятый, -ая, -ое; *Kzf* -ят, -а (allgemein) üblich, landläufig; -ое мнение landläufige Ansicht
общесоюзный, -ая, -ое die ganze Sowjetunion betreffend, Unions-; -ое министерство Unionsministerium
общественник, -а *m*: он (активный) ~ er nimmt regen Anteil am öffentlichen Leben, er leistet aktive gesellschaftliche Arbeit
общественность, -и *f* **1.** Öffentlichkeit **2.** gesellschaftliche Organisationen
общественный, -ая, -ое **1.** gesellschaftlich, Gesellschafts-; ~ строй Gesellschaftsordnung **2.** *umg* gesellig; ~ человек geselliger Mensch **3.** gesellschaftlich, öffentlich; -ые организации gesellschaftliche Organisationen ◇ ~ обвинитель öffentlicher Ankläger; -ое порицание öffentlicher Tadel
общество, -а *n* **1.** Gesellschaft; человеческое ~ menschliche Gesellschaft; дворянское ~ Adelsgesellschaft; в его -е мне было хорошо in seiner Gesellschaft fühlte ich mich wohl **2.** Gesellschaft, Vereinigung, Verein; акционерное ~ Aktiengesellschaft; спортивное ~ Sportverein
обществоведение, -я *n alt* Gesellschaftswissenschaft
обще|употребительный, -ая, -ое; *Kzf* -лен, -льна allgemein gebräuchlich; **~установленный,** -ая, -ое allgemein festgelegt, allgemein üblich
общечеловеческий, -ая, -ое allgemein menschlich, allen Menschen eigentümlich
общий, -ая, -ее; *Kzf* общ, обща, обще **1.** allgemein; -ее правило allgemeine Regel; -ее молчание allgemeines Schweigen; -ее образование Allgemeinbildung **2.** gemeinsam; -ая работа gemeinsame Arbeit; -ее имущество gemeinsamer Besitz; -ие игры Gesellschaftsspiele **3.** gesamt, Gesamt-; -ая стоимость Gesamtkosten ◇ -ее место Gemeinplatz; в -ем insgesamt (gesehen), im großen und ganzen; не иметь ничего -его с кем-н. nicht das geringste gemein haben mit j-m; в -ей сложности im großen und ganzen
община *u.* **община,** -ы *f* **1.** *hist* Gemeinde, Gemeinschaft **2.** *alt* Vereinigung, Verein ◇ палата общин Unterhaus *in England*
общинный, -ая, -ое *hist* Gemeinde-; -ая собственность Gemeindeeigentum, Eigentum der Dorfgemeinde
об|щипать* *v* **1.** abrupfen, auszupfen **2.** rupfen; ~ гуся eine Gans rupfen ‖ *uv* **общипывать,** -аю, -аешь
общительность, -и *f* Geselligkeit, Mitteilsamkeit
общительный, -ая, -ое; *Kzf* -лен, -льна gesellig, mitteilsam
общность, -и *f* Gemeinsamkeit; ~ задач Gemeinsamkeit der Aufgaben
общо *Adv umg* in großen Zügen, ohne Einzelheiten; изложить вопрос слишком ~ eine Frage zu allgemein darlegen
объегоривать *uv zu* объегорить
объегорить, -рю, -ришь; -ренный, -рен, -а *v volksspr* betrügen, übertölpeln ‖ *uv* объегоривать, -аю, -аешь
объедать(ся) *uv zu* объесть(ся)
объединение, -я *n* **1.** Vereinigung, Zusammenschluß; ~ сил Vereinigung der Kräfte **2.** Vereinigung, Verein; Verband
объединённый, -ая, -ое vereinigt, vereint, gemeinsam; -ое заседание gemeinsame Sitzung
объединительный, -ая, -ое Vereinigungs-
объединить, -ню, -нишь; -нённый, -нён, -нена *v* **1.** vereinigen, vereinen, zusammenlegen **2.** vereinen, zusammenschließen; ~ силы die Kräfte zusammenschließen ‖ *uv* **объединять,** -яю, -яешь
объединиться, -нюсь, -нишься *v* sich vereinigen, sich zusammenschließen ‖ *uv* **объединяться,** -яюсь, -яешься
объедки *Pl* -ов, *Sg* объедок, -дка *m umg* Essenreste

объе́зд, -а *m* 1. Herumfahren; Umfahren 2. Bereisen, Durchstreifen *fahrend* 3. Umführungsweg, Umgehungsweg, Umleitung 4. *umg* Überholen 5. Zureiten, Einreiten

объе́здить, -е́зжу, -е́здишь; объе́зженный, -ен, -а *v* 1. bereisen; aufsuchen; *alle, alles* abfahren; ~ всех знако́мых alle Bekannten aufsuchen; ~ весь го́род die ganze Stadt abfahren 2. zureiten, einfahren, an das Fahren und Reiten gewöhnen *Pferd* || *uv* [1]**объезжа́ть,** -а́ю, -а́ешь

[2]**объезжа́ть** *uv zu* объе́хать

объе́кт, -а *m* 1. Gegenstand, Objekt; Ziel; ~ наблюде́ний Gegenstand der Beobachtungen 2. Vorhaben, Objekt; строи́тельные -ы Bauvorhaben 3. *gram* Objekt

объекти́в, -а *m phot* Objektiv

объективи́зм, -а *m* 1. Objektivität 2. Objektivismus

объекти́вность, -и *f* Objektivität

объекти́вный, -ая, -ое; *Kzf* -вен, -вна objektiv

объём, -а *m* 1. *math* Volumen, Rauminhalt 2. *übtr* Volumen, Umfang; ~ товарооборо́та Volumen des Warenumsatzes; ~ зна́ний Kenntnisumfang

объёмистый, -ая, -ое; *Kzf* -ист, -а umfangreich, umfänglich

объёмный, -ая, -ое Raum-, Volumen-, Stereo-; -ое кино́ Raumfilm, Stereofilm; -ое звуча́ние *rad* Raumklang; -ое строи́тельство *arch* Raumzellenbauweise

объ|е́сть~ *v* 1. ringsherum abnagen, abessen, abfressen 2. *volksspr* armessen 3. *umg* zerfressen *von Säure u. dgl.*; ру́ки щёлоком объе́ло die Hände sind von Lauge zerfressen || *uv* объеда́ть, -а́ю, -а́ешь

объ|е́сться* *v I* sich (an etw.) überessen || *uv* объеда́ться, -а́юсь, -а́ешься

объ|е́хать* *v* 1. ringsherumfahren (вокру́г *G* um) 2. umfahren, vorbeifahren 3. *fahrend* alles durchstreifen, aufsuchen; alles abfahren 4. *umg* überholen 5. *volksspr* betrügen || *uv* объезжа́ть, -а́ю, -а́ешь

объяви́ть, -явлю́, -я́вишь; -я́вленный, -я́влен, -а *v* 1. *A oder* о *P* erklären, mitteilen, wissen lassen 2. verkünden, öffentlich bekanntgeben, aussprechen; ~ пригово́р das Urteil verkünden 3. offiziell erklären, verkünden, ausrufen; ~ войну́ den Krieg erklären || *uv* объявля́ть, -я́ю, -я́ешь

объяви́ться, -явлю́сь, -я́вишься *v volksspr* sich einfinden, sich einstellen, zutage treten || *uv* объявля́ться, -я́юсь, -я́ешься

объявле́ние, -я *n* 1. Erklärung, Bekanntgabe, Verkündung; ~ войны́ Kriegserklärung 2. Bekanntmachung, Anzeige, Anschlag; доска́ -й Anschlagtafel, Schwarzes Brett

объявля́ть(ся) *uv zu* объяви́ть(ся)

объясне́ние, -я *n* 1. Erläuterung, Erklärung 2. klärende Aussprache, Auseinandersetzung ◇ ~ в любви́ Liebeserklärung

объясни́мый, -ая, -ое; *Kzf* -и́м, -а erklärbar

объясни́тельный, -ая, -ое erklärend, Erläuterungs-; -ая запи́ска Erläuterungsschreiben

объясни́ть, -ню́, -ни́шь; -нённый, -нён, -нена́ *v* erklären, erläutern || *uv* **объясня́ть,** -я́ю, -я́ешь

объясни́ться, -ню́сь, -ни́шься *v* 1. sich (gegenseitig) aussprechen 2. sich erklären lassen, seine Erklärung finden ◇ ~ в любви́ seine Liebe erklären || *uv* [1]**объясня́ться,** -я́юсь, -я́ешься

[2]**объясня́ться,** -я́юсь, -я́ешься *uv* sich unterhalten; sich verständigen; в э́том гро́хоте лю́ди объясня́лись зна́ками in diesem Lärm verständigten sich die Menschen mit Zeichen

объя́тие, -я *n* Umarmung ◇ откры́ть -я die Arme ausbreiten *zur Umarmung*; приня́ть [встре́тить] с распростёртыми -ями mit offenen Armen empfangen

объя́ть, *umg* обойму́, обоймёшь *u.* (*alt u. volksspr*) обыму́, обы́мешь *v* 1. umarmen, umfassen, umfangen 2. *übtr* erfassen, ergreifen 3. *übtr* einbeziehen, erfassen 4. *übtr* erfassen, begreifen || *uv alt u. volksspr* обыма́ть, -а́ю, -а́ешь *u. buchspr alt* объе́млю, объе́млешь

обыва́тель, -я *m* 1. *alt* Einheimischer, Ansässiger 2. *verächtl* Spießbürger, Philister

обыва́тельский, -ая, -ое 1. *alt* den Einheimischen [Ansässigen] gehörend, Privat- 2. spießig, spießbürgerlich, philisterhaft

обыва́тельщина, -ы *f* Spießertum, Spießbürgertum, Philistertum

обыгра́ть, -а́ю, -а́ешь; обы́гранный, -ан, -а *v* 1. besiegen, schlagen *im Spiel* 2. *theat* ausspielen, für die sze-

nische Wirkung nutzen **3.** *umg, mus* ein neues Instrument einspielen || *uv* **обы́грывать,** -аю, -аешь
обы́денный *u. alt* **обыдённый,** -ая, -ое alltäglich, üblich, gewöhnlich
обыдёнщина, -ы *f verächtl* Alltäglichkeit, Durchschnittlichkeit
обыкнове́ние, -я *n* Gewohnheit; войти́ в ~ zur Gewohnheit werden
обыкнове́нно *Adv* gewöhnlich, üblicherweise, in der Regel, meist
обыкнове́нный, -ая, -ое; *Kzf* -е́нен, -е́нна **1.** allgemein verbreitet, üblich, gewohnt, gewöhnlich **2.** nicht außergewöhnlich, üblich, durchschnittlich, ständig **3.** *bot, zool* gemein
обыма́ть *uv zu* объя́ть
о́быск, -а *m* Durchsuchung, Haussuchung; ли́чный ~ Leibesvisitation
об|ыска́ть* *v* **1.** eine Haussuchung [Leibesvisitation] vornehmen; ~ кварти́ру eine Haussuchung vornehmen **2.** durchsuchen, absuchen || *uv* **обы́скивать,** -аю, -аешь
обы́чай, -я, *G Pl* -ев *m* Brauch, Sitte, Gewohnheit
обы́чно *Adv* gewöhnlich, üblicherweise, in der Regel, meist
обы́чный, -ая, -ое; *Kzf* -чен, -чна **1.** nicht außergewöhnlich, üblich, ständig **2.**: -ое пра́во *jur* Gewohnheitsrecht
обыщу́ ↑ обыска́ть
Обь, -и *f* Ob *Fluß*
обюрократи́ться, -а́чусь, -а́тишься *v* bürokratisch werden, verbürokratisieren || *uv* **обюрокра́чиваться,** -аюсь, -аешься
обяжу́ ↑ обяза́ть
обя́занность, -и *f* Verpflichtung, Pflicht; э́то лежи́т на мое́й -и das ist meine Pflicht (und Schuldigkeit)
обя́занный, -ая, -ое; *Kzf* -ан, -а **1.** verpflichtet; ты обя́зан помо́чь ему́ du bist verpflichtet, ihm zu helfen **2.**: э́тим успе́хом я обя́зан тебе́ diesen Erfolg verdanke ich dir
обяза́тельно *Adv* unbedingt, bestimmt, auf jeden Fall
обяза́тельный, -ая, -ое; *Kzf* -лен, -льна **1.** obligatorisch, verbindlich, Pflicht-; -ые предме́ты obligatorische Fächer **2.** hilfsbereit; pflichtbewußt
обяза́тельство, -а *n* **1.** abgegebene [eingegangene] Verpflichtung; произво́дственное ~ Produktionsverpflichtung; взять на себя́ ~ die Verpflichtung übernehmen **2.**: долгово́е ~ *finanz* Schuldverschreibung, Schuldschein
обяза́ть* *v* **1.** verpflichten, die Pflicht auferlegen **2.** zu Dank verpflichten || *uv* **обя́зывать,** -аю, -аешь
обяза́ться* *v* sich verpflichten, die Verpflichtung übernehmen || *uv* **обя́зываться,** -аюсь, -аешься
ОВ (отравля́ющее вещество́) (chemischer) Kampfstoff; слезоточи́вое ~ Tränengas
о-в (о́стров) Insel
ова́л, -а *m* Oval
ова́льный, -ая, -ое oval
ова́ция, -и *f* Ovation
овдове́ть, -е́ю, -е́ешь *v* verwitwen, Witwe [Witwer] werden
овева́ть *uv zu*ове́ять
Ове́н, -а *m astr* Widder
овёс, овса́ *m* Hafer
ове́чий, -ья, -ье Schafs-; -ья шерсть Schafwolle
овеществи́ть, -влю́, -ви́шь; -влённый, -влён, -влена́ *v buchspr* vergegenständlichen || *uv* **овеществля́ть,** -я́ю, -я́ешь
ове́ять, ове́ю, ове́ешь; ове́янный, -ян, -а *v* **1.** umwehen, umfächeln **2.**: ~ сла́вой *übtr* mit einer Aureole des Ruhms umgeben || *uv* **овева́ть,** -а́ю, -а́ешь
ови́н, -а *m* Korndarre, Stiege
овладева́ть *uv zu* овладе́ть
овладе́ние, -я *n I* **1.** Besitzergreifung, Inbesitznahme, Besetzung; ~ го́родом Besetzung der Stadt **2.** *übtr* Beherrschung, Aneignung; ~ те́хникой Beherrschung der Technik
овладе́ть, -е́ю, -е́ешь *v I* **1.** in Besitz nehmen, in seinen Besitz bringen; erobern **2.** *übtr* in seine Gewalt bringen; beherrschen; ~ собо́й sich in die Gewalt bekommen, sich beherrschen **3.** ergreifen, erfassen, befallen; им овладе́ло беспоко́йство Unruhe ergriff ihn **4.** sich fest aneignen, meistern, beherrschen; он овладе́л францу́зским языко́м er beherrscht das Französische || *uv* **овладева́ть,** -а́ю, -а́ешь
о-во (о́бщество) Gesellschaft
о́вод, -а, *Pl* о́воды, -ов, -ам *u.* овода́, -о́в, -а́м *m* Bremse, Pferdebremse *Insekt*
овощево́дство, -а *n* Gemüseanbau
о́вощи *Pl* овоще́й, овоща́м, *Sg* о́вощ, -а *m* Gemüse
овощно́й, -а́я, -о́е Gemüse-; ~ магази́н Gemüsegeschäft; ~ суп Gemüsesuppe

овра́г, -а *m* Schlucht
[1]**овся́нка,** -и *f umg* Hafergrütze; Brei aus Hafermehl
[2]**овся́нка,** -и, *Pl G* -нок, *D* -нкам *f zool* Ammer
овсяно́й, -а́я, -о́е *u.* **овся́ный,** -ая, -ое Hafer-; -о́е по́ле Haferfeld; -ая ка́ша Haferbrei
овца́, -ы, *I* -о́й, *Pl* о́вцы, ове́ц, о́вцам *f* Schaf
овцево́д, -а *m* Schafzüchter
овцево́дство, -а *n* Schafzucht
овцево́дческий, -ая, -ое Schafzucht-
овча́р, -а *m* Schafhirt, Schäfer
овча́рка, -и, *Pl G* -рок, *D* -ркам *f* Schäferhund
овча́рня, -и, *Pl G* -рен, *D* -рням *f* Schafstall
овчи́на, -ы *f bearbeitetes* Schaffell
овчи́нка, -и, *Pl G* -нок, *D* -нкам *f bearbeitetes* Schaffell ◇ ~ вы́делки не сто́ит die Sache lohnt nicht der Mühe; мне не́бо с -у [в -у] показа́лось ich war nicht mehr ich selbst *vor Angst, Schmerz u. dgl.*; ich hörte die Engel singen
овчи́нный, -ая, -ое Schaffell-, Schafs-; ~ тулу́п Schafpelz
ога́рок, -рка *m* Kerzenstummel
огиба́ть *uv zu* обогну́ть
ОГИ́З, -а *m* (Объедине́ние госуда́рственных изда́тельств) Vereinigung der Staatsverlage *1930–1949*
оглавле́ние, -я *n* Inhaltsverzeichnis
огласи́ть, -ашу́, -аси́шь; -ашённый, -ашён, -ашена́ *v* **1.** verlesen, bekanntgeben, verkünden; ~ пригово́р das Urteil verlesen **2.** *alt* ausplaudern, verbreiten **3.** erfüllen *von Lauten*; кри́ки огласи́ли лес Schreie erfüllten den Wald ‖ *uv* оглаша́ть, -а́ю, -а́ешь
огласи́ться, *1. u. 2. Pers ungebr*, -и́тся *v* widerhallen, erschallen; лес огласи́лся пе́снями der Wald hallte von Liedern wider ‖ *uv* оглаша́ться, -а́ется
огла́ска, -и *f* **1.** *alt* Ausplaudern, Verbreiten **2.**: преда́ть -е der Öffentlichkeit preisgeben, allgemein bekanntmachen, an die große Glocke hängen; де́ло получи́ло -у die Sache wurde bekannt
оглаша́ть(ся) *uv zu* огласи́ть(ся)
оглаше́ние, -я *n* Veröffentlichung, Bekanntgabe, Verbreitung, Verkündung; не подлежи́т -ю! vertraulich!
оглаше́нный, -ая, -ое: как ~ *volksspr* wie verrückt, wie von Sinnen
огло́бли *Pl* -бель, -блям, *Sg* огло́бля, -и *f* Wagengabel, Deichselgabel ◇ поверну́ть ~ *volksspr* unverrichteterdinge, mit leeren Händen wieder abziehen
огло́хнуть, -ну, -нешь; огло́х, -ла; огло́х(нув)ший; огло́хнув *v* taub werden
оглупи́ть, -плю́, -пи́шь; -плённый, -плён, -плена́ *v* verdummen ‖ *uv* **оглупля́ть,** -я́ю, -я́ешь
оглуша́ть *uv zu* оглуши́ть
оглуши́тельный, -ая, -ое; *Kzf* -лен, -льна ohrenbetäubend, dröhnend
оглуши́ть, -шу́, -ши́шь; -шённый, -шён, -шена́ *v* **1.** *vorübergehend* taub machen *von starken Geräuschen*, betäuben; взрыв оглуши́л нас die Explosion hatte uns ganz taub gemacht **2.** durch einen Schlag auf den Kopf betäuben **3.** *umg* kopflos machen, durcheinanderbringen ‖ *uv* оглуша́ть, -а́ю, -а́ешь
огляде́ть, -яжу́, -яди́шь *v* betrachten, überblicken, mit den Augen überfliegen ‖ *uv* огля́дывать, -аю, -аешь | *v mom* огляну́ть, -яну́, -я́нешь
огляде́ться, -яжу́сь, -яди́шься *v* **1.** sich (nach allen Seiten) umsehen, Umschau halten **2.**: ~ в зе́ркало sich von allen Seiten im Spiegel betrachten **3.** *umg* seine Augen an die Dunkelheit gewöhnen **4.** *übtr* sich umsehen, heimisch werden ‖ *uv* огля́дываться, -аюсь -аешься *zu* 1
огля́дка, -и *f alt* verspätete Reue, zu späte Einsicht ◇ бежа́ть без -и laufen, ohne sich umzusehen; с -ой vorsichtig, mit Bedacht
огля́дывать *uv zu* огляде́ть
огля́дываться *uv zu* огляде́ться *u.* огляну́ться
огляну́ть *v mom zu* огля́дывать
огляну́ться, -яну́сь, -я́нешься *v* **1.** zurückblicken, sich (nach hinten) umsehen **2.** *umg* sich (nach allen Seiten) umblicken ◇ не успе́ли мы ~, как... unversehens, im Handumdrehen ‖ *uv* огля́дываться, -аюсь, -аешься
огне- *in Zuss* Feuer-
огнево́й, -а́я, -о́е **1.** Feuer-; -а́я су́шка Dörren über Feuer; -а́я подгото́вка *mil* Feuervorbereitung **2.** *poet* feurig; ~ взор feuriger Blick ◇ -а́я то́чка Maschinengewehrnest, Geschütz, Minenwerfer *in Feuerstellung*
огнеды́шащий, -ая, -ее feuerspeiend
огнемёт, -а *m mil* Flammenwerfer
о́гненный, -ая, -ое **1.** Feuer-; ~ сто́лб Feuersäule **2.** flammend rot **3.** feurig;

~ взор feuriger Blick ◇ Óгненная Землá Feuerland
огне|опáсный, -ая, -ое; *Kzf* -сен, -сна feuergefährlich; **~припáсы,** -ов *Pl* Munition; **~стóйкий,** -ая, -ое feuerfest, feuerbeständig, brandsicher
огнестрéльный, -ая, -ое Feuer-, Schuß-; -ое орýжие Feuerwaffe; -ая рáна Schußwunde
огне|тушúтель, -я *m* Feuerlöscher; **~упóрный,** -ая, -ое; *Kzf* -рен, -рна feuerfest, feuerbeständig, brandsicher; **~упóры,** -ов *m* feuerfeste Werkstoffe
огнúво, -а *n* Stein *oder* Stahl *zum Feuerschlagen*
огó [oho] *Interj* oho!, nanu!, sieh mal an! *drückt Verwunderung aus*
оговáривать(ся) *uv zu* оговорúть(ся)
оговóр, -а *m umg* Verleumdung, falsche Bezichtigung
оговорúть, -рю́, -рúшь; -рённый, -рён, -ренá *v* 1. *umg* zu Unrecht bezichtigen; verleumden 2. ausbedingen, im voraus vereinbaren 3. eine ergänzende [erläuternde, einschränkende] Bemerkung machen 4. *volksspr* tadeln, rügen ‖ *uv* оговáривать, -аю, -аешь
оговорúться, -рю́сь, -рúшься *v* 1. Vorbehalte machen 2. sich versprechen ‖ *uv* оговáриваться, -аюсь, -аешься
оговóрка, -и, *Pl G* -рок, *D* -ркам *f* 1. Vorbehalt, Klausel 2. das (Sich-) Versprechen
оголённый, -ая, -ое 1. nackt, unbekleidet, entblößt 2. kahl *Bäume, Landschaft*
оголúть, -лю́, -лúшь; -лённый, -лён, -ленá *v* 1. entblößen *von Kleidung* 2. entblättern, des Laubs [der Nadeln] berauben 3. bloßlegen, der Schutzschicht berauben; ~ прóвод eine Leitung bloßlegen 4. blankziehen, aus der Scheide ziehen 5. *übtr von Truppen* entblößen, schutzlos machen; ~ флáнг die Flanke entblößen ‖ *uv* оголя́ть, -я́ю, -я́ешь
оголúться, -лю́сь, -лúшься *v* 1. sich entblößen *von Kleidung* 2. Laub [Nadeln] verlieren 3. sichtbar werden, hervortreten *durch Verlust der Deckschicht* 4. *übtr von Truppen* entblößt werden ‖ *uv* оголя́ться, -я́юсь, -я́ешься
оголтéлый, -ая, -ое *umg* zügellos, maßlos, rasend
оголя́ть(ся) *uv zu* оголúть(ся)
огонёк, -нькá *m* 1. kleines Feuer; Licht, Lichtschimmer 2. *übtr* Feuer, Schwung ◇ зайтú на ~ к комý-н. im Vorübergehen j-n aufsuchen *in dessen Fenster man Licht gesehen hat*
огóнь, огня́ *m* 1. Feuer, Flamme 2. *übtr* Feuer; ~ любвú Feuer der Liebe 3. Licht; зажéчь ~ Licht machen 4. *mil* Feuer, Schießen, Beschuß; прекратúть ~ das Feuer einstellen ◇ я готóв в ~ и в вóду ich bin zu jedem Opfer [jeder Heldentat] bereit; из огня́ да в пóлымя *etwa* aus dem Regen in die Traufe
огорáживать(ся) *uv zu* огородúть(ся)
огорáшивать *uv zu* огорóшить
огорóд, -а *m* Gemüsegarten
огородúть, -ожý, -óдúшь; -óженный, -óжен, -а *v* umzäunen, einzäunen ‖ *uv* огорáживать, -аю, -аешь
огородúться, -ожýсь, -óдúшься *v* einen Zaun um seinen Besitz machen, sich mit einem Zaun umgeben ‖ *uv* огорáживаться, -аюсь, -аешься
огорóдник, -а *m* Gemüsegärtner
огорóдничество, -а *n* Gemüseanbau
огорóдный, -ая, -ое Garten-; -ые растéния Gemüsepflanzen
огорóшивать *uv zu* огорóшить
огорóшить, -шу, -шишь; -шенный, -шен, -а *v umg* verblüffen, überraschen ‖ *uv* огорáшивать, -аю, -аешь *u.* огорóшивать, -аю, -аешь
огорчáть(ся) *uv zu* огорчúть(ся)
огорчéние, -я *n* Verdruß, Ärgernis; Betrübnis
огорчúть, -чý, -чúшь; -чённый, -чён, -ченá *v* betrüben, Kummer [Verdruß] bereiten ‖ *uv* огорчáть, -áю, -áешь
огорчúться, -чýсь, -чúшься *v* betrübt werden, Kummer [Verdruß] empfinden ‖ *uv* огорчáться, -áюсь, -áешься
ограбить, -блю, -бишь; -бленный, -блен, -а *v* berauben, (aus)plündern
ограблéние, -я *n* Beraubung, Ausplünderung, Plünderung
огрáда, -ы *f* 1. Umzäunung, Mauer, Zaun, Gitter 2. *buchspr, alt* Beschützer, Hort
оградúтельный, -ая, -ое Schutz-; -ые решётки Schutzgitter; -ые пóшлины Schutzzölle
оградúть, -ажý, -адúшь; -аждённый, -аждён, -ажденá *v* 1. *alt* umzäunen 2. umgeben, umziehen; abgrenzen 3. *übtr* schützen (от *G* gegen, vor) ‖ *uv* **ограждáть,** -áю, -áешь
ограждéние, -я *n* 1. Umzäunung, Abgrenzung 2. Schutz

ограничéние, -я *n* 1. Begrenzung, Umgrenzung 2. Einschränkung, Beschränkung; без -я uneingeschränkt
ограни́ченность, -и *f* 1. Begrenztheit, Beschränktheit, Knappheit 2. *übtr* Borniertheit, Beschränktheit
ограни́ченный, -ая, -ое 1. begrenzt, beschränkt, knapp 2. *übtr* beschränkt, borniert
ограни́чивать(ся) *uv zu* ограни́чить(ся)
ограничи́тельный, -ая, -ое; *Kzf* -лен, -льна einschränkend, beschränkend, Beschränkungs-
ограни́чить, -чу, -чишь; -ченный, -чен, -а *v* beschränken, begrenzen, einschränken; ~ врéмя орáтора die Redezeit beschränken; ~ себя́ sich einschränken || *uv* ограни́чивать, -аю, -аешь
ограни́читься, -чусь, -чишься *v* I sich beschränken (auf), sich begnügen (mit); ~ рóлью свидéтеля sich mit der Rolle des Zuschauers begnügen || *uv* ограни́чиваться, -аюсь, -аешься
огрéть, -éю, -éешь; -éтый, -éт, -а *v* *volksspr* kräftig schlagen, einen ordentlichen Schlag versetzen
огрóмный, -ая, -ое riesig, gewaltig, ungeheuer; -ое здáние ein riesiges Gebäude; ~ успéх ein Riesenerfolg
огрубевáть *uv zu* огрубéть
огрубéлый, -ая, -ое 1. hart, rauh (geworden); -ые рýки rauh gewordene Hände 2. *übtr* gröber geworden, verroht, verhärtet; -ое сéрдце verhärtetes Herz; -ые нрáвы verrohte Sitten
огрубéть, -éю, -éешь *v* 1. hart [rauh] werden; кóжа огрубéла die Haut war rauh geworden 2. verrohen, verhärten || *uv* огрубевáть, -áю, -áешь
огрызáться *uv zu* огрызнýться
огрызнýться, -нýсь, -нёшься *v* 1. drohend knurren *vom Hund* 2. *übtr*, *umg* grob [bissig] antworten || *uv* огрызáться, -áюсь, -áешься
огры́зок, -зка *m* 1. benagtes [angeknabbertes] Stück; ~ сáхара angeknabbertes Stück Zucker 2. *umg* kleiner Rest, Stummel; ~ карандашá Bleistiftstummel
огýзок, -зка *m* Schwanzstück
огýлом *Adv volksspr* alles ohne Unterschied, ohne Ausnahme, in Bausch und Bogen
огýльный, -ая, -ое; *Kzf* -лен, -льна 1. *umg* unterschiedslos alle betreffend, nicht differenziert 2. unbegründet, nicht stichhaltig
огурéц, -рцá, *I* -рцóм, *G Pl* -рцóв *m* Gurke
огурéчный, -ая, -ое Gurken-; -ые семенá Gurkensamen
óда, -ы *f* Ode
одáлживать *uv zu* одолжи́ть
одарённость, -и *f* Begabung, Begabtheit
одарённый, -ая, -ое; *Kzf* -рён, -рённа begabt
одáривать *uv zu* одари́ть
одари́ть, -рю́, -ри́шь; -рённый, -рён, -ренá *v* 1. beschenken 2. *übtr* ausstatten, begaben; прирóда одари́ла егó прекрáсным гóлосом die Natur hat ihn mit einer herrlichen Stimme ausgestattet || *uv* одáривать, -аю, -аешь *u.* **одаря́ть,** -я́ю, -я́ешь
одевáние, -я *n* Anziehen, Ankleiden, Bekleiden
одевáть, -áю, -áешь *uv* 1. *uv zu* одéть 2.: ~ со вкýсом geschmackvoll anziehen [kleiden]
одевáться, -áюсь, -áешься *uv* 1. *uv zu* одéться 2.: ~ со вкýсом sich geschmackvoll anziehen [kleiden]
одéжда, -ы *f* Kleidung, Kleidungsstücke; вéрхняя ~ Oberbekleidung; фóрменная ~ Uniform
одеколóн, -а *m* Kölnischwasser
одели́ть, -лю́, -ли́шь; -лённый, -лён, -ленá *v* beschenken || *uv* **оделя́ть,** -я́ю, -я́ешь
Одер [дэ], -а *m* Oder *Fluß*
одёргивать *uv zu* одёрнуть
одеревенéлый, -ая, -ое 1. zu Holz [holzig] geworden 2. *übtr* starr, steif, gefühllos, erstarrt; -ые пáльцы erstarrte Finger
одеревенéть, -éю, -éешь *v* 1. holzig werden 2. starr [steif, unempfindlich] werden, erstarren 3. *übtr* unempfindlich [gleichgültig] werden
одержáть, одержý, одéржишь; одéржанный, -ан, -а *v*: ~ побéду den Sieg erringen; ~ верх die Oberhand gewinnen || *uv* **одéрживать,** -аю, -аешь
одержи́мость, -и *f* Besessenheit
одержи́мый, -ая, -ое; *Kzf* -и́м, -а 1. besessen, unwiderstehlich ergriffen 2. -ого *Subst m* Besessener, Geistesgestörter
одёрнуть, -ну, -нешь; -нутый, -нут, -а *v* 1. zurechtziehen, zurechtzupfen; ~ гимнастёрку die Uniformbluse zurechtziehen 2. *übtr*, *umg* zur Ordnung rufen, zurechtweisen || *uv* одёргивать, -аю, -аешь
Одéсса, -ы *f* Odessa
одесси́т, -а *m* Einwohner von Odessa

оде́тый, -ая, -ое; *Kzf* оде́т, -а angezogen, gekleidet; ма́льчик оде́т в тёплое пальто́ der Junge hat einen warmen Mantel an

о|де́ть* *v* **1.** anziehen, ankleiden, (be)kleiden; ~ ма́льчика в пальто́ dem Jungen einen Mantel anziehen **2.** anziehen, kostümieren; ~ чёртом als Teufel anziehen [kostümieren] **3.** *übtr* bedecken, verhüllen; тума́ны оде́ли луга́ Nebel verhüllten die Wiesen **4.** *umg* zudecken; ~ одея́лом mit einer Decke zudecken || *uv* одева́ть, -а́ю, -а́ешь

о|де́ться* *v* **1.** sich anziehen, sich ankleiden, sich bekleiden; она́ оде́лась в своё но́вое пла́тье sie zog ihr neues Kleid an **2.** sich anziehen, sich kostümieren; она́ оде́лась ма́льчиком sie hat sich als Junge angezogen **3.** *übtr* sich bedecken *meist mit Pflanzen* **4.** *umg* sich zudecken || *uv* одева́ться, -а́юсь, -а́ешься

одея́ло, -а *n* Decke, Bettdecke; стёганое ~ Steppdecke

одея́ние, -я *n alt u. scherz* Kleidung, Gewandung

оди́н, одного́ *m*; одна́, одно́й *f*; одно́, одного́ *n*; *Pl* одни́, одни́х **1.** *Num* eins, ein; ~ да два — три eins und zwei ist drei; сочине́ние в одно́м то́ме Werk in einem Band **2.** *Adj* allein; оста́вьте меня́ одного́ [одну́] laßt mich allein **3.** *Adj* kein anderer, nichts weiter als, einzig, bloß, nur; вы́йти на у́лицу в одно́м пла́тье nur im Kleid auf die Straße gehen; э́то для неё одна́ заба́ва das ist für sie nur ein Spiel **4.** *Adj* der gleiche, derselbe; стоя́ть на одно́м ме́сте an der gleichen Stelle stehen; она́ одного́ мне́ния со мной sie ist der gleichen Meinung wie ich; э́то одно́ и то́ же das ist ein und dasselbe **5.** *Adj* einheitlich, einzig **6.** *Adj*: ~ ... друго́й der eine ..., der andere; с одно́й стороны́ ... с друго́й стороны́ einerseits ..., andererseits ◇ ~ к одному́ einer wie der andere *anerkennend*; ~ на ~ a) unter vier Augen; b) Mann gegen Mann; ста́вить на одну́ до́ску с ке́м-н. auf eine Stufe mit j-m stellen; ~-одинёхонек *u.* ~-одинёшенек mutterseelenallein

одина́ково *Adv* ebenso, in gleicher Weise

одина́ковый, -ая, -ое; *Kzf* -ов, -а (ganz) gleich, gleichaltrig; ~ по цве́ту gleichfarbig

одина́рный, -ая, -ое einfach *nicht doppelt*

одиннадцатиле́тний, -яя, -ее elfjährig

оди́ннадцатый, -ая, -ое *Num* elfter

оди́ннадцать, -и *Num* elf

одино́кий, -ая, -ое; *Kzf* -о́к, -а **1.** einzeln, vereinzelt; хло́пнул ~ вы́стрел es krachte ein einzelner Schuß **2.** alleinstehend, einsam, anhanglos

одино́чество, -а *n* Einsamkeit, Alleinsein

одино́чка, -и, *Pl G* -чек, *D* -чкам *f* **1.** *m, f* Alleinstehende(r), Einzelgänger(in) **2.** *umg* Einzelzelle **3.** Einspänner **4.** *Sport* Einer ◇ в -у a) einzeln; b) ohne fremde Hilfe; -ой *umg* allein, einsam; вызыва́ть по -е einzeln aufrufen

одино́чный, -ая, -ое **1.** einzeln, vereinzelt; -ые вы́стрелы vereinzelte Schüsse **2.** für eine Person bestimmt, Einzel-; -ая ка́мера Einzelzelle; -ое заключе́ние Einzelhaft

одио́зный, -ая, -ое; *Kzf* -зен, -зна *buchspr* odiös, anrüchig, verhaßt

одича́лый, -ая, -ое verwildert, verwahrlost

одича́ние, -я *n* Verwilderung, Verwahrlosung

одича́ть, -а́ю, -а́ешь *v* **1.** verwildern, verwahrlosen **2.** menschenscheu, ungesellig werden

одна́ ↑ оди́н

одна́жды *Adv* **1.** (nur) einmal **2.** einmal, einst

одна́ко *oft in Verbindung mit der Partikel* же *oder* ж **1.** *Konj* aber, indessen, jedoch **2.** *Interj drückt Verwunderung, Empörung aus* das ist ja!, na, da hört sich doch alles auf!

одни́, одно́ ↑ оди́н

одно- *in Zuss* **1.** ein- **2.** *bezeichnet Zugehörigkeit zu demselben, z. B.* однокла́ссник Klassenkamerad

одноа́ктный, -ая, -ое einaktig; -ая пье́са Einakter

однобо́кий, -ая, -ое; *Kzf* -бо́к, -а **1.** nur auf einer Seite entwickelt; ungleichmäßig, einseitig **2.** *übtr* einseitig

одно|бо́ртный, -ая, -ое einreihig; ~бо́ртный пиджа́к Einreiher; **~вале́нтный,** -ая, -ое *chem* einwertig; **~вре́ме́нный,** -ая, -ое gleichzeitig; **~гла́зый,** -ая, -ое einäugig; **~годи́чный,** -ая, -ое einjährig, Einjahres-; ~годи́чный курс Jahreskurs; **~голо́сый,** -ая, -ое *mus* einstimmig

одного́рбый, -ая, -ое einhöckerig; ~ верблю́д Dromedar
одноднёвка, -и, *Pl G* -вок, *D* -вкам *f* 1. *zool* Eintagsfliege 2. *umg* etw. Kurzlebiges
однодне́вный, -ая, -ое eintägig, Tages-; ~ за́работок Tagesverdienst
одно|зву́чный, -ая, -ое; *Kzf* -чен, -чна eintönig; **~зна́чащий,** -ая, -ее *buchspr* gleichbedeutend, identisch; **~зна́чный,** -ая, -ое; *Kzf* -чен, -чна 1. gleichbedeutend, identisch 2. *math* einstellig; **~имённый,** -ая, -ое; *Kzf* -ёнен, -ённа gleichnamig; **~ка́шник,** -а *m umg* Schulkamerad, Kamerad aus der Ausbildungszeit; **~кла́ссник,** -а *m* Klassenkamerad, Mitschüler; **~кле́точный,** -ая, -ое *biol* einzellig; **~коле́йка,** -и, *Pl G* -éек, *D* -éйкам *f umg* eingleisige Eisenbahn; **~коле́йный,** -ая, -ое eingleisig *Eisenbahn*; **~ко́лка,** -и, *Pl G* -лок, *D* -лкам *f* zweirädriger Karren
однокра́тный, -ая, -ое einmalig ◇ ~ глаго́л Verb mit momentaner Aktionsart
одноку́рсник, -а *m* Student aus demselben Studienjahr, Studienkamerad
однола́мповый, -ая, -ое: ~ радиоприёмник Einröhrenempfänger
однолéтний, -яя, -ее einjährig, Einjahres-; ~ сын einjähriger Sohn; -ие расте́ния einjährige Pflanzen
однолéток, -тка *m* Altersgenosse; мы с ним -тки wir beide sind gleichaltrig
однома́чтовый, -ая, -ое einmastig; ~ па́русник Einmaster
одномéстный [сн], -ая, -ое Einmann-, einsitzig; -ая каю́та Einmannkajüte
одномото́рный, -ая, -ое einmotorig
одноно́гий, -ая, -ое einbeinig; ~ инвали́д einbeiniger Invalid
одно|обра́зие, -я *n* Einförmigkeit, Eintönigkeit; **~обра́зный,** -ая, -ое; *Kzf* -зен, -зна einförmig, eintönig; **~пала́тный,** -ая, -ое: ~пала́тная систе́ма *pol* Einkammersystem; **~полча́нин,** -а, *Pl* -áне, -áн, -áнам *m* Regimentskamerad; **~по́люсный,** -ая, -ое *phys* einpolig; **~ро́дность,** -и *f* Gleichartigkeit
одноро́дный, -ая, -ое; *Kzf* -ден, -дна 1. gleichartig; homogen; -ая жи́дкость homogene Flüssigkeit 2. gleichartig, verwandt; -ые величи́ны *math* gleichartige Größen
однору́кий, -ая, -ое einarmig, einhändig
односло́жный, -ая, -ое; *Kzf* -жен, -жна 1. einsilbig, aus einer Silbe bestehend; -ые существи́тельные einsilbige Substantive 2. *übtr* einsilbig, lakonisch; -ые отве́ты einsilbige Antworten
односме́нный, -ая, -ое einschichtig, in einer Arbeitsschicht; -ая рабо́та einschichtige Arbeit
одноство́льный, -ая, -ое: -ое ору́жие einläufiges Gewehr
одноство́рчатый, -ая, -ое: -ая дверь einflüglige Tür
односторо́нний, -яя, -ее 1. *text* einseitig, nur einseitig verwendbar 2. *med* einseitig; -ее воспале́ние лёгких einseitige Lungenentzündung 3. *Kzf* -ро́нен, -ро́ння, -ро́нне einseitig; -яя радиосвя́зь einseitige Funkverbindung
одно|то́мник, -а *m umg* einbändige Ausgabe; **~то́мный,** -ая, -ое einbändig; **~фами́лец,** -льца, *I* -льцем, *G Pl* -льцев *m* Namensvetter; **~цве́тный,** -ая, -ое 1. einfarbig 2. *übtr* eintönig, gleichförmig; **~чле́н,** -а *m math* Monom; **~эта́жный,** -ая, -ое eingeschossig *nur Erdgeschoß*, ebenerdig
одобре́ние, -я *n* Billigung, Zustimmung
одобри́тельный, -ая, -ое beifällig, zustimmend; ~ о́тзыв beifälliges Urteil, günstige Aufnahme
одо́брить, -рю, -ришь; -ренный, -рен, -а *v* billigen, gutheißen ‖ *uv* **одобря́ть,** -я́ю, -я́ешь
одолева́ть *uv zu* одоле́ть
одоле́ть, -éю, -éешь *v* 1. besiegen, überwältigen, überwinden 2. *übtr, umg* bewältigen, überwinden 3. *übtr* überwältigen, sich bemächtigen; сон одоле́л его́ Schlaf überwältigte ihn 4. *übtr, umg* fertigmachen, piesacken, kleinkriegen ‖ *uv* одолева́ть, -áю, -áешь
одолжа́ть *uv zu* одолжи́ть
одолже́ние, -я *n* 1. *alt* Borgen, Leihen 2. Gefälligkeit, Hilfe; сде́лайте ~ *alt* tun Sie mir den Gefallen, wollen Sie die Güte haben
одолжи́ть, -жу́, -жи́шь; одо́лженный, -ен, -а *v* 1. *A oder G* borgen, leihen 2. *A alt* j-s Dankbarkeit gewinnen, j-n zu Dank verpflichten ‖ *uv* одолжа́ть, -áю, -áешь *u.* ода́лживать, -аю, -аешь
одр, -á *m*: на сме́ртном -é *alt* auf dem Sterbelager
одряхле́ть, -éю, -éешь *v* altersschwach werden
одува́нчик, -а *m bot* Löwenzahn

оду́маться, -аюсь, -аешься *v* 1. sich (eines Besseren) besinnen 2. *umg* zur Besinnung kommen ‖ *uv* **оду́мываться,** -аюсь, -аешься

одура́чивать *uv zu* одура́чить

одура́чить, -чу, -чишь; -ченный, -чен, -а *v umg* übertölpeln ‖ *uv* одура́чивать, -аю, -аешь

одуре́лый, -ая, -ое *umg* benommen; blödsinnig

одуре́ть, -е́ю, -е́ешь *v umg* überschnappen, verrückt werden

одурма́нивать *uv zu* одурма́нить

одурма́нить, -ню, -нишь; -ненный, -нен, -а *v* (den Sinn) umnebeln, betäuben, berauschen ‖ *uv* одурма́нивать, -аю, -аешь

одуря́ть, -я́ю, -я́ешь *uv umg* (den Sinn) umnebeln, betäuben, berauschen

одуря́ющий, -ая, -ее betäubend, berauschend

одутлова́тый, -ая, -ое; *Kzf* -а́т, -а aufgedunsen, geschwollen

одухотворённость, -и *f* Vergeistigtheit, Vergeistigung, Durchgeistigung

одухотворённый, -ая, -ое; *Kzf* -ён, -ённа 1. von erhabenem Gefühl [von edler Begeisterung] durchdrungen 2. vergeistigt, durchgeistigt

одухотвори́ть, -рю́, -ри́шь; -рённый, -рён, -рена́ *v* 1. geistige Fähigkeiten zuschreiben *Tieren, Dingen* 2. beseelen; begeistern, inspirieren 3. vergeistigen ‖ *uv* **одухотворя́ть,** -я́ю, -я́ешь

одушеви́ть, -влю́, -ви́шь; -влённый, -влён, -влена́ *v* 1. beseelen 2. *alt* begeistern ‖ *uv* одушевля́ть, -я́ю, -я́ешь

одушевле́ние, -я *n alt* Begeisterung

одушевлённый, -ая, -ое 1. beseelt, eine Seele habend 2. *alt* begeistert 3. *gram* belebt

одушевля́ть *uv zu* одушеви́ть

оды́шка, -и *f* Atemnot, Kurzatmigkeit

ожереби́ться, *1. u. 2. Pers ungebr*, -и́тся *v* fohlen, Füllen werfen

ожере́лье, -ья *n* Halskette *aus Edelsteinen, Perlen u. ä.*, Kollier

ожесточа́ть(ся) *uv zu* ожесточи́ть(ся)

ожесточе́ние, -я *n* Erbitterung, Härte

ожесточённый, -ая, -ое erbittert, hart; -ая борьба́ erbitterter Kampf

ожесточи́ть, -чу́, -чи́шь; -чённый, -чён, -чена́ *v* grausam [hart, erbittert] machen, erbittern ‖ *uv* ожесточа́ть, -а́ю, -а́ешь

ожесточи́ться, -чу́сь, -чи́шься *v* grausam [hart, erbittert] werden ‖ *uv* ожесточа́ться, -а́юсь, -а́ешься

ожива́ть *uv zu* ожи́ть

оживи́ть, -влю́, -ви́шь; -влённый, -влён, -влена́ *v* 1. wiederbeleben, wieder zum Leben erwecken 2. beleben, erfrischen 3. *übtr* wieder zum Leben erwecken, auffrischen; ~ воспомина́ния Erinnerungen auffrischen 4. beleben, aktivieren ‖ *uv* оживля́ть, -я́ю, -я́ешь

оживи́ться, -влю́сь, -ви́шься *v* 1. aufleben, belebt werden 2. sich mit Leben füllen; у́лица оживи́лась die Straße füllte sich mit Leben ‖ *uv* оживля́ться, -я́юсь, -я́ешься

оживле́ние, -я *n* 1. Belebung 2. Belebtheit, Lebhaftigkeit; на у́лице большо́е ~ auf der Straße ist viel Verkehr [herrscht Hochbetrieb]; внести́ ~ в о́бщество Leben in die Bude bringen

оживлённый, -ая, -ое; *Kzf* -ён, -ённа 1. lebhaft 2. belebt; -ая у́лица belebte Straße

оживля́ть(ся) *uv zu* оживи́ть(ся)

ожида́ние, -я *n* 1. Warten, Erwartung 2. Erwartung, Hoffnung

ожида́ть, -а́ю, -а́ешь; *alt* ожида́нный, -ан, -а *uv* 1. *A oder G* warten (auf), erwarten 2. *G oder mit Inf* erwarten, erhoffen

ожире́ние, -я *n* Verfettung

ожире́ть, -е́ю, -е́ешь *v* fett werden, verfetten

о|жи́ть*; о́жил *v* 1. wieder lebendig werden, wieder zum Leben erwachen 2. neuen Lebensmut bekommen, aufatmen 3. sich beleben, lebhaft [lustig] werden 4. *übtr* wieder aufleben, wiedererstehen; ~ в па́мяти in der Erinnerung wieder aufleben 5. sich beleben, belebt werden, sich mit Leben füllen ‖ *uv* ожива́ть, -а́ю, -а́ешь

ожо́г, -а *m* Verbrennung, Brandwunde

оз. (о́зеро) See

озабо́тить, -о́чу, -о́тишь; -о́ченный, -о́чен, -а *v* besorgt machen, beunruhigen ‖ *uv* озабо́чивать, -аю, -аешь

озабо́титься, -о́чусь, -о́тишься *v* sich kümmern, sich bemühen (о *P* um) ‖ *uv* озабо́чиваться, -аюсь, -аешься

озабо́ченность, -и *f* Besorgnis, Besorgtheit

озабо́ченный, -ая, -ое; *Kzf* -ен, -енна besorgt

озабо́чивать(ся) *uv zu* озабо́тить(ся)

озагла́вить, -влю, -вишь; -вленный, -влен, -а *v* betiteln ‖ *uv* **озагла́вливать,** -аю, -аешь

озада́ченный, -ая, -ое bestürzt, betroffen, verblüfft
озада́чивать *uv zu* озада́чить
озада́чить, -чу, -чишь; -ченный, -чен, -а *v* in Verwirrung [Bestürzung, Verblüffung, Verlegenheit] versetzen, verwirren, verblüffen, betreten machen || *uv* озада́чивать, -аю, -аешь
озари́ть, -рю́, -ри́шь; -рённый, -рён, -рена́ *v* 1. erleuchten, erhellen 2. *übtr* erhellen, erstrahlen lassen, durchdringen; улы́бка озари́ла её лицо́ ein Lächeln erhellte ihr Gesicht 3. durchfahren *von Gedanken*; вдруг де́рзкая мысль озари́ла его́ plötzlich durchfuhr ihn ein kühner Gedanke || *uv* **озаря́ть,** -я́ю, -я́ешь
озари́ться, -рю́сь, -ри́шься *v I* 1. erleuchtet werden (von), erstrahlen (in); за́пад озари́лся зака́том der Westen erstrahlte im Abendrot 2. erstrahlen (vor, in), erhellt werden (von, durch); лицо́ его́ озари́лось наде́ждой sein Gesicht erstrahlte in Hoffnung || *uv* **озаря́ться,** -я́юсь, -я́ешься
озвере́лый, -ая, -ое vertiert, zum Tier geworden, bestialisch
озвере́ть, -е́ю, -е́ешь *v* zum Tier [zur Bestie] werden, rasend werden
озву́чение, -я *n Film* Vertonung; синхро́нное речево́е ~ lippensynchrone Vertonung
озву́чивать *uv zu* озву́чить
озву́чить, -чу, -чишь; -ченный, -чен, -а *v* vertonen *Film* || *uv* озву́чивать, -аю, -аешь
оздорови́тельный, -ая, -ое Gesundungs-, Sanierungs-
оздорови́ть, -влю́, -ви́шь; -влённый, -влён, -влена́ *v* 1. gesund machen; zuträglicher für die Gesundheit machen, sanieren; ~ усло́вия труда́ Arbeitsbedingungen verbessern *im Hinblick auf die hygienischen Verhältnisse* 2. *übtr* sanieren, normalisieren; ~ обстано́вку в коллекти́ве im Kollektiv eine gesunde Atmosphäre schaffen; ~ фина́нсы die finanzielle Lage sanieren || *uv* оздоровля́ть, -я́ю, -я́ешь
оздоровле́ние, -я *n* 1. Verbesserung der hygienischen Verhältnisse 2. Sanierung, Normalisierung; ~ фина́нсов finanzielle Sanierung
оздоровля́ть *uv zu* оздорови́ть
озелене́ние, -я *n* Anpflanzung von Grünflächen, Begrünung
озелени́ть, -ню́, -ни́шь; -нённый, -нён, -нена́ *v* mit Grün bepflanzen, begrünen || *uv* **озеленя́ть,** -я́ю, -я́ешь
о́земь *Adv umg* zu Boden, auf die Erde
озёрный, -ая, -ое See-, Seen-, Binnensee-; ~ край Seengebiet
о́зеро, -а, *Pl* озёра, озёр, озёрам *n* Binnensee, der See
ози́мый, -ая, -ое *landw* 1. Winter-, Wintersaat-; -ая рожь Winterroggen 2. -ые, -ых *Subst Pl* Wintergetreide, Wintersaat
о́зимь, -и *f* Wintersaat
озира́ть, -а́ю, -а́ешь *uv buchspr* betrachten, mit den Augen überfliegen
озира́ться, -а́юсь, -а́ешься *uv* 1. sich umsehen, um sich blicken, umherblicken 2. *alt* nach rückwärts blicken
озли́ться, озлю́сь, озли́шься *v volksspr* in Wut geraten, sich erbosen, sich erzürnen
озло́бить, -блю, -бишь; -бленный, -блен, -а *v* erzürnen, erbosen, erbittern || *uv* озлобля́ть, -я́ю, -я́ешь
озло́биться, -блюсь, -бишься *v* in Zorn [in Erbitterung] geraten, sich erbosen, erbittert werden || *uv* озлобля́ться, -я́юсь, -я́ешься
озлобле́ние, -я *n* Erbostheit, Erbitterung, Grimm, wütende Verbissenheit
озло́бленный, -ая, -ое; *Kzf* -ен, -енна erbost, verbittert, grimmig
озлобля́ть(ся) *uv zu* озло́бить(ся)
ознако́мить, -млю, -мишь; -мленный, -млен, -а *v* с *I* vertraut machen (mit), einführen, einweihen (in); ~ с положе́нием дел in die Sachlage einführen || *uv* ознакомля́ть, -я́ю, -я́ешь
ознако́миться, -млюсь, -мишься *v* с *I* sich vertraut machen, sich bekannt machen (mit) || *uv* ознакомля́ться, -я́юсь, -я́ешься
ознакомле́ние, -я *n* Bekanntmachen (с *I* mit etw.)
ознакомля́ть(ся) *uv zu* ознако́мить(ся)
ознаменова́ние, -я *n*: в ~ zu Ehren, zum Gedächtnis
ознаменова́ть, -ну́ю, -ну́ешь; -но́ванный, -но́ван, -а *v* 1. kennzeichnen, darstellen, bedeuten 2. festlich begehen; denkwürdig machen || *uv* **ознамено́вывать,** -аю, -аешь
означа́ть, -а́ю, -а́ешь *uv* 1. *uv zu* озна́чить 2. bedeuten, Bedeutung haben,

bezeichnen; что означа́ет э́то сло́во? was bedeutet dieses Wort?

озна́чить, -чу, -чишь; -ченный, -чен, -а *v* 1. *alt* bezeichnen, verzeichnen, angeben; ~ на ка́рте auf der Karte angeben 2. bestimmen, festlegen, angeben || *uv* означа́ть, -а́ю, -а́ешь

озно́б, -а *m* Schüttelfrost

озолоти́ть, -очу́, -оти́шь; -очённый, -очён, -очена́ *v* 1. in einen Goldschimmer tauchen, goldfarben machen 2. *umg* mit Gold überschütten

озо́н, -а *m* Ozon

озорни́к, -а́ *m* 1. *umg* Wildfang, Frechdachs 2. *volksspr* Rüpel, Randalist

озорнича́ть, -а́ю, -а́ешь *uv* 1. *umg* ausgelassen sein, *harmlosen* Unfug treiben, ungezogen sein 2. *volksspr* sich rüpelhaft aufführen, randalieren

озорно́й, -а́я, -о́е 1. *umg* ausgelassen, mutwillig 2. *volksspr* rüpelhaft, randalierend

озорство́, -а́ *n umg* 1. Mutwilligkeit, Ausgelassenheit, Ungezogenheit 2. Rüpelei, Randalieren, Bubenstreich

озя́бнуть, -ну, -нешь; озя́б, -ла *v umg* frieren, durchfrieren; у меня́ озя́бли ру́ки mir sind die Hände wie Eis

ой *Interj* au, hu, heu, ei *bei Schmerz, Mitgefühl, Furcht, Verwunderung, Freude*

Ока́, -й *f* Oka *Fluß*

оказа́ние, -я *n*: ~ по́мощи Hilfeleistung; ~ по́честей Ehrenbezeigung, -erweisung

о|каза́ть* *v* erweisen, bezeigen, leisten; ~ соде́йствие Unterstützung leisten; ~ сопротивле́ние Widerstand leisten; ~ по́мощь Hilfe erweisen; ~ услу́гу einen Dienst erweisen; ~ влия́ние Einfluß ausüben || *uv* ока́зывать, -аю, -аешь

о|каза́ться* *v* 1. *alt* zutage treten, sich offenbaren 2. sich finden, vorhanden sein; в гости́нице не оказа́лось свобо́дных номеро́в im Hotel gab es keine freien Zimmer 3. sich unversehens, plötzlich befinden, plötzlich geraten 4. *I* sich erweisen (als), sich herausstellen (als), sein; ~ ста́рым знако́мым sich als alter Bekannter erweisen || *uv* ока́зываться, -аюсь, -аешься

ока́зия, -и *f* 1. *alt* günstige Gelegenheit 2. *umg* seltene [ungewöhnliche] Begebenheit

ока́зывать *uv zu* оказа́ть

ока́зываться, -аюсь, -аешься *uv* 1. *uv zu* оказа́ться 2.: ока́зывается *mod* wie sich herausstellt, wie sich erweist; он, ока́зывается, уе́хал wie sich herausstellt, ist er fortgefahren

окайми́ть, -млю, -ми́шь; -млённый, -млён, -млена́ *v* 1. umsäumen, umranden, einfassen 2. *übtr* einfassen, umgeben; глаза́, окаймлённые сине́вой mit blauen Rändern umgebene Augen || *uv* **окаймля́ть,** -я́ю, -я́ешь

окаменева́ть *uv zu* окамене́ть

окамене́лость, -и *f* 1. Versteinerung 2. *übtr* Erstarrung, Starrheit, Leblosigkeit 3. *meist Pl* Fossilien, Versteinerungen

окамене́лый, -ая, -ое 1. zu Stein geworden, versteinert 2. *übtr* erstarrt, leblos 3. gefühllos, erbarmungslos

окамене́ние, -я *n* 1. Versteinern, Versteinerung 2. Starre, Erstarrung

окамене́ть, -е́ю, -е́ешь *v* 1. versteinern, zu Stein werden 2. *übtr* erstarren, versteinern, unbeweglich werden 3. *übtr* verhärten, gefühllos werden || *uv* окаменева́ть, -а́ю, -а́ешь *zu* 1

окантова́ть, -ту́ю, -ту́ешь; -то́ванный, -то́ван, -а *v* umranden, mit Kante [Borte] versehen || *uv* оканто́вывать, -аю, -аешь

оканто́вка, -и, *Pl G* -вок, *D* -вкам *f* 1. Umranden, Umrandung 2. Umrandung, Kante, Borte

оканто́вывать *uv zu* окантова́ть

ока́нчивать(ся) *uv zu* око́нчить(ся)

ока́пывать(ся) *uv zu* окопа́ть(ся)

ока́рмливать *uv zu* окорми́ть

окати́ть, окачу́, ока́тишь; ока́ченный, -ен, -а *v* überschütten, übergießen || *uv* **ока́тывать,** -аю, -аешь *umg u.* ока́чивать, -аю, -аешь

окати́ться, окачу́сь, ока́тишься *v* sich überschütten, sich übergießen; ~ холо́дной водо́й sich mit kaltem Wasser übergießen || *uv* **ока́тываться,** -аюсь, -аешься *umg u.* ока́чиваться, -аюсь, -аешься

о́кать, о́каю, о́каешь *uv* unbetontes o wie „o" (nicht wie „a") aussprechen

ока́чивать(ся) *uv zu* окати́ть(ся)

окая́нный, -ая, -ое 1. *alt* mit dem kirchlichen Bannfluch beladen; sündig 2. -ого *Subst m umg, alt* der Böse, der Teufel 3. *derb volksspr* verflucht, verdammt, Teufels-

океа́н, -а *m* Ozean

Океа́ния, -и *f* Ozeanien

океа́нский, -ая, -ое ozeanisch, Ozean-, Übersee; ~ парохо́д Überseedampfer

окидывать *uv zu* окинуть
окинуть, -ну, -нешь; окинутый, -ут, -а *v*: ~ взглядом [взором] betrachten, mustern, mit den Augen umfassen ‖ *uv* окидывать, -аю, -аешь
окисел, -сла *m* Oxyd
окисление, -я *n* Oxydation, Oxydierung
окислитель, -я *m* Oxydiermittel
окислительный, -ая, -ое Oxydierungs-, Oxydations-
окислить, -лю, -лишь; -лённый, -лён, -лена *v* mit Sauerstoff verbinden, zum Oxydieren bringen ‖ *uv* **окислять,** -яю, -яешь
окислиться, *1. u. 2. Pers ungebr*, -ится *v* oxydieren, Sauerstoff aufnehmen, sich mit Sauerstoff verbinden ‖ *uv* **окисляться,** -яется
окись, -и *f* Oxyd; ~ углерода Kohlenoxid
оккупант, -а *m* Okkupant
оккупационный, -ая, -ое Okkupations-, Besatzungs-; -ые войска Besatzungstruppen
оккупация, -и *f* Okkupation, Besetzung
оккупировать, -рую, -руешь; -рованный, -рован, -а *v* okkupieren, besetzen
оклад, -а *m regelmäßiges* Gehalt; месячный ~ Monatsgehalt
окладистый, -ая, -ое; *Kzf* -ист, -а *alt* voll, kräftig *vom Körperbau* ◇ -ая борода Vollbart
о|клеветать*; оклеветанный, -ан, -а *v* verleumden
оклеивать *uv zu* оклеить
оклеить, -ею, -еишь; -еенный, -еен, -а *v* bekleben, tapezieren ‖ *uv* оклеивать, -аю, -аешь
оклик, -а *m* Anruf, Zuruf
окликать *uv zu* окликнуть
окликнуть, -ну, -нешь; -нутый, -нут, -а *v* anrufen, beim Namen rufen *um die Aufmerksamkeit auf sich zu lenken* ‖ *uv* окликать, -аю, -аешь
окно, -а, *Pl* окна, окон, окнам *n* 1. Fenster; выбросить в [за] ~ zum Fenster hinauswerfen 2. *umg* Fensterbrett 3. Öffnung 4. *umg* Zwischenstunde *im Stundenplan*
око, -а, *Pl* очи, очей, очам *n alt, poet* Auge ◇ в мгновение ока im Augenblick, sekundenschnell, im Handumdrehen
о|ковать* *v* 1. beschlagen *mit Metall*; окованный железом сундук eisenbeschlagene Truhe 2.: ~ льдом mit Eis bedecken, vereisen ‖ *uv* оковывать, -аю, -аешь
оковы, оков *Pl* 1. *alt* Ketten *zum Fesseln* 2. *übtr* Fesseln; моральные ~ moralische Fesseln
оковывать *uv zu* оковать
околачиваться, -аюсь, -аешься *uv volksspr* sich herumtreiben; ~ без дела untätig herumlungern
околдовать, -дую, -дуешь; -дованный, -дован, -а *v* 1. behexen, verzaubern 2. *übtr* bezaubern, berücken ‖ *uv* **околдовывать,** -аю, -аешь
околевать *uv zu* околеть
околёсица, -ы, *I* -сей *f umg* Unsinn; нести -у Unsinn reden
околеть, -ею, -еешь *v* krepieren, verenden ‖ *uv* околевать, -аю, -аешь
околица, -ы, *I* -ей *f* 1. Zaun, Einfriedigung *um ein Dorf, am Dorfeingang*; Einfahrt *durch Dorfeinfriedigung* 2. *volksspr* Ortsrand, Dorfende
околичность, -и *f*: без -ей ohne Umschweife
около 1. *Präpos mit G* neben, bei, an; он сидел ~ меня er saß neben mir; стоять ~ ворот am Tor stehen 2. *Präpos mit G* ungefähr, gegen; ~ пяти рублей ungefähr fünf Rubel; ~ полудня gegen Mittag 3. *Adv* daneben, in der Nähe; стоять ~ daneben stehen ◇ ходить вокруг да ~ wie die Katze um den heißen Brei schleichen
околоток, -тка *m* 1. *hist* städtisches Polizeirevier 2. *alt* Revier; *mil* Krankenstube 3. Eisenbahnteilstrecke
околоцветник, -а *m* Blütenhülle
околпачивать *uv zu* околпачить
околпачить, -чу, -чишь; -ченный, -чен, -а *v volksspr* betrügen, übers Ohr hauen, für dumm verkaufen ‖ *uv* околпачивать, -аю, -аешь
околыш, -а, *I* -ем, *G Pl* -ей *m* Mützenrand
окольный, -ая, -ое: ~ путь Umweg; -ыми путями auf Umwegen
окольцевать, -цую, -цуешь; -цованный, -цован, -а *v* beringen ‖ *uv* **окольцовывать,** -аю, -аешь
оконечность, -и *f* Ende, Ausläufer; северная ~ острова Nordende der Insel
оконный, -ая, -ое Fenster-; -ое стекло Fensterglas, Fensterscheibe
оконопатить, -ачу, -атишь; -аченный, -ачен, -а *v naut* kalfatern, Fugen abdichten ‖ *uv* **оконопачивать,** -аю, -аешь
оконфузить, -ужу, -узишь; -ужен-

ный, -у́жен, -а *v volksspr* verwirren, konfus machen, in Verlegenheit bringen; lächerlich machen, blamieren

оконфу́зиться, -у́жусь, -у́зишься *v volksspr* sich blamieren, sich lächerlich machen

оконча́ние, -я *n* **1.** Beendigung, Ende, Schluß **2.** *gram* Endung

оконча́тельный, -ая, -ое; *Kzf* -лен, -льна endgültig, End-; ~ результа́т Endergebnis; -ое реше́ние endgültiger Entscheid

око́нчить, -чу, -чишь; -ченный, -чен, -а *v* **1.** zu Ende führen, beendigen, abschließen **2.** absolvieren, beenden; ~ институ́т die Hochschule absolvieren ‖ *uv* ока́нчивать, -аю, -аешь

око́нчиться, *1. u. 2. Pers ungebr*, -ится *v* enden, aufhören, ablaufen ‖ *uv* ока́нчиваться, -ается

око́п, -а *m* Schützengraben

окопа́ть, -а́ю, -а́ешь; око́панный, -ан, -а *v* **1.** ringsum etw. graben, die Erde aufwerfen; ~ кусты́ um die Büsche herum die Erde aufwerfen **2.** mit einem Graben [Erdaufwurf] umgeben ‖ *uv* ока́пывать, -аю, -аешь

окопа́ться, -а́юсь, -а́ешься *v* **1.** *mil* sich eingraben **2.** *übtr, umg* ein sicheres Plätzchen finden ‖ *uv* ока́пываться, -аюсь, -аешься

око́пный, -ая, -ое Graben-, Schützengraben-, Schanz-; -ая ли́ния Grabenlinie; -ая война́ Stellungskrieg

окора́чивать *uv zu* окороти́ть

окорми́ть, окормлю́, око́рмишь; око́рмленный, -ен, -а *v* **1.** *volksspr* überfüttern **2.** durch schlechtes Futter krank machen [töten] **3.** vergiften ‖ *uv* ока́рмливать, -аю, -аешь

о́корок, -а, *Pl* окорока́, -о́в, -а́м *m* Keule, Schinken

окороти́ть, -очу́, -оти́шь; -о́ченный, -о́чен, -а *v umg* zu kurz machen; ~ пла́тье ein Kleid zu sehr kürzen ‖ *uv* окора́чивать, -аю, -аешь

окостенева́ть *uv zu* окостене́ть

окостене́лый, -ая, -ое **1.** zu Knochen geworden, verknöchert **2.** steif [starr, unbeweglich, gefühllos] geworden **3.** *übtr* erstarrt, verknöchert, entwicklungsunfähig (geworden)

окостене́ть, -е́ю, -е́ешь *v* **1.** zu Knochen werden, verknöchern **2.** vor Kälte steif [starr, unbeweglich] werden **3.** *übtr* (in Unbeweglichkeit) erstarren **4.** *übtr* erstarren, verknöchern, entwicklungsunfähig werden ‖ *uv* окостенева́ть, -а́ю, -а́ешь

окоти́ться, *1. u. 2. Pers ungebr*, -и́тся *v* Junge werfen, jungen *von Katzen, Hasen, Ziegen u. a.*, lammen

окочене́лый, -ая, -ое steifgefroren, starr *vor Kälte*

окочене́ть, -е́ю, -е́ешь *v* **1.** steiffrieren, erstarren *vor Kälte* **2.** *übtr* in Unbeweglichkeit erstarren

око́шко, -а, *Pl G* -шек, *D* -шкам *n* **1.** *Dem zu* окно́ Fenster **2.** Schalterfenster, Schalter

окра́ина, -ы *f* **1.** Rand, Randstreifen; ~ ле́са Waldrand; ~ го́рода Stadtrand **2.** Randgebiet, Grenzgebiet

окра́инный, -ая, -ое **1.** Rand-, Randgebiets-; -ые райо́ны страны́ Randgebiete des Landes **2.** Vororts-; -ые у́лицы Vorortstraßen

окра́сить, -а́шу, -а́сишь; -а́шенный, -а́шен, -а *v* **1.** färben; ~ ткань Gewebe färben **2.** röten, rot färben *von Sonne, Feuer, Gesichtsfarbe* **3.** *übtr, meist Ptz Prät Pass* färben, kennzeichnen; э́той печа́лью была́ окра́шена вся жизнь её von dieser Trauer war ihr ganzes Leben überschattet ‖ *uv* окра́шивать, -аю, -аешь

окра́ситься, *1. u. 2. Pers ungebr*, -ится *v* sich färben ‖ *uv* окра́шиваться, -ается

окра́ска, -и *f* **1.** Anstreichen, Färben; ~ зда́ний Streichen von Häusern; ~ воло́с Haarfärben **2.** Farbe, Färbung, Anstrich **3.** *übtr* Färbung, Anstrich, Note, Charakter

окра́шивать(ся) *uv zu* окра́сить(ся)

окре́пнуть, -ну, -нешь; окре́п, -ла *v* **1.** fester werden; наст окре́п die Schneekruste war fester geworden **2.** erstarken, gesünder [kräftiger, widerstandsfähiger] werden, zu Kräften kommen **3.** heftiger [kräftiger] werden, zunehmen; ве́тер окре́п der Wind hat zugenommen

окре́ст *Adv buchspr* ringsum

окрести́ть, -ещу́, -е́стишь; -ещённый, -ещён, -ещена́ *v* **1.** *rel* taufen **2.** *I umg* nennen, taufen; ~ но́вым про́звищем einen neuen Spitznamen geben

окре́стность [сн], -и *f* Umgebung, Gegend

окре́стный [сн], -ая, -ое umliegend, benachbart, Nachbar-

окриве́ть, -е́ю, -е́ешь *v volksspr* auf einem Auge blind werden

бкрик, -а *m* (warnender, drohender) Anruf, Zuruf

окрикивать *uv zu* окрикнуть

окрикнуть, -ну, -нешь; -нутый, -нут, -а *v* anrufen, beim Namen rufen *um Aufmerksamkeit zu erwecken* ‖ *uv* окрикивать, -аю, -аешь

окровáвить, -влю, -вишь; -вленный, -влен, -а *v* mit Blut beschmieren, bespritzen ‖ *uv* окровáвливать, -аю, -аешь

окровáвленный, -ая, -ое blutbedeckt, blutbespritzt

окровáвливать *uv zu* окровáвить

окропи́ть, -плю́, -пи́шь; -плённый, -плён, -пленá *v* bespritzen, besprengen, benetzen ‖ *uv* **окропля́ть,** -я́ю, -я́ешь

окрóшка, -и *f* 1. Okroschka *Kwaßsuppe mit kleingeschnittenem Gemüse und Fleisch* 2. *umg* Mischmasch, Sammelsurium

бкруг, -а, *Pl* округá, -óв, -áм *u. alt* óкруги, -ов, -ам *m* Bezirk; Kreis *Verwaltungseinheit*

окру́га, -и *f umg* Umgebung

округлéть, -éю, -éешь *v volksspr* 1. rund werden 2. dicker werden

округли́ть, -лю́, -ли́шь; -лённый, -лён, -ленá *v* 1. rund machen 2. *übtr, umg* abrunden, endgültige Form geben; ~ фрáзу einem Satz den letzten Schliff geben 3. *math* abrunden, aufrunden 4. *übtr, umg* schön abrunden, ordentlich vergrößern; ~ капитáл sein Kapital vergrößern ‖ *uv* округля́ть, -я́ю, -я́ешь

округли́ться, -лю́сь, -ли́шься *v* 1. rund [runder] werden; плéчи её округли́лись ihre Schultern haben sich gerundet 2. *übtr, umg* die endgültige Form annehmen 3. *umg* schön groß [rund] werden, sich ordentlich vergrößern; капитáл округли́лся das Kapital hat sich schön vergrößert ‖ *uv* округля́ться, -я́юсь, -я́ешься

окру́глость, -и *f* 1. Rundung, Abgerundetheit; Rundlichkeit 2. Ausgeglichenheit, Abgerundetheit

окру́глый, -ая, -ое; *Kzf* -у́гл, -а 1. gerundet, mit runden Linien, durch runde Linien gekennzeichnet; ~ пóчерк runde Schriftzüge 2. ausgeglichen, abgerundet; ~ жест abgerundete Geste 3. *umg* geschlossen, (gut) abgerundet, schlüssig; -ая фрáза gut abgerundeter Satz

округля́ть(ся) *uv zu* округли́ть(ся)

окружáть, -áю, -áешь *uv* 1. *uv zu* окружи́ть 2. umgeben, umschließen

окружáющий, -ая, -ее 1. umgebend, Um-; ~ мир Umwelt 2. -ее, -его *Subst n* Umgebung, Umwelt, Milieu 3. -ие, -их *Subst Pl* Umgebung, die umgebenden Menschen

окружéние, -я *n* 1. Umkreisen, Umringen 2. Umgebung, Umwelt 3. *mil* Einkreisung, Umzingelung, Kessel; попáсть в ~ in einen Kessel geraten ◇ в -и когó-н. in Begleitung von j-m

окружи́ть, -жу́, -жи́шь; -жённый, -жён, -женá *v* 1. umgeben, umringen, in die Mitte nehmen 2. einkreisen, umzingeln 3. *I übtr* mit bestimmten Menschen umgeben; он окружи́л себя́ надёжными людьми́ er umgab sich mit zuverlässigen Leuten 4. umgeben, umhegen; ~ рóскошью mit Luxus umgeben ‖ *uv* окружáть, -áю, -áешь

окружнóй, -áя, -óе 1. Bezirks-, Kreis-; ~ центр Bezirkshauptstadt 2.: -áя желéзная дорóга Ringbahn

окру́жность, -и *f* 1. *math* Kreislinie, Kreis, Kreisumfang 2. *alt* Umkreis, Umgebung

окрути́ть, -учу́, -у́тишь; -у́ченный, -у́чен, -а *v* 1. umwickeln, umwinden 2. *volksspr* kirchlich trauen; verheiraten ‖ *uv* **окру́чивать,** -аю, -аешь

окрыли́ть, -лю́, -ли́шь; -лённый, -лён, -ленá *v* beflügeln, beschwingen, begeistern ‖ *uv* **окрыля́ть,** -я́ю, -я́ешь

окрыли́ться, -лю́сь, -ли́шься *v* 1. *zool* Flügel bekommen 2. *übtr* begeistert sein [werden], sich begeistern ‖ *uv* **окрыля́ться,** -я́юсь, -я́ешься

окры́ситься, *1. Pers ungebr*, -ишься *v* на *A volkssspr* 1. (j-m) die Zähne zeigen 2. (j-n) wütend anfauchen

оксиди́ровать, -рую, -руешь; -рованный, -рован, -а *v, uv tech* brünieren

октáва, -ы *f* 1. *mus, lit* Oktave 2. sehr tiefe Baßstimme

октя́брь, -я́ *m* 1. Oktober 2. *mit großem Anfangsbuchstaben* der Oktober, die Oktoberrevolution von 1917

октя́брьский, -ая, -ое Oktober-

октября́та *Pl* -ря́т, *Sg* октябрёнок, -нка *m* Schüler der ersten drei Klassen, die von der Pionierorganisation betreut werden

оку́кливаться *uv zu* оку́клиться

оку́клиться, *1. u. 2. Pers ungebr*, -ится *v zool* sich verpuppen ‖ *uv* оку́кливаться, -ается

окули́ст, -а *m* Augenarzt
окуна́ть(ся) *uv zu* окуну́ть(ся)
окуну́ть, -ну́, -нёшь; оку́нутый, -ут, -а *v* eintauchen, hineinstecken; ~ перо́ в черни́льницу die Feder ins Tintenfaß tauchen || *uv* окуна́ть, -а́ю, -а́ешь
окуну́ться, -нусь, -нёшься *v* **1.** eintauchen, untertauchen, hineingehen; он окуну́лся в во́ду до ше́и er tauchte bis zum Hals im Wasser unter **2.** *übtr* völlig aufgehen (in), sich völlig hingeben (einer Sache); он окуну́лся в э́ту рабо́ту er ging völlig in dieser Arbeit auf || *uv* окуна́ться, -а́юсь, -а́ешься
о́кунь, -я, *Pl* о́куни, окуне́й, окуня́м *m* Barsch
окупа́ть(ся) *uv zu* окупи́ть(ся)
окупи́ть, окуплю́, оку́пишь; оку́пленный, -ен, -а *v* ausgleichen, decken *Ausgaben* || *uv* окупа́ть, -а́ю, -а́ешь
окупи́ться, *1. u. 2. Pers ungebr,* оку́пится *v* sich bezahlt machen, sich rentieren || *uv* окупа́ться, -а́ется
оку́ривать *uv zu* окури́ть
окури́ть, окурю́, оку́ришь; оку́ренный, -ен, -а *v* der Raucheinwirkung aussetzen, ausräuchern || *uv* оку́ривать, -аю, -аешь
оку́рок, -рка *m* Zigarettenstummel, Zigarrenstummel
оку́тать, -аю, -аешь; -анный, -ан, -а *v* **1.** umwickeln, einhüllen; ~ пле́чи платко́м die Schultern in ein Tuch hüllen, ein Tuch um die Schultern legen **2.** *übtr* einhüllen; чёрный дым оку́тал по́езд schwarzer Qualm hüllte den Zug ein || *uv* **оку́тывать,** -аю, -аешь
оку́таться, -аюсь, -аешься *v* **1.** sich einhüllen, umwickeln; ~ ша́лью sich in einen Schal hüllen **2.** *übtr* sich einhüllen, sich allseitig bedecken || *uv* **оку́тываться,** -аюсь, -аешься
оку́чивание, -я *n* Häufeln
оку́чивать *uv zu* оку́чить
оку́чить, -чу, -чишь; -ченный, -чен, -а *v* häufeln; ~ карто́фель Kartoffeln häufeln || *uv* оку́чивать, -аю, -аешь
ола́дья, -ьи, *Pl G* -дий, *D* -дьям *f* dicker Fladen, Pfannkuchen
Оле́г, -а *m männl Vn*
оледенева́ть *uv zu* оледене́ть
оледене́лый, -ая, -ое **1.** vereist, mit Eis bedeckt **2.** erstarrt, steif (geworden)
оледене́ние, -я *n* **1.** Vereisung **2.** Erstarrung *infolge Kälteeinwirkung*
оледене́ть, -е́ю, -е́ешь *v* **1.** vereisen, sich mit Eis bedecken **2.** eiskalt werden, erstarren || *uv* оледенева́ть, -а́ю, -а́ешь
оледени́ть, -ню́, -ни́шь; -нённый, -нён, -нена́ *v* **1.** zum Gefrieren bringen, mit Eis bedecken **2.** erstarren lassen
олене|во́д, -а *m* Rentierzüchter; **~во́дство,** -а *n* Rentierzucht; **~во́дческий,** -ая, -ое Rentierzucht-, Rentier-
оле́ний, -ья, -ье Hirsch-, Rentier-; -ьи рога́ Rentier-, Hirschgeweih
оле́нина, -ы *f* Hirschfleisch
оле́нь, -я *m* Hirsch; се́верный ~ Rentier
О́ленька, -и *f Dem zu* О́льга
олеогра́фия, -и *f* Öldruck
оли́ва, -ы *f* **1.** Olivenbaum, Ölbaum **2.** Olive
оли́вка, -и, *Pl G* -вок, *D* -вкам *f* **1.** Olivenbaum, Ölbaum **2.** Olive
оли́вковый, -ая, -ое **1.** Oliven-; -ая ро́ща Olivenhain; -ая ко́сточка Olivenkern **2.** olivfarben, olivgrün
олига́рхия, -и *f* Oligarchie
олимпиа́да, -ы *f* Olympiade
олимпи́ец, -и́йца, *I* -и́йцем, *G Pl* -и́йцев *m* Olympionike
олимпи́йский, -ая, -ое olympisch
оли́фа, -ы *f* Ölfirnis
олицетворе́ние, -я *n* **1.** Personifizierung **2.** Verkörperung; он для меня́ ~ споко́йствия er ist für mich die Verkörperung der Ruhe [die Ruhe in Person]
олицетворённый, -ая, -ое verkörpert; -ая кро́тость die verkörperte Schüchternheit, die Schüchternheit in Person
олицетвори́ть, -рю́, -ри́шь; -рённый, -рён, -рена́ *v* **1.** personifizieren, als Person darstellen **2.** verkörpern; ~ иде́ю eine Idee verkörpern || *uv* **олицетворя́ть,** -я́ю, -я́ешь
о́лово, -а *n* Zinn
оловя́нный, -ая, -ое **1.** zinnern, Zinn-; ~ сли́ток Zinnbarren; -ые рудники́ Zinnbergwerke; ~ солда́тик Zinnsoldat **2.** zinnfarben **3.** *übtr* trübe, ausdruckslos *Augen, Blick*
о́лух, -а *m volksspr* Dummkopf, Tölpel
О́льга, -и *f* Olga
ольха́, -и́, *Pl* о́льхи, о́льх, о́льхам *f* Erle
ольша́ник, -а *m* **1.** Erlenwald, Erlen-

gehölz 2. *mit Erlen bewachsenes* Torfmoor

Óля, -и *f Dem zu* Óльга

ом, -а *m el* Ohm

омáр, -а *m* Hummer

омéла, -ы *f* Mistel

омерзéние, -я *n* Ekel, Abscheu; внушáть ∼ Abscheu einflößen

омерзи́тельный, -ая, -ое; *Kzf* -лен, -льна ekelhaft, widerwärtig, abscheulich

омертвéлый, -ая, -ое 1. abgestorben *Zellen, Gewebe, Körperteile* 2. *übtr* erstarrt, leblos, regungslos

омертвéть, -éю, -éешь *v* 1. absterben *von Zellen, Geweben, Körperteilen* 2. *übtr* erstarren, leblos [reglos] werden

омертви́ть, -влю́, -ви́шь; -влённый, -влён, -вленá *v* 1. absterben lassen 2. *wirtsch* aus dem Umlauf nehmen ‖ *uv* **омертвля́ть,** -я́ю, -я́ешь

оми́ч, -á, *I* -óм, *G Pl* -éй *m* Einwohner von Omsk

омлéт, -а *m* Omelette, Eierkuchen

омолáживать *uv zu* омолоди́ть

омолоди́ть, -ожу́, -оди́шь; -ожённый, -ожён, -оженá *v* 1. verjüngen, jünger machen 2. *umg* verjüngen, das Durchschnittsalter senken; ∼ футбóльную комáнду eine Fußballmannschaft verjüngen ‖ *uv* омолáживать, -аю, -аешь

омоложéние, -я *n* Verjüngung

омóним, -а *m* Homonym

омрачáть(ся) *uv zu* омрачи́ть(ся)

омрачи́ть, -чу́, -чи́шь; -чённый, -чён, -ченá *v* 1. *alt* verdunkeln, düster machen 2. *übtr* verdunkeln, benebeln; ∼ сознáние Bewußtsein verdunkeln 3. betrüben, verdüstern, verfinstern; печáль омрачи́ла егó лицó Trauer verdüsterte sein Gesicht ‖ *uv* омрачáть, -áю, -áешь

омрачи́ться, *1. u. 2. Pers ungebr*, -и́тся *v* 1. *alt* dunkel [düster] werden 2. *übtr* sich verdunkeln, sich umnebeln *vom Bewußtsein, Urteilsvermögen* 3. sich verdüstern, sich verfinstern ‖ *uv* омрачáться, -áется

Омск, -а *m* Omsk

óмут, -а *m* 1. Untiefe, tiefes Loch *im Fluß, See* 2. Wasser, Strudel ◇ в ти́хом -е чéрти вóдятся *etwa* stille Wasser sind tief

омывáть, -áю, -áешь *uv* 1. *uv zu* омы́ть 2. umspülen *von Flüssen, Meeren*; вóлны омывáют полуóстров с обéих сторóн die Wellen umspülen die Halbinsel von beiden Seiten

о|мы́ть* *v buchspr* 1. waschen, abspülen; ∼ лицó das Gesicht waschen 2. *übtr, alt* rein waschen *Namen, Ehre* ‖ *uv* омывáть, -áю, -áешь

он, егó, емý, егó, им, о нём *Pers Pron m* er ◇ пусть [пускáй] егó mag er doch, soll er doch *zum Ausdruck der Gleichgültigkeit*

онá, её, ей, её, éю *u.* ей, о ней *Pers Pron f* sie

онáгр, -а *m* Onager *Wildesel in Südwestasien*

ондáтра, -ы *f* 1. Bisamratte 2. Bisamfell

Онéга, -и *f* Onega *Stadt, Fluß*

онéжский, -ая, -ое: Онéжское óзеро Onegasee

онемéлый, -ая, -ое 1. *alt* stumm (geworden), der Sprache beraubt 2. *umg* abgestorben, gefühllos, taub (geworden) *von Gliedern*; -ая рукá eingeschlafene Hand

онемéние, -я *n* 1. Verstummen, Verlust der Sprache [der Sprechfähigkeit] 2. *umg* Absterben, Taubwerden *von Gliedern*

онемéть, -éю, -éешь *v* 1. stumm werden, die Sprache einbüßen 2. verstummen, sprachlos werden *vor Staunen, unerwarteter Freude u. dgl.* 3. gefühllos [taub] werden, absterben *von Gliedern*

онемéчивать(ся) *uv zu* онемéчить(ся)

онемéчить, -чу, -чишь; -ченный, -чен, -а *v* germanisieren, eindeutschen, zum Deutschen machen; deutsche Sprache und Sitte aufzwingen ‖ *uv* онемéчивать, -аю, -аешь

онемéчиться, -чусь, -чишься *v* deutsche Sprache und Sitte annehmen, zum Deutschen werden ‖ *uv* онемéчиваться, -аюсь, -аешься

они́, их, им, их, и́ми, о них *Pers Pron Pl* sie

óникс, -а *m* Onyx

онó, егó, емý, егó, им, о нём *n* 1. *Pers Pron* es 2. *Dem Pron umg* das, das ist; не знáю, бýдет ли ∼ хорошó ich weiß nicht, ob das gut sein wird; ∼ и ви́дно! das ist (ja) auch zu sehen!

ОНО [онó] *idkl n* (отдéл нарóдного образовáния) Amt für Volksbildung

онтогенéз [генэ], -а *m* Ontogenese

Онýфрий, -я, *P* -и *m männl Vn*

онýча, -и, *I* -ей *f* Fußlappen

óный, -ая, -ое *Dem Pron buchspr,*

alt 1. derselbe, ebenderselbe; в ~ день, когда́ . . . an ebendem Tage, da . . . 2. obengenannt ◇ во вре́мя о́но; во времена́ о́ны; в о́ны дни [го́ды] einstmalst, einst, einmal
ООН [оо́н] *idkl f* (Организа́ция Объединённых На́ций) Organisation der Vereinten Nationen, UNO
опада́ть *uv zu* опа́сть
опаде́ние, -я *n* 1. Abfallen *des Laubes, der Blätter* 2. Zurückgehen *einer Geschwulst*
опа́здывание, -я *n* Verspätung
опа́здывать *uv zu* опозда́ть
опа́ивать *uv zu* опои́ть
опа́л, -а *m* Opal
опа́ла, -ы *f* 1. *hist* Ungnade *des Zaren* 2. *hist* Bestrafung *eines beim Zaren in Ungnade Gefallenen* 3. *übtr* Ungnade, Abneigung
опа́ливать *uv zu* опали́ть
опали́ть, -лю́, -ли́шь; -лённый, -лён, -лена́ *v* 1. versengen, ringsum absengen 2. absengen *Haare, Federn*; ~ ку́рицу ein Huhn absengen ‖ *uv* опаля́ть, -я́ю, -я́ешь *zu* 1 *u.* опа́ливать, -аю, -аешь *zu* 2
опали́ться, -лю́сь, -ли́шься *v* 1. *umg* sich versengen 2. *alt* zornig werden (на *A* auf)
опа́лый, -ая, -ое *volksspr* abgemagert, eingefallen; -ые щёки eingefallene [hohle] Wangen
опа́льный, -ая, -ое in Ungnade gefallen *beim Zaren*
опаля́ть *uv zu* опали́ть
опа́мятоваться, -туюсь, -туешься *v* 1. *alt* zu sich kommen, aus der Ohnmacht erwachen 2. *übtr, volksspr* zur Besinnung kommen, sich (anders, eines Besseren) besinnen
опа́ра, -ы *f* 1. Sauerteig 2. gegangener Teig
опарши́веть, -ею, -еешь *v umg* die Räude bekommen
опаса́ться, -а́юсь, -а́ешься *uv* 1. befürchten, die Befürchtung hegen 2. *G* sich vorsehen (vor), sich hüten (vor), sich fürchten (vor); ~ сквозняка́ sich vor Zugluft vorsehen; он опаса́ется мы́ться холо́дной водо́й er fürchtet sich, sich mit kaltem Wasser zu waschen
опасе́ние, -я *n* Befürchtung, Besorgnis, Angst
опа́ска, -и *f umg* Vorsicht; с -ой vorsichtig, behutsam, zaghaft
опа́сливый, -ая, -ое; *Kzf* -ив, -а *umg* zaghaft; furchtsam
опа́сность, -и *f* 1. Gefährlichkeit 2. Gefahr; с -ью для жи́зни mit Lebensgefahr
опа́сный, -ая, -ое; *Kzf* -сен, -сна gefährlich, gefahrvoll
о|па́сть*, *1. u. 2. Pers ungebr v* 1. abfallen *von Laub, Früchten* 2. zurückgehen *von Geschwulst* 3. *umg* abmagern, einfallen ‖ *uv* опада́ть, -а́ет
опаха́ло, -а *n großer* Fächer
о|паха́ть* *v A* die Erde um etw. herum umpflügen ‖ *uv* [1]**опа́хивать**, -аю, -аешь
[2]**опа́хивать** *uv zu* опахну́ть
опахну́ть, -ну́, -нёшь; опа́хнутый, -ут, -а *v* 1. umwehen 2. *volkssspr* Luft zufächeln ‖ *uv* опа́хивать, -аю, -аешь
опе́ка, -и *f* 1. Vormundschaft 2. *übtr* Obhut, Bevormundung ◇ междунаро́дная ~ internationale Treuhänderschaft *im Rahmen der UNO*
опека́льный, -ого *Subst m* Mündel
опека́ть, -а́ю, -а́ешь *uv* 1. als Vormund [als Treuhänder] verwalten, betreuen 2. *übtr* behüten; bevormunden; sorgen (für)
опеку́н, -а́ *m* Vormund, Treuhänder
опеку́нский, -ая, -ое Vormunds-, Treuhand-
опеку́нство, -а *n* Vormundschaft, Treuhandverwaltung; Obhut, Fürsorge
опёнок, -нка, *Pl* опёнки, -ов, -ам *u. umg* опя́та, опя́т, опя́там *m* Hallimasch *Pilz*
о́пера, -ы *f* 1. Oper 2. Opernhaus, Operntheater ◇ э́то из друго́й -ы *scherz, iron* das gehört nicht hierher
операти́вность, -и *f* Wendigkeit, Umsicht *die beim Handeln die jeweilige Sachlage berücksichtigt*, operativer Charakter
операти́вный, -ая, -ое 1. chirurgisch operativ, Operations-; -ое вмеша́тельство operativer Eingriff 2. *mil* operativ, Operations- 3. operativ, Operativ-, Einsatz-; -ая гру́ппа Einsatzgruppe 4. *Kzf* -вен, -вна operativ, tätig und umsichtig, unbürokratisch
опера́тор, -а *m* 1. *alt* operierender Arzt 2. Kameramann
операцио́нный, -ая, -ое 1. operativ, Operations-; -ое вмеша́тельство operativer Eingriff; ~ план Operationsplan 2. -ая, -ой *Subst f* Operationssaal
опера́ция, -и *f* 1. Operation; деса́нт-

ная ~Landungsoperation; фина́нсовая ~Finanzoperation 2. *umg* operative Entfernung, Operation; ~ аппе́ндикса Entfernung des Blinddarms, Blinddarmoperation 3. Arbeitsgang 4. *umg, scherz* Prozedur, Operation, Handlung

опереди́ть, -ежу́, -еди́шь; -ежённый, -ежён, -ежена́ *v* 1. überholen, zuvorkommen; он опереди́л меня́ er ist mir zuvorgekommen, er hat mich überholt 2. *übtr* übertreffen ‖ *uv* **опережа́ть,** -а́ю, -а́ешь

опере́ние, -я *n* 1. Gefieder 2.: хвостово́е ~ самолёта Schwanzleitwerk des Flugzeugs; горизонта́льное ~ Höhenleitwerk

опере́тка, -и, *Pl G* -ток, *D* -ткам *f umg* Operette

опере́точный, -ая, -ое 1. Operetten-; -ая му́зыка Operettenmusik 2. *übtr, verächtl* operettenhaft, Operetten-

опере́тта, -ы *f* Operette

опере́ть* *v* aufstützen, anlehnen ‖ *uv* опира́ть, -а́ю, -а́ешь

опере́ться*; опёрся *u.* оперся́, оперла́сь; опрши́сь *v* sich stützen (на *A* auf) ‖ *uv* опира́ться, -а́юсь, -а́ешься

[1]**опери́ровать,** -рую, -руешь; -рованный, -рован, -а *v, uv med* operieren

[2]**опери́ровать,** -рую, -руешь *uv* 1. *mil* operieren 2. *I* operieren (mit), handhaben, gebrauchen

опери́ться, -рю́сь, -ри́шься *v* 1. Federn bekommen, sich befiedern 2. *übtr* selbständig [unabhängig] werden, auf die Beine kommen ‖ *uv* оперя́ться, -я́юсь, -я́ешься

о́перный, -ая, -ое 1. Opern-; -ая парти́ту́ра Opernpartitur 2. *übtr* opernhaft, theatralisch

оперя́ться *uv zu* опери́ться

опеча́ливать(ся) *uv zu* опеча́лить(ся)

опеча́лить, -лю, -лишь; -ленный, -лен, -а *v* betrüben, traurig stimmen ‖ *uv* опеча́ливать, -аю, -аешь

опеча́литься, -люсь, -лишься *v* betrübt [traurig] werden, sich betrüben ‖ *uv* опеча́ливаться, -аюсь, -аешься

опеча́тать, -аю, -аешь; -анный, -ан, -а *v* versiegeln ‖ *uv* опеча́тывать, -аю, -аешь

опеча́тка, -и, *Pl G* -ток, *D* -ткам *f* Druckfehler

опеча́тывать *uv zu* опеча́тать

опе́шить, -шу, -шишь *v umg* in Verwirrung geraten, verblüfft [verdutzt] werden

опива́ться *uv zu* опи́ться

о́пий, -я, *P* -и *m* Opium

опи́лки, -лок, -лкам *Pl* (feinste) Späne, Hobelspäne; древе́сные ~ Sägemehl; желе́зные ~ feine Eisenspäne

опира́ть *uv zu* опере́ть

опира́ться, -а́юсь, -а́ешься *uv* 1. *uv zu* опере́ться 2. ruhen (на *A* auf)

описа́ние, -я *n* Beschreibung

описа́тельный, -ая, -ое beschreibend, deskriptiv

о|писа́ть* *v* 1. beschreiben, schildern 2. wissenschaftlich beschreiben 3. Bestand aufnehmen *a. zwecks Beschlagnahme, Konfiskation*; ~ инвента́рь das Inventar aufnehmen 4. *math* umschreiben; ~ треуго́льник ein Dreieck umschreiben 5. *eine Kurve* beschreiben; ~ полукру́г einen Halbkreis beschreiben ‖ *uv* опи́сывать, -аю, -аешь

о|писа́ться* *v* sich verschreiben

опи́ска, -и, *Pl G* -сок, *D* -скам *f* Schreibfehler

опи́сывать *uv zu* описа́ть

о́пись, -и *f* 1. Bestandsaufnahme 2. Beschlagnahme 3. Verzeichnis; инвента́рная ~ Inventarverzeichnis

о|пи́ться*; обопью́сь; опили́сь *v umg* sich betrinken ‖ *uv* опива́ться, -а́юсь, -а́ешься

о́пиум, -а *m* Opium *a. übtr*

о|пла́кать* *v* beweinen ‖ *uv* **опла́кивать,** -аю, -аешь

опла́та, -ы *f* Bezahlung, Lohn; повреме́нная ~ Zeitlohn

оплати́ть, -ачу́, -а́тишь; -а́ченный, -а́чен, -а *v* bezahlen; vergüten; ~ труд die Arbeitsleistung vergüten; ~ счёт die Rechnung bezahlen ‖ *uv* **опла́чивать,** -аю, -аешь

о|плева́ть* *v umg* 1. bespucken, bespeien, vollspucken 2. *übtr* bespeien, in den Schmutz treten ‖ *uv* **оплёвывать,** -аю, -аешь

о|плести́*; оплётши *u.* оплетя́ *v* 1. umflechten, *mit Geflecht* umgeben, umziehen; ~ и́згородь колю́чей про́волокой eine Hecke mit Stacheldraht umziehen; ко́рни оплели́ ка́мень Wurzeln umflochten den Stein 2. *übtr, volksspr* umgarnen, betrügen ‖ *uv* **оплета́ть,** -а́ю, -а́ешь

оплеу́ха, -и *f umg* Ohrfeige

оплодотворе́ние, -я *n biol* Befruchtung *a. übtr*

оплодотвори́ть, -рю́, -ри́шь; -рённый, -рён, -рена́ *v* 1. *biol* befruchten 2. *übtr, buchspr* schöpferisch be-

fruchten || *uv* **оплодотворя́ть,** -я́ю, -я́ешь
опло́т, -а *m* Hort, Bollwerk; ~ ми́ра Bollwerk des Friedens
оплоша́ть, -а́ю, -а́ешь *v umg* einen Fehler machen
опло́шность, -и *f* Fehler, Fehlgriff
[1,2]**оплыва́ть** *uv zu* [1,2]оплы́ть
[1]**о|плы́ть*** *v mit einem Wasserfahrzeug* umfahren; ~ о́стров eine Insel umfahren, um eine Insel herumfahren || *uv* оплыва́ть, -а́ю, -а́ешь
[2]**о|плы́ть*** *v* **1.** tropfen *Kerzen*; ога́рок оплы́л der Kerzenstummel war ganz zerschmolzen **2.** verfetten, aufgedunsen werden **3.** abrutschen, einstürzen *durch Unterspülung*; бе́рег оплы́л das Ufer ist eingestürzt || *uv* оплыва́ть, -а́ю, -а́ешь
оповести́ть, -ещу́, -ести́шь; -ещённый, -ещён, -ещена́ *v* benachrichtigen, in Kenntnis setzen || *uv* **оповеща́ть,** -а́ю, -а́ешь
оповеще́ние, -я *n* Benachrichtigung
опога́нивать *uv zu* опога́нить
опога́нить, -ню, -нишь; -ненный, -нен, -а *v umg* beschmutzen, besudeln, verunreinigen || *uv* опога́нивать, -аю, -аешь
опо́ек, опо́йка *m* Kalbsleder
опозда́вший, -ая, -ее verspätet
опозда́ние, -я *n* Verspätung
опозда́ть, -а́ю, -а́ешь *v* **1.** sich verspäten, zu spät kommen; ~ на це́лых семь часо́в sich um ganze sieben Stunden verspäten **2.** с *I* sich verspäten (mit), zu spät kommen (mit); ~ с зая́вкой на материа́лы mit der Materialbestellung zu spät kommen || *uv* опа́здывать, -аю, -аешь
опознава́тельный, -ая, -ое Erkennungs-; ~ знак Erkennungszeichen
опознава́ть *uv zu* опозна́ть
опозна́ние, -я *n* Erkennen; Identifizierung
опозна́ть, -а́ю, -а́ешь, опо́знанный, -ан, -а *v* erkennen; identifizieren; на о́чной ста́вке он не́ был е́ю опо́знан bei der Konfrontierung wurde er von ihr nicht identifiziert || *uv* опо|знава́ть*
опозо́рить, -рю, -ришь; -ренный, -рен, -а *v* mit Schmach bedecken, entehren, schänden
опозо́риться, -рюсь, -ришься *v* sich mit Schande bedecken; sich blamieren
опои́ть, опою́, опои́шь *u. umg* опо́ишь; опоённый, -ён, -ена́ *u.* опо́енный, -ен, -а *v* **1.** zuviel zu trinken geben, zu stark tränken **2.** betrunken machen **3.** *alt* vergiften || *uv* опа́ивать, -аю, -аешь
опола́скивать *uv zu* ополосну́ть
[1,2]**ополза́ть** *uv zu* [1,2]оползти́
о́ползень, -зня *m* Erdrutsch
[1]**о|ползти́*** *v* umkriechen, um etw. herumkriechen || *uv* оползать, -а́ю, -а́ешь
[2]**о|ползти́*,** *1. u. 2. Pers ungebr v* herunterrutschen, abrutschen, sich senken, einstürzen || *uv* оползать, -а́ет
ополосну́ть, -ну́, -нёшь; ополо́снутый, -ут, -а *v* abspülen || *uv* опола́скивать, -аю, -аешь
ополча́ться *uv zu* ополчи́ться
ополче́нец, -нца, *I* -нцем, *G Pl* -нцев *m* Landwehrmann
ополче́ние, -я *n* Landwehr
ополчи́ться, -чу́сь, -чи́шься *v* **1.** *alt* sich rüsten **2.** in den Krieg ziehen, zu Felde ziehen (на *A* gegen) **3.** на *A oder* про́тив *G übtr* zu Felde ziehen (gegen), angreifen, kritisieren || *uv* ополча́ться, -а́юсь, -а́ешься
опомина́ться *uv zu* опо́мниться
опо́мниться, -нюсь, -нишься *v* **1.** zu sich kommen, aus der Ohnmacht erwachen **2.** sich fassen, seiner Herr werden **3.** sich eines Besseren besinnen, zur Besinnung kommen || *uv alt* опомина́ться, -а́юсь, -а́ешься
опо́р, -а *m*: во весь ~ in vollem Galopp; sehr schnell
опо́ра, -ы *f* **1.** Stütze, Halt; иска́ть -ы для ног einen Halt für die Füße suchen **2.** Strebe, Stütze; -ы мо́ста Streben der Brücke **3.** *übtr* Unterstützung, Hilfe, Halt
опора́жнивать(ся) *uv zu* опоро́жнить(ся)
опо́рки *Pl* -ов, *Sg* опо́рок, -рка *m* zerfetztes Schuhwerk
опо́рный, -ая, -ое Stütz-; ~ пункт Stützpunkt
опоро́жнить, -ню, -нишь; -ненный, -нен, -а *v* leeren, entleeren, ausgießen || *uv* опора́жнивать, -аю, -аешь *u.* **опорожня́ть,** -я́ю, -я́ешь
опоро́жниться, *1. u. 2. Pers ungebr,* -ится *v* leer werden, sich leeren; буты́лка опоро́жнилась die Flasche hatte sich geleert || *uv* опора́жниваться, -ается *u.* **опорожня́ться,** -я́ется
опоро́с, -а *m* Ferkeln, Werfen von Ferkeln
опороси́ться, *1. u. 2. Pers ungebr,* -и́тся *v* ferkeln, Ferkel werfen

опоро́чивать *uv zu* опоро́чить

опоро́чить, -чу, -чишь; -ченный, -чен, -а *v* **1.** in Verruf bringen, verleumden **2.** in Schande bringen, mit Schande bedecken || *uv* опоро́чивать, -аю, -аешь

опосля́ *Adv u. Präpos mit G gbt u. volkisspr* später; nachher; nach

опосты́леть, -ею, -еешь *v umg* überdrüssig werden, zum Halse heraushängen

опохмели́ться, -лю́сь, -ли́шься *v umg* einen auf den Rausch trinken *um die Übelkeit zu vertreiben* || *uv* **опохмеля́ться,** -я́юсь, -я́ешься

опочива́льня, -и, *Pl G* **-лен,** *D* **-льням** *f alt* Schlafgemach

опошле́ние, -я *n* Verflachung, Banalisierung

опошле́ть, -е́ю, -е́ешь *v umg* verflachen, banal werden

опо́шлить, -лю, -лишь; -ленный, -лен, -а *v* verflachen, banalisieren; als platt [unbedeutend] hinstellen || *uv* **опошля́ть,** -я́ю, -я́ешь

опо́шлиться, -люсь, -лишься *v* **1.** verflachen, banal werden; als platt [banal, vulgär] erscheinen **2.** abgegriffen werden, verflachen, strapaziert werden *von Worten, Begriffen* || *uv* **опошля́ться,** -я́юсь, -я́ешься

опоя́сать* *v* **1.** gürten, einen Gürtel umbinden **2.** *alt* eine Waffe umbinden, umschnallen, Gürtel mit Waffe anlegen **3.** *übtr* umringen, umsäumen; высота́ опоя́сана око́пами die Höhe ist von Schützengräben umgeben || *uv* **опоя́сывать,** -аю, -аешь

опоя́саться* *v* **1.** sich gürten, (sich) einen Gürtel umbinden **2.** *alt* (sich) eine Waffe umbinden, Gürtel mit Waffe anlegen **3.** *I übtr* sich umgeben (mit) || *uv* **опоя́сываться,** -аюсь, -аешься

опоя́шу ↑ опоя́сать

оппозицио́нный, -ая, -ое **1.** Oppositions-; -ые па́ртии Oppositionsparteien **2.** *Kzf* -о́нен, -о́нна oppositionell

оппози́ция, -и *f* Opposition

оппоне́нт, -а *m* Opponent, Diskussionsgegner

оппони́ровать, -рую, -руешь *uv* opponieren, als Opponent auftreten

оппортунисти́ческий, -ая, -ое Opportunisten-, opportunistisch

оппортуни́стский [исск], -ая, -ое Opportunisten-; -ая гру́ппа Opportunistengruppe

опра́ва, -ы *f* Fassung, Rahmen; ~ для очко́в Brillengestell; зе́ркало в бро́нзовой -е Spiegel in Bronzerahmen

оправда́ние, -я *n* **1.** Rechtfertigung, Entschuldigung **2.** Freisprechung, Freispruch

оправда́тельный, -ая, -ое rechtfertigend, freisprechend, entlastend, Beleg-; ~ докуме́нт entlastendes Dokument, Beleg

оправда́ть, -а́ю, -а́ешь; опра́вданный, -ан, -а *v* **1.** freisprechen, für unschuldig erklären **2.** rechtfertigen, entschuldigen **3.** rechtfertigen, erfüllen *Erwartungen, Vertrauen* **4.** lohnen, rechtfertigen *Ausgaben* **5.** *Buchhaltung* belegen, nachweisen || *uv* **опра́вдывать,** -аю, -аешь

оправда́ться, -а́юсь, -а́ешься *v* **1.** sich rechtfertigen, seine Unschuld beweisen **2.** sich bewahrheiten, sich bestätigen **3.** sich lohnen, sich als gerechtfertigt erweisen *Ausgaben* || *uv* **опра́вдываться,** -аюсь, -аешься

[1]**опра́вить,** -влю, -вишь; -вленный, -влен, -а *v* in Ordnung bringen, richten, zurechtmachen; ~ посте́ль das Bett machen; ~ приче́ску die Frisur in Ordnung bringen || *uv* **оправля́ть,** -я́ю, -я́ешь

[2]**опра́вить,** -влю, -вишь; -вленный, -влен, -а *v* einfassen; ~ драгоце́нный ка́мень einen Edelstein einfassen || *uv* **оправля́ть,** -я́ю, -я́ешь

опра́виться, -а́влюсь, -а́вишься *v* **1.** sein Kleid [seine Frisur] in Ordnung bringen **2.** festen Fuß fassen, sicherere [bequemere] Stellung einnehmen **3.** sich erholen, wieder gesund werden **4.** *übtr* sich fassen, seiner Herr werden, seine Erregung [Verlegenheit] bezwingen **5.** *umg* austreten gehen || *uv* **оправля́ться,** -я́юсь -я́ешься

опра́стывать *uv zu* опроста́ть

опра́шивать *uv zu* опроси́ть

определе́ние, -я *n* **1.** Bestimmung, Festlegung **2.** *alt u. volksspr* Unterbringung *beruflich* **3.** Definition, logische Bestimmung **4.** *alt u. jur* Entscheid **5.** *gram* Attribut

определённость, -и *f* Bestimmtheit, Entschiedenheit, Klarheit

определённый, -ая, -ое; *Kzf* -ёнен, -ённа **1.** festgelegt, festgesetzt, vereinbart; в ~ час zur festgesetzten Stunde **2.** bestimmt, klar; не име́ю -ого представле́ния об э́том ich habe keine bestimmte Vorstellung davon **3.** bestimmt, gewiß; при -ых усло́виях unter gewissen Bedingungen **4.** *umg*

unbedingt, zweifellos; э́то -ая уда́ча das ist ein unbedingter Erfolg
определи́мый, -ая, -ое; *Kzf* -и́м, -а bestimmbar
определи́тель, -я *m* 1. Bestimmer, Bestimmungsbuch; ~ грибо́в Pilzbestimmungsbuch 2. *math* Determinante
определи́ть, -лю́, -ли́шь; -лённый, -лён, -лена́ *v* 1. bestimmen, ermitteln, feststellen; ~ че́й-н. во́зраст j-s Alter bestimmen; ~ пло́щадь кру́га die Kreisfläche bestimmen 2. kennzeichnen, bestimmen, definieren 3. kennzeichnen, markieren; ~ пункти́ром durch eine punktierte Linie markieren 4. festsetzen, bestimmen; ~ день отъе́зда den Abreisetag festsetzen 5. *alt u. volksspr* unterbringen *beruflich*; ~ на вое́нную слу́жбу im militärischen Dienst unterbringen 6. bedingen, bestimmen; э́то определи́ло всё его́ поведе́ние das bestimmte sein ganzes Verhalten || *uv* **определя́ть,** -я́ю, -я́ешь
определи́ться, -лю́сь, -ли́шься *v* 1. klare [deutliche] Gestalt *oder* Form annehmen, deutlich zutage treten; спосо́бности ма́льчика определи́лись ра́но die Fähigkeiten des Jungen traten früh zutage 2. endgültige Gestalt annehmen; sich endgültig formen; его́ хара́ктер определи́лся sein Charakter hat sich endgültig geformt 3. *alt u. volksspr* unterkommen *beruflich*, eine Stelle finden 4. *mil, Sport, naut* seinen Standort bestimmen || *uv* **определя́ться,** -я́юсь, -я́ешься
опресни́тельный, -ая, -ое entsalzend, Entsalzungs-; ~ аппара́т Apparat zur Gewinnung von Süßwasser
опресни́ть, -ню́, -ни́шь; -нённый, -нён, -нена́ *v* entsalzen *von Wasser* || *uv* **опресня́ть,** -я́ю, -я́ешь
опри́чнина, -ы *f hist* Opritschnina 1. *von Iwan IV. unmittelbar unter die Verwaltung des Zaren gestellte Landesteile* 2. *Polizeitruppen zur Zeit Iwans IV.*
опроверга́ть *uv zu* опрове́ргнуть
опрове́ргнуть, -ну, -нешь; опрове́рг, -ла; опрове́ргнутый, -ут, -а *v* widerlegen, dementieren || *uv* опроверга́ть, -а́ю, -а́ешь
опроверже́ние, -я *n* 1. Widerlegung, Dementierung 2. Dementi, Widerlegung; напеча́тать [дать] официа́льное ~ ein offizielles Dementi abdrukken
опрокидно́й, -а́я, -о́е Kipp-
опроки́дыватель, -я *m tech* Kipper, Kippwagen, Kippvorrichtung
опроки́дывать(ся) *uv zu* опроки́нуть(ся)
опроки́нуть, -ну, -нешь; -нутый, -нут, -а *v* 1. umkippen, umwerfen, umstoßen 2. *umg* ausleeren, auskippen 3. in die Flucht schlagen 4. *übtr* umwerfen, umstoßen, hinfällig machen; ~ устаре́вшие но́рмы veraltete Normen umstoßen || *uv* опроки́дывать, -аю, -аешь
опроки́нуться, -нусь, -нешься *v* 1. umstürzen, umfallen; kentern 2. auf den Rücken fallen 3. на *A* sich stürzen (auf), herfallen (über) || *uv* опроки́дываться, -аюсь, -аешься
опроме́тчивость, -и *f* Unüberlegtheit, Übereilung
опроме́тчивый, -ая, -ое; *Kzf* -ив, -а unbedacht, unüberlegt, übereilt
о́прометью *Adv* sehr schnell, Hals über Kopf
опро́с, -а *m* 1. Befragen, Umfrage 2. Abfragen *von Schulaufgaben* 3. Verhör, Vernehmung
опроси́ть, -ошу́, -о́сишь; -о́шенный, -о́шен, -а *v* 1. eine Umfrage veranstalten, befragen; ~ населе́ние eine Umfrage unter der Bevölkerung veranstalten 2. abfragen *Schulaufgaben* 3. *alt* verhören || *uv* опра́шивать, -аю, -аешь
опро́сный, -ая, -ое Frage-; ~ лист Fragebogen
опроста́ть, -а́ю, -а́ешь; опро́станный, -ан, -а *v volksspr* ausleeren, entleeren || *uv* опра́стывать, -аю, -аешь
опрости́ться, опрощу́сь, опрости́шься *v* einfacher [anspruchsloser] werden || *uv* опроща́ться, -а́юсь, -а́ешься
опростоволо́ситься, -о́шусь, -о́сишься *v umg* eine Dummheit, einen Fehler begehen
опротестова́ние, -я *n* 1. *wirtsch* Protest, Einspruch, Anfechtung; ~ ве́кселя Wechselprotest 2. *jur* Anfechtung, Einspruch, Appellation
опротестова́ть, -ту́ю, -ту́ешь; -то́ванный, -тован, -а *v* 1. *jur* Einspruch erheben, Berufung einlegen 2. *wirtsch*: ~ ве́ксель einen Wechsel zu Protest gehen lassen || *uv* **опротесто́вывать,** -аю, -аешь
опроти́веть, -ею, -еешь *v* zuwider werden
опроща́ться *uv zu* опрости́ться
опры́скать, -аю, -аешь; -анный, -ан,

-а *v* bespritzen, besprengen || *uv* опрыскивать, -аю, -аешь | *v mom* опрыснуть, -ну, -нешь
опрыскаться, -аюсь, -аешься *v* sich besprengen; ~ духáми sich mit Parfüm besprengen || *uv* опрыскиваться, -аюсь, -аешься
опрыскиватель, -я *m* Zerstäuber; Spritzgerät; вентиляторный ~ Sprühgerät
опрыскивать(ся) *uv zu* опрыскать(ся)
опрыснуть *v mom zu* опрыскивать
опрятность, -и *f* Sauberkeit, Reinlichkeit
опрятный, -ая, -ое; *Kzf* -тен, -тна sauber, reinlich, adrett
оптáция, -и *f* Option
óптик, -а *m* Optiker
óптика, -и *f* Optik
оптимáльный, -ая, -ое *buchspr* optimal, günstigst, bestmöglich
оптимистúческий, -ая, -ое *u.* **оптимистúчный,** -ая, -ое; *Kzf* -чен, -чна optimistisch
оптúческий, -ая, -ое optisch; ~ обмáн optische Täuschung; ~ измерúтельный инструмéнт optisches Meßwerkzeug; ~ ориентáтор optisches Ortungsgerät
оптóвый, -ая, -ое Großhandels-
оптом *Adv* en gros; торгóвля ~ Großhandel
опубликовáние, -я *n* Veröffentlichung
опубликовáть, -кýю, -кýешь; -кóванный, -кóван, -а *v* veröffentlichen, *durch Druck* bekanntmachen || *uv* **опубликóвывать,** -аю, -аешь
опускáние, -я *n* **1.** Senken, Herablassen; ~ рук Senken der Arme **2.** Sinken, Absinken, Senkung; ~ земнóй повéрхности Absinken der Erdoberfläche **3.** Auslassung, Weglassung; ~ лúшних подрóбностей Auslassen überflüssiger Einzelheiten
опускáть *uv zu* опустúть
опускáться, -áюсь, -áешься *uv* **1.** *uv zu* опустúться **2.** sich allmählich senken, nach unten gehen
опускнóй, -áя, -óе Fall-, Schiebe-; -óе окнó Schiebefenster
опустéлый, -ая, -ое leer, verödet, entvölkert
опустéть, *1. u. 2. Pers ungebr*, -éет *v* **1.** leer werden, sich leeren **2.** veröden, sich entvölkern
опустúть, опущý, опýстишь; опýщенный, -ен, -а *v* **1.** senken, sinken lassen, herablassen; ~ зáнавес den Vorhang herunterlassen **2.** neigen, senken; ~ гóлову den Kopf neigen; ~ глазá die Augen senken **3.** absetzen, auf den Boden stellen; ~ носúлки eine Trage absetzen **4.** в *A* hineinstecken, einwerfen; ~ монéту в автомáт eine Münze in den Automaten einwerfen **5.** auslassen, weglassen; ~ излúшние подрóбности überflüssige Einzelheiten weglassen ◇ ~ перпендикулáр die Senkrechte errichten; ~ рýки den Mut verlieren || *uv* опускáть, -áю, -áешь
опустúться, опущýсь, опýстишься *v* **1.** sinken, herabsinken; herabhängen **2.** sich niederlegen, sich niederlassen; ~ на колéни sich auf die Knie sinken lassen **3.** hinabsteigen **4.** *übtr* sich senken, sich herabsenken (на *A* auf); тумáн опустúлся на гóрод Nebel senkte sich auf die Stadt herab **5.** *übtr* herunterkommen, schlampig [nachlässig] in seinem Äußeren werden ◇ ~ на дно völlig herunterkommen || *uv* опускáться, -áюсь, -áешься
опустошáть *uv zu* опустошúть
опустошéние, -я *n* Verwüstung, Verheerung
опустошúтельный, -ая, -ое; *Kzf* -лен, -льна verwüstend, verheerend
опустошúть, -шý, -шúшь; -шённый, -шён, -шенá *v* **1.** verwüsten, verheeren **2.** *umg* ausleeren, umkippen, umkehren; ~ кармáн die Tasche umkehren **3.** *seelisch* zugrunde richten || *uv* опустошáть, -áю, -áешь
опýтать, -аю, -аешь; -анный, -ан, -а *v* **1.** umwickeln, umwinden; ~ прóволокой mit Draht umwickeln **2.** *übtr* umgarnen, umgeben **3.** *übtr, umg* betrügen, irreleiten || *uv* **опýтывать,** -аю, -аешь
опухáть *uv zu* опýхнуть
опýхлый, -ая, -ое *umg* geschwollen
опýхнуть, -ну, -нешь; опýх, -ла *v* schwellen, geschwollen werden; лицó опýхло das Gesicht war geschwollen || *uv* опухáть, -áю, -áешь
óпухоль, -и *f* Geschwulst; Tumor
опушáть *uv zu* опушúть
опушúть, -шý, -шúшь; -шённый, -шён, -шенá *v* **1.** bedecken *mit Schnee, Reif u. ä.* **2.** mit Pelz verbrämen || *uv* опушáть, -áю, -áешь
[1]**опýшка,** -и *f* Pelzbesatz
[2]**опушка,** -и, *Pl G* -шек, *D* -шкам *f* Waldrand
опущéние, -я *n* **1.** Senken, Herablassen **2.** Sinken, Senkung **3.** Auslassung, Weglassung **4.** *med* Senkung; ~ желýдка Magensenkung

опыле́ние, -я *n biol* Bestäubung
опы́ливание, -я *n landw* Bestäuben *von Pflanzen*
опы́ливатель, -я *m* Zerstäuber *für Pflanzenschutzmittel*
опы́ливать *uv zu* опыли́ть
опыли́тель, -я *m* **1.** *bot* Bestäuber **2.** Zerstäuber, Pulverisator *zum Bestäuben von Pflanzen mit Pflanzenschutzmitteln*
опыли́ть, -лю́, -ли́шь; -лённый, -лён, -лена́ *v bot, landw* bestäuben || *uv* опы́ливать, -аю, -аешь *zu* 2 *u.* **опыля́ть,** -я́ю, -я́ешь *zu* 1
опыли́ться, *1. u. 2. Pers ungebr*, -ли́тся *v bot* bestäubt werden || *uv* **опыля́ться,** -я́ется
о́пыт, -а *m* **1.** *nur Sg* Erfahrung(en); ли́чный ~ persönliche Erfahrung(en) **2.** *phil* Empirie, Erfahrung **3.** Experiment, Versuch; хими́ческие -ы chemische Versuche **4.** Versuch; пе́рвые -ы ребёнка в письме́ erste Schreibversuche des Kindes
о́пытность, -и *f* Erfahrenheit
о́пытный, -ая, -ое; *Kzf* -тен, -тна **1.** erfahren, erfahrungsreich **2.** Versuchs-; ~ уча́сток Versuchsfeld **3.** empirisch, experimentell; в -ом поря́дке versuchsweise
опьяне́ние, -я *n* **1.** Trunkenheit, Rausch *von Alkohol* **2.** *übtr* Rausch, Taumel
опьяне́ть, -е́ю, -е́ешь *v* **1.** betrunken, berauscht werden **2.** *übtr* in Ekstase, in Taumel geraten
опьяни́ть, -ню́, -ни́шь; -нённый, -нён, -нена́ *v* **1.** betrunken machen **2.** *übtr* trunken, berauscht machen, in Ekstase versetzen || *uv* **опьяня́ть,** -я́ю, -я́ешь
опя́ть *Adv* **1.** wieder, wiederum, nochmals, erneut **2.** *volksspr* außerdem, noch dazu, andererseits; ~-таки (aber) nochmals, (aber) wiederum, (aber) andererseits; я вам ~-таки до́лжен повтори́ть ich muß Ihnen (aber) erneut wiederholen; ich muß Ihnen (aber) außerdem wiederholen
ора́ва, -ы *f volksspr* Haufen, Horde
ора́кул, -а *m* Orakel
орангута́нг, -а *m* Orang-Utan
ора́нжевый, -ая, -ое orange(farben)
оранжере́йный, -ая, -ое Treibhaus-; -ая температу́ра Treibhaustemperatur ◇ -ое расте́ние *iron* Treibhauspflänzchen *von einem schwächlichen, verzärtelten Menschen*
оранжере́я, -и *f* Treibhaus; Orangerie
ора́тор, -а *m* Redner
ора́торский, -ая, -ое Redner-, Rede-; ~ тала́нт Redegabe
ора́торствовать, -вую, -вуешь *uv umg, iron* große Reden halten, sich als Redner aufführen
ора́ть* *uv umg* **1.** brüllen, schreien **2.** на *A* anschreien
орби́та, -ы *f* **1.** *astr* Umlauf-, Kreisbahn; ~ Луны́ Mondbahn **2.** *übtr* Sphäre; ~ влия́ния Einflußsphäre **3.** Augenhöhle
орбита́льный, -ая, -ое Umlauf-; -ая ско́рость *astr* Umlaufgeschwindigkeit
орг- *in Zuss Abk für* организацио́нный
о́рган, -а *m* **1.** *biol* Organ; -ы обоня́ния Geruchsorgane **2.** *übtr* Mittel, Instrument, Werkzeug **3.** Institution, Organ; фина́нсовые -ы Finanzorgane **4.** Presseorgan
орга́н, -а *m* Orgel
организа́тор, -а *m* Organisator
организа́торский, -ая, -ое organisatorisch, Organisatoren-
организацио́нный, -ая, -ое organisatorisch, Organisations-; -ые мероприя́тия organisatorische Maßnahmen
организа́ция, -и *f* **1.** Organisieren, Organisierung **2.** Organisiertheit **3.** organisatorische Gliederung, organisatorischer Aufbau **4.** *biol* Organismus, Konstitution, Organisation **5.** gesellschaftliche Organisation; парти́йная ~ Parteiorganisation
органи́зм, -а *m* Organismus
организо́ванность, -и *f* **1.** Organisiertheit, Planmäßigkeit **2.** Organisiertheit, Geschlossenheit, Diszipliniertheit
организо́ванный, -ая, -ое; *Kzf* -ан, -анна **1.** organisiert, planmäßig, geordnet **2.** organisiert, vereint, diszipliniert
организова́ть, -зу́ю, -зу́ешь; -зо́ванный, -зо́ван, -а *v, uv* (*Prät nur v*) **1.** organisieren, schaffen, gründen; ~ спорти́вное о́бщество einen Sportverein gründen **2.** organisieren, vorbereiten; ~ соревнова́ние einen Wettbewerb organisieren **3.** organisieren, vereinen, zusammenschließen, in einer Organisation erfassen; ~ крестья́нство в колхо́зы die Bauernschaft in Kolchosen organisieren [vereinigen] **4.** planmäßig einteilen, organisieren; ~ своё вре́мя seine Zeit planmäßig einteilen || *uv auch* **организо́вывать,** -аю, -аешь

организоваться, -зуюсь -зуешься *v, uv* (*Prät nur v*) **1.** entstehen; anlaufen; организуются вечерние школы Abendschulen entstehen **2.** sich organisieren, sich zusammenschließen ‖ *uv a.* **организовываться,** -аюсь, -аешься

органист, -а *m* Organist

органический, -ая, -ое **1.** organisch; lebendig, belebt; ~ мир organische Welt; -ая химия organische Chemie **2.** organisch, Organ- **3.** *übtr* organisch, von Natur aus bestehend; von der Natur gefordert, in der Sache [Natur der Sache] begründet

оргия, -и *f* Orgie

оргстекло, -а *n* (органическое стекло) Kunststoffglas *z. B. Plexiglas*

орда, -ы, *Pl* орды, орд, ордам *f* **1.**: Золотая ~ Goldene Horde **2.** *übtr* Horde, Haufen

[1]**орден,** -а, *Pl* ордена, -ов, -ам *m* Orden *Auszeichnung*

[2]**орден,** -а, *Pl a.* ордена, -ов, -ам *m* Orden, Ordensgemeinschaft; ~ иезуитов Jesuitenorden; рыцарский ~ Ritterorden

орденоносец, -сца, *I* -сцем, *G Pl* -сцев *m* Ordensträger

орденоносный, -ая, -ое mit einem Orden ausgezeichnet

ордер, -а, *Pl* ордера, -ов, -ам *m* Order, schriftliche Anweisung, Auftrag; ~ на арест Haftbefehl; ~ на квартиру Wohnungszuweisung

Орджоникидзе *idkl* Ordshonikidse

ординарец, -рца, *I* -рцем, *G Pl* -рцев *m* Ordonnanz, Meldegänger

ординарный, -ая, -ое; *Kzf* -рен, -рна **1.** *buchspr* (ganz) gewöhnlich, (gar) nicht außergewöhnlich **2.**: ~ профессор *alt* ordentlicher Professor

ординатор, -а *m med* Vollassistent; младший ~ Assistenzarzt

ординатура, -ы *f* Vollassistenz

орёл, орла *m* Adler

Орёл, Орла *m* Orjol *Stadt*

ореол, -а *m* **1.** heller Schein *rings um eine Lichtquelle*, Hof **2.** Heiligenschein **3.** *übtr* Aureole, Nimbus

орех, -а *m* **1.** Nuß; лесной ~ Haselnuß; грецкий ~ Walnuß **2.** Nußbaum, Nußbaumholz ◇ земляной ~ Erdnuß; достанется ему на -и der wird was abkriegen; разделать [отделать] под ~ heftig ausschelten

ореховый, -ая, -ое Nuß-, Nußbaum-, aus Nußbaum; -ое масло Nußöl; -ая мебель Nußbaummöbel

орешек, -шка *m Dem zu* орех kleine Nuß

орешник, -а *m* Nußstrauch, Nußsträucher

оригинал, -а *m* **1.** Original, Urfassung; это не копия, а ~ das ist keine Kopie, sondern das Original **2.** *typ* Manuskript **3.** *umg* Sonderling, Original

оригинальничать, -аю, -аешь *uv umg* den Originellen spielen, originell sein wollen

оригинальность, -и *f* **1.** Originalität, Echtheit, Ursprung **2.** Absonderlichkeit, Eigenartigkeit

оригинальный, -ая, -ое; *Kzf* -лен, -льна **1.** Original-, echt **2.** eigen, eigenständig, Original-; меня интересует не переводная, а -ая литература этого периода mich interessiert nicht die Übersetzungsliteratur jener Zeit, sondern die Originalliteratur **3.** selbständig, eigenständig, originell; ~ мыслитель selbständiger [origineller] Denker

ориентация, -и *f* Orientierung

ориентир, -а *m* Orientierungspunkt

ориентировать, -рую, -руешь; -рованный, -рован, -а *v, uv* **1.** über den Standort orientieren, den Standort anzeigen; компас и карта ориентировали его Karte und Kompaß zeigten ihm seinen Standort an **2.** *übtr* helfen, sich zurechtzufinden, orientieren **3.** hinlenken, orientieren (на *A* auf)

ориентироваться, -руюсь, -руешься *v, uv* **1.** sich orientieren, seinen Standort bestimmen, sich zurechtfinden **2.** *übtr* sich zurechtfinden **3.** *übtr* на *A* sich orientieren, sich zum Ziel nehmen; писатель ориентировался на массового читателя der Schriftsteller hat sich auf einen breiten Leserkreis (hin) orientiert

ориентировка, -и *f* **1.** Orientieren, Orientierung **2.** *übtr* Orientierungsvermögen

ориентировочный, -ая, -ое **1.** Orientierungs-; ~ пункт Orientierungspunkt **2.** annähernd, vorläufig, ungefähr, Annäherungs-; -ые данные Annäherungswerte

оркестр, -а *m* **1.** Orchester **2.** Orchesterraum

оркестрант, -а *m* Orchestermusiker, Orchesterspieler, Angehöriger eines Orchesters

оркестровать, -рую, -руешь; -ро-

ванный, -ро́ван, -а *v, uv* orchestrieren, für Orchester einrichten
оркестро́вка, -и *f* Orchestrierung, Instrumentation, orchestrale Einrichtung
оркестро́вый, -ая, -ое Orchester-
орлёнок, -нка, *Pl* орля́та, -я́т, -я́там *m* Adlerjunges, junger Adler
орли́ный, -ая, -ое Adler-; ~ клюв Adlerschnabel ◇ ~ нос Adlernase
орли́ца, -ы, *I* -цей *f* Adlerweibchen
орло́вец, -вца, *I* -вцем, *G Pl* -вцев *u.* **орловча́нин,** -а, *Pl* -а́не, -а́н, -а́нам *m* Einwohner von Orjol
орна́мент, -а *m* **1.** Ornament **2.** *mus* Verzierung
орнитоло́гия, -и *f* Ornithologie
оробе́лый, -ая, -ое verschüchtert
оробе́ть, -е́ю, -е́ешь *v* ängstlich werden, schüchtern werden, erschrecken
ороси́тельный, -ая, -ое Bewässerungs-; -ые сооруже́ния Bewässerungsanlagen
ороси́ть, орошу́, ороси́шь; орошённый, -ён, -ена́ *v* **1.** benetzen, befeuchten, feucht machen **2.** bewässern, berieseln ‖ *uv* **ороша́ть,** -а́ю, -а́ешь
ороше́ние, -я *n* **1.** Benetzung **2.** Bewässerung, Berieselung; ~ сте́пи Bewässerung der Steppe
ортодокса́льный, -ая, -ое orthodox
ортопе́д, -а *m* Orthopäde
ортопеди́ческий, -ая, -ое orthopädisch
ору́ ↑ ора́ть
ору́дие, -я *n* **1.** Werkzeug, Instrument, Gerät; -я произво́дства Produktionsinstrumente **2.** Geschütz **3.** *übtr* Werkzeug, Waffe, Mittel; слепо́е ~ blindes Werkzeug
оруди́йный, -ая, -ое Geschütz-
ору́довать, -дую, -дуешь *uv umg* **1.** *I* hantieren, handhaben, gebrauchen; ~ топоро́м mit der Axt hantieren **2.** *I* leiten, wirtschaften **3.** tätig sein, operieren *meist mißbilligend*
оруже́йник, -а *m* Waffenschmied
оруже́йный, -ая, -ое Waffen-; ~ заво́д Waffenfabrik
оружено́сец, -сца, *I* -сцем, *G Pl* -сцев *m hist* Waffenträger, Knappe
ору́жие, -я *n* **1.** Waffe **2.** *übtr* Mittel, Waffe
орфографи́ческий, -ая, -ое orthographisch
орфогра́фия, -и *f* Orthographie
орхиде́я, -и *f* Orchidee
О́рша, -и *f* Orscha *Stadt*
оса́, -ы́ *f* Wespe
оса́да, -ы *f* Belagerung
[1]**осади́ть,** осажу́, оса́дишь; осаждённый, -ён, -ена́ *v* **1.** belagern **2.** *I umg* überhäufen ‖ *uv* **осажда́ть,** -а́ю, -а́ешь
[2]**осади́ть,** осажу́, оса́дишь; оса́женный, -ен, -а *v* **1.** (plötzlich) zum Stehen bringen, anhalten *Pferde* **2.** (plötzlich) halt machen und zurückweichen *Pferd, wilde Tiere* **3.** zurückdrängen **4.** *übtr* zügeln, zurechtweisen ‖ *uv* **оса́живать,** -аю, -аешь
оса́дка, -и *f* **1.** Absinken, Senkung; ~ фунда́мента Senkung des Fundaments **2.** *naut* Tiefgang
оса́дный, -ая, -ое Belagerungs-; -ое положе́ние Belagerungszustand
оса́док, -дка *m* **1.** Bodensatz, Sediment **2.** *übtr* verbliebenes [haftengebliebenes] Gefühl; разгово́р оста́вил в мое́й душе́ неприя́тный ~ das Gespräch hinterließ in mir ein unangenehmes Gefühl **3.** *meist Pl geol* Ablagerung, Sedimente **4.** *Pl* Niederschläge
оса́дочный, -ая, -ое **1.** Sediments-, Ablagerungs- **2.** Niederschlags-
осажда́ть *uv zu* [1]осади́ть
осажда́ться, *1. u. 2. Pers ungebr,* -а́ется *uv* **1.** einen Bodensatz bilden, sich absetzen **2.** fallen *von Niederschlägen*
оса́живать *uv zu* [2]осади́ть
оса́нистый, -ая, -ое; *Kzf* -ист, -а stattlich, gewichtig
оса́нка, -и *f* Körperhaltung, Haltung
осва́ивать(ся) *uv zu* осво́ить(ся)
осведоми́тель, -я *m* Informator; Agent
осведоми́тельный, -ая, -ое informatorisch, Informations-
осве́домить, -млю, -мишь; осведомлённый, -ён, -ена́ *v* о *P* benachrichtigen, informieren, unterrichten (von) ‖ *uv* **осведомля́ть,** -я́ю, -я́ешь
осве́домиться, -омлюсь, -омишься *v* о *P* sich erkundigen (nach), sich informieren (über) ‖ *uv* **осведомля́ться,** -я́юсь, -я́ешься
осведомле́ние, -я *n* Benachrichtigung, Information
осведомлённость, -и *f* Informiertheit, Kenntnis
осведомлённый, -ая, -ое informiert, unterrichtet, beschlagen, bewandert
осведомля́ть(ся) *uv zu* осве́домить(ся)
освежа́ть(ся) *uv zu* освежи́ть(ся)
освежева́ть, -жу́ю, -жу́ешь; -жёванный, -жёван, -а *uv* die Haut [das Fell] abziehen; ausweiden
освежи́тельный, -ая, -ое; *Kzf* -лен,

-льна erfrischend, Erfrischungs-; ~ напи́ток Erfrischungsgetränk

освежи́ть, -жу́, -жи́шь; -жённый, -жён, -жена́ *v* 1. erfrischen, kühlen 2. erleichtern, Erleichterung bringen 3. auffrischen, erneuern; ~ кра́ски die Farbe erneuern 4. *übtr* auffrischen *Erinnerungen* || *uv* освежа́ть, -а́ю, -а́ешь

освежи́ться, -жу́сь, -жи́шься *v* 1. frisch werden, erfrischt werden; во́здух освежи́лся die Luft ist frisch geworden 2. sich erfrischen, sich Erfrischung verschaffen 3. *übtr* sich erholen, sich ausruhen 4. lebendig werden, wieder aufleben *in der Erinnerung*; воспомина́ния освежи́лись Erinnerungen wurden lebendig || *uv* освежа́ться, -а́юсь, -а́ешься

освети́тельный, -ая, -ое Beleuchtungs-; -ая раке́та Leuchtrakete

освети́ть, -ещу́, -ети́шь; -ещённый, -ещён, -ещена́ *v* 1. beleuchten, mit Beleuchtung versehen 2. *übtr* beleben, erhellen, erstrahlen lassen; улы́бка освети́ла его́ лицо́ ein Lächeln erhellte sein Gesicht 3. *übtr* näher betrachten, beleuchten, erläutern; ~ вопро́с eine Frage näher betrachten || *uv* **освеща́ть,** -а́ю, -а́ешь

освети́ться, *1. u. 2. Pers ungebr*, -и́тся *v* 1. hell werden; ко́мната освети́лась das Zimmer wurde hell 2. *übtr* sich erhellen, erstrahlen; лицо́ её освети́лось улы́бкой ihr Gesicht erstrahlte in einem Lächeln || *uv* **освеща́ться,** -а́ется

освеще́ние, -я *n* 1. Beleuchten, Beleuchtung; ~ отражённым све́том indirekte Beleuchtung 2. Beleuchtungsvorrichtung; электри́ческое ~ elektrische Beleuchtung 3. *übtr* Erklärung, Beleuchtung; дать пра́вильное ~ фа́ктам eine richtige Erläuterung der Tatsachen geben

освиде́тельствование, -я *n* Untersuchung, Prüfung, Besichtigung, Begutachtung

освиде́тельствовать, -твую, -твуешь *v* untersuchen, besichtigen, prüfen, begutachten

о|свиста́ть*; осви́станный, -ан, -а *v* auspfeifen || *uv* **осви́стывать,** -аю, -аешь

освободи́тель, -я *m* Befreier

освободи́тельный, -ая, -ое Befreiungs-; -ое движе́ние Befreiungsbewegung

освободи́ть, -ожу́, -оди́шь; -ождённый, -ождён, -ождена́ *v* 1. befreien 2. *übtr* frei machen, freie Entwicklungsmöglichkeit geben 3. от *G* befreien, erlassen; ~ от упла́ты штра́фа eine Geldstrafe erlassen 4. от *G* absetzen, entlassen; ~ от до́лжности дире́ктора als Direktor absetzen 5. leeren, leer machen, frei machen, (aus)räumen; ~ кни́жный шкаф einen Bücherschrank ausräumen; ~ ко́мнату ein Zimmer räumen ◇ освобождённый секрета́рь парторганиза́ции hauptamtlicher Parteisekretär || *uv* **освобожда́ть,** -а́ю, -а́ешь

освободи́ться, -ожу́сь, -оди́шься *v* 1. frei werden, die Freiheit gewinnen, sich befreien 2. *übtr* sich frei machen, lossagen; ~ от предрассу́дков sich von Vorurteilen frei machen 3. leer werden, frei werden; кварти́ра освободи́лась die Wohnung ist frei geworden 4. sich frei machen (können); я освободи́лся на часо́к ich habe mich für eine Stunde freimachen können || *uv* **освобожда́ться,** -а́юсь,* -а́ешься

освобожде́ние, -я *n* 1. Befreiung 2. Absetzung, Enthebung 3. Räumung, Leerung

освое́ние, -я *n* 1. Aneignung, Meisterung; ~ но́вой те́хники Meisterung der neuen Technik 2. Urbarmachung, Erschließung; ~ ко́смоса Eroberung des Weltalls; ~ цели́нных земе́ль Urbarmachung von Neuland 3. Aufnahme der Produktion *von etw.*; ~ но́вой проду́кции Aufnahme neuer Produktion

осво́ить, -о́ю, -о́ишь; -о́енный, -о́ен, -а *v* 1. sich aneignen, sich zu eigen machen, erlernen, meistern; ~ но́вую те́хнику die neue Technik meistern 2. aufnehmen *Produktion*; ~ но́вый вид проду́кции eine neue Produktionsart aufnehmen 3. urbar machen; ~ цели́нные зе́мли Neuland urbar machen, unter den Pflug nehmen 4. erschließen || *uv* осва́ивать, -аю, -аешь

осво́иться, -о́юсь, -о́ишься *v* sich eingewöhnen, heimisch werden, vertraut werden; ~ в но́вой среде́ in der neuen Umgebung heimisch werden || *uv* осва́иваться, -аюсь, -аешься

освяти́ть, -ящу́, -яти́шь; -ящённый, -ящён, -ящена́ *v* 1. *rel* weihen 2. *übtr* heiligen, ehrwürdig machen || *uv* **освяща́ть,** -а́ю, -а́ешь

осево́й, -а́я, -о́е Achs-; axial; -а́я ли́ния Trennlinie
оседа́ние, -я *n* 1. Senkung; Absinken 2. Ablagerung
оседа́ть *uv zu* осе́сть
оседла́ть, -а́ю, -а́ешь; осёдланный, -ан, -а *v* 1. satteln 2. *umg* sich rittlings setzen (auf); ~ бревно́ sich rittlings auf einen Balken setzen 3. *umg* bevormunden, gängeln 4. *mil* besetzen *und nach beiden Seiten sichern* || *uv* осёдлывать, -аю, -аешь
осе́длость, -и *f* Seßhaftigkeit
осёдлывать *uv zu* оседла́ть
осе́длый, -ая, -ое seßhaft
осека́ться *uv zu* осе́чься
осёл, осла́ *m* Esel *a. als Schimpfwort*
осело́к, -лка́ *m* 1. Schleifstein 2. Prüfstein *für Edelmetalle* 3. *übtr* Prüfstein
осемене́ние, -я *n* 1. künstliche Besamung, Befruchtung 2. *biol* Befruchtung
осемени́ть, -ню́, -ни́шь; -нённый, -нён, -нена́ *v* künstlich besamen || *uv* осеменя́ть, -я́ю, -я́ешь
осени́ть, -ню́, -ни́шь; -нённый, -нён, -нена́ *v* 1. mit Schatten bedecken, beschatten 2. *übtr, buchspr, alt* befallen, umfangen 3. (plötzlich) einfallen, kommen *Gedanke, Ahnung*; нас осени́ла блестя́щая мысль uns kam ein glänzender Gedanke || *uv* осеня́ть, -я́ю, -я́ешь
осе́нний, -яя, -ее herbstlich, Herbst- ◇ по-осе́ннему herbstlich
о́сень, -и *f* Herbst ◇ цыпля́т по -и счита́ют *etwa* man soll den Tag nicht vor dem Abend loben
о́сенью *Adv* im Herbst
осеня́ть *uv zu* осени́ть
осерча́ть, -а́ю, -а́ешь *v volksspr* böse, wütend werden, sich ärgern
о|се́сть* *v* 1. sich senken; пол осе́л der Fußboden hat sich gesenkt 2. в *A* einsinken; ~ в снег in den Schnee einsinken 3. sich herabsenken, herabsinken (на *A* auf); клубы́ пы́ли осе́ли на доро́гу Staubwolken senkten sich auf den Weg herab 4. sich niederschlagen *als Bodensatz*; sich ablagern, sich absetzen 5. sich niederlassen, ansässig [seßhaft] werden || *uv* оседа́ть, -а́ю, -а́ешь
осети́н, -а, *Pl* осети́ны, -и́н, -и́нам *m* Ossete
осети́нка, -и, *Pl G* -нок, *D* -нкам *f* Ossetin
осети́нский, -ая, -ое ossetisch
Осе́тия, -и *f* Ossetien
осётр, осетра́ *m* Stör
осетри́на, -ы *f* Störfleisch
осе́чка, -и, *Pl G* -чек, *D* -чкам *f* 1. Versager *beim Schießen*; дать -у *a. übtr* versagen 2. *übtr, umg* Versager, Mißerfolg, Fehlleistung
о|се́чься*; осекла́сь *v* 1. *alt* versagen *Gewehr* 2. *volksspr* einen Mißerfolg erleiden, einen Reinfall erleben 3. *übtr, umg* stocken, steckenbleiben *beim Sprechen* 4. *übtr, umg* versagen *Sprache, Stimme* || *uv* осека́ться, -а́юсь, -а́ешься
оси́ливать *uv zu* оси́лить
оси́лить, -лю, -лишь; -ленный, -лен, -а *v umg* 1. überwältigen, überwinden, niederringen 2. *übtr* überwinden, bezwingen *Gefühl, Erregung* 3. bewältigen, schaffen || *uv* оси́ливать, -аю, -аешь
оси́на, -ы *f* Espe
оси́новый, -ая, -ое Espen- ◇ дрожа́ть как ~ лист wie Espenlaub zittern
оси́ный, -ая, -ое Wespen-; ~ рой Wespenschwarm ◇ -ое гнездо́ Wespennest; -ая та́лия schmale Taille
О́сип, -а *m männl Vn*
оси́плый, -ая, -ое heiser
оси́пнуть, -ну, -нешь; оси́п, -ла *v* heiser werden
осироте́лый, -ая, -ое verwaist
осироте́ть, -е́ю, -е́ешь *v* verwaisen
оска́л, -а *m*: ~ зубо́в Zähnefletschen
оска́ливать(ся) *uv zu* оска́лить(ся)
оска́лить, -лю, -лишь; -ленный, -лен, -а *v*: ~ зу́бы a) die Zähne fletschen; b) ~ зу́бы *volksspr* grinsen, feixen || *uv* оска́ливать, -аю, -аешь
оска́литься, -люсь, -лишься *v* 1. die Zähne fletschen 2. *volksspr* grinsen, feixen || *uv* оска́ливаться, -аюсь, -аешься
осканда́литься, -люсь, -лишься *v umg* sich blamieren
осквернение, -я *n* 1. *rel* Entweihung, Profanierung 2. Entweihung, Entehrung
оскверни́тель, -я *m* Entweiher, Frevler, Besudler
оскверни́ть, -ню́, -ни́шь; -нённый, -нён, -нена́ *v* 1. *rel* entweihen 2. entehren, besudeln, entweihen || *uv* **оскверня́ть,** -я́ю, -я́ешь
оскла́биться, -а́блюсь, -а́бишься *v umg* grinsen
оско́лок, -лка *m* 1. Splitter; ~ стекла́

Glassplitter; ~ снаря́да Granatsplitter 2. *übtr* Überrest
оскóмина, -ы *f* 1.: наби́ть -у ein stumpfes Gefühl im Munde bekommen 2.: надоéсть комý-н. до -ы j-m bis zum Überdruß langweilig werden
оскопи́ть, -плю́, -пи́шь; -плённый, -плён, -пленá *v* kastrieren ‖ *uv* **оскопля́ть,** -я́ю, -я́ешь
оскорби́тель, -я *m* Beleidiger
оскорби́тельный, -ая, -ое; *Kzf* -лен, -льна beleidigend, kränkend
оскорби́ть, -блю́, -би́шь; -блённый, -блён, -бленá *v* 1. beleidigen, kränken 2. entweihen ◇ ~ слух das Ohr beleidigen; ~ дéйствием *jur* tätlich beleidigen ‖ *uv* оскорбля́ть, -я́ю, -я́ешь
оскорби́ться, -блю́сь, -би́шься *v* sich beleidigt [gekränkt] fühlen, beleidigt [gekränkt] sein; sehr übel nehmen ‖ *uv* оскорбля́ться, -я́юсь, -я́ешься
оскорблéние, -я *n* Beleidigung, Kränkung; нанести́ ~ eine Beleidigung zufügen; ~ дéйствием *jur* tätliche Beleidigung
оскорбля́ть(ся) *uv zu* оскорби́ть(ся)
оскудевáть *uv zu* оскудéть
оскудéлый, -ая, -ое dürftig, ärmlich, kümmerlich, erschöpft
оскудéние, -я *n* Verarmung, Verkümmerung
оскудéть, -éю, -éешь *v* verarmen, verkümmern; in Verfall geraten ‖ *uv* оскудевáть, -áю, -áешь
ослабевáть *uv zu* ослабéть
ослабéлый, -ая, -ое geschwächt, entkräftet
ослабéть, -éю, -éешь *v* 1. schwach werden, ermatten; нóги ослабéли die Beine sind schwach geworden 2. nachlassen, an Kraft verlieren; зрéние ослабéло das Sehvermögen hat nachgelassen 3. an Heftigkeit verlieren, nachlassen; вéтер ослабéл der Wind hat nachgelassen 4. milder werden, eine Lockerung erfahren; тюрéмный режи́м ослабéл die Gefängnisordnung hat eine Lockerung erfahren 5. locker werden; пýговица ослабéла der Knopf ist locker ‖ *uv* ослабевáть, -áю, -áешь
ослáбить, -блю, -бишь; -бленный, -блен, -а *v* 1. schwächen; ~ проти́вника den Gegner schwächen 2. verringern, mindern; vernachlässigen; ~ давлéние den Druck verringern; ~ внимáние die Aufmerksamkeit vermindern; ~ воспитáтельную рабóту die Erziehungsarbeit vernachlässigen 3. lockern, mildern, eine Lockerung eintreten lassen; ~ стрóгий режи́м eine Lockerung eintreten lassen 4. nachlassen, lockern; ~ повóдья *a. übtr* die Zügel locker lassen ‖ *uv* ослабля́ть, -я́ю, -я́ешь
ослаблéние, -я *n* 1. Schwächung, Verringerung 2. Milderung, Lockerung
ослабля́ть *uv zu* ослáбить
ослáбнуть, -ну, -нешь; ослáб, -ла *v umg* 1. schwach werden, ermatten 2. nachlassen *Kraft*; *Aufmerksamkeit*
ослáвить, -влю, -вишь; -вленный, -влен, -а *v umg* 1. in schlechten Ruf bringen, verleumden 2. *I* in der Öffentlichkeit [im Bekanntenkreis] bezeichnen, erklären, hinstellen (als); ~ сумасшéдшим als verrückt hinstellen
ослёнок, -нка, *Pl* осля́та, -я́т, -я́там *m* Eselsjunges
ослепи́тельный, -ая, -ое; *Kzf* -лен, -льна 1. schmerzhaft grell, hell, blendend 2. *übtr* blendend
ослепи́ть, -плю́, -пи́шь; -плённый, -плён, -пленá *v* 1. blenden, des Augenlichts berauben 2. *übtr* frappieren, in Erstaunen versetzen, stark beeindrucken 3. *übtr* verblenden; он ослеплён гнéвом er ist zornverblendet ‖ *uv* ослепля́ть, -я́ю, -я́ешь
ослеплéние, -я *n* 1. Blenden, Blendung 2. Beeindruckung 3. Verblendung
ослепля́ть *uv zu* ослепи́ть
ослéпнуть, -ну, -нешь; ослéп, -ла *v* 1. erblinden, blind werden 2. *übtr* verblendet, blind werden
осли́злый, -ая, -ое mit Schleim bedeckt, schleimig; glitschig
осли́ный, -ая, -ое Esels-
осли́ца, -ы, *I* -ей *f* Eselin
Óсло *idkl m* Oslo
осложнéние, -я *n* 1. Komplizieren, Komplizierung, Erschwerung; Komplikation
осложни́ть, -ню́, -ни́шь; -нённый, -нён, -ненá *v* komplizieren, erschweren ‖ *uv* **осложня́ть,** -я́ю, -я́ешь
осложни́ться, *1. u. 2. Pers ungebr*, -ни́тся *v* 1. sich komplizieren, komplizierter werden 2. eine Komplikation erfahren ‖ *uv* **осложня́ться,** -я́ется
ослушáние, -я *n umg*, *alt* Ungehorsam
ослýшаться, -аюсь, -аешься *v G* sich nicht unterordnen, sich nicht fügen,

ungehorsam sein; ~ мать ungehorsam gegenüber der Mutter sein
ослы́шаться, -шусь, -шишься *v* sich verhören
ослы́шка, -и *f umg* Verhören
осма́ливать *uv zu* осмоли́ть
осма́тривать(ся) *uv zu* осмотре́ть(ся)
осме́ивать *uv zu* осмея́ть
осмеле́ть, -е́ю, -е́ешь *v* Mut bekommen, Mut fassen, mutiger [dreister] werden
осме́ливаться *uv zu* осме́литься
осме́литься, -люсь, -лишься *v* (sich) wagen, sich erkühnen, sich erdreisten, sich die Freiheit nehmen; sich unterstehen ‖ *uv* осме́ливаться, -аюсь, -аешься
осмея́ть, -ею́, -еёшь; -е́янный, -е́ян, -а *v* auslachen, verspotten, verhöhnen ‖ *uv* осме́ивать, -аю, -аешь
осмоли́ть, -лю́, -ли́шь; -лённый, -лён, -лена́ *v* teeren ‖ *uv* осма́ливать, -аю, -аешь
осмо́тр, -а *m* 1. Besichtigung, Prüfung; тамо́женный ~ Zollrevision; контро́льный техни́ческий ~ technische Überprüfung 2. *med* Untersuchung
осмотре́ть, -отрю́, -о́тришь; -о́тренный, -о́трен, -а *v* 1. besichtigen, genau betrachten, sich genau ansehen 2. *med* untersuchen ‖ *uv* осма́тривать, -аю, -аешь
осмотре́ться, -отрю́сь, -о́тришься *v* 1. sich umblicken 2. *übtr* sich umschauen, sich umsehen, Umschau halten ‖ *uv* осма́триваться, -аюсь, -аешься
осмотри́тельность, -и *f* Umsicht, Vorsicht, Behutsamkeit
осмотри́тельный, -ая, -ое; *Kzf* -лен, -льна umsichtig, vorsichtig, behutsam
осмысле́ние, -я *n* Begreifen, Erfassen, Verständnis
осмы́сленный, -ая, -ое; *Kzf* -ен, -енна verständig, vernünftig
осмы́сливать *uv zu* осмы́слить
осмы́слить, -лю, -лишь; -лённый, -лен, -а *v* begreifen, erfassen, verstehen, durchdenken ‖ *uv* осмы́сливать, -аю, -аешь *u.* **осмысля́ть,** -я́ю, -я́ешь
оснасти́ть, -ащу́, -асти́шь; -ащённый, -ащён, -ащена́ *v* 1. *naut* betakeln 2. *tech* ausrüsten ‖ *uv* оснаща́ть, -а́ю, -а́ешь
осна́стка, -и *f* 1. *naut* Betakelung 2. *tech* Ausrüstung
оснаща́ть *uv zu* оснасти́ть
оснаще́ние, -я *n* Ausrüsten, Ausrüstung
оснащённость, -и *f* Ausrüstung, Ausrüstungsstand, Ausrüstungsgrad
осно́ва, -ы *f* 1. Unterlage, Bodenteil, *tragendes* Unterteil 2. *übtr* Grundlage, Basis 3. *text* Kette 4. *gram* Stamm
основа́ние, -я *n* 1. Gründung, Stiftung 2. Fundament 3. Grundlage, Kern 4. Beweggrund, Anlaß, Ursache; на како́м -и? aus welchem Grunde? 5. *math* Grundlinie, Basis 6. *chem* Base
основа́тель, -я *m* Gründer, Stifter, Begründer
основа́тельность, -и *f* 1. Stichhaltigkeit, Gewichtigkeit 2. Solidheit, Solidität, Ernsthaftigkeit, Gründlichkeit 3. Dauerhaftigkeit
основа́тельный, -ая, -ое 1. stichhaltig, gewichtig 2. solide, ernsthaft, nicht oberflächlich; -ая рабо́та gründliche Arbeit 3. solide, dauerhaft 4. *umg* beträchtlich, ansehnlich
о|снова́ть* *v* 1. gründen, begründen, stiften 2. на *P* begründen, fundieren ‖ *uv* осно́вывать, -аю, -аешь
о|снова́ться* *v* sich niederlassen, sich ansiedeln, Fuß fassen ‖ *uv* осно́вываться, -аюсь, -аешься
основно́й, -а́я, -о́е 1. hauptsächlich, Haupt-, Grund-; grundlegend; ~ капита́л Grundkapital; ~ вопро́с Hauptfrage 2. -о́е, -о́го *Subst n* Hauptsache ◇ в -ом im wesentlichen
осно́вный, -ая, -ое *chem* basisch, alkalisch
основополага́ющий, -ая, -ее grundlegend
основополо́жник, -а *m* Begründer, Schöpfer, Gründer
осно́вывать *uv zu* основа́ть
осно́вываться, -аюсь, -аешься *uv* 1. *uv zu* основа́ться 2. sich stützen, beruhen, fußen (на *P* auf)
Осоавиахи́м, -а *m Abk für* О́бщество соде́йствия обороне и авиацио́нно-химическому строительству Gesellschaft zur Förderung der Verteidigung, des Flugwesens und der Chemie *in der UdSSR von 1927–48*
осо́ба, -ы *f* 1. Person, Persönlichkeit; почте́нная ~ geachtete Persönlichkeit 2. *alt, iron* gewichtige Person, gewichtige Persönlichkeit 3. eine *weibliche* Person; вздо́рная ~ zänkische Person
осо́бенно *Adv* 1. besonders, ungewöhnlich 2. vor allem, besonders ◇ не ~

nicht besonders; не ~ прия́тно nicht besonders angenehm
осóбенность, -и *f* Besonderheit, Eigenart, besonderes Merkmal ◇ в -и insbesondere, in erster Linie
осóбенный, -ая, -ое **1.** besonders, eigentümlich, eigen **2.** ungewöhnlich, außergewöhnlich; нéчто -ое etwas (ganz) Besonderes **3.** *alt* gesondert, speziell, Sonder-, Einzel-
особня́к, -á *m* Villa
особнякóм *Adv* abgesondert, abseits; держáться ~ sich absondern
осóбый, -ая, -ое **1.** besonders, eigentümlich, eigen **2.** ungewöhnlich, außergewöhnlich **3.** gesondert, extra, speziell, Sonder-; -ое мнéние besondere Meinung
óсобь, -и *f* Einzelwesen Individuum
осóбь: ~ статья́ *umg* a) eine ganz besondere Situation, eine ganz besondere Lage; b) etwas ganz anderes, eine Sache für sich
осовéлый, -ая, -ое *umg* stier, stumpf, blöde, nichts begreifend; смотрéть осовéлыми глазáми (stumpf) anstieren
осовéть, -éю, -éешь *v umg* **1.** dösig werden, beginnen, vor sich hinzudösen **2.** stumpf, ausdruckslos werden *Augen*
осознавáть *uv zu* осознáть
осознáть, -áю, -áешь; осóзнанный, -ан, -а *v* begreifen, klar erkennen, einsehen; ~ свою́ вину́ sich seiner Schuld bewußt werden ‖ *uv* осо|-знавáть*
осóка, -и *f* Riedgras
óспа, -ы *f* **1.** Pockenkrankheit; вéтряная ~ Windpocken **2.** *umg* Pockennarben; Impfnarben, Impfpocken
оспáривать, -аю, -аешь *uv* **1.** *uv zu* оспóрить **2.** *A* ringen, wetteifern (um); ~ пéрвенство по плáванию um den ersten Platz im Schwimmen kämpfen
оспенный, -ая, -ое Pocken-; -ая эпидéмия Pockenepidemie
óспина, -ы *f* Pockennarbe
оспопрививáние, -я *n* Pockenimpfung
оспóрить, -рю, -ришь; -ренный, -рен, -а *v* bestreiten, anfechten ‖ *uv* оспáривать, -аю, -аешь
осрами́ть, -млю́, -ми́шь; -млённый, -млён, -мленá *v* blamieren, bloßstellen
осрами́ться, -млю́сь, -ми́шься *v* sich blamieren, sich bloßstellen
ОСТ, -а *m Abk für* общесою́зный стандáрт Unionsstandard *Bezeichnung für die technischen Normen der Sowjetunion, seit 1940* ГОСТ
оставáться *uv zu* остáться
остáвить, -влю, -вишь; -вленный, -влен, -а *v* **1.** lassen, zurücklassen; liegen [stehen, hängen, stecken] lassen; hinterlassen; ~ дéньги дóма Geld zu Hause lassen; ~ запи́ску eine schriftliche Nachricht hinterlassen; ~ след eine Spur hinterlassen; ~ наслéдником als Erben hinterlassen; ~ кóмнату неу́бранной das Zimmer unaufgeräumt lassen **2.** aufheben, zurücklassen, übriglassen; bestehenlassen; ~ на у́жин zum Abendbrot aufheben; ~ лазéйку eine Hintertür offen lassen; ~ закóн в си́ле ein Gesetz in Kraft lassen **3.** verlassen, im Stich lassen; ~ гóрод die Stadt verlassen; ~ ребёнка ein Kind im Stich lassen **4.** zurückbehalten, dabehalten; учи́тель остáвил меня́ на час der Lehrer hat mich für eine Stunde dabehalten **5.** без *G* ohne etw. lassen, nicht gewähren; ~ детéй без слáдкого den Kindern keine Süßspeise geben **6.** fahren lassen, sein lassen; aufhören, aufgeben; ~ разговóр das Gespräch aufgeben; ~ чёрные мы́сли dunkle Gedanken fahren lassen; остáвьте, э́то не вáше дéло! lassen Sie das, das ist nicht ihre Angelegenheit! ◇ ~ в покóе in Ruhe lassen; ~ за собóй a) hinter sich lassen, überflügeln; b) sich vorbehalten; ~ за сóбой прáво sich das Recht vorbehalten ‖ *uv* оставля́ть, -я́ю, -я́ешь
оставля́ть, -я́ю, -я́ешь *uv* **1.** *uv zu* остáвить **2.**: -я́ет желáть лу́чшего das läßt zu wünschen übrig
остальнóй, -áя, -óе **1.** übrig, restlich, verbleibend, verblieben **2.** -óе, -óго *Subst n* (alles) übrige, der Rest **3.** -ы́е, -ы́х *Subst Pl* (alle) übrigen, alle anderen
останáвливать(ся) *uv zu* останови́ть(ся)
остáнки, -ов *Pl* **1.** sterbliche Überreste, sterbliche Hülle **2.** *alt* Rest, Überreste
останови́ть, -овлю́, -óвишь; -óвленный, -óвлен, -а *v* **1.** anhalten, zum Stehen bringen, stoppen; ~ станóк die Maschine zum Stehen bringen **2.** zurückhalten, unterbrechen, Einhalt gebieten **3.** на *P* konzentriert ruhen lassen *Blick, Aufmerksamkeit* ‖ *uv* останáвливать, -аю, -аешь

остановúться, -овлю́сь, -óвишься *v* 1. haltmachen, stehenbleiben, stoppen 2. aufhören, innehalten 3. на *P* sich konzentrieren, eingehen (auf), stehenbleiben, verweilen (bei); ~ на подрóбностях auf Einzelheiten eingehen 4. на *P* (schließlich) bleiben (bei), kommen (zu) *einem Entscheid, einer Wahl,* die Wahl fallen lassen (auf); наконéц он останови́лся на том, что ... schließlich kam er zu dem Entschluß, daß ... 5. Quartier nehmen, absteigen || *uv* остана́вливаться, -аюсь, -аешься

останóвка, -и, *Pl G* -вок, *D* -вкам *f* 1. Anhalten, Stoppen, Stop, Halt; ~ пóезда тóрмозом Anhalten des Zuges durch die Bremse; ~ для óтдыха Ruhepause 2. Unterbrechung; говори́ть без -и ununterbrochen reden 3. Haltestelle; ~ по трéбованию Bedarfshaltestelle ◇ ~ за *I* es fehlt (nur) an, liegt (nur) an; ~ тóлько за тобóй es liegt nur an dir

оста́ток, -тка *m* 1. Rest, Restbestand 2. *meist Pl* Überreste; -тки коллéкции die Überreste der Sammlung 3. *Pl* Abfälle *beim Produktionsprozeß* ◇ без -тка völlig, ganz und gar; -тки сла́дки *etwa* das Letzte ist das Beste

оста́точный, -ая, -ое restlich

о|ста́ться* *v* 1. bleiben; ~ здесь hier bleiben; ~ довóльным zufrieden sein 2. bestehen, erhalten bleiben, sich erhalten 3. zurückbleiben (als), (schließlich) dastehen (als), sich (schließlich) sehen (als); ~ вдовóй als Witwe zurückbleiben; ~ без дéнег ohne Geld dastehen 4. *umg*: ~ на вторóй год nicht versetzt werden, sitzenbleiben 5. за *I* zufallen, zuteil werden, gut haben; за ним оста́лось два́дцать рублéй er hat zwanzig Rubel gut ◇ ~ ни при чём leer ausgehen || *uv* о|става́ться*

остекли́ть, -лю́, -ли́шь; -лённый, -лён, -ленá *v* verglasen || *uv* **остекля́ть,** -я́ю, -я́ешь

остепени́ть, -ню́, -ни́шь; -нённый, -нён, -ненá *v* vernünftig [besonnener], gesetzter machen, zur Vernunft bringen || *uv* **остепеня́ть,** -я́ю, -я́ешь

остепени́ться, -ню́сь, -ни́шься *v* vernünftig [besonnener], gesetzter werden, zur Vernunft kommen || *uv* **остепеня́ться,** -я́юсь, -я́ешься

остервенéлый, -ая, -ое wütend, rasend

остервенéние, -я *n* Wut, Raserei ◇ с -ем mit äußerster, letzter Hingabe

остервенéть, -éю, -éешь *v* wütend, rasend werden, in Wut geraten

остерега́ть, -а́ю, -а́ешь *uv* warnen || *v* о|стерéчь*

остерега́ться, -а́юсь, -а́ешься *uv G* 1. sich hüten, sich vorsehen, auf der Hut sein (vor) 2. meiden, sich enthalten; ~ óстрой пи́щи scharfe Speisen meiden || *v* **о|стерéчься***

Ост-И́ндия, -и *f hist* Ostindien

óстов, -а *m* 1. Rumpf, Gerippe, Gerüst; ~ корабля́ Schiffsrumpf 2. Skelett 3. *übtr* Gerippe, Grundlage, Anlage; музыка́льный ~ musikalische Anlage

остóйчивость, -и *f naut* Stabilität

остолбенéлый, -ая, -ое *umg* starr, erstarrt *vor Erregung*

остолбенéть, -éю, -éешь *v* erstarren *vor Erregung*

остолóп, -а *m derb* Trottel

осторóжность, -и *f* Vorsicht, Behutsamkeit

осторóжный, -ая, -ое; *Kzf* -жен, -жна vorsichtig, behutsam

осточертéть, -éю, -éешь *v umg* zum Halse heraushängen, zuwider werden

остра́стка, -и *f umg* Einschüchterung, Abschreckung; для -и als Abschreckungsmittel

острига́ть(ся) *uv zu* остри́чь(ся)

остриё, -я́, *P* -é, *G Pl* -ёв *n* 1. Spitze, spitzes Ende; ~ иглы́ Nadelspitze 2. Schneide 3. *übtr* Schärfe, Stoßrichtung

остри́ть, -рю́, -ри́шь *v* witzeln, (geistreiche) Witze machen

о|стри́чь* *v* schneiden, scheren || *uv* острига́ть, -а́ю, -а́ешь

о|стри́чься* *v* sich die Haare schneiden (lassen) || *uv* острига́ться, -а́юсь, -а́ешься

остро- *in Zuss* 1. spitz, *z. B.* остроклю́вый mit spitzem Schnabel, spitzschnäblig 2. sehr, außerordentlich, akut, *z. B.* остроинфекциóнный sehr ansteckend

óстров, -а, *Pl* островá, -óв, -а́м *m* Insel

островитя́нин, -а, *Pl* -я́не, -я́н, -я́нам *m* Inselbewohner

островнóй, -а́я, -óе Insel-

островóк, -вка́ *m Dem zu* óстров (kleine) Insel; ~ безопа́сности Verkehrsinsel

остро́г, -а *m* 1. *hist* befestigte Siedlung 2. *alt* Gefängnis
острога́, -и́ *f* Fischspeer
острогла́зый, -ая, -ое; *Kzf* -а́з, -а scharfsichtig, mit scharfen, flinken Augen
острогу́бцы, -ев *Pl* Kneifzange
остродефици́тный, -ая, ое; *Kzf* -тен, -тна äußerst knapp, Engpaß-; ~ това́р Engpaßware
остроконе́чный, -ая, -ое; *Kzf* -чен, -чна spitz, spitz auslaufend, spitz zulaufend
остроно́сый, -ая, -ое; *Kzf* -о́с, -а 1. spitznasig, mit spitzer Nase 2. spitz auslaufend, mit langer, schmaler Spitze; -ые боти́нки spitz zulaufende Schuhe
остросло́вить, -о́влю, -о́вишь *uv* witzeln, (geistreiche) Witze machen
остро́та, -ы *f* geistreiche Äußerung, Witz
острота́, -ы́ *f* Schärfe
остроуго́льный, -ая, -ое spitzwinklig
остроу́мие, -я *n* Witz, Geist
остроу́мный, -ая, -ое; *Kzf* -мен, -мна geistreich, witzig; ~ челове́к geistreicher Mensch; -ое изобрете́ние geistreiche Erfindung
о́стрый, -ая, -ое; *Kzf* остр *u. umg* остёр, остра́, о́стро́, о́стры́ 1. scharf, spitz; ~ нож scharfes Messer 2. spitz zulaufend, spitz auslaufend; ~ подборо́док spitzes Kinn 3. *übtr* scharf, geschärft; -ые глаза́ scharfe Augen 4. scharfsinnig; ~ ум Scharfsinn 5. scharf, beißend, reizend; ~ за́пах beißender Geruch 6. heftig; -ое жела́ние heftiger Wunsch 7. akut, heftig; -ое воспале́ние akute Entzündung 8. zugespitzt, kritisch; -ое положе́ние zugespitzte Lage ◇ он ~ [остёр] на язы́к er hat eine spitze Zunge
остря́к, -а́ *m* Witzbold, witziger, geistreicher Mensch
остуди́ть, -ужу́, -у́дишь; -у́женный, -у́жен, -а *v* kalt werden lassen, abkühlen (lassen), kühlen ‖ *uv* **остужа́ть,** -а́ю, -а́ешь
оступа́ться *uv zu* оступи́ться
оступи́ться, -уплю́сь, -у́пишься *v* fehltreten, straucheln ‖ *uv* оступа́ться, -а́юсь, -а́ешься
остыва́ть *uv zu* осты́ть
о|сты́ть* *v* 1. kalt werden; чай осты́л der Tee ist kalt geworden 2. *übtr* Feuer [Schwung] einbüßen; gleichgültig werden; sich beruhigen ‖ *uv* остыва́ть, -а́ю, -а́ешь
ость, -и, *Pl* о́сти, осте́й, остя́м *f* Granne
осуди́ть, осужу́, осу́дишь; осуждённый, -ён, -ена́ *v* 1. *jur* verurteilen 2. verurteilen, mißbilligen, tadeln 3. на *A oder mit Inf buchspr* verurteilen, verdammen (zu); ~ на до́лгую разлу́ку zu langer Trennung verurteilen ‖ *uv* **осужда́ть,** -а́ю, -а́ешь
осужде́ние, -я *n* 1. *jur* Verurteilung 2. Mißbilligung, Tadel
осуждённый, -ого *Subst m* Verurteilter
осу́нуться, -нусь, -нешься *v* hohlwangig werden, abmagern
осуша́ть *uv zu* осуши́ть
осуше́ние, -я *n* Trockenlegung, Trocknen, Austrocknen, Entwässern
осуши́ть, осушу́, осу́шишь; осу́шенный, -ен, -а *v* 1. trocknen; trockenlegen, entwässern 2. leeren *Trinkgefäß* ◇ ~ глаза́ zu weinen aufhören ‖ *uv* осуша́ть, -а́ю, -а́ешь
осу́шка, -и *f* Trockenlegung, Entwässern
осуществи́мый, -ая, -ое; *Kzf* -и́м, -а ausführbar, durchführbar, realisierbar, zu verwirklichen
осуществи́ть, -влю́, -ви́шь; -влённый, -влён, -влена́ *v* ausführen, durchführen, realisieren, verwirklichen ‖ *uv* осуществля́ть, -я́ю, -я́ешь
осуществи́ться, *1. u. 2. Pers ungebr*, -и́тся *v* sich verwirklichen, zustande kommen, in Erfüllung gehen, Wirklichkeit werden ‖ *uv* осуществля́ться, -я́ется
осуществле́ние, -я *n* Verwirklichung, Ausführung, Durchführung, Erfüllung, Realisierung
осуществля́ть(ся) *uv zu* осуществи́ть(ся)
осчастли́вить, -влю, -вишь; -вленный, -влен, -а *v* glücklich machen, beglücken ‖ *uv* **осчастли́вливать,** -аю, -аешь
о|сы́пать* *v* 1. bestreuen 2. *meist Ptz Prät Pass* übersäen; пе́рстень, осы́панный брилья́нтами ein mit Brillanten übersäter Ring 3. *übtr* überhäufen; ~ пода́рками mit Geschenken überhäufen 4. umstoßen, zum Einsturz bringen *Aufgeschüttetes* 5. abwerfen *Blätter* ◇ ~ поцелу́ями mit Küssen bedecken ‖ *uv* **осыпа́ть,** -а́ю, -а́ешь

о|сыпаться* *1. u. 2. Pers ungebr v* 1. abbröckeln, abfallen; штукатурка осыпалась der Putz bröckelte ab 2. abfallen *Blätter*, ausfallen *Körner* 3. sich entblättern, seine Blätter verlieren || *uv* **осыпаться,** -ается

осыпь, -и *f geol* Geröll

ось, оси, *Pl* оси, осей, осям *f* Achse

осьминог, -а *m zool* Krake

осьмушка, -и, *Pl G* -шек, *D* -шкам *f alt* 1. Achtel; ~ табаку ein Achtel Tabak 2. *typ* Achtelbogen

осязаемый, -ая, -ое fühlbar, spürbar, greifbar

осязание, -я *n* Tastsinn, Tastgefühl

осязательный, -ая, -ое 1. Tast-; ~ орган Tastorgan 2. *Kzf* -лен, -льна wahrnehmbar, spürbar

осязать, -аю, -аешь *uv* 1. betasten, befühlen, fühlen *durch Tasten* 2. *übtr* spüren, verspüren

от *u. vor einigen Konsonantenverbindungen* **ото** *Präpos mit G* 1. von; письмо от родителей ein Brief von den Eltern; от станции до деревни три километра vom Bahnhof bis zum Dorf sind es drei Kilometer; дети от первого брака Kinder aus der ersten Ehe; письмо от первого сентября der Brief vom ersten September 2. *Teil, Zubehör, im Deutschen meist zusammengesetztes Subst*: пуговица от моего пальто ein Knopf von meinem Mantel; ключ от дома Hausschlüssel; скорлупа от орехов Nußschalen; футляр от скрипки Geigenfutteral 3. von, vor, an *Ursache*; устать от работы von der Arbeit müde werden; мокрый от дождя naß vom Regen; дрожать от холода vor Kälte zittern; умереть от рака an Krebs sterben; страдать от холода unter der Kälte leiden; пятно от масла Fettfleck; волдырь от ожога Brandblase; Горе от ума Verstand schafft Leiden *Komödie von A. S. Gribojedow* 4. vor, gegen; защищать от ветра vor dem Wind schützen; спасти от смерти vom Tode erretten; средство от головной боли Mittel gegen Kopfschmerzen; лечение от ожирения Entfettungskur; страхование от огня Feuerversicherung ◇ время от времени von Zeit zu Zeit, dann und wann; год от году von Jahr zu Jahr; час от часу von Stunde zu Stunde, mit jeder Stunde; выступить от (имени) комсомола im Namen des Komsomol sprechen; писать от руки mit der Hand schreiben; от силы *volksspr* höchstens

отава, -ы *f* Grum(me)t

отапливать *uv zu* отопить

отара, -ы *f* Schafherde

отбавить, -влю, -вишь; -вленный, -влен, -а *v* verringern, wegnehmen, abnehmen, abgießen || *uv* **отбавлять,** -яю, -яешь ◇ хоть отбавляй mehr als genug

отбарабанить, -ню, -нишь *v umg* 1. zu Ende trommeln, mit Trommeln aufhören 2. heruntertrommeln, herunterrasseln, herunterklimpern; ~ вальс einen Walzer herunterklimpern 3. *übtr* herunterschnurren, herunterleiern; ~ речь eine Rede herunterleiern, herunterrasseln

отбегать *uv zu* отбежать

от|бежать* *v* fortlaufen, weglaufen || *uv* отбегать, -аю, -аешь

отбеливать *uv zu* отбелить

отбелить, -елю, -елишь; -елённый, -елён, -елена *v* bleichen, weiß machen || *uv* отбеливать, -аю, -аешь

отбивать(ся) *uv zu* отбить(ся)

отбивной, -ая, -ое: -ая котлета Kotelett

отбирать *uv zu* отобрать

от|бить*; отобью *v* 1. abschlagen, abbrechen 2. abwehren, abschlagen; ~ нападение einen Angriff abschlagen 3. zurückholen *durch Kampf*, zurückerobern 4. *umg* abspenstig machen; ~ жениха den Bräutigam abspenstig machen 5. *umg* mildern, beseitigen, nehmen; ~ запах den Geruch beseitigen 6.: ~ такт den Takt schlagen 7. wund, matt schlagen, verletzen; angreifen 8.: ~ косу die Sense dengeln 9. zu schlagen aufhören; часы отбили die Uhr hat aufgehört zu schlagen || *uv* отбивать, -аю, -аешь *zu* 1-8 ◇ отбивать шаг im Stechschritt gehen

отбиться*; отобьюсь *v* 1. *1. u. 2. Pers ungebr* abbrechen, abgehen 2. sich erwehren können, *durch Kampf* davonkommen; мы отбились от врага wir konnten uns des Feindes erwehren 3. *volksspr* sich drücken 4. getrennt werden, die Verbindung verlieren; sich absondern 5. от *G umg* aufgeben, untreu werden; sich entwöhnen; ~ от работы der Arbeit untreu werden ◇ ~ от рук nicht mehr gehorchen || *uv* отбиваться, -аюсь, -аешься

отблагодари́ть, -рю́, -ри́шь; -рённый, -рён, -рена́ *v A* 1. *buchspr* danken, Dank sagen 2. *materiellen* Dank abstatten, sich erkenntlich erweisen
о́тблеск, -а *m* Abglanz, Widerschein
отбо́й, -я, *G Pl* -ев *m* 1. Abwehr 2. Schlußsignal; бить ~ abblasen; ~ возду́шной трево́ги Entwarnung *nach Fliegeralarm* ◇ бить ~ sich von seiner früheren Meinung lossagen; отбо́ю [отбо́я] нет от übergenug, mehr als genug, zuviel; у неё не́ было отбо́я от женихо́в sie konnte sich der Freier nicht erwehren; дать ~ den Telefonhörer auflegen
отбо́йный, -ая, -ое *berg* Abbau-; ~ молото́к Abbauhammer
отбо́р, -а *m* Auswahl, Auslese; сде́лать ~ auswählen, auslesen; есте́ственный ~ natürliche Zuchtwahl
отбо́рный, -ая, -ое 1. auserlesen, erstklassig 2. *umg* (ausgesucht) unanständig, Schimpf-; -ые слова́ ausgesuchte Schimpfwörter 3.: -ая игра́ Auswahlspiel, Qualifikationsspiel
отбо́рочный, -ая, -ое Auslese-, Ausscheidungs-; -ые соревнова́ния Ausscheidungswettkämpfe
отбоя́риваться *uv zu* отбоя́риться
отбоя́риться, -рюсь, -ришься *v umg* от *G* loswerden, sich vom Halse schaffen; sich drücken; от него́ не отбоя́ришься ihn kann man nicht loswerden ‖ *uv* отбоя́риваться, -аюсь, -аешься
отбра́сывать *uv zu* отбро́сить
отбро́сить, -о́шу, -о́сишь; -о́шенный, -о́шен, -а *v* 1. wegwerfen, fortschleudern, beiseite werfen 2. fahren lassen, aufgeben, verwerfen; ~ сомне́ния Zweifel fahren lassen 3. *mil* zurückwerfen 4. *übtr* werfen, zurückwerfen *Strahlen, Schatten* ‖ *uv* отбра́сывать, -аю, -аешь
отбро́сы, -ов *Pl* Abfälle; ведро́ для -ов Abfalleimer ◇ ~ о́бщества Abschaum der Gesellschaft
отбыва́ть *uv zu* отбы́ть
отбы́тие, -я *n* 1. Abreise, Abfahrt 2. Abbüßen, Verbüßen, Verbüßung; Ableistung; по́сле -я наказа́ния nach Verbüßen der Strafe
от|бы́ть*; о́тбыл *v* 1. abreisen, abfahren 2. verbüßen, abbüßen; ableisten; ~ наказа́ние Strafe abbüßen ‖ *uv* отбыва́ть, -а́ю, -а́ешь
отва́га, -и *f* Kühnheit, Tapferkeit, Mut, Wagemut
отва́дить, -а́жу, -а́дишь; -а́женный, -а́жен, -а *v umg* 1. entwöhnen, abgewöhnen; ~ от куре́ния das Rauchen abgewöhnen 2. abschrecken, zurückhalten, fernhalten; ~ надое́дливого го́стя einen lästigen Gast für immer loswerden ‖ *uv* **отва́живать,** -аю, -аешь
отва́живаться *uv zu* отва́житься
отва́житься, -жусь, -жишься *v* sich erkühnen, (sich) wagen, sich trauen, Mut fassen (на *A* zu) ‖ *uv* отва́живаться, -аюсь, -аешься
отва́жный, -ая, -ое; *Kzf* -жен, -жна kühn, tapfer, mutig, wagemutig
отва́л, -а *m* 1. *naut* Ablegen, Abstoßen 2. Halde ◇ нае́сться до -а [-у] sich bis zum Umfallen vollessen
отва́ливать, -аю, -аешь *uv* 1. *uv zu* отвали́ть 2. *Imp* отва́ливай(те) *derb volksspr* hau(t) ab!
отва́ливаться *uv zu* отвали́ться
отвали́ть, -алю́, -а́лишь; -а́ленный, -а́лен, -а *v* 1. beiseitewälzen, fortwälzen 2. *volksspr* aufladen *auf den Teller* 3. *volksspr* viel zukommen lassen, spendieren 4. *naut* ablegen, abfahren ‖ *uv* отва́ливать, -аю, -аешь
отвали́ться, -алю́сь, -а́лишься *v* 1. abbröckeln, abfallen 2. *volksspr* sich forttrollen 3. *umg* sich zurücklehnen ‖ *uv* отва́ливаться, -аюсь, -аешься
отва́р, -а *m* Brühe; Absud
отва́ривать *uv zu* отвари́ть
отвари́ть, -арю́, -а́ришь; -а́ренный, -а́рен, -а *v* kochen; ~ карто́фель Kartoffeln kochen ‖ *uv* отва́ривать, -аю, -аешь
отварно́й, -а́я, -о́е 1. gekocht; -а́я ры́ба gekochter Fisch; в -о́м ви́де in gekochtem Zustand 2. *umg* abgekocht; -а́я вода́ abgekochtes Wasser
отве́дать, -аю, -аешь; -анный, -ан, -а *v umg* 1. kosten, probieren 2. *übtr* zu kosten bekommen, probieren, erleben, erleiden ‖ *uv* **отве́дывать,** -аю, -аешь
от|везти́* *v* abtransportieren, fortfahren, wegbringen ‖ *uv* отвози́ть, -ожу́, -о́зишь
отверга́ть *uv zu* отве́ргнуть
отве́ргнуть, -ну, -нешь; отве́рг, -ла; отве́ргнутый, -ут, -а *u. alt* отве́рженный, -ен, -а *v* 1. ablehnen, zurückweisen, verwehren; verschmähen 2. verbannen, verdammen, ausstoßen ‖ *uv* отверга́ть, -а́ю, -а́ешь
отвердева́ть *uv zu* отверде́ть

отверде́лый, -ая, -ое hart geworden, verhärtet

отверде́ть, *1. u. 2. Pers ungebr,* -е́ет *v* 1. hart [fest] werden; цеме́нтный раство́р отверде́л der Zement wurde hart 2. *übtr* hart [entschlossen] werden || *uv* отвердева́ть, -а́ет

отве́рженный, -ая, -ое verstoßen, ausgestoßen, verachtet

отверну́ть, -ну́, -нёшь; отвёрнутый, -ут, -а *v* 1. abschrauben, locker schrauben; aufdrehen, öffnen; ~ кран den Hahn öffnen 2. umschlagen, zurückschlagen *Kragen u. ä.* 3. wenden, abwenden, zur Seite drehen; ~ го́лову den Kopf abwenden 4. *umg* abbiegen || *uv* отвёртывать, -аю, -аешь

отверну́ться, -ну́сь, -нёшься *v* 1. sich lockern, aufgehen *von Schraubverschlüssen* 2. sich umschlagen, herunterklappen *Kragen u. ä.* 3. sich abwenden, sich abkehren || *uv* отвёртываться, -аюсь, -аешься

отве́рстие, -я *n* Öffnung, Loch

отверте́ть, -ерчу́, -е́ртишь; -е́рченный, -е́рчен, -а *v volksspr* 1. losschrauben, lockerschrauben 2. abdrehen, abreißen; ~ пу́говицу einen Knopf abdrehen

отверте́ться, -ерчу́сь, -е́ртишься *v* 1. *1. u. 2. Pers ungebr* sich lösen, sich losschrauben, abgehen *von Schraubverschlüssen* 2. sich drücken, ausweichen

отвёртка, -и, *Pl G* -ток, *D* -ткам *f* Schraubenzieher

отвёртывать(ся) *uv zu* отверну́ть(ся)

отве́с, -а *m* 1. Senkblei 2. senkrechter Abhang

отве́сить, -е́шу, -е́сишь; -е́шенный, -е́шен, -а *v* 1. abwiegen 2. *volksspr* zumessen *Schläge* ◇ ~ покло́н sich verneigen, einen Bückling machen || *uv* отве́шивать, -аю, -аешь

отве́сный, -ая, -ое; *Kzf* -сен, -сна sehr steil, senkrecht

от|вести́* *v* 1. bringen, hinbringen, wegbringen; ~ ребёнка в де́тский сад das Kind in den Kindergarten bringen 2. wegführen, wegbringen; ~ от окна́ vom Fenster wegführen 3. *übtr* ablenken 4. beiseite schieben, beiseite führen, entfernen; parieren *Schlag* 5. *übtr* ablehnen; ~ чью-н. кандидату́ру j-s Kandidatur ablehnen 6. zur Verfügung stellen, zuweisen ◇ ~ глаза́ ablenken *Aufmerksamkeit*, irreführen; ~ ду́шу seinem Herzen Luft machen || *uv* отводи́ть, -ожу́, -о́дишь

отве́т, -а *m* 1. Antwort, Beantwortung; сказа́ть в ~ zur Antwort geben 2. *übtr* Widerhall, Resonanz; Gegenliebe 3. Verantwortung ◇ быть в -е verantwortlich sein

ответви́ться, *1. u. 2. Pers ungebr,* -и́тся *v* eine Abzweigung bilden, sich abzweigen || *uv* ответвля́ться, -я́ется

ответвле́ние, -я *n* Abzweigung

ответвля́ться *uv zu* ответви́ться

отве́тить, -е́чу, -е́тишь; -е́ченный, -е́чен, -а *v* 1. antworten, entgegnen; ~ на вопро́с eine Frage beantworten 2.: ~ уро́к Schulaufgaben hersagen 3. reagieren, antworten, erwidern; ~ на покло́н eine Verbeugung erwidern 4. vergelten, büßen; ты мне отве́тишь за э́то dafür wirst du mir büßen || *uv* отвеча́ть, -а́ю, -а́ешь

отве́тный, -ая, -ое Antwort-, Gegen-; -ая телегра́мма Antworttelegramm; ~ вопро́с Gegenfrage

отве́тственность, -и *f* 1. Verantwortung, Verantwortlichkeit; нести́ ~ die Verantwortung tragen 2. entscheidende Wichtigkeit

отве́тственный, -ая, -ое; *Kzf* -ен, -енна 1. verantwortlich, die Verantwortung tragend, verantwortungsbewußt; -ое отноше́ние к рабо́те verantwortungsbewußte Einstellung zur Arbeit 2. verantwortungsvoll, wichtig; -ое поруче́ние verantwortungsvoller Auftrag

отве́тчик, -а *m* 1. *jur* Beklagter 2. *umg* Verantwortlicher; я за всех не ~ ich kann nicht für alle die Verantwortung tragen

отвеча́ть, -а́ю, -а́ешь *uv* 1. *uv zu* отве́тить 2. die Verantwortung übernehmen [tragen]; кто отвеча́ет за э́ту рабо́ту? wer ist für diese Arbeit verantwortlich? 3. entsprechen; ~ интере́сам наро́да den Interessen des Volkes entsprechen ◇ ~ голово́й за что mit seinem Kopf einstehen für etw.

отве́шивать *uv zu* отве́сить

отви́ливать *uv zu* отвильну́ть

отвильну́ть, -ну́, -нёшь *v umg* Ausflüchte suchen, sich drücken (от *G* von); ~ от отве́та sich um die Antwort drücken || *uv* отви́ливать, -аю, -аешь

отвинти́ть, -нчу́, -нти́шь; отви́нченный, -ен, -а *v* abschrauben || *uv* **отви́нчивать,** -аю, -аешь

отвиса́ть *uv zu* отви́снуть
отви́слый, -ая, -ое *umg* (schlaff) herunterhängend; -ая губа́ herunterhängende Lippe
отви́снуть, *1. u. 2. Pers ungebr,* -нет; отви́с, -ла *v* herunterhängen, herabhängen; ни́жняя губа́ отви́сла die Unterlippe hing herab ‖ *uv* отвиса́ть, -а́ет
отвлека́ть(ся) *uv zu* отвле́чь(ся)
отвлече́ние, -я *n* 1. Ablenken, Ablenkung 2. Abstrahieren, Abstraktion 3. *alt* abstrakter Begriff, Abstraktion
отвлечённость, -и *f* 1. Abstraktheit 2. Abstraktion; abstrakte Überlegung
отвлечённый, -ая, -ое; *Kzf* -ён, -ённа abstrakt
от|вле́чь* *v* 1. ablenken; abziehen; ~ ого́нь на себя́ das Feuer auf sich lenken; ~ врага́ на себя́ den Feind auf sich ziehen 2. *übtr* ablenken; ~ от рабо́ты von der Arbeit ablenken 3. abstrahieren ‖ *uv* отвлека́ть, -а́ю, -а́ешь
от|вле́чься* *v* 1. sich ablenken lassen; ~ от рабо́ты sich von der Arbeit ablenken lassen 2. abstrahiert werden ‖ *uv* отвлека́ться, -а́юсь, -а́ешься
отво́д, -а *m* 1. Wegführung, Wegführen, Abziehen, Abzug 2. Ableitung 3. Zuweisung, Zurverfügungstellung 4. Ablehnung, Einspruch *gegen Kandidatur u. ä.* ◇ для -а глаз zwecks Täuschung, zum Schein, um die Aufmerksamkeit abzulenken
отводи́ть *uv zu* отвести́
отво́дный, -ая, -ое *u. umg* **отводно́й,** -а́я, -о́е Ableitungs-, Zweig-; ~ кана́л Ableitungskanal
отво́док, -дка *m bot* Ableger
отвоева́ть, отвою́ю, отвою́ешь; отвоёванный, -ан, -а *v* 1. zurückerobern 2. *übtr* abringen; ~ у тайги́ кусо́к земли́ der Taiga ein Stück Land abringen 3. *umg* den Krieg beenden, die Dienstzeit als Frontsoldat beenden 4. *umg* mit Kriegführen zubringen; мы три го́да отвоева́ли drei Jahre haben wir im Krieg zugebracht [sind wir im Krieg gewesen] ‖ *uv* **отвоёвывать,** -аю, -аешь *zu* 1, 2
отвози́ть *uv zu* отвезти́
отвора́чивать(ся) *uv zu* отвороти́ть(ся)
отвори́ть, -орю́, -о́ришь; -о́ренный, -о́рен, -а *v* öffnen *Tür, Fenster u. ä.* ◇ ~ кровь *alt* zur Ader lassen ‖ *uv* отворя́ть, -я́ю, -я́ешь
отвори́ться, *1. u. 2. Pers ungebr,* -о́рится *v* sich öffnen, aufgehen *Tür, Fenster u. ä.* ‖ *uv* отворя́ться, -я́ется
отворо́т, -а *m* Aufschlag, Manschette, Stulpe; Umschlag *Kleidung*
отвороти́ть, -очу́, -о́тишь; -о́ченный, -о́чен, -а *v umg* fortwälzen, beiseite räumen ‖ *uv* отвора́чивать, -аю, -аешь
отвороти́ться, -очу́сь, -о́тишься *v* 1. *alt, volksspr* sich abwenden 2. *volksspr* sich umschlagen *Ärmel* ‖ *uv* отвора́чиваться, -аюсь, -аешься
отворя́ть(ся) *uv zu* отвори́ть(ся)
отврати́тельный, -ая, -ое; *Kzf* -лен, -льна widerlich, abschreckend, ekelhaft, scheußlich
отврати́ть, -ащу́, -ати́шь; -ащённый, -ащён, -ащена́ *v* 1. *buchspr* abwenden, verhüten 2. *alt* zurückhalten, abbringen (от *G* von) ‖ *uv* отвраща́ть, -а́ю, -а́ешь
отвра́тный, -ая, -ое; *Kzf* -тен, -тна *umg* widerlich, ekelhaft, scheußlich
отвраща́ть *uv zu* отврати́ть
отвраще́ние, -я *n* 1. *alt* Abwendung, Verhütung 2. Abscheu, Widerwille, heftige Abneigung (к *D* gegen)
отвыка́ть *uv zu* отвы́кнуть
отвы́кнуть, -ну, -нешь; отвы́к, -ла *v* 1. sich abgewöhnen 2. sich entwöhnen, vergessen; ребёнок отвы́к от роди́телей das Kind hat sich seiner Eltern entwöhnt ‖ *uv* отвыка́ть, -а́ю, -а́ешь
от|вяза́ть* *v* abbinden, losbinden; ~ соба́ку den Hund losbinden ‖ *uv* **отвя́зывать,** -аю, -аешь
от|вяза́ться* *v* 1. *1. u. 2. Pers ungebr* sich lösen, abgehen; sich freimachen, sich losmachen; верёвка отвяза́лась der Strick hat sich gelöst; ло́шадь отвяза́лась das Pferd hat sich losgemacht 2. *übtr, umg* sich freimachen, sich losreißen; ~ от мы́сли sich von einem Gedanken freimachen 3. *umg* in Ruhe lassen; отвяжи́сь laß mich in Ruhe ‖ *uv* **отвя́зываться,** -аюсь, -аешься
отгада́ть, -а́ю, -а́ешь; отга́данный, -ан, -а *v* erraten, enträtseln, lösen; ~ зага́дку das Rätsel lösen ‖ *uv* отга́дывать, -аю, -аешь
отга́дка, -и, *Pl G* -док, *D* -дкам *f* 1. Raten, Erraten 2. Lösung *eines Rätsels*
отга́дчик, -а *m umg* Rater, Rätselrater; я не ~ снов ich kann keine Träume deuten

отгáдывать *uv zu* отгадáть
отгибáть *uv zu* отогнýть
отглагóльный, -ая, -ое *gram* vom Verb abgeleitet, deverbativ, Verbal-
отглáдить, -áжу, -áдишь; -áженный, -áжен, -а *v* **1.** ausbügeln, bügeln, plätten; ~ костю́м den Anzug bügeln **2.** aufhören zu bügeln ‖ *uv* **отглáживать,** -аю, -аешь *zu* 1
отговáривать(ся) *uv zu* отговори́ть-(ся)
отговори́ть, -рю́, -ри́шь; -рённый, -рён, -ренá *v* **1.** ausreden (когó-н. от чегó-н. j-m etw.), abraten (j-m von etw.) **2.** aufhören zu reden ‖ *uv* отговáривать, -аю, -аешь *zu* 1
отговори́ться, -рю́сь, -ри́шься *v I* sich entschuldigen, sich herausreden, vorschützen; ~ болéзнью Krankheit vorschützen ‖ *uv* отговáриваться, -аюсь, -аешься
отговóрка, -и, *Pl G* -рок, *D* -ркам *f* Ausflucht, Ausrede
отголóсок, -ска *m* Nachhall, Echo, Widerhall
отгоня́ть *uv zu* отогнáть
отгорáживать(ся) *uv zu* отгороди́ть-(ся)
отгороди́ть, -ожý, -óди́шь; -óженный, -óжен, -а *v* **1.** abgrenzen, abtrennen, einzäunen **2.** abgrenzen, fernhalten, isolieren ‖ *uv* отгорáживать, -аю, -аешь
отгороди́ться, -ожýсь, -óди́шься *v* **1.** sich abgrenzen, sich abtrennen **2.** *übtr* sich absondern, sich isolieren ‖ *uv* отгорáживаться, -аюсь, -аешься
отграни́чивать, -аю, -аешь *uv* **1.** *uv zu* отграни́чить **2.** die Grenze bilden
отграни́чить, -чу, -чишь; -ченный, -чен, -а *v* abgrenzen, abtrennen ‖ *uv* отграни́чивать, -аю, -аешь
отгружáть *uv zu* отгрузи́ть
отгрузи́ть, -ужý, -ýзи́шь; отгрýженный, -ен, -а *u.* отгружённый, -ён, -енá *v* **1.** umladen **2.** verladen ‖ *uv* отгружáть, -áю, -áешь
отгрýзка, -и, *Pl G* -зок, *D* -зкам *f* **1.** Verladung, Verladen **2.** Abtransport, Versand
отгрызáть *uv zu* отгры́зть
от|гры́зть* *v* abnagen ‖ *uv* отгрызáть, -áю, -áешь
отгýл, -а *m volksspr* Abfeiern *von Überstunden*; взять ~ abfeiern
отгýливать *uv zu* отгуля́ть
отгуля́ть, -я́ю, -я́ешь; отгýлянный, -ян, -а *v umg* **1.** feiern, frei haben; ~ óтпуск Urlaub haben **2.** abfeiern *Überstunden* **3.** feiern, begehen; ~ свáдьбу die Hochzeit feierlich begehen **4.** den Spaziergang beenden ‖ *uv* отгýливать, -аю, -аешь *zu* 1, 2
отд. (отдéл, отделéние) Abschnitt, Abteilung
от|давáть* *uv* **1.** *uv zu* отдáть **2.** *I* schmecken, riechen (nach); ~ ры́бой nach Fisch riechen
отдавáться *uv zu* отдáться
отдави́ть, -авлю́, -áвишь; -áвленный, -áвлен, -а *v* quetschen, eine Quetschung zufügen ‖ *uv* **отдáвливать,** -аю, -аешь
отдалéние, -я *n* **1.** Entfernen, Entfernung; держáть в -и fernhalten **2.** Aufschiebung **3.** *alt* Ferne ◇ в [на] -и in einiger Entfernung, in der Ferne
отдалённость, -и *f* (große) Entfernung, Abgelegenheit
отдалённый, -ая, -ое; *Kzf* -ён, -ённа **1.** (weit) entfernt, abgelegen, fern; ~ край weit entferntes Gebiet **2.** weit zurückliegend, längst vergangen, fern; in ferner Zukunft liegend; -ые временá ferne Zukunft **3.** (ziemlich) entfernt, nicht direkt, schwach; -ое родствó entfernte Verwandtschaft; -ое сходство eine entfernte Ähnlichkeit; ~ намёк ein schwacher Wink
отдали́ть, -лю́, -ли́шь; -лённый, -лён, -ленá *v* **1.** entfernen **2.** aufschieben; ~ срок den Termin aufschieben **3.** *übtr* entfernen, entfremden ‖ *uv* **отдаля́ть,** -я́ю, -я́ешь
отдали́ться, -лю́сь, -ли́шься *v* **1.** sich entfernen **2.** sich entfremden, sich fernhalten ‖ *uv* **отдаля́ться,** -я́юсь, -я́ешься
отдáривать *uv zu* отдари́ть
отдари́ть, -рю́, -ри́шь; -рённый, -рён, -ренá *v umg*: ~ когó-н. j-m ein Gegengeschenk machen ‖ *uv* отдáривать, -аю, -аешь
от|дáть*; óтдал *v* **1.** ab-, zurückgeben; ~ кни́ги в библиотéку Bücher in der Bibliothek zurückgeben **2.** übergeben, anvertrauen; ~ ребёнка бáбушке der Großmutter das Kind übergeben **3.** hingeben, opfern; ~ свои́ си́лы seine Kraft hingeben **4.** ausliefern, übergeben; ~ гóрод die Stadt dem Feind ausliefern **5.**: ~ в ремóнт zur Reparatur geben; ~ на рецéнзию zur Rezension geben **6.** за *A* zur Frau geben *j-m*, verheiraten **7.** *umg* verkaufen, abgeben **8.** *naut* loslassen, werfen; ~ я́корь Anker werfen **9.** *volksspr* etwas zu-

rücktreten, zurückgehen, Platz machen ◇ ~ прика́з einen Befehl erteilen; ~ предпочте́ние den Vorzug geben; ружьё о́тдало в плечо́ das Gewehr schlug gegen die Schulter; ~ визи́т einen Gegenbesuch machen; ~ до́лжное [справедли́вость] Gerechtigkeit widerfahren lassen, nach Verdienst würdigen; ~ под суд dem Gericht übergeben || *uv* от|дава́ть*

от|да́ться*; отдали́сь *v* **1.** sich ausliefern, sich überlassen, sich anvertrauen **2.** sich hingeben, sich widmen; ~ нау́ке sich der Wissenschaft hingeben **3.** *D* sich *einem Manne* hingeben **4.** widerhallen, Resonanz finden || *uv* от|дава́ться*

отда́ча, -и, *I* -ей *f* **1.** Abgabe, Übergabe **2.** Erteilung; ~ прика́за Befehlserteilung **3.** Rückstoß *des Gewehrs* **4.** *naut* Loslassen, Lockern **5.** *tech, alt* Wirkungsgrad

отде́л, -а *m* **1.** Abteilung, Sektion **2.** Rubrik, Abschnitt

отде́лать, -аю, -аешь; отде́ланный, -ан, -а *v* **1.** letzte Hand anlegen, endgültig fertigstellen **2.** под *A* herrichten, zurichten (als), mit dem Aussehen (von); ~ сте́ны под дуб den Wänden das Aussehen von Eichentäfelung geben **3.** herrichten, wiederherrichten **4.** ausschmücken, ausstatten; ~ пла́тье кружева́ми ein Kleid mit Spitzen besetzen **5.** *volksspr* (schlimm) zurichten, herunterwirtschaften **6.** *volksspr* herunterputzen, ausschimpfen; verprügeln || *uv* отде́лывать, -аю, -аешь

отде́латься, -аюсь, -аешься *v umg* **1.** fertig werden *mit Arbeit*; ~ пора́ньше möglichst zeitig fertig werden **2.** sich vom Halse schaffen, loswerden **3.** (gut, glimpflich) davonkommen; ~ цара́пиной mit einer Schramme davonkommen; дёшево ~ leichten Kaufs davonkommen || *uv* отде́лываться, -аюсь, -аешься

отделе́ние, -я *n* **1.** Trennung, Abtrennung; *med* Absonderung, Sekretion **2.** abgetrennter Raum, Box **3.** Fach *in Behältern* **4.** Abteilung; хирурги́ческое ~ chirurgische Abteilung **5.** Teil *einer Veranstaltung*; Abteilung; во второ́м -и мы пока́жем ... im zweiten Teil zeigen wir ... **6.** *mil* Gruppe, kleinste Einheit ◇ почто́вое ~ Postamt; ~ мили́ции Polizeirevier

отдели́ть, -елю́, -е́лишь; -елённый, -елён, -елена́ *v* **1.** abtrennen, trennen, scheiden **2.** unterscheiden, scheiden; ~ пра́вду от лжи Wahrheit und Lüge unterscheiden **3.** abtrennen, abtreten **4.** *alt* auszahlen, abfinden *mit Erbteil* || *uv* отделя́ть, -я́ю, -я́ешь

отдели́ться, -елю́сь, -е́лишься *v* **1.** sich trennen, sich lösen **2.** *alt* sich selbständig machen *nach Erhalt des Erbteils* || *uv* отделя́ться, -я́юсь, -я́ешься

отде́лка, -и, *Pl G* -лок, *D* -лкам *f* **1.** Endbearbeitung, Vollendung **2.** Ausschmückung, Ausstattung **3.** Schmuck, Besatz, Verzierung

отде́лочный, -ая, -ое **1.** der Endbearbeitung dienend; ~ цех Zurichterei; -ые рабо́ты Verputzarbeiten **2.** Verzierungs-, Besatz-, Schmuck-; ~ материа́л Besatzmaterial

отде́лывать(ся) *uv zu* отде́лать(ся)

отде́льно *Adv* einzeln, besonders, abgesondert, für sich

отде́льность, -и *f*: в -и einzeln, gesondert, für sich

отде́льный, -ая, -ое **1.** einzeln, für sich existierend, für sich wahrnehmbar; ка́ждое -ое де́рево jeder einzelne Baum; ~ слу́чай Einzelfall **2.** abgetrennt, besonderer; -ая по́лка для книг ein besonderes Regal für Bücher; -ая кварти́ра abgetrennte Wohnung **3.** *mil* selbständig; ~ та́нковый полк selbständiges Panzerregiment

отделя́ть(ся) *uv zu* отдели́ть(ся)

отдёргивать *uv zu* отдёрнуть

отдёрнуть, -ну, -нешь; -нутый, -нут, -а *v* beiseite ziehen, wegziehen, zurückziehen; ~ занаве́ску den Vorhang zurückziehen || *uv* отдёргивать, -аю, -аешь

отдира́ть(ся) *uv zu* отодра́ть(ся)

отдохну́ть, -ну́, -нёшь *v* **1.** sich erholen, sich ausruhen, rasten **2.** *umg* sich ein wenig hinlegen **3.** seinen Urlaub verbringen || *uv* отдыха́ть, -а́ю, -а́ешь

отдуба́сить, -а́шу, -а́сишь *v volksspr* verprügeln

отдува́ться, -а́юсь, -а́ешься *uv* **1.** schnaufen, keuchen, schnauben **2.** *volksspr* den Sündenbock machen, die Suppe auslöffeln müssen; ~ за всех für alle den Sündenbock machen

отду́шина, -ы *f* **1.** Luftloch, Abzugsöffnung **2.** *übtr* Ventil, entlastender Ausgleich

о́тдых, -а *m* Erholungspause, Erholung ◇ без -а ohne Unterbrechung, ohne Erholungspause; ни -у, ни сро́ку не дава́ть weder Rast noch Ruhe gönnen

отдыха́ть *uv zu* отдохну́ть

отдыха́ющий, -его *Subst m* Urlauber

отдыша́ться, -ышу́сь, -ы́шишься *v* 1. wieder zu Atem kommen, Atem holen 2. *übtr, volksspr* wieder auf die Beine kommen, sich wieder erholen

отёк, -а *m* Ödem, Wassergeschwulst

отека́ть *uv zu* оте́чь

отёл, -а *m* Kalben

отели́ться, *1. u. 2. Pers ungebr*, оте́лится *v* kalben

оте́ль [тэ], -я *m* Hotel

отепли́ть, -лю́, -ли́шь; -лённый, -лён, -лена́ *v gegen Kälteeinwirkung* isolieren, warm machen; ~ зда́ние ein Gebäude gegen Kälteeinwirkung schützen [winterfest machen] || *uv* **отепля́ть,** -я́ю, -я́ешь

оте́ц, отца́, *I* отцо́м, *G Pl* отцо́в *V alt* о́тче *m* Vater; родно́й ~ leiblicher Vater; крёстный ~ Taufpate; приёмный ~ Pflegevater ◇ он весь в отца́ er ist der ganze Vater

оте́ческий, -ая, -ое väterlich

оте́чественный, -ая, -ое 1. vaterländisch 2. einheimisch, inländisch; -ая промы́шленность einheimische Industrie

оте́чество, -а *n* Vaterland

отёчный, -ая, -ое gedunsen, geschwollen; -ое лицо́ geschwollenes Gesicht

о|те́чь* *v* anschwellen; aufgedunsen werden || *uv* отека́ть, -а́ю, -а́ешь

от|жа́ть[1]*; отожму́ *v* 1. ausdrücken, auspressen; ~ сок Saft auspressen 2. auswringen 3. *umg* zurückdrängen, zum Rückzug zwingen || *uv* отжима́ть, -а́ю, -а́ешь

отжива́ть *uv zu* отжи́ть

отжи́вший, -ая, -ее 1. sein Leben hinter sich habend 2. *übtr* erkaltet, erstorben 3. überlebt, veraltet; -ие иде́и überlebte Ideen

отжима́ть *uv zu* отжа́ть

от|жи́ть* *v* 1. sein Leben hinter sich bringen, seine Zeit gelebt haben 2. *übtr* ersterben 3. veralten, überlebt werden 4. *umg* verbringen, hinter sich bringen *eine Zeit* || *uv* отжива́ть, -а́ю, -а́ешь

о́тзвук, -а *m* 1. Echo, Widerhall 2. *übtr* Echo, Widerhall, Resonanz, Nachhall

отзвуча́ть, *1. u. 2. Pers ungebr*, -чи́т *v* verklingen, verhallen

о́тзыв, -а *m* 1. (о́тзы́в) Abberufung; ~ посла́ Abberufung des Botschafters 2. *buchspr, übtr* Widerhall, Echo, Reaktion, Resonanz 3. Gutachten

отзыва́ть(ся) *uv zu* отозва́ть(ся)

отзы́вчивость, -и *f* Feinfühligkeit, Verständnisbereitschaft, Verständnis, Mitempfinden

отзы́вчивый, -ая, -ое; *Kzf* -ив, -а feinfühlig, verständnisbereit, verständnisvoll, mitempfindend

[1]отка́з, -а *m* 1. Absage, Ablehnung, Weigerung, Verweigerung 2. Verzicht 3. Versagen *eines Mechanismus* ◇ до -а bis zum äußersten; рабо́тать без -а einwandfrei funktionieren

[2]отка́з, -а *m mus* Auflösung(szeichen)

[3]отка́з, -а *m alt* testamentarisches Vermächtnis

[1]от|каза́ть* *v* 1. ablehnen, verweigern, versagen 2. в *P* versagen, aufkündigen, nicht gewähren, nicht zuteil werden lassen; ~ в дру́жбе die Freundschaft aufkündigen 3. в *P* absprechen; ему́ нельзя́ ~ в тала́нте man kann ihm Talent nicht absprechen 4. от *G alt* entlassen, kündigen 5. *umg* versagen, aussetzen; механи́зм отказа́л der Mechanismus versagte || *uv* **отка́зывать,** -аю, -аешь

[2]от|каза́ть* *v alt* testamentarisch vermachen, zusprechen || *uv* **отка́зывать,** -аю, -аешь

от|каза́ться* *v* 1. sich weigern, nicht wollen, nicht einverstanden sein, ablehnen; ~ вы́полнить рабо́ту sich weigern, die Arbeit auszuführen 2. verzichten (от *G* auf), ablehnen; ~ от по́мощи auf Hilfe verzichten 3. от *G* verleugnen, nicht anerkennen; ~ от свои́х слов seine eigenen Worte verleugnen 4. *in Verbindung mit* служи́ть, повинова́ться, рабо́тать versagen; го́лос отказа́лся служи́ть мне die Stimme versagte mir den Dienst ◇ не откажу́сь *oder* не отказа́лся бы ich hätte nichts dagegen, ich wäre nicht abgeneigt || *uv* **отка́зываться,** -аюсь, -аешься

отка́лывать *uv zu* отколо́ть

[1, 2]отка́лываться *uv zu* [1, 2]отколо́ться

отка́пывать *uv zu* откопа́ть

отка́рмливать(ся) *uv zu* откорми́ть(ся)

отка́т, -а *m* 1. Wegrollen, Fortrollen

2. Rückstoß, Rücklauf *von Geschützen*
откати́ть, -ачу́, -а́тишь; -а́ченный, -а́чен, -а *v* 1. (ein Stück) wegrollen, fortrollen; ~ бревно́ den Balken (ein Stück) beiseite rollen 2. *umg* rasch abfahren || *uv* отка́тывать, -аю, -аешь *zu* 1
откати́ться, -ачу́сь, -а́тишься *v* 1. (ein Stück) wegrollen, fortrollen; бревно́ откати́лось der Balken rollte (ein Stück) beiseite 2. zurückfluten *Woge, a. übtr* || *uv* отка́тываться, -аюсь, -аешься
отка́тка, -и *f* 1. *umg* Wegrollen, Fortrollen 2. *berg* Förderung, Fördern
отка́точный, -ая, -ое Förderungs-, Förder-; ~ штрек Förderstrecke
отка́тчик, -а *m berg* Förderarbeiter
отка́тывать(ся) *uv zu* откати́ть(ся)
откача́ть, -а́ю, -а́ешь; отка́чанный, -ан, -а *v* 1. herauspumpen, abpumpen 2. Wiederbelebungsversuche machen *an Ertrunkenen* || *uv* **отка́чивать,** -аю, -аешь
отка́чка, -и *f* Auspumpen, Abpumpen
отка́шивать *uv zu* откоси́ть
отка́шливать(ся) *uv zu* отка́шлянуть(ся)
отка́шливаться *uv zu* отка́шляться *u.* отка́шлянуться
отка́шлянуть, -ну, -нешь *v* die Kehle frei husten, sich freihusten; heraushusten || *uv* отка́шливать, -аю, -аешь
отка́шлянуться, -нусь, -нешься *v* die Kehle freihusten, sich freihusten || *uv* отка́шливаться, -аюсь, -аешься
отка́шляться, -яюсь, -яешься *v* 1. Auswurf aushusten 2. sich räuspern || *uv* отка́шливаться, -аюсь, -аешься
откидно́й, -а́я, -о́е aufklappbar, Klapp-; -о́е сиде́нье Klappsitz
отки́дывать(ся) *uv zu* отки́нуть(ся)
отки́нуть, -ну, -нешь; -нутый, -нут, -а *v* 1. beiseite werfen, zurückwerfen, zurückschleudern 2. *übtr* ablegen, fahren lassen; ~ стыд die Scham ablegen 3. *umg* unberücksichtigt lassen, vernachlässigen *beim Rechnen* 4. *umg* zurückwerfen, zum Rückzug zwingen 5. hochklappen, herunterklappen, aufklappen, öffnen 6. zurückwerfen, nach hinten, zur Seite werfen *Körperteile*; ~ го́лову den Kopf zurückwerfen || *uv* отки́дывать, -аю, -аешь
отки́нуться, -нусь, -нешься *v* sich zurücklehnen || *uv* отки́дываться, -аюсь, -аешься
откла́дывать(ся) *uv zu* отложи́ть(ся)
откла́ниваться, -аюсь, -аешься *uv* 1. *uv zu* откла́няться 2. wieder grüßen, einen Gruß beantworten
откла́няться, -яюсь, -яешься *v alt* sich verabschieden || *uv* откла́ниваться, -аюсь, -аешься
откле́ивать(ся) *uv zu* откле́ить(ся)
откле́ить, -е́ю, -е́ишь; -е́еный; -е́ен, -а *v* ablösen *Aufgeklebtes* || *uv* откле́ивать, -аю, -аешь
откле́иться, *1. u. 2. Pers ungebr,* -е́ится *v* sich ablösen, abgehen *von Aufgeklebtem* || *uv* откле́иваться, -ается
о́тклик, -а *m* 1. Antwort *auf Ruf* 2. Echo 3. *übtr* Widerhall, Echo, Resonanz; пробуди́ть ~ ein Echo hervorrufen; **-и в печа́ти** Presseäußerungen
отклика́ться *uv zu* откли́кнуться
откли́кнуться, -нусь, -нешься *v* 1. antworten *auf Ruf*, reagieren 2. ein Lebenszeichen geben 3. на *A* reagieren, Resonanz zeigen, sich äußern || *uv* отклика́ться, -а́юсь, -а́ешься
отклоне́ние, -я *n* 1. Abweichung; ~ магни́тной стре́лки Abweichung der Magnetnadel; ~ вле́во Linksabweichung 2. Ablehnung, Zurückweisung
отклони́ть, -оню́, -о́нишь; -онённый, -онён, -онена́ *v* 1. beiseite, in eine andere Richtung schieben [lenken, neigen]; ~ ве́тку einen Zweig beiseite schieben 2. *übtr* abbringen, in eine andere Richtung lenken, ablenken 3. ablehnen, zurückweisen || *uv* **отклоня́ть,** -я́ю, -я́ешь
отклони́ться, -оню́сь, -о́нишься *v* 1. abweichen, eine andere Richtung nehmen, ausschlagen; магни́тная стре́лка отклони́лась die Magnetnadel schlug aus 2. ausweichen; ~ от уда́ра einem Schlag ausweichen 3. *übtr* abweichen; ~ от те́мы vom Thema abweichen || *uv* **отклоня́ться,** -я́юсь, -я́ешься
отключа́ть *uv zu* отключи́ть
отключи́ть, -чу́, -чи́шь; -чённый, -чён, -чена́ *v* abschalten; ~ телефо́нный аппара́т den Telefonapparat abschalten || *uv* отключа́ть, -а́ю, -а́ешь
откола́чивать *uv zu* отколоти́ть
отколоти́ть, -очу́, -о́тишь; -о́ченный, -о́чен, -а *v umg* 1. abschlagen, herunterschlagen; ~ ста́вень den Fensterladen abschlagen 2. verprügeln

|| *uv* откола́чивать, -аю, -аешь *zu* 1

от|коло́ть* *v* 1. abhacken, abschlagen, abtrennen 2. *übtr* abspalten, trennen 3. *volksspr* fertigbringen, produzieren, sagen *Unerwartetes, Unpassendes* || *uv* отка́лывать, -аю, -аешь

¹от|коло́ться* *v* 1. sich (ab)lösen, sich (ab)spalten 2. *übtr* sich trennen, sich abspalten, brechen; ~ от това́рищей sich von den Kameraden trennen || *uv* отка́лываться, -аюсь, -аешься

²от|коло́ться*, *1. u. 2. Pers ungebr*, *v* sich lösen, herunterfallen *von Angestecktem* || *uv* отка́лываться, -ается

откомандирова́ть, -ру́ю, -ру́ешь; -ро́ванный, -ро́ван, -а *v* abkommandieren || *uv* **откомандиро́вывать,** -аю, -аешь

откопа́ть, -а́ю, -а́ешь; отко́панный, -ан, -а *v* 1. ausgraben, herausgraben 2. *übtr*, *umg* wieder hervorholen, (wieder) ausgraben || *uv* отка́пывать, -аю, -аешь

отко́рм, -а *m* Mast, Mästen

откорми́ть, -ормлю́, -о́рмишь; -о́рмленный, -о́рмлен, -а *v* mästen || *uv* отка́рмливать, -аю, -аешь

откорми́ться, -ормлю́сь, -о́рмишься *v* *umg* sich mästen, dick und fett werden || *uv* отка́рмливаться, -аюсь, -аешься

отко́рмленный, -ая, -ое gemästet, wohlgenährt

отко́с, -а *m* Abhang, Böschung; упа́сть под ~ den Abhang hinunterfallen ◇ пусти́ть по́езд под ~ einen Zug zum Entgleisen bringen

откоси́ть, -ошу́, -о́сишь; -о́шенный, -о́шен, -а *v* 1. *umg* ein benachbartes *fremdes* Stück Feld abmähen 2. aufhören zu mähen || *uv* отка́шивать, -аю, -аешь *zu* 1

открепи́ть, -еплю́, -епи́шь; -еплённый, -еплён, -еплена́ *v* 1. losmachen, lösen; ~ ло́дку ein Boot losmachen 2. die Abmeldung registrieren; streichen || *uv* открепля́ть, -я́ю, -я́ешь

открепи́ться, -еплю́сь, -епи́шься *v* 1. *umg* sich losmachen, sich lösen 2. sich abmelden, sich streichen lassen || *uv* открепля́ться, -я́юсь, -я́ешься

открепле́ние, -я *n* 1. Losmachen, Lösen 2. Abmeldung, Streichung

открепля́ть(ся) *uv zu* открепи́ть(ся)

откре́щиваться, -аюсь, -аешься *uv* *umg* sich sträuben (от *G* gegen)

открове́ние, -я *n* 1. Offenbarung 2. Ahnungsvermögen, *ins Wesen eindringender* Blick

открове́нничать, -аю, -аешь *uv* с *I* *umg* sich (allzu) offen anvertrauen (j-m), sich aussprechen (mit)

открове́нность, -и *f* 1. Offenheit, Aufrichtigkeit, Freimut 2. *Pl* freimütige Geständnisse

открове́нный, -ая, -ое; *Kzf* -е́нен, -е́нна 1. offen, offenherzig, aufrichtig, freimütig 2. unverhüllt; -ое презре́ние unverhüllte Verachtung 3. *umg* zu weit ausgeschnitten; -ое пла́тье zu weit ausgeschnittenes Kleid

открути́ть, -учу́, -у́тишь; -у́ченный, -у́чен, -а *v umg* 1. abwickeln; ~ верёвку eine Leine abwickeln 2. abschrauben; ~ га́йку eine Mutter abschrauben 3. abdrehen, abreißen; ~ у ку́клы го́лову einer Puppe den Kopf abreißen || *uv* **откру́чивать,** -аю, -аешь

открути́ться, -учу́сь, -у́тишься *v* 1. *umg* sich loswickeln, sich abwikkeln; верёвка открути́лась die Leine hat sich losgewickelt 2. *umg* sich losschrauben; га́йка открути́лась die Mutter hat sich losgeschraubt 3. *übtr*, *volksspr* sich herauswinden, sich drücken || *uv* **откру́чиваться,** -аюсь, -аешься

открыва́ть(ся) *uv zu* откры́ть(ся)

откры́тие, -я *n* 1. Öffnung 2. Eröffnung, Beginn 3. Entdeckung; Aufdeckung

откры́тка, -и, *Pl G* -ток, *D* -ткам *f* Postkarte; видова́я ~ Ansichtskarte

откры́тый, -ая, -ое 1. offen; -ая ме́стность offene Gegend; -ые фла́нги offene Flanken; ~ во́рот offener Kragen 2. entblößt; -ая ше́я entblößter Hals 3. öffentlich, offen; -ое парти́йное собра́ние öffentliche Parteiversammlung 4. offenherzig, offen 5. unverhüllt, offen 6. *berg* Tagebau-; ~ спо́соб добы́чи Förderung im Tagebau ◇ де́йствовать в -ую offen vorgehen

от|кры́ть* *v* 1. öffnen, aufmachen; ~ сунду́к die Truhe öffnen; ~ глаза́ die Augen öffnen; ~ грани́цы die Grenzen öffnen 2. sehen lassen, erkennen lassen, entblößen 3. *umg* aufdrehen, anknipsen; ~ во́ду das Wasser aufdrehen 4. eröffnen, einweihen; ~ ого́нь das Feuer eröffnen 5. entdecken, aufdecken, mitteilen, verraten; ~ та́йну ein Geheimnis mitteilen 6. entdecken, feststellen; ~ но́вую плане́ту einen neuen Planeten entdecken ◇ ~ Аме́рику *iron* längst Bekanntes sagen; ~ кому́-н. глаза́ j-m die Augen öffnen; ~ счёт a) ein Konto eröffnen; b) *Sport* den Torreigen eröffnen; den ersten Pluspunkt erzielen ‖ *uv* открыва́ть, -а́ю, -а́ешь

от|кры́ться* *v* 1. sich öffnen, aufgehen; ра́на откры́лась die Wunde öffnete sich 2. sich eröffnen, sich auftun, sich zeigen; како́е по́прище откры́лось мне! was für eine Laufbahn eröffnete sich da vor mir! 3. zutage treten, bekannt werden, offenbar werden; обма́н откры́лся der Betrug wurde offenbar 4. beginnen, seine Pforten öffnen; теа́тр откры́лся das Theater hat seine Pforten geöffnet; навига́ция откры́лась die Schiffahrt hat begonnen 5. sich anvertrauen, ein Geständnis machen; он не смел ~ ей er wagte nicht, sich ihr anzuvertrauen ‖ *uv* открыва́ться, -а́юсь, -а́ешься

откуда *Adv fragend u. relativ* woher; ~ ты прие́хал? woher bist du gekommen?; возвраща́йся, ~ пришёл kehre zurück, woher du gekommen bist; ~ бы он ни пришёл woher er auch immer gekommen sein mag ◇ ~ ни возьми́сь unbekannt woher, wie aus dem Boden gewachsen

отку́да-нибудь, отку́да-то *Adv* irgendwoher

о́ткуп, -а, *Pl* откупа́, -о́в, -а́м *m* 1. *hist* Steuerpacht 2. Lösegeld ◇ брать [взять] на ~ pachten, gepachtet haben, alleiniges Verfügungsrecht beanspruchen

откупа́ть(ся) *uv zu* откупи́ть(ся)

откупи́ть, -уплю́, -у́пишь; -у́пленный, -у́плен, -а *v alt* 1. aufkaufen 2. in Pacht nehmen 3. freikaufen, auslösen ‖ *uv* откупа́ть, -а́ю, -а́ешь

откупи́ться, -уплю́сь, -у́пишься *v alt* sich freikaufen, sich loskaufen ‖ *uv* откупа́ться, -а́юсь, -а́ешься

отку́поривать *uv zu* отку́порить

отку́порить, -рю, -ришь; -ри; -ренный, -рен, -а *v* 1. entkorken 2. öffnen *luftdicht Verschlossenes*; ~ ба́нку консе́рвов eine Konservenbüchse aufmachen ‖ *uv* отку́поривать, -аю, -аешь

откуси́ть, -ушу́, -у́сишь; -у́шенный, -у́шен, -а *v* 1. abbeißen 2. abkneifen, abknipsen *mit der Zange*; ~ коне́ц про́волоки das Drahtende abknipsen ‖ *uv* **отку́сывать,** -аю, -аешь

отлага́тельство, -а *n buchspr* Aufschub; де́ло не те́рпит -а die Sache duldet keinen Aufschub

отлага́ть(ся) *uv zu* отложи́ть(ся)

отлакирова́ть, -ру́ю, -ру́ешь; -ро́ванный, -ро́ван, -а *v* lackieren

[1]**отла́мывать(ся)** *uv zu* отлома́ть(ся)

[2]**отла́мывать(ся)** *uv zu* отломи́ть(ся)

отлежа́ть, -жу́, -жи́шь; отлёжанный, -ан, -а *v* 1. taub [gefühllos] machen *durch unbequemes Liegen*; я отлежа́л себе́ ру́ку der Arm ist mir vom Liegen ganz steif 2. *umg* liegen bleiben, im Bett zubringen *bei Krankheit* ‖ *uv* **отлёживать,** -аю, -аешь

отлежа́ться, -жу́сь, -жи́шься *v umg* 1. sich Bettruhe gönnen 2. ablagern, lange Zeit liegen bleiben ‖ *uv* **отлёживаться,** -аюсь, -аешься

отлепи́ть, -еплю́, -е́пишь; -е́пленный, -е́плен, -а *v umg* ablösen *Angeklebtes* ‖ *uv* **отлепля́ть,** -я́ю, -я́ешь

отлепи́ться, *1. u. 2. Pers ungebr*, -е́пится *v umg* sich ablösen, abgehen *von Angeklebtem* ‖ *uv* **отлепля́ться,** -я́ется

отлёт, -а *m* Abflug ◇ быть на -е sich zur Abreise fertig machen; на -е abgelegen, abseits; держа́ть на -е in der ausgestreckten Hand halten

отлета́ть *uv zu* отлете́ть

отлете́ть, -ечу́, -ети́шь *v* 1. abfliegen, fortfliegen, wegfliegen 2. *übtr* verfliegen; отлете́ла мо́лодость die Jugend war verflogen 3. *umg* abfliegen, abfallen, abgehen, abspringen; пу́говица отлете́ла der Knopf sprang ab ‖ *uv* отлета́ть, -а́ю, -а́ешь

от|ле́чь* *unpers v*: у меня́ отлегло́ от се́рдца mir ist ein Stein vom Herzen gefallen

отли́в, -а *m* 1. Abgießen, Abguß 2. Ebbe 3. *übtr* Rückgang, Niedergang; ~ рабо́чей си́лы Abwanderung von Arbeitskräften 4. Schillern; Farbton

отлива́ть, -а́ю, -а́ешь *uv* 1. *uv zu* отли́ть 2. *I* schillern, schimmern *in bestimmtem Farbton*; ~ серебро́м silbern schimmern

отли́вка, -и, *Pl G* -вок, *D* -вкам *f* 1. Abgießen 2. Gießen, Abguß; ~ чугу́нных труб Gießen von Eisenrohren 3. Gußstück

отлипа́ть *uv zu* отли́пнуть

отли́пнуть, -ну, -нешь; отли́п, -ла *v* 1. *umg* sich lösen, abgehen *von Angeklebtem* 2. *volksspr* in Ruhe lassen, nicht mehr auf die Nerven fallen || *uv* отлипа́ть, -а́ю, -а́ешь

от|ли́ть*; отолью́ *v* **1.** abgießen *ein wenig*; ~ немно́го молока́ etwas Milch abgießen **2.** zurückfluten, zurückfließen *Wasser, Blut* **3.** *tech* gießen || *uv* отлива́ть, -а́ю, -а́ешь

отлича́ть, -а́ю, -а́ешь *uv* **1.** *uv zu* отличи́ть **2.** den Unterschied bilden, unterscheiden; э́то отлича́ло их друг от дру́га das unterschied sie, das bildete den Unterschied zwischen ihnen **3.** *A* j-m den Vorzug geben *vor anderen*, j-n *vor anderen* auszeichnen

отлича́ться, -а́юсь, -а́ешься *uv* **1.** *uv zu* отличи́ться **2.** от *G* sich unterscheiden (von) **3.** *I* sich auszeichnen *durch ein Merkmal*; он отлича́лся све́тлым умо́м er zeichnete sich durch einen hellen Kopf aus

отли́чие, -я *n* **1.** Unterscheidungsmerkmal; вне́шние -я äußere Unterscheidungsmerkmale **2.** vorbildlicher Einsatz, vorbildliches Verhalten; награ́да за боево́е ~ Auszeichnung für vorbildlichen Kampfeinsatz **3.** Auszeichnung, Orden ◇ в ~ от im Gegensatz [Unterschied] zu

отличи́тельный, -ая, -ое **1.** unterscheidend, Unterscheidungs-, Erkennungs-; -ые огни́ Positionslaternen *an Schiffen* **2.** kennzeichnend, bezeichnend, auszeichnend; его́ -ая спосо́бность die ihn auszeichnende Fähigkeit

отличи́ть, -чу́, -чи́шь; -чённый, -чён, -чена́ *v* **1.** einen Unterschied finden, unterscheiden **2.** auszeichnen *mit Orden*, eine Auszeichnung zuerkennen || *uv* отлича́ть, -а́ю, -а́ешь

отличи́ться, -чу́сь, -чи́шься *v* sich auszeichnen *durch Tapferkeit*; ~ в бою́ sich im Gefecht auszeichnen || *uv* отлича́ться, -а́юсь, -а́ешься

отли́чник, -а *m* **1.** bester Schüler, Beststudent, der in allen wichtigen Fächern die Note „sehr gut" hat **2.** Bestarbeiter

отли́чно **1.** *prädikatives Adv* ausgezeichnet, vortrefflich **2.** *Subst n idkl* „ausgezeichnet", „sehr gut" *beste Note*; он получи́л ~ er erhielt eine Eins

отли́чный, -ая, -ое; *Kzf* -чен, -чна ausgezeichnet, vorzüglich, vortrefflich

отло́гий, -ая, -ое; *Kzf* -о́г, -а sanft geneigt, leicht abfallend; ~ склон leicht abfallender Hang

отло́гость, -и *f* Neigung, leichtes Gefälle

отложе́ние, -я *n geol* Ablagerung

отложи́ть, -ожу́, -о́жишь; -о́женный, -о́жен, -а *v* **1.** beiseite legen, zurücklegen; ~ кни́гу ein Buch beiseite legen; ~ де́ньги на пое́здку Geld für die Reise zurücklegen **2.** aufschieben, verschieben *Frist* **3.** *alt* umschlagen, zurückschlagen *Kragen, Verdeck u. ä.* **4.** ausspannen *Pferd* **5.** *biol* legen, ablegen *Eier, Rogen* ◇ ~ в до́лгий я́щик auf die lange Bank schieben || *uv* откла́дывать, -аю, -аешь *u.* отлага́ть, -а́ю, -а́ешь *zu* 2

отложи́ться, -ожу́сь, -о́жишься *v* sich ablagern, eine Ablagerung bilden || *uv* откла́дываться, -ается *u.* отлага́ться, -а́юсь, -а́ешься

отложно́й, -а́я, -о́е: ~ воротни́к Umlegekragen

отлома́ть, -а́ю, -а́ешь; отло́манный, -ан, -а *v* abbrechen || *uv* отла́мывать, -аю, -аешь

отлома́ться, *1. u. 2. Pers ungebr*, -а́ется *v* abbrechen, abfallen || *uv* отла́мываться, -ается

отломи́ть, -омлю́, -о́мишь; -о́мленный, -о́млен, -а *v* abbrechen, abmachen; ~ ве́тку einen Zweig abbrechen || *uv* отла́мывать, -аю, -аешь

отломи́ться, *1. u. 2. Pers ungebr*, -о́мится *v* abbrechen, abfallen; ве́тка отломи́лась der Zweig ist abgebrochen || *uv* отла́мываться, -ается

отлупи́ть, -уплю́, -у́пишь; -у́пленный, -у́плен, -а *v volksspr* **1.** abschälen, abziehen *Rinde, Schale* **2.** durchprügeln || *uv* **отлупля́ть,** -я́ю, -я́ешь

отлупи́ться, *1. u. 2. Pers ungebr*, -у́пится *v volksspr* abgehen, abbröckeln || *uv* **отлупля́ться,** -я́ется

отлуча́ть(ся) *uv zu* отлучи́ть(ся)

отлучи́ть, -чу́, -чи́шь; -чённый, -чён, -чена́ *v alt* ausschließen, ausstoßen; ~ от це́ркви exkommunizieren || *uv* отлуча́ть, -а́ю, -а́ешь

отлучи́ться, -чу́сь, -чи́шься *v* sich entfernen, weggehen *für einige Zeit* || *uv* отлуча́ться, -а́юсь, -а́ешься

отлу́чка, -и, *Pl G* -чек, *D* -чкам *f vorübergehende* Abwesenheit, Entfernung

отлы́нивать, -аю, -аешь *uv volksspr* sich drücken (от *G* von); ~ от рабо́ты sich von der Arbeit drücken

отма́лчиваться *uv zu* отмолча́ться

отма́тывать *uv zu* отмота́ть

отмаха́ть, -а́ю, -а́ешь *v volksspr*

1. *rasch* durchlaufen, durchfahren, zurücklegen, hinter sich bringen 2. *rasch* hinter sich bringen, erledigen; ~ сто страни́ц hundert Seiten hinter sich bringen ‖ *uv* **отмáхивать,** -аю, -аешь

отмáхиваться, -аюсь, -аешься *uv* 1. от *G* sich erwehren, abwehren; ~ от комарóв Mücken abwehren 2. eine abweisende Handbewegung machen, abwinken 3. *übtr, volksspr* sich drücken (wollen), sich ablehnend verhalten ‖ *v mom* **отмахнýться,** -нýсь, -нёшься

отмáчивать *uv zu* отмочи́ть

отмежевáть, -жýю, -жýешь; -жёванный, -жёван, -а *v* umgrenzen, abgrenzen; ~ земéльный учáсток Grundstück abgrenzen ‖ *uv* **отмежёвывать,** -аю, -аешь

отмежевáться, -жýюсь, -жýешься *v* sich abgrenzen, sich distanzieren ‖ *uv* **отмежёвываться,** -аюсь, -аешься

óтмель, -и *f* seichte Uferstelle; песчáная ~ Sandbank

отмéна, -ы *f* Aufhebung, Abschaffung

отмени́ть, -еню́, -éнишь; -енённый, -енён, -еденá *v* 1. aufheben, abschaffen; für ungültig erklären; ~ кáрточную систéму das Kartensystem abschaffen 2. absagen, absetzen; ~ спектáкль eine Aufführung absetzen ‖ *uv* отменя́ть, -я́ю, -я́ешь

отмéнный, -ая, -ое; *Kzf* -éнен, -éнна 1. ausgezeichnet, unübertrefflich, außergewöhnlich 2. *alt* unterschiedlich

отменя́ть *uv zu* отмени́ть

от|мерéть*, *1. u. 2. Pers ungebr,* отомрёт; отмерёв *u.* отмéрши *v* 1. absterben 2. *übtr* aussterben; стáрые обы́чаи óтмерли die alten Bräuche starben aus ‖ *uv* отмирáть, -áет

отмерзáть *uv zu* отмёрзнуть

отмёрзнуть, *1. u. 2. Pers ungebr,* -нет; отмёрз, -ла *v* 1. erfrieren *von Pflanzenteilen*; молоды́е побéги отмёрзли die jungen Triebe sind erfroren 2. *umg* erfrieren *von Körperteilen*; рýки отмёрзли die Hände sind erfroren ‖ *uv* отмерзáть, -áет

отмéривать *uv zu* отмéрить

отмéрить, -рю, -ришь; -ренный, -рен, -а *v* 1. abmessen; ~ пять мéтров ткáни fünf Meter Stoff abmessen 2. *umg* zurücklegen, durchmessen ‖ *uv* отмéривать, -аю, -аешь *u.* **отмеря́ть,** -я́ю, -я́ешь

от|мести́*; отметя́ *v* 1. wegkehren, beiseite kehren, beiseite fegen 2. *übtr* verwerfen, beiseite fegen ‖ *uv* отметáть, -áю, -áешь

отмéстка, -и *f umg* Rache ◇ в -у aus Rache

отметáть *uv zu* отмести́

отмéтина, -ы *f* 1. Merkzeichen 2. Spur, Abdruck 3. Fleck, Mal *bei Tieren*

отмéтить, -éчу, -éтишь; -éченный, -éчен, -а *v* 1. anmerken, anstreichen, kennzeichnen, bezeichnen; ~ мéсто в кни́ге eine Buchstelle anmerken 2. eintragen, vermerken; ~ дáту отъéзда das Abreisedatum vermerken 3. bemerken, feststellen 4. hervorheben, unterstreichen, betonen 5. feiern, begehen; ~ юбилéй Jubiläum feiern 6. *umg* streichen, austragen; ~ жильцá einen Mieter aus dem Hausbuch austragen ‖ *uv* отмечáть, -áю, -áешь

отмéтиться, -éчусь, -éтишься *v* 1. sich eintragen, sich registrieren lassen 2. *umg* sich aus dem Hausbuch austragen lassen ‖ *uv* отмечáться, -áюсь, -áешься

отмéтка, -и, *Pl G* -ток, *D* -ткам *f* 1. Anmerken, Kennzeichnung, Kennzeichen, Merkzeichen 2. Eintragung, Vermerk 3. Zensur, Bewertungsnote; стáвить -и Noten geben 4. *umg* Austragung aus dem Hausbuch

отмечáть(ся) *uv zu* отмéтить(ся)

отмирáние, -я *n* 1. Absterben 2. *übtr* Aussterben; ~ стáрых обы́чаев Aussterben der alten Bräuche

отмирáть *uv zu* отмерéть

отмокáть *uv zu* отмóкнуть

отмóкнуть, *1. u. 2. Pers ungebr,* -нет; отмóк, -ла *v* 1. feucht werden; пóрох отмóк das Pulver ist feucht geworden 2. abweichen, feucht werden und abgehen; бинт отмóк die Binde ist naß geworden und abgegangen ‖ *uv* отмокáть, -áет

отмолчáться, чýсь, -чи́шься *v umg* sich ausschweigen, sich in Schweigen hüllen ‖ *uv* отмáлчиваться, -аюсь, -аешься

отморáживать *uv zu* отморóзить

отморóзить, -óжу, -óзишь; -óженный, -óжен, -а *v* erfrieren *Körperteile*; он отморóзил (себé) нос er hat sich die Nase erfroren ‖ *uv* отморáживать, -аю, -аешь

отмотáть, -áю, -áешь; отмóтанный, -ан, -а *v* abwickeln; ~ motóк шéрсти eine Docke Wolle abwickeln || *uv* отма́тывать, -аю, -аешь

отмочи́ть, -очу́, -о́чишь; -о́ченный, -о́чен, -а *v* 1. abweichen, losweichen; ~ ма́рку от конве́рта eine Marke vom Briefumschlag abweichen 2. wässern, waschen; ~ сельдь den Hering wässern 3. *übtr, volksspr* vom Stapel lassen, heraushauen; ~ глу́пость eine Dummheit heraushauen || *uv* отма́чивать, -аю, -аешь

отмыва́ть(ся) *uv zu* отмы́ть(ся)

отмыка́ть *uv zu* отомкну́ть

от|мы́ть* *v* 1. (ab-, aus-) waschen, reinigen; ~ грязь den Schmutz abwaschen; ~ ча́шку eine Tasse auswaschen 2. *geol* auswaschen || *uv* отмыва́ть, -а́ю, -а́ешь

от|мы́ться* *v* 1. sich herauswaschen lassen, herausgehen; пятно́ отмы́лось der Fleck ging heraus 2. sauber werden || *uv* отмыва́ться, -а́юсь, -а́ешься

отмы́чка, -и, *Pl G* -чек, *D* -чкам *f* Dietrich

отмяка́ть *uv zu* отмя́кнуть

отмя́кнуть, -ну, -нешь; отмя́к, -ла *v umg* 1. weich werden, aufweichen *durch Feuchtigkeit*; сухари́ отмя́кли die Zwiebäcke waren aufgeweicht 2. *übtr* weicher, freundlicher, entgegenkommender werden || *uv* отмяка́ть, -а́ю, -а́ешь

отне́киваться, -аюсь, -аешься *uv umg* ablehnen, eine verneinende [ablehnende] Antwort geben

от|нести́* *v* 1. wegbringen, hinbringen; ~ письмо́ на по́чту einen Brief zur Post bringen 2. wegtragen, forttragen; ~ ка́мень от доро́ги einen Stein von der Straße forttragen 3. zurechnen, zuweisen; einordnen; ~ ру́копись к XV ве́ку die Handschrift ins 15. Jahrh. einordnen 4. verlegen, verschieben; ~ экза́мены на о́сень die Prüfungen auf den Herbst verschieben 5. *volksspr* abschlagen, abhauen ◇ ~ за [на] счёт verbuchen [verrechnen] auf Kosten von || *uv* относи́ть, -ошу́, -о́сишь

от|нести́сь* *v* 1. к *D* sich verhalten, sein; ~ внима́тельно к го́стю dem Gast gegenüber aufmerksam sein 2. к *D alt* sich wenden, herantreten (an) 3. *alt* sich äußern *lobend, tadelnd* || *uv* относи́ться, -ошу́сь, -о́сишься

отникелирова́ть, -ру́ю, -ру́ешь; -ро́ванный, -ро́ван, -а *v* vernickeln

отнима́ть(ся) *uv zu* отня́ть(ся)

отниму́ ↑ отня́ть

относи́тельно 1. *Adv* verhältnismäßig, relativ, ziemlich; ~ споко́йно verhältnismäßig ruhig 2. *Präpos G* hinsichtlich, in bezug auf, betreffs; ~ ска́занного in bezug auf das Gesagte

относи́тельность, -и *f* Relativität; тео́рия -и Relativitätstheorie

относи́тельный, -ая, -ое 1. *Kzf* -лен, -льна relativ; -ое поня́тие relativer Begriff 2. *Kzf* -лен, -льна verhältnismäßig, mäßig, relativ, angemessen; -ая чистота́ relative Sauberkeit 3. *gram* Relativ-, bezüglich; -ое местоиме́ние Relativpronomen

относи́ть *uv zu* отнести́

относи́ться, -ошу́сь, -о́сишься *uv* 1. *uv zu* отнести́сь 2. к *D* gehören (zu), zählen (zu); ~ к кла́ссу млекопита́ющих zur Klasse der Säugetiere gehören 3. к *D u. alt* до *G* sich beziehen (auf); э́то отно́сится к вам das bezieht sich auf Sie

отноше́ние, -я *n* 1. Verhalten, Einstellung, *subjektives* Verhältnis; ~ к жи́зни Lebenseinstellung 2. *Pl* Verhältnisse, Beziehungen; произво́дственные -я Produktionsverhältnisse 3. Beziehung, *objektisev* Verhältnis; име́ть ~ к строи́тельству mit dem Bauwesen zu tun haben 4. Wechselbeziehung, Verhältnis; ~ мышле́ния к бытию́ Verhältnis von Denken und Sein 5. Schriftstück, offizielles Schreiben ◇ в -и *G*; по -ю к *D* in bezug auf, betreffs, hinsichtlich; в не́котором -и in gewisser Beziehung; во всех -ях in jeder Beziehung

отны́не *Adv buchspr* von nun an

отню́дь *Adv*: ~ не durchaus nicht; ~ нет! keineswegs!

отня́ть* *u. alt, volksspr* отыму́, оты́мешь *v* 1. wegnehmen, rauben, sich aneignen; ~ де́ньги Geld wegnehmen 2. wegziehen, wegnehmen; ~ ру́ку die Hand wegziehen 3. *übtr* berauben, rauben; ~ наде́жду die Hoffnung rauben 4. *umg* amputieren, abnehmen 5. in Anspruch nehmen, wegnehmen, kosten; рабо́та отняла́ мно́го вре́мени die Arbeit nahm viel Zeit in Anspruch 6. *umg* abziehen, subtrahieren ◇ ~ от груди́ abstillen, entwöhnen; нельзя́ ~ чего́-н. у кого́-н. j-m etw. nicht absprechen können || *uv* отнима́ть,

-а́ю, -а́ешь *u. alt, volksspr* отыма́ть, -а́ю, -а́ешь
отня́ться*, *1. u. 2. Pers ungebr u. alt, volksspr* оты́мется; отня́лся, -ли́сь *v* **1.** gelähmt werden; отня́ли́сь но́ги die Beine waren gelähmt **2.** *umg* wie gelähmt werden, versagen || *uv* отнима́ться, -а́ется *u. alt, volksspr* отыма́ться, -а́ется
ото ↑ от
отобе́дать, -аю, -аешь *v* das Mittagessen beenden
отобража́ть(ся) *uv zu* отобрази́ть(ся)
отображе́ние, -я *n* Darstellung, Abbildung, Widerspiegelung, Abbild
отобрази́ть, -ажу́, -ази́шь; -ажённый, -ажён, -ажена́ *v* darstellen, widerspiegeln || *uv* отобража́ть, -а́ю, -а́ешь
отобрази́ться, *1. u. 2. Pers ungebr*, -и́тся *v* sich widerspiegeln, seine Darstellung erfahren || *uv* отобража́ться, -а́ется
ото|бра́ть*; отберу́; ото́бранный, -ан, -а *v* **1.** wegnehmen, abnehmen; sich aneignen **2.** auswählen; ~ шесть челове́к sechs Mann auswählen **3.** *alt* zusammentragen, sammeln *durch Umfrage* || *uv* отбира́ть, -а́ю, -а́ешь
отовсю́ду *Adv* von überallher
ото|гна́ть; отгоню́; ото́гнанный, -ан, -а *v* **1.** zurückscheuchen, verscheuchen, verjagen, vertreiben; ~ соба́ку einen Hund zurückscheuchen **2.** destillieren || *uv* отгоня́ть, -я́ю, -я́ешь
отогну́ть, -ну́, -нёшь; ото́гнутый, -ут, -а *v* **1.** geradebiegen; ~ гвозди Nägel geradebiegen **2.** zurückschlagen, umschlagen; ~ рукава́ die Ärmel umschlagen || *uv* отгиба́ть, -а́ю, -а́ешь
отогрева́ть(ся) *uv zu* отогре́ть(ся)
отогре́ть, -е́ю, -е́ешь; -е́тый, -е́т, -а *v* erwärmen, aufwärmen; ~ озя́бшие ру́ки die steifgefrorenen Hände erwärmen || *uv* отогрева́ть, -а́ю, -а́ешь
отогре́ться, -е́юсь, -е́ешься *v* sich erwärmen, sich aufwärmen || *uv* отогрева́ться, -а́юсь, -а́ешься
отодвига́ть(ся) *uv zu* отодви́нуть(ся)
отодви́нуть, -ну, -нешь; -нутый, -нут, -а *v* **1.** wegschieben, beiseite schieben, beiseite rücken **2.** *übtr, umg* verschieben, aufschieben || *uv* отодвига́ть, -а́ю, -а́ешь
отодви́нуться, -нусь, -нешься *v* **1.** sich (ein Stück) entfernen, wegrücken, abrücken **2.** *übtr, umg* sich hinausschieben, sich verzögern, hinausrücken *Frist* || *uv* отодвига́ться, -а́юсь, -а́ешься
ото|дра́ть*, отдеру́; ото́дранный, -ан, -а *v* **1.** herunterreißen, abreißen **2.** *umg* durchprügeln **3.**: ~ за у́ши an den Ohren ziehen || *uv* отдира́ть, -а́ю, -а́ешь
ото|дра́ться*, *1. u. 2. Pers ungebr*, отдерётся *v volksspr* abgehen, sich lösen; подмётки отодра́ли́сь die Sohlen hatten sich gelöst || *uv* отдира́ться, -а́ется
отожестви́ть *u.* **отождестви́ть**, -влю́, -ви́шь; -влённый, -влён, -влена́ *v* für identisch erklären, identifizieren || *uv* отожествля́ть *u.* отождествля́ть, -я́ю, -я́ешь
отожествле́ние *u.* **отождествле́ние**, -я *n* Identifizierung
отож(д)ествля́ть *uv zu* отож(д)естви́ть
отозва́ние, -я *n* Abberufung
ото|зва́ть*, отзову́; ото́званный, -ан, -а *v* **1.** beiseite rufen, wegrufen; ~ в сто́рону beiseite nehmen **2.** abberufen; ~ посла́ einen Botschafter abberufen || *uv* отзыва́ть, -а́ю, -а́ешь
ото|зва́ться*, отзову́сь; -зва́ли́сь *v* **1.** antworten *auf Ruf*, erwidern; ein Lebenszeichen geben **2.** Widerhall finden, sich bemerkbar machen, entstehen, erzeugt werden **3.** sich auswirken, Einfluß haben (на *P* auf); ~ на други́х sich auf andere auswirken **4.** sich äußern, seine Meinung sagen (о *P* über) || *uv* отзыва́ться, -а́юсь, -а́ешься
ото|йти́* *v* **1.** ein Stück weggehen, sich entfernen; zurücklegen; ~ на три киломе́тра sich drei Kilometer entfernen **2.** abfahren abgehen *laut Fahrplan* **3.** *mil* sich zurückziehen **4.** от *G* sich trennen, sich entfremden; aufgeben; ~ от пре́жних това́рищей sich von den früheren Kameraden trennen **5.** sich lösen, abgehen, abfallen; штукату́рка отошла́ der Putz war abgegangen **6.** unsichtbar werden, verschwinden, herausgehen; пятно́ отошло́ der Fleck ging heraus **7.** sich wieder erwärmen, sich von neuem beleben; wieder zu sich kommen **8.** übergehen, zufallen *als Besitz*; дом перешёл в чужи́е ру́ки das Haus ging in fremde Hände über **9.** *alt* zu Ende gehen, vergehen, enden; зима́ отошла́ der Winter ist vorbei

10. *alt* verlassen, weggehen *aus dem Arbeitsverhältnis, Dienst* ◇ ~ в ве́чность a) sterben; b) endgültig zu Ende gehen, vergehen, vorbeigehen; се́рдце [от се́рдца] отошло́ der Zorn legte sich || *uv* отходи́ть, -ожу́, -о́дишь

отомкну́ть, -ну́, -нёшь; ото́мкнутый, -ут, -а *v* 1. *alt, volksspr* aufschließen, öffnen, aufsperren 2.: ~ штык das Bajonett abnehmen || *uv* отмыка́ть, -а́ю, -а́ешь

отомсти́ть, -мщу́, -мсти́шь; -мщённый, -мщён, -мщена́ *v* 1. *D* sich rächen, Rache nehmen (an); ~ оби́дчику sich an seinem Beleidiger rächen 2. rächen; он отомсти́л за оби́ду er hat die Kränkung gerächt || *uv* **отомща́ть,** -а́ю, -а́ешь

отопи́тельный, -ая, -ое Heiz-

отопи́ть, отоплю́, ото́пишь; ото́пленный, -ен, -а *v* beheizen || *uv* ота́пливать, -аю, -аешь

отопле́ние, -я *n* 1. Heizen, Heizung 2. Heizanlage, Heizung; печно́е ~ Ofenheizung

отопру́ ↑ отпере́ть

отора́чивать *uv zu* отороч́ить

ото́рванность, -и *f* Losgelöstheit, Einsamkeit, Trennung

ото|рва́ть*; ото́рванный, -ан, -а *v* 1. abreißen; ~ пу́говицу einen Knopf abreißen 2. *übtr* losreißen, abwenden; ~ глаза́ от карти́ны die Augen vom Bild abwenden; ~ от рабо́ты von der Arbeit losreißen 3. trennen; ~ дете́й от ма́тери die Kinder von der Mutter trennen ◇ ~ от себя́ sich selbst entziehen [versagen] || *uv* отрыва́ть, -а́ю, -а́ешь

ото|рва́ться*; -рвали́сь *v* 1. sich losreißen, sich plötzlich lösen; пу́говица оторвала́сь der Knopf ging plötzlich ab 2. sich entfernen, weggehen, sich lösen; ~ от проти́вника sich vom Gegner lösen 3. *übtr* sich lösen, die Verbindung verlieren; ~ от масс die Verbindung zu den Massen verlieren 4. sich trennen, sich losreißen; ~ от кни́ги sich von einem Buch losreißen || *uv* отрыва́ться, -а́юсь, -а́ешься; не отрыва́ясь ohne Unterbrechung

оторопе́лый, -ая, -ое *umg* (ganz) fassungslos, (ganz) kopflos, verwirrt

оторопе́ть, -е́ю, -е́ешь *v umg* verwirrt, fassungslos werden, außer sich geraten

оторочи́ть, -чу́, -чи́шь; оторо́ченный, -ен, -а *v* besetzen, einfassen, mit Besatz versehen; ~ рукава́ ме́хом Ärmel mit Pelz besetzen || *uv* отора́чивать, -аю, -аешь

оторо́чка, -и, *Pl G* -чек, *D* -чкам *f* Besatz, Einfassung; мехова́я ~ Pelzbesatz

ото|сла́ть*; ото́сланный, -ан, -а *v* 1. (ab)schicken, (ab)senden 2. wegschicken, fortgehen heißen 3. verweisen; ~ чита́теля к примеча́ниям den Leser auf die Anmerkungen verweisen || *uv* отсыла́ть, -а́ю, -а́ешь

ото|спа́ться* *v umg* sich ausschlafen || *uv* отсыпа́ться, -а́юсь, -а́ешься

отоща́лый, -ая, -ое abgemagert

отоща́ть, -а́ю, -а́ешь *v umg* abmagern

отпада́ть *uv zu* отпа́сть

[1]**отпа́ивать** *uv zu* отпая́ть

[2]**отпа́ивать** *uv zu* отпои́ть

отпа́ривать *uv zu* отпа́рить

отпари́ровать, -рую, -руешь; -рованный, -рован, -а *v* parieren, abwehren

отпа́рить, -рю, -ришь *v umg* 1. bügeln *durch ein feuchtes Tuch* 2. ablösen, abweichen *durch Dampf* || *uv* отпа́ривать, -аю, -аешь

отпа́рывать(ся) *uv zu* отпоро́ть(ся)

от|па́сть*; отпа́вший *u. alt* отпа́дший *v* 1. sich (ab)lösen, abfallen; обо́и отпа́ли die Tapeten haben sich gelöst 2. entfallen, hinfällig werden; вопро́с отпа́л die Frage entfiel 3. schwinden, vergehen; у меня́ вся́кая охо́та отпа́ла mir ist jede Lust vergangen || *uv* отпада́ть, -а́ю, -а́ешь

от|паха́ть* *v umg* 1. eine Zeitlang pflügen 2. das Pflügen beenden

отпая́ть, -я́ю, -я́ешь; отпа́янный, -ян, -а *v* ablöten, abtrennen *Gelötetes* || *uv* отпа́ивать, -аю, -аешь

отпере́ть* *v* 1. aufschließen, aufriegeln, öffnen 2. *umg* aufsperren *um herauszulassen,* freilassen *aus verschlossenem Raum* || *uv* отпира́ть, -а́ю, -а́ешь

отпере́ться*; отпёрся, -перла́сь *v* 1. sich öffnen, aufgehen 2. *umg* aufsperren *um hereinzulassen* 3. *umg* ableugnen, abstreiten || *uv* отпира́ться, -а́юсь, -а́ешься

отпе́тый, -ая, -ое *umg* 1. verloren, nicht mehr zu retten 2. unverbesserlich, hoffnungslos; ~ лентя́й hoffnungsloser Faulpelz 3. durchtrieben

отпеча́тать, -аю, -аешь; -анный, -ан,

-а *v* 1. drucken 2. abtippen, abschreiben *mit Schreibmaschine* 3. *phot* einen Abzug machen 4. *typ* ausdrucken 5. entsiegeln 6. eine Spur hinterlassen 7. *übtr, volksspr* Wort für Wort betonend sagen || *uv* отпеча́тывать, -аю, -аешь *zu* 1–3, 5–7
отпеча́таться, *1. u. 2. Pers ungebr,* -ается *v* 1. Spur hinterlassen 2. *übtr* sich einprägen || *uv* отпеча́тываться, -ается
отпеча́ток, -тка *m* 1. Abdruck, Spur; -тки ног за́йцев Hasenspuren 2. *übtr* Stempel; наложи́ть свой ~ seinen Stempel aufdrücken
отпеча́тывать(ся) *uv zu* отпеча́тать(ся)
отпива́ть *uv zu* отпи́ть
отпи́ливать *uv zu* отпили́ть
отпили́ть, -илю́, -и́лишь; -и́ленный, -и́лен, -а *v* absägen || *uv* отпи́ливать, -аю, -аешь
отпира́тельство, -а *n* Leugnen, Ableugnen
отпира́ть(ся) *uv zu* отпере́ть(ся)
от|писа́ть* *v* 1. *alt* konfiszieren 2. *alt u. volksspr* vermachen, vererben 3. *alt u. volksspr* beschreiben, schreiben (über) 4. *umg* mit Schreiben aufhören 5. *alt* aus der Liste streichen || *uv* отпи́сывать *zu* 1–3, 5
от|писа́ться* *v umg* einen nichtssagenden, formalen Antwortbrief schreiben [schicken] || *uv* отпи́сываться, -аюсь, -аешься
отпи́ска, -и, *Pl G* -сок, *D* -скам *f* 1. *alt* schriftlicher Bescheid 2. nichtssagendes, formales Antwortschreiben
отпи́сывать(ся) *uv zu* отписа́ть(ся)
от|пи́ть*; отопью́ *v* 1. abtrinken, ein wenig trinken; ~ глото́к einen Schluck (ab)trinken 2. *umg* zu trinken aufhören || *uv* отпива́ть, -а́ю, -а́ешь *zu* 1
отпи́хивать(ся) *uv zu* отпихну́ть(ся)
отпихну́ть, -ну́, -нёшь; отпи́хнутый, -ут, -а *v umg* wegschicken, wegstoßen; abstoßen; ~ ло́дку от бе́рега das Boot vom Ufer abstoßen || *uv* отпи́хивать, -аю, -аешь
отпихну́ться, -ну́сь, -нёшься *v umg* sich abstoßen; ~ от бе́рега sich vom Ufer abstoßen || *uv* отпи́хиваться, -аюсь, -аешься
отпла́та, -ы *f* 1. Vergeltung, Rache 2. Vergeltung, Dank
отплати́ть, -ачу́, -а́тишь; -а́ченный, -а́чен, -а *v* 1. vergelten, erwidern, danken (за *A* für) 2. vergelten, Rache nehmen (за *A* für) ◇ ~ той же моне́той mit gleicher Münze heimzahlen || *uv* **отпла́чивать,** -аю, -аешь
отплёвываться, -аюсь, -аешься *uv umg* 1. *uv zu* отплю́нуться 2. ausspeien *zum Zeichen des Abscheus*
отплыва́ть *uv zu* отплы́ть
отплы́тие, -я *n* Ausfahrt, Abfahrt *von Wasserfahrzeugen*
от|плы́ть* *v* 1. *ein Stück* wegschwimmen 2. in See stechen || *uv* отплыва́ть, -а́ю, -а́ешь
отплю́нуться, -нусь, -нешься *v umg* ausspeien || *uv* отплёвываться, -аюсь, -аешься
от|пляса́ть* *v umg* 1. einen Tanz ausführen, tanzen; ~ ру́сскую einen russischen Tanz tanzen 2. zu tanzen aufhören 3. müde tanzen; ~ себе́ но́ги sich die Beine müde tanzen || *uv* отпля́сывать, -аю, -аешь *zu* 1, 3
отпля́сывать, -аю, -аешь *uv* 1. *uv zu* отпляса́ть 2. *umg* (mit Begeisterung) tanzen, tanzen was das Zeug hält
о́тповедь, -и *f* Abfuhr, strikte Absage, strenger Tadel
отпои́ть, отпою́, отпои́шь *u. umg* отпо́ишь; отпо́енный, -ен, -а *v* 1. mit flüssiger Nahrung aufziehen *von Tieren* 2. *umg durch Getränke, flüssige Arznei* wieder aufpäppeln, wieder auf die Beine bringen || *uv* отпа́ивать, -аю, -аешь
отполза́ть *uv zu* отползти́
от|ползти́* *v* beiseite kriechen, wegkriechen || *uv* отполза́ть, -а́ю, -а́ешь
отполирова́ть, -ру́ю, -ру́ешь; -ро́ванный, -ро́ван, -а *v* polieren, blank polieren || *uv* **отполиро́вывать,** -аю, -аешь
отпо́р, -а *m* Widerstand, Abwehr; Abfuhr; дать ~ eine Abfuhr erteilen
от|поро́ть* *v* ab-, heraustrennen; ~ воротни́к den Kragen abtrennen || *uv* отпа́рывать, -аю, -аешь
от|поро́ться*, *1. u. 2. Pers ungebr v* sich lostrennen, abgehen; карма́н отпоро́лся die Tasche hat sich losgetrennt || *uv* отпа́рываться, -ается
отпотева́ть *uv zu* отпоте́ть
отпоте́ть, *1. u. 2. Pers ungebr,* -е́ет *v umg* anlaufen, feucht werden; стёкла отпоте́ли die Fenster sind angelaufen || *uv* отпотева́ть, -а́ет
отправи́тель, -я *m* Absender
[1]**отпра́вить,** -а́влю, -а́вишь; -а́влен-

ный, -áвлен, -а *v* 1. abschicken, absenden; ~ письмó einen Brief abschicken 2. das Abfahrtssignal geben, abfertigen; ~ пóезд den Zug abfertigen ◇ ~ на тот свет ins Jenseits befördern ‖ *uv* отправлять, -я́ю, -я́ешь

[2]**отпра́вить,** -áвлю, -áвишь; -áвленный, -áвлен, -а *v buchspr, alt* vollziehen; ~ панихи́ду eine Seelenmesse abhalten ‖ *uv* отправля́ть, -я́ю, -я́ешь

отпра́виться, -áвлюсь, -áвишься *v* 1. sich begeben, aufbrechen; ~ в путь sich auf den Weg machen 2. abgehen, abfahren; пóезд ужé отпра́вился der Zug war schon abgefahren ‖ *uv* отправля́ться, -я́юсь, -я́ешься

отпра́вка, -и *f umg* 1. Absenden, Absendung, Abfertigung 2. Abfahrt

[1]**отправлéние,** -я *n* 1. Absendung, Abfertigung; ~ грýзов Absendung von Frachtgut 2. Sendung, Postsendung; заказны́е -я Einschreibsendungen ◇ тóчка -я *buchspr* Ausgangspunkt

[2]**отправлéние,** -я *n* 1. *buchspr, alt* Vollzug, Vollziehung 2. *Pl biol* Funktionen, Tätigkeit

[1, 2]**отправля́ть** *uv zu* [1, 2]отпра́вить

отправля́ться, -я́юсь, -я́ешься *uv* 1. *uv zu* отпра́виться 2. от *G* ausgehen (von), zum Ausgangspunkt nehmen; ~ от тóчки зрéния, что von dem Standpunkt ausgehen, daß

отправнóй, -áя, -óе 1. Absende-, Abfertigungs-; ~ пункт Absendeort, -bahnhof 2. Ausgangs-; -áя мысль Ausgangsgedanke

отпра́вочный, -ая, -ое Versand-, Expeditions-

отпра́здновать [зн], -ную, -нуешь; -нованный, -нован, -а *v* 1. feiern, festlich begehen 2. *umg* mit Feiern aufhören

отпра́шиваться *uv zu* отпроси́ться

отпрессова́ть, -сýю, -сýешь; -сóванный, -сóван, -а *v tech* pressen

отпроси́ться, -ошýсь, -óсишься *v* um Urlaub bitten, um Erlaubnis bitten, sich zu entfernen ‖ *uv* отпра́шиваться, -аюсь, -аешься

отпры́гивать *uv zu* отпры́гнуть

отпры́гнуть, -ну, -нешь *v* 1. zurückspringen, beiseite springen 2. *umg* abprallen, abspringen; мяч отпры́гнул от стены́ der Ball sprang von der Wand ab ‖ *uv* отпры́гивать, -аю, -аешь

óтпрыск, -а *m* 1. *bot* junger Trieb 2. *übtr, alt, jetzt iron* Nachfahre, Sproß, Sprößling

отпряга́ть *uv zu* отпря́чь

отпря́нуть, -ну, -нешь *v* zurückspringen, zurückfahren, zurückprallen

от|пря́чь* [pé] *v* ausspannen *Pferde* ‖ *uv* отпряга́ть, -áю, -áешь

отпýгивать *uv zu* отпугнýть

отпугнýть, -нý, -нёшь; отпýгнутый, -ут, -а *v* 1. verscheuchen 2. abschrecken; ~ своéй стрóгостью durch seine Strenge abschrecken ‖ *uv* отпýгивать, -аю, -аешь

óтпуск, -а, *Pl* отпускá, -óв, -áм *m* 1. *umg* Beurlaubung 2. *umg* Lockern, Nachlassen 3. Verabfolgung, Auslieferung 4. Schleifen, Schärfen 5. Urlaub; в -е *u. umg* в -ý im Urlaub 6. *tech* Anlassen; ~ стáли Anlassen des Stahls

отпускáть *uv zu* отпусти́ть

отпускни́к, -á *m* Urlauber

отпускнóй, -áя, -óе 1. Urlaubs-; -óе врéмя Urlaubszeit 2. -ы́е, -ы́х *Subst Pl umg* Urlaubsgeld 3. *wirtsch* Verkaufs-, Abgabe-; -áя ценá Verkaufspreis, Abgabepreis

отпусти́ть, -ущý, -ýстишь; -ýщенный, -ýщен, -а *v* 1. gehen lassen, fortlassen, entlassen 2. loslassen, freigeben 3. lockern, nachlassen; ~ ремéнь den Riemen lockern 4. wachsen lassen, stehen lassen; ~ бóроду den Bart wachsen lassen 5. verabfolgen, ausliefern; zuteilen, zuweisen; ~ товáр Ware ausliefern; ~ срéдства Geldmittel zuteilen, bewilligen 6. *umg* aussprechen *Unpassendes, Unerwartetes*, zum besten geben; ~ острóту einen Witz zum besten geben 7. *alt* verzeihen 8. schleifen, schärfen; ~ косý die Sense schleifen 9. *tech* anlassen; ~ сталь Stahl anlassen ‖ *uv* отпускáть, -áю, -áешь

отпущéние, -я *n alt*: ~ грехóв Vergebung der Sünden ◇ козёл -я Sündenbock

отрабáтывать *uv zu* отрабóтать

отрабóтанный, -ая, -ое: ~ пар Abdampf; -ое мáсло Altöl

отрабóтать, -аю, -аешь; -анный, -ан, -а *v* 1. abarbeiten, *durch Arbeitsleistung entgelten*; ~ авáнс Vorschuß abarbeiten 2. *eine Zeitlang* arbeiten, abarbeiten, ableisten; ~ вóсемь часóв acht Stunden abarbeiten; отрабóтанные часы́ geleistete Arbeitsstunden 3. *umg* aufhören zu arbeiten 4. *umg* ausfeilen, die endgültige Fassung geben; ~ стихотворéние ein Ge-

dicht ausfeilen || *uv* отрабатывать, -аю, -аешь *zu* 1, 4
отра́ва, -ы *f* Gift
отрави́тель, -я *m* Giftmörder
отрави́ть, -авлю́, -а́вишь; -а́вленный, -а́влен, -а *v* 1. vergiften, durch Gift töten, schädigen; ~ органи́зм алкого́лем den Organismus durch Alkohol vergiften 2. *übtr* vergiften, verderben 3. giftig machen, vergiften; ~ коло́дец den Brunnen vergiften 4. *übtr* vergällen, verderben || *uv* отравля́ть, -я́ю, -я́ешь
отрави́ться, -авлю́сь, -а́вишься *v* sich vergiften || *uv* отравля́ться, -я́юсь, -я́ешься
отравле́ние, -я *n* Vergiftung
отравля́ть(ся) *uv zu* отрави́ть(ся)
отравля́ющий, -ая, -ее giftig, Gift-; -ие вещества́ Giftstoffe
отра́да, -ы *f* Freude, Trost
отра́дный, -ая, -ое; *Kzf* -ден, -дна erfreulich, tröstlich
отража́ть(ся) *uv zu* отрази́ть(ся)
отраже́ние, -я *n* 1. Reflektierung, Widerspiegelung; Spiegelbild 2. Abwehr; ~ уда́ра Abwehr eines Schlags
отражённый, -ая, -ое indirekt; -ое освеще́ние indirekte Beleuchtung
отрази́ть, -ажу́, -ази́шь; -ажённый, -ажён, -ажена́ *v* 1. abwehren, parieren; ~ уда́р einen Schlag abwehren 2. zurückwerfen, reflektieren *Licht, Schall*; widerspiegeln, reflektieren 3. darstellen, widerspiegeln || *uv* отража́ть, -а́ю, -а́ешь
отрази́ться, -ажу́сь, -ази́шься *v* 1. sich reflektieren, sich widerspiegeln 2. sich ausprägen, sich widerspiegeln, erscheinen 3. sich auswirken (на *P* auf) || *uv* отража́ться, -а́юсь, -а́ешься
отрапортова́ть, -ту́ю, -ту́ешь; -то́ванный, -то́ван, -а *v* 1. Rapport, Meldung erstatten 2. *umg* (als Antwort) herunterschnurren || *uv* **отрапорто́вывать,** -аю, -аешь
отраслево́й, -а́я, -о́е Branchen-, Zweig-
о́трасль, -и *f* Zweig, Branche; ~ промы́шленности Industriezweig
отраста́ть *uv zu* отрасти́
от|расти́* *v* (nach)wachsen || *uv* отраста́ть, -а́ю, -а́ешь
отрасти́ть, -ащу́, -асти́шь; -ащённый, -ащён, -ащена́ *v* wachsen lassen; ~ себе́ бо́роду sich einen Bart wachsen lassen || *uv* **отра́щивать,** -аю, -аешь
отре́бье, -ья *n Koll* 1. *alt* Abfall 2. Auswurf [Abschaum] der Gesellschaft
отрегули́ровать, -рую, -руешь; -рованный, -рован, -а *v* regulieren, einstellen
отре́з, -а *m* 1. Abschneiden, Abtrennen; ли́ния -а „hier abtrennen" 2. Stück Stoff *für Kleid, Anzug bemessen*
от|ре́зать* *v* 1. abschneiden, abtrennen 2. abtrennen, wegnehmen *beim Vermessen* 3. *übtr* abschneiden, abtrennen 4. *umg* kurz (und unwillig) antworten || *uv* **отреза́ть,** а́ю, -а́ешь *u.* отре́зывать, -аю, -аешь
отрезве́ть, -е́ю, -е́ешь *v* nüchtern werden
отрезви́ть, -влю́, -ви́шь; -влённый, -влён, -влена́ *v* 1. nüchtern machen *Betrunkenen* 2. *übtr* ernüchtern, in die Wirklichkeit zurückversetzen, von Illusionen befreien || *uv* отрезвля́ть, -я́ю, -я́ешь
отрезви́ться, -звлю́сь, -зви́шься *v* nüchtern werden || *uv* отрезвля́ться, -я́юсь, -я́ешься
отрезвле́ние, -я *n* Ernüchterung
отрезвля́ть(ся) *uv zu* отрезви́ть(ся)
отре́зок, -зка *m* 1. abgeschnittenes Stück, Stückchen; -зки тка́ни Stoffreste 2. Abschnitt, Teil; ~ пути́ Wegabschnitt; ~ вре́мени Zeitspanne
отре́зывать *uv zu* отре́зать
отрека́ться *uv zu* отре́чься
отрекомендова́ть, -ду́ю, -ду́ешь; -до́ванный, -до́ван, -а *v* 1. *alt* vorstellen; ~ но́вого сотру́дника einen neuen Mitarbeiter vorstellen 2. empfehlen, Empfehlung [Beurteilung] abgeben 3. empfehlen, raten, einen Rat erteilen || *uv* **отрекомендо́вывать,** -аю, -аешь
отрекомендова́ться, -ду́юсь, -ду́ешься *v* sich vorstellen, seinen Namen nennen || *uv* **отрекомендо́вываться,** -аюсь, -аешься
отре́пье, -ья *n Koll u.* **отре́пья,** -ьев, -ьям *Pl umg* Lumpen
отрече́ние, -я *n* 1. Verleugnung, Lossagung 2. Verzicht 3. Abdankung, Abdankungsurkunde
от|ре́чься* *v* от *G* 1. verleugnen; sich lossagen 2. verzichten; ~ от ра́достей жи́зни auf die Freuden des Lebens verzichten; ~ от престо́ла auf den Thron verzichten || *uv* отрека́ться, -а́юсь, -а́ешься
отреша́ться *uv zu* отреши́ться

отрешение, -я *n alt* Enthebung, Suspension

отрешённость, -и *f buchspr* Abgeschiedenheit, Losgelöstheit *von der Umwelt*

отрешиться, -шусь, -шишься *v buchspr* sich lossagen, sich befreien, verzichten ‖ *uv* отрешаться, -аюсь, -аешься

отрицание, -я *n* 1. Leugnung, Abstreitung 2. Ablehnung, Negierung 3. *phil* Negation 4. *gram* Negation, Verneinung, Verneinungswort

отрицательный, -ая, -ое; *Kzf* -лен, -льна 1. verneinend, ablehnend, negativ 2. abzulehnend, schlecht, negativ; -ое влияние negativer Einfluß 3. *math*, *phys* negativ; -ые числа negative Zahlen; ~ заряд negative Ladung

отрицать, -аю, -аешь *uv* 1. verneinen, (ab)leugnen; ~ свою вину seine Schuld leugnen 2. ablehnen, negieren

отрог, -а *m* Ausläufer *eines Gebirgszuges*

отроду *Adv*: ~ не *umg* noch nie (im Leben); он ~ не обманывал er hat in seinem ganzen Leben noch nie j-n betrogen

отродье, -ья *n verächtl* 1. Sprößling, Balg 2. Brut, Gesindel

отродясь *Adv*: ~ не *gbt u. volksspr* nie im Leben

отрок, -а *m alt* Junge *im schulpflichtigen Alter*

отросток, -стка *m* 1. *bot* Schößling, Sproß 2. Ausläufer, Fortsatz, Auswuchs; червеобразный ~ Wurmfortsatz, Appendix

отроческий, -ая, -ое Knaben-, Jungen-; ~ голос Knabenstimme; -ие годы Knabenjahre, Jungenjahre; Backfischjahre *beim Mädchen*

отрочество, -а *n* Jungenalter, Mädchenalter; Backfischalter *beim Mädchen*

отрубать *uv zu* отрубить

отруби, отрубей, отрубям *Pl* Kleie

отрубить, -ублю, -убишь; -убленный, -ублен, -а *v* 1. abhauen, abhacken, abschlagen; ~ кусок мяса ein Stück Fleisch abhacken 2. *umg* kurz (und grob) antworten ‖ *uv* отрубать, -аю, -аешь *zu* 1

отрыв, -а *m* 1. Abreißen, Losreißen 2. Trennung; Entfremdung ◇ учиться без -а от производства ohne Befreiung von der Arbeit studieren *im Fern- oder Abendstudium*; в -е от масс ohne Fühlung mit den Massen

[1]**отрывать** *uv zu* оторвать

[2]**отрывать** *uv zu* отрыть

отрываться *uv zu* оторваться

отрывистый, -ая, -ое; *Kzf* -ист, -а abgehackt, abgerissen

отрывной, -ая, -ое Abreiß-; ~ календарь Abreißkalender

отрывок, -вка *m* 1. Bruchstück, Fragment 2. Ausschnitt, Auszug *aus literarischem oder musikalischem Werk*

отрывочный, -ая, -ое; *Kzf* -чен, -чна 1. bruchstückartig, lückenhaft, unzusammenhängend; -ые сведения lückenhafte Nachrichten 2. abgerissen, abgehackt; -ые слова abgerissene Worte

отрыгивать *uv zu* отрыгнуть

отрыгнуть, -ну, -нёшь; отрыгнутый, -ут, -а *v* beim Aufstoßen ausspucken ‖ *uv* отрыгивать, -аю, -аешь

отрыжка, -и, *Pl G* -жек, *D* -жкам *f* 1. Aufstoßen *aus dem Magen* 2. *verächtl* Überrest, Überbleibsel

от|рыть* *v* 1. ausgraben, herausgraben 2. *übtr*, *umg* ausgraben, aufstöbern, aufspüren ‖ *uv* отрывать, -аю, -аешь

отряд, -а *m* 1. *mil* Einheit, Truppe, Abteilung; десантный ~ Landungstruppe 2. Gruppe, Abteilung; пионерский ~ Pioniergruppe 3. *zool* Ordnung

отрядить, -яжу, -ядишь; -яжённый, -яжён, -яжена *v* abkommandieren, einsetzen, entsenden ‖ *uv* **отряжать**, -аю, -аешь

отряхивать(ся) *uv zu* отряхнуть(ся)

отряхнуть, -ну, -нёшь; отряхнутый, -ут, -а *v* 1. abschütteln, abstreifen; ~ пыль Staub abschütteln 2. ausschütteln, ausklopfen; ~ шляпу den Hut ausklopfen ‖ *uv* отряхивать, -аю, -аешь

отряхнуться, -нусь, -нёшься *v* sich schütteln; sein Fell in Ordnung bringen ‖ *uv* отряхиваться, -аюсь, -аешься

отсадить, -ажу, -адишь; -аженный, -ажен, -а *v* 1. wegsetzen, an anderen Platz setzen 2. versetzen, umsetzen *Pflanzen* ‖ *uv* **отсаживать**, -аю, -аешь

отсаживаться *uv zu* отсесть

отсасывать *uv zu* отсосать

отсвет *u.* **отсвет**, -а *m* Schimmer, Widerschein

отсвечивать, -аю, -аешь *uv* 1. zurückstrahlen, zurückwerfen, reflektieren, schimmern; вода отсвечи-

вала розова́тым бле́ском das Wasser schimmerte rosafarben **2.** sich widerspiegeln **3.** *volksspr* im Licht stehen *verdeckend*, das Licht nehmen
отсебя́тина, -ы *f umg* **1.** eigene Zutat *in fremdem Text* **2.** Eigenmächtigkeit, Eigenwilligkeit
отсе́в, -а *m* **1.** Aussieben; ~ зерна́ Aussieben des Korns **2.** *übtr* Aussieben, Ausscheiden
отсе́ивать(ся) *uv zu* отсе́ять(ся)
отсека́ть *uv zu* отсе́чь
от|се́сть* *v* sich wegsetzen; ~ от окна́ sich vom Fenster wegsetzen ‖ *uv* отса́живаться, -аюсь, -аешься
от|се́чь*; -секла́ *v* **1.** abhauen, abhacken, abschlagen; ~ топоро́м сук einen Ast mit dem Beil abschlagen **2.** *übtr* abschneiden, abriegeln, trennen ‖ *uv* отсека́ть, -а́ю, -а́ешь
от|се́ять* *v* **1.** aussieben, auslesen; ~ шелуху́ из муки́ Spelzen aus dem Mehl herauslesen **2.** *übtr* ausscheiden, aussieben ‖ *uv* отсе́ивать, -аю, -аешь
от|се́яться* *v übtr* sich absondern, ausscheiden ‖ *uv* отсе́иваться, -аюсь, -аешься
отсиде́ть, -ижу́, -иди́шь; отси́женный, -ен, -а *v* **1.**: ~ (себе́) но́гу sich das Bein steifsitzen **2.** *umg eine best. Zeit* sitzen, sitzen bleiben **3.** absitzen *im Gefängnis* ‖ *uv* **отси́живать,** -аю, -аешь
отсиде́ться, -ижу́сь, -иди́шься *v* **1.** *umg* in Sicherheit abwarten **2.** *volksspr* steif werden *vom langen Sitzen*; нога́ отсиде́лась das Bein ist (ganz) steif geworden ‖ *uv* **отси́живаться,** -аюсь, -аешься
отска́кивать *uv zu* отскочи́ть
отскочи́ть, -очу́, -о́чишь *v* **1.** zurückspringen, -fahren, -prallen; я отскочи́л в испу́ге ich fuhr vor Schreck zurück **2.** ab-, zurückprallen; мяч отскочи́л от стены́ der Ball prallte von der Wand ab **3.** abspringen, abgehen; пу́говица отскочи́ла der Knopf sprang ab ‖ *uv* отска́кивать, -аю, -аешь
отскреба́ть *uv zu* отскрести́
от|скрести́* *v umg* abkratzen, abschaben ‖ *uv* отскреба́ть, -а́ю, -а́ешь
отсла́иваться *uv zu* отслои́ться
отслои́ться, *1. u. 2. Pers ungebr*, -ои́тся *v* **1.** sich schichtweise ablagern **2.** sich (schichtweise) ablösen **3.** *übtr* sich formen, sich herauskristallisieren ‖ *uv* отсла́иваться, -ается
отслони́ть, -оню́, -о́ни́шь; -онённый, -онён, -онена́ *v umg alt* beiseite schieben ‖ *uv* **отслоня́ть,** -я́ю, -я́ешь
отслу́живать *uv zu* отслужи́ть
отслужи́ть, -ужу́, -у́жишь; -у́женный, -у́жен, -а *v* **1.** *eine Zeit im Dienst* hinter sich bringen, abdienen; ~ свой срок в пехо́те seine Zeit bei der Infanterie abdienen **2.** ausdienen, unbrauchbar werden **3.** *umg* abdienen, *durch Dienstleistung* entgelten **4.** Gottesdienst halten; ~ благода́рственный моле́бен Dankgottesdienst halten ‖ *uv* отслу́живать, -аю, -аешь *zu* 3, 4
отсове́товать, -тую, -туешь *v mit Inf* abraten
от|соса́ть* *v A oder G* (ab)saugen ‖ *uv* отса́сывать, -аю, -аешь
отсо́хнуть, *1. u. 2. Pers ungebr*, -нет; отсо́х, -ла *v* **1.** verdorren, vertrocknen *von Pflanzenteilen*; ве́тка отсо́хла der Zweig verdorrte **2.** *übtr*, *umg* absterben, verdorren *von Körperteilen* ‖ *uv* отсыха́ть, -а́ет
отсро́чивать *uv zu* отсро́чить
отсро́чить, -чу, -чишь; -ченный, -чен, -а *v* **1.** aufschieben, verschieben, stunden; ~ экза́мен die Prüfung verschieben; ~ платёж die Zahlung stunden **2.** *umg Gültigkeit* verlängern; ~ па́спорт den Paß verlängern ‖ *uv* отсро́чивать, -аю, -аешь
отсро́чка, -и, *Pl G* -чек, *D* -чкам *f* **1.** Aufschub, Verschiebung, Stundung **2.** *umg* Verlängerung
отстава́ние, -я *n* **1.** Zurückbleiben; ~ в рабо́те Zurückbleiben in der Arbeit **2.** Nachgehen **3.** Abgehen, Abfallen
отстава́ть *uv zu* отста́ть
отста́вить, -а́влю, -а́вишь; -а́вленный, -а́влен, -а *v* **1.** beiseite stellen, wegstellen ; ~ стул den Stuhl wegstellen; ~ но́гу в сто́рону den Fuß seitwärts stellen **2.** *alt* entlassen, den Abschied geben, absetzen **3.**: отста́вить! Kommando zurück! ‖ *uv* отставля́ть, -я́ю, -я́ешь *zu* 1, 2
отста́вка, -и *f* Ausscheiden, Abschied *aus dem Militärdienst oder — vor der Oktoberrevolution — Staatsdienst*; вы́йти в -у in den Ruhestand treten ◇ ~ прави́тельства Rücktritt der Regierung
отставля́ть *uv zu* отста́вить
отставно́й, -а́я, -о́е **1.** verabschiedet,

im Ruhestand, außer Dienst, a. D. 2.: -áя лéстница tragbare Leiter

¹отстáивание, -я *n* Abstehen, Setzen *von Flüssigkeiten*

²отстáивание, -я *n* Verteidigung, Verfechtung; ~ прав Verteidigung der Rechte

¹,²отстáивать *uv zu* ¹,²отстоя́ть

отстáиваться *uv zu* отстоя́ться

отстáлость, -и *f* Rückständigkeit, Zurückgebliebenheit

отстáлый, -ая, -ое 1. *alt* zurückgeblieben 2. *übtr* zurückgeblieben, rückständig; -ая тéхника rückständige Technik

от|стáть* *v* 1. zurückbleiben, nicht nachkommen; ~ от бы́стро шагáющих товáрищей hinter den schnell schreitenden Kameraden zurückbleiben 2. *übtr* zurückbleiben, Rückstand aufweisen; ~ в выполнéнии плáна bei der Planerfüllung zurückbleiben; ~ в разви́тии in der Entwicklung zurückbleiben 3. nachgehen *Uhr* 4. sich ablösen, abgehen; штукатýрка отстáла der Putz war abgegangen 5. от *G umg* sich trennen, untreu werden, die Verbindung abbrechen 6. ablassen, in Ruhe lassen; онá не отстáнет, покá не испóлнят её желáний sie wird keine Ruhe geben, bis ihre Wünsche erfüllt sind || *uv* от|ставáть*

отстегáть, -áю, -áешь; остёганный, -ан, -а *v* auspeitschen, prügeln

отстёгивать(ся) *uv zu* отстегнýть(ся)

отстегнýть, -нý, -нёшь; отстёгнутый, -ут, -а *v* aufknöpfen, aufhaken; ~ воротни́к den Kragen aufknöpfen || *uv* отстёгивать, -аю, -аешь

отстегнýться, *1. u. 2. Pers ungebr*, -нётся *v* sich aufknöpfen, sich aufhaken, sich öffnen, aufgehen; воротни́к отстегнýлся der Kragen ist aufgegangen || *uv* отстёгиваться, -ается

отстирáть, -áю, -áешь; отсти́ранный, -ан, -а *v* 1. ab , herauswaschen; ~ пятнó einen Fleck herauswaschen 2. (aus)waschen; ~ бельё Wäsche waschen 3. *umg* aufhören zu waschen || *uv* **отсти́рывать,** -аю, -аешь *zu* 1, 2

отстирáться, *1. u. 2. Pers ungebr*, -áется *v* 1. sich herauswaschen lassen, herausgehen; пятнó отстирáлось der Fleck ist herausgegangen 2. sauber werden *durch Waschen* 3. *volksspr* aufhören zu waschen || *uv* **отсти́рываться,** -ается *zu* 1, 2

отстóй, -я *m* Bodensatz

отстóйник, -а *m* Klärbecken, Kläranlage

¹отстоя́ть, -ою́, -ои́шь *v* 1. verteidigen, behaupten; ~ гóрод в боя́х die Stadt in Kämpfen behaupten; ~ свою́ тóчку зрéния seinen Standpunkt behaupten 2. verteidigen, schützen || *uv* отстáивать, -аю, -аешь

²отстоя́ть, -ою́, -ои́шь *v* 1. *die ganze Zeit hindurch* stehen; ~ на ногáх весь концéрт das ganze Konzert hindurch stehen 2. *umg* müde stehen; ~ нóги sich die Beine müde stehen || *uv* отстáивать, аю, -аешь

³отстоя́ть, -ою́, -ои́шь *uv* entfernt sein, abliegen; дерéвня отстои́т от стáнции на киломéтр das Dorf ist einen Kilometer vom Bahnhof entfernt

отстоя́ться, *1. u. 2. Pers ungebr*, -ои́тся *v* 1. sich setzen, Bodensatz bilden; кóфе отстоя́лся der Kaffee hat sich gesetzt 2. *übtr* sich setzen, sich klären, sich läutern || *uv* отстáиваться, -ается

отстрáивать(ся) *uv zu* отстрóить(ся)

отстранéние, -я *n* 1. Entfernung, Beseitigung 2. Enthebung, Entlassung

отстрани́ть, -ню́, -ни́шь; -нённый, -нён, -ненá *v* 1. entfernen, beiseite schieben, zurückschieben 2. entheben, absetzen; ~ от дóлжности eines Amtes [einer Funktion] entheben || *uv* **отстраня́ть,** -я́ю, -я́ешь

отстрани́ться, -ню́сь, -ни́шься *v* 1. sich entfernen, zurücktreten, beiseite treten 2. sich zurückziehen, sich fernhalten, nicht mehr teilnehmen; ~ от дел sich von den Geschäften zurückziehen || *uv* **отстраня́ться,** -я́юсь, -я́ешься

отстрéливаться *uv zu* отстреля́ться

отстреля́ться, -я́юсь, -я́ешься *v* 1. durch Schüsse abwehren; ~ от вóлков Wölfe durch Schüsse abwehren 2. *umg* zu schießen aufhören || *uv* отстрéливаться, -аюсь, -аешься *zu* 1

отстригáть *uv zu* отстри́чь

от|стри́чь* *v* abschneiden *mit Schere*, abscheren, beschneiden, stutzen || *uv* отстригáть, -áю, -áешь

отстрóить, -óю, -óишь; -óенный, -óен, -а *v* 1. fertigbauen, vollenden, fertigstellen *Bau* 2. wiederaufbauen || *uv* отстрáивать, -аю, -аешь *zu* 1

отстрóиться, -óюсь, -óишься *v* den Bau eines eigenen Hauses vollenden

|| *uv* отстра́иваться, -аюсь, -аешься

отступа́тельный, -ая, -ое Rückzugs-; ~ бой Rückzugsgefecht

отступа́ть(ся) *uv zu* отступи́ть(ся)

отступи́ть, -уплю́, -у́пишь; отступи́в *u.* отступя́ *v* 1. zurücktreten, nach hinten treten, zur Seite treten; ~ на два шага́ zwei Schritte zurücktreten 2. *übtr* zurücktreten, zurückgehen; мо́ре отступи́ло das Meer ist zurückgegangen 3. sich zurückziehen, zurückweichen, sich absetzen 4. от *G* aufgeben, untreu werden; ~ от свои́х взгля́дов seine Ansichten aufgeben || *uv* отступа́ть, -а́ю, -а́ешь

отступи́ться, -уплю́сь, -у́пишься *v* 1. abstehen, aufgeben, verzichten; ~ от тре́бований von den Forderungen Abstand nehmen 2. *sein Wort* brechen, nicht halten, zurücknehmen; ~ от обеща́ния Versprechen nicht einhalten 3. sich lossagen (von); роди́тели отступи́лись от сы́на die Eltern haben sich von ihrem Sohn losgesagt || *uv* отступа́ться, -а́юсь, -а́ешься

отступле́ние, -я *n* 1. *mil* Rückzug 2. Abweichen; Aufgabe, Verzicht; ~ от пра́вила Ausnahme von der Regel 3. Abweichung, Abschweifung; ~ от те́мы Abweichen vom Thema

отсту́пник, -а *m* Abtrünniger

отсту́пничество, -а *n* Abtrünnigkeit, Abfall

отступно́й, -а́я, -о́е 1. *alt* Abstands-, Abfindungs-; -ы́е де́ньги Abstandsgeld, Abfindung 2. -о́е, -о́го *Subst n* Abstandssumme, Abfindung

отступя́ *Adv* weiter, weiter unten; seitwärts, zurück; ~ три шага́ drei Schritt seitwärts [weiter hinten]

отсу́тствие, -я *n* 1. Abwesenheit 2. Fehlen, Mangel; ~ вку́са Mangel an Geschmack ◇ у него́ ~ вся́кого прису́тствия *scherz* er ist ganz und gar begriffsstutzig, er ist ja nicht bei Troste

отсу́тствовать, -твую, -твуешь *uv* 1. abwesend sein, fehlen 2. nicht vorhanden sein, mangeln, fehlen

отсу́тствующий, -ая, -ее 1. *Subst Pl* die Fehlenden, Abwesenden; спи́сок -их Liste der Fehlenden 2. (geistig) abwesend; ~ взгляд abwesender Blick

отсчита́ть [щи], -а́ю, -а́ешь; отсчи́танный, -ан, -а *v* abzählen, abmessen; ~ де́сять шаго́в zehn Schritte abmessen || *uv* **отсчи́тывать** [щи́], -аю, -аешь

отсыла́ть *uv zu* отосла́ть

отсы́лка, -и, *Pl G* -лок, *D* -лкам *f* 1. Absendung, Versendung 2. Verweis *im Text*

от|сы́пать* *v* 1. abschütten; ~ муки́ Mehl abschütten 2. *volksspr* spendieren, reichlich zumessen || *uv* **отсыпа́ть,** -а́ю, -а́ешь

отсыпа́ться *uv zu* отоспа́ться

отсырева́ть *uv zu* отсыре́ть

отсыре́лый, -ая, -ое feucht geworden; ~ таба́к feucht gewordener Tabak

отсыре́ть, *1. u. 2. Pers ungebr*, -е́ет *v* feucht werden; таба́к отсыре́л der Tabak ist feucht geworden || *uv* отсырева́ть, -а́ет

отсыха́ть *uv zu* отсо́хнуть

отсю́да *Adv* 1. von hier (aus); ~ до го́рода von hier bis zur Stadt 2. infolgedessen, daher; hieraus (erklärt sich)

Отта́ва, -ы *f* Ottawa

отта́ивать *uv zu* отта́ять

отта́лкивать(ся) *uv zu* оттолкну́ть(ся)

отта́лкивающий, -ая, -ее abstoßend, abscheulich, widerwärtig

отта́птывать *uv zu* оттопта́ть

оттаска́ть, -а́ю, -а́ешь; отта́сканный, -ан, -а *v* 1. *volksspr* wegschleppen, fortschleppen *unter mehrmaligem Absetzen* 2. *umg* aufhören zu schleppen 3. за *A umg* zerren, ziehen *an den Haaren, Ohren* || *uv* отта́скивать, -аю, -аешь *zu* 1

отта́скивать *uv zu* оттаска́ть *u.* оттащи́ть

отта́чивать *uv zu* отточи́ть

оттащи́ть, -ащу́, -а́щишь; -а́щенный, -а́щен, -а *v* 1. wegschleppen, fortschleppen 2. *umg* (j-n) fortzerren, wegziehen || *uv* отта́скивать, -аю, -аешь

отта́ять, -а́ю, -а́ешь *v* 1. auftauen; земля́ отта́яла die Erde taute auf 2. *übtr* umgänglich werden, auftauen 3. auftauen, zum Tauen bringen; ~ заморо́женное мя́со Gefrierfleisch auftauen 4. *übtr* milder stimmen || *uv* отта́ивать, -аю, -аешь

оттени́ть, -ню́, -ни́шь; -нённый, -нён, -нена́ *v* 1. (ab)schattieren, (ab)schatten; ~ ко́нтуры durch Schattieren die Umrisse hervorheben 2. *übtr* hervorheben, betonen, unterstreichen || *uv* оттеня́ть, -я́ю, -я́ешь

отте́нок, -нка *m* 1. Färbung, Schattierung, Nuance; жёлтый ~ gelbe Färbung 2. *G* Anflug, Andeutung; с -нком превосхо́дства mit einem Anflug von Überlegenheit

оттенять *uv zu* оттенить
оттепель, -и *f* Tauwetter
от|тереть*, ототру *v* **1.** abreiben, abwischen **2.** warm reiben **3.** *volksspr* wegdrängen, verdrängen || *uv* оттирать, -аю, -аешь
оттеснить, -ню, -нишь; -нённый, -нён, -нена *v* zurück-, weg-, verdrängen || *uv* **оттеснять**, -яю, -яешь
оттирать *uv zu* оттереть
оттиск, -а *m* **1.** Abdruck, Spur **2.** *typ* Abzug, Abdruck; корректурный ~ Korrekturabzug, Fahne **3.** *typ* Sonderdruck
оттискивать *uv zu* оттиснуть
оттиснуть, -ну, -нешь; -нутый, -нут, -а *v* **1.** *umg* zurückdrängen, verdrängen **2.** eindrücken **3.** einklemmen **4.** *typ* abdrucken, abziehen; einen Abdruck [Abzug] herstellen || *uv* оттискивать, -аю, -аешь
оттого [во] *Adv* daher, deshalb, aus diesem Grunde; ~ что weil
оттолкнуть, -ну, -нёшь *v* **1.** wegstoßen, fortstoßen; ~ ногой einen Tritt versetzen **2.** *übtr* zurückstoßen, zurückweisen **3.** abstoßen, abstoßend wirken || *uv* отталкивать, -аю, -аешь
оттолкнуться, -нусь, -нёшься *v* **1.** sich abstoßen; ~ от берега sich vom Ufer abstoßen **2.** от *G übtr* als Ausgangspunkt nehmen, ausgehen (von) || *uv* отталкиваться, -аюсь, -аешься
от|топтать* *v* **1.** *umg* kaputt treten, abtreten, darauftreten, zertreten **2.** *volksspr* sich die Füße müde [wund] laufen || *uv* оттаптывать, -аю, -аешь
оттопыривать(ся) *uv zu* оттопырить(ся)
оттопырить, -рю, -ришь; -ренный, -рен, -а *v umg* spreizen, abspreizen; vorstülpen, vorstrecken; ~ перья die Federn abspreizen, ~ губы die Lippen vorstülpen || *uv* оттопыривать, -аю, -аешь
оттопыриться, *1. u. 2. Pers ungebr*, -рится *v umg* sich spreizen, sich abspreizen, abstehen, sich vorstülpen; карманы оттопырились die Taschen standen ab || *uv* оттопыриваться, -ается
отторгать *uv zu* отторгнуть
отторгнуть, -ну, -нешь; отторг, -ла; отторгнутый, -ут, -а *u.* отторженный, -ен, -а *v buchspr* gewaltsam abtrennen, losreißen, wegnehmen || *uv* отторгать, -аю, -аешь
отточить, -очу, -очишь; -оченный, -очен, -а *v* **1.** schleifen, schärfen, spitzen; ~ саблю den Säbel schärfen; ~ карандаш den Bleistift spitzen **2.** *übtr* feilen, geschliffen machen *Ausdrucksweise* **3.** aufhören zu schleifen, schärfen, spitzen || *uv* оттачивать, -аю, -аешь *zu* 1, 2
от|трепать* *v umg* ziehen, zerren; ~ за уши an den Ohren ziehen; ~ за волосы an den Haaren ziehen
оттуда *Adv* von dort
оттузить, -ужу, -узишь *v volksspr* verprügeln
оттушевать, -шую, -шуешь; -шёванный, -шёван, -а *v* mit Tusche schattieren || *uv* **оттушёвывать**, -аю, -аешь
оттягивать *uv zu* оттянуть
оттяжка, -и, *Pl G* -жек, *D* -жкам *f umg* absichtliche Verzögerung, Verschiebung, Aufschiebung
оттянуть, -яну, -янешь; -янутый, -янут, -а *v* **1.** zurückziehen, zur Seite ziehen; ~ ветку einen Zweig zur Seite ziehen **2.** *umg* fortzerren, wegzerren **3.** auf-, hinausschieben, verzögern; ~ время отъезда den Zeitpunkt der Abreise hinausschieben || *uv* оттягивать, -аю, -аешь
отуманивать(ся) *uv zu* отуманить(ся)
отуманить, -ню, -нишь; -ненный, -нен, -а *v* **1.** mit Nebel [Rauch] überziehen, bedecken **2.** *übtr* umnebeln, umschleiern, verdunkeln, trüben || *uv* отуманивать, -аю, -аешь
отуманиться, -нюсь, -нишься *v* **1.** sich mit Nebel [Rauch] überziehen **2.** sich verschleiern *Augen* **3.** *übtr* umnebelt werden, das Urteilsvermögen einbüßen **4.** *übtr* sich verdüstern, traurig werden || *uv* отуманиваться, -аюсь, -аешься
отупелый, -ая, -ое *umg* stumpfsinnig
отупение, -я *n* Stumpfsinn, Stumpfsinnigkeit, Abgestumpftheit
отупеть, -ею, -еешь *v* stumpfsinnig, abgestumpft werden
отутюживать *uv zu* отутюжить
отутюжить, -жу, -жишь; -женный, -жен, -а *v* (sorgfältig) bügeln, plätten || *uv* отутюживать, -аю, -аешь
отучать(ся) *uv zu* отучить(ся)
отучивать(ся) *uv zu* отучить(ся)
отучить, отучу, отучишь; отученный, -ен, -а *v* abgewöhnen (кого-н. от чего-н. j-m etw.); ~ от курения das Rauchen abgewöhnen || *uv* отучать, -аю, -аешь *u.* отучивать, -аю, -аешь

отучи́ться, отучу́сь, оту́чишься *v* 1. от *G* sich abgewöhnen, verlernen; ~ от вина́ sich den Wein abgewöhnen 2. *umg* aufhören mit Lernen ‖ *uv* отуча́ться, -а́юсь, -а́ешься *zu* 1 *u.* оту́чиваться, -аюсь, -аешься *zu* 1

отфрезерова́ть, -ру́ю, -ру́ешь; -ро́ванный, -ро́ван, -а *v tech* fräsen ‖ *uv* **отфрезеро́вывать,** -аю, -аешь

отха́живать *uv zu* ²отходи́ть

отха́ркать, -аю, -аешь, -анный, -ан, -а *v* heraushusten, ausspeien ‖ *uv* отха́ркивать, -аю, -аешь

отха́ркивание, -я *n* Heraushusten, Ausspeien

¹**отха́ркивать** *uv zu* отха́ркать

²**отха́ркивать** *uv zu* отха́ркнуть

отха́ркнуть, -ну, -нешь; -нутый, -нут, -а *v* aushusten ‖ *uv* отха́ркивать, -аю, -аешь

отхвати́ть, -ачу́, -а́тишь; -а́ченный, -а́чен, -а *v* 1. *umg* abhauen, abschneiden, abtrennen, absäbeln 2. *volksspr* an sich bringen, ergattern 3. *volksspr* flink, geschickt ausführen, hinlegen; ~ трепака́ den Trepak gewandt tanzen ‖ *uv* **отхва́тывать,** -аю, -аешь

отхлебну́ть, -ну́, -нёшь *uv umg* (schlürfend) abtrinken; ~ глото́к ча́ю einen Schluck Tee abtrinken ‖ *uv* **отхлёбывать,** -аю, -аешь

от|хлеста́ть* *v umg* 1. aus-, durchpeitschen 2. *übtr* geißeln, scharf kritisieren ‖ *uv* **отхлёстывать,** -аю, -аешь

отхлы́нуть, -ну, -нешь *v* 1. zurückfluten, zurückwogen; во́лны отхлы́нули die Wogen fluteten zurück 2. *übtr* zurückfluten, zurückweichen; толпа́ отхлы́нула die Menge wogte zurück

отхо́д, -а *m* 1. Weggang 2. Abgang *laut Fahrplan* 3. Zurückweichen, Rückzug, Abzug 4. Übergang *z. B. von Besitz* 5. Verzicht, Abkehr 6. *hist*: быть в -е zur Saisonarbeit auswärts sein *von Bauern*

¹**отходи́ть** *uv zu* отойти́

²**отходи́ть,** -ожу́, -о́дишь; -о́женный, -о́жен, -а *v umg* gesundpflegen ‖ *uv* отха́живать, -аю, -аешь

отхо́дчивый, -ая, -ое; *Kzf* -ив, -а nicht nachtragend, leicht versöhnlich; sich schnell beruhigend *nach Zornausbruch*

отхо́ды, -ов *Pl noch verwendbare* Produktionsabfälle, Abfallstoffe

отхо́жий, -ая, -ее: ~ про́мысел *hist* auswärtige Saisonarbeit *von Bauern*; -ее ме́сто *volksspr* Abtritt, Latrine

от|цвести́* *v* 1. verblühen; ро́зы отцвели́ die Rosen sind verblüht 2. *umg, alt* matt werden, die Farbe verlieren; отцве́тшая фотогра́фия verblichene Photographie ‖ *uv* **отцвета́ть,** -а́ю, -а́ешь

отцеди́ть, -ежу́, -е́дишь; -е́женный, -е́жен, -а *v* abzapfen, abziehen, abseihen; ~ из бо́чки буты́лку вина́ eine Flasche Wein abzapfen ‖ *uv* **отце́живать,** -аю, -аешь

отцепи́ть, -еплю́, -е́пишь; -е́пленный, -е́плен, -а *v* 1. loshaken, losketten, abhängen 2. *umg* entfernen *was sich festgehakt hat*; ~ репе́йник eine Klette entfernen ‖ *uv* **отцепля́ть,** -я́ю, -я́ешь

отцепи́ться, -еплю́сь, -е́пишься *v* 1. sich loshaken, sich lösen; ваго́н отцепи́лся от парово́за der Waggon hat sich von der Lokomotive gelöst 2. *übtr, volksspr* in Ruhe lassen; отцепи́тесь от меня́! lassen Sie mich in Ruhe! ‖ *uv* **отцепля́ться,** -я́юсь, -я́ешься

отцеуби́йство, -а *n* Vatermord

отцеуби́йца, -ы, *I* -ей *m, f* Vatermörder(in)

отцо́в, -а, -о *umg alt* dem Vater gehörend

отцо́вский, -ая, -ое väterlich, Vater-; ~ дом Vaterhaus

отцо́вство, -а *n* Vaterschaft

отча́иваться *uv zu* отча́яться

отча́ливать *uv zu* отча́лить

отча́лить, -лю, -лишь; -ленный, -лен, -а *v* 1. *naut* losmachen, losbinden 2. vom Ufer abfahren, abstoßen, ablegen; ло́дка отча́лила das Boot stieß ab ‖ *uv* отча́ливать, -аю, -аешь

отча́сти *Adv* teilweise, zum Teil

отча́яние, -я *n* Verzweiflung

отча́янный, -ая, -ое 1. *alt* verzweifelt; -ая мать verzweifelte Mutter 2. *umg* ausweglos, verzweifelt; -ое положе́ние verzweifelte Lage 3. *umg* tollkühn, von verzweifelter Verwegenheit 4. *volksspr* unverbesserlich, hoffnungslos; ~ пья́ница hoffnungsloser Trunkenbold 5. *übtr* übermäßig, sehr heftig, fürchterlich; -ая боль fürchterlicher Schmerz

отча́яться, -а́юсь, -а́ешься *v* 1. verzweifeln, jede Hoffnung fahren lassen (в *P* auf) 2. *umg* die Tollkühnheit haben (на *A* zu) ‖ *uv* отча́иваться, -аюсь, -аешься

отчего́ [во́] *Adv, Konj* weswegen, weshalb, warum

отчего́-либо [во́], **отчего́-нибудь** [во́] *Adv* aus irgendeinem Grunde

отчего́-то [во́] *Adv* aus irgendeinem *nicht genau bekannten* Grunde

отчека́нивать *uv zu* отчека́нить

отчека́нить, -ню, -нишь; -ненный, -нен, -а *v* **1.** prägen *Münzen u. ä.* **2.** *übtr* deutlich, Silbe für Silbe betonend, sprechen || *uv* отчека́нивать, -аю, -аешь

отчеренкова́ть, -ку́ю, -ку́ешь; -ко́ванный, -ко́ван, -а *v* aufpfropfen

отчёркивать *uv zu* отчеркну́ть

отчеркну́ть, -ну́, -нёшь; отчёркнутый, -ут, -а *v* anstreichen, *mit Strich* anmerken || *uv* отчёркивать, -аю, -аешь

отче́рпнуть, -ну, -нёшь; отче́рпнутый, -ут, -а *v umg* abschöpfen || *uv* **отче́рпывать,** -аю, -аешь

о́тчество, -а *n* Vatersname

отчёт, -а *m* **1.** Bericht, Rechenschaftsbericht **2.** Rechenschaft; потре́бовать ~ Rechenschaft fordern ◇ дать [отда́ть] себе́ ~ в чём-н. sich im klaren sein über etw.; получи́ть под ~ einen Betrag zur Verrechnung erhalten

отчётливый, -ая, -ое; *Kzf* -ив, -а **1.** deutlich, klar wahrnehmbar **2.** deutlich, klar formuliert, klar ausgeprägt; -ое представле́ние klare Vorstellung

отчётно-вы́борный, -ая, -ое: -ое со́брание Wahlversammlung mit Rechenschaftslegung

отчётность, -и *f* **1.** Rechenschaftslegung **2.** Rechnungslegung; Berichtswesen

отчётный, -ая, -ое Berichts-, Rechenschafts-; ~ пери́од Berichtszeitraum; ~ докла́д Rechenschaftsbericht ◇ -ая калькуля́ция Nachkalkulation

отчи́зна, -ы *f alt u. buchspr* Vaterland, Heimat

о́тчий, -ая, -ее *alt u. buchspr* väterlich, Vater-, Heimat-; ~ дом Vaterhaus

о́тчим, -а *m* Stiefvater

отчисле́ние, -я *n* **1.** Abzug; нало́говое ~ Steuerabzug **2.** Entlassung, Streichung, Ausschluß **3.** *meist Pl* abzuführende Beträge

отчи́слить, -лю, -лишь; -ленный, -лен, -а *v* **1.** abziehen, einbehalten; abführen; ~ два рубля́ из за́работной пла́ты zwei Rubel vom Arbeitslohn einbehalten **2.** streichen, ausschließen, entlassen || *uv* **отчисля́ть,** -я́ю, -я́ешь

отчи́слиться, -люсь, -лишься *v* ausscheiden, sich streichen lassen, abgehen || *uv* **отчисля́ться,** -я́юсь, -я́ешься

отчи́стить, -и́щу, -и́стишь; -и́щенный, -и́щен, -а *v* **1.** den Schmutz entfernen; ~ пятно́ einen Fleck entfernen **2.** säubern, reinigen; ~ сапоги́ Stiefel putzen || *uv* отчища́ть, -а́ю, -а́ешь

отчи́ститься, -и́щусь, -и́стишься *v umg* **1.** sich entfernen lassen, abgehen, herausgehen *Schmutz*; пятно́ отчи́стилось der Fleck ist herausgegangen **2.** sauber werden; кастрю́ля тепе́рь отчи́стилась der Topf ist jetzt sauber || *uv* отчища́ться, -а́юсь, -а́ешься

отчита́ть, -а́ю, -а́ешь; отчи́танный, -ан, -а *v umg* **1.** eine Strafpredigt halten, abkanzeln **2.** durchlesen || *uv* **отчи́тывать,** -аю, -аешь *zu* 1

отчита́ться, -а́юсь, -а́ешься *v* Rechenschaft ablegen || *uv* **отчи́тываться,** -аюсь, -аешься

отчища́ть(ся) *uv zu* отчи́стить(ся)

отчужда́ть, -а́ю, -а́ешь *uv innerlich* entfremden, entfernen, Kontakt lockern **2.** *jur* enteignen **3.** *theat* verfremden

отчужде́ние, -я *n* **1.** innere Entfremdung, Entfernung, Isolierung, Zurückgezogenheit **2.** *jur* Enteignung **3.** *theat* Verfremdung

отчуждённость, -и *f* innere Entfremdung, Fremdsein, Kälte, Zurückgezogenheit

отчуждённый, -ая, -ое **1.** entfremdet, fremd **2.** enteignet **3.** -о *Adv*: жить -о zurückgezogen leben

отшатну́ться, -ну́сь, -нёшься *v* **1.** jäh zurückweichen, zurückfahren; она́ вскри́кнула и отшатну́лась sie schrie auf und fuhr zurück **2.** *übtr, umg* den Verkehr [die Beziehungen] abbrechen, sich jäh abwenden

отшвы́ривать *uv zu* отшвырну́ть

отшвырну́ть, -ну́, -нёшь; отшвы́рнутый, -ут, -а *v umg* wegschleudern, wegwerfen || *uv* отшвы́ривать, -аю, -аешь

отше́льник, -а *m* **1.** *alt* Eremit, frommer Einsiedler **2.** Einsiedler

отше́льнический, -ая, -ое Einsiedler-, einsiedlerisch; -ая жизнь Einsiedlerleben

отши́б, -а *m*: жить на -е abseits wohnen

отшибать *uv zu* отшибить
от|шибить* *v* 1. *volksspr* herunterschlagen, abhauen 2. *umg* kaputtschlagen 3. *meist unpers, umg* vertreiben, verschwinden machen *Neigung, Fähigkeit*; ему́ отшибло аппетит es verschlug ihm den Appetit ‖ *uv* отшибать, -áю, -áешь
отшивать *uv zu* отшить
от|шить*; отошью́ *v* 1. *tech* ablösen, trennen *angenagelte Bretter* 2. *derb volksspr* abwimmeln, sich vom Halse schaffen ‖ *uv* отшивать, -áю, -áешь
отшлифовать, -фу́ю, -фу́ешь; -фо́ванный, -фо́ван, -а *v* abschleifen *a. übtr* ‖ *uv* **отшлифо́вывать,** -аю, -аешь
отшпиливать(ся) *uv zu* отшпилить(ся)
отшпилить, -лю, -лишь; -ленный, -лен, -а *v umg* abnehmen, abstecken *Angestecktes* ‖ *uv* отшпи́ливать, -аю, -аешь
отшпилиться, *1. u. 2. Pers ungebr*, -лится *v umg* abgehen, sich lösen *von Angestecktem* ‖ *uv* отшпи́ливаться, -ается
отштукату́ривать *uv zu* отштукату́рить
отштукату́рить, -рю, -ришь; -ренный, -рен, -а *v umg arch* verputzen, abputzen ‖ *uv* отштукату́ривать, -аю, -аешь
отшутиться, -учу́сь, -у́тишься *v umg* mit einem Scherz abtun ‖ *uv* **отшу́чиваться,** -аюсь, -аешься
отщепенец, -нца, *I* -нцем, *G Pl* -нцев *m* 1. Abtrünniger 2. Verfemter
отщепить, -плю́, -пи́шь; -плённый, -плён, -плена́ *v* abspalten, abtrennen; ~ лучи́ну einen Span abtrennen ‖ *uv* **отщепля́ть, -я́ю,** -я́ешь
отщипну́ть, -ну́, -нёшь; отщи́пнутый, -ут, -а *v* abrupfen, abbrechen, abbröckeln; ~ кусо́чек хлеба ein Stück Brot abbrechen ‖ *uv* **отщи́пывать,** -аю, -аешь
отъедать(ся) *uv zu* отъе́сть(ся)
отъезд, -а *m* Abfahrt, Abreise ◇ быть в -е verreist sein
отъезжать *uv zu* отъе́хать
отъезжа́ющий, -его *Subst m* Abreisender
отъёмный, -ая, -ое abnehmbar
отъ|е́сть* *v* 1. abbeißen, abknabbern, abfressen 2. *umg* aufhören zu essen ‖ *uv* отъедать, -áю, -áешь
отъ|е́сться* *v* sich herausfuttern ‖ *uv* отъеда́ться, -áюсь, -áешься
отъ|е́хать* *v* 1. wegfahren, fortfahren 2. *fahrend* zurücklegen, hinter sich bringen 3. *volksspr* Ruhe geben, es gut sein lassen, es (dabei) bewenden lassen ‖ *uv* отъезжать, -áю,-áешь
отъя́вленный, -ая, -ое ausgesprochen, Erz-, berüchtigt; ~ моше́нник Erzgauner
отыграть, -áю, -áешь; оты́гранный, -ан, -а *v* 1. *Verspieltes* zurückgewinnen, wiedergewinnen; ~ весь про́игрыш den ganzen Spielverlust zurückgewinnen 2. у *G Sport* (wieder) abnehmen 3. *umg* aufhören zu spielen ‖ *uv* **оты́грывать,** -аю, -аешь *zu* 1, 2
отыгра́ться, -áюсь, -áешься *v* 1. *Verspieltes* zurückgewinnen, wiedergewinnen 2. *übtr, umg* sich geschickt herauswinden ‖ *uv* **оты́грываться,** -аюсь, -аешься
отымать(ся) *uv zu* отня́ть(ся)
от|ыскать* *v* ausfindig machen ‖ *uv* **оты́скивать,** -аю, -аешь
от|ыска́ться* *v* sich (wieder)finden ‖ *uv* **оты́скиваться,** -аюсь, -аешься
отыщу́ ↑ отыскать
отэкзаменова́ть, -ну́ю, -ну́ешь; -но́ванный, -но́ван, -а *v umg* die Prüfung beenden
отяготи́ть, -ощу́, -оти́шь; -ощённый, -ощён, -ощена́ *v meist Ptz Prät Pass buchspr* 1. beschweren, belasten, beladen; отягощённые сне́гом ве́тви mit Schnee beladene Zweige 2. *übtr* bedrücken, beschweren ‖ *uv* **отягоща́ть,** -áю, -áешь
отягчать *uv zu* отягчи́ть
отягчи́ть, -чу́, -чи́шь; -чённый, -чён, -чена́ *v meist Ptz Prät Pass buchspr* 1. belasten, beladen 2. *übtr* bedrücken 3. *übtr* erschweren, verschlimmern; ~ вину́ die Schuld erschweren ‖ *uv* отягча́ть, -áю- -áешь
отяжеле́ть, -е́ю, -е́ешь *v* 1. schwer(er) werden 2. schwerfällig werden *in seinen Bewegungen*
офе́ня, -и *m alt* Hausierer
офице́р, -а *m* Offizier
офице́рский, -ая, -ое Offiziers-; -ое зва́ние Offiziersrang
офице́рство, -а *n* 1. *Koll* Offiziere, Offizierskorps 2. Offiziersrang
официа́льный, -ая, -ое 1. offiziell, amtlich, Amts-; -ое сообще́ние offizielle Mitteilung; ~ язы́к Amtssprache 2. *Kzf* -лен, -льна offiziell, förmlich; ~ тон förmlicher Ton
официа́нт, -а *m* Kellner, Ober
официо́з, -а *m* offiziöses Presseorgan

официозный, -ая, -ое; *Kzf* -зен, -зна offiziös, halbamtlich

оформить, -млю, -мишь; -мленный, -млен, -а *v* **1.** ausstatten; художественно ~ книгу ein Buch künstlerisch ausstatten **2.** in rechtskräftige Form bringen, ausfertigen; ~ договор einen Vertrag ausfertigen **3.**: ~ на работу die Einstellungsformalitäten vollziehen (für), einstellen || *uv* оформлять, -яю, -яешь

оформиться, -млюсь, -мишься *v* **1.** die endgültige Form annehmen; идея ещё не оформилась der Gedanke hat noch nicht seine endgültige Form angenommen **2.** die Formalitäten für seine Einstellung erledigen, eingestellt werden || *uv* оформляться, -яюсь, -яешься

оформление, -я *n* **1.** Ausstattung; художественное ~ книги künstlerische Ausstattung eines Buches; внешнее ~ äußere Gestaltung, Aufmachung **2.** rechtskräftige Ausfertigung; ~ документа Ausfertigung eines Dokuments **3.** formelle Einstellung; ~ нового сотрудника Einstellung eines neuen Mitarbeiters

оформлять(ся) *uv zu* оформить(ся)

офорт, -а *m* Radierung

ох! *Interj* ach!

охабень, -бня *m alt* Kaftan mit Umlegekragen und langen Ärmeln

охаивать *uv zu* охаять

охальный, -ая, -ое *volksspr* unverschämt, frech, schamlos

оханье, -ья *n* Ächzen, Seufzen, Stöhnen

охапка, -и, *Pl G* -пок, *D* -пкам *f* Armvoll; ~ дров ein Armvoll Brennholz

охарактеризовать, -зую, -зуешь *v* charakterisieren, kennzeichnen

охать *uv zu* охнуть

охаять, охаю, охаешь; охаянный, -ян, -а *v volksspr* schmähen, heruntermachen || *uv* охаивать, -аю, -аешь

охват, -а *m* **1.** *mil* Umgehung, Einkreisung, Einschließung; ~ противника Einkreisung des Gegners **2.** Erfassung, Einbeziehung; ~ рабочих соревнованием Erfassung der Arbeiter im Wettbewerb **3.** Umfang, Stärke *wieviel ein Mann mit den Armen umfassen kann*; дуб в два -а eine Eiche, die zwei Mann umfassen können

охватить, -ачу, -атишь; -аченный, -ачен, -а *v* **1.** umfangen, umarmen **2.** umgeben, umschließen, einschließen **3.** erfassen, ergreifen, Besitz ergreifen, befallen; пожаром было охвачено десять домов vom Feuer wurden zehn Häuser erfaßt; ужас охватил его Entsetzen ergriff ihn || *uv* **охватывать,** -аю, -аешь

охладевать *uv zu* охладеть

охладеть, -ею, -еешь *v* к *D* gleichgültig werden (gegen), erkalten, Interesse verlieren (für) || *uv* охладевать, -аю, -аешь

охладить, -ажу, -адишь; -аждённый, -аждён, -аждена *v* **1.** kühlen, kühl werden lassen; ветер охладил пылающие лица der Wind kühlte die erhitzten Gesichter **2.** *übtr* abkühlen, dämpfen, mäßigen; ~ восторг die Begeisterung dämpfen || *uv* **охлаждать,** -аю, -аешь

охладиться, *1. u. 2. Pers ungebr*, -дится *v* kalt [kälter] werden; печь охладилась der Ofen ist kalt geworden || *uv* **охлаждаться,** -ается

охлаждение, -я *n* **1.** Abkühlung; ~ двигателя die Abkühlung des Motors **2.** *übtr* Entfremdung, Abkühlung, Erkalten; в их отношениях наступило ~ ihre Beziehungen erfuhren eine Abkühlung

охмелеть, -ею, -еешь *v umg* **1.** betrunken werden, einen Rausch bekommen **2.** *übtr* berauscht, begeistert werden

охнуть, -ну, -нешь *v mom umg* Ach! ausrufen || *uv* охать, -аю, -аешь

охорашиваться, -аюсь, -аешься *uv umg* sich schön machen

¹охота, -ы *f* **1.** Jagd **2.** zur Jagd abgerichtete Tiere *Hunde, Vögel*

²охота, -ы *f* Lust, Verlangen, Neigung; ~ к ремеслу Lust zum Handwerk; мне почитать ~ ich habe Lust zum Lesen ◇ ~ тебе *oder* что за ~ was hast du [hat man] davon

¹охотиться, охочусь, охотишься *uv* **1.** jagen, auf Jagd gehen; ~ на медведя auf Bärenjagd gehen **2.** за *I übtr, umg* hinterher sein, jagen; ~ за приданым hinter der Mitgift her sein

²охотиться, охочусь, охотишься *uv meist mit Inf volksspr* wollen, trachten

охотка, -и *f*: в -у *volksspr* mit Vergnügen, sehr gern

¹охотник, -а *m* Jäger ◇ ~ за подводными лодками U-Boot-Jäger

²охотник, -а *m* **1.** Freiwilliger, Interessent; -ов на э́ту до́лжность бы́ло ма́ло es gab wenig Interessenten für diesen Posten 2. *alt, mil* Freiwilliger 3. до *G* Liebhaber; ~ до лошаде́й Pferdeliebhaber; он ~ посмея́ться er lacht gern

охо́тничий, -ья, -ье Jagd-, Jäger-, Weidmanns-

охо́тно *Adv* (sehr) gern

охо́чий, -ая, -ее; *Kzf* охо́ч, -а, -е *volksspr* willig, gern

о́хра, -ы *f* Ocker

охра́на, -ы *f* 1. Bewachen, Schützen, Schutz; ~ труда́ Arbeitsschutz 2. Wache, Schutz; пограни́чная ~ Grenzschutz

охране́ние, -я *n* 1. Bewachung, Wahrung, Schutz 2. *mil* Sicherungsposten; сторожево́е ~ Vorposten

охрани́ть *v zu* охраня́ть

охра́нка, -и *f* zaristische Geheimpolizei

охра́нный, -ая, -ое Schutz-, Wach-; -ая ро́та Wachkompanie ◇ -ая гра́мота *oder* ~ лист Schutzbrief

охраня́ть, -я́ю, -я́ешь *uv* beschützen, bewachen, verteidigen; ~ зда́ние ein Gebäude bewachen ‖ *v* охрани́ть, -ню́, -ни́шь; -нённый, -нён, -нена́

охри́плый, -ая, -ое *umg* heiser

охри́пнуть, -ну, -нешь; охри́п, -ла *v* heiser werden

охроме́ть, -е́ю, -е́ешь *v umg* anfangen zu lahmen, lahm zu gehen

оху́лка, -и *f*: -и на́ руку не класть *volksspr* seinen Vorteil nicht aus dem Auge lassen

оцара́пать, -аю, -аешь; -анный, -ан, -а *v* Schrammen [Kratzer] zufügen, die Haut abschürfen, zerkratzen; ~ себе́ ру́ки sich die Hände aufschürfen ‖ *uv* **оцара́пывать,** -аю, -аешь

оце́нивать *uv zu* оцени́ть

оцени́ть, оценю́, оце́нишь; оценённый, -ён, -ена́ *v* 1. в, на *A* bewerten, veranschlagen, schätzen, taxieren 2. *übtr* beurteilen, bewerten, einschätzen 3. schätzen, würdigen, anerkennen ‖ *uv* оце́нивать, -аю, -аешь

оце́нка, -и, *Pl G* -нок, *D* -нкам *f* 1. Bewertung, Veranschlagung, Taxierung; ~ това́ров Bewertung der Waren 2. *übtr* Beurteilung, Bewertung, Einschätzung; дать положи́тельную -у eine positive Einschätzung geben 3. Zensur, Bewertungsnote

оце́ночный, -ая, -ое Taxierungs-, Tax-; -ая сто́имость Taxwert

оце́нщик, -а *m* Taxator

оцепене́лый, -ая, -ое erstarrt, starr *vor Erregung*

оцепене́ние, -я *n* Erstarrung *infolge starker Erregung*

оцепене́ть, -е́ю, -е́ешь *v* starr werden, erstarren *vor Erregung*

оцепи́ть, оцеплю́, оце́пишь; оце́пленный, -ен, -а *v* umzingeln ‖ *uv* **оцепля́ть,** -я́ю, -я́ешь

оцинкова́ть, -ку́ю, -ку́ешь; -ко́ванный, -ко́ван, -а *v* verzinken ‖ *uv* **оцинко́вывать,** -аю, -аешь

оча́г, -а́ *m* 1. Herd; в -е́ гори́т ого́нь im Herd brennt Feuer 2. *übtr* Herd, Heimstätte; дома́шний ~ heimischer Herd 3. *übtr* Herd, Pflanzstätte, Zentrum; ~ культу́ры Pflanzstätte der Kultur; ~ войны́ Kriegsherd

очарова́ние, -я *n* Zauber, Scharm

очарова́тельный, -ая, -ое; *Kzf* -лен, -льна reizend, bezaubernd

очарова́ть, -ру́ю, -ру́ешь; очаро́ванный, -ан, -а *v* 1. *alt* verzaubern, behexen 2. *übtr* bezaubern, fesseln ‖ *uv* **очаро́вывать,** -аю, -аешь

очеви́дец, -дца, *I* -дцем, *G Pl* -дцев *m* Augenzeuge

очеви́дный, -ая, -ое; *Kzf* -ден, -дна 1. offensichtlich, auf der Hand liegend, augenfällig, unverkennbar 2. unbestritten; ~ факт offensichtliche Tatsache; -ая и́стина unbestrittene Wahrheit

очелове́чение, -я *n buchspr* Menschwerdung

очелове́чивать *uv zu* очелове́чить

очелове́чить, -чу, -чишь; -ченный, -чен, -а *v buchspr* vermenschlichen ‖ *uv* очелове́чивать, -аю, -аешь

о́чень *Adv* sehr

очерви́веть, *1. u. 2. Pers ungebr*, -еет *v* wurmstichig werden

очередно́й, -а́я, -о́е 1. folgend, nächstfolgend; aktuell, dringend 2. ordentlich, turnusmäßig; ~ съезд па́ртии ordentlicher Parteitag; ~ о́тпуск Tarifurlaub, Jahresurlaub 3. von Zeit zu Zeit vorkommend; ~ сканда́л einer der üblichen Skandale

очерёдность, -и *f* Reihenfolge, Aufeinanderfolge

о́чередь, -и *f* 1. Reihenfolge, Reihe; вне -и außer der Reihe 2. Reihe, Schlange wartender Menschen; стоя́ть в -и anstehen, Schlange stehen; быть на -и an der Reihe sein ◇

моя́ ~ ich bin an der Reihe; по -и a) nacheinander, der Reihe nach; b) abwechselnd; в пе́рвую ~ in erster Linie; я, в свою ~ ich meinerseits
о́черк, -а *m* 1. *alt* Umriß, Konturen 2. Grundriß, Abriß, Skizze, kurze Darstellung 3. Essay; *Pl* Studien; -и по исто́рии дре́внего ми́ра Studien zur Geschichte der alten Welt
очерки́ст, -а *m* Essayist
очерни́ть, -ню́, -ни́шь; -нённый, -нён, -нена́ *v* anschwärzen, verleumden ‖ *uv* **очерня́ть,** -я́ю, -я́ешь
очерстве́лый, -ая, -ое verhärtet [hart, unempfindlich] geworden
очерстве́ть, -е́ю, -е́ешь *v* hart [unempfindlich] werden, verhärten, herzlos werden
очерта́ние, -я *n* Umriß, Konturen
очерти́ть, очерчу́, оче́ртишь; оче́рченный, -ен, -а *v* 1. umreißen, mit einer Linie umziehen 2. *übtr* beschreiben, umreißen, schildern ◇ очертя́ го́лову Hals über Kopf, ohne Überlegung ‖ *uv* **оче́рчивать,** -аю, -аешь
очёчник [шн], -а *m umg* Brillenfutteral
очини́ть, очиню́, очи́нишь; очи́ненный, -ен, -а *v* spitzen; ~ каранда́ш Bleistift spitzen ‖ *uv* **очиня́ть,** -я́ю, -я́ешь
очисти́тельный, -ая, -ое Reinigungs-
очи́стить, очи́щу, очи́стишь; очи́щенный, -ен, -а *v* 1. reinigen, säubern 2. von Beimischungen befreien, reinigen, raffinieren; ~ нефть Erdöl raffinieren 3. schälen, schuppen, Schale [Schuppen] entfernen; ~ карто́фель Kartoffeln schälen 4. freimachen, räumen; ausräumen; ~ кварти́ру die Wohnung räumen; ~ ко́мнату das Zimmer ausräumen 5. *volksspr* ausplündern, ausräumen; во́ры очи́стили по́греб Diebe haben den Keller ausgeräumt ‖ *uv* очища́ть, -а́ю, -а́ешь
очи́ститься, очи́щусь, очи́стишься *v* 1. sich reinigen, gereinigt [frei von Beimischungen] werden; нефть очи́стилась das Erdöl ist von Beimischungen gereinigt worden 2.: во́здух очи́стился die Luft hat sich gereinigt 3. sich befreien; река́ очи́стилась ото льда der Fluß ist vom Eis befreit ‖ *uv* очища́ться, -а́юсь, -а́ешься
очи́стка, -и *f* 1. Reinigung, Säuberung, Raffination 2. Schälen, Schuppen *von Fischen* 3. Räumung, Leerung ◇ для -и со́вести um sich später keine Vorwürfe machen zu müssen
очи́стки, -ов *Pl* Reinigungsabfälle, Schälabfälle
очища́ть(ся) *uv zu* очи́стить(ся)
очки́, -о́в *Pl* Brille
очко́, -а́, *G Pl* -о́в *n* 1. Auge, Punkt *bei Spielkarten, Würfeln* 2. *Sport* Punkt; коли́чество -о́в Punktzahl 3. Loch, kleine Öffnung; ~ у́лья Flugloch im Bienenstock
очковтира́тельство, -а *n umg* Schönfärberei
очко́вый, -ая, -ое 1. Punkt-; -ая систе́ма Punktsystem 2. Brillen-; -ая змея́ Brillenschlange
очну́ться, -ну́сь, -нёшься *v* 1. aufwachen, erwachen, munter werden 2. die Besinnung wieder erlangen, (wieder) zu sich kommen
о́чный, -ая, -ое: -ая ста́вка Konfrontierung, Gegenüberstellung; -ое обуче́ние Direktstudium
очуме́лый, -ая, -ое *volksspr* kopflos, von Sinnen, besessen
очуме́ть, -е́ю, -е́ешь *v volksspr* den Kopf [den Verstand] verlieren, von Sinnen sein
очути́ться, *1. Pers ungebr*, очу́тишься *v* (plötzlich) geraten, sich (plötzlich) befinden, sehen; ~ в тру́дном положе́нии sich plötzlich in einer schwierigen Lage sehen
очу́хаться, -аюсь, -аешься *v volksspr* wieder zur Besinnung kommen, Besinnung wiedererlangen, zu sich kommen
ошалева́ть *uv zu* ошале́ть
ошале́ть, -е́ю, -е́ешь *v volksspr* von Sinnen kommen, den Verstand verlieren, närrisch werden ‖ *uv* ошалева́ть, -а́ю, -а́ешь
ошара́шивать *uv zu* ошара́шить
ошара́шить, -шу, -шишь; -шенный, -шен, -а *v volksspr* 1. derb zuschlagen, einen heftigen Schlag versetzen 2. verblüffen, aus der Fassung bringen ‖ *uv* ошара́шивать, -аю, -аешь
ошеек, ошейка *m* Kamm *Fleisch*
оше́йник, -а *m* Halsband; соба́чий ~ Hundehalsband
ошеломи́ть, -млю́, -ми́шь; -млённый, -млён, -млена́ *v* erschüttern, in äußerstes Erstaunen [in größte Verwirrung] versetzen, betäuben ‖ *uv* **ошеломля́ть,** -я́ю, -я́ешь
ошеломля́ющий, -ая, -ее erschütternd, niederschmetternd

ошельмовáть, -мýю, -мýешь; -мóванный, -мóван, -а *v umg* entehren, bloßstellen
ошибáться *uv zu* ошибиться
о|шибиться* *v* sich irren, sich täuschen || *uv* ошибáться, -áюсь, -áешься
ошибка, -и, *Pl G* -бок, *D* -бкам *f* Fehler, Irrtum ◇ по -е aus Versehen
ошибочный, -ая, -ое; *Kzf* -чен, -чна fehlerhaft, irrtümlich, irrig, falsch
ошикать, -аю, -аешь; -анный, -ан, -а *v umg* auszischen
ошпáривать(ся) *uv zu* ошпáрить(ся)
ошпáрить, -рю, -ришь; -ренный, -рен, -а *v umg* brühen, mit kochendem Wasser überschütten; verbrühen || *uv* ошпáривать, -аю, -аешь
ошпáриться, -рюсь, -ришься *v umg* sich verbrühen || *uv* ошпáриваться, -аюсь, -аешься
оштрафовáть, -фýю, -фýешь; -фóванный, -фóван, -а *v* mit Geldstrafe belegen; ~ на рубль mit einer Geldstrafe von einem Rubel belegen
оштукатýривать *uv zu* оштукатýрить
оштукатýрить, -рю, -ришь; -ренный, -рен, -а *v* verputzen; ~ стéны die Wände verputzen || *uv* оштукатýривать, -аю, -аешь
ощениться, *1. u. 2. Pers ungebr*, -нится *v* Junge werfen *von Hunden, Wölfen, Füchsen*
ощетиниваться *uv zu* ощетиниться
ощетиниться, -нюсь, -нишься *v* **1.** das Fell, die Haare sträuben **2.** *übtr* sich sträuben **3.**: ~ на когó-н. *übtr, volksspr* auf j-n wütend sein || *uv* ощетиниваться, -аюсь, -аешься
о|щипáть* *v* **1.** abrupfen, auszupfen **2.** rupfen || *uv* **ощипывать,** -аю, -аешь
ощýпать, -аю, -аешь; -анный, -ан, -а *v* befühlen, betasten || *uv* **ощýпывать,** -аю, -аешь
óщупь, -и *f*: на ~ durch Befühlen, beim Befühlen; матéрия мягкá на ~ der Stoff fühlt sich weich an
óщупью *Adv* **1.** tastend, durch Tasten; ~ найти дорóгу den Weg durch Tasten finden **2.** *übtr* aufs Geratewohl, blindlings
ощутимый, -ая, -ое; *Kzf* -им, -а **1.** wahrnehmbar, spürbar; empfindlich **2.** *übtr* spürbar, merklich
ощутительный, -ая, -ое; *Kzf* -лен, -льна **1.** wahrnehmbar, spürbar, fühlbar; empfindlich; ~ хóлод empfindliche Kälte **2.** *übtr* spürbar, fühlbar, merklich; -ые результáты spürbare Ergebnisse
ощутить, ощущý, ощутишь; ощущённый, -ён, -енá *v* empfinden, wahrnehmen, fühlen || *uv* **ощущáть,** -áю, -áешь
ощущáться, *1. u. 2. Pers ungebr*, -áется *uv* sich bemerkbar machen, zu fühlen sein; ощущáлся недостáток ein Mangel machte sich bemerkbar
ощущéние, -я *n* Empfindung, Wahrnehmung
оягниться, *1. u. 2. Pers ungebr*, -нится *v* lammen

П

па *n idkl* Pas, Tanzschritt
пáва, -ы *f* Pfauhenne
Пáвел, -вла *m* Paul
павиáн, -а *m* Pavian
павильóн, -а *m* **1.** Pavillon; выставочный ~ Ausstellungshalle **2.** Filmatelier
павильóнный, -ая, -ое: -ые съёмки Atelier-, Innenaufnahmen
павлин, -а *m* Pfau
павлиний, -ья, -ье Pfauen-; ~ глаз Pfauenauge *Schmetterling* ◇ ворóна в -ьих пéрьях jemand, der sich mit fremden Federn schmückt
Павлýша, -и, *I* -ей *m Dem zu* Пáвел
Павлýшка, -и *m Dem zu* Пáвел
пáводковый, -ая, -ое: -ая водá Hochwasser, Flutwasser
пáводок, -дка *m* Hochwasser
пáвший, -его *Subst m hoher Stil* Gefallener, Toter
пáгода, -ы *f* Pagode
пáголенки *Pl* -ов, *Sg* пáголенок, -нка *m gbt* **1.** Strumpf ohne Fuß, Wadenstrumpf **2.** Schaft ohne Fußteil *Stiefel*
пáгубный, -ая, -ое; *Kzf* -бен, -бна unheilvoll, verderblich
пáдаль, -и *f* Aas, Kadaver
пáдать, -аю, -аешь *uv* **1.** (hin)fallen,

stürzen; ~ в о́бморок in Ohnmacht fallen 2. fallen *Licht, Schatten*; тень па́дает на доро́гу der Schatten fällt auf den Weg 3. fallen, sinken, sich verringern; баро́метр па́дает das Barometer fällt 4. *übtr* на *A* fallen, lasten (auf); подозре́ние па́дает на него́ der Verdacht fällt auf ihn 5. *übtr* verfallen, im Niedergang sein 6. verenden, krepieren *Tier* 7. fallen *Schnee, Regen* 8. *umg* ausfallen *Haare, Zähne* 9. *uv zu* пасть 3 ◇ ~ ду́хом den Mut sinken lassen; се́рдце па́дает у него́ ihn verläßt der Mut, er bekommt Angst; ~ от уста́лости vor Müdigkeit fast umfallen, sich kaum auf den Beinen halten können ‖ *v* у|па́сть* *zu* 1–5 *u.* [1]па́сть* *zu* 2, 3, 5, 6

па́дающий, -ая, -ее fallend; Fall-; -ая звезда́ *astr* Sternschnuppe

паде́ж, -а́, *I* -о́м, *G Pl* -е́й *m gram* Kasus, Fall

падёж, -ежа́, *I* -ежо́м, *G Pl* -еже́й *m* Viehseuche, Viehsterben

паде́ние, -я *n* 1. Fall, Sturz *a. übtr*; Sinken, Fallen; ско́рость -я *phys* Fallgeschwindigkeit; ~ кре́пости Fall der Festung; ~ самодержа́вия Sturz der Selbstherrschaft; ~ цен Preissturz 2. Verfall, Niedergang ◇ у́гол -я *phys* Einfallswinkel

па́дкий, -ая, -ое; *Kzf* -док, -дка versessen, erpicht (до *G oder* на *A* auf); ~ на развлече́ния vergnügungssüchtig

паду́ ↑ пасть

паду́чий, -ая, -ее 1.: -ая боле́знь Fallsucht, Epilepsie 2. -ая, -ей *Subst f umg* Fallsucht, Epilepsie

па́дчерица, -ы, *I* -ей *f* Stieftochter

паево́й, -а́я, -о́е Anteil-; ~ взнос anteilige Beitragszahlung, -leistung

паёк, пайка́ *m* (Verpflegungs-) Ration; похо́дный ~ Marschverpflegung

паж, -а́, *I* -о́м, *G Pl* -е́й *m hist* Page

паз, -а, *P* о па́зе, в пазу́, *Pl* пазы́, -о́в, -а́м *m* Nute, Fuge

па́зуха, -и *f* 1. Busen *Zwischenraum zwischen Brust und Kleidung*; за -ой an der Brust; in der Brusttasche 2. *anat* Höhle; ло́бная ~ Stirnhöhle

па́инька, -и, *Pl G* -нек, *D* -нькам *m, f umg* artiges Kind

пай, па́я, *Pl* паи́, паёв, пая́м *m* Anteil, Beitrag; Aktie; кооперати́вный ~ Genossenschaftsanteil; устро́ить вечери́нку на пая́х einen geselligen Abend auf gemeinsame Kosten veranstalten

па́йка, -и *f* 1. Löten 2. Lötstelle

па́йщик, -а *m* Teilhaber, Aktionär; Genossenschaftler

пакга́уз, -а *m* Lager(haus), Speicher

паке́т, -а *m* 1. Paket; заверну́ть ве́щи в ~ die Sachen verpacken 2. Tüte 3. geschlossenes offizielles Schreiben ◇ индивидуа́льный перевя́зочный ~ *mil* Verbandspäckchen

паке́тик, -а *m Dem zu* паке́т 1. Päckchen 2. kleine Tüte

Пакиста́н, -а *m* Pakistan

пакиста́нский, -ая, -ое pakistanisch

па́кля, -и *f* Werg

пакова́ть, -ку́ю, -ку́ешь; -ко́ванный, -ко́ван, -а *uv* (ein-, ver-) packen

пако́вка, -и, *Pl G* -вок, *D* -вкам *f* 1. Verpacken, Packen 2. *umg* Verpackung

па́костить, -ощу, -остишь *uv volksspr* 1. beschmutzen, verunreinigen 2. verpfuschen 3. *D* gemein handeln (an)

па́костный [сн], -ая, -ое; *Kzf* -тен, -тна *umg* 1. ekelerregend 2. gemein, unanständig, abstoßend

па́кость, -и *f umg* 1. Gemeinheit 2. unanständiger Ausdruck 3. ekelerregendes Zeug

пакт, -а *m* Pakt, Vertrag; ~ о ненападе́нии Nichtangriffspakt; ~ о взаимопо́мощи Beistandspakt

паланки́н, -а *m* Sänfte

паланти́н, -а *m* breiter Pelz- oder Samtschal; Stola

пала́та, -ы *f* 1. Krankensaal, -zimmer 2. *pol* Kammer; Наро́дная ~ Volkskammer; ~ ло́рдов Oberhaus *England*; ~ о́бщин Unterhaus *England* 3. *alt* Palast; Prunksaal; Оруже́йная ~ Rüstkammer *Kreml*; Гранови́тая ~ Facettenpalast *Kreml* 4. Amt, Kammer; ~ мер и весо́в Eichamt, Amt für Maß und Gewicht ◇ у него́ ума́ ~ er ist ein heller Kopf

пала́тка, -и, *Pl G* -ток, *D* -ткам *f* 1. Zelt; ~ на де́сять челове́к Zehnerzelt; жила́я ~ Haus-, Wohnzelt; жить в -е zelten; разби́ть -у ein Zelt aufschlagen 2. Verkaufsstand, Kiosk

пала́точный, -ая, -ое Zelt-

пала́ч, -а́, *I* -о́м, *G Pl* -е́й *m* Henker *a. übtr*

па́левый, -ая, -ое strohgelb

палёный, -ая, -ое versengt, angebrannt; за́пах -ого Brandgeruch

палеозо́й, -я *m* Paläozoikum

палеоли́т, -а *m geol* Paläolithikum

палеонто́лог, -а *m* Paläontologe
Палести́на, -ы *f* Palästina
па́лец, -льца, *I* -льцем, *G Pl* -льцев *m* Finger; Zehe; большо́й ~ Daumen; große Zehe; указа́тельный ~ Zeigefinger; безымя́нный ~ Ringfinger; счита́ть по -льцам an den Fingern abzählen ◇ как свой пять -льцев знать wie seine Westentasche kennen; ~ о ~ не уда́рить *oder* -льцем не шевельну́ть [дви́нуть] keinen Finger rühren; вы́сосать что́-н. из -льца sich etw. aus den Fingern saugen; ему́ -льца в рот не клади́ *umg* man darf ihm nicht über den Weg trauen, vor ihm muß man sich in acht nehmen; как по -льцам рассказа́ть ausführlich erzählen; обвести́ [оберну́ть] кого́-н. вокру́г -льца *umg* j-n um den Finger wikkeln; попа́л -льцем в не́бо *umg* da hast du stark danebengehauen; сквозь -льцы смотре́ть [гляде́ть] на что́-н. bei etw. ein Auge zudrükken; сквозь -льцы уплыва́ть unter den Händen zerrinnen *Geld*
палиса́дник, -а *m eingezäunter* Vorgarten
пали́тра, -ы *f* Palette *a. übtr*
¹пали́ть, -лю́, -ли́шь; -лённый, -лён, -лена́ *uv* 1. absengen 2. *umg* versengen 3. *umg* verbrennen, -feuern 4. brennen, sengen; со́лнце пали́т die Sonne brennt
²пали́ть, -лю́, -ли́шь *uv umg* schießen, feuern ‖ *v mom* пальну́ть, -ну́, -нёшь einen Schuß abgeben, einmal feuern
па́лица, -ы, *I* -ей *f hist* Keule *Waffe*
па́лка, -и, *Pl G* -лок, *D* -лкам *f* Stock, Stab, Stiel; ходи́ть с -ой am Stock gehen ◇ де́лать что́-н. из-под -и etw. gezwungen tun; (в)ста́вить [бро́сить] -и в колёса Hindernisse in den Weg legen, Knüppel zwischen die Beine werfen; ~ о двух конца́х *übtr* ein zweischneidiges Schwert; перегну́ть -у *übtr* den Bogen überspannen; ~ пла́чет по нём *umg* er hat eine Tracht Prügel verdient
паломник, -а *m* Pilger, Wallfahrer
пало́мничество, -а *n* Pilgerreise, Wallfahrt *a. übtr*
па́лочка, -и, *Pl G* -чек, *D* -чкам *f Dem zu* па́лка 1. kleiner Stock, Stäbchen; дирижёрская ~ Taktstock, Dirigentenstab; бараба́нная ~ Trommelschlegel; волше́бная ~ Zauberstab; ~ ме́ла ein Stück Kreide 2. *umg* senkrechter Strich 3. Bazillus; ~ Ко́ха *med* Tuberkelbazillus
па́лочный, -ая, -ое Stock- ◇ -ая дисципли́на Kadavergehorsam
па́луба, -ы *f* 1. Deck; ве́рхняя ~ Oberdeck; прогу́лочная ~ Promenadendeck; сре́дняя ~ Zwischendeck 2. Dielung, Bohlung
па́лубный, -ая, -ое *naut* Deck-; ~ пассажи́р Zwischendeckpassagier
пальба́, -ы́ *f umg* Schießen, Feuer(n)
па́льма, -ы *f* Palme; фи́никовая ~ Dattelpalme ◇ получи́ть -у пе́рвенства die (Sieges-) Lorbeeren ernten
пальну́ть *v mom zu* ²пали́ть
пальто́ *n idkl* Mantel; ~ на меху́ pelzgefütterter Mantel; свобо́дное ~ Hänger, Mantel in Hängerform; демисезо́нное ~ Übergangsmantel
пальто́вый, -ая, -ое Mantel-
пальцево́й, -а́я, -о́е Finger-; ~ суста́в Fingergelenk
па́льчатый, -ая, -ое fingerförmig, gefingert, gezackt
па́льчик, -а *m Dem zu* па́лец Fingerchen, kleiner Finger ◇ -и обли́жешь man möchte sich die Finger ablecken (weil es so gut schmeckt)
паля́щий, -ая, -ее glühend, sengend (heiß)
Пами́р, -а *m* Pamir
пами́рка, -и, *Pl G* -рок, *D* -ркам *f* Bergsteigerzelt
памфле́т, -а *m* Pamphlet, Schmähschrift
па́мятка, -и, *Pl G* -ток, *D* -ткам *f* Merkblatt, Merkbuch
па́мятливый, -ая, -ое; *Kzf* -ив, -а *umg* mit gutem Gedächtnis
па́мятник, -а *m* Denkmal; ~ Пу́шкину Puschkindenkmal; ~ Би́твы наро́дов Völkerschlachtdenkmal; ~ архитекту́ры Baudenkmal; надгро́бный ~ Grabmal
па́мятный, -ая, -ое 1. *Kzf* -тен, -тна denkwürdig; всем ещё -о es ist allen noch erinnerlich 2. Gedenk-; -ая доска́ Gedenktafel; -ая кни́жка Notizbuch
па́мять, -и *f* 1. Gedächtnis; ~ на ли́ца Personengedächtnis; кури́ная [дыря́вая] ~ *umg, scherz* ein schlechtes Gedächtnis; ~ мне изменя́ет mein Gedächtnis läßt mich im Stich, ich kann mich nicht erinnern; говори́ть что́-н. на ~ [по -и] etw. auswendig [aus dem Gedächtnis] hersagen; воскреси́ть что́-н. в -и sich etw. ins Gedächtnis

zurückrufen; мне пришлó на ~ mir fiel ein; изглáдиться из -и in Vergessenheit geraten 2. Andenken, Erinnerung; в ~ чегó-н. zum Andenken an etw.; подарить чтó-н. на ~ etw. zum Andenken schenken; он остáвил по себé дóбрую ~ wir haben ihn in guter Erinnerung; недóброй [печáльной] -и unseligen Angedenkens ◇ больнóй без -и der Kranke ist besinnungslos; быть без -и от когó-н. *umg* ganz vernarrt sein in j-n; дéлать чтó-н. по стáрой -и etw. aus alter Freundschaft tun; на -и когó-н. zu j-s Lebzeiten; зарубить в -и sich hinter die Ohren schreiben

пан, -а, *Pl* пáны, пáнов, пáнам *u. gbt* паны́, -óв, -áм *m hist* Pan, polnischer Gutsbesitzer ◇ либо ~, либо пропáл *umg* jetzt setze ich alles auf eine Karte

Панáма, -ы *f* Panama *Stadt u. Staat*

панáма, -ы *f* Panamahut

панáмский, -ая, -ое *geogr* Panama-; Панáмский канáл Panamakanal; Панáмский перешéек Landenge von Panama

панéль, -и *f* 1. Bürgersteig 2. Wandtäfelung 3. *arch* Wandplatte, Großplatte 4. *rad* Chassis

панибрáтский, -ая, -ое *umg* ungeniert, familiär

панибрáтство, -а *n umg* ungenierter Umgang

пáника, -и *f* Panik; навести -у eine Panik machen [stiften]

паникадило, -а *n kirch* Kronleuchter

паникёр, -а *m verächtl* Panikmacher

паникёрство, -а *n verächtl* Panikmacherei

панировáть, -рýю, -рýешь; -рóванный, -рóван, -а *v, uv* panieren

панихида, -ы *f rel* Toten-, Seelenmesse; граждáнская ~ Trauerfeier *vor der Beerdigung*

панический, -ая, -ое panisch

панорáма, -ы *f* 1. Panorama 2. *mil* Rundblick(ziel)fernrohr

панорáмный, -ая, -ое Panorama-; ~ кинотеáтр *oder* (круговóе) -ое кинó Panoramakino

пансиóн, -а *m* 1. Pension, Fremdenheim *mit voller Verpflegung* 2. (volle) Verpflegung und Bedienung 3. *alt* Pensionat, Internat

пансионáт, -а *m* 1. Pension, Fremdenheim 2. volle Pension [Verpflegung]

пансионéр, -а *m* 1. Gast einer Pension 2. *alt* Schüler eines Pensionats

панталóны, -óн *Pl* 1. langer Damenschlüpfer 2. *alt* Hose(n)

панталы́к, -а (-у) *m*: сбить с -у *umg* aus dem Konzept bringen; сбиться с -у *umg* aus dem Konzept kommen

пантéра [тэ], -ы *f* Panther

пантóграф, -а *m* 1. *tech* Pantograph, Storchschnabel 2. *el* Bügel, Stromabnehmer

пантомима, -ы *f* Pantomime

пáнцирь, -я *m* 1. *hist* Panzer, Harnisch 2. *zool* Panzer

Пáня, -и *m Dem zu* Пáвел

¹пáпа, -ы *m umg* Papa, Vati

²пáпа, -ы *m* Papst

папáха, -и *f* hohe Pelzmütze

папáша, -и, *I* -ей *m volksspr* Papa

пáперть, -и *f kirch* Freitreppe, Vorhalle

папильóтка, -и, *Pl G* -ток, *D* -ткам *f* Lockenwickel

пáпин, -а, -о *umg* dem Papa [Vati] gehörig; ~ портфéль Vatis Aktentasche

папирóса, -ы *f* Zigarette *mit hohlem Mundstück*

папирóсница, -ы, *I* -ей *f* Zigarettenetui

папирóсный, -ая, -ое Zigaretten-; -ая бумáга Zigaretten-, Seidenpapier

¹пáпка, -и, *Pl G* -пок, *D* -пкам *m volksspr* Papa, Vati

²пáпка, -и, *Pl G* -пок, *D* -пкам *f* 1. Pappdeckel, Aktendeckel; Kollegmappe 2. *alt* Pappeinband; книга в -е ein kartoniertes Buch

пáпоротник, -а *m* Farn

пáпочный, -ая, -ое Papp-, kartoniert

пáпский, -ая, -ое päpstlich

папуáс, -а *m* Papua

папьé-машé *n idkl* Papiermaché

¹пар, -а (-у), *P* о пáре, на [в] парý, *Pl* пары́, -óв, -áм *m* (Wasser-) Dampf; от лошадéй идёт ~ die Pferde dampfen ◇ стоять под -áми unter Dampf stehen *Lok, Dampfer*; на всех -áх mit Volldampf [Hochdruck], задáть комý-н. -у j-m ordentlich einheizen; поднять [развести] -ы́ Dampf machen; он под -áми *volksspr* er hat einen in der Krone, er hat schwer geladen

²пар, -а, *P* о пáре, на парý, *Pl* пары́, -óв, -áм *m* Brache; земля под -ом brachliegendes Feld

пáра, -ы *f* 1. Paar; ~ сапóг ein Paar Stiefel; éхать на -е mit zwei Pferden fahren, zweispännig fahren 2. *alt* Herrenanzug 3. *umg* ein paar, wenige; ~ слов einige Worte; на -у минýт

für ein paar Minuten ◇ она́ ему́ не ~ sie paßt nicht zu ihm; sie ist ihm nicht gewachsen; два сапога́ ~ *Sprichw* gleich und gleich gesellt sich gern; э́то ~ пустяко́в *volksspr* (das sind) kleine Fische, das ist eine Kleinigkeit
пара́бола, -ы *f math* Parabel
Парагва́й, -я *m* Paraguay *Land u. Fluß*
пара́граф, -а *m* Paragraph
пара́д, а *m* Parade ◇ яви́ться в по́лном -е *umg* in Gala erscheinen
паради́гма, -ы *f gram* Paradigma
пара́дный, -ая, -ое 1. Parade-; festlich, Fest-, Gala-; -ая фо́рма Paradeuniform 2. *Kzf* -ден, -дна zur Schau gestellt 3. vorderer, Haupt-; ~ подъе́зд Haupteingang 4. -ое, -ого *n u. umg* -ая, -ой *f Subst* Haupteingang
парадо́кс, -а *m* Paradoxon
парадокса́льный, -ая, -ое; *Kzf* -лен, -льна paradox
парази́т, -а *m biol, übtr* Parasit, Schmarotzer *a. Schimpfwort*
паразити́ческий, -ая, -ое parasitär; schmarotzerhaft
парализова́ть, -зу́ю, -зу́ешь; -зо́ванный, -зо́ван, -а *v, uv* paralysieren, lähmen; lahmlegen
паралити́ческий, -ая, -ое gelähmt
парали́ч, -а́, *I* -о́м *m* Lähmung; его́ разби́л ~ *oder* он разби́т -о́м er ist gelähmt
парали́чный, -ая, -ое gelähmt
параллелогра́мм, -а *m math* Parallelogramm
паралле́ль, -и *f* 1. *math* Parallele 2. Parallele, ähnliche Erscheinung; провести́ ~ eine Parallele ziehen 3. *geogr* Breitenkreis
паралле́льность, -и *f* Parallelität
паралле́льный, -ая, -ое; *Kzf* -лен, -льна parallel *a. übtr* ◇ -ые бру́сья *Sport* Barren
пара́метр, -а *m math, tech* Parameter
па́рами *Adv* paarweise
паранджа́, -и́, *I* -о́й *f* Parandshá *Frauenmantel mit Gesichtsschleier bei Mohammedanerinnen*
парапе́т, -а *m* Brüstung, Geländer
парати́ф, -а *m med* Paratyphus
парашю́т [шу], -а *m* Fallschirm
парашюти́зм [шу], -а *m* Fallschirmsport
парашюти́ст [шу], -а *m* Fallschirmspringer
парашюти́стка [шу], -и, *Pl G* -ток, *D* -ткам *f* Fallschirmspringerin
парашю́тный [шу], -ая, -ое Fallschirm-; -ая вы́шка Fallschirmsprungturm
паре́з [рэ], -а *m* Parese, teilweise Lähmung
парене́к, -нька́ *m umg Dem zu* па́рень Bürschchen, Kerlchen
па́рение, -я *n* Aus-, Abbrühen; Dämpfen, Schmoren
паре́ние, -я *n* Schweben, Segelflug
па́реный, -ая, -ое gedämpft *Speisen* ◇ деше́вле -ой ре́пы *volksspr scherz* spottbillig; про́ще -ой ре́пы *volksspr* kinderleicht
па́рень, -рня, *Pl* па́рни, парне́й, парня́м *m umg* junger Bursche [Mann]; Kerl
пари́ *n idkl* Wette; держа́ть ~ wetten; идти́ на ~ eine Wette eingehen
Пари́ж, -а, *I* -ем *m* Paris
парижа́нин, -а, *Pl* -а́не, -а́н, -а́нам *m* Pariser, Einwohner von Paris
парижа́нка, -и, *Pl G* -нок, *D* -нкам *f* Pariserin
пари́жский, -ая, -ое Pariser
пари́к, -а́ *m* Perücke
парикма́хер, -а *m* Friseur
парикма́херская, -ой *Subst f* Frisiersalon
парикма́херша, -и, *I* -ей *f umg* Friseuse
пари́льня, -и, *Pl G* -лен, *D* -льням *f* 1. Dampfbadestube, Sauna 2. *tech* Dampfkammer
пари́ровать, -рую, -руешь; -рованный, -рован, -а *v, uv* parieren, abwehren
парите́т, -а *m* Parität
парите́тный, -ая, -ое paritätisch; на -ых нача́лах auf paritätischer Grundlage
па́рить, -рю, -ришь *uv* 1. dämpfen, dünsten, schmoren 2. auskochen, -brühen 3. *volksspr* mit Dampf [kochendem Wasser] vernichten *Ungeziefer* 4. *unpers* drückend heiß sein; па́рит es ist schwül
пари́ть, -рю́, -ри́шь *uv* schweben, gleiten ◇ ~ в облака́х in höheren Regionen schweben
па́риться, -рюсь, -ришься *uv* 1. ein Dampfbad nehmen 2. *volksspr* sich totschwitzen 3. *volksspr übtr* schwitzen (над *I* über)
парк, -а *m* 1. Park, Anlage; городско́й ~ Stadtpark; ~ культу́ры (и о́тдыха) Kulturpark 2. Depot *für Verkehrsmittel*; трамва́йный ~ Straßenbahnhof 3. *mil* Materialpark,

Nachschub 4. *tech* Park, Bestand; стано́чный ~ (Werkzeug-) Maschinen; тра́кторный ~ Traktorenpark; автомоби́льный ~ Wagenpark
парке́т, -а *m* Parkett(fußboden)
парке́тчик, -а *m* Parkettleger
парла́мент, -а *m* Parlament
парламента́рий, -я, *P* -и, *G Pl* -ев *m* Parlamentarier, Parlamentsmitglied
парламента́рный, -ая, -ое parlamentarisch
парламентёр, -а *m* Parlamentär, Unterhändler
парла́ментский, -ая, -ое Parlaments-; -ое выступле́ние Rede im Parlament; -им путём auf parlamentarischem Wege
парни́к, -а́ *m* Frühbeet, Treibkasten
парнико́вый, -ая, -ое im Frühbeet gezogen; Treibhaus-; -ая ра́ма Frühbeetfenster
парни́шка, -и, *Pl G* -шек, *D* -шкам *m* *umg* junger Kerl, Bürschchen
парно́й, -а́я, -о́е: -о́е молоко́ kuhwarme Milch; -о́е мя́со Frischfleisch
парнокопы́тные, -ых *Subst Pl* Paarhufer
па́рный, -ая, -ое 1. paarig 2. zweispännig 3. *Sport* Paar-; -ое ката́ние Paarlauf *Eislauf*; -ая игра́ Doppelspiel *Tennis*
паро- *in Zuss* Dampf-
парова́рка, -и, *Pl G* -рок, *D* -ркам *f* Futterdämpfer
парови́к, -а́ *m* 1. Dampfkessel, Dampfmaschine 2. *volksspr, alt* Lokomotive
парово́з, -а *m* (Dampf-) Lokomotive; това́рный ~ Güterzuglokomotive
парово́зный, -ая, -ое Lokomotiv-; -ое депо́ Lokomotivschuppen
паровозоремо́нтный, -ая, -ое Lokomotivausbesserungs-
паровозострои́тельный, -ая, -ое Lokomotivbau-; ~ заво́д Lokomotivfabrik
[1]**парово́й,** -а́я, -о́е 1. Dampf-; ~ котёл Dampfkessel; -а́я маши́на Dampfmaschine; -о́е отопле́ние Dampfheizung 2. gedünstet, gedämpft *von Speisen*
[2]**парово́й,** -а́я, -о́е brachliegend, Brach-
пароди́йный, -ая, -ое parodistisch
пароди́ровать, -рую, -руешь; -рованный, -рован, -а *v, uv* parodieren
паро́дия, -и *f* Parodie
паро́ль, -я *m* Parole, Losung(swort); Kennwort
паро́м, -а *m* Fähre
паро́мщик, -а *m* Fährmann
паро|обра́зный, -ая, -ое; *Kzf* -зен, -зна dampfförmig; **~образова́ние,** -я *n phys* Dampfbildung
парохо́д, -а *m* Dampfer; пассажи́рский ~ Passagier-, Personendampfer; грузово́й ~ Frachtdampfer, Frachter; морско́й ~ Hochseedampfer; букси́рный ~ Schleppdampfer, Schlepper
парохо́дный, -ая, -ое Dampfer-
парохо́дство, -а *n* 1. Reederei, Schifffahrtsgesellschaft 2. *umg alt* Dampfschiffahrt
па́рочка, -и, *Pl G* -чек, *D* -чкам *f* Pärchen
парт- *in Zuss Abk für* парти́йный Partei-
па́рта, -ы *f* Schulbank; за -ой auf der Schulbank; сесть за -у sich auf die Schulbank setzen *a. übtr*
парт|биле́т, -а *m* (парти́йный чле́нский биле́т) Parteidokument; **~бюро́** *n idkl* (парти́йное бюро́) Parteibüro *Leitung der Grundorganisation*; **~взыска́ние,** -я *n* (парти́йное взыска́ние) Parteistrafe; **~групо́рг,** -а *m* (организа́тор парти́йной гру́ппы) Parteigruppenorganisator
парте́р [тэ], -а *m* Parkett *theat, Kino*
парти́ец, -и́йца, *I* -и́йцем, *G Pl* -и́йцев *m umg* Parteimitglied *der KPdSU*
партиза́н, -а, *G Pl* -а́н *m* Partisan
партиза́нить, -ню, -нишь *uv umg* Partisan sein, als Partisan kämpfen
партиза́нский, -ая, -ое Partisanen-
партиза́нство, -а *n* Partisanenbewegung, -krieg
партиза́нщина, -ы *f verächtl* Arbeit ohne Organisation und Plan
парти́йка, -и, *Pl G* -и́ек, *D* -и́йкам *f umg* (weibliches) Parteimitglied *der KPdSU*
парти́йность, -и *f* 1. Parteilichkeit 2. Parteizugehörigkeit
парти́йный, -ая, -ое 1. Partei-; -ое поруче́ние Parteiauftrag 2. *Kzf* -и́ен, -и́йна parteilich 3. -ого *Subst m* Parteimitglied *der KPdSU*
партиту́ра, -ы *f mus* Partitur
па́ртия, -и *f* 1. Partei; рабо́чая ~ Arbeiterpartei 2. Gruppe; ~ путеше́ственников Gruppe von (Forschungs-) Reisenden 3. Partie *Spiel* 4. Partie, Posten *Waren* 5. *mus* Partie, Solopartie

партко́м, -а *m* (парти́йный комите́т) Parteikomitee, Parteileitung
партнёр, -а *m* Partner
парт|орг, -а *m* (парти́йный организа́тор) Parteiorganisator; Leiter einer kleineren Parteigruppe; **~организа́ция,** -и *f* (парти́йная организа́ция) Parteiorganisation; **~рабо́тник,** -а *m* (парти́йный рабо́тник) Parteifunktionär; **~собра́ние,** -я *n* (парти́йное собра́ние) Parteiversammlung; **~съе́зд** *m* (парти́йный съезд) Parteitag; **~шко́ла,** -ы *f* (парти́йная шко́ла) Parteischule
па́рубок, -бка *m* junger Bursche *in der Ukraine*
па́рус, -а, *Pl* паруса́, -о́в, -а́м *m* Segel; плыть под -а́ми segeln; подня́ть -а́ die Segel setzen; идти́ на всех -а́х mit vollen Segeln fahren; *übtr* mit Volldampf fahren
паруси́на, -ы *f* Segeltuch
паруси́новый, -ая, -ое Segeltuch-; -ые ту́фли Leinenschuhe
па́русник, -а *m* **1.** Segelschiff **2.** Segler, Sportsegler *Sportler*
па́русный, -ая, -ое Segel-; -ая ло́дка Segelboot
парфюме́рия, -и *f* Parfümerie
парча́, -и́, *I* -о́й *f* Brokat
парчо́вый, -ая, -ое Brokat-, aus Brokat
парша́, -и́, *I* -о́й *f* **1.** *med* Räude, Krätze **2.** *umg* Grind, Schorf
парши́веть, -ею, -еешь *uv umg* räudig werden, den Grind bekommen
парши́вый, -ая, -ое; *Kzf* -и́в, -а **1.** räudig, an Krätze erkrankt **2.** *volksspr* miserabel, gemein
[1]**пас** *prädikativ*: я пас! a) ich passe! *beim Kartenspiel*; b) *übtr*, *umg* ich muß aufgeben, ich bin machtlos
[2]**пас,** -а *m Sport* Paß, Zuspiel, Abgabe *des Balls*
па́сека, -и *f* Bienenstand, Imkerei
па́сечник, -а *m* Bienenzüchter, Imker
па́сквиль, -я *m* Spott-, Schmähschrift
паску́дный, -ая, -ое; *Kzf* -ден, -дна *derb volksspr* widerlich, abscheulich
паслён, -а *m bot* Nachtschatten
паслёновые, -ых *Subst Pl* Nachtschattengewächse
па́смурный, -ая, -ое; *Kzf* -рен, -рна **1.** trübe **2.** *übtr* finster, mürrisch
пасну́ть *v mom zu* [2]пасова́ть
[1]**пасова́ть,** -су́ю, -су́ешь *uv* **1.** passen *beim Kartenspiel* **2.** kapitulieren, aufgeben, resignieren || *v* спасова́ть
[2]**пасова́ть,** -су́ю, -су́ешь *uv Sport* zuspielen, den Ball abgeben || *v mom* пасну́ть, -ну́, -нёшь *umg*
па́спорт, -а, *Pl* паспорта́, -о́в, -а́м *m* **1.** Paß, Ausweis **2.** Registrierschein *einer Maschine u. a.*; ~ автомоби́ля Kraftfahrzeug-Zulassungsschein; **3.** Heft mit genauer Beschreibung eines Geräts u. a.
па́спортный, -ая, -ое Paß-; ~ отде́л Paßstelle
пасса́ж, -а, *I* -ем, *G Pl* -ей *m* **1.** Passage, gedeckter Durchgang *mit Läden* **2.** *mus* Tonfolge, Stelle
пассажи́р, -а *m* Passagier, Fahr-, Fluggast; безбиле́тный ~ Schwarzfahrer
пассажи́рский, -ая, -ое Fahrgast-, Passagier-, Personen-; ~ по́езд Personenzug; ~ самолёт Passagierflugzeug; ~ бага́ж Reisegepäck
пассати́жи, -ей *Pl* Kombizange
пасси́в, -а *m* **1.** *finanz* Passiva **2.** *gram* Passiv
пасси́вный, -ая, -ое; *Kzf* -вен, -вна passiv, untätig ◇ ~ бала́нс вне́шней торго́вли passive Außenhandelsbilanz
па́ста, -ы *f* Paste; зубна́я ~ Zahnpasta
па́стбище, -а, *I* -ем *n* Weide(platz)
пасте́ль [тэ], -и *f* **1.** Pastellfarben, -stifte **2.** Pastellbild
пастеризова́ть [тэ], -зу́ю, -зу́ешь; -зо́ванный, -зо́ван, -а *v*, *uv* pasteurisieren, entkeimen
пастерна́к, -а *m bot* Pastinake
пасти́* *uv* weiden (lassen), hüten *Vieh*
пастила́, -ы́, *Pl* пасти́лы, -и́л, -и́лам *f* Konfekt aus Fruchtsaft, Zucker und Eiweiß
пасти́сь*, *1. u. 2. Pers ungebr uv* weiden *itr*
па́стор, -а *m* Pastor, Pfarrer
пастора́ль, -и *f lit*, *mus* Pastorale
пасту́х, -а́ *m* Hirt
пасту́шеский, -ая, -ое Hirten-
пасту́ший, -ья, -ье Hirten-; -ья су́мка *bot* Hirtentäschel
пасту́шка, -и, *Pl G* -шек, *D* -шкам *f* Hirtin
[1]**пасть*** *v* **1.** *v zu* па́дать 2, 3, 5, 6 **2.** *hoher Stil* fallen *im Kampf*; ~ сме́ртью хра́брых den Heldentod sterben **3.** *hoher Stil* fallen, gestürzt werden; кре́пость па́ла die Festung ist gefallen; цари́зм пал der Zarismus wurde gestürzt **4.** *moralisch* sinken ◇ ~ ду́хом den Mut sinken

lassen; ~ жéртвой чегó-н. einer Sache zum Opfer fallen
²**пасть, -и** *f* Rachen *eines wilden Tieres*
пастьбá [зьб], **-ы́** *f* Weiden, Hüten
пасý ↑ пастѝ
пáсха, -и *f* **1.** Ostern **2.** Osterkuchen aus Quark
пасхáльный, -ая, -ое Oster-; -ое яйцó Osterei
пáсынок, -нка *m* **1.** Stiefsohn **2.** *bot* Seitentrieb
пасья́нс, -а *m* Patience *Kartenspiel*
патéнт, -а *m* Patent
патентовáть, -тýю, -тýешь; -тóванный, -тóван, -а *v, uv* patentieren
патетѝческий [тэ], **-ая, -ое** pathetisch
патетѝчный [тэ], **-ая, -ое;** *Kzf* -чен, -чна pathetisch
патефóн, -а *m* (Koffer-) Grammophon
патефóнный, -ая, -ое Grammophon-; -ая пластѝнка Schallplatte
патовáть, -тýю, -тýешь *uv* patt setzen *beim Schachspiel*
пáтока, -и *f* Melasse, Sirup
патологѝческий, -ая, -ое 1. pathologisch **2.** *buchspr* krankhaft
патриáрх, -а *m* Patriarch
патриархáльный, -ая, -ое; *Kzf* -лен, -льна patriarchalisch
патриáршество, -а *n kirch* Patriarchat
патриóт, -а *m* Patriot
патриотѝзм, -а *m* Patriotismus ◇ квасно́й ~ Hurrapatriotismus
патрѝций, -я, *P* **-и,** *G Pl* **-ев** *m hist* Patrizier
¹**патрóн, -а** *m* **1.** *mil* Patrone; боевóй ~ scharfe Patrone; холостóй ~ Platzpatrone **2.** *tech* Patrone, Fassung, Einsatz; *el* Fassung; фильтрýющий ~ противогáза Filtereinsatz der Gasmaske **3.** Schnittmuster
²**патрóн, -а** *m* **1.** Patron, Gönner **2.** Chef, Inhaber *eines kapitalist. Betriebes*
патрóнник, -а *m* Patronenlager *in Schußwaffen*
патрóнный, -ая, -ое Patronen-; -ая лéнта Patronengurt
патронтáш, -а, *I* **-ем,** *G Pl* **-ей** *m* Patronentasche
патрулѝровать, -рую, -руешь *uv A* abpatrouillieren
патрýль, -я́ *m* Patrouille, Streife
патрýльный, -ая, -ое 1. Patrouillen-; Streifen-; -ая слýжба Streifendienst **2.** -ого *Subst m* Streifenposten, Angehöriger einer Streife
пáуза, -ы *f* Pause *a. mus*; Unterbrechung
паýк, -á *m* Spinne
паутѝна, -ы *f* Spinn(en)gewebe
паутѝнка, -и, *Pl G* **-нок,** *D* **-нкам** *f umg* Spinn(en)gewebe ◇ чулкѝ-~ hauchdünne Strümpfe
паýчий, -ья, -ье Spinnen-
пáфос, -а *m* Pathos
пах, -а, *P* о пáхе, в пахý *m anat* Leiste(ngegend)
пахáние, -я *n* Pflügen
пáхарь, -я *m* Pflüger
пахáть* *uv* pflügen
пáхнуть, -ну, -нешь; пах *u.* **пáхнул, пáхла** *uv* **1.** *I* duften, riechen (nach); пáхнет мы́лом es riecht nach Seife **2.** *übtr umg* „riechen nach“, in der Luft liegen; пáхнет дождём es sieht nach Regen aus; дéло пáхнет деньгáми diese Sache wird wohl Geld einbringen; ты знáешь, чем э́то для тебя́ пáхнет? weißt du, was dir dafür blüht?; пáхнет бедóй es droht ein Unglück
пахнýть, *1. u. 2. Pers ungebr*, **-нёт** *uv umg I* wehen; пахнýло хóлодом *unpers* es wehte kühl
паховóй, -áя, -óе *anat* Leisten-
пáхота, -ы *f* Pflügen, Ackern
пáхотный, -ая, -ое pflügbar; -ые зéмли Ackerland; ~ слой Mutterboden
пáхта, -ы *f* Buttermilch
пáхтанье, -ья *n* **1.** Buttern **2.** *gbt* Buttermilch
пáхтать, -аю, -аешь; -анный, -ан, -а *uv* buttern
пахýчий, -ая, -ее; *Kzf* -ýч, -а, -е stark duftend
пацáн, -á *m volksspr* Junge
пациéнт, -а *m* Patient
пацифѝстский [сск], **-ая, -ое** pazifistisch
пáче *Adv, Komp alt* mehr; тем ~ um so mehr; ~ чáяния wider Erwarten
пáчка, -и, *Pl G* **-чек,** *D* **-чкам** *f* **1.** Päckchen, kleine Packung; ~ була́вок Brief Stecknadeln **2.** Stoß, Stapel; ~ книг Bücherstoß **3.** Ballettröckchen
пáчкать, -аю, -аешь *uv* **1.** beschmieren, beschmutzen **2.** *umg* klecksen, schmieren *nachlässig, unsauber zeichnen oder malen* ◇ ~ чью-н. репутáцию j-m die Ehre abschneiden, j-n in Verruf bringen
пáчкаться, -аюсь, -аешься *uv* **1.** sich schmutzig machen; ~ о стéну sich an der Wand schmutzig machen

2. *1. u. 2. Person ungebr* schmutzig werden, schmutzen

пачкотня́, -и́ *f umg verächtl* Kleckserei, Schmiererei, stümperhafte Arbeit

пачку́н, -а́ *m umg verächtl* Schmierfink *a. übtr von Malern u. Schriftstellern*

паша́, -и́, *I* -о́й, *G Pl* -е́й *m* Pascha *Titel*

Па́ша, -и, *I* -ей **1.** *m Dem zu* Па́вел **2.** *f Dem zu* Праско́вья

па́шня, -и, *Pl G* -шен, *D* -шням *f* Acker(land)

паштёт, -а *m* Pastete

пашу́ ↑ **паха́ть**

па́юсный, -ая, -ое: **-ая икра́** gepreßter Kaviar

пая́льник, -а *m* Lötkolben

пая́льный, -ая, -ое Löt-; **-ая ла́мпа** Lötlampe

пая́льщик, -а *m* Löter

пая́ние, -я *n* Löten

пая́сничать, -аю, -аешь *uv umg* Grimassen schneiden, den Hanswurst spielen

пая́ть, -я́ю, -я́ешь; па́янный, па́ян, -а *uv* löten

пая́ц, -а, *I* -ем, *G Pl* -ев *m* **1.** *alt* Bajazzo, Clown **2.** *übtr* Hanswurst, Hampelmann

ПВО (противовозду́шная оборо́на) Luftschutz; Fliegerabwehr

п. г. (про́шлого го́да) vorigen Jahres

пева́ть *uv iterativ zu* петь

пе́вец, -вца́, *I* -вцо́м, *G Pl* -вцо́в *m* Sänger

певи́ца, -ы, *I* -ей *f* Sängerin

певу́н, -а́ *m umg* sangesfreudiger Mensch

певу́чий, -ая, -ее; *Kzf* -у́ч, -а, -е **1.** melodisch, wohlklingend **2.** *umg* sangesfreudig

пе́вчий, -ая, -ее **1.** Sing- *Vögel*; **-ие пти́цы** Singvögel **2.** -его *Subst m kirch* Chorsänger

пе́гий, -ая, -ое; *Kzf* пег, -а scheckig *Pferd*

пед- *in Zuss Abk für* педагоги́ческий pädagogisch

педаго́г, -а *m* Pädagoge, Pädagogin

педаго́гика, -и *f* Pädagogik

педагоги́ческий, -ая, -ое pädagogisch

педагоги́чный, -ая, -ое; *Kzf* -чен, -чна pädagogisch richtig [geschickt]

педа́ль, -и *f* Pedal, Fußhebel ◇ **нажа́ть на все -и** *übtr volksspr* alle Hebel in Bewegung setzen

педанти́зм, -а *m* Pedanterie

педанти́чность, -и *f* Pedanterie

педанти́чный, -ая, -ое; *Kzf* -чен, -чна pedantisch, kleinlich

педву́з, -а *m* (педагоги́ческое вы́сшее учё́бное заведе́ние) pädagogische Hochschule

педиатри́я, -и *f* Pädiatrie, Kinderheilkunde

педикю́р, -а *m* Pediküre, Fußpflege

педикю́рша, -и, *P* -ей *f* Pediküre, Fußpflegerin

пед|институ́т [дын], -а *m* (педагоги́ческий институ́т) pädagogisches Institut; **~сове́т,** -а *m* (педагоги́ческий сове́т) pädagogischer Rat; **~учи́лище,** -а, *I* -ем *n* (педагоги́ческое учи́лище) Institut für Lehrerbildung *zur Ausbildung von Unterstufenlehrern und Kindergärtnerinnen*

пейза́ж, -а, *I* -ем, *G Pl* -ей *m* **1.** Landschaft **2.** *Kunst* Landschaft(sbild)

пейзажи́ст, -а *m* Landschaftsmaler

пейза́жный, -ая, -ое Landschafts-

пека́рный, -ая, -ое Back-, Bäcker-

пека́рня, -и, *Pl G* -рен, *D* -рням *f* Bäckerei

пе́карь, -я, *Pl* пекаря́, -е́й, -я́м *u.* пе́кари, -ей, -ям *m* Bäcker

Пеки́н, -а *m* Peking

пеклева́нный, -ая, -ое gebeutelt

пеклева́ть, -лю́ю, -лю́ешь; -лёванный, -лёван, -а *uv Mehl* fein mahlen und sieben

пе́кло, -а *n umg* **1.** Glut, Hitze **2.** *übtr* Hölle, Wirrwarr

пеку́ ↑ ²печь

Пелаге́я, -и *f weibl Vn*

пелена́, -ы́, *Pl* пелены́, -ён, -ена́м *f übtr* Decke, Schleier; **сне́жная ~** Schneedecke; **сплошна́я ~ облако́в** dichter Wolkenschleier ◇ **с пелён** *alt* von Kindheit an; **у меня́ сло́вно ~ с глаз упа́ла** mir fiel es wie Schuppen von den Augen

пелена́ть, -а́ю, -а́ешь *uv* in Windeln wickeln || *v* спелена́ть; спелёнатый, -ат, -а

пелена́шка, -и, *Pl G* -шек, *D* -шкам *m, f volksspr* Säugling, Wickelkind

пеленга́тор, -а *m* Peilgerät

пеленгова́ть, -гу́ю, -гу́ешь *uv* (an)peilen

пелёнка, -и, *Pl G* -нок, *D* -нкам *f* Windel ◇ **с -нок** von klein auf, von Kindheit an; **вы́йти из -нок** den Kinderschuhen entwachsen sein

пелери́на, -ы *f* Pelerine

пелика́н, -а *m* Pelikan

пельме́ни *Pl* -ей, *Sg* пельме́нь, -я *m* Pelmeni *mit Fleisch gefüllte gekochte Klößchen*

пе́мза, -ы *f* Bimsstein
пе́на, -ы *f* Schaum, Gischt; снять -у den Schaum abschöpfen ◇ с -ой у рта wutschäumend, voller Wut
пена́л, -а *m* Federkasten, -mappe
пе́ни *Pl* -ей, *Sg* пе́ня, -и *f alt* Vorwürfe, Klagen
пе́ние, -я *n* Singen, Gesang
пе́нистый, -ая, -ое; *Kzf* -ист, -а schäumend, schaumig ◇ -ая рези́на Schaumgummi
пе́ниться, *1. u. 2. Pers ungebr*, -ится *uv* schäumen
[1]**пе́нка,** -и, *Pl G* -нок, *D* -нкам *f* Haut *auf Milch u. a.*; Schaum ◇ снима́ть -и *übtr* die Sahne abschöpfen
[2]**пе́нка,** -и, *Pl G* -нок, *D* -нкам *f min* Meerschaum
пе́нковый, -ая, -ое *min* Meerschaum-
пено|бето́н, -а *m* Schaumbeton; **~пла́ст,** -а *m* Schaum(kunst)stoff; **~стекло́,** -а *n* Schaumglas
пе́ночка, -и, *Pl G* -чек, *D* -чкам *f zool* Laubsänger
пенс, -а *m* Penny *englische Münze*
пенсионе́р, -а *m* Rentner, Pensionär
пенсио́нный, -ая, -ое Renten-
пе́нсия, -и *f* Rente, Pension; ~ по ста́рости Altersrente; ~ по инвали́дности Invalidenrente; уйти́ на -ю Rentner werden, in den Ruhestand gehen
пенсне́ [нэ] *n idkl* Kneifer, Pincenez
пе́нтюх, -а *m volksspr, verächtl* Tölpel, schwerfälliger Mensch
пень, пня, *I* пнём, *Pl* пни, пней, пням *m* Baumstumpf 2. *übtr verächtl* Klotz ◇ стоя́ть как ~ *oder* стоя́ть пнём wie ein Klotz dastehen
пенька́, -и́ *f* Hanf
пенько́вый, -ая, -ое hanfen, Hanf-
пеньюа́р, -а *m* 1. Frisierumhang, Haarschneidemantel 2. *alt* Morgenrock
[1]**пе́ня,** -и, *G Pl* пе́ней *f* Verzugszinsen, Konventionalstrafe
[2]**пе́ня** ↑ пе́ни
пеня́ть, -я́ю, -я́ешь *uv* Vorwürfe machen, die Schuld geben (кому́-н. *oder* на кого́-н. за *A* j-m wegen); пеня́й на себя́! du bist selber schuld!, geschieht dir ganz recht! ‖ *v* попеня́ть
пе́пел, -пла *m* Asche ◇ обрати́ть в ~ in Schutt und Asche legen; подня́ть из -пла aus Schutt und Asche neu erstehen lassen
пепели́ще, -а, *I* -ем *n* Brandstätte ◇ родно́е [ста́рое] ~ *alt* eigener Herd, eigenes Haus
пе́пельница, -ы, *I* -ей *f* Aschenbecher
пе́пельный, -ая, -ое 1. Aschen- 2. aschgrau; aschblond
пер. (переу́лок) Gasse, Querstraße
перва́ч, -а́ (-у́), *I* -о́м *m volksspr* Ware der besten Sorte
перве́йший, -ая, -ее *umg* 1. vordringlichst 2. allerbester
пе́рвенец, -нца, *I* -нцем, *G Pl* -нцев *m* 1. Erstgeborener, ältestes [erstgeborenes] Kind 2. *übtr* Erstling(swerk); Ха́рьковский тра́кторный заво́д — ~ пе́рвой пятиле́тки das Charkower Traktorenwerk ist einer der ersten Bauten des ersten Fünfjahrplans
пе́рвенство, -а *n* 1. Vorrang(stellung); оспа́ривать ~ у кого́-н. j-m den Vorrang streitig machen 2. *Sport* Meisterschaft; разы́грывать ~ die Meisterschaft austragen; ~ ми́ра по футбо́лу Fußball-Weltmeisterschaft
пе́рвенствовать, -вую, -вуешь *u.* **первенствова́ть,** -ву́ю, -ву́ешь *uv* 1. an erster Stelle stehen, den Ton angeben 2. *Sport* die Meisterschaft innehaben
перви́нка, -и *f volkssspr* etwas Neues ◇ в -у zum ersten Mal; мне не в -у коло́ть дрова́ ich hacke nicht zum ersten Mal Holz
перви́чный, -ая, -ое primär, Erst-; -ая парти́йная организа́ция Grundorganisation der Partei
перво- *in Zuss* Erst-, erst-
первобытнообщи́нный, -ая, -ое: ~ родово́й строй Gentilverfassung, Urgemeinschaft
первобы́тный, -ая, -ое 1. Ur-, der Urgesellschaft angehörend; ~ челове́к Urmensch; -ое о́бщество Urgesellschaft 2. *übtr* unkultiviert, primitiv 3. ursprünglich; unberührt
перво|исто́чник, -а *m* Original, Urquelle, erste Quelle; **~кла́ссник,** -а *m* Schüler der ersten Klasse; **~кла́ссный,** -ая, -ое erstklassig; **~ку́рсник,** -а *m* Student des ersten Studienjahres
Первома́й, -я *m* der Erste Mai *Feiertag*
первома́йский, -ая, -ое Mai-, am Ersten Mai stattfindend; -ая демонстра́ция Maidemonstration
первонача́льный, -ая, -ое ursprünglich, anfänglich; Anfangs-; -ые све́дения Grundkenntnisse; -ое накопле́ние ursprüngliche Akkumulation
перво|о́браз, -а *m buchspr* Urbild, Prototyp; **~очередно́й,** -а́я, -о́е *u.* **~очерёдный,** -ая, -ое vordringlichster, allerwichtigster; **~печа́тник,** -а

m Begründer des Buchdrucks, erster Buchdrucker; **~печа́тный,** -ая, -ое **1.**: ~печа́тные кни́ги Früh-, Wiegendrucke, Inkunabeln **2.** zum ersten Mal gedruckt; **~разря́дный,** -ая, -ое erstklassig; **~ро́дный,** -ая, -ое **1.** *alt* erstgeboren **2.** *buchspr* ursprünglich, unberührt ◇ ~ро́дный грех Grundfehler, Grundübel; **~родя́щая,** -ей *Subst f* Erstgebärende; **~со́ртный,** -ая, -ое erstklassig, von erster Qualität, erster Wahl; **~степе́нный,** -ая, -ое; *Kzf* -нен, -нна erstrangig, allerwichtigst; **~цве́т,** -а *m bot* Primel

пе́рвый, -ая, -ое **1.** *Num* erster; ~ эта́ж Erdgeschoß; -ого числа́ am Ersten (des Monats); -ое ию́ня der erste Juni; ~ час es geht auf eins; в -ом часу́ in der ersten Stunde, zwischen zwölf und eins; в ~ раз zum erstenmal; он ~ рассказа́л er hat es als erster erzählt; -ые два die beiden ersten; ~ учени́к bester Schüler **2.** -ое, -ого *Subst n* erster Gang *beim Essen* ◇ ~ встре́чный der erste beste; в -ую го́лову in erster Linie; из -ых рук aus erster Hand; не -ой мо́лодости nicht mehr der [die] Jüngste

перга́мент, -а *m* Pergament; Pergamentpapier

перга́ментный, -ая, -ое pergamenten

переадресова́ть, -су́ю, -су́ешь; -со́ванный, -со́ван, -а *v* umadressieren ‖ *uv* **переадресо́вывать,** -аю, -аешь

перебази́ровать, -рую, -руешь; -рованный, -рован, -а *v* verlagern, verlegen

переба́рщивать *uv zu* переборщи́ть

перебега́ть *uv zu* перебежа́ть

пере|бежа́ть* *v* **1.** *A oder* че́рез *A* (hin)durchlaufen, überqueren, laufen (über) **2.** überlaufen, desertieren ‖ *uv* перебега́ть, -а́ю, -а́ешь

перебе́жка, -и, *Pl G* -жек, *D* -жкам *f mil* **1.** sprungweises Vorgehen; geschlossener Sprung; де́лать -и sprungweise vorgehen, sich sprungweise vorarbeiten **2.** Überlaufen *zum Feind* **3.** *Sport* Wiederholung des Laufs

перебе́жчик, -а *m* Überläufer; Grenzverletzer; Verräter

перебе́ливать *uv zu* перебели́ть

перебели́ть, -елю́, -е́ли́шь; -елённый, -елён, -елена́ *v* **1.** neu weißen [tünchen] **2.** *alles, vieles* weißen **3.** ins reine schreiben ‖ *uv* перебе́ливать, -аю, -аешь

перебеси́ться, -ешу́сь, -е́сишься *v* **1.** an Tollwut erkranken *viele Tiere* **2.** *umg* in Wut geraten, aufgeregt werden *von vielen* **3.** *volksspr* sich austoben, sich die Hörner ablaufen

перебива́ть(ся) *uv zu* переби́ть(ся)

перебира́ть(ся) *uv zu* перебра́ть(ся)

пере|би́ть* *v* **1.** unterbrechen, ins Wort fallen **2.** *nacheinander* erschlagen, abschlachten, töten *viele, alle* **3.** zerbrechen, entzwei-, zerschlagen **4.** sich brechen *Glieder* **5.** neu beziehen *mit Stoff* **6.** *noch einmal* aufschütteln *Bett, Kissen* **7.** *umg* (vor der Nase) wegschnappen (что́-н. у кого́-н. j-m etw.) ◇ ~ кому́-н. доро́гу j-n ausstechen ‖ *uv* перебива́ть, -а́ю, -а́ешь

пере|би́ться* *v* **1.** *umg* sich mit Mühe und Not durchschlagen, sich über Wasser halten **2.** *1. u. 2. Pers ungebr* zerbrechen, zerschlagen werden *vieles* ‖ *uv* перебива́ться, -а́юсь, -а́ешься

перебо́й, -я *m* **1.** Stockung, Unterbrechung, Unregelmäßigkeit; рабо́тать с -ями *tech* zeitweise aussetzen **2.** *med* Aussetzen; пульс с -ями unregelmäßiger Puls

перебо́йный, -ая, -ое *umg* stockend, unregelmäßig

переболе́ть, -е́ю, -е́ешь *v I Krankheit* überstehen, durchmachen *a. übtr*; я сам э́тим переболе́л ich habe das selbst durchgemacht

перебо́р, -а *m umg* Mehreinnahme, Überschuß; Mehrverbrauch

перебо́рка, -и, *Pl G* -рок, *D* -ркам *f* **1.** Sortieren, Auslesen **2.** Scheidewand, Zwischenwand; *naut* Schott(e)

пере|боро́ть* *v* **1.** *umg* besiegen **2.** *übtr* überwinden, unterdrücken

переборщи́ть, -щу́, -щи́шь *v umg* (es) übertreiben ‖ *uv* переба́рщивать, -аю, -аешь

перебра́ниваться, -аюсь, -аешься *uv umg* sich zanken, sich gegenseitig beschimpfen

перебрани́ться, -ню́сь, -ни́шься *v umg* sich verzanken

перебра́нка, -и *f umg* heftiger Wortwechsel, Gezänk, gegenseitiges Beschimpfen

перебра́сывать *uv zu* переброса́ть *u.* перебро́сить

перебра́сываться *uv zu* перебро́ситься

пере|бра́ть*; пере́бранный, -ан, -а *v* **1.** sortieren, durchsehen, auslesen **2.** *typ* neu setzen **3.** nacheinander berühren, anschlagen; ~ кла́виши па́льцами mit den Fingern über die Tasten gleiten **4.** *umg zur Reparatur* auseinandernehmen und wieder zusammensetzen **5.** *A oder G* nach und nach nehmen, borgen **6.** *A oder G* zuviel nehmen ◇ ~ когó-н. по кóсточкам j-n durchhecheln || *uv* перебирáть, -áю, -áешь

пере|брáться*; -брались *v umg* **1.** überqueren, übersetzen; ~ чéрез рéкý über den Fluß setzen, den Fluß überqueren **2.** umziehen, übersiedeln; ~ в нóвую квартиру in eine neue Wohnung ziehen || *uv* перебирáться, -áюсь, -áешься

перебросáть, -áю, -áешь; перебрóсанный, -ан, -а *v* ein Stück nach dem anderen hinwerfen, *viel, alles* hinüberwerfen || *uv* перебрáсывать, -аю, -аешь

перебрóсить, -óшу, -óсишь; -óшенный, -óшен, -óшена *v* **1.** (hin)überwerfen; ~ мяч чéрез забóр den Ball über den Zaun werfen **2.** *Truppen* verschieben; versetzen; transportieren, befördern; егó перебрóсили в другóй райóн er wurde in einen anderen Kreis versetzt ◇ ~ мост чéрез рéкý eine Brücke über den Fluß bauen || *uv* перебрáсывать, -аю, -аешь

перебрóситься, -óшусь, -óсишься *v* **1.** (hinüber)springen, sich schwingen (über) **2.** *übtr* überspringen, sich ausbreiten; огóнь перебрóсился на сосéдний дом das Feuer griff auf das Nachbarhaus über **3.** *I* sich zuwerfen; ~ нéсколькими словáми einige Worte wechseln || *uv* перебрáсываться, -аюсь, -аешься

перебрóска, -и *f* Verschiebung, -legung

перебывáть, -áю, -áешь *v* verweilen, sich aufhalten *an vielen Orten*; где я тóлько не перебывáл! wo bin ich nicht überall gewesen!

перевáл, -а *m* **1.** Gebirgspaß **2.** Überqueren; ~ чéрез гóры das Überqueren des Gebirges

перевалец, -льца, *I* -льцем *m*: ходить с -льцем watscheln, einen wiegenden Gang haben

перевáливать *uv zu* перевалить

перевáливаться, -аюсь, -аешься *uv* **1.** watscheln **2.** *uv zu* перевалиться

перевалить, -алю, -áлишь; -áленный, -áлен, -а *v* **1.** (hinüber)wälzen, -schleppen; umladen **2.** *A oder* чéрез *A* überqueren *Gebirge u. ä.* **3.** за *A umg* überschreiten; сýмма перевалила за тысячу рублéй die Summe überschritt tausend Rubel; перевалило далекó за пóлночь Mitternacht ist [war] längst vorbei; ей перевалило за сóрок sie ist über vierzig || *uv* перевáливать, -аю, -аешь

перевалиться, -валюсь, -вáлишься *v* **1.** sich darüberwälzen **2.** *umg* sich hin und her wälzen **3.** *volksspr* überqueren || *uv* перевáливаться, -аюсь, -аешься

перевáлка, -и *f* Umladen, Umschlag ◇ ходить в -у einen watschelnden Gang haben

перевáлочный, -ая, -ое Umschlags-, Umlade-

перевáривать(ся) *uv zu* переварить(ся)

переварить, -арю, -áришь; -áренный, -áрен, -а *v* **1.** verdauen *a. übtr* **2.** noch einmal kochen **3.** umschmelzen **4.** zu lange kochen, zerkochen (lassen) **5.** *übtr umg* ertragen, ausstehen || *uv* перевáривать, -аю, -аешь; онá егó не перевáривает sie kann ihn nicht ausstehen [nicht leiden]

перевариться, *1. u. 2. Pers ungebr,* -áрится *v* **1.** zerkochen *itr* **2.** verdaut werden || *uv* перевáриваться, -ается

пере|везти* *v* **1.** befördern, transportieren **2.** übersetzen *über ein Gewässer* || *uv* перевозить, -вожý, -вóзишь

перевернýть, -нý, -нёшь; перевёрнутый, -ут, -а *v* **1.** umwenden, umdrehen **2.** *umg* umkippen, umwerfen **3.** wenden *Kleidung* **4.** *umg* alles umwenden *auf der Suche nach etw.* **5.** *übtr* verkehren, wenden ◇ ~ всё вверх дном das Unterste zuoberst kehren, alles auf den Kopf stellen; ~ весь мир die Welt aus den Angeln heben || *uv* перевёртывать, -аю, -аешь

перевернýться, -нýсь, -нёшься *v* sich umwenden, -drehen; umschlagen, umkippen || *uv* перевёртываться, -аюсь, -аешься

перевертéть, -ерчý, -éртишь; -éрченный, -éрчен, -а *v* **1.** überdrehen *Schraube u. ä.* **2.** nochmals einschrauben, umschrauben || *uv* перевéрчивать, -аю, -аешь

перевёртывать *uv zu* перевернýть

перевёртываться *uv zu* перевернýться

перевéрчивать *uv zu* перевертéть

перевéс, -а *m* **1.** Nachwiegen **2.** Übergewicht **3.** *übtr* Übergewicht, Übermacht; ~ голосóв Stimmenmehrheit

перевéсить, -éшу, -éсишь; -éшенный, -éшен, -а *v* 1. umhängen, anderswo aufhängen 2. nachwiegen, nochmals wiegen 3. schwerer sein, überwiegen 4. *übtr umg* überwiegen, das Übergewicht haben ‖ *uv* перевéшивать, -аю, -аешь

перевéситься, -éшусь, -éсишься *v* sich beugen (über) ‖ *uv* перевéшиваться, -аюсь, -аешься

пере|вестú*; перевéдши *u.* переведя́ *v* 1. (hinüber)führen, -bringen 2. überführen; verlegen; ~ больнóго в другу́ю палáту einen Kranken in ein anderes Zimmer legen; ~ пóезд на запаснóй путь den Zug aufs Abstellgleis fahren 3. umstellen; ~ все цехá на хозрасчёт alle (Werks-) Abteilungen auf wirtschaftliche Rechnungsführung umstellen; ~ на вóенные рéльсы auf den Krieg umstellen; ~ часову́ю стрéлку den Uhrzeiger umstellen, die Uhr stellen 4. übersetzen, übertragen *in eine andere Sprache*; ~ с немéцкого на ру́сский vom Deutschen ins Russische übersetzen 5. *j-n* versetzen; егó перевелú в другóй гóрод er wurde in eine andere Stadt versetzt; ~ ученикá в слéдующий класс einen Schüler (in die nächste Klasse) versetzen 6. überweisen *Geld* 7. *jur* überschreiben (lassen); ~ сбережéния на úмя жены́ die Ersparnisse auf den Namen der Frau überschreiben lassen 8. umrechnen (на *A* in); ~ мúли в киломéтры Meilen in Kilometer umrechnen 9. durchpausen, durchzeichnen 10. *umg* vernichten, ausrotten; *Geld* (sinnlos) ausgeben ◇ ~ дух [дыхáние] (tief) Luft holen ‖ *uv* переводúть, -ожу́, -óдишь

пере|вестúсь*; перевéдшись *u.* переведя́сь *v* 1. überwechseln, sich versetzen lassen *auf eine andere Arbeitsstelle* 2. *umg 1. u. 2. Pers ungebr* aussterben, verschwinden; ausgehen; дéньги у негó не перевóдятся er ist immer bei Kasse ‖ *uv* переводúться, -вожу́сь, -вóдишься

перевéшать, -аю, -аешь; -анный, -ан, -а *v* 1. *umg alles, viel* nacheinander aufhängen 2. *viele* der Reihe nach erhängen 3. *nacheinander* (ab)wiegen 4. *umg* nochmals wiegen ‖ *uv*

[1]**перевéшивать,** -аю, -аешь *zu* 3

[2]**перевéшивать** *uv zu* перевéсить

перевéшиваться *uv zu* перевéситься

перевивáть *uv zu* перевúть

перевидáть, -áю, -áешь; перевúданный, -ан, -а *v umg vieles* sehen, erleben

перевирáть *uv zu* переврáть

пере|вúть*; перевúтый *u. umg* перевитóй, -йт, -á! *v* 1. umwinden; durch-, verflechten 2. nochmals, neu flechten, drehen ‖ *uv* перевивáть, -áю, -áешь

перевóд, -а *m* 1. Übersetzung, Übertragung; ~ с ру́сского Übersetzung aus dem Russischen; дослóвный ~ wörtliche Übersetzung; у́стный ~ Dolmetschen; синхрóнный ~ Simultandolmetschen, Simultanübersetzung; послéдовательный ~ Konsekutivdolmetschen 2. Überführung, Versetzung; ~ в стáрший класс Versetzung in die nächste Klasse 3. Geld-, Postanweisung 4. Stellen *Uhr, Weiche* 5. Durchpausen 6. *typ* Umdruck 7. *umg* Vergeudung, Verschwendung ◇ нет -у [-а] *D* nicht alle werden, ist [sind] vorhanden, nicht erschöpft werden

переводúть(ся) *uv zu* перевестú(сь)

перевóдный, -ая, -ое *u. umg* **переводнóй,** -áя, -óе 1. übersetzt, Übersetzungs- 2. Überweisungs-; ~ бланк Überweisungsvordruck; ~ вéксель trassierter Wechsel 3. *tech* Überleitungs- 4. (переводнóй) zum Kopieren (dienend), Paus-; -áя бумáга Kohlepapier; Durchschlagpapier; -áя картúнка Abziehbild

перевóдческий, -ая, -ое Übersetzer-, Dolmetscher-

перевóдчик, -а *m* Übersetzer; Dolmetscher

перевóдчица, -ы, *I* -ей *f* Übersetzerin; Dolmetscherin

перевóз, -а *m* 1. Transport, Beförderung, Hinüberfahren *tr* 2. Überfahrt(sstelle) 3. *umg* Fähre

перевозúть *uv zu* перевезтú

перевóзка, -и, *Pl G* -зок, *D* -зкам *f* Transport, Beförderung; Hinüberfahren

перевóз(оч)ный, -ая, -ое Transport-, Beförderungs-; Überfahrts-

перевóзчик [ощ], -а *m* Fährmann

переволновáться, -ну́юсь, -ну́ешься *v umg* sich übermäßig aufregen

перевооружáть *uv zu* перевооружúть

перевооружéние, -я *n* Neuausrüstung; *mil* Umrüstung

перевооружúть, -жу́, -жúшь; -жённый, -жён, -женá *v tech* neu ausrüsten; *mil* umrüsten ‖ *uv* перевооружáть, -áю, -áешь

скоростями *oder* коробка передач Wechselgetriebe **5.** *Auto* Gang **6.** *Sport* Abgabe, Zuspiel; ~ эстафеты Stabwechsel

передвигать *uv zu* передвинуть

передвигаться, -аюсь, -аешься *uv* **1.** *uv zu* передвинуться **2.** sich bewegen, gehen, fahren

передвижение, -я *n* Fortbewegung; Versetzung; Verschiebung; Transport; средство -я Transportmittel; свобода -я Bewegungsfreiheit, Freizügigkeit; ~ войск Truppenverschiebung

передвижка, -и, *Pl G* -жек, *D* -жкам *f* **1.** Verschiebung **2.** Wander-; библиотека-~ Wanderbibliothek, fahrbare Bibliothek; выставка-~ Wanderausstellung **3.** Filmvorführwagen

передвижник, -а *m* Peredwishnik *Angehöriger einer Gruppe von russischen Malern, die in der 2. Hälfte des 19. Jahrh. Wanderausstellungen veranstaltete*

передвижной, -ая, -ое **1.** verschiebbar, verstellbar, beweglich, fahrbar **2.** Wander-; ~ цирк Wanderzirkus; -ая выставка Wanderausstellung

передвинуть, -ну, -нешь; -нутый, -нут, -а *v* **1.** verschieben, verrücken, umstellen; transportieren; verlegen; ~ стрелку (часов) вперёд [назад] den Uhrzeiger vorstellen [nachstellen] **2.** *umg* verschieben, verlegen *Urlaub, Termin* || *uv* передвигать, -аю, -аешь

передвинуться, -нусь, -нешься *v* sich verschieben; (vor)rücken || *uv* передвигаться, -аюсь, -аешься

передел, -а *m* **1.** Neuaufteilung, Neuverteilung **2.** *hist* periodische Neuverteilung des Gemeindelandes nach der Kopfzahl

переделать, -аю, -аешь; -анный, -ан, -а *v* **1.** umändern, umarbeiten, umformen **2.** *umg viel* schaffen, fertigbringen, leisten || *uv* переделывать, -аю,-аешь *zu* 1

переделить, -елю, -елишь; -елённый, -елён, -елена *v* **1.** neu aufteilen, neu verteilen **2.** *umg* in zwei Teile teilen || *uv* переделять, -яю, -яешь

переделка, -и, *Pl G* -лок, *D* -лкам *f* **1.** Umarbeitung, Änderung, Umgestaltung; отдать платье в -у ein Kleid ändern lassen; ~ пути Gleisumbau *Eisenbahn*; упражнение на -у Umformungsübung *im Sprachunterricht* **2.** *lit* umgearbeitete Fassung ◇ попасть в -у in eine heikle Lage geraten; побывать в -е sich in einer heiklen Lage befinden

переделывать *uv zu* переделать

переделять *uv zu* переделить

передёргивать *uv zu* передёрнуть

передержать, -ержу, -ержишь; -ержанный, -ержан, -а *v* **1.** zu lange halten, zu lange (stehen) lassen **2.** *phot* überbelichten; überentwickeln ◇ ~ экзамен *alt* eine Prüfung nochmals ablegen || *uv* **передерживать,** -аю, -аешь

[1]**передержка,** -и *f* **1.** *phot* Überbelichtung; Überentwicklung **2.** *umg* Nachprüfung, nochmalige Prüfung

[2]**передержка,** -и, *Pl G* -жек, *D* -жкам *f umg* (Ver-) Fälschung; Mogelei; betrügerischer Trick *Kartenspiel*

передёрнуть, -ну, -нешь; -нутый, -нут, -а *v* **1.** zurechtziehen, -rücken, -zupfen; herumreißen **2.** *I* zucken (mit), verziehen; лошадь передёрнула ушами das Pferd zuckte mit den Ohren **3.** *unpers A* schütteln; его передёрнуло от отвращения ihn schüttelte es vor Ekel **4.** *umg* falschspielen, *Karte* unterschlagen **5.** *umg* verdrehen, entstellen || *uv* передёргивать, -аю, -аешь

передне- *in Zuss* vorder-

передненёбный, -ая, -ое: ~ звук *ling* Vordergaumenlaut

переднеязычный, -ая, -ое: ~ звук *ling* Vorderzungenlaut

передний, -яя, -ее vorderer, Vorder-; на -ем плане im Vordergrund; ~ ход *tech* Vorwärtsgang; ~ край *mil* vorderste Linie, Hauptkampflinie

передник, -а *m* Schürze

передняя, -ей *Subst f* Vorzimmer, Vorraum, Vorsaal, Diele

передо ↑ перед

передоверить, -рю, -ришь; -ренный, -рен, -а *v etw. Anvertrautes einem anderen* übergeben, anvertrauen || *uv* **передоверять,** -яю, -яешь

передовик, -а *m umg* Bestarbeiter; vorbildlicher Arbeiter; ~ сельского хозяйства Meisterbauer

передовица, -ы, *I* -ей *f umg* Leitartikel

передовой, -ая, -ое **1.** Vorder-; vorderster; vorgeschoben; ~ пост Vorposten **2.** fortgeschritten, führend; -ое предприятие führender Betrieb, Spitzenbetrieb **3.** fortschrittlich **4.** -ая, -ой *Subst f* Leitartikel **5.** -ые,

-ых *Pl mil* vorderste Linie [Front] ◇ -áя статья́ Leitartikel
передóк, -дкá *m* **1.** Vorderteil *Wagen, Schlitten* **2.** *meist Pl mil* Protze
передóм *Adv gbt* vorn(weg)
передóхнуть, *1. u. 2. Pers ungebr,* -нет; передóх, -ла *v umg* nacheinander verenden, krepieren
передохну́ть, -ну́, -нёшь *v* **1.** Atem holen [schöpfen] **2.** *umg* haltmachen, eine kurze Rast einlegen || *uv* передыхáть, -áю, -áешь
передрáзнивать *uv zu* передразни́ть
передразни́ть, -азню́, -áзнишь; -азнённый, -азнён, -азненá *v A* nachäffen, nachahmen || *uv* передрáзнивать, -аю, -аешь
пере|дрáться*; -драли́сь *v umg* sich prügeln, sich schlagen *von vielen*
передружи́ться, -ужу́сь, -ужи́шься *v umg* sich befreunden *mit vielen, allen*
передря́га, -и *f umg* unangenehme Sache [Lage]; попáсть в -у in die Klemme geraten
переду́мать, -аю, -аешь; -анный, -ан, -а *v* **1.** es sich anders überlegen, seine Meinung ändern **2.** *A oder* о *P umg* (viel) nachdenken (über) || *uv* **переду́мывать,** -аю, -аешь
передыхáть *uv zu* передохну́ть
переды́шка, -и, *Pl G* -шек, *D* -шкам *f* Atempause; Rast; Unterbrechung; без -и ununterbrochen; дать комý-н. -у j-m eine Atempause gönnen
переедáть *uv zu* переéсть
переéзд, -а *m* **1.** Überfahrt **2.** Umzug, Übersiedlung **3.** Bahnübergang; Flußübergang; охраня́емый (железнодорóжный) ~ beschrankter Bahnübergang
переезжáть *uv zu* переéхать
пере|éсть* *v* **1.** sich überessen **2.** zerfressen, korrodieren **3.** *umg alles* aufessen || *uv* переедáть, -áю, -áешь *zu* 1, 2
пере|éхать* *v* **1.** *A oder* чéрез *A* überqueren, hinüberfahren, fahren (über) **2.** umziehen, übersiedeln; ~ на нóвую квартиру in eine neue Wohnung ziehen, umziehen **3.** überfahren *tr* || *uv* переезжáть, -áю, -áешь
пережáривать(ся) *uv zu* пережáрить(ся)
пережáрить, -рю, -ришь; -рь; -ренный, -рен, -а *v* **1.** zu lange [zu stark] braten (lassen), zu stark rösten **2.** *umg alles, vieles* braten || *uv* пережáривать, -аю, -аешь *zu* 1
пережáриться, -рюсь, -ришься; -рься *v* **1.** *1. u. 2. Pers ungebr von zu langem Braten* verbrennen **2.** *volksspr* sich zu lange sonnen || *uv* пережáриваться, -аюсь, -аешься
пере|ждáть* *v* das Ende (von etw.) abwarten; ~ грозу́ das Gewitter vorübergehen lassen || *uv* пережидáть, -áю, -áешь
пере|жевáть* *v* zerkauen || *uv* пережёвывать, -аю, -аешь
пережёвывать, -аю, -аешь *uv* **1.** wiederkäuen, nochmals kauen **2.** *übtr* unaufhörlich wiederholen, wiederkäuen **3.** *uv zu* пережевáть
пере|жéчь*; пережглá *v* **1.** zu stark brennen [rösten] *tr* **2.** durch-, zerfressen, durchbrennen *tr* **3.** *alles* verbrennen **4.** *umg* zu viel verbrennen, verbrauchen *Brennstoffe, Strom* || *uv* пережигáть, -áю, -áешь
переживáние, -я *n* Erlebnis
переживáть *uv zu* пережи́ть
пережигáть *uv zu* пережéчь
пережидáть *uv zu* переждáть
пережи́ток, -тка *m* Überrest, Überbleibsel *des Alten*
пере|жи́ть*, пéрежил, пережилá!; пéрежитый, пéрежит, пережитá! *v* **1.** erleben, durchleben, durchmachen; он тяжелó пéрежил э́то er hat sich das schwer zu Herzen genommen **2.** *A* überleben, überdauern, länger leben (als) **3.** ertragen, aushalten ◇ ~ (самогó) себя́ a) *übtr* sich ein bleibendes Denkmal setzen, in der Erinnerung der Menschen weiterleben; b) schon zu Lebzeiten zur Bedeutungslosigkeit herabsinken || *uv* переживáть, -áю, -áешь
пережóг, -а *m umg* Mehrverbrauch, zu hoher Verbrauch *an Brennstoffen, Strom*
переза|бы́ть*; -бы́ла *v umg viel, alles* vergessen
перезаключáть *uv zu* перезаключи́ть
перезаключи́ть, -чу́, -чи́шь; -чённый, -чён, -ченá *v*: ~ договóр [соглашéние] einen Vertrag [ein Abkommen] erneuern || *uv* перезаключáть, -áю, -áешь
перезаряди́ть, -яжу́, -я́дишь; -я́женный, -я́жен, -а *u.* -яжённый, -яжён, -яженá *v* neu laden *Gewehr u. a.*; ~ фотоаппарáт einen neuen Film einlegen || *uv* **перезаряжáть,** -áю, -áешь
перезвóн, -а *m* Läuten mit allen Glocken, Glockengeläut

перездорóваться, -аюсь, -аешься *v* с *I umg* alle begrüßen
перезимовáть, -мýю, -мýешь *v* überwintern || *uv* **перезимóвывать,** -аю, -аешь
перезнакóмить, -млю, -мишь; -мленный, -млен, -а *v umg viele* miteinander bekannt machen; ~ гостéй die Gäste miteinander bekannt machen
перезревáть *uv zu* перезрéть
перезрéлый, -ая, -ое überreif ◇ -ая дéва *umg iron* spätes Mädchen
перезрéть, -éю, -éешь *v* 1. *1. u. 2. Pers ungebr* überreif werden 2. *umg, iron* zu alt werden, das heiratsfähige Alter überschreiten || *uv* перезревáть, -áет *zu* 1
переигрáть, -áю, -áешь; перейгранный, -ан, -а *v* 1. *A* nochmals spielen, *ein Spiel* wiederholen 2. *A viel* nacheinander (durch)spielen 3. *umg* zuviel spielen, überspielen 4. *A umg* überspielen, übertreffen, besiegen, im Spiel besiegen 5. *theat umg* übertrieben [unnatürlich] spielen || *uv* **перейгрывать,** -аю, -аешь
переизбирáть *uv zu* переизбрáть
переизбрáние, -я *n* Neuwahl, nochmalige Wahl
переиз|брáть*; перейзбранный, -ан, -а *v* neu [nochmals] wählen || *uv* переизбирáть, -áю, -áешь
переиздавáть *uv zu* переиздáть
переиздáние, -я *n* Neuauflage, -ausgabe
переиз|дáть*; перейзданный, -йздан, -йзданá! *v* neu auflegen, neu herausgeben || *uv* переиз|давáть*
переименовáние, -я *n* Umbenennung
переименовáть, -нýю, -нýешь; -нóванный, -нóван, -а *v* umbenennen || *uv* **переименóвывать,** -аю, -аешь
перéимчивый, -ая, -ое; *Kzf* -ив, -а *umg* gelehrig, von schneller Auffassungsgabe
переинáчивать *uv zu* переинáчить
переинáчить, -чу, -чишь; -ченный, -чен, -а *v umg* anders machen, umändern, ummodeln || *uv* переинáчивать, -аю, -аешь
перейму́ ↑ переня́ть
пере|йти́*; перейдённый, -ён, -енá *v* 1. *A oder* чéрез *A* gehen (über), überschreiten, überqueren; ~ ýлицу die Straße überqueren 2. hinübergehen; ~ в другýю кóмнату in ein anderes Zimmer (hinüber)gehen 3. übergehen (in, zu); sich verwandeln; ~ в наступлéние zum Angriff übergehen; ~ в католи́чество zum Katholizismus [zur katholischen Kirche] übertreten; ~ в слéдующий класс (in die nächste Klasse) versetzt werden; ссóра перешлá в дрáку der Streit artete in Prügelei aus; ~ на диéту zur Diät übergehen 4. umziehen; seinen Standort wechseln 5. за *A umg* überschreiten; бой перешёл ужé за четвёртые сýтки die Kämpfe dauerten schon über vier Tage; ~ все грани́цы *übtr* alle Grenzen überschreiten ◇ ~ по наслéдству vererbt werden || *uv* переходи́ть, -ожý, -óдишь
перекáливать *uv zu* перекали́ть
перекали́ть, -лю́, -ли́шь; -лённый, -лён, -ленá *v* 1. überhärten *Metall* 2. *umg* überhitzen; zu stark heizen || *uv* перекáливать, -аю, -аешь
перекáлывать *uv zu* [1]переколóть
перекáпывать *uv zu* перекопáть
перекáрмливать *uv zu* перекорми́ть
перекáт, -а *m* 1. Sandbank *im Fluß* 2. Rollen, Wälzen *an eine andere Stelle* 3. *meist Pl* Rollen *des Donners*
перекати́-пóле, -я *n bot* Männertreu
перекати́ть, -ачý, -áтишь; -áченный, -áчен, -а *v* (hinüber)rollen, wälzen || *uv* перекáтывать, -аю, -аешь
перекати́ться, -ачýсь, -áтишься *v* 1. hinüberrollen *itr* 2. (hinaus)rollen (за *A* über) || *uv* перекáтываться, -аюсь, -аешься
перекáтный, -ая, -ое 1. sich ständig fortbewegend; -ые пески́ Flugsand; -ые камéнья erratische Blöcke 2. dröhnend, rollend *Donner*
перекáтывать(ся) *uv zu* перекати́ть(ся)
перекачáть, -áю, -áешь; перекáчанный, -ан, -а *v anderswohin* pumpen || *uv* **перекáчивать,** -аю, -аешь
[1,2]**перекáшивать** *uv zu* [1,2]перекоси́ть
перекáшиваться *uv zu* перекоси́ться
переквалификáция, -и *f* Umschulung
переквалифици́роваться, -руюсь, -руешься *v, uv* einen anderen Beruf erlernen
перекидáть, -áю, -áешь; перекиданный, -ан, -а *v* hinüberwerfen, -schaffen *alles, vieles* || *uv* переки́дывать, -аю, -аешь
перекиднóй, -áя, -óе 1. Umhänge-; -áя сýмка Umhängetasche 2. Kipp-; -áя тáчка Kippkarren
переки́дывать *uv zu* перекидáть *u.* переки́нуть
переки́дываться *uv zu* переки́нуться

переки́нуть, -ну, -нешь; -нутый, -нут, -а *v* 1. (hin)überwerfen 2. schlagen, errichten *Brücke* 3. *umg* versetzen; transportieren, befördern; verschieben || *uv* переки́дывать, -аю, -аешь

переки́нуться, -нусь, -нешься *v* 1. (hinüber)springen, sich schwingen (über) 2. überspringen; sich ausbreiten *Feuer u. a.* 3. sich zuwerfen; wechseln *Worte* || *uv* переки́дываться, -аюсь, -аешься

перекипа́ть *uv zu* перекипе́ть

перекипе́ть, -плю́, -пи́шь *v* 1. zu lange kochen 2. *umg* sich beruhigen *nach einer starken Erregung* || *uv* перекипа́ть, -а́ю, -а́ешь

перекиса́ть *uv zu* переки́снуть

переки́снуть, *1. u. 2. Pers ungebr*, -нет; перекис, -ла *v* (zu) sauer werden || *uv* перекиса́ть, -а́ет

пе́рекись, -и *f chem* Peroxyd

перекла́дина, -ы *f* 1. Querbalken 2. *Sport* Reck

перекладны́е, -ы́х *Subst Pl alt*: е́хать на -ы́х mit Postpferden fahren (*die auf jeder Station ausgewechselt wurden*)

перекла́дывать *uv zu* переложи́ть

перекле́ивать *uv zu* перекле́ить

перекле́ить, -е́ю, -е́ишь; -е́нный, -е́ен, -а *v* 1. *anderswohin* kleben 2. neu bekleben; ~ обо́и neu tapezieren || *uv* перекле́ивать, -аю, -аешь

перекли́ка́ться, -а́юсь, -а́ешься *uv* с *I* 1. einander zurufen 2. *übtr, 1. u. 2. Pers ungebr* sich ähneln, anklingen (an), erinnern (an) || *v mom* **перекли́кнуться,** -нусь, -нешься *zu* 1

перекли́чка, -и *f* 1. namentlicher Aufruf, Appell 2. gegenseitiger Zuruf 3. Aufruf zu gegenseitigem Erfahrungsaustausch

переключа́тель, -я *m tech* Umschalter; ~ диапазо́на *rad* Wellenbereichumschalter; ~ освеще́ния Abblendschalter *Auto*

переключа́ть(ся) *uv zu* переключи́ть(ся)

переключе́ние, -я *n* 1. Umschaltung 2. *übtr* Umstellung

переключи́ть, -чу́, -чи́шь; -чённый, -чён, -чена́ *v* 1. umschalten; ~ телефо́н das Telefon umstellen 2. *übtr* umstellen; ~ промы́шленность на ми́рные ре́льсы die Industrie auf Friedensproduktion umstellen; ~ разгово́р на другу́ю те́му das Gespräch auf ein anderes Thema lenken || *uv* переключа́ть, -а́ю, -а́ешь

переключи́ться, -чу́сь, -чи́шься *v* 1. sich umstellen (auf), übergehen; *übtr* sich richten, sich einstellen 2. *1. u. 2. Pers ungebr* umgeschaltet werden || *uv* переключа́ться, -а́юсь, -а́ешься

пере|кова́ть* *v* 1. *Pferd* neu beschlagen 2. umschmieden; neu schmieden 3. umerziehen || *uv* **перекóвывать,** -аю, -аешь

перековка, и- *f* Umerziehung

перекола́чивать *uv zu* переколоти́ть

переколоти́ть, -очу́, -о́тишь; -о́ченный, -чен, -а *v* 1. *umg alles* zerschlagen 2. *umg* anders annageln 3. *volksspr alle, viele* durchprügeln || *uv* перекола́чивать, -аю, -аешь *zu* 2

[1]**пере|коло́ть*** *v* 1. umstecken, anders anstecken 2. (sich) ganz zerstechen *Finger, Füße u. ä.* 3. abstechen, abschlachten || *uv* перека́лывать, -аю, -аешь *zu* 1

[2]**пере|коло́ть*** *v viel, alles* spalten, zerhacken; *Nüsse* knacken

перекопа́ть, -а́ю, -а́ешь; перекóпанный, -ан, -а *v* 1. neu umgraben [aufgraben] 2. *A* einen Graben ziehen (durch) || *uv* перека́пывать, -аю, -аешь

перекорми́ть, -ормлю́, -о́рмишь; -о́рмленный, -о́рмлен, -а *v* überfüttern || *uv* перека́рмливать, -аю, -аешь

перекóры, -ов *Pl umg* gegenseitige Vorwürfe, Wortwechsel

перекоря́ться, -я́юсь, -я́ешься *uv umg* sich gegenseitig Vorwürfe machen

[1]**перекоси́ть,** -ошу́, -о́сишь; -о́шенный, -о́шен, -а *v viel, alles* nacheinander mähen || *uv* перека́шивать, -аю, -аешь

[2]**перекоси́ть,** -ошу́, -оси́шь; -о́шенный, -о́шен, -а *v* 1. krummziehen, verziehen; от сы́рости перекоси́ло око́нную ра́му der Fensterrahmen hat sich vor Feuchtigkeit verzogen 2. *meist unpers* verziehen, -zerren; от бо́ли его́ перекоси́ло *oder* от бо́ли у него́ перекоси́ло лицо́ vor Schmerz verzog er [sich] sein Gesicht || *uv* перека́шивать, -аю, -аешь

перекоси́ться, *1. u. 2. Pers ungebr*, -и́тся *v* 1. sich krümmen, sich werfen 2. sich verziehen, -zerren *Gesicht* || *uv* перека́шиваться, -ается

перекочева́ть, -чу́ю, -чу́ешь *v* 1. weiterziehen *Nomaden* 2. *übtr umg* umziehen, umsiedeln; die Arbeitsstelle wechseln || *uv* **перекочёвывать,** -аю, -аешь

перекóшенный, -ая, -ое 1. schief 2. krampfhaft verzerrt

перекрáивать *uv zu* перекрои́ть

перекрáсить, -áшу, -áсишь; -áшенный, -áшен, -а *v* neu anstreichen; umfärben || *uv* **перекрáшивать,** -аю, -аешь

перекрáситься, -áшусь, -áсишься *v* 1. *1. u. 2. Pers ungebr* sich umfärben lassen 2. *übtr umg* die Farbe wechseln || *uv* **перекрáшиваться,** -аюсь, -аешься

перекрести́ть, -ещý, -éстишь; -ещённый, -ещён, -ещенá *v* 1. bekreuzigen 2. *umg* umtaufen 3. *umg* über Kreuz legen 4. *umg* durchkreuzen, -streichen || *uv* перекрéщивать, -аю, -аешь

перекрести́ться, -ещýсь, -éстишься *v* 1. sich bekreuzigen 2. *umg* sich kreuzen || *uv* перекрéщиваться, -аюсь, -аешься

перекрёстный, -ая, -ое überkreuzt, Kreuz-; ~ допрóс Kreuzverhör

перекрёсток, -тка *m* Straßenkreuzung, Kreuzweg ◇ на всех -тках (рассказáть, кричáть о чём-н.) überall, an allen Ecken (von etw. erzählen, etw. ausschreien)

перекрéщивать(ся) *uv zu* перекрести́ть(ся)

перекри́кивать *uv zu* перекричáть

перекричáть, -чý, -чи́шь *v* überschreien || *uv* перекри́кивать, -аю, -аешь

перекрои́ть, -ою́, -ои́шь; -ои́; -óенный, -óен, -а *v* 1. anders [neu] zuschneiden 2. *umg* völlig umgestalten, umarbeiten 3. *umg alles, viel* zuschneiden || *uv* перекрáивать, -аю, -аешь *zu* 1, 2

перекрути́ть, -учý, -ýтишь; -ýченный, -ýчен, -а *v* 1. *umg* überdrehen; ~ пружи́ну die Feder überdrehen 2. *volksspr* zusammendrehen, -schnüren 3. *volksspr* umdrehen *z. B. Schlüssel* || *uv* **перекрýчивать,** -аю, -аешь

перекрывáть *uv zu* перекры́ть

перекры́тие, -я *n* 1. *arch* Überdekkung, Decke *zwischen Stockwerken* 2. Überbietung

пере|кры́ть* *v* 1. neu decken *Dach* 2. *umg* über-, ausstechen *beim Kartenspiel* 3. *umg* überbieten, übertreffen 4. *umg* wettmachen, aufholen; ~ недорабóтку den Rückstand (in der Arbeit) aufholen 5. *Wasser* abdämmen; *Weg* versperren || *uv* перекрывáть, -áю, -áешь

перекувы́ркивать(ся) *uv zu* перекувырнýть(ся)

перекувырнýть, -нý, -нёшь; перекувы́рнутый, -ут, -а *v umg* umkippen, -werfen || *uv* перекувы́ркивать, -аю, -аешь

перекувырнýться, -нýсь, -нёшься *v umg* 1. umkippen, -fallen 2. sich überschlagen, einen Purzelbaum [einen Salto] machen || *uv* перекувы́ркиваться, -аюсь, -аешься

перекупáть *uv zu* перекупи́ть

перекупи́ть, -уплю́, -ýпишь; -ýпленный, -ýплен, -а *v* 1. *umg* vor der Nase wegschnappen [wegkaufen] (у когó-н. чтó-н. j-m etw.) 2. *umg* zum Weiterverkauf aufkaufen 3. *volksspr viel* (zusammen)kaufen || *uv* перекупáть, -áю, -áешь

перекýпщик, -а *m* Aufkäufer, Zwischenhändler

перекýр, -а *m umg* Zigarettenpause

перекýривать *uv zu* перекури́ть

перекури́ть, -урю́, -ýришь; -ýренный, -ýрен, -а *v* 1. zu viel rauchen 2. *umg viel, alles* rauchen 3. *umg* eine Zigarettenpause einlegen; in der Pause ein paar Züge tun 4. *volksspr* im Rauchen übertreffen || *uv* перекýривать, -аю, -аешь *zu* 1, 3, 4

перекусáть, -áю, -áешь; перекýсанный, -ан, -а *v alle, viele* beißen

перекуси́ть, -ушý, -ýсишь; -ýшенный, -ýшен, -а *v* 1. durch-, zerbeißen 2. *umg* etw. zu sich nehmen, einen kleinen Imbiß einnehmen || *uv* **перекýсывать,** -аю, -аешь

перелáвливать *uv zu* перелови́ть

перелагáть *uv zu* переложи́ть

перелáмывать *uv zu* переломáть *u.* переломи́ть

перелáмываться *uv zu* переломáться *u.* переломи́ться

перележáть, -жý, -жи́шь *v umg* 1. zu lange liegen 2. *1. u. 2. Pers ungebr* von (zu) langem Liegen verderben

перелезáть *uv zu* перелéзть

пере|лéзть* *v A oder* чéрез *A* klettern (über); hinüberklettern || *uv* перелезáть, -áю, -áешь

перелéска, -и, *Pl G* -сок, *D* -скам *f* Leberblümchen

перелéсок, -ска *m* kleines Waldstück; lichtere Stelle im Wald

перелёт, -а *m* 1. Vogelzug 2. Flug, Überfliegen, Überflug; ~ чéрез Сéверный пóлюс die Überfliegung des Nordpols; беспосáдочный ~ Nonstopflug; дáльний ~ Fern-, Überlandflug 3. *mil* Weitschuß

перелета́ть *uv zu* перелете́ть
перелете́ть, -ечу́, -ети́шь *v* 1. *A oder* че́рез *A* fliegen (über), überfliegen 2. (hinüber)fliegen 3. übers Ziel hinausfliegen *Geschoß* || *uv* перелета́ть, -а́ю, -а́ешь
перелётный, -ая, -ое: -ая пти́ца Zugvogel
пере|ле́чь* *v* sich anderswohin legen, sich anders legen; ~ с одного́ бо́ка на друго́й sich auf die andere Seite drehen
перелива́ние, -я *n* 1. Umgießen 2. *med* Transfusion; ~ кро́ви Blutübertragung, -transfusion
перелива́ть, -а́ю, -а́ешь *uv* 1. *uv zu* перели́ть 2. *1. u. 2. Pers ungebr I* schillern; ~ все́ми цвета́ми ра́дуги in allen Regenbogenfarben schillern ◇ ~ из пусто́го в поро́жнее leeres Stroh dreschen
перелива́ться, *1. u. 2. Pers ungebr*, -а́ется *uv* 1. *uv zu* перели́ться 2. schillern *Farben*; ~ все́ми цвета́ми ра́дуги in allen Regenbogenfarben schillern 3. *mus* ineinander übergehen, verschmelzen
перели́вчатый, -ая, -ое; *Kzf* -ат, -а 1. schillernd *Farben* 2. modulierend *Töne*
перелиста́ть, -а́ю, -а́ешь; перели́станный, -ан, -а *v A* durchblättern, blättern (in) || *uv* **перели́стывать,** -аю, -аешь
пере|ли́ть* *v* 1. umgießen; ~ молоко́ из кувши́на в кастрю́лю die Milch aus dem Krug in den Topf (um)gießen 2. *Blut* übertragen 3. zu voll gießen, zu viel eingießen 4. umschmelzen, umgießen *in eine andere Form* 5. *umg* überlaufen, -fließen || *uv* перелива́ть, -а́ю, -а́ешь
пере|ли́ться*, *1. u. 2. Pers ungebr*; -ли́ли́сь *v* 1. hinüberfließen 2. überlaufen, -fließen || *uv* перелива́ться, -а́ется
перелицева́ть, -цу́ю, -цу́ешь; перелицо́ванный, -ан, -а *v* (um)wenden *Kleidungsstück* || *uv* перелицо́вывать, -аю, -аешь
перелицо́вка, -и *f* Wenden *eines Kleidungsstücks*
перелицо́вывать *uv zu* перелицева́ть
перелови́ть, -овлю́, -о́вишь; -о́вленный, -о́влен, -а *v alle, viele* nacheinander fangen || *uv* перела́вливать, -аю, -аешь
перело́г, -а *m* Brachfeld, -land
переложе́ние, -я *n* 1. *mus* Vertonung; Bearbeitung; фортепья́нное ~ Klavierbearbeitung 2. Übertragung *Poesie in Prosa oder umgekehrt*
переложи́ть, -ожу́, -о́жишь; -о́женный, -о́жен, -а *v* 1. anderswo hinlegen 2. *volksspr* verlegen *Termin* 3. abschieben, -wälzen (на *A* auf); ~ отве́тственность на друго́го die Verantwortung auf einen anderen abschieben 4. *I* verpacken (mit), einpacken (in); ~ я́блоко стру́жкой Äpfel in Holzwolle verpacken 5. umpacken, umstapeln 6. umsetzen *Ofen*; neu bauen *Mauer* 7. übertragen *Poesie in Prosa oder umgekehrt*; ~ на му́зыку vertonen 8. *A oder G umg* zu viel hineintun; ~ са́хару в чай zu viel Zucker in den Tee tun 9. *G oder ohne Objekt, volksspr* einen über den Durst trinken; zu viel trinken *von etw. Alkoholischem* || *uv* перекла́дывать, -аю, -аешь *u.* перелага́ть, -а́ю, -а́ешь *zu* 3, 7
перело́м, -а *m* 1. *med* (Knochen-) Bruch 2. Bruchstelle 3. Umschwung, Umbruch, Wendung; Wende(punkt); на -е о́сени на́ зиму an der Wende zwischen Herbst und Winter
перелома́ть, -а́ю, -а́ешь; перело́манный, -ан, -а *v viel, alles* (zer)brechen; ~ себе́ рёбра sich die Rippen brechen || *uv* перела́мывать, -аю, -аешь
перелома́ться, *1. u. 2. Pers ungebr*, -а́ется *v umg* (in Stücke) zerbrechen *von vielem, allem* || *uv* перела́мываться, -ается
переломи́ть, -омлю́, -о́мишь; -о́мленный, -о́млен, -а *v* 1. entzwei-, zerbrechen; sich ein Glied brechen 2. bezwingen, überwinden; jäh ändern; ~ сон die Schläfrigkeit überwinden; ~ себя́ sich überwinden || *uv* перела́мывать, -аю, -аешь
переломи́ться, *1. u. 2. Pers ungebr*, -о́мится *v* entzwei-, zerbrechen; brechen *Knochen* || *uv* перела́мываться, -ается
пере|ма́зать* *v* 1. neu (ver)schmieren, kitten; ~ лы́жи die Schier neu wachsen 2. *viel, alles* schmieren, bestreichen 3. *umg* beschmieren, beschmutzen *an vielen Stellen* || *uv* **перема́зывать,** -аю, -аешь
пере|ма́заться* *v umg* sich beschmieren *an vielen Stellen* || *uv* **перема́зываться,** -аюсь, -аешься
перема́лывать(ся) *uv zu* перемоло́ть(ся)
перема́нивать *uv zu* перемани́ть
перемани́ть, -аню́, -а́нишь; пере-

манённый, -ён, -енá *u.* перемáненный, -ен, -ена *v* weg-, herüberlocken; abwerben || *uv* перемáнивать, -аю, -аешь

перемáтывать *uv zu* перемотáть

перемáхивать *uv zu* перемахнýть

перемахнýть, -нý, -нёшь *v volksspr* 1. *A oder* чéрез *A* hinüberspringen 2. anderswohin gehen [fahren]; umsiedeln 3. sich auf die andere Seite schlagen || *uv* перемáхивать, -аю, -аешь

перемежáться, *1. u. 2. Pers ungebr,* -áется *uv* abwechseln (*I oder* с *I* mit) ◇ перемежáющаяся лихорáдка *med* Wechselfieber

перемéна, -ы *f* 1. (Ver-) Änderung, Wechsel; емý нужнá ~ клúмата er braucht Luftwechsel; ~ к лýчшему Wendung zum Besseren 2. Pause *zwischen Unterrichtsstunden* 3. *umg* Garnitur Wäsche [Kleidung] zum Wechseln

переменúть, -еню́, -éнишь; -енённый -енён, -енена́ *v* (aus)wechseln, verändern || *uv umg* переменя́ть, -я́ю, -я́ешь

переменúться, -еню́сь, -éнишься *v* 1. sich verändern 2. *I umg* tauschen; ~ местáми [рóлями] die Plätze [Rollen] tauschen || *uv* переменя́ться, -я́юсь, -я́ешься *umg*

перемéнный, -ая, -ое Wechsel-; veränderlich; -ая óблачность wechselnde Bewölkung; ~ ток *el* Wechselstrom ◇ ~ капитáл variables Kapital

перемéнчивый, -ая, -ое; *Kzf* -ив, -а *umg* unbeständig, (leicht) veränderlich; ~ человéк ein wetterwendischer Mensch

переменя́ть(ся) *uv zu* переменúть(ся)

перемерзáть *uv zu* перемёрзнуть

перемёрзнуть, -ну, -нешь; перемёрз, -ла *v* 1. *1. u. 2. Pers ungebr alle, viele* erfrieren *Pflanzen* 2. *umg* durchfrieren, sehr frieren || *uv* перемерзáть, -áю, -áешь

перемéривать *uv zu* перемéрить

перемéрить, -рю, -ришь; -рь; -ренный, -рен, -а *v* 1. neu (ver)messen, nachmessen 2. *viel, alles* messen [anprobieren] 3. nochmals anprobieren || *uv* перемéривать, -аю, -аешь

переместúть, -ещý, -естúшь [*umg* -éстишь]; -ещённый, -ещён, -ещенá *v* 1. umstellen, anderswo hinstellen 2. (j-n) versetzen; ~ на другýю рабóту an eine andere Arbeitsstelle versetzen 3. verlagern || *uv* перемещáть, -áю, -áешь

переместúться, -ещýсь, -естúшься [*umg* -éстишься] *v* den Platz wechseln; umziehen; sich verlagern || *uv* перемещáться, -áюсь, -áешься

переметнýться, -нýсь, -нёшься *v umg* 1. sich hinüberschwingen, hinüberspringen 2. *zum Feind* überlaufen

перемешáть, -áю, -áешь; перемéшанный, -ан, -а *v* 1. vermischen, vermengen 2. umrühren 3. durcheinanderbringen, in Unordnung bringen 4. *umg* verwechseln || *uv* **перемéшивать,** -аю, -аешь

перемешáться, *1. u. 2. Pers ungebr,* -áется *v* 1. sich (ver)mischen 2. durcheinandergeraten, in Unordnung geraten; егó мы́сли перемешáлись seine Gedanken verwirrten sich || *uv* **перемéшиваться,** -ается

перемещáть(ся) *uv zu* переместúть(ся)

перемещéние, -я *n* 1. Umstellung 2. Verlagerung 3. Versetzung; ~ по слýжбе dienstliche Versetzung 4. *geol* Verschiebung

перемúгиваться *uv zu* перемигнýться

перемигнýться, -нýсь, -нёшься *v* с *I* einander zublinzeln || *uv* перемúгиваться, -аюсь, -аешься

переминáться, -áюсь, -áешься *uv umg*: ~ (с ногú нá ногу) von einem Bein aufs andere treten

перемúрие, -я *n* Waffenstillstand

перемножáть *uv zu* перемнóжить

перемнóжить, -жу, -жишь; -женный, -жен, -а *v einige Zahlen* multiplizieren || *uv* перемножáть, -áю, -áешь

перемогáть, -áю, -áешь *uv umg* überwinden, bezwingen, unterdrücken || *v volksspr* пере|мóчь*

перемóлвить, -влю, -вишь *v volksspr*: ~ слóво с кéм-н. mit j-m ein paar Worte wechseln; нé с кем словá ~ es ist niemand da, mit dem man ein paar Worte wechseln könnte

перемóлвиться, -влюсь, -вишься *v* с *I umg* (mit j-m) ein paar Worte wechseln

пере|молóть* *v viel, alles* mahlen || *uv* перемáлывать, -аю, -аешь

пере|молóться*, *1. u. 2. Pers ungebr v* gemahlen werden *Korn* ◇ перемéлется — мукá бýдет mit der Zeit renkt sich alles wieder ein || *uv* перемáлываться, -ается

перемотáть, -áю, -áешь; перемóтанный, -ан, -а *v* úmwickeln neu (auf)-

wickeln, umspulen || *uv* перема́тывать, -аю, -аешь
перемо́чь *v zu* перемога́ть
перемудри́ть, -рю́, -ри́шь *v* 1. *umg* zu sehr komplizieren, es sich (mit etw.) zu schwer machen 2. *volksspr* durch Klugheit übertrumpfen
перемыва́ть *uv zu* перемы́ть
пере|мы́ть* *v* 1. nochmals (ab)waschen [scheuern] 2. *viel(e), alle(s)* waschen || *uv* перемыва́ть, -а́ю, -а́ешь ◇ перемыва́ть кому́-н. ко́сточки j-n durchhecheln
перенапряга́ться *uv zu* перенапря́чься
перенапряже́ние, -я *n* 1. Überanstrengung 2. *el* Überspannung, zu hohe Spannung
перена|пря́чься* *v* sich überanstrengen || *uv* перенапряга́ться, -а́юсь, -а́ешься
перенаселе́ние, -я *n* Übervölkerung
перенаселённость, -и *f* Übervölkerung; Überbelegung *Wohnung*
перенаселённый, -ая, -ое; *Kzf* -ён, -ена́ übervölkert, zu dicht bevölkert; überbelegt *Wohnung*
перена́шивать *uv zu* ²переноси́ть
пере|нести́* *v* 1. hinübertragen, -bringen; anderswo hinbringen 2. *übtr* versetzen; му́зыка перенесла́ его́ в его́ мо́лодость die Musik versetzte ihn in seine Jugend, die Musik rief ihm seine Jugend ins Gedächtnis zurück 3. verlegen; ~ столи́цу в друго́й го́род die Hauptstadt in eine andere Stadt verlegen 4. übertragen; weiterleiten; übergeben; ~ передовы́е ме́тоды труда́ на все предприя́тия fortschrittliche Arbeitsmethoden auf alle Betriebe übertragen; ~ де́ло в суд eine Sache dem Gericht übergeben 5. *Silben* trennen, *Wort* abteilen 6. *an anderer Stelle* veröffentlichen *in der Presse*; *Termin* verschieben, verlegen, vertagen 7. ertragen, erdulden, durchmachen 8. vertragen; ~ хо́лод Kälte vertragen || *uv* переноси́ть, -ошу́, -о́сишь ◇ не переноси́ть кого́-н. Abscheu vor j-m [gegen j-n] haben, j-n nicht leiden mögen
пере|нести́сь* *v* 1. *umg* anderswohin eilen, schnell fahren [fliegen] 2. *übtr* sich (in Gedanken) versetzen (in) || *uv* переноси́ться, -ошу́сь, -о́сишься
перенима́ть *uv zu* переня́ть
перено́с, -а *m* 1. Hinüberschaffen; Übertragung 2. Versetzung; Verlegung 3. *umg* Silbentrennungs-, Abteilungszeichen; ~ сло́ва Silbentrennung 4. *finanz* Übertrag
[1]**переноси́ть** *uv zu* перенести́
[2]**переноси́ть,** -ошу́, -о́сишь; -о́шенный, -о́шен, -а *v* 1. *viel(e), alle(s)* (hinüber)tragen 2. *umg viel, alles* abtragen, abnutzen || *uv* перена́шивать, -аю, -аешь
переноси́ться *uv zu* перенести́сь
перено́сица, -ы, *I* -ей *f anat* Nasenwurzel
перено́ска, -и, *Pl G* -сок, *D* -скам *f* 1. Hinübertragen, -schaffen 2. *volksspr* Handlampe *z. B. im Auto*
перено́сный, -ая, -ое 1. tragbar, transportabel; ~ радиоприёмник Kofferradio 2. übertragen *Bedeutung*
перено́счик [ощ], -а *m* 1. (Last-) Träger 2. *med* Überträger
переночева́ть, -чу́ю, -чу́ешь *v* übernachten
перенумерова́ть, -ру́ю, -ру́ешь; -ро́ванный, -ро́ван, -а *v* 1. umnumerieren 2. durchnumerieren || *uv* **перенумеро́вывать,** -аю, -аешь
переня́ть* *v* 1. *umg* übernehmen, sich aneignen 2. *volksspr* wegnehmen 3. *volksspr* abfangen, aufhalten || *uv* перенима́ть, -а́ю, -а́ешь
переобору́довать, -дую, -дуешь; -дованный, -дован, -а *v*, *uv* neu ausrüsten [ausstatten]
переобремени́ть, -ню́, -ни́шь; -нённый, -нён, -нена́ *v* überlasten, -bürden (*I* mit) || *uv* **переобременя́ть,** -я́ю, -я́ешь
переобува́ться *uv zu* переобу́ться
пере|обу́ться* *v* andere Schuhe anziehen || *uv* переобува́ться, -а́юсь, -а́ешься
переодева́ть(ся) *uv zu* переоде́ть(ся)
перео|де́ть* *v* 1. (j-n) umziehen, umkleiden; (j-m) andere Sachen anziehen; ~ больно́го в чи́стое бельё einem Kranken frische Wäsche anziehen 2. *A umg* etw. anderes anziehen; ~ костю́м einen anderen Anzug anziehen 3. verkleiden (*I oder* в *A* als) || *uv* переодева́ть, -а́ю, -а́ешь
перео|де́ться* *v* 1. sich umziehen, sich umkleiden 2. sich verkleiden (*I oder* в *A* als) || *uv* переодева́ться, -а́юсь, -а́ешься
переосвиде́тельствование, -я *n mil* nochmalige Musterung; *med* Nachuntersuchung
переосвиде́тельствовать, -твую, -твуешь; -твованный, -твован, -а *v*, *uv*

mil nochmals mustern; *med* nachuntersuchen

переосмы́сливать *uv zu* переосмы́слить

переосмы́слить, -лю, -лишь; -ленный, -ен, -а *v A einer Sache* einen neuen Sinn geben, anders verstehen || *uv* переосмы́сливать, -аю, -аешь

переохлади́ть, -ажу́, -ади́шь; -аждённый, -аждён, -аждена́ *v* unterkühlen || *uv* **переохлажда́ть,** -а́ю, -а́ешь

переоце́нивать *uv zu* переоцени́ть

переоцени́ть, -еню́, -е́нишь; -енённый, -енён, -енена́ *v* **1.** umwerten, mit neuen Preisen versehen **2.** überschätzen, überbewerten; нельзя́ ~ значе́ние э́того догово́ра man kann die Bedeutung dieses Vertrags nicht hoch genug einschätzen || *uv* переоце́нивать, -аю, -аешь; не сле́дует переоце́нивать значе́ние э́того догово́ра man darf die Bedeutung dieses Vertrags nicht überschätzen

переоце́нка, -и *f* **1.** Überschätzung, Überbewertung **2.** Umwertung, Neu(be)wertung; ~ це́нностей Umwertung aller Werte **3.** Änderung der Preise

перепада́ть *uv zu* перепа́сть

перепа́лка, -и, *Pl G* -лок, *D* -лкам *f* **1.** *volksspr* Feuergefecht **2.** *umg* Zank, Streit, Geplänkel

пере|па́сть*, *1. u. 2. Pers ungebr v* **1.** von Zeit zu Zeit fallen *Niederschläge* **2.** *umg D* entfallen (auf) **3.** *gbt* vergehen **4.** *gbt* abmagern || *uv* перепада́ть, -а́ет

пере|паха́ть* *v* **1.** neu pflügen **2.** *viel, alles* pflügen **3.** *A* quer durchpflügen || *uv* **перепа́хивать,** -аю, -аешь

перепа́чкать, -аю, -аешь; -анный, -ан, -а *v* an vielen Stellen beschmutzen

перепе́в, -а *m* Wiederholung *von etw. Gesagtem*; э́то всё -ы ста́рого das ist immer das alte Lied

перепека́ть(ся) *uv zu* перепе́чь(ся)

пе́репел, -а, *Pl* перепела́, -о́в, -а́м *m* Wachtel

перепелена́ть, -а́ю, -а́ешь; перепелёнатый, -ат, -а *v A* neue Windeln geben, trockenlegen || *uv* **перепелёнывать,** -аю, -аешь

перепёлка, -и, *Pl G* -лок, *D* -лкам *f* Wachtelweibchen

перепеча́тать, -аю, -аешь; -анный, -ан, -а *v* **1.** ab-, nachdrucken; neu drucken **2.** auf der Schreibmaschine abschreiben, abtippen || *uv* перепеча́тывать, -аю, -аешь

перепеча́тка, -и *f* **1.** Nachdruck, Neudruck **2.** Abschreiben, Abtippen auf der Schreibmaschine

перепеча́тывать *uv zu* перепеча́тать

пере|пе́чь* *v* **1.** zu lange backen (lassen) **2.** *viel, alles* backen || *uv* перепека́ть, -а́ю, -а́ешь *zu* 1

пере|пе́чься*, *1. u. 2. Pers ungebr v* zu lange backen *itr* || *uv* перепека́ться, -а́ется

перепива́ть *uv zu* перепи́ть

перепи́ливать *uv zu* перепили́ть

перепили́ть, -илю́, -и́лишь; -и́ленный, -и́лен, -а *v* **1.** durchsägen **2.** *viel, alles* zersägen || *uv* перепи́ливать, -аю, -аешь

пере|писа́ть* *v* **1.** um-, abschreiben, nochmals schreiben; umarbeiten; ~ сочине́ние на́бело den Aufsatz ins reine schreiben **2.** *alles* aufschreiben, eintragen, registrieren || *uv* перепи́сывать, -аю, -аешь

перепи́ска, -и *f* **1.** Briefwechsel, Korrespondenz; быть в -е с ке́м-н. mit j-m im Briefwechsel stehen, mit j-m korrespondieren **2.** Um-, Abschreiben, Abtippen

перепи́счик [ищ], -а *m* (Ab-) Schreiber, Kopist

перепи́сывать *uv zu* переписа́ть

перепи́сываться, -аюсь, -аешься *uv* korrespondieren, im Briefwechsel stehen (с *I* mit)

пе́репись, -и *f* Zählung, statistische Erhebung; ~ населе́ния Volkszählung

пере|пи́ть* *v umg* **1.** *G oder ohne Objekt* einen über den Durst trinken, zu tief ins Glas gucken **2.** *A* mehr trinken (als jemand) || *uv* перепива́ть, -а́ю, -а́ешь

[1]**перепла́вить,** -влю, -вишь; -вленный, -влен, -а *v* umschmelzen || *uv* [1]**переплавля́ть,** -я́ю, -я́ешь

[2]**перепла́вить,** -влю, -вишь; -вленный, -влен, -а *v* flößen || *uv* [2]**переплавля́ть,** -я́ю, -я́ешь

переплани́ровать, -рую, -руешь; -рованный, -рован, -а *u.* **перепланирова́ть,** -ру́ю, -ру́ешь; -ро́ванный, -ро́ван, -а *v* umplanen, neu planen || *uv* **перепланиро́вывать,** -аю, -аешь

переплати́ть, -ачу́, -а́тишь; -а́ченный, -а́чен, -а *v* überzahlen, zu viel bezahlen || *uv* **перепла́чивать,** -аю, -аешь

пере|плести́* *v* **1.** einbinden *Buch* **2.** miteinander verflechten **3.** umflechten, umwinden 4. neu flechten || *uv* переплета́ть, -а́ю, -а́ешь

пере|плести́сь*, *1. u. 2. Pers ungebr v* sich verflechten *a. übtr* || *uv* переплета́ться, -а́ется

переплёт, -а *m* 1. Einbinden 2. Einband; в -е gebunden; без -а ungebunden 3.: (око́нный) ~ Fensterkreuz ◇ попа́сть в ~ *umg* in eine Klemme geraten; взять кого́-н. в ~ *umg* sich j-n tüchtig vornehmen, j-n ins Gebet nehmen

переплета́ть(ся) *uv zu* переплести́(сь)

переплётный, -ая, -ое 1. Buchbinder-; Einband-; -ая мастерска́я Buchbinderei 2. -ая, -ой *Subst f* Buchbinderei

переплётчик, -а *m* Buchbinder

переплыва́ть *uv zu* переплы́ть

пере|плы́ть* *v* 1. hinüberschwimmen, schwimmen (*A oder* че́рез *A* über) 2. hinüberfahren, überqueren, über einen Fluß setzen *mit Boot, Schiff* || *uv* переплыва́ть, -а́ю, -а́ешь

переподгото́вка, -и *f* Weiter-, Fortbildung

перепо́й, -я *m*: с перепо́я *oder* с перепо́ю *volksspr* vom übermäßigen Trinken

переполза́ть *uv zu* переползти́

пере|ползти́* *v* (hinüber)kriechen (*A oder* че́рез *A* über) || *uv* переполза́ть, -а́ю, -а́ешь

перепо́лненный, -ая, -ое; *Kzf* -ен, -енна überfüllt, überladen; übervoll

перепо́лнить, -ню, -нишь; -ненный, -нен, -а *v* überfüllen, überladen, zu voll machen [gießen]; трамва́й перепо́лнен die Straßenbahn ist überfüllt || *uv* **переполня́ть, -я́ю, -я́ешь** ◇ э́то перепо́лнило ча́шу [ме́ру] терпе́ния das schlägt dem Faß den Boden aus

перепо́лниться, *1. u. 2. Pers ungebr*, -ится *v* übervoll werden; sich überfüllen; се́рдце перепо́лнилось ра́достью das Herz strömte über vor Freude || *uv* **переполня́ться**, -я́ется

переполо́х, -а *m* Tumult, Unruhe

переполоши́ть, -шу́, -ши́шь; -шённый, -шён, -шена́ *v umg* in große Aufregung [Verwirrung] versetzen, aufschrecken

перепо́нка, -и, *Pl G* -нок, *D* -нкам *f* Häutchen; бараба́нная ~ *anat* Trommelfell; пла́вательная ~ Schwimmhaut

перепо́ртить, -о́рчу, -о́ртишь; -о́рченный, -о́рчен, -а *v umg viel, alles* verderben

перепоруча́ть *uv zu* перепоручи́ть

перепоручи́ть, -учу́, -у́чишь; -у́ченный, -у́чен, -а *v einem anderen* anvertrauen, übergeben || *uv* перепоруча́ть, -а́ю, -а́ешь

перепра́ва, -ы *f* 1. Überfahrt, Übersetzen 2. Überfahrtsstelle; Flußübergang

перепра́вить, -влю, -вишь; -вленный, -влен, -а *v* 1. *A* hinüberfahren, -schaffen, übersetzen; hinüberschaffen, -bringen; wegschicken 2. *umg* aus-, verbessern; nochmals korrigieren; umändern || *uv* **переправля́ть**, -я́ю, -я́ешь

перепра́виться, -влюсь, -вишься *v itr* übersetzen, (hin)überfahren, überqueren; ~ че́рез грани́цу die Grenze überqueren || *uv* **переправля́ться**, -я́юсь, -я́ешься

перепрева́ть *uv zu* перепре́ть

перепре́ть, *1. u. 2. Pers ungebr*, -е́ет *v* 1. vermodern, verfaulen 2. von zu langem Kochen verderben || *uv* перепрева́ть, -а́ет

перепро́бовать, -бую, -буешь; -бованный, -бован, -а *v viel, alles* durchprobieren, kosten

перепродава́ть *uv zu* перепрода́ть

перепрода́жа, -и, *I* -ей *f* Wieder-, Weiterverkauf

перепро|да́ть*; перепро́дал, перепродала́!; перепро́данный, -ан, -а *v* wieder-, weiterverkaufen || *uv* перепро|дава́ть*

перепроизво́дство, -а *n* Überproduktion

перепры́гивать *uv zu* перепры́гнуть

перепры́гнуть, -ну, -нешь *v A oder* че́рез *A* (hin)überspringen || *uv* перепры́гивать, -аю, -аешь

перепря́жка, -и *f* Pferdewechsel, Umspannen

перепу́г, -а (-у) *m umg* Schreck; с [от] -у vor Schreck

перепуга́ть, -а́ю, -а́ешь; перепу́ганный, -ан, -а *v* erschrecken *tr*

перепуга́ться, -а́юсь, -а́ешься *v* sehr erschrecken

перепу́тать, -аю, -аешь; -анный, -ан, -а *v* 1. durcheinanderbringen, verwirren *a. übtr*, in Unordnung bringen 2. verwechseln || *uv* **перепу́тывать**, -аю, -аешь

перепу́таться, *1. u. 2. Pers ungebr*, -ается *v* in Unordnung geraten, durcheinandergeraten; sich verwir-

ren, in Verwirrung geraten || *uv* **перепýтываться,** -ается
перепýтье, -ья *n* Kreuzweg ◇ быть на ~ am Scheideweg stehen, vor der Entscheidung stehen
перерабáтывать *uv zu* переработать
перерабóтать, -аю, -аешь; -анный, -ан, -а *v* **1.** verarbeiten **2.** verdauen **3.** über-, umarbeiten **4.** Überstunden machen || *uv* перерабáтывать, -аю, -аешь
перерабóтка, -и, *Pl G* -ток, *D* -ткам *f* **1.** Verarbeitung **2.** Umarbeitung **3.** *umg* Überstunden, Mehrarbeit
перераспределéние, -я *n* Neuverteilung, Umverteilung
перераспределúть, -лю, -лúшь; -лённый, -лён, -ленá *v* neu verteilen || *uv* **перераспределя́ть,** -я́ю, -я́ешь
перерастáние, -я *n* Hinüberwachsen
перерастáть *uv zu* перерастú
пере|растú* *v* **1.** *A* größer werden (als); сын перерóс отцá der Sohn ist seinem Vater über den Kopf gewachsen [ist größer geworden als der Vater] **2.** *übtr A* hinauswachsen (über), überflügeln **3.** *1. u. 2. Pers ungebr* hinüberwachsen, übergehen (в *A* in) || *uv* перерастáть, -áю, -áешь
перерасхóд, -а *m* Mehrverbrauch; Mehrausgabe
перерасхóдовать, -дую, -дуешь; -дованный, -дован, -а *v, uv A* zu viel verbrauchen [ausgeben]; ~ кредúт den Kredit überschreiten
перерасчёт, -а *m* Neuberechnung
пере|рвáть*; перéрванный, -ан, -а *v* zer-, durchreißen || *uv* перерывáть, -áю, -áешь
перерегистрáция, -и *f* Neuregistrierung
перерегистрúровать, -рую, -руешь; -рованный, -рован, -а *v, uv* **1.** neu registrieren **2.** *alle(s)* registrieren
пере|рéзать* *v* **1.** zer-, durchschneiden **2.** abschneiden *Weg* **3.** *umg alle, viele* abschlachten || *uv* **перерезáть,** -áю, -áешь *zu* 1-2 *u.* **перерéзывать,** -аю, -аешь *zu* 1-2
перерешáть *uv zu* перерешúть
перерешúть, -шý, -шúшь; -шённый, -шён, -шенá *v umg* **1.** einen anderen Beschluß fassen **2.** *A* eine andere Lösung finden (für) || *uv* перерешáть, -áю, -áешь
перержáветь, *1. u. 2. Pers ungebr,* -еет *v umg* durchrosten
перерисовáть, -сýю, -сýешь; -сóванный, -сóван, -а *v* **1.** neu [anders] zeichnen **2.** abzeichnen || *uv* **перерисóвывать,** -аю, -аешь
перероди́ть, -ожý, -одúшь; -ождённый, -ождён, -ожденá *v* **1.** völlig verändern, neu gestalten **2.** neu beleben || *uv* **перерождáть,** -áю, -áешь
перероди́ться, -ожýсь, -одúшься *v* **1.** sich völlig verändern, ein neuer Mensch werden **2.** entarten, degenerieren; die früheren Eigenschaften einbüßen || *uv* **перерождáться,** -áюсь, -áешься
перерождéние, -я *n* **1.** Wiedergeburt **2.** völlige Umwandlung **3.** (Ver-) Wandlung **4.** Entartung, Degeneration; *pol* Lossagen von der bisherigen Weltanschauung
перерóсток, -тка *m*: ученúк-~ Schüler, der für seine Klasse zu alt ist
перерубáть *uv zu* перерубúть
перерубúть, -ублю, -ýбишь; -ýбленный, -ýблен, -а *v* **1.** durchhauen, -hacken **2.** *umg viele, alle* niedersäbeln || *uv* перерубáть, -áю, -áешь *zu* 1
переругáться, -áюсь, -áешься *v umg* sich verzanken
переры́в, -а *m* Pause, Unterbrechung; обéденный ~ Mittagspause
[1]**перерывáть** *uv zu* перервáть
[2]**перерывáть** *uv zu* переры́ть
пере|ры́ть* *v* **1.** *alles* umgraben **2.** quer durchgraben; ~ дорóгу канáвой einen Graben quer durch den Weg graben **3.** *übtr, umg alles* durchwühlen || *uv* перерывáть, -áю, -áешь
переряди́ться, -яжýсь, -я́дúшься *v umg* sich umziehen; sich verkleiden || *uv* **переряжáться,** -áюсь, -áешься
пересадúть, -ажý, -áдишь; -áженный, -áжен, -а *v* **1.** auf einen anderen Platz setzen, umsetzen **2.** um-, verpflanzen **3.** *med* verpflanzen, transplantieren **4.** *umg* versetzen, anderswo annähen || *uv* пересáживать, -аю, -аешь
пересáдка, -и, *Pl G* -док, *D* -дкам *f* **1.** Umsteigen; дéлать -у umsteigen; без -док ohne umzusteigen **2.** *med* Verpflanzung, Transplantation
пересáдочный, -ая, -ое Umsteige-
пересáживать *uv zu* пересадúть
пересáживаться *uv zu* пересéсть
пересáливать *uv zu* пересолúть
пересáхаривать *uv zu* пересáхарить
пересáхарить, -рю, -ришь; -ренный, -рен, -а *v* zu sehr zuckern || *uv* пересáхаривать, -аю, -аешь

пересдавáть *uv zu* пересдáть
перес|дáть*; пересдáнный, -áн, -aнá *v* **1.** weitervermieten **2.** neu verteilen *Karten* **3.** *umg* nochmals ablegen *Prüfung* ‖ *uv* перес|давáть*
пересекáть *uv zu* [1]пересéчь
переселéнец, -нца, *I* -нцем, *G Pl* -нцев *m* Umsiedler, Auswanderer
переселéние, -я *n* **1.** Übersiedlung, Umzug **2.** Umsiedlung, Auswanderung; ~ нарóдов *hist* Völkerwanderung
переселить, -лю́, -ли́шь; -лённый, -лён, -ленá *v* **1.** umsiedeln, anderswo ansiedeln **2.**: ~ когó-н. на другу́ю [нóвую] квартиру j-m eine andere [neue] Wohnung zuweisen, j-n in einer anderen [neuen] Wohnung unterbringen ‖ *uv* **переселя́ть,** -я́ю, -я́ешь
пересели́ться, -лю́сь, -ли́шься *v* **1.** umziehen, übersiedeln **2.** umsiedeln, auswandern ‖ *uv* **переселя́ться,** -я́юсь, -я́ешься
пере|сéсть* *v* **1.** umsteigen; ~ на троллéйбус in den Obus umsteigen **2.** den Platz wechseln, sich *anderswo* hinsetzen, sich umsetzen ‖ *uv* пересáживаться, -аюсь, -аешься
пересечéние, -я *n* **1.** Überquerung **2.** Kreuzung, Überschneidung; тóчка -я Schnittpunkt; ~ дорóг Wegkreuzung
пересечённый, -ая, -ое durchschnitten, uneben *Gelände*; бег по -ой мéстности Geländelauf
[1]**пере|сéчь***; -секлá; пересечённый, -ён, -енá *v* **1.** *umg* durchhauen, -schneiden **2.** überqueren, kreuzen; ~ путь [дорóгу] комý-н. j-m den Weg abschneiden [verlegen] ‖ *uv* пересекáть, -áю, -áешь
[2]**пере|сéчь***; -сéкла; пересéченный, -ен, -а *v viele* durchprügeln
пересидéть, -ижу́, -иди́шь; -и́женный, -и́жен, -а *v umg* **1.** zu lange sitzen bleiben **2.** *A* länger sitzen bleiben (als) ‖ *uv* **переси́живать,** -аю, -аешь
переси́ливать *uv zu* переси́лить
переси́лить, -лю, -лишь; -ленный, -лен, -а *v* **1.** bezwingen, niederringen, überwältigen **2.** *übtr* überwinden, bezwingen, unterdrücken ‖ *uv* переси́ливать, -аю, -аешь
пересказ, -а *m* Nacherzählung
перес|казáть* *v* **1.** nacherzählen **2.** *viel, alles* erzählen ‖ *uv* **перескáзывать,** -аю, -аешь
перескáкивать *uv zu* перескочи́ть
перескочи́ть, -очу́, -óчишь *v* **1.** *A oder* чéрез *A* springen (über) **2.** *übtr* überspringen, überschlagen *Seiten* **3.** *übtr umg* plötzlich übergehen (auf) ‖ *uv* перескáкивать, -аю, -аешь
пере|слáть*; перéсланный, -ан, -а *v* übersenden, -weisen, schicken ‖ *uv* пересылáть, -áю, -áешь
пересмáтривать *uv zu* пересмотрéть
пересмéиваться, -аюсь, -аешься *uv umg* einander zulächeln
пересмóтр, -а *m* Überprüfung, Revision
пересмотрéть, -отрю́, -óтришь; -óтренный, -óтрен, -а *v* **1.** überprüfen, revidieren, neu durchsehen **2.** *alles* ansehen, besichtigen ‖ *uv* пересмáтривать, -аю, -аешь
переснимáть *uv zu* пересня́ть
пере|сня́ть* *v* **1.** nochmals aufnehmen, photographieren **2.** neu aufnehmen *für eine Karte* ‖ *uv* переснимáть, -áю, -áешь
пересоздавáть *uv zu* пересоздáть
пере|создáть*; -создáл, -создалá! *v* von neuem schaffen, umgestalten, neu gestalten ‖ *uv* пересоз|давáть*
пересóл, -а *m* Übersalzen
пересоли́ть, -олю́, -óли́шь; -óленный, -óлен, -а *v* **1.** versalzen **2.** *übtr umg* (es) übertreiben **3.** *alles, viel* einsalzen ‖ *uv* пересáливать, -аю, -аешь
пересóхнуть, *1. u. 2. Pers ungebr*, -нет; пересóх, -ла *v* aus-, vertrocknen; zu trocken werden; колóдец пересóх der Brunnen ist versiegt; у меня́ в гóрле пересóхло mir ist die Kehle ganz ausgetrocknet ‖ *uv* пересыхáть, -áет
пере|спáть* *v umg* **1.** zu lange [zu viel] schlafen; *die Zeit* verschlafen **2.**: ~ (ночь) *volksspr* übernachten ‖ *uv* пересыпáть, -áю, -áешь
переспевáть *uv zu* переспéть
переспéлый, -ая, -ое überreif
переспéть, *1. u. 2. Pers ungebr*, -éет *v* überreif werden ‖ *uv* переспевáть, -áет
переспóривать *uv zu* переспóрить
переспóрить, -рю, -ришь; -ренный, -рен, -а *v* **1.** beim Streit die Oberhand behalten **2.** (j-n) beim Streit überzeugen; его́ не переспóришь er läßt sich nicht überzeugen ‖ *uv* переспóривать, -аю, -аешь
переспрáшивать *uv zu* переспроси́ть
переспроси́ть, -ошу́, -óсишь; -óшен-

ный, -óшен, -а *v* nochmals fragen || *uv* переспрáшивать, -аю, -аешь
перессóриться, -рюсь, -ришься *v* sich verzanken, sich entzweien
переставáть *uv zu* перестáть
перестáвить, -влю, -вишь; -вь; -вленный, -влен, -а *v* umstellen, an einen anderen Platz stellen; ~ часы́ die Uhr stellen || *uv* **переставля́ть,** -я́ю, -я́ешь
перестáивать *uv zu* перестоя́ть
перестанóвка, -и, *Pl G* -вок, *D* -вкам *f* Umstellung; Umgruppierung
перестарáться, -áюсь, -áешься *v umg* übereifrig sein, des Guten zu viel tun
пере|стáть* *v mit oder ohne Inf* aufhören; дождь перестáл es hat aufgehört zu regnen || *uv* пере|ставáть*; не переставáя unaufhörlich
перестели́ть, -елю́, -éлешь; -éленный, -éлен, -а *v volksspr* **1.** nochmals [anders] ausbreiten *Decke u. a.* **2.** neu dielen [legen] || *uv* перестилáть, -áю, -áешь
перестилáть *uv zu* перестлáть *u.* перестели́ть
перестирáть, -áю, -áешь; перести́ранный, -ан, -а *v* **1.** nochmal waschen *Wäsche* **2.** *viel, alles* waschen || *uv* **перести́рывать,** -аю, -аешь *zu* 1
пере|стлáть*; перéстланный, -ан, -а *v* **1.** nochmals [anders] ausbreiten *Decke u. a.*; ~ постéль das Bett neu machen **2.** neu dielen [legen]; ~ мостову́ю die Straße neu pflastern || *uv* перестилáть, -áю, -áешь
перестоя́ть, -ою́, -ои́шь *v umg* **1.** zu lange stehen **2.** durch zu langes Stehen verderben || *uv* перестáивать, -аю, -аешь
перестрадáть, -áю, -áешь *v viel* erdulden, durchmachen
перестрáивать(ся) *uv zu* перестрóить(ся)
перестраховáться, -раху́юсь, -раху́ешься *v* **1.** sich neu versichern **2.** *umg* sich rückversichern || *uv* перестрахóвываться, -аюсь, -аешься
перестрахóвка, -и, *Pl G* -вок, *D* -вкам *f* Rückversicherung *a. übtr*
перестрахóвщик, -а *m umg* Rückversicherer
перестрахóвываться *uv zu* перестраховáться
перестрéливать *uv zu* перестреля́ть
перестрéливаться, -аюсь, -аешься *uv* sich beschießen, Schüsse wechseln
перестрéлка, -и, *Pl G* -лок, *D* -лкам *f* Feuergefecht
перестреля́ть, -я́ю, -я́ешь; перестрéлянный, -ян, -а *v* **1.** *viele, alle* (er)schießen **2.** *umg viel, alle Munition* verschießen || *uv* перестрéливать, -аю, -аешь
перестрóить, -óю, -óишь; -óенный, -óен, -а *v* **1.** umbauen **2.** umgestalten, umstellen; reorganisieren; abändern; ~ предложéние einen Satz anders formulieren **3.** umstimmen, anders stimmen *Musikinstrument* **4.** *rad* (auf eine andere Welle) umschalten **5.** *mil* umgruppieren, anders formieren || *uv* перестрáивать, -аю, -аешь
перестрóиться, -óюсь, -óишься *v* **1.** *mil* sich umgruppieren, sich anders aufstellen **2.** *übtr* sich umstellen, seine Arbeitsweise [Anschauungen] ändern || *uv* перестрáиваться, -аюсь, -аешься
перестрóйка, -и *f* **1.** Umbau **2.** Umgestaltung, Umstellung; Reorganisierung **3.** *rad* Umschaltung
престу́киваться, -аюсь, -аешься *uv* sich durch Klopfzeichen verständigen
переступáть, -áю, -áешь *uv* **1.** *uv zu* переступи́ть **2.** schreiten, gehen; ~ с ноги́ нá ногу von einem Bein auf das andere treten
переступи́ть, -уплю́, -у́пишь *v* **1.** *A oder* чéрез *A* übertreten, -schreiten, treten (über) **2.** *übtr A* übertreten, verletzen || *uv* переступáть, -áю, -áешь
пересу́ды, -ов *Pl umg verächtl* Gerede, Klatscherei
пересу́шивать *uv zu* пересуши́ть
пересуши́ть, -ушу́, -у́шишь; -у́шенный, -у́шен, -а *v* **1.** zu lange [zu sehr] trocknen lassen **2.** *viel, alles* trocknen (lassen) || *uv* пересу́шивать, -аю, -аешь
пересчитáть [щи], -áю, -áешь; пересчи́танный, -ан, -а *v* **1.** nochmals (nach)zählen **2.** durchzählen **3.** umrechnen; ~ рубли́ на мáрки Rubel in Mark umrechnen ◇ ~ кому́-н. кóсти [рёбра] *volksspr* j-n verdreschen || *uv* **пересчи́тывать,** -аю, -аешь
пересылáть *uv zu* переслáть
пересы́лка, -и, *Pl G* -лок, *D* -лкам *f* **1.** Übersendung, -weisung, Versand; Transport; стóимость -и Versandkosten **2.** *volksspr alt* Etappengefängnis

пере|сыпать* *v* 1. umschütten 2. *A oder G umg* zu viel hineinschütten [hineintun] 3. einstreuen zwischen; ~ вéщи нафталúном die Sachen einmotten; ~ речь цитáтами Zitate in die Rede einstreuen ‖ *uv* [1]**пересыпáть,** -áю, -áешь ◇ пересыпáть из пустóго в порóжнее sich mit etwas Nutzlosem befassen; leeres Stroh dreschen

[2]**пересыпáть** *uv zu* переспáть

пересыхáть *uv zu* пересóхнуть

[1,2]**перетáпливать** *uv zu* [1,2]перетопúть

перетаскáть, -áю, -áешь; перетáсканный, -ан, -а *v* 1. *umg* anderswohin schleppen 2. *volksspr* (eine Sache nach der anderen) stehlen, klauen ‖ *uv* [1]**перетáскивать,** -аю, -аешь

[2]**перетáскивать** *uv zu* перетащúть

перетасовáть, -сýю, -сýешь; -сóванный, -сóван, -а *v* 1. neu mischen *Karten* 2. *umg* durcheinanderbringen, -werfen ‖ *uv* **перетасóвывать,** -аю, -аешь

перетащúть, -ащý, -áщишь; -áщенный, -áщен, -а *v* hinüberschleppen, anderswohin schleppen, tragen ‖ *uv* перетáскивать, -аю, -аешь

пере|терéть*; перетёрши *u.* перетерéв *v* 1. durchreiben, durchscheuern 2. zerreiben, klein reiben 3. *viel, alles* abwischen, abtrocknen ‖ *uv* перетирáть, -áю, -áешь

пере|терéться*, *1. u. 2. Pers ungebr;* перетёршись *v* sich durchreiben, sich durchscheuern ‖ *uv* перетирáться, -áется

перетерпéть, -ерплю́, -éрпишь *v umg viel* erleiden, durchmachen

перетирáть(ся) *uv zu* перетерéть(ся)

перетóлки, -ов *Pl umg* Gerüchte; тóлки и ~ einander widersprechende Gerüchte

перетолковáть, -кýю, -кýешь; -кóванный, -кóван, -а *v* 1. falsch auslegen, verdrehen 2. о *P umg* sprechen (über), besprechen (etw.) ‖ *uv* **перетолкóвывать,** -аю, -аешь

[1]**перетопúть,** -оплю́, -óпишь; -óпленный, -óплен, -а *v* 1.: ~ все пéчи alle Öfen heizen 2. *volksspr viel, alles* verheizen ‖ *uv* перетáпливать, -аю, -аешь

[2]**перетопúть,** -оплю́, -óпишь; -óпленный, -óплен, -а *v* (um)schmelzen; aus-, zerlassen ‖ *uv* перетáпливать, -аю, -аешь

перетревóжить, -жу, -жишь; -женный, -жен, -а *v umg alle, viele* in große Aufregung versetzen

перетрýсить, -ýшу, -ýсишь *v umg* große Angst bekommen

пере|трястú* *v* auf-, durchschütteln, ausklopfen

перетря́хивать *uv zu* перетряхнýть

перетряхнýть, -нý, -нёшь; перетря́хнутый, -ут, -а *v* auf-, durchschütteln, ausklopfen ‖ *uv* перетря́хивать, -аю, -аешь

перéть* *uv volksspr* 1. *weite Strecken* gehen 2. rücksichtslos [drauflos] gehen 3. sich durchdrängen 4. schleppen 5. stehlen 6. *1. u. 2. Pers ungebr* herauskommen, sich hervordrängen

перетя́гивать *uv zu* перетянýть

перетянýть, -янý, -я́нешь; -я́нутый, -я́нут, -а *v* 1. herüber-, hinüberziehen 2. *übtr umg* zu sich herüberziehen, für sich gewinnen 3. *umg* mit Mühe hinübergehen [-fahren, -fliegen] 4. *I* eng zusammenschnüren (mit) 5. neu aufspannen, aufziehen 6. *1. u. 2. Pers ungebr* überwiegen, mehr wiegen ‖ *uv* перетя́гивать, -аю, -аешь

переубедúть, *1. Pers Sg ungebr,* -едúшь; -еждённый, -еждён, -еждена́ *v* umstimmen, überreden ‖ *uv* **переубеждáть,** -áю, -áешь zu überreden versuchen

переубедúться, *1. Pers Sg ungebr,* -дúшься *v* seine Meinung ändern ‖ *uv* **переубеждáться,** -áюсь, -áешься

переýлок, -лка *m* Querstraße, Gasse

переусéрдствовать, -вую, -вуешь *v umg* übertreiben, übereifrig sein

переустрáивать *uv zu* переустрóить

переустрóить, -óю, -óишь; -óенный, -óен, -а *v* umgestalten; reorganisieren ‖ *uv* переустрáивать, -аю, -аешь

переустрóйство, -а *n* Umgestaltung; Reorganisierung

переутомúть, -млю́, -мúшь; -млённый, -млён, -млена́ *v* überanstrengen ‖ *uv* переутомля́ть, -я́ю, -я́ешь

переутомúться, -млю́сь, -мúшься *v* sich überanstrengen ‖ *uv* переутомля́ться, -я́юсь, -я́ешься

переутомлéние, -я *n* Übermüdung; Überanstrengung

переутомля́ть(ся) *uv zu* переутомúть(ся)

переу|чéсть* *v neu* überprüfen, Inventur machen; neu registrieren ‖ *uv* переучúтывать, -аю, -аешь

переучёт, -а *m* Inventur; Neuregistrierung

переучивать(ся) *uv zu* переучить(ся)
переучитывать *uv zu* переучесть
переучить, -учу, -учишь; -ученный, -учен, -а *v* **1.** umschulen **2.** nochmals lernen ‖ *uv* переучивать, -аю, -аешь
переучиться, -учусь, -учишься *v* **1.** anders lernen, umlernen; тракторист переучился на комбайнера der Traktorist hat sich als Mähdrescherführer qualifiziert **2.** *umg* durch zu vieles Lernen Schaden leiden; он переучился er ist überstudiert ‖ *uv* переучиваться, -аюсь, -аешься
перефразировать, -рую, -руешь; -рованный, -рован, -а *v, uv* mit anderen Worten wiedergeben, umschreiben
перехваливать *uv zu* перехвалить
перехвалить, -алю, -алишь; -аленный, -ален, -а *v* übermäßig loben ‖ *uv* перехваливать, -аю, -аешь
перехватить, -ачу, -атишь; -аченный, -ачен, -а *v* **1.** abfangen, erwischen **2.** an einer anderen Stelle anfassen **3.** umgürten, umschlingen **4.** *übtr* zuschnüren; ersticken; слёзы перехватили ему горло Tränen schnürten ihm die Kehle zu **5.** *umg* schnell hinunterschlingen *Essen* **6.** *umg* für kurze Zeit borgen, pumpen **7.:** ∼ (через край) *umg* (es) übertreiben, zu weit gehen ‖ *uv* перехватывать, -аю, -аешь
перехватчик, -а *m*: (истребитель-)∼ *mil* Abfangjäger
перехватывать *uv zu* перехватить
перехитрить, -рю, -ришь; -рённый, -рён, -рена *v* überlisten
переход, -а *m* **1.** Übergang *a. übtr* **2.** Übertritt **3.** Übergangsstelle; Furt **4.** Durchgang, Korridor **5.** Tagesmarsch; в двух -ах от города zwei Tagesmärsche von der Stadt entfernt; ночной ∼ Nachtmarsch **6.** *phil* Übergang, Umschlagen
переходить *uv zu* перейти
переходный, -ая, -ое *u. umg* **переходной,** -ая, -ое **1.** Übergangs-; -ые экзамены Zwischenprüfung **2.** *gram* transitiv
переходящий, -ая, -ее Wander-; -ее знамя Wanderfahne; ∼ приз Wanderpreis
перец, -рца, *I* -рцем *m* Pfeffer; красный ∼ Paprika ◇ задать перцу кому-н. *umg* j-m einheizen
перечень, -чня *m* Verzeichnis, Register
перечёркивать *uv zu* перечеркнуть
перечеркнуть, -ну, -нёшь; перечёркнутый, -ут, -а *v* durch-, ausstreichen ‖ *uv* перечёркивать, -аю, -аешь
перечертить, -ерчу, -ертишь; -ерченный, -ерчен, -ерчена *v* **1.** neu zeichnen; umzeichnen, umarbeiten **2.** *Zeichnung, Plan* übertragen, durchpausen ‖ *uv* **перечерчивать,** -аю, -аешь
[1]**пере|честь*** *v* aufzählen, nachzählen; всех не перечтёшь man kann nicht alle aufzählen
[2]**пере|честь*** *v* nochmals lesen ‖ *uv* перечитывать, -аю, -аешь
перечисление, -я *n* **1.** Aufzählung; поимённое ∼ namentliche Aufstellung **2.** überwiesene Summe, Transfer
перечислить, -лю, -лишь; -ленный, -лен, -лена *v* **1.** aufzählen **2.** (j-n) versetzen; ∼ в другую роту in eine andere Kompanie versetzen **3.** *Geld* transferieren, übertragen ‖ *uv* **перечислять,** -яю, -яешь
перечитать, -аю, -аешь; перечитанный, -ан, -а *v* **1.** nochmals lesen **2.** *viel* durchlesen ‖ *uv* [1]**перечитывать,** -аю, -аешь *zu* 1
[2]**перечитывать** *uv zu* [2]перечесть
перечить, -чу, -чишь *uv umg* widersprechen
перечница, -ы, *I* -ей *f* Pfefferbüchse ◇ чёртова ∼ *volksspr* Hausdrachen
перечный, -ая, -ое Pfeffer-
перечувствовать, -твую, -твуешь; -твованный, -твован, -а *v* durchmachen, erleben
перешагивать *uv zu* перешагнуть
перешагнуть, -ну, -нёшь *v* überschreiten, übertreten (*A oder* через *A*) *a. übtr*; ∼ через препятствие ein Hindernis überwinden ‖ *uv* перешагивать, -аю, -аешь
перешеек, -ейка *m* Landenge
перешёптываться, -аюсь, -аешься *uv* miteinander flüstern, tuscheln
перешибать *uv zu* перешибить
пере|шибить* *v* **1.** *umg* durchschlagen, zerbrechen **2.** *volksspr* überholen, übertreffen ‖ *uv* перешибать, -аю, -аешь
перешивать *uv zu* перешить
пере|шить* *v* umarbeiten *Kleidungsstück* ‖ *uv* перешивать, -аю, -аешь
перещеголять, -яю, -яешь *v umg* übertrumpfen, überbieten
переэкзаменовать, -ную, -нуешь; -нованный, -нован, -а *v umg* nochmals prüfen ‖ *uv* переэкзаменовывать, -аю, -аешь
переэкзаменовка, -и, *Pl G* -вок, *D*

-вкам *f* Nachprüfung, Wiederholungsprüfung

переэкзаменóвывать *uv zu* переэкзаменовáть

перигéй, -я *m astr* Erdnähe, Perigäum

перúла, перúл *Pl* Geländer

перúльный, -ая, -ое Geländer-

перúметр, -а *m math* Perimeter

перúна, -ы *f* Federbett

перúнка, -и, *Pl G* -нок, *D* -нкам *f* kleines Unterbett [Federbett]

перúод, -а *m* Periode *a. math, gram;* отчётный ~ Berichtsperiode

периодизáция, -и *f* Periodisierung

периодúческий, -ая, -ое periodisch *a. math*

периодúчный, -ая, -ое; *Kzf* -чен, -чна periodisch (wiederkehrend)

перископ, -а *m* Periskop, Sehrohr

пéристый, -ая, -ое **1.** gefiedert **2.** federförmig; -ые облакá Federwolken

периферúя, -и *f* Peripherie, Randgebiet

перифрáз ↑ перифрáза

перифрáза, -ы *f u.* **перифрáз,** -а *m* Periphrase, Umschreibung

перламýтр, -а *m* Perlmutter

перлóвка, -и *f umg* Perlgraupen

перлóвый, -ая, -ое: -ая крупá Perlgraupen

перлóн, -а *m* Perlon

перманéнт, -а *m umg* Dauerwelle(n)

перманéнтный, -ая, -ое; *Kzf* -тен, -тна permanent, ununterbrochen

Пермь, -и́ *f* Perm *Stadt*

пермя́к, -á *m* **1.** Einwohner von Perm **2.** *alter Name der* Komi

пернáтый, -ая, -ое; *Kzf* -áт, -а **1.** gefiedert **2.** -ые, -ых *Subst Pl* Vögel

перó, -á, *Pl* пéрья, -ьев, -ьям *n* Feder; страýсовые пéрья Straußenfedern; вéчное ~ Füllfederhalter ◇ взя́ться за ~ zur Feder greifen; бóйкое ~ gewandter Stil; обладáть óстрым -óм eine scharfe Feder führen; владéть -óм eine gewandte Feder führen; однúм рóсчерком -á mit einem Federstrich; разбóйник -á prinzipienloser Journalist

перочúнный, -ая, -ое: ~ нож Taschenmesser

перочúстка, -и, *Pl G* -ток, *D* -ткам *f* Tintenwischer

перпендикуля́р, -а *m* Senkrechte; опустúть ~ das Lot fällen

перпендикуля́рный, -ая, -ое; *Kzf* -рен, -рна senkrecht

перрóн, -а *m* Bahnsteig

перрóнный, -ая, -ое Bahnsteig-; ~ билéт Bahnsteigkarte

перс, -а *m* Perser

персúдский, -ая, -ое persisch; ~ ковёр Perserteppich

пéрсик, -а *m* Pfirsich

персия́нка, -и, *Pl G* -нок, *D* -нкам *f* Perserin

персóна, -ы *f buchspr* Person; яви́ться сóбственной -ой *iron* höchstpersönlich erscheinen

персонáж, -а, *I* -ем, *G Pl* -ей *m lit* (handelnde) Person

персонáл, -а *m* Personal; обслýживающий ~ (аэродрóма) Bodenpersonal

перспектúва, -ы *f* Perspektive, Aussicht ◇ быть в -е bevorstehen; имéть в -е vorhaben

перспектúвный, -ая, -ое **1.** perspektivisch; Perspektiv-; ~ план Perspektivplan **2.** *Kzf* -вен, -вна aussichtsreich

перст, -á *m buchspr, alt* Finger ◇ одúн как ~ mutterseelenallein

пéрстень, -тня *m* Fingerring *mit Edelstein*

Перý *n idkl* Peru

перуáнец, -нца, *I* -нцем, *G Pl* -нцев *m* Peruaner

перуáнка, -и, *Pl G* -нок, *D* -нкам *f* Peruanerin

перуáнский, -ая, -ое peruanisch

перфéкт, -а *m gram* Perfekt

перфокáрта, -ы *f* Lochkarte

перфолéнта, -ы *f* Lochstreifen

перхáть, -áю, -áешь *uv volksspr* räuspern, hüsteln

перхóта, -ы *f volksspr* Kratzen im Hals

пéрхоть, -и *f* Kopfschuppen

перцóвка, -и *f* Pfefferschnaps

перчáтка, -и, *Pl G* -ток, *D* -ткам *f* Handschuh; лáйковая ~ Glacéhandschuh ◇ брóсить -у комý-н. j-m den Fehdehandschuh hinwerfen, j-n herausfordern

перчáточник, -а *m* Handschuhmacher

перчúнка, -и, *Pl G* -нок, *D* -нкам *f umg* Pfefferkorn

пéрчить, -чу, -чишь *uv* pfeffern

першúть, -и́т *unpers uv umg* kitzeln, kratzen *im Hals*

пёрышко, -а, *Pl* пёрышки, -шек, -шкам *n Dem zu* перó Federchen ◇ лёгкий как ~ federleicht

перьевóй, -áя, -óе (Stahl-) Feder-; -áя рýчка Füllfederhalter *im Unterschied zum Kugelschreiber*

пёс, пса *m* **1.** Hund; цепнóй ~ Kettenhund **2.** Hund *Schimpfwort*

пéсенка, -и, *Pl G* -нок, *D* -нкам *f* Lied-

chen; мóдная ~ Schlager ◇ егó ~ спéта *umg* es ist aus mit ihm
пéсенник, -а *m* 1. Liederbuch 2. Liedersänger 3. Verfasser von Liedern
пéсенный, -ая, -ое Lieder-
песéц, -сцá, *I* -сцóм, *G Pl* -сцóв *m* Polarfuchs
пескáрь, -я́ *m zool* Gründling
пескострýйный, -ая, -ое: ~ аппарáт Sandstrahlgebläse
пéсня, -и, *Pl G* -сен, *D* -сням *f* Lied ◇ стáрая ~ immer das alte Lied; э́то дóлгая ~ das ist eine langwierige Sache; егó ~ спéта *umg* er hat ausgespielt, mit ihm ist es aus; тянýть [петь] однý и ту же -ю immer wieder dasselbe sagen
песóк, -скá (-скý) *m* Sand; сыпýчий ~ Flugsand; золотонóсный ~ Goldsand ◇ сáхарный ~ klarer Zucker; стрóить на -скé *übtr* auf Sand bauen; как ~ морскóй *oder* как -скý морскóго wie Sand am Meer
песóчник, -а *m* Sandform
песóчница, -ы, *I* -ей *f* 1. *umg* Sandkasten 2. Sandstreuer *Straßenbahn, Lokomotive* 3. Sandbüchse *früher zum Trocknen der Tinte verwendet*
песóчный, -ая, -ое 1. Sand-; -ые часы́ Sanduhr; -ое пирóжное Sandkuchen 2. *umg* sandfarben
пессими́ст, -а *m* Pessimist
пест, -á *m* Mörserkeule, Stößel
пéстик, -а *m* 1. *bot* Stempel 2. *Dem zu* пест Mörserkeule
пестрéть, *1. u. 2. Pers ungebr*, -éет *uv* 1. bunt werden 2. bunt leuchten [schimmern]
пестри́ть, -рю́, -ри́шь *uv* 1. bunt machen, bunt färben 2. *in der Rede*, oft wiederholen; речь пестри́т инострáнными словáми die Rede ist mit Fremdwörtern gespickt 3. *unpers*: у меня́ пестри́т в глазáх mir flimmert es vor den Augen
пестротá, -ы́ *f* Buntheit
пеструшка, -и, *Pl G* -шек, *D* -шкам *f zool* 1. Lemming 2. *gbt* Forelle
пёстрый, -ая, -ое; *Kzf* пёстр, пестрá, пёстро *u.* пестрó, пёстры *u.* пестры́ 1. bunt 2. *übtr* bunt zusammengewürfelt ◇ ~ слог gekünstelter Stil
песцóвый, -ая, -ое Polarfuchs-
песчáник [ща], -а *m* Sandstein
песчáный [ща], -ая, -ое sandig, Sand-; -ая пóчва Sandboden
песчи́нка [щи], -и, *Pl G* -нок, *D* -нкам *f* Sandkorn
Петербýрг, -а *m* Petersburg *bis 1914 Name von Leningrad*
Петергóф, -а *m* Peterhof, *jetzt* Петродворéц
пети́т, -а *m typ* Petit
пети́ция, -и *f* Petition, Bittschrift
петли́ца, -ы, *I* -ей *f* 1. Knopfloch 2. Kragenspiegel
пéтля, -и, *Pl G* -тель, *D* -тлям *f* 1. Schlinge, Schlaufe; завязáть -ю die Schlinge zuziehen 2. Masche; спýщенная ~ Laufmasche; чулки́ с неспускáющейся пéтлей maschenfeste Strümpfe 3. Knopfloch 4. Schleife *a. flug*; мёртвая ~ Looping 5. Öse 6. Türangel ◇ лезть [попáсть] в -ю den Hals in die Schlinge stecken, sich in eine gefährliche Lage begeben; хоть в -ю лезь! man könnte sich aufhängen!; вы́нуть когó-н. из -и j-n aus der Schlinge ziehen, j-n retten
петля́ть, -я́ю, -я́ешь *uv umg* 1. Kurven beschreiben *beim Laufen, Fahren* 2. sich winden *Weg* 3. langatmig von diesem und jenem reden
Пётр, Петрá *m* Peter
Петрогрáд, -а *m* Petrograd *1914-24 Name von Leningrad*
Петродворéц, -рцá, *I* -рцóм *m* Petrodworez
Петрýша, -и, *I* -ей *m Dem zu* Пётр
петрýшка, -и *f bot* Petersilie
Петрýшка, -и, *Pl G* -шек, *D* -шкам *m* Kasperle, Hanswurst
петýния, -и *u.* **петýнья,** -и, *Pl G* -ний, *D* -ньям *f bot* Petunie
петýх, -á *m* 1. Hahn; бойцóвый ~ Kampfhahn 2. *umg* Kampfhahn, Raufbold ◇ (про)сидéть до -óв bis zum Morgengrauen sitzen; встать с -áми [до -óв] mit [noch vor] dem ersten Hahnenschrei aufstehen; пусти́ть -á sich mit der Stimme überschlagen *beim Singen*; пусти́ть (крáсного) -á den roten Hahn aufs Dach setzen
петýший, -ья, -ье Hahnen-; ~ гребешóк Hahnenkamm
петуши́ный, -ая, -ое Hahnen-; ~ бой Hahnenkampf; ~ гóлос krähende Stimme
петуши́ться, -шýсь, -ши́шься *uv umg* hitzig werden; он петуши́тся ihm schwillt der Kamm
петушкóм *Adv umg* scharwenzelnd
петь* *uv* singen; ~ тéнором [бáсом] Tenor [Baß] singen; петýх поёт der Hahn kräht ◇ ~ Лáзаря *umg verächtl* sein Schicksal beklagen, jammern ‖ *v* спеть | *uv iterativ* певáть *Präs ungebr alt*

Пётька, -и *m Dem zu* Пётр
Пётя, -и *m Dem zu* Пётр
пехо́та, -ы *f* Infanterie; морска́я ~ Marineinfanterie
пехоти́нец, -нца, *I* -нцем, *G Pl* -нцев *m* Infanterist
пехо́тный, -ая, -ое Infanterie-
печа́лить, -лю, -лишь *uv* betrüben, traurig machen
печа́литься, -люсь, -лишься *uv* betrübt sein
печа́ль, -и *f* 1. Trauer, Traurigkeit, Kummer 2. *umg* Sorge; не моя́ ~ das ist nicht meine Sache; мне что за ~? was geht mich das an?; (вот) не́ было печа́ли (, — че́рти нака-ча́ли)! *volksspr* das hat ja gerade noch gefehlt!
печа́льный, -ая, -ое; *Kzf* -лен, -льна 1. traurig, betrübt 2. bedauerlich; ~ слу́чай bedauerlicher Vorfall 3. traurig, unrühmlich; ~ коне́ц unrühmliches Ende
печа́тать, -аю, -аешь *uv* drucken; ~ на маши́нке (mit der) Schreibmaschine schreiben, tippen ◇ ~ шаг fest auftreten ‖ напеча́тать; напеча́танный, -ан, -а
печа́таться, -аюсь, -аешься *uv* 1. gedruckt werden, im Druck sein 2. seine Werke drucken lassen; он печа́тается в ра́зных журна́лах seine Werke erscheinen in verschiedenen Zeitschriften
печа́тка, -и, *Pl G* -ток, *D* -ткам *f* kleiner Stempel, kleines Siegel
печа́тник, -а *m* (Buch-) Drucker
печа́тный, -ая, -ое Druck-, gedruckt; ~ цех Druckerei; ~ лист Druckbogen; ~ стано́к Druckerpresse
печа́ть, -и *f* 1. Druck, Buchdruck; глубо́кая ~ Tiefdruck; гото́вый к -и druckreif; вы́йти из -и erscheinen 2. Presse; по сообще́ниям -и nach Pressemeldungen 3. Siegel, Stempel; служе́бная ~ Dienstsiegel; поста́вить ~ abstempeln, das Siegel aufdrücken; наложи́ть -и *jur* versiegeln 4. *buchspr* Gepräge, Stempel; положи́ть свою́ ~ на чём-н. einer Sache seinen Stempel aufdrücken, einer Sache das Gepräge geben ◇ кни́га за семью́ -ями ein Buch mit sieben Siegeln; ~ молча́ния Siegel der Verschwiegenheit
печёнка, -и, *Pl G* -нок, *D* -нкам *f* 1. Leber *Speise* 2. *umg anat* Leber ◇ все́ми -нками ненави́деть *volksspr* aus tiefster Seele hassen; сиде́ть в -нках у кого́-н. *volksspr* j-m im Magen liegen
печёный, -ая, -ое gebacken; -ое я́блоко Bratapfel
пе́чень, -и *f anat* Leber
пече́нье, -ья *n* 1. Gebäck 2. Backen
пе́чка, -и, *Pl G* -чек, *D* -чкам *f* (Zimmer-) Ofen ◇ танцева́ть от пе́чки *umg* etw. routinemäßig tun; чу́до-~ Backwunder, Gasbackform, Elektrobackform
печни́к, -а́ *m* Ofensetzer
печно́й, -а́я, -о́е Ofen-; -а́я труба́ Ofenrohr
Печо́ра, -ы *f* Petschora *Fluß*
печу́рка, -и, *Pl G* -рок, *D* -ркам *f* kleiner (*meist provisorischer*) Ofen
[1]**печь,** -и, *P* о пе́чи, в [на] печи́, *Pl* пе́чи, пече́й, печа́м *f* Ofen; до́менная ~ Hochofen; марте́новская ~ Siemens-Martin-Ofen ◇ лежа́ть на -и́ (faul) hinterm Ofen sitzen
[2]**печь*** *uv* 1. backen 2. brennen, sengen *Sonne* ◇ как блины́ печёт (das geht ja) wie das Brezelbacken
[1]**пе́чься*** *uv* 1. backen *itr*, gebacken werden 2. *umg* in der Sonne braten
[2]**пе́чься*** *uv* sich kümmern (о *P* um), sorgen (für)
пешехо́д, -а *m* Fußgänger
пешехо́дный, -ая, -ое Fußgänger-; -ая тропа́ Fußsteig; ~ спорт *Sport* Gehen
пе́ший, -ая, -ее 1. Fuß-, zu Fuß gehend; -ие путеше́ственники Fußwanderer 2. -его *Subst m* Fußgänger; Fußsoldat
пе́шка, -и, *Pl G* -шек, *D* -шкам *f* 1. Bauer *Schachfigur* 2. *übtr, umg* Marionette
пешко́м *Adv* zu Fuß
пеще́ра, -ы *f* Höhle; сталакти́товая ~ Tropfsteinhöhle
пеще́рный, -ая, -ое Höhlen-; ~ челове́к Höhlenmensch
пиани́но *n idkl* Klavier
пиани́ст, -а *m* Pianist, Klavierspieler
пивна́я, -о́й *Subst f umg* Bierstube
пивно́й, -а́я, -о́е Bier-; -а́я кру́жка Bierglas, Bierkrug; ~ заво́д Brauerei
пивну́шка, -и, *Pl G* -шек, *D* -шкам *f volksspr, verächtl* Kneipe
пи́во, -а *n* Bier; ~ в буты́лках Flaschenbier ◇ с ним -а не сва́ришь *volksspr* mit ihm kann man sich schwer einigen
пивова́р, -а *m* Bierbrauer
пивова́ренный, -ая, -ое Bier herstellend; ~ заво́д Brauerei; -ая промы́шленность Brauerei-Industrie

пи́галица, -ы, *I* -ей *f* 1. *zool* Kiebitz 2. *umg* unansehnlicher, kleiner Mensch
пиджа́к, -а́ *m* (Herren-) Jackett
пижа́ма, -ы *f* Schlafanzug
пи́жма, -ы *f bot* Rainfarn
пижо́н, -а *m umg* geschniegelter Laffe
пии́т, -а *u.* **пии́та,** -ы *m buchspr, alt* Poet
пик, -а *m* 1. Pik, Bergspitze 2. Zeit der höchsten Belastung [des höchsten Standes]; часы́ ~ Hauptverkehrszeit; ~ в рабо́те электроста́нции Spitzen(belastungs)zeit; ~ весе́ннего па́водка Höchststand des Frühlingshochwassers
пи́ка, -и *f* Lanze ◇ сде́лать что́-н. в -у кому́-н. etw. j-m zum Schur tun
пика́нтный, -ая, -ое; *Kzf* -тен, -тна pikant *a. übtr*
пика́п, -а *m* kleines Lastauto *zur Last- und Personenbeförderung*
[1]**пике́** *n idkl text* Pikee
[2]**пике́** *n idkl flug* Sturzflug
пике́т, -а *m* 1. Streikposten *aus mehreren Arbeitern* 2. *mil alt* Posten 3. Pikett *altes Kartenspiel*
пикети́ровать, -рую, -руешь *uv* auf Streikposten stehen
пике́тчик, -а *m* Streikposten
пи́ки *Pl* пик, *Sg volksspr* пи́ка, -и *f* Pik *beim Kartenspiel*
пики́рование, -я *n* Sturzflug
пики́ровать, -рую, -руешь *v, uv* im Sturzflug niedergehen; ~ на цель das Ziel im Sturzflug angreifen
пикирова́ть, -ру́ю, -ру́ешь; -ро́ванный, -ро́ван, -а *v, uv landw* pikieren, auspflanzen
пики́роваться, -руюсь, -руешься *uv* sich sticheln, spitze Reden wechseln
[1]**пикиро́вка,** -и, *Pl G* -вок, *D* -вкам *f landw* Pikieren, Auspflanzen
[2]**пикиро́вка,** -и, *Pl G* -вок, *D* -вкам *f* Stichelei, boshafte Anspielung
пикиро́вщик, -а *m umg* Sturzkampfbomber
пики́рующий, -ая, -ее *flug* Sturz-; ~ полёт Sturzflug; ~ бомбардиро́вщик Sturzkampfbomber
пикни́к, -а́ *m* Ausflug *mit Picknick*
пи́кнуть, -ну, -нешь *v umg* 1. piepsen 2. *übtr* mucksen; он ~ не сме́ет er wagt nicht zu mucksen; он не пи́кнул er blieb mucksmäuschenstill
пи́ковый, -ая, -ое Pik- *beim Kartenspiel*; -ая да́ма Pikdame ◇ -ое положе́ние *umg* peinliche Situation; оста́ться при -ом интере́се leer ausgehen, das Nachsehen haben
пи́кули, -ей *Pl* Mixed Pickles, mariniertes Gemüse
пи́кша, -и, *I* -ей *f* Schellfisch
пила́, -ы́, *Pl* пи́лы, пил, пи́лам *f* 1. Säge; ди́сковая ~ Kreissäge 2. *übtr volksspr* Nervensäge *Mensch*
пила́в, -а *m* Pilaw *orientalisches Gericht aus gekochtem Reis mit Fleisch und Gewürzen*
пила́-ры́ба, пилы́-ры́бы, *Pl* пи́лы-ры́бы, пил-рыб, пи́лам-ры́бам *f* Sägefisch
пилёный, -ая, -ое gesägt ◇ -ый са́хар Würfelzucker
пили́кать, -аю, -аешь *uv umg* fiedeln, schlecht spielen *auf der Geige* ‖ *v mom* **пили́кнуть,** -ну, -нешь
пили́ть, пилю́, пи́лишь; пи́ленный, -ен, -а *uv* 1. sägen 2. *umg* feilen 3. *umg* durch Nörgeleien quälen 4. *umg* fiedeln, schlecht spielen
[1]**пи́лка,** -и *f* Sägen
[2]**пи́лка,** -и, *Pl G* -лок, *D* -лкам *f* 1. kleine Säge 2. Nagelfeile
пиломатериа́лы *Pl* -ов, *Sg* пиломатериа́л, -а *m* Sägeholz, Schnittholz
пилора́ма, -ы *f* Sägewerk
пило́т, -а *m* Pilot; второ́й ~ Kopilot, zweiter Flugzeugführer
пилота́ж, -а, *I* -ем *m* Flugzeugführung; вы́сший ~ Kunstflug
пилоти́ровать, -рую, -руешь *uv flug* steuern, fliegen
пило́тка, -и, *Pl G* -ток, *D* -ткам *f* Fliegermütze, *schirmlose* Feldmütze
пи́льщик, -а *m* Holzsäger, Sägearbeiter
пилю́ля, -и *f* Pille ◇ проглоти́ть -ю *übtr* eine bittere Pille schlucken; позолоти́ть -ю кому́-н. j-m eine bittere Pille versüßen
пиля́стр ↑ пиля́стра
пиля́стра, -ы *f u.* **пиля́стр,** -а *m arch* Pilaster
пимы́ *Pl* -о́в, *Sg* пим, -а́ *m* 1. Rentierfellstiefel 2. Filzstiefel *Sibirien, Ural*
пина́ть, -а́ю, -а́ешь *uv volksspr* mit dem Fuß stoßen, einen Fußtritt geben ‖ *v mom* пнуть, пну, пнёшь
пингви́н, -а *m* Pinguin
пине́тки *Pl* -ток, -ткам, *Sg* пине́тка, -и *f* Babyschuhe
пи́ния, -и *f bot* Pinie
пино́к, -нка́ *m umg* Fußtritt
пинце́т, -а *m* Pinzette
пио́н, -а *m* Päonie, Pfingstrose
пионе́р, -а *m* 1. Pionier, Bahnbrecher 2. (junger) Pionier

пионер- *in Zuss* Pionier-
пионервожа́тая, -ой *Subst f* Pionierleiterin
пионервожа́тый, -ого *Subst m* Pionierleiter
пионе́рка, -и, *Pl G* -рок, *D* -ркам *f weiblicher* Pionier
пионерла́герь, -я, *Pl* пионерлагеря́, -е́й, -я́м *m* Pionierlager
пионеротря́д, -а *m* Pioniergruppe
пионе́рский, -ая, -ое Pionier-; -ая дружи́на Pionierfreundschaft
пипе́тка, -и, *Pl G* -ток, *D* -ткам *f* Pipette
пир, -а, *P* о пи́ре, на пиру́, *Pl* пиры́, -о́в, -а́м *m* Gelage, Gastmahl ◇ у него́ ~ горо́й bei ihm geht es hoch her; ~ на весь мир fürstliche Bewirtung
пирами́да, -ы *f* Pyramide
пирамида́льный, -ая, -ое pyramidenförmig; ~ то́поль Pyramidenpappel
пира́т, -а *m* Pirat, Seeräuber
Пирене́и, -ев *Pl* Pyrenäen
пирене́йский, -ая, -ое pyrenäisch; Пирене́йский полуо́стров Pyrenäenhalbinsel
пирова́ть, -ру́ю, -ру́ешь *uv* zechen, schmausen
пиро́г, -а́ *m* Pastete; Kuchen; мясно́й ~ Fleischpastete
пиро́жное, -ого *Subst n* 1. Kuchen, Gebäck; Törtchen 2. *alt* süße Nachspeise
пирожо́к, -жка́ *m* kleine Pastete
пироксили́н, -а *m* Schießbaumwolle
пироте́хник, -а *m* Feuerwerker
пиру́шка, -и, *Pl G* -шек, *D* -шкам *f umg* kleiner Schmaus
пи́ршество, -а *n alt* Festmahl, Gelage
писа́ка, -и *m, f umg, verächtl* Schreiberling, Schmierfink
писа́ние, -я *n* 1. Schreiben 2. *umg iron* Geschreibsel 3. (свяще́нное) ~ Heilige Schrift, Bibel
писани́на, -ы *f volksspr, verächtl* Geschreibsel
пи́саный ,-ая, -ое *alt* handgeschrieben; bemalt ◇ -ая краса́вица bildschönes Mädchen, bildschöne Frau; говори́ть как по-пи́саному reden wie gedruckt
пи́сарь, -я, *Pl* писаря́, -е́й, -я́м *m alt* Schreiber
писа́тель, -я *m* Schriftsteller; де́тский ~ Jugendschriftsteller
писа́тельница, -ы, *I* -ей *f* Schriftstellerin
писа́тельский, -ая, -ое schriftstellerisch
писа́ть* *uv* 1. schreiben 2. malen; ~ акваре́лью mit Wasserfarben malen ◇ пиши́ пропа́ло das ist hin; не про меня́ пи́сано *volksspr* das ist nicht für mich bestimmt, das ist mir zu hoch; дурака́м зако́н не пи́сан *Sprichw* für Dumme gibt es kein Gesetz; пошла́ ~ губе́рния alles geriet in Aufregung ‖ *v* написа́ть | *uv iterativ* пи́сывать, *Präs ungebr, umg*; у него́ э́то на лбу́ не напи́сано das sieht man ihm nicht an; у него́ э́то на лице́ напи́сано das steht ihm im Gesicht geschrieben
писа́ться* *uv* 1. geschrieben werden 2. *umg*: мне не пи́шется ich habe keine Lust zum Schreiben
писк, -а *m* Piepsen, Quieken
пискли́вый, -ая, -ое; *Kzf* -и́в, -а *u. umg* **писклявый,** -ая, -ое; *Kzf* -я́в, -а 1. piepsend, quäkend; schrill; ~ го́лос Fistelstimme 2. mit einer Fistelstimme
пи́скнуть *v mom zu* пища́ть
пискотня́, -и́, *I* -ёй *f umg* vielstimmiges Gequäke, Gepiepse
писку́н, -а́ *m umg* Schreihals *mit schriller Stimme*
писку́нья, -ьи, *Pl G* -ний, *D* -ньям *umg f* Schreihals *mit schriller Stimme*
пистоле́т, -а *m* Pistole; автомати́ческий ~ Selbstladepistole
писто́н, -а *m* 1. *mil* Zündhütchen 2. *mus* Ventilklappe
пису́лька, -и, *Pl G* -лек, *D* -лькам *f umg* Briefchen, Zettel
писчебума́жный, -ая, -ое Schreibwaren-
пи́счий, -ая, -ее zum Schreiben geeignet; -ая бума́га Schreibpapier
пи́сывать *uv iterativ zu* писа́ть
пи́сьменность, -и *f* 1. Schrift; до револю́ции хака́сы не име́ли -и vor der Revolution hatten die Chakassen keine Schrift 2. Literatur, Schrifttum *eines Volkes oder einer Epoche*
пи́сьменный, -ая, -ое 1. schriftlich; ~ знак Schriftzeichen 2. Schreib-; ~ стол Schreibtisch
письмо́, -а́, *Pl* пи́сьма, пи́сем, пи́сьмам *n* 1. Brief; заказно́е ~ Einschreibebrief; гаранти́йное ~ Garantieschein; рекоменда́тельное ~ Empfehlungsschreiben; сопроводи́тельное ~ Begleitschreiben; отде́л пи́сем Leserbriefredaktion; *rad* Hörerbriefredaktion 2. *nur Sg* Schreiben; иску́сство -а́ die Kunst des Schreibens 3. Schrift; кита́йское ~ die chinesische Schrift; кру́пное ~ große Schrift

письмоно́сец, -сца, *I* -сцем, *G Pl* -сцев *m* Briefträger

пита́ние, -я *n* **1.** Ernährung, Verpflegung, Kost; иску́сственное ~ künstliche Ernährung; уси́ленное ~ kräftige Kost; обще́ственное ~ *umfaßt* Gaststättenbetriebe, Imbißhallen usw.; ~ дете́й в шко́ле Schulspeisung **2.** *tech, el* Speisung; ~ электроэне́ргией Stromversorgung

пита́тельность, -и *f* Nährwert

пита́тельный, -ая, -ое **1.** *Kzf* -лен, -льна nahrhaft **2.** Nähr-; Verpflegungs-; -ое веществó Nährstoff; ~ пункт Verpflegungsstelle **3.** *tech* Speise-; ~ насо́с Speisepumpe ◇ -ая среда́ Nährboden *biol u. übtr*

пита́ть, -а́ю, -а́ешь *uv* **1.** ernähren; verpflegen **2.** *übtr* hegen, nähren; ~ дру́жбу к кому́-н. für j-n Freundschaft hegen; ~ дове́рие к кому́-н. j-m Vertrauen schenken, zu j-m Vertrauen haben **3.** *tech* speisen, versorgen

пита́ться, -а́юсь, -а́ешься *uv* **1.** sich ernähren **2.** *regelmäßig* essen; ~ до́ма [в столо́вой] zu Hause [in der Speisegaststätte] essen **3.** *tech* gespeist werden

пито́мец, -мца, *I* -мцем, *G Pl* -мцев *m* *buchspr* Zögling; ~ Моско́вского университе́та Student [Absolvent] der Moskauer Universität

пито́мник, -а *m* **1.** Baumschule; Pflanzgarten **2.** Tierzuchtfarm

пить*; не́ пил, не пила́! *uv* trinken; ~ за здоро́вье друзе́й auf die Gesundheit der Freunde trinken; мне хо́чется ~ ich habe Durst ◇ дать ~ *volksspr* a) eine Lehre erteilen, einen Denkzettel geben; b) Scherereien machen; как ~ дать [даду́т] todsicher, unbedingt

питьё, -ья́ *n* **1.** Trinken; вода́ для -ья́ Trinkwasser **2.** *im Pl nur G gebräuchlich* -е́й Getränk; прохлади́тельное ~ Erfrischungsgetränk

питьево́й, -а́я, -о́е trinkbar

пифаго́ров, -а, -о: -а теоре́ма *u. umg scherz* -ы штаны́ pythagoreischer Lehrsatz

пиха́ть, -а́ю, -а́ешь *uv umg* **1.** stoßen **2.** hineinstoßen ‖ *v mom* **пихну́ть,** -ну́, -нёшь

пи́хта, -ы *f* (Edel-) Tanne

пихта́рник, -а *m umg* Tannenwald

пи́хтовый, -ая, -ое Tannen-

пи́чкать, -аю, -аешь *uv umg* überfüttern, vollstopfen *a. übtr*

пичу́га, -и *f umg* Vögelchen

пишу́ ↑ писа́ть

пи́шущий, -ая, -ее: -ая маши́нка Schreibmaschine

пи́ща, -и, *I* -ей *f* **1.** Nahrung, Kost; сыра́я ~ Rohkost; горя́чая ~ warmes Essen **2.** *buchspr übtr* Nahrung; дава́ть -у чему́-н. einer Sache neue Nahrung geben

пища́ть, -щу́, -щи́шь *uv* piepsen, quieken; mit hoher, dünner Stimme sprechen ‖ *v mom* пи́скнуть, -ну, -нешь

пищеваре́ние, -я *n* Verdauung

пищеви́к, -а́ *m* Arbeiter in der Lebensmittelindustrie

пищево́д, -а *m anat* Speiseröhre

пищево́й, -а́я, -о́е Nahrungsmittel-; -а́я промы́шленность Nahrungsmittelindustrie

пи́щик, -а *m* **1.** Lock-, Vogelpfeife **2.** *mus* Zunge *in Instrumenten*

пия́вка, -и, *Pl G* -вок, *D* -вкам *f* Blutegel; ста́вить -и Blutegel ansetzen

пл. (пло́щадь; платфо́рма) Platz; Bahnsteig

пла́вание, -я *n* **1.** Schwimmen; ~ на боку́ Seitenschwimmen; ~ на спине́ Rückenschwimmen; ~ с утопа́ющим Rettungsschwimmen; доро́жка для -я (Schwimm-) Bahn **2.** Seereise, Schiffsreise; отпра́виться в ~ in See stechen; экспедицио́нное ~ Expeditions-, Forschungsreise; кругосве́тное ~ Weltumsegelung, Schiffsreise um die Welt; ~ под паруса́ми Segeln

пла́вательный, -ая, -ое Schwimm-; -ая перепо́нка *zool* Schwimmhaut; ~ жиле́т Schwimmweste

пла́вать, -аю, -аешь *uv* **1.** *unbest zu* плыть **2.** schwimmen (können); он не уме́ет ~ er kann nicht schwimmen; она́ пло́хо пла́вает sie schwimmt schlecht; де́рево пла́вает Holz schwimmt **3.** *übtr* schwimmen (in); ~ в крови́ im Blut schwimmen **4.** *übtr umg* schwimmen, unsichere Kenntnisse haben; ~ на экза́мене in der Prüfung schwimmen **5.** *umg* fahren *zu Schiff* ◇ ~ в блаже́нстве in (einem Meer von) Seligkeit schwimmen; ме́лко пла́ваешь du hast keinen rechten Mumm

плави́льный, -ая, -ое *tech* Schmelz-; -ая печь Schmelzofen

плави́льня, -и, *Pl G* -лен, *D* -льням *f* Schmelzhütte

плави́льщик, -а *m* Schmelzer

[1]пла́вить, -влю, -вишь; -вленный, -влен, -влена *uv* schmelzen *tr*
[2]пла́вить, -влю, -вишь; -вленный, -влен, -влена *uv* flößen *Holz*
пла́виться, *1. u. 2. Pers ungebr*, -ится *uv* schmelzen *itr*, flüssig werden
пла́вка, -и, *Pl G* -вок, *D* -вкам *f* 1. Schmelzen 2. Abstich *Hochofen*
пла́вки, -вок, -вкам *Pl* Badehose
пла́вкий, -ая, -ое; *Kzf* -вок, -вка (leicht) schmelzbar
плавле́ние, -я *n* Schmelzen; то́чка -я Schmelzpunkt
пла́вленый, -ая, -ое: ~ сыр Schmelzkäse
пла́вни, -ей *Pl mit Schilf bewachsene, bei Hochwasser überschwemmte* Flußniederung
плавни́к, -а́ *m* Flosse
пла́вный, -ая, -ое; *Kzf* -вен, -вна 1. fließend, gleichmäßig; -ая похо́дка leichter [schwebender] Gang 2. *tech* stufenlos ◇ ~ (согла́сный) *ling* Liquida, Fließlaut
плаву́чий, -ая, -ее 1. Schwimm-; ~ док Schwimmdock; ~ мост Pontonbrücke; ~ мая́к Feuerschiff; -ая ми́на Treibmine; ~ лёд Treibeis; ~ го́спиталь Lazarettschiff 2. schwimmfähig
плагиа́т, -а *m* Plagiat, geistiger Diebstahl
плака́т, -а *m* Plakat
плакати́ст, -а *m* Plakatmaler
пла́кать* *uv* weinen; ~ навзры́д schluchzen; ~ об у́мершем einen Toten beweinen ◇ тюрьма́ пла́чет по нём das Gefängnis wartet auf ihn; пла́кали мои́ де́нежки *volksspr* mein Geld ist flöten; хоть плачь! man könnte weinen!, es ist zum Heulen!
пла́каться* *uv umg* 1. sich beklagen, jammern 2. *unpers* мне пла́чется ich könnte weinen, mir ist wie Heulen zumute ◇ ~ в жиле́тку *iron* barmen (damit man Mitleid erregt)
пла́кса, -ы *m, f umg* weinerliches Kind, Heulsuse
плакси́вый, -ая, -ое; *Kzf* -и́в, -а *umg* weinerlich
плаку́чий, -ая, -ее: -ая и́ва Trauerweide; -ая берёза Trauerbirke
пламене́ть, -е́ю, -е́ешь *uv* 1. *1. u. 2. Pers ungebr* flammen, glühen 2. *I übtr alt poet* brennen, glühen (vor); ~ любо́вью in Liebe erglühen
пла́менный, -ая, -ое; *Kzf* -енен, -енна 1. flammend, glühend 2. glutrot 3. *übtr* heiß, leidenschaftlich; ~ патрио́т glühender Patriot ◇ -ая печь *tech* Flammofen
пла́мя, *G D P* -мени, *I* -менем, *Pl* пламена́, -ён, -ена́м *n* Flamme; вспы́хнуть -менем in Flammen aufgehen ◇ ~ войны́ Kriegsfackel; ~ стра́сти Glut [Feuer] der Leidenschaft
план, -а *m* 1. Plan; календа́рный ~ Terminplan; ~ по распределе́нию рабо́чей си́лы *oder* ~ по труду́ Arbeitskräfteplan; стро́ить -ы Pläne schmieden; сверх -а überplanmäßig; отстава́ние от -а Planschulden 2. Disposition *Aufsatz, Rede* 3. Plan, Grundriß 4. Betrachtungsweise, Gesichtspunkt; в теорети́ческом -е auf theoretischer Ebene; де́йствие в коме́дии развива́ется в двух -ах die Handlung in dem Lustspiel entwickelt sich in zwei Linien ◇ на пере́днем -е im Vordergrund; вы́двинуть что́-н. на пе́рвый ~ etw. in den Vordergrund rücken, etw. an die erste Stelle setzen; кру́пным -ом *Film* in Großaufnahme
планёр, -а *m* Segelflugzeug; грузово́й ~ Lastensegler
планери́зм, -а *m* Segelflugsport
планери́ст, -а *m* Segelflieger
планёрный, -ая, -ое Segelflug-
планеродро́м, -а *m* Segelflugplatz
плане́та, -ы *f* Planet
планета́рий, -я, *P* -и, *G Pl* -ев *m* Planetarium
плане́тный, -ая, -ое Planeten-, planetarisch
[1]плани́рование, -я *n* Gleitflug
[2]плани́рование, -я *n* Planung
[1]плани́ровать, -рую, -руешь *uv* gleiten, im Gleitflug fliegen
[2]плани́ровать, -рую, -руешь; -рованный, -рован, -а *uv* 1. planen 2. projektieren, entwerfen ‖ *v* спланировать
планирова́ть, -ру́ю, -ру́ешь; -ро́ванный, -ро́ван, -а *uv arch* anlegen, projektieren
планиро́вка, -и *f arch* Planung, Projektierung, Anlage; ~ го́рода Stadtplanung
пла́нка, -и, *Pl G* -нок, *D* -нкам *f* 1. Leiste, Latte 2. *Pl* Blenden *Mode*
планови́к, -а́ *m* (Wirtschafts-) Planer
пла́новость, -и *f* Planmäßigkeit
пла́новый, -ая, -ое Plan-; planmäßig, geplant; -ое хозя́йство Planwirtschaft; -ое зада́ние Planauflage, Plansoll

планоме́рный, -ая, -ое; *Kzf* -рен, -рна planmäßig

планта́тор, -а *m* Plantagenbesitzer, Pflanzer

планта́ция, -и *f* Plantage

планше́т, -а *m* 1. Kartentasche 2. Meßtisch; Meßtischblatt 3. Korsettstange

пласт, -а́ *m* 1. Schicht; Lage 2. *berg* Flöz ◇ лежа́ть -о́м [как ~] kraftlos darniederliegen

пласта́ть, -а́ю, -а́ешь; пла́станный, -ан, -а *uv umg* in Schichten [Scheiben] schneiden

пла́стик, -а *m* Plast

пла́стика, -и *f* Plastik, Bildhauerkunst

пласти́на, -ы *f* Platte, Lamelle; Lasche

пласти́нка, -и, *Pl G* -нок, *D* -нкам *f* 1. Platte, Scheibe 2. Schallplatte; долгоигра́ющая ~ Langspielplatte 3. *phot* Platte 4. Lamelle *des Pilzes*

пласти́нчатый, -ая, -ое Lamellen-, Scheiben-; ~ гриб Lamellenpilz

пласти́ческий, -ая, -ое plastisch; knetbar, formbar ◇ -ая ма́сса *oder* ~ материа́л Kunststoff

пласти́чный, -ая, -ое; *Kzf* -чен, -чна 1. harmonisch, ausdrucksvoll 2. knetbar

пластма́сса, -ы *f* Kunststoff, Plast

пласту́нский: по́лзать по-пласту́нски *mil* robben

пла́стырь, -я *m med* Pflaster; ли́пкий ~ Heftpflaster; вытяжно́й ~ Zugpflaster

пла́та, -ы *f* Bezahlung; Lohn; за́работная ~ Arbeitslohn; Gehalt; кварти́рная ~ (Wohnungs-) Miete; аре́ндная ~ Pacht; сде́льная ~ Akkordlohn; Leistungslohn; поштýчная ~ Stücklohn; ~ за обуче́ние Schulgeld; Studiengebühren; ~ за прое́зд Fahrgeld; ~ за прово́з Fracht(gebühr); ~ за хране́ние Lagergeld

плата́н, -а *m* Platane

плата́ть, -а́ю, -а́ешь *uv volksspr* flicken

платёж, -ежа́, *I* -ежо́м, *G Pl* -еже́й *m* Zahlung; ~ в рассро́чку Ratenzahlung, Teilzahlung; производи́ть -ежи́ Zahlungen leisten; нало́женным -о́м mit Nachnahme ◇ долг -ежо́м кра́сен *Sprichw* eine Liebe ist die andere wert

платёжеспосо́бный, -ая, -ое; *Kzf* -бен, -бна zahlungsfähig

платёжный, -ая, -ое Zahl-; ~ бала́нс Zahlungsbilanz; -ая ве́домость Lohn-, Gehaltsliste

плате́льщик, -а *m buchspr* Zahler; ~ нало́гов Steuerzahler

пла́тина, -ы *f* Platin

плати́ть, плачу́, пла́тишь; пла́ченный, -ен, -а *uv* (be)zahlen; ~ нали́чными (in) bar zahlen; ~ в рассро́чку in Raten zahlen ◇ ~ добро́м за добро́ Gutes mit Gutem vergelten; ~ той же моне́той mit gleicher Münze heimzahlen, Gleiches mit Gleichem vergelten; ~ чёрной неблагода́рностью mit schnödem Undank lohnen

плати́ться, плачу́сь, пла́тишься *uv übtr* bezahlen; büßen (че́м-н. за что́-н. etw. mit etw.)

пла́тный, -ая, -ое gegen Bezahlung

плато́ *n idkl* Plateau

плато́к, -тка́ *m* Tuch; (носово́й) ~ Taschentuch; большо́й ~ Umschlagtuch; головно́й ~ Kopftuch

Плато́н, -а *m* 1. *männl Vn* 2. Plato *griech. Philosoph*

платони́ческий, -ая, -ое platonisch

платфо́рма, -ы *f* 1. Bahnsteig; погру́зочная ~ Laderampe; скла́дочная ~ Güterboden 2. Haltepunkt *Eisenbahn* 3. offener Güterwagen, Flachwagen; ~ со сто́йками Rungenwagen 4. Plattform *a. pol*

пла́тье, -ья, *G Pl* -ьев *n* 1. Kleid; ~-костю́м Jackenkleid 2. *ohne Pl* Kleidung; Oberbekleidung; гото́вое ~ Konfektion

пла́тьице, -а, *I* -ем *n* Kleidchen

платяно́й, -а́я, -о́е Kleider-; -а́я щётка Kleiderbürste

плафо́н, -а *m* 1. bemalte oder mit Stuck verzierte Decke 2. Deckenleuchte

плафо́нный, -ая, -ое Plafond-, Dekken-

пла́ха, -и *f* 1. Holzblock, Holzklotz 2. *hist* Richtblock, Schafott

пла́хта, -ы *f* 1. dicker gestreifter oder karierter hausgewebter Stoff *in der Ukraine* 2. viereckiges Stück dieses Stoffes, das als Rock getragen wird

плац, -а, *I* -ем, *P* о пла́це, на плацу́, *G Pl* пла́цев *m* Exerzierplatz

плацда́рм, -а *m mil* Aufmarschraum; Brückenkopf

плацка́рта, -ы *f* Platzkarte

плач, -а, *I* -ем *m* Weinen

плаче́вный, -ая, -ое; *Kzf* -вен, -вна kläglich, jämmerlich, erbärmlich

пла́чу ↑ пла́кать

пла́шка, -и, *Pl G* -шек, *D* -шкам *f*

1. kleine Holzplatte 2. Falle *für kleine Tiere*

плашмя́ *Adv*: упа́сть ~ der Länge nach hinschlagen; уда́рить са́блей ~ mit der flachen Seite des Säbels zuschlagen

плащ, -а́, *I* -о́м, *G Pl* -е́й *m* 1. Regenmantel; ~ с водоотта́лкивающей пропи́ткой imprägnierter Wettermantel 2. Regenumhang

плащ-пала́тка, -и, *Pl G* -ток, *D* -ткам *f* Regenumhang, der auch als Zeltbahn dient

плебисци́т, -а *m* Volksbefragung

плева́, -ы́ *f* Membrane, feine Haut; лёгочная ~ Brustfell; де́вственная ~ Jungfernhäutchen

плева́тельница, -ы, *I* -ей *f* Spucknapf

плева́ть* *uv* 1. spucken 2. *volksspr* pfeifen (на *A* auf); он плюёт на всё *oder* ему́ ~ на всё er pfeift auf alles 3. *prädikativ* (das ist) ganz egal ◇ ~ в потоло́к *umg scherz* faulenzen ‖ *v mom* плю́нуть, -ну, -нешь; раз плю́нуть ему́ *volksspr* das macht er im Handumdrehen

пле́вел, -а *m* Lolch *Unkraut im Getreide* ◇ отдели́ть пшени́цу от пле́вел *übtr* die Spreu vom Weizen scheiden

плево́к, -вка́ *m* (ausgespiene) Spucke

пле́вра, -ы *f* Rippenfell

плеври́т, -а *m* Pleuritis, Rippenfellentzündung

плёвый, -ая, -ое: э́то -ое де́ло *volksspr* das ist nicht der Rede wert, das ist eine Kleinigkeit

плед, -а *m* Plaid, dicke Wolldecke

плексигла́с, -а *m* Plexiglas

племенно́й, -а́я, -о́е 1. Stammes-; -а́я вражда́ Stammesfehde 2. Zucht-, Rasse-; ~ скот Zuchtvieh; ~ производи́тель Rassezuchttier; -а́я кни́га Stammbaum *bei Zuchttieren*, Herdbuch

племхо́з, -а *m* (племенно́е хозя́йство) Tierzuchtbetrieb

пле́мя, *G D P* -ени, *I* -енем, *Pl* племена́, -ён, -ена́м *n* 1. (Volks-) Stamm; вождь пле́мени Stammesfürst, Häuptling 2. *hoher Stil* Generation ◇ на племя́ *landw* zur Zucht

племя́нник, -а *m* Neffe

племя́нница, -ы, *I* -ей *f* Nichte

плен, -а, *P* о пле́не, в плену́ *m* 1. Gefangenschaft; сда́ться в ~ sich gefangen geben; попа́сть в ~ in Gefangenschaft geraten, gefangengenommen werden 2. *übtr* Bann, Fesseln; в -у́ предрассу́дков im Bann von Vorurteilen

плена́рный, -ая, -ое Plenar-, Voll-; -ое заседа́ние Plenarsitzung

пленери́зм, -а *m* Freilichtmalerei

плени́тельность, -и *f* Reiz, Charme

плени́тельный, -ая, -ое; *Kzf* -лен, -льна reizend, bezaubernd, berükkend

плени́ть, -ню́, -ни́шь; -нённый, -нён, -нена́ *v* 1. *übtr* fesseln, bestricken. bezaubern 2. *alt, buchspr* gefangennehmen ‖ *uv* пленя́ть, -я́ю, -я́ешь

плени́ться, -ню́сь, -ни́шься *v I* sich bezaubern lassen (von), hingerissen sein (von) ‖ *uv* пленя́ться, -я́юсь, -я́ешься

плёнка, -и, *G Pl* -нок, *D* -нкам *f* 1. Häutchen; dünne Schicht 2. Film(streifen); чёрно-бе́лая ~ Schwarzweißfilm; прояви́ть -у einen Film entwickeln 3. Tonband

пле́нник, -а *m* Gefangener

пле́нный, -ого *Subst m mil* Gefangener

пле́нум, -а *m* Plenum; заседа́ние -а Plenarsitzung

пленя́ть(ся) *uv zu* плени́ть(ся)

плёс, -а *m* 1. Flußabschnitt von einer Krümmung zur anderen 2. Fahrrinne *in Flüssen zwischen Inseln und Sandbänken*

пле́сенный, -ая, -ое Schimmel-

пле́сень, -и *f* Schimmel(pilz)

плеск, -а *m* Plätschern

плеска́ть* *u.* -а́ю, -а́ешь *uv* 1. plätschern 2. bespritzen (на кого́-н. че́м-н. j-n mit etw.); ~ друг на дру́га водо́й sich gegenseitig mit Wasser bespritzen 3. verspritzen ‖ *v mom* плесну́ть, -ну́, -нёшь

плеска́ться* *u.* -а́юсь, -а́ешься *uv* 1. plätschern *Wellen* 2. planschen

пле́сневеть, *1. u. 2. Pers ungebr*, -еет *uv* (ver)schimmeln

плесну́ть *v mom zu* плеска́ть

плести́* *uv* 1. flechten; ~ кру́жево Spitzen klöppeln 2. *umg verächtl* faseln, schwatzen; ~ вздор Unsinn schwatzen ◇ ~ интри́ги [ко́зни] Ränke [Intrigen] spinnen

плести́сь* *uv umg* sich dahinschleppen ◇ ~ в хвосте́ [в обо́зе] hinterherzotteln, zurückbleiben

плете́ние, -я *n* 1. Flechten 2. Flechtarbeit, geflochtener Gegenstand

плетёнка, -и, *Pl G* -нок, *D* -нкам *f* 1. Flechtkorb; су́мка-~ geflochtene Tasche 2. Zopf *Gebäck*

плетёный, -ая, -ое geflochten; ~ стул Korbstuhl, Rohrstuhl

плете́нь, -тня́, *I* -тнём *m* Flechtzaun

плётка, -и, *Pl G* -ток, *D* -ткам *f* kurze Reitpeitsche

плету́ ↑ плести́

плеть, -и, *Pl* пле́ти, плете́й, плетя́м, *I* плетя́ми *oder* плетьми́ *f* **1.** Peitsche **2.** *Pl* Auspeitschen *Strafe* **3.** Ranke *von Schlingpflanzen*

плечево́й, -а́я, -о́е Schulter-; ~ суста́в Schultergelenk

пле́чики, -ов *Pl* **1.** Kleiderbügel **2.** Schulterpolster *in Kleidungsstücken*

пле́чико, -а, *Pl* -и, -ов, -ам *n* **1.** *Dem zu* плечо́ Schulter **2.** Träger *am Rock*

плечи́стый, -ая, -ое; *Kzf* -и́ст, -а breitschultrig

плечо́, -а́, *Pl* пле́чи, плеч, плеча́м *u. alt* плеча́, -е́й, -а́м *n* **1.** Schulter, Achsel **2.** *anat* Oberarm **3.** *tech* (Hebel-) Arm ◇ пожа́ть -а́ми mit den Schultern zucken, die Achseln zucken; име́ть за -а́ми мно́го лет рабо́ты ein arbeitsreiches Leben hinter sich haben, auf ein arbeitsreiches Leben zurückblicken können; плечо́(м) к -у́ Schulter an Schulter, Seite an Seite; вы́нести [вы́везти] что́-н. на свои́х -а́х mit etw. allein [ohne fremde Hilfe] fertigwerden; он име́ет го́лову на -а́х er ist ein heller Kopf; на -а́х проти́вника dem Feind auf den Fersen; все забо́ты о семье́ (лежа́т) на его́ -а́х alle Sorgen um die Familie liegen auf ihm; э́то ему́ не по -у́ das geht über seine Kräfte, dieser Sache ist er nicht gewachsen; с чужо́го -а́ getragen *Kleidung*; с плеч доло́й diese Sache ist abgetan, diese Sorge bin ich [sind wir] los; у меня́ сло́вно [как] гора́ с плеч свали́лась [упа́ла] mir ist ein Stein vom Herzen gefallen; руби́ть с -а́ *umg* kein Blatt vor den Mund nehmen; э́тот вопро́с нельзя́ реша́ть с -а́ diese Frage kann man nicht so ohne weiteres lösen

плеши́веть, -ею, -еешь *uv* eine Glatze bekommen

плеши́вый, -ая, -ое; *Kzf* -и́в, -а kahlköpfig, glatzköpfig

плешь, -и *f* **1.** Glatze **2.** *volksspr* kahle, unbewachsene Stelle *im Wald usw.*

плещу́ ↑ плеска́ть

пли! (*aus* пали́!) *Interj alt mil* Feuer!

плинт, -а *m*: (гимнасти́ческий) ~ Kasten *Turngerät*

пли́нтус, -а *m* **1.** Scheuerleiste **2.** Plinthe, Fußplatte einer Statue oder Säule

плиссе́ [сэ] *n idkl* **1.** *Subst n* Plissee **2.** *Adj nachgestellt* Plissee-; ю́бка ~ Plisseerock

плиссирова́ть, -ру́ю, -ру́ешь; -ро́ванный, -ро́ван, -а *uv* plissieren

плита́, -ы́, *Pl* пли́ты, плит, пли́там *f* **1.** Platte, Kachel, Fliese; прессо́ванная ~ Preßplatte; вы́ложить -ами mit Fliesen auslegen, auskacheln **2.** (Küchen-) Herd; га́зовая ~ Gasherd

пли́тка, -и, *Pl G* -ток, *D* -ткам *f* **1.** Täfelchen; ~ шокола́да Tafel Schokolade **2.** kleine Fliese, Kachel **3.** *umg* elektrischer Kocher; га́зовая ~ Gaskocher

пли́точный, -ая, -ое Platten-; ~ заво́д Plattenwerk; ~ шокола́д Schokolade in Tafeln

плов, -а *m* Plow *orientalisches Gericht aus gekochtem Reis mit Fleisch und Gewürzen*

плове́ц, -вца́, *I* -вцо́м, *G Pl* -вцо́в *m* Schwimmer

плод, -а́ *m* **1.** Frucht *a. übtr*; ко́сточковые -ы́ Steinobst; -ы́ многоле́тней рабо́ты Früchte einer langjährigen Arbeit **2.** Leibesfrucht; изгна́ние -а́ Abtreibung ◇ запре́тный ~ verbotene Frucht

плоди́ть, -ожу́, -оди́шь *uv* **1.** züchten, ziehen **2.** *umg* in die Welt setzen *viele Kinder* **3.** *übtr* erzeugen, hervorbringen

плоди́ться, *1. u. 2. Pers ungebr*, -и́тся *uv* sich vermehren, sich fortpflanzen

плодови́тый, -ая, -ое; *Kzf* -и́т, -а **1.** fruchtbar, sich schnell vermehrend **2.** *übtr* fruchtbar, produktiv, viele Werke schaffend

плодово́дство, -а *n* Obstbau

плодо́вый, -ая, -ое Frucht-, Obst-; ~ са́хар Fruchtzucker; -ое де́рево Obstbaum

плодо|но́жка, -и, *Pl G* -жек, *D* -жкам *f* Stiel *an Früchten*; **~но́сный,** -ая, -ое; *Kzf* -сен, -сна fruchttragend, ertragreich *Bäume*; **~овощно́й,** -а́я, -о́е Obst- und Gemüse-; **~ро́дие,** -я *n* Fruchtbarkeit; **~ро́дный,** -ая, -ое; *Kzf* -ден, -дна fruchtbar *Boden, Land, Klima*; **~сме́н,** -а *m landw* Fruchtwechsel; **~снима́тель,** -я *m* Obstpflücker *Gerät*; **~тво́рный,** -ая,

-ое; *Kzf* -рен, -рна fruchtbringend, nutzbringend, ersprießlich
пло́мба, -ы *f* 1. (Blei-) Plombe 2. Plombe, Zahnfüllung; поста́вить [положи́ть] -у plombieren
пломби́р, -а *m* Sahneeis mit Früchten, Halbgefrorenes
пломбирова́ть, -ру́ю, -ру́ешь; -ро́ванный, -ро́ван, -а *uv* plombieren
пло́ский, -ая, -ое; *Kzf* -сок, -ска́!; *Komp* пло́ще flach, platt, eben; -ая стопа́ Plattfuß 2. *übtr* platt, fade
плоского́рье, -ья, *Pl G* -рий, *D* -рьям *n* Hochland, Hochebene, Gebirgsplateau
плоскогу́бцы, -ев *Pl* Flachzange
плоскосто́пие, -я *n med* Plattfuß
пло́скость, -и, *Pl* пло́скости, плоскосте́й, плоскостя́м *f* 1. *math, phys* Fläche, Ebene; накло́нная ~ schiefe Ebene 2. *flug* Tragfläche 3. Flachheit, flache Form 4. *übtr* Ebene, Gesichtspunkt; в ра́зных -я́х auf verschiedenen Ebenen [Gebieten] 5. *alt* (*G Pl* пло́скостей) fader Witz, triviale Bemerkung ◇ идти́ [кати́ться] по накло́нной -и auf die schiefe Bahn geraten
плот, -а́, *P* о плоте́, на плоту́ *m* Floß
плотва́, -ы́ *ohne Pl f* Plötze
плоти́на, -ы *f* Damm, Deich; Wehr; Sperrmauer, Staudamm
плоти́нный, -ая, -ое Damm-, Deich-, Talsperren-
плотне́ть, -е́ю, -е́ешь *uv* 1. dichter werden 2. zunehmen, dicker werden
пло́тник, -а *m* Zimmermann
пло́тничать, -аю, -аешь *uv* als Zimmermann arbeiten
пло́тничий, -ья, -ье Zimmer(manns)-; -ья брига́да Zimmerbrigade
пло́тничный, -ая, -ое Zimmermanns-
пло́тность, -и *f* 1. Dichte; Kompaktheit; ~ населе́ния Bevölkerungsdichte 2. Festigkeit, Stärke
пло́тный, -ая, -ое; *Kzf* -тен, -тна́! 1. dicht, kompakt 2. fest, dauerhaft 3. dick, prall gefüllt 4. gutgenährt, stämmig 5. *umg* sättigend, kräftig *Essen* 6. -о *Adv* fest; eng; -о облега́ть eng anliegen *Kleidung*; -о прижа́ться sich eng anschmiegen
плотово́д, -а *m* Flößer
плотовщи́к, -а́ *m* Flößer
плотого́н, -а *m* Flößer
плотоя́дный, -ая, -ое; *Kzf* -ден, -дна 1. fleischfressend 2. lüstern, wollüstig
пло́тский, -ая, -ое *buchspr, alt* sinnlich, fleischlich
плоть, -и *f alt* Körper, Leib; кра́йняя ~ *anat* Vorhaut ◇ э́то вошло́ мне в ~ и кровь das ist mir in Fleisch und Blut übergegangen; обле́чься в ~ и кровь Gestalt annehmen; ~ от мое́й -и *buchspr* mein eigen Fleisch und Blut
пло́хо 1. *Adv* schlecht; де́ло ~ ко́нчится die Sache wird schlimm enden 2. *unpers prädikativ D* es geht (j-m) schlecht; мне о́чень ~ ich fühle mich sehr schlecht ◇ ~ лежи́т es verleitet zum Diebstahl; ~ не клади́, в грех не вводи́ *Sprichw* Gelegenheit macht Diebe; пло́хо-пло́хо *volksspr* mindestens
плохо́й, -а́я, -о́е; *Kzf* плох, -а́!; *Komp* ху́же (*selten* пло́ше) 1. schlecht; на него́ наде́жда -а́я auf ihn ist kein Verlaß 2. *nur Kzf umg* schwach *Gesundheit*; стару́ха -а́ der alten Frau geht es schlecht ◇ с ним шу́тки -и mit ihm ist schlecht Kirschen essen
плоша́ть, -а́ю, -а́ешь *uv* 1. *umg* Fehler [Dummheiten] machen 2. *volksspr* schlechter werden
пло́ше ↑ плохо́й
пло́шка, -и, *Pl G* -шек, *D* -шкам *f* *volksspr* 1. flache Schale, Napf 2. Illuminationskerze, Talglicht *in einer Schale*
площа́дка, -и, *Pl G* -док, *D* -дкам *f* 1. Platz *für einen bestimmten Zweck*; де́тская ~ Kinderspielplatz; танцева́льная ~ Tanzfläche; поса́дочная ~ *flug* Rollfeld; Landeplatz; оруди́йная ~ Geschützstand; ~ для за́пуска раке́т Raketenstartplatz 2. Treppenabsatz 3. Plattform *z. B. Straßenbahn*
площадно́й, -а́я, -о́е unanständig, unflätig, grob
пло́щадь, -и, *Pl* пло́щади, площаде́й, площадя́м *f* 1. Platz; Кра́сная ~ Roter Platz; привокза́льная ~ Bahnhofsvorplatz 2. Fläche; посевна́я ~ Anbaufläche; жила́я ~ Wohnraum 3. *math* Flächeninhalt
пло́ще ↑ пло́ский
плуг, -а, *Pl* плуги́, -о́в, -а́м *m* Pflug; снегово́й ~ Schneepflug; прицепно́й ~ Anhängepflug
плу́нжер, -а *m tech* Tauchkolben
плут, -а́ *m* 1. Gauner, Betrüger 2. Schelm, geriebener Kerl
плута́ть, -а́ю, -а́ешь *uv umg* umherirren

плу́тни, -ей *Pl umg* Gaunereien, Betrügereien
плутова́тый, -ая, -ое, *Kzf* -а́т, -а 1. durchtrieben, schlau im Betrügen 2. listig, schelmisch
плутова́ть, -ту́ю, -ту́ешь *uv itr, umg* betrügen, mogeln
плуто́вка, -и, *Pl G* -вок, *D* -вкам *f* Schelmin
плутовско́й, -а́я, -о́е 1. betrügerisch 2. schelmisch, listig, verschmitzt; -а́я улы́бка spitzbübisches Lächeln
плутовство́, -а *n* Gaunerei, Betrügerei
плыву́ ↑ плыть
плыть* *uv* 1. *best* schwimmen; ~ кро́лем kraulen; ~ про́тив тече́ния *a. übtr* gegen den Strom schwimmen 2. *best* segeln, fahren *von oder mit Wasserfahrzeugen*; ~ под паруса́ми segeln 3. *in der Luft* dahinziehen, leicht dahinschweben; облака́ плыву́т die Wolken ziehen 4. *umg* überlaufen, breitlaufen ◇ всё плы́ло у меня́ пе́ред глаза́ми mir schwamm alles vor den Augen; ~ в ру́ки mühelos zufallen; ~ сквозь па́льцы *übtr* unter den Fingern zerrinnen | *unbest* пла́вать *zu* 1, 2
плюга́вый, -ая, -ое; *Kzf* -а́в, -а *umg* unansehnlich, mager, schwächlich
плю́нуть *v mom zu* плева́ть
плюс, -а *m* 1. Pluszeichen 2. Plus *bei Zensuren*; тро́йка с -ом Drei plus 3. *umg* Plus, Vorteil; -ы и ми́нусы Vor- und Nachteile 4. *Part idkl math* plus; четы́ре ~ два бу́дет шесть vier plus zwei ist sechs
плю́хать(ся) *uv zu* плю́хнуть(ся)
плю́хнуть, -ну, -нешь *v volksspr* 1. hinplumpsen, schwer hinschlagen 2. hinknallen *tr* || *uv* плю́хать, -аю, -аешь
плю́хнуться, -нусь, -нешься *v umg* hinplumpsen, schwer hinschlagen; sich schwer hinsetzen || *uv* плю́хаться, -аюсь, -аешься
плюш, -а, *I* -ем *m* Plüsch
плю́шевый, -ая, -ое Plüsch-
плю́шка, -и, *Pl G* -шек, *D* -шкам *f* Milchbrötchen
плющ, -а́, *I* -о́м *m* Efeu
плю́щить, -щу, -щишь *uv tech* walzen
плюю́ ↑ плева́ть
пляж, -а, *I* -ем, *G Pl* -ей *m* (Bade-) Strand; Strandbad
пля́жный, -ая, -ое Strand-; ~ костю́м Strandanzug
пляс, -а *m umg* Tanzen
пляса́ть* *uv umg* tanzen *gewöhnlich Volkstänze* ◇ ~ под чью-н. ду́дку nach j-s Pfeife tanzen || *v* спляса́ть
пля́ска, -и, *Pl G* -сок, *D* -скам *f* 1. Volkstanz 2. Tanzen ◇ Ви́ттова ~ *med* Veitstanz
плясово́й, -а́я, -о́е 1. Tanz-, Volkstanz- 2. -а́я, -о́й *Subst f* Tanzlied
плясу́н, -а́ *m umg* Tänzer *von Volkstänzen*
пляшу́ ↑ пляса́ть
пневма́тика, -и *f* 1. *phys* Pneumatik 2. Luftreifen
пневмати́ческий, -ая, -ое pneumatisch, Luftdruck-; -ое ружьё Luftgewehr; ~ то́рмоз Luftdruckbremse; -ая по́чта Rohrpost; ~ мо́лот Preßlufthammer
пневмони́я, -и *f* Pneumonie, Lungenentzündung
пнуть *v mom zu* пина́ть
по *Präpos* I. *mit D* 1. über (... hin), auf; е́хать по́ полю [по́ морю] übers Feld [übers Meer] fahren; по́ полу über den Fußboden; распространи́ться по всей стране́ sich übers ganze Land verbreiten; погла́дить по голове́ über den Kopf streichen, den Kopf streicheln 2. durch; идти́ по́ лесу [по ле́су] durch den Wald gehen; ходи́ть по ко́мнате im Zimmer auf und ab gehen; путеше́ствие по А́фрике Afrikareise 3. entlang, längs; е́хать по автостра́де auf der Autobahn fahren; плыть на парохо́де вверх по реке́ mit dem Dampfer stromauf fahren 4. in, an, von ... zu *an mehreren Orten*; иска́ть по всей ко́мнате im ganzen Zimmer suchen; разлива́ть вино́ по бока́лам den Wein in die Gläser gießen; по стена́м кабине́та вися́т карти́ны an den Wänden des Arbeitszimmers hängen Bilder; по места́м! auf die Plätze!; ходи́ть по врача́м von einem Arzt zum anderen gehen; распредели́ть план по брига́дам den Plan auf die Brigaden aufschlüsseln 5. an *zeitlich, mit D Pl*; по пра́здникам an Feiertagen; по вечера́м an den Abenden, abends; по четверга́м donnerstags; по це́лым дням tagelang 6. in, für, auf *Fach, Gebiet, Aufgabenbereich*; экза́мен по фи́зике Prüfung in Physik, Physikprüfung; слова́рь по я́дерной те́хнике Wörterbuch für Kerntechnik; практи́ческие заня́тия по ру́сскому языку́ russische Sprachübungen; чемпио́н ми́ра по прыжка́м с шесто́м Welt-

meister im Stabhochsprung; инстру́ктор по пла́ванию Schwimmlehrer; заво́д по произво́дству се́рной кислоты́ Schwefelsäurewerk; по э́тому вопро́су in dieser Frage **7.** zu, für *Ziel*; кампа́ния по ликвида́ции негра́мотности Kampagne zur Beseitigung des Analphabetentums; рабо́ты по дальне́йшему освое́нию ко́смоса Arbeiten zur weiteren Erforschung des Kosmos **8.** an, in *Merkmal*; узна́ть по го́лосу an der Stimme erkennen; карти́на проста́ по компози́ции das Bild ist einfach in seiner Komposition; он по профе́ссии сле́сарь er ist von Beruf Schlosser; ро́дственник по ма́тери ein Verwandter mütterlicherseits; това́рищ по кла́ссу Klassenkamerad; пе́нсия по ста́рости Altersrente; второ́й по величине́ го́род die zweitgrößte Stadt; по нату́ре von Natur (aus) **9.** nach, gemäß, laut; прибы́ть по расписа́нию fahrplanmäßig ankommen; по о́череди der Reihe nach; по его́ инициати́ве auf seine Initiative; по смы́слу sinngemäß; по обыкнове́нию wie gewöhnlich; жить не по сре́дствам über seine Mittel [Verhältnisse] leben; знать по и́мени dem Namen nach kennen; конце́рт по зая́вкам Wunschkonzert **10.** aus, wegen; по оши́бке aus Versehen; знать по со́бственному о́пыту aus eigener Erfahrung wissen [kennen]; по нео́пытности aus mangelnder Erfahrung; оши́бка по рассе́янности Faselfehler, Flüchtigkeitsfehler; по боле́зни krankheitshalber; по её вине́ durch ihre Schuld; отсу́тствовать по неуважи́тельной причи́не unentschuldigt fehlen **11.** mit, in, per *Nachrichtenmittel*; по по́чте mit der Post; сообщи́ть о прие́зде по телефо́ну [по телегра́фу] seine Ankunft telefonisch [telegrafisch] mitteilen; по ра́дио im Rundfunk; смотре́ть фильм по телеви́дению einen Film im Fernsehen sehen **12.** *verteilend* je ein, *meist unübersetzt*; два биле́та по рублю́ zwei Karten zu (je) einem Rubel; мать дала́ де́тям по я́блоку die Mutter gab jedem Kind einen Apfel; три ра́за в день по ча́йной ло́жке dreimal täglich einen Teelöffel ◇ ро́спись по фарфо́ру Porzellanmalerei; уда́рить по столу́ auf den Tisch schlagen; уда́рить по рука́м (etw.) durch Handschlag bekräftigen; по тече́нию mit dem Strom *a. übtr*; подня́ться по ле́стнице die Treppe hinaufsteigen; по пути́ unterwegs; нам по пути́ wir haben den gleichen Weg; по мне, как хо́чешь meinetwegen mach, was du willst; ему́ не по себе́ ihm ist nicht recht wohl in seiner Haut **II.** *mit A* **1.** bis zu, bis an *meist bei Körperteilen*; по коле́но [по по́яс, по грудь] стоя́ть в воде́ bis zum Knie [bis zum Gürtel, bis zur Brust] im Wasser stehen; он мне по плечо́ er reicht mir bis zur Schulter; у меня́ рабо́ты по го́рло ich habe alle Hände voll zu tun; он влюблён по́ уши *umg* er ist bis über die Ohren verliebt **2.** bis *zeitlich*; по май bis Mai; по двадца́тое ию́ня bis zum zwanzigsten Juni; по сей день bis zum heutigen Tage **3.** *verteilend, bei Zahlen ab 2* je, pro, *meist unübersetzt*; лимо́ны по де́сять копе́ек шту́ка Zitronen zu zehn Kopeken das Stück; в ка́ждой гру́ппе по пять — семь челове́к in jeder Gruppe sind fünf bis sieben Personen; ка́ждый получи́л по́ два рубля́ jeder erhielt zwei Rubel **4.** *gbt u. volksspr* nach *bei Bewegungsverben*; идти́ по грибы́ Pilze sammeln gehen; идти́ по́ воду Wasser holen (gehen) ◇ по ту сто́рону реки́ auf dem anderen Flußufer, jenseits des Flusses; по о́бе стороны́ auf beiden Seiten; по ле́вую ру́ку zur linken Hand, links **III.** *mit P* nach *zeitlich, bei Verbalsubstantiven*; по истече́нии сро́ка nach Ablauf der Frist; по оконча́нии институ́та nach Beendigung der Hochschule, nach dem Staatsexamen; по сме́рти nach dem Tode

По *f idkl* Po *Fluß*

побагрове́ть, -е́ю, -е́ешь *v* purpurrot [flammendrot] werden

поба́иваться, -аюсь, -аешься *uv G* sich ein bißchen fürchten (vor)

поба́ливать, *1. u. 2. Pers ungebr,* -ает *uv umg* ab und zu ein bißchen weh tun

побасёнка, -и, *Pl G* -нок, *D* **-нкам** *f umg* Anekdote, Histörchen

[1]**побе́г,** -а *m* Flucht

[2]**побе́г,** -а *m* Trieb, Schößling

побе́гать, -аю, -аешь *v* eine Zeitlang herumlaufen

побегу́шки: быть у кого́-н. на -ах *umg* bei j-m Laufbursche sein *a. übtr*

побе́да, -ы *f* Sieg; одержа́ть -у den Sieg erringen; уве́ренный в -е siegessicher; производственные -ы Produktionserfolge

победитель, -я *m* Sieger; выйти -ем als Sieger hervorgehen; ~ по очкáм Punktsieger

победить, *1. Pers Sg ungebr*, -едишь; -еждённый, -еждён, -ежденá *v* 1. (be)siegen 2. *übtr* überwinden, bezwingen *Gefühl* || *uv* побеждáть, -áю, -áешь

побéдный, -ая, -ое Sieges-, siegreich

победонóсный, -ая, -ое; *Kzf* -сен, -сна 1. siegreich 2. *übtr* siegesbewußt, selbstsicher

по|бежáть* *v* 1. loslaufen, losrennen 2. die Flucht ergreifen

побеждáть *uv zu* победить

побéжка, -и *f* Gangart *eines Pferdes*

побелéть, -éю, -éешь *v* weiß werden

побелить, -елю́, -éлишь; -елённый, -елён, -еленá *v* weißen

побéлка, -и *f* Weißen

побережье, -ья, *Pl G* -ий, *D* -ьям *n* Küste

по|берéчь* *v* 1. aufbewahren, gut aufheben 2. schonen, sorgsam behandeln

побесéдовать, -дую, -дуешь *v* sich eine Weile unterhalten

побеспокóиться, -óюсь, -óишься *v* 1. sich kümmern (о *P* um) 2. sich eine Weile aufregen

побирáться, -áюсь, -áешься *uv umg* betteln, sich durchbetteln

по|бить* *v* 1. schlagen 2. schlagen, besiegen 3. *viele, alle* erschlagen 4. *umg viel, alles* zerschlagen, zerbrechen; грáдом побило хлеб das Getreide wurde durch Hagelschlag vernichtet; ~ кáрту eine Karte stechen; ~ рекóрд einen Rekord brechen

по|биться*, *1. u. 2. Pers ungebr*, *v* angeschlagen [gedrückt] werden ◇ ~ об заклáд eine Wette eingehen [abschließen]

поблагодарить, -рю́, -ришь *v A* danken

поблáжка, -и, *Pl G* -жек, *D* -жкам *f umg* (zu große) Nachsicht; давáть комý-н. -у nachsichtig sein gegen j-n; не давáть -и unnachsichtig sein

побледнéть, -éю, -éешь *v* blaß werden, erbleichen

поблёклый, -ая, -ое 1. verwelkt 2. blaß

поблёкнуть, -ну, -нешь; поблёк, -ла *v* 1. verwelken 2. blaß [matt] werden

поблизости *Adv* in der Nähe

побожиться *v zu* божиться

побóи, -ев *Pl* Schläge, Prügel

побóище, -а, *I* -ем *n* 1. *hist* (blutige) Schlacht; Ледóвое ~ Schlacht auf dem Eis des Peipussees; Мамáево ~ Schlacht auf dem Kulikowo Pole (*in der der Tatarenchan Mamai besiegt wurde*) 2. *umg* blutige Rauferei

побóльше 1. *Adv* (etwas) mehr 2. *Adj* (etwas) größer; дáйте мне кóмнату ~ geben Sie mir ein größeres Zimmer

побóрник, -а *m buchspr* Verfechter, Verteidiger

по|борóть* *v* 1. besiegen 2. *übtr* überwinden, bezwingen; ~ тоскý die Sehnsucht bezwingen

побóры *Pl* -ов, *Sg* побóр, -а *m* übermäßige Steuern [Abgaben]

побóчный, -ая, -ое Neben-, nebensächlich; -ые дохóды Nebenverdienst

побояться, -ою́сь, -ои́шься *v G* Angst haben, sich scheuen (vor)

побранить, -ню́, -нишь *v* leicht tadeln [auszanken]

побраниться, -ню́сь, -нишься *v* sich verzanken

побратáться *v zu* братáться

побратим, -а *m* 1. *hist* Freund, der als Bruder betrachtet wird 2. *volksspr* Busenfreund; мы с ним -ы wir sind dicke Freunde

по|брáть* *v volksspr alle(s), viel(e)* nehmen ◇ чёрт побери! der Teufel soll's holen!

побрéзгать *v zu* брéзгать

по|брести* *v* sich fortschleppen

по|брить* *v* rasieren

по|бриться* *v* sich rasieren

побродить, -ожý, -óдишь *v umg* eine Zeitlang herumschlendern

побросáть, -áю, -áешь *v* 1. herumwerfen, durcheinanderwerfen 2. verlassen

побрякýшка, -и, *Pl G* -шек, *D* -шкам *f umg* 1. Kinderklapper 2. Anhängsel 3. *übtr, meist Pl* Kleinigkeit, Nichtigkeit

побудительный, -ая, -ое anregend, bewegend; -ая причина Beweggrund

[1]**побудить,** -ужý, -удишь *u. volksspr* -ýдишь; -уждённый, -уждён, -ужденá *v* veranlassen, bewegen (zu) || *uv* побуждáть, -áю, -áешь

[2]**побудить,** -ужý, -ýдишь; -ýженный, -ýжен, -а *v* 1. eine Weile zu wecken versuchen 2. *umg* wecken

побýдка, -и, *Pl G* -док, *D* -дкам *f mil* Weckruf, Wecksignal

побуждáть *uv zu* [1]побудить

побуждéние, -я *n* Antrieb, Veranlassung, Impuls; по сóбственному -ю aus eigenem Antrieb
побурéть, *1. u. 2. Pers ungebr*, -éет *v* (grau)braun werden
побывáть, -áю, -áешь *uv* **1.** *an mehreren Orten* (gewesen) sein **2.** sich einige Zeit aufhalten **3.** teilnehmen; ~ на войнé am Krieg teilnehmen **4.** *umg wohin* gehen; нáдо ~ в бюрó ich muß mal ins Büro gehen
побы́вка, -и, *Pl G* -вок, *D* -вкам *f umg* kurzer Heimaturlaub *von Soldaten*
по|бы́ть*; пóбыл *v* sich einige Zeit aufhalten, bleiben
повáдиться, -áжусь, -áдишься *v umg* **1.** sich *etw. Schlechtes* angewöhnen **2.** ständig kommen
повáдка, -и, *Pl G* -док, *D* -дкам *f umg schlechte* Angewohnheit
повáдно *Adv volksspr* angenehm, schön ◇ чтóб(ы) емý нé было ~ damit ihm die Lust (dazu) vergeht
повали́ть, *1. u. 2. Pers ungebr*, -áлит *v umg* (anfangen zu) strömen, sich heranwälzen ◇ повали́л снег es begann in dichten Flocken zu schneien
повали́ться, -алю́сь, -áлишься *v* umfallen, hinfallen
повáльный, -ая, -ое allgemein, Massen-; -ая болéзнь epidemische Krankheit
повaля́ть, -я́ю, -я́ешь *v* eine Weile wälzen
пóвар, -а, *Pl* поварá, -óв, -áм *m* Koch
повáренный, -ая, -ое Koch-; -ая соль Kochsalz
поварёнок, -нка, *Pl* -ря́та, -ря́т, -ря́там *m* Küchenjunge
поварёшка, -и, *Pl G* -шек, *D* -шкам *f umg* Schöpfkelle, Suppenkelle
повари́ха, -и *f* Köchin
поварскóй, -áя, -óе Koch-, Küchen-; -áя шáпка Kochmütze; ~ нож Küchenmesser
по-вáшему *Adv* eurer [Ihrer] Meinung nach
повéдать, -аю, -аешь *v buchspr* erzählen, mitteilen
поведéние, -я *n* Betragen, Benehmen, Auftreten
по|везти́* *v* **1.** *A wohin* fahren, schaffen **2.** *v zu* везти́ *umg*: мне повезлó ich hatte Glück; емý не повезлó er hatte Pech
повелéние, -я *n buchspr* Befehl
повели́тель, -я *m hoher Stil* Gebieter, Herrscher
повели́тельный, -ая, -ое; *Kzf* -лен, -льна gebieterisch, befehlend ◇ -ое наклонéние Imperativ
повенчáть, -áю, -áешь; повéнчанный, -ан, -а *v* kirchlich trauen
повенчáться, -áюсь, -áешься *v* sich kirchlich trauen lassen
повергáть *uv zu* повéргнуть
повéргнуть, -ну, -нешь; повéрг, -ла *u. alt* повéргнул, -а; повéрг(нув)ший; повéргнутый, -ут, -а *u.* повéрженный, -ен, -а *v* **1.** *alt* umstürzen, umwerfen **2.** *alt übtr* besiegen, vernichten **3.** в *A in einen Zustand* versetzen, bringen; ~ в отчáяние zur Verzweiflung bringen ‖ *uv* повергáть, -áю, -áешь
повéренный, -ого *Subst m* **1.** Bevollmächtigter **2.** Vertrauter ◇ прися́жный ~ *alt* Rechtsanwalt; ~ в делáх Geschäftsträger *Diplomat*; чáстный ~ Rechtsbeistand
повéрить, -рю, -ришь; -ренный, -рен, -а *v* **1.** *v zu* вéрить **2.** anvertrauen **3.** *alt* überprüfen
повéрка, -и *f* **1.** Überprüfung, Kontrolle; сигнáл -и врéмени *rad* Zeitzeichen **2.** Appell mit namentlichem Aufruf ◇ на -у wirklich, tatsächlich
повернýть, -нý, -нёшь; повёрнутый, -ут, -а *v* **1.** umdrehen, wenden **2.** sich wenden, abbiegen; ~ налéво (nach) links einbiegen; ~ назáд umkehren ◇ ~ разговóр dem Gespräch eine andere Richtung geben; истóрию нельзя́ ~ вспять das Rad der Geschichte läßt sich nicht zurückdrehen; ~ оглóбли *umg* kehrtmachen, den Rückzug antreten ‖ *uv* повёртывать, -аю, -аешь *u.* поворáчивать, -аю, -аешь
повернýться, -нýсь, -нёшься *v* **1.** sich (um)drehen, sich (um)wenden; ~ кругóм kehrtmachen, sich herumdrehen; ~ спинóй к комý-н. j-m den Rücken zudrehen **2.** *1. u. 2. Pers ungebr* eine andere Entwicklung nehmen, sich wenden; дéло повернýлось к лýчшему die Sache hat sich zum Besseren gewendet ‖ *uv* повёртываться, -аюсь, -аешься *u.* поворáчиваться, -аюсь, -аешься
повёрстный, -ая, -ое nach Werst gemessen (Werst = 1,067 km)
повертéть, -ерчý, -éртишь; -éрченный, -éрчен, -а *v* eine Zeitlang drehen
повёртывать(ся) *uv zu* повернýть(ся)
повéрх **1.** *Präpos mit G* über, auf **2.** *Adv* darüber *örtlich*
повéрхностный, -ая, -ое **1.** Oberflächen-; -ое натяжéние *phys* Ober-

flächenspannung; -ые рабо́ты Übertagearbeiten *Bergbau* **2.** *Kzf* -тен, -тна oberflächlich, flüchtig

пове́рхность, -и *f* **1.** Oberfläche; ~ воды́ Wasserspiegel **2.** *geom* Fläche ◇ держа́ться на -и sich über Wasser halten *a. übtr*; скользи́ть по -и an der Oberfläche bleiben, nicht tiefer eindringen; несу́щие -и Tragwerk, Tragflächen

по́верху *Adv umg* oben

пове́рье, -ья, *Pl G* -ий, *D* -ьям *n* Aberglaube, Volksglaube

пове́са, -ы *m alt* Taugenichts

повеселе́ть, -е́ю, -е́ешь *v* lustig werden

повесели́ться, -лю́сь, -ли́шься *v* sich ein bißchen amüsieren

пове́сить, -е́шу, -е́сишь; -е́шенный, -е́шен, -а *v* **1.** aufhängen **2.** erhängen

пове́ситься, -е́шусь, -е́сишься *v* sich erhängen

повествова́ние, -я *n lit* Bericht

повествова́тельный, -ая, -ое *lit* erzählend ◇ -ое предложе́ние *gram* Aussagesatz

повествова́ть, -тву́ю, -тву́ешь *uv buchspr* о *P* erzählen, berichten

по|вести́* *v* **1.** führen, anfangen zu führen; ~ ребёнка к врачу́ das Kind zum Arzt führen [bringen] **2.** fahren, streichen (по *D* über); ~ смычко́м по стру́нам mit dem Bogen über die Saiten streichen **3.** *I* eine rasche Bewegung machen (mit); ~ плеча́ми [бровя́ми] mit den Achseln [Augenbrauen] zucken **4.** *v zu* вести́ || *uv* поводи́ть, -ожу́, -о́дишь *zu* 3

по|вести́сь* *v* **1.** *v zu* вести́сь; так уж повело́сь es ist schon ein Brauch geworden **2.** *umg* sich anfreunden

пове́стка, -и, *Pl G* -ток, *D* -ткам *f* **1.** Benachrichtigung, Vorladung; Gestellungsbefehl **2.** *umg* Tagesordnung ◇ ~ дня Tagesordnung

по́весть, -и, *Pl* по́вести, -е́й, -я́м *f* Novelle, Roman *meist mit wenigen handelnden Personen*

пове́трие, -я *n umg* Mode, die alle mitmachen

повечере́ть *v zu* вечере́ть

пове́шение, -я *n* (Er-) Hängen; приговори́ть к сме́ртной ка́зни че́рез ~ zum Tode durch den Strang verurteilen

пове́ять, *1. u. 2. Pers ungebr*, -е́ет *v* zu wehen beginnen

повздо́рить *v zu* вздо́рить

повзросле́ть, -е́ю, -е́ешь *v* erwachsen werden

повида́ть, -а́ю, -а́ешь *v umg* **1.** sehen, zu sehen bekommen; erleben **2.** besuchen

повида́ться, -а́юсь, -а́ешься *v* с *I umg* sich sehen, sich wiedersehen, besuchen (j-n)

по-ви́димому *mod* anscheinend, wahrscheinlich

пови́дло, -а *n* Marmelade, Mus

повини́ться *v zu* вини́ться

пови́нная, -ой *Subst f* Schuldgeständnis; принести́ -ую *oder* яви́ться с -ой ein Schuldgeständnis ablegen

пови́нность, -и *f* Pflicht; во́инская ~ Wehrpflicht; привле́чь к трудово́й -и dienstverpflichten

пови́нный, -ая, -ое; *Kzf* -и́нен, -и́нна schuld(ig) (в *P* an)

повинова́ться, -ну́юсь, -ну́ешься *uv, Prät a. v* aufs Wort gehorchen, sich unterwerfen

повинове́ние, -я *n* Gehorsam; вы́йти из чьего́-н. -я j-m den Gehorsam verweigern

повиса́ть *uv zu* пови́снуть

пови́снуть, -ну, -нешь; пови́с, -ла *u.* пови́снул, -а *v* **1.** hängenbleiben **2.** herunterhängen ◇ де́ло пови́сло в во́здухе die Sache hängt in der Luft || *uv* повиса́ть, -а́ю, -а́ешь

повлажне́ть, *1. u. 2. Pers ungebr*, -е́ет *v* feucht werden

по|вле́чь* *v*: ~ за собо́й nach sich ziehen, zur Folge haben

повлия́ть *v zu* влия́ть

[1]по́вод, -а *m* Anlaß, Veranlassung; по -у anläßlich, aus Anlaß; по э́тому -у in dieser Sache [Angelegenheit]

[2]по́вод, -а, *P* о по́воде, в поводу́, *Pl* пово́дья, -ьев, -ьям *m* Zügel ◇ быть на -у́ у кого́-н. sich von j-m gängeln lassen; держа́ть кого́-н. на -у́ j-n am Gängelband führen

[1]поводи́ть, -ожу́, -о́дишь *v* eine Zeitlang auf und ab [hin und her] führen [fahren]; ~ па́льцем по доске́ mit dem Finger auf der Tafel hin und her fahren ◇ ~ уша́ми die Ohren spitzen *Tiere*

[2]поводи́ть *uv zu* повести́

поводы́рь, -я́, *I* -ём *m* Führer; ~ медве́дя Bärenführer; соба́ка-~ Blindenhund

повози́ть, -ожу́, -о́зишь *v* eine Zeitlang herumfahren *tr*

повóзка, -и, *Pl G* -зок, *D* -зкам *f* Wagen, Fuhrwerk; па́рная ~ Zweispänner

повойник, -а *m alt* um den Kopf geschlungenes Tuch *bei verheirateten russischen Bäuerinnen*
Поволжье, -ья *n* Wolgagebiet
поволока, -и *f* (Dunst-) Schleier ◇ глаза с -ой verträumte Augen
по|волочь* *v umg* **1.** zu schleppen beginnen **2.** hinschleppen
поворачивать(ся) *uv zu* повернуть(ся) *u.* поворотить(ся)
поворот, -а *m* **1.** Drehung, Wendung **2.** Biegung, Kurve **3.** *übtr* Wendung, Umschwung; ~ к лучшему eine Wendung zum Besseren; ~ влево *pol* Linksruck
поворотить, -очу, -отишь; -оченный, -очен, -а *v alt, volksspr* umdrehen, wenden ‖ *uv* поворачивать, -аю, -аешь
поворотиться, -очусь, -отишься *v alt, volksspr* sich umdrehen, sich wenden ‖ *uv* поворачиваться, -аюсь, -аешься
поворотливый, -ая, -ое; *Kzf* -ив, -а flink, behende; wendig
поворотный, -ая, -ое drehbar, Dreh-; ~ круг Drehscheibe *Eisenbahn* ◇ ~ пункт *übtr* Wendepunkt
повредить, -ежу, -едишь; -еждённый, -еждён, -еждена *v* **1.** *A* beschädigen; verletzen **2.** *D* schaden, Schaden zufügen ‖ *uv* повреждать, -аю, -аешь *zu* **1**
повреждаемость, -и *f tech* Störanfälligkeit
повреждать *uv zu* повредить
повреждение, -я *n* Beschädigung; Verletzung
повременить, -ню, -нишь *v I umg* ein bißchen warten (mit)
повременный, -ая, -ое **1.** periodisch (erscheinend) **2.**: -ая оплата Zeitlohn; -ая работа Arbeit im Zeitlohn
повседневный, -ая, -ое; *Kzf* -вен, -вна alltäglich
повсеместный, -ая, -ое; *Kzf* -тен, -тна allgemein, überall vorkommend
повстанец, -нца, *I* -нцем, *G Pl* -нцев *m* Aufständischer
повстанческий, -ая, -ое aufständisch, Aufstands-
повстречаться, -аюсь, -аешься *v umg* sich treffen
повсюду *Adv* überall
повторение, -я *n* Wiederholung ◇ ~ мать учения Übung macht den Meister
повторить, -рю, -ришь; -рённый, -рён, -рена *u.* повторенный, -ен, -а *v* wiederholen; ~ за кем-н. j-m nachsprechen ‖ *uv* повторять, -яю, -яешь
повториться, *1. u. 2. Pers ungebr*, -ится *v* sich wiederholen, wiederkehren ‖ *uv* повторяться, -яется
повторный, -ая, -ое wiederholt, nochmalig
повторять(ся) *uv zu* повторить(ся)
повысить, -ышу -ысишь; -ышенный, -ышен, -а *v* **1.** erhöhen, steigern **2.** verbessern, vervollkommnen; ~ знания die Kenntnisse verbessern; ~ квалификацию sich qualifizieren **3.** im Ansehen heben; ~ кого-н. в общественном мнении j-s Ansehen heben **4.**: ~ по службе [должности] befördern ◇ ~ голос die Stimme erheben, lauter sprechen ‖ *uv* **повышать**, -аю, -аешь
повыситься, -ышусь, -ысишься *v* **1.** *1. u. 2. Pers ungebr* sich erhöhen, steigen **2.** im Ansehen steigen **3.**: ~ по службе [должности] befördert werden, avancieren ‖ *uv* **повышаться**, -аюсь, -аешься
повышение, -я *n* **1.** Erhöhung, Steigerung; ~ цен Preissteigerung; ~ производительности труда Steigerung der Arbeitsproduktivität **2.**: ~ (по службе) Beförderung; он получил ~ er ist befördert worden
повышенный, -ая, -ое gesteigert, erhöht; -ое настроение gehobene Stimmung
по|вязать* *v* **1.** umwickeln, umbinden; ~ голову платком ein Tuch um den Kopf binden **2.** umbinden; ~ галстук einen Schlips umbinden ‖ *uv* повязывать, -аю, -аешь
повязка, -и, *Pl G* -зок, *D* -зкам *f* Binde; Verband; нарукавная ~ Armbinde; временная ~ Notverband; наложить -у на рану die Wunde verbinden; ~ через плечо Unterarmverband
повязывать *uv zu* повязать
погадать *v zu* гадать
поганить, -ню, -нишь *uv volksspr* beschmutzen, besudeln *a. übtr*
поганка, -и, *Pl G* -нок, *D* -нкам *f* Giftpilz
поганый, -ая, -ое; *Kzf* -ан, -а **1.** ungenießbar **2.** *umg* widerlich, ekelhaft, schlecht **3.** *alt* heidnisch ◇ -ое ведро *umg* Mülleimer
погань, -и *f Koll volksspr* Unrat; Gesindel
погасать *uv zu* погаснуть
погасить, -ашу, -асишь; -ашенный, -ашен, -а *v* **1.** *v zu* гасить **2.** tilgen,

begleichen; ~ ссýду ein Darlehen tilgen; ~ мáрки Marken stempeln || *uv* погашáть, -áю, -áешь

погáснуть, -ну, -нешь; погáс, -ла *v* 1. erlöschen, ausgehen 2. erlöschen, erkalten *Gefühl* || *uv* погасáть, -áю, -áешь

погашáть *uv zu* погасúть

погибáть *uv zu* погúбнуть

погúбель, -и *f*: в три -и гнуть sehr stark biegen; *übtr* j-n knechten, unterdrücken; согнýться в три -и sich zusammenducken

погúбнуть, -ну, -нешь; погúб, -ла *v* umkommen, zugrunde gehen; он погúб на войнé er ist im Krieg gefallen; дéрево погúбло der Baum ist eingegangen || *uv* погибáть, -áю, -áешь

поглáдить, -áжу, -áдишь; -áженный, -áжен, -а *v* 1. plätten, bügeln 2. streiche(l)n

поглотúть, -ощý, -óтишь; -ощённый, -ощён, -ощенá *v* 1. aufsaugen, absorbieren 2. verschlingen, gierig aufessen; ~ мнóго книг viele Bücher verschlingen 3. in Anspruch nehmen, verschlingen; erfüllen; он весь поглощён рабóтой er ist mit Leib und Seele bei der Arbeit; поглощённый чтéнием ins Lesen vertieft || *uv* **поглощáть,** -áю, -áешь

поглощéние, -я *n* 1. *phys* Absorption 2. Verschlingen

поглумúться, -млюсь, -мúшься *v* eine Weile spotten (над *I* über)

поглупéть, -éю, -éешь *v* dumm [dümmer] werden

поглядéть, -яжý, -ядúшь *v* blicken; sehen; поглядúм *umg* wir werden (schon) sehen

поглядéться, -яжýсь, -ядúшься *v* sich ansehen, sich betrachten

поглядывать, -аю, -аешь *uv* 1. von Zeit zu Zeit ansehen [hinsehen] 2. за *I umg* beaufsichtigen

по|гнáть* *v* jagen, treiben; antreiben

по|гнáться*; -гнáлúсь *v* за *I* nachjagen, -rennen ◇ за двумя зáйцами погóнишься, ни одногó не поймáешь wer zwei Hasen jagt, fängt keinen

по|гнúть* *v umg* verfaulen

погнýть, -гнý, -гнёшь; пóгнутый, -ут, -а *v* (ver)biegen

погнýться, *1. u. 2. Pers ungebr*, -нётся *v* sich (ver)biegen

погнушáться *v zu* гнушáться

поговáривать, -аю, -аешь *uv umg* immer wieder sprechen (о *P* von); поговáривают, что . . . es geht das Gerücht um, daß . . .

поговорúть, -рю, -рúшь *v* eine Zeitlang sprechen; он лю́бит ~ er unterhält sich gern

поговóрка, -и, *Pl G* -рок, *D* -ркам *f* Redensart; войтú в -у sprichwörtlich werden

погóда, -ы *f* 1. Wetter, Witterung; свóдка -ы Wetterbericht; в любýю -у bei jedem Wetter; полосá плохóй -ы Schlechtwetterperiode 2. *umg* schönes Wetter ◇ ждать у мóря -ы sich vagen Hoffnungen hingeben; э́то не дéлает -ы das ist nicht so entscheidend

погодúть, -ожý, -одúшь *v umg* warten ◇ погодú! warte nur! *Drohung*; немнóго погодя́ ein bißchen später

погóдный, -ая, -ое Wetter-, Witterungs-

погóдок, -дка *m* um ein Jahr ältere(r) [jüngere(r)] Bruder oder Schwester; Йра мне ~ meine Schwester Ira ist ein Jahr älter [jünger] als ich; мы с сестрóй -дки meine Schwester und ich sind ein Jahr auseinander

погóжий, -ая, -ее schön *Wetter*; -ие дни Tage mit schönem Wetter

поголóвный, -ая, -ое 1. allgemein, alle betreffend; -ая пéрепись Volkszählung 2. -о *Adv*: все -о alle ohne Ausnahme

поголóвье, -ья *n* Viehbestand, Stückzahl; ~ крýпного рогáтого скотá Rinderbestand

поголубéть, *1. u. 2. Pers ungebr*, -éет *v* blau werden

погóнный, -ая, -ое: ~ метр laufender Meter

погóнщик, -а *m* Treiber

погóны *Pl* -ов, *Sg* погóн, -а *m mi* Schulterstück

погóня, -и *f* 1. Verfolgung, Jagd; ~ за дóлларом Jagd nach dem Dollar 2. die Verfolger

погоня́ть, -я́ю, -я́ешь *uv* zur Eile antreiben

погорéлец, -льца, *I* -льцем, *G Pl* -льцев *m* Brandgeschädigter *durch Verlust von Eigentum*

погорéть, -рю́, -рúшь *v itr* 1. *1. u. 2. Pers ungebr* eine Zeitlang brennen; niederbrennen 2. abbrennen, sein Eigentum durch Brand verlieren 3. verbrennen *Getreide, Gras* ◇ я погорéл *volksspr* ich bin aufgeschmissen

погорячúться, -чýсь, -чúшься *v* sich ereifern, sich erhitzen

погóст, -а *m* Dorffriedhof

погости́ть, -ощу́, -ости́шь *v* eine Zeitlang zu Gast sein
погранзаста́ва, -ы *f* (пограни́чная заста́ва) Grenz(schutz)posten
пограни́чник, -а *m* Grenzsoldat, Grenzpolizist
пограни́чный, -ая, -ое **1.** Grenz-; ~ инциде́нт Grenzzwischenfall; ~ знак Grenzstein **2.** Grenzschutz-; -ые войска́ Grenzschutztruppen
погранохра́на, -ы *f* (пограни́чная охра́на) Grenzschutz
по́греб, -а, *Pl* погреба́, -о́в, -а́м *m* **1.** (Vorrats-) Keller *in der Erde* **2.** Weinkeller **3.** *alt* Weinstube
погреба́льный, -ая, -ое Beerdigungs-; -ое ше́ствие *oder* -ая проце́ссия Leichenzug
погреба́ть *uv zu* погрести́
погребе́ние, -я *n* Begräbnis
погрему́шка, -и, *Pl G* -шек, *D* -шкам *f* Klapper *Spielzeug*
[1]**по|грести́*** *v* begraben; verschütten ‖ *uv* погреба́ть, -а́ю, -а́ешь
[2]**по|грести́*** *v* eine Weile rudern
погре́ть, -е́ю, -е́ешь *v* ein bißchen wärmen
погре́шность, -и *f* **1.** Fehler, Verstoß **2.** Fehler, Defekt
погрози́ть, -ожу́, -ози́шь *v* drohen; ~ па́льцем mit dem Finger drohen
погро́мщик, -а *m* Teilnehmer an einem Pogrom, Pogromheld
погружа́ть(ся) *uv zu* погрузи́ть(ся)
погрузи́ть, -ужу́, -у́зишь; -у́женный, -у́жен, -а *u.* -ужённый, -ужён, -ужена́ *v* **1.** ver-, einladen **2.** beladen **3.** eintauchen; versenken ‖ *uv* погружа́ть, -а́ю, -а́ешь *zu* 3
погрузи́ться, -ужу́сь, -у́зишься *v* **1.** versinken; eintauchen **2.** einsteigen, verladen werden; sich einschiffen **3.** *I* laden, Ladung aufnehmen (etw.) **4.** *übtr* versinken, sich versenken (в *A* in) ‖ *uv* погружа́ться, -а́юсь, -а́ешься *zu* 1
погру́зка, -и *f* Verladung, Beladung; Einschiffung; ваго́н стои́т под -ой der Waggon wird beladen
погру́зочный, -ая, -ое Verlade-; Belade-
погру́зчик [щи], -а *tech* Lader; ви́лочный ~ Gabelstapler
погряза́ть *uv zu* погря́знуть
погря́знуть, -ну, -нешь; погря́з, -ла *v* **1.** versinken, steckenbleiben **2.** *übtr* versinken, versumpfen; ~ в долга́х in Schulden stecken ‖ *uv* погряза́ть, -а́ю, -а́ешь *zu* 2
погуби́ть *v zu* губи́ть
погуля́ть, -я́ю, -я́ешь *v* eine Weile spazierengehen
погусте́ть, *1. u. 2. Pers ungebr*, -е́ет *v* dicht(er) werden
под *u. vor einigen Konsonantenverbindungen* **подо** *Präpos* **I.** *mit A* **1.** unter (*wohin?*); встать ~ де́рево sich unter einen Baum stellen **2.** in die Nähe von; уе́хать ~ Москву́ in die Nähe von Moskau fahren **3.** gegen *zeitlich*; ~ ве́чер gegen Abend; ~ ста́рость im beginnenden Alter; ~ Но́вый год am Silvesterabend; ~ Пе́рвое ма́я am Vorabend des ersten Mai; ему́ ~ со́рок (лет) er ist gegen vierzig (Jahre alt) **4.** für *Bestimmung von Gefäßen, Gebäuden, Grundstücken*; ба́нка ~ варе́нье ein Glas für Konfitüre; дом отвели́ под де́тский сад das Haus ist für einen Kindergarten bestimmt; отда́ть зе́млю ~ карто́шку auf einem Stück Land Kartoffeln anbauen **5.** nach der Art von; вы́красить столб ~ мра́мор eine Säule marmorartig anmalen; отде́лать ~ дуб Eichenholz imitieren; петь ~ Шаля́пина wie Schaljapin singen **6.** zu den Klängen von; петь ~ гита́ру zur Gitarre singen; петь ~ аккомпанеме́нт роя́ля mit Klavierbegleitung singen; шага́ть ~ му́зыку mit Musik marschieren; усну́ть ~ шум дождя́ beim Rauschen des Regens einschlafen ◇ писа́ть ~ дикто́вку nach Diktat schreiben; писа́ть ~ копи́рку mit Durchschlag schreiben; отда́ть ~ суд vor Gericht stellen; дать де́ньги ~ проце́нты Geld gegen Zinsen verleihen; вы́пустить ~ зало́г gegen Kaution freilassen; э́то ему́ не ~ си́лу das geht über seine Kräfte; по́д гору bergab; взять по́д руку unter den Arm greifen **II.** *mit I* **1.** unter (*wo?*); сиде́ть ~ де́ревом unter dem Baum sitzen; ~ горо́й am Fuß des Berges; подо мно́й unter mir **2.** in der Nähe von, vor, bei; жить ~ Москво́й in der Nähe [Umgebung] von Moskau wohnen **3.** *den Verwendungszweck bezeichnend, meist unübersetzt*: по́ле ~ ро́жью Roggenfeld; э́тот сара́й ~ се́ном die Scheune ist mit Heu gefüllt; склад ~ карто́фелем Kartoffellager ◇ ~ аре́стом in Haft; ~ дождём im Regen; ~ те́нью im Schatten; ~ замко́м hinter Schloß und Riegel; ~ руко́й bei der Hand; ~ но́сом *umg* vor der Nase; быть ~ вопро́сом in Frage stehen; ры́ба ~ со́усом Fisch

mit Soße; жить пóд боком nebenan wohnen
подавáльщик, -а *m* 1. Handlanger 2. Servierkellner
подавáльщица, -ы, *I* -ей *f* Serviererin
по|давáть* *uv* 1. *uv zu* подáть 2. *theat* soufflieren ◇ ~ надéжды zu Hoffnungen berechtigen, viel versprechen
подавáться *uv zu* подáться
подавúть, -авлю, -áвишь; -áвленный, -áвлен, -а *v* 1. zerdrücken 2. unterdrücken, niederschlagen 3. *übtr* niederdrücken, bedrücken 4. *mil*: ~ огнём durch Beschuß niederhalten ‖ *uv* подавлять, -яю, -яешь
подавúться, -авлюсь, -áвишься *v I* ersticken; würgen (an)
подавлéние, -я *n* 1. Unterdrückung, Niederwerfung 2. *mil* Niederhalten
подáвленный, -ая, -ое 1. unterdrückt; ~ стон unterdrücktes Stöhnen 2. gedrückt, niedergeschlagen
подавлять *uv zu* подавúть
подавляющий, -ая, -ее 1. erdrückend, überwältigend; -ее большинствó überwältigende Mehrheit 2. niederdrückend
подáвно *Adv umg* um so mehr, erst recht
подáгра, -ы *f* Gicht
подáльше *Adv umg* noch weiter, ein bißchen weiter
подарúть *v zu* дарúть
подáрок, -рка *m* Geschenk
подáтель, -я *m* Überbringer
подáтливый, -ая, -ое; *Kzf* -ив, -а 1. leicht zu bearbeiten, geschmeidig 2. willfährig, leicht zu beeinflussen
податнóй, -áя, -óе *hist* Steuer-; steuerpflichtig 2. -óго *Subst m alt* Steuerinspektor
пóдать, -и, *Pl G* -éй, *D* -ям *f hist* Steuer, Abgabe
по|дáть*; пóдал; пóдана *v* 1. reichen, geben 2. servieren, auftragen; обéд пóдан das Mittagessen ist aufgetragen 3. zuführen, heranschaffen; ~ лес на стрóйку Holz zur Baustelle schaffen 4. einreichen; ~ жáлобу eine Klage einreichen; ~ заявлéние einen Antrag einreichen; правúтельство пóдало в отстáвку die Regierung ist zurückgetreten; ~ в суд на когó-н. j-n gerichtlich verklagen 5. vorfahren (lassen); машúна пóдана das Auto ist vorgefahren 6. schieben, rücken; ~ вперёд nach vorn schieben [drücken] 7. *Sport* angeben, anstoßen; zugeben, zuspielen ◇ ~ весть комý-н. j-n benachrichtigen; не ~ вúда [вúду] sich nichts anmerken lassen; ~ гóлос a) einen Laut von sich geben; b) seine Stimme abgeben *bei der Wahl*; ~ мысль einen Gedanken eingeben; ~ надéжду Hoffnung erwecken; тудá рукóй ~ es ist ein Katzensprung bis dorthin ‖ *uv* по|давáть*
по|дáться*; -дались *v* 1. weichen, rücken; ~ назáд zurückweichen; ~ вперёд vorrücken 2. *1. u. 2. Pers ungebr* (dem Druck) nachgeben; дверь подалáсь die Tür gab nach 3. *umg* nachgeben, schließlich einwilligen 4. *umg* sich begeben, gehen, fahren *irgendwohin* ‖ *uv* по|давáться*
подáча, -и, *I* -ей *f* 1. Servieren, Auftragen 2. Zuführung; ~ бензúна Benzinzuführung 3. Einreichung *von Schriftstücken* 4. *Sport* Angabe, Anstoß; Zuspiel 5. Bereitstellung; ~ вагóнов Wagenbereitstellung
подáчка, -и, *Pl G* -чек, *D* -чкам *f umg* 1. einem Tier hingeworfener Bissen 2. Almosen
подаяние, -я *n* Almosen
подбáвить, -влю, -вишь; -вленный, -влен, -а *v A oder G* ein bißchen hinzufügen ‖ *uv* **подбавлять,** -яю, -яешь
подбáдривать *uv zu* подбодрúть
подбáлтывать *uv zu* подболтáть
подбегáть *uv zu* подбежáть
под|бежáть* *v* heran-, herbeilaufen ‖ *uv* подбегáть, -áю, -áешь
подберёзовик, -а *m* Birkenpilz
подбивáть(ся) *uv zu* подбúть(ся)
подбирáть(ся) *uv zu* подобрáть(ся)
под|бúть*, -обью *v* 1. darunternageln; ~ подóшву einen Schuh besohlen 2. *umg* füttern; ~ мéхом mit Pelz füttern; ~ вáтой wattieren 3. *umg* anstiften, verleiten (на *A* zu) 4. *umg* anschießen; treffen *Flugzeug u. ä.* 5. *umg* schlagen, verletzen; wundreiben; подбúтый глаз blaues Auge ‖ *uv* подбивáть, -áю, -áешь
под|бúться*, -обьюсь *v volksspr* sich einkratzen (к *D* bei), sich das Vertrauen erschleichen ‖ *uv* подбивáться, -áюсь, -áешься
подбодрúть, -рю, -рúшь; -рённый, -рён, -ренá *v* aufmuntern, ermutigen ‖ *uv* **подбодрять,** -яю, -яешь *u.* подбáдривать, -аю, -аешь
подбóй, -я *m* 1. Unternageln 2. Futter(stoff) 3. Gummi *für Sohlen, Absätze*
подболтáть, -áю, -áешь; подбóлтан-

ный, -ан, -а *v umg* dazurühren, hineinquirlen ‖ *uv* подба́лтывать, -аю, -аешь
подбо́р, -а *m* Auslese, Auswahl; Zusammenstellung ◇ как на ~ wie ausgesucht
подборо́док, -дка *m* Kinn
подбоче́ниваться *uv zu* подбоче́ниться
подбоче́ниться, -нюсь, -нишься *v umg* die Arme in die Hüften stemmen ‖ *uv* подбоче́ниваться, -аюсь, -аешься
подбра́сывать *uv zu* подбро́сить
подбрива́ть *uv zu* подбри́ть
под|бри́ть* *v* an den Seiten abrasieren ‖ *uv* подбрива́ть, -а́ю, -а́ешь
подбро́сить, -о́шу, -о́сишь; -о́шенный, -о́шен, -а *v* 1. in die Höhe werfen 2. *Brennstoff* nachlegen 3. heimlich unterschieben [zustecken] 4. *umg* geben, schicken 5. *volksspr* (hin-)schaffen ‖ *uv* подбра́сывать, -аю, -аешь
подва́л, -а *m* 1. Keller 2. Teil der Zeitung unter dem Strich
подва́ливать *uv zu* подвали́ть
подвали́ть, -алю́, -а́лишь; -а́ленный, -а́лен, -а *v* 1. hinschütten; heranrollen 2. rollen [wälzen] unter 3. *volksspr* hinzuschütten; nachlegen *Holz, Kohle* 4. anlegen *Schiff* 5. *unpers volksspr* heranströmen, hinzukommen; наро́ду подвали́ло es strömten viele Menschen herbei ‖ *uv* подва́ливать, -аю, -аешь
подва́льный, -ая, -ое Keller- ◇ подва́льная статья́ Artikel unterm Strich *in der Zeitung*
подва́ривать *uv zu* подвари́ть
подвари́ть, -варю́, -ва́ришь; -ва́ренный, -ва́рен, -а *v umg* 1. *G oder A* dazukochen 2. *A* noch einmal kochen, aufkochen ‖ *uv* подва́ривать, -аю, -аешь
подведе́ние, -я *n* 1. Heranführen 2.: ~ фунда́мента das Legen des Fundaments; ~ ито́гов Auswertung
подве́домственный, -ая, -ое; *Kzf* -ен, -енна *einer Behörde* unterstellt
под|везти́* *v* 1. heranfahren, -schaffen 2. unterwegs mitnehmen *mit einem Fahrzeug* ◇ тебе́ подвезло́ *volksspr* du hast Glück (gehabt) ‖ *uv* подвози́ть, -ожу́, -о́зишь
подвене́чный, -ая, -ое *alt* Trau-, Hochzeits-
подверга́ть(ся) *uv zu* подве́ргнуть(ся)
подве́ргнуть, -ну, -нешь; подве́рг, -ла; подве́ргнутый, -ут, -а *v* unterziehen; aussetzen; ~ экза́мену einer Prüfung unterziehen; ~ сомне́нию bezweifeln; ~ блока́де blockieren, eine Blockade verhängen; ~ опа́сности einer Gefahr aussetzen; ~ прое́кт обсужде́нию ein Projekt diskutieren; ~ обстре́лу beschießen; ~ опустоше́нию verwüsten ‖ *uv* подверга́ть, -а́ю, -а́ешь
подве́ргнуться, -нусь, -нешься; подве́ргся, -ве́рглась *v* 1. sich unterziehen; sich aussetzen; ~ экза́мену sich einer Prüfung unterziehen; ~ опа́сности Gefahr laufen; ~ ри́ску ein Risiko eingehen 2. *entspricht oft einem Passiv*: ~ преобразова́нию umgestaltet werden; ~ наказа́нию bestraft werden; ~ подозре́нию verdächtigt werden ‖ *uv* подверга́ться, -а́юсь, -а́ешься
подве́рженный, -ая, -ое; *Kzf* -жен, -а *D* anfällig (für), neigend (zu)
подверну́ть, -ну́, -нёшь; подвёрнутый, -ут, -а *v* 1. aufkrempeln, umschlagen 2. anziehen *Schraube*; ~ ла́мпу die (Petroleum-) Lampe klein drehen 3. *volksspr* einbiegen, hinfahren zu ◇ ~ (себе́) но́гу sich den Fuß verstauchen; ~ под себя́ но́гу das Bein unterschlagen ‖ *uv* подвёртывать, -аю, -аешь
подверну́ться, -ну́сь, -нёшься *v* 1. umschlagen, sich umstülpen 2. sich verrenken *Fuß* 3. *umg* unerwartet auftauchen, sich zufällig finden 4. *umg* geraten (под *A* unter); ~ под ого́нь unter Beschuß geraten ‖ *uv* подвёртываться, -аюсь, -аешься
подвёртка, -и, *Pl G* -ток, *D* -ткам *f umg* Fußlappen
подвёртывать(ся) *uv zu* подверну́ть(ся)
подве́сить, -е́шу, -е́сишь; -е́шенный, -е́шен, -а *v* aufhängen (unter); ~ ла́мпу к потолку́ die Lampe an die Decke hängen; ~ дверь die Tür einhängen ◇ у неё язы́к хорошо́ подве́шен sie ist nie um eine Antwort verlegen ‖ *uv* подве́шивать, -аю, -аешь
подве́ска, -и, *Pl G* -сок, *D* -скам *f* 1. Aufhängen 2. Anhänger, Anhängsel *Schmuck* 3. *gbt* Ohrring
подвесно́й, -а́я, -о́е Hänge-; -а́я доро́га Hängebahn, Drahtseilbahn; ~ дви́гатель Außenbordmotor
под|вести́* *v* 1. heranführen, -bringen; legen (bis); ~ узкоколе́йку к строи́тельству eine Schmalspurbahn bis zur Baustelle legen [bauen]

2. darunterschieben, -bauen; ~ фунда́мент подо что́-н. das Fundament legen zu etw.; ~ теорети́ческую ба́зу под свой рассужде́ния seine Überlegungen theoretisch untermauern 3. *umg* hereinlegen, anführen; im Stich lassen 4. Unangenehmes verursachen; он подвёл меня́ под суд er hat mich vors Gericht gebracht ◇ ~ ито́ги auswerten, Bilanz ziehen; ~ бро́ви die Augenbrauen nachziehen; у меня́ живо́т [желу́док] (от го́лода) подвело́ mein Magen knurrt vor Hunger; ~ часы́ die Uhr stellen; ~ ми́ну unterminieren *a. übtr* ‖ *uv* подводи́ть, -ожу́, -о́дишь

подве́тренный, -ая, -ое dem Wind abgewandt; -ая сторона́ *naut* Lee

подве́шивать *uv zu* подве́сить

подвива́ть *uv zu* подви́ть

по́двиг, -а *m* Heldentat, große Tat

подвига́ть(ся) *uv zu* подви́нуть(ся)

подви́д, -а *m* 1. *biol* Unterart 2. *gram* Aktionsart

подви́жник, -а *m* 1. *buchspr* selbstloser Kämpfer 2. *rel* Asket

подвижно́й, -а́я, -о́е 1. beweglich, verstellbar, fahrbar; ~ соста́в rollendes Material *Eisenbahn*; -ы́е и́гры Bewegungsspiele 2. rege, aufgeweckt, lebhaft

подви́жный, -ая, -ое; *Kzf* -жен, -жна beweglich; rege, aufgeweckt

подвиза́ться, -а́юсь, -а́ешься *uv buchspr* sich betätigen

подвинти́ть, -нчу́, -нти́шь; подви́нченный, -ен, -а *v* 1. anziehen *Schraube* 2. darunterschrauben; ~ коньки́ die Schlittschuhe anschnallen 3. *umg übtr* aufpulvern ‖ *uv* подви́нчивать, -аю, -аешь

подви́нуть, -ну, -нешь; -нутый, -нут, -а *v* 1. rücken, schieben; ~ в сто́рону zur Seite rücken 2. *übtr umg* vorantreiben; ~ рабо́ту die Arbeit vorantreiben ‖ *uv* подвига́ть, -а́ю, -а́ешь

подви́нуться, -нусь, -нешься *v* 1. rücken, sich bewegen; подви́нься немно́го! rück ein bißchen nach! 2. *übtr* vorwärtskommen, Fortschritte machen, vorankommen 3. befördert werden, Karriere machen ‖ *uv* подвига́ться, -а́юсь, -а́ешься

подви́нчивать *uv zu* подвинти́ть

под|ви́ть*, подовью́ *v* ein bißchen wellen *Haar* ‖ *uv* подвива́ть, -а́ю, -а́ешь

подвла́стный, -ая, -ое; *Kzf* -тен, -тна untertan, abhängig

подво́д, -а *m tech* Zufuhr, Zuführung

подво́да, -ы *f* Fuhrwerk

подводи́ть *uv zu* подвести́

подво́дник, -а *m* 1. U-Boot-Matrose 2. Taucher für Unterwasserarbeiten

подводно́й, -а́я, -о́е *tech* Verbindungs-, Zuleitungs-

подво́дный, -ая, -ое Unterwasser-; ~ ка́мень Klippe *a. übtr*; -ая ло́дка Unterseeboot

подво́з, -а *m* Zufuhr; *mil* Nachschub

подвози́ть *uv zu* подвезти́

подворотни́к, -а́ *m* Kragenbinde

подворо́тня, -и, *Pl G* -тен, *D* -тням *f umg* Torweg

подво́рье, -ья, *Pl G* -ий, *D* -ьям *n* 1. *alt* Herberge für Fuhrleute 2. *alt* Klosterkirche *in einer Stadt* 3. *gbt* (Bauern-) Hof

подво́х, -а *m umg* (böser) Streich; Falle

подвы́|пить*, -пьешь; подвы́питый, -ит, -а *v umg* sich einen leichten Rausch antrinken

под|вяза́ть* *v* 1. anbinden; ~ чулки́ die Strümpfe festmachen 2. umwickeln; ~ щёку платко́м sich die Backe mit einem Tuch zubinden 3. umbinden *Schal, Schlips* 4. anstricken, länger stricken ‖ *uv* подвя́зывать, -аю, -аешь

подвя́зка, -и, *Pl G* -зок, *D* -зкам *f* Strumpfhalter

подвя́зывать *uv zu* подвяза́ть

подгиба́ть(ся) *uv zu* подогну́ть(ся)

подгляде́ть, -яжу́, -яди́шь *v* heimlich beobachten ‖ *uv* **подгля́дывать,** -аю, -аешь

подгнива́ть *uv zu* подгни́ть

под|гни́ть* *1. u. 2. Pers ungebr v* leicht anfaulen; von unten faulen ‖ *uv* подгнива́ть, -а́ет

подгова́ривать *uv zu* подговори́ть

подговори́ть, -рю́, -ри́шь; -рённый, -рён, -рена́ *v* verleiten, anstiften ‖ *uv* подгова́ривать, -аю, -аешь

подголо́вник, -а *m* 1. Kopfpolster *an Sesseln* 2. verstellbares Kopfende *an Krankenbetten*

подголо́сок, -ска *m* 1. *mus* zweite Stimme 2. *übtr verächtl* Nachbeter

подгоня́ть *uv zu* подогна́ть

подгора́ть *uv zu* подгоре́ть

подгоре́лый, -ая, -ое angebrannt *Essen*

подгоре́ть, *1. u. 2. Pers ungebr,* -ри́т *v* anbrennen *Essen* ‖ *uv* подгора́ть, -а́ет

подгоро́дный, -ая, -ое in der Nähe der Stadt gelegen
подгота́вливать *uv zu* подгото́вить
подготови́тельный, -ая, -ое Vorbereitungs-
подгото́вить, -влю, -вишь; -вленный, -влен, -а *v* 1. vorbereiten (к *D* auf); herrichten; bereitstellen 2. ausbilden ‖ *uv* подготовля́ть, -я́ю, -я́ешь *u.* подгота́вливать, -аю, -аешь
подгото́вка, -и *f* 1. Vorbereitung 2. Ausbildung; Vorbildung; строева́я ~ *mil* Exerzieren; допризы́вная ~ vormilitärische Ausbildung
подготовля́ть *uv zu* подгото́вить
подгреба́ть *uv zu* подгрести́
под|грести́* *v* 1. zusammenrechen, -harken 2. heranrudern ‖ *uv* подгреба́ть, -а́ю, -а́ешь
подгру́ппа, -ы *f* Untergruppe
подгу́зник, -а *m* kleine Windel
подгуля́ть, -я́ю, -я́ешь *v* 1. *umg* sich einen leichten Rausch antrinken 2. *volksspr* mißraten, mißglücken
поддава́ть(ся) *uv zu* подда́ть(ся)
поддавки́, -о́в *Pl umg* Schlagdame *Spiel*
подда́кивать *uv zu* подда́кнуть
подда́кнуть, -ну, -нешь *v* ja sagen, zustimmen ‖ *uv* подда́кивать, -аю, -аешь
по́дданный, -ого *Subst m* Staatsangehöriger
по́дданство, -а *n* Staatsangehörigkeit
под|да́ть*; по́ддал *v* 1. hochwerfen, -schleudern 2. *volksspr D* von unten schlagen 3. *umg G* verstärken; ~ хо́ду einen Schritt zulegen; ~ жа́ру [па́ру] *volksspr* anfeuern ‖ *uv* под|дава́ть*
под|да́ться*; -дали́сь *v* 1. nachgeben, sich beeinflussen lassen; ~ на уговоры sich überreden lassen; ~ чьему́-н. влия́нию sich von j-m beeinflussen lassen 2. sich ergeben; sich ohne Widerstand ergreifen lassen 3. *1. u. 2. Pers ungebr* sich ... lassen; ~ приуче́нию sich zähmen lassen; ~ обрабо́тке sich verarbeiten lassen ‖ *uv* под|дава́ться*
поддева́ть *uv zu* подде́ть
поддёвка, -и, *Pl G* -вок, *D* -вкам *f* leichter Herrenmantel *auf Taille*
подде́лать, -аю, -аешь; -анный, -ан, -а *v* fälschen, nachmachen ‖ *uv* подде́лывать, -аю, -аешь
подде́латься, -аюсь, -аешься *v* 1. под *A* nachahmen 2. *umg* liebedienern, sich einkratzen (к *D* bei) ‖ *uv* подде́лываться, -аюсь, -аешься
подде́лка, -и, *Pl G* -лок, *D* -лкам *f* 1. Fälschung, Fälschen 2. Fälschung, gefälschter Gegenstand; ~ под Ру́бенса ein gefälschter Rubens
подде́лывать(ся) *uv zu* подде́лать(ся)
подде́льный, -ая, -ое gefälscht; ~ ка́мень unechter Edelstein
поддёргивать *uv zu* поддёрнуть
поддержа́ние, -я *n* Aufrechterhaltung
поддержа́ть, -ержу́, -е́ржишь; -е́ржанный, -е́ржан, -а *v* 1. stützen 2. *übtr* unterstützen 3 unterhalten, aufrechterhalten ‖ *uv* **подде́рживать,** -аю, -аешь; ~ отноше́ния Beziehungen unterhalten; ~ ого́нь das Feuer unterhalten [nicht ausgehen lassen]; ~ поря́док Ordnung halten
подде́ржка, -и, *Pl G* -жек, *D* -жкам *f* 1. Unterstützung, Rückhalt; оказа́ть -у Hilfe leisten, unterstützen 2. *mil* Verstärkung 3. *umg übtr* Stütze
поддёрнуть, -ну, -нешь; -нутый, -нут, -а *v umg* hochziehen ‖ *uv* поддёргивать, -аю, -аешь
под|де́ть* *v* 1. *umg* unterziehen *Kleidung* 2. aufgabeln, hochheben 3. *umg* aufziehen, hänseln 4. *umg* betrügen, anführen 5. *volksspr übtr* aufgabeln ‖ *uv* поддева́ть, -а́ю, -а́ешь
поддо́н, -а *m umg* 1. Untersetzer *z. B. von Blumentöpfen* 2. Doppelboden
поддо́нник, -а *m* Untersatz *z. B. von Blumentöpfen*
поддра́знивать, -аю, -аешь *uv* ein bißchen hänseln [necken] ‖ *v* **поддразни́ть,** -азню́, -а́знишь
поддува́ло, -а *n* Aschenloch, Zugloch
поддува́ть *uv zu* подду́ть
под|ду́ть* *v von unten* das Feuer anfachen ‖ *uv* поддува́ть, -а́ю, -а́ешь
поде́йствовать *v zu* де́йствовать
поде́лать, -аю, -аешь *v umg* tun, anfangen; ничего́ не поде́лаешь da ist nichts zu machen; с ним ничего́ не поде́лаешь mit ihm ist nichts anzufangen
подели́ть, -елю́, -е́лишь; поделённый, -ён, -ена́ *v* teilen
подели́ться, -елю́сь, -е́лишься *v* 1. teilen (че́м-н. с ке́м-н. etw. mit j-m) 2. mitteilen, anvertrauen (че́м-н. с ке́м-н. etw. j-m)
поде́лка, -и, *Pl G* -лок, *D* -лкам *f* 1. *umg* Reparatur; kleine Arbeit 2. kleine Arbeit, Kleinigkeit *Erzeugnis*

поде́лом *Adv umg* es geschieht ganz recht; ~ тебе́ es geschieht dir ganz recht
поде́лывать, -аю, -аешь *meist in Fragen uv umg*: что поде́лываешь? was machst du?, wie geht es dir?
подёнка, -и, *Pl G* -нок, *D* -нкам *f* **1.** Eintagsfliege **2.** *volksspr* Tagelöhnerarbeit
подённый, -ая, -ое tageweise (bezahlt)
подёнщик, -а *m* Tagelöhner
подёнщина, -ы *f* Tagelöhnerarbeit
подёргиваться, -аюсь, -аешься *uv* **1.** *uv zu* подёрнуться **2.** nervös zucken
подержа́ние, -я *n*: на ~ zur (zeitweisen) Benutzung; взять на ~ sich ausleihen; дать на ~ verleihen, verborgen
подёржанный, -ая, -ое gebraucht
подёрнуть, -ну, -нешь *v* **1.** *volksspr* zurechtziehen, -zupfen **2.** *1. u. 2. Pers ungebr* mit einer dünnen Schicht überziehen; река́ подёрнута льдом *oder* ре́ку́ подёрнуло льдом der Fluß ist mit einer dünnen Eisschicht bedeckt
подёрнуться, *1. u. 2. Pers ungebr*, -ется *v* sich mit einer dünnen Schicht überziehen; лу́жи подёрнулись то́нкой ледяно́й коро́й die Pfützen waren mit einer dünnen Eiskruste überzogen ‖ *uv* подёргиваться, -ается
подешеве́ть, *1. u. 2. Pers ungebr*, -е́ет *v* billiger werden
поджа́ривать *uv zu* поджа́рить
поджа́ристый, -ая, -ое; *Kzf* -ист, -а braungebraten, knusprig, gut geröstet
поджа́рить, -рю, -ришь; -ренный, -рен, -а *v* knusprig braten, braun backen, rösten ‖ *uv* поджа́ривать, -аю, -аешь
поджа́рый, -ая, -ое; *Kzf* -а́р, -а hager, mager
под|жа́ть¹*, подожму́ *v*: ~ хвост den Schwanz einziehen *a. übtr*; ~ под себя́ но́ги die Beine unterschlagen; ~ гу́бы die Lippen fest aufeinanderpressen ‖ *uv* поджима́ть, -а́ю, -а́ешь
поджелу́дочный, -ая, -ое: -ая железа́ Bauchspeicheldrüse
под|же́чь*, подожгу́; подожгла́; подожжённый, -ён, -ена́ *v* **1.** in Brand stecken **2.** *umg* anbrennen lassen *Essen* ‖ *uv* поджига́ть, -а́ю, -а́ешь
поджига́тель, -я *m* **1.** Brandstifter **2.** Anstifter; ~ войны́ Kriegsbrandstifter, Kriegshetzer
поджига́тельский, -ая, -ое (kriegs)hetzerisch
поджига́ть *uv zu* подже́чь
поджида́ть, -а́ю, -а́ешь *uv G* erwarten
поджи́лки, -лок, -лкам *Pl umg* Sehnen des Kniegelenks ◇ у него́ ~ трясу́тся ihm schlottern die Knie, er zittert am ganzen Leib *vor Angst*
поджима́ть *uv zu* поджа́ть
поджо́г, -а *m* Brandstiftung
подзабыва́ть *uv zu* подзабы́ть
подза|бы́ть*; -бы́ла *v volksspr* zum Teil vergessen ‖ *uv* подзабыва́ть, -а́ю, -а́ешь
подзаголо́вок, -вка *m* Untertitel
подзадо́ривать *uv zu* подзадо́рить
подзадо́рить, -рю, -ришь; -ренный, -рен, -а *v umg* anstacheln; erregen ‖ *uv* подзадо́ривать, -аю, -аешь
подзарабо́тать, -аю, -аешь *v volksspr A oder G* hinzuverdienen
подзаты́льник, -а *m umg* leichter Schlag ins Genick
подзащи́тный, -ого *Subst m jur* Klient, Mandant
подземе́лье, -ья, *Pl G* -ий, *D* -ьям *n* unterirdisches Gewölbe, Verließ
подзе́мный, -ая, -ое unterirdisch; -ые рабо́ты Untertagearbeiten
подзерка́льник, -а *m* Spiegeltischchen
подзо́л, -а *m landw* Podsolboden, Bleicherde
подзо́листый, -ая, -ое; *Kzf* -ист, -а Podsol-
подзо́рный, -ая, -ое: -ая труба́ Fernrohr
подзуди́ть, -ужу́, -у́дишь; -у́женный, -у́жен, -а *v volksspr* aufhetzen, aufstacheln ‖ *uv* **подау́живать,** -аю, -аешь
подзыва́ть *uv zu* подозва́ть
поди́ *volksspr* **1.** geh!, geht!; versuche!, versucht!; ~ уговори́ его́ versuche ihn zu überreden **2.** wohl, sicherlich **3.** *Part* man muß staunen; was du nicht sagst
подиви́ться, -влю́сь, -ви́шься *v D umg* staunen, sich wundern (über)
подира́ть, *1. u. 2. Pers ungebr*, -а́ет *uv*: у меня́ моро́з по ко́же подира́ет es läuft mir kalt über den Rücken
подка́лывать *uv zu* подколо́ть
подка́пывать(ся) *uv zu* подкопа́ть(ся)
подкарау́ливать *uv zu* подкарау́лить
подкарау́лить, -лю, -лишь; -ленный,

-лен, -а *v umg* (j-m) auflauern; (j-n) abpassen || *uv* подкараýливать, -аю, -аешь

подкáрмливать *uv zu* подкорми́ть

подкати́ть, -ачý, -áтишь; -áченный, -áчен, -а *v* **1.** rollen, hinrollen, heranrollen; wälzen **2.** *umg* heranrollen, schnell heranfahren [angefahren kommen] **3.** *umg* aufkommen, hochsteigen *von Schmerzen, Übelkeit* || *uv* **подкáтывать,** -аю, -аешь

подкати́ться, -ачýсь, -áтишься *v* **1.** darunterrollen; (heran)rollen **2.** *volksspr* schnell angelaufen kommen; *übtr* sich heranmachen (an) **3.** aufkommen, hochsteigen *Schmerzen, Übelkeit* || *uv* **подкáтываться,** -аюсь, -аешься

подкачáть, -áю, -áешь; подкáчанный, -ан, -а *v* **1.** hinzupumpen, ein wenig aufpumpen **2.** *volksspr* versagen, enttäuschen || *uv* **подкáчивать,** -аю, -аешь *zu* 1

подкáшивать(ся) *uv zu* подкоси́ть(ся)

подкиднóй, -áя, -óе untergeschoben; -áя доскá Federbrett

подки́дывать *uv zu* подки́нуть

подки́дыш, -а, *I* -ем, *G Pl* -ей *m* Findelkind, ausgesetztes [untergeschobenes] Kind

подки́нуть, -ну, -нешь; -нутый, -нут, -а *v* **1.** hochwerfen, in die Höhe werfen **2.** nachlegen, hinzuwerfen **3.** unterschieben, heimlich hinlegen; ~ ребёнка ein Kind aussetzen || *uv* подки́дывать, -аю, -аешь

подклáдка, -и, *Pl G* -док, *D* -дкам *f* **1.** *text* Futter(stoff) **2.** *umg* Rückseite, Kehrseite **3.** *übtr* Grundlage, Fundament

подкладнóй, -áя, -óе Unterlege-; -óе сýдно *med* Schieber

подклáдочный, -ая, -ое *text* Futter-

подклáдывать *uv zu* подложи́ть

подклéивать *uv zu* подклéить

подклéить, -éю, -éишь; -éенный, -éен, -а *v* **1.** (unten) ankleben, darunterkleben **2.** aneinanderkleben, zusammenkleben **3.** dazukleben || *uv* подклéивать, -аю, -аешь

подклéйка, -и, *Pl G* -éек, *D* -éйкам *f* **1.** Unterkleben **2.** *umg* untergeklebtes Stück

подключáть *uv zu* подключи́ть

подключи́ть, -чý, -чи́шь; -чённый, -чён, -ченá *v tech* anschließen || *uv* подключáть, -áю, -áешь

подкóва, -ы *f* **1.** Hufeisen **2.** Eisen *unter dem Absatz oder der Schuhspitze*

под|ковáть* *v* **1.** (ein Pferd) beschlagen; подкóванные полóзья mit Eisen beschlagene (Schlitten-) Kufen **2.** быть подкóванным в чём-н. in etw. beschlagen sein, gründliche Kenntnisse in etw. besitzen || *uv* подкóвывать, -аю, -аешь

подкóвка, -и, *Pl G* -вок, *D* -вкам *f* **1.** *Dem zu* подкóва Hufeisen **2.** Hörnchen

подкóвывать *uv zu* подковáть

подкóжный, -ая, -ое Unterhaut-; subkutan

подколéнный, -ая, -ое: -ая впáдина *anat* Kniekehle

подколóдный, -ая, -ое: змея́ -ая *folkl, Schimpfwort* heimtückischer Mensch, falsche Schlange

под|колóть* *v* **1.** aufstecken, umstecken **2.** anstecken, anheften **3.** *übtr umg* aufziehen, an der empfindlichen Stelle treffen || *uv* подкáлывать, -аю, -аешь

подкоми́ссия, -и *f* Unterkommission, Unterausschuß

подконтрóльный, -ая, -ое unter Kontrolle stehend, kontrolliert

подкóп, -а *m* **1.** Untergrabung, Unterminierung **2.** unterirdischer Gang, Mine **3.** *meist Pl übtr umg* Intrige(n); Schleichweg

подкопáть, -áю, -áешь; подкóпанный, -ан, -а *v* **1.** untergraben, unterminieren **2.** aufwühlen, umgraben || *uv* подкáпывать, -аю, -аешь

подкопáться, -áюсь, -áешься *v* **1.** einen Gang graben (под *A* bis unter) **2.** под *A übtr umg* (j-m) eine Grube graben; (j-s) Stellung untergraben; под негó не подкопáешься dem kann man nichts anhaben || *uv* подкáпываться, -аюсь, -аешься

подкóрм, -а *m landw* **1.** Beifüttern **2.** Beifutter, Zusatz zum Futter **3.** Nachdüngen

подкорми́ть, -ормлю́, -óрмишь; -óрмленный, -óрмлен, -а *v landw* **1.** zusätzlich füttern, Beifutter verabreichen; *umg* auffüttern, besser ernähren **2.** nachdüngen || *uv* подкáрмливать, -аю, -аешь

подкóрмка, -и, *Pl G* -мок, *D* -мкам *f landw* **1.** Beifütterung **2.** Nachdüngen; повéрхностная ~ Kopfdüngung

подкóс, -а *m tech* Strebe(balken)

подкоси́ть, -ошý, -óсишь; -óшенный, -óшен, -а *v* **1.** abmähen **2.** niederschlagen, zu Boden strecken; *übtr* umwerfen, darniederwerfen || *uv* подкáшивать, -аю, -аешь

подкоси́ться, *nur 3. Pers Pl,* -óсятся

v: у меня́ но́ги подкоси́лись die Beine versagten mir den Dienst || *uv* подка́шиваться, -аются

подкра́дываться *uv zu* подкра́сться

подкра́сить, -а́шу, -а́сишь; -а́шенный, -а́шен, -а *v* 1. ein wenig anstreichen; leicht färben; schminken 2. überstreichen, die Farbe auffrischen || *uv* подкра́шивать, -аю, -аешь

под|кра́сться* *v* sich heranschleichen; *übtr* unbemerkt herankommen || *uv* подкра́дываться, -аюсь, -аешься

подкра́шивать *uv zu* подкра́сить

подкрепи́ть, -плю́, -пи́шь; -плённый, -плён, -плена́ *v* 1. befestigen, verstärken 2. bekräftigen, erhärten 3. stärken, erfrischen || *uv* подкрепля́ть, -я́ю, -я́ешь

подкрепи́ться, -плю́сь, -пи́шься *v* sich stärken, sich laben *mit Speise oder Trank* || *uv* подкрепля́ться, -я́юсь, -я́ешься

подкрепле́ние, -я *n* 1. Befestigung 2. Bekräftigung 3. Stärkung, Erfrischung 4. *mil* Verstärkung, Verstärkungstruppen

подкрепля́ть(ся) *uv zu* подкрепи́ть(ся)

подкузьми́ть, -млю́, -ми́шь *v volksspr* einen Streich spielen, ein Schnippchen schlagen

по́дкуп, -а *m* Bestechung

подкупа́ть *uv zu* подкупи́ть

подкупи́ть, -уплю́, -у́пишь; -у́пленный, -у́плен, -а *v* 1. bestechen, Bestechungsgelder zahlen 2. bestechen, bezaubern 3. *umg* dazukaufen || *uv* подкупа́ть, -а́ю, -а́ешь

подку́пный, -ая, -ое *u.* **подкупно́й,** -а́я, -о́е *alt* bestechlich, käuflich

подла́дить, -а́жу, -а́дишь; -а́женный, -а́жен, -а *umg* 1. *mus* stimmen; ~ под роя́ль nach dem Flügel stimmen 2. anpassen || *uv* **подла́живать,** -аю, -аешь

подла́диться, -а́жусь, -а́дишься *v umg* к *D* 1. sich anpassen 2. nach dem Mund reden, sich einkratzen (bei) || *uv* **подла́живаться,** -аюсь, -аешься

подла́мываться *uv zu* подломи́ться

по́дле 1. *Präpos mit G* neben, bei 2. *Adv* daneben, in der Nähe

подлежа́ть, -жу́, -жи́шь *uv* unterliegen, unterworfen sein; э́то подлежи́т наказа́нию das ist strafbar; э́то не подлежи́т оглаше́нию das muß geheimgehalten werden

подлежа́щее, -его *Subst n gram* Subjekt

подлеза́ть *uv zu* подле́зть

под|ле́зть* *v* darunterkriechen || *uv* подлеза́ть, -а́ю, -а́ешь

подле́сок, -ска *m* Unterholz

подлета́ть *uv zu* подлете́ть

подлете́ть, -ечу́, -ети́шь *v* 1. heranfliegen, (her)angeflogen kommen 2. *umg* (herbei)stürzen, (herbei)eilen 3. hochfliegen, emporfliegen || *uv* подлета́ть, -а́ю, -а́ешь

подле́ц, -а́, *I* -о́м, *G Pl* -о́в *m* Schuft, Schurke

подле́чивать(ся) *uv zu* подлечи́ть(ся)

подлечи́ть, -ечу́, -е́чишь; -е́ченный, -е́чен, -а *v umg* (ein bißchen) kurieren, behandeln || *uv* подле́чивать, -аю, -аешь

подлечи́ться, -ечу́сь, -е́чишься *v umg* sich ein bißchen kurieren || *uv* подле́чиваться, -аюсь, -аешься

подлива́ть *uv zu* подли́ть

подли́вка, -и, *Pl G* -вок, *D* -вкам *f* 1. Tunke, Soße 2. *tech* Mörtel

подли́за, -ы *m, f umg* Schmeichler, Speichellecker

под|лиза́ть* *v* auflecken || *uv* **подли́зывать,** -аю, -аешь

подлиза́ться* *v umg* sich einschmeicheln (к *D* bei) || *uv* **подли́зываться,** -аюсь, -аешься

по́длинник, -а *m* Original, Urtext

по́длинный, -ая, -ое; *Kzf* -инен, -инна echt; authentisch; Original- ◇ с -ым ве́рно (Abschrift) beglaubigt

под|ли́ть*, подолью́ *v* zugießen, nachgießen ◇ ~ ма́сла в ого́нь Öl ins Feuer gießen || *uv* подлива́ть, -а́ю, -а́ешь

по́дличать, -аю, -аешь *uv* gemein handeln, niederträchtig sein

подло́г, -а *m* Fälschung

подло́дка, -и, *Pl G* -док, *D* -дкам *f* (подво́дная ло́дка) *umg* U-Boot, Unterseeboot

подложи́ть, -ожу́, -о́жишь; -о́женный, -о́жен, -а *v* 1. (dar)unterlegen 2. *umg* (ab)füttern; ~ шёлк под пальто́ den Mantel mit Seide abfüttern; ~ ва́ту wattieren 3. (da)zulegen, hinzufügen 4. heimlich hinlegen ◇ ~ кому́-н. свинью́ j-m einen Knüppel zwischen die Beine werfen, j-n hereinlegen || *uv* подкла́дывать, -аю, -аешь

подло́жный, -ая, -ое; *Kzf* -жен, -жна gefälscht, falsch

подлоко́тник, -а *m* Sessellehne, Armlehne

подломи́ться, *1. u. 2. Pers ungebr,* -ло́мится *v* 1. zusammenbrechen

unter einer Last; лёд подломи́лся под ни́ми das Eis krachte [brach] unter ihnen **2.**: у меня́ но́ги подломи́лись die Beine versagten mir den Dienst || *uv* подла́мываться, -ается
по́длость, -и *f* Gemeinheit, Niedertracht
подлу́нный, -ая, -ое *alt, poet* irdisch; ~ мир die Erde
по́длый, -ая, -ое; *Kzf* подл, -á! gemein, niederträchtig, schurkisch
под|ма́зать* *v* **1.** (noch) ein wenig einschmieren [einfetten]; *umg* ein wenig schminken **2.** *übtr volksspr* bestechen, schmieren || *uv* **подма́зывать,** -аю, -аешь
под|ма́заться* *v umg* **1.** sich ein wenig schminken **2.** к *D übtr* sich heranmachen (an), sich lieb Kind machen (bei) || *uv* **подма́зываться,** -аюсь, -аешься
подманда́тный, -ая, -ое unter Mandat stehend; -ая террито́рия Mandatsgebiet
подма́нивать *uv zu* подмани́ть
подмани́ть, -аню́, -а́нишь; -а́ненный, -а́нен, -а *u.* -анённый, -анён, -анена́ *v* heranrufen, heranlocken || *uv* подма́нивать, -аю, -аешь
подмасте́рье, -ья, *G Pl* -ьев *m* Handwerksbursche, Geselle
подма́хивать *uv zu* подмахну́ть
подмахну́ть, -ну́, -нёшь *v* **1.** *umg* in aller Eile unterschreiben; ungelesen unterschreiben **2.** *volksspr* flüchtig ausfegen || *uv* подма́хивать, -аю, -аешь
подма́чивать *uv zu* подмочи́ть
подме́н, -а *m u.* **подме́на,** -ы *f* **1.** Vertauschung, Unterschiebung **2.** Austausch, befristeter Ersatz
подме́нивать *uv zu* подмени́ть
подмени́ть, -еню́, -е́нишь; -енённый, -енён, -енена́ *v* **1.** heimlich vertauschen **2.** austauschen, *befristet* ersetzen; *für gewisse, kurze Zeit* vertreten **3.** *umg* (eine höhere Funktion) an sich reißen || *uv* подме́нивать, -аю, -аешь *u.* **подменя́ть,** -я́ю, -я́ешь
подмерза́ть *uv zu* подмёрзнуть
подмёрзнуть, *1. u. 2. Pers ungebr*, -нет; подмёрз, -ла *v* leicht gefrieren || *uv* подмерза́ть, -а́ет
под|мести́* *v* (aus)fegen; wegfegen || *uv* ¹**подмета́ть,** -а́ю, -а́ешь
²**подмета́ть,** -а́ю, -а́ешь; подмётанный, -ан, -а *v* (von links, von der Innenseite) anheften || *uv* подмётывать, -аю, -аешь
подме́тить, -е́чу, -е́тишь; -е́ченный, -е́чен, -а *v* bemerken, feststellen || *uv* подмеча́ть, -а́ю, -а́ешь
подмётка, -и, *Pl G* -ток, *D* -ткам *f* **1.** Anheften **2.** Schuhsohle ◇ он ему́ в -и не годи́тся er kann ihm nicht das Wasser reichen, er steht weit unter ihm
подмётный, -ая, -ое *alt* heimlich zugesteckt; -ое письмо́ untergeschobener Brief
подмётывать *uv zu* ²подмета́ть
подмеча́ть *uv zu* подме́тить
подмеша́ть, -а́ю, -а́ешь; подме́шанный, -ан, -а *v* beimischen, beimengen || *uv* **подме́шивать,** -аю, -аешь
подми́гивать *uv zu* подмигну́ть
подмигну́ть, -ну́, -нёшь *v* кому́ *D* zuzwinkern (j-m) || *uv* подми́гивать, -аю, -аешь
подмина́ть *uv zu* подмя́ть
подмо́га, -и *f volksspr* Hilfe; прийти́ кому́-н. на -у j-m zu Hilfe kommen
подмока́ть *uv zu* подмо́кнуть
подмо́кнуть, *1. u. 2. Pers ungebr*, -нет; подмо́к, -ла *v* feucht werden || *uv* подмока́ть, -а́ет
подмора́живать *uv zu* подморо́зить
подморо́зить, -о́жу, -о́зишь; -о́женный, -о́жен, -а *v* **1.** (leicht) gefrieren lassen **2.** *unpers* gefrieren; но́чью си́льно подморо́зило nachts trat strenger Frost ein || *uv* подмора́живать, -аю, -аешь
подмоско́вный, -ая, -ое in der Umgebung von Moskau gelegen
подмо́стки, -ов *Pl* **1.** Gerüst, Podium **2.** *theat* Bühne, „Bretter"
подмочи́ть, -очу́, -о́чишь; -о́ченный, -о́чен, -а *v* anfeuchten; feucht werden lassen ◇ подмо́ченная репута́ция *umg* zweifelhafter Ruf; подмо́ченное и́мя *umg* verrufener Name || *uv* подма́чивать, -аю, -аешь
подмыва́ть, -а́ю, -а́ешь *uv* **1.** *uv zu* подмы́ть **2.** *unpers*: меня́ подмыва́ет возрази́ть *umg* es treibt mich zu widersprechen, ich habe große Lust zu widersprechen
под|мы́ть* *v* **1.** (an bestimmten Körperstellen) waschen **2.** *umg* flüchtig auswaschen **3.** unterspülen, unterhöhlen || *uv* подмыва́ть, -а́ю, -а́ешь
подмы́шка, -и, *Pl G* -шек, *D* -шкам *f* (*in obliquen Kasus getrennt geschrieben*) Achselhöhle; нести́ под мы́шкой unter dem Arm tragen
подмы́шник, -а *m* Schweißblatt
под|мя́ть¹*, подомну́ *v* niederdrücken,

-treten || *uv* подмина́ть, -а́ю, -а́ешь

поднадзо́рный, -ая, -ое; *Kzf* -рен, -рна unter Aufsicht stehend

подна|жа́ть[1]* *v volkssp* 1. ein wenig stärker drücken 2. *übtr* unter Druck setzen, drängen || *uv* **поднажима́ть,** -а́ю, -а́ешь

поднебе́сье, -ья *u. poet* **подне́бесье,** -ья *n* Firmament, Lüfte

поднево́льный, -ая, -ое; *Kzf* -лен, -льна 1. abhängig 2. unfreiwillig, erzwungen

под|нести́* *v* 1. (heran)führen, (heran)bringen 2. anbieten, reichen, bewirten (*A* mit); überreichen, schenken || *uv* подноси́ть, -ошу́, -о́сишь

поднима́ть *uv zu* подня́ть

поднима́ться, -а́юсь, -а́ешься *uv* 1. *uv zu* подня́ться 2. steigen, in die Höhe gehen 3. sich erheben, emporragen ◇ у меня́ рука́ не подннма́ется сде́лать э́то ich bringe es nicht über mich [ich kann mich nicht entschließen], das zu tun

подниму́ ↑ подня́ть

поднови́ть, -влю́, -ви́шь; -влённый, -влён, -влена́ *v* erneuern, ausbessern, renovieren, auffrischen || *uv* **подновля́ть,** -я́ю, -я́ешь

подного́тная, -ой *Subst f umg* Wahrheit; выпы́тывать у кого́-н. всю -ую j-m die Daumenschrauben ansetzen; вы́болтать всю -ую etw. haargenau ausplaudern

подно́жие, -я *n* 1. Fuß *eines Berges, einer Säule*; у -я горы́ am Fuße des Berges 2. Piedestal, Sockel

подно́жка, -и, *Pl G* -жек, *D* -жкам *f* 1. Trittbrett; е́здить на -е Trittbrett fahren 2.: подста́вить [дать] кому́-н. -у j-m ein Bein stellen

подно́жный, -ая, -ое: ~ корм 1. *landw* Weide(futter); пусти́ть скот на ~ корм das Vieh weiden [grasen] lassen 2. *übtr, scherz* kostenloses Essen *bei Verwandten, Bekannten*

подно́с, -а *m* Tablett

подноси́ть *uv zu* поднести́

подно́счик, -а *m* Träger, Zubringer

подноше́ние, -я *n* 1. Bewirtung, Überreichung 2. Geschenk, Präsent

подня́тие, -я *n* 1. Hebung; Emporheben, Aufheben; голосова́ть -ем рук durch Handzeichen abstimmen 2. Erhöhung; Steigerung; Verbesserung

подня́ть* *v* 1. (empor)heben, hochnehmen; aufheben; ~ паруса́ die Segel setzen; ~ флаг die Fahne hissen; ~ я́корь den Anker lichten 2. in Bewegung setzen; *übtr* anspornen; aufwiegeln 3. wecken; *übtr* erwecken, erregen; ~ кого́-н. с посте́ли j-n aus dem Bett holen 4. höher machen; steigern; verbessern 5. auf-, umpflügen ◇ ~ вопро́с eine Frage aufwerfen [anschneiden]; ~ восста́ние einen Aufstand machen, sich erheben; ~ го́лос die Stimme erheben; ~ дичь das Wild aufscheuchen; ~ нос die Nase hochtragen, hochmütig sein; ~ ору́жие zu den Waffen greifen; ~ пыль Staub aufwirbeln; ~ трево́гу Alarm schlagen; ~ хо́хот ein Gelächter anstimmen; ~ что́-н. на во́здух etw. sprengen, etw. in die Luft fliegen lassen; ~ кого́-н. на́ ноги j-n auf die Beine bringen; ~ кого́-н. на́ смех j-n zum Gespött [lächerlich] machen; ~ де́ло про́тив кого́-н. *jur* einen Prozeß gegen j-n anstrengen || *uv* поднима́ть, -а́ю, -а́ешь; поднима́ть пе́тли Maschen aufnehmen

подня́ться*; подня́лся́, -яли́сь *v* 1. aufstehen, sich erheben 2. hinaufgehen, heraufkommen; ~ на́ гору einen Berg besteigen; ~ на ли́фте mit dem Fahrstuhl nach oben fahren; за́навес подня́лся́ der Vorhang hob sich 3. steigen, sich erhöhen 4. sich heben, sich verbessern 5. sich in Bewegung setzen; ~ с посте́ли aufstehen 6. sich zum Kampf erheben 7. entstehen; beginnen; sich erheben 8. (auf)steigen, aufgehen ◇ ~ на́ ноги auf die Beine kommen || *uv* поднима́ться, -а́юсь, -а́ешься

подо ↑ под

подоба́ть, -а́ет *unpers uv D* sich gebühren, sich gehören (für); как (ему́) подоба́ет wie es sich (für ihn) gehört; нам не подоба́ет осужда́ть его́ es gebührt uns nicht [kommt uns nicht zu], ihn zu verurteilen; с подоба́ющим внима́нием mit gebührender Aufmerksamkeit

подо́бие, -я *n* 1. Ebenbild, Abbild 2. *math* Ähnlichkeit

подо́блачный, -ая, -ое sehr hoch; unter den Wolken (befindlich)

подо́бный, -ая, -ое; *Kzf* -бен, -бна 1. ähnlich, gleichartig 2. solcher; в -ом слу́чае in solch einem Fall; ничего́ -ого nichts dergleichen; и тому́ -ое [*Abk* и т. п.] u. dergleichen mehr, u. ä.

подобостра́стие, -я *n* Kriecherei, Liebedienerei

подобостра́стный, -ая, -ое; *Kzf* -тен, -тна kriecherisch, liebedienerisch

подо|бра́ть*, подберу́; подо́бранный, -ан, -а *v* 1. aufheben, aufsammeln, auflesen 2. einziehen, verstecken 3. aufschürzen, hochnehmen, aufstecken 4. aussuchen, auswählen; ~ ключ den passenden Schlüssel finden ‖ *uv* подбира́ть, -а́ю, -а́ешь

подо|бра́ться*, подберу́сь; подобра́ли́сь *v* 1. zusammenkommen, sich zusammenfinden 2. *umg* sich heranschleichen 3. *umg* sich straffen; sein Äußeres in Ordnung bringen ‖ *uv* подбира́ться, -а́юсь, -а́ешься

подобре́ть, -е́ю, -е́ешь *v* gutmütiger werden

подобру́ *Adv volksspr* im Guten; уходи́ ~-поздоро́ву *geh* freiwillig [im Guten]

подо|гна́ть*, подгоню́; подо́гнанный, -ан, -а *v* 1. herantreiben; daruntertreiben 2. antreiben 3. anpassen, (aufeinander) abstimmen ‖ *uv* подгоня́ть, -я́ю, -я́ешь

подогну́ть, -ну́, -нёшь; подо́гнутый, -ут, -а *v* umbiegen, nach unten biegen; ~ но́ги под себя́ die Beine unterschlagen ‖ *uv* подгиба́ть, -а́ю, -а́ешь

подогну́ться, *1. u. 2. Pers ungebr*, -нётся *v* sich umbiegen, sich einbiegen; но́ги у него́ подогну́лись от сла́бости die Beine knickten ihm vor Schwäche ein ‖ *uv* подгиба́ться, -а́ется

подогрева́тель, -я *m* Vorwärmer; Heizapparat

подогрева́ть *uv zu* подогре́ть

подогре́ть, -е́ю, -е́ешь *v* 1. anwärmen, aufwärmen 2. *übtr umg* anregen ‖ *uv* подогрева́ть, -а́ю, -а́ешь

пододвига́ть(ся) *uv zu* пододви́нуть(ся)

пододви́нуть, -ну, -нешь; пододви́нутый, -ут, -а *v* heranrücken, heranschieben ‖ *uv* пододвига́ть, -а́ю, -а́ешь

пододви́нуться, -нусь, -нешься *v* heranrücken, näherrücken ‖ *uv* пододвига́ться, -а́юсь, -а́ешься

пододе́яльник, -а *m* Überschlaglaken; Bettbezug

подо|жда́ть* *v* 1. *G oder A* eine Zeitlang warten (auf) 2. abwarten, sich gedulden

подо|зва́ть*, подзову́; подо́званный, -ан, -а *v* heranrufen, herbeirufen ‖ *uv* подзыва́ть, -а́ю, -а́ешь

подозрева́ть, -а́ю, -а́ешь *uv* 1. verdächtigen; ~ кого́-н. в убийстве j-n des Mordes verdächtigen 2. vermuten, eine Ahnung haben

подозре́ние, -я *n* Verdacht; быть под -ем unter Verdacht stehen

подозри́тельный, -ая, -ое; *Kzf* -лен, -льна 1. verdächtig 2. mißtrauisch, argwöhnisch

подои́ть, -ою́, -о́ишь; -ой; -о́енный, -о́ен, -а *v* melken

подо́йник, -а *m* Melkeimer

подо|йти́*; подойди́ *v* 1. herantreten (к *D* an, zu); herankommen, sich nähern 2. (heran)reichen (к *D* bis an) 3. к *D* herangehen (an), behandeln 4. passen; ему́ подошёл э́тот костю́м der Anzug paßte ihm 5. geeignet sein (на *A* für); он не подошёл на э́ту до́лжность er war für diese Stellung nicht geeignet ‖ *uv* подходи́ть, -ожу́, -о́дишь

подоко́нник, -а *m* Fensterbrett

подо́л, -а *m* Saum, (unterer) Rand *von Kleidungsstücken*; ~ **юбки** Rockzipfel

подо́лгу *Adv* lange, längere Zeit

подольсти́ться, -льщу́сь, -льсти́шься *v umg* sich einschmeicheln (к *D* bei) ‖ *uv* **подольща́ться,** -а́юсь, -а́ешься

подо́нки, -ов *Pl* 1. Bodensatz 2. *übtr* ~ о́бщества Hefe [Abschaum] der Gesellschaft

подопе́чный, -ая, -ое unter Vormundschaft stehend; -ая террито́рия Treuhandgebiet

подоплёка, -и *f* Hintergrund, (geheimgehaltener) Beweggrund

подопру́ ↑ подпере́ть

подо́пытный, -ая, -ое Versuchs-

подо|рва́ть*; подо́рванный, -ан, -а *v* 1. sprengen 2. *übtr* untergraben, erschüttern ‖ *uv* подрыва́ть, -а́ю, -а́ешь

подорожа́ть, *1. u. 2. Pers ungebr*, -а́ет *v* teuer(er) werden, (im Preis) steigen

подоро́жная, -ой *Subst f hist* Anweisung auf Postpferde

подоро́жник, -а *m bot* Wegerich

подоси́новик, -а *m bot* Rothäuptchen

подо|сла́ть*; подо́сланный, -ан, -а *v* heimlich (zu)schicken; aussenden ‖ *uv* подсыла́ть, -а́ю, -а́ешь

подоспева́ть *uv zu* подоспе́ть

подоспе́ть, -е́ю, -е́ешь *v umg* 1. heran-

rücken 2. zur rechten Zeit kommen || *uv* подоспева́ть, -а́ю, -а́ешь
подо|стла́ть*, подстелю́; подо́стланный, -ан, -а *v* (dar)unterlegen; unterstreuen || *uv* подстила́ть, -а́ю, -а́ешь
подотде́л, -а *m* Unterabteilung
подоткну́ть, -ну́, -нёшь; подо́ткнутый, -ут, -а *v* (darunter)stecken, stopfen; ~ ю́бку den Rock aufschürzen || *uv* подтыка́ть, -а́ю, -а́ешь
подотчётный, -ая, -ое 1. *finanz* abrechnungspflichtig 2. rechenschaftspflichtig
подо́хнуть, -ну, -нешь; подо́х, -ла *v* verenden, krepieren || *uv* подыха́ть, -а́ю, -а́ешь
подохо́дный, -ая, -ое: ~ нало́г Einkommensteuer
подо́шва, -ы *f* 1. Schuhsohle; *umg* Fußsohle 2. Fuß, Sohle *von Bergen*
подпада́ть *uv zu* подпа́сть
подпа́ивать *uv zu* подпо́ить
подпа́ливать *uv zu* подпали́ть
подпа́лина, -ы *f* 1. *umg* leicht versengte Stelle, Fleck 2.: ло́шадь с -ами scheckiges Pferd
подпали́ть, -лю́, -ли́шь; -лённый, -лён, -лена́ *v umg* 1. anzünden; in Brand stecken 2. leicht versengen, ansengen || *uv* подпа́ливать, -аю, -аешь
подпа́рывать *uv zu* подпоро́ть
подпа́сок, -ска *m* Hirtenjunge
под|па́сть* *v* geraten (под *A* unter) || *uv* подпада́ть, -а́ю, -а́ешь
подпева́ла, -ы *m*, *f umg* Helfershelfer, Handlanger
подпева́ть, -а́ю, -а́ешь *uv* 1. *D* (leise) mitsingen (mit) 2. *übtr umg* einstimmen, nachbeten || *v* под|пе́ть* *zu* 1
подпере́ть* *v* stützen, abstützen; ~ го́лову den Kopf aufstützen || *uv* подпира́ть, -а́ю, -а́ешь
подпере́ться* *v* sich aufstützen || *uv* подпира́ться, -а́юсь, -а́ешься
подпе́ть *v zu* подпева́ть
подпи́ливать *uv zu* подпили́ть
подпили́ть, -илю́, -и́лишь; -и́ленный, -и́лен, -а *v* 1. ansägen, anfeilen 2. absägen, abfeilen; ~ но́гти sich die Fingernägel feilen || *uv* подпи́ливать, -аю, -аешь
подпи́лок, -лка *m umg* Feile
подпира́ть(ся) *uv zu* подпере́ть(ся)
подписа́ние, -я *n* Unterzeichnung
под|писа́ть* *v* 1. unterschreiben, unterzeichnen 2. darunterschreiben, dazuschreiben, hinzufügen || *uv* подпи́сывать, -аю, -аешь
под|писа́ться* *v* 1. unterschreiben, unterzeichnen 2. abonnieren; subskribieren; ~ на заём eine Anleihe zeichnen ◇ обе́ими рука́ми ~ под че́м-н. mit Freuden einer Sache zustimmen [etw. unterschreiben] || *uv* подпи́сываться, -аюсь, -аешься
подпи́ска, -и *f* 1. Unterschreiben 2. Subskription; Abonnement 3. schriftliche Verpflichtung, Revers
подписно́й, -а́я, -о́е Abonnements-, Subskriptions-; ~ лист Sammelliste, Unterschriftenliste
подпи́счик, -а *m* Abonnent
подпи́сывать(ся) *uv zu* подписа́ть(ся)
по́дпись, -и *f* Unterschrift, Aufschrift; за -ью дире́ктора vom Direktor unterzeichnet, mit der Unterschrift des Direktors
подпи́хивать *uv zu* подпихну́ть
подпихну́ть, -ну́, -нёшь; подпи́хнутый, -ут, -а *v umg* (darunter)schieben; hineinbugsieren; heimlich hineinstecken || *uv* подпи́хивать, -аю, -аешь
подплыва́ть *uv zu* подплы́ть
под|плы́ть* *v* 1. heranschwimmen, heransegeln, heranfahren 2. beim Schwimmen [Segeln; Fahren] daruntergeraten || *uv* подплыва́ть, -а́ю, -а́ешь
подпля́сывать, -аю, -аешь *uv umg* tänzeln
подпои́ть, -ою́, -о́ишь; -о́енный, -о́ен, -а *v umg* betrunken machen || *uv* подпа́ивать, -аю, -аешь
подполза́ть *uv zu* подползти́
под|ползти́* *v* 1. herankriechen 2. kriechen (под *A* unter) || *uv* подполза́ть, -а́ю, -а́ешь
подполко́вник, -а *m* Oberstleutnant
подпо́лье, -ья, *G Pl* -ьев *n* 1. Keller 2. Illegalität; Untergrundbewegung; *Koll* Illegale
подпо́льный, -ая, -ое illegal, Untergrund-
подпо́льщик, -а *m* Illegaler, Angehöriger einer Untergrundbewegung
подпо́рка, -и, *Pl G* -рок, *D* -ркам *f* Stütze, Strebe, Pfeiler
подпо́рный, -ая, -ое Stütz-
под|поро́ть* *v* (von innen) auftrennen, lostrennen || *uv* подпа́рывать, -аю, -аешь
подпору́чик, -а *m hist* Leutnant
подпо́чва, -ы *f geol* (Unter-) Grund
подпо́чвенный, -ая, -ое Grund-; -ые во́ды Grundwasser

подпоя́сать* *v* (um)gürten, einen Gürtel umbinden || *uv* **подпоя́сывать,** -аю, -аешь
под|поя́саться* *v* sich umgürten || *uv* **подпоя́сываться,** -аюсь, -аешься
подпоя́шу ↑ подпоя́сать
подпра́вить, -влю, -вишь; -вленный, -влен, -а *v* 1. ein wenig ausbessern; in Ordnung bringen 2. *umg* halbwegs auskurieren, auf die Beine bringen || *uv* **подправля́ть,** -я́ю, -я́ешь
подпру́га, -и *f* Sattelgurt, Bauchriemen
подпры́гивать *uv zu* подпры́гнуть
подпры́гнуть, -ну, -нешь *v* hüpfen, einen kleinen Sprung machen; ~ от ра́дости einen Freudensprung machen || *uv* подпры́гивать, -аю, -аешь
подпуска́ть *uv zu* подпусти́ть
подпусти́ть, -ущу́, -у́стишь; -у́щенный, -у́щен, -а *v* 1. heran(kommen) lassen 2. *umg* (hin)zugießen, beigeben 3. *umg* einflechten; ~ иро́нию ironisch werden || *uv* подпуска́ть, -а́ю, -а́ешь
подраба́тывать *uv zu* подрабо́тать
подрабо́тать, -аю, -аешь; -анный, -ан, -а *v* 1. *umg* vorbereiten, ausarbeiten 2. *volksspr* dazuverdienen, einen Nebenverdienst haben || *uv* подраба́тывать, -аю, -аешь
подрабо́тка, -и, *Pl G* -ток, *D* -ткам *f umg* 1. Ausarbeitung 2. Nebenverdienst
подра́внивать *uv zu* подровня́ть
подра́гивать, -аю, -аешь *uv umg* zucken; (ab und zu) zittern; ein wenig zittern
подража́ние, -я *n* Nachahmung; ~ взро́слым Nachahmung der Erwachsenen
подража́тель, -я *m* Nachahmer, Imitator
подража́тельство, -а *n* Epigonentum
подража́ть, -а́ю, -а́ешь *uv* nachahmen, imitieren (*D* j-n)
подразделе́ние, -я *n* 1. (Unter-) Gliederung 2. Unterabteilung 3. *mil* Abteilung, Einheit
подраздели́ть, -лю́, -ли́шь; -лённый, -лён, -лена́ *v* einteilen, gliedern || *uv* **подразделя́ть,** -я́ю, -я́ешь
подразумева́ть, -а́ю, -а́ешь *uv* (darunter) verstehen, meinen
подразумева́ться, *1. u. 2. Pers ungebr*, -а́ется *uv* gemeint sein, sich verstehen; что под э́тим подразумева́ется? was ist darunter zu verstehen?
подраста́ть *uv zu* подрасти́
под|расти́* *v* heranwachsen || *uv* подраста́ть, -а́ю, -а́ешь; подраста́ющее поколе́ние Nachwuchs
подрасти́ть, -ащу́, -асти́шь; -ащённый, -ащён, -ащена́ *v* heranziehen, aufziehen || *uv* подра́щивать, -аю, -аешь
по|дра́ться*; -дра́ли́сь *v* sich prügeln, in ein Handgemenge geraten
подра́щивать *uv zu* подрасти́ть
подрёберный, -ая, -ое *anat* unter den Rippen liegend
под|ре́зать* *v* 1. (ein wenig) abschneiden, verschneiden, stutzen 2. (von unten) abschneiden, (ab)lösen 3. *umg* die Kräfte rauben, zermürben 4. noch mehr abschneiden || *uv* **подреза́ть,** -а́ю, -а́ешь *u.* **подре́зывать,** -аю, -аешь
по|дрема́ть* *v* ein bißchen schlummern, ein Schläfchen machen
подрисова́ть, -су́ю, -су́ешь; -со́ванный, -со́ван, -а *v* 1. hinzuzeichnen, weiterzeichnen, (eine Zeichnung) verbessern 2. *umg* nachziehen *Augenbrauen, Lippen* || *uv* **подрисо́вывать,** -аю, -аешь
подро́бность, -и *f* 1. Einzelheit, Detail 2. Ausführlichkeit; не вдава́ться в -и nicht auf Einzelheiten eingehen
подро́бный, -ая, -ое; *Kzf* -бен, -бна ausführlich, detailliert; бо́лее -бно рассма́тривать что́-н. etw. näher [bei Lichte] betrachten
подровня́ть, -я́ю, -я́ешь; подро́вненный, -ро́внен, -а *v* ebnen, gerade machen, geradeschneiden; *mil* ausrichten || *uv* подра́внивать, -аю, -аешь
подро́стковый, -ая, -ое: -ая оде́жда Burschenkleidung
подро́сток, -тка *m* Halbwüchsiger; де́вочка-~ Backfisch
[1,2]**подруба́ть** *uv zu* [1,2]подруби́ть
[1]**подруби́ть,** -ублю́, -у́бишь; -у́бленный, -у́блен, -а *v* 1. (von unten) abhauen, abschlagen 2. *berg* schrämen || *uv* подруба́ть, -а́ю, -а́ешь
[2]**подруби́ть,** -ублю́, -у́бишь; -у́бленный, -у́блен, -а *v* (ein)säumen || *uv* подруба́ть, -а́ю, -а́ешь
подру́га, -и *f* Freundin; ~ жи́зни *meist scherz* Lebensgefährtin, Gattin
подружи́ть, -жу́, -жи́шь *v* 1. einander näher bringen, zu Freunden machen 2. *umg* sich befreunden
подружи́ться, -жу́сь, -жи́шься *v* sich befreunden, Freundschaft schließen
подрумя́нивать *uv zu* подрумя́нить
подрумя́нить, -ню, -нишь; -ненный,

-нен, -а *v* 1. röten, (ein wenig) rot färben 2. (rot) schminken 3. knusprig [braun] backen || *uv* подрумя́нивать, -аю, -аешь
подру́чный, -ого *Subst m* Handlanger, Hilfsarbeiter
подры́в, -а *m* 1. Sprengung 2. *übtr* Untergrabung, Schädigung
[1]**подрыва́ть** *uv zu* подорва́ть
[2]**подрыва́ть** *uv zu* подры́ть
подрывни́к, -а́ *m* Spezialist für Sprengungen, Sprengmeister
подрывно́й, -а́я, -о́е 1. Spreng-; ~ материа́л Sprengstoff; -а́я ша́шка Sprengkörper 2. *übtr* zersetzend, schädlich, subversiv; -а́я де́ятельность Wühltätigkeit
под|ры́ть* *v* untergraben; tiefer [breiter] graben || *uv* подрыва́ть, -а́ю, -а́ешь
[1]**подря́д,** -а *m* Kontrakt, Vertrag
[2]**подря́д** *Adv* nacheinander; der Reihe nach; все [всё] ~ alle [alles] ohne Ausnahme
подряди́ть, -яжу́, -яди́шь; -яжённый, -яжён, -яжена́ *v* mieten, dingen, anstellen || *uv* подряжа́ть, -а́ю, -а́ешь
подря́дный, -ая, -ое Kontrakt-, Vertrags-, vertraglich festgelegt
подря́дчик, -а *m* Lieferant, Vertragsfirma; Unternehmer
подряжа́ть *uv zu* подряди́ть
подсади́ть, -ажу́, -а́дишь; -а́женный, -а́жен, -а *v* 1. hinaufhelfen, beim Einsteigen [Aufsteigen] helfen 2. к *D* neben j-n setzen, zu j-m setzen 3. nachpflanzen; dazupflanzen || *uv* **подса́живать,** -аю, -аешь
подса́живаться *uv zu* подсе́сть
подса́ливать *uv zu* подсоли́ть
подсве́чник, -а *m* Leuchter, Kerzenhalter
подсви́нок, -нка *m landw* Läufer
подсви́стывать, -аю, -аешь *uv* nachpfeifen, (ein Lied) mitpfeifen
подсе́в, -а *m landw* Untersaat
подсева́ть *uv zu* подсе́ять
подседе́льник, -а *m* Sattelgurt, Bauchriemen
подсе́ка, -и *f* Rodung, Rodeland
подсека́ть *uv zu* подсе́чь
под|се́сть* *v* sich setzen (neben), sich setzen (zu); sich (von j-m) mitnehmen lassen *auf einem Fuhrwerk* || *uv* подса́живаться, -аюсь, -аешься
под|се́чь* *v* 1. (von unten) abhauen, abschneiden 2. roden 3. die Angelschnur anziehen, anrucken || *uv* подсека́ть, -а́ю, -а́ешь
подсе́ять, -е́ю, -е́ешь; -е́янный, -е́ян, -а *v landw* 1. nachsäen 2. eine Untersaat machen || *uv* подсева́ть, -а́ю, -а́ешь
подсиде́ть, -ижу́, -иди́шь; -и́женный, -и́жен, -а *v* 1. auflauern, (auf Wild) anstehen 2. *A übtr volksspr* eine Falle stellen, intrigieren (gegen); reinlegen || *uv* **подси́живать,** -аю, -аешь
подси́нивать *uv zu* подсини́ть
подсини́ть, -ню́, -ни́шь; -нённый, -нён, -нена́ *v* 1. blau färben 2. bläuen, in Wasser mit Waschblauzusatz spülen || *uv* подси́нивать, -аю, -аешь
подска́бливать *uv zu* подскобли́ть
под|сказа́ть* *v* 1. vorsagen; *theat* soufflieren 2. *übtr* eingeben, auf einen Gedanken bringen || *uv* подска́зывать, -аю, -аешь
подска́зка, -и, *Pl G* -зок, *D* -зкам *f* 1. Vorsagen 2. Eingebung
подска́зывать *uv zu* подсказа́ть
под|скака́ть* *v* heransprengen || *uv*
[1]**подска́кивать,** -аю, -аешь
[2]**подска́кивать** *uv zu* подскочи́ть
подскобли́ть, -облю́, -о́бли́шь; -о́бленный, -о́блен, -а *v ein wenig* abschaben; *umg* (aus)radieren || *uv* подска́бливать, -аю, -аешь
подскочи́ть, -очу́, -о́чишь *v* 1. hochspringen, hüpfen; *übtr umg* plötzlich ansteigen *von der Temperatur, vom Preis* 2. (hin)zuspringen, heranspringen || *uv* подска́кивать, -аю, -аешь
подскреба́ть *uv zu* подскрести́
под|скрести́* *v umg* auskratzen; zusammenkratzen || *uv* подскреба́ть, -а́ю, -а́ешь
подсласти́ть, -ащу́, -асти́шь; -ащённый, -ащён, -ащена́ *v* süßen, nachsüßen || *uv* **подсла́щивать,** -аю, -аешь
подсле́дственный, -ая, -ое 1. Untersuchungs-; ~ заключённый Untersuchungsgefangener 2. -ого *Subst m* Untersuchungsgefangener
подслеповáтый, -ая, -ое; *Kzf* -а́т, -а halb blind, stark kurzsichtig
подслу́живаться *uv zu* подслужи́ться
подслужи́ться, -ужу́сь, -у́жишься *v umg* sich einschmeicheln, den Lakaien spielen || *uv* подслу́живаться, -аюсь, -аешься
подслу́шать, -аю, -аешь; -анный, -ан, -а *v* belauschen, abhorchen || *uv* **подслу́шивать,** -аю, -аешь
подсма́тривать, -аю, -аешь *uv* heimlich beobachten, bespitzeln || *v* под-

смотре́ть, -отрю́, -о́тришь; -о́тренный, -о́трен, -а
подсме́иваться, -аюсь, -аешься *uv* sich lustig machen (над *I* über) ‖ *v* **подсмея́ться,** -ею́сь, -еёшься
подсмотре́ть, -отрю́, -о́тришь; -о́тренный, -о́трен, -а *v* **1.** *v zu* подсма́тривать **2.** zufällig sehen
подсне́жник, -а *m* Schneeglöckchen
подсо́бник, -а *m umg* Hilfsarbeiter
подсо́бный, -ая, -ое Hilfs-, Neben-
подсо́вывать *uv zu* подсу́нуть
подсозна́ние, -я *n* Unterbewußtsein
подсозна́тельный, -ая, -ое; *Kzf* -лен, -льна unterbewußt, instinktiv
подсоли́ть, -олю́, -о́ли́шь; -о́ленный, -о́лен, -а *v* (ein wenig) salzen; nachsalzen ‖ *uv* подса́ливать, -аю, -аешь
подсо́лнечник, -а *m* Sonnenblume
подсо́лнечный, -ая, -ое **1.** Sonnenblumen- **2.** *alt, poet* unter der Sonne befindlich; irdisch; der Sonne zugewandt
подсо́лнух, -а *m umg* **1.** Sonnenblume **2.** *meist Pl* Sonnenblumenkerne
подсо́хнуть, -ну, -нешь; подсо́х, -ла *v* (allmählich) trocknen, trocken werden ‖ *uv* подсыха́ть, -а́ю, -а́ешь
подспо́рье, -ья *n umg* Hilfe, Unterstützung
подста́ва, -ы *f alt* **1.** Ersatzgespann **2.** Ausspann; Ausspannung
подста́вить, -влю, -вишь; -вленный, -влен, -а *v* **1.** darunterstellen, stellen (под *A* unter) **2.** hinhalten, hinstellen, stellen (к *D* an); ~ стул посети́телю dem Besucher einen Stuhl anbieten [heranrücken] **3.** *math* einsetzen; substituieren ◇ ~ но́гу [но́жку] кому́-н. j-m ein Bein stellen ‖ *uv* подставля́ть, -я́ю, -я́ешь
подста́вка, -и, *Pl G* -вок, *D* -вкам *f* Stütze; (Unter-) Gestell, Ständer; Untersetzer
подставля́ть *uv zu* подста́вить
подставно́й, -а́я, -о́е **1.** Unterstell-, zum Darunterstellen **2.** untergeschoben; -о́е лицо́ Strohmann; ~ свиде́тель falscher Zeuge
подстака́нник, -а *m* (Teeglas-) Untersatz
подстано́вка, -и *f math* Einsetzung; Substitution
подста́нция, -и *f* **1.**: трансформа́торная ~ *el* Umspannwerk **2.**: телефо́нная ~ Fernsprechnebenstelle
подстёгивать *uv zu* подстегну́ть
подстегну́ть, -ну́, -нёшь; подстёгнутый, -ут, -а *v* **1.** mit der Peitsche antreiben **2.** *übtr umg* antreiben, hetzen ‖ *uv* подстёгивать, -аю, -аешь
подстели́ть, -елю́, -е́лешь; -е́ленный, -е́лен, -а *v volksspr* unterstreuen; unterlegen ‖ *uv* подстила́ть, -а́ю, -а́ешь
подстерега́ть *uv zu* подстере́чь
под|стере́чь* *v* auflauern; abpassen ‖ *uv* подстерега́ть, -а́ю, -а́ешь
подстила́ть *uv zu* подостла́ть *u.* подстели́ть
подсти́лка, -и, *Pl G* -лок, *D* -лкам *f* Unterlage; Streu
подстора́живать *uv zu* подсторожи́ть
подсторожи́ть, -жу́, -жи́шь; -жённый, -жён, -жена́ *v volksspr A* auflauern ‖ *uv* подстора́живать, -аю, -аешь
подстра́ивать *uv zu* подстро́ить
подстрека́тель, -я *m* Aufwiegler, Anstifter
подстрека́тельство, -а *n* Aufwiegelung, Aufhetzung
подстрека́ть *uv zu* подстрекну́ть
подстрекну́ть, -ну́, -нёшь *v* **1.** aufwiegeln, anstiften **2.** anregen, schüren ‖ *uv* подстрека́ть, -а́ю, -а́ешь
подстре́ливать *uv zu* подстрели́ть
подстрели́ть, -елю́, -е́лишь; -е́ленный, -е́лен, -а *v* anschießen, verwunden ‖ *uv* подстре́ливать, -аю, -аешь
подстрига́ть(ся) *uv zu* подстри́чь(ся)
под|стри́чь* *v* verschneiden, stutzen ‖ *uv* подстрига́ть, -а́ю, -а́ешь
под|стри́чься* *v* sich die Haare (ver)schneiden lassen ‖ *uv* подстрига́ться, -а́юсь, -а́ешься
подстро́ить, -о́ю, -о́ишь; -о́енный, -о́ен, -а *v* **1.** anbauen **2.** *mus* stimmen (под *A* nach) **3.** *übtr* aushecken, anstiften ‖ *uv* подстра́ивать, -аю, -аешь
подстро́чник, -а *m* Interlinearübersetzung
подстро́чный, -ая, -ое **1.**: -ое примеча́ние Anmerkung; Fußnote **2.**: ~ перево́д Interlinearübersetzung
подступа́ть(ся) *uv zu* подступи́ть(ся)
подступи́ть, -уплю́, -у́пишь *v* **1.** herantreten; heranrücken **2.** (heran)reichen (к *D* bis an) **3.** aufsteigen, dringen (к *D* bis zu) *von Tränen, Schmerzen*; ~ к го́рлу die Kehle zuschnüren ‖ *uv* подступа́ть, -а́ю, -а́ешь
подступи́ться, -уплю́сь, -у́пишься *v* herantreten; sich nähern ◇ к нему́ не ~ an ihn ist nicht heranzukom-

men || *uv* **подступáться, -áюсь,** -áешься

пóдступы *Pl* -ов, *Sg* пóдступ, -а *m* 1. Zugang, Zugangsweg, Vorgelände 2. *flug* Einflugschneise ◇ к немý -а нет an ihn ist nicht heranzukommen

подсуди́мый, -ого *Subst m jur* Angeklagter; скамья́ -ых *jur* Anklagebank

подсýдный, -ая, -ое; *Kzf* -ден, -дна *D jur* einem Gericht unterliegend

подсýмок, -мка *m mil* Patronentasche

подсýнуть, -ну, -нешь; -нутый, -нут, -а *v* 1. darunterschieben, darunterstopfen 2. *umg* (unbemerkt) zustecken, zuschieben || *uv* подсóвывать, -аю, -аешь

подсýшивать *uv zu* подсуши́ть

подсуши́ть, -ушý, -ýшишь; -ýшенный, -ýшен, -а *v* (ein wenig) trocknen; abtrocknen lassen || *uv* подсýшивать, -аю, -аешь

подсчёт, -а *m* 1. Zählung, Berechnung 2. *meist Pl* Ergebnis (der Berechnungen)

подсчитáть, -áю, -áешь; подсчи́танный, -ан, -а *v* zusammenzählen, berechnen || *uv* **подсчи́тывать,** -аю, -аешь

подсылáть *uv zu* подослáть

под|сы́пать* *v* 1. hinzuschütten, hinzustreuen; heimlich hineinschütten 2. aufschütten, erhöhen || *uv* **подсыпáть,** -áю, -áешь

подсыхáть *uv zu* подсóхнуть

подтáивать *uv zu* подтáять

подтáлкивать *uv zu* подтолкнýть

подтáпливать *uv zu* подтопи́ть

подтáскивать *uv zu* подтащи́ть

подтасовáть, -сýю, -сýешь; -сóванный, -сóван, -а *v* (die Karten) falsch mischen; *übtr* entstellen, einseitig darstellen || *uv* подтасóвывать, -аю, -аешь

подтасóвка, -и *f*: ~ фáктов falsche [einseitige] Darstellung der Tatsachen

подтасóвывать *uv zu* подтасовáть

подтáчивать *uv zu* подточи́ть

подтащи́ть, -ащý, -áщишь; -áщенный, -áщен, -а *v* heranschleppen || *uv* подтáскивать, -аю, -аешь

подтáять, *1. u. 2. Pers ungebr*, -áет *v* ein wenig tauen, ein wenig schmelzen; von unten tauen || *uv* подтáивать, -ает

подтверди́ть, -ржý, -рди́шь; -рждённый, -рждён, -рждена́ *v* bestätigen, bekräftigen || *uv* **подтверждáть,** -áю, -áешь

подтверди́ться, *1. u. 2. Pers ungebr*, -и́тся *v* sich bestätigen, sich bewahrheiten || *uv* **подтверждáться,** -áется

подтверждéние, -я *n* Bestätigung; Bekräftigung

подтёк, -а *m* 1. *med* blutunterlaufene Stelle, Suffusion 2. Fleck, Farbklecks

подтекáть, *1. u. 2. Pers ungebr*, -áет *uv* 1. *uv zu* подтéчь 1 2. *volksspr* lecken, Flüssigkeit durchlassen

подтекстóвка, -и, *Pl G* -вок, *D* -вкам *f* Liedertext, Abfassen des Liedertextes

под|терéть*, подотрý; подтерёв *u.* подтёрши *v* aufwischen || *uv* подтирáть, -áю, -áешь

под|тéчь*, *1. u. 2. Pers ungebr v* 1. darunterlaufen [darunterfließen] 2. *umg* anschwellen, anlaufen 3. *v zu* подтекáть 2 || *uv* подтекáть, -áет *zu* 1

подтирáть *uv zu* подтерéть

подтолкнýть, -нý, -нёшь; подтóлкнутый, -ут, -а *v* 1. anstoßen; schieben 2. *übtr umg* anspornen, treiben || *uv* подтáлкивать, -аю, -аешь

подтопи́ть, -оплю́, -óпишь; -óпленный, -óплен, -а *v umg* ein wenig (ein)heizen; nachheizen || *uv* подтáпливать, -аю, -аешь

подточи́ть, -очý, -óчишь; -óченный, -óчен, -а *v* 1. (nach)schleifen; anspitzen 2. benagen; aushöhlen; unterspülen 3. *übtr* untergraben, schwächen ◇ комáр нóсу [нóса] не подтóчит *Sprichw* daran ist schwer etwas auszusetzen, die Sache ist einwandfrei || *uv* подтáчивать, -аю, -аешь

подтрýнивать *uv zu* подтруни́ть

подтруни́ть, -ню́, -ни́шь *v* sich lustig machen, spötteln (над *I* über) || *uv* подтрýнивать, -аю, -аешь

подтыкáть *uv zu* подоткнýть

подтя́гивание, -я *n* 1. Aufschließen, Aufrücken *Kolonne* 2. *Sport* Klimmzug

подтя́гивать(ся) *uv zu* подтянýть(ся)

подтя́жки, -жек, -жкам *Pl* Hosenträger

подтя́нутый, -ая, -ое; *Kzf* -ут, -а 1. eingefallen *vom Bauch, von den Flanken des Hundes, Pferdes* 2. *übtr* akkurat, diszipliniert, korrekt, ordentlich

подтянýть, -янý, -я́нешь; -я́нутый, -я́нут, -а *v* 1. straff-, festziehen, hochziehen *Gürtel, Hosen, Stiefel* 2. heranschleppen, -ziehen (zu, an) 3. ziehen (unter) 4. *mil* heranziehen, konzentrieren *von Truppenverbänden* 5. *übtr umg* zur Erfüllung der Pflichten, zur Disziplin anhalten, erziehen; ~ отстающих die Zurückgebliebenen zum Aufholen veranlassen 6. mitsingen, einen Begleitgesang anstimmen 7. *unpers umg* abmagern *vom Menschen*; тебя́ подтяну́ло du bist abgemagert ‖ *uv* подтя́гивать, -аю, -аешь

подтяну́ться, -яну́сь, -я́нешься *v* 1. sich fester schnüren, gürten 2. sich emporziehen 3. *mil* sich konzentrieren 4. *übtr umg* seiner Arbeit [seinen Pflichten] akkurat und diszipliniert nachkommen, sich mehr zusammennehmen 5. *Sport* einen Klimmzug machen ‖ *uv* подтя́гиваться, -аюсь, -аешься

поду́мать, -аю, -аешь *v* 1. *v zu* ду́мать 2. einige Zeit nachdenken 3. *nur 2. Pers Sg mod als ironischer, verächtlicher Ausruf*: поду́маешь како́й ге́ний! na und was für ein Held! 4. *Imp* поду́май(те) *u. Inf* поду́мать *gewöhnlich mit* то́лько *verwendet man, um den Zuhörer auf die Seltsamkeit und Verwunderlichkeit der Mitteilung aufmerksam zu machen*; поду́мать то́лько! man stelle sich vor! ◇ и не ~ (сде́лать что) es nicht für nötig halten, nicht beabsichtigen (etw. zu tun); он и не поду́мал испо́лнить, о чём его проси́ли er dachte gar nicht daran das zu tun, worum er gebeten wurde

поду́маться, *1. u. 2. Pers ungebr*, -ается *unpers v D umg* in den Sinn kommen, einfallen, durch den Kopf schießen *Gedanken*

поду́мывать, -аю, -аешь *uv A oder P umg* öfter denken (an), nachdenken, nachsinnen; *mit Inf* gedenken, vorhaben, beabsichtigen; он поду́мывал отпра́вить его́ на при́иски er gedachte ihn in die Gruben zu schicken

подура́чить, -чу, -чишь *v umg* ein bißchen foppen, narren; auslachen

подура́читься, -чусь, -чишься *v umg* eine Zeitlang Possen reißen, Witze machen, sich närrisch gebärden

подури́ть, -рю́, -ри́шь *v umg* eine Zeitlang Dummheiten machen, dumme Streiche spielen

подурне́ть, -е́ю, -е́ешь *v* häßlich werden, ein schlechtes Aussehen bekommen

подуса́дебный, -ая, -ое: ~ уча́сток Landstück [Territorium], auf dem sich die zum Hof gehörigen Gebäude und Anlagen befinden

поду́сники *Pl* -ов, *Sg* поду́сник, -а *m* Haare an den Mundwinkeln

по|ду́ть* *v* 1. anfangen zu wehen (zu blasen) 2. eine Zeitlang wehen [blasen]

по|ду́ться* *v* на *A umg* eine Zeitlang schmollen (mit)

поду́чивать *uv zu* подучи́ть

подучи́ть, -учу́, -у́чишь; -у́ченный, -у́чен, -а *v umg* 1. ein wenig (an)lernen, ein wenig beibringen (von) 2. *A* hinzulernen, etwas schlecht Gelerntes besser begreifen; ~ арифме́тику Arithmetik besser lernen 3. *häufig mit Inf* anhalten, überreden *zu etw. Schlechtem* ‖ *uv* поду́чивать, -аю, -аешь

подучи́ться, -учу́сь, -у́чишься *v umg* ein bißchen (er)lernen, hinzulernen

¹подуши́ть, -ушу́, -у́шишь; -у́шенный, -у́шен, -а *v* mit Parfüm besprengen, ein wenig parfümieren

²подуши́ть, -ушу́, -у́шишь; -у́шенный, -у́шен, -а *v umg viele, alle* erwürgen; волк задуши́л мно́го ове́ц der Wolf hat viele Schafe gerissen

подуши́ться, -ушу́сь, -у́шишься *v* sich leicht mit Parfüm besprengen, sich ein wenig parfümieren

поду́шка, -и, *Pl G* -шек, *D* -шкам *f* 1. Kissen, Polster 2. *tech* Unterlage, Polster

поду́шный, -ая, -ое *hist* pro Kopf; -ые де́ньги Kopfsteuer

подфа́рник, -а *m* Standlicht, Parkleuchte

подхали́м, -а *m* Schmeichler, Kriecher, Speichellecker

подхали́мистый, -ая, -ое; *Kzf* -ист, -а *umg* zur Speichelleckerei neigend, kriecherisch

подхали́мничать, -аю, -аешь *uv umg* sich kriecherisch und schmeichlerisch benehmen, liebedienern

подхали́мство, -а *n* Speichelleckerei, Liebedienerei

подхвати́ть, -ачу́, -а́тишь; -а́ченный, -а́чен, -а *v* 1. (an)fassen *von unten her*, auf-, hochheben; aufraffen, anheben 2. auffangen, im Flug fassen; vor dem Fall bewahren 3. erfassen, -greifen; *umg* mitnehmen, erwischen; mitreißen *Strömung*; mit sich führen; бы́строе тече́ние подхвати́ло ло́дку die schnelle Strömung erfaßte den Kahn 4. *übtr umg* sich holen, erwischen; ~ просту́ду sich eine Erkältung holen 5. zufällig bekommen;

~ интере́сную кни́гу zufällig ein interessantes Buch bekommen 6. heftig vorwärtsstürmen, sich in Galopp setzen *von Pferden usw.*; оле́ни подхвати́ли и понесли́сь die Renntiere setzten sich in Galopp und jagten dahin 7. aufgreifen, ergreifen und weiterführen; ~ шу́тку einen Scherz aufgreifen *und mitmachen*; *volksspr* übernehmen, sich zunutze machen; ~ чужу́ю мысль eine fremde Idee übernehmen, sich zu eigen machen 8. anfangen mitzusingen, einstimmen, einfallen in den Gesang ‖ *uv* **подхва́тывать,** -аю, -аешь

подхлестну́ть [сн], -ну́, -нёшь; подхлёстнутый, -ут, -а *v* mit der Peitsche leicht antreiben; *übtr umg* antreiben; ~ отстаю́щих die Zurückgebliebenen zu größerer Eile anhalten ‖ *uv* **подхлёстывать,** -аю, -аешь

подхо́д, -а *m* 1. Sichnähern, Heranrücken; *flug* Anflug; *naut* Anlaufen 2. Zugang 3. к *D* Einstellung, Herangehen; Art des Herangehens

подхо́дец, -дца, *I* -дцем, *G Pl* -дцев *m umg* Winkelzug, getarnte Handlungsweise; с -дцем auf Umwegen, hinterlistig

подходи́ть *uv zu* подойти́

подходя́щий, -ая, -ее passend, geeignet, entsprechend

подцвети́ть, -ечу́, -ети́шь; -е́ченный, -е́чен, -е́чена *v* 1. leicht färben, auffärben, die Farbe auffrischen 2. *umg* bunt (aus)schmücken *Saal* ‖ *uv* **подцве́чивать,** -аю, -аешь

подцензу́рный, -ая, -ое; *Kzf* -рен, -рна unter Zensur stehend

подцепи́ть, -еплю́, -е́пишь; -е́пленный, -е́плен, -а *v* 1. *umg* auf-, anhängen, anhaken 2. von unten ergreifen, erfassen; *umg* mit einer heftigen Bewegung ergreifen 3. *übtr umg* erbeuten, sich anschaffen, auf gabeln; ~ боле́знь eine Krankheit erwischen; ~ краса́вицу ein hübsches Weib aufgabeln 4. *volksspr* stehlen ‖ *uv* **подцепля́ть,** -я́ю, -я́ешь

подча́ливать *uv zu* подча́лить

подча́лить, -лю, -лишь *v* 1. anlegen; ~ к при́стани am Landeplatz festmachen 2. beim Anlegen heranziehen, vertäuen ‖ *uv* подча́ливать, -аю, -аешь

подча́с *Adv* mitunter, gelegentlich, manchmal

подчёркивать *uv zu* подчеркну́ть

подчеркну́ть, -ну́, -нёшь; подчёркнутый, -ут, -а *v* 1. unterstreichen 2. *übtr* unterstreichen, besonders hervorheben, betonen ‖ *uv* подчёркивать, -аю, -аешь

подчерни́ть, -ню́, -ни́шь; -нённый, -нён, -нена́ *v* schwarz auffärben; mit schwarzer Farbe erneut bestreichen *Augenbrauen*

подчине́ние, -я *n* 1. *D* Unterwerfung, Unterordnung, Nachgeben 2. *gram* Unterordnung, Hypotaxe

подчинённый, -ая, -ое 1. untergeordnet, unterstellt, abhängig 2. -ого *Subst m* Untergebener 3. *gram* abhängig

подчини́тельный, -ая, -ое *gram* unterordnend, subordinierend

подчини́ть, -ню́, -ни́шь; -нённый, -нён, -нена́ *v* 1. unterwerfen, erobern 2. abhängig machen (von), unterwerfen; ~ влия́нию dem Einfluß aussetzen 3. *D* unterstellen, unterordnen 4. *D gram* unterordnen *Sätze* ‖ *uv* **подчиня́ть,** -я́ю, -я́ешь

подчини́ться, -ню́сь, -ни́шься *v* 1. sich unterwerfen 2. *D* abhängig sein, gehorchen, nachkommen *einem Befehle, Wunsche, Gefühl* ‖ *uv* **подчиня́ться,** -я́юсь, -я́ешься

подчи́стить, -и́щу, -и́стишь; -и́щенный, -и́щен, -а *v* 1. zusätzlich reinigen; leicht säubern, ein bißchen putzen 2. ausradieren, auskratzen, verbessern *Geschriebenes* 3. *umg* restlos aufessen, wegräumen 4.: ~ сад Bäume im Garten beschneiden, ausästen ‖ *uv* подчища́ть, -а́ю, -а́ешь

подчи́стка, -и *f* 1. Reinigung, Säuberung 2. *umg* Radieren, Verbessern *Geschriebenes* 3. Ausschneiden *Bäume*

подчисту́ю *Adv volksspr* gänzlich, restlos, vollständig, ratzekahl

подчища́ть *uv zu* подчи́стить

подше́фный, -ая, -ое 1. unter Patenschaft stehend; ~ заво́д Patenbetrieb 2. -ого *Subst m* Pate; своего́ -ого прове́дать зашёл ich bin vorbeigekommen, meinen Paten aufzusuchen

подшиба́ть *uv zu* подшиби́ть

под|шиби́ть* *v volksspr* 1. durch einen Schlag verletzen, blauschlagen 2. umwerfen, umstoßen 3. anschießen ‖ *uv* подшиба́ть, -а́ю, -а́ешь

подшива́ть *uv zu* подши́ть

подши́вка, -и, *Pl G* -вок, *D* -вкам *f* 1. Annähen *von außen, unten* 2. *umg* Bündel zusammengehefteter Zeitun-

gen, Dokumente **3.** *umg* aufgenähter Flicken
подши́пник, -а *m tech* Lager; ша́риковый ~ Kugellager; ро́ликовый ~ Roll(enl)ager
под|ши́ть*, подошью́ *v* **1.** annähen, aufnähen; unternähen, Futter anbringen; ~ шу́бу ме́хом den (Winter-) Mantel mit Pelzfutter versehen **2.** besohlen; ~ ва́ленки die Filzstiefel besohlen **3.** einsäumen, besäumen, einschlagen **4.** zusammenheften, -nähen *Zeitungen*; dazuheften, ablegen *Akten* **5.** anbringen, anschlagen *Brett u. ä.*; ~ кры́шу die Unterseite des Daches mit Brettern verkleiden, verschalen ‖ *uv* подшива́ть, -а́ю, -а́ешь
подшле́мник, -а *m mil* Kopfschützer
подшпи́ливать *uv zu* подшпи́лить
подшпи́лить, -лю, -лишь; -ленный, -лен, -а *v umg* von unten mit einer Nadel [Klammer] befestigen; ~ во́лосы das Haar aufstecken ‖ *uv* подшпи́ливать, -аю, -аешь
подшта́нники, -ов *Pl volksspr* Unterhose
подшто́пать, -аю, -аешь; -анный, -ан, -а *v* ein wenig ausbessern, stopfen *Wäsche, Kleidungsstücke* ‖ *uv* **подшто́пывать,** -аю, -аешь
подштукату́ривать *uv zu* подштукату́рить
подштукату́рить, -рю, -ришь; -ренный, -рен, -а *v* einzelne Stellen mit Stuck bewerfen; Verputztes ausbessern ‖ *uv* подштукату́ривать, -аю, -аешь
подшути́ть, -учу́, -у́тишь *v* sich lustig machen (над *I* über), einen Streich spielen, auslachen ‖ *uv* **подшу́чивать,** -аю, -аешь
под|щепа́ть* *u.* -а́ю, -а́ешь *v A oder G umg* zusätzlich spalten, spleißen; ~ лучи́нок noch mehr Spänchen hinzuspleißen
подъеда́ть *uv zu* подъе́сть
подъе́зд, -а *m* **1.** Anfahrt, Auffahrt **2.** Eingang, Aufgang, Freitreppe, überdachter Eingang eines Gebäudes
подъе́здить, -е́зжу, -е́здишь *v mil Sport ein Pferd* an den Wagen gewöhnen; für das Reiten abrichten, zureiten
подъездно́й, -а́я, -о́е **1.** Anfahrts-, Auffahrts- **2.**: ~ путь Nebenlinie, Anschlußlinie *Eisenbahn*
подъезжа́ть *uv zu* подъе́хать
подъём, -а *m* **1.** Aufstieg, Besteigung; Hebung, Hinaufziehen; ~ фла́га Hissen der Flagge **2.** Ansteigen, Anschwellen *Wasser* **3.** *landw* Aufpflügen für die Saat, Aufbereitung des Bodens; ~ целины́ Vorbereitung des Neulands für die Aussaat **4.** starkes Wachstum, Aufstieg; Aufschwung; революцио́нный ~ revolutionärer Aufschwung **5.** Schwung, Begeisterung; трудово́й ~ Arbeitsenthusiasmus; он вы́ступил с больши́м -ом er trat mit großem Schwung auf **6.** aufwärtsführendes Wegstück, Steigung **7.** Spann *Fuß* **8.** *mil* Aufstehen *frühmorgens*; Weckruf **9.**: гла́сный ве́рхнего -а *ling* Vokal hoher Zungenlage **10.** *tech* Auftrieb; Hub; ~ корабля́ Bergung eines Schiffes ◇ лёгок [лёгкий] на ~ flink, leicht beweglich; тяжёл [тяжёлый] на ~ schwerfällig; unentschlossen
подъёмник, -а *m tech* Kran, Hebekran, Aufzug, Lift
подъёмный, -ая, -ое **1.** Hebe-; Förder-; ~ кран Hebekran; -ая клеть Förderkorb; -ая си́ла *phys* Auftrieb **2.** hochziehbar, aufklappbar; ~ мост Zugbrücke **3.**: -ые де́ньги Geldmittel für den Umzug *an eine neue Arbeitsstelle*, Reisegelder, -spesen **4.** -ые, -ых *Subst Pl* Umzugs-, Reisegelder, Reisespesen
подъ|е́сть* *v* **1.** *umg* anfressen, -knabbern **2.** *volksspr* alles aufessen, wegputzen **3.** *volksspr* sich zusätzlich ernähren ‖ *uv* подъеда́ть, -а́ю, -а́ешь
подъ|е́хать* *v D* **1.** heran-, vorfahren; heranreiten; sich nähern **2.** *volksspr* ankommen, einkehren **3.** *übtr volksspr* sich heranmachen, einschmeicheln ◇ на козе́ к нему́ не подъе́дешь an ihn ist nicht so leicht ranzukommen ‖ *uv* подъезжа́ть, -а́ю, -а́ешь
подъязы́чный, -ая, -ое *anat* unterhalb der Zunge befindlich
подъя́ть* *Inf, Prät u. Ptz buchspr alt*; *Fut umg v* (auf)heben, emporheben ‖ *uv* подыма́ть, -а́ю, -а́ешь *u. buchspr alt* подъе́млю, -лешь
подыгра́ть, -а́ю, -а́ешь; поды́гранный, -ан, -а *v D umg* durch eigenes Spiel den anderen unterstützen *beim Spiel, Gesang, Musik, Kartenspiel*; zuspielen ‖ *uv* поды́грывать, -аю, -аешь
подыгра́ться *v zu* поды́грываться
поды́грывать *uv zu* подыгра́ть
поды́грываться, -аюсь, -аешься *uv*

к *D u.* под *A umg* sich anpassen, einschmeicheln ‖ *v* подыгра́ться, -а́юсь, -а́ешься

подыма́ть *uv zu* подъя́ть

подыми́ть, -млю́, -ми́шь *v* eine Zeitlang rauchen, qualmen

подыму́ ↑ подъя́ть

под|иска́ть* *v* finden, ausfindig machen; не ~ слов keine Worte finden ‖ *uv* **поды́скивать,** -аю, -аешь

подыто́живать *uv zu* подыто́жить

подыто́жить, -жу, -жишь; -женный, -жен, -а *v* summieren; Bilanz ziehen; schlußfolgern ‖ *uv* подыто́живать, -аю, -аешь

подыха́ть *uv zu* подо́хнуть

подыша́ть, -ышу́, -ы́шишь *v* **1.** *gewöhnlich mit I* eine Zeitlang (ein)atmen, ein wenig Luft holen; ~ све́жим во́здухом frische Luft schöpfen **2.** на *A* behauchen *einige Male*

подыщу́ ↑ подыска́ть

подья́чий, -его *Subst m* **1.** *hist* Amtsschreiber **2.** *alt* kleiner Beamter

поеда́ние, -я *n* das (Auf-) Essen, das Zusichnehmen, der Genuß

поеда́ть, -а́ю, -а́ешь *uv* **1.** *uv zu* пое́сть **2.** essen; fressen *Tiere*

поеди́нок, -нка *m* Zweikampf; Duell; вы́звать на ~ zum Zweikampf auffordern

поедо́м *Adv*: ~ есть кого́-н. *volksspr* a) j-n unaufhörlich stechen *Insekten*; b) *übtr* j-n unaufhörlich quälen *mit Vorwürfen, Beschuldigungen*

по́езд, -а, *Pl* поезда́, -о́в, -а́м *m* **1.** Zug, Eisenbahnzug; ско́рый ~ Schnellzug; D-Zug; ~ да́льнего сле́дования Fernzug; това́рный ~ Güterzug; пассажи́рский ~ Personenzug; при́городный ~ Vorortzug; маршру́тный ~ Fern(güter)zug **2.** Wagenzug, Schlittenzug, Zug von mehreren Fahrzeugen ◇ сва́дебный ~ *alt gbt* Hochzeitszug

пое́здить, -е́зжу, -е́здишь *v umg* (viel) umherfahren

пое́здка, -и, *Pl G* -док, *D* -дкам *f* Fahrt; (kurze) Reise; ~ за́ город Fahrt ins Grüne

поездно́й [зн] ,-а́я, -о́е Zug-; -а́я брига́да Zugpersonal; ~ радиоу́зел Zugfunk

поезжа́й(те) *als Imp gebraucht zu* пое́хать *u.* е́хать

поёмный, -ая, -ое in der Flußniederung gelegen, während des Frühlingshochwassers überschwemmt

поеро́шить, -шу, -шишь *v umg* eine Zeitlang (zer)zausen, eine Weile kraulen *Haar*

по|е́сть* *v* **1.** *A oder G* ein wenig essen; essen *itr*, (etwas) zu sich nehmen; я уже́ пое́л ich habe schon gegessen **2.** *volksspr* restlos aufessen **3.** zerfressen, durch Nagen, Befressen beschädigen; мо́ль пое́ла мех die Motten haben den Pelz zerfressen ‖ *uv* поеда́ть, -а́ю, -а́ешь *zu* 2, 3

по|е́хать*; поезжа́й(те) *v* **1.** los-, (hin)fahren **2.** *umg* abgleiten, -rutschen **3.** *übtr volksspr* losbrausen, schimpfen; loslegen **4.** пое́хали! *umg* a l s *Imp* fahren wir los!

поехи́дничать, -аю, -аешь *v umg* eine Zeitlang böse Reden führen, eine Weile bzw. ein bißchen lästern

пожа́дничать, -аю, -аешь *v* geizen, geizig sein

пожале́ть *v zu* жале́ть

пожа́ловать, -лую, -луешь *v* **1.** *v zu* жа́ловать **2.** *alt nur Imp* пожа́луй(те)! gib!, geben Sie! **3.** *alt, iron* erscheinen, kommen, besuchen **4.** *Imp* пожа́луйте *alt in der höflichen Einladung* kommen Sie bitte herein!, bemühen Sie sich bitte weiter!, treten Sie näher! ◇ добро́ ~! willkommen!

пожа́ловаться *v zu* жа́ловаться

пожа́луй **1.** *mod* womöglich, möglicherweise, vielleicht, wohl **2.** *Part zur Wiedergabe der unentschlossenen, unbestimmten Zustimmung* meinetwegen

пожа́луйста [лус] *Part* bitte, bitte schön, bitte sehr ◇ скажи́(те) ~! *mod* na, sag(en Sie) mal!

пожа́р, -а *m* Brand, Feuer(sbrunst); лесно́й ~ Waldbrand; ~ войны́ *übtr* Kriegsbrand ◇ как на ~ (бежа́ть) sehr schnell (laufen); не на ~ *volksspr* unnötig, sich zu beeilen, „es brennt ja nicht"

пожа́рить, -рю, -ришь *v* **1.** ein Weilchen braten **2.** *umg* braten

[1]**пожа́рище,** -а, *I* -ем *m* große Feuersbrunst

[2]**пожа́рище,** -а, *I* -ем *n* Brandstätte, -stelle

пожа́рник, -а *m umg* Feuerwehrmann

пожа́рный, -ая, -ое **1.** Brand-, Feuer- **2.** Feuerwehr-; -ая кома́нда Feuerwehrtrupp **3.** -ого *Subst m* Feuerwehrmann ◇ на вся́кий ~ слу́чай *scherz* für alle Fälle, notfalls

пожáтие, -я *n* Drücken, Zusammenpressen; ~ руки́ Händedruck

¹по|жáть¹* *v* **1.** drücken, zusammenpressen; ~ рýку die Hand drücken, mit Händedruck begrüßen **2.** eine Zeitlang drücken ◇ ~ плечáми die Achseln zucken ‖ *uv* пожимáть, -áю, -áешь *zu* 1

²по|жáть²* *v* **1.** *alt* (ab)ernten, die Ernte beenden **2.** *übtr* ernten, erwerben, verdienen; ~ плоды́ свои́х трудóв die Früchte seiner Arbeit ernten; что посéешь, то и пожнёшь *Sprichw* was du säest, wirst du auch ernten ‖ *uv* пожинáть, -áю, -áешь *zu* 2

по|жáться¹* *v* sich krümmen *vor Kälte*

по|жевáть* *v* **1.** eine Zeitlang kauen **2.** *A oder G volksspr* ein wenig essen

пожёвывать, -аю, -аешь *uv umg* von Zeit zu Zeit kauen, ein wenig kauen

пожелáние, -я *n* **1.** Wunsch, Verlangen **2.** *Pl* Glück-, Segenswünsche; прими́те мои́ сердéчные -я nehmen Sie meine herzlichsten Glückwünsche entgegen; дóбрые -я beste Glückwünsche

пожелáть *v zu* желáть

пожелтéлый, -ая, -ое gelb geworden, vergilbt; -ая бумáга vergilbtes Papier; -ое лицó gelbes Gesicht

пожелтéть, -éю, -éешь *v* gelb werden, vergilben

пожени́ть, -женю́, -жéнишь; -жéненный, -жéнен, -а *v umg* verheiraten

пожени́ться, *Sg ungebr*, -жéнимся, -жéнитесь *v umg* (sich ver)heiraten

пожéртвование, -я *n* **1.** Opfern, Aufopferung **2.** Spende, Gabe *für wohltätige Zwecke*; сбор -й Spendensammlung **3.** *alt* Opfer

пожéртвовать *v zu* жéртвовать

по|жéчь*; пожгла́ *v* **1.** verbrennen, durch Feuer [Hitze] vernichten; *umg viel* Heizmaterial verbrauchen **2.** eine Zeitlang verbrennen

пожи́ва, -ы *f umg* Vorteil; (leichter) Gewinn, Beute

поживáть, -áю, -áешь *uv* das Leben verbringen; leben; как поживáешь? wie geht es dir? ◇ жить-~ *folkl* leben, seine Tage verbringen

поживи́ться, -влю́сь, -ви́шься *v umg I u.* на *P* sich auf Kosten andrer bereichern, Vorteil ziehen; erbeuten; ~ чужи́м добрóм sich fremdes Gut aneignen; ~ на э́том дéле sich durch diese Sache Vermögen auf unredliche Art verschaffen

пожи́зненный, -ая, -ое **1.** auf Lebenszeit, lebenslänglich; -ое заключéние lebenslängliches Zuchthaus **2.** -о *Adv* zeitlebens

пожилóй, -áя, -óе bejahrt; -ая дáма eine ältere Dame; ~ вóзраст vorgeschrittenes Alter

пожимáть *uv zu* ¹пожáть

пожимáться, -áюсь, -áешься *uv* sich krümmen *vor Kälte*

пожинáть *uv zu* ²пожáть

пожирáть, -áю, -áешь *uv* **1.** verschlingen, hinunterwürgen **2.** *übtr* verzehren, vernichten *Feuer, Flammen*; aufzehren, ganz erfassen *Gefühle*; егó пожирáла страсть ihn verzehrte die Leidenschaft; ~ кни́ги Bücher verschlingen; ~ глазáми [взгля́дом] mit den Augen verschlingen, gierig blicken ‖ *v* по|жрáть*

пожи́тки, -ов *Pl umg* Habseligkeiten, Siebensachen ◇ со всéми -ами mit Sack und Pack

по|жи́ть*; пóжил *v* **1.** leben, eine Zeitlang existieren; einige Zeit verleben [zubringen] **2.** *umg* ein angenehmes Leben führen, sich den Genüssen des Lebens hingeben

по|жрáть* *v* **1.** *v zu* пожирáть **2.** *A oder G derb volksspr* ein wenig essen; essen *itr*, (etw.) zu sich nehmen

пожури́ть, -рю́, -ри́шь *v* rügen

пожýхлый, -ая, -ое matt, blaß, glanzlos; vertrocknet, welk

пóза, -ы *f* **1.** Pose; Körperhaltung **2.** *übtr* Vorstellung, leere Geste, Täuschung ◇ встать [стать] в -у *oder* приня́ть -у sich in die Brust werfen

позабáвить, -влю, -вишь; -вленный, -влен, -а *v* belustigen, amüsieren

позабирáть, -áю, -áешь *v umg alles, viel* allmählich (weg)nehmen

позабóтиться *v zu* забóтиться

позабывáть *uv zu* позабы́ть

поза|бы́ть*; -бы́ла *v A oder* о *P oder mit Inf* (ganz) vergessen ‖ *uv* позабывáть, -áю, -áешь

позави́довать, -дую, -дуешь *v D* beneiden, Neid haben

позáвтракать, -аю, -аешь *v* frühstücken

позавчерá *Adv umg* vorgestern

позавчерáшний, -яя, -ее *umg* vorgestrig

позади́ 1. *Adv* hinten **2.** *Adv* vorbei; hinter; остáвить ~ hinter sich

bringen 3. *Präpos mit G* hinter; ~ стола́ hinter dem Tisch
позаимствовать, -твую, -твуешь *v* 1. übernehmen, sich (von anderen) aneignen 2. *umg* ausleihen, borgen
позама́слить, -лю, -лишь *v umg* allmählich fettig machen, mit der Zeit beschmutzen *Kleider durch Fett*
позапро́шлый, -ая, -ое *umg* vorvorig, vorletzt; -ая ночь die vorletzte Nacht
позаре́з *Adv volksspr* außerordentlich, sehr dringend
поза́риться, -рюсь, -ришься *v volksspr* erpicht sein, scharf sein (на *A* auf)
по|зва́ть* *v* rufen, herbeirufen, -winken; einladen, bitten; ~ в го́сти zu Gast laden
позволе́ние, -я *n* Erlaubnis, Genehmigung; с ва́шего -я wenn Sie gestatten [erlauben] ◇ с -я сказа́ть mit Verlaub zu sagen
позволи́тельный, -ая, -ое; *Kzf* -лен, -льна 1. erlaubt, bewilligt, gestattet; möglich 2. -о *Adv*: -о спроси́ть es sei gestattet zu fragen
позво́лить, -лю, -лишь; -ленный, -лен, -а *v* 1. gestatten, bewilligen, erlauben 2. *1. u. 2. Pers ungebr mit Inf* ermöglichen, zulassen, gestatten 3. *Imp* позво́ль(те) *als Entgegnung oder beim Nachdenken über etw.* aber erlaube(n Sie) mal!, warte(n Sie) mal! ◇ ~ себе́ sich herausnehmen; sich leisten können ‖ *uv* **позволя́ть,** -я́ю, -я́ешь
позвони́ть(ся) *v zu* звони́ть(ся)
[1]**позвоно́к,** -нка́ *m anat* Wirbel
[2]**позвоно́к,** -нка́ *m gbt* Schellen; Tamburin
позвоно́чник, -а *m* Wirbelsäule, Rückgrat
позвоно́чный, -ая, -ое 1. *anat* Wirbel-; ~ столб Wirbelsäule 2. -ые, -ых *Subst Pl zool* Wirbeltiere
поздне́е ↑ по́здний *u.* по́здно
по́здний, -яя, -ее; *Komp* поздне́е 1. spät; в ~ час zu vorgerückter Stunde; -яя го́тика Spätgotik 2. spät, verspätet; ~ гость ein verspäteter Gast 3. spät reifend; -яя сли́ва Spätpflaume
по́здно 1. *Adv, Komp* по́зже *u.* поздне́е spät 2. *prädikativ* es ist spät ◇ лу́чше ~ чем никогда́ lieber spät als gar nicht; ра́но и́ли ~ früher oder später
поздоро́ваться *v zu* здоро́ваться
поздорове́ть, -е́ю, -е́ешь *v* gesund werden, gesunden; он бы́стро поздорове́л er ist schnell zu Kräften gekommen
поздоро́виться, -ится *v unpers*: ему́ не поздоро́вится *umg* es wird ihm schlecht ergehen, er wird dran glauben müssen
поздрави́тель, -я *m* Gratulant
поздрави́тельный, -ая, -ое Gratulations-, Glückwunsch-; -ая телегра́мма Glückwunschtelegramm
поздра́вить, -влю, -вишь; -вленный, -влен, -а *v* с *I* gratulieren, beglückwünschen (zu); ~ с днём рожде́ния zum Geburtstag beglückwünschen; ~ с Но́вым го́дом ein glückliches Neues Jahr wünschen ‖ *uv* поздравля́ть, -я́ю, -я́ешь; поздравля́ю вас! meinen Glückwunsch! ◇ с чем вас и поздравля́ю! da haben wirs!, da haben wir die Bescherung!
поздравле́ние, -я *n* Glückwunsch, Gratulation
поздравля́ть *uv zu* поздра́вить
позева́ть, -а́ю, -а́ешь *v* 1. mehrere Male gähnen 2. на *A umg* begaffen
позёвывать, -аю, -аешь *uv umg* von Zeit zu Zeit gähnen
позелене́лый, -ая, -ое mit grünen Pflanzen bedeckt; mit Grünspan überzogen
позелене́ть, -е́ю, -е́ешь *v* 1. grünen; sich mit Gras [Laub] bedecken 2. grün werden, grüne Farbe bekommen; stark erbleichen, grün werden *vor Wut, Ärger* 3. patinieren, sich mit Edelrost überziehen
позём, -а *m gbt* Stalldung, Mist
поземе́льный, -ая, -ое Boden-; zum Bodenbesitz und zur Bodennutzung gehörig; -ая ре́нта Bodenrente; ~ нало́г Grundsteuer
позёмка, -и, *Pl G* -мок, *D* -мкам *f u. gbt* **позёмок,** -мка *m* über den Boden streichender Winterwind; Schnee, den dieser Wind mit sich führt
позёр, -а *m* Poseur; Wichtigtuer
по́зже ↑ по́здно
пози́ровать, -рую, -руешь *uv* 1. Modell stehen [sitzen] 2. eine gesuchte, gekünstelte Stellung einnehmen; posieren, schauspielern
позити́в, -а *m phot* Positiv(bild)
[1]**позити́вный,** -ая, -ое *phot* Positiv-; ~ отпеча́ток Abzug vom Positiv
[2]**позити́вный,** -ая, -ое; *Kzf* -вен, -вна 1. auf Tatsachen [Realitäten] begründet; -ые нау́ки Naturwissenschaften 2. *buchspr* positiv, bejahend; -ое сужде́ние *phil* positives Urteil
позицио́нный, -ая, -ое 1. *mil* Stel-

lungs-; -ая война́ Stellungskrieg 2. *ling* stellungsbedingt
пози́ция, -и *f* 1. Position, Stellung 2. *mus* Lage 3. *mil* Stellung, Front; передовы́е -и vorderste Front; заня́ть -ю eine Stellung beziehen [einnehmen] 4. *übtr* Standpunkt, Einstellung; заня́ть выжида́тельную -ю eine abwartende Haltung einnehmen; поли́тика с -и си́лы Politik der Stärke
позли́ть, -лю́, -ли́шь *v umg* eine gewisse Zeit ärgern
позна́бливать, -ает *unpers uv umg* von Zeit zu Zeit [ein wenig] frösteln, frieren
познава́емый, -ая, -ое; *Kzf* -а́ем, -а 1. *buchspr* erkennbar 2. -ое, -ого *Subst n* das Erkennbare
познава́тельный, -ая, -ое Erkennbarkeits-, Erkenntnis-; ~ проце́сс Erkenntnisprozeß; кни́га име́ет -ое значе́ние das Buch vermittelt viele Kenntnisse
познава́ть *uv zu* позна́ть
по|знава́ться*, *1. u. 2. Pers ungebr uv* sich erkennen lassen ◇ друзья́ познаю́тся в беде́ Freunde erkennt man in der Not
познако́мить(ся) *v zu* знако́мить(ся)
позна́ние, -я *n* 1. das Erkennen; Erkenntnis 2. *phil* Erkenntnis; тео́рия -я Erkenntnistheorie 3. *Pl* Kenntnisse, Wissen; её -я исто́рии ihre Geschichtskenntnisse
По́знань, -и *f* Poznań *Stadt*
позна́ть, -а́ю, -а́ешь; по́знанный, -ан, -а *v* 1. erkennen, verstehen lernen, Kenntnisse erwerben 2. kennenlernen, gut erkennen 3. erfahren, erleben || *uv* по|знава́ть*
позоло́та, -ы *f* Vergoldung
позолоти́ть, -очу́, -оти́шь; -о́ченный, -о́чен, -а *v* 1. vergolden 2. Goldglanz, -farbe verleihen ◇ ~ пилю́лю eine bittere Pille (ein wenig) versüßen, Kummer lindern
позоло́ченный, -ая, -ое vergoldet
позонди́ровать *v zu* зонди́ровать
позо́р, -а *m* 1. Schande, Schmach; с -ом schmählich, mit Schimpf und Schande; покры́ть себя́ -ом sich mit Schande bedecken; вы́ставить на ~ in eine schmähliche Lage bringen 2. *alt* Anblick
позо́рить, -рю, -ришь *uv* entehren, schänden, Schande machen, verrufen; ~ своё до́брое и́мя seinen guten Namen in Verruf bringen
позо́рище, -а, *I* -ем *n* 1. *umg* große Schande; вы́ставить на ~ *alt* in eine schmähliche [schändliche] Lage bringen 2. *alt* Anblick
позо́рный, -ая, -ое; *Kzf* -рен, -рна schändlich, schmachvoll, entehrend; ~ столб Pranger, Schandpfahl ◇ пригвозди́ть к -ому столбу́ anprangern; an den Schandpfahl stellen
позуме́нт, -а *m* Posament; mit Gold oder Silber bestickte, reichverzierte Borte
позы́в, -а *m* 1. на *A oder* к *D* Verlangen, Drang; ~ на рво́ту Brechreiz; ~ ко сну́ Schlafverlangen 2. *alt* Ruf
позыва́ть, -а́ет *unpers uv* на *A umg* drängen (zu), Drang verspüren, verlangen (nach), reizen (zu); позыва́ет на рво́ту es reizt zum Brechen
позывно́й, -а́я, -о́е 1. Ruf-; ~ сигна́л Rufsignal 2. -ы́е, -ы́х *Subst Pl* Sendesignale, Pausenzeichen; Rufzeichen *Funk*
поигра́ть, -а́ю, -а́ешь *v* eine Weile spielen
поиздева́ться, -а́юсь, -а́ешься *v* над *I* eine Zeitlang verhöhnen, sich eine Weile in boshafter Weise lustig machen (über)
поиздержа́ть, -держу́, -де́ржишь; -де́ржанный, -де́ржан, -а *v umg* einen bestimmten oder bedeutenden Teil verausgaben, verbrauchen *Geld*
поизмыва́ться, -а́юсь, -а́ешься *v* над *I umg* eine Zeitlang verhöhnen, verspotten, sich eine Weile in boshafter Art lustig machen (über)
поизноси́ться, *1. u. 2. Pers ungebr*, -о́сится *v umg* allmählich abtragen *Kleider, Schuhe*
по́илец, -льца, *I* -льцем, *G Pl* -льцев *m umg alt u. folkl*: ~ и корми́лец Ernährer und Erhalter
по́илка, -и, *Pl G* -лок, *D* -лкам *f* Tränkgefäß, -trog; автомати́ческая ~ *landw* Selbsttränke
поимённо *Adv* namentlich, mit Namen
поимённый, -ая, -ое namentlich, Namen(s)-; ~ спи́сок Namenliste, -verzeichnis
поименова́ть, -ну́ю, -ну́ешь; -но́ванный, -но́ван, -а *v* mit Namen nennen; aufzählen
по́имка, -и *f* das Aufgreifen, Ertappen, Festnehmen; ~ соболе́й Zobelfang
поиму́щественный, -ая, -ое Vermögens-; ~ нало́г Vermögenssteuer
поинтересова́ться, -су́юсь, -су́ешься

v Interesse zeigen, sich interessieren; ein wenig neugierig sein

по́иск, -а *m* 1. *Pl* Suche; -и но́вых форм рабо́ты die Suche neuer Arbeitsformen; в -ах кварти́ры auf Wohnungssuche 2. Erforschung(en) von Vorkommen *Bodenschätze, Fische usw.* 3. *mil* Spähtruppunternehmen 4. das Aufspüren des Wildes *Jagd*

по|иска́ть* *v* die Suche aufnehmen, Sucharbeiten durchführen; eine Weile suchen

по́иско́вый, -ая, -ое Such-

поиспо́ртить, -рчу, -ртишь; -рченный, -рчен, -а *v umg* ein wenig beschädigen

поиспо́ртиться, *1. u. 2. Pers ungebr,* -ится *v umg* ein wenig schlecht werden *Speisen*; ein bißchen verkommen *Menschen*

пои́стине *Adv buchspr* wahrlich, tatsächlich, wahrhaftig

поистра́тить, -а́чу, -а́тишь; -а́ченный, -а́чен, -а *v umg* einen bestimmten oder bedeutenden Teil von etwas verbrauchen, aufbrauchen

пои́ть, пою́, по́ишь *uv* tränken; zu trinken geben; *umg* alkoholhaltige Getränke geben; *übtr* tränken, mit Feuchtigkeit benetzen, naß machen; mit Milch aufziehen *Haustiere*; ~ телёнка ein Kalb mit Milch aufziehen ◇ ~ и корми́ть *oder* ~-корми́ть Essen und Trinken geben, unterhalten

по́йло, -а *n* 1. Tränke für das Vieh 2. *volksspr* Gesöff

по́йма, -ы *f* Flußniederung, die während des Hochwassers unter Wasser steht

пойма́ть *v zu* лови́ть

пойму́ ↑ поня́ть

по́йнтер [понь], -а *m* Pointer *Hunderasse*

по|йти́*; пойди́ *u. umg* поди́; пойдя́ *u. volkspr* поше́дши *v* 1. *v zu* идти́ 2. anfangen zu gehen, losgehen; losfahren; lossegeln; losschicken *Brief*; beginnen sich auszudehnen *Wälder, Wiesen*; laufen *Unterricht* 3. *nur Sg Prät* пошёл!, пошла́! *mit befehlender Intonation umg* geh weg!, geh fort!, *mit der Part* вон scher dich weg!, *alt* fahr los! 4. пошли́! *umg als Imp* gehen wir! 5. *mit Inf des uv Verbs umg* anfangen, sich mit etwas befassen; *unpers* es beginnt, es setzt ein ◇ **е́сли уж на то́ пошло́** wenn es an dem ist, wenn es sein muß, wenn es darauf ankommt

пока́ 1. *Adv* vorläufig, einstweilen, jetzt (noch), bis jetzt 2. *Konj* während, solange, bis 3. *Konj zur Bezeichnung der Begrenztheit der Handlung gewöhnlich mit verneintem Prädikat* bis, solange; ~ (не) bis, solange bis; ~ не убеди́лся, не ве́рил solange er sich nicht überzeugt hatte, glaubte er nicht; до тех пор, ~ *oder* до той поры́, ~ bis zu dem Zeitpunkt, an dem; solange, bis ◇ (ну) ~! *volksspr* Auf Wiedersehn!, Tschüß!; ~ что unterdessen, mittlerweile, vorläufig, vorderhand

пока́з, -а *m* 1. Zeigen, Aufzeigen, Hinweisen, Unterweisen, Ausdrükken, Bezeichnen 2. Schau, Vorführung; ~ кинофи́льма die Filmvorstellung

показа́ние, -я *n* 1. Angabe, Zeugnis 2. *jur* Aussage; дава́ть -я vor Gericht aussagen 3. Angaben, Stand eines Meßinstruments; -я баро́метра Barometerstand

показа́тель, -я *m* 1. Merkmal, Kennzeichen; *häufig Pl* Kennziffer; Gradmesser; Ergebnis, Leistung; произво́дственные -и Produktionsziffern 2. *math* Index, Exponent

показа́тельный, -ая, -ое 1. *Kzf* -лен, -льна charakteristisch, bezeichnend, typisch 2. öffentlich, Demonstrations-; ~ суд Schauprozeß 3. ausgezeichnet, musterhaft; Muster-; ~ магази́н Musterverkaufsstelle

по|каза́ть* *v* 1. zeigen, sehen lassen, vorführen 2. на *A* (hin)weisen, hinzeigen (auf) 3. unter Beweis stellen; feststellen; zu verstehen geben 4. zeigen, bezeichnen, angeben 5. *mit Konj* что aussagen *vor Gericht*; ~ на кого́-н. beschuldigende Aussagen gegen j-n machen 6. *D umg* Mores lehren; вот погоди́, придёт оте́ц, он тебе́ пока́жет! na warte, wenn Vater kommt, wird er dir's geben! ◇ ~ вид sich den Anschein geben; ~ пя́тки Fersengeld geben, sich aus dem Staube machen; ~ себя́ sich bewähren, sein wahres Gesicht enthüllen ‖ *uv* пока́зывать, -аю, -аешь; глаз [но́су] не пока́зывать sich nicht sehen lassen

по|каза́ться* *v* 1. *v zu* каза́ться 2. sich zeigen; auftauchen; hervorbrechen *Tränen*; hervorströmen *Blut* 3. erscheinen (куда́-н. к кому́-н. irgendwo vor irgend jemandem) 4. sich ansehen lassen, sich untersuchen lassen 5. *umg* gefallen 6. мне показа́лось es schien mir, es kam mir vor ◇ на глаза́ ~ unter die Augen treten, sich vor aller Welt zeigen ‖ *uv* пока́зываться, -аюсь, -аешься

показно́й, -а́я, -о́е 1. als Muster [Vorbild] dienend 2. Schein-, nur den äußeren Schein wahrend, vorgetäuscht; ~ энтузиа́зм zur Schau getragener Enthusiasmus, Scheinenthusiasmus

пока́зывать(ся) *uv zu* показа́ть(ся)

по-како́вски *Adv volksspr* in welcher Sprache

покале́чить, -чу, -чишь *v umg* zum Krüppel machen, verstümmeln

покале́читься, -чусь, -чишься *v umg* zum Krüppel werden, verstümmelt werden; sich eine schwere, verstümmelnde Verwundung zuziehen

пока́лывание, -я *n* stechender Schmerz, der von Zeit zu Zeit auftritt

покаля́кать, -аю, -аешь *v volksspr* ein wenig plaudern, ein bißchen schwatzen

пока́мест *alt u. volksspr* 1. *Adv* vorläufig, einstweilen 2. *Konj* während, solange bis

пока́пывать, -аю, -аешь *uv umg* von Zeit zu Zeit tropfen, etwas tröpfeln, leicht sprühen *Regen*

покара́ть *v zu* кара́ть

episode поката́ть, -а́ю, -а́ешь *v* eine Zeitlang umherfahren, eine Weile spazierenfahren; eine Zeitlang hin- und herdrehen, eine Weile hin- und herrollen

episode поката́ться, -а́юсь, -а́ешься *v* eine Weile spazierenfahren

покати́ть, -ачу́, -а́тишь; -а́ченный, -а́чен, -а *v* 1. rollen 2. *umg* schnell fahren; rollen ◇ хоть шаро́м покати́ ganz leer, wie ausgefegt

покати́ться, -ачу́сь, -а́тишься *v* 1. rollen, ins Rollen kommen; schnell (los)fahren; herunterrutschen; *übtr* erschallen *Echo* 2. rinnen *Tränen, Schweiß* ◇ ~ со́ смеху sich kugeln vor Lachen

пока́тость, -и *f* 1. Abschüssigkeit 2. Abhang; Schräge

пока́тый, -ая, -ое; *Kzf* -а́т, -а leicht abfallend, schräg; abschüssig; ~ лоб fliehende Stirn

покача́ть, -а́ю, -а́ешь; пока́чанный, -ан, -а *v* 1. *A oder I* eine Zeitlang (mit etw.) schaukeln, in Schaukelbewegung versetzen, wiegen 2. eine Weile pumpen ◇ ~ голово́й den Kopf wiegen, schütteln

покача́ться, -а́юсь, -а́ешься *v* eine Zeitlang schaukeln [sich wiegen]

пока́чивать, -аю, -аешь *uv A oder I* von Zeit zu Zeit, ein bißchen (mit etw.) schaukeln, zum Schaukeln bringen; *unpers* schlingern *auf See*; меня́ пока́чивает ich taumle

пока́чиваться, -аюсь, -аешься *uv* zeitweilig leicht hin und her schaukeln; leicht wanken, taumeln

покачну́ть, -ну́, -нёшь *v* leicht zum Schaukeln bringen; neigen *durch Schaukelbewegung*

покачну́ться, -ну́сь, -нёшься *v* ein wenig ins Schaukeln kommen, ins Wanken geraten; sich neigen; *übtr umg* sich verschlechtern *Gesundheit*

пока́шливать, -аю, -аешь *uv* leicht bzw. mehrere Male husten; hüsteln

пока́шлять, -яю, -яешь *v* von Zeit zu Zeit bzw. mehrere Male husten, hüsteln

покая́ние, -я *n* 1. *kirch* Beichte; Buße 2. Reue, reuevolles Geständnis ◇ отпусти́ть ду́шу на ~ j-n in Ruhe lassen, j-n nicht weiter behelligen

покая́нный, -ая, -ое reuevoll, bußfertig, Buß-; -ые ре́чи Worte der Reue

пока́яться *v zu* ка́яться

поквита́ться, -а́юсь, -а́ешься *v umg* с *I* abrechnen (mit), alles zurückzahlen; *übtr* heimzahlen, sich (für etw.) rächen; мы поквита́лись wir sind quitt

покива́ть, -а́ю, -а́ешь *v* einige Male nicken

[1]**покида́ть,** -а́ю, -а́ешь *v umg A oder I umg* weg-, bewerfen

[2]**покида́ть** *uv zu* поки́нуть

поки́нуть, -ну, -нешь; -нутый, -нут, -а *v A* 1. weggehen (von), verlassen, im Stich lassen *Frau, Familie, Mann* 2. verlassen *Ort* 3. (ver)schwinden; сме́лость поки́нула меня́ mich verließ der Mut ◇ ~ на произво́л судьбы́ dem Schicksal überlassen ‖ *uv* покида́ть, -а́ю, -а́ешь

поклада́я: не ~ рук unermüdlich, fleißig; рабо́тать [труди́ться] не ~ рук emsig [fleißig, pausenlos] arbeiten

покла́дистый, -ая, -ое; *Kzf* -ист, -а nachgiebig, fügsam; ~ хара́ктер verträglicher Charakter

Nacht; набро́сить ~ на что́-н. etw. vertuschen; снять [сорва́ть] ~ с чего́-н. aufdecken, entlarven
покрови́тель, -я *m* Gönner; Mäzen
покрови́тельственный, -ая, -ое 1. gönnerhaft 2. *wirtsch* Schutz-; ~ тари́ф Schutztarif; -ая систе́ма Protektionismus; -ая окра́ска *biol* Schutzfarbe *der Tiere*
покрови́тельство, -а *n* Schutz, Förderung, Protektion; Obhut
покрови́тельствовать, -твую, -твуешь *uv D* beschützen; fördern, begünstigen, protegieren
покро́й, -я *m* Schnitt *der Kleidung* ◇ како́го-н. -я von irgendeiner Art; поме́щик стари́нного -я ein Gutsbesitzer alten Schlages; на оди́н ~ *oder* одного́ -я gleichen Schlages, der gleichen Art
покроши́ть, -ошу́, -о́шишь; -о́шенный, -о́шен, -а *v A oder G* ein wenig (zer)krümeln, einbrocken *Brot*
покрупне́ть, -е́ю, -е́ешь *v umg* größer werden
покрути́ть, -учу́, -у́тишь; -у́ченный, -у́чен, -а *v A oder I* eine Zeitlang drehen, wirbeln
покрыва́ло, -а *n* Decke; Tuch, mit dem etw. zugedeckt wird; Bettdecke; Schleier
покрыва́ть *uv zu* покры́ть
покрыва́ться, -а́юсь, -а́ешься *uv* 1. *uv zu* покры́ться 2. entsprechen, identisch sein
покры́тие, -я *n* 1. Bedecken, Zudecken; Deckung; Tilgung; Decken *Haustiere* 2. Belag, Decke, Überzug; доро́жное ~ Straßendecke
по|кры́ть* *v* 1. (zu)decken, bedecken; ~ го́лову платко́м den Kopf in ein Tuch hüllen 2. anstreichen *Farbe*; bedecken (mit), auftragen; ~ кувши́н глазу́рью den Krug mit Glasur überziehen 3. die Oberfläche (von etw.) bedecken, erfüllen; лес, покры́тый мгло́ю der Wald, über dem Dunkelheit lagert 4. an Lautstärke übertreffen, übertönen 5. decken, begleichen; ~ расхо́ды die Ausgaben decken 6. verdecken, verheimlichen; ~ преступле́ние ein Verbrechen verbergen 7. *eine Entfernung* zurücklegen 8. stechen *Kartenspiel* 9. *umg* ausschimpfen, fertigmachen, heruntermachen 10. *landw* decken *Haustiere* ◇ ~ аплодисме́нтами begeistert zustimmen; ~ позо́ром кого́-н. *buchspr* j-n mit Schande bedecken, bloßstellen; покры́то та́йной *buchspr* in ein Geheimnis gehüllt ‖ *uv* покрыва́ть, -а́ю, -а́ешь
по|кры́ться* *v I* 1. sich zudecken; sich (mit etw.) bedecken *von oben* 2. sich bedecken; verdecken; ~ румя́нцем erröten 3. übertönt werden 4. sich decken *Ausgaben*, *Schulden*; zurückerstatten *Geld* ‖ *uv* покрыва́ться, -а́юсь, -а́ешься
покры́шка, -и, *Pl G* -шек, *D* -шкам *f* 1. *volksspr* Zudecken 2. *umg* Deckel; Bezug(sstoff) *Möbel* 3. (Gummi-) Reifen, Mantel *Auto*, *Fahrrad*; (Ball-) Hülle ◇ **ни дна ни -и! hol's der Teufel!**
поку́да *umg* 1. *Adv* einstweilen 2. *Konj* solange, bis
покупа́тель, -я *m* Käufer
покупа́тельница, -ы, *I* -ей *f* Käuferin
покупа́тельный, -ая, -ое Kauf-; -ая спосо́бность [си́ла] Kaufkraft
покупа́тельский, -ая, -ое Käufer-
[1]**покупа́ть,** -а́ю, -а́ешь *uv* 1. (ein)kaufen 2. bestechen, (er)kaufen
[2]**покупа́ть,** -а́ю, -а́ешь *v* 1. *umg* baden 2. eine Zeitlang baden
покупа́ться, -а́юсь, -а́ешься *v* 1. eine Zeitlang baden 2. *umg* baden
поку́пка, -и, *Pl G* -пок, *D* -пкам *f* 1. (Ein-) Kauf, Kaufen 2. Gekauftes, gekaufte Sachen, Einkauf; идти́ за -пками Einkäufe machen, einkaufen gehen
покупно́й, -а́я, -о́е 1. Kauf-; -а́я цена́ Kaufpreis; -а́я сто́имость Kaufwert 2. gekauft; -ы́е ве́щи gekaufte Sachen 3. Kauf-; -а́я спосо́бность Kaufkraft
покупщи́к, -а́ *m alt* Käufer
поку́ривать, -аю, -аешь *uv umg* **ab und zu ein bißchen rauchen, ab und zu ein paar Züge tun**
покури́ть, -курю́, -ку́ришь *v* 1. eine gewisse Zeit mit Rauchen verbringen 2. *I* eine Zeitlang rauchen
покуса́ть, -а́ю, -а́ешь; поку́санный, -ан, -а *v* 1. an mehreren Stellen beißen, stechen *Mücken*, *Bienen* 2. mehrere Male zusammenbeißen, die Lippen zusammenpressen
покуси́ться, -ушу́сь, -уси́шься *v* 1. на *A oder mit Inf* ausprobieren, versuchen *etw. Ungewöhnliches*, *Unerlaubtes* zu tun, wagen 2. на *A* sich vergreifen (an) 3. на *A* einen Anschlag machen (auf), nach dem Leben trachten ‖ *uv* покуша́ться, -а́юсь, -а́ешься
покуша́ть, -аю, -аешь *v A oder G* *1. Pers in der Literatursprache un-*

gebr, höfliche Einladung speisen, zu sich nehmen

покушáться *uv zu* покуси́ться

покушéние, -я *n* 1. Versuch, Anschlag 2. Attentat

[1]**пол,** -а (-у), *P* о пóле, на полу́, в полу́, *Pl* полы́, -óв, -áм *m* Fußboden

[2]**пол,** -а, *Pl* пóлы, полóв, полáм *m* Geschlecht *a. biol*; обóего -а beiderlei Geschlechts; прекрáсный [слáбый, нéжный] ~ *scherz* das schwache Geschlecht, die Frauen; die holde Weiblichkeit; си́льный ~ *scherz* das starke Geschlecht, die Männer

[1]**пол-** *in Zuss* 1. halb-, Halb- *mit Subst im G* 2. *umg mit Ordnungszahlwort im G zur Bezeichnung der Uhrzeit, z. B.* полвторóго halb zwei

[2]**пол-** *in Zuss Abk für* полномóчный bevollmächtigt

полá, -ы́, *Pl* пóлы, пол, пóлам *f* (Rock-) Schoß ◇ из-под -ы́ heimlich, unter der Hand; торгóвля из-под -ы́ Schwarzhandel

полагáть, -áю, -áешь *uv mit Konj* что, *mit Adj im I u. mit Inf* meinen, glauben, dafürhalten, annehmen ◇ нáдо ~ es ist anzunehmen, es ist wahrscheinlich

[1]**полагáться,** *1. u. 2. Pers ungebr,* -áется *uv* 1. sich gehören, sich geziemen; как полагáется wie es sich gehört; э́то не полагáется das ziemt sich nicht 2. zustehen, -kommen, gebühren; скóлько дéнег вам полагáется? wieviel Geld gebührt Ihnen?

[2]**полагáться** *uv zu* положи́ться

полáдить, -лáжу, -лáдишь *v umg* с *I* sich verständigen (mit); gut auskommen, sich vertragen (mit)

полáивать, -аю, -аешь *uv umg* von Zeit zu Zeit bellen, leise bellen

полакáть, -áю, -áешь *v A oder G* leckend saufen

полáкомиться, -млюсь, -мишься; полáкомься *u.* полáкомись *v* ein Weilchen naschen, sich gütlich tun (an etw. Süßem)

пóлба, -ы *f bot* Dinkel, Spelt

пол|беды́ *prädikativ umg* nicht so schlimm; э́то ещё ~беды́ das ist halb so schlimm; **~вéка** *m* ein halbes Jahrhundert; **~гóда** *m* Halbjahr, ein halbes Jahr; **~гóря** *prädikativ umg*: э́то ещё ~гóря das ist nicht [halb] so schlimm

пóлдень, полу́дня *u.* пóлдня, *Pl* пóлдни, полдён *u.* полднéй, полдня́м *m* 1. Mittag; Mittagszeit; Tageszeit; в ~ mittags; до полу́дня vormittags; пóсле полу́дня *oder* за ~ nachmittags 2. *alt poet u. gbt* Süden

полднéвный, -ая, -ое 1. Mittags- 2. *alt poet u. gbt* südlich

пóлдник, -а *m* Vesper, kleine Mahlzeit nachmittags

пол|дорóги *f* Hälfte des Weges ◇ останови́ться на ~дорóге auf halbem Wege stehenbleiben, eine angefangene Sache nicht beenden; **~дюжины** *f* ein halbes Dutzend

пóле, -я, *Pl* поля́, полéй, поля́м *n* 1. Feld; weite, waldlose Fläche; bestelltes Feld, Acker(land); идти́ -ем querfeldein gehen; ~ зрéния Blickfeld; снéжное ~ Schneefeld; вспáханное ~ Ackerfeld; лётное ~ Roll-, Flugfeld; футбóльное ~ Fußballfeld; ~ обстрéла Abschnitt, der unter Beschuß liegt; ~ бóя [би́твы, сражéния] *buchspr* Kampf-, Schlachtfeld; ~ брáни *alt* Schlachtfeld 2. *phys* Feld; магни́тное ~ Magnetfeld; семанти́ческое ~ *ling* Bedeutungsfeld 3. *übtr* Gebiet, Bereich; ~ дéятельности Wirkungskreis 4. (Unter-) Grund, Unterlage *auf die Verzierungen, Malereien usw. aufgetragen sind*; в гербé на золотóм ~ былá виднá крáсная бáшня auf dem Wappen war ein roter Turm auf goldenem Grund zu sehen 5. *Pl* Rand *Buch, Heft*; замéтки на -я́х Randbemerkungen 6. *Pl* Hutrand, Krempe; шля́па с ширóкими -я́ми breitkrempiger Hut ◇ нáшего -я я́года eine(r) von unsrem Schlage

полевéть, -éю, -éешь *v pol* sich stärker nach links orientieren

полёвка, -и, *Pl G* -вок, *D* -вкам *f* Wühlmaus

полевóд, -а *m* Feldbauspezialist

полевóдство, -а *n* 1. Ackerbau, Feldwirtschaft 2. Wissenschaft vom Ackerbau [von der Feldwirtschaft]

полевóй, -áя, -óе 1. Feld- *a. mil*; -ы́е трáвы Feldgräser; -áя дорóга Feldweg; -ы́е рабóты Feldarbeiten; -áя бригáда Feldbaubrigade; ~ гóспиталь Feldlazarett; -áя ку́хня Feldküche; -áя пóчта Feldpost 2. Natur-, Gelände-, im Freien, unter natürlichen Bedingungen stattfindend; -ы́е óпыты Experimente im Freien [in freier Natur] 3. *zool bot*: -áя мышь Feldmaus; -áя земляни́ка Felderdbeere

полегáть *uv zu* полéчь

полегóньку *Adv umg* 1. allmählich,

nach und nach 2. langsam, sachte; behutsam

полежа́ть, -жу́, -жи́шь *v* eine Weile liegen, etwas ausruhen

полёживать, -аю, -аешь *uv umg* ab und zu [ein bißchen] liegen

полеза́й(те)! *volksspr* klettere hinauf [hinein]!, steig ein!

полезащи́тный, -ая, -ое Feldschutz-; -ые лесны́е по́лосы *oder* -ые лесонасажде́ния Schutzwaldstreifen

поле́зный, -ая, -ое; *Kzf* -зен, -зна 1. nützlich, brauchbar; э́то тебе́ -зно das ist für dich nützlich, das gereicht dir zum Nutzen; чем могу́ быть поле́зен? womit kann ich dienen?, was kann ich für Sie tun? 2. *nur Langform* Nutz-, nutzbar; -ая нагру́зка Nutzlast; -ая пло́щадь Nutzfläche; коэффицие́нт -ого де́йствия Wirkungsgrad, Nutzeffekt

по|ле́зть* *v* 1. anfangen zu klettern, zu steigen 2. greifen, langen; он поле́з в карма́н er fuhr in **die** Tasche

полемизи́ровать, -рую, -руешь *uv* с *I* polemisieren

поле́мика, -и *f* Polemik

полеми́ческий, -ая, -ое polemisch; -ая статья́ ein polemischer Artikel; ~ тон ein polemischer Ton

полени́ться, -еню́сь, -е́нишься *v* 1. eine Weile faul sein, etwas faulenzen 2. *mit Inf* zu faul sein; он полени́лся пойти́ в го́род er war zu faul in die Stadt zu gehen

поле́нница, -ы, *I* -ей *f* Holzstoß

поле́но, -а, *Pl* поле́нья, -ьев, -ьям *n* Holzscheit

поле́нце, -а, *I* -нцем, *Pl G* -нец, *D* -нцам *n Dem zu* поле́но kleines Holzscheit

поле́сье, -ья *n* mit niedrigen Bäumen bestandene, waldige, meist sumpfige Gegend

полёт, -а *m* 1. Flug; ~ снаря́да der Flug des Geschosses; косми́ческий ~ Weltraumflug 2. Sprung in großer Höhe, auf eine weite Entfernung *Akrobaten, Sportler* 3. *meist Pl* Flugeinsätze; ночны́е -ы Nachtflüge; ~ на да́льность Langstreckenflug 4. Flug(weise) *der Vögel*; ~ орла́ Adlerflug 5. *übtr*: ~ мы́слей Gedankenflug ◇ пти́ца высо́кого [вы́сшего] -а *iron* ein hoher Herr; с пти́чьего -а aus der Vogelperspektive

полета́ть, -а́ю, -а́ешь *v* eine Weile fliegen [mit Fliegen zubringen]

полете́ть, -лечу́, -лети́шь *v* 1. wohin fliegen, anfangen zu fliegen; zum Flug starten *Flugzeug* 2. *umg* fallen, „herunterfliegen"; *übtr volksspr* von der Arbeitsstelle entlassen werden, „fliegen" 3. *übtr* rennen, losstürmen, vorwärtsstürzen, dahineilen 4. *übtr* schnell ankommen *Briefe, Telegramme*; sich im Flug verbreiten *Nachrichten, Gerüchte* 5. beginnen schnell zu vergehen [verfliegen]; полете́ли дни за дня́ми die Tage begannen im Fluge zu vergehen

полётный, -ая, -ое Flug-

полечи́ть, -лечу́, -ле́чишь; поле́ченный, -чен, -а *v* eine Zeitlang heilen, kurieren

по|ле́чь*, *1. u. 2. Pers ungebr*, *v* 1. *umg* sich hinlegen *von vielen* 2. fallen, dahingemäht werden *auf dem Schlachtfeld* 3. sich legen, lagern *vom Getreide* ‖ *uv* полега́ть, -а́ет *zu* 3

по́лзать, -аю, -аешь *uv* 1. *unbest zu* ползти́ 2. *übtr umg* sich erniedrigen, sich kriecherisch benehmen ◇ ~ в нога́х у кого́ *oder* ~ на брю́хе пе́ред ке́м-н. vor j-m auf den Knien herumrutschen, kriechen und buckeln

ползко́м *Adv* kriechend, auf allen vieren

ползти́* *uv* 1. *best* kriechen *Kriechtiere, Insekten*; sich kriechend fortbewegen, auf allen vieren kriechen 2. *übtr umg* sich langsam vorwärtsbewegen; sich langsam verbreiten *Laute, Gerüchte* 3. langsam rutschend sich bewegen, dahingleiten; langsam fließen *von Dickflüssigem*; verrutschen *Kleidungsstücke oder Teile davon* 4. sich rankend verbreiten, klettern *von Pflanzen* 5. in Schlangenlinien verlaufen *Pfad, Straße, Riß* 6. langsam verrinnen, vergehen *Zeit* 7. sich schälen, abgehen *Haut*; ко́жа ползёт die Haut löst sich ab 8. sich nach unten verlagern, verrutschen *Ufer, Untergrund* 9. zerfallen *Gewebe* 10. *volksspr* überquellen *Teig* | *unbest* по́лзать *zu* 1

ползу́ ↑ ползти́

ползу́н, -а́ *m* 1. *umg* Krabbelkind; Kind, das noch nicht laufen kann 2. *techn* Gleitstück, -kopf

ползуно́к, -нка́ *m* 1. *umg* Krabbelkind; Kind, das noch nicht laufen kann 2. *Pl umg* Strampelanzug 3. *tech Dem zu* ползу́н Gleiter

ползу́чий, -ая, -ее 1. kriechend, Kriech- 2. rankend, kletternd; -ие расте́ния Ranken, rankende Pflan-

zen 3. tief herabhängend, sich dicht über dem Erdboden verbreitend *Rauch, Nebel*
поли- *in Zuss* Poly-, poly-, viel-
поли́в, -а *m* Begießen, Berieselung *landwirtschaftlicher Kulturen*
полива́ть *uv zu* поли́ть
поли́вка, -и, *Pl G* -вок, *D* -вкам *f* Begießen, Berieseln; ~ у́лиц Besprengen der Straßen
поливно́й, -а́я, -о́е künstlich bewässert, berieselt; -ы́е поля́ Rieselfelder; -о́е хлопково́дство Baumwollanbau mit künstlicher Bewässerung
полиго́н, -а *m mil* Schießplatz, Artillerieschießplatz; Truppenübungsplatz; раке́тный ~ Raketenversuchsgelände
полиграфи́ческий, -ая, -ое polygraphisch; -ая промы́шленность graphisches Gewerbe
полигра́фия, -и *f* Polygraphie, Druckereiwesen
по|лиза́ть* *v* eine Weile belecken
поликли́ника, -и *f* Poliklinik
Поли́на, -ы *f weibl Vn*
полинези́ец, -и́йца, *I* -и́йцем, *G Pl* -и́йцев *m* Polynesier
полинези́йский, -ая, -ое polynesisch
Полине́зия, -и *f* Polynesien
полиня́лый, -ая, -ое verschossen *von farbigen Stoffen, Geweben*
полиня́ть, *1. u. 2. Pers ungebr*, -я́ет *v* den ursprünglichen Farbglanz verlieren, verschießen *Gewebe*
полиомиели́т, -а *m med* spinale Kinderlähmung
поли́п, -а *m* 1. *zool* Hohltier, Polyp, Krake 2. *med* Polyp, Wucherung der Schleimhäute; ~ в носу́ Nasenwucherung
полирова́ть, -ру́ю, -ру́ешь; -ро́ванный, -ро́ван, -а *uv* polieren
полиро́вка, -и, *Pl G* -вок, *D* -вкам *f* 1. Polieren 2. Politur, polierte Oberfläche eines Gegenstandes
полиро́вщик, -а *m* Polierer
по́лис, -а *m* Police, Versicherungsschein
полиспа́ст, -а *m tech* Flaschenzug
полит- *in Zuss Abk für* полити́ческий politisch, Polit-
политбюро́ *n idkl* (полити́ческое бюро́) Politbüro
политгра́мота, -ы *f* politischer Elementarunterricht
политехниза́ция, -и *f* Polytechnisierung
политехни́ческий, -ая, -ое polytechnisch; -ое образова́ние polytechnische Bildung
политзаключённый, -ого *m Subst ausländ* politischer Häftling
поли́тик, -а *m* 1. Politiker; *iron umg* einer, der gern politisiert 2. *umg* einer, der klug und politisch mit anderen umzugehen versteht
поли́тика, -и *f* 1. Politik; ~ ми́рного сосуществова́ния Politik der friedlichen Koexistenz; ми́рная ~ Friedenspolitik; теку́щая ~ das gegenwärtige politische Geschehen 2. *umg* das Verhalten eines Menschen gegenüber anderen zur Erreichung bestimmter Ziele; великоду́шная ~ weitherzige Politik
политика́н, -а *m verächtl* 1. intriganter, prinzipienloser Politiker; Politikaster 2. intriganter, prinzipienloser Mensch
политика́нствовать, -твую, -твуешь *uv verächtl* 1. politisieren 2. intrigieren
полити́ческий, -ая, -ое 1. politisch; ~ де́ятель Politiker; -ая эконо́мия Politökonomie 2. politisch *im staatsrechtlichen Sinne*; ~ режи́м das politische Regime, der führende politische Machtapparat 3. -ого *Subst m umg alt* politischer Gefangener, wegen revolutionärer Tätigkeit Verbannte(r)
полити́чный, -ая, -ое; *Kzf* -чен, -чна *alt, umg* taktvoll berechnend, „diplomatisch"; ~ челове́к ein umsichtiger, klug seine Ziele verfolgender Mensch
полит|кружо́к, -жка́ *m* (полити́ческий кружо́к) Zirkel für Politik; **~отде́л,** -а *m* (полити́ческий отде́л) politische Abteilung; **~рабо́та,** -ы *f* (полити́ческая рабо́та) politische Arbeit; politische Propaganda- und Erziehungsarbeit; **~рабо́тник,** -а *m* (полити́ческий рабо́тник) einer, der politische (Propaganda-) Arbeit leistet; Genosse, der politisch-erzieherische Arbeit in der Armee leistet; **~ру́к,** -а *m* (полити́ческий руководи́тель) *mil hist* politischer Leiter; militärischer Führungskader, der sich mit der politisch-erzieherischen Arbeit befaßt; **~управле́ние,** -я *n* (полити́ческое управле́ние) politische Verwaltung *Organ zur Leitung der Parteiarbeit in der Armee*
политу́ра, -ы *f* Politur(lack)
политучёба, -ы *f* (полити́ческая

учёба) politische Schulung; politischer Unterricht
по|ли́ть*; по́ли́л, полила́, по́ли́ли; по́ли́тый, по́ли́т, полита́, по́ли́ты *v* **1.** begießen, besprengen; ~ цветы́ Blumen gießen **2.** beginnen zu gießen; вдруг поли́л дождь plötzlich begann es zu regnen **3.** ein wenig, eine Zeitlang gießen [besprengen]; дождь поли́л и переста́л es regnete eine Zeitlang und hörte auf || *uv* полива́ть, -аю, -аешь *zu* 1
по|ли́ться*; поли́лся́, полила́сь, поли́ли́сь *v* **1.** sich begießen **2.** (*1. u. 2. Pers ungebr*; полился́) beginnen zu fließen [strömen], sich ergießen; уже́ в нача́ле ма́рта полили́сь с гор ручьи́ schon Anfang März begannen von den Bergen Bäche zu fließen
полит|эконо́мия, -и *f* (полити́ческая эконо́мия) Politökonomie; **~эмигра́нт,** -а *m* (полити́ческий эмигра́нт) politischer Emigrant
полице́йский, -ая, -ое *ausländ* **1.** Polizei-, polizeilich **2.** auf der Gewalt und Willkür der Polizei(schergen) beruhend; ~терро́р Polizeiterror **3.** -ого *Subst m* Polizist; отря́д **-их** Polizeitrupp
поли́ция, -и *f* **1.** Polizei; та́йная ~ Geheimpolizei **2.** *umg* bewaffneter Polizeitrupp
пол́ичное, -ого *Subst n* ◇ пойма́ть [захвати́ть] с -ым auf frischer Tat ertappen, am Ort des Verbrechens festnehmen
полиэфи́р, -а *m* Polyester
полк, -а́, *P* о полке́, в полку́ *m* **1.** *mil* Regiment; пехо́тный ~ Infanterieregiment; *Pl hoher Stil* Armee, Heer **2.** *G übtr umg* großer Menschenhaufen, Schar; це́лый ~ рабо́чих ein ganzer Schwarm von Arbeitern ◇ на́шего -у́ при́было *oder* в на́шем -у́ при́было wir sind mehr geworden, unsere Reihen haben sich vermehrt
[1]**по́лка,** -и, *Pl G* -лок, *D* -лкам *f* **1.** Fach *im Schrank, Regal*; Regal, Gestell; кни́жная ~ Bücherbrett, -regal **2.** Platz im Schlafwagen *Eisenbahn*; Fach für Reisegepäck; ни́жняя ~ der untere Schlafwagenplatz; ве́рхняя ~ der obere Schlafwagenplatz ◇ класть зу́бы на -у am Hungertuche nagen, nichts zu beißen (essen) haben
[2]**по́лка,** -и *f* Jäten; ~ сорняко́в das Unkrautausziehen
полко́вник, -а *mil* Oberst
полково́дец, -дца, *I* -дцем, *G Pl* -дцев *m* Heerführer, Feldherr
полково́дческий, -ая, -ое Feldherrn-
полково́й, -а́я, -о́е Regiments-
полне́ть, -е́ю, -е́ешь *uv* dicker [voller] werden, zunehmen
полни́ть, *1. u. 2. Pers ungebr*, -и́т *uv umg* ein volleres [dickeres] Aussehen verleihen, als man tatsächlich besitzt; приче́ска её полни́т die Frisur macht sie voller als sie ist
по́лно *prädikativ mit Inf umg* **1.** es reicht, genug; ~ сиде́ть, на́до де́йствовать! genug (herum)gesessen, man muß handeln! **2.** *Part*: ~ тебе́ [вам]! laß [lassen Sie] doch! ◇ да и ~ mit einem Wort
полно́ *Adv umg* sehr viel; в заку́сочной бы́ло ~ наро́да in der Imbißhalle waren viele Leute
полно- *in Zuss* voll-
полнове́сный, -ая, -ое; *Kzf* -сен, -сна **1.** mit vollem Gewicht, das volle Gewicht aufweisend; schwer; -ые зёрна Getreidekörner, die volles Gewicht haben; -ые брёвна schwere, massive Balken **2.** *übtr* mit voller Stärke, wuchtig; -ые уда́ры schwere, wuchtige Schläge **3.** *übtr* gewichtig; -ое сло́во ein gewichtiges Wort; ~ до́вод ein vollgültiger Beweis
полно|вла́стный, -ая, -ое; *Kzf* -тен, -тна volle Macht besitzend, uneingeschränkt herrschend; **~во́дный,** -ая, -ое; *Kzf* -ден, -дна wasserreich; ~во́дная река́ Fluß mit viel Wasser; **~во́дье,** -ья *n* hoher Wasserstand; **~гла́сие,** -я *n ling* Vollaut *im Ostslawischen*; **~гру́дый,** -ая, -ое; *Kzf* -у́д, -а mit hoher Brust; mit vollem Busen; **~зву́чный,** -ая, -ое; *Kzf* -чен, -чна klangvoll, volltönend
полнокро́вие, -я *n med* Hyperämie
полнокро́вный, -ая, -ое; *Kzf* -вен, -вна **1.** *med* hyperämisch **2.** vollblütig, strotzend vor Gesundheit, blühend; *übtr* lebensvoll, blutvoll, echt; -ая жизнь pulsierendes Leben
полнолу́ние, -я *n* Vollmond(zeit)
полнометра́жный, -ая, -ое von normaler Dauer [Länge]; ~ фильм Normalfilm; normaler Spielfilm, abendfüllender Film
полномо́чие, -я *n* Vollmacht; дава́ть кому́-н. -я j-n bevollmächtigen, mit Vollmachten ausstatten; сложи́ть с себя́ -я sein Mandat niederlegen; переда́ть -я die Vollmachten übertragen
полномо́чный, -ая, -ое **1.** *Kzf* -чен,

-чна bevollmächtigt; чрезвыча́йный и ~ посо́л Außerordentlicher und Bevollmächtigter Botschafter 2. -о *Adv*: собра́ние не -о die Versammlung ist nicht befugt, Entscheidungen zu treffen

полно|пра́вие, -я *n* Gleichberechtigung; **~пра́вный,** -ая, -ое; *Kzf* -вен, -вна gleichberechtigt; mit voller Gleichberechtigung; ~пра́вный граждани́н gleichberechtigter Bürger

по́лностью *Adv* gänzlich, vollständig; здоро́вье ~ восстано́влено die Gesundheit ist völlig wiederhergestellt; целико́м и ~ ganz und gar

полнота́, -ы́ *f* 1. Vollständigkeit, Ganzheit, Fülle, ausreichendes Vorhandensein 2. Überfluß, höchstes Maß (an); ~ ощуще́ний eine Fülle von Empfindungen; в -е́ чувств im Überschwang der Gefühle; от -ы́ души́ [се́рдца] aus übervollem Herzen; со всей -о́й *oder* во всей -е́ vollständig, erschöpfend 3. Beleibtheit, Dicke, Körperfülle

полноте́лый, -ая, -ое korpulent

полноце́нный, -ая, -ое; *Kzf* -е́нен, -е́нна 1. vollwertig; -ая валю́та vollwertige Valuta 2. *übtr* vollwertig, hochwertig, hohen Anforderungen entsprechend

полно́чи *f* die halbe Nacht; прошло́ ~ die halbe Nacht ist vergangen

полно́чный, полу́но́чный, -ая, -ое 1. mitternächtlich 2. *alt* Nord-, nördlich

по́лночь, по́лно́чи *u.* полу́ночи *u. alt* **полу́ночь, -и** *f* 1. Mitternacht ◇ за́ полночь nach Mitternacht 2. *alt* Norden

по́лный, -ая, -ое; *Kzf* по́лон *u. buchspr alt* полн, полна́, по́лно́, по́лны́ 1. voll, (an)gefüllt; -ые вёдра volle Eimer; ~ до краёв bis zum Rand voll, gestrichen voll 2. *G u. I* voll, vollbesetzt; авто́бус по́лон der Autobus ist vollbesetzt; письмо́, по́лное сове́тов ein Brief voll von Ratschlägen 3. *übtr G u. I* ganz durchdrungen [erfüllt] (von); ganz begeistert von; жизнь — -ая борьбы́ ein Leben voller Kampf; он весь по́лон Пу́шкиным er ist ganz erfüllt [begeistert] von Puschkin 4. völlig, absolut; -ое разоруже́ние vollständige Abrüstung; -ая власть die volle [absolute] Macht; -ое разоре́ние vollkommener Ruin; в -ом поря́дке in bester Ordnung; в -ом соста́ве vollzählig 5. das richtige Ausmaß besitzend, ganz, vollständig, erschöpfend; ~ метр ein voller [ganzer] Meter; -ое собра́ние сочине́ний eine Gesamtausgabe *von Büchern, Werken*; ~ отчёт ein erschöpfender Bericht; ~ курс обуче́ния ein abgeschlossener Ausbildungskurs; -ая сре́дняя шко́ла volle (zehn- oder zwölfklassige) Mittelschule 6. voll, höchst, maximal; дере́вья в -ом цвету́ die Bäume sind in voller Blüte; по́езд шёл -ым хо́дом der Zug hatte volle Fahrt 7. beleibt, dick, voll; ~ мужчи́на ein korpulenter Herr ◇ -ая фо́рма прилага́тельного Langform des Adjektivs; -ая луна́ Vollmond; э́тот дом — -ая ча́ша in diesem Hause herrscht Überfluß; сказа́ть [заяви́ть] -ым го́лосом offen, vor allen Leuten sagen [erklären]; полны́м-полно́ übervoll, gerammelt voll; пока́ она́ придёт, я ей полны́м-полно́ воды́ натаска́ю bis sie wiederkommt, werde ich ihr mehr als genug Wasser herbeischleppen

по́ло *n idkl Sport* Polo; во́дное ~ Wasserballspiel

полови́к, -а́ *m* Läufer, Vorleger

полови́на, -ы *f* 1. Hälfte; на -у zur Hälfte; моя́ (дража́йшая) ~ *scherz* meine bessere Hälfte *von der Ehefrau oder vom Ehemann* 2. Mitte; halb; до -ы горы́ bis zur Mitte des Berges; в -е пя́того um halb fünf; в -е ию́ля Mitte Juli 3. Teil eines Gegenstandes, der aus zwei Hälften besteht; ~ воро́т Torflügel; ~ две́ри Türflügel 4. *alt* bewohnter Teil des Hauses; хозя́йская ~ Teil des Hauses, den der Besitzer bewohnt

полови́нка, -и, *Pl G* -нок, *D* -нкам *f umg* 1. *Dem zu* полови́на Hälfte 2. Türflügel; Fensterflügel

полови́нный, -ая, -ое halb

полови́нчатый, -ая, -ое 1. aus Hälften bestehend; ~ кирпи́ч halber Ziegel 2. *Kzf* -ат, -а *übtr* schwankend, auf halbem Wege stehenbleibend; -ые рефо́рмы halbe [nicht zu Ende geführte] Reformen

полови́ца, -ы, *I* -ей *f* Dielenbrett

поло́вник, -а *m umg* Schöpflöffel, -kelle

полово́дье, -ья *n* hoher Wasserstand; весе́нее ~ Frühlingshochwasser

[1]**полово́й,** -а́я, -о́е Fußboden-, Dielen-; zum Säubern des Fußbodens bestimmt; -а́я доска́ Dielenbrett; -а́я тря́пка Lappen zum Wischen

des Fußbodens; -а́я щётка Scheuerbürste

[2]**полово́й,** -а́я, -о́е Geschlechts-, sexuell; -ы́е при́знаки Geschlechtsmerkmale; -о́е влече́ние [чу́вство] Geschlechtstrieb; -а́я зре́лость Geschlechtsreife

по́ловцы *Pl* -ев, *Sg* по́ловец, -вца, *I* -вцем, *G Pl* -вцев *m hist* Polowzer *ein Turkvolk*

по́лог, -а *m* Bettvorhang; Vorhang; Decke

поло́гий, -ая, -ое; *Komp* поло́же leicht abfallend; ~ бе́рег sanft abfallendes Ufer

поло́же ↑ поло́гий

положе́ние, -я *n* **1.** Lage, Standort; *tech* Stellung; географи́ческое ~ geographische Lage **2.** Haltung, Stellung des Körpers; в сидя́чем -и in Sitzstellung **3.** Stellung *in der Gesellschaft*; занима́ть руководя́щее ~ eine führende Stellung innehaben; семе́йное ~ Familienstand **4.** *übtr* (Sach-) Lage, Situation, Verhältnisse; Stand; быть [оказа́ться] на высоте́ -я auf der Höhe sein; войти́ в ~ sich in die Lage versetzen; вы́йти из -я aus einer schwierigen Lage herausfinden; einen Ausweg finden; ~ дел Stand [Lage] der Dinge; хозя́ин -я Herr der Lage; ~ ху́же губерна́торского eine ausweglose, „miese" Lage **5.** gesellschaftliche [politische] Lage, Situation; междунаро́дное ~ internationale Lage **6.** Verordnung, Bestimmung, von den Machtorganen angeordneter Zustand; вое́нное ~ Kriegszustand, Belagerungszustand; оса́дное ~ Belagerungszustand **7.** Verordnung, Erlaß, Bestimmungen; ~ о вы́борах Wahlordnung **8.** These, Leit-, Grundsatz; Hauptgedanken; wissenschaftliche Behauptung; основны́е -я докла́да die wichtigsten Thesen [Gedanken, Leitsätze] des Vortrages ◇ быть в (счастли́вом *oder* интере́сном) -и schwanger [in anderen Umständen] sein; напи́ться до -я besoffen sein

поло́женный, -ая, -ое *Adj* festgesetzt, vorher bestimmt; в ~ срок zur festgesetzten Frist

положи́тельный, -ая, -ое; *Kzf* -лен, -льна **1.** bejahend, zustimmend; ~ отве́т bejahende Antwort **2.** positiv; mit guten Charaktereigenschaften ausgestattet, tüchtig; ~ геро́й positiver Held; ~ челове́к ein guter, tüchtiger Mensch **3.** praktisch, sachlich; наш ~ век unser praktisches, nüchternes Zeitalter **4.** bestimmt, endgültig; ~ отка́з endgültige Absage; он -о ничего́ не зна́ет er weiß gar nichts **5.** *math* höher als Null; -ая величина́ eine positive Größe **6.** *phys* positiv; ~ заря́д eine positive Ladung ◇ -ая сте́пень *ling* der Positiv, die Ausgangsform bei der Komparation; -ая филосо́фия Positivismus

положи́ть, -ожу́, -о́жишь; -о́женный, -о́жен, -а *v* **1.** *v zu* класть **2.** *mit Inf alt* beschließen **3.** *Kzf n Ptz Prät Pass* поло́жено *unpers, mit Inf volksspr* man muß; так поло́жено so ist es gang und gäbe **4.** *mod* поло́жим (,что) gesetzt den Fall, zugegeben, angenommen; поло́жим и она́ тебя́ лю́бит . . . angenommen, sie liebt dich auch . . . **5.** поло́жим *mod bei Gegenüberstellung mit folgendem* но wenn auch, obgleich ◇ ~ себе́ за пра́вило [пра́вилом] *alt* zur Norm für sich erheben, sich zur Richtschnur machen; положа́ ру́ку на́ сердце ehrlich, mit offenem Herzen; ~ под сукно́ auf die lange Bank schieben

положи́ться, -ожу́сь, -о́жишься *v* sich verlassen (на *A* auf); на него́ мо́жно ~ auf ihn kann man sich verlassen; на тебя́ нельзя́ ~ auf dich ist kein Verlaß ‖ *uv* полага́ться, -а́юсь, -а́ешься

по́лоз, -а, *Pl* поло́зья, -ьев, -ьям *m* Kufe; са́нный ~ Schlittenkufe

поло́к, -лка *m* **1.** Schwitzbank *im russischen Badehaus* **2.** flacher Wagen, Plattenwagen

полома́ть, -а́ю, -а́ешь; поло́манный, -ан, -а *v* **1.** zer-, ab-, entzweibrechen; *übtr* verderben, verunstalten, zerbrechen; война́ полома́ла все пла́ны der Krieg hat alle Pläne zunichte gemacht **2.** einige Zeit brechen [knicken] ◇ ~ зу́бы обо что́-н. sich die Zähne an etw. ausbeißen; ~ го́лову sich eine Zeitlang den Kopf zerbrechen

полома́ться, -а́юсь, -а́ешься *v* **1.** zerbrechen, entzweigehen **2.** *umg* nicht gleich einwilligen, sich zieren

поло́мка, -и, *Pl G* -мок, *D* -мкам *f* **1.** (Zer-) Brechen, Bruch; ~ руля́ Steuerbruch **2.** Bruchstelle

полоне́з, -а *m mus* Polonäse

поло́пать, -аю, -аешь *v A oder G volksspr* (auf)essen, wegputzen

поло́паться, *1. u. 2. Pers ungebr*,

-ается *v umg* (zer)platzen, zerspringen *vieles*

полосá, -ы́, *A* пóлосу́, *Pl* пóлосы, полóс, полосáм *f* **1.** Streifen, Strich, Linie; schmales Stück; ~ бумáги Papierstreifen; ~ свéта Lichtstreifen; ~ частóт *rad* Frequenzband, -breite **2.** Zone, Landstrich, Gürtel; пограни́чная ~ Grenzstreifen; оборони́тельная ~ Verteidigungszone; взлётно-посáдочная ~ Start- und Landebahn **3.** Ackerstreifen **4.** Zeitspanne, Periode **5.** *typ* Kolumne

полосáтый, -ая, -ое; *Kzf* -áт, -а gestreift; ~ перéдник gestreifte Schürze

полóска, -и, *Pl G* -сок, *D* -скам *f Dem zu* полосá kleiner Streifen, Streifchen ◇ в -у *text* gestreift; плáтье в голубу́ю -у himmelblau gestreiftes Kleid

полоскáние, -я *n* **1.** Spülen; ~ рта Mundausspülen, Gurgeln **2.** Mundspülmittel

полоскáтельный, -ая, -ое Spül-

полоскáть* *uv* **1.** (ab)spülen; ~ бельё Wäsche spülen **2.** ausspülen zur Desinfektion; ~ гóрло gurgeln **3.** *übtr* in flatternde Bewegung versetzen *Fahne*

полоскáться* *uv* **1.** plätschern, planschen; мальчи́шки полоскáлись в водé die Jungen planschten im Wasser **2.** *übtr* klatschen, flattern *im Winde*

полосовóй, -áя, -óе *techn* Streifenform habend; -óе желéзо Bandeisen

пóлость, -и, *Pl* пóлости, полостéй, полостя́м *f anat* Höhle; ~ рта Mundhöhle; брюшнáя ~ Bauchhöhle

полотéнце, -а, *I* -нцем, *Pl G* -нец, *D* -нцам *n* Handtuch; махнáтое ~ Frottierhandtuch; посу́дное [ку́хонное] ~ Geschirrtuch; купáльное ~ Badetuch

полотёр, -а *m* Arbeiter, der Fußböden bohnert

полóтнище, -а, *I* -ем *n* **1.** Stoffstück, -breite; ~ знáмени Fahnentuch; ~ палáтки Zeltbahn **2.** Flügel *Tür, Tor* **3.** Blatt; ~ пилы́ Sägeblatt

полотнó, -á, *Pl* полóтна, полóтен, полóтнам *n* **1.** Leinwand, Leinen; Baumwoll- oder Seidengewebe, das wie Leinwand verarbeitet ist **2.** Gemälde **3.** Band, Streifen *eines Mechanismus, einer Apparatur*; ~ конвéйера Fließband **4.** Bahnkörper; ~ желéзной дорóги Eisenbahndamm **5.** Flügel *Tür, Tor* **6.** Blatt; ~ пилы́ Sägeblatt

полотня́ный, -ая, -ое **1.** aus Leinen, leinen; -ая простыня́ Leintuch, leinenes Bettuch **2.** Leinwand-, Lein-; -ая фáбрика Leinwandweberei

полóть* *uv* jäten; ~ огорóд den Garten vom Unkraut säubern

полоу́мный, -ая, -ое; *Kzf* -мен, -мна *umg* schwachsinnig; geistig umnachtet, verrückt

полохну́ть, -ну́, -нёшь *v volksspr* kräftig (zu)schlagen

полоши́ться, -шу́сь, -ши́шься *uv volksspr* erschrecken, sich beunruhigen

полощу́ ↑ полоскáть

пол|пréд, -а *m* (полномóчный представи́тель) bevollmächtigter Vertreter; **-прéдство,** -а *n* (полномóчное представи́тельство) Bezeichnung der sowjetischen diplomatischen Vertretungen in anderen Ländern *bis 1941*

полпути́ *m ikdl* der halbe Weg; на ~ брóсить [останови́ть(ся), верну́ться] auf halbem Wege aufgeben [stehenbleiben, zurückkehren]

полслóва, с пол(у)слóва, на пол(у)слóве *Subst n* ein halbes Wort; на ~ auf ein paar Worte, auf ein kurzes Gespräch; оборвáть на пол(у)слóве mitten im Satz abbrechen; ни ~ keine Silbe; с пол(у)слóва bei der ersten (geringsten) Andeutung, gleich

полстóлька *Adv umg* halbsoviel *vor allem in Sprichwörtern u. Rätseln*

Полтáва, -ы *f* Poltawa *Stadt*

полти́нник, -а *m umg* Geldstück im Werte von fünfzig Kopeken, ein halber Rubel

полторá, *G D I P* полу́тора, *A* полторá *m, n u.* **полторы́,** *G D I P* полу́тора, *A* полторы́ *f Num* anderthalb, eineinhalb; полторá ведрá anderthalb Eimer; полторы́ страни́цы anderthalb Seiten

полторáста, *G D I P* полу́тораста, *A* полторáста *Num* anderthalbhundert, hundertfünfzig

полу- *in Zuss* **1.** die Hälfte von etw., Halb- **2.** halb- **3.** nicht ganz, fast, halb-

полу|автомати́ческий, -ая, -ое halbautomatisch; **-бóг** [бох], -а, *Pl* полубóги, -богóв, -богáм *m myth* Halbgott; **-больнóй,** -áя, -óе; *Kzf* -бóлен, -больнá halbkrank, nicht ganz gesund; **-боти́нки** *Pl* -нок,

-нкам, *Sg* полуботинок, -нка *m* Halbschuhe; **~вековой,** -ая, -ое ein halbes Jahrhundert während [alt]; **~годие,** -я *n* halbes Jahr, Halbjahr; **~годичный,** -ая, -ое ein halbes Jahr dauernd; ~годичные курсы Halbjahreskurse; **~годовалый,** -ая, -ое halbjährig; **~годовой,** -ая, -ое halbjährlich; ~годовой план Halbjahresplan; **~голодный,** -ая, -ое; *Kzf* полуголоден, -дна! halbhungrig; ~голодные люди hungernde [halbhungrige] Menschen; **~голый,** -ая, -ое; *Kzf* -гол, -гола! halbnackt; **~грамотный,** -ая, -ое; *Kzf* -тен, -тна kaum des Schreibens und Lesens kundig; ungebildet

полуда, -ы *f* 1. Verzinnen 2. Verzinnung, dünne Zinnschicht

полу|денный, -ая, -ое 1. Mittags-; ~денный привал Mittagsrast 2. *alt poet* südlich; **~дикий,** -ая, -ое; *Kzf* -ик, -ика! halbwild

полудить, -ужу, -удишь; -уженный, -ужен, -а *v* verzinnen

полу|живой, -ая, -ое; *Kzf* -жив, -жива! mehr tot als lebendig; ~живой от страха halbtot vor Angst; **~жирный,** -ая, -ое *typ* halbfett *Schrift*; **~забытый,** -ая, -ое; *Kzf* -ыт, -а halb vergessen, fast vergessen; **~закрытый,** -ая, -ое; *Kzf* -ыт, -а halb verschlossen, nicht ganz zugeschlossen; undicht; **~защита,** -ы *f* Läufer(reihe) *Fußball*; **~защитник,** -а *m* Läufer *Fußball*; **~знайка,** -и, *Pl G* -знаек, *D* -знайкам *m, f umg* Mensch mit oberflächlichem Wissen

полуимя, -имени, *Pl* -имена, -имён, -именам *n umg alt* Kosename, Rufname; Kurzform des Vornamens wie z. B. Надя für Надежда

полу|колониальный, -ая, -ое halbkolonial; **~консервы,** -ов *Pl* Präserven; **~кровка,** -и, *Pl G* -вок, *D* -вкам *f* Halbblüter *Pferderasse*; **~круг,** -а *m* Halbkreis; **~круглый,** -ая, -ое; *Kzf* -кругл, -кругла! halbrund, die Form eines Halbkreises aufweisend; **~лежать,** -жу, -жишь; полулёжа *uv* halb sitzen halb liegen; **~литровый,** -ая, -ое einen halben Liter fassend; ~литровая бутылка Halbliterflasche; **~манжета,** -ы *f* Aufschlag *am Ärmel*; **~мера,** -ы *f* halbe Maßnahme; Halbheit; **~мёртвый,** -ая, -ое; *Kzf* -мёртв, -мертва halbtot, dem Tode nahe; **~месяц,** -а, *I* -ем, *G Pl* -ев *m* 1. Halbmond 2. der Halbmond als Symbol der Mohammedaner ◇ Общество Красного Креста и Красного Полумесяца die Gesellschaft des Roten Kreuzes und des Roten Halbmonds

полу|месячный, -ая, -ое 1. halbmonatig *Dauer oder Alter* 2. halbmonatlich, vierzehntäglich; ~месячный оклад halbmonatliches Gehalt; **~мрак,** -а *m* Halbdunkel; **~мягкий,** -ая, -ое mit weicher, gepolsterter Sitzfläche und harter, ungepolsterter Lehne *Möbel*; **~ночник,** -а *m umg* Nachtschwärmer; einer, der bis tief in die Nacht hinein arbeitet [feiert, aufbleibt]

полуночный ↑ полночный

полуночь ↑ полночь

полу|обезьяны *Pl* -ян, *Sg* полуобезьяна, -ы *f* Halbaffen, Lemuren; **~обнажённый,** -ая, -ое; *Kzf* -ён, -ена halbbedeckt, -verhüllt *durch Kleider*; halbnackt; **~оборот,** -а *m* halbe Umdrehung; **~остров,** -а, *Pl* полуострова, -ов, -ам *m* Halbinsel; **~отворенный,** -ая, -ое; *Kzf* -ен, -а halbgeöffnet; halb offenstehend; halb verschlossen; **~открытый,** -ая, -ое; *Kzf* -ыт, -а etwas geöffnet, halboffen; **~официальный,** -ая, -ое halboffiziell; **~пальто** *n idkl* kurzer Mantel, dreiviertellanger Mantel; **~подвал,** -а *m* Kellergeschoß, Souterrain; **~подвальный,** -ая, -ое Souterrain-; **~прицеп,** -а *m* Sattelanhänger *Auto*; **~проводник,** -а *m phys* Halbleiter; **~проводниковый,** -ая, -ое *phys* Halbleiter-; ~проводниковый прибор Halbleitergerät; **~прозрачный,** -ая, -ое; *Kzf* -чен, -чна halbdurchsichtig; **~пролетарий,** -я *m* Halbproletarier; **~пустыня,** -и, *G Pl* -тынь *f* Halbwüste; **~раздетый,** -ая, -ое; *Kzf* -ет, -а fast unbekleidet, halbbekleidet, halb angezogen; **~разрушенный,** -ая, -ое; *Kzf* -шен, -а halbzerstört, halbverfallen

[1]**полусвет,** -а *m* Halbdunkel, Dämmerlicht; schwache Beleuchtung

[2]**полусвет,** -а *m* Halbwelt

полуслово, -а *n* 1. halbes Wort 2. (*Pl* полуслова, -ов, -ам) unklare Andeutungen ◇ с -а понять sofort verstehen

полусмерть, -и *f*: до -и sehr stark; halbtot; испугать до -и sehr heftig erschrecken; избить до -и fast tot schlagen [prügeln]; halbtot prügeln

полу|сознательный, -ая, -ое; *Kzf*

-лен, -льна halbbewußt; **~со́н,** -сна́ *m* Halbschlaf, Schlummer; **~со́нный,** -ая, -ое schlaftrunken, schläfrig; **~сре́дний,** -его *Subst m* Innenstürmer; ле́вый ~сре́дний der linke Innenstürmer, der Halblinke; **~ста́нок,** -нка *m* kleine Eisenbahnstation; **~сти́шие,** -я *n lit* Halbvers; **~тёмный,** -ая, -ое; *Kzf* -тёмен, -темна́ halbdunkel, schlecht beleuchtet

полуте́нь, -и, *P* о полуте́ни, в полутени́ *f* Halbschatten; schwacher Schatten, schwach beleuchtete Gegend

полуто́н, -а, *Pl* полуто́ны, -ов, -ам *u.* полутона́, -о́в, -а́м *m* **1.** *mus* Halbton **2.** Übergangstöne bei Farben

полу́торка, -и, *Pl G* -рок, *D*-ркам *f umg* Anderthalbtonner *Lkw*

полу|тьма́, -ы́ *f* Halbdunkel, Dämmerung; **~фабрика́т,** -а *m* **1.** Halbfabrikat **2.** *gewöhnlich Pl* Lebensmittel, die bereits weitgehend tischfertig verarbeitet sind und nur noch geringen Arbeitsaufwand für den Genuß erfordern; мясны́е ~фабрика́ты brat- oder kochfertige Fleischwaren; **~фина́л,** -а *m Sport* Halbfinale; **~часово́й,** -а́я, -о́е halbstündig

получа́тель, -я *m* Empfänger, Adressat

получа́ть(ся) *uv zu* получи́ть(ся)

получе́ние, -я *n* Erhalten, Bekommen; Empfang, Erhalt; распи́ска в -и Empfangsbestätigung, -bescheinigung; ~ прика́за Befehlsempfang

получи́ть, -учу́, -у́чишь; -у́ченный, -у́чен, -а *v* **1.** bekommen, erhalten, in Empfang nehmen; beziehen; zugesprochen bekommen *Titel*; ~ пе́нсию eine Rente beziehen; ~ пода́рок ein Geschenk bekommen; ~ учёную сте́пень einen wissenschaftlichen Grad verliehen bekommen **2.** entgegennehmen, erhalten; ~ прика́з den Befehl bekommen **3.** gewinnen, erhalten, herstellen; ~ бензи́н из угля́ Benzin aus Kohle herstellen **4.** *umg* sich holen, zuziehen *Krankheiten*; ~ анги́ну Angina bekommen **5.** finden, erhalten, abbekommen; ~ призна́ние Anerkennung finden; ~ изве́стность Berühmtheit erlangen; ~ огла́ску ruchbar werden, verlauten; ~ вы́говор eine Rüge erteilt bekommen; ~ замеча́ние einen Verweis bekommen; ~ пощёчину eine Ohrfeige (ab)bekommen; ~ примене́ние angewandt werden, Anwendung finden ‖ *uv* получа́ть, -а́ю, -а́ешь

получи́ться, *1. u. 2. Pers ungebr,* -у́чится *v* **1.** herausbekommen; im Ergebnis bekommen, werden, entstehen; сни́мок получи́лся хоро́ший das Bild ist schön geworden; ничего́ не получи́лось es ist nichts (daraus) geworden; es ist nicht gelungen; из меня́ кри́тика не полу́чится aus mir wird kein Kritiker **2.** geschehen, sich ereignen, sich ergeben; . . . что́бы не получи́лись неприя́тности . . . . . . damit sich keine Unannehmlichkeiten ergeben . . . **3.** *alt* eintreffen, ankommen ‖ *uv* получа́ться, -а́ется

полу́чка, -и, *Pl G* -чек, *D* -чкам *f umg* **1.** Bekommen, Empfang **2.** (Arbeits-) Lohn, Gehalt; в день **-и** am Gehaltstag, am Lohntag

полуша́рие, -я *n* **1.** Halbkugel; -я головно́го мо́зга *anat* Großhirnhemisphären **2.** *geogr, geol* Erdhalbkugel, Hemisphäre; се́верное ~ nördliche Erdhalbkugel

полу|шёлковый, -ая, -ое halbseiden; **~ше́рсть,** -и *f* Mischwolle; **~шерстяно́й,** -а́я, -о́е halbwollen, aus Mischwolle

полу́шка, -и, *Pl G* -шек, *D* -шкам *f* alte Kupfermünze vom Wert einer Viertelkopeke ◇ ни -и keinen roten Heller; kein Geld

полушу́бок, -бка *m* kurze Pelzjacke *gewöhnlich* kurzer Schafpelz

полушутя́ *Adv* halb im Scherz

полцены́ *f gewöhnlich mit* за: за ~ zum halben Preis

полчаса́, получа́са *m* eine halbe Stunde; в получа́се ходьбы́ eine halbe Stunde zu gehen; получа́сом ра́ньше eine halbe Stunde früher

по́лчище, -а, *I* -ем *n* **1.** große Heerschar, Kriegshorde **2.** *meist Pl übtr* Schar, Menge; ~ мух großer Fliegenschwarm; -а ни́щих Scharen von Bettlern

полшага́, полуша́га *m* ein halber Schritt

по́лый, -ая, -ое **1.** hohl, leer; ~ сте́бель hohler Stengel **2.** offen, eisfrei; -ое ме́сто на реке́ Wasserloch, eisfreie Stelle **3.**: -ая вода́ Hochwasser ◇ -ая ве́на *med* Hohlvene

по́лымя *N u. A, I* по́лымем *andere Kasus ungebr n alt u. gbt* Flamme ◇ из огня́ да в ~ vom Regen in die Traufe

полы́нный, -ая, -ое **1.** Wermuts-; -ые

зáпахи Wermutsdüfte 2. aus Wermut hergestellt, mit Wermut
полы́нь, -и *f* Wermut
полынья́, -ьи́, *Pl G* -нéй, *D* -нья́м *f* offene Stelle auf dem vereisten Fluß [See], Loch im Eis
полысéть, -éю, -éешь *v* eine Glatze bekommen, die Haare verlieren
полыхáть, *1. u. 2. Pers ungebr*, -áет *uv umg* lodern, lichterloh brennen
пóльза, -ы *f* 1. Nutzen, Vorteil; для твоéй -ы zu deinem Besten; в -у (*G*) zugunsten (von); не в -у *oder* не на -у zu Ungunsten; принести́ -у комý-н. j-m Nutzen bringen; извлéчь из чегó-н. -у aus etw. Nutzen ziehen; идти́ комý-н. на -у j-m zum Vorteil gereichen, j-m von Nutzen sein; в нáшу -у zu unseren Gunsten 2. *alt* Gewinn, Profit
пóльзование, -я *n* Verwendung, (Be-) Nutzung, Gebrauch; инстрýкция о -и Gebrauchsanweisung; местá óбщего -я Toiletten, Aborte
пóльзоваться, -зуюсь, -зуешься *uv I* 1. verwenden, gebrauchen, benutzen; nutzen; ~ свои́ми правáми von seinen Rechten Gebrauch machen; ~ áтомной энéргией в ми́рных цéлях die Atomenergie zu friedlichen Zwecken nutzen 2. (aus)nutzen; ~ удóбным слýчаем einen passenden Moment nutzen 3. *mit abstraktem Subst* besitzen, haben; он пóльзуется больши́м авторитéтом er erfreut sich großer Autorität
[1]**пóлька,** -и, *Pl G* -лек, *D* -лькам *f* Polin
[2]**пóлька,** -и, *Pl G* -лек, *D* -лькам *f* Polka *Tanz*
пóльский, -ая, -ое polnisch; Пóльская Нарóдная Респýблика Volksrepublik Polen
польсти́ть(ся) *v zu* льсти́ть(ся)
Пóльша, -и, *I* -ей *f* Polen
полю́ ↑ полóть
полюби́ть, -люблю́, -лю́бишь *v* liebgewinnen, lieben
полюби́ться, -люблю́сь, -лю́бишься *v D umg* Liebe erwecken, gefallen, zu gefallen anfangen
полюбовáться, -бýюсь, -бýешься *v* 1. на *A u. I* sich eine Zeitlang ergötzen 2. *Imp* полюбýйся, полюбýйтесь *umg iron* sieh dir das mal an!, sehen Sie sich das mal an!
полюбóвный, -ая, -ое 1. gütlich, mit gegenseitigem guten Einvernehmen 2. -о *Adv*: кóнчить дéло -о eine Sache im Guten beilegen
полюбопы́тствовать, -ствую, -ствуешь *v* Neugierde zeigen, neugierig sein
пóлюс, -а *m* 1. *geogr* Pol; Сéверный ~ Nordpol; Ю́жный ~ Südpol 2. *phys* Pol *des Magneten, Elektromagneten* 3. *übtr* polarer Gegensatz
Пóля, -и *f Dem zu* Поли́на
поля́к, -а *m* Pole
поля́на, -ы *f* Lichtung, Waldwiese
поляризáция, -и *f phys* Polarisation
поля́рник, -а *m* Polarforscher, Teilnehmer einer Expedition in die Polargebiete
поля́рный, -ая, -ое; *Kzf* -рен, -рна 1. *nur Langform* Polar-, polar; -ые островá Inseln im Polargebiet; -ая экспеди́ция Polarexpedition; ~ день Polarsommer; -ая ночь Polarnacht; ~ круг Polarkreis 2. *phys* polar, negative und positive Ladungen betreffend; -ые соединéния polare Verbindungen 3. *übtr buchspr* polar, vollkommen gegensätzlich; -ые мнéния in krassem Gegensatz zueinander stehende Meinungen
пом- *in Zuss Abk für* помóщник Helfer *z. B.* помрéж Regieassistent
помáда, -ы *f* Pomade; ~ для волóс Haarpomade; губнáя ~ Lippenstift
помáдить, -áжу, -áдишь *uv* mit Pomade einreiben
помáдка, -и, *Pl G* -док, *D* -дкам *f* weiches, flaumiges Konfekt; сли́вочная ~ Sahnenkonfekt, eine besondere Konfektsorte, die weich und flaumig ist und süße Sahne enthält
помáзание, -я *n kirch* Salbungszeremonie *bei der Taufe, der letzten Ölung, der Krönung*
помáзанник, -а *m kirch* der Gesalbte
по|мáзать* *v* 1. einfetten, mit Fett [Tran, Öl] einschmieren; он помáзал сапоги́ дёгтем er fettete die Stiefel mit Wagenschmiere ein 2. *kirch* salben *einen Herrscher, hohen kirchlichen Würdenträger* ‖ *uv* помáзывать, -аю, -аешь *zu* 2
по|мáзаться* *v* 1. sich einschmieren, sich einfetten 2. *kirch* sich salben lassen ‖ *uv* помáзываться, -аюсь, -аешься *zu* 2
помазóк, -зкá *m* (kleiner) Pinsel, Quast
помáзывать(ся) *uv zu* помáзать(ся)
помакáть, -áю, -áешь *v* einige Male eintauchen

помале́ньку *Adv umg* langsam, gemach; bescheiden; жить ~ leidlich [recht und schlecht] leben
помáлкивать, -аю, -аешь *uv umg* schweigen, sich vom Gespräch zurückziehen, sich am Gespräch nicht beteiligen; sich ausschweigen
помáлу *Adv alt, umg* ein wenig, ein bißchen; allmählich
помани́ть *v zu* мани́ть
помáргивать, -аю, -аешь *uv umg* von Zeit zu Zeit (zu)blinzeln
помáрка, -и, *Pl G* -рок, *D* -ркам *f* Verbesserung bzw. Streichung im Text
помáслить, -лю, -лишь; -ленный, -лен, -а *v umg* leicht einfetten, *mit Fett, Öl usw.* einreiben
по|махáть* *v I* mehrere Male, eine Zeitlang, ein wenig winken [schwenken]; ~ кры́льями mit den Flügeln schlagen; ~ хвостóм mit dem Schwanze wedeln; ~ вéером fächeln
помáхивать, -аю, аешь *uv I* von Zeit zu Zeit leicht winken [schwenken]; wedeln; fächeln
помéдлить, -лю, -лишь *v* ein wenig abwarten, zaudern, einhalten, zögern; ~ с ответóм nicht gleich antworten, mit der Antwort eine Zeitlang zurückhalten
помелéть, *1. u. 2. Pers ungebr,* -éет *v umg* seicht werden, versanden
помелó, -á, *Pl selten* помéлья, -ьев, -ьям *n* Besen(wisch) *a. zum Schornstein- und Ofenreinigen*
помéньше *Adv* etwas kleiner, niedriger; etwas weniger
поменя́ть, -я́ю, -я́ешь; помéнянный, -ян, -а *v umg* **1.** (ein-, um)tauschen (на *A* gegen) **2.** wechseln
поменя́ться, -я́юсь, -я́ешься *v* с *I* (um-, aus-, ver)tauschen, wechseln; он поменя́лся взгля́дом с ним er tauschte mit ihm einen Blick aus
померáнец, -нца, *I* -нцем, *G Pl* -нцев *m* **1.** Pomeranze *Frucht* **2.** Pomeranzenbaum
по|мерéть*; пóмер, -лá! *v umg* sterben ‖ *uv* помирáть, -áю, -áешь; помирáть сó смеху [со смéха] vor Lachen umkommen, sterben
померéщиться *v zu* мерéщиться
помёрзлый, -ая, -ое *umg* erfroren, vom Frost zerstört; -ые óвощи erfrorenes Gemüse
помёрзнуть, -ну, -нешь; помёрз, -ла *v umg* **1.** erfrieren *von vielen oder vielem* **2.** eine Zeitlang frieren, unter Frost leiden
помéрить, -рю, -ришь *v* **1.** anprobieren *Kleidung* **2.** eine Zeitlang messen
помéриться *v zu* мéриться
помéркнуть, -нет; помéрк, -ла *u. alt* помéркнул, -а; помéрк(нув)ший *v* **1.** verblassen, matt werden; свет помéрк das Licht verlosch **2.** *übtr* die Bedeutung [Kraft] verlieren
помертвéлый, -ая, -ое leichenblaß, leblos, wie tot; erstarrt, ersterbend *Lippen, Gesicht, Hände*
помертвéть *v zu* мертвéть
пóмесный, -ая, -ое *landw* durch Kreuzung verschiedener Arten bzw. Rassen erzielt; -ые мáтки durch Kreuzung gewonnene Muttertiere
помести́тельный, -ая, -ое; *Kzf* -лен, -льна geräumig
помести́ть, -ещу́, -ести́шь; -ещённый, -ещён, -ещенá *v* **1.** unterbringen, hinstellen **2.** einen Raum zur Verfügung stellen **3.** unterbringen *an einer Schule, einer Institution* **4.** anlegen *Geld, Kapital* **5.** veröffentlichen, publizieren *Artikel, Aufsatz* ‖ *uv* помещáть, -áю, -áешь
помести́ться, -ещу́сь, -ести́шься *v* **1.** Platz haben, hineingehen **2.** sich einquartieren, Wohnung finden; Platz nehmen; wohnen; sich niederlassen ‖ *uv* помещáться, -áюсь, -áешься
помéстный, -ая, -ое *hist* Feudal-, Gutsbesitzer-; -ое дворя́нство Landadel; -ые войскá vom Lehnsadel gestellte Truppen
помéстье, -ья, *Pl G* -тий, *D* -тьям *n* Gutshof, (Land-) Gut
помéстьице, -а, *I* -ем *n Dem zu* помéстье kleines (Land-) Gut
пóмесь, -и *f* **1.** Mischrasse, Kreuzungsprodukt *von Tieren, Pflanzen*; Mischling, Hybride, Bastard **2.** *übtr umg* Mischung, Gemisch
помéсячный, -ая, -ое monatlich
помёт, -а *m* **1.** Mist, Tierkot; кури́ный ~ Hühnermist **2.** *landw, Jagd* Wurf *junger Hunde, Hasen, Kaninchen, Füchse usw.*
помéта, -ы *f* **1.** An-, Bemerkung, Vermerk, Notiz; ~ на поля́х Randbemerkung **2.** *in Wörterbüchern* Sachgebietsangabe; Bewertung *Stil*; граммати́ческая ~ spezielle grammatikalische Anmerkung in Wörterbüchern
помéтить, -éчу, -éтишь; -éченный, -éчен, -а *v* (be)zeichnen, vermerken, notieren; ~ числóм datieren ‖ *uv* помечáть, -áю, -áешь

помéтка, -и, *Pl G* -ток, *D* -ткам *f* An-, Bemerkung, Vermerk, Notiz
помеха, -и *f* 1. Störung, Hindernis 2. *Pl rad* Störungen; звуковáя ~ Tonstörung
помечáть *uv zu* помéтить
помечтáть, -áю, -áешь *v* ein wenig träumen, sich in der Phantasie ausmalen
помéшанный, -ая, -ое; *Kzf* -ан, -а 1. verrückt, geistesgestört, wahnsinnig 2. -ого *Subst m* Verrückter 3. *übtr umg* на *P* versessen (auf), verrückt (auf), vernarrt (in)
помешáтельство, -а *n* Geistesgestörtheit, Wahnsinn, Irrsinn
[1]**помешáть** *v zu* [1]мешáть
[2]**помешáть,** -áю, -áешь; помéшанный, -ан, -а *v* eine Zeitlang (um)rühren; leicht (um)rühren
помешáться, -áюсь, -áешься *v* 1. verrückt [geisteskrank] werden 2. *übtr umg* на *P* vernarrt sein (in), versessen sein (auf), verrückt sein (auf)
помещáть *uv zu* поместúть
помещáться, -áюсь, -áешься *uv* 1. *uv zu* поместúться 2. sich befinden, untergebracht sein
помещéние, -я *n* 1. Unterbringung; Anlage von Geld; Anlegen, Investieren; Unterbringung zur Veröffentlichung *Artikel*; ~ капитáла Kapitalinvestition 2. Raum, Räumlichkeit, Lokal, Gebäude; жилóе ~ Wohnraum
помéщик, -а *m* Gutsbesitzer, -herr
помéщица, -ы, *I* -ей *f* 1. Gutsbesitzerin 2. *umg* Frau des Gutsbesitzers
помéщичий, -ья, -ье Gutsbesitzer-
помидóр, -а *m* Tomate *Pflanze u. Frucht*
помúлование, -я *n alt* 1. Vergebung 2. Begnadigung, Amnestie
помúловать, -лую, -луешь; -лованный, -лован, -а *v* 1. vergeben, verzeihen; гóсподи, помúлуй! Herr, erbarme Dich unser! 2. begnadigen, amnestieren 3. *Imp* помúлуй(те) *umg in der Entgegnung*: aber ich bitte dich (Sie)!, erlaube(n Sie) mal!
помилосéрдствовать, -твую, -твуешь *v alt* 1. Erbarmen haben 2. *Imp* помилосéрдствуй(те)! aber ich bitte dich (Sie)!
помúмо *Präpos mit G* außer; abgesehen von, ungeachtet; ~ менÿ ohne mein Wissen; ~ тогó, что . . . (ganz) abgesehen davon, daß . . .; ~ всегó прóчего außerdem, abgesehen von allem anderen
помúн, -а *m alt, volksspr* Gedenken ◇ и -а [-у] нет о чём-н. keiner redet mehr davon, kein Hahn kräht mehr danach; и в -е нет es existiert nicht mehr, es ist keine Rede davon; лёгок на -е er kommt wie gerufen
поминáть, -áю, -áешь *uv* 1. *A oder* о *P* gedenken, sich erinnern; erwähnen; ~ добрóм [дóбрым слóвом] ein gutes Andenken bewahren 2. *kirch* für einen Kranken oder einen Toten beten, im Gottesdienst gedenken 3. am Leichenschmaus teilnehmen ◇ поминáй как звáли längst über alle Berge; spurlos verschwunden; не поминáйте лúхом behalte(n Sie) mich in gutem Andenken; ~ стáрое alte Geschichten erzählen, alten Kohl aufwärmen ‖ *v* помянýть, -янý, -янешь; -янутый, -янут, -а; помянú(те) моё слóво denke(n Sie) daran, was ich dir (Ihnen) gesagt habe; не тем будь помянут das soll kein Vorwurf sein
помúнки, -нок, -нкам *Pl* Leichenschmaus
поминýтный, -ая, -ое 1. nach Minuten berechnet 2. jeden Augenblick, ständig, alle Minuten 3. -о *Adv* jede Minute, jeden Augenblick
помирáть *uv zu* померéть
помирúть, -рю, -рúшь; -рённый, -рён, -ренá *v* versöhnen
помирúться, -рюсь, -рúшься *v* 1. с *I* sich ver-, aussöhnen 2. с *I* sich abfinden (mit), sich gewöhnen (an) 3. на *P* sich begnügen (mit)
пóмнить, -ню, -нишь *uv A oder* о *P oder* про *A* sich erinnern, denken (an) ◇ не ~ себÿ sich nicht fassen können, außer sich sein (vor); не пóмнит себÿ от гнéва er ist vor Wut aus der Fassung geraten
пóмниться, *1. u. 2. Pers ungebr*, -ится *uv* 1. sich erinnern [entsinnen], in Erinnerung bewahren; мне пóмнится этот день ich erinnere mich an diesen Tag 2. (*nur 3. Pers Präs* пóмнится) *mod* soviel ich mich entsinne
помнóгу *Adv umg* viel, in großer Menge
помножáть *uv zu* помнóжить
помнóжить, -жу, -жишь; -женный, -жен, -а *v* multiplizieren; ~ два на три zwei mit drei multiplizieren; *übtr* vermehren, vergrößern ‖ *uv* помножáть, -áю, -áешь
помогáть *uv zu* помóчь

помóи, -ев *Pl* Spülwasser, Spülicht
помóйка, -и, *Pl G* -мóек, *D* -мóйкам *f* *umg* Müllkasten, Abfallgrube
помóйный, -ая, -ое Spülicht-, Abfall-; -ая я́ма Abfallgrube
помóл, -а *m* **1.** Mahlen; мукá крýпного -а grobgemahlenes Mehl, Schrot; мукá тóнкого [мéлкого] -а feingemahlenes Mehl **2.** bis zu einer bestimmten Frist, in einer bestimmten Menge gemahlenes Getreide
помóлвить, -влю, -вишь; -вленный, -влен, -а *v* с *I u.* за *A alt* verloben, für verlobt erklären
помóлвка, -и *f alt* Verlobung
помоли́ться, -олю́сь, -óлишься *v* **1.** *v zu* моли́ться **2.** eine Zeitlang beten
помолодéть, -éю, -éешь *v* jünger werden, sich jünger fühlen, ein jugendliches Aussehen erhalten
по|молóть* *v* **1.** eine Zeitlang mahlen **2.** *volksspr* zu Ende mahlen, alles aufmahlen
помолчáть, -чý, -чи́шь *v* eine Zeitlang schweigen
помóр, -а *m* Küstenbewohner russischer Abstammung am Weißen Meer und am Nördlichen Eismeer
помори́ть, -рю́, -ри́шь; -рённый, -рён, -ренá *v* **1.** eine Zeitlang quälen **2.** *umg* vergiften, *alle, viele* umbringen, vertilgen, totmachen
помóрщиться, -щусь, -щишься *v* **1.** das Gesicht verziehen, die Stirn runzeln **2.** eine Weile das Gesicht verziehen
помóрье, -ья *n* Küstenstrich, -land
помóст, -а *m* **1.** Podium, Brettergerüst **2.** *alt* Schafott **3.** Fahrbahn *der Brücke*
пóмочи, -éй *Pl* **1.** Riemen, Tragband, Haltegurt **2.** Hosenträger ◇ быть [ходи́ть] на -áх у когó-н. sich von j-m gängeln lassen; води́ть на -áх когó-н. j-n am Gängelband führen; j-n an der Strippe haben
помочи́ться *v zu* мочи́ться
по|мóчь* *v* **1.** helfen, Hilfe leisten; zu Hilfe kommen; materielle Unterstützung geben; помоги́те! Hilfe!; ~ комý-н. слóвом и дéлом j-m mit Rat und Tat zur Seite stehen; ~ комý-н. в трýдном положéнии j-m aus der Verlegenheit helfen; ~ гóрю [бедé] j-m aus der Not helfen **2.** helfen, fruchten, Heilung bringen *von Arzneien* ‖ *uv* помогáть, -áю, -áешь
помóщник [шн], -а *m* **1.** Helfer; Hilfskraft **2.** Stellvertreter; Hilfe
пóмощь, -и *f* Hilfe, Beistand, Unterstützung; на ~! Hilfe!; пéрвая ~ Erste Hilfe; оказáть ~ Hilfe leisten; подáть рýку -и hilfreich sein, unter die Arme greifen; прийти́ на ~ zu Hilfe kommen; при -и *oder* с -ью mit Hilfe von, durch, mittels
[1]**пóмпа,** -ы *f* Pomp, Prunk
[2]**пóмпа,** -ы *f tech* Pumpe
помпéзный, -ая, -ое; *Kzf* -зен, -зна pompös, prunkhaft
помпóн, -а *m* Bommel, Bummel *an Mützen usw.*
помрачáть(ся) *uv zu* помрачи́ть(ся)
помрачéние, -я *n* Verfinsterung; ~ зрéния Trübung der Sehkraft; ~ сознáния kurzanhaltender Verlust des Bewußtseins ◇ умá [умý] ~ etwas Berückendes
помрачи́ть, *1. u. 2. Pers ungebr*, **-чи́т;** -чённый, -чён, -ченá *v* **1.** verdüstern, beschatten; *poet übtr* verdüstern *Augen, Blick* **2.** *alt* übertreffen; ~ своúм блéском in den Schatten stellen ‖ *uv* помрачáть, -áет
помрачи́ться, *1. u. 2. Pers ungebr*, -и́тся *v alt* sich verfinstern, sich trüben ‖ *uv* помрачáться, -áется
помрачнéть, -éю, -éешь *v* finster werden, düster werden, sich verdunkeln
помýс(ó)лить, -лю, -лишь *v volksspr* leicht mit Speichel benetzen
помути́ть, -учý, -ýти́шь *v* **1.** leicht trüben **2.** *übtr* (помутнённый, -ён, -енá) benebeln, verwirren *Bewußtsein*
помути́ться, *1. u. 2. Pers ungebr*, -ýти́тся *v* **1.** sich trüben **2.** *übtr* sich trüben, verwirren *Verstand, Bewußtsein*; в глазáх [в головé] у негó помути́лось die Sinne schwanden ihm; er sank halb in Ohnmacht
помутнéть, *1. u. 2. Pers ungebr*, -éет *v* trüb werden *Wasser*; *Augen*
помýчить, -чу, -чишь; -ченный, -чен, -а *v* eine Zeitlang quälen
помчáть, -чý, -чи́шь *v* **1.** anfangen etwas schnell davonzutragen, mit etw. schnell loszufahren **2.** *umg* losstürmen, -eilen
помчáться, -чýсь, -чи́шься *v* losstürmen, schnell dahinfahren, rennen
помыкáть, -áю, -áешь *uv I* schlecht behandeln, despotisch umgehen
пóмысел *u. alt* **пóмысл,** -сла *m buchspr* Gedanke, Absicht, Vorhaben
помы́слить *v zu* помышля́ть
по|мы́ть* *v* (ab-, aus)waschen
по|мы́ться* *v* sich (ab)waschen

помышля́ть, -я́ю, -я́ешь *uv* о *P* (ge)-denken, sinnen, im Sinne haben, vorhaben; träumen ‖ *v* помы́слить, -лю, -лишь

помяну́ть *v zu* помина́ть

помя́тый, -ая, -ое **1.** zerdrückt, zerknittert **2.** müde, nicht frisch

по|мя́ть* *v* **1.** zerdrücken, -knittern, zerknüllen, verbeulen; niedertreten, -fahren *Gras* **2.** durch Drücken verletzen, beschädigen ◇ ~бока́ кому́-н. *volksspr* j-n verprügeln

по|мя́ться* *v* **1.** *1. u. 2. Pers ungebr* zerknittern, sich knüllen; *übtr* müde [abgespannt] sein *Gesicht* **2.** *umg* von einem Bein aufs andere treten **3.** unschlüssig sein, sich genieren, schwanken

понаве́даться, -аюсь, -аешься *v* **1.** *umg* besuchen, aufsuchen, einkehren (bei) **2.** *volksspr* in Erfahrung bringen, erfahren (über)

понаде́яться, -е́юсь, -е́ешься *v* на *A*, *mit Inf oder mit Konj* что hoffen (auf) *meist von unerfüllten Hoffnungen*; **на** *A* sich verlassen (auf), bauen (auf) *meist wenn das Vertrauen enttäuscht wurde*

пона́добиться, -блюсь, -бишься *v* gebraucht [benötigt] werden ◇ е́сли пона́добится wenn nötig; мне э́то пона́добится ich werde es brauchen

понапра́сну *Adv umg* **1.** umsonst, unnütz **2.** ohne triftigen Grund

понаслы́шке *Adv volksspr* vom Hörensagen; aus Erzählungen, durch Gerüchte

понату́житься, -жусь, -жишься *v umg* die Kräfte anspannen; sich noch etwas anstrengen

поонача́лу *Adv umg* anfangs; zu Beginn

понево́ле *Adv umg* notgedrungen, gezwungenermaßen

понеде́льник, -а *m* Montag

понеде́льный, -ая, -ое wöchentlich, für je eine Woche

поне́житься, -жусь, -жишься *v* sich eine Zeitlang dem behaglichen Gefühl des Nichtstuns, der Ruhe hingeben; sich ein wenig aalen

понемно́гу *u. umg* **понемно́жку** *Adv* **1.** ein wenig, ein bißchen **2.** allmählich, nach und nach **3.** *umg* leidlich, so einigermaßen *als Antwort auf die Frage* как пожива́ешь? wie geht es?

поне́рвничать, -аю, -аешь *v* eine Zeitlang nervös sein, ein bißchen nervös werden

по|нести́* *v* **1.** tragen **2.** durchgehen *Pferde*; ло́шадь понесла́ экипа́ж das Pferd ging durch und raste mit dem Wagen davon **3.** mitnehmen *vom Wind, Wasser*; mit forttreiben, -reißen **4.** *unpers I* wehen; riechen (nach), sich verbreiten *Geruch* **5.** *mit abstraktem Subst* erleiden; ~ поте́ри Verlust erleiden; ~ пораже́ние eine Niederlage erleiden; ~ наказа́ние bestraft werden **6.** (~ чепуху́ *oder* ерунду́) beginnen dummes Zeug zu reden **7.** *alt u. gbt* schwanger werden

по|нести́сь* *v* **1.** losjagen, losrennen **2.** weithin erschallen; sich verbreiten *Geruch*

по́ни *m idkl* Pony

понижа́ть(ся) *uv zu* пони́зить(ся)

пониже́ние, -я *n* **1.** Senken, Sinken; Degradierung *Dienststellung*; Ermäßigung *Preise*; Fallen *Temperatur* **2.** niedrige Stelle im Gelände

пони́женный, -ая, -ое **1.** gesenkt, herabgesetzt **2.** niedriger als normal [gewöhnlich]; -ая температу́ра zu niedrige Temperatur, Untertemperatur

пони́зить, -и́жу, -и́зишь; -и́женный, -и́жен, -а *v* **1.** niedriger machen, senken **2.** das Niveau [den Grad] senken, abmindern, herabsetzen; verschlechtern; ка́чество проду́кции ~ es zu einer Qualitätsminderung kommen lassen **3.** *umg* degradieren, in eine niedrigere Dienststellung versetzen **4.** *mus* niedriger stimmen ◇ ~ го́лос [тон] leiser als gewöhnlich [als vorher] sprechen ‖ *uv* понижа́ть, -а́ю, -а́ешь

пони́зиться, *1. u. 2. Pers ungebr*, -ни́зится *v* **1.** sich senken **2.** niedriger werden, sich verringern; sinken **3.** sich verschlechtern; слы́шимость пони́зилось die Hörbarkeit verschlechterte sich **4.** niedriger [leiser] zu tönen beginnen ‖ *uv* понижа́ться, -а́ется

по́низу *Adv* ganz unten, dicht über dem Erdboden

поника́ть *uv zu* пони́кнуть

пони́клый, -ая, -ое *umg* herabhängend, gesenkt

пони́кнуть, -ну, -нешь; пони́к, -ла; пони́к(нув)ший *v* **1.** sich neigen, sich beugen **2.** *I* herabhängen lassen, sich krümmen, neigen *Kopf, Blätter*; ~ голово́й den Kopf hängen lassen; sich in niedergedrückter Stimmung befinden ‖ *uv* поника́ть, -а́ю, -а́ешь

понима́ние, -я *n* **1.** Verstehen, Begreifen, Verständnis; Einsicht; э́то вы́ше моего́ -я das geht über meinen

Verstand 2. Konzeption, Auffassung, Auslegung

понимáть, -áю, -áешь *uv* 1. *uv zu* понять 2. *A oder* в *P* Verständnis haben (für), ein Kenner sein, sich auskennen (in); он ничегó в э́том не понимáет er hat keine Ahnung davon 3. der Auffassung sein, verstehen ◇ э́то я понимáю! so ist es richtig!; das ist das Richtige!

поножóвщина, -ы *f umg* Messerstecherei

пономáрь, -я́ *m* Küster, Kirchendiener

понóс, -а *m med* Durchfall

¹поноси́ть, -ошу́, -óсишь; -óшенный, -óшен, -а *v* eine Zeitlang tragen

²поноси́ть, -ошу́, -óсишь *uv* beschimpfen, durch üble Schmähungen beleidigen

понóска, -и *f* 1. das vom Hund Apportierte 2. Apportieren

поношéние, -я *n alt* Beschimpfung, Schmähung; Schimpfwort

понóшенный, -ая, -ое; *Kzf* -ен, -а abgetragen, abgenutzt

понрáвиться *v zu* нрáвиться

понтóн, -а *m* Ponton

понтóнный, -ая, -ое Ponton-; ~ мост Pontonbrücke, Schiffbrücke

пону́дить, -у́жу, -у́дишь; -уждённый, -уждён, -ужденá *v* zwingen, nötigen (zu) || *uv* **понуждáть,** -áю, -áешь

понуждéние, -я *n* Zwang, Nötigung

понукáть, -áю, -áешь *uv* antreiben, zur Eile anhalten

пону́ривать *uv zu* пону́рить

пону́рить, -рю, -ришь; -ренный, -рен, -а *v* hängen lassen, neigen; ~ гóлову den Kopf hängen lassen, traurig sein || *uv* пону́ривать, -аю, -аешь

пону́рый, -ая, -ое; *Kzf* -у́р, -а niedergeschlagen; с -ой головóй mit hängendem Kopf

пóнчик, -а *m* Pfannkuchen

поны́не *Adv alt* bis jetzt, bis auf den heutigen Tag

понюхать *v zu* ню́хать

поня́тие, -я *n* 1. *phil* Begriff 2. Begriff, Vorstellung 3. *gewöhnlich Pl* Gesamtheit der Ansichten; Verständnis; *umg* Meinung; не имéть ни малéйшего -я о чём-н. nicht die geringste Ahnung von etw. haben, keinen blassen Schimmer von etw. haben; состáвить себé ~ о чём-н. sich von etw. ein Bild machen; дать ~ о кóм-н. *oder* о чём-н. einige Angaben über j-n *oder* über etw. machen

поня́тливость, -и *f* Verständigkeit, Auffassungskraft, Aufgewecktheit

поня́тливый, -ая, -ое; *Kzf* -ив, -а verständig, von leichter Auffassung; ~ ребёнок ein aufgewecktes Kind

поня́тно 1. *Adv* verständlich, klar 2. *mod umg* natürlich, es versteht sich

поня́тный, -ая, -ое; *Kzf* -тен, -тна 1. verständlich, klar, begreiflich 2. begründet, erklärlich 3. *volksspr alt* verständig, schnell von Begriff

понятóй, -óго *Subst m jur alt* Beistand, Zeuge

поня́ть* *v* 1. verstehen, begreifen; ~ значéние die Bedeutung (einer Sache) erkennen; дать ~ zu verstehen geben 2. anerkennen, verstehen und schätzen || *uv* понимáть, -áю, -áешь

пообéдать, -аю, -аешь *v* zu Mittag essen; das Mittagessen beenden

пообещáть, -áю, -áешь; пообéщанный, -ан, -а *v umg* versprechen, ein Versprechen geben

пóодаль *Adv* in geringer Entfernung, etwas entfernt

поодинóчке *Adv* einzeln

поостри́ть, -рю́, -ри́шь *v umg* eine Zeitlang witzeln, Witze reißen

поохóтиться, -óчусь, -óтишься *v* eine Zeitlang jagen, eine gewisse Zeit auf der Jagd zubringen

поочерёдно *Adv* der Reihe nach, abwechselnd

поощрéние, -я *n* 1. Ansporn, Aufmunterung, Ermutigung, Förderung 2. anspornende Belohnung

поощри́тельный, -ая, -ое; *Kzf* -лен, -льна anspornend, fördernd, ermunternd; -ая прéмя Trostpreis

поощри́ть *v zu* поощря́ть

поощря́ть, -я́ю, -я́ешь *uv* anspornen, auf-, ermuntern, fördern || *v* поощри́ть, -рю́, -ри́шь; -рённый, -рён, -ренá

поп, -á *m umg* Pfaffe, Pope, orthodoxer Geistlicher ◇ какóв ~, такóв и прихóд wie der Herr, so das Gescherr; на -á (по)стáвить *volksspr* aufrecht [senkrecht] stellen

попадáние, -я *n* Treffen *des Zieles*; Treffer; прямóе ~ Volltreffer; верóятность -я Treffwahrscheinlichkeit

попáдать, -ает, -аем, -аете *v* nacheinander hin-, herunter-, umfallen *alles, viel*

попадáть(ся) *uv zu* попáсть(ся)

попáриться, -рюсь, -ришься *v* sich

eine Zeitlang im Dampfbad mit dem Birkenbesen schlagen

попа́рно *Adv* paarweise

по|па́сть*; попа́вший *v* **1.** в *A* treffen *Ziel*; пу́ля попа́ла ему́ в плечо́ die Kugel traf ihn in die Schulter **2.** в *A* hineinstecken; ~ ключо́м в замо́чную ды́рку den Schlüssel ins Schlüsselloch stecken **3.** *wohin* gelangen, ungewollt geraten, hineinkommen; einen Ort erreichen; как мне ~ туда́? wie kann ich dahin kommen?; ~ в ру́ки врага́ in die Hand des Feindes fallen; in eine bestimmte Lage kommen; ~ впроса́к hereinfallen, durch eigene Schuld in eine nicht beneidenswerte Lage geraten; ~ в беду́ ins Unglück geraten **4.** *I* versehentlich irgendwohin treten **5.** kommen, gelangen; ~ во флот zur Flotte kommen **6.** zufällig treffen, begegnen **7.** *unpers umg D* einiges abkriegen; Schläge [Schelte] abbekommen; тебе́ от неё попадёт du wirst es noch kriegen von ihr **8.** *nur Prät Sg n* попа́ло *mit vorausgehendem Pron oder Adv* ganz gleich, egal; где попа́ло gleich wo; как попа́ло ganz gleich wie, wie es sich gerade traf; како́й попа́ло ganz egal welcher; кто [что] попа́ло ganz gleich wer [was]; кому́ попа́ло dem ersten besten; ganz gleich wem ◇ ~ на глаза́ zufällig unter die Augen kommen; чем попа́ло *oder volksspr* чем (ни) по́падя *umg* ganz gleich womit; mit dem, was gerade unter die Hände kommt; ~ па́льцем в не́бо ins Blaue treffen || *uv* попада́ть, -а́ю, -а́ешь

по|па́сться*; попа́вшийся *v* **1.** gegen seinen eigenen Willen in eine bestimmte Lage geraten; ~ в лову́шку in die Falle gehen; ~ в плен in Gefangenschaft geraten **2.** в *P* ertappt werden (bei) **3.** *umg* sich treffen, begegnen; zufällig sich finden; in die Hände fallen; че́рез неде́лю он мне опя́ть попа́лся на ле́стнице in einer Woche traf ich ihn wieder auf der Treppe; ~ на глаза́ unter die Augen kommen, sich zufällig blicken lassen; пе́рвый попа́вшийся der erste beste || *uv* попада́ться, -а́юсь, -а́ешься

попа́хивать, -ает *gewöhnlich unpers uv I umg* ein wenig riechen (nach), einen Geruch von sich geben; einen unangenehmen Geruch von sich geben *von Lebensmitteln, die verderben*

попеня́ть *v zu* пеня́ть

попервонача́лу *Adv volksspr* ganz am Anfang, anfangs

попере́к **1.** *Adv* quer, querdurch; *übtr* entgegen **2.** *Präpos mit G* querdurch, querüber; ~ доро́ги in die Quere kommen; in den Weg stellen; вдоль и ~ kreuz und quer; *übtr* durch und durch; знать что́-н. вдоль и ~ etw. in- und auswendig kennen

попереме́нно *Adv* abwechselnd, der Reihe nach

попере́чина, -ы *f* Holm, Querholz, Querbalken

попере́чник, -а *m* Durchmesser

попере́чный, -ая, -ое Quer-, quer verlaufend; ка́ждый встре́чный и ~ der erste beste

поперхну́ться, -ну́сь, -нёшься *v I* sich verschlucken (an)

попе́рчить, -чу, -чишь; -ченный, -чен, -а *v* leicht pfeffern, mit etwas Pfeffer bestreuen

попече́ние, -я *n* Fürsorge, Obhut, Pflege; быть на -и in Pflege sein, unter Obhut stehen

попечи́тельство, -а *n* **1.** Vormundschaft, Kuratel **2.** *hist* Fürsorgeamt

попива́ть, -а́ю, -а́ешь *uv umg* **1.** ein bißchen trinken **2.** sich ab und zu betrinken

по|пи́ть*; по́пил, -ла́! *u.* попи́л, -ла́! *v umg* **1.** eine Zeitlang trinken, eine Zeitlang ein bestimmtes Getränk zu sich nehmen **2.** trinken, sich satttrinken

попла́вать, -аю, -аешь *v* eine Zeitlang schwimmen

поплаво́к, -вка́ *m* **1.** Schwimmer *an der Angel, am Netz*; Boje **2.** *umg* schwimmendes Restaurant; auf einem Schiff oder auf einem Pfahlbau über dem Wasser eingerichtetes Restaurant **3.** Schlauchboot, Ponton **4.** Schwimmer *eines Wasserflugzeuges*

по|пла́кать* *v* eine Zeitlang weinen

поплати́ться, -ачу́сь, -а́тишься *v I umg* bezahlen, büßen; ~ жи́знью mit dem Leben bezahlen ◇ ~ за други́х die Zeche bezahlen müssen

попли́н, -а *m* Popeline; пла́тье из -а Popelinekleid

попли́новый, -ая, -ое aus Popeline, Popeline-; -ая ю́бка Popelinerock

поплотне́ть, -е́ю, -е́ешь *v* **1.** dichter werden, kompakter werden **2.** voller [dicker] werden

по|плы́ть* *v* beginnen zu schwimmen; всё поплы́ло пе́ред глаза́ми alles verschwamm vor den Augen

попо́вич, -а, *I* -ем, *G Pl* -ей *m umg* Sohn des Popen; Mann aus dem geistlichen Stande
попо́вна, -ы, *Pl G* -вен, *D* -внам *f umg* Tochter des Popen
попо́вщина, -ы *f verächtl* religiöser Obskurantismus
попо́зже *Adv* ein bißchen später
попо́йка, -и, *Pl G* -о́ек, *D* -о́йкам *f umg* Saufgelage; Zecherei
попола́м *Adv* **1.** in zwei Hälften, in zwei gleiche Teile; mittendurch **2.** с *I* halbpart; zu zwei gleichen Teilen (mit j-m) **3.** с *I* zur Hälfte, halb (mit etw.); ме́лкий до́ждик ~ с сне́гом halb Sprühregen, halb Schnee
поползнове́ние, -я *n* Versuch; Anspruch, Anwandlung, Absicht, Wunsch
по|ползти́* *v* beginnen zu kriechen
пополне́ние, -я *n* **1.** Auffüllung, Ergänzung, Erweiterung **2.** *mil* neue Truppen zur Auffüllung, Reserven
пополне́ть, -е́ю, -е́ешь *v* dicker, voller werden
попо́лнить, -ню, -нишь; -ненный, -нен, -а *v* ergänzen, auffüllen || *uv* **пополня́ть,** -я́ю, -я́ешь
попо́лниться, *1. u. 2. Pers ungebr*, -ится *v* sich ergänzen, sich vervollständigen || *uv* **пополня́ться,** -я́ется
пополу́дни *Adv* nachmittags; бы́ло о́коло четырёх часо́в ~ es war so um vier Uhr nachmittags
пополу́ночи *Adv* nach Mitternacht
попо́льзоваться, -зуюсь, -зуешься *v umg I* **1.** etw. ausnutzen, für sich Vorteil aus einer Sache ziehen **2.** eine Zeitlang benutzen
попо́мнить, -ню, -нишь *v D umg* im Gedächtnis behalten um zu vergelten, heimzahlen; попо́мни(те) моё сло́во [меня́] denk(en Sie) an meine Worte [an mich]
попо́на, -ы *f* Pferdedecke
попо́ртиться, *1. u. 2. Pers ungebr*, -ится *v umg* leicht verderben
поправе́ть, -е́ю, -е́ешь *v* eine mehr rechtsgerichtete Stellung in der Politik einnehmen, konservativer werden
поправи́мый, -ая, -ое; *Kzf* -и́м, -а *mit Subst* де́ло, беда́, го́ре verbesserungsfähig; э́то -о das kann wieder gutgemacht werden, das kann wieder eingerenkt werden
попра́вить, -влю, -вишь; -вленный, -влен, -а *v* **1.** ausbessern, reparieren **2.** in Ordnung bringen, ordnen, zurechtrücken, -setzen *Frisur, Anzug* **3.** wiederherstellen *Gesundheit* **4.** verbessern, korrigieren *Fehler* || *uv* поправля́ть, -я́ю, -я́ешь
попра́виться, -влюсь, -вишься *v* **1.** sich verbessern, korrigieren *Gesagtes* **2.** *umg* sich zurechtsetzen, zurechtrücken; ~ пе́ред зе́ркалом sich vor dem Spiegel in Ordnung bringen **3.** sich (ver)bessern, besser werden **4.** gesunden, gesund werden; seine Gesundheit wiederherstellen und dabei voller, dicker werden; zunehmen || *uv* поправля́ться, -я́юсь, -я́ешься
попра́вка, -и, *Pl G* -вок, *D* -вкам *f* **1.** Reparatur, Ausbesserung **2.** Wiederherstellung der Gesundheit, Erholung, Genesung; у него́ де́ло идёт на -у es geht ihm besser **3.** Korrektur, Verbesserung(santrag), Ergänzung; вноси́ть -у einen Abänderungsvorschlag einbringen
поправля́ть(ся) *uv zu* попра́вить(ся)
по-пре́жнему *Adv* nach wie vor, wie früher, wie ehedem
попрёк, -а *m* Vorwurf
попрека́ть *uv zu* попрекну́ть
попрекну́ть, -ну́, -нёшь *v* vorwerfen, Vorwürfe machen, vorhalten || *uv* попрека́ть, -а́ю, -а́ешь; попрека́ть кого́-н. че́м-н. j-m etw. vorwerfen
по́прище, -а, *I* -ем *n* **1.** *alt* Wettkampfplatz **2.** *buchspr* Tätigkeitsbereich, Wirkungskreis, Gebiet **3.** *buchspr* Laufbahn
попро́бовать, -бую, -буешь; -бованный, -бован, -а *v* **1.** *v zu* про́бовать **2.** попро́буй(те) *umg als Drohung, Warnung* versuch's nur! (versuchen Sie's nur!)
попроси́ть(ся) *v zu* проси́ть(ся)
попросте́ть, -е́ю, -е́ешь *v umg* einfach werden
по́просту *Adv* **1.** schlicht, einfach; ohne Umstände; ~ говоря́ schlechtweg, kurzerhand **2.** *als verstärkende Part* tatsächlich
попрочне́ть, *1. u. 2. Pers ungebr*, -е́ет *v umg* fester werden, haltbarer werden
попроша́йка, -и, *Pl G* -ша́ек, *D* -ша́йкам *m, f alt* Bettler
попроша́йничать, -аю, -аешь *uv* **1.** *alt* betteln, Almosen erbetteln **2.** *umg* aufdringlich immer wieder um dasselbe bitten; betteln
попроща́ться, -а́юсь, -а́ешься *v* sich verabschieden (с *I* von)
попры́гать, -аю, -аешь *v* **1.** eine Zeit-

lang springen 2. der Reihe nach springen, einer nach dem anderen springen

попрыгу́н *nur N Sg gebräuchlich m umg* einer, der nicht still sitzen kann; über die Maßen beweglicher, geschäftiger Mann; Springinsfeld

попрыгу́нья, -ьи, *Pl G* -ний, *D* -ньям *f umg* eine, die nicht still sitzen kann; über die Maßen bewegliche und leichtfertige Frau

попры́скать, -аю, -аешь *v umg* 1. leicht, eine Zeitlang besprengen 2. rieseln *Regen*

попры́скаться, -аюсь, -аешься *v umg* sich ein wenig bespritzen

по|пря́тать* *v* verbergen, verstecken *viel(e), alle(s)*

по|пря́таться*, *1. u. 2. Pers ungebr v umg* sich verbergen, sich verstecken *viele, alle*

попуга́й, -я, *G Pl* -ев *m* 1. Papagei 2. einer, der alles nachplappert

попуга́ть, -а́ю, -а́ешь *v* leicht erschrecken

попу́дрить, -рю, -ришь; -ренный, -рен, -а *v* ein wenig pudern

попу́дриться, -рюсь, -ришься *v* sich ein wenig pudern

популяриза́ция, -и *f* 1. gemeinverständliche Darlegung 2. Popularisierung, Verbreitung neuer Erkenntnisse, Ideen

популяризи́ровать, -рую, -руешь; -рованный, -рован, -а *v, uv* 1. gemeinverständlich darlegen 2. popularisieren, weit verbreiten

популя́рность, -и *f* 1. Gemeinverständlichkeit 2. Popularität, Beliebtheit; сниска́ть себе́ ~ Popularität erwerben

популя́рный, -ая, -ое; *Kzf* -рен, -рна 1. gemeinverständlich, einfach, populär 2. weit bekannt, sehr beliebt, populär

попурри́ *n idkl mus* Potpourri

попусти́тельство, -а *n buchspr* Fahrlässigkeit; Nichtverhinderung *von etw. Unzulässigem, Gefährlichem*

попусти́тельствовать, -ствую, -ствуешь *uv buchspr* zulassen; in verräterischer Weise Nachsicht üben; durch die Finger sehen

по-пусто́му *Adv umg* vergeblich, umsonst

по́пусту *Adv umg* umsonst, vergebens, unnütz

попу́тать, -аю, -аешь *v umg* 1. verführen, betören; чёрт [бес] тебя́ попу́тал der Teufel hat dich geritten 2. verwickeln, verwirren

попу́тно *Adv* gleichzeitig, nebenher; gelegentlich

попу́тный, -ая, -ое 1. in derselben Richtung verlaufend; ~ ве́тер günstiger Wind, Fahrtwind 2. -ого *Subst m alt* Weggenosse 3. auf der Wegstrecke befindlich; ~ городо́к Städtchen, durch das die Reiseroute verläuft 4. gleichzeitig, beiläufig; -ое произво́дство Nebenerzeugung

попу́тчик, -а *m* 1. Weggenosse, Reisegefährte 2. *pol* Mitläufer

попыта́ть, -а́ю, -а́ешь *v* 1. *volksspr* sich erkundigen, in Erfahrung bringen 2. erproben; ~ сча́стья [сча́стье] das Glück versuchen 3. eine Zeitlang foltern

попыта́ться *v zu* пыта́ться

попы́тка, -и, *Pl G* -ток, *D* -ткам *f* Versuch ◇ ~ не пы́тка Probieren geht über Studieren

попя́тить(ся) *v zu* пя́тить(ся)

попя́тный, -ая, -ое *alt* rückläufig; Rückwärts-; -ое движе́ние Rückwärtsbewegung ◇ идти́ на ~ [на-ую, на ~ двор] *volksspr* sein Wort, seinen Entschluß rückgängig machen; sich eines anderen besinnen

по́ра ↑ по́ры

пора́, -ы́, *A* по́ру, *Pl* по́ры, пор, пора́м *f* 1. Zeit, Zeitpunkt, Periode; Tageszeit, Jahreszeit; весе́нняя ~ Frühlingszeit; в зи́мнюю -у im Winter; вече́рней -о́й zur Abendzeit; abends; в са́мую -у a) zur rechten Zeit; b) *umg* ganz passend, genau nach Maß; в ту -у *u. gbt* в те по́ры damals; в э́ту -у jetzt, zu dieser Zeit; в (само́й) -е́ in der Blütezeit; до -ы́ до вре́мени bis zu einer bestimmten Zeit; zeitweilig; до каки́х [кото́рых] пор? bis wann?; до сих пор *u.* до́ сих пор bis jetzt; bis hierher; до тех по́р bis zu der Zeit, bis dahin; на пе́рвых пора́х in der ersten Zeit, anfangs; с каки́х [кото́рых] пор? seit wann?, seit welcher Zeit?; с э́тих пор seit der Zeit, seit dem Augenblick; с да́вних пор seit langer Zeit, von früher her; с не́которых пор seit einiger Zeit; с той -ы́ *u.* с те́х пор von dieser Zeit an, von diesem Augenblick an; с тех пор, как seitdem . . .; до тех пор, пока́ . . . solange, bis . . . 2. *prädikativ* es ist Zeit; ~ домо́й

es ist Zeit nach Hause zu gehen; давно́ ~ es ist höchste Zeit
порабо́тать, -аю, -аешь *v* eine Zeitlang arbeiten
поработи́тель, -я *m* Unterdrücker, Versklaver
поработи́ть, -ощу́, -оти́шь; -ощённый, -ощён, -ощена́ *v buchspr* unterdrücken, -jochen, knechten ‖ *uv* **порабоща́ть,** -а́ю, -а́ешь
порабоще́ние, -я *n* Unterdrückung, Unterjochung, Versklavung, Knechtung
поравня́ться, -я́юсь, -я́ешься *v* с *I* auf gleiche Höhe kommen; einholen
пора́довать, -дую, -дуешь *v A* Freude machen, erfreuen
пора́доваться, -дуюсь, -дуешься *v D* sich freuen (über)
поража́ть(ся) *uv zu* порази́ть(ся)
пораже́нец, -нца, *I* -нцем, *Pl G* -нцев *m* Defätist; Kapitulant
пораже́ние, -я *n* 1. Zerschlagung, Beschädigung 2. Niederlage, Schlappe; потерпе́ть ~ eine Niederlage erleiden; нанести́ ~ eine Niederlage beibringen 3. Verletzung durch eine Waffe 4. *med* Verletzung, Befall; Schädigung ◇ ~ прав [в права́х] *jur* Aberkennung der bürgerlichen Rechte
поразду́мать, -аю, -аешь *v* о *P umg* gründlich nachdenken (über), sich gut überlegen
порази́тельный, -ая, -ое; *Kzf* -лен, -льна erstaunlich, frappierend, überraschend; ungewöhnlich, auffallend
порази́ть, -ажу́, -ази́шь; -ажённый, -ажён, -ажена́ *v* 1. mit einer Waffe einen Schlag [Stoß] versetzen; treffen und beschädigen 2. *buchspr* besiegen, vernichten 3. verletzen, befallen *von Erkrankungen, Krankheiten* 4. verblüffen, in Erstaunen versetzen, frappieren, überraschen ‖ *uv* поража́ть, -а́ю, -а́ешь
порази́ться, -ажу́сь, -ази́шься *v* sehr erstaunt [überrascht] sein, sich sehr wundern ‖ *uv* поража́ться, -а́юсь, -а́ешься
поразмы́слить, -лю, -лишь *v umg* о *P* gründlich nachdenken, überlegen
поразузна́ть, -а́ю, -а́ешь *v umg* allmählich etw. erfahren an verschiedenen Orten und von verschiedenen Personen, mit der Zeit etw. in Erfahrung bringen
пора́нить, -ню, -нишь; -ненный, -нен, -а *v* verwunden, verletzen
пора́ниться, -нюсь, -нишься *v umg* sich verwunden, sich verletzen
пораски́нуть, -ну, -нешь *v*: ~ умо́м *umg* überlegen, im Kopf überschlagen, sich durch den Kopf gehen lassen
порассуди́ть, -ужу́, -у́дишь *v umg* nachdenken, überlegen
пораста́ть *uv zu* порасти́
по|расти́* *v* 1. eine Zeitlang wachsen 2. *I* bewachsen (mit); весь двор поро́с крапи́вой der ganze Hof war mit Brennesseln bedeckt ‖ *uv* пораста́ть, -а́ет *zu* 2
по|рва́ть* *v* 1. zerreißen 2. zerstören *Verbindung(swege)* 3. *übtr* lösen, abbrechen *Verbindungen, Beziehungen*; ~ с ке́м-н. mit j-m brechen 4. *umg viel, alles* pflücken, eine bestimmte Menge abreißend sammeln *Blätter* ‖ *uv* порыва́ть, -а́ю, -а́ешь *zu* 3
по|рва́ться*, *1. u. 2. Pers ungebr*; -рва́ли́сь *v* 1. zerreißen 2. jäh abbrechen *Stimme, Rede* 3. *übtr umg* abbrechen, lösen *Verbindungen, Beziehungen* ‖ *uv* порыва́ться, -а́ется *zu* 3
поре́дение, -я *n* das Sichlichten; ~ воло́с Haarausfall
поре́деть, *1. u. 2. Pers ungebr*, -е́ет *v* dünner, spärlicher werden; sich lichten
поре́з, -а *m* 1. Schnitt 2. Schnittwunde
по|ре́зать* *v* 1. schneiden, aufritzen, verletzen *durch Schnitt* 2. *umg* abstechen, umbringen *alle, viele*; *volksspr u. gbt* abwürgen, töten *von Raubtieren* 3. *A oder G* aufschneiden, in viele Stücke zerschneiden *Wurst, Fleisch* 4. eine Zeitlang schneiden
по|ре́заться* *v* sich schneiden
поре́й, -я *m* Porree
порекомендова́ть *v zu* рекомендова́ть
пореши́ть, -шу́, -ши́шь; -шённый, -шён, -шена́ *v* 1. *A oder* на *P oder mit Inf* einen Beschluß fassen, beschließen 2. *volksspr* töten, umbringen 3. *volksspr alt* liquidieren ◇ ~ де́ло *alt* eine Sache zu Ende bringen
порисова́ть, -су́ю, -су́ешь *v* eine Zeitlang, ein wenig zeichnen
по́ристый, -ая, -ое; *Kzf* -ист, -а porös, mit Poren
порица́ние, -я *n* Rüge, Tadel; вы́нести кому́-н. обще́ственное ~ j-m einen öffentlichen Tadel erteilen

порица́ть, -а́ю, -а́ешь *uv* tadeln, rügen

¹по́рка, -и *f* Auftrennen, Auseinandertrennen *Gewebe, Genähtes*

²по́рка, -и *f umg* Prügel; Auspeitschung

по́ровну *Adv* in gleiche Teile; zu gleichen Teilen

поро́г, -а *m* **1.** Türschwelle **2.** Stromschnelle **3.** *übtr* Schwelle, Grenze, Rand; ~ слы́шимости die Grenze der Hörbarkeit, geringste Hörbarkeit ◇ за ~ aus dem Haus; за -ом außerhalb des Hauses; не пуска́ть на ~ кого́-н. niemanden ins Haus lassen [einlassen]; на -е *zeitlich* nahe; весна́ на -е der Frühling steht vor der Tür; на -е сме́рти an der Schwelle des Todes; оби́ть все -и mit Bitten belästigen; von Pontius zu Pilatus laufen

поро́да, -ы *f* **1.** Rasse, Art *von Tieren* **2.** (Pflanzen-) Art **3.** Menschenschlag; он из той же -ы er ist vom selben Schlage; er ist aus demselben Holz geschnitzt **4.** *alt* Geschlecht, Familie, Herkunft; он кня́жеской -ы er entstammt einem Fürstengeschlecht **5.** *min geol* Gesteinsschicht, -art

поро́дистый, -ая, -ое; *Kzf* -ист, -а (rein)rassig; Rasse-

породи́ть, -ожу́, -оди́шь; -ождённый, -ождён, -ождена́ *v* **1.** *alt poet* gebären, zur Welt bringen; (er)zeugen *Nachkommen* **2.** erzeugen, hervorrufen, entstehen lassen ‖ *uv* порожда́ть, -а́ю, -а́ешь

породни́ть(ся) *v zu* родни́ть(ся)

порожда́ть *uv zu* породи́ть

порожде́ние, -я *n buchspr* Erzeugnis, Frucht; ~ а́да Ausgeburt der Hölle

поро́жистый, -ая, -ое; *Kzf* -ист, -а reich an Stromschnellen

поро́жний, -яя, -ее **1.** *umg* leer **2.** *volksspr* unbesetzt, frei *Tisch, Stuhl* ◇ перелива́ть [пересыпа́ть] из пусто́го в -ее leeres Stroh dreschen

порожняко́м *Adv umg* leer, unbeladen, ohne Ladung

по́розны *Adv* jeder für sich; einzeln, gesondert, getrennt

порозове́ть, -е́ю, -е́ешь *v* sich rosa färben

поро́й *oder* **поро́ю** *Adv* zuweilen, manchmal, hin und wieder, bisweilen, mitunter

поро́к, -а *m* **1.** Laster, Untugend, Mangel; преда́ться -у sich dem Laster ergeben **2.** körperlicher Schaden, Gebrechen; ~ се́рдца Herzfehler

поросёнок, -нка, *Pl* порося́та, -я́т, -я́там *m* Ferkel

пороси́ться, *1. u. 2. Pers ungebr*, -и́тся *uv* Ferkel werfen, ferkeln

по́росль, -и *f* **1.** Triebe von Pflanzen [Baumstümpfen]; Schößlinge; *übtr* Nachkommenschaft, junge Generation **2.** junger Wald; Unterholz, Gestrüpp, Gehölz **3.** *umg* Haarwuchs; Bartwuchs

порося́тина, -ы *f* Ferkelfleisch

пороя́тник, -а *m* Ferkelstall, Ferkelboxe

¹поро́ть* *uv* **1.** (auf)trennen *Naht* **2.** *volksspr* aufschlitzen, zertrennen *Wanst, Bauch* ◇ ~ горя́чку hasten; überstürzt tun; ~ чепуху́ [чушь, дичь, вздор] Unsinn reden, dummes Zeug quatschen

²поро́ть* *uv umg* hauen, schlagen, prügeln

поро́ться*, *1. u. 2. Pers ungebr uv umg* an der Naht aufplatzen, sich auftrennen

по́рох, -а (-у) *m* **1.** (*Pl zur Bezeichnung von Sorten* пороха́, -о́в, -а́м) (Schieß-) Pulver **2.** *umg* Hitzkopf ◇ держа́ть ~ сухи́м das Pulver trocken halten; тра́тить [теря́ть, изводи́ть] ~ да́ром [напра́сно, попусто́му] ergebnislos reden, ohne Ergebnis, umsonst tun; etw. für die Katz tun; он не вы́думал -а [-у] er hat das Pulver nicht erfunden; не поню́хал -у er war nicht im Kriege, er hat noch kein Pulver gerochen; не хвата́ет -у da reicht die Puste nicht

порохово́й, -а́я, -о́е Pulver-; ~ заво́д Pulvermühle; Schießpulverfabrik

поро́чить, -чу, -чишь *uv* in Verruf bringen, verleumden, in Mißkredit bringen; herabsetzen, schmälern; ~ чьё-н. и́мя den Namen von irgendjemandem beschmutzen

поро́чный, -ая, -ое; *Kzf* -чен, -чна **1.** lasterhaft, sittlich verderbt **2.** falsch, mangelhaft, unzulänglich; ~ круг a) *phil* circulus vitiosus, Trugschluß; b) *übtr* ausweglose Situation

поро́ша, -и, *I* -ей *f* Neuschnee; Pulverschnee

пороши́ть, *1. u. 2. Pers ungebr*, -и́т *uv* **1.** in feinen Flocken schneien **2.** mit lockerem Schnee bedecken

порошо́к, -шка́ *m* **1.** Pulver; стира́льный ~ Waschpulver **2.** Arznei in

Pulverform ◇ стере́ть [растере́ть, истере́ть] в ~ кого́-н. mit j-m in scharfer Weise abrechnen

поро́ю ↑ поро́й

порт, -а, *P* о по́рте, в порту́, *Pl* по́рты, -о́в, -а́м *m* Hafen; Hafenstadt; вое́нный ~ Kriegshafen; речно́й ~ Flußhafen, Binnenhafen; морско́й ~ Seehafen; возду́шный ~ Flughafen ◇ войти́ в ~ in den Hafen einlaufen

портати́вный, -ая, -ое; *Kzf* -вен, -вна leicht zu befördern, handlich, tragbar; -ая пи́шущая маши́нка Reise-, Kofferschreibmaschine

портве́йн, -а *m* Portwein

по́ртик, -а *m* Portikus, Säulenhalle

по́ртить, по́рчу, по́ртишь; по́рченный, -ен, -а *uv* **1.** beschädigen, ruinieren, verderben; ~ зре́ние sich die Augen verderben **2.** verderben, verschlechtern; ~ настрое́ние die Stimmung verschlechtern; э́то пла́тье тебя́ по́ртит dieses Kleid steht dir nicht **3.** moralisch verderben ◇ ~ себе́ кро́вь sich sehr stark ärgern

по́ртиться, по́рчусь, по́ртишься *uv* **1.** verderben, entzweigehen, beschädigt [ruiniert] werden; schlecht werden, verderben *Nahrungsmittel*; sich verschlechtern *Gesundheit* **2.** schlecht werden, sich verschlechtern *Beziehungen* **3.** einem schlechten Einfluß erliegen, moralisch verkommen

портки́, -о́в *u.* -то́к, -тка́м *Pl volksspr* Hose(n)

портни́ха, -и *f* Schneiderin

портно́вский, -ая, -ое **1.** Schneider-, für den Schneider bestimmt; ~ инструме́нт Schneiderwerkzeug **2.** Schneider-; -ая мастерска́я Schneiderwerkstatt

портно́й, -о́го *Subst m* Schneider; мужско́й ~ Herrenschneider; да́мский ~ Damenschneider

портня́жить, -жу, -жишь *uv volksspr* schneidern

портня́жничать, -аю, -аешь *uv umg* schneidern

портови́к, -а́ *m* Hafenarbeiter

порто́вый, -ая, -ое Hafen-; ~ рабо́чий Hafenarbeiter

портре́т, -а *m* **1.** Porträt, Bild(nis), Photographie; группово́й ~ Gruppenbild; поясно́й ~ Brustbild **2.** Beschreibung des Äußeren einer literarischen Gestalt

портрети́ст, -а *m* Porträtmaler

портре́тный, -ая, -ое Porträt-; **-ая** жи́вопись Porträtmalerei

Порт-Саи́д, -а *m* Port Said

портсига́р, -а *m* Zigarren-, Zigarettenetui

португа́лец, -льца, *I* -льцем, *G Pl* -льцев *m* Portugiese

Португа́лия, -и *f* Portugal

португа́лка, -и, *Pl G* -лок, *D* -лкам *f* Portugiesin

португа́льский, -ая, -ое portugiesisch

портупе́я, -и *f* Schulterriemen, Degengehänge, Portepee

портфе́ль, -я *m* **1.** Aktentasche, Mappe **2.** Portefeuille, Amt, Ministerposten ◇ министе́рский ~ *oder* ~ мини́стра Ministeramt; редакцио́нный ~ *oder* ~ реда́кции zum Druck von der Redaktion angenommene Manuskripte

портфе́льный, -ая, -ое Aktentaschen-; ~ замо́к Schloß der Aktentasche

порты́, -о́в, -а́м *Pl volksspr* Hose(n)

портье́ра, -ы *f* schwerer Tür- oder Fenstervorhang, Portiere

портя́нка, -и, *Pl G* -нок, *D* -нкам *f* Fußlappen

поруби́ть, -ублю́, -у́бишь; -у́бленный, -у́блен, -а *v* **1.** *viel, ganz* abhauen, -hacken, fällen *Bäume* **2.** *A oder G* zerhacken, -schneiden *Fleisch, Brennholz*; niedermetzeln mit blanker Waffe **3.** *volksspr* einen Körperteil verletzen *mit dem Beil, Säbel* **4.** eine Zeitlang fällen

пору́бка, -и, *Pl G* -бок, *D* -бкам *f* **1.** Fällen, Abhauen *der Bäume* **2.** Waldfrevel **3.** Holzschlag

пору́бщик, -а *m* **1.** Holzfäller **2.** Waldfrevler

поруга́ние, -я *n buchspr* Schmähung, Beschimpfung, Schändung; отда́ть на ~ dem Schimpf preisgeben

поруга́ть, -а́ю, -а́ешь; пору́ганный, -ан, -а *v* **1.** eine Zeitlang schimpfen; ein wenig schimpfen, schelten **2.** *alt, buchspr* mit Schimpf und Schande bedecken, beschimpfen

поруга́ться, -а́юсь, -а́ешься *v* **1.** sich zanken (mit) **2.** eine Zeitlang schimpfen

пору́ка, -и *f* Bürgschaft, Haftung; отпусти́ть на -и gegen Bürgschaft freigeben

поруча́ть *uv zu* поручи́ть

поруче́ние, -я *n* Auftrag, Beauftragung; по -ю кого́-н. im Auftrag von j-m; дать кому́-н. ~ j-m einen Auftrag erteilen; вы́полнить ~ einen Auftrag erfüllen [ausführen]

пору́чик, -а *m* Oberleutnant *in der zaristischen Armee*
поручи́тель, -я *m* Bürge
поручи́тельство, -а *n* Bürgschaft, Kaution
поручи́ть, -учу́, -у́чишь; -у́ченный, -у́чен, -а *v D* 1. (be)auftragen 2. zur Betreuung anvertrauen || *uv* поруча́ть, -а́ю, -а́ешь
поручи́ться *v zu* руча́ться
по́ручни *Pl* -ей, *Sg* по́ручень, -чня *m* Geländer(stange), Riemen zum Anhalten
порфи́р, -а *m min* Porphyr
порха́ть, -а́ю, -а́ешь *uv* (umher)flattern, von einem Ort zum andern fliegen *Vögel, Falter*; *übtr* sich schnell von einem Orte zum anderen begeben; *übtr iron* ein leichtes, flatterhaftes Leben führen || *v* **порхну́ть,** -ну́, -нёшь
порцио́нный, -ая, -ое 1. Portions- 2. auf besondere Bestellung hergestellt *in Speisegaststätten*; -ое блю́до auf besondere Bestellung zubereitetes Gericht
по́рция, -и *f* 1. Ration, Quantum, bestimmte Menge 2. Portion *Essen*
по́рча, -ы *f* 1. Beschädigung, Verderben, Zerstörung; ~ зре́ния Verschlechterung der Sehkraft; ~ нра́вов Sittenverderbtheit 2. *gbt folkl* Behexung
по́рченый, -ая, -ое 1. *umg* verdorben; -ое мя́со verdorbenes Fleisch 2. *gbt folkl* behext, durch Behexung krank
по́ршень, -шня *m tech* Kolben
поршнево́й, -а́я, -о́е Kolben-; -ы́е ко́льца Kolbenringe
по́ры *Pl* пор, *Sg* по́ра, -ы *f* Poren
поры́в, -а *m* 1. Stoß, Windstoß 2. Aufschwung, Drang, Aufwallung der Gefühle, Ausbruch; ~ ра́дости Freudenausbruch; ~ гне́ва Wutanfall, -ausbruch
порыва́ть *uv zu* порва́ть
[1]**порыва́ться** *uv zu* порва́ться
[2]**порыва́ться,** -а́юсь, -а́ешься *uv* 1. *umg* aufspringen, auffahren 2. *mit Inf* sich krampfhaft bemühen, stürmisch versuchen
поры́вистый, -ая, -ое; *Kzf* -ист, -а 1. mit heftigen Stößen, stoßartig, -weise; ~ ве́тер böiger Wind 2. ruckartig, ungestüm, heftig, plötzlich; -ое движе́ние stoßartige, stürmische Bewegung 3. stürmisch, heftig, sich leicht hinreißen lassend; ~ хара́ктер ein stürmischer, leicht zu Aufwallungen geneigter Charakter
порыже́лый, -ая, -ое verschossen, durch Verschießen rötlich-braun geworden
порыже́ть, -е́ю, -е́ешь *v* rötlich werden, rötliche Farbe bekommen; verblassen, verschießen
по|ры́скать* *u.* -аю, -аешь *v umg* eine Zeitlang suchend umherlaufen
по|ры́ться* *v umg* eine Zeitlang herumwühlen ◇ ~ в па́мяти im Gedächtnis kramen; versuchen sich zu erinnern
порю́ ↑ поро́ть
поряди́ть(ся) *v zu* [2]ряди́ть(ся)
поря́дковый, -ая, -ое laufend; ~ но́мер laufende Nummer ◇ -ое числи́тельное *gram* Ordnungszahl(wort)
поря́дком *Adv umg* 1. in bedeutendem Maße, viel, ordentlich 2. wie es sich gehört
поря́док, -дка *m* 1. Ordnung; быть в -дке in Ordnung sein; einen guten Zustand aufweisen; в по́лном -дке in bester Ordnung; привести́ в ~ in Ordnung bringen; ordnen 2. (Gesellschafts-) Ordnung, Regime; крепостны́е -дки das Regime der Leibeigenschaft 3. bestimmte Reihenfolge, geordneter Ablauf; по -дку der Reihe nach, reihum, einer nach dem anderen 4. Art und Weise, Methode, Weg und Regeln, nach denen etw. durchgeführt wird; ~ голосова́ния Wahlordnung; ~ начисле́ния пре́мий Prämienordnung; в спе́шном -дке eilig, in beschleunigter Weise; зако́нным -дком auf gesetzlichem Wege; в дискуссио́нном -дке auf dem Diskussionswege; в -дке контро́ля zur Kontrolle 5. *gewöhnlich im G mit Attribut* Eigenschaft, Charakter, Art, Sphäre; явле́ния одного́ -дка Erscheinungen der gleichen Art 6. *mil* Formation; боево́й ~ Gefechtsordnung 7. *gbt* Häuserzeile, -reihe 8. *bot* Ordnung ◇ в -дке веще́й normal, natürlich; ~ дня Tagesordnung; свои́м -дком so wie es sich gehört
поря́дочно *Adv* 1. anständig, ehrenhaft 2. *umg alt* nicht schlecht, zufriedenstellend; он ~ игра́л на фортепья́но er spielte leidlich Klavier 3. *umg* viel; bedeutend; sehr stark
поря́дочный, -ая, -ое; *Kzf* -чен, -чна 1. anständig, ehrenhaft 2. ganz gut, ordentlich, durchaus befriedigend 3. gehörig, recht groß; *nur Langform als Verstärkung bei Subst, die Eigen-*

schaften des Menschen bezeichnen außerordentlich, groß; он ~ трус er ist ein großer Feigling

посáд, -а *m hist* Vorort; Marktflecken

посади́ть, -ажу́, -áдишь; -áженный, -áжен, -а *v* 1. pflanzen 2. hinsetzen, einen Platz anweisen; bei der Beschaffung eines Platzes behilflich sein 3. за *A oder mit Inf zu einer best. Tätigkeit* zwingen; *an eine (schriftliche) Arbeit* setzen; ~ ребёнка за уро́ки das Kind an die Hausaufgaben setzen; ~ на дие́ту auf Diätkost setzen; ~ на обро́к *hist* mit Naturalien- oder Geldzins belegen 4. einstecken, einsperren; ~ соба́ку на цепь den Hund an die Kette legen 5. aufsetzen, landen *Flugzeug*; auflaufen lassen *Schiff* 6. *volksspr* in eine schwierige Lage bringen; festnageln *im Streitgespräch*; ~ на экзáмене im Examen durchrauschen lassen 7. daraufsetzen (auf) 8. in den Ofen zum Backen schieben 9. aufsetzen, -nähen *Flicken* 10. (*nur Ptz Prät Pass*) sitzen *Kopf, Augen*; небольшáя головá былá кре́пко посáжена на коро́ткой ше́е der kleine Kopf saß fest auf dem kurzen Hals ◇ ~ кого́ на зе́млю j-n zu seßhafter Lebensweise zwingen

посáдка, -и, *Pl G* -док, *D* -дкам *f* 1. das Pflanzen 2. *meist Pl* Stecklinge 3. Einsteigen; Einschiffung 4. Landung *Flugzeug*; вы́нужденная ~ Notlandung; неудáчная [авари́йная] ~ Bruchlandung; ~ на фюзеля́ж Bauchlandung; плани́рующая ~ Gleitfluglandung; ~ корабля́ Landung des Raumschiffes; идти́ на -у zur Landung ansetzen 5. Sitz, Haltung *beim Reiten* 6. Haltung des Kopfes, Pose

посáдочный, -ая, -ое 1. Pflanz-; -ые рабо́ты Pflanzarbeiten 2. zum Einsteigen bestimmt 3. Lande-; -ая площáдка Landeplatz; -ая ско́рость Landegeschwindigkeit

посáпывать, -аю, -аешь *uv* von Zeit zu Zeit schnarchen; leicht schnarchen

посáсывать, -аю, -аешь *uv umg* ein wenig saugen [lutschen]

посвáтать(ся) *v zu* свáтать(ся)

посвеже́ть, -е́ю, -е́ешь *v* 1. kühler werden 2. frischer, saftiger in der Farbe werden; ein frischeres, gesünderes Aussehen bekommen

посвети́ть, -ечу́, -е́тишь *v* 1. eine Zeitlang leuchten, scheinen 2. eine Zeitlang (be)leuchten

посветле́ть, -е́ю, -е́ешь *v* hell(er) werden, sich aufklären

по́свист, -а *m* Pfeifen, Pfiff; charakteristische Art zu pfeifen; соловьи́ный ~ Nachtigallenschlag

посви́стывать, -аю, -аешь *uv* von Zeit zu Zeit leise pfeifen

по-сво́йски *Adv* 1. *umg alt* nach eigenem Ermessen 2. *umg* wie es unter Verwandten und Freunden üblich ist

посвяти́ть, -ящу́, -яти́шь; -ящённый, -ящён, -ященá *v* 1. einweihen (in в *A*) 2. weihen, widmen; ~ жизнь освободи́тельной борьбе́ das Leben dem Befreiungskampf widmen ◇ ~ в ры́цари zum Ritter schlagen ‖ *uv* **посвящáть,** -áю, -áешь

посвяще́ние, -я *n* 1. Einweihen, Anvertrauen 2. Widmung 3. Weihe ◇ ~ в ры́цари Ritterschlag

посе́в, -а *m* 1. Säen, Aussaat 2. Saat; яровы́е -ы Sommersaaten

посевно́й, -áя, -о́е 1. Saat-; ~ материáл Saatgut; -áя кампáния Aussaatkampagne 2. -áя, -о́й *Subst f umg* Aussaatkampagne, Zeit der Aussaat

поседе́лый, -ая, -ое ergraut *Haare*

поседе́ть, -е́ю, -е́ешь *v* grau werden, ergrauen

посейчáс *Adv umg* bis jetzt, bis zum heutigen Tage

посекре́тничать, -аю, -аешь *v umg* geheimtuerisch reden, tuscheln

поселе́нец, -нца, *I* -нцем, *G Pl* -нцев *m* 1. (An-) Siedler 2. (im zaristischen Rußland) in eine Strafansiedlung Verbannter

поселе́ние, -я *n* 1. Ansiedlung, Siedlung 2. bewohnter Ort, Ortschaft 3. Strafansiedlung (im zaristischen Rußland)

посели́ть, -лю́, -ли́шь; -лённый, -лён, -ленá *v* 1. ansiedeln, einweisen 2. *übtr* erregen, einflößen ‖ *uv* поселя́ть, -я́ю, -я́ешь

посели́ться, -лю́сь, -ли́шься *v* 1. sich ansiedeln, sich niederlassen 2. *übtr* sich einnisten, sich einstellen ‖ *uv* поселя́ться, -я́юсь, -я́ешься

поселко́вый, -ая, -ое Siedlungs-

посёлок, -лка *m* Vorortsiedlung; Neubausiedlung; дáчный ~ Villenkolonie, Siedlung von Wochenendhäusern; рабо́чий ~ Arbeitersiedlung

поселя́ть(ся) *uv zu* посели́ть(ся)

посеребри́ть, -рю́, -ри́шь; -рённый, -рён, -рена́ *v* 1. versilbern, mit einer dünnen Silberschicht bedecken 2. Silberglanz verleihen

посереди́ *volksspr* 1. *Adv* in der Mitte 2. *Präpos* inmitten

посереди́не 1. *Adv* in der Mitte 2. *Präpos mit G* inmitten; ~ ко́мнаты in der Mitte des Zimmers

посерёдке *Adv umg* in der Mitte

посере́ть, -е́ю, -е́ешь *v* grau [grauer] werden

посети́тель, -я *m* Besucher

посети́ть, -ещу́, -ети́шь; -ещённый, -ещён, -ещена́ *v* 1. besuchen, aufsuchen 2. *übtr* überkommen, erscheinen ‖ *uv* посеща́ть, -а́ю, -а́ешь

посе́товать *v zu* се́товать

посе́чься *v zu* се́чься

посеща́емость, -и *f* Besucherzahl; Zulauf; ~ в шко́ле Schulbesuch; ~ и успева́емость Anwesenheit und Leistungen *Zensuren*

посеща́ть *uv zu* посети́ть

посеще́ние, -я *n* Besuch; коллекти́вное ~ теа́тра gemeinsamer Theaterbesuch

посе́ять *v zu* се́ять

посиде́ть, -ижу́, -иди́шь *v* 1. eine Zeitlang sitzen, im Sitzen verbringen 2. auf eine bestimmte Kost gesetzt sein; пришло́сь ~ на консе́рвах wir hatten uns eine Zeitlang von Konserven ernähren müssen

поси́живать, -аю, -аешь *uv umg* sitzend die Zeit verbringen

поси́льный, -ая, -ое; *Kzf* -лен, -льна den Kräften oder Möglichkeiten entsprechend, angemessen, möglich

посине́ть, -е́ю, -е́ешь *v* blau(er) werden

по|скака́ть* *v* 1. anfangen zu springen, losrennen 2. galoppieren *Pferde* 3. eine Zeitlang springen, hüpfen, umhertollen

поскanда́лить, -лю, -лишь *v umg* einen Skandal veranstalten

поскида́ть, -а́ю, -а́ешь; поски́данный, -ан, -а *v umg* Stück für Stück abwerfen, ablegen *Kleider*

поскользну́ться, -ну́сь, -нёшься *v* ausgleiten, -rutschen

поско́льку *Konj* da; da ... ja; insofern

поскоре́е *Adv* schnell(er)

поскрёбки *Pl* -ов, *Sg* поскрёбок, -бка *m umg* zusammengekratzte Reste

по|скрести́* *v* eine Zeitlang kratzen, schaben

поскрипе́ть, -плю́, -пи́шь *v* eine Zeitlang knarren, knistern

поскри́пывать, -аю, -аешь *uv* von Zeit zu Zeit *bzw.* leicht knarren, quietschen

поскупи́ться, -плю́сь, -пи́шься *v* geizen; не поскупи́ться sich nicht lumpen lassen

послабле́ние, -я *n* Nachsicht, Unterforderung; сде́лать кому́-н. ~ bei j-m ein Auge zudrücken, j-m gegenüber Nachsicht üben

посла́нец, -нца, *I* -нцем, *G Pl* -нцев *m* Bote, Abgesandter; Vertreter

посла́ние, -я *n* 1. Botschaft, Sendschreiben, Brief 2. Epistel; Brief

посла́нник, -а *m* 1. Gesandter 2. *buchspr, alt* Abgesandter, Sendbote

посласти́ть, -ащу́, -асти́шь; -ащённый, -ащён, -ащена́ *v* süßen

по|сла́ть* *v* 1. beordern, schicken *mit einem bestimmten Auftrag*; ~ за ке́м j-n holen lassen 2. schicken, absenden, zukommen lassen *Brief*; ~ приве́т grüßen lassen, Grüße senden 3. irgendwohin befördern *z. B. Ball ins Tor*; losschicken *Gewehrsalve* 4. schicken, übermitteln *Blick, Kuß* ◇ угости́ть [покорми́ть] чем бог посла́л bewirten [beköstigen] mit dem, was man gerade hat; ~ ко всем чертя́м zum Teufel jagen ‖ *uv* посыла́ть, -а́ю, -а́ешь

по́сле 1. *Präpos mit G* nach *zeitlich*; ~ уро́ков nach dem Unterricht; ~ обе́да nachmittags, nach dem Mittagessen 2. *Adv* später; nachher; об э́том поговори́м ~ darüber sprechen wir nachher [später] ◇ ~ того́ как *Konj* nachdem

по́сле- *in Zuss* nach-, Nach-; nach

послевое́нный, -ая, -ое Nachkriegs-

после́д, -а *m med* Mutterkuchen, Plazenta

последи́ть, -ежу́, -еди́шь *v* eine Zeitlang aufpassen, nachspüren

после́дки, -ов *Pl volksspr* Rest(e)

после́дний, -яя, -ее 1. letzter; Schluß-; -яя глава́ Schlußkapitel; ~ раз zum letzten Male; в -ее вре́мя in der letzten Zeit 2. der zuletzt übriggebliebene; из -ей муки́ aus dem letzten bißchen Mehl 3. vorig, vorherig; на -ей ле́кции in der vorigen Vorlesung 4. allerneuester, modernster; по -ему сло́ву те́хники nach dem modernsten Stand der Technik; ~ крик der letzte Schrei *Mode* 5. letzterer, letztgenannter, eben erwähnter 6. endgültig; -ее реше́ние letzte, unumstößliche Entscheidung 7. höchster, äußerster; решиться на -юю ме́ру das Äußerste unternehmen; до -ей кра́йности bis aufs äußerste 8. unbedeutendster; schlechtester; обруга́ть -ими слова́ми mit gemeinsten Ausdrükken beschimpfen ◇ в -ем счёте zu guter Letzt; отда́ть -ее sein Letztes hingeben; до -его unter Aufbietung aller Kräfte; -яя во́ля der letzte Wille, Testament; боро́ться до -ей ка́пли кро́ви bis zum letzten Blutstropfen kämpfen

после́дователь, -я *m* Anhänger, Schüler

после́довательность, -и *f* 1. Aufeinanderfolge, Reihenfolge 2. Folgerichtigkeit, Konsequenz

после́довательный, -ая, -ое 1. aufeinanderfolgend; ~ перево́д Konsekutivdolmetschen 2. *Kzf* -лен, -льна folgerichtig; konsequent

после́довать, -дую, -дуешь *v* 1. за *I* (nach)folgen, hinterhergehen 2. unmittelbar vorsichgehen, (er)folgen (за *I* nach) 3. *D* (be)folgen, sich richten (nach); после́довать сове́ту den Rat befolgen

после́дствие, -я *n* Resultat, Folge, Ergebnis; чрева́тый -ями folgenschwer; оста́вить без -й nicht erörtern; zurückweisen; оста́ться без -й keine Ergebnisse erbringen

после́дующий, -ая, -ее nachfolgend

после́дыш, -а, *I* -ем, *G Pl* -ей *m* 1. *volksspr* jüngstes Kind in der Familie; Nesthäkchen 2. *übtr umg verächtl* übriggebliebener Anhänger einer veralteten, reaktionären Sache, Epigone

послеза́втра *Adv* übermorgen

послеобе́денный, -ая, -ое Nachmittags-; -ая прогу́лка Nachmittagsspaziergang

послеоктя́брьский, -ая, -ое nach der Oktoberrevolution; ~ период die Zeit nach der Oktoberrevolution

послереволюцио́нный, -ая, -ое nach der Revolution, nachrevolutionär

послеродово́й, -а́я, -о́е nach der Niederkunft, Geburt; ~ период Wochenbett

послесло́вие, -я *n* Nachwort

посло́вица, -ы, *I* -ей *f* Sprichwort; войти́ в -у sprichwörtlich werden

посло́вичный, -ая, -ое sprichwörtlich

послужи́ть, -ужу́, -у́жишь *v* 1. *I* geeignet sein, dienen (für, als) 2. *D* benutzt werden (für) 3. eine Zeitlang dienen

послужно́й, -а́я, -о́е: ~ спи́сок Dokument mit den Personalien

послуша́ние, -я *n* 1. Gehorsam, Folgsamkeit 2. *kirch* Verpflichtung [Buße], die einem Mönch auferlegt wird

послу́шать, -аю, -аешь *v* 1. hören (auf), folgen 2. hören, sich anhören 3. eine Zeitlang horchen, lauschen; abhorchen *vom Arzt* ◇ послу́шай(те)! hör(t) mal!

послу́шаться, -аюсь, -аешься *v G* hören (auf), gehorchen; ~ со́вести dem Gewissen gehorchen

по́слушник, -а *m* Novize, angehender Mönch

послу́шный, -ая, -ое; *Kzf* -шен, -шна gehorsam; leicht beeinflußbar

послы́шаться *v zu* слы́шаться

послюни́ть, -ню́, -ни́шь; -нённый, -нён, -нена́ *v* mit Speichel anfeuchten; begeifern

посма́тривать, -аю, -аешь *uv* von Zeit zu Zeit schauen, ansehen

посме́иваться, -аюсь, -аешься *uv* 1. von Zeit zu Zeit lachen; ein wenig lachen 2. sich ein wenig lustig machen (над *I* über)

посме́нный, -ая, -ое Schicht-, in Schichten, schichtweise; -ая рабо́та Schichtarbeit

посме́ртный, -ая, -ое postum, nach dem Tode des Autors erschienen

посме́ть *v zu* сметь

посме́шище, -а, *I* -ем *n* 1. Gegenstand des Gelächters [Spottes] 2. Gelächter, Spott, Hohn

посме́яться, -ею́сь, -еёшься *v* 1. eine Zeitlang lachen 2. над *I* sich lustig machen (über), verspotten, spötteln (über)

посмотре́ть, -отрю́, -о́тришь *v* 1. *v zu* смотре́ть 2. *nur mit Verneinung* nicht beachten; не посмотрю́ на проте́кцию ich rechne nicht mit Protektion 3. *gewöhnlich nur 1. Pers Pl* wollen mal sehen 4. eine Zeitlang sehen

посмотре́ться *v zu* смотре́ться

посмугле́ть, -е́ю, -е́ешь *v* sich bräunen *Haut*

посо́бие, -я *n* 1. *alt* Unterstützung, Hilfe 2. geldliche Unterstützung, finanzielle Hilfe; получа́ть ~ по безрабо́тице Arbeitslosenunterstützung bekommen; единовре́менное ~ einmalige Unterstützung; ~

по ста́рости Altersunterstützung 3. Lehrbuch, Handbuch; нагля́дные -я anschauliche Lehrmittel

посо́бник, -а *m* Handlanger, Helfershelfer, Komplice

посо́веститься, -ещусь, -естишься *v* Gewissensbisse bekommen; sich schämen

посове́товать *v zu* сове́товать

посове́товаться, -тую́сь, -туешься *v* sich beraten

посоде́йствовать, -твую, -твуешь *v* eine gewisse Unterstützung gewähren

[1]**посо́л,** -сла́ *m* 1. *pol* Botschafter; ~ по специа́льному поруче́нию Sonderbotschafter 2. Bote

[2]**посо́л,** -а *m* Einsalzen; Pökel

посоли́ть, -олю́, -о́ли́шь; -о́ленный, -о́лен, -а *v* 1. salzen 2. in Salzlauge einlegen

посолове́ть, -е́ю, -е́ешь *v umg* schlapp werden *durch Müdigkeit, Trunkenheit;* glanzlos [benebelt] werden *Augen, Blick*

посо́льство, -а *n* 1. Botschaft, diplomatische Vertretung 2. *umg* Abordnung; Auftrag

по́сох, -а *m* Stab, Stecken, Stock; Spazierstock

посо́хнуть, -ну, -нешь; посо́х, -ла *v* 1. *alles, viel* vertrocknen; verdorren 2. *umg* eine Zeitlang trocknen

посочу́вствовать, -твую, -твуешь *v D* Mitleid haben, Mitgefühl empfinden

по|спа́ть* *v* eine Zeitlang schlafen

[1,2]**поспева́ть** *uv zu* [1,2]поспе́ть

[1]**поспе́ть,** *1. u. 2. Pers ungebr,* -е́ет *v* 1. reif werden, reifen 2. *umg* gar werden, fertig werden *zum Essen* 3. *volksspr* fertig werden || *uv* поспева́ть, -а́ет

[2]**поспе́ть,** -е́ю, -е́ешь *v umg* zurechtkommen || *uv* поспева́ть, -а́ю, -а́ешь

поспеши́ть *v zu* спеши́ть

поспе́шность, -и *f* Hast, Übereiltheit, Überstürztheit

поспе́шный, -ая, -ое; *Kzf* -шен, -шна eilig, überstürzt, hastig

поспо́рить, -рю, -ришь *v* 1. eine Zeitlang mit Streiten zubringen 2. ein Streitgespräch führen, widersprechen 3. *übtr* in Wettstreit treten, sich messen

поспосо́бствовать *v zu* спосо́бствовать

посрами́ть, -млю́, -ми́шь; -млённый, -млён, -млена́ *v* 1. Schande machen, blamieren, entehren 2. entlarven, bloßstellen 3. *umg* beschämen || *uv* посрамля́ть, -я́ю, -я́ешь

посреди́ 1. *Adv* in der Mitte 2. *Präpos mit G* inmitten; *alt umg* während; ~ разгово́ров inmitten der Gespräche

посреди́не *Adv* in der Mitte

посре́дник, -а *m* 1. Vermittler, Mittelsmann 2. Schiedsrichter *bei Manövern*

посре́дничать, -аю, -аешь *uv umg* vermitteln, (Ver-)Mittler sein

посре́дничество, -а *n* Vermittlung; при -е кого́-н. durch Vermittlung von j-m

посре́дственно *Subst n idkl* Note an Hochschulen: genügend, ausreichend

посре́дственность, -и *f* 1. Mittelmäßigkeit 2. *umg* mittelmäßiger Mensch, Dutzendmensch

посре́дственный, -ая, -ое; *Kzf* -вен, -венна 1. mittelmäßig 2. *buchspr alt* mittelbar

посре́дство, -а *n*: при -е *und* че́рез ~ mit Hilfe von, vermittels

посре́дством *Präpos mit G* durch, mittels, mit Hilfe von

поссове́т, -а *m* (поселко́вый сове́т) Ortssowjet *in einer Arbeitersiedlung*

поссо́рить(ся) *v zu* ссо́рить(ся)

[1]**пост,** -а́, *P* о посте́, на посту́ *m* 1. (Beobachtungs-) Posten; Signal- und Stellwerkshäuschen *Eisenbahn* 2. (Wacht-) Posten 3. verantwortungsvolle Dienststellung; занима́ть высо́кий ~ einen hohen Posten innehaben, ein hohes Amt bekleiden; стоя́ть [быть] на (своём) -у́ seine Pflichten erfüllen

[2]**пост,** -а́, *P* о посте́, в посту́ *m* Fasten(zeit)

[1]**поста́вить,** -влю, -вишь; поста́вленный, -ен, -а *v* 1. *v zu* ста́вить 2. *nur Ptz Prät Pass* liegend *von der Lage der Augen, des Kopfes;* глубо́ко́ поста́вленные глаза́ tiefliegende Augen

[2]**поста́вить,** -влю, -вишь; поста́вленный, -ен, -а *v* liefern *Waren* || *uv* поставля́ть, -я́ю, -я́ешь

поста́вка, -и, *Pl G* -вок, *D* -вкам *f* Lieferung

поставля́ть *uv zu* [2]поста́вить

поставщи́к, -а́ *m* Lieferant

постаме́нт, -а *m* Postament; Sockel

постана́вливать *uv zu* постанови́ть

постанови́ть, -овлю́, -о́вишь; -о́вленный, -о́влен, -а *v* beschließen, einen Beschluß fassen || *uv* постана́вливать, -аю, -аешь *u.* постановля́ть, -я́ю, -я́ешь

постано́вка, -и, *Pl G* -вок, *D* -вкам *f* 1. Setzen *Segel;* Auslegen *Netze;*

Aufstellen *Ziel*; die Errichtung, der Bau *Gebäude*; ~ вопро́са Fragestellung **2.** Stellung *eines Körperteils*, Haltung **3.** Organisation, Durchführungsart; ~ пропага́нды Stand und Organisation der Propaganda **4.** *theat* Aufführung, Inszenierung; но́вая ~ Neuinszenierung
постановле́ние, -я *n* **1.** kollektiv gefaßter Beschluß **2.** Verordnung, Anordnung
постановля́ть *uv zu* постанови́ть
постано́вочный, -ая, -ое **1.** Aufführungs-, Inszenierungs- **2.** *umg* zur Inszenierung geeignet, effektvoll
постано́вщик, -а *m theat* Regisseur
постара́ться *v zu* стара́ться
постаре́ть, -е́ю, -е́ешь *v* alt [älter] werden
постате́йный, -ая, -ое nach einzelnen Artikeln; ~ слова́рь Wörterverzeichnis nach Lektionen
постега́ть, -а́ю, -а́ешь; постёганный, -ан, -а *v umg* Schläge versetzen, mit der Peitsche antreiben
постели́ть, -елю́, -е́лешь; -е́ленный, -е́лен, -а *v umg* **1.** legen, ausbreiten *Tischtuch, Stroh zum Schlafen* **2.** herrichten *Bett* ‖ *uv* п о с т и л а́ т ь, -а́ю, -а́ешь
посте́ль, -и *f* **1.** Bett, Schlafstelle **2.** *tech* Unterlage, Futter
посте́льный, -ая, -ое Bett-; ~ режи́м Bettruhe
постепе́нный, -ая, -ое; *Kzf* -пе́нен, -пе́нна allmählich, stufenweise
постесня́ться, -я́юсь, -я́ешься *v meist mit Inf* schüchtern sein, zögern, sich genieren
постига́ть *uv zu* пости́гнуть *u.* пости́чь
пости́гнуть, -ну, -нешь; пости́г, -ла; пости́г(нув)ший; пости́гнутый, -ут, -а *u.* **по|сти́чь*** *v* **1.** begreifen, verstehen, erfassen **2.** treffen, heimsuchen; меня́ пости́гло несча́стье mich ereilte ein Unglück ‖ *uv* п о с т и г а́ т ь, -а́ю, -а́ешь
постиже́ние, -я *n* Verstehen, tiefes Erfassen
постижи́мый, -ая, -ое; *Kzf* -и́м, -а verständlich, erfaßbar
постила́ть *uv zu* постла́ть *u.* постели́ть
пости́лка, -и, *Pl G* -лок, *D* -лкам *f* Unterlage, Streu
постира́ть, -а́ю, -а́ешь; пости́ранный, -ан, -а *v* **1.** waschen *Wäsche* **2.** eine Zeitlang waschen
пости́ться, пощу́сь, пости́шься *uv* fasten; *übtr umg* sich Enthaltsamkeit auferlegen
пости́чь ↑ пости́гнуть
по|стла́ть* *v* **1.** hinlegen, ausbreiten, bedecken; постла́ть ска́терть на сто́л ein Tischtuch auf den Tisch decken **2.** betten, das Bett herrichten ‖ *uv* п о с т и л а́ т ь, -а́ю, -а́ешь
по|стла́ться* *v umg* sich das Bett machen
по́стничать, -аю, -аешь *uv rel* fasten
по́стный [сн], -ая, -ое; *Kzf* -тен, -тна́! **1.** *nur Langform* Fasten-, weder Fleisch noch Milch enthaltend; -ое ма́сло Pflanzenöl, *vor allem* Sonnenblumenöl **2.** *umg* nicht fett, mager *Fleisch* **3.** *übtr* unfreundlich, langweilig **4.** *übtr* scheinheilig, heuchlerisch
постово́й, -а́я, -о́е **1.** Posten-; -а́я бу́дка Postenhäuschen, Schildwache **2.** auf Wache [Posten] befindlich **3.** -о́го *Subst m* Wachposten
посто́й, -я *m* **1.** Übernachtung, Quartier **2.** Einquartierung *von Soldaten in Privatquartiere*; быть на -е einquartiert sein
посто́льку *Konj im Hauptsatz gebraucht, wenn im Nebensatz* поско́льку *auftritt* in dem Maße, in dem Grade; insofern als; sofern; э́то реше́ние ва́жно для нас ~, поско́льку от него́ зави́сит ... dieser Beschluß ist für uns insofern wichtig, als von ihm ... abhängt
посторони́ться, -роню́сь, -ро́нишься *v* zur Seite treten, ausweichen
посторо́нний, -яя, -ее **1.** fremd, außenstehend **2.** -его *Subst m* Außenstehender, Fremder, Unbefugter **3.** fremd, nicht eigen; обойти́сь без -ей по́мощи ohne fremde Hilfe auskommen **4.** Neben-, nebensächlich; -ий вопро́с Nebenfrage
постоя́лец, -льца, *I* -льцем, *G Pl* -льцев *m umg alt* Mieter
постоя́лый, -ая, -ое: ~ двор *alt* Herberge, Ausspann
постоя́нный, -ая, -ое **1.** stetig, ständig; dauernd **2.** auf lange Zeit berechnet, dauernd, ständig; -ая вы́ставка ständige Ausstellung **3.** *Kzf* -я́нен, -я́нна unveränderlich in seinen Neigungen, beständig, treu ◇ -ая а́рмия stehendes Heer; -ая величина́ Konstante, Unveränderliche; -ый ток *phys* Gleichstrom
постоя́нство, -а *n* Beständigkeit, Unveränderlichkeit, Treue
постоя́ть, -ою́, -ои́шь *v* **1.** eine Zeit-

lang stehen; eine Zeitlang sich befinden; полк постоя́л здесь не́которое вре́мя das Regiment hielt sich hier einige Zeit auf 2. *Imp* посто́й(те) *umg* warte(n Sie) mal!, eile(n Sie) nicht!, halt!, *als Modalwort zum Ausdruck der Verwunderung, des Widersetzens, sowie des Sicherinnerns* warte(n Sie) mal! 3. за *A* verteidigen, sich einsetzen (für j-n); ~ за себя́ für sich einstehen, seinen Mann stehen ◇ за э́тим де́ло не постои́т darauf kommt es nicht an

пострада́вший, -его *Subst m* Opfer, Geschädigter; Verunglückter

пострада́ть, -а́ю -а́ешь *v* 1. *v zu* страда́ть 2. eine Zeitlang leiden

постраща́ть, -а́ю, -а́ешь *v volksspr* erschrecken *tr*

постре́л, -а *m umg* Wildfang, Schlingel; наш ~ везде́ поспе́л *Sprichw* Hansdampf in allen Gassen

постреля́ть, -я́ю, -я́ешь *v* 1. eine Zeitlang schießen 2. *umg* erlegen, schießen; erschießen

постригать(ся) *uv zu* постри́чь(ся)

по|стри́чь* *v* 1. Haare (ab)schneiden, scheren 2. *kirch* zum Mönch weihen ‖ *uv* постригáть, -а́ю, -а́ешь

по|стри́чься* *v* 1. sich die Haare schneiden lassen 2. *kirch* sich zum Mönch weihen lassen, die Mönchsweihe empfangen ‖ *uv* постригáться, -а́юсь, -а́ешься

построе́ние, -я *n* 1. Bau, Aufbau, Errichtung, Schaffung; Struktur 2. *buchspr* Theorie, Lehrgebäude 3. *mil* Aufstellung, Gliederung

постро́ить(ся) *v zu* стро́ить(ся)

постро́йка, -и, *Pl G* -о́ек, *D* -о́йкам *f* 1. Bau, Errichten 2. Baustelle, -platz 3. Gebäude

постро́мки *Pl* -мок, -мкам, *Sg* постро́мка, -и *f* 1. Strang(riemen), Zugstrang 2. *gbt* Rucksackriemen

постро́чный, -ая, -ое Zeilen-; -ая опла́та Bezahlung pro Zeile

постскри́птум, -а *m buchspr* Postskriptum

посту́кивать, -аю, -аешь *uv* von Zeit zu Zeit leicht klopfen

поступа́тельный, -ая, -ое fortschreitend, vorwärts gerichtet; -ое движе́ние Vorwärtsbewegung

поступа́ть(ся) *uv zu* поступи́ть(ся)

поступи́ть, -уплю́, -у́пишь *v* 1. handeln, vorgehen; verfahren 2. eintreten, die Arbeit aufnehmen; ~ в шко́лу in die Schule kommen 3. eintreffen, -gehen; поступи́ли но́вые това́ры neue Waren sind eingetroffen; ~ в прода́жу zum Verkauf gelangen 4. eintreten, gelangen; ток поступи́л в провода́ der Strom floß in die Leitungen ‖ *uv* поступáть, -а́ю, -а́ешь

поступи́ться, -уплю́сь, -у́пишься *v* verzichten, aufgeben, preisgeben, entsagen; ~ ли́чными удо́бствами die persönlichen Bequemlichkeiten opfern ‖ *uv* поступáться, -а́юсь, -а́ешься

поступле́ние, -я *n* 1. Eintritt; Eintreffen, Eingang; ~ това́ров Wareneingang 2. (Geld-) Eingang, eingegangene Geldsumme

посту́пок, -пка *m* Handlung, Tat; Verhalten

по́ступь, -и *f* Gang, Schritt; пла́вная ~ leichter, wiegender Gang

постуча́ть, -чу́, -чи́шь *v* 1. eine Zeitlang klopfen; mehrere Male klopfen 2. anklopfen, um Einlaß bitten; ~ в дверь an die Tür klopfen

постуча́ться, -чу́сь, -чи́шься *v umg* anklopfen, Einlaß begehren

постыди́ть, -ыжу́, -ыди́шь *v* 1. *umg* eine Zeitlang beschämen; leicht beschämen 2. *gewöhnlich mit Verneinung alt* Schande machen

постыди́ться, -ыжу́сь, -ыди́шься *v* *G u. mit Inf* sich schämen (vor), aus Scham nicht wagen

посты́дный, -ая, -ое; *Kzf* -ден, -дна schändlich, verächtlich, schmachvoll, beschämend

посты́лый, -ая, -ое; *Kzf* -ты́л, -а *volksspr* 1. widerlich, verhaßt 2. -ого *Subst m* Verhaßter

посу́да, -ы *f* 1. Geschirr; гли́няная ~ irdenes Geschirr; эмалиро́ванная ~ Emailgeschirr 2. Gefäß; Behälter; вино́ продаётся с -ой der Wein wird in Flaschen verkauft 3. *gbt* kleines, hölzernes Schiff, *gewöhnlich* Segelschiff

посу́дина, -ы *f* 1. *umg* Gefäß 2. *volksspr, verächtl* Kahn

посуди́ть, -сужу́, -су́дишь *v* 1. *alt* sich ein Urteil bilden 2. *auch* о *P* eine Zeitlang erörtern, erwägen, diskutieren ◇ посуди́те са́ми! stellen Sie sich vor!

посу́дный, -ая, -ое Geschirr-; -ое полоте́нце Geschirrtuch

посудомо́йка, -и, *Pl G* -о́ек, *D* -о́йкам *f* Geschirrspülmaschine

посу́л, -а *m* 1. *umg* Versprechen 2. *alt* Bestechung, Schmiergeld

посулить, -лю, -лишь; -лённый, -лён, -лена *v volksspr* versprechen
посуточный, -ая, -ое pro Tag (und Nacht); einmal innerhalb von vierundzwanzig Stunden; -ая смена караульных Wachablösung alle vierundzwanzig Stunden; -ая оплата Tagelohn
посуху *Adv umg* zu Lande, auf dem Landwege
посушить, -ушу, -ушишь; -ушенный, -ушен, -а *v* 1. *A oder G* eine ganze Menge trocknen [backen] *Zwieback* 2. eine Zeitlang trocknen 3. *umg* alles, viel trocknen
посчастливиться, -вится *v unpers auch mit D* gelingen, glücken, das Glück haben; ему посчастливилось er hatte Glück, das Glück war ihm hold
посчитать, -аю, -аешь; посчитанный, -ан, -а *v* 1. zählen 2. *I oder* каким *mit Inf* halten (für); meinen, denken 3. каким *oder* за *A* halten (für); не посчитай меня дураком sieh mich nicht als einen Dummkopf an 4. eine Zeitlang zählen
посчитаться, -аюсь, -аешься *v* с *I* 1. *umg* abrechnen 2. *übtr* abrechnen, heimzahlen, zurückgeben 3. *gewöhnlich mit Verneinung* berücksichtigen
посылать *uv zu* послать
посылка, -и, *Pl G* -лок, *D* -лкам *f* 1. Schicken, Absendung, Befördern 2. Paket; Sendung; ~ с объявленной ценностью *oder* ценная ~ Wertpaket; ~ наложенным платежом Postpaket mit Nachnahme 3. *phil* Prämisse, Voraussetzung ◇ быть на посылках den Laufburschen spielen
посылочный, -ая, -ое 1. zur Beförderung bestimmt 2. Paket-
Посылторг, -а *m* (Контора посылочной торговли) Versandhandel
посыльный, -ая, -ое 1. zur Beförderung, Absendung, Nachrichtenübermittlung bestimmt; -ое судно Meldeschiff 2. -ого *Subst m* Bote; *mil* Melder
по|сыпать* *v* 1. *A u. G* ein wenig (aus)streuen 2. *übtr* bestreuen, bedecken 3. *umg* zu fallen beginnen *feiner Schnee, Regen* 4. *I umg* mit Worten [mit einem Wortschwall] überschütten 5. *volksspr* in Massen losstürmen ‖ **посыпать,** -аю, -аешь *uv zu* 1
по|сыпаться*, *1. u. 2. Pers ungebr v* zu fallen [rieseln] beginnen; *übtr* hageln, regnen, herabprasseln ◇ искры из глаз посыпались es wurde schwarz vor den Augen, es verging Hören und Sehen
посягательство, -а *n* Anschlag, Eingriff
посягать *uv zu* посягнуть
посягнуть, -ну, -нёшь *v* на *A buchspr* einen Anschlag machen (auf), sich einen Übergriff erlauben (gegen); ~ на чью-н. жизнь j-m nach dem Leben trachten ‖ *uv* посягать, -аю, -аешь
пот, -а, *P* о поте, в поту, *Pl* поты, -ов, -ам *m* 1. Schweiß; в -е лица im Schweiße des Angesichts 2. Beschlag von Wasserdunst an Gegenständen ◇ работать [трудиться] до четвёртого [седьмого, десятого] -а [-у] bis zum Umfallen arbeiten; -ом и кровью добывать mit größter Mühe [durch schwerste Anstrengungen] erwerben; согнать семь -ов с кого-н. j-n durch schwere Arbeit auspumpen; вогнать в ~ кого-н. j-n schwitzen machen
потакать, -аю, -аешь *uv D umg* zuviel -аена *v volksspr* verstecken, verheimlichen
потайной, -ая, -ое geheim angelegt, Geheim-; ~ ход Geheimgang; ~ фонарь Blendlaterne
потакать, -аю, -аешь *uv D umg* zuviel Nachsicht üben, durchgehen lassen
потанцевать, -цую, -цуешь *v* eine Zeitlang tanzen; ein bißchen tanzen
потасканный, -ая, -ое *umg* 1. abgetragen, abgenutzt, schäbig 2. müde, verbraucht *Gesicht*
потаскуха, -и *f volksspr, verächtl* Straßendirne
потасовка, -и, *Pl G* -вок, *D* -вкам *f umg* Balgerei, Keilerei, Prügel
потачка, -и, *Pl G* -чек, *D* -чкам *f umg* Nachsicht
поташ, -а, *I* -ом *m chem* Pottasche
потащить, -ащу, -ащишь; -ащенный, -ащен, -а *v* anfangen zu ziehen [schleppen]
потащиться, -ащусь, -ащишься *v umg* sich schleppen, sich mühsam vorwärtsbewegen
по-твоему *Adv* 1. deiner Ansicht nach 2. nach deinem Willen, wie du willst
потворство, -а *n* Nachsicht, Verwöhnung
потворствовать, -твую, -твуешь *uv D* zu nachsichtig sein, durchgehen lassen
потёмки, -мок, -мкам *Pl* Dunkelheit, Finsternis ◇ бродить в -мках im Finstern tappen; быть [находиться]

в -мках im Ungewissen sein, keine klare Vorstellung haben

потемнéть, -éю, -éешь *v* **1.** dunkel werden, sich verfinstern; у негó потемнéло в глазáх ihm wurde schwarz vor den Augen **2.** *unpers* sich verdunkeln

потенциáл [тэ], -а *m* **1.** *phys* Potential **2.** *übtr buchspr* Potential, Leistungsfähigkeit; вoéнный ~ Kriegspotential

потенциáльный [тэ], -ая, -ое; *Kzf* -лен, -льна potentiell; möglich; ~ враг ein möglicher Feind

потéнция [тэ], -и *f buchspr* Potenz, (verborgene) Kraft

потеплéние, -я *n* Temperaturanstieg; наступи́ло ~ es ist wärmer geworden

потеплéть, *1. u. 2. Pers ungebr*, -éет *v* **1.** warm [wärmer] werden **2.** *unpers* wärmer werden *Wetter*

по|терéть*; потерéв *u.* потёрши *v* **1.** eine Zeitlang reiben **2.** *volkssрr* einreiben

по|терéться* *v* **1.** sich eine Zeitlang reiben **2.** ein wenig abgenutzt [verschlissen] sein

потерпéвший, -ая, -ее **1.** *jur* geschädigt; -ая сторонá die leidtragende Seite, die geschädigte Partei **2.** -его *Subst m* Geschädigter; ~ от пожáра Brandgeschädigter; ~ кораблекрушéние Schiffbrüchiger

потерпéть, -ерплю́, -éрпишь *v* **1.** eine Zeitlang geduldig ertragen, eine Weile aushalten **2.** (er)leiden; ~ неудáчу eine Schlappe erleiden; ~ убы́тки Verluste davontragen; ~ поражéние eine Niederlage erleiden; ~ кораблекрушéние Schiffbruch erleiden **3.** *alt, umg* Verfolgungen ausgesetzt sein, leiden **4.** *gewöhnlich mit Verneinung* (nicht) zulassen, (nicht) dulden, sich (nicht) bieten lassen

потёртый, -ая, -ое **1.** abgetragen, abgenutzt, schäbig **2.** *übtr, umg* müde, abgespannt

потéря, -и *f* **1.** Verlust; ~ врéмени Zeitverlust; ~ крóви Blutverlust **2.** Verlust, Schaden

потéрянный, -ая, -ое **1.** niedergeschlagen, verwirrt, fassungslos **2.** verlegen, verwirrt **3.** *umg* verloren, hoffnungslos

потеря́ть(ся) *v zu* теря́ть(ся)

потесни́ть *v zu* тесни́ть

потесни́ться, -ню́сь, -ни́шься *v* **1.** zusammenrücken, Platz machen **2.** in engen Verhältnissen leben

потéть, -éю, -éешь *uv* **1.** schwitzen, in Schweiß ausbrechen **2.** *übtr volkssрr* sich abplagen (над *I* mit) **3.** *1. u. 2. Pers ungebr umg* anlaufen *Fenster*

потéха, -и *f* **1.** Spaß, Belustigung, Gaudium; lustiger, spaßiger Vorfall **2.** *prädikativ* вот потéха! das ist ein Spaß! ◇ пошлá [пойдёт] потéха da begann [beginnt] der Trubel

потешáть, -áю, -áешь *uv* vergnügen, erheitern

потешáться, -áюсь, -áешься *uv* **1.** *alt* sich vergnügen, sich ergötzen **2.** над *I* auslachen, sich lustig machen (über)

потéшить, -шу, -шишь *v* **1.** *umg* belustigen, ergötzen, vergnügen **2.** Genugtuung bereiten, ein bißchen Freude machen

потéшиться, -шусь, -шишься *v* **1.** *alt* sich vergnügen, sich ergötzen **2.** *umg* над *I* auslachen, sich lustig machen (über)

потéшный, -ая, -ое; *Kzf* -шен, -шна **1.** *umg* belustigend, spaßig, vergnügt, drollig **2.** *alt* zur Belustigung bestimmt

потирáть, -áю, -áешь *uv* leicht (ein)reiben

потихóньку *Adv umg* **1.** leise, geräuschlos **2.** heimlich, verstohlen, unbemerkbar **3.** langsam, allmählich, nach und nach

потли́вый, -ая, -ое; *Kzf* -и́в, -а leicht schwitzend

пóтный, -ая, -ое; *Kzf* -тен, -тнá! **1.** schweißbedeckt, schweißig **2.** angelaufen *Fenster*; naß *Wände*

потовóй, -áя, -óе Schweiß-, schweißabsondernd

потогóнный, -ая, -ое **1.** schweißtreibend **2.** -ое, -ого *Subst n* schweißtreibendes Mittel **3.** *übtr* kräfteverschlingend, Ausbeutungs-

потóк, -а *m* **1.** Strom, reißender Fluß; ~ лáвы Lavastrom; ~ свéта Lichtstrom; ~ слов Wortschwall **2.** Masse, die sich in einer Richtung bewegt; людскóй ~ Menschenstrom; ~ телегрáмм Strom von Telegrammen **3.** *tech* Fließfertigung, Fließbandverfahren **4.** Gruppe von Studierenden, die im Wechsel mit anderen unterrichtet, geprüft usw. wird ◇ отдáть чтó-н. на ~ и разграблéние der Plünderung und Brandschatzung preisgeben

потолковáть, -кýю, -кýешь *v umg*

sich eine Zeitlang unterhalten, eine Weile reden (mit)

потолóк, -лкá *m* 1. Decke eines Raumes; свóдчатый ~ gewölbte Decke 2. maximal erreichbare Höhe *Flugzeug, Geschoß* 3. *übtr, umg* Höchstmaß, -grenze ◇ с -лкá (взять, сказáть) aus der Luft greifen; плевáть в ~ faulenzen

потолстéть, -éю, -éешь *v* dick [dicker] werden

потóм *Adv* 1. dann, nachher, danach 2. außerdem, zudem

потóмок, -мка *m* 1. Nachfahre, Nachkomme 2. *Pl* die kommende Generation

потóмственный, -ая, -ое 1. *alt* erblich, Erb-; -ое имéние Erbgut 2. angestammt, echt

потóмство, -а *n* 1. Nachkommenschaft 2. Nachkommen, kommende Generation

потомý 1. *Adv* deshalb, darum 2. *als Komponente der kausalen Konj* потомý что, *umg* потомý как weil, da

потонýть, -онý, -óнешь *v* ertrinken, untergehen; sinken

потóп, -а *m* 1. Sintflut 2. Überschwemmung, großes Hochwasser

потопи́ть, -оплю́, -óпишь; -óпленный, -óплен, -а *v* 1. versenken; ertränken, ersäufen; *übtr, umg* ins Verderben stürzen 2. überschwemmen ‖ *uv* **потопля́ть,** -я́ю, -я́ешь

по|топтáть* *v* 1. *alles, viel* zertreten, niedertreten, zerstampfen 2. *I umg* eine Zeitlang treten, stampfen *mit den Füßen*

торáпливать, -аю, -аешь *uv umg* von Zeit zu Zeit zur Eile anhalten, drängen

потoрáпливаться, -аюсь, -аешься *uv umg* sich beeilen, sputen; потoрáпливайтесь! macht schnell!

поторговáться, -гýюсь, -гýешься *v* eine Zeitlang feilschen

поторопи́ть, -роплю́, -рóпишь; -рóпленный, -рóплен, -а *v* zur Eile anhalten, drängen

поторопи́ться, -роплю́сь, -рóпишься *v* 1. sich beeilen, sich sputen 2. voreilig tun, unüberlegt tun

потóчный, -ая, -ое *tech* mittels Fließband; -ая ли́ния Taktstraße; ~ мéтод произвóдства Fließbandmethode, Taktstraßenverfahren

потрáва, -ы *f* Flurschaden, Abweiden, Vernichtung *von Saaten u. a.*

потрави́ть, -авлю́, -áвишь; -áвленный, -áвлен, -а *v* 1. *umg* vergiften, durch Gift ausrotten 2. Flurschaden anrichten; *Wiese* abweiden 3. eine Zeitlang hetzen, jagen

потрáтить, -áчу, -áтишь; -áченный, -áчен, -а *v* ausgeben, verbrauchen

потрáтиться, -áчусь, -áтишься *v* sich verausgaben, sich in Unkosten stürzen

потрáфить, -флю, -фишь *v* 1. *volksspr* recht machen (*D oder* на *A* j-m) 2. geschickt machen, so machen wie es sich gehört ‖ *uv* **потрафля́ть,** -я́ю, -я́ешь

потреби́тель, -я *m* 1. Verbraucher, Konsument 2. *hdl* Abnehmer; основнóй ~ Hauptabnehmer

потреби́тельный, -ая, -ое Gebrauchs-, Verbrauchs- ◇ -ая стóимость товáра Gebrauchswert der Ware

потреби́тельский, -ая, -ое 1. für den Verbrauch bestimmt 2. der Befriedigung durch Gebrauchsgüter dienend; -ая кооперáция Konsumgenossenschaft 3. *übtr, mißb* rein utilitaristisch

потреби́ть *v zu* потребля́ть

потреблéние, -я *n* Gebrauch; Verbrauch, Konsum; спóсоб -я Gebrauchsanweisung; товáры ширóкого -я Massenbedarfsartikel, Gebrauchsgegenstände; ~ на дýшу населéния Pro-Kopf-Verbrauch

потребля́ть, -я́ю, -я́ешь *uv* 1. verbrauchen, konsumieren 2. zu sich nehmen *Essen* ‖ *v* **потреби́ть,** -блю́, -би́шь; -блённый, -блён, -бленá

потрéбность, -и *f* Bedarf; Bedürfnis; Wunsch, Streben; растýщие -и die steigenden Bedürfnisse

потрéбный, -ая, -ое; *Kzf* -бен, -бна erforderlich, notwendig, nötig

потрéбовать(ся) *v zu* трéбовать(ся)

потребсою́з (сою́з потреби́тельских óбществ) Konsumgenossenschaftsverband

потревóжить, -жу, -жишь; -женный, -жен, -а *v* beunruhigen, Unruhe hervorrufen; (die Ruhe) stören

потревóжиться, -жусь, -жишься *v* sich aufregen, sich Sorgen machen

потрёпанный, -ая, -ое *umg* 1. abgetragen, schäbig, zerschlissen, zerfetzt *Bücher, Kleidungsstücke* 2. schwer angeschlagen, mitgenommen *von Heeresteilen* 3. *übtr* müde und elend, mitgenommen *Aussehen*

по|трепáть* *v* 1. ein wenig abnützen 2. eine Zeitlang rütteln, schütteln;

жизнь потрепáла егó das Leben hat ihn arg mitgenommen; ~ когó-н. по плечý j-m auf die Schulter klopfen; ~ когó-н. по щекé j-m die Wange tätscheln

по|трепáться* *v* 1. sich ein wenig abnutzen 2. *volksspr* eine Zeitlang quatschen, quasseln

потрéскаться, *1. u. 2. Pers ungebr,* -ается *v* platzen, reißen, bersten

потрéскивать, -аю, -аешь *uv von Zeit zu Zeit bzw. leicht* knistern *Holz im Ofen, Eis*

потрóгать, -аю, -аешь *v* leicht anfassen, einige Male berühren

потрохá *Pl* -óв, *Sg selten* пóтрох, -а *m* Eingeweide, Innereien, Gekröse; гусúные ~ Gänseklein ◇ *volkssрr* вы́пустить ~ комý j-m den Bauch aufschlitzen, j-n töten; со всéми -áми *volkssрr* ganz und gar, mit allem was man hat

потрошúть, -шý, -шúшь; -шённый, -шён, -шенá *uv* 1. (Eingeweide) ausnehmen, ausweiden 2. *übtr umg* ausnehmen, entleeren

потрудúться, -ужýсь, -ýдишься *v* 1. eine Zeitlang sich abmühen, arbeiten 2. *mit Inf* sich bemühen etw. zu tun, sich bequemen etw. zu machen

потрясáть(ся) *uv zu* потрястú(сь)

потрясáющий, -ая, -ее erschütternd, äußerst stark; -ее собы́тие ein erschütterndes Ereignis

потрясéние, -я *n* 1. Erschütterung, tiefe Gemütserregung; нéрвное ~ Nervenzusammenbruch 2. soziale Erschütterung, Umbruch, Zerrüttung

потрясённый, -ая, -ое äußerst tief erregt

по|трястú* *v* 1. *A oder I* eine Zeitlang schütteln, rütteln 2. erschüttern, zum Schwanken bringen *a. Ansichten* 3. *übtr* sehr erregen, tief beeindrucken || *uv* потрясáть, -áю, -áешь

по|трястúсь* *v* 1. *umg* eine Zeitlang geschüttelt werden *auf dem Wagen usw.* 2. *übtr alt* in starke Erregung geraten || *uv* потрясáться, -áюсь, -áешься

потря́хивать, -аю, -аешь *uv A oder I umg* von Zeit zu Zeit bzw. ein wenig schütteln

Потсдáм, -а *m* Potsdam

потýги *Pl* -ýг, *Sg* потýга, -и *f* 1. Anspannung der Muskeln, Anstrengung; родовы́е ~ Geburtswehen 2. *übtr* Bemühungen, schwere Anstrengungen

потужúть, -ужý, -ýжишь *v umg, alt, poet* eine Zeitlang betrübt sein, sich grämen

потýпить, -плю, -пишь; -пленный, -плен, -а *v* hängen lassen, senken *Kopf*; niederschlagen *Augen* || *uv* **потупля́ть,** -я́ю, -я́ешь

потýпиться, -плюсь, -пишься *v* den Kopf senken, die Augen niederschlagen || *uv* **потупля́ться,** -я́юсь, -я́ешься

потускнéлый, -ая, -ое glanzlos, matt, trüb *Augen, Blick*

потускнéть, *1. u. 2. Pers ungebr,* -éет *v* glanzlos [matt, trüb] werden

потусторóнний, -яя, -ее jenseits, überirdisch; ~ мир das Jenseits

потухáние, -я *n* das Erlöschen

потухáть *uv zu* потýхнуть

потýхнуть, -ну, -нешь; потýх, -ла *v* 1. erlöschen, ausgehen; *übtr* zu glänzen aufhören, matt werden *Augen* 2. *übtr* zu Ende gehen, aufhören zu existieren || *uv* потухáть, -áю, -áешь

потучнéть, -éю, -éешь *v* dick(er) werden, Fett ansetzen

[1]**потушúть,** -ушý, -ýшишь; -ýшенный, -ýшен, -а *v* (aus)löschen

[2]**потушúть,** -ушý, -ýшишь *v* ein wenig dünsten

пóтчевать, -чую, -чуешь *uv volkssрr* bewirten

потягáться, -áюсь, -áешься *v umg* sich messen

потя́гивать, -аю, -аешь *uv* 1. *A oder* за *A* von Zeit zu Zeit ziehen, leicht (ein)ziehen; einsaugen *Getränk* 2. *unpers* es zieht; потя́гивает сы́ростью es riecht nach Nässe, es ist naß

потя́гиваться *uv zu* потянýться

потяжелéть, -éю, -éешь *v* 1. schwer(er) werden 2. schwerfällig werden

потянýть, -янý, -я́нешь; -я́нутый, -я́нут, -а *v A oder* за *A* ziehen, beginnen zu ziehen; herbeizerren; егó потянýло к отцý es zog ihn zum Vater; из рóщи потянýло лáндышами aus dem Wäldchen roch es nach Maiglöckchen

потянýться, -янýсь, -я́нешься *v* 1. sich dehnen, sich strecken, sich recken 2. beginnen sich auszustrecken (к *D* nach); beginnen die Hand auszustrecken (за *I* nach); sich hinziehen, sich hinstrecken; beginnen sich hinzuziehen; vergehen || *uv* потя́гиваться, -аюсь, -аешься

поугомони́ться, -ню́сь, -ни́шься *v umg* 1. sich etwas beruhigen 2. sich allmählich beruhigen *von vielen, allen*

поу́жинать, -аю, -аешь *v* zu Abend essen, Abendbrot essen

поумне́ть, -е́ю, -е́ешь *v* klug [klüger] werden, verständiger werden

поупражня́ться, -я́юсь, -я́ешься *v umg* eine Zeitlang üben

поупря́миться, -млюсь, -мишься *v umg* sich eine Zeitlang widersetzen

поуро́чный, -ая, -ое pro Unterrichtsstunde

поутру́ *u. alt* **поу́тру** *Adv umg* (früh)-morgens, am Morgen

поуха́живать, -аю, -аешь *v umg* за *I* eine Zeitlang den Hof machen, ein wenig flirten (mit); ein wenig pflegen, etwas sorgen (für)

поуча́ть, -а́ю, -а́ешь *uv* belehren, unterweisen

поуче́ние, -я *n* 1. Belehrung, Unterweisung 2. *lit, kirch* didaktische Schrift, Predigt

поучи́тельный, -ая, -ое; *Kzf* -лен, -льна 1. belehrend, lehrreich 2. erbaulich, lehrhaft; schulmeisterhaft

поучи́ть, -учу́, -у́чишь *v* eine Zeitlang unterrichten

поучи́ться, -учу́сь, -у́чишься *v* eine Zeitlang lernen

поха́бник, -а *m volksspr* unflätiger [schamloser] Mensch

поха́бный, -ая, -ое; *Kzf* -бен, -бна *volksspr* unanständig, zotig, schamlos

поха́живать, -аю, -аешь *uv umg* 1. gemächlich hin und her gehen, auf und ab spazieren 2. von Zeit zu Zeit wohin gehen

похвала́, -ы́ *f* Lob; отзыва́ться с -о́й о ко́м-н. sich über j-n lobend aussprechen; рассыпа́ться в -а́х sich in Lobpreisungen ergehen; расточа́ть -ы́ кому́-н. j-n mit Lob überschütten

похва́ливать, -аю, -аешь *uv* von Zeit zu Zeit loben

похвали́ть(ся) *v zu* хвали́ть(ся)

похвальба́, -ы́ *f* 1. *umg* Eigenlob, Prahlerei 2. *volksspr* Lob

похва́льный, -ая, -ое; *Kzf* -лен, -льна 1. Lob enthaltend; -ая гра́мота Belobigungsurkunde; -ое сло́во Lobrede 2. lobenswert, Lob verdienend; -ое заня́тие lobenswerte Beschäftigung

похваля́ться, -я́юсь, -я́ешься *uv I u. mit Inf volksspr* prahlen, sich brüsten

похва́рывать, -аю, -аешь *uv umg* von Zeit zu Zeit kränkeln

похва́стать(ся) *v zu* хва́стать(ся)

похвора́ть, -а́ю, -а́ешь *v umg* eine Zeitlang kränkeln

похити́тель, -я *m* Räuber, Dieb, Entführer

похи́тить, -и́щу, -и́тишь; -и́щенный, -и́щен, -а *v* entwenden, heimlich mitnehmen; entführen || *uv* **похища́ть,** -а́ю, -а́ешь

похище́ние, -я *n* Entwendung, Diebstahl, Raub; Entführung

похлеба́ть, -а́ю, -а́ешь *v volksspr* 1. *A oder G* ein wenig essen [löffeln] 2. eine Zeitlang [mehrere Male] löffeln 3. alles aufessen, alles auslöffeln

похлёбка, -и, *Pl G* -бок, *D* -бкам *f* gewöhnliche Suppe, Brühe

похло́пать, -аю, -аешь *v A oder I* eine Zeitlang klatschen [applaudieren]; leicht klatschen; ~ кры́льями mit den Flügeln schlagen

по|хлопота́ть*, *v* 1. *v zu* хлопота́ть 2. eine Zeitlang geschäftig sein

похло́пывать, -аю, -аешь *uv A oder I umg* von Zeit zu Zeit bzw. leicht klatschen; ~ кры́льями zeitweilig oder leicht mit den Flügeln schlagen

похмели́ться, -лю́сь, -ли́шься *v volksspr* den Katzenjammer durch kleinere Portionen berauschender Getränke verjagen || *uv* похмеля́ться, -я́юсь, -я́ешься

похме́лье, -ья *n* Katzenjammer (nach dem Rausch) ◇ в чужо́м пиру́ ~ für fremde Fehler büßen müssen

похмеля́ться *uv zu* похмели́ться

[1]**похо́д,** -а *m* 1. Marsch, Bewegung *einer organisierten Gruppe* von Menschen; *umg* lange Reise, Fahrt, Exkursion; тури́стский ~ Ausflug, Fahrt über Land; коллекти́вный ~ в кино́ gemeinsamer Kinobesuch 2. Feldzug, militärische Kampagne; кресто́вый ~ Kreuzzug 3. *übtr* organisierter Kampf, Kampagne; ~ на за́суху (organisierter) Kampf gegen die Dürre

[2]**похо́д,** -а *m umg* Übergewicht; Zugabe *beim Wiegen oder Rechnen*; ве́шать с -ом ein gutes Gewicht geben *beim Wiegen*

похода́тайствовать *v zu* хода́тайствовать

[1]**походи́ть,** -ожу́, -о́дишь *v* eine Zeitlang umhergehen, auf und ab gehen

²походи́ть, -ожу́, -о́дишь *uv* на *A* gleichen, ähneln

похо́дка, -и, *Pl G* -док, *D* -дкам *f* Gang, Schritt, Gangart

похо́дный, -ая, -ое **1.** Marsch-, Fahrt-; -ая жизнь das Leben unterwegs [auf Fahrten]; -ая пала́тка Fahrtenzelt **2.** Feld-; ~ лазаре́т Feldlazarett; -ая ку́хня Feldküche; -ая фля́га Feldflasche

по́ходя *Adv umg* **1.** im Gehen, im Vorbeigehen **2.** nebenbei, unter anderem

похожде́ние, -я *n* **1.** *alt* Reise, weite Fahrt **2.** Abenteuer; любо́вное ~ Liebesabenteuer

похо́жий, -ая, -ее; *Kzf* похо́ж, -а, -е **1.** ähnlich; быть -им ähnlich sein, ähneln **2.** *nur Kzf n* похо́же *als Schaltwort umg* anscheinend, wie es scheint; похо́же на то, что . . . *als Schaltwort* es scheint, als ob . . .; на что э́то похо́же? ist das denn möglich?, wozu das?; ни на что не похо́же! das ist unerhört!, da hört doch alles auf!; на кого́ ты (стал) похо́ж! wie siehst du bloß aus! *erstaunend über schlechtes Aussehen*

похозя́йничать, -аю, -аешь *v* eine Zeitlang wirtschaften

похолода́ние, -я *n* Temperaturrückgang, Abkühlung

похолода́ть, -а́ет *unpers v* kühler [kälter] werden *Wetter*

похолоде́ть, -е́ю, -е́ешь *v* kalt werden *Wetter*; erstarren *vor Schreck*

похорони́ть *v zu* ¹хорони́ть

похоро́нный, -ая, -ое **1.** Beerdigungs-, Trauer-; ~ обря́д Bestattungsbrauch; -ая проце́ссия Trauerprozession; -ая му́зыка Trauermusik **2.** *übtr umg* traurig, wie bei einem Begräbnis *Miene* **3.** -ая, -ой *Subst f* Todesanzeige, Nachricht über den Tod des Soldaten

по́хороны, -ро́н, -рона́м *Pl* **1.** Begräbnis, Beerdigung **2.** *umg* Leichenzug

похороше́ть, -е́ю, -е́ешь *v* schöner [hübscher] werden

похотли́вый, -ая, -ое; *Kzf* -и́в, -а sinnlich, lüstern, wollüstig

по́хоть, -и *f* Lüsternheit, sinnliche Gier

по|хохота́ть* *v* eine Zeitlang lachen [kichern]

похрабре́ть, -е́ю, -е́ешь *v* mutiger [kühner] werden

похра́пывать, -аю, -аешь *v* hin und wieder schnarchen; leicht [leise] schnarchen

похуде́ть, -е́ю -е́ешь *v* mager werden, abmagern

поцара́пать, -аю, -аешь *v* **1.** kratzen, leicht aufkratzen **2.** *unpers* einen Kratzer abbekommen **3.** *umg* leicht verwundet werden **4.** eine Zeitlang kratzen; mehrere Male kratzen

поцара́паться, -аюсь, -аешься *v* **1.** sich leicht aufkratzen **2.** *umg* mit Kratzern bedecken *glatte Fläche* **3.** einander kratzen **4.** *umg* sich zanken **5.** *umg* eine Zeitlang kratzen

поцелова́ть(ся) *v zu* целова́ть(ся)

поцелу́й, -я, *I* -ем, *Pl G* -ев, *D* -ям *m* Kuß; возду́шный ~ Kußhand

поцеремо́ниться *v zu* церемо́ниться

почаёвничать, -аю, -аешь *v umg* eine Zeitlang (zusammen) sitzen und Tee trinken

почасово́й, -а́я, -о́е nach Stunden berechnet, Stunden-; -а́я опла́та Stundenlohn

поча́ток, -тка *m* **1.** (Frucht-) Kolben; ~ кукуру́зы Maiskolben **2.** (Woll-) Strähne, Garnsträhne; ~ ше́рсти Wollsträhne

по́чва, -ы *f* **1.** Boden; чернозёмная ~ Schwarzerdeboden; сугли́нистая ~ Lehmboden; боло́тистая ~ Sumpfboden; повыше́ние плодоро́дия -ы Erhöhung der Bodenfruchtbarkeit **2.** *berg* Gesteinsart, auf der Bodenschätze lagern **3.** *übtr* Grund, Grundlage **4.** *übtr buchspr* Gebiet, Sphäre; Position, Gesichtspunkt ◇ прощу́пать [нащу́пать] -у для чего́ auf den Busch klopfen; теря́ть -у под нога́ми *übtr* den Boden unter den Füßen verlieren; стоя́ть на -е чего́-н., станови́ться на -у чего́-н. von einer bestimmten Position ausgehen; на -е чего́-н. auf Grund von, infolge von

по́чвенный, -ая, -ое Boden-, Grund-; -ые зо́ны Bodenzonen; -ые во́ды Grundwasser

почвове́д, -а *m* Bodenkundler

почвове́дение, -я *n* Bodenkunde

почвообраба́тывающий, -ая, -ее *landw* bodenbearbeitend

почём *Adv umg* zu welchem Preis?; почём огурцы́? was kosten die Gurken?, wie teuer sind die Gurken? ◇ почём знать wer weiß; почём я зна́ю? woher soll ich das wissen?

почему́ *Adv* warum, weshalb, weswegen, aus welchem Grunde

почему́-либо *Adv* aus irgendeinem Grunde

почему́-нибудь *Adv* aus irgendeinem Grunde

почему́-то *Adv* aus irgendeinem Grunde, aus einem bestimmten Grunde.

по́черк, -а *m* Handschrift, Schrift(züge); чёткий ~ klare Handschrift

почерне́лый, -ая, -ое geschwärzt, schwarz geworden

почерне́ть, -е́ю, -е́ешь *v* schwarz werden

почерни́ть, -ню́, -ни́шь; -нённый, -нён, -нена́ *v* schwärzen, schwarz färben

почерпа́ть *uv zu* почерпну́ть

почерпну́ть, -ну́, -нёшь; поче́рпнутый, -ут, -а *v* **1.** *A oder G umg* schöpfen **2.** *übtr* irgendwoher nehmen, entnehmen, schöpfen || *uv* почерпа́ть, -а́ю, -а́ешь

почерстве́ть, -е́ю, -е́ешь *v* **1.** trocken werden, vertrocknen *Brot* **2.** *übtr* hart werden

по|чеса́ть* *v* **1.** *v zu* чеса́ть **2.** eine Zeitlang kratzen

по|чеса́ться* *v* **1.** *v zu* чеса́ться **2.** eine Zeitlang jucken

по́чести *Pl* -ей, *Sg* по́честь, -и *f* **1.** Ehrenerweisung, -bezeigung **2.** *alt* Ehre, Ehrung

по|че́сть* *v I u.* за *A alt* erachten (als), halten (für); почту́ за честь es wird mir eine Ehre sein; ~ свои́м до́лгом es als seine Pflicht betrachten || *uv* почита́ть, -а́ю, -а́ешь

почёсывать, -аю, -аешь *uv umg* von Zeit zu Zeit bzw. leicht kratzen

почёсываться, -аюсь, -аешься *uv* sich von Zeit zu Zeit bzw. leicht kratzen

почёт, -а *m* Ehre, Hochachtung; Ehrung, Ehrenerweisung; ока́зывать кому́-н. ~ j-m Ehre erweisen; по́льзоваться -ом hohes Ansehen genießen ◇ быть в -е Popularität besitzen, angesehen sein; доска́ -а Ehrentafel; ~ и уваже́ние! *Grußformel*: habe die Ehre!

почётный, -ая, -ое **1.** Ehren-, angesehen, Achtung genießend **2.** zur Ehrung überreicht, Ehren-; -ая гра́мота Ehrenurkunde; -ое зва́ние Ehrentitel; ~ прези́диум Ehrenpräsidium; ~ член Ehrenmitglied **3.** zur Ehrung geschaffen; ~ карау́л Ehrenwache; ~ приём Ehrenempfang, feierlicher Empfang **4.** *Kzf* -тен, -тна ehrenvoll, ehrend; -ая зада́ча ehrenvolle Aufgabe; ~ мир ehrenvoller Frieden

[1]**по́чечный,** -ая, -ое *bot* Knospen-; -ая чешуя́ Knospenhülle

[2]**по́чечный,** -ая, -ое Nieren-; -ая боле́знь Nierenkrankheit

почи́н, -а *m* **1.** Initiative, tatkräftige Anregung; по со́бственному -у aus eigener Initiative, aus eigenem Antrieb; взять на себя́ ~ die Initiative ergreifen **2.** *volksspr* Anfang einer Sache, die bereits erste Resultate erbracht hat; ~ сде́лан der Anfang ist gemacht

почини́ть, -иню́, -и́нишь; -и́ненный, -и́нен, -а *v* **1.** ausbessern, reparieren; ~ чулки́ Strümpfe stopfen **2.** *übtr, volksspr, scherz* beschädigen, zerschlagen || *uv* починя́ть, -я́ю, -я́ешь

почи́нка, -и, *Pl G* -нок, *D* -нкам *f* Reparatur, Ausbesserung; ~ чуло́к das Stopfen der Strümpfe; отда́ть в -у ausbessern lassen, in Reparatur geben; тре́бующий -и reparaturbedürftig

почи́ночный, -ая, -ое Reparatur-; -ая мастерска́я Reparaturwerkstatt

починя́ть *uv zu* почини́ть

почи́стить, -и́щу, -и́стишь; почи́сти *u. umg* почи́сть; почи́щенный, -ен, -а *v* **1.** sauber machen, putzen, ausbürsten **2.** *umg* eine Zeitlang putzen [reinigen]

почи́ститься, -и́щусь, -и́стишься *v* sich seine Sachen säubern *Kleidung*, sich in Ordnung bringen

почита́ние, -я *n* **1.** Achtung, Ehrerbietung **2.** Anbetung, Verehrung

почита́тель, -я *m* Verehrer, Bewunderer

[1]**почита́ть,** -а́ю, -а́ешь *v* **1.** eine Zeitlang lesen **2.** *umg* sich durch Lesen bekanntmachen (mit), durchlesen

[2]**почита́ть,** -а́ю, -а́ешь *uv* Achtung haben, (ver)ehren; anbeten

[3]**почита́ть** *uv zu* поче́сть

почи́тывать, -аю, -аешь *uv umg* ab und zu ein bißchen lesen

почи́ть, -чи́ю, -чи́ешь *v alt* **1.** einschlafen **2.** sterben, entschlafen ◇ ~ на ла́врах auf seinen Lorbeeren ausruhen

почиха́ть, -а́ю, -а́ешь *v* eine Zeitlang niesen, mehrere Male niesen

[1]**по́чка,** -и, *Pl G* -чек, *D* -чкам *f* Knospe; листова́я ~ Blattknospe; плодо́вая ~ Fruchtknospe

[2]**по́чка,** -и, *Pl G* -чек, *D* -чкам *f* **1.** Niere; воспале́ние -чек Nieren-

entzündung **2.** *Pl* Nieren *Speise*; телячьи -и Kalbsnieren
почковáние, -я *n biol* (Vermehrung durch) Knospung
почковúдный, -ая, -ое; *Kzf* -ден, -дна knospenförmig, -artig
пóчта, -ы *f* **1.** Post, Postamt, Postgebäude; *hist* Post als Einrichtung zur Beförderung von Personen; идтú на -у aufs Postamt gehen **2.** Zustellung, Beförderung durch die Post; пóчтой *oder* по -е per Post; спéшная ~ Eilpost; полевáя ~ Feldpost **3.** Postsendungen, Korrespondenz; разносúть -у die Post austragen; доставля́ть -у Post zustellen
почтальóн, -а *m* Briefträger
почтáмт, -а *m* Hauptpostamt
почтéние, -я *n* Ehrerbietung, Hochachtung, Ehrfurcht; относúться к комý-н. с -ем vor j-m Achtung haben; моё ~! meine Hochachtung!, alle Achtung!; с совершéнным [глубóким] -ем *alt Höflichkeitsformel am Schluß des Briefes*: mit vorzüglicher Hochachtung!, hochachtungsvoll!
почтéнный, -ая, -ое; *Kzf* -éнен, -éнна **1.** ehrbar, ehrwürdig, verdienstvoll; Ehrfurcht einflößend; ~ вóзраст ehrwürdiges Alter **2.** *alt* -ого *Subst m* Verehrtester **3.** *übtr umg* von bedeutendem Ausmaß, beträchtlich; -ое расстоя́ние beträchtliche Entfernung
почтú *Adv* fast, beinahe, nahezu; ~ что so gut wie, fast, beinahe
почтúтельность, -и *f* Ehrerbietung, Ehrerbietigkeit
почтúтельный, -ая, -ое; *Kzf* -лен, -льна **1.** ehrfurchtsvoll, ehrerbietig **2.** *übtr umg* beträchtlich, bedeutend ◇ держáть на -ом расстоя́нии in respektvollem Abstand halten
по|чтúть* *v* **1.** Ehre erweisen, Ehre zollen; ~ пáмять вставáнием j-s Gedenken durch Erheben von den Plätzen ehren **2.** beehren
почтовúк, -á *m volksspr* Postangestellter
почтóвый, -ая, -ое **1.** Post-; -ая открытка Postkarte; -ое отделéние Zustellpostamt; -ые мáрки Briefmarken; ~ я́щик Briefkasten; -ая карéта *alt* Postkutsche; -ые лóшади Postpferde **2.** почтóвые, -ых *u.* почтовы́е, -ы́х *Subst Pl alt* Postpferde; éхать на -ых mit der Post reisen; как на -ых *alt* mit Windeseile
почýвствовать(ся) *v zu* чýвствовать(ся)
почудúть, *1. Pers ungebr*, -дúшь *v umg* sich eine Zeitlang wunderlich benehmen
почýдиться *v zu* чýдиться
почýять(ся) *v zu* чýять(ся)
пошáливать, -аю, -аешь *uv* von Zeit zu Zeit bzw. ein wenig ausgelassen sein; von Zeit zu Zeit bzw. ein wenig zu schaffen machen *Herz*; ab und zu rauben und stehlen [sein Unwesen treiben]
пошалúть, -лю́, -лúшь *v* eine Zeitlang ausgelassen sein
пошáрить, -рю, -ришь *v umg* eine Zeitlang (mit den Händen) herumsuchen, -tasten, -stöbern
пошатнýть, -нý, -нёшь *v* **1.** leicht ins Wanken bringen; durch Rütteln und Schütteln neigen, schief werden lassen *Hütte* **2.** *übtr* erschüttern, ins Schwanken bringen **3.** untergraben *Gesundheit*; zerstören
пошатнýться, -нýсь, -нёшься *v* **1.** schwanken, das Gleichgewicht verlieren, wanken; sich zur Seite neigen **2.** *übtr* ins Schwanken geraten; erschüttert werden **3.** zerrüttet werden; untergraben werden *Gesundheit*
пошáтывать, -аю, -аешь *uv* von Zeit zu Zeit bzw. leicht schütteln, rütteln
пошáтываться, -аюсь, -аешься *uv* von Zeit zu Zeit bzw. leicht hin und her schwanken, torkeln
пошевéливать, -аю, -аешь *uv* **1.** *A oder I* von Zeit zu Zeit bzw. leicht bewegen, rühren **2.** *Imp* пошевéливай! *volkssрr* nun mal fix!, dalli!
пошевéливаться, -аюсь, -аешься *uv* **1.** sich von Zeit zu Zeit bewegen, sich leicht bewegen; *umg* beginnen sich langsam zu rühren **2.** *Imp* пошевéливайся! *volkssрr* mach zu!, beeil dich!, dalli!
пошевелúть, -велю́, -велúшь *u.* -вéлишь; -велённый, -велён, -веленá *v* **1.** in Bewegung versetzen **2.** *mit I* leicht bewegen **3.** *übtr* leicht erregen, etwas kränken, in Erregung versetzen ‖ *v mom* **пошевельнýть,** -нý, -нёшь
пошевелúться, -велю́сь, -елúшься *u.* -вéлишься *v* sich leicht bewegen ‖ *v mom* **пошевельнýться,** -нýсь, -нёшься
по|шептáть* *v* flüstern, eine Zeitlang im Flüsterton sprechen

по|шептáться* *v* sich eine Weile im Flüsterton unterhalten, untereinander tuscheln
пошúб, -а *m mit Attribut* 1. *umg gewöhnlich mißb* Manier, Art, Schlag; дешёвого -а vulgär, geschmacklos, ordinär 2. *alt* Stil ◇ люди одногó -а Menschen des gleichen Schlages
пошúв, -а *m volksspr* das Nähen; мастерскáя индивидуáльного -а Maßschneiderei
пошúвка, -и *f* das Nähen; Anfertigung durch Nähen; ~ óбуви das Nähen der Schuhe
пошúвочный, -ая, -ое *volksspr* Näh-, Schneider-; -ая мастерскáя Schneiderwerkstatt
пошиpéть, -éю, -éешь *v volksspr* breiter werden, in die Breite gehen
по|шúть* *v* 1. eine Zeitlang nähen 2. *volksspr* nähen, durch Nähen anfertigen
пошлéть, -éю, -éешь *uv umg* gemein [unanständig] werden
пóшлина, -ы *f* 1. Zoll; обложúть -ой mit Zoll belegen; покровúтельственная ~ Schutzzoll; ввóзная ~ Einfuhrzoll; вывознáя ~ Ausfuhrzoll 2. Gebühren; ~ за пропúску пáспорта Gebühren für die Registrierung des Passes; ~ за регистрáцию брáка Gebühren für die standesamtliche Eheschließung
пóшлинный, -ая, -ое Zoll-
пóшлость, -и *f* 1. Gemeinheit, Niederträchtigkeit, Plattheit 2. gemeiner Ausdruck, niederträchtige Handlung
пóшлый, -ая, -ое; *Kzf* пошл, -á! 1. flach, platt, abgeschmackt 2. banal, vulgär, gemein, zuchtlos
пошля́к, -á *m umg* gemeiner [fader] Kerl; einer, der zotige Reden führt oder sich unanständig benimmt
пошля́тина, -ы *f volksspr* etwas Gemeines, Niedriges, Unanständiges, Verwerfliches
поштýчный, -ая, -ое pro Stück; stückweise; -ая оплáта Stücklohn, Akkordlohn; -ая продáжа Verkauf nach Stücken
пошумéть, -млю́, -мúшь *v* eine Zeitlang lärmen; eine Weile rauschen
пошутúть, -учý, -ýтишь *v* 1. scherzen, einen Spaß machen; ~ над кéм-н. sich lustig machen über j-n, einen Spaß mit j-m machen 2. eine Zeitlang scherzen [spotten]
пощáда, -ы *f* Gnade, Schonung; без -ы ohne Gnade, schonungslos; не давáть никомý -ы ohne Schonung [erbarmungslos] vorgehen (gegen); просúть -ы у когó-н. um Gnade bei j-m bitten
пощадúть, -ажý, -адúшь; -ажённый, -ажён, -аженá *v* 1. Erbarmen haben, Schonung üben 2. schonen, vor dem Zerstören [Altern] bewahren 3. mit Schonung behandeln, (ver)-schonen
по|щекотáть* *v* eine Zeitlang kitzeln, leicht kitzeln
пощёчина, -ы *f* 1. Ohrfeige, Maulschelle; дать -у ohrfeigen, einen Backenstreich versetzen 2. *übtr* Schlag ins Gesicht
по|щипáть* *v* 1. eine Zeitlang rupfen *Gras*, eine Weile zupfen *Bart*; zwikken 2. *übtr volksspr* schröpfen, ausplündern 3. *übtr volksspr* ein bißchen ausschimpfen [kritisieren]
пощúпывать, -аю, -аешь *uv* von Zeit zu Zeit zupfen [rupfen]; ein wenig rupfen [zupfen]
пощýпать *v zu* щýпать
поэ́зия, -и *f* 1. Poesie, Dichtkunst; Lyrik 2. dichterisches Schaffen; антúчная ~ antike Poesie 3. *übtr G* Zauber, Schönheit, Erhabenheit
поэкзаменовáть, -нýю, -нýешь *v umg* eine Zeitlang prüfen [examinieren]
поэ́ма, -ы *f* 1. Poem, Gedicht 2. *übtr* etwas sehr Schönes, etwas Fabelhaftes
поэ́т, -а *m* Dichter, Poet; Lyriker
поэтéсса [тэ], -ы *f* Dichterin; Lyrikerin
поэтúческий, -ая, -ое 1. poetisch, dichterisch; lyrisch 2. erhaben, bezaubernd 3. sehr empfindsam, gefühlvoll ◇ ~ беспоря́док *scherz* herrliches Durcheinander
поэтúчный, -ая, -ое; *Kzf* -чен, -чна 1. poetisch; bezaubernd 2. sehr empfindsam, gefühlvoll
поэ́тому *Adv* aus diesem Grunde, darum, deswegen
пою́ ↑ петь
появúться, -явлю́сь, -я́вишься *v* 1. erscheinen, sich zeigen, zum Vorschein kommen; auftauchen; veröffentlicht werden *Artikel* 2. entstehen, auftreten, aufkommen ◇ ~ на свет geboren werden, das Licht der Welt erblicken ‖ *uv* появля́ться, -я́юсь, -я́ешься
появлéние, -я *n* Erscheinen, Auftauchen; Aufkommen, Entstehen
появля́ться *uv zu* появúться
поя́рок, -рка *m* Lammwolle

по́яс, -а, *Pl* пояса́, -о́в, -а́м *m* **1.** Gürtel, Gurt, Leibriemen; спаса́тельный ~ Rettungsgurt **2.** Taille, Gürtellinie; по ~ в воде́ bis zum Gürtel im Wasser; по ~ го́лый mit nacktem Oberkörper ◇ в ~ кла́няться [раскла́ниваться] sich tief verbeugen **3.** Streifen, Gürtel, Zone **4.** *geogr* Erdgürtel, Klimazone; уме́ренный ~ gemäßigte Zone **5.** *wirtsch* Zone; тари́фный ~ Tarifzone ◇ заткну́ть за ~ weit überlegen sein, übertreffen

поясне́ние, -я *n* **1.** Erklärung, Erläuterung, Verdeutlichung **2.** erklärende Bemerkung

поясни́тельный, -ая, -ое erklärend, erläuternd, kommentierend; ~ текст erklärender Text, Kommentar

поясни́ть, -ню́, -ни́шь; -нённый, -нён, -нена́ *v* erklären, verdeutlichen, klarer machen, erläutern || *uv* поясня́ть, -я́ю, -я́ешь

поясни́ца, -ы, *I* -ей *f anat* Kreuz; боль в -е Kreuzschmerzen

поясно́й, -а́я, -о́е **1.** Gürtel-; -ы́е застёжки Gürtelschnalle **2.** am Gürtel befestigt **3.** bis zum Gürtel; ~ портре́т Brustbild ◇ ~ покло́н tiefe Verbeugung, Bückling

поясня́ть *uv zu* поясни́ть

поясо́к, -ска́ *m Dem zu* по́яс kleiner Gürtel

пр. (прое́зд; проспе́кт) Durchfahrt *Straße*; breite Straße; Allee

пра- *Präfix von Subst u. Adj* Ur-, ur-; пра́родина Urheimat

праба́бка, -и, *Pl G* -бок, *D* -бкам *f* Urgroßmutter

праба́бушка, -и, *Pl G* -шек, *D* -шкам *f* Urgroßmutter

пра́вда, -ы *f* **1.** Wahrheit; сказа́ть всю -у die reine Wahrheit sagen; узна́ть -у hinter die Wahrheit kommen; сказа́ть -у в глаза́ unverblümt die Wahrheit sagen **2.** Wahrhaftigkeit, Richtigkeit; твоя́ ~ du hast recht; на чьей стороне́ ~? wer hat recht? **3.** Gerechtigkeit, gerechte Ordnung **4.** *mit großem Anfangsbuchstaben* Recht(ssammlung), Kodex; Са́лическая Пра́вда das Salische Recht **5.** *Adv* wirklich, tatsächlich, wahrhaftig **6.** *prädikativ* es ist wahr, es entspricht der Wahrheit; не ~ ли? nicht wahr? **7.** *Konj* obzwar, obwohl ◇ все́ми -ами и непра́вдами mit allen Mitteln; по -е говоря́ um die Wahrheit zu sagen; пра́вда-ма́тка die reine (nackte) Wahrheit; пра́вду-ма́тку ре́зать [говори́ть] die Wahrheit frei heraussagen; что ~, то ~ was wahr ist, ist wahr, tatsächlich

правди́вость, -и *f* Wahrhaftigkeit, Wahrheitsliebe

правди́вый, -ая, -ое; *Kzf* -и́в, -а **1.** wahrheitsliebend, wahrhaftig, aufrecht **2.** wahr, wahrheitsgetreu

правдоподо́бие, -я *n* Glaubwürdigkeit, Wahrscheinlichkeit

правдоподо́бный, -ая, -ое; *Kzf* -бен, -бна wahrscheinlich, glaubwürdig

пра́ведный, -ая, -ое; *Kzf* -ден, -дна **1.** *rel* gerecht, nach der religiösen Moral, fromm **2.** *buchspr* gerecht; ~ судья́ ein gerechter Richter

праве́ть, -е́ю, -е́ешь *uv pol* nach rechts abschwenken, sich nach rechts orientieren

пра́вило, -а *n* **1.** Regel, Gesetzmäßigkeit; граммати́ческое ~ grammatikalische Regel; как о́бщее ~ in der Regel **2.** *meist Pl* Vorschrift, Regel, Prinzip; нра́вственные -а Moralgrundsätze; -а хоро́шего то́на Regeln des guten Tons, Anstandsregeln; -а вну́треннего распоря́дка Arbeits-, Dienst-, Hausordnung; -а у́личного движе́ния Verkehrsregeln **3.** Maxime, Verhaltensnorm, Sitte; челове́к стро́гих пра́вил Mensch mit strengen Verhaltensregeln ◇ поста́вить за ~ sich zur Regel machen; как ~ in der Regel, gewöhnlich; по всем -ам wie es sich gehört; по все́м -ам иску́сства *häufig iron* nach allen Regeln der Kunst, gründlich

пра́вильность, -и *f* Richtigkeit, Rechtsmäßigkeit

пра́вильный, -ая, -ое; *Kzf* -лен, -льна **1.** richtig, den Regeln entsprechend, korrekt; -ое произноше́ние korrekte Aussprache **2.** regelmäßig, ohne Ausnahmen; ~ глаго́л regelmäßiges Verb **3.** gesetzmäßig, regulär; -ая сме́на времён го́да regulärer Wechsel der Jahreszeiten **4.** richtig, den Verordnungen entsprechend; -ое по́льзование прибо́рами richtige Nutzung der Geräte **5.** richtig, wahr; genau, fehlerlos; ~ отве́т richtige Antwort **6.** richtig, echt; -ое поведе́ние korrektes Benehmen **7.** *volksspr* gut, rechtschaffen *Mensch* **8.** gleichmäßig, rhythmisch; бие́ние се́рдца -ое der Herzschlag ist normal **9.** regelmäßig, symmetrisch, wohlproportioniert; -ые черты́ лица́ ebenmäßige Gesichtszüge

10. *math* mit gleichen Seiten und Winkeln; ~ многоуго́льник regelmäßiges Vieleck; -ая дробь echter Bruch

прави́тель, -я *m* 1. Herrscher, Gebieter 2. *alt* Leiter, Vorsteher

прави́тельственный, -ая, -ое Regierungs-; -ая делега́ция Regierungsdelegation

прави́тельство, -а *n* Regierung

[1]**пра́вить,** -влю, -вишь *uv* 1. *I*, *alt a. A* herrschen (über), regieren; leiten, führen 2. *A oder I* lenken, steuern; ~ маши́ной ein Auto steuern [fahren]; ~ ло́шадью kutschieren; ~ вожжа́ми die Zügel führen 3. *alt*, *volksspr* abhalten, veranstalten

[2]**пра́вить,** -влю, -вишь *uv* 1. verbessern, ausbessern, korrigieren; ~ гра́нки *typ* Fahnen korrigieren; ~ корректу́ру Korrektur lesen 2. ausrichten, gerade machen; schärfen, abziehen; ~ бри́тву die Rasierklinge abziehen; ~ ко́су́ die Sense wetzen

пра́вка, -и, *Pl G* -вок, *D* -вкам *f* 1. Korrektur, Ausbessern 2. Schärfen, Abziehen, Wetzen

правле́ние, -я *n* 1. Herrschen, Regieren; фо́рма -я Regierungsform 2. leitendes Organ einer Institution, Verwaltung, Vorstand; ~ желе́зной доро́ги Eisenbahnverwaltung 3. *umg* Sitzung eines leitenden Organs; ~ ко́нчилось die Leitungssitzung ist zu Ende 4. Verwaltungsgebäude; ~ колхо́за die Kolchosverwaltung; волостно́е ~ *hist* Bezirkshauptmannschaft, Polizeiverwaltung des Landbezirks

правле́нческий, -ая, -ое Verwaltungs-

пра́внук, -а *m* 1. Urenkel 2. *meist Pl* Nachkommen, Nachfahren

пра́внучка, -и, *Pl G* -чек, *D* -чкам *f* Urenkelin

[1]**пра́во,** -а, *Pl* права́, прав, права́м *n* 1. *nur Sg* Recht, Rechtsnormen; избира́тельное ~ Wahlrecht; крепостно́е ~ Leibeigenschaft 2. Gesamtheit der Gesetze und Rechtserlasse; гражда́нское ~ Zivilrecht; трудово́е ~ Arbeitsrecht 3. Rechtswissenschaft; уголо́вное ~ Strafrecht; междунаро́дное ~ Völkerrecht; ~ гражда́нства Bürgerrecht; ~ убе́жища Asylrecht 4. gesetzlich verbrieftes Recht; ~ на социа́льное обеспе́чение Recht auf soziale Fürsorge; ~ на труд Recht auf Arbeit; ~ на образова́ние Recht auf Bildung 5. offizielle Erlaubnis, Befugnis 6. *Pl umg* Fahrerlaubnis 7. Begründung, Grund ◇ в -е сде́лать что́-н. berechtigt etw. zu tun; по -у von Rechts wegen, zu Recht; дать -а́ гражда́нства die Staatsbürgerschaft verleihen; получи́ть [приобрести́] -а́ гражда́нства die Staatsbürgerschaft erwerben; с по́лным -ом mit Fug und Recht; на пти́чьих -а́х ohne solide rechtliche und finanzielle Grundlage

[2]**пра́во** *mod* tatsächlich, wahrhaftig, wirklich ◇ пра́во сло́во! *volksspr* Ehrenwort! *wenn man etwas glaubwürdig versichert*

право- *in Zuss* Rechts-, rechts-

правобере́жный, -ая, -ое am rechten Ufer befindlich, auf dem rechten Ufer gelegen

правове́рный, -ая, -ое; *Kzf* -рен, -рна 1. strenggläubig, orthodox, rechtgläubig; ~ като́лик strenggläubiger Katholik 2. islamisch; mohammedanisch 3. -ого *Subst m* Anhänger des Islams, Moslem

правово́й, -а́я, -о́е Rechts-; -ы́е но́рмы Rechtsnormen; -о́е образова́ние juristische Bildung

право|ме́рность, -и *f* Rechtmäßigkeit, Gesetzmäßigkeit; **~ме́рный,** -ая, -ое; *Kzf* -рен, -рна rechtmäßig, gesetzmäßig, berechtigt; **~мо́чие,** -я *n jur* Bevollmächtigung, Machtbefugnis, Kompetenz; **~мо́чный,** -ая, -ое; *Kzf* -чен, -чна *jur* befugt, bevollmächtigt, kompetent; **~наруше́ние,** -я *n jur* Rechtsbruch, Rechtsverletzung; **~наруши́тель,** -я *m jur* Rechtsverletzer; **~писа́ние,** -я *n* Rechtschreibung, Orthographie; **~сла́вие,** -я *n* Konfession der griechisch-orthodoxen Kirche

правосла́вный, -ая, -ое 1. griechisch-orthodox; -ая це́рковь die griechisch-orthodoxe Kirche, Ostkirche 2. griechisch-orthodox, rechtgläubig 3. -ого *Subst m* Anhänger des griechisch-orthodoxen Glaubens [der Ostkirche]

правосу́дие, -я *n* 1. Rechtswesen, -pflege; Gericht, Justiz; кла́ссовое ~ Klassenjustiz 2. gerechtes Urteil

правота́, -ы́ *f* Rechtlichkeit, Schuldlosigkeit

правофлангови́й, -ая, -ое 1. zum rechten Flügel gehörig, auf dem rechten Flügel befindlich 2. -ого *Subst m* rechter Flügelmann

[1]**пра́вый,** -ая, -ое 1. rechter; -ая нога́ das rechte Bein; ~ бе́рег Невы́ das

rechte Newaufer; -ая рука́ rechte Hand *a. übtr*; -ая сторона́ rechte Seite, Oberseite **2.** rechtsgerichtet, reaktionär, konservativ; -ые па́ртии rechtsgerichtete Parteien; ~ укло́н rechte Abweichung; -ые социали́сты Rechtssozialisten **3.** -ого *Subst m pol* Rechter

²пра́вый, -ая, -ое; *Kzf* прав, -á! **1.** schuldlos, frei von Schuld **2.** *meist Kzf, prädikativ* recht haben, im Recht sein; вы -ы Sie haben recht **3.** gerecht, wahr

пра́вящий, -ая, -ее sich an der Macht befindend, herrschend; -ие круги́ die herrschenden Kreise; -ая па́ртия die Partei, die sich an der Macht befindet

Пра́га, -и *f* Prag

пра́дед, -а *m* **1.** Urgroßvater **2.** *Pl* Vorfahren, Vorväter

пра́жец, -жца, *I* -жцем, *G Pl* -жцев *m* Prager

пра́зднество [зьн], -а *n* Feierlichkeit, Feier, Fest; Первома́йские -а Maifeierlichkeiten

пра́здник [зьн], -а *m* **1.** Feiertag; ~ Октября́ Jahrestag der Großen Sozialistischen Oktoberrevolution **2.** Fest; семе́йный ~ Familienfest; ~ по слу́чаю дня рожде́ния Geburtstagsfeier **3.** *übtr* Freude; на всех ли́цах ви́ден был ~ auf allen Gesichtern stand helle Freude ◇ бу́дет и на на́шей у́лице ~ auch wir werden es einmal besser haben

пра́здничный [зьн], -ая, -ое; *Kzf* -чен, -чна Fest-, festlich; Feiertags-; ~ конце́рт Festkonzert; ~ день Festtag; -ое пла́тье festliches Kleid; -ое настрое́ние Feiertagsstimmung

пра́зднование [зн], -я *n* Feiern, festliches Begehen

пра́здновать [зн], -ную, -нуешь *uv* feiern, festlich begehen; ~ побе́ду triumphieren

празднросло́вие [зн], -я *n buchspr* leeres Gerede, Quasselei

пра́здность [зн], -и *f* **1.** Untätigkeit, Müßigkeit; Nutzlosigkeit **2.** Müßiggang, Nichtstun

праздношата́ющийся [зн], -аяся, -ееся *umg* müßig(gehend)

пра́здный [зн], -ая, -ое; *Kzf* -ден, -дна **1.** *alt* leer; unbesetzt *Platz*; unbebaut *Landstück* **2.** ohne Arbeit, untätig, faul **3.** müßig; -ая жизнь Faulenzerleben **4.** *übtr* leer, unnütz

пра́ктик, -а *m* **1.** Praktiker **2.** praktisch veranlagter Mensch

пра́ктика, -и *f* **1.** *phil* Praxis; сочета́ть тео́рию с -ой die Theorie mit der Praxis verbinden **2.** das Leben, die Wirklichkeit; реализова́ть предложе́ние на -е einen Vorschlag in die Praxis umsetzen, verwirklichen; ввести́ в -у in die Praxis einführen **3.** Praxis, Anwendung von Kenntnissen und Fertigkeiten im praktischen Leben, Praktikum; произво́дственная ~ Produktionspraktikum; уро́к у́стной -и Konversationsstunde **4.** praktische Erfahrung; ~ сове́тских шахтёров die praktischen Produktionserfahrungen der sowjetischen Bergarbeiter **5.** *alt* Praxis *von Ärzten, Juristen*

практикова́ть, -ку́ю, -ку́ешь; -ко́ванный, -ко́ван, -а *uv* **1.** *buchspr* in der Praxis anwenden **2.** *alt* praktizieren *Arzt*

практикова́ться, -ку́юсь, -ку́ешься *uv* **1.** angewandt werden, üblich sein **2.** sich üben, üben

пра́ктикум, -а *m* (Übungs-) Seminar, Praktikum

практици́зм, -а *m buchspr* **1.** Praktizismus **2.** nüchternes und sachliches Herangehen und Handeln; eigensüchtiges Handeln

практи́ческий, -ая, -ое **1.** praktisch **2.** die Anwendung von Kenntnissen in der Praxis betreffend, Übungs-; -ие заня́тия Übungen *als Form der Hochschulausbildung* **3.** praktisch, angewandt; -ая астроно́мия angewandte Astronomie **4.** praktisch veranlagt *Mensch*

практи́чность, -и *f* **1.** Zweckdienlichkeit, Zweckmäßigkeit **2.** praktische Veranlagung

практи́чный, -ая, -ое; *Kzf* -чен, -чна **1.** praktisch veranlagt **2.** praktisch, vorteilhaft, nützlich, wirtschaftlich

пра́отец, -тца, *I* -тцем, *G Pl* -тцев *m alt* Ahnherr, Urvater ◇ отпра́вить [отосла́ть] к -тцам *scherz* ins Jenseits befördern; отпра́виться к -тцам *scherz* das Zeitliche segnen, sterben

пра́порщик, -а *m* Fähnrich *im zaristischen Heer*

прапра́дед, -а *m* Ururgroßvater

прароди́тель, -я *m* **1.** Stammvater, Ahnherr **2.** *Pl* Vorfahren, Vorväter

прах, -а *m* **1.** *alt, poet u. buchspr* Staub **2.** Vergängliches, Wertloses **3.** sterbliche Hülle, Asche der Verstorbenen, Leichnam ◇ мир -у твоему́! Friede deiner Asche!; на кой ~? *volksspr* wozu nur?; ~ с тобо́й

[с ней, с ним]! *volksspr* meinetwegen!; nun ganz gleich!; отряхну́ть ~ с ног den Staub von den Füßen schütteln; пове́ргнуть [разби́ть] в ~ vollkommen zerstören; в пух и ~ kurz und klein, völlig; разоде́ться в пух и ~ sich luxuriös [prachtvoll] kleiden
пра́чечная [шн], -ой *Subst f* Wäscherei, Waschanstalt; Waschküche
пра́чка, -и, *Pl G* -чек, *D* -чкам *f* Waschfrau, Wäscherin
пращ ↑ праща́
праща́, -и́, *I* -о́й, *GPl* -е́й *f u.* **пращ,** -а́, *I* -о́м, *GPl* -е́й *m hist* (Stein-) Schleuder
пра́щур, -а *m* Urahn, Stammvater, entfernter Vorfahre
праязы́к, -а́ *m ling* Ursprache
преа́мбула, -ы *f buchspr* Präambel
пребыва́ние, -я *n* **1.** Aufenthalt, Verbleib **2.** *alt* Aufenthaltsort
пребыва́ть, -а́ю, -а́ешь *uv* **1.** *uv zu* пребы́ть **2.** *alt* existieren, unverändert sein **3.** *buchspr* sein, sich aufhalten; in einem Zustand verweilen, sich befinden; ~ у вла́сти an der Macht sein; ~ в неве́дении im Ungewissen sein
пре|бы́ть* *v alt* unverändert bleiben ‖ *uv* пребыва́ть, -а́ю, -а́ешь
превали́ровать, -рую, -руешь *uv* над *I buchspr* überwiegen, das Übergewicht haben (über), vorherrschen
превенти́вный, -ая, -ое *buchspr* vorbeugend, Präventiv-; -ая приви́вка Schutzimpfung; -ая война́ Präventivkrieg
превзо|йти́* *v* **1.** übertreffen, überlegen sein **2.** übersteigen, übertreffen **3.** *volksspr* studieren, verstehen; ~ [самого́] себя́ *buchspr* alles in den Schatten stellen, sich selbst übertreffen ‖ *uv* превосходи́ть, -ожу́, -о́дишь
превозмога́ть *uv zu* превозмо́чь
превоз|мо́чь* *v* überwinden, bezwingen; ~ боль den Schmerz verbeißen [bezwingen]; ~ смех das Lachen unterdrücken; уста́лость превозмогла́ die Müdigkeit war stärker; превозмо́чь себя́ sich bezwingen ‖ *uv* превозмога́ть, -а́ю, -а́ешь
превоз|нести́* *v* sehr (zu) hoch einschätzen, lobpreisen, loben ◇ ~ до небе́с in den Himmel heben ‖ *uv* **превозноси́ть,** -ношу́, -но́сишь
превосходи́тельство, -а *n* (*meist in Verbindung mit* его́, её, ва́ше, их) Exzellenz
превосходи́ть *uv zu* превзойти́
превосхо́дный, -ая, -ое; *Kzf* -ден, -дна **1.** *alt, mil* überlegen; -ые си́лы проти́вника die Truppenübermacht des Gegners **2.** vortrefflich, hervorragend, ausgezeichnet ◇ -ая сте́пень *gram* Superlativ
превосхо́дство, -а *n* Überlegenheit, Vorrang; Übergewicht; ~ в во́здухе Luftüberlegenheit; чи́сленное ~ zahlenmäßige Überlegenheit; ~ проти́вника в та́нках die Überlegenheit des Gegners an Panzern
преврати́ть, -ащу́, -ати́шь; -ащённый, -ащён, -ащена́ *v* verwandeln, umgestalten; ~ в шу́тку ins Lächerliche ziehen ‖ *uv* превраща́ть, -а́ю, -а́ешь
преврати́ться, -ащу́сь, -ати́шься *v* **1.** sich verwandeln, übergehen **2.** (*mit den Subst* зре́ние, слух, внима́тельность) gespannt sehen, gespannt zuhören, ganz aufmerksam sein; ganz Ohr sein; я весь преврати́лся в слух ich bin ganz Ohr ‖ *uv* превраща́ться, -а́юсь, -а́ешься
превра́тность, -и *f* **1.** Irrigkeit, Verkehrtheit; ~ мне́ния Irrigkeit der Meinung **2.** Veränderlichkeit, Wandelbarkeit, Unbeständigkeit **3.** *Pl alt* unvorhergesehene ungünstige Veränderungen im Leben
превра́тный, -ая, -ое; *Kzf* -тен, -тна **1.** irrig, falsch, verkehrt, verzerrt **2.** *alt* veränderlich, wandelbar, unbeständig, wechselhaft
превраща́ть(ся) *uv zu* преврати́ть(ся)
превраще́ние, -я *n* **1.** Verwandlung, Umwandlung, Metamorphose **2.** Umgestaltung, plötzliche Veränderung
превы́сить, -ы́шу, -ы́сишь; -ы́шенный, -ы́шен, -а *v* **1.** übertreffen, übersteigen; ~ но́рму die Norm überbieten **2.** überschreiten, mißbrauchen *Macht, Befugnisse* ‖ *uv* **превыша́ть,** -а́ю, -а́ешь
превы́ше *Adv hoher Stil* viel höher ◇ ~ всего́ am höchsten, am wichtigsten
превыше́ние, -я *n* **1.** Überschreiten, Übersteigen; ~ креди́та das Überschreiten des Kredits; план вы́полнен с -ем на де́сять проце́нтов der Plan wurde mit zehn Prozent übererfüllt **2.** Überschreitung, Mißbrauch *Macht*
прегра́да, -ы *f* Hindernis, Schranke *a. übtr* ◇ грудобрю́шная ~ Zwerchfell
прегради́ть, -ажу́, -ади́шь; -аждённый, -аждён, -аждена́ *v* ver-, absperren; ~ кому́-н. путь j-m den Weg

versperren || *uv* **преграждáть,** -áю, -áешь

[1]**пред** *u. vor einigen Konsonantenverbindungen* **предо,** *Präpos mit I buchspr* ↑ пéред

[2]**пред,** -а *m volksspr Abk für* председáтель Vorsitzender

пред- *in Zuss Abk für* председáтель Vorsitzender, *z. B.* предколхóза Kolchosvorsitzender

-пред, -а *in Zuss Abk für* представи́тель Vertreter, *z. B.* полпрéд mit allen Vollmachten ausgestatteter, diplomatischer Vertreter der UdSSR im Ausland *bis 1941*

предавáть(ся) *uv zu* предáть(ся)

[1]**предáние,** -я *n* Übergabe, Überantwortung, Auslieferung; ~ судý Übergabe an das Gericht; ~ землé Beerdigung, Bestattung

[2]**предáние,** -я *n* mündliche Überlieferung, Sage, Legende, Mär

прéданность, -и *f* Ergebenheit, Treue, Anhänglichkeit

прéданный, -ая, -ое; *Kzf* -ан, -анна ergeben, treu; hingebungsvoll; и́скренне ~ вам Ihr ergebener *im Brief*

предáтель, -я *m* Verräter

предáтельский, -ая, -ое **1.** verräterisch; -ое убийство Meuchelmord **2.** *übtr* trügerisch, tückisch; -ое здорóвье tückischer Gesundheitszustand

предáтельство, -а *n* Verrat, Treulosigkeit

пре|дáть*; прéдал, -á!; прéданный, -ан, -á! *v* **1.** verraten, durch Verrat ausliefern **2.** übergeben, überantworten, ausliefern; ~ кáзни hinrichten lassen; ~ осмея́нию dem Gelächter preisgeben; ~ смéрти töten; ~ судý dem Gericht übergeben ◇ ~ анáфеме den Bannfluch verhängen; ~ глáсности der Öffentlichkeit bekanntgeben; ~ землé когó-н. j-n beerdigen || *uv* пре|давáть*

пре|дáться*; -дали́сь *v* **1.** *alt* sich ergeben, überlaufen; sich ganz anvertrauen **2.** sich ganz hingeben, ganz versenken (in); ~ порóку dem Laster frönen; ~ пья́нству sich dem Trunk ergeben; ~ искýсству sich der Kunst widmen; ~ гнéву sich vom Zorn hinreißen lassen; ~ размышлéнию den Gedanken nachhängen || *uv* пре|давáться*

предбáнник, -а *m* Aus- und Ankleideraum vor dem Baderaum

предбоевóй, -áя, -óе vor dem Kampfe; -óе настроéние die Stimmung vor dem Kampf [Gefecht]

предвари́тельный, -ая, -ое **1.** vorhergehend, Vor-, vorausgehend; vorläufig; -ые замечáния Vorbemerkungen; по -ым дáнным nach vorläufigen Angaben **2.** Vor-, rechtzeitig; -ая продáжа билéтов Kartenvorverkauf; -ые переговóры Vorverhandlungen ◇ *jur* -ое слéдствие Voruntersuchung; -ое заключéние Untersuchungshaft

предвари́ть, -рю́, -ри́шь; -рённый, -рён, -ренá *v* **1.** *buchspr* zuvorkommen, vorgreifen, vorwegnehmen; *alt* vorausschicken **2.** *buchspr alt* vorher benachrichtigen || *uv* **предваря́ть,** -я́ю, -я́ешь

предвесéнний, -яя, -ее dem Frühling vorausgehend, Vorfrühlings-; -яя óттепель Tauwetter vor Anbruch des Frühlings

предвéстие, -я *n* Vorzeichen, Vorbote, erstes Anzeichen

предвéстник, -а *m* Vorbote, Künder

предвечéрний, -яя, -ее dem Abend vorausgehend, Spätnachmittags-; в -ие часы́ am späten Nachmittag

предвещáние, -я *n* **1.** *buchspr alt* Voraussagung, Vorhersage **2.** Vorzeichen, Vorbote

предвещáть, -áю, -áешь *uv* **1.** *buchspr alt* voraussagen, vorhersagen, prophezeien **2.** ankündigen

предвзя́тый, -ая, -ое; *Kzf* -я́т, -а voreingenommen, vorgefaßt, befangen; -ое мнéние vorgefaßte Meinung

предви́дение, -я *n* Voraussicht; дар -я Sehergabe

предви́деть, -и́жу, -и́дишь; -и́денный, -и́ден, -а *uv* voraussehen, vorhersehen, vorherberechnen

предви́деться, *1. u. 2. Pers ungebr,* -дится *uv* bevorstehen, sich voraussehen lassen, zu erwarten sein; изменéний не предви́дится es sind keine Veränderungen abzusehen

предвкуси́ть, -ушý, -ýсишь *v* im voraus genießen || *uv* **предвкушáть,** -áю, -áешь

предвкушéние, -я *n* Vorgeschmack, Vorfreude

предводи́тель, -я *m* Anführer; ~ вóйска Heerführer ◇ ~ дворя́нства *alt* Adelsmarschall

предводи́тельство, -а *n* Leitung, Führung ◇ под -ом когó-н. unter dem Befehl von j-m

предводи́тельствовать, -твую, -твуешь *uv* anführen, befehligen, den Oberbefehl haben

предвоéнный, -ая, -ое Vorkriegs-

предвосхи́тить, -хи́щу́, -хи́тишь; -хи́щенный, -хи́щен, -а *v buchspr* vorwegnehmen, zuvorkommen, erraten ‖ *uv* **предвосхища́ть,** -а́ю, -а́ешь

предвы́борный, -ая, -ое Wahl-, den Wahlen vorausgehend; -ая кампа́ния Wahlkampagne

предго́рье, -ья, *Pl G* -рий, *D* -рьям *n* Gebirgsvorland

предгрозово́й, -а́я, -о́е dem Gewitter vorausgehend; ~ ве́тер Wind vor dem Gewitter

преддве́рье, -ья *n* 1. *buchspr* Vorhalle, Vestibül **2.** *anat* Vorhof **3.** *übtr* Schwelle

преде́л, -а *m* **1.** Grenze; в -ах го́рода im Weichbild der Stadt; в -ах СССР innerhalb der Grenzen der UdSSR **2.** *poet alt* Land **3.** *übtr* Grenze, Schranke; всему́ есть ~ alles hat seine Grenzen; вы́йти из -ов die Grenzen überschreiten, über das Erlaubte hinausgehen **4.** Höchstgrenze, höchster Grad; лю́ди изнемогли́ до -а die Kräfte der Menschen haben die Grenze der Erschöpfung erreicht; это ~ мои́х жела́ний mehr kann ich mir nicht wünschen **5.** *math* Grenzwert

преде́льный, -ая, -ое **1.** Grenz-; -ая ли́ния Grenzlinie **2.** äußerst, Höchst-; -ая ско́рость Höchstgeschwindigkeit; ~ во́зраст Altersgrenze; ~ срок äußerste Frist

предзи́мний, -яя, -ее unmittelbar dem Winter vorausgehend, vorwinterlich

предзнаменова́ние, -я *n* Vorzeichen, Omen; счастли́вое ~ glückliches Vorzeichen

предзнаменова́ть, -ну́ю, -ну́ешь *uv buchspr alt* durch Vorzeichen ankünden

предисло́вие, -я *n* Vorwort, Vorrede ◇ без [вся́ких] -й ohne lange Vorrede, ohne viel Gerede

предлага́ть *uv zu* предложи́ть

[1]**предло́г,** -а *m* Vorwand, Ausflucht, Ausrede; под -ом unter dem Vorwand

[1]**предло́г,** -а *m gram* Verhältniswort, Präposition

[1]**предложе́ние,** -я *n* **1.** Anerbieten, Angebot; ~ по́мощи Hilfsangebot **2.** Vorschlag; рационализа́торское ~ Verbesserungsvorschlag **3.** (Heirats-) Antrag; де́лать ~ einen Heiratsantrag machen **4.** *wirtsch* (Waren-) Angebot

[2]**предложе́ние,** -я *n* **1.** *gram* Satz; просто́е ~ einfacher Satz; сло́жное ~ zusammengesetzter Satz, Satzgefüge; вопроси́тельное ~ Fragesatz; прида́точное ~ Nebensatz **2.** *Logik* Urteil

предложи́ть, -ожу́, -о́жишь; -о́женный, -о́жен, -а *v* **1.** anbieten **2.** vorschlagen, beantragen; die Kandidatur empfehlen; einladen (zu); ~ но́вый план einen neuen Plan vorschlagen **3.** vorlegen *Aufgabe*; aufwerfen, stellen *Fragen* **4.** verlangen, ersuchen, fordern, verordnen ◇ ~ ру́ку [и се́рдце] кому́-н. *alt* um j-s Hand bitten; ~ тост einen Toast ausbringen ‖ *uv* предлага́ть, -а́ю, -а́ешь

предло́жный, -ая, -ое präpositional; ~ паде́ж Präpositiv

предма́йский, -ая, -ое dem 1. Mai vorausgehend; -ое социалисти́ческое соревнова́ние der sozialistische Wettbewerb zu Ehren des 1. Mai

предме́стье, -ья, *Pl G* -тий, *D* -тьям *n* Vorort, Vorstadt

предме́т, -а *m* **1.** Gegenstand; Sache, Ding; -ы ро́скоши Luxusgegenstände; -ы дома́шнего обихо́да Haushaltsartikel; -ы потребле́ния Bedarfsgüter; -ы вне́шнего ми́ра die Dinge, die uns umgeben **2.** Thema, Sujet; ~ разгово́ра Gesprächsgegenstand; ~ спо́ра Streitobjekt **3.** *G* Objekt, Gegenstand; ~ насме́шек Gegenstand des Spottes **4.** Fach, Lehrfach, Disziplin ◇ на э́тот ~ zu dieser Sache; dazu; на како́й ~? wozu?, weswegen?; на ~ чего́-н. zwecks *G*

предме́тность, -и *f* Gegenständlichkeit; Gegenstandsbezogenheit

предме́тный, -ая, -ое **1.** gegenständlich, Sach-; ~ указа́тель Sachregister **2.** materiell, dinglich; anschaulich; -ая агита́ция anschauliche Agitation ◇ -ая систе́ма обуче́ния Schulausbildung *mit Fachlehrern*; ~ уро́к Unterrichtsstunde mit anschaulichen Lehrmitteln

предмо́стный, -ая, -ое: -ое укрепле́ние Brückenkopf

предмо́стье, -ья, *Pl G* -тий, *D* -тьям *n* Brückenauffahrt, Brückenkopf

предназнача́ть *uv zu* предназна́чить

предназначе́ние, -я *n* **1.** Vorherbestimmung **2.** *hoher Stil* Bestimmung, Prädestination **3.** *alt* Schicksal

предназна́чить, -чу, -чишь; -ченный, чен, -а *v* vorherbestimmen, im vor-

aus festsetzen, prädestinieren || *uv* предназнача́ть, -а́ю, -а́ешь
преднаме́ренный, -ая, -ое; *Kzf* -рен, -ренна vorsätzlich, absichtlich, beabsichtigt
предначерта́ние, -я *n hoher Stil* Vorbestimmung, Prädestination; Plan
предначерта́ть, -а́ю, -а́ешь; предначе́ртанный, -ан, -а *v hoher Stil* vorherbestimmen, entwerfen
предночно́й, -а́я, -о́е vor Anbruch der Nacht
предо ↑ [1]пред
предобе́денный, -ая, -ое Vormittags-; ~ час die Zeit kurz vor Mittag
пре́док, -дка *m* Ahnherr, Vorfahr
предоктя́брьский, -ая, -ое vor der Großen Sozialistischen Oktoberrevolution; vor dem Jahrestag [zu Ehren] der Großen Sozialistischen Oktoberrevolution; -ое социалисти́ческое соревнова́ние der sozialistische Wettbewerb zu Ehren des Jahrestages der Oktoberrevolution
предопределе́ние, -я *n* **1.** Vorherbestimmung **2.** *alt* Schicksal
предопредели́ть, -лю́, -ли́шь; -лённый, -лён, -лена́ *v* vorherbestimmen, prädestinieren, bedingen || *uv* **предопределя́ть,** -я́ю, -я́ешь
предосе́нний, -яя, -ее unmittelbar dem Herbst vorausgehend
предоста́вить, -влю, -вишь; -вленный, -влен, -а *v* **1.** zur Verfügung stellen, überlassen, verschaffen **2.** *mit Inf* ermöglichen, freistellen, gewähren ◇ ~ самому́ [сами́м] себе́ a) die Möglichkeit geben, selbständig zu handeln; b) sich selbst überlassen, ohne Beaufsichtigung lassen; ~ сло́во кому́-н. j-m das Wort erteilen || *uv* предоставля́ть, -я́ю, -я́ешь
предоставле́ние, -я *n* Gewährung, Bewilligung
предоставля́ть *uv zu* предоста́вить
предостерега́ть *uv zu* предостере́чь
предостереже́ние, -я *n* **1.** Warnen **2.** Warnung
предо|стере́чь *v* (ver)warnen, zur Vorsicht mahnen || *uv* предостерега́ть, -а́ю, -а́ешь
предосторо́жность, -и *f* **1.** äußerst vorsichtiges [vorbeugendes] Verhalten, Vorsicht; ме́ра -и Vorsichtsmaßregel **2.** Vorsichtsmaßregel
предосуди́тельный, -ая, -ое; *Kzf* -лен, -льна anstößig, verurteilungswürdig, verabscheuungswürdig; что же тут -ого? was ist denn da Schlimmes daran?
предотврати́ть, -ащу́, -ати́шь; -ащённый, -ащён, -ащена́ *v* verhüten, rechtzeitig abwenden, vorbeugen; ~ несча́стье einem Unglück zuvorkommen; ~ опа́сность eine Gefahr abwenden || *uv* **предотвраща́ть,** -а́ю, -а́ешь
предотвраще́ние, -я *n* Verhütung, Verhinderung, Abwendung
предохране́ние, -я *n* Schutz, Verhütung
предохрани́тель, -я *m* Schutzvorrichtung; электри́ческие -и elektrische Sicherungen
предохрани́тельный, -ая, -ое Schutz-, Sicherheits-, Vorbeugungs-; -ая приви́вка Schutzimpfung; ~ кла́пан *tech* Sicherheitsventil
предохрани́ть, -ню́, -ни́шь; -нённый, -нён, -нена́ *v* от *G* (be)schützen (vor), vorbeugen, sichern (gegen) || *uv* **предохраня́ть,** -я́ю, -я́ешь
предписа́ние, -я *n* **1.** Anordnung **2.** *alt* schriftliche Verordnung, Befehl **3.** Verordnung; ~ врача́ Verordnung des Arztes
пред|писа́ть* *v* **1.** anordnen, einen Befehl erteilen, vorschreiben **2.** verordnen, verschreiben *vom Arzt* || *uv* **предпи́сывать,** -аю, -аешь
предпле́чье, -ья, *Pl G* -чий, *D*-чьям *n anat* Unterarm
предполага́емый, -ая, -ое voraussichtlich, mutmaßlich
предполага́ть, -а́ю, -а́ешь *uv* **1.** *uv zu* предположи́ть **2.** *mit Inf* beabsichtigen, vorhaben **3.** voraussetzen, annehmen; мо́жно ~ die Annahme liegt nahe
предполага́ться, *1. u. 2. Pers ungebr,* -а́ется *uv unpers* es ist anzunehmen; man beabsichtigt, man hat vor
предположе́ние, -я *n* **1.** Vermutung, Annahme, Mutmaßung; стро́ить -я Vermutungen hegen **2.** Plan, Projekt, Absicht
предположи́тельный, -ая, -ое; *Kzf* -лен, -льна voraussichtlich, mutmaßlich, wahrscheinlich
предположи́ть, -ожу́, -о́жишь; -о́женный, -о́жен, -а *v* annehmen, vermuten; предполо́жим gesetzt den Fall || *uv* предполага́ть, -а́ю, -а́ешь
предпо|сла́ть*; предпо́сланный, -ан, -а *v mit D buchspr* vorausschicken, anfangs anführen, einleitend darlegen || *uv* предпосыла́ть, -а́ю, -а́ешь
предпосле́дний, -яя, -ее vorletzter

предпосыла́ть *uv zu* предпосла́ть

предпосы́лка, -и, *Pl G* -лок, *D* -лкам *f* **1.** Voraussetzung, Vorbedingung **2.** Ausgangspunkt, Annahme

предпо|че́сть* *v* **1.** für besser halten; für das beste halten **2.** *mit D* bevorzugen, vorziehen, den Vorzug geben || *uv* **предпочита́ть,** -а́ю, -а́ешь

предпочте́ние, -я *n* Vorzug, Bevorzugung; besondere Aufmerksamkeit; отда́ть [оказа́ть] ~ den Vorzug geben

предпочти́тельный, -ая, -ое; *Kzf* -лен, -льна Vorzug verdienend, geeignetster, bester; ~ срок die geeignetste Frist

предпра́здничный [зьн], -ая, -ое dem Feiertag vorausgehend; -ое соревнова́ние Wettbewerb zu Ehren des Feiertages

предприи́мчивость, -и *f* Unternehmungslust, -geist

предприи́мчивый, -ая, -ое; *Kzf* -ив, -а unternehmungslustig, unternehmend, findig

предпринима́тель, -я *m* **1.** Kapitalist, Unternehmer **2.** Geschäftemacher

предпринима́тельский, -ая, -ое Unternehmer-; -ая при́быль Unternehmerprofit

предпринима́ть *uv zu* предприня́ть

пред|приня́ть* *v* unternehmen, sich vornehmen, durchführen; ~ шаги́ Schritte unternehmen; ~ ме́ры Maßnahmen ergreifen || *uv* п р е д п р и н и м а́ т ь, -а́ю, -а́ешь

предприя́тие, -я *n* **1.** Unternehmen, Vorhaben **2.** Betrieb, Unternehmen; ча́стное ~ Privatbetrieb; госуда́рственное ~ staatlicher Betrieb; наро́дное ~ volkseigener Betrieb

предрасполага́ть, -а́ю, -а́ешь *uv* **1.** *uv zu* предрасположи́ть **2.** von vornherein darauf einstellen, begünstigen

предрасположе́ние, -я *n* Anlage, Veranlagung, Neigung; Empfänglichkeit *z. B. für Krankheiten*

предрасполо́женный, -ая, -ое; *Kzf* -ен, -а veranlagt, neigend (к *D* zu)

предрасположи́ть, -ожу́, -о́жишь; -о́женный, -о́жен, -а *v* geneigt machen, günstig stimmen || *uv* п р е д р а с п о л а г а́ т ь, -а́ю, -а́ешь

предрассве́тный, -ая, -ое vor dem Morgengrauen; ~ сон der Schlaf vor Sonnenaufgang

предрассу́док, -дка *m* Vorurteil

предреволюцио́нный, -ая, -ое der Revolution vorausgehend, vor der Revolution

предрека́ть *uv zu* предре́чь

пред|ре́чь* *v buchspr* voraussagen, prophezeien || *uv* п р е д р е к а́ т ь, -а́ю, -а́ешь

предреша́ть *uv zu* предреши́ть

предреши́ть, -шу́, -ши́шь; -шённый, -шён, -шена́ *v* **1.** im voraus entscheiden, vorher beschließen **2.** vorausbestimmen; ~ исхо́д борьбы́ den Ausgang des Kampfes von vornherein bestimmen || *uv* п р е д р е ш а́ т ь, -а́ю, -а́ешь

предродово́й, -а́я, -о́е vor dem Gebären, vor der Geburt; -ы́е схва́тки Geburtswehen

председа́тель, -я *m* Vorsitzender; Präsident; ~ сове́та мини́стров der Vorsitzende des Ministerrats

председа́тельский, -ая, -ое des Vorsitzenden, des Präsidenten, Präsidenten-; -ое ме́сто der Platz des Vorsitzenden

председа́тельство, -а *n* Vorsitz; Amt des Vorsitzenden; под -ом кого́-н. unter dem Vorsitz von j-m, unter Leitung von j-m

председа́тельствовать, -твую, -твуешь *uv* den Vorsitz führen

председа́тельствующий, -его *Subst m* Vorsitzender

предсе́рдие, -я *n anat* Vorhof *des Herzens*

предсказа́ние, -я *n* **1.** Voraussage, Vorhersage; ~ пого́ды Wettervorhersage **2.** Weissagung, Wahrsagung, Prophezeiung

предсказа́тель, -я *m* Wahrsager, Prophet

предс|каза́ть* *v* voraussagen, vorhersagen, prophezeien || *uv* **предска́зывать,** -аю, -аешь

предсме́ртный, -ая, -ое kurz vor dem Tode, Todes-; ~ час Todesstunde; -ая во́ля der letzte Wille; -ое завеща́ние Testament

представа́ть *uv zu* предста́ть

представи́тель, -я *m* **1.** Vertreter, Beauftragter; ~ от министе́рства Vertreter des Ministeriums; торго́вый ~ Handelsvertreter **2.** Repräsentant; ~ социалисти́ческого реали́зма Vertreter des sozialistischen Realismus; ~ тропи́ческой расти́тельности ein Vertreter der tropischen Pflanzenwelt

представи́тельность, -и *f* Stattlichkeit, stattliches, solides Äußeres

представи́тельный, -ая, -ое **1.** gewählt, aus Vertretern bestehend **2.** *Kzf* -лен, -льна repräsentativ, stattlich, ansehnlich; -ая внéшность stattliches Äußeres

представи́тельство, -а *n* Vertretung; *alt* Repräsentation; торгóвое ~ Handelsvertretung

представить, -влю, -вишь; -вленный, -влен, -а *v* **1.** vorlegen, vorweisen; ~ на пóдпись zur Unterschrift vorlegen **2.** vorzeigen; ~ удостоверéние ли́чности sich ausweisen **3.** *D* vorstellen, bekanntmachen **4.** к *D* vorschlagen (zu) **5.** darstellen, hinstellen (als); нагля́дно ~ veranschaulichen; ~ в смешнóм ви́де ins Lächerliche ziehen **6.** auf der Bühne darstellen; aufführen *Theaterstück*; (j-n) nachmachen, kopieren **7.** *gewöhnlich mit* себé sich vorstellen, sich (in Gedanken) ausmalen **8.** machen, bereiten, verursachen; ~ больши́е затруднéния große Mühe bereiten ◇ представь(те) (себé)! Stell dir vor!, Stellen Sie sich vor! || *uv* представля́ть, -я́ю, -я́ешь

представиться, -влюсь, -вишься *v* **1.** sich vorstellen, sich bekannt machen (mit) **2.** *D* sich zeigen, erscheinen, auftauchen; как тóлько представится возмóжность sobald sich die Möglichkeit bietet **3.** *D* im Geiste vorschweben, sich in Gedanken ausmalen, sich vorstellen; мне представились карти́ны дéтства Bilder aus der Kindheit tauchten vor mir auf **4.** *I* sich verstellen, sich stellen; ~ больны́м sich krank stellen, simulieren || *uv* представля́ться, -я́юсь, -я́ешься

представлéние, -я *n* **1.** Vorzeigen, Vorweisen, Vorlage **2.** Eingabe; ~ к нагрáде Vorschlag zur Auszeichnung **3.** Aufführung, Vorstellung; театрáльное ~ Theateraufführung **4.** *phil*, *psych* Vorstellung, Auffassung; Begriff **5.** Kenntnis; имéть óбщее ~ о чём-н. eine allgemeine Vorstellung von etw. besitzen ◇ не имéть -я о чём-н. keinen blassen Dunst von etw. haben; дать ~ о чём--н. eine Vorstellung von etw. vermitteln; в моём -и meiner Auffassung nach

представля́ть, -я́ю, -я́ешь *uv* **1.** *uv zu* представить **2.** *gewöhnlich mit* собóй *oder* из себя́ sein, vorstellen, darstellen **3.** vertreten, im Auftrag handeln **4.** vertreten *j-s Interessen*; ~ интерéсы трудя́щихся die Interessen der Werktätigen vertreten

представля́ться *uv zu* представиться

пред|стáть* *v* пéред *I und alt D* erscheinen, auftauchen, hintreten (vor) || *uv* пред|ставáть*

предстоя́ть, -стою́, -стои́шь *uv D* bevorstehen

предстоя́щий, -ая, -ее **1.** bevorstehender, künftiger, nächster **2.** -ее, -его *Subst n* das Bevorstehende

предтéча, -и *m u. f buchspr*, *alt*, *hoher Stil* Vorläufer, Vorgänger

предубеждéние, -я *n* Vorurteil, vorgefaßte negative Meinung; Voreingenommenheit

предубеждённый, -ая, -ое; *Kzf* -дён, -денá (прóтив) *G* voreingenommen (gegen)

предугадáть, -áю, -áешь; предугáданный, -ан, -а *v* **1.** im voraus erraten, erahnen **2.** voraussehen, im voraus erkennen || *uv* **предугáдывать,** -аю, -аешь

предудáрный, -ая, -ое *ling* vor der Betonung liegend, vortonig; ~ слог vortonige Silbe

предузнавáть *uv zu* предузнáть

предузнáть, -áю, -áешь; предýзнанный, -ан, -а *v buchspr*, *alt* im voraus wissen, erraten || *uv* преду|знавáть*

предумы́шленный, -ая, -ое *alt* vorbedacht, vorsätzlich, absichtlich; ~ постýпок vorsätzlich begangene Handlung

предупреди́тельность, -и *f* Zuvorkommenheit, Dienstbeflissenheit, Liebenswürdigkeit

предупреди́тельный, -ая, -ое **1.** vorbeugend, Sicherheits-; *med* prophylaktisch; warnend, Warn-; -ые мéры Vorbeugungsmaßnahmen; ~ вы́стрел Warnschuß **2.** *Kzf* -лен, -льна zuvorkommend, liebenswürdig, dienstbeflissen

предупреди́ть, -ежý, -еди́шь; -еждённый, -еждён, -еждена́ *v A* **1.** rechtzeitig mitteilen, im voraus aufmerksam machen, warnen **2.** verhüten, vorbeugen; ~ болéзнь eine Krankheit verhüten **3.** zuvorkommen; erraten, dienstbeflissen handeln || *uv* **предупреждáть,** -áю, -áешь

предупреждéние, -я *n* **1.** rechtzeitige Mitteilung, Information **2.** Verhütung, Vorbeugung; ~ берéменности Schwangerschaftsverhütung **3.** (Ver-) Warnung, Verweis; вы́говор с -ем Rüge mit Verwarnung

предусма́тривать *uv zu* предусмотре́ть

предусмотре́ть, -отрю́, -о́тришь; -о́тренный, -о́трен, -а *v* vor(her)sehen, in Betracht ziehen, vorsorgen, voraussehen || *uv* предусма́тривать, -аю, -аешь

предусмотри́тельность, -и *f* Umsicht, Vorsorge, Vorsorglichkeit

предусмотри́тельный, -ая, -ое; *Kzf* -лен, -льна umsichtig, vorsorglich, bedachtsam

предустано́вленный, -ая, -ое; *Kzf* -лен, -а im voraus festgelegt, vorherbestimmt, festliegend

преду́тренний, -яя, -ее vor Tagesanbruch; -яя тишина́ die Stille vor Anbruch des Morgens

предчу́вствие [уст], -я *n* Vorgefühl, Vorahnung

предчу́вствовать [уст], -твую, -твуешь *uv* (vor)ahnen, ein Vorgefühl haben

предше́ственник, -а *m* Vorgänger, Vorläufer, Wegbereiter

предше́ствовать, -твую, -твуешь *uv* *D* vorausgehen, vorher geschehen

предше́ствующий, -ая, -ее vorangehend, vorhergehend, davor liegend

предъяви́тель, -я *m* Überbringer, Inhaber

предъяви́ть, -явлю́, -я́вишь; -я́вленный, -я́влен, -а *v* 1. vorzeigen, vorweisen *Ausweis u. ä.*; ~ докуме́нт [удостовере́ние] sich ausweisen 2. erklären, erheben, vorbringen, stellen *Forderungen u. ä.*; ~ иск кому́-н. j-n gerichtlich belangen, j-n verklagen; ~ прете́нзии Ansprüche geltend machen, Ansprüche stellen; Beschwerden vorbringen || *uv* предъявля́ть, -я́ю, -я́ешь

предъявле́ние, -я *n* Vorzeigung, Vorweisen; ~ тре́бований Erhebung von Forderungen

предъявля́ть *uv zu* предъяви́ть

преды́дущий, -ая, -ее vorher-, vorangehend, vorig, vorausgehend

предысто́рия, -и *f* Vorgeschichte

пре́емник, -а *m* Nachfolger

пре́емственность, -и *f* 1. Aufeinanderfolge, Kontinuität 2. Erblichkeit

пре́емственный, -ая, -ое; *Kzf* -ен, -енна 1. aufeinanderfolgend, kontinuierlich 2. erblich, Erb-, von Generation zu Generation; ~ поря́док насле́дования Erbfolge

пре́емство, -а *n* 1. Kontinuität 2. *jur* Übergang *von Rechten*

пре́жде *Adv u. Präpos* 1. *Adv* früher, ehemals, ehedem; ~ и тепе́рь einst und jetzt 2. *Adv* vorher, zuerst, vorerst; ~ пойду́ туда́ zuerst gehe ich dorthin 3. *Präpos mit G* früher als, vor; ~ сро́ка vor der Frist; прийти́ ~ всех früher als alle anderen kommen ◇ ~ всего́ a) vor allen Dingen, am wichtigsten; b) in erster Linie; ~ чем *temporale Konj* bevor, ehe

преждевре́менный, -ая, -ое; *Kzf* -енен, -енна zu früh, vorzeitig, verfrüht; -ые ро́ды Frühgeburt; -ое разви́тие frühzeitige Entwicklung, Frühreife

пре́жний, -яя, -ее 1. früher, ehemalig; vorig; в -ее вре́мя früher, in vergangenen Zeiten; -яя улы́бка ein Lächeln wie vormals 2. -ее, -его *Subst n* Vergangenes, Gewesenes

презе́нт, -а *m umg, alt* Geschenk

презентова́ть, -ту́ю, -ту́ешь; -то́ванный, -то́ван, -а *v, uv umg, alt* schenken, verehren

президе́нт, -а *m* Präsident, Staatsoberhaupt; почётный ~ Ehrenpräsident

президе́нтский, -ая, -ое Präsidenten-; -ие вы́боры Präsidentenwahl

президе́нтство, -а *n* 1. Präsidentschaft, Amt des Präsidenten 2. Amtszeit des Präsidenten

прези́диум, -а *m* Präsidium; почётный ~ Ehrenpräsidium; Прези́диум Верхо́вного Сове́та Präsidium des Obersten Sowjets

презира́ть, -а́ю, -а́ешь *uv* 1. verachten 2. geringschätzen, mißachten, unbeachtet lassen

презре́ние, -я *n* 1. Verachtung 2. Mißachtung, Geringschätzung, völlige Gleichgültigkeit; ~ к сме́рти Todesverachtung

презре́нный, -ая, -ое; *Kzf* -е́н, -е́нна verachtungswürdig, verächtlich ◇ ~ мета́лл schnödes Geld

презре́ть, -зрю́, -зри́шь; презре́нный, -е́н, -ена́ *u.* пре́зренный, -ен, -а *v* *buchspr* verachten, verschmähen, geringschätzen; ~ опа́сность die Gefahr verachten

презри́тельный, -ая, -ое; *Kzf* -лен, -льна Verachtung ausdrückend, verächtlich, verachtungsvoll

преиму́щественно *Adv* vor allem, besonders; größtenteils, hauptsächlich

преиму́щественный, -ая, -ое überwiegend, vorherrschend, hauptsächlich; -ое пра́во Vorrecht

преиму́щество, -а *n* 1. Vorzug; Vorteil, Vorrang, Überlegenheit 2. Vorrecht, Sonderrecht, Privileg ◇ по -у hauptsächlich, überwiegend

преиспо́дний, -яя, -ее *buchspr, alt* 1. Höllen-, Unterwelts- 2. -яя, -ей *Subst f* Hölle, Unterwelt

преиспо́лненный, -ая, -ое; *Kzf* -ен, -енна *buchspr mit G* ganz erfüllt von, durchdrungen, voller; ~ опа́сности voller Gefahren

преиспо́лнить, -ню, -нишь; -ненный, -нен, -а *v mit I buchspr* ganz erfüllen, durchdringen *Gefühl* || *uv* **преисполня́ть,** -я́ю, -я́ешь

преиспо́лниться, -нюсь, -нишься *v mit I oder G buchspr* ergriffen werden, tief erfüllt sein *durch ein Gefühl*; ~ реши́мостью [реши́мости] ganz entschlossen sein || *uv* **преисполня́ться,** -я́юсь, -я́ешься

прейскура́нт, -а *m* Preisliste, Preisverzeichnis

преклоне́ние, -я *n* tiefe Verehrung, Ehrfurcht, Vergötterung

преклони́ть, -ню́, -ни́шь; -нённый, -нён, -нена́ *v hoher Stil* neigen *Haupt*; *buchspr, alt* herabsenken, legen ◇ ~ коле́на [коле́ни] *hoher Stil* die Knie beugen, niederknien || *uv* преклоня́ть, -я́ю, -я́ешь

преклони́ться, -ню́сь, -ни́шься *v* 1. *buchspr, alt* sich neigen, sich beugen; ehrfürchtig zu Füßen fallen 2. *übtr* verehren, huldigen || *uv* преклоня́ться, -я́юсь, -я́ешься

прекло́нный, -ая, -ое vorgerückt *Alter*; hochbetagt; ~ во́зраст vorgerücktes Alter

преклоня́ть(ся) *uv zu* преклони́ть(ся)

прекосло́вие, -я *n buchspr, alt* Widerspruch, Entgegnung ◇ без [вся́кого] -я ohne jede Widerrede, ohne den geringsten Widerspruch

прекосло́вить, -влю, -вишь *uv alt* widersprechen, Einspruch erheben

прекра́сно 1. *prädikativ* schön, herrlich, vortrefflich 2. *als bejahende Part* ausgezeichnet!, schön!

прекра́сный, -ая, -ое; *Kzf* -сен, -сна 1. von großer Schönheit, sehr schön, herrlich 2. ausgezeichnet, sehr gut, fein; -ое образова́ние vortreffliche Bildung 3. -ое, -ого *Subst n* das Schöne ◇ в оди́н ~ ве́чер eines schönen Abends; в оди́н ~ день *oder* в одно́ -ое вре́мя eines Tages; ра́ди -ых глаз *oder* за -ые глаза́ um der schönen Augen willen, umsonst

прекрати́ть, -ащу́, -ати́шь; -аще́нный, -ащён, -ащена́ *v* aufhören, abbrechen, einstellen, beenden; ~ спор einen Streit beilegen; прекрати́те разгово́ры! hört mit der Rederei auf! || *uv* **прекраща́ть,** -а́ю, -а́ешь

прекрати́ться, *1. u. 2. Pers ungebr*, -ти́тся *v* aufhören, abbrechen || *uv* **прекраща́ться,** -а́ется

прекраще́ние, -я *n* Aufhören, Einstellen, Abbruch, Beendigung; ~ стрельбы́ Feuereinstellung

преле́стный, -ая, -ое; *Kzf* -тен, -тна reizend, anmutig, bezaubernd schön, entzückend

пре́лесть, -и *f* 1. Anmut, Liebreiz 2. Reiz, Anziehungskraft 3. *Pl alt, jetzt iron* (weibliche) Reize, schöner Frauenkörper 4. *gewöhnlich mit* моя́ *umg kosende Anrede* (meine) Holde! 5. *prädikativ*: кака́я ~ wie reizend!, einfach reizend!

преломи́ть, -омлю́, -о́мишь; преломлённый, -ён, -ена́ *v* 1. *phys* brechen *Licht-, Schallwellen* 2. *übtr, buchspr* anders erklären, den Sinn ändern; auffassen || *uv* преломля́ть, -я́ю, -я́ешь

преломи́ться, *1. u. 2. Pers ungebr*, -о́мится *v* 1. *phys* sich brechen 2. *übtr* sich (wider)spiegeln, sich wandeln || *uv* преломля́ться, -я́ется

преломле́ние, -я *n* 1. *phys* Brechung *Licht* 2. *übtr* subjektive Auffassung, Sinngebung

преломля́ть(ся) *uv zu* преломи́ть(ся)

пре́лый, -ая, -ое verfault, faulig, faul; -ая листва́ verfaultes Laub; -ая ко́жа wunde Haut, durch Nässe wund gewordene Haut

прель, -и *f* 1. Fäule, Fäulnis; о́вощи, тро́нутые -ью angefaultes Gemüse 2. angefaulte Stelle 3. *Koll* Fauliges, angefaultes Gemüse, faule Früchte

прельсти́ть, -льщу́, -льсти́шь; -льщённый, -льщён, -льщена́ *v* 1. reizen, (ver)locken, bezaubern, fesseln 2. verführen, verleiten || *uv* **прельща́ть,** -а́ю, -а́ешь

прельсти́ться, -льщу́сь, -льсти́шься *v* sich verlocken, verleiten lassen || *uv* **прельща́ться,** -а́юсь, -а́ешься

прелюбоде́й, -я *m alt* Ehebrecher

прелюбоде́йка, -и, *Pl G* -де́ек, *D* -де́йкам *f alt* Ehebrecherin

прелюбодея́ние, -я *n alt* Ehebruch

прелю́д, -а *m mus* Prélude

прелю́дия, -и *f* 1. *mus* Präludium, Vor-

spiel 2. *übtr* Auftakt, Vorspiel, Anfang (von etw.) 3. *mus* Prélude
премиа́льный, -ая, -ое 1. Prämien-; ~ фонд Prämienfond 2. -ые, -ых *Subst Pl* Prämie, Prämiengelder
преми́лый, -ая, -ое; *Kzf* -и́л, -ила́! *umg* allerliebster, sehr schöner
преми́нуть, -ну, -нешь *v mit Inf nur mit Verneinungspartikel* не *buchspr* unterlassen, versäumen; я не преми́нул воспо́льзоваться его́ сове́том ich unterließ es nicht, seinen Rat zu befolgen
премирова́ние, -я *n* Prämierung
премирова́ть, -ру́ю, -ру́ешь; -ро́ванный, -ро́ван, -а *v, uv* prämiieren, mit einer Prämie belohnen
премиро́вочный, -ая, -ое Prämien-, Prämierungs-
пре́мия, -и *f* 1. Preis; Ле́нинская ~ Leninpreis; Но́белевская ~ Nobelpreis; Междунаро́дная ~ ми́ра Internationaler Friedenspreis; пе́рвая ~ erster Preis 2. Prämie; ~ за перевыполне́ние пла́на Prämie für die Übererfüllung des Plans 3. *finanz* Prämie, Versicherungsgebühr 4. Gratisbeilage *in Zeitschriften*; Gratisbeigabe *beim Einkauf*
премно́го *Adv* sehr, äußerst, zutiefst; я вам ~ благода́рен ich bin Ihnen sehr dankbar, ich bin Ihnen zutiefst zu Dank verpflichtet
прему́дрость, -и *f alt* größte Weisheit; он кла́дезь -и *scherz* er hat die Weisheit mit Löffeln gefressen
прему́дрый, -ая, -ое; *Kzf* -у́др, -а 1. *alt* weise, sehr klug 2. schwerverständlich, geschraubt
премье́р, -а *m* 1. Premier, Premierminister 2. *theat* Schauspieler, der in Hauptrollen auftritt, Spitzenschauspieler
премье́ра, -ы *f* Premiere
премье́рша, -и, *I* -ей *f umg* Schauspielerin, die in Hauptrollen auftritt, Spitzenschauspielerin
пренебрега́ть *uv zu* пренебре́чь
пренебрегу́ ↑ пренебре́чь
пренебреже́ние, -я *n* 1. Verachtung, Mißachtung 2. *I oder* к *D* Geringschätzung, Vernachlässigung, Nichtbeachtung; ~ вне́шностью Vernachlässigung des Äußeren
пренебрежи́тельность, -и *f* Geringschätzigkeit, Verächtlichkeit, Nichtbeachtung
пренебрежи́тельный, -ая, -ое; *Kzf* -лен, -льна geringschätzig, verächtlich, wegwerfend, nachlässig
пренебре́чь* *v* 1. *I* verachten, mißachten, sich hochmütig verhalten 2. *I u. alt A* nicht beachten, sich darüber hinwegsetzen, nicht beherzigen, geringschätzen ‖ *uv* пренебрега́ть, -а́ю, -а́ешь
[1]**пре́ние,** -я *n* Faulen, Fäulnis
[2]**пре́ние** ↑ пре́ния
пре́ния *Pl* -й, *Sg alt* пре́ние, -я *n* Diskussion, Debatte, Meinungsaustausch; Streit; откры́ть ~ по докла́ду die Diskussion über den Vortrag eröffnen; без ли́шних -й ohne unnötige Streiterei
преоблада́ние, -я *n* überwiegender Anteil, Übergewicht, Vorherrschaft; ~ о́блачности vorherrschende Bewölkung
преоблада́ть, *1. u. 2. Pers ungebr*, -а́ет *uv* vorherrschen, überwiegen, dominieren (над *I u.* среди́ *G* über)
преоблада́ющий, -ая, -ее vorherrschend, am weitesten verbreitet, dominierend
преобража́ть(ся) *uv zu* преобрази́ть(ся)
преображе́ние, -я *n* Verwandlung, Umgestaltung
преобрази́ть, -ажу́, -ази́шь; -ажённый, -ажён, -ажена́ *v* verwandeln, umwandeln, umbilden, verändern ‖ *uv* преобража́ть, -а́ю, -а́ешь
преобрази́ться, -ажу́сь, -ази́шься *v* sich verwandeln, sich verändern ‖ *uv* преобража́ться, -а́юсь, -а́ешься
преобразова́ние, -я *n* 1. Umgestaltung, Veränderung; ~ постоя́нного то́ка в переме́нный Umformung von Gleich- in Wechselstrom 2. grundlegende Veränderung, Reform
преобразова́тель, -я *m* 1. Umgestalter, Reformator 2. *el* Transformator; Umformer
преобразова́тельный, -ая, -ое Umgestaltungs-, Umformungs-; -ые пла́ны Pläne zur Umgestaltung
преобразова́ть, -зу́ю, -зу́ешь; -зо́ванный, -зо́ван, -а *v* 1. umgestalten, umbilden, grundlegend verändern 2. umformen *Strom*; verwandeln *eine Energieform in eine andere* ‖ *uv* **преобразо́вывать,** -аю, -аешь
преобразова́ться, *1. u. 2. Pers ungebr*, -у́ется *v* 1. grundlegende Veränderungen durchmachen, sich wesentlich verändern, sich vollkommen wandeln 2. sich verwandeln, sich umformen ‖ *uv* **преобразо́вываться,** -ается
преодолева́ть *uv zu* преодоле́ть

преодоле́ние, -я *n* Überwindung, Überwältigung, Bewältigung
преодоле́ть, -е́ю, -е́ешь; преодолённый, -ён, -ена́ *v* **1.** *alt* überwinden, besiegen *Feinde* **2.** überwinden, bezwingen, bewältigen; ~ препя́тствия Hindernisse bezwingen; ~ тру́дности Schwierigkeiten überwinden; ~ звуково́й барье́р die Schallmauer durchbrechen **3.** bezwingen *Gefühl, Wunsch* || *uv* преодолева́ть, -а́ю, -а́ешь
преодоли́мый, -ая, -ое; *Kzf* -и́м, -а überwindbar, bezwingbar; легко́ -ое препя́тствие ein leicht zu nehmendes Hindernis
препара́т, -а *m* Präparat
препара́тор, -а *m* Präparator, Laborant
препари́ровать, -рую, -руешь; -рованный, -рован, -а *v, uv* **1.** präparieren, ein Präparat herstellen **2.** *übtr* bearbeiten, vorbereiten *Zitat, Text zur Herausgabe*
препина́ние, -я *n*: зна́ки -я Satzzeichen, Interpunktionszeichen
препира́тельство, -а *n* nichtiger Streit, Wortwechsel, Gezänk
препира́ться, -а́юсь, -а́ешься *uv* с *I* sich zanken, sich *um Nichtigkeiten* streiten, herumstreiten (mit)
преподава́ние, -я *n* Lehren, Unterrichten, Unterricht
преподава́тель, -я *m* Lehrer an Hoch- und Oberschulen; Lektor; ~ вы́сшей шко́лы Hochschullehrer
преподава́тельница, -ы, *I* -ей *f* Lehrerin an Hoch- u. Oberschulen; Lektorin
преподава́тельский, -ая, -ое Lehrer-; Lektoren-; ~ соста́в Lehrkörper
препо|дава́ть* *uv* unterrichten (кому́-н. j-n); ~ ру́сский язы́к Russischunterricht geben
препод|нести́* *v* überreichen; ~ сюрпри́з eine Überraschung bereiten || *uv* **преподноси́ть,** -ношу́, -но́сишь
препо́на, -ы *f hoher Stil* Hindernis, Hemmnis; чини́ть -ы кому́-н. j-m Schwierigkeiten bereiten
препроводи́тельный, -ая, -ое beiliegend; -ое письмо́ Begleitschreiben
препроводи́ть, -ожу́, -о́дишь; -ождённый, -ождён, -ождена́ *v* absenden, übersenden || *uv* **препровожда́ть,** -а́ю, -а́ешь
препровожде́ние, -я *n* Zusendung, Übersendung ◇ ~ вре́мени Zeitvertreib
препя́тствие, -я *n* Hindernis, Hemmnis; ска́чки с -ями *a. übtr scherz* Hindernisrennen; не ста́вить никаки́х -й nichts [keine Hindernisse] in den Weg legen
препя́тствовать, -вую, -вуешь *uv D* (ver)hindern, im Weg stehen
пре|рва́ть* *v* unterbrechen, abbrechen; ~ кого́-н. j-m ins Wort fallen || *uv* прерыва́ть, -а́ю, -а́ешь
пре|рва́ться* *1. u. 2. Pers ungebr*; -рвали́сь *v* (jäh) abbrechen, aufhören || *uv* прерыва́ться, -а́ется
пререка́ния *Pl* -й, *Sg* пререка́ние, -я *n* Zank, Streit
пререка́ться, -а́юсь, -а́ешься *uv* sich streiten, sich zanken
пре́рия, -и *f* Prärie
прерыва́тель, -я *m el* Unterbrecher
прерыва́ть(ся) *uv zu* прерва́ть(ся)
преры́вистый, -ая, -ое; *Kzf* -ист, -а abgerissen, stockend, stoßweise
пресека́ть *uv zu* пресе́чь
пре|се́чь*; -секла́, -се́кли́ *v buchspr* abstellen, unterbinden, beseitigen; ~ зло в ко́рне das Übel mit der Wurzel ausrotten || *uv* пресека́ть, -а́ю, -а́ешь
пресле́дование, -я *n* Verfolgung; ма́ния -я Verfolgungswahn; суде́бное ~ gerichtliches Vorgehen
пресле́дователь, -я *m* Verfolger
пресле́довать, -дую, -дуешь *uv* verfolgen *a. übtr*, nachstellen; unterdrücken; ~ кого́-н. по суду́ gegen j-n gerichtlich vorgehen; ~ цель ein Ziel verfolgen
преслову́тый, -ая, -ое berüchtigt
пресмыка́тельство, -а *n* Kriecherei, Liebedienerei
пресмыка́ться, -а́юсь, -а́ешься *uv* kriechen, liebedienern (пе́ред *I* vor)
пресмыка́ющееся, -егося *Subst n* Reptil, Kriechtier
пресново́дный, -ая, -ое Süßwasser-; -ая ры́ба Süßwasserfisch
пре́сный, -ая, -ое; *Kzf* -сен, -сна́! **1.** salzlos; -ая вода́ Süßwasser **2.** *übtr* fade, abgeschmackt
преспоко́йный, -ая, -ое; *Kzf* -о́ен, -о́йна *umg* seelenruhig
пресс, -а *m tech* Presse; гидравли́ческий ~ hydraulische Presse; виноде́льный ~ Kelter ◇ нало́говый ~ *übtr* Steuerschraube
пре́сса, -ы *f* Presse
пресс-бюро́ *n idkl* Pressebüro
пресс-конфере́нция, -и *f* Pressekonferenz

прессова́ть, -су́ю, -су́ешь; -со́ванный, -со́ван, -а *uv tech* pressen
прессо́вка, -и *f tech* Pressen
пресс-папье́ *n idkl* **1.** Briefbeschwerer **2.** Löscher
престаре́лый, -ая, -ое sehr alt, hochbetagt; дом для -ых Altersheim, Feierabendheim
прести́ж, -а, *I* -ем *m* Prestige, Ansehen
престо́л, -а *m* Thron; вступи́ть на ~ den Thron besteigen
престолонасле́дник, -а *m* Thronfolger
преступа́ть *uv zu* преступи́ть
преступи́ть, -уплю́, -у́пишь *v* (eigenwillig) übertreten, verletzen ‖ *uv* преступа́ть, -а́ю, -а́ешь
преступле́ние, -я *n* Verbrechen; вое́нное ~ Kriegsverbrechen; ~ по до́лжности Amtsvergehen; пойма́ть на ме́сте -я auf frischer Tat ertappen; соверши́ть ~ ein Verbrechen begehen
престу́пник, -а *m* Verbrecher; вое́нный ~ Kriegsverbrecher
престу́пница, -ы, *I* -ей *f* Verbrecherin
престу́пность, -и *f* Kriminalität
престу́пный, -ая, -ое; *Kzf* -пен, -пна verbrecherisch
пресы́титься, -ы́щусь, -ы́тишься *v* sich übersättigen; übersättigt sein ‖ *uv* **пресыща́ться,** -а́юсь, -а́ешься
пресыще́ние, -я *n* Übersättigung
пресы́щенный, -ая, -ое; *Kzf* -ен, -ена übersättigt
претвори́ть, -рю́, -ри́шь; -рённый, -рён, -рена́ *v buchspr*: ~ в жизнь [действи́тельность] in die Tat umsetzen, verwirklichen ‖ *uv* **претворя́ть,** -я́ю, -я́ешь
претенде́нт, -а *m* Anwärter
претенде́нтка, -и, *Pl G* -ток, *D* -ткам *f* Anwärterin
претендова́ть, -ду́ю, -ду́ешь *uv* Anspruch erheben (на *A* auf), beanspruchen
прете́нзия, -и *f* **1.** Anspruch, Forderung; Reklamation; юриди́ческая ~ Rechtsanspruch; заявля́ть -и Ansprüche erheben; без -й anspruchslos, bescheiden **2.** Anmaßung, ungerechtfertigter Anspruch ◇ быть в -и на кого́-н. за что́-н. j-m etw. übelnehmen
претенцио́зный, -ая, -ое; *Kzf* -зен, -зна *buchspr* anmaßend, überheblich
претерпева́ть *uv zu* претерпе́ть
претерпе́ть, -ерплю́, -е́рпишь; *buchspr alt* -ерпённый, -ерпён, -ерпена́ *u.* -е́рпенный, -е́рпен, -а *v* erdulden, erleiden; ~ измене́ния Veränderungen durchmachen ‖ *uv* претерпева́ть, -а́ю, -а́ешь
прети́ть, *1. u. 2. Pers ungebr, meist unpers uv D* zuwider sein, anekeln
преткнове́ние, -я *n*: ка́мень -я *buchspr* Stein des Anstoßes
преть, пре́ю, пре́ешь *uv* **1.** faulen, modern **2.** schwitzen, anlaufen *Fenster* **3.** dampfen *Boden* **4.** *umg* gedämpft [geschmort] werden **5.** *volksspr* schwitzen
преувеличе́ние, -я *n* Übertreibung
преувели́чивать *uv zu* преувели́чить
преувели́чить, -чу, -чишь; -ченный, -чен, -а *v* übertreiben ‖ *uv* преувели́чивать, -аю, -аешь
преуменьша́ть *uv zu* преуме́ньши́ть
преуменьше́ние, -я *n* Verkleinerung, Verringerung; Unterschätzung
преуме́ньшить, -шу, -шишь; -шенный, -шен, -а *u.* **преуменьши́ть,** -шу́, -ши́шь; -шённый, -шён, -шена́ *v* verkleinern, verniedlichen; zu niedrig angeben ‖ *uv* преуменьша́ть, -а́ю, -а́ешь
преуспева́ть *uv zu* преуспе́ть
преуспе́ть, -е́ю, -е́ешь *v* vorankommen, Fortschritte machen ‖ *uv* преуспева́ть, -а́ю, -а́ешь
префера́нс, -а *m* Préférence *Spiel*
пре́фикс, -а *m* Präfix, Vorsilbe
префикса́льный, -ая, -ое *gram* präfigiert; durch Präfigierung
префикса́ция, -и *f* Präfigierung
преходя́щий, -ая, -ее; *Kzf* -я́щ, -а *buchspr* vorübergehend, zeitweilig
прецеде́нт, -а *m buchspr* Präzedenzfall
при *Präpos mit P* **1.** an, bei *örtlich*; дом ~ доро́ге das Haus am Weg; би́тва ~ Бородине́ die Schlacht bei Borodino **2.** *bezeichnet Zugehörigkeit*: ~ клу́бе есть кинoза́л der Klub hat einen Filmsaal; ~ заво́де откры́лся де́тский сад das Werk hat einen Kindergarten eröffnet; служи́ть ~ тамо́жне *alt* beim Zoll [im Zollamt] arbeiten; состоя́ть ~ шта́бе dem Stab angehören **3.** bei *Begleitumstand*; ~ перехо́де у́лицы beim Überschreiten der Straße; ~ дневно́м све́те bei Tageslicht; ~ ла́мпе bei Lampenlicht; ~ по́лном молча́нии unter tiefem Schweigen **4.** *Bedingung*: ~ усло́вии unter der Bedingung; ~ тако́м здоро́вье нельзя́ кури́ть bei so einem Gesundheitszustand darf man nicht rau-

chen; ~ желáнии wenn man will 5. bei *Vorhandensein*; я тепéрь не ~ деньгáх ich bin jetzt nicht bei Kasse; быть ~ орýжии bewaffnet sein; дéньги бы́ли ~ мне ich hatte das Geld mit [bei mir] **6.** in Anwesenheit von, im Beisein von; ~ нём in seiner Anwesenheit; ~ свидéтелях vor Zeugen; совещáние бы́ло ~ дирéкторе die Beratung fand im Beisein des Direktors statt **7.** unter, zu Lebzeiten von, zur Zeit von; ~ совéтской влáсти unter der Sowjetmacht; ~ Екатери́не Второ́й unter Katharina der Zweiten; ~ капитали́зме im Kapitalismus; ~ бáбушке *oder* ~ жи́зни бáбушки zu Lebzeiten der Großmutter; ~ мне там был другóй начáльник zu meiner Zeit war dort ein anderer Chef **8.** bei, trotz, ungeachtet *meist in Verbindung mit* весь; ~ всём желáнии beim besten Willen; ~ всех недостáтках егó дипло́мная рабóта заслýживает внимáния trotz aller ihrer Mängel verdient seine Diplomarbeit Aufmerksamkeit; ~ всём э́том dessenungeachtet ◇ ~ сём (прилагáю) beiliegend, anbei

Приамýрье, -ья *n* Amurgebiet

прибáвить, -влю, -вишь; -вленный, -влен, -а *v* **1.** *G oder A* hinzufügen, hinzutun; ~ сáхару Zucker zugeben; ~ чáю Tee zugießen; ~ шáгу einen Schritt zulegen, schneller gehen; ~ хóду schneller laufen [fahren]; ~ зарплáту Lohn erhöhen **2.** в *P* länger machen, weiten *Kleidung*; ~ в плечáх in den Schultern weiten **3.** *umg* ~ (в вéсе) zunehmen; ~ три киló drei Kilo zunehmen **4.** *übtr umg* übertreiben, hinzudichten ‖ *uv* п р и б а в л я́ т ь, -я́ю, -я́ешь

прибáвиться, -влюсь, -вишься *v* **1.** *meist unpers* sich vermehren, sich vergrößern; дни прибáвились die Tage sind länger geworden; нарóду прибáвилось es kamen mehr Leute hinzu **2.** *umg* zunehmen *im Gewicht* ‖ *uv* п р и б а в л я́ т ь с я, -я́юсь, -я́ешься

прибáвка, -и, *Pl G* -вок, *D* -вкам *f umg* Zulage; Gehaltserhöhung, Lohnzulage; ~ в вéсе Gewichtszunahme

прибавлéние, -я *n* **1.** Zulage **2.** Zunahme, Zuwachs; ~ семéйства Familienzuwachs **3.** Ergänzung, Zusatz

прибавля́ть(ся) *uv zu* прибáвить(ся)

прибáвочный, -ая, -ое Mehr-; zusätzlich; -ая стóимость Mehrwert

Прибайкáлье, -ья *n* Baikalgebiet

прибалти́йский, -ая, -ое baltisch

прибаýтка, -и, *Pl G* -ток, *D* -ткам *f* scherzhafte Redensart

[1]прибегáть *uv zu* прибежáть

[2]прибегáть *uv zu* прибéгнуть

прибéгнуть, -ну, -нешь; -бéгнул, -а *u.* прибéг, -ла; прибéгнувший *u.* прибéгший *v* к *D* seine Zuflucht nehmen (zu), greifen (zu); ~ к си́ле Gewalt anwenden; ~ к чьемý-н. содéйствию j-s Hilfe in Anspruch nehmen ‖ *uv* п р и б е г á т ь, -áю, -áешь

прибéдниваться *uv zu* прибедни́ться

прибедни́ться, -ню́сь, -ни́шься *v umg verächtl* sich arm [unglücklich] stellen ‖ *uv* **прибедня́ться,** -я́юсь, -я́ешься *u.* п р и б é д н и в а т ь с я, -аюсь, -аешься

при|бежáть* *v* herbeilaufen, angelaufen kommen ‖ *uv* п р и б е г á т ь, -áю, -áешь

прибéжище, -а, *I* -ем *n buchspr* Zufluchtsort

приберегáть *uv zu* приберéчь

при|берéчь* *v* beiseite legen, sparen ‖ *uv* п р и б е р е г á т ь, -áю, -áешь

прибивáть *uv zu* приби́ть

прибирáть *uv zu* прибрáть

при|би́ть* *v* **1.** anschlagen, annageln **2.** niederdrücken, niederschlagen; пыль приби́ло дождём der Regen hat den Staub niedergeschlagen **3.** *meist unpers* treiben, anspülen **4.** *volksspr* verprügeln ‖ *uv* п р и б и в á т ь, -áю, -áешь *zu* 1-3

приближáть(ся) *uv zu* прибли́зить(ся)

приближéние, -я *n* Annäherung *a. math*, Heranrücken

приближённый, -ая, -ое **1.** *math* angenähert **2.** -ого *Subst m alt* Vertrauter *einer hochgestellten Persönlichkeit*

приблизи́тельный, -ая, -ое; *Kzf* -лен, -льна annähernd, ungefähr

прибли́зить, -и́жу, -и́зишь; -и́женный, -и́жен, -а *v* **1.** näher rücken, näher bringen **2.** beschleunigen **3.** heranziehen, für sich gewinnen; ~ поэ́та ко дворý den Dichter an den Hof ziehen ‖ *uv* п р и б л и ж á т ь, -áю, -áешь

прибли́зиться, -и́жусь, -и́зишься *v* sich nähern; heranrücken ‖ *uv* п р и б л и ж á т ь с я, -áюсь, -áешься

приблýдный, -ая, -ое *volksspr* zugelaufen, verirrt *von Tieren*

прибóй, -я *m* Brandung

прибо́р, -а *m* **1.** Gerät, Apparat; измери́тельный ~ Meßgerät; электронагрева́тельный ~ elektrisches Heizgerät **2.** Garnitur, Satz; Besteck; столо́вый ~ Besteck; Gedeck; ча́йный ~ Teeservice, Teegeschirr; пи́сьменный ~ Schreibzeug; чертёжный ~ Reißzeug; око́нный ~ Fensterbeschläge
прибо́рка, -и *f umg* Aufräumen, Reinemachen
приборострое́ние, -я *n* Gerätebau, Apparatebau
приборострои́тельный, -ая, -ое Gerätebau-
при|бра́ть*; при́брана́ *v* **1.** aufräumen **2.** *umg* wegräumen ◇ ~ к рука́м что́-н. *umg* sich etw. aneignen; ~ к рука́м кого́-н. *umg* j-n an die Kandare nehmen ‖ *uv* прибира́ть, -а́ю, -а́ешь
прибре́жный, -ая, -ое am Ufer gelegen, Ufer-, Küsten-
при|брести́* *v* langsam (heran)kommen, sich langsam hinschleppen
прибыва́ть *uv zu* прибы́ть
при́быль, -и *f* **1.** Gewinn; чи́стая ~ Reingewinn; приноси́ть ~ Gewinn bringen [abwerfen] **2.** Profit; макси́мальная ~ Maximalprofit; но́рма -и Profitrate **3.** *umg* Vorteil, Nutzen; кака́я мне от э́того ~? was (für einen Vorteil) habe ich davon? **4.** Zunahme, Zuwachs; вода́ идёт на ~ das Wasser steigt
при́быльность, -и *f* Rentabilität; Einträglichkeit
при́быльный, -ая, -ое; *Kzf* -лен, -льна profitabel, gewinnbringend; vorteilhaft
прибы́тие, -я *n* Ankunft, Eintreffen
при|бы́ть*; при́был *v* **1.** *buchspr* ankommen, eintreffen **2.** *1. u. 2. Pers ungebr* anwachsen, steigen; ~ в ве́се zunehmen ‖ *uv* прибыва́ть, -а́ю, -а́ешь
прива́да, -ы *f* Köder, Lockspeise
прива́л, -а *m* **1.** Rast, Halt **2.** Rastplatz
прива́ливать *uv zu* привали́ть
привали́ть -алю́, -а́лишь; -а́ленный, -а́лен, -а *v* **1.** heranwälzen, heranrollen **2.** (ans Ufer) anlegen **3.** *volksspr* herbeiströmen; мно́го наро́ду привали́ло es strömten viele Menschen herbei ◇ сча́стье ему́ привали́ло *umg* er hat großes Glück gehabt ‖ *uv* прива́ливать, -аю, -аешь
прива́ривать *uv zu* привари́ть
привари́ть, -арю́, -а́ришь; -а́ренный, -а́рен, -а *v* anschweißen (к *D* an) ‖ *uv* прива́ривать, -аю, -аешь
прива́рка, -и *f tech* Anschweißen
прива́рок, -рка *m* warme Verpflegung
приведе́ние, -я *n* **1.** Anführung, Zitierung; ~ доказа́тельств Beweisführung **2.**: ~ в поря́док Ordnen; Instandsetzung; ~ в де́йствие Inbetriebsetzung ◇ ~ к прися́ге Vereidigung
при|везти́* *v* anfahren, liefern, bringen ‖ *uv* привози́ть, -ожу́, -о́зишь
привере́да, -ы *m, f umg* Nörgler, Mäkler, Meckerer
привере́дливость, -и *f umg* Nörgelsucht, Launenhaftigkeit, Mäkligkeit
привере́дливый, -ая, -ое; *Kzf* -ив, -а *umg* nörglerisch, wählerisch
привере́дник, -а *m umg* Nörgler, Mäkler, Meckerer
привере́дничать, -аю, -аешь *uv umg* nörgeln, mäkeln
приве́рженец, -нца, *I* -нцем, *G Pl* -нцев *m* Anhänger *einer Lehre*
приве́рженность, -и *f* Ergebenheit, Treue
приве́рженный, -ая, -ое; *Kzf* -ен, -а ergeben, treu
приверну́ть, -ну́, -нёшь; привёрнутый, -ут, -а *v umg* **1.** festschrauben; ~ га́йку eine Mutter anziehen **2.** herunterdrehen, zurückdrehen *z. B. Docht* ‖ *uv* привёртывать, -аю, -аешь
приверте́ть, -ерчу́, -е́ртишь; -е́рченный, -е́рчен, -а *v volksspr* **1.** festschrauben **2.** fest-, zusammenbinden
привёртывать *uv zu* приверну́ть
приве́с, -а *m* Gewichtszunahme *landw*
приве́сить, -е́шу, -е́сишь; -е́шенный, -е́шен, -а *v* aufhängen, anhängen ‖ *uv* приве́шивать, -аю, -аешь
приве́сок, -ска *m* **1.** *volksspr* Gewichtszugabe **2.** *umg* Anhängsel, Ergänzung
при|вести́* *v* **1.** bringen, herführen; ~ ребёнка домо́й das Kind nach Hause bringen **2.** *übtr* führen (к *D* zu); э́то к добру́ не приведёт das führt zu nichts Gutem **3.** *in einen Zustand* versetzen, bringen; ~ в поря́док in Ordnung bringen; ~ в отча́яние zur Verzweiflung bringen; ~ в де́йствие in Gang bringen; ~ в него́дность unbrauchbar [kaputt] machen; ~ в замеша́тельство in Verlegenheit bringen **4.** anführen, zitieren; ~ в приме́р als Beispiel an-

führen || *uv* приводи́ть, -ожу́, -óдишь

при|вести́сь* *unpers v umg* sich ergeben; мне привелóсь э́то уви́деть ich hatte Gelegenheit, das zu sehen; что емý тóлько ни привелóсь испытáть! was hat er (alles) durchmachen müssen!

приве́т, -а *m* Gruß; передáть ~ комý-н. j-n grüßen lassen

приве́тливость, -и *f* Freundlichkeit, Entgegenkommen

приве́тливый, -ая, -ое; *Kzf* -ив, -а freundlich, entgegenkommend

приве́тный, -ая, -ое; *Kzf* -тен, -тна *alt* freundlich, entgegenkommend

приве́тственный, -ая, -ое Begrüßungs-

приве́тствие, -я *n* Begrüßung(srede)

приве́тствовать, -вую, -вуешь *uv* begrüßen *a. übtr*; *mil* grüßen

приве́шивать *uv zu* приве́сить

прививáть(ся) *uv zu* приви́ть(ся)

приви́вка, -и, *Pl G* -вок, *D* -вкам *f* **1.** Pfropfen, Okulieren **2.** Impfung; сдéлать -у прóтив бéшенства gegen Tollwut impfen **3.** Impfstoff

привидéние, -я *n* Gespenst, Geist(erscheinung)

приви́деться, -и́жусь, -и́дишься *v umg* träumen; тебé приви́делось чтó-нибудь? hast du etwas geträumt?

привилегирóванный, -ая, -ое privilegiert

привилéгия, -и *f* Privileg

привинти́ть, -инчу́, -инти́шь; -и́нченный, -и́нчен, -а *v* anschrauben, festschrauben || *uv* **приви́нчивать,** -аю, -аешь

привирáть *uv zu* приврáть

при|ви́ть* *v* **1.** pfropfen, okulieren, veredeln **2.** *D* impfen; ~ комý-н. óспу j-n gegen Pocken impfen **3.** *D* einimpfen, anerziehen, beibringen; ~ комý-н. нóвую идéю j-n für eine neue Idee gewinnen || *uv* прививáть, -áю, -áешь

при|ви́ться*, *1. u. 2. Pers ungebr*; -вили́сь *v* **1.** anwachsen *Pfropfreis* **2.** wirken *Impfstoff* **3.** sich einbürgern, Fuß fassen || *uv* прививáться, -áется

при́вкус, -а *m* Beigeschmack

привлекáтельность, -и *f* Anziehungskraft, Charme

привлекáтельный, -ая, -ое; *Kzf* -лен, -льна anziehend

привлекáть *uv zu* привлéчь

привлечéние, -я *n* Heranziehung, Einbeziehung

при|влéчь* *v* **1.** heranziehen, hinzuziehen; ~ к рабóте в комúссии zur Arbeit in der Kommission heranziehen **2.** anlocken, (an)ziehen; реклáма привлеклá мнóго покупáтелей die Reklame hat viele Käufer angelockt; ~ к себé внимáние die Aufmerksamkeit auf sich ziehen; ~ когó-н. на свою́ стóрону j-n auf seine Seite ziehen **3.**: ~ к отвéту [к отвéтственности] zur Verantwortung ziehen; ~ когó-н. к судý j-n gerichtlich belangen, gegen j-n gerichtlich vorgehen || *uv* привлекáть, -áю, -áешь

прив|нести́* *v* (ergänzend) hineinbringen, einflechten || *uv* **привноси́ть,** -ошу́, -óсишь

[1]**привóд,** -а *m* **1.** Herbeiführen **2.** *jur* Vorführung; ~ обвиня́емого Vorführung des Angeklagten; у негó три -а er ist dreimal verhaftet worden

[2]**привóд** *u.* **при́вод,** -а *m tech* Antrieb

приводи́ть *uv zu* привести́

приводнóй, -áя, -óе Antriebs-; ~ ремéнь Treibriemen

привóз, -а *m* Zufuhr, Anfuhr; Einfuhr

привози́ть *uv zu* привезти́

привознóй, -áя, -óе *u.* **привóзный,** -ая, -ое angeliefert; eingeführt, Import-

привóй, -я, *G Pl* -ев *m* Pfropfreis

приволáкивать *uv zu* приволóчь

Привóлжье, -ья *n* Wolgagebiet

при|волóчь* *v umg* heranschleppen || *uv* приволáкивать, -аю, -аешь

привóлье, -ья *n* **1.** weiter Raum **2.** freies, ungebundenes Leben; здесь дéтям ~ hier können sich die Kinder richtig austoben

привóльный, -ая, -ое; *Kzf* -лен, -льна frei, ungebunden

приворáживать *uv zu* приворожи́ть

приворожи́ть, -жу́, -жи́шь; -жённый, -жён, -женá *v* **1.** *alt* behexen **2.** *übtr umg* bestricken, betören || *uv* привораживать, -аю, -аешь

приворóтный, -ая, -ое *alt* Zauber-, zauberkräftig; -ое зéлье Zaubertrank

приврáтник, -а *m* Pförtner *a. anat*

при|врáть*; при́вранá *v umg* **1.** hinzudichten, -lügen **2.** *übtr* aufschneiden || *uv* привирáть, -áю, -áешь

привскáкивать *uv zu* привскочи́ть

привскочи́ть, -очу́, -óчишь *v* aufspringen, in die Höhe fahren || *uv* привскáкивать, -аю, -аешь

привставáть *uv zu* привстáть

прив|стáть* *v* sich ein bißchen erheben || *uv* прив|ставáть*

привходя́щий, -ая, -ее Neben-, nebensächlich
привыка́ть *uv zu* привы́кнуть
привы́кнуть, -ну, -нешь; привы́к, -ла *v* 1. sich angewöhnen; я привы́к ра́но встава́ть ich bin gewöhnt, zeitig aufzustehen 2. sich gewöhnen (к *D* an) || *uv* привыка́ть, -а́ю, -а́ешь
привы́чка, -и, *Pl G* -чек, *D* -чкам *f* Gewohnheit; по -е gewohnheitsmäßig; войти́ в -у zur Gewohnheit werden; си́ла -и Macht der Gewohnheit
привы́чный, -ая, -ое; *Kzf* -чен, -чна 1. gewohnt; в ~ час zur gewohnten Stunde 2. *umg* gewöhnt (к *D* an); он челове́к ко всему́ ~ er ist an alles gewöhnt
привя́занность, -и *f* Anhänglichkeit, Liebe; она́ его́ ста́рая ~ sie ist seine alte Liebe
привя́занный, -ая, -ое; *Kzf* -ан, -а к *D* 1. angebunden 2. anhänglich, zugetan, ergeben; он привя́зан к ней er hängt an ihr
при|вяза́ть* *v* 1. anbinden; ~ ло́шадь к де́реву das Pferd an einen Baum binden 2.: ~ кого́-н. к себе́ j-n für sich einnehmen || *uv* привя́зывать, -аю, -аешь
при|вяза́ться* *v* к *D* 1. sich anbinden 2. liebgewinnen, Zuneigung fassen (zu) 3. nachlaufen, sich aufdrängen 4. *umg mißb* auszusetzen haben, bemäkeln; он ко всему́ привя́зывается er hat an allem etwas auszusetzen || *uv* привя́зываться, -аюсь, -аешься
привязно́й, -а́я, -о́е zum Anbinden; ~ аэроста́т Fesselballon; -а́я борода́ Bart zum Umbinden
привя́зчивый [ящ], -ая, -ое; *Kzf* -и́в, -а *umg* 1. anhänglich 2. aufdringlich 3. mäkelig, nörgelig
привя́зывать(ся) *uv zu* привяза́ть(ся)
при́вязь, -и *f* Leine; держа́ть соба́ку на -и den Hund an der Leine führen; посади́ть на ~ an die Leine legen
прига́р, -а *m umg* angebrannte Stelle *am Essen*
при́гарь, -и *f volksspr* Beigeschmack von Angebranntem; молоко́ с -ью angebrannt schmeckende Milch
пригвожда́ть *uv zu* пригвозди́ть
пригвозди́ть, -ожу́, -озди́шь; -ождённый, -ождён, -ождена́ *v* 1. *alt* annageln 2. *übtr* (fest)bannen; как пригвождённый wie angewurzelt ◇ ~ кого́-н. к позо́рному столбу́ j-n anprangern, j-n brandmarken || *uv* пригвожда́ть, -а́ю, -а́ешь
пригиба́ть(ся) *uv zu* пригну́ть(ся)
пригла́дить, -а́жу, -а́дишь; -а́женный, -а́жен, -а *v* 1. glätten, glattstreichen 2. *übtr Stil* glätten || *uv* **пригла́живать,** -аю, -аешь
пригласи́тельный, -ая, -ое Einladungs-; ~ биле́т Einladungskarte
пригласи́ть, -ашу́, -аси́шь; -ашённый, -ашён, -ашена́ *v* einladen; ~ врача́ к больно́му den Arzt zu einem Kranken kommen lassen; ~ кого́-н. сесть j-m einen Stuhl anbieten || *uv* **приглаша́ть,** -а́ю, -а́ешь
приглаше́ние, -я *n* Einladung, Aufforderung; ~ на рабо́ту Einstellungsangebot
приглашённый, -ого *Subst m* Eingeladener, Gast
приглуша́ть *uv zu* приглуши́ть
приглуши́ть, -шу́, -ши́шь; -шённый, -шён, -шена́ *v* 1. ein bißchen dämpfen *Ton* 2. *volksspr* betäuben || *uv* приглуша́ть, -а́ю, -а́ешь
пригляде́ть, -яжу́, -яди́шь *v umg* 1. aufpassen (за *I* auf) 2. aussuchen, ausfindig machen || *uv* **пригля́дывать,** -аю, -аешь
пригляде́ться, -яжу́сь, -яди́шься *v umg* 1. sich an einen Anblick gewöhnen; ~ к темноте́ sich an die Dunkelheit gewöhnen 2. eines Anblicks überdrüssig werden || *uv* **пригля́дываться,** -аюсь, -аешься
пригляну́ться, -яну́сь, -я́нешься *v umg* (auf den ersten Blick) gefallen
при|гна́ть* *v* 1. herantreiben; ~ скот домо́й das Vieh heimtreiben 2. einpassen; ~ око́нную ра́му einen Fensterrahmen einpassen || *uv* пригоня́ть, -я́ю, -я́ешь
пригну́ть, -ну́, -нёшь; при́гнутый, -ут, -а *u.* пригну́тый, -у́т, -а *v* herunterbiegen, niederbeugen || *uv* пригиба́ть, -а́ю, -а́ешь
пригну́ться, -ну́сь, -нёшься *v* sich ein bißchen beugen || *uv* пригиба́ться, -а́юсь, -а́ешься
growoва́ривать, -аю, -аешь *uv* 1. *uv zu* приговори́ть 2. dazu reden, vor sich hinsprechen
пригово́р *u. umg* **при́говор,** -а *m jur* Urteil; сме́ртный ~ Todesurteil; оправда́тельный ~ Freispruch; вы́нести ~ ein Urteil fällen; привести́ ~ в исполне́ние das Urteil vollstrecken
приговори́ть, -рю́, -ри́шь; -рённый, -рён, -рена́ *v* verurteilen; ~ к тюре́мному заключе́нию zu einer Frei-

heitsstrafe verurteilen || *uv* **пригова́ривать**, -аю, -аешь

пригоди́ться, -гожу́сь, -годи́шься *v* taugen, brauchbar sein; э́то тебе́ ещё мо́жет ~ das wird dir noch einmal zustatten kommen; гра́моте учи́ться всегда́ пригоди́тся *Sprichw* lesen und schreiben lernen ist nie umsonst

приго́дность, -и *f* Tauglichkeit, Brauchbarkeit

приго́дный, -ая, -ое; *Kzf* -ден, -дна brauchbar, tauglich, geeignet; он ни к чему́ не приго́ден er taugt zu nichts

приго́жий, -ая, -ее; *Kzf* -о́ж, -а schön, hübsch *in der Volksdichtung*

приголу́бить, -блю, -бишь; -бленный, -блен, -а *v umg, poet A* mit Liebe [Zärtlichkeit] behandeln, zärtlich sein (zu j-m)

приго́нка, -и *f* Einpassen, Anpassen

пригоня́ть *uv zu* пригна́ть

пригора́ть *uv zu* пригоре́ть

пригоре́лый, -ая, -ое angebrannt; ~ хлеб zu scharf gebackenes Brot

пригоре́ть, *1. u. 2. Pers ungebr*, -ри́т *v* anbrennen *von Speisen* || *uv* **пригора́ть**, -а́ет

при́город, -а *m* Vorstadt, Vorort

при́городный, -ая, -ое Vorort-; ~ по́езд Vorortzug

приго́рок, -рка *m* Anhöhe, Hügel

при́горшня *u.* **приго́ршня,** -и, *G Pl* -шней *u.* -шен *f* Handvoll; по́лными -ями mit vollen Händen

пригорю́ниваться *uv zu* пригорю́ниться

пригорю́ниться, -нюсь, -нишься *v poet, umg* Trübsal blasen, den Kopf hängen lassen || *uv* **пригорю́ниваться**, -аюсь, -аешься

пригота́вливать(ся) *uv zu* пригото́вить(ся)

приготови́тельный, -ая, -ое Vorbereitungs-

пригото́вить, -влю, -вишь; -вленный, -влен, -а *v* **1.** vorbereiten, fertigmachen; ~ ученика́ к экза́мену einen Schüler auf die Prüfung vorbereiten; ~ уро́ки sich auf den Unterricht vorbereiten; ~ роль eine Rolle einstudieren **2.** zubereiten, kochen ◇ ~ сюрпри́з кому́-н. j-m eine Überraschung bereiten || *uv* **пригота́вливать**, -аю, -аешь *u.* **приготовля́ть**, -я́ю, -я́ешь

пригото́виться, -влюсь, -вишься *v* sich vorbereiten (к *D* auf) || *uv* **пригота́вливаться**, -аюсь, -аешься *u.* **приготовля́ться**, -я́юсь, -я́ешься

приготовле́ние, -я *n* **1.** Vorbereitung; без -й unvorbereitet, aus dem Stegreif **2.** Zubereitung, Kochen

приготовля́ть(ся) *uv zu* пригото́вить(ся)

пригрева́ть *uv zu* пригре́ть

пригре́зиться, -е́жусь, -е́зишься *v* träumen; мне пригре́зились да́льние стра́ны ich habe von fernen Ländern geträumt

пригре́ть, -е́ю, -е́ешь *v* **1.** ein bißchen wärmen **2.** *umg* beschützen ◇ ~ змею́ на свое́й груди́ eine Schlange am Busen nähren || *uv* **пригрева́ть**, -а́ю, -а́ешь

пригрози́ть, -ожу́, -ози́шь *v* drohen

пригу́бить, -блю, -бишь; -бленный, -блен, -а *v A* nippen (an) || *uv* **пригу́бливать**, -аю, -аешь

придава́ть *uv zu* прида́ть

придави́ть, -авлю́, -а́вишь; -а́вленный, -а́влен, -а *v* **1.** niederdrücken; ~ к земле́ zu Boden drücken **2.** quetschen; ~ па́лец den Finger einklemmen || *uv* **прида́вливать**, -аю, -аешь

прида́ное, -ого *Subst n* **1.** Mitgift **2.** Babyausstattung

прида́ток, -тка *m* Anhängsel *a. übtr*

прида́точный, -ая, -ое: -ое предложе́ние Nebensatz

при|да́ть*; при́дал *u. umg* прида́л *v* **1.** dazugeben, hinzufügen; anschließen; *mil* unterstellen **2.** verleihen, geben; ~ си́лу Kraft verleihen; ~ друго́й смысл einen anderen Sinn verleihen; ~ ду́ху Mut einflößen; не ~ значе́ния keine Bedeutung beimessen || *uv* **при|дава́ть***

прида́ча, -и, *I* -ей *f* Zugabe, Zulage; дать в -у zugeben; в -у a) als Zugabe; b) obendrein, dazu

придвига́ть(ся) *uv zu* придви́нуть(ся)

придви́нуть, -ну, -нешь; -нутый, -нут, -а *v* heranrücken; ~ стул к столу́ den Stuhl an den Tisch rücken || *uv* **придвига́ть**, -а́ю, -а́ешь

придви́нуться, -нусь, -нешься *v* к *D* heranrücken || *uv* **придвига́ться**, -а́юсь, -а́ешься

придво́рный, -ая, -ое **1.** Hof-; ~ **шут** Hofnarr **2.** -ого *Subst m* Höfling; -ая, -ой *f* Hofdame

приде́лать, -аю, -аешь *v* к *D* anmachen, anbringen; anbauen; ~ фли́гель к до́му einen Seitenflügel anbauen || *uv* **приде́лывать**, -аю, -аешь

придержа́ть, -ержу́, -е́ржишь; -е́ржанный, -е́ржан, -а *v* zurückhalten *a.*

übtr; festhalten; ~ товáр Ware horten || *uv* **придéрживать,** -аю, -аешь
придéрживаться, -аюсь, -аешься *uv* **1.** sich festhalten (за *I* an) **2.** *G übtr* sich halten (an), bleiben (bei); ~ инстрýкций sich an die Vorschriften halten; ~ мнéния der Meinung sein, die Meinung vertreten ◇ ~ **прáвой** стороны́ sich rechts halten
придúра, -ы *m, f umg* Nörgler(in)
придирáться *uv zu* придрáться
придúрка, -и, *Pl G* -рок, *D* -ркам *f* Schikane; Nörgelei, Mäkelei
придúрчивый, -ая, -ое; *Kzf* -ив, -а nörglerisch, mäklig
придорóжный, -ая, -ое am Weg gelegen
при|дрáться*; -дралúсь *v* к *D* **1.** auszusetzen haben, Vorwürfe machen; schikanieren **2.:** ~ к слýчаю *volksspr* die Gelegenheit ergreifen [wahrnehmen] || *uv* придирáться, -áюсь, -áешься; придирáться к кáждому слóву an jedem Wort herumklauben
придýмать, -аю, -аешь; придýманный, -ан, -а *v* ausdenken, erfinden, ersinnen; я бóльше ничегó не могý ~ ich bin mit meiner Weisheit [meinem Latein] am Ende || *uv* **придýмывать,** -аю, -аешь
придурковáтый, -ая, -ое; *Kzf* -áт, -а *umg* einfältig, beschränkt
прúдурь, -и *f umg*: с -ью *verächtl* mit Mucken; лóшадь с -ью ein bockiges Pferd, ein Pferd, das seine Mucken hat
придушúть, -ушý, -ýшишь; -ýшенный, -ýшен, -а *v umg* erwürgen, ersticken
придыхáние, -я *n ling* Behauchung, Aspiration
придыхáтельный, -ая, -ое *ling* behaucht, aspiriert
приедáться *uv zu* приéсться
приéзд, -а *m* Ankunft
приезжáть *uv zu* приéхать
приезжáющий, -его *Subst m* Ankommender, Reisender
приéзжий, -ая, -ее **1.** zugereist **2.** -его *Subst m* Zugereister, Fremder
приём, -а *m* **1.** Annahme **2.** Aufnahme; ~ на рабóту Einstellung; заявлéние о -е (на рабóту) Bewerbungsschreiben **3.** Empfang; Sprechstunde; проводúть ~ Sprechstunden abhalten **4.** Einnehmen, Dosis *Arznei*; лекáрства остáлось на два -а die Arznei reicht noch für zweimal **5.** Handgriff; Methode, Verfahren; литератýрные -ы literarische Methoden ◇ в одúн ~ mit einem Zug [Schluck]; mit einem Griff
приёмка, -и *f* Abnahme, Übernahme; ~ нóвого дóма die Abnahme des Neubaus
приéмлемый, -ая, -ое; *Kzf* -ем, -а *buchspr* annehmbar
приёмная, -ой *Subst f* Empfangs-, Sprechzimmer; Wartezimmer
приёмник, -а *m* **1.** *rad* Empfänger; однокóнтурный ~ Einkreiser **2.** Sammelstelle *für Evakuierte u. ä.*
приёмный, -ая, -ое **1.** Empfangs-; -ые часы́ Sprechzeit, Sprechstunde; ~ пункт Annahmestelle **2.** Aufnahme-; ~ экзáмен Aufnahmeprüfung **3.** Adoptiv-, Pflege-; ~ отéц Pflegevater; ~ сын Adoptivsohn
приёмочный, -ая, -ое Abnahme-; -ая комúссия Abnahmekommission
приёмщик, -а *m* Abnahmebeamter, Abnehmer
приёмыш, -а, *I* -ем, *G Pl* -ей *m umg* angenommenes Kind
при|éсться*, *1. u. 2. Pers ungebr, v umg* langweilig werden; мне приéлось игрáть ich hatte das Spielen satt || *uv* приедáться, -áется
при|éхать* *v* (an)kommen; ~ в Москвý in Moskau ankommen || *uv* приезжáть, -áю, -áешь
при|жáть¹* *v* **1.** (an)drücken; niederdrücken; ~ к грудú an die Brust [ans Herz] drücken **2.** *übtr* abdrängen **3.** *übtr* bedrücken, bedrängen ◇ ~ к стенé in die Enge treiben; an die Wand drücken || *uv* прижимáть, -áю, -áешь
при|жáться¹* *v* к *D* sich anschmiegen, sich drücken || *uv* прижимáться, -áюсь, -áешься
при|жéчь*; -жглá *v* **1.** ausbrennen, ätzen **2.** *volksspr* anbrennen lassen *Speisen* || *uv* прижигáть, -áю, -áешь
приживáльщик, -а *m* einer, der das Gnadenbrot bekommt
приживáться *uv zu* прижúться
прижигáние, -я *n med* Ausbrennen, Ätzen
прижигáть *uv zu* прижéчь
прижúзненный, -ая, -ое zu Lebzeiten (erfolgt)
прижимáть(ся) *uv zu* прижáть(ся)
прижúмистый, -ая, -ое; *Kzf* -ист, -а *umg* geizig, knauserig
при|жúть*; прúжил, -á!; прúжитый *u.* прижитóй, прúжит, -á! *v umg* zeugen; ~ детéй Kinderzeugen, zur Welt bringen *meist außerehelich*
при|жúться*; -жилúсь *v* sich einleben;

sich akklimatisieren || *uv* прижива́ться, -а́юсь, -а́ешься
приз, -а, *Pl* призы́, -о́в, -а́м *m* Preis *Sport*; взять ~ einen Preis bekommen; присуди́ть ~ einen Preis zusprechen; переходя́щий ~ Wanderpreis
призаду́маться, -аюсь, -аешься *v* nachdenklich werden || *uv* **призаду́мываться,** -аюсь, -аешься
призва́ние, -я *n* **1.** Hang, Neigung **2.** Berufung, Mission; чу́вствовать ~ sich berufen fühlen
при|зва́ть*; призвана́ *u. umg* при́звана *v* **1.** herbeirufen; auffordern; ~ на по́мощь zu Hilfe rufen **2.** *mil* einberufen; ~ запа́с Reservisten einziehen **3.** к *D* rufen (zu), auffordern (zu); ~ к поря́дку zur Ordnung rufen **4.** *nur Part Prät Pass, meist Inf oder* к *D* berufen [bestimmt] sein || *uv* призыва́ть, -а́ю, -а́ешь
призе́мистый, -ая, -ое; *Kzf* -ист, -а **1.** untersetzt **2.** niedrig *Gebäude*
приземле́ние, -я *n* Landung *flug*
приземли́ться, -лю́сь, -ли́шься *v flug* landen || *uv* **приземля́ться,** -я́юсь, -я́ешься
призёр, -а *m* Preisträger *Sport*
при́зма, -ы *f* Prisma ◇ смотре́ть сквозь -у чего́-н. unter einem bestimmten Gesichtswinkel betrachten
признава́ть(ся) *uv zu* призна́ть(ся)
при́знак, -а *m* Merkmal, Kennzeichen; Symptom; отличи́тельный ~ Unterscheidungsmerkmal; не подава́ть при́знаков жи́зни kein Lebenszeichen von sich geben; э́то ~ хоро́шей пого́ды das ist ein Zeichen für schönes Wetter
призна́ние, -я *n* **1.** Anerkennung; получи́ть [заслужи́ть] всео́бщее ~ allgemeine Anerkennung finden **2.** Geständnis, Bekenntnis; ~ вины́ Schuldbekenntnis; ~ в любви́ Liebeserklärung
при́знанный, -ая, -ое anerkannt
призна́тельность, -и *f* Erkenntlichkeit, Dankbarkeit
призна́тельный, -ая, -ое; *Kzf* -лен, -льна erkenntlich, dankbar
призна́ть, -а́ю, -а́ешь; при́знанный, -ан, -а *v* **1.** anerkennen; как при́знано anerkanntermaßen **2.** zugeben, eingestehen, zugestehen; ~ свои́ оши́бки seine Fehler zugeben; ~ себя́ вино́вным sich schuldig bekennen **3.** *A oder I* halten (für), ansehen (als); ~ ну́жным es für nötig halten **4.** *umg* (wieder)erkennen || *uv* при|знава́ть*
призна́ться, -а́юсь, -а́ешься *v* **1.** в *P* eingestehen, bekennen; ~ в свои́х оши́бках seine Fehler eingestehen **2.** *mod:* ~ *oder* призна́юсь offen gestanden || *uv* при|знава́ться*
призово́й, -ая, -ое Preis-
призо́р, -а (-у) *m alt, umg:* без -а ohne Aufsicht
при́зрак, -а *m* Gespenst; Trugbild, Hirngespinst
при́зрачный, -ая, -ое; *Kzf* -чен, -чна **1.** geisterhaft, gespenstisch **2.** trügerisch, illusorisch
призре́ние, -я *n buchspr* Pflege, Fürsorge
призы́в, -а *m* **1.** Aufruf, Appell; ~ на по́мощь Hilferuf; откли́кнуться на ~ einem Ruf folgen **2.** Losung, Aufruf **3.** Bitte, Flehen **4.** *mil* Einberufung; Jahrgang ◇ Ле́нинский ~ Leninaufgebot *Masseneintritt in die KPdSU nach dem Tode Lenins*
призыва́ть *uv zu* призва́ть
призыва́ться, -а́юсь, -а́ешься *uv umg* zum Militärdienst einrücken
призывни́к, -а́ *m* Militärdienstpflichtiger
призывно́й, -а́я, -о́е **1.** Einberufungs-; ~ во́зраст dienstpflichtiges Alter **2.** -о́го *Subst m alt* Einberufener, Militärdienstpflichtiger
при́иск, -а *m meist Pl* Grube, Mine; золоты́е -и Goldgrube
прииска́тель, -я *m* Goldsucher, Diamantensucher
при|иска́ть* *v umg* aussuchen, ausfindig machen || *uv* **прии́скивать,** -аю, -аешь
при|йти́*; придя́ *v* **1.** (an)kommen, eintreffen; по́езд пришёл der Zug ist angekommen; пришла́ весна́ der Frühling ist gekommen; мне пришла́ охо́та ich bekam Lust; мысль пришла́ ему́ в го́лову [на ум] ein Gedanke kam ihm in den Sinn **2.** *in einen Zustand* kommen, geraten; ~ в ве́тхость baufällig werden; ~ в восто́рг in Begeisterung geraten; ~ в забве́ние in Vergessenheit geraten; ~ в отча́яние verzweifeln; ~ в у́жас in Entsetzen geraten, sich entsetzen; ~ в я́рость wütend werden; ~ в лета́ älter werden ◇ ~ в себя́ [в чу́вство] wieder zu sich kommen; ~ к заключе́нию zu dem Schluß kommen, den Schluß ziehen; ~ к мы́сли auf den Gedanken kommen || *uv* приходи́ть, -хожу́, -хо́дишь
при|йти́сь* *v* **1.** passen, entsprechen;

zusagen, gefallen; ~ кому́-н. по вку́су nach j-s Geschmack sein 2. *1. u. 2. Pers ungebr* fallen, treffen (auf); пя́тое число́ пришло́сь на сре́ду der fünfte fiel auf einen Mittwoch; уда́р пришёлся ему́ по ноге́ der Schlag traf sein Bein 3. *unpers mit Inf* müssen; нам пришло́сь до́лго ждать wir mußten lange warten 4. *1. u. 2. Pers ungebr* на *A* entfallen, kommen (auf); на ка́ждого придётся по пять копе́ек auf jeden entfallen fünf Kopeken 5. *unpers D* ergehen; ему́ пришло́сь о́чень пло́хо es ging ihm sehr schlecht ◇ как придётся *umg* wie es gerade kommt, irgendwie || *uv* приходи́ться, -хожу́сь, -хо́дишься

прика́з, -а *m* 1. Befehl; ~ об аре́сте Haftbefehl; отда́ть ~ einen Befehl geben [erteilen] 2. Kanzlei, Amt

приказа́ние, -я *n* Befehl, Anordnung

при|каза́ть* *v* befehlen, anordnen; он приказа́л меня́ позва́ть er ließ mich rufen ◇ что прика́жете? *alt* was wünschen Sie?; как прика́жете *alt* wie Sie wünschen; ~ до́лго жить *alt* sterben, das Zeitliche segnen || *uv* прика́зывать, -аю, -аешь

прика́зный, -ая, -ое 1. Befehls-; *alt* Kanzlei- 2. -ого *Subst m* kleiner Beamter, Kanzlist

прика́зчик [ащ], -а *m alt* 1. Gutsverwalter 2. Verkäufer

прика́зывать *uv zu* приказа́ть

прика́лывать *uv zu* приколо́ть

прика́нчивать *uv zu* прико́нчить

прикарма́нивать *uv zu* прикарма́нить

прикарма́нить, -ню, -нишь *v volksspr* klauen, mitgehen lassen || *uv* прикарма́нивать, -аю, -аешь

прика́рмливать, -аю, -аешь *uv* 1. *uv zu* прикорми́ть 2. Zusatzkost geben *Säuglingen*

прикаса́ться *uv zu* прикосну́ться

прикати́ть, -ачу́, -а́тишь; -а́ченный, -а́чен, -а *v* 1. heranrollen *tr* 2. *volksspr* hinfahren; angesaust kommen || *uv* **прика́тывать,** -аю, -аешь

прики́дывать(ся) *uv zu* прики́нуть(ся)

прики́нуть, -ну, -нешь; -нутый, -нут, -а *v umg* 1. dazuwerfen, hinzutun 2. messen, schätzen; ~ на глаз(о́к) nach dem Augenmaß bestimmen; ~ на веса́х (nicht ganz genau) abwiegen; ~ на руке́ auf der Hand wägen 3. nachrechnen, überschlagen; ~ в уме́ im Kopf nachrechnen || *uv* прики́дывать, -аю, -аешь

прики́нуться, -нусь, -нешься *v I umg* sich (ver)stellen; ~ дурако́м sich dumm stellen || *uv* прики́дываться, -аюсь, -аешься

прикипа́ть *uv zu* прикипе́ть

прикипе́ть, *1. u. 2. Pers ungebr*, -пи́т *v umg* anbrennen *beim Kochen* || *uv* прикипа́ть, -а́ет

прикла́д, -а *m* 1. Gewehrkolben 2. Zutaten *Schneiderei*

прикла́дка, -и *f mil* Anschlag *beim Schießen*

прикладно́й, -а́я, -о́е angewandt; -о́е иску́сство angewandte Kunst

прикла́дывать(ся) *uv zu* приложи́ть(ся)

прикле́ивать(ся) *uv zu* прикле́ить(ся)

прикле́ить, -е́ю, -е́ишь; -е́енный, -е́ен, -а *v* ankleben, anleimen || *uv* прикле́ивать, -аю, -аешь

прикле́иться, -е́юсь, -е́ишься *v* kleben bleiben || *uv* прикле́иваться, -аюсь, -аешься

прикле́йка, -и, *Pl G* -е́ек, *D* -е́йкам *f* 1. Ankleben 2. *umg* Klebezettel, Angeklebtes

приклепа́ть, -а́ю, -а́ешь; приклёпанный, -ан, -а *v* annieten || *uv* **приклёпывать,** -аю, -аешь

приклони́ть, -оню́, -о́нишь; -онённый, -онён, -онена́ *v* niederbeugen ◇ ему́ не́где го́лову ~ er ist obdachlos, er weiß nicht wo er bleiben soll || *uv* **приклоня́ть,** -я́ю, -я́ешь

приключа́ть(ся) *uv zu* приключи́ть(ся)

приключе́ние, -я *n* Abenteuer; иска́тель -й Abenteurer

приключе́нческий, -ая, -ое Abenteuer-; ~ рома́н Abenteuerroman

приключи́ть, -чу́, -чи́шь; -чённый, -чён, -чена́ *v el* anschließen || *uv* приключа́ть, -а́ю, -а́ешь

приключи́ться, *1. u. 2. Pers ungebr*, -и́тся *v* geschehen || *uv* приключа́ться, -а́ется

при|кова́ть* *v* fesseln (к *D* an) *a. übtr*; боле́знь прикова́ла его́ к посте́ли die Krankheit fesselte ihn an das Bett || *uv* **прико́вывать,** -аю, -аешь

прико́л, -а *m* Pflock *zum Festmachen von Wasserfahrzeugen oder Tieren* ◇ стоя́ть на -е vertäut sein *Schiff*

прикола́чивать *uv zu* приколоти́ть

приколоти́ть, -очу́, -о́тишь; -о́ченный, -о́чен, -а *v umg* annageln || *uv* прикола́чивать, -аю, -аешь

при|коло́ть* *v* **1.** anstecken **2.** *umg* erstechen || *uv* прика́лывать, -аю, -аешь

прикомандирова́ть, -ру́ю, -ру́ешь; -ро́ванный, -ро́ван, -а *v* к *D* abkommandieren, zuteilen || *uv* **прикомандиро́вывать,** -аю, -аешь

прико́нчить, -чу, -чишь; -ченный, -чен, -а *v umg* **1.** ein Ende machen; aufzehren, aufessen **2.** den Todesstoß geben, den Rest geben || *uv* прика́нчивать, -аю, -аешь

прико́рм, -а *m* **1.** Zusatznahrung *für Kleinkinder* **2.** Lockspeise

прикорми́ть, -ормлю́, -о́рмишь; -о́рмленный, -о́рмлен, -а *v* durch Futter anlocken; *übtr* ködern || *uv* прика́рмливать, -аю, -аешь

прикорну́ть, -ну́, -нёшь *v umg* sich hinlegen und sich anschmiegen (an); ein Nickerchen machen

прикоснове́ние, -я *n* Berührung *a. übtr*

прикоснове́нный, -ая, -ое; *Kzf* -е́н *u.* -е́нен, -е́нна *buchspr* beteiligt (к *D* an), verwickelt (in)

прикосну́ться, -ну́сь, -нёшься *v* к *D* leicht berühren, streifen || *uv* прикаса́ться, -а́юсь, -а́ешься

прикра́сить, -а́шу, -а́сишь; -а́шенный, -а́шен, -а *v beim Erzählen* ausschmücken, übertreiben; beschönigen || *uv* прикра́шивать, -аю, -аешь

прикра́сы *Pl* -а́с, *Sg* прикра́са, -ы *f umg* Übertreibungen, Ausschmückungen *beim Erzählen*; пра́вда без прикра́с die ungeschminkte Wahrheit

прикра́шивание, -я *n*: ~ действи́тельности Schönfärberei

прикра́шивать *uv zu* прикра́сить

прикрепи́тельный, -ая, -ое: ~ тало́н *med* Überweisungsschein

прикрепи́ть, -плю́, -пи́шь; -плённый, -плён, -плена́ *v* к *D* **1.** befestigen, festmachen; ~ зе́ркало к стене́ den Spiegel an der Wand befestigen; ~ крестья́н к (поме́щичьей) земле́ *hist* die Bauern an die Scholle binden **2.** zuteilen, übergeben; angliedern; *bei einer Organisation u. ä.* anmelden; ~ пацие́нта к поликли́нике einen Patienten in eine Poliklinik einweisen || *uv* прикрепля́ть, -я́ю, -я́ешь

прикрепи́ться, -плю́сь, -пи́шься *v* beitreten, sich anmelden (к *D* bei) || *uv* прикрепля́ться, -я́юсь, -я́ешься

прикрепле́ние, -я *n* Anmeldung (к *D* bei)

прикрепля́ть(ся) *uv zu* прикрепи́ть(ся)

прикри́кивать *uv zu* прикри́кнуть

прикри́кнуть, -ну, -нешь *v* на *A* anschreien, anschnauzen || *uv* прикри́кивать, -аю, -аешь

прикрути́ть, -учу́, -у́тишь; -у́ченный, -у́чен, -а *v umg* **1.** к *D* anbinden; fesseln (an) **2.** *umg* herunterdrehen *Docht* || *uv* **прикру́чивать,** -аю, -аешь

прикрыва́ть(ся) *uv zu* прикры́ть(ся)

прикры́тие, -я *n* Schutz, Deckung *mil u. übtr*; под -ем чего́-н. unter dem Schutz von etw.; *übtr* unter dem Deckmantel [unter der Maske] von etw.; ~ ты́ла *mil* Rückendeckung; ~ грани́цы Grenzsicherung

при|кры́ть* *v* **1.** (leicht) bedecken, zudecken; ~ от дождя́ vor dem Regen schützen **2.** *Tür, Fenster* nicht ganz schließen, anlehnen **3.** *mil* decken, schützen; ~ фланг die Flanke decken **4.** bemänteln, vertuschen, verheimlichen **5.** *umg* schließen, liquidieren; ~ магази́н ein Geschäft zumachen || *uv* прикрыва́ть, -а́ю, -а́ешь

при|кры́ться* *v* **1.** *umg* sich leicht zudecken **2.** от *G* sich schützen, Deckung suchen (vor) **3.** *übtr I umg* sich verstecken (hinter), sich herausreden (mit) **4.** *umg* zumachen, schließen *itr*, liquidiert werden || *uv* прикрыва́ться, -а́юсь, -а́ешься

прикупа́ть *uv zu* прикупи́ть

прикупи́ть, -куплю́, -ку́пишь; -ку́пленный, -ку́плен, -а *v A oder G* dazukaufen || *uv* прикупа́ть, -а́ю, -а́ешь

прику́ривать *uv zu* прикури́ть

прикури́ть, -урю́, -у́ришь; -у́ренный, -у́рен, -а *v Zigarette* anrauchen (*meist an einer schon brennenden*) || *uv* прику́ривать, -аю, -аешь

прикуси́ть, -ушу́, -у́сишь; -у́шенный, -у́шен, -а *v* **1.**: ~ губу́ [язы́к] sich auf die Lippe [Zunge] beißen **2.** sich zwicken || *uv* **прику́сывать,** -аю, -аешь

прила́вок, -вка *m* Ladentisch

прилага́тельный, -ая, -ое **1.**: и́мя -ое Adjektiv **2.** -ое, -ого *Subst n* Adjektiv

прилага́ть *uv zu* приложи́ть

прила́дить, -а́жу, -а́дишь; -а́женный, -а́жен, -а *v* anmachen, befestigen || *uv* **прилáживать,** -аю, -аешь

прилаcкáть, -áю, -áешь; прилáсканный, -ан, -а *v* liebkosen, zärtlich behandeln

прилгнýть, -нý, -нёшь *v umg* dazulügen; aufschneiden

прилегáть, *1. u. 2. Pers ungebr*, -áет *uv* к *D* **1.** eng anliegen *Kleidung* **2.** angrenzen, anstoßen **3.** *uv zu* прилéчь

прилегáющий, -ая, -ее **1.** (eng) anliegend *Kleidung* **2.** angrenzend, Nachbar-

прилежáние, -я *n* Fleiß

прилéжный, -ая, -ое; *Kzf* -жен, -жна fleißig

прилепи́ть, -еплю́, -éпишь; -éпленный, -éплен, -а *v* к *D* ankleben, festkleben || *uv* **прилепля́ть,** -я́ю, -я́ешь

прилепи́ться, -еплю́сь, -éпишься *v* к *D umg* klebenbleiben, festkleben || *uv* **прилепля́ться,** -я́юсь, -я́ешься

прилёт, -а *m* Ankunft *Flugzeug, Zugvögel*

прилетáть *uv zu* прилетéть

прилетéть, -ечý, -ети́шь *v* **1.** herbeifliegen, ankommen **2.** *umg* hereinstürzen, angerannt kommen || *uv* прилетáть, -áю, -áешь

прилётный, -ая, -ое zugeflogen; -ая пти́ца Zugvogel

при|лéчь* *v* sich ein bißchen hinlegen || *uv* прилегáть, -áю, -áешь

прили́в, -а *m* **1.** Flut **2.** Zustrom, Andrang; ~ крóви к головé Blutandrang nach dem Kopf

приливáть *uv zu* прили́ть

при|лизáть* *v* **1.** glattlecken **2.** glatt kämmen [bürsten] || *uv* **прили́зывать,** -аю, -аешь

прилипáть *uv zu* прили́пнуть

прили́пнуть, *1. u. 2. Pers ungebr*, -нет; прили́п, -ла *v* к *D* **1.** klebenbleiben, festkleben **2.** *umg* sich aufdrängen, nicht von der Seite weichen || *uv* прилипáть, -áет

прили́пчивый, -ая, -ое; *Kzf* -ив, -а **1.** leicht festklebend **2.** *umg* aufdringlich, lästig **3.** *umg med* ansteckend *a. übtr*

при|ли́ть* *v* **1.** *G oder A* (hin)zugießen **2.** heranströmen ◇ кровь прилилá к головé das Blut stieg zu Kopf || *uv* приливáть, -áю, -áешь

прили́чествовать, *1. u. 2. Pers ungebr*, -твует *uv buchspr* sich schicken, sich gehören

прили́чие, -я *n* Anstand; *Pl* Regeln des guten Tons; из [и́з-за] -я anstandshalber; соблюдáть -я die äußeren Formen wahren

прили́чный, -ая, -ое; *Kzf* -чен, -чна **1.** anständig **2.** *umg* ziemlich gut, anständig

приложéние, -я *n* **1.** Beilage **2.** *gram* Apposition **3.** Anwendung; сфéра -я сил Kraftfeld

приложи́ть, -ожý, -óжишь; -óженный, -óжен, -а *v* **1.** (auf)legen; ~ рýку к сéрдцу die Hand aufs Herz legen **2.** beilegen; ~ к заявлéнию спрáвку dem Gesuch eine Bescheinigung beilegen **3.** anwenden; ~ теóрию на прáктике die Theorie in der Praxis anwenden **4.** auf-, zuwenden; ~ все си́лы sich alle Mühe geben, alle Kräfte aufbieten ◇ ~ рýку к чемý-н. etw. anpacken; ~ печáть einen Stempel [ein Siegel] aufdrücken; умá не приложý ich stehe vor einem Rätsel || *uv* приклáдывать, -аю, -аешь *zu* 1 *u.* прилагáть, -áю, -áешь *zu* 2-4

приложи́ться, -ожýсь, -óжишься *v* **1.** sich drücken (an) **2.** ehrerbietig küssen **3.** das Gewehr anlegen, zielen **4.** *volksspr* ein bißchen trinken ◇ остальнóе [прóчее] прилóжится das andere ergibt sich von selbst || *uv* приклáдываться, -аюсь, -аешься

прилуни́ться, -ню́сь, -ни́шься *v* auf dem Mond landen

прильнýть, -нý, -нёшь *v* sich (an)-schmiegen (к *D* an)

при́ма, -ы *f mus* Prime

при́ма-балери́на, при́мы-балери́ны *f* Primaballerina

при|мáзаться* *v umg verächtl* sich einschleichen, sich anbiedern || *uv* **примáзываться,** -аюсь, -аешься

примáнивать *uv zu* примани́ть

примани́ть, -аню́, -áнишь; -áненный, -áнен, -а *u.* -анённый, -анён, - aнéнá *v umg* **1.** (an)locken **2.** für sich einnehmen || *uv* примáнивать, -аю, -аешь

примáнка, -и, *Pl G* -нок, *D* -нкам *f* Köder; Lockmittel

примелькáться, -áюсь, -áешься *v vom häufigen Sehen* bekannt [vertraut] werden

применéние, -я *n* **1.** Anwendung, Verwendung; Einsatz; найти́ ~ свои́м си́лам ein geeignetes Betätigungsfeld finden; в -и к *D* in bezug auf, was . . . betrifft **2.** Anpassung

примени́мый, -ая, -ое; *Kzf* -и́м, -а anwendbar

примени́тельно *Adv*: ~ к *D* in bezug auf, was ... betrifft; entsprechend

примени́ть, -еню́, -е́нишь; применённый, -ён, -ена́ *v* 1. anwenden, verwenden 2. anpassen || *uv* **применя́ть,** -я́ю, -я́ешь

примени́ться, -еню́сь, -е́нишься *v* к *D* sich anpassen, sich richten (nach) || *uv* **применя́ться,** -я́юсь, -я́ешься

приме́р, -а *m* 1. Beispiel, Vorbild, Muster; привести́ ~ ein Beispiel anführen; привести́ в ~ als Beispiel hinstellen; показа́ть ~ mit gutem Beispiel vorangehen; брать ~ с кого́-н. sich j-n zum Vorbild nehmen; э́тот ~ зарази́телен das Beispiel steckt an; в ка́честве -а als Beispiel; к -у *umg* zum Beispiel 2. *math* Übungsaufgabe ◇ для -а a) als Beispiel; b) zur Belehrung; не в ~ лу́чше ungleich besser; не в ~ други́м [про́чим] nicht so wie die anderen

примерза́ть *uv zu* примёрзнуть

примёрзнуть, -ну, -нешь; примёрз, -ла *v* anfrieren || *uv* примерза́ть, -а́ю, -а́ешь

приме́рить, -рю, -ришь; -ренный, -рен, -а *v* anprobieren; anpassen || *uv* примеря́ть, -я́ю, -я́ешь

приме́рка, -и, *Pl G* -рок, *D* -ркам *f* Anprobe

приме́рный, -ая, -ое; *Kzf* -рен, -рна 1. beispielhaft, vorbildlich, Muster- 2. ungefähr, annähernd

приме́рочная, -ой *Subst f* Kabine *zum Anprobieren*

примеря́ть *uv zu* приме́рить

при́месь, -и *f* Beimischung

приме́та, -ы *f* 1. Kennzeichen, Merkmal; описа́ние приме́т Personalbeschreibung 2. Vorzeichen; дурна́я ~ schlimmes Vorzeichen ◇ име́ть на -е что́-н. etw. im Auge behalten

примета́ть, -а́ю, -а́ешь; примётанный, -ан, -а *v mit großen Stichen* annähen || *uv* примётывать, -аю, -аешь

приме́тить, -е́чу, -е́тишь; -е́ченный, -е́чен, -а *v umg* bemerken, beachten || *uv* примеча́ть, -а́ю, -а́ешь

приме́тливый, -ая, -ое; *Kzf* -ив, -а *volksspr* aufmerksam, gut beobachtend

приме́тный, -ая, -ое; *Kzf* -тен, -тна merklich, spürbar, sichtlich

примётывать *uv zu* примета́ть

примеча́ние, -я *n* Bemerkung; Anmerkung, Fußnote; ~ на поля́х Randbemerkung

примеча́тельный, -ая, -ое; *Kzf* -лен, -льна bemerkenswert, beachtlich

примеча́ть, -а́ю, -а́ешь *uv* 1. *uv zu* приме́тить 2. за *I volksspr* aufpassen, achtgeben (auf)

примеша́ть, -а́ю, -а́ешь; приме́шанный, -ан, -а *v A oder G* beimengen, beimischen || *uv* **приме́шивать,** -аю, -аешь

примина́ть *uv zu* примя́ть

примире́нец, -нца, *I* -нцем, *G Pl* -нцев *m pol* Versöhnler, Opportunist

примире́ние, -я *n* Versöhnung; Ausgleich, Vergleich

примире́нческий, -ая, -ое *pol* versöhnlerisch, opportunistisch

примире́нчество, -а *n* Versöhnlertum, Opportunismus

примири́тельный, -ая, -ое; *Kzf* -лен, -льна versöhnlich

примири́ть, -рю́, -ри́шь; -рённый, -рён, -рена́ *v* versöhnen, aussöhnen || *uv* **примиря́ть,** -я́ю, -я́ешь

примири́ться, -рю́сь, -ри́шься *v* с *I* 1. sich aussöhnen (mit) 2. sich abfinden (mit) || *uv* **примиря́ться,** -я́юсь, -я́ешься

примити́вность, -и *f* Primitivität

примити́вный, -ая, -ое; *Kzf* -вен, -вна primitiv

примкну́ть, -ну́, -нёшь; при́мкнутый, -ут, -а *v* к *D* sich anschließen; ~ к большинству́ sich der Mehrheit anschließen ◇ ~ штык *mil* das Seitengewehr aufpflanzen || *uv* примыка́ть, -а́ю, -а́ешь

примо́лкнуть, -ну, -нешь; примо́лк, -ла; примо́лкший *u.* примо́лкнувший *v umg* verstummen

примо́рский, -ая, -ое See-, Küsten-; ~ куро́рт Seebad

примо́рье, -ья *n* Küstengebiet

примости́ться, -ощу́сь, -ости́шься *v umg* sich schlecht und recht hinsetzen, sich hinhocken

примочи́ть, -очу́, -о́чишь; -о́ченный, -о́чен, -а *v umg* anfeuchten, benetzen

примо́чка, -и, *Pl G* -чек, *D* -чкам *f* feuchter Kühlverband; ~ для глаз Augenwasser

приму́ ↑ приня́ть

при́мула, -ы *f* Primel

при́мус, -а *m* Petroleumkocher

примча́ться, -мчу́сь, -мчи́шься *v* angerannt [angesaust] kommen, heranrasen, heransprengen

примыка́ть, -а́ю, -а́ешь *uv* **1.** *uv zu* примкну́ть **2.** к *D* angrenzen, sich anschließen (an)

при|мя́ть* *v* ein bißchen niederdrükken; zerknüllen; гра́дом примя́ло рожь der Roggen ist verhagelt ‖ *uv* примина́ть, -а́ю, -а́ешь

принадлежа́ть, -жу́, -жи́шь *uv* **1.** *D* gehören **2.** zufallen, gebühren; спо́рту принадлежи́т большо́е бу́дущее der Sport hat eine große Zukunft; ему́ принадлежи́т честь [заслу́га] ihm kommt die Ehre [das Verdienst] zu; э́та иде́я принадлежи́т ему́ diese Idee stammt von ihm **3.** к *D* angehören; ~ к профсою́зу металли́стов der Metallarbeitergewerkschaft angehören

принадле́жность, -и *f* **1.** Zugehörigkeit **2.** *meist Pl* Zubehörteil, Gegenstand; *Pl* Zubehör, Ausrüstung; пи́сьменные -и Schreibzeug; рыболо́вные -и Angelgeräte, Angelausrüstung; посте́льные -и Bettzeug; доро́жные -и Reiseartikel

принаряди́ть, -яжу́, -я́ди́шь; -я́женный, -я́жен, -а *v* herausputzen, fein kleiden ‖ *uv* **принаряжа́ть,** -а́ю, -а́ешь

принево́ливать *uv zu* принево́лить

принево́лить, -лю, -лишь; -ленный, -лен, -а *v umg* zwingen, nötigen ‖ *uv* принево́ливать, -аю, -аешь

при|нести́* *v* **1.** bringen, hinbringen *tragend*; ~ с собо́й mitbringen **2.** herantreiben, -wehen; anschwemmen *Wind, Wasser*; ло́дку принесло́ к бе́регу das Boot wurde an das Ufer getrieben **3.** *1. u. 2. Pers ungebr Junge* werfen; *Früchte* tragen; я́блоня принесла́ мно́го я́блок der Apfelbaum hat viele Äpfel getragen **4.** *übtr* bringen, einbringen, verursachen; ~ по́льзу Nutzen bringen; ~ неприя́тности Unannehmlichkeiten einbringen ◇ ~ благода́рность danken, Dank aussprechen; ~ кля́тву [прися́гу] einen Eid leisten; ~ проте́ст Protest erheben; ~ жа́лобу на кого́-н. gegen j-n Klage erheben; ~ в же́ртву zum Opfer bringen, opfern; заче́м тебя́ сюда́ принесло́? *derb volksspr* was hat dich bloß hierhergeführt? ‖ *uv* приноси́ть, -ошу́, -о́сишь

при|нести́сь* *v* heransausen, angejagt kommen ‖ *uv* приноси́ться, -ошу́сь, -о́сишься

принижа́ть *uv zu* прини́зить

прини́женный, -ая, -ое erniedrigend, unterwürfig

прини́зить, -и́жу, -и́зишь; -и́женный, -и́жен, -а *v* **1.** erniedrigen, demütigen **2.** herabsetzen, schmälern ‖ *uv* принижа́ть, -а́ю, -а́ешь

приника́ть *uv zu* прини́кнуть

прини́кнуть, -ну, -нешь; прини́к, -ла; прини́кший *u.* прини́кнувший *v* к *D* **1.** sich ducken **2.** sich anschmiegen ‖ *uv* приника́ть, -а́ю, -а́ешь

принима́ть(ся) *uv zu* приня́ть(ся)

принора́вливать(ся) *uv zu* принорови́ть(ся)

приноров́ить, -влю́, -ви́шь; приноро́вленный, -ен, -а *v umg* к *D* anpassen (an), richten (nach) ‖ *uv* принора́вливать, -аю, -аешь

приноров́иться, -влю́сь, -ви́шься *v* к *D* sich anpassen (an), sich richten (nach) ‖ *uv* принора́вливаться, -аюсь, -аешься

приноси́ть(ся) *uv zu* принести́(сь)

приноше́ние, -я *n iron* Geschenk

принуди́тельный, -ая, -ое; *Kzf* -лен, -льна Zwangs-; в -ом поря́дке zwangsweise

прину́дить, -у́жу, -у́дишь; -уждённый, -уждён, -уждена́ *v* zwingen, nötigen ‖ *uv* **принужда́ть,** -а́ю, -а́ешь

принужде́ние, -я *n* Zwang, Druck; ме́ры -я Zwangsmaßnahmen; сде́лать что́-н. без -я etw. aus freien Stücken tun; по -ю unter Zwang, gezwungen

принуждённый, -ая, -ое gezwungen, unnatürlich, steif

принц, -а *m* Prinz

принце́сса, -ы *f* Prinzessin

при́нцип, -а *m* Prinzip, Grundsatz; ~ рабо́ты Arbeitsweise; в -е im Prinzip, grundsätzlich

принципиа́льность, -и *f* Prinzipienfestigkeit

принципиа́льный, -ая, -ое; *Kzf* -лен, -льна **1.** grundsätzlich, prinzipiell **2.** prinzipienfest

принюхаться, -аюсь, -аешься *v umg* sich an den Geruch gewöhnen (к *D* von) ‖ *uv* **приню́хиваться,** -аюсь, -аешься

приня́тие, -я *n* Annahme ◇ ~ прися́ги die Ablegung eines Eides

при́нятый, -ая, -ое **1.** üblich, gebräuchlich **2.** -о *Adv*: э́то -о das ist so üblich, das ist Sitte

приня́ть* *v* **1.** annehmen, entgegennehmen; ~ радиогра́мму einen Funkspruch entgegennehmen; ~

сове́т einen Rat annehmen [befolgen]; ~ на себя́ (обяза́тельство) (eine Verpflichtung) übernehmen 2. empfangen, aufnehmen; меня́ серде́чно при́няли ich wurde herzlich aufgenommen; ~ пацие́нтов Patienten annehmen 3. annehmen, zulassen, einstellen; ~ в па́ртию in die Partei aufnehmen; ~ в университе́т zum Studium an der Universität zulassen; ~ на рабо́ту einstellen *Arbeiter*; ~ в игру́ mitspielen lassen 4. annehmen, billigen; ~ резолю́цию eine Resolution annehmen; ~ реше́ние einen Beschluß fassen 5. ein bißchen rücken; прими́ вле́во rücke ein bißchen nach links 6. *übtr* annehmen, bekommen; ~ друго́й оборо́т eine andere Wendung nehmen; ~ затяжно́й хара́ктер sich in die Länge ziehen; ~ по́зу sich in Pose werfen 7. einnehmen *Arznei* 8. за *A* halten (für), ansehen (als); я вас при́нял за знако́мого ich habe Sie für einen Bekannten gehalten; ~ за шу́тку als Spaß auffassen; ~ за чи́стую моне́ту für bare Münze nehmen ◇ ~ ва́нну ein Bad nehmen; ~ всерьёз ernst nehmen; ~ душ duschen; ~ ме́ры Maßnahmen ergreifen; ~ за пра́вило sich zur Regel machen; ~ прися́гу einen Eid ablegen, schwören; ~ в расчёт что́-н. mit etw. rechnen; ~ к све́дению zur Kenntnis nehmen; ~ на свой счёт etw. auf sich beziehen, sich getroffen fühlen; ~ к се́рдцу zu Herzen nehmen; ~ чью́-н. сто́рону j-s Partei ergreifen; ~ уча́стие в чём-н. teilnehmen an etw. || *uv* принима́ть, -а́ю, -а́ешь; когда́ принима́ет врач? wann hat der Arzt Sprechstunde?

приня́ться*; -ялся́, -яли́сь *v* 1. за *A* anfangen, sich vornehmen 2.: ~ за кого́-н. *umg* sich j-n vornehmen [vorknöpfen] 3. Wurzel schlagen 4. aufgehen, eine positive Reaktion zeigen *Impfung* || *uv* принима́ться, -а́юсь, -а́ешься

приободри́ть, -рю́, -ри́шь *v* aufmuntern, Mut machen || *uv* **приободря́ть,** -я́ю, -я́ешь

приободри́ться, -рю́сь, -ри́шься *v* etwas Mut fassen || *uv* **приободря́ться,** -я́юсь, -я́ешься

при|обрести́* *v* 1. erwerben; kaufen 2.: ~ значе́ние Bedeutung gewinnen; ~ о́пыт Erfahrungen sammeln; ~ друзе́й Freunde gewinnen || *uv* **приобрета́ть,** -а́ю, -а́ешь

приобрете́ние, -я *n* 1. Erwerbung, Anschaffung 2. Errungenschaft

приобща́ть(ся) *uv zu* приобщи́ть(ся)

приобщи́ть, -щу́, -щи́шь; -щённый, -щён, -щена́ *v* к *D* 1. teilnehmen lassen, heranführen (an) 2. beilegen, beifügen || *uv* приобща́ть, -а́ю, -а́ешь

приобщи́ться, -щу́сь, -щи́шься *v* к *D* sich anschließen, teilnehmen || *uv* приобща́ться, -а́юсь, -а́ешься

прио|де́ться* *v umg* sich gut kleiden

приорите́т, -а *m* Priorität

приоса́ниваться *uv zu* приоса́ниться

приоса́ниться, -нюсь, -нишься *v umg* eine wichtige Miene machen, eine würdevolle Haltung annehmen || *uv* приоса́ниваться

приостана́вливать(ся) *uv zu* приостанови́ть(ся)

приостанови́ть, -овлю́, -о́вишь; -о́вленный, -о́влен, -а *v* auf kurze Zeit unterbrechen, einstellen, aussetzen; ~ реше́ние суда́ das Urteil aussetzen || *uv* приостана́вливать, -аю, -аешь

приостанови́ться, -овлю́сь, -о́вишься *v* kurze Zeit stehenbleiben; stocken || *uv* приостана́вливаться, -аюсь, -аешься

приоткрыва́ть(ся) *uv zu* приоткры́ть(ся)

приот|кры́ть* *v* ein bißchen [nicht ganz] öffnen || *uv* приоткрыва́ть, -а́ю, -а́ешь

приот|кры́ться* *v* sich ein bißchen öffnen || *uv* приоткрыва́ться, -а́ется

приохо́тить, -о́чу, -о́тишь; -о́ченный, -о́чен, -а *v*: ~ кого́-н. к чему́-н. *umg* j-m Lust machen zu etw., j-m Appetit machen auf etw. || *uv* **приохо́чивать,** -аю, -аешь

приохо́титься, -о́чусь, -о́тишься *v* к *D umg* Lust bekommen (zu), Gefallen finden (an) || *uv* **приохо́чиваться,** -аюсь, -аешься

припада́ть, -а́ю, -а́ешь *uv* 1. *uv zu* припа́сть 2. *umg* leicht hinken

припа́док, -дка *m* Anfall; серде́чный ~ Herzanfall; ~ великоду́шия Anwandlung von Großmut

припа́дочный, -ого *Subst m* Kranker, der oft Anfälle hat; Epileptiker

припа́ивать *uv zu* припая́ть

припа́йка, -и, *Pl G* -па́ек, *D* -па́йкам *f* Anlöten

припа́рка, -и, *Pl G* -рок, *D* -ркам *f*

heißer Umschlag; ста́вить [де́лать, класть] кому́-н. -и j-m heiße Umschläge machen

припаса́ть *uv zu* припасти́

при|пасти́* *v A oder G umg* sparen, zurücklegen || *uv* припаса́ть, -а́ю, -а́ешь

при|па́сть* *v* к *D umg* sich hinwerfen; sich anschmiegen; ~ к чьи́м-н. нога́м j-m zu Füßen fallen || *uv* припада́ть, -а́ю, -а́ешь

припа́сы *Pl* -ов, *Sg volksspr* припа́с, -а *m* Vorräte; съестны́е ~ Lebensmittelvorräte

припа́хивать, *1. u. 2. Pers ungebr*, -ает *uv umg* 1. *I* leicht riechen (nach) 2. faulig riechen

припая́ть, -я́ю, -я́ешь; припа́янный, -ян, -а *v* anlöten || *uv* припа́ивать, -аю, -аешь

припе́в, -а *m* Refrain, Kehrreim

припева́ть, -а́ю, -а́ешь *uv umg* zu einer Tätigkeit singen

припева́ючи: жить ~ *umg* sorglos leben

припёк, -а *m* sonnige Stelle; сиде́ть на -е in der prallen Sonne sitzen

припёка, -и *f*: сбо́ку ~ jemand Überflüssiges, das fünfte Rad am Wagen

припека́ть, -а́ю, -а́ешь *uv umg* brennen, stechen *Sonne*

при|пере́ть*; -пере́в *u.* -пёрши *v volksspr* 1. drücken, drängen 2. verrammeln, versperren 3. nicht ganz zumachen ◇ ~ к сте́нке кого́-н. j-n in die Enge treiben || *uv* **припира́ть,** -а́ю, -а́ешь

при|писа́ть* *v* 1. hinzuschreiben 2. zuschreiben; ~ вину́ кому́-н. j-m die Schuld geben || *uv* припи́сывать, -аю, -аешь

припи́ска, -и, *Pl G* -сок, *D* -скам *f* Nachschrift, Postskriptum; Zusatz

припи́сывать *uv zu* приписа́ть

приплането́ться, -ечу́сь, -ети́шься *v* auf einem Planeten landen

припла́та, -ы *f* 1. Zuzahlen 2. Zuzahlung, Zulage

приплати́ть, -ачу́, -а́тишь; -а́ченный, -а́чен, -а *v* zuzahlen || *uv* **припла́чивать,** -аю, -аешь

при|плести́*; -плетя́ *v* 1. hineinflechten 2. *volksspr* etw. hinzufügen [einflechten], was nicht zur Sache gehört || *uv* приплета́ть, -а́ю, -а́ешь

при|плести́сь*; -плетя́сь *v volksspr* sich hinschleppen

приплета́ть *uv zu* приплести́

припло́д, -а *m* Nachkommenschaft, Zuwachs *bei Tieren*

приплыва́ть *uv zu* приплы́ть

при|плы́ть* *v* heranschwimmen, hinschwimmen; hinfahren *mit dem Schiff* || *uv* приплыва́ть, -а́ю, -а́ешь

приплю́снутый, -ая, -ое platt, flach *Nase*

приплю́снуть, -ну, -нешь *v* plattdrücken, plattschlagen || *uv* приплю́щивать, -аю, -аешь

приплюсова́ть, -су́ю, -су́ешь; -со́ванный, -со́ван, -а *v umg* dazuzählen || *uv* **приплюсо́вывать,** -аю, -аешь

приплю́щивать *uv zu* приплю́снуть

припля́сывать, -аю, -аешь *uv* tänzeln

приподнима́ть(ся) *uv zu* приподня́ть(ся)

припо́днятый, -ая, -ое gehoben, festlich

при|подня́ть* *v* ein bißchen hochheben || *uv* приподнима́ть, -а́ю, -а́ешь *u. umg* приподыма́ть, -а́ю, -а́ешь

при|подня́ться*; приподня́лся́, -ла́сь, -ли́сь *v* sich etwas erheben; ~ на цы́почках sich auf die Zehenspitzen stellen || *uv* приподнима́ться, -а́юсь, -а́ешься *u. umg* приподыма́ться, -а́юсь, -а́ешься

приподыма́ть(ся) *uv zu* приподня́ть(ся)

приполза́ть *uv zu* приползти́

при|ползти́* *v* herankriechen || *uv* приполза́ть, -а́ю, -а́ешь

приполя́рный, -ая, -ое (nah) am Polarkreis gelegen

припомина́ть(ся) *uv zu* припо́мнить(ся)

припо́мнить, -ню, -нишь *v* 1. *A* sich erinnern, sich besinnen (auf); не припо́мню его́ и́мени ich komme nicht auf seinen Namen; припо́мнил! es ist mir eingefallen! 2. *umg* nicht vergessen, nachtragen; э́то я тебе́ припо́мню! das werde ich dir nicht vergessen!, das sollst du mir büßen!; ему́ э́то припо́мнили das wurde ihm übel vermerkt || *uv* припомина́ть, -а́ю, -а́ешь

припо́мниться, -нюсь, -нишься *v* einfallen, wieder ins Gedächtnis kommen || *uv* припомина́ться, -а́юсь, -а́ешься

припра́ва, -ы *f* Würze, Zutat

припра́вить, -влю, -вишь; -вленный, -влен, -а *v umg* anrichten, würzen *a. übtr* || *uv* **приправля́ть,** -я́ю, -я́ешь

при|пря́тать* *v umg* heimlich wegstecken; zurücklegen || *uv* **припря́тывать,** -аю, -аешь

припу́гивать *uv zu* припугну́ть

припугну́ть, -ну́, -нёшь; припу́гнутый, -ут, -а *v umg* erschrecken, einschüchtern || *uv* припу́гивать, -аю, -аешь

припу́дриваться *uv zu* припу́дриться

припу́дриться, -рюсь, -ришься *v* sich leicht pudern || *uv* припу́дриваться, -аюсь, -аешься

припуска́ть *uv zu* припусти́ть

припусти́ть, -ущу́, -у́стишь; -у́щенный, -у́щен, -а *v* **1.** *landw* zulassen *zum Decken*; saugen lassen **2.** länger machen, auslassen; weiter machen; ~ подо́л den Saum (her)auslassen **3.** *umg* losjagen, losstürzen ◇ дождь припусти́л der Regen ist stärker geworden || *uv* припуска́ть, -а́ю, -а́ешь

припуха́ть *uv zu* припу́хнуть

припу́хлость, -и *f* kleine Geschwulst

припу́хлый, -ая, -ое *umg* leicht geschwollen

припу́хнуть, *1. u. 2. Pers ungebr*, -нет; припу́х, -ла *v* leicht anschwellen || *uv* припуха́ть, -а́ет

прираба́тывать *uv zu* прирабо́тать

прирабо́тать, -аю, -аешь *v* (hin)zuverdienen || *uv* прираба́тывать, -аю, -аешь

при́работок, -тка *m* Nebenverdienst

прира́внивать *uv zu* приравня́ть

приравня́ть, -я́ю, -я́ешь; прира́вненный, -нен, -а *v* к *D* **1.** gleichstellen, auf die gleiche Stufe stellen (mit) **2.** *math* gleichsetzen || *uv* прира́внивать, -аю, -аешь

прираста́ть *uv zu* прирасти́

при|расти́*, *1. u. 2. Pers ungebr*, *v* **1.** anwachsen (к *D* an) **2.** anwachsen, sich vermehren ◇ он то́чно к земле́ приро́с er stand wie versteinert da || *uv* прираста́ть, -а́ет

приращ́ение, -я *n* Zuwachs, Vermehrung

приревнова́ть, -ну́ю, -ну́ешь *v* eifersüchtig werden (к *D* auf)

при|ре́зать* *v* **1.** erstechen, die Kehle durchschneiden **2.** *umg Vieh* (ab)schlachten **3.** *A oder G zusätzlich* zuteilen || *uv* **прирез́ать,** -а́ю, -а́ешь *u.* **прире́зывать,** -аю, -аешь

приро́да, -ы *f* **1.** Natur; зако́н -ы Naturgesetz; явле́ние -ы Naturerscheinung; на ло́не -ы in der Natur, im Grünen **2.** Natur, Charakter, Wesen; он от -ы лени́в er ist von Natur aus faul; по -е dem Wesen [Charakter] nach; э́то у меня́ от -ы das liegt mir (so) im Blut; э́то в -е веще́й das liegt in der Natur der Dinge

приро́дный, -ая, -ое Natur-, natürlich; -ые бога́тства Naturschätze

природове́дение, -я *n alt* Naturkunde

прирождённый, -ая, -ое **1.** *Kzf* -дён, -дена́ angeboren, urwüchsig **2.**: ~ худо́жник geborener Künstler

приро́ст, -а *m* Zuwachs; ~ населе́ния Bevölkerungszuwachs

приручá́ть(ся) *uv zu* приручи́ть(ся)

приручéние, -я *n* Zähmung

приручённый, -ая, -ое zahm, zutraulich

приручи́ть, -чу́, -чи́шь; -чённый, -чён, -чена́ *v* **1.** zähmen **2.** willfährig machen || *uv* приручá́ть, -а́ю, -а́ешь

приручи́ться, -чу́сь, -чи́шься *v* **1.** zahm werden *Tier* **2.** anhänglich [zutraulich] werden || *uv* приручá́ться, -а́юсь, -а́ешься

приса́живаться *uv zu* присе́сть

приса́сываться *uv zu* присоса́ться

присва́ивать *uv zu* присво́ить

присва́таться, -аюсь, -аешься *v umg*, *alt* к *D* um j-s Hand anhalten || *uv* **присва́тываться,** -аюсь, -аешься

присви́стывать, -аю, -аешь *uv* leicht (vor sich hin) pfeifen; mit Pfeifen begleiten *eine Tätigkeit*

присвое́ние, -я *n* **1.** Aneignung **2.** Verleihung

присво́ить, -о́ю, -о́ишь; -о́енный, -о́ен, -а *v* **1.** sich aneignen, an sich bringen; ~(себе́) пра́во sich ein Recht nehmen [anmaßen] **2.** verleihen, zuerkennen; ~ шко́ле и́мя Макси́ма Го́рького der Schule den Namen „Maxim-Gorki-Schule" verleihen || *uv* присва́ивать, -аю, -аешь

приседа́ние, -я *n* **1.** Kniebeuge **2.** *alt* Knicks

приседа́ть *uv zu* присе́сть

присе́ст, -а *m*: в [за] оди́н ~ *umg* in einem Zug, auf einmal

при|се́сть* *v* **1.** sich für kurze Zeit hinsetzen **2.**: ~ (на ко́рточки) sich hinhocken ◇ прися́дьте, пожа́луйста! setzen Sie sich bitte! || *uv* приса́живаться, -аюсь, -аешься *zu* 1 *u.* приседа́ть, -а́ю, -а́ешь *zu* 2

при́сказка, -и, *Pl G* -зок, *D* -зкам *f lit* humoristische Einleitung bzw. Schluß *eines Märchens*

при|скакáть* *v* heranspringen; heransprengen, herangaloppieren

прискóрбие, -я *n*: к моемý -ю *buchspr* zu meinem Bedauern

прискóрбный, -ая, -ое; *Kzf* -бен, -бна betrüblich, traurig

прискýчивать *uv zu* прискýчить

прискýчить, -чу, -чишь *v D umg* langweilig werden, anöden ‖ *uv* прискýчивать, -аю, -аешь

при|слáть* *v* (her)schicken; за мной прислáли машúну ich wurde mit einem Auto abgeholt ‖ *uv* присылáть, -áю, -áешь

прислóвье, -ья, *Pl G* -вий, *D* -вьям *n umg* in die Rede eingestreutes Witzwort

прислонúть, -слоню́, -слóнишь; прислонённый, -ён, -енá *v* anlehnen (к *D* an) ‖ *uv* **прислоня́ть,** -я́ю, -я́ешь

прислонúться, -слоню́сь, -слóнишься *v* sich anlehnen (к *D* an) ‖ *uv* **прислоня́ться,** -я́юсь, -я́ешься

прислýга, -и *f* 1. *alt* Hausangestellte 2. *alt Koll* Dienerschaft 3. *mil Koll* Bedienungsmannschaft

прислýживать, -аю, -аешь *uv* 1. *alt D* bedienen 2. *umg* einen Gefallen tun ‖ *v* **прислужúть,** -ужý, -ýжишь *alt*

прислýживаться, -аюсь, -аешься *uv D* liebedienern ‖ *v* **прислужúться,** -ужýсь, -ýжишься *alt*

прислýжник, -а *m* 1. *alt* Hausdiener 2. *umg* Kriecher, Liebediener

прислýжничество, -а *n verächtl* Kriecherei, Liebedienerei

прислýшаться, -аюсь, -аешься *v* к *D* 1. horchen, lauschen (auf) 2. *übtr* Gehör schenken, befolgen 3. *umg* sich gewöhnen *an ein Geräusch* ‖ *uv* **прислýшиваться,** -аюсь, -аешься

присмáтривать(ся) *uv zu* присмотрéть(ся)

присмирéть, -éю, -éешь *v* ruhig werden, sich beruhigen; kuschen *Hund*

присмóтр, -а *m* Aufsicht

присмотрéть, -отрю́, -óтришь; -óтренный, -óтрен, -а *v* 1. за *I* aufpassen, beaufsichtigen 2. *umg* ausfindig machen, auftreiben, sich aussuchen ‖ *uv* присмáтривать, -аю, -аешь

присмотрéться, -отрю́сь, -óтришься *v* к *D* 1. genau betrachten; fixieren 2. sich orientieren (über) 3. das Auge gewöhnen (an) ‖ *uv* присмáтриваться, -аюсь, -аешься

приснúться, -ню́сь, -нúшься *v* träumen; мне приснúлось, что ... mir [ich] träumte, daß ...

прúсные, -ых *Subst Pl verächtl* Gesinnungsgenossen, Anhänger

присовокупúть, -плю́, -пúшь; -плённый, -плён, -пленá *v buchspr* 1. beifügen, beilegen 2. hinzufügen, ergänzen ‖ *uv* **присовокупля́ть,** -я́ю, -я́ешь

присоединéние, -я *n* Anschluß, Angliederung; Beitritt

присоединúтельный, -ая, -ое *gram* beiordnend, koordinierend

присоединúть, -ню́, -нúшь; -нённый, -нён, -ненá *v* к *D* anschließen (an); eingliedern (in) ‖ *uv* **присоединя́ть,** -я́ю, -я́ешь

присоединúться, -ню́сь, -нúшься *v* к *D* sich anschließen ‖ *uv* **присоединя́ться,** -я́юсь, -я́ешься

при|сосáться* *v* sich festsaugen ‖ *uv* присáсываться, -аюсь, -аешься

присосéдиться, -сéжусь, -сéдишься *v umg* sich setzen, sich niederlassen (к *D* neben)

присóхнуть, *1. u. 2. Pers ungebr*, -нет; присóх, -ла *v* antrocknen, beim Trocknen hängenbleiben ‖ *uv* присыхáть, -áет

приспевáть *uv zu* приспéть

приспéть, -éю, -éешь *v umg* anbrechen, kommen *Zeit* ‖ *uv* приспевáть, -áю, -áешь

приспéшник, -а *m buchspr* Helfershelfer, Spießgeselle; Steigbügelhalter

приспúчить, -чит *v unpers D volksspr* große Lust bekommen, versessen sein (auf); приспúчило же емý игрáть er war darauf versessen zu spielen, er mußte unbedingt spielen

приспосáбливать(ся) *uv zu* приспосóбить(ся)

приспосóбить, -блю, -бишь; -бленный, -блен, -а *v* einrichten; verwenden; ~ здáние под дéтский сад das Gebäude als Kindergarten einrichten ‖ *uv* приспосáбливать, -аю, -аешь *u.* приспособля́ть, -я́ю, -я́ешь

приспосóбиться, -блюсь, -бишься *v* 1. sich anpassen (к *D* an) 2. *verächtl* den Mantel nach dem Wind hängen ‖ *uv* приспосáбливаться, -аюсь, -аешься *u.* приспособля́ться, -я́юсь, -я́ешься

приспособлéнец, -нца, *I* -нцем, *G Pl* -нцев *m verächtl* Opportunist, Konjunkturritter

приспособлéние, -я *n* 1. Anpassung 2. Vorrichtung, Mechanismus; стóпорное ~ Feststelleinrichtung

приспосо́бленность, -и *f* Tauglichkeit; ~ к жи́зни Lebensfähigkeit
приспособле́нческий, -ая, -ое *verächtl* prinzipienlos, opportunistisch; -ая поли́тика Konjunkturpolitik
приспособле́нчество, -а *n verächtl* Opportunismus, Konjunkturpolitik
приспособля́емость, -и *f* Anpassungsfähigkeit
приспособля́ть(ся) *uv zu* приспосо́бить(ся)
приспуска́ть *uv zu* приспусти́ть
приспусти́ть, -ущу́, -у́стишь; -у́щенный, -у́щен, -а *v* (ein wenig) herablassen; ~ флаг die Fahne auf halbmast setzen, halbmast flaggen || *uv* приспуска́ть, -а́ю, -а́ешь
при́став, -а, *Pl* пристава́, -о́в, -а́м *m* Polizeioffizier *im zaristischen Rußland*; суде́бный ~ *alt* Gerichtsvollzieher
пристава́ть *uv zu* приста́ть
приста́вить, -влю, -вишь; -вленный, -влен, -а *v* anlehnen; andrücken; ~ ле́стницу к стене́ die Leiter an die Wand lehnen || *uv* приставля́ть, -я́ю, -я́ешь
приста́вка, -и, *Pl G* -вок, *D* -вкам *f* Vorsilbe, Präfix
приставля́ть *uv zu* приста́вить
приставно́й, -а́я, -о́е Anstell-, Anlege-; -а́я ле́стница Anlegeleiter
приста́вочный, -ая, -ое *gram* präfigiert
при́стальный, -ая, -ое; *Kzf* -лен, -льна aufmerksam, unverwandt; durchdringend *Blick*
приста́нище, -а, *I* -ем *n* Zuflucht, Obdach, Unterkunft
при́стань, -и, *Pl* при́стани, пристане́й, пристаня́м *f* Anlegestelle
при|ста́ть* *v* к *D* 1. *1. u. 2. Pers ungebr* anlegen, landen; ло́дка приста́ла к бе́регу das Boot legte am Ufer an 2. *1. u. 2. Pers ungebr* klebenbleiben, haftenbleiben (an) 3. sich anschließen; zulaufen *Tiere* 4. *umg* sich aufdrängen, belästigen; ~ к кому́-н. с про́сьбами j-n mit Bitten bestürmen 5. *umg 1. u. 2. Pers ungebr* befallen *von ansteckenden Krankheiten* ◇ тебе́ не приста́ло так говори́ть es gehört sich nicht für dich, so zu sprechen; ~ как ба́нный лист sich wie eine Klette an j-n hängen || *uv* при|става́ть*
пристега́ть, -а́ю, -а́ешь; пристёганный, -ан, -а *v* mit groben Stichen annähen || *uv* [1]**пристёгивать,** -аю, -аешь
[2]**пристёгивать** *uv zu* пристегну́ть
пристегну́ть, -ну́, -нёшь; пристёгнутый, -ут, -а *v* anknöpfen || *uv* пристёгивать, -аю, -аешь
присто́йный, -ая, -ое; *Kzf* -о́ен, -о́йна anständig
пристра́ивать(ся) *uv zu* пристро́ить(ся)
пристра́стие, -я *n* 1. Vorliebe, Hang 2. Voreingenommenheit, Parteilichkeit
пристрасти́ться, -ащу́сь, -асти́шься *v umg* к *D* eine Vorliebe fassen (für); Feuer und Flamme sein (für)
пристра́стность [сн], -и *f* Voreingenommenheit, parteiische Haltung
пристра́стный [сн], -ая, -ое; *Kzf* -тен, -тна parteiisch, voreingenommen; быть -ым к кому́-н. a) für j-n eingenommen sein b) gegen j-n voreingenommen sein
пристра́чивать *uv zu* пристрочи́ть
пристре́ливать *uv zu* пристрели́ть
пристре́ливаться *uv zu* пристреля́ться
пристрели́ть, -елю́, -е́лишь; -е́ленный, -е́лен, -а *v* niederschießen; abknallen || *uv* пристре́ливать, -аю, -аешь
пристре́лка, -и, *Pl G* -лок, *D* -лкам *f mil* Einschießen; вести́ -у sich einschießen
пристреля́ться, -я́юсь, -я́ешься *v mil* sich einschießen || *uv* пристре́ливаться, -аюсь, -аешься
пристро́ить, -о́ю, -о́ишь; -о́енный, -о́ен, -а *v* 1. anbauen; ~ фли́гель к до́му einen Seitenflügel an das Haus anbauen 2. *umg* unterbringen; eine Stellung verschaffen; ~ статью́ в газе́ту einen Artikel in der Zeitung unterbringen; его́ пристро́или набо́рщиком в но́вую типогра́фию er wurde als Setzer in der neuen Druckerei untergebracht 3. *mil* neben j-m antreten lassen || *uv* пристра́ивать, -аю, -аешь
пристро́иться, -о́юсь, -о́ишься *v* 1. unterkommen, sich einrichten 2. Arbeit [eine Stellung] finden || *uv* пристра́иваться, -аюсь, -аешься
пристро́йка, -и, *Pl G* -о́ек, *D* -о́йкам *f* 1. Anbauen 2. Anbau, Nebengebäude
пристрочи́ть, -очу́, -о́чи́шь; -о́ченный, -о́чен, -а *v* ansteppen || *uv* пристра́чивать, -аю, -аешь
пристру́пивать *uv zu* пристру́нить
пристру́нить, -ню, -нишь; -ненный, -нен, -а *v umg* streng rügen, zurecht-

weisen || *uv* пристру́нивать, -аю, -аешь

присту́кнуть, -ну, -нешь; -нутый, -нут, -а *v* **1.** klopfen, stampfen, schlagen **2.** *volksspr* erschlagen

при́ступ, -а *m* **1.** Anfall, Ausbruch; ~ ка́шля Hustenanfall; ~ бо́лей Schmerzanfall; ~ я́рости Wutanfall **2.** *mil* Sturm, Angriff; взять го́род -ом die Stadt im Sturm nehmen ◇ -у нет к э́тому *umg* das ist unerschwinglich; -у нет к нему́ *umg* an ihn kommt man nicht heran, er ist unzugänglich

приступа́ть(ся) *uv zu* приступи́ть(ся)

приступи́ть, -уплю́, -у́пишь *v* к *D* **1.** herantreten (an); ~ к кому́-н. с про́сьбой sich an j-n mit einer Bitte wenden **2.** beginnen, in Angriff nehmen; ~ к де́лу [к рабо́те] sich an die Arbeit machen; ~ к голосова́нию zur Abstimmung schreiten || *uv* приступа́ть, -а́ю, -а́ешь

приступи́ться, -уплю́сь, -у́пишься *v* *umg* sich nähern, herantreten ◇ к э́тому не присту́пишься das kann man sich nicht leisten, das ist unerschwinglich; к нему́ не присту́пишься an ihn ist nicht heranzukommen || *uv* приступа́ться, -а́юсь, -а́ешься

присту́пок, -пка *m umg* Trittbrett, Tritt

пристыди́ть, -ыжу́, -ыди́шь; -ыжённый, -ыжён, -ыжена́ *v* beschämen; in Verlegenheit bringen || *uv* **пристыжа́ть,** -а́ю, -а́ешь

пристя́жка, -и, *Pl G* -жек, *D* -жкам *f* **1.** Beispannen *eines Pferdes* **2.** Beipferd

пристяжна́я, -о́й *Subst f* Seitenpferd, Beipferd

присуди́ть, -ужу́, -у́дишь; -уждённый, -уждён, -уждена́ *v* **1.** *jur* verurteilen; ~ кого́-н. к штра́фу *oder* ~ штраф кому́-н. j-n zu einer Geldstrafe verurteilen **2.** verleihen *Auszeichnung u. a.* || *uv* **присужда́ть,** -а́ю, -а́ешь

присужде́ние, -я *n* Verleihung; Zuerkennung

прису́тственный, -ая, -ое *alt*: ~ день Tag, an dem Behörden geöffnet haben; -ое ме́сто *alt* Behörde, Amt

прису́тствие, -я *n* **1.** Anwesenheit, Gegenwart **2.** *alt* Amtsstunden **3.** *alt* Behörde, Amt ◇ ~ ду́ха Geistesgegenwart

прису́тствовать, -ствую, -ствуешь *uv* anwesend sein

прису́тствующий, -его *Subst m* Anwesender; спи́сок -их Anwesenheitsliste

прису́щий, -ая, -ее; *Kzf* -у́щ, -а eigen, charakteristisch

присчёт [щё], -а *m volksspr* Dazuzählen

присчита́ть [щи], -а́ю, -а́ешь; присчи́танный, -ан, -а *v* (da)zuzählen, (da)zurechnen || *uv* **присчи́тывать,** -аю, -аешь

присыла́ть *uv zu* присла́ть

присы́лка, -и, *Pl G* -лок, *D* -лкам *f* Zusendung

при|сы́пать* *v* **1.** *G oder A* hinzuschütten; ~ муки́ в те́сто noch Mehl zum Teig dazugeben **2.** *I* dünn bestreuen, pudern (mit) || *uv* **присыпа́ть,** -а́ю, -а́ешь

присы́пка, -и, *Pl G* -пок, *D* -пкам *f* Puder, Streupulver

присыха́ть *uv zu* присо́хнуть

прися́га, -и *f* Eid, Schwur; ~ на ве́рность Treueid; привести́ к -е vereidigen; взаме́н -и an Eides Statt; дать ло́жную -у einen Meineid leisten

присяга́ть, -а́ю, -а́ешь *uv* einen Eid ablegen, schwören; ~ на ве́рность Treue schwören || *v* **присягну́ть,** -ну́, -нёшь

прися́жный, -ая, -ое **1.** *alt* vereidigt; ~ пове́ренный Rechtsanwalt **2.** *umg scherz* allbekannt; ständig **3.** -ого *Subst m* Geschworener; суд -ых Schwurgericht

притаи́ться, -таю́сь, -таи́шься *v* sich verstecken, sich verkriechen

прита́птывать *uv zu* притопта́ть

прита́скивать(ся) *uv zu* притащи́ть(ся)

притача́ть, -а́ю, -а́ешь; прита́чанный, -ан, -а *v* ansteppen, mit großen Stichen annähen || *uv* **прита́чивать,** -аю, -аешь

притащи́ть, -ащу́, -а́щишь; -а́щенный, -а́щен, -а *v* heranschleppen, heranschleifen || *uv* прита́скивать, -аю, -аешь

притащи́ться, -ащу́сь, -а́щишься *v umg* sich mühsam heranschleppen || *uv* прита́скиваться, -аюсь, -аешься

притвори́ть, -орю́, -о́ришь; -о́ренный, -о́рен, -а *v* nicht fest schließen || *uv* притворя́ть, -я́ю, -я́ешь

[1]**притвори́ться,** *1. u. 2. Pers ungebr*, -о́рится *v* nicht fest zugehen, sich nicht ganz schließen || *uv* притворя́ться, -я́ется

[2]**притвори́ться,** -рю́сь, -ри́шься *v* sich

(ver)stellen; ~ больны́м sich krank stellen; он притвори́лся, бу́дто спит er tat, als ob er schliefe || *uv* притворя́ться, -я́юсь, -я́ешься
притво́рный, -ая, -ое; *Kzf* -рен, -рна 1. geheuchelt, vorgetäuscht 2. -о *Adv*: -о согласи́ться zum Schein zustimmen, Zustimmung heucheln
притво́рство, -а *n* Heuchelei, Verstellung
притво́рщик, -а *m* Heuchler, Simulant
притво́рщица, -ы, *I* -ей *f* Heuchlerin, Simulantin
притворя́ть *uv zu* притвори́ть
[1,2]притворя́ться *uv zu* [1,2]притвори́ться
притека́ть *uv zu* прите́чь
притерпе́ться, -ерплю́сь, -е́рпишься *v* к чему́-н. *umg* sich abfinden (mit), sich gewöhnen (an) *etw. Unangenehmes*
притесне́ние, -я *n* Unterdrückung
притесни́тель, -я *m* Unterdrücker
притесни́ть, -ню́, -ни́шь; -нённый, -нён, -нена́ *v* unterdrücken, verfolgen || *uv* **притесня́ть,** -я́ю, -я́ешь
при|те́чь*; -тёкший *u.* -те́кший *v* 1. zufließen, zuströmen 2. *übtr* kommen, eintreffen || *uv* притека́ть, -а́ю, -а́ешь
притира́ние, -я *n* 1. Einreiben 2. Einreibung *Mittel*
притира́ть, -а́ю, -а́ешь *uv* einreiben, einschmieren
прити́скивать *uv zu* прити́снуть
прити́снуть, -ну, -нешь; прити́снутый, -ут, -а *v* 1. к *D umg* drücken, pressen (gegen) 2. quetschen, einklemmen || *uv* прити́скивать, -аю, -аешь
притиха́ть *uv zu* прити́хнуть
прити́хнуть, -ну, -нешь; прити́х, ла *v* verstummen; ве́тер прити́х der Wind hat sich gelegt || *uv* притиха́ть, -а́ю, -а́ешь
приткну́ть, -ну́, -нёшь; при́ткнутый, -ут, -а *v umg* 1. mit einer Nadel anstecken 2. schnell unterbringen, verstauen || *uv* притыка́ть, -а́ю, -а́ешь
прито́к, -а *m* 1. Zufluß, Zustrom *a. übtr* 2. Nebenfluß
при́толока, -и *f* Sturz, oberer Querbalken des Türrahmens; Türpfosten
прито́м *Konj* dabei, außerdem, überdies
притоми́ть, -млю́, -ми́шь; -млённый, -млён, -млена́ *v volksspr* müde machen || *uv* **притомля́ть,** -я́ю, -я́ешь
прито́н, -а *m* Spelunke, Räuberhöhle; воровско́й ~ Diebesnest; иго́рный ~ Spielhölle
прито́пнуть, -ну, -нешь *v mom* mit dem Fuß aufstampfen || *uv* прито́пывать, -аю, -аешь
при|топта́ть* *v* zertreten, zerstampfen || *uv* прита́птывать, -аю, -аешь
прито́пывать, -аю, -аешь *uv* 1. *uv zu* прито́пнуть 2. mit den Füßen den Takt stampfen
приторгова́ть, -гу́ю, -гу́ешь; -го́ванный, -го́ван, -а *v umg A* erhandeln, feilschen (um) || *uv* **приторго́вывать,** -аю, -аешь
при́торный, -ая, -ое; *Kzf* -рен, -рна 1. widerlich süß 2. *übtr* süßlich, allzu liebenswürdig
притра́гиваться *uv zu* притро́нуться
притро́нуться, -нусь, -нешься *v* к *D* anrühren, streifen || *uv* притра́гиваться, -аюсь, -аешься
притули́ться, -лю́сь, -ли́шься *v volksspr* 1. sich anschmiegen 2. unterkommen, Unterkunft finden
притупи́ть, -уплю́, -у́пишь; -у́пленный, -у́плен, -а *u.* -уплённый, -уплён, -уплена́ *v* 1. (приту́пленный) ein bißchen stumpf machen 2. *übtr* abstumpfen || *uv* притупля́ть, -я́ю, -я́ешь
притупи́ться, *1. u. 2. Pers ungebr*, -у́пится *v* 1. ein bißchen stumpf werden 2. nachlassen, schwächer werden || *uv* притупля́ться, -я́ется
притупле́ние, -я *n* Abstumpfung, Nachlassen
притупля́ть(ся) *uv zu* притупи́ть(ся)
притуши́ть, -ушу́, -у́шишь; -у́шенный, -у́шен, -а *v volksspr* 1. löschen 2. abblenden
при́тча, -и *f* Gleichnis, Parabel ◇ что за ~? was soll das heißen?; э́то ~ во язы́цех die Spatzen pfeifen es von allen Dächern
притыка́ть *uv zu* приткну́ть
притяга́тельный, -ая, -ое; *Kzf* -лен, -льна anziehend, einnehmend; -ая си́ла *übtr* Anziehungskraft
притя́гивать *uv zu* притяну́ть
притяжа́тельный, -ая, -ое *gram* possessiv, besitzanzeigend; -ое местоиме́ние Possessivpronomen
притяже́ние, -я *n phys* Anziehungskraft; по́ле -я Gravitationsfeld, Schwerefeld
притяза́ние, -я *n* Anspruch
притяза́тельный, -ая, -ое; *Kzf buchspr* -лен, -льна anspruchsvoll; arrogant

притязáть, -áю, -áешь *uv buchspr, alt* Anspruch erheben

притянýть, -янý, -я́нешь; -я́нутый, -я́нут, -а *v* heranziehen, herbeiziehen; ~ к отвéтственности [отвéту] zur Verantwortung ziehen; ~ зá волосы *übtr* an den Haaren herbeiziehen ‖ *uv* притя́гивать, -аю, -аешь

приукрáсить, -áшу, -áсишь; -áшенный, -áшен, -а *v umg* **1.** ein bißchen schmücken **2.** *umg* ausschmücken, übertrieben darstellen ‖ *uv* **приукрáшивать,** -аю, -аешь

приуменьшáть *uv zu* приумéньшить

приумéньшить, -шу, -шишь; -шенный, -шен, -а *u.* **приуменьши́ть,** -шý, -ши́шь; -шённый, -шён, -шенá *v* **1.** verkleinern, verringern **2.** bagatellisieren ‖ *uv* приуменьшáть, -áю, -áешь

приумножáть *uv zu* приумнóжить

приумнóжить, -жу, -жишь; -женный, -жен, -а *v* vergrößern, vermehren ‖ *uv* приумножáть, -áю, -áешь

приу|ны́ть* (*Fut alt*) *v umg* traurig werden, den Kopf hängen lassen

приурóчивать *uv zu* приурóчить

приурóчить, -чу, -чишь; -ченный, -чен, -а *v* к *D* **1.** zeitlich abstimmen (mit) **2.** festlegen (auf) ‖ *uv* приурóчивать, -аю, -аешь

приусáдебный, -ая, -ое beim Hof gelegen; ~ учáсток persönliches Grundstück *eines Bauern*; ~ парк Gutspark

приу|стáть* *v umg* ein bißchen müde werden

приучáть(ся) *uv zu* приучи́ть(ся)

приучи́ть, -учý, -ýчишь; -ýченный, -ýчен, -а *v* к *D* (j-n) gewöhnen (an), (j-m) anerziehen ‖ *uv* приучáть, -áю, -áешь

приучи́ться, -учýсь, -ýчишься *v* sich (an)gewöhnen ‖ *uv* приучáться, -áюсь, -áешься

прифронтовóй, -áя, -óе in Frontnähe gelegen

прихвáрывать, -аю, -аешь *umg* öfter kränkeln

прихвастнýть [сн], -нý, -нёшь *v umg* ein bißchen prahlen

прихвати́ть, -ачý, -áтишь; -áченный, -áчен, -а *v umg* **1.** mitnehmen **2.** *scherz* sich verschaffen; ~ дéнег в долг sich Geld borgen **3.** lose zusammenbinden, leicht annähen, feststecken *u. ä.*; ~ вóлосы грéбнем die Haare mit einem Kamm aufstecken ◇ цветы́ прихвати́ло moróзом die Blumen haben Frost abbekommen ‖ *uv* **прихвáтывать,** -аю, -аешь

прихворнýть, -нý, -нёшь *v umg* sich nicht wohl fühlen

при́хвостень, -тня *m umg verächtl* Schleppenträger *übtr*, Speichellecker

прихлебáтель, -я *m umg verächtl* Schmarotzer, Parasit

прихлебнýть *v mom zu* прихлёбывать

прихлёбывать, -аю, -аешь *uv* schluckweise trinken, hin und wieder einen kleinen Schluck nehmen ‖ *v mom* прихлебнýть, -нý, -нёшь

прихлóпнуть, -ну, -нешь; -нутый, -нут, -а *v umg* **1.** zuschlagen, zuwerfen *Tür* **2.** einklemmen ‖ *uv* **прихлóпывать,** -аю, -аешь

прихлы́нуть, *1. u. 2. Pers ungebr*, -нет *v* sich heranwälzen, herbeiströmen

прихóд, -а *m* **1.** Ankunft, Eintreffen; ~ к влáсти Machtübernahme, Machtantritt **2.** Einnahme; ~ **и** расхóд Soll und Haben; **записáть на** ~ als Einnahme buchen **3.** Kirchgemeinde, Kirchspiel

приходи́ть *uv zu* прийти́

приходи́ться, -хожýсь, -хóдишься *uv* **1.** *uv zu* прийти́сь **2.** in einem Verwandtschaftsverhältnis stehen; он мне прихóдится племя́нником er ist mein Neffe

прихóдный, -ая, -ое Einnahme-, Eingangs-

прихóдовать, -дую, -дуешь *uv* als Einnahme buchen

прихóдский, -ая, -ое Kirchgemeinde-

приходя́щий, -ая, -ее nur für eine bestimmte Zeit kommend; ~ больнóй ambulanter Patient; -ая домрабóтница Aufwartung, Aushilfe *im Haushalt*

прихóжая, -ей *Subst f* Vorzimmer, Vorraum

прихорáшивать, -аю, -аешь *uv umg* schön machen, zurechtmachen

прихорáшиваться, -аюсь, -аешься *uv umg* sich hübsch machen, sich zurechtmachen

прихотли́вый, -ая, -ое; *Kzf* -ив, -а **1.** launisch, wählerisch **2.** seltsam, bizarr

при́хоть, -и *f* Laune, Grille

прихрáмывать, -аю, -аешь *uv* leicht hinken

прицвéтник, -а *m bot* Deckblatt

прицéл, -а *m* **1.** Visier(einrichtung); опти́ческий ~ Zielfernrohr **2.** Zielen, Anvisieren; взять на ~ aufs Korn nehmen *a. übtr*

прицéливание, -я *n* Zielen, Visieren; тóчка -я Haltepunkt, Zielpunkt

прицéливаться *uv zu* прицéлиться

прицéлиться, -люсь, -лишься *v* в *A* zielen, anlegen (auf) || *uv* прицéливаться, -аюсь, -аешься

прицéльный, -ая, -ое Ziel-, Visier-

прицéниваться *uv zu* прицени́ться

прицени́ться, -ценю́сь, -цéнишься *v* к *D umg* nach dem Preis (von etw.) fragen || *uv* прицéниваться, -аюсь, -аешься

прицéп, -а *m* Anhänger *Fahrzeug*

прицепи́ть, -еплю́, -éпишь; -éпленный, -éплен, -а *v* **1.** anhängen, ankuppeln **2.** *umg* anstecken; ~ брóшку к блу́зке eine Brosche an die Bluse stecken || *uv* прицепля́ть, -я́ю, -я́ешь

прицепи́ться, -еплю́сь, -éпишься *v* к *D* **1.** hängenbleiben (an), sich anhaken (an) **2.** *volksspr* nörgeln; ~ к пустяку́ an einer Kleinigkeit Anstoß nehmen || *uv* прицепля́ться, -я́юсь, -я́ешься

прицéпка, -и, *Pl G* -пок, *D* -пкам *f* **1.** Anhängen, Ankuppeln **2.** *volksspr* Anhänger **3.** *umg* Nörgelei; Anlaß zur Nörgelei

прицепля́ть(ся) *uv zu* прицепи́ть(ся)

прицепнóй, -áя, -óе Anhänge-; ~ вагóн Anhänger

причáл, -а *m* **1.** Vertäuen; Anlegen, Landung **2.** Sorrtau **3.** Anlegestelle, Landestelle

причáливать *uv zu* причáлить

причáлить, -лю, -лишь; -ленный, -лен, -а *v* к *D* **1.** vertäuen, am Ufer festmachen **2.** anlegen, landen || *uv* причáливать, -аю, -аешь

причáльный, -ая, -ое Anlege-; ~ канáт Sorrtau

[1]**причáстие,** -я *n* Partizip

[2]**причáстие,** -я *n rel* Abendmahl

причасти́ться, -ащу́сь, -асти́шься *v rel* das Abendmahl empfangen || *uv* причащáться, -áюсь, -áешься

причáстность [сн], -и *f* к *D* Teilnahme; ~ к преступлéнию Mittäterschaft

[1]**причáстный** [сн], -ая, -ое; *Kzf* -тен, -тна к *D* beteiligt; быть -ым к процéссу in den Prozeß verwickelt sein

[2]**причáстный** [сн], -ая, -ое Partizipial-; ~ оборóт *ling* Partizipialkonstruktion

причащáться *uv zu* причасти́ться

причём *Konj* wobei ◇ ~ я здесь? was habe ich damit zu tun?

Причерномóрье, -ья *n* Schwarzmeergebiet

при|чесáть* *v* kämmen, frisieren || *uv* причёсывать, -аю, -аешь

при|чесáться* *v* sich kämmen, sich frisieren || *uv* причёсываться, -аюсь, -аешься

причёска, -и, *Pl G* -сок, *D* -скам *f* Frisur

при|чéсть* *v volksspr* hinzuzählen, hinzurechnen || *uv* причи́тывать, -аю, -аешь

причёсывать(ся) *uv zu* причесáть(ся)

причéтник, -а *m kirch* Kirchendiener

причи́на, -ы *f* Ursache; Grund, Anlaß; уважи́тельная ~ ein triftiger [stichhaltiger] Grund; отсу́тствовать по (не)уважи́тельной -е (un)entschuldigt fehlen; по какóй -е? weshalb?, aus welchem Grunde?; по непоня́тной -е aus einem unerfindlichen Grund; по той простóй -е aus dem einfachen Grund, einfach deshalb; без вся́кой -ы ohne jeden Grund; э́тому немáло причи́н das hat seine guten Gründe; нет -ы жáловаться es liegt kein Grund für eine Klage vor; в чём ~? woran liegt es? ◇ по -е болéзни krankheitshalber

причини́ть, -ню́, -ни́шь; -нённый, -нён, -ненá *v* verursachen || *uv* причиня́ть, -я́ю, -я́ешь

причи́нный, -ая, -ое *buchspr* ursächlich, Kausal-

причиня́ть *uv zu* причини́ть

причислéние, -я *n* **1.** Hinzuzählen, Hinzufügen **2.** Abkommandierung (к *D* zu) **3.** Einreihung (к *D* unter)

причи́слить, -лю, -лишь; -ленный, -лен, -а *v* к *D* **1.** hinzuzählen, hinzurechnen **2.** abkommandieren, zuteilen **3.** zählen (zu), einreihen (unter) || *uv* **причисля́ть,** -я́ю, -я́ешь

причитáние, -я *n* **1.** Wehklagen **2.** Klagelied; похорóнные -я Totenklage

причитáться, *1. u. 2. Pers ungebr*, -áется *v* **1.** zustehen; за рабóту емý причитáется двáдцать рублéй für die Arbeit stehen ihm zwanzig Rubel zu **2.** *umg* zu zahlen haben; с вас причитáется пять рублéй Sie haben fünf Rubel zu zahlen

причи́тывать *uv zu* причéсть

причмóкивать *uv zu* причмóкнуть

причмóкнуть, -ну, -нешь *v* schmatzen; schnalzen || *uv* причмóкивать, -аю, -аешь

причу́да, -ы *f* Laune, Grille
причу́диться, *1. u. 2. Pers ungebr*, -дится *v umg* dünken, vorkommen; мне причу́дилось, что ... mich dünkte, (daß) ...
причу́дливый, -ая, -ое; *Kzf* -ив, -а *umg* 1. wunderlich, merkwürdig 2. launenhaft
причу́дник, -а *m umg* Sonderling
причу́дница, -ы, *I* -ей *f umg* Sonderling
пришвартова́ть, -ту́ю, -ту́ешь; -то́ванный, -то́ван, -а *v* festmachen, vertäuen || *uv* **пришварто́вывать,** -аю, -аешь
пришéлец, -льца, *I* -льцем, *G Pl* -льцев *m* Zugewanderter, Fremder
при|шиби́ть* *v volksspr* 1. totschlagen 2. durch einen Schlag verletzen 3. niederdrücken, deprimieren
приши́бленный, -ая, -ое *umg* deprimiert, (nieder)gedrückt
пришива́ть *uv zu* приши́ть
при|ши́ть* *v* 1. к *D* annähen 2. annageln 3. *D übtr derb* fälschlich zuschreiben 4. *A volksspr derb* umbringen, umlegen || *uv* пришива́ть, -а́ю, -а́ешь
при́шлый, -ая, -ое zugewandert, zugereist
пришпи́ливать *uv zu* пришпи́лить
пришпи́лить, -лю, -лишь; -ленный, -лен, -а *v* mit einer Nadel [Spange] anstecken || *uv* пришпи́ливать, -аю, -аешь
пришпо́ривать *uv zu* пришпо́рить
пришпо́рить, -рю, -ришь; -ренный, -рен, -а *v A* die Sporen geben, antreiben || *uv* пришпо́ривать, -аю, -аешь
прищёлкивать *uv zu* прищёлкнуть
прищёлкнуть, -ну, -нешь; -нутый, -нут, -а *v* 1. *I umg* schnalzen; ~ кнуто́м mit der Peitsche knallen 2. *umg* einklemmen || *uv* прищёлкивать, -аю, -аешь
прищеми́ть, -млю, -ми́шь; -млённый, -млён, -млена́ *v* einklemmen, einquetschen || *uv* **прищемля́ть,** -я́ю, -я́ешь
прищепи́ть, -плю, -пи́шь; -плённый, -плён, -плена́ *v* pfropfen || *uv* прищепля́ть, -я́ю, -я́ешь
прищéпка, -и, *Pl G* -пок, *D* -пкам *f* Wäscheklammer
прищепля́ть *uv zu* прищепи́ть
прищéпок, -пка *m* 1. Pfropfreis 2. Wäscheklammer
прищу́ривать(ся) *uv zu* прищу́рить(ся)
прищу́рить, -рю, -ришь; -ренный, -рен, -а *v*: ~ глаза́ die Augen zusammenkneifen || *uv* прищу́ривать, -аю, -аешь
прищу́риться, -рюсь, -ришься *v* die Augen zusammenkneifen || *uv* прищу́риваться, -аюсь, -аешься
прию́т, -а *m* 1. Obdach, Unterkunft 2. *alt* Waisenhaus
приюти́ть, -ючу́, -юти́шь *v* beherbergen, Unterkunft gewähren
приюти́ться, -ючу́сь, -юти́шься *v* unterkommen, Unterkunft suchen
прия́знь, -и *f buchspr* Wohlwollen, Zuneigung, Freundschaft
прия́тель, -я *m* Freund
прия́тельница, -ы, *I* -ей *f* Freundin
прия́тельский, -ая, -ое freundschaftlich
прия́тность, -и *f* Annehmlichkeit
прия́тный, -ая, -ое; *Kzf* -тен, -тна 1. angenehm 2. anziehend, sympathisch
про *Präpos mit A umg* 1. von, über; я слы́шал ~ э́то ich habe davon gehört; забы́ть ~ что́-н. etw. vergessen 2. für, wegen; ~ запа́с auf Vorrat ◇ э́то не ~ вас (пи́сано) das ist nicht für euch (bestimmt), das ist nichts für euch; чита́ть ~ себя́ still (für sich) lesen; ду́мать ~ себя́ bei sich denken; ни за что, ни ~ что für nichts und wieder nichts
проанализи́ровать, -рую, -руешь; -рованный, -рован, -а *v* analysieren
про́ба, -ы *f* 1. Probe, Versuch; взять на -у probeweise nehmen 2. Probe, Muster; взять -у eine Probe entnehmen 3. Feingehalt *von Edelmetallen*; зо́лото 585-ой про́бы 585-er Gold
пробавля́ться, -я́юсь, -я́ешься *uv umg* sich begnügen, auskommen (*I* mit)
проба́лтываться *uv zu* [1]проболта́ться
пробéг, -а *m* 1. Wettlauf, Rennen; ко́нный ~ Pferderennen; лы́жный ~ Schilanglauf 2. durchlaufene Strecke *eines Fahrzeugs*; ~ парово́за Laufstrecke der Lokomotive
пробéгать, -аю, -аешь *v* 1. eine Zeitlang herumlaufen, auf den Beinen sein 2. *umg* wegen vieler Laufereien um etw. kommen
пробега́ть *uv zu* пробежа́ть
про|бежа́ть* *v* 1. laufen (durch, über); ~ по коридо́ру durch den Korridor laufen 2. durchláufen; теплово́з пробежа́л в час 80 киломéтров die Diesellokomotive legte in einer Stunde

80 Kilometer zurück 3. vorbeilaufen; schnell vorüberziehen *Wolken*; ~ ми́мо до́ма am Haus vorbeilaufen 4. flüchtig durchsehen, überfliegen ◇ дрожь пробежа́ла у него́ по те́лу ein Schauer überlief ihn; по за́лу пробежа́л шёпот ein Flüstern ging durch den Saal ‖ *uv* пробега́ть, -а́ю, -а́ешь

про|бежа́ться* *v* ein bißchen herumlaufen

пробе́л, -а *m* 1. freie Stelle, Zwischenraum; *typ* Durchschuß 2. Lücke *im Wissen*, Mangel *in der Erziehung*

пробива́ть(ся) *uv zu* проби́ть(ся)

пробивно́й, -а́я, -о́е Durchschlags-; -а́я си́ла Durchschlagskraft

пробира́ть(ся) *uv zu* пробра́ть(ся)

проби́рка, -и, *Pl G* -рок, *D* -ркам *f* Reagenzglas

проби́рный, -ая, -ое Probier-; Prüf-; -ая пала́та Eichamt

про|би́ть*; про́бил *v* 1. durchschlagen, durchbrechen; ~ биле́т eine Fahrkarte lochen; ~ брешь eine Bresche schlagen 2. bahnen *Weg*; ~ доро́гу сквозь ча́щу einen Weg durchs Dickicht bahnen 3. schlagen; ~ в ко́локол die Glocke läuten; часы́ про́би́ли шесть раз die Uhr hat sechs(mal) geschlagen ◇ ~ (себе́) доро́гу *übtr* sich Bahn brechen, sich durchsetzen ‖ *uv* пробива́ть, -а́ю, -а́ешь

про|би́ться* *v* 1. sich durchschlagen, sich einen Weg bahnen 2. sich durchsetzen, sich Geltung verschaffen 3. *umg* sich abplagen, sich abrackern 4. sich durchschlagen, sich über Wasser halten 5. hervorsprießen, durchbrechen *Keime*; durchschimmern ◇ ~ в лю́ди sich durchsetzen, Erfolg haben ‖ *uv* пробива́ться, -а́юсь, -а́ешься

про́бка, -и, *Pl G* -бок, *D* -бкам *f* 1. Kork *Rinde* 2. Kork(en) *Stöpsel* 3. Stauung, Stockung *Verkehr* 4. *el* Sicherung ◇ глуп, как ~ *umg* dumm wie Bohnenstroh

про́бковый, -ая, -ое Kork-; ~ дуб Korkeiche; ~ по́яс Korkgürtel, Schwimmgürtel

пробле́ма, -ы *f* Problem

проблемати́ческий, -ая, -ое problematisch

проблемати́чный, -ая, -ое; *Kzf* -чен, -чна problematisch

пробле́мный, -ая, -ое ein Problem aufwerfend

про́блеск, -а *m* 1. Aufblitzen; Lichtschimmer 2. *übtr* Schimmer; ~ наде́жды Hoffnungsstrahl

пробле́скивать *uv zu* проблесну́ть

проблесну́ть, *1. u. 2. Pers ungebr*, -нёт *v* aufblitzen, aufleuchten *durch etw.* ‖ *uv* пробле́скивать, -ает

про́бный, -ая, -ое 1. Probe-; ~ уро́к Probelektion 2. gestempelt *Edelmetalle*; -ое зо́лото gestempeltes Gold ◇ ~ ка́мень Prüfstein

про́бовать, -бую, -буешь *uv* 1. versuchen, probieren 2. kosten ‖ *v* попро́бовать; -бованный, -бован, -а

прободáть, -а́ю, -а́ешь *uv med* durchbohren, perforieren

прободи́на, -ы *f durchgeschlagenes oder durchgestoßenes* Loch; Leck

пробо́й, -я *m* 1. *tech* Krampe 2. *el* Durchschlag

[1]**проболе́ть,** -е́ю, -е́ешь *v* eine Zeitlang krank sein

[2]**проболе́ть,** *1. u. 2. Pers ungebr*, -ли́т *v* eine Zeitlang schmerzen

[1]**проболта́ться,** -а́юсь, -а́ешься *v umg* sich verplappern, ein Geheimnis ausplaudern ‖ *uv* проба́лтываться, -аюсь, -аешься

[2]**проболта́ться,** -а́юсь, -а́ешься *v volksspr* eine Zeitlang herumschlendern [sich umhertreiben]

пробо́р, -а *m* Scheitel; прямо́й ~ Mittelscheitel

про|бормота́ть* *v* vor sich hin murmeln, in den Bart brummen

про́бочник, -а *m umg* Korkenzieher

пробра́сывать *uv zu* пробро́сить

про|бра́ть*; про́брана́ *v* 1. *1. u. 2. Pers ungebr* durchdringen; хо́лод меня́ пробра́л ich bin ganz durchfroren, die Kälte geht mir durch Mark und Bein; дрожь пробрала́ его́ ein Zittern überlief ihn 2. ausjäten; ~ свёклу Rüben verziehen 3. *umg* den Kopf waschen, ausschimpfen ◇ его́ не проберёшь er hat ein dickes Fell ‖ *uv* пробира́ть, -а́ю, -а́ешь

про|бра́ться*; -бра́ли́сь *v* 1. sich hindurcharbeiten, sich den Weg bahnen 2. sich einschleichen ‖ *uv* пробира́ться, -а́юсь, -а́ешься

пробро́сить, -о́шу, -о́сишь; -о́шенный, -о́шен, -а *v umg* 1. (hin)durchwerfen 2. auf dem Rechenbrett zusammenzählen 3. *A* auf dem Rechenbrett zuviel errechnen, sich verrechnen (um) 4. danebenwerfen ‖ *uv* пробра́сывать, -аю, -аешь

пробуди́ть, -ужу́, -у́дишь; -уждённый, -уждён, -уждена́ *v* wecken, wachrufen *a. übtr* || *uv* **пробуждáть,** -áю, -áешь

пробуди́ться, -ужýсь, -ýдишься *v* 1. erwachen *a. übtr* 2. sich regen; auftauchen || *uv* **пробуждáться,** -áюсь, -áешься

пробуждéние, -я *n* Erwachen *a. übtr*

пробурáвить, -влю, -вишь; -вленный, -влен, -а *v* durchbohren || *uv* **пробурáвливать,** -аю, -аешь

пробýривать *uv zu* пробури́ть

пробури́ть, -рю́, -ри́шь; -рённый, -рён, -ренá *v* durchbohren || *uv* п р о б ý р и в а т ь, -аю, -аешь

про|бы́ть*; прóбыл *v* sich aufhalten, verweilen; ~ всё лéто в дерéвне den ganzen Sommer auf dem Land verbringen

провáл, -а *m* 1. Einsturz, Einbruch 2. Einsturzstelle, Einbruchstelle; Senkung, Graben 3. Mißerfolg, Fiasko; Durchfall 4. Versagen, Verlust, Schwinden *des Gedächtnisses u. a.*

провáливать, -аю, -аешь *uv* 1. *uv zu* провали́ть 2. *Imp* провáливай! *volksspr* hau ab!

провáливаться *uv zu* провали́ться

провали́ть, -алю́, -áлишь; -áленный, -áлен, -а *v* 1. durchbrechen, zum Einsturz bringen 2. *umg* verderben, scheitern lassen, zunichte machen 3. *umg* durchfallen lassen *beim Examen*; ablehnen *Kandidaten* || *uv* п р о в á л и в а т ь, -аю, -аешь

провали́ться, -алю́сь, -áлишься *v* 1. einbrechen, hineinstürzen 2. *1. u. 2. Pers ungebr* zusammenbrechen, einstürzen 3. *umg* mißlingen, scheitern; durchfallen *beim Examen* ◇ кудá (э́то) ты провали́лся? *umg* wo hast du gesteckt?; он как сквозь зéмлю провали́лся er ist [war] spurlos verschwunden; я готóв был сквозь зéмлю ~ ich wäre vor Scham am liebsten in die Erde versunken || *uv* п р о в á л и в а т ь с я, -аюсь, -аешься

провансáль, -я *m* Mayonnaise auf provenzalische Art

провáнский, -ая, -ое: -ое мáсло Olivenöl, Provenceröl

провáривать *uv zu* провари́ть

провари́ть, -арю́, -áришь; -áренный, -áрен, -а *v A* durchkochen, garkochen || *uv* п р о в á р и в а т ь, -аю, -аешь

провéдать, -аю, -аешь *v umg* 1. besuchen 2. erfahren || *uv* п р о в é д ы в а т ь, -аю, -аешь *zu* 1

проведéние, -я *n* 1. Bau, Anlage; ~ кáбеля das Verlegen eines Kabels; ~ железнодорóжной ли́нии Bau einer Bahnlinie; ~ электри́чества Anlage einer elektrischen Leitung 2. Durchführung, Verwirklichung

провéдывать *uv zu* провéдать

про|везти́* *v* 1. hinfahren, hinschaffen; ~ кратчáйшим путём auf dem kürzesten Weg hinfahren; ~ ми́мо *G* vorbeifahren an 2. mit sich führen || *uv* п р о в о з и́ т ь, -вожý, -вóзишь

провéивать *uv zu* провéять

провентили́ровать, -рую, -руешь; -рованный, -рован, -а *v* lüften

провéренный, -ая, -ое bewährt

провéрить, -рю, -ришь; -ренный, -рен, -а *v* 1. überprüfen, kontrollieren 2. *Arbeiten* korrigieren; durchsehen; ausprobieren || *uv* п р о в е р я́ т ь, -я́ю, -я́ешь

провéрка, -и, *Pl G* -рок, *D* -ркам *f* 1. (Nach-) Prüfung, Überprüfung, Kontrolle; вы́борочная ~ Stichprobe; ~ успевáемости Leistungskontrolle 2. Durchsicht; Revision; ~ часóв Stellen der Uhr

провернýть, -нý, -нёшь; провёрнутый, -ут, -а *v* 1. *umg* (durch)bohren *Loch* 2. durchdrehen; ~ чéрез мясорýбку durch den Wolf drehen; ~ дéло *volksspr* die Sache deichseln || *uv* п р о в ё р т ы в а т ь, -аю, -аешь

провéрочный, -ая, -ое Kontroll-; -ая рабóта Kontrollarbeit

провёртывать *uv zu* провернýть

провéрщик, -а *m* Kontrolleur, (Qualitäts-) Prüfer

проверя́ть *uv zu* провéрить

[1]**провéс,** -а *m wirtsch* Gewichtsmanko

[2]**провéс,** -а *m tech* Durchhang

про|вести́* *v* 1. (hindurch)führen, geleiten, begleiten; ~ чéрез лес durch den Wald führen; ~ ми́мо vorbeiführen 2. ziehen; ~ чертý einen Strich ziehen 3. bauen, anlegen; ~ водопровóд eine Wasserleitung legen; ~ электри́чество eine elektrische Leitung legen 4. durchführen, ausführen, verwirklichen, leisten; ~ собрáние eine Versammlung abhalten 5. streichen, fahren, gleiten; ~ рукóй по волосáм mit der Hand über die Haare fahren [streichen] 6. verbringen, zubringen 7. durchsetzen, erreichen 8. *umg* anführen, betrügen; меня́ не проведёшь ich lasse mich nicht hinters Licht führen ◇ ~ по кни́гам buchen; ~ в жизнь in die Tat umsetzen, verwirklichen || *uv* п р о в о д и́ т ь, -вожý, -вóдишь

прове́тривание, -я *n* Lüften; *berg* Bewetterung
прове́тривать(ся) *uv zu* прове́трить(ся)
прове́трить, -рю, -ришь; -ренный, -рен, -а *v* (durch)lüften, ventilieren || *uv* прове́тривать, -аю, -аешь
прове́триться, -рюсь, -ришься *v* 1. gelüftet werden; ко́мната хорошо́ прове́трилась das Zimmer ist gut gelüftet 2. *umg* frische Luft schöpfen 3. *übtr, umg* sich zerstreuen; neue Eindrücke sammeln || *uv* прове́триваться, -аюсь, -аешься
прове́ять, -е́ю, -е́ешь; -е́янный, -е́ян, -а *v landw* worfeln, schwingen || *uv* прове́ивать, -аю, -аешь
провиде́ние, -я *n rel* Vorsehung
прови́зия, -и *f* Verpflegung, Vorräte
провизо́рный, -ая;, -ое *Kzf* -рен, -рна *buchspr* provisorisch
провини́ться, -ню́сь, -ни́шься *v* sich vergehen; ~ пе́ред ке́м-н. schuldig werden vor j-m; ~ в чём-н. sich etw. zuschulden kommen lassen; в чём он провини́лся? was hat er angestellt? || *uv* провиня́ться, -я́юсь, -я́ешься
прови́нность, -и *f umg* Vergehen, Verschulden
провинциа́л, -а *m alt verächtl* Hinterwäldler
провинциа́льный, -ая, -ое 1. Provinz- 2. *Kzf* -лен, -льна *alt verächtl* rückständig, hinterwäldlerisch
прови́нция, -и *f* Provinz
провиня́ться *uv zu* провини́ться
провира́ться *uv zu* проврáться
провиса́ть *uv zu* прови́снуть
прови́снуть, *1. u. 2. Pers ungebr*, -нет; прови́с, -ла *v* in der Mitte durchhängen || *uv* провиса́ть, -а́ет
про́вод, -а, *Pl* провода́, -о́в, -а́м *m* Leitung, Draht
проводи́мость, -и *f el* Leitfähigkeit
[1]**проводи́ть,** -ожу́, -о́дишь *uv* 1. *uv zu* провести́ 2. *1. u. 2. Pers ungebr phys, el* leiten
[2]**проводи́ть,** -ожу́, -о́дишь *v* begleiten; ~ кого́-н. на вокза́л j-n zum Bahnhof [zur Bahn] bringen; ~ глаза́ми кого́-н. j-m nachsehen; ~ бе́лые но́чи Abschied von den hellen Nächten feiern || *uv* провожа́ть, -а́ю, -а́ешь
прово́дка, -и, *Pl G* -док, *D* -дкам *f* 1. *el* Leitung 2. Anlegung, Legen
[1]**проводни́к,** -а́ *m* 1. *el* Leiter; ~ тепла́ Wärmeleiter 2. *übtr* Übermittler, Verbreiter
[2]**проводни́к,** -а́ *m* Zugschaffner
проводни́ца, -ы, *I* -ей *f* Zugschaffnerin
проводно́й, -а́я, -о́е *rad* durch Draht; -а́я связь Drahtverbindung
про́воды, -ов *Pl* 1. Begleitung, Geleit 2. Abschied
провожа́тый, -ого *Subst m* Begleiter
провожа́ть *uv zu* [2]проводи́ть
прово́з, -а *m* Transport, Beförderung; пла́та за ~ Fuhrlohn, Frachtkosten
провозвести́ть, -ещу́, -ести́шь; -ещённый, -ещён, -ещена́ *v hoher Stil* 1. prophezeien 2. verkünden || *uv* **провозвеща́ть,** -а́ю, -а́ешь
провозгласи́ть, -ашу́, -аси́шь; -ашённый, -ашён, -ашена́ *v* ausrufen, proklamieren, verkünden; ~ респу́блику die Republik ausrufen; ~ тост einen Trinkspruch ausbringen || *uv* **провозглаша́ть,** -а́ю, -а́ешь
провозглаше́ние, -я *n* Ausrufung, Proklamation, Verkündung
провози́ть *uv zu* провезти́
провози́ться, -вожу́сь, -во́зишься *v umg* sich abplagen, sich abmühen (с *I* mit)
провозно́й, -а́я, -о́е Transport-
провока́тор, -а *m* Provokateur
провокацио́нный, -ая, -ое provokatorisch
провока́ция, -и *f* Provokation
провола́кивать *uv zu* проволо́чь
про́волока, -и *f* Draht; колю́чая ~ Stacheldraht
проволо́чка, -и, *Pl G* -чек, *D* -чкам *umg* Verzögerung, Verschleppung
про́волочный, -ая, -ое Draht-; -ые загражде́ния *mil* Drahtverhau
про|воло́чь*; проволо́ченный, -ен, -а *u.* проволочённый, -ён, -ена́ *v umg* schleppen || *uv* провола́кивать, -аю, -аешь
прово́рный, -ая, -ое; *Kzf* -рен, -рна flink, gewandt
проворова́ться, -ру́юсь, -ру́ешься *v umg* unterschlagen, stehlen, zum Dieb werden || *uv* **проворо́вываться,** -аюсь, -аешься
проворо́нить, -ню, -нишь; -ненный, -нен, -а *v volksspr* verpassen
прово́рство, -а *n* Flinkheit, Gewandtheit
провоци́ровать, -рую, -руешь *v, uv* provozieren
про|вра́ться*; -вра́ли́сь *v volksspr* sich (beim Lügen) verplappern || *uv* провира́ться, -а́юсь, -а́ешься
прогада́ть, -а́ю, -а́ешь *v umg* sich

verrechnen, hereinfallen ‖ *uv* **прога́дывать,** -аю, -аешь
прога́лина, -ы *f umg* Waldlichtung
прогиба́ть(ся) *uv zu* прогну́ть(ся)
прогла́тывать *uv zu* проглоти́ть
проглоти́ть, -очу́, -о́тишь; -о́ченный, -о́чен, -а *v* **1.** verschlucken **2.** *übtr* hinunterschlucken, ohne Widerspruch über sich ergehen lassen **3.** *umg* schnell durchlesen, verschlingen ◇ язы́к проглО́тишь *umg* da leckt man sich alle Finger ab ‖ *uv* прогла́тывать, -аю, -аешь
прогляде́ть, -яжу́, -яди́шь *v* **1.** *umg* durchsehen, durchblättern; überfliegen **2.** *umg* übersehen, außer acht lassen; я э́то прогляде́л das habe ich übersehen, das ist mir entgangen **3.** eine Zeitlang betrachten, ansehen ◇ все глаза́ ~ sich die Augen aussehen (nach) ‖ *uv* [1]**прогля́дывать,** -аю, -аешь *zu* 1
[2]**прогля́дывать** *uv zu* проглянуть
прогляну́ть, *1. u. 2. Pers ungebr*, -я́нет *v* erscheinen, hervorkommen; со́лнце прогляну́ла из-за туч die Sonne blickte zwischen den Wolken hervor ‖ *uv* прогля́дывать, -ает
про|гна́ть* *v* verjagen, fortjagen, vertreiben; ~ ску́ку die Langeweile vertreiben ◇ ~ сквозь строй Spießruten laufen lassen ‖ *uv* прогоня́ть, -я́ю, -я́ешь
прогнива́ть *uv zu* прогни́ть
про|гни́ть*, *1. u. 2. Pers ungebr v* verfaulen, durchfaulen ‖ *uv* прогнива́ть, -а́ет
прогно́з, -а *m* Prognose; ~ пого́ды Wettervorhersage
прогну́ть, -ну́, -нёшь; про́гнутый, -ут, -а *v* durchbiegen ‖ *uv* прогиба́ть, -а́ю, -а́ешь
прогну́ться, *1. u. 2. Pers ungebr*, -гнётся *v* sich durchbiegen, sich durchdrücken ‖ *uv* прогиба́ться, -а́ется
прогова́ривать(ся) *uv zu* проговори́ть(ся)
проговори́ть, -рю́, -ри́шь; -рённый, -рён, -рена́ *v* **1.** sagen, aussprechen **2.** *A* sich eine Zeitlang unterhalten; ~ весь ве́чер sich den ganzen Abend (hindurch) unterhalten ‖ *uv* прогова́ривать, -аю, -аешь *zu* 1
проговори́ться, -рю́сь, -ри́шься *v* ausplaudern, sich verplappern; не проговори́(те)сь! kein Wort darüber! ‖ *uv* прогова́риваться, -аюсь, -аешься
проголода́ться, -а́юсь, -а́ешься *v* hungrig werden
проголосова́ть, -су́ю, -су́ешь; -со́ванный, -со́ван, -а *v* abstimmen (über)
[1]**прого́н,** -а *m* **1.** *tech* Balken, Träger **2.** *Eisenbahn* freie Strecke
[2]**прого́н** ↑ прого́ны
прого́ны *Pl* -ов, *Sg umg* **прого́н,** -а *m hist* Fahrgeld *für Fahrten mit Postpferden*
прогоня́ть *uv zu* прогна́ть
прогора́ть *uv zu* прогоре́ть
прогоре́ть, -рю́, -ри́шь *v* **1.** verbrennen *itr* **2.** durchbrennen **3.** *umg* Bankrott machen, pleite gehen **4.** *umg* fehlschlagen, scheitern **5.** eine Zeitlang brennen ‖ *uv* прогора́ть, -а́ю, -а́ешь *zu* 1 - 4
прого́рклый, -ая, -ое ranzig
прого́ркнуть, *1. u. 2. Pers ungebr*, -нет; прого́рк, -ла *v* ranzig werden
програ́мма, -ы *f* Programm; театра́льная ~ Spielplan; уче́бная ~ Lehrplan; ~-ми́нимум Minimalprogramm
программи́ровать, -рую, -руешь; -рованный, -рован, -а *uv* programmieren
программи́ст, -а *m* Programmierer
програ́ммный, -ая, -ое Programm-
прогреба́ть *uv zu* прогрести́
прогрева́ть *uv zu* прогре́ть
прогре́сс, -а *m* Fortschritt
прогресси́вный, -ая, -ое; *Kzf* -вен, -вна **1.** progressiv, fortschreitend; ~ нало́г progressive Steuer; ~ парали́ч progressive Paralyse **2.** fortschrittlich
прогресси́ровать, -рую, -руешь *uv* fortschreiten, Fortschritte machen, sich entwickeln
прогре́ссия, -и *f math* Progression
про|грести́* *v* **1.** durchgraben **2.** freischaufeln, wegschaufeln **3.** eine Zeitlang schaufeln **4.** eine Zeitlang rudern ‖ *uv* прогреба́ть, -а́ю, -а́ешь *zu* 1 *u.* 2
прогре́ть, -е́ю, -е́ешь; -е́тый, -е́т, -а *v* durchwärmen, durchheizen ‖ *uv* прогрева́ть, -а́ю, -а́ешь
прогрыза́ть *uv zu* прогры́зть
про|гры́зть* *v* durchnagen; durchbeißen ‖ *uv* прогрыза́ть, -а́ю, -а́ешь
прогу́л, -а *m* Schwänzen, Arbeitsbummelei
прогу́ливать(ся) *uv zu* прогуля́ть(ся)

прогу́лка, -и, *Pl G* -лок, *D* -лкам *f* Spaziergang, Spazierfahrt

прогу́лочный, -ая, -ое zum Spazierengehen, zum Spazierenfahren; Spazier-

прогу́льщик, -а *m* Bummelant

прогуля́ть, -я́ю, -я́ешь; прогу́лянный, -ян, -а *v* **1.** eine Zeitlang spazierengehen **2.** *umg* verbummeln, schwänzen; ~ заня́тия в шко́ле die Schule schwänzen **3.**: ~ де́ньги *volksspr* sein Geld durchbringen ‖ *uv* прогу́ливать, -аю, -аешь

прогуля́ться, -я́юсь, -я́ешься *v* spazierengehen ‖ *uv* прогу́ливаться, -аюсь, -аешься

прод- *in Zuss Abk für* продово́льственный Lebensmittel-

продава́ть(ся) *uv zu* прода́ть(ся)

продаве́ц, -вца́, *I* -вцо́м, *G Pl* -вцо́в *m* Verkäufer

продавщи́ца, -ы, *I* -ей *f* Verkäuferin

прода́жа, -и, *I* -ей *f* Verkauf; име́ться в -е zu haben sein; предвари́тельная ~ Vorverkauf

прода́жный, -ая, -ое **1.** Verkaufs-; -ая цена́ Verkaufspreis **2.** verkäuflich **3.** *Kzf* -жен, -жна *verächtl* käuflich, bestechlich

прода́лбливать *uv zu* продолби́ть

про|да́ть*; про́дал *u. umg* прода́л, продала́! *v* **1.** verkaufen **2.** verraten ‖ *uv* про|дава́ть*

про|да́ться*; -дали́сь *v D übtr* sich verkaufen (an), auf j-s Seite übergehen ‖ *uv* про|дава́ться*

продвига́ть(ся) *uv zu* продви́нуть(ся)

продвиже́ние, -я *n* Vorrücken, Vordringen, Vormarsch

продви́нуть, -ну, -нешь; -нутый, -нут, -а *v* **1.** (vor)rücken, (vor)schieben; *mil* vorrücken lassen **2.** *übtr* näherbringen, heranbringen **3.** befördern, aufrücken lassen **4.** *umg übtr* beschleunigen, voranbringen ‖ *uv* продвига́ть, -а́ю, -а́ешь

продви́нуться, -нусь, -нешься *v* **1.** vorrücken, vormarschieren **2.** *im Dienst* aufrücken, avancieren **3.** *1. u. 2. Pers ungebr übtr umg* vorankommen, Fortschritte machen ‖ *uv* продвига́ться, -а́юсь, -а́ешься

продева́ть *uv zu* проде́ть

продеклами́ровать, -рую, -руешь; -рованный, -рован, -а *v* deklamieren

проде́лать, -аю, -аешь; -анный, -ан, -а *v* **1.** *Öffnung* durchbrechen, durchstoßen **2.** leisten, machen; ~ большу́ю рабо́ту eine große Arbeit leisten ◇ ~ шу́тку с ке́м-н. j-m einen Streich spielen ‖ *uv* проде́лывать, -аю, -аешь

проде́лка, -и, *Pl G* -лок, *D* -лкам *f* Streich

проде́лывать *uv zu* проде́лать

продемонстри́ровать, -рую, -руешь; -рованный, -рован, -а *v* zeigen, vorführen, vor Augen führen

продёргивать *uv zu* продёрнуть

продержа́ть, -ержу́, -е́ржишь; -е́ржанный, -е́ржан, -а *v* eine Zeitlang halten, behalten

продержа́ться, -ержу́сь, -е́ржишься *v* sich eine Zeitlang halten, aus-, durchhalten

продёрнуть, -ну, -нешь; -нутый, -нут, -а *v* **1.** *umg* durchziehen, einfädeln **2.** *volksspr verächtl* heruntermachen, kritisieren ‖ *uv* продёргивать, -аю, -аешь

про|де́ть* *v* durchziehen, -stecken; einfädeln; ~ ни́тку в иго́лку eine Nadel einfädeln ‖ *uv* продева́ть, -а́ю, -а́ешь

продешеви́ть, -влю́, -ви́шь; -влённый, -влён, -влена́ *v* zu billig verkaufen ‖ *uv* **продешевля́ть,** -я́ю, -я́ешь

продиктова́ть, -ту́ю, -ту́ешь; -то́ванный, -то́ван, -а *v* **1.** diktieren *Text* **2.** auferlegen, aufzwingen **3.** *1. u. 2. Pers ungebr* einflößen, eingeben

продира́ть(ся) *uv zu* продра́ть(ся)

продлева́ть *uv zu* продли́ть

продле́ние, -я *n* Verlängerung *eines Termins*

продли́ть, -лю́, -ли́шь; -лённый, -лён, -лена́ *v* verlängern *Frist*; ~ срок einen Termin hinausschieben ‖ *uv* продлева́ть, -а́ю, -а́ешь

продли́ться, *1. u. 2. Pers ungebr*, -и́тся *v* dauern, sich hinziehen

продма́г, -а *m* (продово́льственный магази́н) Lebensmittelgeschäft

продпало́г, -а *m* (продово́льственный нало́г) Naturalsteuer *während der NÖP*

продово́льственный, -ая, -ое Lebensmittel-; ~ вопро́с Ernährungsproblem

продово́льствие, -я *n* **1.** Lebensmittel, Proviant **2.** *alt* Verpflegung, Versorgung

продово́льствовать, -твую, -твуешь *uv alt* verpflegen

продолби́ть, -блю́, -би́шь; -блённый, -блён, -блена́ *u.* продо́лбленный, -ен, -а durchmeißeln, -stemmen; aushöhlen || *uv* продáлбливать, -аю, -аешь

продолговáтый, -ая, -ое; *Kzf* -áт, -а länglich

продолжáтель, -я *m* Fortsetzer

продолжáть *uv zu* продóлжить

продолжáться, *1. u. 2. Pers ungebr,* -áется *uv* dauern; andauern, weitergehen || *v* продóлжиться, -ится

продолжéние, -я *n* Fortsetzung; в ~ дня im Laufe des Tages; в ~ всегó гóда das ganze Jahr hindurch; ~ слéдует Fortsetzung folgt

продолжи́тельность, -и *f* Dauer

продолжи́тельный, -ая, -ое; *Kzf* -лен, -льна lang andauernd, anhaltend; langwierig

продóлжить, -жу, -жишь; -женный, -жен, -а *v* 1. verlängern *Straße; Frist u. ä.* 2. fortsetzen, fortfahren || *uv* продолжáть, -áю, -áешь *A oder mit Inf zu* 2; продолжáть читáть weiterlesen

продóлжиться *v zu* продолжáться

продóльный, -ая, -ое Längs-; ~ разрéз Längsschnitt

продохнýть, -нý, -нёшь *v umg* frei [tief] atmen

продразвёрстка, -и *f* (продовóльственная развёрстка) Getreideablieferungspflicht *von 1918-21*

про|дрáть* *v umg* zerreißen, durchreißen; ~ лóкти die Ellenbogen durchscheuern ◇ ~ глазá *volksspr scherz* aufwachen || *uv* продирáть, -áю, -áешь

про|дрáться*; -дрáли́сь *v umg* 1. zer-, durchreißen *itr*; sich durchscheuern 2. sich durchdrängen, sich einen Weg bahnen || *uv* продирáться, -áюсь, -áешься

продрóгнуть, -ну, -нешь; продрóг, -ла *v* ganz durchfroren sein, vor Kälte zittern

продувáть *uv zu* продýть

[1]**продувнóй,** -áя, -óе *umg* durchtrieben, gerissen

[2]**продувнóй,** -áя, -óе *tech* Durchblas-; Ausström-; -áя трубá Ausströmrohr

продýкт, -а *m* 1. Produkt, Erzeugnis; ~ сгорáния Verbrennungsrückstand 2. *buchspr* Produkt, Ergebnis, Frucht 3. *nur Pl* Lebensmittel; молóчные -ы Molkereiprodukte; -ы питáния Lebensmittel

продукти́вность, -и *f* Produktivität

продукти́вный, -ая, -ое; *Kzf* -вен, -вна produktiv, nutzbringend; fruchtbar

продуктóвый, -ая, -ое Lebensmittel-; ~ магази́н Lebensmittelgeschäft

продýкция, -и *f* Produktion; Erzeugung; Erzeugnisse

продýмать, -аю, -аешь; -анный, -ан, -а *v A* durchdenken, gründlich nachdenken (über); (sich) überlegen || *uv* **продýмывать,** -аю, -аешь

про|дýть* *v* 1. ausblasen, durchblasen, reinigen *durch Blasen* 2. *unpers*; меня́ продýло ich habe mich durch Zugluft erkältet 3. *volksspr* verspielen, durchbringen *beim (Karten-) Spiel* || *uv* продувáть, -áю, -áешь

продýшина, -ы *f* 1. Luftloch 2. Loch im Eis

продуши́ться, -ушýсь, -ýшишься *v umg I* Geruch von etw. anziehen

продыря́вить, -влю, -вишь; -вленный, -влен, -а *v umg* durchlöchern || *uv* **продыря́вливать,** -аю, -аешь

продышáться, -ышýсь, -ы́шишься *v umg* 1. einige Male tief Luft holen 2. an der frischen Luft spazierengehen

проедáть *uv zu* проéсть

проéзд, -а *m* 1. Durchfahrt, Durchreise; Fahrt; плáта за ~ Fahrgeld; -а нет! Durchfahrt verboten! 2. Nebenstraße, -gasse *die parallele Straßen verbindet*

проéздить, -зжу, -здишь; -зженный, -зжен, -а *v* 1. *umg Geld* verfahren 2. *eine Zeit hindurch* fahren, reisen || *uv* проезжáть, -áю, -áешь *zu* 1

проезднóй [зн], -áя, -óе Reise-, Fahr-; ~ билéт Fahrkarte, -schein; -ы́е дéньги Fahrgeld

проéздом *Adv umg* auf der Durchreise [Durchfahrt], im Vorbeifahren

[1]**проезжáть** *uv zu* проéхать

[2]**проезжáть** *uv zu* проéздить

проезжáться *uv zu* проéхаться

проéзжий, -ая, -ее 1. Fahr-; -ая дорóга Fahrstraße, Fahrweg 2. -его *Subst m* Durchreisender

проéкт [эк], -а *m* 1. Projekt, Entwurf; ~ программы Programmentwurf 2. Plan, Vorhaben

[1]**проекти́рование,** -я *n* Projektierung, Entwurf

[2]**проекти́рование,** -я *n math, phys* Projektion *a. Film*

[1]**проекти́ровать,** -рую, -руешь; -рованный, -рован, -а *uv* 1. projektieren, entwerfen 2. planen || *v* спроекти́ровать *zu* 1

[2]**проекти́ровать,** -рую, -руешь *uv math, phys* projizieren *a. Film* || *v* спроекти́ровать

проектирóвка, -и *f* Projektierung

проéктный [эк], -ая, -ое Projekt-, Projektierungs-; -ое бюрó Entwurfsbüro
проéктор [эк], -а *m* Projektor, Projektionsapparat
проекциóнный, -ая, -ое 1. Projektions-; ~ аппарáт Projektionsapparat 2. -ая, -ой *Subst f* Vorführraum
проéкция [эк], -и *f math, Film* Projektion
про|éсть* *v* 1. durch-, zerfressen, zernagen 2. zerfressen, ätzen 3.: ~ все дéньги *umg* das ganze Geld fürs Essen ausgeben || *uv* проедáть, -áю, -áешь
про|éхать* *v* 1. (durch)fahren, (durch)reiten (durch, über) 2. vorbeifahren; durchfahren *ohne zu halten, eine Haltestelle, Station* verpassen 3. zurücklegen, durchfahren *eine best. Strecke* 4. fahren, reiten *eine best. Zeit* || *uv* проезжáть, -áю, -áешь *zu* 1-3
про|éхаться* *v umg* spazierenfahren ◇ ~ на чéй-н. счёт *oder* по чьемý-н. áдресу *scherz* gegen j-n sticheln, über j-n Witze machen || *uv* проезжáться, -áюсь, -áешься
прожáривать *uv zu* прожáрить
прожáрить, -рю, -ришь; -ренный, -рен, -а *v* durchbraten (lassen) || *uv* прожáривать, -аю, -аешь
про|жевáть* *v* zerkauen, gut kauen || *uv* **прожёвывать,** -аю, -аешь
прожектёр, -а *m iron* Plänemacher, Phantast
прожéктор, -а, *Pl* прожéкторы, -ов, -ам *u.* прожекторá, -óв, -áм *m* Scheinwerfer
про|жéчь*; прожглá *v* 1. durchbrennen *tr*; versengen; ~ дырý ein Loch einbrennen 2. *umg* verschwenden *Geld, Gut* || *uv* прожигáть, -áю, áешь; прожигáть жизнь *umg* ein verschwenderisches Leben führen, in Saus und Braus leben
прожжённый, -ая, -ое *umg* hartgesotten, durchtrieben
проживáть, -áю, -áешь *uv* 1. *uv zu* прожи́ть 2. leben, wohnen, sich aufhalten
проживáться *uv zu* прожи́ться
прожигáтель, -я *m*: ~ жи́зни Prasser, Lebemann
прожигáть *uv zu* прожéчь
прожи́лка, -и, *Pl G* -лок, *D* -лкам *f* 1. Ader *im Holz, in Mineralien* 2. Äderchen; нос в си́них -лках blaugeäderte Nase
прожи́тие, -я *n*: на ~ zum Leben(sunterhalt)
прожи́точный, -ая, -ое Existenz-; ~ ми́нимум Existenzminimum
про|жи́ть*; прóжил *u. umg* прожи́л; прóжи́тый, прóжи́т, прожитá! *v* 1. *eine best. Zeit* leben; *ein best. Alter* erreichen; емý не ~ и нóчи er wird die Nacht nicht überleben 2. *eine best. Zeit* leben, sich aufhalten; wohnen, seinen Wohnsitz haben; ~ год на юге ein Jahr im Süden leben [verbringen] 3. verleben, ausgeben *Geld, Mittel* || *uv* проживáть, -áю, -áешь *zu* 3
про|жи́ться*; -жили́сь *v umg* sein Geld verprassen || *uv* проживáться, -áюсь, -áешься
прожóрливый, -ая, -ое; *Kzf* -ив, -а gefräßig
прóза, -ы *f* Prosa
прозáик, -а *m* Prosaiker, Schriftsteller
прозаи́ческий, -ая, -ое 1. Prosa-, in Prosa 2. *übtr* prosaisch, nüchtern
прозаи́чный, -ая, -ое; *Kzf* -чен, -чна prosaisch, nüchtern
прозаклáдывать, -аю, -аешь *v, uv*: гóлову ~ *umg* mit seinem Kopf dafür bürgen
про|звáть*; прозванá! *v*: ~ когó-н. j-m einen Spitznamen geben || *uv* прозывáть, -áю, -áешь
прóзвище, -а, *I* -ем *n* Spitzname
прозвучáть, *1. u. 2. Pers ungebr*, -чи́т *v* erklingen, ertönen
прозевáть, -áю, -áешь *v umg* 1. versäumen, verpassen 2. eine Zeitlang gähnen || *uv* **прозёвывать,** -аю, -аешь
прозимовáть, -мýю, -мýешь *v* überwintern
прозодéжда, -ы *f* (произвóдственная одéжда) Arbeitskleidung; Berufskleidung
прозорли́вость, -и *f buchspr* Scharfsichtigkeit; Scharfsinn
прозорли́вый, -ая, -ое; *Kzf* -и́в, -а *buchspr* scharfsichtig; scharfsinnig
прозрáчный, -ая, -ое; *Kzf* -чен, -чна 1. durchsichtig 2. *übtr* durchsichtig, offensichtlich
прозревáть *uv zu* прозрéть
прозрéть, -зрю́, -зри́шь *u. umg* -зрéю, -зрéешь *v* 1. das Augenlicht wiedererlangen, wieder sehend werden 2. *übtr* anfangen zu begreifen; я прозрéл mir ging ein Licht auf, mir fiel es wie Schuppen von den Augen || *uv* прозревáть, -áю, -áешь
прозывáть *uv zu* прозвáть
прозябáние, -я *n* Dahinvegetieren
прозябáть, -áю, -áешь *uv* dahinvegetieren

прозя́бнуть, -ну, -нешь; прозя́б, -ла *v umg* durchfrieren, stark frieren
проигра́ть, -а́ю, -а́ешь; прои́гранный, -ран, -а *v* **1.** verspielen, verlieren *Spiel, Kampf u. a.*; ~ пари́ eine Wette verlieren; ~ проце́сс einen Prozeß verlieren; пье́са мно́го проигра́ла от плохо́й постано́вки das Stück hat durch die schlechte Inszenierung viel verloren **2.** *umg mus* (vor)spielen; *Platte* abspielen **3.** überm Spielen verpassen, sich entgehen lassen **4.** eine Zeitlang spielen ◇ ~ в чьём-н. мне́нии in j-s Meinung sinken || *uv* прои́грывать, -аю, -аешь *zu* 1-3
проигра́ться, -а́юсь, -а́ешься *v umg* alles Geld verspielen || *uv* прои́грываться, -аюсь, -аешься
прои́грыватель, -я *m* (elektrischer) Plattenspieler
прои́грывать(ся) *uv zu* проигра́ть(ся)
про́игрыш, -а, *I* -ем, *GPl* -ей *m* Verlieren, Verlust *beim Spiel*; оста́ться в -е verlieren
произведе́ние, -я *n* **1.** *lit, Kunst* Werk; Erzeugnis; ~ иску́сства Kunstwerk; -я Пу́шкина Puschkins Werke **2.** *math* Produkt, Ergebnis
произ|вести́* *v* **1.** aus-, durchführen; vornehmen; leisten; ~ платежи́ Zahlungen leisten; ~ расчёт abrechnen; ~ съёмку einen Film drehen; ~ наблюде́ния Beobachtungen anstellen; ~ поса́дку *flug* landen; ~ вы́стрел einen Schuß abgeben; ~ зараже́ние verseuchen; (radio)aktivieren; ~ ремо́нт reparieren **2.** erzeugen, produzieren **3.** verursachen, erzeugen; ~ впечатле́ние Eindruck machen; ~ замеша́тельство Verwirrung hervorrufen **4.** befördern, ernennen (в *A* zu); ~ в офице́ры zum Offizier befördern ◇ ~ (на свет) ребёнка ein Kind zur Welt bringen || *uv* производи́ть, -вожу́, -во́дишь
производи́тель, -я *m* **1.** Erzeuger, Produzent; заво́д-~ Herstellerwerk **2.** *landw* männliches Zuchttier; жеребе́ц-~ Zuchthengst ◇ ~ рабо́т Bauleiter
производи́тельность, -и *f* Produktivität; Leistungsfähigkeit; ~ труда́ Arbeitsproduktivität
производи́тельный, -ая, -ое; *Kzf* -лен, -льна produktiv; -ые си́лы Produktivkräfte
производи́ть, -вожу́, -во́дишь *uv* **1.** *uv zu* произвести́ **2.** *ling* ab-, herleiten
произво́дный, -ая, -ое **1.** *ling, math* abgeleitet **2.** -ая, -ой *Subst f math* Ableitung **3.** -ое, -ого *Subst n chem* Derivat
произво́дственник, -а *m* Produktionsarbeiter
произво́дственница, -ы, *I* -ей *f* Produktionsarbeiterin
произво́дственный, -ая, -ое Produktions-; Betriebs-; -ое совеща́ние Produktionsberatung; -ые отноше́ния Produktionsverhältnisse; ~ стаж Dienstalter
произво́дство, -а *n* **1.** Produktion, Herstellung; спо́соб -а Produktionsweise; сре́дства -а Produktionsmittel; ору́дия -а Produktionsinstrumente **2.** Produktionszweig **3.** Durch-, Ausführung *einer Arbeit* **4.** Beförderung; ~ в офице́ры Beförderung zum Offizier ◇ без отры́ва от -а ohne Unterbrechung der Arbeit, ohne Freistellung von der Arbeit
производя́щий, -ая, -ее einen Überschuß an Lebensmitteln produzierend
произво́л, -а *m* Willkür, Eigenmächtigkeit ◇ оста́вить [поки́нуть] на ~ судьбы́ seinem Schicksal überlassen, im Stich lassen
произво́льный, -ая, -ое; *Kzf* -лен, -льна **1.** willkürlich; eigenmächtig **2.** absichtlich, bewußt ◇ -ые упражне́ния *Sport* Kür(übungen)
произнесе́ние, -я *n* **1.** *ling* Aussprechen **2.** Ausspruch *Urteil*; Halten *Rede*
произ|нести́* *v* **1.** aussprechen, artikulieren **2.** sagen, sprechen; она́ не произнесла́ ни сло́ва sie ließ kein (einziges) Wort fallen; ~ речь eine Rede halten || *uv* произноси́ть, -ношу́, -но́сишь
произноси́тельный, -ая, -ое Aussprache-, Sprech-
произноси́ть *uv zu* произнести́
произноше́ние, -я *n ling* Aussprache
произо|йти́*, *1. u. 2. Pers ungebr*; происше́дший; происше́дши *u.* произойдя́ *v* **1.** geschehen, vorgehen, vorfallen; что произошло́? was ist geschehen?, was ist los? **2.** от *G* stammen, abstammen (von), entstammen **3.** herrühren, entstehen; всё произошло́ из-за того́, что alles kam daher, daß || *uv* происходи́ть, -хо́дит *zu* 1 *u.* 3
произрасти́ть, *1. u. 2. Pers ungebr*, -а́ет *uv* wachsen, vorkommen *Pflanzen*

проиллюстри́ровать, -рую, -руешь *v* 1. illustrieren, mit Bildern versehen 2. *durch Beispiele* veranschaulichen
проинструкти́ровать, -рую, -руешь *v* instruieren
проинформи́ровать, -рую, -руешь; -рованный, -рован, -а *v* informieren
про́иски, -ов *Pl verächtl* Intrigen, Ränke
проистекáть *uv zu* проистéчь
проис|тéчь*, *1. u. 2. Pers ungebr v buchspr* от *G oder* из *G* entstehen, folgen (aus), herrühren (von) || *uv* проистекáть, -áет; отсю́да проистекáет, что daraus folgt, daß
происходи́ть, -ожу́, -о́дишь *uv* 1. *uv zu* произойти́ 2. от *G oder* из *G* (ab)-stammen (von)
происхождéние, -я *n* 1. Abstammung, Herkunft; по -ю der Herkunft nach; von Geburt; социáльное ~ soziale Herkunft 2. Entstehung, Ursprung; ~ ви́дов *biol* Entstehung der Arten
происшéствие, -я *n* Ereignis, Zwischenfall
пройдо́ха, -и *m, f umg* geriebener Kerl
про́йма, -ы *f* Ärmelloch *in Kleidungsstücken*
пройму́ ↑ проня́ть
про|йти́*; про́йденный, -ен, -а *u.* пройдённый, -ён, -енá *v* 1. (durch)-gehen, passieren; тут не пройдёшь hier kommt man nicht durch; как ~ на вокзáл? wie kommt man zum Bahnhof? 2. vorbeigehen; durchfahren; по́езд прошёл стáнцию, не останáвливаясь der Zug fuhr auf der Station durch; ~ ми́мо vorbeigehen 3. zurücklegen *Strecke*; durcheilen 4. vergehen, verfließen; ablaufen; не прошло́ и мéсяца es war kaum ein Monat vergangen; дождь прошёл der Regen hat aufgehört; у меня́ прошлá охо́та mir ist die Lust vergangen 5. *übtr* sich aus-, verbreiten 6. durchgehen, sich durchschieben lassen 7. durchfließen, durchgehen, -dringen; водá прошлá чéрез потоло́к das Wasser ist durch die Decke gelaufen 8. durchgehen, -kommen, angenommen werden; кандидáт прошёл der Kandidat ist gewählt worden 9. verlaufen, ausfallen; ~ с успéхом erfolgreich verlaufen 10. durchnehmen, behandeln *Stoff* 11. durchlaufen, absolvieren; ~ воéнную слу́жбу den Militärdienst ableisten; ~ кандидáтский стаж die Kandidatenzeit durchlaufen 12. verlaufen, führen *Weg, Tunnel u. ä.* ◇ ~ в жизнь Wirklichkeit werden; ~ что́-н. молчáнием etw. mit Schweigen übergehen; э́то не пройдёт *umg* das geht nicht; э́то тебé не пройдёт дáром dafür wirst du noch büßen müssen, das wird für dich noch schlimme Folgen haben || *uv* проходи́ть, -хожу́, -хо́дишь; доро́га прохо́дит по бéрегу der Weg geht am Ufer entlang; что́-н. прохо́дит крáсной ни́тью чéрез что́-н. etwas geht [zieht sich] wie ein roter Faden durch etw.
про|йти́сь* *v* ein bißchen spazierengehen, ein bißchen auf und ab gehen; ~ на чéй-н. счёт *oder* ~ по áдресу кого́-н. *umg* gegen j-n sticheln, über j-n Witze machen || *uv* прохáживаться, -аюсь, -аешься
прок, -а (-у) *m umg* Nutzen, Vorteil; из э́того не бу́дет -у daraus wird nichts Gescheites
прокажённый, -ого *Subst m* Aussätziger, Leprakranker
[1]**прокáза,** -ы *f med* Aussatz, Lepra
[2]**прокáза,** -ы *f* (mutwilliger) Streich
прокáзить, -áжу, -áзишь *uv umg* Unfug [Schabernack] treiben, mutwillige Streiche verüben
прокáзливый, -ая, -ое; *Kzf* -ив, -а *umg* zu Streichen aufgelegt
прокáзник, -а *m* Schelm, Schalk
прокáзничать, -аю, -аешь *uv umg* Unfug [Schabernack] treiben
прокáливать *uv zu* прокали́ть
прокали́ть, -лю́, -ли́шь; -лённый, -лён, -ленá *v* erhitzen, durchglühen || *uv* прокáливать, -аю, -аешь
прокáлывать *uv zu* проколо́ть
прокáпчивать *uv zu* прокопти́ть
прокáпывать(ся) *uv zu* прокопáть-(ся)
прокáрмливать(ся) *uv zu* прокорми́ть(ся)
[1]**прокáт,** -а *m* 1. *tech* Walzen 2. Walzwerkserzeugnisse; стально́й ~ Walzstahl; тонколистово́й ~ Feinwalzblech
[2]**прокáт,** -а *m* Vermieten, Ausleihe; Mieten; взять палáтку на ~ ein Zelt (aus)leihen; (от)дáть на ~ verleihen, vermieten; ~ фи́льмов Filmverleih
прокатáть, -áю, -áешь; прокáтанный, -ан, -а *v* 1. walzen *Metall* 2. rollen, mangeln 3. *eine best. Zeit* umherfahren, ausfahren *tr* || *uv* прокáтывать, -аю, -аешь *zu* 1 *u.* 2
прокатáться, -áюсь, -áешься *v* 1. ge-

rollt [gemangelt] werden **2.** *umg* spazierenfahren *eine best. Zeit* || *uv* прокáтываться, -аюсь, -аешься *zu* 1
прокатить, -ачу́, -áтишь; -áченный, -áчен, -а *v* **1.** spazierenfahren *tr*; ~ когó-н. на маши́не j-n mit dem Auto spazierenfahren **2.** rollen *tr* **3.** *umg* schnell vorbeifahren [durchfahren] **4.** *umg* heruntermachen, scharf kritisieren **5.** *umg* bei der Wahl durchfallen lassen || *uv* прокáтывать, -аю, -аешь *zu* 1 *u.* 3
прокати́ться, -ачу́сь, -áтишься *v* **1.** *1. u. 2. Pers ungebr* rollen *itr* **2.** *1. u. 2. Pers ungebr* rollen, dröhnen, krachen *Donner, Schuß u. ä.* **3.** spazierenfahren || *uv* прокáтываться, -ается *zu* 1
¹**прокáтный,** -ая, -ое Walz-; gewalzt; ~ стан Walzstraße; -ые издéлия Walzwerkserzeugnisse
²**прокáтный,** -ая, -ое Miets-; Ausleih-, Leih-; -ая контóра Ausleihstation
прокáтчик, -а *m* Walzwerker
¹**прокáтывать(ся)** *uv zu* прокатáть(ся)
²**прокáтывать(ся)** *uv zu* прокати́ть(ся)
прокáшливаться *uv zu* прокáшляться
прокáшляться, -яюсь, -яешься *v* sich räuspern || *uv* прокáшливаться, -аюсь, -аешься
проквáситься, *1. u. 2. Pers ungebr*, -áсится *v* durchsäuern || *uv* **проквáшиваться,** -ается
прокипéть, *1. u. 2. Pers ungebr*, -пи́т *v itr* **1.** aufkochen, durchkochen **2.** eine Zeitlang kochen, sieden
прокипяти́ть, -ячу́, -яти́шь; -ячённый, -ячён, -ячена́ *v* kochen, aufkochen lassen
прокисáть *uv zu* проки́снуть
проки́снуть, *1. u. 2. Pers ungebr*, -нет; проки́с, -ла *v* sauer werden || *uv* прокисáть, -áет
проклáдка, -и, *Pl G* -док, *D* -дкам *f* **1.** Verlegung; Bau, Anlage; ~ кáбеля Verlegung eines Kabels **2.** Zwischenlage, Zwischenlegscheibe, Dichtung; рези́новая ~ Gummidichtung
проклáдывать *uv zu* проложи́ть
проклamáция, -и *f* **1.** Proklamation **2.** Flugblatt
проклами́ровать, -рую, -руешь; -рованный, -рован, -а *v* , *uv buchspr* proklamieren
проклинáть *uv zu* прокля́сть
про|кля́сть*; прóклял; прóклятый, -ят, -ятá! *v hoher Stil* verfluchen, verwünschen || *uv* проклинáть, -áю, -áешь
прокля́тие, -я *n* **1.** Fluch, Verwünschung **2.** Fluch-, Schimpfwort **3.** *Interj* ~! verflucht!, verdammt!
прокля́тый, -ая, -ое verflucht, verdammt
проковы́ривать *uv zu* проковыря́ть
проковыря́ть, -я́ю, -я́ешь; проковы́рянный, -ян, -а *v* durchbohren || *uv* проковы́ривать, -аю, -аешь
прокóл, -а *m* **1.** Durchstechen, Durchstich **2.** Loch, Durchstich; Stichwunde
проколáчивать *uv zu* проколоти́ть
проколоти́ть, -очу́, -óтишь; -óченный, -óчен, -а *v* **1.** *umg* durchschlagen, durchstoßen **2.** ausklopfen *Polstermöbel u. a.* || *uv* проколáчивать, -аю, -аешь
про|колóть* *v* durchstechen, durchbohren || *uv* прокáлывать, -аю, -аешь
прокомменти́ровать, -рую, -руешь; -рованный, -рован, -а *v* kommentieren
проконспекти́ровать, -рую, -руешь; -рованный, -рован, -а *v* kurz zusammenfassen
проконсульти́ровать, -рую, -руешь *v* einen Rat, eine Konsultation geben
проконсульти́роваться, -руюсь, -руешься *v* с *I* konsultieren (j-n); einen Rat bekommen (von)
проконтроли́ровать, -рую, -руешь; -рованный, -рован, -а *v* kontrollieren, überwachen, überprüfen
прокопáть, -áю, -áешь; прокóпанный, -óпан, -а *v* **1.** graben, ausheben *Graben*; durchgraben **2.** eine Zeitlang graben || *uv* прокáпывать, -аю, -аешь *zu* 1
прокопáться, -áюсь, -áешься *v* **1.** *umg* sich durchgraben **2.** *volksspr* (ver)trödeln || *uv* прокáпываться, -аюсь, -аешься *zu* 1
Прокóпий, -я, *P* -и *m männl Vn*
прокоптéлый, -ая, -ое *umg* verräuchert, verrußt
прокопти́ть, -пчу́, -пти́шь; -пчённый, -пчён, -пченá *v* **1.** (durch)räuchern **2.** verräuchern, verqualmen || *uv* прокáпчивать, -аю, -аешь
прокорми́ть, -ормлю́, -óрмишь; -óрмленный, -óрмлен, -а *v* ernähren, unterhalten || *uv* прокáрмливать, -аю, -аешь
прокорми́ться, -ормлю́сь, -óрмишься *v umg* sich ernähren, seinen Lebensunterhalt verdienen; existieren || *uv* прокáрмливаться, -аюсь, -аешься

прокорректи́ровать, -рую, -руешь; -рованный, -рован, -а *v* berichtigen, verbessern, korrigieren
Проко́фий, -я, *P* -и *m männl Vn*
прокра́дываться *uv zu* прокра́сться
про|кра́сться* *v* sich einschleichen, heimlich eindringen ‖ *uv* прокра́дываться, -аюсь, -аешься
прокрича́ть, -чу́, -чи́шь *v* **1.** einen Schrei ausstoßen **2.** ausrufen ◇ ~ кому́-н. у́ши о чём-н. j-m mit etw. in den Ohren liegen
прокурату́ра, -ы *f* Staatsanwaltschaft
проку́ривать *uv zu* прокури́ть
прокури́ть, -урю́, -у́ришь; -у́ренный, -у́рен, -а *v* **1.** *umg* verräuchern, vollqualmen **2.** *umg* für Tabakwaren ausgeben, verrauchen **3.** eine Zeitlang rauchen ‖ *uv* проку́ривать, -аю, -аешь *zu* 1 *u.* 2
прокуро́р, -а *m* Staatsanwalt
прокуси́ть, -ушу́, -у́сишь; -у́шенный, -у́шен, -а *v* durchbeißen ‖ *uv* **проку́сывать,** -аю, -аешь
прокути́ть, -учу́, -у́тишь; -у́ченный, -у́чен, -а *v* **1.** (eine Zeit hindurch) zechen **2.** verprassen, verjubeln *durch Zechen* ‖ *uv* **проку́чивать,** -аю, -аешь
пролага́ть *uv zu* проложи́ть
прола́за, -ы *m, f umg* durchtriebener Mensch, geriebener Kunde
[1]**прола́мывать(ся)** *uv zu* пролома́ть(ся)
[2]**прола́мывать(ся)** *uv zu* проломи́ть(ся)
пролега́ть, *1. u. 2. Pers ungebr*, -а́ет *uv* sich hinziehen, führen *durch etw. oder an etw. vorbei*; доро́га пролега́ла че́рез лес der Weg führte durch den Wald
пролежа́ть, -жу́, -жи́шь *v* **1.** (eine Zeit hindurch) liegen; он полме́сяца пролежа́л в больни́це er hat einen halben Monat im Krankenhaus gelegen **2.** *1. u. 2. Pers ungebr* liegenbleiben **3.** (пролёжанный, -ан, -а) *umg A* sich etw. wundliegen [durchliegen]; ~ себе́ спи́ну sich den Rücken wund liegen ‖ *uv* пролёживать, -аю, -аешь
про́лежень, -жня *m* wundgelegene [durchgelegene] Stelle
пролёживать *uv zu* пролежа́ть
пролеза́ть *uv zu* проле́зть
про|ле́зть* *v* **1.** durchkriechen, durchschlüpfen; hineinschlüpfen **2.** *übtr umg verächtl* sich einschleichen (в *A* in) ‖ *uv* пролеза́ть, -а́ю, -а́ешь
проле́сок, -ска *m* kleines Waldstück; lichtere Stelle im Wald
[1]**пролёт,** -а *m* **1.** Flug **2.** Zug *der Vögel*
[2]**пролёт,** -а *m* **1.** Spannweite; Brückenbogen **2.** freier Zwischenraum; *umg* freie Strecke *Eisenbahn*
пролетариа́т, -а *m* Proletariat
пролетаризи́ровать, -рую, -руешь; -рованный, -рован, -а *v, uv* proletarisieren
пролета́рий, -я, *P* -и, *GPl* -ев *m* Proletarier
пролета́рка, -и, *Pl G* -рок, *D* -ркам *f* Proletarierin
пролета́рский, -ая, -ое proletarisch
пролета́ть *uv zu* пролете́ть
пролете́ть, -лечу́, -лети́шь *v* **1.** fliegen, durchfliegen; vorüber-, vorbeifliegen; überfliegen **2.** fliegen, fliegend zurücklegen; ~ сто киломе́тров hundert Kilometer fliegen **3.** *umg* vorbeijagen, -fahren, -sausen; durcheilen **4.** verfliegen *Zeit*, wie im Fluge vergehen ◇ у меня́ пролете́ла мысль в голове́ ein Gedanke schoß mir durch den Kopf ‖ *uv* пролета́ть, -а́ю, -а́ешь
пролётка, -и, *Pl G* -ток, *D* -ткам *f* offene Droschke mit zwei Sitzen
про|ле́чь* *v* sich erstrecken; sich legen
проли́в, -а *m* Meerenge, Straße; Бе́рингов ~ Beringstraße
пролива́ть(ся) *uv zu* проли́ть(ся)
проливно́й, -а́я, -о́е: ~ дождь Platzregen; Wolkenbruch; идёт ~ дождь es regnet in Strömen
проли́тие, -я *n*: ~ кро́ви Blutvergießen
про|ли́ть*; про́лил, пролила́!; про́литый, про́лит, пролита́! *v* danebengießen, verschütten, -gießen ◇ ~ кровь Blut vergießen; ~ свет на что́-н. Licht in etw. bringen, etw. aufklären ‖ *uv* пролива́ть, -а́ю, -а́ешь
про|ли́ться*, *1. u. 2. Pers ungebr*; -лили́сь *v* **1.** überlaufen, überfließen **2.** *umg* gießen *Regen* ‖ *uv* пролива́ться, -а́ется
проло́г, -а *m lit* Prolog
проложи́ть, -ложу́, -ло́жишь; -ло́женный, -ло́жен, -а *v* **1.** (an)legen, bauen *Weg*; ~ железнодоро́жные пути́ Gleise legen **2.** (dazwischen)legen **3.**: ~ себе́ доро́гу sich einen Weg bahnen, sich Bahn brechen; ~ курс самолёта [корабля́] den Kurs des Flugzeugs [des Schiffes] festlegen ‖ *uv* прокла́дывать, -аю, -аешь *u.* пролага́ть, -а́ю, -а́ешь *zu* 1 *u.* 3

пролóм, -а *m* 1. Bruch, Durchbruch; ~ чéрепа Schädelbruch 2. Loch, Bresche

проломáть, -áю, -áешь; проломáнный, -ан, -а *v* durchbrechen, -stoßen, -schlagen || *uv* проламывать, -аю, -аешь

проломáться, *1. u. 2. Pers ungebr*, -áется *v* durch-, zer-, einbrechen *itr* || *uv* проламываться, -ается

проломи́ть, -омлю́, -óмишь; -óмленный, -óмлен, -а *v* durchbrechen, -stoßen; -löchern; ~ лёд das Eis durchstoßen; ~ отвéрстие eine Öffnung durchstoßen; ~ гóлову den Schädel einschlagen || *uv* проламывать, -аю, -аешь

проломи́ться, *1. u. 2. Pers ungebr*, -óмится *v* zer-, durch-, einbrechen || *uv* проламываться, -ается

пром- *in Zuss Abk für* 1. промы́шленный Industrie- 2. промыслóвый Gewerbe-

про|мáзать* *v* 1. schmieren, ölen; ~ окнó замáзкой ein Fenster verkitten 2. *volksspr* danebenschießen; schlecht spielen || *uv* **промáзывать,** -аю, -аешь

промартéль, -и *f* (промыслóвая артéль) Gewerbegenossenschaft; Produktionsgenossenschaft

промáсливать *uv zu* промáслить

промáслить, -лю, -лишь; -ленный, -лен, -а *v* (ein)ölen, mit Öl durchtränken || *uv* промасливать, -аю, -аешь

промáтывать(ся) *uv zu* промотáть(ся)

прóмах, -а *m* 1. Fehlschuß; дать ~ danebenschießen, nicht treffen 2. Fehlgriff, Fehler; Fehlschlag; дать [сдéлать] ~ einen Fehlschlag erleiden; einen Bock schießen ◇ он мáлый [пáрень] не ~ *volksspr* er ist ein Schlaukopf

промáхиваться *uv zu* промахну́ться

промахну́ться, -ну́сь, -нёшься *v* 1. danebenschießen, das Ziel verfehlen 2. *umg* einen Fehlgriff tun, einen Fehler machen, einen Bock schießen || *uv* промахиваться, -аюсь, -аешься

промáчивать *uv zu* промочи́ть

промедлéние, -я *n* Verzögerung, Aufschub; без -я unverzüglich

промежу́ток, -тка *m* 1. Zwischenzeit, Zeitraum, -spanne 2. Zwischenraum, Abstand

промежу́точный, -ая, -ое Zwischen-; -ая стáдия Zwischenstadium; -ая культу́ра *landw* Zwischenfrucht; -ое звенó Mittelglied

промелькну́ть, -ну́, -нёшь *v* 1. vorbeifliegen, -huschen 2. *übtr 1. u. 2. Pers ungebr* auftauchen; у меня́ промелькну́ла мысль ein Gedanke schoß mir durch den Kopf 3. dahinfliegen, schnell vergehen *Zeit*

проме́нивать *uv zu* променя́ть

променя́ть, -я́ю, -я́ешь; проме́нянный, -ян, -а *v* 1. tauschen, um-, eintauschen (на *A* gegen) 2.: ~ когó-н. на когó-н. j-m den Vorzug vor j-m geben ◇ ~ куку́шку на я́стреба bei einem Tausch schlecht wegkommen, schlechten Tausch machen || *uv* променивать, -аю, -аешь

проме́р, -а *m* 1. (Ver-) Messung 2. Meßfehler

промерзáть *uv zu* промёрзнуть

промёрзнуть, -ну, -нешь; промёрз, -ла *v* 1. durch und durch gefrieren [einfrieren] 2. *umg* (durch)frieren, durchfroren sein; он промёрз er ist durchfroren || *uv* промерзать, -áю, -áешь

про|мести́*; прометя́ *v* 1. ausfegen, sauberfegen 2. eine Zeitlang fegen || *uv* прометать, -áю, -áешь *zu* 1

[1]**прометáть,** -áю, -áешь; прометанный, -ан, -а *v* heften, (durch)nähen *mit großen Stichen*

[2]**прометáть** *uv zu* промести́

промечтáть, -áю, -áешь *v eine best. Zeit* träumen, verträumen

промóзглый, -ая, -ое 1. muffig, dumpf *Luft* 2. feucht, naß *Wetter*

промóина, -ы *f* 1. vom Wasser ausgehöhltes Loch [Rinne] 2. Eisloch

промокáтельный, -ая, -ое: -ая бумáга Löschpapier, Löschblatt

[1]**промокáть,** -áю, -áешь *uv* 1. *uv zu* промóкнуть 2. *1. u. 2. Pers ungebr* wasserdurchlässig sein

[2]**промокáть** *uv zu* промокну́ть

промокáшка, -и, *Pl G* -шек, *D* -шкам *f umg* Löschblatt

промóкнуть, -ну, -нешь; промóк, -ла *v* durchnäßt werden; ~ до костéй *oder* ~ до ни́тки bis auf die Haut naß werden || *uv* промокать, -áю, -áешь

промокну́ть, -ну́, -нёшь *v mit Löschpapier* löschen || *uv* промокáть, -áю, -áешь

промóлвить, -влю, -вишь; -вленный, -влен, -а *v alt* (aus)sprechen; он ни слóва не промóлвил er sagte keinen Ton

промолчáть, -чу́, -чи́шь *v* sich in Schweigen hüllen, keine Antwort geben; он промолча́л весь ве́чер er schwieg den ganzen Abend hindurch

проморга́ть, -а́ю, -а́ешь *v volksspr* verpassen, übersehen

промота́ть, -а́ю, -а́ешь; промо́танный, -ан, -а *v umg* verschwenden, vergeuden *Gut, Geld* || *uv* прома́тывать, -аю, -аешь

промота́ться, -а́юсь, -а́ешься *v umg* sein Geld durchbringen, sein Vermögen verschwenden || *uv* прома́тываться, -аюсь, -аешься

промочи́ть, -очу́, -о́чишь; -о́ченный, -о́чен, -а *v* naß [feucht] werden lassen; naß machen, durchnässen; ~ но́ги nasse Füße bekommen ◇ ~ го́рло *umg* die Kehle anfeuchten, sich einen genehmigen || *uv* прома́чивать, -аю, -аешь

промтова́рный, -ая, -ое Industriewaren-; ~ магази́н Industriewarengeschäft

пром|това́ры, -ов *Pl* (промы́шленные това́ры) Industriewaren, Konsumgüter; **-финпла́н,** -а *m* (промы́шленно-фина́нсовый план) Produktions- und Finanzplan

промча́ться, -чу́сь, -чи́шься *v* **1.** vorbeirennen; vorbeisausen **2.** *umg* schnell verfliegen, im Fluge vergehen

промыва́ние, -я *n* **1.** *tech* (Aus-) Waschen **2.** *med* Spülung

промыва́тельное, -ого *Subst n med* Klistier

промыва́ть *uv zu* промы́ть

промы́вка, -и *f* **1.** Auswaschen, Ausspülen **2.** *tech* Wäsche; ~ руды́ Erzwäsche

про́мысел, -сла *m* **1.** Fang, Jagd; ры́бный ~ Fischfang; охо́тничий ~ Jagd; пушно́й ~ Pelztierjagd **2.** Gewerbe; куста́рный ~ Hausindustrie **3.** *Pl* Werke zur Gewinnung von Bodenschätzen; нефтяны́е -слы (Erd-) Ölfelder; золоты́е -слы Goldbergwerke; соляны́е -слы Salzbergwerke

промысло́вый, -ая, -ое Gewerbe-, gewerblich; ~ нало́г Gewerbesteuer; -ая коопера́ция Gewerbegenossenschaft

про|мы́ть* *v tech* (aus)waschen; *med* (durch)spülen; ~ зо́лото Gold waschen || *uv* промыва́ть, -а́ю, -а́ешь

промы́шленник, -а *m* Industrieller

промы́шленность, -и *f* Industrie; тяжёлая ~ Schwerindustrie; десна́я ~ Holzindustrie

промы́шленный, -ая, -ое Industrie-, industriell; ~ го́род Industriestadt

промышля́ть, -я́ю, -я́ешь *uv* **1.** betreiben *Jagd, Fang* **2.** gewerbsmäßig jagen, fangen

прона́шивать(ся) *uv zu* ²проноси́ть(ся)

про|нести́* *v* **1.** tragen *eine best. Strecke oder Zeit*; vorbeitragen, hin(durch)tragen **2.** *1. u. 2. Pers ungebr* verjagen, -treiben; vorüberjagen *Wind, Strömung* **3.** *übtr unpers* vorübergehen *Gefahr u. a.*; беду́ пронесло́ das Unglück ist vorübergezogen **4.** *unpers volksspr* Durchfall bekommen; от слив его́ пронесло́ er hat von den Pflaumen Durchfall bekommen || *uv* проноси́ть, -ношу́, -но́сишь

про|нести́сь* *v* **1.** schnell laufen [fahren, fliegen]; vorbeifahren, -jagen, fliegen; по ли́стьям пронёсся шо́рох durch die Blätter ging ein Rascheln **2.** im Fluge vergehen, verfliegen **3.** weithin erschallen; sich schnell verbreiten, sich wie ein Lauffeuer verbreiten || *uv* проноси́ться, -ношу́сь, -но́сишься

пронза́ть *uv zu* пронзи́ть

пронзи́тельный, -ая, -ое; *Kzf* -лен, -льна durchdringend, schrill, gellend

пронзи́ть, -нжу́, -нзи́шь; -нзённый, -нзён, -нзена́ *v* durchbohren, -stechen; ~ взгля́дом durchdringend anblicken, mit dem Blick durchbohren || *uv* пронза́ть, -а́ю, -а́ешь

про|низа́ть* *v* **1.** auffädeln, aufreihen *Perlen* **2.** *1. u. 2. Pers ungebr* durchdringen, durch und durch gehen; хо́лод прониза́л меня́ die Kälte ging mir durch Mark und Bein || *uv* **прони́зывать,** -аю, -аешь

прони́зывающий, -ая, -ее durchdringend *Blick u. ä.*; ~ ве́тер durchdringender [scharfer] Wind

проника́ть *uv zu* прони́кнуть

проникнове́ние, -я *n* **1.** Eindringen, Vordringen; Überfremdung **2.** Eindringlichkeit, Gefühlswärme

проникнове́нность, -и *f* Eindringlichkeit, Gefühlswärme

проникнове́нный, -ая, -ое; *Kzf* -е́нен, -е́нна *buchspr* eindringlich, zu Herzen gehend; durchdrungen (von)

прони́кнутый, -ая, -ое; *Kzf* -ут, -а *I* erfüllt, durchdrungen (von)

прони́кнуть, -ну, -нешь; прони́к, -ла; прони́к(нув)ший *v* **1.** ein-, durch-, vordringen **2.** sich verbreiten, durchsickern **3.** *übtr* в *A* ergründen; sich vertiefen; durchschauen || *uv* проникáть, -áю, -áешь

пронимáть *uv zu* пронять

проницáемый, -ая, -ое; *Kzf* -ем, -а *buchspr* durchlässig; ~ для свéта lichtdurchlässig

проницáтельность, -и *f* Scharfsinn, Scharfblick

проницáтельный, -ая, -ое; *Kzf* -лен, -льна scharfsinnig; ~ взгляд durchdringender Blick

[1]**проносúть** *uv zu* пронестú

[2]**проносúть,** -ошý, -óсишь; -óшенный, -óшен, -а *v* **1.** *eine best. Zeit* tragen; ~ костюм три гóда den Anzug drei Jahre hindurch tragen **2.** *umg* abtragen, durchwetzen; ~ подмётки die Sohlen durchlaufen || *uv* пронáшивать, -аю, -аешь

[1]**проносúться** *uv zu* пронестúсь

[2]**проносúться,** *1. u. 2. Pers ungebr*, -óсится *v* **1.** *eine best. Zeit* getragen werden *Kleidung* **2.** abgetragen werden, sich durchwetzen || *uv* пронáшиваться, -ается

пронумеровáть, -рýю, -рýешь; -рóванный, -рóван, -а *v* numerieren, mit Nummern versehen || *uv* **пронумерóвывать,** -аю, -аешь

пронúра, -ы *m, f umg* gewitzter [gerissener] Mensch

пронúрливый, -ая, -ое; *Kzf* -ив, -а durchtrieben, schlau

пронюхать, -аю, -аешь; -анный, -ан, -а *v A oder* о *P volksspr* ausschnüffeln, Wind bekommen (von) || *uv* **пронюхивать,** -аю, -аешь

проня́ть* *v umg* **1.** durchdringen; хóлод прóнял егó до костéй er war ganz durchfroren **2.** *übtr* packen, rühren, erfassen; егó ничéм не проймёшь er läßt sich durch nichts erschüttern [beeindrucken], er hat ein dickes Fell || *uv* пронимáть, -áю, -áешь

прообраз, -а *m buchspr* Prototyp; Vorbild

пропагáнда, -ы *f* Propaganda

пропагандúровать, -рую, -руешь *uv* propagieren

пропагандúст, -а *m* Propagandist

пропагандúстка, -и, *Pl G* -ток, *D* -ткам *f* Propagandistin

пропагандúстский, -ая, -ое propagandistisch

пропадáть *uv zu* пропáсть

прóпадом: пропадú ~! *volksspr* scher dich zum Teufel!

пропáжа, -и, *I* -ей *f* **1.** Verlust, Verschwinden, Verlorengehen **2.** *umg* verlorener Gegenstand

пропáлывать *uv zu* прополóть

пропáриваться *uv zu* пропáриться

пропáриться, -рюсь, -ришься *v* ein Dampfbad nehmen || *uv* пропáриваться, -аюсь, -аешься

прóпасть, -и *f* **1.** Abgrund, Schlucht **2.** *übtr* Kluft, abgrundtiefer Unterschied **3.** *umg* Unmenge, Masse; у негó ~ дéнег er hat Geld wie Heu; у меня́ ~ дел ich habe alle Hände voll zu tun ◇ на краю -и *übtr* am Rande des Verderbens; тьфу, ~! *umg* zum Teufel!, wie ärgerlich!

про|пáсть* *v* **1.** *1. u. 2. Pers ungebr* verlorengehen, verschwinden; кнúга пропáла das Buch ist weg **2.** fort sein, verschwinden; кудá ты пропá[дá]л? wo hast du gesteckt?; ~ бéз вести verschollen [vermißt] sein; ~ úз виду außer Sicht kommen, verschwinden **3.** vergehen, verschwinden; у меня́ пропáла охóта mir ist die Lust vergangen; у негó смех [аппетúт] пропáл ihm ist das Lachen [der Appetit] vergangen **4.** zugrunde gehen, umkommen, hin sein; всё пропáло alles ist hin [verloren]; все нáши усúлия пропáли дáром alle unsere Bemühungen waren vergeblich; я пропáл! ich bin verloren [erledigt]!; весь эффéкт пропáл der ganze Effekt ist zum Teufel; день пропáл der Tag ist verpfuscht ◇ пишú пропáло das kann man abschreiben [in den Schornstein schreiben]; пропадú ты прóпадом! *volksspr* hol dich der Kuckuck!; mach, daß du wegkommst || *uv* пропадáть, -áю, -áешь

про|пахáть* *v* (durch)pflügen; ~ бороздý eine Furche ziehen || *uv* **пропáхивать,** -аю, -аешь

пропáхнуть, -ну, -нешь; пропáх, -ла; пропáх(нув)ший *v I* scharf riechen (nach); рýки пропáхли лýком die Hände rochen nach Zwiebel

пропáшка, -и *f* Durchpflügen

пропашнóй, -áя, -óе **1.**: -óе орýдие Furchenegge **2.**: -ые культýры Hackfrüchte

пропáщий, -ая, -ее *umg* verloren, hoffnungslos; он ~ человéк er ist ein verkommener [unverbesserlicher] Mensch; э́то -ее дéло das ist eine hoffnungslose Sache

пропедéвтика [дэ], -и *f buchspr* Propädeutik

пропекáть(ся) *uv zu* пропéчь(ся)
про|пéть* *v* 1. singen 2. *umg* die Stimme verlieren *durch Singen* 3. eine Zeitlang singen
пропечáтать, -аю, -аешь; -анный, -ан, -а *v* 1. *A volkssspr* in der Presse ungünstig berichten, herziehen (über) 2. *volkssspr* (ab)drucken 3. eine Zeitlang drucken; eine Zeitlang Schreibmaschine schreiben || *uv* **пропечáтывать,** -аю, -аешь *zu* 1, 2
про|пéчь* *v* durchbacken (lassen) || *uv* пропекáть, -áю, -áешь
про|пéчься*, *1. u. 2. Pers ungebr, v* durchgebacken werden, durchbacken || *uv* пропекáться, -áется
пропивáть *uv zu* пропи́ть
пропи́ливать *uv zu* пропили́ть
пропили́ть, -илю́, -и́лишь; -и́ленный, -и́лен, -а *v* durchsägen; (aus)sägen; ~ отвéрстие в двери́ ein Loch in die Tür sägen || *uv* пропи́ливать, -аю, -аешь
про|писáть* *v* 1. *med* verschreiben, verordnen 2. (polizeilich) anmelden, registrieren 3. eine Zeitlang schreiben ◇ пропишу́ тебé и́жицу! *volksspr* dir werde ich es schon geben! || *uv* прописывать, -аю, -аешь *zu* 1, 2
про|писáться* *v* sich behördlich [polizeilich] anmelden || *uv* прописываться, -аюсь, -аешься
прописка, -и, *Pl G* -сок, *D* -скам *f* Registrierung, (polizeiliche) Anmeldung; Paßeintragung; листóк для -и Anmeldeformular; жить без -и unangemeldet wohnen
прописнóй, -áя, -óе 1. Anmelde- 2.: -áя бу́ква großer Buchstabe 3. *übtr* abgedroschen, altbekannt; -áя и́стина Binsenwahrheit; -áя морáль verlogene Moral
прописывать(ся) *uv zu* прописáть(ся)
прóпись, -и *f meist Pl* Schreibvorlage
прóписью *Adv* in Worten, ausgeschrieben *Zahlen*; писáть числó ~ eine Zahl in Worten schreiben
пропитáние, -я *n umg* Lebensunterhalt; заработать (себé) на ~ sein tägliches Brot verdienen
[1]**пропитáть,** -áю, -áешь *v umg* ernähren, unterhalten
[2]**пропитáть,** -áю, -áешь; пропи́танный, -ан, -а *v* 1. durchtränken, imprägnieren; durchdringen, sättigen 2. *übtr* durchdringen, erfüllen || *uv* пропи́тывать, -аю, -аешь
[1]**пропитáться,** -áюсь, -áешься *v umg* sich ernähren, seinen Lebensunterhalt verdienen
[2]**пропитáться,** -áюсь, -áешься *v* 1. feucht [naß] werden; durchtränkt werden 2. *übtr umg* durchdrungen [erfüllt] werden || *uv* пропи́тываться, -аюсь, -аешься
пропи́тывать(ся) *uv zu* [2]пропитáть(ся)
про|пи́ть*; прóпил, пропилá!; прóпитый, прóпит, пропитá! *v* 1. vertrinken, versaufen 2. *umg* durch Trunksucht ruinieren || *uv* пропивáть, -áю, -áешь
пропи́хивать *uv zu* пропихну́ть
пропихну́ть, -ну́, -нёшь; пропи́хнутый, -ут, -а *v umg* durchzwängen, hindurchschieben, -stoßen || *uv* пропи́хивать, -аю, -аешь
проплáвать, -аю, -аешь *v eine best. Zeit hindurch* schwimmen; zur See fahren
проплы́в, -а *m* Wettschwimmen; ~ на три киломéтра Dreikilometerschwimmen
проплывáть *uv zu* проплы́ть
про|плы́ть* *v* 1. *eine best. Zeit, best. Strecke* (durch)schwimmen; *auf einem Schiff, Kahn usw.* fahren; ~ пять мину́т fünf Minuten schwimmen; ~ киломéтр einen Kilometer schwimmen; ~ под мóстом unter der Brücke durchschwimmen 2. vorüber-, vorbeischwimmen, vorbeifahren (ми́мо *G* an) *auf einem Schiff usw.* || *uv* проплывáть, -áю, -áешь
проповéдник, -а *m* 1. Prediger 2. Verkünder, Verbreiter *einer Theorie u. ä.*
проповéдовать, -дую, -дуешь *u. alt* **проповéдывать,** -аю, -аешь *uv* 1. predigen 2. verkünden, verbreiten *Theorien u. ä.*, verfechten *einen Standpunkt*
прóповедь, -и *f* 1. Predigt 2. Verbreitung, Propagierung *von Theorien u. ä.*, Belehrung
пропóйный, -ая, -ое *volksspr* Trinker-, Säufer-
пропóйца, -ы, *I* -ей *m volksspr* Säufer
проползáть *uv zu* проползти́
про|ползти́* *v* 1. durchkriechen; hineinkriechen; vorbeikriechen 2. *eine Strecke* kriechen || *uv* проползáть, -áю, -áешь
пропóлка, -и *f* (Aus-) Jäten
про|полоскáть* *v* 1. (aus)spülen *Wäsche u. ä.* 2. gurgeln; (aus)spülen *Mund* 3. eine Zeitlang spülen

про|поло́ть* *v* 1. (aus)jäten 2. eine Zeitlang jäten ‖ *uv* пропа́лывать, -аю, -аешь *zu* 1
пропорциона́льный, -ая, -ое; *Kzf* -лен, -льна 1. proportional; verhältnismäßig; обра́тно ~ umgekehrt proportional 2. proportioniert, ebenmäßig
пропо́рция, -и *f* Proportion, Verhältnis
пропоте́лый, -ая, -ое *umg* durchgeschwitzt, schweißgetränkt
пропоте́ть, -е́ю, -е́ешь *v* 1. stark schwitzen, durchschwitzen 2. *umg* *1. u. 2. Pers ungebr* verschwitzt sein, schweißdurchnäßt sein 3. *übtr volksspr* над *I eine best. Zeit* schwitzen (über), sich abmühen (mit)
про́пуск, -а *m* 1. (*Pl* пропуска́, -о́в, -а́м) Passierschein, Einlaßschein; *ohne Pl* Einlaß 2. Versäumnis, Fernbleiben 3. *meist Pl* Lücke, ausgelassene Stelle *im Text* 4. Auslassung, Weglassen 5. *mil* (*Pl* пропуска́, -о́в, -а́м) Losung, Parole
пропуска́ть, -а́ю, -а́ешь *uv* 1. *uv zu* пропусти́ть 2. durchlässig [undicht] sein
пропускно́й, -а́я, -о́е Durchlaß-, Einlaß-; ~ пункт Passierstelle; -а́я спосо́бность a) Durchlaßfähigkeit *einer Bahnstrecke, Straße*; b) Kapazität *z. B. einer Kantine, eines Ferienlagers* ◇ -а́я бума́га Löschpapier
пропусти́ть, -ущу́, -у́стишь; -у́щенный, -у́щен, -а *v* 1. durchlassen, vorbeilassen; ~ вперёд vorlassen; ~ кни́гу в печа́ть ein Buch zum Druck zulassen 2. *durch eine Maschine u. a.* durchlaufen lassen; ~ мя́со че́рез мясору́бку Fleisch durch den Wolf drehen; ~ ток че́рез те́ло Strom durch den Körper schicken 3. weglassen, auslassen 4. versäumen, verpassen, sich entgehen lassen 5. abfertigen; aufnehmen; verarbeiten ◇ ~ рю́мочку *volksspr* einen hinter die Binde gießen, sich ein Gläschen genehmigen; ~ что́-н. ми́мо уше́й etw. überhören ‖ *uv* пропуска́ть, -а́ю, -а́ешь; бума́га пропуска́ет черни́ла das Papier ist nicht tintenfest
прора́б, -а *m* (производи́тель рабо́т) Bauleiter
прораба́тывать *uv zu* прорабо́тать
прорабо́тать, -аю, -аешь; -анный, -ан, -а *v* 1. *umg* durcharbeiten, durchnehmen, genau studieren 2. *umg* scharf kritisieren, heruntermachen 3. eine Zeit hindurch arbeiten; ~ всю ночь die ganze Nacht durcharbeiten ‖ *uv* прораба́тывать, -аю, -аешь *zu* 1, 2
прорабо́тка, -и, *Pl G* -ток, *D* -ткам *f* 1. Durcharbeitung 2. *umg* scharfe Kritik (an)
прораста́ть *uv zu* прорасти́
про|расти́*, *1. u. 2. Pers ungebr, v* 1. keimen, sprossen 2. hindurchwachsen, -sprießen ‖ *uv* прораста́ть, -а́ет
про́рва, -ы *f* 1. *volksspr* Unmenge 2. *volksspr* Nimmersatt, Vielfraß 3. *umg übtr* Faß ohne Boden; etwas Unersättliches 4. *gbt* Stelle, wo man einsinkt, tiefes Loch *im Sumpf*
про|рва́ть* *v* durchreißen, zerreißen; ~ фронт die Front durchbrechen ◇ его́ прорва́ло *umg* er fuhr aus der Haut, er ging hoch ‖ *uv* прорыва́ть, -а́ю, -а́ешь
про|рва́ться*, -рвали́сь *v* 1. durch-, zerreißen *itr* 2. (auf)platzen, aufbrechen, aufgehen *Blasen u. ä.* 3. brechen *Damm* 4. aus-, durchbrechen; zum Ausbruch kommen ‖ *uv* прорыва́ться, -а́юсь, -а́ешься
прореди́ть, -ежу́, -еди́шь; -ежённый, -ежён, -ежена́ *v landw* ausdünnen, verziehen ‖ *uv* проре́живать, -аю, -аешь
проре́з, -а *m* 1. Ausschnitt; Schlitz 2. *durchgestoßene, durchgesägte* Stelle, Öffnung
про|ре́зать* *v* durchschneiden; einschneiden; *Öffnung* aussägen, durchschlagen ‖ *uv* прореза́ть, -а́ю, -а́ешь *u.* проре́зывать, -аю, -аешь
про|ре́заться*, *1. u. 2. Pers ungebr, v* durchbrechen, -kommen *Zähne* ‖ *uv* прореза́ться, -а́ется *u.* проре́зываться, -ается
прорези́нивать *uv zu* прорези́нить
прорези́нить, -ню, -нишь; -ненный, -нен, -а *v text* gummieren, imprägnieren ‖ *uv* прорези́нивать, -аю, -аешь
проре́зывать(ся) *uv zu* проре́зать(ся)
про́резь, -и *f* 1. Schlitz, Rille 2.: ~ прице́ла (Visier-) Kimme
проре́ха, -и *f umg* 1. Riß, Loch 2. Schlitz; Hosenschlitz 3. *übtr* Lücke, Mangel
прорецензи́ровать, -рую, -руешь; -рованный, -рован, -а *v* rezensieren, beurteilen
проржа́веть, *1. u. 2. Pers ungebr*, -еет *v* durchrosten
прорисова́ть, -су́ю, -су́ешь; -со́ван-

ный, -со́ван, -а *v* **1.** nachziehen, durchziehen *Linien, Konturen* **2.** eine Zeitlang zeichnen || *uv* **прорисо́вывать,** -аю, -аешь *zu* 1
прорица́ть, -а́ю, -а́ешь *uv buchspr* prophezeien
проро́к, -а *m* Prophet
пророни́ть, -оню́, -о́нишь; -о́ненный, -о́нен, -а *u.* -онённый, -онён, -онена́ *v*: не ~ ни сло́ва [зву́ка] den Mund nicht auftun, keinen Ton von sich geben
проро́ческий, -ая, -ое prophetisch
проро́чество, -а *n* Prophezeiung; Weissagung
проро́чить, -чу, -чишь *uv* prophezeien
прорубáть *uv zu* прорубить
проруби́ть, -ублю́, -у́бишь; -у́бленный, -у́блен, -а *v* durchhauen, -schlagen, -brechen || *uv* прорубáть, -а́ю, -а́ешь
пpoру́бка, -и *f* Durchhauen, Durchbrechen
про́рубь, -и *f* (gehacktes) Eisloch
проруха, -и *f umg* Fehler, Mißgriff ◇ и на стару́ху быва́ет ~ *Sprichw* Alter schützt vor Torheit nicht
проры́в, -а *m* **1.** Durchbruch, Einbruch; Durchbruchsstelle; ~ плоти́ны Dammbruch **2.** Rückstand *in der Arbeit, Planerfüllung*
[1]**прорыва́ть(ся)** *uv zu* прорва́ть(ся)
[2]**прорыва́ть(ся)** *uv zu* проры́ть(ся)
про|ры́ть* *v* (durch)graben; ~ кана́л einen Kanal anlegen [bauen] || *uv* прорыва́ть, -а́ю, -а́ешь
про|ры́ться* *v* sich durchgraben; sich grabend einen Weg bahnen || *uv* прорыва́ться, -а́юсь, -а́ешься
просади́ть, -ажу́, -а́дишь; -а́женный, -а́жен, -а́жена *v volksspr* **1.** durchbrechen, durchstoßen **2.** *Geld* verschwenden, verplempern; verspielen || *uv* **проса́живать,** -аю, -аешь
[1]**проса́ливать** *uv zu* проса́лить
[2]**проса́ливать** *uv zu* просоли́ть
проса́лить, -лю, -лишь; -ленный, -лен, -а *v* mit Fett durchtränken || *uv* проса́ливать, -аю, -аешь
проса́сываться *uv zu* прососа́ться
проса́чиваться *uv zu* просочи́ться
просве́рливать *uv zu* просверли́ть
просверли́ть, -лю́, -ли́шь; -лённый, -лён, -лена́ *v* (durch)bohren || *uv* просве́рливать, -аю, -аешь
просве́т, -а *m* **1.** Lichtstreifen, -schimmer **2.** Fensteröffnung; Türöffnung **3.** *Sport* (Zeit-) Abstand **4.** *übtr* Lichtblick, Hoffnungsstrahl
просвети́тель, -я *m buchspr* Aufklärer
просвети́тельный, -ая, -ое Aufklärungs-; -ая рабо́та Aufklärungsarbeit; -ая филосо́фия *hist* Philosophie der Aufklärung
[1]**просвети́ть,** -ечу́, -е́тишь; -е́ченный, -е́чен, -а *v* **1.** durchleuchten, röntgen *tr* **2.** durchschimmern || *uv* просве́чивать, -аю, -аешь
[2]**просвети́ть,** -ещу́, -ети́шь; -ещённый, -ещён, -ещена́ *v* aufklären, bilden || *uv* просвеща́ть, -а́ю, -а́ешь
просветле́ние, -я *n* Hellwerden; Klärung, Erleuchtung
просветлённый, -ая, -ое *übtr* klar, heiter
просветле́ть, -е́ю, -е́ешь *v* **1.** hell werden; sich aufklären *Wetter* **2.** *übtr* freundlicher [ausgeglichener] werden; sich klären, klarer werden *Gedanken u. ä.*
просве́чивание, -я *n med* Durchleuchtung
просве́чивать, -аю, -аешь *uv* **1.** *uv zu* [1]просвети́ть **2.** hindurchschimmern, -leuchten
просвеща́ть *uv zu* [2]просвети́ть
просвеще́ние, -я *n* Aufklärung, Bildung; министе́рство -я Ministerium für Volksbildung
просвещённый, -ая, -ое gebildet
про́седь, -и *f*: с -ью graumeliert *Haar*
просе́ивать *uv zu* просе́ять
про́сека, -и *f* Schneise, Waldweg
просека́ть *uv zu* просе́чь
просёлок, -лка *m* Feldweg
просёлочный, -ая, -ое: -ая доро́га Feldweg
про|се́чь*; -секла́; просечённый, -ён, -ена́ *v* **1.** durchhauen, -schlagen *durch Gestrüpp u. ä.*; ~ про́секу eine Schneise schlagen **2.** durchpeitschen || *uv* просека́ть, -а́ю, -а́ешь
просе́ять, -се́ю, -се́ешь; -се́янный, -се́ян, -а *v* durchsieben || *uv* просе́ивать, -аю, -аешь
просиде́ть, -ижу́, -иди́шь; -и́женный, -и́жен, -а *v* **1.** (eine Zeit hindurch) sitzen (bleiben) **2.** *umg* durchsitzen, -scheuern || *uv* **проси́живать,** -аю, -аешь
проси́тель, -я *m alt* Bittsteller
проси́тельный, -ая, -ое; *Kzf* -лен, -льна bittend, flehend
проси́ть, -ошу́, -о́сишь; -о́шенный, -о́шен, -а *uv* **1.** *A oder G oder* о *P oder mit Inf* bitten, ersuchen (um); auffordern; ~ разреше́ния [извине́ния] um Erlaubnis [Entschuldi-

gung] bitten; ~ слóва ums Wort bitten; ~ у товáрища кни́гу den Freund um ein Buch bitten; ~ руки́ *alt* um j-s Hand anhalten **2.**: ~ когó-н. за когó-н. bei j-m für j-n ein gutes Wort einlegen, sich bei j-m für j-n verwenden **3.** einladen; ~ гостéй к столý die Gäste zu Tisch bitten ◇ прóсят не кури́ть bitte nicht rauchen; ми́лости прóсим bitte treten Sie ein [näher] || *v* попроси́ть

проси́ться, -ошýсь, -óсишься *uv umg* **1.** um die Erlaubnis bitten; ~ в кóмнату um Erlaubnis bitten, ins Zimmer gehen zu dürfen; ~ в óтпуск um Urlaub bitten; ~ в áрмию um Aufnahme in die Armee ersuchen **2.** bitten austreten zu dürfen *von Kindern* **3.** *übtr, 1. u. 2. Pers ungebr* sehr geeignet sein, geradezu darauf warten; слóво так и прóсится с языкá das Wort liegt mir förmlich auf der Zunge; э́то прóсится на карти́ну das ist zum Malen schön, das ist bildschön || *v* попроси́ться *zu* 1 *u.* 2

просия́ть, -я́ю, -я́ешь *v* **1.** erglänzen, erstrahlen **2.** *übtr* aufleuchten, sich aufhellen *vor Freude*

про|скака́ть* *v* **1.** vorbeisprengen (ми́мо *G* an) **2.** *A* im Galopp durchreiten **3.** *A* (eine Zeit hindurch) galoppieren [springen, hüpfen]

проска́кивать *uv zu* проскочи́ть

проска́льзывать *uv zu* проскользну́ть

просквози́ть, *1. u. 2. Pers ungebr,* -и́т, *meist unpers v*: меня́ просквози́ло *umg* ich habe mich in der Zugluft erkältet

просклоня́ть, -я́ю, -я́ешь *v gram* deklinieren

проскользну́ть, -нý, -нёшь *v* **1.** hinein-, durchschlüpfen **2.** *übtr* leise anklingen; в егó словáх проскользну́л намёк man konnte aus seinen Worten eine Anspielung heraushören || *uv* проскáльзывать, -аю, -аешь

проскочи́ть, -очý, -óчишь *v* **1.** vorbeispringen **2.** *umg* hindurchschlüpfen **3.** *umg 1. u. 2. Pers ungebr* (hindurch)fallen *durch eine Öffnung* **4.** *umg 1. u. 2. Pers ungebr* durchschlüpfen *Fehler* || *uv* проскáкивать, -аю, -аешь

просла́вить, -влю, -вишь; -вленный, -влен, -а *v* **1.** berühmt machen **2.** verherrlichen, preisen || *uv* **прославля́ть,** -я́ю, -я́ешь

просла́виться, -влюсь, -вишься *v* berühmt [bekannt] werden || *uv* **прославля́ться,** -я́юсь, -я́ешься

просла́вленный, -ая, -ое berühmt, gefeiert

проследи́ть, -ежý, -еди́шь; -éженный, -éжен, -а *v A* **1.** aufspüren, nachspüren **2.** verfolgen, studieren, achten (auf) || *uv* прослéживать, -аю, -аешь

прослéдовать, -дую, -дуешь *v buchspr* sich begeben

прослéживать *uv zu* проследи́ть

прослези́ться, -ежýсь, -ези́шься *v* in Tränen ausbrechen

прослóйка, -и, *Pl G* -óек, *D* -óйкам *f* **1.** (Zwischen-) Schicht **2.** *übtr* soziale Schicht

прослужи́ть, -ужý, -ýжишь *v* **1.** eine Zeitlang dienen, arbeiten **2.** eine Zeitlang dienen, in Gebrauch sein

прослу́шать, -аю, -аешь; -анный, -ан, -а *v* **1.** vollständig anhören; hören; ~ курс лéкций einen Vorlesungszyklus hören [besuchen] **2.** *umg* überhören **3.** *med* abhorchen || *uv* **прослу́шивать,** -аю, -аешь *zu* 2 *u.* 3

про|слы́ть* *v I* gelten (als), bekannt sein (als)

прослы́шать, -шу, -шишь *v umg* durch Gerüchte erfahren, vom Hörensagen wissen

просма́тривать *uv zu* просмотрéть

просма́триваться, *1. u. 2. Pers ungebr,* -ается *uv* einzusehen sein *Gelände*

просмóтр, -а *m* **1.** Durchsicht **2.** Versehen, Fehler **3.** Vorführung; закры́тый ~ кинофи́льма geschlossene Filmvorführung

просмотрéть, -отрю́, -óтришь; -óтренный, -óтрен, -а *v* **1.** durchsehen, sich ansehen **2.** übersehen, durchlassen, nicht bemerken *Fehler* **3.** eine Zeitlang (an)schauen ◇ все глазá ~ sich die Augen aussehen *nach j-m* || *uv* просмáтривать, -аю, -аешь

просмóтровый, -ая, -ое: ~ зал Vorführraum *für Filme*; ~ диаскóп Diabetrachter

проснýться, -нýсь, -нёшься *v* **1.** aufwachen **2.** *übtr* erwachen || *uv* просыпáться, -áюсь, -áешься

прóсо, -а *n* Hirse *Pflanze*

просóвывать *uv zu* просýнуть

просоли́ть, -солю́, -сóли́шь; -сóленный, -сóлен, -а *u.* -солённый, -солён, -соленá *v* einsalzen || *uv* просáливать, -аю, -аешь

про|сосáться*, *1. u. 2. Pers ungebr, v* durchsickern || *uv* просáсываться, -ается

просóхнуть, -ну, -нешь; просóх, -ла *v* austrocknen *itr* || *uv* просыхáть, -áю, -áешь

просочи́ться, *1. u. 2. Pers ungebr,* -и́тся *v* **1.** durchsickern **2.** *übtr umg* durchsickern, bekannt werden || *uv* просáчиваться, -ается

про|спáть* *v* **1.** eine Zeitlang schlafen **2.** verschlafen **3.** *umg* verschlafen, versäumen, verpassen || *uv* просыпáть, -áю, -áешь *zu* 2 *u.* 3

про|спáться* *v umg* den Rausch ausschlafen

[1]**проспéкт,** -а *m* **1.** Prospekt *breite, gerade Straße*

[2]**проспéкт,** -а *m* Prospe t, Plan, Programm; Ankündigung, Anzeige

проспóривать *uv zu* проспóрить

проспóрить, -рю, -ришь; -ренный, -рен, -а *v* **1.** verwetten, beim Wetten verlieren **2.** eine Zeitlang streiten || *uv* проспóривать, -аю, -аешь *zu* 1

проспрягáть, -áю, -áешь *v gram* konjugieren

просрóчивать *uv zu* просрóчить

просрóчить, -чу, -чишь; -ченный, -чен, -а *v* überschreiten, versäumen *Termin, Frist;* verfallen lassen; ~ óтпуск den Urlaub überschreiten; ~ билéты в теáтр die Theaterkarten verfallen lassen || *uv* просрóчивать, -аю, -аешь

просрóчка, -и, *Pl G* -чек, *D* -чкам *f* Versäumnis; Überziehen, Überschreiten *eines Termins, einer Frist;* Verfall *z. B. eines Schecks*

простáвить, -влю, -вишь; -вленный, -влен, -а *v* einsetzen, eintragen; ~ дáту на письмé einen Brief datieren || *uv* **проставля́ть,** -я́ю, -я́ешь

простáивать *uv zu* простоя́ть

простáк, -á *m* **1.** *umg* Einfaltspinsel **2.** *theat* dummer August

простéйший, -ая, -ее **1.** *Sup von* простóй **2.** -ие, -их *Subst Pl* Urtierchen, Protozoen

простéнок, -нка *m* **1.** Teil der Wand, Mauer zwischen Fenstern oder Türen **2.** *gbt* Zwischenwand

прóстенький, -ая, -ое einfach

прос|терéть*; простерéв *u.* простёрши *v buchspr* **1.** ausstrecken *Hände* **2.** *übtr* ausdehnen, stekken; далекó ~ свои́ трéбования seine Forderungen weit stecken || *uv* простирáть, -áю, -áешь

прос|терéться*, *1. u. 2. Pers ungebr, v buchspr* **1.** sich ausdehnen, sich erstrecken; reichen **2.** sich entgegenstrecken || *uv* простирáться, -áется

простéть, -éю, -éешь *uv umg* einfach(er) werden

[1]**простирáть** *uv zu* простерéть

[2]**простирáть,** -áю, -áешь; простирáнный, -ран, -а *v umg* **1.** gut durchwaschen *Wäsche* **2.** eine Zeitlang waschen || *uv* прости́рывать, -аю, -аешь *zu* 1

[1]**простирáться** *uv zu* простерéться

[2]**простирáться,** *1. u. 2. Pers ungebr,* -áется *v umg durch Waschen* sauber werden, sich auswaschen lassen || *uv* прости́рываться, -ается

прости́рывать(ся) *uv zu* [2]простирáть(ся)

прости́тельный, -ая, -ое; *Kzf* -лен, -льна verzeihlich, entschuldbar

проститу́тка, -и, *Pl G* -ток, *D* -ткам *f* Prostituierte

прости́ть, -ощу́, -ости́шь; -ощённый, -ощён, -ощенá *v* **1.** verzeihen, vergeben (когó-н. j-m *oder* комý-н. чтó-н. j-m etw.); прости́(те)! Verzeihung!, entschuldige(n Sie)!, *alt a.* leb(en Sie) wohl! **2.** streichen, erlassen; ~ долг комý-н. j-m eine Schuld erlassen || *uv* прощáть, -áю, -áешь

прости́ться, -ощу́сь, -ости́шься; прости́вшись *u.* простя́сь *v* с *I* **1.** Abschied nehmen, sich verabschieden **2.** *übtr* sich trennen, sich lossagen (von) || *uv* прощáться, -áюсь, -áешься

прóсто **1.** *Part umg* einfach, geradezu, direkt; э́то ~ невероя́тно das ist einfach nicht zu glauben; э́то ~ ерундá das ist einfach Unsinn **2.** *Adv* einfach; eben; тебé ~ рассуждáть du hast gut reden; э́то ~ не удалóсь es ist eben nicht gelungen ◇ ~ так nur so, ohne Absicht; ~-пáпросто (ganz) einfach

простовáтый, -ая, -ое; *Kzf* -áт, -а *umg* einfältig

просто|волóсый, -ая, -ое; *Kzf* -óс, -а ohne Kopfbedeckung, barhäuptig; **~ду́шный,** -ая, -ое; *Kzf* -шен, -шна aufrichtig, treuherzig

[1]**простóй,** -áя, -óе; *Kzf* прост, -á!; *Komp* прóще; *Sup* простéйший **1.** einfach, leicht verständlich **2.** einfach, schlicht **3.** *nur Langform* gewöhnlich; ~ смéртный ein gewöhnlicher Sterblicher **4.** schlicht, einfältig; gutmütig **5.** natürlich, ungekünstelt ◇ -óе сравнéние покáзывает der bloße Vergleich zeigt; -ы́м

глáзом mit bloßem Auge; -óе числó *math* Primzahl

[2]простóй, -я *m* Stillstand(szeit), Wartezeit, Arbeitsausfall

простоквáша, -и, *I* -ей *f* Sauermilch

про|стонáть* *v* (auf)stöhnen

простóр, -а *m* **1.** Raum, Weite, weite Fläche **2.** Ungebundenheit, Freiheit; дать ~ чемý-н. etw. freien Lauf lassen

простορéчие, -я *n* volkstümliche Umgangssprache

просторéчный, -ая, -ое; *Kzf* -чен, -чна volkssprachlich, der volkstümlichen Umgangssprache angehörend

простóрный, -ая, -ое; *Kzf* -рен, -рна **1.** geräumig; frei **2.** weit *Kleidung*

простосердéчный, -ая, -ое; *Kzf* -чен, -чна aufrichtig, offenherzig

простотá, -ы́ *f* **1.** Einfachheit, Schlichtheit **2.** Offenherzigkeit; Treuherzigkeit **3.** Natürlichkeit

простофи́ля, -и *m, f umg* Einfaltspinsel, Dummkopf

простоя́ть, -стою́, -стои́шь *v* **1.** eine Zeitlang stehen, stehenbleiben **2.** eine Zeitlang liegen *Truppen* **3.** stillstehen, nicht arbeiten **4.** eine best. Lebensdauer haben, überdauern || *uv* простáивать, -аю, -аешь

прострáнный, -ая, -ое; *Kzf* -áнен, -áнна **1.** umfangreich **2.** ausführlich; weitschweifig

прострáнственный, -ая, -ое räumlich

прострáнство, -а *n* **1.** Raum; Zwischenraum; воздýшное ~ Luftraum; безвоздýшное ~ luftleerer Raum, Vakuum; косми́ческое ~ Weltraum **2.** Fläche, weites Land ◇ боя́знь -а Platzangst; мёртвое ~ *mil* toter Raum [Winkel]

прострéл, -а *m med* Hexenschuß

прострéливать *uv zu* прострели́ть

прострели́ть, -елю́, -éлишь; -éленный, -éлен, -а *v* durchschießen, -löchern; beschießen, bestreichen || *uv* прострéливать, -аю, -аешь

простýда, -ы *f* Erkältung

простуди́ться, -ужýсь, -ýдишься *v* sich erkälten || *uv* простужáться, -áюсь, -áешься

простýдный, -ая, -ое Erkältungs-; -ое заболевáние Erkältungskrankheit

простужáться *uv zu* простуди́ться

проступáть *uv zu* проступи́ть

проступи́ть, *1. u. 2. Pers ungebr,* -ýпит *v* hervor-, auftreten, zum Vorschein kommen; пот проступи́л на лбу Schweißperlen standen auf der Stirn || *uv* проступáть, -áет

простýпок, -пка *m* Vergehen, Fehltritt

простýшка, -и, *Pl G* -шек, *D* -шкам *f umg* einfältige Frau

простывáть *uv zu* просты́ть *u.* просты́нуть

просты́нуть ↑ просты́ть

простыня́, -и́, *Pl* прóстыни, просты́нь, простыня́м *f* Laken, Bettuch; купáльная ~ Badetuch

про|сты́ть* *u. volksspr* **просты́нуть,** -ну, -нешь; просты́л *v* **1.** *umg* kalt werden **2.** *volksspr* sich erkälten ◇ егó (и) след просты́л er ist über alle Berge || *uv* простывáть, -áю, -áешь

просýнуть, -ну, -нешь; -нутый, -нут, -а *v* durchschieben, durchstecken; durchzwängen || *uv* просóвывать, -аю, -аешь

просýшивать *uv zu* просуши́ть

просуши́ть, -ушý, -ýшишь; -ýшенный, -ýшен, -а *v* (aus)trocknen (lassen) || *uv* просýшивать, -аю, -аешь

просýшка, -и *f umg* Trocknen

просуществовáть, -твýю, -твýешь *v* eine Zeitlang leben, existieren, bestehen

просфорá, -ы́, *Pl* прóсфоры, просфóр, просфорáм *u.* **просвирá,** -ы́, *Pl* прóсвиры, прóсвир, прóсвирáм *f kirch* Hostie

просчёт [щё], -а *m* **1.** Sichverrechnen **2.** Rechenfehler **3.** Fehlschlag; Fehler

просчитáть [щи], -áю, -áешь; просчи́танный, -ан, -а *v A* **1.** nachzählen, -rechnen **2.** sich verzählen (um) **3.** eine Zeitlang zählen, rechnen || *uv* **просчи́тывать,** -аю, -аешь *zu* 1 *u.* 2

просчитáться [щи], -áюсь, -áешься *v* **1.** sich verrechnen, sich verzählen (на *A* um) **2.** *übtr* sich verrechnen, sich irren || *uv* **просчи́тываться,** -аюсь, -аешься

прóсып *u.* **просы́п,** -а (-у) *m umg* **1.**: спать без -у [-а] ganz fest schlafen; schlafen, ohne aufzuwachen **2.**: пить без -у [-а] ständig betrunken sein

про|сы́пать* *v* verschütten, verstreuen || *uv* **[1]просыпáть,** -áю, -áешь

[2]просыпáть *uv zu* проспáть

про|сы́паться*, *1. u. 2. Pers ungebr, v* heraus-, durchfallen, verschüttet [verstreut] werden || *uv* **[1]просыпáться,** -áется

²просыпа́ться *uv zu* просну́ться
просыха́ть *uv zu* просо́хнуть
про́сьба, -ы *f* **1.** Bitte, Anliegen; удовлетвори́ть -у eine Bitte erfüllen; ~ не кури́ть es wird gebeten, nicht zu rauchen **2.** *alt* Gesuch, Eingabe; ~ о поми́ловании Begnadigungsgesuch
просяно́й, -а́я, -о́е Hirse-
прота́лина, -ы *f* aufgetaute Stelle *im Schnee*
¹прота́лкивать(ся) *uv zu* протолка́ть(ся)
²прота́лкивать(ся) *uv zu* протолкну́ть(ся)
протанцева́ть, -цу́ю, -цу́ешь; -цо́ванный, -цо́ван, -а *v* (durch)tanzen
прота́пливать, -аю, -аешь *uv* ein wenig heizen
прота́птывать *uv zu* протопта́ть
протара́нивать *uv zu* протара́нить
протара́нить, -ню, -нишь; -ненный, -нен, -а *v* rammen || *uv* протара́нивать, -аю, -аешь
прота́скивать *uv zu* протащи́ть
протащи́ть, -ащу́, -а́щишь; -а́щенный, -а́щен, -а *v* **1.** schleppen, schleifen, ziehen *durch oder vorbei an* **2.** *übtr umg* durch-, einschmuggeln, durchbringen **3.** *volksspr* heruntermachen, kritisieren || *uv* прота́скивать, -аю, -аешь
протеже́ [тэ] *m, f, n idkl buchspr* Günstling, Schützling
протежи́ровать [тэ], -рую, -руешь *uv D buchspr* protegieren, begünstigen
проте́з [тэ], -а *m* Prothese
протека́ть *uv zu* проте́чь
протектора́т, -а *m* Protektorat
протекциони́зм, -а *m* **1.** Schutzzollsystem **2.** *umg verächtl* Günstlingswirtschaft
проте́кция, -и *f* Protektion; ока́зывать -ю кому́-н j-n begünstigen, protegieren
про|тере́ть*; протере́в *u.* протёрши *v* **1.** abreiben, durchreiben, -schaben; abwischen, blankreiben, sauberwischen **2.** auswischen; ~ глаза́ sich die Augen reiben; aufwachen **3.** *durch ein Sieb* durchschlagen || *uv* протира́ть, -а́ю, -а́ешь
про|тере́ться*, *1. u. 2. Pers ungebr, v* sich durchreiben, -schaben, -wetzen || *uv* протира́ться, -а́ется
проте́ст, -а *m* Protest; Einspruch; заяви́ть ~ Protest erheben [einlegen], Einspruch erheben
протеста́нт, -а *m* **1.** *kirch* Protestant **2.** *buchspr* Protestierender
протеста́нтский, -ая, -ое protestantisch
протеста́нтство, -а *n* Protestantismus
протестова́ть, -ту́ю, -ту́ешь; -то́ванный, -то́ван, -а **1.** *nur uv* protestieren, Einspruch erheben (про́тив чего́-н. gegen etw.) **2.** *v, uv finanz* protestieren
про|те́чь*, *1. u. 2. Pers ungebr, v* **1.** (durch)fließen **2.** vorbeifließen **3.** undicht [leck] werden **4.** vergehen *Zeit* **5.** verlaufen || *uv* протека́ть, -а́ет
про́тив *Präpos mit G* **1.** gegen, entgegen, wider; плыть ~ тече́ния gegen den Strom schwimmen *a. übtr*; сре́дство ~ гри́ппа ein Mittel gegen Grippe; ~ ожида́ний wider Erwarten **2.** gegenüber; жить ~ по́чты gegenüber der Post wohnen **3.** im Vergleich zu, gegen(über); ~ про́шлого го́да gegenüber dem Vorjahr, im Vergleich zum Vorjahr **4.** *prädikativ* dagegen (sein); я ничего́ не име́ю ~ ich habe nichts dagegen; за и ~ das Für und Wider
про́тивень, -вня *m* Kuchenblech
противи́тельный, -ая, -ое: ~ сою́з *gram* adversative Konjunktion
проти́виться, -влюсь, -вишься *uv D* sich widersetzen, Widerstand leisten
проти́вник, -а *m* Gegner, Feind; Widersacher
проти́вница, -ы, *I* -ей *f* Gegnerin, Feindin
проти́вно **1.** *Präpos mit D* (ent)gegen; э́то ~ мои́м убежде́ниям das geht gegen meine Überzeugung **2.** *prädikativ* es ist ekelhaft; мне ~ ви́деть э́то es ekelt mich, das zu sehen
¹проти́вный, -ая, -ое *buchspr* **1.** Gegen-; entgegengesetzt; ~ ве́тер Gegenwind; ~ бе́рег gegenüberliegendes Ufer; -ая сторона́ *jur* Gegenpartei **2.** -ое, -ого *Subst n* Gegenteil, Gegensatz ◇ в -ом слу́чае im entgegengesetzten Fall; andernfalls
²проти́вный, -ая, -ое; *Kzf* -вен, -вна ekelhaft, widerlich; он мне проти́вен er ist mir zuwider
противо- *in Zuss* gegen (etw.), anti-
противо|ве́с, -а *m* Gegengewicht *a. übtr*; в ~ве́с э́тому demgegenüber; **~возду́шный,** -ая, -ое Luftabwehr-; ~возду́шная оборо́на Luftschutz, Luftabwehr; **~га́з,** -а *m* Gasmaske; **~га́зовый,** -ая, -ое Gas-

schutz-, Gasabwehr-; **~действие,** -я *n* Gegenwirkung, Widerstand; **~действовать,** -твую, -твуешь *uv D* entgegenwirken, Widerstand leisten; **~естественный,** -ая, -ое; *Kzf* -вен, -венна widernatürlich; **~законный,** -ая, -ое; *Kzf* -óнен, -óнна gesetzwidrig, ungesetzlich; **~лежащий,** -ая, -ее gegenüberliegend; **~пожарный,** -ая, -ое Brandschutz-; ~пожарная охрана Brandschutz; **~показание,** -я *n* 1. *jur* Gegenaussage 2. *med* Kontraindikation

противополагать *uv zu* противоположить

противо|положить, -ожу́, -óжишь; -óженный, -óжен, -а *v* gegenüberstellen, entgegensetzen || *uv* противополагать, -áю, -áешь

противо|положность, -и *f* 1. Gegensätzlichkeit 2. Gegensatz; в ~положность чему-н. im Gegensatz zu etw.; **~положный,** -ая, -ое; *Kzf* -жен, -жна 1. gegenüberliegend 2. *übtr* entgegengesetzt

противо|поставить, -влю, -вишь; -вленный, -влен, -а *v* gegenüberstellen, entgegenstellen, -setzen; vergleichen || *uv* противопоставлять, -яю, -яешь

противопоставление, -я *n* Gegenüberstellung, Vergleich

противопоставлять *uv zu* противопоставить

противо|правительственный, -ая, -ое regierungsfeindlich; **~речивость,** -и *f* Widersprüchlichkeit; **~речивый,** -ая, -ое; *Kzf* -ив, -а widersprechend, widersprüchlich, widerspruchsvoll

противоречие, -я *n* Widerspruch; Widerrede, Einwand; Gegensatz; дух -я Widerspruchsgeist; непримиримое ~ unversöhnlicher Widerspruch; классовые -я Klassenwidersprüche

противо|речить, -чу, -чишь *uv D* widersprechen, im Widerspruch stehen (zu); nicht übereinstimmen (mit); **~скольжение,** -я *n*: цепь ~скольжения Schneekette, Gleitschutzkette; **~стояние,** -я *n astr* Opposition *der Planeten zur Sonne*; **~стоять,** -ою́, -ои́шь *uv D* 1. widerstehen, sich behaupten (gegen) 2. *1. u. 2. Pers ungebr* (einander) gegenüberstehen, widersprechen; **~танковый,** -ая, -ое Panzerabwehr-; ~танковое орудие Panzerabwehrgeschütz; **~ударный,** -ая, -ое stoßgesichert *Uhr*; **~химический,** -ая, -ое Gasabwehr-, zur Abwehr chemischer Kampfstoffe dienend; ~химическая оборона Gasschutz; **~ядие,** -я *n* Gegengift *a. übtr*

протирать(ся) *uv zu* протереть(ся)

протирка, -и, *Pl G* -рок, *D* -ркам *f* 1. Reinigen; ~ стёкол Fensterputzen 2. *mil* Rohrreiniger

протискаться, -аюсь, -аешься *v umg* sich durchdrängen, sich einen Weg bahnen || *uv* протискиваться, -аюсь, -аешься

[1]**протискиваться** *uv zu* протиснуться

[2]**протискиваться** *uv zu* протискаться

протиснуться, -нусь, -нешься *v* sich durchzwängen, -drängen, sich einen Weg bahnen || *uv* протискиваться, -аюсь, -аешься

проткнуть, -ну́, -нёшь; прóткнутый, -ут, -а *v* durchstoßen, -stechen, -brechen, -bohren || *uv* протыкать, -áю, -áешь

прото- *in Zuss* 1. Proto-, Ur- 2. Ober-, Erz-

протоиерей, -я, *G Pl* -ев *m* Oberpriester

проток, -а *m* 1. Durchfluß, Verbindungskanal 2. Nebenarm *eines Flusses* 3. *anat* Kanal, Gang

протокол, -а *m* Protokoll; составить ~ ein Protokoll aufnehmen; занести в ~ zu Protokoll geben

протолкать, -áю, -áешь; протóлканный, -ан, -а *v umg* hindurch-, hineinstoßen *mit mehreren Stößen* || *uv* проталкивать, -аю, -аешь

протолкаться, -áюсь, -áешься *v umg* sich durchdrängen || *uv* проталкиваться, -аюсь, -аешься

протолкнуть, -ну́, -нёшь; протóлкнутый, -ут, -а *v* 1. durchstoßen; hineinstoßen, hineindrücken 2. *übtr umg* in Gang [Schwung] bringen, beschleunigen || *uv* проталкивать, -аю, -аешь

протолкнуться, -ну́сь, -нёшься *v umg* sich mühsam durchdrängen || *uv* проталкиваться, -аюсь, -аешься

протон, -а *m* Proton

протопить, -топлю́, -тóпишь; -тóпленный, -тóплен, -а *v* durchheizen, tüchtig heizen

про|топтать* *v* 1. (aus)treten; ~ тропинку einen Pfad treten 2. *umg* durchlaufen, abtreten; ~ подóшвы die Sohlen durchlaufen || *uv* протаптывать, -аю, -аешь

проторговаться, -гу́юсь, -гу́ешься *v* 1. *umg* beim Handel Verluste erleiden, Pleite machen 2. eine Zeit-

lang handeln, feilschen || *uv* **проторго́вываться,** -аюсь, -аешься *zu* 1
проторённый, -ая, -ое eingefahren, ausgetreten *Weg*; *übtr* gewohnt
протори́ть, -рю́, -ри́шь; -рённый, -рён, -рена́ *v* ausfahren, austreten, bahnen *Weg* || *uv* проторя́ть, -я́ю, -я́ешь
проторча́ть, -чу́, -чи́шь *v volksspr* eine Zeitlang sich aufhalten, herumstehen
проторя́ть *uv zu* протори́ть
прототи́п, -а *m buchspr* Prototyp, Ur-, Vorbild
прото́чный, -ая, -ое: -ая вода́ fließendes Wasser; ~ пруд Teich mit Abfluß
протра́ва, -ы *f* Beize
протрави́ть, -авлю́, -а́вишь; -а́вленный, -а́влен, -а *v* 1. (ein)ätzen 2. beizen 3.: ~ за́йца einen Hasen bei der Hetzjagd entkommen lassen || *uv* **протра́вливать,** -аю, -аешь *u.* **протравля́ть,** -я́ю, -я́ешь *zu* 1 *u.* 2
протра́ливать *uv zu* протра́лить
протра́лить, -лю, -лишь; -ленный, -лен, -а *v* Minen suchen, von Minen säubern || *uv* протра́ливать, -аю, -аешь
протрезви́ться, -влю́сь, -ви́шься *v* (wieder) nüchtern werden *nach einem Rausch* || *uv* протрезвля́ться, -я́юсь, -я́ешься
протрезвле́ние, -я *n* Ernüchterung; Nüchternwerden *nach einem Rausch*
протрезвля́ться *uv zu* протрезви́ться
протруби́ть, -блю́, -би́шь *v* 1. Trompete blasen, trompeten 2. *umg* ausposaunen
протубера́нец, -нца, *I* -нцем, *G Pl* -нцев *m astr* Protuberanz
протуха́ть *uv zu* проту́хнуть
проту́хнуть, *1. u. 2. Pers ungebr*, -нет; проту́х, ла *v* verfaulen, verderben *Lebensmittel* || *uv* протуха́ть, -а́ет
проту́хший, -ая, -ее faulig; angegangen
протыка́ть *uv zu* проткну́ть
протя́гивать(ся) *uv zu* протяну́ть(ся)
протяже́ние, -я *n* 1. Ausdehnung; Strecke; на -и пяти́ киломе́тров auf einer Strecke von fünf Kilometern 2. Zeitspanne, -raum; на -и пяти́ дней im Laufe von fünf Tagen; на -и (це́лой) неде́ли eine (ganze) Woche lang
протяжённость, -и *f* Ausdehnung, Dimension
ротя́жный, -ая, -ое; *Kzf* -жен, -жна 1. gedehnt, langgezogen *Laut* 2. -о *Adv*: говори́ть -о die Worte dehnen
протяну́ть, -яну́, -я́нешь; -я́нутый, -я́нут, -а *v* 1. ziehen, spannen; ~ телефо́н Telefon legen; ~ верёвку eine Leine ziehen 2. ausstrecken, entgegenstrecken, reichen; ~ ру́ку по́мощи die helfende Hand bieten 3. gedehnt sprechen, dehnen *Ton* 4. *umg* hinziehen, in die Länge ziehen ◇ больно́й недо́лго протя́нет *umg* der Kranke wird nicht mehr lange leben; но́ги ~ *volksspr* abkratzen, sterben || *uv* протя́гивать, -аю, -аешь
протяну́ться, -яну́сь, -я́нешься *v* 1. sich (aus)strecken, sich ausgestreckt hinlegen 2. *1. u. 2. Pers ungebr umg* sich hinziehen, sich in die Länge ziehen 3. *1. u. 2. Pers ungebr umg* sich erstrecken, sich ausdehnen || *uv* протя́гиваться, -аюсь, -аешься
проу́лок, -лка *m volksspr* Gasse
проу́чивать *uv zu* проучи́ть
проучи́ть, -учу́, -у́чишь; -у́ченный, -у́чен, -а *v* 1. *umg* (j-n) zurechtweisen, (j-m) einen Denkzettel geben 2. eine Zeitlang lernen, (ein)studieren || *uv* проу́чивать, -аю, -аешь *zu* 1
проучи́ться, -учу́сь, -у́чишься *v* eine Zeitlang lernen [studieren]
проф. (профе́ссор) Professor
проф- *in Zuss Abk für* 1. профессиона́льный Berufs- 2. профсою́зный Gewerkschafts-, gewerkschaftlich
профа́н, -а *m* Laie; я ~ в матема́тике ich verstehe nichts von Mathematik
профана́ция, -и *f buchspr* Entweihung, Mißbrauch
профани́ровать, -рую, -руешь; -рованный, -рован, -а *v*, *uv buchspr* entweihen, mißbrauchen
проф|биле́т, -а *m* (профсою́зный биле́т) Gewerkschaftsbuch, Gewerkschaftsausweis; **~движе́ние,** -я *n* (профессиона́льное движе́ние) Gewerkschaftsbewegung
профессиона́л, -а *m*: фото́граф-~ Berufsphotograph; спортсме́н-~ Berufssportler
профессиона́льный, -ая, -ое 1. Berufs-; -ая шко́ла Berufsschule; ~ сою́з Gewerkschaft 2. berufsmäßig, von Beruf
профе́ссия, -и *f* Beruf; по -и von Beruf
профе́ссор, -а, *Pl* профессора́, -о́в, -а́м *m* Professor

профе́ссорский, -ая, -ое Professoren-
профессу́ра, -ы *f* 1. Professur 2. *Koll* Professorenschaft, die Professoren
профила́ктика, -и *f* Prophylaxe, Vorbeugung
профилакти́ческий, -ая, -ое prophylaktisch, vorbeugend
профилакто́рий, -я, *P* -и, *G Pl* -ев *m* prophylaktisches (Betriebs-) Sanatorium; ночно́й ~ Nachtsanatorium
про́филь, -я *m* 1. Profil, Seitenansicht 2. *tech* Profil, Querschnitt 3. *übtr* Fach; Fachkenntnisse *für einen bestimmten Beruf*; Spezialisierung
про́фильный, -ая, -ое Profil-, Querschnitt-
профильтрова́ть, -ру́ю, -ру́ешь; -ро́ванный, -ро́ван, -а *v* filtern, filtrieren || *uv* **профильтро́вывать,** -аю, -аешь
Профинте́рн, -а *m* (Кра́сный Интернациона́л профсою́зов) Rote Gewerkschaftsinternationale *bis 1937*
проф|ко́м, -а *m* (профсою́зный комите́т) (Betriebs-) Gewerkschaftsleitung, BGL; **~о́рг,** -а *m* (профсою́зный организа́тор) Gewerkschaftsorganisator; **~организа́ция,** -и *f* (профсою́зная организа́ция) Gewerkschaftsorganisation
профо́рма, -ы *f umg* äußere Form; э́то проста́я ~ das ist eine reine Formsache; для [ра́ди] -ы pro forma, zum Schein; соблюда́ть -у den Schein wahren
проф|рабо́тник, -а *m* (профсою́зный рабо́тник) Gewerkschaftsfunktionär; **~сою́з,** -а *m* (профессиона́льный сою́з) Gewerkschaft; **~сою́зный,** -ая, -ое Gewerkschafts-, gewerkschaftlich; **~шко́ла,** -ы *f* (профсою́зная шко́ла) Gewerkschaftsschule
проха́живать *uv zu* ²проходи́ть
проха́живаться *uv zu* пройти́сь
прохарчи́ться, -чу́сь, -чи́шься *v volksspr* 1. alles Geld verfressen 2. sich durchschlagen, sich über Wasser halten
прохвати́ть, -ачу́, -а́тишь; -а́ченный, -а́чен, -а *v* 1. *umg 1. u. 2. Pers ungebr* durch und durch gehen, durch Mark und Bein dringen 2. *volksspr* durchhecheln, heruntermachen, herunterreißen || *uv* **прохва́тывать,** -аю, -аешь
прохво́ст, -а *m umg derb* Schurke, Halunke
прохла́да, -ы *f* Kühle, Frische
прохла́дец, -дца *m u.* **прохла́дца,** -ы *f*: с -дцем [-дцей] *volksspr* gleichgültig, lässig, ohne Eifer
прохлади́тельный, -ая, -ое; *Kzf* -лен, -льна 1. erfrischend, kühlend; ~ напи́ток Erfrischungsgetränk 2. -ое, -ого *Subst n* Erfrischungsgetränk
прохлади́ться, -ажу́сь, -ади́шься *v umg* sich (im Freien) abkühlen, erfrischen || *uv* прохлажда́ться, -а́юсь, -а́ешься
прохла́дный, -ая, -ое; *Kzf* -ден, -дна 1. kühl, frisch 2. *übtr* kühl, abweisend
прохла́дца ↑ прохла́дец
прохлажда́ться, -а́юсь, -а́ешься *uv umg* 1. *uv zu* прохлади́ться 2. sich Zeit lassen, sich nicht beeilen 3. seine Zeit in Muße verbringen, müßig sitzen
прохо́д, -а *m* Durchgang; го́рный ~ Gebirgspaß; -а нет! kein Durchgang!, Durchgang verboten! ◇ за́дний ~ *anat* After; он мне не даёт -у *oder* прохо́ду [-а] нет от него́ er läßt mir keine Ruhe, er stellt mir überall nach
проходи́мец, -мца, *I* -мцем, *G Pl* -мцев *m umg* Gauner
проходи́мость, -и *f* Geländegängigkeit
проходи́мый, -ая, -ое; *Kzf* -и́м, -а durchquerbar, passierbar
[1]**проходи́ть** *uv zu* пройти́
[2]**проходи́ть,** -хожу́, -хо́дишь *v* 1. eine Zeitlang hin und her gehen, herumgehen; ~ весь день по го́роду den ganzen Tag in der Stadt herumlaufen 2. gehen, laufen, in Betrieb sein *von Mechanismen, Maschinen* || *uv iterativ* проха́живать, -аю, -аешь *zu* 1
прохо́дка, -и *f berg* Streckenvortrieb
проходно́й, -а́я, -о́е 1. Durchgangs-; ~ двор Durchgangshof, Passage; -а́я конто́ра Pförtnerloge 2. -а́я, -о́й *Subst f* Pförtnerloge ◇ э́то не дом, а ~ двор *umg* hier geht es zu wie in einem Taubenschlag
прохо́жий, -ая, -ее 1. umherziehend, fahrend 2. -его *Subst m* Passant
Про́хор, -а *m männl Vn*
про|цвести́* *v* 1. *übtr* blühen, gedeihen, aufblühen, sich erfolgreich entwickeln 2. eine Zeitlang blühen
процвета́ние, -я *n übtr* Gedeihen, Blühen, Blüte
процвета́ть, -а́ю, -а́ешь *uv übtr* blühen, gedeihen, aufblühen, sich erfolgreich entwickeln
процеди́ть, -ежу́, -е́дишь; -е́женный, -е́жен, -а *v* durchseihen, filtrieren ◇

~ сквозь зубы zwischen den Zähnen murmeln || *uv* процеживать, -аю, -аешь
процедура, -ы *f* 1. Prozedur, Verfahren; вопросы -ы Geschäftsordnung; судебная ~ Gerichtsverfahren 2. *med* Heilverfahren *Bäder, Massage usw.*
процедурная, -ой *Subst f med* Behandlungszimmer
процеживать *uv zu* процедить
процент, -а *m* 1. Prozent, Prozentsatz; в -ах prozentual; на сто -ов zu hundert Prozent 2. *meist Pl* Gewinn, Zinsen; сложные -ы Zinseszinsen; исчисление -ов Prozentrechnung, Zinsrechnung; размер -а Zinsfuß ◇ на все сто (процентов) *umg* hundertprozentig, völlig
процентный, -ая, -ое 1. prozentual 2. Zinsen tragend; ~ заём verzinsliche Anleihe; -ые бумаги Wertpapiere
процесс, -а *m* Prozeß *a. jur*; Verlauf; производственный ~ Produktionsprozeß; в -е игры im Verlauf des Spiels; вести ~ einen Prozeß führen; ~ роста Wachstumsprozeß
процессия, -и *f* Prozession, Zug; траурная ~ Trauerzug
процитировать, -рую, -руешь; -рованный, -рован, -а *v* zitieren
прочёркивать *uv zu* прочеркнуть
прочеркнуть, -ну, -нёшь; прочёркнутый, -ут, -а *v* durchstreichen *Spalte im Fragebogen* || *uv* прочёркивать, -аю, -аешь
про|чесать* *v* 1. durchkämmen; durchhecheln *Flachs*; *übtr umg mil* durchkämmen, -suchen 2. *volksspr* aufkratzen, wundkratzen || *uv* прочёсывать, -аю, -аешь
про|честь* *v umg* 1. (durch)lesen 2. vorlesen, rezitieren 3. halten *Vortrag*
прочёсывать *uv zu* прочесать
прочёт, -а *m volksspr* Rechenfehler
прочий, -ая, -ее 1. übriger, anderer 2. -ие, -их *Subst Pl* die anderen, die übrigen *Personen* ◇ и -ее und anderes mehr; между -им unter anderem; übrigens
прочистить, -ищу, -истишь; -ищенный, -ищен, -а *v* reinigen, (aus)putzen || *uv* прочищать, -аю, -аешь
прочитать, -аю, -аешь; прочитанный, -ан, -а *v* 1. (durch)lesen 2. vorlesen, rezitieren 3. halten *Vortrag* || *uv* **прочитывать,** -аю, -аешь *zu* 1
прочить, -чу, -чишь *uv* ausersehen (als), vorsehen (für, zu); эту пшеницу прочили на семена dieser Weizen ist als Saatgut vorgesehen
прочищать *uv zu* прочистить
прочность, -и *f* Haltbarkeit, Festigkeit, Dauerhaftigkeit; Beständigkeit; ~ на пробой *el* Durchschlagsfestigkeit; ~ на разрыв Reiß-, Bruchfestigkeit
прочный, -ая, -ое; *Kzf* -чен, -чна! haltbar, fest, dauerhaft *a. übtr*; ~ мир dauerhafter Frieden
прочтение, -я *n* Durchlesen; по -ю nach dem (Durch-) Lesen
прочувствованный, -ая, -ое tief empfunden, vom Gefühl durchdrungen, gefühlvoll
прочувствовать, -твую, -твуешь; -твованный, -твован, -а *v A* 1. sich einfühlen (in) 2. tief empfinden
прочь 1. *Adv* fort, weg 2. *prädikativ* fort!, weg!; ~ с дороги! aus dem Wege!, Platz da!, Platz gemacht!; ~ с глаз моих! geh mir aus den Augen!; руки ~ от ... *G*! Hände weg von ...! ◇ я не ~ *umg* ich habe nichts dagegen, ich bin nicht abgeneigt; я не ~ погулять ich habe nichts gegen einen Spaziergang
прошедший, -ая, -ее 1. vergangen, verflossen, vorig; -ее время *gram* Vergangenheit, Präteritum 2. -ее, -его *Subst n* Vergangenheit, das Vergangene
прошение, -я *n alt* Gesuch, Bittschrift
про|шептать* *v* (zu)flüstern
прошествие, -я *n*: по -и (срока) *buchspr* nach Ablauf (der Frist); по -и двух лет nach [in] zwei Jahren
прошибать *uv zu* прошибить
про|шибить* *v* 1. *umg* durchschlagen, einschlagen 2. *volksspr* durchdringen; пот его прошиб der Schweiß brach ihm aus allen Poren; озноб его прошиб ein Fieberschauer durchschüttelte ihn || *uv* прошибать, -аю, -аешь
прошивать *uv zu* прошить
прошивка, -и, *Pl G* -вок, *D* -вкам *f* 1. Annähen 2. *text* Spitzeneinsatz
прошивной, -ая, -ое durchgenäht, durchgesteppt
про|шить* *v* durchnähen, durchsteppen || *uv* прошивать, -аю, -аешь
прошлогодний, -яя, -ее vorjährig
прошлый, -ая, -ое 1. vergangen, vorig; на -ой неделе vorige Woche; ~

раз das letzte Mal 2. -ое, -ого *Subst n* Vergangenheit ◇ отойти́ в -ое in Vergessenheit geraten; э́то де́ло -ое das gehört der Vergangenheit an
прошля́пить, -плю, -пишь *v volksspr* verpassen, verdösen
прошмы́гивать *uv zu* прошмыгну́ть
прошмыгну́ть, -ну́, -нёшь *v umg* (durch)schlüpfen, (durch)huschen ‖ *uv* прошмы́гивать, -аю, -аешь
прошнурова́ть, -ру́ю, -ру́ешь; -ро́ванный, -ро́ван, -а *v* mit einer Schnur durchnähen, auf eine Schnur aufreihen ‖ *uv* **прошнуро́вывать,** -аю, -аешь
проштра́фиться, -флюсь, -фишься *v umg* sich etw. zuschulden kommen lassen, sich strafbar machen
проштуди́ровать, -рую, -руешь; -рованный, -рован, -а *v* studieren, gründlich lernen
проща́льный, -ая, -ое Abschieds-
проща́ние, -я *n* Abschied; на ~ zum Abschied
проща́ть, -а́ю, -а́ешь *uv* 1. *uv zu* прости́ть 2. *Imp* проща́й(те)! lebe(n Sie) wohl!
проща́ться *uv zu* прости́ться
про́ще ↑ [1]просто́й
прощелы́га, -и *m, f volkssрr* Gauner, Schurke
проще́ние, -я *n* Verzeihung, Vergebung; проси́ть -я um Verzeihung bitten
прощу́пать, -аю, -аешь; -анный, -ан, -а *v* 1. abtasten 2. *übtr* prüfen, auf den Zahn fühlen; sondieren ‖ *uv* **прощу́пывать,** -аю, -аешь
проэкзаменова́ть, -ну́ю, -ну́ешь; -но́ванный, -но́ван, -а *v* examinieren, prüfen
прояви́тель, -я *m phot* Entwickler
прояви́ть, -явлю́, -я́вишь; -я́вленный, -я́влен, -а *v* 1. *phot* entwickeln 2. zeigen, bekunden, an den Tag legen; ~ себя́ с хоро́шей стороны́ sich von der besten Seite zeigen; ~ интере́с к чему́-н. Interesse für etw. zeigen; ~ нетерпе́ние Ungeduld zeigen ‖ *uv* проявля́ть, -я́ю, -я́ешь
прояви́ться, *1. u. 2. Pers ungebr,* -я́вится *v* sich zeigen, hervortreten, zutage treten ‖ *uv* проявля́ться, -я́ется
про́явка, -и *f phot* Entwickeln
проявле́ние, -я *n* 1. *phot* Entwickeln 2. Äußerung, Bekundung; Erscheinung(sform)
проявля́ть(ся) *uv zu* прояви́ть(ся)
проя́снеть, *1. u. 2. Pers ungebr,* -еет *v umg* sich aufheitern, sich aufklären *Wetter* ‖ *uv* **проясни́вать,** -ает
проясни́ться, *1. u. 2. Pers ungebr,* -и́тся *v umg* 1. sich aufklären, sich aufheitern *Wetter* 2. *übtr* sich aufklären 3. deutlich hervortreten ‖ *uv* **проясня́ться,** -я́ется
пру ↑ пере́ть
пруд, -а́, *P* о пруде́, в [на] пруду́ *m* Teich
пруди́ть, пружу́, пру́дишь *uv* abdämmen, eindämmen ◇ хоть пруд пруди́ *umg* im Überfluß, wie Sand am Meer
прудово́й, -а́я, -о́е Teich-
пружи́на, -ы *f* 1. Feder, Sprungfeder 2. Triebfeder, treibende Kraft ◇ нажа́ть все -ы *umg* alle Hebel in Bewegung setzen
пружи́нистый, -ая, -ое; *Kzf* -ист, -а federnd, elastisch
пружи́нить, -ню, -нишь *uv* 1. *1. u. 2. Pers ungebr* federn, elastisch sein 2. federn lassen
пружи́ниться, *1. u. 2. Pers ungebr,* -нится *uv umg* federn, elastisch sein
пружи́нный, -ая, -ое Feder-, Sprungfeder-
руса́к, -а́ *m* rötliche Schabe
прусса́к, -а́ *m* Preuße
Пру́ссия, -и *f hist* Preußen
пру́сский, -ая, -ое preußisch
прут, -а *u.* -а́ *Pl* пру́тья, -ьев, -ьям *m* 1. Gerte, Rute 2. (Metall-) Stab, Stange
Прут, -а *m* Prut *Fluß*
прутяно́й, -а́я, -о́е aus Ruten geflochten
прыг *prädikativ umg* sprang; mit einem Sprung [Satz]
пры́галка, -и *f* (*Pl in derselben Bedeutung wie Sg* пры́галки, -лок, -лкам) *umg* Sprungseil
пры́гать, -аю, -аешь *uv* springen, hüpfen ‖ *v mom* **пры́гнуть,** -ну, -нешь
прыгу́н, -а́ *m Sport* Springer
прыгу́нья, -ьи, *Pl G* -ний, *D* -ньям *f* Springerin
прыжо́к, -жка́ *m* Sprung, Satz; ~ в длину́ Weitsprung; ~ в высоту́ Hochsprung; ~ с шесто́м Stabhochsprung; -жки́ в во́ду Kunstspringen; -жки́ с вы́шки Turmspringen; тройно́й ~ Dreisprung; -жки́ на лы́жах Schispringen; ~ с ме́ста [с разбе́га] Sprung aus dem Stand [Anlauf]; ~ с парашю́том Fallschirmabsprung

прыскать *uv zu* прыснуть
прыскаться, -аюсь, -аешься *uv umg* sich bespritzen
прыснуть, -ну, -нешь *v umg* **1.** (be)-spritzen, besprengen **2.** *1. u. 2. Pers ungebr* (hervor)spritzen, -sprudeln **3.**: ~(со смеху) herausplatzen, in ein Gelächter ausbrechen || *uv* прыскать, -аю, -аешь
прыткий, -ая, -ое; *Kzf* -ток, -тка!; *Komp* прытче *umg* flink, hurtig; wendig
прыткость, -и *f umg* Flinkheit, Wendigkeit
прытче ↑ прыткий
прыть, -и *f umg* Flinkheit, Behendigkeit ◇ во всю ~ in vollem Galopp; so schnell man kann
прыщ, -á, *I* -óм, *G Pl* -éй *m* Pickel; в -áх voller Pickel, picklig
прыщáвый, -ая, -ое; *Kzf* -áв, -а *umg* voller Pickel, picklig
прыщевáтый, -ая, -ое; *Kzf* -áт, -а *umg* voller Pickel, picklig
прядéние, -я *n* Spinnen
пряденый, -ая, -ое gesponnen
прядильный, -ая, -ое Spinn-; ~ цех *oder* -ая фабрика Spinnerei
прядильня, -и, *Pl G* -лен, *D* -льням *f alt* Spinnerei
прядильщик, -а *m* Spinner
прядильщица, -ы, *I* -ей *f* Spinnerin
пряду ↑ прясть
прядь, -и *f* **1.** (Haar-) Strähne, Locke **2.** Strang
пряжа, -и, *I* -ей *f* Garn
пряжка, -и, *Pl G* -жек, *D* -жкам *f* Schnalle
прялкá, -и, *Pl G* -лок, *D* -лкам *f* Spinnrad
прямизнá, -ы́ *f* Geradheit
прямикóм *Adv umg* geradewegs, schnurstracks
прямо *Adv* **1.** gerade; держаться ~ sich geradehalten **2.** geradeaus; идите ~ gehen Sie geradeaus **3.** direkt, unmittelbar; ~ к делу unmittelbar zur Sache; ~ к цели direkt zum Ziel; спать ~ на землé auf der bloßen Erde schlafen **4.** offen, geradeheraus; ohne Umschweife **5.** *umg* wirklich, direkt, geradezu; это — ~ наказáние das ist direkt [geradezu] eine Strafe ◇ ~-таки tatsächlich, wirklich, direkt
прямо- *in Zuss* gerad-
прямо|душие, -я *n* Offenherzigkeit, Geradheit; **~душный**, -ая, -ое; *Kzf* -шен, -шна, offenherzig, aufrichtig
прямóй, -áя -óе; *Kzf* прям, -á! **1.** gerade; glatt; идти -óй дорóгой den geraden Weg gehen *a übtr* **2.** direkt, durchgehend, Durchgangs-; -óе сообщéние direkte (Eisenbahn-) Verbindung **3.** direkt *a. gram*, unmittelbar; -ы́е вы́боры direkte Wahlen; -áя ответственность die unmittelbare Verantwortung; -áя речь direkte Rede; -óе дополнéние *gram* direktes Objekt **4.** aufrichtig, offen **5.** *umg* wirklich, unbedingt; -áя потрéбность ein wirkliches Bedürfnis; тебé ~ расчёт éхать на троллéйбусе es lohnt sich für dich wirklich mit dem Obus zu fahren **6.** -áя, -óй *Subst f math* Gerade ◇ ~ смысл der eigentliche [wahre] Sinn; ~ ýгол rechter Winkel; -áя линия *math* Gerade; -áя кишкá Mastdarm
прямолинéйный, -ая, -ое; *Kzf* -éен, -éйна **1.** geradlinig **2.** *übtr* geradlinig, aufrichtig, offen
прямотá, -ы́ *f* Aufrichtigkeit, Offenheit
прямо|угóльник, -а *m* Rechteck; **~угóльный**, -ая, -ое rechtwinklig
пряник, -а *m* Pfefferkuchen
пряность, -и *f* **1.** Gewürz **2.** Würzigkeit, Würze
пряный, -ая, -ое; *Kzf* прян, -а **1.** würzig, gewürzt, scharf **2.** *übtr* gewürzt; -ые растéния Gewürzpflanzen
[1]**прясть*** *uv* spinnen
[2]**прясть***, *1. u. 2. Pers ungebr, uv*: ~ ушáми die Ohren spitzen, mit den Ohren spielen *Pferd, Hund u. a.*
прятать* *uv* **1.** verstecken, verbergen **2.** einstecken || *v* спрятать
прятаться* *uv* sich verstecken, sich verbergen; ~ от дождя sich vor dem Regen unterstellen || *v* спрятаться
прятки, -ток, -ткам *Pl* Versteckspiel; игрáть в ~ Versteck spielen
пряха, -и *f* (Hand-) Spinnerin
прячу ↑ прятать
псалóм, -лмá *m* Psalm
псалóмщик, -а *m* Kirchendiener
псалтырь, -и *f u. umg* **псалтырь**, -я́ *m rel* Psalter
псáрный, -ая, -ое Hunde-; ~ двор Hundezwinger
псáрня, -и, *Pl G* -рен, *D* -рням *f* Hundezwinger, Hundehaus *für Jagdhunde*
псевдонаýчный, -ая, -ое; *Kzf* -чен, -чна pseudowissenschaftlich
псевдоним, -а *m* Pseudonym
псиный, -ая, -ое *umg* Hunde-
псих, -а *m* seelisch unausgeglichener

Mensch; он ~ *volksspr derb* er spinnt, er hat einen Vogel
психастéник [тэ], -а *m umg* Psychastheniker, nervenschwacher Mensch
психиатрúческий, -ая, -ое psychiatrisch; -ая клúника Nervenklinik
психиатрúя, -и *f* Psychiatrie
псúхика, -и *f* Psyche, seelische Verfassung
психúческий, -ая, -ое psychisch, seelisch; -ие болéзни Geistes- und Gemütskrankheiten; -и больнóй Geisteskranker; Nervenkranker
психовáть, психýю, психýешь *uv volkssp*r sich unnütz aufregen, nervös werden, die Nerven verlieren
психóз, -а *m* Psychose
психóлог, -а *m* Psychologe
психологúческий, -ая, -ое psychologisch
психолóгия, -и *f* Psychologie
психотерапúя, -и *f* Psychotherapie
псковитя́нин, -а, *Pl* -я́не, -я́н, -я́нам *m* Einwohner von Pskow
псóвый, -ая, -ое Hunde-; -ая охóта Hetzjagd
пта́шка, -и, *Pl G* -шек, *D* -шкам *f umg* Vögelchen; ра́нняя ~ Frühaufsteher(in)
птенéц, -нцá, *I* -нцóм, *G Pl* -нцóв *m* Vogeljunges; желторóтый [мокрóротый] ~ Grünschnabel
птúца, -ы, *I* -ей *f* **1.** Vogel; пéвчая ~ Singvogel; перелётная ~ Zugvogel; хúщная ~ Raubvogel **2.** *Koll* Geflügel ◇ ва́жная ~ *oder* ~ высóкого полёта *übtr umg* großes Tier; не великá ~ *umg* ein unbedeutender Mensch; обстрéлянная [стрéляная] ~ *umg* Schlaukopf, gewitzter Kerl; жить как ~ небéсная sorglos in den Tag hineinleben
птице|вóд, -а *m* Geflügelzüchter(in); **~вóдство,** -а *n* Geflügelzucht; **~лóв,** -а *m* Vogelfänger; **~фéрма,** -ы *f* Geflügelfarm
птúчий, -ья, -ье Vogel-; ~ двор Geflügelhof ◇ с -ьего полёта aus der Vogelschau; тóлько -ьего молокá нет [недостаёт, не хватáет] *umg scherz* dort gibt es einfach alles, alles ist im Überfluß vorhanden; ~ база́р *zool* Vogelkolonie
птúчка, -и, *Pl G* -чек, *D* -чкам *f* **1.** *Dem zu* птúца kleiner Vogel, Vögelchen **2.** *umg* Häkchen *als Anmerkungszeichen*; постáвить -у ein Häkchen machen
птúчник, -а *m* **1.** Geflügelhof **2.** Geflügelwärter
птúчница, -ы, *I* -ей *f* Geflügelwärterin
ПТО (противотáнковая оборóна) Panzerabwehr
пуáнты, -ов *Pl*: на -ах auf den Zehenspitzen *beim Ballett*
пýблика, -и *f* Publikum, Gesellschaft
публикáция, -и *f* Publikation, Veröffentlichung
публиковáть, -кýю, -кýешь; -кóванный, -кóван, -а *uv* veröffentlichen, publizieren
публицúстика, -и *f* Publizistik
публицистúческий, -ая, -ое publizistisch
публúчный, -ая, -ое öffentlich; ~ дом Bordell; -ая жéнщина *alt* Prostituierte
пýгало, -а *n* Vogelscheuche; Schreckgespenst
пýганый, -ая, -ое erschreckt ◇ -ая ворóна кустá боúтся gebranntes Kind scheut das Feuer
пугáть, -áю, -áешь *uv* (er)schrecken, einschüchtern ‖ *v mom* пугнýть, -нý, -нёшь
пугáться, -áюсь, -áешься *uv* erschrecken, Angst bekommen; лóшадь пугáется das Pferd scheut
[1]**пугáч,** -á, *I* -óм, *G Pl* -éй *m* Spielzeug-, Kinderpistole
[2]**пугáч,** -á, *I* -óм, *G Pl* -éй *m gbt* Uhu
пуглúвый, -ая, -ое; *Kzf* -úв, -а furchtsam, scheu
пугнýть *v mom zu* пугáть
пýговица, -ы, *I* -ей *f* Knopf
пýговка, -и, *Pl G* -вок, *D* -вкам *f Dem zu* пýговица kleiner Knopf ◇ нос -ой *scherz* Stumpfnäschen
пуд, -а, *Pl* пудú, -óв, -áм *m* Pud *16,38 kg*
пýдель, -я, *Pl* пýдели, -ей, -ям *u.* пуделя́, -éй, -я́м *m* Pudel
пýдинг, -а *m* Pudding
пудовóй, -áя, -óе *u* **пудóвый,** -ая, -ое ein Pud schwer; sehr schwer
пýдра, -ы *f* Puder; сáхарная ~ Staubzucker
пýдреница, -ы, *I* -ей *f* Puderdose
пýдреный, -ая, -ое gepudert
пýдрить, -рю, -ришь *uv* pudern
пузáтый, -ая, -ое; *Kzf* -áт, -а **1.** *volkssp*r dickbäuchig **2.** *umg* bauchig *Gefäß*
пýзо, -а *n volkssp*r Bauch, Wanst
пузырёк, -рькá *m* **1.** *Dem zu* пузы́рь Bläschen **2.** Fläschchen
пузы́рчатый, -ая, -ое; *Kzf* -ат, -а mit Blasen bedeckt, voller Blasen
пузы́рь, -я́ *m* **1.** (Luft-) Blase; пускáть

мыльные -и́ Seifenblasen machen 2. *umg* (Haut-) Blase; ~ от ожо́га Brandblase 3. *anat* Blase; мочево́й ~ Harnblase; жёлчный ~ Gallenblase 4. *Pl* Schwimmkissen; ~ со льдом Eisbeutel 5. *umg scherz* Knirps

пук, -а, *Pl* пуки́, -о́в, -а́м *m* Bündel; Büschel

пулево́й, -а́я, -о́е (Gewehr-) Kugel-; -а́я ра́на Schußwunde

пулемёт, -а *m* Maschinengewehr; станко́вый ~ schweres Maschinengewehr; ручно́й ~ leichtes Maschinengewehr; пистоле́т-~ Maschinenpistole

пулемётный, -ая, -ое Maschinengewehr-; -ая ле́нта Maschinengewehrgurt; -ая то́чка Maschinengewehrnest

пулемётчик, -а *m* Maschinengewehrschütze

пуло́вер, -а *m* Pullover

пульвериза́тор, -а *m* Zerstäuber

пульну́ть *v mom zu* пуля́ть

пульс, -а *m* Puls, Pulsschlag *a. übtr*

пульси́ровать, *1. u. 2. Pers ungebr,* -рует *uv* pulsieren *a. übtr*

пульт, -а *m* 1. Notenpult, Notenständer 2. *tech* Schaltpult, Steuerpult

пу́ля, -и *f* Kugel, Geschoß ◇ лить [отлива́ть] -и *volksspr* lügen, Sand in die Augen streuen

пуля́рка, -и, *Pl G* -рок, *D* -ркам *f* gemästete Henne

пуля́ть, -я́ю, -я́ешь *uv volksspr* werfen, feuern, schießen ‖ *v mom* пульну́ть, -ну́, -нёшь

пу́ма, -ы *f* Puma, Silberlöwe

пункт, -а *m* 1. Punkt, Stelle; исхо́дный ~ Ausgangspunkt; сбо́рный ~ Sammelpunkt; перевя́зочный ~ *mil* Verbandsplatz; призывно́й ~ *mil* Einberufungsort; медици́нский ~ Sanitätsstelle; населённый ~ Ort(schaft); са́мый высо́кий ~ ме́стности der höchste Punkt im Gelände 2. Punkt, Abschnitt, Paragraph; пове́стка дня состои́т из трёх -ов die Tagesordnung besteht aus drei Punkten; -ы догово́ра die Bestimmungen des Vertrags ◇ расска́зывать по -ам Punkt für Punkt erzählen, alles schön nacheinander erzählen; по всем -ам in jeder Hinsicht

пу́нктик, -а *m* 1. *Dem zu* пункт Pünktchen 2. *umg scherz* Spleen, Marotte, Vogel

пункти́р, -а *m* punktierte Linie

пункти́рный, -ая, -ое punktiert

пунктуа́льный, -ая, -ое; *Kzf* -лен, -льна pünktlich, genau

пунктуа́ция, -и *f gram* Interpunktion

пунцо́вый, -ая, -ое hochrot

пунш, -а, *I* -ем, *G Pl* -ей *m* Punsch

пу́128шевый, -ая, -ое Punsch-

пуп, -а́ *m umg* Nabel

пупови́на, -ы *f* Nabelschnur

пупо́к, -пка́ *m* Nabel

пупо́чный, -ая, -ое Nabel-; -ая гры́жа Nabelbruch

пурга́, -и́ *f* Schneesturm

пу́рпур, -а *m* Purpur

пурпу́рный, -ая, -ое *u.* **пурпу́ровый,** -ая, -ое purpurn, purpurrot

пуск, -а *m* Inbetriebnahme, Ingangsetzung

пуска́й ↑ пусть

пуска́ть(ся) *uv zu* пусти́ть(ся)

пустельга́, -и́ *f* 1. Turmfalke 2. *m, f volksspr* Windbeutel, leichtsinniger Mensch

пусте́ть, *1. u. 2. Pers ungebr,* -е́ет *uv* leer werden, veröden

пусти́ть, пущу́, пу́стишь; пу́щенный, -ен, -а *v* 1. fortlassen, freilassen, loslassen; ~ кого́-н. в о́тпуск j-m Urlaub geben 2. (gehen) lassen, erlauben; ~ дете́й в кино́ die Kinder ins Kino gehen lassen 3. durchlassen, (her)einlassen; ~ жильцо́в Untermieter in die Wohnung nehmen 4. auf die Weide treiben 5. in Gang [Bewegung] setzen; anlassen *Motor*; abfahren lassen *Zug*; ~ змея́ einen Drachen steigen lassen; ~ раке́ту eine Rakete abschießen [steigen lassen]; ~ фонта́н den Springbrunnen spielen lassen; ~ фейерве́рк ein Feuerwerk abbrennen; ~ газ Gas ausströmen lassen; ~ ло́шадь ша́гом das Pferd im Schritt gehen lassen 6. werfen, schießen; ~ ка́мень einen Stein werfen; ~ себе́ пу́лю в лоб sich eine Kugel durch den Kopf jagen 7. *landw* bestimmen (под *A* für); ~ по́ле под рожь ein Feld für Roggenanbau bestimmen 8. sprießen lassen, treiben; ~ ростки́ Schößlinge treiben; ~ по́чки ausschlagen, Knospen treiben; ~ ко́рни Wurzel fassen *a. übtr* ◇ ~ кому́-н. кровь j-n zur Ader lassen; ~ по́ миру *alt* an den Bettelstab bringen; ~ в обраще́ние in Umlauf setzen; ~ по́езд под отко́с einen Zug zum Entgleisen bringen; ~ в прода́жу zum Verkauf bringen;

~ слух ein Gerücht in Umlauf setzen; ~ су́дно ко дну ein Schiff versenken; ~ в ход все сре́дства alle Hebel in Bewegung setzen; kein Mittel unversucht lassen ‖ *uv* пуска́ть, -а́ю, -а́ешь
пусти́ться, пущу́сь, пу́стишься *v umg* **1.** losgehen, sich aufmachen; ~ бежа́ть davonlaufen, losrennen, losstürzen; ~ в путь [в доро́гу] sich auf den Weg machen; ~ в мо́ре in See gehen **2.** в *A oder mit Inf* beginnen; sich (an etw.) machen; sich (auf etw.) einlassen; ~ в риско́ванное предприя́тие sich auf ein riskantes Unternehmen einlassen; ~ на хи́трость *umg* zu einer List greifen 3. на *A* wagen, riskieren *uv* пуска́ться, -а́юсь, -а́ешься
пу́сто *unpers prädikativ* es ist leer; в ко́мнате бы́ло ~ das Zimmer war leer ◇ чтоб тебе́ [ему́] ~ бы́ло! *volksspr* daß dich [ihn] der Kuckuck hole!
пустова́ть, *1. u. 2. Pers ungebr*, -ту́ет *uv* leer stehen, unbewohnt sein; *landw* brachliegen
пустозво́н, -а *m umg* Schwätzer
пусто́й, -а́я, -о́е; *Kzf* пуст, -а́! **1.** leer; öde; ~ ко́лос [оре́х] taube Ähre [Nuß]; на ~ желу́док auf nüchternen Magen; мой карма́н пуст in meiner Kasse ist Ebbe **2.** hohl **3.** nichtssagend, wertlos; nutzlos, nichtig; -ы́е слова́ leere Worte; ~ биле́т Niete (*Lotterie-*) *Los* **4.** -о́е, -о́го *Subst n* dummes Zeug, Unsinn ◇ -а́я поро́да taubes Gestein; перелива́ть из -о́го в поро́жнее *umg* leeres Stroh dreschen
пустоме́ля, -и, *G Pl* -ей *m, f umg verächtl* Schwätzer(in)
пустосло́в, -а *m umg* Schwätzer
пустосло́вие, -я *n* leeres Gerede, Geschwätz
пустосло́вить, -влю, -вишь *uv umg* Unsinn schwatzen, leeres Stroh dreschen
пустота́, -ы́, *Pl* пусто́ты, -о́т, -о́там *f* **1.** Leere **2.** Nichtigkeit **3.** Hohlraum; Vakuum
пустоте́лый, -ая, -ое hohl, Hohl-; ~ кирпи́ч Hohlziegel
пустоцве́т, -а *m* **1.** taube Blüte **2.** nutzloser Mensch
пу́стошь, -и *f* Ödland; Лю́небургская ~ Lüneburger Heide
пусты́нник, -а *m buchspr* Einsiedler
пусты́нный, -ая, -ое; *Kzf* -нен, -нна **1.** unbewohnt, öde **2.** still, leer
пусты́ня, -и *f* Wüste; Einöde
пусты́рь, -я́ *m* unbebauter Platz *zwischen Häusern*
пусты́шка, -и, *Pl G* -шек, *D* -шкам *f umg* **1.** hohler Gegenstand *z. B. taube Nuß* **2.** Niete *Los* **3.** Lutscher, Schnuller, Nuckel **4.** *übtr* eine Niete, eine Null, nichtiger Mensch
пусть *u. umg* **пуска́й 1.** *Part mit Verb in der 3. Pers Fut oder Präs* soll, möge; ~ подождёт! soll er warten!; ~ иду́т! sollen [mögen] sie gehen!; ~ бу́дет так! mag es so sein!; ~ бу́дет что бу́дет mag kommen, was wolle **2.** *Konj* mag auch, wenn auch; ~ он оши́бся, но оши́бку мо́жно испра́вить mag er sich auch geirrt haben, so kann man den Fehler doch korrigieren; ~ дождь, я всё равно́ пойду́ домо́й und wenn es auch regnet, ich gehe (trotzdem) nach Hause **3.** *Part* nun gut, mir recht; ну ~, я согла́сен nun gut, ich bin einverstanden; ~ так na schön ◇ ~ его́ [их] soll er doch [sollen sie doch]
пустя́к, -а́ *m umg meist Pl* Bagatelle, Kleinigkeit, Lappalie; мно́го шу́му из-за -о́в viel Lärm um nichts ◇ (э́то) -и́ *umg* das macht nichts; das hat nichts zu bedeuten
пустяко́вый, -ая, -ое *umg* unbedeutend, nichtig
пустя́чный, -ая, -ое *umg* unbedeutend, nichtig
пу́таник, -а *m umg* Wirrkopf
пу́таница, -ы, *I* -ей *f* Wirrwarr, Durcheinander; внести́ -у Verwirrung stiften; невероя́тная ~ heillose Verwirrung
пу́таный, -ая, -ое verwirrt, unklar, verworren
пу́тать, -аю, -аешь *uv* **1.** durcheinanderbringen, in Unordnung bringen; verfitzen **2.** verwirren, aus dem Konzept bringen **3.** *umg* faseln, verworren reden, sich in Widersprüche verwickeln **4.** verwechseln **5.** *umg* в *A in etw. Unangenehmes* verwikkeln, hineinziehen; не пу́тай меня́ в э́то де́ло laß mich aus dem Spiel **6.** fesseln *Pferd*
пу́таться, -аюсь, -аешься *uv* **1.** in Verwirrung geraten, durcheinandergeraten *a. übtr* **2.** *umg* aus dem Konzept kommen; sich in Widersprüche verwickeln; sich verheddern **3.** *umg mißb* sich einmischen, seinen Senf dazugeben **4.** *volksspr* herumschlendern, sich herumtreiben **5.** *volksspr* sich einlassen (с *I* mit)

путёвка, -и, *Pl G* -вок, *D* -вкам *f* 1. Reisescheck, Einweisungsschein *in ein Sanatorium; zu einem Lehrgang;* ~ в дом о́тдыха Ferien-, Urlaubsscheck 2. Fahrbefehl ◇ ~ в жизнь Rüstzeug für das Leben *Wissen, Fertigkeiten*

путеводи́тель, -я *m* (Reise-) Führer *Buch;* Reisehandbuch; ~ по Москве́ Führer durch Moskau; железнодоро́жный ~ Kursbuch

путево́дный, -ая, -ое: -ая звезда́ Leitstern

путево́й, -а́я, -о́е Weg-, Reise-; ~ знак Wegweiser; -ы́е изде́ржки Reisespesen, Reisekosten; ~ сто́рож Bahnwärter

путе́ец, -е́йца, *I* -е́йцем, *G Pl* -е́йцев *m umg* Eisenbahningenieur; Streckenarbeiter

[1]**путём** *Präpos mit G* durch, mit Hilfe (von)

[2]**путём** *Adv umg* richtig, ordentlich, wie es sich gehört

путепрово́д, -а *m* Überführung; Unterführung *Eisenbahn*

путеукла́дчик, -а *m* Schienenleger *Maschine*

путеше́ственник, -а *m* Reisender; Forschungsreisender

путеше́ствие, -я *n weite* Reise, Forschungsreise; кругосве́тное ~ Weltreise

путеше́ствовать, -ствую, -ствуешь *uv* weit reisen, eine weite Reise unternehmen; отпра́виться ~ auf Reisen gehen

пути́на ,-ы *f* Fischfangsaison

пу́тник, -а *m alt* Wanderer

пу́тный, -ая, -ое *umg* tüchtig, ordentlich, vernünftig; ничего́ -ого не вы́йдет dabei kommt nichts Vernünftiges heraus

путово́й, -а́я, -о́е *anat* Fessel- *bei Pferden*

путч, -а, *I* -ем, *G Pl* -ей *m* Putsch

путчи́ст, -а *m* Putschist

пу́ты *Pl* пут, *Sg gbt* пу́то, -а *n* Fesseln *a. übtr*

путь *G, D, P* -и́, *I* путём *m* (*Deklination wie Feminina auf* -ь) 1. Weg, Verkehrsweg; са́нный ~ Schlittenbahn; пути́ сообще́ния Verkehrswege; министе́рство путе́й сообще́ния Verkehrsministerium; во́дным путём auf dem Wasserweg; zur See; сухи́м путём auf dem Landweg 2. Gleis; Strecke; Linie; запа́сный ~ Abstellgleis; подъездно́й ~ Anschlußgleis; слу́жба пути́ Streckendienst *Bahn* 3. Fahrt, Reise; обра́тный ~ Rückfahrt; Rückweg; счастли́вого пути́! glückliche Reise!; в трёх днях пути́ drei Tagereisen entfernt 4. (Reise-) Weg, Reiseroute; око́льными путя́ми auf Umwegen; сби́ться с пути́ vom Weg abkommen 5. Weg, Art und Weise; жи́зненный ~ Lebensweg; лега́льным путём auf legalem Weg; ми́рным путём auf friedliche Weise, auf gütlichem Wege; таки́м путём auf diese Weise ◇ по пути́ unterwegs; нам [мне] с ва́ми по пути́ ich habe den gleichen Weg wie Sie, ich gehe in dieselbe Richtung; нам не по пути́ unsere Wege trennen sich *a. übtr;* сби́ться с ве́рного пути́ auf Abwege geraten; стоя́ть на чьём-н. пути́ j-m im Wege sein; проводи́ть кого́-н. в после́дний ~ j-m die letzte Ehre erweisen

пуф, -а *m* niedriger, gepolsterter Hocker

пух, -а, *P* о пу́хе, в [на] пуху́ *m* Daunen, Flaumfedern; Flaumhaare ◇ разби́ть в ~ и прах *umg* kurz und klein schlagen, völlig zerschlagen; ни -а ни пера́! *umg* Hals- und Beinbruch!

пу́хлый, -ая, -ое; *Kzf* пухл, пухла́! rundlich und weich; aufgedunsen; mollig, dick

пу́хнуть, -ну, -нешь; пу́хнул, -а *u.* пух, -ла; пу́х(нув)ший *uv* anschwellen

пухови́к, -а́ *m* Daunenbett

пухо́вка, -и, *Pl G* -вок, *D* -вкам *f* Puderquaste

пухо́вый, -ая, -ое Daunen-

пучегла́зый, -ая, -ое; *Kzf* -а́з, -а *umg* glotzäugig

пучи́на, -ы *f* 1. Wasserwirbel, -strudel 2. (Meeres-) Abgrund, Untiefe 3. *übtr buchspr* Abgrund

пу́чить, -чу, -чишь *uv* 1. *unpers umg* (auf)blähen; heben; его́ пу́чит *oder* у него́ живо́т пу́чит er hat Blähungen 2. *volksspr* anglotzen, aufreißen *Augen;* ~ глаза́ на кого́-н. j-n anstarren

пучо́к, -чка́ *m* 1. *Dem zu* пук Büschel 2. (Strahlen-) Bündel 3. Knoten *Haar*

пу́шечный, -ая, -ое Kanonen- ◇ -ое мя́со Kanonenfutter

пуши́нка, -и, *Pl G* -нок, *D* -нкам *f* Flaumfeder, Flaumhaar, Flöckchen

пуши́стый, -ая, -ое; *Kzf* -и́ст, -а flaumig; wollig; weich

пуши́ть, -шу́, -ши́шь *uv* 1. aufschütteln *Federn* 2. *umg* ausschimpfen, schelten
пу́шка, -и, *Pl G* -шек, *D* -шкам *f* Kanone *Geschütz*; ко́бальтовая ~ *med* Kobaltkanone ◇ взять кого́-н. на -у *volksspr* j-n hinters Licht führen
Пу́шкин, -а *m* Puschkin *Stadt, früher* Ца́рское Село́
пушни́на, -ы *f Koll* Pelzwerk, Rauchwaren
пушно́й, -а́я, -о́е Peltz(tier)-; ~ зверь Pelztier; ~ про́мысел Pelztierjagd
пушо́к, -шка́ *m Dem zu* пух Flaum
пу́ща, -и, *I* -ей *f* dichter Wald
пу́ще *Adv volkssрr* mehr, stärker; ~ всего́ am meisten, über alles
пу́щий, -ая, -ее *umg alt* größter ◇ для -ей ва́жности der großen Wichtigkeit halber
Пхенья́н, -а *m* Pjöngjang
ПХЗ (противохими́ческая защи́та) Gasschutz
пчела́, -ы́, *Pl* пчёлы, пчёл, пчёлам *f* Biene
пчели́ный, -ая, -ое Bienen-; ~ у́лей Bienenstock
пчелово́д, -а *m* Bienenzüchter, Imker
пчелово́дство, -а *n* Bienenzucht, Imkerei
пче́льник, -а *m* Bienenstand, Bienengarten
пшени́ца, -ы, *I* -ей *f* Weizen; ярова́я ~ Sommerweizen
пшени́чный, -ая, -ое Weizen-; ~ хлеб Weißbrot
пшённый, -ая, -ое Hirse-; -ая ка́ша Hirsebrei
пшено́, -а́ *n* Hirse(graupen)
пшик, -а *m umg* Nichts, Leere
пыж, -а́, *I* -о́м, *G Pl* -е́й *m* 1. Ladestock 2. *gbt* Bug
пы́жик, -а *m* 1. junges Ren 2. *umg scherz* untersetzter [dicker] Mensch, Dickerchen
пы́житься, -жусь, -жишься *uv umg* 1. sich anstrengen 2. sich aufblasen, wichtig tun
пыл, -а (-у), *P* о пы́ле, в пылу́ Feuereifer, Leidenschaft; в -у́ сраже́ния [спо́ра] im Eifer des Gefechts
пыла́ть, -а́ю, -а́ешь *uv* flammen, lodern, glühen *a. übtr*; ~ любо́вью vor Liebe brennen
пыленепроница́емый, -ая, -ое staubdicht
пылесо́с, -а *m* Staubsauger
пыли́нка, -и, *Pl G* -нок, *D* -нкам *f* Staubkörnchen
пыли́ть, -лю́, -ли́шь *uv* 1. Staub aufwirbeln 2. staubig machen
пыли́ться, -лю́сь, -ли́шься *uv* staubig werden
пы́лкий, -ая, -ое; *Kzf* -лок, -лка́! hitzig, heftig, aufbrausend; -ая голова́ Hitzkopf
пы́лкость, -и *f* Feurigkeit, Heftigkeit, aufbrausendes Wesen
пыль, -и, *P* о пы́ли, в пыли́ *f* Staub; у́гольная ~ Kohlenstaub ◇ пуска́ть кому́ п. в глаза́ *umg* j-m Sand in die Augen streuen, j-m blauen Dunst vormachen
[1]**пы́льник,** -а *m bot* Staubbeutel, -kolben
[2]**пы́льник,** -а *m umg* Staubmantel
пы́льный, -ая, -ое; *Kzf* -лен, -льна́! staubig, verstaubt; -ая тря́пка Staublappen
пыльца́, -ы́, *I* -о́й *f bot* Blütenstaub
пыре́й, -я, *G Pl* -ев *m bot* Quecke
пырну́ть, -ну́, -нёшь *v I volkssрr* stechen, stoßen
пыта́ть, -а́ю, -а́ешь; пы́танный, -ан, -а *uv* 1. foltern, martern *a. übtr* 2. *gbt* (genau) ausfragen ◇ ~ сча́стья *umg* sein Glück versuchen
пыта́ться, -а́юсь, -а́ешься *uv mit Inf* versuchen ‖ *v* попыта́ться
пы́тка, -и, *Pl G* -ток, *D* -ткам *f* 1. Folter 2. *übtr* Folter, Qual
пытли́вый, -ая, -ое; *Kzf* -и́в, -а wißbegierig; forschend; ~ ум Forschergeist
пы́хать* *u.* -аю, -аешь *uv umg* 1. *1. u. 2. Pers ungebr* vor Hitze glühen 2. *I* strotzen, strahlen, glühen; он пы́шет здоро́вьем er strotzt vor Gesundheit
пыхте́ть, -хчу́, -хти́шь *uv umg* 1. keuchen, schnaufen 2.: ~ над че́м-н. *umg* schwitzen über etw., schwer fertig werden mit etw.
пы́шка, -и, *Pl G* -шек, *D* -шкам *f* 1. kleiner runder Hefekuchen 2. *umg* Dicke *dicke Frau*; Dickerchen *Kind*
пы́шный, -ая, -ое; *Kzf* -шен, -шна́! 1. leicht und locker 2. üppig, prächtig, prunkvoll
пы́шет ↑ пы́хать
пы́шущий, -ая, -ее: ~ здоро́вьем von Gesundheit strotzend, kraftstrotzend; ~ гне́вом wutschnaubend
пьедеста́л, -а *m* Sockel, Postament
пье́ксы, пьекс *Pl* Finnenstiefel, Schistiefel
пье́са, -ы *f* Theaterstück; Musikstück

пью ↑ пить
пьющий, -его *Subst m* Trinker, Säufer
пьянеть, -ею, -еешь *uv* 1. betrunken werden 2. *übtr* berauscht werden
пьянить, -ню, -нишь *uv* 1. betrunken machen 2. *1. u. 2. Pers ungebr übtr* berauschen; его пьянят успехи die Erfolge sind ihm in den Kopf gestiegen
пьяница, -ы, *I* -ей *m, f* Trinker(in), Trunkenbold
пьянка, -и, *Pl G* -нок, *D* -нкам *f volksspr* Saufgelage
пьянство, -а *n* Trunksucht
пьянствовать, -твую, -твуешь *uv maßlos* trinken, saufen
пьянчуга, -и *m, f volksspr* Säufer
пьяный, -ая, -ое; *Kzf* пьян, пьяна, пьяно, пьяны 1. betrunken 2. berauschend, schnell betrunken machend 3. -ого *Subst m* Betrunkener
пюпитр, -а *m* Notenpult, Büchergestell
пюре [рэ] *n idkl* Püree; картофельное ~ Kartoffelmus
пяденица, -ы, *I* -ей *f zool* Spanner
пядь, -и, *Pl* пяди, пядей, пядям *f* Spanne, Fußbreit *altes Längenmaß* ◇ ни -и земли не отдать [не уступить] keinen Fußbreit [kein Stückchen] Land weggeben; он семи пядей во лбу er ist sehr klug
пялить, -лю, -лишь *uv* 1. (aus)spannen; ~ глаза на кого-н. *volksspr* j-n anstarren 2. *Kleidung* mit Mühe anziehen
пяльцы, -лец, -льцам *Pl* Stickrahmen
пясть, -и *f anat* Mittelhand
пята, -ы, *Pl* пяты, пят, пятам *f* 1. *buchspr alt* Ferse 2. *tech* Zapfen; Kämpfer ◇ с головы до пят von Kopf bis Fuß; по -ам ходить за кем-н. j-m auf dem Fuß [auf Schritt und Tritt] folgen; под -ой unter der Herrschaft, unter dem Joch
пятак, -а *m volksspr* Fünfkopekenstück
пятачок, -чка *m umg* 1. Fünfkopekenstück 2. Schweinerüssel 3. enger Raum; kleiner Platz
пятёрка, -и, *Pl G* -рок, *D* -ркам *f* 1. Fünf *Ziffer*; *umg Straßenbahn, Omnibus der Linie 5*; Gruppe von fünf Personen oder Gegenständen 2. Fünf *Schulzensur „sehr gut", „ausgezeichnet" in der UdSSR* 3. Fünf *Spielkarte* 4. *umg* Fünfrubelschein
пятерня, -и, *G Pl* -ей *f volksspr* flache Hand
пятеро, -ых *kollektives Num* 1. fünf *bei männlichen Subst, die Personen bezeichnen u. bei Pluraliatantum*; нас было ~ wir waren (unser) fünf 2. fünf Paar
пятёрочник, -а *m umg* Schüler, der ständig die Fünf (beste Zensur) bekommt, Musterschüler
пяти- *in Zuss* fünf-
пяти|борье, -ья *n Sport* Fünfkampf; современное ~борье moderner Fünfkampf; **~годичный,** -ая, -ое fünfjährig
пяти|гранник, -а *m math* Fünfflach; **~гранный,** -ая, -ое fünfflächig; **~десятилетие,** -я *n* 1. fünfzig Jahre *Zeitraum* 2. fünfzigster Jahrestag, Fünfzigjahrfeier; fünfzigjähriges Jubiläum; **~десятилетний,** -яя, -ее fünfzigjährig; ~десятилетняя годовщина fünfzigster Jahrestag; **~десятый,** -ая, -ое *Num* fünfzigster; **~дневный,** -ая, -ое fünftägig; **~значный,** -ая, -ое *math* fünfstellig; **~классник,** -а *m* Schüler der fünften Klasse; **~классница,** -ы, *I* -ей *f* Schülerin der fünften Klasse; **~конечный,** -ая, -ое fünfzackig; **~кратный,** -ая, -ое fünfmalig; fünffach; **~курсник,** -а *m* Student des fünften Studienjahres
пятилетие, -я *n* 1. Jahrfünft 2. fünfter Jahrestag, Fünfjahrfeier; fünfjähriges Jubiläum
пяти|летка, -и, *Pl G* -ток, *D* -ткам *f* Fünfjahrplan; **~летний,** -яя, -ее fünfjährig; ~летний план Fünfjahrplan; **~месячный,** -ая, -ое 1. fünfmonatig *Dauer oder Alter* 2. fünfmonatlich; **~минутка,** -и, *Pl G* -ток, *D* -ткам *f umg* Kurzversammlung; **~недельный,** -ая, -ое 1. fünfwöchig *Dauer oder Alter* 2. fünfwöchentlich; **~рублёвка,** -и, *Pl G* -вок, *D* -вкам *f umg* Fünfrubelschein; **~сотлетие,** -я *n* 1. fünfhundert Jahre *Zeitraum* 2. fünfhundertster Jahrestag, Fünfhundertjahrfeier; **~сотлетний,** -яя, -ее fünfhundertjährig; **~сотый,** -ая, -ое *Num* fünfhundertster; **~тонка,** -и, *Pl G* -нок, *D* -нкам *f umg* Fünftonner *LKW*; **~тысячный,** -ая, -ое 1. *Num* fünftausendster 2. aus fünftausend bestehend 3. *umg* im Wert von fünftausend Rubeln
пятить, пячу, пятишь *uv* zurückdrängen, zurückschieben ‖ *v* попятить

пя́титься, пя́чусь, пя́тишься *uv* zurückweichen, rückwärts gehen ‖ *v* попя́титься

пяти|уго́льник, -а *m* Fünfeck; **~уго́льный,** -ая, -ое fünfeckig; **~эта́жный,** -ая, -ое vierstöckig, fünfgeschossig

пя́тка, -и, *Pl G* -ток, *D* -ткам *f* Ferse, Hacken; чуло́к с двойно́й -ой Strumpf mit verstärkter Ferse ◇ показа́ть -и Fersengeld geben; душа́ у него́ в -и ушла́ *umg das* Herz rutschte ihm in die Hosen; то́лько -и сверка́ют (rennen,) so schnell man kann

пятнадцати|ле́тие, -я *n* **1.** fünfzehn Jahre *Zeitraum* **2.** fünfzehnter Jahrestag, Fünfzehnjahrfeier; fünfzehnjähriges Jubiläum; **~ле́тний,** -яя, -ее fünfzehnjährig

пятна́дцатый, -ая, -ое *Num* fünfzehnter

пятна́дцать, -и *Num* fünfzehn

пятна́ть, -а́ю, -а́ешь *uv* **1.** beflecken, besudeln *a. übtr* **2.** *umg* abschlagen *beim Fangspiel*; mit dem Ball abschießen

пятна́шки, -шек, -шкам *Pl* Abschlagen *Spiel*

пятни́стый, -ая, -ое; *Kzf* -и́ст, -а fleckig, gefleckt, gesprenkelt

пя́тница, -ы, *I* -ей *f* Freitag

пятно́, -а́, *Pl* пя́тна, -тен, -тнам *n* **1.** (Schmutz-) Fleck; в -тнах voller Flecken **2.** *übtr* Schandfleck, Makel ◇ со́лнечные пя́тна Sonnenflecken; роди́мое ~ Muttermal

пято́к, -тка́ *m umg* fünf Stück

пя́тый, -ая, -ое **1.** *Num* fünfter; -ого числа́ am Fünften (des Monats); -ого ию́ня am fünften Juni; ~ час es geht auf fünf; в -ом часу́ kurz nach vier; -ая часть Fünftel **2.** -ая -ой, *Subst f* Fünftel ◇ с -ого на деся́тое *oder* из -ого в деся́тое *übtr* vom Hundertsten ins Tausendste

пять, -и́, *I* -ью́ *Num* fünf

пятьдеся́т *G, D, P* пяти́десяти, *I* пятью́десятью *Num* fünfzig

пятьсо́т, пятисо́т, пятиста́м, пятьюста́ми, о пятиста́х *Num* fünfhundert

пя́тью *Adv* fünf mal, mit fünf malgenommen; ~ пять fünf mal fünf

Р

раб, -а́ *m* Sklave, Knecht

раб- *in Zuss* рабо́чий Arbeiter-

раба́, -ы́ *nur Sg f* Sklavin

рабко́р, -а *m* (рабо́чий корреспонде́нт) Arbeiterkorrespondent

рабовладе́лец, -льца, *I* -льцем, *G Pl* -льцев *m* Sklavenhalter

рабовладе́льческий, -ая, -ое Sklavenhalter-; ~ строй Sklaverei, Sklavenhalterordnung

рабовладе́ние, -я *n* Sklavenwirtschaft

раболе́пие, -я *n* Kriecherei; Unterwürfigkeit; Liebedienerei

раболе́пный, -ая, -ое; *Kzf* -пен, -пна kriecherisch; sklavisch; servil

раболе́пство, -а *n* Kriecherei; Unterwürfigkeit; Liebedienerei

раболе́пствовать, -твую, -твуешь *uv* kriechen; katzbuckeln (пе́ред *I* vor)

рабо́та, -ы *f* **1.** Arbeit; Werk; обще́ственная ~ gesellschaftliche Arbeit; чёрная ~ schwere [grobe] Arbeit; сде́льная ~ Akkordarbeit, Arbeit im Leistungslohn; по́исковая ~ Grundlagenforschung; приня́ться за -у sich an die Arbeit machen; поступи́ть на -у einen Dienst [Posten] antreten **2.** Betrieb, Lauf *bei Maschinen* ◇ брать [взять] в -у кого́-н. j-n bearbeiten, j-m die Leviten lesen

рабо́тать, -аю, -аешь *uv* **1.** arbeiten; ~ в две сме́ны in zwei Schichten arbeiten; ~ сверхуро́чно Überstunden machen; ~ над кни́гой an einem Buch arbeiten; ~ инжене́ром als Ingenieur arbeiten; ~ спустя́ рукава́ nachlässig arbeiten **2.** geöffnet sein *von Institutionen* **3.** gehen, laufen, funktionieren; in Betrieb sein *von Maschinen* **4.** на *A* arbeiten (für), unterhalten

рабо́таться, -ается *uv unpers*: сего́дня мне хорошо́ рабо́тается heute geht mir die Arbeit leicht von der Hand

рабо́тник, -а *m* **1.** Arbeiter **2.**: нау́чный ~ Wissenschaftler; парти́йный ~ Parteifunktionär **3.** *alt* Landarbeiter, Knecht

рабо́тница, -ы, *I* -ей *f* Arbeiterin; дома́шняя ~ Hausgehilfin
работода́тель, -я *m* Arbeitgeber
рабо|торго́вец, -вца, *I* -вцем, *G Pl* -вцев *m* Sklavenhändler; **~торго́вля,** -и *f* Sklavenhandel
работо|спосо́бность, -и *f* 1. Arbeitsfähigkeit 2. Leistungsfähigkeit; **~спосо́бный,** -ая, -ое; *Kzf* -бен, -бна 1. arbeitsfähig 2. leistungsfähig
работя́га, -и *m, f umg* arbeitsamer Mensch
работя́щий, -ая, -ее; *Kzf* -я́щ, -а *umg* arbeitsam, fleißig
рабо́че-крестья́нский, -ая, -ое Arbeiter-und-Bauern-
[1]**рабо́чий,** -его *Subst m* Arbeiter; передово́й ~ Bestarbeiter; подённый ~ Tagelöhner; подсо́бный ~ Hilfsarbeiter; наёмный ~ Lohnarbeiter; высокоопла́чиваемый ~ hoch bezahlter Arbeiter
[2]**рабо́чий,** -ая, -ее 1. Arbeiter-; ~ класс Arbeiterklasse; -ее движе́ние Arbeiterbewegung 2. Arbeits-; ~ день Arbeitstag; ~ костю́м Arbeitsanzug 3. werktätig 4.: ~ скот Last-, Zugvieh ◇ -ая си́ла a) Arbeitskraft; b) Arbeitskräfte, die Arbeiter; -ие ру́ки Arbeitskräfte; -ее колесо́ Triebrad
рабселько́ры, -ов *Pl* (рабо́чие и се́льские корреспонде́нты) Arbeiter- und Bauernkorrespondenten
ра́бский, -ая, -ое 1. Sklaven- 2. sklavisch
ра́бство, -а *n* Sklaverei, Knechtschaft; быть в -е у кого́-н. *übtr* j-s Sklave sein
рабфа́к, -а *m* (рабо́чий факульте́т) Arbeiter-und-Bauern-Fakultät
рабфа́ковец, -вца, *I* -вцем, *G Pl* -вцев *m* Student der Arbeiter-und-Bauern-Fakultät
рабы́ня, -и *f* Sklavin
равви́н, -а *m* Rabbiner
ра́венство, -а *n* 1. Gleichheit; ~ голосо́в Stimmengleichheit 2. Gleichberechtigung 3.: знак -а *math* Gleichheitszeichen
равне́ние, -я *n mil* (Aus-) Richten; ~ напра́во! Augen rechts!
равни́на, -ы *f* Ebene, Flachland
равно́ 1. *D prädikativ math* (ist) gleich; три плюс два ~ пяти́ drei plus zwei ist (gleich) fünf 2. *Konj buchspr* ebenso wie, auch; ~ как gleichwie, ebenso wie; всё ~, что gleichviel wie, so gut wie 3. *Adv buchspr* in gleicher Weise, gleich ◇ всё ~ a) ganz egal; b) sowieso, trotzdem
равно|бе́дренный, -ая, -ое *math* gleichschenklig; **~ве́сие,** -я *n* Gleichgewicht *a. übtr*; вы́вести из ~ве́сия aus dem Gleichgewicht bringen
равноде́йствующий, -ая, -ее 1. gleichwirkend; -ая си́ла *phys* Resultante 2. -ая, -ей *Subst f phys* Resultante
равно|де́нствие, -я *n* Tagundnachtgleiche; **~ду́шие,** -я *n* Gleichgültigkeit, Teilnahmslosigkeit; **~ду́шный,** -ая, -ое; *Kzf* -шен, -шна gleichgültig, teilnahmslos; **~зна́чный,** -ая, -ое; *Kzf* -чен, -чна gleichbedeutend, identisch; **~ме́рный,** -ая, -ое; *Kzf* -рен, -рна gleichmäßig, gleichförmig; **~пра́вие,** -я *n* Gleichberechtigung; **~пра́вный,** -ая, -ое; *Kzf* -вен, -вна gleichberechtigt; **~си́льный,** -ая, -ое; *Kzf* -лен, -льна 1. gleich stark 2. gleichbedeutend; **~сторо́нний,** -яя, -ее *math* gleichseitig; **~уго́льный,** -ая, -ое *math* gleichwinklig; **~це́нный,** -ая, -ое; *Kzf* -е́нен, -е́нна 1. gleichwertig 2. *übtr* ebenbürtig
ра́вный, -ая, -ое; *Kzf* ра́вен, равна́ gleich; быть -ым кому́-н. в чём-н. j-m gleich sein in etw.; -ым о́бразом gleichfalls, ebenso wie
равня́ть, -я́ю, -я́ешь *uv* 1. gleichmachen 2. vergleichen, gleichstellen (с *I* mit)
равня́ться, -я́юсь, -я́ешься *uv* 1. с *I umg* sich messen, sich gleichstellen; ты не мо́жешь ~ с ним du kannst es nicht mit ihm aufnehmen 2. по *D mil* sich (aus)richten (nach); равня́йсь! richtet euch! 3. sich richten (по *D*, на *A* nach); sich bemühen, es j-m gleichzutun 4. *1. u. 2. Pers ungebr D math* gleich sein, betragen
рагу́ *n idkl* Ragout
рад, -а, -о *prädikativ* 1. *D* froh, erfreut (über); я был о́чень ~ э́тому ich habe mich darüber sehr gefreut 2. *mit Inf*: ~ вас ви́деть ich freue mich, Sie zu sehen ◇ ~-радёшенек heilfroh; ~ не ~ wider Willen, wohl oder übel
рада́р, -а *m* Radar; Radargerät
раде́ть, -е́ю, -е́ешь *uv alt u. volksspr* sich eifrig bemühen (о *P* um)
ра́ди *Präpos mit G* für; wegen; um . . . willen; *umg* zum Zweck; ~ меня́ meinetwegen; ~ э́того deswegen; ~ чего́ weswegen, aus welchem Grund; шу́тки ~ spaßeshalber

радиа́тор, -а *m* 1. Kühler *des Motors* 2. Heizkörper *Zentralheizung*
радиа́ция, -и *f phys* Radiation; со́лнечная ~ Sonnenstrahlung
ра́дий, -я, *P* -и *m* Radium
[1]**радика́л,** -а *m pol* Radikaler
[2]**радика́л,** -а *m* 1. *math* Wurzel(zeichen), Radikal 2. *chem* Radikal
радика́льный, -ая, -ое; *Kzf* -лен, -льна radikal; gründlich, entschieden
ра́дио *n idkl* 1. Radio; Funk, Rundfunk; передава́ть по ~ im Rundfunk senden; телегра́мма по ~ Funktelegramm 2. *umg* Radio(gerät), Lautsprecher 3. *umg* (Rund-) Funksendung
радио- *in Zuss* Radio-
радио|акти́вный, -ая, -ое; *Kzf* -вен, -вна radioaktiv; **~веща́ние,** -я *n* Rundfunkübertragung, -sendung
радиовеща́тельный, -ая, -ое: -ая устано́вка Funkanlage; -ая ста́нция Rundfunksendestation
радио|гра́мма, -ы *f* Funkspruch; **~комба́йн,** -а *m* Musiktruhe, -schrank
радио́ла, -ы *f* Rundfunkgerät mit eingebautem Plattenspieler
радио|лока́тор, -а *m* Radargerät, Funkmeßgerät; **~лока́ция,** -и *f* Funkpeilung; **~люби́тель,** -я *m* Radiobastler, Funkamateur; **~мая́к,** -á *m* Funkleitsender; **~навига́ция,** -и *f* Funkortung; **~обозрева́тель,** -я *m* Rundfunkkommentator; **~пеленга́тор,** -а *m* Funkpeilanlage; **~переда́тчик,** -а *m* Radiosender, Funksender; **~переда́ча,** -и *f* Rundfunksendung, -übertragung; **~передви́жка,** -и, *Pl G* -жек, *D* -жкам *f rad* Übertragungswagen; **~постано́вка,** -и, *Pl G* -вок, *D* -вкам *f* Hörspiel; **~приём,** -а *m* Rundfunkempfang
радиоприёмник, -а *m* Rundfunkempfänger; карма́нный ~ на полупроводника́х Transistortaschenempfänger
радио|пье́са, -ы *f* Hörspiel; **~свя́зь,** -и *f* Funkverbindung, -verkehr; **~се́ть,** -и, *Pl* -се́ти, -сете́й, -сетя́м *f* Funknetz; **~слу́шатель,** -я *m* Rundfunkhörer; **~ста́нция,** -и *f* Funk-, Rundfunkstation, Sender; **~телекомба́йн,** -а *m* Fernsehtruhe; **~телефони́я,** -и *f* Sprechfunk; **~трансля́ция,** -и *f* Rundfunkdirektübertragung; **~у́зел,** -узла́ *m* Radiozentrale; **~устано́вка,** -и, *Pl G* -вок, *D* -вкам *f* Radio-, Funkanlage; **~фика́ция,** -и *f* Radiofizierung; **~фици́ровать,** -рую, -руешь; -рованный, -рован, -а *v, uv* radiofizieren; **~фототелегра́фия,** -и *f* Bildfunk, Bildübertragung
ради́ровать, -рую, -руешь *v, uv* funken
ради́ст, -а *m* Funker
ра́диус, -а *m* 1. *math* Radius 2.: ~ де́йствия Aktionsradius, Wirkungsbereich
ра́довать, -дую, -дуешь *uv* erfreuen
ра́доваться, -дуюсь, -дуешься *uv* 1. froh sein 2. *D* sich freuen (über); ~ про себя́ sich im stillen freuen; душа́ ра́дуется es ist eine wahre Freude
ра́достный [сн], -ая, -ое; *Kzf* -тен, -тна froh, freudig
ра́дость, -и *f* Freude; с -ью mit Freuden ◇ на -ях aus lauter Freude
ра́дуга, -и *f* Regenbogen; отлива́ть всеми́ цвета́ми -и in allen Farben des Regenbogens schillern
ра́дужный, -ая, -ое 1. Regenbogen-; regenbogenfarbig 2. *übtr* rosig; -ые перспекти́вы rosige Aussichten ◇ -ая оболо́чка *anat* Regenbogenhaut, Iris
раду́шие, -я *n* herzliches Entgegenkommen, Gastfreundschaft
раду́шный, -ая, -ое; *Kzf* -шен, -шна gastfreundlich, entgegenkommend; ~ приём herzlicher Empfang
раёк, райка́ *m alt* 1. Guckkasten mit auswechselbaren Bildern 2. *theat* Galerie
раж, -а, *I* -ем *m umg* Wut
[1]**раз,** -а, *Pl* разы́, раз, раза́м *m* 1. Mal; два -а zweimal; ещё ~ noch einmal; не́сколько ~ mehrmals; в друго́й ~ ein andermal; в пе́рвый ~ zum erstenmal; ино́й ~ manchmal; за ~ auf einmal; не ~ mehrmals; ~ навсегда́ ein für allemal; вся́кий ~ jedesmal; на э́тот ~ diesmal; ни -у kein einziges Mal 2. *idkl beim Zählen* eins ◇ как ~ gerade; eben; с пе́рвого -а von Anfang an; вот тебе́ ~! *umg* da haben wir's!; в са́мый ~ zur rechten Zeit; ~ за -ом ununterbrochen; ~ от -у von Fall zu Fall
[2]**раз** *Adv* einmal, einst
[3]**раз** *Konj umg* wenn, da ... schon; ~ так ... wenn das so ist ...
разбави́тель, -я *m chem* Verdünnungsmittel
разба́вить, -влю, -вишь; -вленный, -влен, -а *v* verdünnen ‖ *uv* **разбавля́ть,** -я́ю, -я́ешь
разбаза́ривать *uv zu* разбаза́рить
разбаза́рить, -рю, -ришь; -ренный,

-рен, -а v umg verschleudern; verschwenden || uv разбаза́ривать, -аю, -аешь

[1,2]**разба́ливаться** uv zu [1,2]разболе́ться

разбалова́ться, -лу́юсь, -лу́ешься v umg allzu übermütig [ausgelassen] werden, sich gehen lassen

[1,2]**разба́лтывать(ся)** uv zu [1,2]разболта́ть(ся)

разбе́г, -а m 1. Anlauf; с -у [-а] mit Anlauf; со всего́ -а in vollem Lauf 2. Sport, flug Startweg

разбе́гаться, -аюсь, -аешься v umg anfangen hin und her zu laufen

разбега́ться uv zu разбежа́ться

раз|бежа́ться* v 1. Anlauf nehmen, anlaufen 2. 1. u. 2. Pers ungebr auseinanderlaufen ◇ глаза́ у него́ разбежа́лись er wußte nicht, wo er hinsehen sollte; у него́ мы́сли разбежа́лись er war nicht imstande, seine Gedanken zusammenzuhalten || uv разбега́ться, -а́юсь, -а́ешься

разбереди́ть, -режу́, -реди́шь; -режённый, -режён, -режена́ v umg reizen, aufreiben; aufreißen; ~ ста́рые ра́ны übtr alte Wunden aufreißen

разбива́ть(ся) uv zu разби́ть(ся)

разби́вка, -и f 1. Anlegen, Errichten; Abstecken; Aufteilung 2. typ Sperrung

разбинтова́ть, -ту́ю, -ту́ешь; -то́ванный, -то́ван, -а v den Verband abnehmen (von) || uv **разбинто́вывать,** -аю, -аешь

разбинтова́ться, -ту́юсь; -ту́ешься v umg 1. sich den Verband abnehmen 2. 1. u. 2. Pers ungebr sich lösen vom Verband || uv **разбинто́вываться,** -аюсь, -аешься

разбира́тельство, -а n jur Untersuchung; Gerichtsverhandlung

разбира́ть, -а́ю, -а́ешь uv 1. uv zu разобра́ть 2. umg genau besehen; брать, не разбира́я unbesehen hinnehmen

разбира́ться uv zu разобра́ться

разбитно́й, -а́я, -о́е umg forsch; gewandt

разби́тый, -ая, -ое zerschlagen, zerbrochen; übtr zerschlagen, müde ◇ ~ параличо́м gelähmt

раз|би́ть*, разобью́ v 1. zerschlagen, -brechen; verletzen; beschädigen; ~ нос в кровь die Nase blutig schlagen 2. übtr zerstören, vernichten; zugrunde richten; ~ чьи́-н. пла́ны j-s Pläne vereiteln 3. schlagen, besiegen; ~ в пух и прах kurz und klein schlagen; ~ на́голову aufs Haupt schlagen 4. (ver)teilen, aufteilen; ~ на гру́ппы in Gruppen einteilen; ~ ла́герь ein Lager aufschlagen 5. anlegen; ~ сад einen Garten anlegen ◇ ~ до́воды Argumente widerlegen; разби́тый роя́ль verstimmter Flügel || uv разбива́ть, -а́ю, -а́ешь

раз|би́ться*, разобью́сь v 1. zerbrechen; zerschellen (обо A an) 2. sich verletzen; ~ на́смерть tödlich stürzen 3. sich zersplittern; sich (auf)teilen || uv разбива́ться, -а́юсь, -а́ешься

разбогате́ть, -е́ю, -е́ешь v reich werden

разбо́й, -я, G Pl -ев m Raub(überfall); морско́й ~ Seeräuberei

разбо́йник, -а m Räuber; морско́й ~ Seeräuber; ~ с большо́й доро́ги Straßenräuber

разбо́йничать, -аю, -аешь uv räubern

разбо́йнический, -ая, -ое räuberisch, Raub-, Räuber-

разбо́йничий, -ья, -ье Räuber-; ~ прито́н Räuberhöhle; -ья ша́йка Räuberbande

[1]**разболе́ться,** -е́юсь, -е́ешься v umg ernstlich erkranken || uv разба́ливаться, -аюсь, -аешься

[2]**разболе́ться,** 1. u. 2. Pers ungebr, -ли́тся v umg anfangen zu schmerzen || uv разба́ливаться, -ается

разбо́лтанный, -ая, -ое; Kzf -ан, -анна umg undiszipliniert

[1]**разболта́ть,** -а́ю, -а́ешь; разбо́лтанный, -ан, -а v umg 1. verrühren, verquirlen 2. lockern Schraube || uv разба́лтывать, -аю, -аешь

[2]**разболта́ть,** -а́ю, -а́ешь; разбо́лтанный, -ан, -а v umg ausplaudern ◇ ~ секре́т aus der Schule plaudern || uv разба́лтывать, -аю, -аешь

[1]**разболта́ться,** -а́юсь, -а́ешься v umg 1. 1. u. 2. Pers ungebr sich lockern, wackelig werden 2. undiszipliniert werden, sich gehen lassen || uv разба́лтываться, -аюсь, -аешься

[2]**разболта́ться,** -а́юсь, -а́ешься v umg ins Schwatzen kommen || uv разба́лтываться, -аюсь, -аешься

разбомби́ть, -блю́, -би́шь; -блённый, -блён, -блена́ v zer-, ausbomben

разбо́р, -а m 1. Untersuchung; ~ де́ла jur Verhandlung 2. gram Analyse 3. Auseinandernehmen, Zerlegen 4. alt Besprechung, Rezension, Kritik 5. umg Auswahl 6. Ordnen, Sortieren 7. Sorte ◇ с -ом an-

spruchsvoll, wählerisch; без -а wahllos, ohne Unterschied; лу́чшего -а bester Qualität; прийти́ к ша́почному -у kurz vor Torschluß kommen
разбо́рка, -и *f* 1. (Aus-) Sortieren 2. Auseinandernehmen, Zerlegen; Demontage
разбо́рный, -ая, -ое zerlegbar
разбо́рчивый, -ая, -ое; *Kzf* -ив, -а 1. leserlich; deutlich 2. wählerisch, anspruchsvoll
разбрани́ть, -ню́, -ни́шь; -нённый, -нён, -нена́ *v umg* heftig ausschimpfen
[1]**разбра́сывать** *uv zu* разброса́ть
[2]**разбра́сывать** *uv zu* разбро́сить
разбра́сываться *uv zu* разброса́ться
разбреда́ться *uv zu* разбрести́сь
раз|брести́сь*, *1. u. 2. Pers ungebr, v* auseinanderlaufen, sich zerstreuen ‖ *uv* разбреда́ться, -а́ется
разбро́д, -а *m* Unstimmigkeit
разбро́санный, -ая, -ое zerstreut; auseinandergeworfen
разброса́ть, -а́ю, -а́ешь; разбро́санный, -ан, -а *v* 1. gleichmäßig auseinanderwerfen 2. *umg* umher-, durcheinanderwerfen, zerstreuen 3. *umg* verschwenden *Geld* ‖ *uv* разбра́сывать, -аю, -аешь
разброса́ться, -а́юсь, -а́ешься *v umg* 1. seine Sachen umherwerfen 2. sich ausstrecken, sich rekeln 3. vieles gleichzeitig beginnen; seine Kräfte zersplittern 4. sich auseinanderfalten; sich auflösen *Haar* ‖ *uv* разбра́сываться, -аюсь, -аешься
разбро́сить, -о́шу, -о́сишь; -о́шенный, -о́шен, -а *v umg* auseinanderwerfen; umherwerfen ‖ *uv* разбра́сывать, -аю, -аешь
раз|бры́згать* *v* zerstäuben; verspritzen ‖ *uv* разбры́згивать, -аю, -аешь
разбры́згиватель, -я *m* 1. Zerstäuber; Spritzpistole 2. Brause, Sprenger
разбры́згивать *uv zu* разбры́згать
разбуди́ть, -ужу́, -у́дишь; -у́женный, -у́жен, -а *v* 1. (auf)wecken; разбуди́те меня́ в во́семь часо́в wecken Sie mich um acht Uhr 2. *übtr* (er)wecken
разбуха́ть *uv zu* разбу́хнуть
разбу́хнуть, *1. u. 2. Pers ungebr,* -нет; разбу́х, -ла *v* 1. (auf)quellen; *volksspr* (an)schwellen 2. *übtr* sich aufblähen, anwachsen, anschwellen ‖ *uv* разбуха́ть, -а́ет
разбушева́ться, -шу́юсь, -шу́ешься *v* 1. *1. u. 2. Pers ungebr* zu rasen [zu toben] beginnen 2. *umg* aufbrausen, in Wut geraten
разва́жничаться, -аюсь, -аешься *v umg* wichtig tun
разва́л, -а *m* Zerfall, Verfall
разва́лец, -льца, -льцем *m u.* **разва́льца,** -ы, *I* -ей *f*: с -льцем [-льцей] mit schaukelndem Gang; идти́ с -льцем [-льцей] watscheln
разва́ливать(ся) *uv zu* развали́ть(ся)
разва́лина, -ы *f* 1. *meist Pl* Ruinen, Trümmer 2. *umg* Ruine, Wrack *vom Menschen*
развали́ть, -алю́, -а́лишь; -а́ленный, -а́лен, -а *v* 1. abreißen, abbrechen; umwerfen, -reißen; zerstören; ~ сте́ну *umg* eine Mauer abreißen 2. *übtr* zerrütten; desorganisieren; ~ хозя́йство die Wirtschaft zerrütten ‖ *uv* разва́ливать, -аю, -аешь
развали́ться, -алю́сь, -а́лишься *v* 1. *1. u. 2. Pers ungebr* zusammen-, zerbrechen, einstürzen, auseinander-, zerfallen 2. *1. u. 2. Pers ungebr* sich auflösen, verfallen 3. *umg* sich rekeln, hinflegeln ‖ *uv* разва́ливаться, -аюсь, -аешься
разва́льца ↑ разва́лец
разва́ривать(ся) *uv zu* развари́ть(ся)
развари́ть, -арю́, -а́ришь; -а́ренный, -а́рен, -а *v* zerkochen; weich kochen ‖ *uv* разва́ривать, -аю, -аешь
развари́ться, *1. u. 2. Pers ungebr,* -а́рится *v* beim Kochen weich werden; zerkochen ‖ *uv* разва́риваться, -ается
разварно́й, -а́я, -о́е *alt* weichgekocht, gar; zerkocht
ра́зве 1. *Part* denn, etwa; ~ он бо́лен? ist er denn krank?; ~? wirklich? 2. *Part* vielleicht; wie (wäre es) wenn; пойти́ ~ туда́? sollte ich nicht hingehen? 3. *Konj* es sei denn; я обяза́тельно приду́, ~ то́лько заболе́ю ich komme bestimmt, es sei denn, daß ich krank werde
развева́ть, *1. u. 2. Pers ungebr,* -а́ет *uv* auseinander-, zer-, verwehen; schwellen, ausdehnen *Segel*; ве́тер развева́ет флаг der Wind läßt die Fahne flattern
развева́ться, *1. u. 2. Pers ungebr,* -а́ется *uv* wehen, flattern
разве́дать, -аю, -аешь; разве́данный, -ан, -а *v* 1. erkunden, auskundschaften, ermitteln 2. untersuchen; *geol* schürfen ‖ *uv* разве́дывать, -аю, -аешь

разведе́ние, -я *n* **1.** Auseinanderführen; Auseinandernehmen; Trennen; Öffnen *Brücke* **2.** Zergehenlassen, Auflösen **3.** Zucht; Anbau **4.** Entzünden, Entfachen

разведённый, -ая, -ое geschieden *Ehe*

разве́дка, -и *f* **1.** *mil* Aufklärung, Erkundung **2.** Untersuchung; *geol* Schürfung **3.** Spionage; Spionagedienst

разве́дочный, -ая, -ое *geol* Schürf-

разве́дчик, -а *m* **1.** *mil* Kundschafter; *pol* Spion **2.** Aufklärungsflugzeug; бли́жний ~ Nahaufklärer **3.** *geol* Schürfer

разве́дывание, -я *n* Erkundung, Aufklärung

разве́дывательный, -ая, -ое **1.** Aufklärungs-, Erkundungs- **2.** *geol* Schürf-

разве́дывать *uv zu* разве́дать

раз|везти́* *v* **1.** zustellen; hin-, ausfahren **2.** *unpers umg* schwer passierbar machen; доро́гу развезло́ der Weg ist schlammig **3.** *unpers volksspr* erschöpfen; его́ развезло́ от жары́ er zerfloß vor Hitze || *uv* развози́ть, -ожу́, -о́зишь

разве́ивать(ся) *uv zu* разве́ять(ся)

развенча́ть, -а́ю, -а́ешь; разве́нчанный, -ан, -а *v* **1.** den Nimbus [Ruhm] nehmen **2.** *umg, alt* scheiden *Ehe* || *uv* **разве́нчивать,** -аю, -аешь

разверза́ть *uv zu* разве́рзнуть

разве́рзнуть, -ну, -нешь; разве́рз, -ла *u.* разве́рзнул, -а; разве́рз(нув)ший; разве́рстый, -ерст, -а *v buchspr* aufsperren, weit öffnen || *uv* разверза́ть, -а́ю, -а́ешь

развёрнутый, -ая, -ое **1.** entrollt, entfaltet **2.** ausführlich, detailliert; allumfassend **3.**: ~ строй *mil* Linie

разверну́ть, -ну́, -нёшь; развёрнутый, -ут, -а *v* **1.** entfalten; aufwickeln; aufrollen; öffnen, aufschlagen **2.** *übtr* entwickeln, entfalten; in Gang bringen **3.** *mil* umformieren **4.** wenden *Fahrzeug* || *uv* развёртывать, -аю, -аешь

разверну́ться, -ну́сь, -нёшься *v* **1.** *1. u. 2. Pers ungebr* aufgehen; sich entfalten; sich aufrollen **2.** *übtr* sich entwickeln, sich entfalten **3.** *1. u. 2. Pers ungebr mil* sich umformieren **4.** wenden *Fahrzeug* || *uv* развёртываться, -аюсь, -аешься

разверста́ть, -а́ю, -а́ешь; развёрстанный, -ан, -а *v* verteilen, aufteilen || *uv* развёрстывать, -аю, -аешь

развёрстка, -и, *Pl G* -ток, *D* -ткам *f* Verteilung, Aufteilung

развёрстывать *uv zu* разверста́ть

разверте́ть, -ерчу́, -е́ртишь; -е́рченный, -е́рчен, -а *v* **1.** losdrehen, abschrauben **2.** ausbohren || *uv* разве́рчивать, -аю, -аешь

разверте́ться, *1. u. 2. Pers ungebr*, -е́ртится *v* **1.** sich losschrauben **2.** sich ausweiten **3.** sich immer schneller drehen || *uv* разве́рчиваться, -ается

[1]**развёртка,** -и *f math* Mantelfläche

[2]**развёртка,** -и, *Pl G* -ток, *D* -ткам *f* Reibahle

развёртывание, -я *n* **1.** Losdrehen; Loswickeln **2.** *übtr* Entfaltung, Entwicklung **3.** *mil* Entfaltung, Entwicklung, Aufmarsch

развёртывать(ся) *uv zu* разверну́ть(ся)

разве́рчивать(ся) *uv zu* разверте́ть(ся)

развесели́ть, -лю́, -ли́шь; -лённый, -лён, -лена́ *v* erheitern, aufheitern || *uv* развеселя́ть, -я́ю, -я́ешь

развесели́ться, -лю́сь, -ли́шься *v* sich erheitern; in Stimmung kommen

развесёлый, -ая, -ое *umg* sehr lustig, kreuzfidel

развеселя́ть *uv zu* развесели́ть

разве́систый, -ая, -ое; *Kzf* -ист, -а weitverzweigt; breitästig

[1]**разве́сить,** -е́шу, -е́сишь; -е́шенный, -е́шен, -а *v* auseinander-, abwiegen || *uv* разве́шивать, -аю, -аешь

[2]**разве́сить,** -е́шу, -е́сишь; -е́шенный, -е́шен, -а *v* **1.** ausbreiten *Zweige* **2.** aufhängen *an verschiedenen Stellen* ◇ ~ у́ши die Ohren spitzen, ganz Ohr sein || *uv* разве́шивать, -аю, -аешь

разве́ска, -и *f* Abwiegen

развесно́й, -а́я, -о́е nach Gewicht verkäuflich

раз|вести́* *v* **1.** zu verschiedenen Stellen bringen, fortbringen, hinführen; ~ часовы́х Wachen aufführen **2.** trennen; auseinanderbringen **3.** scheiden *Ehe* **4.** auseinanderführen, -ziehen; öffnen, aufziehen *Brücke*; ~ пилу́ die Säge schränken **5.** züchten; anbauen; ~ сад einen Garten anlegen **6.** auflösen, zergehen lassen **7.** anmachen, entfachen *Feuer*; ~ пары́ Dampf anlassen ◇ ~ рука́ми die Hände vor Verwunderung (über dem Kopf) zusammenschlagen || *uv*

разводить, -ожу, -одишь; разводить цветы Blumen züchten
раз|вестись* *v* 1. sich scheiden lassen (с *I* von) 2. *1. u. 2. Pers ungebr* sich vermehren ‖ *uv* разводиться, -ожусь, -одишься
разветвиться, *1. u. 2. Pers ungebr*, -ится *v* sich verzweigen, sich gabeln ‖ *uv* разветвляться, -яется
разветвление, -я *n* Abzweigung, Gabelung
разветвлённый, -ая, -ое; *Kzf* -ён, -ена weitverzweigt
разветвляться *uv zu* разветвиться
развешать, -аю, -аешь; -анный, -ан, -а *v* aufhängen *an verschiedenen Stellen* ‖ *uv* [1]**развешивать,** -аю, -аешь
[2]**развешивать** *uv zu* [1,2]развесить
развеять, -ею, -еешь *v* 1. auseinander-, verwehen 2. *übtr* vertreiben, zerstreuen ‖ *uv* развеивать, -аю, -аешь
развеяться, *1. u. 2. Pers ungebr*, -еется *v* 1. sich verziehen, verweht werden 2. *übtr* vergehen, verschwinden ‖ *uv* развеиваться, -ается
развивать(ся) *uv zu* развить(ся)
развилина, -ы *f* 1. Astgabel, Zwiesel 2. *übtr* Gabelung
развилистый, -ая, -ое; *Kzf* -ист, -а gabelförmig
развилка, -и, *Pl G* -лок, *D* -лкам *f* Gabelung, Abzweigung; ~ дорог Wegegabelung
развинтить, -нчу, -нтишь; развинченный, -ен, -а *v* losschrauben, lokkern ‖ *uv* развинчивать, -аю, -аешь
развинтиться, -нчусь, -нтишься *v* 1. *1. u. 2. Pers ungebr* sich losschrauben, lockern 2. *übtr, umg* sich gehen lassen, abgespannt sein; нервы развинтились die Nerven versagten ‖ *uv* развинчиваться, -аюсь, -аешься
развинченный, -ая, -ое; *Kzf* -ен, -енна *umg* 1. zerfahren; undiszipliniert 2. wankend *vom Gang*
развинчивать(ся) *uv zu* развинтить(ся)
развитие, -я *n* Entwicklung; закон -я Entwicklungsgesetz; постоянное ~ вперёд ständige Aufwärtsentwicklung; ~ погоды Witterungsverlauf
развитой, -ая, -ое; *Kzf* развит, развита! 1. voll entwickelt *physisch* 2. hoch entwickelt 3. gebildet, kultiviert
раз|вить*, разовью; развитый, развит, развита! *v* 1. abwickeln; wieder aufmachen, auseinanderflechten *Bindfaden, Kranz* 2. entwickeln, entfalten; verstärken; trainieren; ausbilden; ~ промышленность die Industrie ausbauen; ~ наступление *mil* den Angriff vortragen ‖ *uv* развивать, -аю, -аешь
раз|виться*, разовьюсь; развились *v* 1. *1. u. 2. Pers ungebr* sich abwickeln; aufgehen, sich lösen *Haare u. a.* 2. *1. u. 2. Pers ungebr* sich entwickeln, sich entfalten 3. sich geistig entwickeln ‖ *uv* развиваться, -аюсь, -аешься
развлекательный, -ая, -ое; *Kzf* -лен, -льна unterhaltsam, amüsant
развлекать(ся) *uv zu* развлечь(ся)
развлечение, -я *n* 1. Zerstreuung, Unterhaltung 2. Ablenkung
раз|влечь* *v* 1. zerstreuen, unterhalten 2. ablenken 3. amüsieren, belustigen ‖ *uv* развлекать, -аю, -аешь
раз|влечься* *v* 1. sich zerstreuen, sich unterhalten 2. sich amüsieren ‖ *uv* развлекаться, -аюсь, -аешься
развод, -а *m* 1. Wachablösung; Aufziehen; ~ моста Öffnen der Brücke 2. Aufzucht; на ~ zur Zucht 3. (Ehe-) Scheidung
разводить(ся) *uv zu* развести(сь)
разводка, -и, *Pl G* -док, *D* -дкам *f* 1. *umg* Öffnen, Aufklappen *einer Brücke* 2. Werkzeug zum Schränken *der Säge*
разводной, -ая, -ое: ~ мост Dreh-, Zugbrücke
разводы, -ов *Pl* Muster; с -ами gemustert
разводье, -ья, *G Pl* -ьев *n* 1. Wasserfläche zwischen den Eisschollen 2. *gbt* Frühjahrshochwasser
развоеваться, -воююсь, -воюешься *v umg* Krach machen, krakeelen
развоз, -а *m* Transport, Versand
развозить *uv zu* развезти
разволновать, -ную, -нуешь; -нованный, -нован, -а *v umg* erregen, in Aufregung versetzen
разволноваться, -нуюсь, -нуешься *v umg* in heftige Erregung geraten
разворачивать *uv zu* разворотить
разворачиваться, *1. u. 2. Pers ungebr*, -ается *uv* sich aufrollen, sich entfalten; aufgehen
разворашивать *uv zu* разворошить
разворовать, -рую, -руешь; -рованный, -рован, -а *v umg* (alles) stehlen,

ausplündern || *uv* **развороóвывать,** -аю, -аешь

разворóт, -а *m* Wendung, Kurve

развороти́ть, -очу́, -óтишь; -óченный, -óчен, -а *v umg* durcheinanderwerfen; aufreißen; umwühlen; ~ дорóгу den Weg unbefahrbar machen || *uv* развора́чивать, -аю, -аешь

развороши́ть, -шу́, -ши́шь; -шённый, -шён, -шена́ *v umg* durchwühlen, durchstöbern; auseinanderwerfen || *uv* развора́шивать, -аю, -аешь

развра́т, -а *m* 1. Unzucht, Ausschweifung 2. Laster

развратúтель, -я *m buchspr* Verführer

разврати́ть, -ащу́, -ати́шь, -ащённый, -ащён, -ащена́ *v* verführen, sittlich verderben; demoralisieren || *uv* развраща́ть, -а́ю, -а́ешь

разврати́ться, -ащу́сь, -ати́шься *v* (sittlich) verderben, sich dem Laster ergeben; demoralisieren || *uv* развраща́ться, -а́юсь, -а́ешься

развра́тник, -а *m* Wüstling

развра́тничать, -аю, -аешь *uv umg* ein ausschweifendes Leben führen

развра́тный, -ая, -ое; *Kzf* -тен, -тна lasterhaft, ausschweifend

развраща́ть(ся) *uv zu* разврати́ть(ся)

развраще́ние, -я *n* Verführung; Demoralisierung; moralischer Verfall

развращённый, -ая, -ое; *Kzf* -ён, -ена́ sittlich verdorben; demoralisiert

развью́чивать *uv zu* развью́чить

развью́чить, -чу, -чишь; -ченный, -чен, -а *v* von Traglasten befreien, abladen *Lasttiere* || *uv* развью́чивать, -аю, -аешь

раз|вяза́ть* *v* 1. aufbinden; lösen, losbinden 2. *übtr umg* entfesseln, auslösen ◇ ~ язы́к кому́-н. j-m die Zunge lösen; ~ ру́ки кому́-н. j-m freie Hand geben || *uv* развя́зывать, -аю, -аешь

раз|вяза́ться* *v* 1. *1. u. 2. Pers ungebr* aufgehen, sich lösen 2. *übtr* с *I umg* loswerden, sich vom Halse schaffen ◇ языки́ развяза́лись die Zungen lösten sich || *uv* развя́зываться, -аюсь, -аешься

развя́зка, -и, *Pl G* -зок, *D* -зкам *f* 1. Aufbinden, Lösen 2. Lösung, Ausgang; де́ло идёт к -е die Sache geht der Lösung entgegen

развя́зный, -ая, -ое; *Kzf* -зен, -зна ungezwungen; dreist, ungezügelt

развя́зывать(ся) *uv zu* развяза́ть(ся)

разгада́ть, -а́ю, -а́ешь; разга́данный, -ан, -а *v* 1. enträtseln, erraten, (auf)lösen *Rätsel* 2. herausbekommen, begreifen || *uv* разга́дывать, -аю, -аешь

разга́дка, -и, *Pl G* -док, *D* -дкам *f* Auflösung, Lösung, Enträtselung

разга́дывать *uv zu* разгада́ть

разга́р, -а *m* Höhepunkt; в по́лном -е in vollem Gange; рабо́та в по́лном -е es wird mit Hochdruck gearbeitet; в -е ле́та im Hochsommer

разгиба́ть(ся) *uv zu* разогну́ть(ся)

разгильдя́й, -я, *G Pl* -ев *m umg* Liederjan

разгильдя́йство, -а *n umg* Liederlichkeit

разглаго́льствовать, -твую, -твуешь *uv umg* schwätzen, große Töne schwingen

разгла́дить, -а́жу, -а́дишь; -а́женный, -а́жен, -а *v* ausplätten, ausbügeln; glätten || *uv* **разгла́живать,** -аю, -аешь

разгла́диться, *1. u. 2. Pers ungebr,* -ится *v* sich glätten; glatt werden; морщи́ны у него́ на лбу разгла́дились seine Stirn glättete sich || *uv* **разгла́живаться,** -ается

разгласи́ть, -ашу́, -аси́шь; -ашённый, -ашён, -ашена́ *v* 1. ausplaudern; ~ та́йну ein Geheimnis verraten 2. ein Gerücht verbreiten || *uv* **разглаша́ть,** -а́ю, -а́ешь

разглаше́ние, -я *n* 1. Verbreitung *eines Gerüchts* 2. Ausplaudern; Preisgeben *Geheimnis*

разгляде́ть, -яжу́, -яди́шь *v* bemerken, erkennen, genau betrachten || *uv* **разгля́дывать,** -аю, -аешь

разгне́вать, -аю, -аешь; -анный, -ан, -а *v* erzürnen, in Wut versetzen

разгне́ваться, -аюсь, -аешься *v* sich erzürnen, in Zorn geraten

¹разгова́ривать, -аю, -аешь *uv* 1. reden, sprechen, sich unterhalten; не сто́ит об э́том и ~ es lohnt sich nicht, darüber zu sprechen 2. *umg* die Zeit mit Gesprächen verbringen

²разгова́ривать *uv zu* разговори́ть

разгово́р, -а (-у) *m* Gespräch, Unterhaltung; ~ по телефо́ну Ferngespräch; завяза́ть ~ ein Gespräch anknüpfen; безо вся́ких -ов ohne viel zu reden; об э́том и -а не́ было davon war gar keine Rede; то́лько и -у, что об э́том das ist das Tagesgespräch; дово́льно -ов! genug der Worte!; никаки́х -ов! ohne Widerrede!

разговори́ть, -рю́, -ри́шь *v volksspr A* 1. zum Sprechen bringen 2. durch ein Gespräch ablenken 3. abraten, ausreden || *uv* разгова́ривать, -аю, -аешь

разговори́ться, -рю́сь, -ри́шься *v umg* 1. gesprächig werden 2. ins Gespräch kommen (с *I* mit)

разгово́рник, -а *m* Gesprächsbuch, Konversationslehrbuch

разгово́рный, -ая, -ое 1. Konversations-, Gesprächs- 2. umgangssprachlich; ~ язы́к Umgangssprache

разгово́рчивый, -ая, -ое; *Kzf* -ив, -а gesprächig, redselig

разго́н, -а *m* 1. Vertreibung, Auseinanderjagen; Auflösung, Sprengung 2. Anlauf 3. Abstand, Zwischenraum ◇ в -е unterwegs

разгоня́ть(ся) *uv zu* разогна́ть(ся)

разгора́живать(ся) *uv zu* разгороди́ть(ся)

разгора́ться *uv zu* разгоре́ться

разгоре́ться, *1. u. 2. Pers ungebr*, -и́тся *v* 1. auflodern, zu brennen beginnen 2. *übtr* erglühen, rot werden, aufleuchten; у него́ разгоре́лись глаза́ seine Augen funkelten 3. entflammen *von einer Leidenschaft* 4. entbrennen *Kampf* ◇ у него́ глаза́ (и зу́бы) разгоре́лись er ist erpicht auf etw. || *uv* разгора́ться, -а́ется

разгороди́ть, -ожу́, -о́ди́шь; -о́женный, -о́жен, -а *v* abzäunen, abteilen, abtrennen || *uv* разгора́живать, -аю, -аешь

разгороди́ться, -ожу́сь, -о́ди́шься *v* sich abgrenzen, sich voneinander isolieren || *uv* разгора́живаться, -аюсь, -аешься

разгорячи́ть, -чу́, -чи́шь; -чённый, -чён, -чена́ *v* erhitzen; anstacheln, anfeuern; erregen

разгорячи́ться, -чу́сь, -чи́шься *v* sich erhitzen; sich ereifern

разгра́бить, -блю, -бишь; -бленный, -блен, -а *v* (aus)rauben, (aus)plündern

разграбле́ние, -я *n* (Aus-) Plünderung

разграниче́ние, -я *n* Abgrenzung

разграни́чивать *uv zu* разграни́чить

разграни́чить, -чу, -чишь; -ченный, -чен, -а *v* ab-, umgrenzen || *uv* разграни́чивать, -аю, -аешь

разграфи́ть, -флю́, -фи́шь; -флённый, -флён, -флена́ *v* liniieren || *uv* **разграфля́ть,** -я́ю, -я́ешь

разгреба́ть *uv zu* разгрести́

раз|грести́* *v* auseinanderharken; aufgraben; wegschaufeln || *uv* разгреба́ть, -а́ю, -а́ешь

разгро́м, -а *m* 1. Zerstörung; Vernichtung 2. Verwüstung, Unordnung

разгроми́ть, -омлю́, -оми́шь; -о́мленный, -о́млен, -а *u.* -омлённый, -омлён, -омлена́ *v* zerschlagen, zerschmettern, vernichten

разгружа́ть(ся) *uv zu* разгрузи́ть(ся)

разгрузи́ть, -ужу́, -у́зи́шь; -у́женный, -у́жен, -а *u.* -ужённый, -ужён, -ужена́ *v* 1. ent-, aus-, abladen; löschen 2. *übtr umg* entlasten; befreien (от *G* von) || *uv* разгружа́ть, -а́ю, -а́ешь

разгрузи́ться, -ужу́сь, -у́зи́шься *v* 1. ent-, ausgeladen werden 2. *übtr* sich entledigen, sich freimachen (von) || *uv* разгружа́ться, -а́юсь, -а́ешься

разгру́зка, -и, *Pl G* -зок, *D* -зкам *f* 1. Entladen; Löschen 2. Entlastung

разгру́зочный, -ая, -ое Entlade-; Lösch-

разгру́зчик [щи], -а *m* 1. Entladearbeiter 2. Entladevorrichtung

разгрыза́ть *uv zu* разгры́зть

раз|гры́зть* *v* zerbeißen; ~ оре́х eine Nuß aufknacken || *uv* разгрыза́ть, -а́ю, -а́ешь

разгу́л, -а *m* 1. Schwelgerei; Ausschweifung; Zecherei 2. Entfesselung, Zügellosigkeit

[1]разгу́ливать, -аю, -аешь *uv umg* (umher)spazieren, (herum)bummeln

[2]разгу́ливать *uv zu* разгуля́ть

разгу́ливаться *uv zu* разгуля́ться

разгу́льный, -ая, -ое *umg* wüst, zügellos, ausschweifend

разгуля́ть, -я́ю, -я́ешь *v umg* 1. *Gedanken, unangenehmes Gefühl* verjagen 2. munter machen || *uv* разгу́ливать, -аю, -аешь

разгуля́ться, -я́юсь, -я́ешься *v umg* 1. bummeln; sich gehen lassen 2. sich den Schlaf verscheuchen 3. *1. u. 2. Pers ungebr* sich aufklären, sich aufheitern || *uv* разгу́ливаться, -аюсь, -аешься

раздава́ть *uv zu* [1]разда́ть

[1,2]раздава́ться *uv zu* [1,2]разда́ться

раздави́ть, -авлю́, -а́вишь; -а́вленный, -а́влен, -а *v* 1. zerdrücken, zerquetschen; überfahren; ~ ного́й zertreten 2. vernichten, zerschmettern 3. niederdrücken, bedrücken || *uv* **разда́вливать,** -аю, -аешь

разда́ривать *uv zu* раздари́ть

раздари́ть, -арю́, -а́ришь; -а́ренный, -а́рен, -а *v alles, viel* verschenken || *uv* разда́ривать, -аю, -аешь
разда́точный, -ая, -ое Verteilungs-, Ausgabe-
разда́тчик, -а *m* Verteiler
[1]**раз|да́ть*;** ро́здал *u.* разда́л, раздала́, ро́здали *u.* разда́ли; ро́зданный, ро́здан, раздана́, ро́здано *v* aus-, verteilen || *uv* раз|дава́ть*
[2]**раз|да́ть*;** ро́здал *u.* разда́л, раздала́, ро́здали *u.* разда́ли; ро́зданный, ро́здан, раздана́, ро́здано *v volksspr* (aus)weiten *Schuhe*
[1]**раз|да́ться*,** *1. u. 2. Pers ungebr;* разда́ли́сь *v* ertönen, erschallen; dröhnen || *uv* раз|дава́ться*
[2]**раз|да́ться*,** *1. u. 2. Pers ungebr;* разда́ли́сь *v* 1. zurücktreten, auseinandertreten; Platz machen 2. *umg* sich ausweiten, sich dehnen 3. *umg* in die Breite gehen || *uv* раз|два́ться*
разда́ча, -и, *I*-ей *f* Verteilen, Ausgeben
раздва́ивать(ся) *uv zu* раздвои́ть(ся)
раздвига́ть(ся) *uv zu* раздви́нуть(ся)
раздвижно́й, -а́я, -о́е ausziehbar, Auszieh-; -ы́е две́ри Schiebetür
раздви́нуть, -ну, -нешь; -утый, -ут, -а *v* auseinanderschieben, -rücken; ausziehen ◇ ~ но́ги grätschen, die Beine spreizen || *uv* раздвига́ть, -а́ю, -а́ешь
раздви́нуться, *1. u. 2. Pers ungebr,* -нется *v* sich öffnen, auseinander-, aufgehen; zurücktreten || *uv* раздвига́ться, -а́ется
раздвое́ние, -я *n* Spaltung, Zweiteilung
раздвои́ть, -ою́, -ои́шь; -о́енный, -о́ен, -а *u.* -оённый, -оён, -оена́ *v* spalten, teilen, halbieren || *uv* раздва́ивать, -аю, -аешь
раздвои́ться, *1. u. 2. Pers ungebr,* -и́тся *v* sich spalten, sich teilen || *uv* раздва́иваться, -ается
раздева́лка, -и, *Pl G* -лок, *D* -лкам *f umg* Garderobe, Kleiderablage
раздева́льня, -и, *Pl G* -лен, *D* -льням *f* Garderobe, Kleiderablage
раздева́ть(ся) *uv zu* разде́ть(ся)
разде́л, -а *m* 1. Teilung, Aufteilung 2. Abschnitt, Teil *in einem Buch*
разде́лать, -аю, -аешь; -анный, -ан, -а *v* 1. herrichten, bearbeiten 2. *übtr* ausschimpfen ◇ ~ кого́-н. под оре́х *umg* j-m gehörig den Kopf waschen || *uv* разде́лывать, -аю, -аешь
разде́латься, -аюсь, -аешься *v* с *I umg* 1. abrechnen, heimzahlen; ~ с долга́ми seine Schulden bezahlen 2. Schluß machen, erledigen; loswerden || *uv* разде́лываться, -аюсь, -аешься
разделе́ние, -я *n* Einteilung, Verteilung; ~ труда́ Arbeitsteilung
раздели́тельный, -ая, -ое 1. Teilungs-, Trennungs- 2. *gram* disjunktiv
раздели́ть, -елю́, -е́лишь; -елённый, -елён, -елена́ *v* 1. teilen, einteilen; auf-, verteilen 2. trennen 3. teilen *Meinung;* übereinstimmen 4. dividieren || *uv* разделя́ть, -я́ю, -я́ешь
раздели́ться, -елю́сь, -е́лишься *v* 1. sich teilen, sich trennen; zerfallen 2. auseinandergehen, sich teilen *Meinungen u. ä.* 3. teilen *Vermögen* 4. *math* teilbar sein; aufgehen *ohne Rest* || *uv* разделя́ться, -я́юсь, -я́ешься
разде́лывать(ся) *uv zu* разде́лать(ся)
разде́льный, -ая, -ое 1. geteilt, getrennt 2. deutlich, klar
разделя́ть(ся) *uv zu* раздели́ть(ся)
раздёргать, -аю, -аешь; -анный, -ан, -а *v umg* zerrupfen || *uv* [1]**раздёргивать,** -аю, -аешь
[2]**раздёргивать** *uv zu* раздёрнуть
раздёрнуть, -ну, -нешь; -нутый, -нут, -а *v umg* auseinanderziehen || *uv* раздёргивать, -аю, -аешь
раз|де́ть* *v* ausziehen, entkleiden || *uv* раздева́ть, -а́ю, -а́ешь
раз|де́ться* *v* sich ausziehen, sich entkleiden; *volksspr* den Mantel ablegen || *uv* раздева́ться, -а́юсь, -а́ешься
раздира́ть, -а́ю, -а́ешь *uv* 1. *uv zu* разодра́ть 2. *übtr* zerreißen, quälen 3. *übtr* spalten, zerrütten
раздира́ться *uv zu* разодра́ться
раздира́ющий, -ая, -ее: ду́шу -ие кри́ки herzzerreißendes Geschrei
раздобре́ть, -е́ю, -е́ешь *v umg* dicker werden, zunehmen
раздо́бриться, -рюсь, -ришься *v umg* freigebig werden; sich gütig zeigen
раздобыва́ть *uv zu* раздобы́ть
раздо|бы́ть*; -бы́ла *v umg* beschaffen, (mit Mühe) auftreiben || *uv* раздобыва́ть, -а́ю, -а́ешь
раздо́лье, -ья *n* 1. Weite 2. *umg* Freiheit, freie Hand
раздо́льный, -ая, -ое; *Kzf* -лен, -льна frei, ungebunden, sorglos
раздо́р, -а *m* Zwietracht, Zwist ◇ я́блоко -а Zankapfel

раздражáть(ся) *uv zu* раздражи́ть(ся)
раздражéние, -я *n* **1.** Reiz; Reizung **2.** Gereiztheit, Erregung; с -ем gereizt
раздражи́тель, -я *m* Reizerreger, -ursache
раздражи́тельный, -ая, -ое; *Kzf* -лен, -льна reizbar, gereizt
раздражи́ть, -жу́, -жи́шь; -жённый, -жён, -женá *v* **1.** reizen, erregen **2.** reizen, Schmerzen hervorrufen || *uv* раздражáть, -áю, -áешь
раздражи́ться, -жу́сь, -жи́шься *v* **1.** sich ärgern, sich aufregen **2.** *1. u. 2. Pers ungebr* sich entzünden || *uv* раздражáться, -áюсь, -áешься
раздразни́ть, -азню́, -áзнишь; -азнённый, -азнён, -азненá *v* **1.** necken, (auf)reizen **2.** erregen, anregen; ~ аппети́т den Appetit anregen
раздроби́ть, -облю́, -оби́шь; -óбленный, -óблен, -а *u.* -облённый, -облён, -обленá *v* **1.** zerstückeln, -kleinern, -schlagen, -splittern **2.** zerteilen, aufteilen **3.** *math* resolvieren || *uv* раздробля́ть, -я́ю, -я́ешь
раздроби́ться, *1. u. 2. Pers ungebr*, -и́тся *v* **1.** zersplittern, zerfallen **2.** sich teilen || *uv* раздробля́ться, -я́ется
раздроблéние, -я *n* **1.** Zerstückelung, Zerkleinerung; Zersplitterung **2.** *math* Resolvierung
раздрóбленный, -ая, -ое *u.* **раздроблённый,** -ая, -ое **1.** mit zersplittertem Knochen **2.** *übtr* klein, zersplittert
раздробля́ть(ся) *uv zu* раздроби́ть(ся)
раздружи́ться, -ужу́сь, -у́жишься *v* с *I umg* die Freundschaft kündigen
раздувáние, -я *n* **1.** Anblasen, Anfachen **2.** Aufblasen **3.** Übertreiben, Aufbauschen
раздувáть(ся) *uv zu* разду́ть(ся)
разду́мать, -аю, -аешь *v* seine Absicht ändern, es sich anders überlegen
разду́маться, -аюсь, -аешься *v umg* in Gedanken versinken (о *P* über)
разду́мывать, -аю, -аешь *uv* nachdenken, grübeln; lange zögern, unschlüssig sein; не разду́мывая ohne viel nachzudenken
разду́мье, -ья, *Pl G* -мий, *D* -мьям *n* Nachdenken; в глубóком -е tief in Gedanken versunken
раз|ду́ть* *v* **1.** anfachen **2.** aufblasen; *übtr* anschwellen; у негó разду́ло щёку *umg* er hat eine geschwollene Wange **3.** *übtr* aufblähen, vergrößern; *umg* übertreiben, aufbauschen **4.** *1. u. 2. Pers ungebr* auseinanderwehen || *uv* раздувáть, -áю, -áешь
раз|ду́ться* *v* (an)schwellen; sich blähen || *uv* раздувáться, -áюсь, -áешься
разевáть *uv zu* рази́нуть
разжáлобить, -блю, -бишь; -бленный, -блен, -а *v* Mitleid erwecken, rühren
разжáлобиться, -блюсь, -бишься *v umg* Mitleid empfinden
разжáловать, -лую, -луешь; -лованный, -лован, -а *v alt* degradieren
раз|жáть[1]*, разожму́ *v* öffnen; entspannen, loslassen || *uv* разжимáть, -áю, -áешь
раз|жáться[1]*, *1. u. 2. Pers ungebr*, разожмётся *v* sich öffnen; aufspringen, sich entspannen || *uv* разжимáться, -áется
раз|жевáть* *v* **1.** zerkauen **2.** *übtr, volksspr* ausführlich erklären || *uv* **разжёвывать,** -аю, -аешь
раз|жéчь*, разожгу́; разожглá; разожжённый, -жжён, -жженá *v* **1.** anzünden, anfachen, schüren **2.** *übtr* entfachen, verstärken || *uv* разжигáть, -áю, -áешь
раз|жéчься*, *1. u. 2. Pers ungebr*, разожжётся; разжёгся, разожглáсь *v* **1.** anfangen zu brennen, Feuer fangen, auflodern **2.** *übtr* sich entzünden, entbrennen, ausbrechen || *uv* разжигáться, -áется
разжи́ва, -ы *f volksspr* Gewinn
разживáться *uv zu* разжи́ться
разжигáть(ся) *uv zu* разжéчь(ся)
разжиди́ть, -ижу́, -иди́шь; -ижённый, -ижён, -иженá *v umg* verdünnen || *uv* **разжижáть,** -áю, -áешь
разжижéние, -я *n* Verdünnen
разжимáть(ся) *uv zu* разжáть(ся)
разжирéть, -éю, -éешь *v* fett, dick werden
раз|жи́ться*; -жили́сь *v* **1.** *umg* sich bereichern; zu Geld kommen **2.** *meist mit I volksspr* auftreiben, sich beschaffen || *uv* разживáться, -áюсь, -áешься
раззадóривать(ся) *uv zu* раззадóрить(ся)
раззадóрить, -рю, -ришь; -ренный, -рен, -а *v umg* aufstacheln, anfeuern;

ansporпеn || *uv* раззадо́ривать, -аю, -аешь
раззадо́риться, -рюсь, -ришься *v* *umg* sich ereifern, in Hitze geraten || *uv* раззадо́риваться, -аюсь, -аешься
раззвони́ть, -ню́, -ни́шь *v* о *P volksspr* ausposaunen, alles erzählen
раззнако́миться, -млюсь, -мишься *v* с *I umg* die Bekanntschaft aufgeben
рази́нуть, -ну, -нешь; -нутый, -нут, -а *v umg* aufreißen, aufsperren; ~ рот *volksspr* a) den Mund auftun; b) gaffen || *uv* разева́ть, -а́ю, -а́ешь
рази́ня, -и *m, f umg* Schlafmütze
рази́тельный, -ая, -ое; *Kzf* -лен, -льна auffallend, frappierend
[1]рази́ть, ражу́, рази́шь *uv buchspr* schlagen, treffen, niederhauen; zur Strecke bringen
[2]рази́ть, -и́т *unpers uv I volksspr* einen üblen Geruch verbreiten; stark riechen
разлага́ть(ся) *uv zu* разложи́ть(ся)
разла́д, -а *m* **1.** Unstimmigkeit, Disharmonie **2.** Uneinigkeit, Zwist
разла́дить, -а́жу, -а́дишь; -а́женный, -а́жен, -а *v umg* **1.** unbrauchbar [kaputt] machen **2.** stören; verderben, zunichte machen, hintertreiben || *uv* **разла́живать,** -аю, -аешь
разла́диться, *1. u. 2. Pers ungebr*, -ится *v* **1.** unbrauchbar werden **2.** nicht zustande kommen; sich zerschlagen || *uv* **разла́живаться,** -ается
разла́комиться, -млюсь, -мишься *v umg* Appetit nach mehr bekommen
[1]разла́мывать(ся) *uv zu* разлома́ть(ся)
[2]разла́мывать(ся) *uv zu* разломи́ть(ся)
разлежа́ться, -жу́сь, -жи́шься *v umg* keine Lust zum Aufstehen haben || *uv* **разлёживаться,** -аюсь, -аешься
разлеза́ться *uv zu* разле́зться
раз|ле́зться*, *1. u. 2. Pers ungebr, v volksspr* zerreißen, zerschleißen; aus dem Leim gehen || *uv* разлеза́ться, -а́ется
разле́ниваться *uv zu* разлени́ться
разлени́ться, -еню́сь, -е́нишься *v umg* faul werden, sich auf die faule Haut legen || *uv* разле́ниваться, -аюсь, -аешься
разлепи́ть, -еплю́, -е́пишь; -е́пленный, -е́плен, -а *v umg Zusammengeklebtes* auseinanderlösen || *uv* **разлепля́ть,** -я́ю, -я́ешь
разлета́ться *uv zu* разлете́ться
разлете́ться, -лечу́сь, -лети́шься *v* **1.** auseinanderfliegen; sich zerstreuen **2.** *1. u. 2. Pers ungebr umg* zersplittern, in Scherben gehen **3.** *1. u. 2. Pers ungebr, übtr* in die Brüche gehen, scheitern **4.** *volksspr* stürzen, eilen || *uv* разлета́ться, -а́юсь, -а́ешься
раз|ле́чься* *v umg* sich ausstrecken, sich ausgestreckt hinlegen
разли́в, -а *m* **1.** Eingießen, Abfüllen **2.** Überschwemmung, Hochwasser
разлива́ние, -я *n* **1.** Eingießen, Abfüllen **2.** Verschütten
разлива́нный, -ая, -ое: -ое мо́ре *umg scherz* der Alkohol fließt in Strömen
разлива́тельный, -ая, -ое: -ая ло́жка Kelle, Schöpflöffel
разлива́ть(ся) *uv zu* разли́ть(ся)
разливно́й, -а́я, -о́е Ausschank-
разли́вочный, -ая, -ое **1.** Abfüll- **2.** *tech* Gieß-
разлинова́ть, -ну́ю, -ну́ешь; -но́ванный, -но́ван, -а *v* linieren || *uv* **разлино́вывать,** -аю, -аешь
разли́тие, -я *n* **1.** Eingießen, Abfüllen **2.** Verschütten **3.** Überschwemmung ◇ ~ жёлчи *med* Gallenerguß
раз|ли́ть*, разолью́ *v* **1.** eingießen, -schenken; abfüllen **2.** vergießen, verschütten **3.** ergießen, ausbreiten ◇ их водо́й не разольёшь sie halten zusammen wie Pech und Schwefel || *uv* разлива́ть, -а́ю, -а́ешь
раз|ли́ться*, *1. u. 2. Pers ungebr*, разольётся; разли́лся́, разлила́сь, разли́ли́сь *v* **1.** überlaufen, -fließen, sich ergießen **2.** über die Ufer treten **3.** sich ausbreiten || *uv* разлива́ться, -а́ется
различа́ть *uv zu* различи́ть
различа́ться, -а́юсь, -а́ешься *uv* sich unterscheiden
разли́чие, -я *n* Unterschied ◇ **знак** -я Dienstgradabzeichen
различи́тельный, -ая, -ое unterscheidend; Unterscheidungs-
различи́ть, -чу́, -чи́шь; -чённый, -чён, -чена́ *v* **1.** erkennen **2.** unterscheiden || *uv* различа́ть, -а́ю, -а́ешь
разли́чный, -ая, -ое; *Kzf* -чен, -чна **1.** verschieden, unterschiedlich **2.** verschiedenartig
разложе́ние, -я *n* **1.** Zerlegung, Zerfall **2.** *math* Auflösung, Zerlegung **3.** Verwesung **4.** *übtr* Zersetzung, Verfall
разложи́ть, -ожу́, -о́жишь; -о́женный, -о́жен, -а *v* **1.** legen *an ver-*

schiedene Stellen **2.** auslegen; ausbreiten; ~ похо́дную крова́ть ein Feldbett aufstellen **3.** aufteilen, verteilen; umlegen **4.** anzünden; ~ костёр ein Lagerfeuer machen **5.** zerlegen *in seine Bestandteile*; zersetzen, zergliedern **6.** *math* zerlegen, auflösen **7.** *übtr* (moralisch) zersetzen, demoralisieren, desorganisieren || *uv* разлага́ть, **-а́ю,** -а́ешь *zu* 5-7 *u.* раскла́дывать, -аю, -аешь *zu* **1-4**

разложи́ться, -ожу́сь, -о́жишься *v* **1.** *umg* seine Sachen zurechtlegen, aufräumen; Platz finden **2.** *1. u. 2. Pers ungebr* zerfallen *in seine Bestandteile* **3.** *1. u. 2. Pers ungebr* verwesen, verfaulen **4.** sich (moralisch) zersetzen; demoralisiert werden || *uv* разлага́ться, -а́юсь, -а́ешься *zu* 2, 3, 4 *u.* раскла́дываться, -аюсь, -аешься *zu* 1

разло́м, -а *m* **1.** Zerbrechen, Brechen **2.** Bruch(stelle)

разлома́ть, -а́ю, -а́ешь; разло́манный, -ан, -а *v* **1.** zerbrechen **2.** abreißen, niederreißen || *uv* разла́мывать, -аю, -аешь

разлома́ться, *1. u. 2. Pers ungebr,* -а́ется *v* zerbrechen, einstürzen || *uv* разла́мываться, -ается

разломи́ть, -омлю́, -о́мишь; -о́мленный, -о́млен, -а *v* **1.** (zer)brechen, in Stücke brechen; ~ карто́фелину eine Kartoffel teilen **2.** *unpers umg:* меня́ всего́ [всю] разломи́ло ich bin wie zerschlagen, mir tun alle Glieder weh || *uv* разла́мывать, -аю, -аешь

разломи́ться, *1. u. 2. Pers ungebr,* -о́мится *v* in Stücke brechen, sich zerbrechen lassen || *uv* разла́мываться, -ается

разлу́ка, -и *f* Trennung; Abschied; жить в -е с ке́м-н. von j-m getrennt leben

разлуча́ть(ся) *uv zu* разлучи́ть(ся)

разлуче́ние, -я *n* Trennen, Scheiden

разлучи́ть, -чу́, -чи́шь; -чённый, -чён, -чена́ *v* trennen, scheiden (с *I* von) || *uv* разлуча́ть, -а́ю, -а́ешь

разлучи́ться, -чу́сь, -чи́шься *v* sich trennen, voneinander scheiden || *uv* разлуча́ться, -а́юсь, -а́ешься

разлюби́ть, -юблю́, -ю́бишь; -ю́бленный, -ю́блен, -а *v* nicht mehr lieben [mögen]

размагни́титься, -и́чусь, -и́тишься *v* **1.** *1. u. 2. Pers ungebr* sich entmagnetisieren **2.** *übtr, umg* undiszipliniert [nachlässig] werden || *uv* **размагни́чиваться,** -аюсь, -аешься

раз|ма́зать* *v* **1.** verschmieren **2.** *übtr umg* weitschweifig erzählen, beschreiben || *uv* разма́зывать, -аю, -аешь

размазня́, -и́, *G Pl* -е́й **1.** *f umg* dünner Brei **2.** *m, f übtr* Waschlappen

разма́зывать *uv zu* разма́зать

размалева́ть, -лю́ю, -лю́ешь; -лёванный, лёван, -а *v umg* anmalen, grob anstreichen || *uv* **размалёвывать,** -аю, -аешь

разма́лывать *uv zu* размоло́ть

разма́ривать(ся) *uv zu* размори́ть(ся)

разма́тывать(ся) *uv zu* размота́ть(ся)

разма́х, -а (-у) *m* **1.** Schwung, Wucht; уда́рить с -у mit voller Wucht zuschlagen **2.** Spannweite **3.** Schwingungsweite, Amplitude **4.** Schwung, Elan; Ausmaß *einer Tätigkeit*

разма́хивать, -аю, -аешь *uv I* hin und her schwingen, schwenken; ~ рука́ми gestikulieren

разма́хиваться *uv zu* размахну́ться

размахну́ться, -ну́сь, -нёшься *v* **1.** ausholen *zum Schlag, Wurf* **2.** *umg* zu breit anlegen *eine Sache* || *uv* разма́хиваться, -аюсь, -аешься

разма́чивать *uv zu* размочи́ть

разма́шистый, -ая, -ое; *Kzf* -ист, -а schwungvoll; weit ausholend; allzu großzügig

размежева́ть, -жу́ю, -жу́ешь; -жёванный, -жёван, -а *v* **1.** abgrenzen, aufteilen **2.** *übtr* die Grenzen festlegen || *uv* **размежёвывать,** -аю, -аешь

размежева́ться, -жу́юсь, -жу́ешься *v* **1.** sich abgrenzen, die Grenzen festsetzen **2.** *übtr* sich gegeneinander abgrenzen; sich trennen || *uv* **размежёвываться,** -аюсь, -аешься

размельча́ть *uv zu* размельчи́ть

размельчи́ть, -чу́, -чи́шь; -чённый, -чён, -чена́ *v* zerkleinern, zerstückeln || *uv* размельча́ть, -а́ю, -а́ешь

разме́н, -а *m* **1.** Wechseln *Geld* **2.** Abtausch *von Figuren im Schachspiel*

разме́нивать(ся) *uv zu* разменя́ть(ся)

разме́нный, -ая, -ое Wechsel-; -ая моне́та Kleingeld

разменя́ть, -я́ю, -я́ешь; разме́нянный, -ян, -а *v* wechseln *Geld* || *uv* разме́нивать, -аю, -аешь

разменя́ться, -я́юсь, -я́ешься *v umg*

aus-, abtauschen *im Spiel* || *uv* разме́ниваться, -аюсь, -аешься; разме́ниваться на ме́лочи seine Kräfte verzetteln
разме́р, -а *m* **1.** Ausmaß; Größe; Höhe; ~ ка́дра Bildgröße **2.** Grad, Umfang, Maßstab **3.** Größe, Nummer *Kleidung* **4.** *mus* Takt; **~ стиха́** Versmaß
разме́ренный, -ая, -ое; *Kzf* -ен, -енна gemessen; gleichmäßig
разме́рить, -рю, -ришь; -ренный, -рен, -а *v* **1.** ausmessen, vermessen **2.** berechnen; ~ си́лу уда́ра die Wucht des Schlages berechnen || *uv* **размеря́ть,** -я́ю, -я́ешь
размеси́ть, -ешу́, -е́сишь; -е́шенный, -е́шен, -а *v* durchkneten || *uv* разме́шивать, -аю, -аешь
раз|мести́* *v* sauberfegen; wegfegen || *uv* размета́ть, -а́ю, -а́ешь
размести́ть, -ещу́, -ести́шь; -ещённый, -ещён, -ещена́ *v* **1.** unterbringen, aufstellen, (hin)legen **2.** unterbringen; ~ по кварти́рам einquartieren **3.** auf-, verteilen *unter viele*; anordnen; ausschreiben *Anleihe* || *uv* размеща́ть, -а́ю, -а́ешь
размести́ться, -ещу́сь, -ести́шься *v* unterkommen, Platz finden; die Plätze einnehmen, sich einrichten || *uv* размеща́ться, -а́юсь, -а́ешься
[1]**размета́ть** *uv zu* размести́
[2]**раз|мета́ть*** *v* auseinanderwerfen || *uv* размётывать, -аю, -аешь
разме́тить, -е́чу, -е́тишь; -е́ченный, -е́чен, -а *v* markieren, mit Zeichen versehen || *uv* размеча́ть, -а́ю, -а́ешь
разме́тка, -и *f* Markierung
разме́тчик, -а *m* Anreißer, Vorzeichner
размётывать *uv zu* [2]размета́ть
размеча́ть *uv zu* разме́тить
размеша́ть, -а́ю, -а́ешь; разме́шанный, -ан, -а *v* **1.** um-, durchrühren **2.** (ver)mischen || *uv* [1]**разме́шивать,** -аю, -аешь
[2]**разме́шивать** *uv zu* размеси́ть
размеща́ть(ся) *uv zu* размести́ть(ся)
размеще́ние, -я *n* **1.** Unterbringung; Aufstellen; ~ по кварти́рам Einquartierung **2.** Unterkommen; Einnehmen *der Plätze* **3.** Anordnung; Verteilung
размина́ть(ся) *uv zu* размя́ть(ся)
размину́ться, -нусь, -нёшься *v umg* **1.** einander verfehlen **2.** aneinander vorbeikommen; sich kreuzen
размножа́ть(ся) *uv zu* размно́жить(ся)
размноже́ние, -я *n* **1.** Vermehrung, Anwachsen; Vervielfältigung **2.** *biol* Fortpflanzung; Züchten
размно́жить, -жу, -жишь; -женный, -жен, -а *v* **1.** vervielfältigen, vermehren **2.** *biol* anbauen; züchten || *uv* размножа́ть, -а́ю, -а́ешь
размно́житься, *1. u. 2. Pers ungebr*, -ится *v* **1.** sich vermehren, zahlenmäßig anwachsen **2.** sich fortpflanzen || *uv* размножа́ться, -а́ется
размозжи́ть, -жу́, -жи́шь; -жённый, -жён, -жена́ *v* zerschmettern
размока́ть *uv zu* размо́кнуть
размо́кнуть, *1. u. 2. Pers ungebr*, -нет; размо́к, -ла *v* aufweichen, aufquellen || *uv* размока́ть, -а́ет
размо́л, -а *m* (Zer-) Mahlen; Ausmahlung; мука́ кру́пного -а Schrotmehl; мука́ ме́лкого -а feines Mehl
размо́лвка, -и, *Pl G* -вок, *D* -вкам *f* Verstimmung; у них ~ sie haben sich verzankt
раз|моло́ть* *v* zermahlen; zerreiben || *uv* разма́лывать, -аю, -аешь
размори́ть, *1. u. 2. Pers ungebr*, -ри́т; -рённый, -рён, -рена́ *v umg*: жара́ меня́ размори́ла *oder* меня́ размори́ло от жары́ die Hitze hat mich ganz schlapp gemacht || *uv* разма́ривать, -ает
размори́ться, -рю́сь, -ри́шься *v* erschöpft sein, schlapp sein || *uv* разма́риваться, -аюсь, -аешься
размота́ть, -а́ю, -а́ешь; размо́танный, -ан, -а *v* abwickeln, loswickeln; abspulen, abhaspeln || *uv* разма́тывать, -аю, -аешь
размота́ться, *1. u. 2. Pers ungebr*, -а́ется *v* sich abwickeln; sich abspulen; sich entwirren || *uv* разма́тываться, -ается
размо́тка, -и *f* Abwickeln; Abspulen; Abhaspeln; Entwirren
размоча́литься, *1. u. 2. Pers ungebr*, -ится *v* sich auflösen *in einzelne Fasern*
размочи́ть, -очу́, -о́чишь; -о́ченный, -о́чен, -а *v* aufweichen, aufquellen lassen || *uv* разма́чивать, -аю, -аешь
размы́в, -а *m* Unterspülung; ~ плоти́ны Dammbruch
размыва́ть(ся) *uv zu* размы́ть(ся)
размыка́ть *uv zu* разомкну́ть
размы́слить, -лю, -лишь *v* nachdenken, überlegen; erwägen || *uv* размышля́ть, -я́ю, -я́ешь

раз|мы́ть* *v* unterspülen, wegschwemmen ‖ *uv* размыва́ть, -а́ю, -а́ешь
раз|мы́ться*, *1. u. 2. Pers ungebr*, *v* unterspült werden, weggeschwemmt werden ‖ *uv* размыва́ться, -а́ется
размышле́ние, -я *n* **1.** Nachdenken **2.** Überlegung, Betrachtung ◇ э́то наво́дит на -я das gibt zu denken; по зре́лом -и nach reiflicher Überlegung
размышля́ть, -я́ю, -я́ешь *uv* **1.** *uv zu* размы́слить **2.** nachdenken, nachsinnen; sich überlegen
размягча́ть(ся) *uv zu* размягчи́ть(ся)
размягче́ние, -я *n* **1.** Erweichen, Aufweichen **2.** Erweichung; ~ косте́й *med* Knochenerweichung
размягчи́ть, -чу́, -чи́шь; -чённый, -чён, -чена́ *v* **1.** weich machen **2.** *übtr* erweichen, zu Mitleid bewegen ‖ *uv* размягча́ть, -а́ю, -а́ешь
размягчи́ться, -чу́сь, -чи́шься *v* **1.** *1. u. 2. Pers ungebr* weich werden **2.** *übtr* sich erweichen lassen, weich werden ‖ *uv* размягча́ться, -а́юсь, -а́ешься
размяка́ть *uv zu* размя́кнуть
размя́кнуть, -ну, -нешь; размя́к, -ла *v* weich werden *auch übtr*; mürbe werden *Obst* ‖ *uv* размяка́ть, -а́ю, -а́ешь
раз|мя́ть*, разомну́ *v* **1.** weich kneten, weich machen; zerdrücken, zerquetschen **2.** *übtr*: ~ но́ги sich die Beine vertreten, sich Bewegung verschaffen ‖ *uv* размина́ть, -а́ю, -а́ешь
раз|мя́ться*, разомну́сь *v* **1.** *1. u. 2. Pers ungebr* weich werden; geschmeidig werden **2.** sich Bewegung verschaffen ‖ *uv* размина́ться, -а́юсь, -а́ешься
разнаря́дка, -и, *Pl G* -док, *D* -дкам *f* Kontingentplan
разна́шивать(ся) *uv zu* [1]разноси́ть(ся)
разне́живать(ся) *uv zu* разне́жить(ся)
разне́жить, -жу, -жишь; -женный, -жен, -а *v umg* **1.** zärtliche Gefühle erwecken, zärtlich stimmen **2.** verzärteln ‖ *uv* разне́живать, -аю, -аешь
разне́житься, -жусь, -жишься *v umg* **1.** (allzu) gerührt sein **2.** sich verzärteln ‖ *uv* разне́живаться, -аюсь, -аешься
раз|нести́* *v* **1.** austragen, zustellen **2.** *umg* auseinandertreiben; zerstreuen, verwehen **3.** *umg* verbreiten, in Umlauf setzen; bekanntmachen **4.** eintragen, einschreiben **5.** zerreißen; zerschmettern, zerschlagen **6.** *umg* ausschelten, den Kopf waschen **7.** *unpers, umg*: его́ разнесло́ er ist dick geworden ‖ *uv* разноси́ть, -ошу́, -о́сишь
раз|нести́сь*, *1. u. 2. Pers ungebr*, *v* sich verbreiten ‖ *uv* разноси́ться, -о́сится
разнима́ть *uv zu* разня́ть
разниму́ ↑ разня́ть
ра́зниться, -нюсь, -нишься *uv* sich unterscheiden; verschieden sein
ра́зница, -ы, *I* -ей *f* **1.** Differenz **2.** Unterschied; ~ в том, что der Unterschied besteht darin, daß ... ◇ кака́я ~ ? *umg* ist das nicht egal?
ра́зно *Adv umg* verschieden, verschiedenartig
разно|бо́й, -я *m umg* Mißklang; Unstimmigkeit, Uneinigkeit; **~ве́с,** -а *m Koll* kleine Gewichte, Gewichtssatz; **~ви́дность,** -и *f* Abart; Spielart; **~вре́менный,** -ая, -ое zu verschiedenen Zeiten vor sich gegangen; **~гла́сие,** -я *n* **1.** Meinungsverschiedenheit, Uneinigkeit **2.** Widerspruch, Diskrepanz; **~голо́сица,** -ы, *I* -ей *f umg* **1.** Mißklang, disharmonischer Gesang **2.** Meinungsverschiedenheit, Uneinigkeit; **~голо́сый,** -ая, -ое; *Kzf* -о́с, -а **1.** disharmonisch *von Tönen* **2.** verschiedenstimmig; **~кали́берный,** -ая, -ое **1.** von verschiedenem Kaliber **2.** *übtr* verschieden, verschiedenartig; bunt; **~ма́стный,** -ая, -ое; *Kzf* -тен, -тна **1.** von verschiedener Farbe; scheckig *Pferde* **2.** *übtr* bunt; **~обра́зие,** -я *n* **1.** Vielfalt, Mannigfaltigkeit; Verschiedenartigkeit **2.** Abwechslung; для ~обра́зия zur Abwechslung; **~обра́зить,** -а́жу, -а́зишь *uv* verschiedenartig gestalten, Abwechslung hineinbringen; **~обра́зный,** -ая, -ое; *Kzf* -зен, -зна verschieden, verschiedenartig, mannigfaltig; **~племённый,** -ая, -ое *buchspr* zu verschiedenen Volksstämmen gehörig; **~рабо́чий,** -его *Subst m* Hilfsarbeiter; **~речи́вый,** -ая, -ое; *Kzf* -и́в, -а widerspruchsvoll, widersprechend; **~ро́дный,** -ая, -ое; *Kzf* -ден, -дна verschiedenartig, ungleichartig; heterogen
разно́с, -а *m* **1.** Austragen, Zustellen; торго́вля в ~ Hausierhandel **2.** Zerstreuen, Verwehen **3.** *umg* Zurechtweisung, Verweis, Rüge; ему́ устро́-

или такой ~! er hat eine dicke Zigarre bekommen!

[1]**разносить,** -ошу́, -о́сишь; -о́шенный, -о́шен, -а *v* eintragen, austreten *Schuhe* || *uv* разна́шивать, -аю, -аешь

[2]**разносить** *uv zu* разнести́

[1]**разноси́ться,** *1. u. 2. Pers ungebr*, -о́сится *v* bequem werden, sich austreten *Schuhe* || *uv* разна́шиваться, -ается

[2]**разноси́ться** *uv zu* разнести́сь

разно́ска, -и *f umg* Austragen, Zustellen

разносклоня́емый, -ая, -ое *gram* mit abweichender Deklination, gemischtdekliniert

разноспряга́емый, -ая, -ое *gram* mit abweichender Konjugation, gemischtkonjugiert

[1]**разносторо́нний, -яя, -ее** *math* ungleichseitig

[2]**разносторо́нний,** -яя, -ее; *Kzf* -о́нен, -о́ння vielseitig

ра́зность, -и *f* 1. Unterschied, Verschiedenartigkeit 2. *math* Differenz

разно́счик [щи], -а *m* Zusteller, Bote

разно́счица [щи], -ы, *I* -ей *f* Zustellerin, Botin

разноцве́тный, -ая, -ое verschiedenfarbig; vielfarbig; bunt

разночи́нец, -нца, *I* -нцем, *G Pl* -нцев *m* Rasnotschinez *nicht zum Adel gehörender Intellektueller im Rußland des 19. Jh.*

разношёрстный, -ая, -ое 1. scheckig, gescheckt *Pferde* 2. *Kzf* -тен, -тна *übtr* verschiedenartig; bunt, gemischt

разноязы́чный, -ая, -ое verschiedensprachig; vielsprachig, mehrsprachig

разну́зданный, -ая, -ое; *Kzf* -ан, -анна zügellos, schrankenlos

разнузда́ть, -а́ю, -а́ешь; разну́зданный, -ан, -а *v* abzäumen *Pferde* || *uv* **разну́здывать,** -аю, -аешь

разнузда́ться, *1. u. 2. Pers ungebr*, -а́ется *v* 1. den Zaum abwerfen 2. *übtr* sich gehen lassen, außer Rand und Band geraten || *uv* **разну́здываться,** -ается

ра́зный, -ая, -ое verschieden(artig); в -ое вре́мя zu unterschiedlichen Zeiten; -ого ро́да allerlei

разню́хать, -аю, -аешь; -анный, -ан, -а *v* 1. *umg* wittern, aufspüren 2. *übtr, volksspr* herauskriegen, auskundschaften || *uv* **разню́хивать,** -аю, -аешь

разня́ть* *v* 1. auseinandernehmen 2. *umg* auseinanderbringen, trennen || *uv* разнима́ть, -а́ю, -а́ешь

разоби́деть, -и́жу, -и́дишь; -и́женный, -и́жен, -а *v umg* empfindlich beleidigen, verletzen, kränken

разоби́деться, -и́жусь, -и́дишься *v* beleidigt [verletzt] sein

разоблача́ть(ся) *uv zu* разоблачи́ть(ся)

разоблаче́ние, -я *n* Entlarvung, Enthüllung

разоблачи́тельный, -ая, -ое *buchspr* enthüllend, entlarvend

разоблачи́ть, -чу́, -чи́шь; -чённый, -чён, -чена́ *v* 1. *scherz* entkleiden 2. *übtr* entlarven, enthüllen, aufdekken || *uv* разоблача́ть, -а́ю, -а́ешь

разоблачи́ться, -чу́сь, -чи́шься *v* 1. *scherz* sich entkleiden 2. sich herausstellen, sich enthüllen; sich offenbaren || *uv* разоблача́ться, -а́юсь, -а́ешься

разо|бра́ть*, разберу́; разо́бранный, -ан, -а *v* 1. auseinandernehmen, zerlegen; ~ дом ein Haus abtragen 2. aufkaufen; все това́ры разо́браны alle Waren sind ausverkauft 3. in Ordnung bringen, ordnen 4. untersuchen, klären; ergründen 5. *gram* analysieren, zergliedern 6. verstehen, feststellen; entziffern *Handschrift* 7. *umg* ergreifen, erfassen; packen; его́ разобра́л гнев er geriet in Wut || *uv* разбира́ть, -а́ю, -а́ешь

разо|бра́ться*; -ала́сь, -али́сь *v* 1. auspacken, sich einrichten; seine Sachen in Ordnung bringen 2. sich zurechtfinden, sich auskennen; klug werden (aus) || *uv* разбира́ться, -а́юсь, -а́ешься

разобща́ть *uv zu* разобщи́ть

разобще́ние, -я *n* Trennung, Absonderung; Isolierung

разобщённость, -и *f* Getrenntheit, Isoliertheit

разобщённый, -ая, -ое; *Kzf* -ён, -ённа abgesondert, getrennt; isoliert

разобщи́ть, -щу́, -щи́шь; -щённый, -щён, -щена́ *v* 1. trennen, absondern; isolieren 2. *übtr* entfremden 3. *tech* loskuppeln || *uv* разобща́ть, -а́ю, -а́ешь

ра́зовый, -ая, -ое einmalig

разо|гна́ть*, разгоню́; разо́гнанный, -ан, -а *v* 1. auseinanderjagen, vertreiben 2. zerstreuen; verscheuchen 3. beschleunigen; Vollgas geben || *uv* разгоня́ть, -я́ю, -я́ешь

разо|гна́ться*, -ала́сь, -али́сь *v* seine

Geschwindigkeit erhöhen || *uv* разгоня́ться, -я́юсь, -я́ешься
разогну́ть, -ну́, -нёшь; разо́гнутый, -ут, -а *v* auseinanderbiegen; geradebiegen; ~ спи́ну sich aufrichten || *uv* разгиба́ть, -а́ю, -а́ешь; рабо́тать не разгиба́я спины́ rastlos arbeiten
разогну́ться, -ну́сь, -нёшься *v* sich aufrichten || *uv* разгиба́ться, -а́юсь, -а́ешься
разогрева́ние, -я *n* Aufwärmen, Heißmachen
разогрева́ть(ся) *uv zu* разогре́ть(ся)
разогре́ть, -е́ю, -е́ешь; разогре́тый, -е́т, -а *v* an-, aufwärmen; heiß machen || *uv* разогрева́ть, -а́ю, -а́ешь
разогре́ться, -е́юсь, -е́ешься *v* warm werden, sich erwärmen; heiß werden || *uv* разогрева́ться, -а́юсь, -а́ешься
разоде́тый, -ая, -ое; *Kzf* -де́т, -а *umg* herausgeputzt
разо|де́ть* *v umg* herausputzen
разо|де́ться* *v umg* sich herausputzen
разо|дра́ть*, раздеру́; разо́дранный, -ан, -а *v umg* in Stücke reißen, zerreißen || *uv* раздира́ть, -а́ю, -а́ешь
разо|дра́ться*, *1. u. 2. Pers ungebr*, раздерётся; -ала́сь, -а́ло́сь, -а́ли́сь *v* **1.** reißen, zerreißen, in Fetzen gehen **2.** sich raufen, sich prügeln || *uv* раздира́ться, -а́ется
разозли́ть, -лю́, -ли́шь; -лённый, -лён, -лена́ *v* in Wut bringen; ärgern, erzürnen
разозли́ться, -лю́сь, -ли́шься *v* wütend werden; sich ärgern
разо|йти́сь* *v* **1.** *1. u. 2. Pers ungebr* auseinandergehen; sich zerstreuen **2.** *1. u. 2. Pers ungebr* ausgehen, zerrinnen *Geld, Vorräte*; ausverkauft sein; кни́ги разошли́сь die Bücher sind vergriffen **3.** *1. u. 2. Pers ungebr* sich auflösen, schmelzen **4.** aneinander vorübergehen, sich verfehlen; я разошёлся с ним ich habe ihn verfehlt **5.** sich trennen; sich scheiden **6.**: ~ во мне́ниях verschiedener Meinung sein **7.** *umg* in Fahrt kommen, eine bestimmte Geschwindigkeit erreichen **8.** *übtr, umg* an Stärke [Heftigkeit] zunehmen; außer Rand und Band geraten ◇ разойди́сь! *mil* weggetreten! || *uv* расходи́ться, -ожу́сь, -о́дишься
разо́к, -зка́ *m umg* ein einziges Mal, einmal
ра́зом *Adv umg* **1.** mit einem Male, auf einmal; все ~ alle zugleich **2.** sofort, augenblicklich
разомкну́ть, -ну́, -нёшь; разо́мкнутый, -ут, -а *v* **1.** lösen; öffnen **2.** *el* ausschalten || *uv* размыка́ть, -а́ю, -а́ешь
разомле́ть, -е́ю, -е́ешь *v umg* ermatten, schlapp werden, ermüden
разонра́виться, -влюсь, -вишься *v umg* nicht mehr gefallen
разопре́ть, -е́ю, -е́ешь *v* (auf)quellen, weich werden
разора́ться, -ру́сь, -рёшься *v volksspr* aus vollem Halse schreien, losbrüllen
разо|рва́ть*; разо́рванный, -ан, -а *v* **1.** in Stücke reißen; zerreißen **2.** *unpers* auseinanderreißen; котёл разорва́ло der Kessel ist explodiert; снаря́д разорва́ло das Geschoß ist krepiert **3.** *übtr* abbrechen; ~ с про́шлым mit der Vergangenheit brechen || *uv* разрыва́ть, -а́ю, -а́ешь
разо|рва́ться*, *1. u. 2. Pers ungebr*, *v* **1.** zerreißen, in Fetzen gehen **2.** explodieren; zerplatzen ◇ ему́ не ~ *umg* er kann sich doch nicht zerreißen; хоть разорви́сь! man möchte sich zerreißen! || *uv* разрыва́ться, -а́ется *zu* 2
разоре́ние, -я *n* **1.** Zerstörung; Verwüstung **2.** Verarmung, Ruin
разори́тельный, -ая, -ое; *Kzf* -лен, -льна **1.** verheerend **2.** ruinierend
разори́ть, -рю́, -ри́шь; -рённый, -рён, -рена́ *v* **1.** zerstören; verwüsten **2.** ruinieren, zugrunde richten || *uv* разоря́ть, -я́ю, -я́ешь
разори́ться, -рю́сь, -ри́шься *v* ruiniert sein, verarmen || *uv* разоря́ться, -я́юсь, -я́ешься
разоружа́ть(ся) *uv zu* разоружи́ть(ся)
разоруже́ние, -я *n* Abrüstung; Entwaffnung
разоружи́ть, -жу́, -жи́шь; -жённый, -жён, -жена́ *v* **1.** entwaffnen; abrüsten **2.** abtakeln *Schiff* || *uv* разоружа́ть, -а́ю, -а́ешь
разоружи́ться, -жу́сь, -жи́шься *v* abrüsten || *uv* разоружа́ться, -а́юсь, -а́ешься
разоря́ть(ся) *uv zu* разори́ть(ся)
разо|сла́ть*; разо́сланный, -ан, -а *v* verschicken; aussenden || *uv* рассыла́ть, -а́ю, -а́ешь
разо|спа́ться* *v umg* in einen festen und langen Schlaf sinken
разо|стла́ть* [сл], расстелю́; разо́стланный, -ан, -а *v* ausbreiten || *uv* расстила́ть, -а́ю, -а́ешь

разо|стла́ться* [сл], *1. u. 2. Pers ungebr*, расстéлется *v* sich ausbreiten, sich erstrecken ‖ *uv* расстила́ться, -а́ется
разохо́титься, -о́чусь, -о́тишься *v umg* Lust bekommen (zu)
разочарова́ние, -я *n* Enttäuschung
разочаро́ванный, -ая, -ое; *Kzf* -ан, -анна enttäuscht
разочарова́ть, -ру́ю, -ру́ешь; -ро́ванный, -ро́ван, -а *v* enttäuschen ‖ *uv* **разочаро́вывать,** -аю, -аешь
разочарова́ться, -ру́юсь, -ру́ешься *v* enttäuscht werden [sein]; я в нём разочарова́лся ich bin von ihm enttäuscht ‖ *uv* **разочаро́вываться,** -аюсь, -аешься
разочту́ ↑ расчéсть
разраба́тывать *uv zu* разрабо́тать
разрабо́тать, -аю, -аешь; разрабо́танный, -ан, -а *v* **1.** bearbeiten *Boden* **2.** ausarbeiten *Plan* **3.** *berg* ausbeuten ‖ *uv* разраба́тывать, -аю, -аешь
разрабо́тка, -и, *Pl G* -ток, *D* -ткам *f* **1.** Bearbeitung **2.** Ausarbeitung **3.** *berg* Ausbeute; Abbau; откры́тая ~ Tagebau; подзéмная ~ Untertagebau; ~ руды́ Erzbergbau; хи́щническая ~ Raubbau
разра́внивать *uv zu* разровня́ть
разража́ться *uv zu* разрази́ться
разрази́ться, -ажу́сь, -ази́шься *v* sich entladen, ausbrechen; ~ слеза́ми in Tränen ausbrechen ‖ *uv* разража́ться, -а́юсь, -а́ешься
разраста́ние, -я *n* Wachsen; Wuchern
разраста́ться *uv zu* разрасти́сь
раз|расти́сь*, *1. u. 2. Pers ungebr*, *v* **1.** wuchern; dichter [größer] werden; schnell wachsen *Pflanzen* **2.** *übtr* anwachsen; sich ausbreiten ‖ *uv* разраста́ться, -а́ется
разреве́ться, -ву́сь, -вёшься *v umg* **1.** laut zu brüllen anfangen **2.** in Tränen ausbrechen
разреди́ть, -ежу́, -еди́шь; -ежённый, -ежён, -ежена́ *v* **1.** lichten *Wald* **2.** verdünnen *Luft* ‖ *uv* **разрежа́ть,** -а́ю, -а́ешь
разреди́ться, *1. u. 2. Pers ungebr*, -и́тся *v* **1.** lichter, spärlicher werden **2.** dünner werden *Luft* ‖ *uv* **разрежа́ться,** -а́ется
разрежённый, -ая, -ое; *Kzf* -ён, -ена́ **1.** licht, gelichtet **2.** *phys* verdünnt
разре́з, -а *m* **1.** Schnitt, Einschnitt **2.** Ausschnitt *Kleid* **3.** Schnitt, Durchschnitt; продо́льный ~ Längsschnitt; попере́чный ~ Querschnitt **4.** (Kohlen-) Tagebau ◇ в э́том -е unter diesem Gesichtspunkt, von diesem Standpunkt aus; идти́ в ~ с чéм-н. etw. zuwiderlaufen; э́то идёт в ~ с мои́м мне́нием das steht in scharfem Gegensatz zu meiner Meinung
раз|ре́зать* *v* zerschneiden; aufschneiden ‖ *uv* **разреза́ть,** -а́ю, -а́ешь
разрезно́й, -а́я, -о́е **1.** Schneide-; ~ нож Papiermesser; Brieföffner **2.** mit Schlitz, mit Ausschnitt
разреша́ть *uv zu* разреши́ть
разреша́ться, -а́юсь, -а́ешься *uv* **1.** *uv zu* разреши́ться **2.** *unpers* gestattet sein
разреше́ние, -я *n* **1.** Erlaubnis, Bewilligung, Genehmigung; Erlaubnisschein; с ва́шего -я wenn Sie gestatten **2.** Lösung
разреши́мый, -ая, -ое; *Kzf* -и́м, -а lösbar
разреши́ть, -шу́, -ши́шь; -шённый, -шён, -шена́ *v* **1.** erlauben, gestatten; bewilligen; genehmigen; zulassen **2.** lösen; entscheiden **3.** beseitigen, beheben; schlichten *Streit* ‖ *uv* разреша́ть, -а́ю, -а́ешь
разреши́ться, -шу́сь, -ши́шься *v* **1.** *1. u. 2. Pers ungebr* sich lösen; sich regeln **2.**: ~ от бре́мени *alt* gebären, niederkommen ‖ *uv* разреша́ться, -а́юсь, -а́ешься
разрисова́ть, -су́ю, -су́ешь; -со́ванный, -со́ван, -а *v* **1.** mit Zeichnungen schmücken, ausmalen **2.** *übtr umg* ausmalen, schildern ‖ *uv* разрисо́вывать, -аю, -аешь
разрисо́вка, -и *f* Ausmalen, Bemalen
разрисо́вывать *uv zu* разрисова́ть
разровня́ть, -я́ю, -я́ешь; разро́вненный, -ен, -а *v* ebnen; glattwalzen ‖ *uv* разра́внивать, -аю, -аешь
разро́зненный, -ая, -ое **1.** vereinzelt; abgesondert, einzeln **2.** unvollständig
разро́знивать *uv zu* разро́знить
разро́знить, -ню, -нишь; -ненный, -нен, -а *v* auseinanderreißen, trennen; unvollständig machen ‖ *uv* разро́знивать, -аю, -аешь
разруба́ть *uv zu* разруби́ть
разруби́ть, -ублю́, -у́бишь; -у́бленный, -у́блен, -а *v* zerhauen, (zer)spalten; in Stücke hauen ‖ *uv* разруба́ть, -а́ю, -а́ешь
разруга́ть, -а́ю, -а́ешь; разру́ганный, -ан, -а *v umg* ausschimpfen, ausschelten

разругáться, -áюсь, -áешься *v umg* sich verzanken
разрумя́нивать(ся) *uv zu* разрумя́нить(ся)
разрумя́нить, -ню, -нишь; -ненный, -нен, -а *v* röten *Gesicht* || *uv* разрумя́нивать, -аю, -аешь
разрумя́ниться, *1. u. 2. Pers ungebr*, -ится *v* erröten; sich röten *Gesicht* || *uv* разрумя́ниваться, -ается
разру́ха, -и *f* Zerrüttung; Verfall
разрушáть(ся) *uv zu* разру́шить(ся)
разрушéние, -я *n* Zerstörung, Vernichtung
разруши́тельный, -ая, -ое; *Kzf* -лен, -льна zerstörend, verheerend; verderblich
разру́шить, -шу, -шишь; -шенный, -шен, -а *v* **1.** zerstören **2.** *übtr* zerstören, zunichte machen; vernichten; vereiteln; ~ эконóмику die Wirtschaft zerrütten; ~ здорóвье seine Gesundheit ruinieren || *uv* разрушáть, -áю, -áешь
разру́шиться, *1. u. 2. Pers ungebr*, -ится *v* **1.** einstürzen; verfallen **2.** *übtr* zusammenbrechen, scheitern || *uv* разрушáться, -áется
разры́в, -а *m* **1.** Riß **2.** Explosion, Explodieren **3.** *übtr* Bruch, Abbruch *der Beziehungen* **4.** Diskrepanz, Mißverhältnis ◇ ~ сéрдца Herzschlag *als Todesursache*
[1]**разрывáть** *uv zu* разорвáть
[2]**разрывáть** *uv zu* разры́ть
разрывáться *uv zu* разорвáться
разрывнóй, -áя, -óе Spreng-; ~ снаря́д Sprenggeschoß
разрыдáться, -áюсь, -áешься *v* laut zu schluchzen beginnen
раз|ры́ть* *v* **1.** aufgraben, aufwühlen **2.** *umg* durcheinanderbringen || *uv* разрывáть, -áю, -áешь
разрыхлéние, -я *n* Auflockerung
разрыхли́ть, -лю́, -ли́шь; -лённый, -лён, -ленá *v* auflockern *Boden* || *uv* **разрыхля́ть,** -я́ю, -я́ешь
[1]**разря́д,** -а *m* Kategorie, Klasse; Ordnung; Lohnstufe, -gruppe
[2]**разря́д,** -а *m el* Entladung
[1]**разряди́ть,** -яжу́, -я́дишь; -я́женный, -я́жен, -а *v umg* herausputzen, festlich kleiden || *uv* разряжáть, -áю, -áешь
[2]**разряди́ть,** -яжу́, -я́дишь; -яжённый, -яжён, -яженá *u.* -я́женный, -я́жен, -а *v* **1.** *el* entladen *a. Schußwaffen* **2.** *übtr* entspannen; ~ атмосфéру die Atmosphäre entspannen || *uv* разряжáть, -áю, -áешь
[1]**разряди́ться,** -яжу́сь, -я́дишься *v umg* sich herausputzen, sich festlich kleiden || *uv* разряжáться, -áюсь, -áешься
[2]**разряди́ться,** *1. u. 2. Pers ungebr*, -я́дится *v* **1.** sich entladen **2.** *übtr* sich entspannen || *uv* разряжáться, -áется
разря́дка, -и *f* **1.** *typ* Sperrung, Sperrdruck; в -у gesperrt **2.** *mil* Entladen; *el* Entladung **3.** *übtr* Entspannung; ~ напряжённости *pol* Entspannung (der Lage)
[1]**разря́дник,** -а *m umg el* Entlader
[2]**разря́дник,** -а *m* Spitzensportler, Leistungssportler
[1,2]**разряжáть(ся)** *uv zu* [1,2]разряди́ть(ся)
разубеди́ть, -ежу́, -еди́шь; -еждённый, -еждён, -еждена́ *v* ausreden, abbringen (в *P* von); ~ когó-н. в чём-н. j-m etw. ausreden || *uv* **разубеждáть,** -áю, -áешь
разубеди́ться, -ежу́сь, -еди́шься *v* seine Meinung ändern, sich eines anderen besinnen || *uv* **разубеждáться,** -áюсь, -áешься
разувáть(ся) *uv zu* разу́ть(ся)
разувéрить, -рю, -ришь; -ренный, -рен, -а *v* (j-n) von seinem Glauben [seiner Überzeugung] abbringen || *uv* **разуверя́ть,** -я́ю, -я́ешь
разувéриться, -рюсь, -ришься *v* seinen Glauben verlieren (в *P* an), sich eines anderen besinnen || *uv* **разуверя́ться,** -я́юсь, -я́ешься
разузнавáть *uv zu* разузнáть
разузнáть, -áю, -áешь; разу́знанный, -ан, -а *v* nachforschen (*A oder* о *P* über); sich erkundigen; in Erfahrung bringen || *uv* разу|знавáть*
разукрáсить, -áшу, -áсишь; -áшенный, -áшен, -а *v* (aus)schmücken, verzieren || *uv* **разукрáшивать,** -аю, -аешь
разукрáситься, -áшусь, -áсишься *v* sich (aus)schmücken || *uv* **разукрáшиваться,** -аюсь, -аешься
разукрупнéние, -я *n* Aufteilung *in kleinere Einheiten*; Dezentralisierung
разукрупни́ть, -ню́, -ни́шь; -нённый, -нён, -ненá *v* aufteilen *in kleinere Einheiten*; dezentralisieren || *uv* **разукрупня́ть,** -я́ю, -я́ешь
рáзум, -а *m* Verstand, Vernunft ◇ у меня́ ум за ~ захóдит ich weiß weder aus noch ein
разумéться, *1. u. 2. Pers ungebr*, -éется *uv* **1.**: под э́тим разумéется… darunter ist gemeint … **2.** *mod*, *3. Pers*

Sg meist mit само́ собо́й: само́ собо́й разуме́ется das versteht sich von selbst, selbstverständlich
разу́мник, -а *m umg* Schlaukopf; Pfiffikus
разу́мный, -ая, -ое; *Kzf* -мен, -мна vernünftig; gescheit
разу́тый, -ая, -ое; *Kzf* -ут, -а barfuß
разу́ть* *v* die Schuhe ausziehen ‖ *uv* разува́ть, -а́ю, -а́ешь
разу́ться* *v* sich die Schuhe ausziehen ‖ *uv* разува́ться, -а́юсь, -а́ешься
разуха́бистый, -ая, -ое; *Kzf* -ист, -а übermütig; allzu ungezwungen
разу́чивание, -я *n* Einüben, Einstudieren
разу́чивать(ся) *uv zu* разучи́ть(ся)
разучи́ть, -учу́, -у́чишь; -у́ченный, -у́чен, -а *v* einüben, einstudieren; ~ пе́сню ein Lied einstudieren ‖ *uv* разу́чивать, -аю, -аешь
разучи́ться, -учу́сь, -у́чишься *v* verlernen, aus der Übung kommen ‖ *uv* разу́чиваться, -аюсь, -аешься
разу́ю ↑ разу́ть
разъеда́ть *uv zu* разъе́сть
разъедине́ние, -я *n* 1. Trennung 2. Unterbrechung *der Verbindung*
разъедини́тель, -я *m* 1. *el* Trennschalter 2. *tech* Ausrücker, Ausschalter
разъедини́ть, -ню́, -ни́шь; -нённый, -нён, -нена́ *v* 1. trennen 2. unterbrechen *Verbindung* ‖ *uv* **разъединя́ть,** -я́ю, -я́ешь
разъедини́ться, -ню́сь, -ни́шься *v* 1. sich trennen 2. unterbrochen werden ‖ *uv* **разъединя́ться,** -я́юсь, -я́ешься
разъе́зд, -а *m* 1. Abreise, Aufbruch 2. *Pl* Reisen; в -ах verreist, auf Reisen 3. Ausweichen *von Fahrzeugen* 4. Ausweichschienen, Ausweichstelle *Eisenbahn* 5. *mil* Streife; berittener Erkundungstrupp
разъе́здить, -е́зжу, -е́здишь; -е́зженный, -е́зжен, -а *v umg* ausfahren *Weg* ‖ *uv* разъе́зживать, -аю, -аешь
разъездно́й, -а́я, -о́е Reise-; -ы́е де́ньги Reisegeld
разъезжа́ть, -а́ю, -а́ешь *uv* umherreisen
разъезжа́ться *uv zu* разъе́хаться
разъе́зживать *uv zu* разъе́здить
разъ|е́сть*, *1. u. 2. Pers ungebr, v* zerfressen; ätzen ‖ *uv* разъеда́ть, -а́ет
разъ|е́сться* *v umg* dick werden durch reichliches Essen
разъ|е́хаться* *v* 1. *1. u. 2. Pers ungebr* wegfahren; aufbrechen 2. einander ausweichen 3. aneinander vorbeifahren, sich verpassen 4. auseinandergehen 5. *1. u. 2. Pers ungebr* wegrutschen 6. *1. u. 2. Pers ungebr volksspr* zerfallen, auseinandergehen ‖ *uv* разъезжа́ться, -а́юсь, -а́ешься
разъярённый, -ая, -ое wütend, aufgebracht; rasend
разъяри́ть, -рю́, -ри́шь; -рённый, -рён, -рена́ *v* in Wut bringen ‖ *uv* **разъяря́ть,** -я́ю, -я́ешь
разъяри́ться, -рю́сь, -ри́шься *v* in Wut geraten, wütend [rasend] werden ‖ *uv* **разъяря́ться,** -я́юсь, -я́ешься
разъясне́ние, -я *n* Erklärung, Erläuterung, Klärung; дать -я по како́му-н. вопро́су Auskunft geben über etw.
разъясни́тельный, -ая, -ое erklärend
разъя́снить, -нит *v unpers volksspr* sich aufklären *Wetter*
разъясни́ть, -ню́, -ни́шь; -нённый, -нён, -нена́ *v* erklären, erläutern ‖ *uv* разъясня́ть, -я́ю, -я́ешь
разъя́сниться, *1. u. 2. Pers ungebr,* -ится *v* sich aufklären *Wetter*
разъясни́ться, *1. u. 2. Pers ungebr,* -и́тся *v* sich aufklären, klar werden ‖ *uv* разъясня́ться, -я́ется
разъясня́ть(ся) *uv zu* разъясни́ть(ся)
разыгра́ть, -а́ю, -а́ешь; разы́гранный, -ан, -а *v* 1. spielen, aufführen, vortragen 2. sich aufführen; ~ дурака́ sich dumm stellen 3. *umg* foppen, zum Narren halten 4. verlosen, auslosen ‖ *uv* **разы́грывать,** -аю, -аешь
разыгра́ться, -а́юсь, -а́ешься *v* 1. sich am Spiel begeistern 2. *umg* sich einspielen *Schauspieler* 3. *1. u. 2. Pers ungebr* ausbrechen, losbrechen; разыгра́лась бу́ря ein Sturm brach los ‖ *uv* **разы́грываться,** -аюсь, -аешься
раз|ыска́ть* *v* (auf)finden, ausfindig machen ‖ *uv* **разы́скивать,** -аю, -аешь
раз|ыска́ться* *v* gefunden werden ‖ *uv* **разы́скиваться,** -аюсь, -аешься
разыщу́ ↑ разыска́ть
рай, -я, *P* о ра́е, в раю́ *m* Paradies
рай- *in Zuss Abk für* райо́нный Rayon-, Kreis-
райисполко́м, -а *m* (райо́нный испол-

нительный комитет) Kreis-Exekutivkomitee
райком, -a *m* (районный комитет) Kreiskomitee; Stadtbezirksleitung; Kreisleitung
район, -a *m* **1.** Gebiet; *mil* Abschnitt, Raum **2.** (Stadt-) Bezirk; (Verwaltungs-) Kreis; экономический ~ Wirtschaftsbezirk
районирование, -a *n* Einteilung in Stadtbezirke u. Verwaltungskreise
районный, -ая, -ое Rayon-
райский, -ая, -ое paradiesisch, Paradies-
райсовет, -a *m* (районный совет) Kreisrat
райцентр, -a *m* (районный центр) Kreisstadt
[1]**рак,** -a *m* Krebs; красный как ~ krebsrot ◇ я покажу тебе, где **-и** зимуют ich werde dir zeigen, wo der Pfeffer wächst
[2]**рак,** -a *m med* Krebs
Рак, -a *m astr* Krebs
ракета, -ы *f* Rakete; сигнальная ~ Leuchtkugel; ~-носитель Trägerrakete; ~ класса „земля — воздух" Boden-Luft-Rakete; многоступенчатая ~ Mehrstufenrakete
ракетка, -и, *Pl G* -ток, *D* -ткам *f* Tennisschläger
ракетница, -ы, *I* -ей *f* Leuchtpistole
ракетный, -ая, -ое Raketen-; ~ снаряд Raketengeschoß
ракето|дром, -a *m* Raketenstartgelände; **~носец,** -сца, *I* -сцем, *G Pl* -сцев *m* Raketenträger
ракетчик, -a *m* Angehöriger der Raketentruppen
ракита, -ы *f* Bruchweide, Knackweide
раковина, -ы *f* **1.** Muschel; Muschelschale; ушная ~ Ohrmuschel **2.** *tech* Blase **3.** Ausguß, Spülstein
[1]**раковый,** -ая, -ое *zool* Krebs-
[2]**раковый,** -ая, -ое *med* Krebs-; -ая опухоль Krebsgeschwulst
ракообразные, -ых *Subst Pl* Krebstiere
ракушечник, -a *m* Muschelkalkstein
ракушка, -и, *Pl G* -шек, *D* -шкам *f* kleine Muschel
рама, -ы *f* **1.** Rahmen *a. tech*; оконная ~ Fensterrahmen; двойные -ы Doppelfenster; вставить в -у einrahmen **2.** Sägegatter
рамка, -и, *Pl G* -мок, *D* -мкам *f* **1.** kleiner Rahmen **2.** Umrandung *eines Textes* **3.** *Pl* Grenzen, Rahmen
рамочный, -ая, -ое Rahmen-; -ая антенна Rahmenantenne
рампа, -ы *f theat* Rampe; при свете -ы im Rampenlicht
рана, -ы *f* Wunde; ~ в голову Kopfwunde; огнестрельная ~ Schußwunde ◇ бередить старую -у eine alte Wunde aufreißen
ранг, -a *m* Rang; капитан первого -а *naut* Kapitän ersten Ranges; табель о -ах Rangliste
рангоут, -a *m naut* Mastwerk
Рангун, -a *m* Rangun
ранее *Adv* **1.** *Komp zu* рано **2.** früher, (be)vor
ранение, -я *n* **1.** Verwundung, Verletzung **2.** Wunde
раненый, -ая, -ое **1.** verwundet, verletzt **2.** -ого *Subst m* Verwundeter, Verletzter
ранец, -нца, *I* -нцем, *G Pl* -нцев *m* Ranzen, Schulranzen; *mil* Tornister
ранжир, -a *m alt* **1.** Aufstellung von Personen in einer Reihe der Größe nach **2.** *übtr* bestimmte Reihenfolge ◇ по -у a) der Größe nach; b) *übtr* nach der Bedeutung; подвести под один ~ über einen Kamm scheren
ранить, раню, ранишь; раненный, ранен, -a *v, uv* verwunden, verletzen
ранний, -яя, -ее **1.** früh(zeitig); -им утром frühmorgens **2.** jung, Früh-; -ие овощи Frühgemüse; -яя весна Vorfrühling **3.** vorzeitig eintretend; -яя зима zeitiger Winter ◇ -яя птичка *umg* Frühaufsteher
рано *Adv, Komp* раньше *u.* ранее **1.** früh **2.** *unpers, prädikativ*: ещё ~ es ist noch (zu) früh; ~ утром früh am Morgen ◇ ~ или поздно über kurz oder lang
рант, -a, *P* о ранте, на ранту *m* Rand, Kante; ботинки на -у randgenähte Schuhe
рантовой, -ая, -ое *u.* **рантовый,** -ая, -ое rahmengenäht *Schuhe*; -ая подошва Randsohle
рантье *m idkl* Rentier
рань, -и *f umg* Frühe; в такую ~ so früh(zeitig)
раньше *Adv* **1.** *Komp von* рано **2.** vor, vorher; ~ шести часов vor sechs (Uhr); ~ нас vor uns; не ~ месяца nicht vor einem Monat; неделей ~ eine Woche früher [vorher] **3.** zuerst; ~ подумай, потом сделай zuerst überlegen, dann handeln **4.** einst, früher, ehemals
рапира, -ы *f* Rapier *Fechtwaffe*
рапорт, -a *m* Rapport, Meldung; Bericht; отдать ~ Bericht erstatten

рапортова́ть, -ту́ю, -ту́ешь *v, uv* melden, berichten
рапс, -а *m bot* Raps
ра́псовый, -ая, -ое Raps-
ра́са, -ы *f* Rasse
раси́зм, -а *m* Rassismus, Rassentheorie
раси́стский [исск], -ая, -ое rassistisch
раска́иваться *uv zu* раска́яться
раскалённый, -ая, -ое glühend
раскали́ть, -лю́, -ли́шь; -лённый, -лён, -лена́ *v* glühend machen; ~ до́красна bis zur Rotglut erhitzen || *uv* раскаля́ть, -я́ю, -я́ешь
раскали́ться, *1. u. 2. Pers ungebr*, -и́тся *v* glühend werden, sich erhitzen || *uv* раскаля́ться, -я́ется
раска́лывать(ся) *uv zu* расколо́ть(ся)
раскаля́ть(ся) *uv zu* раскали́ть(ся)
раска́пывать *uv zu* раскопа́ть
раска́рмливать *uv zu* раскорми́ть
раскасси́ровать, -рую, -руешь; -рованный, -рован, -а *v* auflösen; liquidieren
раска́т, -а *m* Donnern, dumpfes Rollen ◇ -ы сме́ха Lachsalve
раската́ть, -а́ю, -а́ешь; раска́танный, -ан, -а *v* **1.** entrollen **2.** ausrollen *Teig*; mangeln *Wäsche*; eben walzen *Weg* **3.** ins Rollen bringen || *uv* раска́тывать, -аю, -аешь
раска́тистый, -ая, -ое; *Kzf* -ист, -а schallend; dröhnend
раскати́ть, -ачу́, -а́тишь; -а́ченный, -а́чен, -а *v* **1.** durch Rollen Geschwindigkeit verleihen **2.** auseinanderrollen
раска́тывать, -аю, -аешь *uv* **1.** *uv zu* раската́ть **2.** *umg* herumfahren, umherfahren
раскача́ть, -а́ю, -а́ешь; раска́чанный, -ан, -а *v* **1.** stark schaukeln, in Schwung bringen **2.** rütteln; lockern **3.** *übtr, umg* aufrütteln; aufmuntern || *uv* **раска́чивать,** -аю, -аешь
раскача́ться, -а́юсь, -а́ешься *v* **1.** in Schwung kommen, schaukeln **2.** *volksspr 1. u. 2. Pers ungebr* wackelig werden, sich lockern **3.** *übtr, umg* sich aufraffen, in Schwung kommen || *uv* **раска́чиваться,** -аюсь, -аешься
[1,2]**раска́шивать** *uv zu* [1,2]раскоси́ть
раска́шляться, -яюсь, -яешься *v* einen Hustenanfall bekommen
раска́яние, -я *n* Reue; по́лный -я reuevoll, reumütig
раска́яться, -а́юсь, -а́ешься *v* в *P* bereuen || *uv* раска́иваться, -аюсь, -аешься
расквартирова́ние, -я *n* Einquartierung
расквартирова́ть, -ру́ю, -ру́ешь; -ро́ванный, -ро́ван, -а *v* einquartieren || *uv* **расквартиро́вывать,** -аю, -аешь
расквартирова́ться, -ру́юсь, -ру́ешься *v* einquartiert werden || *uv* **расквартиро́вываться,** -аюсь, -аешься
расква́сить, -а́шу, -а́сишь; -а́шенный, -а́шен, -а *v volksspr* blutig schlagen || *uv* **расква́шивать,** -аю, -аешь
расквита́ться, -а́юсь, -а́ешься *v umg* abrechnen, quitt sein (с *I* mit)
раскида́ть, -а́ю, -а́ешь; раски́данный, -ан, -а *v* auseinanderwerfen, herumwerfen ||*uv* раски́дывать, -аю, -аешь
раски́дистый, -ая, -ое; *Kzf* -ист, -а weitverzweigt, weit ausladend
раски́дывать *uv zu* раскида́ть *u.* раски́нуть
раски́дываться *uv zu* раски́нуться
раски́нуть, -ну, -нешь; раски́нутый, -ут, -а *v* **1.** ausbreiten *Arme* **2.** auseinanderrollen **3.** aufschlagen, aufstellen *Zelt* ◇ ~ умо́м gut überlegen || *uv* **раски́дывать, -аю, -аешь**
раски́нуться, -нусь, -нешься *v* **1.** sich ausstrecken, sich der Länge nach hinlegen **2.** *1. u. 2. Pers ungebr* sich erstrecken, sich ausdehnen || *uv* раски́дываться, -аюсь, -аешься
раскиса́ть *uv zu* раски́снуть
раски́снуть, -ну, -нешь; раски́с, -ла *v* **1.** *1. u. 2. Pers ungebr* stark säuern, gären **2.** *übtr, umg* schlapp werden, ermatten || *uv* раскиса́ть, -а́ю, -а́ешь
раскла́дка, -и *f* Verteilung; де́лать -у verteilen, einteilen
раскладно́й, -а́я, -о́е Klapp-, zusammenlegbar
раскладу́шка, -и, *Pl G* -шек, *D* -шкам *f umg* Klappbett
раскла́дывать(ся) *uv zu* разложи́ть(ся)
раскла́ниваться *uv zu* раскла́няться
раскла́няться, -яюсь, -яешься *v* sich verbeugen, eine Verbeugung [Verbeugungen] machen || *uv* раскла́ниваться, -аюсь, -аешься
раскле́ивать(ся) *uv zu* раскле́ить(ся)
раскле́ить, -е́ю, -е́ишь; -е́енный, -е́ен, -а *v* ankleben, aufkleben || *uv* раскле́ивать, -аю, -аешь
раскле́иться, -е́юсь, -е́ишься *v* **1.** *1. u. 2. Pers ungebr* sich lösen, abgehen, aus dem Leim gehen **2.** *1. u. 2. Pers ungebr übtr* sich zerschlagen,

nicht zustande kommen 3. *übtr, umg* krank werden; kränkeln, nicht (ganz) auf dem Posten sein || *uv* расклéиваться, -аюсь, -аешься

расклéйка, -и *f* Ankleben

расклепáть, -áю, -áешь; расклёпанный, -ан, -а *v* 1. *tech* entnieten 2. plattdrücken, plattschlagen

расклúнивать *uv zu* расклинúть

расклинúть, -ню́, -нúшь; -нённый, -нён, -нена́ *u.* **расклúнить,** -ню, -нишь; -ненный, -нен, -а *v* 1. einen eingetriebenen Keil herausschlagen 2. durch einen Keil spalten || *uv* расклúнивать, -аю, -аешь

рас|ковáть* *v* 1. die Hufeisen abschlagen 2. von Ketten [Fesseln] befreien || *uv* **раскóвывать,** -аю, -аешь

рас|ковáться* *v* ein Hufeisen verlieren *Pferd* || *uv* **раскóвываться,** -аюсь, -аешься

расковы́ривать *uv zu* расковыря́ть

расковыря́ть, -я́ю, -я́ешь; расковы́рянный, -ян, -а *v umg* 1. zerstochern, durch Stochern vergrößern 2. zerkratzen, aufkratzen || *uv* расковы́ривать, -аю, -аешь

раскóл, -а *m* 1. Spaltung 2. *alt, rel* Schisma, Kirchenspaltung, Glaubenstrennung

раскалáчивать *uv zu* расколотúть

расколотúть, -лочу́, -лóтишь; -лóченный, -лóчен, -а *v umg* zerschlagen, zerbrechen || *uv* расколáчивать, -аю, -аешь

рас|колóть* *v* 1. zerspalten; ~ opéx eine Nuß knacken 2. *übtr* spalten, entzweien || *uv* раскáлывать, -аю, -аешь

рас|колóться*, *1. u. 2. Pers ungebr, v* 1. sich spalten; bersten 2. *übtr* sich spalten, sich entzweien || *uv* раскáлываться, -ается

раскóльник, -а *m* 1. *alt, rel* Raskolnik, Kirchenspalter, Sektierer 2. *pol* Spalter

раскóльнический, -ая, -ое spalterisch

раскопáть, -áю, -áешь; раскóпанный, -ан, -а *v* 1. aufgraben; ausgraben 2. *übtr, umg* ans Licht bringen || *uv* раскáпывать, -аю, -аешь

раскóпки, -пок, -пкам *Pl* Ausgrabungen

раскормúть, -ормлю́, -óрмишь; -óрмленный, -óрмлен, -а *v* mästen || *uv* раскáрмливать, -аю, -аешь

раскорчевáть, -чу́ю, -чу́ешь; -чёванный, -чёван, -а *v* (aus)roden || *uv* **раскорчёвывать,** -аю, -аешь

раскоря́ка, -и *m, f volksspr*: ходúть -ой breitbeinig gehen

[1]**раскосúть,** -ошу́, -осúшь; -óшенный, -óшен, -а *v* durch schräggestellte Pfeiler abstützen || *uv* раскáшивать, -аю, -аешь

[2]**раскосúть,** -ошу́, -осúшь; -óшенный, -óшен, -а *v umg*: ~ глаза́ schielen || *uv* раскáшивать, -аю, -аешь

раскóсый, -ая, -ое schielend

раскошéливаться *uv zu* раскошéлиться

раскошéлиться, -люсь, -лишься *v umg* freigebig sein; ausgeben, spendieren || *uv* раскошéливаться, -аюсь, -аешься

раскрáдывать *uv zu* раскрáсть

раскрáивать *uv zu* раскроúть

раскрáсить, -áшу, -áсишь; -áшенный, -áшен, -а *v* bunt bemalen, ausmalen; anstreichen || *uv* раскрáшивать, -аю, -аешь

раскрáска, -и *f* 1. Anmalen, Anstreichen 2. Färbung, bunte Musterung

раскраснéться, -éюсь, -éешься *v* erröten, rot werden, rote Backen bekommen

рас|крáсть* *v* (alles) stehlen, ausplündern || *uv* раскрáдывать, -аю, -аешь

раскрáшивать *uv zu* раскрáсить *u.* раскрошúть

раскрепостúть, -ощу́, -остúшь; -ощённый, -ощён, -ощена́ *v* 1. *hist* von der Leibeigenschaft befreien 2. *übtr* (vom Joch) befreien; emanzipieren || *uv* **раскрепощáть,** -áю, -áешь

раскрепощéние, -я *n* 1. *hist* Aufhebung der Leibeigenschaft 2. *übtr* Befreiung; Emanzipation

раскритиковáть, -ку́ю, -ку́ешь; -кóванный, -кóван, -а *v* scharf kritisieren

раскричáться, -чу́сь, -чúшься *v* laut zu schreien beginnen, ein starkes Geschrei erheben; ~ на когó-н. j-n anschreien

раскроúть, -ою́, -оúшь; -óенный, -óен, -а *v* 1. zuschneiden 2. *umg* schwer verwunden; spalten *Schädel* || *uv* раскрáивать, -аю, -аешь

раскрóйка, -и *f* Zuschneiden; Schnitt

раскрошúть, -ошу́, -óшишь; -óшенный, -óшен, -а *v* zerkrümeln, zerbröckeln || *uv* раскрáшивать, -аю, -аешь

раскрошúться, -ошýсь, -óшишься *v* zerbröckeln; abbröckeln
раскрутúть, -учý, -ýтишь; -ýченный, -ýчен, -а *v* **1.** abwickeln; aufdrehen, aufschrauben **2.** *umg* in drehende Bewegung bringen || *uv* **раскрýчивать,** -аю, -аешь
раскрутúться, *1. u. 2. Pers ungebr*, -ýтится *v* **1.** sich abwickeln, sich losdrehen, aufgehen **2.** *umg* sich allmählich immer schneller drehen || *uv* **раскрýчиваться,** -ается
раскрывáть(ся) *uv zu* раскрыть(ся)
раскры́тие, -я *n* **1.** Öffnen, Aufmachen **2.** Aufdeckung
рас|кры́ть* *v* **1.** aufmachen, öffnen; ~ кнúгу ein Buch aufschlagen; ~ скóбки *math* die Klammern auflösen **2.** entblößen **3.** *übtr* aufdecken, enthüllen; ~ чьй-л. зáмыслы hinter j-s Schliche kommen || *uv* раскрывáть, -áю, -áешь
рас|кры́ться* *v* **1.** sich öffnen, aufgehen **2.** *übtr* aufgedeckt werden; an den Tag kommen, sich herausstellen || *uv* раскрывáться, -áюсь, -áешься
раскулáчивание, -я *n* (ökonomische) Liquidierung der Großbauernschaft
раскулáчивать *uv zu* раскулáчить
раскулáчить, -чу, -чишь; -ченный, -чен, -а *v* das Großbauerntum liquidieren; einen Kulaken enteignen || *uv* раскулáчивать, -аю, -аешь
раскупáть *uv zu* раскупúть
раскупáться, *1. u. 2. Pers ungebr*, -áется *uv* abgehen, verkauft werden; хорошó ~ reißenden Absatz finden
раскупúть, *1. u. 2. Pers Sg ungebr*, -ýпит; -ýпленный, -ýплен, -а *v* aufkaufen; кнúгу бы́стро раскупúли das Buch war schnell vergriffen || *uv* раскупáть, -áет
раскýпоривать *uv zu* раскýпорить
раскýпорить, -рю, -ришь; -ренный, -рен, -а *v* entkorken; öffnen, aufmachen || *uv* раскýпоривать, -аю, -аешь
раскýривать *uv zu* раскурúть
раскурúть, -урю́, -ýришь; -ýренный, -ýрен, -а *v* anrauchen, anstecken *Zigarette* || *uv* раскýривать, -аю, -аешь
раскусúть, -ушý, -ýсишь; -ýшенный, -ýшен, -а *v* **1.** zerbeißen, aufbeißen; ~ орéх eine Nuß knacken **2.** *umg* verstehen, durchschauen; наконéц я раскусúл, в чём дéло endlich ist mir ein Licht aufgegangen; наконéц я егó раскусúл nun konnte ich ihn endlich durchschauen || *uv* **раскýсывать,** -аю, -аешь
раскýтать, -аю, -аешь; -анный, -ан, -а *v* auswickeln, loswickeln || *uv* **раскýтывать,** -аю, -аешь
рáсовый, -ая, -ое Rassen-; -ая дискриминáция Rassendiskriminierung
распáд, -а *m* Zerfall; *übtr* Verfall
распадáться *uv zu* распáсться
распадéние, -я *n* Zerfall
распáивать(ся) *uv zu* распаять(ся)
распаковáть, -кýю, -кýешь; -кóванный, -кóван, -а *v* auspacken || *uv* **распакóвывать,** -аю, -аешь
распалúть, -лю́, -лúшь; -лённый, -лён, -ленá *v umg* **1.** auf sehr hohe Temperaturen erhitzen **2.** *übtr* stark erregen, erzürnen || *uv* **распаля́ть,** -я́ю, -я́ешь
распáривать(ся) *uv zu* распáрить(ся)
распáрить, -рю, -ришь; -ренный, -рен, -а *v* **1.** (mit Dampf oder heißem Wasser) aufweichen **2.** *umg* zum Schwitzen bringen || *uv* распáривать, -аю, -аешь
распáриться, -рюсь, -ришься *v* **1.** *1. u. 2. Pers ungebr* (durch Dampf oder heißes Wasser) weich werden **2.** *umg* zum Schwitzen kommen || *uv* распáриваться, -аюсь, -аешься
распáрывать(ся) *uv zu* распорóть(ся)
рас|пáсться*, *1. u. 2. Pers ungebr*, *v* **1.** zerfallen **2.** *übtr* zerfallen, auseinandergehen || *uv* распадáться, -áется
рас|пахáть* *v* aufpflügen, umbrechen || *uv* [1]**распáхивать,** -аю, -аешь
[2]**распáхивать** *uv zu* распахнýть
распáхиваться *uv zu* распахнýться
распахнýть, -нý, -нёшь; распáхнутый, -ут, -а *v* weit öffnen, aufmachen || *uv* распáхивать, -аю, -аешь
распахнýться, -нýсь, -нёшься *v* **1.** *1. u. 2. Pers ungebr* sich (weit) öffnen, aufgehen **2.** die Rockschöße zurückschlagen || *uv* распáхиваться, -аюсь, -аешься
распашóнка, -и, *Pl G* -нок, *D* -нкам *f umg* Säuglingshemdchen
распаять, -я́ю, -я́ешь; распáянный, -ян, -а *v* loslöten, ablöten || *uv* распáивать, -аю, -аешь
распаяться, *1. u. 2. Pers ungebr*, -я́ется *v* an der Lötstelle aufplatzen || *uv* распáиваться, -ается
распевáть, -áю, -áешь *uv* **1.** *uv zu* распéть **2.** *umg* singen, vor sich hin singen

распека́ть *uv zu* распе́чь
распелена́ть, -а́ю, -а́ешь; распелёнатый, -ат, -а *v* auswindeln, aus den Windeln wickeln ‖ *uv* **распелёнывать,** -аю, -аешь
распелена́ться, -а́юсь, -а́ешься *v* sich ausstrampeln *aus den Windeln* ‖ *uv* **распелёнываться,** -аюсь, -аешься
рас|пере́ть*, разопру́ *v umg* auseinanderdrücken, -treiben ‖ *uv* распира́ть, -а́ю, -а́ешь
рас|пе́ть* *v* 1. einüben, einstudieren *Gesangsstück* 2. einsingen *Stimme* ‖ *uv* распева́ть, -а́ю, -а́ешь
рас|пе́ться* *v* 1. ohne Unterlaß singen 2. sich einsingen
распеча́тать, -аю, -аешь; -анный, -ан, -а *v* entsiegeln; aufmachen, aufbrechen ‖ *uv* **распеча́тывать,** -аю, -аешь
распеча́таться, *1. u. 2. Pers ungebr,* -ается *v* aufgehen, sich lösen *Versiegelung* ‖ *uv* **распеча́тываться,** -ается
рас|пе́чь* *v umg* den Kopf waschen, eine strenge Rüge erteilen ‖ *uv* распека́ть, -а́ю, -а́ешь
распива́ть *uv zu* распи́ть
распи́ливать *uv zu* распили́ть
распили́ть, -илю́, -и́лишь; -и́ленный, -и́лен, -а *v* zersägen, durchsägen ‖ *uv* распи́ливать, -аю, -аешь
распина́ть *uv zu* распя́ть
распина́ться, -а́юсь, -а́ешься *uv umg* за *A* sich sehr bemühen (um); sich sehr einsetzen, sich die Beine ausreißen (für)
распира́ть *uv zu* распере́ть
расписа́ние, -я *n* Liste, Plan, Verzeichnis; ~ поездо́в Fahrplan; ~ уро́ков Stundenplan; по -ию fahrplanmäßig, plangemäß
рас|писа́ть* *v* 1. herausschreiben, abschreiben 2. ausmalen, bemalen 3. *umg, übtr* beschreiben, schildern, ausmalen ‖ *uv* распи́сывать, -аю, -аешь
рас|писа́ться* *v* 1. unterschreiben, unterzeichnen; ~ в получе́нии den Empfang bestätigen 2. viel (zusammen)schreiben; ins Schreiben hineinkommen 3. *umg* sich standesamtlich trauen lassen ‖ *uv* распи́сываться, -аюсь, -аешься *zu* 1, 3
распи́ска, -и, *Pl G* -сок, *D* -скам *f* Bescheinigung, Quittung; ~ в получе́нии Empfangsbestätigung; под -у gegen Quittung; взять -у sich eine Quittung geben lassen
расписно́й, -а́я, -о́е bemalt, gemalt
распи́сывать(ся) *uv zu* расписа́ть(ся)
рас|пи́ть*, разопью́; распи́л *u.* ро́спил; распи́тый, распи́т *u.* ро́спит, распита́! *v umg* gemeinsam trinken *alkoholische Getränke* ‖ *uv* распива́ть, -а́ю, -а́ешь
распиха́ть, -а́ю, -а́ешь; распи́ханный, -ан, -а *v volksspr* 1. auseinanderstoßen 2. hineinstecken, hineinstopfen *an verschiedenen Stellen* ‖ *uv* **распи́хивать,** -аю, -аешь
распла́вить, -влю, -вишь; -вленный, -влен, -а *v* schmelzen ‖ *uv* **расплавля́ть,** -я́ю, -я́ешь
распла́виться, *1. u. 2. Pers ungebr,* -ится *v* schmelzen ‖ *uv* **расплавля́ться,** -я́ется
рас|пла́каться* *v* in Tränen ausbrechen
распланирова́ть, -ру́ю, -ру́ешь *u.* **расплани́ровать,** -рую, -руешь; распланиро́ванный *u.* распланиро́ванный, -ан, -а *v* nach genauem Plan einteilen ‖ *uv* **распланиро́вывать,** -аю, -аешь
распласта́ть, -а́ю, -а́ешь; распла́станный, -ан, -а *v* 1. zerlegen *nach Schichten* 2. ausbreiten, ausstrecken ‖ *uv* **распла́стывать,** -аю, -аешь
распласта́ться, -а́юсь, -а́ешься *v* sich ausstrecken, sich (ausgestreckt) hinlegen ‖ *uv* **распла́стываться,** -аюсь, -аешься
распла́та, -ы *f* 1. Auszahlung, Bezahlung 2. *übtr* Abrechnung, Vergeltung, Sühne
расплати́ться, -ачу́сь, -а́тишься *v* 1. bezahlen, voll auszahlen; ~ с долга́ми die Schulden begleichen; ~ по счёту eine Rechnung begleichen 2. *übtr* abrechnen, Rache üben 3. *übtr* sühnen, büßen (за *A* für) ‖ *uv* **распла́чиваться,** -аюсь, -аешься
рас|плеска́ть* *v* verschütten, vergießen; verspritzen ‖ *uv* **расплёскивать,** -аю, -аешь | *v mom* расплесну́ть, -ну́, -нёшь; расплёснутый, -ут, -а
рас|плеска́ться*, *1. u. 2. Pers ungebr,* *v* verschwappen ‖ *uv* **расплёскиваться,** -ается
расплесну́ть *v mom zu* расплёскивать
рас|плести́* *v* aufflechten, losflechten ‖ *uv* **расплета́ть,** -а́ю, -а́ешь
рас|плести́сь*, *1. u. 2. Pers ungebr,* *v* aufgehen *von Geflochtenem* ‖ *uv* **расплета́ться,** -а́ется
расплоди́ть, -ожу́, -оди́шь; -ожён-

ный, -ожён, -ожена́ *v* züchten, ziehen; vermehren, fortpflanzen

расплоди́ться, *1. u. 2. Pers ungebr*, -и́тся *v* sich vermehren, sich fortpflanzen

расплыва́ться *uv zu* расплы́ться

расплы́вчатость, -и *f* Verschwommenheit, Unklarheit

расплы́вчатый, -ая, -ое; *Kzf* -ат, -а verschwommen, unklar

рас|плы́ться*, *1. u. 2. Pers ungebr*; -плыли́сь *v* 1. zerfließen, auseinanderlaufen *Flüssigkeiten* 2. anschwellen, sich ausdehnen 3. *umg* zunehmen, dick werden 4. wegschwimmen *in verschiedene Richtungen* ◇ его́ лицо́ расплыло́сь в улы́бку es ging ein Lächeln über sein Gesicht ‖ *uv* расплыва́ться, -а́ется

расплю́щивать(ся) *uv zu* расплю́щить(ся)

расплю́щить, -щу, -щишь; -щенный, -щен, -а *v* plattschlagen, plattdrücken ‖ *uv* расплю́щивать, -аю, -аешь

расплю́щиться, *1. u. 2. Pers ungebr*, -ится *v* sich abflachen, platt werden ‖ *uv* расплю́щиваться, -ается

распну́ ↑ распя́ть

распознава́ть *uv zu* распозна́ть

распозна́ть, -а́ю, -а́ешь; распо́знанный, -ан, -а *v* erkennen; unterscheiden, bestimmen ‖ *uv* распо|знава́ть*

располага́ть, -а́ю, -а́ешь *uv* 1. *uv zu* расположи́ть 2. *I* verfügen, disponieren (über); ~ вре́менем Zeit haben; располага́йте мно́ю ich stehe zu Ihrer Verfügung

располага́ться *uv zu* расположи́ться

располага́ющий, -ая, -ее sympathisch, angenehm; einnehmend

располза́ться *uv zu* расползти́сь

рас|ползти́сь*, *1. u. 2. Pers ungebr*, *v* 1. auseinanderkriechen 2. auseinandergehen; (zer)reißen, in Fetzen gehen 3. zerfallen ‖ *uv* располза́ться, -а́ется

расположе́ние, -я *n* 1. Anordnung, Verteilung, Aufstellung; *mil* Stellung, Aufstellung 2. Lage 3. Zuneigung, Wohlwollen, Sympathie; лиша́ть кого́-н. -я j-m die Gunst entziehen 4. *meist* к *D* Neigung, Empfänglichkeit *für Krankheiten* 5. *umg* Stimmung, Laune; быть в хоро́шем -и ду́ха guter Laune sein

располо́женный, -ая, -ое; *Kzf* -жен, -жена 1. gewogen, zugeneigt; wohlwollend 2. geneigt; он не располо́жен е́хать er ist nicht geneigt zu fahren 3. gelegen; ~ к восто́ку от . . . östlich von . . . gelegen

расположи́ть, -ожу́, -о́жишь; -о́женный, -о́жен, -а *v* 1. anordnen, verteilen; aufstellen; ~ по поря́дку der Reihe nach aufstellen; го́род хорошо́ располо́жен die Stadt ist schön gelegen 2. günstig stimmen; Sympathie erwecken; ~ кого́-н. в свою́ по́льзу j-n für sich gewinnen ‖ *uv* располага́ть, -а́ю, -а́ешь

расположи́ться, -ожу́сь, -о́жишься *v* 1. sich niederlassen, sich einrichten; gelegen sein; ~ ла́герем sein Lager aufschlagen 2. *mit Inf, umg, al* vorhaben, sich vornehmen ‖ *uv* располага́ться, -а́юсь, -а́ешься *zu* 1

располосова́ть, -су́ю, -су́ешь; -со́ванный, -со́ван, -а *v umg* in Streifen schneiden [reißen]

распо́р, -а *m* Schub *Bauhandwerk*

распо́рка, -и, *Pl G* -рок, *D* -ркам *f tech* Spreize, Strebe

рас|поро́ть* *v* (auf)trennen, zertrennen ‖ *uv* распа́рывать, -аю, -аешь

рас|поро́ться*, *1. u. 2. Pers ungebr*, *v* sich (auf)trennen, aufgehen ‖ *uv* распа́рываться, -ается

распоряди́тель, -я *m* Organisator; Ordner; дире́ктор-~ leitender Direktor

распоряди́тельность, -и *f* Umsicht, Organisationstalent

распоряди́тельный, -ая, -ое; *Kzf* -лен, -льна umsichtig, gewandt; он оказа́лся о́чень -ым er erwies sich als guter Organisator

распоряди́ться, -яжу́сь, -яди́шься *v* anordnen, verfügen; disponieren; как ~ э́тими деньга́ми? wie soll dieses Geld verwendet werden? ‖ *uv* распоряжа́ться, -а́юсь, -а́ешься

распоря́док, -дка *m* Ordnung; пра́вила вну́треннего -дка Hausordnung; Arbeitsordnung

распоряжа́ться, -а́юсь, -а́ешься *uv* 1. *uv zu* распоряди́ться 2. schalten und walten; leiten; nach eigenem Ermessen verfügen

распоряже́ние, -я *n* 1. Anordnung, Verfügung; Disposition; отда́ть ~ eine Anordnung treffen; -ем нача́льника auf Befehl des Vorgesetzten 2.: быть в -и кого́-н. j-m zur Verfügung stehen; предоставля́ть в ~ zur Verfügung stellen

распоя́сать* *v* den Gürtel abnehmen || *uv* **распоя́сывать,** -аю, -аешь

распоя́саться* *v* 1. aufgürten, den Gürtel abnehmen 2. *umg, mißb* übermütig sein; über die Stränge schlagen || *uv* **распоя́сываться,** -аюсь, -аешься

распоя́шу ↑ распоя́сать

распра́ва, -ы *f* 1. Abrechnung; Strafe; Gewaltanwendung; крова́вая ~ Blutbad, Gemetzel 2. *alt* Urteilsvollstreckung ◇ у меня́ с ним коро́ткая ~ ich mache mit ihm kurzen Prozeß [nicht viel Federlesens]

распра́вить, -влю, -вишь; -вленный, -влен, -а *v* 1. geradebiegen *Draht* 2. glätten *Falten* 3. (aus)strecken, recken *Glieder*; ~ кры́лья die Flügel ausbreiten || *uv* **расправля́ть,** -я́ю, -я́ешь

[1]**распра́виться,** *1. u. 2. Pers ungebr*, -ится *v* geradewerden, sich glätten || *uv* **расправля́ться,** -я́ется

распра́виться, -влюсь, -вишься *v* abrechnen (с *I* mit) || *uv* **расправля́ться,** -я́юсь, -я́ешься

распределе́ние, -я *n* 1. Verteilung, Einteilung 2. *wirtsch* Distribution

распредели́тель, -я *m* 1. Verteiler; ~ удобре́ний Düngerstreuer 2. *alt* Verteilungsstelle, Verkaufsstelle *für rationierte Waren* 3. *tech* Steuerung

распредели́тельный, -ая, -ое Verteilungs-; ~ пункт Verteilungsstelle; ~ щит *el* Schaltbrett

распредели́ть, -лю, -ли́шь; -лённый, -лён, -лена́ *v* verteilen, einteilen; aufteilen || *uv* **распределя́ть,** -я́ю, -я́ешь

распредели́ться, *1. u. 2. Pers ungebr*, -ли́тся *v* sich einteilen, sich aufteilen; экскурса́нты распредели́лись по гру́ппам die Exkursionsteilnehmer wurden in Gruppen aufgeteilt || *uv* **распределя́ться,** -я́ется

распродава́ть *uv zu* распрода́ть

распрода́жа, -ы, *I* -ей *f* Ausverkauf

распро|да́ть*; распро́дал; распро́данный, -ан, -а *v* vollständig verkaufen; кни́га распро́дана das Buch ist vergriffen || *uv* распро|дава́ть*

распрос|тере́ть*, *Fut ungebr*, распростере́в *u.* распростёрши *v* 1. (weit) ausstrecken, ausbreiten 2. *übtr* ausdehnen, ausbreiten, erstrecken *Einfluß* || *uv* распростира́ть, -а́ю, -а́ешь

распрос|тере́ться*, *Fut ungebr*, распростёршись *v* 1. sich ausstrekken, sich ausdehnen 2. *übtr*, *1. u. 2. Pers ungebr* sich erstrecken *Einfluß* || *uv* распростира́ться, -а́юсь, -а́ешься

распростёртый, -ая, -ое ausgestreckt, ausgebreitet ◇ с -ыми объя́тиями mit offenen Armen

распростира́ть(ся) *uv zu* распростере́ть(ся)

распрости́ться, -ощу́сь, -ости́шься *v* sich verabschieden, sich trennen (с *I* von); *übtr* etw. aufgeben

распростране́ние, -я *n* 1. Verbreitung; Ausdehnung; име́ть ~ verbreitet sein 2. *phys* Fortpflanzung *Wellen, Schall*

распространённый, -ая, -ое (weit)-verbreitet; -ое предложе́ние *gram* erweiterter Satz

распространи́ть, -ню́, -ни́шь; -нённый, -нён, -нена́ *v* 1. verbreiten 2. ausdehnen, erweitern 3. bekannt machen || *uv* **распространя́ть,** -я́ю, -я́ешь

распространи́ться, -ню́сь, -ни́шься *v* 1. *1. u. 2. Pers ungebr* sich ausdehnen, sich erstrecken *von Flächen*; *phys* sich fortpflanzen *Wellen, Schall* 2. *1. u. 2. Pers ungebr* sich erstrecken, sich ausbreiten *Einfluß* 3. *1. u. 2. Pers ungebr* um sich greifen *Feuer, Krankheit* 4. *1. u. 2. Pers ungebr* sich verbreiten *von Gerüchen u. ä.* 5. *umg, verächtl* weitschweifig erzählen, sich verbreiten || *uv* **распространя́ться,** -я́юсь, -я́ешься

распроща́ться, -а́юсь, -а́ешься *v umg* sich verabschieden, sich trennen (с *I* von); *übtr* (etw.) aufgeben

распры́скать, -аю, -аешь; -анный, -ан, -а *v* zerstäuben, verspritzen || *uv* **распры́скивать,** -аю, -аешь

ра́спря, -и, *G Pl* -ей *f alt* Zwist, Streit, Streitigkeiten

распряга́ть *uv zu* распря́чь

распрями́ть, -млю́, -ми́шь; -млённый, -млён, -млена́ *v* (aus)strecken; geradebiegen || *uv* **распрямля́ть,** -я́ю, -я́ешь

распрями́ться, -млю́сь, -ми́шься *v* sich aufrichten; sich strecken, sich geradebiegen; sich glätten || *uv* **распрямля́ться,** -я́юсь, -я́ешься

рас|пря́чь* [пре] *v* ausspannen, abspannen || *uv* распряга́ть, -а́ю, -а́ешь

распуска́ть(ся) *uv zu* распусти́ть(ся)

распусти́ть, -ущу́, -у́стишь; -у́щенный, -у́щен, -а *v* 1. entlassen 2. auflösen *Versammlung* 3. lösen, lockern; aufschnüren; entrollen; ~ паруса́

die Segel setzen; ~ знамёна die Fahnen flattern lassen; ~ хвост Rad schlagen *vom Pfau* **4.** auflösen, auslassen, zerlassen **5.** verwöhnen, verziehen **6.** *umg* verbreiten, in Umlauf bringen; ~ дурны́е слу́хи о ко́м-н. j-n ins Gerede bringen || *uv* распуска́ть, -а́ю, -а́ешь
распусти́ться, -ущу́сь, -у́стишься *v* **1.** *1. u. 2. Pers ungebr* aufgehen; sich entfalten; Knospen treiben **2.** *1. u. 2. Pers ungebr* sich lösen, sich lockern, aufgehen **3.** *übtr* sich gehen lassen, außer Rand und Band geraten || *uv* распуска́ться, -а́юсь, -а́ешься
распу́тать, -аю, -аешь; -анный, -ан, -а *v* **1.** aufknüpfen; entwirren, lösen **2.** *übtr* klären, ins reine bringen, klarstellen || *uv* распу́тывать, -аю, -аешь
распу́таться, -аюсь, -аешься *v* **1.** *1. u. 2. Pers ungebr* sich entwirren, aufgehen **2.** *übtr umg* sich klären **3.** *1. u. 2. Pers ungebr* sich von Fesseln befreien *Pferd* **4.**: ~ с долга́ми aus den Schulden herauskommen, die Schulden loswerden || *uv* распу́тываться, -аюсь, -аешься
распу́тица, -ы, *I* -ей *f* Schlammzeit, Schlammwetter *Zeil, in der die Wege unbefahrbar sind*
распу́тник, -а *m* Wüstling
распу́тница, -ы, *I* -ей *f* liederliches Frauenzimmer
распу́тничать, -аю, -аешь *uv* ein lasterhaftes [ausschweifendes] Leben führen
распу́тный, -ая, -ое; *Kzf* -тен, -тна ausschweifend, unzüchtig, lasterhaft
распу́тство, -а *n* Ausschweifung, Unzucht
распу́тывать(ся) *uv zu* распу́тать(ся)
распу́тье, -ья, *Pl G* -тий, *D* -тьям *n* (Weg-) Kreuzung, Scheideweg; на ~ am Scheidewege
распуха́ние, -я *n* Anschwellung, Aufquellen
распуха́ть *uv zu* распу́хнуть
распу́хнуть, -ну, -нешь; распу́х, -ла; распу́х(нув)ший *v* anschwellen; aufquellen, aufblähen || *uv* распуха́ть, -а́ю, -а́ешь
распу́хший, -ая, -ее geschwollen, gequollen; (auf)gedunsen
распуши́ть, -шу́, -ши́шь; -шённый, -шён, -шена́ *v* **1.** aufschütteln, auflockern; aufplustern **2.** *umg* ausschimpfen, heruntermachen
распу́щенный, -ая, -ое; *Kzf* -ен, -енна **1.** undiszipliniert, ungehorsam **2.** unmoralisch; locker
распыле́ние, -я *n* **1.** Zerstäuben **2.** Zersplitterung *der Kräfte*
распыли́тель, -я *m* Zerstäuber, Verstäuber
распыли́ть, -лю́, -ли́шь; -лённый, -лён, -лена́ *v* **1.** zerstäuben **2.** zersplittern *Kräfte* || *uv* **распыля́ть,** -я́ю, -я́ешь
распыли́ться, *1. u. 2. Pers ungebr,* -и́тся *v* sich zersplittern, sich verzetteln *Kräfte* || *uv* **распыля́ться,** -я́ется
распя́ливать *uv zu* распя́лить
распя́лить, -лю, -лишь; -ленный, -лен, -а *v* **1.** *umg* ausweiten, dehnen, spannen **2.** *volksspr* weit öffnen [aufmachen] || *uv* распя́ливать, -аю, -аешь
распя́тие, -я *n* **1.** Kreuzigung **2.** Kruzifix
распя́ть* *v* kreuzigen || *uv* распина́ть, -а́ю, -а́ешь
расса́да, -ы *f* Setzpflanzen, Setzlinge
рассади́ть, -ажу́, -а́дишь; -а́женный, -а́жен, -а *v* **1.** die Plätze anweisen **2.** auseinander setzen, voneinander wegsetzen **3.** (ver)pflanzen, umpflanzen; umsetzen || *uv* расса́живать, -аю, -аешь
расса́дник, -а *m* **1.** Baumschule **2.** *übtr* Brutstätte, Herd; Quelle
расса́живать *uv zu* рассади́ть
расса́живаться *uv zu* рассе́сться
расса́сываться *uv zu* рассоса́ться
рассвести́* *v unpers* dämmern, tagen || *uv* рассвета́ть, -а́ет
рассве́т, -а *m* Morgengrauen, Morgendämmerung; на -е bei Tagesanbruch, in aller Frühe
рассвета́ть *uv zu* рассвести́
рассветёт ↑ рассвести́
рассвирепе́ть, -е́ю, -е́ешь *v* in Wut geraten, wütend werden
расседа́ться *uv zu* рассе́сться
рассёдла́ть, -а́ю, -а́ешь; рассёдланный, -ан, -а *v* absatteln || *uv* **рассёдлывать,** -аю, -аешь
рассе́ивать(ся) *uv zu* рассе́ять(ся)
рассека́ть *uv zu* рассе́чь
рассекре́тить, -е́чу, -е́тишь; -е́ченный, -е́чен, -а *v* **1.** die Geheimhaltung aufheben **2.** *umg* von der Geheimarbeit ausschließen || *uv* **рассекре́чивать,** -аю, -аешь
расселе́ние, -я *n* Ansiedeln
рассе́лина, -ы *f* Riß; Spalt, Kluft
рассели́ть, -лю́, -ли́шь; -лённый, -лён, -лена́ *v* **1.** ansiedeln **2.** ausein-

andersiedeln, voneinander trennen || *uv* **расселя́ть,** -я́ю, -я́ешь
расели́ться, *1. u. 2. Pers ungebr,* -и́тся *v* **1.** sich (an verschiedenen Orten) ansiedeln **2.** voneinander wegziehen || *uv* **расселя́ться,** -я́ется
рассерди́ть, -ержу́, -е́рдишь; -е́рженный, -е́ржен, -а *v* erzürnen, ärgern
рассерди́ться, -ержу́сь, -е́рдишься *v* sich ärgern, böse werden
рассерча́ть, -а́ю, -а́ешь *v volksspr* erzürnen (на *A* über)
рас|се́сться* *v* **1.** *1. u. 2. Pers ungebr* sich setzen, die Plätze einnehmen **2.** *volksspr* sich breitmachen, es sich bequem machen || *uv* расса́живаться, -ается *zu* 1
рас|се́чь*; -секла́, -секли́ *v* **1.** zerhauen, zerhacken; spalten **2.** stark verletzen **3.** *übtr* durchschneiden || *uv* рассека́ть, -а́ю, -а́ешь
рассе́янность, -и *f* **1.** Verstreutheit **2.** Zerstreutheit
рассе́янный, -ая, -ое **1.** verstreut **2.** *Kzf* -ян, -янна zerstreut, unaufmerksam **3.**: -ые элеме́нты *chem* Spurenelemente
рассе́ять, -е́ю, -е́ешь; -е́янный, -е́ян, -а *v* **1.** aussäen **2.** zerstreuen, auseinanderjagen **3.** zerstreuen *Verdacht, Zweifel* **4.** vertreiben *Kummer* **5.** zerstreuen, ablenken || *uv* рассева́ть, -а́ю, -а́ешь *zu* 1 *u.* рассе́ивать, -аю, -аешь *zu* 2-5
рассе́яться, -е́юсь, -е́ешься *v* **1.** *1. u. 2. Pers ungebr* sich zerstreuen, verstreut liegen **2.** *1. u. 2. Pers ungebr* sich lichten; тума́н рассе́ялся der Nebel verzog sich **3.** *übtr* sich zerstreuen, sich amüsieren || *uv* рассе́иваться, -аюсь, -аешься
рассиде́ться, -ижу́сь, -иди́шься *v volksspr* zu lange sitzen bleiben || *uv* **расси́живаться,** -аюсь, -аешься
расска́з, -а *m* Erzählung, Geschichte
расс|каза́ть* *v* erzählen, berichten || *uv* расска́зывать, -аю, -аешь
расска́зчик, -а *m* Erzähler
расска́зывать *uv zu* рассказа́ть
рассла́бить, -блю, -бишь; -бленный, -блен, -а *v* schwächen, entkräften || *uv* расслабля́ть, -я́ю, -я́ешь
рассла́бленный, -ая, -ое schwach, kraftlos; entkräftet, erschöpft
расслабля́ть *uv zu* рассла́бить
рассла́ивать(ся) *uv zu* расслои́ть(ся)
рассле́дование, -я *n* Untersuchung, Nachforschung
рассле́довать, -дую, -дуешь; -дованный, -дован, -а *v, uv* (eingehend) untersuchen, nachforschen
расслое́ние, -я *n* **1.** *geol* (Ab-) Schichtung **2.** *übtr* Schichtung; Differenzierung; Spaltung
расслои́ть, -ою́, -ои́шь; -оённый; -оён, -оена́ *v* **1.** in Schichten zerlegen **2.** *übtr* (in soziale Schichten) spalten; differenzieren || *uv* рассла́ивать, -аю, -аешь
расслои́ться, *1. u. 2. Pers ungebr,* -и́тся *v* **1.** sich in Schichten zerlegen [spalten] **2.** *übtr* in soziale Schichten zerfallen; sich differenzieren || *uv* рассла́иваться, -ается
рассль́ышать, -шу, -шишь; -шанный, -шан, -а *v* deutlich hören, vernehmen
рассма́тривать, -аю, -аешь *uv* **1.** *uv zu* рассмотре́ть **2.** *mit nachfolgendem* как werten, einschätzen
рассмеши́ть, -шу́, -ши́шь; -шённый, -шён, -шена́ *v* zum Lachen bringen
рассмея́ться, -ею́сь, -еёшься *v* in Lachen ausbrechen, laut auflachen
рассмотре́ние, -я *n* Betrachtung, Prüfung, Durchsicht; Untersuchung; Begutachtung
рассмотре́ть, -отрю́, -о́тришь; -о́тренный, -о́трен, -а *v* **1.** unterscheiden, erkennen **2.** (genau) betrachten, durchsehen **3.** untersuchen, prüfen, begutachten; erwägen; erörtern *eine Angelegenheit* || *uv* рассма́тривать, -аю, -аешь
рас|сова́ть* *v umg an verschiedenen Stellen* hineinstecken, -stopfen || *uv* **рассо́вывать,** -аю, -аешь
рассо́л, -а *m* **1.** Salzlake, Salzlauge **2.** Sole, Salzwasser
рассо́льник, -а *m* Fleisch- oder Fischsuppe mit Salzgurken
рассо́рить, -рю, -ришь; -ренный, -рен, -а *v umg* verfeinden; auseinanderbringen
рассори́ть, -рю́, -ри́шь; -рённый, -рён, -рена́ *v umg* umherstreuen, -werfen
рассо́риться, -рюсь, -ришься *v umg* sich verzanken; sich verfeinden
рассортирова́ть, -ру́ю, -ру́ешь; -ро́ванный, -ро́ван, -а *v* (aus)sortieren || *uv* **рассортиро́вывать,** -аю, -аешь
рас|соса́ться*, *1. u. 2. Pers ungebr, v* zurückgehen *von einer Geschwulst* || *uv* расса́сываться, -ается
рассо́хнуться, *1. u. 2. Pers ungebr,* -нется; рассо́хся, -лась *v* (vor Trockenheit) Risse bekommen, bersten || *uv* рассыха́ться, -а́ется
расспра́шивать *uv zu* расспроси́ть
расспроси́ть, -ошу́, -о́сишь; -о́шен-

ный, -óшен, -а *v* ausfragen; ausforschen; sich erkundigen (о *P* über, nach) ‖ *uv* расспрáшивать, -аю, -аешь

расспрóсы, -ов *Pl* Erkundigungen, Fragen

рассредотóчивать *uv zu* рассредотóчить

рассредотóчить, -чу, -чишь; -ченный, -чен, -а *v* dezentralisieren; auseinanderziehen *Truppen* ‖ *uv* рассредотóчивать, -аю, -аешь

рассрóчивать *uv zu* рассрóчить

рассрóчить, -чу, -чишь; -ченный, -чен, -а *v* auf mehrere Termine verteilen; stunden ‖ *uv* рассрóчивать, -аю, -аешь

рассрóчка, -и, *Pl G* -чек, *D* -чкам *f*: в -у in Raten, auf Raten-, Teilzahlung

расставáние, -я *n* Scheiden, Trennung

расставáться *uv zu* расстáться

расстáвить, -влю, -вишь; -вленный, -влен, -а *v* 1. aufstellen; anordnen; verteilen 2. spreizen 3. *umg* durch Einsetzen breiter machen ‖ *uv* **расставля́ть,** -я́ю, -я́ешь

расстанóвка, -и, *Pl G* -вок, *D* -вкам *f* 1. Aufstellung; Anordnung; Verteilung 2. Pause; говори́ть с -ой beim Sprechen Pausen machen

рас|стáться* *v* sich trennen (с *I* von); auseinander gehen; Abschied nehmen ‖ *uv* рас|ставáться*

расстегáй, -я, *G Pl* -ев *m* offene Pastete mit Füllung

расстёгивать(ся) *uv zu* расстегнýть(ся)

расстегнýть, -нý, -нёшь; расстёгнутый, -ут, -а *v* aufknöpfen, -schnallen, -haken ‖ *uv* расстёгивать, -аю, -аешь

расстегнýться, -нýсь, -нёшься *v* 1. *1. u. 2. Pers ungebr* aufgehen 2. sich ein Kleidungsstück aufknöpfen ‖ *uv* расстёгиваться, -аюсь, -аешься

расстели́ть, -елю́, -éлешь; -éленный, -éлен, -а *v volksspr* ausbreiten ‖ *uv* расстилáть, -áю, -áешь

расстели́ться, *1. u. 2. Pers ungebr*, -éлется *v volksspr* sich ausbreiten, sich erstrecken ‖ *uv* расстилáться, -áется

расстилáть *uv zu* разостлáть *u.* расстели́ть

расстилáться, *1. u. 2. Pers ungebr*, -áется *uv* 1. *uv zu* разостлáться *u.* расстели́ться 2. sich ausbreiten, sich erstrecken

расстоя́ние, -я *n* Entfernung, Abstand; на -и трёх киломéтров drei Kilometer entfernt; ~ вы́стрела Schußweite; ~ в светý lichte Weite ◇ держáть когó-н. на -и sich j-n vom Leibe halten

расстрáивать(ся) *uv zu* расстрóить(ся)

расстрéл, -а *m* Erschießen; Erschießung; приговори́ть к -у zum Tode durch Erschießen verurteilen

расстрéливать *uv zu* расстреля́ть

расстреля́ть, -я́ю, -я́ешь; расстрéлянный, -ян, -а *v* 1. erschießen 2. (heftig) beschießen 3. verschießen *Munition* ‖ *uv* расстрéливать, -аю, -аешь

расстрóенный, -ая, -ое; *Kzf* -óен, -óена 1. zerrüttet; verdorben *Magen* 2. verstimmt *Musikinstrument* 3. mißgestimmt, verstimmt, mißmutig

расстрóить, -óю, -óишь; -óенный, -óен, -а *v* 1. verwirren, desorganisieren 2. zerrütten *Wirtschaft, Gesundheit* 3. vereiteln, zunichte machen *Pläne* 4. *mus* verstimmen 5. verstimmen, die Laune verderben ‖ *uv* расстрáивать, -аю, -аешь

расстрóиться, -óюсь, -óишься *v* 1. in Verwirrung [Unordnung] geraten 2. *1. u. 2. Pers ungebr* zerrüttet werden, verfallen 3. *1. u. 2. Pers ungebr* nicht zustande kommen, sich zerschlagen 4. verstimmt sein, mißmutig sein 5. *1. u. 2. Pers ungebr umg* sich verstimmen ‖ *uv* расстрáиваться, -аюсь, -аешься

расстрóйство, -а *n* 1. Verwirrung, Unordnung, Desorganisation 2. Zerrüttung (des Gesundheitszustandes); ~ желýдка Magenverstimmung 3. Vereitelung 4. *umg* schlechte Laune, Mißstimmung

расступáться *uv zu* расступи́ться

расступи́ться, *1. u. 2. Pers ungebr*, -ýпится *v* Platz machen, zur Seite treten ‖ *uv* расступáться, -áется

рассуди́тельность, -и *f* Besonnenheit, Vernunft

рассуди́тельный, -ая, -ое; *Kzf* -лен, -льна vernünftig; verständig; besonnen

рассуди́ть, -ужý, -ýдишь; -ýженный, -ýжен, -а *v* 1. entscheiden, urteilen; beschließen 2. überlegen, bedenken

рассýдок, -дка *m* Vernunft, Verstand

рассýдочный, -ая, -ое 1. Vernunft-, Verstandes- 2. *Kzf* -чен, -чна verstandesmäßig

рассуждáть, -áю, -áешь *uv* überlegen, Überlegungen anstellen, erwägen;

argumentieren; ~ о чём-н. sprechen über etw.
рассуждéние, -я *n* 1. Überlegung, Erwägung; Schlußfolgerung, Urteil 2. *meist Pl umg* Erörterungen, Gespräche; без -й ohne Einwände ◇ в -и чегó-н. *alt* hinsichtlich
рассýчивать *uv zu* рассучи́ть
рассучи́ть, -учý, -ýчишь; -ýченный, -ýчен, -а *v* 1. aufflechten 2. *umg aufgekrempelte Ärmel* herunterlassen || *uv* рассýчивать, -аю, -аешь
рассчитáть, -áю, -áешь; рассчи́танный, -ан, -а *v* 1. berechnen, ausrechnen; berücksichtigen; он не рассчитáл свои́х сил er hat seine Kräfte überschätzt 2. entlassen, entlohnen, Lohn auszahlen || *uv* рассчи́тывать, -аю, -аешь
рассчитáться, -áюсь, -áешься *v* 1. abrechnen (с *I* mit) *a. übtr* 2. *umg* die Arbeit aufgeben, den Dienst quittieren 3. *mil*, *Sport* abzählen || *uv* рассчи́тываться, -аюсь, -аешься
рассчи́тывать, -аю, -аешь *uv* 1. *uv zu* рассчитáть *u.* расчéсть 2. rechnen, hoffen (на *A oder mit Inf* auf); рассчи́тывайте на меня́ Sie können sich auf mich verlassen
рассчи́тываться *uv zu* рассчитáться *u.* расчéсться
рассылáть *uv zu* разослáть
рассы́лка, -и *f* Versand
рассы́лочный, -ая, -ое Versand-
рассы́льный, -ого *Subst m* Paketausträger, Bote
рас|сы́пать* *v* 1. aus-, verstreuen; verschütten 2. (hinein)schütten *in verschiedene Gefäße* 3. *mil* ausschwärmen lassen || *uv* **рассыпáть,** -áю, -áешь
рас|сы́паться* *v* 1. *1. u. 2. Pers ungebr* sich verstreuen 2. *1. u. 2. Pers ungebr mil* ausschwärmen; sich zerstreuen 3. *1. u. 2. Pers ungebr* zerfallen, -bröckeln, auseinanderfallen 4. *1. u. 2. Pers ungebr übtr* zerfallen; sich auflösen 5. в *P umg* sich ergehen (in), überfließen (vor) || *uv* **рассыпáться,** -áюсь, -áешься
рассыпнóй, -áя, -óе lose; stückweise ◇ ~ строй *mil* Schützenkette
рассы́пчатый, -ая, -ое; *Kzf* -ат, -а krümelig; bröckelig; mürbe
рассыхáться *uv zu* рассóхнуться
растáивать *uv zu* растáять
растáлкивать *uv zu* растолкáть
[1,2]**растáпливать(ся)** *uv zu* [1,2]растопи́ть(ся)
растáптывать *uv zu* растоптáть
растаскáть, -áю, -áешь; растáсканный, -ан, -а *v umg* 1. (nach und nach) fortschleppen; auseinandertragen 2. stehlen; plündern || *uv* [1]**растáскивать,** -аю, -аешь
[2]**растáскивать** *uv zu* растащи́ть
растáчивать *uv zu* [1]расточи́ть
растащи́ть, -ащý, -áщишь; -áщенный, -áщен, -а *v* 1. (nach und nach) fortschleppen, auseinandertragen 2. *umg* auseinanderbringen, trennen || *uv* растáскивать, -аю, -аешь
растáять, *1. u. 2. Pers ungebr*, -áет *v* 1. auftauen; schmelzen 2. *übtr* dahinschwinden; verklingen, schwächer werden || *uv* растáивать, -ает
[1]**раствóр,** -а *m* (Fenster-, Tür-) Öffnung; ~ ци́ркуля Zirkelöffnung
[2]**раствóр,** -а *m* 1. *chem* Lösung 2. Mörtel; Putz 3. *tech* Öffnung, Weite
раствори́мый, -ая, -ое; *Kzf* -и́м, -а löslich
раствори́тель, -я *m chem* Lösungsmittel
[1]**раствори́ть,** -орю́, -óришь; -óренный, -óрен, -а *v* öffnen, aufmachen || *uv* **растворя́ть,** -я́ю, -я́ешь
[2]**раствори́ть,** -рю́, -ри́шь; -рённый, -рён, -ренá *v* 1. auflösen *in Flüssigkeit* 2. *umg* anrühren *Teig* || *uv* **растворя́ть,** -я́ю, -я́ешь
[1]**раствори́ться,** *1. u. 2. Pers ungebr*, -óрится *v* sich öffnen, aufgehen || *uv* **растворя́ться,** -я́ется
[2]**раствори́ться,** *1. u. 2. Pers ungebr*, -и́тся *v* sich auflösen *in Flüssigkeit* || *uv* **растворя́ться,** -я́ется
растекáться *uv zu* растéчься
растéние, -я *n* Pflanze
растениевóдство, -а *n* 1. Pflanzenzucht 2. Pflanzenbau
растереби́ть, -блю́, -би́шь; -блённый, -блён, -бленá *v umg* zerzausen
рас|терéть*, разотрý; растерéв *u.* растёрши *v* 1. zerreiben *zu Pulver* 2. verreiben; verschmieren; einreiben 3. abreiben, massieren || *uv* растирáть, -áю, -áешь
рас|терéться*, разотрýсь; растёршись *v* 1. *1. u. 2. Pers ungebr* sich zerreiben *zu Pulver* 2. sich einreiben 3. sich abreiben, massieren || *uv* растирáться, -áюсь, -áешься
растерзáть, -áю, -áешь; растéрзанный, -ан, -а *v* 1. zerfleischen, in Stücke zerreißen 2. *übtr* zerreißen || *uv* **растéрзывать,** -аю, -аешь
растéривать(ся) *uv zu* растеря́ть(ся)
растéрянный, -ая, -ое; *Kzf* -ян,

-янна verwirrt; fassungslos, bestürzt
растеря́ть, -я́ю, -я́ешь; растéрянный, -ян, -а *v* (nach und nach) verlieren || *uv* растéривать, -аю, -аешь
растеря́ться, *1. u. 2. Pers ungebr,* -я́ется *v* **1.** nach und nach verlorengehen; abhanden kommen **2.** in Verwirrung geraten, den Kopf verlieren || *uv* растéриваться, -ается
рас|тéчься*, *1. u. 2. Pers ungebr, v* auseinanderfließen; zerfließen || *uv* растека́ться, -а́ется
расти́* *uv* **1.** wachsen, heranwachsen *von Organismen* **2.** aufwachsen, seine Kindheit verbringen **3.** *übtr 1. u. 2. Pers ungebr* (an)wachsen; zunehmen; stärker werden, erstarken **4.** *übtr* sich entwickeln *Talent*
растира́ть(ся) *uv zu* растерéть(ся)
расти́тельность, -и *f* **1.** Pflanzenwelt; Vegetation, Flora **2.** Behaarung; Bartwuchs
расти́тельный, -ая, -ое Pflanzen-; vegetativ; ~ процéсс Wachstumsprozeß; вести́ **-ую жизнь** dahinvegetieren
расти́ть, ращу́, расти́шь; ращённый, -ён, -ена́ *uv* **1.** aufziehen, züchten *Blumen* **2.** erziehen, heranbilden
растлева́ть *uv zu* растли́ть
растлéние, -я *n* **1.** *alt* Schändung, gewaltsame Defloration **2.** sittliche Verderbtheit, moralischer Verfall
растли́ть, -лю́, -ли́шь; -лённый, -лён, -лена́ *v* **1.** *alt* schänden, gewaltsam deflorieren **2.** moralisch verderben || *uv* растлева́ть, -а́ю, -а́ешь
растолка́ть, -а́ю, -а́ешь; растóлканный, -ан, -а *v umg* **1.** auseinanderstoßen, -drängen **2.** (wach)rütteln || *uv* раста́лкивать, -аю, -аешь
растолкова́ть, -ку́ю, -ку́ешь; -кóванный, -кóван, -а *v* erklären, klarmachen || *uv* **растолкóвывать,** -аю, -аешь
рас|толóчь* *v* zerstoßen, zerkleinern
растолстéть, -éю, -éешь *v* dick werden
[1]**растопи́ть,** -оплю́, -óпишь; -óпленный, -óплен, -а *v* anheizen || *uv* раста́пливать, -аю, -аешь
[2]**растопи́ть,** -оплю́, -óпишь; -óпленный, -óплен, -а *v* schmelzen, auslassen || *uv* раста́пливать, -аю, -аешь
[1]**растопи́ться,** *1. u. 2. Pers ungebr,* -óпится *v* zu wärmen [zu brennen] anfangen || *uv* раста́пливаться, -ается
[2]**растопи́ться,** *1. u. 2. Pers ungebr,* -óпится *v* schmelzen, zergehen, flüssig werden || *uv* раста́пливаться, -ается
растóпка, -и *f* **1.** Anheizen **2.** *Koll umg* Späne, Kleinholz
рас|топта́ть* *v* zertreten, zerstampfen || *uv* раста́птывать, -аю, -аешь
растопы́ривать *uv zu* растопы́рить
растопы́рить, -рю, -ришь; -ренный, -рен, -а *v umg* spreizen || *uv* растопы́ривать, -аю, -аешь
расторга́ть *uv zu* растóргнуть
растóргнуть, -ну, -нешь; растóрг, -ла *u.* растóргнул, -а; растóрг(нув)ший; растóргнутый, -ут, -а *u.* растóрженный, -ен, -а *v* aufheben, annullieren || *uv* расторга́ть, -а́ю, -а́ешь
растор́жение, -я *n* Aufheben, Annullieren; ~ бра́ка Ehescheidung
растормоши́ть, -шу́, -ши́шь; -шённый, -шён, -шена́ *v umg* **1.** wachrütteln **2.** *übtr* aufrütteln, anspornen
растор́опный, -ая, -ое; *Kzf* -пен, -пна behend, flink; gewandt, anstellig
расточа́ть, -а́ю, -а́ешь *uv* **1.** *uv zu* [2]расточи́ть **2.** überreichlich spenden; ~ ла́ски mit Zärtlichkeiten überhäufen
расточéние, -я *n* Vergeudung, Verschwendung
расточи́тель, -я *m* Verschwender
расточи́тельный, -ая, -ое; *Kzf* -лен, -льна verschwenderisch
расточи́тельство, -а *n* Verschwendung
[1]**расточи́ть,** -очу́, -óчишь; -óченный, -óчен, -а *v tech* ausbohren, -drehen || *uv* раста́чивать, -аю, -аешь
[2]**расточи́ть,** -очу́, -очи́шь; -очённый, -очён, -очена́ *v buchspr* vergeuden, verschwenden || *uv* расточа́ть, -а́ю, -а́ешь
растрави́ть, -авлю́, -а́вишь; -а́вленный, -а́влен, -а *v* **1.** reizen; eine Entzündung hervorrufen, zum Eitern bringen **2.** *übtr umg* wieder wachrufen, aufwühlen **3.** *volksspr* aufreizen **4.** *typ* ätzen || *uv* **растра́вливать,** -аю, -аешь *u.* **растравля́ть,** -я́ю, -я́ешь *zu* 1
растранжи́ривать *uv zu* растранжи́рить
растранжи́рить, -рю, -ришь; -ренный, -рен, -а *v umg* verschwenden, verprassen || *uv* растранжи́ривать, -аю, -аешь
растра́та, -ы *f* Veruntreuung, Unterschlagung

растра́тить, -а́чу, -а́тишь; -а́ченный, -а́чен, -а *v* 1. vergeuden, verausgaben *a. übtr* 2. veruntreuen, unterschlagen ‖ *uv* растра́чивать, -аю, -аешь
растра́тчик, -а *m* Veruntreuer, Defraudant
растра́чивать *uv zu* растра́тить
растрево́живать(ся) *uv zu* растрево́жить(ся)
растрево́жить, -жу, -жишь; -женный, -жен, -а *v* aufregen, beunruhigen ‖ *uv* растрево́живать, -аю, -аешь
растрево́житься, -жусь, -жишься *v* sich aufregen, sich beunruhigen ‖ *uv* растрево́живаться, -аюсь, -аешься
растрёпа, -ы *m, f volksspr* Schlampe
растрёпанный, -ая, -ое zerzaust, wirr *vom Haar*; zerknittert; zerfetzt *vom Buch*
рас|трепа́ть* *v* zerzausen *Haare*; zerknittern; zerfetzen; verderben, unbrauchbar machen ‖ *uv* **растрёпывать,** -аю, -аешь
рас|трепа́ться*, *1. u. 2. Pers ungebr*, *v* zerzaust sein *vom Haar*; in Fetzen gehen; in Unordnung kommen; kaputtgehen ‖ *uv* **растрёпываться,** -ается
растре́скаться, *1. u. 2. Pers ungebr*, -ается *v* rissig werden; platzen, bersten, springen ‖ *uv* **растре́скиваться,** -ается
растро́ганный, -ая, -ое mitfühlend, gerührt
растро́гать, -аю, -аешь; -анный, -ан, -а *v* rühren, Mitgefühl erregen
растро́гаться, -аюсь, -аешься *v* gerührt sein
раструби́ть, -блю́, -би́шь *v A oder* о *P volksspr* ausposaunen
раструси́ть, -ушу́, -уси́шь; -у́шенный, -у́шен, -а *v* verstreuen; breit hinstreuen ‖ *uv* **растру́шивать,** -аю, -аешь
рас|трясти́* *v* 1. gleichmäßig ausbreiten *z. B. Heu* 2. *unpers* durchrütteln, -schütteln *beim Fahren* ‖ *uv* **растря́сывать,** -аю, -аешь
расту́ ↑ расти́
растя́гивать(ся) *uv zu* растяну́ть(ся)
растяже́ние, -я *n* Dehnen; Ausdehnung; ~ свя́зок *med* Sehnenzerrung
растяжи́мый, -ая, -ое; *Kzf* -и́м, -а dehnbar
растяну́ть, -яну́, -я́нешь; -я́нутый, -я́нут, -а *v* 1. ausdehnen, ausstrecken; ausbreiten 2. ausweiten *Hosenträger u. a.* 3. verstauchen; zerren 4. *übtr* ausdehnen, hinziehen, in die Länge ziehen, hinziehen ‖ *uv* растя́гивать, -аю, -аешь; растя́гивать слова́ gedehnt sprechen
растяну́ться, -яну́сь, -я́нешься *v* 1. sich ausstrecken 2.: ~ во весь рост *umg* der Länge nach hinfallen 3. *1. u. 2. Pers ungebr* sich ausweiten *Gummi* 4. *1. u. 2. Pers ungebr übtr* sich allzusehr ausdehnen, sich hinziehen ‖ *uv* растя́гиваться, -аюсь, -аешься
растя́па, -ы *m, f umg* Schlafmütze; Tolpatsch
расфасова́ть, -су́ю, -су́ешь; -со́ванный, -со́ван, -а *v* nach bestimmtem Gewicht verpacken ‖ *uv* **расфасо́вывать,** -аю, -аешь
расформирова́ние, -я *n* Auflösung
расформирова́ть, -ру́ю, -ру́ешь; -ро́ванный, -ро́ван, -а *v* auflösen *Truppeneinheit*; ~ по́езд die Eisenbahnwagen abhängen ‖ *uv* **расформиро́вывать,** -аю, -аешь
расфранти́ться, -нчу́сь, -нти́шься *v umg* sich herausputzen
расфранчённый, -ая, -ое; *Kzf* -чён, -чена́ *umg* herausgeputzt
расфуфы́риться, -рюсь, -ришься *v volksspr iron* sich auftakeln
расха́живать, -аю, -аешь *uv* umhergehen, hin und her gehen
расхва́ливать *uv zu* расхвали́ть
расхвали́ть, -алю́, -а́лишь; -а́ленный, -а́лен, -а *v* sehr loben ‖ *uv* расхва́ливать, -аю, -аешь
расхва́рываться *uv zu* расхвора́ться
расхвата́ть, -а́ю, -а́ешь; расхва́танный, -ан, -а *v umg* alles aufgreifen, wegraffen; vollständig auf-, wegkaufen ‖ *uv* **расхва́тывать,** -аю, -аешь
расхвора́ться, -а́юсь, -а́ешься *v umg* (ernsthaft) erkranken ‖ *uv* расхва́рываться, -аюсь, -аешься
расхити́тель, -я *m buchspr* Räuber, Dieb
расхи́тить, -и́щу, -и́тишь; -и́щенный, -и́щен, -а *v* ausrauben, stehlen; ausplündern ‖ *uv* **расхища́ть,** -а́ю, -а́ешь
расхище́ние, -я *n* Diebstahl; Plünderung
расхлеба́ть, -а́ю, -а́ешь; расхлёбанный, -ан, -а *v volksspr* 1. auslöffeln 2. *umg* entwirren, aufklären ‖ *uv* **расхлёбывать,** -аю, -аешь; завари́л ка́шу, тепе́рь и расхлёбывай *umg* was man sich eingebrockt hat, muß man auch auslöffeln; мне придётся

это расхлёбывать ich muß es ausbaden
расхля́банный, -ая, -ое; *Kzf* -ан, -анна *umg* 1. labil, schwankend 2. undiszipliniert, nachlässig, schlampig
расхо́д, -а *m* 1. Ausgabe, Aufwand; Kosten; ввести́ кого́-н. в ~ j-n in Unkosten stürzen; -ы на ремо́нт Reparaturkosten; -ы на за́работную пла́ту Lohnkosten; на покры́тие -ов zur Unkostendeckung 2. Verbrauch; ~ то́плива Brennstoffverbrauch 3. *finanz* Soll, Debet; прихо́д и ~ Soll und Haben; записа́ть в ~ zu den Ausgaben buchen ◇ вы́вести в ~ *volksspr* erschießen
[1]**расходи́ться,** -ожу́сь, -о́дишься *uv* 1. anfangen hin und her zu gehen 2. sich ans Gehen gewöhnen
[2]**расходи́ться** *uv zu* разойти́сь
расхо́дование, -я *n* Ausgaben, Verbrauch
расхо́довать, -дую, -дуешь *uv* 1. ausgeben, verausgaben 2. *umg 1. u. 2. Pers ungebr* verbrauchen
расхожде́ние, -я *n* 1. Divergenz, Auseinanderlaufen *von Strahlen* 2. Divergenz, Auseinandergehen, Widerspruch; ~ во взгля́дах Meinungsverschiedenheit
расхо́жий, -ая, -ее *umg* 1. gängig *Ware* 2. zum ständigen Gebrauch, Alltags- ◇ -ие де́ньги Geld für laufende Ausgaben
расхола́живать *uv zu* расхолоди́ть
расхолоди́ть, -ожу́, -оди́шь; -ожённый, -ожён, -ожена́ *v* abkühlen, ernüchtern, enttäuschen ‖ *uv* расхола́живать, -аю, -аешь
рас|хоте́ть* *v umg* die Lust verlieren; nicht mehr wollen
рас|хоте́ться* *v unpers umg* keine Lust mehr haben; nicht mehr mögen; мне расхоте́лось спать der Schlaf ist mir vergangen
рас|хохота́ться* *v* loslachen; in Gelächter ausbrechen
расхрабри́ться, -рю́сь, -ри́шься *v umg* Mut fassen, wagen
расцара́пать, -аю, -аешь; -анный, -ан, -а *v* zerkratzen ‖ *uv* **расцара́пывать,** -аю, -аешь
рас|цвести́* *v* 1. *1. u. 2. Pers ungebr* (auf)blühen, erblühen 2. *übtr* aufblühen; einen Aufschwung erleben ‖ *uv* расцвета́ть, -а́ю, -а́ешь
расцве́т, -а *m* 1. Blüte 2. *übtr* Blüte(zeit) ◇ в -е сил in den besten Jahren
расцвета́ть *uv zu* расцвести́
расцвети́ть, -ечу́, -ети́шь; -е́ченный, -е́чен, -а *v umg* schmücken; bunt bemalen ‖ *uv* расцве́чивать, -аю, -аешь
расцве́тка, -и, *Pl G* -ток, *D* -ткам *f* Farbenzusammenstellung, Farbe
расцве́чивать *uv zu* расцвети́ть
расцелова́ть, -лу́ю, -лу́ешь; -ло́ванный, -ло́ван, -а *v* abküssen
расцелова́ться, -лу́юсь, -лу́ешься *v* sich abküssen
расце́нивать *uv zu* расцени́ть
расцени́ть, -еню́, -е́нишь; -енённый, -енён, -енена́ *v* 1. abschätzen, taxieren *den Wert einer Ware* 2. *übtr* einschätzen, beurteilen ‖ *uv* расце́нивать, -аю, -аешь
расце́нка, -и, *Pl G* -нок, *D* -нкам *f* 1. (Ab-) Schätzung, Taxierung 2. Preis, Tarif
расце́нщик, -а *m* Normensachbearbeiter *für Leistungslohn*
расцепи́ть, -еплю́, -е́пишь; -е́пленный, -е́плен, -а *v* auseinanderhaken, loskuppeln; auskuppeln ‖ *uv* **расцепля́ть,** -я́ю, -я́ешь
расчека́нивать *uv zu* расчека́нить
расчека́нить, -ню, -нишь; -ненный, -нен, -а *v* ziselieren ‖ *uv* расчека́нивать, -аю, -аешь
рас|чеса́ть* *v* 1. (durch)kämmen 2. aufkratzen ‖ *uv* расчёсывать, -аю, -аешь
расчёска, -и, *Pl G* -сок, *D* -скам *f* 1. *umg* Kämmen 2. (Haar-) Kamm
расче́сть* *v umg* 1. berechnen, ausrechnen, berücksichtigen 2. entlassen *unter Auszahlung des Lohnes* ‖ *uv* рассчи́тывать, -аю, -аешь
расче́сться* *v umg* 1. abrechnen (с *I* mit) *a. übtr* 2. abzählen ‖ *uv* рассчи́тываться, -аюсь, -аешься
расчёсывать *uv zu* расчеса́ть
расчёт, -а *m* 1. Berechnung; предвари́тельный ~ Voranschlag 2. Abrechnung; за нали́чный ~ gegen Barzahlung 3. Entlassung, Entlohnung; получи́ть ~ entlassen werden, die Papiere bekommen 4. Pläne; Absicht; э́то не вхо́дит в мой -ы das ist nicht meine Absicht; он сде́лал э́то без вся́кого -а er tat es ohne Absicht 5. *umg* Vorteil, Nutzen; нет -а де́лать э́то es lohnt sich nicht, das zu tun 6. *mil* Bedienung(smannschaft), Besatzung; пулемётный ~ Maschinengewehrbedienung ◇ в -е на что́-н. im Hinblick auf etw.; приня́ть в ~ что́-н. etw. in Betracht ziehen; мы в -е wir sind quitt

расчётливый, -ая, -ое; *Kzf* -ив, -а sparsam, wirtschaftlich; umsichtig
расчётный, -ая, -ое Rechen-; -ая ве́домость Lohnliste; ~ бала́нс Zahlungsbilanz
расчи́стить, -и́щу, -и́стишь; -и́щенный, -и́щен, -а *v* säubern; lichten || *uv* расчища́ть, -а́ю, -а́ешь
расчи́ститься, *1. u. 2. Pers ungebr,* -и́стится *v* sich aufhellen *Himmel*; frei werden *Straße* || *uv* расчища́ться, -а́ется
расчи́стка, -и *f* Säuberung; Lichten; рабо́ты по -е от разва́лин Enttrümmerungsarbeiten
расчища́ть(ся) *uv zu* расчи́стить(ся)
расчлене́ние, -я *n* (Zer-) Gliederung; Aufteilung
расчлени́ть, -ню́, -ни́шь; -нённый, -нён, -нена́ *v* (zer)gliedern; aufteilen || *uv* **расчленя́ть,** -я́ю, -я́ешь
расчу́вствоваться, -твуюсь, -твуешься *v umg* in Rührung geraten, gerührt sein
расшали́ться, -лю́сь, -ли́шься *v* allzu ausgelassen sein
расша́ркаться, -аюсь, -аешься *v* 1. einen Kratzfuß machen 2. *übtr, umg* katzbuckeln || *uv* **расша́ркиваться,** -аюсь, -аешься
расша́танный, -ая, -ое 1. locker, wackelig 2. *übtr* zerrüttet
расшата́ть, -а́ю, -а́ешь; расша́танный, -ан, -а *v* 1. locker rütteln, lokkern 2. *übtr* untergraben; zerrütten || *uv* **расша́тывать,** -аю, -аешь
расшата́ться, *1. u. 2. Pers ungebr,* -а́ется *v* 1. wackelig werden, sich lockern 2. *übtr* zerrüttet werden; sich lockern *Disziplin* || *uv* **расша́тываться,** -ается
расшвы́ривать *uv zu* расшвыря́ть
расшвыря́ть, -я́ю, -я́ешь; расшвы́рянный, -ян, -а *v umg* durcheinanderwerfen, umherwerfen || *uv* расшвы́ривать, -аю, -аешь
расшеве́ливать *uv zu* расшевели́ть
расшевели́ть, -елю́, -е́ли́шь; -елённый, -елён, -елена́ *v umg* 1. aufstören 2. *übtr* aufrütteln, anregen; beleben || *uv* расшеве́ливать, -аю, -аешь
расшиба́ть(ся) *uv zu* расшиби́ть(ся)
рас|шиби́ть* *v* 1. *umg* (an)stoßen, verletzen 2. *volksspr* zerschlagen, zerspalten || *uv* расшиба́ть, -а́ю, -а́ешь
рас|шиби́ться* *v umg* sich verletzen || *uv* расшиба́ться, -а́юсь, -а́ешься
расшива́ть *uv zu* расши́ть
расшире́ние, -я *n* Ausdehnung; Verbreiterung, Erweiterung; ~ се́рдца Herzerweiterung
расши́рить, -рю, -ришь; -ренный, -рен, -а *v* 1. breiter machen *Weg* 2. erweitern, verbreitern, ausdehnen *Handel u. ä.* 3. *übtr* erweitern, vertiefen; ~ о́пыт die Erfahrung bereichern || *uv* **расширя́ть,** -я́ю, -я́ешь
расши́риться, *1. u. 2. Pers ungebr,* -ится *v* 1. breiter werden 2. zunehmen, anwachsen 3. *übtr* sich erweitern, sich vertiefen || *uv* **расширя́ться,** -я́ется
рас|ши́ть*, разошью́ *v* 1. *umg* auftrennen, zertrennen 2. besticken || *uv* расшива́ть, -а́ю, -а́ешь
расшифрова́ть, -ру́ю, -ру́ешь; -ро́ванный, -ро́ван, -а *v* dechiffrieren, entziffern; *umg* enträtseln || *uv* **расшифро́вывать,** -аю, -аешь
расшнурова́ть, -ру́ю, -ру́ешь; -ро́ванный, -ро́ван, -а *v* aufschnüren || *uv* **расшнуро́вывать,** -аю, -аешь
расшуме́ться, -млю́сь, -ми́шься *v umg* stark zu lärmen beginnen
расще́дриваться *uv zu* расще́дриться
расще́дриться, -рюсь, -ришься *v umg, iron* freigebig werden || *uv* расще́дриваться, -аюсь, -аешься
расще́лина, -ы *f* Kluft; Spalte, Riß
расщёлкивать *uv zu* расщёлкнуть
расщёлкнуть, -ну, -нешь; -нутый, -нут, -а *v umg* aufknacken || *uv* расщёлкивать, -аю, -аешь
расщепи́ть, -плю́, -пи́шь; -плённый, -плён, -плена́ *v* 1. (zer)spalten; zersplittern 2. *chem, phys* zersetzen, spalten || *uv* расщепля́ть, -я́ю, -я́ешь
расщепле́ние, -я *n* 1. Zerspalten, Zersplittern 2. *chem, phys* Zersetzung, Spaltung; ~ а́томного ядра́ Atomzertrümmerung
расщепля́ть *uv zu* расщепи́ть
рас|щипа́ть* *v* zerzupfen, zerfasern || *uv* **расщи́пывать,** -аю, -аешь
ратини́рованный, -ая, -ое gekräuselt; ~ креп *text* Kräuselkrepp
ра́тник, -а *m* 1. *alt, hoher Stil* Krieger, Streiter 2. *hist* Landwehrmann
ра́тный, -ая, -ое *alt, hoher Stil* kämpferisch; Kriegs-, Kampf-, Schlacht-
ра́товать, -тую, -туешь *uv* 1. *alt* kämpfen 2. *buchspr* eintreten (за *A* für), auftreten (про́тив *G* gegen)
ра́туша, -и, *I* -ей *f* Rathaus
рать, -и *f alt* 1. Heer 2. Schlacht
ра́унд, -а *m* Runde *Boxsport*
рафина́д, -а *m* Stück-, Würfelzucker

рафина́дный, -ая, -ое: ~ заво́д Raffinerie

рафини́рованный, -ая, -ое 1. *tech* gereinigt **2.** erlesen, verfeinert *Geschmack*

рафини́ровать, -рую, -руешь; -рованный, -рован, -а *v, uv* **1.** *tech* reinigen **2.** zu Würfelzucker verarbeiten

рахи́т, -а *m* Rachitis

рахити́чный, -ая, -ое; *Kzf* -чен, -чна rachitisch

рацио́н, -а *m* Ration

рационализа́торский, -ая, -ое Rationalisierungs-; -ое предложе́ние Verbesserungsvorschlag

рационализа́ция, -и *f* Rationalisierung

рационалисти́ческий, -ая, -ое rationalistisch; verstandesmäßig

рациона́льный, -ая, -ое 1. *Kzf* -лен, -льна rationell, zweckmäßig **2.** *math* rational

ра́ция, -и *f* (радиоста́нция) Funkstation; *tragbares* Funkgerät

ра́чий, -ья, -ье Krebs- ◇ ра́чьи глаза́ Glotzaugen

рачи́тельный, -ая, -ое; *Kzf* -лен, -льна *buchspr, alt* fürsorglich; sorgsam; eifrig

ра́шпиль, -я *m* Raspel

рвану́ть, -ну́, -нёшь *v* **1.** (heftig) ziehen, reißen **2.** *1. u. 2. Pers ungebr umg* scharf anziehen; losstürzen; вдруг си́льно рвану́л ве́тер plötzlich kam ein heftiger Wind auf; ло́шади рвану́ли die Pferde stürmten los

рвану́ться, -ну́сь, -нёшься *v umg* losstürmen, -stürzen

рва́ный, -ая, -ое zerrissen; zerfetzt; durchlöchert; *med* Riß-

рвань, -и *f* **1.** Lumpen, zerlumpte Kleidung **2.** *text* Garnreste **3.** *volksspr* arme Leute; Lump

[1]**рвать*** *uv* **1.** herausreißen; ziehen *Zähne*; herunterreißen **2.** abreißen, abpflücken **3.** zerreißen, zerteilen **4.** *umg* (in die Luft) sprengen **5.** abbrechen *Beziehungen* ◇ ра́ну рвёт die Wunde schmerzt heftig; он рвёт и ме́чет er speit Gift und Galle

[2]**рвать*** *unpers uv umg* sich übergeben, erbrechen; его́ рвёт er erbricht (sich)

рва́ться*, *1. u. 2. Pers ungebr;* рвали́сь *uv* **1.** (zer)reißen, unbrauchbar werden **2.** explodieren **3.** abbrechen *Beziehungen* **4.** streben, brennen (auf), versessen sein (auf)

рвач, -а́, *I* -о́м, *G Pl* -е́й *m umg* raffgieriger, habsüchtiger Mensch

рва́чество, -а *n umg* Raffgier

рве́ние, -я *n* Eifer, Feuereifer

рво́та, -ы *f* Erbrechen; *umg* Erbrochenes

рво́тное, -ого *Subst n med* Brechmittel

рву ↑ [1]рвать

рдеть, *1. u. 2. Pers ungebr,* рде́ет *uv* rot werden; rot schimmern [leuchten]

рдя́ный, -ая, -ое; *Kzf* рдян, -а *poet* purpurrot

реабилити́ровать, -рую, -руешь; -рованный, -рован, -а *v, uv* rehabilitieren

реаги́ровать, -рую, -руешь *uv* reagieren

реакти́в, -а *m chem* Reagens

реакти́вный, -ая, -ое 1. *chem* Reagenz- **2.** reaktiv, Düsen-, Raketen-; ~ самолёт Düsenflugzeug; ~ снаря́д Raketengeschoß

реа́ктор, -а *m* Reaktor; а́томный ~ Atomreaktor

реакцио́нный, -ая, -ое; *Kzf* -нен, -нна *pol* reaktionär

[1]**реа́кция, -и** *f* **1.** Reagieren, Reaktion **2.** Gegenwirkung, Rückschlag **3.** *chem, phys* Reaktion; цепна́я ~ Kettenreaktion

[2]**реа́кция, -и** *f pol* Reaktion

реализа́ция, -и *f* **1.** Realisierung, Verwirklichung **2.** *wirtsch* Verkauf *gegen Bargeld*

реали́зм, -а *m* Realismus

реализова́ть, -зу́ю, -зу́ешь; -зо́ванный, -зо́ван, -а *v, uv* **1.** realisieren, verwirklichen **2.** *wirtsch* realisieren, zu Geld machen, gegen bar verkaufen

реали́ст, -а *m* **1.** Realist *a. lit, Kunst* **2.** *alt* Realschüler

реалисти́ческий, -ая, -ое realistisch

реалисти́чный, -ая, -ое; *Kzf* -чен, -чна realistisch

реа́льный, -ая, -ое; *Kzf* -лен, -льна real **1.** wirklich, tatsächlich **2.** durchführbar *Plan* **3.** praktisch ◇ -ая за́работная пла́та Reallohn; -ое учи́лище *hist* Realschule

ребёнок, -нка, *Pl* ребя́та, -я́т, -я́там *m u.* ↑ де́ти Kind; грудно́й ~ Säugling

ребри́стый, -ая, -ое; *Kzf* -и́ст, -а **1.** mit hervorstehenden Rippen **2.** gerippt

ребро́, -а́, *Pl* рёбра, рёбер, рёбрам *n* **1.** *anat* Rippe **2.** Rand, Kante; поло-

жить доску -ом das Brett hochkant stellen ◇ поставить вопрос -ом die Frage scharf stellen
ребус, -а *m* Rebus, Bilderrätsel
ребята, -бят, -бятам *Pl* 1. *Pl zu* ребёнок Kinder 2. *umg* junge Leute; Jungen, Burschen *a. als Anrede*
ребятишки, -шек, -шкам *Pl umg Dem zu* ребята (kleine) Kinder
ребяческий, -ая, -ое kindlich, Kinder-; kindisch
ребячество, -а *n* 1. *alt* Kindheit 2. Kinderei, kindisches Benehmen
ребячиться, -чусь, -чишься *uv umg* sich kindisch betragen, Kindereien treiben
ребячливый, -ая, -ое; *Kzf* -ив, -а *umg* kindisch
рёв, -а *m* 1. Gebrüll; Geheul, Tosen 2. *umg* lautes Weinen
реванш, -а, *I* -ем *m* Revanche, Vergeltung
реверанс, -а *m* Knicks
ревень, -я *m* Rhabarber
реветь* *uv* 1. brüllen; heulen, tosen 2. *umg* laut weinen, heulen
ревизионизм, -а *m* Revisionismus
ревизионный, -ая, -ое Revisions-
ревизия, -и *f* Revision; Überprüfung
ревизовать, -зую, -зуешь; -зованный, -зован, -а *v, uv* revidieren; überprüfen
ревизор, -а *m* 1. Revisor 2. Kontrolleur *bei der Eisenbahn*
ревком, -а *m* (революционный комитет) *hist* Revolutionskomitee
ревматизм, -а *m* Rheumatismus
ревматический, -ая, -ое rheumatisch
ревмя *Adv volksspr*: ~ реветь laut heulen
ревнивец, -вца, *I* -вцем, *G Pl* -вцев *m* Eifersüchtiger
ревнивый, -ая, -ое; *Kzf* -ив, -а eifersüchtig
ревновать, -ную, -нуешь *uv* eifersüchtig sein (к *D* auf, wegen)
ревностный, -ая, -ое; *Kzf* -тен, -тна *buchspr* eifrig; sehr fleißig
ревность, -и *f* Eifersucht
револьвер, -а *m* Revolver
револьверный, -ая, -ое Revolver-
революционер, -а *m* Revolutionär
революционизировать, -рую, -руешь; -рованный, -рован, -а *v, uv* 1. revolutionäre Ideen verbreiten 2. revolutionieren, entscheidend verändern
революционность, -и *f* revolutionärer Geist [Schwung]
революционный, -ая, -ое; *Kzf* -нен, -нна revolutionär
революция, -и *f* Revolution; Umwälzung; Великая Октябрьская социалистическая ~ die Große Sozialistische Oktoberrevolution
ревтрибунал, -а *m* (революционный трибунал) *hist* Revolutionstribunal
реву ↑ реветь
ревун, -а *m* 1. *umg* Heulsuse 2. Sirene; Signalhorn 3. *zool* Brüllaffe
ревю [рэ] *n idkl* Theaterrevue
регалия, -и *f* 1. *Pl* Insignien; Krone und Zepter 2. *meist Pl scherz* Orden; явиться во всех -ях mit allen Orden und Ehrenzeichen erscheinen 3. *hist* Regal, feudales Monopolrecht
регби [рэ] *n idkl* Rugby
регенерация, -и *f* Regeneration
регент, -а *m* 1. Regent 2. Chordirigent; Kantor
регентство, -а *n* Regentschaft
регистр, -а *m* 1. Register, Verzeichnis 2. *mus* Register; Stimmlage 3. Tastenreihe *auf Schreibmaschinen*
регистратор, -а *m* 1. Registrator 2. Angestellter in der Aufnahme *Poliklinik oder Krankenhaus* 3. Ordner *für Akten*
регистратура, -ы *f* Registratur(abteilung)
регистрационный, -ая, -ое Registrier(ungs)-
регистрация, -и *f* Eintragung, Registrierung
регистрировать, -рую, -руешь; -рованный, -рован, -а *uv* eintragen, registrieren
регистрироваться, -руюсь, -руешься *uv* 1. sich registrieren lassen 2. sich (standesamtlich) trauen lassen
регламент, -а *m* Reglement; Dienstordnung, -vorschrift; по -у laut Geschäftsordnung
регламентировать, -рую, -руешь; -рованный, -рован, -а *v, uv* reglementieren, regeln; anordnen
реглан, -а *m text* Raglan
регресс, -а *m* 1. Rückschritt 2. *jur* Regreß
регрессивный, -ая, -ое; *Kzf* -вен, -вна rückschrittlich
регрессировать, -рую, -руешь *uv* sich zurückentwickeln, in Verfall geraten
регулирование, -я *n* Regulieren, Regeln
регулировать, -рую, -руешь; -рованный, -рован, -а *uv* regulieren; regeln

регулиро́вка, -и *f* Regulieren, Regeln

регулиро́вщик, -а *m* Regulierer; ~ у́личного движе́ния Verkehrspolizist

ре́гулы, -ул *Pl med* Regel, Menstruation

регуля́рный, -ая, -ое; *Kzf* -рен, -рна regelmäßig; regulär

регуля́тор, -а *m* Regulator, Regler; ~ гро́мкости *rad* Lautstärkeregler; ~ те́мбра *rad* Tonblende

редакти́рование, -я *n* Redigierung, Redaktion

редакти́ровать, -рую, -руешь; -рованный, -рован, -а *v, uv* **1.** redigieren **2.** *nur uv* redaktionell leiten **3.** formulieren

реда́ктор, -а *m* Redakteur

реда́кторство, -а *n* redaktionelle Tätigkeit

реда́кторствовать, -твую, -твуешь *uv umg* als Redakteur tätig sein

редакцио́нный, -ая, -ое Redaktions-

реда́кция, -и *f* Redaktion **1.** Redigierung **2.** redigierter Text; Formulierung, Fassung **3.** Redaktionskollegium

реде́ть, *1. u. 2. Pers ungebr*, реде́ет *uv* sich lichten; spärlicher werden

реди́с, -а *m* Radieschen

реди́ска, -и, *Pl G* -сок, *D* -скам *f* Radieschen

ре́дкий, -ая, -ое; *Kzf* -док, -дка́!; *Komp* ре́же; *Sup* редча́йший **1.** licht, spärlich **2.** selten

редколле́гия, -и *f* (редакцио́нная колле́гия) Redaktionskollegium

ре́дкостный, -ая, -ое; *Kzf* -тен, -тна selten

ре́дкость, -и *f* **1.** Seltenheit, Spärlichkeit **2.** Seltenheit, Rarität ◇ на ~ selten, außergewöhnlich

реду́кция, -и *f* Reduktion

реду́т, -а *m hist* Redoute

редуци́ровать, -рую, -руешь; -рованный, -рован, -а *v, uv* reduzieren

редча́йший ↑ ре́дкий

ре́дька, -и, *Pl G* ре́дек, *D* ре́дькам *f* Rettich ◇ надое́сть ху́же го́рькой -и j-m zum Halse heraushängen

рее́стр, -а *m* Register, Verzeichnis

ре́же ↑ ре́дкий

режи́м, -а *m* **1.** *pol* Regime, Regierungsform **2.** Ordnung, Lebensweise; ~ дня Tagesplan; пра́вильный ~ пита́ния richtige Ernährungsweise **3.** Arbeitsbedingungen; Arbeitsweise, Betrieb(sart); дли́тельный ~ Dauerbetrieb; оптима́льный ~ günstigste Bedingungen; ~ (радио)ла́мпы Betriebszustand der Röhre; пограни́чный ~ Grenzordnung; посте́льный ~ *med* Bettruhe; ветрово́й ~ Windverhältnisse ◇ ~ эконо́мии Sparsamkeitsregime

режиссёр, -а *m* Regisseur

режиссёрствовать, -твую, -твуешь *uv umg* als Regisseur tätig sein

режисси́ровать, -рую, -руешь; -рованный, -рован, -а *uv* Regie führen

режиссу́ра, -ы *f* **1.** Regie, Inszenierung **2.** *Koll* Regisseure, Regie

ре́жу ↑ ре́зать

реза́к, -а́ *m* **1.** großes Messer; Schneidemesser *Pflug* **2.** Schlächter **3.** *tech* Schneidbrenner **4.** *hist* Steinaxt

ре́зание, -я *n* **1.** Zerschneiden, Abschneiden **2.** Schlachten

ре́заный, -ая, -ое geschnitten, Schnitt-; -ая ра́на Schnittwunde

ре́зательный, -ая, -ое zum Schneiden dienend

ре́зать* *uv* **1.** schneiden; zer-, abschneiden **2.** *umg* operieren; (auf)-schneiden **3.** schlachten **4.** *1. u. 2. Pers ungebr* heftig schmerzen **5.** *1. u. 2. Pers ungebr* unangenehm berühren *das Auge, das Ohr* **6.** (ein)-schnitzen; eingravieren **7.** *Sport* schneiden ◇ ~ пра́вду в глаза́ unverblümt die Wahrheit sagen, freiheraus sagen || *v mom* резну́ть, -ну́, -нёшь *umg zu* 1, 2, 4, 7

ре́заться* *uv* **1.** *umg* durchkommen *Zähne*; у ребёнка ре́жутся зу́бы das Kind zahnt [bekommt Zähne] **2.** *umg* mit der blanken Waffe miteinander kämpfen **3.** *umg* leidenschaftlich spielen (в *A* etw.)

резви́ться, -влю́сь, -ви́шься *uv* sich tummeln, tollen, ausgelassen sein

резву́нья, -ьи, *Pl G* -ний, *D* -ньям *f umg* lebhaftes Mädchen, Wildfang

ре́звый, -ая, -ое; *Kzf* резв, -а́! **1.** lebhaft, ausgelassen **2.** flink, schnell

резеда́, -ы́ *f bot* Reseda

резе́кция, -и *f med* Resektion

резе́рв, -а *m* **1.** *meist Pl* Reserve, Vorrat **2.** *mil* Reserve

резерви́ровать, -рую, -руешь; -рованный, -рован, -а *v, uv* zurückhalten, reservieren

резе́рвный, -ая, -ое **1.** Vorrats-, Reserve- **2.** *mil* Reserve-

резервуа́р, -а *m* Reservoir, Behälter

резе́ц, -зца́, *I* -зцо́м, *G Pl* -зцо́в *m* **1.** Meißel, Stichel; Schneidestahl, Drehstahl **2.** Schneidezahn

резиде́нция, -и *f* Residenz
рези́на, -ы *f* Gummi; гу́бчатая ~ Schaumgummi
рези́нка, -и, *Pl G* -нок, *D* -нкам *f* 1. Radiergummi 2. Gummiband; на -е [-ах] mit Gummizug *Kleidung*
рези́новый, -ая, -ое Gummi-
ре́зка, -и *f* 1. Schneiden 2. Häcksel
ре́зкий, -ая, -ое; *Kzf* -зок, -зка́!; *Komp* ре́зче 1. heftig, stark, scharf *Wind* 2. jäh, plötzlich; -ая переме́на пого́ды Wetterumschlag 3. schrill, gellend *Stimme*; grell *Farbe*; scharf *Geruch* 4. markant, scharfgeschnitten *Gesichtszüge* 5. barsch, schroff *Antwort*
ре́зкость, -и *f* 1. Hast, Heftigkeit; Schärfe; Schroffheit 2. Grobheit
резно́й, -а́я, -о́е geschnitzt; eingeritzt; graviert
резну́ть *v mom zu* ре́зать
резня́, -и́ *f* Gemetzel
резолю́ция, -и *f* 1. Resolution, Entschließung 2. Entscheid, Anordnung
резо́н, -а *m umg* Sinn; *meist Pl alt* vernünftige Begründung, Beweis
резона́нс, -а *m* 1. Resonanz, Widerhall 2. Raumakustik 3. *übtr* Resonanz, Anklang
резонёр, -а *m* Moralprediger
резонёрствовать, -твую, -твуешь *uv* herumkritisieren, Moralpredigten halten, räsonieren
резони́ровать, *1. u. 2. Pers ungebr*, -рует *uv* mittönen, widerhallen
резо́нный, -ая, -ое; *Kzf* -нен, -нна *umg* vernünftig, sinnvoll
результа́т, -а *m* Resultat, Ergebnis
ре́зче ↑ ре́зкий
ре́зчик [ещ], -а *m* Schnitzer, Graveur, Radierer; ~ по де́реву Holzschnitzer; ~ по ме́ди Kupferstecher
резь, -и *f* schneidender Schmerz
резьба́, -ы́ *f* 1. Schnitzen, Gravieren 2. Schnitzwerk 3. Gewinde
резюме́ *n idkl* Resümee
[1]**рейд, -а** *m naut* Reede
[2]**рейд, -а** *m* 1. *mil* Streifzug; Überfall 2. Kontrollaktion, (plötzliche) Überprüfung, Kontrolle *im gesellschaftlichen Auftrag*
ре́йка, -и, *Pl G* ре́ек, *D* ре́йкам *f* 1. Leiste, Latte 2. Nivellierlatte, Meßlatte *Geodäsie*
Рейкья́вик, -а *m* Reykjavik
Рейн, -а *m* Rhein
ре́йнский, -ая, -ое rhein(länd)isch
рейс, -а *m* Fahrt, Route, Tour
рейсфе́дер [рэ, дэ], -а *m* Reißfeder
рейту́зы, -у́з *Pl* 1. Reithose, Breeches 2. Strumpfhose
рейхста́г, -а *m* Reichstag
река́, -и́, *A* ре́ку, *Pl* ре́ки, ре́к, ре́ка́м, ре́ка́ми, в ре́ка́х *f* Fluß, Strom; слёзы лью́тся -о́й *übtr* die Tränen fließen in Strömen
реквизи́ровать, -рую, -руешь; -рованный, -рован, -а *v, uv* requirieren
реквизи́т, -а *m theat* Requisiten
реквизи́ция, -и *f* Requirierung, Beitreibung
рекла́ма, -ы *f* Reklame; отде́л -ы Anzeigenteil
реклама́ция, -и *f* Reklamation
[1]**реклами́ровать, -рую, -руешь; -рованный, -рован, -а** *v, uv* anpreisen; Reklame machen
[2]**реклами́ровать, -рую, -руешь; -рованный, -рован, -а** *v, uv* reklamieren
рекла́мист, -а *m* 1. Werbefachmann 2. *umg* jemand, der sich selbst lobt
рекла́мный, -ая, -ое Reklame-, reklamehaft
рекогносци́ровать, -рую, -руешь; -рованный, -рован, -а *v, uv* rekognoszieren, erkunden
рекогносциро́вка, -и *f* Rekognoszierung, Erkundung
рекоменда́тельный, -ая, -ое Empfehlungs-
рекоменда́ция, -и *f* Empfehlung
рекомендова́ть, -ду́ю, -ду́ешь; -до́ванный, -до́ван, -а *v, uv* 1. empfehlen, ein gutes Zeugnis ausstellen 2. empfehlen, (an)raten 3. *alt* vorstellen ‖ *v a.* порекомендова́ть
реконструи́ровать, -рую, -руешь; -рованный, -рован, -а *v, uv* rekonstruieren; umgestalten
реконстру́кция, -и *f* Rekonstruktion; Umgestaltung
реко́рд, -а *m* Rekord; Höchst-, Spitzenleistung; установи́ть ~ einen Rekord aufstellen; держа́ть ~ einen Rekord halten
реко́рдный, -ая, -ое Rekord-
рекордсме́н, -а *m* Spitzensportler, Rekordhalter
рекреа́ция, -и *f alt* Schulpause
ре́крут, -а *m hist* Rekrut
рекрути́ровать, -рую, -руешь; -рованный, -рован, -а *v, uv buchspr* den Bestand auffüllen
ректифика́т, -а *m* gereinigter Alkohol
ректифици́ровать, -рую, -руешь; -рованный, -рован, -а *v, uv chem* rektifizieren, reinigen
ре́ктор, -а *m* Rektor

ре́кторство, -а *n* Rektorat, Amt des Rektors
реле́ [рэ] *n idkl el* Relais
религио́зный, -ая, -ое; *Kzf* -зен, -зна religiös
рели́гия, -и *f* Religion
рели́квия, -и *f* Reliquie; *wertvolles* Andenken
релье́ф, -а *m* Relief
релье́фный, -ая, -ое; *Kzf* -фен, -фна 1. Relief-, halbplastisch 2. *übtr* plastisch; klar hervortretend
рельс, -а *m* (Eisenbahn-) Schiene; сходи́ть с -ов entgleisen; поста́вить на -ы *übtr* in Ordnung [in Gang] bringen
ре́льсовый, -ая, -ое Schienen-
рельсопрока́тный, -ая, -ое: ~ заво́д Schienenwalzwerk
рельсоукла́дчик, -а *m* Schienenleger *Maschine*
реляти́вный, -ая, -ое; *Kzf* -вен, -вна relativ
реля́ция, -и *f alt, mil* Bericht, Meldung
рема́рка, -и, *Pl G* -рок, *D* -ркам *f* 1. *alt* Anmerkung 2. Bühnenanweisung
ремённый, -ая, -ое Riemen-
реме́нь, -мня́ *m* 1. Riemen, Gürtel; *mil* Koppel 2. *Pl* Gepäckriemen
реме́сленник, -а *m* 1. Handwerker 2. *übtr* Stümper 3. *umg* Gewerbeschüler
реме́сленничать, -аю, -аешь *uv* 1. Handwerker sein, als Handwerker arbeiten 2. *übtr* handwerkeln, nach Schablone arbeiten
реме́сленничество, -а *n* 1. handwerkliches Arbeiten 2. Arbeiten nach Schablone
реме́сленный, -ая, -ое Handwerks-, handwerklich
ремесло́, -а́, *Pl* ремёсла, ремёсел, ремёслам *n* Handwerk; Gewerbe
ремешо́к, -шка́ *m Dem zu* реме́нь Riemen
ремзаво́д, -а *m* (ремо́нтный заво́д) Reparaturwerk
ремилитариза́ция, -и *f* Remilitarisierung
реминисце́нция, -и *f buchspr* 1. Reminiszenz, unklare Erinnerung 2. *literarischer* Einfluß
[1]ремо́нт, -а *m* Reparatur; Ausbesserung; Renovierung
[2]ремо́нт, -а *m* 1. *mil* Remontierung 2. Jungviehaufzucht (zur Auffüllung des Bestandes)
ремонти́ровать, -рую, -руешь; -рованный, -рован, -а *v, uv* reparieren; ausbessern
ремо́нтник, -а *m* Reparaturarbeiter
ремо́нтный, -ая, -ое Reparatur-
ренега́т, -а *m* Renegat
реноме́ *n idkl* Renommee, Ruf
ре́нта, -ы *f wirtsch* Rente; земе́льная ~ Grundrente
рента́бельный, -ая, -ое; *Kzf* -лен, -льна rentabel, wirtschaftlich
рентге́н, -а *m umg* 1. Röntgenstrahlen; Röntgendurchleuchtung 2. Röntgenapparat
рентге́нов, -а, -о: -ы лучи́ Röntgenstrahlen
рентге́новский, -ая, -ое Röntgen-
рентгеногра́мма, -ы *f* Röntgenbild
реорганиза́ция, -и *f* Reorganisation, Umgestaltung
реорганизова́ть, -зу́ю, -зу́ешь; -зо́ванный, -зо́ван, -а *v, uv* reorganisieren, umgestalten
ре́па, -ы *f* Rübe ◇ деше́вле па́реной -ы *volksspr* spottbillig
репара́ции *Pl* -ий, *Sg* репара́ция, -и *f* Reparation, Kriegsentschädigung
репарацио́нный, -ая, -ое Reparations-
репатрии́ровать, -рую, -руешь; -рованный, -рован, -а *v, uv* repatriieren
репе́й, -пья́, *Pl* репьи́, -ьёв, -ья́м *m umg* Klette
репе́йник, -а *m* Klette
репе́йный, -ая, -ое Kletten-
репертуа́р, -а *m* Repertoire; Spielplan
репети́р, -а *m* Schlagwerk *in Uhren*
репети́ровать, -рую, -руешь *uv* 1. proben, einstudieren 2. Nachhilfeunterricht erteilen
репети́тор, -а *m* Nachhilfelehrer
репетицио́нный, -ая, -ое Probe-
репети́ция, -и *f* 1. *theat* Probe; генера́льная ~ Generalprobe 2. Schlagwerk; Schlag *bei Taschenuhren*; часы́ с -ей Repetieruhr
ре́плика, -и *f* 1. Erwiderung 2. Zwischenruf 3. *theat* Stichwort
ре́пный, -ая, -ое Rüben-
реполо́в, -а *m zool* Hänfling
репорта́ж, -а, *I* -ем, *G Pl* -ей *m* 1. Reportage 2. Berichterstattung
репортёр, -а *m* Reporter
репортёрствовать, -твую, -твуешь *uv* Reporter sein
репресса́лии *Pl* -ий, *Sg* репресса́лия, -и *f* Repressalien
репресси́вный, -ая, -ое; *Kzf* -вен, -вна repressiv, Straf-
репресси́ровать, -рую, -руешь; -ро-

ванный, -рован, -а *v*, *uv A* Repressalien anwenden gegen
репрéссия, -и *f* Repressivmaßnahme, Strafmaßnahme
реприз ↑ репри́за
репри́за, -ы *f u.* **репри́з**, -а *m mus*, *theat* Reprise, Wiederholung
репродýктор, -а *m* Lautsprecher
репс, -а *m text* Rips
рéпсовый, -ая, -ое Rips-
репти́лия, -и *f* 1. *zool* Reptil 2. käuflicher Journalist
репти́льный, -ая, -ое; *Kzf* -лен, -льна kriecherisch; käuflich, bestechlich
репутáция, -и *f* Reputation, Ruf
рéпчатый, -ая, -ое rübenförmig; ~ лук Knollenzwiebel
ресни́цы *Pl* -ни́ц, *Sg* ресни́ца, -ы, *I* -ей *f* Augenwimpern
ресни́чки *Pl* -чек, -чкам, *Sg* ресни́чка, -и *f zool* Flimmerhaar
респектáбельный, -ая, -ое; *Kzf* -лен, -льна respektabel, achtbar, würdig
респýблика, -и *f* Republik; Совéтская социалисти́ческая ~ Sozialistische Sowjetrepublik; нарóдная ~ Volksrepublik
республикáнец, -нца, *I* -нцем, *G Pl* -нцев *m* Republikaner
республикáнский, -ая, -ое republikanisch
рессóра, -ы *f* Feder *zur Stoßdämpfung*
рессóрный, -ая, -ое Feder-, gefedert
реставрáция, -и *f* Restauration, Restaurierung
реставри́ровать, -и́рую, -и́руешь; -и́рованный, -и́рован, -а *v*, *uv* restaurieren, wiederherstellen
ресторáн, -а *m* Restaurant, Gaststätte; вагóн-~ Speisewagen
ресýрс, -а *m* 1. äußerstes Mittel, letzte Möglichkeit 2. *Pl* Vorräte, Quellen; прирóдные -ы Naturschätze
ретивóе, -óго *u.* **рети́вое**, -ого *Subst n folkl* Herz
рети́вый, -ая, -ое; *Kzf* -и́в, -а eifrig, fleißig; lebhaft
рети́на, -ы *f anat* Retina, Netzhaut
ретировáться, -рýюсь, -рýешься *v*, *uv* sich zurückziehen; abtreten
ретóрта, -ы *f* Retorte
ретрогрáд, -а *m buchspr* Reaktionär
ретрогрáдный, -ая, -ое; *Kzf* -ден, -дна *buchspr* reaktionär, rückschrittlich
ретроспекти́вный, -ая, -ое; *Kzf* -вен, -вна *buchspr* rückblickend, rückschauend
ретушёвка, -и *f* Retuschieren
ретушёр, -а *m* Retuscheur
рéтушь, -и *f* Retusche
реферáт, -а *m* Referat, Vortrag
референдум, -а *m* Referendum, Volksbefragung
рéфери́ *m idkl Sport* Schiedsrichter
рефери́ровать, -и́рую, -и́руешь; -и́рованный, -и́рован, -а *v*, *uv* 1. *A* referieren (über) 2. Schiedsrichter sein
рефлéкс, -а *m* Reflex; услóвный ~ bedingter Reflex
рефлéксия, -и *f buchspr* Reflexion
рефлекти́вный, -ая, -ое; *Kzf* -вен, -вна unwillkürlich, Reflex-
рефлéктор, -а *m* 1. Reflektor, Hohlspiegel 2. Spiegelteleskop
рефлектóрный, -ая, -ое reflektorisch, Reflex-
рефóрма, -ы *f* Reform
реформáторский, -ая, -ое reformatorisch, Reform-
реформáция, -и *f kirch* Reformation
реформи́ровать, -рую, -руешь; -рованный, -рован, -а *v*, *uv* reformieren, umgestalten
рефрáктор, -а *m astr* Refraktor, Linsenfernrohr
рефрáкция, -и *f* Refraktion, Lichtstrahlenbrechung
рефрéн, -а *m mus*, *lit* Refrain
рефрижерáтор, -а *m* 1. Verdampfer *in Kühlanlagen* 2. Kühlwagen; Kühlschiff
рефрижерáторный, -ая, -ое Kühl-
рехнýться, -нýсь, -нёшься *v volksspr* überschnappen, verrückt werden
рецензи́ровать, -рую, -руешь; -рованный, -рован, -а *uv* rezensieren
рецéнзия, -и *f* Rezension
рециди́в, -а *m* Rückfall, Rückschlag
рецидиви́ст, -а *m jur* Rückfälliger
речевóй, -áя, -óе Sprech-
речéние, -я *n* stehende Redewendung
речи́стый, -ая, -ое; *Kzf* -и́ст, -а *umg* redegewandt; redselig, gesprächig
речитати́в, -а *m mus* Rezitativ
рéчка, -и, *Pl G* -чек, *D* -чкам *f* Flüßchen
речнóй, -áя, -óе Fluß-, Binnen(wasser)-
речь, -и, *Pl* рéчи, речéй, речáм *f* 1. Sprechfähigkeit, Reden; óрганы -и Sprechorgane; нáвыки ýстной -и Sprechfertigkeit 2. Sprachstil, Redeweise, Sprache; стихотвóрная ~ gebundene Rede 3. Gespräch, Rede; ~ идёт о том ... es handelt sich darum ...; об э́том не мóжет быть и -и davon kann gar keine Rede sein 4. Rede, Ansprache; вы́ступить с -ью eine Rede halten; застóльная

~ Tischrede ◇ ча́сти -и Wortarten, Redeteile
реша́ть(ся) *uv zu* реши́ть(ся)
реша́ющий, -ая, -ее entscheidend
реше́ние, -я *n* 1. Entscheidung, Beschluß, Urteil; выноси́ть ~ einen Beschluß fassen 2. Lösung; найти́ ~ eine Lösung finden 3. Schluß, Entschluß
решённый, -ая, -ое beschlossen
решётка, -и, *Pl G* -ток, *D* -ткам *f* Gitter ◇ посади́ть кого́-н. за -у j-n hinter Schloß und Riegel setzen
решето́, -а́, *Pl* решёта, решёт, решётам *n* Sieb ◇ голова́ как ~ ein Gedächtnis wie ein Sieb; -о́м во́ду носи́ть Wasser ins Meer tragen
решётчатый *u.* **решетча́тый,** -ая, -ое 1. gitterförmig 2. vergittert
реши́мость, -и *f* Entschlußkraft, Entschlossenheit
реши́тельно 1. *Adv* entschlossen, entschieden 2. *mod zur Verstärkung* ausnahmslos; einfach, überhaupt 3. *Adv* ganz und gar, absolut
реши́тельность, -и *f* Entschlossenheit, Entschiedenheit
реши́тельный, -ая, -ое; *Kzf* -лен, -льна 1. fest entschlossen, resolut 2. entscheidend
реши́ть, -шу́, -ши́шь; -шённый, -шён, -шена́ *v* 1. lösen *Aufgaben* 2. einen Beschluß fassen, entscheiden ◇ ~ чью-н. судьбу́ j-s Schicksal besiegeln ‖ *uv* реша́ть, -а́ю, -а́ешь
реши́ться, -шу́сь, -ши́шься *v* 1. sich entschließen, sich entscheiden 2. *1. u. 2. Pers ungebr* entschieden werden ‖ *uv* реша́ться, -а́юсь, -а́ешься
ре́шка, -и, *Pl G* -шек, *D* -шкам *f volksspr* Vorderseite der Münze, Avers
ре́я, -и *f naut* Rahe
ре́ять, *1. u. 2. Pers ungebr,* ре́ет *uv* 1. schweben 2. wehen, flattern
ржа, -и *f alt, gbt* Rost
ржа́веть, *1. u. 2. Pers ungebr,* -еет *uv* (ver)rosten
ржа́вчина, -ы *f* Rost
ржа́вый, -ая, -ое rostig; rostfarben
ржа́ние, -я *n* Wiehern
ржа́нка, -и, *Pl G* -нок, *D* -нкам *f zool* Regenpfeifer
ржано́й, -а́я, -о́е Roggen-
ржать* *uv* wiehern
ржи́ще, -а, *I* -ем *n* Roggenstoppelfeld
ржу ↑ ржать
ри́га, -и *f* Getreidedarre
Ри́га, -и *f* Riga
рижа́нин, -а, *Pl* -а́не, -а́н, -а́нам *m* Rigaer, Einwohner von Riga
рижа́нка, -и, *Pl G* -нок, *D* -нкам *f* Rigaerin
ри́жский, -ая, -ое: Ри́жский Зали́в Rigaer Meerbusen
ри́за, -ы *f* 1. Meßgewand 2. metallene Ikonenverkleidung, nur Gesicht und Hände freilassend
ри́зница, -ы, *I* -ей *f kirch* Sakristei
рикоше́т, -а *m* Querschläger, Abpraller
рикоше́тный, -ая, -ое Abprall-
ри́кша, -и, *I* -ей *m* Rikscha
Рим, -а *m* Rom
ри́млянин, -а, *Pl* -яне, -ян, -янам *m* Römer
ри́млянка, -и, *Pl G* -нок, *D* -нкам *f* Römerin
ри́мский, -ая, -ое römisch
ринг, -а *m* Ring *Boxsport*
ри́нуться, -нусь, -нешься *v* sich stürzen
Ри́о-де-Жане́йро *m idkl* Rio de Janeiro
рис, -а (-у) *m* Reis
риск, -а *m* Gefahr, Risiko ◇ на свой (страх и) ~ auf eigene Gefahr
рискну́ть, -ну́, -нёшь *v* riskieren, wagen
риско́ванный, -ая, -ое; *Kzf* -ан, -анна riskant, gewagt, gefährlich
рискова́ть, -ку́ю, -ку́ешь *uv* riskieren, wagen; Gefahr laufen
рисова́льный, -ая, -ое Zeichen-
рисова́льщик, -а *m* Zeichner
рисова́льщица, -ы, *I* -ей *f* Zeichnerin
рисова́ние, -я *n* Zeichnen, Malen
рисова́ть, -су́ю, -су́ешь; -со́ванный, -со́ван, -а *uv* 1. zeichnen, malen 2. *übtr* beschreiben, schildern
рисова́ться, -су́юсь, -су́ешься *uv* 1. *1. u. 2. Pers ungebr* sich abheben, sich abzeichnen 2. sich einbilden, sich erträumen 3. *verächtl* sich zieren; angeben
рисо́вка, -и *f* Geziertheit, Affektiertheit
рисово́дство, -а *n* Reisanbau
ри́совый, -ая, -ое Reis-
риста́лище, -а, *I* -ем *n alt* Turnierplatz, Wettkampfplatz; Wettkampf
рису́нок, -нка *m* Zeichnung; Muster
рису́нчатый, -ая, -ое gemustert
ритм, -а *m* Rhythmus
ри́тмика, -и *f* 1. Rhythmik 2. rhythmische Gymnastik
ритми́ческий, -ая, -ое rhythmisch, gleichmäßig
ритми́чность, -и *f* Rhythmik; ~ в рабо́те gleichmäßiger Ablauf der Arbeit

ритми́чный, -ая, -ое; *Kzf* -чен, -чна rhythmisch, gleichmäßig
рито́рика, -и *f* **1.** Rhetorik **2.** *übtr* Schwülstigkeit
ритори́ческий, -ая, -ое **1.** rhetorisch **2.** *übtr* schwülstig
ритори́чный, -ая, -ое; *Kzf* -чен, -чна *buchspr* rhetorisch, schwülstig
ритуа́л, -а *m buchspr* **1.** Ritual **2.** Zeremoniell
ритуа́льный, -ая, -ое *buchspr* rituell, Ritual-
[1]**риф,** -а *m* Riff, Klippe
[2]**риф,** -а *m naut* Reff
рифлёный, -ая, -ое gerieft, gerillt
ри́фма, -ы *f* Reim
рифмова́ть, -му́ю, -му́ешь; -мо́ванный, -мо́ван, -а *uv* **1.** *alt 1. u. 2. Pers ungebr* sich reimen **2.** reimen
рифмова́ться, *1. u. 2. Pers ungebr,* -му́ется *uv* sich reimen
рифмоплёт, -а *m verächtl* Reimschmied
рици́н, -а *m* Rizinusstaude
РККА (Рабо́че-Крестья́нская Кра́сная А́рмия) *hist* Rote Arbeiter- und Bauernarmee *1918—1946*
робе́ть, -е́ю, -е́ешь *uv* zaghaft [schüchtern] sein, Angst haben
ро́бкий, -ая, -ое; *Kzf* -бок, -бка́!; *Komp* ро́бче zaghaft, schüchtern, ängstlich
ро́бость, -и *f* Zaghaftigkeit, Schüchternheit, Furchtsamkeit
ро́бот, -а *m* Roboter, Maschinenmensch
ро́бче ↑ ро́бкий
ров, рва, *P* о рве, во рву *m* Graben
рове́сник, -а *m* Altersgenosse
рове́сница, -ы, *I* -ей *f* Altersgenossin
ро́вно *Adv* **1.** genau, gerade; ~ в три часа́ genau um drei (Uhr) **2.** absolut, ganz und gar **3.** scheinbar, wohl **4.** ebenso wie
ро́вность, -и *f* Gleichmäßigkeit, Ausgeglichenheit
ро́вный, -ая, -ое; *Kzf* -вен, -вна́! **1.** eben, gerade; glatt *Gelände* **2.** gleichmäßig; gleichförmig *Schritt* **3.** ruhig, gelassen; ausgeglichen ◇ ~ счёт glatte Rechnung; -ым счётом ничего́ absolut nichts
ро́вня, -и *u.* **ровня́,** -и́ *m, f umg* Gleichgestellter
ровня́ть, -я́ю, -я́ешь *uv* ebnen, glätten, planieren
рог, -а, *Pl* рога́, -о́в, -а́м *m* **1.** Horn, Geweih **2.** *mus* Horn **3.** scharfkantiges gebogenes Ende ◇ ~ изоби́лия Füllhorn; брать быка́ за -а́ den Stier bei den Hörnern packen
рога́стый, -ая, -ое; *Kzf* -а́ст, -а *umg* mit großen Hörnern
рога́тина, -ы *f* Jagdspieß
рога́тка, -и, *Pl G* -ток, *D* -ткам *f* **1.** Sperre, spanischer Reiter **2.** *meist Pl, übtr* Hindernis **3.** Katapult, Schleuder
рога́тый, -ая, -ое; *Kzf* -а́т, -а **1.** gehörnt, Horn- **2.** (wie ein Horn) gebogen
рога́ч, -а́, *I* -о́м, *G Pl* -е́й *m* Hirschkäfer
рогови́дный, -ая, -ое; *Kzf* -ден, -дна hornartig, -förmig
рогови́ца, -ы, *I* -ей *f* Hornhaut *Auge*
рогово́й, -а́я, -о́е aus Horn, Horn-
рого́жа, -ы, *I* -ей *f* Bastgewebe *als Verpackungsmaterial*
рого́жка, -и, *Pl G* -жек, *D* -жкам *f* **1.** *Dem zu* рого́жа Bastgewebe *als Verpackungsmaterial* **2.** Panamastoff
рого́жный, -ая, -ое Bast-
рогоно́сец, -сца, *I* -сцем, *G Pl* -сцев *m umg, scherz* Hahnrei
род, -а (-у), *P* о ро́де, в ро́де, в [на] роду́, *Pl* роды́, -о́в, -а́м *m* **1.** Sippe, Gens **2.** Geschlecht, Generation; из -а в ~ von Generation zu Generation **3.** *zool, bot* Gattung **4.** *gram* Geschlecht, Genus; мужско́й ~ Maskulinum **5.** Art, Gattung; ~ войск Waffengattung **6.** Art und Weise; ~ заня́тий Beschäftigungsart ◇ ему́ два́дцать лет о́т -у er ist zwanzig Jahre alt; ни -у ни пле́мени ohne Verwandte, allein; э́то у нас в -у́ das liegt in unserer Familie; в не́котором -е gewissermaßen; еди́нственный в своём -е einzig in seiner Art; де́ло тако́го -а die Sache ist die
роддо́м, -а, *Pl* -а́, -о́в, -а́м *m* (роди́льный дом) Entbindungsheim
ро́дий, -я, *P* -и *m chem* Rhodium
роди́льница, -ы, *I* -ей *f* Wöchnerin
роди́льный, -ая, -ое Entbindungs-; -ая горя́чка Kindbettfieber
роди́мый, -ая, -ое **1.** heimatlich **2.** -ого *Subst m* mein Lieber *Anrede* ◇ -ое пятно́ Muttermal
ро́дина, -ы *f* Heimat(land); на -е in der Heimat
ро́динка, -и, *Pl G* -нок, *D* -нкам *f* Muttermal
Родио́н, -а *m männl Vn*
роди́тели, -ей, -ям *Pl* Eltern
роди́тель, -я *m alt, gbt* Vater
роди́тельница, -ы, *I* -ей *f alt, gbt* Mutter

роди́тельный, -ая, -ое: ~ паде́ж Genitiv

роди́тельский, -ая, -ое Eltern-, elterlich

роди́ть, рожу́, роди́шь; роди́л, -ила́ (*uv* -и́ла), -и́ло; рождённый, -ён, -ена́ *v, uv* **1.** gebären, zur Welt bringen; она́ родила́ sie ist niedergekommen **2.** *übtr* erzeugen, hervorbringen **3.** *1. u. 2. Pers ungebr* Früchte tragen, hervorbringen ◇ в чём мать родила́ splitternackt ‖ *uv a.* рожа́ть, -а́ю, -а́ешь *zu* 1, 3 *u.* рожда́ть, -а́ю, -а́ешь *zu* 1, 2

роди́ться, рожу́сь, роди́шься *v, uv*; *v* -и́лся, -ила́сь, -и́лись; *uv* -и́лся, -и́лась, -и́лись **1.** geboren werden **2.** *1. u. 2. Pers ungebr* entstehen, aufkommen **3.** *1. u. 2. Pers ungebr* wachsen, gedeihen ‖ *uv a.* рожда́ться, -а́юсь, -а́ешься *zu* 1, 2

ро́дич, -а, *I* -ем, *G Pl* -ей *m volksspr* Verwandter

родни́к, -а́ *m* Quelle *a. übtr*

роднико́вый, -ая, -ое Quell-

родни́ть, *1. u. 2. Pers ungebr*, -и́т *uv* (an)nähern, verbinden ‖ *v* породни́ть

родни́ться, -ню́сь, -ни́шься *uv* verwandt werden ‖ *v* породни́ться

родничкú *Pl* -о́в, *Sg* родничо́к, -чка́ *m anat* Fontanellen

родно́й, -а́я -о́е **1.** blutsverwandt, leiblich, eigen **2.** -ы́е, -ы́х *Subst Pl* Verwandte **3.** heimatlich, Heimat-, Geburts-, Vater-, Mutter- **4.** mein Lieber *Anrede*

родня́, -и́ *f* **1.** *Koll* Verwandtschaft, Verwandte **2.** Verwandter; Verwandte

родови́тый, -ая, -ое; *Kzf* -и́т, -а zum alten Adelsgeschlecht gehörend

[1]**родово́й,** -а́я, -о́е **1.** Gentil-, Sippen-; ~ строй Gentilordnung **2.** *alt* Stamm-, Erb-; -о́е име́ние Erbgut **3.** Gattungs-

[2]**родово́й,** -а́я, -о́е **1.** *gram* Geschlechts-, Genus- **2.** Geburts-; -ы́е му́ки Geburtswehen

родовспомога́тельный, -ая, -ое Entbindungs-, Geburtshilfe-

рододе́ндрон [дэ], -а *m bot* Rhododendron

ро́дом *Adv*: он ~ из Москвы́ er stammt aus Moskau; ~ францу́з ein gebürtiger Franzose

родонача́льник, -а *m* **1.** Stammvater **2.** Begründer

родосло́вие, -я *n* Stammbaum, Ahnentafel

родосло́вная, -ой *Subst f* Stammbaum, Ahnentafel

родосло́вный, -ая, -ое genealogisch; -ое де́рево Stammbaum

ро́дственник, -а *m* Verwandter

ро́дственница, -ы, *I* -ей *f* Verwandte

ро́дственный, -ая, -ое **1.** verwandtschaftlich **2.** *Kzf* -вен, -венна verwandt **3.** innig, herzlich

родство́, -а́ *n* **1.** Verwandtschaft **2.** *Koll* die Verwandten **3.** *übtr* Verwandtschaft, Ähnlichkeit

ро́ды, -ов *Pl* Geburt, Entbindung; преждевре́менные ~ Frühgeburt

рое́ние, -я *n* Schwärmen *Bienen*

[1]**ро́жа,** -и, *I* -ей *f med* Rose; Rotlauf

[2]**ро́жа,** -и, *I* -ей *f volksspr* Fratze, Fresse, Visage

рожа́ть *uv zu* роди́ть

рожда́емость, -и *f* Geburtenzahl

рожда́ть(ся) *uv zu* роди́ть(ся)

рожде́ние, -я *n* **1.** Geburt **2.** Geburtstag

рожде́ственский, -ая, -ое Weihnachts-

рождество́, -а́ *n* Weihnachten

роже́ница, -ы, *I* -ей *f* Kreißende

ро́жистый, -ая, -ое *med* Rose-; Rotlauf-

рожо́к, -жка́, *Pl* ро́жки, -жек, -жкам *u.* рожки́, -о́в, -а́м *m* **1.** *Dem zu* рог (ро́жки, *bei Teigwaren* рожки́) Hörnchen **2.** (*Pl* рожки́) *mus* Horn **3.** (*Pl* рожки́) Hörrohr **4.** (*Pl* рожки́) Saugflasche **5.** (*Pl* рожки́) Schuhanzieher ◇ га́зовый ~ Gasbrenner

рожо́н, -жна́ *m alt*: лезть на ~ *übtr* mit dem Kopf durch die Wand rennen; како́го рожна́ на́до? *volksspr* was willst du noch?, was fehlt denn noch?

рожь, ржи, *I* ро́жью *f* **1.** Roggen **2.** (*Pl* ржи, ржей, ржам) *gbt* Roggenfeld

ро́за, -ы *f* Rose

Ро́за, -ы *f weibl Vn*

ро́зан, -а *m umg* Rosenblüte

роза́рий, -я, *P* -и, *G Pl* -ев *u.* **роза́риум,** -а *m* Rosengarten, Rosarium

ро́звальни, -ей *Pl* breiter sitzloser Schlitten mit ausgebogenen Seiten

ро́зга, -и, *Pl G* -зог, *D* -згам *f* **1.** Rute, Gerte **2.** *Pl alt* Rutenhiebe

ро́здых, -а (-у) *m volksspr* kurze Rast, Verschnaufpause

розе́тка, -и, *Pl G* -ток, *D* -ткам *f* **1.** Rosette **2.** Schälchen *für Honig, Konfitüre* **3.** Tropfenfänger für Kerzen **4.** (trichterförmiger) Lampenschirm **5.** *el* Steckdose

розмари́н, -а *m bot* Rosmarin

рóзнить, -ню, -нишь; рознь *u.* рóзни *uv alt, volksspr* trennen, auseinanderreißen
рóзница, -ы, *I* -ей *f* Einzelhandels-, Kleinhandelsware ◇ в -у stückweise, einzeln
рóзничный, -ая, -ое Einzelhandels-
рóзно *Adv alt* getrennt
рознь, -и *f* **1.** Streit, Zwist **2.** *prädikativ* einander nicht gleich; глинá глинé ~ zwischen Ton und Ton ist ein Unterschied
розовáтый, -ая, -ое; *Kzf* -áт, -а zart rosa
розовéть, -éю, -éешь *uv* sich rosarot färben
рóзовый, -ая, -ое **1.** Rosen- **2.** *Kzf* -ов, -а rosa **3.** *Kzf* -ов, -а *übtr, iron* rosig; смотрéть сквозь -ые очкú durch eine rosarote Brille sehen
рóзыгрыш, -а, *I* -ем, *G Pl* -ей *m* **1.** Ziehung, Verlosung **2.** *Sport* Austragen *eines Spieles* **3.** *Sport* unentschiedenes Spiel
рóзыск, -а *m* **1.** Suche, Suchen **2.** *jur* Ermittlung, Voruntersuchung ◇ уголóвный ~ Kriminalabteilung
ройться, *1. u. 2. Pers ungebr*, -йтся *uv* **1.** (aus)schwärmen, einen Schwarm bilden *Bienen* **2.** schwirren *a. übtr*
рой, -я, *Pl* рои́, роёв, роя́м *m* Schwarm
рок, -а *m hoher Stil* Schicksal
рокировáться, -ру́юсь, -ру́ешься *v, uv* rochieren *Schach*
рокирóвка, -и, *Pl G* -вок, *D* -вкам *f* Rochade *Schach*
роковóй, -áя, -óе **1.** *alt* verhängnisvoll **2.** *alt* entscheidend **3.** folgenschwer
рококó *n idkl* Rokoko
рóкот, -а *m* Getöse, Brausen, Rollen; Surren
рокотáть, -очу́, -óчешь *uv* tosen, rollen; surren
рол, -а *m* **1.** Zylinder, Walze **2.** Rolle *Papier*
рóлик, -а *m* **1.** *Dem zu* рол (Lauf-) Rolle, Rädchen **2.** *el* Porzellanisolator *zur Leitungsbefestigung* **3.** *Pl* Rollschuhe
рóликовый, -ая, -ое: ~ подши́пник *tech* Rollenlager; -ые конькú Rollschuhe
роль, -и, *Pl* рóли, ролéй, роля́м *f* **1.** *theat* Rolle; испóлнить ~ eine Rolle spielen **2.** *übtr* Rolle; э́то не игрáет никакóй -и das spielt keine Rolle; вы́ступить в -и обвини́теля als Ankläger auftreten; емý принадлежи́т большáя ~ в э́том дéле ihm gebührt großes Verdienst in dieser Angelegenheit
ром, -а(-у) *m* Rum
¹ромáн, -а *m lit* Roman
²ромáн, -а *m* Liebesverhältnis
Ромáн, -а *m männl Vn*
¹романи́ст, -а *m* Romanschriftsteller
²романи́ст, -а *m* Romanist
¹романи́стка, -и, *Pl G* -ток, *D* -ткам *f* Romanschriftstellerin
²романи́стка, -и, *Pl G* -ток, *D* -ткам *f* Romanistin
романи́ческий, -ая, -ое *alt* Liebes-, romanhaft
ромáнс, -а *m mus* Romanze
ромáнский, -ая, -ое romanisch
романти́зм, -а *m* **1.** *lit* Romantik **2.** Romantik, idealisierende Betrachtungsweise
ромáнтик, -а *m* **1.** Romantiker *Kunst* **2.** *übtr* Romantiker, Träumer
ромáнтика, -и *f* Romantik
романти́ческий, -ая, -ое **1.** *lit* romantisch **2.** romantisch, schwärmerisch
романти́чный, -ая, -ое; *Kzf* -чен, -чна romantisch, schwärmerisch
ромáшка, -и, *Pl G* -шек, *D* -шкам *f* *bot* Kamille
ромб, -а *m* Raute, Rhombus
ромби́ческий, -ая, -ое rhombisch
рóмовый, -ая, -ое Rum-
Рóна, -ы *f* Rhone *Fluß*
рондó *n idkl* **1.** *lit* Rondeau **2.** Rundschrift **3.** Rundschriftfeder
роня́ть, -я́ю, -я́ешь *uv* **1.** fallen lassen; verlieren; ~ слёзы Tränen vergießen **2.** sinken lassen *Kopf* **3.** *übtr* erniedrigen, herabwürdigen; ~ своё достóинство sich etw. vergeben ‖ *v* у р о н и́ т ь, -оню́, -óнишь; -óненный, -óнен, -а *zu* 1, 2
рóпот, -а *m* Murren, Gemurre
роптáть* *uv* murren, ungehalten sein
ропщу́ ↑ роптáть
росá, -ы́, *Pl* рóсы, рос, рóсам *f* Tau
роси́нка, -и, *Pl G* -нок, *D* -нкам *f* Tautropfen ◇ мáковой -и во рту нé было noch nichts gegessen und getrunken
роси́стый, -ая, -ое; *Kzf* -и́ст, -а voller Tau, mit Tau bedeckt
роскóшествовать, -твую, -твуешь *uv* ein luxuriöses Leben führen, großen Aufwand treiben
роскóшничать, -аю, -аешь *uv umg* ein luxuriöses Leben führen, großen Aufwand treiben
роскóшный, -ая, -ое; *Kzf* -шен, -шна **1.** luxuriös, prunkvoll **2.** prächtig, prachtvoll; üppig

роскошь, -и *f* **1.** Prunk, Luxus **2.** Pracht; Üppigkeit
рослый, -ая, -ое groß, von hohem Wuchs
росомаха, -и *f zool* Vielfraß
роспись, -и *f* **1.** Verzeichnis, Liste, Register **2.** Bemalen, Anstreichen **3.** Wandmalerei, Fresken
роспуск, -а *m* Entlassung; Auflösung
российский, -ая, -ое russisch; Российская Советская Федеративная Социалистическая Республика Russische Sozialistische Föderative Sowjetrepublik
Россия, -и *f* Rußland
россиянин, -а, *Pl* -яне, -ян, -янам *m hoher Stil, alt* Russe
россиянка, -и, *Pl G* -нок, *D* -нкам *f hoher Stil, alt* Russin
россказни, -ей *Pl umg* Geschwätz, Faseleien
россыпь, -и *f* **1.** Aufgeschüttetes **2.** *meist Pl geol* Vorkommen, Feld, Lager
рост, -а (-у) *m* **1.** Wachsen, Wachstum **2.** *übtr* Anwachsen, Zunahme; Vervollkommnung **3.** Wuchs, Größe; высокого -а von großem Wuchs, groß; он -ом с меня er ist etwa so groß wie ich; во весь ~ in voller Größe **4.** *alt* Zinsen; дать деньги в ~ Geld auf Zinsen verleihen
ростбиф, -а *m* Roastbeef
ростепель *u.* **ростопель,** -и *f gbt* Tauwetter
Ростов, -а *m*: Ростов на Дону Rostow am Don
ростовец, -вца, *I* -вцем, *G Pl* -вцев *m* Bewohner von Rostow
ростовой, -ая, -ое **1.** Wachstums- **2.** das Wachstum der Pflanzen fördernd
ростовчанин, -а, *Pl* -ане, -ан, -анам *m* Einwohner von Rostow
ростовчанка, -и, *Pl G* -нок, *D* -нкам *f* Bewohnerin von Rostow
ростовщик, -а *m* Wucherer
ростовщица, -ы, *I* -ей *f* Wucherin
ростовщический, -ая, -ое Wucher-
ростовщичество, -а *n* Wucher
росток, -тка *m* **1.** Keim, Sproß **2.** Reis, Pfropfreis **3.** *übtr* Keim
ростопель ↑ ростепель
росчерк, -а *m* Schnörkel, Strich ◇ (одним) -ом пера mit einem Federstrich
росянка, -и, *Pl G* -нок, *D* -нкам *f bot* Sonnentau
рот, рта, изо рта *und* изо рту, *P* о рте, во рту *m* **1.** Mund, Mundhöhle; во рту im Mund **2.** *übtr, volksspr* Mund, Esser; семь ртов прокормить sieben Mäuler ernähren ◇ разинуть ~ den Mund (vor Erstaunen) aufsperren; не сметь рта раскрыть nicht wagen den Mund aufzumachen; зажать кому-н. ~ *volksspr* j-m den Mund stopfen; хлопот полон ~ sehr viele Sorgen, alle Hände voll zu tun haben; разжевать и в ~ положить *iron* vorkauen, plausibel machen; во весь ~ aus vollem Halse; мимо рта прошло er hatte das Nachsehen
рота, -ы *f* Kompanie
ротатор, -а *m* Wachsmatrizenvervielfältiger
ротационный, -ая, -ое: -ая машина Rotationsmaschine
ротмистр, -а *m hist* Rittmeister
ротный, -ая, -ое Kompanie-
ротовой, -ая, -ое Mund-; -ая полость Mundhöhle
ротозей, -я, *G Pl* -ев *m umg* Gaffer; Hans Guckindieluft
ротозейничать, -аю, -аешь *uv umg* gaffen, Maulaffen feilhalten
роток, -тка *m umg, Dem zu* рот Mündchen
ротонда, -ы *f* **1.** Rotunde, Rundbau *mit Kuppel* **2.** warmer Umhang *für Frauen*
ротор, -а *m* Rotor, Maschinenwelle
Роттердам, -а *m* Rotterdam
рохля, -и, *G Pl* -лей *m, f volksspr* Schlafmütze, Tölpel
роща, -и, *I* -ей *f* Wäldchen, Hain
РОЭ [роэ] *n idkl* (реакция оседания эритроцитов) Blutsenkung
рою ↑ рыть
роялист, -а *m buchspr* Royalist
роялистский [исск], -ая, -ое *buchspr* royalistisch
рояль, -я *m* Flügel *Klavier*
РСФСР (Российская Советская Федеративная Социалистическая Республика) RSFSR
ртутный, -ая, -ое Quecksilber-
ртуть, -и *f* Quecksilber
руб. (рубль) Rubel
рубака, -и *m umg* Haudegen, glänzender Fechter
рубанок, -нка *m* Hobel
рубаха, -и *f* Hemd ◇ ~-парень *volksspr* offenherziger Bursche
рубашка, -и, *Pl G* -шек, *D* -шкам *f* **1.** Hemd; нательная ~ Unterhemd; шёлковая ~ Seidenhemd **2.** Rückseite *der Spielkarten* **3.** Fellfarbe ◇ в одной -е bettelarm; своя ~ ближе

к те́лу jeder ist sich selbst der Nächste; роди́ться в -е ein Sonntagskind sein
рубашо́нка, -и, *Pl G* -нок, *D* -нкам *f umg, Dem zu* руба́шка Hemdchen, Kinderhemdchen
рубе́ж, -а́, *I* -о́м, *G Pl* -е́й *m* **1.** Grenze, Staatsgrenze; за -о́м im Ausland **2.** *mil* Abschnitt, Linie; оборони́тельный ~ Verteidigungslinie
рубе́ц, -бца́, *I* -бцо́м, *G Pl* -бцо́в *m* **1.** Narbe; Schmiß **2.** Naht; Saum **3.** Kratzer **4.** *vet* Pansen
руби́льник, -а *m* Hebelschalter
руби́н, -а *m* Rubin
руби́новый, -ая, -ое Rubin-, rubinrot
руби́ть, рублю́, ру́бишь; ру́бленный, ру́блен, -а *uv* **1.** fällen; abhauen, abschlagen, kleinhauen **2.** bauen *aus Holzbalken* ◇ лес ру́бят, ще́пки летя́т wo gehobelt wird, fallen Späne
руби́ться, рублю́сь, ру́бишься *uv* sich herumschlagen, kämpfen *mit blanker Waffe*
ру́бище, -а, *I* -ем *n* abgerissene Kleidung
[1]**ру́бка,** -и *f* Abhauen, Fällen
[2]**ру́бка,** -и, *Pl G* -бок, *D* -бкам *f naut* Kabine *an Deck*; боева́я ~ Kommandoturm *U-Boot*
рублёвка, -и, *Pl G* -вок, *D* -вкам *f umg* Rubel, Rubelschein
рублёвый, -ая, -ое Rubel-
ру́бленый, -ая, -ое gehackt, Hack-; -ая котле́та Boulette
рубль, -я́ *m* Rubel
ру́брика, -и *f* Rubrik, Spalte
рубцева́ние, -я *n* Vernarbung
рубцева́ться, *1. u. 2. Pers ungebr*, -цу́ется *uv* vernarben *Wunde*
ру́бчатый, -ая, -ое gerippt
ру́бчик, -а *m* **1.** *Dem zu* рубе́ц 1 Narbe **2.** Naht, Saum **3.** *text* Rippe
ру́гань, -и *f* Geschimpfe, Schimpfworte
руга́тельный, -ая, -ое Schimpf-, Schmäh-
руга́тельски: ~ руга́ть heftig schimpfen
руга́тельство, -а *n* Schimpfwort
руга́ть, -а́ю, -а́ешь; ру́ганный, -ру́ган, -а *uv* **1.** (be)schimpfen **2.** schmähen; scharf kritisieren || *v mom* **ругну́ть,** -ну́, -нёшь
руга́ться, -а́юсь, -а́ешься *uv* **1.** schimpfen **2.** einander beschimpfen, sich zanken || *v mom* **ругну́ться,** -ну́сь, -нёшься *zu* 1
руда́, -ы́, *Pl* ру́ды, руд, ру́дам *f* Erz; ме́дная ~ Kupfererz
рудиме́нт, -а *m* Rudiment
рудимента́рный, -ая, -ое *buchspr* rudimentär
рудни́к, -а́ *m* Bergwerk, Grube
руднико́вый, -ая, -ое Bergwerks-, Gruben-
рудни́чный, -ая, -ое Bergwerks-, Gruben-; ~ газ schlagende Wetter
ру́дный, -ая, -ое Erz-; Ру́дные го́ры Erzgebirge
рудоко́п, -а *m alt* Bergarbeiter
рудоно́сный, -ая, -ое; *Kzf* -сен, -сна erzhaltig
рудоплави́льня, -и *f* Erzgießerei
руже́йник, -а *m* Büchsenmacher, Arbeiter einer Gewehrfabrik
руже́йный, -ая, -ое Gewehr-
ружьё, -ья́, *Pl* ру́жья, ру́жей, ру́жьям *n* Gewehr, Flinte; двуство́льное ~ Doppelflinte; заряжа́ть ~ das Gewehr laden; соста́вить -ья в ко́злы die Gewehre zusammenstellen; с -ьями напереве́с mit gefälltem Bajonett; взять ~ на изгото́вку das Gewehr anlegen ◇ в ~! an die Gewehre!
руи́на, -ы *f* Ruine
рука́, -и́, *A* ру́ку, *Pl* ру́ки, рук, рука́м *f* **1.** Hand, Arm; пожа́ть -у die Hand drücken; вести́ кого́-н. за́ -у j-n an der Hand führen; взять кого́-н. по́д -у sich bei j-m einhaken; игра́ть в четы́ре -и́ vierhändig spielen; золоты́е -и geschickte Hände; перча́тки не по -е́ die Handschuhe passen nicht; -и прочь! Hände weg!; -и вверх! Hände hoch! **2.** Handschrift; неразбо́рчивая ~ unleserliche Handschrift **3.** Seite; по пра́вую -у rechter Hand, rechts; на ле́вой -е linker Hand, links **4.** *übtr, alt* Hand; проси́ть чьей-н. -и́ um j-s Hand bitten [anhalten] ◇ быть в чьи́х-н. -а́х in j-s Gewalt sein; быть в хоро́ших -а́х in guten Händen sein; прибра́ть что́-н. к -а́м sich etw. aneignen, etw. an sich raffen; взять себя́ в -и sich zusammennehmen; ~ -у мо́ет eine Hand wäscht die andre; всё ва́лится из рук nichts geht von der Hand; из пе́рвых рук aus erster Hand; ~ о́б -у Hand in Hand, gemeinsam; сиде́ть сложа́ -и die Hände in den Schoß legen; на ско́рую -у flüchtig; -о́й пода́ть das ist nur ein Katzensprung; из рук в ру́ки von Hand zu Hand; наложи́ть на себя́ -и Selbstmord begehen; нагре́ть себе́ -и на чём-н. sein Schäfchen ins trockne bringen; на все -и ма́стер

ein Tausendkünstler; из рук вон плóхо unter aller Kritik [Kanone]; э́то мне нá -у das kommt mir sehr gelegen; перепи́сывать от -и́ mit der Hand abschreiben; опусти́ть -и den Mut sinken lassen; у негó -и кóротки́ das liegt nicht in seiner Macht; подня́ть -у tätlich werden wollen; -áм вóли не дава́й! werde nicht handgreiflich!; приложи́ть -у a) seine Hand im Spiel haben; b) unterschreiben; свобóда рук Handlungsfreiheit; сон в -у der Traum ist in Erfüllung gegangen; с рук сойти́ straflos ausgehen; с рук сбыть sich vom Halse schaffen, loswerden; как -óй сня́ло wie weggeblasen; как без рук vollkommen hilflos

рукáв, -á, *Pl* рукавá, -óв, -áм *m* 1. Ärmel; вставны́е рукавá eingesetzte Ärmel; рукавá-фонáрики Puffärmel 2. Flußarm 3. *tech* Rohr, Schlauch

рукави́цы *Pl* -и́ц, *Sg* рукави́ца, -ы, *I* -ей *f* Fausthandschuh ◇ держáть в ежёвых -ах streng [kurz] halten

рукáвный, -ая, -ое Ärmel-

рукáвчик, -а *m* 1. *Dem zu* рукáв kleiner, kurzer Ärmel 2. Manschette

руководи́тель, -я *m* Leiter, Führer

руководи́тельница, -ы, *I* -ей *f* Leiterin

руководи́ть, -ожу́, -оди́шь *uv I* leiten, führen

руководи́ться, -ожу́сь, -оди́шься *uv I* sich richten (nach), sich leiten lassen (von)

руковóдство, -а *n* 1. *I* Leitung, Führung 2. Leitfaden, Anleitung 3. Lehrbuch 4. *Koll* Leitung, Führung; Verwaltung

руковóдствоваться, -твуюсь, -твуешься *uv I* sich richten (nach), sich leiten lassen (von)

руководя́щий, -ая, -ее führend, leitend, Leit-

рукодéлие, -я *n* Handarbeit

рукодéльница, -ы, *I* -ей *f* Handarbeiterin

рукодéльничать, -аю, -аешь *uv umg* Handarbeiten machen

рукокры́лые, -ых *Subst Pl* Flattertiere, Handflügler

рукомóйник, -а *m* (kleines) Waschbecken

рукопáшная, -ой *Subst f* Handgemenge; Nahkampf

рукопáшный, -ая, -ое: ~ бой Faustkampf; *mil* Nahkampf

рукопи́сный, -ая, -ое handschriftlich; Manuskript-, Handschriften-

ру́копись, -и *f* 1. Manuskript, Originaltext 2. Handschrift *Schriftdenkmal*

рукоплескáние, -я *n* Beifall, Applaus

руко|плескáть* *uv* Beifall klatschen, applaudieren

рукопожáтие, -я *n* Händedruck

рукосуши́тель, -я *m* elektrischer Händetrockner

рукоя́тка, -и, *Pl G* -ток, *D* -ткам *f* 1. Griff 2. *tech* Hebel, Kurbel

рукоя́ть, -и *f* Griff, Stiel

руля́да, -ы *f mus* Lauf

рулевóй, -áя, -óе 1. Steuer-, Lenk-; -óе управлéние Steuerung 2. -óго *Subst m naut* Steuermann

рулéт, -а *m* 1. Fleisch-, Kartoffelröllchen 2. gefülltes Röllchen aus Blätterteig 3. Schinken

рулéтка, -и, *Pl G* -ток, *D* -ткам *f* 1. Bandmaß 2. Roulette *Glücksspiel*

рули́ть, -лю́, -ли́шь *uv flug* rollen *auf dem Erdboden*

рулóн, -а *m* Rolle *Papier u. ä.*

руль, -я́ *m* Steuer, Steuerrad, -knüppel; Lenkstange; *naut* (Steuer-) Ruder; ~ направлéния *flug* Seitenruder; ~ высоты́ Höhenruder ◇ без -я́ и без ветри́л steuerlos, ohne Ziel

румб, -а *m naut* Kompaßstrich

румы́н, -а, *G Pl* румы́н *m* Rumäne

Румы́ния, -и *f* Rumänien; Социалисти́ческая Респу́блика ~ Sozialistische Republik Rumänien

румы́нка, -и, *Pl G* -нок, *D* -нкам *f* Rumänin

румы́нский, -ая, -ое rumänisch

румя́на, -я́н *Pl* Schminke, Rouge

румя́нец, -нца, *I* -нцем, *G Pl* -нцев *m* Röte

румя́нить, -ню, -нишь *uv* 1. *1. u. 2. Pers ungebr* röten 2. rot schminken

румя́ниться, -нюсь, -нишься *uv* 1. erröten 2. sich rot schminken 3. rot werden, sich röten

румя́ный, -ая, -ое; *Kzf* -я́н, -а gerötet; purpurrot

рунду́к, -á *m* große Truhe

руни́ческий, -ая, -ое Runen-

рунó, -á, *Pl* ру́на, рун, ру́нам *n* Schaffell ◇ золотóе ~ *myth* Goldenes Vlies

ру́ны *Pl* рун, ру́нам, *Sg* ру́на, -ы *f* Runen

ру́пия, -и *f* Rupie *Währungseinheit, z. B. in Indien, Pakistan*

ру́пор, -а *m* Sprachrohr, Schalltrichter

Рур, -а *m* Ruhr *Fluß*

ру́рский, -ая, -ое Ruhr-; Ру́рская область Ruhrgebiet
руса́к, -а́ *m* Feldhase
руса́лка, -и, *Pl G* -лок, *D* -лкам *f* Nixe, Wassernymphe
руса́лочий, -ья, -ье Nixen-, nixenhaft
руси́зм, -а *m ling* Russizismus
руси́ст, -а *m ling* Russist
Русла́н, -а *m männl Vn*
ру́сло, -а, *Pl* ру́сла, русл, ру́слам *n* **1.** Flußbett **2.** *übtr* Weg, Richtung *einer Entwicklung*
русоволо́сый, -ая, -ое; *Kzf* -óc, -а aschblond
русофи́л, -а *m* Russophile, Russenfreund
русофо́б, -а *m* Russophob, Russengegner
ру́сская, -ой *Subst f* **1.** Russin **2.** russischer Tanz
ру́сский, -ая, -ое **1.** russisch **2.** -ого *Subst m* Russe **3.** *Adv*: по-ру́сски russisch
ру́сый, -ая, -ое; *Kzf* рус, -а blond, hellbraun
Русь, -и, *P* на -и́ *f alt, poet* Rus, Rußland
руте́ний [тэ], -я, *P* -и *m chem* Ruthenium
рути́на, -ы *f* Schematismus, Routine
рутинёр, -а *m* Bürokrat
рутинёрство, -а *n* Schablonenarbeit, Bürokratismus
рути́нный, -ая, -ое schematisch, bürokratisch
ру́хлядь, -и *f Koll, umg* Gerümpel, Plunder
ру́хнуть, -ну, -нешь *v* **1.** einstürzen, einfallen **2.** *übtr* zusammenstürzen
руча́тельство, -а *n* Bürgschaft, Garantie
руча́ться, -а́юсь, -а́ешься *uv* bürgen, garantieren, haften ‖ *v* поручи́ться, -учу́сь, -у́чишься
руче́й, -чья, *G Pl* -чьёв *m* Bach
ручи́ща, -и, *I* -ей *f* große Hand, Pranke
ру́чка, -и, *Pl G* -чек, *D* -чкам *f* **1.** *Dem zu* рука́ Händchen **2.** Klinke **3.** Griff, Stiel, Henkel **4.** Armlehne **5.** Federhalter
ручно́й, -а́я, -о́е **1.** Hand-; -ы́е часы́ Armbanduhr **2.** zahm, gezähmt ◇ -а́я прода́жа a) Arzneiverkauf ohne Rezept; b) Hausierhandel
ру́шить, -шу, -шишь *uv* niederreißen, umstürzen
ру́шиться, *1. u. 2. Pers ungebr*, -ится *v, uv* **1.** einstürzen, einfallen **2.** *übtr* zusammenbrechen
ры́ба, -ы *f* Fisch ◇ ни ~ ни мя́со weder Fisch noch Fleisch; лови́ть -у в му́тной воде́ im trüben fischen; как ~ об лёд би́ться sich vergeblich abmühen, in einer verzweifelten Lage sein
рыба́к, -а́ *m* Fischer
рыба́лка, -и, *Pl G* -лок, *D* -лкам *f* **1.** *umg* Fischfang, Angeln **2.** *gbt* Möwe
рыба́цкий, -ая, -ое Fischer-, Fischerei-
рыба́чий, -ья, -ье Fischer-
рыба́чить, -чу, -чишь *uv* Fischfang treiben
рыба́чка, -и, *Pl G* -чек, *D* -чкам *f* Fischerin
рыбе́ц, -бца́, *I* -бцо́м, *G Pl* -бцо́в *m zool* Zärte, Rußnase
ры́бий, -ья, -ье Fisch-; ~ жир Lebertran
рыби́на, -ы *f* (einzelner) großer Fisch
ры́бник, -а *m* **1.** Fischereifachmann; Arbeiter im Fischereigewerbe **2.** Fischverkäufer
ры́бный, -ая, -ое **1.** Fisch- **2.** fischreich
рыбо- *in Zuss* Fisch-
рыбо|во́д, -а *m* Fischzüchter; **~во́дство,** -а *n* Fischzucht; **~во́дческий,** -ая, -ое Fischzucht-; **~комбина́т,** -а *m* Fischkombinat; **~ло́в,** -а *m* Fischer, Angler; **~ло́вный,** -ая, -ое Fisch-, Fischfang-, Angel-; ~ло́вный бот Fischkutter; **~ло́вство,** -а *n* Fischerei, Fischfang; **~пито́мник,** -а *m* Fischzuchtteich; **~проду́кты,** -ов *Pl* Fischwaren
рыбхо́з, -а *m* (рыбово́дное хозя́йство) Fischereiwirtschaftsbetrieb
Ры́бы, Рыб *Pl astr* die Fische
рыво́к, -вка́ *m* Ruck; -вка́ми ruckweise
рыга́ть, -а́ю, -а́ешь *uv* rülpsen, aufstoßen ‖ *v mom* **рыгну́ть,** -ну́, -нёшь
рыда́ние, -я *n* Schluchzen
рыда́ть, -а́ю, -а́ешь *uv* schluchzen
рыдва́н, -а *m alt* großer Reisewagen, Kutsche
рыже́ть, -е́ю, -е́ешь *uv* rotblond werden, einen rötlichen Schimmer bekommen
рыжешёрстый, -ая, -ое; *Kzf* -шёрст, -а mit rötlichem Fell
ры́жий, -ая, -ее; *Kzf* рыж, -а́, -е **1.** rothaarig, fuchsrot; -ая ло́шадь Fuchs *Pferd* **2.** rötlichbraun
ры́жик, -а *m bot* echter Reizker
рык, -а *m* Brüllen, Gebrüll
рыка́ние, -я *n* Brüllen, Gebrüll

рыкáть, *1. u. 2. Pers ungebr,* -áет *uv* brüllen
рыло, -а *n* **1.** Schnauze, Rüssel **2.** *volksspr, derb* Schnauze
[1]**рыльце,** -а, *I* -ем, *Pl G* -лец, *D* -льцам *n bot* Narbe
[2]**рыльце,** -а, *I* -ем, *Pl G* -лец, *D* -льцам *n* **1.** *Dem zu* рыло Schnäuzchen **2.** *gbt* Ausguß, Schnauze *an Gefäßen*
рынок, -нка *m* **1.** Markt, Markthalle **2.** Markt, Absatzgebiet; -нки сбы́та Absatzmärkte
рыночный, -ая, -ое Markt-
рысáк, -á *m* Traber(pferd)
рыси́й, -ья, -ье Luchs-
рыси́стый, -ая, -ое; *Kzf* -и́ст, -а schnell trabend; -ая лóшадь Traber; -ые бегá Trabrennen
рыси́ть, *1. Pers ungebr,* -си́шь *uv* traben
рыскать* *u. umg* -аю, -аешь *uv* suchend umherlaufen, -streifen
рыскли́вый, -ая, -ое; *Kzf* -и́в, -а flink, schnellfüßig
рысцá, -ы́, *I* -óй *f umg* leichter Trab
[1]**рысь,** -и, *P* о ры́си, на рыси́ *f* Trab; éхать на -я́х im Trab fahren
[2]**рысь,** -и, *G Pl* -ей *f zool* Luchs
рысью *Adv* im Trab; пусти́ться ~ sich in Trab setzen
рытвина, -ы *f* Radspur, ausgefahrene Stelle
рыть* *uv* graben; aufwühlen; (her)-ausgraben, ausheben
рытьё, -ья́ *n* Graben; Ausheben; Durchwühlen
рыться* *uv* graben, scharren; wühlen
рыхлéние, -я *n* Auflockerung
рыхлéть, -éю, -éешь *uv* sich (auf)-lockern, locker werden
рыхли́тель, -я *m landw* Grubber, Kultivator, Bodenlockerer
рыхли́ть, -лю́, -ли́шь *uv* (auf)lockern *Boden*
рыхлый, -ая, -ое; *Kzf* рыхл, -á! **1.** locker, porös; bröckelig; mürbe **2.** *übtr, umg* schlaff, schwammig
рыцарский, -ая, -ое **1.** *hist* Ritter- **2.** ritterlich
рыцарство, -а *n* **1.** *hist* Ritterstand; Ritterschaft **2.** *übtr* Ritterlichkeit
рыцарь, -я *m* **1.** *hist* Ritter **2.** edelmütiger Mensch ◇ -и большóй дорóги *iron* Straßenräuber
рычáг, -á *m tech* Hebel *a. übtr*
рычáние, -я *n* Brüllen; Knurren
рычáть, -чý, -чи́шь *uv* **1.** *1. Pers ungebr* brüllen; knurren **2.** *volksspr* brummen
рыщу ↑ рыскать

рьяность, -и *f* Eifer, Feuereifer
рьяный, -ая, -ое; *Kzf* рьян, -а sehr eifrig
Рю́ген, -а *m* Rügen
рюкзáк, -á *m* Rucksack
рю́мка, -и, *Pl G* -мок, *D* -мкам *f* Schnapsglas, kleines Weinglas
рю́мочка, -и, *Pl G* -чек, *D* -чкам *f Dem zu* рю́мка Schnapsgläschen; kleines Weinglas ◇ люби́ть -у gerne Alkohol trinken; тáлия -ой [*oder* в -у] sehr enge Taille, Wespentaille
рюш, -а, *I* -ем, *G Pl* -ей *m* Rüsche
рябéть, -éю, -éешь *uv* kräuseln
[1]**ряби́на,** -ы *f* **1.** Ebereschenbeeren **2.** Eberesche, Vogelbeerbaum
[2]**ряби́на,** -ы *f* **1.** Narbe, Pockennarbe **2.** kleiner Fleck
ряби́нник, -а *m* Ebereschengehölz
ряби́новка, -и *f* Ebereschenschnaps
ряби́новый, -ая, -ое Ebereschen-, Vogelbeer-
ряби́ть, *1. u. 2. Pers ungebr,* -и́т *uv* **1.** mit Narben bedecken *Gesicht;* kräuseln *Wasseroberfläche* **2.** *unpers* flimmern *vor den Augen*
рябóй, -áя, -óе; *Kzf* ряб, -á! **1.** mit Narben, pockennarbig **2.** scheckig
ря́бчик, -а *m* Haselhuhn
рябь, -и *f* **1.** Kräuseln *der Wasseroberfläche* **2.** Flimmern *vor den Augen*
ря́вкать, -аю, -аешь *uv volksspr* anbrüllen, anschreien ‖ *v mom* **ря́вкнуть,** -ну, -нешь
ряд, -а (-у), *mit den Grundzahlen* 2, 3, 4 *G* рядá, *P* в ря́де *u.* в рядý, *Pl* ряды́, -óв, -áм *m* **1.** (в рядý) Linie, Reihe; пострóиться в -ы́ *mil* antreten **2.** (в рядý) Aufeinanderfolge, Reihenfolge **3.** (в ря́де) Reihe, Serie, gewisse Zahl; в -е слýчаев in einer Reihe von [in einigen] Fällen **4.** *Pl:* в -áх áрмии beim Militär **5.** (в рядý) Ladenreihe, Reihe von Verkaufsstellen ◇ в пéрвых -áх in vorderster Reihe; из -а вон выходя́щий hervorragend, außergewöhnlich
ряда́ми *Adv* reihenweise
[1]**ряди́ть,** ряжý, ря́дишь *u. alt* ряди́шь; ря́женный, ря́жен, -а *uv volksspr* maskieren, verkleiden
[2]**ряди́ть,** ряжý, ряди́шь; ря́женный, ря́жен, -а *uv alt* **1.** Ordnung einführen **2.** einstellen, dingen ‖ *v* поряди́ть
[1]**ряди́ться,** ряжýсь, ря́дишься *u. alt* ряди́шься *uv volksspr* **1.** sich (heraus)putzen **2.** sich verkleiden, sich maskieren

²рядиться, ряжусь, рядишься *uv alt* 1. verhandeln, sich einigen 2. sich verdingen || *v* порядиться *u.* срядиться

рядком *Adv umg* nebeneinander, in einer Reihe

рядовой, -ая, -ое 1. gewöhnlich, Durchschnitts- 2. Mannschafts- 3. -ого *Subst m* Soldat *unterster Dienstgrad* 4.: -ая сеялка *landw* Drillmaschine

рядом *Adv* 1. in einer Reihe, nebeneinander 2. nebenan, neben

ряженый, -ая, -ое *alt* maskiert, verkleidet

Рязань, -и *f* Rjasan *Stadt*

ряса, -ы *f* Priesterrock, Kutte

ряска, -и *f* Wasserlinse, Entengrütze

С

с *u. vor einigen Konsonantenverbindungen* **со** *Präpos* **I.** *mit G* 1. von, von ... herunter; с неба vom Himmel; упасть со стола vom Tisch fallen 2. von ... her, aus *Herkunft, Abstammung; Richtung u. a.*; с юга на север von Süden nach Norden; с востока aus dem Osten; с Волги von der Wolga; вернуться с моря von der See zurückkehren; чай с Цейлона Tee aus Ceylon; прийти с концерта [с футбола] aus dem Konzert [vom Fußball] kommen; письмо с родины ein Brief aus der Heimat 3. von ... an, seit *örtlicher u. zeitlicher Beginn*; с головы до ног von Kopf bis Fuß, vom Scheitel bis zur Sohle; писать с большой буквы groß [mit großem Anfangsbuchstaben] schreiben; начинать день с зарядки den Tag mit Frühsport beginnen; с детства von Kindheit an, von klein auf; с утра до вечера von früh bis spät; с прошлого года seit vorigem Jahr 4. vor, aus *Ursache*; с испугу vor Schreck; с отчаяния aus [vor] Verzweiflung ◇ писать с натуры nach der Natur malen; урожай с гектара Hektarertrag; с меня хватит *umg* mir reicht's; довольно с тебя genug für dich; с разрешения родителей mit Erlaubnis der Eltern; с вашего согласия mit Ihrem Einverständnis; взять с бою im Kampf nehmen; с разбега aus dem Anlauf; с него всё как с гуся вода an ihm läuft alles ab; ihm ist alles egal; сколько с меня? wieviel muß ich zahlen?, wieviel bin ich schuldig?; со сна noch halb im Schlaf **II.** *mit A* ungefähr, etwa, gegen; с неделю назад ungefähr vor einer Woche; ростом с меня (ungefähr) so groß wie ich; высотой с дом haushoch; величиной с вишню etwa von der Größe einer Kirsche, kirschgroß; мальчик с пальчик Däumling **III.** *mit I* 1. (zusammen) mit; с помощью товарищей mit Hilfe der Kollegen; чай с лимоном Tee mit Zitrone 2. und; дед с бабушкой Großvater und Großmutter, die Großeltern; мы с тобой du und ich, wir beide; мы были с ним в кино ich war mit ihm im Kino; нам с сестрой meiner Schwester und mir 3. *im Deutschen Adverb*; со вниманием слушать aufmerksam zuhören; одеваться со вкусом sich geschmackvoll [mit Geschmack] kleiden; со страхом angstvoll, voller Angst; с шумом geräuschvoll; с уважением ehrerbietig 4. *im Deutschen zusammengesetztes Subst*; хлеб с маслом Butterbrot; прыжки с шестом Stabhochsprung; телеграмма с оплаченным ответом Rückantworttelegramm 5. (gleichzeitig) mit; bei Beginn von; проснуться с зарёй beim Morgengrauen aufwachen; встать с петухами beim ersten Hahnenschrei aufstehen; с каждым днём mit jedem Tag ◇ взять с собой mitnehmen; что с вами? was haben Sie?, was fehlt Ihnen?

-с *Part, kann in der wörtlichen Rede allen Wörtern angefügt werden zum Ausdruck der Höflichkeit, Unterwürfigkeit, mitunter auch der Ironie oder des Scherzes, alt*

саам, -а *m* Lappländer

саамка, -и, *Pl G* -мок, *D* -мкам *f* Lappländerin

саарский, -ая, -ое: Саарская область Saarland

сабельный, -ая, -ое Säbel-

сабля, -и, *Pl G* -бель, *D* -блям *f* 1. Sä-

bel 2. *nur Pl* Kavalleristen; отря́д в пятьсóт сáбель eine Abteilung von fünfhundert Kavalleristen
саботáж, -а, *I* -ем *m* Sabotage
саботáжник, -а *m* Saboteur
саботáжница, -ы, *I* -ей *f* Saboteur *Frau*
саботáжничать, -аю, -аешь *uv umg* Sabotage treiben
саботáжнический, -ая, -ое Sabotage-
саботи́ровать, -рую, -руешь; -рованный, -рован, -а *v alt, uv* 1. sabotieren 2. *nur uv* Sabotage treiben
сáван, -а *m* Leichengewand, Leichentuch
Сáвва, -ы *m männl Vn*
саврáсый, -ая, -ое hellbraun mit schwarzer Mähne u. schwarzem Schweif *bei Pferden*
сáга, -и *f* Sage, *besonders* Saga
сáго *n idkl* Sago
сáговый, -ая, -ое Sago-
сад, -а, *P* о сáде, в саду́, *Pl* сады́, -óв, -áм *m* Garten; фруктóвый ~ Obstgarten; зоологи́ческий ~ Tiergarten, Zoo; дéтский ~ Kindergarten
сáдик, -а *m Dem zu* сад (kleiner) Garten
сади́ть, сажу́, сáдишь; сáженный, -ен, -а *uv* 1. *volksspr dasselbe wie* сажáть 1-4, 6 2. *umg* setzen, pflanzen, säen 3. *volkssspr* schlagen; schießen, feuern 4. *volkssspr* schnell energisch etw. tun; schnell laufen, rasen; ~ по у́лице die Straße entlang rasen
сади́ться *uv zu* сесть
сáднить, *1. u. 2. Pers ungebr*, -ит *uv* 1. schrammen, kratzen, reizen 2. *meist unpers* brennen, jucken; в гóрле сáднит es brennt in der Kehle
садóвник, -а *m* Gärtner
садóвница, -ы, *I* -ей *f* Gärtnerin
садо|вóд, -а *m* Gärtner, Fachmann für Gartenbau; **~вóдство,** -а *n* Gartenbau, Gartenbaubetrieb; **~вóдческий,** -ая, -ое Gartenbau-
садóвый, -ая, -ое Garten-
садóк, -дкá *m* 1. Behälter, Käfig, kleiner Stall *zur Aufzucht oder Aufbewahrung von lebenden Fischen, Vögeln, Kaninchen u. a.* 2. Tierfalle
сáжа, -и, *I* -ей *f* Ruß ◇ делá — как ~ белá *scherz* es steht schlecht
сажáлка, -и, *Pl G* -лок, *D* -лкам *f* Pflanzmaschine, (Kartoffel-) Setzmaschine
сажáть, -áю, -áешь *uv* 1. (hin)setzen, einen Platz zuweisen; bei der Beschaffung eines Platzes behilflich sein; setzen (auf); ~ гостéй за стол die Gäste zu Tisch bitten 2. *flug* aufsetzen, landen 3. за *A*, на *A*, *mit Inf* einsetzen, an eine Arbeit setzen; *I oder* на *A umg* bestimmen, ernennen 4. setzen, stecken; festsetzen, einsperren; ~ в тюрьму́ ins Gefängnis werfen; ~ собáку нá цепь einen Hund an die Kette legen 5. setzen, stecken, pflanzen; ~ картóфель Kartoffeln legen 6. in den Ofen zum Backen schieben ◇ ~ ку́рицу на я́йца einem Huhn Eier (zum Brüten) unterlegen
сáженец, -нца, *I* -нцем, *G Pl* -нцев *m bot* Setzling, Steckling
сáженка *u.* **сажёнка,** -и, *Pl G* -нок, *D* -нкам *f Dem zu* сáжéнь Sashen *russisches Längenmaß* ◇ плыть сажёнками *Sport* kraulen
сажéнный *u.* **сажённый,** -ая, -ое *umg* sehr groß [breit, tief]
сажéнь, -и, *G Pl* -ей *u.* **сáжень,** -и, *G Pl* саженéй *u.* сáжен *f alt* Sashen *russisches Längenmaß, 2,134 m* ◇ косáя ~ в плечáх groß und breitschultrig
сазáн, -а *m* Karpfen
сáйка, -и, *Pl G* сáек, *D* сáйкам *f* kleines Brötchen *aus Weizenmehl*
саквоя́ж, -а, *I* -ем, *G Pl* -ей *m* Reisetasche
сáкля, -и, *G Pl* -ей *f* (Berg-) Hütte *der kaukasischen Bauern*
саксóнец, -нца, *I* -нцем, *G Pl* -нцев *m* Sachse
Саксóния, -и *f* Sachsen
саксóнка, -и, *Pl G* -нок, *D* -нкам *f* Sächsin
саксóнский, -ая, -ое sächsisch; ~ фáрфор Meißner Porzellan; -ая Швейцáрия Sächsische Schweiz
саксофóн, -а *m* Saxophon
салáзки, -зок, -зкам *Pl* 1. *umg* (Rodel-) Schlitten; катáться на -зках rodeln 2. *tech* Schlitten; Gleitschienen
салáка, -и *f zool* Strömling
саламáндра, -ы *f* Salamander
салáт, -а *m* Salat
салáтник, -а *m* Salatschüssel
салáтница, -ы, *I* -ей *f* Salatschüssel
салици́ловый, -ая, -ое Salizyl-
сáлки, -лок, -лкам *Pl* Fangspiel durch Abschlagen; Völkerball
сáло, -а *n* Speck, Talg, Fett; топлёное свинóе ~ Schweineschmalz
салóн, -а *m* 1. *alt* Salon, Gesellschaftszimmer 2. Ausstellungsraum, Vorführungsraum 3. Fahrgastraum *im Autobus* 4. *hist* ausgewählter Kreis

der höheren Gesellschaft; литерату́рный ~ literarischer Salon
Салони́ки *m idkl* Saloniki
Сало́п, -а *m alt* weiter Frauenmantel
салфе́тка, -и, *Pl G* -ток, *D* -ткам *f* **1.** Serviette **2.** *med* (Mull-) Tupfer
Сальвадо́р, -а *m* Salvador
са́льдо *n idkl* Saldo
¹**са́льник,** -а *m anat* Omentum, Teil des Bauchfells
²**са́льник,** -а *m tech* Stopfbuchse
¹**са́льность,** -и *f* Fettgehalt
²**са́льность,** -и *f* unanständiger Ausdruck, Zote
¹**са́льный,** -ая, -ое; *Kzf* -лен, -льна Speck-, Talg-, Fett-
²**са́льный,** -ая, -ое; *Kzf* -лен, -льна unanständig, schlüpfrig, zotig
са́льто-морта́ле *n idkl* Salto mortale
салю́т, -а *m* Salut
салютова́ть, -ту́ю, -ту́ешь *v, uv* den Salut erweisen *durch Ehrensalve, Hissen der Flagge u. ä.*
сам, самого́ *m*; сама́, само́й, *A* самоё *u.* саму́ *f*; само́, самого́ *n*; *Pl* са́ми, сами́х, сами́м *Pron* **1.** selbst, selber, *in eigener Person*; ~ дире́ктор говори́л со мной der Direktor selbst hat mit mir gesprochen; он дово́лен ~ собо́й er ist mit sich selbst zufrieden; он — сама́ доброта́ er ist die Güte selbst **2.** selbst, allein, *ohne fremde Hilfe*; он сде́лал э́то ~ er hat das selbst [selbständig, allein] getan; она́ сама́ вернётся sie wird von selbst zurückkehren; ~ собо́й (ganz) von selbst ◇ он ~ не свой er ist ganz außer sich [ganz durcheinander]; ~ по себе́ он не плохо́й челове́к an und für sich ist er kein schlechter Mensch; э́то само́ собо́й разуме́ется das versteht sich von selbst
сам- *alt, volksspr in Zuss mit den veralteten unveränderlichen Ordnungszahlen* друг, трете́й, четвёрт, пят, шёст, сём, осьмо́й, девя́т, деся́т *oder mit Grundzahlen* **1.** -mal soviel, -mal so groß: сам-дру́г doppelt soviel; пшени́ца уроди́лась сам-со́рок es wurde vierzigmal soviel Weizen geerntet (‚als gesät worden war) **2.** zu: сам-дру́г zu zweit; за стол он сади́лся сам-два́дцать es waren (ihn eingerechnet) zwanzig, die sich zu Tisch setzten
сама́ ↑ сам
сама́н, -а *m* ungebrannter Lehmziegel *mit Stroh- oder anderer faseriger Beimischung*
Самарка́нд, -а *m* Samarkand

са́мбо *n idkl* (самозащи́та без ору́жия) *Sport* Sambo, Judo
самбу́к, -а *m* mit Zucker und Eiweiß geschlagenes Obstmus
саме́ц, -мца́, *I* -мцо́м, *G Pl* -мцо́в *m biol* Männchen; ~-оле́нь Hirsch
са́ми ↑ сам
са́мка, -и, *Pl G* -мок, *D* -мкам *f biol* Weibchen; оле́нья ~ Hirschkuh
само́ ↑ сам
само- *in Zuss* selbst- **1.** auf sich selbst bezogen; selbständig **2.** selbsttätig, automatisch
Самоа́ *idkl* Samoa(inseln)
само|бы́тность, -и *f* Eigenart, Originalität; **~бы́тный,** -ая, -ое; *Kzf* -тен, -тна eigenartig, eigenständig, urwüchsig, originell
самова́р, -а *m* Samowar *Teemaschine*
само|вла́стие, -я *n* Selbstherrschaft, Autokratie; **~вла́стный,** -ая, -ое; *Kzf* -тен, -тна unumschränkt herrschend, autokratisch, eigenmächtig; **~внуше́ние,** -я *n* Autosuggestion; **~возгора́ние,** -я *n* Selbstentzündung; **~во́льничать,** -аю, -аешь *uv umg* eigenmächtig handeln; eigenwillig handeln; **~во́льный,** -ая, -ое; *Kzf* -лен, -льна eigenmächtig; eigenwillig; **~восхвале́ние,** -я *n* Eigenlob, Selbstverherrlichung; **~выгружа́тель,** -я *m tech* Selbstentlader; **~вя́з,** -а *m* Selbstbinder, Krawatte; **~го́н,** -а *m* selbstgebrannter Branntwein, Hausbranntwein; **~го́нщик,** -а *m umg* Hersteller von Hausbranntwein, Schwarzbrenner; Händler mit Hausbranntwein
самодви́жущийся, -аяся, -ееся automatisch, von eigenem Motor angetrieben; motorisiert
само|де́йствующий, -ая, -ее selbsttätig, automatisch; **~де́лка,** -и, *Pl G* -лок, *D* -лкам *f* selbsthergestellter Gegenstand, Bastelarbeit; **~де́льный,** -ая, -ое selbstgemacht, gebastelt; **~держа́вие,** -я *n* Selbstherrschaft, Absolutismus; **~держа́вный,** -ая, -ое; *Kzf* -вен, -вна unumschränkt herrschend, absolutistisch; **~де́ржец,** -жца, *I* -жцем, *G Pl* -жцев *m* Selbstherrscher, absoluter Herrscher
самоде́ятельный, -ая, -ое **1.** mit eigener Initiative **2.** Laienkunst-; ~ спекта́кль Aufführung der Laienspielgruppe
самоде́ятельность, -и *f* **1.** Selbstbetätigung, Eigeninitiative **2.** Laienkunst; коллекти́в худо́жественной **-и** Laienkunstgruppe, Kulturgruppe

само|дисципли́на, -ы *f* Selbstzucht; **~довле́ющий,** -ая, -ее **1.** *buchspr* sich selbst genügend **2.** *umg* gewichtig; **~дово́льный,** -ая, -ое; *Kzf* -лен, -льна selbstzufrieden, selbstgefällig; **~ду́р,** -а *m* rücksichtsloser [eigensinniger] Mensch, Starrkopf, Despot; **~ду́рство,** -а *n* Eigensinn, Starrsinn, Despotismus; **~забве́ние,** -я *n buchspr* Selbstvergessenheit; Selbstlosigkeit

самозаготóвка, -и, *Pl G* -вок, *D* -вкам *f* das Aufbringen [die Anschaffung] *von Rohstoffen, Brennstoffen u. ä.* aus eigenen Mitteln

само|зажига́ние, -я *n* Selbst(ent)zündung; **~зарожде́ние,** -я *n biol* Urzeugung; **~заря́дный,** -ая, -ое Selbstlade-, mit automatischer Ladevorrichtung

самозащи́та, -ы *f* Selbstverteidigung, Notwehr; в положе́нии -ы *jur* aus Notwehr ◇ гру́ппа -ы Luftschutz(haus)gemeinschaft

самозва́нец, -нца, *I* -нцем, *G Pl* -нцев *m* Usurpator; Дми́трий ~ *hist* der Falsche Demetrius

само|зва́нный, -ая, -ое Pseudo-, mit falschem Namen [Titel]; **~ка́т,** -а *m* **1.** *mil* Fahrrad, Motorrad *im 1. Weltkrieg u. im Bürgerkrieg* **2.** Roller *für Kinder*; **~ка́тчик,** -а *m mil* Soldat einer Radfahr- oder Motorradeinheit; **~кри́тика,** -и *f* Selbstkritik; **~крити́ческий,** -ая, -ое selbstkritisch; **~кру́тка,** -и, *Pl G* -ток, *D* -ткам *f umg* selbstgedrehte Zigarette

самолёт, -а *m* Flugzeug; ~-истреби́тель Jagdflugzeug; ~-разве́дчик Aufklärungsflugzeug; ~-штурмови́к Kampfflugzeug; ~-снаря́д ferngesteuertes Geschoß, unbemanntes Flugzeug; ~ да́льнего де́йствия Langstreckenflugzeug; нерéйсовый ~ Sondermaschine

самолёто|вожде́ние, -я *n* das Steuern eines Flugzeugs; Flugzeugführung, Flugnavigation; **~строе́ние,** -я *n* Flugzeugbau

само|ли́чный, -ая, -ое *volksspr* **1.** persönlich, in eigener Person **2.** -о *Adv* in höchsteigener Person; **~люби́вый,** -ая, -ое; *Kzf* -и́в, -а ehrgeizig; mit empfindlichem Ehrgefühl; **~лю́бие,**-я *n* Eigenliebe, Ehrgeiz, empfindliches Ehrgefühl; **~мне́ние,** -я *n* Eigendünkel, Einbildung; **~наведе́ние,** -я *n mil* Zielsuchlenkung *Raketenwaffen*; **~наде́янность,** -и *f* Anmaßung, Selbstgefälligkeit, Überheblichkeit; **~наде́янный,** -ая, -ое; *Kzf* -ян, -янна zu sehr von sich selbst eingenommen, überheblich; **~облада́ние,** -я *n* Selbstbeherrschung; **~обложе́ние,** -я *n* freiwillige Aufbringung von (Geld-) Mitteln; **~обма́н,** -а *m* Selbstbetrug, Selbsttäuschung; **~обольще́ние,** -я *n* Selbstbetrug, Selbsttäuschung, Verblendung; **~оборо́на,** -ы *f* Selbstverteidigung; Verteidigung des Heimatgebietes durch die Zivilbevölkerung; **~образова́ние,** -я *n* Selbstunterricht

самообслу́живание, -я *n* Selbstbedienung; магази́н -я Selbstbedienungsladen

самоокупа́емость, -и *f wirtsch* Selbstfinanzierung, Eigenfinanzierung, Finanzierung aus eigenem Aufkommen

самоопределе́ние, -я *n* Selbstbestimmung; пра́во (на́ций) на ~ Selbstbestimmungsrecht (der Nationen)

самоопредели́ться, -лю́сь, -ли́шься *v* **1.** das Selbstbestimmungsrecht erhalten, vom Selbstbestimmungsrecht Gebrauch machen **2.** seinen Platz im Leben [in der Gesellschaft] finden; *pol* sich seiner gesellschaftlichen Interessen bewußt sein || *uv* **самоопределя́ться,** -я́юсь, -я́ешься

само|отверже́ние, -я *n* Selbstaufopferung; **~отве́рженный,** -ая, -ое; *Kzf* -жен, -женна selbstlos, aufopfernd, aufopferungsvoll; **~отво́д,** -а *m* Nichtannahme einer Kandidatur; **~отрече́ние,** -я *n* Selbstverleugnung; **~охра́на,** -ы *f* Selbstschutz; **~пи́ска,** -и, *Pl G* -сок, *D* -скам *f umg* Füller

самопи́шущий, -ая, -ее selbstschreibend, selbstregistrierend

самопоже́ртвование, -я *n* Selbstaufopferung, Entsagung

самопроизво́льный, -ая, -ое; *Kzf* -лен, -льна spontan, aus eigenem Antrieb; -ое зарожде́ние *biol* Urzeugung

само|пря́лка, -и, *Pl G* -лок, *D* -лкам *f* Spinnrad *mit Fußantrieb*; **~рекла́ма,** -ы *f* Eigenlob; **~ро́дный,** -ая, -ое; *Kzf* -ден, -дна **1.** gediegen *von Metallen* **2.** urwüchsig, angeboren, Natur-; ~ро́дный тала́нт Naturtalent; **~ро́док,** -дка *m* **1.** Stück gediegenen Metalls **2.** Mensch mit angeborenem Talent; **~са́д,** -а *m* selbstangebauter Tabak

самосва́л, -а *m* Selbstentlader, Kipper; ваго́н-~ Kipplore, Selbstentladewaggon

самосе́й, -я *m u.* **самосе́йка, -и,** *Pl G* -се́ек, *D* -се́йкам *f* wildwachsende Kulturpflanze

само|созна́ние, -я *n* Selbstbewußtsein; **~стоя́тельный,** -ая, -ое; *Kzf* -лен, -льна selbständig, unabhängig

[1]**самостре́л,** -а *m alt* Armbrust

[2]**самостре́л,** -а *m* **1.** Selbstverstümmlung **2.** *umg* Soldat, der sich absichtlich verwundet

самосу́д, -а *m* eigenmächtiges Gericht (über j-n); Lynchjustiz

самотёк, а *m* **1.** Fortbewegung durch Eigengewicht **2.** *übtr* Selbstlauf, Planlosigkeit; он пусти́л э́то на ~ er hat es dem Selbstlauf überlassen

самотёком *Adv* **1.** von selbst (fließend) **2.** planlos, spontan, im Selbstlauf, unorganisiert

самоуби́йство, -а *n* Selbstmord, Freitod; поко́нчить жизнь -ом Selbstmord begehen

самоуби́йца, -ы, *I* -ей *m, f* Selbstmörder, Selbstmörderin

само|уве́ренный, -ая, -ое; *Kzf* -рен, -ренна selbstsicher, selbstbewußt; anmaßend; **~уплотне́ние,** -я *n* Einschränkung *hinsichtlich des Wohnraums,* freiwillige Abgabe *von Wohnraum*; **~управле́ние,** -я *n* Selbstverwaltung; **~упра́вный,** -ая, -ое; *Kzf* -вен, -вна eigenmächtig, willkürlich; **~упра́вство,** -а *n* Eigenmächtigkeit, Willkür; **~успоко́енность,** -и *f* Selbstzufriedenheit; **~учи́тель,** -я *m* Lehrbuch für den Selbstunterricht; **~у́чка, -и,** *Pl G* -чек, *D* -чкам *m, f umg* Autodidakt; **~хва́льство,** -а *n umg* Eigenlob, Prahlsucht; **~хо́д,** -а *m* **1.** Selbststeuerung *bei Maschinen* **2.** Selbstfahrer, Maschine [Transportmittel] mit eigener Zugkraft **3.** *mil* selbstfahrendes Artilleriegeschütz; **~хо́дный,** -ая, -ое selbstfahrend, (voll)-mechanisiert; **~цве́т,** -а *m* Edelstein; **~це́ль,** -и *f* Selbstzweck

самочу́вствие, -я *n* Befinden ◇ как ва́ше ~? wie geht es Ihnen?

самши́т, -а *m* Buchsbaum

са́мый, -ая, -ое *Pron* **1.** *in Verbindung mit* тот (же), э́тот (же): derselbe, eben dieser, der gleiche; э́тот (же) ~ план eben dieser Plan; та (же) -ая ле́кция dieselbe Vorlesung; то (же) -ое dasselbe **2.** *bei Orts- u. Zeitangaben*: unmittelbar, ganz, gerade; на -ом верху́ ganz oben; у -ой реки́ unmittelbar [direkt] am Fluß; с -ого нача́ла (gleich) von Anfang an **3.** *bei unbelebten Subst*: selbst, allein; доста́точен ~ факт согла́сия die Tatsache der Zustimmung selbst [allein die Tatsache der Zustimmung] genügt **4.** *bei Adj zur Bildung des Sup oder Elativs*: -ая интере́сная кни́га das interessanteste Buch; ein hochinteressantes Buch ◇ -ое гла́вное die Hauptsache; в [на] -ом де́ле in Wirklichkeit, tatsächlich; в ~ раз *umg* a) gerade zur rechten Zeit; b) gerade passend; костю́м ему́ в ~ раз der Anzug paßt ihm wie angegossen

сан, -а *m* Rang; Würde

сан- *in Zuss Abk für* санита́рный Sanitäts-

санато́рий, -я, *P* **-и,** *G Pl* -ев *m* Sanatorium, Heilanstalt

сана́ция, -и *f med, wirtsch* Sanierung

сангви́ник, -а *m* Sanguiniker

санда́л, -а *m* Sandelholz(baum); Sandelfarbstoff

санда́лии *Pl* -й, *Sg* санда́лия, **-и** *f* Sandalen

санда́ловый, -ая, -ое Sandelholz-

са́ни, сане́й, саня́м *Pl* (Pferde-) Schlitten ◇ не в свой ~ сесть eine (gesellschaftliche) Stellung einnehmen, die einem nicht zukommt; гото́вь ~ ле́том, а теле́гу зимо́й *Sprichw etwa* ein kluger Mann baut vor

санита́р, -а *m* Sanitäter, Krankenpfleger

санитари́я, -и *f* Sanitätswesen, Gesundheitswesen

санита́рка, -и, *Pl G* -рок, *D* -ркам *f* Sanitäterin, Krankenpflegerin

санита́рный, -ая, -ое Sanitäts-, sanitär; ~ надзо́р Sanitätswache

са́нки, -нок, -нкам *Pl* **1.** *umg* (leichter) Pferdeschlitten **2.** Rodelschlitten; ката́ться на -нках rodeln

са́нкция, -и *f jur* **1.** Sanktion, Bestätigung **2.** *Pl* Sanktionen, Zwangsmaßnahmen

санкюло́т, -а *m hist* Angehöriger der Sansculotten, Revolutionär, Rebell

са́нный, -ая, -ое Schlitten-

сано́вник, -а *m* Würdenträger, hoher Beamter

са́ночный, -ая, -ое (Rodel-) Schlitten-

санскри́т, -а *m* Sanskrit

сантех- *in Zuss Abk für* санита́рно-техни́ческий sanitär-technisch

санте́хник, -а *m* (санита́рный те́хник) Installateur *für Wasser und Gas*

сантигра́мм, -а, *G Pl* -ов *m* Zentigramm

санти́м, -а *m* Centime *kleine Münze*

сантимéнты *u.* **сентимéнты,** -ов *Pl umg* Gefühlsduselei; разводи́ть -ы allzu sentimental [allzu zärtlich] sein
сантимéтр, -а *m* 1. Zentimeter 2. Zentimetermaß
Сант-Яго *idkl* Santiago *Stadt*
сану́зел, -злá *m* (санитáрный у́зел) sanitäre Anlagen *in der Wohnung*
Сан-Франци́ско *m idkl* San Francisco
Сан-Хосé *idkl* San-José *Stadt*
санчáсть, -и, *Pl G* санчáсти, санчастéй, *D* санчастя́м *f* (санитáрная часть) Sanitätsabteilung
сап, -а *m vet* Rotz(krankheit)
сáпа, -ы *f mil* Sappe ◇ дéйствовать ти́хой -ой heimlich [unbemerkt, vorsichtig] vorgehen
сапёр, -а *m mil* Pionier
сапоги́ *Pl* сапóг, сапогáм, *Sg* сапóг, -á *m* (Schaft-) Stiefel ◇ ~-скорохóды *folkl* Siebenmeilenstiefel; ~ всмя́тку *umg scherz* Unsinn; ~ кáши прóсят *umg scherz* die Stiefel sind zerrissen [sperren das Maul auf]; два -á пáра *Sprichw* gleich und gleich gesellt sich gern
сапóжник, -а *m* Schuhmacher, Schuster
сапóжничать, -аю, -аешь *uv umg* schustern, das Schusterhandwerk betreiben
сапóжный, -ая, -ое Stiefel-
сапфи́р, -а *m* Saphir
сарáй, -я, *G Pl* -ев *m* Schuppen, Scheune
саранчá, -и́, *I* -óй *f* Heuschrecke; *Koll* Heuschrecken
Сарáтов, -а *m* Saratow
сарафáн, -а *m* 1. Sarafan *vorn zuzuknöpfender Rock der russ. Bäuerinnen* 2. (sommerlicher) Kleiderrock
[1]**сардéлька,** -и, *Pl G* -лек, *D* -лькам *f* Sardelle
[2]**сардéлька,** -и, *Pl G* -лек, *D* -лькам *f* kurzes dickes Würstchen; (горя́чая) ~ Bockwurst
сарди́на, -ы *f* Sardine
Сарди́ния, -и *f* Sardinien
сарди́нка, -и, *Pl G* -нок, *D* -нкам *f* Sardine
сáржа, -и, *I* -ей *f text* Serge *Futterstoff*
саркáзм, -а *m* Sarkasmus; *Pl* sarkastische Bemerkungen
саркóма, -ы *f med* Sarkom, bösartige Geschwulst
сарпи́нка, -и *f text* feines Baumwollgewebe
сары́ч, -á, *I* -óм, *G Pl* -éй *m* Bussard
сатанá, -ы́ *m* Satan, Teufel
сатанéть, -éю, -éешь *uv umg* sehr böse [wütend, rasend] werden
сатани́нский, -ая, -ое Teufels-; teuflisch
сателли́т, -а *m* Satellit; государства-сателли́ты Satellitenstaaten
сати́н, -а *m text* Satin
сати́р, -а *m myth* Satyr
сати́ра, -ы *f* Satire
сати́рик, -а *m* Satiriker
сатири́ческий, -ая, -ое satirisch
Сату́рн, -а *m astr* Saturn
Саýдовский, -ая, -ое: Саýдовская Арáвия Saudi-Arabien
сафья́н, -а *m* Saffian(leder)
Сахали́н, -а *m* Sachalin
сáхар, -а (-у), *Pl chem* сахарá, -óв, -áм *m* Zucker; кóлотый ~ Stückzucker; Hutzucker; ~-песóк klarer Zukker; пилёный ~ Würfelzucker ◇ ~-медóвич Schmeichler, Süßholzraspler
Сахáра, -ы *f* Sahara
сахари́н, -а *m* Sa(c)charin
сáхаристый, -ая, -ое; *Kzf* -ист, -а zuckerähnlich, süß; zuckerhaltig
сáхарить, -рю, -ришь *uv umg* mit Zucker bestreuen; Zucker beimengen
сáхарница, -ы, *I* -ей *f* Zuckerdose
сáхарный, -ая, -ое 1. Zucker-; -ая головá Zuckerhut; ~ песóк Streuzucker; -ая пу́дра Puderzucker 2. *übtr* süß wie Zucker; weiß wie Zucker 3. *übtr* süßlich, schmeichlerisch
сахароварéние, -я *n* Zuckersiederei, industrielle Gewinnung von Zucker *aus Zuckerrüben oder Zuckerrohr*
сачóк, -чкá *m* Fangnetz *für kleine Fische oder Schmetterlinge*, Ke(t)scher
Сáша, -и, *I* -ей *m, f u.* **Сáш(ень)ка,** -и *m, f Dem zu* Алексáндр *u.* Алексáндра
сбáвить, -влю, -вишь; -вленный, -влен, -а *v* abziehen, wegnehmen; ververmindern; herabsetzen, ermäßigen ◇ ~ в вéсе (an Körpergewicht) abnehmen ‖ *uv* сбавля́ть, -я́ю, -я́ешь
сбáвка, -и, *Pl G* -вок, *D* -вкам *f umg* Verminderung, Herabsetzung; (Preis-) Ermäßigung
сбавля́ть *uv zu* сбáвить
сбáгрить, -рю, -ришь; -ренный, -рен, -а *v volksspr* loswerden *etw. Unnötiges*
сбаланси́ровать *v zu* баланси́ровать
сбáлтывать *uv zu* сболтáть
сбéгать, -аю, -аешь *v umg* schnell (hin- u. zurück)laufen; ~ за дóкто-

ром nach dem Arzt laufen, den Arzt holen
сбегáть(ся) *uv zu* сбежáть(ся)
с|бежáть* *v* 1. hinablaufen; ~ вниз по лéстнице die Treppe hinunterlaufen 2. weglaufen; fliehen; entlaufen; verschwinden; крáска сбежáла с егó лицá die Farbe wich aus seinem Gesicht ‖ *uv* сбегáть, -áю, -áешь
с|бежáться*, *1. u. 2. Pers ungebr, v* herbeilaufen, zusammenlaufen ‖ *uv* сбегáться, -áется
сберегáтельный, -ая, -ое Spar-
сберегáть *uv zu* сберéчь
сбережéние, -я *n* 1. Aufbewahrung; Schonung; Sparen, Einsparung 2. *Pl* Ersparnisse
с|берéчь* *v* aufbewahren; schonen, schützen; sparen, einsparen ‖ *uv* сберегáть, -áю, -áешь
сберкáсса, -ы *f* (сберегáтельная кáсса) Sparkasse
сберкни́жка, -и, *Pl G* -жек, *D* -жкам *f* (сберегáтельная кни́жка) Sparbuch
сбивáлка, -и, *Pl G* -лок, *D* -лкам *f* Schneeschläger, Sahneschläger
сбивáть(ся) *uv zu* сби́ть(ся)
сби́вчивый, -ая, -ое; *Kzf* -ив, -а 1. verworren, unklar 2. unregelmäßig
сби́тень, -тня *m alt* heißes Getränk aus Wasser, Honig u. Gewürzen
с|би́ть*, собью́ *v* 1. abschlagen, herunterschlagen, abreißen; umwerfen; ~ с ног zu Fall bringen; ~ самолёт ein Flugzeug abschießen 2. *umg* Schuhe [Absätze] schieftreten 3. *vom Weg, vom Plan* abbringen, ablenken 4. verwirren, irremachen; ~ когó-н. с тóлку j-n aus der Fassung [aus dem Konzept] bringen 5. zusammennageln, zusammenschlagen 6. schlagen, rühren; ~ мáсло buttern 7. herausschlagen, -hauen, vertreiben 8. zusammendrängen, -treiben ◇ ~ спесь с когó-н. j-m den Hochmut austreiben; ~ цéну den Preis herabsetzen [drücken] ‖ *uv* сбивáть, -áю, -áешь
с|би́ться*, собью́сь *v* 1. herunterrutschen, sich verschieben 2. *umg* schief werden *von Schuhen, Absätzen* 3. *vom Weg, vom Plan* abkommen, abweichen; ~ с ноги́ nicht im Schritt gehen; ~ с тáкта aus dem Takt kommen; ~ с пути́ *übtr* vom rechten Wege abkommen, auf die schiefe Bahn geraten 4. sich verwirren, irre werden; ~ с тóлку aus der Fassung [aus dem Konzept] geraten 5. sich zusammenballen, sich zusammendrängen ◇ ~ с ног vor Erschöpfung fast umfallen, vom Laufen sehr ermüden ‖ *uv* сбивáться, -áюсь, -áешься
сближáть(ся) *uv zu* сбли́зить(ся)
сближéние, -я *n* Annäherung
сбли́зить, сбли́жу, сбли́зишь; сбли́женный, -ен, -а *v* 1. nähern, näher (aneinander) bringen; ~ теóрию с прáктикой eine engere Verbindung zwischen Theorie und Praxis herstellen 2. einander näherbringen, miteinander verbinden 3. с *I* angleichen ‖ *uv* сближáть, -áю, -áешь
сбли́зиться, сбли́жусь, сбли́зишься *v* 1. sich nähern, näher kommen 2. einander näherkommen, vertraut werden, sich anfreunden 3. с *I* sich angleichen ‖ *uv* сближáться, -áюсь, -áешься
сблоки́роваться *v zu* блоки́роваться
сбóку *Adv* von der Seite, an der Seite, seitlich, daneben; вид ~ Seitenansicht ◇ ~ припёка unpassend, überflüssig
сболтáть, -áю, -áешь; сбóлтанный, -ан, -а *v volksspr* (durch)schütteln, (durch)rühren ‖ *uv* сбáлтывать, -аю, -аешь
сболтну́ть, -ну́, -нёшь; сбóлтнутый, -ут, -а *v umg* ausplaudern, schwatzen
сбор, -а (-у) *m* 1. (Ein-) Sammeln, Sammlung, (Ein-) Kassierung; Ernte; ~ пóдписей Unterschriftensammlung; ~ пожéртвований *kirch* Kollekte; ~ виногрáда Weinlese 2. Gebühr, Steuer; Einnahme, Ertrag 3. Versammlung, Zusammenkunft; быть в -е versammelt sein, vollzählig anwesend sein; мéсто -а Stellplatz; труби́ть ~ *mil* zum Appell blasen, zum Sammeln blasen 4. (kurzfristiger) Ausbildungskursus; Trainingslager 5. *Pl* Vorbereitungen; -ы в дорóгу Reisevorbereitungen
сбóрище, -а, *I* -ем *n umg* Menschenauflauf, Gewühl; Zusammenkunft
[1]**сбóрка,** -и *f* Zusammensetzen, Montage, Zusammenbau
[2]**сбóрка,** -и, *Pl G* -рок, *D* -ркам *f* kleine Falte, Reihfalte *in Kleidungsstücken*
сбóрник, -а *m* Sammlung, Sammelband
сбóрный, -ая, -ое 1. Sammel-, Versammlungs- 2. (aus verschiedenen Teilen) zusammengesetzt, gemischt; -ая комáнда *Sport* Auswahlmannschaft; -ая прогрáмма buntes [gemischtes] Programm 3. -ая, -ой

Subst f Sport Auswahlmannschaft 4. (aus Einzelteilen) zusammengefügt, montiert; ~ дом Haus aus Fertigteilen; ~ гара́ж transportable Garage

сбо́рочный, -ая, -ое Montage-, Zusammenbau-; ~ цех Montagehalle

сбо́рчатый, -ая, -ое; *Kzf* -ат, -а Falten-, faltig *von Kleidungsstücken*

сбо́рщик, -а *m* 1. Einsammler; Kassierer; ~ нало́гов Steuereinnehmer; ~ по́дписей Unterschriftensammler; ~ хло́пка Baumwollpflücker 2. Montagearbeiter, Monteur

сбра́сывать(ся) *uv zu* сбро́сить(ся)

сбреда́ться *uv zu* сбрести́сь

с|брести́сь*, *1. u. 2. Pers ungebr, v umg* langsam (von allen Seiten) zusammenkommen, sich einfinden || *uv* сбреда́ться, -а́ется

сбрехну́ть, -ну́, -нёшь; сбрёхнутый, -ут, -а *v volksspr* lügen, Unsinn reden

сбрива́ть *uv zu* сбрить

с|брить* *v* abrasieren || *uv* сбрива́ть, -а́ю, -а́ешь

сброд, -а (-у) *m Koll umg* Gesindel, Pack

сброс, -а *m* 1. Herabwerfen 2. Verringerung 3. *geol* Verschiebung

сбро́сить, сбро́шу, сбро́сишь; сбро́шенный, -ен, -а *v* 1. hinunterwerfen, herunterwerfen, abwerfen 2. *übtr* abschütteln, abwerfen, stürzen; ~ с плеч sich befreien (von) 3. *umg* abwerfen, ausziehen *von Kleidungsstücken, Schuhen* 4. verringern 5. abwerfen, zugeben *Spielkarte* ◇ ~ со счето́в [со счёта] nicht mehr in Betracht ziehen, nicht mehr berücksichtigen || *uv* сбра́сывать, -аю, -аешь

сбро́ситься, сбро́шусь, сбро́сишься *v* sich hinabstürzen, hinabspringen || *uv* сбра́сываться, -аюсь, -аешься

сброшюрова́ть *v zu* брошюрова́ть

сбру́я, -и *f* Pferdegeschirr, Sattelzeug

сбры́згивать *uv zu* сбры́знуть

сбры́знуть, -ну, -нешь; -нутый, -нут, -а *v* bespritzen, besprengen || *uv* сбры́згивать, -аю, -аешь

сбыва́ть(ся) *uv zu* сбыть(ся)

сбыт, -а *m* Absatz, Verkauf

сбытово́й, -а́я, -о́е Absatz-, Verkaufs-

с|быть* *v* 1. verkaufen, absetzen 2. *umg* loswerden, sich befreien (von); ~ с рук loswerden, sich vom Halse schaffen 3. *1. u. 2. Pers ungebr* abnehmen, fallen *vom Wasserspiegel* || *uv* сбыва́ть, -а́ю, -а́ешь

с|бы́ться*, *1. u. 2. Pers ungebr;* сбыли́сь sich erfüllen, sich verwirklichen, eintreffen || *uv* сбыва́ться, -а́ется

сва́дебный, -ая, -ое Hochzeits-

сва́дьба, -ы, *Pl G* -деб, *D* -дьбам *f* Hochzeit; спра́вить -у Hochzeit feiern ◇ как на Мала́ньину -у *volksspr scherz* so viel, daß man es gar nicht aufessen kann; до -ы заживёт *scherz* bis zur Hochzeit ist alles wieder gut

сва́йка, -и, *Pl G* сва́ек, *D* сва́йкам *f* 1. russisches volkstümliches Spiel, bei dem mit einem dicken großen Nagel in einen auf der Erde liegenden Ring geworfen wird 2. der Nagel für dieses Spiel

сва́йный, -ая, -ое Pfahl-; -ые постро́йки Pfahlbauten

[1,2]сва́ливать *uv zu* [1,2]свали́ть

сва́ливаться *uv zu* свали́ться

[1]свали́ть, свалю́, сва́лишь; сва́ленный, -ен, -а *v* 1. umwerfen; ~ с ног zu Boden werfen, zu Fall bringen 2. (hin)abwerfen, abladen; *umg* abwälzen; ~ с плеч sich befreien (von); ~ вину́ на кого́-н. j-m die Schuld in die Schuhe schieben 3. zusammenwerfen, aufhäufen || *uv* сва́ливать, -аю, -аешь

[2]свали́ть, *1. u. 2. Pers ungebr,* сва́лит *v umg* nachlassen, schwächer werden; zurückfluten, sich verlaufen || *uv* сва́ливать, -ает

свали́ться, свалю́сь, сва́лишься *v* 1. (um)fallen, (hinab)stürzen; ~ с ног zu Boden fallen, zusammenbrechen 2. *umg* (ernstlich) krank werden; krepieren *beim Vieh* ◇ ~ с плеч zerlumpt [völlig abgetragen] sein *von Kleidungsstücken*; у меня́ гора́ с плеч свали́лась mir fiel ein Stein vom Herzen; как с не́ба ~ *volksspr* unerwartet, urplötzlich erscheinen [geschehen]; aus allen Wolken fallen, ahnungslos sein || *uv* сва́ливаться, -аюсь, -аешься

сва́лка, -и, *Pl G* -лок, *D* -лкам *f* 1. (Schutt-) Abladeplatz; Müllhaufen, Gerümpelhaufen 2. *umg* Schlägerei, Rauferei

сваля́ть, -я́ю, -я́ешь; сва́лянный, -ян, -а *v* walken *von Tuch, Filz, Leder* ◇ ~ дурака́ *volksspr* eine Dummheit machen

сваля́ться, *1. u. 2. Pers ungebr,* -я́ется *v* sich verfilzen, sich verwirren *von Haaren, vom Fell*

сван, -а *m* Svane *Angehöriger einer*

Völkerschaft im westlichen Teil der Grusinischen SSR
сва́нка, -и, *Pl G* -нок, *D* -нкам *f* Svanin *Angehörige einer Völkerschaft im westlichen Teil der Grusinischen SSR*
сва́ра, -ы *f umg* Streit, Gezänk
сва́ривать(ся) *uv zu* свари́ть(ся)
свари́ть, сварю́, сва́ришь; сва́ренный, -ен, -а *v* **1.** kochen, gar kochen ◇ с ним ка́ши не сва́ришь mit ihm wird man nicht einig, mit ihm ist nicht auszukommen **2.** (zusammen)-schweißen ‖ *uv* сва́ривать, -аю, -аешь *zu* 2
свари́ться, *1. u. 2. Pers ungebr*, сва́рится *v* **1.** gekocht werden **2.** geschweißt werden ‖ *uv* сва́риваться, -ается *zu* 2
сва́рка, -и *f* Schweißen, Schweißung
сварли́вый, -ая, -ое; *Kzf* -и́в, -а streitsüchtig, zänkisch
сварно́й, -а́я, -о́е (zusammen)geschweißt
сва́рочный, -ая, -ое Schweiß-; geschweißt
сва́рщик, -а *m* Schweißer
сва́рщица, -ы, *I* -ей *f* Schweißerin
сва́стика, -и *f* Hakenkreuz
сват, -а *m* **1.** Brautwerber, Heiratsvermittler **2.** Vater des Schwiegersohnes oder der Schwiegertochter
сва́тать, -аю, -аешь *uv A* **1.** (j-n) als Ehemann [Ehefrau] vorschlagen **2.** (j-n) freien, (um j-s) Hand anhalten ‖ *v* посва́тать *u.* сосва́тать *zu* 1
сва́таться, -аюсь, -аешься *uv* freien, anhalten (к *D oder* за *A* um) ‖ *v* посва́таться
сватовство́, -а́ *n* Freien, Brautwerbung
сва́тья, -ьи, *Pl G* -тий, *D* -тьям *f* Mutter des Schwiegersohnes oder der Schwiegertochter
сва́ха, -и *f* Brautwerberin, Heiratsvermittlerin
сва́я, -и *f* Pfahl
све́дение, -я *n* **1.** *meist Pl* Nachricht, Auskunft, Mitteilung; *Pl* Angaben, Daten **2.** *Pl* Kenntnisse, Wissen **3.** Kenntnis(nahme); довести́ до всео́бщего -я zur allgemeinen Kenntnis bringen, öffentlich bekanntmachen; к ва́шему -ю! Ihnen zur Kenntnis!, damit Sie es nur wissen!
сведе́ние, -я *n* **1.** Hinabführung, Herabführung **2.** Entfernung *z. B. von Flecken* **3.** Zusammenführung, Vereinigung **4.** Zusammenfassung; ~ счето́в Rechnungsabschluß **5.** (krampfartige) Zusammenziehung, Krampf **6.** Reduzierung, Zurückführung, Beschränkung, Herabwürdigung
све́дущий, -ая, -ее; *Kzf* -ущ, -а bewandert, erfahren, beschlagen (в *P* in); sachkundig; ~ в иску́сстве Kunstkenner
свежева́ть, -жу́ю, -жу́ешь; свежёванный, -ан, -а *uv* die Haut [das Fell] abziehen; ausweiden
свежеиспечённый, -ая, -ое frischgebacken, frisch; *übtr umg scherz* frischgebacken, neu; ~ инжене́р frischgebackener Ingenieur
све́жесть, -и *f* **1.** Frische **2.** Kühle
свеже́ть, -е́ю, -е́ешь *uv* **1.** frisch werden, kühl werden **2.** auffrischen, zunehmen *vom Wind* **3.** gesünder werden; aufleben
све́жий, -ая, -ее; *Kzf* свеж, свежа́, свежо́, све́жи́ **1.** frisch **2.** kühl, rein, erfrischend; на -ем во́здухе an der frischen Luft **3.** neu(est), aktuell
с|везти́* *v* **1.** *umg* transportieren, schaffen, bringen *mit Fahrzeug* **2.** hinunterfahren, herunterfahren, hinuntertransportieren; wegschaffen *mit Fahrzeug* **3.** zusammenbringen, an eine Stelle schaffen *mit Fahrzeug* ‖ *uv* свози́ть, свожу́, сво́зишь
свёкла, -ы *f* Rübe(n); кормова́я ~ Futterrübe, Runkelrübe; са́харная ~ Zuckerrübe; столо́вая ~ rote Rübe(n), Bete
свекло- *in Zuss* Rüben-
свеклови́ца, -ы, *I* -ей *f* Zuckerrübe(n)
свеклови́чный, -ая, -ое Zuckerrüben-
свекло|во́дство, -а *n* (Zucker-) Rübenanbau; **~во́дческий,** -ая, -ое (Zukker-) Rübenanbau-; **~комба́йн,** -а *m* Rübenkombine, Rübenvollerntemaschine; **~ре́зка,** -и, *Pl G* -зок, *D* -зкам *f* Rübenschneider
свеклоубо́рочный, -ая, -ое: -ая маши́на Rüben(voll)erntemaschine, Rübenkombine
свеко́льник, -а *m* **1.** Rübensuppe, Betensuppe **2.** Rübenkraut
свеко́льный, -ая, -ое Rüben-
свёкор, -кра *m* Schwiegervater *Vater des Ehemannes*
свекро́вь, -и *f* Schwiegermutter *Mutter des Ehemannes*
сверга́ть *uv zu* све́ргнуть
све́ргнуть, -ну, -нешь; сверг, -ла; све́ргнутый, -ут, -а *u. buchspr* све́рженный, -ен, -а *v* **1.** *alt* hinabwerfen **2.** stürzen, beseitigen; ~ и́го das Joch abschütteln; ~ с престо́ла

entthronen || *uv* свергáть, -áю, -áешь
Свердлóвск, -а *m* Swerdlowsk
свержéние, -я *n* Sturz, Beseitigung; ~ с престóла Entthronung
свéрить, -рю, -ришь; -ренный, -рен, -а *v* vergleichen (с *I* mit), überprüfen || *uv* сверять, -я́ю, -я́ешь
свéриться, -рюсь, -ришься *v umg* sich vergewissern || *uv* сверя́ться, -я́юсь, -я́ешься
свéрка, -и *f* Vergleich, Überprüfung
сверкáние, -я *n* Funkeln, Blitzen, Glitzern
сверкáть, -áю, -áешь *uv* funkeln, blitzen, glitzern; мóлния сверкáет es blitzt; зарни́ца сверкáет es wetterleuchtet || *v mom* сверкну́ть, -ну́, -нёшь
сверкну́ть, -ну́, -нёшь *v* **1.** *mom zu* сверкáть **2.** *übtr* aufblitzen, auftauchen *Gedanken u. ä.* ◇ ~ глазáми (j-n) zornig ansehen
сверлéние, -я *n* Bohren; глубинá -я Bohrtiefe
сверли́льный, -ая, -ое Bohr-
сверли́льщик, -а *m* Bohrer *Arbeiter*
сверли́ть, -лю́, -ли́шь *uv* **1.** (durch)-bohren **2.** *übtr meist unpers* bohren, schmerzen
сверлó, -á, *Pl* свёрла, свёрл, свёрлам *n* Bohrer
сверлóвщик, -а *m* Bohrer *Arbeiter*
сверну́ть, -ну́, -нёшь; свёрнутый, -ут, -а *v* **1.** zusammenwickeln, zusammenrollen, zusammenlegen; ~ цигáрку *umg* eine Zigarette drehen **2.** *übtr* einschränken, verringern, abbauen; ~ лáгерь das Lager abbrechen **3.** einbiegen, abbiegen; ~ в переу́лок in eine Gasse einbiegen [abbiegen] **4.** *umg* ~ abdrehen; überdrehen **5.**: ~ разговóр на другу́ю тéму das Gespräch auf ein anderes Thema bringen ◇ ~ шéю [гóлову] комý-н. j-m das Genick brechen, j-m den Hals umdrehen, j-n umbringen; ~ себé шéю [гóлову] sich den Hals [das Genick] brechen, umkommen || *uv* свёртывать, -аю, -аешь
сверну́ться, -ну́сь, -нёшься *v* **1.** sich zusammendrehen, sich zusammenrollen; sich zusammenringeln **2.** *1. u. 2. Pers ungebr* gerinnen, zusammenlaufen **3.** *1. u. 2. Pers ungebr* eingeschränkt werden, verringert werden **4.** *1. u. 2. Pers ungebr* abgedreht werden; überdreht werden || *uv* свёртываться, -аюсь, -аешься
сверстáть, -áю, -áешь; свёрстанный, -ан, -а *v typ* umbrechen || *uv* свёрстывать, -аю, -аешь
свéрстник, -а *m* Altersgenosse
свéрстница, -ы, *I* -ей *f* Altersgenossin
свёрстывать *uv zu* сверстáть
свёрток, -тка *m* Rolle, Bündel, Paket
свёртывание, -я *n* **1.** Zusammenrollen **2.** Gerinnen, Gerinnung **3.** Einschränkung, Verringerung, Abbau **4.** Abdrehen; Überdrehen
свёртывать(ся) *uv zu* сверну́ть(ся)
сверх *Präpos mit G* **1.** über; ~ вáтника надéть тулу́п über die Wattejacke noch einen Pelzmantel ziehen **2.** *übtr* über ... hinaus; ~ плáна über den Plan hinaus, überplanmäßig; ~ дéйствующего соглашéния zusätzlich zum geltenden Abkommen; ~ тогó obendrein, außerdem ◇ ~ (вся́кого) ожидáния wider Erwarten
сверх- *in Zuss* über-, super-, extra-
сверхдальнобóйный, -ая, -ое: -ое ору́дие Ferngeschütz
сверхзвуковóй, -ая, -ое Überschall-; ~ истреби́тель Überschalljagdflugzeug
сверх|мóщный, -ая, -ое *tech* Höchstleistungs-; **~плáновый,** -ая, -ое außerplanmäßig; **~при́быль,** -и *f* Mehrprofit, Extraprofit, Surplusprofit; **~смéтный,** -ая, -ое den Kostenanschlag übersteigend
сверхсрóчный, -ая, -ое **1.** die Frist überschreitend; -ая слу́жба *mil* verlängerte Dienstzeit **2.** kurzfristig; von äußerster Dringlichkeit; ~ вы́зов Blitzgespräch
свéрху *Adv* **1.** von oben (herab); ~ дóнизу von oben bis unten, vollständig; смотрéть ~ вниз на когó-н. j-n von oben herab ansehen [behandeln], sich j-m gegenüber herablassend verhalten **2.** oben, zuoberst, an der Oberfläche
сверхурóчный, -ая, -ое **1.** Überstunden-; -ые часы́ Überstunden **2.** -ые, -ых *Subst Pl* Überstundengelder
сверх|штáтный, -ая, -ое außerplanmäßig *ohne Planstelle*; **~ъестéственный,** -ая, -ое; *Kzf* -вен, -венна **1.** übernatürlich **2.** außerordentlich, ungewöhnlich
сверчóк, -чкá *m* Grille, Heimchen
свершáться *uv zu* сверши́ться
сверши́ться, *1. u. 2. Pers ungebr*, -и́тся *v buchspr* sich ereignen, sich vollziehen, sich erfüllen || *uv* свершáться -áется

сверя́ть(ся) *uv zu* све́рить(ся)
свес, -а *m* Überlänge *bei LKW*
[1]**све́сить,** све́шу, све́сишь; све́шенный, -ен, -а *v* herabhängen lassen, baumeln lassen || *uv* све́шивать, -аю, -аешь
[2]**све́сить,** све́шу, све́сишь; све́шенный, -ен, -а *v umg* (ab)wiegen
све́ситься, -шусь, -сишься *v* 1. sich weit hinauslehnen, sich weit hinabbeugen 2. *1. u. 2. Pers ungebr* herabhängen, sich herabbiegen || *uv* све́шиваться, -аюсь, -аешься
с|вести́*; сведя́ *v* 1. hinabführen, herabführen; abführen, wegführen 2. entfernen 3. zusammenführen, vereinigen; ~ свод *arch* ein Gewölbe schließen 4. zusammenfassen, sammeln 5. zurückführen (к *D oder* на *A* auf), reduzieren, beschränken; herabwürdigen; ~ всё к пустяка́м alles bagatellisieren; ~ на нет zunichte machen 6. *meist unpers* krampfartig zusammenziehen, unbeweglich machen; от моро́за свело́ па́льцы die Finger wurden steif vor Kälte ◇ ~ знако́мство eine Bekanntschaft anknüpfen; ~ концы́ с конца́ми knapp mit dem Geld auskommen; ~ с престо́ла entthronen; ~ с ума́ um den Verstand bringen, verrückt machen; ~ счёты с ке́м-н. mit j-m abrechnen || *uv* своди́ть, свожу́, сво́дишь
с|вести́сь*, *1. u. 2. Pers ungebr*; сведя́сь *v* sich zurückführen lassen (к *D oder* на *A* auf), hinauslaufen (auf) || *uv* своди́ться, сво́дится
[1]**свет,** -а (-у), *P* в све́те, на свету́ *m* 1. Licht; Schein; Helligkeit; бли́жний ~ Abblendlicht *Auto*; да́льний ~ Fernlicht *Auto*; смотре́ть что́-н. на ~ etw. gegen das Licht betrachten; в -е чего́-н. im Licht von, vom Standpunkt ... aus; бро́сить [проли́ть] ~ на что́-н. Klarheit in eine Sache bringen; предста́вить в ло́жном -е in ein falsches Licht rücken; предста́ть в друго́м -е in einem anderen Licht erscheinen, sich anders ausnehmen; ширина́ в -у́ lichte Weite 2. Tagesanbruch, Morgengrauen; до -а vor Sonnenaufgang; ни ~ ни заря́ sehr früh, beim ersten Morgengrauen; чуть ~ *oder* чем ~ sehr früh, in aller Frühe ◇ зал в два -а *alt* ein Saal mit zwei übereinanderliegenden Fensterreihen; не ви́деть -а во́льного a) überlastet sein; b) sehr leidend sein; он -а не взви́дел es verging ihm Hören und Sehen; мой ~ *poet, folkl* mein Licht, mein Herz, mein Schatz; она́ мне то́лько и -у в окне́ sie ist meine einzige Freude [mein einziger Trost]; ба́тюшки [ма́тушки] -ы! *volksspr Ausruf des Erstaunens oder Schreckens*
[2]**свет,** -а *m* 1. Welt, Erde; часть -а Erdteil; страна́ -а Himmelsrichtung; появи́ться на ~ *oder* уви́деть ~ zur Welt kommen, das Licht der Welt erblicken, geboren werden; его́ уже́ нет на -е er lebt nicht mehr; вы́пустить в ~ veröffentlichen, herausgeben; вы́йти в ~ veröffentlicht werden, erscheinen; э́тот ~ *rel* Diesseits; тот ~ *rel* Jenseits; отпра́вить на тот ~ ins Jenseits befördern, töten; на бе́лом -е in der weiten Welt; ~ не кли́ном сошёлся die Welt ist nicht mit Brettern vernagelt 2. (Um-)Welt, Menschheit, Menschen; *alt* große Welt, höhere Gesellschaft; всему́ -у э́то изве́стно alle Welt weiß das, alle wissen das; быва́ть в -е *alt* in der vornehmen Welt [Gesellschaft] verkehren
света́ть, *1. u. 2. Pers ungebr, meist unpers* -а́ет *uv* tagen; hell werden, dämmern
светёлка, -и, *Pl G* -лок, *D* -лкам *f alt, volksspr* helles (kleines) Zimmer *meist im oberen Teil des Hauses*; gute Stube
свети́ло, -а *n* 1. Himmelskörper; ~ дня *oder* дневно́е ~ *buchspr* Sonne; ~ но́чи *oder* ночно́е ~ *buchspr* Mond; -а но́чи *oder* ночны́е -а *buchspr* Sterne 2. *übtr* Licht, Leuchte, Kapazität
свети́льник, -а *m* 1. große (Steh-) Lampe, Beleuchtungskörper 2. *alt* Öllämpchen; Leuchter
свети́льный, -ая, -ое: ~ газ Leuchtgas
свети́ть, свечу́, све́тишь *uv* 1. leuchten, scheinen 2. (j-m) leuchten, (j-m) das Licht halten
свети́ться, свечу́сь, све́тишься *uv* schimmern, scheinen, leuchten; strahlen; его́ лицо́ свети́лось сча́стьем sein Gesicht strahlte vor Glück, das Glück lachte ihm aus den Augen
Светла́на, -ы *f weibl Vn*
светле́йший, -его *Subst m alt* durchlauchtigster Fürst
светле́ть, -е́ю, -е́ешь *uv* 1. *meist unpers* hell(er) werden, sich aufhellen; *übtr* klar(er) werden 2. schimmern, leuchten
светли́ца, -ы, *I* -ей *f alt* helles (klei-

nes) Zimmer *meist im oberen Teil des Hauses*; gute Stube

светло́ *unpers prädikativ* 1. es ist hell [klar] 2. *D* j-m ist es froh ums Herz

светло- *in Zuss* hell-

све́тлость, -и *f* 1. Helligkeit, Klarheit 2. *alt* Durchlaucht *Anrede*

све́тлый, -ая, -ое; *Kzf* -тел, -тла́! 1. hell, klar, licht 2. froh, heiter ◇ -ая ли́чность Prachtmensch; Mensch von bestem Ruf

светля́к, -а́ *m* Leuchtkäfer, Johanniskäfer, Glühwürmchen

светлячо́к, -чка́ *m* Leuchtkäfer, Glühwürmchen

свето- *in Zuss* Licht-

светобоя́знь, -и *f med* Lichtscheu, Photophobie

светово́й, -а́я, -о́е Licht-, Leucht-

свето|ко́пия, -и *f* Lichtpause; **~лече́ние,** -я *n* Lichttherapie; **~маскиро́вка,** -и *f* Verdunklung; **~мая́к,** -а́ *m* Leuchtfeuer; **~преставле́ние,** -я *n* 1. *rel* Weltuntergang, der Jüngste Tag 2. *umg* Durcheinander, Wirrwarr; **~сигнализа́ция,** -и *f* Blinken, Blinkverbindung; **~си́ла,** -ы *f phys* Lichtstärke, Leuchtkraft; **~те́нь,** -и *f Kunst* Helldunkel, Clair-obscur; **~фи́льтр,** -а *m phot* Lichtfilter, Farbfilter

светофо́р, -а *m* Verkehrsampel

све́точ, -а, *I* -ем, *G Pl* -ей *m* 1. *alt* Fackel, Leuchte 2. *übtr buchspr* Leuchte, Licht

светочувстви́тельный, -ая, -ое; *Kzf* -лен, -льна *phys* lichtempfindlich

све́тский, -ая, -ое 1. *alt* der höheren Gesellschaft angehörend; gut erzogen *im Sinne der höheren Gesellschaft*; -ая же́нщина eine Dame von Welt 2. weltlich *als Gegensatz zu kirchlich, geistlich*

светя́щийся, -аяся, -ееся Leucht-; -аяся кра́ска Leuchtfarbe

свеча́, -и́, *I* -о́й, *Pl* **све́чи,** свеч *u.* свече́й, свеча́м *f* 1. Kerze, Licht 2. *tech* Kerze; запа́льная ~ Zündkerze; электри́ческая ла́мпочка в 40 -е́й Glühbirne von 40 Kerzen 3. *med* Zäpfchen ◇ игра́ не сто́ит свеч es lohnt sich nicht, es ist nicht der Mühe wert

све́чка, -и, *Pl G* -чек, *D* -чкам *f* 1. Kerze, Licht 2. *med* Zäpfchen

свечно́й, -а́я, -о́е Kerzen-, Licht-

све́шать, -аю, -аешь; -анный, -ан, -а *v umg* (ab)wiegen

све́шивать *uv zu* [1]све́сить

све́шиваться *uv zu* све́ситься

свива́льник, -а *m* Wickelband für Säuglinge

свива́ть, -а́ю, -а́ешь *uv* 1. *uv zu* свить 2. wickeln *einen Säugling*

свива́ться *uv zu* сви́ться

свида́ние, -я *n* Wiedersehen; Zusammenkunft; Stelldichein, Verabredung, Rendezvous; Besuch *z. B. im Krankenhaus*; до -я! auf Wiedersehen!; до ско́рого -я! auf baldiges Wiedersehen!

свиде́тель, -я *m* Augenzeuge, Zeuge; ~ защи́ты *jur* Entlastungszeuge; ~ обвине́ния *jur* Belastungszeuge; призва́ть [взять] кого́-н. в -и j-n zum [als] Zeugen anrufen

свиде́тельница, -ы, *I* -ей *f* Augenzeugin, Zeugin

свиде́тельский, -ая, -ое Zeugen-

свиде́тельство, -а *n* 1. Zeugnis, Aussage 2. Zeugnis, Bescheinigung; медици́нское ~ ärztliches Attest

свиде́тельствовать, -ствую, -ствуешь *uv* 1. Zeugnis ablegen (*A oder P* von), zeugen (von), (etw.) bezeugen 2. bescheinigen, beglaubigen

свиде́тельствоваться, -ствуюсь, -ствуешься *uv* 1. bescheinigt [beglaubigt] werden 2. *I oder D alt* sich auf j-n (als Zeugen) berufen, j-n als Zeugen anrufen

сви́деться, сви́жусь, сви́дишься *v umg* einander wiedersehen, zusammentreffen

свилева́тый, -ая, -ое; *Kzf* -а́т, -а knorrig, mit verschränkter Lage *von Holz*

свина́рка, -и, *Pl G* -рок, *D* -ркам *f* Schweinewärterin

свина́рник, -а *m* Schweinestall

свина́рня, -и, *Pl G* -рен, *D* -рням *f* Schweinestall

свина́рь, -я́ *m* Schweinewärter

свине́ц, -нца́, *I* -нцо́м *m* 1. Blei 2. Kugel(n), Gewehrfeuer ◇ лечь -нцо́м на ду́шу [се́рдце] sich schwer auf die Seele legen, wie ein Stein auf dem Herzen liegen; голова́ как -нцо́м налита́ der Kopf ist schwer wie Blei

свини́на, -ы *f* Schweinefleisch

[1]**сви́нка,** -и, *Pl G* -нок, *D* -нкам *f* Schweinchen; морска́я ~ Meerschweinchen

[2]**сви́нка,** -и *f med* Ziegenpeter

свино|во́д, -а *m* Schweinezüchter, Schweinemeister; **~во́дство,** -а *n* Schweinezucht; **~во́дческий,** -ая, -ое Schweinezucht-

свино́й, -а́я, -о́е Schweine-, Schweins-

свино|мáтка, -и, *Pl G* -ток, *D* -ткам *f* Muttersau, Zuchtsau; **~пáс,** -а *m alt* Schweinehirt; **~фéрма,** -ы *f* Schweinefarm, Schweinezuchtbetrieb
сви́нский, -ая, -ое *umg* 1. schweinisch, gemein 2. schmutzig, unkultiviert
сви́нство, -а *n umg* Schweinerei, Gemeinheit, Schurkerei
свинти́ть, -нчу́, -нти́шь; свúнченный, -ен, -а *v* 1. zusammenschrauben, verschrauben 2. *umg* abschrauben || *uv* свúнчивать, -аю, -аешь
свинцóвый, -ая, -ое; *Kzf* -óв, -а 1. *nur Langform* Blei-, aus Blei; 2. (blei)grau, bleiern, bleifarben 3. (blei)schwer, bleiern
свúнчивать *uv zu* свинтúть
свинья́, -ьú, *Pl* свúньи, свинéй, свúньям *f* 1. Schwein 2. *umg übtr* Schwein; Schmutzfink; Lump, Schurke ◇ подложúть комý-н. -ью́ j-m einen Knüppel zwischen die Beine werfen, j-n hereinlegen
свирéль, -и *f* Schalmei, Hirtenflöte
свирепéть, -éю, -éешь *uv* wütend [grimmig] werden, in Wut geraten
свирéпствовать, -ствую, -ствуешь *uv* wüten, toben, rasen; Grausamkeiten verüben
свирéпый, -ая, -ое; *Kzf* -рéп, -а wütend; grimmig, grausam
свиристéль, -я *m* Seidenschwanz *Vogel*
свисáть, *1. u. 2. Pers ungebr*, -áет *uv* herunterhängen, herabhängen || *v* **свúснуть,** -нет; свис, -ла
свист, -а *m* Pfiff; Pfeifen
свистáть* *uv* pfeifen, einen Pfiff ausstoßen ◇ ищú свищú *volksspr* es ist futsch, es ist (etwas) flöten gegangen *wenn man etwas vergeblich sucht*; ~ в кулáк pleite sein || *v mom* свúстнуть, -ну, -нешь
свистéть, свищý, свистúшь *uv* pfeifen; einen Pfiff ausstoßen ◇ ~ в кулáк *volksspr* pleite sein, sein Geld verpulvert haben; вéтер свистúт в кармáнах *volksspr* es ist kein Geld (mehr) da || *v mom* свúстнуть, -ну, -нешь
свúстнуть [сн], -ну, -нешь *v* 1. *mom zu* свистáть *u.* свистéть 2. *volksspr* heftig schlagen, einen Hieb versetzen 3. *volksspr* stehlen
свистóк, -ткá *m* 1. Pfeife 2. Pfiff
свистопля́ска, -и *f umg* Hexentanz; Durcheinander; Pfeifkonzert
свистýлька, -и, *Pl G* -лек, *D* -лькам *f umg* kleine Pfeife *Spielzeug*
свистýн, -á *m umg* Pfeifer; Schwätzer
свистя́щий, -ая, -ее pfeifend, zischend; -ие соглáсные *ling* Zischlaute
[1]**свúта,** -ы *f* Suite, Gefolge ◇ электрóнная ~ Elektronenhülle; Elektronenwolke
[2]**свúта,** -ы *f alt* langer Bauernkittel (der Ukrainer)
свúтер [тэ], -а *m* Sweater, Pullover
свитóк, -тка *m* (Papier-) Rolle
с|вить*, совью́ *v* 1. winden; drehen; zusammenrollen, -wickeln 2. abwickeln, abspulen ◇ ~ гнездó ein Nest bauen || *uv* свивáть, -áю, -áешь
с|вúться*, совью́сь; свилúсь *v* sich zusammenringeln, sich zusammenrollen || *uv* свивáться, -áюсь, -áешься
свихнýть, -нý, -нёшь; свúхнутый, -ут, -а *v umg* verrenken, verstauchen ◇ ~ себé шéю a) sich den Hals brechen; b) einen großen Mißerfolg haben; ~ с умá *alt volksspr* überschnappen, den Verstand verlieren
свихнýться, -нýсь, -нёшься *v umg* 1. den Verstand verlieren, überschnappen 2.: ~ (с путú) *alt* (vom rechten Wege) abkommen, auf Abwege geraten
свищ, -á, *I* -óм, *G Pl* -éй *m* 1. Astloch; Galle *im Metall*; Riß *oder andere Fehlerstelle im Leder* 2. *med* Fistel
свищý ↑ свистáть
свобóда, -ы *f* Freiheit; Ungebundenheit; ~ слóва Redefreiheit; ~ печáти Pressefreiheit; вы́пустить на -у auf freien Fuß setzen, aus der Haft entlassen; предостáвить комý-н. пóлную -у вы́бора j-m völlig freie Wahl lassen; на -е a) auf freiem Fuße; b) in der Freizeit; дать -у a) комý-н. j-m die Freiheit lassen; b) чемý-н. einer Sache freien Lauf lassen
свобóдно *Adv* 1. frei, ungezwungen 2. fließend, geläufig; ~ говорúть по-рýсски fließend russisch sprechen
свобóдный, -ая, -ое; *Kzf* -ден, -дна 1. frei, unabhängig; -ая странá ein freies [unabhängiges] Land 2. frei, überschüssig, verfügbar; -ые дéньги flüssiges Geld; -ое врéмя Freizeit; по вечерáм он свобóден abends hat er Zeit 3. frei, leicht, ungezwungen, fließend; ~ разговóр ein ungezwungenes Gespräch 4. weit, lose *von der Kleidung*; -ое пальтó ein weiter Mantel
свободо|любúвый, -ая, -ое; *Kzf* -úв, -а freiheitsliebend; **~любúе,** -я *n*

Freiheitsliebe; **~мыслие,** -я *n* 1. Freisinn 2. Freidenkertum; **~мыслящий,** -ая, -ее; *Kzf* -ящ, -а 1. freidenkend, freisinnig 2. freidenkerisch 3. -его *Subst m* Freigeist, Freidenker

свод, -а *m* 1. Wegführen; Zusammenführung 2. Sammlung, Sammelband; ~ зако́нов Gesetzbuch 3. Gewölbe, Bogen; стре́льчатый ~ Spitzbogen; небе́сный ~ *übtr* Himmelsgewölbe, Firmament

¹своди́ть *uv zu* свести́

²своди́ть, свожу́, сво́дишь *v* hin- und wieder zurückbringen [zurückführen]

своди́ться *uv zu* свести́сь

сво́дка, -и, *Pl G* -док, *D* -дкам *f* 1. Zusammenstellung, (zusammenfassender) Bericht; ~ пого́ды Wetterbericht; вое́нная ~ Heeresbericht 2. *typ* Revisionsbogen 3. Zusammenführung, Vereinigung

сво́дник, -а *m* Kuppler

сво́дница, -ы, *I* -ей *f* Kupplerin

сво́дничать, -аю, -аешь *uv* Kuppelei betreiben

сво́дничество, -а *n* Kuppelei

сво́дный, -ая, -ое 1. zusammengestellt, zusammengefaßt, Sammel- 2. Stief-, Halb-; ~ брат Stiefbruder, Halbbruder; -ые де́ти Stiefkinder

сво́дня, -и, *G Pl* -ей *f* Kupplerin

сво́дчатый, -ая, -ое; *Kzf* -ат, -а gewölbt

своё ↑ свой

свое|вла́стный, -ая, -ое; *Kzf* -тен, -тна selbstherrlich, despotisch; **~во́лие,** -я *n* Eigenmächtigkeit, Willkür; Eigenwilligkeit; **~во́льничать,** -аю, -аешь *uv umg* eigenmächtig verfahren; eigenwillig sein [handeln]; **~во́льный,** -ая, -ое; *Kzf* -лен, -льна eigenmächtig; eigenwillig; **~вре́менный,** -ая, -ое; *Kzf* -менен, -менна rechtzeitig; termingemäß; **~коры́стие,** -я *n buchspr* Eigennützigkeit, Gewinnsucht; **~коры́стный,** -ая, -ое; *Kzf* -тен, -тна *buchspr* eigennützig, auf den eigenen Vorteil bedacht; **~нра́вие,** -я *n* Launenhaftigkeit, Unberechenbarkeit; **~нра́вный,** -ая, -ое; *Kzf* -вен, -вна launenhaft, unberechenbar; **~обра́зие,** -я *n* Eigenart, Eigentümlichkeit, Originalität

своеобра́зный, -ая, -ое; *Kzf* -зен, -зна 1. eigenartig, eigentümlich, originell 2. (an etw.) erinnernd; его́ кварти́ра ско́ро ста́ла -ым клу́бом sein Zimmer wurde bald eine Art Klub

¹свози́ть *uv zu* свезти́

²свози́ть, свожу́, сво́зишь; сво́женный, -жен, -а *v umg* hin- und wieder zurückfahren, *mit einem Fahrzeug* hin- und wieder zurückbringen

свой ↑ свой

свой, -его́ *m*, своя́, -е́й *f*, своё, -его́ *n*; *Pl* свои́, -и́х, -и́м 1. *refl Poss Pron bei Zugehörigkeit eines Gegenstandes zum Subjekt des Satzes, bei allen Pers anwendbar*: mein; dein; sein; ihr; unser; (Ihr); ihr; мы свои́ кни́ги принесли́, принеси́ и ты свою́ wir haben unsere Bücher gebracht, bring auch du deins 2. своё, своего́ *Subst n* das Meinige; das Deinige; das Seinige; das Ihrige; das Unsrige; das Eurige; das Ihrige; ка́ждому своё jedem das Seine; стоя́ть на своём auf seiner Meinung bestehen; доби́ться своего́ *oder* поста́вить на своём etw. durchsetzen 3. eigen; eigentümlich, besonders; у них свой дом sie haben ein eigenes Haus; в э́той му́зыке есть своя́ пре́лесть in dieser Musik liegt ein eigener [eigentümlicher, besonderer] Zauber 4. passend, entsprechend; продава́ть това́р по свое́й цене́ die Ware zum angemessenen Preis verkaufen; упомяну́ть о чём-н. в своём ме́сте etw. am rechten Platz erwähnen; всё в своё вре́мя alles zu seiner Zeit 5. *Subst, meist Pl* Verwandte(r), Nahestehende(r); я был у свои́х ich war bei den Meinen [bei meinen Verwandten]; я рад побе́де свои́х ich bin froh über den Sieg der Unseren; здесь все свои́ hier gibt es keine Fremden ◇ свои́х не узна́ешь es wird dir Hören und Sehen vergehen *als Drohung*; по-сво́ему auf meine (deine usw.) (besondere) Weise, nach meinem (deinem usw.) Gutdünken; в своё вре́мя a) seinerzeit, b) zu gegebener Zeit; крича́ть не свои́м го́лосом mit unnatürlicher [sich überschlagender] Stimme schreien; на свои́х (на) двои́х *scherz* zu Fuß, auf Schusters Rappen; умере́ть свое́й сме́ртью eines natürlichen Todes sterben; он там свой челове́к er geht dort ein und aus, er ist dort wie zu Hause

сво́йственник, -а *m* Verwandter *durch Heirat*

сво́йственница, -ы, *I* -ей *f* Verwandte *durch Heirat*

сво́йственный, -ая, -ое; *Kzf* -вен, -венна *D* eigen, charakteristisch (für)

свóйство, -а *n* Eigenschaft, Beschaffenheit, (Charakter-) Zug
свойствó, -á *n* Verwandtschaft *durch Heirat*; онá состоя́ла с ним в -é sie war mit ihm verschwägert
сволáкивать *uv zu* сволóчь
свóлочь, -и, *Pl* свóлочи, сволочéй, сволочáм *f* **1.** *Koll volksspr derb* Gesindel, Pack **2.** *volksspr derb* gemeiner Kerl, Lump
с|волóчь*; сволочённый, -чён, -ченá *v* **1.** *umg* schleppen, wegschleppen, herunterziehen **2.** *umg* an eine Stelle schleppen, zusammentragen **3.** *volksspr* stehlen || *uv* сволáкивать, -аю, -аешь
свóра, -ы *f* **1.** Koppelriemen *für Jagdhunde*; Koppel *Jagdhunde* **2.** *Koll* Meute (*Jagd-*) *Hunde, Wölfe u. ä.* **3.** *übtr* Bande, Rotte
сворáчивать *uv zu* своротúть
своровáть, -рýю, -рýешь; -рóванный, -рóван, -а *v umg* stehlen
своротúть, -рочý, -рóтишь; -рóченный, -рóчен, -а *v* **1.** *umg* wegwälzen; herunterwälzen, -werfen **2.** *umg* durch Stoß beschädigen; verrenken; verzerren **3.** *volksspr* (vom Weg) abbiegen, einbiegen || *uv* сворáчивать, -аю, -аешь
своя́ ↑ свой
своя́к, -á *m* **1.** Schwager *der Bruder der Ehefrau oder der Mann ihrer Schwester* **2.** *umg* nahestehender Mensch, Gleichgesinnter ◇ своя́к свояка́ вúдит издалекá *Sprichw* gleich sucht sich, gleich findet sich
своя́ченица, -ы, *I* -ей *f* Schwägerin *Schwester der Ehefrau*
свыкáться *uv zu* свы́кнуться
свы́кнуться, -нусь, -нешься; свы́кся, свы́клась *v* с *I* sich gewöhnen (an) || *uv* свыкáться, -áюсь, -áешься
свысокá *Adv* von oben herab, herablassend, hochmütig, geringschätzig
свы́ше **1.** *Präpos mit G* mehr als, über ... (hinaus); ~ тридцатú человéк über dreißig Mann; э́то ~ моúх сил das geht über meine Kräfte **2.** *Adv buchspr u. iron* von oben, von übergeordneter Instanz; *rel* vom Himmel, von Gott; по предписáнию ~ auf Anordnung von oben
свя́занный, -ая, -ое **1.** befangen, gehemmt **2.** *chem, phys* gebunden
с|вязáть* *v* **1.** binden; zusammenbinden, -schnüren **2.** *übtr* verbinden, in Verbindung setzen, verknüpfen **3.** *übtr* binden, Zwang auferlegen, verpflichten **4.** zusammenfügen, befestigen ◇ он двух слов ~ не мóжет er kann nicht bis drei zählen || *uv* свя́зывать, -аю, -аешь *u. alt* -зýю, -зýешь
с|вязáться* *v* **1.** sich zusammenbinden **2.** sich in Verbindung setzen; с ним мóжно ~ по телефóну man kann ihn telefonisch erreichen **3.** *umg* sich einlassen, sich abgeben (mit) **4.** *umg* sich aufhalsen || *uv* свя́зываться, -аюсь, -аешься
связúст, -а *m* **1.** Angestellter im Post-, Nachrichten- u. Fernmeldewesen **2.** *mil* Nachrichtensoldat
связúстка, -и, *Pl G* -ток, *D* -ткам *f* Angestellte im Post-, Nachrichten- u. Fernmeldewesen
свя́зка, -и, *Pl G* -зок, *D* -зкам *f* **1.** Bündel, Bund **2.** *anat* Band; голосовы́е -и Stimmbänder **3.** *ling* Kopula
связнóй, -áя, -óе **1.** Verbindungs- **2.** -óго *Subst m mil* Melder
свя́зный, -ая, -ое; *Kzf* -зен, -зна zusammenhängend, klar, konsequent
свя́зочный, -ая, -ое *anat* Band-, Bänder-
связýющий, -ая, -ее verbindend; Verbindungs-, Binde-
свя́зывать(ся) *uv zu* связáть(ся)
связь, -и, *P* о свя́зи, в свя́зи *u.* в связú *f* **1.** Verbindung, Zusammenhang, Folgerichtigkeit; причúнная ~ Kausalität **2.** Verbindung, Verhältnis, Beziehung; ~ с мáссами Kontakt mit den Massen; (любóвная) ~ Liebesbeziehung, Liebesverhältnis **3.** *Pl* Beziehungen, gute Verbindungen *zu einflußreichen Personen* **4.** Post- u. Fernmeldewesen, Nachrichtenwesen **5.** (Nachrichten-) Verbindung, Nachrichtenübermittlung; Verkehrsverbindung; войскá -и *mil* Nachrichtentruppen **6.** *tech* Verbindung, Verband
святéйший, -ая, -ее *kirch* hochheilig
святúлище, -а, *I* -ем *n* **1.** *alt* Tempel **2.** *übtr* Tempel, Heiligtum
святúть, -чý, -тúшь *uv* weihen
свя́тки, -ток, -ткам *Pl alt rel* Weihnachtszeit, Feiertage zwischen Weihnachten und dem Dreikönigsfest
святóй, -áя, -óе; *Kzf* свят, -á! **1.** *rel* heilig, geweiht; -áя водá Weihwasser **2.** -óго *Subst m* Heiliger **3.** *übtr* heilig, hoch, erhaben, unverbrüchlich ◇ -áя недéля *rel* Osterwoche; -áя святы́х *idhl* das Allerheiligste

свя́тость, -и *f* Heiligkeit
святота́тство, -а *n* **1.** *rel* Gotteslästerung **2.** *übtr* Verletzung, Frevel
святота́тствовать, -ствую, -ствуешь *uv* **1.** *rel* Gott lästern, Gotteslästerung begehen **2.** *übtr* freveln, sich vergehen *an etw. Teurem*
свя́точный, -ая, -ое während der Zwölf Nächte, Weihnachts-
свято́ша, -и, *I* -ей *m, f* Scheinheilige(r), Frömmler(in), Heuchler(in)
свя́тцы, -ев *Pl* Kirchenkalender
святы́ня, -и *f rel u. übtr* Heiligtum
свяще́нник, -а *m* Priester, Geistlicher
священноде́йствие, -я *n* **1.** *rel* Ritus; Zelebrieren des Gottesdienstes **2.** *übtr meist iron* Ritus, feierliche Handlung
священноде́йствовать, -ствую, -ствуешь *uv* **1.** *rel* Gottesdienst abhalten, eine kirchliche Handlung zelebrieren **2.** *übtr meist iron* zelebrieren, mit großem Zeremoniell vollziehen
свяще́нный, -ая, -ое; *Kzf* -ще́н, -ще́нна **1.** *rel* heilig, geheiligt; -ое писа́ние die Heilige Schrift, Bibel **2.** *übtr* heilig, hoch, erhaben, unverbrüchlich ◇ Свяще́нный Сою́з *hist* die Heilige Allianz
свяще́нство, -а *n* **1.** Priesterwürde, Amt des Priesters **2.** *Koll* Priesterschaft, Geistlichkeit
с. г. (сего́ го́да) dieses Jahres
сгиб, -а *m* **1.** Knick, Biegung, Krümmung **2.** *anat* Gelenk, Beuge
сгиба́тель, -я *m anat* Beugemuskel, Beuger
сгиба́ть(ся) *uv zu* согну́ть(ся)
сги́нуть, -ну, -нешь *v umg* verschwinden; *volksspr* umkommen
сгла́дить, -а́жу, -а́дишь; -а́женный, -а́жен, -а *v* **1.** glätten, ebnen **2.** *übtr* ausgleichen, abschwächen, verwischen; ~ неро́вности j-m den Weg ebnen, Hindernisse aus dem Weg schaffen ‖ *uv* **сгла́живать,** -аю, -аешь
сгла́диться, *1. u. 2. Pers ungebr,* -ится *v* **1.** sich glätten **2.** *übtr* sich verwischen, verschwinden ‖ *uv* **сгла́живаться,** -ается
сгла́зить, -жу, -зишь *v umg* durch den bösen Blick behexen
сглупи́ть, -плю́, -пи́шь *v umg* eine Dummheit machen
сгна́ивать *uv zu* сгнои́ть
сгнива́ть *uv zu* сгнить
с|гнить* *v* verfaulen, verwesen ‖ *uv* сгнива́ть, -а́ю, -а́ешь
сгнои́ть, -ою́, -ои́шь; -оённый, -оён, -оена́ *v umg* verfaulen lassen, umkommen lassen ‖ *uv* сгна́ивать, -аю, -аешь
сгова́ривать(ся) *uv zu* сговори́ть(ся)
сго́вор, -а *m* **1.** Absprache, Verabredung, Vereinbarung; Komplott **2.** *alt* Verlobung, Abmachung der Eltern über die Heirat der Kinder
сговори́ть, -рю́, -ри́шь; -рённый, -рён, -рена́ *v* **1.** *volksspr* sich verabreden, ausmachen **2.** *alt* verloben (кого́-н. за кого́-н. j-n mit j-m), die Heirat ausmachen ‖ *uv* сгова́ривать, -аю, -аешь
сговори́ться, -рю́сь, -ри́шься *v* eine Abmachung treffen, sich verabreden; zu einem Einverständnis kommen ◇ с ним мо́жно ~ er läßt mit sich reden, mit ihm ist gut auszukommen ‖ *uv* сгова́риваться, -аюсь, -аешься
сгово́рчивый, -ая, -ое; *Kzf* -ив, -а nachgiebig, verträglich; он челове́к ~ er läßt mit sich reden
сгоня́ть *uv zu* согна́ть
сгора́ние, -я *n* Verbrennen, Verbrennung; дви́гатель вну́треннего -я Verbrennungsmotor
сгора́ть *uv zu* сгоре́ть
сго́рбить *v zu* го́рбить
сго́рбиться, -блюсь, -бишься *v* **1.** *v zu* го́рбиться **2.** krumm werden *Rücken*
сго́рбленный, -ая, -ое gekrümmt, bucklig
сгоре́ть, -рю́, -ри́шь *v* **1.** verbrennen, in Flammen aufgehen **2.** ausbrennen, seine Kräfte verausgaben **3.** brennen, glühen (от *G* vor); он сгоре́л со стыда́ er glühte [verging] vor Scham ‖ *uv* сгора́ть, -а́ю, -а́ешь
сгоряча́ *Adv* im Eifer, unbedacht, in der ersten Aufwallung
сгото́вить, -влю, -вишь; -вленный, -влен, -а *v* **1.** *umg* kochen, zubereiten **2.** *volksspr* fertig kriegen, schaffen, machen
сгреба́ть *uv zu* сгрести́
с|грести́* *v* **1.** zusammenraffen, -schaufeln, -harken **2.** *umg* hinunterwerfen, herunterwerfen, hinunterfegen **3.** *volksspr* packen, erfassen, umfassen ‖ *uv* сгреба́ть, -а́ю, -а́ешь
сгруди́ться, *1. u. 2. Pers ungebr,* -ди́тся *v umg* sich (zu einer dichten Menge) zusammenscharen, sich aneinanderdrängen, sich zusammenballen
сгружа́ть *uv zu* сгрузи́ть
сгрузи́ть, сгружу́, сгру́зишь; сгру́женный, -жен, -а *u.* сгружённый,

-жён, -жена́ *v* ausladen, abladen || *uv* сгружа́ть, -а́ю, -а́ешь

сгруппирова́ть, -ру́ю, -ру́ешь; -ро́ванный, -ро́ван, -а *v* gruppieren; vereinen || *uv* **сгруппиро́вывать,** -аю, -аешь

сгруппирова́ться, *1. u. 2. Pers ungebr,* -ру́ется *v* sich gruppieren || *uv* **сгруппиро́вываться,** -ается

сгрыза́ть *uv zu* сгрызть

с|грызть* *v* **1.** abnagen, zernagen; annagen **2.** *übtr* nagen, quälen || *uv* сгрыза́ть, -а́ю, -а́ешь

сгуби́ть, сгублю́, сгу́бишь; сгу́бленный, -блен, -а *v umg* verderben, zugrunde richten, ins Verderben stürzen

сгусти́ть, сгущу́, сгусти́шь; сгущённый, сгущён, -щена́ *v* verdichten; eindicken, kondensieren; konzentrieren ◇ ~ кра́ски dick auftragen, übertreiben || *uv* сгуща́ть, -а́ю, -а́ешь

сгусти́ться, *1. u. 2. Pers ungebr,* -ти́тся *v* dick(flüssig) werden; sich verdichten, sich zusammenziehen; sich (in großer Zahl) ansammeln ◇ атмосфе́ра сгусти́лась es ist dicke Luft || *uv* сгуща́ться, -а́ется

сгу́сток, -тка *m* Gerinnsel, Klumpen

сгуща́емость, -и *f* Kondensierbarkeit

сгуща́ть(ся) *uv zu* сгусти́ть(ся)

сгуще́ние, -я *n* Verdichtung, Kondensierung; Gerinnung *Blut*

сгущённый, -ая, -ое verdichtet, kondensiert; -ое молоко́ Kondensmilch, Büchsenmilch

сда́бривать *uv zu* сдо́брить

сдава́ть *uv zu* сдать

[1]**сдава́ться** *uv zu* сда́ться

[2]**сдава́ться,** сдаётся *unpers uv D umg* den Eindruck erwecken, scheinen; мне сдаётся mir scheint

сдави́ть, сдавлю́, сда́вишь; сда́вленный, -влен, -а *v* zusammendrücken, -pressen, quetschen ◇ страх сдави́л ему́ го́рло die Angst schnürte ihm die Kehle zu || *uv* сда́вливать, -аю, -аешь

сда́вленный, -ая, -ое **1.** zusammengedrückt **2.** *übtr* unterdrückt, gedämpft, verhalten *Stimme*

сда́вливать *uv zu* сдави́ть

сда́точный, -ая, -ое Abgabe-, Übergabe-, Auslieferungs-

с|дать* *v* **1.** abgeben, übergeben; ~ в эксплуата́цию dem Verkehr übergeben, zur Inbetriebnahme ausliefern **2.** vermieten; ~ в аре́нду verpachten **3.** übergeben, aufgeben, räumen *Gelände* **4.** ausgeben, verteilen *Karten beim Spiel* **5.** Wechselgeld herausgeben; ~ сда́чу с рубля́ auf einen Rubel herausgeben **6.** ablegen; ~ экза́мен eine Prüfung bestehen **7.** nachgeben, nachlassen, vermindern; моро́зы сда́ли die Fröste haben nachgelassen **8.** *umg* alt werden, in der Leistung nachlassen; мото́р сдал der Motor hörte auf zu laufen || *uv* с|дава́ть*; не сдава́ть те́мпа das Tempo darf nicht vermindert werden

с|да́ться*; сдали́сь *v* **1.** sich ergeben, den Kampf aufgeben, die Waffen strecken; ~ на ми́лость победи́теля sich auf Gnade oder Ungnade ergeben; ~ в плен sich gefangengeben **2.** nachgeben || *uv* с|дава́ться*

сда́ча, -и, *I* -ей *f* **1.** Übergabe, Ablieferung **2.** Vermietung; ~ в аре́нду Verpachtung **3.** Übergabe, Räumung *von Gelände* **4.** Ausgeben, Verteilen *der Karten beim Spiel* **5.** Herausgeben von Wechselgeld; Wechselgeld; получи́ть -у с пяти́ рубле́й auf fünf Rubel herausbekommen **6.** Ablegung [Bestehen] von Prüfungen ◇ дать -и *umg* einen Hieb parieren, zurückschlagen; получи́ть -и *umg* einen (Revanche-) Hieb einstecken

сдва́ивать *uv zu* сдвои́ть

сдвиг, -а *m* **1.** Ruck; Verrücken **2.** *geol* Verschiebung, Dislokation **3.** *übtr* Umschwung, Wandlung, Verlagerung

сдвига́ть(ся) *uv zu* сдви́нуть(ся)

сдвижно́й, -а́я, -о́е Schiebe-; ~ стол Ausziehtisch

сдви́нуть, -ну, -нешь; -нутый, -нут, -а *v* **1.** rücken, schieben, ab-, wegrücken; ~ с ме́ста von einer Stelle wegrücken; *übtr* etw. in Gang bringen **2.** zusammenrücken, -schieben; ~ бро́ви die Augenbrauen zusammenziehen || *uv* сдвига́ть, -а́ю, -а́ешь

сдви́нуться, -нусь, -нешься *v* **1.** sich verschieben; sich in Bewegung setzen; фотосни́мок сдви́нулся die Aufnahme ist verwackelt **2.** zusammenrücken, sich zusammenziehen || *uv* сдвига́ться, -а́юсь, -а́ешься

сдвои́ть, -ою́, -ои́шь; -о́енный, -о́ен, -а *v* verdoppeln, doppelt nehmen || *uv* сдва́ивать, -аю, -аешь

сде́лать(ся) *v zu* де́лать(ся)

сде́лка, -и, *Pl G* -лок, *D* -лкам *f* Vertrag, Geschäft, Vergleich; пойти́ на -у с со́вестью gegen sein Gewissen handeln

сде́льно *Adv* stückweise, pro Stück; рабо́тать ~ im Akkord [im Stücklohn] arbeiten, im Leistungslohn stehen

сде́льный, -ая, -ое Stück-, Akkord-; -ая опла́та труда́ Leistungslohn

сде́льщик, -а *m umg* Akkordarbeiter, Arbeiter im Leistungslohn

сде́льщина, -ы *f* Akkordarbeit, Arbeit im Leistungslohn

сде́льщица, -ы, *I* -ей *f umg* Akkordarbeiterin, Arbeiterin im Leistungslohn

сдёргивать *uv zu* сдёрнуть

сде́ржанность, -и *f* Zurückhaltung, Beherrschtheit

сде́ржанный, -ая, -ое; *Kzf* -жан, -жанна beherrscht; zurückhaltend, reserviert; unterdrückt

сдержа́ть, сдержу́, сде́ржишь; сде́ржанный, -жан, -а *v* 1. festhalten, zum Stehen bringen, zügeln 2. *übtr* zurückhalten, beherrschen, unterdrücken ◇ ~ сло́во sein Wort halten; не ~ сло́ва sein Wort brechen ‖ *uv* **сде́рживать,** -аю, -аешь

сдержа́ться, сдержу́сь, сде́ржишься *v* sich beherrschen, sich zurückhalten ‖ *uv* **сде́рживаться,** -аюсь, -аешься

сдёрнуть, -ну, -нешь; -нутый, -нут, -а *v* herunterziehen, wegziehen, wegreißen ‖ *uv* сдёргивать, -аю, -аешь

сдира́ть *uv zu* содра́ть

сдо́ба, -ы *f* 1. Zutaten zur Verfeinerung von Teig (Milch, Butter, Eier u. ä.) 2. *Koll* Brötchen *aus verfeinertem Teig*, Milchbrötchen, Butterwecken, Kuchenbrötchen

сдо́бный, -ая, -ое; *Kzf* сдо́бен, -бна́! 1. mit Milch, Butter, Eiern usw. zubereitet; -ая бу́лка Milchbrötchen, Butterwecken, Kuchenbrötchen 2. *übtr scherz umg* rundlich, üppig

сдо́брить, -рю, -ришь; -ренный, -рен, -а *v umg* (im Geschmack) verfeinern, schmackhaft machen ‖ *uv* сдабривать, -аю, -аешь

сдоброва́ть: тебе́ не ~ *umg* mit dir wird es kein gutes Ende nehmen

сдо́хнуть, -ну, -нешь; сдох, -ла *v* krepieren, umkommen

сдружа́ть(ся) *uv zu* сдружи́ть(ся)

сдружи́ть, -жу́, -жи́шь *u.* сдру́жишь; сдружённый, -жён, -жена́ *v* verbinden, zu Freunden machen ‖ *uv* сдружа́ть, -а́ю, -а́ешь

сдружи́ться, -жу́сь, -жи́шься *u.* сдру́жишься *v* sich befreunden, sich anschließen (с *I* j-m) ‖ *uv* сдружа́ться, -а́юсь, -а́ешься

сдува́ть *uv zu* сдуть *u.* сду́нуть

сду́ру *Adv umg* vor (lauter) Dummheit, törichterweise

с|дуть* *v* 1. wegblasen, fortpusten; wegwehen 2. zusammenblasen; zusammenwehen 3. *von j-m* abschreiben ‖ *uv* сдува́ть, -а́ю, -а́ешь | сду́нуть, -ну, -нешь; -нутый, -нут, -а *v mom umg zu* 1

сё, сего́ *Dem Pron in den Wendungen*: то и сё *oder* то да сё dieses und jenes; ни то, ни сё weder Fisch noch Fleisch; ни с того́, ни с сего́ aus unbekanntem Grunde, unverständlicherweise

сеа́нс, -а *m* 1. Vorstellung, Vorführung *im Kino*; Schauturnier *beim Schachspiel* 2. Sitzung *beim Kunstmaler*, Behandlung *beim Masseur u. ä.*

[1]**себе́** ↑ себя́

[2]**себе** (ohne Betonung) *verstärkende Part; bleibt oft unübersetzt oder*: für sich hin, ungezwungen; идёт ~, ничего́ не замеча́я er geht so für sich hin, ohne etwas zu bemerken; ся́ду ~ в уголо́чке ich setze mich ganz behaglich im Eckchen nieder; так ~ nicht besonders, mäßig; Как вы живёте? Ничего́ (~). Wie geht es Ihnen? Es geht! [Ganz gut!]; ничего́ ~ друг! *umg* das ist mir aber ein feiner Freund!

себесто́имость, -и *f* Selbstkosten(preis)

себя́ *G*; *D* себе́, *A* себя́, *I* собо́й *u.* собо́ю, *P* о себе́ *refl Pers Pron, bei allen Personen anzuwenden*: mir, mich; dir, dich; sich; uns; euch; sich; он ду́мает то́лько о себе́ er denkt nur an sich; вы ду́маете то́лько о себе́ ihr denkt nur an euch; над собо́й я уви́дел самолёт über mir sah ich ein Flugzeug; э́ти ча́сти свя́заны ме́жду собо́й diese Teile sind miteinander verbunden ◇ она́ была́ о́чень хороша́ собо́й sie war sehr hübsch; я говорю́ от себя́ ich spreche im eigenen Namen; он нашёл рабо́ту по себе́ er fand eine ihm angemessene Arbeit; он оста́вил по себе́ до́брую па́мять er hinterließ ein gutes Andenken; чте́ние про себя́ stilles Lesen; у себя́ bei sich zu Hause; сам по себе́ an sich, als solcher, für sich genommen; вы́йти из себя́ außer sich geraten; быть не в себе́ außer sich sein; прийти́ в себя́ zu sich kommen; ему́ бы́ло не по себе́ a) er fühlte sich (gesundheitlich) nicht wohl; b) es war ihm unbehaglich zumute, er war peinlich berührt; он — себé на умé er ist verschlossen [hinterlistig]

себя|любец, -бца, *I* -бцем, *G Pl* -бцев *m* Egoist, selbstsüchtiger Mensch; **~люби́вый,** -ая, -ое; *Kzf* -и́в, -а selbstsüchtig, egoistisch; **~любие,** -я *n* Selbstsucht, Egoismus

сев, -а *m* Aussaat; Saatzeit; весéнний ~ Frühjahrsbestellung

Севасто́поль, -я *m* Sewastopol

се́вер, -а *m* Norden; к -у [на ~, на -е] от *G* nördlich von; на -е im Norden

се́вернее nördlich (*G* von)

се́верный, -ая, -ое Nord-, nördlich; -ое сия́ние Nordlicht, Polarlicht; ~ олéнь Renntier, Ren; -ее Москвы́ nördlich von Moskau ◇ Се́верная Пальми́ра *poet* Bezeichnung für Petersburg in der russischen klassischen Literatur; Се́верная Амéрика Nordamerika; Се́верное мóре Nordsee; Се́верный Ледови́тый океáн Nördliches Eismeer

се́веро-востóк, -а *m* Nordost(en)

се́веро-востóчный, -ая, -ое Nordost-, nordöstlich

се́веро-зáпад, -а *m* Nordwest(en)

се́веро-зáпадный, -ая, -ое Nordwest-, nordwestlich

североморец, -рца, *I* -рцем, *G Pl* -рцев *m* Matrose der Nordmeerflotte

се́веро-осети́нский, -ая, -ое nordossetisch; Се́веро-Осети́нская АССР Nordossetische ASSR

северя́нин, -а, *Pl* северя́не, -я́н, -я́нам *m* Nordländer

северя́нка, -и, *Pl G* -нок, *D* -нкам *f* Nordländerin

севооборóт, -а *m landw* Fruchtfolge, Fruchtwechsel

се́врский, -ая, -ое: ~ фарфóр Sèvresporzellan, Porzellan aus Sèvres *bei Paris*

севрю́га, -и *f* Sewruga, Sternhausen *Fisch*

сегмéнт, -а *m* **1.** Segment, Kreisabschnitt, Kugelabschnitt **2.** *anat* Teil, Abschnitt *eines Körpers, Körperteils oder Organs*

сегóдня [во] **1.** *Adv* heute **2.** *Subst n idkl* das Heute, die Gegenwart; не ~-зáвтра in den nächsten Tagen, in allernächster Zeit

сегóдняшний [во], -яя, -ее heutig

седáлище, -а, *I* -ем *n alt jetzt scherz* **1.** Gesäß **2.** Sitz(platz), Thron

седáлищный, -ая, -ое *anat* Gesäß-; ~ нерв Ischiasnerv

седёлка, -и, *Pl G* -лок, *D* -лкам *f* Kammdeckel *Teil des Pferdegeschirrs*

седéльник, -а *m* Sattler

седéльный, -ая, -ое Sattel-

седéть, -éю, -éешь *uv* **1.** grau [weiß] werden, graue [weiße] Haare bekommen **2.** grau [silbern] schimmern

седина́, -ы́, *Pl* седи́ны, -и́н, -и́нам *f* graues [weißes] Haar, Ergrauen des Haares, graue [weiße] Farbe des Haares ◇ дожи́ть до седи́н ein hohes Alter erreichen

седлáть, -áю, -áешь *uv* satteln

седлó, -á, *Pl* сёдла, сёдел, сёдлам *n* Sattel

седлови́дный, -ая, -ое; *Kzf* -ден, -дна sattelförmig, Sattel-

седлови́на, -ы *f* **1.** Einsenkung des Rückens *bei Tieren, bes. beim Pferd* **2.** Gebirgssattel

седлóвка, -и, *Pl G* -вок, *D* -вкам *f* Sattelung, Satteln

седобoрóдый, -ая, -ое; *Kzf* -óд, -а graubärtig, weißbärtig

седоволóсый, -ая, -ое; *Kzf* -óс, -а grauhaarig, weißhaarig

седóй, -áя, -óе; *Kzf* сед, -á! grau, ergraut, weiß geworden; grauhaarig, weißhaarig

седóк, -á *m* **1.** Reiter **2.** Fahrgast *in Autos, Equipagen*

седьмóй, -áя, -óе **1.** *Num* siebenter; -óго числá am Siebenten (des Monats); -óго ию́ня am siebenten Juni; ~ час es geht auf sieben; в -óм часу́ kurz nach sechs; -áя часть Siebentel; емý ~ деся́ток (пошёл) er ist in den Sechzigern **2.** -áя, -óй *Subst f* Siebentel

сезáм, -а *m bot* Sesam

сезáмовый, -ая, -ое *bot* Sesam-; -ое мáсло Sesamöl

сезóн, -а *m* **1.** Jahreszeit **2.** Saison, Zeit; театрáльный ~ (Theater-) Spielzeit; виногрáдный ~ Zeit der Weinlese; ~ роз (Blüte-) Zeit der Rosen

сезóнник, -а *m* Saisonarbeiter

сезóнный, -ая, -ое **1.** von der Jahreszeit abhängig **2.** Saison-, saisonbedingt, für die Saison gültig

сей, сегó [во], *I* сим, *P* о сём *m*; **сия́,** сей *f*; сиé, сегó [во], *I* сим, *P* о сём *n*; *Pl* сии́, сих, сим **1.** *Dem Pron alt, buchspr, jetzt iron* dieser **2.** *Dem Pron* dieser *in den Wendungen*: сегó гóда [*Abk* с. г.] dieses Jahres *bei der Angabe des Datums*; сию́ мину́ту [секу́нду] sofort; до сегó врéмени *oder* до сей поры́ bis zu dieser Zeit;

до сих пор bis jetzt; bis hierher; на сей раз (für) diesmal; по сей день bis auf den heutigen Tag; по сю сторону diesseits; при сём (препровождается) anbei (senden wir); с получением сего bei Erhalt desselben

сейм, -а *m* **1.** Sejm, Parlament *in Polen u. Finnland* **2.** *hist* Ständevertretung

сейнер, -а *m naut* Seiner *kleines Fischereifahrzeug mit Zugnetzen*

сейсмический, -ая, -ое seismisch, Erdbeben-; -ая станция Erdbebenwarte

сейсмограф, -а *m* Seismograph, Erdbebenmesser

сейсмография, -и *f* **1.** Seismogramm, Registrierung des Seismographen **2.** Seismik, Erdbebenkunde

сейсмология, -и *f* Seismologie, Seismik, Erdbebenkunde

сейсмометр, -а *m* Seismometer, Erdbebenmesser

сейф, -а *m* Safe, Stahlfach, Stahlschrank, Stahlkammer

сейчас *Adv* **1.** jetzt, in diesem Augenblick **2.** soeben, eben erst **3.** sofort, unverzüglich, gleich; ~ (же) за воротами gleich [direkt] hinter dem Tor

секанс [сэ], -а *m math* Sekans, Sekante

секвестр, -а *m* **1.** *jur* Sequestration, behördliche einstweilige Beschlagnahme; наложить ~ sequestrieren, beschlagnahmen **2.** *med* Sequester, abgestorbenes (Knochen-) Gewebe

секвестровать, -рую, -руешь; -рованный, -рован, -а *v, uv jur* sequestrieren, beschlagnahmen

секира, -ы *f hist* Streitaxt

¹секрет, -а *m* **1.** Geheimnis; по -у im geheimen, im Vertrauen; держать в -е geheimhalten; под большим -ом unter dem Siegel der Verschwiegenheit; замок с -ом Geheimschloß; ~ полишинеля offenes Geheimnis **2.** *mil* Horchposten, vorgeschobener Posten

²секрет, -а *m med* Sekret, Drüsenabsonderung

секретариат, -а *m* Sekretariat

секретарский, -ая, -ое **1.** Sekretärs- **2.** Schriftführer-

секретарствовать, -ствую, -ствуешь *uv* **1.** Sekretär sein **2.** Schriftführer sein, das Protokoll führen

секретарша, -и, *I* -ей *f umg* Sekretärin

секретарь, -я *m* **1.** Sekretär **2.** Schriftführer, Protokollant ◇ государственный ~ Staatssekretär *Außenminister in den USA*

секретер [тэ], -а *m* Sekretär, Schreibschrank

секретничать, -аю, -аешь *uv umg* geheimhalten; geheimtun, tuscheln

секретный, -ая, -ое; *Kzf* -тен, -тна geheim, verborgen, vertraulich; Geheim-

секреторный, -ая, -ое sekretorisch, Sekretions-

секреция, -и *f* Sekretion, Drüsenabsonderung

секста [сэ], -ы *f mus* Sexte

секстант, -а *u.* **секстан,** -а *m astr, naut, flug* Sextant, Winkelmeßinstrument

секстет [сэ, тэ], -а *m mus* Sextett

сексуальный, -ая, -ое; *Kzf* -лен, -льна sexuell

секта, -ы *f* (religiöse) Sekte

сектант, -а *m* Sektierer, Angehöriger einer Sekte; *übtr* Eigenbrötler

сектантский, -ая, -ое sektiererisch

сектантство, -а *n* Sektierertum

сектор, -а, *Pl* секторы, -ов, -ам *u.* сектора, -ов, -ам *m* **1.** *math* Sektor **2.** Sektor, Abteilung; Zweig **3.** *mil* Abschnitt; ~ обстрела *mil* Schußfeld

секу ↑ сечь

секуляризация, -и *f* Säkularisation, Überführung kirchlichen Besitzes in staatlichen [weltlichen]; Verweltlichung

секуляризировать, -рую, -руешь *u.* **секуляризовать,** -зую, -зуешь; -зованный, -зован, -а *v, uv* säkularisieren, in staatlichen [weltlichen] Besitz überführen

секунда, -ы *f* Sekunde ◇ ~ в -у *umg* a) genau zur festgesetzten Zeit; (b gleichzeitig

секундант, -а *m Sport* Sekundant; *alt* Sekundant *beim Duell*

секундный, -ая, -ое Sekunden-; sekundenlang; pro Sekunde

секундомер, -а *m* Stoppuhr

секундометрист, -а *m Sport* Zeitnehmer

секущая, -ей *Subst f math* Sekante, Sekans

¹секционный, -ая, -ое *med* **1.** Sektions- **2.** -ая, -ой *Subst f* Sektionssaal

²секционный, -ая, -ое **1.** Sektions-, (Unter-) Abteilungs- **2.** Sektions-, aus Teilen (bestehendes); ~ метод сбор-

ки Sektionsbauweise; -ая ме́бель Anbaumöbel
[1]**се́кция,** -и *f med* Sektion, Sezieren
[2]**се́кция,** -и *f* 1. Sektion, (Unter-) Abteilung 2. (Bestand-) Teil, Bauteil, Fertigteil
селёдка, -и, *Pl G* -док, *D* -дкам *f* Hering
селёдочница, -ы, *I* -ей *f* länglicher Teller für Heringe
селёдочный, -ая, -ое Herings-
селезёнка, -и, *Pl G* -нок, *D* -нкам *f anat* Milz
селезёночный, -ая, -ое *anat* Milz-
се́лезень, -зня *m* Enterich
селекти́вный, -ая, -ое selektiv; auswählend; trennscharf
селекционе́р, -а *m* Fachmann für Selektion; Pflanzenzüchter; Tierzüchter
селекцио́нный, -ая, -ое Selektions-
селе́кция, -и *f* Selektion, Auslese, Zuchtwahl
селе́н, -а *m chem* Selen
селе́ние, -я *n* Dorf, Siedlung, Ortschaft
селе́нистый, -ая, -ое *chem* selenhaltig
селе́новый, -ая, -ое *chem* Selen-
сели́тра, -ы *f* Salpeter
сели́тровый, -ая, -ое *u.* **сели́тряный,** -ая, -ое Salpeter-
сели́ть, -лю́, -ли́шь *uv* ansiedeln
сели́ться, -лю́сь, -ли́шься *uv* sich ansiedeln, sich niederlassen
сели́ще, -а, *I* -ем *n arch* frühere Siedlungsstätte
село́, -а́, *Pl* сёла, сёл, сёлам *n* (großes) Dorf; на -е́ auf dem Lande ◇ ни к -у́, ни к го́роду unpassend, fehl am Platze
се́ль- *in Zuss Abk für* се́льский Dorf-, Land-
сельдере́й, -я *m* Sellerie
сельдь, -и, *Pl* се́льди, сельде́й, сельдя́м *f* Hering
сельдяно́й, -а́я, -о́е Herings-
селько́р, -а *m* (се́льский корреспонде́нт) Dorfkorrespondent
сельма́г, -а *m* (се́льский магази́н) Dorfladen
се́льский, -ая, -ое Dorf-, Land-, ländlich; -ое хозя́йство Landwirtschaft
сельскохозя́йственный, -ая, -ое landwirtschaftlich, Landwirtschafts-; ~ рабо́чий Landarbeiter; -ая маши́на Landmaschine
сельсове́т, -а *m* (се́льский сове́т) Dorfsowjet
се́льтерская, -ой *Subst f* Selterswasser
се́льтерский, -ая, -ое: -ая вода́ Selterswasser
сельхоз- *in Zuss Abk für* сельскохозя́йственный landwirtschaftlich, Landwirtschafts-
селяни́н, -а, *Pl* селя́не, -я́н, -я́нам *m alt, gbt* Bauer, Landmann
селя́нка, -и, *Pl G* -нок, *D* -нкам *f alt gbt* Bäuerin
сем- *in Zuss Abk für* семенно́й Samen-, Saat(zucht)-
сема́нтика, -и *f* 1. *ling* Bedeutung *eines Wortes oder einer grammatischen Form* 2. *ling* Semantik
семанти́ческий, -ая, -ое *ling* semantisch
семасиологи́ческий, -ая, -ое *ling* semasiologisch
семасиоло́гия, -и *f ling* Semasiologie, Bedeutungslehre
семафо́р, -а *m* Semaphor, Eisenbahnsignal; *naut* Signalmast
сёмга, -и *f* gemeiner Lachs, Salm
семе́йка, -и, *Pl G* семе́ек, *D* семе́йкам *f Dem zu* семья́ Familie
семе́йный, -ая, -ое Familien-; -ое положе́ние Familienstand; ~ челове́к Familienvater; он ~ челове́к er hat (eine) Familie; -ые дела́ Familienangelegenheiten; *übtr* innere [private] Angelegenheiten
семе́йственность, -и *f* 1. Familiensinn, Liebe zur Familie 2. Vetternwirtschaft, ungerechte Bevorzugung der Verwandten
семе́йство, -а *n* Familie; прибавле́ние -а Familienzuwachs
Семён, -а *m* Simon
семени́ть, -ню́, -ни́шь *uv umg* trippeln
семени́ться, *1. u. 2. Pers ungebr,* -и́тся *uv bot* Samen tragen
семенни́к, -а́ *m* 1. *meist Pl bot, landw* Saatfrucht, Saatkörner, Samenpflanze(n); огуре́ц-~ Saatgurke 2. *landw* Bodenfläche, auf der die Saatfrucht gezogen wird 3. *bot* Fruchthülle 4. *anat* Hoden
семенно́й, -а́я, -о́е Samen-; Saat-
семенcircво́д, -а *m* Samenzüchter
семеново́дство, -а *n* Samenzucht; Saatgutzüchterei
семеново́дческий, -ая, -ое Samenzucht-; Saatzucht-
семёрка, -и, *Pl G* -рок, *D* -ркам *f* 1. Sieben *Ziffer*; *umg Straßenbahn, Omnibus der Linie 7*; Gruppe von sieben Personen oder Gegenständen 2. Sieben *Spielkarte*
се́меро, -ы́х *kollektives Num* 1. sieben *bei männlichen Subst, die Personen*

bezeichnen, u. bei Pluraliatantum; их было ~ es waren ihrer sieben, sie waren sieben; ~ ребят sieben Kinder 2. sieben Paar; ~ глаз sieben Augenpaare

семестр, -а *m* Semester

семестровый, -ая, -ое Semester-

семечко, -а, *Pl* семечки, -чек, -чкам *n* 1. Kern; Samenkorn 2. *Pl* Sonnenblumenkerne *zum Essen*

семи- *in Zuss* sieben-

семидесятилетие, -я *n* 1. siebzig Jahre *Zeitraum* 2. siebzigster Jahrestag, Siebzigjahrfeier; siebzigjähriges Jubiläum; ~ со дня рождения siebzigster Geburtstag

семи|десятилетний, -яя, -ее siebzigjährig; **~десятый,** -ая, -ое *Num* siebzigster; **~дневный,** -ая, -ое siebentägig; **~кратный,** -ая, -ое siebenfach, siebenmalig; **~летие,** -я *n* 1. sieben Jahre *Zeitraum* 2. siebenter Jahrestag; siebenjähriges Jubiläum; **~летка,** -и, *Pl G* -ток, *D* -ткам *f* 1. Siebenklassenschule 2. Siebenjahrplan; **~летний,** -яя, -ее siebenjährig; **~месячный,** -ая, -ое 1. siebenmonatig *Dauer oder Alter* 2. siebenmonatlich; **~мильный,** -ая, -ое Siebenmeilen- ◇ ~мильными шагами идти [двигаться] mit Siebenmeilenschritten vorangehen

семинар, -а *m* Seminar, Zirkel

семинарист, -а *m alt* Seminarist

семинария, -и *f alt* 1. Seminar, Lehranstalt 2. geistliches Seminar

семинарский, -ая, -ое Seminar-, Zirkel-, seminaristisch

семисотлетие, -я *n* 1. siebenhundert Jahre *Zeitraum* 2. siebenhundertster Jahrestag, Siebenhundertjahrfeier

семи|сотлетний, -яя, -ее siebenhundertjährig; **~сотый,** -ая, -ое *Num* siebenhundertster

семит, -а *m* Semit

семитысячный, -ая, -ое 1. *Num* siebentausendster 2. aus siebentausend bestehend; -ое войско ein Heer von siebentausend Mann 3. *umg* im Wert von siebentausend Rubeln

семиугольник, -а *m* Siebeneck

семиугольный, -ая, -ое siebeneckig

семичасовой, -ая, -ое siebenstündig; ~ рабочий день Siebenstundentag; ~ поезд Siebenuhrzug

семиэтажный, -ая, -ое sechsstöckig, siebengeschossig

семнадцатилетний, -яя, -ее siebzehnjährig

семнадцатый, -ая, -ое *Num* siebzehnter

семнадцать, -и *Num* siebzehn

семь, -й, *I* -ью *Num* sieben ◇ книга за -ью печатями ein Buch mit sieben Siegeln; у него ~ пятниц на неделе er ist wetterwendisch, er ändert alle Augenblicke seine Entschlüsse; ~ раз отмерь — один раз отрежь *Sprichw* erst besinn's, dann beginn's

семьдесят, семидесяти, *I* семьюдесятью *Num* siebzig

семьсот, семисот, семистам, *I* семьюстами, *P* о семистах *Num* siebenhundert

семью *Adv* sieben mal, mit sieben malgenommen; ~ семь sieben mal sieben

семья, -й, *Pl* семьи, семей, семьям *f* Familie; член -й Familienangehöriger; ~ в шесть человек eine sechsköpfige Familie

семьянин, -а *m* (guter) Hausvater, Familienvater

семя, -мени, *Pl* семена, семян, семенам *n* 1. *bot* Samen; масличное ~ Ölsaat 2. *Pl* Saatkorn, Saatgut; Sämereien 3. *biol* Samen, Sperma 4. *übtr* Samen, Quelle, Keim

семядоля, -и *f bot* Samenlappen

семяножка, -и, *Pl G* -жек, *D* -жкам *f bot* Samenträger

Сена, -ы *f* Seine *Fluß*

сенбернар [сэ], -а *m* Bernhardiner *Hunderasse*

сени, сеней, -ям *Pl* Flur, Diele

сенник, -а *m* Strohsack, Heusack

сенной, -ая, -ое Heu-

сено, -а *n* Heu

сеновал, -а *m* Heuboden

сеноворошилка, -и, *Pl G* -лок, *D* -лкам *f landw* Heuwender

сенозаготовка, -и, *Pl G* -вок, *D* -вкам *f* Heubeschaffung

сенокос, -а *m* 1. Heumahd 2. Heuschlag, für die Mahd vorgesehene Wiese

сенокосилка, -и, *Pl G* -лок, *D* -лкам *f* Grasmäher, (Gras-) Mähmaschine

сенокосный, -ая, -ое Heuernte-

сенокошение, -я *n* Heumahd, Heuernte

сенсационный, -ая, -ое; *Kzf* -ционен, -ционна sensationell, aufsehenerregend

сенсация, -и *f* 1. Sensation, Aufsehen; производить -ю Aufsehen erregen 2. Sensation, aufsehenerregendes Ereignis

сенсуали́зм [сэ], -а *m phil* Sensualismus
сенсуа́льный [сэ], -ая, -ое *buchspr* sensuell, sinnlich (wahrnehmbar)
сентенцио́зный [сэ, тэ], -ая, -ое; *Kzf* -зен, -зна *buchspr* sentenziös; moralisierend
сенте́нция [сэ, тэ], -и *f buchspr* Sentenz, Sinnspruch
сентиментали́зм [сэ], -а *m* **1.** *lit* Sentimentalismus **2.** *alt* Sentimentalität, Rührseligkeit, Empfindsamkeit
сентимента́льничать [сэ], -аю, -аешь *uv* sentimental [empfindsam] sein; sentimental [empfindsam] umgehen
сентимента́льный [сэ], -ая, -ое; *Kzf* -лен, -льна **1.** sentimental, empfindsam, rührselig **2.** *lit* den Prinzipien des Sentimentalismus folgend; -ое направле́ние в литерату́ре die Strömung des Sentimentalismus in der Literatur
сентиме́нты ↑ сантиме́нты
сентя́брь, -я́ *m* September ◇ смотре́ть -ём *scherz* düster dreinschauen
сентя́брьский, -ая, -ое September-
сень, -и, *P* о се́ни, в сени́ *f buchspr alt* (schützendes) Dach; Zufluchtsstätte, Heimstätte; под -ью *G* im Schutze von
Се́нька, -и *m Dem zu* Семён *u.* Симео́н
сеньо́р, -а *m* **1.** *hist* Seigneur, Grundherr **2.** Señor, Herr *in Spanien*
Се́ня, -и *m Dem zu* Семён *u.* Симео́н
сепарати́вный, -ая, -ое; *Kzf* -вен, -вна separatistisch
сепарати́стский [исск], -ая, -ое separatistisch, Separatisten-
сепара́тный, -ая, -ое separat, (ab)gesondert; ~ мир Sonderfrieden
сепара́тор, -а *m* Separator; моло́чный ~ Milchentrahmer; магни́тный ~ Erzscheider
сепари́ровать, -рую, -руешь *v, uv* absondern
се́пия [сэ], -и *f* **1.** Sepia, gemeine Tintenschnecke **2.** Sepia, bräunlicher Farbstoff **3.** Sepiazeichnung
се́псис [сэ], -а *f med* Sepsis
септе́т [сэ], -а *m mus* Septett
се́птима [сэ], -ы *f mus* Septime, Septe
септи́ческий [сэ], -ая, -ое *med* septisch
се́ра, -ы *f* **1.** Schwefel **2.** Ohrenschmalz
сера́ль, -я *m* Serail, Palast eines Sultans; Harem im Serail
серафи́м, -а *m* Seraph, Engel
Серафи́м, -а *m männl Vn*
серб, -а *m* Serbe
Се́рбия, -и *f* Serbien
се́рбка, -и, *Pl G* -бок, *D* -бкам *f* Serbin
сербохорва́тский, -ая, -ое serbokroatisch
се́рбский, -ая, -ое serbisch
серви́з, -а *m* Service, Tafelgeschirr
сервирова́ть, -ру́ю, -ру́ешь; -ро́ванный, -ро́ван, -а *v, uv* den Tisch decken; servieren
сервиро́вка, -и *f* **1.** Decken des Tisches; Servieren **2.** Tafelgeschirr; Aufmachung der Tafel
се́рвис, -а *m buchspr* Service, Kundendienst
Серге́й, -я *m männl Vn*
серде́чко, -а, *Pl* серде́чки, -чек, -чкам *n Dem zu* се́рдце ◇ гу́бы -чком herzförmige Lippen; kokett geschürzte Lippen
[1]**серде́чник,** -а *m tech* Kern
[2]**серде́чник,** -а *m* **1.** *umg* Herzkranker **2.** *umg* Arzt für Herzkrankheiten
серде́чный, -ая, -ое; *Kzf* -чен, -чна **1.** Herz- **2.** herzlich, warm, innig; zu Herzen gehend **3.** Herzens-, Liebes- **4.** -ого *Subst m volksspr* der Ärmste ◇ друг ~ *als Anrede* (mein) lieber Freund
серди́тый, -ая, -ое; *Kzf* -и́т, -а **1.** zornig, böse; быть -ым на кого́-н. aufgebracht [böse] gegen j-n sein **2.** reizbar, leicht in Zorn geratend **3.** *umg* heftig, beißend; ~ моро́з beißender [heftiger] Frost ◇ дёшево и -о leicht erhältlich u. dabei zweckentsprechend, preiswert; сде́лать что́-н. под -ую ру́ку etw. im Zorn tun
серди́ть, сержу́, се́рдишь *uv* erzürnen, reizen, ärgern
серди́ться, сержу́сь, се́рдишься *uv* zornig sein, aufgebracht sein, sich ärgern (на *A* über)
сердобо́льный, -ая, -ое; *Kzf* -лен, -льна *umg* mitleidig, mitfühlend
сердоли́к, -а *m min* Karneol
се́рдце [рц], -а, *I* -ем, *Pl* сердца́, -де́ц, -дца́м *n* **1.** Herz **2.** *umg* Zorn, Erregung **3.** Zentrum, Mittelpunkt ◇ ~ па́дает der Mut sinkt (vor Schreck); ~ не лежи́т к кому́-н. [чему́-н.] keinen Sinn für j-n [etw.] haben, keinen Gefallen an j-m [etw.] finden; скрепя́ ~ mit schwerem Herzen, ungern, widerstrebend; от всего́ [чи́стого] -а von ganzem Herzen, aufrichtig; э́то мне по -у das ist nach meinem Geschmack, das gefällt mir; принима́ть что́-н.

близко к -у sich etw. zu Herzen nehmen; у меня́ ~ не на ме́сте ich bin aufgeregt, ich habe keine Ruhe; у меня́ тяжело́ на ~ mir ist es schwer [beklommen] ums Herz; у меня́ отлегло́ от -а mir ist ein Stein vom Herzen gefallen; с глаз доло́й, из -а вон *Sprichw* aus den Augen, aus dem Sinn; в -а́х im Zorn, zornerfüllt; име́ть ~ на кого́-н. zornig [böse] auf j-n sein; сорва́ть ~ на ко́м-н. seinen Zorn an j-m auslassen

сердцебие́ние [рц], -я *n* Herzklopfen

сердцеве́д [рц], -а *m* Menschenkenner

сердцеви́дный [рц], -ая, -ое; *Kzf* -ден, -дна herzförmig

сердцеви́на [рц], -ы *f* 1. *bot* Mark 2. *bot* (Kern-) Gehäuse 3. *übtr* Herz, Herzstück, Zentrum

сердцее́д [рц], -а *m umg scherz* Herzensbrecher

сере́бреник, -а *m alt* kleine Silbermünze

серебрёный, -ая, -ое *umg* versilbert

серебри́стый, -ая, -ое; *Kzf* -и́ст, -а 1. silbrig, silberschimmernd; -ая лиса́ Silberfuchs 2. silberhell *vom Klang*

серебри́ть, -рю́, -ри́шь; -рённый, -рён, -рена́ *uv* versilbern

серебри́ться, *1. u. 2. Pers ungebr*, -ри́тся *uv* silbern schimmern, silbern glänzen

серебро́, -а́ *n* 1. Silber 2. *Koll* Silberwaren, Silberzeug, Tafelsilber 3. *Koll* kleine Silbermünzen; рубль -о́м ein Rubel in Silber

сере́бряный, -ая, -ое 1. Silber-, silbern; ~ блеск *min* Silberglanz 2. silberhell *Klang*

середи́на, -ы *f* 1. Mitte; в са́мой -е genau in der Mitte 2. Mittelweg; держа́ться -ы den Mittelweg einschlagen, das Mittelmaß halten; золота́я ~ die goldene Mitte

середи́нный, -ая, -ое Mittel-, in der Mitte gelegener, mittlerer

середня́к, -а́ *m* Mittelbauer

Серёжа, -и, *I* -ей *u.* **Серёж(ень)ка**, -и *m Dem zu* Серге́й

серёжка, -и, *Pl G* -жек, *D* -жкам *f* 1. Ohrring 2. *bot* Kätzchen

серена́да, -ы *f mus* Serenade

сере́ть, *1. u. 2. Pers ungebr*, -е́ет *uv* 1. grau werden 2. grau schimmern, sich grau abheben

сержа́нт, -а *m mil* Sergeant

сери́йный, -ая, -ое Serien-, Reihen-; -ое произво́дство Serienfertigung; -ое бомбомета́ние *mil* Reihenabwurf von Bomben

се́рия, -и *f* Serie; кинофи́льм в трёх -ях Film in drei Teilen, dreiteiliges Filmwerk

сермя́га, -и *f alt* grobes Tuch; Bauernrock aus grobem Tuch

се́рна, -ы *f* Gemse

сернистоки́слый, -ая, -ое *chem* schwefligsauer; ~ на́трий Natriumsulfit

се́рни́стый, -ая, -ое 1. schwefelhaltig 2. *chem* schweflig; -ая кислота́ schweflige Säure

серноватистоки́слый, -ая, -ое *chem* unterschwefligsauer

сернова́тистый, -ая, -ое *chem* unterschwefelig

серноки́слый, -ая, -ое *chem* schwefelsauer; ~ на́трий Natriumsulfat

се́рный, -ая, -ое *chem* Schwefel-; -ая кислота́ Schwefelsäure

серова́тый, -ая, -ое gräulich, ins Graue spielend

сероводоро́д, -а *m chem* Schwefelwasserstoff

сероглáзый, -ая, -ое; *Kzf* -а́з, -а grauäugig

серо́зный, -ая, -ое *med* serös; -ая оболо́чка Serosa

сероуглеро́д, -а *m chem* Schwefelkohlenstoff

серп, -а́ *m* Sichel

серпанти́н, -а *m* Papierschlange

серпя́нка, -и *f text* Marly, gazeartiges Baumwollgewebe

серсо́ *n idkl* Reifenspiel; игра́ть в ~ das Reifenspiel spielen, mit Reifen spielen

серча́ть, -а́ю, -а́ешь *uv volksspr* sich ärgern, böse sein

се́рый, -ая, -ое; *Kzf* сер, -а́! 1. grau 2. trübe 3. *übtr* farblos, fade, unbedeutend

серьга́, -и́, *Pl* се́рьги, серёг, серьга́м *f* 1. Ohrring 2. *tech* Lasche

серьёзничать, -аю, -аешь *uv umg* übertrieben ernst tun

серьёзно *Adv* 1. ernst 2. allen Ernstes, in der Tat, wirklich

серьёзный, -ая, -ое; *Kzf* -зен, -зна 1. ernst, ernsthaft 2. wichtig, gewichtig; -ая кни́га ein ernst zu nehmendes Buch; -ое реше́ние a) ein wichtiger Beschluß; b) ein folgenschwerer Entschluß

се́ссия, -и *f* Tagung, Sitzungsperiode; выездна́я ~ *jur* Lokaltermin; (экзаменацио́нная) ~ Prüfungsperiode

сестра́, -ы́, *Pl* сёстры, сестёр, сёст-

рам *f* 1. Schwester; двою́родная ~ Kusine, Base 2. (медици́нская) ~ Krankenschwester; ~ милосéрдия *alt* Krankenschwester 3. Nonne ◇ нáша ~ meinesgleichen, unseresgleichen *von weibl Personen*
сéстрин, -а, -о *umg* der Schwester gehörig, der Schwester
сéстринский, -ая, -ое 1. Krankenschwestern- 2. *umg* Schwestern-, schwesterlich
сестри́ца, -ы, *I* -ей *f Dem zu* сестрá Schwesterchen
сестри́чка, -и, *Pl G* -чек, *D* -чкам *f Dem zu* сестрá Schwesterchen
сесть* *v* 1. sich setzen; ~ за стол sich an den Tisch setzen, sich zu Tisch setzen 2. в *A* einsteigen; an Bord gehen 3. за *A* sich etw. vornehmen, sich an etw. setzen; ~ за рабóту an die Arbeit gehen 4. на *A* sich niederlassen, landen 5. untergehen *von Gestirnen* 6. *1. u. 2. Pers ungebr* einlaufen, eingehen *von Stoffen* ◇ ~ на мель a) auf Grund laufen; b) in finanzielle Schwierigkeiten geraten, auf dem Trockenen sitzen ‖ *uv* сади́ться, -жу́сь, -ди́шься
сéтка, -и, *Pl G* -ток, *D* -ткам *f* 1. kleines Netz; кали́льная ~ *tech* Glühstrumpf 2. *Sport* Netz 3. Kartennetz, Gradnetz 4. Tabelle; тари́фная ~ Tarifnetz, Tarifstaffelung 5. *umg* Netzhemd 6. *vet* Netzmagen
сéтовать, -ую, -уешь *uv* на *A* klagen, jammern; beklagen, bejammern ‖ *v* посéтовать
сéттер [сэтэр], -а *m* Setter *Hunderasse*
сетчáтка, -и *f anat* Netzhaut
сетчатокры́лые *Pl* -ых, *Sg* сетчатокры́лое, -ого *Subst n zool* Netzflügler
сéтчатый, -ая, -ое; *Kzf* -ат, -а Netz-, netzartig
сеть, -и, *P* о сéти, в сети́, *Pl* сéти, сетéй, сетя́м *f* Netz; рыболóвная ~ Fischernetz; электри́ческая ~ Stromnetz; поймáть когó-н. в свои́ -и j-n in seine Netze [in die Falle] locken; попáсть в -и a) ins Garn geraten, in die Falle gehen; b) sich verlieben; расставля́ть -и a) Netze spannen [stellen]; b) *übtr* Fallstricke legen
Сеу́л, -а *m* Söul
сéча, -и, *I* -ей *f alt, hoher Stil* Schlacht
сечéние, -а *n* 1. Schneiden 2. Schnitt, Einschnitt; кéсарево ~ *med* Kaiserschnitt
сéчка, -и, *Pl G* -чек, *D* -чкам *f* 1. Hackmesser, Wiegemesser 2. *landw* Häcksel
Сечь, -и *f* Setsch *Selbstverwaltungsorganisation der ukrainischen Kosaken im 16.–18. Jahrh.*
сечь* *uv* 1. peitschen, prügeln 2. zerhacken, zerhauen 3. *1. u. 2. Pers ungebr* peitschen, schlagen; дождь так и сёк в окнó der Regen trommelte gegen das Fenster
сéчься*; секлáсь *uv* brechen, fasern, sich spalten; вóлосы секу́тся das Haar wird brüchig ‖ *v* по|сéчься*
сéялка, -и, *Pl G* -лок, *D* -лкам *f* Sämaschine; рядовáя ~ Drillmaschine
сéянец, -нца, *I* -нцем, *G Pl* -нцев *m landw* Sämling
сéятель, -я *m alt, hoher Stil* Sämann, Säer
сéять, сéю, сéешь *uv* 1. säen 2. *übtr* verbreiten 3. sieben ‖ *v* посéять; посéянный, -ян, -а *zu* 1 *u.* 2; что посéешь, то и пожнёшь *Sprichw* was du säst, wirst du auch ernten
сжáлиться, -люсь, -лишься *v* над *I* sich erbarmen, Mitleid haben (mit)
сжáтие, -я *n* 1. Zusammenpressen, -ballen 2. *tech* Verdichtung, Kompression
сжáтый, -ая, -ое 1. zusammengepreßt, geballt 2. *tech* komprimiert; ~ вóздух Druckluft, Preßluft 3. *übtr* kurz, knapp, gedrängt
[1]**с|жать**[1]*, сожму́ *v* 1. (zusammen)pressen, (zusammen)drücken; ~ ру́ку в кулáк die Hand zur Faust ballen; ~ в объя́тиях fest in die Arme schließen, herzhaft umarmen 2. *tech* komprimieren 3. (ab)kürzen ‖ *uv* сжимáть, -áю, -áешь
[2]**с|жать**[2]*, сожну́ *v* (ab)schneiden, (ab)mähen, ernten *von Getreide* ‖ *uv* сжинáть, -áю, -áешь
с|жáться[1]*, сожму́сь *v* 1. sich zusammenpressen, sich zusammenziehen, sich krümmen, sich verkrampfen; (zusammen)schrumpfen 2. *tech* sich komprimieren ‖ *uv* сжимáться, -áюсь, -áешься
сжечь* *v* verbrennen, verbrennen lassen ‖ *uv* сжигáть, -áю, -áешь
сживáть(ся) *uv zu* сжи́ть(ся)
сжигáть, -áю, -áешь *uv* 1. *uv zu* сжечь 2. *übtr* verzehren ◇ ~ свои́ корабли́ alle Brücken hinter sich abbrechen
сжиди́ть, сжижу́, сжиди́шь; сжи́-

женный, -ен, -а *v tech* flüssig machen, verflüssigen || *uv* **сжижать,** -аю, -аешь

сжимаемость, -и *f tech* Kompressionsfähigkeit, Kompressibilität

сжимать *uv zu* [1]сжать

сжиматься *uv zu* сжаться

сжинать *uv zu* [2]сжать

с|жить* *v*: ~ кого-н. с квартиры j-n aus der Wohnung vertreiben; ~ кого-н. со́ света *oder* со света [со́ свету *oder* со свету] j-n unter die Erde bringen || *uv* сживать, -аю, -аешь

с|житься*; сжились *v* с *I* **1.** *umg* sich gewöhnen (an), sich einleben, sich allmählich anfreunden (mit) **2.** vertraut werden (mit), verwachsen (mit); sich abfinden (mit) || *uv* сживаться, -аюсь, -аешься

сжульничать, -аю, -аешь *v umg* betrügen, mogeln

сзади 1. *Adv* hinten; von hinten; нападать ~ von hinten [hinterrücks] angreifen **2.** *Präpos mit G* hinter; ~ дома hinter dem Haus

сзывать *uv zu* созвать

сибарит, -а *m* Sybarit, Schwelger, Weichling

сибаритствовать, -твую, -твуешь *uv* ein schwelgerisches, nichtstuerisches Leben führen

сибирский, -ая, -ое sibirisch; ~ кедр *bot* Zirbelkiefer; -ая язва *vet* Milzbrand

Сибирь, -и *f* Sibirien

сибиряк, -а *m* Sibirier

сибирячка, -и, *Pl G* -чек, *D* -чкам *f* Sibirierin

сиветь, -ею, -еешь *uv umg* grau werden *Haare*

сивка, -и, *Pl G* -вок, *D* -вкам *f umg* Grauschimmel

сивуха, -и *f* Fusel

сивушный, -ая, -ое Fusel-; -ое масло Fuselöl

сивый, -ая, -ое; *Kzf* сив, -а! aschgrau, blaugrau, grauschwarz *Farbe von Pferden*

сиг, -а *m zool* Renke *Fisch*

сигара, -ы *f* Zigarre

сигарета, -ы *f* **1.** Zigarillo **2.** Zigarette ohne Mundstück

сигаретка, -и, *Pl G* -ток, *D* -ткам *f Dem zu* сигарета **1.** Zigarillo **2.** Zigarette ohne Mundstück

сигнал, -а *m* Signal, Zeichen; ~ бедствия Notsignal, SOS-Ruf; подать ~ signalisieren

сигнализатор, -а *m tech* Signalgeber, Zeichengeber

сигнализация, -и *f* Signalisierung, Zeichengebung; ручная ~ Signaldienst; световая ~ Blinken, Blinkverbindung; пожарная ~ Feuermelder

сигнализировать, -рую, -руешь *v, uv* signalisieren, Signale [Zeichen] geben; warnen (о *P* vor)

сигнальный, -ая, -ое Signal-; ~ звонок Alarmglocke

сигнальщик, -а *m* Signalgeber; *naut* Signalgast

сигнатура, -ы *f* **1.** Signatur **2.** *pharm* Dosierungsvorschrift

сиделка, -и, *Pl G* -лок, *D* -лкам *f* Krankenwärterin

сидение, -я *n* **1.** Sitzen **2.** Sitz

сиденье, -я *n* Sitz; откидное ~ Klappsitz

сидеть, сижу, сидишь; сидя *uv* **1.** sitzen; мне неудобно ~ ich sitze unbequem; ~ на корточках kauern, hocken; ~ без дела untätig dasitzen, keine Beschäftigung haben **2.** *1. u. 2. Pers ungebr* sitzen, passen ◇ корабль сидит неглубоко das Schiff hat geringen Tiefgang; ~ на мели a) gestrandet sein; b) *übtr* auf dem Trockenen sitzen; сиднем ~ zu Hause hocken, ein Stubenhocker sein; (это у меня) вот где сидит! das geht mir an die Nieren, ich habe es satt; ~ у моря и ждать погоды sich unbestimmten Hoffnungen hingeben, vergeblich auf etw. warten | *uv iterativ* сиживать, *Präs ungebr umg*

сидеться, сидится *unpers uv*: ему не сидится на месте er kann nicht still sitzen, er hat kein Sitzfleisch; ему не сидится дома er hat keine Ruhe [keine Lust], zu Hause zu sitzen, es treibt ihn aus dem Hause

сидмя *Adv*: ~ сидеть *volksspr* lange sitzen; ein Stubenhocker sein

Сидней, -я *m* Sydney *Stadt*

сидр, -а *m* Zider, Apfelwein

сидячий, -ая, -ее sitzend; Sitz-; в -ем положении sitzend; -ее место Sitzplatz

сие ↑ сей

сиенит, -а *m geol* Syenit

сиживать *uv iterativ zu* сидеть

сизифов, -а, -о: ~ труд Sisyphusarbeit, vergebliche Arbeit, Arbeit ohne Ende

сизый, -ая, -ое; *Kzf* сиз, -а! graublau, taubenblau

сий ↑ сей
си́ла, -ы *f* 1. Kraft; Stärke; Gewalt; рабо́чая ~ Arbeitskräfte; производи́тельные -ы Produktivkräfte; лошади́ная ~ Pferdestärke, PS; подъёмная ~ Tragfähigkeit; покупа́тельная ~ Kaufkraft; потеря́ть -у *jur* außer Kraft gesetzt werden, erlöschen; примене́ние -ы Gewaltanwendung; -ою до ро́ты *mil* etwa in Kompaniestärke; быть в -ах imstande sein; э́то ему́ не под -у [не по -ам] das geht über seine Kräfte; не жале́ть сил keine Mühe scheuen; собра́ться с -ами neue Kräfte sammeln; он че́рез -у хо́дит er kann kaum gehen; он че́рез -у ест er kann kaum essen, er ißt mit Widerwillen [Überwindung] 2. *Pl mil* (Streit-) Kräfte; морски́е -ы Seestreitkräfte, Flotte ◇ в -у kraft, infolge; сил нет, как надое́л *volksspr* es ist nicht zu sagen, wie er mich langweilt
сила́ч, -а́, *I* -о́м, *G Pl* -е́й *m* Kraftmensch, Athlet
силика́т, -а *m* 1. *chem* Silikat 2. *Pl* Silikaterzeugnisse
си́литься, -люсь, -лишься *uv mit Inf umg* sich anstrengen, sich bemühen
сили́ций, -я, *P* -и *m chem* Silizium
силко́м *Adv volksspr* mit Gewalt
силлаби́ческий, -ая, -ое *lit* syllabisch
силово́й, -а́я, -о́е Kraft-; -а́я ста́нция Kraftwerk, Elektrizitätswerk; -ы́е упражне́ния *Sport* Kraftübungen
си́лой *Adv* mit Gewalt, gewaltsam
сило́к, -лка́ *m* Fangschlinge
силоме́р, -а *m* Kraftmesser
[1]**си́лос,** -а *m landw* Silage, Silofutter, Gärfutter
[2]**си́лос,** -а *m* Silo, Speicher
силосова́ть, -су́ю, -су́ешь; -со́ванный, -со́ван, -а *v, uv* silieren, zu Gärfutter verarbeiten
силосоубо́рочный, -ая, -ое: ~ комба́йн Mähhäcksler
силуэ́т, -а *m* Silhouette; Schattenbild
сильноде́йствующий, -ая, -ее starkwirkend
си́льный, -ая, -ое 1. *Kzf* си́лен *u.* силён, сильна́, си́льно, си́льны́ stark; kräftig; heftig; -ое госуда́рство mächtiger Staat; -ая маши́на leistungsfähige Maschine; -ое доказа́тельство überzeugender Beweis 2. -о *Adv*: -о жела́ть sehnlich wünschen

симбио́з, -а *m biol* Symbiose
си́мвол, -а *m* Symbol, Sinnbild ◇ ~ ве́ры *rel* Bekenntnisschrift, Kredo
символизи́ровать, -рую, -руешь *v, uv* symbolisieren, sinnbildlich darstellen
символи́зм, -а *m* 1. Symbolik; symbolische Bedeutung 2. *lit, Kunst* Symbolismus
симво́лика, -и *f* Symbolik; symbolische Bedeutung
символи́ческий, -ая, -ое *u.* **символи́чный,** -ая, -ое; *Kzf* -чен, -чна 1. symbolisch 2. *lit, Kunst* den Prinzipien des Symbolismus folgend
Симео́н, -а *m* Simon
симметри́ческий, -ая, -ое *u.* **симметри́чный,** -ая, -ое; *Kzf* -чен, -чна symmetrisch
симметри́я, -и *f* Symmetrie
симпатизи́ровать, -рую, -руешь *uv D* sympathisieren (mit)
симпати́ческий, -ая, -ое 1. *alt* sympathisch 2.: ~ нерв *med* Sympathikus; -ая не́рвная систе́ма *med* sympathisches Nervensystem 3. sympathetisch; -ие сре́дства sympathetische [suggestive] Mittel; -ие черни́ла sympathetische Tinte, Geheimtinte
симпати́чный, -ая, -ое; *Kzf* -чен, -чна sympathisch
симпа́тия, -и *f* Sympathie
симптомати́ческий, -ая, -ое *buchspr* symptomatisch, bezeichnend; -ое лече́ние *med* symptomatische Behandlung, Behandlung einer Krankheit nach ihren Anzeichen
симули́ровать, -рую, -руешь; -рованный, -рован, -а *v, uv* simulieren, heucheln, vortäuschen
симуля́ция, -и *f* Simulation, Vortäuschung
Симферо́поль, -я *m* Simferopol
симфони́ческий, -ая, -ое symphonisch, sinfonisch, Symphonie-, Sinfonie-
симфо́ния, -и *f* Symphonie, Sinfonie
синаго́га, -и *f* Synagoge
синдика́т, -а *m* 1. Syndikat, Verkaufsorganisation im Monopolkapitalismus 2. Syndikat, Gewerkschaft *in einigen kapitalistischen Ländern*
синева́, -ы́ *f* Blau, Bläue; ~ под глаза́ми (dunkle) Augenringe, Schatten unter den Augen
синева́тый, -ая, -ое; *Kzf* -а́т, -а bläulich
сине́ль, -и *f text* Chenille

синера́ма, -ы *f* Cinerama *Breitwandsystem im Kino*
синеро́д, -а *m chem* Zyan
сине́ть, -е́ю, -е́ешь *uv* **1.** blau [blauer] werden, sich blau färben **2.** blau schimmern
си́ний, -яя, -ее; *Kzf* синь, синя́, си́не *u. alt, volksspr* синё (dunkel)blau
сини́льный, -ая, -ое: -ая кислота́ Blausäure
сини́ть, синю́, сини́шь; синённый, -ён, -ена́ *uv* **1.** (dunkel)blau färben **2.** bläuen, in Wasser mit Waschblauzusatz spülen
сини́ца, -ы, *I* -ей *f* Meise
синко́па, -ы *f mus, ling* Synkope
сино́д, -а *m rel* Synode
сино́ним, -а *m ling* Synonym, sinnverwandtes Wort
синони́мика, -и *f* **1.** *ling* Synonymik, Lehre von der Sinnverwandtschaft der Wörter **2.** *ling* Bestand der Synonyme einer Sprache
синоними́ческий, -ая, -ое *u.* **синоними́чный,** -ая, -ое; *Kzf* -чен, -чна *ling* synonym, sinnverwandt
синоними́я, -и *f ling* Sinnverwandtschaft, Bedeutungsverwandtschaft
сино́птик, -а *m* Meteorologe für großräumige Wetteranalysen
синопти́ческий, -ая, -ое **1.** *buchspr* synoptisch; zusammenstellend; zusammengestellt **2.**: -ая метеороло́гия *met* Synoptik
си́нтаксис, -а *m ling* Syntax
синтакси́ческий, -ая, -ое *ling* syntaktisch
си́нтез [тэ], -а *m* Synthese; ~ я́дер Kernverschmelzung
синтези́ровать [тэ], -рую, -руешь; -рованный, -рован, -а *v, uv* **1.** vereinigen; verallgemeinern **2.** *chem* synthetisieren
синтети́ческий [тэ], -ая, -ое synthetisch
си́нус, -а *m anat, math* Sinus
синхронизи́ровать, -рую, -руешь; -рованный, -рован, -а *v, uv tech* synchronisieren
синхрон(ист)и́ческий, -ая, -ое *buchspr* synchron(isch), gleichlaufend; synchronistisch, Gleichzeitiges zusammenstellend
синхрони́чный, -ая, -ое; *Kzf* -чен, -чна *buchspr* synchron(isch), gleichlaufend
синь, -и *f* **1.** Blau **2.** *alt* blaue Farbe
си́нька, -и, *Pl G* -нек, *D* -нькам *f* **1.** Waschblau **2.** Blaupapier
синю́ха, -и *f u.* **синю́шность,** -и *f med* Blausucht, Zyanose
синя́к, -а́ *m* blauer Fleck, blutunterlaufene Stelle; -и́ под глаза́ми (dunkle) Augenringe
сипе́ть, сиплю́, сипи́шь *uv* heiser sprechen, krächzen
си́плый, -ая, -ое; *Kzf* сипл, -ла́! heiser, krächzend
си́пнуть, -ну, -нешь; сип *u.* си́пнул, си́пла *uv* heiser werden
сипота́, -ы́ *f umg* (krankhafte) Heiserkeit
сире́на, -ы *f* **1.** Sirene, Nebelhorn, Hupe **2.** *myth* Sirene, Meerjungfrau; *übtr* Verführerin
сире́невый, -ая, -ое **1.** Flieder- **2.** fliederfarben, lila
сире́нь, -и *f* Flieder
сири́ец, -и́йца, *I* -и́йцем, *G Pl* -и́йцев *m* Syrier
сири́йка, -и, *Pl G* -ри́ек, *D* -ри́йкам *f* Syrierin
сири́йский, -ая, -ое syrisch
Си́рия, -и *f* Syrien
сиро́п, -а *m* Sirup
сирота́, -ы́, *Pl* сиро́ты, -о́т, -о́там *m, f* Waisenkind, Waise; кру́глый ~ *bzw.* кру́глая ~ Vollwaise
сироте́ть, -е́ю, -е́ешь *uv* **1.** verwaisen, die Eltern verlieren **2.** *übtr* verwaisen, veröden
сиротли́вый, -ая, -ое; *Kzf* -и́в, -а verwaist, verlassen, vereinsamt
сиро́тский, -ая, -ое Waisen-
сиро́тство, -а *n* **1.** Verwaistheit, Waisenstand **2.** *übtr* Verwaistheit, Verlassenheit, Einsamkeit
систе́ма, -ы *f* System; мы́шечная ~ *anat* Muskulatur; капиталисти́ческая ~ *pol* kapitalistische Gesellschaftsordnung; ~ произво́дства Produktionssystem; рабо́тать в -е Акаде́мии нау́к innerhalb [im Rahmen] der Akademie der Wissenschaften arbeiten
систематиза́ция, -и *f* Systematisierung
систематизи́ровать, -рую, -руешь; -рованный, -рован, -а *v, uv* systematisieren, in ein System bringen
системати́ческий, -ая, -ое *u.* **системати́чный,** -ая, -ое; *Kzf* -чен, -чна systematisch; ständig, regelmäßig
си́тец, -тца, *I* -тцем *m text* Kattun
си́течко, -а, *Pl G* -чек, *D* -чкам *n Dem zu* си́то kleines Sieb; (ча́йное) ~ Teesieb
[1]**си́тник,** -а *m umg* Weißbrot, Brot aus gesiebtem Weizenmehl

²ситник, -а *m bot* Binse
ситный, -ая, -ое 1. gesiebt 2. aus gesiebtem Weizenmehl gebacken 3. -ого *Subst m* Weißbrot, Brot aus gesiebtem Weizenmehl
сито, -а *n* Sieb
ситовидный, -ая, -ое; *Kzf* -ден, -дна siebartig, siebförmig
ситуа́ция, -и *f* Situation
си́тцевый, -ая, -ое *text* Kattun-
ситценабивно́й, -а́я, -о́е *text* Kattundruck-; -а́я фа́брика Kattundruckerei
си́филис, -а *m med* Syphilis
сифилити́ческий, -ая, -ое *med* syphilitisch
сифо́н, -а *m* Siphon
сицилиец, -ийца, *I* -ийцем, *G Pl* -ийцев *m* Sizilianer
сицилийка, -и, *Pl G* -иек, *D* -ийкам *f* Sizilianerin
сицилийский, -ая, -ое sizilianisch
Сици́лия, -и *f* Sizilien
сия́ние, -я *n* Schein, Glanz, Leuchten; се́верное ~ Nordlicht
сия́тельство, -а *n in Verbindung mit den Pron* ва́ше, его́, их *hist* Durchlaucht *Titel für Fürsten u. Grafen*
сия́ть, -я́ю, -я́ешь *uv* leuchten, glänzen, strahlen; ~ от ра́дости [ра́достью] vor Freude strahlen
скабрёзный, -ая, -ое; *Kzf* -зен, -зна schlüpfrig, anstößig, skabrös
скагерра́к, -а *m* Skagerrak
сказ, -а *m* 1. *lit* folkloristische Erzählung 2. *lit* Erzählung in der Ichform 3. *volkssp* Gespräch, Rede ◇ вот (тебе́) и весь ~ das ist alles, weiter gibt es nichts zu sagen
сказа́ние, -я *n lit* Sage, Legende
с|каза́ть* *v* 1. sagen, mitteilen 2. befehlen ◇ ска́жем sagen wir, zum Beispiel; скажи́(те)! was du nicht sagst (was Sie nicht sagen)!, ich bitte dich (Sie)!; легко́ ~ leicht gesagt; лу́чше [верне́е, про́ще, точне́е] ~ besser [richtiger, einfacher, genauer] gesagt; не́чего ~! wirklich, da gibt es nichts zu sagen!; так ~ sozusagen; по пра́вде [пра́вду] ~ ehrlich gesagt; с позволе́ния ~ mit Verlaub zu sagen
с|каза́ться* *v* 1. на *P* sich zeigen, zum Ausdruck kommen; sich auswirken 2. *I umg* sich melden, sich ausgeben (als); ~ больны́м sich krank melden 3. *volkssp* Bescheid sagen ‖ *uv* ска́зываться, -аюсь, -аешься
сказ́итель, -я *m* Erzähler, Sänger *von Bylinen, Märchen u. a.*
ска́зка, -и, *Pl G* -зок, *D* -зкам *f* 1. Märchen; волше́бная ~ Zaubermärchen 2. *umg* Erfindung, Lüge ◇ ~ про бе́лого бычка́ endlose Wiederholung; ни в -е сказа́ть, ни перо́м описа́ть *folkl* außerordentlich, ungewöhnlich
ска́зочник, -а *m* Märchenerzähler
ска́зочница, -ы, *I* -ей *f* Märchenerzählerin
ска́зочный, -ая, -ое 1. Märchen- 2. *Kzf* -чен, -чна *übtr* märchenhaft, ungewöhnlich, unglaublich
сказу́емое, -ого *Subst n gram* Prädikat
ска́зываться *uv zu* сказа́ться
скака́лка, -и, *Pl G* -лок, *D* -лкам *f* Springseil
скака́ть* *uv* 1. springen, hüpfen 2. schnell reiten, galoppieren; ~ во весь дух mit verhängten Zügeln galoppieren ‖ *v mom* **скакну́ть,** -ну́, -нёшь zu 1
скаково́й, -а́я, -о́е Renn-; -а́я ло́шадь Rennpferd, Renner
скаку́: на ~ im Galopp; на всём [по́лном] ~ in vollem Galopp
скаку́н, -а́ *m* Rennpferd
скала́, -ы́, *Pl* ска́лы, скал, ска́лам *f* Fels, Felsen
скали́стый, -ая, -ое; *Kzf* -ист, -а felsig
ска́лить, -лю, -лишь *uv* 1.: ~ зу́бы die Zähne fletschen 2. *volkssp* lachen, grinsen
ска́лка, -и, *Pl G* -лок, *D* -лкам *f* 1. Nudelholz 2. Docke *bei der Wäscherolle*
ска́лывать *uv zu* сколо́ть
скальд, -а *m hist* Skalde, altnordischer Dichter und Sänger
скальки́ровать, -рую, -руешь; -рованный, -рован, -а *v* 1. durchpausen 2. *ling* durch eine Lehnübersetzung wiedergeben
скалькули́ровать *v zu* калькули́ровать
ска́льный, -ая, -ое steinig, felsig; -ые рабо́ты Arbeiten auf steinigem Grund
ска́льпель, -я *m* Skalpell, chirurgisches Messer
скальпи́ровать, -рую, -руешь; -рованный, -рован, -а *v*, *uv* skalpieren
скаме́ечка, -и, *Pl G* -чек, *D* -чкам *f Dem zu* скаме́йка Bänkchen, Schemel
скаме́йка, -и, *Pl G* -ме́ек, *D* -ме́йкам *f* Bank
скамья́, -и, *Pl* ска́мьи, скаме́й, ска-

мья́м *f* Bank; ∼ подсуди́мых *jur* Anklagebank
сканда́л, -а *m* Skandal; Krawall, Radau; устро́ить кому́-н. ∼ j-m einen Skandal machen
скандализи́ровать, -рую, -руешь; -рованный, -рован, -а *v*, *uv A buchspr* skandalisieren, Ärgernis verursachen; (j-n) in eine peinliche Lage bringen
скандали́ст, -а *m* Radaumacher
сканда́лить, -лю, -лишь *uv* 1. lärmen, randalieren 2. *A umg*, *alt* (j-n) in eine peinliche Lage bringen, (j-n) bloßstellen
сканда́льничать, -аю, -аешь *uv umg* lärmen, randalieren
сканда́льный, -ая, -ое; *Kzf* -лен, -льна 1. skandalös, Skandal- 2. *umg* händelsüchtig
скандина́в, -а *m* Skandinavier
Скандина́вия, -и *f* Skandinavien
скандина́вский, -ая, -ое skandinavisch; Скандина́вский полуо́стров Skandinavische Halbinsel
сканди́ровать, -рую, -руешь; -рованный, -рован, -а *uv lit* skandieren
ска́пливать *uv zu* [1]скопи́ть
ска́пливаться *uv zu* скопи́ться
скапу́ститься, -у́щусь, -у́стишься *v volksspr* abkratzen, sterben
скапу́титься, -у́чусь, -у́тишься *v volksspr* abkratzen, sterben
ска́пывать *uv zu* скопа́ть
скарб, -а *m Koll umg* Habseligkeiten; со всем -ом mit Sack und Pack
ска́ред, -а *m u.* **ска́реда,** -ы *m*, *f umg* Geizkragen
ска́редничать, -аю, -аешь *uv umg* geizen, knausern
ска́редный, -ая, -ое; *Kzf* -ден, -дна *umg* geizig, knauserig
скарлати́на, -ы *f med* Scharlach
скарлатино́зный, -ая, -ое *med* Scharlach-, an Scharlach erkrankt
ска́рмливать *uv zu* скорми́ть
[1]**скат,** -а *m* Abhang, abschüssige Fläche
[2]**скат,** -а *m* 1. Rad; Bereifung *beim Auto* 2.: колёсный ∼ Achse mit Rädern *bei der Eisenbahn*
[3]**скат,** -а *m zool* Rochen
ската́ть, -а́ю, -а́ешь; ска́танный, -ан, -а *v* zusammenrollen; zu einer Kugel rollen ‖ *uv* ска́тывать, -аю, -аешь
ска́терть, -и, *Pl* ска́терти, скатерте́й *u.* ска́тертей, скатертя́м *u.* ска́тертям *f* Tischtuch ◇ ∼-самобра́нка *folkl* Tischleindeckdich; -ью доро́га! geh deiner Wege!
скати́ть, скачу́, ска́тишь; ска́ченный, -ен, -а *v* hinunter-, herunterrollen (lassen) ‖ *uv* ска́тывать, -аю, -аешь
скати́ться, скачу́сь, ска́тишься *v* hinunter-, herunterrollen; *übtr* abgleiten; ∼ ку́барем hinunter-, herunterpurzeln ‖ *uv* ска́тываться, -аюсь, -аешься
ска́тка, -и, *Pl G* -ток, *D* -ткам *f* Rolle; *mil* zusammengerollter Mantel, Mantelrolle
[1]**ска́тывать** *uv zu* ската́ть
[2]**ска́тывать** *uv zu* скати́ть
ска́тываться *uv zu* скати́ться
скафа́ндр, -а *m* Taucheranzug; Kosmonautenanzug, Raumanzug
ска́чка, -и, *Pl G* -чек, *D* -чкам *f* 1. Galoppieren 2. *meist Pl* Pferderennen; ∼ с препя́тствиями Hindernisrennen
скачкообра́зный, -ая, -ое; *Kzf* -зен, -зна sprunghaft; ∼ пульс aussetzender Puls
скачо́к, -чка́ *m* Sprung
скачу́ ↑ скака́ть
[1,2]**ска́шивать** *uv zu* [1,2]скоси́ть
сква́жина, -ы *f* Spalte, schmale Öffnung; замо́чная ∼ Schlüsselloch; бурова́я ∼ Bohrloch
сква́жистый, -ая, -ое; *Kzf* -ист, -а 1. *umg* mit Spalten [Ritzen] (versehen) 2. *geol*, *phys* porös
сква́жный, -ая, -ое *geol*, *phys* porös
сквалы́га, -и *m*, *f volksspr* Geizhals
сквер, -а *m* Grünanlage
сквернносло́вие, -я *n* unflätige Redensart
скверносло́вить, -влю, -вишь *uv* obszöne Reden führen, Zoten reißen
скве́рный, -ая, -ое; *Kzf* -рен, -рна́! 1. abstoßend, abscheulich, widerlich; unanständig 2. *umg* schlecht, häßlich 3. -о *Adv*: чу́вствовать себя́ -о sich elend fühlen; пальто́ сиди́т -о der Mantel paßt nicht [sitzt schlecht]
сквита́ть, -а́ю, -а́ешь; скви́танный, -ан, -а *v umg* vergelten, heimzahlen ◇ ∼ мяч [гол] *Sport* den Ausgleich schießen; ∼ счёт *Sport* den Ausgleich erzielen
сквита́ться, -а́юсь, -а́ешься *v umg* abrechnen (с *I* mit) *a. übtr*
сквози́ть, *1. u. 2. Pers ungebr*, -и́т *uv* 1. blasen, ziehen *vom Wind* 2. durchscheinen, durchschimmern; *übtr* anklingen, erkennbar sein

3. (licht)durchlässig sein, durchsichtig sein
сквозно́й, -а́я, -о́е 1. durchgehend; ~ ве́тер Durchzug, Zugluft; -а́я брига́да Komplexbrigade 2. durchsichtig, (licht)durchlässig
сквозня́к, -а́ *m* Durchzug, Zugluft
сквозь 1. *Präpos mit A* durch, hindurch 2. *Adv volksspr* durch und durch, ganz, völlig
скворе́ц, -рца́, *I* -рцо́м, *G Pl* -рцо́в *m* Star
скворе́чник [шн], -а *m* Starkasten
скворе́чня [шн], -и, *Pl G* -чен [шен], *D* -чням *f* Starkasten
скеле́т, -а *m* Skelett, Gerippe; *übtr* Gerüst
ске́псис, -а *m* Skepsis
ске́птик, -а *m* 1. Skeptiker *a. phil*
скептици́зм, -а *m* 1. *phil* Skeptizismus 2. Skepsis
скепти́ческий, -ая, -ое 1. skeptisch 2. *phil* zum Skeptizismus gehörig; -ая шко́ла Schule des Skeptizismus
скепти́чный, -ая, -ое; *Kzf* -чен, -чна skeptisch
ске́рцо *n idkl mus* Scherzo
ске́тинг-ри́нг [кэ], -а *m* Rollschuhbahn
скетч, -а, *I* -ем, *G Pl* -ей *m* Sketch, kurzes Bühnenstück
скида́ть, -а́ю, -а́ешь; ски́данный, -ан, -а *v umg* 1. *mehrmals oder auf mehrere Male* hinunter-, herunterwerfen 2. zusammenwerfen ‖ *uv* ски́дывать, -аю, -аешь
ски́дка, -и, *Pl G* -док, *D* -дкам *f* 1. Preisermäßigung, Rabatt, Abzug 2. *übtr* Zugeständnis (на *A* wegen)
ски́дывать *uv zu* ски́нуть *u.* скида́ть
ски́нуть, -ну, -нешь; -нутый, -нут, -а *v* 1. hinunter-, herunterwerfen, abwerfen 2. *übtr, umg* abschütteln, stürzen 3. *umg* abwerfen, ausziehen *von Kleidungsstücken* 4. *A oder* в *P umg* herabsetzen, ermäßigen ‖ *uv* ски́дывать, -аю, -аешь; ски́дывать со счёта [со счето́в] nicht mehr in Betracht ziehen, nicht mehr berücksichtigen
скипа́ться *uv zu* скипе́ться
ски́петр, -а *m* Szepter
скипе́ться, *1. u. 2. Pers ungebr,* -пи́тся *v* sich in eine feste Masse verwandeln, festwerden *beim Sieden* ‖ *uv* скипа́ться, -а́ется
скипида́р, -а *m* Terpentin
скипида́рный, -ая, -ое Terpentin-; -ое ма́сло Terpentinöl
скирд, -а́, *Pl* скирды́, -о́в, -а́м *m u.* **скирда́,** -ы́, *Pl* ски́рды, скирд, ски́рдам *f landw* Schober
скирдова́ть, -ду́ю, -ду́ешь; -до́ванный, -до́ван, -а *uv landw* in Schober setzen
скиса́ть *uv zu* ски́снуть
ски́снуть, -ну, -нешь; скис, -ла *v* 1. sauer werden 2. *übtr, umg* den Mut [die Energie] verlieren, matt [niedergeschlagen] werden ‖ *uv* скиса́ть, -а́ю, -а́ешь
скит, -а́, *P* о ските́, в скиту́ *m rel* Klause, Einsiedelei
скита́лец, -льца, *I* -льцем, *G Pl* -льцев *m* (ruheloser) Wanderer
скита́льчество, -а *n* (ruheloses) Wanderleben
скита́ться, -а́юсь, -а́ешься *uv* 1. umherwandern, umherreisen, umherirren 2. *umg* sich herumtreiben
[1]**скиф,** -а *m hist* Skythe
[2]**скиф,** -а *m Sport* Rennboot; одино́чка-~ Renneiner
[1]**склад,** -а *m* 1. Lager, Speicher 2. Vorrat
[2]**склад,** -а (-у) *m* 1. Körperbau, Statur 2. Veranlagung, Charakter, Beschaffenheit; лю́ди осо́бого -а Menschen von einem besonderen Schlage 3. Ordnung, (Art und) Weise 4. *umg* Harmonie; Sinn; ни -у ни ла́ду ohne Sinn und Verstand
склади́ровать, -рую, -руешь; -рованный, -рован, -а *v, uv* einlagern
скла́дка, -и, *Pl G* -док, *D* -дкам *f* Falte; ю́бка в -у Faltenrock; в ме́лкую -у gefältelt; ~ на брю́ках Bügelfalte; встре́чная ~ Quetschfalte
складно́й, -а́я, -о́е Klapp-, zusammenlegbar; ~ стул Klappstuhl; -а́я ло́дка Faltboot; ~ зо́нтик Taschenschirm, Knirps
скла́дный, -ая, -ое; *Kzf* -ден, -дна́! 1. zusammenhängend, flüssig, gewandt *von der Redeweise*; *umg* rhythmisch 2. *umg* stattlich, gut [ebenmäßig] gewachsen 3. *umg* gut, gelungen; *volkssрr* bequem
скла́дочный, -ая, -ое Lager-, Lagerungs-
складско́й, -а́я, -о́е Lager-; ~ рабо́чий Lagerarbeiter
скла́дчатый, -ая, -ое; *Kzf* -ат, -а Falten-, gefaltet, gefächert; -ые го́ры Faltengebirge
скла́дчина, -ы *f* Sammlung; в -у auf gemeinsame Kosten
склады́, -о́в *Pl alt* Silben; чита́ть по -а́м silbenweise [stockend] lesen
скла́дывать(ся) *uv zu* сложи́ть(ся)

с|клева́ть* *v* aufpicken; schnappen und verschlingen *bei Fischen* ‖ *uv* **склёвывать,** -аю, -аешь

склéивать(ся) *uv zu* склéить(ся)

склéить, -éю, -éишь; -éенный, -éен, -а *v* zusammenkleben, aneinanderkleben; *chem* agglutinieren; (zusammen)leimen ‖ *uv* склéивать, -аю, -аешь

склéиться, *1. u. 2. Pers. ungebr,* -ится *v* zusammenkleben, aneinanderhaften; *chem* agglutinieren; sich zusammenkleben [zusammenleimen] lassen ‖ *uv* склéиваться, -ается

склéп, -а *m* Grabgewölbe, Gruft

с|клепа́ть* *u.* -áю, -áешь *v* vernieten ‖ *uv* склёпывать, -аю, -аешь

склёпка, -и *f* 1. Vernieten 2. (*Pl G* -пок, *D* -пкам) Nietstelle

склёпывать *uv zu* сллепáть

склерóз, -а *m med* Sklerose

с|кли́кать* *v umg* zusammenrufen ‖ *uv* **скликáть,** -áю, -áешь

склóка, -и *f* Zänkerei, Feindseligkeit; Intrigen

склон, -а *m* Abhang ◇ на -е лет [дней, жи́зни] am Lebensabend, im Alter

склонéние, -я *n* 1. Neigen 2. *gram* Deklination, Deklinationsklasse 3. *astr, phys* Deklination

склони́ть, -оню́, -óнишь; склонённый, -ён, -енá *v* 1. neigen, beugen, senken 2. *übtr* geneigt machen, (für sich) gewinnen, überreden ◇ ~ гóлову sich unterwerfen ‖ *uv* склоня́ть, -я́ю, -я́ешь

склони́ться, -оню́сь, -óнишься *v* 1. sich beugen, sich neigen 2. neigen, geneigt sein 3. *umg* sich überreden lassen, einwilligen ‖ *uv* склоня́ться, -я́юсь, -я́ешься

склóнность, -и *f* Neigung, Hang, Zuneigung

склóнный, -ая, -ое; *Kzf* склóнен, склоннá! geneigt, bereit; veranlagt

склоня́емый, -ая, -ое *gram* deklinierbar

склоня́ть, -я́ю, -я́ешь *uv* 1. *uv zu* склони́ть 2. *gram* deklinieren

склоня́ться, -я́юсь, -я́ешься *uv* 1. *uv zu* склони́ться 2. *gram* dekliniert werden

склóчник, -а *m umg* Intrigant, zänkischer Mensch

склóчница, -ы, *I* -ей *f umg* Intrigantin, zänkisches Weib

[1]скля́нка, -и, *Pl G* -нок, *D* -нкам *f* Glasfläschchen

[2]скля́нка, -и, *Pl G* -нок, *D* -нкам *f* 1. *naut* Glas, halbe Stunde; бить -и glasen; прóбило три -и es hat drei Glock [Glas] geschlagen [geglast] 2. *Pl naut* Sanduhr, (Sand-) Glas

скобá, -ы́, *Pl* скóбы, скоб, скобáм *f tech* Metallklammer, Metallbügel; ~ для рук Haltegriff *am Soziussitz*

скóбель, -я *m tech* Schabeisen

скóбка, -и, *Pl G* -бок, *D* -бкам *f* 1. *tech* (kleine) Metallklammer 2. *math, typ* Klammer; квадрáтные -и eckige Klammern; фигу́рные -и geschweifte Klammern; стáвить [заключи́ть] в -и in Klammern setzen; раскры́ть -и Klammern auflösen ◇ стри́чься в -у *alt* sich die Haare über Stirn und Schläfen und im Nacken in gleicher Höhe schneiden lassen

скобли́ть, скоблю́, скóбли́шь; скóбленный, -ен, -а *uv* schaben; *umg* rasieren

скóбочный, -ая, -ое Klammer-

скобянóй, -áя, -óе: ~ товáр Eisenwaren

скóванный, -ая, -ое 1. geschmiedet 2. gefesselt 3. *übtr* gehemmt, befangen

с|ковáть* *v* 1. schmieden, zusammenschmieden 2. fesseln, aneinanderfesseln, zusammen an eine Kette schließen 3. *übtr* hemmen, binden 4. *übtr* mit einer Eisschicht bedecken ‖ *uv* скóвывать, -аю, -аешь

сковородá, -ы́, *Pl* скóвороды, сковорóд, сковородáм *f* Bratpfanne

сковорóдка, -и, *Pl G* -док, *D* -дкам *f umg* Bratpfanne

скóвывать *uv zu* сковáть

сковы́ривать *uv zu* сковырну́ть

сковырну́ть, -ну́, -нёшь; сковы́рнутый, -ут, -а *v* 1. *umg* mit den Nägeln abkratzen 2. *volksspr* umwerfen, zu Fall bringen ‖ *uv* сковы́ривать, -аю, -аешь

скок, -а *m* Sprung, Satz ◇ во весь ~ in gestrecktem Galopp

скóком *Adv umg* im Galopp

сколáчивать *uv zu* сколоти́ть

скóлок, -лка *m* 1. Splitter, abgesplittertes Stück 2. (von einer Vorlage) abgestochenes Muster 3. *übtr* Kopie, Abklatsch

сколоти́ть, -очу́, -óтишь; -óченный, -óчен, -а *v* 1. zusammenfügen, zusammenschlagen, zusammennageln 2. *übtr, umg* sammeln, organisieren;

volkesspr sammeln, zusammensparen 3. *umg* abschlagen, entfernen ‖ *uv* скола́чивать, -аю, -аешь
с|колóть* *v* 1. abschlagen, abhacken 2. zusammenheften, zusammenstecken ‖ *uv* ска́лывать, -аю, -аешь
сколь *Adv buchspr* wie (sehr)
скольже́ние, -я *n* Gleiten, Rutschen
скользи́ть, -льжу́, -льзи́шь *uv* 1. gleiten; ausgleiten, ausrutschen; entgleiten 2. *übtr* huschen, schweben ◇ ~по пове́рхности an der Oberfläche bleiben, etw. oberflächlich behandeln ‖ *v mom* скользну́ть, -ну́, -нёшь
ско́льзкий, -ая, -ое; *Kzf* -зок, -зка́! 1. glatt, glitschig 2. *übtr* unzuverlässig, gefährlich; вступи́ть на ~ путь auf die schiefe Bahn geraten 3. *übtr* heikel, schlüpfrig
скользну́ть *v mom zu* скользи́ть
скользя́щий, -ая, -ее 1. gleitend, Gleit- 2. schwebend 3. schwankend, unbeständig; beweglich
ско́лько 1. *Adv u. Interr Pron* wieviel; ~ раз wie oft 2. *Adv* soviel; ~ я живу́ mein (ganzes) Leben lang; ~ бы он ни рабо́тал soviel er auch arbeiten mag [mochte] 3. *G* до сколька́ *umg*, *D* по ско́льку, *Pl G* ско́льких, *D* -им *Interr Pron* wieviel; в ско́льких тома́х вышел э́тот труд? in wieviel Bänden erschien dieses Werk?; ~ тебе́ лет? wie alt bist du?; ~ вре́мени wie lange ◇ не сто́лько . . . ско́лько nicht so sehr . . . als (vielmehr); ~-нибу́дь ein wenig; ~ (душе́) уго́дно unbegrenzt
ско́лько-нибудь *Adv* ein bißchen, etwas; in irgend einer Weise
скома́ндовать, -дую, -дуешь; -дованный, -дован, -а *v* einen Befehl erteilen; kommandieren, befehlen
скомбини́ровать *v zu* комбини́ровать
ско́мкать, -аю, -аешь; -анный, -ан, -а *v* 1. zerknittern, zerknüllen 2. *umg* in aller Eile [übereilt] beenden ‖ *uv* **ско́мкивать,** -аю, -аешь
скоморо́х, -а *m* 1. *hist* wandernder Komödiant, Spielmann, Hanswurst 2. *umg* Spaßmacher, Possenreißer
скоморо́шество, -а *n* 1. *hist* Komödiantentum 2. *umg* Possenreißerei, Spaßmacherei
скомпенси́ровать, -рую, -руешь; -рованный, -рован, -а *v* kompensieren, ausgleichen
скомпили́ровать, -рую, -руешь; -рованный, -рова́н, -а *v* kompilieren, zusammentragen
скомплектова́ть *v zu* комплектова́ть
скомпонова́ть *v zu* компонова́ть
скомпромети́ровать, -рую, -руешь; -рованный, -рован, -а *v* kompromittieren; in Mißkredit bringen; verdächtigen
сконструи́ровать *v zu* конструи́ровать
сконфу́женный, -ая, -ое verwirrt, verlegen, betreten
сконфу́зить(ся) *v zu* конфу́зить(ся)
сконцентри́ровать(ся) *v zu* концентри́ровать(ся)
сконча́ться, -а́юсь, -а́ешься *v* sterben, verscheiden
скопа́ть, -а́ю, -а́ешь; ско́панный, -ан, -а *v* abgraben, abtragen ‖ *uv* ска́пывать, -аю, -аешь
скопе́ц, -пца́, *I* -пцо́м, *G Pl* -пцо́в *m* Kastrat
скопидо́м, -а *m umg* knausriger Mensch, Pfennigfuchser
скопидо́мничать, -аю, -аешь *uv umg* knausern
скопи́ровать *v zu* копи́ровать
[1]скопи́ть, скоплю́, ско́пишь; ско́пленный, -ен, -а *v* zusammensparen, sammeln, zusammentragen; anhäufen ‖ *uv* ска́пливать, -аю, -аешь *u. umg* скопля́ть, -я́ю, -я́ешь
[2]скопи́ть, -плю́, -пи́шь *uv* kastrieren
скопи́ться, *1. u. 2. Pers ungebr*, ско́пится *v* 1. sich ansammeln 2. sich versammeln ‖ *uv* ска́пливаться, -аюсь, -аешься
ско́пище, -а, *I* -ем *n* Ansammlung; Schar, Bande, Rotte
скопле́ние, -я *n* Ansammlung, Anhäufung; Andrang
скопля́ть *umg uv zu* [1]скопи́ть
скопни́ть, -ню́, -ни́шь; -нённый, -нён, -нена́ *v Getreide* in Puppen aufstellen; *Heu* in Hocken setzen
ско́пом *Adv umg* gemeinsam, alle zusammen
скорбе́ть, -блю́, -би́шь *uv buchspr* sich grämen, trauern
ско́рбный, -ая, -ое; *Kzf* -бен, -бна traurig, leidvoll, schmerzerfüllt
скорбь, -и, *Pl* ско́рби, скорбе́й скорбя́м *f* Kummer, Trauer, Gram, Leid; мирова́я ~ Weltschmerz
скоре́е 1. *Komp von* ско́рый 2. *Adv* eher, besser (gesagt) 3. *Adv* mehr, lieber; он ~ похо́ж на мать, чем на отца́ er ähnelt mehr [eher] der Mutter als dem Vater; он ~ умрёт, чем сда́стся lieber [eher] wird er

sterben, als daß er sich ergibt ◇ ~ всегó aller Wahrscheinlichkeit nach, höchstwahrscheinlich; как мóжно ~ so bald [schnell] wie möglich

скорёжить(ся) *v zu* корёжить(ся)

скорлупá, -ы́, *Pl* скорлу́пы, -у́п, -у́пам *f* Schale; снимáть -у́ с яйцá ein Ei schälen ◇ замыкáться [прятáться, уходи́ть] в свою́ -у́ sich abkapseln, ein zurückgezogenes Leben führen

скорми́ть, скормлю́, скóрмишь; скóрмленный, -ен, -а *v* verfüttern ‖ *uv* скáрмливать, -аю, -аешь

скорня́жный, -ая, -ое Kürschner-; ~ прóмысел *oder* -ое дéло Kürschnerhandwerk

скорня́к, -á *m* Kürschner

скóро *Adv* 1. schnell, rasch, fix 2. bald, in Kürze

скоро- *in Zuss* Schnell-; Früh-

скорóбить(ся) *v zu* корóбить(ся)

скоровáрка, -и, *Pl G* -рок, *D* -ркам *f* Schnellkochtopf

скороговóрка, -и, *Pl G* -рок, *D* -ркам *f* 1. *umg* schnelles [überstürztes] Redetempo; говори́ть -ой schnell [überstürzt] sprechen, die Worte heraussprudeln 2. Zungenbrecher

скорóмный, -ая, -ое; *Kzf* -мен, -мна 1. *rel* während der Fastenzeit verboten *von Speisen*; ~ день Fleischtag 2. -ое, -ого *Subst n rel* während der Fastenzeit verbotene Speise

скоро|пали́тельный, -ая, -ое; *Kzf* -лен, -льна *umg* übereilt; unbedacht; **~печáтный,** -ая, -ое: -ая маши́на Schnellpresse

скóропись, -и *f* 1. *alt* Schnellschrift, Kurzschrift 2. *hist* kursive Schrift *in alten Handschriften*

скоро|пóртящийся, -аяся, -ееся leicht verderblich; **~пости́жный,** -ая, -ое; *Kzf* -жен, -жна plötzlich, jäh *vom Tod*; **~преходя́щий,** -ая, -ее *buchspr* vergänglich; vorübergehend

скороспéлка, -и, *Pl G* -лок, *D* -лкам *f* 1. *umg* frühreifende Frucht; картофель-~ Frühkartoffel 2. *umg* frühreifer Mensch; ungenügend ausgebildeter Mensch

скороспéлый, -ая, -ое; *Kzf* -éл, -а 1. *landw* schnell reifend, frühreif, Früh- 2. *umg* schnell entwickelt, ungenügend ausgebildet 3. *umg* übereilt, unüberlegt

скоростни́к, -á *m* 1. *umg Sport* (Schnell-) Läufer 2. Arbeiter, der nach einer Schnellbearbeitungsmethode arbeitet; тóкарь-~ Schnelldreher

скоростнóй, -áя, -óе 1. Geschwindigkeits- 2. schnell, Schnell-; ~ мéтод строи́тельства Schnellbauweise; -áя вспáшка Schnellpflügen; ~ бег на конькáх Eisschnellauf

скорострéльный, -ая, -ое *mil* Schnellfeuer-

скóрость, -и, *Pl* скóрости, скоростéй, скоростя́м *f* Schnelligkeit, Geschwindigkeit; ~ оборóта дéнег Umlaufgeschwindigkeit des Geldes ◇ груз мáлой -и Frachtgut; груз большóй -и Eilgut *im Eisenbahnverkehr*

скоросшивáтель, -я *m* Schnellhefter

скоротáть *v zu* коротáть

скоротéчный, -ая, -ое; *Kzf* -чен, -чна 1. *buchspr* vergänglich, flüchtig 2. *med* akut, heftig verlaufend; -ая чахóтка galoppierende Schwindsucht

скорохóд, -а *m umg Sport* Läufer; конькобéжец-~ Eisschnelläufer ◇ сапоги́-скорохóды *folkl* Siebenmeilenstiefel

скорректи́ровать *v zu* корректи́ровать

скóрчить(ся) *v zu* кóрчить(ся)

скóрый, -ая, -ое; *Kzf* скор, -á!; *Komp* скорéе 1. schnell, rasch; ~ пóезд Schnellzug; -ая пóмощь Erste Hilfe 2. baldig; в -ом врéмени bald, demnächst 3. eilig, ungeduldig; на -ую ру́ку *umg* flüchtig, nachlässig

[1]**скоси́ть,** скошу́, скóсишь; скóшенный, -ен -а *v* 1. abmähen 2. *übtr* dahinraffen, töten ‖ *uv* скáшивать, -аю, -аешь

[2]**скоси́ть,** скошу́, скоси́шь; скошённый, -ён, -енá *u.* скóшенный, -ен, -а *v* 1. abschrägen 2. zur Seite drehen [wenden]; ~ глазá schielen ‖ *uv* скáшивать, -аю, -аешь

скот, -á *m Koll* Vieh; кру́пный рогáтый ~ Rindvieh, Rinder

скоти́на, -ы *f Koll umg* Vieh, *volksspr a. Schimpfwort*

скóтник, -а *m* 1. Viehwärter 2. *umg* Viehstall, Viehhof

скóтница, -ы, *I* -ей *f* 1. Viehwärterin 2. *umg* Viehstall, Viehhof

скóтный, -ая, -ое Vieh-

ското- *in Zuss* Vieh-

ското|бóйня, -и, *Pl G* -óен, *D* -óйням *f* Schlachthof; **~вóд,** -а *m* Viehzüchter; **~вóдство,** -а *n* Viehzucht; **~вóдческий,** -ая, -ое Viehzucht-; **~прогóн,** -а *m* Trasse für Viehherden

ско́тский, -ая, -ое 1. Vieh- 2. *übtr* viehisch, grob, gemein
скра́дывать, *1. u. 2. Pers ungebr,* -ает *uv* verhüllen, verbergen; dämpfen
скра́дываться, *1. u. 2. Pers ungebr,* -ается *uv* nicht in die Augen fallen, nicht sichtbar sein
скра́сить *v zu* скра́шивать
скра́шивать, -аю, -аешь *uv* verschönern; erleichtern, erträglicher machen ‖ *v* скра́сить, -а́шу, -а́сишь; -а́шенный, -а́шен, -а
скребни́ца, -ы, *I* -ей *f* Striegel
скребо́к, -бка́ *m* Schabeisen, Kratzeisen
скребу́ ↑ скрести́
скре́жет, -а *m* Knirschen
скрежета́ть* *uv* knirschen; скрежеща́ зуба́ми zähneknirschend
скрежещу́ ↑ скрежета́ть
скре́па, -ы *f* 1. Fuge 2. Klammer, Klemme; *übtr* Bindung 3. *alt* Gegenzeichnung, Kontrasignatur
скрепи́ть, -плю́, -пи́шь; -плённый, -плён, -плена́ *v* 1. aneinander befestigen, verbinden; ~ болта́ми verbolzen 2. *übtr* festigen, bekräftigen, besiegeln 3. gegenzeichnen 4.: ~ себя́ *alt, umg* sich zusammennehmen, sich beherrschen ◇ скрепя́ се́рдце ungern, widerstrebend, schweren Herzens ‖ *uv* скрепля́ть, -я́ю, -я́ешь
скре́пка, -и, *Pl G* -пок, *D* -пкам *f* 1. Heftklammer, Büroklammer 2. Klammer, Klemme
скрепле́ние, -я *n* 1. Befestigung; ~ ба́лок болта́ми Befestigung der Träger mit Bolzen 2. *tech* Klammer; Bindung
скрепля́ть *uv zu* скрепи́ть
скрести́* *uv* 1. kratzen, schaben; abkratzen, säubern 2. *1. u. 2. Pers ungebr übtr* beunruhigen, quälen; у него́ скребёт на душе́ [на се́рдце] er ist unruhig; на душе́ [на се́рдце] ко́шки скребу́т aufgeregt [beunruhigt] sein, es ist mir [ihm usw.] schwer ums Herz
скрести́сь* *uv* scharren, knabbern, nagen
скрести́ть, -ещу́, -ести́шь; -ещённый, -ещён, -ещена́ *v* 1. kreuzen, verschränken 2. с *I biol* kreuzen (mit) ‖ *uv* скре́щивать, -аю, -аешь
скреще́ние, -я *n* 1. Kreuzen 2. Kreuzung
скре́щивание, -я *n biol, ling* Kreuzung
скре́щивать *uv zu* скрести́ть
скриви́ть(ся) *v zu* криви́ть(ся)
скрип, -а *m* Knirschen, Quietschen, Knarren; со -ом widerwillig; mühsam, langsam
скрипа́ч, -а́, *I* -о́м, *G Pl* -е́й *m* Geigenspieler, Geiger
скрипа́чка, -и, *Pl G* -чек, *D* -чкам *f* Geigenspielerin, Geigerin
скрипе́ть, -плю́, -пи́шь *uv* 1. knirschen, knarren, quietschen 2. *übtr umg scherz* sein Leben fristen, dahinvegetieren ‖ *v mom* скри́пнуть, -ну, -нешь *zu* 1
скрипи́чный, -ая, -ое Geigen-, Violin-; ~ ключ *mus* Violinschlüssel
скри́пка, -и, *Pl G* -пок, *D* -пкам *f* Geige, Violine; игра́ть на -е Geige spielen
скри́пнуть *v mom zu* скрипе́ть
скрипу́чий, -ая, -ее; *Kzf* -у́ч, -а *umg* knirschend, quietschend, knarrend
скрои́ть, скрою́, скрои́шь; скро́енный, -ен, -а *v* 1. *v zu* крои́ть 2. *übtr umg* machen, schaffen, hervorbringen 3. *übtr umg* eine Miene machen, schneiden *Gesichter* ◇ нела́дно скро́ен, да кре́пко сшит plump, aber stark
скро́мник, -а *m u.* **скро́мница,** -ы, *I* -ей *m, f* bescheidener Mensch, die Bescheidenheit selbst
скро́мничать, -аю, -аешь *uv* bescheiden tun, sich zieren
скро́мный, -ая, -ое; *Kzf* -мен, -мна́! bescheiden, zurückhaltend; einfach, dürftig
скропа́ть *v zu* кропа́ть
скрупулёзный, -ая, -ое; *Kzf* -зен, -зна skrupulös, peinlich genau
скрути́ть, -учу́, -у́тишь; -у́ченный, -у́чен, -а *v* 1. zusammendrehen 2. zusammenbinden, fesseln ◇ боле́знь его́ скрути́ла *umg* a) die Krankheit hat ihn arg mitgenommen; b) die Krankheit hat ihn dahingerafft ‖ *uv* **скру́чивать,** -аю, -аешь
скрыва́ть *uv zu* скрыть
скрыва́ться, -а́юсь, -а́ешься *uv* 1. *uv zu* скры́ться 2. enthalten sein, wurzeln
скры́тничать, -аю, -аешь *uv umg* geheim(nisvoll) tun, allzu zurückhaltend sein
скры́тный, -ая, -ое; *Kzf* -тен, -тна verschlossen, zurückhaltend
скры́тый, -ая, -ое verborgen, geheim, latent
с|крыть* *v* 1. verbergen, verstecken 2. verheimlichen, verbergen ‖ *uv* скрыва́ть, -а́ю, -а́ешь
с|кры́ться* *v* 1. sich verbergen, sich

verstecken; fliehen **2.** *umg* unbemerkt weggehen, sich davonschleichen **3.** verschwinden || *uv* скрывáться, -áюсь, -áешься

скрю́чивать(ся) *uv zu* скрю́чить(ся)

скрю́чить, -чу, -чишь; -ченный, -чен, -а *v umg* krümmen, zusammenbiegen || *uv* скрю́чивать, -аю, -аешь

скрю́читься, -чусь, -чишься *v umg* sich krümmen, krumm werden || *uv* скрю́чиваться, -аюсь, -аешься

скря́га, -и *m, f* Geizhals, Geizkragen

скря́жничать, -аю, -аешь *uv umg* geizig sein, knausern

скря́жничество, -а *n umg* Geiz, Knauserei

ску́дный, -ая, -ое; *Kzf* -ден, -днá! **1.** dürftig, kärglich, spärlich **2.** *I* arm (an)

скудоу́мный, -ая, -ое; *Kzf* -мен, -мна *alt* schwachsinnig, beschränkt

ску́ка, -и *f* Langeweile, Trübsinn; нагоня́ть -у на когó-н. j-n langweilen, j-n anöden

скулá, -ы́, *Pl* ску́лы, скул, ску́лам *f anat* Jochbein, Backenknochen

скулáстый, -ая, -ое; *Kzf* -áст, -а mit hervorstehenden Backenknochen

скули́ть, -лю́, -ли́шь *uv* **1.** winseln *vom Hund* **2.** *übtr, umg* flennen, jammern

ску́льптор, -а *m* Bildhauer

скульпту́ра, -ы *f* **1.** Skulptur, Bildhauerkunst **2.** Skulptur, Werk der Bildhauerkunst

скульпту́рный, -ая, -ое **1.** Skulptur-, Bildhauer- **2.** *Kzf* -рен, -рна *übtr* plastisch, mit klar hervortretenden Konturen [Formen]

ску́мбрия, -и *f zool* Makrele

скунс, -а *m zool* Skunk; Pelz des Skunks, Skunks

ску́нсовый, -ая, -ое Skunk-; Skunks-

скупáть *uv zu* скупи́ть

скуперди́й, -я, *G Pl* -ев *m volkesspr* Geizhals

скупéц, -пцá, *I* -пцóм, *G Pl* -пцóв *m* Geizhals, Geizkragen

скупи́ть, скуплю́, ску́пишь; ску́пленный, -ен, -а *v* aufkaufen || *uv* скупáть, -áю, -áешь

скупи́ться, -плю́сь, -пи́шься *uv* на *A* geizen (mit), geizig sein

ску́пка, -и *f* Aufkauf

скупнóй, -áя, -óе *umg* Aufkauf-

скупóй, -áя, -óе; *Kzf* скуп, -á! **1.** geizig, knauserig **2.** -óй, -óго *Subst m* Geizhals **3.** karg, arm, spärlich; zurückhaltend, sparsam; скуп на словá wortkarg

ску́почный, -ая, -ое Aufkaufs-

ску́пщик, -а *m* Aufkäufer

скучáть, -áю, -áешь *uv* **1.** sich langweilen **2.** по *D oder* по *P oder* о *P* sich sehnen (nach)

ску́ченность, -и *f* **1.** (Zusammen-)Gedrängtheit, Platzmangel **2.** Zusammenballung

ску́ченный, -ая, -ое eng beieinander, zusammengedrängt, zusammengepfercht

ску́чивать *uv zu* ску́чить

ску́чить, -чу, -чишь; -ченный, -чен, -а *v* **1.** aufhäufen, anhäufen **2.** *umg* auf engem Raum unterbringen, zusammenpferchen || *uv* ску́чивать, -аю, -аешь

ску́чно *unpers prädikativ*: мне ~ ich langweile mich

ску́чный [шн], -ая, -ое; *Kzf* -чен, -чнá [шн]! **1.** langweilig, gelangweilt, mißgestimmt **2.** langweilig, fade

ску́шать, -аю, -аешь; -анный, -ан, -а *v* **1.** verspeisen, aufessen **2.** *umg* einstecken, geduldig hinnehmen, sich ruhig gefallen lassen, schweigend hinunterschlucken

слабéть, -éю, -éешь *uv* schwach [schwächer] werden

слаби́тельный, -ая, -ое **1.** *med* abführend, Abführ- **2.** -ое, -ого *Subst n med* Abführmittel

слáбить, *1. u. 2. Pers ungebr*, слáбит *uv* **1.** *med* abführen, abführend wirken **2.** *unpers*: больнóго слáбит der Kranke hat Durchfall

слáбнуть, -ну, -нешь; слаб, -ла *uv volksspr* **1.** schwach [schwächer] werden **2.** schlaff werden

слабо- *in Zuss* schwach-, -schwach

слабо|вóльный, -ая, -ое; *Kzf* -лен, -льна willensschwach; **~нéрвный,** -ая, -ое; *Kzf* -вен, -вна *med* neurasthenisch, nervenschwach; **~рáзвитый,** -ая, -ое; *Kzf* -рáзвит, -а wenigentwickelt; **~си́льный,** -ая, -ое; *Kzf* -лен, -льна kraftlos, schwach

слáбость, -и *f* **1.** Schwäche, Mattigkeit **2.** Schwäche, Gebrechlichkeit **3.** Schwäche, Mangel **4.** *übtr* Schwäche, Vorliebe

слабо|тóчный, -ая, -ое *el* Schwachstrom-; **~у́мный,** -ая, -ое; *Kzf* -мен, -мна geistesschwach, schwachsinnig; **~харáктерность,** -и *f* Charakterschwäche

слáбый, -ая, -ое; *Kzf* слаб, -á!

1. schwach, matt; gering 2. schwach, schwächlich, kränklich, gebrechlich 3. schwach, schlecht, ungenügend; он слаб по грамма́тике Grammatik ist seine schwache Seite 4. locker, nicht fest ◇ сла́бая стру́на [стру́нка] (j-s) schwache Seite, (j-s) Schwäche

сла́ва, -ы *f* 1. Ruhm, Ehre, Hoch *Hochruf* 2. *umg* Ruf; по́льзоваться до́брой -ой in gutem Ruf stehen 3. *umg* Gerücht; хо́дит ~ es geht das Gerücht um ◇ на -у ausgezeichnet, prächtig; ~ бо́гу! Gott sei Dank!

слави́ст, -а *m* Slawist

слави́стика, -и *f* Slawistik; институ́т -и Slawisches Institut

слави́стский [иск], -ая, -ое Slawisten-; Slawistik-

сла́вить, -влю, -вишь *uv* 1. rühmen, preisen, ehren 2. *volksspr* (j-n) verleumden, (j-n) verklatschen

сла́виться, -влюсь, -вишься *uv* berühmt sein

сла́вка, -и, *Pl G* -вок, *D* -вкам *f zool* Grasmücke

сла́вный, -ая, -ое; *Kzf* -вен, -вна́! 1. ruhmreich, berühmt 2. *umg* gut, fein, prächtig; ~ ма́лый ein feiner [prächtiger] Kerl

славосло́вие, -я *n buchspr* Lobeshymne, Lobhudelei

славяни́зм, -а *m ling* Slawismus

славяни́н, -а, *Pl* славя́не, -я́н, -я́нам *m* Slawe

славя́нка, -и, *Pl G* -нок, *D* -нкам *f* Slawin

славянове́д, -а *m* Slawist

славянове́дение, -я *n* Slawistik

славя́нский, -ая, -ое slawisch

слага́емое, -ого *Subst n* 1. *math* Summand 2. Bestandteil, Komponente

слага́ть(ся) *uv zu* сложи́ть(ся)

слад, -а (-у) *m*: с ним -у нет *umg* mit ihm ist nicht auszukommen

сла́дить, сла́жу, сла́дишь; сла́женный, -ен, -а *v* 1. *umg* in Ordnung bringen, gut einrichten, arrangieren 2. с *I umg* fertig werden (mit), zurechtkommen (mit) ‖ *uv* сла́живать, -аю, -аешь

сла́дкий, -ая, -ое; *Kzf* -док, -дка́!; *Komp* сла́ще; *Sup* сладча́йший 1. süß; ~ как са́хар zuckersüß 2. *übtr* lieblich, angenehm 3. *übtr* heuchlerisch, schmeichlerisch

сладкова́тый, -ая, -ое; *Kzf* -а́т, -а süßlich

сла́дкое, -ого *Subst n* 1. Zuckerwerk, Süßigkeiten 2. Nachtisch, Dessert

сладкое́жка, -и, *Pl G* -жек, *D* -жкам *m, f umg* Leckermaul

сла́достный [сн], -ая, -ое; *Kzf* -тен, -тна 1. süß, angenehm, wonnig 2. süßlich

сладостра́стный [сн], -ая, -ое; *Kzf* -тен, -тна wollüstig, sinnlich

сла́дость, -и *f* 1. süßer Geschmack, Süße 2. *umg* Wonne, Vergnügen 3. *Pl* Zuckerwerk, Süßigkeiten

сладча́йший ↑ сла́дкий

сла́женный, -ая, -ое geordnet, gut organisiert, aufeinander abgestimmt

сла́живать *uv zu* сла́дить

сла́зить, сла́жу, сла́зишь *v* 1. hinaufsteigen, hinaufklettern (und wieder zurückkommen); hinabsteigen (und wieder zurückkommen) 2. *umg* hineingreifen

сла́лом, -а *m Sport* Slalom; ~-гига́нт Riesenslalom

слаломи́ст, -а *m Sport* Slalomläufer

сла́мывать(ся) *uv zu* сломи́ть(ся)

сла́нец, -нца, *I* -нцем, *G Pl* -нцев *m* Schiefer

сланцева́тость, -и *f geol* Schieferung

сла́нцевый, -ая, -ое Schiefer-

сластёна, -ы *m, f umg* Leckermaul

сласти́ть, слащу́, сласти́шь; слащённый, -ён, -ена́ *uv* 1. *umg* süßen 2. süßlich schmecken

сластолю́бец, -бца, *I* -бцем, *G Pl* -бцев *m buchspr* Lüstling

сластолюби́вый, -ая, -ое; *Kzf* -и́в, -а *buchspr* wollüstig, sinnlich

сласть, -и, *Pl* сла́сти, сласте́й, сластя́м *f* 1. *Pl* Süßigkeiten, Süßwaren, Zuckerwerk 2. *volksspr* Vergnügen, Wonne

слать* *uv* schicken, senden

слаща́вый, -ая, -ое; *Kzf* -а́в, -а süßlich, übertrieben freundlich; übertrieben empfindsam

сла́ще ↑ сла́дкий

сле́ва *Adv* von links; links

слегка́ *Adv* ein wenig, etwas, leicht

[1]**след,** следа́ *u.* сле́да (-у), *D* сле́ду, *P* о сле́де, на следу́, *Pl* следы́, -о́в, -а́м *m* 1. Spur; Fußtapfe, Fährte 2. *übtr* Spur, Anzeichen; без -а́ spurlos, völlig; идти́ по чьим -а́м a) j-m auf dem Fuße folgen; b) *übtr* j-s Lehre [Beispiel] folgen ◇ его́ и ~ просты́л er ist über alle Berge

[2]**след:** не ~ *volksspr* es gehört sich nicht, man soll nicht

след. (сле́дующий) folgend

[1]**следи́ть,** слежу́, следи́шь *uv* за *I*

1. beobachten, verfolgen 2. achten (auf), sorgen (für) 3. belauern, bespitzeln; зóрко ~ за кéм-н. ein wachsames Auge auf j-n haben, j-m auf die Finger sehen 4. *A* aufspüren *ein Tier bei der Jagd*

²следи́ть, слежу́, следи́шь *uv umg* schmutzige Spuren hinterlassen, Tapsen machen

слéдователь, -я *m jur* Untersuchungsführer

слéдовательно *Konj* folglich, also, infolgedessen

слéдовать, -дую, -дуешь *uv* 1. за *I* folgen, verfolgen 2. *D* folgen, befolgen, sich leiten lassen (von) 3. fahren, reisen, sich begeben; пóезд слéдует до Москвы́ der Zug geht [fährt] bis Moskau 4. *1. u. 2. Pers ungebr* из *G* folgen, folgern, sich ergeben (aus) 5. *D* gebühren, zukommen; скóлько вам с нас слéдует? wieviel (Geld) haben Sie von uns zu bekommen?, was sind wir Ihnen schuldig? 6. *unpers*: слéдует es ist nötig, es gehört sich; слéдует сказáть, что man muß sagen, daß; тебé не слéдует э́того говори́ть du darfst so etwas nicht sagen; э́то(го) слéдовало ожидáть das war zu erwarten; как слéдует wie es sich gehört, ordentlich, vollständig

слéдом *Adv* hinterher; идти́ ~ за кéм-н. j-m auf dem Fuße folgen

следопы́т, -а *m* Fährtensucher

слéдственный, -ая, -ое *jur* Untersuchungs-

¹слéдствие, -я *n* Folge; Folgerung

²слéдствие, -я *n jur* (gerichtliche) Untersuchung, Untersuchungsverfahren

слéдуемый, -ая, -ое zustehend, zukommend

слéдующий, -ая, -ее folgend, nächst; кто ~? wer ist der nächste?; -им óбразом folgendermaßen

слежáться, *1. u. 2. Pers ungebr,* -жи́тся *v* sich zusammenballen, sich zusammenpressen, zerknittern *vom langen Liegen* || *uv* **слёживаться,** -ается

слéжка, -и *f* Bespitzelung, Beobachtung

слезá, -ы́, *Pl* слёзы, слёз, слезáм *f* 1. Träne; обливáться -áми *oder* плáкать гóрькими -áми bitterlich weinen; смея́ться до слёз Tränen lachen; проли́ть [пусти́ть] -у́ *umg, scherz* eine Träne zerdrücken, ein bißchen weinen 2. *Pl* Weinen; в -áх weinend, tränenüberströmt; сквозь слёзы weinend, unter Tränen; довести́ до слёз zum Weinen bringen 3. *übtr* Tropfen

слезáть *uv zu* слезть

слези́ться, *1. u. 2. Pers ungebr,* -и́тся *uv* 1. sich mit Tränen füllen, tränen 2. *übtr* tropfen; mit Tropfen bedeckt sein

слезли́вый, -ая, -ое; *Kzf* и́в, -а weinerlich, rührselig

слёзный, -ая, -ое; *Kzf* -зен, -зна 1. Tränen- 2. *folkl* weinend, mit Tränen gefüllt 3. *umg* kläglich, flehentlich

слезотечéние, -я *n med* Tränenfluß

слезоточи́вый, а-я, -ое; *Kzf* -и́в, -а 1. *med* tränend, an Tränenfluß leidend 2.: ~ газ Tränengas

с|лезть* *v* 1. hinunterklettern, herunterklettern 2. *umg* aussteigen 3. *umg* abfallen, sich lösen, abgehen *Farbe, Haut u. ä.* || *uv* слезáть, -áю, -áешь

слепéнь, -пня́ *m zool* Bremse

слепéц, -пцá, *I* -пцóм, *G Pl* -пцóв *m* Blinder

¹слепи́ть, слеплю́, слепи́шь *uv* 1. *alt* blenden, das Augenlicht nehmen 2. blenden, am Sehen hindern

²слепи́ть, слеплю́, слéпишь; слéпленный, -ен, -а *v* 1. formen, modellieren 2. *umg* (zusammen)kleben; *übtr* zusammenschustern || *uv* **слéпливать,** -аю, -аешь *u.* **слепля́ть,** -я́ю, -я́ешь

слéпнуть, -ну, -нешь; слеп *u.* слéпнул, слéпла; слéп(нув)ший *uv* blind werden, erblinden

слепóй, -áя, -óе; *Kzf* слеп, -á! 1. blind; *umg* kurzsichtig 2. -óго *Subst m* Blinder 3. *übtr* blind; unvernünftig; willkürlich 4. undeutlich, schlecht leserlich ◇ ~ дождь *gbt* Sonnenregen; -áя кишкá *anat* Blinddarm

слéпок, -пка *m* Abdruck, Abzug

слепотá, -ы́ *f* Blindheit; кури́ная ~ Nachtblindheit

слесáрничать, -аю, -аешь *uv umg* schlossern, das Schlosserhandwerk betreiben

слесáрный, -ая, -ое 1. Schlosserei- 2. -ая, -ой *Subst f* Schlosserwerkstatt

слéсарский, -ая, -ое Schlosser-

слéсарь, -я, *Pl* слесаря́, -éй, -я́м *u.* слéсари, -ей, -ям *m* Schlosser

слёт, -а *m* 1. Zusammenfliegen 2. Zusammenkunft, Treffen, Kongreß

¹слета́ть, -а́ю, -а́ешь *v* 1. (hin)fliegen (und wieder zurückkehren) 2. *umg* sehr schnell hinfahren [hinlaufen] (und wieder zurückkehren); она́ слета́ла в апте́ку за лека́рством sie eilte in die Apotheke und holte das Medikament
²слета́ть *uv zu* слете́ть
¹слета́ться, -а́юсь, -а́ешься *v flug* sich an das gemeinsame Fliegen gewöhnen
²слета́ться *uv zu* слете́ться
слете́ть, слечу́, слети́шь *v* 1. hinabfliegen, herabfliegen; *übtr* hereinbrechen 2. wegfliegen; *übtr* abfallen, verschwinden 3. hinunterfallen, herunterfallen ‖ *uv* слета́ть, -а́ю, -а́ешь
слете́ться, *1. u. 2. Pers ungebr,* -ти́тся *v* von verschiedenen Seiten herbeifliegen, sich (ver)sammeln; *übtr umg* von allen Seiten herbeikommen, sich versammeln ‖ *uv* слета́ться, -а́ется
с|лечь* *v* 1. sich krank zu Bett legen (müssen) 2. *umg* sich legen *von Getreide u. ä.*
слив, -а *m* Abfluß
сли́ва, -ы *f* Pflaume; Pflaumenbaum
слива́ть(ся) *uv zu* сли́ть(ся)
сли́вки, -вок, -вкам *Pl* 1. Sahne, Rahm; сби́тые [взби́тые] -и Schlagsahne 2. *übtr, buchspr* bester Teil (von etw.); ~ о́бщества die Creme der Gesellschaft; снима́ть ~ den Rahm abschöpfen, sich den besten Teil nehmen
сливно́й, -а́я, -о́е 1. zusammengegossen; ~ моло́чный пункт Milchsammelstelle 2. zusammenfließend 3. Abguß-
сли́вовый, -ая, -ое Pflaumen-
сли́вочник, -а *m* Sahnekännchen
сли́вочный, -ая, -ое Sahne-, Rahm-; -ое ма́сло Tafelbutter
сливя́нка, -и *f* Pflaumenlikör
с|лиза́ть* *v* ablecken ‖ *uv* сли́зывать, -аю, -аешь | *v mom* слизну́ть, -ну́, -нёшь; сли́знутый, -ут, -а
сли́зистый, -ая, -ое Schleim-, schleimig; -ая оболо́чка *anat* Schleimhaut
слизну́ть *v mom zu* сли́зывать
слизня́к, -а́ *m* 1. *zool* Weichtier, Molluske 2. *umg* charakterloser [willensschwacher] Mensch
сли́зывать *uv zu* слиза́ть
слизь, -и *f* Schleim
слиня́ть, *1. u. 2. Pers ungebr,* -я́ет *v* 1. *umg* verblassen, verschießen, die Farbe verlieren 2. ausgehen *vom Fell*; abgeworfen werden, abfallen *von der Haut bei Tieren*
слипа́ться, *1. u. 2. Pers ungebr,* -а́ется *uv* 1. zusammenkleben 2. zufallen; у него́ глаза́ слипа́ются die Augen fallen ihm zu *vor Müdigkeit* ‖ *v* **сли́пнуться,** -нется; сли́пся, -лась *zu* 1
сли́тный, -ая, -ое; *Kzf* -тен, -тна (in eins) verschmolzen, verbunden; -ое написа́ние Zusammenschreibung; -ое предложе́ние *gram* zusammengezogener Satz
сли́ток, -тка *m* Barren, Stange *von Metall*
с|лить*, солью́ *v* 1. abgießen, ausgießen 2. zusammengießen; gießen; ~ ко́локол eine Glocke gießen 3. *übtr* vereinigen, zusammenziehen, verschmelzen ‖ *uv* слива́ть, -а́ю, -а́ешь
с|ли́ться*, солью́сь; сли́лся́, слила́сь, сли́ли́сь *v* 1. zusammenfließen 2. *umg* abfließen 3. *übtr* sich vereinigen, verschmelzen ‖ *uv* слива́ться, -а́юсь, -а́ешься
слича́ть *uv zu* сличи́ть
сличе́ние, -я *n* (Text-) Vergleich, Kollation
сличи́ть, -чу́, -чи́шь; -чённый, -чён, -чена́ *v* vergleichen, kollationieren ‖ *uv* слича́ть, -а́ю, -а́ешь
сли́шком *Adv* (all)zu, übermäßig ◇ э́то уж ~! das geht zu weit!, das ist zu viel!
слия́ние, -я *n* 1. Zusammenfluß 2. Vereinigung, Verschmelzung
слобода́, -ы́, *Pl* сло́боды, слобо́д, слобода́м *f* 1. *hist* Dorf oder Teil einer Stadt, dessen Bewohner Privilegien besitzen *im feudalistischen Rußland* 2. großes Dorf, Teil eines großen Dorfes 3. *alt* Vorstadt
слова́к, -а *m* Slowake
Слова́кия, -и *f* Slowakei
слова́рный, -ая, -ое 1. Wörterbuch-, Lexikon- 2. Wort-; ~ соста́в Wortschatz
слова́рь, -я́ *m* 1. Wörterbuch, Lexikon 2. Wortschatz, Lexik
слова́цкий, -ая, -ое slowakisch
слова́чка, -и, *Pl G* -чек, *D* -чкам *f* Slowakin
слове́нец, -нца, *I* -нцем, *G Pl* -нцев *m* Slowene
Слове́ния, -и *f* Slowenien
слове́нка, -и, *Pl G* -нок, *D* -нкам *f* Slowenin
слове́нский, -ая, -ое slowenisch

слове́сность, -и *f* 1. *alt* Literatur; наро́дная ~ Folklore 2. *alt* Philologie
слове́сный, -ая, -ое 1. Wort- 2. mündlich 3. *alt* Philologie- 4. *alt* Literatur-
слове́чко, -а, *Pl* слове́чки, -чек, -чкам *n Dem zu* сло́во Wörtchen ◇ заки́нуть [замо́лвить] ~ за кого́-н. ein gutes Wort für j-n einlegen
слови́ть, словлю́, сло́вишь; сло́вленный, -ен, -а *v umg* fangen, ergreifen
сло́вно 1. *Konj* wie; als ob 2. *Part* gleichsam, sozusagen
сло́во, -а, *Pl* слова́, слов, слова́м *u. alt* словеса́, слове́с, словеса́м *n* 1. Wort 2. Rede; Sprechen, Sprache; облада́ть да́ром сло́ва redegewandt sein 3. Rede, Ansprache; вступи́тельное ~ Eröffnungsansprache 4. Wort, Versprechen; че́стное ~ Ehrenwort 5. Wort, Redeerlaubnis 6. Mär, Erzählung, Lied, Predigt *in literarischen Titeln*; „Сло́во о Полку́ И́гореве" „Das Lied von der Heerfahrt Igors" ◇ ~ в ~ Wort für Wort; ~ за́ ~ allmählich, nach und nach; на -а́х a) mündlich; b) in Worten, mit dem Munde; от -а до -а von Anfang bis Ende, alles ganz genau; с чужи́х слов vom Hörensagen; слов нет zweifellos, in der Tat; слов нет, как es ist unmöglich zu sagen, wie; броса́ть -а́ на ве́тер in den Wind reden; признава́ть на -а́х ein Lippenbekenntnis abgeben; он за -ом в карма́н не поле́зет er ist nicht auf den Mund gefallen; к -у пришло́сь übrigens, da fiel mir noch ein; гро́мкие -а́ große Worte, Phrasen; по после́днему -у те́хники nach dem neuesten Stand der Technik; у него́ ~ не расхо́дится с де́лом er steht zu seinen Worten
слово|изверже́ние, -я *n buchspr, iron* Wortschwall; **~измене́ние,** -я *n ling* Flexion
слово́литец, -тца, *I* -тцем, *G Pl* -тцев *m* Schriftgießer
слово́литня, -и, *Pl G* -тен, *D* -тням *f* Schriftgießerei
сло́вом *Adv* mit einem Wort, kurzum
слово|образова́ние, -я *n ling* Wortbildung; **~охо́тливый,** -ая, -ое; *Kzf* -ив, -а redselig, gesprächig; **~пре́ние,** -я *n buchspr* Wortgefecht; **~произво́дный,** -ая, -ое *ling* Ableitungs-, abgeleitete Wörter bildend; ~произво́дный слова́рь nach dem Prinzip der Wortfamilien aufgebautes Wörterbuch; **~произво́дство,** -а *n ling* Wortableitung; **~сочета́ние,** -я *n ling* Wortverbindung, -gefüge; **~тво́рчество,** -а *n* Wortschöpfung, Prägung neuer Wörter; **~употребле́ние,** -я *n* Wortgebrauch
словцо́, -а́, *I* -о́м, *Pl G* -ве́ц, *D* -вца́м *n umg* Wort; treffender Ausdruck, Bonmot ◇ для кра́сного -а́ *umg* um der schönen Worte willen
[1]**слог,** -а, *Pl* слоги́, -о́в, -а́м *m* Silbe
[2]**слог,** -а *m alt* Stil
слогово́й, -а́я, -о́е 1. *ling* Silben-; 2. silbisch ◇ -о́е письмо́ Silbenschrift
слогообразу́ющий, -ая, -ее *ling* silbisch, eine Silbe bildend
слоёный, -ая, -ое schichtig; aus Blätterteig bereitet
сложе́ние, -я *n* 1. *math* Addition 2. Verfassen, Komponieren 3. Niederlegung *eines Amtes* 4. Körperbau, Gestalt, Konstitution
сложённый, -ая, -ое; *Kzf* -жён, -жена́ gebaut; атлети́чески ~ ю́ноша ein junger Mann von athletischer Gestalt
сложи́ть, сложу́, сло́жишь; сло́женный, -ен, -а *v* 1. (geordnet) zusammenlegen, aufschichten; ~ чемода́н den Koffer packen 2. *math* addieren; ~ два и пять zwei und fünf addieren 3. verfassen, dichten, komponieren 4. zusammenfalten, -klappen; ~ ру́ки на́крест die Arme kreuzen 5. *umg* abladen, ablegen 6. *übtr* niederlegen, abgeben; ~ с себя́ отве́тственность die Verantwortung ablehnen ◇ сиде́ть сложа́ ру́ки die Hände in den Schoß legen, untätig sein; ~ го́лову umkommen, sein Leben lassen; ~ ору́жие die Waffen strecken ‖ *uv zu* 1-5 скла́дывать, -аю, -аешь; *uv zu* 6 *u. buchspr zu* 2, 3, 5 слага́ть, -а́ю, -а́ешь
сложи́ться, сложу́сь, сло́жишься *v* 1. sich zusammensetzen, sich bilden 2. sich herausbilden, sich gestalten; reifen 3. *umg* (Geld) zusammenlegen, eine Sammlung durchführen ‖ *uv* скла́дываться, -аюсь, -аешься *u. buchspr zu* 1, 2 слага́ться, -а́юсь, -а́ешься
сложноподчинённый, -ая, -ое: -ое предложе́ние *gram* Satzgefüge
сложносочинённый, -ая, -ое: -ое предложе́ние *gram* Satzverbindung
сло́жность, -и *f* 1. Kompliziertheit

2. *Pl* Schwierigkeiten ◇ в о́бщей -и alles in allem, insgesamt

сло́жный, -ая, -ое; *Kzf* -жен, -жна́! **1.** zusammengesetzt; -ое сло́во *gram* Kompositum, zusammengesetztes Wort; -ые проце́нты Zinseszinsen **2.** kompliziert; schwierig; verwickelt

слои́стый, -ая, -ое; *Kzf* -и́ст, -а Schicht-, schichtig, aus Schichten bestehend

слои́ться, *1. u. 2. Pers ungebr,* -и́тся *uv* Schichten bilden

слой, -я, *P* в сло́е *u. umg* в слою́, *Pl* слои́, слоёв, слоя́м *m* Schicht

сло́йка, -и, *Pl G* сло́ек, *D* сло́йкам *f* **1.** *umg* Schichten **2.** Blätterteigbrötchen

слом, -а *m* **1.** Brechen, Zerbrechen, Abbrechen, Abbruch; предназна́ченный на ~ zum Abtragen [Abbruch] bestimmt **2.** Bruchstelle

слома́ть, -а́ю, -а́ешь; сло́манный, -ан, -а *v* **1.** *v zu* лома́ть **2.** *umg* überwinden, besiegen; unterdrücken; ~ зу́бы на чём-н. sich die Zähne an etw. ausbeißen; ~ (себе́) ше́ю [го́лову] sich das Genick brechen, umkommen

слома́ться, -а́юсь, -а́ешься *v* **1.** *v zu* лома́ться **2.** *umg* zerbrechen, gebrochen sein

сломи́ть, сломлю́, сло́мишь; сло́мленный, -ен, -а *v* **1.** *umg* brechen, zerbrechen, abbrechen **2.** *übtr* brechen, überwinden, bezwingen ◇ сломя́ го́лову Hals über Kopf; ~ (себе́) ше́ю [го́лову] sich das Genick brechen, umkommen ‖ *uv* сла́мывать, -аю, -аешь

сломи́ться, сломлю́сь, сло́мишься *v* **1.** *umg* auseinanderfallen, zerbrechen **2.** *übtr* sich unterwerfen; zerbrechen; gebrochen sein ‖ *uv* сла́мываться, -аюсь, -аешься

слон, -а́ *m* **1.** Elefant **2.** Läufer *beim Schachspiel* ◇ -а́ не приме́тить *iron* die Hauptsache unbeachtet lassen

слонёнок, -нка, *Pl* слоня́та, -я́т, -я́там *m* Elefantenjunges

слони́ха, -и *f* Elefantenkuh

слоно́вый, -ая, -ое Elefanten-; -ая кость Elfenbein; Бе́рег Слоно́вой Ко́сти Elfenbeinküste

слоня́ться, -я́юсь, -я́ешься *uv umg* umherschlendern, sich herumtreiben

слуга́, -и́, *Pl* слу́ги, слуг, слу́гам *m* Diener; *f alt* Dienerin; *Pl Koll* Dienerschaft, Gesinde

служа́нка, -и, *Pl G* -нок, *D* -кам *f alt* Dienerin; Dienstmädchen

слу́жащий, -его *Subst m* Angestellter

слу́жба, -ы *f* **1.** Dienst; Amt, Arbeitsstelle *eines Angestellten*; госуда́рственная ~ Staatsdienst; ~ свя́зи Post- u. Fernmeldedienst; приня́ть на -у einstellen **2.** Militärdienst; го́дный к -е dienstfähig, diensttauglich **3.** *rel* Gottesdienst, Messe **4.** *Pl alt* Wirtschaftsgebäude, Nebengebäude ◇ сослужи́ть кому́-н. у j-m einen Dienst erweisen; прошу́ тебя́ не в -у а в дру́жбу ich bitte dich um einen Freundschaftsdienst

служе́бный, -ая, -ое **1.** Dienst-, dienstlich; Amts-; -ое купе́ Dienstabteil **2.** Hilfs-, untergeordnet, zweitrangig; -ые слова́ *gram* Hilfswörter

служе́ние, -я *n* Dienen, Dienst

служи́лый, -ая, -ое **1.** *hist* dienstpflichtig **2.**: -ая аристокра́тия *hist* Personaladel, Verdienstadel

служи́тель, -я *m* **1.** *alt* Diener **2.** *alt* (niederer) Angestellter; больни́чный ~ Krankenwärter **3.** *übtr* Diener

служи́ть, служу́, слу́жишь *uv* **1.** dienen; im Dienst stehen; э́то слу́жит доказа́тельством das ist ein Beweis **2.** *rel* den Gottesdienst zelebrieren, die Messe lesen **3.** Männchen machen *Hunde*

слука́вить, -влю, -вишь *v umg* sich verstellen; hinterlistig sein, sich hinterlistig verhalten

слупи́ть, слуплю́, слу́пишь; слу́пленный, -ен, -а *v volksspr* **1.** (ab)schälen **2.** Geld abnehmen, übervorteilen ‖ *uv* **слу́пливать,** -аю, -аешь

слупи́ться, *1. u. 2. Pers ungebr,* слу́пится *v volksspr* sich schälen; abbröckeln, abblättern ‖ *uv* **слу́пливаться,** -ается

слух, -а *m* **1.** Gehör; игра́ть по -у nach dem Gehör spielen **2.** Gerücht; по -ам vom Hörensagen; он весь обрати́лся в ~ er war ganz Ohr, er hörte aufmerksam zu ◇ о нём **ни -у,** ни ду́ху er ist spurlos verschwunden

слухово́й, -а́я, -о́е **1.** Gehör-, Ohr- **2.** Hör-, auditiv; ~ рожо́к Hörrohr ◇ -о́е окно́ Dachfenster

слу́чаем *Adv volksspr* zufällig

слу́чай, -я *m* **1.** Fall, Vorfall, Begebenheit; во вся́ком -е jedenfalls; в кра́йнем -е notfalls, im Notfall; в проти́вном -е anderenfalls; в тако́м -е wenn es so steht; ни в ко́ем -е keinesfalls, niemals; в -е на́добности nötigenfalls, wenn nötig **2.** Gelegenheit; при -е gelegentlich 3. Zufall ◇ в -е чего́ wenn etwas Unvorhergesehenes eintreten sollte; в да́нном -е a) in diesem (speziellen) Fall; b) gegebenenfalls; на ~ a) für den Fall: на ~ сме́рти *jur* im Falle des Ablebens; b) für eine (passende) Gelegenheit: стихи́ на ~ Gelegenheitsgedicht; c) zufällig: кни́га на ~ сохрани́лась *alt* das Buch blieb zufällig erhalten; по -ю a) infolge: по -ю плохо́й пого́ды infolge des schlechten Wetters; b) bei Gelegenheit von; anläßlich: поку́пка по -ю Gelegenheitskauf

случа́йно 1. *Adv* zufällig(erweise) ◇ не ~ nicht ohne Grund, nicht von ungefähr 2. *mod* übrigens, zufällig

случа́йный, -ая, -ое; *Kzf* -а́ен, -а́йна 1. zufällig, unvorhergesehen 2. Gelegenheits-, gelegentlich 3. unbegründet, unberechtigt

случа́ть *uv zu* случи́ть

¹случа́ться, *1. u. 2. Pers ungebr*, -а́ется *uv* 1. *uv zu* ¹случи́ться 2. *umg* von Zeit zu Zeit kommen

²случа́ться *uv zu* ²случи́ться

случи́ть, -чу́, -чи́шь; -чённый, -чён, -чена́ *v landw* paaren, decken ‖ *uv* случа́ть, -а́ю, -а́ешь

¹случи́ться, *1. u. 2. Pers ungebr*, -и́тся *v* 1. sich ereignen, geschehen, passieren 2. *unpers* es ergibt sich, daß; мне случи́лось прожи́ть там две неде́ли es ergab sich, daß ich zwei Wochen dort bleiben mußte; ich mußte zwei Wochen dort bleiben 3. *umg* zufällig anwesend sein, auftauchen ‖ *uv* случа́ться, -а́ется; ему́ не случа́лось смотре́ть э́ту вы́ставку es ergab sich nicht, daß er die Ausstellung ansehen konnte; er konnte die Ausstellung nicht ansehen

²случи́ться, *1. u. 2. Pers ungebr*, -и́тся *v* sich paaren *von Tieren* ‖ *uv* случа́ться, -а́ется

слу́чка, -и *f landw* Deckung, Beschälung

случно́й, -а́я, -о́е *landw* Beschäl-; ~ жеребе́ц Zuchthengst, Beschäler; ~ пункт Beschälstation

слу́шание, -я *n* 1. Hören, Zuhören 2. *jur* (gerichtliche) Verhandlung; де́ло назна́чено к -ю die Verhandlung ist anberaumt

слу́шатель, -я *m* 1. Hörer, Zuhörer 2. Hörer, Student

слу́шательница, -ы, *I* -ей *f* 1. Hörerin, Zuhörerin 2. Hörerin, Studentin

слу́шать, -аю, -аешь; -анный, -ан, -а *uv* 1. (zu)hören, (an)hören, horchen 2. *jur* eine Verhandlung durchführen 3. hören, besuchen; ~ курс вы́сшей матема́тики die Vorlesung über höhere Mathematik besuchen 4. *umg* gehorchen; слу́шаю! *mil* zu Befehl!

слу́шаться, -аюсь, -аешься *uv G* 1. gehorchen; befolgen; ~ роди́телей den Eltern gehorchen; ~ сове́та дру́га den Rat des Freundes befolgen; слу́шаюсь! *mil* zu Befehl! 2. *jur* zur Verhandlung stehen

слу́щивание, -я *n med* Abschuppung

слыву́ ↑ слыть

слыть* *uv I u.* за *A* bekannt sein (als), in dem Ruf stehen

слыха́ть, *Präs ungebr*, слыха́л, -а; слы́ханный, -ан, -а *uv umg* hören, erfahren ◇ ничего́ не ~ *volksspr* es ist nichts zu hören; где э́то слы́хано wo gibt es denn so etwas

слы́хом *Adv*: ~ не слыха́ть *volksspr* nichts wissen, keine Ahnung haben

слы́шать, -шу, -шишь *uv* 1. hören, vernehmen; он одни́м у́хом не слы́шит er ist auf einem Ohr taub 2. hören, erfahren 3. merken, spüren

слы́шаться, *1. u. 2. Pers ungebr*, -ится *uv* 1. zu hören sein, ertönen; слы́шится му́зыка es erklingt [man hört] Musik 2. zu spüren sein, sich äußern ‖ *v* послы́шаться

слы́шимость, -и *f* 1. Hörbarkeit; в преде́ле -и in Hörweite 2. Lautstärke, Deutlichkeit; плоха́я ~ a) schlechte Verständigung *am Telefon*; b) *rad* Undeutlichkeit

слы́шно *unpers prädikativ* man kann hören, es ist zu hören; мне ничего́ не ~ ich kann nichts hören [verstehen]; пло́хо ~ es ist schlecht zu hören [verstehen] ◇ что ~? was gibt es Neues?, как ~ soviel man hört

слы́шный, -ая, -ое 1. hörbar; spürbar 2. *Kzf* -шен, -шна́, -шно, слы́шны́ zu hören sein, erklingen

слышь *mod volksspr* 1. hörst du, siehst du 2. anscheinend

слюда́, -ы́, *Pl* слю́ды, слюд, слю́дам *f min* Glimmer

слюна́, -ы́ *f* Speichel; Geifer

слю́ни, слюне́й, слюня́м *Pl umg* Speichel ◇ распусти́ть ~ *volkssp*r a) losheulen; b) unentschlossen [schlapp] werden; c) in Rührung geraten, gerührt sein

слюни́ть, -ню́, -ни́шь; -нённый, -нён, -нена́ *uv* mit Speichel anfeuchten

слю́нки, -нок, -нкам *Pl*: у него́ ~ теку́т *oder* он ~ глота́ет das Wasser läuft ihm im Munde zusammen

слю́нный, -ая, -ое Speichel-

слюнотече́ние, -я *n med* Speichelfluß, verstärkte Speichelabsonderung

слюнтя́й, -я, *G Pl* -ев *m umg* Schlafmütze, Nichtsnutz

слюня́вый, -ая, -ое; *Kzf* -я́в, -а geifernd, sabbernd

сля́коть, -и *f* **1.** Matsch, Schlamm; Matschwetter **2.** *volksspr Koll* verachtungswürdige Menschen

см (сантиме́тр) Zentimeter

см. (смотри́) siehe

с. м. (сего́ ме́сяца) dieses Monats

с|ма́зать* *v* **1.** einschmieren; ~ жи́ром einfetten; ~ ма́слом einölen; ~ го́рло den Hals (ein)pinseln **2.** verwischen, verschmieren; verwakkeln *beim Photographieren* **3.** *übtr umg* schmieren, bestechen ‖ *uv* сма́зывать, -аю, -аешь

сма́зка, -и, *Pl G* -зок, *D* -зкам *f* **1.** Einschmieren, Einfetten, Einölen, Einpinseln **2.** Schmiere, Schmiermittel

смазли́вый, -ая, -ое; *Kzf* -и́в, -а *umg* niedlich, hübsch

сма́зочный, -ая, -ое **1.** Schmier- **2.** -ое, -ого *Subst n* Schmiermittel

сма́зчик, -а *m tech* Schmierer

сма́зывать *uv zu* смаза́ть

смак, -а (-у) *m umg* Geschmack; Genuß

смакова́ть, -ку́ю, -ку́ешь; -ко́ванный, -ко́ван, -а *uv* **1.** *umg* genießen, mit Genuß essen [trinken] **2.** *übtr umg* genießen, auskosten

сма́лец, -льца, *I* -льцем *m* Schmalz, Schweinefett

сма́лывать *uv zu* смоло́ть

сманеври́ровать *v zu* маневри́ровать

сма́нивать *uv zu* смани́ть

смани́ть, сманю́, сма́нишь *u. alt* смани́шь; сма́ненный, -нен, -а *u.* сманённый, -нён, -нена́ *v umg* (herbei)locken, verlocken, weglocken, abwerben; ~ у кого́-н. клие́нтов j-m die Kunden abspenstig machen ‖ *uv* сма́нивать, -аю, -аешь

смастери́ть *v zu* мастери́ть

сма́тывать *uv zu* смота́ть

¹сма́хивать *uv zu* смахну́ть

²сма́хивать, -аю, -аешь *uv* на *A umg* erinnern (an), ähneln

смахну́ть, -ну́, -нёшь; сма́хнутый, -ут, -а *v* abschütteln, abschlagen, herunterwerfen ‖ *uv* сма́хивать, -аю, -аешь

сма́чивать *uv zu* смочи́ть

сма́чный, -ая, -ое; *Kzf* -чен, -чна́! *umg* schmackhaft; *übtr* genießerisch; saftig

смежа́ть *uv zu* смежи́ть

смежи́ть, -жу́, -жи́шь; -жённый, -жён, -жена́ *v*: ~ глаза́ die Augen schließen ‖ *uv* смежа́ть, -а́ю, -а́ешь

сме́жный, -ая, -ое; *Kzf* -жен, -жна angrenzend, benachbart; ~ у́гол *math* Nebenwinkel

смека́лка, -и *f umg* gute Auffassungsgabe, Scharfsinn; на́до име́ть -у Köpfchen muß man haben

смека́ть, -а́ю, -а́ешь *uv* **1.** *volksspr* begreifen, kapieren; sich auskennen **2.** *volksspr* überlegen, überschlagen ‖ *v* **смекну́ть,** -ну́, -нёшь

смеле́ть, -е́ю, -е́ешь *uv* kühn [kühner] werden

сме́ло *Adv* **1.** kühn, mutig; смеле́й! nur Mut!, vorwärts!, schneller! **2.** *umg* ohne weiteres, leicht; мо́жно ~ сказа́ть man kann ruhig [ohne weiteres] sagen

сме́лость, -и *f* **1.** Mut, Kühnheit, Tapferkeit **2.** Gewagtheit, Dreistigkeit ◇ я беру́ на себя́ ~ ich nehme mir die Freiheit; ich bin so frei; ~ города́ берёт *Sprichw* frisch gewagt ist halb gewonnen

сме́лый, -ая, -ое; *Kzf* смел, -а́! **1.** mutig, kühn, tapfer **2.** gewagt; -ая шу́тка gewagter Scherz

смельча́к, -а́ *m* Wagehals, mutiger Kerl

сме́на, -ы *f* **1.** Wechsel; Ablösung **2.** Schicht; рабо́та идёт в три -ы es wird in drei Schichten gearbeitet **3.** Nachwuchs, junge Generation **4.** (Wäsche-) Garnitur zum Wechseln ◇ прийти́ на -у кому́-н. j-n ablösen, an j-s Stelle treten

смени́ть, сменю́, сме́нишь; сменённый, -ён, -ена́ *v* **1.** wechseln, umtauschen **2.** ablösen ◇ ~ гнев на ми́лость Gnade vor Recht ergehen lassen ‖ *uv* сменя́ть, -я́ю, -я́ешь

смени́ться, сменю́сь, сме́нишься *v* **1.** sich ablösen, wechseln **2.** wechseln, sich verwandeln ‖ *uv* сменя́ться, -я́юсь, -я́ешься

сме́нный, -ая, -ое **1.** Schicht- **2.** *tech* auswechselbar

сме́нщик, -а *m* Schichtarbeiter

сме́нщица, -ы, *I* -ей *f* Schichtarbeiterin

[1]сменя́ть, -я́ю, -я́ешь; сме́нянный, -ян, -а *v umg* (ein)tauschen (на *A* gegen)

[2]сменя́ть *uv zu* смени́ть

сменя́ться *uv zu* смени́ться

смерде́ть, -ржу́, -рди́шь *uv I* stinken (nach)

сме́рить, -рю, -ришь; -ренный, -рен, -а *u. volksspr* **сме́рять,** -яю, -яешь *v umg* messen, ausmessen, abmessen; ~ кого́-н. взгля́дом j-n prüfend betrachten, j-n mustern

смерка́ться *uv zu* сме́ркнуться

сме́ркнуться, *1. u. 2. Pers ungebr,* -нется; сме́рк(ну)лось *v umg* 1. *unpers* dämmrig werden, dunkel werden 2. *umg* sich verdunkeln || *uv* смерка́ться, -а́ется

смерте́льный, -ая, -ое; *Kzf* -лен, -льна 1. tödlich, Todes-, Tod- 2. *übtr* äußerst; -ая ску́ка entsetzliche (tödliche) Langeweile 3. -о *Adv*: он -о уста́л er ist sterbensmüde [todmüde]; он -о пьян er ist sternhagelvoll; -о ненави́деть кого́-н. j-n bis auf den Tod hassen

сме́ртник, -а *m* zum Tode Verurteilter

сме́ртность, -и *f* Sterblichkeit, Mortalität

сме́ртный, -ая, -ое; *Kzf* -тен, -тна 1. Todes-, Sterbe-; tödlich, Tod- 2. sterblich 3. -ого *Subst m buchspr, meist iron* Sterblicher, Mensch 4. *übtr* äußerst; -ая сту́жа furchtbare [tödliche] Kälte

смертоно́сный, -ая, -ое; *Kzf* -сен, -сна tödlich, todbringend

смерть, -и, *Pl* сме́рти, смерте́й, смертя́м *f* 1. Tod; быть при -и im Sterben liegen; бле́дный как ~ leichenblaß; борьба́ не на жизнь, а на ~ ein Kampf auf Leben und Tod; умере́ть свое́й -ью eines natürlichen Todes sterben; мне э́то до -и надое́ло ich bin dessen äußerst [zum Sterben] überdrüssig, das hängt mir zum Halse heraus 2. *Adv umg* furchtbar, schrecklich; зуб ~ боли́т der Zahn tut schrecklich weh; мне ~ как хо́чется ich möchte für mein Leben gern

смерч, -а, *I* -ем, *G Pl* -ей *m* Wirbelsturm, Windhose; водяно́й ~ Wasserhose; песча́ный ~ Sandhose

смеря́ть ↑ сме́рить

смеси́тель, -я *m* 1. Mixer *Gerät* 2. Mischkanne *an Tankstellen* 3. Mischbatterie *Wasserhahn*

с|мести́* *v* 1. wegfegen 2. *übtr* hinwegfegen, vernichten 3. zusammenfegen || *uv* смета́ть, -а́ю, -а́ешь

смести́ть, смещу́, смести́шь; смещённый, -ён, -ена́ *v* 1. verschieben 2. absetzen, entlassen || *uv* смеща́ть, -а́ю, -а́ешь

смесь, -и *f* 1. Mischung, Gemisch, Gemenge 2. *alt* Verschiedenes *als Zeitungsrubrik*

сме́та, -ы *f* Kostenanschlag; Budget; соста́вить -у veranschlagen

смета́на, -ы *f* saure Sahne

[1]смета́ть *uv zu* смести́

[2]смета́ть, -а́ю, -а́ешь; смётанный, -ан, -а *v* heften || *uv* смётывать, -аю, -аешь

смётливый, -ая, -ое; *Kzf* -ив, -а scharfsinnig, mit guter Auffassungsgabe

сме́тный, -ая, -ое Kostenanschlags-, Budget-

смётывать *uv zu* [2]смета́ть

сме́ть, сме́ю, сме́ешь *uv* 1. wagen, den Mut haben 2. das Recht haben, dürfen || *v* посме́ть

смех, -а (-у) *m* 1. Lachen, Gelächter; мне не до -у mir ist nicht zum Lachen zumute; разрази́ться -ом in Gelächter ausbrechen 2. Spaß, Spott; на́ ~ zum Spaß; ра́ди -а spaßeshalber; подня́ть кого́-н. на́ ~ j-n auslachen, j-n zum besten haben ◇ и ~ и грех spaßig und traurig zugleich; э́то ку́рам на́ ~! da lachen ja die Hühner!

смехотво́рный, -ая, -ое; *Kzf* -рен, -рна 1. lächerlich 2. *alt* spaßig

сме́шанный, -ая, -ое gemischt, Misch-; -ое число́ *math* gemischte Zahl

смеша́ть, -а́ю, -а́ешь; сме́шанный, -ан, -а *v* 1. (ver)mischen 2. durcheinanderbringen, verwirren 3. verwechseln || *uv* сме́шивать, -аю, -аешь

смеша́ться, -а́юсь, -а́ешься *v* 1. sich vermischen, sich verbinden; verschmelzen 2. in Unordnung geraten, durcheinander kommen 3. verwechselt werden 4. *umg* verlegen werden, in Verwirrung geraten || *uv* сме́шиваться, -аюсь, -аешься *zu* 1, 2, 3

смеше́ние, -я *n* 1. (Ver-) Mischung, (Ver-) Mischen 2. Verwirrung 3. Verwechseln, Verwechslung 4. Gemisch

сме́шивать(ся) *uv zu* смеша́ть(ся)

смеши́ть, -шу́, -ши́шь *uv* zum Lachen bringen

смешли́вый, -ая, -ое; *Kzf* -и́в, -а lachlustig
смешно́ *unpers prädikativ* (es ist) lächerlich, lachhaft; мне ~ ich muß lachen
смешно́й, -а́я, -о́е; *Kzf* -шо́н, -шна́ 1. spaßig, komisch 2. lächerlich ◇ до -о́го in höchstem Grade, übertrieben, ans Komische grenzend
смеща́ть *uv zu* смести́ть
смея́ться, смею́сь, смеёшься *uv* 1. lachen 2. над *I u. alt D* lachen (über), auslachen, sich lustig machen (über) 3. *umg* scherzen, es nicht im Ernst meinen
сми́ловаться, -лую́сь, -луешься *v* sich erbarmen, Mitleid haben
смина́ть(ся) *uv zu* смя́ть(ся)
смире́ние, -я *n* 1. Bezwingung 2. *alt, buchspr* Demut
смире́нничать, -аю, -аешь *uv umg, oft iron* demütig sein, demütig tun
смире́нный, -ая, -ое; *Kzf* -е́н, -е́нна *alt, buchspr* demütig; bescheiden
смири́тельный, -ая, -ое: -ая руба́шка Zwangsjacke
смири́ть, -рю́, -ри́шь; -рённый, -рён, -рена́ *v* 1. *alt, volksspr* unterwerfen, zähmen, sich schicken (in) 2. bezwingen, unterdrücken *Gefühle* ‖ *uv* смиря́ть, -я́ю, -я́ешь
смири́ться, -рю́сь, -ри́шься *v* 1. *alt, volksspr* sich unterwerfen, demütig werden 2. sich beruhigen 3. sich unterordnen, nachgeben 4. sich gewöhnen (с *I* an) ‖ *uv* смиря́ться, -я́юсь, -я́ешься
сми́рно *Adv* 1. still, ruhig 2.: ~! Ruhe!; *mil* Achtung!, stillgestanden!
сми́рный, -ая, -ое; *Kzf* -рен *u. umg* -рён, -рна́! still, ruhig, friedlich
смиря́ть(ся) *uv zu* смири́ть(ся)
смо́ква, -ы *f bot* Feige; Feigenbaum
смоко́вница, -ы, *I* -ей *f bot* Feigenbaum
смола́, -ы́, *Pl* смо́лы, смол, смо́лам *f* Harz; Teer; Pech; иску́сственная ~ Kunstharz
смола́чивать *uv zu* смолоти́ть
Смоле́нск, -а *m* Smolensk
смолёный, -ая, -ое geteert, verpicht
смоли́стый, -ая, -ое; *Kzf* -и́ст, -а 1. harzig 2. nach Harz riechend 3. glänzend schwarz *Haare*
смоли́ть, -лю́, -ли́шь; -лённый, -лён, -лена́ *v* teeren, pichen
смолка́ть *uv zu* смо́лкнуть
смо́лкнуть, -ну, -нешь; смолк *u. alt* смо́лкнул, смо́лкла; смо́лк(нув)ший *v* verstummen ‖ *uv* смолка́ть, -а́ю, -а́ешь
смо́лоду *Adv* 1. *umg* von Jugend auf 2. in jungen Jahren
смолоку́р, -а *m* Teerbrenner
смолоку́рня, -и, *Pl G* -рен, *D* -рням *f* Teerbrennerei, Pechsiederei
смолоти́ть, -очу́, -о́тишь; -о́ченный, -о́чен, -а *v umg* ausdreschen ‖ *uv* смола́чивать, -аю, -аешь
с|моло́ть* *v* (fertig)mahlen; durch den Fleischwolf drehen ‖ *uv* сма́лывать, -аю, -аешь
смолча́ть, -чу́, -чи́шь *v umg* schweigen; не ~ die Antwort nicht schuldig bleiben
смоль, -и *f*: чёрный как ~ pechschwarz
смоля́нин, -а, *Pl* -я́не, -я́н, -я́нам *m u.* **смоля́к,** -а́ *m umg* Einwohner von Smolensk
смоляно́й, -а́я, -о́е 1. Harz-; Teer-; Pech-; harzig 2. geteert 3. glänzend schwarz *Haare*
смонти́ровать *v zu* монти́ровать
сморгну́ть, -ну́, -нёшь *v mom* (heraus)zwinkern; не сморгну́в гла́зом ohne mit der Wimper zu zucken
сморка́ть, -а́ю, -а́ешь *uv*: ~ нос sich die Nase putzen, schnauben
сморка́ться, -а́юсь, -а́ешься *uv* sich schneuzen, sich die Nase putzen ‖ *v mom* **сморкну́ться,** -ну́сь, -нёшься
сморо́дина, -ы *f* 1. Johannisbeere 2. *Koll* Johannisbeeren; Johannisbeerstrauch
сморо́динный, -ая, -ое Johannisbeer-
сморчо́к, -чка́ *m bot* Morchel
смо́рщенный, -ая, -ое 1. gerunzelt, faltig 2. runzlig, zusammengeschrumpft, verschrumpelt
смо́рщивать(ся) *uv zu* смо́рщить(ся)
смо́рщить, -щу, -щишь; -щенный, -щен, -а *v* 1. runzeln, in Falten legen 2. Falten machen *von Kleidungsstücken* ‖ *uv umg* смо́рщивать, -аю, -аешь
смо́рщиться, -щусь, -щишься *v* 1. sich runzeln, sich in Falten legen 2. das Gesicht verziehen ‖ *uv umg* смо́рщиваться, -аюсь, -аешься
смота́ть, -а́ю, -а́ешь; смо́танный, -ан, -а *v* 1. aufwickeln, zusammenwickeln 2. abwickeln ◇ ~ у́дочки *volksspr* sich aus dem Staube machen, schnell verschwinden ‖ *uv* сма́тывать, -аю, -аешь
смотр, -а *m* 1. (*P* на смотру́, *Pl* смотры́, -о́в, -а́м) *mil* Besichtigung, In-

spektion, Abnehmen der Parade; производи́ть ~ войска́м die Truppen inspizieren **2.** (*P* на смо́тре, *Pl* смо́тры, -ов, -ам) Leistungsschau; Ausscheid; ~ самоде́ятельности Ausscheid der Kulturgruppen

смотре́ть, смотрю́, смо́тришь; смо́тренный, -ен, -а *uv* **1.** (an)sehen, (an)schauen, betrachten; ~ в окно́ zum Fenster hinaussehen; о́кна смо́трят во двор die Fenster gehen auf den Hof hinaus; как вы на э́то смо́трите? was halten Sie davon?; смотри́ пе́рвую главу́ siehe erstes Kapitel; смотри́ на оборо́те bitte wenden **2.** aufpassen, achtgeben (за *I* auf); ~ за больны́м einen Kranken pflegen **3.** *I alt, volksspr* aussehen wie, das Aussehen haben ◇ смотря́ по обстоя́тельствам je nach den Umständen, es hängt von den Umständen ab; смотря́ кто идёт je nachdem, wer geht; es kommt darauf an, wer geht; смотря́ куда́ идти́ je nachdem, wohin man geht; es kommt darauf an, wohin man geht; ~ в лицо́ опа́сности der Gefahr ins Auge sehen; ~ сквозь па́льцы ein Auge zudrücken; ~ в о́ба auf der Hut sein || *v* посмотре́ть

смотре́ться, смотрю́сь, смо́тришься *uv* **1.**: ~ (в зе́ркало) sich (im Spiegel) betrachten **2.** *unpers*: пье́са хорошо́ смо́трится das Stück läßt sich ansehen [kann man sich ansehen] || *v* посмотре́ться

смотри́тель, -я *m* Aufseher, Wärter

смотрово́й, -а́я, -о́е *u.* **смотро́вый,** -ая, -ое **1.** Seh- **2.** Besichtigungs-, Inspektions-

смочи́ть, смочу́, смо́чишь; смо́ченный, -ен, -а *v* anfeuchten || *uv* сма́чивать, -аю, -аешь

с|мочь* *v* können, imstande sein, die Möglichkeit haben

смоше́нничать, -аю, -аешь *v* betrügen, Gaunereien verüben

смрад, -а *m* übler Geruch, Gestank

смра́дный, -ая, -ое; *Kzf* -ден, -дна übelriechend, stinkend

смугле́ть, -е́ю, -е́ешь *uv* braun(er) werden, sich (von der Sonne) bräunen

сму́глый, -ая, -ое; *Kzf* смугл, -а́! braun, sonnenverbrannt; dunkelhäutig

смугля́к, -а́ *m umg* braungebrannter [dunkelhäutiger] (junger) Mann

смугля́нка, -и, *Pl G* -нок, *D* -нкам *f umg* braungebrannte [dunkelhäutige] Frau

смудри́ть, -рю́, -ри́шь *v umg* ausklügeln

сму́та, -ы *f* **1.** *alt* Aufstand, Unruhe(n); *umg* Zwistigkeiten **2.** Aufregung, Unruhe

смути́ть, смущу́, смути́шь *u. alt* смучу́, сму́тишь; смущённый, -ён, -ена́ *v* **1.** beunruhigen; verwirren, in Verlegenheit bringen **2.** *alt* aufwiegeln, Unruhe stiften || *uv* смуща́ть, -а́ю, -а́ешь

смути́ться, смущу́сь, смути́шься *u. alt* сму́тишься *v* **1.** verlegen werden; verwirrt [bestürzt] sein **2.** *alt* sich erheben, einen Aufstand beginnen || *uv* смуща́ться, -а́юсь, -а́ешься

сму́тный, -ая, -ое; *Kzf* -тен, -тна́! **1.** unruhig; wirr; aufrührerisch **2.** unklar, undeutlich, vage (*a. Adv*) я -о припомина́ю ich erinnere mich dunkel

смутья́нить, -ню, -нишь *uv volksspr* Unfrieden stiften; aufwiegeln

сму́шка, -и, *Pl G* -шек, *D* -шкам *f u.* **сму́шек,** -шка *m* Persianer(fell)

сму́шковый, -ая, -ое Lammfell-, Persianer-

смуща́ть(ся) *uv zu* смути́ть(ся)

смуще́ние, -я *n* **1.** Verlegenheit, Bestürzung **2.** *alt* Aufwiegelung; Aufruhr

смыва́ть(ся) *uv zu* смы́ть(ся)

смыка́ть(ся) *uv zu* сомкну́ть(ся)

смысл, -а (-у) *m* **1.** Sinn; в перено́сном -е in übertragener Bedeutung, bildlich, figürlich; в по́лном -е сло́ва im wahrsten Sinne des Wortes, wahrhaftig; в широ́ком -е im weiteren Sinne **2.** *alt* Verstand ◇ здра́вый ~ gesunder Menschenverstand

смы́слить, -лю, -лишь *uv umg* в *P* verstehen, sich auskennen (in etw.); он ничего́ не смы́слит в матема́тике er versteht nichts [hat keine Ahnung] von Mathematik

смыслово́й, -а́я, -о́е Sinn-, Bedeutungs-

с|мыть* *v* **1.** abwaschen **2.** *1. u. 2. Pers ungebr* wegspülen, wegschwemmen ◇ как (водо́й) смы́ло verschwunden, wie weggeblasen || *uv* смыва́ть, -а́ю, -а́ешь

с|мыться* *v* **1.** sich abwaschen lassen, abgehen **2.** *volksspr* sich davonmachen, verduften || *uv* смыва́ться, -а́юсь, -а́ешься

смы́чка, -и, *Pl G* -чек, *D* -чкам *f* **1.** Zusammenschließen **2.** Verbindungs-

stelle, Verschluß 3. Bündnis, Zusammenschluß
смычко́вый, -ая, -ое *mus* 1. Streich- 2. -ые, -ых *Subst Pl* Streichinstrumente
смы́чный, -ая, -ое 1. *ling* Verschluß- 2. -ого *Subst m ling* Verschlußlaut
смычо́к, -чка́ *m mus* Bogen *für Streichinstrumente*
смышлёный, -ая, -ое; *Kzf* -лён, -а *umg* aufgeweckt, gescheit
смягча́ть *uv zu* смягчи́ть
смягче́ние, -я *n* 1. Milderung 2. Besänftigung 3. *ling* Erweichung, Palatalisation
смягчи́ть, -чу́, -чи́шь; -чённый, -чён, -чена́ *v* 1. weich machen, enthärten 2. mildern, dämpfen, lindern 3. milde stimmen, besänftigen 4. *ling* palatalisieren || *uv* смягча́ть, -а́ю, -а́ешь
смяка́ть *uv zu* смя́кнуть
смя́кнуть, -ну, -нешь; смяк, -ла *v volksspr* 1. weich werden; durchweichen, zerweichen 2. *übtr* weich werden, nachgeben || *uv* смяка́ть, -а́ю, -а́ешь
смяте́ние, -я *n* Verwirrung, Bestürzung
с|мять*, сомну́ *v* 1. zerknittern, zerknüllen 2. niedertreten; umlegen 3. überrennen, überwältigen || *uv* смина́ть, -а́ю, -а́ешь
с|мя́ться*, *1. u. 2. Pers ungebr,* сомнётся *v* zerknittert [zerknüllt] werden || *uv* смина́ться, -а́ется
снабди́ть, -бжу́, -бди́шь; -бжённый, -бжён, -бжена́ *v I* versorgen (mit), beliefern; ausrüsten || *uv* **снабжа́ть,** -а́ю, -а́ешь
снабже́ние, -я *n* Versorgung, Belieferung; Ausrüstung
снабже́нческий, -ая, -ое Versorgungs-
сна́добье, -ья, *Pl G* -бий, *D* -бьям *n umg* selbstbereitete Mixtur, Kräutertrank; Würze
сна́йпер, -а *m* Scharfschütze
снару́жи *Adv* außen; von außen
снаря́д, -а *m* 1. Geschoß, Projektil; самолёт-~ ferngesteuertes Geschoß, unbemanntes Flugzeug 2. *Sport* Gerät 3. Maschine, technische Vorrichtung; буровой ~ Bohranlage
снаряди́ть, -яжу́, -ядишь; -яжённый, -яжён, -яжена́ *v* 1. ausrüsten; *umg* bewaffnen 2. *umg* (fort)-schicken || *uv* снаряжа́ть, -а́ю, -а́ешь
снаряди́ться, -яжу́сь, -яди́шься *v umg* sich ausrüsten; sich rüsten; sich aufmachen [auf den Weg machen] || *uv* снаряжа́ться, -а́юсь, -а́ешься
снаря́дный, -ая, -ое 1. Geschoß-, Munitions- 2. *Sport* Geräte-; -ая гимна́стика Geräteturnen
снаряжа́ть(ся) *uv zu* снаряди́ть(ся)
снаряже́ние, -я *n* Ausrüstung; похо́дное ~ *mil* Marschausrüstung
снасть, -и, *Pl* сна́сти, снасте́й, снастя́м *f* 1. Tau 2. *Pl* Takelwerk 3. Handwerkszeug, Gerät
снача́ла *Adv* 1. anfangs, zuerst 2. von vorn, von neuem, noch einmal
сна́шивать *uv zu* [1]сноси́ть
снег, -а (-у), *P* о сне́ге, в снегу́, *Pl* снега́, -о́в, -а́м *m* Schnee; ~ идёт es schneit ◇ как ~ на́ голову völlig unerwartet, wie ein Blitz aus heiterem Himmel; как прошлого́дний ~ ну́жен völlig unnötig
снеги́рь, -я́ *m zool* Gimpel
снего- *in Zuss* Schnee-
снегово́й, -а́я, -о́е Schnee-, mit (ewigem) Schnee bedeckt
снего|очисти́тель, -я *m* Schneepflug, Schneeräumer; **~па́д,** -а *m* Schneefall; **~та́яние,** -я *n* Schneeschmelze
снегу́рочка, -и *f folkl* Mädchen aus Schnee; Schneewittchen
снеда́ть, -а́ю, -а́ешь *uv* 1. *buchspr* verzehren, quälen 2. *alt, gbt* verzehren, essen
снедь, -и *f* Essen, Kost
снежи́нка, -и, *Pl G* -нок, *D* -нкам *f* Schneeflocke
сне́жный, -ая, -ое Schnee-, schneeig, verschneit, von (ewigem) Schnee bedeckt; -ая зима́ schneereicher Winter; -ая ба́ба Schneemann
снежо́к, -жка́ *m* 1. leichter Schnee 2. Schneeball; игра́ть в -жки́ eine Schneeballschlacht machen
с|нести́* *v* 1. wegtragen, fortbringen, fortschaffen; hinuntertragen, heruntertragen 2. wegreißen; fortschwemmen; плато́к снесло́ с неё ве́тром der Wind hatte ihr das Tuch weggeweht 3. abbrechen, niederreißen *Gebäude* 4. abwerfen *Karten beim Spiel* 5. zusammentragen 6. *übtr* ertragen, erdulden 7. *v zu* нести́ || *uv* сноси́ть, сношу́, сно́сишь *zu* 2, 3, 4, 6; тебе́ не сноси́ть головы́ es wird dich den Kopf kosten
[1]**с|нести́сь*** *v с I* sich in Verbindung setzen, in Verbindung treten || *uv* сноси́ться, сношу́сь, сно́сишься
[2]**снести́сь** *v zu* нести́сь
снето́к, -тка́ *m zool* Stint
снижа́ть(ся) *uv zu* сни́зить(ся)

снижение, -я *n* 1. Senkung, Verringerung; Zurückgehen 2. *flug* Ansetzen zur Landung

снизить, сниж́у, сни́зишь; сни́женный, -ен, -а *v* 1. senken, verringern, vermindern 2. *flug* auf geringere Höhe bringen; zum Landen zwingen ◇ ~ тон die Stimme senken, ruhiger sprechen || *uv* снижа́ть, -а́ю, -а́ешь

сни́зиться, сни́жусь, сни́зишься *v* 1. sich senken; zurückgehen; fallen *von Preisen* 2. *flug* auf geringere Höhe gehen, zur Landung ansetzen || *uv* снижа́ться, -а́юсь, -а́ешься

снизо|йти́*; снизошёл *u. alt* снисшёл, снизошла́; снизоше́дший *u. alt* снисше́дший *v* 1. sich herablassen 2. nachsichtig sein || *uv* снисходи́ть, -ожу́, -о́дишь

сни́зу *Adv* von unten; unten; ~ вверх von unten nach oben; смотре́ть ~ вверх на кого́-н. zu j-m aufschauen, Ehrfurcht vor j-m empfinden

снима́ть(ся) *uv zu* сня́ть(ся)

сни́мок, -мка *m* Aufnahme, Photographie

сниму́ ↑ сня́ть

сниска́ть* *v alt, buchspr* erwerben, finden, gewinnen || *uv* **сни́скивать,** -аю, -аешь

снисходи́тельный, -ая, -ое; *Kzf* -лен, -льна 1. herablassend, hochmütig 2. nachsichtig, wohlwollend

снисходи́ть *uv zu* снизойти́

снисхожде́ние, -я *n* 1. Nachsicht, Milde; *umg* Wohlwollen 2. Herablassung

сни́ться, снюсь, сни́шься *uv D* im Traum erscheinen (j-m); мне сни́лось [мне сни́лся сон] ich träumte, ich hatte einen Traum ◇ э́то ему́ и (во сне́) не сни́лось das hätte er sich nicht träumen lassen

снищу́ ↑ сниска́ть

СНК (Сове́т Наро́дных Комисса́ров) *hist* Rat der Volkskommissare *bis 1946*

сно́ва *Adv* von neuem, wieder; ~ и ~ immer wieder

снова́льный, -ая, -ое *text* Schär-

снова́ть* *uv* 1. *text* schären 2. *übtr* hin und her eilen

сновиде́ние, -я *n* Traum

сногсшиба́тельный, -ая, -ое; *Kzf* -лен, -льна *umg* wuchtig; verblüffend, unerhört

сноп, -а́ *m* Garbe; ~ луче́й Strahlenbündel

сноповяза́лка, -и, *Pl G* -лок, *D* -лкам *f landw* Selbstbinder, Garbenbindemaschine

сноро́вка, -и *f* Gewandtheit, Erfahrenheit, Routine

¹снос, -а (-у) *m*: -у (-а) нет чему́-н. *od.* -у (-а) не знать äußerst haltbar sein, unverwüstlich sein *von Kleidungsstücken*; э́тим сапога́м -у [-а] нет diese Stiefel sind unverwüstlich [kann man gar nicht ablaufen]

²снос, -а *m* 1. Fortreißen, Wegschwemmen 2. Abbruch, Niederreißen; дом предназна́чен на ~ das Haus ist zum Abreißen bestimmt 3. Abwerfen *Karten beim Spiel*

¹сноси́ть, сношу́, сно́сишь; сно́шенный, -ен, -а *v umg* abtragen, abnutzen || *uv* сна́шивать, -аю, -аешь

²сноси́ть *uv zu* снести́

¹сноси́ться, *1. u. 2. Pers ungebr*, сно́сится *v umg* sich abnutzen, verschleißen

²сноси́ться *uv zu* ¹снести́сь

сно́ска, -и, *Pl G* -сок, *D* -скам *f* Fußnote

сно́сный, -ая, -ое; *Kzf* -сен, -сна erträglich; *umg* einigermaßen gut

снотво́рный, -ая, -ое; *Kzf* -рен, -рна 1. Schlaf-, einschläfernd 2. -ое, -ого *Subst n* Schlafmittel

сноха́, -и́, *Pl* сно́хи, снох, сно́хам *f* Schwiegertochter *in Beziehung zum Vater des Ehemannes*

сноше́ние, -я *n* Verbindung; Beziehung; Verkehr

сную́ ↑ снова́ть

сня́тие, -я *n* 1. Abnehmen, Herunternehmen 2. Aufhebung; ~ взыска́ния *jur* Straferlaß 3.: ~ с рабо́ты Entlassung 4.: ~ урожа́я Einbringung der Ernte

снято́й, -а́я, -о́е: -о́е молоко́ entrahmte Milch, Magermilch

снять* *v* c *G* 1. abnehmen (von), herunternehmen; ~ кора́бль с ме́ли *naut* ein Schiff wieder flottmachen 2. aufheben; ~ взыска́ние *jur* die Strafe aufheben [erlassen]; ~ с кого́-н. отве́тственность j-n der Verantwortung entheben; ~ с себя́ отве́тственность sich der Verantwortung entledigen 3. ausziehen, ablegen 4. zurückziehen; absetzen 5. entlassen, abberufen 6. ernten; ~ урожа́й die Ernte einbringen 7. photographieren, aufnehmen 8. mieten; ~ в аре́нду pachten 9. abheben *Karten beim Spiel* ◇ ~ ко́пию eine Kopie anfertigen; ~ мéрку с когó-н. j-m Maß nehmen; ~ с учёта von der Liste streichen; ~ с когó-н. показáние *jur* j-n verhören; как рукóй сня́ло wie weggewischt || *uv* снимáть, -áю, -áешь

сня́ться*; сняли́сь *v* 1. abgehen, sich lösen; перчáтка легкó снялáсь der Handschuh ließ sich leicht abstreifen [ausziehen] 2. aufbrechen; ~ с я́коря *naut* den Anker lichten; ~ с мéли *naut* flott werden 3. sich photographieren [aufnehmen] lassen ◇ ~ с учёта sich abmelden, ausscheiden || *uv* **снимáться, -áюсь,** -áешься

со ↑ с

со- *in Zuss* Mit-, mit-

соáвтор, -а *m* Mitautor

собáка, -и *f* Hund; ~-ищéйка Spürhund, Polizeihund; ~ свя́зи *mil* Meldehund ◇ устáть как ~ hundemüde sein; как собáк (нерéзаных) *volksspr* eine Unmenge; вéшать собáк на когó-н. j-n beschuldigen, j-n verleumden; егó с -ами не сы́щешь den findest du nie; на э́том он -у съел darauf versteht er sich, da weiß er Bescheid; вот где ~ зары́та! *Sprichw* da liegt der Hase im Pfeffer!, da liegt der Hund begraben!

собаковóд, -а *m* Hundezüchter

собаковóдство, -а *n* Hundezucht

собáчий, -ья, -ье Hunde-; ~ нюх *volksspr* Spürnase

собáчка, -и, *Pl G* -чек, *D* -чкам *f* 1. *Dem zu* собáка Hündchen 2. Abzug *beim Gewehr* 3. *tech* Klinke

собáчник, -а *m umg* 1. Hundeliebhaber 2. Hundefänger

собезья́нничать *v zu* обезья́нничать

собéс, -а *m* (социáльное обеспéчение) Sozialfürsorge; Sozialwesen

собесéдник, -а *m* Gesprächspartner, Gesellschafter

собесéдница, -ы, *I* -ей *f* Gesprächspartnerin, Gesellschafterin

собесéдование, -я *n* Gespräch, Besprechung, Kolloquium

собирáние, -я *n* Sammeln, Sammlung

собирáтель, -я *m* Sammler

собирáтельный, -ая, -ое; *Kzf* -лен, -льна 1. Sammel-; -ые числи́тельные *gram* Sammelzahlwörter; -ое и́мя существи́тельное Sammelname, Kollektivum 2. verallgemeinert

собирáть(ся) *uv zu* собрáть(ся)

соблагоболи́ть, -лю́, -ли́шь *v alt*, *jetzt iron* geruhen, belieben || *uv* **соблаговоля́ть,** -я́ю, -я́ешь

собла́зн, -а *m* Verlockung; Versuchung

соблазни́тель, -я *m* Versucher, Verführer

соблазни́тельный,- ая, -ое; *Kzf* -лен, -льна verlockend, verführerisch

соблазни́ть, -ню́, -ни́шь; -нённый, -нён, -ненá *v* 1. verlocken; verleiten, in Versuchung bringen 2. *alt* verführen || *uv* **соблазня́ть,** -я́ю, -я́ешь

соблазни́ться, -ню́сь, -ни́шься *v* sich verlocken lassen, sich verleiten lassen, in Versuchung geraten || *uv* **соблазня́ться,** -я́юсь, -я́ешься

соблюдáть, -áю, -áешь *uv* beachten, befolgen, einhalten; bewahren; ~ поря́док die Ordnung aufrechterhalten || *uv* соблюсти́*; соблюдя́

соблюдéние, -я *n* Einhaltung, Befolgung

соблюду́ ↑ соблюсти́

соблюсти́ *v zu* соблюдáть

собóй ↑ себя́

соболéзнование, -я *n* Beileid, Mitgefühl

соболéзновать, -ную, -нуешь *uv D* Mitgefühl empfinden (mit), Beileid aussprechen, kondolieren

собóлий, -ья, -ье Zobel-

сóболь, -я, *Pl* сóболи *u.* соболя́, сóболéй, сóболя́м *m* 1. Zobel 2. (*Pl* соболя́) Zobelfell; ходи́ть в -я́х einen Zobelpelz tragen

собóр, -а *m* 1. Dom, Kathedrale, Münster 2. Konzil 3.: зéмский ~ *hist* Ständeversammlung

собóрование, -я *n rel* Letzte Ölung

собóю ↑ себя́

собрáние, -я *n* 1. Sammlung, Kollektion, Sammelband; ~ закóнов *jur* Gesetzbuch; пóлное ~ сочинéний Gesammelte Werke, Gesamtausgabe 2. Versammlung

собрáт, -а, *Pl* собрáтья, -тий *u.* -тьев, -тьям *m* Mitmensch; ~ по орýжию Waffenbruder

со|брáть*; сóбранá! *v* 1. versammeln, einberufen 2. sammeln; eine Sammlung zusammenstellen 3. ernten, pflücken, (auf)lesen; ~ виногрáд Weinlese halten 4. *umg* fertigmachen, rüsten; ~ когó-н. в дорóгу j-n für die Reise ausstatten 5. *tech* montieren 6. in Falten legen, fälteln, raffen || *uv* собирáть, -áю, -áешь

со|брáться*; собрали́сь *v* 1. sich versammeln, zusammentreten 2. sich ansammeln 3. sich fertigmachen;

sich anschicken, beabsichtigen; ~ в дорóгу reisefertig sein 4. sich zusammenziehen; sich bilden *von Falten*; ~ в комóк sich zusammenkauern 5. zusammennehmen; ~ с мы́слями die Gedanken sammeln; ~ с дýхом Mut fassen || *uv* собирáться, -áюсь, -áешься

сóбственник, -а *m* Besitzer, Eigentümer

сóбственнический, -ая, -ое 1. Besitzer-, Eigentümer- 2. nach Besitz trachtend

сóбственно *Adv* eigentlich, im eigentlichen Sinne; ~ говоря́ im Grunde genommen, eigentlich

собственнорýчный, -ая, -ое eigenhändig

сóбственность, -и *f* Eigentum, Besitz; недви́жимая ~ Immobilien; ~ на чтó-н. Eigentum an; передáть в ~ übereignen

сóбственный, -ая, -ое 1. eigen-; Eigen-; чýвство -ого достóинства Selbstgefühl; ~ вес Eigengewicht; и́мя -ое *gram* Eigenname 2. eigentlich, wirklich ◇ называ́ть вéщи -ыми имена́ми die Dinge beim Namen nennen

собуты́льник, -а *m umg* Zechkumpan

собы́тие, -я *n* Ereignis

сов- *in Zuss Abk für* совéтский Sowjet(-), Rat

совá, -ы́, *Pl* сóвы, сов, сóвам *f* Eule

совáть* *uv* 1. *umg* (hinein)stecken, (hinein)stopfen 2. zustecken, heimlich in die Hand drücken ◇ ~ свой нос повсю́ду seine Nase in alles stecken || *v mom* сýнуть, сýну, сýнешь

совáться* *uv umg* 1. sich stürzen 2. sich einmischen, sich aufdrängen || *v* сýнуться, сýнусь, сýнешься

совершáть(ся) *uv zu* соверши́ть(ся)

совершéние, -я *n* 1. Vollziehung, Ausführung; *jur* Verübung 2. (rechtsgültige) Abfassung

совершеннолéтие, -я *n* Volljährigkeit, Mündigkeit

совершеннолéтний, -яя, -ее volljährig, mündig

[1]**совершéнный,** -ая, -ое; *Kzf* -шéнен, -шéнна 1. vollkommen, untadelig 2. völlig; absolut; wahr ◇ с -ым почтéнием hochachtungsvoll

[2]**совершённый,** -ая, -ое: ~ вид *gram* vollendeter [perfektiver] Aspekt

совершéнство, -а *n* 1. Vollendung, Vollkommenheit; в -е vollkommen, vollendet 2. *Pl* Vorzüge, Qualitäten

совершéнствование, -я *n* Vervollkommnung; Weiter-, Fortbildung

совершéнствовать, -твую, -твуешь *uv* vervollkommnen || *v* усовершéнствовать

соверши́ть, -шý, -ши́шь; -шённый, -шён, -шенá *v* 1. machen, vollbringen, begehen; *jur* verüben 2. (rechtsgültig) abfassen; ~ сдéлку einen Vertrag abschließen || *uv* совершáть, -áю, -áешь

соверши́ться, *1. u. 2. Pers ungebr,* -ши́тся *v* sich vollziehen, geschehen, erfolgen || *uv* совершáться, -áется

сóвеститься, -ещусь, -естишься *uv umg* Gewissensbisse haben; sich schämen

сóвестливый, -ая, -ое; *Kzf* **-ив, -а** gewissenhaft, lauter

сóвестно [сн], *unpers, prädikativ* (es ist) peinlich; мне ~ es ist mir peinlich, ich schäme mich; как тебé не ~ du solltest dich schämen; (неужéли не) ~! es ist eine Schande!

сóвесть, -и *f* Gewissen; угрызéния -и Gewissensbisse; без зазрéния -и gewissenlos, skrupellos; для очи́стки -и zur Beruhigung des Gewissens; по -и! Hand aufs Herz!; по -и говоря́ um die Wahrheit zu sagen; рабóтать на ~ *oder* рабóтать не за страх, а за ~ gewissenhaft [tadellos] arbeiten

совéт, -а *m* 1. Sowjet *Organ der Staatsmacht in der UdSSR;* Верхóвный Совéт СССР Oberster Sowjet der UdSSR 2. Rat *einer politischen oder gesellschaftlichen Institution;* Всеми́рный Совéт Ми́ра Weltfriedensrat 3. Ratschlag, Rat 4. Beratung; семéйный ~ Familienrat; держáть ~ eine Beratung abhalten, Rat halten ◇ совéт да любóвь! Liebe und Eintracht! *Glückwunsch, häufig für Neuvermählte*

совéтник, -а *m* 1. Ratgeber, Berater 2. Rat *Titel;* ~ посóльства Botschafts-, Gesandtschaftsrat; титуля́рный ~ *hist* Titularrat

совéтовать, -тую, -туешь *uv* raten, empfehlen || *v* посовéтовать; -тованный, -тован, -а

совéтоваться, -туюсь, -туешься *uv* sich beraten; ~ с кéм-н. j-n um Rat fragen, j-n zu Rate ziehen

совéтский, -ая, -ое 1. Sowjet-, Räte-; Совéтский Сою́з Sowjetunion 2. sowjetisch

совéтчик, -а Ratgeber, Berater

совещáние, -я *n* Beratung, Konferenz; Sitzung, Besprechung
совещáтельный, -ая, -ое 1. Beratungs-, Konferenz- 2. beratend
совещáться, -áюсь, -áешься *uv* sich beraten, beratschlagen
совúный, -ая, -ое Eulen-, eulenhaft
сóвка, -и, *Pl G* -вок, *D* -вкам *f* 1. *zool* Eule *Nachtfalter*; капýстная ~ Kohleule 2. *zool* Zwergohreule
совладáть, -áю, -áешь *v* с *I umg* fertigwerden (mit), Herr werden (über); ~ с собóй sich beherrschen; не ~ с собóй sich nicht beherrschen können, die Beherrschung verlieren
совладéлец, -льца, *I* -льцем, *G Pl* -льцев *m* Mitinhaber, Kompagnon
совлекáть *uv zu* совлéчь
со|влéчь* *v* 1. *buchspr* abbringen; ~ с путú vom rechten Wege abbringen 2. *buchspr* ablegen, abnehmen *von Kleidungsstücken* ‖ *uv* совлекáть, -áю, -áешь
совместúмый, -ая, -ое; *Kzf* -úм, -а miteinander vereinbar
совместúтельство, -а *n*: рабóтать по -у zwei Tätigkeiten nebeneinander ausüben, eine Tätigkeit nebenamtlich ausüben
совместúть(ся) *v zu* совмещáть(ся)
совмéстный [сн], -ая, -ое; *Kzf* -тен, -тна gemeinsam, gemeinschaftlich, zusammen-; -ое обучéние Koedukation
совмещáть, -áю, -áешь *uv* 1. vereinbaren 2.: ~ в себé in sich vereinigen 3. *math* übereinanderlegen ‖ *v* совместúть, -ещý, -естúшь; -ещённый, -ещён, -ещенá; совмещённый санýзел Bad und WC in einem Raum
совмещáться, *1. u. 2. Pers ungebr*, -áется *uv* 1. sich vereinigen; sich vereinigen lassen 2. zusammenfallen, verschmelzen 3. *math* kongruieren, sich decken ‖ *v* совместúться, -естúтся
совмещéние, -я *n* 1. Vereinigung 2. *math* Kongruenz
совнаркóм, -а *m* (Совéт Нарóдных Комиссáров) Rat der Volkskommissare *Organ der Staatsmacht in der UdSSR bis 1946*
совнархóз, -а *m* (Совéт нарóдного хозяйства) Volkswirtschaftsrat
совóк, -вкá *m* Handschaufel
совокуплéние, -я *n* 1. *alt, buchspr* Vereinigung 2. *buchspr* Beischlaf, Koitus
совокýпность, -и *f* Gesamtheit; в -и insgesamt
совпадáть *uv zu* совпáсть
совпадéние, -я *n* 1. Zusammenfallen, Zusammentreffen 2. Übereinstimmung 3. *math* Kongruenz
сов|пáсть*, *1. u. 2. Pers ungebr*, -падёт *v* 1. zusammenfallen 2. übereinstimmen 3. *math* kongruieren ‖ *uv* совпадáть, -áет
совратúть, -ащý, -атúшь; -ащённый, -ащён, -ащенá *v* verleiten, vom rechten Weg abbringen; verführen ‖ *uv* совращáть, -áю, -áешь
совратúться, -ащýсь, -атúшься *v* sich verleiten lassen, vom rechten Wege abkommen; verführt werden ‖ *uv* совращáться, -áюсь, -áешься
соврáть *v zu* врать
совращáть(ся) *uv zu* совратúть(ся)
совремéнник, -а *m* Zeitgenosse
совремéнность, -и *f* 1. Gegenwart 2. Aktualität, Modernität
совремéнный, -ая, -ое; *Kzf* -мéнен, -мéнна 1. zeitgenössisch; einer Epoche angehörend; -ая поэ́ту Итáлия Italien, wie es zur Zeit des Dichters war 2. gegenwärtig, heutig; -ая литератýра die Literatur der Gegenwart 3. zeitgemäß, aktuell, modern
совсéм *Adv* völlig, ganz; не ~ nicht ganz; ~ не durchaus nicht, gar nicht; ~ непрáвильно völlig falsch
совхóз, -а *m* (совéтское хозяйство) Sowchos(e), staatlicher landwirtschaftlicher Großbetrieb *in der UdSSR*
совхóзный, -ая, -ое zur Sowchose gehörend; -ые поля́ die Felder der Sowchose(n)
соглáсие, -я *n* 1. Zustimmung, Einverständnis с егó -я mit seinem Einverständnis 2. Übereinstimmung; в -и с чéм-н. *buchspr* in Übereinstimmung mit etw. 3. Einstimmigkeit, Eintracht; Harmonie
согласúтельный, -ая, -ое *jur* Schlichtungs-
согласúть, -ашý, -асúшь; -ашённый, -ашён, -шенá *v* 1. *alt, buchspr* in Übereinstimmung bringen, versöhnen 2. *alt, volksspr* überreden ‖ *uv* соглашáть, -áю, -áешь
согласúться, -ашýсь, -асúшься *v* 1. на *A* einverstanden sein (mit), seine Zustimmung geben, einwilligen (in) 2. с *I* (j-m) beistimmen, beipflichten; (etw.) zugeben 3. *umg* sich einigen, übereinkommen ‖ *uv* соглашáться, -áюсь, -áешься
соглáсно *Präpos D u.* с *I* entsprechend, gemäß, laut

[1]соглáсный, -ая, -ое; *Kzf* -сен, -сна 1. einverstanden, bereit 2.: быть -ым с кéм-н. mit j-m einer Meinung sein, mit j-m übereinstimmen 3. einmütig, einträchtig; harmonisch
[2]соглáсный, -ая, -ое 1. *ling* konsonantisch 2. -ого *Subst m ling* Konsonant
согласовáние, -я *n* 1. Koordinierung 2. Vereinbarung 3. *gram* Übereinstimmung, Kongruenz
соглacóванность, -и *f* Übereinstimmung, Koordination, harmonisches Zusammenwirken
согласóванный, -ая, -ое aufeinander abgestimmt, koordiniert
согласовáть, -сýю, -сýешь; -сóванный, -сóван, -а *v* 1. in Einklang bringen, aufeinander abstimmen 2. vereinbaren, absprechen 3. *gram* in Übereinstimmung [Kongruenz] bringen || *uv* согласóвывать, -аю, -аешь
согласовáться, *1. u. 2. Pers ungebr*, -сýется *v*, *uv* 1. übereinstimmen, in Einklang stehen 2. *v umg* sich einigen 3. *uv gram* übereinstimmen, kongruieren
согласóвывать *uv zu* согласовáть
соглашáтель, -я *m* Versöhnler, Kompromißler
соглашáтельский, -ая, -ое versöhnlerisch
соглашáтельство, -а *n* Versöhnlertum, Kompromißlertum
соглашáть(ся) *uv zu* согласи́ть(ся)
соглашéние, -я *n* 1. Übereinkommen; Einverständnis 2. Abkommen
соглядáтай, -я, *G Pl* -ев *m alt, buchspr* Spitzel, Spion
со|гнáть*, сгоню́ *v* 1. verjagen, vertreiben 2. beseitigen 3. zusammentreiben ◇ ~ вес (an Gewicht) abnehmen || *uv* сгоня́ть, -я́ю, -я́ешь
согнýть, -нý, -нёшь; сóгнутый, -ут, -а *v* 1. (um)biegen, falten; verbiegen 2. beugen, krümmen ◇ ~ когó-н. в барáний рог j-n kleinkriegen, j-n gefügig machen || *uv* сгибáть, -áю, -áешь
согнýться, -нýсь, -нёшься *v* 1. sich (um)biegen, sich verbiegen 2. sich beugen, sich krümmen; krumm werden; sich ducken ◇ ~ в три поги́бели a) sich stark krümmen, einen krummen Rücken [Buckel] haben; b) gefügig werden || *uv* сгибáться, -áюсь, -áешься
сограждане, -ждан, -жданам *Pl alt, buchspr* Mitbürger
согревáть(ся) *uv zu* согрéть(ся)
согрéть, -éю, -éешь *v* 1. (er)wärmen, aufwärmen 2. *übtr* trösten, aufheitern || *uv* согревáть, -áю, -áешь
согрéться, -éюсь, -éешься *v* sich erwärmen || *uv* согревáться, -áюсь, -áешься
согреши́ть *v zu* греши́ть
сóда, -ы *f* Soda; питьевáя ~ doppeltkohlensaures Natrium; каусти́ческая ~ Ätznatron
содéйствие, -я *n* Unterstützung, Beistand, Hilfe
содéйствовать, -твую, -твуешь *v*, *uv D* beitragen (zu), unterstützen, fördern
содержáние, -я *n* 1. Inhalt 2. Inhaltsverzeichnis 3. Gehalt 4. Unterstützung; *jur* (Lebens-) Unterhalt 5. Lohn, Gehalt 6. Erhaltung; ~ в поря́дке Instandhaltung 7. Haltung *von Tieren*; стóйловое ~ Stallhaltung 8.: ~ под арéстом Haft
содержáтель, -я *m alt* Inhaber, Wirt
содержáтельность, -и *f* Inhaltsreichtum
содержáтельный, -ая, -ое; *Kzf* -лен, -льна inhaltsreich, gehaltvoll
содержáть, -держý, -дéржишь *uv* 1. *1. u. 2. Pers ungebr* enthalten, beinhalten 2. unterhalten, für den Lebensunterhalt sorgen 3. erhalten; ~ в поря́дке instandhalten; ~ в тáйне geheimhalten 4. halten *Tiere* 5.: ~ под арéстом in Haft halten 6. *alt* unterhalten [führen] *ein Unternehmen*
содержáться, -держýсь, -дéржишься *uv* 1. *1. u. 2. Pers ungebr* enthalten sein 2. unterhalten [versorgt] werden
содержи́мое, -ого *Subst n* Inhalt
сóдовый, -ая, -ое 1. Soda- 2. -ая, -ой *Subst f* Sodawasser
содоклáд, -а *m* Korreferat
содоклáдчик, -а *m* Korreferent
со|дрáть*, сдерý *v* 1. abziehen, lösen; ~ корý с дéрева einen Baum abrinden 2. *umg* herunterreißen ◇ ~ крýпную сýмму с когó-н. [шкýру с когó-н.] j-n schröpfen [bluten lassen] || *uv* сдирáть, -áю, -áешь
содрогáние, -я *n* Erbeben, Schauder
содрогáться, -áюсь, -áешься *uv* erzittern, erbeben; schaudern || *v mom* **содрогнýться,** -нýсь, -нёшься
содрýжество, -а *n* 1. freundschaftliches Zusammenwirken 2. (Freundschafts-) Bund, Gemeinschaft
сóевый, -ая, -ое Soja-
соединéние, -я *n* 1. Vereinigen, Zusammenfügen 2. Vereinigung, Ver-

bindung; *tech* Kupplung **3.** Verbindungsstelle **4.** *math* Kombination; *chem* Verbindung **5.** *mil* (Heeres-) Verband

соединённый, -ая, -ое vereinigt; Соединённые Шта́ты Аме́рики Vereinigte Staaten von Amerika

соедини́тельный, -ая, -ое Verbindungs-, Binde-; *gram* kopulativ

соедини́ть, -ню́, -ни́шь; -нённый, -нён, -нена́ *v* vereinigen, vereinen, verbinden; меня́ не соедини́ли ich habe keinen Anschluß bekommen *beim Telefonieren* || *uv* **соединя́ть,** -я́ю, -я́ешь

соедини́ться, -ню́сь, -ни́шься *v* sich vereinigen, sich vereinen, sich verbinden; *chem* eine Verbindung eingehen; ~ по телефо́ну sich telefonisch in Verbindung setzen || *uv* **соединя́ться,** -я́юсь, -я́ешься

сожале́ние, -я *n* **1.** Bedauern; к -ю leider **2.** *D* Mitleid (mit); без -я unbarmherzig, erbarmungslos

сожале́ть, -е́ю, -е́ешь *uv* bedauern (о *P* etw.)

сожгу́ ↑ сжечь

сожже́ние, -я *n* Verbrennen, Verbrennung; Einäscherung

сожи́тель, -я *m* Mitbewohner; ~ по ко́мнате Zimmergenosse

сожи́тельство, -а *n* Zusammenleben

сожи́тельствовать, -твую, -твуешь *uv* zusammenleben

со|жра́ть* *v volksspr* auffressen

созва́ниваться *uv zu* созвони́ться

со|зва́ть* *v* zusammenrufen; einladen; ~ конфере́нцию eine Konferenz einberufen || *uv* созыва́ть, -а́ю, -а́ешь

созве́здие, -я *n* Sternbild, Gestirn

созвони́ться, -ню́сь, -ни́шься *v umg* sich telefonisch in Verbindung setzen [verabreden] || *uv* созва́ниваться, -аюсь, -аешься

созву́чие, -я *n* **1.** *mus* Akkord **2.** *buchspr* Harmonie, Wohlklang **3.** *lit* Reim **4.** *buchspr* Ähnlichkeit, Anklang

созву́чный, -ая, -ое; *Kzf* -чен, -чна **1.** gleichklingend **2.** entsprechend; (gut) harmonierend; быть -ым эпо́хе im Einklang mit der Epoche stehen

создава́ть(ся) *uv zu* созда́ть(ся)

созда́м ↑ созда́ть

созда́ние, -я *n* **1.** Schaffen, (Er-) Schaffung **2.** Werk, Schöpfung **3.** Geschöpf

созда́тель, -я *m* **1.** Schöpfer, Begründer **2.** *rel* Schöpfer, (Herr-) Gott

созда́ть* *v* schaffen; gründen; verursachen || *uv* соз|дава́ть*

созда́ться*, *1. u. 2. Pers ungebr,* созда́лся, создали́сь *v* entstehen; у меня́ созда́ло́сь впечатле́ние, что ich gewann den Eindruck, daß || *uv* соз|дава́ться*

созерца́ние, -я *n buchspr* Betrachtung

созерца́тельность, -и *f buchspr* Beschaulichkeit; Kontemplation

созерца́тельный, -ая, -ое; *Kzf* -лен, -льна *buchspr* beschaulich; kontemplativ

созерца́ть, -а́ю, -а́ешь *uv buchspr* betrachten

созида́ние, -я *n buchspr* (Er-) Schaffung, Errichtung

созида́тельный, -ая, -ое; *Kzf* -лен, льна *buchspr* schöpferisch-, Schaffens-

созида́ть, -а́ю, -а́ешь *uv buchspr* schaffen, errichten

со|знава́ть* *uv* sich einer Sache bewußt sein; erkennen; ~ себя́ че́стным sich für ehrlich halten; ~ себя́ челове́ком sich als Mensch fühlen || *v* созна́ть, -а́ю, -а́ешь; со́знанный, -ан, -а

со|знава́ться* *uv* в *P* bekennen, zugeben || *v* созна́ться, -а́юсь, -а́ешься

созна́ние, -я *n* **1.** Bewußtsein, Erkenntnis **2.** Bewußtsein, Besinnung; потеря́ть ~ das Bewußtsein verlieren, bewußtlos [ohnmächtig] werden; до поте́ри -я bis zur völligen Erschöpfung **3.** *alt* Bekenntnis *der Schuld*

созна́тельность, -и *f* Bewußtheit; (gesellschaftliches) Bewußtsein; разви́тие -и Bewußtseinsbildung

созна́тельный, -ая, -ое; *Kzf* -лен, -льна **1.** bewußt **2.** absichtlich **3.** *pol* (klassen)bewußt

созна́ть(ся) *v zu* сознава́ть(ся)

созрева́ние, -я *n* Reifen; Heranreifen; полово́е ~ Pubertät

созрева́ть *uv zu* созре́ть

созре́ть, -е́ю, -е́ешь *v* **1.** reif werden, reifen **2.** *übtr* heranreifen, feste Formen annehmen || *uv* созрева́ть, -а́ю, -а́ешь

созы́в, -а *m* Einberufung

созыва́ть *uv zu* созва́ть

соизво́лить, -лю, -лишь *v buchspr, alt, jetzt iron* geruhen || *uv* **соизволя́ть,** -я́ю, -я́ешь

соизмери́мый, -ая, -ое; *Kzf* -и́м, -а

math kommensurabel; *übtr* vergleichbar
соиска́ние, -я *n* Bewerbung; диссерта́ция на ∼ учёной сте́пени кандида́та нау́к Dissertation zur Erlangung der Doktorwürde
соиска́тель, -я *m* (Mit-) Bewerber
со́йка, -и, *Pl G* со́ек, *D* со́йкам *f zool* Eichelhäher
со|йти́*; соше́дший *u. alt* сше́дший *v* **1.** hinuntergehen, heruntergehen; ∼ с ло́шади absitzen, vom Pferd steigen; ∼ с корабля́ an Land gehen; ∼ в моги́лу sterben **2.** fortgehen, (ab)weichen; verlassen; ∼ с ме́ли *naut* flott werden; ∼ с ре́льсов entgleisen; ∼ со сце́ны *übtr* von der Bildfläche verschwinden **3.** sich ablösen, abblättern, abbröckeln **4.** за *A* gelten (als), angesehen werden (für) **5.** *umg* (gut) verlaufen; сойдёт! es wird schon gehen! ◇ э́то сошло́ ему́ с рук er ist glücklich davongekommen; э́то не сойдёт ему́ с рук das wird ihm teuer zu stehen kommen; ∼ на нет zunichte werden; ∼ с ума́ den Verstand verlieren ‖ *uv* [1]сходи́ть, -ожу́, -о́дишь
сойти́сь*; соше́дшийся *u. alt* сше́дшийся *v* **1.** sich versammeln, zusammenkommen **2.** sich begegnen; aufeinandertreffen; по́яс не сошёлся der Gürtel ging nicht zu [ließ sich nicht zumachen] **3.** sich befreunden, sich finden; ein Verhältnis eingehen, miteinander leben **4.** übereinstimmen, sich decken **5.** *umg* sich einigen (в *P u.* на *P* über) ◇ свет не кли́ном сошёлся *Sprichw* a) es ist genug Platz auf der Welt; b) es gibt noch mehr Möglichkeiten ‖ *uv* сходи́ться, -ожу́сь, -о́дишься
сок, -а (-у), *P* о со́ке, в соку́ *m* Saft ◇ в по́лном -у́ in der Blüte der Jahre, in den besten Jahren; вари́ться в со́бственном -у́ im eigenen Saft schmoren
СОКК и КП СССР (Сою́з О́бществ Кра́сного Креста́ и Кра́сного Полуме́сяца СССР) Verband des Roten Kreuzes und des Roten Halbmonds in der UdSSR
соковыжима́лка, -и, *Pl* -лок, *D* -лкам *f* Saftpresse, Fruchtpresse
со́кол, -а *m* **1.** Falke **2.** *meist Pl, hoher Stil* Flieger **3.** Prachtkerl, kühner [schöner] Bursche ◇ гол как соко́л *Sprichw* arm wie eine Kirchenmaus
соко́льник, -а *m* Falkner
сократи́мый, -ая, -ое; *Kzf* -и́м, -а **1.** *math* kürzbar **2.** *phys* kontraktil
сократи́ть, -ащу́, -ати́шь; -ащённый, -ащён, -ащена́ *v* **1.** kürzen, ver-, abkürzen **2.** verringern, herabsetzen **3.** *umg* entlassen, kündigen **4.** *math* kürzen **5.** *phys* kontrahieren, zusammenziehen ‖ *uv* сокраща́ть, -а́ю, -а́ешь
сократи́ться, *1. u. 2. Pers ungebr,* -и́тся *v* **1.** sich verkürzen, kürzer werden **2.** sich verringern **3.** *math* gekürzt werden **4.** *phys* sich zusammenziehen, zusammenschrumpfen ‖ *uv* сокраща́ться, -а́ется
сокраща́ть *uv zu* сократи́ть
сокраща́ться, *1. u. 2. Pers ungebr,* -а́ется *uv* **1.** *uv zu* сократи́ться **2.** *math* sich kürzen lassen **3.** *phys* kontraktil sein
сокраще́ние, -я *n* **1.** Kürzung, Verkürzung, Abkürzung **2.** Verringerung, Herabsetzung **3.** *umg* Entlassung, Kündigung **4.** *math* Kürzung **5.** *phys* Kontraktion
сокращённый, -ая, -ое **1.** verkürzt **2.** abgekürzt
сокрове́нный, -ая, -ое; *Kzf*- е́н, -е́нна *buchspr* geheim, verborgen
сокро́вище, -а, *I* -ем *n* Schatz, Kostbarkeit
сокро́вищница, -ы, *I* -ей *f* Schatzkammer; *übtr* Hort
сокруша́ть, -а́ю, -а́ешь *uv* **1.** zerschlagen, zertrümmern, zerstören; *übtr* vernichten **2.** tief betrüben, zur Verzweiflung bringen ‖ *v* сокруши́ть, -шу́, -ши́шь; -шённый, -шён, -шена́
сокруша́ться, -а́юсь, -а́ешься *uv* **1.** zerstört werden **2.** tief betrübt [traurig] sein, sich grämen
сокруше́ние, -я *n* **1.** Zerstörung, Zertrümmerung; *übtr* Vernichtung **2.** Kummer, Trauer
сокрушённый, -ая, -ое betrübt, bekümmert
сокруши́тельный, -ая, -ое; *Kzf* -лен, -льна **1.** niederschmetternd, vernichtend **2.** erschütternd
сокруши́ть *v zu* сокруша́ть
солга́ть *v zu* лгать
солда́т, -а, *G Pl* солда́т *m* Soldat
солда́тик, -а *m* Spielzeugsoldat
солда́тка, -и, *Pl G* -ток, *D* -ткам *f* (Ehe-) Frau eines Soldaten, Soldatenfrau
солдатня́, -и́ *f Koll volksspr, verächtl* Soldateska
солда́тский, -ая, -ое Soldaten-, soldatisch

соле- *in Zuss* Salz-
солева́ренный, -ая, -ое: ~ заво́д Salzsiederei
солева́рня, -и, *Pl G* -рен, *D* -рням *f* Salzsiederei; Saline
соле́ние, -я *n* 1. Salzen, Einsalzen 2. (*auch* соле́нье) *umg* Eingesalzenes
солёный, -ая, -ое; *Kzf* со́лон, солона́! 1. salzig, salzhaltig; со́лон ли суп? a) ist die Suppe genug gesalzen? b) ist die Suppe versalzen? 2. (ein)-gesalzen, Salz-; ~ огуре́ц saure Gurke; -ое мя́со Pökelfleisch 3. *übtr umg* gesalzen, anstößig ◇ ему́ со́лоно пришло́сь er hat es sauer gehabt, er hat viel ausstehen müssen
солеро́д, -а *m chem* Halogen
солидаризи́роваться, -руюсь, -руешься *v, uv buchspr* sich solidarisch erklären
солида́рность, -и *f* Solidarität
солида́рный, -ая, -ое; *Kzf* -рен, -рна solidarisch; -ое обяза́тельство *jur* Solidarhaftung
соли́дный, -ая, -ое; *Kzf* -ден, -дна 1. solid(e), haltbar, gründlich; bedeutend 2. rechtschaffen, gesetzt; gediegen; stattlich; челове́к -ых лет Mann im fortgeschrittenen Alter 3. *umg* groß, beträchtlich
соли́ст, -а *m mus* Solist
соли́стка, -и, *Pl G* -ток, *D* -ткам *f mus* Solistin
солите́р [тэ], -а *m* Solitär, einzeln gefaßter Diamant
солитёр, -а *m zool* Bandwurm
соли́ть, солю́, со́лишь; со́ленный, -ен, -а *uv* 1. salzen 2. einsalzen 3. *D übtr umg* Unannehmlichkeiten bereiten, Schaden zufügen
со́лка, -и *f* Einsalzen
со́лнечный, -ая, -ое 1. Sonnen-; ~ уда́р *med* Sonnenstich 2. *Kzf* -чен, -чна sonnig
со́лнце [он], -а, *I* -ем *n* Sonne; го́рное ~ Höhensonne; до -а vor Sonnenaufgang; лежа́ть на ~ sich sonnen, in der Sonne liegen
солнце|воро́т [он], -а *m umg* Sonnenwende; **~пёк** [он], -а *m* Sonnenglut; **~стоя́ние** [он], -я *n astr* Sonnenwende
со́лнышко, -а *n Dem zu* со́лнце die liebe Sonne ◇ моё ~ *umg* mein Liebster, meine Liebste *zärtliche Anrede*
со́ло *idkl n* 1. *mus* Solo 2. *Adv* solo, allein
солове́й, -вья́, *G Pl* -вьёв *m* Nachtigall
солове́ть, -е́ю, -е́ешь *uv volksspr* schläfrig werden
соловьи́ный, -ая, -ое Nachtigallen-
со́лод, -а (-у) *m* Malz
солоди́ть, -ожу́, -оди́шь; -ожённый, -ожён, -ожена́ *uv* malzen, Malz bereiten
солодко́вый, -ая, -ое: ~ ко́рень *pharm* Süßholz, Lakritze(nholz)
солодо́вый, -ая, -ое Malz-
соло́ма, -ы *f* Stroh
соло́менный, -ая, -ое 1. Stroh- 2. strohblond
соло́мина, -ы *f* Strohhalm
соло́минка, -и, *Pl G* -нок, *D* -нкам *f Dem zu* соло́мина Strohhalm
соло́мка, -и *f* 1. *Dem zu* соло́ма Stroh 2. Flachsstengel 3. stangenförmiges Gebäck
соломоре́зка, -и, *Pl G* -зок, *D* -зкам *f landw* Strohschneidemaschine, Häckselmaschine
со́лон ↑ солёный
солони́на, -ы *f* eingesalzenes Fleisch, Pökelfleisch
соло́нка, -и, *Pl G* -нок, *D* -нкам *f* Salzstreuer, Salzgefäß
со́лоно *Adv* gesalzen ◇ ему́ ~ пришло́сь er hat viel durchgemacht, es war bitter für ihn; уйти́ не ~ хлеба́вши leer ausgehen, mit langer Nase abziehen
солонова́тый, -ая, -ое; *Kzf* -а́т, -а (ein wenig zu) salzig
солонча́к, -а́ *m* Salzboden
солончако́вый, -ая, -ое Salzboden-; -ые расте́ния *bot* Halophyten
[1]**соль,** -и, *Pl* со́ли, соле́й, соля́м *f* 1. Salz; пова́ренная ~ Kochsalz 2. *übtr* Würze, Pointe
[2]**соль** *n idkl mus* Sol, G; ~ дие́з Gis
со́льный, -ая, -ое *mus* Solo-
соля́нка, -и *f* 1. Soljanka *Suppe* 2. gedünstetes Kraut mit Fleisch, Fisch oder Pilzen
соляно́й, -а́я, -о́е Salz-
соля́ный, -ая, -ое: -ая кислота́ Salzsäure
соляриза́ция, -и *f* 1. Sonnenbestrahlung; *med* Heliotherapie 2. *phot* Solarisation
соля́ровый, -ая, -ое: -ое ма́сло *tech* Solaröl
сом, -а́ *m zool* Wels
Сомали́ *n idkl* Somalihalbinsel; Somali *Staat*
сомали́ец, -и́йца, *I* -и́йцем, *G Pl* -и́йцев *m* Somalese
сомати́ческий, -ая, -ое *med* somatisch, Körper-

сомкну́ть, -ну́, -нёшь; со́мкнутый, -ут, -а *v* schließen; *übtr* verbinden, eine Verbindung herstellen; ~ ряды́ *Sport, mil* aufschließen, aufrücken ◇ не ~ глаз kein Auge zutun, nicht einschlafen (können) ‖ *uv* смыка́ть, -а́ю, -а́ешь

сомкну́ться, *1. u. 2. Pers ungebr,* -нётся *v* 1. zusammenrücken; сомкни́сь! *mil* aufschließen! 2. sich vereinigen 3. zufallen *Augen* ‖ *uv* смыка́ться, -а́ется

сомнева́ться, -а́юсь, -а́ешься *uv* в *P* zweifeln (an), bezweifeln

сомне́ние, -я *n* Zweifel; Bedenken; подве́ргнуть -ю bezweifeln; ста́вить под ~ in Zweifel ziehen, in Frage stellen

сомни́тельный, -ая, -ое; *Kzf* -лен, -льна 1. zweifelhaft, fragwürdig 2. verdächtig

сомно́житель, -я *m math* Multiplikator *einer von mehreren*

сон, сна *m* 1. Schlaf; сквозь ~ im Schlaf; со сна gerade erst aufgewacht, schlaftrunken; на ~ гряду́щий vor dem Schlafengehen; спать кре́пким [мёртвым] сном fest schlafen; засну́ть ве́чным сном entschlafen; меня́ кло́нит ко сну ich bin schläfrig; сна ни в одно́м глазу́ нет *umg* ich bin kein bißchen müde, ich finde keinen Schlaf; не знать ни сна ни поко́я keine Ruhe finden 2. Traum; ви́деть ~ [во сне] träumen ◇ ни сном ни ду́хом не винова́т absolut unschuldig; ни сном ни ду́хом не знать absolut nicht wissen [kennen]; ~ в ру́ку *scherz* der Traum ist in Erfüllung gegangen

сона́та, -ы *f mus* Sonate

соне́т, -а *m lit* Sonett

сонли́вый, -ая, ое; *Kzf* -и́в, -а schläfrig; verschlafen

сонм, -а *m buchspr, meist iron* Versammlung; Menge

со́нник, -а *m* Traumbuch

со́нный, -ая, -ое 1. Schlaf- 2. schlafend; *übtr* träge, untätig 3. verschlafen 4. einschläfernd: -ые порошки́ Schlafmittel ◇ -ая арте́рия *anat* Kopfschlagader

Со́нька, -и *Dem zu* Со́фья

Сонюшка, -и *f u.* **Со́ня,** -и *f Dem zu* Со́фья

со́ня, -и *m, f* 1. *umg* Schlafmütze 2. *zool* Siebenschläfer

соображ́ать, -а́ю, -а́ешь *uv* 1. begreifen, verstehen; он хорошо́ соображ́ает *umg* er hat eine gute Auffassungsgabe; он пло́хо соображ́ает *umg* er hat eine lange Leitung, er kapiert nichts; он ко́е-что соображ́ает в матема́тике *umg* er versteht etwas von Mathematik, in Mathematik ist er beschlagen 2. *alt* erwägen 3. *alt* in Zusammenhang bringen, vergleichen ‖ *v* сообрази́ть, -ажу́, -ази́шь; -ажённый, -ажён, -ажена́ *zu* 3

соображе́ние, -я *n* 1. Verstand, Auffassungsvermögen 2. Erwägung, Überlegung; приня́ть в ~ in Erwägung ziehen, berücksichtigen 3. *alt* Vergleich

сообрази́тельный, -ая, -ое; *Kzf* -лен, -льна rasch auffassend, geweckt, intelligent

сообрази́ть, -ажу́, -ази́шь; -ажённый, -ажён, -ажена́ *v* 1. erfassen, begreifen 2. überlegen, entscheiden 3. *v zu* соображ́ать 3

сообра́зно *Präpos mit D oder* с *I* gemäß, in Übereinstimmung (mit)

сообра́зный, -ая, -ое; *Kzf* -зен, -зна angemessen, in Einklang [Übereinstimmung] stehend (с *I* mit) ◇ ни с чем не ~ unsinnig, unverständlich

сообразова́ть, -зу́ю, -зу́ешь; -зо́ванный, -зо́ван, -а *v, uv* с *I buchspr* in Übereinstimmung [Einklang] bringen (mit), richten (nach)

сообразова́ться, -зу́юсь, -зу́ешься *v, uv* с *I* 1. *buchspr* Rechnung tragen, sich richten (nach) 2. *buchspr* in Einklang stehen, übereinstimmen

сообща́ *Adv* gemeinsam, gemeinschaftlich

сообща́ть *uv zu* сообщи́ть

сообща́ться, -а́юсь, -а́ешься *uv* 1. *uv zu* сообщи́ться 2. с *I* in Verbindung stehen (mit); verbunden sein (mit) ◇ сообща́ющиеся сосу́ды *phys* kommunizierende Gefäße

сообще́ние, -я *n* 1. Mitteilung, Benachrichtigung 2. Mitteilung, Nachricht, Meldung 3. Verkehr, Verbindung

соо́бщество, -а *n* Gemeinschaft; в -е с ке́м-н. gemeinsam mit j-m

сообщи́тельный, -ая, -ое; *Kzf* -лен, -льна *alt* mitteilsam

сообщи́ть, -щу́, -щи́шь; -щённый, -щён, -щена́ *v* 1. mitteilen, bekanntgeben; он сообщи́л ему́ о результа́тах er teilte ihm die Ergebnisse mit 2. *buchspr* übertragen, vermitteln ‖ *uv* сообща́ть, -а́ю, -а́ешь

сообщи́ться, *1. u. 2. Pers ungebr,*

-йтся *v D* sich mitteilen, übergehen (auf) || *uv* сообща́ться, -а́ется
со́общник, -а *m* Mittäter, Komplice, Helfershelfer
со́общничество, -а *n* Mittäterschaft
сооруди́ть, -ужу́, -уди́шь; -ужённый, -ужён, -ужена́ *v* errichten, erbauen; *umg, meist scherz* einrichten, organisieren || *uv* **сооружа́ть,** -а́ю, -а́ешь
сооруже́ние, -я *n* 1. Errichtung, Erbauung 2. Gebäude, Bau; Anlage
соотве́тственно 1. *Adv* entsprechend 2. *Präpos mit D oder* с *I* gemäß, in Übereinstimmung mit
соотве́тственный, -ая, -ое; *Kzf* -вен, -венна 1. *buchspr* entsprechend, angemessen 2. passend, geeignet
соотве́тствие, -я *n* Übereinstimmung
соотве́тствовать, -вую, -вуешь *uv D* entsprechen
соотве́тствующий, -ая, -ее 1. entsprechend 2. passend, geeignet
соотéчественник, -а *m* Landsmann
соотéчественница, -ы, *I* -ей *f* Landsmännin
соот|нести́* *v* in Wechselbeziehung bringen, in ein Verhältnis zueinander bringen || *uv* соотноси́ть, -ношу́, -но́сишь
соотноси́тельный, -ая, -ое; *Kzf* -лен, -льна korrelativ
соотноси́ть *uv zu* соотнести́
соотноше́ние, -я *n* Wechselbeziehung, Korrelation
сопе́рник, -а *m* Rivale, Konkurrent; Nebenbuhler
сопе́рница, -ы, *I* -ей *f* Rivalin, Konkurrentin; Nebenbuhlerin
сопе́рничать, -аю, -аешь *uv* 1. wetteifern, rivalisieren 2. *übtr* sich messen (können), es aufnehmen (können)
сопе́рничество, -а *n* Wettbewerb, Konkurrenz, Rivalität
сопе́ть, -плю́, -пи́шь *uv* schnaufen, pfeifend atmen
со́пка, -и, *Pl G* -пок, *D* -пкам *f* (Berg-) Kuppe; грязева́я ~ Schlammvulkan
соплеме́нный, -ая, -ое stammesverwandt
со́пли, сопле́й, сопля́м *Pl volksspr* Rotz, Nasenschleim
сопли́вый, -ая, -ое; *Kzf* -ив, -а 1. *umg* Rotz-, rotznasig 2. *übtr, volksspr* unerfahren, grün
сопло́, -а́ *u.* **со́пло,** -а, *Pl* со́пла, со́пел *u.* сопл, со́плам *n* Düse
сопло́дие, -я *n bot* Fruchtstand
сопля́к, -а́ *m volksspr* Rotznase *Kind*; unerfahrener Mensch
соподчинённый, -ая, -ое: -ые предложе́ния *gram* beigeordnete Nebensätze
соподчини́ть, -ню́, -ни́шь; -нённый, -нён, -нена́ *v* beiordnen, koordinieren || *uv* **соподчиня́ть,** -я́ю, -я́ешь
сопоста́вить, -влю, -вишь; -вленный, -влен, -а *v* vergleichen, gegenüberstellen || *uv* сопоставля́ть, -я́ю, -я́ешь
сопоставле́ние, -я *n* Vergleich, Gegenüberstellung
сопоставля́ть *uv zu* сопоста́вить
сопра́но *n idkl mus* Sopran
сопрева́ть *uv zu* сопре́ть
сопреде́льный, -ая, -ое; *Kzf* -лен, -льна *buchspr* angrenzend, benachbart
сопре́ть, *1. u. 2. Pers ungebr*, -е́ет *v umg* verfaulen, verderben || *uv* сопрева́ть, -а́ет
соприкаса́ться, -а́юсь, -а́ешься *uv* 1. sich berühren, aneinandergrenzen 2. *übtr* in Berührung kommen, in Verbindung stehen || *v mom* соприкосну́ться, -ну́сь, -нёшься
соприкоснове́ние, -я *n* Berührung, Fühlung, Kontakt
соприкосну́ться *v mom zu* соприкаса́ться
сопроводи́тель, -я *m* Begleiter
сопроводи́тельный, -ая, -ое Begleit-
сопроводи́ть *v zu* сопровожда́ть
сопровожда́ть, -а́ю, -а́ешь *uv* 1. begleiten, geleiten 2. *I* versehen (mit); ~ текст поясне́ниями einen Text kommentieren [mit einem Kommentar versehen] || *v* сопроводи́ть, -ожу́, -оди́шь; -ождённый, -ождён, -ждена́
сопровожда́ться, *1. u. 2. Pers ungebr*, -а́ется *uv I* 1. begleitet werden 2. nach sich ziehen, zur Folge haben 3. *I* ausgestattet sein (mit)
сопровожда́ющий, -его *Subst m* Begleiter
сопровожде́ние, -я *n* Begleitung; Geleit; хор в -и орке́стра *mus* Chor mit Orchesterbegleitung
сопротивле́ние, -я *n* 1. Widerstand; движе́ние -я Widerstandsbewegung; пойти́ по ли́нии наиме́ньшего -я den Weg des geringsten Widerstandes gehen 2. *tech, phys* Festigkeit; тео́рия -я материа́лов Festigkeitslehre
сопротивля́емость, -и *f* Widerstandsfähigkeit; ~ органи́зма боле́зням *med* Resistenz des Organismus gegen Krankheiten

сопротивля́ться, -я́юсь, -я́ешься *uv* Widerstand leisten; sich widersetzen
сопряже́ние, -я *n tech* Kopplung
сопряжённый, -ая, -ое 1. *tech* gekoppelt 2. *buchspr* verbunden, verknüpft
сопу́тствовать, -вую, -вуешь *uv D* begleiten
сор, -а (-у) *m* Kehricht ◇ вы́нести ~ из избы́ seine schmutzige Wäsche vor anderen Leuten waschen; aus der Schule plaudern
соразме́рить, -рю, -ришь; -ренный, -рен, -а *v* anpassen, in Übereinstimmung bringen (с *I* mit) ‖ *uv* соразмеря́ть, -я́ю, -я́ешь
соразме́рно *Präp mit D* entsprechend; angemessen
соразме́рный, -ая, -ое; *Kzf* -рен, -рна entsprechend, angemessen; proportional; proportioniert
соразмеря́ть *uv zu* соразме́рить
сора́тник, -а *m hoher Stil* Mitkämpfer, Kampfgefährte
сорване́ц, -нца́, *I* -нцо́м, *G Pl* -нцо́в *m umg* Wildfang, Schlingel
со|рва́ть* *v* 1. abreißen, herunterreißen; ~ ма́ску с кого́-н. j-n entlarven 2. pflücken 3. *übtr* zum Scheitern bringen, vereiteln 4. *übtr umg* ablocken, abnötigen, erzwingen ◇ ~ банк die Bank sprengen *beim Kartenspiel*; ~ гнев [го́ре] на ко́м-н. seinen Zorn [Kummer] an j-m auslassen ‖ *uv* срыва́ть, -а́ю, -а́ешь
со|рва́ться*; -рва́ли́сь *v* 1. sich losreißen, (hin)abstürzen; ~ с ме́ста aufspringen, losstürmen, losstürzen; у меня́ сорва́лось с языка́ необду́манное сло́во mir entschlüpfte ein unbedachtes Wort 2. *übtr umg* mißlingen ◇ го́лос сорва́лся die Stimme versagte; ~ на экза́мене beim Examen versagen, durchs Examen fallen; как с це́пи сорва́лся er verlor die Beherrschung, er war wie losgelassen ‖ *uv* срыва́ться, -а́юсь, -а́ешься
сорвиголова́, -ы́, *A* -го́лову́; *Pl* -го́ловы, -голо́в, -голова́м *m, f umg* Wagehals, Draufgänger, Tollkühner
сорганизова́ть, -зу́ю, -зу́ешь; -зо́ванный, -зо́ван, -а *v umg* organisieren; zustande bringen; zusammenschließen, vereinigen ‖ *uv* **сорганизо́вывать,** -аю, -аешь
сорганизова́ться, *1. u. 2. Pers ungebr*, -зу́ется *v umg* sich bilden; sich zusammenschließen ‖ *uv* **сорганизо́вываться,** -ается
соревнова́ние, -я *n* 1. Wettbewerb 2. *Pl Sport* Wettkämpfe; -я по пла́ванию Wettschwimmen, Schwimmwettkämpfe
соревнова́ться, -ну́юсь, -ну́ешься *uv* 1. im (sozialistischen) Wettbewerb stehen 2. wetteifern, sich messen
сори́нка, -и, *Pl G* -нок, *D* -нкам *f* Staubkörnchen; *übtr umg* Körnchen; Krümelchen
сори́ть, -рю́, -ри́шь *uv* beschmutzen; Schmutz [Unordnung] machen ◇ ~ деньга́ми *übtr umg* Geld vergeuden, mit Geld um sich werfen
со́рный, -ая, -ое 1. *umg* Kehricht-, Müll- 2.: -ая трава́ Unkraut
сорня́к, -а́ *m* Unkraut
соро́дич, -а, *I* -ем, *G Pl* -ей *m* Verwandter; Artgenosse
со́рок, *G, D, I, P,* -а́, *A* со́рок *Num* vierzig; ~ сороко́в *alt* sehr viel
соро́ка, -и *f* Elster ◇ ~-воро́вка *folkl* diebische Elster
сорока- *in Zuss* vierzig-, vierzig enthaltend
сорока|ле́тие, -я *n* 1. vierzig Jahre *Zeitraum* 2. vierzigster Jahrestag, Vierzigjahrfeier; vierzigjähriges Jubiläum; ~ со дня сме́рти vierzigster Todestag; **~ле́тний,** -яя, -ее vierzigjährig
сороково́й, -а́я, -о́е *Num* vierzigster; ~ но́мер Nummer vierzig
сороконо́жка, -и, *Pl G* -жек, *D* -жкам *f umg* Tausendfüßler
сорокопу́т, -а *m zool* Neuntöter, Würger
соро́чка, -и, *Pl G* -чек, *D* -чкам *f* 1. Hemd 2. *med* Haut, Hülle; серде́чная ~ Herzbeutel 3. Rückseite der Spielkarte ◇ он роди́лся в -е er ist ein Glückskind
сорт, -а, *Pl* сорта́, -о́в, -а́м *m* Sorte; Qualität; Art, (Menschen-) Schlag; таба́к вы́сшего -а erstklassiger Tabak
сортирова́ть, -ру́ю, -ру́ешь; -ро́ванный, -ро́ван, -а *uv* 1. sortieren; verlesen 2. verschieben, rangieren *Eisenbahn*
сортиро́вка, -и, *Pl G* -вок, *D* -вкам *f* 1. Sortierung, Sortieren 2. *landw* Sortiermaschine 3. Verschieben, Rangieren *Eisenbahn*
сортиро́вочная, -ой *Subst f* Verschiebebahnhof, Rangierbahnhof
сортиро́вочный, -ая, -ое 1. Sortier- 2.: -ая ста́нция Verschiebebahnhof, Rangierbahnhof

сортиро́вщик, -а *m* Sortierer
сортиро́вщица, -ы, *I* -ей *f* Sortiererin
со́ртность, -и *f* Qualität
со́ртный, -ая, -ое Qualitäts-
сортово́й, -а́я, -о́е Sorten-, Qualitäts-; -а́я сталь Stabstahl
соса́ть* *uv* **1.** saugen **2.** lutschen **3.** *übtr* nagen, quälen
сосва́тать *v zu* сва́тать
сосе́д, -а, *Pl* сосе́ди, -ей, -ям *m* Nachbar
сосе́дка, -и, *Pl G* -док, *D* -дкам *f* Nachbarin
сосе́дний, -яя, -ее benachbart, Nachbar-; angrenzend
сосе́дский, -яя, -ее Nachbars-, nachbarlich
сосе́дство, -а *n* Nachbarschaft
сосе́ц, -сца́, *I* -сцо́м, *G Pl* -сцо́в *m* Zitze, Brustwarze
соси́ска, -и, *Pl G* -сок, *D* -скам *f* (Wiener) Würstchen
соси́сочная, -ой *Subst f* Verkaufsstelle für Würstchen
со́ска, -и, *Pl G* -сок, *D* -скам *f* Schnuller, Sauger
соска́бливать *uv zu* соскобли́ть
соска́кивать *uv zu* соскочи́ть
соска́льзывать *uv zu* соскользну́ть
соскобли́ть, -скоблю́, -ско́бли́шь; -ско́бленный, -ско́блен, -а *v* abschaben, abkratzen || *uv* соска́бливать, -аю, -аешь
соскользну́ть, -ну́, -нёшь *v* **1.** hinabgleiten, herabgleiten; abrutschen; *umg* vorübergleiten, vergehen **2.** geraten, verfallen (на *A oder* в *A* in) || *uv* соска́льзывать, -аю, -аешь
соскочи́ть, -очу́, -о́чишь *v* **1.** hinunterspringen, herunterspringen; ~ с трамва́я von der Straßenbahn abspringen **2.** abspringen, zu Boden fallen; *übtr umg* (ab)fallen, plötzlich verschwinden || *uv* соска́кивать, -аю, -аешь
соскреба́ть *uv zu* соскрести́
со|скрести́* *v umg* abschaben, abkratzen || *uv* соскреба́ть, -а́ю, -а́ешь
соску́читься, -чусь, -чишься *v* **1.** sich langweilen; он соску́чился ждать er hat das Warten satt bekommen **2.** о *P oder* по *D* sich sehnen (nach)
сослага́тельный, -ая, -ое: -ое наклоне́ние *gram* Konjunktiv
со|сла́ть* *v* verbannen, deportieren || *uv* ссыла́ть, -а́ю, -а́ешь
со|сла́ться* *v* на *A* sich berufen (auf), verweisen (auf) || *uv* ссыла́ться, -а́юсь, -а́ешься
со́слепа *u. umg* **со́слепу** *Adv* in seiner [ihrer] Blindheit; aus Kurzsichtigkeit
сосло́вие, -я *n* Stand; же́нское [да́мское] ~ *scherz* die Frauen [Damen]
сосло́вный, -ая, -ое Standes-, ständisch, Stände-
сослужи́вец, -вца, *I* -вцем, *G Pl* -вцев *m* (Arbeits-) Kollege
сослужи́ть, -служу́, -слу́жишь *v*: ~ слу́жбу *D* a) j-m einen Dienst erweisen; b) j-m Nutzen bringen
сосна́, -ы́, *Pl* со́сны, со́сен, со́снам *f* *bot* Kiefer ◇ заблуди́ться в трёх -ах *Sprichw* aus einer unkomplizierten Lage keinen Ausweg finden
сосно́вый, -ая, -ое Kiefern-, Kien-; ~ стол Tisch aus Kiefernholz
сосну́ть, -ну́, -нёшь *v umg* ein wenig schlafen
сосня́к, -а́ *m* **1.** Kiefernwald **2.** *Koll* Kiefernholz
сосо́к, -ска́ *m anat* Brustwarze, Papille; *vet* Zitze
сосредото́чение, -я *n* Konzentration; Ansammlung, Zusammenziehung
сосредото́ченность, -и *f* **1.** Konzentration **2.** Konzentriertheit, gespannte Aufmerksamkeit, Sammlung **3.** Versunkenheit; ~ в само́м себе́ Selbstversunkenheit
сосредото́ченный, -ая, -ое; *Kzf* -чен, -ченна **1.** konzentriert **2.** aufmerksam, gesammelt **3.** in Gedanken vertieft
сосредото́чивать *uv zu* сосредото́чить
сосредото́чить, -чу, -чишь; -ченный, -чен, -а *v* konzentrieren (на *P* auf) || *uv* сосредото́чивать, -аю, -аешь
соста́в, -а *m* **1.** Zusammensetzung, Bestandteile; Gemisch; зажига́тельный ~ *mil* Brandsatz **2.** Bestand *an Menschen*; ли́чный ~ Personal-, Mannschaftsbestand; второ́й ~ *theat* zweite Besetzung; ~ кома́нды *Sport* Mannschaftsaufstellung; боево́й ~ *mil* Gefechtsstärke; преподава́тельский ~ Lehrkörper; в по́лном -е vollzählig; делега́ция в -е пяти́ челове́к eine aus fünf Personen bestehende Delegation; входи́ть в ~ angehören, gehören (zu) **3.** (Eisenbahn-) Zug; подвижно́й ~ rollendes Material *bei der Eisenbahn* ◇ ~ преступле́ния *jur* Tatbestand
состави́тель, -я *m* **1.** Herausgeber, Verfasser **2.**: ~ поездо́в Rangiermeister *bei der Eisenbahn*
соста́вить, -влю, -вишь; -вленный, -влен, -а *v* **1.** zusammenstellen, zu-

sammensetzen; bilden; mischen **2.** verfassen, entwerfen; ~ протокóл ein Protokoll aufnehmen **3.** bilden, ausmachen **4.** *übtr* erwerben; ~ себé и́мя sich einen Namen machen ◇ ~ комý-н. компáнию j-m Gesellschaft leisten ‖ *uv* составля́ть, -я́ю, -я́ешь

состáвиться, *1. u. 2. Pers ungebr,* -вится *v* **1.** sich zusammensetzen, bestehen (aus) **2.** sich ansammeln **3.** entstehen, sich herausbilden ‖ *uv* составля́ться, -я́ется

составлéние, -я *n* **1.** Zusammenstellung, Bildung **2.** Abfassung, Ausarbeitung

составля́ть(ся) *uv zu* состáвить(ся)

составнóй, -áя, -óе **1.** zusammengesetzt **2.**: -áя часть Bestandteil

сostáрить, -рю, -ришь *v* alt [älter] machen

состáриться, -рюсь, -ришься *v* alt [älter] werden, altern

состоя́ние, -я *n* **1.** Zustand, Lage; ~ здорóвья Gesundheitszustand, Befinden; семéйное ~ *buchspr* Familienstand; быть в -и imstande sein **2.** Vermögen

состоя́тельный, -ая, -ое **1.** wohlhabend, vermögend **2.** *Kzf* -лен, -льна stichhaltig, begründet

состоя́ть, -ою́, -ои́шь *uv* **1.** bestehen (из *G* aus) **2.** bestehen (в *P* in) **3.** в *P* Mitglied sein, angehören *einer Organisation*; ~ на слýжбе im Dienst stehen, angestellt sein **4.** sein, sich befinden

состоя́ться, *1. u. 2. Pers ungebr,* -ои́тся *v* stattfinden

сострадáние, -я *n* Mitleid, Mitgefühl

сострадáтельный, -ая, -ое; *Kzf* -лен, -льна mitleidig, mitfühlend

состригáть *uv zu* состри́чь

сострúть, -рю́, -ри́шь *v* witzeln, einen Witz machen

со|стри́чь* *v* abschneiden, (ab)scheren ‖ *uv* состригáть, -áю, -áешь

сострогáть, -áю, -áешь; сострóганный, -ан, -а *v* abhobeln

сострóить, -óю, -óишь; -óенный, -óен, -а *v*: ~ лицó *umg* ein Gesicht ziehen

состря́пать *v zu* стря́пать

состязáние, -я *n* **1.** Wettstreit **2.** *Sport* Wettkampf; ~ в плáвании Wettschwimmen

состязáться, -áюсь, -áешься *uv* wetteifern, sich messen; ~ в плáвании um die Wette schwimmen; ~ в остроýмии sich an Scharfsinn [Geist] zu überbieten (ver)suchen

сосý ↑ сосáть

сосýд, -а *m* Gefäß; кровенóсные -ы *anat* Blutgefäße

сосýлька, -и, *Pl G* -лек, *D* -лькам *f* Eiszapfen

сосýн, -á *m* Säugling

сосуществовáние, -я *n* Koexistenz; ми́рное ~ friedliche Koexistenz

сосуществовáть, -вýю, -вýешь *uv* nebeneinander bestehen, koexistieren

сосчитáть(ся) *v zu* считáть(ся)

сóтая, -ой *Subst f math* Hundertstel

сотворéние, -я *n* Schöpfung

сотвори́ть *v zu* [1]твори́ть

сотвори́ться *v zu* твори́ться

сóтенный, -ая, -ое **1.** *umg* Hundertrubel-; -ая (бумáжка) Hundertrubelschein **2.** Hundertschafts-

-сóтенный, -ая, -ое *in Zuss* **1.** -hundert enthaltend **2.** -hundert Rubel wert

сóтка, -и, *Pl G* -ток, *D* -ткам *f umg* Hundertstel *Prozent, Hektar, Arbeitseinheit*

со|ткáть*; соткалá *v* **1.** weben **2.** *übtr* zusammensetzen

сóтник, -а *m* **1.** *hist* Hundertschaftführer *im alten Rußland* **2.** *hist* Offiziersrang bei den Kosaken *entspricht dem Rang eines Oberleutnants*

сóтня, -и, *Pl G* -тен, *D* -тням *f* **1.** Hundert, Hunderter; *umg* hundert Rubel; -тнями zu Hunderten **2.** *hist* Kosakenabteilung *entspricht einer Eskadron*

сотовáрищ, -а, *I* -ем, *G Pl* -ей *m* Kollege

сóтовый, -ая, -ое Waben-; -ая ячéйка Honigzelle

сотрýдник, -а *m* Mitarbeiter

сотрýдничать, -аю, -аешь *uv* **1.** zusammenarbeiten (с *I* mit) **2.** mitarbeiten (в *P* an)

сотрýдничество, -а *n* Mitarbeit, Zusammenarbeit

сотрясáть, -áю, -áешь *uv* erzittern [erbeben] lassen; *übtr alt* erschüttern ‖ *v* со|трясти́*

сотрясáться, -áюсь, -áешься *uv* (er)zittern, (er)beben; *übtr alt* erschüttert sein ‖ *v* со|трясти́сь*

сотрясéние, -я *n* Zittern, Beben; Erschütterung, Stoß; *med* Trauma

сотрясти́(сь) *v zu* сотрясáть(ся)

сóты *Pl* -ов, *Sg* сот, -а *m* (Honig-) Waben; мёд в -ах Wabenhonig, Scheibenhonig

сóтый, -ая, -ое *Num* hundertster; ~

но́мер Nummer hundert; -ая до́ля *math* hundertster Teil, Hundertstel
соумы́шленник, -а *m* Mitschuldiger
со́ус, -а *m* Soße, Tunke, Sauce
со́усник, -а *m* Sauciere, Soßenschüssel
соуча́ствовать, -вую, -вуешь *uv* в *P buchspr* sich beteiligen (an), teilnehmen (an)
соуча́стие, -я *n* **1.** Beteiligung, Teilnahme **2.** *jur* Mittäterschaft
соуча́стник, -а *m* **1.** Beteiligter, Teilnehmer **2.** *jur* Mittäter
соучени́к, -а́ *m* Mitschüler
соучени́ца, -ы, *I* -ей *f* Mitschülerin
софа́, -ы́, *Pl* со́фы, соф, со́фам *f* Sofa
софи́зм, -а *m buchspr* Sophismus
софи́ст, -а *m buchspr* Sophist
Софи́я, -и *f* Sofia *Stadt*
Со́фьюшка, -и *f Dem zu* Со́фья
Со́фья, -и *f* Sophie
соха́, -и́, *Pl* со́хи, сох, со́хам *f* Hakenpflug
[1]**соха́тый,** -ая, -ое **1.** mit verzweigtem Geweih **2.** *gbt* mit vielen Zweigen
[2]**соха́тый,** -ого *Subst m* Elch
со́хнуть, -ну, -нешь; со́х(нул), со́хла; со́х(нув)ший *uv* **1.** trocknen, trocken werden; (aus)dörren, vertrocknen; у меня́ со́хнет во рту́ die Zunge klebt mir am Gaumen **2.** *übtr umg* abmagern
сохране́ние, -я *n* **1.** Erhaltung, Aufrechterhaltung, Wahrung **2.** Verwahrung, Aufbewahrung
сохрани́ть, -ню́, -ни́шь; -нённый, -нён, -нена́ *v* **1.** erhalten, (be)wahren, aufrechterhalten; ~ си́лу *jur* in Kraft bleiben, Gültigkeit behalten; ~ в па́мяти im Gedächtnis behalten; ~ в та́йне geheimhalten; ~ за собо́й пра́во sich das Recht vorbehalten **2.** aufbewahren, verwahren ‖ *uv* сохраня́ть, -я́ю, -я́ешь
сохрани́ться, -ню́сь, -ни́шься *v* **1.** erhalten bleiben, sich halten **2.** *umg* sich gut halten, bei Kräften bleiben ‖ *uv* сохраня́ться, -я́юсь, -я́ешься
сохра́нность, -и *f* Unversehrtheit; Sicherheit; быть в -и gut aufgehoben [wohl verwahrt] sein; в це́лости и -и unversehrt, heil und ganz
сохра́нный, -ая, -ое; *Kzf* -а́нен, -а́нна unversehrt, sicher; в -ом ме́сте an einem sicheren Ort
сохраня́ть(ся) *uv zu* сохрани́ть(ся)
соц- *in Zuss Abk für* **1.** социалисти́ческий sozialistisch **2.** социа́льный sozial
соцве́тие, -я *n bot* Blütenstand
соцдо́гово́р, -а *m* (до́гово́р о социалисти́ческом соревнова́нии) Vertrag über einen sozialistischen Wettbewerb
социа́л-демокра́т, -а *m* Sozialdemokrat
социа́л-демократи́ческий, -ая, -ое sozialdemokratisch
социа́л-демокра́тия, -и *f* Sozialdemokratie
социали́зм, -а *m* Sozialismus; при -е im Sozialismus
социали́ст, -а *m* Sozialist
социалисти́ческий, -ая, -ое sozialistisch; Сове́тская -ая респу́блика Sozialistische Sowjetrepublik
социа́льный, -ая, -ое sozial, Sozial-
соцобяза́тельство, -а *n* (обяза́тельство по социалисти́ческому соревнова́нию) Verpflichtung im sozialistischen Wettbewerb
соцсоревнова́ние, -я *n* (социалисти́ческое соревнова́ние) sozialistischer Wettbewerb
соцстра́х, -а *m* (социа́льное страхова́ние) Sozialversicherung
соче́льник, -а *m rel* Heiliger Abend
сочета́ние, -я *n* **1.** Verbindung **2.** *Pl math* Kombinationen
сочета́ть, -а́ю, -а́ешь *v, uv* verbinden, vereinigen
сочета́ться, -а́юсь, -а́ешься *v, uv* sich vereinigen, sich verbinden; harmonieren; ~ бра́ком *alt, jetzt iron* heiraten
Со́чи *m idkl* Sotschi
сочине́ние, -я *n* **1.** Dichten, Verfassen **2.** Werk; Aufsatz **3.** *gram* Beiordnung
сочини́тельный, -ая, -ое *gram* beiordnend
сочини́ть, -ню́, -ни́шь; -нённый, -нён, -нена́ *v* **1.** dichten; komponieren; *umg, meist scherz* verfassen, abfassen **2.** *umg* erfinden, erdichten; schwindeln ‖ *uv* **сочиня́ть,** -я́ю, -я́ешь
сочи́ться, *1. u. 2. Pers ungebr*, -и́тся *uv* tröpfeln, sickern; ра́на сочи́тся кро́вью die Wunde blutet
сочлене́ние, -я *n* **1.** *tech* Gelenk **2.** *anat* Gelenkverbindung, Artikulation
со́чный, -ая, -ое; *Kzf* -чен, -чна́! **1.** saftig **2.** *übtr* ausdrucksvoll; -ые кра́ски satte [kräftige] Farben; ~ го́лос klangvolle Stimme
сочту́ ↑ счесть
сочу́вственный, -ая, -ое **1.** *Kzf* -ен, -енна mitfühlend, teilnahmsvoll; wohlwollend **2.** -о *Adv*: -о отно-

си́ться к кому́-н. mit j-m sympathisieren
сочу́вствие, -я *n* Mitgefühl, Anteilnahme; Wohlwollen, Sympathie
сочу́вствовать, -твую, -твуешь *uv D* mitfühlen (mit), Anteil nehmen (an); sympathisieren (mit)
сочу́вствующий, -его *Subst m pol* Sympathisierender
со́шка, -и, *Pl G* -шек, *D* -шкам *f* 1. *Dem zu* coxá Hakenpflug 2. Auflage, Gabelstütze *für Gewehr u. MG* 3. Gewehrständer *im Wachlokal* ◇ ме́лкая ~ *umg* kleines Licht, kleiner Mann
сошни́к, -á *m* 1. Pflugschar 2. *mil* Lafettensporn
сою́з, -а *m* 1. Bund, Verband; Bündnis; Свяще́нный ~ *hist* Heilige Allianz 2. Union, (Staaten-) Bund, Bundesstaat; Сою́з Сове́тских Социалисти́ческих Респу́блик Union der Sozialistischen Sowjetrepubliken 3. *gram* Konjunktion, Bindewort
сою́зник, -а *m* Verbündeter, Bundesgenosse, Alliierter
сою́знический, -ая, -ое alliiert, Verbündeten-
сою́зный, -ая, -ое 1. Unions-, Bundes-; -ые респу́блики die Unionsrepubliken 2. verbündet, alliiert 3.: -ое прида́точное предложе́ние *gram* Konjunktionalsatz
со́я, -и *f bot* Soja(bohne)
спад, -а *m* Fallen, Nachlassen, Rückgang
спада́ть *uv zu* спасть
спазм, -а *m u.* **спа́зма,** -ы *f med* Spasmus, Krampf
спазмати́ческий, -ая, -ое *med* spasmatisch, krampfartig
[1]**спа́ивать** *uv zu* споить
[2]**спа́ивать** *uv zu* спая́ть
спа́йка, -и, *Pl G* спа́ек, *D* спа́йкам *f* 1. Löten, (Ver-) Lötung 2. Lötstelle, Lötnaht 3. *übtr* Verbundenheit, enger Zusammenschluß 4. *med* Kommissur, Verhärtung, Verwachsung
спали́ть, -лю́, -ли́шь; -лённый, -лён, -лена́ *v umg* versengen, verbrennen; niederbrennen
спа́льная, -ой *Subst f umg* Schlafzimmer
спа́льный, -ая, -ое Schlaf-
спа́льня, -и, *Pl G* -лен, *D* -льням *f* Schlafzimmer
спаньё, -ья́ *n umg* Schlaf(en)
спа́ренный, -ая, -ое gepaart, aus zwei Teilen bestehend
спа́ржа, -и, *I* -ей *f* Spargel
спа́ривать *uv zu* спа́рить
спа́рить, -рю, -ришь; -ренный, -ен, -а *v* 1. (zwei) zusammenspannen 2. *landw* paaren || *uv* спа́ривать, -аю, -аешь
спартакиа́да, -ы *f Sport* Spartakiade
спарта́нец, -нца, *I* -нцем, *G Pl* -нцев *m* Spartaner
спа́рхивать *uv zu* спорхну́ть
спа́рывать *uv zu* споро́ть
спаса́ние, -я *n* Retten, Rettung
спаса́тельный, -ая, -ое Rettungs-, rettend; -ое су́дно Rettungsschiff
спаса́ть(ся) *uv zu* спасти́(сь)
спасе́ние, -я *n* Rettung
спаси́бо 1. *Part* danke; большо́е ~ besten Dank, danke vielmals 2. *Subst n idkl umg* Dank; большо́е вам ~ vielen Dank, ich danke Ihnen vielmals
спаси́тель, -я *m* 1. Retter 2. *rel* Erlöser, Heiland
спаси́тельный, -ая, -ое; *Kzf* -лен, -льна rettend
спасова́ть *v zu* [1]пасова́ть
с|пасти́* *v* retten, bergen || *uv* спаса́ть, -а́ю, -а́ешь
с|пасти́сь* *v* sich retten || *uv* спаса́ться, -а́юсь, -а́ешься
с|пасть*, *1. u. 2. Pers ungebr, v* 1. fallen, herunter-, abfallen 2. fallen, nachlassen, zurückgehen; ~ с го́лоса *alt, volksspr* die Stimme verlieren; ~ с те́ла *volksspr* abmagern; ~ с лица́ ein schmales Gesicht bekommen || *uv* спада́ть, -а́ет
с|пать* *uv* schlafen; ~ глубо́ким сном fest [tief] schlafen; мне ~ хо́чется ich bin müde [schläfrig]; ~ и (во сне) ви́деть sich etw. sehnlichst wünschen
с|па́ться*; спало́сь *unpers, uv D umg* schlafen können; мне не спи́тся ich kann nicht (ein)schlafen
спа́янный, -ая, -ое 1. zusammengelötet, verlötet 2. *übtr* fest verbunden, einträchtig 3. *med* verwachsen, adhäsiv
спая́ть, -я́ю, -я́ешь; спа́янный, -ян, -а *v* 1. (zusammen)löten, verlöten 2. *übtr* fest miteinander verbinden, einigen || *uv* спа́ивать, -аю, -аешь
спева́ться *uv zu* спе́ться
спе́вка, -и, *Pl G* -вок, *D* -вкам *f* Chorprobe
спека́ться *uv zu* спе́чься
спекта́кль, -я *m* Vorstellung, Theateraufführung; *übtr umg* Schauspiel
спектр, -а *m phys* Spektrum

спектра́льный, -ая, -ое *phys* spektral, Spektral-
спекули́ровать, -рую, -руешь *uv I oder* на *P* **1.** Schiebergeschäfte machen (mit), schieben (mit) **2.** *übtr* spekulieren (auf), rechnen (auf)
спекуля́нт, -а *m* Spekulant, Schieber
[1]**спекуля́ция, -и** *f* **1.** Spekulation, Schiebergeschäft **2.** *übtr* Spekulieren, Berechnung
[2]**спекуля́ция, -и** *f phil* Spekulation
спелена́ть *v zu* пелена́ть
спе́лость, -и *f* Reife
спе́лый, -ая, -ое; *Kzf* спел, -á! reif
сперва́ *Adv umg* zuerst, anfangs
спервонача́ла *u.* **спервонача́лу** *Adv volksspr* zu(aller)erst
спе́реди 1. *Adv umg* vorn; von vorn **2.** *Präpos mit G umg* vor
[1]**с|пере́ть*,** сопру́ *v* **1.** *volksspr* fortschaffen, wegschleppen **2.** *volksspr* klauen, stehlen
[2]**с|пере́ть*,** *1. u. 2. Pers ungebr,* сопрёт *v alt u. volksspr* (zusammen)drücken; verschlagen *Atem;* у меня́ дыха́ние спёрло es verschlug mir den Atem, mir stockte der Atem ‖ *uv* спира́ть, -áет
спе́рма, -ы *f biol* Sperma
сперматозо́ид, -а *m biol* Spermatozoon
спёртый, -ая, -ое *umg* stickig, dumpf
спеси́вый, -ая, -ое; *Kzf* -и́в, -а hochmütig, hochnäsig
спесь, -и *f* Hochmut
[1]**спеть** *v zu* петь
[2]**спеть,** *1. u. 2. Pers ungebr,* спе́ет *uv* reif werden, reifen
с|пе́ться* *v* **1.** sich im Chorgesang üben, sich einsingen **2.** *übtr umg* sich verständigen, zur Übereinstimmung gelangen; они́ спе́лись ме́жду собо́й sie stecken unter einer Decke, sie blasen in dasselbe Horn ‖ *uv* спева́ться, -а́юсь, -а́ешься
спех, -а (-у) *m volksspr* Eile; э́то не к -у das hat keine Eile
спец- *in Zuss Abk für* специа́льный Spezial-, speziell, Sonder-
специализа́ция, -и *f* Spezialisierung
специализи́роваться, -руюсь, -руешься *v, uv* **1.** Spezialkenntnisse erwerben (по *D* in) **2.** sich spezialisieren (на *P oder* в *P* auf)
специали́ст, -а *m* Spezialist; Facharbeiter; Fachmann; врач-∼ Facharzt
специа́льность, -и *f* **1.** Fach(richtung), Fachgebiet **2.** Beruf
специа́льный, -ая, -ое 1. speziell, besonders, Spezial-, Sonder- **2.** *Kzf* -лен, -льна Fach-, fachgebunden; fachmännisch
специ́фика, -и *f* Eigenart, Besonderheit(en)
специфика́ция, -и *f* **1.** Spezifikation, Klassifizierung **2.** Spezifikation, Stückliste
специфи́ческий, -ая, -ое spezifisch
специфи́чный, -ая, -ое; *Kzf* -чен, -чна spezifisch
спе́ция, -и *f* **1.** Gewürz **2.** *alt* Arznei
спецко́р, -а *m* (специа́льный корреспонде́нт) Sonderkorrespondent
спецмаши́на, -ы *f* (специа́льная маши́на) Sonderfahrzeug
спецо́вка, -и, *Pl G* -вок, *D* -вкам *f umg* Berufsbekleidung, Arbeitsjacke
спецоде́жда, -ы *f* (специа́льная оде́жда) Berufskleidung
с|пе́чься*, *1. u. 2. Pers ungebr, v* **1.** *umg* gerinnen **2.** zusammenbacken, verhärten ‖ *uv* спека́ться, -а́ется
спе́шиваться *uv zu* спе́шиться
спеши́ть, -шу́, -ши́шь *uv* **1.** sich beeilen, eilen; я о́чень спешу́ ich habe es sehr eilig; де́лать что́-н. не спеша́ etw. langsam tun, sich Zeit lassen mit etw. **2.** vorgehen; часы́ спеша́т на пять мину́т die Uhr geht fünf Minuten vor ‖ *v* поспеши́ть
спе́шиться, -шусь, -шишься *v* absitzen *vom Pferd* ‖ *uv* спе́шиваться, -аюсь, -аешься
спе́шка, -и *f umg* Eile
спе́шный, -ая, -ое; *Kzf* -шен, -шна **1.** eilig, dringend, Eil- **2.** eilig, hastig
спива́ться *uv zu* спи́ться
спидо́метр, -а *m* Tachometer
спи́ливать *uv zu* спили́ть
спили́ть, спилю́, спи́лишь; спи́ленный, -ен, -а *v* absägen; abfeilen ‖ *uv* спи́ливать, -аю, -аешь
спина́, -ы́, *A* спи́ну, *Pl* спи́ны, спин, спи́нам *f* Rücken; испы́тывать на со́бственной -е́ am eigenen Leibe erfahren; нанести́ уда́р в -у in den Rücken fallen; поверну́ться -о́й к кому́-н. j-m den Rücken (zu)kehren ◇ стоя́ть за чье́й-н. -о́й j-m das Rückgrat stärken; гнуть -у *übtr* katzbuckeln, kriechen; выезжа́ть на чье́й-н. -е́ j-n für seine Zwecke ausnützen
спи́нка, -и, *Pl G* -нок, *D* -нкам *f* **1.** *Dem zu* спина́ (kleiner) Rücken; ∼ но́са *anat* Nasenrücken **2.** Rückenlehne **3.** Rücken(teil) *von Kleidungsstücken*

спинно́й, -а́я, -о́е Rücken-; ~ хребе́т *anat* Rückgrat, Wirbelsäule
спира́ль, -и *f* 1. Spirale 2. Spiralfeder
спира́лька, -и, *Pl G* -лек, *D* -лькам *f umg* Spiraldraht
спира́льный, -ая, -ое spiralförmig, Spiral-
спира́ть *uv zu* ²спере́ть
спири́т, -а *m* Spiritist
спирт, -а (-у), *P* в спи́рте *u.* в спирту́; *Pl* спирты́, спирто́в, спирта́м *m* Spiritus; Alkohol; ви́нный ~ Weingeist
спиртно́й, -а́я, -о́е 1. alkoholisch; -ы́е напи́тки Spirituosen 2. -о́е, -о́го *Subst n umg* alkoholisches [geistiges] Getränk
спирто́вка, -и, *Pl G* -вок, *D* -вкам *f* 1. Spirituslampe 2. Spirituskocher
спиртово́й, -а́я, -о́е Spiritus-
с|писа́ть* *v* 1. abschreiben; kopieren 2. künstlerisch gestalten (с *G* nach), nachbilden 3. abschreiben, abbuchen; ~ в расхо́д liquidieren || *uv* спи́сывать, -аю, -аешь
с|писа́ться* *v* sich brieflich in Verbindung setzen (с *I* mit) || *uv* спи́сываться, -аюсь, -аешься
спи́сок, -ска *m* 1. Liste, Verzeichnis 2. Abschrift, handschriftliche Kopie
спи́сывать(ся) *uv zu* списа́ть(ся)
спито́й, -а́я, -о́е *umg* dünn, schal, abgestanden *von Getränken*
с|пи́ться*, сопью́сь, сопьёшься; спи́лся́, спила́сь, спи́ли́сь *v* zum Trinker werden, sich dem Trunk ergeben || *uv* спива́ться, -а́юсь, -а́ешься
спи́хивать *uv zu* спихну́ть
спихну́ть, -ну́, -нёшь; спи́хнутый, -ут, -а *v umg* hinunterstoßen, herunterstoßen, (her)abstoßen || *uv* спи́хивать, -аю, -аешь
спи́ца, -ы, *I* -ей *f* 1. Speiche 2. Stricknadel ◇ пя́тая [после́дняя] ~ в колесни́це das fünfte Rad am Wagen
спич, -а, *I* -ем, *G Pl* -ей *m* (Tisch-) Rede
спи́чечный, -ая, -ое Streichholz-, Zündholz-
спи́чка, -и, *Pl G* -чек, *D* -чкам *f* Streichholz, Zündholz
¹**сплав,** -а *m tech* Legierung
²**сплав,** -а *m* Flößen, Flößerei
¹**спла́вить,** -влю, -вишь; -вленный, -влен, -а *v tech* legieren, zusammenschmelzen; *übtr* vereinigen, verschmelzen || *uv* сплавля́ть, -я́ю, -я́ешь
²**спла́вить,** -влю, -вишь; -вленный, -влен, -а *v* 1. flößen 2. *übtr volksspr* abschieben, loswerden || *uv* сплавля́ть, -я́ю, -я́ешь
¹,²**сплавля́ть** *uv zu* ¹,²спла́вить
сплавно́й, -а́я, -о́е Flöß-, flößbar
спла́вщик, -а *m* Flößer
сплани́ровать *v zu* ²плани́ровать
спла́чивать(ся) *uv zu* сплоти́ть(ся)
сплёвывать *uv zu* сплю́нуть
с|плести́* *v* (zusammen)flechten; klöppeln || *uv* сплета́ть, -а́ю, -а́ешь
с|плести́сь* *v* sich verflechten; *übtr* sich verbinden, sich zusammenfügen || *uv* сплета́ться, -а́юсь, -а́ешься
сплете́ние, -я *n* Geflecht; Verflechtung; *übtr* Zusammenfügung
спле́тник, -а *m* Klatschmaul
спле́тница, -ы, *I* -ей *f* Klatschmaul, Klatschbase
спле́тничать, -аю, -аешь *uv* klatschen, Gerüchte verbreiten
спле́тня, -и, *Pl G* -тен, *D* -тням *f* Klatsch, Geschwätz
сплеча́ *Adv* 1. heftig, mit (kräftigem) Schwung 2. *übtr* unbedacht, unbesonnen
сплоти́ть, -очу́, -оти́шь; -очённый, -очён, -очена́ *v* 1. zusammenfügen 2. *übtr* einigen, fest zusammenschließen || *uv* спла́чивать, -аю, -аешь
сплоти́ться, *1. u. 2. Pers ungebr*, -ти́тся *v* sich zusammenschließen, sich scharen (вокру́г *G* um) || *uv* спла́чиваться, -ается
сплохова́ть, сплоху́ю, сплоху́ешь *v umg* einen Fehler machen, falsch handeln
сплоче́ние, -я *n* Zusammenschluß, Zusammenschweißen
сплочённость, -и *f* Geschlossenheit, Einigkeit
сплочённый, -ая, -ое 1. geschlossen, eng aneinandergefügt 2. *übtr* geschlossen, einig, einmütig
сплошно́й, -а́я, -о́е 1. kompakt, dicht; ununterbrochen 2. durchgängig; völlig; *umg* absolut
сплошь *Adv* 1. ununterbrochen, durchweg; ~ цветы́ nichts als Blumen 2. ausnahmslos ◇ ~ и [да] ря́дом fast immer, gang und gäbe
сплутова́ть, -ту́ю, -ту́ешь *v umg* mogeln, betrügen, Spitzbübereien verüben
сплыва́ть(ся) *uv zu* сплы́ть(ся)
с|плыть* *v* 1. *umg* stromabwärts schwimmen 2. *umg* überlaufen ◇ бы́ло да сплы́ло es ist (für immer) dahin || *uv* сплыва́ть, -а́ю, -а́ешь
с|плы́ться*, *1. u. 2. Pers ungebr*;

сплыли́сь *v umg* zusammenlaufen, verschwimmen || *uv* сплыва́ться, -а́ется
сплю ↑ спать
сплю́нуть, -ну, -нешь *v* (aus)spucken, (aus)speien || *uv* сплёвывать, -аю, -аешь
сплю́снуть, -ну, -нешь; -нутый, -нут, -а *v umg* breit-, plattdrücken, abplatten
сплю́щенный, -ая, -ое abgeplattet; flachgequetscht
сплю́щивать *uv zu* сплю́щить
сплю́щить, -щу, -щишь; -щенный, -щен, -а *v* platt-, breitdrücken; abplatten || *uv* сплю́щивать, -аю, -аешь
спляса́ть *v zu* пляса́ть
сподви́жник, -а *m buchspr* Mitstreiter, Mitkämpfer
сподо́биться, -блюсь, -бишься *v alt, jetzt iron* für würdig befunden werden, die Ehre haben || *uv* **сподобля́ться,** -я́юсь, -я́ешься
[1]**сподру́чный,** -ая, -ое; *Kzf* -чен, -чна bequem, leicht zu tun
[2]**сподру́чный,** -ого *Subst m* Helfer, Hilfskraft
спозара́нку *Adv* **1.** *umg* vom frühen Morgen an **2.** frühzeitig, vor Tau und Tag
споить, спою́, спо́ишь; спо́енный, -ен, -а *v* betrunken machen; zum Trinker [Säufer] machen || *uv* спаи́вать, -аю, -аешь
споко́йный, -ая, -ое; *Kzf* -о́ен, -о́йна **1.** ruhig, still; gelassen; friedlich; бу́дьте -ы seien Sie unbesorgt; -ой но́чи! gute Nacht! **2.** bequem
споко́йствие, -я *n* Ruhe, Stille; Frieden; сохрани́ть ~ ду́ха sich nicht aus der Ruhe bringen lassen
споко́н: ~ ве́ку [веко́в] *volksspr* seit alters her
спола́скивать *uv zu* сполосну́ть
сполза́ть *uv zu* сползти́
с|ползти́* *v* **1.** hinunterkriechen, herunterkriechen **2.** herunterrutschen; *übtr umg* allmählich verschwinden **3.** *übtr* abgleiten (к *D* in) || *uv* сполза́ть, -а́ю, -а́ешь
сполна́ *Adv* vollständig, vollzählig
сполосну́ть, -ну́, -нёшь; споло́снутый, -ут, -а *v umg* abspülen, ein wenig spülen || *uv* спола́скивать, -аю, -аешь; спола́скивать посу́ду Geschirr abwaschen
сponде́й [дэ], -я *m lit* Spondeus
спонта́нный, -ая, -ое *buchspr* spontan
спор, -а (-у) *m* **1.** Streit, Wortwechsel; **2.** *übtr buchspr* Kampf ◇ -у нет zweifellos, unbestritten
спо́рить, -рю, -ришь *uv* **1.** streiten **2.** wetten; на что спо́рим? um was wollen wir wetten?, was gilt die Wette? **3.** kämpfen; wetteifern
спори́ться, *1. u. 2. Pers ungebr*, -и́тся *uv umg* gelingen, gut vorangehen
спо́рный, -ая, -ое; *Kzf* -рен, -рна Streit-, strittig, umstritten
спо́ровый, -ая, -ое *bot* Sporen-
с|поро́ть* *v* abtrennen || *uv* спа́рывать, -аю, -аешь
спорт, -а *m* Sport; занима́ться -ом Sport treiben
спорт- *in Zuss Abk für* спорти́вный Sport-
спортза́л, -а *m* (спорти́вный зал) Turnhalle
спорти́вный, -ая, -ое Sport-
спортинвента́рь [ын], -я́ *m* (спорти́вный инвента́рь) *Koll* Sportgeräte
спортсме́н [рцм], -а *m* Sportler
спортсме́нка [рцм], -и, *Pl G* -нок, *D* -нкам *f* Sportlerin
спортсме́нский [рцм], -ая, -ое Sportler-
спорхну́ть, -ну́, -нёшь *v* herunterfliegen, herunterflattern || *uv* спа́рхивать, -аю, -аешь
спо́рщик, -а *m umg* Streitsüchtiger, Streithammel
спо́ры, *Pl* спор, *Sg* спо́ра, -ы *f bot, zool* Sporen
спо́рый, -ая, -ое; *Kzf* спор, -а́! *umg* schnell, erfolgreich; *volksspr* vorteilhaft
спорынья́, -ьи́ *f bot* Mutterkorn
спо́соб, -а *m* Art [und Weise], Verfahren, Methode; ~ произво́дства Produktionsweise; ~ употребле́ния Gebrauchsanweisung
спосо́бность, -и *f* **1.** Fähigkeit; покупа́тельная ~ Kaufkraft; пропускна́я ~ *Eisenbahn* Kapazität, Leistungsfähigkeit **2.** Begabung, Talent
спосо́бный, -ая, -ое; *Kzf* -бен, -бна **1.** fähig; ~ к труду́ arbeitsfähig; он на всё спосо́бен er ist zu allem fähig **2.** begabt, talentiert
спосо́бствовать, -вую, -вуешь *uv D* beitragen (zu), begünstigen, fördern || *v* поспосо́бствовать
споткну́ться, -ну́сь, -нёшься *v* **1.** stolpern, straucheln; ~ о ка́мень über einen Stein stolpern **2.** *übtr umg* stocken, stehenbleiben || *uv* **спотыка́ться,** -а́юсь, -а́ешься
спохвати́ться, -ачу́сь, -а́тишься *v*

umg sich (plötzlich) besinnen, (plötzlich) bemerken || *uv* **спохва́тываться,** -аюсь, -аешься

спра́ва *Adv* von rechts; rechts

справедли́во *Adv* 1. gerecht 2. mit [zu] Recht, recht und billig

справедли́вость, -и *f* 1. Gerechtigkeit 2. Wahrheit, Richtigkeit; по -и говоря́ offen gesagt; ну́жно отда́ть ему́ ~ man muß ihm Gerechtigkeit widerfahren lassen; das muß man ihm lassen; отдава́я ~ um gerecht zu sein

справедли́вый, -ая, -ое; *Kzf* -и́в, -а 1. gerecht 2. wahr, richtig

спра́вить, -влю, -вишь; -вленный, -влен, -а *v* 1. *umg* feiern, festlich begehen; ~ новосе́лье Einzug feiern 2. *volksspr* erwerben, kaufen || *uv* справля́ть, -я́ю, -я́ешь

спра́виться, -влюсь, -вишься *v* 1. с *I* fertig werden (mit), bewältigen; bezwingen 2. о *P* sich erkundigen (nach), sich informieren (über); ~ в словаре́ im Wörterbuch nachschlagen || *uv* справля́ться, -я́юсь, -я́ешься

спра́вка, -и, *Pl G* -вок, *D* -вкам *f* 1. Auskunft, Erkundigung; навести́ -и о ко́м-н. Ermittlungen anstellen über j-n, Auskünfte einholen über j-n; обрати́ться к кому́-н. за -ой j-n um Auskunft bitten 2. Bescheinigung, Ausweis

справля́ть(ся) *uv zu* спра́вить(ся)

спра́вочник, -а *m* Nachschlagewerk, Handbuch; железнодоро́жный ~ Kursbuch

спра́вочный, -ая, -ое Auskunfts-, Nachschlage-; -ая литерату́ра Nachschlagewerke

спра́шивать(ся) *uv zu* спроси́ть(ся)

спрессова́ть, -су́ю, -су́ешь; -со́ванный, -со́ван, -а *v* pressen; zusammenpressen || *uv* **спрессо́вывать,** -аю, -аешь

спринцева́ть, -цу́ю, -цу́ешь; -цо́ванный, -цо́ван, -а *uv med* spülen, eine Spülung machen

спринцо́вка, -и, *Pl G* -вок, *D* -вкам *f med* Spülung

спрова́дить, -а́жу, -а́дишь; -а́женный, -а́жен, -а *v umg* hinauskomplimentieren, abschieben, loswerden || *uv* **спрова́живать,** -аю, -аешь

спровоци́ровать, -рую, -руешь; -рованный, -рован, -а *v* provozieren, herausfordern; *med, landw* künstlich hervorrufen

[1,2]спроекти́ровать *v zu* [1,2]проекти́ровать

спрос, -а (-у) *m* 1. Nachfrage; на э́тот това́р есть ~ diese Ware ist (sehr) gefragt, nach dieser Ware besteht (große) Nachfrage 2. *umg* (An-) Forderung, Verantwortung ◇ без -а [-у] ohne Erlaubnis

спроси́ть, -ошу́, -о́сишь; -о́шенный, -о́шен, -а *v* 1. fragen; ~ о здоро́вье sich nach dem Befinden erkundigen; ~ уро́к die Hausaufgabe abfragen 2. *A oder G* bitten (um) 3. *A* (j-n) zu sprechen wünschen, (nach j-m) verlangen 4. с *G* fordern (von); Rechenschaft fordern (von), (j-n) zur Verantwortung ziehen || *uv* спра́шивать, -аю, -аешь

спроси́ться, -ошу́сь, -о́сишься *v* 1. *umg* um Erlaubnis bitten 2. *unpers umg* за э́то с тебя́ спро́сится dafür wirst du Rechenschaft ablegen müssen || *uv* спра́шиваться, -аюсь, -аешься

спросо́нок *Adv umg* schlaftrunken, verschlafen

спросо́нья *Adv volksspr* schlaftrunken, verschlafen

спроста́ *Adv* 1. *umg* ohne Absicht [Hintergedanken], zufällig 2. *umg* vertrauensselig

спрут, -а *m zool* Krake

спры́гивать *uv zu* спры́гнуть

спры́гнуть, -ну, -нешь *v* hinunterspringen, herunterspringen, (her)abspringen || *uv* спры́гивать, -аю, -аешь

спры́скивать *uv zu* спры́снуть

спры́снуть, -ну, -нешь; -нутый, -нут, -а *v* 1. bespritzen, (ein)sprengen 2. *übtr volksspr, scherz* begießen, feiern || *uv* спры́скивать, -аю, -аешь

спряга́ть, -а́ю, -а́ешь *uv gram* konjugieren, beugen

спряга́ться, *1. u. 2. Pers ungebr,* -а́ется *uv gram* konjugiert werden, sich konjugieren lassen

спряже́ние, -я *n gram* Konjugation, Beugung

с|прясть*; спряла́; спрядённый, -ён, -ена́ *v* spinnen

спря́тать(ся) *v zu* пря́тать(ся)

спу́гивать *uv zu* спугну́ть

спугну́ть, -ну́, -нёшь; спу́гнутый, -ут, -а *v umg* verscheuchen, aufscheuchen || *uv* спу́гивать, -аю, -аешь

спуд, -а *m umg*: держа́ть что́-н. под -ом etw. verborgen halten; держа́ть свой спосо́бности под -ом sein Licht unter den Scheffel stellen; вы́тащить из-под -а ausgraben, der Vergessenheit entreißen; положи́ть под ~ ungenutzt lassen, der Vergessenheit preisgeben

спуск, -а (-у) *m* **1.** Herablassen; Herabsteigen; ~ с горы́ Abstieg vom Berg; ~ (корабля́) на́ воду Stapellauf (eines Schiffes); ~ парусо́в Einholen der Segel; ~ самолёта *flug* Landen; ~ фла́га Einziehen der Fahne **2.** Abhang, Böschung **3.** Abzug *beim Gewehr*; Auslöser *beim Photoapparat* ◇ не дава́ть -а [-у] кому́-н. nichts durchgehen lassen, keinen Pardon kennen

спуска́ть(ся) *uv zu* спусти́ть(ся)

спускно́й, -а́я, -о́е Abfluß-

спусти́ть, спущу́, спу́стишь; спу́щенный, -ен, -а *v* **1.** hinunterlassen, herunterlassen; ~ директи́ву eine Direktive erteilen [an untergeordnete Stellen gehen lassen]; ~ (кора́бль) на́ воду (ein Schiff) vom Stapel laufen lassen; ~ паруса́ die Segel einholen; ~ флаг die Fahne einziehen; ~ кого́-н. с ле́стницы *umg* j-n die Treppe hinunterwerfen, j-n hinauswerfen **2.** loslassen; ~ куро́к abdrücken *Gewehr*; ~ пе́тлю eine Masche fallen lassen; ~ соба́к на кого́-н. die Hunde auf j-n hetzen **3.** ablassen *Flüssigkeiten oder Gas* **4.** senken, verringern; *umg* an Gewicht verlieren **5.** *umg* durchgehen lassen, verzeihen **6.** *umg* absetzen, verkaufen; durchbringen, vergeuden ◇ рабо́тать спустя́ рукава́ nachlässig [liederlich] arbeiten ‖ *uv* спуска́ть, -а́ю, -а́ешь ◇ не спуска́ть глаз с кого́-н. a) j-n unverwandt ansehen, kein Auge abwenden von j-m; b) j-n nicht aus den Augen lassen, wachsam auf j-n achten

спусти́ться, спущу́сь, спу́стишься *v* **1.** hinuntersteigen, heruntersteigen; ~ по реке́ flußabwärts fahren [schwimmen] **2.** *übtr* sinken; до чего́ ты спусти́лся wie tief bist du gesunken **3.** niedergehen; *flug* landen; ~ на́ воду *flug* wassern; *übtr* sich herabsenken **4.** herabfallen, herunterrutschen **5.** sich senken, sich verringern ‖ *uv* спуска́ться, -а́юсь, -а́ешься

спустя́ *Präpos mit A* nach (Verlauf von); ~ три го́да nach drei Jahren, drei Jahre später

спу́танный, -ая, -ое **1.** wirr **2.** *übtr* verworren, unklar

спу́тать, -аю, -аешь; -анный, -ан, -а *v* **1.** verwirren, durcheinanderbringen **2.** *umg* irre machen, aus dem Konzept bringen **3.** verwechseln **4.** fesseln, binden ◇ ~ чьи-н. расчёты j-m einen Strich durch die Rechnung machen ‖ *uv* спу́тывать, -аю, -аешь

спу́таться, -аюсь, -аешься *v* **1.** sich verwirren, sich verflechten **2.** *umg* irre werden, aus dem Konzept kommen, den Faden verlieren **3.** *umg* verwechseln **4.** *volksspr* sich einlassen (с *I* mit) ‖ *uv* спу́тываться, -аюсь, -аешься

спу́тник, -а *m* **1.** Weggenosse, Reisegefährte **2.** Begleiterscheinung **3.** *astr* Satellit, Trabant; Sputnik; связно́й ~ Nachrichtensatellit

спу́тывать(ся) *uv zu* спу́тать(ся)

спья́на *u.* **спья́ну** *Adv umg* betrunken, in der Trunkenheit

спя́тить, спя́чу, спя́тишь *v*: ~ с ума́ *umg* einen Vogel [einen Stich] haben, überschnappen

спя́чка, -и *f* **1.** Schlafsucht, Lethargie **2.** Winterschlaf

ср. (сравни́) vergleiche

сраба́тывать *uv zu* срабо́тать

[1,2]сраба́тываться *uv zu* [1,2]срабо́таться

срабо́тать, -аю, -аешь; -анный, ан, -а *v* **1.** *umg* herstellen, ausführen **2.** funktionieren, gehen *Mechanismus*; ansprechen *Relais* ‖ *uv* сраба́тывать, -аю, -аешь

[1]срабо́таться, *1. u. 2. Pers ungebr*, -ается *v* sich (durch ständige Arbeit) abnutzen, verschleißen ‖ *uv* сраба́тываться, -ается

[2]срабо́таться, -аюсь, -аешься *v* gut zusammenarbeiten, sich (bei der Arbeit) aufeinander einstellen ‖ *uv* сраба́тываться, -аюсь, -аешься

сравне́ние, -я *n* Vergleichen, Vergleich; сте́пени -я *gram* Komparation; в -и [по -ю] с *I* im Vergleich zu, verglichen mit; не идти́ в ~ с ке́м-н. sich nicht vergleichen [messen] können mit (-m

[1]сра́внивать *uv zu* сравни́ть

[2]сра́внивать *uv zu* сравня́ть

[3]сра́внивать *uv zu* сровня́ть

сра́вниваться *uv zu* сровня́ться

сравни́мый, -ая, -ое vergleichbar

сравни́тельно *Adv* **1.** с *I* im Vergleich (zu), verglichen (mit) **2.** relativ, verhältnismäßig

сравни́тельный, -ая, -ое **1.** vergleichend; -ая сте́пень *gram* Komparativ **2.** relativ, verhältnismäßig

сравни́ть,- ню́, -ни́шь; -нённый, -нён, -нена́ *v* vergleichen || *uv* сра́внивать, -аю, -аешь
сравни́ться, -ню́сь, -ни́шься *v* с *I* sich messen (mit), sich vergleichen (mit)
сравня́ть, -я́ю, -я́ешь; сра́вненный, -ен, -а *v* gleichstellen, gleichsetzen, ausgleichen || *uv* сра́внивать, -аю, -аешь
сража́ть(ся) *uv zu* срази́ть(ся)
сраже́ние, -я *n* Schlacht, Kampf; *umg* Streit
срази́ть, сражу́, срази́шь; сражённый, -ён, -ена́ *v* 1. (tödlich) treffen, niederstrecken, erschlagen; *übtr* bezwingen, besiegen 2. erschüttern, niederschmettern || *uv* сража́ть, -а́ю, -а́ешь
срази́ться, сражу́сь, срази́шься *v* 1. den *bewaffneten* Kampf beginnen; *mit der Waffe* kämpfen 2. *umg scherz* spielen, ein Spiel machen; хо́чешь ~ со мной в ша́хматы? willst du mit mir eine Partie Schach spielen? || *uv* сража́ться, -а́юсь, -а́ешься
сра́зу *Adv* 1. sofort, gleich, unverzüglich 2. gleichzeitig 3. mit einem Schlag, auf einmal
срам, -а (-у) *m umg* Schande, Schmach
срами́ть, -млю́, -ми́шь *uv umg* entehren; schmähen; schimpfen
срами́ться, -млю́сь, -ми́шься *uv umg* sich blamieren, sich lächerlich machen
срамно́й, -а́я, -о́е *volksspr* schamlos
сраста́ться *uv zu* срасти́сь
с|расти́сь* *v* 1. zusammenwachsen; verwachsen, vernarben 2. с *I übtr* verwachsen (mit), sich gewöhnen (an) || *uv* сраста́ться, -а́юсь, -а́ешься
срасти́ть, сращу́, срасти́шь; сращённый, -ён, -ена́ *v* 1. zusammenwachsen lassen 2. fest zusammenfügen 3. eng [untrennbar] verbinden (с *I* mit) || *uv* сра́щивать, -аю, -аешь
сраще́ние, -я *n* Zusammenwachsen
сра́щивать *uv zu* срасти́ть
сре́бреник, -а *m* Silberling *alte Münze*
сребро- *alt in Zuss* Silber-, silbrig-
сребробо́сный, -ая, -ое; *Kzf* -сен, -сна silberhaltig
среда́, -ы́, *A* среду́, *Pl* сре́ды, сред, сре́дам *f* 1. Milieu; Umwelt, Umgebung 2. Medium
среда́, -ы́, *A* сре́ду, *Pl* сре́ды, сред, среда́м *f* Mittwoch

среди́ *u.* **средь** *Präpos mit G* 1. inmitten, mitten auf, mitten in 2. unter, zwischen ◇ ~ [средь] бе́ла дня am hellichten Tage
средизе́мный, -ая, -ое: Средизе́мное мо́ре Mittelmeer, Mittelländisches Meer
среди́на, -ы *f alt* Mitte
сре́дне *Adv umg* mittelmäßig
средне- *in Zuss* mittel-, zentral-; durchschnittlich
средне|веко́вый, -ая, -ое mittelalterlich; **~веко́вье,** -ья *n* Mittelalter; **~годово́й,** -а́я, -о́е Jahresmittel-, Jahresdurchschnitts-
сре́дний, -яя, -ее 1. Mittel-, mittlerer; -ие века́ Mittelalter; челове́к -их лет ein Mann mittleren Alters [in mittleren Jahren]; -яя шко́ла Oberschule, Mittelschule (Schule zwischen der Elementarschule und der Hochschule) 2. Mittel-, Durchschnitts- 3. -ее, -его *Subst n* Durchschnitt, Mittel; -ее арифмети́ческое *math* arithmetisches Mittel; в -ем durchschnittlich, im Durchschnitt; вы́ше -его überdurchschnittlich, über dem Durchschnitt; ни́же -его unterdurchschnittlich, unter dem Durchschnitt 4. *umg* mittelmäßig, mäßig 5.: ~ род *gram* Neutrum
средосте́ние, -я *n anat* Mittelfell
средото́чие, -я *n* Mittelpunkt, Zentrum
сре́дство, -а *n* 1. Mittel; -а произво́дства Produktionsmittel; -а свя́зи Kommunikationsmittel; укрепля́ющее ~ *med* Kräftigungsmittel, Tonikum 2. *Pl* Geldmittel, Kapital; жить не по -ам *oder* жить вы́ше свои́х средств über seine Verhältnisse leben
средь ↑ среди́
срез, -а *m* 1. Schneiden, Schnitt 2. Schnittstelle 3. *med* Schnittpräparat
с|ре́зать* *v* 1. abschneiden; *übtr umg* kürzen 2. *übtr* tödlich treffen, niederstrecken 3. *volksspr* durchfallen lassen *beim Examen* ◇ ~ мяч *Sport* den Ball schneiden || *uv* **среза́ть,** -а́ю, -а́ешь *u.* **сре́зывать,** -аю, -аешь
с|ре́заться* *v* 1. *volksspr* durchfallen *beim Examen* 2. *volksspr* kämpfen, sich schlagen; *scherz* spielen || *uv* **среза́ться,** -а́юсь, -а́ешься *u.* **сре́зываться,** -аюсь, -аешься
срисова́ть, -су́ю, -су́ешь; -со́ванный,

-cóван, -а *v* abzeichnen, nachzeichnen || *uv* **срисóвывать,** -аю, -аешь

сровня́ть, -я́ю, -я́ешь; срóвненный, -ен, -а *v* ebnen, planieren, gerade machen ◇ ~ с землёй dem Erdboden gleichmachen || *uv* срáвнивать, -аю, -аешь

сровня́ться, -я́юсь, -я́ешься *v* с *I* neben j-n treten, auf gleiche Höhe kommen (mit) || *uv* срáвниваться, -аюсь, -аешься

сродни́ *Adv D* verwandt; он мне прихóдится ~ er ist mit mir verwandt

сродни́ть, -ню́, -ни́шь; -нённый, -нён, -ненá *v* verbinden, miteinander vertraut machen

сродни́ться, -ню́сь, -ни́шься *v* 1. miteinander vertraut werden, sich befreunden 2. sich gewöhnen (с *I* an)

срóдный, -ая, -ое; *Kzf* -ден, -дна 1. verwandt, ähnlich 2. *D* (zu) eigen

сродствó, -а *n* 1. *buchspr* Ähnlichkeit, Verwandtschaft 2. *chem* Affinität

срóду *Adv volksspr*: ~ не nie

срок, -а (-у) *m* 1. Frist, Zeitspanne; *umg* Zeit; ~ дéйствия Gültigkeitsdauer; ~ гарáнтии Garantiefrist; -ом на три́дцать дней für dreißig Tage 2. Termin, Zeitpunkt; без -а unbefristet; в ~ rechtzeitig; до -а vorfristig, vorzeitig; к -у rechtzeitig, termingemäß; на ~ befristet, auf bestimmte Zeit ◇ ни óтдыху, ни -у не давáть drängen, keine Ruhe lassen

срóчный, -ая, -ое; *Kzf* -чен, -чнá! 1. eilig, dringend; -ые мéры Sofortmaßnahmen 2. Termin-; befristet

сруб, -а *m* 1. Abholzen 2. Holzgerüst, Zimmerwerk; Gebäude aus Balken

срубáть *uv zu* сруби́ть

сруби́ть, срублю́, сру́бишь; сру́бленный, -ен, -а *v* 1. abschlagen; fällen, abholzen 2. aus Balken [Holz] bauen || *uv* срубáть, -áю, -áешь *zu* 1

срыв, -а *m* Vereitelung, Hintertreibung; Sprengung *Versammlung*; удáчи и -ы Erfolge und Mißerfolge

[1]**срывáть** *uv zu* сорвáть

[2]**срывáть** *uv zu* срыть

срывáться *uv zu* сорвáться

с|рыть* *v* abtragen, schleifen *eine Festung* || *uv* срывáть, -áю, -áешь

сряди́ться *v zu* [2]ряди́ться

сря́ду *Adv umg* nacheinander

ссáдина, -ы *f* (Haut-) Abschürfung, Schramme

[1]**ссади́ть,** ссажу́, ссáдишь; ссáженный, -ен, -а *v* herunternehmen, beim Heruntersteigen [Aussteigen] behilflich sein; absetzen, zum Aussteigen veranlassen || *uv* ссáживать, -аю, -аешь

[2]**ссади́ть,** ссажу́, ссáдишь; ссáженный, -ен, -а *v* abschürfen, (zer)schrammen || *uv* ссáживать, -аю, -аешь

[1,2]**ссáживать** *uv zu* [1,2]ссади́ть

ссадáться *uv zu* ссéсться

ссекáть *uv zu* ссечь

с|сéсться*, *1. u. 2. Pers ungebr*, *v umg* eingehen, einlaufen *von Stoffen* || *uv* ссадáться, -áется

с|сечь*; ссеклá *v* abschlagen, abhauen, absäbeln || *uv* ссекáть, -áю, -áешь

ссóра, -ы *f* Feindschaft; Streit, Zank; быть в -е с кéм-н. mit j-m verfeindet sein

ссóрить, -рю, -ришь *uv* aufhetzen, entzweien || *v* поссóрить; -ренный, -рен, -а

ссóриться, -рюсь, -ришься *uv* sich verfeinden, sich entzweien; sich zanken || *v* поссóриться

ссóхнуться, -нусь, -нешься; ссóхся, -лась *v* austrocknen; sich verziehen; zusammenschrumpfen || *uv* ссыхáться, -áюсь, -áешься

СССР (Сою́з Совéтских Социалисти́ческих Респу́блик) UdSSR

ссу́да, -ы *f* Darlehen, Anleihe; брать -у у когó-н. bei j-m eine Anleihe machen

ссуди́ть, ссужу́, ссу́дишь; ссу́женный, -ен, -а *v D oder I* leihen, aushelfen (mit) || *uv* ссужáть, -áю, -áешь

ссу́дный, -ая, -ое Darlehens-, Kredit-

ссужáть *uv zu* ссуди́ть

ссуту́литься *v zu* суту́литься

ссу́чивать *uv zu* ссучи́ть

ссучи́ть, ссучу́, ссу́чишь; ссу́ченный, -ен, -а *v* zwirnen || *uv* ссу́чивать, -аю, -аешь

ссылáть(ся) *uv zu* сослáть(ся)

[1]**ссы́лка,** -и, *Pl G* -лок, *D* -лкам *f* 1. Verbannung, Ausweisung, Deportierung 2. Verbannung, Exil

[2]**ссы́лка,** -и, *Pl G* -лок, *D* -лкам *f* 1. Hinweis, Bezugnahme 2. Anmerkung, Verweis; ~ внизу́ тéкста Fußnote

ссы́льный, -ая, -ое 1. verbannt, ausgewiesen 2. -ого *Subst m* Verbannter, Ausgewiesener

с|сы́пать* *v* 1. (zusammen)schütten, aufschütten 2. speichern *Getreide* || *uv* **ссыпáть,** -áю, -áешь

ссы́пка, -и *f* 1. (Zusammen-) Schütten; Speichern 2. *volksspr* Speicher *für Getreide*

ссыпно́й, -а́я, -о́е (Getreide-) Speicher-; ~ пункт (Getreide-) Ablieferungsstelle

ссыха́ться *uv zu* ссо́хнуться

стабилиза́тор, -а *m flug* Höhenflosse

стаби́льный, -ая, -ое; *Kzf* -лен, -льна stabil, Stabil-

ста́вень ↑ ста́вни

ста́вить, -влю, -вишь; -вленный, -влен, -а *uv* 1. (hin)stellen, (hin)setzen; ~ отме́тку eine Note [Zensur] geben; ~ пробле́му ein Problem aufwerfen; ~ реко́рд einen Rekord aufstellen; ~ на голосова́ние abstimmen lassen; ~ себе́ це́лью sich zum Ziel setzen, bezwecken 2. *umg* einsetzen, einstellen, ernennen 3. aufführen *im Theater*; veranstalten 4. setzen *beim Spiel*; ~ всё на ка́рту alles auf eine Karte setzen ◇ ~ в вину́ кому́-н. j-n beschuldigen; ~ в изве́стность кого́-н. j-n benachrichtigen, j-n in Kenntnis setzen; ~ в тупи́к кого́-н. j-n in die Enge treiben; ~ в упрёк кому́-н. j-m zum Vorwurf machen [vorwerfen]; ~ на вид кому́-н. j-m einen Tadel aussprechen; высоко́ ~ кого́-н. j-n hochschätzen, j-n verehren; ни в грош [ни во что] не ~ кого́-н. j-n geringschätzen, sich nichts aus j-m machen ‖ *v*¹ поста́вить; поста́вить (маши́ну) на учёт (ein Auto) anmelden, registrieren

¹**ста́вка,** -и, *Pl G* -вок, *D* -вкам *f* 1. Einsatz *beim Spiel* 2. на *A übtr* Einstellung (auf), Orientierung (auf); сде́лать -у на что́-н. seine Hoffnung auf etw. setzen 3. Satz, Tarif; Gehalt, Lohn; тари́фная ~ Tarifsatz ◇ о́чная ~ *jur* Konfrontation, Gegenüberstellung

²**ста́вка,** -и, *Pl G* -вок, *D* -вкам *f mil* Hauptquartier

ста́вленник, -а *m* Protegé, Schützling

ста́вни *Pl* ста́вней *u.* ста́вен, ста́вням, *Sg* ста́вень, -вня *m u.* ста́вня, -и *f* Fensterladen

ста́вня ↑ ста́вни

Ста́врополь, -я *m* Stawropol *Stadt*

стадиа́льный, -ая, -ое *buchspr* stadial, in Stadien verlaufend

стадио́н, -а *m Sport* Stadion; на -е im Stadion

ста́дия, -и *f* Stadium; ~ разви́тия Entwicklungsstufe

ста́дность, -и *f* Herdentrieb, Herdeninstinkt; *übtr* Herdengeist

ста́дный, -ая, -ое Herden-

ста́до, -а, *Pl* стада́, стад, стада́м *n* Herde

стаж, -а, *I* -ем, *G Pl* -ей *m* 1. Dienstalter, Arbeitspraxis; трудово́й ~ Dauer der Berufstätigkeit; парти́йный ~ Dauer der Parteizugehörigkeit 2. Probezeit, Bewährungsfrist

стажёр, -а *m* Praktikant

стажи́ровать, -рую, -руешь *uv* die Probezeit durchmachen, das Praktikum absolvieren [machen]

стажиро́вка, -и *f* 1. Probezeit 2. Praktikum *in der Produktion*

ста́ивать *uv zu* стаять

ста́йер, -а *m Sport* Langstreckenläufer

стака́н, -а *m* 1. Glas, Trinkglas 2. *mil* Geschoßkörper

стале- *in Zuss* Stahl-

сталева́р, -а *m* Stahlgießer, Stahlwerker

сталелите́йный, -ая, -ое Stahlguß-; ~ заво́д Stahlgießerei, Stahlwerk

сталелите́йщик, -а *m* Stahlgießer, Stahlwerker

сталепрока́тный, -ая, -ое Stahlwalz-

ста́лкивать(ся) *uv zu* столкну́ть(ся)

сталь, -и *f* Stahl; листова́я ~ Stahlblech

стально́й, -а́я, -о́е 1. Stahl-, aus Stahl 2. *übtr* stählern, ehern 3. stahlblau, stahlgrau

Стамбу́л, -а *m* Istanbul

стаме́ска, -и, *Pl G* -сок, *D* -скам *f* Stemmeisen

¹**стан,** -а *m* Statur, Gestalt

²**стан,** -а *m* Lager

³**стан,** -а *m* Maschine, Maschinenanlage; прока́тный ~ Walzstraße, Walzwerk; листопрока́тный ~ Blechwalzwerk

станда́рт, -а *m* 1. Standard, Norm, Maßstab 2. *übtr* Schablone

стандартиза́ция, -и *f* Standardisierung, Normung

стандартизи́ровать, -рую, -руешь; -рованный, -рован, -а *v, uv* standardisieren, normen

стандартизова́ть, -зу́ю, -зу́ешь; -зо́ванный, -зо́ван, -а *v, uv* standardisieren, normen

станда́ртный, -ая, -ое; *Kzf* -тен, -тна 1. Standard-, standardisiert, genormt 2. *übtr* schablonenhaft, schematisch

стани́на, -ы *f* Rahmen [Ständer] von Werkbänken [Maschinen]

стanио́ль, -я *m* Stanniol

Станисла́в, -а *m* Stanislaus

станица, -ы, *I* -ей *f* Staniza, Kosakensiedlung
станко- *in Zuss* Werkzeugmaschinen-, Werkbank-
станко́вый, -ая, -ое **1.** Werkzeugmaschinen- **2.**: ~ пулемёт *mil* schweres Maschinengewehr
станкостроительный, -ая, -ое: ~ заво́д Werkzeugmaschinenfabrik
[1,2]**становиться** *uv zu* [1,2]стать
становле́ние, -я *n buchspr* Werden, (Heraus-) Bildung, Entstehung
[1]**стано́к,** -нка́ *m* **1.** Werkzeugmaschine, Werkbank; печа́тный ~ Druckpresse; тка́цкий ~ Webstuhl; фре́зерный ~ Fräsmaschine **2.** Gestell, Gerüst; Lafette **3.** *landw* Box, Stand
[2]**стано́к,** -нка́ *m* **1.** *alt* Poststation **2.** kleine Ansiedlung *in Sibirien*
ста́ну ↑ стать
станцева́ть *v zu* танцева́ть
станцио́нный, -ая, -ое Stations-; Bahnhofs-; ~ зал Wartesaal; ~ смотри́тель *alt* Bahnhofsvorsteher; Postmeister
ста́нция, -и *f* **1.** Station, Bahnhof **2.** Station, Amt; метеорологи́ческая ~ Wetterwarte; телефо́нная ~ (Telefon-) Zentrale; электри́ческая ~ Elektrizitätswerk, Kraftwerk; передвижна́я телевизио́нная ~ Fernsehübertragungswagen; косми́ческая ~ Weltraumstation; водопрово́дная ~ Wasserwerk; гидроаккумули́рующая ~ *el* Pumpspeicherwerk; междугоро́дная ~ Fernamt *Telefon*; радиолокацио́нная ~ Radarstation
ста́пель, -я, *Pl* ста́пели, -ей, -ям *u.* стапеля́, -е́й, -я́м *m naut* Stapel; спуск со -я Stapellauf
ста́пливать *uv zu* [2]стопи́ть
ста́птывать(ся) *uv zu* стопта́ть(ся)
стара́ние, -я *n* **1.** Eifer, Bemühung, Anstrengung; приложи́ть все -я sich nach Kräften bemühen **2.** Goldsuche
стара́тель, -я *m* Goldsucher
стара́тельный, -ая, -ое eifrig, fleißig, sorgfältig
стара́ться, -а́юсь, -а́ешься *uv* sich bemühen, bestrebt sein; ~ изо всех сил alle Kraft daransetzen, sein Bestes tun ‖ *v* постара́ться
старе́йший ↑ ста́рый
старе́йшина, -ы *m hist* Ältester, Senior
старе́ть, -е́ю, -е́ешь *uv* **1.** alt [älter] werden, altern **2.** veralten
ста́рец, -рца, *I* -рцем, *G Pl* -рцев *m* **1.** *buchspr* Greis **2.** *rel* alter Mönch; Einsiedler
стари́к, -а́ *m* Alter, alter Mann, Greis; *Pl* alte Leute
старина́, -ы́ **1.** *f* alte Zeit(en) **2.** *f* Antiquität **3.** *m umg* Alter, Alterchen *meist als Anrede* ◇ тряхну́ть -о́й *umg* wieder jung werden, es wie früher machen
стари́нка, -и *f umg* alte Zeit ◇ по -е nach alter Weise
стари́нный, -ая, -ое alt; altertümlich
ста́рить, -рю, -ришь *uv* alt [älter] machen
ста́риться, -рюсь, -ришься *uv* alt [älter] werden, altern
старо- *in Zuss* alt-
старо|ве́р, -а *m hist* Altgläubiger; *übtr* altmodischer Mensch; **~да́вний,** -яя, -ее **1.** längst vergangen **2.** uralt; **~жи́л,** -а *m* Alteingesessener; **~заве́тный,** -ая, -ое; *Kzf* -тен, -тна altmodisch, rückständig; **~мо́дный,** -ая, -ое; *Kzf* -ден, -дна altmodisch; veraltet, rückständig; **~обра́зный,** -ая, -ое; *Kzf* -зен, -зна alt aussehend; **~обря́дец,** -дца, *I* -дцем, *G Pl* -дцев *m hist* Altgläubiger; **~ре́чье,** -ья, *Pl G* -чий, *D* -чьям *n* altes Flußbett; Altwasser; **~све́тский,** -ая, -ое *alt, buchspr* altmodisch, altväterisch; **~славя́нский,** -ая, -ое *ling* altslawisch
ста́роста, -ы *m* Ältester; се́льский ~ *hist* Dorfältester, Gemeindevorsteher; ~ кла́сса Klassenältester, Vertrauensmann
ста́рость, -и *f* (hohes) Alter; в глубо́кой -и hochbetagt; на -и лет auf die alten Tage
старт, -а *m Sport* Start; Startplatz; дать ~ das Startzeichen geben; на ~! auf die Plätze!
ста́ртер *u. umg* **стартёр,** -а *m* **1.** *Sport* Starter **2.** *tech* Starter, Anlasser
стартова́ть, -ту́ю, -ту́ешь *v, uv* starten
ста́ртовый, -ая, -ое Start-; -ая ту́мбочка *Sport* Startblock
стару́ха, -и *f* alte Frau, Greisin
стару́шка, -и, *Pl G* -шек, *D* -шкам *f* altes Mütterchen; alte Frau
ста́рческий, -ая, -ое Alters-, altersschwach
ста́рше ↑ ста́рый
старшекла́ссник, -а *m* Schüler einer der oberen Klassen
ста́рший, -ая, -ее **1.** *Komp u. Sup von* ста́рый **2.** Ober-; ~ врач Oberarzt; -ие кла́ссы obere Klassen, Oberstufe; ~ рабо́чий Vorarbeiter **3.** -ий,

-его *Subst m* Vorgesetzter **4. -ие, -их** *Subst Pl* Erwachsene
старшинá, -ы́, *Pl* старши́ны, -и́н, -и́нам *m* **1.** Hauptfeldwebel **2.** *hist* Obmann, Vorsteher ◇ войсково́й ~ *hist* Offiziersrang bei den Kosaken *entspricht dem Oberstleutnant*
старшинствó, -á *n* Alter; Rangordnung; Dienstalter
стáрый, -ая, -ое; *Kzf* стар, -á, стáро́, стáры́; *Komp* стáрший, стáрше; *Sup* стáрший, старéйший alt; langjährig; veraltet ◇ по-стáрому wie früher, wie eh und je
старьё, -ья́ *n Koll umg* alte Sachen, Plunder
старьёвщик, -а *m* Altwarenhändler
стáскивать *uv zu* стащи́ть
стасовáть, -сýю, -сýешь; -сóванный, -сóван, -а *v* mischen *Spielkarten*
стáтика, -и *f phys* Statik; *übtr* Unbeweglichkeit, Ruhe
статúст, -а *m theat* Statist
статúстик, -а *m* Statistiker, Bearbeiter von Statistiken
статúстика, -и *f* Statistik
статистúческий, -ая, -ое statistisch; -ие дáнные statistische Angaben, statistisches Material
статúстка, -и, *Pl G* -ток, *D* -ткам *f theat* Statistin
статúческий, -ая, -ое statisch
стáтный, -ая, -ое; *Kzf* -тен, -тнá! stattlich, wohlproportioniert
стáтский, -ая, -ое *alt* zivil, Zivil-; ~ совéтник *hist* Staatsrat *Rang im zaristischen Rußland*
статс-секретáрь, -я́ *m* Staatssekretär
статýт, -а *m* Statut
статуэ́тка, -и, *Pl G* -ток, *D* -ткам *f* Statuette
стáтуя, -и *f* Statue, Standbild
[1]**стать*** *v* **1.** sich stellen, treten; ~ в пóзу sich in Positur werfen; ~ за прáвду *übtr* für die Wahrheit eintreten; ~ на чью-н. стóрону j-s Partei ergreifen; ~ на учёт sich anmelden; ~ на я́корь *naut* vor Anker gehen; ~ у влáсти an die Macht gelangen **2.** stehenbleiben, (an)halten; рекá стáла der Fluß ist zugefroren **3.** *volksspr* kosten, zu stehen kommen ◇ во что бы то ни стáло um jeden Preis, koste es, was es wolle; за мной дéло не стáнет an mir soll es nicht liegen; за чем дéло стáло? woran fehlt es? ‖ *uv* станови́ться, -овлю́сь, -óвишься *zu* 1
[2]**стать*** *v* **1.** werden; он стал учи́телем er wurde Lehrer; стáло теплó es wurde warm; не стáну есть ich werde nicht essen **2.** anfangen, beginnen; он не стал дéлать э́то er unterließ es, dies zu tun; он не стал игрáть в кáрты er ließ das Kartenspiel sein **3.**: егó не стáло er ist gestorben [verschieden] ◇ стáло быть also, folglich; с негó стáнет *volksspr* von ihm ist alles zu erwarten, bei ihm muß man mit allem rechnen ‖ *uv* станови́ться, -овлю́сь, -óвишься *zu* 1
[3]**стать,** -и, *Pl* стáти, статéй, статя́м *f* Körperbau, Gestalt; Haltung *des Körpers* ◇ под ~ ähnlich; entsprechend; с какóй -и? weshalb?
стáться*, *meist unpers, v umg* geschehen; мóжет ~ es kann sein, es ist möglich; с негó стáнется von ihm ist alles zu erwarten, bei ihm muß man mit allem rechnen
статья́, -ьи́, *Pl G* статéй, *D* статья́м *f* **1.** Artikel, Aufsatz **2.** *jur* Paragraph **3.** *wirtsch* Posten ◇ э́то осóбь ~ das ist ein Kapitel für sich
стахáновец, -вца, *I* -вцем, *G Pl* -вцев *m* Stachanowarbeiter *in den 30er und 40er Jahren Bezeichnung für einen Aktivisten in der UdSSR*
стационáр, -а *m* stationäre [ortsfeste] Einrichtung; (больни́ца-)~ Krankenhaus; библиотéка-~ ständige Bibliothek
стационáрный, -ая, -ое **1.** stationär, ortsfest; beständig, unveränderlich **2.** Krankenhaus-
стачáть, -áю, -áешь; стáчанный, -ан, -а *v* zusammensteppen; *umg* zusammennähen ‖ *uv* стáчивать, -аю, -аешь
стáчечник, -а *m* Streikender
стáчечный, -ая, -ое Streik-
[1]**стáчивать** *uv zu* стачáть
[2]**стáчивать** *uv zu* сточи́ть
стáчка, -и, *Pl G* -чек, *D* -чкам *f* **1.** Streik, Ausstand; всеóбщая ~ Generalstreik **2.** *volksspr* Abmachung, Komplott; быть в -е с кéм-н. mit j-m unter einer Decke stecken
стащи́ть, стащý, стáщишь; стáщенный, -ен, -а *v* **1.** herunterziehen; abziehen; wegziehen **2.** zusammenschleppen **3.** *umg* klauen, stibitzen ‖ *uv* стáскивать, -аю, -аешь
стáя, -и *f* Schwarm *Vögel, Fische*; ~ волкóв ein Rudel Wölfe; ~ собáк eine Meute Hunde
стáять, *1. u. 2. Pers ungebr,* стáет *v* abtauen, wegtauen ‖ *uv* стáивать, -ает

ствол, -а *m* 1. Stamm, Baumstamm 2. *mil* Lauf, Rohr *eines Gewehrs oder Geschützes* 3. *arch* Rumpf, Schaft *einer Säule* 4. *anat* Strang, Ast, Stamm 5. *berg* senkrechter Teil eines Schachtes; подъёмный [выдачной] ~ Förderschacht; вентиляционный ~ Wetterschacht
створа́живаться *uv zu* створо́житься
ство́рка, -и, *Pl G* -рок, *D* -ркам *f* Türflügel, Fensterflügel; Klappe
створо́житься, *1. u. 2. Pers ungebr,* -ится *v* verkäsen; gerinnen || *uv* створа́живаться, -ается
ство́рчатый, -ая, -ое; *Kzf* -ат, -а Flügel-; aufklappbar
стеари́н, -а *m* Stearin
стеари́новый, -ая, -ое Stearin-
сте́бель, -бля, *Pl* сте́бли, стебле́й, стебля́м *m* Stengel, Halm, Stiel
стебе́льчатый, -ая, -ое; *Kzf* -ат, -а: ~ шов Stielstich
стёганка, -и, *Pl G* -нок, *D* -нкам *f umg* Wattejacke
стёганый, -ая, -ое gesteppt, Stepp-
[1]**стега́ть,** -а́ю, -а́ешь; стёганный, -ан, -а *uv* steppen *wattierte Stoffe*
[2]**стега́ть,** -а́ю, -а́ешь; стёганный, -ан, -а *uv* peitschen || *v mom* **стегну́ть,** -ну́, -нёшь; стёгнутый, -ут, -а
стёжка, -и *f* 1. Steppen 2. Steppnaht
стежо́к, -жка́ *m* Steppstich
стезя́, -и́ *f buchspr, hoher Stil* Weg, Pfad
стека́ть(ся) *uv zu* сте́чь(ся)
стекло́, -а́, *Pl* стёкла, стёкол, стёклам *n* 1. Glas; безопа́сное ~ Sicherheitsglas; арми́рованное ~ Drahtglas; свинцо́вое ~ Bleiglas; листово́е ~ Flachglas 2. Glasscheibe; око́нное ~ Fensterscheibe; ветрово́е ~ Windschutzscheibe; зажига́тельное ~ Brennglas; увеличи́тельное ~ Vergrößerungsglas, Lupe 3. *Koll* Glaswaren, Glaserzeugnisse
стекло- *in Zuss* Glas-
стекло|бло́к, -а *m* (стекля́нный блок) Glasbaustein, Glasziegel; **~ви́дный,** -ая, -ое glasartig, gläsern; glasig; **~волокно́,** -а *n* (стекля́нное волокно́) Glasfaser, Glasfaden
стекло́граф, -а *m* Glasplattenvervielfältigungsapparat
стекло|ду́в, -а *m* Glasbläser; **~ду́вный,** -ая, -ое Glasbläser-; ~ду́вный заво́д Glasbläserei; **~очисти́тель,** -я *m* Scheibenwischer *Auto*; **~пла́стик,** -а *m* glasfaserverstärkter Plast; **~ре́з,** -а *m* Glasschneider
стекля́нный, -ая, -ое 1. Glas-, gläsern 2. (glas)klar; glänzend 3. *übtr* glasig, starr
стекля́рус, -а *m Koll* Glasperlen
стекля́шка, -и, *Pl G* -шек, *D* -шкам *f umg* Glasstück, Glasverzierung
стеко́льный, -ая, -ое Glas-; ~ заво́д Glashütte
стеко́льщик, -а *m* Glaser; *umg* Arbeiter in der Glasindustrie
стели́ть, стелю́, сте́лешь *uv volksspr* ausbreiten; legen, decken; ~ посте́ль das Bett herrichten [machen]
стелла́ж, -а́, *I* -о́м, *G Pl* -е́й *m* Gestell, Regal
сте́лька, -и, *Pl G* -лек, *D* -лькам *f* Einlegesohle; Brandsohle ◇ как ~ [в -у] пьян *volksspr* sinnlos besoffen
сте́льная; *Kzf* сте́льна: ~ коро́ва trächtige Kuh
стелю́ ↑ стлать
стемне́ть, -е́ет *unpers v* dunkel werden; уже́ стемне́ло es ist schon dunkel [Nacht] geworden
стена́, -ы́, *A* сте́ну, *Pl* сте́ны, стен, стена́м *f* Wand, Mauer ◇ ~ в -у *oder* ~ об -у Wand an Wand; встать -о́й sich wie ein Mann erheben; как за ка́менной -о́й unter zuverlässigem Schutz; как на ка́менную -у положи́ться sich felsenfest verlassen auf etw.
стена́ть, -а́ю, -а́ешь; стеня́щий *u.* стена́ющий; стена́я *u.* стеня́ *uv buchspr* stöhnen
стенгазе́та, -ы *f* (стенна́я газе́та) Wandzeitung
стенд [тэ], -а *m* 1. (Ausstellungs-, Messe-) Stand 2. *tech* Prüfstand; Versuchsraum
сте́нка, -и, *Pl G* -нок, *D* -нкам *f Dem zu* стена́ kleine [niedrige] Wand; Seitenwand; Wand(ung)
стенно́й, -а́я, -о́е Wand-
стено|гра́мма, -ы *f* Stenogramm; **~графи́ровать,** -рую, -руешь; -рованный, -рован, -а *uv u. alt v* stenographieren; **~графи́ст,** -а *m* Stenograph; **~графи́стка,** -и, *Pl G* -ток, *D* -ткам *f* Stenographin; **~графи́ческий,** -ая, -ое stenographisch, Stenographie-, Kurzschrift-; **~гра́фия,** -и *f* Stenographie, Kurzschrift
сте́нопись, -и *f* Wandmalerei
Сте́нька, -и *m Dem zu* Степа́н
Степа́н, -а *m* Stephan
степе́нный, -ая, -ое; *Kzf* -пе́нен, -пе́нна würdevoll, gravitätisch; besonnen
сте́пень, -и, *Pl* сте́пени, степене́й, степеня́м *f* 1. Stufe, Grad, Maß; до

последней -и in höchstem Grade, aufs äußerste, äußerst 2. *math* Potenz; ко́рень четвёртой -и vierte Wurzel; возвы́сить в ~ potenzieren 3. (akademischer) Grad, Titel, Rang 4.: -и сравне́ния *gram* Komparation; положи́тельная ~ Positiv; сравни́тельная ~ Komparativ; превосхо́дная ~ Superlativ
Стёпа, -ы *u.* **Стёпка,** -и *m Dem zu* Степа́н
степно́й, -а́я, -о́е Steppen-
степь, -и, *P* о сте́пи, в степи́, *Pl* сте́пи, степе́й, степя́м *f* Steppe
стервене́ть, -е́ю, -е́ешь *uv umg* toben, in Wut geraten
стервя́тник, -а *m zool* Aasgeier
стерегу́ ↑ стере́чь
стерео|зву́к, -а *m* Raumton; **~кино́** *idkl n* Raumbildkino; **~ме́трия,** -и *f* Stereometrie; **~ско́п,** -а *m* Stereoskop; **~скопи́ческий,** -ая, -ое stereoskopisch, Raumbild-; **~сни́мок,** -мка *m phot* Raumbildphoto; **~ти́пия,** -и *f typ, med* Stereotypie; **~труба́,** -ы́, стереотру́бы, -у́б, -у́бам *f* Scherenfernrohr
с|тере́ть*, сотру́; стере́в *u.* стёрши *v* 1. abwischen, abreiben, wegwischen; *übtr* verwischen, auslöschen; ~ с доски́ die Tafel abwischen; ~ за́пись *rad* eine Aufnahme löschen; ~ рези́н(к)ой ausradieren 2. zerreiben; ~ в порошо́к pulverisieren 3. wundreiben, aufreiben ◇ ~ с лица́ земли́ vernichten, ausrotten ‖ *uv* стира́ть, -а́ю, -а́ешь
с|тере́ться*, *1. u. 2. Pers ungebr*, сотрётся *v* 1. sich verwischen, unscharf werden; ~ в па́мяти aus dem Gedächtnis schwinden 2. abgegriffen werden ‖ *uv* стира́ться, -а́ется
стере́чь* *uv* 1. bewachen, behüten, aufpassen 2. belauern, auflauern
стере́чься*, *Adv Ptz ungebr, uv G volksspr* sich hüten (vor)
стерженщи́к, -а́ *m tech* Kernmacher
стёржень, -жня *m* 1. Stange, Stab, Schaft, Stiel 2. Kern; *übtr* Kernstück 3. *med* Eiterstock
стержнево́й, -а́я, -о́е 1. Stangen-, mit Stangen (versehen) 2. Kern-, Mittel-; *übtr* Haupt-
стерилиза́ция, -и *f* Sterilisierung
стерилизова́ть, -зу́ю, -зу́ешь; -зо́ванный, -зо́ван, -а *v, uv* sterilisieren
стери́льный, -ая, -ое; *Kzf* -лен, -льна 1. steril, keimfrei 2. steril, unfruchtbar
сте́рлинг, -а *m*: фунт -ов Pfund Sterling
сте́рлядь, -и, *Pl* сте́рляди, стерляде́й, стерлядя́м *f zool* Sterlet
стерня, -и *u.* **стерня́,** -и́ *f* Stoppelfeld; *Koll* Stoppeln
стерпе́ть, стерплю́, сте́рпишь *v* 1. ertragen, erdulden 2. sich beherrschen, an sich halten
стерпе́ться, *1. u. 2. Pers ungebr*, сте́рпится *v* с *I* sich abfinden (mit), sich gewöhnen (an); сте́рпится — слю́бится *etwa* man gewöhnt sich an alles
стёртый, -ая, -ое verwischt, verschwommen; abgenützt
с|теса́ть* *v* abschlagen, abhauen ‖ *uv* стёсывать, -аю, -аешь
стесне́ние, -я *n* 1. Beengung, Beschränkung; Bedrückung, Beklemmung 2. Befangenheit, Schüchternheit; без -я ungezwungen, ungeniert
стеснённый, -ая, -ое beengt, eingeschränkt; erschwert
стесни́тельный, -ая, -ое; *Kzf* -лен, -льна 1. beengend, unbequem 2. verlegen, schüchtern
стесни́ть, -ню́, -ни́шь; -нённый, -нён, -нена́ *v* 1. einengen, beengen, beschränken; *übtr* bedrängen 2. lästig werden, zur Last fallen 3. verwirren, in Verlegenheit bringen ‖ *uv* стесня́ть, -я́ю, -я́ешь
стесни́ться, -ню́сь, -ни́шься *v* 1. sich drängen 2. *umg* sich einschränken 3. schwer werden; у меня́ стесни́лось дыха́ние der Atem wurde mir schwer ‖ *uv* стесня́ться, -я́юсь, -я́ешься
стесня́ть *uv zu* стесни́ть
стесня́ться, -я́юсь, -я́ешься *uv* 1. *uv zu* стесни́ться 2. verlegen sein, schüchtern sein, sich genieren; не ~ sich keinen Zwang antun
стёсывать *uv zu* стеса́ть
стетоско́п, -а *m med* Stethoskop, Hörrohr
стече́ние, -я *n* 1. Zusammenfluß 2. Stauung, Ansammlung; ~ наро́да Menschenandrang 3. Zusammenfall, Zusammentreffen
с|течь*, *1. u. 2. Pers ungebr, v* abfließen, ausfließen, aussickern ‖ *uv* стека́ть, -а́ет
с|те́чься*, *1. u. 2. Pers ungebr, v* 1. zusammenfließen 2. *übtr* zusammenkommen, zusammenströmen ‖ *uv* стека́ться, -а́ется
стилиза́ция, -и *f* Stilisierung
стилизова́ть, -зу́ю, -зу́ешь; -зо́ван-

ный, -зо́ван, -а *v*, *uv* stilisieren; ~ себя́ под кого́-н. j-n nachahmen
стили́стика, -и *f* Stilistik
¹стиль, -я *m* Stil, Manier
²стиль, -я *m* Stil, Zeitrechnung; по ста́рому -ю nach dem alten Stil, nach dem Julianischen Kalender; по но́вому -ю nach dem neuen Stil, nach dem Gregorianischen Kalender
сти́льный, -ая, -ое; *Kzf* -лен, -льна 1. Stil-, stilvoll 2. übertrieben modern
стиля́га, -и *m u. f umg* Halbstarker; Geck
сти́мул, -а *m* Stimulus, Anreiz, Ansporn
стимули́рование, -я *n* Anreiz, Ansporn; материа́льное ~ materieller Anreiz
стимули́ровать, -рую, -руешь; -рованный, -рован, -а *v*, *uv* stimulieren, anspornen, einen Anreiz geben; fördern
стипендиа́т, -а *m* Stipendiat, Stipendienempfänger
стипе́ндия, -и *f* Stipendium
стипль-че́з, -а *m Sport* Hindernisrennen
стира́льный, -ая, -ое Wasch-; -ая маши́на Waschmaschine
сти́раный, -ая, -ое *umg* 1. gewaschen *Wäsche* 2. nicht mehr neu *Wäsche*
¹стира́ть *uv zu* стере́ть
²стира́ть, -а́ю, -а́ешь; сти́ранный, -ан, -а *uv* waschen
¹стира́ться *uv zu* стере́ться
²стира́ться, *1. u. 2. Pers ungebr*, -а́ется *uv* 1. gewaschen werden 2. *umg* sich herauswaschen lassen
сти́рка, -и *f* Wäsche, Waschen
сти́скивать *uv zu* сти́снуть
сти́снуть, -ну, -нешь; -нутый, -нут, -а *v* zusammendrücken; pressen; einzwängen; ~ в объя́тиях stürmisch umarmen, an sich pressen; ~ зу́бы die Zähne zusammenbeißen ‖ *uv* сти́скивать, -аю, -аешь
стих, -а́ *m* 1. Vers; бе́лый ~ *metr* Blankvers 2. *Pl* Gedicht
стиха́ть *uv zu* сти́хнуть
стихи́йность, -и *f* Spontaneität
стихи́йный, -ая, -ое; *Kzf* -хи́ен, -хи́йна 1. elementar; -ое бе́дствие Naturkatastrophe 2. spontan
стихи́я, -и *f* Element, Naturkraft
сти́хнуть, -ну, -нешь; стих, -ла; сти́х(нув)ший *v* 1. still werden, verstummen 2. schwächer werden, aufhören *von Naturerscheinungen, Schmerzen*; ве́тер стих der Wind legte sich; дождь стих der Regen ließ nach ‖ *uv* стиха́ть, -а́ю, -а́ешь
стихоплёт, -а *m umg* Reimschmied
стихосложе́ние, -я *n* 1. Dichten 2. *lit* Versbau
стихотворе́ние, -я *n* Gedicht
стихотво́рный, -ая, -ое Vers-, Gedicht-, in Versen geschrieben; -ая речь gebundene Rede
стлать* *uv* ausbreiten; legen, decken; ~ посте́ль das Bett herrichten (machen)
стла́ться* *uv* 1. sich ausbreiten, sich ausdehnen; дым сте́лется der Rauch geht nieder 2.: ~ на ночь *volksspr* sich das Bett herrichten
сто, *G, D, I, P* ста, *A* сто *Num* hundert ◇ на (все) ~ проце́нтов hundertprozentig; на все ~ *volksspr* ausgezeichnet
СТО (Сове́т труда́ и оборо́ны) *hist* Rat für Arbeit und Landesverteidigung *1920–1937*
сто- *in Zuss* hundert-
стог, -а, *P* о сто́ге, в стогу́, *Pl* стога́, стого́в, стога́м *m* Schober
сто́ик, -а *m phil* Stoiker
сто́имость, -и *f* Wert; Kosten; приба́вочная ~ Mehrwert; зако́н -и Wertgesetz; ~ жи́зни Lebensunterhaltskosten; ~ постро́йки Baukosten
сто́ить, сто́ю, сто́ишь *uv* 1. kosten; э́то сто́ило мне большо́го труда́ das hat mich viel Mühe gekostet 2. *unpers* wert sein, sich lohnen; он сто́ит семеры́х *umg* er ist sieben Mann wert; э́то не сто́ит труда́ das ist nicht der Mühe wert; не сто́ит (благода́рности)! keine Ursache (zu danken)! 3. *unpers mit Inf, meist mit* то́лько, лишь sowie, kaum (daß); сто́ит то́лько сказа́ть одно́ сло́во, (как) он уже́ противоре́чит man braucht nur ein Wort zu sagen, so widerspricht er schon ◇ игра́ не сто́ит свеч *oder* де́ло вы́еденного яйца́ не сто́ит das ist keinen roten Heller [Pfifferling] wert
стои́ческий, -ая, -ое *phil, übtr* stoisch
¹сто́йка, -и, *Pl G* сто́ек, *D* сто́йкам *f Sport* Handstand; Kopfstand
²сто́йка, -и, *Pl G* сто́ек, *D* сто́йкам *f* 1. Ständer; Stütze 2. Schanktisch; (буфе́тная) ~ Theke 3. Stehbündchen *an Kleidungsstücken*; воротни́к-~ Stehkragen
сто́йкий, -ая, -ое; *Kzf* сто́ек, стойка́!; *Komp umg* сто́йче 1. *phys, chem* stabil,

beständig 2. *übtr* standhaft, fest; widerstandsfähig

стóйло, -а *n landw* Stand, Box, Verschlag *im Stall*; Stall

стóйловый, -ая, -ое: -ое содержáние *landw* Stallhaltung

стоймя́ *Adv* aufrecht, stehend

стóйче ↑ стóйкий

сток, -а *m* 1. Abfließen 2. Abfluß, Ablauf

Стокгóльм, -а *m* Stockholm

стокрáтный, -ая, -ое *buchspr* hundertfach, hundertfältig

[1]**стол**, -á *m* 1. Tisch; пи́сьменный ~ Schreibtisch; за -óм am Tisch; bei Tisch [beim Essen]; накры́ть (на) ~ den Tisch decken; подáть на ~ (Essen) auftragen, auftischen; убрáть со -á den Tisch abräumen 2. Kost, Küche; кóмната со -óм ein Zimmer mit Verpflegung; Kost und Logis; молóчный ~ Milchdiät 3. Abteilung, Büro; ли́чный ~ Personalabteilung

[2]**стол**, -á *m hist* Thron

столб, -á *m* Säule, Pfosten, Pfahl; километрóвый ~ Kilometerstein; телегрáфный ~ Telegrafenstange; позвонóчный ~ *anat* Wirbelsäule, Rückgrat; позóрный ~ *hist* Schandpfahl, Pranger; пыль -óм Staubwolke

столбенéть, -éю, -éешь *uv umg* erstarren

столбéц, -бцá, *I* -бцóм, *G Pl* -бцóв *m typ* Spalte, Kolonne

столбня́к, -á *m* 1. *med* Starrkrampf, Tetanus 2. *umg* Erstarrung

столбовóй, -áя, -óе Säulen-, Pfosten-; -áя дорóга a) *alt* Poststraße, Hauptstraße; b) *übtr* Hauptrichtung, Generallinie ◇ ~ дворяни́н Adliger aus altem Geschlecht

столéтие, -я *n* 1. Jahrhundert 2. hundertster Jahrestag, Hundertjahrfeier; ~ со дня смéрти hundertster Todestag

столéтний, -яя, -ее hundertjährig

стóлик, -а *m* 1. *Dem zu* стол kleiner Tisch 2. *umg* Tisch *im Restaurant*

столи́ца, -ы, *I* -ей *f* Hauptstadt

столи́чный, -ая, -ое Hauptstadt-; großstädtisch

столкновéние, -я *n* 1. Zusammenstoß, Aufeinanderprallen 2. *übtr* Konflikt; Streit; Kampf

столкну́ть, -ну́, -нёшь; стóлкнутый, -ут, -а *v* 1. hinunterstoßen, abstoßen, wegstoßen 2. zusammenstoßen (lassen) 3. с *I übtr* zusammenführen (mit), in Berührung bringen (mit) || *uv* стáлкивать, -аю, -аешь

столкну́ться, -ну́сь, -нёшься *v* 1. zusammenstoßen, aufeinanderprallen; *übtr* in Konflikt geraten 2. с *I* (unerwartet) treffen; *übtr* in Berührung kommen (mit), stoßen (auf) || *uv* стáлкиваться, -аюсь, -аешься

столковáться, -ку́юсь, -ку́ешься *v umg* sich verständigen, zu einem Einverständnis kommen || *uv* **столкóвываться**, -аюсь, -аешься

столовáться, -лу́юсь, -лу́ешься *uv* in Verpflegung [Kost] sein

столóвая, -ой *Subst f* 1. Eßzimmer, Speisezimmer; ~-гости́ная Wohnzimmer 2. Speisesaal, Kantine; Speisegaststätte; студéнческая ~ Mensa

столóвка, -и, *Pl G* -вок, *D* -вкам *f volksspr abschätzig* Speisegaststätte, Speisesaal, Kantine

столóвый, -ая, -ое Tisch-, Tafel-, Eß-; -ые гóры *geol* Tafelberge

столоначáльник, -а *m alt* Bürovorsteher

с|толóчь* *v umg* zerstoßen, zerkleinern

столп, -á *m alt* Säule, Pfosten ◇ -ы óбщества [нау́ки] *alt, jetzt meist iron* Stützen der Gesellschaft [Wissenschaft]

столпи́ться, *1. u. 2. Pers ungebr*, -и́тся *v* sich ansammeln, sich zusammendrängen

столпотворéние, -я *n umg* Durcheinander, Wirrwarr

столь *Adv buchspr* so (sehr)

стóлько 1. *Adv* so viel; ebensoviel; ~ дéнег! so viel Geld!; ещё ~ же noch einmal soviel; я знáю ~, скóлько и ты ich weiß ebensoviel wie du; он изнурён не ~ рабóтой, скóлько болéзнями er ist nicht so sehr von der Arbeit als durch Krankheit erschöpft 2. *G Pl* стóльких *Pron* so viele; среди́ стóльких знакóмых unter so vielen Bekannten

стóльный, -ая, -ое: ~ гóрод [град] *alt* Hauptstadt

столя́р, -á *m* Tischler

столя́рничать, -аю, -аешь *uv* tischlern, das Tischlerhandwerk betreiben

столя́рный, -ая, -ое 1. Tischler-, Tischlerei- 2. -ая, -ой *Subst f* Tischlerei

стон, -а *m* Stöhnen, Gestöhn, Ächzen

стонáть* *uv* stöhnen, ächzen

стону́ ↑ стонáть

стоп! stopp!, halt!

[1]**стопá**, -ы́ *f* Fuß, Fußsohle; косолáпая ~ Klumpfuß ◇ идти́ по чьи́м-н. -áм in j-s Fußtapfen treten, j-s Bei-

spiel folgen; напра́вить -ы́ *hoher Stil, scherz* die Schritte lenken

²стопа́, -ы́, *Pl* сто́пы, стоп, сто́пам *f lit* Versfuß

³стопа́, -ы́, *Pl* сто́пы, стоп, сто́пам *f* 1. Stapel, Stoß 2. Ries *Papiermaß*

¹стопи́ть, стоплю́, сто́пишь; сто́пленный, -ен, -а *v volksspr* heizen

²стопи́ть, стоплю́, сто́пишь; сто́пленный, -ен, -а *v* 1. zusammenschmelzen 2. *volksspr* auslassen, zerlassen || *uv* ста́пливать, -аю, -аешь

сто́пка, -и, *Pl G* -пок, *D* -пкам *f* 1. *Dem zu* ³стопа́ (kleiner) Stoß 2. kleines Weinglas

стоп-кра́н, -а *m* Notbremse

сто́порить, -рю, -ришь *uv* stoppen, bremsen; *übtr umg* verzögern, hemmen

сто́пориться, *1. u. 2. Pers ungebr,* -ится *uv* stoppen, stehenbleiben; *übtr umg* ins Stocken geraten

стопроце́нтный, -ая, -ое hundertprozentig

стоп-сигна́л, -а *m* Brems-, Stopplicht

с|топта́ть* *v* 1. schieftreten, abtragen *von Schuhen* 2. *umg* zertreten, niedertreten || *uv* ста́птывать, -аю, -аешь

с|топта́ться*, *1. u. 2. Pers ungebr, v* schiefgetreten werden *Schuhe* || *uv* ста́птываться, -ается

сторгова́ться, -гу́юсь, -гу́ешься *v* handelseinig werden, sich einigen; *umg* sich (etw.) ausmachen, aushandeln, vereinbaren

стори́цею *Adv*: дать [возда́ть] ~ *alt u. buchspr* hundertfältig vergelten

сто́рож, -а, *I* -ем, *Pl* сторожа́, стороже́й, сторожа́м *m* Wächter, Wärter

сторожево́й, -а́я, -о́е Wächter-, Wärter-, Wacht-; -о́е охране́ние *mil* Vorposten

сторожи́ть, -жу́, -жи́шь *uv* 1. bewachen 2. auflauern, beobachten

сторо́жка, -и, *Pl G* -жек, *D* -жкам *f* Wärterhäuschen, Bahnwärterhäuschen

сторона́, -ы́, *A* сто́рону, *Pl* сто́роны, сторо́н, сторона́м *f* 1. Seite; по э́ту -у diesseits; по ту -у jenseits; с мое́й -ы́ meinerseits; с одно́й -ы́ einerseits; с друго́й -ы́ andererseits; с обе́их сторо́н beiderseits; пройти́ -о́й (seitlich) vorbeiziehen *von Wolken u. ä.*; отвести́ кого́-н. в -у j-n beiseite nehmen; отложи́ть что́-н. в -у etw. beiseite legen; уклони́ться в -у vom Thema abkommen; сверну́ть в -у abbiegen, ausweichen; сказа́ть что́-н. в -у etw. leise [zur Seite, beiseite] sagen; держа́ться в -е́ sich abseits halten; отда́ть на́ -у außer Hause geben; рабо́тать на -е́ außer Hause arbeiten; смотре́ть по -а́м sich umschauen, die Umgebung beobachten; узна́ть -о́й unter der Hand erfahren; наблюда́ть со -ы́ objektiv beobachten; получи́ть со -ы́ von außerhalb bekommen 2. Seite, Partei, Partner; брать чью́-н. -у *oder* стать на чью́-н. -у für j-n Partei ergreifen 3. Land, Gegend; чужа́я ~ Fremde ◇ шу́тки в -у Spaß beiseite; на все четы́ре -ы in alle vier Winde; моё де́ло ~ das betrifft mich nicht, das ist nicht meine Sache, mein Name ist Hase (ich weiß von nichts)

сторони́ться, -роню́сь, -ро́нишься *uv* 1. zur Seite treten [gehen]; сторони́сь! Bahn frei! 2. *G übtr* meiden, aus dem Wege gehen (j-m, einer Sache)

сторо́нник, -а *m* Anhänger, Vertreter

сторублёвка, -и, *Pl G* -вок, *D* -вкам *f umg* Hundertrubelschein

стоскова́ться, -ку́юсь, -ку́ешься *v umg* sich langweilen; schwermütig sein; sich sehnen (по *D* nach)

сточи́ть, сточу́, сто́чишь; сто́ченный, -ен, -а *v* abschleifen || *uv* ста́чивать, -аю, -аешь

сто́чный, -ая, -ое Abfluß-; -ые во́ды Abwässer

стошни́ть, -и́т *unpers, v* erbrechen, sich übergeben; меня́ стошни́ло ich mußte mich übergeben

сто́я *Adv* stehend, im Stehen

сто́ялый, -ая, -ое 1. abgestanden, fade 2.: -ая ло́шадь Pferd, das lange gestanden hat

стоя́нка, -и, *Pl G* -нок, *D* -нкам *f* 1. Aufenthalt; Aufenthaltsort 2. Haltestelle, Anlegestelle; *mil* Standort; ~ автомаши́н Parkplatz; я́корная ~ *naut* Ankergrund, Ankerplatz 3. Parken *Auto*

стоя́ть, стою́, стои́шь *uv* 1. stehen; ~ в о́череди Schlange stehen; ~ на коле́нях knien; ~ на часа́х Wache stehen; ~ на я́коре *naut* vor Anker liegen, ankern 2. (an)halten, stehenbleiben; рабо́та стои́т die Arbeit geht nicht voran 3. andauern, herrschen, sein; пого́да стоя́ла прекра́сная es war [herrschte] herrliches Wetter 4. *mil* liegen, sich aufhalten 5. за *A* eintreten (für), sich einsetzen (für) 6. *Imp* сто́й(те)! halt! ◇ ~ на чём-н. auf etw. beharren [bestehen], an etw. festhalten; ~ над чьей-н. душой j-m keine Ruhe lassen, j-n quälen, j-m nicht vom Leibe gehen

стоячий, -ая, -ее stehend, aufrecht; Steh-; -ие часы́ Standuhr

стоящий, -ая, -ее *umg* wertvoll; lohnend

стр. (страни́ца) Seite

[1]**стравить,** стравлю́, стра́вишь; стра́вленный, -ен, -а *v* aufeinanderhetzen, aufeinander loslassen ‖ *uv* стра́вливать, -аю, -аешь *u.* стравля́ть, -я́ю, -я́ешь

[2]**стравить,** стравлю́, стра́вишь; стра́вленный, -ен, -а *v landw* abweiden lassen; verfüttern ‖ *uv* стра́вливать, -аю, -аешь *u.* стравля́ть, -я́ю, -я́ешь

[1,2]**стра́вливать** *uv zu* [1,2]страви́ть

[1,2]**стравля́ть** *uv zu* [1,2]страви́ть

стра́гивать *uv zu* стро́нуть

страда́, -ы́, *Pl* стра́ды, страд, стра́дам *f* Erntearbeit; Erntezeit; *übtr* schwere [angestrengte] Arbeit, Zeit schwerer [angestrengter] Arbeit

страда́лец, -льца, *I* -льцем, *G Pl* -льцев *m* Dulder, Leidender

страда́льческий, -ая, -ое Dulder-, leidend; leidvoll

страда́ние, -я *n* Leiden, Qual

страда́тельный, -ая, -ое: ~ **зало́г** *gram* Passiv(um)

страда́ть, -а́ю, -а́ешь *uv* **1.** leiden; ~ чахо́ткой die Schwindsucht haben, an Schwindsucht leiden; ~ от головны́х бо́лей unter Kopfschmerzen leiden; ~ за свои́ убежде́ния für seine Überzeugung leiden (müssen) **2.** *umg* fehlen, nachlassen; у него́ страда́ет орфогра́фия bei ihm ist es mit der Orthographie schlecht bestellt ‖ *v* пострада́ть

стра́дный, -ая, -ое *u.* **страдно́й, -а́я,** -о́е: **-ая** пора́ Erntezeit; *übtr* Zeit schwerer [angestrengter] Arbeit

стра́жа, -и, *I* -ей *f alt* Wache ◇ быть [стоя́ть] на -е чего́-н. *oder* встать на -у чего́-н. *hoher Stil* etw. bewachen, über etw. wachen; стоя́ть на -е ми́ра *hoher Stil* auf Friedenswacht stehen; быть [содержа́ться] под -ей unter Arrest stehen, verhaftet sein; заключи́ть под -у verhaften, arretieren

стра́ивать *uv zu* строи́ть

страна́, -ы́, *Pl* стра́ны, стран, стра́нам *f* Land; Staat; развива́ющиеся стра́ны Entwicklungsländer ◇ ~ све́та Himmelsrichtung

страни́ца, -ы, *I* -ей *f* Seite, Blatt; *übtr* Etappe

стра́нник, -а *m* Wanderer; *alt* Pilger

стра́нничать, -аю, -аешь *uv umg* umherwandern, ein Wanderleben führen

стра́ннический, -ая, -ое Wander-

стра́нность, -и *f* **1.** Seltsamkeit, Ungewöhnlichkeit **2.** *meist Pl* ungewöhnliche [eigentümliche] Ansichten *oder* Gewohnheiten, Schrullen

стра́нный, -ая, -ое; *Kzf* стра́нен, странна́! seltsam, ungewöhnlich, sonderbar

странове́дение, -я *n* Landeskunde

стра́нствие, -я *n* (weite) Reise, (weite) Wanderung; *umg* lange Fahrt, langer Weg

стра́нствовать, -вую, -вуешь *uv* **1.** (umher)reisen; auf Wanderschaft sein; ein Wanderleben führen; *umg* lange fahren [laufen] **2.** *alt* pilgern, wallfahren ◇ стра́нствующий ры́царь fahrender Ritter

стра́стный [сн], -ая, -ое; *Kzf* -тен, -тна́! leidenschaftlich

[1]**страсть,** -и, *Pl* стра́сти, страсте́й, страстя́м *f* Leidenschaft

[2]**страсть,** -и, *Pl* стра́сти, страсте́й, страстя́м *f volksspr* Schrecken, Schreckliches

[3]**страсть 1.** *Adv volksspr* sehr, äußerst; мне ~ как хо́чется ich möchte schrecklich gern **2.** *prädikativ* sehr viel, stark

страте́г, -а *m* Heerführer; *übtr, hoher Stil* Stratege

страто|пла́н, -а *m* Stratosphärenflugzeug; **~ста́т,** -а *m* Stratosphärenballon; **~сфе́ра,** -ы *f* Stratosphäre

стра́ус, -а *m zool* Strauß

стра́усовый, -ая, -ое *zool* Straußen-

[1]**страх,** -а (-у) *m* **1.** Angst, Furcht, Entsetzen; *meist Pl umg* etw. Schreckliches **2.** Risiko; под -ом сме́рти bei Todesstrafe ◇ со -ом и тре́петом mit Zittern und Zagen; рабо́тать не за ~, а за со́весть gewissenhaft arbeiten; на свой ~ и риск auf eigene Faust

[2]**страх** *Adv volksspr* sehr, äußerst; она́ ~ как любопы́тна sie ist schrecklich neugierig

страх- *in Zuss Abk für* страхово́й Versicherungs-

страхка́сса, -ы *f* (ка́сса социа́льного страхова́ния) Sozialversicherungskasse

страхова́ние, -я *n* Versicherung

страхова́тель, -я *m* Versicherter, Versicherungsnehmer

страхова́ть, страху́ю, страху́ешь; страхо́ванный, -ан, -а *uv* 1. versichern, eine Versicherung eingehen; ~ от пожа́ра gegen Brand versichern, eine Brandschutzversicherung eingehen 2. *übtr* sichern, Hilfestellung leisten, schützen
страхова́ться, страху́юсь, страху́ешься *uv* 1. sich versichern; ~ от пожа́ра sich gegen Feuer versichern (lassen) 2. *übtr* sich sichern
страхо́вка, -и, *Pl G* -вок, *D* -вкам *f* 1. Versichern, Versicherung; Sichern, Sicherung 2. Versicherungsprämie 3. *umg* Versicherungsbeitrag
страхово́й, -а́я, -о́е Versicherungs-, Sozialversicherungs-
страхо́вщик, -а *m* Versicherungsanstalt
страши́лище, -а, *I* -ем *n umg* Schreckgespenst, Ungetüm
страши́ть, -шу́, -ши́шь *uv* erschrekken, Angst einjagen
страши́ться, -шу́сь, -ши́шься *uv G* sich fürchten, Angst haben (vor)
стра́шно *Adv* 1. schrecklich, fürchterlich 2. *prädikativ D*: мне ~ ich habe Angst; ему́ ста́ло ~ ihm wurde angst und bange
стра́шный, -ая, -ое; *Kzf* -шен, -шна́! schrecklich, furchtbar ◇ ~ суд *rel* das Jüngste Gericht
страща́ть, -а́ю, -а́ешь *uv alt, volksspr* erschrecken, in Schrecken versetzen
стрека́ч, -а́, *I* -о́м *m*: дать [зада́ть] -а́ *volksspr* schnell ausreißen
стрекоза́, -ы́, *Pl* стреко́зы, стреко́з, стреко́зам *f* 1. *zool* Libelle 2. *umg* Wildfang, Quecksilber *Mädchen*
стрекота́ть* *uv* zirpen; tuckern; *übtr umg* schwatzen
стрекочу́ ↑ стрекота́ть
стрела́, -ы́, *Pl* стре́лы, стрел, стре́лам *f* 1. Pfeil 2. Ausleger *am Kran oder Bagger*
стреле́ц, -льца́, *I* -льцо́м, *G Pl* -льцо́в *m hist* Strelitze, Angehöriger der zaristischen Leibwache (16.-17. Jh.)
Стреле́ц, -льца́, *I* -льцо́м *m astr* Schütze
стре́лка, -и, *Pl G* -лок, *D* -лкам *f* 1. *Dem zu* стрела́ kleiner Pfeil 2. Zeiger; ~ ко́мпаса Kompaßnadel; по часово́й -е im Uhrzeigersinn 3. Weiche
стрелко́вый, -ая, -ое Schieß-; Schützen-
стрело́й *Adv* pfeilschnell; schnurgerade
стрело́к, -лка́ *m* Schütze
стре́лочник, -а *m* Weichensteller
стре́лочный, -ая, -ое 1. Zeiger- 2. Weichen-
стрельба́, -ы́ *f* 1. Schießen, Beschießung, Feuer; ~ холосты́ми патро́нами Blindfeuer 2. *Pl* стре́льбы, стрельб, стре́льбам *mil* Übungsschießen
стре́льбище, -а, *I* -ем *n* Schießplatz
стрельну́ть, -ну́, -нёшь *v* 1. *v mom zu* стреля́ть 2. *umg* davonstürzen, ausreißen
стре́льчатый, -ая, -ое 1. *arch* Spitzbogen- 2. pfeilartig
стре́ляный, -ая, -ое *umg* 1. geschossen *Wild* 2. *übtr* kampferprobt; erfahren ◇ ~ воробе́й *oder* -ая пти́ца Routinier; alter Praktikus
стреля́ть, -я́ю, -я́ешь *uv* 1. schießen, feuern (в *A* auf) 2. erschießen, erlegen 3. *unpers umg* stechen; у меня́ стреля́ет в го́лову ich habe (stechende) Kopfschmerzen ◇ ~ глаза́ми a) spähen; b) (mit Blicken) kokettieren ‖ *v mom* стрельну́ть, -ну́, -нёшь *zu* 1 *u.* 3
стреля́ться, -я́юсь, -я́ешься *uv* 1. sich erschießen 2. *alt* sich duellieren
стремгла́в *Adv* Hals über Kopf, jählings
стреми́тельный, -ая, -ое; *Kzf* -лен, -льна sehr schnell, ungestüm, stürmisch
стреми́ться, -млю́сь, -ми́шься *uv* 1. к *D* anstreben, streben (nach), trachten (nach) 2. eilen, zustreben
стремле́ние, -я *n* Streben, Trachten; *Pl* Bestrebungen, Absichten
стремни́на, -ы *f* 1. Stelle mit starker Strömung 2. *alt, buchspr* Steilhang, steiler Abgrund
стре́мя, -мени, *Pl* стремена́, стремя́н, стремена́м *n* Steigbügel ◇ е́хать ~ в ~ nebeneinander [Seite an Seite] reiten
стремя́нка, -и, *Pl G* -нок, *D* -нкам *f* Stehleiter, kleine Leiter
стрено́живать *uv zu* стрено́жить
стрено́жить, -жу, -жишь; -женный, -жен, -а *v* fesseln, koppeln *Pferde* ‖ *uv* стрено́живать, -аю, -аешь
стречо́к, -чка́ *m*: дать [зада́ть] -чка́ *volksspr* schnell ausreißen
стригу́ ↑ стричь
стриж, -а́, *I* -о́м, *G Pl* -е́й *m zool* Uferschwalbe
стри́женый, -ая, -ое mit kurz geschnittenem Haar; geschoren; beschnitten *von Bäumen u. ä.*
стри́жка, -и, *Pl G* -жек, *D* -жкам *f* 1. Schneiden; Scheren, Schur; Ver-

schneiden *von Bäumen u. ä.* 2. Haarschnitt
стричь* *uv* schneiden; scheren; verschneiden, beschneiden *von Bäumen* ◇ ~ всех под одну́ гребёнку alle über einen Kamm scheren
стри́чься* *uv* 1. sich die Haare schneiden lassen 2. eine Frisur tragen; eine kurzgeschnittene Frisur tragen
строга́льный, -ая, -ое Hobel-
строга́ть, -а́ю, -а́ешь; стро́ганный, -ан, -а *uv* (ab)hobeln
стро́гий -ая, -ое; *Kzf* строг, -а́!; *Komp* стро́же; *Sup* строжа́йший 1. streng, rigoros; стро́го-на́строго strengstens 2. strikt, genau
стро́гость, -и *f* 1. Strenge 2. *Pl* strenge [scharfe] Maßnahmen
[1]**строево́й,** -а́я, -о́е Front-, Kampf-
[2]**строево́й,** -а́я, -о́е: ~ лес Bauholz
строе́ние, -я *n* 1. Bau, Gebäude 2. Bau, Struktur
строжа́йший ↑ стро́гий
стро́же ↑ стро́гий
строи́тель, -я *m* 1. Baumeister; Bauarbeiter; инжене́р-~ Bauingenieur 2. *übtr, hoher Stil* Erbauer, Schöpfer
строи́тельный, -ая, -ое Bau-
строи́тельство, -а *n* 1. Bauen, Errichtung; скоростно́е ~ Schnellbauweise; капита́льное ~ Investbauten; подзе́мное ~ Tiefbau; сбо́рное ~ Montagebau 2. Bau, Bauplatz 3. *übtr* Aufbau, Organisation
стро́ить, -о́ю, -о́ишь; -о́енный, -о́ен, -а *uv* 1. bauen, errichten 2. *übtr* aufbauen, schaffen 3. zusammenstellen; einrichten, organisieren 4. *mil* formieren ◇ ~ гла́зки кому́-н. j-m schöne Augen machen, mit j-m kokettieren; ~ ко́зни Ränke schmieden, intrigieren; ~ пла́ны Pläne schmieden; ~ шу́тки scherzen; ~ из себя́ дурака́ sich dumm stellen; ~ из себя́ либера́ла den Liberalen markieren ‖ *v* постро́ить
строи́ть, -ою́, -ои́шь; -оённый, -оён, -оена́ *v* verdreifachen ‖ *uv* стра́ивать, -аю, -аешь
стро́иться, -о́юсь, -о́ишься *uv* 1. sich ein Haus bauen 2. sich formieren, antreten; стро́йся! antreten!, angetreten! ‖ *v* постро́иться
строй, -я, *P* о стро́е, в строю́, *Pl* стро́и, стро́ев *u.* строёв, строя́м *m* 1. Gesellschaftsordnung, Staatsform; первобытнообщи́нный ~ Urgemeinschaft 2. *mil* Formation; Front; развёрнутым -ем in Linie; го́дный в ~ frontdiensttauglich 3. Bau, Struktur, Anlage ◇ ввести́ в ~ in Betrieb nehmen; вы́вести из -я unbrauchbar machen; *mil* außer Gefecht setzen; вы́йти из -я unbrauchbar werden; *mil* kampfunfähig werden; вы́ход из -я Ausfall
строй- *in Zuss Abk für* строи́тельный Bau-
стройдета́ли, -ей *Pl* (строи́тельные дета́ли) Bauteile
стро́йка, -и, *Pl G* стро́ек, *D* стро́йкам *f* 1. Bauen, Errichten 2. Bau, Bauplatz
стройматериа́лы, -ов *Pl* (строи́тельные материа́лы) Baumaterialien
стро́йность, -и *f* 1. Schlankheit 2. Harmonie, harmonische Gliederung, Einklang
стро́йный, -ая, -ое; *Kzf* стро́ен, стройна́! 1. schlank, ebenmäßig, gut gebaut 2. gleichmäßig [harmonisch] angeordnet; -ыми ряда́ми in Reih und Glied 3. logisch aufgebaut, folgerichtig 4. harmonisch
стройплоща́дка, -и, *Pl G* -док, *D* -дкам (строи́тельная площа́дка) Baustelle, -platz
строка́, -и́, *A* стро́ку́, *Pl* стро́ки, строк, строка́м *f* Zeile, Reihe; кра́сная ~ *typ* Alinea, Absatz ◇ не вся́кое лы́ко в -у *Sprichw* man soll nicht jedes Wort auf die Goldwaage legen [jeden Fehler anrechnen]
стро́нуть, -ну, -нешь; -нутый, -нут, -а *v umg* 1. wegrücken 2. aufschrecken *Tiere* ‖ *uv* стра́гивать, -аю, -аешь
стро́нций, -я, *P* -и *m chem* Strontium
стропи́ло, -а *n* Dachsparren; *Pl* Dachstuhl
стропти́вый, -ая, -ое; *Kzf* -и́в, -а widerspenstig, störrisch
строфа́, -ы́, *Pl* стро́фы, строф, строфа́м *f lit* Strophe
строчёный, -ая, -ое gesteppt; abgenäht
строчи́ть, -очу́, -о́чи́шь; -очённый, -очён, -ена́ *uv* 1. steppen; *umg* (auf der Nähmaschine) nähen 2. *umg* hastig schreiben; hastig sprechen 3. *umg* knattern *Maschinengewehr*
[1]**стро́чка,** -и *f* 1. Steppen 2. Steppnaht; ажу́рная ~ Ajournaht
[2]**стро́чка,** -и, *Pl G* -чек, *D* -чкам *f* Zeile; Reihe
строчно́й, -а́я, -о́е: -а́я бу́ква kleingeschriebener [kleiner] Buchstabe
струг, -а *m* Hobel
струга́ть, -а́ю, -а́ешь; стру́ганный, -ан, -а *uv umg* (ab)hobeln
стру́жка, -и, *Pl G* -жек, *D* -жкам *f*

1. Hobelspan, Metallspan 2. *Koll* Holzwolle

струи́ться, *1. u. 2. Pers ungebr,* -и́тся *uv* rinnen, rieseln; *übtr* sich ausbreiten

структу́ра, -ы *f* Struktur

струна́, -ы́, *Pl* стру́ны, струн, стру́нам *f* Saite; перебира́ть -ы (mit den Fingern) über die Saiten gleiten ◇ вы́тянуться -о́й *oder* в -у́ kerzengerade stehen; держа́ть кого́-н. в -е́ *volksspr* j-n streng halten, j-n am Gängelband haben

стру́нка, -и, *Pl G* -нок, *D* -нкам *f Dem zu* струна́ Saite ◇ вы́тянуться [стать] в -у strammstehen; по -е ходи́ть у кого́-н. [пе́ред ке́м-н.] j-m auf jeden Wink gehorchen

стру́нный, -ая, -ое: ~ инструме́нт *mus* Streichinstrument; ~ кварте́т *mus* Streichquartett

струп, -а, *Pl* стру́пья, -ьев, -ьям *m* Schorf, Grind

стру́сить, -у́шу, -у́сишь *v* Angst bekommen, es mit der Angst kriegen

струхну́ть, -ну́, -нёшь *v umg* es mit der Angst zu tun bekommen

стручко́вый, -ая, -ое Hülsen-; -ые расте́ния Hülsenfrüchte

стручо́к, -чка́, *Pl* стручки́, -о́в, -а́м *u.* стру́чья, -ьев, -ьям *m* Hülse, Schote

струя́, -и́, *Pl* стру́и, струй, стру́ям *f* 1. Strahl; ~ во́здуха *übtr* Luftzug 2. *übtr* Strömung, Richtung

стря́пать, -аю, -аешь; -анный, -ан, -а *uv umg* 1. kochen, (eine Mahlzeit) zubereiten 2. *übtr, meist iron* verfassen; (zusammen)zimmern ‖ *v* состря́пать, -аю, -аешь

стряпня́, -и́ *f umg* 1. Kochen 2. Essen, Speise 3. Schund, Schmarren

стряса́ть(ся) *uv zu* стрясти́(сь)

с|трясти́* *v* herunterschütteln, abschütteln ‖ *uv* стряса́ть, -а́ю, -а́ешь

с|трясти́сь*, *1. u. 2. Pers ungebr, v umg* geschehen, passieren, zustoßen ‖ *uv* стряса́ться, -а́ется

стря́хивать *uv zu* стряхну́ть

стряхну́ть, -ну́, -нёшь; стря́хнутый, -ут, -а *v* abschütteln, abwerfen ‖ *uv* стря́хивать, -аю, -аешь

ст. ст. (ста́рый стиль) alte Zeitrechnung *nach dem Julianischen Kalender*

студене́ть, *1. u. 2. Pers ungebr,* -е́ет *uv umg* gelieren

студени́стый, -ая, -ое; *Kzf* -и́ст, -а gallertartig

студе́нт, -а *m* Student

студе́нтка, -и, *Pl G* -ток, *D* -ткам *f* Studentin

студе́нческий, -ая, -ое Studenten-

студе́нчество, -а *n* 1. Studenten, Studentenschaft 2. Studentenzeit, Studienzeit

студёный, -ая, -ое *umg* eiskalt, eisig

сту́день, -дня *m* Sülze

студи́ец, -и́йца, *I* -и́йцем, *G Pl* -и́йцев *m* Schüler einer Kunst- oder Musikschule

студи́ть, стужу́, сту́дишь; сту́женный, -ен, -а *uv umg* kalt werden lassen

сту́дия, -и *f* 1. Studio, Atelier; телевизио́нная ~ Fernsehstudio 2. Kunstschule; Künstlerschule

сту́жа, -и, *I* -ей *f umg* Kälte, Frost

стук, -а *m* Klopfen, Pochen, Klappern; разда́лся ~ в дверь es hat (an die Tür) geklopft

сту́кать(ся) *uv zu* сту́кнуть(ся)

сту́кнуть, -ну, -нешь; -нутый, -нут, -а *v* 1. pochen, klopfen, klappern 2. schlagen, stoßen 3. *umg* (heran)kommen *bei Zeitangaben*; ему́ сту́кнуло се́мьдесят лет er ist siebzig Jahre alt, er hat das siebzigste Lebensjahr erreicht ‖ *uv* сту́кать, -аю, -аешь

сту́кнуться, -нусь, -нешься *v* sich stoßen (о *A* an) ‖ *uv* сту́каться, -аюсь, -аешься

¹стул, -а, *Pl* сту́лья, -ьев, -ьям *m* Stuhl; мя́гкий ~ Polsterstuhl

²стул, -а *m med* Stuhl(gang)

сту́па, -ы *f* Mörser

ступа́ть, -а́ю, -а́ешь *uv* 1. *uv zu* ступи́ть 1 2. gehen; тяжело́ ~ stampfen 3.: ступа́й! geh!

ступе́нчатый, -ая, -ое; *Kzf* -ат, -а stufenförmig, in Stufen

ступе́нь, -и *f* 1. Stufe 2. (*Pl* ступе́ни, ступене́й, ступеня́м) Etappe, Entwicklungsstufe

ступе́нька, -и, *Pl G* -нек, *D* -нькам *f Dem zu* ступе́нь 1. kleine Stufe; Stufe; Sprosse 2. Tritt(brett)

ступи́ть, ступлю́, сту́пишь *v* 1. schreiten, treten 2. geraten ‖ *uv* ступа́ть, -а́ю, -а́ешь *zu* 1

ступи́ца, -ы, *I* -ей *f* (Rad-) Nabe

сту́пка, -и, *Pl G* -пок, *D* -пкам *f Dem zu* сту́па (kleiner) Mörser

ступня́, -и́, *G Pl* -е́й *f* Fuß; Fußsohle

стуча́ть, -чу́, -чи́шь *uv* pochen, klopfen; ~ в дверь anklopfen, an die Tür klopfen; ~ зуба́ми mit den Zähnen klappern; у меня́ в виска́х

стучит es hämmert mir in den Schläfen
стучаться, -чусь, -чишься *uv* 1. *umg* sich stoßen (о *A* an) 2. anklopfen [an die Tür klopfen] ◇ ~ в открытую дверь offene Türen einrennen
стушеваться, -шуюсь, -шуешься *v* 1. sich verwischen; in den Hintergrund [Schatten] treten 2. *übtr umg* schüchtern werden, verlegen werden || *uv* **стушёвываться,** -аюсь, -аешься
стушить *v zu* ²тушить
стыд, -á *m* 1. Scham 2. Schande; ~ и срам Schmach und Schande
стыдить, стыжу, стыдишь *uv* 1. ins Gewissen reden, Vorwürfe machen 2. *umg* schänden, schmähen
стыдиться, стыжусь, стыдишься *uv* sich schämen, sich genieren
стыдливость, -и *f* Schamhaftigkeit, Verschämtheit
стыдливый, -ая, -ое; *Kzf* -ив, -а schüchtern, verschämt ◇ ~ кусóк Anstandshappen
стыдно *Adv* es ist eine Schande, es ist peinlich; мне ~ ich schäme mich; как вам не ~! schämen Sie sich!; ~ других es ist peinlich vor den anderen; ~ смеяться над ним es ist eine Schande, sich über ihn lustig zu machen
стыдный, -ая, -ое; *Kzf* -ден, -днá! *umg* peinlich; schändlich
стык, -а *m* 1. *tech* Fuge, Verbindungsstelle, (Schienen-)Stoß 2. Berührungspunkt; Grenze
стыну ↑ стыть
стынуть* *u.* **стыть*** *uv* kalt werden; *übtr* erkalten ◇ кровь стынет в жилах das Blut stockt in den Adern
стычка, -и, *Pl G* -чек, *D* -чкам *f* 1. *mil* Scharmützel, Geplänkel 2. *übtr* Zusammenstoß, Wortwechsel
стюардесса [дэ], -ы *f* Stewardeß
стяг, -а *m hoher Stil* Banner ◇ поднять ~ на когó-н. das Banner des Kampfes hochhalten
стягивать(ся) *uv zu* стянуть(ся)
стяжатель, -я *m* habgieriger [gewinnsüchtiger] Mensch
стяжать, -áю, -áешь; -áнный, -áн, -а *v, uv buchspr* erwerben
стянуть, стяну, стянешь; стянутый, -ут, -а *v* 1. zusammenziehen, zuschnüren 2. zusammenziehen, sammeln, vereinigen 3. herunterziehen 4. *umg* klauen, stehlen || *uv* стягивать, -аю, -аешь *zu* 1-3
стянуться, стянусь, стянешься *v* 1. sich zusammenziehen 2. *umg* sich eng schnüren [gürten] 3. sich sammeln, sich konzentrieren || *uv* стягиваться, -аюсь, -аешься
суб- *in Zuss* sub-, Sub-, unter-, Unter-
суббота, -ы *f* Sonnabend, Samstag
субботник, -а *m hist* Aufbaustunden
субпродукты, -ов *Pl* Innereien
субретка, -и, *Pl G* -ток, *D* -ткам *f theat* Soubrette
субсидировать, -рую, -руешь; -рованный, -рован, -а *v, uv* subventionieren, finanziell unterstützen
субсидия, -и *f* Subvention, finanzielle Unterstützung
субстанци(он)альный, -ая, -ое; *Kzf* -лен, -льна substanziell
субстанция, -и *f* Substanz
субстрат, -а *m* Substrat, Nährboden
субтильный, -ая, -ое; *Kzf* -лен, -льна 1. *umg* zart, schwach; gebrechlich 2. *alt* feinfühlig, subtil
субтитр, -а *m* Untertitel *Film*
субтропики, -ов *Pl* subtropisches Gebiet
субъект, -а *m* 1. *phil, gram* Subjekt 2. *umg, oft scherz* Mensch; *umg verächtl* Kreatur
субъективизм, -а *m* 1. *phil* Subjektivismus 2. *buchspr* Subjektivität
субъективный, -ая, -ое; *Kzf* -вен, -вна subjektiv, persönlich
сувенир, -а *m* Souvenir, Andenken
суверенитет, -а *m* Souveränität
суверенный, -ая, -ое *pol* souverän; -ая территория Hoheitsgebiet
суглинистый, -ая, -ое; *Kzf* -ист, -а lehmig
суглинок, -нка *m geol* Lehmboden
сугроб, -а *m* Schneewehe
сугубый, -ая, -ое; *Kzf* -уб, -а 1. außergewöhnlich; ausgesprochen 2. -о *Adv* äußerst, höchst; -о опасный höchst gefährlich; -о осторожно besonders vorsichtig
суд, -á *m* 1. Gericht; верховный ~ Oberster Gerichtshof; военно-полевой ~ Standgericht; третейский ~ Schiedsgericht; ~ присяжных Schwurgericht; подавать на когó-н. в ~ j-n verklagen; возбуждать дело в -é einen Prozeß anstrengen 2. Urteil, Richterspruch 3. Gerichtsverfahren, Verhandlung ◇ искать -á sein Recht suchen; ~ Линча Lynchjustiz; на нет и -á нет *Sprichw* wo nichts ist, hat (selbst) der Kaiser sein Recht verloren
судак, -á *m zool* Zander
Судан, -а *m* Sudan
сударыня, -и *f alt* gnädige Frau

су́дарь, -я *m alt* gnädiger Herr
суда́чить, -чу, -чишь *uv umg* klatschen, tratschen
суде́бный, -ая, -ое gerichtlich, Gerichts-, Justiz-; -ые изде́ржки Prozeßkosten; -ым поря́дком auf dem Gerichtswege
суде́йский, -ая, -ое Richter-, Schiedsrichter-
суде́йство, -а *n* Schiedsrichteramt
суди́мость, -и *f jur* Vorstrafe; он име́ет две -и er ist zweimal vorbestraft
суди́ть, сужу́, су́дишь; судя́ *uv* **1.** richten, verurteilen **2.** о *P* beurteilen, urteilen (über) **3.** *Sport* Schiedsrichter sein, ein Spiel pfeifen [leiten] **4.** (суждённый, -ён, -ена́): ему́ (не) бы́ло суждено́ es war ihm (nicht) beschieden ◇ су́дя по чему́-н. nach etw. urteilen [schließen]; ~ и ряди́ть *volksspr* rechten und richten
суди́ться, сужу́сь, су́дишься *uv* prozessieren, einen Prozeß führen
[1]**су́дно,** -а, *Pl* суда́, судо́в, суда́м *n* Schiff; ~-рефрижера́тор Kühlschiff
[2]**су́дно,** -а, *Pl G* су́ден, *D* су́днам *n* Schieber, Nachtgeschirr
судо- *in Zuss* Schiffs-
судо|ве́рфь, -и *f* Schiffswerft; **~владе́лец,** -льца, *I* -льцем, *G Pl* -льцев *m* Reeder, Schiffsbesitzer; **~води́тель,** -я *m naut* Steuermann; Lotse; **~вожде́ние,** -я *n naut* Navigation, Schiffsführung
судово́й, -а́я, -о́е Schiffs-; ~ журна́л Schiffstagebuch; -а́я кома́нда Schiffsbesatzung
судоговоре́ние, -я *n jur* Rechtsprechung
судо́к, -дка́ *m* **1.** Gewürzständer, Menage **2.** Essenträger, Menage
судомоделизм, -а *m* Schiffsmodellbau
судомо́йка, -и, *Pl G* -мо́ек, *D* -мо́йкам *f* Geschirrwäscherin
судопроизво́дство, -а *n jur* Gerichtsverfahren
судоремо́нт, -а *m* Schiffsreparatur
су́дорога, -и *f med* Krampf, Spasmus
су́дорожный, -ая, -ое; *Kzf* -жен, -жна **1.** *med* Krampf-, krampfartig, spasmatisch **2.** *übtr* verkrampft, krampfhaft
судо|строе́ние, -я *n* Schiffsbau; **~строи́тельный,** -ая, -ое: -ая верфь (Schiffs-) Werft; **~хо́дный,** -ая, -ое; *Kzf* -ден, -дна schiffbar; ~хо́дная тра́сса Schiffahrtsweg; **~хо́дство,** -а *n* Schiffahrt
судьба́, -ы́, *Pl* су́дьбы, су́деб *u. alt* судéб, су́дьбам *u. alt* судьба́м *f* Schicksal ◇ каки́ми -а́ми? wo kommst du [kommt ihr, kommen Sie] denn her?; не ~ ему́ es ist ihm nicht beschieden
судья́, -и́, *Pl* су́дьи, суде́й, су́дьям *m* **1.** Richter **2.** *Sport* Schiedsrichter, Kampfrichter; боково́й ~ *oder* ~ на ли́нии Linienrichter
суеве́рие, -я *n* Aberglaube
суеве́рный, -ая, -ое; *Kzf* -рен, -рна abergläubisch
суета́, -ы́ *f* **1.** Eile, Geschäftigkeit, Hast **2.** *alt, buchspr* Nichtigkeit
суети́ться, суечу́сь, суети́шься *uv* hasten, geschäftig hin und her eilen
суетли́вый, -ая, -ое; *Kfz* -и́в, -а hastig, geschäftig, unruhig
су́етный, -ая, -ое; *Kzf* -тен, -тна *buchspr* **1.** geschäftig, unruhig **2.** eitel, nichtig
сужа́ть(ся) *uv zu* су́зить(ся)
сужде́ние, -я *n* Urteil, Meinung, Ansicht
суже́ние, -я *n* Verengung, Verjüngung
су́женый, -ого *Subst m alt, folkl* Bräutigam
су́живать(ся) *uv zu* су́зить(ся)
су́зить, су́жу, су́зишь; су́женный, -ен, -а *v* **1.** verengen; *tech* verjüngen **2.** *übtr* verringern, einschränken ‖ *uv* сужа́ть, -а́ю, -а́ешь *u.* су́живать, -аю, -аешь
су́зиться, *1. u. 2. Pers ungebr,* -ится *v* eng [enger] werden, zusammenschrumpfen ‖ *uv* сужа́ться, -а́ется *u.* су́живаться, -ается
сук, -а́, *P* о суке́, на суку́, *Pl* су́чья, су́чьев, су́чьям *u.* суки́, суко́в, сука́м *m* Ast
су́ка, -и *f* Hündin
сукно́, -а́, *Pl* су́кна, су́кон, су́кнам *n* Tuch ◇ класть под ~ auf die lange Bank schieben; unbeachtet lassen
сукова́льня, -и, *Pl G* -лен, *D* -льням *f* Walkmühle
сукова́тый, -ая, -ое; *Kzf* -а́т, -а knorrig, astig
суко́нка, -и, *Pl G* -нок, *D* -нкам *f* Putzlappen
суко́нный, -ая, -ое Tuch- ◇ ~ язы́к hölzerne Sprache
сулема́, -ы́ *f chem* Sublimat
сули́ть, сулю́, сули́шь; сулённый, -ён, -ена́ *uv* **1.** voraussagen, verheißen **2.** *alt, volksspr* versprechen
[1]**султа́н,** -а *m* Sultan

²султáн, -а *m* Federbusch, Roßhaarbusch *als Kopfschmuck*

сумá, -ы́ *f* **1.** *alt* Tasche **2.** Bettelsack

сумасбрóд, -а *m* Tollkopf

сумасбрóдный, -ая, -ое; *Kzf* -ден, -дна unbesonnen; närrisch; toll

сумасбрóдство, -а *n* Tollheit, Narrheit

сумасшéдший, -ая, -ее **1.** wahnsinnig, geisteskrank, verrückt; ~ дом Irrenanstalt **2.** -его *Subst m* Wahnsinniger, Geisteskranker, Verrückter **3.** *übtr* unbesonnen, toll

сумасшéствие, -я *n* Wahnsinn, Verrücktheit, Unzurechnungsfähigkeit

суматóха, -и *f* Durcheinander, Panik; hastiges Hin- und Herlaufen

сумбýр, -а *m* Unklarheit; Unordnung; Durcheinander

сумбýрный, -ая, -ое; *Kzf* -рен, -рна unklar; unordentlich; verworren

сýмеречный, -ая, -ое; *Kzf* -чен, -чна dämmerig, Dämmer-; *übtr* grau, freudlos

сýмерки, -рек, -ркам *Pl* Dämmerung

умéть, -éю, -éешь *v* können, vermögen

сýмка, -и, *Pl G* -мок, *D* -мкам *f* **1.** Tasche, Handtasche; шкóльная ~ Schulranzen **2.**: сердéчная ~ *anat* Herzbeutel; сустáвная ~ *anat* Gelenkkapsel

сýмма, -ы *f* Summe; Gesamtheit; Betrag

суммáрный, -ая, -ое; *Kzf* -рен, -рна *buchspr* **1.** Gesamt- **2.** summarisch, zusammengefaßt

суммúровать, -рую, -руешь; -рованный, -рован, -а *v, uv* **1.** addieren, zusammenzählen **2.** zusammenfassen, verallgemeinern

сýмничать, -аю, -аешь *v umg, iron* kluge Reden führen

сýмочка, -и, *Pl G* -чек, *D* -чкам *f Dem zu* сýмка kleine Tasche; Handtasche

сýмрак, -а *m* Dunkelheit; Halbdunkel

сýмрачный, -ая, -ое; *Kzf* -чен, -чна **1.** dunkel, trübe **2.** *übtr* finster, düster; trostlos

сýмчатые, -ых *Subst Pl zool* Beuteltiere

сундýк, -á *m* Truhe; Koffer

сýнуть *v zu* совáть

сýнуться, -нусь, -нешься *v* **1.** *v zu* совáться **2.** *umg* hineinstecken; ~ лицóм в подýшку das Gesicht im Kissen vergraben

суп, -а (-у), *Pl* супы́, супóв, супáм *m* (klare) Suppe

суперóбложка, -и, *Pl G* -жек, *D* -жкам *f typ* Schutzumschlag

сýпесок, -ска *m u.* **сýпесь,** -и *f* sandiger Lehmboden

супесчáный, -ая, -ое: -ая пóчва sandiger Lehmboden

сýпесь ↑ сýпесок

супинáтор, -а *m* orthopädische Einlage

сýпить, сýплю, сýпишь *uv umg die Augenbrauen* zusammenziehen

сýпник, -а *m u.* **сýпница,** -ы *f* Suppenschüssel

суповóй, -áя, -óе Suppen-

сýпорóс(н)ая; *Kzf* супорóс(н)а: ~ свинья́ *landw* trächtige Sau

супрýг, -а *m* Gatte, Ehemann; *Pl* Ehepaar, Eheleute

супрýга, -и *f* Gattin, Ehefrau

супрýжеский, -ая, -ое Ehe-, Gatten-

супрýжество, -а *n* Ehe, Ehestand

сургýч, -á, *I* -óм *m* Siegellack

сурдúна, -ы *f mus* Dämpfer

сурдúнка, -и, *Pl G* -нок, *D* -нкам *f mus* Dämpfer ◇ под -у *oder* под -ой a) gedämpft, leise; b) heimlich

сурéпица, -ы, *I* -ей *f* **1.** *landw* Rübsamen, Rübsen **2.** *bot* Barbenkraut *Feldunkraut*

сурéпный, -ая, -ое: -ое мáсло Rüböl

сýрик, -а *m chem* Mennige

сурóвость, -и *f* Strenge; Rauheit

сурóвый, -ая, -ое; *Kzf* -óв, -а **1.** streng, hart, rauh **2.** Roh-, ungebleicht

сурóк, -рка́ *m zool* Murmeltier

суррогáт, -а *m* Ersatz, Surrogat

сурьмá, -ы́ *f chem* Antimon(ium)

сусáльный, -ая, -ое **1.** Blatt-, Flitter-; -ое зóлото Blattgold, Flittergold **2.** vergoldet, versilbert **3.** *Kzf* -лен, -льна *übtr* süßlich, sentimental

сýслик, -а *m zool* Zieselmaus, Zieselratte

сýсло, -а *n* Süßmost; Traubensaft

усóлить, -лю, -лишь *uv volksspr* **1.** schlürfen, langsam essen [trinken] **2.** mit Speichel oder Fett beschmutzen **3.** große Umstände machen (c *I* mit)

сустáв, -а *m anat* Gelenk

суставнóй, -áя, -óе *anat* Gelenk-

сутенёр, -а *m* Zuhälter

сýтки, -ток, -ткам *Pl* Tag und Nacht, vierundzwanzig Stunden

сýтолока, -и *f* Gedränge, Gewimmel, Durcheinander

сýточный, -ая, -ое **1.** vierundzwanzigstündig, Tages-; -ая добы́ча *berg* Tagesförderleistung **2.** -ые, -ых *Subst Pl* Tagegelder

суту́литься, -люсь, -лишься *uv* krumm gehen [sitzen], sich krümmen ‖ *v* ссуту́литься

суту́лый, -ая, -ое; *Kzf* -у́л, -а krumm, gebeugt

¹суть, -и *f* Wesen, Hauptsache ◇ по -и де́ла im Grunde genommen; в э́том ∼ darauf kommt es an

²суть *3. Pers Pl Präs zu* быть *alt* (sie) sind

сутя́жный, -ая, -ое prozeßsüchtig

суфлёр, -а *m theat* Souffleur

суфли́ровать, -рую, -руешь *uv theat* soufflieren

су́ффикс, -а *m gram* Suffix

суха́рница, -ы, *I* -ей *f* Gebäckdose, Gebäckkörbchen

суха́рь, -я́ *m* **1.** Zwieback; Stück trockenes Brot; толчёные -и́ Semmelbrösel, geriebene Semmel **2.** *umg* trockener [herzloser] Mensch

сухме́нь, -и *f* **1.** trockener [ausgetrockneter] Boden **2.** *gbt* Dürre, Trockenheit

сухове́й, -я, *G Pl* -ев *m* trockener Steppenwind

сухожи́лие, -я *n anat* Sehne

сухо́й, -а́я, -о́е; *Kzf* сух, -а́!; *Komp* су́ше **1.** trocken, ausgetrocknet, dürr; Trocken- **2.** hager, mager **3.** *übtr* trocken, unfreundlich, herzlos **4.** -а́я, -о́й *Subst f Sport umg* totale Niederlage ◇ -и́м путём auf dem Landwege, zu Lande; ∼ зако́н Antialkoholgesetz, Prohibition; вы́йти -и́м из воды́ mit heiler Haut davonkommen

сухомя́тка, -и *f umg* trockenes, kaltes Essen

сухопа́рый, -ая, -ое; *Kzf* -а́р, -а *umg* hager, sehnig

сухопу́тный, -ая, -ое Land-; -ые вооружённые си́лы *mil* Landstreitkräfte

сухосто́й, -я *m* **1.** *landw, vet* Trockenstand **2.** Dürrholz

су́хость, -и *f* **1.** Trockenheit, Dürre **2.** *übtr* Unfreundlichkeit, Herzlosigkeit

сухота́, -ы́ *f* **1.** *umg* Trockenheit **2.** *gbt* Auszehrung *Krankheit* **3.** *volksspr* Gram, Sorge

сухо́тка, -и *f med* Schwindsucht; спинна́я ∼ Rückenmarkschwindsucht

сухофру́кты, -ов *Pl* Trockenobst, getrocknete Früchte

сухоща́вый, -ая, -ое; *Kzf* -а́в, -а mager, hager

Суху́ми *m idkl* Suchumi *Stadt*

сучи́ть, сучу́, су́чишь; су́ченный, -ен, -а *uv* **1.** zwirnen **2.**: ∼ рука́ми *umg* mit den Armen rudern, zappeln; ∼ нога́ми mit den Beinen zappeln [strampeln]

сучкова́тый, -ая, -ое; *Kzf* -а́т, -а knorrig, ästig

сучо́к, -чка́ *m Dem zu* сук kleiner Ast ◇ без -чка́, без задо́ринки *oder* ни -чка́, ни задо́ринки reibungslos, einwandfrei, tadellos, glatt

су́ша, -и, *I* -ей *f* (Fest-) Land

су́ше ↑ сухо́й

сушёный, -ая, -ое getrocknet, Trokken-, Dörr-

суши́лка, -и, *Pl G* -лок, *D* -лкам *f* Trocknungsanlage, Darre; Trockenraum

суши́льня, -и, *Pl G* -лен, *D* -льням *f* Trockenkammer

суши́ть, сушу́, су́шишь; су́шенный, -ен, -а *uv* **1.** trocknen, austrocknen **2.** *übtr* entkräften, auszehren **3.** *übtr* gefühllos machen, hart(herzig) machen

суши́ться, сушу́сь, су́шишься *uv* **1.** trocknen, dörren **2.** sich trocknen lassen

су́шка, -и, *Pl G* -шек, *D* -шкам *f* **1.** Trocknen, Dörren **2.** (Dörr-) Kringel

сушь, -и *f umg* Dürre, Trockenheit

суще́ственный, -ая, -ое; *Kzf* -вен, -венна wesentlich, wichtig

существи́тельный, -ая, -ое **1.**: и́мя -ое *gram* Substantiv **2.** -ое, -ого *Subst n gram* Substantiv

¹существо́, -а́ *n* Wesen, Geschöpf

²существо́, -а́ *n* Wesen, Hauptsache; по -у́ (говоря́) im Grunde genommen

существова́ние, -я *n* Existenz, Dasein

существова́ть, -тву́ю, -тву́ешь *uv* **1.** existieren, vorhanden sein; таки́х боле́зней не существу́ет solche Krankheiten gibt es nicht **2.** existieren, leben (*I u.* на *P* von)

су́щий, -ая, -ее *umg* wahr, echt; э́то -ая пра́вда das ist die reine Wahrheit

су́щность, -и *f* Wesen, Kern; в -и (говоря́) im Grunde genommen

суэ́цкий, -ая, -ое: Суэ́цкий кана́л Suezkanal

сую́ ↑ сова́ть

суягная, ой; *Kzf* -на ~ овца *vot* trächtiges Schaf

сфабриковать *v zu* фабриковать

сфальцевать *v zu* фальцевать

сфальшивить *v zu* фальшивить

сфантазировать *v zu* фантазировать

сфера, -ы *f* Sphäre; Bereich; Milieu; быть в своей -е in seinem Element sein

сферический, -ая, -ое sphärisch

сфинкс, -а *m* Sphinx

сфискалить *v zu* фискалить

сфокусничать *v zu* фокусничать

сформировать, -рую, -руешь; -рованный, -рован, -а *v* 1. formen, (aus)bilden, prägen 2. organisieren, formieren, zusammenstellen || *uv* **сформировывать,** -аю, -аешь

сформироваться, -руюсь, -руешься *v* sich formieren, sich entwickeln || *uv* **сформировываться,** -аюсь, -аешься

сформовать, -мую, -муешь; -мованный, -мован, -а *v* 1. *v zu* формовать 2. formen, modellieren

сформулировать, -рую, -руешь; -рованный, -рован, -а *v* formulieren, präzise ausdrücken

сфотографировать(ся) *v zu* фотографировать(ся)

с. х. (сельское хозяйство) Landwirtschaft

с.-х. (сельскохозяйственный) landwirtschaftlich

схватить, -ачу, -атишь; -аченный, -ачен, -а *v* 1. (er)greifen, fassen, packen 2. *umg* sich eine Krankheit holen [zuziehen] 3. *übtr umg* erfassen, begreifen 4. zusammenhalten, befestigen || *uv* схватывать, -аю, -аешь

схватиться, -ачусь, -атишься *v* за *A* 1. greifen (nach); *übtr* sich klammern (an) 2. aneinandergeraten; handgemein werden 3. *umg* sich plötzlich erinnern 4. fest werden *von Bindemitteln* ◇ ~ за голову sich die Haare raufen || *uv* схватываться, -аюсь, -аешься

схватка, -и, *Pl G* -ток, *D* -ткам *f* 1. Handgemenge; Gefecht; Streit; *Sport* (Wett-) Kampf 2. *Pl med* Krämpfe; родовые -и Wehen

схватывать(ся) *uv zu* схватить(ся)

схема, -ы *f* 1. Schema; Skizze; Übersicht; Plan 2. Schablone, Simplifizierung 3. *el* Schaltbild, Schaltung; печатная ~ *rad* gedruckte Schaltung

схематизировать, -рую, -руешь; -рованный, -рован, -а *v, uv* schematisieren, schematisch darstellen

схематический, -ая, -ое 1. schematisch, skizziert 2. (übersichtlich) zusammengefaßt 3. schematisch, simplifiziert

схематичный, -ая, -ое; *Kzf* -чен, -чна 1. (übersichtlich) zusammengefaßt 2. schematisch, schablonenhaft

схизма, -ы *f rel, hist* Schisma, Kirchenspaltung

схима, -ы *f rel* Askese

схитрить, -рю, -ришь *v* zu einer List greifen

схлынуть, *1. u. 2. Pers ungebr*, -нет *v* 1. zurückfluten; *übtr* zurückströmen 2. *übtr* nachlassen, verschwinden *von Schmerzen*

сход, -а *m* 1. Abstieg 2. *alt* Bauernversammlung

[1]**сходить,** -ожу, -одишь *uv* 1. *uv zu* сойти 2.: не ~ nicht aufstehen; nicht verschwinden

[2]**сходить,** -ожу, -одишь *v* 1. (hin)gehen (und wieder zurückkehren) 2. *umg* austreten, seine Notdurft verrichten

сходиться *uv zu* сойтись

сходка, -и, *PlG* -док, *D* -дкам *f alt* Zusammenkunft, Versammlung

сходни *Pl* -ей, *Sg* сходня, -и *f* (Lauf-) Steg

сходный, -ая, -ое; *Kzf* -ден, -дна! 1. ähnlich; übereinstimmend 2. *umg* annehmbar, günstig

сходство, -а *n* Ähnlichkeit; Übereinstimmung

схожий, -ая, -ее; *Kzf* схож, -а, -е *umg* ähnlich

схоластика, -и *f* 1. *phil* Scholastik 2. *übtr* Wortklauberei, Spitzfindigkeit

схоластический, -ая, -ое 1. *phil* scholastisch 2. *übtr* spitzfindig, formal

схоластичный, -ая, -ое; *Kzf* -чен, -чна *übtr* spitzfindig, formal

[1]**схоронить,** -оню, -онишь; -оненный, -онен, -а *v umg* beerdigen, begraben

[2]**схоронить** *v zu* [2]хоронить

схорониться *v zu* хорониться

сцапать, -аю, -аешь; -анный, -ан, -а *v volksspr* 1. (er)greifen, packen 2. fassen, erwischen

сцарапать, -аю, -аешь; -анный, -ан, -а *v* abkratzen || *uv* **сцарапывать,** -аю, -аешь

сцедить, сцежу, сцедишь; сцеженный, -ен, -а *v* abgießen || *uv* **сцеживать,** -аю, -аешь

сцéна, -ы *f* 1. *theat* Bühne 2. *lit* Szene, Auftritt 3. *lit* Episode 4. *umg* Szene, Auseinandersetzung, Streit; устрóить комý-н. -у j-m eine Szene machen
сценáрий, -я, *P* -и, *G Pl* -ев *m* Drehbuch
сценарúст, -а *m* Drehbuchautor
сценúческий, -ая, -ое Bühnen-
сценúчный, -ая, -ое; *Kzf* -чен, -чна Bühnen-, für die Bühne geeignet; bühnenwirksam
сцеп, -а *m* 1. Einkuppeln 2. Kupplung 3. Wagenzug; *landw* mehrere aneinandergekoppelte Maschinen
сцепúть, сцеплю́, сцéпишь; сцéпленный, -ен, -а *v* aneinanderhaken, kuppeln ‖ *uv* сцепля́ть, -я́ю, -я́ешь
сцепúться, сцеплю́сь, сцéпишься *v* 1. sich einkuppeln, sich festhaken 2. *umg* aneinandergeraten, sich in die Haare kriegen ‖ *uv* сцепля́ться, -я́юсь, -я́ешься
сцéпка, -и, *Pl G* -пок, *D* -пкам *f* 1. Einkuppeln 2. (Anhänge-) Kupplung; гúбкая ~ Abschleppseil; жёсткая ~ Abschleppstange 3. Wagenzug; *landw* mehrere aneinandergekoppelte Maschinen
сцеплéние, -я *n* 1. Einkuppeln 2. Kupplung 3. *phys* Kohäsion 4. *übtr* Verkettung
сцепля́ть(ся) *uv zu* сцепúть(ся)
с. ч. (сегó числá) heutigen Datums
счастлúвец, -вца, *I* -вцем, *G Pl* -вцев *m* Glückspilz, glücklicher Mensch
счастлúвый, -ая, -ое; *Kzf* -úв, -а glücklich; vom Glück begünstigt ◇ -ого путú! glückliche Reise!
счáстье, -ья *n* Glück; к -ью *oder* на ~ *oder* по -ью zum Glück, glücklicherweise
счéрпать, -аю, -аешь; -анный, -ан, -а *v A oder G umg* abschöpfen ‖ *uv* **счéрпывать,** -аю, -аешь
счертúть, счерчý, счéртишь; счéрченный, -ен, -а *v umg tech* abzeichnen, kopieren ‖ *uv* **счéрчивать,** -аю, -аешь
с|чесáть* *v* 1. *umg* zur Seite kämmen [frisieren], zusammenkämmen 2. auskämmen 3. *landw* hecheln ‖ *uv* счёсывать, -аю, -аешь
счесть* *v* 1. *v zu* [1]считáть 2. *übtr, hoher Stil* ermessen
счéсться *v zu* считáться
счёсывать *uv zu* счесáть
счёт, -а (-у), *P* о счёте, на счетý, *Pl* счетá, счетóв, счетáм *m* 1. Zählen, Rechnen; ýстный ~ Kopfrechnen 2. Rechnung 3. Konto; текýщий ~ Kontokorrent 4. *Sport* Ergebnis; рáвный [рóвный] ~ Punktgleichheit ◇ без -у *oder* -у нет zahllos; в два -а im Nu, im Handumdrehen; в конéчном -е letzten Endes; за ~ auf Kosten; durch; на э́тот ~ diesbezüglich, in dieser Hinsicht; быть на хорóшем -ý у когó-н. bei j-m gut angeschrieben sein; покóнчить счёты с кéм-н. mit j-m Schluß machen, sich von j-m trennen; сбрóсить когó-н. со -а [счетóв] j-n nicht mehr berücksichtigen, j-n streichen; свестú счёты с кéм-н. mit j-m abrechnen; я дóлжен свестú с ним счёты ich habe noch ein Hühnchen mit ihm zu rupfen; э́то скáзано на мой ~ das ist auf mich gemünzt
счётный, -ая, -ое 1. Rechen-; -ая линéйка Rechenschieber 2. Buchführungs-; -ое дéло [-ая часть] Buchführung
счето|вóд, -а *m* Rechnungsführer; **~вóдство,** -а *n* Rechnungsführung, Buchführung; Rechnungswesen
счётчик, -а *m* 1. Zähler; электрúческий ~ Stromzähler; гáзовый ~ Gasuhr 2. Zähler *bei Volkszählungen u. a.*; ~ Гéйгера-Мю́ллера Geigerzähler
счёты, -ов *Pl* Rechenbrett
счислéние, -я *n math* Rechnen, Zählen
счúстить, счúщу, счúстишь; счúщенный, -ен, -а *v* abputzen, reinigen; schälen ‖ *uv* счищáть, -áю, -áешь
счúститься, *1. u. 2. Pers ungebr*, -ится *v* abgehen, sich abputzen [abkratzen] lassen ‖ *uv* счищáться, -áется
считáлка, -и, *Pl G* -лок, *D* -лкам *f* Abzählreim
[1]**считáть,** -áю, -áешь; счúтанный, -ан, -а *uv* 1. (zusammen)zählen, (zusammen)rechnen; не считáя нóвых студéнтов die neuen Studenten ausgenommen [nicht eingerechnet] 2. *I oder* за *A* halten (für), betrachten (als); ~ что der Ansicht sein, daß; мы считáем егó велúким учёным wir halten ihn für einen großen Gelehrten; мы считáем, что он успéшно закóнчил рабóту wir sind der Ansicht, daß er die Arbeit erfolgreich beendet hat ‖ *v* сосчитáть *zu* 1 *u.* счесть* *zu* 2
[2]**считáть,** -áю, -áешь; счúтанный, -ан, -а *v* vergleichen, kollationieren ‖ *uv* счúтывать, -аю, -аешь

счита́ться, -а́юсь, -а́ешься *uv* 1. *umg* abrechnen, Geldangelegenheiten erledigen 2. c *I* berücksichtigen, Rücksicht nehmen (auf); achten; rechnen (mit) 3. *I* gelten (als), gehalten werden (für); он счита́ется вели́ким учёным er gilt als großer Gelehrter; счита́ется, что es wird angenommen, daß ◇ э́то не счита́ется das zählt nicht mit, das gilt nicht || *v* сосчита́ться *zu* 1 *u.* счéсться* *zu* 1

счи́тка, -и, *Pl G* -ток, *D* -ткам *f* 1. (Text-) Vergleich 2. *theat* Leseprobe

счи́тывать *uv zu* [2]счита́ть

счища́ть(ся) *uv zu* счи́стить(ся)

США (Соединённые Шта́ты Аме́рики) USA

сшиба́ть(ся) *uv zu* сшиби́ть(ся)

с|шиби́ть* *v umg* 1. umstoßen, umwerfen, herunterstoßen; ~ кого́-н. с ног j-n über den Haufen rennen 2. zusammenstoßen || *uv* сшиба́ть, -а́ю, -а́ешь

с|шиби́ться* *v umg* 1. zusammenstoßen 2. Kampf [Streit] beginnen || *uv* сшиба́ться, -а́юсь, -а́ешься

сшива́ть *uv zu* сшить

сши́вка, -и, *Pl G* -вок, *D* -вкам *f* 1. Zusammennähen 2. Verbindungsstelle, Naht

с|шить*, сошью́ *v* 1. zusammennähen, nähen 2. verbinden, zusammenfügen || *uv* сшива́ть, -а́ю, -а́ешь

съеда́ть *uv zu* съесть

съеде́ние, -я *n*: отда́ть на ~ a) zum Fraße vorwerfen; b) (auf Gnade oder Ungnade) ausliefern

съедо́бный, -ая, -ое; *Kzf* -бен, -бна eßbar

съёживаться *uv zu* съёжиться

съёжиться, -жусь, -жишься *v* sich zusammenziehen, zusammenschrumpfen; sich zusammenrollen || *uv* съёживаться, -аюсь, -аешься

съезд, -а *m* 1. Kongreß; ~ па́ртии Parteitag 2. Eintreffen, Zusammenkommen 3. Abfahrt

съе́здить, съе́зжу, съе́здишь *v* (hin)fahren (und wieder zurückkehren)

съезжа́ть(ся) *uv zu* съе́хать(ся)

съе́зжая, -ей *Subst f hist* Arrestraum

съёмка, -и, *Pl G* -мок, *D* -мкам *f* 1. Abnehmen, Entfernen 2. Ernten 3. Mieten 4. Aufnahme, Photo; -и фи́льма Dreharbeiten, Filmaufnahmen; ускóренная ~ Zeitlupenaufnahme; заме́дленная ~ Zeitrafferaufnahme; дета́льная ~ Nah-, Großaufnahme; нату́рная ~ Außenaufnahme 5. Aufnahme, Vermessung

съёмный, -ая, -ое 1. abnehmbar, entfernbar 2. *landw* reif *Obst*

съёмочный, -ая, -ое 1. (Film-) Aufnahme-, Dreh-; ~ коллекти́в Aufnahmestab 2. Vermessungs-

съёмщик, -а *m* Mieter; отве́тственный ~ (Haupt-)Mieter, Wohnungsinhaber

съёмщица, -ы, *I* -ей *f* Mieterin

съестно́й [сн], -а́я, -óе 1. Lebensmittel-, Eß- 2. -óе, -óго *Subst n* Lebensmittel, Essen, etwas Eßbares

съ|есть* *v* essen, verzehren; *übtr* verschlingen ◇ ~ пилю́лю die Pille schlucken, die Beleidigung hinnehmen; на э́том он соба́ку съел darauf versteht er sich || *uv* съеда́ть, -а́ю, -а́ешь

съ|е́хать* *v* 1. hinunterfahren, herunterfahren 2. einbiegen 3. *umg* ausziehen, übersiedeln; ~ с кварти́ры aus der Wohnung ausziehen 4. *umg* herunterrutschen, herabgleiten ◇ ~ на бе́рег *naut* an Land gehen || *uv* съезжа́ть, -а́ю, -а́ешь

съ|е́хаться* *v* von allen Seiten angereist [angefahren] kommen; zusammenkommen (c *I* mit) || *uv* съезжа́ться, -а́юсь, -а́ешься

съехи́дничать, -аю, -аешь *v umg* boshafte Reden führen

съязви́ть, -влю́, -ви́шь *v umg* höhnische [gehässige] Reden führen

сыворотка, -и, *Pl G* -ток, *D* -ткам *f* 1. Molke 2. *biol, med* Serum

сы́гранность, -и *f* Zusammenspiel

сы́гранный, -ая, -ое (gut aufeinander) eingespielt

сыгра́ть, -а́ю, -а́ешь; сы́гранный, -ан, -а *v* 1. spielen; ~ в волейбо́л Volleyball spielen; ~ на скри́пке Geige spielen; ~ пе́шкой einen Zug mit einem Bauern machen *beim Schachspiel* 2. *theat* aufführen ◇ ~ шу́тку einen (bösen) Streich spielen

сыгра́ться, -а́юсь, -а́ешься *v* sich (aufeinander) einspielen || *uv* сы́грываться, -аюсь, -аешься

сы́гровка, -и, *Pl G* -вок, *D* -вкам *f mus* Orchesterprobe

сы́грываться *uv zu* сыгра́ться

сызмала *Adv volksspr* von klein auf, von Kindesbeinen an

сызнова *Adv umg* von neuem, wieder

сымпровизи́ровать *v zu* импровизи́ровать

сын, -а, *Pl* сыновья́, сыновéй, сыновья́м *m* **1.** Sohn **2.** *Pl meist* сыны́, сынóв, сына́м *übtr, buchspr* Sohn, Mensch; ~ революции ein Sohn der Revolution; ~ своегó врéмени ein Kind seiner Zeit
сыни́шка, -и, *Pl G* -шек, *D* -шкам *m Dem zärtl zu* сын (kleiner) Sohn
сынóвний, -яя, -ее Sohnes-
сынóк, -нка́ *m umg Dem zärtl zu* сын (kleiner) Sohn; mein Sohn *Anrede an einen jungen Mann*; ма́менькин ~ Muttersöhnchen
сы́пать* *uv* **1.** schütten, streuen; verschütten **2.** *übtr* überschütten; um sich werfen (*I* mit) **3.** *umg* schnell [pausenlos] sprechen; ~ вопрóсами Fragen hervorsprudeln
сы́паться*, *1. u. 2. Pers ungebr, uv* **1.** herabrieseln, herunterrieseln, -fallen; herunterrollen; штукату́рка сы́плется der Putz bröckelt ab **2.** stieben **3.** *übtr* niederprasseln, hageln, regnen; упрёки сы́пались гра́дом es hagelte Vorwürfe **4.** *umg* ausfransen; verschleißen
сы́плю ↑ сы́пать
сыпнóй, -а́я, -óе: ~ тиф *med* Flecktyphus
сыпу́чий, -ая, -ее; *Kzf* -у́ч, -а **1.** Streu-, Flug- **2.**: мéры -их тел Hohlmaße; ~ груз Schüttgut
сыпь, -и *f med* Ausschlag
сыр, -а (-у), *Pl* сыры́, сырóв, сыра́м *m* Käse ◇ как ~ в ма́сле ката́ться wie die Made im Speck leben
сыр-бóр: из-за э́того ~ загорéлся das war die Ursache von allem, da kam es her
Сыр-Дарья́, -ьи́ *f* Syr-Darja *Fluß*
сырéть, -éю, -éешь *uv* feucht werden; стéны сырéют die Wände schwitzen
сырéц, -рца́, *I* -рцóм, *G Pl* -рцóв *m* Halbfabrikat; кирпи́ч-~ ungebrannter Ziegelstein; шёлк-~ Rohseide
сы́рник, -а *m* (kleiner) Quarkpfannkuchen
сы́рный, -ая, -ое Käse-
сыроварéние, -я *n* Käsezubereitung
сырова́рня, -и, *Pl G* -рен, *D* -рням *f* Käserei
сыроéжка, -и, *Pl G* -жек, *D* -жкам *f bot* Täubling
сырóй, -а́я, -óе; *Kzf* сыр, -а́! **1.** feucht **2.** roh, ungekocht; nicht gar gekocht, nicht ausgebacken **3.** roh, unbearbeitet, unfertig **4.** *umg* korpulent, feist
сы́рость, -и *f* Feuchtigkeit
сырьё, -ья́ *n* Rohstoff, Rohmaterial
сырьевóй, -а́я, -óе Rohstoff-
сыск, -а *m alt* Fahndung; Spitzeldienst
с|ыска́ть* *v* **1.** *umg* finden **2.** *alt* ausfindig machen; j-m auf die Spur kommen ‖ *uv* **сы́скивать,** -аю, -аешь
сыскнóй, -а́я, -óе Fahndungs-; -а́я поли́ция *hist* Kriminalpolizei
сы́тный, -ая, -ое; *Kzf* -тен, -тна́! sättigend, nahrhaft; reichlich
сы́тый, -ая, -ое; *Kzf* сыт, -а́! satt; *umg* wohlgenährt
сыч, -а́, *I* -óм, *G Pl* -éй *m zool* Kauz, Käuzchen
сычу́г, -а́ *m vet* Labmagen
сы́щик, -а *m* Detektiv, Geheimpolizist
сыщу́ ↑ сыска́ть
СЭВ [сеф] (Совéт экономи́ческой взаимопóмощи) Rat für gegenseitige Wirtschaftshilfe, RGW
сэконóмить *v zu* эконóмить
сюда́ *Adv* hierher; туда́ и ~ hin und her
сюжéт, -а *m lit* Sujet, Stoff, Fabel
сюжéтный, -ая, -ое **1.** Sujet-, Stoff- **2.** *Kzf* -тен, -тна: ~ фильм Film mit einer interessanten Handlung [Fabel]
сюи́та, -ы *f mus* Suite
сюрпри́з, -а *m* Überraschung
сюрпри́зный, -ая, -ое: -ая корóбка Geschenkpackung
сюрту́к, -а́ *m* Gehrock
сюсю́кать, -аю, -аешь *uv umg* lispeln
ся́ду ↑ сесть
сяк *Adv*: и так и ~ *umg* a) so oder so, wie Sie wollen; b) erträglich, leidlich
сям *Adv*: там и ~ *oder* там-~ hier und dort; ни там, ни ~ nirgends; то там, то ~ bald hier, bald dort

Т

т (тóнна) t (Tonne)
т. (това́рищ; том) Genosse, Genossin, Kollege, Kollegin; Band *Buch*
та ↑ тот
таба́к, -а́ (-у́), *Pl* (*zur Bezeichnung von Sorten*) табаки́, -óв, -а́м *m* Tabak;

курительный ~ Rauchtabak; жевательный ~ Kautabak; нюхательный ~ Schnupftabak; нюхать ~ Tabak schnupfen
табакерка, -и, *Pl G* -рок, *D* -ркам *f* Tabak(s)dose
табаководство *n* Tabakbau
табанить, -ню, -нишь *uv naut* streichen, rückwärts rudern
табачник, -а *m* **1.** Arbeiter in einer Tabakfabrik **2.** *volkssprr* Tabakraucher, Tabakschnupfer
табачный, -ая, -ое Tabak-; -ая фабрика Tabakfabrik; -ого цвета tabakfarben
табель, -я *m* **1.** Verzeichnis, Liste; ~ о рангах *hist* Rangliste, Rangtafel **2.** Kontrolltafel *für das Kommen und Gehen der einzelnen Arbeiter und Angestellten* **3.** Kontrollmarke **4.** Schulzeugnis; Zeugnisheft
табельный, -ая, -ое planmäßig; табельная доска Kontrolltafel
табельщик, -а *m* Kontrolleur, der eine Kontrolltafel überwacht
таблетка, -и, *Pl G* -ток, *D* -ткам *f* Tablette
таблица, -ы, *I* -ей *f* Tafel, Tabelle; ~ умножения Einmaleins(tafel); ~ логарифмов Logarithmentafel; ~ выигрышей Gewinnliste
табличный, -ая, -ое tabellarisch
табор, -а *m* **1.** Lager; Zigeunerlager; Nomadenlager; расположиться -ом ein Lager aufschlagen **2.** *hist* Feldlager
табу *n idkl* Tabu; подвергать [накладывать] ~ mit Tabu belegen
табун, -á *m* Herde *von Pferden, Renen u. ä.*
табунщик, -а *m* Hirt, Pferdehirt
табурет, -а *m* Hocker, Schemel
табуретка, -и, *Pl G* -ток, *D* -ткам *f* Hocker, Schemel
таверна, -ы, *G Pl* -верн *f* Taverne, Schenke
таволга, -и *f bot* Spier(strauch)
тавреный, -ая, -ое mit einem Brandmal versehen; gezeichnet
таврить, -рю, -ришь; -рённый, -рён, -рена *uv A einem Tier* ein Erkennungszeichen einbrennen
тавро, -á, *Pl* тавра, тавр, таврам *n* Brandmal, Stempel *bei Tieren*
тавровый, -ая, -ое: ~ знак eingebranntes Zeichen *bei Tieren*; -ое железо T-Eisen
тавтология, -и *f* Tautologie
таган, -á *m* Feuerbock, Dreifuß
Таганрог, -а *m* Taganrog *Stadt*
таджик, -а *m* Tadshike
Таджикистан, -а *m* Tadshikistan
таджикский, -ая, -ое tadshikisch; Таджикская Советская Социалистическая Республика Tadshikische Sozialistische Sowjetrepublik
таджичка, -и, *Pl G* -чек, *D* -чкам *f* Tadshikin
таёжник, -а *m* Taigabewohner
таёжный, -ая, -ое Taiga-
[1]таз, -а, *P* о тазе, в тазу, *Pl* тазы, -ов, -ам *m* Becken, Schüssel, Waschbecken
[2]таз, -а, *P* в тазе *u.* в тазу, *Pl* тазы, -ов, -ам *m anat* Becken
тазобедренный, -ая, -ое *anat* Hüft(bein)-; ~ сустав Hüftgelenk
тазовый, -ая, -ое *anat* Becken-; -ая полость Beckenhöhle
Таиланд, -а *m* Thailand
таиландец, -дца, *I* -дцем, *G Pl* -дцев *m* Thailänder
таиландка, -и, *Pl G* -док, *D* -дкам *f* Thailänderin
таинственный, -ая, -ое; *Kzf* -ен, -енна **1.** geheimnisvoll, rätselhaft **2.** geheim
таинство, -а *n rel* Sakrament
Таити *m idkl* Tahiti
таить, таю, таишь *uv* verheimlichen, geheimhalten, verbergen, verhehlen; ~ злобу против кого-н. Haß gegen j-n hegen; ~ в себе опасность eine Gefahr in sich bergen ◇ нечего греха ~ *umg* offen gestanden
таиться, таюсь, таишься *uv* sich verbergen, sich verstecken; (vor j-m etw.) verheimlichen ◇ в нём таится злоба er ist wütend (ohne es zu zeigen)
Тайвань, -я *m* Taiwan
тайга, -й *f* Taiga, sibirischer Urwald
тайком *Adv* heimlich, im geheimen; im stillen, in aller Stille; он сделал это ~ от меня er tat es hinter meinem Rücken
тайм, -а *m Sport* Halbzeit
таймер, -а *m* Zeitrelais
Таймыр, -а *m* Taimyrhalbinsel
тайна, -ы *f* Geheimnis; сохранять -у ein Geheimnis wahren; держать в -е geheimhalten; посвящать кого-н. в -у j-n in ein Geheimnis einweihen; выдать -у ein Geheimnis verraten
тайник, -á *m* Versteck, Schlupfwinkel, Geheimgang; Geheimfach ◇ в -ах души [сердца] im Innersten [verborgensten Winkel] des Herzens

тáйнопись, -и *f* Geheimschrift, Kryptographie
тáйный, -ая, -ое geheim; heimlich; Geheim-; ~ совéтник Geheimrat; -ая надéжда verborgene Hoffnung; -ым голосовáнием in geheimer Abstimmung
тайфýн, -а *m* Taifun
так 1. *Adv* so, auf diese Weise; дéло обстоит так so steht die Sache; так емý и нáдо das geschieht ihm recht **2.** *Adv* so, dermaßen; он так изменился, что ... er hat sich dermaßen verändert, daß ...; бýдьте так добры́ seien Sie so gut, wollen Sie bitte so gut sein **3.** *Konj* so, also, dann; ты не пойдёшь, так я пойдý gehst du nicht, so gehe ich; не тут, так там wenn nicht hier, dann dort **4.** *Part* ja, freilich; именно так freilich, ganz so; не так ли? nicht wahr?; так тóчно! *mil* jawohl, zu Befehl! ◇ так сказáть sozusagen; так или инáче sowieso, so oder so; так называéмый sogenannt; здесь что́-то не так hier stimmt etwas nicht; как так? wieso?, wie ist es möglich?; так напримéр so, zum Beispiel; и так и сяк auf jede mögliche Weise; он э́то (прóсто) так сказáл er hat es nur so [ohne Hintergedanken] gesagt; что с тобóй? — так, ничегó was ist mit dir? — nichts Besonderes; и так дáлее und so weiter; тáк-таки *oder* так и doch, wirklich, trotz alle(de)m; так и быть gut, meinetwegen; он и так ужé бóлен er ist ohnehin schon krank; так себé *umg* einigermaßen, mäßig, (so) ziemlich, soso lala; как бы не так! warum nicht gar!, das fehlte nur noch!; так-то так, но ... das stimmt ja, aber ...; так как da, weil
[1]**тáкать,** -аю, -аешь *uv volksspr* als Antwort „так" sagen
[2]**тáкать,** *1. u. 2. Pers ungebr*, -ает *uv umg* tacken, knattern
такелáж, -а, *I* -ем, *G Pl* -ей *m* Takelwerk, Takelage, Takelung
такелáжный, -ая, -ое Takel-
тáкже *Adv u. Konj* auch, gleichfalls, ebenfalls
-таки́ *Part* doch, dennoch; schon; он-~ пришёл er ist doch gekommen; опя́ть-~ wiederum
такóв, -á, -ó *Pron in prädikativer Funktion* so; so einer, solch einer; -ó нáше мнéние das ist unsere Meinung; все они́ -ы́ so sind sie alle ◇ и был ~ *umg* und weg war er; er war auf und davon
таковóй, -áя, -óе *Pron alt* ein solcher, dieser; как ~ als solcher
такóвский, -ая, -ое *Pron volksspr* solch einer, so einer ◇ не ~ он человéк er hat nicht das Zeug dazu; dessen ist er nicht fähig
такóй, -áя, -óе **1.** *Dem Pron* solcher, solch ein, so ein; ~ рабóтник solch ein Arbeiter; в такóм слýчае in diesem Falle; ~ же сáмый *oder* тóчно ~ же genau derselbe **2.** *Deter Pron* so, so sehr; он ~ ýмный er ist so klug [gescheit]; ~ же большóй, как ... ebenso groß, wie ... **3.** *Indef Pron* ein gewisser, bestimmter; ~-то товáрищ ein gewisser Genosse; в ~-то час zu der und der Stunde ◇ кто ~? wer ist das?; что такóе? was gibt's?, was ist los?, was ist geschehen?; таки́м óбразом auf diese Weise; до ~ стéпени dermaßen; что же тут такóго? was ist denn hier schon dabei?
такóй-сякóй, такáя-сякáя, такóе-сякóе *Deter Pron umg* so einer *im negativen Sinne*; ах, ~! ach, das ist einer!
такóй-то *Indef Pron* der und der, ein bestimmter, ein gewisser
[1]**тáкса,** -ы *f* Taxe, Gebühr
[2]**тáкса,** -ы *f* Dackel, Dachshund
таксáтор, -а *m* Taxator, Abschätzer
таксáция, -и *f* **1.** Taxierung **2.** Waldabschätzung; Ernteabschätzung
такси́ *n idkl* Taxi, Autodroschke
такси́ровать, -рую, -руешь; -рованный, -рован, -а *v, uv* taxieren, abschätzen
таксист, -а *m umg* Taxifahrer
таксомотóр, -а *m* Taxi
таксофóн, -а *m* Münzfernsprecher
так-сяк *prädikativ* leidlich, erträglich
[1]**такт,** -а *m mus* Takt; держáть ~ den Takt halten, im Takt bleiben; отбивáть ~ den Takt schlagen; сби́ться с -а aus dem Takt kommen
[2]**такт,** -а *m* Takt, Feingefühl
тáк-таки *Part umg* dennoch, doch; trotz alledem
тáктик, -а *m* Taktiker
тáктика, -и *f* Taktik, Kampfweise
такти́ческий, -ая, -ое taktisch
такти́чность, -и *f* Taktgefühl, Feingefühl, Feinfühligkeit
такти́чный, -ая, -ое; *Kzf* -чен, -чна taktvoll, feinfühlig
талáнт, -а *m* Talent, Begabung

талáнтливый, -ая, -ое; *Kzf* -ив, -а talentiert, begabt
тáлер, -а *m* Taler *Münze*
тáли, -ей *Pl naut* Flaschenzug, Talje
тáлия, -и *f* Taille; обнять за -ю um die Taille fassen; в -ю auf Taille
Тáллин, -а *m* Tallinn
талмýд, -а *m* Talmud
талóн, -а *m* Kontrollabschnitt, Talon, Kupon; Bezugschein
тáлый, -ая, -ое aufgetaut, geschmolzen; ~ снег Schneewasser
тальк, -а *m min* Talk, Talkum
тáльковый, -ая, -ое Talk-; ~ слáнец *min* Talkstein, Talkschiefer
тáльма, -ы *f alt* Überwurf, langer Umhang
тальнúк, -á *m bot* Purpurweide
там 1. *Adv* dort, da; там и сям überall; там же ebenda **2.** *Adv* dann; там вúдно бýдет, что дéлать dann werden wir (schon) sehen, was zu tun ist **3.** *Part umg*: берú, чегó там! nimm, genier dich nicht!
Тамáра, -ы *f weibl Vn*
[1]тáмбур, -а *m* **1.** Windfang, Unterbau *einer Kuppel* **2.** Windfang, geschlossene Plattform *bei Eisenbahnwagen*
[2]тáмбур, -а *m Stickart* Tamburierstickerei, Stickerei im Kettenstich
тамбýр, -а *m alt* Trommel
тамбурúн, -а *m* Tamburin, Schellentrommel
[1]тáмбурный, -ая, -ое Windfang-; -ые двéри Windfangtür
[2]тáмбурный, -ая, -ое *text* Tamburier-
тамóженник, -а *m* Zollbeamter
тамóженный, -ая, -ое Zoll-; ~ осмóтр Zollrevision; -ая пóшлина Zoll
тамóжня, -и, *Pl G* -жен, *D* -жням *f* Zollamt
тáмошний, -яя, -ее *umg* dortig
тампóн, -а *m med* Tampon, Wattebausch
тампонáция, -и *f med* Tamponade
тампонúровать, -рую, -руешь; -рованный, -рован, -а *v*, *uv* tamponieren
Танганьúка, -и *f* Tanganjika
тáнгенс, -а *m math* Tangens
тáнго *n idkl* Tango
тáндем, -а *m* Tandem
тáнец, -нца, *I* -нцем, *G Pl* -нцев *m* Tanz; урóки тáнцев Tanzstunden, Tanzunterricht; бéлый ~ Damenwahl
Танжéр, -а *m* Tanger
Танзáния, -и *f* Tansania
танк, -а *m* Panzer, Panzerkampfwagen
тáнкер, -а *m* Tanker, Tankschiff
танкéтка, -и, *Pl G* -ток, *D* -ткам *f* Kleinkampfwagen
танкéтки *Pl* -ток, -ткам, *Sg* танкéтка, -и *f* Pumps mit Keilabsatz
танкúст, -а *m* Panzersoldat
тáнковый, -ая, -ое Panzer-, Kampfwagen-; -ая часть Panzereinheit
танкостроéние, -я *n* Panzerbau
тантьéма, -ы *f* Tantieme, Gewinnanteil
танцевáльный, -ая, -ое **1.** Tanz-; ~ вéчер Tanzabend **2.** *Kzf* -лен, -льна zum Tanzen geeignet
танцевáть, -цýю, -цýешь *uv* **1.** tanzen **2.** tanzen können ‖ *v* станцевáть; станцóванный, -ан, -а
танцмéйстер, -а *m* Tanzlehrer, Ballettmeister
танцóвщик, -а *m* Ballettänzer
танцóвщица, -ы, *I* -ей *f* Ballettänzerin
танцóр, -а *m* Tänzer
танцóрка, -и, *Pl G* -рок, *D* -ркам *f* Tänzerin
танцýлька, -и, *Pl G* -лек, *D* -лькам *f* *volksspr* Tanzabend
Тáня, -и *f Dem zu* Татьяна
тапёр, -а *m* Klavierspieler, Klavierbegleiter *bei Tanzabenden*
тапúр, -а *m zool* Tapir
тáпки *Pl* -пок, -пкам, *Sg* тáпка, -и *f* *umg* Sportschuhe, leichte Schuhe ohne Absatz
тáпочки *Pl* -чек, -чкам, *Sg* тáпочка, -и *f umg* Sportschuhe, leichte Schuhe ohne Absatz
тáра, -ы *f hdl* **1.** Tara, Taragewicht **2.** Tara, Verpackung
тарабáрщина, -ы *f umg* Kauderwelsch; unverständliches [ungereimtes] Zeug
таракáн, -а *m* Schabe, Küchenschabe
тарáн, -а *m* **1.** *hist* Mauerbrecher, Sturmbock **2.** Ramme **3.** *naut* Ramm, Rammsporn **4.** *mil* das Rammen *von Panzern und Flugzeugen* **5.** *übtr mil* Durchbruch
тарáнить, -ню, -нишь *uv* **1.** rammen, durchbrechen **2.** attackieren
тарантáс, -а *m* Tarantas, Reisewagen
тарантéлла [тэ], -ы *f* Tarantella *italienischer Volkstanz*
тарантúть, -нчý, -нтúшь *uv volksspr* dauernd schwatzen, plappern
тарáнтул, -а *m zool* Tarantel
тарáнь, -и *f zool* Zärte
Тарáс, -а *m männl Vn*
таратáйка, -и, *Pl G* -áек, *D* -áйкам *f*

umg Kabriolett, zweirädriger Wagen

таратóра, -ы *m, f volksspr* Plappermaul, Schwatzmaul

таратóрить, -рю, -ришь *uv umg* plappern, schnattern

таратóрка, -и, *Pl G* -рок, *D* -ркам *m, f umg* Plappermaul, Schwatzmaul

тарахтéть, -хчý, -хти́шь *uv umg* poltern, knarren, Lärm machen

тарáщить, -щу, -щишь *uv umg* weit öffnen, aufreißen; ~ глазá die Augen aufreißen, glotzen

тарéлка, -и, *Pl G* -лок, *D* -лкам *f* **1.** Teller; глубóкая ~ tiefer Teller, Suppenteller; мéлкая ~ flacher Teller **2.** *Pl mus* Schallbecken, Bekken ◇ быть не в своéй тарéлке mißmutig [mißgestimmt] sein

тари́ровать, -рую, -руешь; -рованный, -рован, -а *v, uv* eichen

тари́ф, -а *m* Tarif; по -у tarifmäßig

тари́фный, -ая, -ое Tarif-, tarifmäßig; ~ пóяс Tarifzone

тáртар, -а *m myth* Tartarus, Unterwelt

тартарары́ *Pl idkl umg, scherz*: провали́ться в ~ in die Hölle fahren, zum Teufel gehen

тарти́нка, -и, *Pl G* -нок, *D* -нкам *f alt* kleine Scheibe Brot mit Butter, belegtes Brot

тáры-бáры *Pl idkl volksspr* leeres Geschwätz

таскáть, -áю, -áешь; тáсканный, -ан, -а *uv* **1.** *unbest zu* тащи́ть; ~ всю́ду с собóй überall mit sich schleppen **2.** *umg* zerren, reißen, ziehen (за *A* an); ~ зá волосы an den Haaren ziehen **3.** *umg* tragen, anhaben *Kleidung, Schuhe* **4.** *umg* stehlen, entwenden ◇ éле [едвá] нóги ~ mühsam dahinschleichen

таскáться, -áюсь, -áешься *uv umg* sich herumtreiben, herumlungern

Тасмáния, -и *f* Tasmanien

тасовáть, -сýю, -сýешь; тасóванный, -ан, -а *uv* mischen; ~ кáрты Karten mischen

ТАСС [тас], -а *m* (Телегрáфное Агéнтство Совéтского Сою́за) TASS, Telegrafenagentur der Sowjetunion

татáрин, -а, *Pl* татáры, -áр, -áрам *m* Tatar

татáрка, -и, *Pl G* -рок, *D* -ркам *f* Tatarin

татáрский, -ая, -ое tatarisch; Татáрская АССР Tatarische ASSR

татуи́ровать, -рую, -руешь; -рованный, -рован, -а *v, uv* tätowieren

татуирóвка, -и, *Pl G* -вок, *D* -вкам *f* Tätowierung

Татья́на, -ы *f weibl Vn*

тафтá, -ы́ *f text* Taft

тахóметр, -а *m* Tachometer

тахтá, -ы́ *f* Liege, Ottomane; breiter, niedriger Diwan

тачáнка, -и, *Pl G* -нок, *D* -нкам *f* leichter Wagen; пулемётная ~ Maschinengewehrwagen

тачáть, -áю, -áешь; тáчанный, -ан, -а *uv* steppen, zusammennähen

тáчка, -и, *Pl G* -чек, *D* -чкам *f* Schubkarren

Ташкéнт, -а *m* Taschkent

тащи́ть, тащý, тáщишь; тáщенный, -ен, -а *uv best* **1.** schleppen, ziehen, schleifen; ~ мешóк einen Sack schleppen **2.** (heraus)ziehen, -holen; ~ гвоздь из стены́ einen Nagel aus der Wand ziehen **3.** *umg* stehlen, entwenden | *unbest* таскáть *zu* 1

тащи́ться, тащýсь, тáщишься *uv* **1.** *umg* sich schleppen, sich langsam [mühsam] fortbewegen **2.** *1. u. 2. Pers ungebr* am Boden schleifen

тáяние, -я *n* das Schmelzen, Tauen

тáять, тáю, тáешь *uv* **1.** *1. u. 2. Pers ungebr* tauen, schmelzen, zergehen; снег тáет der Schnee taut; конфéта тáет во рту das Konfekt zergeht im Munde **2.** *1. u. 2. Pers ungebr übtr* verschwinden, verklingen, schwächer werden; си́лы тáют die Kräfte schwinden [lassen nach] **3.** *übtr* schmachten, vergehen; тáять с гóря sich vor Gram verzehren **4.** *übtr* abmagern, dahinsiechen; он тáет на глазáх er magert zusehends ab

тбили́сец, -сца, *I* -сцем, *G Pl* -сцев *m* Einwohner von Tbilissi

Тбили́си *m idkl* Tbilissi

тварь, -и *f* **1.** Geschöpf, Kreatur *a. Koll* **2.** *volksspr, verächtl* Kreatur, verachtenswerter Mensch

твердéть, *1. u. 2. Pers ungebr,* -éет *uv* sich verhärten, hart werden

тверди́ть, -ржý, -рди́шь; -ржённый, -ржён, -рженá *uv* **1.** *A oder* о *P* etwas wiederholt sagen, behaupten; ~ всё однó и то же etwas hartnäckig behaupten **2.** *A* etwas wiederholen, um es sich einzuprägen; ~ наизýсть auswendig lernen [hersagen]

твердокáменный, -ая, -ое steinhart, unbeugsam

твердолóбый, -ая, -ое; *Kzf* -лóб, -а engstirnig, eigensinnig

твердосплавный, -ая, -ое hartlegiert
твёрдость, -и *f* Festigkeit, Härte, Standhaftigkeit
твёрдый, -ая, -ое; *Kzf* твёрд, тверда́, твёрдо; *Komp* твёрже **1.** fest, hart, starr, steif; -ое те́ло fester Körper **2.** *übtr* fest, unerschütterlich, standhaft; -ое наме́рение feste Absicht; -ые це́ны feste Preise; ~ ду́хом челове́к standhafter Mensch ◇ в здра́вом уме́ и -ой па́мяти bei vollem Verstand und ungetrübtem Gedächtnis; стать где́-н. -ой ного́й irgendwo festen Fuß fassen **3.** *ling* hart, nicht palatalisiert; ~ согла́сный harter Konsonant; ~ знак hartes Zeichen, Name des russ. Buchstabens „ъ"
тверды́ня, -и *f* **1.** *alt u. hoher Stil* Festung, Feste **2.** *G übtr* Bollwerk, Garant
твёрже ↑ твёрдый
твоё, твой ↑ твой
твой, -его́ [во] *m*; твоя́, -е́й *f*; твоё, -его́ [во] *n*; *Pl* твои́, -и́х **1.** *Poss Pron* dein; твоя́ кварти́ра deine Wohnung **2.** твои́, -и́х *Subst Pl umg* die Deinen, deine Angehörigen; как твои́ пожива́ют? wie geht es den Deinigen? **3.** твоё, твоего́ *Subst n umg* das Dein(ig)e; dein Eigentum; мне твоего́ не ну́жно ich brauche nichts, was dir gehört **4.** твоего́ *nach Komp* . . . als du; я пережи́л бо́льше твоего́ ich habe mehr als du durchgemacht; ◇ по-тво́ему a) deiner Ansicht [Meinung] nach; b) nach deinem Wunsch
творе́ние, -я *n* **1.** Schaffen *Handlung* **2.** *alt* Geschöpf **3.** *hoher Stil* Werk, Schöpfung
творе́ц, -рца́, *I* -рцо́м, *G Pl* -рцо́в *m* Schöpfer
твори́ло, -а *n* Kalkgrube, Kalktrog
твори́тельный, -ая, -ое: ~ паде́ж Instrumental(is)
[1]**твори́ть,** рю́, -ри́шь *uv* **1.** schaffen, erzeugen **2.** machen, tun, verrichten, vollbringen; ~ чудеса́ Wunder vollbringen; ~ суд Gericht halten, richten ‖ *v* сотвори́ть; -рённый, -рён, -рена́
[2]**твори́ть,** -рю́, -ри́шь; -рённый, -рён, -рена́ *uv* anmachen, einrühren *Kalk, Teig*
твори́ться, *1. u. 2. Pers ungebr*, -и́тся *uv umg* geschehen, vor sich gehen; что здесь твори́тся? was geht hier vor sich? ‖ *v* сотвори́ться
творо́г, -а́ (-у́) *u. umg* **тво́рог,** -а (-у) *m* Quark
творо́жник, -а *m* Quarkpfannkuchen; Quarkplätzchen
творо́жный, -ая, -ое aus Quark, Quark-
тво́рческий, -ая, -ое schöpferisch; Schaffens-
тво́рчество, -а *n* Schaffen, Werk; наро́дное ~ Volkskunst
твоя́ ↑ твой
т. г. (теку́щего го́да) des laufenden Jahres
те ↑ тот
-те *Pluralendung des Imp*: пойдёмте! laßt uns gehen!
т. е. (то́ есть) d. h. (das heißt)
теа́тр, -а *m* **1.** Schauspielkunst **2.** Theater; о́перный ~ Opernhaus; драмати́ческий ~ Schauspielhaus ◇ ~ вое́нных де́йствий *übtr* Kriegsschauplatz; анатоми́ческий ~ *alt* Anatomiesaal
театра́л, -а *m* Theaterfreund, Theaterliebhaber
театрализа́ция, -и *f* Bearbeitung fürs Theater
театрализова́ть, -зу́ю, -зу́ешь; -зо́ванный, -зо́ван, -а *uv*, *v* für die Bühne bearbeiten
театра́льность, -и *f* Geziertheit, Schwülstigkeit
театра́льный, -ая, -ое **1.** Theater-; -ое представле́ние Theatervorstellung **2.** *Kzf* -лен, -льна *übtr* theatralisch, unnatürlich
театрове́дение, -я *n* Theaterwissenschaft
тебе́ ↑ ты
тебя́ ↑ ты
тевто́нский, -ая, -ое teutonisch ◇ Тевто́нский о́рден *hist* Deutschritterorden
Тегера́н, -а *m* Teheran
те́зис [тэ], -а *m* These, Thesis, Leitsatz
тёзка, -и, *Pl G* -зок, *D* -зкам *m, f umg* Namensvetter *mit gleichem Vornamen*
теи́зм [тэ], -а *m* Theismus
теки́нец, -нца, *I* -нцем, *G Pl* -нцев *m* Tekinze *turkmenischer Volksstamm*
теки́нский, -ая, -ое tekinzisch
текст, -а *m* Text, Wortlaut
тексти́ль, -я *m Koll* Textilwaren, Textilien
тексти́льный, -ая, -ое textil, Textil-
тексти́льщик, -а *m* Textilarbeiter
текстови́к, -а́ *m* Textdichter
тексто́вка, -и, *Pl G* -вок, *D* -вкам *f* Bildunterschrift, kurzer Text zu einem Bild

текстовóй, -áя, -óе Text-
текстуáльный, -ая, -ое; *Kzf* -лен, -льна textgemäß, textgetreu, wörtlich
теку́ ↑ [1]течь
теку́честь, -и *f* 1. Fluidität, flüssiger Zustand 2. Fluktuation; ~ рабóчей си́лы Fluktuation der Arbeitskräfte
теку́чий, -ая, -ее; *Kzf* -у́ч, -а 1. flüssig 2. *übtr* fluktuierend, veränderlich, unbeständig
теку́щий, -ая, -ее 1. gegenwärtig, laufend; dieser *Monat*, *Jahr usw*. 2. laufend, regelmäßig; ~ счёт Kontokorrent
тел. (телефóн) Telefon
теле|вещáние, -я *n* Fernsehübertragung; **~ви́дение**, -я *n* Fernsehen; цветнóе ~ви́дение Farbfernsehen; **~визиóнный**, -ая, -ое Fernseh-; ~визиóнная установка Fernsehanlage
телеви́зор, -а *m* Fernsehempfänger; настóльный ~ Fernsehtischgerät
телеви́зорный, -ая, -ое Fernseh-; ~ стóлик Fernsehtisch
телéга, -и *f* Leiter-, Kastenwagen
теле|грáмма, -ы *f* Telegramm; Fernschreiben; ~грáмма-мóлния Blitztelegramm; **~грáф**, -а *m* 1. Telegraf, Fernschreiber 2. Telegrafenamt; **~графи́ровать**, -рую, -руешь; -рованный, -рован, -а *v*, *uv A oder* о *P* telegrafieren, drahten, kabeln; **~графи́ст**, -а *m* Telegrafist; **~графи́стка**, -и, *Pl G* -ток, *D* -ткам *f* Telegrafistin; **~графи́я**, -и *f* Telegrafie, Fernschreibwesen
телегрáфный, -ая, -ое telegrafisch, Telegrafen-, Draht-; -ое сообщéние telegrafische Nachricht; ~ áдрес Telegrammadresse
телéжка, -и, *Pl G* -жек, *D* -жкам *f* 1. *Dem zu* телéга kleiner Wagen, Handwagen, Karren; грузовáя ~ Laufkatze 2. *tech* Untergestell, Gestell
теле|зри́тель, -я *m* Fernsehteilnehmer, -zuschauer; **~кáмера**, -ы *f* Fernsehkamera; **~механи́ка**, -и *f* Fernschaltung
телёнок, -нка, *Pl* теля́та, -я́т, -я́там *m* Kalb ◇ загнáть [послáть] кудá Макáр теля́т не гоня́л hinschicken, wo der Pfeffer wächst
телеобъекти́в, -а *m* Teleobjektiv
теле|передáча, -и *f* Fernsehübertragung; **~скóп**, -а *m* Teleskop, Fernrohr; **~скопи́ческий**, -ая, -ое teleskopisch; **~скóпный**, -ая, -ое Teleskop-
телéсный, -ая, -ое 1. körperlich, Körper-; -ые поврежде́ния Körperverletzungen; -ое наказáние Prügelstrafe; -ого цвéта fleischfarben 2. *übtr alt* irdisch, materiell; ~ мир irdische Welt 3. *Kzf* -сен, -сна *math*, *phys* Körper-
теле|сту́дия, -и *f* (телевизиóнная сту́дия) Fernsehstudio; **~тáйп**, -а *m* Fernschreiber *Gerät*; **~управлéние**, -я *n* Fernsteuerung; Fernlenkung
телефóн, -а *m* Telefon, Fernsprecher; ~-автомáт Fernsprechautomat; говори́ть по -у telefonieren; позвони́ть по -у комý-н. j-n anrufen; вы́звать к -у ans Telefon rufen; ~ зáнят die Nummer ist besetzt; междугорóдный ~ Fernamt
теле|фони́ровать, -рую, -руешь *v*, *uv A oder* о *P* telefonieren, anrufen; **~фони́стка**, -и, *Pl G* -ток, *D* -ткам *f* Telefonistin; **~фони́я**, -и *f* Telefonwesen
телефóнный, -ая, -ое telefonisch, Telefon-, Fernsprech-; автомати́ческая -ая стáнция Selbstanschlußfernsprechamt; -ая бу́дка Telefonzelle; ~ коммутáтор Sammelnummer *Telefon*
телефоногрáмма, -ы *f* Telefonat, Fernspruch
телéц, тельцá, *I* тельцóм, *G Pl* тельцóв *m buchspr alt* Kalb ◇ золотóй ~ *buchspr* das goldene Kalb, der Götze Mammon
Телéц, Тельцá, *I* Тельцóм *m astr* Stier
телецéнтр, -а *m* (телевизиóнный центр) Fernsehzentrum
тели́ться, *1. u. 2. Pers ungebr*, тéлится *uv* kalben, ein Kalb werfen
тёлка, -и, *Pl G* -лок, *D* -лкам *f* Kalbe, Färse, junge Kuh
тéло, -а, *Pl* телá, тел, телáм *n* 1. *phys* Körper; газообрáзное ~ gasförmiger Körper; небéсное ~ Himmelskörper; жи́дкое ~ flüssiger Körper 2. Körper, Leib; чáсти -а Körperteile; дрожáть всем -ом am ganzen Körper zittern 3. *mil* Lauf, Kanonenrohr ◇ быть в -е wohlbeleibt sein; спасть с -а abmagern *Vieh*; *scherz von Menschen*; нагуля́ть ~ sich herausfressen *Vieh*; держáть в чёрном -е stiefmütterlich behandeln, streng [kurz] halten
телогрéйка, -и, *Pl G* -éек, *D* -éйкам *f*

umg 1. Weste, Wams 2. Wattejacke, gesteppte, wattierte Jacke
телодвижение, -я *n* Körperbewegung, Gebärde
телок, -лка *m umg* Kalb
телосложение, -я *n* Körperbau, Gestalt
телохранитель, -я *m alt* Leibwächter
Тел-Авив [тэ], -а *m* Tel Aviv
тельный, -ая, -ое, *umg* 1. auf dem Körper zu tragen, Leib- 2.: ~ цвет Fleischfarbe
тельце, -а, *Pl* тѐльца, -лец, -льцам *u.* тельца́, -ле́ц, -льца́м *n* 1. (*Pl* те́льца) *Dem zu* те́ло kleiner Körper 2. (*Pl* тельца́) *biol* Körperchen, Zelle; кровяны́е тельца́ Blutkörperchen
телятина, -ы *f* Kalbfleisch; жарко́е из -ы Kalbsbraten
телятник, -а *m* Kälberstall
телячий, -ья, ье, Kalbs-; -ья груди́нка Kalbsbrust ◇ ~ восто́рг *mißb* kindische Freude; -ьи не́жности übertrieben Zärtlichkeiten
тем *Konj mit dem Komp* um so; *mit* чем je ... um so [desto]; чем быстре́е, ~ лу́чше je schneller, um so [desto] besser; ~ не ме́нее nichtsdestoweniger
тема, -ы *f* 1. Thema, Gegenstand; отклоня́ться от -ы vom Thema abkommen 2. *mus* Thema, Leitgedanke, Hauptmotiv
тематика, -и *f* Thematik
тематический, -ая, -ое thematisch, Themen-; Thema-; ~ план Themenplan
тембр [тэ], -а *m* Timbre, Klangfarbe
теменной, -а́я, -о́е Scheitel-; -а́я кость Scheitelbein
темень, -и *f umg* Dunkelheit, Finsternis
Темза, -ы *f* Themse
темляк, -а́ *m* Degenband, Troddel, Portepee
темнеть, *1. u. 2. Pers ungebr*, -е́ет *uv* 1. dunkel werden, dunkeln, sich verfinstern; у меня́ темне́ет в глаза́х es wird mir schwarz vor den Augen 2. *unpers* dämmern; темне́ет es dämmert, es dunkelt 3. sich dunkel abheben
темнеться, *1. u. 2. Pers ungebr*, -е́ется *uv umg* 1. dämmern, dunkeln 2. sich dunkel abheben
темнить, -ню́, -ни́шь *uv* dunkel *bzw.* dunkler machen; verfinstern
темница, -ы, *I* -ей *f alt u. buchspr* Kerker, Gefängnis
темно *unpers, prädikativ* es ist dunkel; ~ хоть глаза́ вы́коли es ist so finster, daß man die Hand nicht vor den Augen sieht
темно- *in Zuss* dunkel-
тёмно- *in Zuss* (*in Verbindung mit Farben*) dunkel-
темно|волосый, -ая, -ое; *Kzf* -о́с, -а dunkelhaarig, brünett; **~глазый,**-ая, -ое; *Kzf* -а́з, -а dunkeläugig; **~кожий,** -ая, -ее dunkelhäutig; **~русый,** -ая, -ое; *Kzf* -у́с, -а dunkelblond
тёмно-синий, -яя, -ее dunkelblau, tiefblau
темнота, -ы́ *f* 1. Dunkel, Dunkelheit, Finsternis 2. *übtr umg* Unwissenheit; kulturelle Rückständigkeit 3. *übtr alt* Unklarheit
тёмный, -ая, -ое; *Kzf* тёмен, темна́, темно́ *u. volksspr* тёмно, темны́ *u. volksspr* тёмны dunkel 1. dunkel, finster; тёмная ко́мната dunkles Zimmer 2. *übtr* unklar, unverständlich, zweideutig, dunkel; ~ смысл unverständlicher Sinn 3. *übtr* düster, traurig 4. *übtr* dunkel, verdächtig, zweifelhaft; -ая ли́чность dunkle Existenz, verdächtige Person; -ое де́ло schmutzige Geschichte, dunkle Angelegenheit 5. *übtr* ungebildet, unwissend, rückständig; -ые лю́ди ungebildete Leute ◇ темна́ вода́ во о́блацех dunkel ist der Rede Sinn; -ая вода́ *med* schwarzer Star; темны́м-темно́ sehr dunkel
темп [тэ], -а *m* Tempo
темпера [тэ], -ы *f* Tempera, Temperafarbe; Temperamalerei
темперамент, -а *m* Temperament
темпераментный, -ая, -ое; *Kzf* -тен, -тна temperamentvoll
температура, -ы *f* 1. Temperatur, Wärmegrad; ~ кипе́ния Siedepunkt; ~ замерза́ния Gefrierpunkt; ко́мнатная ~ Zimmertemperatur 2. Fieber, erhöhte Temperatur; у меня́ -ы нет ich habe kein Fieber; ме́рить у Fieber messen
температурить, -рю, -ришь *uv umg* fiebern, Fieber haben
температурный, -ая, -ое Temperatur-; -ая крива́я Fieberkurve
темь, -и *f umg* Dunkel, Dunkelheit, Finsternis
темя, *G, D, P* те́мени, *I* те́менем, *Pl ungebr n* Scheitel, oberster Teil des Schädels
тенденциозный [тэндэ], -ая, -ое; *Kzf* -зен, -зна tendenziös
тенденция [тэндэ], -и *f* Tendenz, Neigung, Hang

тéндер [тэндэ], -а *m* Tender
теневóй, -áя, -óе schattig, Schatten-; -áя сторонá *a. übtr* Schattenseite
тенелюби́вый, -ая, -ое; *Kzf* -и́в, -а schattenbedürftig, -liebend
тенёта, -ёт *Pl* Tierfangnetz
тени́стый, -ая, -ое; *Kzf* -и́ст, -а schattig
тéннис [тэ], -а *m* Tennis
теннисúст [тэ], -а *m* Tennisspieler
теннисúстка [тэ], -и, *Pl G* -ток, *D* -ткам *f* Tennisspielerin
тéнниска [тэ], -и, *Pl G* -сок, *D* -скам *f* Polohemd
тéннисный [тэ], -ая, -ое Tennis-; -ая ракéтка Tennisschläger; ~ корт Tennisplatz
тéнор, -а, *Pl* тенорá, -óв, -áм *m* Tenor
тент [тэ], -а *m* Schutzdach gegen Sonne und Regen, Überzelt
тень, -и, *P* о тéни, в тени́, *Pl* тéни, тенéй, теня́м *f* **1.** Schatten; давáть ~ Schatten geben [spenden]; китáйские тéни *theat* Schattenspiel **2.** *übtr* Schatten, Geist; цáрство тенéй Schattenreich, Reich der Schatten ◇ от неё остáлась однá ~ sie ist nur noch ein Schatten; ни тéни keine Spur, kein Schimmer; здесь нет ни тéни сомнéния das unterliegt keinem Zweifel; быть в тени́ im Hintergrund bleiben; брóсить ~ на когó-н. einen Schatten auf j-n werfen
теологи́ческий [тэ], -ая, -ое theologisch, Theologie-
теолóгия [тэ], -и *f* Theologie
теорéма, -ы *f math* Theorem, Lehrsatz
теорéтик, -а *m* Theoretiker
теорети́ческий, -ая, -ое theoretisch
теорети́чный, -ая, -ое; *Kzf* -чен, -чна rein theoretisch; zu abstrakt
теóрия, -и *f* Theorie, Lehre; ~ познáния *phil* Erkenntnistheorie; ~ относи́тельности Relativitätstheorie; ~ вероя́тности *math* Wahrscheinlichkeitsrechnung
тепéрешний, -яя, -ее *umg.* jetzig, gegenwärtig; в -ее врéмя jetzt, heutzutage
тепéрь *Adv* jetzt, gegenwärtig, nun
тёпленький, -ая, -ое lau, lauwarm
теплéть, *1. u. 2. Pers ungebr,* -éет *uv* warm, wärmer werden
тéплиться, *1. u. 2. Pers ungebr,* -ится *uv* schwach brennen, glimmen, schwach leuchten; во мне ещё тéплится надéжда, что ... ich hege noch die schwache Hoffnung, daß ...
тепли́ца, -ы, *I* -ей *f* Treibhaus, Gewächshaus
тепли́чный, -ая, -ое Treibhaus-, Gewächshaus-; -ое растéние Treibhauspflanze; *übtr* verhätscheltes Wesen
[1]**теплó,** -á *n* Wärme; едини́ца -á *phys* Wärmeeinheit; двáдцать грáдусов -á zwanzig Grad Wärme
[2]**теплó 1.** *Adv* warm; одевáться ~ sich warm kleiden **2.** *Adv übtr* warm, herzlich; егó ~ встрéтили er wurde herzlich empfangen **3.** *unpers prädikativ* es ist warm; сегóдня ~ heute herrscht warmes Wetter; мне ~ mir ist warm
теплновáтый, -ая, -ое; *Kzf* -áт, -а lauwarm, lau
тепловентиля́тор, -а *m*: (ручнóй) ~ Fön, Heißluftdusche
тепловóз, -а *m* Diesellokomotive
тепловóй, -áя, -óе Wärme-; ~ дви́гатель Wärmekraftmaschine; ~ эффéкт *phys* Wärmeleistung; -áя электростáнция Wärmekraftwerk; ~ удáр *med* Hitzschlag
тепло|ёмкость, -и *f phys* Wärmekapazität; **~крóвные** *Pl* -ых, *Sg* теплокрóвное, -ого *Subst n zool* Warmblütler; **~непроницáемый,** -ая, -ое *phys* wärmedicht; **~прóвод,** -а *m* Wärmeleitung; **~провóдность,** -и *f phys* Wärmeleitfähigkeit; **~провóдный,** -ая, -ое; *Kzf* -ден, -дна *phys* wärmeleitend, wärmeleitfähig
теплотá, -ы́ *f* **1.** *phys* Wärme; едини́ца -ы́ Wärmeeinheit; удéльная ~ spezifische Wärme **2.** Wärme, warmer Zustand; ~ тéла Körperwärme **3.** *übtr* Wärme, Herzlichkeit
теплотвóрный, -ая, -ое *buchspr* wärmeerzeugend; -ая спосóбность Heizkraft, Brennwert
теплотéхника, -и *f* Wärmetechnik
теплофикáция, -и *f tech* Fernheizung
теплофици́ровать, -рую, -руешь; -рованный, -рован, -а *v, uv* mit Fernheizung versehen
тепло|хóд, -а *m* Motorschiff; **~электровóз,** -а *m* Dieselelektrolokomotive; **~электростáнция,** -и *f* Wärmekraftwerk; **~электроцентрáль,** -и *f* Kraft- und Fernheizwerk
теплу́шка, -и, *Pl G* -шек, *D* -шкам *f umg* heizbarer Güterwagen
тёплый, -ая, -ое; *Kzf* тёпел, теплá, теплó, тёплы *u.* теплы́ **1.** warm, mild; -ая кóмната warmes Zimmer; -ая погóда warmes Wetter **2.** *übtr* herzlich, freundlich; ~ приём herzlicher

Empfang 3. *übtr* angenehm, weich *Farbton, Klangfarbe* ◇ -ое месте́чко sehr einträgliche Stellung

теплы́нь, -и *f umg* milde Witterung, warmes Wetter

терапе́вт, -а *m* Therapeut; Internist

терапевти́ческий, -ая, -ое therapeutisch

терапи́я, -и *f* Therapie, Heilbehandlung

тереби́ть, -блю́, -би́шь; -блённый, -блён, -блена́ *uv* 1. raufen, ernten *Flachs* 2. zupfen, reißen, ziehen, zerren 3. *übtr* keine Ruhe lassen, quälen, plagen

тереблéние, -я *n* das Raufen *von Flachs*

Те́рек, -а *m* Terek *Fluß*

те́рем, -а, *P* в те́реме *u.* в терему́, *Pl* терема́, -о́в, -а́м *m hist* Bojarenhaus; Wohnraum im oberen Teil des Hauses; Haus in Form eines Turmes; же́нский ~ Kemenate

тере́ть* *uv* 1. reiben, einreiben; ~ глаза́ die Augen reiben; ~ пол во́ском bohnern 2. zerreiben; ~ таба́к Tabak zerreiben 3. *1. u. 2. Pers ungebr* scheuern, reiben; сапоги́ трут die Stiefel reiben die Füße wund

тере́ться* *uv* 1. *umg* sich (ab)reiben; ~ о́бо что́-н. sich an etw. (ab)reiben 2. *1. u. 2. Pers ungebr* sich aneinanderreiben 3. *umg* sich herumtreiben; sich heranmachen (an); он трётся о́коло нас er drückt sich um uns herum 4. *umg* verkehren, umgehen; мно́го лет он тёрся среди́ актёров *mißb* viele Jahre verkehrte er mit Schauspielern

терза́ние, -я *n* Qual, Pein

терза́ть, -а́ю, -а́ешь *uv* 1. *alt* zerreißen, zerfleischen 2. *übtr* quälen, peinigen

терза́ться, -а́юсь, -а́ешься *uv* sich quälen, sich grämen; ~ угрызе́ниями со́вести von Gewissensbissen gequält sein

тёрка, -и, *Pl G* -рок, *D* -ркам *f* Reibeisen

те́рмин, -а *m* Terminus, Fachausdruck

терминологи́ческий, -ая, -ое terminologisch

[1]терми́т, -а *m zool* Termite

[2]терми́т, -а *m chem* Thermit

терми́тный, -ая, -ое Thermit-

терми́ческий, -ая, -ое *phys, tech* thermisch-, Wärme-; -ая обрабо́тка Wärmebehandlung

термовентиля́тор, -а *m*: (ручно́й) ~ Fön, Heißluftdusche

термо́метр, -а *m* Thermometer

те́рмос [тэ], -а *m* 1. Thermosflasche 2. Essenkübel

термоста́т [тэ], -а *m phys, tech* Thermostat, Wärmeregler

термоя́дерный, -ая, -ое thermonuklear

тёрн *u.* **терн,** -а *m* 1. Schlehdorn, Schlehe 2. Schlehdornfrucht

терни́стый, -ая, -ое; *Kzf* -и́ст, -а 1. *alt* dornig, Dorn- 2. *übtr buchspr* dornenvoll; ~ путь mühsamer Weg, Leidensweg

терно́вник, -а *m bot* Schlehe, Schlehdorn

терно́вый, -ая, -ое dornig, Dornen-

терпели́вость, -и *f* Geduld, Langmut

терпели́вый, -ая, -ое; *Kzf* -и́в, -а geduldig, langmütig

терпе́ние, -я *n* Geduld; вы́вести кого́-н. из -я j-n aus der Fassung bringen; вы́йти из -я die Geduld verlieren; aus der Haut fahren; запасти́сь -ем sich mit Geduld wappnen ◇ ~ и труд всё перетру́т mit Geduld und Zeit kommt man (mählich) weit

терпе́ть, терплю́, те́рпишь *uv* 1. leiden, ertragen, aushalten; ~ боль Schmerzen ertragen; ~ му́ку Qualen ausstehen 2. sich gedulden, in Geduld fassen; ~ ме́сяц sich einen Monat gedulden 3. dulden; де́ло не те́рпит промедле́ния [отлага́тельства] die Sache duldet keinen Aufschub 4. erleiden; ~ пораже́ние eine Niederlage erleiden; ~ неуда́чу einen Mißerfolg haben ◇ ~ не могу́ кого́-н. ich kann j-n nicht leiden [ausstehen]; вре́мя те́рпит das hat Zeit; вре́мя не те́рпит die Zeit drängt

терпе́ться, те́рпится *unpers; meist mit Negation uv D*: мне не те́рпится ich brenne darauf, ich kann es nicht erwarten; ich bin neugierig

терпи́мость, -и *f* Duldsamkeit, Toleranz

терпи́мый, -ая, -ое; *Kzf* -и́м, -а 1. tolerant, duldsam 2. erträglich, zu ertragen 3. -о *Adv*: э́то ещё -о das läßt sich noch ertragen, das kann man noch aushalten

те́рпкий, -ая, -ое; *Kzf* те́рпок, терпка́!; *Komp* те́рпче herb

те́рпкость, -и *f* Herbe, Herbheit

те́рпнуть, *1. u. 2. Pers ungebr*, -нет; те́рпнул, те́рпла *uv umg* erstarren, einschlafen *Glieder*

терпу́г, -а́ *m* Raspel, Kratzfeile

те́рпче ↑ те́рпкий
терра́рий [тэ], -я, *P* -и, *G Pl* -ев *u.*
терра́риум [тэ], -а *m* Terrarium
терра́са, -ы *f* 1. Terrasse *am Haus* 2. *geol* Terrasse, Absatz
территориа́льный, -ая, -ое territorial, Territorial-; -ые во́ды Hoheitsgewässer
террито́рия, -и *f* Territorium, Gebiet
терро́р [тэ], -а *m* Terror
тёртый, -ая, -ое 1. gerieben; -ая морко́вь geriebene Möhren 2. *umg* gerieben, raffiniert; ~ кала́ч geriebener Kunde
терце́т [тэ], -а *m* 1. *mus* Terzett 2. *lit* Terzine
те́рция [тэ], -и *f* 1. *mus* Terz 2. *typ* Tertia
терье́р [тэ], -а *m* Terrier *Hunderasse*
теря́ть, теря́ю, теря́ешь *uv* 1. verlieren *durch Nachlässigkeit*; ~ де́ньги Geld verlieren 2. *übtr* verlieren, einbüßen; ~ авторите́т die Autorität einbüßen; ~ терпе́ние die Geduld verlieren; ~ го́лову den Kopf verlieren; ~ из виду кого́-н. j-n aus den Augen verlieren; ~ наде́жду die Hoffnung aufgeben; ~ в ве́се an Gewicht verlieren ◇ теря́ть си́лу *jur* verjähren ‖ *v* потеря́ть; поте́рянный, -ян, -а
теря́ться, теря́юсь, теря́ешься *uv* 1. verlorengehen, abhanden kommen, verschwinden *von Sachen* 2. *1. u. 2. Pers ungebr* schwinden, schwächer werden, nachlassen; к ста́рости теря́ется па́мять mit zunehmendem Alter läßt das Gedächtnis nach 3. *übtr* die Fassung [den Kopf] verlieren, in Verwirrung geraten ◇ ~ в дога́дках sich in Mutmaßungen verlieren 4. *1. u. 2. Pers ungebr* sich aufheben, nicht auffallen; отде́льные недоста́тки рома́на теря́ются ря́дом с его́ больши́ми досто́инствами einzelne Mängel des Romans werden durch seine großen Vorzüge aufgewogen ‖ *v* потеря́ться *zu* 1, 2, 3
тёс, -а (-у) *m Koll* dünne Bretter
теса́к, -а́ *m* 1. Stutzsäbel 2. Zimmermannsaxt
теса́ть* *uv* behauen, zuhauen; ~ бревно́ einen Balken zuhauen
тесёмка, -и, *Pl G* -мок, *D* -мкам *f* Litze, (schmales) Band, Schnur
теси́на, -ы *f* dünnes Brett
тесло́, -а́, *Pl* тёсла, -сел, -слам *n* Dechsel, Texel, Hohlbeil, Handbeil
тесни́на, -ы *f* Engpaß, Enge
тесни́ть, -ню́, -ни́шь *uv* 1. drängen, bedrängen, drücken, pressen; тесни́т в груди́ es drückt auf der Brust 2. zurückdrängen, zurückwerfen; ~ проти́вника den Feind zurückdrängen ‖ *v* потесни́ть; -нённый, -нён, -нена́ *zu* 2
тесни́ться, -ню́сь, -ни́шься *uv* 1. sich drängen, sich zusammendrängen 2. sich einengen; eng [gedrängt] sitzen; eng [zusammengepfercht] leben; in engen Wohnverhältnissen leben 3. *1. u. 2. Pers ungebr, übtr* sich aufdrängen *von Gedanken, Gefühlen*
теснота́, -ы́ *f* Enge, Raummangel; жить в -е́ zusammengedrängt leben ◇ в -е́, да не в оби́де klein [eng], aber gemütlich
те́сный, -ая, -ое; *Kzf* те́сен, тесна́! 1. eng, schmal; ~ прохо́д schmaler Gang 2. eng, zu klein *von Kleidung, Schuhwerk*; пла́тье -о в плеча́х das Kleid spannt in den Schultern; ~ боти́нок enger Schuh 3. eng, fest, geschlossen, dicht; -ые ряды́ демонстра́нтов die dichten Reihen der Demonstranten 4. *übtr* eng, innig, intim; -ая дру́жба enge Freundschaft; в -ом кругу́ im engen [kleinen] Kreise ◇ в -ом смы́сле сло́ва im engeren [eigentlichen] Sinn des Wortes
тесо́вый, -ая, -ое Bretter-
те́сто, -а *n* Teig; сдо́бное ~ Butterteig; слоёное ~ Blätterteig
тестомеси́лка, -и, *Pl G* -лок, *D* -лкам *f* Teigknetmaschine
тесть, -я *m* Schwiegervater des Mannes, Vater der Ehefrau
тесьма́, -ы́ *f text* Band, Borte; обши́то -о́й abgepaspelt
тётенька, -и, *Pl G* -нек, *D* -нькам *f umg zärtl* Tantchen
те́терев, -а, *Pl* тетерева́, -о́в, -а́м *m* Birkhahn
тетёрка, -и, *Pl G* -рок, *D* -ркам *f* Birkhenne
тетива́, -ы́ *f* 1. Schlepptau 2. Bogensehne 3. Schnur an der Tischlersäge
тётка, -и, *Pl G* -ток, *D* -ткам *f* Tante
тетра́дка, -и, *Pl G* -док, *D* -дкам *f* Heft
тетра́дь, -и *f* Heft; чернова́я ~ Kladde, Schmierheft; ~ для рисова́ния Zeichenheft
тётушка, -и, *Pl G* -шек, *D* -шкам *f* Tante, Tantchen
тётя, -и, *G Pl* тётей *f* Tante
те́фтели, -ей *Pl* Fleischklößchen

тех- *in Zuss Abk für* техни́ческий technisch
техми́нимум, -а *m* (техни́ческий ми́нимум) Mindestmaß an technischen Kenntnissen für bestimmte Berufe
те́хник, -а *m* Techniker; зубно́й ~ Zahntechniker
те́хника, -и *f* Technik; овладе́ть -ой die Technik meistern; боева́я ~ technische Kampfmittel, Waffen und Gerät
те́хникум, -а *m* Technikum, Ingenieurschule; Fachschule; сельскохозя́йственный ~ Fachschule für Landwirtschaft; го́рный ~ Bergingenieurschule
техни́ческий, -ая, -ое technisch; вы́сшее -ое учёбное заведе́ние technische Hochschule
техно́лог, -а *m* Technologe
технологи́ческий, -ая, -ое technologisch
техноло́гия, -и *f* Technologie
технору́к, -а *m* (техни́ческий руководи́тель) technischer Leiter; technischer Instrukteur
тех|осмо́тр, -а *m* (техни́ческий осмо́тр) technische Durchsicht [Besichtigung]; **~пропага́нда,** -ы *f* (техни́ческая пропага́нда) Propaganda der Technik und ihrer Errungenschaften
техре́д, -а *m* (техни́ческий реда́ктор) technischer Redakteur
тече́ние, -я *n* **1.** das Fließen, Strömen **2.** Strömung, Strom; морско́е ~ Meeresströmung; возду́шное ~ Luftstrom; вверх по -ю stromaufwärts; вниз по -ю stromabwärts; про́тив -я gegen den Strom; плыть по -ю *a. übtr* mit dem Strom schwimmen **3.** *übtr* Strömung, Richtung, Tendenz **4.** *übtr* Lauf, Verlauf; в ~ всего́ дня im Laufe [während] des ganzen Tages; с -ем вре́мени mit der Zeit, im Laufe der Zeit; ~ де́ла Gang [Verlauf] einer Angelegenheit; предоста́вить де́ло со́бственному -ю den Dingen freien Lauf lassen; пла́вное ~ ре́чи Fluß der Rede
те́чка, -и *f* Brunst
¹течь*, *1. u. 2. Pers ungebr, uv* **1.** fließen, strömen; у него́ кровь течёт из но́са er hat Nasenbluten **2.** leck sein, auslaufen; бо́чка течёт das Faß ist leck **3.** *übtr* verfließen, vergehen, verrinnen; теку́т го́ды die Jahre vergehen; дела́ теку́т свои́м поря́дком alles geht seinen Gang [verläuft normal] ◇ у меня́ слю́нки теку́т das Wasser läuft mir im Munde zusammen
²течь, -и *f* Leck; дать ~ leck werden
те́шить, те́шу, те́шишь *uv* **1.** ergötzen, belustigen, unterhalten **2.** befriedigen, Genugtuung verschaffen; ~ себя́ наде́ждой sich in der Hoffnung wiegen
те́шиться, те́шусь, те́шишься *uv umg* **1.** *I* sich ergötzen, sich vergnügen, sich unterhalten **2.** sich lustig machen (над *P* über), j-n zum besten haben ◇ ми́лые браня́тся — то́лько те́шатся was sich liebt, das neckt sich; чем бы дитя́ ни те́шилось, лишь бы не пла́кало laßt ihm doch das kindliche Vergnügen
тёшка, -и, *Pl G* -шек, *D* -шкам *f* Bauchstück *eines Fisches*
тешу́ ↑ теса́ть
тёща, -и, *I* -ей *f* Schwiegermutter des Mannes, Mutter der Ehefrau
Тибе́т, -а *m* Tibet
тибе́тец, -тца, *I* -тцем, *G Pl* -тцев *m* Tibeter
тибе́тка, -и, *Pl G* -ток, *D* -ткам *f* Tibeterin
тибе́тский, -ая, -ое tibetisch
Тибр, -а *m* Tiber *Fluß*
ти́гель, -гля *m* Tiegel
Тигр, -а *m* Tigris *Fluß*
тигр, -а *m* Tiger
тигрёнок, -нка, *Pl* тигря́та, -я́т, -я́там *m* Tigerjunges, junger Tiger
тигри́ца, -ы, *I* -ей *f* Tigerin
тигро́вый, -ая, -ое Tiger-, getigert; -ая шку́ра Tigerfell
¹тик, -а *m med* Tick, nervöses Zucken
²тик, -а (-у) *m text* Zwillich, Drillich, Drell
ти́канье, -ья *n* das Ticken, Ticktack
ти́кать, *1. u. 2. Pers ungebr,* -ает *uv* ticken *Uhrwerk*
ти́ковый, -ая, -ое *text* Drell-, Drillich-
ти́льда, -ы *f* Tilde
тимиа́н ↑ тимья́н
тимофе́евка, -и *f bot* Timotheusgras
Тимофе́й, -а *m männl Vn*
Тимо́ш(к)а, -и *m Dem zu* Тимофе́й
тимья́н *u.* **тимиа́н,** -а *bot* Thymian
ти́на, -ы *f* Algenschlamm, Tang
ти́нистый, -ая, -ое schlammig, verschlammt
тинкту́ра, -ы *f* Tinktur
тип, -а *m* **1.** Typ, Typus, Urbild **2.** Typ, Art, Form, Muster, Modell, Klasse; ~ корабля́ Schiffsklasse; ~ самолёта Flugzeugtyp
типиза́ция, -и *f* Typisierung

типизи́ровать, -рую, -руешь; -рованный, -рован, -а *v, uv* typisieren
типи́ческий, -ая, -ое typisch, charakteristisch, kennzeichnend
типи́чность, -и *f* das Typische, Kennzeichnende
типи́чный, -ая, -ое; *Kzf* -чен, -чна typisch, charakteristisch, kennzeichnend
типово́й, -а́я, -о́е typisiert, Muster-; ~ догово́р Mustervertrag
типогра́фия, -и *f* Druckerei
типогра́фский, -ая, -ое Drucker-; Buchdrucker-, typographisch
типолитогра́фия, -и *f* Buch- und Steindruckerei
типу́н, -а́ *m* Pips *Vogelkrankheit*; ~ тебе́ на язы́к! hüte deine lose [böse] Zunge!
тир, -а *m* Schießstand
тира́да, -ы *f* Tirade, Wortschwall
[1]**тира́ж,** -а́, *I* -о́м, *G Pl* -е́й *m* Ziehung, Auslosung *in der Lotterie*; вы́йти в ~ gezogen werden; *übtr* ausgedient haben, veralten; zum alten Eisen geworfen werden; э́та облига́ция вы́шла в ~ diese Nummer ist herausgekommen
[2]**тира́ж,** -а́, *I* -о́м, *G Pl* -е́й *m typ* Auflage(nhöhe)
тира́н, -а *m* Tyrann, Gewaltherrscher
Тира́на, -ы *f* Tirana
тира́нить, -ню, -нишь *uv umg* tyrannisieren, quälen
тирани́ческий, -ая, -ое tyrannisch, grausam
тирани́я, -и *f* Tyrannei, Gewaltherrschaft
тира́нство, -а *n* Tyrannei, Quälerei
тира́нствовать, -вую, -вуешь *uv umg* над *I* tyrannisieren
тире́ [рэ] *n idkl* Gedankenstrich; Bindestrich
тиро́лец, -льца, *I* -льцем, *G Pl* -льцев *m* Tiroler
Тиро́ль, -я *m* Tirol
тиро́лька, -и, *Pl G* -лек, *D* -лькам *f* **1.** Tirolerin **2.** Tiroler Hut **3.** *Pl* Seppelhose
тиро́льский, -ая, -ое Tiroler-, tirolerisch; ~ та́нец Tiroler Tanz
тис, -а *m bot* Taxus, Eibe
ти́скать, -аю, -аешь *uv* **1.** *umg* pressen, drücken **2.** *typ* (ab)drucken; ~ корректу́рные о́ттиски Korrekturbogen abziehen ‖ *v* ти́снуть, -ну, -нешь *zu* 2 *u. als mom zu* 1
ти́скаться, -аюсь, -аешься *uv volksspr* dränge(l)n, sich durchdrängen; sich (zusammen)drängen
тиски́, -о́в *Pl* Schraubstock; зажа́ть в ~ in einen Schraubstock einspannen; *übtr* unter Druck setzen, in die Zange nehmen ◇ быть в -а́х in eiserner Umklammerung sein, in schwerer Bedrängnis sein
тисне́ние, -я *n* Druck, Prägung
тиснёный, -ая, -ое gepreßt, geprägt, bedruckt
ти́снуть *v u. mom zu* ти́скать
тита́н, -а *m* **1.** Titan, Riese **2.** *chem* Titan **3.** elektrischer Wasserboiler
титани́ческий, -ая, -ое titanisch, titanenhaft, riesig, riesenhaft
тита́новый, -ая, -ое *chem* Titan-
ти́тло, -а, *G Pl* титл *n ling* Abkürzungszeichen *in der kirchenslawischen Schrift*
титр, -а *m* **1.** *Film* Titel; Untertitel; Vorspann **2.** *chem* Titer
ти́тул, -а *m* **1.** *typ* Titel **2.** Titel, Ehrentitel
титулова́ть, -лу́ю, -лу́ешь; -ло́ванный, -ло́ван, -а *v, uv* **1.** einen Titel verleihen **2.** titulieren, benennen
ти́тульный, -ая, -ое Titel-; ~ лист Titelblatt
тиф, -а, *P* в ти́фе *u. umg* в тифу́ *m* Typhus; сыпно́й ~ Flecktyphus; брюшно́й ~ Bauchtyphus
тифо́зный, -ая, -ое Typhus-; ~ больно́й Typhuskranker
ти́хий, -ая, -ое; *Kzf* тих, тиха́!; *Komp* ти́ше; *Sup* тиша́йший **1.** leise, still, gedämpft; говори́ть -им го́лосом mit leiser Stimme sprechen; ~ ветеро́к leichter Wind **2.** langsam; ~ ход langsame Fahrt; -им ша́гом mit langsamen Schritten **3.** still, ruhig, sanft, friedlich; -ая грусть stille Trauer; ~ ребёнок ruhiges Kind; ~ нрав sanfter Charakter, Sanftmut ◇ в -ом о́муте че́рти во́дятся stille Wasser sind tief; Ти́хий океа́н Stiller Ozean, Pazifik
тихомо́лком *Adv umg* stillschweigend, heimlich
Ти́хон, -а *m männl Vn*
тихо́нько *Adv umg* **1.** leise **2.** langsam, bedächtig
тихо́ня, -и, *G Pl* -ей *m, f umg* Duckmäuser, Leisetreter
тихоокеа́нский, -ая, -ое Pazifik-
тихохо́д, -а *m zool* Faultier
тихохо́дный, -ая, -ое; *Kzf* -ден, -дна mit geringer Fahrgeschwindigkeit, mit langsamem Gang
тихо́хонько *Adv umg* ganz leise
тиша́йший ↑ ти́хий
ти́ше ↑ ти́хий

тишина́, -ы́ *f* Stille, Geräuschlosigkeit, Ruhe; соблюда́ть -у́ still sein [bleiben]; нару́шить -у́ die Ruhe stören; водвори́ть -у́ Ruhe stiften; в -é in der Stille

тишко́м *Adv volksspr* **1.** leise **2.** heimlich, unbemerkt

тишь, -и, *P* о ти́ши, в тиши́ *f* Stille, Lautlosigkeit; Windstille; Ruhe ◇ ~ да гладь Ruhe und Eintracht

т. к. (та́к как) da, weil

тка́ный, -ая, -ое gewebt, Web-

ткань, -и *f* **1.** *text* Stoff, Gewebe **2.** *biol* (Zell-) Gewebe **3.** *übtr buchspr* Inhalt, Stoff

тканьё, -нья́ *n* **1.** Weben **2.** Gewebe, Webwaren

ткать* *uv* **1.** *text* weben, wirken **2.** weben, flechten, spinnen

тка́цкий, -ая, -ое Web-, Weber-; ~ стано́к Webstuhl

ткач, -а́, *I* -о́м, *G Pl* -е́й *m* Weber

тка́чество, -а *n* Weberhandwerk, Weberei

ткачи́ха, -и *f* Weberin

ткнуть *v mom zu* [1]ты́кать

ткну́ться *v mom zu* ты́каться

тку ↑ ткать

тле́ние, -я *n* **1.** Fäulnis, Verwesung **2.** Schwelen **3.** Glimmen

тле́нность, -и *f buchspr* Verweslichkeit, Vergänglichkeit

тле́нный, -ая, -ое; *Kzf* тле́нен, тле́нна *buchspr* verweslich, vergänglich

тлетво́рный, -ая, -ое; *Kzf* -рен, -рна **1.** *buchspr* verderbenbringend; verwest **2.** *übtr* unheilbringend, unheilvoll, schädlich

тлеть, тле́ю, тле́ешь *uv* **1.** faulen, verwesen **2.** schwelen **3.** glimmen, glühen; *übtr* glimmen, sich schwach regen

тле́ться, *1. u. 2. Pers ungebr*, тле́ется *uv umg* **1.** schwelen **2.** glimmen, glühen; *übtr* glimmen

тля, -и, *G Pl* тлей *f* Blattlaus

т. м. (теку́щего ме́сяца) des laufenden Monats, dieses Monats

тмин, -а (-у) *m bot* Kümmel

тми́нный, -ая, -ое Kümmel-

т. н. (так называ́емый) sogenannt

[1]то *Konj* **1.** so, dann; е́сли ты не придёшь, то я всё сде́лаю сам kommst du nicht, (so) mache ich alles selbst **2.** то . . . то bald . . ., bald; она́ то пла́чет, то смеётся bald weint sie, bald lacht sie; то тут, то там bald hier, bald dort; а то *oder* а не то sonst, andernfalls; не то . . ., не то . . . halb . . ., halb . . .; entweder . . ., oder . . .; не то по тру́сости, не то по глу́пости halb [entweder] aus Feigheit, halb [oder] aus Dummheit; а то sonst; спеши́, а то опозда́ешь! beeile dich, sonst kommst du zu spät!; не то, что́бы мне хоте́лось nicht, daß ich gerade Lust hätte; то и де́ло beständig, in einem fort, jeden Augenblick

[2]то ↑ тот

-то *Verstärkungspartikel in der Umgangssprache* gerade, eben; в то́м-то и де́ло! das ist es ja eben!; э́то-то я и хоте́л сказа́ть gerade das wollte ich auch sagen

тобо́й *oder* **тобо́ю** ↑ ты

тов. (това́рищ) Genosse, Genossin, Kollege, Kollegin

това́р, -а *m* Ware; Artikel; -ы широ́кого потребле́ния Massenbedarfsartikel; хо́дкий ~ gangbarer Artikel; лежа́лый ~ Ladenhüter; сбыт -ов Warenabsatz ◇ показа́ть ~ лицо́м etw. von der besten Seite [im günstigsten Lichte] zeigen

това́рищ, -а, *I* -ем, *G Pl* -ей *m* **1.** Genosse, Genossin; парти́йные и беспарти́йные -и Genossen und Parteilose **2.** Kamerad, Gefährte; ~ по университе́ту Studienkollege; ~ по ору́жию Waffenbruder; ~ по рабо́те Arbeitskollege; ~ де́тства Jugendfreund, Spielgefährte **3.** Genosse, Genossin; Kollege, Kollegin *als Anrede* **4.** *alt* Stellvertreter

това́рищеский, -ая, -ое kameradschaftlich, freundschaftlich, kollegial; -ая встре́ча *Sport* Freundschaftstreffen

това́рищество, -а *n* **1.** Kameradschaft(lichkeit), Kollegialität **2.** Genossenschaft, Gesellschaft, Handelsgesellschaft

това́рка, -и, *Pl G* -рок, *D* -ркам *f volksspr* Gefährtin

това́рность, -и *f* Warenfähigkeit, Warencharakter, Warenform der Produktion

това́рный, -ая, -ое **1.** Waren-; ~ знак Warenzeichen, Schutzmarke; ~ склад Warenlager; -ое хозя́йство Warenwirtschaft **2.** Güter-; ~ по́езд Güterzug; -ая ста́нция Güterbahnhof

товаро|ве́дение, -я *n* Warenkunde; **~обме́н,** -а *m* Warenaustausch; **~оборо́т,** -а *m* Warenumsatz

това́ро-пассажи́рский, -ая, -ое: ~ по́езд gemischter Zug *zur Beförderung von Gütern und Personen*

товаропроизводи́тель, -я *m* Warenproduzent
тово́ ↑ того́
тогда́ 1. *Adv* damals; ~ я жил в Москве́ damals lebte ich in Moskau **2.** *Adv* dann, danach, darauf; он отказа́лся, ~ я сказа́л ему́ ... er lehnte es ab, daraufhin [da] sagte ich ihm ... **3.** *Adv* so, dann, in dem Falle; уста́л, ~ отдохни́! bist du müde? dann [so] ruhe dich aus! **4.** *Konj, in Verbindung mit* когда́, е́сли so, dann; е́сли э́то пра́вда, ~ я рад wenn das wahr ist, so bin ich froh ◇ ~ как *Konj* a) während, wohingegen; b) obgleich
тогда́шний, -яя, -ее damalig
того́ [во] *u.* **тово́** *volksspr* **1.** *Füllwort* doch; он, брат, того́, не по́нял тебя́ er hatte dich, mein Lieber, na, nicht verstanden **2.** *prädikativ* mittelmäßig, ziemlich schlecht; вещи́ца-то — того́ das Ding ist nicht besonders
то́ есть (*Abk* т. е.) *Konj* das heißt, nämlich, und zwar
тожде́ственный *u.* **тоже́ственный,** -ая, -ое; *Kzf* -вен, -венна identisch, gleich(bedeutend)
то́ждество *u.* **то́жество,** -а *n* Identität, Gleichheit
то́же *Adv* auch, ebenfalls; я ~ уезжа́ю ich fahre auch fort
тоже́ственный ↑ тожде́ственный
то́жество ↑ то́ждество
[1]**ток,** -а *m* **1.** *buchspr* Strömung, Zug; ~ во́здуха Luftzug **2.** *el* Strom; ~ высо́кого напряже́ния Hochspannungsstrom; постоя́нный ~ Gleichstrom; переме́нный ~ Wechselstrom; трёхфа́зный ~ Drehstrom
[2]**ток,** -а, *P* о то́ке, на току́, *Pl* тока́ *u.* то́ки, токо́в, тока́м *m* Tenne, Dreschboden
[3]**ток,** -а, *P* о то́ке, на току́, *Pl* тока́, -о́в, -а́м *m* Balzplatz
тока́рный, -ая, -ое Dreh-, Drechsel-; ~ стано́к a) Drehmaschine; b) Drechslerbank; -ая мастерска́я Dreherei
то́карь, -я, *Pl* токаря́, -е́й, -я́м *u.* то́кари, -ей, -ям *m* Dreher, Drechsler
То́кио *m idkl* Tokio
токова́ние, -я *n* das Balzen, die Balz
токова́ть, *1. u. 2. Pers ungebr,* току́ет *uv* balzen
токоприёмник, -а *m el* Stromabnehmer
токси́н, -а *m* Toxin, Bakteriengiftstoff
токси́ческий, -ая, -ое toxisch, giftig
тол, -а *m* Trinitrotoluol
то́левый, -ая, -ое aus Dachpappe
толи́ка, -и *f alt umg* eine gewisse Menge ◇ ма́лую [небольшу́ю] -у ein wenig
толк, -а (-у) *m* **1.** *umg* Sinn; без -у unvernünftig, ohne Sinn und Verstand; с -ом vernünftig, mit Sinn und Verstand; он челове́к с -ом er ist ein gescheiter Mensch; знать ~ в чём-н. sich auf etw. verstehen, sich auskennen in etw., ein Kenner sein; сбить с -у verwirren, aus dem Konzept bringen; не доби́ться -у (aus j-m) nicht klug werden; *das Gewünschte* nicht erreichen **2.** *umg* Sinn, Nutzen, Vorteil, Zweck; что -у? *oder* како́й ~ в э́том? was hat es für einen Sinn?; без -у unnütz, vergeblich; из него́ -у не вы́йдет aus ihm wird nichts Gescheites; с -ом erfolgreich, mit Nutzen **3.** *meist Pl* Gerücht, Gerede; хо́дят -и, что ... man sagt, daß ...; es gehen Gerüchte, daß ...; вы́звать мно́го -ов viel Staub aufwirbeln; де́лать предме́том -ов ins Gerede bringen ◇ взять в ~ einsehen, begreifen
толка́ние, -я *n Sport* das Stoßen; ~ ядра́ Kugelstoßen
толка́ть, -а́ю, -а́ешь *uv* **1.** stoßen, drängen; schieben, schubsen; ~ ядро́ *Sport* die Kugel stoßen **2.** на *A*, к *D u. mit Inf übtr* vorantreiben, anspornen; aufstacheln, (zu etw.) bewegen ‖ *v* толкну́ть, -ну́, -нёшь
толка́ться, -а́юсь, -а́ешься *uv* **1.** sich drängen, (einander) stoßen **2.** в *A umg* klopfen, pochen (an); ~ в две́рь an die Tür klopfen **3.** *umg* sich herumtreiben, umherschlendern ‖ *v* толкну́ться, -ну́сь, -нёшься *zu* 2
[1]**толка́ч,** -а́, *I* -о́м, *G Pl* -е́й *m* **1.** Stoßlokomotive **2.** *übtr umg* Förderer
[2]**толка́ч,** -а́, *I* -о́м, *G Pl* -е́й *m tech* Stampfer; Stößel
толкну́ть(ся) *v zu* толка́ть(ся)
толкова́ние, -я *n* **1.** Erklärung, Auslegung, Deutung **2.** Erläuterung, Kommentar
толкова́тель, -я *m* Kommentator
толкова́ть, -ку́ю, -ку́ешь; -ко́ванный, -ко́ван, -а *uv* **1.** erklären, erläutern, deuten, auslegen, kommentieren; ~ зако́н ein Gesetz auslegen; ~ всё в дурну́ю сто́рону alles in schlechtem Sinne deuten **2.** *umg* (j-m etw.) auseinandersetzen, klarmachen **3.** *umg* sich unterhalten,

reden, sprechen, (etw.) besprechen; ~ о чём-н. über etw. sprechen, etw. besprechen; он всё своё толку́ет er versteift sich immer nur auf das Seine

толко́вый, -ая, -ое; *Kzf* -о́в, -а **1.** gescheit, vernünftig, verständig, einsichtsvoll; он ~ челове́к er ist ein gescheiter Kopf; э́то -ое предложе́ние dieser Vorschlag hat Hand und Fuß; ~ отве́т eine klare Antwort **2.** klar, verständlich **3.** *nur Langform* erklärend, mit Erklärungen versehen; ~ слова́рь ру́сского языка́ erklärendes Wörterbuch der russischen Sprache

то́лком *Adv umg* vernünftig, verständlich, sachlich, zusammenhängend

толкотня́, -и́ *f umg* Gedränge

толку́ ↑ толо́чь

толку́чий, -ая, -ее: ~ ры́нок *alt* Trödelmarkt

толку́чка, -и, *Pl G* -чек, *D* -чкам *f volksspr* **1.** Gedränge **2.** Trödelmarkt

толма́ч, -а́, *I* -о́м, *G Pl* -е́й *m hist* Dolmetscher

толокно́, -а́ *n* gestoßenes Hafermehl

толокня́нка, -и, *Pl G* -нок, *D* -нкам *f bot* Bärentraube

толо́чь* *uv* zerstoßen, zerkleinern

толо́чься* *uv umg* **1.** sich (zusammen)drängen **2.** herumstehen; sich herumtreiben ◇ он толчётся на одно́м ме́сте *übtr* er kommt nicht vom Fleck

толпа́, -ы́, *Pl* то́лпы, толп, то́лпам *f* Menschenmenge, Auflauf von Menschen

толпи́ться, *1. u. 2. Pers ungebr,* -пи́тся *uv* sich (zusammen)drängen, sich häufen

толпо́й *Adv* in Scharen, scharenweise

толсте́нный, -ая, -ое *volksspr* sehr dick

то́лстенький, -ая, -ое; *Kzf* -е́нек, -е́нька *umg* klein und dick, rundlich

толсте́ть, -е́ю, -е́ешь *uv* dick(er) werden, zunehmen

толсти́ть, *1. u. 2. Pers ungebr,* -и́т *uv umg* dick machen, ein dickes Aussehen verleihen; пла́тье её толсти́т das Kleid macht sie dick

толстова́тый, -ая, -ое; *Kzf* -а́т, -а *umg* ziemlich dick

толсто́вка, -и, *Pl G* -вок, *D* -вкам *f* Hemdbluse

толсто|ко́жие *Pl* -их, *Sg* толстоко́жее, -его *Subst n zool* Dickhäuter; **~ко́жий,** -ая, -ее; *Kzf* -о́ж, -а **1.** dickhäutig, mit dicker Schale; -ие живо́тные Dickhäuter **2.** *übtr* dickfellig, unempfindlich; **~но́гий,** -ая, -ое; *Kzf* -о́г, -а dickbeinig; **~пу́зый,** -ая, -ое; *Kzf* -у́з, -а *volksspr* **1.** dickbäuchig, dickwanstig **2.** -ого *Subst m* Dickwanst; **~су́м,** -а *m volksspr* Geldsack, Protz, schwerreicher Mann

толсту́ха, -и *f umg* Dicke, dicke Frau

то́лстый, -ая, -ое; *Kzf* толст, толста́!; *Komp* то́лще **1.** dick, beleibt; ~ челове́к dicker Mensch; -ая кишка́ *anat* Dickdarm **2.** stark, von großem Durchmesser, grob; ~ слой dicke Schicht; ~ холст grobe Leinwand

толстя́к, -а́ *m umg* der Dicke, dicker Mann

толче́ние, -я *n* Zerstoßen, Zerkleinern

толчёный, -ая, -ое gestoßen, zerkleinert

толчея́, -и́ *f* **1.** *umg* Gedränge, Gestoße, Getümmel; das Kommen und Gehen **2.** Brandung **3.** Stampfmühle

толчка́ми *Adv* stoßweise, ruckweise

толчо́к, -чка́ *m* **1.** Stoß, Schubs, Ruck; Erdstoß, Erschütterung; одни́м -чко́м mit einem Ruck **2.** *übtr* Anstoß, Anregung, Antrieb, Impuls; дава́ть ~ чему́-н. Anregung geben zu etw.

то́лща, -и, *I* -ей *f* **1.** Dicke, massive Schicht **2.** *übtr* breite Masse *der Bevölkerung*

то́лще ↑ то́лстый

толщина́, -ы́ *f* Dicke, Stärke; Umfang; ~ льда Eisstärke; -о́ю в де́сять сантиме́тров zehn Zentimeter dick [stark]

толь, -я *m* Dachpappe

то́лько 1. *Adv* nur, allein, bloß; erst; э́то ~ нача́ло das ist nur [erst] der Anfang; ~ тогда́ dann erst, erst dann; как ~ *oder* лишь ~ sobald, kaum; и ~? ist das alles?, weiter nichts?; ~ что eben erst, soeben; он ~ что пришёл er ist eben erst [gerade] gekommen; то́лько-то́лько a) soeben, gerade; b) kaum, mit Mühe und Not, gerade; ему́ де́нег то́лько-то́лько хвати́ло на доро́гу sein Geld reichte gerade [kaum] für die Fahrt **2.** *Konj* kaum; ~ я вошёл kaum war ich eingetreten; лишь [как] ~ sobald, sowie, kaum **3.** *Konj* nur, aber, jedoch; смотри́, ~ не забыва́й! sieh zu, daß du es nicht vergißt! **4.** *Part mit* бы *zum Ausdruck eines Wunsches*: ~ бы! wenn nur! **5.** *Verstärkungspartikel* bloß, denn;

зачём ~ я сказа́л! warum habe ich es bloß gesagt!
том, -а, *Pl* тома́, -о́в, -а́м *m* Band *einer Buchausgabe*
тома́т, -а *m* Tomate; Tomatenmark
тома́тный, -ая, -ое Tomaten-; -ая па́ста Tomatenmark
то́мик, -а *m Dem zu* том Bändchen, kleiner Band
томи́тельность, -и *f* Plage, quälendes Gefühl
томи́тельный, -ая, -ое; *Kzf* -лен, -льна quälend, drückend, ermüdend; -ая ску́ка tödliche Langweile
томи́ть, томлю́, томи́шь; томлённый, -ён, -ена́ *uv* 1. schmachten lassen, quälen, peinigen 2. *tech* tempern, schmiedbar machen 3. schmoren, dämpfen *Gemüse* 4. beizen *Holz*
томи́ться, томлю́сь, томи́шься *uv* 1. schmachten, leiden, sich quälen; ~ от чего́-н. vor etw. vergehen; ~ по чему́-н. sich nach etw. sehnen; ~ жа́ждой dürsten, nach Wasser lechzen 2. *1. u. 2. Pers ungebr* schmoren, dämpfen *vom Gemüse*
томи́ч, -а́, *I* -о́м, *G Pl* -е́й *m* Einwohner von Tomsk
томле́ние, -я *n* 1. Sehnsucht, Schmachten 2. *tech* Tempern 3. Schmoren, Dämpfen 4. Beizen
то́мность, -и *f* Schmachten, Träumerei, Mattigkeit
то́мный, -ая, -ое; *Kzf* то́мен, томна́! schmachtend, träumerisch; matt
томпа́к, -а́ *m* Tombak, Legierung aus Kupfer und Zink
тон, -а, *Pl* тона́, тоно́в, тона́м *u.* то́ны, то́нов, то́нам *m* 1. Ton, Laut, Klang; суро́вым -ом in barschem Ton; перемени́ть ~ einen anderen Ton anschlagen; сба́вить ~ seinen Ton mäßigen; взять -ом вы́ше einen Ton höher singen [spielen] 2. Farbton; в све́тлых тона́х in hellen Tönen 3. Umgangston, Manieren, Benehmen; дурно́й ~ schlechter Ton, schlechte Manieren ◇ задава́ть тон *a. übtr* den Ton angeben
тона́льность, -и *f mus* Tonart
то́ненький, -ая, -ое dünn
[1]**тони́ческий,** -ая, -ое *lit* tonisch, akzentuierend
[2]**тони́ческий,** -ая, -ое *med* tonisch; -ие сре́дства tonische Mittel, Stärkungsmittel
то́нкий, -ая, -ое; *Kzf* -нок, -нка́!; *Komp* то́ньше; *Sup* тонча́йший 1. dünn, fein, zart, schlank; ~ шёлк dünne Seide; -ая пыль feiner Staub; -ие па́льцы schlanke Finger; -ие кишки́ *anat* Dünndarm; -ие черты́ лица́ feine Gesichtszüge; -ая та́лия schlanke Taille 2. *übtr* fein, verfeinert, zart; ~ вкус feiner Geschmack; -ое чутьё a) scharfer Geruchssinn; eine gute Nase; b) Fingerspitzengefühl; ~ ум durchdringender Verstand; ~ намёк eine leise Anspielung; ~ сон leichter Schlaf; ~ кри́тик scharfsinniger Kritiker 3. *umg* fein, schlau, spitzfindig; э́то сли́шком то́нко das ist zu spitzfindig ◇ где -о, там и рвётся *Sprichw* allzu straff gespannt, zerspringt der Bogen
тонко|зерни́стый, -ая, -ое *geol* kleinkörnig; **-ко́жий,** -ая, -ее; *Kzf* -о́ж, -а dünnhäutig, mit dünner Schale; **-но́гий,** -ая, -ое; *Kzf* -о́г, -а dünnbeinig; **-ру́нный,** -ая, -ое feinwollig
то́нкость, -и *f* 1. Dünne, Feinheit, Schlankheit, Verfeinerung 2. Feinheit, Subtilität, Detail ◇ вдава́ться в -и auf Einzelheiten eingehen; *iron* Haare spalten
тонкошёрстный [сн], -ая, -ое *oder* **тонкошёрстый,** -ая, -ое feinwollig
тонме́йстер, -а *m* Tonmeister
то́нна, -ы *f* Tonne *Gewicht*
тонна́ж, -а, *I* -ем Tonnage, Tonnengehalt, Schiffsraum
тонне́ль ↑ тунне́ль
то́нный, -ая, -ое; *Kzf m ungebr,* то́нна *umg, iron* aufgeblasen
тонреги́стр, -а *m rad* Klangregister
то́нус, -а *m med* Tonus
тону́ть, тону́, то́нешь *uv* 1. ertrinken, (ver)sinken, untergehen; де́рево не то́нет в воде́ Holz geht im Wasser nicht unter 2. ein-, versinken, versacken; ~ в снегу́ im Schnee einsinken ◇ ~ в дела́х vor Arbeit nicht wissen, wo einem der Kopf steht
тонфи́льм, -а *m* Tonfilm
тонча́йший ↑ то́нкий
тонча́ть, *1. u. 2. Pers ungebr,* -а́ет *uv umg* dünn(er) werden
то́ньше ↑ то́нкий
То́ня, -и *f Dem zu* Антони́на
то́ня, -и, *G Pl* -ей *f* 1. Fischzug, Netzzug 2. Fischfangplatz
топа́з, -а *m min* Topas
то́пать, -аю, -аешь *uv* stampfen, trampeln ‖ *v mom* то́пнуть, -ну, -нешь
[1]**топи́ть,** топлю́, то́пишь; то́пленный, -ен, -а *uv* heizen, feuern
[2]**топи́ть,** топлю́, то́пишь; то́пленный, -ен, -а *uv* 1. auslassen, schmel-

zen *Fett* **2.** *Milch* dämpfen, lange Zeit leicht kochen lassen

[3]**топи́ть,** топлю́, то́пишь *uv* **1.** versenken, zum Untergehen bringen; ertränken, ersäufen; ~ кора́бль ein Schiff versenken **2.** *übtr umg* zugrunde richten, ruinieren, ins Verderben stürzen

[1]**топи́ться,** *1. u. 2. Pers ungebr*, то́пится *uv* brennen, geheizt werden

[2]**топи́ться,** *1. u. 2. Pers ungebr*, то́пится *uv* **1.** schmelzen, auslassen, geschmolzen werden **2.** dämpfen, lange Zeit leicht kochen

[3]**топи́ться,** топлю́сь, то́пишься *uv umg* sich ertränken, ins Wasser gehen

то́пка, -и, *Pl G* -пок, *D* -пкам *f* **1.** Heizen, Feuerung, Heizung **2.** Feuerraum *Teil des Ofens* **3.** Schmelzen, Auslassen

то́пкий, -ая, -ое; *Kzf* то́пок, топка́!; *Komp* то́пче sumpfig, morastig

то́пкость, -и *f* Sumpfigkeit, Morastigkeit

топлёный, -ая, -ое geschmolzen, zerlassen, ausgelassen; -ое молоко́ (im Ofen) gedämpfte Milch

то́пливо, -а *n* Brennstoff, Brennmaterial, Heizmaterial, Feuerung; жи́дкое ~ flüssiger Brennstoff

то́пнуть *v mom zu* то́пать

топо́граф, -а *m* Topograph

топографи́ческий, -ая, -ое topographisch, Vermessungs-; -ая съёмка Landesaufnahme, topographische Aufnahme; ~ знак Kartenzeichen

топогра́фия, -и *f* **1.** Topographie, Geländekunde, Geländelehre **2.** Oberflächengestalt *einer Landschaft*

то́поль, -я, *Pl* тополя́, -е́й, -я́м *u.* то́поли, -ей, -ям *m* Pappel; серебри́стый ~ Silberpappel

топо́р, -а́ *m* Beil, Axt

топори́ще, -а, *I* -ем *n* Beilstiel, Axtstiel

топо́рный, -ая, -ое; *Kzf* -рен, -рна grob, ungeschlacht

топо́рщить, -щу, -щишь *uv* sträuben

топо́рщиться, -щусь, -щишься *uv* sich sträuben, abstehen; sein Fell sträuben

то́пот, -а *m* Getrampel, Stampfen

топота́ть* *uv umg* stampfen, trampeln

топочу́ ↑ топота́ть

топта́ть* *uv* **1.** zertreten, zerdrücken; ~ траву́ das Gras zertreten **2.** beschmutzen, mit den Füßen schmutzig machen; ~ пол den Fußboden schmutzig machen **3.** stampfen, festtreten; ~ гли́ну Lehm stampfen ◇ ~ кого́-н. в грязь j-n in den Schmutz ziehen

топта́ться* *uv* auf der Stelle treten; ~ на ме́сте von einem Fuß auf den anderen treten; *übtr* nicht vom Fleck kommen

топча́н, -а *m* hölzernes Liegebett

то́пче ↑ то́пкий

топчу́ ↑ топта́ть

топы́рить, -рю, -ришь *uv volksspr* spreizen

топь, -и *f* Sumpf, sumpfiger Boden

то́рба, -ы *f* Futtersack, Tasche ◇ носи́ться с ке́м-н. как с пи́саной то́рбой ein großes Getue mit j-m machen

[1]**торг,** -а, *P* о то́рге, на торгу́, *Pl* торги́, -о́в, -а́м *m* **1.** Handel **2.** *alt gbt* Markt **3.** *meist Pl* Versteigerung, Auktion; прода́жа с -о́в Versteigerung

[2]**торг,** -а *m* Handelsorganisation

торга́ш, -а́, *I* -о́м, *G Pl* -е́й *m umg verächtl* Krämer, Krämerseele

торга́шеский, -ая, -ое Krämer-; ~ дух Krämergeist

торга́шество, -а *n umg* Schacher, Schacherei

торгова́ть, -гу́ю, -гу́ешь *uv* **1.** handeln; ~ о́птом en gros handeln, Großhandel treiben **2.** kaufen, erhandeln **3.** geöffnet sein *Geschäft*

торгова́ться, -гу́юсь, -гу́ешься *uv* handeln, feilschen (с *I* um)

торго́вец, -вца, *I* -вцем, *G Pl* -вцев *m* Händler, Kaufmann

торго́вка, -и, *Pl G* -вок, *D* -вкам *f* Händlerin, Marktfrau

торго́вля, -и *f* Handel; вну́тренняя ~ Binnenhandel; вне́шняя ~ Außenhandel; менова́я ~ Tauschhandel; опто́вая ~ Engroshandel; ро́зничная ~ Einzelhandel; ча́стная ~ Privathandel

торго́во-промы́шленный, -ая, -ое Industrie- und Handels-

торго́вый, -ая, -ое Handels-; ~ представи́тель Handelsvertreter; ~ флот Handelsflotte

торг|пре́д, -а *m* (торго́вый представи́тель) Handelsvertreter; **-пре́дство,** -а *n* (торго́вое представи́тельство) Handelsvertretung

тореадо́р, -а *m* Torero, Stierkämpfer

торе́ц, -рца́, *I* -рцо́м, *G Pl* -рцо́в *m* **1.** *tech* Stirnseite, Kopfende **2.** Holzpflaster

торже́ственность, -и *f* Feierlichkeit, Festlichkeit

торже́ственный, -ая, -ое; *Kzf* -ен, -енна feierlich, festlich

торжество́, -а́ *n* 1. Feier, Fest 2. Triumph, Sieg 3. Triumphgefühl, Jubel; с -о́м jubelnd, triumphierend
торжествова́ть, -ву́ю, -ву́ешь *uv* 1. feiern, feierlich begehen; ~ побе́ду den Sieg feiern 2. triumphieren, siegen; ~ над враго́м über den Feind triumphieren
то́рий, -я, *P* -и *m chem* Thorium
торма́шки: лете́ть вверх -ами kopfüber fallen
торможе́ние, -я *n* 1. *tech* Bremsen; кран э́кстренного -я Notbremse 2. *psych* Hemmung
то́рмоз, -а, *Pl* тормоза́, -о́в, -а́м *u.* то́рмозы, -ов, -ам *m* 1. (тормоза́) Bremse; запа́сный ~ Notbremse 2. (то́рмозы) *übtr* Hemmschuh, Hindernis
тормози́ть, -ожу́, -ози́шь; -ожённый, -ожён, -ожена́ *uv* 1. bremsen 2. *übtr* bremsen, hindern, hemmen
тормози́ться, *1. u. 2. Pers ungebr,* -и́тся *uv* gebremst, gehemmt werden
тормозно́й, -а́я, -о́е Brems-; -а́я коло́дка Bremsklotz
тормоши́ть, -шу́, -ши́шь *uv umg* 1. zupfen, zausen 2. *übtr* belästigen, nicht in Ruhe lassen
то́рный, -ая, -ое; *Kzf* -рен, -рна gebahnt, geebnet; ausgetreten *Weg;* пойти́ по -ой доро́ге *übtr* den üblichen Weg gehen
торова́тость, -и *f alt, volksspr* Freigebigkeit
торопи́ть, -оплю́, -о́пишь *uv* 1. zur Eile antreiben, drängen 2. beschleunigen
торопи́ться, -оплю́сь, -о́пишься *uv* eilen, sich beeilen, hasten; не ~ sich Zeit lassen; не торопя́сь gemächlich, in Ruhe
торопли́вость, -и *f* Eilfertigkeit, Hast, Überstürztheit
торопли́вый, -ая, -ое; *Kzf* -и́в, -а eilig, hastig, überstürzt
торо́с *u.* **то́рос,** -а, *Pl* торо́сы, -ов, -ам *u.* тороса́, -о́в, -а́м *u. volksspr* торо́сья, -ьев, -ьям Packeis, Eisblock
торпе́да, -ы *f* Torpedo
торпеди́ровать, -рую, -руешь *v, uv* torpedieren
торпе́дный, -ая, -ое Torpedo-; ~ аппара́т Torpedorohr; ~ ка́тер Torpedoboot
торпедоно́сец, -сца, *I* -сцем, *G Pl* -сцев *m* Torpedoflugzeug
торс, -а *m* Torso, Rumpf
торт, -а *m* Torte
торф, -а *m* Torf
торфоразрабо́тка, -и, *Pl G* -ток, *D* -ткам *f* 1. Torfgewinnung 2. *Pl* Torfbruch, Torflager
[1]**торфяни́к,** -а́ *m* Torfmoor
[2]**торфяни́к,** -а́ *m* Torfarbeiter
торфяни́стый, -ая, -ое; *Kzf* -и́ст, -а torfhaltig, Torf-
торфяно́й, -а́я, -о́е Torf-; ~ мох *bot* Torfmoos; -о́е боло́то Torfmoor
торцево́й ↑ торцо́вый
торцо́вый, -ая, -ое *u.* **торцево́й,** -а́я, -о́е 1. *tech* Stirn-; -ая фре́за Stirnfräse 2.: -ая мостова́я Holzpflaster
торча́ть, -чу́, -чи́шь *uv* 1. hervorstehen, hervorragen, abstehen; у него́ у́ши торча́т er hat abstehende Ohren 2. *umg* sich aufhalten, stecken; я весь день торчу́ в ку́хне den ganzen Tag stecke ich in der Küche
торчко́м, торчмя́ *Adv* aufrecht, abstehend
тоска́, -и́ *f* 1. Trauer, Gram, Schwermut 2. Langeweile; наводи́ть -у́ на кого́-н. j-n langweilen 3. Sehnsucht; ~ по ро́дине Heimweh
тосkли́вый, -ая, -ое; *Kzf* -и́в, -а 1. traurig, schwermütig, melancholisch 2. langweilig
тоскова́ть, -ку́ю, -ку́ешь *uv* 1. traurig sein, schwermütig sein, Trübsal blasen 2. sich langweilen 3. sich sehnen; ~ по ро́дине Heimweh haben
тост, -а *m* Toast, Trinkspruch; провозглаша́ть ~ einen Toast ausbringen
тот, того́ *m*; та, той *f*; то, того́ *n*; *Pl* те, тех *Dem Pron* 1. jener; ~ дом jenes Haus; те ребя́та jene Kinder 2. derjenige; ~, кто э́того не зна́ет . . . derjenige, der das nicht weiß . . . 3. eben derselbe; он сел не в ~ по́езд er ist in den falschen Zug gestiegen; э́то не совсе́м то das ist nicht ganz das Richtige 4. *mit der Partikel* же (*mit oder ohne* са́мый) derselbe; одно́ и то же ein und dasselbe; э́то тот же (са́мый) челове́к das ist derselbe Mann 5.: в ~ раз damals, das vorige Mal; с того́ вре́мени *oder* с тех пор seitdem, seit jener Zeit; не ~, так друго́й wenn nicht der eine, so der andere; и́менно тот gerade [eben] jener; до того́, что . . . so sehr [dermaßen], daß . . .; мне не до того́ ich bin dazu nicht aufgelegt; тем са́мым dadurch; тем бо́лее, что um so mehr, als; тем лу́чше [ху́же] um so besser [schlimmer], desto bes-

ser [schlimmer]; ме́жду тем *oder* тем вре́менем inzwischen, währenddessen; ме́жду тем как während; тем не ме́нее nichtsdestoweniger; к тому́ же überdies, außerdem; и без того́ ohnehin, sowieso; с тем, что́бы um... zu; при всём том bei alledem; де́ло в том, что . . . es handelt sich darum, daß . . .; по́сле того́, как nachdem ◇ и то сказа́ть und tatsächlich; то да сё so und so; того́ и гляди́ *oder* того́ и жди ehe man sich's versieht; ме́сяц тому́ наза́д vor einem Monat; ни с того́, ни с сего́ mir nichts, dir nichts; ohne jeden Grund; ни то ни сё weder Fisch noch Fleisch

тоталита́рный, -ая, -ое *buchspr* totalitär

тота́льный, -ая, - ое; *Kzf* -лен, -льна *buchspr* total

тоте́м [тэ], -а *m* Totem

то́-то *Part umg* **1.** aha, eben deshalb; то́-то a) da erst, da mal; то́-то он рассе́рдится da wird er erst böse sein; b) darum, also; то́-то он был зол deshalb also war er böse **2.** *Ausdruck eines starken Gefühls* ach, ist das aber; то́-то бы́ло краси́во! ach, war das herrlich! **3.** *als Warnung* ну, то́-то же! paß nur auf! ◇ то́-то и оно́ *oder* то́-то и есть das ist es ja eben

то́тчас *u. umg* **тотча́с** *Adv* sogleich, sofort

точёный, -ая, -ое **1.** geschliffen; gedreht, gedrechselt **2.** *übtr* wie aus Stein [Marmor] gemeißelt *Gesicht, Figur*

то́чечный, -ая, -ое **1.** punktiert **2.** punktförmig

точи́лка, -и, *Pl G* -лок, *D* -лкам *f* **1.** Schleifstein **2.** Bleistiftspitzmaschine

точи́ло, -а *n* **1.** Schleifstein; Werkbank **2.** Weinpresse, Kelter

точи́льный, -ая, -ое Schleif-, Wetz-; ~ бру́со́к Schleifstein; ~ реме́нь Streichriemen

точи́льщик, -а *m* Schleifer

[1]**точи́ть,** точу́, то́чишь; то́ченный, -чен, -а *uv* **1.** schärfen, wetzen, schleifen; ~ каранда́ш einen Bleistift spitzen **2.** *tech* drechseln, drehen ◇ ~ зу́бы на кого́-н. Groll gegen j-n hegen

[2]**точи́ть,** *1. u. 2. Pers ungebr*, то́чит *uv* **1.** nagen, (zer)fressen; ржа́вчина то́чит желе́зо Rost frißt Eisen **2.** *übtr* verzehren, quälen; тоска́ его́ то́чит der Gram verzehrt ihn ◇ вода́ ка́мень то́чит steter Tropfen höhlt den Stein

точи́ться, *1. u. 2. Pers ungebr*, то́чится *uv buchspr*, *alt* langsam heraussickern

то́чка, -и, *Pl G* -чек, *D* -чкам *f* **1.** Punkt; исхо́дная ~ Ausgangspunkt; ~ опо́ры Stützpunkt; ~ пересече́ния Schnittpunkt; ~ кипе́ния Siedepunkt; ~ замерза́ния Gefrierpunkt; ~ соприкоснове́ния Berührungspunkt; ~ приложе́ния си́лы Angriffspunkt einer Kraft; ~ наво́дки *mil* Richtpunkt; огнева́я ~ *mil* Feuernest, Kampfstand; мёртвая ~ toter Punkt; вы́сшая ~ Höhepunkt; ~ зре́ния Gesichtspunkt, Standpunkt **2.** Punkt *Satzzeichen*; ~ с запято́й Semikolon ◇ попа́сть в -у den Nagel auf den Kopf treffen, ins Schwarze treffen; дойти́ до -и am Ende seiner Kraft sein; ~ в -у genau, aufs Haar; ста́вить -у над „и" das Tüpfelchen aufs „i" setzen

[1]**то́чно 1.** *Adv* genau, präzise, pünktlich; ~ в пять часо́в Punkt fünf (Uhr); ~ так ebenso, genauso; ~ так же, как ebenso wie; ~ тако́й der gleiche, genau derselbe **2.** *Part* wirklich, in der Tat; так ~! *mil* jawohl!, zu Befehl!

[2]**то́чно** *Konj* als ob, wie; ~ он не мо́жет als ob er nicht könnte; он ~ поме́шанный er ist wie verrückt

точномехани́ческий, -ая, -ое feinmechanisch

то́чность, -и *f* Genauigkeit, Pünktlichkeit, Präzision ◇ в -и genau (so), aufs Haar

то́чный, -ая, -ое; *Kzf* -чен, -чна́! genau, exakt, präzise; pünktlich; ~ перево́д genaue Übersetzung; ~ челове́к pünktlicher Mensch; -ые нау́ки exakte Wissenschaften; -ые прибо́ры Präzisionsinstrumente

то́чь-в-то́чь *Adv* ganz genau, aufs Haar

тошни́ть, -и́т *unpers*, *uv* Übelkeit empfinden; меня́ тошни́т mir ist übel [schlecht]

то́шно *unpers*, *prädikativ*: мне ~ mir ist übel [schlecht]; ~ смотре́ть ich kann es nicht mit ansehen

тошнота́, -ы́ *f* Übelkeit, Brechreiz; вызыва́ть -у́ Übelkeit erregen

тошнотво́рный, -ая, -ое; *Kzf* -рен, -рна **1.** Übelkeit erregend **2.** *übtr* widerlich, widerwärtig

то́шный, -ая, -ое; *Kzf* -шен, -шна́! Übelkeit erregend, widerlich

тощáть, -áю, -áешь *uv umg* abmagern
тóщий, -ая, -ее; *Kzf* тощ, тощá, тóще 1. mager, dürr, abgemagert 2. *übtr* leer; dürftig, karg; на ~ желýдок auf nüchternen Magen
тпру *u.* **тпрр** *Interj* brr!, halt! ◇ ни ~, ни ну weder hü noch hott
травá, -ы́, *Pl* трáвы, трав, трáвам *f* Gras, Kraut; сóрная ~ Unkraut; лекáрственные -ы Heilkräuter ◇ э́то -óй поросло́ darüber ist längst Gras gewachsen
трáверс *u.* **трáверз,** -а *m* 1. *mil* Traverse, Schulterwehr, Querwand; ты́льный ~ Rückenwehr 2. *arch* Querbalken, Querträger
трави́нка, -и, *Pl G* -нок, *D* -нкам *f* Grashalm
[1]**трави́ть,** травлю́, трáвишь; трáвленный, -ен, -а *uv* 1. vergiften, ausrotten; ~ крыс Ratten vertilgen 2. *tech* ätzen 3. abgrasen, abweiden 4. hetzen (mit Hunden) 5. *übtr* hetzen (gegen), verfolgen
[2]**трави́ть,** травлю́, трáвишь; трáвленный, -ен, -а *uv naut* nachgeben, locker lassen *Tau*
трави́ться, травлю́сь, трáвишься *uv* sich vergiften
травлéние, -я *n* 1. Vergiften 2. *tech* Ätzen, Beizen
трáвленый, -ая, -ое gebeizt, geätzt ◇ ~ зверь *alt, volksspr* einer, der mit allen Hunden gehetzt ist
трáвля, -и *f* 1. Hetzjagd 2. *übtr* Verfolgung
трáвма, -ы *f* 1. Trauma, seelische Erschütterung 2. Wunde, Verletzung
травмати́ческий, -ая, -ое traumatisch
трáвник, -а *u.* **травни́к,** -á *m* 1. *umg* Kräuterlikör 2. altrussisches Kräuterbuch
траво|пóлье, -ья *n* Feldgraswirtschaft; **~сéяние,** -я *n* Futtergrasanbau; **~я́дный,** -ая, -ое *zool* grasfressend
травяни́стый, -ая, -ое; *Kzf* -и́ст, -а 1. *nur Langform* grasartig, Gras- 2. dicht mit Gras bewachsen 3. *umg* fade, geschmacklos
травянóй, -áя, -óе Gras-; -áя вошь *zool* Blattlaus
трагéдия, -и *f* 1. Tragödie, Trauerspiel 2. *übtr* Tragödie
траги́зм, -а *m* Tragik
трáгик, -а *m* Tragöde *Schauspieler*
траги́ческий, -ая, -ое tragisch; -ая актри́са Tragödin
траги́чность, -и *f* Tragik
траги́чный, -ая, -ое; *Kzf* -чен, -чна tragisch, ergreifend, erschütternd
традициóнный, -ая, -ое; *Kzf* -óнен, -óнна traditionell, überliefert, herkömmlich
тради́ция, -и *f* Tradition, Überlieferung
траектóрия, -и *f* Flugbahn *eines Geschosses*
тракт, -а *m* (Land-) Straße ◇ желýдочно-кишéчный ~ *anat* Verdauungssystem
трактáт, -а *m* 1. Traktat, (wissenschaftliche) Abhandlung 2. Staatsvertrag
тракти́р, -а *m alt* Schenke, Gasthaus
тракти́рщик, -а *m alt* Schenkwirt, Gastwirt
трактовáть, -тýю, -тýешь; -тóванный, -тóван, -а *uv* 1. behandeln, handeln (von); э́та статья́ трактýет о ... dieser Artikel handelt von ... 2. betrachten, ansehen; auffassen 3. (aus)deuten; по-нóвому ~ роль der Rolle eine neuartige Deutung geben
трактóвка, -и, *Pl G* -вок, *D* -вкам *f* Behandlung; Auffassung; Deutung
трáктор, -а, *Pl* трáкторы, -ов, -ам *u.* трактор*á*, -óв, -áм *m* Traktor; гýсеничный ~ Raupenschlepper
трактори́ст, -а *m* Traktorist
трáкторный, -ая, -ое Traktoren-; ~ завóд Traktorenwerk
тракторо|строéние, -я *n* Traktorenbau; **~строи́тельный,** -ая, -ое: ~-строи́тельный завóд Traktorenwerk
трал, -а *m* 1. Trawl, Schleppnetz 2. Bagger *für Bodenproben* 3. *naut* Such- und Räumgerät *für Seeminen*; ~-искáтель Minensuchgerät
трáление, -я *n naut* Minenräumung
трáлер, -а *m naut* Trawler
трáлить, -лю, -лишь *uv* 1. mit dem Schleppnetz fischen 2. *naut* Minen suchen [räumen]
трáльщик, -а *m* 1. Trawler 2. Minensuchboot
трамбовáть, -бýю, -бýешь; -бóванный, -бóван, -а *uv* feststampfen
трамбóвка, -и, *Pl G* -вок, *D* -вкам *f* 1. Feststampfen 2. Ramme, Stampfe
трамвáй, -я, *G Pl* -ев *m* Straßenbahn; éхать на -е mit der Straßenbahn fahren; сесть на ~ in die Straßenbahn einsteigen ◇ речнóй ~ kleines Passagierschiff *für Stadt- u. Nahverkehr*
трамвáйный, -ая, -ое Straßenbahn-
трамвáйщик, -а *m* Straßenbahner

трампли́н, -а *m* Trampolin, Sprungbrett

транжи́р, -а *m u.* **транжи́ра,** -ы *m, f umg* Verschwender

транжи́рить, -рю, -ришь *uv umg* vergeuden, verschwenden

транзи́т, -а *m* Transit, Durchgang, Durchfuhr

транзи́тный, -ая, -ое Transit-, Durchgangs-; -ое движе́ние Transitverkehr

транс, -а *m med* Trance, Traumzustand

¹транс- *in Zuss Abk für* тра́нспортный Transport-

²транс- *in Zuss* Trans-, trans-

транс|альпи́йский, -ая, -ое transalpin; **~атланти́ческий,** -ая, -ое transatlantisch

Трансильва́ния, -и *f* Transsilvanien, Siebenbürgen

транскриби́ровать, -рую, -руешь *v, uv* transkribieren, umschreiben

транскри́пция, -и *f* Transkription

трансли́ровать, -рую, -руешь *v, uv rad* übertragen, senden

трансляцио́нный, -ая, -ое *rad* Übertragungs-; ~ у́зел Zwischensender

трансля́ция, -и *f rad* Übertragung, Sendung

трансма́ш, -а, *I* -ем *m* (тра́нспортное машинострое́ние) Transportmaschinenbau

трансмиссио́нный, -ая, -ое Transmissions-

трансми́ссия, -и *f tech* Transmission, Übertragung

транспара́нт, -а *m* 1. Transparent 2. Linienblatt

транспира́ция, -и *f bot, med* Transpiration

трансплanта́ция, -и *f* Transplantation, Gewebeverpflanzung

транспози́ция, -и *f* 1. Transposition, Umstellung 2. *mus* Transponierung

транспони́ровать, -рую, -руешь *v, uv mus* transponieren

тра́нспорт, -а *m* 1. Verkehrswesen 2. Transport, Beförderung; гужево́й ~ Wagentransport 3. Lieferung, Sendung 4. *naut, mil* Transportschiff, Transporter

транспо́рт, -а *m finanz* Transport *Übertragung einer Summe auf die nächste Seite*

транспорта́бельный, -ая, -ое transportabel

транспортёр, -а *m* Förderband, Beförderungsanlage; ле́нточный ~ Förderband

транспорти́р, -а *m* Transporteur, Winkelmesser

транспорти́ровать, -рую, -руешь *v, uv* transportieren, befördern

транспортиро́вка, -и *f* Beförderung, Transport

тра́нспортник, -а *m* Transportarbeiter

тра́нспортный, -ая, -ое Transport-, Förder-; -ое су́дно Transportschiff

трансформа́тор, -а *m* Transformator, Stromwandler

трансформа́торный, -ая, -ое Transformatoren-

трансформа́ция, -и *f* 1. *buchspr* Transformation, Verwandlung 2. *el* Umformung

трансформи́ровать, -рую, -руешь; -рованный, -рован, -а *v, uv* transformieren, umformen, umwandeln

трансфу́зия, -и *f med* Transfusion

транше́йный, -ая, -ое *mil* (Schützen-) Graben-

транше́я, -и *f mil* Laufgraben, Schützengraben

трап, -а *m naut* Fallreep; передвижно́й ~ Gangway

трапе́ция, -и *f math, Sport* Trapez

тра́сса, -ы *f* Trasse

трасси́ровать, -рую, -руешь; -рованный, -рован, -а *v, uv* trassieren, abstecken

трасси́рующий, -ая, -ее Leucht-; -ая пу́ля Leuchtkugel; ~ снаря́д Leuchtspurgeschoß

тра́та, -ы *f* Ausgabe, Vergeudung

тра́тить, тра́чу, тра́тишь; тра́ченный, -ен, -а *uv* ausgeben, vergeuden; ~ вре́мя по́пусту die Zeit vergeuden; не ~ мно́го слов nicht viel Worte machen

тра́титься, тра́чусь, тра́тишься *uv* (Geld) ausgeben, verschwenden, Ausgaben machen

тра́улер, -а *m naut* Trawler

тра́ур, -а *m* 1. Trauer, Leid 2. Trauerkleidung; носи́ть ~ по ко́м-н. um j-n Trauer tragen

тра́урный, -ая, -ое Trauer-; -ая повя́зка (Trauer-) Flor

трафаре́т, -а *m* 1. Schablone 2. *übtr* Schablone, Schema

трафаре́тный, -ая, -ое; *Kzf* -тен, -тна 1. Schablonen- 2. *übtr* schablonenhaft, schematisch

трах! *Interj* krach!

тра́хать(ся) *uv zu* тра́хнуть(ся)

трахе́я, -и *f anat* Luftröhre

тра́хнуть, -ну, -нешь *v mom umg* 1. knallen *Schlag, Schuß* 2. einen

Hieb versetzen || *uv* тра́хать, тра́хаю, тра́хаешь

тра́хнуться, -нусь, -нешься *v umg* krachend herunterfallen, herunterstürzen || *uv* тра́хаться, -аюсь, -аешься

трахо́ма, -ы *f med* Trachom

тре- *in Zuss* drei-

тре́бование, -я *n* **1.** Forderung, Verlangen, Ersuchen **2.** Befehl, Ansuchen, Begehr; настоя́тельное ~ dringendes Ansuchen **3.** *meist Pl* Forderung, Anspruch; отказа́ться от свои́х -й von seinen Ansprüchen abgehen; предъявля́ть высо́кие -я hohe Anforderungen stellen; отвеча́ть -ям den Anforderungen entsprechen **4.** Bestellzettel, Bestellung

тре́бовательный, -ая, -ое; *Kzf* -лен, -льна **1.** anspruchsvoll, streng **2.** Bestell-; -ая ве́домость Bestelliste

тре́бовать, -бую, -буешь *uv* **1.** *G* fordern, verlangen; erwarten; ~ объясне́ний у кого́-н. von j-m eine Erklärung verlangen **2.** *G 1. u. 2. Pers ungebr* bedürfen, erfordern; э́тот вопро́с тре́бует внима́ния diese Frage erfordert Aufmerksamkeit **3.** *A* bestellen, auffordern; ~ в суд vor Gericht laden || *v* потре́бовать

тре́боваться, *1. u. 2. Pers ungebr*, тре́буется *uv* nötig, erforderlich sein || *v* потре́боваться

требуха́, -и́ *f* Eingeweide

трево́га, -и *f* **1.** Unruhe, Besorgnis, Aufregung; быть в -е in Unruhe sein, sich Sorgen machen **2.** Alarm; возду́шная ~ Fliegeralarm; подня́ть -у alarmieren; бить -у Alarm schlagen

трево́жить, -жу, -жишь *uv* **1.** beunruhigen, in Unruhe versetzen **2.** stören, beunruhigen

трево́житься, -жусь, -жишься *uv* **1.** sich beunruhigen, sich Sorgen machen **2.** sich bemühen

трево́жный, -ая, -ое; *Kzf* -жен, -жна **1.** aufgeregt, beunruhigt **2.** beunruhigend, alarmierend **3.** Alarm-; ~ сигна́л Alarmsignal

тре́звенник, -а *m umg* Antialkoholiker, Abstinenzler

трезве́ть, -е́ю, -е́ешь *uv* nüchtern werden; *übtr* ernüchtert werden

трезво́н, -а *m* **1.** Geläut, Glockengeläut **2.** *übtr umg* Geschwätz; Tumult

трезво́нить, -ню, -нишь *uv* **1.** läuten **2.** *übtr umg* ausposaunen, an die große Glocke hängen

тре́звость, -и *f* **1.** Mäßigkeit, Nüchternheit; Enthaltsamkeit *von alkoholischen Getränken* **2.** Vernünftigkeit

трезву́чие, -я *n mus* Dreiklang

тре́звый, -ая, -ое; *Kzf* трезв, -а́! **1.** abstinent, enthaltsam **2.** nüchtern, nicht betrunken **3.** *übtr* vernünftig, nüchtern, gesund, besonnen; име́ть ~ взгляд на ве́щи gesunde Ansichten haben; -ая голова́ ein klarer [nüchterner] Kopf

трезу́бец, -бца, *I* -бцем, *G Pl* -бцев *m* Dreizack

трек, -а *m* Rennbahn

трель, -и *f mus* Triller; -и соловья́ Nachtigallenschlag

трелья́ж, -а, *I* -ем, *G Pl* -ей *m* **1.** Gitterspalier *für Kletterpflanzen* **2.** dreiteiliger Spiegel

трен [эн], -а *m alt* Schleppe *am Kleid*

тре́нер, -а *m Sport* Trainer

тре́нзель, -я *m* Trense

тре́ние, -я *n* **1.** Reibung **2.** *meist Pl übtr* Reibereien, Meinungsverschiedenheiten

тренирова́ть, -ру́ю, -ру́ешь; -ро́ванный, -ро́ван, -а *uv* trainieren, durchbilden

тренирова́ться, -ру́юсь, -ру́ешься *uv* trainieren, sich üben (в *P* in)

трениро́вка, -и, *Pl G* -вок, *D* -вкам *f* Training, Übung

трениро́вочный, -ая, -ое Trainings-, Übungs-

трено́га, -и *f* Dreifuß, Dreibein; ~ фотоаппара́та Stativ

трено́жить, -жу, -жишь *uv* die Vorderbeine und ein Hinterbein fesseln *von Pferden*

трено́жник, -а *m* Dreifuß, Dreibein; Stativ

тре́нькать, -аю, -аешь *uv umg* klimpern *auf einem Zupfinstrument*

трепа́к, -а́ *m* Trepak *russischer Volkstanz*

трепа́ло, -а *n* Flachsschwinge, Hanfschwinge

трепана́ция, -и *f med* Trepanation, Schädelbohrung

трепа́нг, -а *m zool* Trepang, Seewalze, Seegurke

трепа́ние, -я *n* Brechen, Schwingen *Hanf, Flachs*

трёпаный, -ая, -ое **1.** gerauft *Flachs* **2.** *umg* zerrissen, zerfetzt **3.** *umg* zerzaust, ungekämmt

трепа́ть* *uv* **1.** zausen, ziehen; ~ за́ волосы an den Haaren ziehen **2.** *umg* schütteln *vom Fieber* **3.** *umg* (zärtlich) tätscheln; ~ по плечу́ auf die Schulter klopfen **4.** brechen, schwin-

gen *Hanf, Flachs* **5.** *umg* abtragen, abnutzen *Kleidung* ◇ ~ не́рвы *umg* die Nerven zerrütten; ~ языко́м *umg* drauflos reden, seiner Zunge freien Lauf lassen
трепа́ться* *uv* **1.** *1. u. 2. Pers ungebr* (umher)flattern **2.** *umg 1. u. 2. Pers ungebr* sich abnutzen **3.** *volksspr* (ohne Ziel und Zweck) umhergehen **4.** *derb, volksspr* schwatzen, quasseln
трепа́ч, -а́, *I* -о́м, *G Pl* -е́й *m umg* Schwätzer, Quatschkopf
тре́пет, -а *m* Zittern, Beben
трепета́ть* *uv* **1.** zittern, beben **2.** zittern, zucken **3.** flackern *der Flamme*
тре́петный, -ая, -ое; *Kzf* -тен, -тна **1.** scheu, angstvoll, angsterfüllt **2.** zitternd **3.** bebend, zitternd
трепещу́ ↑ трепета́ть
трёпка, -и, *Pl G* -пок, *D* -пкам *f* **1.** Prügel, Schläge; зада́ть кому́-н. -у j-n tüchtig verhauen **2.** *umg* Aufwand, Verbrauch; ~ не́рвов Nervenaufwand
треплю́ ↑ трепа́ть
трепыха́ться, -а́юсь, -а́ешься *uv umg* zappeln, wackeln; schwanken; zukken *Licht, Feuer*
треск, -а *m* **1.** Krachen, Prasseln, Knistern **2.** Knattern *Maschinengewehr* **3.** *übtr* großspurige Reden ◇ с -ом провали́ться mit Pauken und Trompeten durchfallen
треска́, -и́ *f* Dorsch, Kabeljau; сушёная ~ Klippfisch
[1]**тре́скаться,** *1. u. 2. Pers ungebr,* -ается *uv* Sprünge [Risse] bekommen, springen, bersten
[2]**тре́скаться** *uv zu* тре́снуться
тресково́й, -ая, -ое Dorsch-, Kabeljau-; ~ жир Dorschlebertran
трескотня́, -и́ *f* **1.** Knattern, Geknatter **2.** Gezirpe *Heuschrecke* **3.** *übtr* Geschwätz, Geplapper
трескучий, -ая, -ее; *Kzf* -у́ч, -а *umg* **1.:** ~ моро́з knackender Frost, grimmige Kälte **2.** hochtrabend; -ие фра́зы schwülstige Phrasen
тре́снуть, -ну, -нешь *v* **1.** *mom zu* треща́ть **2.** (zer)platzen, bersten, zerspringen; у него́ ко́жа на рука́х тре́снула er hat aufgesprungene [rissige] Hände **3.** *volksspr* schlagen, verhauen ◇ де́ло тре́снуло *umg* die Sache ist schiefgegangen
тре́снуться, -нусь, -нешься *v volksspr* sich stoßen (о *A* gegen) || *uv* тре́скаться, -аюсь, -аешься

трест, -а *m* Trust
треста́, -ы́ *f landw* Hanfstroh, Flachsstroh
трести́ровать, -рую, -руешь *v, uv* zu einem Trust [zu Trusts] vereinigen
трете́йский, -ая, -ое schiedsrichterlich; ~ суд Schiedsgericht; -ое реше́ние Schiedsspruch
тре́тий, -ья, -ье **1.** *Num* dritter; -ьего числа́ am Dritten (des Monats); -ьего ию́ня der dritte Juni, am dritten Juni; ~ час es geht auf drei; в -ьем часу́ nach zwei, zwischen zwei und drei; -ьего дня vorgestern; -ье сосло́вие *hist* dritter Stand; -ья часть Drittel **2.** -ье, -ьего *Subst n* Nachtisch, dritter Gang **3.** -ья, -ьей *Subst f* Drittel ◇ из -ьих рук aus dritter Hand
трети́ровать, -рую, -руешь *uv* geringschätzig behandeln
трети́чный, -ая, -ое **1.** drittes Stadium **2.** *geol* Tertiär-; ~ пери́од Tertiärzeit
треть, -и, *Pl* тре́ти, -е́й, -я́м *f* Drittel
третье- *in Zuss* dritt-
третье|кла́ссник, -а *m* Schüler der dritten Klasse; **~очередно́й,** -а́я, -о́е drittfolgend; **~разря́дный,** -ая, -ое dritter Ordnung, dritten Ranges; **~со́ртный,** -ая, -ое von der dritten Sorte; **~степе́нный,** -ая, -ое drittrangig
треуго́лка, -и, *Pl G* -лок, *D* -лкам *f hist* Dreispitz *Hut*
треуго́льник, -а *m* **1.** Dreieck; прямоуго́льный ~ rechtwinkliges Dreieck **2.** *mus* Triangel
треуго́льный, -ая, -ое dreieckig
трефо́вый, -ая, -ое Treff-, Kreuz-; ~ вале́т Kreuz-Bube
тре́фы, треф, тре́фам *Pl* Treff, Kreuz; ходи́ть с треф Treff [Kreuz] ausspielen
трёх- *in Zuss* drei-
трёх|а́ктный, -ая, -ое dreiaktig; **~вале́нтный,** -ая, -ое dreiwertig; **~годи́чный,** -ая, -ое dreijährig, drei Jahre dauernd; **~годова́лый,** -ая, -ое dreijährig; ~годова́лый ребёнок dreijähriges Kind; **~голо́сный,** -ая, -ое dreistimmig; **~гра́нник,** -а *m* Dreiflach; Dreikant; **~гра́нный,** -ая, -ое dreikantig; dreiflächig; **~дне́вный,** -ая, -ое dreitägig; **~зна́чный,** -ая, -ое dreistellig; **~колёсный,** -ая, -ое dreirädrig; **~кра́тный,** -ая, -ое dreifach, dreimalig; **~ле́тие,** -я *n* **1.** drei Jahre *Zeitraum* **2.** dritter Jahrestag; dreijähriges Jubiläum; **~ле́тний,** -яя, -ее

dreijährig, drei Jahre dauernd [alt]; **~листный,** -ая, -ое dreiblättrig
трёхма́чтовый, -ая, -ое dreimastig; -ое су́дно Dreimaster
трёх|ме́рный, -ая, -ое dreidimensional; **~ме́стный,** -ая, -ое dreisitzig; **~ме́сячный,** -ая, -ое 1. dreimonatig *Dauer oder Alter* 2. dreimonatlich; **~неде́льный,** -ая, -ое 1. dreiwöchig *Dauer oder Alter* 2. dreiwöchentlich; **~о́сный,** -ая, -ое dreiachsig; **~по́лье,** -ья *n alt* Dreifelderwirtschaft; **~по́льный,** -ая, -ое Dreifelder-; **~пудо́вый,** -ая, -ое drei Pud schwer; **~рублёвка,** -и, *Pl G* -вок, *D* -вкам *f umg* Dreirubelschein; **~скоростно́й,** -а́я, -о́е dreitourig *Plattenspieler*; **~сло́жный,** -ая, -ое dreisilbig
трёхсот|ле́тие, -я *n* 1. dreihundert Jahre *Zeitraum* 2. dreihundertster Jahrestag, Dreihundertjahrfeier; **~ле́тний,** -яя, -ее dreihundertjährig
трёх|со́тый, -ая, -ое *Num* dreihundertster; **~ство́льный,** -ая, -ое 1. dreiläufig *beim Gewehr* 2. *bot* dreistämmig; **~сторо́нний,** -яя, -ее dreiseitig; **~ты́сячный,** -ая, -ое 1. *Num* dreitausendster 2. aus dreitausend bestehend 3. *umg* im Wert von dreitausend Rubeln; **~фа́зный,** -ая, -ое dreiphasig, Dreiphasen-; ~фа́зный ток Drehstrom; **~цве́тный,** -ая, -ое dreifarbig, Dreifarben-; ~цве́тная печа́ть Dreifarbendruck; **~часово́й,** -а́я, -о́е 1. dreistündig 2. Dreiuhr-; ~часово́й по́езд Dreiuhrzug, 3-Uhr-Zug; **~чле́н,** -а *m math* Trinom; **~чле́нный,** -ая, -ое trinomisch, dreigliedrig; **~эта́жный,** -ая, -ое zweistöckig, dreigeschossig
треща́ть, -щу́, -щи́шь *uv* 1. *1. u. 2. Pers ungebr* krachen, knacken; лёд трещи́т das Eis knackt; у меня́ голова́ трещи́т mir brummt der Kopf 2. *1. u. 2. Pers ungebr* zirpen *Insekten* 3. *umg* schwatzen, plappern 4. *umg* bankrott machen, bankrott gehen; де́ло трещи́т die Sache klappt nicht ‖ *v mom* тре́снуть, -ну, -нешь *zu* 1
тре́щина, -ы *f* Riß, Sprung *a. übtr*
трещо́тка, -и, *Pl G* -ток, *D* -ткам *f* 1. Ratsche, Schnarre 2. *m, f umg* Plappermaul, Plappertasche
три, трёх, трём, тремя́, о трёх *Num* drei
триа́с, -а *m geol* Trias
трибу́н, -а *m* Tribun; наро́дный ~ Volkstribun
трибу́на, -ы *f* Tribüne
трибуна́л, -а *m* Tribunal, höchster Gerichtshof; вое́нный ~ Kriegsgericht
тривиа́льность, -и *f* Trivialität, Plattheit
тривиа́льный, -ая, -ое; *Kzf* -лен, -льна trivial, platt
тригонометри́ческий, -ая, -ое trigonometrisch
тригономе́трия, -и *f* Trigonometrie
три́девять *Num*: за ~ земе́ль *folkl, umg* sehr weit, am Ende der Welt
тридцатиле́тие, -я *n* 1. dreißig Jahre *Zeitraum* 2. dreißigster Jahrestag, Dreißigjahrfeier; dreißigjähriges Jubiläum
тридцатиле́тний, -яя, -ее dreißigjährig
тридца́тый, -ая, -ое *Num* dreißigster
три́дцать, тридцати́, *I* -ью́ *Num* dreißig
три́дцатью *Adv* dreißigmal
трие́р, -а *m* Trieur, Sortiermaschine für Getreide
Трие́ст, -а *m* Triest
три́жды *Adv* dreimal
три́зна, -ы *f hist* Totenfeier, Leichenschmaus
трико́ *n idkl* 1. Trikot 2. (gewirkter) Damenschlüpfer
трикота́ж, -а, *I* -ем, *G Pl* -ей *m* 1. Trikot, Strickstoff 2. *Koll* Trikotagen, Wirk- und Strickwaren
трикота́жный, -ая, -ое Trikotagen-; -ые изде́лия Trikotagen, Strickwaren, Wirkwaren
трили́стник, -а *m* Dreiblatt, Klee
триллио́н, -а *m Num* Trillion
трило́гия, -и *f lit* Trilogie
трина́дцатый, -ая, -ое *Num* dreizehnter
трина́дцать, -и *Num* dreizehn
три́о *n idkl mus* Trio, Terzett
трипла́н, -а *m* Dreidecker
Три́поли *m idkl* Tripolis
три́ппер, -а *m med* Tripper, Gonorrhöe
три́ста, трёхсо́т, трёмста́м, тремяста́ми, о трёхста́х *Num* dreihundert
трито́н, -а *m zool* Wassermolch
триу́мф, -а *m* Triumph
триумфа́льный, -ая, -ое Triumph-, triumphal, Sieges-; -ая а́рка Triumphbogen
Три́фон, -а *m männl Vn*
трихи́на, -ы *f biol* Trichine
тро́гательный, -ая, -ое; *Kzf* -лен, -льна rührend, ergreifend
тро́гать, -аю, -аешь *uv* 1. berühren, anfassen 2. stören, beunruhigen; не тро́гай его́ laß ihn in Ruhe 3. rühren, bewegen, ergreifen; меня́ тро́гает

судьба́ э́того челове́ка das Schicksal dieses Menschen rührt mich 4. anziehen, zufahren *von Zugpferden* || *v* **тро́нуть, тро́ну, тро́нешь**

тро́гаться, -аюсь, -аешься *uv* 1. gerührt sein; ~ до слёз zu Tränen gerührt sein 2. sich in Bewegung setzen, abfahren || *v* тро́нуться, тро́нусь, тро́нешься

тро́е, трои́х *kollektives Num* 1. drei *bei männlichen Subst, die Personen bezeichnen u. bei Pluraliatantum*; нас бы́ло ~ wir waren (unser) drei; ~ бра́тьев drei Brüder; ~ су́ток drei Tage 2. drei *Paar*; ~ чуло́к drei Paar Strümpfe

троебо́рье, -ья *n* Dreikampf *Sport*

троекра́тный, -ая, -ое dreimalig, dreifach

тро́ечник, -а *m umg* Schüler, der ständig die Zensur 3 erhält

трои́ться, троюсь, трои́шься *uv* dreifach erscheinen [sichtbar sein]

тро́ица, -ы *f* 1. Pfingsten 2. *rel* Dreieinigkeit ◇ бог -у лю́бит *Sprichw* aller guten Dinge sind drei

тро́ицын, -а, -о: ~ день Pfingstsonntag

тро́йка, -и, *Pl G* тро́ек, *D* тро́йкам *f* 1. Drei, Dreier *Ziffer*; Drei *umg Straßenbahn, Omnibus der Linie 3*; *umg* Gruppe von drei Personen oder Gegenständen 2. Drei *Schulzensur „befriedigend" in der UdSSR* 3. Drei *Spielkarte* 4. Troika, Dreigespann 5. dreiteiliger Anzug

тройни́чный, -ая, -ое: ~ не́рв *anat* Trigeminus, dreiästiger Hirnnerv

тройно́й, -а́я, -о́е dreifach; -о́е пра́вило *math* Dreisatzrechnung, Regeldetri

тро́йня, -и, *Pl G* тро́ен, *D* тро́йням *m* Drillinge

тро́йственный, -ая, -ое dreifältig, Drei-, Tripel-; Тро́йственный сою́з *hist* Dreibund

тролле́йбус, -а *m* Trolleybus

тромб, -а *m med* Thrombus, Blutpfropfen

тромбо́н, -а *m mus* Posaune

тромбони́ст, -а *m* Posaunenbläser

трон, -а *m* Thron

тро́нный, -ая, -ое Thron-; ~ зал Thronsaal

тро́нуть, -ну, -нешь *v* 1. *v zu* тро́гать 2. *übtr 1. u. 2. Pers ungebr* leichten Schaden zufügen *durch Frost, Fäulnis u. ä.*; я́годы, тро́нутые моро́зом leicht angefrorene Beeren

тро́нуться, -нусь, -нешься *v* 1. *v zu* тро́гаться 2. *umg* überschnappen, nicht ganz normal sein 3. *volksspr 1. u. 2. Pers ungebr* einen Stich bekommen, anfangen zu faulen

тропа́, -ы́, *Pl* тро́пы, троп, тропа́м *f* Pfad, schmaler Fußweg

тро́пик, -а *m* 1. Wendekreis; ~ Ра́ка Wendekreis des Krebses; ~ Козеро́га Wendekreis des Steinbocks 2. *Pl* Tropen, tropische Länder

тропи́нка, -и, *Pl G* -нок, *D* -нкам *f* Pfad, schmaler Fußweg

[1]**тропи́ческий,** -ая, -ое bildlich, figürlich

[2]**тропи́ческий,** -ая, -ое tropisch; ~ по́яс die tropische Zone

трос, -а *m* Tau, Seil, Trosse

трости́нка, -и, *Pl G* -нок, *D* -нкам *f* Schilfrohr, dünnes Rohr

тростни́к, -а́ *m* Schilf, Rohr; са́харный ~ Zuckerrohr

тростнико́вый, -ая, -ое Schilf-, Rohr-; ~ са́хар Rohrzucker

тро́сточка, -и, *Pl G* -чек, *D* -чкам *f* Spazierstöckchen, Rohrstöckchen

трость, -и, *Pl* тро́сти, -е́й, -я́м *f* Spazierstock; Rohrstock

тротуа́р, -а *m* Trottoir, Bürgersteig

трофе́й, -я, *G Pl* -ев *m* Trophäe, Beutestück; *Pl* Beute

трофе́йный, -ая, -ое Beute-, erbeutet

Трофи́м, -а *m männl Vn*

трохе́й, -я, *G Pl* -ев *m lit* Trochäus

троюродный, -ая, -ое: ~ брат Vetter [Cousin] zweiten Grades; -ая сестра́ Base [Cousine] zweiten Grades

троя́кий, -ая, -ое 1. dreierlei 2. -о *Adv* auf dreierlei Art [Weise]

тру ↑ тере́ть

труба́, -ы́, *Pl* тру́бы, труб, тру́бам *f* 1. Rohr, Röhre; Schornstein; водопрово́дная ~ Wasserrohr; водосто́чная ~ Abflußrohr; дымова́я ~ Schornstein 2. *anat* Röhre; евста́хиева ~ Eustachische Röhre 3. *mus* Trompete; ~ орга́на Orgelpfeife; игра́ть на -е́ die Trompete blasen 4. (аэродинами́ческая) Windkanal ◇ вы́лететь в -у́ *umg* ruiniert sein, unter die Räder geraten; пройти́ ого́нь и во́ду и ме́дные тру́бы *scherz* mit allen Wassern gewaschen sein

трубаду́р, -а *m* Troubadour

труба́ч, -а́, *I* -о́м, *G Pl* -е́й *m* Trompeter, Hornist

труби́ть, -блю́, -би́шь *uv* 1. posaunen, trompeten, blasen; ~ в трубу́ trompeten, posaunen; ~ сбор zum Sammeln blasen 2. *übtr umg* о *P* ausposaunen, an die große Glocke hängen

трубка, -и, *Pl G* -бок, *D* -бкам *f* **1.** Rohr, Röhrchen; сифонная ~ Saugröhre **2.** *mil* Zünder **3.** Telefonhörer **4.** Tabakspfeife **5.** Rolle *Papier*; Ballen *Stoff*

трубо|клад, -а *m* Rohrleger; **~провод,** -а *m* Rohrleitung; **~прокатный,** -ая, -ое: ~прокатный завод Rohrwalzwerk; **~чист,** -а *m* Schornsteinfeger

трубочный, -ая, -ое **1.** Rohr-, Röhren- **2.** Pfeifen-; ~ табак Pfeifentabak

трубчатый, -ая, -ое Rohr-, Röhren-, röhrenförmig; -ая кость *anat* Röhrenknochen

труд, -а *m* **1.** Arbeit; жить своим трудом von seiner [Hände] Arbeit leben; умственный ~ geistige Arbeit; физический ~ körperliche Arbeit; наёмный ~ Lohnarbeit; производительность -а Arbeitsproduktivität; охрана -а Arbeitsschutz **2.** Mühe, Anstrengung; взять на себя ~ sich die Mühe machen; положить на что-н. много -а auf etwas viel Mühe verwenden; не жалеть -а keine Mühe scheuen; не стоит -а es ist nicht der Mühe wert **3.** Werk, Abhandlung; научные -ы wissenschaftliche Werke

трудиться, тружусь, трудишься; трудящийся *uv* **1.** arbeiten, sich mühen **2.** (над *I*) arbeiten (an), sich beschäftigen (mit) ◇ не трудитесь! bemühen Sie sich nicht!

трудноватый, -ая, -ое ziemlich schwierig

трудно|воспитуемый, -ая, -ое; *Kzf* -ем, -а schwer erziehbar, schwierig; **~проходимый,** -ая, -ое; *Kzf* -им, -а schwer zugänglich

трудность, -и *f* **1.** Schwierigkeit **2.** *meist Pl* Erschwernisse

трудный, -ая, -ое **1.** *Kzf* труден, трудна! schwer, schwierig; mühsam, mühselig; ~ вопрос eine schwierige Frage; ~ ребёнок ein schwieriges [schwer erziehbares] Kind **2.** -о *Adv* schwer, schwierig; *unpers* es ist schwer, es fällt schwer; мне -о поверить этому ich kann es kaum glauben

трудовой, -ая, -ое **1.** Arbeits-; ~ кодекс *umg* Arbeitsgesetzbuch; ~ договор Arbeitsvertrag; ~ стаж Dienstalter, Dienstzeit; -ая жизнь arbeitsreiches Leben **2.** erwerbstätig, werktätig; -ое население werktätige Bevölkerung **3.** verdient, erarbeitet; -ые деньги erarbeitetes Geld; ~ доход Arbeitseinkommen

трудо|день, -дня *m* Arbeitseinheit *der Kolchosbauern*; **~ёмкий,** -ая, -ое; *Kzf* -ёмок, -ёмка mühevoll; *wirtsch* arbeitsaufwendig; **~любивый,** -ая, -ое; *Kzf* -ив, -а arbeitsam, fleißig, emsig; **~любие,** -я *n* Fleiß, Arbeitsamkeit; **~способность,** -и *f* Arbeitsfähigkeit; **~способный,** -ая, -ое; *Kzf* -бен, -бна arbeitsfähig, leistungsfähig

трудящийся, -аяся, -ееся **1.** werktätig; -иеся массы die werktätigen Massen **2.** -егося *Subst m* Werktätiger

труженик, -а *m* **1.** rastlos Arbeitender **2.** Arbeiter, Werktätige

трунить, -ню, -нишь *uv umg* sich lustig machen (над *I* über), aufziehen, auslachen, foppen

труп, -а *m* Leiche, Leichnam

трупный, -ая, -ое Leichen-; ~ яд Leichengift

труппа, -ы *f* Theatertruppe

трус, -а *m* Feigling, Hasenfuß, Memme ◇ труса праздновать *umg* sich feige benehmen

трусики, -ов *Pl* Turnhose; Badehose

трусить, трушу, трусишь *uv G* Angst haben (vor); sich fürchten, feige sein; ~ перед опасностью der Gefahr entfliehen

[1]**трусить,** трушу, трусишь *uv volksspr* schütten

[2]**трусить,** трушу, трусишь *uv umg* traben

трусиха, -и *f umg* Feigling, Angsthase

трусливый, -ая, -ое; *Kzf* -ив, -а feige, ängstlich, furchtsam, memmenhaft; он не -ого десятка *umg* er ist kein Feigling, er kann seinen Mann stehen

трусость, -и *f* Furchtsamkeit, Kleinmut

трусца, -ы, *I* -ой *f umg* langsamer Trab *des Pferdes*

трусы, -ов *Pl* Turnhose; Badehose

трут, -а *m* Zunder

трутень, -тня *m* **1.** *zool* Drohne **2.** *übtr umg* Schmarotzer

трутник, -а *m bot* Feuerschwamm

трутовик, -а *m bot* Baumschwamm

труха, -и *f* Mulm

трухляветь, *1. u. 2. Pers ungebr*, -еет *uv* faulig [morsch] werden

трухлявый, -ая, -ое; *Kzf* -яв, -а verfault, morsch, wurmstichig

трущоба, -ы *f* **1.** Dickicht **2.** Krähwinkel, Nest **3.** Elendsviertel

трын-трава: ему всё трын-трава *volksspr* ihm ist alles gleichgültig

трюк, -а *m* **1.** Trick, Kunstgriff **2.** *übtr* Streich, Kunststück; моше́ннический ~ Schelmenstück
трюм, -а *m naut* Schiffsraum, Laderaum
трюмо́ *n idkl* Trumeau, Pfeilerspiegel
трю́фель, -я, *Pl* трю́фели, трюфеле́й, трюфеля́м *m* **1.** Trüffel *Pilz* **2.** (Schokoladen-) Trüffel
тряпи́чник, -а *m* Lumpensammler, -händler
тряпи́чный, -ая, -ое Lumpen-; aus Lumpen hergestellt
тря́пка, -и, *Pl G* -пок, *D* -пкам *f* **1.** Lappen, Lumpen, Fetzen; пы́льная ~ Staublappen **2.** *Pl verächtl, von Frauenkleidung* Fahne **3.** *übtr* Waschlappen
тря́почка, -и, *Pl G* -чек, *D* -чкам *f Dem zu* тря́пка Lumpen ◇ молча́ть в -у *umg* mit seiner Meinung hinter dem Berg halten
тряпьё, -ья́ *n Koll* Lumpen, Lappen
трясина, -ы *f* Sumpf, Moor
тря́ска, -и *f* Schütteln, Rütteln
тря́ский, -ая, -ое; *Kzf* -сок, -ска; *Komp* -сче **1.** klapperig, rüttelnd **2.** holprig
трясогу́зка, -и, *Pl G* -зок, *D* -зкам *f zool* Bachstelze
трясти́* *uv* **1.** schütteln, rütteln; меня́ трясёт лихора́дка ich habe Schüttelfrost, das Fieber schüttelt mich **2.** ausschütteln; ~ муку́ из мешка́ Mehl ausschütteln **3.** *I* hin- und herschaukeln, pendeln ‖ *v mom* тряхну́ть, -ну́, -нёшь
трясти́сь* *uv* **1.** sich schütteln, zittern; ~ от сме́ха sich ausschütten vor Lachen; ~ от хо́лода vor Kälte zittern **2.** gerüttelt [geschüttelt] werden **3.** *übtr* zittern, beben (над *I* um) ◇ ~ над деньга́ми jeden Pfennig umdrehen ‖ *v mom* тряхну́ться, -ну́сь, -нёшься *zu* **1**
трясу́ ↑ трясти́
трясу́нка, -и, *Pl G* -нок, *D* -нкам *f bot* Zittergras
тря́сче ↑ тря́ский
тряхну́ть, -ну́, -нёшь *v* **1.** *v mom zu* трясти́ **2.**: ~ стари́ной die Jugend aufleben lassen
тряхну́ться *v mom zu* трясти́сь
тс! *Interj* pst!, still!
тт. (тома́) Bände
ТУ *oder* **Ту** [ту] *m* Tu *Flugzeugtyp nach dem Konstrukteur Ту́полев*
туале́т, -а *m* **1.** Toilette, Kleidung **2.** Ankleiden; занима́ться -ом Toilette machen **3.** Frisiertoilette, Toilettentisch **4.** Abort
туале́тный, -ая, -ое Toiletten-; -ое мы́ло Toilettenseife
[1]ту́ба, -ы *f* Tube
[2]ту́ба, -ы *f mus* Tuba
тубдиспансе́р [сэ], -а *m* (туберкулёзный диспансе́р) Lungenheilstätte; Fürsorgestelle für Lungenkranke
туберкула, -ы *f* Tuberkel
туберкулёз, -а *m* Tuberkulose
туберкулёзный, -ая, -ое **1.** *Adj* tuberkulös, schwindsüchtig **2.** -ого *Subst m* Tuberkulosekranker
туви́нец, -нца, *I* -нцем, *G Pl* -нцев *m* Tuwiner
туви́нский, -ая, -ое tuwinisch; Туви́нская Автоно́мная о́бласть Tuwinisches Autonomes Gebiet
ту́го *prädikativ umg* schwierig, schwer; с деньга́ми у него́ ~ er ist knapp bei Kasse
туго́й, -а́я, -о́е; *Kzf* туг, туга́!; *Komp* ту́же **1.** straff, fest, gespannt; ~ у́зел (fest) zugezogener Knoten; -а́я пружи́на straffe Feder **2.** prall gefüllt, vollgestopft **3.** *übtr* schwer, mühsam ◇ ~ на́ ухо schwerhörig
тугопла́вкий, -ая, -ое; *Kzf* -вок, -вка schwerschmelzend
ту́грик, -а *m* Tugrik *Währungseinheit der Mongolischen Volksrepublik*
туда́ *Adv* dahin, dorthin; ~ и обра́тно hin und zurück; биле́т ~ и обра́тно Fahrkarte für Hin- und Rückfahrt ◇ ~ и сюда́ hin und her, auf und ab; ни ~, ни сюда́ nicht hierher, nicht dorthin; ~ ему́ и доро́га das geschieht ihm ganz recht
туда́-сюда́ *Adv umg* einigermaßen, leidlich
ту́же ↑ туго́й
тужи́ть, тужу́, ту́жишь *uv poet, umg* betrübt sein, trauern (по *P oder* о *P* um)
ту́житься, ту́жусь, ту́жишься *uv umg* sich anstrengen
тужу́рка, -и, *Pl G* -рок, *D* -ркам *f* (meist zweireihige) Hausjacke, Uniformjacke
туз, -а́, *A* туза́ *m* **1.** As *Kartenspiel* **2.** *übtr alt* wichtige Person, großes Tier
тузе́мец, -мца, *I* -мцем, *G Pl* -мцев *m* Einheimischer; Eingeborener
тузе́мный, -ая, -ое einheimisch, eingesessen; eingeboren
тузи́ть, тужу́, тузи́шь *uv volkssрr* hauen, prügeln; ~ кулака́ми mit den Fäusten bearbeiten

тук, -а *m* 1. *buchspr, alt, gbt* Fett, Talg 2. Mineraldünger
ту́кать, -аю, -аешь *uv umg* klopfen, schlagen || *v mom* **ту́кнуть,** -ну, -нешь
ту́каться, -аюсь, -аешься *uv umg* sich stoßen (an) || *v mom* **ту́кнуться,** -нусь, -нешься
Ту́ла, -ы *f* Tula *Stadt*
ту́ловище, -а, *I* -ем *n* Rumpf
тулу́п, -а *m* Bauernpelz, langer Pelzmantel; овчи́нный ~ Schafspelz(mantel)
тулья́, -ьи́, *I* -ьёй, *Pl G* -ле́й, -лья́м *f* Hutboden
тума́к, -а́, *A* тума́к *u.* тумака́ *m* *volksspr* Faustschlag
тума́н, -а (-у) *m* Nebel; ~ сел der Nebel fiel; *übtr* быть как в -е wie umnebelt sein; напусти́ть -у blauen Dunst vormachen
тума́нить, *1. u. 2. Pers ungebr,* -ит *uv* 1. verhüllen 2. *übtr* trüben
тума́ниться, *1. u. 2. Pers ungebr,* -ится *uv* 1. sich umnebeln, sich mit Dunst überziehen 2. *übtr* sich verfinstern; смысл тума́нится der Sinn wird getrübt
тума́нность, -и *f* 1. *astr* Nebelfleck 2. *übtr* Nebelhaftigkeit, Unklarheit
тума́нный, -ая, -ое; *Kzf* -а́нен, -а́нна 1. neblig, nebelhaft, Nebel-; *naut* diesig 2. *übtr* nebelhaft, unklar, verschwommen; -ые объясне́ния unklare Erklärungen
ту́мба, -ы *f* 1. Prellstein 2. Sockel 3. *umg* Tolpatsch
ту́мбочка, -и, *Pl G* -чек, *D* -чкам *f* Nachttischchen
тунгу́с, -а *m* Tunguse
тунгу́ска, -и, *Pl G* -сек, *D* -скам *f* Tungusin
тунгу́сский, -ая, -ое tungusisch
ту́ндра, -ы *f* Tundra
туне́ц, -нца́, *I* -нцо́м, *G Pl* -нцо́в *m* Thunfisch
тунея́дец, -дца, *I* -дцем, *G Pl* -дцев *m verächtl* Nichtstuer, Tagedieb, Schmarotzer
тунея́дство, -а *n verächtl* Müßiggang, Schmarotzerei
тунея́дствовать, -вую, -вуешь *uv verächtl* schmarotzen
Туни́с, -а *m* 1. Tunesien 2. Tunis *Stadt*
тунне́ль *u.* **тонне́ль** [нэ], -я *m* Tunnel
тунне́льщик, -а *m* Tunnelbauer
тупе́ть, -е́ю, -е́ешь *uv* 1. stumpf werden 2. abstumpfen
тупи́к, -а́ *m* 1. Sackgasse 2. Auslaufgleis *Eisenbahn* 3. *übtr* Sackgasse, ausweglose Lage; быть в -е́ in einer Sackgasse sein, weder aus noch ein wissen; стать в ~ in eine Sackgasse geraten; (по)ста́вить кого́-н. в ~ j-n in Verlegenheit bringen
тупи́ть, туплю́, ту́пишь *uv* stumpf machen
тупи́ться, *1. u. 2. Pers ungebr,* ту́пится stumpf werden
тупи́ца, -ы, *I* -ей *m, f umg* stumpfsinniger Mensch, Schwachkopf
тупоголо́вый, -ая, -ое; *Kzf* -о́в, -а *umg* stumpfsinnig, borniert
тупо́й, -а́я, -о́е; *Kzf* туп, -а́! 1. stumpf; ~ у́гол *math* stumpfer Winkel 2. *übtr* dumpf, unbestimmt; -а́я боль dumpfer Schmerz 3. *übtr* stumpfsinnig; borniert; ~ взгляд stumpfsinniger Blick; -о́е повинове́ние blinder Gehorsam, Kadavergehorsam
тупоно́сый, -ая, -ое mit breiter oder dicker Nase
ту́пость, -и *f* 1. Stumpfsinn, Stumpfsinnigkeit 2. Dumpfheit, Unbestimmtheit *eines Tones*
тупоуго́льный, -ая, -ое *math* stumpfwinklig
тупоу́мие, -я *n* Stumpfsinn, Borniertheit, Stupidität
тупоу́мный, -ая, -ое; *Kzf* -мен, -мна stumpfsinnig, stupid, borniert
[1]**тур,** -а *m* 1. Tour *beim Tanz*; ~ ва́льса Walzertour 2. *Sport* Tour, Turnus, Runde; (Rund-) Fahrt 3. Etappe, Phase, Abschnitt; ~ вы́боров Wahlgang
[2]**тур,** -а *m mil alt* Schanzkorb
[3]**тур,** -а *m zool* Auerochs
тура́, -ы́ *f* Turm *beim Schachspiel*
турба́за, -ы *f* (тури́стская ба́за) Touristenstation
турби́на, -ы *f* Turbine
турби́нный, -ая, -ое Turbinen-
турбо|вентиля́тор, -а *m* Turbolüfter; **~генера́тор,** -а *m* Turbogenerator; **~дви́гатель,** -я *m* Turbinentriebwerk; **~насо́с,** -а *m* Kreiselpumpe
туре́цкий, -ая, -ое türkisch
туризм, -а *m* Touristik
ту́рий, -ья, -ье Auerochsen-
тури́ст, -а *m* Tourist
тури́стка, -и, *Pl G* -ток, *D* -ткам *f* Touristin
тури́стский, -ая, -ое Touristen-; -ая ба́за Touristenheim, Herberge
тури́ть, -рю́, -ри́шь *uv volksspr* verscheuchen, hinausjagen
туркме́н, -а *m* Turkmene
Туркмениста́н, -а *m* Turkmenien
Туркме́ния, -и *f* Turkmenien

туркме́нка, -и, *Pl G* -нок, *D* -нкам *f* Turkmenin

туркме́нский, -ая, -ое turkmenisch; Туркме́нская Сове́тская Социалисти́ческая Респу́блика Turkmenische Sozialistische Sowjetrepublik

Турксйб, -а *m* (Туркеста́но-Сиби́рская желе́зная доро́га) Turksib, Turkestan-Sibirische Eisenbahn

ту́рман, -а *m zool* Tümmler *Taube*

турне́ [нэ] *n idkl* Tournee

турне́пс, -а *m* Runkelrübe, Futterrübe

турни́к, -а́ *m* Reck *Sport*

турнике́т, -а *m* Drehkreuz *an Durchgängen*; *med* Aderpresse

турни́р, -а *m* Turnier, Kampfspiel

турну́ть, -ну́, -нёшь *v volksspr* hinausjagen, vertreiben

ту́рок, -рка, *Pl* ту́рки, -рок, -ркам *m* Türke

турпохо́д, -а *m* (тури́стский похо́д) Wanderung; Wanderfahrt

туру́сы, -ов *Pl umg*: разводи́ть ~ на колёсах *umg* a) unnützes Zeug zusammenreden [schwatzen], Romane erzählen; b) etw. sehr umständlich tun

турухта́н, -а *m zool* Kampfhahn

Ту́рция, -и *f* Türkei

турча́нка, -и, *Pl G* -нок, *D* -нкам *f* Türkin

ту́склый, -ая, -ое; *Kzf* тускл, -а́! 1. trübe, matt 2. glanzlos, ausdruckslos *Augen* 3. *übtr* inhaltslos, langweilig

тускне́ть, *1. u. 2. Pers ungebr*, -не́ет trübe [matt] werden, verblassen *auch übtr*: сла́ва его́ тускне́ет sein Ruhm verblaßt

тут *Adv* 1. *lokal* hier 2. *temporal* da, alsdann; тут же sofort, sogleich ◇ не тут-то бы́ло da hast du dich aber verrechnet

ту́товник, -а *m* Maulbeerbaum

ту́товый, -ая, -ое Maulbeer-; -ое де́рево Maulbeerbaum; ~ шелкопря́д *zool* Seidenspinner

туф, -а *m geol* Tuff, Tuffstein

ту́фельки *Pl* -лек, -лькам, *Sg* ту́фелька, -и *f* 1. Pantöffelchen; kleine Pumps 2. *biol* Pantoffeltierchen

ту́фля, -и, *Pl* ту́фли, ту́фель, ту́флям *f* Schuh; да́мская ~ Damenschuh; дома́шние -и Hausschuhe, Pantoffeln

ту́хлый, -ая, -ое; *Kzf* тухл, -а́! verfault, faul; *umg* stinkig

тухля́тина, -ы *f umg* verfaultes [stinkiges] Zeug

[1]**ту́хнуть,** *1. u. 2. Pers ungebr*, ту́хнет; тух *u.* ту́хнул, ту́хла *uv* erlöschen, ausgehen

[2]**ту́хнуть,** *1. u. 2. Pers ungebr*, ту́хнет; тух, -ла *uv* verfaulen, verderben

ту́ча, -и, *I* -ей *f* 1. Wolke; Regenwolke; грозова́я ~ Gewitterwolke; дождева́я ~ Regenwolke; -и Wolken, Gewölk; покрыва́ться -ами sich bewölken, sich mit Wolken beziehen 2. *übtr*, *umg* Unmenge ◇ ~ ту́чей sehr finsterer [mürrischer] Mensch

тучне́ть, -не́ю, -не́ешь *uv* 1. fett werden, zunehmen 2. fruchtbar werden *Boden*

ту́чность, -и *f* 1. Wohlbeleibtheit 2. Fruchtbarkeit *des Bodens*

ту́чный, -ая, -ое; *Kzf* -чен, -чна́! 1. wohlbeleibt, fett 2. fruchtbar *Boden* 3. saftig *Gras*

туш, -а, *I* -ем, *G Pl* -ей *m mus* Tusch

ту́ша, -и, *I* -ей *f* 1. ausgeweidetes Tier 2. *übtr* Dickwanst, Fettwanst

туше́ *n*, *idkl mus* Anschlag

тушева́ть, тушу́ю, тушу́ешь; тушёванный, -ван, -а *uv* tuschen, schattieren *Zeichnung*

[1]**туше́ние,** -я *n* (Aus-) Löschen

[2]**туше́ние,** -я *n* Dämpfen, Schmoren

тушёнка, -и, *Pl G* -нок, *D* -нкам *f* eingewecktes geschmortes Fleisch

тушёный, -ая, -ое gedämpft, geschmort

[1]**туши́ть,** тушу́, ту́шишь; ту́шенный, -ен, -а *uv* (aus)löschen

[2]**туши́ть,** тушу́, ту́шишь; тушённый, -ён, -ена́ *uv* dämpfen, schmoren ‖ *v* стуши́ть

тушка́нчик, -а *m zool* Springmaus

тушь, -и *f* Tusche

ту́я, ту́и *f bot* Lebensbaum

тща́тельный, -ая, -ое; *Kzf* -лен, -льна sorgfältig, genau

тщеду́шие, -я *n* Schwäche, Kränklichkeit

тщеду́шный, -ая, -ое; *Kzf* -шен, -шна schwächlich, kränklich

тщесла́вие, -я *n* Eitelkeit, Ruhmsucht

тщесла́вный, -ая, -ое; *Kzf* -вен, -вна eitel, ruhmsüchtig

тщета́, -ы́ *f buchspr*, *alt* Eitelkeit

тще́тный, -ая, -ое; *Kzf* -тен, -тна vergeblich, nutzlos

ты, тебя́, тебе́, тобо́й, о тебе́ *Pers Pron* du ◇ быть на ты с ке́м-н. mit j-m auf du und du sein

[1]**ты́кать*** *u.* -аю, -аешь *uv umg* 1. (hinein)stecken, stoßen; ~ иго́лку в иго́льник die Nadel ins Nadel-

kissen stecken **2.** weisen, zeigen; ~ пальцем в кого́-н. mit dem Finger auf j-n weisen ◇ ~ в нос кому́-н. чем-н. j-m etw. unter die Nase reiben ‖ *v mom* ткнуть, ткну, ткнёшь *u. volksspr* ты́кнуть, -ну, -нешь

²тыка́ть, -аю, -аешь *u.* тычу, ты́чешь *uv volksspr* duzen

ты́каться* *u.* -аюсь, -аешься *uv umg* sich stoßen, anstoßen ‖ *v mom* ткну́ться, ткнусь, ткнёшься

тыква, -ы *f* Kürbis

ты́квенный, -ая, -ое **1.** Kürbis- **2.** -ые, -ых *Subst Pl* Kürbisgewächse

ты́кнуть *v mom zu* ¹тыкать

тыл, -а (-у), *P* о ты́ле, в тылу́, *Pl* тылы́, -о́в, -а́м *m* **1.** Rücken, Rückseite **2.** *mil* rückwärtiges Gebiet, Hinterland; напа́сть с -а in den Rücken fallen; заходи́ть в ~ umgehen

тылово́й, -а́я, -о́е Rück(en)-, rückwärtig; -ы́е ча́сти *mil* rückwärtige Verbände

ты́льный, -ая, -ое hinten; Rück-; -ая сторона́ Rückseite; -ая пове́рхность руки́ Handrücken; ~ дозо́р *mil* Nachtrupp

тын, -а, *Pl* тыны́, -о́в, -а́м *m* Pfahlzaun, Staketenzaun

ты́сяча, -и, *I* -чей *u.* -чью *f Num* tausend; в -у раз бо́льший tausendmal größer ◇ -у извине́ний ich bitte tausendmal [vielmals] um Entschuldigung

тысячекра́тный, -ая, -ое tausendfach, tausendfältig

тысячеле́тие, -я *n* **1.** Jahrtausend, Millenium **2.** Tausendjahrfeier

тысячеле́тний, -яя, -ее tausendjährig

тысячели́стник, -а *m bot* Schafgarbe

тысячено́жка, -и, *Pl G* -жек, *D* -жкам *f zool* Tausendfüßler

ты́сячная, -ой *Subst f* Tausendstel

ты́сячник, -а *m umg*: движе́ние -ов Tausenderbewegung

ты́сячный, -ая, -ое **1.** *Num* tausendster **2.** tausendfach; -ая толпа́ tausendköpfige Menge

тычи́нка, -и, *Pl G* -нок, *D* -нкам *f bot* Staubfaden

ты́чу ↑ ты́кать

¹тьма, -ы *f* **1.** Finsternis, Dunkel; кроме́шная ~ undurchdringliche Finsternis **2.** *übtr* Unwissenheit, kulturelle Rückständigkeit; сквозь тьму веко́в aus grauer Vorzeit

тьма, -ы, *G Pl* тем *f* **1.** *alt* zehntausend **2.** *umg* Unmenge ◇ тьма-тьму́щая *volksspr* ungeheure Menge, wie Sand am Meer; ~ тем *buchspr* eine große Anzahl

тьфу! *Interj* pfui!

тюбете́йка, -и, *Pl G* -те́ек, *D* -те́йкам *f* rundes buntes Käppchen

тю́бик, -а *m* Tube

тюк, -а́ *m* Packen, Ballen

тю́кать, -аю, -аешь *uv umg* klopfen, schlagen

тю́левый, -ая, -ое Tüll-; -ое пла́тье Tüllkleid

тюле́невый, -ая, -ое Seehund-, Robben-; -ые сапоги́ Stiefel aus Seehundfell

тюле́ний, -ья, -ье Seehund-, Robben-; ~ жир Robbentran

тюле́нь, -я *m* **1.** Seehund, Robbe **2.** *übtr, umg* Tolpatsch

тюль, -я *m* Tüll

тюльпа́н, -а *m* Tulpe

Тюме́нь, -и *f* Tjumen *Stadt*

тюрба́н, -а *m* Turban

тюре́мный, -ая, -ое Gefängnis-, Kerker-; -ое заключе́ние Gefängnishaft

тюре́мщик, -а *m alt* Gefängniswärter, Kerkermeister

тюринге́нский, -ая, -ое: Тюринге́нский Лес Thüringer Wald

Тюри́нгия, -и *f* Thüringen

тю́рки *Pl* -ов *u.* -рок, -ркам, *Sg* тюрк, -а *m* Turkvölker

тю́ркский, -ая, -ое Turk-; ~ язы́к Turksprache

тюрьма́, -ы́, *Pl* тю́рьмы, тю́рем, тю́рьмам *f* Gefängnis, Kerker; заключи́ть в -у́ einkerkern, einsperren; вы́пустить из -ы́ auf freien Fuß setzen

тю́ря, -и *f* Suppe aus Brot und Zwiebeln in Kwaß oder Wasser

тюфя́к, -а́ *m* **1.** Matratze, Strohsack; волосяно́й ~ Roßhaarmatratze **2.** *übtr, verächtl* Schlappschwanz

тюфя́чный, -ая, -ое Matratzen-

тя́вканье, -ья *n* Kläffen, Gekläff

тя́вкать, -каю, -каешь *uv* kläffen ‖ *v mom* **тя́вкнуть,** -кну, -кнешь

тя́га, -и *f* **1.** Zug, Luftzug **2.** *tech* Zug(kraft); электри́ческая ~ elektrische Zugkraft; ко́нная ~ Pferdezug **3.** *übtr* Zug, Hang, Drang; ~ к зна́ниям Wissensdurst; ~ к учёбе Lust zum Lernen ◇ дать -у *umg* sich aus dem Staube machen, ausreißen

тяга́ть, -а́ю, -а́ешь *uv* **1.** *tech u. gbt* ziehen **2.** *volksspr* schleppen

тяга́ться, тяга́юсь, тяга́ешься; тя́-

жущийся *uv* **1.** sich messen, wetteifern (с *I* mit) **2.** *alt* einen Prozeß führen (с *I* gegen)

тягач, -á, *I* -óм, *G Pl* -éй *m* Zugmaschine, Trecker; ~ для полуприцéпа *oder* седéльный ~ Sattelschlepper

тя́гло, -а *u.* **тягло́,** -á, *Pl G* -гол, *D* -глам *n* **1.** *hist* Abgabe, Steuer **2.** *Koll* Arbeitsvieh, Zugvieh

тя́гловый, -ого *Subst m hist* Fronbauer

тя́говый, -ая, -ое Zug-; ~ автомоби́ль Zugmaschine

тя́гостный [сн], -ая, -ое; *Kzf* -тен, -тна lästig, unangenehm; peinlich

тя́гость, -и *f* Last, Bürde; быть кому́-н. в ~ j-m zur Last fallen

тягота́, -ы́, *Pl* тя́готы, тя́гот, тя́готам *f* Schwere, Last, Druck

тяготе́ние, -я *n* **1.** Gravitation, Schwerkraft; зако́н -я Gravitationsgesetz **2.** *übtr* Neigung, Hang (к *D* zu)

тяготе́ть, -е́ю, -е́ешь *uv* **1.** gravitieren (к *D* nach) **2.** *übtr* sich hingezogen fühlen, eine Neigung haben (к *D* zu) **3.** lasten (над *I* auf)

тяготи́ть, -ощу́, -оти́шь *uv* zur Last fallen, bedrücken

тяготи́ться, -ощу́сь, -оти́шься *uv* sich bedrückt fühlen

тягу́честь, -и *f* Dickflüssigkeit, Zähigkeit, Viskosität

тягу́чий, -ая, -ее; *Kzf* -у́ч, -а **1.** dickflüssig, zähe **2.** *übtr* gedehnt, langgezogen, getragen

тягча́йший ↑ тя́жкий

тяж, -á, *I* -óм, *G Pl* -éй *m* **1.** Zugriemen **2.** Treibriemen **3.** *tech* Klammer, Bindung

тя́жба, -ы *f alt* Zivilprozeß; Rechtsstreit

тя́жебный, -ая, -ое *alt* Gerichts-, Prozeß-

тяжеле́ть, -е́ю, -е́ешь *uv* schwer [dick] werden; *übtr* schwerfällig werden

тяжело|атле́т, -а *m* Schwerathlet; **~атлети́ческий,** -ая, -ое schwerathletisch; **~ве́с,** -а *m* Schwergewichtler; **~ве́сный,** -ая, -ое; *Kzf* -сен, -сна **1.** schwerfällig **2.** *übtr* schwerwiegend; **~во́з,** -а *m* Lastpferd; **~ду́м,** -а *m umg* schwerfälliger Mensch; он ~ду́м er hat eine lange Leitung

тяжёлый, -ая, -ое; *Kzf* тяжёл, тяжела́ **1.** schwer **2.** streng, hart; -ое го́ре großer Kummer; ~ уда́р ein harter Schicksalsschlag **3.** schwer, schwierig, mühevoll; -ая зада́ча eine schwere Aufgabe **4.** schwerfällig; ~ стиль schwerfälliger Stil **5.** ernst, schwierig; -ое ране́ние eine ernste Verwundung; ~ вопро́с eine schwierige Frage **6.** *übtr* quälend, traurig; -ые мы́сли quälende Gedanken **7.** *übtr* unverträglich; у него́ ~ хара́ктер mit ihm ist schwer auszukommen ◇ -ая промы́шленность Schwerindustrie; ~ во́здух dumpfe [stickige] Luft; он тяжёл на́ руку *umg* a) er hat eine kräftige Faust; b) er hat keine glückliche Hand; быть -ым на подъём *umg* schwerfällig sein; ~ ум *umg* nicht gescheit, auf den Kopf gefallen

тя́жесть, -и *f* **1.** Schwere, Gewicht; центр -и Schwerpunkt **2.** Last, Bürde *a. übtr*; ~ забо́т Sorgenlast

тя́жкий, -ая, -ое; *Kzf* тя́жек, тяжка́!; *Sup* тягча́йший schwer, mühsam, ernst; -ая вина́ schwere Schuld ◇ пусти́ться во все тя́жкие *umg* ein lockeres Leben führen

тя́жущийся, -аяся, -ееся *alt* prozessierend, einen Prozeß führend

тяну́ть, тяну́, тя́нешь; тя́нутый, -ут, -а *uv* **1.** ziehen (за *A* an), schleppen, schleifen; ~ за́ волосы an den Haaren ziehen; ~ жре́бий ein Los ziehen **2.** *tech* ziehen, dehnen; ~ про́волоку Draht ziehen **3.** ziehen, spannen *Leine* **4.** *1. u. 2. Pers ungebr* ziehen, Zug haben *Ofen*; в печи́ хорошо́ тя́нет der Ofen zieht gut **5.** langsam, gedehnt sprechen [singen]; ~ всё ту же пе́сню *übtr* immer die alte Leier anstimmen **6.** verzögern, in die Länge ziehen; ~ де́ло etwas auf die lange Bank schieben **7.** *1. u. 2. Pers ungebr* wiegen; я́щик тя́нет пять кило́ die Kiste wiegt fünf Kilo **8.** *übtr* erpressen, ausbeuten **9.** *unpers*: его́ тя́нет к чему́-н. er fühlt sich zu etw. hingezogen, er hat zu etw. große Lust; меня́ тя́нет ко сну mich schläfert

тяну́ться, тяну́сь, тя́нешься *uv* **1.** sich ausbreiten, sich ausdehnen; рези́на тя́нется Gummi dehnt sich **2.** sich recken und strecken, sich rekeln; он тя́нется в посте́ли er rekelt sich im Bett **3.** *1. u. 2. Pers ungebr* sich hinziehen, sich erstrecken; за дере́вней тя́нутся поля́ hinter dem Dorf erstrecken sich Felder **4.** *1. u. 2. Pers ungebr* sich hinziehen, sich in die Länge ziehen, dauern **5.** за *I* langen, die Hand ausstrecken (nach) **6.** dahinziehen, sich

bewegen **7.** за *I übtr* nacheifern, nachstreben
тянýчка, -и, *Pl G* -чек, *D* -чкам *f* Sahnebonbon
тя́нущий, -ая, -ее **1.** ziehend *Schmerz* **2.** *tech* Zieh-
Тянь-Шáнь, -я *m* Tienschan *Gebirge*
тяп: тяп-ля́п *oder* тя́п да ля́п *volksspr* nachlässig, irgendwie
тя́пать, -аю, -аешь *uv umg* **1.** hacken, schlagen **2.** fassen, packen ‖ *v mom* тя́пнуть, -ну, -нешь; -нутый, -нут, -а
тя́пка, -и, *Pl G* -пок, *D* -пкам *f* Hackmesser
тя́пнуть, -ну, -нешь; -нутый, -нут, -а *v* **1.** *mom zu* тя́пать **2.** *A oder G volksspr* (aus)trinken *Schnaps* **3.** *volksspr* stehlen
тя́тя, -и *m*, *volksspr u. gbt* Papa

У

у *Präpos mit G* **1.** bei, an, neben; у окнá am Fenster; у врачá beim Arzt **2.** *zur Bezeichnung des Besitzverhältnisses, auszudrücken mit* haben; у меня́ есть брат ich habe einen Bruder; у негó нет дéнег er hat kein Geld **3.** *zur Bezeichnung der Zugehörigkeit, im Deutschen oft D*; у меня́ пропадáют два билéта в теáтр mir verfallen zwei Theaterkarten; у неё боля́т зýбы ihr tun die Zähne weh; взять у ребёнка нóжницы dem Kind die Schere wegnehmen **4.** *zur Bezeichnung des engen Besitzverhältnisses, im Deutschen auszudrücken mit Poss Pron oder G*; муж у неё поги́б на войнé ihr Mann ist im Krieg gefallen; часы́ у меня́ останови́лись meine Uhr ist stehengeblieben; крылó у пти́цы бы́ло слóмано der Flügel des Vogels war gebrochen, der Vogel hatte den Flügel gebrochen
убáвить, -влю, -вишь; -вленный, -влен, -а *v* **1.** *A oder G* vermindern, verringern; kürzer machen, enger machen; ~ ход die Fahrt vermindern, die Geschwindigkeit herabsetzen; ~ шаг *oder* шáгу langsamer gehen **2.**: ~ в вéсе *umg* (an Gewicht) abnehmen ‖ *uv* **убавля́ть,** -я́ю, -я́ешь
убáвиться, *1. u. 2. Pers ungebr, meist unpers* -ится *v* abnehmen, kürzer (kleiner) werden; воды́ убáвилось das Wasser ist gefallen ‖ *uv* **убавля́ться,** -я́ется
убаю́кать, -аю, -аешь; -анный, -ан, -а *v* in den Schlaf singen [wiegen]; *übtr* einschläfern ‖ *uv* **убаю́кивать,** -аю, -аешь
убегáть, -áю, -áешь *uv* **1.** *uv zu* убежáть **2.** *1. u. 2. Pers ungebr* sich entfernen, verschwinden **3.** *1. u. 2. Pers ungebr* sich erstrecken, sich ziehen
убеди́тельность, -и *f* Überzeugungskraft, Schlagkraft
убеди́тельный, -ая, -ое; *Kzf* -лен, -льна **1.** überzeugend, einleuchtend, triftig **2.** eindringlich; inständig
убеди́ть, *1. Pers ungebr*, -и́шь; убеждённый, -ён, -енá *v* **1.** überzeugen (в *P* von) **2.** überreden, (dazu) bewegen; он дал себя́ ~ er ließ sich überreden ‖ *uv* убеждáть, -áю, -áешь
убеди́ться, *1. Pers ungebr*, -и́шься *v* sich überzeugen, sich vergewissern (в *P* von) ‖ *uv* убеждáться, -áюсь, -áешься
у|бежáть* *v* **1.** davonlaufen, weglaufen **2.** flüchten, fliehen, entkommen **3.** *1. u. 2. Pers ungebr* überlaufen, überkochen ‖ *uv* убегáть, -áю, -áешь
убеждáть(ся) *uv zu* убеди́ть(ся)
убеждéние, -я *n* **1.** Überzeugung; Überredung **2.** *Pl* Gesinnung, Weltanschauung
убеждённость, -и *f* Überzeugtheit; fester Glaube; Vertrauen
убеждённый, -ая, -ое überzeugt; unerschütterlich, standhaft
убéжище, -а, *I* -ем *n* **1.** Zufluchtstätte, Asyl **2.** Luftschutzkeller, Bunker; *mil* Unterstand
убелённый, -ая, -ое: ~ седи́нами weißhaarig, mit (schloh)weißem Haar; ergraut
убели́ть, -лю́, -ли́шь; -лённый, -лён, -ленá *v* weiß machen ◇ вóлосы, убелённые седи́ной [седи́нами] silberweiße Haare ‖ *uv* **убеля́ть,** -я́ю, -я́ешь

уберега́ть(ся) *uv zu* убере́чь(ся)

у|бере́чь* *v* behüten, bewahren, schützen (от *G* vor) || *uv* уберега́ть, -а́ю, -а́ешь

у|бере́чься* *v* от *G* sich schützen (gegen, vor), sich in acht nehmen (vor), vermeiden || *uv* уберега́ться, -а́юсь, -а́ешься

убива́ть *uv zu* уби́ть

убива́ться, -а́юсь, -а́ешься *uv* **1.** *uv zu* уби́ться **2.** *umg* sich abrackern, sich totmachen **3.** *umg* sich grämen, vor Kummer vergehen (о *P oder* из-за *G* um, wegen)

убийственный, -ая, -ое; *Kzf* -ен *u.* -енен, -енна **1.** verderblich, vernichtend, tödlich **2.** *übtr* unerträglich; *umg* miserabel **3.** *übtr umg* außerordentlich, mörderisch

убийство, -а *n* Mord, Ermordung; ~ из-за угла́ Meuchelmord; ~ с це́лью грабежа́ Raubmord

убийца, -ы, *I* -ей *m* (*f*) Mörder(in)

убира́ть(ся) *uv zu* убра́ть(ся)

уби́тый, -ая, -ое **1.** getötet, erschlagen, ermordet **2.** niedergeschlagen, verzweifelt **3.** -ого *Subst m* Toter, Ermordeter, Gefallener ◇ молча́ть как ~ schweigen wie ein Grab; спать как ~ schlafen wie ein Murmeltier; бо́гом ~ mit Dummheit geschlagen

у|би́ть* *v* **1.** töten, umbringen, ermorden **2.** *übtr* zunichte machen, zerstören **3.** *übtr* niederschmettern, zur Verzweiflung bringen **4.** stechen *beim Kartenspiel* ◇ ~ вре́мя die Zeit totschlagen; хоть убе́й, не зна́ю ich weiß es wirklich und wahrhaftig nicht, und wenn du mich totschlägst, ich weiß es nicht; ~ двух за́йцев zwei Fliegen mit einer Klappe schlagen || *uv* убива́ть, -а́ю, -а́ешь

у|би́ться* *v* **1.** (tödlich) verunglücken, ums Leben kommen **2.** *volksspr* sich stoßen, sich verletzen || *uv* убива́ться, -а́юсь, -а́ешься

ублаготвори́ть, -рю́, -ри́шь; -рённый, -рён, -рена́ *v alt, jetzt iron* zufriedenstellen || *uv* **ублаготворя́ть,** -я́ю, -я́ешь

ублажа́ть *uv zu* ублажи́ть

ублажи́ть, -жу́, -жи́шь; -жённый, -жён, -жена́ *v umg* (j-m) jeden Wunsch von den Augen ablesen, (j-n) verwöhnen || *uv* ублажа́ть, -а́ю, -а́ешь

убо́гий, -ая, -ое; *Kzf* убо́г, -а **1.** arm(selig), dürftig, kümmerlich **2.** -ого *Subst m* armer Teufel [Schlucker] **3.** verkrüppelt **4.** -ого *Subst m* Krüppel

убо́жество, -а *n* **1.** Armut; Armseligkeit, Dürftigkeit **2.** Körperfehler, Verkrüppelung

убо́й, -я *m* (Ab-) Schlachten, Schlachtung ◇ корми́ть на ~ mästen

убо́йный, -ая, -ое **1.** Schlacht-, zum Schlachten bestimmt **2.** *mil* Vernichtungs-, vernichtend

убо́р, -а *m* **1.** *alt* (festliches) Gewand, Putz, (Kopf-) Schmuck **2.**: головно́й ~ Kopfbedeckung

убо́ристый, -ая, -ое; *Kzf* -ист, -а eng (gedruckt); eng geschrieben

убо́рка, -и *f* **1.** Aufräumen, Wegräumen; генера́льная ~ Großreinemachen **2.** Ernte

убо́рная, -ой *Subst f* **1.** Toilette, Abort **2.** *alt* Ankleidezimmer; *theat* (Künstler-) Garderobe

убо́рочный, -ая, -ое *landw* **1.** Ernte- **2.** -ая, -ой *Subst f umg* Ernte, Erntezeit

убо́рщица, -ы, *I* -ей *f* Reinemachefrau, Aufwartung

убра́нство, -а *n* Ausschmückung, Ausstattung; ~ ко́мнаты Zimmereinrichtung; бутафо́рское ~ glänzende Fassade

у|бра́ть*; у́брана́ *v* **1.** wegnehmen, wegräumen, beseitigen; verwahren, unterbringen; ~ паруса́ die Segel einziehen; ~ со стола́ (den Tisch) abdecken **2.** ernten **3.** aufräumen, in Ordnung bringen; ~ посте́ль das Bett machen **4.** *I* ausschmücken, putzen (mit) || *uv* убира́ть, -а́ю, -а́ешь

у|бра́ться*; убра́ли́сь *v* **1.** *umg* sich davonmachen, sich aus dem Staube machen **2.** *umg* aufräumen, in Ordnung bringen, reinemachen **3.** sich schmücken; sich festlich kleiden || *uv* убира́ться, -а́юсь, -а́ешься

убыва́ть *uv zu* убы́ть

у́быль, -и *f* **1.** Abnahme, Verringerung; вода́ идёт на ~ das Wasser fällt [sinkt] **2.** Verlust

убыстри́ть, -рю́, -ри́шь; -рённый, -рён, -рена́ *v umg* beschleunigen || *uv* **убыстря́ть,** -я́ю, -я́ешь

убы́ток, -тка (-тку) *m* Verlust, Schaden; э́то мне в ~ das ist ein Nachteil [Verlust] für mich; быть в -тке den Schaden haben, den kürzeren ziehen

убы́точный, -ая, -ое; *Kzf* -чен, -чна nachteilig, verlustbringend

у|бы́ть*; у́был, -а́! *v* **1.** abnehmen,

sich verringern; fallen **2.** ausscheiden; ausfallen; ~ в óтпуск in Urlaub gehen ◇ тебя́ не убу́дет от э́того das wird dir nicht schaden [keinen Abbruch tun] ‖ *uv* убывáть, -áю, -áешь

уважáемый, -ая, -ое sehr geehrt, verehrt *in der Anrede*

уважáть, -áю, -áешь *uv* (ver)ehren, achten, respektieren, schätzen

уважéние, -я *n* Achtung, Ehrerbietung, Respekt(ierung)

уважи́тельный, -ая, -ое; *Kzf* -лен, -льна **1.** triftig, stichhaltig; отсу́тствовать по -ой причи́не entschuldigt fehlen **2.** ehrerbietig

ува́жить, -жу, -жишь; -женный, -жен, -а *v umg* **1.** berücksichtigen, Rechnung tragen **2.** Achtung bezeugen **3.** *volksspr* entgegenkommen, einen Gefallen tun

у́вален, -льня *m umg* schwerfälliger [ungelenker] Mensch, Tolpatsch

ува́ривать *uv zu* увари́ть

увари́ть, уварю́, ува́ришь; ува́ренный, -ен, -а *v* **1.** *umg* gar kochen **2.** einkochen lassen ‖ *uv* ува́ривать, -аю, -аешь

увéдомить, -млю, -мишь; -мленный, -млен, -а *v* in Kenntnis setzen, benachrichtigen ‖ *uv* уведомля́ть, -я́ю, -я́ешь

уведомлéние, -я *n* Benachrichtigung; (schriftliche) Mitteilung

уведомля́ть *uv zu* увéдомить

у|везти́* *v* **1.** wegschaffen, abtransportieren; mit (auf die Reise) nehmen **2.** entführen ‖ *uv* увози́ть, увожу́, уво́зишь

увековéчивать *uv zu* увековéчить

увековéчить, -чу, -чишь; -ченный, -чен, -а *v* verewigen; unsterblich machen ‖ *uv* увековéчивать, -аю, -аешь

увеличéние, -я *n* Vergrößerung

увели́чивать(ся) *uv zu* увели́чить(ся)

увеличи́тель, -я *m phot* Vergrößerungsgerät

увеличи́тельный, -ая, -ое Vergrößerungs-

увели́чить, -чу, -чишь; -ченный, -чен, -а *v* vergrößern; verstärken; steigern ‖ *uv* увели́чивать, -аю, -аешь

увели́читься, *1. u. 2. Pers ungebr*, -ится *v* sich vergrößern; steigen ‖ *uv* увели́чиваться, -ается

увенчáть, -áю, -áешь; увéнчанный, -ан, -а *v I* krönen (mit) ‖ *uv* **увéнчивать,** -аю, -аешь

увенчáться, *1. u. 2. Pers ungebr*, -áется *v übtr* gekrönt werden; дéло увенчáлось успéхом die Sache war von Erfolg gekrönt ‖ *uv* **увéнчиваться,** -ается

уверéние, -я *n* Zusicherung, Beteuerung

увéренность, -и *f* **1.** Sicherheit, Gewißheit **2.** Zuversicht, Vertrauen

увéренный, -ая, -ое; *Kzf* -рен, -а **1.** sicher, fest **2.** überzeugt; быть -ым в чём-н. einer Sache sicher sein, sich auf etw. verlassen; бу́дь(те) увéрен(ы) sei (seien Sie) unbesorgt

увéрить, -рю, -ришь; -ренный, -рен, -а *v* в *P* überzeugen (von), versichern (*G*), beteuern ‖ *uv* уверя́ть, -я́ю, -я́ешь

уверну́ться, -ну́сь, -нёшься *v* ausweichen, aus dem Wege gehen; *übtr umg* sich ausreden, Ausflüchte machen ‖ *uv* увёртываться, -аюсь, -аешься

увéровать, -рую, -руешь *v buchspr* fest glauben (в *P* an)

увёртка, -и, *Pl G* -ток, *D* -ткам *f* Ausflucht, Schlich, Finte

увёртливый, -ая, -ое; *Kzf* -ив, -а **1.** gewandt, behend **2.** *übtr* schlau, findig

увёртываться *uv zu* уверну́ться

увертю́ра, -ы *f mus* Ouvertüre

уверя́ть *uv zu* увéрить

увеселéние, -я *n* **1.** Belustigung, Erheiterung **2.** *meist Pl* Belustigung, Vergnügung, Amusement

увесели́тельный, -ая, -ое erheiternd; Vergnügungs-

увесели́ть *v zu* увеселя́ть

увеселя́ть, -я́ю, -я́ешь *uv* erheitern, belustigen ‖ *v* увесели́ть, -лю́, -ли́шь

увéсистый, -ая, -ое; *Kzf* -ист, -а **1.** sehr schwer **2.** heftig, wuchtig

у|вести́* *v* **1.** wegführen, fortbringen; *übtr* ablenken **2.** mitgehen lassen, stehlen; *umg* abspenstig machen ‖ *uv* уводи́ть, увожу́, уво́дишь

увéчить, -чу, -чишь *uv* verstümmeln, zum Krüppel machen; *übtr* verderben

увéчье, -ья, *Pl G* -чий, *D* -чьям *n* Verstümmelung, Körperverletzung

увéшать, -аю, -аешь; -анный, -ан, -а *v* behängen, vollhängen ‖ *uv* **увéшивать,** -аю, -аешь

увещáть, -áю, -áешь *uv* ermahnen

увивáть *uv zu* уви́ть

увивáться, -áюсь, -áешься *uv* **1.** *uv*

zu увиться 2. *umg* den Hof machen; herumscharwenzeln

увидать, *Fut ungebr v umg* sehen, erblicken

увидаться, *Fut ungebr v umg* с *I* sich treffen (mit), (einander) wiedersehen

увидеть, увижу, увидишь; увиженный, увижен, -а *v* sehen, erblicken ◇ ~ свет das Licht der Welt erblicken, geboren werden

увидеться, увижусь, увидишься *v* с *I* sich treffen (mit), (einander) wiedersehen

увиливать *uv zu* увильнуть

увильнуть, -ну, -нёшь *v umg* 1. ausweichen 2. от *G übtr* ausweichen, sich entziehen ‖ *uv* увиливать, -аю, -аешь

у|вить* *v* 1. *umg* umwickeln 2. *umg* aufwickeln (auf) 3. umranken, umwinden ‖ *uv* увивать, -аю, -аешь

у|виться*; увились *v umg* sich winden, sich schlingen, sich ranken ‖ *uv* увиваться, -аюсь, -аешься

увлажнить, -ню, -нишь; -нённый, -нён, -нена *v* feucht(er) machen, befeuchten, benetzen ‖ *uv* **увлажнять,** -яю, -яешь

увлекательный, -ая, -ое; *Kzf* -лен, -льна interessant; spannend; hinreißend

увлекать(ся) *uv zu* увлечь(ся)

увлечение, -я *n* 1. Begeisterung, Leidenschaft 2. *I* Passion, starkes Interesse (für) 3. Zuneigung, Verliebtheit

у|влечь* *v* 1. fortschleppen, fortziehen 2. *übtr* mitreißen, packen; bezaubern ‖ *uv* увлекать, -аю, -аешь

у|влечься* *v* 1. *I* sich begeistern (für), sich mitreißen lassen (von) 2. *I* sich verlieben (in) ‖ *uv* увлекаться, -аюсь, -аешься

увод, -а *m* 1. Wegführung, Abzug 2. Entführung *einer Braut*

уводить *uv zu* увести

увоз, -а *m* Abtransport ◇ свадьба с -ом *alt* Trauung mit der entführten Braut

увозить *uv zu* увезти

уволакивать *uv zu* уволочь

уволить, -лю, -лишь; -ленный, -лен, -а *v* 1. entlassen, kündigen; ~ в отпуск *mil* beurlauben; ~ в отставку in den Ruhestand versetzen; ~ на пенсию pensionieren 2. *meist Imp* verschonen, erlösen ‖ *uv* увольнять, -яю, -яешь

уволиться, -люсь, -лишься *v* (die Arbeitsstelle) aufgeben, den Dienst quittieren; ~ в отпуск *mil* sich beurlauben lassen; ~ на пенсию sich pensionieren lassen ‖ *uv* увольняться, -яюсь, -яешься

у|волочь*; уволочённый, -ён, -ена *u.* уволоченный, -ен, -а *v umg* wegschleppen, wegschleifen ‖ *uv* уволакивать, -аю, -аешь

увольнение, -я *n* Entlassung, Kündigung; ~ в отпуск *mil* Beurlaubung; ~ в отставку Versetzung in den Ruhestand; ~ со службы Entlassung aus dem (aktiven) Dienst

увольнительный, -ая, -ое 1. Entlassungs-; ~ билет *mil* Urlaubsschein 2. -ая, -ой *Subst f mil* Urlaubsschein

увольнять(ся) *uv zu* уволить(ся)

врачевать, -чую, -чуешь *v alt* heilen

увы *Interj* o weh!

увядание, -я *n* Verwelken, Verblühen *a. übtr*

увядать *uv zu* увянуть

¹у|вязать* *v* 1. *umg* einpacken, zusammenschnüren 2. *übtr* aufeinander abstimmen, in Einklang bringen ‖ *uv* увязывать, -аю, -аешь

²увязать *uv zu* увязнуть

у|вязаться* *v* за *I oder* с *I umg* nicht weichen (von); sich an j-s Fersen heften ‖ *uv* увязываться, -аюсь, -аешься

увязка, -и, *Pl G* -зок, *D* -зкам *f* 1. *umg* Einpacken, Verpackung 2. *übtr* Koordinierung, Abstimmung

увязнуть, -ну, -нешь; увяз, -ла; увяз(нув)ший *v* steckenbleiben, einsinken; *übtr* hängenbleiben, sich verstricken ‖ *uv* увязать, -аю, -аешь

увязывать *uv zu* ¹увязать

увязываться *uv zu* увязаться

у|вянуть* *v* (ver)welken, verblühen; *übtr* den (Lebens-) Mut verlieren ‖ *uv* увядать, -аю, -аешь

угадать, -аю, -аешь; угаданный, -ан, -а *v* erraten ‖ *uv* **угадывать,** -аю, -аешь

¹угар, -а *m* 1. Kohlenoxyd, Kohlengas 2. Kohlengasvergiftung 3. *übtr* Taumel, Rausch

²угар, -а *m* 1. *tech* Abbrand 2. *text* Abfall

угарный, -ая, -ое 1. Kohlenoxyd enthaltend [ausströmend]; ~ газ Kohlenoxyd, Kohlengas 2. *Kzf* -рен, -рна *übtr* maßlos, hemmungslos

угасать *uv zu* угаснуть

угáснуть, -ну, -нешь; угáс, -ла; угáс(нув)ший *v* **1.** verlöschen, erlöschen, ausgehen **2.** *übtr* dahinsiechen, erlöschen; verstummen; sterben || *uv* угасáть, -áю, -áешь

угле- *in Zuss* Kohle-

угле|водорóд, -а *m chem* Kohlenwasserstoff; **~вóды** *Pl* -ов, *Sg* углевóд, -а *m biol, chem* Kohlehydrate; **~жжéние,** -я *n* Holzverkohlung; **~жóг,** -а *m* Köhler; **~кислотá,** -ы́ *f chem* Kohlensäure

углеки́слый, -ая, -ое *chem* Kohlensäure-, kohlensauer; ~ (минерáльный) истóчник Sauerbrunnen; -ые сóли Karbonate

угле|кóп, -а *m alt* Bergmann *im Kohlenbergbau*; **~рóд,** -а *m chem* Kohlenstoff; **~рóдистый,** -ая, -ое *chem* kohlenstoffhaltig

угловáтый, -ая, -ое; *Kzf* -áт, -а **1.** eckig **2.** *übtr* ungeschickt, linkisch, plump

угловóй, -áя, -óе **1.** Eck-; -óй удáр *Sport* Ecke, Eckball **2.** *math, phys* Winkel-

угломéр, -а *m tech* Winkelmesser

углуби́ть, -блю́, -би́шь; -блённый, -блён, -бленá *v* vertiefen, tiefer machen || *uv* углубля́ть, -я́ю, -я́ешь

углуби́ться, -блю́сь, -би́шься *v* **1.** *1. u. 2. Pers ungebr* sich vertiefen; tiefer werden **2.** (tiefer) eindringen (в *A* in) || *uv* углубля́ться, -я́юсь, -я́ешься

углублéние, -я *n* **1.** Vertiefung; Höhlung, Grube; ~ пóчвы Bodensenke **2.** *naut* Tiefgang

углублённый, -ая, -ое; *Kzf* -ён, -енá **1.** vertieft; tiefliegend **2.** *übtr* gründlich, ernsthaft, tiefschürfend

углубля́ть(ся) *uv zu* углуби́ть(ся)

у|гнáть* *v* **1.** wegtreiben, fortjagen **2.** *umg* entführen, stehlen **3.** *volksspr* (gegen den Willen) weit fortschicken, jagen || *uv* угоня́ть, -я́ю, -я́ешь

у|гнáться*; угнáли́сь *v* за *I* **1.** einholen, erreichen **2.** *übtr, umg* Schritt halten (mit), gleichkommen, es aufnehmen (mit)

угнезди́ться, *1. Pers ungebr*, -и́шься *v umg* sich einnisten, sich einrichten; sich niederlassen

угнетáтель, -я *m* Unterdrücker

угнетáтельский, -ая, -ое Unterdrükkungs-, ausbeuterisch

угнетáть, -áю, -áешь *uv* **1.** unterdrücken, unterjochen, ausbeuten **2.** *übtr* bedrücken, deprimieren, quälen

угнетéние, -я *n* **1.** Unterdrückung, Unterjochung, Ausbeutung **2.** Depression, Niedergeschlagenheit

угнетённый, -ая, -ое; *Kzf* -тён, -тенá **1.** unterdrückt, unterjocht, ausgebeutet **2.** bedrückt, niedergeschlagen, deprimiert

уговáривать(ся) *uv zu* уговори́ть(ся)

уговóр, -а *m* **1.** Überredung, Zureden **2.** *umg* Abmachung, Vereinbarung

уговори́ть, -рю́, -ри́шь; -рённый, -рён, -ренá *v* **1.** überreden, dazu bewegen [bringen] **2.** *umg* beruhigen, trösten || *uv* уговáривать, -аю, -аешь

уговори́ться, -рю́сь, -ри́шься *v umg* übereinkommen, sich verabreden || *uv* уговáриваться, -аюсь, -аешься

угóда, -ы *f*: в -у комý-н. j-m zuliebe, j-m zu Gefallen

угоди́ть, угожý, угоди́шь *v* **1.** *D oder* на *A* (j-n) zufriedenstellen, (j-m) etw. zuliebe tun, (j-m) gefällig sein; емý никогдá не угоди́шь man kann es ihm nie recht machen, er ist nie zufrieden **2.** *umg* geraten (в *A* an) **3.** *umg* treffen || *uv* угождáть, -áю, -áешь *zu* 1

угóдливый, -ая, -ое; *Kzf* -ив, -а diensteifrig, dienstfertig, liebedienerisch

угóдничать, -аю, -аешь *uv umg* katzbuckeln, sich einschmeicheln

угóдно **1.** gefällig, erwünscht; как вам ~ wie Sie wünschen, wie es Ihnen paßt; éсли (вам) ~ wenn es (Ihnen) recht ist; vielleicht; не ~ ли вам möchten Sie vielleicht, wäre es Ihnen recht; что вам ~? was wünschen Sie? **2.** *Part nach Interr Pron u. Adv* beliebig; где ~ ganz gleich wo, überall; как ~ ganz gleich wie, beliebig; какóй ~ jeder (beliebige); когдá ~ ganz gleich wann, zu jeder (beliebigen) Zeit, immer; кто ~ jeder (beliebige); кудá ~ ganz gleich wohin, überallhin; скóлько ~ so viel man will, in jeder Menge; что ~ ganz gleich was, was Sie wollen; скóлько душé ~ nach Herzenslust

угóдный, -ая, -ое; *Kzf* -ден, -дна **1.** angenehm, gefällig **2.** *alt* passend, geeignet

угóдье, -ья, *Pl G* -дий, *D* -дьям *n* **1.** nutzbares Stück Land; сенокóсное ~ Heuschlag; охóтничье ~

Jagdgrund 2. *alt* gute Eigenschaft, Vorteil

угождáть *uv zu* угодúть

ýгол, углá, *P* об углé, в углý *u. math* в углé *m* 1. Ecke; завернýть зá ~ um die Ecke biegen 2. *math, phys* Winkel; прямóй ~ rechter Winkel; смéжные углы́ Nebenwinkel; ~ падéния Einfallswinkel; под углóм зрéния *übtr* unter dem Gesichtswinkel, vom Standpunkt 3. Winkel *eines Zimmers*, Schlafstelle; Bleibe, Heim ◇ из-за углá heimlich, heimtückisch, verräterisch; под углóм winkelförmig; im Winkel (von); загнáть когó-н. в ~ j-n in die Enge treiben; медвéжий ~ *alt* abgelegene [öde] Gegend, Krähwinkel

уголóвник, -а *m* 1. Krimineller, Verbrecher 2. *umg* Fachmann für Strafrecht

уголóвный, -ая, -ое 1. kriminell, Kriminal-; strafrechtlich, Straf-; ~ кóдекс *jur* Strafgesetzbuch; ~ рóзыск Kriminalamt, Kriminalabteilung 2. -ого *Subst m* Krimineller, Kriminalverbrecher

уголóк, -лкá, *P* об уголкé, в уголкé *u.* в уголкý 1. *Dem zu* ýгол kleine Ecke, Winkel(chen) 2. Raum in einer Schule, einem Betrieb für gesellschaftliche oder fachliche Arbeit

ýголь, ýгля *u.* угля́ *m* 1. Kohle; бéлый ~ Wasserkraft; голубóй ~ Treibkraft des Windes 2. (*Pl* ýгли, углéй, угля́м *u. volksspr* ýголья, -ьев, -ьям) Stück Holzkohle

угóльник, -а *m* 1. Winkelmaß 2. Winkeleisen

ýгольный, -ая, -ое Kohlen-

ýгольщик, -а *m* 1. Bergmann *im Kohlenbergbau* 2. Köhler

угомóн, -а (-у) *m volksspr*: нет -у на негó man kann ihn nicht zur Ruhe bringen; -у не знать sich keine Ruhe gönnen, ~ тебя́ возьмú sei ruhig, beruhige dich

угомонúть, -ню́, -нúшь; -нённый, -нён, -ненá *v umg* beruhigen, besänftigen || *uv* **угомоня́ть,** -я́ю, -я́ешь

угомонúться, -ню́сь, -нúшься *v umg* sich beruhigen, zur Ruhe kommen, still werden || *uv* **угомоня́ться,** -я́юсь, -я́ешься

угóн, -а *m* 1. Wegtreiben 2. (Vieh-) Diebstahl

угоня́ть *uv zu* угнáть

угорáздить, -ит *unpers v umg* anraten, auf die (unglückliche) Idee bringen ◇ чёрт угорáздил егó *oder* нелёгкая угорáздила егó der Teufel hat ihn geritten

угорáть *uv zu* угорéть

угорéлый, -ая, -ое: как ~ *umg* wie besessen, wie ein Wahnsinniger

угорéть, -рю́, -рúшь *v* 1. sich eine Kohlenoxydvergiftung zuziehen, von Kohlengas benommen sein [Kopfschmerzen bekommen] 2. *übtr volksspr* verrückt werden, nicht bei Troste sein; ты что, угорéл? bist du von Sinnen? || *uv* угорáть, -áю, -áешь *zu* 1

[1]**ýгорь,** угря́ *m* Aal

[2]**ýгорь,** угря́ *m* Pickel, Mitesser

угостúть, угощý, угостúшь; угощённый, -ён, -енá *v I* bewirten (mit); anbieten; *übtr umg* verabreichen || *uv* угощáть, -áю, -áешь

угостúться, угощýсь, угостúшься *v I umg* schmausen, sich's schmecken lassen || *uv* угощáться, -áюсь, -áешься

уготóвить, -влю, -вишь; -вленный, -влен, -а *v buchspr* (vor)bereiten, (voraus)bestimmen || *uv* **уготовля́ть,** -я́ю, -я́ешь

угощáть(ся) *uv zu* угостúть(ся)

угощéние, -я *n* 1. Bewirtung 2. Essen, Speise und Trank, Bewirtung

угревáтый, -ая, -ое; *Kzf* -áт, -а pickelig, voll(er) Mitesser

угрóбить, -блю, -бишь; -бленный, -блен, -а *v derb volksspr* 1. kaltmachen, umbringen 2. verderben, ruinieren

угрожáемый, -ая, -ое *umg* bedrohlich, gefährlich

угрожáть, -áю, -áешь *uv* 1. *I* drohen (mit), bedrohen, androhen 2. bevorstehen

угрóза, -ы *f* 1. Drohung, Bedrohung, Androhung; держáть когó-н. под -ой j-n in Schach halten 2. (drohende) Gefahr; постáвить под -у gefährden, aufs Spiel setzen

угрóзыск, -а *m* (уголóвный рóзыск) Kriminalamt, Kriminalabteilung

ýгро-фúнский, -ая, -ое *ling* ugro-finnisch

угрызéние, -я *n*: -я сóвести Gewissensbisse

угрю́мый, -ая, -ое; *Kzf* -ю́м, -а mürrisch, verdrießlich; finster, düster

удáбривать *uv zu* удóбрить

удáв, -а *m zool* Boa

удавáться *uv zu* удáться

удавúть, удавлю́, удáвишь; удáвлен-

ный, -ен, -а *v* erwürgen, erdrosseln || *uv* удáвливать, -аю, -аешь
удави́ться, удавлю́сь, удáвишься *v umg* sich aufhängen, sich erhängen || *uv* удáвливаться, -аюсь, -аешься
удавлéние, -я *n* Erwürgen, Erdrosseln
удáвливать(ся) *uv zu* удави́ть(ся)
удалéние, -я *n* **1.** Entfernung, Beseitigung; ~ зýба Zahnextraktion **2.** *buchspr* Entfernung, Ferne
удалённый, -ая, -ое entfernt; fern, entlegen, einsam
удалéц, -льцá, *I* -лцóм, *G Pl* -льцóв *m* kühner Mensch, wagehalsiger Bursche, Draufgänger
удали́ть, -лю́, -ли́шь; -лённый, -лён, -ленá *v* **1.** in einen größeren Abstand bringen, wegrücken **2.** entfernen, beseitigen, fortschaffen; ~ зуб einen Zahn ziehen || *uv* удаля́ть, -я́ю, -я́ешь
удали́ться, -лю́сь, -ли́шься *v* sich entfernen, weggehen; sich zurückziehen || *uv* удаля́ться, -я́юсь, -я́ешься
удалóй, -áя, -óе *u.* **удáлый,** -ая, -ое; *Kzf* удáл, -á! kühn, verwegen, draufgängerisch ◇ мал, да удáл *Sprichw* klein, aber oho
удаль, -и *f* Kühnheit, Verwegenheit, Schneid
удальствó, -á *n umg* Kühnheit, Verwegenheit, Schneid
удаля́ть(ся) *uv zu* удали́ть(ся)
удáр, -а *m* **1.** Schlag, Hieb, Stoß; Anprall; свобóдный ~ *Sport* Freistoß; пýшечный ~ *Sport* Bombenschuß; сопротивлéние -у *tech* Schlagfestigkeit; нанести́ комý-н. ~ в спи́ну *übtr* j-m in den Rücken fallen **2.** *übtr* Schlag, Erschütterung **3.** *mil* Schlag, Stoß, Angriff **4.** *med* Schlag, Schlaganfall; с ним случи́лся ~ er hatte [bekam] einen Schlaganfall; сóлнечный ~ Sonnenstich; теплóвóй ~ Hitzschlag ◇ быть в -е in Stimmung sein, gut aufgelegt sein; быть под -ом in Gefahr sein [schweben]; стáвить под ~ in Gefahr bringen, gefährden
ударéние, -я *n* **1.** *ling* Betonung, Akzent **2.** *übtr* Betonung, Hervorhebung, Nachdruck; дéлать ~ на чём-н. etw. betonen, etw. unterstreichen
удáренный, -ая, -ое *ling* betont
удáрить, -рю, -ришь; -ренный, -рен, -а *v* **1.** schlagen, einen Hieb versetzen; ~ в барабáн die Trommel schlagen, trommeln; ~ в кóлокол (die Glocke) läuten; ~ в ладóши (in die Hände) klatschen; ~ в набáт Sturm läuten; удáрил гром der Donner rollte, es donnerte; мóлния удáрила в дéрево der Blitz hat in den Baum eingeschlagen **2.** *mil* schießen, feuern **3.** *umg* energisch (etw. zu tun) beginnen; ~ в кóсы kraftvoll [schwungvoll] zu mähen beginnen; удáрил морóз der Frost setzte ein **4.** по *D übtr umg* einschreiten (gegen), Schluß machen (mit) ◇ ~ по кармáну ins Geld laufen, Verlust einbringen; ~ по рукáм durch Handschlag bekräftigen, abmachen; кровь удáрила в гóлову das Blut stieg in den Kopf; лицóм в грязь не ~ sich nicht blamieren, seine Ehre rein halten || *uv* ударя́ть, -я́ю, -я́ешь
удáриться, -рюсь, -ришься *v* **1.** sich stoßen, prallen (в *A* gegen) **2.** в *A übtr umg* sich begeistern (für), verfallen (*D u.* in), sich ergeben *einer Sache*; ~ в слёзы in Tränen ausbrechen ◇ ~ в крáйность ins Extrem fallen; ~ в бéгство die Flucht ergreifen || *uv* ударя́ться, -я́юсь, -я́ешься
[1]**удáрник,** -а *m* **1.** Udarnik, Stoßarbeiter, Bestarbeiter **2.** *hist mil* Angehöriger eines Stoßtrupps
[2]**удáрник,** -а *m mil* Schlagbolzen
[1]**удáрный,** -ая, -ое **1.** Stoß-; -ая рабóта Stoßarbeit; -ая бригáда Stoßbrigade, Brigade von Stoßarbeitern [Bestarbeitern]; -ая комáнда *mil* Stoßtrupp **2.** wichtig, Haupt-; eilig, dringend; -ые стрóйки Schwerpunktbauten
[2]**удáрный,** -ая, -ое Schlag-, Stoß-; ~ молотóк *med* Perkussionshammer; -ые инструмéнты *mus* Schlagzeug
ударя́емый, -ая, -ое *ling* betont
ударя́ть(ся) *uv zu* удáрить(ся)
у|дáться*; удали́сь *v* **1.** erfolgreich verlaufen, gelingen **2.** *D unpers* gelingen, glücken; э́то емý не удалóсь das ist ihm mißlungen [nicht geglückt] || *uv* у|давáться*
удáча, -и, *I* -ей *f* Gelingen, Glück, Erfolg
удáчливый, -ая, -ое; *Kzf* -ив, -а erfolgreich
удáчник, -а *m umg* Glückspilz, -kind
удáчный, -ая, -ое; *Kzf* -чен, -чна erfolgreich, gelungen, glücklich; treffend

удвáивать *uv zu* удвóить
удвóить, -óю, -óишь; -óенный, -óен, -а *v* verdoppeln || *uv* удвáивать, -аю, -аешь
удéл, -а *m hist* **1.** Landbesitz eines Fürsten, Teilfürstentum **2.** Immobilien der Zarenfamilie **3.** Schicksal, Los
уделúть, -лю́, -лúшь; -лённый, -лён, -ленá *v* zuteilen, anweisen, zur Verfügung stellen; ~ внимáние чемý-н. seine Aufmerksamkeit auf etw. richten (lenken); einer Sache Beachtung schenken; ~ комý-н. врéмя j-m Zeit widmen [schenken] || *uv* уделя́ть, -я́ю, -я́ешь
[1]**удéльный,** -ая, -ое *hist* **1.**: ~ князь Oberhaupt eines Teilfürstentums; ~ перúод Periode der feudalen Zersplitterung **2.**: -ые зéмли der Zarenfamilie gehörige Ländereien
[2]**удéльный,** -ая, -ое *phys* spezifisch; ~ вес a) spezifisches Gewicht; b) *übtr* Anteil
уделя́ть *uv zu* уделúть
ýдерж, -у *m umg*: без -у hemmungslos; нет-у емý [на негó] er ist nicht zu bändigen, man kann ihn nicht zurückhalten; не знать -у sich nicht mäßigen können, keine Grenzen kennen
удержáние, -я *n* **1.** Einbehaltung, Abzug **2.** einbehaltene [abgezogene] Summe, Abzug
удержáть, удержý, удéржишь; удéржанный, -ан, -а *v* **1.** (fest)halten; zum Stehen bringen, anhalten; aufhalten **2.** zurückhalten; abhalten (от *G* von) **3.** unterdrücken, bändigen; ~ язы́к die Zunge im Zaum halten **4.** halten, behalten, bewahren **5.** abziehen, einbehalten || *uv* **удéрживать,** -аю, -аешь
удержáться, удержýсь, удéржишься *v* **1.** sich halten, sich behaupten; ~ в седлé fest im Sattel sitzen; не ~ на ногáх sich nicht auf den Beinen halten können, das Gleichgewicht verlieren; кольцó не удержáлось на пáльце der Ring hielt nicht am Finger [rutschte vom Finger] **2.** от *G* an sich halten, verzichten (auf), sich enthalten || *uv* **удéрживаться,** -аюсь, -аешься
удесятерúть, -рю́, -рúшь; -рённый, -рён, -ренá *v* verzehnfachen; vervielfachen, verstärken || *uv* **удесятеря́ть,** -я́ю, -я́ешь
удешевúть, -влю́, -вúшь; -влённый, -влён, -вленá *v* verbilligen, (den Preis) herabsetzen || *uv* удешевля́ть, -я́ю, -я́ешь
удешевлéние, -я *n* Verbilligung
удешевля́ть *uv zu* удешевúть
удивúтельный, -ая, -ое; *Kzf* -лен, -льна **1.** erstaunlich, merkwürdig, bewundernswert; что -ого? ist es verwunderlich?; нет ничегó -ого es ist nicht verwunderlich, es ist kein Wunder **2.** wunderbar, wundervoll
удивúть, -влю́, -вúшь; -влённый, -влён, -вленá *v* in Erstaunen versetzen; überraschen; меня́ удивúло es wunderte mich || *uv* удивля́ть, -я́ю, -я́ешь
удивúться, -влю́сь, -вúшься *v D* sich wundern (über), in Staunen geraten (über), etw. bestaunen || *uv* удивля́ться, -я́юсь, -я́ешься
удивлéние, -я *n* Verwunderung, Erstaunen; на ~ erstaunlich gut, ausgezeichnet
удивля́ть(ся) *uv zu* удивúть(ся)
удилá, удúл, удилáм *Pl* Gebiß *am Zaum*
удúлище, -а, *I* -ем *n* Angelrute
удúльный, -ая, -ое Angel-
удúльщик, -а *m* Angler
удирáть *uv zu* удрáть
удúть, ужý, ýдишь *uv* angeln
удúться, *1. u. 2. Pers ungebr*, ýдится *uv* sich angeln lassen, anbeißen
удлинúтель, -я *m el* Verlängerungsschnur
удлинúть, -ню́, -нúшь; -нённый, -нён, -ненá *v* verlängern, länger machen; ausdehnen || *uv* **удлиня́ть,** -я́ю, -я́ешь
удлинúться, *1. u. 2. Pers ungebr*, -úтся *v* länger werden || *uv* **удлиня́ться,** -я́ется
удмýрт, -а *m* Udmurte
удмýртка, -и, *Pl G* -ток, *D* **-ткам** *f* Udmurtin
удмýртский, -ая, -ое udmurtisch; Удмýртская АССР Udmurtische ASSR
удóбно 1. *Adv* bequem, passend **2.** *prädikativ* es ist bequem [passend]; мне ~ в э́том костю́ме ich fühle mich wohl in diesem Anzug; ~ ли вам? ist es Ihnen recht?, paßt es Ihnen?; как вам ~ ganz wie Sie wünschen, wie es Ihnen paßt; ~ ли прийтú так пóздно? ist es Ihnen recht, wenn ich so spät komme? **3.** *prädikativ* es gehört sich; ~ ли говорúть об э́том? schickt es sich, darüber zu sprechen?
удóбный, -ая, -ое; *Kzf* **-бен, -бна**

1. bequem, angenehm 2. passend, geeignet
удобо- *in Zuss* leicht, bequem, gut
удобо|вари́мый, -ая, -ое; *Kzf* -и́м, -а leicht verdaulich; **~поня́тный,** -ая, -ое; *Kzf* -тен, -тна leicht verständlich; **~чита́емый,** -ая, -ое; *Kzf* -ем, -а gut lesbar, leserlich
удобре́ние, -я *n landw* 1. Düngen, Düngung 2. Düngemittel, Dünger
удо́брить, -рю, -ришь; -ренный, -рен, -а *v landw* düngen ‖ *uv* уда́бривать, -аю, -аешь *u.* **удобря́ть,** -я́ю, -я́ешь
удо́бство, -а *n* Bequemlichkeit, Komfort
удовлетворе́ние, -я *n* Befriedigung, Genugtuung; *hist* Satisfaktion
удовлетворённый, -ая, -ое zufrieden, befriedigt
удовлетвори́тельный, -ая, -ое; *Kzf* -лен, -льна befriedigend, zufriedenstellend, genügend
удовлетвори́ть, -рю́, -ри́шь; -рённый, -рён, -рена́ *v* 1. befriedigen, zufriedenstellen; ~ жела́ние einen Wunsch erfüllen, einem Wunsch nachkommen 2. *D* entsprechen, genügen, gerecht werden 3. *I* (ausreichend) versorgen (mit) 4. *alt* entschädigen, abfinden; Genugtuung verschaffen, Satisfaktion geben ‖ *uv* **удовлетворя́ть,** -я́ю, -я́ешь
удовлетвори́ться, -рю́сь, -ри́шься *v* sich zufriedengeben, sich begnügen ‖ *uv* **удовлетворя́ться,** -я́юсь, -я́ешься
удово́льствие, -я *n* 1. Vergnügen, Freude; с -ем! mit Vergnügen!, sehr gern! 2. Vergnügung, Unterhaltung, Zerstreuung ◇ жить в своё ~ sein Leben genießen, sorglos leben
удово́льствовать, -твую, -твуешь *v alt* 1. befriedigen, (einen Wunsch) erfüllen 2. entsprechen, gerecht werden 3. *I* (ausreichend) versorgen (mit)
удово́льствоваться, -твуюсь, -твуешься *v alt I* sich zufriedengeben, sich begnügen (mit)
удо́д, -а *m zool* Wiedehopf
удо́й, -я *m landw* 1. Milchertrag, Milchleistung 2. Melken
удо́йность, -и *f* Milchertrag
удорожа́ть *uv zu* удорожи́ть
удорожи́ть, -жу́, -жи́шь; -жённый, -жён, -жена́ *v* verteuern, den Preis erhöhen ‖ *uv* удорожа́ть, -а́ю, -а́ешь
удоста́ивать(ся) *uv zu* удосто́ить(ся)
удостовере́ние, -я *n* 1. Bestätigung, Beglaubigung; *alt* Überzeugung 2. Bescheinigung, Ausweis, Zeugnis; ~ ли́чности Personalausweis, Legitimation
удостове́рить, -рю, -ришь; -ренный, -рен, -а *v* beglaubigen, bestätigen, bescheinigen; *alt* überzeugen, vergewissern ‖ *uv* **удостоверя́ть,** -я́ю, -я́ешь
удостове́риться, -рюсь, -ришься *v* sich überzeugen, sich vergewissern (в *P* von) ‖ *uv* **удостоверя́ться,** -я́юсь, -я́ешься
удосто́ить, -о́ю, -о́ишь; -о́енный, -о́ен, -а *v* 1. *G* auszeichnen (mit), verleihen 2. *I* für würdig befinden [erachten], beehren (mit) ‖ *uv* удоста́ивать, -аю, -аешь
удосто́иться, -о́юсь, -о́ишься *v* 1. *G* für würdig befunden werden 2. *meist iron G* gewürdigt werden ‖ *uv* удоста́иваться, -аюсь, -аешься
удосу́живаться *uv zu* удосу́житься
удосу́житься, -жусь, -жишься *v umg* Zeit finden, Muße haben ‖ *uv* удосу́живаться, -аюсь, -аешься
удочери́ть, -рю́, -ри́шь; -рённая, -рена́ *v* (als Tochter) annehmen, (ein Mädchen) adoptieren ‖ *uv* **удочеря́ть,** -я́ю, -я́ешь
у́дочка, -и, *Pl G* -чек, *D* -чкам *f* Angel ◇ заки́нуть -у die Fühler ausstrekken, auf den Busch klopfen; пойма́ть [подцепи́ть, подде́ть] на -у überlisten; betrügen; попа́сться на -у auf den Leim gehen
у|дра́ть* *v umg* davonlaufen, sich davonmachen, sich drücken ‖ *uv* удира́ть, -а́ю, -а́ешь
удружа́ть *uv zu* удружи́ть
удружи́ть, -жу́, -жи́шь *v umg* 1. einen Dienst erweisen, einen Gefallen tun 2. *iron* einen Bärendienst erweisen ‖ *uv* удружа́ть, -а́ю, -а́ешь
удруча́ть *uv zu* удручи́ть
удручённый, -ая, -ое niedergeschlagen, bedrückt
удручи́ть, -чу́, -чи́шь; -чённый, -чён, -чена́ *v* 1. bedrücken, deprimieren 2. *I alt* erschöpfen, beugen (mit, von) ‖ *uv* удруча́ть, -а́ю, -а́ешь
удуша́ть *uv zu* удуши́ть
удуши́ть, удушу́, уду́шишь; уду́шенный, -ен, -а *v* erwürgen, ersticken; *übtr buchspr* unterdrücken ‖ *uv* удуша́ть, -а́ю, -а́ешь
уду́шливый, -ая, -ое; *Kzf* **-ив,** -а 1. stickig, schwül, drückend, beklemmend 2. erstickend; ~ газ Stickgas

уду́шье, -ья *n* Atemnot, Beklemmung
уедине́ние, -я *n* Zurückgezogenheit, Einsamkeit
уединённый, -ая, -ое; *Kzf* -ён, -ённа einsam, zurückgezogen, abgeschieden; entlegen
уедини́ться, -ню́сь, -ни́шься *v* sich zurückziehen, sich absondern || *uv* **уединя́ться,** -я́юсь, -я́ешься
уе́зд, -а *m hist* Kreis *Teil eines Gouvernements*
уе́здный [зн], -ая, -ое 1. *hist* Kreis- 2. *alt* Provinz-, provinziell
уезжа́ть *uv zu* уе́хать
у|е́хать* *v* wegfahren, abfahren, verreisen || *uv* уезжа́ть, -а́ю, -а́ешь
[1]**уж,** -а́, *I* -о́м, *G Pl* -е́й *m zool* Natter
[2]**уж** 1. *Adv* schon, bereits 2. *Part* wirklich, tatsächlich; schon
ужа́лить *v zu* жа́лить
ужа́риваться *uv zu* ужа́риться
ужа́риться, *1. u. 2. Pers ungebr*, -ится *v umg* 1. völlig durchbraten *itr* 2. beim Braten schrumpfen || *uv* ужа́риваться, -ается
у́жас, -а *m* 1. Entsetzen, Schreck(en), Grauen; в -е entsetzt, von Entsetzen gepackt; до -а *volksspr* äußerst, entsetzlich, schrecklich; како́й ~! wie entsetzlich!, wie schrecklich! 2. Tragik, Ausweglosigkeit; *Pl* Schrecken, schreckliche [grauenvolle] Ereignisse 3. (es ist) schrecklich, entsetzlich 4. *Adv volksspr* äußerst, entsetzlich, furchtbar; ~ как хо́лодно es ist entsetzlich kalt; ~ ско́лько де́нег вы потра́тили Sie haben furchtbar viel Geld ausgegeben
ужаса́ть(ся) *uv zu* ужасну́ть(ся)
ужаса́ющий, -ая, -ее; *Kzf* -са́ющ, -а 1. entsetzlich, grauenvoll 2. *umg* außerordentlich, unerträglich
ужасну́ть, -ну́, -нёшь *v* in Schrecken versetzen, Grauen einflößen || *uv* ужаса́ть, -а́ю, -а́ешь
ужасну́ться, -ну́сь, -нёшься *v* entsetzt sein, in Entsetzen [Schrecken] geraten, von Grauen gepackt werden || *uv* ужаса́ться, -а́юсь, -а́ешься
ужа́сный, -ая, -ое; *Kzf* -сен, -сна 1. entsetzlich, schrecklich, grauenvoll 2. *umg* außerordentlich, maßlos, unerträglich 3. -о *Adv auch* sehr, äußerst
у́же ↑ у́зкий
уже́ *Adv* schon, bereits; он ~ не ребёнок er ist kein Kind mehr
уже́ли *u.* **ужéль** *Part alt* wirklich, tatsächlich
уже́ние, -я *n* Angeln
ужива́ться *uv zu* ужи́ться
ужи́вчивый, -ая, -ое; *Kzf* -ив, -а verträglich
ужи́мки *Pl* -мок, -мкам, *Sg* **ужи́мка,** -и *f* Grimassen; Gebärden
у́жин, -а *m* Abendessen, Abendbrot, Nachtmahl; за -ом beim Abendessen
у́жинать, -аю, -аешь *uv* zu Abend essen, Abendbrot essen
у|жи́ться*; ужили́сь *v* 1. sich einleben, sich eingewöhnen 2. sich vertragen, (gut) auskommen (с *I* mit) 3. *übtr* koexistieren; sich verbinden || *uv* ужива́ться, -а́юсь, -а́ешься
ужо́ *Adv volksspr* 1. später (mal) 2. warte nur! *Drohung*; ~ тебе́ (бу́дет)! dir werd ich's schon noch geben!
узаконе́ние, -я *n* 1. Legitimierung 2. *alt* Beschluß, Verordnung
узако́нивать *uv zu* узако́нить
узако́нить, -ню, -нишь; -ненный, -нен, -а *v* zum Gesetz machen, legitimieren || *uv* узако́нивать, -аю, -аешь *u.* **узаконя́ть,** -я́ю, -я́ешь
узбе́к, -а *m* Usbeke
Узбекиста́н, -а *m* Usbekistan
узбе́кский, -ая, -ое usbekisch; Узбе́кская Сове́тская Социалисти́ческая Респу́блика Usbekische Sozialistische Sowjetrepublik
узбе́чка, -и, *Pl G* -чек, *D* -чкам *f* Usbekin
узда́, -ы́, *Pl* у́зды, узд, у́здам *f* Zaum, Zügel ◇ держа́ть кого́-н. в -е́ j-n im Zaum halten, j-n an der Kandare haben
узде́чка, -и, *Pl G* -чек, *D* -чкам *f* Zaum, Zügel
уздцы́: держа́ть [взять] под ~ beim Zaum halten [nehmen]
[1]**у́зел,** узла́ *m* 1. Knoten; *übtr* Verknüpfung; завяза́ть ~ einen Knoten machen 2. Knotenpunkt 3. Bündel 4. *anat* Knoten, Ganglion 5. *tech* Baugruppe; Hauptteil; санита́рный ~ sanitäre Anlagen *Bad, WC*
[2]**у́зел,** узла́ *m naut* Knoten *Längenmaß von 1,87 km*
у́зкий, -ая, -ое; *Kzf* у́зок, узка́!; *Komp* у́же 1. eng, schmal, knapp; -ое ме́сто Engpaß, schwache Stelle 2. *übtr* eng, beschränkt, begrenzt 3. *übtr* beschränkt, engstirnig
узко- *in Zuss* eng-, schmal-
узкогру́дый, -ая, -ое; *Kzf* -у́д, -а schmalbrüstig
узко|коле́йка, -и, *Pl G* -е́ек, *D* -е́йкам *f umg* Schmalspurbahn, Kleinbahn; **~коле́йный,** -ая, -ое Schmalspur-;

~лист(н)ый, -ая, -ое *bot* schmalblättrig; **~лобый,** -ая, -ое; *Kzf* -лоб, -а 1. mit schmaler [niedriger] Stirn 2. *übtr umg* engstirnig, beschränkt; **~носый,** -ая, -ое; *Kzf* -нос, -а mit schmaler Spitze, spitz *von Schuhen*; **~плёночный,** -ая, -ое: ~ фильм Schmalfilm; **~плечий,** -ая, -ее; *Kzf* -плеч, -а schmalschultrig
узловатый, -ая, -ое; *Kzf* -ат, -а knotig
узловой, -ая, -ое 1.: -ая станция Eisenbahnknotenpunkt 2. *übtr* hauptsächlich, wesentlich 3. knotig-, Knoten-
узнавать *uv zu* узнать
узнать, -аю, -аешь; узнанный, -ан, -а *v* 1. *A oder* о *P* erfahren, in Erfahrung bringen, sich erkundigen (nach) 2. kennenlernen, erleben 3. erkennen ‖ *uv* у|знавать*
узник, -а *m alt, hoher Stil* Gefangener, Eingekerkerter
узор, -а *m* Muster, Zeichnung; ледяной ~ Eisblume
узорный, -ая, -ое gemustert; Muster-
узорчатый, -ая, -ое; *Kzf* -ат, -а 1. gemustert, mit Mustern [Ornamenten] verziert 2. gemasert *Holz*
узость, -и *f* 1. Enge 2. *übtr* Beschränktheit, Engstirnigkeit
узреть, узрю, узришь *v alt* sehen, gewahr werden
узурпатор, -а *m buchspr* Usurpator
узурпация, -и *f buchspr* Usurpation, gewaltsame [widerrechtliche] Aneignung
узурпировать, -рую, -руешь; -рованный, -рован, -а *v, uv buchspr* usurpieren, sich gewaltsam [widerrechtlich] aneignen
узы, уз *Pl buchspr* Fesseln, Bande
уйма, -ы *f umg* Unmenge
уйму ↑ унять
у|йти*; уйдя *u. volksspr* ушедши *v* 1. (weg)gehen, sich auf den Weg machen; verlassen; ~ вперёд vorauseilen, überholen; часы ушли вперёд die Uhr ging vor 2. entkommen, entgehen 3. verlassen, aufgeben; ausscheiden; ~ со сцены von der Bühne abtreten, sich vom öffentlichen Leben zurückziehen; ~ от мира sich von der Welt zurückziehen 4. schwinden, vergehen; verstreichen *von der Zeit* 5. verausgabt werden, benötigt werden (на *A* für) 6. *umg* überkochen, überlaufen 7. в *A übtr* sich vertiefen (in), sich hingeben (*D*); ~ в себя sich seinen Gedanken hingeben ◇ ~ из жизни *oder* ~ в могилу sterben; ~ на дно untergehen, ertrinken; недалеко ~ в чём-н. es mit [in] etw. nicht weit bringen, mit etw. keinen Erfolg haben; это от нас не уйдёт wir werden nicht daran vorbeikommen; у него душа ушла в пятки das Herz sank ihm in die Hosen, er bekam schreckliche Angst [einen Riesenschreck]; почва ушла у него из-под ног er verlor den Boden unter den Füßen ‖ *uv* уходить, ухожу, уходишь
указ, -а *m* Erlaß, Verordnung; *umg* Befehl, Anweisung ◇ ему никто не ~ für ihn gibt es keine Autorität
указание, -я *n* 1. Angabe, Hinweis 2. Unterweisung, Instruktion; Rat
указанный, -ая, -ое genannt, erwähnt; vorgeschrieben
указатель, -я *m* 1. Anzeiger; дорожный ~ Wegweiser; километровый ~ Kilometerstein; мигающий ~ поворота Blinkleuchte 2. Verzeichnis, Register; Nachschlagewerk; библиографический ~ Quellennachweis, Literaturangaben; предметный ~ Sachregister; ~ пассажирских сообщений Kursbuch
указательный, -ая, -ое Hinweis-, hinweisend; -ое местоимение *gram* Demonstrativpronomen; ~ палец Zeigefinger
у|казать* *v* 1. zeigen, angeben; weisen (на *A* auf) 2. hinweisen, sich beziehen (на *A* auf) 3. eine Anweisung geben, instruieren ◇ ~ кому-н. на дверь j-m die Tür weisen, j-n hinauswerfen ‖ *uv* указывать, -аю, -аешь
указка, -и, *Pl G* -зок, *D* -зкам 1. Zeigestock, Zeigestab 2. *umg* Weisung, Anweisung
указывать *uv zu* указать
укалывать *uv zu* уколоть
укатать, -аю, -аешь; укатанный, -ан, -а *v* glattwalzen; ebnen ‖ *uv* укатывать, -аю, -аешь
укатить, укачу, укатишь; укаченный, -ен, -а *v* 1. wegrollen 2. *umg* wegfahren, fortfahren ‖ *uv* укатывать, -аю, -аешь
укатиться, укачусь, укатишься *v* 1. *1. u. 2. Pers ungebr* wegrollen 2. *umg* wegfahren, fortfahren ‖ *uv* укатываться, -аюсь, -аешься
[1]**укатывать** *uv zu* укатить
[2]**укатывать** *uv zu* укатать
укатываться *uv zu* укатиться
укачать, -аю, -аешь; укачанный, -ан, -а *v* 1. einwiegen, in den Schlaf wie-

gen 2. *meist unpers* меня укачало a) ich wurde seekrank; b) ich wurde vom langen Fahren schläfrig || *uv* **укачивать,** -аю, -аешь

уклад, -а *m* 1. Lebensweise 2. Ordnung, Formation

укладка, -и, *Pl G* -док, *D* -дкам *f* 1. Ordnen, Legen, (Ver-) Packen 2. *gbt* kleiner Koffer 3. *tech* Verlegung

укладчик, -а *m* 1. Packer; Stapler 2. Verlegekran *für Schienen u. ä.*

укладывать *uv zu* уложить

[1]**укладываться** *uv zu* уложиться

[2]**укладываться** *uv zu* улечься

уклейка, -и, *Pl G* -еек, *D* -ейкам *f zool* Weißfisch, Karpfenfisch

уклон, -а *m* 1. Neigung, Senkung, Gefälle; идти под ~ bergab gehen 2. *pol* Abweichung 3. Neigung, Einschlag

уклонение, -я *n* 1. Ausweichen, Umgehen 2. Abweichung, Abschweifen; *med* Anomalie

уклониться, -онюсь, -онишься *v* 1. ausweichen 2. *übtr* aus dem Wege gehen, sich entziehen 3. abweichen, abbiegen; ~ от темы vom Thema abkommen || *uv* уклоняться, -яюсь, -яешься

уклончивый, -ая, -ое; *Kzf* -ив, -а ausweichend; unaufrichtig

уклоняться *uv zu* уклониться

уключина, -ы *f* Ruderdolle

укол, -а *m* 1. Stechen; *übtr* Sticheln 2. Stich, Stichwunde; *med* Punktur 3. *med* Spritze; делать кому-н. ~ j-m eine Spritze geben

у|колоть* *v* 1. stechen 2. *übtr* sticheln, verletzen, kränken || *uv* укалывать, -аю, -аешь

укомплектованный, -ая, -ое komplett, vollständig

укомплектовать, -тую, -туешь; -тованный, -тован, -а *v* komplettieren, vervollständigen, ergänzen || *uv* **укомплектовывать,** -аю, -аешь

укор, -а *m* Vorwurf; ставить в ~ кому-н. j-m vorwerfen, j-m zum Vorwurf machen

укорачивать(ся) *uv zu* укоротить(ся)

укоренить, -ню, -нишь; -нённый, -нён, -нена *v* 1. Wurzeln schlagen lassen 2. einführen, einbürgern || *uv* **укоренять,** -яю, -яешь

укорениться, *1. u. 2. Pers ungebr*, -ится *v* 1. Wurzeln schlagen 2. sich einbürgern, festen Fuß fassen, zur Gewohnheit werden || *uv* **укореняться,** -яется

укоризна, -ы *f* Vorwurf

укоризненный, -ая, -ое vorwurfsvoll

укорить, - рю, -ришь; -рённый, -рён, -рена *v* Vorwürfe machen, rügen, tadeln; он укорил его в несправедливости er warf ihm Ungerechtigkeit vor || *uv* укорять, -яю, -яешь

укоротить, -очу, -отишь *u. alt* -отишь; -оченный, -очен, -а *v* kürzen, abkürzen, verkürzen || *uv* укорачивать, -аю, -аешь

укоротиться, -очусь, -отишься *v* 1. kürzer werden 2. *übtr, volksspr* klein werden; он сразу укоротился er wurde gleich ganz klein || *uv* укорачиваться, -аюсь, -аешься

укорять *uv zu* укорить

укос, -а *m landw* Heuertrag

украдкой *Adv* verstohlen, heimlich

Украина, -ы *f* Ukraine

украинец, -нца, *I* -нцем, *G Pl* -нцев *m* Ukrainer

украинка, -и, *Pl G* -нок, *D* -нкам *f* Ukrainerin

украинский, -ая, -ое ukrainisch; Украинская Советская Социалистическая Республика Ukrainische Sozialistische Sowjetrepublik

украсить, -ашу, -асишь; -ашенный, -ашен, -а *v* (aus)schmücken, verzieren; *übtr* verschönen, bereichern || *uv* украшать, -аю, -аешь

украсть *v zu* красть

украшать *uv zu* украсить

украшение, -я *n* 1. Ausschmückung, Verschönerung 2. Verzierung, Schmuck 3. *übtr* Zierde

укрепить, -плю, -пишь; -плённый, -плён, -плена *v* 1. stärken, festigen 2. kräftigen; *übtr* Kraft geben 3. *mil* befestigen || *uv* укреплять, -яю, -яешь

укрепиться, -плюсь, -пишься *v* 1. erstarken, sich durchsetzen, festen Fuß fassen 2. erstarken, kräftiger werden 3. *mil* sich verschanzen || *uv* укрепляться, -яюсь, -яешься

укрепление, -я *n* 1. Stärkung, Festigung, Kräftigung 2. *mil* Befestigung; предмостное ~ Brückenkopf

укреплять(ся) *uv zu* укрепить(ся)

укрепляющий, -ая, -ее kräftigend-, Kräftigungs-

укромный, -ая, -ое; *Kzf* -мен, -мна abgelegen, verborgen, einsam

укроп, -а (-у) *m bot* Dill

укротитель, -я *m* Tierbändiger, Dompteur

укротить, -ощу, -отишь; -щённый, -щён, -щена *v* 1. bändigen, zähmen, zum Gehorsam bringen 2. bezähmen,

zügeln, besänftigen || *uv* **укроща́ть,** -а́ю, -а́ешь
укрупни́ть, -ню́, -ни́шь; -нённый, -нён, -нена́ *v* vergrößern, erweitern || *uv* **укрупня́ть,** -я́ю, -я́ешь
укрыва́тель, -я *m jur* Hehler
укрыва́тельство, -а *n jur* Hehlerei, Begünstigung einer Straftat
укрыва́ть(ся) *uv zu* укры́ть(ся)
укры́тие, -я *n* Schutz; *mil* Deckung
у|кры́ть* *v* **1.** bedecken, verhüllen **2.** verbergen, verstecken, schützen; Obdach gewähren || *uv* укрыва́ть, -а́ю, -а́ешь
у|кры́ться* *v* **1.** sich bedecken, sich verhüllen **2.** sich verbergen; Schutz suchen **3.**: не ~ nicht entgehen, nicht verborgen bleiben || *uv* укрыва́ться, -а́юсь, -а́ешься
у́ксус, -а (-у) *m* Essig
уксуснокислый, -ая, -ое essigsauer
у́ксусный, -ая, -ое Essig-
уку́поривать *uv zu* уку́порить
уку́порить, -рю, -ришь; -ренный, -рен, -а *v* verkorken || *uv* уку́поривать, -аю, -аешь
уку́с, -а *m* Biß; Stich
укуси́ть, укушу́, уку́сишь; уку́шенный, -ен, -а *v* beißen; stechen ◇ кака́я му́ха тебя́ укуси́ла welche Laus ist dir denn über die Leber gelaufen
уку́тать, -аю, -аешь; -анный, -ан, -а *v* einhüllen, einwickeln || *uv* **уку́тывать,** -аю, -аешь
ул. (у́лица) Straße
ула́вливать *uv zu* улови́ть
ула́дить, ула́жу, ула́дишь; ула́женный, -ен, -а *v* in Ordnung bringen, regeln, klären, schlichten || *uv* **ула́живать,** -аю, -аешь
ула́диться, *1. u. 2. Pers ungebr*, -ится *v* sich regeln, in Ordnung kommen; всё ула́дилось alles hat sich in Wohlgefallen aufgelöst || *uv* **ула́живаться,** -ается
ула́мывать *uv zu* улома́ть
Ула́н-Ба́тор, -а *m* Ulan-Bator
у́лей, у́лья *m* Bienenkorb, -stock
улета́ть *uv zu* улете́ть
улете́ть, улечу́, улети́шь *v* **1.** wegfliegen, abfliegen **2.** verfliegen, vergehen *von der Zeit* **3.** *umg* davoneilen, verschwinden || *uv* **улета́ть,** -а́ю, -а́ешь
улету́чиваться *uv zu* улету́читься
улету́читься, -чусь, -чишься *v* sich verflüchtigen; *übtr umg* (unbemerkt) verschwinden || *uv* улету́чиваться, -аюсь, -аешься
у|ле́чься* *v* **1.** sich (hin)legen, sich niederlegen; ~ спать zu Bett gehen **2.** sich einpassen; Platz haben **3.** *1. u. 2. Pers ungebr übtr* sich legen, sich beruhigen, nachlassen || *uv* укла́дываться, -аюсь, -аешься *zu* 1, 2
улизну́ть, -ну́, -нёшь *v umg* sich davonmachen, entwischen
ули́ка, -и *f jur* Beweis(stück), corpus delicti; ко́свенные -и Indizien
ули́тка, -и, *Pl G* -ток, *D* -ткам *f* **1.** *zool* Schnecke **2.** *anat* Ohrschnecke
у́лица, -ы, *I* -ей *f* Straße; на -е auf der Straße, draußen; бокова́я ~ Nebenstraße
улича́ть *uv zu* уличи́ть
уличи́ть, -чу́, -чи́шь; -чённый, -чён, -чена́ *v* в *P* überführen, ertappen (bei) || *uv* улича́ть, -а́ю, -а́ешь
у́личка, -и, *Pl G* -чек, *D* -чкам *f Dem zu* у́лица kleine [enge] Straße, Gasse
у́личный, -ая, -ое Straßen-; -ая дверь Tür nach der Straße; ~ мальчи́шка Gassenjunge
уло́в, -а *m* Fang, Beute
улови́мый, -ая, -ое; *Kzf* -и́м, -а bemerkbar, erfaßbar; hörbar
улови́ть, уловлю́, уло́вишь; уло́вленный, -влен, -а *v* **1.** wahrnehmen; auffangen, erhaschen; erfassen **2.** *umg* abpassen *einen Zeitpunkt* || *uv* ула́вливать, -аю, -аешь
уло́вка, -и, *Pl G* -вок, *D* -вкам *f* Finte, Kniff, Ausflucht
уложе́ние, -я *n alt* Gesetzbuch
уложи́ть, уложу́, уло́жишь; уло́женный, -ен, -а *v* **1.** hinlegen; ~ (спать) zu Bett bringen **2.** *umg* niedermachen, umbringen, töten **3.** legen, ordnen, stapeln **4.** einpacken; *umg* unterbringen **5.** *I* auslegen, bedecken (mit) || *uv* укла́дывать, -аю, -аешь
уложи́ться, уложу́сь, уло́жишься *v* **1.** *umg* (seine Sachen) packen **2.** hineinpassen, sich unterbringen lassen ◇ ~ в определённое вре́мя mit einer bestimmten Zeit auskommen, es in einer bestimmten Zeit schaffen; ~ в голове́ klar werden, zu Bewußtsein kommen || *uv* укла́дываться, -аюсь, -аешься
улома́ть, -а́ю, -а́ешь *v umg* überreden, (mit Mühe) überzeugen || *uv* ула́мывать, -аю, -аешь
улуча́ть *uv zu* улучи́ть
улучи́ть, -чу́, -чи́шь; -чённый, -чён, -чена́ *v* (die Zeit) finden, abpassen || *uv* улуча́ть, -а́ю, -а́ешь
улучша́ть(ся) *uv zu* улу́чшить(ся)

улучше́ние, -я *n* Besserung, Verbesserung; Neuerung

улу́чшить, -шу, -шишь; -шенный, -шен, -а *v* verbessern; veredeln ‖ *uv* улучша́ть, -а́ю, -а́ешь

улу́чшиться, *1. u. 2. Pers ungebr,* -ится *v* sich verbessern, sich bessern ‖ *uv* улучша́ться, -ается

улыба́ться, -а́юсь, -а́ешься *uv* **1.** lächeln **2.** *D übtr* (j-m) hold sein, (j-m) winken **3.** *D übtr umg* (j-m) zusagen, (j-m) gefallen ‖ *v* улыбну́ться, -ну́сь, -нёшься

улы́бка, -и, *Pl G* -бок, *D* -бкам *f* Lächeln

улыбну́ться *v zu* улыба́ться

ультразву́к, -а *m* Ultraschall

ультракоро́ткий, -ая, -ое ultrakurz; -ие во́лны Ultrakurzwellen

ультракоротково́лновый, -ая, -ое *phys* Kurzwellen-

ультрасовреме́нный, -ая, -ое; *Kzf* -е́нен, -е́нна hypermodern

Улья́новск, -а *m* Uljanowsk

ум, ума́ *m* **1.** Verstand, Denkfähigkeit, Geist; Sinn; склад ума́ Mentalität **2.** intelligenter Mensch, kluger Kopf, Geist ◇ быть без ума́ от чего́-н. von etw. entzückt [hingerissen] sein; быть в своём [в здра́вом] уме́ bei Verstande [bei Sinnen] sein, zurechnungsfähig sein; в уме́ ли ты? du bist wohl nicht gescheit!; счита́ть в уме́ im Kopf rechnen; пять в уме́ merke fünf *beim Rechnen;* взя́ться за ум Vernunft annehmen, zur Einsicht kommen; быть себе́ на уме́ verschlagen sein, es (faustdick) hinter den Ohren haben; прийти́ на ум in den Sinn kommen, einfallen; сойти́ с ума́ den Verstand verlieren, verrückt werden; свести́ с ума́ um den Verstand bringen; den Kopf verdrehen; ума́ не приложу́ ich weiß nicht, ich kann nicht begreifen; э́то не его́ ума́ де́ло das ist zu hoch für ihn, davon versteht er nichts; у него́ ум за ра́зум захо́дит er weiß nicht, wo ihm der Kopf steht, er ist wie vor den Kopf geschlagen; он за́дним умо́м кре́пок die besten Gedanken kommen ihm erst hinterher; ум хорошо́, а два лу́чше vier Augen sehen mehr als zwei

ума́ливать *uv zu* умоли́ть

умали́ть, -лю́, -ли́шь; -лённый, -лён, -лена́ *v* **1.** schmälern, herabsetzen, herabmindern **2.** *alt* verringern, verkleinern ‖ *uv* умаля́ть, -я́ю, -я́ешь

умалишённый, -ая, -ое geisteskrank; дом -ых Irrenhaus

ума́лчивать *uv zu* умолча́ть

умаля́ть *uv zu* умали́ть

ума́сливать *uv zu* ума́слить

ума́слить, -лю, -лишь; -ленный, -лен -а *v umg* (j-m) Honig um den Bart streichen, (j-n) durch Schmeicheleien bereden ‖ *uv* ума́сливать, -аю, -аешь

ума́яться, -аюсь, -аешься *v volksspr* sich abrackern, abquälen; abgerackert [ermüdet] sein, von Kräften kommen

уме́лец, -льца, *I* -льцем, *G Pl* -льцев *m* Meister (seines Faches), Könner

уме́лый, -ая, -ое geschickt, gewandt, sachkundig

уме́ние, -я *n* Fähigkeit, Fertigkeit, Geschicklichkeit; Sachkenntnis

уменьша́емое, -ого *Subst n math* Minuend

уменьша́ть(ся) *uv zu* уме́ньши́ть(ся)

уменьше́ние, -я *n* Verringerung, Verkleinerung

уменьши́тельный, -ая, -ое Verkleinerungs-; (и́мя) -ое *gram* Deminutiv

уме́ньшить, -шу, -шишь; уме́ньшенный, -ен, -а *u.* **уменьши́ть,** -шу́, -ши́шь; уменьшённый, -ён, -ена́ *v* verkleinern, verringern, vermindern ‖ *uv* уменьша́ть, -а́ю, -а́ешь

уме́ньшиться, -шусь, -шишься *u.* **уменьши́ться,** -шу́сь, -ши́шься *v* sich verringern; abnehmen, zurückgehen ‖ *uv* уменьша́ться, -а́юсь, -а́ешься

уме́ренность, -и *f* Mäßigkeit; Enthaltsamkeit

уме́ренный, -ая, -ое; *Kzf* -ен, -енна gemäßigt; maßvoll; beherrscht

у|мере́ть*; у́мер *v* **1.** sterben **2.** *übtr* vergehen, schwinden ◇ хоть умри́ unter allen Umständen, es koste, was es wolle ‖ *uv* умира́ть, -а́ю, -а́ешь

уме́ривать *uv zu* умо́рить

уме́рить, -рю, -ришь; -ренный, -рен, -а *v* einschränken, mäßigen ‖ *uv* уме́ривать, -аю, -аешь *u.* умеря́ть, -я́ю, -я́ешь

умертви́ть, -рщвлю́, -ртви́шь; -рщвлённый, -рщвлён, -рщвлена́ *v* **1.** töten, umbringen **2.** *übtr* abtöten, unterdrücken ‖ *uv* умерщвля́ть, -я́ю, -я́ешь

уме́рший, -его *Subst m* Verstorbener

умерщвле́ние, -я *n* Tötung, Abtötung

умерщвля́ть *uv zu* умертви́ть

умерять *uv zu* умерить

уместить, умещу, уместишь; умещённый, -ён, -ена *v* unterbringen ‖ *uv* умещать, -аю, -аешь

уместиться, умещусь, уместишься *v* sich unterbringen lassen; (hinein)-passen, Platz finden ‖ *uv* умещаться, -аюсь, -аешься

уместный [сн], -ая, -ое; *Kzf* -тен, -тна passend, geeignet, angebracht

уметь, -ею, -еешь; умея *uv* können, verstehen, vermögen

умещать(ся) *uv zu* уместить(ся)

умеючи *Adv volksspr* mit Sachkenntnis, fachmännisch

умиление, -я *n* Rührung, zärtliche Bewegtheit

умилительный, -ая, -ое; *Kzf* -лен, -льна rührend, ergreifend

умилить, -лю, -лишь; -лённый, -лён, -лена *v* rühren, bewegen ‖ *uv* умилять, -яю, -яешь

умилиться, -люсь, -лишься *v* gerührt sein, Rührung empfinden ‖ *uv* умиляться, -яюсь, -яешься

умилостивить, -влю, -вишь; -вленный, -влен, -а *v* begütigen, gnädig [barmherzig] stimmen ‖ *uv alt, buchspr* **умилостивлять,** -яю, -яешь

умильный, -ая, -ое; *Kzf* -лен, -льна 1. lieblich, sanft 2. schmeichlerisch, liebedienerisch; -ая улыбка zuckersüßes Lächeln

умилять(ся) *uv zu* умилить(ся)

уминать *uv zu* умять

умирать, -аю, -аешь *uv* 1. *uv zu* умереть 2. vergehen, sterben (с *G oder* от *G* vor); ~ со смеха sich totlachen; ~ со скуки sich zu Tode langweilen

умиротворить, -рю, -ришь; -рённый, -рён, -рена *v* befrieden, versöhnen; beruhigen ‖ *uv* **умиротворять,** -яю, -яешь

умиротвориться, -рюсь, -ришься *v* Frieden schließen, sich aussöhnen; sich beruhigen ‖ *uv* **умиротворяться,** -яюсь, -яешься

умнеть, -ею, -еешь *uv* klug [klüger] werden, vernünftig(er) werden

умник, -а *m u.* **умница,** -ы, *I* -ей *m, f umg* 1. kluger Mensch, gescheiter Kopf 2. vernünftiges [artiges] Kind

умничать, -аю, -аешь *uv umg* klug reden, kluge Reden führen; es besser wissen [machen] wollen

умножать *uv zu* умножить

умножение, -я *n* 1. Vermehrung, Vergrößerung; Verstärkung 2. *math* Multiplikation; таблица -я Einmaleins

умножить, -жу, -жишь; -женный, -жен, -а *v* 1. vermehren, vergrößern, verstärken 2. *math* multiplizieren; ~ на пять mit fünf multiplizieren ‖ *uv* умножать, -аю, -аешь

умный, -ая, -ое; *Kzf* **умён, умна,** умно, умны klug, gescheit; vernünftig, artig

умозаключать *uv zu* умозаключить

умозаключение, -я *n buchspr* Schlußfolgerung; *phil* Syllogismus

умозаключить, -чу, -чишь; -чённый, -чён, -чена *v buchspr* folgern, schließen, schlußfolgern ‖ *uv* умозаключать, -аю, -аешь

умо|зрение, -я *n buchspr* (geistige) Spekulation; **~зрительный,** -ая, -ое; *Kzf* -лен, -льна *buchspr* spekulativ; abstrakt; **~исступление,** -я *n buchspr* Geistesverwirrung, Anfall von Raserei

умолить, умолю, умолишь; умолённый, -ён, -ена *v* beschwören, anflehen ‖ *uv* умаливать, -аю, -аешь *u.* умолять, -яю, -яешь; я вас умоляю bitte seien Sie so gut

умолк, -у: без -у ununterbrochen, ohne Unterlaß

умолкать *uv zu* умолкнуть

умолкнуть, -ну, -нешь; умолк *u. alt* умолкнул, умолкла; умолк(нув)ший *v* verstummen; *übtr* vergehen, (ver)schwinden ‖ *uv* умолкать, -аю, -аешь

умолот, -а *m landw* Drusch, Druschertrag

умолчать, -чу, -чишь *v* о *P* verschweigen, (mit Stillschweigen) übergehen, für sich behalten ‖ *uv* умалчивать, -аю, -аешь

умолять *uv zu* умолить

умоляющий, -ая, -ее flehentlich

умонастроение, -я *n buchspr* Geisteshaltung

умопомешательство, -а *n buchspr* Geistesverwirrung

умопомрачение, -я *n* geistige Umnachtung ◇ до -я außerordentlich, verblüffend

умопомрачительный, -ая, -ое; *Kzf* -лен, -льна *umg* ungewöhnlich, außerordentlich, verblüffend

умора, -ы *f*: это ~ *volksspr* das ist zum Totlachen

уморительный, -ая, -ое; *Kzf* -лен, -льна *umg* urkomisch, äußerst spaßig

уморить, -рю, -ришь; -рённый, -рён,

-рена́ *v umg* **1.** umbringen, zu Tode quälen **2.** erschöpfen, entkräften
умори́ться, -рю́сь, -ри́шься *v umg* von Kräften kommen, ermatten, ermüden
у́мственный, -ая, -ое geistig, Geistes-
у́мствовать, -твую, -твуешь *uv umg, iron* philosophieren, abstrakte Überlegungen anstellen
умудри́ть, -рю́, -ри́шь; -рённый, -рён, -рена́ *v* belehren, klug [weise] machen ‖ *uv* **умудря́ть,** -я́ю, -я́ешь
умудри́ться, -рю́сь, -ри́шься *v* **1.** *buchspr* klug werden, sich belehren lassen, (er)lernen **2.** *umg* es fertigbringen ‖ *uv* **умудря́ться,** -я́юсь, -я́ешься
умча́ть, умчу́, умчи́шь *v* (in schneller Fahrt) fortbringen; entführen
умча́ться, умчу́сь, умчи́шься *v* **1.** davoneilen, davonjagen **2.** verfliegen *von der Zeit*
умыва́льник, -а *m* Waschbecken, Waschtisch
умыва́льный, -ая, -ое **1.** Wasch- **2.** -ая, -ой *Subst f* Waschraum
умыва́ть(ся) *uv zu* умы́ть(ся)
у́мысел, -сла *m* (böse) Absicht, Vorhaben; э́то ска́зано без зло́го -сла das war nicht böse gemeint
у|мы́ть* *v* waschen; ~ лицо́ sich das Gesicht waschen ◇ ~ ру́ки *a. übtr* seine Hände in Unschuld waschen ‖ *uv* умыва́ть, -а́ю, -а́ешь
у|мы́ться* *v* sich waschen ‖ *uv* умыва́ться, -а́юсь, -а́ешься
умы́шленный, -ая, -ое absichtlich, vorsätzlich
умягча́ть *uv zu* умягчи́ть
умягчи́ть, -чу́, -чи́шь; -чённый, -чён, -чена́ *v alt* **1.** weich machen; enthärten *Wasser* **2.** *übtr* erweichen, milder stimmen ‖ *uv* умягча́ть, -а́ю, -а́ешь
у|мя́ть* *v* **1.** *umg* kneten; zusammendrücken; niedertreten **2.** *volksspr* herunterschlingen, gierig essen ‖ *uv* умина́ть, -а́ю, -а́ешь
унаво́живать *uv zu* унаво́зить
унаво́зить, -о́жу, -о́зишь; -о́женный, -о́жен, -а *v landw* (mit Stallmist) düngen ‖ *uv* унаво́живать, -аю, -аешь
унасле́довать, -дую, -дуешь; -дованный, -дован, -а *v* erben; *übtr* übernehmen
у|нести́* *v* **1.** davontragen, wegbringen; ~ с собо́й mitnehmen; wegblasen *vom Wind*; wegschwemmen *vom Wasser*; ло́дку далеко́ унесло́ тече́нием die Strömung riß das Boot weit mit sich fort **2.** *umg* stehlen, rauben ◇ е́ле [едва́] но́ги ~ sich mit knapper Not retten, davonkommen ‖ *uv* уноси́ть, уношу́, уно́сишь
у|нести́сь* *v* **1.** davoneilen, davonjagen **2.** *1. u. 2. Pers ungebr* enteilen, verstreichen, schwinden **3.** *übtr* sich versetzen; schweifen *von den Gedanken* ‖ *uv* уноси́ться, уношу́сь, уно́сишься
универма́г, -а *m* (универса́льный магази́н) Warenhaus, Kaufhaus
универса́л, -а́ *m* **1.** Mensch mit vielseitigen Fachkenntnissen **2.** Kombiwagen; москви́ч-~ Moskwitsch-Kombi
универса́льный, -ая, -ое; *Kzf* -лен, -льна universal, universell; Universal-; ~ магази́н Warenhaus; -ое сре́дство Allheil-, Universalmittel
университе́т, -а *m* Universität; вече́рний ~ Volkshochschule; Fortbildungskurse; учи́ться в -е studieren
университе́тский, -ая, -ое Universitäts-; -ое образова́ние akademische Bildung
унижа́ть *uv zu* уни́зить
униже́ние, -я *n* Erniedrigung, Demütigung; Herabsetzung
уни́женный, -ая, -ое gedemütigt, erniedrigt
унижённый, -ая, -ое **1.** *Kzf* -ён, -ённа erniedrigt, gedemütigt **2.** -о *Adv* demütig
у|низа́ть* *v* (ganz, auf der ganzen Fläche) bedecken ‖ *uv* уни́зывать, -аю, -аешь
унизи́тельный, -ая, -ое; *Kzf* -лен, -льна demütigend, erniedrigend
уни́зить, уни́жу, уни́зишь; уни́женный, -ен, -а *v* erniedrigen, demütigen; herabwürdigen ‖ *uv* унижа́ть, -а́ю, -а́ешь
уни́зывать *uv zu* униза́ть
уника́льный, -ая, -ое; *Kzf* -лен, -льна **1.** einzigartig; nur in einem Exemplar vorhanden **2.** einzeln gefertigt *nicht in Serie*
унима́ть(ся) *uv zu* уня́ть(ся)
унисо́н, -а *m mus* Unisono ◇ в ~ einstimmig, einmütig
унита́з, -а *m* Klosettbecken
унита́рный, -ая, -ое *buchspr, tech* Einheits-, unitär
унифика́ция, -и *f* Vereinheitlichung, Unifikation
унифици́ровать, -рую, -руешь; -ро-

ванный, -рован, -а *v, uv* vereinheitlichen, unifizieren
уничтожа́ть *uv zu* уничто́жить
уничтоже́ние, -я *n* Vernichtung; Beseitigung, Abschaffung
уничто́жить, -жу, -жишь; -женный, -жен, -а *v* vernichten, zerstören; abschaffen, liquidieren ‖ *uv* уничтожа́ть, -а́ю, -а́ешь
у́ния, -и *f buchspr* Union
уноси́ть(ся) *uv zu* унести́(сь)
у́нтер-офице́р, -а *m* Unteroffizier
унты́ *Pl* -о́в, *Sg* унт, -а́ *m u.* **у́нты** *Pl* унт, *Sg* у́нта, -ы *f* Pelzstiefel
у́нция, -и *f* Unze *Gewicht von 29,86 g*
унывать, -а́ю, -а́ешь *uv* verzagen, den Mut sinken lassen
уны́лый, -ая, -ое; *Kzf* уны́л, -а verzagt, niedergeschlagen; schwermütig, trostlos
уны́ние, -я *n* Verzagtheit, Niedergeschlagenheit, Schwermut
уня́ть* *v* 1. beruhigen, zur Ruhe bringen, beschwichtigen 2. stillen, dämmen, Einhalt gebieten ‖ *uv* унима́ть, -а́ю, -а́ешь
уня́ться*; унялись *v* 1. sich beruhigen, zur Ruhe kommen, ruhig werden 2. *1. u. 2. Pers ungebr* nachlassen, aufhören ‖ *uv* унима́ться, -а́юсь, -а́ешься
упа́вший, -ая, -ее schwach *Stimme*
упа́д, -а (-у) *m*: до -у bis zum Umfallen; смея́ться до -у sich (halb)tot lachen, sich schief lachen
упа́док, -дка *m* Niedergang, Verfall; ~ ду́ха Depression, Schwermut; ~ сил Kräfteverfall, Schwäche; прийти́ в ~ verfallen
упа́дочнический, -ая, -ое dekadent
упа́дочничество, -а *n* Dekadenz
упа́дочный, -ая, -ое Verfalls-; dekadent; hoffnungslos
упакова́ть, -ку́ю, -ку́ешь; -ко́ванный, -ко́ван, -а *v* einpacken, verpacken ‖ *uv* упако́вывать, -аю, -аешь
упакова́ться, -ку́юсь, -ку́ешься *v* (seine Sachen) packen, sich reisefertig machen ‖ *uv* упако́вываться, -аюсь, -аешься
упако́вка, -и *f* 1. Einpacken, Verpacken 2. Verpackungsmaterial, Verpackung, Tara
упако́вочный, -ая, -ое 1. Pack-, Verpackungs- 2. -ая, -ой *Subst f* Packraum
упако́вщик, -а *m* Packer
упако́вщица, -ы, *I* -ей *f* Packerin
упако́вывать(ся) *uv zu* упакова́ть(ся)
упа́риваться *uv zu* упа́риться
упа́риться, -рюсь, -ришься *v volksspr* sich abhetzen, in Schweiß geraten ‖ *uv* упа́риваться, -аюсь, -аешься
у|пасти́* *v alt, volksspr* bewahren ◇ упаси́ бог [бо́же, го́споди]! Gott bewahre!
упа́сть *v zu* па́дать
упека́ть *uv zu* упе́чь
упере́ть* *v* 1. stemmen, stützen (в *A* auf, gegen) 2.: ~ глаза́ [взгляд] во что́-н. *umg* den Blick unverwandt auf etw. richten, etw. anstarren 3. *volksspr* klauen ‖ *uv* упира́ть, -а́ю, -а́ешь
упере́ться* *v* 1. sich stemmen, sich stützen (чем во что́-н. mit etw. an [gegen] etw.) 2.: ~ глаза́ми в *A umg* anstarren, unverwandt ansehen 3. в *A umg* stoßen (auf), geraten (an, in) 4. *übtr umg* sich sträuben, sich weigern ‖ *uv* упира́ться, -а́юсь, -а́ешься
у|пе́чь* *v* 1. *umg* durchbacken, ausbacken 2. *volksspr* (gegen den Willen) verschicken, verfrachten; ~ в тюрьму́ ins Gefängnis bringen, einsperren ‖ *uv* упека́ть, -а́ю, -а́ешь
упива́ться *uv zu* упи́ться
упира́ть(ся) *uv zu* упере́ть(ся)
у|писа́ть* *v* 1. *Geschriebenes auf einem bestimmten Raum* unterbringen 2. ganz beschreiben, vollschreiben 3. *volksspr* hinterschlingen, aufessen ‖ *uv* **упи́сывать,** -аю, -аешь
упи́танность, -и *f* Wohlgenährtheit, (guter) Ernährungszustand
упи́танный, -ая, -ое; *Kzf* -ан, -анна wohlgenährt, in gutem Ernährungszustand
у|пи́ться*; упи́ли́сь *v* 1. *volksspr* sich betrinken, sich einen Rausch antrinken 2. *I buchspr* sich berauschen, sich ergötzen (an) ‖ *uv* упива́ться, а́юсь, -а́ешься
упла́та, -ы *f* Zahlung, Bezahlung; ~ в счёт Akontozahlung; подлежа́щий -е fällig, zahlbar
уплати́ть, -ачу́, -а́тишь; -а́ченный, -а́чен, -а *v* zahlen, bezahlen; ~ по счёту eine Rechnung bezahlen; ~ по частя́м in Raten bezahlen, abzahlen ‖ *uv* **упла́чивать,** -аю, -аешь
у|плести́* *v* 1. *umg* umschlingen, umwinden 2. *volksspr* verschlingen, gierig essen ‖ *uv* **уплета́ть,** -а́ю, -а́ешь
уплотне́ние, -я *n* 1. Verdichtung; Auslastung 2. *med* Induration, Ver-

härtung, Verdichtung 3. *tech* (Ab-) Dichtung

уплотни́ть, -ню́, -ни́шь; -нённый, -нён, -нена́ *v* 1. dichter [kompakter] machen, verdichten 2. *umg* (Wohnraum) stärker belegen, (Mieter) zusammendrängen 3. (maximal) auslasten, voll ausnützen || *uv* **уплотня́ть,** -я́ю, -я́ешь

уплыва́ть *uv zu* уплы́ть

у|плы́ть* *v* 1. fortschwimmen, wegschwimmen, (auf einem Schiff) fortfahren; wegrudern, wegsegeln 2. *1. u. 2. Pers ungebr, umg* vergehen, verfließen, verfliegen, schwinden || *uv* уплыва́ть, -а́ю, -а́ешь

упова́ть, -а́ю, -а́ешь *uv alt, buchspr, hoher Stil* vertrauen, bauen (на *A* auf)

уподо́бить, -блю, -бишь; -бленный, -блен, -а *v D* (bildlich) vergleichen (mit) || *uv* уподобля́ть, -я́ю, -я́ешь

уподо́биться, -блюсь, -бишься *v* 1. ähnlich werden, gleichen 2. *ling* sich angleichen, sich assimilieren || *uv* уподобля́ться, -я́юсь, -я́ешься

уподобле́ние, -я *n* 1. Vergleichen, Gleichen 2. *lit* (bildlicher) Vergleich 3. *ling* Angleichung, Assimilation

уподобля́ть(ся) *uv zu* уподо́бить(ся)

упое́ние, -я *n buchspr* Begeisterung, Rausch, Ekstase

упоённый, -ая, -ое *buchspr* entzückt, begeistert, berauscht

упои́тельный, -ая, -ое; *Kzf* -лен, -льна *buchspr* berauschend, berückend

уполза́ть *uv zu* уползти́

у|ползти́* *v* fortkriechen, wegkriechen || *uv* уполза́ть, -а́ю, -а́ешь

уполномо́ченный, -ого *Subst m* Bevollmächtigter, Beauftragter

уполномо́чивать *uv zu* уполномо́чить

уполномо́чие, -я *n*: по чьему́-н. -ю in j-s Vollmacht

уполномо́чить, -чу, -чишь; -ченный, -чен, -а *v* bevollmächtigen, ermächtigen (на *A* zu) || *uv* уполномо́чивать, -аю, -аешь

упомина́ние, -я *n* 1. Erwähnung, Nennung 2. Reminiszenz

упомина́ть *uv zu* упомяну́ть

упо́мнить, -ню, -нишь; -ненный, -нен, -а *v umg* sich merken

упомяну́ть, -яну́, -я́нешь; -я́нутый, -я́нут, -а *v* о *P oder* про *A* erwähnen, nennen || *uv* упомина́ть, -а́ю, -а́ешь

упо́р, -а *m* 1. Stützen 2. Stütze, Stützpunkt; *tech* Anschlag, Widerlager; Prellbock ◇ стреля́ть с -а aufgelegt schießen; вы́стрелить в ∼ aus unmittelbarer Nähe [auf Gewehrlänge] schießen; сказа́ть в ∼ ohne Umschweife [auf den Kopf zu-] sagen; смотре́ть в ∼ anstarren, unverwandt ansehen; де́лать ∼ на что́-н. *u.* на чём-н. etw. besonders hervorheben, etw. nachdrücklich betonen

¹упо́рный, -ая, -ое *tech* Stütz-, Druck-

²упо́рный, -ая, -ое; *Kzf* -рен, -рна hartnäckig, beharrlich, unentwegt; ∼ челове́к starrköpfiger Mensch

упо́рство, -а *n* Hartnäckigkeit; Starrköpfigkeit; Beharrlichkeit

упо́рствовать, -твую, -твуешь *uv* hartnäckig sein; beharren, (hartnäckig) bestehen (в *P* auf)

упорхну́ть, -ну́, -нёшь *v* davonflattern, fortfliegen

упоря́дочение, -я *n* Regelung

упоря́дочивать *uv zu* упоря́дочить

упоря́дочить, -чу, -чишь; -ченный, -чен, -а *v* regeln, ordnen, in Ordnung bringen || *uv* упоря́дочивать, -аю, -аешь

употреби́тельный, -ая, -ое; *Kzf* -лен, -льна gebräuchlich, üblich

употреби́ть, -блю́, -би́шь; -блённый, -блён, -блена́ *v* gebrauchen, benutzen, anwenden ◇ ∼ во зло́ mißbrauchen || *uv* употребля́ть, -я́ю, -я́ешь

употребле́ние, -я *n* Gebrauch, Benutzung, Anwendung; спо́соб -я Gebrauchsanweisung; ввести́ в ∼ einführen; вы́йти из -я aus dem Gebrauch kommen

употребля́ть *uv zu* употреби́ть

употребля́ться, *1. u. 2. Pers ungebr,* -я́ется *uv* gebräuchlich [üblich] sein

упра́ва, -ы *f* 1. *umg* Gerechtigkeit; найти́ -у на кого́-н. j-m beikommen; на него́ нет -ы ihm ist nicht beizukommen 2. *hist* Amt, Behörde, Verwaltung

управде́л, -а *m* (управля́ющий дела́ми) Geschäftsführer

управдо́м, -а *m* (управля́ющий до́мом) Hausverwalter

упра́вить *v zu* управля́ть

упра́виться, -влюсь, -вишься *v* с *I umg* fertigwerden (mit), erledigen || *uv* управля́ться, -я́юсь, -я́ешься

управле́ние, -я *n* 1. Verwaltung, Leitung; Direktion; Administration; коменда́нтское ∼ *mil* Kommandantur 2. Führen, Führung; Lenken,

Lenkung; Steuern, Steuerung; рулевóе ~ Lenkung; пульт -я Schaltbrett; ~ бóем *mil* Gefechtsleitung; ~ на расстоя́ние *oder* дистанциóнное ~ Fernlenkung, -steuerung, -bedienung; систéма автомати́ческого -я automatisches Steuerungssystem; оркéстр под -ем когó-н. das Orchester, dirigiert von [unter der Leitung von] 3. *gram* Rektion

управля́емый, -ая, -ое lenkbar, gesteuert; ~ на расстоя́ние ferngelenkt, ferngesteuert

управля́ть, -я́ю, -я́ешь *uv I* 1. führen, lenken, steuern 2. verwalten, leiten, regieren; ~ оркéстром dirigieren 3. *gram* regieren, eine (bestimmte) Rektion haben ‖ *v* упрáвить, -влю, -вишь; -вленный, -влен, -а *zu* 2

управля́ться *uv zu* упрáвиться

управля́ющий, -его *Subst m* Verwalter; ~ делáми Geschäftsführer

упражнéние, -я *n* 1. Üben, Trainieren 2. Übung

упражня́ть, -я́ю, -я́ешь *uv* üben, trainieren

упражня́ться, -я́юсь, -я́ешься *uv* 1. (sich) üben (в *P u.* на *P* in, auf) 2. *umg scherz* sich beschäftigen (в *P oder* на *P* mit)

упразднéние, -я *n* Aufhebung, Abschaffung, Annullierung

упраздни́ть, -ню́, -ни́шь; -нённый, -нён, -нена́ *v* aufheben, abschaffen, annullieren ‖ *uv* **упраздня́ть,** -я́ю, -я́ешь

упрáшивать *uv zu* упроси́ть

упревáть *uv zu* упрéть

упрёк, -а *m* Vorwurf, Tadel; стáвить комý-н. чтó-н. в ~ j-m etw. zum Vorwurf machen

упрекáть, -áю, -áешь *uv* tadeln, Vorwürfe machen; он упрекáл егó в легкомы́слии er warf ihm Leichtsinn vor, er machte ihm wegen seines Leichtsinns Vorwürfe ‖ *v mom* **упрекнýть,** -нý, -нёшь

упрéть, -éю, -éешь *v* 1. *umg* gar werden 2. *volksspr* schwitzen ‖ *uv* упревáть, -áю, -áешь

упроси́ть, -ошý, -óсишь; -óшенный, -óшен, -а *v* (durch Bitten) bewegen ‖ *uv* упрáшивать, -аю, -аешь

упрости́ть, -ощý, -ости́шь; -ощённый, -ощён, -ощена́ *v* vereinfachen; simplifizieren, vulgarisieren ‖ *uv* упрощáть, -áю, -áешь

упрóчивать(ся) *uv zu* упрóчить(ся)

упрóчить, -чу, -чишь; -ченный, -чен, -а *v buchspr* 1. festigen, stärken, sichern 2. за *I* (für immer) verschaffen, sichern ‖ *uv* **упрóчивать,** -аю, -аешь

упрóчиться, -чусь, -чишься *v buchspr* 1. sich stärken, sich festigen, sich stabilisieren; eine dauerhafte Stellung einnehmen 2. за *I* (für immer) zuteil werden, (für immer) erhalten bleiben ‖ *uv* **упрóчиваться,** -аюсь, -аешься

упрощáть *uv zu* упрости́ть

упрощéние, -я *n* Vereinfachung; Simplifizierung, Vulgarisierung

упрощéнство, -а *u.* **упрощéнчество,** -а *n* Simplifizierung, Vulgarisierung

упрý ↑ упрéть

упрýгий, -ая, -ое; *Kzf* -ýг, -а; *Komp* упрýже elastisch, geschmeidig, spannkräftig

упрýгость, -и *f* Elastizität, Biegsamkeit, Geschmeidigkeit; Spannkraft

упрýже ↑ упрýгий

упря́жка, -и, *Pl G* -жек, *D* -жкам *f* 1. Gespann 2. Geschirr *für Zugtiere* ◇ идти́ в -е vor den Wagen gespannt sein, als Zugtier dienen

упряжнóй, -áя, -óе 1. Zug- 2. (Pferde-) Geschirr-

ýпряжь, -и *f* (Pferde-) Geschirr

упря́мец, -мца, *I* -мцем, *G Pl* -мцев *m umg* Dickkopf, eigensinniger Mensch

упря́миться, -млюсь, -мишься *uv* eigensinnig sein, dickköpfig sein

упря́мица, -ы, *I* -ей *f umg* Dickkopf, eigensinnige Person

упря́мство, -а *n* 1. Dickköpfigkeit, Eigensinn 2. Unnachgiebigkeit

упря́мствовать, -твую, -твуешь *uv buchspr* eigensinnig [dickköpfig] sein

упря́мый, -ая, -ое; *Kzf* -я́м, -а 1. dickköpfig, eigensinnig, widerspenstig 2. unnachgiebig, hartnäckig

у|пря́тать* *v umg* 1. sorgfältig verstecken [verwahren] 2.: ~ в тюрьмý ins Gefängnis stecken, hinter Schloß und Riegel bringen ‖ *uv* **упря́тывать,** -аю, -аешь

упускáть *uv zu* упусти́ть

упусти́ть, упущý, упýстишь; упýщенный, -ен, -а *v* 1. loslassen, verlieren; entkommen [entwischen] lassen 2. versäumen, verpassen; ~ из ви́ду außer acht lassen, nicht berücksichtigen; не ~ когó-н. из ви́ду j-n nicht aus den Augen lassen ‖ *uv* упускáть, -áю, -áешь

упущéние, -я *n* 1. Versäumnis, Nachlässigkeit 2. Auslassung, Lücke

упятери́ть, -рю́, -ри́шь; -рённый,

-рён, -ренá *v* verfünffachen || *uv* **упятерять**, -я́ю, -я́ешь

урá! *Interj* hurra! ◇ на ~ auf gut Glück; взять на ~ *mil* im Sturmangriff nehmen

уравнéние, -я *n* 1. Ausgleichung, Gleichstellung 2. *math* Gleichung

[1]**урáвнивать** *uv zu* уравня́ть

[2]**урáвнивать** *uv zu* уровня́ть

урáвниваться *uv zu* уравня́ться

уравни́ловка, -и *f umg* Gleichmacherei

уравни́тельный, -ая, -ое ausgleichend, Ausgleich-; ~ привóд *tech* Differentialgetriebe

уравновéсить, -éшу, -éсишь; -éшенный, -éшен, -а *v* 1. ins Gleichgewicht bringen 2. *übtr* ausgleichen 3. *tech* auswuchten *Maschine* || *uv* уравновéшивать, -аю, -аешь

уравновéшенный, -ая, -ое; *Kzf* -ен, -енна ausgeglichen, gleichmäßig

уравновéшивать *uv zu* уравновéсить

уравня́ть, -я́ю, -я́ешь; уравнённый, -ён, -енá *v* gleichmachen, ausgleichen, gleichstellen || *uv* урáвнивать, -аю, -аешь

уравня́ться, -я́юсь, -я́ешься *v* gleichkommen, auf die gleiche Stufe gestellt werden || *uv* урáвниваться, -аюсь, -аешься

урагáн, -а *m* Orkan; -ом blitzschnell, in Windeseile

урагáнный, -ая, -ое 1. Orkan- 2. stürmisch, orkanartig; ~ огóнь *mil* Trommelfeuer

уразумéть, -éю, -éешь *v* verstehen, begreifen

Урáл, -а *m* Ural

урáлец, -льца, *I* -льцем, *G Pl* -льцев *m* Bewohner des Uralgebiets

урáльский, -ая, -ое Ural-; Урáльские гóры Ural(gebirge)

урáн, -а *m chem* Uran

урáновый, -ая, -ое *chem* Uran-

у|рвáть* *v* 1. *umg* abreißen; *übtr* an sich reißen [bringen], sich verschaffen 2. *übtr* (Zeit) erübrigen || *uv* урывáть, -áю, -áешь

урегули́ровать, -рую, -руешь; -рованный, -рован, а *v* regeln, in Ordnung bringen

у|рéзать* *v* 1. *umg* abschneiden, kürzen 2. *übtr* verringern, einschränken, kürzen, beschneiden || *uv* **урезáть,** -áю, -áешь *u.* урéзывать, -аю, -аешь

урезóнивать *uv zu* урезóнить

урезóнить, -ню, -нишь; -ненный, -нен, -а *v umg* zur Vernunft bringen, überzeugen || *uv* урезóнивать, -аю, -аешь

урéзывать *uv zu* урéзать

урeми́я, -и *f med* Urämie

ури́на, -ы *f med* Urin

у́рна, -ы *f* Urne

у́ровень, -вня *m* 1. Höhe, (Wasser-) Stand; Spiegel; в ~ с чéм-н. auf gleicher Höhe mit etw.; над -внем мóря über dem Meeresspiegel 2. Niveau, Stufe; жи́зненный ~ Lebensstandard; стать [идти́] в ~ с кéм-н. sich auf j-s Niveau erheben, in völlige Übereinstimmung mit j-m kommen; быть на -вне предъявленных трéбований den gestellten Anforderungen entsprechen 3. *tech* Wasserwaage, Libelle

уровня́ть, -я́ю, -я́ешь; урóвненный, -ен, -а *v* ebnen, nivellieren || *uv* урáвнивать, -аю, -аешь

урóд, -а *m* 1. Mißgeburt, Mißgestalt 2. häßlicher Mensch, Scheusal

уроди́ть, урожу́, уроди́шь; урождённый, -ён, -енá *v* 1. *landw* erzeugen, hervorbringen 2. *volksspr* zur Welt bringen || *uv* урождáть, -áю, -áешь

уроди́ться, урожу́сь, уроди́шься *v* 1. *landw* gedeihen, reifen, gut stehen 2. *umg* geboren werden; ~ в когó-н. nach j-m geraten, j-m ähneln || *uv* урождáться, -áюсь, -áешься

урóдливый, -ая, -ое; *Kzf* -ив, -а 1. mißgestaltet 2. häßlich, scheußlich, abstoßend 3. *übtr* anomal, widersinnig

урóдовать, -дую, -дуешь *uv* entstellen, verunstalten, verstümmeln, (moralisch) verderben

урóдство, -а *n* 1. Mißbildung 2. Häßlichkeit, abstoßendes Aussehen 3. *übtr* Abnormität, Unsinnigkeit, Entstellung

урожáй, -я, *G Pl* -ев *m* 1. Ernte, Ernteertrag 2. reiche Ernte; *übtr umg* Überfluß (на *A* an)

урожáйность, -и *f landw* Ergiebigkeit, Fruchtbarkeit; ~ с гéктара Hektarertrag

урожáйный, -ая, -ое 1. Ernte- 2. *Kzf* -áен, -áйна ergiebig, ertragreich

урождáть(ся) *uv zu* уроди́ть(ся)

урождённая, -ой geborene *vor der Angabe des Mädchennamens bei verheirateten Frauen*

урожéнец, -нца, *I* -нцем, *G Pl* -нцев *m* Gebürtiger, gebürtig (aus); он ~ Москвы́ er ist gebürtiger Moskauer;

он ~ Фрáнции er ist von Geburt [gebürtiger] Franzose
урожéнка, -и, *Pl G* -нок, *D* -нкам *f* Gebürtige, gebürtig (aus)
урóк, -а *m* 1. (Unterrichts-) Stunde, Lektion; давáть -и a) unterrichten, Lehrer sein; b) Privatstunden geben 2. Hausaufgabe, Schulaufgabe 3. *übtr* Lehre
урóлог, -а *m med* Urologe
урóн, -а *m* Verlust, Schaden; понестú ~ Schaden erleiden; причинúть ~ Schaden verursachen, Abbruch tun
уронúть *v zu* ронять
урóчище, -а, *I* -ем *n* 1. (natürliche) Grenze 2. Wald inmitten von Feldern oder Wiesen
урóчный, -ая, -ое 1.: -ая рабóта *alt* Akkordarbeit 2. bestimmt, festgesetzt, üblich
Уругвáй, -я *m* Uruguay
урчáние, -я *n* Knurren; Kollern; Kluckern, Glucksen
урчáть, урчý, урчúшь *uv* knurren; schnurren; kollern; gurren; gluckern, glucksen
урывáть *uv zu* урвáть
урывками *Adv umg* mit Unterbrechungen, zeitweise
урю́к, -а *m Koll* kleine getrocknete Aprikosen
урядник, -а *m hist* 1. Kosakenunteroffizier 2. Wachtmeister der Landpolizei
ус ↑ усы́
усáдебный, -ая, -ое zum Bauernhof [Gutshaus] gehörig
усадúть, усажý, усáдишь; усáженный, -ен, -а *v* 1. Platz nehmen lassen, beim Einsteigen behilflich sein, hinsetzen 2. за *A* (an eine bestimmte Beschäftigung) setzen, etw. tun lassen 3. *I* bepflanzen (mit) 4. *I* bedecken, besetzen (mit) ‖ *uv* усáживать, -аю, -аешь
усáдка, -и *f* Schrumpfen, Eingehen
усáдьба, -ы, *Pl G* -деб *u.* -дьб, *D* -дьбам *f* 1. Bauernhof, Gehöft; Gutshaus 2. *umg* zum Gehöft gehöriges Land
усáживать *uv zu* усадúть
усáживаться *uv zu* усéсться
усáтый, -ая, -ое; *Kzf* -áт, -а schnurrbärtig, mit einem Schnurrbart
усáч, -á, *I* -óм, *G Pl* -éй *m* 1. Mann mit einem dichten Schnurrbart 2. *zool* Barbe 3. *zool* Holzkäfer, Holzbock
усвáивать *uv zu* усвóить
усвоéние, -я *n* 1. Aneignung, Erlernen, Erlernung 2. Verarbeitung, Verdauung 3. Assimilation
усвóить, -óю, -óишь; -óенный, -óен, -а *v* 1. sich aneignen, sich zu eigen machen 2. sich einprägen, erlernen, sich aneignen 3. verarbeiten, verdauen ‖ *uv* усвáивать, -аю, -аешь
усвоя́емость, -и *f buchspr* 1. Faßlichkeit, Erlernbarkeit 2. Verdaulichkeit
усéивать *uv zu* усéять
усекáть *uv zu* усéчь
усéрдие, -я *n* Eifer, Fleiß
усéрдный, -ая, -ое; *Kzf* -ден, -дна eifrig, fleißig
усéрдствовать, -твую, -твуешь *uv* eifrig sein, fleißig sein, sich eifrig bemühen
у|сéсться* *v* 1. sich (bequem) hinsetzen, sich niederlassen, Platz nehmen 2. за *A* sich (an eine bestimmte Beschäftigung) setzen [machen] ‖ *uv* усáживаться, -аюсь, -аешься
усечённый, -ая, -ое *math* abgestumpft; ~ кóнус Kegelstumpf
у|сéчь* *v buchspr* abschlagen, abhauen, kürzen; *med* amputieren ‖ *uv* усекáть, -áю, -áешь
усéять, усéю, усéешь; усéянный, -ян, -а *v* besäen, (dicht) bedecken ‖ *uv* усéивать, -аю, -аешь
усидéть, усижý, усидúшь *v* 1. (ruhig) sitzen bleiben; рáзве он дóма усидúт wird er denn ruhig zu Hause sitzen bleiben können 2. *übtr umg* seinen Platz behaupten, sich halten ‖ *uv* усúживать, -аю, -аешь
усúдчивый, -ая, -ое; *Kzf* -ив, -а beharrlich, geduldig, ausdauernd
усúживать *uv zu* усидéть
ýсики *Pl* -ов, *Sg* ýсик, -а *m* 1. *Dem zu* усы́ kleiner [dünner] Schnurrbart 2. *zool* Fühler, Fühlhorn 3. *bot* Ranke
усилéние, -я *n* Verstärkung, Verschärfung; Steigerung
усúленный, -ая, -ое 1. verstärkt, erhöht, gesteigert 2. nachdrücklich, dringend
усúливать(ся) *uv zu* усúлить(ся)
усúлие, -я *n* Anstrengung, Bemühung; Kraft(aufwand)
усилúтель, -я *m tech* Verstärker; *chem* Aktivator
усúлить, -лю, -лишь; -ленный, -лен, -а *v* verstärken, verschärfen, steigern ‖ *uv* усúливать, -аю, -аешь
усúлиться, *1. u. 2. Pers ungebr,*

-лится *v* sich verstärken, stärker werden ‖ *uv* усиливаться, -ается
у|скакать* *v* 1. fortspringen, davonhüpfen 2. davonsprengen, davongaloppieren ‖ *uv* **ускакивать,** -аю, -аешь
ускользать *uv zu* ускользнуть
ускользнуть, -ну, -нёшь *v* 1. entschlüpfen, entgleiten 2. *umg* sich davonstehlen, entwischen 3. verlorengehen, entschwinden; ~ от внимания *umg* (der Aufmerksamkeit) entgehen 4. от *G übtr umg* ausweichen, sich entziehen ‖ *uv* ускользать, -аю, -аешь
ускорение, -я *n* Beschleunigung
ускорить, -рю, -ришь; -ренный, -рен, -а *v* beschleunigen ‖ *uv* **ускорять,** -яю, -яешь
ускориться, *1. u. 2. Pers ungebr,* -ится *v* 1. sich beschleunigen, schneller werden, an Geschwindigkeit zunehmen 2. schneller (als erwartet) eintreten ‖ *uv* **ускоряться,** -яется
условливаться *uv zu* условиться
усладить, -ажу, -адишь; -аждённый, -аждён, -аждена *v alt* 1. erquicken, laben, ergötzen 2. angenehmer machen, verschönen, versüßen ‖ *uv* **услаждать,** -аю, -аешь
у|слать* *v* fortschicken, wegschicken ‖ *uv* усылать, -аю, -аешь
уследить, -ежу, -едишь; -еженный, -ежен, -а *v* 1. aufpassen (за *I* auf), beobachten; im Auge behalten, verfolgen 2. *umg* feststellen ‖ *uv* **услеживать,** -аю, -аешь
условие, -я *n* 1. Bedingung, Voraussetzung; ставить -ем zur Bedingung machen; при -и vorbehaltlich 2. Vereinbarung, Abmachung; по -ю laut Vertrag 3. *Pl* Bestimmungen, Regeln, Bedingungen 4. *Pl* Verhältnisse, Umstände
условиться, -влюсь, -вишься *v* übereinkommen, eine Vereinbarung treffen; ~ с кем-н. о времени mit j-m die Zeit vereinbaren ‖ *uv* уславливаться, -аюсь, -аешься *u.* условливаться, -аюсь, -аешься
условленный, -ая, -ое; *Kzf* -ен, -а vereinbart, verabredet, abgemacht
условливаться *uv zu* условиться
условность, -и *f* 1. Bedingtheit; Wirksamkeit unter bestimmten Bedingungen 2. Relativität 3. Konvention, Förmlichkeit
условный, -ая, -ое 1. vereinbart, verabredet; ~ адрес Deckadresse; -ые знаки Kartenzeichen, Legende 2. *gram* konditional; -ое наклонение Konditionalis 3. *Kzf* -вен, -вна bedingt; unter bestimmten Bedingungen wirksam 4. relativ, veränderlich 5. angenommen, gedacht 6. *Kunst* symbolisch
усложнение, -я *n* Komplikation
усложнить, -ню, -нишь; -нённый, -нён, -нена *v* komplizieren, erschweren, verwickeln ‖ *uv* **усложнять,** -яю, -яешь
услуга, -и *f* 1. Dienst, Gefälligkeit 2. *Pl* (Dienst-) Leistungen; комната с -ами Zimmer mit Bedienung
услуживать *uv zu* услужить
услужить, -ужу, -ужишь *v* einen Dienst erweisen, einen Gefallen tun ‖ *uv* услуживать, -аю, -аешь
услужливый, -ая, -ое; *Kzf* -ив, -а dienstfertig, gefällig, hilfsbereit
услыхать *u.* **услышать,** -ышу -ышишь; -ышанный, -ышан, -а *v* 1. hören, wahrnehmen 2. erfahren 3. wittern
усматривать *uv zu* усмотреть
усмехаться *uv zu* усмехнуться
усмехнуться, -нусь, -нёшься *v* (spöttisch) lächeln; schmunzeln ‖ *uv* усмехаться, -аюсь, -аешься
усмешка, -и *f* spöttisches [ungläubiges] Lächeln
усмирение, -я *n* 1. Bändigung, Zähmung 2. Niederschlagung, -werfung
усмирить, -рю, -ришь; -рённый, -рён, -рена *v* 1. bändigen, zähmen, zum Gehorsam bringen 2. niederwerfen, unterdrücken ‖ *uv* **усмирять,** -яю, -яешь
усмириться, -рюсь, -ришься *v* gehorsam [ruhig] werden; zahm werden ‖ *uv* **усмиряться,** -яюсь, -яешься
усмотрение, -я *n* Ermessen, Belieben, Gutdünken; предоставить на чьё-н. ~ es j-m anheimstellen, es j-s Entscheidung überlassen
усмотреть, отрю, -отришь; -отренный, -отрен, -а *v* 1. aufpassen, achtgeben (за *I* auf) 2. *umg* bemerken, entdecken; *buchspr* sich überzeugen 3. в *P* auslegen (als), zu erkennen glauben ‖ *uv* усматривать, -аю, -аешь
уснастить, -ащу, -астишь; -ащённый, -ащён, -ащена *v umg* 1. *I* reichlich versehen (mit) 2. *I übtr* ausschmücken (mit) ‖ *uv* **уснащать,** -аю, -аешь *u.* **уснащивать,** -аю, -аешь
уснуть, усну, уснёшь *v* 1. einschlafen;

übtr still werden, ersterben **2.** absterben, krepieren *von Fischen* ◇ ~ вéчным сном [навéки] sterben, für immer einschlafen
усóбица, -ы, *I* -ей *f hist* Zwietracht, Feindschaft, Fehde
усовершéнствование, -я *n* **1.** Vervollkommnung; кýрсы -я Weiterbildungskurse **2.** Verbesserung
усовершéнствовать *v zu* совершéнствовать
усóвестить, -ещу, -естишь; -ещенный, -ещен, -а *v umg* ins Gewissen reden, ermahnen ‖ *uv* **усóвещивать,** -аю, -аешь
усомнúться, -нюсь, -нúшься *v* zweifeln, Zweifel hegen (в *P* an)
усóпший, -ая, -ее *alt* **1.** entschlafen, gestorben **2.** -его *Subst m* Verstorbener, Entschlafener
усóхнуть, -ну, -нешь; усóх, -ла *v* **1.** eintrocknen; усóхший *übtr umg* verhutzelt **2.** *umg* vertrocknen ‖ *uv* усыхáть, -áю, -áешь
успевáемость, -и *f* Leistungsstand, Fortschritte *bei Schülern*
успевáть, -áю, -áешь *uv* **1.** *uv zu* успéть **2.** Fortschritte machen, vorankommen, mitkommen *von Schülern*
успевáющий, -ая, -ее gut vorankommend, erfolgreich; ~ ученúк guter Schüler
успéется *unpers v umg* man braucht sich nicht zu beeilen, es ist noch Zeit
успéть, -éю, -éешь *v* **1.** rechtzeitig kommen, zurechtkommen, schaffen; ~ на пóезд [к пóезду] den Zug (noch) erreichen; ~ пообéдать noch Zeit haben, Mittag zu essen **2.** в *P alt* Erfolg haben; не успéл он оглянýться, как ehe er sich's versah ‖ *uv* успевáть, -áю, -áешь
успéх, -а *m* **1.** Erfolg, Gelingen **2.** *Pl* Fortschritte ◇ с -ом ohne Schwierigkeiten, sehr leicht; с тем же -ом mit dem gleichen Ergebnis, genauso
успéшность, -и *f* erfolgreicher Verlauf, Gelingen
успéшный, -ая, -ое; *Kzf* -шен, -шна erfolgreich
успокáивать(ся) *uv zu* успокóить(ся)
успокáивающий, -ая, -ее beruhigend, beschwichtigend
успокоéние, -я *n* Beruhigung, Besänftigung, Linderung
успокоúтельный, -ая, -ое; *Kzf* -лен, -льна **1.** beruhigend, besänftigend **2.** -ое, -ого *Subst n umg* Beruhigungsmittel
успокóить, -óю, -óишь; -óенный, -óен, -а *v* **1.** beruhigen, zur Ruhe bringen, besänftigen **2.** lindern, mildern ‖ *uv* успокáивать, -аю, -аешь
успокóиться, -óюсь, -óишься *v* **1.** sich beruhigen; успокóйтесь! nur Ruhe!, nur ruhig Blut! **2.** *1. u. 2. Pers ungebr* sich legen, nachlassen ‖ *uv* успокáиваться, -аюсь, -аешься
устá, уст *Pl alt* Lippen, Mund ◇ это у всех на -áх alle sprechen davon, das ist in aller Leute Munde
[1]**устáв,** -а *m* Statut, Ordnung, Satzung; полевóй ~ *mil* Felddienstordnung
[2]**устáв,** -а *m hist* Ustawschrift, aus großen, steilen und einzeln geschriebenen Buchstaben bestehende Schrift alter Handschriften
уставáть *uv zu* устáть
устáвить, -влю, -вишь; -вленный, -влен, -а *v umg* **1.** aufstellen, unterbringen **2.** *I* besetzen, vollstellen (mit) **3.** (unverwandt) richten (на *A* auf); ~ глазá на когó-н. j-n unverwandt ansehen, j-n anstarren ‖ *uv* **уставлять,** -я́ю, -я́ешь
устáвиться, -влюсь, -вишься *v umg* **1.** Platz finden, sich unterbringen lassen **2.** *I* sich bedecken, vollgestellt werden (mit) **3.**: ~ глазáми на когó-н. den Blick unverwandt auf j-n richten, j-n anstarren ‖ *uv* **уставля́ться,** -я́юсь, -я́ешься
устáвный, -ая, -ое **1.** vorschriftsmäßig; dem Statut entsprechend **2.**: -ое письмó *oder* ~ пóчерк Ustawschrift, aus großen, steilen und einzeln geschriebenen Buchstaben bestehende Schrift alter Handschriften
устáлость, -и *f* Müdigkeit, Ermüdung
устáлый, -ая, -ое müde, matt; erschöpft
ýсталь, -и *f*: без -и unermüdlich, ohne Rast und Ruh
устанáвливать(ся) *uv zu* установúть(ся)
установúть, -овлю, -óвишь; -óвленный, -óвлен, -а *v* **1.** aufstellen, zurechtstellen; installieren; montieren; *mil* richten **2.** herstellen, errichten; ~ контáкт Verbindung aufnehmen **3.** bestimmen, festsetzen, einführen **4.** feststellen, konstatieren ‖ *uv* устанáвливать, -аю, -аешь
установúться, *1. u. 2. Pers ungebr*, -óвится *v* **1.** sich herausbilden, sich festigen, (feste) Gestalt gewinnen **2.** eintreten, in Kraft treten; be-

ständig werden *vom Wetter* || *uv* устана́вливаться, -ается

устано́вка, -и, *Pl G* -вок, *D* -вкам *f* 1. Aufstellen, Aufstellung; Installation, Montage; *mil* Richten 2. Anlage, Mechanismus, Vorrichtung 3. Einstellung; Richtlinie, Direktive; име́ть -у на что́-н. auf etw. eingestellt sein, etw. im Auge haben

установле́ние, -я *n* 1. Aufstellen, Aufstellung 2. Herstellung, Errichtung 3. Bestimmung, Festsetzung, Einführung 4. Feststellung, Konstatierung

устано́вленный, -ая, -ое festgesetzt, vorgeschrieben

устано́вочный, -ая, -ое 1. *tech* Einstellungs-, Aufstellungs-; ~ винт Stellschraube 2. richtungweisend, prinzipiell

устано́вщик, -а *m* 1. Montagearbeiter, Monteur, Installateur 2. Einrichter *an Werkzeugmaschinen*

устарева́ть *uv zu* устаре́ть

устаре́лый, -ая, -ое veraltet, unmodern

устаре́ть, -е́ю, -е́ешь *v* veralten, aus der Mode kommen, überholt sein || *uv* устарева́ть, -а́ю, -а́ешь

у|ста́ть* *v* müde werden, ermüden, ermatten; *übtr* überdrüssig werden || *uv* у|става́ть*

устели́ть, -елю́, -е́лешь; -е́ленный, -е́лен, -а *v umg den Boden* bedecken || *uv* устила́ть, -а́ю, -а́ешь

устерега́ться *uv zu* устере́чься

у|стере́чься* *v umg* sich hüten, sich in acht nehmen (от *G* vor) || *uv* устерега́ться, -а́юсь, -а́ешься

[1]**устила́ть** *uv zu* устели́ть

[2]**устила́ть** *uv zu* устла́ть

у|стла́ть* *v* (völlig) bedecken, auslegen || *uv* устила́ть, -а́ю, -а́ешь

у́стный [сн], -ая, -ое mündlich

усто́й, -я, *G Pl* -ев *m* 1. Brückenpfeiler; Pfeiler, Stütze 2. *Pl übtr, buchspr* Prinzipien, Grundsätze, Normen

усто́йчивость, -и *f* 1. Standfestigkeit, Stabilität 2. *übtr* Standhaftigkeit, Beharrlichkeit 3. *tech* Widerstandsfähigkeit, Beständigkeit, Festigkeit; ~ к сти́рке Waschechtheit

усто́йчивый, -ая, -ое; *Kzf* -ив, -а 1. standfest; stabil, dauerhaft, beständig 2. *übtr* standhaft, beharrlich

устоя́ть, -ою́, -ои́шь *v* 1. stehen bleiben, das Gleichgewicht bewahren 2. *übtr* standhalten, widerstehen, fest bleiben

устоя́ться, *1. u. 2. Pers ungebr*, -ои́тся *v umg* 1. sich klären, klar werden *von Flüssigkeiten*; молоко́ устоя́лось die Milch rahmt 2. *übtr* beständig werden, ausgeglichen werden

устра́ивать(ся) *uv zu* устро́ить(ся)

устране́ние, -я *n* Beseitigung; ~ конкуре́нции Ausschaltung der Konkurrenz; ~ угро́зы Bannung der Gefahr

устрани́ть, -ню́, -ни́шь; -нённый, -нён, -нена́ *v* 1. entfernen, beseitigen, beheben 2. entlassen, des Amtes entheben || *uv* **устраня́ть,** -я́ю, -я́ешь

устрани́ться, -ню́сь, -ни́шься *v* 1. sich fernhalten, sich zurückziehen 2. verschwinden, beseitigt werden || *uv* **устраня́ться,** -я́юсь, -я́ешься

устраша́ть(ся) *uv zu* устраши́ть(ся)

устраше́ние, -я *n* Einschüchterung, Abschreckung; для -я als abschreckendes Beispiel

устраши́ть, -шу́, -ши́шь; -шённый, -шён, -шена́ *v* erschrecken, einschüchtern, in Angst versetzen || *uv* устраша́ть, -а́ю, -а́ешь

устраши́ться, -шу́сь, -ши́шься *v* erschrecken, sich einschüchtern lassen, in Angst geraten || *uv* устраша́ться, -а́юсь, -а́ешься

устреми́ть, -млю́, -ми́шь; -млённый, -млён, -млена́ *v* richten, lenken; ~ взгляд на что́-н. den Blick auf etw. heften, etw. scharf ins Auge fassen || *uv* устремля́ть, -я́ю, -я́ешь

устреми́ться, -млю́сь, -ми́шься *v* 1. sich richten, sich wenden; *übtr* sich konzentrieren 2. streben, stürzen, zusteuern (на *A* auf) || *uv* устремля́ться, -я́юсь, -я́ешься

устремле́ние, -я *n* 1. Richten, Wenden; *übtr* Konzentration 2. Streben, Bestrebung, Absicht

устремлённость, -и *f buchspr* Tendenz

устремля́ть(ся) *uv zu* устреми́ть(ся)

у́стрица, -ы, *I* -ей *f zool* Auster

устро́итель, -я *m* Veranstalter, Organisator

устро́ить, -о́ю, -о́ишь; -о́енный, -о́ен, -а *v* 1. veranstalten, organisieren; einrichten; ~ неприя́тности Unannehmlichkeiten verursachen [machen] 2. regeln, ordnen, in Ordnung bringen 3. unterbringen; *umg* verschaffen; ~ кого́-н. на слу́жбу j-m eine Stelle verschaffen 4. *umg* befriedigen, recht sein || *uv* устра́ивать, -аю, -аешь

устро́иться, -о́юсь, -о́ишься *v* 1. in Ordnung kommen, sich regeln 2. sich einrichten, unterkommen 3. Arbeit finden, (gut) unterkommen || *uv* устра́иваться, -аюсь, -аешься

устро́йство, -а *n* 1. Veranstaltung, Organisierung, Einrichtung 2. Regelung, Ordnung 3. Unterbringung 4. Struktur, Aufbau 5. Einrichtung, Vorrichtung, Anlage; арифмети́ческое ~ Rechenwerk; холоди́льное ~ Kühlanlage

усту́п, -а *m* Absatz, Stufe; -ами stufenförmig, terrassenförmig

уступа́ть *uv zu* уступи́ть

уступи́тельный, -ая, -ое *gram* konzessiv

уступи́ть, -уплю́, -у́пишь; -у́пленный, -у́плен, -а *v* 1. abtreten, überlassen; ~ доро́гу den Weg freigeben 2. nachgeben, seinen Widerstand aufgeben 3. *D* nachstehen, zurückstehen (hinter) 4. *A umg* ablassen, verkaufen; billiger verkaufen; den Preis herabsetzen (um) || *uv* уступа́ть, -а́ю, -а́ешь

усту́пка, -и, *Pl G* -пок, *D* -пкам *f* 1. Abtretung, Überlassung 2. Zugeständnis, Konzession; идти́ на -и Zugeständnisse machen 3. Preisermäßigung

усту́пчатый, -ая, -ое; *Kzf* -ат, -а terrassenförmig, abgestuft

усту́пчивый, -ая, -ое; *Kzf* -ив, -а nachgiebig, entgegenkommend

устыди́ть, -ыжу́, -ыди́шь; -ыжённый, -ыжён, -ыжена́ *v* beschämen || *uv* **устыжа́ть,** -а́ю, -а́ешь

устыди́ться, -ыжу́сь, -ыди́шься *v G* sich schämen, Scham empfinden (über) || *uv* **устыжа́ться,** -а́юсь, -а́ешься

у́стье, -ья, *G Pl* -ьев *n* 1. Mündung 2. Öffnung, Ausgang

у́стьице, -а, *I* -ем *n* 1. *Dem zu* у́стье kleine Öffnung 2. *bot* Pore

усугу́бить, -гу́блю, -гу́бишь; -гу́бленный, -гу́блен, -а *u.* **усугуби́ть,** -гублю́, -губи́шь; -гублённый, -гублён, -гублена́ *v buchspr* vergrößern, verstärken, vertiefen || *uv* **усугубля́ть,** -я́ю, -я́ешь

усу́шка, -и *f wirtsch* Gewichtsverlust durch Eintrocknen, Trockenschwund

усы́ *Pl* -о́в, *Sg* ус, -а *m* 1. Schnurrbart 2. *zool* Barthaare 3. *zool* Fühler, Fühlhorn 4. *bot* Ranke ◇ кито́вый ус Fischbein; и в ус себе́ не дуть sich nichts daraus machen; мота́ть себе́ на ус sich hinter die Ohren schreiben; мы са́ми с уса́ми wir sind auch nicht dümmer als die andern

усыла́ть *uv zu* усла́ть

усынови́ть, -влю́, -ви́шь; -влённый, -влён, -влена́ *v* adoptieren, (an Kindes Statt) annehmen || *uv* усыновля́ть, -я́ю, -я́ешь

усыновле́ние, -я *n* Adoption

усыновля́ть *uv zu* усынови́ть

усыпа́льница, -ы, *I* -ей *f* (Familien-) Gruft

у|сы́пать* *v* bestreuen; *übtr* besäen, überschütten || *uv* **усыпа́ть,** -а́ю, -а́ешь

усыпи́тельный, -ая, -ое; *Kzf* -лен, -льна einschläfernd, ermüdend; ~ порошо́к Schlafpulver

усыпи́ть, -плю́, -пи́шь; -плённый, -плён, -плена́ *v* 1. einschläfern; *med* narkotisieren 2. *übtr* abschwächen, vermindern, einschläfern 3. vergiften *von Tieren* || *uv* **усыпля́ть,** -я́ю, -я́ешь

усыха́ть *uv zu* усо́хнуть

ута́ивать *uv zu* утаи́ть

утаи́ть, утаю́, утаи́шь; утаённый, -ён, -ена́ *v* 1. verbergen, verheimlichen 2. sich heimlich aneignen || *uv* ута́ивать, -аю, -аешь

ута́йка, -и *f umg* 1. Verbergen, Verheimlichen, Verheimlichung; без -и offen, unverhohlen 2. heimliche Aneignung

ута́птывать *uv zu* утопта́ть

ута́скивать *uv zu* утащи́ть

утащи́ть, утащу́, ута́щишь; ута́щенный, -ен, -а *v* 1. fortschleppen, davonschleppen; *umg* mitschleppen, mitnehmen 2. *umg* stehlen, entwenden || *uv* ута́скивать, -аю, -аешь

у́тварь, -и *f Koll* Gerät, Gerätschaften

утверди́тельный, -ая, -ое; *Kzf* -лен, -льна bejahend, zustimmend

утверди́ть, -ржу́, -рди́шь; -рждённый, -рждён, -рждена́ *v* 1. stärken, festigen 2. bestätigen, sanktionieren 3. zuerkennen, zusprechen (за *I* j-m) 4. в *P* bestärken (in), überzeugen (von) || *uv* утвержда́ть, -а́ю, -а́ешь

утверди́ться, -ржу́сь, -рди́шься *v* 1. *umg übtr* festen Fuß fassen *Menschen* 2. sich einbürgern; sich festigen 3. *alt* sich fest setzen *z. B. in den Sattel*; festen Fuß fassen 4. bestärkt

werden (в *P* in) || *uv* **утвержда́ться**, -а́юсь, -а́ешься
утвержда́ть, -а́ю, -а́ешь *uv* **1.** *uv zu* утверди́ть **2.** behaupten, versichern
утвержда́ться *uv zu* утверди́ться
утвержде́ние, -я *n* **1.** Stärkung, Festigung **2.** Bestätigung, Sanktionierung **3.** Zuerkennung **4.** Bestärkung **5.** Behauptung
утека́ть *uv zu* уте́чь
утёнок, -нка, *Pl* утя́та, **утя́т,** утя́там *m* Entenküken
утепли́ть, -лю́, -ли́шь; -лённый, -лён, -лена́ *v* (be)heizen, erwärmen; abdichten || *uv* **утепля́ть,** -я́ю, -я́ешь
у|тере́ть*; утере́в u. утёрши *v* abwischen, abtrocknen ◇ ∼ кому́-н. нос j-n übertrumpfen, j-m seine Überlegenheit zeigen || *uv* **утира́ть**, -а́ю, -а́ешь
утерпе́ть, утерплю́, уте́рпишь *v* sich enthalten, es aushalten (können)
утёря, -и *f* Verlust, Einbuße
утеря́ть, -я́ю, -я́ешь; уте́рянный, -ян, -а *v* verlieren; einbüßen
утёс, -а *m* Felsen, Klippe
утёсистый, -ая, -ое; *Kzf* -ист, -а felsig, voller Klippen
утéха, -и *f umg* Freude, Vergnügen; Trost
уте́чка, -и *f* **1.** Abfließen, Aussickern, Ausströmen **2.** *wirtsch* Leckage, Verlust durch Aussickern
у|те́чь*, *1. u. 2. Pers ungebr v* **1.** auslaufen, aussickern, ausströmen, entweichen **2.** *umg* verfließen, vergehen, verfliegen; с тех пор мно́го воды́ утекло́ seither ist schon viel Wasser den Rhein hinabgeflossen || *uv* утека́ть, -а́ет
утеша́ть *uv zu* уте́шить
утеше́ние, -я *n* Tröstung, Trost; Freude
утеши́тель, -я *m* Tröster
утеши́тельный, -ая, -ое; *Kzf* -лен, -льна tröstlich, tröstend; ∼ приз *Sport* Trostpreis
уте́шить, -шу, -шишь *v* **1.** trösten **2.** *umg* erfreuen || *uv* утеша́ть, -а́ю, -а́ешь
утилиза́ция, -и *f* Verwertung, Ausnutzung, Nutzbarmachung
утилизи́ровать, -рую, -руешь; -рованный, -рован, -а *v, uv* verwerten, ausnutzen, nutzbar machen
утилитари́зм, -а *m phil, übtr* Utilitarismus
утилита́рный, -ая, -ое; *Kzf* -рен, -рна **1.** (rein) praktisch, angewandt **2.** utilitaristisch, nur auf den Nützlichkeitswert bedacht [gerichtet]
ути́ль, -я *m u.* **утильсырьё,** -ья́ *n Koll* verwendbare Abfälle, Altmaterial; сбор -я Altstoffsammlung
ути́ный, -ая, -ое Enten-
утира́ть *uv zu* утере́ть
утиха́ть *uv zu* ути́хнуть
ути́хнуть, -ну, -нешь; **ути́х,** -ла; ути́х(нув)ший *v* **1.** verstummen, still werden, aufhören **2.** sich beruhigen, ruhig(er) werden **3.** *1. u. 2. Pers ungebr übtr* sich legen, nachlassen || *uv* утиха́ть, -а́ю, -а́ешь
утихоми́ривать *uv zu* утихоми́рить
утихоми́рить, -рю, -ришь; -ренный, -рен, -а *v umg* beruhigen, beschwichtigen, besänftigen || *uv* утихоми́ривать, -аю, -аешь
у́тка, -и, *Pl G* у́ток, *D* у́ткам *f* **1.** *zool* Ente **2.** *übtr* Ente, (sensationelle) Falschmeldung **3.** *med* Uringlas
у|тка́ть* *v umg* durchweben *mit einem Muster*
уткну́ть, -ну́, -нёшь; у́ткнутый, -ут, -а *v umg* (hinein)stecken; verstecken, vergraben
уткну́ться, -ну́сь, -нёшься *v* **1.**: ∼ голово́й в поду́шку den Kopf im Kissen vergraben; ∼ в у́гол sich in einen Winkel verkriechen **2.** *übtr* sich vertiefen, sich vergraben
утконо́с, -а *m zool* Schnabeltier
у́тлый, -ая, -ое zerbrechlich; armselig; alt, schwach
уто́к, -тка́ *m text* Schuß, Einschuß, Einschlag
утоли́ть, -лю́, -ли́шь; -лённый, -лён, -лена́ *v* stillen, befriedigen; lindern || *uv* утоля́ть, -я́ю, -я́ешь
утолсти́ть, -лщу́, -лсти́шь; -лщённый, -лщён, -лщена́ *v* dicker machen, verdicken || *uv* **утолща́ть,** -а́ю, -а́ешь
утолсти́ться, *1. u. 2. Pers ungebr*, -лсти́тся *v* sich verdicken, dicker werden || *uv* **утолща́ться,** -а́ется
утолще́ние, -я *n* Verdickung, Wulst; ∼ ко́сти *med* Überbein
утоля́ть *uv zu* утоли́ть
утоми́тельный, -ая, -ое; *Kzf* -лен, -льна ermüdend, anstrengend
утоми́ть, -млю́, -ми́шь; -млённый, -млён, -млена́ *v* ermüden, anstrengen || *uv* утомля́ть, -я́ю, -я́ешь
утоми́ться, -млю́сь, -ми́шься *v* ermüden, ermatten, sich überanstrengen || *uv* утомля́ться, -я́юсь, -я́ешься
утомле́ние, -я *n* Ermüdung, Erschöpfung

утомлённый, -ая, -ое ermüdet, erschöpft
утомля́ть(ся) *uv zu* утоми́ть(ся)
утону́ть, утону́, уто́нешь *v* ertrinken, untergehen, versinken ‖ *uv* утопа́ть, -а́ю, -а́ешь
утонча́ть *uv zu* утончи́ть
утончённый, -ая, -ое verfeinert; raffiniert; erlesen, von erlesenem Geschmack
утончи́ть, -чу́, -чи́шь; -чённый, -чён, -чена́ *v* 1. dünner machen; *tech* verjüngen 2. *übtr* verfeinern ‖ *uv* утонча́ть, -а́ю, -а́ешь
утопа́ть *uv zu* утону́ть
утопа́ющий, -его *Subst m* Ertrinkender
утопи́зм, -а *m buchspr* Utopismus; Unerfüllbarkeit
утопи́ть, утоплю́, уто́пишь; уто́пленный, -ен, -а *v* 1. ertränken 2. *übtr umg* ruinieren, zugrunde richten
утопи́ться, -оплю́сь, -о́пишься *v* 1. sich ertränken, ins Wasser gehen 2. *umg* lange kochen *Milch*
утопи́ческий, -ая, -ое utopisch
уто́пия, -и *f* Utopie
уто́пленник, -а *m* Ertrunkener
уто́пленница, -ы, *I* -ей *f* Ertrunkene
у|топта́ть* *v* festtreten, feststampfen ‖ *uv* ута́птывать, -аю, -аешь
уточне́ние, -я *n* Präzisierung, genaue(re) Angabe
уточни́ть, -ню́, -ни́шь; -нённый, -нён, -нена́ *v* präzisieren, genauer bestimmen, genauer formulieren ‖ *uv* уточня́ть, -я́ю, -я́ешь
уто́чный, -ая, -ое *text* Einschuß-, Einschlag-
уточня́ть *uv zu* уточни́ть
утра́ивать *uv zu* утро́ить
утрамбова́ть, -бу́ю, -бу́ешь; -бо́ванный, -бо́ван, -а *v* feststampfen ‖ *uv* **утрамбо́вывать,** -аю, -аешь
утра́та, -ы *f* 1. Verlieren, Verlust 2. Schaden, Einbuße, Verlust
утра́тить, -а́чу, -а́тишь; -а́ченный, -а́чен, -а *v* verlieren, einbüßen ‖ *uv* **утра́чивать,** -аю, -аешь
утра́титься, *1. u. 2. Pers ungebr*, -ится *v* verlorengehen ‖ *uv* **утра́чиваться,** -ается
у́тренний, -яя, -ее Morgen-, morgendlich; Früh-, Vormittags-
[1]**у́тренник,** -а *m* Vormittagsveranstaltung, Matinee
[2]**у́тренник,** -а *m* Morgenfrost
утри́ровать, -рую, -руешь; -рованный, -рован, -а *v, uv* übertreiben, überbetonen
утриро́вка, -и, *Pl G* -вок, *D* -вкам *f* Übertreibung
у́тро, у́тра (с утра́, до утра́), у́тру (к утру́, по утру́), *Pl* у́тра, утр, у́трам *u.* утра́м *n* Morgen, Frühe; под ~ gegen Morgen, im Morgengrauen; ра́нним -ом am frühen Morgen, vor Tau und Tag; с до́брым -ом! Guten Morgen! ◇ ~ ве́чера мудрене́е *Sprichw* man muß die Sache erst beschlafen, guter Rat kommt über Nacht
утро́ба, -ы *f* 1. Mutterleib, Schoß 2. *alt, volksspr* Bauch, Magen
утро́бный, -ая, -ое 1. Leibes-; -ое разви́тие embryonale Entwicklung (im Mutterleib) 2. aus der Tiefe [aus dem Inneren] kommend
утро́ить, -о́ю, -о́ишь; -о́енный, -о́ен, -а *v* verdreifachen ‖ *uv* утра́ивать, -аю, -аешь
у́тром *Adv* morgens, am Morgen, früh
утруди́ть, -ужу́, -уди́шь; -уждённый, -уждён, -уждена́ *v alt* belästigen, zur Last fallen, bemühen ‖ *uv* **утружда́ть,** -а́ю, -а́ешь
утряса́ть *uv zu* утрясти́
у|трясти́* *v* 1. *umg* zusammenschütteln, zusammenstauchen 2. *volksspr* durchrütteln 3. *volksspr* regeln, in Ordnung bringen ‖ *uv* утряса́ть, -а́ю, -а́ешь
утучни́ть, -ню́, -ни́шь; -нённый, -нён, -нена́ *v alt* düngen ‖ *uv* **утучня́ть,** -я́ю, -я́ешь
уты́кать, -аю, -аешь *v umg* bestecken, vollstecken, besetzen ‖ *uv* **утыка́ть,** -а́ю, -а́ешь *u.* **уты́кивать,** -аю, -аешь
утю́г, -а́ *m* Bügeleisen, Plätte
утю́жить, -жу, -жишь; -женный, -жен, -а *uv* plätten, bügeln
утю́жка, -и *f* Bügeln, Plätten; отда́ть в -у zum Bügeln weggeben
утя́тина, -ы *f* Entenfleisch
Уфа́, -ы́ *f* Ufa *Stadt*
ух! *Interj* ach!; uff!
уха́, -и́ *f* Fischsuppe
уха́б, -а *m* Schlagloch
уха́бистый, -ая, -ое; *Kzf* -ист, -а holperig, voller Schlaglöcher
ухажёр, -а *m volksspr* Schürzenjäger, Courmacher
уха́живать, -аю, -аешь *uv* за *I* 1. pflegen, sorgen (für) 2. j-m den Hof machen; sich bemühen (um), um j-s Gunst werben
у́харский, -ая, -ое *umg* verwegen, (toll)kühn
у́харство, -а *n umg* Verwegenheit, (Toll-) Kühnheit

у́харь, -я *m umg* verwegener Kerl, Wagehals
ухва́т, -а *m* Topfgabel, Ofengabel
ухвати́ть, -ачу́, -а́тишь; -а́ченный, -а́чен, -а *v* **1.** (er)greifen, packen, fassen **2.** *übtr umg* erfassen, begreifen, kapieren ‖ *uv* ухва́тывать, -аю, -аешь
ухвати́ться, -ачу́сь, -а́тишься *v* за *A* **1.** sich festhalten, sich klammern (an) **2.** *übtr umg* sich begeben, sich machen (an), mit Eifer etw. beginnen ‖ *uv* ухва́тываться, -аюсь, -аешься
ухва́тка, -и, *Pl G* -ток, *D* -ткам *f umg* **1.** Gebärde; Kunstgriff, Geschicklichkeit **2.** Gebaren, Benehmen, Manier
ухва́тывать(ся) *uv zu* ухвати́ть(ся)
ухитри́ться, -рю́сь, -ри́шься *v umg* zuwege bringen, es verstehen ‖ *uv* **ухитря́ться,** -я́юсь, -я́ешься
ухищре́ние, -я *n* List, Kniff, Schlich
ухищрённый, -ая, -ое raffiniert, schlau
ухищря́ться, -я́юсь, -я́ешься *uv* raffiniert [listig] vorgehen, (etw.) schlau anstellen
ухло́пать, -аю, -аешь *v volksspr* **1.** umbringen, um die Ecke bringen **2.** verschwenden ‖ *uv* **ухло́пывать,** -аю, -аешь
ухмыльну́ться, -ну́сь, -нёшься *v umg* grinsen, (spöttisch) lächeln ‖ *uv* **ухмыля́ться,** -я́юсь, -я́ешься
у́хнуть, -ну, -нешь *v mom volksspr* **1.** hinunterstürzen, zu Boden stürzen, zusammenbrechen **2.** (herunter)-werfen, fallen lassen; *übtr* verschleudern *Geld*
у́хо, -а, *Pl* у́ши, уше́й, уша́м *n* **1.** Ohr; по́ уши bis über die Ohren; тупо́й на ~ schwerhörig **2.** Ohrenklappe *der Mütze* **3.** Öse ◇ не вида́ть как свои́х уше́й nie mehr zu sehen bekommen; и у́хом не вести́ sich nicht darum kümmern, sich nichts daraus machen; у́ши вя́нут от э́того das ist widerlich anzuhören; говори́ть на́ ~ ins Ohr sagen; дать в ~ [по́ уху] eine Ohrfeige geben [verabreichen]; держа́ть ~ востро́ auf der Hut sein; навостри́ть у́ши die Ohren spitzen; получи́ть по́ уху eine Ohrfeige kriegen [abbekommen]; прокрича́ть [прожужжа́ть] у́ши кому́-н. j-m in den Ohren liegen; пропусти́ть ми́мо уше́й überhören, nicht beachten; разве́сить у́ши ganz Ohr sein, andächtig [hingerissen] zuhören; слу́шать во все у́ши angespannt [aufmerksam] zuhören; слу́шать кра́ем у́ха mit halbem Ohr hinhören
ухове́ртка, -и, *Pl G* -ток, *D* -ткам *f zool* Ohrwurm
[1]**ухо́д,** -а *m* Weggehen, Weggang, Abgang, Abfahrt
[2]**ухо́д,** -а *m* Pflege, Wartung; ~ за больны́ми Krankenpflege
уходи́ть, ухожу́, ухо́дишь *uv* **1.** *uv zu* уйти́ **2.** *1. u. 2. Pers ungebr* sich erstrecken, führen
ухудша́ть *uv zu* уху́дшить
ухудше́ние, -я *n* Verschlechterung
уху́дшить, -шу, -шишь; -шенный, -шен, -а *v* verschlimmern, verschlechtern ‖ *uv* ухудша́ть, -а́ю, -а́ешь
уцеле́ть, -е́ю, -е́ешь *v* unversehrt bleiben, am Leben bleiben
уце́нивать *uv zu* уцени́ть
уцени́ть, уценю́, уце́нишь; уценённый, -ён, -ена́ *v* im Preis herabsetzen ‖ *uv* уце́нивать, -аю, -аешь
уцепи́ться, уцеплю́сь, уце́пишься *v* sich klammern, sich festhalten (за *A* an) ‖ *uv* **уцепля́ться,** -я́юсь, -я́ешься
уча́ствовать, -вую, -вуешь *uv* в *P* **1.** teilnehmen, sich beteiligen, mitarbeiten, mitwirken (an) **2.** Anteil haben (an)
уча́ствующий, -его *Subst m* Teilnehmer, Mitwirkender
уча́стие, -я *n* **1.** Teilnahme, Beteiligung, Mitwirkung; принима́ть ~ в чём-н. an etw. teilnehmen, bei etw. mitwirken **2.** Anteil **3.** Anteilnahme, Mitgefühl; принима́ть ~ в ко́м-н. mit j-m mitfühlen
участи́ть, учащу́, участи́шь; учащённый, -ён, -ена́ *v* häufiger aufeinander folgen lassen, beschleunigen ‖ *uv* учаща́ть, -а́ю, -а́ешь
участи́ться, *1. u. 2. Pers ungebr,* -и́тся *v* häufiger werden, sich häufen, sich wiederholen; sich beschleunigen ‖ *uv* учаща́ться, -а́ется
участко́вый, -ая, -ое **1.** Grundstücks-, Abschnitts- **2.** *mil* (Front-) Abschnitts- **3.** Arbeitsgebiets- **4.** Distrikts-, Bezirks- **5.** -ого *Subst m* Abschnittsbevollmächtigter *der Miliz*
уча́стливый, -ая, -ое; *Kzf* -ив, -а teilnahmsvoll, mitfühlend
уча́стник, -а *m* **1.** Teilnehmer **2.** Teilhaber
уча́стница, -ы, *I* -ей *f* Teilnehmerin

уча́сток, -тка *m* 1. Grundstück, Parzelle; Abschnitt, Terrain 2. *mil* (Front-) Abschnitt, Bereich 3. Arbeitsgebiet, Produktionsabschnitt; Bauabschnitt 4. Distrikt, Bezirk; избира́тельный ~ Wahllokal 5. *hist* Polizeirevier

у́часть, -и *f* Schicksal, Los, Geschick

учаща́ть(ся) *uv zu* участи́ть(ся)

уча́щийся, -егося *Subst m* Schüler, Studierender, Student

учёба, -ы *f* Ausbildung, Lehre, Studium; Schulung

учё́бник, -а *m* Lehrbuch

учё́бный, -ая, -ое Lehr-, Unterrichts-, Schul-; ~ год Lehrjahr, Schuljahr, Studienjahr; -ое заведе́ние Lehranstalt; вы́сшее -ое заведе́ние Hochschule; -ая стрельба́ *mil* Übungsschießen; ~ плац *mil* Übungsplatz

уче́ние, -я *n* 1. Lernen; Lehre, Studium 2. Unterrichten, Unterricht 3. *meist Pl mil* Übung 4. Lehre, Theorie

учени́к, -а́ *m* Schüler, Lehrling

учени́ца, -ы, *I* -ей *f* Schülerin, Lehrling

учени́ческий, -ая, -ое 1. Schüler-, Lehrlings-; Schul-, Lehr- 2. unselbständig, unreif, schülerhaft

учени́чество, -а *n* Lehrzeit, Lehre; Schulzeit

учёность, -и *f* Gelehrsamkeit; große wissenschaftliche Kenntnisse

учёный, -ая, -ое; *Kzf* -ён, -а 1. gelehrt 2. wissenschaftlich; -ая сте́пень akademischer Grad 3. ausgebildet; abgerichtet, dressiert 4. -ого *Subst m* Gelehrter, Wissenschaftler

у|че́сть* *v* 1. berechnen, registrieren 2. berücksichtigen, in Betracht ziehen, einkalkulieren 3. *finanz einen Wechsel* diskontieren || *uv* учи́тывать, -аю, -аешь

учёт, -а *m* 1. Berechnung, Statistik, Inventur; вести́ ~ eintragen, kontrollieren; веде́ние -а Buchführung 2. Berücksichtigung, Einkalkulierung 3. Registrierung, Registratur; встать на ~ sich anmelden; сня́ться с -а sich abmelden 4. Buchführung 5. *finanz* Diskont (*eines Wechsels*)

учетвери́ть, -рю́, -ри́шь; -рённый, -рён, -рена́ *v* vervierfachen || *uv* **учетверя́ть,** -я́ю, -я́ешь

учётный, -ая, -ое 1. Berechnungs-, Kontroll- 2. Registrierungs-, Registratur- 3. *finanz* Diskont-

учи́лище, -а, *I* -ем *n* Lehranstalt, (Fach-) Schule

учини́ть, -ню́, -ни́шь; -нённый, -нён, -нена́ *v umg* verüben, vollführen, begehen || *uv* **учиня́ть,** -я́ю, -я́ешь

учи́тель, -я *m* 1. *Pl* учителя́, учителе́й, учителя́м Lehrer 2. *Pl* учи́тели Lehrmeister, Autorität, Vorbild

учи́тельница, -ы, *I* -ей *f* Lehrerin

учи́тельский, -ая, -ое 1. Lehrer-; ~ институ́т Lehrerbildungsinstitut 2. -ая, -ой *Subst f* Lehrerzimmer

учи́тельство, -а *n* 1. Lehramt, Lehrtätigkeit 2. *Koll* Lehrerschaft

учи́тельствовать, -вую, -вуешь *uv* als Lehrer tätig sein, unterrichten

учи́тывать *uv zu* уче́сть

учи́ть, учу́, у́чишь; у́ченный, -ен, -а *uv* 1. lehren, unterrichten (*D* etw.), ausbilden 2. einstudieren, sich einprägen 3. *umg* bestrafen

учи́ться, учу́сь, у́чишься *uv D* lernen, studieren; ~ в шко́ле die Schule besuchen; ~ на второ́м ку́рсе im zweiten Studienjahr stehen [sein]

уч-к (уча́сток) Abschnitt; Revier

учко́м, -а *m* 1. (учени́ческий комите́т) Schülerkomitee 2. (учи́тельская коми́ссия) Lehrerkommission

Учпедги́з, -а *m* (Госуда́рственное учё́бно-педагоги́ческое изда́тельство) Staatsverlag für Schul- und Lehrbücher und für pädagogische Literatur

учреди́тель, -я *m* (Be-) Gründer, Stifter

учреди́тельный, -ая, -ое Gründungs-; -ое собра́ние konstituierende Versammlung

учреди́ть, -ежу́, -еди́шь; -еждённый, -еждён, -еждена́ *v* gründen, schaffen, organisieren || *uv* **учрежда́ть,** -а́ю, -а́ешь

учрежде́ние, -я *n* 1. Gründung, Schaffung 2. Institution, Einrichtung; Dienststelle, Behörde

учти́вый, -ая, -ое; *Kzf* -и́в, -а höflich, ehrerbietig

уша́нка, -и, *Pl G* -нок, *D* -нкам *f umg* Mütze mit Ohrenklappen

уша́стый, -ая, -ое; *Kzf* -а́ст, -а langohrig, großohrig

уша́т, -а *m* Zuber, Kübel

у́ши ↑ у́хо

уши́б, -а *m* 1. Stoß, Schlag 2. Quetschung, Verletzung

ушиба́ть *uv zu* ушиби́ть

у|шиби́ть* *v* stoßen, schlagen, verletzen || *uv* ушиба́ть, -а́ю, -а́ешь

ушива́ть *uv zu* уши́ть

у|ши́ть* *v* **1.** abnähen, enger machen **2.** *med* (ver)nähen **3.** besticken, besetzen || *uv* ушива́ть, -а́ю, -а́ешь
у́шко, -а, *Pl* у́шки, у́шек, у́шкам *u.* **ушко́,** -а́, *Pl* ушки́, -о́в, -а́м *n Dem zu* у́хо kleines Ohr ◇ у него́ у́шки на маку́шке er spitzt die Ohren, er ist auf der Hut
ушко́, -а́, *Pl* ушки́, -о́в, -а́м *n* **1.** Griff, Henkel, Öse **2.** Nadelöhr **3.** *Pl* Sternchennudeln
ушни́к, -а́ *m umg* Ohrenarzt
ушно́й, -а́я, -о́е Ohren-
уще́листый, -ая, -ое; *Kzf* -ист, -а zerklüftet
уще́лье, -ья, *Pl G* -лий, *D* -льям *n* Schlucht, Kluft
ущеми́ть, -млю́, -ми́шь; -млённый, -млён, -млена́ *v* **1.** einklemmen, quetschen; *übtr* verletzen, kränken **2.** *übtr* schmälern, beengen || *uv* **ущемля́ть,** -я́ю, -я́ешь
уще́рб, -а *m* **1.** Schaden, Verlust, Nachteil **2.** Abnehmen *vom Mond*; луна́ на -е es ist abnehmender Mond
ущерблённый, -ая, -ое; *Kzf* -лён, -лена́ **1.** beleidigt, gekränkt **2.**: -ая луна́ abnehmender Mond
ущипну́ть, -ну́, -нёшь; ущи́пнутый, -ут, -а *v* **1.** kneifen, zwicken **2.** *übtr umg* verletzen, kränken
ую́т, -а *m* Behaglichkeit, Gemütlichkeit
ую́тный, -ая, -ое; *Kzf* -тен, -тна behaglich, gemütlich, wohnlich
уязви́мый, -ая, -ое; *Kzf* -и́м, -а **1.** (leicht) verwundbar, leicht zu verletzen **2.** schwach, wenig geschützt
уязви́ть, -влю́, -ви́шь; -влённый, -влён, -влена́ *v* verletzen; kränken || *uv* **уязвля́ть,** -я́ю, -я́ешь
уясне́ние, -я *n* Klärung; Erklärung
уясни́ть, -ню́, -ни́шь; -нённый, -нён, -нена́ *v* erfassen, sich klar werden, Klarheit gewinnen (*A* über) || *uv* **уясня́ть,** -я́ю, -я́ешь

Ф

фа *n idkl mus* F; фа-дие́з [иэ] Fis
фаб- *in Zuss Abk für* фабри́чный Fabrik-, Werks-
фабзавко́м, -а *m* (фабри́чно-заводско́й комите́т) Betriebsgewerkschaftsleitung
фабзавместко́м, -а *m* (фабри́чно-заводско́й ме́стный комите́т) (Betriebs-) Gewerkschaftsleitung
фабза́вуч, -а, *I* -ем *m* (фабри́чно-заводско́е учени́чество) Nachwuchsschulung in Betriebsschulen
фабко́м, -а *m* (фабри́чный комите́т) Betriebskomitee, BGL
фа́брика, -и *f* Fabrik; пряди́льная ~ Spinnerei; тка́цкая ~ Weberei; ~-ку́хня Großküche; шве́йная ~ Bekleidungswerk; обогати́тельная ~ *berg* Aufbereitungsanlage
фабрика́нт, -а *m* Fabrikant, Fabrikbesitzer
фабрика́ция, -и *f* Fabrikation, Erzeugung, Anfertigung
фабрикова́ть, -ку́ю, -ку́ешь; -ко́ванный, -ко́ван, -а *uv* **1.** *alt* fabrikmäßig herstellen **2.** *umg iron* fabrizieren, in großer Menge herstellen; *übtr* fabrizieren, zusammenbrauen || *v* сфабрикова́ть
фабри́чно-заво́дский, -ая, -ое *u.* **фабри́чно-заводско́й,** -а́я, -о́е Betriebs-, Fabriks-
фабри́чный, -ая, -ое **1.** Fabrik-, fabrikmäßig **2.** Industrie-
фа́була, -ы *f lit* Fabel, Handlungsschema
фаво́р, -а *m buchspr* Gunst; быть в -е у кого́-н. j-s Gunst genießen, bei j-m gut angeschrieben sein
фаври́т. -а *m* Güstling, Liebling; *Sport* Favorit
фаворити́зм, -а *m buchspr* Günstlingswirtschaft
фаго́т, -а *m mus* Fagott
фагоци́т, -а *m biol* Phagozyte
Фадде́й, -я *m* Thaddäus
фа́за, -ы *f* Phase; (Entwicklungs-) Stufe
фаза́н, -а *m* Fasan
фа́кел, -а *m* Fackel
фа́кельный, -ая, -ое: -ое ше́ствие Fackelzug
фа́кельщик, -а *m* **1.** *alt* Fackelträger *im Trauerzug* **2.** Brandstifter
факси́миле **1.** *n idkl* Faksimile **2.** *n idkl* Unterschriftenstempel **3.** *idkl Adj, Adv* vorlagengetreu nachgebildet

факт, -а *m* Tatsache; ста́вить кого́-н. пе́ред соверши́вшимся -ом j-n vor die vollendete Tatsache stellen
факти́ческий, -ая, -ое tatsächlich, wirklich, faktisch
факультати́вный, -ая, -ое; *Kzf* -вен, -вна fakultativ, wahlfrei
факульте́т, -а *m* Fakultät; он у́чится на медици́нском -е er studiert Medizin
факульте́тский, -ая, -ое Fakultäts-
фала́нга, -и *f hist, anat* Phalanx
фа́лда, -ы *f* (Rock-) Schoß; встре́чные -ы Quetschfalten *an Kleidung*
фальсифика́тор, -а *m* Fälscher
фальсифика́ция, -и *f* Fälschung
фальсифици́ровать, -рую, -руешь; -рованный, -рован, -а *v, uv* fälschen, verfälschen
фальцева́ть, -цу́ю, -цу́ешь; -цо́ванный, -цо́ван, -а *uv* falzen ‖ *v* сфальцева́ть
фальце́т, -а *m mus* Falsett, Fistelstimme
фальцо́вка, -и *f* Falzen, Falzung
фальши́вить, -влю, -вишь *uv* **1.** heucheln; unaufrichtig handeln **2.** *mus* unrein singen [spielen] ‖ *v* сфальши́вить
фальши́вка, -и, *PlG* -вок, *D* -вкам *f umg* Fälschung, gefälschtes Dokument
фальшивомоне́тчик, -а *m* Falschmünzer
фальши́вый, -ая, -ое; *Kzf* -и́в, -а **1.** falsch, gefälscht **2.** falsch, unaufrichtig, heuchlerisch; unnatürlich **3.** *mus* falsch, unrein, Miß-
фальшь, -и *f* **1.** Unaufrichtigkeit, Heuchelei; Unnatürlichkeit **2.** *mus* falsches Singen [Spielen] **3.** *alt* Betrug
фами́лия, -и *f* **1.** Familienname; как ва́ша ~? wie heißen Sie?; де́вичья ~ Mädchenname **2.** Geschlecht, Familie
фамилья́рничать, -аю, -аешь *uv umg* vertraulich tun, einen familiären [vertraulichen] Ton anschlagen
фамилья́рность, -и *f* Vertraulichkeit, Familiarität; не допуска́ть -и den Abstand wahren
фамилья́рный, -ая, -ое; *Kzf* -рен, -рна vertraulich, familiär; plump vertraulich
фанабе́рия, -и *f* **1.** *umg* Arroganz, Dünkel **2.** *volksspr* Laune
фана́тик, -а *m* Fanatiker
фанати́ческий, -ая, -ое *u.* **фанати́чный,** -ая, -ое; *Kzf* -чен, -чна fanatisch
фане́ра, -ы *f* Furnier; (клеёная) ~ Sperrholz
фане́рный, -ая, -ое furniert, Furnier-; Sperrholz-
фант, -а *m* Pfand; игра́ в -ы Pfänderspiel
фантазёр, -а *m* Phantast
фантази́ровать, -рую, -руешь *uv* **1.** phantasieren **2.** *mus* improvisieren ‖ *v* сфантази́ровать *zu* 2
фанта́зия, -и *f* **1.** Phantasie, Einbildungskraft **2.** Traum, Luftschloß, Phantasterei **3.** *umg* Laune, Grille **4.** *mus* Fantasie, Improvisation
фантасти́ческий, -ая, -ое *u.* **фантасти́чный,** -ая, -ое; *Kzf* -чен, -чна phantastisch
фанфа́ра, -ы *f* Fanfare; Fanfarenstoß
фанфари́ст, -а *m* Fanfarenbläser
фа́ра, -ы *f* Scheinwerfer *z. B. am Auto*
фара́да, -ы *f phys* Farad
фарва́тер, -а *m naut* Fahrwasser, Fahrtrinne
фарисе́йство, -а *n* Heuchelei, Scheinheiligkeit
фармако́лог, -а *m* Pharmakologe
фармаце́вт, -а *m* Pharmazeut
фармаце́втика, -и *f* Pharmazeutik
фармацевти́ческий, -ая, -ое pharmazeutisch
фармаци́я, -и *f* Pharmazie
фарс, -а *m* **1.** *lit* Farce, Posse **2.** Farce, Verhöhnung
фа́ртук, -а *m* **1.** Schürze; закры́тый ~ Kittelschürze **2.** *tech* Überzug, Hülle
фарфо́р, -а *m* **1.** Porzellan **2.** Porzellangeschirr, Porzellanerzeugnisse
фарфо́ровый, -ая, -ое Porzellan-
фарш, -а, *I* -ем, *G Pl* -ей *m* **1.** Gehacktes, Hackfleisch **2.** Farce, Füllung
фарширова́ть, -ру́ю, -ру́ешь; -ро́ванный, -ро́ван, -а *uv* farcieren, füllen
фаса́д, -а *m* **1.** Fassade **2.** Vorderansicht, Aufriß
фасова́ть, фасу́ю, фасу́ешь; фасо́ванный, -ан, -а *uv wirtsch* abpacken, verpacken
фасо́левый, -ая, -ое Bohnen-
фасо́ль, -и *f* Bohne
фасо́н, -а *m* **1.** Fasson, Schnitt, Modell **2.** Manier, Mode; держа́ть ~ *volksspr* großtun, sich wichtig machen
фасо́нистый, -ая, -ое; *Kzf* -ист, -а *volksspr* schick
фасо́нный, -ая, -ое Fasson-, Form-; -ая сталь Profilstahl

фат, -а *m* (eitler) Geck, Wichtigtuer
фата́, -ы́ *f* (Braut-) Schleier; Stola
фата́льный, -ая, -ое; *Kzf* -лен, -льна *buchspr* fatal, verhängnisvoll
фатова́тый, -ая, -ое; *Kzf* -ат, -а *umg alt* stutzerhaft
фатовство́, -а́ *n* Geckenhaftigkeit, Wichtigtuerei
фа́уна, -ы *f* Fauna, Tierwelt
фашизи́ровать, -рую, -руешь; -рованный, -рован, -а *v, uv* den Faschismus einführen, im faschistischen Sinn organisieren [umgestalten]
фаши́на, -ы *f* Faschine, Reisigbündel
фаши́стский [исск], -ая, -ое faschistisch
фая́нс, -а *m* 1. Fayence, Steingut 2. Fayencegeschirr, Fayenceerzeugnisse
фая́нсовый, -ая, -ое Fayence-
февра́ль, -я́ *m* Februar
февра́льский, -ая, -ое Februar-
федерали́зм, -а *m* Föderalismus
федера́льный, -ая, -ое *u.* **федерати́вный,** -ая, -ое föderativ, Bundes-: Федерати́вная Респу́блика Герма́нии Bundesrepublik Deutschland
федера́ция, -и *f* 1. Föderation, Vereinigung 2. Föderation, Bundesstaat 3. Bund; всеми́рная ~ профсою́зов Weltgewerkschaftsbund
Фёдор, -а *m* Theodor
Фе́д(ен)ька, -и *m u.* **Фе́дя,** -и *m Dem zu* Фёдор
фееричеcкий, -ая, -ое *u.* **феери́чный,** -ая, -ое; *Kzf* -чен, -чна märchenhaft, zauberhaft
фее́рия, -и *f* 1. Feerie, Märchenaufführung (mit großer Ausstattung) 2. *übtr* märchenhafter [großartiger] Anblick
фейерве́рк, -а *m* 1. Feuerwerkskörper 2. Feuerwerk
фека́лии, -ий *Pl* Fäkalien
Фёкла, -ы *f* Thekla
фельдма́ршал, -а *m mil* Feldmarschall
фе́льдшер, -а *m* Arzthelfer, Feldscher
фельдшери́ца, -ы, *I* -ей *f* Arzthelferin, Heilgehilfin
фельето́н, -а *m* Feuilleton
фелю́га, -и *f naut* Feluke
фе́никс, -а *m myth* Phönix
фено́л, -а *m chem* Phenol
фено́мен, -а *m* Phänomen
феномена́льный, -ая, -ое; *Kzf* -лен, -льна phänomenal, außergewöhnlich
феода́л, -а *m hist* Feudalherr
феодали́зм, -а *m* Feudalismus
феода́льный, -ая, -ое feudal, Feudal-
Фео́дор, -а *m alt* Theodor
Феодо́сий, -я, *P* -и *männl Vn*
Феодо́сия, -и *f* 1. Feodosia *Stadt* 2. *weibl Vn*
Феодо́т, -а *m männl Vn*
Фергана́, -ы́ *f* Fergana *Stadt*
ферзь, -я́ *m* Königin, Dame *Schachspiel*
[1]**фе́рма,** -ы *f landw* Farm, Zuchtbetrieb
[2]**фе́рма,** -ы *f tech* Träger
ферме́нт, -а *m biol, chem* Ferment
фе́рмер, -а *m* Farmer
ферроспла́в, -а *m* Ferrolegierung
ферт, -а *m* 1. alter Name des Buchstabens ф 2. *umg* selbstzufriedener, stutzerhafter Mensch
фестива́ль, -я *m* Festspiele, Festival
фесто́н, -а *m* 1. Zacke, Verzierung 2. (Blumen-) Girlande
фети́ш, -а, *I* -ем *m buchspr* Fetisch *a. übtr*
фетиши́зм, -а *m buchspr* Fetischismus; *übtr* blinde Verehrung
фетр, -а *m* (feiner) Filz
фе́тровый, -ая, -ое Filz-
фефёла, -ы *f volksspr* dicke Schlampe; dicke, schlampige Frau
фехтова́льный, -ая, -ое *Sport* Fecht-; -ая ма́ска Fechtkorb
фехтова́льщик, -а *m Sport* Fechter
фехтова́ние, -я *n* Fechten
фехтова́ть, -ту́ю, -ту́ешь *uv Sport* fechten
фе́я, -и *f* Fee
фи! *Interj* pfui!
фиа́лка, -и, *Pl G* -лок, *D* -лкам *f* Veilchen
фиа́ско *n idkl buchspr* Fiasko, Mißerfolg
фи́бра, -ы *f* 1. *anat, bot* Faser; все́ми -ами души́ mit allen Fasern des Herzens, aus ganzer Seele 2. Fiber, Kunstfaserstoff
фи́бровый, -ая, -ое Fiber-, aus Kunstfaserstoff (hergestellt)
фибро́зный, -ая, -ое *anat* fibrös, Faser-
фи́га, -и *f* Feige; Feigenbaum ◇ смотре́ть в кни́гу и ви́деть -у nichts verstehen; пока́зывать -у кому́-н. *derb* j-m eine Nase drehen
фигаро́ *n idkl* Bolero, kurzes Damenjäckchen
фи́гли-ми́гли, фи́глей-ми́глей *Pl umg* Tricks
фигля́р, -а *m* 1. *alt* Gaukler, Possenreißer 2. *umg* Poseur
фигля́рить, -рю, -ришь *u.* **фигля́р-**

ничать, -аю, -аешь *uv umg* schauspielern, Hokuspokus (vor)machen
фиговый, -ая, -ое Feigen-
фигу́ра, -ы *f* 1. Figur, Gestalt, Statur 2. Figur, Persönlichkeit, Person 3. *math* Figur, Schema 4. *lit* Figur, Wendung 5. Bild *beim Kartenspiel*, Offizier *beim Schachspiel*
фигура́льный, -ая, -ое; *Kzf* -лен, -льна 1. bildlich, übertragen 2. -о *Adv* in übertragener Bedeutung
фигура́нт, -а *m* 1. *alt* Tänzer in einer Ballettgruppe 2. *theat* Statist
фигури́ровать, -рую, -руешь *uv* figurieren, erscheinen, auftreten
фигури́ст, -а *m* (Eis-) Kunstläufer
фигури́стка, -и, *Pl G* -ток, *D* -ткам *f* (Eis-) Kunstläuferin
фигу́рный, -ая, -ое Figuren-, mit Figuren verziert; -ая стро́чка Ziersteppereі; -ые ско́бки *math* geschweifte Klammern; ~ полёт *flug* Kunstflug; -ое ката́ние на конька́х Eiskunstlauf
Фи́джи *idkl* Fidschiinseln
физ- *in Zuss Abk für* 1. физи́ческий physisch, Körper- 2. физкульту́рный Sport-
фи́зик, -а *m* Physiker
фи́зика, -и *f* Physik
физио́лог, -а *m* Physiologe
физионо́мия, -и *f* 1. Physiognomie, Gesicht 2. *übtr* Charakter, individuelle Besonderheit(en)
физиотерапи́я, -и *f med* Physiotherapie
физи́ческий, -ая, -ое 1. physisch, körperlich 2. physikalisch, Physik-
физкультмину́тка, -и, *Pl G* -ток, *D* -ткам *f* Pausengymnastik
физкульту́ра, -ы *f* (физи́ческая культу́ра) Körperkultur
физку́льт-ура́! *Interj* Sport frei!
физкульту́рник, -а *m* Sportler
физкульту́рница, -ы, *I* -ей *f* Sportlerin
физкульту́рный, -ая, -ое Sport-, Sportler-; ~ костю́м Turndreß
физма́т, -а *m* (фи́зико-математи́ческий факульте́т) mathematisch-physikalische Fakultät
физо́рг, -а *m* (физкульту́рный организа́тор) Sportorganisator, Sportfunktionär
фикса́ж, -а, *I* -ем, *G Pl* -ей *m phot* Fixierbad
фиксатуа́р, -а *m* Haarfixativ, Pomade
фикси́ровать, -рую, -руешь; -рованный, -рован, -а *v, uv* 1. fixieren, festlegen, festsetzen 2. fixieren, konzentrieren 3. *phot* fixieren
фикти́вный, -ая, -ое; *Kzf* -вен, -вна fiktiv; fingiert
фи́кус, -а *m bot* Gummibaum
фи́кция, -и *f* Fiktion
филармо́ния, -и *f* Philharmonie
филатели́ст [тэ], -а *m* Philatelist
[1]**филе́** *n idkl* Filet(handarbeit)
[2]**филе́** *n idkl u.* **филе́й,** -я *m* Filet, Lendenstück
филёнка, -и, *Pl G* -нок, *D* -нкам *f* Türfüllung
филёр, -а *m* (Polizei-) Spitzel
филиа́л, -а *m* Zweigstelle, Filiale
филигра́н ↑ филигра́нь
филигра́нный, -ая, -ое 1. Filigran-, filigranartig 2. Wasserzeichen- 3. fein, sorgfältig
филигра́нь, -и *f u.* **филигра́н,** -а *m* 1. Filigran(arbeit) 2. Wasserzeichen; Papier mit Wasserzeichen
Филимо́н, -а *m männl Vn*
фи́лин, -а *m zool* Uhu
филиппи́нский, -ая, -ое: **Филиппи́нские острова́** die Philippinen
фили́стер, -а *m buchspr* Philister, Spießbürger
фили́стерство, -а *m buchspr* Philistertum, Spießbürgertum
филлоксе́ра, -ы *f*: виногра́дная ~ *zool* Reblaus
фило́лог, -а *m* Philologe
фило́соф, -а *m* Philosoph
филосо́фский, -ая, -ое 1. philosophisch 2. *umg* ernst, unerschütterlich, tiefsinnig ◇ ~ ка́мень Stein der Weisen
филосо́фствовать, -вую, -вуешь *uv* 1. philosophieren 2. *umg* tiefsinnige Betrachtungen anstellen; klug reden
фильм, -а *m* Film; снима́ть ~ einen Film drehen, filmen; нау́чно-популя́рный ~ Kulturfilm
фильмоско́п, -а *m* Projektionsapparat für Diafilme
фильтр, -а *m* Filter
фильтрова́льный, -ая, -ое Filter-
фильтрова́ть, -ру́ю, -ру́ешь; -ро́ванный, -ро́ван, -а *uv* 1. filtern, filtrieren 2. *übtr umg* (aus)sieben
фильтру́ющийся, -аяся, -ееся: ~ ви́рус *med* filtrierbares Virus
фимиа́м, -а *m* Weihrauch; кури́ть кому́-н. ~ j-n beweihräuchern, j-m schmeicheln
фин- *in Zuss Abk für* фина́нсовый Finanz-
фина́л, -а *m* 1. Finale 2. *Sport* Endspiel
фина́льный, -ая, -ое End-, Schluß-

финанси́ровать, -рую, -руешь; -рованный, -рован, -а *v*, *uv* finanzieren
финанси́ст, -а *m* 1. Finanzfachmann 2. Finanzier
фина́нсовый, -ая, -ое 1. Finanz-, finanziell 2. *umg* Geld-
фина́нсы, -ов *Pl* 1. Finanzen, Finanzlage 2. *volksspr* Geld
фи́ник, -а *m* Dattel
фи́никовый, -ая, -ое Dattel-
фини́фть, -и *f alt* Email
фи́ниш, -а, *I* -ем *m Sport* 1. Finish, Endspurt 2. Ziel
финиши́ровать, -рую, -руешь *v*, *uv Sport* 1. zum Endspurt übergehen 2. durchs Ziel gehen
фи́нишный, -ая, -ое *Sport* Ziel-; -ая ле́нта Zielband
[1]**фи́нка,** -и, *Pl G* фи́нок, *D* фи́нкам *f* Finnin
[2]**фи́нка,** -и, *Pl G* фи́нок, *D* фи́нкам *f umg* finnisches Messer
[3]**фи́нка,** -и, *Pl G* фи́нок, *D* фи́нкам *f zool* Finne
Финля́ндия, -и *f* Finnland
финля́ндский [нск], -ая, -ое finnisch
финн, -а *m* Finne
фи́нна, -ы *f zool* Finne
финотде́л, -а *m* (фина́нсовый отде́л) Finanzamt
фи́нский, -ая, -ое finnisch; Фи́нский зали́в Finnischer Meerbusen
финти́ть, финчу́, финти́шь *uv umg* 1. sich verstellen; Ausflüchte machen 2. schmeicheln
финтифлю́шка, -и, *Pl G* -шек, *D* -шкам *f* 1. *umg* Kleinigkeit, Kinkerlitzchen 2. *volksspr* leichtsinnige, vergnügungssüchtige Frau, Flittchen
фиоле́товый, -ая, -ое violett, lila
фио́рд [фьё], -а *m u.* **фьорд,** -а *m* Fjord
фи́рма, -ы *f* 1. Firma 2. *übtr umg* Deckmantel, Vorwand
фи́рменный, -ая, -ое Firmen-; ~ магази́н Industrieladen
фисгармо́ния, -и *f mus* Harmonium
фиск, -а *m* Fiskus, Staatskasse
фиска́л, -а *m umg* Denunziant, Verleumder
фиска́лить, -лю, -лишь *uv umg* denunzieren, verleumden ‖ *v* сфиска́лить
фиста́шка, -и, *Pl G* -шек, *D* -шкам *f bot* Pistazie
фи́стула, -ы *u.* **фистула́,** -ы́ *f* 1. *mus* Falsett, Fistelstimme 2. *med* Fistel
фити́ль, -я́ *m* Docht; Lunte, Zündschnur
фитю́лька, -и, *Pl G* -лек, *D* -лькам *f volksspr* 1. kleiner Gegenstand, Sächelchen 2. unbedeutender Mensch
фи́шка, -и, *Pl G* фи́шек, *D* фи́шкам *f* Spielmarke
флаг, -а *m* Fahne, Flagge; подня́ть ~ die Fahne hissen, flaggen; спусти́ть ~ die Fahne einholen; приспусти́ть ~ halbmast flaggen; оста́ться за -ом sein Ziel nicht erreichen, nicht zugelassen werden; под -ом чего́-н. a) unter der Flagge, im Namen von etw.; b) unter dem Deckmantel (*G*)
фла́гман, -а *m naut* 1. Flaggoffizier 2. Flaggschiff
фла́гманский, -ая, -ое *naut* Flagg-
флагшто́к, -а *m* Fahnenmast, Flaggstock
флажо́к, -жка́ *m Dem zu* флаг kleine Fahne; сигна́льный ~ Signalflagge
флако́н, -а *m* Flakon, (Parfüm-) Fläschchen
флама́ндец, -дца, *I* -дцем, *G Pl* -дцев *m* Flame
флама́ндка, -и, *Pl G* -док, *D* -дкам *f* Flamin
флама́ндский, -ая, -ое flämisch
флами́нго *m idkl* Flamingo
фланг, -а *m mil* Flanke, Flügel, Seite
фланго́вый, -ая, -ое *mil* 1. Flanken- 2. -ого *Subst m* Flügelmann
Фла́ндрия, -и *f* Flandern
флане́левый, -ая, -ое Flanell-
флане́ль, -и *f* Flanell
фланёр, -а *m umg* Müßiggänger
фла́нец, -нца, *I* -нцем, *G Pl* -нцев *m tech* Flansch, Ansatzring
флани́ровать, -рую, -руешь *uv umg* (herum)bummeln, (umher)schlendern
флёгма, -ы *f* 1. Phlegma 2. *umg* Phlegmatiker
флегма́тик, -а *m* Phlegmatiker
флегмати́чный, -ая, -ое; *Kzf* -чен, -чна phlegmatisch; gleichgültig
фле́йта, -ы *f* Flöte
флейти́ст, -а *m mus* Flötist
фле́ксия, -и *f ling* Flexion
флекти́вный, -ая, -ое *ling* Flexions-, flektierbar; -ые языки́ flektierende Sprachen
флёр, -а *m* Schleier, Flor
фли́гель, -я, *Pl* флигеля́, -е́й, -я́м *u. alt* фли́гели, -ей, -ям *m* Flügel, Seitengebäude
флирт, -а *m* Flirt
флиртова́ть, -ту́ю, -ту́ешь *uv* flirten
фло́ра, -ы *f* Flora, Pflanzenwelt
Флоре́нция, -и *f* Florenz
Флори́да, -ы *f* Florida

флот, -а *m naut* Flotte; (вое́нно-) морско́й ~ (Kriegs-) Marine
флоти́лия, -и *f naut* Flotille
фло́тский, -ая, -ое *naut* **1.** Flotten-, Marine- **2.** -ого *Subst m* Matrose, Seemann
флюга́рка, -и, *Pl G* -рок, *D* -ркам *f* **1.** Wetterfahne, Wetterhahn **2.** Schornsteinhaube
флю́гер, -а, *Pl* флюгера́, -о́в, -а́м *u.* флю́геры, -ов, -ам *m* **1.** Wetterfahne, Wetterhahn **2.** wetterwendischer Mensch
[1]**флюс,** -а *m med* Zahngeschwür
[2]**флюс,** -а, *Pl* флюсы́, -о́в, -а́м *m tech* Flußmittel, Zuschlag
фля́га, -и *u.* **фля́жка,** -и, *Pl G* -жек, *D* -жкам *f* **1.** Feldflasche, Taschenflasche **2.** Kanne
фойе́ *n idkl* Foyer
фок, -а *m naut* Fock(e)
фокстерье́р [тэ], -а *m* Foxterrier
фокстро́т, -а *m* Foxtrott
[1]**фо́кус,** -а *m* **1.** *phys* Fokus, Brennpunkt **2.** *med* Fokus, Krankheitsherd **3.** *übtr* Brennpunkt, Mittelpunkt
[2]**фо́кус,** -а *m* **1.** (Zauber-) Kunststück, Hokuspokus **2.** Trick, Kniff **3.** *meist Pl übtr umg* Launen, Grillen ◇ в то́м-то и ~ da liegt der Hase im Pfeffer
фо́кусник, -а *m* **1.** Zauberkünstler, Taschenspieler **2.** *übtr umg* gerissener Kunde **3.** *übtr umg* launischer Mensch
фо́кусничать, -аю, -аешь *uv* **1.** *alt* (Zauber-) Kunststücke [Hokuspokus] vormachen **2.** *übtr umg* launisch sein, seine Grillen haben ‖ *v* сфо́кусничать *zu* 2
фо́кусный, -ая, -ое *phys* Fokus-, Brennpunkt-; -ое расстоя́ние Brennweite
фольва́рк, -а *m* Vorwerk *in Belorußland u. der Ukraine*
фо́льга, -и *f* Folie; (алюми́ниевая) ~ Silberpapier
фолькло́р, -а *m* **1.** Folklore **2.** *umg* Folkloristik, Volkskunde
фольклори́ст, -а *m* Folklorist, Volkskundler
фолькло́рный, -ая, -ое **1.** die Folklore betreffend **2.** folkloristisch
Фома́, -ы́ *m* Thomas
[1]**фон,** -а *m* Grund; Hintergrund
[2]**фон,** -а *m phys* Phon *Einheit der Lautstärke*
фона́рик, -а *m Dem zu* фона́рь kleine Laterne; кита́йский ~ Lampion; карма́нный электри́ческий ~ Taschenlampe
фона́рщик, -а *m alt* Laternenanzünder
фона́рь, -я́ *m* **1.** Laterne, Scheinwerfer; за́дний ~ Rücklicht *Auto* **2.** *arch* verglaster Erker **3.** *volksspr scherz* blauer Fleck **4.** *arch* Oberlicht ◇ проекцио́нный ~ Projektionslampe, Projektor
фонд, -а *m* **1.** Fond, Geldmittel; ~ предприя́тия Betriebsfond **2.** Bestand **3.** *Pl finanz* Wertpapiere, Effekten **4.** *Pl übtr buchspr, alt* Chancen
фо́ндовый, -ая, -ое **1.** Fond- **2.** *finanz* Effekten-
фоне́ма [нэ], -ы *f ling* Phonem
фоне́тика [нэ], -и *f ling* **1.** Phonetik, Lautlehre **2.** Lautbestand
фонети́ческий [нэ], -ая, -ое *ling* phonetisch; -ая транскри́пция Lautschrift, phonetische Umschrift
фоно́граф, -а *m* Phonograph, Tonaufnahmegerät
фоноло́гия, -и *f ling* Phonologie, Wissenschaft von den Phonemen
фонта́н, -а *m* **1.** Fontäne, Springbrunnen **2.** *übtr umg* Schwall ◇ бить -ом hervorquellen
фо́ра, -ы *f Sport* Vorgabe
фордыба́чить, -чу, -чишь *uv volksspr* frech widersprechen, sich frech benehmen
форе́ль, -и *f zool* Forelle
фо́рма, -ы *f* **1.** Form **2.** Uniform **3.** Formular, Vordruck
формали́зм, -а *m* **1.** *phil, Kunst* Formalismus **2.** Überbetonung der (äußeren) Form
формали́стика, -и *f umg* **1.** Überbetonung der (äußeren) Form; übertriebene Förmlichkeit **2.** Formalitäten, Erledigung der Formalitäten
формалисти́ческий, -ая, -ое formalistisch
форма́льность, -и *f* **1.** Überbetonung der (äußeren) Form **2.** Formalität
форма́льный, -ая, -ое **1.** offiziell, gesetzmäßig **2.** formalistisch, auf dem Formalismus begründet **3.** *Kzf* -лен, -льна formal, formell
форма́т, -а *m* Format
форма́ция, -и *f buchspr* Formation
фо́рменный, -ая, -ое **1.** Form-, geformt; formgemäß **2.** Uniform-; -ая фура́жка Dienstmütze **3.** *übtr umg* richtig, echt, ausgemacht
формирова́ние, -я *n* **1.** Bildung, Formierung **2.** *mil* Formation
формирова́ть, -ру́ю, -ру́ешь; -ро́-

ванный, -ро́ван, -а *uv* 1. formen, (aus)bilden, prägen 2. formieren, zusammenstellen, organisieren

формирова́ться, -ру́юсь, -ру́ешься *uv* 1. sich herausbilden 2. sich körperlich entwickeln 3. sich formieren

формова́ть, -му́ю, -му́ешь; -мо́ванный, -мо́ван, -а *uv* 1. formen, modellieren 2. eine Gießform herstellen ‖ *v* сформова́ть *zu* 2

формо́вка, -и, *Pl G* -вок, *D* -вкам *f* 1. Formung, Modellierung; *tech* Formen 2. Form, Gießform

формово́й, -а́я, -о́е Form-; ~ хлеб Kastenbrot

формо́вщик, -а *m* Former, Modellierer

фо́рмула, -ы *f* Formel

формули́ровать, -рую, -руешь; -рованный, -рован, -а *v, uv* formulieren, in Worte fassen

формулиро́вка, -и, *Pl G* -вок, *D* -вкам *f* Formulierung; Definition

формуля́р, -а *m* 1. Vordruck 2. Lesekarte *in der Bibliothek* 3. *alt* Personalakte

форпо́ст, -а *m mil, übtr buchspr* Vorposten

форс, -а (-у) *m volksspr* 1. Angeberei 2. Hochmut, Dünkel

форси́ровать, -рую, -руешь; -рованный, -рован, -а *v, uv* 1. forcieren, verstärken, beschleunigen 2. *mil* erzwingen

форси́ть, форшу́, форси́шь *uv volksspr* 1. sich herausputzen, Staat machen 2. wichtig tun, angeben

форсу́нка, -и, *Pl G* -нок, *D* -нкам *f tech* Zerstäuber, (Einspritz-) Düse

форт, -а, *P* о фо́рте, в форту́, *Pl* форты́, -о́в, -а́м *m mil* Fort, Verteidigungswerk

фортепья́нный [тэ], -ая, -ое Klavier-

фортепья́но [тэ] *n idkl* Klavier

фортификацио́нный, -ая, -ое *mil* Befestigungs-

фортифика́ция, -и *f mil* 1. Fortifikation, Befestigungslehre 2. Befestigungs(anlagen)

фо́рточка, -и, *Pl G* -чек, *D* -чкам *f* Lüftungsklappe, Klappfenster

форту́на, -ы *f buchspr* Fortuna, Schicksal, Glück

фосфори́ческий, -ая, -ое phosphorartig, phosphoreszierend

фо́сфорный, -ая, -ое *chem* Phosphor-

фо́то *n idkl umg* Photo, Photographie

фото- *in Zuss* Foto-

фотоаппара́т, -а *m* Photoapparat; зерка́льный ~ Spiegelreflexkamera

фотовспы́шка, -и, *Pl G* -шек, *D* -шкам Blitzlicht

фотогени́чный, -ая, -ое; *Kzf* -чен, -чна photogen

фото́граф, -а *m* Photograph

фотографи́ровать, -рую, -руешь; -рованный, -рован, -а *uv* photographieren ‖ *v* сфотографи́ровать

фотографи́роваться, -руюсь, -руешься *uv* 1. sich fotografieren lassen 2. photographiert werden ‖ *v* сфотографи́роваться *zu* 1

фотографи́ческий, -ая, -ое photographisch, Photo-

фото|гра́фия, -и *f* 1. Photographieren 2. Photo, Aufnahme, Lichtbild 3. Photoatelier; **~ка́рточка,** -и, *Pl G* -чек, *D* -чкам *f umg* Photo, Lichtbild; **~люби́тель,** -я *m* Amateurphotograph; **~плёнка,** -и, *Pl G* нок, *D* -нкам *f phot* Film; **~репорта́ж,** -а, *I* -ем, *G Pl* -ей *m* Bildbericht; **~репортёр,** -а *m* Bildberichterstatter; **~сни́мок,** -мка *m* Photo, Lichtbild

фототе́ка, -и *f* Photothek, Lichtbildsammlung; Bildstelle

фото|телегра́ф, -а *m* Bildtelegraph; **~ти́пия,** -и *f typ* Phototypie, Lichtbilddruck; **~увеличи́тель,** -я *m phot* Vergrößerungsapparat; **~элеме́нт,** -а *m* Photozelle

фрагме́нт, -а *m* Fragment, Bruchstück

фрагмента́рный, -ая, -ое; *Kzf* -рен, -рна *buchspr* fragmentarisch

фра́за, -ы *f* 1. Satz 2. Phrase, leeres Geschwätz

фразеологи́ческий, -ая, -ое *ling* phraseologisch

фразеоло́гия, -и *f* 1. *ling* Phraseologie 2. *ling* Bestand an Redewendungen 3. Phrasen, leere Redensarten

фразёр, -а *m* Schönredner, Schwätzer, Phrasendrescher

фразёрство, -а *n* Schönrednerei, leeres Geschwätz, Phrasendrescherei

фрази́ровать, -рую, -руешь, -рованный, -рован, -а *uv mus, ling* phrasieren, in sinngemäßer Gliederung vortragen

фрак, -а *m* Frack

[1]**фракцио́нный,** -ая, -ое *pol* Fraktions-, Parteigruppen-

[2]**фракцио́нный,** -ая, -ое *chem* Fraktions-, Fraktionier-; -ая перего́нка fraktionierte Destillation

[1]**фра́кция,** -и *f pol* Fraktion, Parteigruppe

[2]**фра́кция,** -и *f chem* Fraktion

фраму́га, -и *f* Oberteil des Fensters [der Tür], Oberlicht
франк, -а *m* Frank *Währungseinheit*
фра́нко- *in Zuss* franko, frei
Фра́нкфурт, -а *m*: ~-на-Ма́йне Frankfurt am Main; ~-на-О́дере Frankfurt an der Oder
франт, -а *m* Modenarr, Geck
франти́ть, -нчу́, -нти́шь *uv umg* sich putzen, sich herausputzen
франти́ха, -и *f umg* Modedame, Modepuppe
франтовство́, -а́ *n* Putzsucht
Фра́нция, -и *f* Frankreich
францу́женка, -и, *Pl G* -нок, *D* -нкам *f* Französin
францу́з, -а *m* Franzose
францу́зский [уск], -ая, -ое französisch
фрахт, -а *m wirtsch* Fracht; Fracht(kosten)
фрахтова́ть, -ту́ю, -ту́ешь; -то́ванный, -то́ван, -на *uv naut, wirtsch* chartern
фра́чный, -ая, -ое Frack-; -ая па́ра Frack(anzug)
фрега́т, -а *m naut* Fregatte
фре́за, -ы *f u.* **фре́зер,** -а *m* 1. *tech* Fräser 2. *landw* Fräse
фре́зерный, -ая, -ое Fräs-, Fräser-
фрезерова́ть, -ру́ю, -ру́ешь; -ро́ванный, -ро́ван, -а *v, uv* 1. *tech* fräsen 2. *landw* mit der Fräse bearbeiten
фрезеро́вщик, -а *m* Fräser; ~-скоростни́к Schnellfräser
фре́йлина [рэ], -ы *f alt* Hofdame
френч, -а *I* -ем, *G Pl* -ей *m mil* Feldrock
фре́ска, -и, *Pl G* -сок, *D* -скам *f* Freske
фре́сковый, -ая, -ое Fresken-; -ая жи́вопись Fresko-, Wandmalerei
фриво́льный, -ая, -ое; *Kzf* -лен, -льна frivol, leichtfertig; schlüpfrig
фриз, -а *m arch* Fries
фри́зер, -а *m* Tiefkühltruhe
фрикаде́лька [дэ], -и, *Pl G* -лек, *D* -лькам *f* Frikadelle, Klops, (gekochtes) Fleischklößchen
фро́нда, -ы *f* 1. *hist* Fronde 2. *übtr buchspr* Opposition, Auflehnung
фронде́рство, -а *n buchspr* Unzufriedenheit, Auflehnung
фронт, -а, *Pl* фро́нты, фронто́в, фронта́м *m mil, übtr* Front ◇ на два -а in zwei Richtungen; перемени́ть ~ die Farbe wechseln, sein Verhalten ändern; стать во ~ strammstehen
фронта́льный, -ая, -ое frontal
фронтиспи́с, -а *m typ* Titelvignette
фронти́т, -а *m med* Stirnhöhlenentzündung
фронтови́к, -а́ *m* Frontkämpfer
фронтово́й, -а́я, -о́е Front-
фронто́н, -а *m arch* Giebel
фрукт, -а *m* 1. *meist Pl* Obst, Früchte 2. *volksspr* Früchtchen, Type
фрукто́вый, -ая, -ое Frucht-, Obst-
Фру́нзе *m idkl* Frunse *Stadt*
фтор, -а *m chem* Fluor
фу! *Interj* 1. pfui! 2. uff!
фу́га, -и *f mus* Fuge
фуга́нок, -нка *m tech* Schlichthobel
фуга́с, -а *m mil* Landmine, (eingebaute) Sprengladung
фуга́ска, -и, *Pl G* -сок, *D* -скам *f umg mil* Sprengbombe, Sprenggeschoß
фуга́сный, -ая, -ое *mil* Spreng-
фуже́р, -а *m* Pokal, Römer
фу́кать *uv zu* фу́кнуть
фу́кнуть, -ну, -нешь *v umg* blasen, (aus)pusten ‖ *uv* фу́кать, -аю, -аешь
фу́ксия, -и *f bot* Fuchsie
фунда́мент, -а *m arch* Fundament *a. übtr*; подвести́ ~ untermauern
фундамента́льный, -ая, -ое 1. Grund-, Haupt-, Stamm- 2. *Kzf* -лен, -льна fundamental; solide
фуникулёр, -а *m* Zahnradbahn
функциона́льный, -ая, -ое funktional, funktionell
функциони́ровать, -рую, -руешь *uv* funktionieren, seine Funktion ausüben
фу́нкция, -и *f* Funktion
фунт, -а *m* Pfund 1. *alt* russische Gewichtseinheit von 409,5 g 2. englische Gewichtseinheit von 453,6 g 3.: ~ (сте́рлингов) Pfund Sterling *englische Währungseinheit*
фу́нтик, -а *m umg* Tüte
фу́ра, -ы *f* Lastfuhrwerk
фура́ж, -а́, *I* -о́м *m* Viehfutter
фуражи́р, -а *m landw* Futtermeister
фура́жка, -и, *Pl G* -жек, *D* -жкам *f* Schirmmütze
фура́жный, -ая, -ое Futter-
фурго́н, -а *m* Planwagen
фу́рия, -и *f myth, übtr* Furie
фурниту́ра, -ы *f* Zubehör
фуро́р, -а *m buchspr* Furore, rauschender Beifall; произвести́ ~ Aufsehen erregen
фуру́нкул, -а *m med* Furunkel
фут, -а *m* Fuß *Längenmaß von 30,5 cm*
футбо́л, -а *m* Fußball(spiel)
футболи́ст, -а *m* Fußballspieler
футбо́лка, -и, *Pl G* -лок, *D* -лкам *f* Turnhemd
футбо́льный, -ая, -ое Fußball-; -ая

кома́нда Fußballmannschaft, Fußballelf
футля́р, -а *m* Futteral, Etui, Hülle
футури́ст, -а *m Kunst, lit* Futurist
футуристи́ческий, -ая, -ое *Kunst, lit* futuristisch
футшто́к, -а *m naut* Pegel
фуфа́йка, -и, *Pl G* -áек, *D* -áйкам *f* Unterziehjacke, Sweater, Strickjacke
фуфу́: на ~ nachlässig, leichtfertig
фы́ркать, -аю, -аешь *uv* 1. schnauben, schnaufen, fauchen 2. *umg* losplatzen, herausplatzen, prustend lachen || *v mom* **фы́ркнуть,** -ну, -нешь
фьорд ↑ фио́рд
фюзеля́ж, -а, *I* -ем, *G Pl* -ей *m flug* Flugzeugrumpf

Х

Хаба́ровск, -а *m* Chabarowsk *Stadt*
ха́живать, *Präs ungebr*; ха́живал, -а *uv umg iterativ zu* ходи́ть häufig gehen, zu gehen pflegen
Ха́йфа, -ы *f* Haifa
хака́сский, -ая, -ое chakassisch; Хака́сская Автоно́мная о́бласть Chakassisches Autonomes Gebiet
ха́ки *idkl* 1. *Adj* khakifarben 2. *Subst n* Khaki, Khakiuniform
ха́ла, -ы *f* Zopf *Backwerk*; ~ с ма́ком Mohnzopf
хала́т, -а *m* 1. Morgenrock, Schlafrock 2. Bademantel 3. Kittel, Arbeitskittel; маскиро́вочный ~ *mil* Tarnhemd
хала́тный, -ая, -ое; *Kzf* -тен, -тна nachlässig, nicht gewissenhaft, pflichtvergessen
халва́, -ы́ *f* Chalwa *Süßigkeit (Art Nußmarzipan)*
халту́ра, -ы *f umg* 1. *verächtl* Nebenverdienst 2. Pfuscherei, Stümperei
халту́рить, -рю, -ришь *uv umg verächtl* 1. einen Nebenverdienst haben 2. pfuschen, liederlich arbeiten
халту́рщик, -а *m umg* Pfuscher, Stümper
халу́па, -ы *f* kleine Hütte *Ukraine, Belorußland*
хам, -а *m umg* Flegel, Grobian
хамелео́н, -а *m zool* Chamäleon *a. übtr*
хами́ть, -млю, -ми́шь *uv volksspr* sich flegelhaft benehmen
хамса́, -ы́ *f* Anchovis
ха́мский, -ая, -ое *umg* flegelhaft, grob
ха́мство, -а *n umg* Flegelei, Grobheit
хан, -а *m* Khan *Herrschertitel*
хандра́, -ы́ *f* Schwermut, Trübsal
хандри́ть, -рю́, -ри́шь *uv* schwermütig sein, Trübsal blasen
ханжа́, -и́, *I* -о́й, *G Pl* -е́й *m, f umg* Scheinheilige(r), Heuchler(in) Frömmler(in)
ха́нжеский, -ая, -ое *u.* **ханжеско́й,** -а́я, -о́е scheinheilig, heuchlerisch, bigott
ха́нжество́, ха́нжества́ *n* Scheinheiligkeit, Heuchelei, Bigotterie
Хано́й, -я *m* Hanoi
ха́нский, -ая, -ое Khan-
ха́ос *u.* **хао́с,** -а *m* 1. (ха́ос) *myth* Chaos 2. (хао́с) *übtr* Chaos, Durcheinander
хаоти́ческий, -ая, -ое *u.* **хаоти́чный,** -ая, -ое; *Kzf* -чен, -чна chaotisch, verworren, wüst
ха́пать *uv zu* ха́пнуть
ха́пнуть, -ну, -нешь; -нутый, -нут, -а *v volksspr* 1. ergreifen, packen, zu fassen kriegen 2. stehlen || *uv* ха́пать, -аю, -аешь
хара́ктер, -а *m* 1. Charakter, Wesen; starker [fester] Charakter 2. Charakter, Eigenschaft, Beschaffenheit ◇ вы́держать ~ Charakterfestigkeit zeigen
характеризова́ть, -зу́ю, -зу́ешь; -зо́ванный, -зо́ван, -а *v, uv* charakterisieren
характери́стика, -и *f* 1. Charakteristik, Charakterisierung 2. Gutachten, Beurteilung 3. *math* Charakteristik, Kennziffer; Kennlinie
характе́рный, -ая, -ое 1. *theat* Charakter- 2. *Kzf* -рен, -рна charaktervoll, ausdrucksvoll 3. *Kzf* -рен, -рна charakteristisch, bezeichnend
хара́ктерный, -ая, -ое; *Kzf* -рен, -рна *alt, volksspr* mit starkem [festem] Charakter; eigenwillig, eigensinnig
ха́ркать, -аю, -аешь *uv umg* spukken, speien, Schleim auswerfen || *v mom* **ха́ркнуть,** -ну, -нешь
ха́ртия, -и *f* 1. *pol* Charta, Verfas-

sungsurkunde **2.** *hist* Charta, Urkunde; Pergament

харчёвня, -и, *Pl G* -вен, *D* -вням *f alt* Garküche

харчи́ *Pl* -е́й, *Sg* харч, -а, *I* -ем *m alt, volksspr* Essen, Kost

Ха́рьков, -а *m* Charkow

ха́та, -ы *f* Hütte ◇ моя́ ~ с кра́ю das geht mich nichts an, mein Name ist Hase

ха́ять, ха́ю, ха́ешь *uv volksspr* schmähen, beschimpfen

хвала́, -ы́ *f* **1.** Lob **2.** *buchspr* Ruhm, Ehre ◇ воздава́ть -у́ preisen

хвале́бный, -ая, -ое; *Kzf* -бен, -бна Lobes-, lobend

хвалёный, -ая, -ое *iron* vielgerühmt, gepriesen

хвали́ть, хвалю́, хва́лишь; хва́ленный, -ен, -а *uv* loben, belobigen, rühmen ‖ *v* похвали́ть

хвали́ться, хвалю́сь, хва́лишься *uv* prahlen ‖ *v* похвали́ться; (не) могу́ похвали́ться хоро́шим здоро́вьем ich kann mich (k)einer guten Gesundheit rühmen

хва́стать, -аю, -аешь *uv umg* prahlen, sich rühmen ‖ *v* похва́стать

хва́статься, -аюсь, -аешься *uv umg* prahlen, sich rühmen ‖ *v* похва́статься; (не) могу́ похва́статься хоро́шим здоро́вьем ich kann mich (k)einer guten Gesundheit rühmen

хвастли́вый, -ая, -ое; *Kzf* -и́в, -а prahlerisch, angeberisch

хвастовство́, -а́ *n* Prahlerei, Angeberei

хвасту́н, -а́ *m umg* Prahler, Angeber

хвасту́нья, -ьи, *Pl G* -ний, *D* -ньям *f umg* Prahlerin, Angeberin

хват, -а *m* **1.** *umg* gewandter Kerl **2.** Griff *beim Turnen*

хвата́ть, -а́ю, -а́ешь *uv* **1.** (er)greifen, fassen, packen **2.** *unpers* ausreichen, langen **3.** *unpers* на *A umg* zu etw. fähig [imstande] sein ◇ мне не хвата́ет вре́мени ich habe keine Zeit; э́того ещё не хвата́ло das hätte gerade noch gefehlt ‖ *v umg* хвати́ть, хвачу́, хва́тишь; хва́ченный, -ен, -а

хвата́ться, -а́юсь, -а́ешься *uv* за *A* **1.** *umg* greifen (nach), sich festhalten, sich festklammern (an) **2.** mit Eifer zu tun beginnen, greifen (zu), sich stürzen (auf) ◇ ~ за́ ум zur Vernunft kommen ‖ *v volksspr* хвати́ться, хвачу́сь, хва́тишься

хвати́ть, хвачу́, хва́тишь; хва́ченный, -ен, -а *v* **1.** *umg v zu* хвата́ть **2.** *volksspr* einen Schlag versetzen, heftig schlagen **3.** *umg* plötzlich auftreten *von Naturerscheinungen*; plötzlich befallen *von Krankheiten*; хвати́л моро́з plötzlich setzte Frost ein; его́ хвати́л уда́р er erlitt einen Schlaganfall **4.** *umg* erleiden, ertragen; ~ го́ря Kummer [Sorgen] haben **5.** *umg* maßlos übertreiben, zu weit gehen; unbedacht etw. Taktloses sagen **6.** *unpers* ausreichen, langen **7.** *unpers G* на *A umg* zu etw. fähig [imstande] sein; его́ на э́то хва́тит dazu ist er in der Lage **8.** *unpers* хва́тит *umg* genug, es genügt; с меня́ хва́тит ich habe genug davon ◇ ~ ли́шнего ein Glas zu viel trinken

хвати́ться, хвачу́сь, хва́тишься *v* **1.** *umg* (plötzlich) vermissen, sich (plötzlich) entsinnen **2.** *volksspr* sich stoßen **3.** *v zu* хвата́ться

хва́тка, -и *f* **1.** Griff; Biß **2.** *übtr* Manier, Art; Geschick

хва́ткий, -ая, -ое *volksspr* verwegen

хвать *Interj prädikativ umg* **1.** packte, ergriff; я ~ его́ за по́яс ich packte ihn am Gürtel **2.** begann hastig zu suchen

хво́йный, -ая, -ое *bot* **1.** Nadel- **2.** -ые, -ых *Subst Pl* Nadelbäume

хвора́ть, -а́ю, -а́ешь *uv umg* krank sein, kränkeln

хво́рост, -а (-у) *m* **1.** *Koll* Reisig **2.** streifig geschnittenes Fettgebäck

хворости́на, -ы *f* Gerte, Rute

хво́рый, -ая, -ое; *Kzf* хвор, -а́! *volksspr* krank, kränklich, kränkelnd

хворь, -и *f volksspr* Krankheit

хвост, -а́ *m* **1.** Schwanz, Schweif; Schluß, Ende; павли́н распусти́л ~ der Pfau schlug ein Rad **2.** *umg* Schleppe **3.** *umg* Schlange, Reihe; стоя́ть в -е́ anstehen, Schlange stehen **4.** *übtr umg* Rest, Rückstände ◇ верте́ть -о́м a) mit dem Schwanz wedeln; b) *übtr volksspr* Winkelzüge (Ausflüchte) machen; поджа́ть ~ a) den Schwanz einziehen; b) *übtr volksspr* bescheidener [kleinlaut] werden; плести́сь в -е́ zurückbleiben, hinterhertrotten; показа́ть ~ *volksspr* wegrennen, abhauen

хвости́зм, -а *m pol* Nachtrabpolitik

хвостово́й, -а́я, -о́е Schwanz-; -о́е опере́ние *flug* Schwanzleitwerk

хвощ, -а́, *I* -о́м, *G Pl* -е́й *m bot* Schachtelhalm

хво́я, -и *f Koll bot* **1.** Nadeln **2.** Zweige von Nadelbäumen

Хе́льсинки *idkl m* Helsinki
Херсо́н, -а *m* Cherson *Stadt*
хи́жина, -ы *f* Hütte, ärmliches Häuschen
хиле́ть, -е́ю, -е́ешь *uv umg* schwach werden, kränkeln
хи́лый, -ая, -ое; *Kzf* хил, -á! *umg* kränklich, siech, schwächlich
хим- *in Zuss Abk für* хими́ческий chemisch
химе́ра, -ы *f* Schimäre, Trugbild, Hirngespinst
химери́ческий, -ая, -ое *u.* **химери́чный,** -ая, -ое; *Kzf* -чен, -чна schimärisch, trügerisch, phantastisch
хи́мик, -а *m* Chemiker
химика́лии, -ий *u.* **химика́ты,** -ов *Pl* Chemikalien
хими́ческий, -ая, -ое chemisch; ~ каранда́ш Kopierstift; -ое нападе́ние *mil* Gasangriff, Angriff mit chemischen Vernichtungsmitteln
хи́мия, -и *f* **1.** Chemie **2.** chemische Zusammensetzung
химчи́стка, -и *f* (хими́ческая чи́стка) chemische Reinigung
хи́на, -ы *f u.* **хини́н,** -а *m* Chinin
хи́нный, -ая, -ое China-, Chinin-; -ая ко́рка Chinarinde
хире́ть, -е́ю, -е́ешь *uv umg* **1.** kränkeln, dahinsiechen; verkümmern *von Pflanzen* **2.** *übtr* verfallen, verkümmern
Хироси́ма, -ы *f* Hiroschima
хиру́рг, -а *m* Chirurg
хирурги́ческий, -ая, -ое chirurgisch
хирурги́я, -и *f* Chirurgie
хитре́ц, -а́, *I* -о́м, *G Pl* -о́в *m* Schlaukopf, Schlaumeier
хитреца́, -ы́, *I* -о́й *f umg* Pfiffigkeit; с -о́й schlau, pfiffig
хитри́ть, -рю́, -ри́шь *uv* **1.** eine List anwenden, ein falsches Spiel treiben **2.** *umg* klügeln
хитросплетённый, -ая, -ое *buchspr* ausgeklügelt, spitzfindig
хи́трость, -и *f* **1.** Schlauheit, List **2.** *umg* Geschicklichkeit; Trick **3.** *umg* Schwierigkeit, Kniffligkeit
хитроу́мный, -ая, -ое; *Kzf* -мен, -мна **1.** findig, erfinderisch **2.** kompliziert, verzwickt
хи́трый, -ая, -ое; хитёр, хитра́! **1.** (hinter)listig, durchtrieben **2.** *umg* geschickt, gewandt **3.** *umg* kompliziert, knifflig
хихи́канье, -ья *n* Gekicher, Kichern
хихи́кать, -аю, -аешь *uv* kichern ‖ *v mom* **хихи́кнуть,** -ну, -нешь
хище́ние, -я *n buchspr* Raub, Diebstahl
хи́щник, -а *m* **1.** Raubtier, Raubvogel **2.** *übtr* Räuber, Dieb
хи́щнический, -ая, -ое **1.** Raubtier- **2.** Räuber-, räuberisch; -ая разрабо́тка Raubbau
хи́щничество, -а *n* Raub, Räuberei
хи́щный, -ая, -ое; *Kzf* хи́щен, хи́щна **1.** Raub-; -ые живо́тные Raubtiere **2.** *übtr* raubgierig, gierig
хладнокро́вие, -я *n* Kaltblütigkeit
хладнокро́вный, -ая, -ое; *Kzf* -вен, -вна kaltblütig
хладо|бо́йня, -и, *Pl G* -бо́ен, *D* -бо́йням *f* Schlachthof mit Kühlhaus; **~комбина́т,** -а *m* (Groß-) Kühlhaus
хлам, -а *m Koll* Gerümpel, (alter) Plunder
хлеб, -а, *Pl* хле́бы *u.* хлеба́, хле́бо́в, хле́ба́м *m* **1.** (*Pl* хле́бы) Brot, Brotlaib; формово́й ~ Kastenbrot **2.** (*Pl* хлеба́) Getreide, Korn **3.** (*Pl* хлеба́ *umg*) Kost, Nahrung; Lebensunterhalt; зараба́тывать себе́ на ~ sich sein Brot [seinen Lebensunterhalt] verdienen; лиши́ться куска́ -а brotlos werden; жить на чужи́х -а́х у кого́-н. bei j-m das Gnadenbrot essen ◇ ~ насу́щный das tägliche Brot [das Allernotwendigste]; ~ да соль! guten Appetit!; ~-соль Bewirtung, Gastfreundschaft; с -а на квас перебива́ться ärmlich [von der Hand in den Mund] leben
хлеба́ть, -а́ю, -а́ешь *uv* **1.** (mit großen Schlucken) trinken, schlürfen **2.** *volksspr* löffeln ◇ уйти́ несо́лоно хлеба́вши *volksspr* unverrichteter Dinge [in seinen Erwartungen enttäuscht] abziehen; за семь верст киселя́ ~ *Sprichw etwa* mit der Kirche ums Dorf laufen ‖ *v mom* хлебну́ть, -ну́, -нёшь
хле́бница, -ы, *I* -ей *f* Brotteller, Brotkorb
хлебну́ть, -ну́, -нёшь *v* **1.** *v mom zu* хлеба́ть **2.** *umg* trinken, einen Schluck nehmen **3.** *übtr umg* ertragen, erleiden, erleben
хле́бный, -ая, -ое **1.** Brot- **2.** Getreide-, Korn-; -ое вино́ Kornbranntwein **3.** *übtr umg* vorteilhaft, einträglich
хлебо- *in Zuss* Brot-; Getreide-
хлебобу́лочный, -ая, -ое: -ые изде́лия Backwaren
хлебо|заво́д, -а *m* Brotfabrik; **~загото́вки** *Pl* -вок, -вкам, *Sg* хлебозаго́товка, -и *f* Getreidebeschaffung;

~заку́пки *Pl* -пок, -пкам, *Sg* ~заку́пка, -и *f* Getreideaufkauf; **~па́шество,** -а *n* Ackerbau; **~па́шец,** -шца, *I* -шцем, *G Pl* -шцев *m* Landmann; **~пёк,** -а *m* Bäcker; **~пека́рня,** -и, *Pl G* -рен, *D* -рням *f* Bäckerei; **~поста́вки** *Pl* -вок, -вкам, *Sg* хлебопоста́вка, -и *f* Getreideablieferung; **~проду́кты,** -ов *Pl* Backwaren; **~ре́зка,** -и, *Pl G* -зок, *D* -зкам *f* Brotschneidemaschine; **~ро́б,** -а *m* Bauer; Getreidebauer; **~ро́дный,** -ая, -ое; *Kzf* -ден, -дна fruchtbar, ertragreich; **~сда́ча,** -и, *I* -ей *f* Getreideablieferung; **~со́л,** -а *m* gastfreundlicher Mensch; **~со́льный,** -ая, -ое; *Kzf* -лен, -льна gastfreundlich; **~со́льство,** -а *n* Gastfreundschaft; **~торго́вля,** -и *f* Getreidehandel; **~убо́рочный,** -ая, -ое Getreideernte-

хлеб-со́ль, -и *f* Bewirtung, Gastfreundschaft

хлев, -а, *P* в хле́ве *u.* в хлеву́, *Pl* хлева́, хлево́в, хлева́м *m* Stall

хлеста́ть* *uv* **1.** peitschen, schlagen **2.** *1. u. 2. Pers ungebr* strömen, sprudeln, sich ergießen **3.** *volksspr* (viel) trinken, saufen ‖ *v mom* хлестну́ть [сн], -ну́, -нёшь

хлёсткий, -ая, -ое; *Kzf* хлёсток, хлестка́!; *Komp* хлёстче [ёще] **1.** treffend, scharf, peitschend **2.** *übtr* keck, forsch, flott

хлестну́ть *v mom zu* хлеста́ть

хлёстче ↑ хлёсткий

хлещу́ ↑ хлеста́ть

хли́пать, -аю, -аешь *uv volksspr* schluchzen

хлоп! *Interj umg* plumps!, klatsch!

хло́пать, -аю, -аешь *uv* **1.** schlagen, klappen, knallen **2.**: ~ (в ладо́ши) (in die Hände) klatschen, applaudieren **3.** *volksspr* hinter die Binde gießen ◇ ~ глаза́ми verständnislos [erstaunt] dreinschauen; keine Antwort wissen ‖ *v mom* хло́пнуть, -ну, -нешь

хло́паться, -аюсь, -аешься *uv umg* hinstürzen, hinfallen; *volksspr* sich stoßen ‖ *v mom* хло́пнуться, -нусь, -нешься

хло́пец, -пца, *I* -пцем, *G Pl* -пцев *m volksspr, gbt* Bursche

хлопко- *in Zuss* Baumwoll-

хлопково́дство, -а *n* Baumwollanbau

хло́пковый, -ая, -ое Baumwoll-; -ое ма́сло Baumwollsamenöl

хлопкоро́б, -а *m* Baumwollbauer

хло́пнуть(ся) *v mom zu* хло́пать(ся)

хло́пок, -пка *m* Baumwolle

хлопо́к, -пка́ *m* **1.** Klaps, Schlag **2.** *Pl* Applaus; жи́дкие -пки́ schwacher Beifall

хлопота́ть* *uv* **1.** geschäftig sein, sich zu schaffen machen **2.** sich bemühen (о *P* um) **3.** ein gutes Wort einlegen, sich einsetzen (за *A* für) ‖ *v* похлопота́ть *zu* 2, 3

хлопотли́вый, -ая, -ое; *Kzf* -и́в, -а **1.** geschäftig, hastig **2.** mühevoll, schwierig

хло́потный, -ая, -ое; *Kzf* -тен, -тна *umg* mühevoll, schwierig

хло́поты, хлопо́т, хло́потам *Pl* Bemühungen; Scherereien; Sorgen ◇ у него́ хлопо́т по́лон рот er hat den Kopf voll(er) Sorgen

хлопочу́ ↑ хлопота́ть

хлопу́шка, -и, *Pl G* -шек, *D* -шкам *f* **1.** Knallbonbon **2.** Fliegenklappe

хлопча́тник, -а *m* Baumwollstaude

хлопчатобума́жный, -ая, -ое Baumwoll-

хло́пья, -ьев *Pl* Flocken

хлор, -а *m chem* Chlor

хлори́ровать, -рую, -руешь; -рованный, -рован, -а *v, uv* chlorieren

хло́ристый, -ая, -ое chlorhaltig, -chlorid; ~ ка́лий Kaliumchlorid

хло́рный, -ая, -ое *chem* Chlor-

хлорофи́лл, -а *m bot* Chlorophyll

хлорофо́рм, -а *m chem* Chloroform

хлы́нуть, -ну, -нешь *v* (hervor)strömen, (hervor)sprudeln, sich ergießen

хлыст, -а́ *m* Gerte, Reitpeitsche

хлыщ, -а́, *I* -о́м, *G Pl* -е́й *m umg* Laffe, Modenarr

хлю́пать, -аю, -аешь *uv umg* glucksen; ~ но́сом schnaufen ‖ *v mom* хлю́пнуть, -ну, -нешь

хлю́паться *uv zu* хлю́пнуться

хлю́пнуть *v mom zu* хлю́пать

хлю́пнуться, -нусь, -нешься *v volksspr* plumpsen *in etw. Flüssiges oder Matschiges* ‖ *uv* хлю́паться, -аюсь, -аешься

хля́бать, *1. u. 2. Pers ungebr*, -ает *uv volksspr* locker sitzen, wackeln

хля́стик, -а *m* Rückengürtel, Riegel

хмелево́дство, -а *n landw* Hopfenbau

хмелево́й, -а́я, -о́е Hopfen-

хмелёк, -лька́ *m* Schwips; под -лько́м beschwipst, angeheitert

хмеле́ть, -е́ю, -е́ешь *uv umg* betrunken werden, einen Rausch bekommen

хмель, -я *m* **1.** Hopfen **2.** *P* о хме́ле, во хмелю́ Rausch, Schwips

хме́льник, -а *m* Hopfenfeld

хмельно́й, -а́я, -о́е; *Kzf* -лён, -льна́ **1.** berauschend **2.** berauscht, (be)-

trunken 3. -óe, -óго *Subst n* alkoholisches Getränk

хму́рить, -рю, -ришь *uv* die Stirn runzeln, die Augenbrauen zusammenziehen

хму́риться, -рюсь, -ришься *uv* 1. finster dreinschauen 2. sich verfinstern, trübe sein *vom Himmel*

хму́рый, -ая, -ое; *Kzf* хмур, -á! 1. finster, düster, mürrisch 2. trübe, düster, bewölkt

хны́кать* *u.* -аю, -аешь *uv umg* flennen, greinen; jammern

хны́чу ↑ хныкать

хо́бот, -а *m* 1. *zool* Rüssel 2. *mil* Lafettenschwanz 3. *tech* Ausleger

хобото́к, -ткá *m zool* Saugrüssel

ход, -а (-у), *P* в хóде *u.* в ходу́, на хóде *u.* на ходу́, *Pl* хóды *u.* ходы́, ходóв, ходáм *m* 1. (*P* в хóде, на ходу́) Gang, Lauf, Fahrt, Bewegung; на -ý a) während der Fahrt; b) im Gehen; c) in Betrieb; d) schnell, gleichzeitig; холостóй ~ Leerlauf; гу́сеничный ~ Raupenantrieb; зáдний ~ Rückwärtsgang *Auto*; мёртвый ~ *tech* Spiel; срéдний ~ *naut* halbe Fahrt; пóлный ~ вперёд! mit Volldampf voraus!; идти́ свои́м -ом sich mit eigner Kraft vorwärtsbewegen; *übtr* seinen Gang gehen; пусти́ть в ~маши́ну eine Maschine einschalten [anlassen] 2. (*P* в хóде) Verlauf, Gang, Entwicklung; в -е собы́тий im Zuge der Ereignisse 3. (*P* на хóде *u.* на ходу́, *Pl* хóды) Zug *bei Brettspielen*; Ausspielen *bei Kartenspielen*; чей ~? wer ist am Zuge?; wer spielt aus? 4. (*P* в хóде *u.* в ходу́, *Pl* ходы́) Gang, Eingang; ~ сообщéний *mil* Verbindungsgraben 5. (в ходу́) Umlauf, Gebrauch; быть в -ý im Gebrauch sein, allgemein gebräuchlich sein; э́тот товáр в большóм -ý diese Ware ist sehr gefragt; пусти́ть в ~ чтó-н. etw. zum Einsatz bringen, von etw. Gebrauch machen ◇ не давáть -у комý-н. j-n nicht vorwärtskommen lassen; дать ~ дéлу eine Sache in Gang setzen [ins Rollen bringen]; знать все -ы и вы́ходы alle Schliche kennen

ходáтай, -я, *G Pl* -ев *m* 1. Fürsprecher 2. *jur alt* Sachwalter, Anwalt

ходáтайство, -а *n* Gesuch, Ansuchen; Fürsprache

ходáтайствовать, -твую, -твуешь *uv*, *Prät a. v* 1. ein Gesuch machen, ansuchen (о *P* um) 2. sich verwenden, einsetzen (за *A* für) || *v* походáтайствовать

хóдики, -ов *Pl umg* Wanduhr mit Gewichten

ходи́ть, хожу́, хóдишь *uv* 1. *unbest zu* идти́; ~ взад и вперёд hin- und hergehen; ~ на лы́жах Ski laufen; ~ под парусáми segeln; ту́чи хóдят die Wolken ziehen; ~ по травé воспрещáется das Betreten des Rasens ist verboten; часы́ не хóдят die Uhr steht 2. gehen [laufen] können, fähig sein zu gehen [laufen] 3. (hin)gehen, besuchen; ~ в шкóлу die Schule besuchen, Schüler sein 4. за *I* pflegen, beaufsichtigen 5. verkehren, fahren *Verkehrsmittel* 6. ausspielen *Karte*; ziehen *Brettspiel*; ~ ко́зырем einen Trumpf ausspielen; ~ слонóм mit dem Läufer ziehen; вам ~ Sie sind am Zug; Sie spielen aus 7. в *P* tragen; ~ в шу́бе einen Pelz tragen 8. *umg* austreten, seine Notdurft verrichten ◇ ~ пó миру betteln gehen; ~ вокру́г да óколо wie die Katze um den heißen Brei gehen | *uv iterativ* хáживать

хóдкий, -ая, -ое; *Kzf* хóдок, ходкá! *umg* 1. gängig; gebräuchlich, verbreitet 2. schnell

ходовóй, -áя, -óе 1. *tech* Lauf-, Zug- 2. gängig; gebräuchlich, verbreitet 3. *volksspr* fix, gewandt, geschickt

ходóк, -á *m* 1. Fußgänger 2. *hist* Abgesandter, Fürsprecher 3. *umg* gewandter [geschickter] Mensch

ходу́ли *Pl* -ей, *Sg* ходу́ля, -и *f* Stelzen

ходу́льный, -ая, -ое; *Kzf* -лен, -льна aufgeblasen; geschraubt

ходунóм: ходи́ть ~ wackeln, zittern

ходьбá, -ы́ *f* Gehen, Wandern; три часá -ы́ drei Stunden zu Fuß [Fußmarsch]

ходя́чий, -ая, -ее 1. gehend; ~ больнóй nicht bettlägeriger Kranker 2. weit verbreitet, gebräuchlich; -ая и́стина Binsenwahrheit 3. *übtr umg iron* verkörpert; -ая добродéтель die Tugend in Person; -ая энциклопéдия wandelndes Lexikon

хождéние, -я *n* Gehen; Umlauf; Kursieren; ~ по му́кам Leidensweg; имéть ~ *buchspr* im Umlauf sein, gelten

хóжено *unpers, prädikativ, umg* es ist gegangen worden, man ist gegangen

хоз- *in Zuss Abk für* хозя́йственный Wirtschafts-

хозрасчёт, -а *m* (хозя́йственный рас-

чёт) wirtschaftliche Rechnungsführung
хозрасчётный, -ая, -ое ohne staatliche Zuschüsse arbeitend
хозя́ин, -а, *Pl* хозя́ева, -я́ев, -я́евам *m* 1. Besitzer; privater Arbeitgeber 2. (Haus-) Wirt; Wirtschafter 3. Hausherr 4. Herr; он сам себе́ ~ er ist sein eigener Herr 5. *biol* Wirt 6. *volksspr u. gbt* (Ehe-) Mann
хозя́йка, -и, *Pl G* -я́ек, *D* -я́йкам *f* 1. Besitzerin; private Arbeitgeberin 2. (Haus-) Wirtin; Wirtschafterin 3. Hausfrau, Hausherrin 4.: дома́шняя ~ Hausfrau 5. *volksspr u. gbt* (Ehe-) Frau
хозя́йничать, -аю, -аешь *uv* 1. wirtschaften, die Wirtschaft führen 2. schalten und walten, herumwirtschaften
хозя́йский, -ая, -ое 1. dem Wirt gehörig 2. sorgsam 3. herrisch ◇ де́ло -ое *umg* mach, was du willst
хозя́йственник, -а *m* Wirtschafter; Wirtschaftsfunktionär
хозя́йственный, -ая, -ое 1. Wirtschafts-, Haushalts- 2. *Kzf* -ен, -енна wirtschaftlich, ökonomisch, rationell, sparsam
хозя́йство, -а *n* 1. Wirtschaft; дома́шнее ~ Haushalt 2. *landw* Wirtschaft, Betrieb, Hof; единоли́чное ~ Einzelwirtschaft; па́сечное ~ Imkerei
хокке́ист, -а *m Sport* Hockeyspieler
хокке́й, -я *m Sport* Hockey; игра́ть в ~ Hockey spielen
хо́леный, -ая, -ое gepflegt; gestriegelt
холе́ра, -ы *f med* Cholera
холери́ческий, -ая, -ое cholerisch
холе́рный, -ая, -ое *med* Cholera-
хо́лить, хо́лю, хо́лишь; хо́ленный, -ен, -а *uv* pflegen, warten; striegeln
хо́лка, -и, *Pl G* хо́лок, *D* хо́лкам *f anat* Widerrist
холм, -а́ *m* Hügel
холми́стый, -ая, -ое; *Kzf* -и́ст, -а Hügel-, hügelig
хо́лод, -а (-у), *P* на хо́лоде *u.* на холоду́, *Pl* холода́, холодо́в, холода́м *m* Kälte
холода́ть, -а́ю, -а́ешь *uv* 1. kälter werden 2. *umg* erkalten *von Toten* ◇ ~ и голода́ть hungern und frieren; in großer Not sein
холоде́ть, -е́ю, -е́ешь *uv* kalt [kälter] werden, sich abkühlen; erstarren
холоде́ц, -дца́, *I* -дцо́м, *G Pl* -дцо́в *m* Sülze
холоди́льник, -а *m* 1. Kühlschrank, Eisschrank, Kühlhaus; Kühlanlage; ваго́н-~ Kühlwagen 2. *tech* Kondensator, Kühler
холоди́льный, -ая, -ое Kühl-, Gefrier-; -ая те́хника Kältetechnik; -ая устано́вка Kühlanlage
холоди́ть, -ожу́, -оди́шь *uv* 1. *umg* kalt werden lassen, abkühlen lassen 2. kühlen ◇ ~ се́рдце *übtr* das Herz erstarren lassen
холодне́ть, -е́ет *unpers uv umg* kühl(er) werden *Wetter*
холо́дное, -ого *Subst n* Fleisch [Fisch] in Sülze
холоднокро́вные, -ых *Subst Pl zool* Kaltblüter
холо́дный, -ая, -ое; *Kzf* хо́лоден, -дна́! 1. kalt; -ые заку́ски kalte Platte 2. *nur Langform* leicht, ungefüttert *von der Kleidung* 3. *übtr* kalt, kühl, gleichgültig, zurückhaltend ◇ -ое ору́жие blanke Waffe
холодо́к, -дка́ *m umg* 1. Kühle, Frische 2. *übtr* Kühle, Gleichgültigkeit, Reserviertheit
холодосто́йкий, -ая, -ое; *Kzf* -то́ек, -то́йка kältebeständig
холо́п, -а, *Pl* холо́пы, -ов, -ам *u. alt* холо́пья, -ьев, -ьям *m* 1. *hist* Leibeigener 2. *übtr* Kriecher
холо́пство, -а *n* 1. *hist* Knechtschaft 2. *Koll* Leibeigene 3. *übtr* Kriecherei, Unterwürfigkeit, Servilismus
холости́ть, -ощу́, -ости́шь; -ощённый, -ощён, -ощена́ *uv* kastrieren
холосто́й, -ая, -ое 1. *Kzf* хо́лост, -а́! ledig, unverheiratet 2. Junggesellen- 3. *tech* leer, Leer-; ~ ход Leerlauf 4. *Kzf* хо́лост, -а́! blind, Blind-; ~ патро́н *mil* Platzpatrone
холостя́к, -а́ *m* Junggeselle; ста́рый ~ Hagestolz
холощёный, -ая, -ое kastriert
холст, -а́ *m u.* **холсти́на,** -ы *f* 1. Leinwand, Leinen 2. Leinwand, Ölgemälde
холсти́нный, -ая, -ое *u.* **холстяно́й,** -а́я, -о́е Leinen-, Leinwand-
холу́йствовать, -твую, -твуешь *uv* liebedienern, schmeicheln
холщо́вый, -ая, -ое Leinen-, Leinwand-
хо́ля, -и *f umg*: держа́ть в -е verhätscheln; быть [жить] в -е verhätschelt werden
хому́т, -а́ *m* 1. Kummet 2. *tech* Bügel, Schelle ◇ ве́шать (себе́) на ше́ю ~ sich ein Joch auferlegen
хомя́к, -а́ *m zool* Hamster

хор, -а, *Pl* хо́ры́, хо́ро́в, хо́ра́м *m* 1. Chor; Chorlied 2. *alt* Orchester ◇ всем -ом a) einstimmig, im Chor; b) *volksspr* alle zusammen

хора́л, -а *m mus* Choral

хорва́т, -а *m* Kroate

Хорва́тия, -и *f* Kroatien

хорва́тка, -и, *Pl G* -ток, *D* -ткам *f* Kroatin

хорва́тский, -ая, -ое kroatisch

хо́рда. -ы *f math* Sehne

хоре́й, -я, *G Pl* -ев *m lit* Choreus, Trochäus

хорёк, хорька́ *m zool* Iltis

хореографи́ческий, -ая, -ое choreographisch

хореогра́фия, -и *f* Choreographie

хоре́я, -и *f med* Veitstanz

хори́ст, -а *m mus* Chorsänger

хори́стка, -и, *Pl G* -ток, *D* -ткам *f mus* Chorsängerin

хорово́д, -а *m* Reigen(tanz)

хорово́дный, -ая, -ое Reigen-

хорово́й, -а́я, -о́е Chor-; -а́я деклама́ция Sprechchor

хоро́мы, -о́м *Pl* 1. *alt, gbt* Holzhaus 2. *umg* großes Haus 3. *scherz* Haus

[1]**хорони́ть,** -оню́, -о́нишь *uv* 1. begraben, beerdigen, beisetzen 2. *übtr* begraben, vergessen sein lassen ‖ *v* похорони́ть; -о́ненный, -о́нен, -а

[2]**хорони́ть,** -оню́, -о́нишь *uv alt u. volksspr* verstecken, verbergen; verheimlichen, geheimhalten ◇ ~ концы́ *volksspr* die Spuren verwischen ‖ *v* схорони́ть; схоро́ненный, -ен, -а

хорони́ться, -оню́сь, -о́нишься *uv* 1. *volksspr* sich verstecken, verborgen sein 2. *umg übtr* Versteck spielen (от кого́-н. vor j-m) ‖ *v* схорони́ться

хорохо́риться, -рюсь, -ришься *uv umg* prahlen, den Mutigen markieren

хоро́шенький, -ая, -ое hübsch, niedlich, nett ◇ -ого понемно́жку *umg iron* genug, nicht zuviel des Guten

хороше́нько *Adv umg* ordentlich, gehörig, tüchtig

хороше́ть, -е́ю, -е́ешь *uv* hübscher werden

хоро́ший, -ая, -ее; *Kzf* -о́ш, -а́; *Komp* лу́чше *u.* лу́чший; *Sup* лу́чший gut; schön; она -а́ собо́й sie ist hübsch, sie ist eine Schöhneit ◇ что -его? was gibt es Neues? жить по хоро́шему in Eintracht leben; мне -о́ ich fühle mich wohl, mir geht es gut

хорошо́ 1. *Adv*, *Komp* лу́чше gut, schön 2. *Part* gut!, schön!, einverstanden! 3. *prädikativ* es ist gut; мне ~ mir ist wohl, ich fühle mich wohl; ~ вам говори́ть Sie haben gut reden; ~ то, что ~ конча́ется *Sprichw* Ende gut, alles gut; вот ~! ach wie schön!

хо́ры, хор *u.* хо́ров, *P* на хо́рах *Pl arch* Empore

хорь, -я́ *m zool* Iltis

хорько́вый, -ая, -ое Iltis-

хоте́ть* *uv* wollen, mögen, wünschen; я хочу́ есть ich bin hungrig; я хочу́ пить ich bin durstig; я хочу́ спать ich bin müde, ich will schlafen; хо́чешь не хо́чешь ob man will oder nicht, wohl oder übel

хоте́ться* *unpers uv* wollen, mögen, wünschen, Lust haben; мне хо́чется есть ich bin hungrig; мне хо́чется пить ich bin durstig; мне хо́чется спать ich bin müde, ich will schlafen

хоть 1. *Konj* obwohl, wenn auch 2. *Konj* mag (man) auch, wenn (man) auch; ~ убе́й, не зна́ю und wenn du mich totschlägst, ich weiß es nicht 3. *Konj*: ~ . . . ~ ob . . . ob, sei es . . . oder 4. *Part*: ~ *oder* ~ бы wenigstens, auch nur 5. *Part* sogar, sei es 6. *Part* zum Beispiel 7. *Part* beliebig; ~ кто jeder beliebige; ~ где an einem beliebigen Ort, überall ◇ ~ бы a) wenn doch, es wäre schön, wenn; ~ бы отдохну́ть где́-нибудь wenn man sich doch irgendwo ausruhen könnte; b) wenn auch, und wenn; я зако́нчу рабо́ту, ~ бы ночь пришло́сь просиде́ть ich werde die Arbeit fertigmachen, und wenn ich [wenn ich auch] die Nacht durch sitze; c) ~ бы и так es ist nicht schlimm; und wenn es auch so wäre; ему́ ~ бы что es ist ihm völlig gleichgültig; ~ куда prächtig, tüchtig, vortrefflich

хотя́ 1. *Konj* obwohl 2. *Konj* jedoch 3.: ~ бы a) *Part* wenigstens, auch nur; b) wenn doch, es wäre schön, wenn; ~ бы отдохну́ть где́-нибудь wenn man sich doch irgendwo ausruhen könnte; c) wenn auch, und wenn; я зако́нчу рабо́ту, ~ бы ночь пришло́сь просиде́ть ich werde die Arbeit fertigmachen, und wenn ich [wenn ich auch] die Nacht durchsitze; ~ бы и так es ist nicht so schlimm; und wenn es auch so wäre

хохла́тый, -ая, -ое; *Kzf* -а́т, -а mit

einem Schopf, mit einer Federhaube
хо́хлиться, -люсь, -лишься *uv* **1.** sich aufplustern *Vögel* **2.** *übtr umg* finster dreinschauen, ein finsteres Gesicht machen
хохо́л, хохла́ *m* Federbusch, Haube; Haarschopf
хо́хот, -а *m* (schallendes) Gelächter, lautes Lachen
хохота́ть* *uv* laut [schallend] lachen
хохоту́н, -а́ *m* lachlustiger Mensch
хохоту́шка, -и, *Pl G* -шек, *D* -шкам *f* lachlustiges Mädchen; lachlustige Person
хохочу́ ↑ хохота́ть
хочу́ ↑ хоте́ть
храбре́ть, -е́ю, -е́ешь *uv umg* kühn(er) werden
храбре́ц, -а́, *I* -о́м, *G Pl* -о́в *m* tapferer Mensch
храбри́ться, -рюсь, -ри́шься *uv umg* den Tapferen spielen, tapfer tun
хра́брость, -и *f* Tapferkeit, Kühnheit
хра́брый, -ая, -ое; *Kzf* храбр, -а́! tapfer, mutig, kühn ◇ он не из -ого деся́тка er ist ein Angsthase
храм, -а *m* Tempel
хране́ние, -я *n* Aufbewahrung, Verwahrung; ка́мера -я Gepäckaufbewahrung; ~ на скла́де (Ein-) Lagerung
храни́лище, -а, *I* -ем *n* Aufbewahrungsort, -raum
храни́тель, -я *m* Hüter, Beschützer; Kustos ◇ а́нгель-~ Schutzengel
храни́ть, -ню́, -ни́шь *uv* **1.** aufbewahren, verwahren, bewahren; ~де́ньги в сберка́ссе sein Geld auf der Sparkasse haben **2.** wahren, hüten; ~ в та́йне geheimhalten
храни́ться, *1. u. 2. Pers ungebr*, -и́тся *uv* **1.** aufbewahrt werden; ~ на скла́де lagern **2.** erhalten bleiben, nicht verlorengehen **3.** geschützt werden
храп, -а *m* **1.** Schnarchen **2.** Schnauben *von Tieren*
храпе́ть, -плю́, -пи́шь *uv* **1.** schnarchen **2.** schnauben *von Tieren*
храпови́к, -а́ *m tech* Sperrad
хребе́т, -бта́ *m* **1.** *anat* Rückgrat *von Tieren*; *volksspr* Rücken **2.** Gebirgskette
хрен, -а (-у) *m* Meerrettich ◇ ста́рый ~ *volksspr* alter Knacker; ~ ре́дьки не сла́ще es ist gehupft wie gesprungen, eins ist nicht besser als das andere
хрестома́тия, -и *f* Lesebuch, Chrestomatie
хризанте́ма [тэ], -ы *f bot* Chrysantheme
хрип, -а *m* **1.** Röcheln **2.** *med* Röcheln, Rasselgeräusch
хрипе́ние, -я *n* Röcheln
хрипе́ть, -плю́, -пи́шь *uv* **1.** röcheln **2.** *umg* heiser sein
хри́плый, -ая, -ое; *Kzf* хрипл, -а́! **1.** röchelnd **2.** heiser
хри́пнуть, -ну, -нешь; хрип *u.* хри́пнул, хри́пла *uv* heiser werden
хрипота́, -ы́ *f* Heiserkeit
христиани́н, -а, *Pl* христиа́не, христиа́н, христиа́нам *m* Christ
христиа́нский, -ая, -ое christlich
христиа́нство, -а *n* Christentum
Христо́с, Христа́ *m* Christus
хром, -а *m* **1.** *chem* Chrom **2.** Chromgelb **3.** Chromleder
хромати́ческий, -ая, -ое *mus*, *phys* chromatisch
хрома́ть, -а́ю, -а́ешь *uv* **1.** hinken, lahmen **2.** *übtr umg* zurückbleiben; nicht genügen
хроме́ть, -е́ю, -е́ешь *uv umg* lahm werden
хроми́ровать, -рую, -руешь; -рованный, -рован, -а *v*, *uv* verchromen
хро́мистый, -ая, -ое *chem* chromhaltig, Chrom-
хро́мовый, -ая, -ое **1.** *chem* Chrom- **2.** Chromleder-
хромо́й, -а́я, -о́е; *Kzf* хром, -а́! **1.** lahm, hinkend **2.** *umg* wackelig *von Möbeln* **3.** -о́го *Subst m* Lahmer
хромоно́гий, -ая, -ое; *Kzf* -о́г, -а lahm, hinkend
хромосо́ма, -ы *f biol* Chromosom
хромота́, -ы́ *f* Hinken, Lahmen
хро́ник, -а *m umg* chronisch Kranker
хро́ника, -и *f* **1.** *hist*, *lit* Chronik **2.** Bericht (über laufende Ereignisse); ме́стная ~ Lokalnachrichten; (кино) ~ Wochenschau
хроникёр, -а *m* Tagesberichterstatter
хрони́ческий, -ая, -ое chronisch
хронологи́ческий, -ая, -ое chronologisch, in zeitlicher Reihenfolge
хроноло́гия, -и *f* Chronologie, Zeitfolge
хроно́метр, -а *m* Chronometer, Zeitmesser
хронометра́ж, -а, *I* -ем, *G Pl* -ей *m* Arbeitszeitermittlung, Zeitstudie, Zeitmessung
хронометражи́ст, -а *m* Zeitnehmer
хру́пать, -аю, -аешь *uv umg* **1.** knir-

schen, knacken 2. knirschend zerbeißen
хру́пкий, -ая, -ое; *Kzf* -пок, -пка́! 1. brüchig, spröde 2. schwächlich, kränklich 3. *übtr* zart, gebrechlich
хруст, -а *m* Knirschen, Geknirsch, Krachen
хруста́лик, -а *m anat* Augenlinse
хруста́ль, -я́ *m* 1. Kristallglas 2. Kristallwaren, Kristallgeschirr 3.: (го́рный) ~ Bergkristall
хруста́льный, -ая, -ое Kristall-; kristallen, kristallklar
хрусте́ть, хрущу́, хрусти́шь *uv* knirschen, krachen ‖ *v mom* **хру́стнуть** [сн], -ну, -нешь
хрущ, -а́, *I* -о́м, *G Pl* -е́й *m zool* Maikäfer
хрыч, -а́, *I* -о́м, *G Pl* -е́й *m volksspr verächtl*: ста́рый ~ alter Knacker
хрю́канье, -ья *n* Grunzen
хрю́кать, -аю, -аешь *uv* grunzen ‖ *v mom* **хрю́кнуть,** -ну, -нешь
хряк, -а́ *m zool* Eber
[1]**хрящ,** -а́, *I* -о́м, *G Pl* -е́й *m anat* Knorpel
[2]**хрящ,** -а́, *I* -о́м *m geol* Kies
[1]**хрящево́й,** -а́я, -о́е *anat* Knorpel-, knorpelig
[2]**хрящево́й,** -а́я, -о́е *geol* Kies-, kiesig
худе́е ↑ худо́й
ху́денький, -ая, -ое mager, schmächtig
худе́ть, -е́ю, -е́ешь *uv* abmagern, abnehmen
ху́до, -а *n umg alt* Unheil, Böses
худоба́, -ы́ *f* Magerkeit
худо́жественный, -ая, -ое; *Kzf* -ен, *u.* -енен, -енна Kunst-, künstlerisch; -ая литерату́ра schön(geistig)e Literatur; -ая карти́на Spielfilm
худо́жество, -а *n* 1. *alt* Kunst 2. *umg* Streich, Schabernack
худо́жник, -а *m* 1. Künstler 2. Maler; Graphiker; Bildhauer 3. Meister (seines Faches)
худо́жница, -ы, *I* -ей *f* 1. Künstlerin 2. Malerin; Graphikerin; Bildhauerin 3. Meister(in) (ihres Faches)
[1]**худо́й,** -а́я, -о́е; *Kzf* худ, -а́!; *Komp* худе́е mager, hager, schmächtig
[2]**худо́й,** -а́я, -о́е; *Kzf* худ, -а́!; *Komp* ху́же; *Komp, Sup* ху́дший 1. schlecht, schlimm, übel 2. *Komp* худе́е *umg* abgenutzt, zerrissen, durchlöchert ◇ на ~ коне́ц schlimmstenfalls, für den schlimmsten Fall; не говоря́ -о́го сло́ва ohne ein Wort zu verlieren, auf einmal
худосо́чие, -я *n umg* Abzehrung, Kräfteverfall
худосо́чный, -ая, -ое; *Kzf* -чен, -чна abgezehrt, kachektisch
худоща́вый, -ая, -ое; *Kzf* -а́в, -а hager, mager
ху́дший, -ая, -ее schlechte(ste)r; в -ем слу́чае schlimmstenfalls
ху́же ↑ [2]худо́й *u.* плохо́й; тем ~ um so schlimmer; всё ~ и ~ immer schlechter [schlimmer]; ~ не приду́маешь es ist denkbar schlecht, schlimmer kann es auch nicht sein
хула́, -ы́ *f buchspr* Schmähung, Mißbilligung
хулига́н, -а *m* Rowdy, Flegel, Raufbold
хулига́нить, -ню, -нишь *uv* Unfug treiben, sich wie ein Rowdy benehmen
хулига́нский, -ая, -ое Rowdy-, rowdyhaft, flegelhaft
хулига́нство, -а *n* grober Unfug, Rowdytum
хули́ть, хулю́, хули́шь *uv* tadeln, kritisieren
хурма́, -ы́ *f* 1. Dattelpflaume 2. Dattelpflaumenbaum
ху́тор, -а, *Pl* хутора́, хуторо́в, хутора́м *m* einzelnstehendes Gehöft, Vorwerk
хуторя́нин, -а, *Pl* -я́не, -я́н, -я́нам *m* Besitzer [Bewohner] eines einzelnstehenden Gehöfts, Bauer

Ц

ца́пля, -и, *Pl G* -пель, *D* -плям *f* Reiher
ца́пфа, -ы *f tech* Zapfen
цара́пать, -аю, -аешь *uv* 1. (zer)kratzen, ritzen; ~ кому́-н. лицо́ j-m das Gesicht zerkratzen 2. *umg* kritzeln ‖ *v mom* цара́пнуть, -ну, -нешь; цара́пнутый, -ут, -а *zu* 1
цара́пина, -ы *f* Schramme, Kratzer, Kratzwunde

цара́пнуть *v mom zu* цара́пать
царе́вич, -а, *I* -ем, *G Pl* -ей *m* Sohn des Zaren, Zarensohn
царе́вна, -ы, *Pl G* -вен, *D* -внам *f* Tochter des Zaren, Zarentochter
цари́зм, -а *m* Zarismus
цари́ть, царю́, цари́шь *uv* **1.** *alt* Zar sein, als Zar herrschen **2.** *übtr* herrschen; цари́ло глубо́кое молча́ние tiefes Schweigen herrschte
цари́ца, -ы, *I* -ей *f* Zarin
ца́рский, -ая, -ое **1.** Zaren-; ~ двор Zarenhof **2.** zaristisch **3.** *übtr* königlich, reich; ~ пода́рок königliches Geschenk
ца́рственный, -ая, -ое; *Kzf* -ен, -енна *buchspr* majestätisch, stolz
ца́рство, -а *n* **1.** Zarenreich, Kaiserreich **2.** Regierungszeit, Regierung eines Zaren; в ~ Петра́ Пе́рвого zur Zeit [während der Herrschaft] Peters des Ersten **3.** *übtr* Reich, Sphäre; расти́тельное ~ Pflanzenreich
ца́рствование, -я *n* Regierungszeit eines Zaren; в ~ Екатери́ны Второ́й während der Herrschaft der Zarin Katharina der Zweiten
ца́рствовать, -вую, -вуешь *uv* **1.** Zar sein, als Zar herrschen **2.** *übtr* herrschen; ца́рствует тишина́ es herrscht Stille
царь, -я́ *m* Zar, Kaiser; *übtr* König, Fürst, Erster, Größter
цвести́* *uv* **1.** blühen **2.** *übtr* blühen, gedeihen **3.** *gbt* sich mit Pickeln [Ausschlag] bedecken
[1]**цвет,** -а, *Pl* цвета́, -о́в, -а́м *m* Farbe, Färbung, Farbton
[2]**цвет,** -а, *Pl* цветы́, -о́в, -а́м *m* **1.** *nur Pl* Blüten; Blumen **2.** Blütezeit **3.** *übtr buchspr* Blüte, bester Teil ◇ в [во] -е лет in der Blüte der Jahre
цвете́ние, -я *n* Blüte, Blühen
цвети́стый, -ая, -ое; *Kzf* -и́ст, -а **1.** voller Blumen, mit vielen Blumen bedeckt **2.** farbenfroh, bunt **3.** *übtr* (zu) blumenreich, schwülstig
цветни́к, -а́ *m* Blumenbeet; kleiner Blumengarten
цветно́й, -а́я, о́е farbig, bunt; ~ фильм Farbfilm; -ы́е мета́ллы Nichteisenmetalle, Buntmetalle ◇ -а́я капу́ста Blumenkohl
цветово́д, -а *m* Blumenzüchter
цветово́дство, -а *n* **1.** Blumenzucht **2.** (Blumen-) Gärtnerei
цвето́к, -тка́, *Pl* цветы́, -о́в, -а́м *u.* цветки́, -о́в, -а́м *m* **1.** (цветы́ *u. in der Fachsprache* цветки́) Blüte **2.** (цветы́) Blume; полевы́е цветы́ Feldblumen
цвето́чек, -чка *m* Blümchen ◇ э́то то́лько -чки das ist erst der Anfang, das dicke Ende kommt noch
цвето́чный, -ая, -ое Blumen-, Blüten-; ~ горшо́к Blumentopf; ~ магази́н Blumengeschäft
цвету́ ↑ цвести́
цвету́щий, -ая, -ее blühend *a. übtr*
цеди́ть, цежу́, це́дишь *uv* **1.** durchseihen; durch einen Filter [ein Sieb] gießen **2.** langsam gießen *durch eine enge Öffnung* ◇ ~ сквозь зу́бы *umg* durch die Zähne sprechen
Цейло́н, -а *m* Ceylon
цейтно́т, -а *m Schach* Zeitnot
целе́бный, -ая, -ое; *Kzf* -бен, -бна heilkräftig, Heil-; -ые тра́вы Heilkräuter
целево́й, -а́я, -о́е **1.** zweckbestimmt, auf ein bestimmtes Ziel gerichtet, Zweck-, Ziel-; ~ ава́нс für einen bestimmten Zweck vorgesehene Vorauszahlung **2.** zielgerichtet, ein bestimmtes Ziel verfolgend; -а́я устано́вка Zielstellung
целесообра́зность, -и *f* Zweckmäßigkeit
целесообра́зный, -ая, -ое; *Kzf* -зен, -зна zweckmäßig
целеустремлённость, -и *f* Zielstrebigkeit
целеустремлённый, -ая, -ое; *Kzf* -лён, -лена́ zielstrebig
целико́м *Adv* gänzlich, völlig
целина́, -ы́ *f* **1.** Neuland, Rodeland **2.** unberührte Fläche *Schnee, Wasser u. ä.*
цели́тельный, -ая, -ое; *Kzf* -лен, -льна *buchspr* heilkräftig
це́лить, це́лю, це́лишь *uv* **1.** zielen (в *A* auf) **2.** *alt* anspielen, es abgesehen haben (auf)
це́литься, це́люсь, це́лишься *uv* zielen
целко́вый, -ого *Subst m volksspr* ein Rubel
целлуло́ид, -а *m* Zelluloid
целлюло́за, -ы *f* Zellulose
целова́ть, целу́ю, целу́ешь; цело́ванный, -ан, -а *uv* küssen ‖ *v* поцелова́ть
целова́ться, целу́юсь, целу́ешься *uv* sich küssen ‖ *v* поцелова́ться
це́лое, -ого *Subst n* **1.** das Ganze; еди́ное ~ ein einheitliches Ganzes **2.** *math* ganze Zahl
целому́дренный, -ая, -ое; *Kzf* -рен, -ренна *buchspr* keusch

целому́дрие, -я *n* Keuschheit; Unberührtheit
це́лостность [сн], -и *f* Ganzheit, Ungeteiltheit, Abgeschlossenheit
це́лостный [сн], -ая, -ое; *Kzf* -тен, -тна ganz, ungeteilt, in sich (ab)geschlossen, einheitlich
це́лость, -и *f* Unversehrtheit, Ganzheit
це́лый, -ая, -ое 1. ganz, vollständig, ungemindert; ~ час eine ganze Stunde 2. *Kzf* цел, -а́! unversehrt, heil; всё бы́ло це́ло alles war unversehrt ◇ в -ом im ganzen; в о́бщем и -ом im allgemeinen
цель, -и *f* 1. Ziel 2. *übtr* Ziel, Zweck
цельнокро́еный, -ая, -ое: -ые рукава́ angeschnittene Ärmel
цельно|металли́ческий, -ая, -ое ganz aus Metall bestehend, Ganzmetall-; **~тя́нутый,** -ая, -ое nahtlos (gezogen) *Rohr*
це́льный, -ая, -ое 1. aus einem Stück bestehend; коло́нна из -ого мра́мора Säule aus einem Stück Marmor 2. ganz, unversehrt, heil, unbeschädigt 3. *Kzf* -лен, -льна́! ganzheitlich, in sich geschlossen, einheitlich, wie aus einem Guß; ~ хара́ктер ein ganzer Mann ◇ -ое молоко́ Vollmilch
Це́льсий, -я, *P* -и *m* Celsius; пять гра́дусов по -ю fünf Grad Celsius
цеме́нт, -а *m* Zement
цементи́ровать, -рую, -руешь; -рованный, -рован, -а *v, uv* 1. *tech* zementieren 2. *übtr* fest zusammenschweißen, zusammenschmieden
цеме́нтный, -ая, -ое Zement-; ~ заво́д Zementfabrik
цена́, -ы́, *A* це́ну, *Pl* це́ны, цен, це́нам *f* 1. Preis; сниже́ние цен Preissenkung 2. *übtr* Wert; э́то не име́ет никако́й -ы́ das hat keinerlei Wert ◇ получи́ть что́-н. цено́ю бо́льших уси́лий etw. um den Preis großer Mühen erhalten; э́тот това́р в -е́ diese Ware steht hoch im Preis; э́тому -ы́ нет das ist nicht (mit Geld) zu bezahlen
ценз, -а *m* Zensus; Bedingung *für Ausübung bestimmter Rechte, meist bei der Wahl*; иму́щественный ~ Vermögenszensus
це́нзор, -а *m* Zensor
цензу́ра, -ы *f* Zensur
цензурова́ть, -ру́ю, -ру́ешь; -ро́ванный, -ро́ван, -а *uv alt* zensieren, einer Zensur unterziehen
цени́тель, -я *m* Kenner; ~ иску́сства Kunstkenner
цени́ть, ценю́, це́нишь *uv* 1. *volksspr* schätzen, taxieren 2. *übtr* schätzen, wertschätzen, zu schätzen wissen
це́нность, -и *f* 1. Geld(es)wert 2. Bedeutung, Wert 3. wertvoller Gegenstand, Wertsache ◇ материа́льные -и materielle Werte
це́нный, -ая, -ое; *Kzf* це́нен, це́нна 1. *nur Langform* Wert-; -ое письмо́ Wertbrief 2. teuer, wertvoll 3. bedeutungsvoll, wertvoll; -ая мысль wertvoller Gedanke
це́нтнер, -а *m* Doppelzentner, Dezitonne, 100 kg
центр, -а *m* 1. *math, phys* Mittelpunkt, Konzentrations-, Schnittpunkt; ~ тя́жести Schwerpunkt 2. *übtr* Mittelpunkt, Zentrum; промы́шленный ~ Industriezentrum 3. höchstes Leitungsorgan
централиза́ция, -и *f* Zentralisierung
централизова́ть, -зу́ю, -зу́ешь; -зо́ванный, -зо́ван, -а *v, uv* zentralisieren
центра́льный, -ая, -ое Zentral-; Mittel-; ~ напада́ющий *Sport* Mittelstürmer; Центра́льная Евро́па Mitteleuropa
центрифу́га, -и *f* Zentrifuge, Schleuder; Wäscheschleuder
центробе́жный, -ая, -ое zentrifugal, Schleuder-; ~ насо́с Schleuderpumpe
центро́вка, -и *f* Zentrierung
центростреми́тельный, -ая, -ое zentripetal
цеп, -а́ *m* Dreschflegel
цепене́ть, -е́ю, -е́ешь *uv* erstarren, steif [starr] werden; ~ от у́жаса vor Entsetzen erstarren; но́ги на́чали ~ die Beine begannen, steif zu werden
це́пкий, -ая, -ое; *Kzf* -пок, -пка́! 1. festhaltend, nicht loslassend; -ие ру́ки nicht loslassende Hände 2. festhaftend, fest anhaftend 3. *übtr, umg* hartnäckig, zäh, nicht lockerlassend
цепля́ться, -я́юсь, -я́ешься *uv* hängenbleiben; sich festklammern *a. übtr* (за *A* an); ~ за су́чья an den Ästen hängenbleiben; ~ за ше́ю ма́тери sich am Hals der Mutter festklammern; ~ за мысль sich an einen Gedanken klammern
цепно́й, -а́я, -о́е Ketten-; -о́е звено́ Kettenglied; -а́я соба́ка Kettenhund; -ы́е рефле́ксы Kettenreflexe
цепо́чка, -и, *Pl G* -чек, *D* -чкам *f* kleine Kette
цепь, -и, *P* о це́пи, на цепи́, *Pl* це́пи,

цепéй, цепя́м *f* 1. Kette 2. *el* Kreis; электри́ческая ~ Stromkreis ◇ он как с -и сорвáлся er ist wie losgelassen [wie toll]
церемониáл, -я *m* Zeremoniell
церемониáльный, -ая, -ое zeremoniell; ~ марш Parademarsch
церемо́ниться, -нюсь, -нишься *uv* 1. sich zieren, Umstände machen 2. с *I* übermäßig Rücksicht nehmen (auf), viel Umstände machen (mit) ‖ *v* поцеремо́ниться
церемо́ния, -и *f* 1. Zeremonie 2. *meist Pl umg* Förmlichkeiten, Umstände; прошу́ без -й bitte ohne Umstände
церемо́нный, -ая, -ое; *Kzf* -о́нен, -о́нна (überaus) förmlich, zeremoniell, höflich
церко́вный, -ая, -ое Kirchen-, kirchlich
це́рковь, -кви, *I* -ко́вью, *Pl* це́ркви церквéй, церквáм *f* Kirche
цесáрка, -и, *Pl G* -рок, *D* -ркам *f* Perlhuhn
цех, -а, *P* цéхе *u. umg* в цеху́ *m* 1. (*Pl* цéхи) *hist* Zunft 2. (*Pl* цéхи *u. umg* цехá) Werksabteilung, Werkshalle; инструментáльный ~ Werkzeugmacherei; набо́рный ~ *typ* Setzerei
цехово́й, -áя, -о́е 1. Abteilungs-, Hallen-; ~ мáстер Hallenmeister 2. Zunft- ◇ -ы́е интерéсы engstirnige Berufsinteressen
циáн, -а *m* Zyan
циáнистый, -ая, -ое in Verbindung mit Zyan befindlich, Zyan-; ~ **кáлий** Zyankali
циáновый, -ая, -ое Zyan mit bestimmter Sauerstoffmenge enthaltend, Zyan-; -ая кислотá Zyansäure
цивилизáция, -и *f* Zivilisation
цивилизо́ванный, -ая, -ое zivilisiert
цивилизовáть, -зу́ю, -зу́ешь; -зо́ванный, -зо́ван, -а *v, uv* zivilisieren
цигéйка, -и *f* geschorenes, gefärbtes Ziegenfell
ЦИК [цик], -а *m* (Центрáльный исполни́тельный комитéт) Zentralexekutivkomitee *1924–1937*
цикáда, -ы *f zool* Zikade, Heuschrecke
цикл, -а *m* Zyklus, Kreislauf
цикламéн, -а *m* Alpenveilchen
цикли́ческий, -ая, -ое zyklisch
цикло́н, -а *m* 1. Zyklon, Wirbelsturm 2. *met* Tief(druckgebiet)
цико́рий, -я, *P* -и *m bot* Zichorie
цили́ндр, -а *m* 1. *math, tech* Zylinder 2. Zylinder(hut)
цилиндри́ческий, -ая, -ое **zylindrisch,** walzenförmig
цимбáлы, -áл *Pl mus* Zimbel
цингá, -и́ *f* Skorbut
цинго́тный, -ая, -ое Skorbut-
цини́зм, -а *m* 1. *phil* Zynismus, Kynismus 2. Zynismus, zynische Art
ци́ник, -а *m* 1. *phil* Zyniker, Kyniker 2. Zyniker, zynischer Mensch
цини́чность, -и *f* Zynismus, zynische Art
цини́чный, -ая, -ое; *Kzf* -чен, -чна 1. zynisch, von zynischer Art 2. schamlos
цинк, -а *m* Zink
ци́нковый, -ая, -ое Zink-, **aus** Zink
цинкогрáфия, -и *f typ* Zinkographie
цино́вка, -и, *Pl G* -вок, *D* -вкам *f* Bastmatte
цирк, -а *m* Zirkus
циркáч, -á, *I* -о́м, *G Pl* -éй *m umg* Zirkusartist
цирково́й, -áя, -о́е Zirkus-
циркули́ровать, -рую, -руешь *uv* zirkulieren, umlaufen
ци́ркуль, -я *m* Zirkel
циркуля́р, -а *m* Zirkular, Rundschreiben
циркуля́рный, -ая, -ое Zirkular-
циркуля́ция, -и *f* Zirkulation, Kreislauf; Umlauf; ~ дéнег Geldumlauf
цистéрна, -ы *f* 1. *großer* Behälter *für Flüssigkeiten* 2. Tankwagen, Tankschiff, Spezialwaggon *für den Transport von Flüssigkeiten*
цитадéль, -и *f* 1. Zitadelle 2. *übtr buchspr* Bollwerk
цитáта, -ы *f* Zitat
цити́ровать, -рую, -руешь; -рованный, -рован, -а *uv* zitieren
ци́тра, -ы *f mus* Zither
ци́трус, -а *m* Citrusgewächs
ци́трусовые, -ых *Subst Pl* Citrusgewächse
циферблáт, -а *m* Zifferblatt
ци́фра, -ы *f* 1. Ziffer, Zahlenzeichen 2. *meist Pl umg* Kennziffern; контро́льные -ы Kontrollziffern
цифрово́й, -áя, -о́е Ziffern-, zahlenmäßig; ~ результáт zahlenmäßiges Ergebnis
ЦК (Центрáльный комитéт) Zentralkomitee, ZK
цо́коль, -я *m* 1. *arch* Sockel 2. *el* Sockel, Fassung; ~ **лáмпы** Lampensockel, Röhrenfassung
цо́кольный, -ая, -ое Sockel-; ~ **этáж** Hochparterre
ЦСУ (Центрáльное статисти́ческое

управле́ние) Statistische Zentralverwaltung
цуг, -а *m* Gespann *bei dem die Zugtiere hintereinander eingeschirrt sind*
цука́т, -а *m* kandierte Frucht
ЦУМ [цум], -а *m* (Центра́льный универса́льный магази́н) Zentrales Warenhaus
цыга́н, -а, *Pl* цыга́не, -а́н, -а́нам *m* Zigeuner
цыга́нский, -ая, -ое Zigeuner-
цыплёнок, -нка, *Pl* цыпля́та, -я́т, -я́там *m* Küken ◇ цыпля́т по о́сени счита́ют *etwa* man soll den Tag nicht vor dem Abend loben
цыпля́чий, -ья, -ье Küken-, Hühner-; -ья грудь Hühnerbrust
цы́почки, -чек, -чкам *Pl*: на -чках auf den Zehenspitzen; на ~ auf die Zehenspitzen
Цю́рих, -а *m* Zürich

Ч

ч. (час; часть; че́рез; число́) Stunde; Teil; über *Eisenbahn*; Zahl
чаба́н, -а́ *m* Hirt, Schafhirt
ча́вканье, -ья *n* Schmatzen, Geschmatze
ча́вкать, -аю, -аешь *uv* schmatzen ‖ *v mom* **ча́вкнуть,** -ну, -нешь
чад, -а (-у), *P* о ча́де, в чаду́ *m* **1.** Dunst, Qualm; Dampf **2.** *übtr* Rausch, Verblendung
Чад *n idkl* Tschadsee
чади́ть, чажу́, чади́шь *uv* dunsten, qualmen; печь чади́т der Ofen qualmt
ча́дный, -ая, -ое; *Kzf* -ден, -дна **1.** dunstig, qualmig, stickig **2.** *übtr* berauschend, betäubt, benebelt
ча́до, -а *n alt* Kind, *jetzt scherz, iron* ◇ с -ами и домоча́дцами mit Kind und Kegel
чадра́, -ы́ *f* Schleier *der mohammedanischen Frauen*; сбро́сить -у́ den Schleier ablegen
чаёвничать, -аю, -аешь *uv umg* sich am Tee gütlich tun; gemütlich [behaglich] Tee trinken
чае|во́д, -а *m* Teezüchter; **~во́дство,** -а *n* Teeanbau; **~во́дческий,** -ая, -ое Teeanbau-
чаевы́е, -ы́х *Subst Pl umg* Trinkgeld
чаёк, чайка́ (чайку́) *m umg* Tee
чаепи́тие, -я *n* Teetrinken
[1]**чай,** ча́я (ча́ю), *P* в ча́е, в чаю́ *m* **1.** (*Pl zur Bezeichnung von Sorten* чаи́, чаёв, чая́м) Tee, getrocknete Teeblätter; кита́йский ~ chinesischer Tee; кирпи́чный ~ gepreßter Tee **2.** Tee *Getränk*; ча́шка ча́ю eine Tasse Tee; кре́пкий ~ starker Tee; жи́дкий ~ schwacher Tee **3.** (*Pl* чаи́, чаёв, чая́м) Tee, Teegesellschaft; устро́ить ~ eine Teegesellschaft geben; его́ пригласи́ли на ча́шку ча́я er wurde zum Tee eingeladen ◇ дать на ~ Trinkgeld geben
[2]**чай** *mod volksspr* wohl, wahrscheinlich, vermutlich; ты, ~, проголода́лся du bist wohl hungrig
ча́йка, -и, *Pl G* ча́ек, *D* ча́йкам *f* Möwe
ча́йная, -ой *Subst f* Teehaus, Teestube
ча́йник, -а *m* Teekanne; Teekessel
ча́йница, -ы, *I* -ей *f* Teebüchse
ча́йный, -ая, -ое Tee-; -ое де́рево *bot* Teestrauch; -ая ло́жка Teelöffel; ~ серви́з Teeservice ◇ -ая ро́за *bot* Teerose
чайхана́, -ы́ *f* Teestube
чалма́, -ы́ *f* Turban
ча́лый, -ая, -ое graugefleckt, graugesprenkelt, grau (mit anderen Farben vermischt) *Farbe bei Pferden*
чан, -а, *P* в ча́не *u.* в чану́, *Pl* чаны́, -о́в, -а́м *m* Bottich, Kübel, Zuber
ча́ра, -ы *f alt, poet u. buchspr* Becher, kleines Weinglas
чарда́ш, -а, *I* -ем, *G Pl* -ей *m* Csárdás, Tschardasch *Tanz*
ча́рка, -и, *Pl G* -рок, *D* -ркам *f alt, poet* Becher, kleines Weinglas
чарова́ть, -ру́ю, -ру́ешь *uv* **1.** *alt* verzaubern, verhexen **2.** *buchspr* bezaubern, berücken, entzücken
чароде́й, -я, *G Pl* -ев *m buchspr* **1.** Zauberer, Hexenmeister **2.** bezaubernder Mann
чароде́йка, -и, *Pl G* -е́ек, *D* -е́йкам *f buchspr* **1.** Zauberin, Hexe **2.** bezaubernde Frau
чароде́йский, -ая, -ое *buchspr* Zauber-; zauberisch
чароде́йство, -а *n alt* **1.** Zauberei,

Zauberkunst, Hexerei **2.** Anmut, Zauber
чару́ющий, -ая, -ее bezaubernd
ча́ры, чар *Pl* **1.** *alt* Zauberei, Hexerei **2.** *übtr* Zauber, Reiz, Charme
час, -а, *mit den Grundzahlen* 2, 3, 4 *G* часа́; *P* в ча́се *u.* в часу́, *Pl* часы́, -о́в, -а́м *m* **1.** Stunde; Uhr; двена́дцать -о́в дня zwölf Uhr mittags; двена́дцать -о́в но́чи Mitternacht; ~ дня ein Uhr (nach)mittags; в четвёртом -у́ kurz nach drei Uhr; че́рез ~ nach [in] einer Stunde; кото́рый ~? wie spät ist es?; в кото́ром -у́? um wieviel Uhr?; он придёт в во́семь -о́в утра́ er kommt um acht Uhr morgens; он опозда́л на два -а́ er kam um zwei Stunden zu spät; в три -а́ um drei Uhr; in drei Stunden, im Laufe von drei Stunden; с ~ ungefähr eine Stunde; е́хать со ско́ростью ста киломе́тров в ~ mit einer Geschwindigkeit von hundert Kilometern in der Stunde fahren; би́тый ~ eine geschlagene Stunde **2.** *Pl* Unterricht(sstunden), Vorlesung(sstund)en; академи́ческий ~ eine akademische Stunde **3.** Zeit, Stunde; вече́рний ~ Abendzeit, Abendstunde; приёмные -ы́ Sprechstunde, Empfangszeit; в свобо́дные -ы́ in den Mußestunden; in der Freizeit; мёртвый ~ Ruhestunde ◇ в до́брый ~! glückliche Reise!; gut Glück!; *mil* стоя́ть на -а́х Wache stehen; наста́л (че́й-н.) после́дний ~ *oder* про́бил (че́й-н.) ~ j-s letzte Stunde hat geschlagen; с -у на ~ in der nächsten Minute, jeden Augenblick; stündlich; ~ о́т -у von Stunde zu Stunde; он растёт не по дням, а по -а́м er wächst zusehends
ча́сик, -а *m Dem zu* час Stündchen
часо́вня, -и, *Pl G* -вен, *D* -вням *f* Kapelle, kleines Bethaus
[1]**часово́й,** -а́я, -о́е **1.** Stunden-, stundenweise; -а́я опла́та Stundenlohn **2.** einstündig; ~ переры́в einstündige Pause **3.**: ~ по́езд der Ein-Uhr-Zug
[2]**часово́й,** -а́я, -о́е Uhr-, Uhren-; -а́я стре́лка Uhrzeiger; ~ магази́н Uhrengeschäft; -ы́х дел ма́стер *alt* Uhrmacher
[3]**часово́й,** -о́го *Subst m mil* Wache, Posten, Schildwache; сменя́ть -о́го den Posten ablösen
часовщи́к, -а́ *m* Uhrmacher
часо́к, -ска́ *m Dem zu* час Stündchen; на ~ auf ein Stündchen
часосло́в, -а *m* Kirchengebetbuch
часте́нько *Adv umg* sehr [ziemlich] oft
части́ть, чащу́, части́шь *uv* **1.** *umg* etw. schnell [oft] tun; eilen, hasten **2.** *volksspr* oft besuchen, oft (zu-j-m) gehen, oft kommen
части́ца, -ы, *I* -ей *f* **1.** Teilchen, kleiner Teil; geringe Menge **2.** *gram* Partikel
части́чный, -ая, -ое; *Kzf* -чен, -чна teilweise; Teil-; -о безрабо́тный Kurzarbeiter
ча́стник, -а *m umg* Privateigentümer, Privatunternehmer
частновладе́льческий [сн], -ая, -ое *wirtsch* privat
ча́стное [сн], -ого *Subst n math* Quotient
ча́стность [сн], -и *f* Einzelheit, Detail; в -и insbesondere
ча́стный [сн], -ая, -ое **1.** privat, Privat-; -ая со́бственность Privateigentum; -ое лицо́ Privatperson; -ые уро́ки Privatstunden; -ым о́бразом privatim; privat; по -ому де́лу in privater Angelegenheit [Sache] **2.** besonderer, speziell; Sonder-; ~ слу́чай spezieller Fall, Sonderfall
частоко́л, -а *m* Staketenzaun, Pfahlzaun
частота́, -ы́, *Pl* частоты, -о́т, -о́там *f* **1.** Häufigkeit; schnelle Aufeinanderfolge; Dichte, Dichtigkeit **2.** Frequenz; ~ ка́дров Bildfrequenz
часто́тность, -и *f* Häufigkeitsindex
часто́тный, -ая, -ое Freqenz-; Häufigkeits-
часту́шка, -и, *Pl G* -шек, *D* -шкам *f folkl* kurzes Lied (der russischen mündlichen Volksdichtung mit lyrischem oder aktuellem Inhalt, vorw. Vierzeiler)
ча́стый, -ая, -ое; *Kzf* част, часта́!; *Komp* ча́ще **1.** häufig, wiederholt, oft(malig) **2.** dicht; -ая ткань dichtes Gewebe; ~ лес dichter Wald; ~ не́вод engmaschiges Netz **3.** schnell(aufeinanderfolgend); ~ ого́нь Schnellfeuer **4.** nah beieinanderliegend **5.** -о *Adv* oft(mals), des öfteren ◇ ча́ще всего́ meistens
часть, -и, *Pl* ча́сти, часте́й, частя́м *f* **1.** Stück, Teil, Anteil; бо́льшая ~ der größte Teil; тре́тья ~ der dritte Teil, Drittel; ~ те́ла Körperteil; -и све́та Erdteile; ~ ре́чи *gram* Wortart; составна́я ~ Bestandteil; запасны́е -и Ersatzteile; по -я́м teilweise, in Teilen, in Raten **2.** Abschnitt, Teil **3.** Ab-

teilung; *umg* Bereich, Fach, Ressort; учéбная ~ Lehrkörper; хозя́йственная ~ Verwaltung 4. *mil* Truppe, Einheit, Verband; войскова́я ~ Truppenteil; дежу́рная ~ *mil* diensthabender Truppenteil; Bereitschaft; охраня́ющая ~ Sicherungsabteilung; уда́рная ~ Sturmtrupp; пожа́рная ~ Feuerwehrkommando 5. *alt* (*P* в части́) Polizeirevier 6. Teil, Anteil, Aktie; быть в -и с ке́м-н. *volksspr* j-m Kompagnon sein ◇ бо́льшей -ью *oder* по бо́льшей -и größtenteils, zum größten Teil, meistens; э́то не по мо́ей -и das schlägt nicht in mein Fach; он знато́к по э́той -и er kennt dieses Fach

ча́стью *Adv* teilweise, teils

часы́, -о́в *Pl* Uhr; карма́нные ~ Taschenuhr; ручны́е ~ Armbanduhr; стенны́е ~ Wanduhr; ба́шенные ~ Turmuhr; завести́ ~ die Uhr aufziehen; ~ спеша́т die Uhr geht vor; ~ отстаю́т die Uhr geht nach; по мои́м -а́м уже́ 12 nach meiner Uhr ist es bereits 12

ча́хлый, -ая, -ое; *Kzf* чахл, -а 1. welk, verkümmert, spärlich; ~ куст verkümmerter Strauch 2. kränklich, siech, schwächlich; ~ ребёнок kränkliches Kind

ча́хнуть, -ну, -нешь; чах *u.* ча́хнул, ча́хла *uv* 1. welk werden, eingehen, verkümmern 2. kränklich, schwächlich werden; dahinsiechen; ~ от тоски́ vor Sehnsucht vergehen

чахо́тка, -и *f alt u. volksspr* Lungenschwindsucht, Auszehrung; скороте́чная ~ galoppierende Schwindsucht; карма́нная ~ *scherz* Geldmangel

чахо́точный, -ая, -ое 1. *alt* schwindsüchtig; ~ румя́нец hektische Röte 2. -ого *Subst m* Schwindsüchtiger

ча́ша, -и, *I* -ей *f* 1. Becher, Schale 2. *übtr* Becher, Kelch ◇ ~ стадио́на Stadionrund; испи́ть -у до дна den bitteren Kelch bis zur Neige leeren; у них дом — по́лная ~ sie leben im Überfluß; перепо́лнить -у терпе́ния das Maß der Geduld erschöpfen

чашели́стик, -а *m bot* Kelchblatt

ча́шечка, -и, *Pl G* -чек, *D* -чкам *f* 1. *Dem zu* ча́шка kleine Tasse, Täßchen; kleine Schale, Schälchen 2. *bot* Blütenkelch 3.: надколе́нная ~ *anat* Kniescheibe

ча́шка, -и, *Pl G* -шек, *D* -шкам *f* 1. Tasse, Schale; вы́пить -у ча́ю eine Tasse Tee trinken 2. Waagschale, Schale 3.: надколе́нная ~ Kniescheibe ◇ ~ эфе́са Degenkorb

ча́ща, -и, *I* -ей *f* Dickicht

ча́ще ↑ ча́стый

чащо́ба, -ы *f umg* Dickicht

ча́яние, -я *n buchspr* Erwartung, Hoffnung, Wunschtraum; сверх вся́кого -я *oder* па́че -я wider Erwarten, unverhofft

ча́ять, ча́ю, ча́ешь *uv alt u. volksspr G* erwarten, hoffen (auf) ◇ души́ не ~ в ко́м-н. einen Narren an j-m gefressen haben; j-n über alles lieben

чва́ниться, -нюсь, -нишься *uv* sich brüsten, hochnäsig sein; не чва́нься родне́й sei auf deine Verwandtschaft nicht eingebildet

чванли́вый, -ая, -ое; *Kzf* -и́в, -а hochnäsig; zur Wichtigtuerei neigend

чва́нный, -ая, -ое hochmütig, hochnäsig

чва́нство, -а *n* Hochnäsigkeit, Wichtigtuerei

чего́ [во] 1. *Adv volksspr* wozu, weshalb, warum 2. ↑ [1]что

чей, чьего́ [во] *m*; чья, чьей *f*; чьё, чьего́ [во] *n*; *Pl* чьи, чьих, чьим 1. *Interr Pron* wessen, wem gehörig; чья э́то кни́га? Wessen Buch ist das? 2. *Rel Pron* dessen, deren *anstelle des G von* кото́рый; геро́й, чьё и́мя (= и́мя кото́рого) изве́стно всем der Held, dessen Name allen bekannt ist

чек, -а *m* 1. Scheck; вы́писать ~ einen Scheck schreiben [ausstellen]; плати́ть по -у einen Scheck einlösen; просро́ченный ~ verfallener Scheck 2. Kassenzettel

чека́, -и́ *f tech* Achsennagel, Splint

Чека́ *f idkl umg* Tscheka (*vgl. a.* ЧК)

чека́н, -а *m* 1. Prägestempel 2. Prägung 3. *hist* Streitaxt

чека́нить, -ню, -нишь *uv* 1. prägen, schlagen; ~ моне́ту münzen, Münzen prägen [schlagen] 2. *tech* verstemmen, ziselieren 3. *übtr* etwas sorgfältig tun; ~ слова́ die Wörter klar und deutlich aussprechen 4. *landw* beschneiden *Pflanzen*

чека́нка, -и *f* 1. Prägen, Prägung; ~ моне́ты Münzprägung 2. *tech* Verstemmen, Zieselieren 3. Stemmeißel 4. eingeprägtes Bild, Zeichen

чека́нный, -ая, -ое 1. Präge-; geprägt 2. *übtr* klar, ausgeprägt

чеки́ст, -а *m* Tschekist, Angehöriger der ЧК

чекмéнь, -я́ *m* kurzer Kosakenrock; kurzer Rock mit Taille
чéковый, -ая, -ое Scheck-; -ая кни́жка Scheckbuch
чёлка, -и, *Pl G* -лок, *D* -лкам *f* 1. Stirnhaar 2. Ponyfrisur
чёлн, челнá, *Pl* челны́, -óв, -áм *u.* чёлны, -ов, -ам *m* Kahn *aus einem Baumstamm*
челнóк, -á *m* 1. Kahn *aus einem Baumstamm* 2. *tech* Weberschiffchen 3. Schiffchen *Nähmaschine*
челó, -á, *Pl* чёла, чёл, чёлам *n* 1. *buchspr, alt* Stirn 2. Ofenloch ◇ бить -óм комý-н. *alt, jetzt iron* sich tief vor j-m verbeugen; *übtr* j-n demütig [untertänigst] um etwas bitten
челоби́тная, -ой *Subst f hist* Bittschrift
челоби́тчик, -а *m hist* Bittsteller
человéк, -а, *Pl* лю́ди, людéй, лю́дям, людьми́, о лю́дях *m*; *G Pl* человéк *nur mit Grundzahlen* 1. Mensch; молодóй ~ junger Mann *meist in der Anrede*; вóсемь ~ acht Mann, acht Leute; нас бы́ло дéсять ~ wir waren zehn Personen [zehn Mann]; деловóй ~ Geschäftsmann 2. *hist* Diener, Bedienter; Kellner
человéко-дéнь, -дня́ *m* Tagesarbeitsleistung eines Arbeiters
человеко|люби́вый, -ая, -ое; *Kzf* -и́в, -а *buchspr* menschenfreundlich, menschlich gesinnt, human; **~лю́бие,** -я *n buchspr* Menschenliebe, Menschenfreundlichkeit; **~ненави́стник,** -а *m buchspr* Menschenhasser, Menschenfeind; **~ненави́стничество,** -а *m buchspr* Menschenhaß; **~обрáзный,** -ая, -ое; *Kzf* -зен, -зна menschenähnlich; ~обрáзная обезья́на Menschenaffe
человéческий, -ая, -ое 1. Menschen-, menschlich 2. human, mitfühlend
человéчество, -а *n* Menschheit, Menschengeschlecht
человéчность, -и *f* Humanität, Menschlichkeit, Mitgefühl
человéчный, -ая, -ое; *Kzf* -чен, -чна human, menschlich, mitfühlend
Челю́скин, -а, -о: Челю́скин мыс Kap Tscheljuskin
челюстнóй [сн], -áя, -óе *anat* Kiefer-
чéлюсть, -и *f* 1. Kiefer; вéрхняя ~ Oberkiefer; ни́жняя ~ Unterkiefer 2. Zahnprothese 3. *tech* Greifer; (Gleit-) Backen
Челя́бинск, -а *m* Tscheljabinsk *Stadt*
чéлядь, -и *f Koll hist* leibeigenes Gesinde, Hausgesinde
[1]чем *Konj* 1. als *nach Komp*; лýчше пóздно, ~ никогдá besser zu spät als niemals 2. statt zu, anstatt (daß); ~ срáзу писáть, вы бы сначáла спроси́ли anstatt zu schreiben, hätten Sie doch lieber erst gefragt 3.: ~ . . . тем *mit Komp* je . . . desto; ~ бóльше, тем лýчше je mehr, desto besser ◇ ~ свет in aller Frühe
[2]чем, чём ↑ [1]что
чемери́ца, -ы, *I* -ей *f bot* (weiße) Nieswurz
чемодáн, -а *m* Koffer; уложи́ть ~ den Koffer packen
чемодáнный, -ая, -ое Koffer- ◇ -ое настроéние *scherz* Reisefieber
чемодáнчик, -а *m Dem zu* чемодáн kleiner Koffer
чемпиóн, -а *m Sport* Meister, Champion; ~ ми́ра Weltmeister; ~ страны́ Landesmeister
чемпионáт, -а *m Sport* Meisterschaft, Meisterschaftskampf, Championat; шáхматный ~ Schachmeisterschaft; ~ по футбóлу Fußballmeisterschaft
чемпиóнский, -ая, -ое Meister-, Champion-
чемпиóнство, -а *m Sport* Meisterschaftstitel, Meisterschaft
чемý ↑ [1]что
чепéц, -пцá, *I* -пцóм, *G Pl* -пцóв *m* Haube
чепрáк, -á *m* Schabracke, Satteldecke
чепухá, -и́ *f umg* Unsinn, dummes Zeug, Blödsinn; нести́ [болтáть, городи́ть] -ý dummes Zeug [Unsinn] reden, faseln
чепухóвый, -ая, -ое *volksspr* 1. dumm, blödsinnig, gehaltlos 2. gering, unbedeutend
чéпчик, -а *m Dem zu* чепéц Haube, Häubchen
червеобрáзный, -ая, -ое; *Kzf* -зен, -зна wurmförmig, -artig; ~ отрóсток слепóй кишки́ Wurmfortsatz des Blinddarms
чéрви *Pl* червéй, червя́м *u.* **чéрвы** *Pl* черв, чéрвам, *Sg volksspr* чéрва, -ы *f* Herz, Coeur *Spielkarten*
черви́веть, *1. u. 2. Pers ungebr*, -еет *uv* wurmstichig werden, von Würmern zerfressen werden
черви́вый, -ая, -ое; *Kzf* -и́в, -а wurmstichig, von Würmern zerfressen, madig
червóнец, -нца, *I* -нцем, *G Pl* -нцев *m* 1. Zehnrubelschein *in Umlauf von*

1922 bis 1947 **2.** Fünf- oder Zehnrubelmünze in Gold *vor 1917* **3.** *hist* Goldmünze, Dukate

[1]**червóнный,** -ая, -ое *alt* hochrot, hellrot; -ое зóлото Dukatengold

[2]**червóнный,** -ая, -ое Herz-, Coeur-; ~ валéт Herzbube *Kartenspiel*

червотóчина, -ы *f* Wurmstich, Wurmfraß

чéрвы ↑ чéрви

червь, -я́, *Pl* чéрви, червéй, червя́м *m* Wurm; шелкови́чный ~ Seidenraupe

червя́к, -á *m* **1.** Wurm; ивáновский ~ *gbt* Glühwürmchen **2.** *tech* Schnecke

червя́чный, -ая, -ое *tech* Schnecken-; -ая передáча Schneckengetriebe

чердáк, -á *m* Boden, Dachboden, Trockenboden

чердáчный, -ая, -ое Boden-, Dachboden-, Dachkammer-; -ое помещéние Dachkammer, Bodenkammer, Mansarde

черевúки *Pl* -ов, *Sg* черевúк, -а *m* Stiefelchen mit hohen Absätzen

черёд, -редá, *P* о чередé, в чередý *m* *umg* Reihe, Reihenfolge; ◇ идти́ своим чередóм seinen Gang gehen, seinen Lauf nehmen; **пришёл и наш** ~ nun sind wir an der Reihe

[1]**чередá,** -ы́ *f* **1.** geordnete Folge, Reihe, Zug; дли́нной -óй in langem Zug **2.** *alt* Zeit; пришлá худáя ~ eine böse [schlimme] Zeit ist angebrochen

[2]**чередá,** -ы́ *f bot* Zweizahn

чередовáние, -я *n* Reihenfolge; Wechsel; Alternation; ~ глáсных *gram* Ablaut; ~ соглáсных *gram* Konsonantenwechsel

чередовáть, -дýю, -дýешь *uv* (ab)-wechseln, aufeinander folgen lassen

чередовáться, -дýюсь, -дýешься *uv* sich abwechseln, miteinander wechseln, aufeinanderfolgen

чéрез *Präpos mit A* **1.** über *örtlich*, перейти́ ~ ýлицу über die Straße gehen; перелéзть ~ забóр über den Zaun klettern; мост ~ Эльбу eine Brücke über die Elbe, Elbbrücke **2.** durch (... hindurch), über; пройти́ ~ лес durch den Wald gehen; влезть ~ окнó durchs Fenster steigen; éхать ~ Москвý über Moskau fahren **3.** nach, in *zeitlich*; вернýться ~ час in [nach] einer Stunde zurückkommen; ~ год пóсле войны́ ein Jahr nach dem Krieg; ~ год übers Jahr; ~ однý (останóвку) an der zweiten [übernächsten] Haltestelle **4.** alle(r); смéна ~ кáждые вóсемь часóв Ablösung alle(r) acht Stunden; бри́ться ~ день sich jeden zweiten Tag rasieren; sich alle(r) zwei Tage rasieren **5.** durch, mit Hilfe von; узнáть ~ знакóмого durch einen Bekannten erfahren; разговáривать ~ перевóдчика sich mit Hilfe eines Dolmetschers unterhalten; э́то пи́шется ~ чёрточку das wird mit einem Bindestrich geschrieben

черёмуха, -и *f* **1.** Faulbeerbaum **2.** Faulbeere

черемшá, -и́, *I* -óй *f bot* Bärenlauch

черенковáть, -кýю, -кýешь *uv* aufpfropfen; einpflanzen

черенкóвый, -ая, -ое gestielt

черенóк, -нкá *m* **1.** Griff, Stiel, Heft **2.** Halm, Stiel; ~ листá Blattstiel **3.** Pfropf-, Steckreis

чéреп, -а, *Pl* черепá, -óв, -áм *m* Schädel

черепáха, -и *f* **1.** Schildkröte **2.** *Koll* Schildpatt

черепáховый, -ая, -ое **1.** Schildkröten-; ~ суп Schildkrötensuppe **2.** Schildpatt-; ~ грéбень Schildpattkamm

черепáший, -ья, -ье **1.** Schildkröten- **2.** Schildpatt- ◇ идти́ -ьим шáгом im Schneckentempo gehen

черепи́ца, -ы, *I* -ей *f* Dachziegel *a. Koll*

черепи́чный, -ая, -ое Dachziegel-, Ziegel-; -ая кры́ша Ziegeldach

черепнóй, -áя, -óе Schädel-; -áя корóбка Hirnschale

черепóк, -пкá *m* Scherbe

чересполóсица, -ы, *I* -ей *f* Gemeng(e)-lage *der Felder*

чересседéльник, -а *m* Rückengurt, Sattelriemen

чересчýр *Adv* übermäßig, über die Maßen, zu (sehr), zuviel, viel zu; ~ мнóго zu viel; viel zuviel ◇ э́то уж(é) ~! das geht zu weit!; das übersteigt alle Grenzen!

черéшневый, -ая, -ое Süßkirschen-

черéшня, -и, *Pl G* -шен, *D* -шням *f* **1.** Süßkirsch(en)baum **2.** Süßkirsche

черешóк, -шкá *m* **1.** Griff, Stiel, Heft **2.** *bot* Halm, (Blatt-) Stiel

Черкáссы, -асс *Pl* Tscherkassy *Stadt*

черкáть, -áю, -áешь *u.* **чёркать,** -аю, -аешь *uv* **1.** *uv zu* черкнýть **2.** *umg* streichen, ausstreichen, durchstreichen

черкéс, -а *m* Tscherkesse

черкéска, -и, *Pl G* -сок, *D* -скам *f* Tscherkessenrock
Черкéсск, -а *m* Tscherkessk *Stadt*
черкéсский, -ая, -ое tscherkessisch; Черкéсская Автонóмная óбласть Tscherkessisches Autonomes Gebiet
черкéшенка, -и, *PlG* -нок, *D* -нкам *f* Tscherkessin
черкнýть, -нý, -нёшь *v mom umg* **1.** Striche ziehen; kritzeln; kratzen; streifen **2.** schnell hinschreiben, hinkritzeln; черкнú мне нéсколько строк schreib mir ein paar Zeilen ‖ *uv* черкáть, -áю, -áешь *u.* чёркать, -аю, -аешь *zu* 1
чернёный, -ая, -ое geschwärzt
чернéть, -éю, -éешь *uv* **1.** schwarz werden, dunkler werden **2.** *1. u. 2. Pers ungebr* sich schwarz abheben, schwarz schimmern
чернéться, *1. u. 2. Pers ungebr,* -éется *uv* sich schwarz abheben, schwarz schimmern
черникá, -и *f* **1.** Heidelbeerstrauch **2.** *Koll* Heidelbeeren
чернúла, -úл *Pl* Tinte; крáсные ~ rote Tinte; симпатúческие ~ Geheimtinte
чернúльница, -ы, *I* -ей *f* Tintenfaß
чернúльный, -ая, -ое Tinten-; ~ карандáш Tintenstift; -ое пятнó Tintenfleck ◇ ~ орéшек *bot* Gallapfel; -ая душá *verächtl* Schreiberseele
чернúть, -нó, -нúшь; -нённый, -нён, -ненá *uv* **1.** schwärzen, schwarz färben; ~ вóлосы die Haare schwarz färben **2.** *übtr* anschwärzen, verleumden, Schlechtes nachsagen, in Verruf bringen
чернúчина, -ы *f volksspr* eine Heidelbeere
чернúчный, -ая, -ое **1.** Heidelbeerstrauch- **2.** Heidelbeer-
черно- *in Zuss* schwarz-
черно|борóдый, -ая, -ое; *Kzf* -óд, -а schwarzbärtig; **~брóвый,** -ая, -ое; *Kzf* -óв, -а mit schwarzen Augenbrauen
черно-бýрый, -ая, -ое; *Kzf* -ýр, -а schwarzbraun; -ая лисúца Silberfuchs
чернобы́льник, -а *m bot* Beifuß
черновúк, -á *m* Entwurf, Konzept; в -é im Unreinen
черновóй, -áя, -óе im Entwurf, im Konzept, ins Unreine geschrieben; -áя рýкопись noch nicht ins reine geschriebenes Manuskript
черно|волóсый, -ая, -ое; *Kzf* -óс, -а schwarzhaarig, dunkelhaarig; **~глáзый,** -ая, -ое; *Kzf* -áз, -а schwarzäugig
черногóрец, -рца, *I* -рцем, *G Pl* -рцев *m* Montenegriner
Черногóрия, -и *f* Montenegro
черногóрка, -и, *Pl G* -рок, *D* -ркам *f* Montenegrinerin
черногóрский, -ая, -ое montenegrinisch
черно|грúвый, -ая, -ое; *Kzf* -úв, -а mit schwarzer Mähne; **~зём,** -а *m* Schwarzerde; **~зёмный,** -ая, -ое Schwarzerde-; **~кнúжник,** -а *m alt* Schwarzkünstler, Magier; **~кóжий,** -ая, -ое; *Kzf* -óж, -а schwarz-, dunkelhäutig; **~лéсье,** -ья *n* Laubwald; **~мáзый,** -ая, -ое; *Kzf* -áз, -а *umg* mit brauner [dunkler] Gesichtsfarbe, dunkelhäutig, brünett
черномóрец, -рца, *I* -рцем, *G Pl* -рцев *m* Matrose der Schwarzmeerflotte
черномóрский, -ая, -ое Schwarzmeer-; -ое побережье Schwarzmeerküste
чернорабóчий, -его *Subst m* ungelernter Arbeiter
черносли́в, -а (-у) *m Koll* gedörrte Pflaumen, Backpflaumen
черносóтенец, -нца, *I* -нцем, *G Pl* -нцев *m pol, hist* Erzreaktionär, Chauvinist
чернотá, -ы́ *f* **1.** Schwarz, Schwärze **2.** Finsternis
чернотáл, -а *m bot* Lorbeerweide
черно|ýсый, -ая, -ое; *Kzf* -ýс, -а mit schwarzem Schnurrbart; **~шёрстый,** -ая, -ое; *Kzf* -шёрст, -а mit schwarzem Fell
чёрный, -ая, -ое; *Kzf* чёрен, чернá **1.** schwarz; dunkel; ~ хлеб Schwarzbrot, Roggenbrot; -ое дéрево Ebenholz; -ые метáллы Eisenmetalle; ходúть в -ом sich schwarz kleiden **2.** *übtr* schwarz, trübselig, finster, düster, unheilvoll; -ые мы́сли trübselige [düstere] Gedanken; -ая неблагодáрность schnöder Undank; -ое дéло schwarze [böse] Tat; Missetat; ~ день schwarzer Tag; -ые сúлы реáкции finstere Kräfte der Reaktion ◇ -ая рабóта körperlich schwere, unqualifizierte Arbeit; schmutzige, grobe Arbeit; -ые лю́ди *alt* Angehörige der nicht privilegierten Klassen; -ые зéмли *hist* staatliche Ländereien, Staatsland; ~ двор Hinterhof; ~ ход Neben-, Hintereingang; -ая лéстница Hinter-

treppe; -ая доска́ Schwarzes Brett, Schwarze Tafel; ~ ры́нок schwarzer Markt, Schwarzmarkt; -ая би́ржа Winkelbörse; -ые спи́ски schwarze Listen; черны́м-черно́ pechschwarz, kohlrabenschwarz; schwarz wie die Nacht; -ым по бе́лому schwarz auf weiß; держа́ть кого́-н. в -ом те́ле j-n kurz [streng, knapp] halten; j-n benachteiligen; на ~ день für den Notfall; отложи́ть де́ньги на ~ день Geld auf die hohe Kante legen; Чёрное мо́ре Schwarzes Meer

чернь, -и *f* **1.** Niello, geschwärztes Silber in Juwelierarbeiten **2.** Schwärze **3.** *alt* Pöbel

черпа́к, -а́ *m* **1.** Schöpfkelle **2.** *tech* Schöpfeimer, Schaufel; Baggereimer; ~ экскава́тора Baggerschaufel

черпа́лка, -и, *Pl G* -лок, *D* -лкам *f umg* **1.** Schöpfkelle, Schöpfgefäß **2.** *tech* Baggereimer

черпа́льный, -ая, -ое Schöpf-, Bagger-

че́рпать, -аю, -аешь *uv* **1.** schöpfen; baggern; ~ во́ду из ведра́ Wasser aus dem Eimer schöpfen **2.** *übtr* schöpfen, erwerben, erlangen; entlehnen, entnehmen; ~ си́лы Kraft schöpfen || *v mom* **черпну́ть,** -ну́, -нёшь *zu* 1

черстве́ть, -е́ю, -е́ешь *uv* **1.** hart werden, trocken werden, vertrocknen **2.** *übtr* hartherzig werden, gefühllos werden

чёрствость, -и *f* Härte; *übtr* Härte, Hartherzigkeit, Gefühllosigkeit

чёрствый, -ая, -ое; *Kzf* чёрств, черства́, чёрство, чёрствы *u.* черствы́ **1.** hart, trocken, hartgetrocknet, altbacken; есть ~ хлеб trockenes Brot essen; Schmalhans als Küchenmeister haben **2.** *übtr* hart, hartherzig, gefühllos

чёрт, -а (*aber* ни черта́), *Pl* че́рти, черте́й, чертя́м *m* Teufel ◇ *volksspr* иди́ к -у! geh zum Teufel!; scher dich zum Teufel!; ~ возьми́! *oder* ~ побери́! *oder* ~ подери́! hol's der Teufel!; Teufel auch!; сам ~ не разберёт! kein Teufel kann daraus klug werden!; чем ~ не шу́тит! wer weiß, was noch alles kommen mag!; жить у -а на кули́чках beim Teufel auf der Rinne wohnen; sehr weit wohnen; не так стра́шен ~, как его́ малю́ют es ist nicht so schlimm, wie es aussieht; es wird nichts so heiß gegessen, wie es gekocht wird; всё к -у пошло́! alles ist zum Teufel gegangen!; es ist völlig mißraten!; посла́ть к -у zum Teufel jagen; на кой ~ wozu, zum Teufel; wofür; ни черта́ absolut nichts; ни черта́ нет nichts da, nichts vorhanden; до -а sehr; überaus viel, sehr viel; ~ его́ зна́ет weiß der Teufel; ich weiß es nicht; -а с два nichts dergleichen; ~ с ним! mag er sich zum Teufel scheren!

черта́, -ы́ *f* **1.** Strich, Linie; провести́ -у́ einen Strich ziehen **2.** Grenze; Gebiet; пограни́чная ~ Grenzlinie, Grenzgebiet; в -е́ го́рода innerhalb der Stadtgrenzen, im Weichbild der Stadt **3.** *übtr* Zug *des Charakters, des Gesichts,* auszeichnende Besonderheit, Eigenschaft; отличи́тельная ~ kennzeichnender Zug, hervorstechende Eigenschaft, Charakteristikum; -ы́ лица́ Gesichtszüge ◇ в о́бщих -а́х in großen Zügen; im großen und ganzen; im allgemeinen

чертёж, -ежа́, *I* -ежо́м, *G Pl* -еже́й *m* Plan, Zeichnung, Aufriß

чертёжная, -ой *Subst f* Zeichensaal

чертёжник, -а *m* technischer Zeichner

чертёжница, -ы, *I* -ей *f* technische Zeichnerin

чертёжный, -ая, -ое Zeichen-, Reiß-; ~ прибо́р Reißgerät, Zeichengerät; -ая доска́ Reißbrett, Zeichenbrett

чертёнок, -нка, *Pl* чертеня́та, -я́т, -я́там *m umg* **1.** kleiner Teufel **2.** Schlingel, Wildfang

черти́ть, черчу́, че́ртишь; че́ртящий; че́рченный, -ен, -а *uv* **1.** ziehen, zeichnen *Linie, Strich;* ~ ли́нию eine Linie ziehen **2.** eine technische Zeichnung anfertigen, zeichnen, reißen; entwerfen; ~ план зда́ния den Grundriß eines Gebäudes zeichnen

чёртов, -а, -о Teufels- ◇ -а дю́жина *scherz* Teufelsdutzend, die Zahl 13; -о колесо́ *umg* Riesenrad

черто́вски *Adv umg* außerordentlich, sehr; tüchtig; verdammt; ~ уста́л verdammt müde; ~ тру́дно es ist verteufelt schwer

черто́вский, -ая, -ое *umg* teuflisch, verteufelt, verflixt, furchtbar; -ая рабо́та verflixte Arbeit; -ая хи́трость teuflische List, verteufelte Schlauheit

чертовщи́на, -ы *f umg* Teufelei, Teufelskram, Teufelswerk

черто́г, -а *m alt* Prunkgemach, Paradezimmer; *alt, poet* Palast, Schloß

чертополо́х, -а *m bot* Distel

чёрточка, -и, *Pl G* -чек, *D* -чкам *f* 1. *Dem zu* черта́ Strichlein, Strichelchen; feiner Strich 2. Bindestrich
черче́ние, -я *n* Zeichnen, Reißen
чеса́лка, -и, *PlG* -лок, -лкам *f text* Wollkamm, Kamm, Karde; Hechel
чеса́льный, -ая, -ое *text* Kamm-; Hechel-; -ая маши́на 1. *text* Krempel 2. Hechelmaschine *für Flachs*
чеса́ние, -я *n text* Kämmen, Hecheln
чёсаный, -ая, -ое *text* gekämmt, gehechelt
чеса́ть* *uv* 1. kämmen; ~ во́лосы Haare kämmen 2. *text* kämmen, hecheln; ~ лён Flachs hecheln 3. kratzen; ~ заты́лок [в заты́лке] sich im Nacken kraulen ◇ ~ язы́к *volksspr* klatschen ‖ *v* почеса́ть *zu* 3
чеса́ться* *uv* 1. sich kämmen 2. sich kratzen 3. *1. u. 2. Pers ungebr* jucken; у меня́ че́шется нос mir juckt die Nase ◇ у меня́ ру́ки че́шутся es juckt mir in allen Fingern; у него́ язы́к че́шется er kann seine Zunge nicht im Zaum halten ‖ *v* почеса́ться *zu* 2
чесно́к, -а́ (-у́) *m* Knoblauch
чесно́чный, -ая, -ое Knoblauch-; ~ за́пах Knoblauchgeruch
чесо́тка, -и *f med* Krätze, Räude
чесо́точный, -ая, -ое krätzig
че́ствование, -я *n* Ehrung, Ehrenbezeigung
че́ствовать, -твую, -твуешь *uv* ehren; feiern; Ehre bezeigen, Ehre erweisen
члести́ть, чещу́,织 чести́шь *uv umg* schimpfen, beschimpfen, schelten, lästern
че́стность [сн], -и *f* Ehrlichkeit, Redlichkeit, Rechtschaffenheit
че́стный [сн], -ая, -ое; *Kzf* -тен, -тна́! 1. ehrlich, redlich, rechtschaffen; -ое сло́во Ehrenwort; ~ па́рень ehrliche Haut 2. -о *Adv*: -о говоря́ ehrlich gesagt
често|лю́бец, -бца, *I* -бцем, *G Pl* -бцев *m* Ehrsüchtiger, Ehrgeiziger; **~люби́вый,** -ая, -ое; *Kzf* -и́в, -а ehrsüchtig, ehrgeizig; **~лю́бие,** -я *n* Ehrsucht, Ehrgeiz
честь, -и, *P* в че́сти *oder* в чести́ *f* 1. Ehre, Ehrgefühl; де́ло -и Ehrensache; его́ ~ заде́та er fühlt sich in seiner Ehre gekränkt; счита́ю за ~ ich halte es für eine Ehre; име́ю ~ ich habe die Ehre; кляну́сь -ью! bei meiner Ehre!; э́то де́лает тебе́ ~ das gereicht dir zur Ehre; на мою́ до́лю вы́пала ~ mir wurde die Ehre zuteil; ich hatte die Ehre; es war mir eine Ehre; с -ью in Ehren; с -ью вы́йти из тру́дного положе́ния mit Ehren aus einer schwierigen Lage hervorgehen 2. weibliche Ehre, Unberührtheit, Unschuld 3. Ehrung, Ehrenbezeigung; оказа́ть ~ Ehre erweisen; в ~ (кого́-н.) zu Ehren (von j-m *oder G*); он в -и́ er steht in hohem Ansehen; отда́ть ~ *mil* die Ehrenbezeigung erweisen; salutieren ◇ пора́ и ~ знать! jetzt ist es aber genug!, jetzt hört aber auf!; es ist höchste Zeit aufzubrechen!; ~ и ме́сто! *alt* bitte auf den Ehrenplatz!, bitte, nehmen Sie Platz!; по́ле -и *alt* Feld der Ehre; Schlachtfeld; -ью проси́ть höflich bitten; по -и *alt* aufrichtig, offen, freimütig
чёт, -а *m umg* gerade Zahl; ~ и не́чет paar oder unpaar
чета́, -ы́ *f* Paar; супру́жеская ~ Ehepaar; счастли́вая ~ ein glückliches Paar; он тебе́ не ~ du bist ihm nicht ebenbürtig; du paßt nicht zu ihm
четве́рг, -а́ *m* Donnerstag
четвере́ньки, -нек, -нькам *Pl umg*: на ~ (стать) (sich) auf alle viere (stellen); на -нках (по́лзать, стоя́ть, ходи́ть) auf allen vieren (kriechen, stehen, gehen)
четвери́к, -а́ *m alt* 1. Tschetwerik (altes russisches Getreidemaß = 26 Liter) 2. Viergespann
четвёрка, -и, *Pl G* -рок, *D* -ркам *f* 1. Vier, Vierer *Ziffer*; *umg Straßenbahn, Omnibus der Linie 4*; Gruppe von vier Personen oder Gegenständen 2. Vier *Schulzensur „gut" in der UdSSR* 3. Vier *Spielkarte* 4. Gespann mit vier Pferden; ~ лошаде́й Viergespann 5. Vierer(boot), Vierriemer
четверно́й, -а́я, -о́е *umg* vierfach, viermal so groß
четверня́, -и́, *G Pl* -е́й *f umg* Viergespann, Vierspänner
че́тверо, -ы́х *kollektives Num* 1. vier *bei männlichen Subst, die Personen bezeichnen u. bei Pluraliatantum*; их бы́ло ~ es waren ihrer vier, sie waren vier; пришло́ ~ es kamen vier Personen; ~ но́жниц vier Scheren 2. vier Paare; ~ глаз vier Augenpaare
четверо|кла́ссник, -а *m* Schüler der 4. Klasse; **~кла́ссница,** -ы, *I* -ей *f* Schülerin der 4. Klasse; **~но́гий,** -ая, -ое 1. vierfüßig 2. -ое, -ого *Subst n*

Vierfüß(l)er; **~ру́кий,** -ая, -ое vierarmig; **~сти́шие,** -я *n* vierzeiliges Gedicht, vierzeilige Strophe, Vierzeiler

четверти́чный, -ая, -ое *geol* quartär: Четверти́чный пери́од Quartär

четвёртка, -и, *Pl G* -ток, *D* -ткам *f alt* Viertel, der vierte Teil; Viertelpfund; Viertelbogen Schreibpapier

четвертно́й, -а́я, -о́е Viertel-; -а́я но́та *mus* Viertelnote; ~ биле́т *alt* Fünfundzwanzigrubelschein

четвертова́ть, -ту́ю, -ту́ешь; -то́ванный, -то́ван, -а *v, uv hist* vierteilen

четвёртый, -ая, -ое **1.** *Num* vierter; -ого числа́ am Vierten (des Monats); -ого ию́ня am vierten Juni; ~ час es geht auf vier; в -ом часу́ kurz nach drei; -ая часть Viertel **2.** -ая, -ой *Subst f* Viertel

че́тверть, -и, *Pl* че́тверти, четверте́й, четвертя́м *f* **1.** Viertel; ~ ча́са eine Viertelstunde; ~ второ́го Viertel zwei; без -и час Viertel vor eins **2.** Quartal, Viertel des Schuljahres; ~ го́да Vierteljahr **3.** $^1/_4$ einer Maßeinheit **4.** *mus* Viertelnote

чётки, чёток, чёткам *Pl kirch* Rosenkranz

чёткий, -ая, -ое; *Kzf* чёток, четка́, чётко; *Komp* чётче **1.** klar, deutlich; leserlich; ~ по́черк leserliche Handschrift **2.** *übtr* genau, exakt, klar, verständlich **3.** gut, organisiert; sorgfältig

чёткость, -и *f* **1.** Klarheit, Deutlichkeit, Leserlichkeit **2.** Genauigkeit, Exaktheit **3.**: ~ изображе́ния Bildschärfe

чётный, -ая, -ое gerade *bei Zahlen*

чётче ↑ чёткий

четы́ре, четырёх, четырём, четырьмя́, о четырёх *Num* vier; стро́иться по ~ челове́ка sich in Viererreihen aufstellen; иди́ на все ~ сто́роны! mach, daß du Land gewinnst!

четы́режды *Adv* **1.** viermal **2.** viermal, mit vier malgenommen; ~ пять — два́дцать vier mal fünf ist zwanzig

четы́реста, четырёхсо́т, четырёмста́м, четырьмяста́ми, о четырёхста́х *Num* vierhundert

четырёх- *in Zuss* vier-

четырёх|годи́чный, -ая, -ое vierjährig; **~голо́сный,** -ая, -ое vierstimmig; **~гра́нник,** -а *m math* Vierflach, Tetraeder; **~гра́нный,** -ая, -ое vierflächig; vierkantig; **~дне́вный,** -ая, -ое viertägig; **~зна́чный,** -ая, -ое vierstellig; **~кла́ссный,** -ая, -ое vierklassig; **~колёсный,** -ая, -ое vierrädrig; **~кра́сочный,** -ая, -ое: ~кра́сочная печа́ть Vierfarbendruck; **~кра́тный,** -ая. -ое viermalig

четырёхле́тие, -я *n* **1.** vier Jahre *Zeitraum* **2.** vierter Jahrestag; vierjähriges Jubiläum

четырёх|ле́тний, -яя, -ее vierjährig; **~ме́стный** [сн], -ая, -ое viersitzig; **~ме́сячный,** -ая, -ое **1.** viermonatig *Dauer oder Alter* **2.** viermonatlich; **~мото́рный,** -ая, -ое viermotorig; **~неде́льный,** -ая, -ое **1.** vierwöchig *Dauer oder Alter* **2.** vierwöchentlich; **~по́лье,** -ья *n* Vierfelderwirtschaft; **~сло́жный,** -ая, -ое viersilbig

четырёхсотле́тие, -я *n* **1.** vierhundert Jahre *Zeitraum* **2.** vierhundertster Jahrestag, Vierhundertjahrfeier

четырёх|сотле́тний, -яя, -ее vierhundertjährig; **~со́тый,** -ая, -ое *Num* vierhundertster; **~сто́пный,** -ая, -ое *lit* vierfüßig; **~сторо́нний,** -яя, -ее vierseitig; **~стру́нный,** -ая, -ое viersaitig; **~та́ктный,** -ая, -ое Viertakt-; **~ты́сячный,** -ая, -ое **1.** *Num* viertausendster **2.** aus viertausend bestehend **3.** *umg* im Wert von viertausend Rubeln; **~уго́льник,** -а *m* Viereck; **~уго́льный,** -ая, -ое viereckig; **~часово́й,** -а́я, -о́е vierstündig; ~часово́й по́езд 4-Uhr-Zug; **~эта́жный,** -ая, -ое dreistöckig, viergeschossig

четырнадцатиле́тний, -яя, -ее vierzehnjährig

четы́рнадцатый, -ая, -ое *Num* vierzehnter

четы́рнадцать, -и *Num* vierzehn

чех, -а *m* Tscheche

чехарда́, -ы́ *f* Bockspringen *Spiel*

чехли́ть, -лю́, -ли́шь *uv* mit einem Überzug versehen

чехо́л, -хла́ *m* Überzug; Futteral; Kappe; ду́льный ~ *mil* Mündungskappe; шлю́почный ~ *naut* Bootskleid

чехо́льчик, -а *m* kleines Futteral

Чехослова́кия, -и *f* Tschechoslowakei

чехослова́цкий, -ая, -ое tschechoslowakisch; Чехослова́цкая Социалисти́ческая Респу́блика Tschechoslowakische Sozialistische Republik

чечеви́ца, -ы, *I* -ей *f* **1.** Linse *Pflanze* **2.** Linsen *Frucht* **3.** *alt phys* Linse

чечеви́чный, -ая, -ое *bot* Linsen-; -ая похлёбка Linsengericht

чече́нец, -нца, *I* -нцем, *G Pl* -нцев *m* Tschetschene

чечéнка, -и, *Pl G* -нок, *D* -нкам Tschetschenin
чечéно-ингýшский, -ая, -ое: Чечéно-Ингýшская АССР ASSR der Tschetschen und Inguschen
чечéнский, -ая, -ое tschetschenisch
чéчет, -а *m* männlicher Hänfling, Leinfink
чечётка, -и, *Pl G* -ток, *D* -ткам *f* **1.** *zool* Hänfling **2.** russischer Tanz mit häufigem Aufstampfen; Steptanz
чéшка, -и, *Pl G* -шек, *D* -шкам *f* Tschechin
чéшский, -ая, -ое tschechisch
чешý ↑ чесáть
чешýйка, -и, *Pl G* -шýек, *D* -шýйкам *f* *Dem zu* чешуя́ kleine Schuppe, Schüppchen
чешýйчатый, -ая, -ое; *Kzf* -ат, -а schuppig; Schuppen-
чешуя́, -и́ *f Koll* Schuppen, Schutzhautplättchen *Fisch, Eidechse u. ä.*; сбрóсить -ю́ sich schuppen; sich häuten; снимáть -ю́ (ab)schuppen
чи́бис, -а *m zool* Kiebitz
чиж, -á, *I* -óм, *G Pl* -éй *m* Zeisig
чи́жик, -а *m Dem zu* чиж Zeisig
Чикáго *m idkl* Chikago
Чи́ли *n idkl* Chile
чилибýха, -и *f* **1.** Brechnußbaum **2.** Brechnuß
чили́ец, -и́йца, *I* -и́йцем, *G Pl* -и́йцев *m* Chilene
чили́йка, -и, *Pl G* -и́ек, *D* -и́йкам *f* Chilenin
чили́йский, -ая, -ое chilenisch
чин, -а, *Pl* чины́, -óв, -áм *m* **1.** Rang, Dienstrang, Dienstgrad; имéть высóкий ~ einen hohen Rang bekleiden; eine hohe Stellung einnehmen; повышéние в -е Rangerhöhung, Beförderung; лиши́ть -óв aller Ämter entheben; degradieren; в -áх von Rang und Würden; in Amt und Würden **2.** *alt* Beamter, Vertreter eines Amtes; -ы́ дипломати́ческого кóрпуса die Mitglieder des diplomatischen Korps **3.** *alt* Ordnung, Zeremonie, Ritual; ~ погребéния die Zeremonie der Bestattung ◇ ~ чинóм *oder* ~ по -у *volksspr* wie es sich gehört; без -óв *alt* ohne Umstände, ungeniert
чинáр, -а *m u.* **чинáра,** -ы *f bot* Platane
чинёный, -ая, -ое *umg* repariert, ausgebessert
[1]**чини́ть,** чиню́, чи́нишь; чи́ненный, -ен, -а *uv* **1.** ausbessern, reparieren; ~ бельё Wäsche ausbessern **2.** (an)spitzen; ~ карандáш einen Bleistift (an)spitzen
[2]**чини́ть,** чиню́, чини́шь *uv buchspr* machen, begehen, bereiten, durchführen; ~ препя́тствия Hindernisse bereiten [in den Weg legen]; ~ суд и распрáву Gericht über j-n halten; zu Gericht über j-n sitzen
чини́ться, чиню́сь, чини́шься *uv alt* sich zieren, Umstände machen
чи́нка, -и, *Pl G* -нок, *D* -нкам *f umg* **1.** Ausbesserung, Reparieren **2.** Anspitzen
чи́нность, -и *f* Manierlichkeit; gute Gesittung; Anständigkeit; Anstand
чи́нный, -ая, -ое; *Kzf* чи́нен, чиннá! manierlich, gebührend, gesittet, anständig
чинóвник, -а *m* **1.** *hist u. ausländ* Beamter **2.** *verächtl* Bürokrat; Schreiberseele
чинóвнический, -ая, -ое **1.** Beamten- **2.** bürokratisch
чинóвничество, -а *n Koll* Beamtentum, Beamtenschaft
чинóвный, -ая, -ое; *Kzf* -вен, -вна *alt* Beamten-; einen (hohen) Rang habend; -ое дворя́нство Beamtenadel
чинопочитáние, -я *n alt* rangmäßige Ehrenbezeigung, Beamtendisziplin
чи́рей, чи́рья, *G Pl* чи́рьев *m umg* Furunkel, Geschwür
чири́канье, -ья *n* Zwitschern, Gezwitscher
чири́кать, -аю, -аешь *uv* zwitschern ‖ *v mom* **чири́кнуть,** -ну, -нешь
чирк *prädikativ* rieb an, strich an
чи́ркать *uv zu* чи́ркнуть
чи́ркнуть, -ну, -нешь *v mom* anstreichen, entzünden; ~ спи́чкой ein Streichholz anzünden ‖ *uv* чи́ркать, -аю, -аешь
чирóк, -ркá *m zool* Krickente
чи́сленность, -и *f* Anzahl, Zahl; *mil* Stärke; -ью в двáдцать человéк zwanzig Mann stark; по -и der Zahl nach
чи́сленный, -ая, -ое zahlenmäßig, mengenmäßig, quantitativ; ~ состáв áрмии Stärke der Armee
числи́тель, -я *m math* Zähler
числи́тельный, -ая, -ое **1.**: и́мя числи́тельное Zahlwort **2.** -ое, -ого *Subst n*: коли́чественное -ое Grundzahlwort; поря́дковое -ое Ordnungszahlwort
чи́слить, -лю, -лишь *uv I* rechnen (zu), zählen (zu); ~ когó-н. больны́м j-n. als krank führen
чи́слиться, -люсь, -лишься *uv* ge-

rechnet werden, geführt werden, gezählt werden; gelten; ~ больны́м als krank geführt werden; krank geschrieben sein; ~ в спи́ске in der Liste stehen, in der Liste geführt werden

число́, -а́, *Pl* чи́сла, -сел, -слам *n* **1.** *math* Zahl; дро́бное ~ Bruch, Bruchzahl; це́лое ~ ganze Zahl; просто́е ~ Primzahl; мни́мое ~ imaginäre Zahl; имено́ванное ~ benannte Zahl **2.** *gram* Numerus, Zahl; еди́нственное ~ Einzahl, Singular; мно́жественное ~ Mehrzahl, Plural **3.** Zahl, Anzahl, Menge; в большо́м -е in großer Zahl [Anzahl]; -о́м в два́дцать челове́к zwanzig Mann stark; по -у́ чле́нов nach der Anzahl der Mitglieder **4.** Datum; како́е сего́дня ~? der wievielte ist heute?, welches Datum haben wir heute?; помеча́ть -о́м datieren; поме́тить за́дним -о́м zurückdatieren, nachdatieren; от сего́ -а́ *Kanzleisprache* von heute ab; в пе́рвых -ах января́ in den ersten Tagen des Januars; Anfang Januar ◇ без -а́ zahllos; в -е́ unter; в том -е́ darunter, einschließlich; сре́дним -о́м durchschnittlich, im Durchschnitt; оди́н из их -а́ einer von ihnen

числово́й, -а́я, -о́е zahlenmäßig, Zahlen-

чисти́лище, -а, *I* -ем *n kirch* Fegefeuer

чи́стильщик, -а *m* Putzer, Reiniger; ~ сапо́г Stiefelputzer

чи́стить, чи́щу, чи́стишь; чи́щенный, -ен, -а *uv* **1.** reinigen, säubern, putzen; ~ щёткой bürsten; ~ зу́бы Zähne putzen; ~ посу́ду Geschirr waschen; ~ скребни́цей striegeln; ~ кана́ву einen Graben auswerfen; ~ му́сорные я́мы Müllgruben ausnehmen **2.** schälen, putzen *Obst, Gemüse*; ~ карто́фель Kartoffeln schälen; ~ ры́бу einen Fisch abschuppen; ~ селёдку einen Hering ausnehmen

чи́ститься, чи́щусь, чи́стишься *uv* sich putzen

чи́стка, -и *f* **1.** Putzen, Reinigen, Säubern; Säuberung, Reinigung; отда́ть в -у reinigen lassen; zum Reinigen geben **2.** Schälen, Putzen

чи́сто *Adv* **1.** rein, sauber; здесь ~ hier ist es sauber **2.** rein; ~ вне́шний rein äußerlich ◇ здесь де́ло не ~ hier geht es nicht mit rechten Dingen zu; ~-на́чисто ganz rein

чистови́к, -а́ *m umg* Reinschrift

чистово́й, -а́я, -о́е Rein-, ins Reine geschrieben, reinschriftlich; ~ экземпля́р Reinschrift

чистога́н, -а (-у) *m volksspr* Bargeld; заплати́ть -ом (in) bar zahlen

чистокро́вный, -ая, -ое; *Kzf* -вен, -вна reinrassig, reinblütig; -ая ло́шадь Vollblut, Vollblüter; -ая соба́ка Rassehund

чисто|писа́ние, -я *n* Schönschreiben, Schönschrift *als Unterrichtsfach*; **~пло́тность,** -и *f* **1.** Reinlichkeit, Sauberkeit **2.** *übtr* Ehrlichkeit, Rechtschaffenheit, Anständigkeit; **~пло́тный,** -ая, -ое; *Kzf* -тен, -тна **1.** reinlich, sauber **2.** *übtr* ehrlich, anständig, moralisch sauber; **~поро́дный,** -ая, -ое-; *Kzf* -ден, -дна reinrassig, Zucht-; **~серде́чный,** -ая, -ое; *Kzf* -чен, -чна offenherzig, aufrichtig, treuherzig; ~серде́чное призна́ние offenes [rückhaltloses] Geständnis; **~со́ртный,** -ая, -ое *landw* rein, sortenrein, sortenecht

чистота́, -ы́ *f* **1.** Reinheit, Reinlichkeit, Sauberkeit **2.** Sorgfalt, Genauigkeit **3.** Reinheit; ~ воды́ Reinheit des Wassers **4.** *übtr* Reinheit, Redlichkeit, Klarheit ◇ говори́ть на -у́ frei von der Leber weg sprechen

чистоте́л, -а *m bot* Warzenkraut

чи́стый, -ая, -ое; *Kzf* чист, чиста́!; *Komp* чи́ще **1.** sauber, rein; -ая страни́ца reine [unbeschriebene] Seite **2.** sorgfältig, sauber, genau; -ая рабо́та sorgfältige Arbeit; qualifiziertere, feinere Arbeit **3.** rein, pur, ohne Beimischung; -ое вино́ reiner Wein; -ое зо́лото pures Gold; -ое серебро́ Reinsilber **4.** *übtr* rein, klar, frei; Rein-; ~ вес Rein-, Nettogewicht; ~ го́лос klare Stimme; ~ дохо́д Reingewinn; -ое по́ле freies [offenes] Feld; -ое не́бо wolkenloser Himmel; ~ вздор purer Unsinn; -ая пра́вда reine Wahrheit; э́то -ая случа́йность das ist reiner Zufall ◇ принима́ть что́-н. за -ую моне́ту etw. für bare Münze nehmen; за -ые де́ньги *volksspr* in bar; вы́вести на -ую во́ду кого́-н. j-n entlarven, j-n überführen

Чита́, -ы́ *f* Tschita *Stadt*

чита́емость, -и *f* Beliebtheit [Bekanntheit] eines Buches

чита́льный, -ая, -ое Lese-; ~ зал Lesesaal, Lesehalle

чита́льня, -и, *Pl G* -лен, *D* -льням *f* Lesesaal

чита́тель, -я *m* Leser

читáтельница, -ы, *I* -ей *f* Leserin
читáтельский, -ая, -ое Leser-; ~ билéт Lesekarte
читáть, -áю, -áешь; чи́танный, -ан, -а *uv* 1. lesen; ~ вслух laut lesen, vorlesen; ~ по складáм buchstabieren 2. vortragen, vorlesen, sprechen; ~ стихотворéния Gedichte vortragen; ~ лéкцию eine Vorlesung halten ◇ ~ мы́сли Gedanken lesen [erraten]; ~ мéжду строк zwischen den Zeilen lesen; ~ нотáцию die Leviten lesen; eine Gardinenpredigt halten | *uv iterativ* чи́тывать *Präs ungebr umg*
читáться, *1. u. 2. Pers ungebr*, -áется *uv* lesbar sein; sich lesen lassen; э́тот текст легкó читáется dieser Text liest sich leicht
читинец, -нца, *I* -нцем, *G Pl* -нцев *m* Einwohner von Tschita
чи́тка, -и, *Pl G* -ток, *D* -ткам *f umg* 1. lautes Lesen, Vorlesen 2. *theat* Rollenprobe, Leseprobe; Vortrag
чи́тывать *uv iterativ zu* читáть
чихáнье, -ья *n* Niesen ◇ на вся́кое ~ не наздрáвствуешься *Sprichw* man kann es nicht allen recht machen
чихáтельный, -ая, -ое Nies-, Niesen hervorrufend; ~ табáк Schnupftabak
чихáть, -áю, -áешь *uv* 1. niesen 2. *übtr volksspr* на *A* mißachten, geringschätzen, pfeifen (auf); ~ мне на негó ich pfeife auf ihn || *v mom* чихнýть, -нý, -нёшь *zu* 1
чихи́рь, -я́ *m* kaukasischer Rotwein
чихнýть *v mom zu* чихáть
чи́ще ↑ чи́стый
чи́щеный, -ая, -ое geputzt, gereinigt
ЧК (Чрезвычáйная Коми́ссия [по борьбé с контрреволю́цией, спекуля́цией и саботáжем]) *hist* Tscheka (Sonderkommission [zur Bekämpfung der Konterrevolution, der Spekulation und der Sabotage])
член, -а *m* 1. Mitglied; ~ прави́тельства Mitglied der Regierung; ~ профсою́за Gewerkschaftsmitglied; ~-корреспондéнт korrespondierendes Mitglied; ~ прези́диума Mitglied des Präsidiums, Vorstandsmitglied; почётный ~ Ehrenmitglied; стать -ом Mitglied werden 2. Körperglied, Glied; -ы тéла Gliedmaßen; страх сковáл егó -ы der Schreck fuhr ihm in alle Glieder 3. *math* Glied; ~ уравнéния Glied einer Gleichung 4. *gram* Teil, Glied; -ы предложéния Satzglieder, Satzteile 5. *gram* Artikel; определённый ~ bestimmter Artikel; неопределённый ~ unbestimmter Artikel
членéние, -я *n* Gliederung, Aufgliederung
члéник, -а *m zool* Körperabschnitt, Glied *z. B. bei Insekten*
членистонóгие *Pl* -их, *Sg* членистонóгое, -ого *Subst n zool* Gliederfüßer
члени́ть, -ню́, -ни́шь *uv* in Teile zerlegen; gliedern, zergliedern, aufteilen
члени́ться, *1. u. 2. Pers ungebr*, -и́тся *uv* sich zerlegen lassen, sich gliedern lassen
членовреди́тельство, -а *n* 1. Verstümmelung 2. Selbstverstümmelung
членораздéльный, -ая, -ое; *Kzf* -лен, -льна artikuliert, deutlich; klar gegliedert; -ая речь artikulierte Rede
члéнский, -ая, -ое Mitglieds-; ~ билéт Mitgliedsausweis, Mitgliedskarte; ~ взнос Mitgliedsbeitrag
члéнство, -а *n* Mitgliedschaft
чмóканье, -ья *n* Schmatzen
чмóкать, -аю, -аешь *uv* 1. schmatzen; schnalzen 2. *volksspr, scherz* schmatzend küssen || *v mom* **чмóкнуть,** -ну, -нешь
чóкаться, -аюсь, -аешься *uv* anstoßen (за *A* auf, *I* mit); ~ за чьё-н. здорóвье auf j-s Gesundheit anstoßen, auf j-s Wohl trinken; ~ стакáнами mit den Gläsern anstoßen || *v* **чóкнуться,** -нусь, -нешься
чóпорность, -и *f* Geziertheit, Prüderie, Zimperlichkeit
чóпорный, -ая, -ое; *Kzf* -рен, -рна 1. geziert, prüde, zimperlich; steif, affektiert 2. -о *Adv*: -о держáться sich zieren; zimperlich tun
чóхом *Adv volksspr* alles zusammen; auf einen Schlag; im großen, in größeren Mengen
чревáтый, -ая, -ое; *Kzf* -áт, -а *I* 1. *übtr* schwanger (mit); ~ опáсностями gefahrdrohend; ~ несчáстьями unheilschwanger, -drohend; ~ послéдствиями folgenschwer 2. *umg* überfüllt, voll (von)
чрéво, -а *n buchspr, alt* Leib, Mutterleib
чревовещáтель, -я *m* Bauchredner
чревоугóдник, -а *m* Vielfraß
чредá, -ы́ *f alt* Reihe, Reihenfolge
чрез *Präpos mit A buchspr dasselbe wie* чéрез
чрезвычáйный, -ая, -ое; *Kzf* -áен, -áйна 1. außerordentlich, ungewöhn-

lich **2.** besonderer, speziell, unvorhergesehen; -ые полномо́чия außerordentliche [besondere] Befugnisse; -ые ме́ры Sondermaßnahmen; -ое положе́ние Ausnahmezustand

чрезме́рный, -ая, -ое; *Kzf* -рен, -рна übermäßig; maßlos; äußerst [überaus] groß

чте́ние, -я *n* **1.** Lesen; Vorlesen **2.** Lektüre, Lesestoff; интере́сное ~ interessante Lektüre **3.** Lesung *eines Gesetzentwurfs*; Vortrag, Vortragen; ~ ле́кций Abhalten des Kollegs; во вре́мя -я ле́кции während der Vorlesung **4.** *Pl* Vorlesungsreihe, Vortragsreihe

чтец, -а́, *I* -о́м, *G Pl* -о́в *m* **1.** *volksspr* Leser **2.** Vorleser; Vortragskünstler

чтить* *uv buchspr* ehren, (hoch)achten, (hoch)schätzen

¹что [што], чего́ [во], чему́, чем, о чём **1.** *Interr Pron* was; ~ вы говори́те? was sagen Sie?; ~ случи́лось? was ist geschehen?, was ist los?; что? wie, bitte?; из чего́ woraus; за ~ wofür; к чему́ wozu; чем womit, wodurch; на ~ worauf; wozu, wofür; для чего́ wozu, wofür; о чём вы ду́маете? woran denken Sie?; чему́ вы смеётесь? worüber lachen Sie?; а ~ я говори́л? ich habe es doch gesagt; ich habe es im voraus gesagt **2.** *Rel Pron* der, die, das; die; welcher, welche, welches; welche; was; всё, ~ я зна́ю alles was ich weiß; кни́га, ~ лежи́т на столе́ das Buch, das [welches, was] auf dem Tisch liegt; я прочту́ вам то, ~ вы захоти́те ich werde Ihnen (das) vorlesen, was Sie wollen **3.** *Interr Pron prädikativ* in welcher Lage, wie befindet sich; ~ больно́й? was macht der Kranke?, wie geht es dem Kranken? **4.** *Interr Pron als Adverb* warum, wozu, weshalb; was; ~ вы там медли́те? was [warum, weshalb] zögert ihr?; ~ вы там смеётесь? was habt ihr da zu lachen?, warum lachen Sie? **5.** *Interr u. Rel Pron* wieviel; ~ сто́ит кни́га? wieviel [was] kostet das Buch? **6.** *Indef Pron, umg* etwas; чуть ~ — сра́зу сообщи́! falls etwas [was] passieren sollte, melde sofort! **7.** *Interr Pron* wie? *im Sinne von*: was hast du gesagt? ◇ ~ за was für ein, welch ein; ~ за шум? was ist das für ein Lärm?; ~ за де́рзость? welch [was für] eine Frechheit?; ~ вы! was Sie nicht sagen!, wo denken Sie hin!; ~ вы? was fehlt Ihnen?, was ist Ihnen?; не́ за ~! keine Ursache!, bitte sehr!; ~ ни... *oder* ~ бы ни ... was auch (immer) ...; ~ бы ни случи́лось was auch immer geschehen möge; ~ ни сло́во, то ложь jedes Wort eine Lüge; ~ до меня́ was mich anbetrifft; не ста́вить ни во ~ gering einschätzen; mißachten; ни за ~! auf keinen Fall!, um keinen Preis!; ни за ~, ни про ~! mir nichts, dir nichts!, für nichts und wieder nichts!, vergeblich; ну и ~ же! was ist denn dabei!; чего́ там! meinetwegen!; ~ ли etwa, vielleicht; пойти́ мне ~ ли туда́? soll ich etwa hingehen?; мне не́ на ~ купи́ть кни́гу ich habe kein Geld, das Buch zu kaufen; ни к чему́ unnütz; (das hat) keinen Zweck; оста́ться ни при чём *oder* оста́ться ни с чем zu kurz kommen, leer ausgehen, das Nachsehen haben; ~ ему́ де́лается! Unkraut vergeht nicht!

²что [што] *Konj* **1.** daß; говоря́т, ~ ... man sagt, daß ... **2.** *alt* (ebenso) wie; глуп, ~ пень dumm wie Bohnenstroh **3.** *mit oder ohne Part* ни was auch immer; jeder; ~ ни день, растёт движе́ние за мир mit jedem Tag wächst die Friedensbewegung **4.** ob ... oder (ob) ...; ~ ты пойдёшь, ~ я — всё равно́ ob du gehst oder ich, das ist gleich

чтоб *und* **что́бы** [што] *Konj u. Part* **1.** *Konj* damit; auf daß; um ... zu; я пришёл, ~ поговори́ть с ва́ми ich bin gekommen, um mit Ihnen zu sprechen; для того́, ~ damit, daß, auf daß; вме́сто того́, ~ anstatt zu **2.** *Konj* daß; я хочу́, ~ вы э́то прочли́ ich will, daß Sie dies lesen **3.** *Part zum Ausdruck eines Wunsches, einer Erlaubnis*; ~ э́того бо́льше не́ было! daß das nicht mehr vorkommt!

что́-либо [што], чего́-л. [во], чему́-л., че́м-л., о чём-л. etwas, irgend etwas beliebiges

что́-нибудь [што], чего́-н. [во], чему́-н., че́м-н., о чём-н. *Indef Pron* etwas, irgend etwas, etwas beliebiges; расскажи́ мне ~! erzähl mir irgend etwas!; я не зна́ю, принёс ли он ~! ich weiß nicht, ob er irgend etwas mitgebracht hat

¹что́-то [што], чего́-то [во], чему́-то, че́м-то, о чём-то *Indef Pron* etwas, irgend etwas, etwas Bestimmtes; он сказа́л мне ~, но я не расслы́шал er hat mir etwas gesagt, doch ich habe es nicht recht verstanden; я

ви́жу, что он ∼ принёс ich sehe, daß er etwas mitgebracht hat; тут ∼ не так *umg* da stimmt was nicht
²**что́-то** [што] *Adv* **1.** ein wenig, etwas, leicht; мне ∼ нездоро́вится ich fühle mich etwas unwohl **2.** mir scheint, ich glaube; ты ∼ неве́сел mir scheint, du bist traurig; ты ∼ врёшь mir scheint, du lügst; ∼ не по́мню ich erinnere mich nicht ganz recht
чту ↑ чтить
чу! *Interj* horch!
чуб, -а, *Pl* чубы́, -о́в, -а́м *m* Schopf, Haarsträhne
чуба́рый, -ая, -ое scheckig; gesprenkelt, gefleckt
чубу́к, -а́ *m* (langes) Pfeifenrohr; türkische Tabakpfeife
чува́ш, -а *oder* -а́, *I* -ем *oder* -о́м, *G Pl* -ей *oder* -е́й *m* Tschuwasche
чува́шка, -и, *Pl G* -шек, *D* -шкам *f* Tschuwaschin
чува́шский, -ая, -ое tschuwaschisch; Чува́шская АССР ASSR der Tschuwaschen
чу́вственность, -и *f* Sinnlichkeit
чу́вственный, -ая, -ое; *Kzf* -вен, -венна **1.** Sinnes-; -ое восприя́тие Sinneswahrnehmung **2.** sinnlich
чувстви́тельность, -и *f* **1.** Empfindlichkeit, Fühlbarkeit **2.** Empfindsamkeit **3.** Sentimentalität, Gefühlsduselei, Gefühlsseligkeit
чувстви́тельный, -ая, -ое; *Kzf* -лен, -льна **1.** empfindlich, fühlbar, merklich; feinfühlig; ∼ хо́лод empfindliche Kälte; -ая утра́та schwerer Verlust; -ое ме́сто empfindliche Stelle; *übtr* wunder Punkt **2.** empfindsam, gefühlvoll; ∼ челове́к gefühlvoller Mensch **3.** sentimental, gefühlsselig, rührselig
чу́вство, -а *n* **1.** Gefühl, Empfindung; ∼ жа́лости Mitleid, Mitgefühl; ∼ со́бственного досто́инства Selbstbewußtsein, Selbstgefühl; ∼ ме́ры Gefühl für das rechte Maß **2.** Sinn; Besinnung, Bewußtsein; прийти́ в ∼ zu sich kommen; zur Besinnung kommen; без чувств besinnungslos, ohnmächtig; лиши́ться чувств die Besinnung verlieren, ohnmächtig werden; о́рганы чувств Sinnesorgane; обма́н чувств Sinnestäuschung; ∼ вку́са Geschmackssinn; ∼ ю́мора Sinn für Humor **3.** Liebe, Zuneigung
чу́вствовать, -твую, -твуешь *uv* **1.** fühlen, enpfinden, spüren; ∼ ра́дость Freude empfinden; sich freuen; ∼ себя́ больны́м sich krank fühlen; ∼ жа́лость Mitleid empfinden; ∼ жа́жду Durst spüren; dürsten; как вы себя́ чу́вствуете? wie fühlen Sie sich? **2.** in sich aufnehmen können, verstehen; ∼ му́зыку einen (feinen) Sinn für Musik haben || *v* почу́вствовать; -анный, -ан, -а
чу́вствоваться, -твуется *uv unpers* zu spüren sein, fühlbar sein; чу́вствуется све́жесть die Frische macht sich bemerkbar || *v* почу́вствоваться
чугу́н, -а́ *m* **1.** Gußeisen; Roheisen; Grauguß **2.** gußeisernes Gefäß, gußeiserner Topf
чугу́нный, -ая, -ое Gußeisen-; gußeisern, aus Gußeisen; Grauguß-
чугунолите́йный, -ая, -ое Eisengieß(erei)-; ∼ заво́д Eisengießerei
чуда́к, -а́ *m* Sonderling, (komischer) Kauz
чудакова́тый, -ая, -ое; *Kzf* -а́т, -а wunderlich, seltsam
чуда́чество, -а *n* Absonderlichkeit; sonderbare Handlung, seltsames Verhalten [Benehmen]
чуда́чка, -и, *Pl G* -чек, *D* -чкам *f* verschrobene Person; sonderbares Frauenzimmer
чуде́сный, -ая, -ое; *Kzf* -сен, -сна **1.** wunderbar; wie durch ein Wunder **2.** wunderschön, wundervoll, herrlich
чуди́ть, *1. Pers ungebr*, -и́шь *uv umg* sich wunderlich benehmen; Schrullen haben; dumme Streiche verüben
чу́диться, *1. Pers ungebr*, -ишься *uv* (er)scheinen, vorkommen, vorschweben; мне чу́дится es scheint mir, es kommt mir vor || *v* почу́диться
чу́дище, -а, *I* -ем *n alt* märchenhaftes Ungeheuer
чудно́й, -а́я, -о́е; *Kzf* -дён, -дна́ *umg* wunderlich, absonderlich, seltsam; komisch, lächerlich, ungewöhnlich
чу́дный, -ая, -ое; *Kzf* -ден, -дна **1.** wunderschön, wundervoll, wunderbar, entzückend **2.** ausgezeichnet, prächtig, großartig
чу́до, -а, *Pl* чудеса́, чуде́с, чудеса́м *u.* чу́да, чуд, чу́дам *n* **1.** Wunder; страна́ чуде́с Wunder-, Schlaraffenland; насмотре́ться чуде́с sein blaues Wunder erleben **2.** Wunderding, -werk ◇ ∼-ю́до märchenhaftes Ungeheuer
чудо́вище, -а, *I* -ем *n* **1.** Untier,

(märchenhaftes) Ungeheuer 2. *übtr* Scheusal, Unmensch, Ungeheuer

чудо́вищный, -ая, -ое; *Kzf* -щен, -щна 1. ungeheuer(lich); ~ зверь ungeheuerliches Tier 2. ungeheuerlich, abscheulich; -ое преступле́ние ungeheuerliches Verbrechen 3. riesig, ungeheuer; -ые разме́ры ungeheure Ausmaße

чудоде́й, -я, *G Pl* -ев *m alt* Wundertäter

чудоде́йственный, -ая, -ое; *Kzf* -вен, -венна wundertätig, wunderwirkend

чу́дом *Adv* durch ein Wunder, auf seltsame Weise

чудотво́рец, -рца, *I* -рцем, *G Pl* -рцев *m* Wundertäter

чудотво́рный, -ая, -ое; *Kzf* -рен, -рна wundertätig, wunderwirkend

чудско́й, -а́я, -о́е: Чудско́е о́зеро Peipussee

чужа́к, -а́ *m umg* Fremdling, Fremder; Neuling, Laie

чужби́на, -ы *f* Fremde, fremdes Land; на -е in der Fremde

чужда́ться, -а́юсь, -а́ешься *uv G* 1. meiden, scheuen, aus dem Wege gehen, sich fernhalten (von); ~ люде́й die Menschen meiden 2. frei sein (von); (etwas) nicht kennen

чу́ждый, -ая, -ое; *Kzf* чужд, чужда́! 1. (innerlich) fremd; кла́ссово-~ элеме́нт klassenfremdes Element 2. *G* fern, frei (von); э́то ему́ -о das steht ihm fern; ~ интри́г allen Intrigen fern; челове́к, ~ ре́вности ein von Eifersucht freier Mensch; ~ жи́зни lebensfremd; ~ наро́ду volksfremd

чужезе́мец, -мца, *I* -мцем, *G Pl* -мцев *m alt* Ausländer

чужезе́мный, -ая, -ое *alt* ausländisch, fremdländisch

чужестра́нец, -нца, *I* -нцем, *G Pl* -нцев *m alt* Ausländer

чужея́дный, ая, -ое; *Kzf* -ден, -дна *biol* parasitär

чужо́й, -а́я, -о́е fremd; -и́е края́ fremde Länder, Fremde; -и́е лю́ди fremde Leute; жить на ~ счёт auf Kosten [Rechnung] anderer leben; под -и́м и́менем unter falschem Namen ◇ -и́ми рука́ми жар загреба́ть sich die Kastanien aus dem Feuer holen lassen

чуко́тский, -ая, -ое Tschuktschen-; Чуко́тский полуо́стров Tschuktschenhalbinsel; Чуко́тское мо́ре Tschuktschenmeer

чу́кча, -и, *I* -ей, *G Pl* -ей *m*, *f* Tschuktsche

чукча́нка, -и, *Pl G* -нок, *D* -нкам *f* Tschuktschin

чула́н, -а *m* Kammer, Vorratskammer, Rumpelkammer

чулки́, *Pl* -ло́к, -лка́м, *Sg* чуло́к, -лка́ *m* Strümpfe; шёлковые ~ Seidenstrümpfe ◇ си́ний чуло́к Blaustrumpf

чуло́чки, *Pl* -чек, -чкам, *Sg* чуло́чек, -чка *m Dem zu* чулки́ Strümpfchen; kleine Kinderstrümpfe

чуло́чница, -ы, *I* -ей *f* Strumpfwirkerin

чуло́чный, -ая, -ое Strumpf-

чум, -а *m* Nomadenzelt *in Sibirien*

чума́, -ы, *f* Pest; ~ рога́того скота́ Rinderpest; бубо́нная ~ Beulenpest

чума́зый, -ая, -ое; *Kzf* -а́з, -а *umg* schmierig, schmutzig

чума́к, -а́ *m alt* Frachtfuhrmann

чуми́за, -ы *f* Kolbenhirse

чуми́чка, -и, *Pl G* -чек, *D* -чкам *f gbt* 1. Schöpflöffel, Schöpfkelle 2. *volksspr* Schmierfink, Schmutzfink

чумно́й, -а́я, -о́е Pest-; ~ больно́й Pestkranker

чур *Interj* halt!, nicht weiter!; ~ меня́! nicht anrühren! *beim Haschen;* ~ молча́ть! daß du (mir) aber schweigst!; ~ попола́м! jedem die Hälfte! *bei einem Funde;* то́лько ~, я оста́юсь! laß mich aus dem Spiel, ich bleibe!

чура́ться, -а́юсь, -а́ешься *uv G umg* (ängstlich) meiden, scheuen; aus dem Weg gehen

чурба́н, -а *m* 1. Klotz, Holzblock 2. *übtr* Dummkopf, Tolpatsch, Tölpel

чу́рка, -и, *Pl G* -рок, *D* -ркам *f* Klötzchen, kleiner Block

чу́ткий, -ая, -ое; *Kzf* -ток, -тка́!; *Komp* чу́тче 1. scharf(sinnig), feinhörig, hellhörig; feinsinnig; ~ сон leiser Schlaf; -ая соба́ка wachsamer Hund; ~ слух scharfes Gehör 2. *übtr* feinfühlig, zartfühlend, mitfühlend; taktvoll ◇ -о прислу́шиваться к чему́-н. ein feines Ohr für etwas haben

чу́ткость, -и *f* 1. Schärfe *des Gehörs,* Hellhörigkeit; Feinsinnigkeit 2. *übtr* Feinfühligkeit, Zartgefühl, Taktgefühl

чу́точку *Adv* ein (klein) wenig, ein

(kleines) bißchen; ◇ ни -ки kein bißchen, keine Spur
чу́тче *Komp zu* чу́ткий
чуть 1. *Adv* kaum; ein wenig, ein bißchen; он ~ ды́шит er atmet kaum; ~ заме́тная улы́бка kaum merkliches Lächeln; ~ тёплый lauwarm; ~ бо́льше ein bißchen mehr; ~ не fast, beinahe; я ~ не упа́л beinahe wäre ich gefallen **2.** *Konj* sobald; ~ то́лько kaum; ~ то́лько взошло́ со́лнце kaum war die Sonne aufgegangen; ~ кто войдёт, услы́шу sobald jemand eintritt, höre ich es; ~ что beim geringsten Anlaß; ~-чу́ть ein ganz klein wenig, ein bißchen; fast ◇ ~ свет bei Tagesanbruch; in aller Frühe
чутьё, -ья́ *n* **1.** Spürsinn, Witterung, Instinkt *bei Tieren* **2.** *übtr* Einfühlungsvermögen, Feingefühl; Taktgefühl
чу́чело, -а *n* **1.** Balg, ausgestopftes Tier; ~ пти́цы ausgestopfter Vogel **2.** Vogelscheuche; **3.** Puppe; соло́менное ~ Strohmann **4.** *übtr* Vogelscheuche, Schreckgespenst, Popanz
чу́шка, -и, *Pl G* -шек, *D* -шкам *f volksspr* **1.** Ferkel **2.** Schweinerüssel **3.** *tech* Barren
чушь, -и *f umg* Unsinn, dummes Zeug
чу́ю ↑ чу́ять
чу́ять* *uv* **1.** wittern, riechen **2.** *übtr umg* spüren, fühlen, empfinden; чу́ет се́рдце ich ahne, es schwant mir ‖ *v* почу́ять
чу́яться*, *1. u. 2. Pers ungebr uv* spürbar sein, zu fühlen sein ‖ *v* почу́яться
чьё, чьи, чья ↑ чей

Ш

ша́баш, -а, *I* -ем, *G Pl* -ей *m* **1.** Sabbat **2.** *übtr* Hexensabbat
шаба́ш! *prädikativ volkssspr* basta!, genug damit!
шабло́н, -а *m* **1.** Schablone, Muster; Modell **2.** *tech* Lehre **3.** *übtr* Schablone, Schema; рабо́тать по -у nach der Schablone arbeiten, schematisch arbeiten
шабло́нный, -ая, -ое 1. Schablonen- **2.** *Kzf* -о́нен, -о́нна schablonenhaft, abgedroschen; -ая фра́за abgedroschene [banale] Phrase
шаг, -а (-у), *mit den Grundzahlen 2, 3, 4* шага́, *P* в ша́ге *u.* в шагу́, *Pl* шаги́, -о́в, -а́м *m* **1.** Schritt, Gang; похо́дный ~ Marschschritt; бе́глый ~ Laufschritt; ро́вный ~ Gleichschritt; бы́стрым -ом im Schnellschritt; заме́длить ~ den Gang [Schritt] verlangsamen; приба́вить -у einen Schritt zulegen; на ка́ждом -у́ auf Schritt und Tritt; ~ за -ом Schritt für Schritt; напра́вить свои́ -и́ seine Schritte lenken; ни -у да́льше! keinen Schritt weiter! отме́рить 20 -о́в 20 Schritte abmessen **2.** *übtr* Handlung, Tat, Maßnahme; дипломати́ческий ~ diplomatischer Schritt; сде́лать реши́тельный ~ einen entscheidenden Schritt tun; ло́жный ~ Fehltritt; ло́вкий ~ ein kluger Schachzug; предприня́ть -и́ Schritte unternehmen; ~ вперёд ein Schritt vorwärts; не отступа́ть ни на оди́н ~ keinen Fußbreit nachgeben; не отходи́ть ни на оди́н ~ от кого́-н. j-m auf Schritt und Tritt folgen; гига́нтскими -а́ми mit Riesenschritten; сде́лать пе́рвый ~ den ersten Schritt tun **3.**: гига́нтские -и́ *Sport* Rundlauf **4.**: ~ винта́ *tech* Schraubensteigung ◇ в двух -а́х отсю́да einen Katzensprung von hier entfernt; -у ступи́ть не даю́т man läßt nicht frei handeln, man gibt keine Bewegungsfreiheit [Handlungsfreiheit]
шага́ть, -а́ю, -а́ешь *uv* **1.** schreiten **2.** че́рез *A* überschreiten, darübergehen; ~ че́рез поро́г die Schwelle überschreiten ‖ *v mom* **шагну́ть, -ну́, -нёшь** *zu* 2
шаго́м *Adv* im Schritt; е́хать ~ (im) Schritt fahren
шаготме́р, -а *m* Schrittmesser
шажко́м *Adv umg* mit kleinen Schritten
ша́йба, -ы, *G Pl* шайб *f* **1.** *tech* Unterlegscheibe **2.** *Sport* Hockeyscheibe, Puck
[1]**ша́йка, -и,** *Pl G* ша́ек, *D* ша́йкам *f* Bande *von Gaunern, Dieben*; разбо́йничья ~ Räuberbande

²шáйка, -и, *Pl G* шáек, *D* шáйкам *f* Kübel
шайтáн, -а *m* Satan, Teufel *bei den Turkvölkern*
шакáл, -а *m* Schakal
шалáнда, -ы *f naut* Prahm, flacher Lastkahn
шалáш, -á, *I* -óм, *G Pl* -éй *m* Hütte *aus Stroh, Laub, Ästen, Fellen u. ä.*
шáлевый, -ая, -ое Schal-; ~ воротни́к Schalkragen
шалéть, -éю, -éешь *uv volksspr* verrückt [närrisch] werden; den (klaren) Kopf verlieren
шали́ть, -лю́, -ли́шь *uv* **1.** unartig [ausgelassen] sein; не шали́! sei artig! **2.** *umg, alt* Unwesen treiben, räubern; здесь шаля́т hier kommen Überfälle vor, hier ist es nicht geheuer **3.** *1. u. 2. Pers ungebr umg* nicht richtig funktionieren; часы́ шаля́т die Uhr funktioniert nicht richtig **4.** *nur 2. Pers Sg in der Bedeutung* nein; шали́шь! so siehst du aus!, daraus wird nichts!, das hätte noch gefehlt!
шаловли́вость, -и *f* Mutwille, Ausgelassenheit
шаловли́вый, -ая, -ое; *Kzf* -и́в, -а mutwillig, ausgelassen, zu Streichen aufgelegt; unartig; übermütig, leichtsinnig und spielerisch
шалопáй, -я, *G Pl* -ев *m umg* Taugenichts, Faulenzer, Tagedieb
шáлость, -и *f* Unart, Unfug; lustiger [loser] Streich, Schelmerei
шалу́н, -á *m* Schelm, Wildfang, Schalk
шалу́нья, -ьи, *Pl G* -ний, *D* -ньям *f* Schelm, Wildfang, Schalk *Frau*
шалфéй, -я *m bot* Salbei
шáлый, -ая, -ое *volksspr* toll, wild, rasend, ausgelassen; unausgeglichen, närrisch, unbesonnen
шаль, -и *f* Schal, großes Umschlagtuch; воротни́к -ью *oder* воротни́к-шаль Schalkragen
шальнóй, -áя, -óе *umg* toll, wild, unsinnig, zügellos ◇ -áя пу́ля verirrte Kugel; Zufallstreffer
шамáн, -а *m* Schamane, Zauberpriester
шáмкать, -аю, -аешь *uv umg* murmeln, undeutlich sprechen
шамóт, -а *m tech* Schamotte
шамóтный, -ая, -ое Schamotte-; ~ кирпи́ч Schamottestein
шамóтовый, -ая, -ое Schamotte-
шампáнское, -ого *Subst n* Champagner, Sekt
шампиньóн, -а *m bot* Champignon
шампу́нь, -я *m* Shampoon
шанкр, -а *m med* Schanker
шанс, -а *m* Chance
шансонéтка, -и, *Pl G* -ток, *D* -ткам *f* Chansonette *Lied, Sängerin*
шантáж, -á, *I* -óм, *G Pl* -éй *m* Erpressung
шантажи́ровать, -рую, -руешь; -рованный, -рован, -а *uv* erpressen
шантажи́ст, -а *m* Erpresser
шантрапá, -ы́ *m, f volksspr, verächtl* nichtsnutziger Mensch; *Koll f* Pack, Gesindel
Шанхáй, -я *m* Schanghai
шáпка, -и, *Pl G* -пок, *D* -пкам *f* **1.** Mütze, Kappe; надéть -у die Mütze aufsetzen; мехов́ая ~ Pelzmütze; без -и barhäuptig; ~ волóс *oder* вóлосы -ой dichtes Haar; ~-невиди́мка Tarnkappe **2.** Zeitungskopf ◇ получи́ть по -е *volksspr* eins auf den Deckel kriegen; ломáть -у пéред кéм-н. *volksspr* vor j-m kriechen, j-m unterwürfig sein; на вóре ~ гори́т das böse Gewissen verrät den Täter
шáпочка, -и, *Pl G* -чек, *D* -чкам *f Dem zu* шáпка Mützchen, Käppchen; Крáсная Шáпочка Rotkäppchen
шáпочник, -а *m* Mützenmacher
шáпочный, -ая, -ое Mützen- ◇ -ое знакóмство oberflächliche Bekanntschaft; к -ому разбóру прийти́ ganz zum Ende [Schluß] kommen, kurz vor Torschluß kommen
шар, -а, *mit den Grundzahlen 2, 3, 4, G* шарá, *Pl* шары́, -óв, -áм *m* Kugel, Ball; земнóй ~ Erdkugel, Erdball; возду́шный ~ Ballon, Luftballon; билья́рдный ~ Billardkugel ◇ хоть -óм покати́ ganz leer, wie ausgekehrt
шарáда, -ы *f* Scharade, Silbenrätsel
шарáхаться *uv zu* шарáхнуться
шарáхнуться, -нусь, -нешься *v mom* **1.** *umg* zurückschrecken, -fahren; scheu werden, scheuen **2.** *volksspr* sich stark stoßen (о *A* an) ‖ *uv* шарáхаться, -аюсь, -аешься
шарж, -а, *I* -ем, *G Pl* -ей *m* Karikatur
шаржи́ровать, -рую, -руешь; -рованный, -рован, -а *uv* karikieren, übertrieben darstellen
шáрик, -а *m* **1.** *Dem zu* шар Kügelchen, kleine Kugel **2.** Blutkörperchen; крáсные кровяны́е -и rote Blutkörperchen

ша́риковый, -ая, -ое Kugel-; ~ подши́пник Kugellager; -ая (авто)ру́чка Kugelschreiber
шарикоподши́пник, -а *m tech* Kugellager
шарикоподши́пниковый, -ая, -ое Kugellager-
ша́рить, -рю, -ришь *uv* tastend suchen, durchsuchen, -wühlen; ~ в карма́нах die Taschen durchstöbern
ша́рканье, -ья *n* Scharren, Gescharre, Schlurfen
ша́ркать, -аю, -аешь *uv* schlurfen, scharren *mit den Füßen*; ~ нога́ми schlurfen ‖ *v mom* **ша́ркнуть,** -ну, -нешь
шарлата́н, -а *m* Scharlatan, Kurpfuscher, Quacksalber
шарлата́нить, -ню, -нишь *uv umg* ein Scharlatan sein
шарлата́нский, -ая, -ое einem Scharlatan eigen, marktschreierisch, betrügerisch
шарлата́нство, -а *n* Scharlatanerie, Kurpfuscherei, Quacksalberei
шарло́тка, -и, *Pl G* -ток, *D* -ткам *f* süße Speise aus gebackenem Zwieback mit Äpfeln
шарма́нка, -и, *Pl G* -нок, *D* -нкам *f* 1. Drehorgel, Leierkasten; игра́ть на -е die Drehorgel spielen 2. *übtr* langweiliges Gespräch; alte Leier
шарма́нщик, -а *m* Leierkastenmann
шарни́р, -а *m* Scharnier ◇ как на -ах быть *oder* сиде́ть sich hastig, unruhig bewegen
шарова́ры, -а́р *Pl* Pluderhosen, Pumphosen
шарови́дный, -ая, -ое; *Kzf* -ден, -дна kugelförmig, kuglig; Kugel-; -ая мо́лния Kugelblitz
шарово́й, -а́я, -о́е Kugel-; -а́я пове́рхность Kugelfläche
шарообра́зный, -ая, -ое; *Kzf* -зен, -зна kugelförmig, kugelähnlich
шарф, -а *m* Schal, Halstuch; *alt* Schärpe
шасси́ *n idkl* Chassis, Fahrgestell, -werk *Auto, Flugzeug*; Gestell; убира́ющееся ~ einziehbares Fahrgestell; лы́жное ~ Kufengestell
шата́ние, -я *n* 1. Schaukeln, Schwanken 2. *umg* Herumstrolchen, Schlendern 3. *übtr* Unschlüssigkeit, Zaudern, Schwanken
шата́ть, -а́ю, -а́ешь *uv* schütteln, rütteln; schaukeln ‖ *v mom* шатну́ть, -ну́, -нёшь
шата́ться, -а́юсь, -а́ешься *uv* 1. wackeln, schwanken, wanken, taumeln; зуб шата́ется der Zahn wackelt [ist locker] 2. *volksspr* schlendern, müßig gehen; bummeln; ~ по го́роду sich in der Stadt herumtreiben ‖ *v mom* шатну́ться, -ну́сь, -нёшься *zu* 1
шате́н [тэ], -а *m* Braunhaariger
шате́нка [тэ], -и, *Pl G* -нок, *D* -нкам *f* Braunhaarige
шатёр, -тра́ *m* 1. Zelt 2. *arch* achteckiger, kegelförmiger Turm *in der altrussischen Architektur*
ша́ткий, -ая, -ое; *Kzf* -ток, -тка 1. wacklig, schwankend 2. *übtr* schwankend, unbeständig, veränderlich, unsicher; -ое здоро́вье schwache Gesundheit
ша́ткость, -и *f* Unbeständigkeit, Unsicherheit
шатну́ть(ся) *v mom zu* шата́ть(ся)
шатро́вый, -ая, -ое 1. Zelt- 2. pyramidenförmig; -ая кры́ша Kegeldach
шату́н, -а́ *m* 1. *tech* Triebstange 2. *volksspr* Herumtreiber
шафра́н, -а *m bot* Safran
[1]шах, -а *m* Schah *Herrschertitel*
[2]шах, -а *m* Schach *im Schachspiel*; объяви́ть ~ Schach bieten; ~ и мат! Schach und matt!
шахмати́ст, -а *m* Schachspieler
ша́хматный, -ая, -ое Schach-; -ая доска́ Schachbrett; ~ ход Schachzug; в -ом поря́дке schachbrettförmig
ша́хматы, -ат *Pl* 1. Schachspiel; игра́ть в ~ Schach spielen 2. Schachfiguren
ша́хта, -ы *f* Schacht, Grube
шахтёр, -а *m* Grubenarbeiter, Bergmann, Kumpel
шахтёрка, -и, *Pl G* -рок, *D* -ркам 1. Bergarbeiterfrau 2. Bergarbeiterkittel
шахтёрский, -ая, -ое Bergmanns-
ша́хтный, -ая, -ое Schacht-, Gruben-
ша́шечница, -ы, *I* -ей *f* 1. *alt* Dambrett, Schachbrett 2. Schachspielkasten, Kasten für Damesteine
ша́шечный, -ая, -ое 1. Dam-, Dambrett-; -ая доска́ Dambrett 2. schachbrettartig
[1]ша́шка, -и, *Pl G* -шек, *D* -шкам *f* 1. *Pl* Damespiel; играть в -и Dame spielen 2. Damestein 3. Holz-, Metallblock 4. würfelförmiger Sprengkörper
[2]ша́шка, -и, *Pl G* -шек, *D* -шкам *f* Säbel
шашлы́к, -а́ *m* Schaschlyk
шваб, -а *m* Schwabe

шва́бра, -ы *f* Bastbesen
шва́бский, -ая, -ое schwäbisch; Шва́бская Юра́ Schwäbische Alb
швартóв, -а *m flug naut* Haltetau, Festmacheleine; отда́ть -ы! Leinen los!, die Taue losmachen!
швартова́ть, -ту́ю, -ту́ешь *uv* vertäuen, festmachen
швед, -а *m* Schwede
шве́дка, -и, *Pl G* -док, *D* -дкам *f* Schwedin
шве́дский, -ая, -ое schwedisch; -ая сте́нка *Sport* Sprossenwand
шве́йник, -а *m* Konfektionsarbeiter
шве́йница, -ы, *I* -ей *f* Konfektionsarbeiterin
шве́йный, -ая, -ое Näh-, Schneider-; Konfektions-, Bekleidungs-; -ая маши́на Nähmaschine; -ая мастерская Schneiderwerkstatt; -ая промы́шленность Konfektionsindustrie, Bekleidungsindustrie
швейца́р, -а *m* Pförtner, Portier
швейца́рец, -рца, *I* -рцем, *G Pl* -рцев *m* Schweizer *Bewohner*
Швейца́рия, -и *f* Schweiz
швейца́рка, -и, *Pl G* -рок, *D* -ркам *f* Schweizerin
швейца́рский, -ая, -ое **1.** schweizerisch, Schweizer- **2.** -ая, -ой *Subst f* Pförtnerloge
швелева́ть, -лю́ю, -лю́ешь *uv chem* (ver)schwelen
Шве́ция, -и *f* Schweden
швея́, -и́ *f* Näherin
швырну́ть *v mom zu* швыря́ть
швыря́лка, -и, *Pl G* -лок, *D* -лкам *landw* Schleuderroder
швыря́ть, -я́ю, -я́ешь *uv A oder I* **1.** schleudern, kräftig werfen, schmeißen; ~ ка́мни [камня́ми] mit Steinen werfen **2.** *übtr* verschwenden, vergeuden; ~ де́ньги [деньга́ми] Geld verschwenden, Geld auf die Straße [zum Fenster hinaus] werfen ‖ *v mom* швырну́ть, -ну́, -нёшь *zu* 1
швыря́ться, -я́юсь, -я́ешься *uv I* **1.** *umg* einander bewerfen **2.** *übtr umg* verschwenden, vergeuden; geringschätzen, mißachten; ~ деньга́ми Geld verschwenden
шевели́ть, -елю́, -е́ли́шь *uv* **1.** *A oder I* bewegen, rühren; ~ губа́ми die Lippen bewegen **2.** *landw* wenden; ~ се́но Heu wenden ◇ ~ мозга́ми *scherz* das Köpfchen anstrengen, denken ‖ *v mom* **шевельну́ть,** -ну́, -нёшь *zu* 1; он и па́льцем не шевельну́л er rührte keinen Finger
шевели́ться, -елю́сь, -е́ли́шься *uv* **1.** sich bewegen, sich rühren **2.** *übtr* sich regen; шевеля́тся сомне́ния Zweifel kommen auf ‖ *v mom* **шевельну́ться,** -ну́сь, -нёшься
шевелю́ра, -ы *f* Kopfhaar, Haarschopf
шевио́т, -а *m* Cheviot *Gewebe*
шевро́ *n idkl* Chevreauleder
шевро́вый, -ая, -ое Chevreau(leder)-; -ые боти́нки Chevreauschuhe
шеде́вр [дэ], -а *m* Meisterwerk, -stück
шезло́нг, -а *m* Liegestuhl, Liege
ше́йка, -и, *Pl G* ше́ек, *D* ше́йкам *f* **1.** *Dem zu* шея́ Hals, Hälschen **2.**: ~ ва́ла [о́си] *tech* Hals einer Welle [Achse]; Halszapfen **3.**: ~ ма́тки *anat* Gebärmutterhals; ~ бедра́ Schenkelhals **4.**: ра́ковая ~ Krebsschwanz
ше́йный, -ая, -ое Hals-; ~ плато́к Halstuch; ~ позвоно́к *anat* Halswirbel
шейх, -а *m* Scheich
ше́лест, -а *m* Rauschen, Rascheln; Säuseln
шелесте́ть, *1. Pers ungebr*, -ти́шь *uv* rauschen, rascheln; säuseln
шёлк, -а (-у), *P* в шёлке *u.* на [в] шелку́, *Pl* шелка́, -о́в, -а́м *m* **1.** Seidenfäden; кручёный ~ gezwirnte Seide; ~ в кату́шках Seidenröllchen **2.** Seide *Stoff*; иску́сственный ~ Kunstseide; ~-сырéц Rohseide; на шелку́ auf Seide (gearbeitet), mit Seide gefüttert
шелкови́на, -ы *f* Seidenfaden, -faser
шелкови́стый, -ая, -ое; *Kzf* -и́ст, -а seidig; -ые во́лосы seidiges [seidenweiches] Haar
шелкови́ца, -ы, *I* -ей *f* Maulbeerbaum
шелкови́чный, -ая, -ое Seiden-; ~ червь Seidenraupe; -ые планта́ции Maulbeerbaumplantagen
шелково́д, -а *m* Seidenzüchter
шелково́дный, -ая, -ое Seidenzucht-
шелково́дство, а *n* Seidenzucht, -bau
шелково́дческий, -ая, -ое Seidenzucht-
шёлковый, -ая, -ое **1.** seiden, aus Seide, Seiden-; -ая ткань Seidenstoff, -gewebe **2.** seidenweich, geschmeidig **3.** *übtr umg* gehorsam, sanft, gefügig
шелкопря́д, -а *m zool* Seidenspinner
шёлкопряде́ние, -я *n* das Seidespinnen
шёлкопряди́льный, -ая, -ое: -ая фа́брика Seidenspinnerei

шёлкотка́цкий, -ая, -ое: -ая фа́брика Seidenweberei
шелла́к, -а *m* Schellack
шелохну́ть, -ну́, -нёшь *v* leicht bewegen, leicht rühren
шелохну́ться, -ну́сь, -нёшься *v* sich leicht rühren, sich leicht bewegen; стоя́ть — не ~ dastehen wie ein Standbild, unbeweglich stehen
шелуди́вый, -ая, -ое; *Kzf* -и́в, -а *volksspr* grindig, räudig, krätzig
шелуха́, -и́ *f* Schale; Schuppen *Fisch*; карто́фельная ~ Kartoffelschale
шелуше́ние, -я *n* 1. Aushülsen; Enthülsung 2. (Haut-) Schuppung
шелуши́ть, -шу́, -ши́шь *uv* aushülsen
шелуши́ться, *1. u. 2. Pers ungebr*, -и́тся *uv* 1. sich schuppen, sich schälen, abgehen *Haut* 2. abblättern, abfallen *Putz, Farbe*
ше́льма, -ы *f volksspr* Schelm, Schalk, Spitzbube, Spitzbübin
шельмова́ть, -му́ю, -му́ешь; -мо́ванный, -мо́ван, -а *uv* 1. *umg* entehren, Schande antun 2. *hist* anprangern, an den Pranger stellen
шельф, -а *m geol* Schelf, Festlandssockel
шепелева́тый, -ая, -ое; *Kzf* -а́т, -а etwas lispelnd; ~ звук Lispellaut
шепеля́вить, -влю, -вишь *uv* lispeln
шепеля́вость, -и *f* lispelnde Aussprache
шепеля́вый, -ая, -ое; *Kzf* -я́в, -а lispelnd; ~ звук Lispellaut
шепну́ть *v mom zu* шепта́ть
шёпот, -а *m* 1. Flüstern, Geflüster 2. *übtr* Murmeln *Bach*
шёпотный, -ая, -ое Flüster-
шёпотом *Adv* im Flüsterton, leise
шептала́, -ы́ *f* getrocknete Aprikosen *oder* Pfirsiche mit Kernen
шепта́ть* *uv* flüstern; ~ на́ ухо ins Ohr flüstern ‖ *v mom* шепну́ть, -ну́, -нёшь
шепта́ться* *uv* miteinander flüstern, tuscheln
шепту́н, -а́ *m umg* 1. Flüsterer 2. Verleumder
шепчу́ ↑ шепта́ть
шере́нга, -и, *G Pl* -нг *f* Reihe, Glied; в -е in Reih und Glied, Schulter an Schulter; в две -и in zwei Reihen
шере́нгами *Adv* gliedweise
шери́ф, -а *m* Sheriff
шерохова́тость, -и *f* Unebenheit, Rauheit; Holprigkeit
шерохова́тый, -ая, -ое; *Kzf* -а́т, -а uneben, rauh; holprig; ~ стиль holpriger Stil
шерсти́нка, -и, *Pl G* -нок, *D* -нкам *f* Wollfädchen, Wollhaar
шерсти́стый, -ая, -ое; *Kzf* -и́ст, -а wollig
шерсти́ть, *1. u. 2. Pers ungebr*, -и́т *uv* 1. kratzen *von grobem Wollgewebe* 2. durchhecheln
шерстопряде́ние, -я *n* Wollspinnen
шерстопряди́льный, -ая, -ое: -ая фа́брика Wollspinnerei
шерсточеса́льный, -ая, -ое: -ая маши́на Wollkämmaschine
шерсть, -и, *Pl* (*zur Bezeichnung von Sorten*) ше́рсти, шерсте́й, шерстя́м *f* 1. Fell, Wolle, Haar *von Tieren*; густа́я ~ dichtes Fell 2. Wollgarn, Wolle; древе́сная ~ Holzwolle; аппара́тная ~ Streichwolle; верблю́жья ~ Kamelhaar 3. Wollstoff ◇ по -и mit dem Strich; про́тив -и gegen den Strich
шерстяно́й, -а́я, -о́е Woll-; wollen, aus Wolle; -а́я мате́рия Wollstoff
шерша́веть, *1. u. 2. Pers ungebr*, -еет *uv* rauh werden
шерша́вый, -ая, -ое; *Kzf* -а́в, -а 1. rauh *Haut*; -ые ру́ки rauhe Hände 2. uneben; *umg* zottig
ше́ршень, -шня *m* Hornisse
шест, -а́ *m* Stange
ше́ствие, -я *n feierlicher* Zug, Umzug, Prozession; первома́йское ~ Demonstrationszug zum 1. Mai; погреба́льное ~ Leichenzug; у́личное ~ Straßenumzug
ше́ствовать, -твую, -твуешь *uv buchspr* schreiten, einherschreiten; ва́жно ~ stolzieren
шестерёнка, -и, *Pl G* -нок, *D* -нкам *f Dem zu* ²шестерня́ Zahnrad, Triebrad
шестери́к, -а́ *m alt* Sechsgespann
шестёрка, -и, *Pl G* -рок, *D* -ркам *f* 1. Sechs *Ziffer*; *umg Straßenbahn, Omnibus der Linie 6*; Gruppe von sechs Personen oder Gegenständen 2. Sechs *Spielkarte* 3. Sechsergespann 4. Sechsriemer
¹**шестерня́,** -и́, *G Pl* -е́й *f umg* Sechsgespann
²**шестерня́,** -и́, *Pl G* -рён, *D* -ня́м *f* Zahnrad, Triebrad
ше́стеро, -ы́х *kollektives Num* 1. sechs *bei männlichen Subst, die Personen bezeichnen u. bei Pluraliatantum*; ~ гребцо́в sechs Ruderer; ~ но́жниц sechs Scheren; их бы́ло ~ es waren ihrer sechs, sie waren sechs

2. sechs Paare; ~ глаз sechs Augenpaare
шести- *in Zuss* sechs-
шести|борье, -ья *n Sport* Sechskampf; **~гранник,** -а *m math* Sechsflach, Hexaeder; **~гранный,** -ая, -ое sechskantig; **~десятилетие,** -я *n* 1. sechzig Jahre *Zeitraum* 2. sechzigster Jahrestag, Sechzigjahrfeier; sechzigjähriges Jubiläum; **~десятилетний,** -яя, -ее sechzigjährig; **~десятый,** -ая, -ое *Num* sechzigster; страница ~десятая Seite sechzig; ~десятые годы die sechziger Jahre; **~дневка,** -и, *PlG* -вок, *D* -вкам *f umg* Sechstagewoche; **~дневный,** -ая, -ое sechstägig; **~классник,** -а *m* Schüler der sechsten Klasse; **~классный,** -ая, -ое sechsklassig, aus sechs Klassen bestehend; **~кратный,** -ая, -ое sechsfach, sechsmalig
шестилетие, -я *n* 1. sechs Jahre *Zeitraum* 2. sechster Jahrestag; sechsjähriges Jubiläum
шести|летний, -яя, -ее sechsjährig; **~месячный,** -ая, -ое 1. sechsmonatig *Dauer oder Alter* 2. sechsmonatlich; **~недельный,** -ая, -ое sechswöchentlich; **~палый,** -ая, -ое sechsfingrig; mit sechs Zehen; **~сотлетие,** -я *n* sechshundert Jahre *Zeitraum*; sechshundertster Jahrestag, Sechshundertjahrfeier; **~сотлетний,** -яя, -ее sechshundertjährig; **~сотый,** -ая, -ое *Num* sechshundertster; **~тысячный,** -ая, -ое 1. *Num* sechstausendster 2. aus sechstausend bestehend 3. *umg* im Wert von sechstausend Rubeln; **~угольник,** -а *m math* Sechseck; **~угольный,** -ая, -ое sechseckig; **~этажный,** -ая, -ое sechsstöckig
шестнадцатилетний, -яя, -ее sechzehnjährig
шестнадцатый, -ая, -ое *Num* sechzehnter
шестнадцать, -и *f Num* sechzehn
шестовик, -а *m* Stabhochspringer
шестой, -ая, -ое 1. *Num* sechster; -ого числа am Sechsten (des Monats); -ое июня der sechste Juni; ~ час es geht auf sechs; в -ом часу kurz nach fünf; -ая часть Sechstel; ему ~ десяток (пошёл) er ist in den Fünfzigern 2. -ая, -ой *Subst f* Sechstel
шесток, -стка *m* Herd(stelle) *vor dem Ofenloch* des russischen Ofens
шесть, -и, *I* -ью *Num* sechs
шестьдесят, *G, D, P* шестидесяти, *I* шестьюдесятью *Num* sechzig
шестьсот, шестисот, шестистам, шестьюстами, о шестистах *Num* sechshundert
шестью *Adv* sechs mal, mit sechs malgenommen; ~ шесть sechs mal sechs
шетлендский, -ая, -ое: Шетлендские острова Shetland-Inseln
шеф, -а *m* 1. *umg* Vorgesetzter, Chef 2. Pate *Organisation, Betrieb*
шеф-повар, -а, *Pl* шеф-повара, -ов, -ам *m* Chefkoch
шефский, -ая, -ое Paten-
шефство, -а *n* Patenschaft, Betreuung *einer Organisation, eines Betriebes* ц. ä.; взять ~ над кем-н. die Patenschaft über j-n übernehmen
шефствовать, -твую, -твуешь *uv* 1. Chef sein 2. Pate sein, die Patenschaft ausüben (над *I* über)
Шеффилд, -а *m* Sheffield *Stadt*
шея, -и, *G Pl* шей *f* Hals ◇ бросаться кому-н. на шею j-m um den Hals fallen; вешаться кому-н. на шею sich j-m an den Hals werfen, sich j-m aufdrängen; сломать себе шею на чём-н. sich den Hals [das Genick] bei etwas brechen, einen völligen Mißerfolg erleiden; у него крепкая ~ *übtr* er hat einen breiten Rücken; иметь кого-н. на шее *übtr* j-n auf dem dem Halse haben; получить по шее *grob* eins ins Genick kriegen; выгнать [вытолкнуть] в шею *volksspr* hinausschmeißen
шибкий, -ая, -ое; *Kzf* -бок, -бка!; *Komp* шибче schnell, rasch, flink
шибко *Adv volksspr* sehr, heftig, stark; ~ любить heftig lieben; он ~ скучает er langweilt sich sehr
шибче ↑ шибкий
шиворот, -а *m*: взять за ~ am Kragen [beim Schlafittchen] fassen; ~-навыворот verkehrt, umgekehrt, falsch
шизофренический, -ая, -ое schizophren
шизофрения, -и *f med* Schizophrenie
шик, -а (-у) *m* Schick, Eleganz
шикарный, -ая, -ое; *Kzf* -рен, -рна 1. schick, fein, elegant; у неё ~ вид sie sieht fein [elegant] aus 2. *umg* auffällig, zur Schau gestellt
шикать, -аю, -аешь *uv umg* 1. на *A* zischen, durch Zischen zur Ruhe ermahnen 2. *D* auszischen; ~ плохому актёру einen schlechten Schauspieler auszischen ‖ *v mom* **шикнуть,** -ну, -нешь *zu* 1
шиллинг, -а *m* Schilling *Münze*
шило, -а, *Pl* шилья, -ьев, -ьям *n*

Ahle, Pfriem ◇ -а в мешке́ не ута́ишь *etwa* die Sonne bringt es an den Tag
шимпанзе́ [зэ] *m idkl* Schimpanse
ши́на, -ы *f* 1. Reifen, Radreifen; наде́ть -у на колесо́ ein Rad bereifen 2. *med* Schiene
шине́ль, -и *f* Mantel, Uniformmantel; солда́тская ~ Soldatenmantel
шинкова́ть, -ку́ю, -ку́ешь; -ко́ванный, -ко́ван, -а *uv* schnitzeln, hobeln *Gemüse*
шинко́вка, -и, *Pl G* -вок, *D* -вкам *f* Krauthobel
ши́нный, -ая, -ое: -ое произво́дство Reifenherstellung
шинши́лла, -ы *f* Chinchilla
[1]**шип,** -а́ *m* 1. *bot* Dorn, Stachel 2. *tech* Zapfen, Dorn; ту́фли с -а́ми *Sport* Spikes
[2]**шип,** -а́ *m zool* eine Abart des Störs
шипе́ние, -я *n* Zischen, Gezische; Fauchen; Surren
шипе́ть, -плю́, -пи́шь *uv* zischen; fauchen; surren; змея́ шипи́т die Schlange zischt; ко́шка шипи́т die Katze faucht
шипо́вник, -а *m* Heckenrose, Hagebuttenstrauch
шипу́чий, -ая, -ее; *Kzf* -у́ч, -а schäumend, brausend; Brause-; ~ напи́ток schäumendes Getränk
шипу́чка, -и, *Pl G* -чек, *D* -чкам *f umg* schäumendes Getränk; Brauselimonade
шипя́щий, -ая, -ее Zisch-, zischend; -ие согла́сные *ling* Zischlaute
ши́ре ↑ широ́кий
ширина́, -ы́ *f* Breite, Weite; -о́й в де́сять ме́тров zehn Meter breit; ко́мната име́ет три ме́тра в -у́ das Zimmer ist drei Meter breit
ширинка, -и, *Pl G* -нок, *D* -нкам *f umg* Hosenschlitz
ши́рить, ши́рю, ши́ришь *uv* 1. *umg* breiter machen, erweitern, ausbreiten 2. *übtr* entfalten, erweitern
ши́риться, *1. u. 2. Pers ungebr*, -ится *uv* sich ausbreiten, sich verbreiten, anwachsen, sich entfalten; слу́хи ши́рятся die Gerüchte verbreiten sich
ши́рма, -ы *f* 1. Wandschirm; ство́рчатая ~ spanische Wand 2. *übtr* Deckmantel ◇ служи́ть кому́-н. -ой j-m als Deckmantel dienen
широ́кий, -ая, -ое; *Kzf* -о́к, -ока́, -о́ко́, -о́ки́; *Komp* ши́ре; *Sup* широча́йший 1. breit, weit; -ая у́лица breite Straße 2. weit, zu weit; ~ пиджа́к weite Jacke; пальто́ широ́ко́ в плеча́х der Mantel ist in den Schultern zu weit 3. breit, viel(e) umfassend; -ая обще́ственность die breite Öffentlichkeit; -ие сло́и населе́ния die breiten Bevölkerungsschichten 4. *übtr* weit, umfangreich, unbeschränkt; в -ом масшта́бе *oder* в -их разме́рах in großem Maßstab; -ие пла́ны groß angelegte [weitgehende] Pläne; в -ом смы́сле in weitem Sinne ◇ он -ая нату́ра er ist eine großzügige Natur; они́ живу́т на -ую но́гу sie leben auf großem Fuße
широ́ко́ *Adv* breit, weit; ~ откры́тый weit geöffnet; ~ раскры́ть глаза́ *a. übtr* die Augen aufreißen, große Augen machen, sich wundern; ~ смотре́ть на ве́щи großzügig sein, großzügige Ansichten haben
широко- *in Zuss* breit-
широко|веща́ние, -я *n* Übertragung für breite Kreise *Rundfunk, Fernsehen*; **~веща́тельный,** -ая, -ое 1. Rundfunk-; ~веща́тельная ста́нция Rundfunkstation 2. *mißb* marktschreierisch, vielversprechend; **~гру́дый,** -ая, -ое; *Kzf* -у́д, -а breitbrüstig; **~коле́йный,** -ая, -ое breitspurig *von der Eisenbahn*
ширококо́стный *u.* **ширококо́стый,** -ая, -ое; *Kzf* -о́ст, -а starkknochig
широко|ли́цый, -ая, -ее; *Kzf* -и́ц, -а mit breitem Gesicht; **~пле́чий,** -ая, -ее; *Kzf* -е́ч, -а breitschultrig; **~по́лый,** -ая, -ое 1. weitschößig, mit breiten Schößen 2. breitrandig, breitkrempig; **~экра́нный,** -ая, -ое Breitwand-; ~экра́нный фильм Breitwandfilm
широта́, -ы́, *Pl* широ́ты, -о́т, -о́там *f* 1. Breite, Weite; ~ кругозо́ра Weitblick 2. *geogr* Breite, Breitengrad; тридца́тый гра́дус се́верной -ы́ der dreißigste Grad nördlicher Breite
широча́йший ↑ широ́кий
ширпотре́б, -а *m umg* (това́ры широ́кого потребле́ния) Gebrauchsartikel, Massenbedarfsartikel, Verbrauchsgüter
ширь, -и *f* 1. Breite, Weite 2. Ausdehnung, weiter Raum, weite Fläche, Weite *der Landschaft*
шить* *uv* 1. nähen; ~ пальто́ einen Mantel nähen; ~ себе́ костю́м у портно́го sich beim Schneider einen Anzug nähen lassen 2. *I oder* по *D* sticken ◇ э́то ши́то бе́лыми ни́тками das ist fadenscheinig;

шито-крыто alle Spuren sind verwischt

шитьё, -ья́ *n* 1. Nähen; Sticken *als Tätigkeit* 2. Näharbeit; Stickarbeit *als Arbeitsresultat* 3. Stickerei *als Muster*; ~ гла́дью englische Stickerei

ши́фер, -а *m min* Schiefer

ши́ферный, -ая, -ое Schiefer-; -ая кро́вля Schieferdach

шифо́н, -а *m* Chiffon *Gewebe*

шифонье́рка, -и, *Pl G* -рок, *D* -ркам *f* Chiffonniere, kleiner Schrank für Wäsche und kleinere Utensilien, Wäscheschränkchen

шифр, -а *m* 1. Chiffre, Geheimschrift 2. Signatur *auf Büchern* 3. *alt* Monogramm

шифро́ванный, -ая, -ое chiffriert

шифрова́ть, -ру́ю, -ру́ешь; -ро́ванный, -ро́ван, -а *uv* chiffrieren, in Geheimschrift schreiben

шифро́вка, -и, *Pl G* -вок, *D* -вкам *f* 1. Chiffrieren 2. *umg* chiffriertes Telegramm

ши́хта, -ы *f* Charge, Einsatz, Beschickungsgut *für Schmelzöfen*

ши́шка, -и, *Pl G* -шек, *D* -шкам *f* 1. Zapfen *Fruchtstand der Nadelbäume*; ело́вая ~ Tannenzapfen 2. *tech* (Gieß-) Kern 3. Beule; весь в -ах verbeult 4. *volksspr scherz* wichtige, einflußreiche Persönlichkeit, „großes Tier"; ва́жная ~ „großes Tier" ◇ на бе́дного Мака́ра все -и ва́лятся er ist der Sündenbock, er ist ein Pechvogel, er hat alles auszubaden

шишкова́тый, -ая, -ое; *Kzf* -а́т, -а uneben, beulig

шкала́, -ы́, *Pl* шка́лы, шкал, шка́лам *f* Skala 1. Gradeinteilung an Meßgeräten; ~ термо́метра Thermometerskala 2. Stufenfolge; ~ зарпла́ты Lohn-, Tarifskala

шкату́лка, -и, *Pl G* -лок, *D* -лкам *f* Schatulle, Kästchen *meist für Wertsachen*

шкаф, -а, *P* о шка́фе, в [на] шкафу́, *Pl* шкафы́, -о́в, -а́м *m* Schrank; кни́жный ~ Bücherschrank; платяно́й ~ Kleiderschrank; стенно́й ~ Wandschrank; несгора́емый ~ Geldschrank, feuerfester Tresor

шка́фчик, -а *m Dem zu* шкаф Schränkchen

шквал, -а *m* 1. Windstoß, Bö; ~ с дождём Regenbö 2. *übtr* Sturm; ~ огня́ plötzliche starke Artilleriefeuerwelle

шква́листый, -ая, -ое; *Kzf* -ист, -а böig, stoßend; ~ ве́тер Bö, böiger Wind

шква́рки *Pl* -рок, -ркам, *Sg* шква́рка, -и *f nahr* Grieben

шкив, -а, *Pl* шкивы́, -о́в, -а́м *m tech* (Antriebs-) Scheibe; приводно́й ~ Antriebsscheibe

шки́пер, -а, *Pl* шки́перы, -ов, -ам *u.* шкипера́, -о́в, -а́м *m* 1. Schiffskapitän 2. Verwalter des Inventars eines Schiffes

шко́ла, -ы *f* 1. Schule, Lehranstalt; Schulgebäude; нача́льная ~ Elementarschule; сре́дняя ~ Mittelschule; вы́сшая ~ Hochschule; общеобразова́тельная ~ allgemeinbildende Schule; ~-интерна́т Internatsschule; посеща́ть -у *oder* ходи́ть в -у die Schule besuchen, zur Schule gehen 2. Schulung, Lehre; он прошёл суро́вую -у er hat eine harte Schule durchgemacht 3. Schule, Richtung auf *dem Gebiet der Wissenschaft, Kunst u. ä.*; Ре́пинская ~ в жи́вописи die Repinsche Schule in der Malerei

шко́лить, -лю, -лишь *uv umg* streng halten, drillen; abrichten

шко́льник, -а *m* Schüler

шко́льница, -ы, *I* -ей *f* Schülerin

шко́льнический, -ая, -ое Schüler-, schülerhaft

шко́льничество, -а *n* schülerhaftes Benehmen [Verhalten]; Kinderei, Übermut, (Schuljungen-) Streich

шко́льный, -ая, -ое Schul-; -ое зда́ние Schulgebäude; ~ рабо́тник Pädagoge; ~ сове́т Schulrat; ребёнок -ого во́зраста ein Kind im schulpflichtigen Alter

шку́ра, -ы *f* Balg, Fell, Haut; сдира́ть -у das Fell abziehen, abbalgen ◇ спаса́ть свою́ -у seine Haut retten; почу́вствовать на со́бственной -е am eigenen Leibe zu spüren bekommen; дрожа́ть за свою -у um sein Leben bangen; драть -у с кого́ п. j-m das Fell über die Ohren ziehen, j-n prellen; волк в ове́чьей -е Wolf im Schafspelz

шку́рка, -и, *Pl G* -рок, *D* -ркам *f* 1. *Dem zu* шку́ра Balg, kleines Fell 2. Schale *einer Frucht* 3. Schmirgelpapier

шку́рник, -а *m umg verächtl* selbstsüchtiger Mensch, Egoist

шку́рничество, -а *n umg* Selbstsucht, Egoismus

шку́рный, -ая, -ое *umg* selbstsüchtig, egoistisch
шлагба́ум, -а *m* Schlagbaum, Schranke
шлак, -а *m* Schlacke
шлакобето́н, -а *m* Schlackenbeton
шланг, -а *m* Schlauch; пожа́рный ~ Feuerwehrschlauch
Шле́звиг-Го́льштейн, -а *m* Schleswig-Holstein
шлейф, -а *m* Schleppe
[1]**шлем,** -а *m* **1.** Helm; водола́зный ~ Taucherhelm; ~ от тропи́ческого со́лнца Tropenhelm **2.** Kappe; (Schi-) Mütze; лётный ~ Fliegerkappe
[2]**шлем,** -а *m* Schlemm *im Kartenspiel*
шлемофо́н, -а *m mil, flug* Kopfhaube *mit Hörer*
шлёпанцы *Pl* -ев, -ам, *Sg* шлёпанец, -нца *m umg* Pantoffeln, Hausschuhe
шлёпать, -аю, -аешь *uv* по *D* **1.** klatschen, patschen; schlagen, einen Klaps geben; ~ кого́-н. по спине́ j-m auf den Rücken schlagen [hauen] **2.** *volksspr* schlurfen, latschen; ~ ту́флями mit den Pantoffeln schlurfen; ~ по воде́ im Wasser waten [patschen] || *v mom* **шлёпнуть,** -ну, -нешь *zu* 1
шлёпаться, -аюсь, -аешься *uv umg* hinplumpsen; ~ в грязь in den Dreck plumpsen || *v mom* **шлёпнуться,** -нусь, -нешься
шлепо́к, -пка́ *m* Klaps, leichter Schlag
шлея́, -и́, *Pl* шлеи, шлей, шлея́м *f* Hintergeschirr; Umgangsriemen *am Pferdegeschirr*
шлифова́льный, -ая, -ое Schleif-; ~ стано́к Schleifmaschine
шлифова́ть, -фу́ю, -фу́ешь; -фо́ванный, -фо́ван, -а *uv* **1.** *tech* schleifen; feilen **2.** *übtr* feilen, verbessern, den letzten Schliff geben
шлифова́ться, *1. u. 2. Pers ungebr*, -фу́ется *uv* **1.** sich schleifen lassen, sich feilen lassen; э́тот мета́лл хорошо́ шлифу́ется dieses Metall läßt sich gut feilen **2.** *übtr* sich verbessern, sich vervollkommnen
шлифо́вка, -и *f* **1.** *tech* Schleifen, Feilen **2.** *übtr* Feilen, Verbessern
шлифо́вщик, -а *m* Schleifer
шлю ↑ слать
шлюз, -а *m* Schleuse
шлю́зный, -ая, -ое Schleusen-; **-ые воро́та** Schleusentor
шлюзова́ть, -зу́ю, -зу́ешь; -зо́ванный, -зо́ван, -а *v, uv* **1.** mit einer Schleuse ausrüsten **2.** (durch)schleusen
шлюзово́й, -а́я, -о́е Schleusen-; -а́я ка́мера Schleusenkammer
шлю́пка, -и, *Pl G* -пок, *D* -пкам *f* Schaluppe, Boot; гребна́я ~ Ruderboot; спаса́тельная ~ Rettungsboot
шлю́почный, -ая, -ое Schaluppen-, Boots-; -ая па́луба Bootsdeck
шля́па, -ы *f* **1.** Hut; наде́ть -у den Hut aufsetzen; снять -у den Hut abnehmen; надви́нуть -у на лоб [на глаза́] den Hut ins Gesicht ziehen [drücken] **2.** *übtr* Schlafmütze, Tölpel ◇ де́ло в -е die Sache ist in Ordnung, die Sache hat geklappt
шля́пка, -и, *Pl G* -пок, *D* -пкам *f* **1.** Hütchen, Damenhut **2.** Kopf, Hut; ~ гвоздя́ Nagelkopf; ~ ги́льзы Hülsenboden einer Patrone; ~ **гриба́** Hut eines Pilzes
шля́пник, -а *m* Hutmacher
шля́пница, -ы, *I* -ей *f* Hutmacherin
шля́пный, -ая, -ое Hut-
шля́ться, -я́юсь, -я́ешься *uv volkssрr* sich herumtreiben, umherschlendern, bummeln
шля́хта, -ы *f hist* Schlachta, polnischer Kleinadel
шмель, -я́ *m* Hummel
шмуцти́тул, -а *m typ* Schmutztitel
шмы́гать, -аю, -аешь *uv umg* **1.** hin und her huschen, huschen; ~ по ко́мнате im Zimmer umherhuschen **2.** *I* schnell bewegen, reiben ◇ ~ но́сом schnauben, schnaufen || *v mom* **шмыгну́ть,** -ну́, -нёшь
шни́цель, -я *m nahr* **1.** Schnitzel; ~ отбивно́й *oder* ~ по-ве́нски Wiener Schnitzel **2.** gebratenes Hackfleisch (in Form eines Schnitzels)
шнур, -а́ *m* **1.** Schnur; запа́льный ~ Zündschnur; бикфо́рдов ~ Zeitzündschnur; спусково́й ~ Abzugsleine **2.** *el* Leitungsschnur
шнурова́ть, -ру́ю, -ру́ешь; -ро́ванный, -ро́ван, -а *uv* schnüren, zubinden; ~ боти́нки Schuhe zuschnüren
шнурова́ться, -ру́юсь, -ру́ешься *uv* sich schnüren
шнуро́вка, -и, *Pl G* -вок, *D* -вкам *f* Schnüren; Verschnürung
шнуро́к, -рка́ *m* **1.** (dünne) Schnur **2.** Litze, Schnürsenkel; ~ для боти́нок Schnürsenkel
шныря́ть, -я́ю, -я́ешь *uv umg* schnell hin und her laufen, hin und her flitzen
шов, шва *m* **1.** Naht *a. tech*; без шва nahtlos **2.** *arch* (Stein-) Fuge **3.** Stick-

art ◇ рýки по швам Hände an der *oder* an die Hosennaht; трещáть по всем швам in allen Fugen krachen

шок, -а *m med* Schock; нéрвный ~ Nervenschock

шоки́ровать, -рую, -руешь; -рованный, -рован, -а *uv buchspr* schockieren

шоколáд, -а (-у) *m* **1.** Schokolade; пли́тка -а Tafel Schokolade; ~ с начи́нкой gefüllte Schokolade **2.** Schokolade *Getränk*

шоколáдка, -и, *Pl G* -док, *D* -дкам *f umg* kleine Tafel Schokolade, Praline

шоколáдный, -ая, -ое **1.** Schokoladen-; -ая фáбрика Schokoladenfabrik **2.**: ~ цвет dunkelbraun, schokolade(n)farben

шóмпол, -а, *Pl* шомполá, -óв, -áм *u.* шóмполы, -ов, -ам *m* **1.** Wischstock *für Schießwaffen* **2.** *hist* Ladestock

шóрник, -а *m* Sattler

шóрный, -ая, -ое Sattler-; -ая мастерскáя Sattlerei

шóрня, -и, *Pl G* -рен, *D* -рням *f* Sattlerei

шóрох, -а *m* Geräusch, Rauschen, Rascheln

шóры, шор, шóрам *Pl* **1.** Scheuklappen *a. übtr* **2.** Sielengeschirr

шоссé [сэ] *n idkl* Chaussee

шоссéйный [сэ], -ая, -ое Chaussee-

шотлáндец, -дца, *I* -дцем, *G Pl* -дцев *m* Schotte

Шотлáндия, -и *f* Schottland

шотлáндка, -и, *Pl G* -док, *D* -дкам Schottin

шотлáндский, -ая, -ое schottisch

шофёр, -а *m* Chauffeur, Kraftfahrer, Fahrer

шофёрский, -ая, -ое Chauffeur-; -ие кýрсы Fahrschule

шпáга, -и *f* Degen; обнажи́ть -у den Degen ziehen; скрести́ть -и die Klingen kreuzen

шпагáт, -а *m* **1.** Spagat, Bindfaden; *landw* Bindegarn **2.** *Sport* Spagat

шпаклевáть, -лю́ю, -лю́ешь; -лёванный, -лёван, -а *uv* spachteln, verkitten, verschmieren; ~ стéны die Wände verspachteln

шпаклёвка, -и *f* **1.** Spachteln, Verschmieren, Verkitten **2.** Spachtel, Spachtelkitt

шпáла, -ы *f* Schwelle, Eisenbahnschwelle

шпалéра, -ы *f* **1.** Spalier; стоя́ть -ами Spalier stehen [bilden] **2.** Baum-, Strauchspalier

шпангóут, -а *m naut, flug* Spant, Schiffsgerippe, Flugzeuggerippe

шпаргáлка, -и, *Pl G* -лок, *D* -лкам *f umg* Spicker, Spickzettel *in der Schule*

шпáрить, -рю, -ришь *uv umg* brühen, abbrühen, mit kochendem Wasser übergießen

шпат, -а *m min* Spat; полевóй ~ Feldspat

шпенёк, -нькá *m tech* Zapfen, Stift

шпиговáть, -гýю, -гýешь; -гóванный, -гóван, -а *uv* spicken, mit Speckstreifen durchziehen; ~ сáлом mit Speck spicken

[1]**шпик,** -а (-у) *m* Speck, Schweinespeck

[2]**шпик,** -á *m umg* Spitzel, Spion

шпиль, -я *m* **1.** lange, hohe Spitze *Gebäude* **2.** *tech* Stiftschraube **3.** *naut* Anker-, Schiffswinde

шпи́лька, -и, *Pl G* -лек, *D* -лькам *f* **1.** Haarnadel **2.** Hutnadel **3.** Stift, Zwecke *Schuhmacherei* **4.** *übtr* Stichelei **5.**: (каблýк-)~ Pfennigabsatz ◇ пускáть -и sticheln, giftige Bemerkungen machen

шпинáт, -а *m* Spinat

шпи́ндель [дэ], -я *m tech* Spindel

шпиóн, -а *m* **1.** Spion **2.** *umg* Spitzel

шпионáж, -а, *I* -ем *m* Spionage

шпиóнить, -ню, -нишь *uv* **1.** spionieren, Spionage treiben **2.** Spitzeldienste leisten

шпиóнский, -ая, -ое Spion(en)-, Spionage-; Spitzel-

[1]**шпиц,** -а, *I* -ем, *G Pl* -ев *m alt* Spitze, Turmspitze

[2]**шпиц,** -а, *I* -ем, *G Pl* -ев *m* Spitz *Hunderasse*

Шпицберген, -а *m geogr* Spitzbergen

шпон, -а *m u.* **шпóна,** -ы *f* **1.** *typ* Durchschuß **2.** Furnier

шпóнка, -и, *Pl G* -нок, *D* -нкам *f tech* Dübel

шпóра, -ы *f* **1.** Sporn *am Reitstiefel*; дать -ы коню́ dem Pferd die Sporen geben **2.** Sporn *Hornfortsatz am Fuß einiger Vögel*

Шпре *f idkl* Spree *Fluß*

шприц, -а, *I* -ем, *G Pl* -ев *m med* Spritze *Instrument*

шпрóты *Pl* шпрот, *Sg* шпрóта, -ы *f u.* шпрот, -а *m* Sprotten

шпýлька, -и, *Pl G* -лек, *D* -лькам *f* Spule *an Näh-, Webmaschinen u. ä.*

шпунт, -á *m tech* Spund

шрам, -а *m* Narbe, Schramme

шрапнéль, -и *f* Schrapnell

шрифт, -а, *Pl* шрифты́, -óв, -áм *u.* шри́фты, -ов, -ам *m* **1.** *typ* Schrift,

Schrifttype, Druckschrift; жирный ~ Fettdruck; светлый ~ magere Schrift; мелкий ~ Kleinschrift 2. Schrift(art) *der Handschrift*

шт. (штука) Stück

штаб, -а, *Pl* штабы, -ов, -ам *m* 1. *mil* Stab; генеральный ~ Generalstab; ~ армии Armee(general)stab 2. *übtr* führendes Organ

штабель, -я, *Pl* штабеля, -ей, -ям *u.* штабели, -ей, -ям *m* Stapel

штабист, -а *m umg* Stabsoffizier

штаб-квартира, -ы *f mil* Stabsquartier

штабной, -ая, -ое *mil* Stabs-; ~ офицер Stabsoffizier

штаб-офицер, -а *m* Stabsoffizier

штамп, -а *m* 1. Stempel, Firmenstempel 2. *tech* Stanze 3. *übtr* Schablone

штамповальный, -ая, -ое *tech* Stanz-; ~ пресс Stanzpresse

штамповать, -пую, -пуешь; -пованный, -пован, -а *uv* 1. stempeln 2. *tech* stanzen 3. *umg* schablonenhaft machen, mechanisch und ohne Nachdenken billigen

штамповка, -и, *Pl G* -вок, *D* -вкам *f* Stanzen

штанга, -и *f* 1. Metallstange 2. *Sport* Latte (des Tores) 3.: спортивная ~ Hantel, Stange zum Gewichtheben 4.: буровая ~ *tech* Bohrstange

штангист, -а *m Sport* Gewichtheber

штандарт, -а *m alt* Standarte

штанина, -ы *f umg* Hosenbein

штанишки, -шек, -шкам *Pl Dem zu* штаны kurze *oder* kleine Hosen, Höschen; детские ~ Kinderhöschen

штаны, -ов, -ам *Pl umg* Hose, Hosen; лыжные ~ Schihose

штапель, -я *m* Stapelfaser

штапельный, -ая, -ое: -ое волокно Stapelfaser, Zellwolle; -ая ткань Zellwollstoff

[1]**штат,** -а *m* 1. Personaletat; Personal(bestand); вне -а außer Etat; быть [состоять] в -е fest [etatmäßig] angestellt sein; включить в ~ etatmäßig anstellen 2. *meist Pl* Stellenplan; Planstellen; утверждение -ов Bestätigung des Stellenplans; сокращение -ов Stellenplankürzung

[2]**штат,** -а *m pol* Staat; Соединённые Штаты Америки Vereinigte Staaten von Amerika

штатив, -а *m* Stativ, Gestell

штатный, -ая, -ое 1. Etat-, etatmäßig, fest angestellt 2. Stellenplan-; -ое расписание Stellenplan; -ая должность Planstelle, etatmäßige Stelle

штатский, -ая, -ое 1. zivil; Zivil-; в -ом платье in Zivil, in Zivilkleidern 2. -ого *Subst m* Zivilist

штейгер [тэ], -а *m berg, alt* Steiger

штемпелевать [тэ], -люю, -люешь; -лёванный, -лёван, -а *uv* stempeln, abstempeln

штемпель [тэ], -я, *Pl* штемпеля, -ей, -ям *m* Stempel; почтовый ~ Poststempel

штемпельный [тэ], -ая, -ое Stempel-; ая подушка Stempelkissen

штепсель [тэ], -я, *Pl* штепселя, -ей, -ям *m el* Stecker

штепсельный [тэ], -ая, -ое Stecker-; -ая коробка Steckdose; -ая вилка Doppelstecker

штиль, -я *m naut* Windstille; мёртвый ~ völlige Windstille

Штирия, -и *f* Steiermark

штифт, -а, *P* о штифте, на штифту *m tech* Stift

штифтик, -а *m Dem zu* штифт kleiner Stift

штольня, -и, *Pl G* -лен, *D* -льням *f berg* Stollen

штопальный, -ая, -ое Stopf-; -ая игла Stopfnadel

штопаный, -ая, -ое gestopft; -ые чулки gestopfte Strümpfe

штопать, -аю, -аешь; -анный, -ан, -а *uv* stopfen; ~ чулки Strümpfe stopfen

штопка, -и *f* 1. Stopfen *von Strümpfen u. ä.* 2. Stopfgarn 3. gestopfte Stelle, Gestopftes

штопор, -а *m* 1. Korkenzieher, Pfropfenzieher 2. *flug* Trudeln; входить в ~ ins Trudeln geraten

штопорить, -рю, -ришь *uv flug* trudeln

штопором *Adv* spiralförmig, schraubenförmig

штора, -ы *f* Rouleau, Rollvorhang, Vorhang; спустить -ы die Vorhänge herunterlassen

шторм, -а *m naut* heftiger Sturm

штормовой, -ая, -ое Sturm-, stürmisch; ~ сигнал Sturmsignal

штраф, -а *m* Geldstrafe; заплатить ~ Strafe (be)zahlen; уплатить пять рублей -а fünf Rubel Strafe bezahlen

штрафной, -ая, -ое Straf-; ~ удар *Sport* Strafstoß; -ая площадка *Sport* Strafraum

штрафовать, -фую, -фуешь; -фован-

ный, -фо́ван, -а *uv A* eine Geldstrafe auferlegen
штрейкбре́хер, -а *m* Streikbrecher
штрек, -а *m berg* Strecke
штри́пка, -и, *Pl G* -пок, *D* -пкам *f* Steg *an Keilhosen u. ä.*; брю́ки со -ой Steghose
штрих, -а́ *m* **1.** Strich **2.** *übtr* charakteristischer Zug
штрихова́ть, -иху́ю, -иху́ешь; -ихо́ванный, -ихо́ван, -а *uv* schraffieren
штрихо́вка, -и *f* Schraffieren; Schraffierung
штрихово́й, -а́я, -о́е schraffiert
штуди́ровать, -рую, -руешь; -рованный, -рован, -а *uv* genau studieren, gründlich lernen, durcharbeiten
шту́ка, -и *f* **1.** Stück *beim Zählen*; не́сколько штук ein paar, einige; штук де́сять ungefähr zehn Stück **2.** Stück *z. B. Stoff*; ~ полотна́ ein Stück Leinwand **3.** *umg* Gegenstand, Sache, Ding, Erscheinung; сра́зу ви́дно, что он за ~ man sieht gleich, was er für einer ist **4.** Streich, „Stückchen"; вот так ~! eine schöne Geschichte!; в то́м-то и ~! das ist es ja eben!, da liegt der Hase im Pfeffer!; сыгра́ть -у с ке́м-н. j-m einen Streich spielen
штукату́р, -а *m* Stuckarbeiter, Putzer
штукату́рить, -рю, -ришь; -ренный, -рен, -а *uv* verputzen, mit Stuck bewerfen
штукату́рка, -и *f* **1.** Verputzen **2.** Putz, Stuck
штукату́рный, -ая, -ое Stuck-; -ые рабо́ты Stuckarbeit
штукова́ть, -ку́ю, -ку́ешь; -ко́ванный, -ко́ван, -а *uv* fein stopfen, geschickt zusammennähen
штурва́л, -а *m* Steuerrad, Lenkrad
штурва́льный, -ая, -ое Steuer-; -ое колесо́ Steuerrad
штурм, -а *m* Sturm, Sturmangriff; брать -ом im Sturm (ein)nehmen [erobern]; erstürmen
шту́рман, -а, *Pl* шту́рманы, -ов, -ам *u.* штурмана́, -о́в, -а́м *m* Steuermann; Pilot, Navigationsoffizier
штурмова́ть, -му́ю, -му́ешь; -мо́ванный, -мо́ван, -а *uv mil* stürmen, erstürmen, zum Sturm vorgehen
штурмови́к, -а́ *m mil* **1.** Jagdbomber **2.** Pilot eines Schlachtflugzeuges
штурмо́вка, -и, *Pl G* -вок, *D* -вкам *f flug* Tiefangriff, Luftangriff
штурмово́й, -а́я, -о́е *mil* Sturm-; -а́я гру́ппа Stoßtrupp; -а́я авиа́ция Schlachtflieger
штурмовщи́на, -ы *f umg* äußerste Arbeitsanstrengung, um (Plan-) Rückstände aufzuholen
шту́цер, -а, *Pl* штуцера́, -о́в, -а́м *m* Stutzen *Gewehr*
шту́чный, -ая, -ое Stück-; stückweise; -ая рабо́та Stückarbeit; ~ това́р Stückware
штык, -а́ *m* **1.** Bajonett, Seitengewehr; идти́ в -и́ mit gefälltem Bajonett vorgehen; примкну́ть -и́! Seitengewehr pflanzt auf! **2.** Spatentiefe
штыково́й, -а́я, -о́е Bajonett-; ~ бой Bajonettkampf; ~ затво́р *tech* Bajonettverschluß
штырево́й, -а́я, -о́е *tech* Stab-; -а́я анте́нна Stabantenne
штырь, -я́ *m tech* Stift, Bolzen, Stab
шу́ба, -ы *f* Pelz, Pelzmantel; кры́тая ~ mit Pelz gefütterter Stoffmantel; наго́льная ~ Mantel mit dem Pelz nach außen
шубёнка, -и, *Pl G* -нок, *D* -нкам *f umg* schäbiger Pelz(mantel)
шу́бка, -и, *Pl G* -бок, *D* -бкам *f Dem zu* шу́ба kurzer, leichter Pelz
шу́лер, -а, *Pl* шулера́, -о́в, -а́м *m* Falschspieler, Betrüger
шу́лерский, -ая, -ое betrügerisch, unehrlich
шу́лерство, -а *n* Falschspielerei, Betrügerei
шум, -а (-у) *m* **1.** Lärm, Geräusch; ~ ли́стьев Rauschen der Blätter; ~ мо́ря Brausen des Meeres; ~ в уша́х Ohrensausen; подня́ть ~ Lärm machen, Lärm schlagen **2.** *übtr* Aufsehen; подня́ть большо́й ~ viel Aufhebens machen; наде́лать -у viel Staub aufwirbeln, (großes) Aufsehen erregen ◇ а́дский ~ Höllenlärm, Mordsspektakel; ~ и гам Heidenlärm
шуме́ть, -млю́, -ми́шь *uv* **1.** lärmen, rauschen; ein Geräusch verursachen; ~ по по́воду чего́-н. viel Aufhebens von etw. machen **2.** *umg* toben, randalieren **3.** *umg* Aufsehen erregen
шуми́ха, -и *f umg* Sensation, Aufsehen; подня́ть -у Lärm machen
шумли́вый, -ая, -ое; *Kzf* -и́в, -а lärmend, polternd; laut
шу́мный, -ая, -ое; *Kzf* -мен, -мна́! **1.** laut, lärmend; -ая компа́ния lärmende Gesellschaft **2.** aufsehenerregend; ~ успе́х sensationeller Erfolg, Bombenerfolg **3.** geräuschvoll, belebt ◇ -ые зву́ки *ling* Geräuschlaute

шумо́вка, -и, *Pl G* **-вок,** *D* **-вкам** *f* Schaumlöffel

шумово́й, -а́я, -о́е Lärm-, Geräusch-; ~ орке́стр Jazzorchester; Jazzband

шумо́к, -мка́ *m umg* schwacher Lärm ◇ под ~ unbemerkt, im geheimen

Шу́ра, -ы *m, f Dem zu* Алекса́ндр *u.* Алекса́ндра

шу́рин, -а, *Pl* шу́рья, -ьев, -ьям Schwager *Bruder der Ehefrau*

шурова́ть, -ру́ю, -ру́ешь; -ро́ванный, -ро́ван, -а *uv* **1.** schüren *Feuer* **2.** *volksspr* schuften; ~ до седьмо́го по́та bis zum Umfallen schuften

шуру́п, -а *m* Schraube, Holzschraube

шурф, -а *m berg* Schurf

шурфова́ть, -фу́ю, -фу́ешь *uv berg* schürfen

шурша́ние, -я *n* Rauschen, Rascheln; Knirschen

шурша́ть, -шу́, -ши́шь *uv* rauschen, rascheln; knirschen

шу́ры-му́ры *Pl idkl umg* Techtelmechtel

шу́стрый, -ая, -ое; *Kzf* шустёр, шустра́, шу́стро *umg* behend, gewandt, flink

шут, -а́ *m* **1.** *hist* Hofnarr **2.** *theat* Possenreißer, Clown **3.** Witzbold, Spaßvogel, Narr ◇ ~ горо́ховый Spaßmacher, Hanswurst; ~ его́ зна́ет! weiß der Kuckuck!

шути́ть, шучу́, шу́тишь *uv* scherzen, Spaß machen, spaßen; э́тим не шути́ damit mache [treibe] keinen Scherz; брось ~! mach keine Scherze!; я не шучу́ das ist mein voller Ernst, ich spreche in allem [vollem] Ernst; ~ над ке́м-н. sich lustig machen über j-n; шу́тки ~ witzeln, Späßchen machen, Witze reißen; ~ с огнём mit dem Feuer spielen

шу́тка, -и, *Pl G* -ток, *D* -ткам *f* **1.** Scherz, Spaß, Witz; в -у im [aus] Scherz; zum Spaß; не на [не в] -у nicht zum Spaß, ernsthaft; -и в сто́рону! Spaß beiseite!; мне не до -ток ich bin nicht zum Scherzen aufgelegt; сыгра́ть с ке́м-н. злу́ю -у sich mit j-m einen schlechten Scherz erlauben; не обижа́ться на -у einen Scherz verstehen; кро́ме -ток? ist das Ihr Ernst?; кро́ме -ток! ohne Spaß!, im Ernst! **2.** *theat* Schwank, Posse ◇ с ним -и пло́хи mit ihm ist nicht gut Kirschen essen

шутли́вый, -ая, -ое; *Kzf* -и́в, -а **1.** scherzhaft, spaßhaft **2.** -о *Adv*: -о сказа́ть что́-н. etwas zum Scherz sagen

шутни́к, -а́ *m* Spaßvogel, Spaßmacher, Witzbold

шутовско́й, -а́я, -о́е närrisch, Narren-; ~ наря́д Narrenrock; -а́я вы́ходка Narretei, närrischer Streich

шутовство́, -а́ *n* Narretei, Narrenpossen, Spaßmacherei

шу́точный, -ая, -ое Scherz-, scherzhaft; lustig; -ое стихотворе́ние Scherzgedicht; де́ло не -ое das ist keine Kleinigkeit

шутя́ *Adv* **1.** scherzend, im [zum] Scherz; не ~ im Ernst, ohne Spaß **2.** leicht, ohne Anstrengung, mühelos; spielend leicht

шцли́ния, -и *f* Trennungslinie *zwischen zwei Fahrbahnen*

шушу́канье, -ья *n umg* Geflüster, Gezisch

шушу́кать, -аю, -аешь *uv volksspr* tuscheln, flüstern

шушу́каться, -аюсь, -аешься *uv umg* tuscheln, miteinander flüstern; klatschen, geheimnisvoll tun

шхе́ры, шхер *Pl geogr* Schären, Schäreninseln

шху́на, -ы *f naut* Schoner

шш! *Interj* pst!, sch-sch!

шью ↑ шить

Щ

щаве́левый, -ая, -ое Sauerampfer-; -ая кислота́ Oxalsäure

щаве́ль, -я́ *m* Sauerampfer

щади́ть, щажу́, щади́шь *uv* schonen; не ~ свои́х сил keine Mühe scheuen; не ~ себя́ schonungslos gegen sich selbst sein

щебёнка, -и *f* Schotter

щебёночный, -ая, -ое Schotter-; -ое покры́тие Schotterstraße

ще́бень, -бня *m* Schotter

ще́бет, -а *m oder* **щебета́ние,** -я *n* **1.** Gezwitscher **2.** *übtr* Geplapper *der Kinder*

щебета́ть* *uv* 1. *1. u. 2. Pers ungebr* zwitschern 2. *übtr* plappern, schwatzen
щебечу́ ↑ щебета́ть
щеглёнок, -нка, *Pl* щегля́та, -ля́т, -ля́там *m* Stieglitzjunges
щего́л, -гла́ *m* Stieglitz
щеголева́тый, -ая, -ое; *Kzf* -а́т, -а elegant; putzsüchtig
щеголи́ха, -и *f* Modenärrin
щёголь, -я *m* Modenarr, Dandy
щегольну́ть *v mom zu* щеголя́ть
щегольско́й, -а́я, -о́е elegant; putzsüchtig
щегольство́, -а́ *n* Putzsucht
щеголя́ть, -я́ю, -я́ешь *uv* 1. sich putzen, sich dandyhaft kleiden 2. *übtr I* zur Schau stellen, prahlen; ~ свои́ми зна́ниями mit seinen Kenntnissen prahlen ‖ *v mom* щегольну́ть, -ну́, -нёшь
ще́дрый, -ая, -ое; *Kzf* щедр, -а́! 1. freigebig, großzügig 2. reichlich
щека́, -и́, *A* щёку, *Pl* щёки, щёк, щека́м *f* Wange ◇ за о́бе -и́ есть *umg* gierig essen
щеко́лда, -ы *f* Türklinke
щёкот, -а *m* Nachtigallenschlag
щекота́ние, -я *n* Kitzeln, Gekitzel
щекота́ть* *uv* 1. kitzeln; у меня́ в го́рле щеко́чет es kitzelt mir im Hals 2. *übtr* kitzeln, reizen; ~ не́рвы die Nerven kitzeln
щеко́тка, -и *f* Kitzelgefühl; боя́ться -и kitzlig sein
щекотли́вый, -ая, -ое; *Kzf* -и́в, -а 1. kitzlig 2. heikel 3. *alt* pedantisch, übertrieben korrekt
щеко́тно *prädikativ D*: мне ~ es kitzelt mich
щекочу́ ↑ шекота́ть
щелево́й, -а́я, -о́е: ~ звук Engelaut, Reibelaut
щели́стый, ая, -ое; *Kzf* -и́ст, -а rissig, mit vielen Spalten
щёлк! *Interj umg* klatsch!, knips!
щёлка, -и, *Pl G* -лок, *D* -лкам *f* Spalte, Riß
щёлканье, -ья *n* 1. (Zungen-) Schnalzen; Klappern *Zähne*; Schnipsen *Finger*; Knallen *Peitsche* 2. Ein-, Zuschnappen *Türschloß* 3. Knacken *Nüsse* 4. Schlagen *Nachtigall*
щёлкать, -аю, -аешь *uv* 1. *A* einen Schnipser geben; ~ кого́-н. по́ носу j-m einen Nasenstüber geben 2. *I* knallen, klirren (mit); ~ языко́м mit der Zunge schnalzen; ~ зуба́ми mit den Zähnen klappern; ~ па́льцами mit den Fingern schnipsen 3. ein-, zuschnappen *Türschloß* 4. (auf)knacken; ~ оре́хи Nüsse knacken ‖ *v mom* **щёлкнуть,** -ну, -нешь
щёлок, -а (-у) *m* Lauge; стира́льный ~ Waschlauge
щелочно́й, -а́я, -о́е alkalisch
щёлочь, -и, *Pl* щёлочи, щелоче́й, щелоча́м *f* Alkali
щелчо́к, -чка́ *m* 1. Schnipser, Nasenstüber 2. Kränkung
щель, -и, *P* о ще́ли, в щели́, *Pl* ще́ли, щеле́й, щеля́м *f* 1. Ritze, Spalte; голосова́я ~ Stimmritze 2. Splitterschutzgraben
щеми́ть, *1. u. 2. Pers ungebr*, -и́т *uv* 1. drücken, pressen; klemmen 2. *unpers*: у меня́ щеми́т грудь ich habe Schmerzen in der Brust; у меня́ се́рдце щеми́т mir ist es schwer ums Herz
щени́ться, *1. u. 2. Pers ungebr*, -и́тся *uv* Junge werfen *Hunde u. ä.*
щено́к, -нка́, *Pl* щенки́, -ко́в, -ка́м *u.* щеня́та, -я́т, -я́там *m* 1. Welpe, junger Hund 2. *volksspr, verächtl* Grünschnabel
щеня́чий, -ья, -ье Welpen-
щепа́, -ы́, *Pl* ще́пы, щеп, щепа́м *f* 1. Span 2. *Koll* Späne
щепа́ть* *u. umg* -а́ю, -а́ешь *uv* spalten; schleißen
щепети́льность, -и *f* Pedanterie, Kleinlichkeit
щепети́льный, -ая, -ое; *Kzf* -лен, -льна pedantisch, kleinlich
ще́пка, -и, *Pl G* -пок, *D* -пкам *f* Span ◇ худо́й как ~ dürr wie eine Bohnenstange; лес ру́бят — -и летя́т *Sprichw* wo gehobelt wird, da fallen Späne
щеплю́ ↑ щепа́ть
щепо́тка, -и, *Pl G* -ток, *D* -ткам *f* Prise; ~ табаку́ eine Prise Tabak
щепо́ть, -и *f* Prise
щерба́тый, ая, -ое; *Kzf* -а́т, -а 1. pockennarbig 2. zerschrammt, schartig 3. *umg* mit Zahnlücken
щерби́на, -ы *f* 1. Pockennarbe 2. Scharte
щети́на, -ы *f* Borste
щети́нистый, -ая, -ое; *Kzf* -ист, -а borstig
щети́нить, *1. u. 2. Pers ungebr*, -ит *uv* sträuben *Haare, Borsten*
щети́ниться, *1. u. 2. Pers ungebr*, -ится *uv Fell* sich sträuben *a. übtr*
щети́нка, -и, *Pl G* -нок, *D* -нкам *f* Borste
щети́нный, -ая, -ое Borsten-

щётка, -и, *Pl G* -ток, *D* -ткам *f* Bürste *a. el*; зубна́я ~ Zahnbürste; ~ для воло́с Haarbürste; платяна́я [одёжная *umg*] ~ Kleiderbürste; сапо́жная ~ Schuhbürste; полотёрная ~ Bohnerbesen; почи́стить -ой (ab)-bürsten
щёточный, -ая, -ое Bürsten-
Ще́цин, -а *m* Szczecin *Stadt*
щёчный, -ая, -ое Wangen-
щи, щей *Pl* Kohlsuppe; зелёные ~ Sauerampfersuppe
щи́колотка, -и, *Pl G* -ток, *D* -ткам *f anat* Knöchel
щипа́ть* *uv* **1.** kneifen, zwicken **2.** *übtr* beißen, brennen; моро́з щи́плет нос der Frost beißt an die Nase **3.** rupfen, zupfen; ~ траву́ [пти́цу] Gras [Geflügel] rupfen ‖ *v mom* щипну́ть, -ну́, -нёшь *zu* 1
щипа́ться* *uv* **1.** kneifen, zwicken **2.** einander kneifen
щипко́вый, -ая, -ое: -ые инстру-ме́нты Zupfinstrumente
щипко́м *Adv mus* pizzicato, gezupft
щиплю ↑ щипа́ть
щипну́ть *v mom zu* щипа́ть
щипо́к, -пка́ *m* Kneifen, Knuff
щипцы́, -о́в *Pl* Zange
щи́пчики, -ов *Pl* kleine Zange
щит, -а́ *m* **1.** *hist* Schild *m* **2.** Brett, Tafel; рекла́мный ~ Reklameschild, Plakattafel; распредели́тельный ~ *el* Schalttafel **3.** Panzer *der Schildkröte* **4.** Schütze *zur Regelung des Wasserstandes* **5.** Vortriebsschild *bei Tunnelbauten* ◇ подня́ть кого́-н. на ~ j-n übermäßig loben
щитови́дный, -ая, -ое *anat* Schild-; -ая железа́ Schilddrüse
щитово́й, -а́я, -о́е Schild-
щито́к, -тка́ *m* **1.** kleines Brett, Schild; ~ водителя *Auto* Armaturenbrett **2.** Beinschiene *Fußball, Hockey* ◇ грязево́й ~ Schutzblech
щу́ка, -и *f* Hecht
щуп, -а *m* **1.** Sonde **2.** *tech* Fühler, Tastfinger
щу́пальце, -а, *I* -ем, *Pl G* -лец, *D* -льцам *n* Fühler *der Insekten*
щу́панье, -ья *n* Befühlen, Betasten
щу́пать, -аю, -аешь *uv* befühlen, betasten ‖ *v* пощу́пать
щу́плость, -и *f* Schmächtigkeit, Gebrechlichkeit
щу́плый, -ая, -ое; *Kzf* щупл, -а́! schmächtig, kraftlos
щу́рить, -рю, -ришь *uv* zusammenkneifen *Augen*
щу́риться, -рюсь, -ришься *uv* die Augen zusammenkneifen, blinzeln
щу́чий, -ья, -ье Hecht- ◇ по -ьему веле́нью wie im Märchen, auf den ersten Wunsch hin

Э

э! *Interj zum Ausdruck von Verwunderung, Ärger, Verachtung usw., sowie zur Ablehnung fremder Rede* ach; э-э, глу́пости! ach, Unsinn!
эбе́новый, -ая, -ое Ebenholz-; -ое де́рево Ebenholz
эвакуацио́нный, -ая, -ое Evakuations-; Räumungs-
эвакуа́ция, -и *f* Evakuierung
эвакуи́ровать, -рую, -руешь; -рованный, -рован, -а *v, uv* evakuieren
эве́н, -а *m* Ewene *Angehöriger des Volkes, das am Ufer des Ochotskischen Meeres und in den nördlichen Gebieten der Jakutischen ASSR lebt*
эве́нк, -а *m* Ewenke *frühere Benennung: Tunguse*
эвенки́йка, -и, *Pl G* -иек, *D* -и́йкам *f* Ewenkin *frühere Benennung: Tungusin*
эвенки́йский, -ая, -ое ewenkisch *früher: tungusisch*
эве́нский, -ая, -ое ewenisch, Ewenen-
эвентуа́льный, -ая, -ое; *Kzf* -лен, -льна eventuell
Эвере́ст, -а *m* (Mount) Everest
эвкали́пт, -а *m* Eukalyptus
эвкали́птовый, -ая, -ое Eukalyptus-
эволюциони́ровать, -рую, -руешь *v, uv* sich entwickeln
эволюцио́нный, -ая, -ое Evolutions-; -ая тео́рия Evolutionstheorie
эволю́ция, -и *f* Evolution
эвфеми́зм, -а *m* Euphemismus
эге́! [he] *Interj* sieh mal an!
эге́йский, -ая, -ое ägäisch; Эге́йское мо́ре Ägäisches Meer
эгои́ст, -а *m* Egoist
эгои́стка, -и, *Pl G* -ток, *D* -ткам *f* Egoistin

эгоцентри́зм, -а *m* Egozentrismus, Ichbezogenheit
эгоцентри́ческий, -ая, -ое egozentrisch
эдельве́йс, -а *m bot* Edelweiß
Э́динбург, -а *m* Edinburgh
эй! *Interj* he!
Э́йзенах, -а *m* Eisenach
Эквадо́р, -а *m* Ekuador
эквадо́рец, -рца, *I* -рцем, *G Pl* -рцев *m* Ekuadorianer
эквадо́рка, -и, *Pl G* -рок, *D* -ркам *f* Ekuadorianerin
экваториа́льный, -ая, -ое äquatorial, Äquatorial-
эквивале́нтный, -ая, -ое; *Kzf* -тен, -тна äquivalent, gleichwertig
эквилибри́стка, -и, *Pl G* -ток, *D* -ткам *f* Äquilibristin
экзальта́ция, -и *f buchspr* Exaltation, Überspanntheit
экзальтиро́ванный, -ая, -ое; *Kzf* -ан, -анна *buchspr* exaltiert, überspannt
экза́мен, -а *m* Examen, Prüfung; ~ по матема́тике Mathematikprüfung; приёмный [вступи́тельный] ~ Aufnahmeprüfung; ко́нкурсный ~ Aufnahmeprüfung in Form eines Wettbewerbs *an sowjet. Hochschulen*; перехо́дный ~ Zwischenprüfung; выпускно́й ~ Abschlußprüfung; ~ на аттеста́т зре́лости Abitur, Reifeprüfung; сдава́ть [держа́ть] ~ eine Prüfung ablegen; вы́держать [сдать] ~ на отли́чно die Prüfung mit „Ausgezeichnet" ablegen; провали́ться на -е *umg* durchs Examen fallen
экзамена́тор, -а *m* Prüfer
экзаменацио́нный, -ая, -ое Prüfungs-; -ая рабо́та Prüfungsarbeit; -ая се́ссия Prüfungsperiode
экзаменова́ть, -ную, -нуешь; -но́ванный, -по́ван, -а *uv* prüfen
экзаменова́ться, -ну́юсь, -ну́ешься *uv* 1. sich einer Prüfung unterziehen 2. geprüft werden
экзамену́ющийся, -щегося *Subst m* Prüfling
экза́рх, -а *m kirchl* Exarch
экзе́ма [зэ], -ы *f med* Ekzem
экземпля́р [зэ], -а *m* Exemplar
экзо́тика, -и *f* Exotik
экзоти́ческий, -ая, -ое exotisch
экзоти́чный, -ая, -ое; *Kzf* -чен, -чна exotisch
экиво́к, -а *m* Zweideutigkeit; без -ов ohne Umschweife, klipp und klar
э́кий *u.* **э́кой,** -ая, -ое *m Kzf ungebr*, э́ка, э́ко *umg* was für ein *in Ausrufen*; -ое сча́стье! so ein Glück!
экипа́ж, -а, *I* -ем, *G Pl* -ей *m* 1. Equipage 2. Besatzung *von Schiff, Panzer oder Flugzeug*; ~ су́дна Schiffsbesatzung, -mannschaft
эклекти́зм, -а *m* Eklektizismus
эклекти́ческий, -ая, -ое eklektisch
экли́птика, -и *f* Ekliptik
эклипти́ческий, -ая, -ое ekliptisch
эконо́м, -а *m alt* 1. sparsamer Mensch 2. Ökonom, Wirtschaftler
эконо́мика, -и *f* 1. Wirtschaft(sstruktur) 2. Ökonomie eines Wirtschaftszweiges; ~ промы́шленности Industrieökonomik
экономи́ст, -а *m* Wirtschaftswissenschaftler, Wirtschaftler
эконо́мить, -млю, -мишь *uv A oder* на *P* einsparen ‖ *v* сэконо́мить; -мленный, -млен, -млена
экономи́ческий, -ая, -ое ökonomisch; ~ кри́зис Wirtschaftskrise
экономи́чность, -и *f* Wirtschaftlichkeit, Rentabilität
экономи́чный, -ая, -ое; *Kzf* -чен, -чна ökonomisch, wirtschaftlich, rentabel
эконо́мия, -и *f* 1. Sparsamkeit; Einsparung; строжа́йший режи́м -и strengstes Sparsamkeitsregime; ~ сырья́ [то́плива] Einsparung von Rohstoffen [Brennstoffen]; ~ электроэне́ргии Stromeinsparung; для -и вре́мени um Zeit zu sparen; соблюда́ть -ю сырья́ sparsam mit Rohstoffen umgehen 2. *alt* großes Gut *mit kapitalistischem Betrieb* ◇ полити́ческая ~ politische Ökonomie
эконо́мка, -и *f alt* Wirtschafterin
эконо́мничать, -аю, -аешь *uv umg* übertrieben sparsam sein, geizen
эконо́мность, -и *f* Sparsamkeit
эконо́мный, -ая, -ое; *Kzf* -мен, -мна sparsam, wirtschaftlich
экра́н, -а *m* 1. Schirm(wand) 2. (Film-) Leinwand; широ́кий ~ Breitwand; фильм вы́шел на ~ der Film ist angelaufen; снять карти́ну с -а den Film zurückziehen 3. Bildschirm *Fernsehen*
экраниза́ция, -и *f* Verfilmung; ~ рома́на Verfilmung eines Romans
экранизи́ровать, -рую, -руешь; -рованный, -рован, -а *v, uv* verfilmen
экраниро́вка, -и *f el* Störschutz
экс- *in Zuss* ex-
экскава́тор, -а *m* Bagger; шага́ющий ~ Schreitbagger; вскры́шный ~ Ab-

raumbagger; ~-канавокопатель Grabenbagger; многоковшовый ~ Eimerkettenbagger; роторный ~ Schaufelradbagger

экскава́торщик, -а *m* Baggerführer

экскреме́нты, -ов *Pl* Exkremente

экску́рс, -а *m* Exkurs, Abschweifung

экскурса́нт, -а *m* Exkursionsteilnehmer, Ausflügler

экскурса́нтка, -и, *Pl G* -ток, *D* -ткам *f* Exkursionsteilnehmerin, Ausflüglerin

экскурсио́нный, -ая, -ое Ausflugs-; -ая ба́за Touristenheim

экску́рсия, -и *f* **1.** Exkursion, Ausflug **2.** Gruppe von Ausflugsteilnehmern

экскурсово́д, -а *m* Fremdenführer, Reiseleiter; Führer *in Museen*

экспанси́вный, -ая, -ое; *Kzf* -вен, -вна unbeherrscht

экспансиони́зм, -а *m* Expansionspolitik

экспансиони́стский, -ая, -ое Expansions-

экспа́нсия, -и *f* Expansion

экспеди́ровать, -рую, -руешь; -рованный, -рован, -а *v, uv* expedieren, absenden

экспеди́тор, -а *m* Absender; Spediteur

экспедицио́нный, -ая, -ое Expeditions-

экспеди́ция, -и *f* **1.** Expedition, Versand(abteilung) **2.** Expedition; нау́чная ~ wissenschaftliche Expedition

экспериме́нт, -а *m* Experiment, (wissenschaftlicher) Versuch

эксперимента́льный, -ая, -ое experimentell, Versuchs-

эксперименти́ровать, -рую, -руешь *uv* experimentieren, Versuche durchführen

экспе́рт, -а *m* Experte, Sachverständiger

эксперти́за, -ы *f* Sachverständigengutachten

экспе́ртный, -ая, -ое Experten-; -ая комиссия Sachverständigenkommission

эксплуата́тор, -а *m* Ausbeuter

эксплуата́торский, -ая, -ое Ausbeuter-

эксплуатацио́нный, -ая, -ое *tech* Betriebs-; ~ отде́л Betriebsabteilung

эксплуата́ция, -и *f* **1.** Ausbeutung **2.** Ausnutzung, Ausbeutung; Betrieb; ~ желе́зных доро́г Bahnbetrieb **3.** *berg* Abbau; Förderung; хи́щническая ~ Raubbau

эксплуати́ровать, -рую, -руешь; -рованный, -рован, -а *uv* **1.** ausbeuten *Menschen* **2.** *wirtsch* ausnutzen, benutzen; betreiben

экспози́ция, -и *f* **1.** *lit* Exposition **2.** Ausstellung **3.** *phot* Belichtung

экспона́т, -а *m* Ausstellungsstück, Exponat

экспоне́нт, -а *m* Aussteller

экспони́ровать, -рую, -руешь; -рованный, -рован, -а *v, uv* **1.** ausstellen **2.** *phot* belichten

экспоно́метр, -а *m* Belichtungsmesser

э́кспорт, -а *m* Export, Ausfuhr

экспорти́ровать, -рую, -руешь; -рованный, -рован, -а *v, uv* exportieren, ausführen

э́кспортный, -ая, -ое Export-

экспре́сс, -а *m* Expreß *Zug, Bus, Schiff*

экспресси́вный, -ая, -ое; *Kzf* -вен, -вна expressiv, ausdrucksvoll

экспрессионисти́ческий, -ая, -ое expressionistisch

экспре́ссия, -и *f* Ausdruckskraft

экспро́мт, -а *m* Improvisation

экспро́мтом *Adv* aus dem Stegreif

экспроприа́ция, -и *f* Enteignung

экспроприи́ровать, -рую, -руешь; -рованный, -рован, -а *v, uv* enteignen

экста́з, -а *m* Ekstase

экстенси́вность [тэ], -и *f* Extensität

экстенси́вный, [тэ], -ая, -ое; *Kzf* -вен, -вна extensiv

экстерн [тэ], -а *m* Externer; сдать экза́мен -ом das Examen als Externer ablegen

экстерриториа́льность, -и *f* Exterritorialität

экстерриториа́льный, -ая, -ое; *Kzf* -лен, -льна exterritorial

э́кстра *Adj idkl* extra, besonders

экстравага́нтный, -ая, -ое; *Kzf* -тен, -тна extravagant

экстра́кт, -а *m* **1.** Extrakt **2.** Auszug, kurze Inhaltsangabe

экстраордина́рный, -ая, -ое; *Kzf* -рен, -рна außerordentlich; außergewöhnlich

э́кстренный, -ая, -ое **1.** Extra-, Sonder-; ~ по́езд Sonderzug; ~ вы́пуск (газе́ты) Extrablatt; -ое заседа́ние Sondersitzung, außerordentliche Sitzung **2.** *Kzf* -ен, -енна eilig; -ая телегра́мма dringendes Telegramm

эксце́нтрик, -а *m* 1. Exzentriker 2. *tech* Exzenter

эксцентри́ческий. -ая, -ое exzentrisch

эксцентри́чный, -ая, -ое; *Kzf* -чен, -чна exzentrisch, überspannt

эксце́сс, -а *m* Exzeß, Ausschweifung; Ausschreitung

эласти́чность, -и *f* Elastizität

эласти́чный, -ая, -ое; *Kzf* -чен, -чна elastisch

элева́тор, -а *m* 1. Getreidesilo, Getreidespeicher 2. Elevator 3.: ~-лопа́та Löffelbagger

элега́нтность, -и *f* Eleganz

элега́нтный, -ая, -ое; *Kzf* -тен, -тна elegant

элеги́ческий, -ая, -ое elegisch *a. übtr*

элеги́чный, -ая, -ое; *Kzf* -чен, -чна elegisch, wehmütig

эле́гия, -и *f* Elegie

электриза́ция, -и *f* 1. Elektrisierung 2. Elektrotherapie

электризова́ть, -зу́ю, -зу́ешь; -зо́ванный, -зо́ван, -а *v, uv* elektrisieren

эле́ктрик, -а *m* Elektriker; инжене́р-~ Elektroingenieur

электри́к *Adj idkl* taubenblau

электрифика́ция, -и *f* Elektrifizierung

электри́ческий, -ая, -ое elektrisch; ~ ток elektrischer Strom; ~ у́горь Zitteraal

электри́чество, -а *n* 1. Elektrizität 2. elektrisches Licht; заже́чь ~ das Licht anbrennen

электри́чка, -и, *Pl G* -чек, *D* -чкам *f umg* elektrisch betriebener Zug, elektrisch betriebene Stadtbahn

электро- *in Zuss* Elektro-

электро|бри́тва, -ы *f* elektrischer Rasierapparat, Trockenrasierer; **~во́з,** -а *m* elektrische Lokomotive; **~вспы́шка,** -и, *Pl G* -шек, *D* -шкам *f phot* Vakublitz

электро́д, -а *m* Elektrode

электро|дви́гатель, -я *m* Elektromotor; **~движо́к,** -жка́ *m umg* kleiner Elektromotor; **~дви́жущий,** -ая, -ее: ~дви́жущая си́ла elektromotorische Kraft; **~ди́зельный,** -ая, -ое dieselelektrisch; ~ди́зельный по́езд Dieseltriebwagen; **~динами́ческий,** -ая, -ое elektrodynamisch; **~до́йлка,** -и, *Pl G* -лок, *D* -лкам *f* elektrische Melkmaschine; **~дре́ль,** -и *f* Elektrobohrer; **~ка́р,** -а *m* Elektrokarren, Eidechse; **~кардиогра́мма,** -ы *f med* Elektrokardiogramm; **~конструктор,** -а *m* Elektrobaukasten; **~ла́мпа,** -ы *f* elektrische Lampe; **~ла́мповый,** -ая, -ое: ~ ла́мповый заво́д Glühlampenwerk; **~лече́ние,** -я *n* Elektrotherapie

электро́лиз, -а *m* Elektrolyse

электро|магнети́зм, -а *m* Elektromagnetismus; **~магни́т,** -а *m* Elektromagnet; **~магни́тный,** -ая, -ое elektromagnetisch; **~машинострое́ние,** -я *n* Elektromaschinenbau; **~меха́ник,** -а *m* Elektromechaniker; **~меха́ника,** -и *f* Elektromechanik; **~механи́ческий,** -ая, -ое elektromechanisch; **~монтёр,** -а *m* Elektromonteur; **~мото́р,** -а *m* Elektromotor

электро́н, -а *m* Elektron

электронасе́дка, -и, *Pl G* -док, *D* -дкам *f* elektrischer Brutapparat

электро́ника, -и *f* Elektronik

электро́нный, -ая, -ое Elektronen-; -ая счётная маши́на Elektronenrechenmaschine; -ая ла́мпа Elektronenröhre

электро|обору́дование, -я *n* elektrische Ausrüstung; **~пасту́х,** -а́ *m* Elektroweidezaun; **~переда́ча,** -и *f* Stromübertragung; **~пила́,** -ы́, *Pl* электропи́лы, -и́л, -и́лам *f* Elektrosäge; **~плита́,** -ы́, *Pl* электроплиты, -и́т, -и́там *f* Elektroherd; **~пли́тка,** -и, *Pl G* -ток, *D* -ткам *f* elektrische Kochplatte; **~погру́зчик,** -а *m* Elektrostapler; **~по́езд,** -а, *Pl* электропоезда́, -о́в, -а́м *m* elektrisch betriebener Zug; **~полотёр,** -а *m* elektrische Bohnermaschine; **~прибо́р,** -а *m* Elektrogerät; **~про́вод,** -а *m* elektrische Leitung; **~прово́дка,** -и *f* elektrisches Leitungsnetz; **~прово́дность,** -и *f* elektrische Leitfähigkeit; **~прово́дный,** -ая, -ое; *Kzf* -ден, -дна *el* leitfähig; **~прои́грыватель,** -я *m* Plattenspieler; **~промы́шленность,** -и *f* Elektroindustrie; **~сва́рка,** -и *f* Elektroschweißen; **~сва́рщик,** -а *m* Elektroschweißer; **~се́ть,** -и *f* elektrisches Netz; **~ста́нция,** -и *f* Kraftwerk; а́томная ~ ста́нция Atomkraftwerk; **~терапи́я,** -и *f* Elektrotherapie; **~те́хник,** -а *m* Elektrotechniker; **~те́хника,** -и *f* Elektrotechnik; **~техни́ческий,** -ая, -ое elektrotechnisch; **~тя́га,** -и *f* elektrische Zugkraft; elektrischer Fahrbetrieb *Eisenbahn*; **~устано́вка,** -и, *Pl G* -вок, *D* -вкам *f* elektrische Anlage; **~утю́г,** -а́ *m* elektrisches Bügeleisen; **~хими́ческий,** -ая, -ое elektrochemisch; **~хи́мия,** -и *f* Elektrochemie;

~хо́д, -а *m* elektrisch betriebenes Schiff
электроэне́ргия, -и *f* Elektroenergie; снабже́ние -ей Strom-, Energieversorgung; вы́работка -и Stromerzeugung; эконо́мия -и Stromeinsparung; расхо́д -и Stromverbrauch
элеме́нт, -а *m* **1.** *chem, el, übtr* Element; вражде́бные -ы feindliche Elemente **2.** *el* Zelle
элемента́рность, -и *f* Einfachheit
элемента́рный, -ая, -ое; *Kzf* -рен, -рна elementar
эликси́р, -а *m* Elixier
элимини́ровать, -рую, -руешь; -рованный, -рован, -а *v, uv* eliminieren, ausscheiden
э́ллин, -а *m* Hellene
э́ллинг, -а *m* Helling, Schiffbauhalle
эллини́зм, -а *m* Hellenismus
э́ллипс, -а *u.* **э́ллипсис**, -а *m* Ellipse
эллипти́ческий, -ая, -ое elliptisch *a. gram*
Э́льба, -ы *f* **1.** Elbe **2.** Elba *Insel*
Эльбру́с, -а *m* Elbrus
Эльза́с-Лотари́нгия, -и *f* Elsaß-Lothringen
Эльто́н, -а *m* Elton *Salzsee in der UdSSR*
эма́левый, -ая, -ое Emaille-
эмалиро́ванный, -ая, -ое emailliert
эмалирова́ть, -ру́ю, -ру́ешь; -ро́ванный, -ро́ван, -а *uv* emaillieren
эмалиро́вка, -и *f* **1.** Emaillieren **2.** Emaillierung
эма́ль, -и *f* **1.** Emaille **2.** Emaillegeschirr **3.** Zahnschmelz
эмана́ция, -и *f* Emanation
эмансипа́ция, -и *f* Emanzipation
Эмануи́л, -а *m* Emanuel
эмба́рго *n idkl* Embargo; наложи́ть ~ на вы́воз ста́ли ein Embargo über die Stahlausfuhr verhängen
эмбле́ма, -ы *f* Emblem
эмболи́я, -и *f* Embolie
эмбрио́н, -а *m* Embryo
эмбриона́льный, -ая, -ое embryonal; в -ом состоя́нии im Keim
эмигра́нт, -а *m* Auswanderer, Emigrant
эмигра́нтка, -и, *Pl G* -ток, *D* -ткам *f* Auswanderin, Emigrantin
эмиграцио́нный, -ая, -ое Emigrations-
эмигра́ция, -и *f* Auswanderung, Emigration
эмигри́ровать, -рую, -руешь *v, uv* emigrieren, auswandern
эми́р, -а *m* Emir *orientalischer Titel*
эмиссио́нный, -ая, -ое Emissions-; ~ банк Emissionsbank
эми́ссия, -и *f* Emission, Ausgabe von Wertpapieren oder Papiergeld
эмоциона́льный, -ая, -ое; *Kzf* -лен, -льна emotional, gefühlsbetont
эмо́ция, -и *f* Emotion, Gefühlsbewegung
эмпире́й: вита́ть в -ях *iron* in höheren Regionen schweben
эмпи́рик, -а *m* Empiriker
эмпири́ческий, -ая, -ое empirisch
эмпири́чный, -ая, -ое; *Kzf* -чен, -чна empirisch
эмпири́я, -и *f* Empirie
эму́льсия, -и *f* Emulsion
эмфа́за, -ы *f* Emphase, Nachdruck
эмфати́ческий, -ая, -ое emphatisch, nachdrücklich
эндокри́нный, -ая, -ое *biol* endokrin, innersekretorisch
э́ндшпиль, -я *m* Endspiel *Schach*
энерге́тика, -и *f* Energetik, Energiewirtschaft
энергети́ческий, -ая, -ое energetisch; -ое хозя́йство Energiewirtschaft; -ие ресу́рсы Brennstoffreserven
энерги́чный, -ая, -ое; *Kzf* -чен, -чна energisch
эне́ргия, -и *f* **1.** *phys* Energie; потенциа́льная ~ potentielle Energie, Energie der Lage **2.** Energie, Tatkraft
энерго- *in Zuss* Energie-
энергоё́мкий, -ая, -ое stromintensiv
энергомаши́на, -ы *f* Kraftmaschine
энергоснабже́ние, -я *n* Energieversorgung
э́нный, -ая, -ое beliebig
э́нский, -ая, -ое *wird an Stelle eines Namens gebraucht*; ~ полк das Regiment X
энтомоло́гия, -и *f* Entomologie, Insektenkunde
энтузиа́ст, -а *m* Enthusiast
энцефали́т, -а *m* Hirnhautentzündung
энциклопеди́ческий, -ая, -ое enzyklopädisch; ~ слова́рь Enzyklopädie, Konversationslexikon
энциклопе́дия, -и *f* Enzyklopädie; Больша́я сове́тская ~ Große Sowjet-Enzyklopädie ◇ он ходя́чая ~ *scherz* er ist ein wandelndes Lexikon
эпиго́н, -а *m* Epigone
эпигра́мма, -ы *f* Epigramm
эпи́граф, -а *m* Epigraph, Motto
эпидеми́ческий, -ая, -ое epidemisch
эпиде́мия, -и *f* Epidemie
эпизо́д, -а *m* Episode

эпизоди́ческий, -ая, -ое episodenhaft, episodisch
эпизоо́тия, -и *f* Viehseuche
э́пика, -и *f* Epik
эпиле́псия, -и *f* Epilepsie, Fallsucht
эпиле́птик, -а *m* Epileptiker, Fallsüchtiger
эпилепти́ческий, -ая, -ое epileptisch
эпистоля́рный, -ая, -ое *lit* in Briefform
эпите́лий, -я, *P* -и, *G Pl* -ев *m* Epithel
эпи́тет, -а *m* Epitheton, Beiwort
эпи́ческий, -ая, -ое episch
эполе́т, -а *m* Epaulette
эпопе́я, -и *f* Epopöe
эпо́ха, -и *f* Epoche
эпоха́льный, -ая, -ое epochemachend
э́ра, -ы *f* Ära, Zeitrechnung; до на́шей -ы vor unserer Zeitrechnung
Эрмита́ж, -а, *I* -ем *m* Eremitage *Staatliches Museum in Leningrad*
эро́зия, -и *f* Erosion
эро́тика, -и *f* Erotik
эроти́ческий, -ая, -ое erotisch, sinnlich
эроти́чный, -ая, -ое; *Kzf* -чен, -чна erotisch, sinnlich
эруди́рованный, -ая, -ое; *Kzf* -ан, -анна *buchspr* belesen, gelehrt
эруди́ция, -и *f* *buchspr* Belesenheit, Gelehrsamkeit
Э́рфурт, -а *m* Erfurt
эсде́к [дэ], -а *m* *alt* (социа́л-демокра́т) Sozialdemokrat
эсде́ковский, -ая, -ое *alt* sozialdemokratisch
эсе́р [сэ], -а *m* (социали́ст-революционе́р) Sozialrevolutionär
эсе́ровский, -ая, -ое sozialrevolutionär
эска́дра, -ы *f* Geschwader
эска́дренный, -ая, -ое Geschwader-
эскадри́льный, -ая, -ое (Flieger-) Staffel-
эскадри́лья, -ьи, *Pl G* -лий, *D* -льям *f* Fliegerstaffel
эскадро́н, -а *m* Schwadron
эскадро́нный, -ая, -ое Schwadrons-
эскала́тор, -а *m* Rolltreppe
эски́з, -а *m* Skizze
эски́зный, -ая, -ое; *Kzf* -зен, -зна skizzenhaft
эскимо́ *n* *idkl* Eis mit Schokoladenüberzug
эскимо́с, -а *m* Eskimo
эскимо́ска, -и, *Pl G* -сок, *D* -скам *f* Eskimofrau
эскимо́сский, -ая, -ое Eskimo-
эско́рт, -а *m* Eskorte, Geleit
эскорти́ровать, -рую, -руешь; -рованный, -рован, -а *v*, *uv* eskortieren, geleiten
эско́ртный, -ая, -ое Eskorten-
эсми́нец, -нца, *I* -нцем, *G Pl* -нцев *m* (эска́дренный миноно́сец) Zerstörer
эспаньо́лка, -и, *Pl G* -лок, *D* -лкам *f* Spitzbart
эспера́нто *n* *idkl* Esperanto
эссеи́ст, -а *m* *buchspr* Essayist
эссе́нция, -и *f* Essenz
эстака́да, -ы *f* Straßenüberführung auf Pfeilern
эстафе́та, -ы *f* **1.** Stafette(nlauf) **2.** Stafettenstab
эстафе́тный, -ая, -ое Stafetten-; ~ бег Stafettenlauf
эсте́т [тэ], -а *m* Ästhet
эстети́зм [тэ], -а *m* Ästhetizismus
эсте́тика [тэ], -и *f* Ästhetik
эстети́ческий [тэ], -ая, -ое ästhetisch
эстети́чный [тэ], -ая, -ое; *Kzf* -чен, -чна ästhetisch, schön
эсто́нец, -нца, *I* -нцем, *G Pl* -нцев *m* Este
Эсто́ния, -и *f* Estland
эсто́нка, -и, *Pl G* -нок, *D* -нкам *f* Estin
эсто́нский, -ая, -ое estnisch; Эсто́нская Сове́тская Социалисти́ческая Респу́блика Estnische Sozialistische Sowjetrepublik
эстра́да, -ы *f* Kleinkunstbühne
эстра́дник, -а *m* Estradenkünstler
эстра́дный, -ая, -ое Unterhaltungs-; ~ конце́рт Unterhaltungskonzert
э́та ↑ э́тот
эта́ж, -а́, *I* -о́м, *G Pl* -е́й *m* Stockwerk, Etage; на пе́рвом -е́ im Erdgeschoß; -о́м вы́ше ein Stockwerk höher
этаже́рка, -и, *Pl G* -рок, *D* -ркам *f* Büchergestell; ~ для нот Notenständer
эта́жный, -ая, -ое Etagen-
э́так *Adv* **1.** *umg* ungefähr; киломе́тров, ~, пять и́ли шесть so ungefähr fünf oder sechs Kilometer **2.** *volksspr* so; де́ло не выхо́дит ни так ни ~ was man auch tut, die Sache kommt nicht vom Fleck
э́такий, -ая, -ое *umg* solcher
этало́н, -а *m* Eichmaß
эта́н, -а *m* Äthan
эта́п, -а *m* **1.** *mil* Rastort **2.** Etappe, Abschnitt, Stufe **3.** *Sport* Etappe **4.** *alt* Rastort einer Arrestantengruppe; Arrestantentransport
эта́пный, -ая, -ое *mil* Etappen-
э́ти ↑ э́тот
э́тика, -и *f* Ethik

этикéт, -а *m* Etikette; соблюдáть ~ die Etikette einhalten
этикéтка, -и, *Pl G* -ток, *D* -ткам *f* Etikett, Aufklebezettel
эти́л, -а *m* Äthyl
этилéн, -а *m* Äthylen
эти́ловый, -ая, -ое Äthyl-
этимологи́ческий, -ая, -ое etymologisch
этимолóгия, -и *f* Etymologie; нарóдная ~ Volksetymologie
эти́ческий, -ая, -ое ethisch
этни́ческий, -ая, -ое ethnisch
эти́чный, -ая, -ое; *Kzf* -чен, -чна ethisch
этногрáфия, -и *f* Ethnographie, Völkerkunde
этнóлог, -а *m* Ethnologe
этнологи́ческий, -ая, -ое ethnologisch
этнолóгия, -и *f* Ethnologie
э́то 1. *Pron* ↑ э́тот **2.** *Subst n* das, es; ~ плóхо das ist schlecht; ~ был её брат das war ihr Bruder; что ~ (такóе)? was ist das?; об э́том darüber; пóсле э́того danach; э́тим damit; при всём э́том bei alledem **3.** *Part* denn; кто ~ пришёл? wer ist denn da gekommen?; что ~ с вáми? was fehlt Ihnen denn?; ~ я вам принёс виногрáд hier habe ich Ihnen Weintrauben gebracht
э́тот, э́того *m*; э́та, э́той *f*; э́то, э́того *n*; *Pl* э́ти, э́тих **1.** *Dem Pron* dieser; ~ и́ли тот карандáш? dieser oder jener Bleistift? **2.** *Subst* (eben) dieser; скóлько тебé плáтит вот ~? wieviel bezahlt dir dieser da?
этю́д, -а *m* **1.** Studie, Skizze **2.** *mus* Etüde **3.** Übungsaufgabe *Schach* **4.** *lit* Studie
эфемéрный, -ая, -ое; *Kzf* -рен, -рна ephemer, (schnell) vorübergehend
эфéс, -а *m* Griff *am Säbel*
эфиóп, -а *m* Äthiopier
Эфиóпия, -и *f* Äthiopien
эфиóпка, -и, *Pl G* -пок, *D* -пкам *f* Äthiopierin
эфиóпский, -ая, -ое äthiopisch
эфи́р, -а *m* **1.** Äther **2.** *chem* Ester
эфи́рный, -ая, -ое **1.** ätherisch; -ые маслá ätherische Öle **2.** *Kzf* -рен, -рна *übtr iron* zart, überirdisch
эфиропла́ст, -а *m* Polyester
эффéкт, -а *m* Effekt, Wirkung; экономи́ческий ~ Nutzeffekt; погóня за -ом Effekthascherei; рассчи́танный на ~ auf Effekt berechnet; дать бы́стрый ~ eine rasche Wirkung haben; произвести́ ~ на зри́телей Eindruck auf die Zuschauer machen
эффекти́вность, -и *f* Wirksamkeit, Effektivität, Nutzeffekt
эффекти́вный, -ая, -ое; *Kzf* -вен, -вна wirksam, effektiv; wirkungsvoll
эффéктный, -ая, -ое; *Kzf* -тен, -тна effektvoll, eindrucksvoll
эх! *Interj* ach!, oh!
э́хо, -а *n* Echo
эхолóт, -а *m* Echolot
эшафóт, -а *m* Schafott
эшелóн, -а *m* **1.** Militärzug, -transport *Eisenbahn* **2.** *mil* Staffel
эшелони́ровать, -рую, -руешь; -рованный, -рован, -а *v, uv mil* staffeln, gliedern

Ю

юáнь, -я *m* Yuan *Währungseinheit der Volksrepublik China*
юбилéй, -я, *G Pl* -ев *m* Jubiläum; столéтний ~ Hundertjahrfeier; прáздновать ~ ein Jubiläum feiern
юбилéйный, -ая, -ое Jubiläums-; -ые торжествá Jubiläumsfeierlichkeiten
юбиля́р, -а *m* Jubilar
юбиля́рша, -и, *I* -ей *f umg* Jubilarin
ю́бка, -и, *Pl G* ю́бок, *D* ю́бкам *f* **1.** Rock, Frauenrock; ни́жняя ~ Unterrock; держáться за чью-н. -у *scherz* an j-s Rockzipfel hängen, sich von j-m am Gängelband führen lassen **2.** *el* Mantel, Umhüllung
ю́бочка, -и, *Pl G* -чек, *D* -чкам *f Dem zu* юбка Röckchen, sehr kurzer Rock
ю́бочник, -а *m umg* Schürzenjäger, Frauenheld
ю́бочный, -ая, -ое Rock-; ~ покрóй Rockschnitt
ювели́р, -а *m* Juwelier
ювели́рный, -ая, -ое Juwelier-; -ые издéлия Juwelierwaren
юг, -а *m* Süden; на -е im Süden; на ~ nach Süden; к -у gegen Süden, südwärts
юго-востóк, -а *m* Südosten
юго-востóчный, -ая, -ое südöstlich, Südost-

юго-за́пад, -а *m* Südwesten
юго-за́падный, -ая, -ое südwestlich, Südwest-
Юго-Осети́нский, -ая, -ое: -ая Автоно́мная о́бласть Autonomes Gebiet der Südosseten
югосла́в, -а *m* Jugoslawe
Югосла́вия, -и *f* Jugoslawien; Социалисти́ческая Федерати́вная Респу́блика ~ Sozialistische Föderative Republik Jugoslawien
югосла́вка, -и, *Pl G* -вок, *D* -вкам *f* Jugoslawin
югосла́вский, -ая, -ое jugoslawisch
юдофо́б, -а *m* Judenhasser, Antisemit
южа́нин, -а, *Pl* южа́не, -а́н, -а́нам *m* Südländer
южа́нка, -и, *Pl G* -нок, *D* -нкам *f* Südländerin
южне́е südlich (*G* von)
ю́жно-америка́нский, -ая, -ое südamerikanisch
ю́жно-африка́нский, -ая, -ое südafrikanisch; Ю́жно-Африка́нская Респу́блика Republik Südafrika
ю́жный, -ая, -ое südlich, Süd-; ~ ве́тер Südwind; -ая широта́ südliche Breite; Ю́жный по́люс Südpol; Ю́жная Аме́рика Südamerika
ю́кка, -и *f bot* Yukka
юла́, -ы́ *f* 1. Kreisel *Kinderspielzeug* 2. *übtr* Wildfang, Quecksilbernatur
юлиа́нский, -ая, -ое julianisch
юли́ть, юлю́, юли́шь *uv umg* 1. kreisen, sich drehen und wenden 2. *übtr* scharwenzeln; sich einschmeicheln (пе́ред ке́м-н. *oder* о́коло кого́-н. bei j-m)
ю́мор, -а *m* Humor
юморе́ска, -и, *Pl G* -сок, *D* -скам *f* Humoreske
юмори́ст, -а *m* 1. Humorist 2. humorvoller Mensch
юмори́стика, -и *f* 1. Humoristik 2. etwas Humoristisches, Komisches
юмористи́ческий, -ая, -ое humoristisch, humorvoll
ю́нга, -и *m* Schiffsjunge
юне́ц, юнца́, *I* юнцо́м, *G Pl* юнцо́в *m alt, verächtl* Junge, Jüngling, Milchbart
ю́нкер, -а, *Pl* ю́нкеры, -ов, -ам *u.* юнкера́, -о́в, -а́м *m* 1. Junker, Großgrundbesitzer *in Deutschland* 2. Junker *Zögling einer Militärschule im zaristischen Rußland*
ю́нкерский, -ая, -ое Junker-
юнна́т, -а *m* (ю́ный натурали́ст) junger Naturforscher; кружо́к -ов Zirkel junger Naturforscher
ю́ность, -и *f* Jugend, Jugendalter
ю́ноша, -и, *G Pl* -ей *m* Jüngling
ю́ношеский, -ая, -ое Jünglings-, jugendlich; ~ пыл jugendlicher Eifer
ю́ношество, -а *n* 1. *Koll* Jugend, junge Leute 2. Jugendzeit, Jünglingsalter
ю́ный, -ая, -ое; *Kzf* юн, -а́! jung, jugendlich; с ю́ных лет von Jugend an, von jung auf
юпи́тер, -а *m* Jupiterlampe, starker Scheinwerfer
Юпи́тер, -а *m astr* Jupiter
юр: на -у́ *oder* на са́мом -у́ a) auf offenem, erhöhtem Platz; b) *übtr* allen sichtbar, wo alle vorbeigehen
Ю́ра, -ы *m Dem zu* Ю́рий
юра́, -ы́ *f geogr* Jura
юриди́ческий, -ая, -ое Rechts-, juristisch, juridisch
Ю́рий, -я, *P* -и *m männl Vn*
юрисди́кция, -и *f* Jurisdiktion, Gerichtsbarkeit
юриско́нсульт, -а *m* Rechtsberater
юриспруде́нция, -и *f* Jurisprudenz, Rechtswissenschaft
юри́ст, -а *m* Jurist; он студе́нт-~ er studiert Jura
Ю́рка, -и *m Dem zu* Ю́рий
ю́ркий, -ая, -ое; *Kzf* ю́рок, юрка́!; *Komp* ю́рче schnell, behend, flink; beweglich
ю́ркнуть, -ну, -нешь *u.* **юркну́ть,** -ну́, -нёшь *v* forthuschen, weghuschen, hineinschlüpfen, sich schnell verbergen; мышь ю́ркну́ла в но́рку die Maus huschte in das Versteck
ю́ркость, -и *f* Behendigkeit, Flinkheit; Beweglichkeit
юро́дивый, -ая, -ое 1. wunderlich, geistesgestört, beschränkt 2. -ого *Subst m* Blödsinniger, Schwachsinniger
юро́дство, -а *n* Blödsinn, Schwachsinn
юро́дствовать, -твую, -твуешь *uv* den Blödsinnigen spielen, den Narren machen
ю́рский, -ая, -ое *geol* Jura-; ~ пери́од Jura
ю́рта, -ы *f* Jurte, Filzzelt
ю́рче ↑ ю́ркий
Ю́рьев день: вот тебе́, ба́бушка, и Ю́рьев день! da haben wir den Salat [die Bescherung]!
юсти́ция, -и *f* Justiz, Rechtspflege
ют, -а *m naut* Achterdeck
ютиться, ючу́сь, юти́шься *uv* untergebracht sein; zusammengepfercht wohnen; (elend) hausen
Ютла́ндия, -и *f* Jütland

ютла́ндский, -ая, -ое jütisch
ю́фтевый, -ая, -ое Juchten-, aus Juchtenleder
юфть, -и *f* Juchten *Lederart*
юфтяно́й, -а́я, -о́е Juchten-, aus Juchtenleder

Я

я, меня́, мне, меня́, мно́ю *u.* мной, обо мне́ *Pers Pron* ich ◇ я тебя́ ich werde dir *Drohung*
я́беда, -ы **1.** *m (f) umg* Verleumder(in) **2.** *f alt* Verleumdung, Ohrenbläserei
я́бедник, -а *m* Verleumder
я́бедничать, -аю, -аешь *uv* на *A* verleumden
я́блоко, -а, *Pl* я́блоки, я́блок, я́блокам *n* Apfel ◇ ада́мово ~ *anat* Adamsapfel; ло́шадь в -ах Apfelschimmel; ~ раздо́ра *buchspr* Zankapfel; -у не́где упа́сть es war für keine Stecknadel mehr Platz
я́блоневый, -ая, -ое Apfel(baum)-
Я́блоновый, -ая, -ое: ~ хребе́т Jablonowygebirge *in Transbaikalien*
я́блоня, -и, *G Pl* я́блонь *f* Apfelbaum
я́блочко, -а, *Pl G* -чек, *D* -чкам *n Dem zu* я́блоко kleiner Apfel, Äpfelchen ◇ кита́йское ~ Paradiesapfel
я́блочный, -ая, -ое Apfel-; ~ джем Apfelmarmelade
Я́ва, -ы *f* Java
яви́ться, явлю́сь, я́вишься *v* **1.** erscheinen, sich einfinden; sich melden (к *D* bei j-m, в *A* in, vor); ~ к дире́ктору sich beim Direktor melden; ~ в дире́кцию sich in der Direktion melden **2.** entstehen, aufkommen, erscheinen; у меня́ яви́лась мысль mir ist ein Gedanke gekommen **3.** *I* sein, sich erweisen (als); э́то для меня́ яви́лось большо́й неожи́данностью das war für mich eine große Überraschung ‖ *uv* явля́ться, -я́юсь, -я́ешься
я́вка, -и, *Pl G* я́вок, *D* я́вкам *f* **1.** Erscheinen; ~ обяза́тельна Erscheinen (ist) Pflicht **2.** *geheimer* Treffpunkt *für konspirative Zwecke*; *konspiratives* Erkennungszeichen
явле́ние, -я *n* **1.** Erscheinen, Eintreffen **2.** *theat* Auftritt **3.** Erscheinung; ~ приро́ды Naturerscheinung; отрица́тельные -я negative Erscheinungen
явля́ться *uv zu* яви́ться
я́вный, -ая, -ое; *Kzf* я́вен, я́вна **1.** offen (zur Schau getragen), unverhüllt, für jeden sichtbar; -ая вражда́ unverhüllte Feindschaft **2.** offensichtlich, unverkennbar, deutlich
я́вочный, -ая, -ое: -ая кварти́ра konspirativen Zwecken dienende Wohnung ◇ -ым поря́дком [путём] eigenmächtig
я́вственный, -ая, -ое; *Kzf* -вен *u.* -венен, -венна deutlich, klar
я́вствовать, *1. u. 2. Pers ungebr*, -твует *uv buchspr* klar hervorgehen, sich klar ergeben, deutlich ersichtlich sein; из э́того я́вствует, что hieraus folgt (mit aller Deutlichkeit), daß
явь, -и *f* reale Wirklichkeit
яга́, -и́ *folkl f* Hexe
ягдта́ш [кта], -а, *I* -ем, *G Pl* -ей *m* Jagdtasche
ягнёнок, -нка, *Pl* ягня́та, -я́т, -я́там *m* Lamm
ягни́ться, *1. u. 2. Pers ungebr*, -ится *uv* lammen
ягня́тник, -а *m* Lämmergeier
я́года, -ы *f* Beere ◇ он не на́шего по́ля ~ er ist nicht von unserem Schlag
я́годица, -ы, *I* -ей *f* Gesäßhälfte; Hinterbacke
я́годный, -ая, -ое Beeren-; -ое вино́ Beerenwein; ~ сезо́н Beerenzeit
ягуа́р, -а *m* Jaguar
яд, -а (-у) *m* Gift
я́дерный, -ая, -ое Kern-, nuklear; -ые испыта́ния Kern(waffen)versuche; -ое деле́ние Kernspaltung; -ая фи́зика Kernphysik
ядови́тый, -ая, -ое; *Kzf* -и́т, -а giftig, Gift- *a. übtr*
ядрёный, -ая, -ое; *Kzf* -ён, -а *umg* (kern)gesund, kräftig, kernig
я́дрица, -ы, *I* -ей *f* Buchweizengrütze
ядро́, -а́, *Pl* я́дра, я́дер, я́драм *n* **1.** Kern, Fruchtkern **2.** *phys* Kern; ~ а́тома Atomkern **3.** *übtr* Kern, wichtigster [wesentlicher] Teil **4.** *Sport* Kugel; толка́ние -а́ Kugelstoßen **5.** Kanonenkugel
я́зва, -ы *f* **1.** Geschwür, entzündete

Wunde; ~ желу́дка Magengeschwür 2. *übtr* Geschwür, Geißel, Krebsschaden 3. *umg* Spötter, Lästermaul

язви́тельный, -ая, -ое; *Kzf* -лен, -льна höhnisch, beißend, gehässig

язви́ть, язвлю́, язви́шь *uv* 1. *alt* verletzen *a. übtr* 2. höhnisch [beißend, gehässig] reden, sticheln

язы́к, -а́ *m* 1. Zunge 2. Sprache; дре́вние -и́ alte Sprachen; ~ Пу́шкина die Sprache Puschkins 3. Gefangener *der Informationen geben kann* 4. Glockenklöppel 5. *Pl* языки́ *alt* Volk ◇ злы́е -и́ böse Zungen; держа́ть ~ за зуба́ми *oder* придержа́ть ~ die Zunge im Zaum halten; у неё ~ хорошо́ подве́шен sie ist schlagfertig; у него́ дли́нный ~ er ist ein Schwätzer; у него́ отня́лся ~ das Wort blieb ihm in der Kehle stecken; что на уме́, то и на -е́ *Sprichw* wes das Herz voll ist, des geht der Mund über

языко|ве́д, -а *m* Sprachwissenschaftler; **~ве́дение,** -я *n* Sprachwissenschaft; **~ве́дческий,** -ая, -ое sprachwissenschaftlich

языково́й, -а́я, -о́е sprachlich, Sprach-; -о́е чутьё Sprachgefühl

языко́вый, -ая, -ое Zungen-, aus Zunge gemacht; -ая колбаса́ Zungenwurst

языкозна́ние, -я *n* Sprachwissenschaft

язы́ческий, -ая, -ое heidnisch

язы́чество, -а *n* Heidentum

язы́чник, -а *m* Heide

язы́чный, -ая, -ое *anat* Zungen-; -ые мы́шцы Zungenmuskeln

язычо́к, -чка́ *m* 1. *Dem zu* язы́к Zunge 2. *anat* Zäpfchen 3. Riegel, Zunge, Lasche

язь, -я́ *m* Alant, Nerfling *Art Karpfen*

яи́чко, -а, *Pl G* яи́чек, *D* яи́чкам *n* 1. kleines Ei 2. *anat* Hode

яи́чник, -а *m anat* Eierstock

яи́чница [шн], -ы, *I* -ей *f* Eierspeise; ~-болту́нья Rührei; ~-глазу́нья Spiegelei, Setzei

яи́чный, -ая, -ое 1. Ei-, Eier-; ~ порошо́к Eipulver; -ая торго́вля Eierhandel 2. dotterfarben, eigelb

яйце|ви́дный, -ая, -ое; *Kzf* -ден, -дна ei(er)förmig, eirund; **~во́д,** -а *m anat* Eileiter; **~кле́тка,** -и, *Pl G* -ток, *D* -ткам *f* Eizelle; **~но́ский,** -ая, -ое (gut) eierlegend; ~но́ские ку́ры gute Legehennen

яйцо́, -а́, *Pl* я́йца, яи́ц, я́йцам *n* 1. Eizelle, Ei 2. Vogelei, Hühnerei; ~ всмя́тку weichgekochtes Ei; ~ в мешо́чек pflaumenweiches Ei; круто́е ~ hartgekochtes Ei ◇ э́то вы́еденного -а́ не сто́ит die Sache ist keinen Pfifferling wert; колу́мбово ~ das Ei des Kolumbus

як, -а *m* Jak

Яки́м, -а *m männl Vn*

якоби́нец, -нца, *I* -нцем, *G Pl* -нцев *m* Jakobiner

я́кобы 1. *Konj* daß, angeblich *zum Ausdruck der Ungewißheit, des Zweifels hinsichtlich der Richtigkeit des Gesagten*; он ~ уе́хал er soll abgereist sein 2. *Adv* angeblich

Яков, -а *m männl Vn*

я́корный, -ая, -ое Anker-; ~ кана́т Ankertrosse

я́корь, -я, *Pl* якоря́, -е́й, -я́м *m naut, tech, el* Anker; стоя́ть на -е vor Anker liegen; сня́ться с -я den Anker lichten ◇ ~ спасе́ния letzte Rettung, Rettungsanker

яку́т, -а *m* Jakute

яку́тский, -ая, -ое jakutisch, Jakuten-

якутя́нин, -а, *Pl* -я́не, -я́н, -я́нам *m* Einwohner von Jakutsk

якша́ться, -а́юсь, -а́ешься *uv volksspr* verkehren (с *I* mit)

я́лик, -а *m* Jolle

я́ловый, -ая, -ое 1. *landw* unfruchtbar; -ая коро́ва unfruchtbare Kuh 2. aus dem Fell einer jungen Kuh gemacht

Я́лта, -ы *f* Jalta

я́ма, -ы *f* 1. Grube; выгребна́я ~ Müllgrube 2.: у́гольная ~ Kohlenbunker *auf Schiffen* 3. Talsenke 4. *alt* Gefängnis; долгова́я ~ Schuldturm ◇ возду́шная ~ *flug* Luftloch

Яма́йка, -и *f* Jamaika

ямб, -а *m lit* Jambus

ямби́ческий, -ая, -ое *lit* jambisch

я́мка, -и, *Pl G* я́мок, *D* я́мкам *f Dem zu* я́ма kleine Grube

я́мочка, -и, *Pl G* -чек, *D* -чкам *f* Grübchen

ямщи́к, -а́ *m* Postkutscher

янва́рский, -ая, -ое Januar-; ~ хо́лод Januarkälte

янва́рь, -я́ *m* Januar

я́нки *m idkl* Yankee

янта́рный, -ая, -ое 1. Bernstein-; ~ мундшту́к Bernsteinmundstück 2. bernsteingelb

янта́рь, -я́ *m* Bernstein

япо́нец, -нца, *I* -нцем, *G Pl* -нцев *m* Japaner

Япóния, -и *f* Japan
япóнский, -ая, -ое japanisch
яр, -а, *P* на ярý *m volksspr* **1.** Steilufer, steiler Abhang **2.** Schlucht
ярд, -а *m* Yard
я́ркий, -ая, -ое; *Kzf* я́рок, яркá!; *Komp* я́рче; *Sup* ярчáйший **1.** grell, blendend; ~ свет grelles Licht **2.** hell, leuchtend, lebhaft, auffallend *von Farben*; -ие лéнты leuchtende Bänder **3.** *übtr* leuchtend, auffallend, ausgeprägt, markant; ~ талáнт ausgeprägtes Talent **4.** einprägsam, auffallend, überzeugend
я́ркость, -и *f* **1.** Grellheit **2.** Helligkeit, Lebhaftigkeit *von Farben* **3.** Ausgeprägtheit; Einprägsamkeit
ярлы́к, -á *m* Etikett
я́рмарка, -и, *Pl G* -рок, *D* -ркам *f* Jahrmarkt; Messe; Лéйпцигская весéнняя ~ Leipziger Frühjahrsmesse
я́рмарочный, -ая, -ое Jahrmarkts-, Messe-
ярмó, -á, *Pl* я́рма, ярм, я́рмам *n* Joch *a. übtr*
яровизáция, -и *f* Jarowisierung
ярово́й, -áя, -óе *landw* **1.** Sommer-; -áя пшени́ца Sommerweizen **2.** mit Sommergetreide [Sommergräsern] bestellt
Ярослáв, -а *m männl Vn*
Ярослáвль, -я *m* Jaroslawl *Stadt*
я́ростный [сн], -ая, -ое; *Kzf* -тен, -тна wütend, grimmig, rasend *a. übtr*
я́рость, -и *f* **1.** Wut, Grimm, Zorn **2.** *übtr* Wucht, Unbezähmbarkeit
я́рус, -а *m* **1.** *theat* Rang **2.** Schicht, Lage
ярчáйший ↑ я́ркий
я́рче ↑ я́ркий
я́рый, -ая, -ое **1.** *Kzf* яр, я́ра wütend, rasend, grimmig *a. übtr* **2.** leidenschaftlich, eifrig; ~ патриóт leidenschaftlicher Patriot
ясáк, -á *m hist* Naturalsteuer
я́сень, -я *m* Esche
я́сли, -ей *Pl* **1.** Futterkrippe **2.** Kinderkrippe
яснéть, *1. u. 2. Pers ungebr*, -éет *uv* hell werden
я́сно *prädikatives Adv* **1.** *met* wolkenlos, heiter **2.** (es ist) klar
ясновидéние, -я *n* Hellsehen
я́сность, -и *f* Klarheit, Deutlichkeit
я́сный, -ая, -ое; *Kzf* я́сен, яснá, я́сно, я́сны **1.** hell, leuchtend, klar; wolkenlos; -ое нéбо klarer Himmel **2.** *übtr* licht, klar; gelassen, heiter; ~ взгляд klarer Blick **3.** deutlich, klar; ~ пóчерк deutliche Handschrift **4.** logisch, klar, überzeugend; ~ отвéт klare Antwort
Я́ссы, Ясс *Pl* Jassy *Stadt*
я́стреб, -а, *Pl a.* ястребá, -óв, -áм *m* Habicht
ять, -я *m* Bezeichnung eines Buchstabens im kirchenslawischen und altrussischen Alphabet, heute als е geschrieben ◇ знать чтó-н. на ~ *volksspr* etw. aus dem Effeff kennen
я́хонт, -а *m alt* Rubin, Saphir
я́хта, -ы *f* Jacht
ячéйка, -и, *Pl G* ячéек, *D* ячéйкам *f* **1.** Zelle *in Honigwabe* **2.** kleines Loch, Vertiefung **3.** Masche; ~ сéти Masche im Netz **4.** *übtr* Zelle *als organisatorische Einheit*; партийная ~ Parteizelle
ячéя́, -и́ *f* Zelle *in Honigwabe*
ячмéнный, -ая, -ое Gersten-; -ое пóле Gerstenfeld
[1]**ячмéнь, -я́** *m* Gerste
[2]**ячмéнь, -я́** *m med* Gerstenkorn
я́чневый, -ая, -ое Gersten-; -ая крупá Gerstengrütze
Я́ша, -и, *I* -ей *m Dem zu* Я́ков
я́шма, -ы *f* Jaspis
я́щерица, -ы, *I* -ей *f* Eidechse
я́щеры *Pl* -ов, *Sg* я́щер, -а *m* Echsen
я́щик, -а *m* Kasten, Kiste; выдвижнóй ~ Schublade; почтóвый ~ Briefkasten ◇ откла́дывать в дóлгий ~ auf die lange Bank schieben
я́щичный, -ая, -ое **1.** Kasten-; -ая (фото)кáмера Box(kamera) **2.** -ого *Subst m mil* Munitionskanonier
я́щур, -а *m* Maul- und Klauenseuche

RUSSISCHE FAMILIENNAMEN

zusammengestellt von Karlfried Leyn

In dieses Verzeichnis wurden häufige russische Familiennamen sowie die Namen von bekannten Persönlichkeiten und literarischen Gestalten aufgenommen. Namen mit nachfolgend angeführten Suffixen oder Endungen wurden nicht berücksichtigt, da ihre Betonung regelmäßig ist:

1. **-óвич, -éвич:** Богданóвич, Попóвич, Серафимóвич, Бонч-Бруéвич, Казакéвич. —Vatersnamen mit diesen Endungen werden abweichend betont, z. B. Ивáн Антóнович Иванóв.
2. **-áев, -я́ев, -éев:** Мамáев, Катáев, Беля́ев, Андрéев, Менделéев.
3. **-якóв, -укóв, -юкóв:** Белякóв, Байдукóв, Бирюкóв, Сердюкóв.
4. **-чу́к, -щу́к, -ю́к:** Бондарчу́к, Корнейчу́к, Полищу́к, Сердю́к, Гаврилю́к. Diese Familiennamen ukrainischer Herkunft sind stets endbetont: пьéса Корнейчукá, говори́ть с Сердюкóм.
5. **-чёв:** Щипачёв, Пугачёв, Ильичёв.
6. **-шви́ли, -éли** (grusinische Familiennamen, undeklinierbar): Бараташви́ли, Мурадéли, Чиаурéли.
7. **-и́дзе, -áдзе** (grusinische Familiennamen, undeklinierbar): Орджоники́дзе, Бери́дзе, Махарáдзе.
8. **-я́н** (armenische Familiennamen): Хачатуря́н, Микоя́н, Сарья́н.

Zur Deklination der Familiennamen

1. Russische Familiennamen auf **-ов, -ев, -ёв, -ин, -ын:**

	m	*f*	*Pl*
N	Петрóв	Петрóва	Петрóвы
G	Петрóва	Петрóвой	Петрóвых
D	Петрóву	Петрóвой	Петрóвым
A	Петрóва	Петрóву	Петрóвых
I	Петрóвым	Петрóвой	Петрóвыми
P	Петрóве	Петрóвой	Петрóвых

2. Familiennamen auf **-ый, -ий, -ой** werden wie Adjektive dekliniert, z. B. Гóрький, Бéдный, Толстóй.
3. Ukrainische Familiennamen auf **-енко, -ко** werden in der Schriftsprache nicht dekliniert, z. B. Шевчéнко, Грéчко, Хмелькó. Namen auf -енко und nicht endbetonte Namen auf -ко werden in der Umgangssprache ähnlich wie Feminina dekliniert: Шевчéнко, -и, -е, -о, -ой, -е.
4. Folgende Familiennamen werden nicht dekliniert:
   a) Russische Familiennamen auf **-áго, -я́го, -ы́х, -и́х, -овó,** z. B. Живáго, Милы́х, Чутки́х, Дурновó.
   b) Familiennamen auf Vokal (außer auf unbetontes a): Мурадéли, Ландáу, Лансерé, Махнó, Золя́.

c) Familiennamen auf Konsonant, die weibliche Personen bezeichnen (außer den Namen auf -ов, -ев, -ёв, -ин, die eine weibliche Form auf -а haben): бригáда Ири́ны Волк, статья́ Татья́ны Кожухáрь, брат Вéры Антонóвич, áдрес Гали́ны Сердю́к. Dieselben Namen werden aber dekliniert, wenn sie männliche Personen bezeichnen: статья́ Ивáна Кожухаря́, ромáны Казакéвича.

d) Nichtrussische Familiennamen auf Konsonant, die weibliche Personen bezeichnen: ромáны Анны Зéгерс, пи́сьма Клáры Цéткин.

5. Familiennamen auf **-а, -я** werden dekliniert, wenn sie slawischen Ursprungs sind: óперы Гли́нки, бригáда Середы́, труды́ Потебни́, óперы Смéтаны, выступлéние Гомýлки. Nichtslawische Namen auf unbetontes -a werden meist dekliniert, z. B. визи́т Ахмéда Бен Бéллы, бесéда с Джóмо Кениáтой. Nichtslawische Namen auf betontes -a sowie auf -a nach Vokal werden nicht dekliniert, z. B. Дюбуá, Гýлиа.

А

Аванéсов
А́вдиев
Аврáмов
Айвазóвский
Аки́мов
Аксáков
Аксёнов
Алексáндров
Александрóвский
Алёхин
Алигéр
Али́ев
Алпáтов
Ангéлин
Андриáнов
Андрóнов
Ани́кин
Ани́симов
А́ничков
А́нненков
А́нненский
Анти́пов
Антокóльский
Антóнов
Антрóпов
Арбýзов
Аргунóв
Арéнский
А́ристов
Аркáдьев
Арсéньев
Артамóнов
Артёмов
Артéмьев
Архáнгельский
Архи́пенко
Архи́пов
Ауэ́зов
Афанáсьев
Ахмéдов
Ахýндов

Б

Бабаéвский
Бáбель, -я
Бáбушкин
Багратиóн
Багри́цкий
Бажáн
Бажéнов
Бажóв
Базáров
Байкóв
Бакýнин
Балáкирев
Балашóв
Бáльмонт
Барановский
Бараты́нский
Бáрдин
Бартó *idkl*
Бары́шников
Барятинский
Басмáнов
Бáсов
Батáлин
Бáуман
Бáхирев
Бахмéтьев
Бахрýшин
Безýхов
Безымéнский
Бéликов
Бели́нский
Бéлкин
Белóв
Белоýсов
Бéльтов
Бенеди́ктов
Берггóльц
Берéзин
Березóвский
Бернштéйн
Бестýжев

Бéхтерев
Били́бин
Билль-Белоцеркóвский
Бирюкóв
Блажéнов
Бобрóв
Бóбчинский
Богатырёв
Богдáнов
Богомóлец, -льца
Богорóдицкий
Богорóдский
Богоявлéнский
Бойцóв
Болóтников
Бори́сов
Боровикóвский
Бороди́н, -á
Ботви́нник
Брéжнев
Брóвко
Бронштéйн
Брýммель
Брюллóв
Брю́сов
Бря́нцев
Бубеннóв
Бýбнов
Бугрóв
Будённый
Булáвин
Булáтов
Булáхов
Булахóвский
Булгáков
Булгáнин
Бýнин
Бурдéнко
Бусы́гин
Бухáрин
Бы́ков
Быкóвский

В

Вави́лов
Варла́мов
Василе́вский
Василе́нко
Васи́льев
Василько́ *idkl*
Василько́вский
Васи́льченко
Васнецо́в
Вата́гин
Вату́тин
Вахта́нгов
Ва́хтеров
Введе́нский
Венге́ров
Веневи́тинов
Венеди́ктов
Венециа́нов
Вере́йский
Вереща́гин
Верна́дский
Весело́вский
Весни́н, -а́
Ви́кторов
Ви́ленский
Виногра́дов
Ви́ртанен
Вишне́вский
Влади́миров
Вла́се́нко
Вла́сов
Вовчо́к
Водово́зов
Вознесе́нский
Во́лгин
Во́лков
Волко́нский
Вологди́н, -а́
Волода́рский
Волоско́в
Во́лосов
Во́лченко
Волы́нский
Воробьёв
Воро́вский
Воро́нин
Ворони́хин
Во́ронов
Воронцо́в
Вороши́лов
Воскресе́нский
Восто́ков
Вру́бель, -я
Высо́тский
Выши́нский
Вя́земский

Г

Гаври́лов
Га́врюшев
Гага́рин
Га́гин
Гаджибе́ков
Га́ев
Гайда́р
Галактио́нов
Гали́цкий
Га́лкин
Гапо́н
Гапо́ненко
Га́рин
Га́ршин
Гаса́нов
Гво́здев
Гео́ргиевский
Герасиме́нко
Гера́симов
Ге́рцен
Гладко́в
Глазуно́в
Гле́бов
Гли́нка, -и
Глиэ́р
Гнеде́нко
Гне́дич
Говорко́в
Го́воров
Го́голь, -я
Годуно́в
Голени́щев
Го́ликов
Голи́цын
Голови́н, -а́
Головко́ *idkl*
Головлёв
Головни́н, -а́
Го́лосов
Го́лубев
Голу́бкин
Голубко́в
Голубцо́в
Гонча́р, -а́
Гончаро́в
Горба́тов
Горбачо́в
Горбуно́в
Горе́лов
Горемы́кин
Городцо́в
Горчако́в
Го́рький
Господарёв
Граба́рь, -я́
Гра́нин
Грано́вский
Гребенщико́в
Гре́ков
Гречани́нов
Гре́чко
Гри́бов
Грибое́дов
Григо́рьев
Гринёв
Грица́й, -я
Гри́шин
Гро́мов
Громы́ко
Гру́здев
Гу́бкин
Гу́лиа *idkl*
Гумилёв
Гу́ров
Гу́сев

Д

Давы́дов
Данилéвский
Дани́лов
Даргомы́жский
Дегтярёв
Дейне́ка, -и [дэйнэ]
Деме́нтьев
Деми́дов
Демья́нов
Дени́кин
Дени́сов
Держа́вин
Джали́ль, Му́са́,
G Мусы́ Джали́ля
Джамбу́л
Дзержи́нский
Ди́кий
Дико́й
Дми́триев
Добро́в
Добролю́бов
Добры́нин
До́бчинский
Довже́нко
Долго́в
Долмато́вский
Донско́й
Достое́вский
Дроздо́в
Дуби́нин
Дубовско́й
Дубро́вский
Дуди́нцев
Дунае́вский
Ду́ров
Дья́конов

Е

Евтуше́нко
Его́ров
Ежо́в
Елиза́ров

Емелья́нов
Ерма́к, -а́
Ермо́ленко
Ермо́лов
Ершо́в
Есе́нин
Е́сипов
Ефиме́нко
Е́фи́мов

Ж

Жа́ров
Жда́нов
Железня́к, -а́
Жема́йте *idkl*
Жемчуго́в
Житко́в
Жолто́вский
Жу́ков
Жуко́вский
Журавлёв

З

За́йцев
Заха́ров
Зве́рев
Згури́ди *idkl*
Зели́нский
Земцо́в
Зёрнов
Зими́н, -а́
Зино́вьев
Зло́бин
Зна́менский
Золотарёв
Зо́тов
Зо́щенко
Зуба́тов
Зу́бов

И

Ивано́в, *seltener* Ива́нов
Ивано́вский
И́волгин
Игна́тьев
И́жевский
Изма́йлов
Ильи́н, -а́
Илью́шин
Инса́ров
Иогансо́н
Исако́вский

К

Кабале́вский
Каблуко́в
Каве́рин
Ка́ган
Казако́в
Каза́нцев
Каи́ров
Кала́шников
Кали́нин
Калита́, -ы́
Ка́менев
Кантеми́р
Карамзи́н, -а́
Каре́лин
Каре́нин
Карпе́нко
Ка́рпов
Каса́ткин
Касси́ль, -я
Касы́мов
Катко́в
Кахо́вский
Кача́лов
Каши́рин
Ква́сов
Ке́дров
Ке́лдыш
Кербаба́ев
Ке́ренский
Кетли́нский
Кипре́нский
Кириле́нко
Кири́ллов
Kириче́нко
Ки́ров
Кирса́нов
Киселёв
Кли́мов
Ключарёв
Ключе́вский
Княжни́н, -а́
Кня́зев
Ковалёв
Ковале́вский
Кова́ль, -я́
Ковпа́к, -а́
Ко́ган
Коже́вников
Кожуха́рь, -я́
Ко́зин
Козло́в
Ко́лас
Колмого́ров
Ко́лосов
Колча́к, -а́
Кольцо́в
Комаро́в
Кондрате́нко
Кондра́тьев
Ко́нев
Конова́лов
Ко́нонов
Кончало́вский
Корабе́льников
Корзу́хин
Корни́лов
Ко́робов
Коро́вин
Королёв
Короле́нко
Королько́в
Коростелёв
Коротко́в
Коро́тченко
Ко́рсаков
Корча́гин
Ко́ршунов
Космодемья́нский
Костома́ров
Костро́в
Костромско́й
Костылёв
Косы́гин
Коте́льников
Ко́тов
Кото́вский
Ко́четов
Кошево́й
Кошелёв
Кра́вченко
Крамско́й
Кра́син
Красно́в
Крашени́нников
Краю́хин
Кре́четов
Кропо́ткин
Кру́пский
Крыло́в
Кры́мов
Крю́ков
Кузнецо́в
Кузьми́н, -а́
Куи́нджи *idkl*
Ку́йбышев
Кукрыни́ксы (**Куприя́нов, Крыло́в, Никола́й Соколо́в**)
Кулешо́в
Кули́бин
Кулико́в
Купа́ла, -ы
Купри́н, -а́
Куприя́нов
Кусто́диев
Куту́зов
Ку́усинен
Кучере́нко
Ку́черов
Кюхельбе́кер

Л

Ла́вочкин
Лавренёв
Лавре́нтьев

Лавре́цкий
Лавро́в
Лады́нин
Ла́зарев
Лазо́ *idkl*
Лактио́нов
Ланда́у *idkl*
Лансере́ *idkl*
Ла́птев
Ла́рин
Латы́нин
Ла́тышев
Ла́цис
Ле́бедев
Ле́берехт
Ле́вин
Левинсо́н
Левита́н
Леви́тов
Леви́цкий
Ле́вченко
Ле́мешев
Ле́нин
Ле́нский
Лео́нов
Лепеши́нский
Ле́рмонтов
Леско́в
Литви́н, -а́
Литвине́нко
Литви́нов
Лоба́нов
Ло́гинов
Лоды́гин
Ломоно́сов
Лопа́хин
Лопухо́в
Ло́сев
Лосе́нко
Луговско́й
Луки́н -а́
Лунача́рский
Лу́нин
Лысе́нко (Biologe)
Лы́сенко (Komponist)
Ля́дов
Ляпуно́в
Ляшко́ *idkl*

М

Магоме́дов
Майда́нников
Ма́йков
Мака́ренко
Мака́ров
Мако́вский
Макси́мов
Малино́вский
Ма́лышев
Ма́льцев
Маля́вин
Мама́й, -я
Маме́дов
Ма́мин-Сибиря́к, Ма́мина-Сибиряка́
Ма́монтов
Мандельшта́м
Ма́низер
Мани́лов
Маре́сьев
Ма́рков
Ма́ртов
Ма́ртос
Марты́нов
Марша́к, -а́
Ма́слов
Матро́сов
Матюше́нко
Махму́дов
Махно́ *idkl*
Мацкя́вичюс
Маяко́вский
Меды́нский
Ме́йерхольд
Ме́лехов
Мендельсо́н
Ме́ншиков
Мерку́ров
Ме́чников
Мешко́в
Мещани́нов
Миклу́хо-Макла́й, -я
Милю́тин
Ми́нин
Миро́нов
Митрофа́нов
Миха́йлов
Михайло́вский
Михалко́в
Михельсо́н
Мичу́рин
Моисе́енко
Мокроу́сов
Мордви́нов
Моро́зов
Москале́нко
Москви́н, -а́
Моча́лов
Муравьёв
Мураде́ли [дэ] *idkl*
Мура́тов
Му́соргский
Мухаме́дов
Му́хин
Мы́шкин
Мяско́вский
Мяснико́в
Мясое́дов

Н

Навои́ *idkl*, Алише́р
Нагу́льнов
Наза́ренко
Наза́ров
Найдёнов
Нау́мов
Неве́ров
Не́врев
Нее́лов
Некра́сов
Немиро́вич-Да́нченко
Непри́нцев
Не́рис
Не́стеров
Нефёдов
Нефе́дьев
Нехлю́дов
Низами́ Гянджеви́ *idkl*
Никите́нко
Ники́тин
Ники́форов
Нико́льский
Нику́лин
Ни́лин
Новико́в (Dichter)
Но́виков
Новосёлов
Ноздрёв
Ну́лин

О

Обло́мов
Обло́нский
Обно́рский
Обо́рин
Образцо́в
О́бручев
Обу́хов
Ове́чкин
Огарёв
О́гнёв
Одинцо́в
Одо́евский
О́жегов
О́зеров
Озо́лин
О́йстрах
О́кунев
Оле́нин
Оне́гин
Опа́рин
Оре́хов
Орло́в
Осипе́нко
О́сипов
Островитя́нов
Островно́в
Остро́вский

Остроу́мов
Охло́пков
Оша́нин

П

Павле́нко
Па́влов
Павло́вский
Пале́цкис
Па́льмин
Па́нин
Панкра́тов
Пано́в
Панфёров
Панфи́лов
Парфёнов
Пархо́менко
Пастерна́к, -а́
Пастухо́в
Пато́личев
Паусто́вский
Пахо́мов
Пашко́в
Певцо́в
Пе́ночкин
Пе́рвенцев
Перву́хин
Перо́в
Песко́в
Пе́стель, -я
Петерсо́н
Петлю́ра
Петраше́вский
Петре́нко
Петро́в
Петропа́вловский
Петрося́н
Печо́рин
Пе́шков
Пешко́вский
Пи́менов
Пимоне́нко
Пирого́в
Пи́сарев
Пи́семский
Пла́стов
Пла́тов
Плато́нов
Пла́хов
Плетнёв
Плеха́нов
Плисе́цкий
Пло́тников
Плю́шкин
Пого́дин
Погоре́лов
Подго́рный
Подтёлков
Подъя́чев
Пожа́рский
Полево́й
Поле́нов
Ползуно́в
По́ловцев
Поло́нский
Помяло́вский
Пономарёв
Пономаре́нко
Попо́в
Посошко́в
Поспе́лов
Пота́пенко
Пота́пов
Потебня́, -и́
Потёмкин
Поя́рков
Преображе́нский
Пржева́льский
При́швин
Проко́фьев
Проро́ков
Проскуряко́в
Проце́нко
Прутко́в
Пря́нишников
Птушко́ *idkl*
Пу́говкин
Пудо́вкин
Пузырько́в
Пу́кирев, *auch* Пукирёв
Пути́лов
Пу́шкин
Пу́щин
Пшени́цын
Пятако́в
Пя́тницкий

Р

Раго́зин
Ради́щев
Рае́вский
Ра́зин
Размётнов
Ра́йзман
Рако́вский
Ране́вский
Раско́в
Распу́тин
Растре́лли *idkl*
Рахма́нинов
Рахма́нов
Рахме́тов
Раши́дов
Ре́пин
Ре́рих
Реу́тов
Реше́тников
Ри́мский-Ко́рсаков
Рога́нов
Рого́жин
Рожде́ственский
Рожко́в
Рожнёв
Ро́занов
Ро́зов
Ро́котов
Рома́нов
Росто́вцев
Ростопчи́н
Рубинште́йн
Рублёв
Рудако́в
Руде́нко
Ру́дин
Ру́днев
Румя́нцев
Рыбако́в
Ры́бин
Ры́бников
Рыжо́в
Рыло́в
Ры́льский
Ряби́нин
Ря́бушкин
Ря́жский
Ряза́нцев

С

Сабу́ров
Саве́льев
Сави́цкий
Савра́сов
Садко́ *idkl*
Садо́вский
Сазо́нов
Саи́дов
Салтыко́в-Щедри́н,
Салтыко́ва-Щедрина́
Сама́рин
Само́йлов
Са́нников
Са́рычев
Сая́нов
Свердло́в
Светло́в
Свёшников
Свири́дов
Севери́н
Се́верцов
Седо́в
Седы́х *idkl*
Сейфу́ллин
Сема́шко
Семёнов
Сёмушкин
Се́ргиев
Сере́бренников
Серёгин
Середа́, -ы́
Серо́в

Се́ченов
Сибиряко́в
Сидоре́нко
Си́доров
Сизо́в
Си́монов
Синцо́в
Скворцо́в
Ско́белев
Скобельцы́н, -а́
Ско́бликов
Сковороди́н, -а́
Скря́бин
Слепцо́в
Сло́нов
Симрно́в
Смоко́вников
Сму́ров
Смысло́в
Снегирёв
Собаке́вич
Собко́ *idkl*
Со́болев
Со́йкин
Соколо́в
Соколо́вский
Соловьёв
Сологу́б
Солома́ткин
Со́мов
Соро́кин
Сосни́цкий
Со́тник
Софро́нов
Спера́нский
Спи́цын
Срезне́вский
Сре́тенский
Станисла́вский
Старо́в
Ста́сов
Стаха́нов
Сте́льмах
Степа́нов
Стеце́нко
Столы́пин
Страви́нский
Стра́хов
Стре́жнев
Стро́ганов
Стро́гов
Струми́лин
Суво́ров
Судако́в
Суле́йма́нов
Султа́нов
Сумаро́ков
Су́риков
Суса́нин
Су́слов
Су́хов
Сыромя́тников

Т

Талали́хин
Тара́сов
Тарха́нов
Тата́ринов
Твардо́вский
Тверско́й
Те́лешов
Терешко́в
Терновы́х *idkl*
Терпиго́ров
Тимиря́зев
Тимоше́нко
Тито́в
Тихоми́ров
Ти́хонов
Ткачёв
То́карев
Толбу́хин
Толсто́в
Толсто́й
То́полев
Топорко́в
Торцо́в
Тренёв
Три́фонов
Тро́ицкий
Тропи́нин
Трофи́мов
Трубецко́й
Труто́вский
Тума́нов
Ту́полев
Турге́нев
Турсу́н-заде́ [дэ] *idkl*
Турчани́нов
Тухаче́вский
Тучко́в
Тыня́нов
Тюле́нин
Тюме́нев
Тю́рин
Тю́тчев

У

Ува́ров
Удальцо́в
Украи́нка, Ле́ся
Ула́нов
Улья́нов
У́мов
У́пит
Ури́цкий
Усе́йнов
Усе́нко
У́сов
Успе́нский
Усти́нов
Уфи́мцев
Ушако́в
Уши́нский

Ф

Фаво́рский
Фа́мусов
Фе́дин
Федоре́нко
Фёдоров
Федоро́вский
Федо́тов
Фе́дченко
Фе́рсман
Фила́тов
Фи́лин
Фили́ппов
Фо́кин
Фоме́нко
Фоми́н
Фонви́зин
Фо́фанов
Франко́ (Ива́н) *idkl*
Фроле́нко
Фроло́в
Фру́нзе
Фу́рманов

Х

Хаба́ров
Халту́рин
Хамза́, -ы́
Харито́нов
Хвосто́в
Хера́сков
Хлестако́в
Хмелёв
Хмелько́ *idkl*
Хмельни́цкий
Хова́нский
Хопро́в
Хора́ва
Хохло́в
Хре́нников
Хрущёв

Ц

Царёв
Цветко́в
Цви́рка, -и
Це́ликов
Циолко́вский

Ч

Ча́йкин
Чайко́вский
Чапа́ев
Чаплы́гин
Чеботарёв

Чéбышев
Чевáкинский
Челю́скин
Черемны́х *idkl*
Черкáсов
Чернецо́в
Черни́говский
Чернышёв
Чернышéвский
Чéхов
Чи́бисов
Чи́жиков
Чижо́в
Чи́риков
Чичéрин
Чи́чиков
Чкáлов
Чудако́в
Чуйко́в
Чуко́вский
Чутки́х *idkl*
Чухрáй

Ш

Шáгов
Шáдрин
Шáльников
Шаля́пин
Шапо́рин
Шáпошников
Шáхматов
Шаховско́й
Шáцкий
Швáбрин
Швéдов
Швéрник
Швецо́в
Шебали́н, -á
Шевцо́в
Шевчéнко
Шевырёв
Шемя́кин
Шепи́лов
Шестако́в
Ши́лов
Ши́шкин
Шишко́в
Шишмарёв
Шмáков
Шмелёв
Шмелько́в
Шо́лохов
Шо́рин
Шостако́вич
Шпáгин
Шу́бин
Шувáлов
Шу́йский
Шульгá
Шу́хов

Щ

Щегло́в
Щёголев
Щедри́н, -á
Щéпкин
Щéрба
Щербако́в
Щербáтов
Щербатско́й
Щети́нский
Щу́кин
Щуко́ *idkl*
Щу́сев

Э

Энгельгáрдт
Эренбу́рг

Ю

Юдéнич
Ю́дин
Юсу́пов

Я

Яблóнский
Я́блочкин
Яво́рский
Язы́ков
Яковлев
Якубо́вский
Яку́шкин
Я́шин
Ярослáвский
Ярошéнко
Ясно́в
Я́стребов
Я́шин

Vorwort

Dieses Wörterbuch wendet sich vor allem an deutschsprachige Benutzer, die das Russische als Fremdsprache erlernen. Es will ihnen beim Übersetzen in die russische Sprache, also beim aktiven Gebrauch der Fremdsprache, ein größtmögliches Maß an Sicherheit in der Wahl eines russischen Ausdrucks vermitteln. Diesem Ziel dienen die stilistischen Anmerkungen bei den russischen Übersetzungen ebenso, wie die semantischen Abgrenzungen polysemer Stichwörter durch Abkürzungen oder Erläuterungen unterschiedlicher Art. Die genauen Angaben zur Flexion der russischen Äquivalente und zu ihren syntaktischen Verknüpfungsmöglichkeiten sollen eine korrekte Verwendung des Einzelwortes im Satz ermöglichen. Die Betonung des russischen Wortguts ist durchgängig gekennzeichnet.

Das Wörterbuch enthält etwa 40000 Stichwörter sowie zahlreiche Wortverbindungen und Anwendungsbeispiele. Dieser Wortbestand ist wesentlich dem Wortschatz der Allgemeinsprache zuzurechnen, enthält jedoch auch einen beachtlichen Anteil der Fachlexik aus den Bereichen Politik, Wirtschaft, Technik, Medizin und Sport, sofern dieser zum Bestand der Allgemeinsprache zu zählen ist. Die geographischen Namen sind in das Wörterverzeichnis aufgenommen worden.

Bei der Auswahl des Wortguts von Ausgangs- und Zielsprache werteten die Autoren neben den neuesten ein- und zweisprachigen Werken der deutschen und sowjetischen Lexikographie mit großer Sorgfalt alle einschlägigen Neologismensammlungen sowie die aktuellen sowjetischen Pressepublikationen aus.

Es ist den Autoren ein Bedürfnis, Herrn Karlfried Leyn für seine Mitwirkung an der Erarbeitung eines Teils des Manuskripts aufrichtig zu danken.

E. Daum *W. Schenk*

Inhalt

Erklärungen zur Benutzung

Zeichen

~ Die Tilde ersetzt das erste Stichwort eines Wortnestes bzw. den vor dem senkrechten Strich (|) stehenden Stichwortteil, z. B.:

Arbeiter *m* . . .; ~**bewegung** *f* . . . (lies: Arbeiterbewegung)
Entwickl|er *m* . . .; ~**ung** *f* . . . (lies: Entwicklung)
über|queren *tr* . . .; ~**ragen** *tr* . . . (lies: überragen)

In Wendungen ersetzt sie das ganze durch keinen senkrechten Strich geteilte Stichwort, z. B.:

Frage *f* . . . **|** eine ~ stellen . . . (lies: eine Frage stellen)

≈ Die Doppeltilde ersetzt innerhalb eines Wortnestes das unmittelbar voranstehende Stichwort, das erste eines Nestes nur dann, wenn dieses für Ableitungen durch einen senkrechten Strich getrennt ist, z. B.:

Erforsch|er *m* . . .; ~**ung** *f* . . . **|** die ≈ des Kosmos . . . (lies: die Erforschung des Kosmos)

~̣ Ein Punkt auf einer Tilde bedeutet, daß der Anfangsbuchstabe des durch die Tilde ersetzten Wortes im Gegensatz zum Stichwort klein geschrieben wird, z. B.:

Traum *m* . . .; Wunsch~̣ . . . (lies: Wunschtraum)

\- Der Bindestrich wird bei der Angabe grammatischer Formen zu den russischen Äquivalenten verwendet. Er ersetzt sowohl jenen Teil eines russischen Wortes, der vor dem senkrechten Strich steht, als auch das ganze Wort, wenn es keinen senkrechten Strich enthält, z. B.:

ор|ёл, -ла́ (lies: орла́)
про|си́ть, -шу́ (lies: прошу́)
а́дрес 2b *Pl* -а́ (lies: адреса́)

Der Bindestrich steht ferner bei Verben, wenn diese keinen senkrechten Strich enthalten, als Ersatz des Präfixes, z. B.:

перелага́ть ⟨-ложи́ть⟩ (lies: переложи́ть)

Außerdem steht der Bindestrich als Ersatz des Simplex bei allein angeführten Präfixen, z. B.:

па́чкать (за-) (lies: запа́чкать)

| Der senkrechte Strich trennt

a) bei einem deutschen Stichwort den für das folgende Stichwort gültigen Teil des Wortes, z. B.:

dem|nach *Adv* . . .; ~**nächst** *Adv* . . .

b) russische Wörter an der Stelle, an der später folgende, mit - beginnende Wortteile anzufügen sind sowie bei russischen Verben das Präfix vom Simplex, auf dessen Konjugation durch einen Stern (*) auf die Tabelle der unregelmäßigen Verben verwiesen wird, z. B.:

у́г|орь, -ря́
уноси́ть ⟨-|нести́*⟩
при|йти́*

⁞ Die gestrichelte senkrechte Linie steht bei Adjektiven zur Bezeichnung der männlichen Kurzform, z. B.:

до́бр⁞ый

(s. a. Abschnitt Adjektive S. 698)

| Der halbfette senkrechte Strich steht als Markierung
a) vor den zum Stichwort gehörenden Wendungen,
b) bei Präpositionen zur übersichtlichen Gliederung des Artikels.

() In runde Klammern eingeschlossen sind

a) Wörter, Teile eines Wortes oder Ausdrucks, die nach Belieben eingefügt oder weggelassen werden können, z. B.:

(головнóй) мозг (lies: мозг *oder* головнóй мозг)
(при)гóдность (lies: гóдность *oder* пригóдность)

b) nach russischen *uv*-Verben Präfixe als Hinweis auf bedeutungsnahe Verben des vollendeten Aspekts, z. B.:

писáть (на-)

c) Rektionsangaben, wenn sie für den deutschen und den russischen Ausdruck eingefügt sind, z. B.:

beitragen *intr* содéйствовать *uv, v* 2 (zu *D*)

[] In eckige Klammern eingeschlossene Wörter kennzeichnen mögliche Varianten ein und desselben Ausdrucks, z. B.:

оказáние пóчестей [почёта] (lies: оказáние пóчестей *oder* оказáние почёта)

Außerdem werden Abweichungen von den Regeln der Aussprache russischer Wörter in eckigen Klammern hinter dem jeweiligen Wort genannt, und zwar nur für den betreffenden Teil des Wortes, z. B.:

отéль [тэ]

⟨⟩ In Winkelklammern steht der vollendete Aspekt als Aspektpartner, z. B.:

заливáть ⟨зали́ть*⟩

$^+$ Das Kreuz steht nur bei Verben mit den Typenzahlen 3 und 4 und weist auf die Zurückziehung des Tones im Präs bzw. Fut von der 2. Pers Sg an hin, z. B.:

люб|и́ть 3$^+$ -лю́ (лю́бишь usw.)
тянýть 4$^+$ (тянý, тя́нешь usw.)

* Verben, deren Konjugation in der Liste der unregelmäßigen Verben genannt ist, werden im Wörterbuch mit einem Stern versehen, z. B.:

идти́*

, Das Komma trennt leichtere Bedeutungsnuancen.

; Das Semikolon trennt stärker verschiedene Bedeutungen.

: Der Doppelpunkt steht dann nach einem Stichwort, wenn diesem unmittelbar ein Beispielsatz folgt.

! Das Ausrufezeichen steht als Akzenthinweis bei den Kurzformen der Adjektive im Wörterbuchteil sowie bei den Formen des Präteritums und den Kurzformen des Ptz Prät Pass in der Liste der unregelmäßigen Verben. Es steht jeweils bei der femininen Form und bedeutet, daß nur diese Form von der vorhergenannten abweicht, z. B.:

прям⁝óйı -á!	ergänze: пря́мо, пря́мы
былı -á!	ergänze: бы́ло, бы́ли
взятı -á!	ergänze: взя́то, взя́ты

ı ı Dieses Komma und Semikolon trennen lediglich Flexionsformen und -endungen eines russischen Äquivalents und keine Bedeutungen; in russischen Wendungen wird dieses Komma auch als Satzzeichen verwendet.

Ziffern und Buchstaben

Halbfette arabische Ziffern trennen verschiedene Wortarten, die ein und demselben Stichwort zugehören.
Hochgestellte kleine arabische Ziffern vor den Stichwörtern trennen Homonyme und Substantive verschiedenen Geschlechts.
Mit mageren arabischen Ziffern wird die Art der Flexion der Wörter gekennzeichnet.
Mit deutschen Buchstaben wird der Akzent der Substantive in der Deklination gekennzeichnet.
Die Bedeutung der Ziffern und Buchstaben ist aus der „Grammatik“ (S. 695) zu ersehen. Die in der Grammatik nicht enthaltenen Formen werden im Wörterbuch an entsprechender Stelle verzeichnet.

Aussprache und Betonung

Abweichungen von den Regeln der Aussprache der russischen Wörter werden in ekkigen Klammern genannt, und zwar nur für den betreffenden Teil des Wortes, z. B. партéр [тэ]. In diesen Ausspracheangaben werden die russischen Buchstaben in ihrem gewöhnlichen Lautwert angewandt, z. B. bedeutet отéль [тэ], daß das t hart, nicht weich gesprochen wird.

Großer Anfangsbuchstabe ist im Wörterbuch ausschließlich in solchen Wörtern geschrieben, die diesen auch außerhalb des Satzanfangs verlangen.

Der Vokal der betonten Silbe ist regelmäßig mit dem Akzentzeichen versehen. Zwei Akzentzeichen in einem Wort bedeuten, daß beide Betonungen vorkommen, z. B.:

твóрóг; сúльны́;

trägt jedoch eine mit einem Bindestrich angeführte Kurzform des Adjektivs oder eine Flexionsform ein Akzentzeichen, so gilt nur diese Betonung, z. B.:

жёст|кий, -ок, -кá! (lies: жёсток, жесткá, жёстко, жёстки)
дóктор 2b *Pl* -á (lies: докторá)

Verben auf -ся gleichen in der Betonung den entsprechenden Verben ohne -ся. Bei allen unregelmäßigen Verben gibt die Liste der unregelmäßigen Verben auch Aufschluß über die Betonung. Jedoch werden abweichend betonte Formen im Wörterbuch genannt; dabei gilt der Akzent der angeführten Pluralform in gleicher Weise für das Neutrum, z. B.:

сорвáться¦ -рвалúсь ergänze: -рвалóсь und nach der Liste der unregelmäßigen Verben -рвáлся¦ -рвалáсь
подня́ться¦ -ня́лся́¦ -нялúсь ergänze: -нялóсь und nach der Liste der unregelmäßigen Verben -нялáсь

Bei deutschen Wörtern wird die Betonung nur angegeben, wenn dadurch Bedeutungen unterschieden werden, z. B. durchbrechen ['---], durchbrechen [-'--]; hierbei steht das Akzentzeichen vor dem Divis, das die betonte Silbe bezeichnet.

Aufbau der Artikel

Die Stichwörter sind fettgedruckt und streng alphabetisch geordnet. Soweit die alphabetische Reihenfolge es zuläßt, sind sie zu Wortnestern zusammengefaßt; dabei ersetzt die einfache Tilde das erste Wort eines Nestes bzw. den vor dem senkrechten Strich stehenden Wortteil, die Doppeltilde das letzte fettgedruckte Wort einschließlich des hinter dem Trennungsstrich stehenden bzw. durch eine Tilde ersetzten Teils des Stichworts.

Den Substantiven folgt die Angabe des Geschlechts, Verben werden mit *tr*, *intr* oder *refl* bezeichnet; bei allen anderen Stichwörtern wird die Wortart ausdrücklich vermerkt.

Homonyme werden als verschiedene Stichwörter behandelt und durch hochgestellte kleine arabische Ziffern vor dem Stichwort gekennzeichnet, z. B.:

^{1}**Bank** *f* . . .
^{2}**Bank** *f* . . .

In derselben Weise werden gleichlautende Substantive verschiedenen Geschlechts im Wörterbuch vermerkt, z. B.:

^{1}**See** *m* . . .
^{2}**See** *f* . . .

Die verschiedenen Wortarten werden bei gleichlautenden Wörtern durch halbfette arabische Ziffern voneinander geschieden, z. B.:

da **1.** *Adv* . . . **2.** *Konj* . . .

Hat ein deutsches Stichwort verschiedene Bedeutungen, die sich deutlich voneinander unterscheiden, so werden diese Bedeutungsunterschiede entweder durch Abkürzungen für Sachgebiete (in kursiver Schrift) oder durch erläuternde Zusätze (in grotesker Schrift) kenntlich gemacht. Diese Zusätze können in einem Synonym, einem Subjekt oder Objekt, einer näheren Definition oder der Angabe des Bereichs bestehen, zu dem der Begriff gehört.

Die bei den russischen Wörtern stehenden Ziffern und Buchstaben bezeichnen den jeweiligen Typ der Deklination oder Konjugation sowie die Betonung und verweisen auf die Beispiele in der Mustergrammatik. Von diesen regelmäßigen Typen abweichende Formen sind bei den einzelnen russischen Äquivalenten vermerkt.

Den russischen Äquivalenten folgt unmittelbar die Angabe der Grammatik durch Typenzahlen in folgender Weise:

Substantive – Typenzahlen 1–9 oder Angabe des Genus *m, f, n* (Den Ziffern beigegebene Buchstaben verweisen auf die „Akzenttypen der Substantiv-Deklination" S. 696)

Adjektive – Typenzahlen 10–13. Dabei erscheinen die Adjektive, die nach dem Typ 10 der Adjektiv-Deklination flektiert werden, in der Regel ohne Typenzahl

Pronomen – Typenzahlen 14 und 15

Verben mit der Endung -ть werden durch die Typenzahlen 1-4a kenntlich gemacht; dabei erscheinen die Verben, die nach dem Typ 1 der Konjugationsmuster flektiert werden, in der Regel ohne Typenzahl. Verben, deren Konjugation in der Liste der unregelmäßigen Verben genannt ist, sind mit einem hochgestellten Stern versehen, z. B.: идти́*.

Bei jedem russischen Äquivalent, dessen Flexion unter demselben Stichwort bereits genannt ist, entfällt die Wiederholung der grammatischen Angaben. Das gilt in gleicher Weise für Wendungen.

Bei solchen russischen Wörtern, die als flektiertes Kernwort von Wortgruppen oder Wendungen auftreten, stehen keine Flexionsvermerke, sofern dieses russische Wort mit dem ihm entsprechenden Teil der vorausgehenden deutschen Verbindung oder Gruppe identifiziert werden kann; es sind dann bei diesem deutschen Stichwort die Angaben über die Flexion zu entnehmen, z. B.:

Jahreszeit *f* вре́мя го́да (Deklination von вре́мя s. Stichwort „Zeit")

Feinmechanik *f* то́чная меха́ника (Deklination von меха́ника s. Stichwort „Mechanik")

abgabenfrei свобо́дный от нало́гов (Deklination von свобо́дный s. Stichwort „frei")

schief 1. *Adj* . . . **2.** *Adv* den Hut ~ aufsetzen надева́ть ⟨наде́ть⟩ шля́пу набекре́нь (Konjugation von надева́ть ⟨наде́ть⟩ s. Stichwort „aufsetzen")

Die russischen Verben werden im Wörterbuch grundsätzlich mit dem unvollendeten und dem vollendeten Aspekt angeführt. Dabei bleibt der unvollendete Aspekt stets unbezeichnet, während der vollendete Aspekt als Aspektpartner in Winkelklammern steht, oder, wenn er allein vorkommt, mit *v* gekennzeichnet wird. Verben, die sowohl unvollendeten wie vollendeten Aspekt haben können, sind entsprechend als *uv, v* bezeichnet.

Die Rektion eines russischen Verbs ist nur angegeben, wenn sie von der des deutschen Stichworts abweicht. In diesen Fällen wird sie unmittelbar nach dem russischen Verb angeführt, entweder durch die Abkürzung des verlangten Falles (*G, D, A, I, P*) oder durch eine Präposition mit der Angabe des Falles, den sie erfordert, z. B.:

befolgen *tr* сле́довать 2 (по-) *D*

antreten *tr* Erbschaft вступ|а́ть ⟨и́ть 3^+ -лю́⟩ в *A*

Bei Verben, die auch im Deutschen eine bestimmte Präposition erfordern, wird diese mit der russischen Rektionsangabe in runden Klammern nach dem Verb angeführt, zu dem sie gehört, z. B.:

beharren *intr* наст|а́ивать ⟨-оя́ть 3⟩ (auf на *P*)

Bei Adjektiven wurden die Kurzformen sowie abweichende Komparativ- und Superlativbildungen angeführt (s. Abschnitt „Adjektive" S. 698).

Die verschiedenen russischen Entsprechungen eines deutschen Stichworts werden durch Komma oder Semikolon getrennt. Dabei trennt das Komma leichtere Bedeutungsnuancen, das Semikolon stärker verschiedene Bedeutungen.

Abkürzungen

a.	auch
A	Akkusativ
Abk	Abkürzung
Adj	Adjektiv
Adv	Adverb
alt	altertümlich, veraltet
Anat	Anatomie
Arch	Architektur
Astr	Astronomie
Adv Ptz Präs	Adverbialpartizip des Präsens/Futurs
Adv Ptz Prät	Adverbialpartizip des Präteritums
Akt	Aktiv
allg	allgemein
Bauw	Bauwesen
Bergb	Bergbau
best	bestimmte Aktionsart
Biol	Biologie
Bot	Botanik
buchspr	buchsprachlich
Buchw	Buchwesen
Chem	Chemie
D	Dativ
Dekl	Deklination
Dem Pron	Demonstrativpronomen
Dipl	Diplomatie
Eisenb	Eisenbahn
El	Elektrotechnik
f	feminin, weiblich
Fin	Finanzwesen
Flugw	Flugwesen
Foto	Fotografie
Fut	Futurum
G	Genitiv
Geogr	Geographie
Geol	Geologie
Gewi	Gesellschaftswissen-schaft(en)
Gramm	Grammatik
Hdl	Handel
hist	historisch
I	Instrumental
idkl	ohne Deklination
Imp	Imperativ
Indef Pron	Indefinitpronomen
Inf	Infinitiv
Interj	Interjektion
Interr Pron	Interrogativpronomen
intr	intransitiv
iron	ironisch
j-m, j-n, j-s	jemandem, -en, -es
Jur	Rechtswissenschaft
Kart	Kartenspiel
Kfz	Kraftfahrzeugtechnik
Kochk	Kochkunst
Koll	Kollektivum
Komp	Komparativ
Konj	Konjunktion
Kosm	Kosmonautik
Kurzf	Kurzform
Landw	Landwirtschaft
Ling	Linguistik
Lit	Literatur(wissenschaft)
m	maskulin, männlich
Mar	Schiffahrt, Seewesen
Math	Mathematik
Med	Medizin
Met	Meteorologie
Metr	Metrik
Mil	Militärwesen
Min	Mineralogie
Mus	Musik
Myth	Mythologie
mom	Verb vollendeten Aspekts mit der Bedeutung der ein-maligen Handlung
n	neutral, sächlich
N	Nominativ
Nahr	Ernährungswesen
Num	Numerale
P	Präpositiv
Part	Partikel
Pass	Passiv
Pers	Person
Pers Pron	Personalpronomen
Pharm	Pharmazie
Phil	Philosophie
Phon	Phonetik
Phys	Physik
Physiol	Physiologie
Pl	Plural
poet	poetisch, dichterisch
Pol	Politik
Poss Pron	Possessivpronomen
Präf	Präfix
Präpos	Präposition
Präs	Präsens
Prät	Präteritum
Pron	Pronomen
Psych	Psychologie
Ptz	Partizip
Rad	Rundfunk(wesen)
refl	reflexiv
Refl Pron	Reflexivpronomen
Rel	Religion
Rel Pron	Relativpronomen
S.	Seite
scherz	scherzhaft
Sg	Singular
Subst	Substantiv
Sup	Superlativ
Tech	Technik
Tel	Fernsprechwesen
Text	Textilindustrie
Theat	Theater
tr	transitiv

TV	Fernsehen	V	Vokativ
Typ	Typographie	verächtl	verächtlich
übertr	übertragen	Verk	Verkehrswesen
umg	umgangssprachlich	Verw	Verwaltung
unbest	unbestimmte Aktionsart	Vet	Veterinärmedizin
ungebr	ungebräuchlich	Wirtsch	Wirtschaft
unpers	unpersönlich	Wiss	Wissenschaft
uv	unvollendeter Aspekt	Zool	Zoologie
v	vollendeter Aspekt	Zus	Zusammensetzung(en)

A

a, A *n Mus* ля *n idkl* | wer A sagt, muß auch B sagen кто сказа́л А, до́лжен сказа́ть и Б; von A bis Z с нача́ла до конца́; das A und O von etw. а́льфа и оме́га чего́-н.
Aal *m* у́г|орь, -ря́ 1e
aalen, sich *refl umg* не́житься 3
aalglatt *übertr* изворо́тлив:ый
Aar *m poet* ор|ёл, -ла́ 2
Aas *n* па́даль 9; Schimpfwort стéрва 6; **~geier** *m Zool* стервя́тник 2
ab 1. *Adv:* auf und ~ взад и вперёд, вверх и вниз; ~ und zu иногда́, вре́мя от вре́мени **2.** *Präpos Ort* от G | ~ Berlin от Берли́на; *Zeit* с G | ~ heute с сего́дняшнего дня; ~ fünf Uhr с пяти́ часо́в
abändern *tr* измен|я́ть (-и́ть 3); umarbeiten переде́л|ывать (-ать)
Abänderung *f* измене́ние 5; переде́лка 6
abarbeiten *tr* durch Arbeit abgelten отраб|а́тывать (-о́тать); sich ~ *refl* переутом|ля́ться (-и́ться 3 -лю́сь), изнур|я́ть (-и́ть 3) себя́ рабо́той
Abart *f* разнови́дность 9
ab|arten *intr* видоизмен|я́ться (-и́ться 3); entarten вырожда́ться (вы́родиться 3); **~ästen** *tr* очища́ть (очи́стить 3 -щу) от су́чьев
Abbau *m* Preise сниже́ние 5; Personal сокраще́ние 5; Kohle разрабо́тка 6
abbauen *tr* Gerüst, Bude разбира́ть (разо|бра́ть*, разберу́, разо́бранный); Preise снижа́ть (сни́|зить 3 -жу); Personal сокра|ща́ть (-ти́ть 3 -щу́); Kohle разраб|а́тывать (-о́тать), добыва́ть (добы́ть*); Ämter упраздн|я́ть (-и́ть 3)
Abbaustrecke *f Bergb* вы́емочный штрек
ab|beeren *tr* обрыва́ть (обо|рва́ть*, обо́рванный) я́годы; **~beißen** *tr* отку́сывать (-куси́ть 3⁺ -кушу́); **~bekommen** *tr* получ|а́ть (-и́ть 3⁺) свою́ до́лю | er hat etw. ≈ *umg.* ему́ доста́лось, ему́ попа́ло; **~berufen** *tr* отзыва́ть (ото|зва́ть*, отзову́, ото́званный) | von einem Amt ≈ освобо|жда́ть (-ди́ть 3 -жу́, -ждённый) от до́лжности
Abberufung *f* отозва́ние 5 | ~ vom Amt освобожде́ние 5 от до́лжности
ab|bestellen *tr* отмен|я́ть (-и́ть 3⁺) зака́з | die Zeitung ≈ прекра|ща́ть (-ти́ть 3 -щу́) вы́писку газе́ты; j–n ≈ сооб щ|а́ть (-и́ть 3) кому́-н., что́бы не приходи́л; **~biegen** *tr übertr* срыва́ть (со|рва́ть*, со́рванный); *intr* свора́чивать (сверну́ть 4)
Abbild *n* отображе́ние 5; einer Person ко́пия 8
abbilden *tr* изобра|жа́ть (-зи́ть 3 -жу́)
Abbildung *f* изображе́ние 5, иллюстра́ция 8
abbinden *tr* отвя́зывать (-|вяза́ть*); *Med* перевя́зывать (-вяза́ть); Schürze снима́ть (снять*)
Abbitte *f* про́сьба 6 о проще́нии | j-m ~ tun про|си́ть 3⁺ -шу́ (по-) проще́ния у кого́-н.
ab|blasen *tr* сдува́ть (-|дуть*); *übertr* дава́ть* (дать*) отбо́й; **~blättern** *intr* Farbe u.ä. осыпа́ться (-|сы́паться*); **~blenden** *tr* Licht затемн|я́ть (-и́ть 3), маскирова́ть 2 (за-); Fenster затемн|я́ть (-и́ть 3); Auto переключ|а́ть (-и́ть 3) на бли́жний свет; Foto диафрагми́ровать 2
Abblendlicht *n* бли́жний 11 свет
ab|blitzen *intr übertr* получ|а́ть (-и́ть 3⁺) от воро́т поворо́т | j-n ≈ lassen от|ши́ть* *v* отошью́ кого́-н.; **~blühen** *intr* отцвета́ть (-|цвести́*)
Abbrand *m Tech* уга́р 2; *Chem* ога́р|ок, -ка 2
ab|brausen, sich *refl* принима́ть (приня́ть*) душ; **~brechen** *tr* отла́мывать (-лома́ть), отла́мывать (-ломи́ть 3⁺ -ломлю́); ringsum обла́мывать (-лома́ть), обла́мывать (-ломи́ть); Haus сноси́ть 3⁺ -ношу́ (-|нести́*); Unterhaltung, Verbindung прерыва́ть (-|рва́ть*), прекраща́ть (-ти́ть 3 -щу́); Beziehungen порыва́ть (-|рва́ть*); *intr* отла́мываться (-лома́ться), отла́мываться (-ломи́ться); *übertr* обрыва́ться (оборв|а́ться, -ала́сь), прекра|ща́ться (-ти́ться) | das Lager ≈ снима́ть (снять*) ла́герь; **~brennen** *tr* сжига́ть (-|жечь*, сожгу́, сожжёшь, сожгла́, сожжённый); *intr* сгор|а́ть (-е́ть 3); Dorf погоре́ть *v;* Kerze догор|а́ть (-е́ть) | er ist abgebrannt *übertr* он прогоре́л; **~bringen** *tr* отгов|а́ривать (-ори́ть 3) (von от *G*) | j-n von seiner Meinung ≈ переубе|жда́ть (-ди́ть 3) кого́-н.; j-n vom Thema ≈ отвлека́ть (-|вле́чь*) кого́-н. от те́мы; **~bröckeln** *intr* кроши́ться 3, осыпа́ться (-|сы́паться*)
Abbruch *m* Haus снос 2, слом 2; Unterhaltung прекраще́ние 5; Beziehungen разры́в 2 | einer Sache ~ tun наноси́ть 3⁺ -ношу́ (-|нести́*) уще́рб чему́-н., вре|ди́ть 3 -жу́ (по-) чему́-н.
ab|bürsten *tr* о(т)чища́ть (-чи́стить 3 -чи́щу) щёткой, чи́стить (вы́-, по-) щёткой; **~büßen** *tr* Schuld искуп|а́ть (-и́ть 3⁺ -лю́); Strafe отбыва́ть (отбы́ть*)
Abdachung *f* отло́гость 9, пока́тость 9
ab|dämmen *tr* запр|у́живать (-уди́ть 3 -ужу́, -у́дишь), отгор|а́живать (-оди́ть 3 -ожу́, -о́дишь) плоти́ной; **~dampfen** *intr* Zug *umg* отходи́ть 3⁺ (ото|йти́*); **~danken** *intr* выходи́ть 3⁺ -хожу́ (вы́|йти*) в отста́вку; vom Thron отрека́ться (-|ре́чься*) от престо́ла
Abdankung *f* отста́вка 6; отрече́ние 5 от престо́ла

abdecken *tr* открывáть ⟨-|кры́ть*⟩; Tisch abräumen убирáть ⟨-|брáть*⟩ (со столá); Dach abnehmen снимáть ⟨снять*⟩ кры́шу; Tier сдирáть ⟨содрáть*, сдерý⟩ шкýру
Abdecker *m* живодёр 2 *umg*
ab|dichten *tr* уплотн|ять ⟨-и́ть 3⟩; Leck задéл|ывать ⟨-ать⟩; Fugen конопá|тить 3 -чу (за-); **~dienen** *tr* Zeit отслужи́ть *v* 3; **~drängen** *tr* оттесн|ять ⟨-и́ть 3⟩; **~drehen** *tr* отвёртывать ⟨отвернýть 4⟩; Wasserhahn закрывáть ⟨-|кры́ть*⟩; *Tech* Drehbank обтáчивать ⟨-точи́ть 3⁺⟩
Abdruck *m* Finger отпечáт|ок, -ка 2; *Typ* óттиск 2; Gips слéп|ок, -ка 2
ab|drucken *tr* печáтать (на-, от-); **~drükken** *tr* Freund ти́скать; *intr* schießen нажимáть ⟨-|жáть*⟩ на спусковóй крючóк | es drückt ihm fast das Herz ab у негó сéрдце сжимáется; **~ebben** *intr* Wasser идти́* на ýбыль; *übertr* стихáть ⟨сти́хнуть 4a⟩
Abend *m* вéчер 2b *Pl* -á | am (späten) ~ (пóздним) вéчером; gegen ~ под вéчер, к вéчеру; den ganzen ~ весь вéчер; es wird ~ вечерéет; heute abend сегóдня вéчером; guten ~! дóбрый вéчер!; zu ~ essen ýжинать (по-); es ist noch nicht aller Tage ~ ещё не всё кóнчено; **~brot** *n* ýжин 2; **~dämmerung** *f* сýмер|ки *Pl* 6 *G* -ек; **~essen** *n* = **Abendbrot**
abendfüllend Film полнометрáжный
Abend|gesellschaft *f* звáный вéчер 2b *Pl* -á, вечери́нка 6; **~kasse** *f Theat* кácca (продáжи билéтов пéред начáлом спектáкля); **~kleid** *n* вечéрнее 11 плáтье; **~land** *n* Зáпадная Еврóпа 6
abend|ländisch (западно)европéйский, зáпадный; **~lich** вечéрний 11
Abend|mahl *n Rel* причáстие 5; **~oberschule** *f* вечéрняя 11 срéдняя 11 шкóла; **~rot** *n*, **~röte** *f* вечéрняя заря́ 11-7
abends *Adv* вéчером; jeden Abend по вечерáм
Abend|schule *f* вечéрняя 11 шкóла; **~sonne** *f* заходя́щее 11 сóлнце; **~stern** *m* вечéрняя 11 звездá; **~studium** *n* вечéрнее обучéние 11-5; **~universität** *f* вечéрний 11 университéт; **~veranstaltung** *f* вéчер 2b *Pl* -á; **~vorstellung** *f* вечéрнее 11 представлéние; Kino вечéрний сеáнс; **~zeitung** *f* вечéрняя 11 газéта
Abenteuer *n* приключéние 5, похождéние 5; Wagnis авантю́ра 6
abenteuerlich пóлный приключéний; Roman приключéнческий; gefährlich авантюристи́ческий
Abenteurer *m* искáтель 1 [люби́тель 1] приключéний; Hochstapler авантюри́ст 2
aber 1. *Adv* | tausend und ~ tausend мнóго ты́сяч 2. *Konj* а, но, да, однáко; *nachgestellt* же | ~ doch а всё-таки; ~ nein! да нет же!; ~ sicher! безуслóвно!
Aber *n:* das Wenn und das ~ учёт всех обстоя́тельств; kein ~! никаки́х «но»!
Aberglaube *m* суевéрие 5
abergläubisch суевéр|ный, -ен
aberkennen *tr Jur* лиш|áть ⟨-и́ть 3⟩ *G*
Aberkennung *f Jur* лишéние 5
aber|malig втори́чный, повтóрный; **~mals** *Adv* втори́чно, опя́ть
abernten *tr* снимáть ⟨снять*⟩ урожáй, убирáть ⟨-|брáть*⟩
Aberration *f Astr, Phys* аберрáция 8
Aberwitz *m* сумасбрóдство 4
ab|essen *tr* объедáть ⟨-|éсть*⟩; **~fahren** *tr* fortbringen увози́ть 3⁺ -вожý ⟨-|везти́*⟩; Gegend изъéз|дить *v* 3 -жу; *intr* отпр|авля́ться ⟨-áвиться 3 -áвлюсь⟩; mit dem Zug u. a. уезжáть ⟨-|éхать*⟩; Zug, Bus отходи́ть 3⁺ ⟨ото|йти́*⟩, уходи́ть ⟨-йти́⟩; Schiff отплывáть ⟨-|плы́ть*⟩
Abfahrt *f* отъéзд 2; отправлéние 5; zu verschiedenen Zeiten разъéзд 2; Schiff отплы́тие 5; Skisport спуск 2; Autobahn съезд 2 (с автострáды)
Abfahrts|lauf *m Sport* скоростнóй спуск 2; **~skier** *m/Pl* лы́жи для скоростнóго спýска; **~signal** *n* сигнáл к отправлéнию; **~zeit** *f* врéмя отправлéния
Abfall *m* отбрóсы *Pl* 2; beim Schälen очи́стки *Pl* 2; in der Produktion отхóды *Pl* 2; verwendbarer ути́ль 1; *übertr* Abtrünnigkeit отпадéние 5, измéна 6; **~behälter** *m* бак 2 для отбрóсов; auf den Straßen ýрна 6 для мýсора
ab|fallen *intr* отвáливаться ⟨-вали́ться 3⁺⟩, отпадáть ⟨-|пáсть*⟩; Blätter опадáть ⟨-пáсть⟩; abtrünnig werden измен|я́ть ⟨-и́ть 3⁺⟩, откáлываться ⟨-|колóться*⟩; zuteil werden перепадáть ⟨-пáсть⟩ | steil ≈ крýто обрывáться; **~fällig** *übertr* пренебрежи́тел|ьный, -ен, -ьна | sich ≈ über j-n äußern отзывáться ⟨ото|звáться*, отзовýсь, отозвали́сь⟩ отрицáтельно [пренебрежи́тельно] о ком-н.; eine ≈e Äußerung неблагоприя́тный óтзыв 2
Abfall|korb *m* корзи́на для мýсора; **~produkt** *n* отбрóсы *Pl* 2, отхóды *Pl* 2
ab|fangen *tr* erwischen излов|и́ть *v* 3⁺ -лю́; Briefe перехв|áтывать ⟨-ати́ть 3⁺ -ачý⟩; Flugzeug aus Sturzflug вырáвнивать ⟨вы́ровнять⟩; **~färben** *intr* Stoff крáситься 3; *übertr* Ansicht налагáть ⟨-ложи́ть 3⁺⟩ отпечáток (auf на *A*); **~fassen** *tr* Schriftstück сост|авля́ть ⟨-áвить 3 -áвлю⟩; Erzählung сочин|я́ть ⟨-и́ть 3⟩; **~faulen** *intr* отгнивáть ⟨-|гни́ть*⟩; **~fegen** *tr* Staub сметáть ⟨-|мести́*⟩; Fußboden подметáть ⟨-мести́⟩; Wand обметáть ⟨-мести́⟩; **~feiern** *tr:* Überstunden ≈

отгу́ливать ⟨отгуля́ть⟩ сверхуро́чную рабо́ту; **~feilen** *tr* спи́ливать ⟨-пили́ть 3⁺⟩; **~fertigen** *tr* Kunden обсл|у́живать ⟨-ужи́ть 3⁺⟩; Zug отпр|авля́ть ⟨-а́вить 3 -а́влю⟩ | j-n kurz ≈ *übertr* спрова́|живать ⟨-дить 3 -жу⟩ кого́-н.
Abfertigung *f* обслу́живание 5; отправле́ние 5, отпра́вка 6
ab|feuern *tr* вы́стрелить *v* 3; **~finden** *tr* Gläubiger удовлетвор|я́ть ⟨-и́ть 3⟩; entschädigen возме|ща́ть ⟨-сти́ть 3 -щу́⟩; sich ≈ *refl* удовлетвор|я́ться ⟨-и́ться⟩, мири́ться 3 (при-) | Erben ≈ выделя́ть ⟨вы́делить 3⟩ насле́дников
Abfindung *f* удовлетворе́ние 5; возмеще́ние 5 | j-m eine ≈ zahlen дава́ть* ⟨дать*⟩ кому́-н. отступно́е
Abfindungssumme *f* отступно́е *Subst* 10
ab|flachen *tr* де́лать (с-) пло́ским, сгла́|живать ⟨-дить 3 -жу⟩; **~flauen** *intr* Wind стиха́ть ⟨-ти́хнуть 4а⟩; *übertr* затиха́ть ⟨-ти́хнуть⟩, слабе́ть (о-); **~fliegen** *intr* Flugzeug вылета́ть ⟨вы́лететь⟩; Vogel отле|та́ть ⟨-те́ть 3⟩; **~fließen** *intr* стека́ть ⟨-|течь*⟩; Kapital утека́ть ⟨-те́чь⟩
Abflug *m* Flugzeug вы́лет 2; Vogel отлёт 2
Abfluß *m* сток 2; **~graben** *m* сто́чная кана́ва; **~rinne** *f* сто́чный жёлоб; **~rohr** *n* сто́чная труба́
ab|fragen *tr* Schüler опра́шивать ⟨опроси́ть 3⁺ -шу́⟩; Aufgaben спра́шивать ⟨спроси́ть⟩; **~fressen** *tr* объеда́ть ⟨-|е́сть*⟩; **~frieren** *intr* Glieder отмор|а́живать ⟨-о́зить 3⟩
Abfuhr *f* вы́воз 2, отпра́вка 6; *übertr* отпо́р 2, о́тповедь 9 | eine ~ erteilen *übertr* дава́ть* ⟨дать*⟩ отпо́р
abführen *tr* от-, уводи́ть 3⁺ -вожу́ ⟨-|вести́*⟩; als Gefangenen арест|о́вывать ⟨-ова́ть 2⟩, забира́ть ⟨-|бра́ть*⟩; *Med* сла́бить 3 (про-)
Abführmittel *n Med* слаби́тельное *Subst* 10
ab|füllen *tr* разлива́ть ⟨-|ли́ть*, разолью⟩ (в буты́лки); **~füttern** *tr* корм|и́ть 3⁺ -лю́ (на-); Kleidung ста́в|ить 3 -лю под кла́дку
Ab|gabe *f* сда́ча 6; Steuern нало́г 2, сбор 2; Sport переда́ча 6, пас 2
abgabenfrei не облага́емый нало́гом
abgabepflichtig подлежа́щий 11 обложе́нию нало́гом
Abgabepreis *m* отпускна́я цена́
Abgang *m* Zug отхо́д 2; Ausscheiden aus Schule вы́бытие 5; *Theat* ухо́д 2; Verkauf сбыт 2; vom Turngerät соско́к (von c *G*)
Abgangszeugnis *n* свиде́тельство [дипло́м 2] об оконча́нии уче́бного заведе́ния
Abgas *n Tech* отрабо́тавший 11 газ; Auto выхлопно́й газ
abgeben *tr* от|дава́ть* ⟨отда́ть*⟩; einhändigen вруч|а́ть ⟨-и́ть 3⟩; zurückgeben возвра|ща́ть ⟨-ти́ть 3 -щу́⟩; sich ~ *refl* занима́ться ⟨заня́ться*¡ -я́лся́¡ -яли́сь⟩ (mit *I*), во|зи́ться 3⁺ -жу́сь (mit c *I*) | einen Schuß ~ сде́лать вы́стрел; sie gibt sich zuviel mit ihm ab она́ чрезме́рно занима́ется им
abge|brüht: er ist ≈ он не име́ет ни сты́да¡ ни со́вести; **~droschen** *übertr* изби́тый, зата́сканный; **~feimt**: ein ≈er Schurke отъя́вленный негодя́й; **~griffen** истрёпанный; Ausdruck зата́сканный; Geld стёртый; **~hackt** *übertr* отры́вист:ый
abgehen *intr* abfahren отходи́ть 3⁺ -хожу́ ⟨ото|йти́*⟩, отпр|авля́ться ⟨-а́виться 3 -а́влюсь⟩; sich lösen откле́|иваться ⟨-иться 3⁺⟩; Haut сходи́ть ⟨со|йти́⟩, слеза́ть ⟨-|лезть*⟩; Tapete отстава́ть ⟨-|ста́ть*⟩; Knopf отрыва́ться ⟨ото|-рва́ться*¡ -рва́ли́сь⟩ | von der Schule ~ выбыва́ть ⟨вы́|быть*⟩ из шко́лы; von seiner Meinung ~ *übertr* отка́зываться ⟨-|каза́ться*⟩ от своего́ мне́ния; es ging gut ab э́то хорошо́ ко́нчилось
abge|kartet: ein ≈es Spiel зара́нее обусло́вленное де́ло 4; **~klärt**: ein ≈er Mensch уравнове́шенный челове́к; **~kocht** кипячёный, отварно́й; **~lagert** лежа́лый; Wein вы́держанный; **~legen** отдалён:ный¡ -на, уедин|ённый¡ -ён¡ -ена́ | ein ≈er Ort захолу́стье 5; **~macht**: ≈! договори́лись!; **~magert** исхуда́лый; **~neigt** нерасполо́женный | ich bin nicht ≈ я не про́чь; **~nutzt** изно́шенный
Abgeordneter *m* депута́т 2
Abgeordnetenhaus *n* пала́та 6 депута́тов
abgerissen Kleidung обо́рван:ный; Worte отры́вист:ый; Bericht отры́воч|ный¡ -ен
Abgesandter *m* посла́н|ец¡ -ца 2
abgeschabt Stoff потёртый
Abgeschiedenheit *f* уедине́ние 5, уединённость 9 | in völliger ~ в по́лном уедине́нии
abge|schmackt по́шл:ый¡ -а́!, безвку́с|ный¡ -ен; **~sehen** *Präpos:* ≈ davon, daß ... не говоря́ (уже́) о том¡ что ..., поми́мо того́¡ что ...; **~sondert 1.** *Adj* отде́льный **2.** *Adv* отде́льно, особняко́м; **~spannt** утомл|ённый¡ -ён¡ -ена́, изнемож|ённый¡ -ён¡ -ена́; **~standen** Wasser застоя́вшийся 11; Wein вы́дохшийся 11; **~storben** омертве́лый | die Beine sind ≈ но́ги отняли́сь; **~stumpft** приту́плен:ный; *übertr* отупе́лый; **~tan** зако́нченный; **~tragen** поно́шенный
abge|winnen *tr* выи́грывать ⟨вы́играть⟩, добива́ться ⟨-|би́ться*⟩ | ich kann dem keinen Geschmack ≈ мне э́то не нра́вится; **~wöhnen** *tr* отуч|а́ть ⟨-и́ть 3⁺⟩ (j-m etw. *A* от *G*); sich ≈ *refl* от-

выка́ть ⟨-вы́кнуть 4a⟩ (etw. от *G*), отуч|а́ть ⟨-и́ть⟩ себя́ (etw. от *G*)
abgießen *tr* слива́ть ⟨-|лить*, солью⟩
Abglanz *m* о́тблеск 2, отраже́ние 5
abgleiten *intr* соска́льзывать ⟨-скользну́ть 4⟩
Abgott *m* кумир 2
ab|göttisch 1. *Adj* безу́мный **2.** *Adv* о́чень, чрезме́рно | j-n ≈ lieben безу́мно люби́ть кого́-н.; j-n ≈ verehren обожа́ть кого́-н.; **~graben** *tr* срыва́ть ⟨-|ры́ть*⟩; Wasser отводи́ть 3⁺ -вожу́ ⟨-|вести́*⟩; **~grenzen** *tr* разграни́ч|ивать ⟨-ить 3⟩; Felder размеж|ёвывать ⟨-ева́ть 2, -ёванный⟩ | scharf ≈ проводи́ть 3⁺ -вожу́ ⟨-|вести́*⟩ чёткую грань
Abgrund *m* про́пасть 9 *a. übertr,* бе́здна 6
abgrundtief бездо́нный
Abguß *m* отли́вка 6; Nachformung сле́п|ок, -ка 2
ab|hacken *tr* отруб|а́ть ⟨-и́ть 3⁺ -лю́⟩, отсека́ть ⟨-|се́чь*⟩; **~haken** *tr* отцеп|ля́ть ⟨-и́ть 3⁺ -лю́⟩; im Text отмеча́ть ⟨-ме́тить 3 -ме́чу⟩ га́лочкой, ста́в|ить 3 -лю (по-) га́лочки; **~halten** *tr* zurückhalten уде́рживать ⟨-держа́ть 3⁺⟩; hindern меша́ть (по-) (j-n von etw. *D mit Inf*); aufhalten заде́рживать ⟨-держа́ть⟩; Kind держа́ть 3⁺ (по-); Wahlen; Versammlung проводи́ть 3⁺ -вожу́ ⟨-|вести́*⟩; **~handeln** *tr* Preis выторго́вывать ⟨вы́торговать 2⟩; Thema разраб|а́тывать ⟨-о́тать⟩; **~handen** *Adv:* j-m ≈ kommen пропада́ть ⟨-|па́сть*⟩ у кого́-н., теря́ться (по-) у кого́-н.
Ab|handlung *f* wissenschaftliche иссле́дование 5, труд 2e; **~hang** *m* склон 2, скат 2; steiler обры́в 2, крутизна́ 6; sanfter отло́гость 9
abhäng|en *tr* trennen отцеп|ля́ть ⟨-и́ть 3⁺ -лю́, отце́пленный⟩; *intr* зави́|сеть 3 -шу (von от *G*); **~ig** зави́симый | ≈ sein von etw. зави́|сеть 3 -шу от чего́-н.
Abhängigkeit *f* зави́симость 9
ab|härmen, sich *refl* сокруша́ться; **~härten** *tr* Körper закал|я́ть ⟨-и́ть 3⟩; sich ≈ *refl* закал|я́ться ⟨-и́ться⟩
Abhärtung *f* зака́лка 6, зака́ливание 5
ab|hauen *tr* отсека́ть ⟨-|се́чь*⟩, отруб|а́ть ⟨-и́ть 3⁺ -лю́⟩; *intr umg* удира́ть ⟨-|дра́ть*⟩, улизну́ть *v* 4 | hau ab! убира́йся!; **~häuten** *tr* сдира́ть ⟨со|дра́ть*, сдеру́⟩ шку́ру; **~heben** *tr* снима́ть ⟨снять*⟩ a. Karten; *intr:* von der Startbahn ≈ Flugzeug отрыва́ться ⟨ото|рва́ться*⟩ от взлётной полосы́; sich ≈ *refl* выделя́ться ⟨вы́делиться 3⟩ | Geld von der Bank ≈ брать* ⟨взять*⟩ в ба́нке де́ньги со счёта; **~helfen** *tr* помога́ть ⟨-|мо́чь*⟩ | dem ist leicht abzuhelfen э́тому легко́ помо́чь; **~hetzen** *tr* Pferd загоня́ть ⟨-|гна́ть*⟩, зае́з|дить *v* 3 -жу; sich ≈ *refl* у|става́ть* ⟨-|ста́ть*⟩
Abhilfe *f:* ~ schaffen помога́ть ⟨-|мо́чь*⟩, ока́зывать ⟨-|каза́ть*⟩ по́мощь
abhobeln *tr* состр|а́гивать ⟨-ога́ть⟩; glätten обстр|а́гивать ⟨-ога́ть⟩
abhold: j-m ~ sein быть к кому́-н. неблагоскло́нным
ab|holen *tr* заходи́ть 3⁺ -хожу́ ⟨-|йти́*⟩ за *I;* im Fahrzeug заезжа́ть ⟨-|е́хать*⟩ за *I* | j-n ≈ lassen посыла́ть ⟨-|сла́ть*⟩ за кем-н.; j-n vom Bahnhof ≈ встреча́ть ⟨встре́|тить 3 -чу⟩ кого́-н. на вокза́ле; **~holzen** *tr* выруба́ть ⟨вы́руб|ить 3 -лю⟩; **~horchen** *tr Med* прослу́ш|ивать ⟨-ать⟩ | das Herz ≈ выслу́шивать ⟨вы́слушать⟩ се́рдце; **~hören** *Med tr* выслу́шивать ⟨вы́слушать⟩; Tonband прослу́ш|ивать ⟨-ать⟩; examinieren спра́шивать ⟨спро|си́ть 3⁺ -шу́⟩ (j-n у *G*); belauschen подслу́ш|ивать ⟨-ать⟩; **~irren** *intr* vom Wege сбива́ться ⟨-|би́ться*, собью́сь⟩ (с пути́)
Abitur *n* экза́мен 2 на аттеста́т зре́лости, выпускно́й экза́мен; **~ient** *m* выпускни́к 2e сре́дней шко́лы
ab|jagen *tr* wegnehmen перехва́тывать ⟨-|хвати́ть 3⁺ -хвачу́⟩ (j-m у *G*); sich ≈ *refl* набе́гаться *v* 1; **~kanzeln** *tr umg* отчи́тывать ⟨-чита́ть⟩, брани́ть 3 (вы́-); **~kaufen** *tr* покупа́ть ⟨куп|и́ть 3⁺ -лю⟩ (j-m у *G*)
Abkehr *f* Verzicht отка́з 2, отхо́д 2 (von от *G*)
¹abkehren, sich *refl* отвор|а́чиваться ⟨-оти́ться 3⁺ -очу́сь⟩, отвёртываться ⟨-верну́ться 4⟩; vom Glauben отхо|ди́ть 3⁺ -жу́ ⟨ото|йти́*⟩
²abkehren *tr* fegen замета́ть ⟨-|мести́*⟩
Abklatsch *m* подо́бие 5, подража́ние 5
ab|klingeln *tr* Straßenbahn дава́ть* ⟨дать*⟩ звонко́м сигна́л к отправле́нию; **~klingen** *intr* verhallen отзвуча́ть *v* 3, затиха́ть ⟨-ти́хнуть 4a⟩ | die Erregung klang ab *übertr* волне́ние улегло́сь; **~klopfen** *tr* отбива́ть ⟨-би́ть*⟩; *Med* высту́кивать ⟨вы́стукать⟩; **~knabbern** *tr* отгрыза́ть ⟨-|гры́зть*⟩; **~kneifen** *tr* отку́сывать ⟨-куси́ть 3 -кушу́⟩; **~knöpfen** *tr* отст|ёгивать ⟨-егну́ть 4; -ёгнутый⟩; *umg* durch List отнима́ть ⟨отня́ть*⟩ | j-m etw. ≈ брать* ⟨взять*⟩ что-н. у кого́-н.; **~kochen** *tr* отва́ривать ⟨-вари́ть 3⁺⟩; Milch u. ä. кипя|ти́ть 3 -чу́ (вс-); **~kommandieren** *tr* от-, прикомандир|о́вывать ⟨-ова́ть 2⟩ | zu etw. abkommandiert sein быть прикомандиро́ванным к чему́-н.
abkommen *intr* vom Wege сбива́ться ⟨-|би́ться*, собью́сь⟩ с *G;* vom Thema отклон|я́ться ⟨-и́ться 3⁺⟩ (от *G*); von einer Meinung отка́зываться ⟨-|каза́ться*⟩

Abkommen *n* соглашéние 5 | ein ~ treffen заключ|áть ⟨-и́ть 3⟩ соглашéние
abkömmlich: er ist ~ он мóжет отлучи́ться; er ist derzeit nicht ~ емý сейчáс не отлучи́ться
Abkömmling *m* потóм|ок₁ -ка 2
ab|kratzen *tr* соск|áбливать ⟨-обли́ть 3 -обли́шь₁ -óбленный⟩, царáп|ывать ⟨-ать⟩; *intr* sterben протянýть *v* 4⁺ нóги; **~kühlen** *tr* охла|ждáть ⟨-ди́ть 3⁺ -жý₁ -ждённый⟩, осту|жáть ⟨-ди́ть 3⁺ -жý⟩; *intr* остывáть ⟨-|сты́ть*⟩; *übertr* охладéть *v;* sich ≈ *refl* охла|ждáться ⟨-ди́ться⟩, остывáть ⟨-сты́ть⟩ *a. übertr*
Abkühlung *f* Beziehungen охлаждéние 5; Wetter похолодáние 5
abkürzen *tr* сокра|щáть ⟨-ти́ть 3 -щý⟩
Abkürzung *f* сокращéние 5
ab|küssen *tr* расцел|óвывать ⟨-овáть 2⟩; sich ≈ *refl* расцел|óвываться ⟨-овáться⟩; **~laden** *tr* Fahrzeug разгр|ужáть ⟨-узи́ть 3 -ужý₁ -ýзишь⟩; Ladung вы́грузить *v*
Abladeplatz *m* für Müll свáлка 6
Ablage *f* Akten отлóженные бумáги *Pl* 6
ablagern *tr Geol* отклáдывать ⟨-ложи́ть 3⁺⟩; sich ~ *refl Geol* отлагáться ⟨-ложи́ться⟩
Ab|lagerung *f Geol* отложéние 5, наслоéние 5; **~laß** *m Rel* отпущéние 5 грехóв
ablassen *tr* Wasser спу|скáть ⟨-сти́ть 3⁺ -щý⟩; Dampf выпускáть ⟨вы́пустить⟩; verkaufen отпу|скáть ⟨-сти́ть⟩; *intr* von etw. ост|авля́ть ⟨-áвить 3 -áвлю⟩; verzichten откáзываться ⟨-|казáться*⟩ | vom Preis ~ дéлать (с-) ски́дку, уступ|áть ⟨-и́ть 3⁺ -лю́⟩ в ценé
Ablaßhahn *m* спускнóй [выпускнóй] кран
Ablativ *m* абляти́в 2
Ablauf *m* Abfluß сток 2; Verlauf ход 2, течéние 5; Frist истечéние 5, окончáние 5 | nach ~ eines Jahres спустя́ год
ab|laufen *tr* Schuhe истáптывать ⟨-|топтáть*⟩, стáптывать ⟨-топтáть⟩; Gegend избегáть *v; intr* abfließen с-, утекáть ⟨-|тéчь*⟩; Frist истекáть ⟨-тéчь⟩ | das Wasser ≈ lassen спу|скáть ⟨-сти́ть 3⁺ -щý⟩ вóду; die Uhr ist abgelaufen часы́ останови́лись; seine Uhr ist abgelaufen *übertr* егó час прóбил; sich die Beine ≈ сби́ться* *v* с ног, избéгаться *v;* **~lauschen** *tr* подслýш|ивать ⟨-ать⟩
Ablaut *m* чередовáние 5 глáсных
Ableben *n* смерть 9g, кончи́на 6
ab|lecken *tr* обли́зывать ⟨-лизáть₁ -лижý₁ -ли́жешь⟩; **~legen** *tr* отклáдывать ⟨-ложи́ть 3⁺⟩; Kleidung раздевáться ⟨-|дéться*⟩, снимáть ⟨снять*⟩; Karten сбр|áсывать ⟨-óсить 3 -óшу⟩; Prüfung сдавáть ⟨-|дать*⟩; Zeugnis свидéтельствовать 2 (за-) (von о *P*); Gewohnheit ост|авля́ть ⟨-áвить 3 -áвлю⟩ | legen Sie bitte ab! раздевáйтесь, пожáлуйста!
Ableger *m Bot* отвóд|ок₁ -ка 2
ablehnen *tr* отклон|я́ть ⟨-и́ть 3⁺₁ -ённый⟩; verzichten откáзываться ⟨-|казáться*⟩; Kandidatur отводи́ть 3⁺ -вожý ⟨-|вести́*⟩; Meinung отвергáть ⟨-вéргнуть 4a *u.* 4⟩
Ablehnung *f* отклонéние 5, откáз 2; *Jur* отвóд 2
ab|leisten *tr* Militärdienst u. a. отбывáть ⟨отбы́ть*⟩; **~leiten** *tr* Wasser отводи́ть 3⁺ -вожý ⟨-|вести́*⟩; *Ling* производи́ть ⟨-вести́⟩ | ein abgeleitetes Wort производнóе слóво; eine Gleichung ≈ *Math* выводи́ть ⟨вы́вести⟩ уравнéние
Ableitung *f* отвóд 2; *Ling* словопроизвóдство 4; abgeleitetes Wort произвóдное слóво 4b
ablenken *tr* отклон|я́ть ⟨-и́ть 3⁺₁ -ённый⟩; Aufmerksamkeit отвлекáть ⟨-|влéчь*⟩; zerstreuen развлекáть ⟨-|влéчь⟩
Ablenkung *f* отклонéние 5; отвлечéние 5; развлечéние 5
ab|lesen *tr* читáть (про-) (von по *D*); Ungeziefer собирáть ⟨-|брáть*⟩ | das Barometer ≈ снимáть ⟨снять*⟩ показáния барóметра; j-m einen Wunsch von den Augen ≈ угáдывать ⟨угадáть⟩ чьи-н. желáния по глазáм; **~leugnen** *tr* отрицáть, отпирáться ⟨отперéться*₁ отпёрся⟩; **~lichten** *tr* дéлать (с-) фотокóпию с *G.;* **~liefern** *tr* abgeben с|давáть* ⟨-|дать*⟩
Ablieferung *f* сдáча 6
Ablieferungs|pflicht *f* обязáтельство 4 по госпостáвкам; **~soll** *n* нóрма 6 (гос)постáвок
ablösen *tr* Befestigtes отвя́зывать ⟨-|вязáть*⟩, отдел|я́ть ⟨-и́ть 3⁺⟩; Wache смен|я́ть ⟨-и́ть 3⁺₁ -ённый⟩; sich ~ *refl* abgehen от|ставáть* ⟨-|стáть*⟩; gegenseitig смен|я́ться ⟨-и́ться⟩
Ablösung *f* смéна 6; im Amt смещéние 5
abmachen *tr* удал|я́ть ⟨-и́ть 3⟩; abnehmen снимáть ⟨снять*⟩; vereinbaren догов|áриваться ⟨-ори́ться 3⟩ | abgemacht! решенó!, договори́лись!
Abmachung *f* соглашéние 5 | eine ~ treffen заключ|áть ⟨-и́ть 3⟩ соглашéние
abmagern *intr* исхудáть *v,* худéть (по-); im Gesicht осýнуться *v* 4 | ein abgemagerter Mensch исхудáлый [отощáлый] человéк
Abmagerung *f* похудáние 5
Abmagerungskur *f* лечéние от тýчности
ab|mähen *tr* скáшивать ⟨ско|си́ть 3⁺ -шý⟩; **~malen** *tr* срис|óвывать ⟨-овáть 2⟩
Abmarsch *m* выступлéние 5
ab|marschieren *intr* выступáть ⟨вы́ступ|ить 3 -лю⟩; **~melden** *tr* сообщ|áть ⟨-и́ть 3⟩ об ухóде [отъéзде]; polizeilich выпи́сывать ⟨вы́|писать*⟩; sich ≈ *refl* выпи́сываться ⟨вы́писаться⟩; bei j-m со-

общ|áть ⟨-и́ть⟩ о своём ухóде [отъéзде]; von einer Organisation откреп|ля́ться ⟨-и́ться 3 -лю́сь⟩, снимáться ⟨сня́ться*⟩ с учёта
Abmeldung *f* polizeilich вы́писка 6; bei j-m сообщéние 5 об ухóде [отъéзде]; bei einer Organisation сня́тие 5 с учёта
ab|messen *tr* измéр|ивать ⟨-ить 3⟩, отмеря́ть ⟨-мéрить⟩; **~mühen, sich** *refl* неутоми́мо тру|ди́ться 3⁺ -жу́сь, би́ться* (mit над *I*); **~mustern** *tr Mar* спи́сывать ⟨-|писáть*⟩ с корабля́; *intr* спи́сываться ⟨-писáться⟩ с корабля́; **~nagen** *tr* обгрызáть ⟨-|гры́зть*⟩, оглáдывать ⟨-|глодáть*⟩
Abnäher *m* вы́тач|ка 6 *G Pl* -ек
Abnahme *f* сня́тие 5; Parade приня́тие 5; Kauf покýпка 6; Einweihung, behördliche Prüfung приёмка 6; Verminderung уменьшéние 5, у́быль 9 | ~ der Kräfte упáд|ок₁ -ка 2 сил; **~kommission** *f* приёмочная коми́ссия
abnehmbar съёмный
abnehmen *tr* снимáть ⟨снять*⟩; wegnehmen отбирáть ⟨ото|брáть*₁ отберу́¡ отóбранный⟩; *Med* отнимáть ⟨отня́ть*⟩, ампути́ровать *uv, v* 2; kaufen покупáть ⟨куп|и́ть 3⁺ -лю⟩; Eid; Parade; Prüfung принимáть ⟨приня́ть*⟩; *intr* sich verringern уменьшáться ⟨умéньши́ться 3⟩, убывáть ⟨убы́ть*⟩; mager werden худéть (по-), теря́ть (по-) в вéсе; Mond убывáть ⟨убы́ть⟩, быть* на ущéрбе | j-m ein Versprechen ~ брать* ⟨взять*⟩ с когó-н. обещáние; die Tage nehmen ab дни станóвятся корóче, дни убавля́ются; ~der Mond лунá на ущéрбе
Abnehmer *m* Käufer покупáтель 1
Abneigung *f* антипáтия 8, нерасположéние 5 (gegen к *D*)
abnorm ненормáл|ьный₁ -ен₁ -ьна
Abnormität *f* ненормáльность 9
ab|nötigen *tr* вынуждáть ⟨вы́ну|дить 3 -жу¡ -жденный⟩; **~nutzen, ~nützen** *tr* изнáшивать ⟨-носи́ть 3⁺ -ношу́¡ -нóшенный⟩; sich ≈ *refl* изнáшиваться ⟨-носи́ться⟩
Abnutzung *f* изнáшивание 5; Reifen изнóс 2
Abnutzungsgebühr *f* плáта за изнóс
Abonn|ement *n Theat* абонемéнт 2 в *A;* Zeitung подпи́ска 6 на *A;* **~ent** *m* Zeitung подпи́счик 2
abonnieren *tr* подпи́сываться ⟨-|писáться*⟩ на *A*
abordnen напр|авля́ть ⟨-áвить 3 -áвлю⟩, посылáть ⟨-|слáть*⟩
Abordnung *f* делегáция 8
¹**Abort** *m* убóрная *Subst* 10, туалéт 2
²**Abort** *m Med* абóрт 2
ab|passen *tr* Gelegenheit, Augenblick выжидáть ⟨вы́|ждать*⟩, улуч|áть ⟨-и́ть 3⟩; **~pflücken** *tr* срывáть ⟨со|рвáть*⟩; **~plagen, sich** *refl* мýчиться 3 (за-, из-) (mit с *I*), би́ться (mit над *I*); **~platten** *tr* дéлать (с-) плóским, сплю́щ|ивать ⟨-ить 3⟩
Abplättmuster *n* образéц для отглáживания
Abplattung *f:* ~ der Erde сплю́снутость 9 Земли́
ab|prallen *intr* отск|áкивать ⟨-очи́ть 3⁺⟩, отлетáть ⟨отле|тéть 3 -чý⟩; **~protzen** *tr:* ein Geschütz ≈ снимáть ⟨снять*⟩ орýдие с передкá; **~putzen** *tr* очищáть ⟨очи́|стить 3 -щу⟩, чи́стить (вы́-, по-); *Bauw* штукатýрить 3 (о-, от-); **~quälen, sich** *refl* мýчиться 3 (за-, из-); **~quetschen** *tr* отдáвливать ⟨-дави́ть 3⁺ -давлю́⟩; **~rackern, sich** *refl umg* мýчиться 3 (за-, из-), во|зи́ться 3⁺ -жу́сь; **~rasieren** *tr* сбривáть ⟨-|бри́ть*⟩; **~raten** *intr* отсовéтовать *v* 2 (von *A*)
Abraum *m Bergb* вскры́ша 6, пустáя порóда 6; **~bagger** *m Bergb* вскрышнóй экскавáтор
abräumen *tr* убирáть ⟨-|брáть*⟩ (den Tisch со столá)
Abraum|förderbrücke *f Bergb* трáнспортно-отвáльный мост; **~halde** *f* вскрышнóй отвáл 2
ab|reagieren, sich *refl* успок|áиваться ⟨-óиться 3⟩ (сорвáв зло на ком-н.); **~rechnen** *tr* abziehen, abzählen вычитáть ⟨вы́честь*⟩, отчисля́ть ⟨-чи́слить 3⟩; Ausgaben отчи́тываться ⟨-читáться⟩ в *P; intr* производи́ть 3⁺ -вожу́ ⟨-|вести́*⟩ расчёт; *übertr* распл|áчиваться ⟨-ати́ться 3⁺ -ачу́сь⟩ | mit ihm werde ich einmal ≈ с ним я ещё сведу́ счёты
Abrechnung *f* расчёт 2; Vergeltung распла́та 6 | nach ~ von etw. за вы́четом чегó-н.
abrechnungspflichtig подотчёт|ный₁ -ен
Abrechnungszeitraum *m* отчётный пери́од 2
Abrede *f* Übereinkunft соглашéние 5, уговóр 2 | in ~ stellen осп|áривать ⟨-óрить 3⟩, отрицáть
abreiben *tr* стирáть ⟨-|терéть*₁ сотрý¡ стерéв и. стёрши⟩; Haut обтирáть ⟨-терéть, оботрý⟩, растирáть ⟨-терéть₁ разотрý⟩
Ab|reibung *f* обтирáние 5; Prügel взбýчка; **~reise** *f* отъéзд 2 (nach в *A*, zu к *D*)
ab|reisen *intr* уезжáть ⟨-|éхать*⟩, отпр|авля́ться ⟨-áвиться 3 -áвлюсь⟩ (в путь) (nach в *A*, zu к *D*); **~reißen** *tr* отрывáть ⟨ото|рвáть*¡ отóрванный⟩, срывáть ⟨сорвáть⟩; Gebäude сноси́ть 3⁺ -ношу́ ⟨-|нести́*⟩, ломáть (с-); *intr* отрывáться ⟨оторвáться⟩; Verbindung прерывáться ⟨-рвáться⟩ | das reißt nicht ab э́тому концá не ви́дно

Abreißkalender *m* отрывно́й календа́рь
ab|reiten *tr* Strecke объезжа́ть ⟨-|е́хать*⟩ верхо́м; *intr* уезжа́ть ⟨-е́хать⟩ верхо́м; **~rennen** *tr* избе́гать *v* | sich die Beine ≈ избе́гаться *v*; **~richten** *tr* дрессирова́ть 2 (вы́-); **~riegeln** *tr* запира́ть ⟨запере́ть*⟩ на засо́в; Straße оцеп|ля́ть ⟨-и́ть 3⁺ -лю́⟩ | einen Fluß ≈ перекрыва́ть ⟨-|кры́ть*⟩ ре́ку; **~ringen** *tr* Zusage добива́ться ⟨-|би́ться*⟩ (j-m etw. у кого́-н. чего́-н.)
Abriß *m* черт|ёж 2e *G Pl* -ежей, план 2; z. B. der Geschichte о́черк 2
ab|rollen *tr* разма́тывать ⟨-мота́ть⟩; *intr* проходи́ть 3⁺ ⟨-|йти́*⟩; **~rücken** *tr* отодв|ига́ть ⟨-и́нуть 4⟩; *intr* отодв|ига́ться ⟨-и́нуться⟩; *Mil* выступа́ть ⟨вы́ступ|ить 3 -лю⟩
Abruf *m:* auf ~ по вы́зову
ab|rufen *tr* вызыва́ть ⟨вы́|звать*⟩ a. Daten; **~runden** *tr* Ecke закругл|я́ть ⟨-и́ть 3⟩; *Math* округл|я́ть ⟨-и́ть⟩; **~rupfen** *tr* ощи́пывать ⟨-|щипа́ть*⟩
abrupt отры́воч|ный, -ен, несвя́з|ный, -ен; plötzlich внеза́п|ный, -ен
abrüsten *intr* разоруж|а́ться ⟨-и́ться 3⟩
Abrüstung *f* разоруже́ние 5
Abrüstungs|konferenz *f* конфере́нция по разоруже́нию; **~verhandlungen** *Pl* перегово́ры о разоруже́нии
ab|rutschen *intr* сполза́ть ⟨-|ползти́*⟩ *a. übertr,* соск|а́льзывать ⟨-ользну́ть 4⟩ *a. übertr;* sich senken ополза́ть ⟨-ползти́⟩; **~sacken** *intr* оседа́ть ⟨-|се́сть*⟩; sinken идти́* ⟨по|йти́ *⟩ ко дну; *Flugw* па́дать, теря́ть высоту́
Absage *f* отка́з 2
ab|sagen *tr* отмен|я́ть ⟨-и́ть 3⁺⟩; *intr* отка́зываться ⟨-|каза́ться*⟩ (j-m кому́-н.) | er sagt (seinen Besuch) ab он сообща́ет, что не придёт [прие́дет]; **~sägen** *tr* отпи́ливать ⟨-пили́ть 3⁺⟩; **~satteln** *tr* рассёдлывать ⟨-седла́ть; -сёдланный⟩
Absatz *m* Schuh каблу́к 2e; im Text абза́ц 2; Treppe площа́дка 6; Stufe усту́п 2; in der Rede остано́вка 6, па́уза 6; von Ware сбыт 2 | mit hohem ~ на высо́ком каблуке́; die Ware fand reißenden ~ това́р раскупа́лся нарасхва́т, това́р име́л хоро́ший сбыт; **~markt** *m* ры́нок сбы́та; **~plan** *m* план сбы́та
ab|saugen *tr* отса́сывать ⟨-|соса́ть*⟩; mit dem Staubsauger чи́|стить 3 -щу (вы́-) пылесо́сом; **~schaben** *tr* соск|а́бливать ⟨-обли́ть 3 -облю́, -обли́шь; -обленный⟩, соскреба́ть ⟨-|скрести́*⟩; **~schaffen** *tr* nicht mehr halten пере|става́ть* ⟨-|ста́ть*⟩ держа́ть, не держа́ть бо́льше; Gesetz отмен|я́ть ⟨-и́ть 3⁺⟩; Amt упраздн|я́ть ⟨-и́ть 3⟩; Mißbräuche устран|я́ть ⟨-и́ть 3⟩
Abschaffung *f* отме́на 6; упраздне́ние 5; устране́ние 5
ab|schälen *tr* Rinde сдира́ть ⟨со|дра́ть*, сдеру́; со́дранный⟩ (кору́); Früchte очища́ть ⟨очи́|стить 3 -щу⟩; **~schalten** *tr* выключа́ть ⟨вы́ключить 3⟩; Stromnetz отключ|а́ть ⟨-и́ть⟩; **~schätzen** *tr* оце́нивать ⟨-цени́ть 3⁺; -ценённый⟩, таксирова́ть *uv, v* 2; **~schätzig** пренебрежи́тел|ьный, -ен, -ьна
Abschaum *m* на́кипь 9; *übertr verächtl* отре́бье 5, подо́нки *Pl* 2 | der ≈ der Gesellschaft подо́нки о́бщества
abscheiden *tr* выделя́ть ⟨вы́делить 3⟩, отдел|я́ть ⟨-и́ть 3⁺⟩; sich ~ *refl Chem* осажда́ться
Abscheu *m, f* отвраще́ние 5 | ~ haben vor чу́вствовать 2 (по-) отвраще́ние к *D*
abscheulich гну́с|ный, -ен, -на́!, ме́рз|кий, -ок, -ка́!; widerlich га́д|кий, -ок, -ка́!, отврати́тел|ьный, -ен, -ьна; schrecklich ужа́с|ный, -ен
Abscheulichkeit *f* гну́сность 9, ме́рзость 9; отврати́тельность 9
abschicken *tr* отсыла́ть ⟨ото|сла́ть*; ото́сланный⟩, отпр|авля́ть ⟨-а́вить 3 -а́влю⟩
Abschied *m* проща́ние 5; Entlassung отста́вка 6, увольне́ние 5 | von j-m ~ nehmen про|ща́ться ⟨-сти́ться 3 -щу́сь⟩ с кем-н.; seinen ~ einreichen по|дава́ть* ⟨пода́ть*⟩ в отста́вку; seinen ~ nehmen увольня́ться ⟨уво́литься 3⟩ со слу́жбы, выхо|ди́ть 3⁺ -жу́ ⟨вы́|йти*⟩ в отста́вку
Abschieds|feier *f* проща́льный ве́чер 2b *Pl* -а́; **~gesuch** *n* проше́ние об отста́вке; **~vorstellung** *f* проща́льное представле́ние; **~worte** *n Pl* проща́льные слова́
ab|schießen *tr* сбива́ть ⟨-|би́ть*, собью́⟩ вы́стрелом; Rakete запу|ска́ть ⟨-сти́ть 3⁺ -щу́⟩; Flugzeug сбива́ть ⟨-би́ть⟩; **~schinden, sich** *refl* надрыва́ться ⟨надо-|рва́ться*⟩; **~schirmen** *tr Rad* экрани́ровать 2; *übertr* защи|ща́ть ⟨-ти́ть 3 -щу́⟩ (gegen от *G*); **~schlachten** *tr* забива́ть ⟨-|би́ть*⟩, ре́зать* (за-)
Abschlag *m* vom Preis усту́пка 6, ски́дка 6; *Sport* уда́р 2 от воро́т; Golf пе́рвый уда́р; Hockey нача́ло 4 | auf ~ в рассро́чку
abschlagen *tr* отсека́ть ⟨-|се́чь*⟩; Wald выруба́ть ⟨вы́руб|ить 3 -лю⟩; Angriff отбива́ть ⟨-|би́ть*, отобью́⟩, отра|жа́ть ⟨-зи́ть 3 -жу́⟩; Bitte отка́зывать ⟨-|каза́ть*⟩ (j-m etw. кому́-н. в чём-н.); **~schlägig:** eine ≈e Antwort отка́з 2
Abschlagszahlung *f* зада́т|ок, -ка 2; vom Lohn ава́нс 2
abschleifen *tr* обта́чивать ⟨-точи́ть 3⁺ -точу́⟩; sich ~ *refl übertr* сгл|а́живаться ⟨-а́дится 3⟩
Abschleppdienst *m* букси́рная автослу́жба 6
abschleppen *tr* отта́скивать ⟨-тащи́ть 3⁺⟩; Fahrzeug букси́ровать 2; sich ~ *refl*

утом|ля́ться ⟨-и́ться 3 -лю́сь⟩ от таска́ния
Abschlepp|seil *n* букси́рный кана́т; **~wagen** *m* букси́рный автомоби́ль
abschließen *tr* Tür запира́ть ⟨запере́ть*⟩ на ключ; Vertrag заключ|а́ть ⟨-и́ть 3⟩; beenden конча́ть ⟨ко́нчить 3⟩, зака́нчивать ⟨-ко́нчить⟩; **~d 1.** *Adj* заключи́тельный **2.** *Adv* в заключе́ние
Abschluß *m* оконча́ние 5; Übereinkunft заключе́ние 5; Vollendung заверше́ние 5; **~feier** *f* торже́ственное закры́тие 5; **~protokoll** *n* заключи́тельный акт 2; **~prüfung** *f* выпускно́й экза́мен; **~zeugnis** *n* свиде́тельство об оконча́нии шко́лы
ab|schmecken *tr* про́бовать 2 (по-) (на вкус); **~schmieren** *tr* сма́зывать ⟨-|ма́зать*⟩; **~schminken** *tr* снима́ть ⟨снять*⟩ грим; **~schnallen** *tr* отст|ёгивать ⟨-егну́ть 4¡ -ёгнутый⟩ пря́жку | die Schlittschuhe ≈ снима́ть ⟨снять*⟩ коньки́; **~schneiden** *tr* отреза́ть ⟨-|ре́зать*⟩; Weg среза́ть ⟨-ре́зать⟩; Wort обрыва́ть ⟨обо|рва́ть*¡ обо́рванный⟩; *intr* gut ≈ име́ть уда́чу; schlecht ≈ терпе́ть (по-) неуда́чу | den Rückzug ≈ *Mil* отреза́ть ⟨-ре́зать⟩ отступле́ние
Abschnitt *m* Text~ разде́л 2, глава́ 6c; Strecke отре́з|ок| -ка 2; Zeit отре́зок, пери́од 2; Eintrittskarte (контро́льный) тало́н 2; *Mil* уча́ст|ок| -ка 2; *Math* сегме́нт 2
Abschnittsbevollmächtigter *m* участко́вый уполномо́ченный *Subst* 10
abschnittsweise *Adv* по разде́лам
ab|schnüren *tr Med* перевя́зывать ⟨-|вяза́ть*⟩; **~schöpfen** *tr* снима́ть ⟨снять*⟩; **~schrägen** *tr* ска́шивать ⟨ско|си́ть 3 -шу́⟩; **~schrauben** *tr* отви́нчивать ⟨-винти́ть 3 -винчу́¡ -ви́нченный⟩
abschrecken *tr* отпу́гивать ⟨-пугну́ть 4; -пу́гнутый⟩, запу́гивать ⟨-пуга́ть⟩; abkühlen бы́стро охла|жда́ть ⟨-ди́ть 3 -жу́¡ -ждённый⟩ | sich nicht ~ lassen не дава́ть* ⟨дать*⟩ себя́ запуга́ть; **~d** ужа́с|ный| -ен | ein ~es Beispiel устраша́ющий 11 приме́р
Abschreckung *f* устраше́ние 5
Abschreckungsmittel *n* сре́дство устраше́ния
abschreiben *tr* с-, перепи́сывать ⟨-|писа́ть*⟩; voneinander спи́сывать ⟨-писа́ть⟩ (von j-m у *G;* von der Tafel с доски́); *Fin* спи́сывать ⟨-писа́ть⟩ со счёта; *intr:* j-m ~ пи́сьменно отка́зывать ⟨-|каза́ть*⟩ кому́-н.; die Feder hat sich abgeschrieben перо́ исписа́лось; er hat abgeschrieben он написа́л| что не придёт
Abschreib|er *m* перепи́счик 2; *Lit* плагиа́тор 2; **~ung** *f Fin* амортиза́ция 8
abschreiten *tr* die Front обхо|ди́ть 3⁺ -жу́ ⟨обо|йти́*⟩; Strecke измеря́ть ⟨-ме́рить 3⟩ шага́ми
Abschrift *f* ко́пия 8 | eine ~ von etw. anfertigen снима́ть ⟨снять*⟩ ко́пию с чего́-н.
abschürfen *tr* Haut сса́живать ⟨сса|ди́ть 3⁺ -жу́⟩
Ab|schürfung *f* ссáдина 6; **~schuß** *m* вы́стрел 2; Raketen за́пуск 2; Flugzeug уничтоже́ние 5; Wild отстре́л 2
abschüssig пока́т:ый, обры́вист:ый
Abschußrampe *f* für Raketen *Mil* пускова́я устано́вка 6
ab|schütteln *tr* с-, отря́хивать ⟨-тряхну́ть 4⟩, трясти́*; *übertr* освобо|жда́ться ⟨-ди́ться 3 -жу́сь⟩ от *G* | j-n von sich ≈ отде́лываться ⟨-де́латься⟩ от кого́-н.; **~schwächen** *tr* ослабля́ть ⟨-а́бить 3 -а́блю⟩, смягч|а́ть ⟨-и́ть 3⟩; sich ≈ *refl* Interesse ослаб|ева́ть ⟨-е́ть⟩, слабе́ть (о-)
Abschwächung *f* ослабле́ние 5
abschweifen *intr* vom Thema отклон|я́ться ⟨-и́ться 3⁺⟩ от *G*
Abschweifung *f* vom Thema отклоне́ние 5, отступле́ние 5
ab|schwenken *intr* свора́чивать ⟨сверну́ть 4⟩ в сто́рону; **~schwören** *intr* отрека́ться ⟨-|ре́чься*⟩ от чего́-н.; **~segeln** *intr* отплыва́ть ⟨-|плы́ть*⟩ на паруса́х, уходи́ть 3⁺ -хожу́ ⟨-|йти́*⟩ в мо́ре; **~sehbar** обозри́м:ый | in ≈er Zeit в недалёком бу́дущем; **~sehen** *tr* Folgen предви́|деть 3 -жу; nachmachen перенима́ть ⟨переня́ть*⟩; *intr* отка́зываться ⟨-|каза́ться*⟩ (von от *G*) | das Ende ist nicht abzusehen тру́дно предви́деть коне́ц; es abgesehen haben auf etw. посяг|а́ть ⟨-ну́ть 4⟩ на что́-н., ме́|тить 3 -чу на что́-н.; abgesehen davon поми́мо того́, несмотря́ на то; **~seifen** *tr* намы́л|ивать ⟨-ить 3⟩; **~seilen** *tr* спу|ска́ть ⟨-сти́ть 3⁺ -щу́⟩ на верёвке; **~seits** *Adv* в стороне́ | ≈ stehen стоя́ть в стороне́
Abseits *n Sport* положе́ние 5 вне игры́
absenden *tr* отсыла́ть ⟨ото|сла́ть*¡ ото́сланный⟩, отпр|авля́ть ⟨-а́вить 3 -а́влю⟩
Absender *m* отправи́тель 1; auf Brief а́дрес 2б *Pl* -á отправи́теля
Absenker *m Bot* отво́д|ок| -ка 2
absetzbar сменя́ем:ый; Ware име́ющий 11 сбыт, хо́д|кий| -ок| -ка́!; von Steuer не облага́емый нало́гом
absetzen *tr* auf dem Boden ста́в|ить 3 -лю на зе́млю; Hut; von der Tagesordnung снима́ть ⟨снять*⟩ с *G a. Theat;* vom Amt отстран|я́ть ⟨-и́ть 3⟩, сме|ща́ть ⟨-сти́ть 3 -щу́⟩; Passagier выса́живать ⟨вы́са|дить 3 -жу⟩; Ware сбыва́ть ⟨-|бы́ть*⟩; *intr* unterbrechen прекра|ща́ть ⟨-ти́ть 3 -щу́⟩, прерыва́ть ⟨-|рва́ть*⟩; sich ~ *refl Chem* осажда́ться, осeда́ть ⟨-|се́сть*⟩; *Mil* хо|ди́ть 3⁺ -жу́ ⟨ото|йти́*⟩

Ab|setzung *f* отстране́ние 5 от до́лжности, смеще́ние 5; **~sicht** *f* наме́рение 5 | böse ≈ злой у́мысел; mit ≈ умы́шленно, наме́ренно; das war nicht meine ≈ я не име́л э́того в виду́
absichtlich **1.** *Adj* (пред)наме́рен|ный, -на, умы́шленный **2.** *Adv* наро́чно [шн], наме́ренно
absitzen *tr* Strafe отси́живать ⟨-сиде́ть 3 -сижу́⟩; *intr* vom Pferd слеза́ть ⟨-|лезть*⟩ (с ло́шади) | er hat die Strafe abgesessen он о́тбыл срок наказа́ния
absolut абсолю́т|ный, -ен
Absolut|ion *f Rel* отпуще́ние 5 грехо́в; **~ismus** *m* абсолюти́зм 2
absolutistisch абсолюти́стский, самодержа́в|ный, -ен
Absolvent *m* выпускни́к 2е, ока́нчивающий *Subst* 11 курс (уче́бного заведе́ния)
absolvieren *tr* ока́нчивать ⟨око́нчить 3⟩ | eine Hochschule ~ конча́ть ⟨ко́нчить⟩ вуз
absonderlich стра́н|ный, -ен, -на́!
Absonderlichkeit *f* стра́нность 9
absondern *tr* отдел|я́ть ⟨-и́ть 3⁺⟩, обос|обля́ть ⟨-о́бить 3 -о́блю⟩; Schweiß выделя́ть ⟨вы́делить 3⟩; sich ~ *refl* уедин|я́ться ⟨-и́ться 3⟩; Schweiß выделя́ться ⟨вы́делиться⟩
Absonderung *f* отделе́ние 5, обособле́ние 5; выделе́ние 5, секре́ция 8
Absorber *m* абсо́рбер 2, поглоти́тель 1
absorbieren *tr Chem* абсорби́ровать *uv, v* 2, погло|ща́ть ⟨-ти́ть 3 -щу́; -щённый⟩ *a. übertr*
Absorption *f* абсо́рбция 8, поглоще́ние 5
ab|spalten *tr* отщеп|ля́ть ⟨-и́ть 3 -лю́⟩; sich ≈ *refl* отка́лываться ⟨-|коло́ться*⟩; **~spannen** *tr* Pferd распряга́ть ⟨-|пря́чь*⟩; *Tech* Feder осл|абля́ть ⟨-а́бить 3 -а́блю⟩ | ich bin abgespannt я утомлён; **~sparen** *tr:* sich etw. vom Munde ≈ эконо́м|ить 3 -лю (с-) что-н. на пита́нии; **~speisen** *tr:* j-n mit leeren Worten ≈ *übertr* отде́л|ываться ⟨-аться⟩ от кого́-н. пусты́ми слова́ми; **~spenstig:** ≈ machen перема́нивать ⟨-мани́ть 3⁺⟩; отбива́ть ⟨-|би́ть*, отобью⟩ | j-m sein Mädchen ≈ machen отби́ть *v* у кого́-н. де́вушку; **~sperren** *tr* отгор|а́живать ⟨-оди́ть 3⁺ -ожу́⟩; Wasser, Gas отключ|а́ть ⟨-и́ть 3⟩; verschließen запира́ть ⟨запере́ть*⟩
Absperr|hahn *m* запо́рный кран; **~kette** *f* оцепле́ние 5; **~ung** *f* огражде́ние 5; Straße отгора́живание 5; Verkehr блоки́рование 5
ab|spielen *tr* Schallplatte прои́грывать ⟨-игра́ть⟩; *Sport* пере|дава́ть* ⟨переда́ть*⟩; sich ≈ *refl* происходи́ть 3⁺ ⟨произо|йти́*⟩, разы́грываться ⟨-ыгра́ться⟩; **~sprechen** *tr* отрица́ть, осп|а́ривать ⟨-о́рить 3⟩; sich verabreden сгов|а́риваться ⟨-ори́ться 3⟩; **~springen** *intr* соск|а́кивать ⟨-очи́ть 3⁺⟩, спры́г|ивать ⟨-нуть 4⟩ (von с *G*); Wandputz от|става́ть* ⟨-|ста́ть*⟩ | mit dem Fallschirm ≈ пры́гать ⟨пры́гнуть 4⟩ с парашю́том
Absprung *m* vom Flugzeug прыж|о́к, -ка́ 2; *Sport* толч|о́к, -ка́ 2; **~tisch** *m Sport* стол трампли́на
ab|spülen *tr* спол|а́скивать ⟨-осну́ть 4⟩; **~stammen** *intr* происхо|ди́ть 3⁺ -жу́ ⟨произо|йти́*⟩ (von от *G*), быть* ро́дом (von из *G*)
Abstammung *f* происхожде́ние 5 (von от *G*)
Abstammungslehre *f Biol* уче́ние о происхожде́нии ви́дов
Abstand *m* расстоя́ние 5, диста́нция 8; *Sport Zeit~* просве́т 2 | ~ nehmen von etw. отка́зываться ⟨-|каза́ться*⟩ от чего́-н.
Abstandssumme *f* отступно́е *Subst 10*
ab|statten *tr:* Dank ≈ приноси́ть 3⁺ -ношу́ ⟨-|нести́*⟩ благода́рность; einen Besuch ≈ наноси́ть ⟨-нести́⟩ визи́т; **~stauben** *tr* смета́ть ⟨-|мести́*⟩ пыль, сма́хивать ⟨-махну́ть 4⟩; durch Klopfen выкола́чивать ⟨вы́коло|тить 3 -чу⟩ пыль; **~stechen** *tr Tech* Roheisen выпуска́ть ⟨вы́пу|стить 3 -щу⟩; Tier зака́лывать ⟨-|коло́ть*⟩; Rasen отре́зывать ⟨-|ре́зать*⟩
Abstecher *m:* einen ~ zu j-m machen загляну́ть *v* 4⁺ к кому́-н. ненадо́лго
ab|stecken *tr* Kleid нака́лывать ⟨-|коло́ть*⟩; Grundstück отмеча́ть ⟨-ме́тить 3 -ме́чу⟩ ко́лышками; Grenze маркирова́ть *uv, v* 2, трасси́ровать *uv, v* 2; **~stehen** *intr* отстоя́ть 3; Flüssigkeit отст|а́иваться ⟨-оя́ться⟩ | ≈de Ohren оттопы́ренные у́ши; **~steigen** *intr* схо|ди́ть 3⁺ -жу́ ⟨со|йти́*⟩, спу|ска́ться ⟨-сти́ться 3⁺ -щу́сь⟩; im Hotel остан|а́вливаться ⟨-ови́ться 3⁺ -овлю́сь⟩ | vom Fahrrad ≈ слеза́ть ⟨-|лезть*⟩ с велосипе́да; **~steigend** нисходя́щий 11
Absteigequartier *n* вре́менная кварти́ра; zur Übernachtung ночле́жка 6
abstellen *tr* Maschine остан|а́вливать ⟨-ови́ть 3⁺ -овлю́⟩; Hahn, Motor выключа́ть ⟨вы́ключить 3⟩; beiseite stellen ста́в|ить 3 -лю (по-) на хране́ние | Mängel ~ ликвиди́ровать *uv, v* 2 [устран|я́ть ⟨-и́ть 3⟩] недоста́тки
Abstell|gleis *n* запасно́й путь; **~hahn** *m* запо́рный кран; **~raum** *m* чула́н 2
ab|stempeln *tr* Brief штемпелева́ть [тэ] 2 (за-); Formular ста́в|ить 3 -лю (по-) печа́ть на *P;* Fleisch клейм|и́ть 3 -лю́ (за-); **~steppen** *tr* прост|ёгивать ⟨-ега́ть⟩; **~sterben** *intr* Pflanzen отмира́ть ⟨-|мере́ть*, отомрёт⟩; Gliedmaßen неме́ть (о-), мертве́ть (о-)

Ab|stich *m Tech* вы́пуск 2; **~stieg** *m* bergab спуск 2; *übertr* сниже́ние 5, упа́д|ок, -ка 2

abstimmen *tr* in Einklang bringen соглас|о́вывать ⟨-ова́ть 2⟩, регули́ровать 2 (у-); *Rad* настр|а́ивать ⟨-о́ить 3⟩; *intr* wählen голосова́ть 2 (про-) | ~ lassen über etw. ста́в|ить 3 -лю (по-) что-н. на голосова́ние

Abstimmung *f* голосова́ние 5; *Rad* настро́йка 6 | zur ~ bringen поста́в|ить *v* 3 -лю на голосова́ние; in geheimer ~ та́йным голосова́нием, при та́йном голосова́нии

abstinent возде́ржан:ный

Abstinenz *f* возде́ржанность 9; **~ler** *m* тре́звенник 2

Abstoß *m* толч|о́к, -ка́ 2; Fußball уда́р 2

abstoßen *tr* отта́лкивать ⟨-толкну́ть 4⟩ *a. übertr;* Ware выбра́сывать ⟨вы́бро|сить 3 -шу⟩ по ни́зким це́нам; Schulden разде́л|ываться ⟨-аться⟩ (с долга́ми); *intr* vom Land отча́л|ивать ⟨-ить 3⟩; sich ~ *refl* отта́лкиваться ⟨-толкну́ться⟩; **~d** отврати́тел|ьный, -ен,-ьна, отта́лкивающий 11

abstrahieren *tr* абстраги́ровать *uv, v* 2

abstrakt абстра́ктн|ый, -ен, отвлечён:ный, -на

Abstrakt|ion *f* абстра́кция 8; Tätigkeit абстраги́рование 5; **~um** *n Gramm* отвлечённое существи́тельное *Subst* 10

abstreichen *tr* abwischen стира́ть ⟨-|тере́ть*, сотру́⟩ | sich die Füße ~ вытира́ть ⟨вы́тереть⟩ но́ги

Abstreicher *m* решётка 6

ab|streifen *tr* Handschuhe снима́ть ⟨снять*⟩; Haut сбра́сывать ⟨сбро́|сить 3 -шу⟩; **~streiten** *tr* осп|а́ривать ⟨-о́рить 3⟩, отрица́ть

Abstrich *m* Kürzung сокраще́ние 5 | einen ~ nehmen *Med* взять мазо́к

abstufen *tr* раздел|я́ть ⟨-и́ть 3⁺⟩ по степеня́м, дифференци́ровать *uv, v* 2; Farben оттен|я́ть ⟨-и́ть 3⟩

Abstufung *f* града́ция 8; Grad сте́пень 9g; Nuance отте́нок, -ка 2

abstumpfen *tr* притуп|ля́ть ⟨-и́ть 3⁺ -лю́⟩; *intr übertr* притуп|ля́ться ⟨-и́ться⟩

Absturz *m* паде́ние 5; eines Flugzeugs катастро́фа 6

ab|stürzen *intr* срыва́ться ⟨со|рва́ться*⟩; Flugzeug разбива́ться ⟨-|би́ться*⟩; **~stützen** *tr Tech* подпира́ть ⟨-|пере́ть*, -опру́⟩; **~suchen** *tr* обы́скивать ⟨-|ыска́ть*⟩; Gegend осм|а́тривать ⟨-отре́ть 3⁺⟩

Absud *m* отва́р 2

absurd абсу́рд|ный, -ен, неле́п:ый

Absurdität *f* абсу́рдность 9, неле́пость 9

Abszeß *m* нары́в 2, абсце́сс 2

Abszisse *f Math* абсци́сса 6

Abt *m* абба́т 2

ab|takeln *tr Mar* рассн|а́щивать ⟨-асти́ть 3 -ащу́⟩; **~tasten** *tr* ощу́п|ывать ⟨-ать⟩; **~tauen** *tr* Kühlschrank размор|а́живать ⟨-о́зить 3 -о́жу⟩; *intr* отта́ивать ⟨-та́ять, -та́ет⟩

Abtei *f* абба́тство 4

Abteil *n Zug* купе́ [пэ] *n indekl*

abteilen *tr* trennen отдел|я́ть ⟨-и́ть 3⁺⟩; Wort раздел|я́ть ⟨-и́ть⟩; separieren отгор|а́живать ⟨-оди́ть 3⁺ -ожу́⟩

Abteilung *f* отделе́ние 5, отде́л 2; im Buch часть 9g; Fabrik цех 2; *Mil* отря́д 2

Abteilungsleiter *m* нача́льник отделе́ния [отде́ла]

abtippen *tr* перепи́сывать ⟨-|писа́ть*⟩ на маши́нке, перепеча́т|ывать ⟨-ать⟩ на маши́нке

Äbtissin *f* аббати́са 6

ab|töten *tr* убива́ть ⟨-|би́ть*⟩; *Med* Nerv умерщвля́ть ⟨умер|тви́ть 3 -щвлю́⟩; *übertr* Gefühl притуп|ля́ть ⟨-и́ть 3⁺ -лю́⟩; **~tragen** *tr* Haus разбира́ть ⟨разо|бра́ть*, разберу́; разо́бранный⟩, сноси́ть 3⁺ -ношу́ ⟨-|нести́*⟩; Hügel срыва́ть ⟨-ры́ть*⟩; Kleidung из-, сна́шивать ⟨-носи́ть⟩; **~träglich** вре́д|ный, -ен, -на́, -но, вре́дны́, невы́год|ный, -ен

Abtransport *m* отгру́зка 6, отпра́вка 6

ab|transportieren *tr* выво|зи́ть 3⁺ -жу́ ⟨вы́|везти́*⟩; **~treiben** *tr Med* де́лать (с-) або́рт; Strömung относи́ть 3⁺ ⟨-|нести́*⟩; *intr Mar* дрейфова́ть 2

Abtreibung *f Med* або́рт 2

ab|trennen *tr* отдел|я́ть ⟨-и́ть 3⁺; -ённый⟩; Ärmel отпа́рывать ⟨-|поро́ть*⟩; **~treten** *tr* Schuhe ста́птывать ⟨-|топта́ть*⟩; übergeben уступ|а́ть ⟨-и́ть 3⁺ -лю́⟩, пере|дава́ть* ⟨переда́ть*⟩; *intr:* vom Amt ≈ оставля́ть ⟨оста́в|ить 3 -лю⟩ слу́жбу, уходи́ть 3⁺ -хожу́ ⟨-|йти́*⟩ со слу́жбы; von der Bühne ≈ сходи́ть ⟨сойти́⟩ со сце́ны; sich die Füße ≈ вытира́ть ⟨вы́|тереть*⟩ но́ги

Abtret|er *m* ко́врик 2; Rost решётка 6 **~ung** *f* усту́пка 6, переда́ча 6

Abtritt *m* von der Bühne ухо́д 2 (со сце́ны)

ab|trocknen *tr* вытира́ть ⟨вы́|тереть*⟩, обтира́ть ⟨-тере́ть⟩; *intr* высыха́ть ⟨вы́сохнуть 4а⟩; sich ≈ *refl* вытира́ться ⟨вы́тереться⟩ (an *I); **~trotzen*** *tr* добива́ться ⟨-|би́ться*⟩ упря́мством (j-m у *G*); **~trünnig** вероло́м|ный, -ен

Abtrünniger *m* ренега́т 2, изме́нник 2

ab|tun *tr* поко́нчить *v* 3 с *I* | als Scherz ≈ превра|ща́ть ⟨-ти́ть 3⁺ -щу́⟩ в шу́тку; j-n kurz ≈ бы́стро разде́латься *v* с кем-н.; **~urteilen** *tr Jur* произноси́ть 3⁺ -ношу́ ⟨-|нести́*⟩ пригово́р над *I;* **~verlangen** *tr* вы́требовать *v* 2 (j-m у *G*); **~wägen** *tr* взве́|шивать ⟨-сить 3 -шу⟩; **~wälzen** *tr übertr* Schuld сва́ливать ⟨свали́ть 3⁺⟩ | die Verantwortung von sich ≈ снима́ть ⟨снять*⟩ с себя́ отве́тственность; **~wandern** *intr* пересел|я́ться ⟨-и́ться 3⟩; **~warten** *tr* ждать*; Gelegenheit выжида́ть ⟨вы́ждать⟩; Ende пережида́ть ⟨-жда́ть⟩; sich gedulden повремени́ть *v* 3; **~wartend** выжида́тельный; **~wärts** *Adv* вниз | den Fluß ≈ вниз по реке́; **~wärtsgehen** *intr:* mit ihm geht es abwärts дела́ его́ пло́хи; *übertr* он опуска́ется; mit seiner Gesundheit geht es abwärts здоро́вье его́ ухудша́ется; **~waschen** *tr* от-, смыва́ть ⟨-|мыть*⟩; Geschirr мыть (вы́-) посу́ду

Ab|waschwasser *n* помо́|и *Pl* 1 -ев; **~wasser** *n* сто́чные во́ды; **~wasserreinigung** *f* очи́стка сто́чных вод

abwechseln *intr u.* sich ≈ *refl* смен|я́ться ⟨-и́ться 3⁺⟩; in Reihenfolge чередова́ться 2 (mit с *I*); **~d 1.** *Adj* переме́нный **2.** *Adv* nacheinander попереме́нно, по о́череди; im Wechsel впереме́жку

Abwechslung *f* разнообра́зие 5; чередова́ние 5; Unterhaltung развлече́ние 5 | zur ~ для разнообра́зия; ~ schaffen разнообра́|зить 3 -жу

abwechslungsreich разнообра́з|ный, -ен | ~ gestalten разнообра́|зить 3 -жу

Abweg *m* ло́жный [непра́вильный] пут|ь 9e *I* -ём | auf ~e geraten сбива́ться ⟨-|би́ться*⟩ с пути́

abwegig ло́ж|ный, -ен, оши́боч|ный, -ен

Abwehr *f* отраже́ние 5; Verteidigung оборо́на 6; Spionage контрразве́дка 6

abwehren *tr* Angriff отра|жа́ть ⟨-зи́ть 3 -жу́⟩; Schlag отбива́ть ⟨-|би́ть*, отобью́⟩; Gefahr предотвра|ща́ть ⟨-ти́ть 3 -щу́⟩

¹**abweichen** *tr* отма́чивать ⟨-мочи́ть 3⁺⟩; *intr* отмока́ть ⟨-мо́кнуть 4a⟩

²**abweichen** *intr* от-, укл|оня́ться ⟨-они́ться 3⁺⟩; von Regel отступ|а́ть ⟨-и́ть 3⁺ -лю́⟩ (von от *G*); Meinung расхо|ди́ться 3⁺ -жу́сь ⟨разо|йти́сь*⟩

Abweichung *f* уклоне́ние 5; отступле́ние 5 (von от *G*); Magnetnadel отклоне́ние 5; *Pol* укло́н 2; ~en *Pl* расхожде́ния (in в *P*)

ab|weiden *tr* Wiese стра́вливать ⟨стра|ви́ть 3⁺ -лю́⟩; **~weisen** *tr* Besucher не принима́ть ⟨приня́ть*⟩; Heiratsantrag откл|оня́ть ⟨-они́ть 3⁺, -оне́нный⟩; *Jur* отка́зывать ⟨-|каза́ть*⟩ | er wurde abgewiesen он получи́л отка́з, его́ не при́няли

Abweisung *f* отка́з 2; eines Gesuchs отклоне́ние 5

ab|wenden *tr* zur Seite wenden отвора́чивать ⟨-верну́ть 4⟩ (von от *G*); verhüten предотвра|ща́ть ⟨-ти́ть 3 -щу́⟩, отвра|ща́ть ⟨-ти́ть⟩; sich ≈ *refl* отвора́чиваться ⟨отверну́ться⟩ | den Blick ≈ отводи́ть 3⁺ -вожу́ ⟨-|вести́*⟩ глаза́; ohne die Augen von etw. abzuwenden не сводя́ глаз с чего́-н.; **~werben** *tr* перема́нивать ⟨-мани́ть 3⁺⟩

Abwerbung *f* перема́нивание 5

ab|werfen *tr* сбра́сывать ⟨сбро́|сить 3 -шу⟩ | Gewinn ≈ приноси́ть 3⁺ ⟨-|нести́*⟩ при́быль; das Geweih ≈ сбра́сывать ⟨сбро́сить⟩ рога́, меня́ть рога́; **~werten** *tr Fin* девальви́ровать [дэ] *uv, v* 2, проводи́ть 3⁺ -вожу́ ⟨-|вести́*⟩ девальва́цию

Abwertung *f* девальва́ция [дэ] 8

abwesend отсу́тствующий 11; *übertr* zerstreut рассе́ян:ный, -на | ~ sein отсу́тствовать 2

Abwesenheit *f* отсу́тствие 5; *übertr* рассе́янность 9 | in ~ в отсу́тствие

abwickeln *tr* разма́тывать ⟨-мота́ть⟩; *übertr* ein Geschäft выполня́ть ⟨вы́полнить 3⟩

Abwicklung *f* der Geschäfte выполне́ние 5

abwiegen *tr* вз-, отве́шивать ⟨-ве́сить 3 -ве́шу⟩; auseinanderwiegen разве́шивать ⟨-ве́сить⟩

Abwind *m* нисходя́щий 11 ве́тер

ab|winken *tr* отклон|я́ть ⟨-и́ть 3⁺⟩ движе́нием руки́; **~wirtschaften** *intr* разор|я́ться ⟨-и́ться 3⟩, прогор|а́ть ⟨-е́ть 3⟩; **~wischen** *tr* вытира́ть ⟨вы́|тереть*⟩, стира́ть ⟨-тере́ть, сотру́⟩ | die Tafel ≈ стира́ть с доски́; sich die Tränen ≈ утере́ть *v* слёзы

Abwurf *m* сбра́сывание 5; *Sport* выбива́ние 5 [брос|о́к, -ка́ 2] от воро́т

ab|würgen *tr* души́ть 3⁺ (за-) *a. übertr;* Motor заглуш|а́ть ⟨-и́ть 3⟩; **~zahlen** *tr* выпла́чивать ⟨вы́пла|тить 3 -чу⟩ в рассро́чку; **~zählen** *tr* пересчи́т|ывать ⟨-ита́ть⟩; *intr* vor Spiel рассч|и́тываться ⟨-ита́ться⟩

Abzahlung *f* платёж 2e *G Pl* -же́й [упла́та 6] в рассро́чку | auf ~ в рассро́чку

ab|zapfen *tr.* Wein ≈ разлива́ть ⟨-|ли́ть*, -олью⟩ вино́; **~zäumen** *tr* разн|у́здывать ⟨-узда́ть, -у́зданный⟩; **~zäunen** *tr* отгор|а́живать ⟨-оди́ть 3⁺ -ожу́⟩, обноси́ть 3⁺ -ношу́ ⟨-|нести́*⟩ забо́ром

Abzäunung *f* и́згородь 9, огра́да 6

abzehren *intr* ча́хнуть 4a *u.* 4 (за-)

Abzeichen *n* знач|о́к, -ка́ 2; *Mil* нагру́дный знак 2

abzeichnen *tr* срис|о́вывать ⟨-ова́ть 2⟩; *Tech* сче́рчивать ⟨счер|ти́ть 3⁺ -чу́⟩; sich ~ *refl* выделя́ться ⟨вы́делиться 3⟩

Abziehbild *n* переводна́я карти́нка 6

abziehen *tr* Ring снима́ть ⟨снять*⟩; Fell сдира́ть ⟨со|дра́ть*, сдеру́⟩; Rinde обдира́ть ⟨обо|дра́ть*, обдеру́, обо́дранный⟩;

Math вычитáть ⟨вы́|честь*⟩; Steuern отчислять ⟨-чи́слить 3⟩; Truppen отводи́ть 3⁺ -вожу́ ⟨-|вести́*⟩; *Typ* дéлать (с-) óттиск; *Foto* копи́ровать 2 (с-); Wein разливáть ⟨-|ли́ть*, разолью́⟩ по буты́лкам; *intr* Rauch рассéиваться ⟨-сéяться⟩; sich entfernen удал|я́ться ⟨-и́ться 3⟩, уходи́ть 3⁺ -хожу́ ⟨-|йти́*⟩; sich zurückziehen отступ|áть ⟨-и́ть 3⁺ -лю́⟩ | ein Rasiermesser ~ прáв|ить 3 -лю бри́тву; den Schlüssel ~ вынимáть ⟨вы́нуть 4⟩ ключ из замкá; die Betten ~ снимáть ⟨снять*⟩ бельё с постéлей

Abziehstein *m* осел|óк, -кá 2

ab|zielen *intr* мé|тить 3 -чу (auf на *A*); **~zirkeln** *tr übertr* тóчно отмéр|ивать ⟨-ить⟩

Abzug *m* Truppen отхóд 2, ухóд 2; für Rauch отду́шина 6; von Rauch рассéивание 5; *Fin* вы́чет 2; Rabatt ски́дка 6; Gewehr спуск 2; *Typ* óттиск 2; *Foto* кóпия 8

abzüglich *Adv* за вы́четом *G*

Abzugsrohr *n* вытяжнáя трубá

Abzweigdose *f El* ответви́тельная корóбка

abzweigen *tr* Betrag выделя́ть ⟨вы́делить 3⟩; *intr* от-, разветв|ля́ться ⟨-и́ться⟩

Abzweigung *f* Weg ответвлéние 5; *Eisenb* вéтка 6

abzwingen *tr* вынуждáть ⟨вы́ну|дить 3 -жу, -жденный⟩ (j-m у *G*)

ach! *Interj* ах!, эх! | ~ so! вот как!; ~ was! вóвсе нет!

Ach *n:* mit ~ und Krach с больши́м трудóм, éле-éле, с грехóм пополáм

Achat *m* агáт 2

Achillesferse *f übertr* ахиллéсова 13 пятá

Achse *f* ось 9g | sich um seine ~ drehen вращáться вокру́г своéй óси; auf (der) ~ sein *übertr* нахо|ди́ться 3⁺ -жу́сь в пути́

Achsel *f* плечó 4 *Pl* плéчи, плеч, плечáм | mit den ~n zucken пожимáть ⟨-|жать[1]*⟩ плечáми; **~höhle** *f* подмы́шечная впáдина 6, подмы́шка 6; **~zucken** *n:* etw. mit einem ≈ abtun пожимáть ⟨-|жать[1]*⟩ плечáми в отвéт на что-н.

Achsen|bruch *m* полóмка óси; **~kreuz** *n Math* систéма 6 координáтных осéй

Achslager *n Tech* осевóй подши́пник

acht *Num* вóс|емь, -ьми́ 9e *I a.* -емью́ | nach ~ Tagen чéрез недéлю; vor ~ Tagen недéлю тому́ назáд

[1]**Acht** *f* Zahl числó 4c вóсемь, восьмёрка 6; Straßenbahn восьмёрка, восьмóй нóмер 2b

[2]**Acht** *f:* sich in acht nehmen остерегáться ⟨-|стерéчься*⟩, берéчься*; nimm dich in acht! береги́сь!; außer acht lassen упу|скáть ⟨-сти́ть 3⁺ -щу́⟩ из ви́ду, недогля|дéть *v* 3 -жу́

[3]**Acht** *f hist* Bann опáла 6 | in ~ und Bann tun объяв|ля́ть ⟨-и́ть 3⁺ -лю́⟩ вне закóна

achtbar почтéн|ный, -ен, -на

Achtbarkeit *f* почтéнность 9

Achteck *n* восьмиугóльник 2

achteckig восьмиугóльный

Achtel *n* восьмáя *Subst* 10, восьмáя часть 9g; **~note** *f* восьмáя нóта; **~pause** *f Mus* пáуза в одну́ восьму́ю

achten *tr* уважáть, почитáть; *intr* обра|щáть ⟨-ти́ть 3 -щу́⟩ внимáние (auf на *A*)

ächten *tr* verbieten запре|щáть ⟨-ти́ть 3 -щу́⟩

achtens *Adv* в-восьмы́х

achter *Num* восьмóй | der achte Januar восьмóе января́; am achten März восьмóго мáрта; heute ist der achte Juni сегóгня восьмóе ию́ня

Achter *m* Boot восьмёрка 6; **~bahn** *f* ру́сские гóры *Pl* 6a; **~deck** *n* пáлуба ю́та

achtern *Adv Mar* на кормé

achtfach 1. *Adj* восьмикрáтный **2.** *Adv* в вóсемь раз

achtgeben *intr* обра|щáть ⟨-ти́ть 3 -щу́⟩ внимáние (auf на *A*); beaufsichtigen, aufpassen присм|áтривать ⟨-отрéть 3⁺ -отрю́⟩ (auf за *I*), сле|ди́ть 3 -жу́ (auf за *I*) | gib acht! береги́сь!, осторóжно!

acht|hundert *Num* восемьсóт, восьми|сóт, -стáм, восемьсóт, восьми|стáми, -стáх; **~jährig** восьмилéтний 11

achtlos 1. *Adj* невнимáтел|ьный, -ен, -ьна; unvorsichtig неосторóж|ный, -ен **2.** *Adv* не обращáя внимáния

Achtlosigkeit *f* невнимáтельность 9; неосторóжность 9

achtmal *Adv* вóсемь раз | ~ soviel в вóсемь раз бóльше

achtsam внимáтел|ьный, -ен, -ьна

Achtsamkeit *f* внимáтельность 9

Achtstundentag *m* восьмичасовóй рабóчий 11 день

achttägig восьмиднéвный

achttausend *Num* вóсемь ты́сяч

Achtung *f* Aufmerksamkeit внимáние 5; Ehrerbietung почтéние 5, уважéние 5; Hochachtung честь 9 | vor j-m ~ haben относи́ться 3⁺ -ношу́сь ⟨-|нести́сь*⟩ к кому́-н. с уважéнием; ~ einflößen внуш|áть ⟨-и́ть 3⟩ уважéние; alle ~! моё почтéние!, здóрово!; ~! внимáние!, *Mil* слу́шай!

Ächtung *f* объявлéние 5 вне закóна | ~ der Atomwaffen запрещéние 5 áтомного ору́жия

achtunggebietend внушáющий 11 уважéние

achtzehn *Num* восемнáдцать 9; **~ter** *Num* восемнáдцатый

achtzig *Num* вóсемьдесят, восьми́десяти 9, *I* восемью́десятью *oder* восьмью́десятью; **~jährig** восьмидесятилéтний 11; **~ster** *Num* восьмидеся́тый

Achtzigstel *n* восьмидеся́тая часть 9g
ächzen *intr* стона́ть*, *umg* кря́х|те́ть 3 -чу́
Acker *m* по́ле 3b, па́ш|ня 7 *G Pl* -ен; Flächenmaß акр 2; **~bau** *m* земледе́лие 5 | ≈ treiben занима́ться земледе́лием; **~boden** *m* па́ш|ня 7 *G Pl* -ен, па́хотная земля́; **~furche** *f* борозда́ 6 *Pl* бо́розды, боро́зд, борозда́м; **~krume** *f* па́хотный сло|й 1b *G Pl* -ёв по́чвы; **~land** *n* па́ш|ня 7 *G Pl* -ен
ackern *tr u. intr* паха́ть* (вс-); *übertr* усе́рдно рабо́тать (an над *I*), корп|е́ть 3 -лю́ (an над *I*)
Ackerwinde *f Bot* вьюн|о́к| -ка́ 2
a conto *Adv* в счёт
Adamsapfel *m Anat* кады́к 2e, ада́мово я́блоко
adäquat соотве́тствующий 11, адеква́т|ный [дэ]| -ен
addieren *tr* скла́дывать ⟨сложи́ть 3⁺⟩
Addis Abeba Адди́с-Абе́ба 6
Addition *f* сложе́ние 5
ade! *Interj* проща́й!
Adel *m* дворя́нство 4; *übertr* благоро́дство 4
adeln *tr* возводи́ть 3⁺ -вожу́ ⟨-|вести́*⟩ в дворя́нство; *übertr* облагор|а́живать ⟨-о́дить 3 -о́жу⟩
Adelsstand *m* дворя́нское сосло́вие
Ader *f Anat* кровено́сный сосу́д 2, ве́на 6; арте́рия 8; Erz жи́ла 6; im Holz, Gestein прожи́лка 6; *übertr* poetische жи́лка 6 | j-n zur ~ lassen пуска́ть ⟨пу|сти́ть 3⁺ -щу́⟩ кому́-н. кровь; **~laß** *m* кровопуска́ние 5 *a. übertr*
Adhäsion *f* сцепле́ние 5, адге́зия 8
Adjektiv *n* и́мя прилага́тельное, прилага́тельное *Subst* 10
adjektivisch в значе́нии прилага́тельного
Adjutant *m* адъюта́нт 2
Adler *m* ор|ёл| -ла́ 2; **~blick** *m* орли́ный взгляд; **~horst** *m* орли́ное гнездо́; **~nase** *f* орли́ный нос
adlig дворя́нский
Adliger *m* двор|яни́н 2 *Pl* -я́не| -я́н
Administration *f* администра́ция 8
administrativ **1.** *Adj* администрати́в|ный| -ен| -на **2.** *Adv* в администрати́вном поря́дке
Admiral *m* адмира́л 2; **~ität** *f* адмиралте́йство 4
adoptieren *tr* als Sohn усынов|ля́ть ⟨-и́ть 3 -лю́⟩, als Tochter a. удочер|я́ть ⟨-и́ть 3⟩
Adoption усыновле́ние 5; удочере́ние 5
Adoptiv|eltern *Pl* приёмные роди́тели; **~kind** *n* приёмный ребёнок; **~sohn** *m* приёмный сын; **~tochter** *f* приёмная дочь
Adressat *m* адреса́т 2, получа́тель 1
Adresse *f* а́дрес 2b *Pl* -а́ | an die falsche ~ geraten *übertr* попада́ть ⟨-|па́сть*⟩ не по а́дресу
adressieren *tr* адресова́ть *uv, v* 2 (an *D*); Anschrift schreiben писа́ть* (на-) а́дрес на *P*
adrett опря́т|ный| -ен, наря́д|ный| -ен
Adria *f*, **Adriatisches Meer** Адриати́ческое мо́ре 3
Advent *m* предрожде́ственское вре́мя; Sonntag предрожде́ственское воскресе́нье 5
Adventskalender *m* предрожде́ственский де́тский календа́рь
Adverb *n* наре́чие 5
adverbial *Gramm* **1.** *Adj* наре́чный **2.** *Adv* (употребля́емый) как наре́чие
Adverbial|bestimmung *f* обстоя́тельство 4; **~partizip** *n* дееприча́стие 5
Advokat *m* адвока́т 2
Aerodynamik *f* аэродина́мика 6
aerodynamisch аэродинами́ческий
Affäre *f* афе́ра 6 | sich aus der ~ ziehen выпу́тываться ⟨вы́путаться⟩ из беды́, выходи́ть 3⁺ -хожу́ ⟨вы́|йти*⟩ из затрудни́тельного положе́ния
Affe *m* обезья́на 6
Affekt *m* аффе́кт 2; **~handlung** *f* де́йствие| совершённое в состоя́нии аффе́кта
affektiert аффекти́рованный; Mensch жема́нный| -ен| -на, чо́пор|ный| -ен; Stil вы́чур|ный| -ен; Manieren принуждённый
Affektiertheit *f* жема́нство 4, чо́порность 9; принуждённость 9
affenartig: mit ~er Geschwindigkeit с порази́тельным прово́рством
Affen|brotbaum *m* баоба́б 2; **~liebe** *f* безрассу́дная [слепа́я] любо́вь; **~pinscher** *m* аффенпи́нчер 2; **~schande** *f umg* стыд и срам 2e–2; **~theater** *n übertr* бала́ган 2
Affinität *f Chem* сро́дство 4
Afghan|e *m* афга́н|ец| -ца 2; **~in** *f* афга́нка 6
afghanisch афга́нский
Afghanistan Афганиста́н 2
Afrika А́фрика 6; **~ner** *m* африка́н|ец| -ца 2; **~nerin** *f* африка́нка 6
afrikanisch африка́нский
Afrikanistik *f* африкани́стика 6
After *m* за́дний прохо́д 11-2, ана́льное отве́рстие 5
Agave *f* ага́ва 6
Agent *m* аге́нт 2; **~ur** *f* агенту́ра 6; Nachrichtenagentur аге́нтство 4
Agglutination *f* агглютина́ция 8
Aggregat *n* агрега́т 2; **~zustand** *m* агрега́тное состоя́ние
Aggression *f* агре́ссия 8
aggressiv агресси́в|ный| -ен
Aggressor *m* агре́ссор 2
agieren *intr* де́йствовать 2, поступ|а́ть ⟨-и́ть 3⁺ -лю́⟩; *Theat* игра́ть (на сце́не)

Agitation *f* агита́ция 8
Agitationsschrift *f* агитацио́нная брошю́ра 6
Agitator *m* агита́тор 2
agitatorisch агитацио́нный
agitieren *intr* агити́ровать 2
Agonie *f* аго́ния 8
Agrarflugwesen *n* сельскохозя́йственная авиа́ция 8
agrarisch агра́рный
Agrar|krise *f* агра́рный кри́зис; **~land** *n* агра́рная страна́; **~politik** *f* агра́рная поли́тика; **~reform** *f* земе́льная рефо́рма; **~staat** *m* агра́рная страна́ 6c; **~wissenschaft** *f* агроно́мия 8, агрономи́ческая нау́ка
Agrément *n Pol* агрема́н 2
Agrochemie *f* агрохи́мия 8
Agronom *m* агроно́м 2; **~ie** *f* агроно́мия 8
Agrotechnik *f* агроте́хника 6
Ägypten Еги́п|ет, -та 2
Ägypter *m* егип|тя́нин 2 *Pl* -я́не, -я́н; **~in** *f* египтя́нка 6
ägyptisch еги́петский
ah! *Interj* а!, ах!
Ahle *f* ши́ло 4
ahnden *tr* кара́ть (по-), мстить 3 мщу (ото-)
Ahne *m* пре́д|ок, -ка 2
ähneln *intr* быть* похо́жим на *A*, похо|ди́ть 3⁺ -жу́ на *A*
ahnen *tr* подозрева́ть, предуга́дывать ⟨-гада́ть⟩; voraussehen предчу́вствовать 2
ähnlich похо́ж:ий 11 на *A*, подо́б|ный, -ен *D;* Ansichten бли́з|кий, ок, -ка́, -ко, бли́зки́; Begriffe схо́дный, -ен, -на́!; Geschmack схо́ж:ий; *Math,* Erscheinungen подо́бный | und ~es и тому́ подо́бное; er ist dir ~ он вро́де тебя́; das sieht dir ~ э́то на тебя́ похо́же
Ähnlichkeit *f* схо́дство 4, подо́бие 5 | ~ mit j-m haben име́ть схо́дство с ке́м-н.
Ahnung *f* Vermutung предчу́вствие 5; Vorstellung представле́ние 5, поня́тие 5 | keine ~ von etw. haben не име́ть никако́го поня́тия о чём-н.
ahnungslos не име́ющий 11 [никако́го] представле́ния [поня́тия]
Ahorn *m* клён 2
Ähre *f* ко́л|ос 2 *Pl* -о́сья, -о́сьев
Ährenlese *f* сбор 2 коло́сьев
Airbus *m* аэро́бус 2
Akademie *f* акаде́мия 8 | ~ der Wissenschaften Акаде́мия нау́к; ~ der Künste Акаде́мия иску́сств; **~mitglied** *n* член акаде́мии нау́к, акаде́мик 2
Akademiker *m* челове́к 2 с вы́сшим образова́нием
akademisch академи́ческий | ~e Bildung вы́сшее 11 образова́ние; ~er Grad учёная сте́пень
Akazie *f* ака́ция 8
Akklimatisation *f* акклиматиза́ция 8
akklimatisieren *tr* акклиматизи́ровать *uv, v* 2; sich ~ *refl* акклиматизи́роваться *uv, v,* прив|ыка́ть ⟨-ы́кнуть 4a⟩ к но́вым усло́виям жи́зни; bes. von Pflanzen прижива́ться ⟨-|жи́ться*, -жили́сь⟩
Akkord *m Mus* акко́рд 2, созву́чие 5 | im ~ arbeiten рабо́тать сде́льно; **~arbeit** *f* сде́льная рабо́та, сде́льщина 6; **~arbeiter** *m* сде́льщик 2
Akkordeon *n* аккордео́н 2
akkreditieren *tr* аккредитова́ть *uv, v* 2
Akkreditiv *n Fin* аккредити́в 2; *Pol* вери́тельная гра́мота 6
Akkumulat|ion *f* аккумуля́ция 8, накопле́ние 5 | ≈ des Kapitals накопле́ние капита́ла; **~or** *m* аккумуля́тор 2
akkumulieren *tr* накоп|ля́ть ⟨-и́ть 3⁺ -лю́⟩, аккумули́ровать *uv, v* 2
akkurat аккура́т|ный, -ен, тща́тел|ьный, -ен, -ьна
Akkusativ *m* вини́тельный паде́ж 2e
Akontozahlung *f* платёж в счёт *G*
Akrobat *m* акроба́т 2; **~ik** *f* акроба́тика 6
akrobatisch акробати́ческий
Akt *m* Handlung акт 2, де́йствие 5; *Theat* акт; Kunst изображе́ние 5 обнажённого те́ла; Geschlechts~ полово́й акт | ein feierlicher ~ торже́ственная церемо́ния 8
Akte *f* де́ло 4b, докуме́нт 2; ~n *Pl* деловы́е бума́ги *Pl* 6 | zu den ~n legen приобщ|а́ть ⟨-и́ть 3⟩ к де́лу
Akten|deckel *m* па́пка 6 для деловы́х бума́г, па́пка для дел; **~notiz** *f* отме́тка [заме́тка] в де́ле; **~schrank** *m* шкаф для (хране́ния) докуме́нтов; **~stück** *n* докуме́нт 2, делова́я бума́га 6; **~tasche** *f* портфе́ль 1
Aktfoto *n* фотогра́фия 8 обнажённого те́ла
Aktie *f* а́кция 8 | die ~n steigen курс а́кций поднима́ется
Aktiengesellschaft *f* акционе́рное о́бщество
Aktion *f* де́йствие 5; diplomatische а́кция 8; *Pol* откры́тое выступле́ние 5 | in ~ treten вступ|а́ть ⟨-и́ть 3⁺ -лю́⟩ в де́йствие; **~är** *m* акционе́р 2
Aktions|ausschuß *m* комите́т де́йствия; **~einheit** *f* еди́нство де́йствий; **~radius** *m* ра́диус де́йствия
aktiv акти́в|ный, -ен, де́ятел|ьный, -ен, -ьна; wirksam де́йствен:ный, -на | ~es Wahlrecht акти́вное избира́тельное пра́во; ~er Offizier ка́дровый офице́р
Aktiv *n* Arbeitsgruppe акти́в 2; *Gramm* действи́тельный зало́г 2; **~a** *n Pl* акти́вы *Pl 2,* нали́чность 9 | ≈ und Passiva акти́в и пасси́в
aktivieren *tr* активизи́ровать *uv, v* 2

Aktivist *m* активи́ст 2, передови́к 2e произво́дства
Aktivistenbewegung *f* движе́ние передовико́в произво́дства
Aktivität *f* акти́вность 9, де́ятельность 9; Wirksamkeit де́йственность 9
Aktiv|kohle *f* активи́рованный у́голь; **~tagung** *f* собра́ние 5 акти́ва
aktualisieren *tr* де́лать (с-) актуа́льным
Aktualität *f* актуа́льность 9
aktuell актуа́л|ьный, -ен, -ьна
Akupunktur *f* акупункту́ра 6, иглоука́лывание 5
Akustik *f* аку́стика 6
akustisch акусти́ческий
akut *Med* о́стрый, остр, остра́!; Problem ва́ж|ный, -ен, -на́, -но, ва́жны́; Gefahr непосре́дственный; Frage наболе́вший 11
Akzent *m* акце́нт 2, ударе́ние 5; Betonungszeichen знак 2 ударе́ния | ~setzen ста́в|ить 3 -лю (по-) акце́нты
akzentuieren *tr* акценти́ровать *uv, v* 2, подчёркивать ⟨-черкну́ть 4⟩
akzeptabel прие́млем:ый
akzeptieren *tr* принима́ть ⟨приня́ть*⟩
Akzise *f* акци́з 2
Alabaster *m* алеба́стр 2
Alarm *m* трево́га 6 | blinder ~ ло́жная трево́га; ~ schlagen бить (про-) трево́гу; **~anlage** *f* сигна́льное устро́йство; **~bereitschaft** *f* боева́я гото́вность; **~glocke** *f* сигна́льный ко́локол
alarmieren *tr Mil* поднима́ть ⟨подня́ть*⟩ по трево́ге; Polizei вызыва́ть ⟨вы́|звать*⟩; **~d** трево́ж|ный, -ен
Alarmsignal *n* сигна́л трево́ги
Alaska Аля́ска 6
Alaun *m* квасцы́ *Pl* 2; **~stein** *m* квасцо́вый ка́мень
Albaner *m* алба́н|ец, -ца 2; **~in** *f* алба́нка 6
Albanien Алба́ния 8
albanisch алба́нский
Albatros *m* альбатро́с 2
[1]**albern** *intr* дура́читься 3
[2]**albern** einfältig простова́т:ый, глупова́т:ый
Albernheit *f* неле́пость 9, глу́пость 9; unsinniger Streich дура́чество 4
Album *n* альбо́м 2
Alchim|ie *f* алхи́мия 8; **~ist** *m* алхими́ст 2
alchimistisch алхими́ческий
Aldehyd *m* альдеги́д 2
Alexandria Александри́я 8
Alexandriner *m Lit* александри́йский стих 2e
Alge *f* во́доросль 9
Algebra *f* а́лгебра 6
algebraisch алгебраи́ческий
Algeri|en Алжи́р 2; **~er** *m* алжи́р|ец, -ца 2; **~erin** *f* алжи́рка 6
algerisch алжи́рский
Algier Алжи́р 2
Algorithmus *m* алгори́тм 2
Alibi *n* а́либи *n idkl* | sein ~ nachweisen дока́зывать ⟨-|каза́ть*⟩ своё а́либи
Alimente *n Pl* алиме́нты *Pl* 2
Alkali *n* щёлочь 9g
alkalisch щелочно́й
Alkaloid *n* алкало́ид 2
Alkohol *m* алкого́ль 1, спирт 2
alkohol|frei безалкого́льный; **~haltig** содержа́щий 11 алкого́ль
Alkoholiker *m* алкого́лик 2
alkoholisch алкого́льный, спиртно́й | ~e Getränke спиртны́е напи́тки
Alkohol|ismus *m* алкоголи́зм 2; **~mißbrauch** *m* неуме́ренное потребле́ние 5 алкого́ля; **~vergiftung** *f* отравле́ние алкого́лем
Alkoven *m* алько́в 2, ни́ша 6
all весь *m* 14 *G* всего́, *I* всем, *P* о(бо) всём; вся *f* 14 *G* всей, *A* всю; всё *n* 14 *G* всего́, *I* всем, *P* о(бо) всём; *Pl* все, всех, всем, всех (все), все́ми, всех | für uns ~e для всех нас; vor ~em пре́жде всего́; ~es Gute всего́ хоро́шего; ~es in ~em всё вме́сте взя́тое, в о́бщей сло́жности; das Geld ist ~e де́ньги израсхо́дованы [вы́шли]; ~e fünf Tage ка́ждые пять дней
All *n* вселе́нная *Subst* 10
Allah алла́х 2
allbekannt общеизве́ст|ный, -ен
Allee *f* алле́я 7
Allegorie *f* аллего́рия 8
allegorisch аллегори́ческий
allein **1.** *Adj* оди́н *m G* одного́ 15; одна́ *f;* одно́ *n;* одни́ *Pl;* einsam одино́к:ий | er ist ~ он оди́н **2.** *Adv* наедине́; nur еди́нственно, то́лько | er steht ~ он одино́к; für sich ~ сам по себе́; er ~ kann das machen оди́н он мо́жет сде́лать э́то; einer ~ kommt damit nicht zurecht одному́ (челове́ку) с э́тим не спра́виться; er hat die Arbeit ~ bewältigt он сам спра́вился с рабо́той; sie wird von ~e zurückkommen она́ сама́ вернётся **3.** *Konj* но, одна́ко
Allein|gang *m:* im ≈ в одино́чку; **~herrschaft** *f* единовла́стие 5, самодержа́вие 5
alleinig еди́нственный
Alleinsein *n* одино́чество 4
alleinstehend одино́кий
allemal *Adv* всегда́, ка́ждый раз | ein für ~ раз навсегда́
allenfalls *Adv* ра́зве (то́лько); höchstens в кра́йнем слу́чае
allenthalben *Adv* везде́, повсеме́стно
aller|beste са́мый лу́чший 11, наилу́чший 11; **~dings** *Adv* коне́чно, пра́вда; **~erst** са́мый пе́рвый, первонача́л|ьный, -ен, -ьна | zu ≈ пре́жде всего́

Allergie *f* аллергúя 8
allergisch аллергúческий
aller|hand всевозмóжный, всякий | ≈ Zeug всякая всячина; das ist ≈! вот это здóрово!; **~lei** рáзный, всякого рóда
Allerlei *n* всякая всячина 6
aller|letzt **1.** *Adj* сáмый послéдний 11 **2.** *Adv:* zu ≈ под конéц; **~seits** *Adv:* in Wendungen wie gute Nacht ≈ !желáю всем спокóйной нóчи!
Allerweltskerl *m* мáстер 2b *Pl* -á на все рýки
allerwenigst: am ~en мéнее всегó
alle|samt *Adv* все вмéсте; **~zeit** *Adv* всегдá, всё врéмя
allgemein **1.** *Adj* (все)óбщий 11; ausnahmslos поголóвный | im ~en в óбщем; das ~e Wahlrecht всеóбщее избирáтельное прáво **2.** *Adv:* ~ bekannt общеизвéстно
Allgemeinbefinden *n* óбщее состояние 11-5
allgemeinbildend общеобразовáтельный
Allgemeinbildung *f* óбщее 11 образовáние
allgemeingültig общеприня́т:ый
Allgemeingut *n* (все)óбщее достояние 11-5
Allgemeinheit *f* óбщество 4; Öffentlichkeit общéственность 9
allgemeinverständlich общепоня́т|ный, -ен, популя́р|ный, -ен
Allheilmittel *n* универсáльное срéдство
Allianz *f* альянс 2, союз 2
Alligator *m* аллигáтор 2
Alliierter *m* союзник 2
Alliteration *f* аллитерáция 8
alljährlich **1.** *Adj* ежегóдный **2.** *Adv* кáждый год
Allmacht *f* всемогýщество 4
all|mächtig всемогýщ:ий 11, всесúл|ьный, -ен, -ьна; **~mählich** **1.** *Adj* постепéн|ный, -ен, -на **2.** *Adv* мáло-помáлу, исподволь; **~monatlich** ежемéсячный
Allotria *n* шáлости *Pl* 9
Allradantrieb *m* привóд на все колёса
all|russisch всероссúйский; **~seitig** всесторóнний 11
Allstromgerät *n Rad* (рáдио)приёмник 2 с универсáльным питáнием
Alltag *m* бýдни *Pl* 9, бýдний 11 день
all|täglich ежеднéвный, повседнéвный; gewöhnlich обыкновéн|ный, -ен, -на, обыденный; eintönig бýдничный | das ist etwas ganz Alltägliches дéло житéйское; **~tags** *Adv* в бýдни
Alltagskleid *n* бýдничное плáтье
allumfassend всеобъéмлющий 11, всеохвáтывающий 11
Allüren *f Pl* манéры *Pl* 6, повáдки *Pl* 6
Alluvium *n* аллювú|й 1 *P* -и
allwöchentlich еженедéльный
allzu *Adv* слúшком; **~sehr** *Adv* слúшком, чересчýр; **~viel** *Adv* слúшком мнóго | ≈ ist ungesund хорóшенького понемнóжку
Alm *f* гóрное (альпúйское) пáстбище 4
Alma-Ata Алмá-Атá 6
Almanach *m* альманáх 2
Almosen *n* подáчка 6 *umg;* Spende подаяние 5
Alpaka *n* альпакá *n idkl*
Alpdruck *m* кошмáр 2
Alpen *Pl* Áльпы *Pl* 6 | in den ~ в Áльпах
Alpen|rose *f* альпúйская рóза; **~veilchen** *n* цикламéн 2
Alphabet *n* алфавúт 2, áзбука 6
alphabetisch **1.** *Adj* алфавúтный **2.** *Adv* в алфавúтном поря́дке, по алфавúту
Alphabetisierung *f* ликвидáция 8 неграмотности; alphabetische Anordnung расположéние 5 по алфавúту
alphanumerisch *EDV* алфавúтно-цифровóй
alpin альпúйский | ~er Wettkampf горнолы́жное состязáние
Alpin|ismus *m* альпинúзм 2; **~ist** *m* альпинúст 2; **~istik** *f* альпинúзм 2
Alptraum *m* кошмáр 2
Alraun *m* мандрагóра 6
als **1.** *Adv* в кáчестве, как, *mit I* | ~ Arzt в кáчестве врачá; er arbeitet ~ Ingenieur он рабóтает инженéром **2.** *Konj* когдá, в то врéмя как; *nach Komp* чем *oder mit G; nach Verneinung* как, крóме | er ist älter ~ ich он стáрше меня́; kein anderer ~ du не кто инóй, как ты; ~ob, ~ wenn как бýдто (бы), тóчно; ~ ob er nicht imstande wäre, selbst zu kommen тóчно он не в состоянии сам приéхать; ~ er eintrat, las ich ein Buch когдá он вошёл, я читáл кнúгу; **~bald** *Adv* тóтчас, скóро; **~dann** *Adv* затéм
also *Konj* итáк, так; folglich слéдовательно, знáчит | ~ doch! стáло быть, всё же!; na ~! вот вúдишь!
alt стáр:ый, -á, стáрó, стáрше *a. übertr;* bejahrt пожилóй; vorig прéжний 11; altertümlich старúнный, дрéвний 11; vergangen дáвний 11; baufällig вéтх:ий, -á! | ~ werden старéть (по-), стáриться 3 (со-); ~es Zeug старьё 3; wie ~ bist du? скóлько тебé лет?; wie ~ ist er? котóрый емý год?; ich bin 20 Jahre ~ мне двáдцать лет; er ist 20 Jahre ~ geworden емý испóлнилось двáдцать лет; er ist älter als du он стáрше тебя́; er ist zwei Jahre älter als ich он на два гóда стáрше меня́; sie ist doppelt so ~ wie ich онá вдвóе стáрше меня́; diese Farbe macht dich ~ этот цвет тебя́ стáрит; mein älterer Bruder мой стáрший брат; ~er Mann старúк 2e; die Alte Geschichte дрéвняя истóрия

Alt *m Mus* альт 2e
Altai Алта́й 1 | im ~ на Алта́е
Altar *m* алта́рь 1e
altbacken чёрствый, черства́!
Altbauwohnung *f* кварти́ра в ста́ром до́ме
altbewährt (давно́) испы́танный
Alte *f* стару́ха 6
Alter *m* стари́к 2e
²**Alter** *n* во́зраст 2; Greisen~ ста́рость 9 | gleichen ~s sein быть рове́сниками; hohes ~ преклóнный во́зраст; ein hohes ~ erreichen дожи́ть* *v* до седы́х воло́с; man merkt dir dein ~ nicht an тебе́ нельзя́ дать твоего́ во́зраста; im ~ von в во́зрасте *G*
altern *intr* старе́ть (по-), ста́риться 3 (со-)
Alternative *f* альтернати́ва [тэ] 6
alters *Adv:* von ~ her и́здавна, с да́вних пор
Alters|genosse *m* рове́сник 2, све́рстник 2 | wir sind ≈n мы све́рстники, мы одни́х лет; **~grenze** *f* преде́льный во́зраст 2; bei Wahlen возрастно́й ценз 2; **~heim** *n* дом [общежи́тие 5] для пенсионе́ров; **~rente** *f* пе́нсия по ста́рости
altersschwach дря́хл:ый, -а́!
Alters|schwäche *f* дря́хлость 9, ста́рческая сла́бость; **~stufe** *f* во́зраст 2, возрастна́я гру́ппа 6; **~unterschied** *m* ра́зница в во́зрасте; **~versorgung** *f* (материа́льное) обеспе́чение (в) ста́рости
Altertum *n* дре́вность 9
altertümlich дре́в|ний 11, -ен, стари́нный
Altertumsforscher *m* иссле́дователь стари́ны
alt|hergebracht стародáвний 11; **~hochdeutsch** древневерхненеме́цкий
Altistin *f* альт 2e
altklug у́мный не по года́м
ältlich пожило́й
Altmaterial *n* ути́ль 1, ути́льсырьё 3
altmodisch старомо́д|ный, -ен
Altpapier *n* макулату́ра 6
Altphilolog|e *m* фило́лог-кла́ссик 2-2; **~ie** *f* класси́ческая филоло́гия
Altruismus *m* альтруи́зм 2
altruistisch альтруисти́ческий
Alt|stadt *f* ста́рая часть 9g го́рода; **~stoffsammlung** *f* сбор ути́ля; **~warenhändler** *m* старьёвщик 2; **~weibersommer** *m* ба́бье 12 ле́то
Aluminium *n* алюми́ни|й 1 *P* -и; **~folie** *f* алюми́ниевая фо́льга
am = **an dem**
Amalgam *n Chem* амальга́ма 6
Amaryllis *f* амари́ллис 2
Amateur *m* люби́тель 1; **~boxer** *m* боксёр-люби́тель 2-1; **~funker** *m* радиолюби́тель 1; **~sport** *m* люби́тельский спорт
Amazonas Амазо́нка 6
Amazone *f* амазо́нка 6
Ambition *f* честолю́бие 5 | ~en haben стрем|и́ться 3 -лю́сь к *D*
Amboß *m* накова́л|ьня 7 *G Pl* -ен
ambulant *Med* амбулато́рный | ~er Handel торго́вля вразно́с; ~e Behandlung амбулато́рное лече́ние 5
Ambulanz *f* амбулато́рия 8; einer Klinik амбулато́рное отделе́ние
Ambulatorium *n* амбулато́рия 8
Ameise *f* мурав|е́й, -ья́ 1 *G Pl* -ьёв
Ameisen|bär *m* муравье́д 2; **~haufen** *m* мураве́йник 2; **~säure** *f* муравьи́ная кислота́
Amen *n* ами́нь 1
Amerika Аме́рика 6; **~ner** *m* америка́н|ец, -ца 2; **~nerin** *f* америка́нка 6
amerikanisch америка́нский
Amerikanistik *f* американи́стика 6
Amethyst *m* амети́ст 2
Aminosäure *f* аминокислота́ 6c
Amman Амма́н 2
Amme *f* корми́лица 6
Ammenmärchen *n Pl* ба́бьи 12 ска́зки
Ammoniak *n* аммиа́к 2
Amnestie *f* амни́стия 8
amnestieren *tr* амнисти́ровать *uv, v* 2
Amöbe *f* амёба 6
Amok: ~ laufen бу́йствовать 2
amoralisch амора́л|ьный, -ен, -ьна
Amortisation *f* амортиза́ция 8
amortisieren *tr* амортизи́ровать *uv, v* 2
Ampel *f* вися́чая ла́мпа 11-6; Verkehr светофо́р 2; Blumen~ подвесна́я [вися́чая] ва́за 6; **~pflanze** *f* а́мпельное расте́ние
Ampère *n* ампе́р 2 *G Pl* ампе́р; **~meter** *n* амперме́тр 2; **~stunde** *f* ампе́р-час 2b
Amphibie *f* амфи́бия 8, земново́дное *Subst* 10
Amphibienfahrzeug *n* автомоби́ль-амфи́бия 1-8
amphibisch земново́дный
Amphitheater *n* амфитеа́тр 2
Amplitude *f* амплиту́да 6
Ampulle *f* а́мпула 6
Amputation *f* ампута́ция 8
amputieren *tr* ампути́ровать *uv, v* 2
Amsel *f* чёрный дрозд 2e
Amsterdam Амстерда́м 2
Amt *n* до́лжность 9g; Behörde ве́домство 4, учрежде́ние 5; Fernsprech~ телефо́нная ста́нция 8 | von ~s wegen по до́лжности; ein ~ bekleiden занима́ть каку́ю-н. до́лжность; sein ~ niederlegen слага́ть ⟨сложи́ть 3⁺⟩ с себя́ обя́занности; j-n seines ~es entheben снять* кого́-н. с до́лжности
amt|ieren *intr* исполня́ть служе́бные обя́занности; **~lich** официа́л|ьный, -ен, -ьна
Amts|antritt *m* вступле́ние 5 в до́лж-

ность; ~**enthebung** *f* смеще́ние 5 (с до́лжности); ~**geheimnis** *n* служе́бная та́йна; ~**gericht** *n* BRD суд пе́рвой инста́нции; ~**handlung** *f* официа́льный акт; ~**mißbrauch** *m* злоупотребле́ние служе́бным положе́нием; ~**person** *f* должностно́е лицо́; ~**schimmel** *m* бума́жная волоки́та 6, бюрократи́зм 2; ~**sitz** *m* резиде́нция

Amudarja Аму́-Дарья́ 7

Amulett *n* амуле́т 2

Amur Аму́р 2

amüsant заба́в|ный, -ен, занима́тел|ьный, -ен, -ьна

amüsieren *tr* развлека́ть ⟨-|вле́чь*⟩, весели́ть 3 (раз-); sich ~ *refl* развлека́ться ⟨-вле́чься⟩, весели́ться

an 1. *Adv:* von heute ~ с сего́ числа́; von jetzt ~ отны́не **2.** *Präpos Ort wo?* у *G;* ~ der Wand stehen стоя́ть у стены́; am Fenster у окна́ | auf der Oberfläche на *P;* ~ der Wand hängen висе́ть на стене́; ~ der Wandtafel на доске́; ~ Bord на борту́ | am Rand von Gewässern на *P;* Frankfurt am Main Фра́нкфурт-на-Ма́йне; ~ der See на мо́ре | an etw. sitzen oder stehen за *I;* am Tisch sitzen сиде́ть за столо́м; am Lenkrad за рулём | Bildungseinrichtungen в *P;* ~ der Universität [Fachschule] в университе́те [те́хникуме] | Arbeit: ~ etw. bauen [zeichnen, schreiben] стро́ить [рисова́ть, писа́ть] что-н.; ~ etw. arbeiten рабо́тать над чем-н. | fassen, halten за *A;* ~ der Hand führen вести́ за́ руку; am Ärmel fassen схвати́ть за рука́в; *wohin?* к *D;* ~s Fenster [~ die Tafel] gehen идти́ к окну́ [к доске́] | auf die Oberfläche на *A;* ~ die Wand hängen ве́шать на сте́ну; ~ Bord gehen идти́ на борт | an den Rand von Gewässern на *A;* ~ die Ostsee fahren е́хать* на Балти́йское мо́ре | sich an etw. setzen oder stellen (für eine Tätigkeit) за *A;* sich ~ den Tisch [~s Lenkrad] setzen сесть за стол [за руль] | Bildungseinrichtungen в *A;* ~ die Universität gehen поступи́ть в университе́т | befestigen an к *D;* ~ einen Baum binden при|вяза́ть* к де́реву; einen Knopf ~ die Jacke nähen при|ши́ть* пу́говицу к пиджаку́ | *Zeit* Wochentag в *A;* am Mittwoch в сре́ду; wiederholt по *D Pl;* ~ Feiertagen по пра́здникам; am Morgen у́тром; am Nachmittag по́сле обе́да; am 6. Mai шесто́го ма́я; am folgenden [dritten] Tag на сле́дующий [тре́тий] день; am Anfang в нача́ле; am Ende в конце́ | etwa о́коло *G;* ~ die Tausend о́коло ты́сячи; er ist ~ die fünfzig ему́ о́коло пяти́десяти (лет)

Anachronismus *m* анахрони́зм 2

analog подо́б|ный, -ен, аналоги́ч|ный, -ен (zu *D*)

Analogie *f* анало́гия 8

Analphabet *m* негра́мотный *Subst* 10

Analphabetentum *n* негра́мотность 9

Analyse *f* ана́лиз 2; *Lit* eines Werkes разбо́р 2

analysieren *tr* анализи́ровать *uv, v* 2 (*a.* про-): *Lit* разбира́ть ⟨разо|бра́ть*, разберу́, разо́бранный⟩

Analytiker *m* анали́тик 2

analytisch аналити́ческий | ~e Geometrie аналити́ческая геоме́трия

Anämie *f* анеми́я 8, малокро́вие 5

anämisch анеми́ч|ный, -ен, малокро́в|ный, -ен

Anamnese *f* ана́мнез [нэ] 2

Ananas *f* анана́с 2

Anapäst *m Metr* ана́пест 2

Anarchie *f* ана́рхия 8

anarchisch анархи́ч|ный, -ен

Anarch|ismus *m* анархи́зм 2; ~**ist** *m* анархи́ст 2

anarchistisch анархи́стский

Anästhesie *f* анестези́я [нэстэ] 8, обезбо́ливание 5

anästhesieren *tr* анестези́ровать [нэстэ] *uv, v* 2, обезбо́л|ивать ⟨-ить 3⟩

Anästhesist *m* анестезио́лог 2

Anatom *m* ана́том 2; ~**ie** *f* анато́мия 8

anatomisch анатоми́ческий

anaxial эксцентри́ческий

an|bahnen *tr übertr* положи́ть *v* 3⁺ нача́ло *D;* vorbereiten подгот|овля́ть ⟨-о́вить 3 -о́влю⟩; anknüpfen завя́зывать ⟨-|вяза́ть*⟩; ~**bändeln** *intr* заи́грывать

Anbau *m Landw* возде́лывание 5; Züchten разведе́ние 5, выра́щивание 5; *Bauw* пристро́йка 6

anbauen *tr* возде́л|ывать; разводи́ть 3⁺ -вожу́ ⟨-|вести́*⟩, выра́щивать ⟨вы́ра|стить 3 -щу⟩; пристр|а́ивать ⟨-о́ить 3⟩

Anbau|fläche *f Landw* посевна́я пло́щадь; ~**möbel** *n Pl* секцио́нная (комбини́рованная) ме́бель

anbehalten *tr* не снима́ть ⟨снять*⟩ *A*

anbei *Adv* при сём, в приложе́нии

an|beißen *tr* надку́сывать ⟨-куси́ть 3⁺ -кушу́⟩; *intr* Fisch клева́ть* ⟨клю́нуть 4⟩ | er hat angebissen он клю́нул; ~**belangen** *tr:* was mich anbelangt что каса́ется меня́; ~**bellen** *tr* ла́|ять, -ет на *A;* ~**beraumen** *tr* назн|ача́ть ⟨-а́чить 3⟩, определ|я́ть ⟨-и́ть 3⟩; ~**beten** *tr Rel* поклоня́ться *D; übertr* обожа́ть, моли́ться 3⁺ на *A*

An|betracht *m:* in ≈ dessen, daß ... ввиду́ того́, что ...; ~**betung** *f Rel* поклоне́ние 5 *D*

an|biedern, sich *refl* набива́ться в друзья́ (bei к *D*), прима́зываться ⟨-|ма́заться*⟩ (bei к *D*); ~**bieten** *tr* предлага́ть ⟨-ложи́ть 3⁺⟩; dem Gast подноси́ть 3⁺ -ношу́ ⟨-|нести́*⟩; sich ≈ *refl* вызыва́ться

⟨вы́|зваться*⟩, напр|а́шиваться ⟨-оси́ться 3⁺ -ошу́сь⟩; **~binden** *tr* привя́зывать ⟨-|вяза́ть*⟩; vertäuen прича́л|ивать ⟨-ить 3⟩; **~blasen** *tr* раздува́ть ⟨-|ду́ть*⟩, дуть ⟨ду́нуть 4⟩ на *A;* Hochofen задува́ть ⟨-ду́ть⟩

Anblick *m* зре́лище 4, вид 2 | beim ~ при ви́де; beim ersten ~ с пе́рвого взгля́да

an|blicken *tr* смотре́ть 3⁺ (по-) на *A*, взгл|я́дывать ⟨-яну́ть 4⁺⟩ на *A;* **~bohren** *tr* пробура́в|ливать ⟨-ить 3 -лю⟩, прос|в|е́рливать ⟨-ерли́ть 3⟩; **~braten** *tr* об-, поджа́р|ивать ⟨-ить 3⟩; **~brechen** *tr* надла́мывать ⟨-ломи́ть 3⁺ -ломлю́⟩; Flasche открыва́ть ⟨-кры́ть⟩; *intr* наступ|а́ть ⟨-и́ть 3⁺⟩, на|става́ть* ⟨-|ста́ть*⟩; **~brennen** *tr* зажига́ть ⟨-|же́чь*¡ зажжённый⟩; *intr* Holz загор|а́ться ⟨-е́ться 3⟩; Speisen пригор|а́ть ⟨-е́ть⟩ | es riecht angebrannt па́хнет га́рью; **~bringen** *tr* herbeitragen приноси́ть 3⁺ -ношу́ ⟨-|нести́*⟩; befestigen приде́л|ывать ⟨-ать⟩ (an к *D*), прикреп|ля́ть ⟨-и́ть 3 -лю́⟩ (an к *D*); Beschwerde по|дава́ть* ⟨пода́ть*⟩; Ware *umg* сбыва́ть ⟨-|бы́ть*⟩, продава́ть ⟨прода́ть*⟩ | die Bemerkung ist sehr angebracht э́то замеча́ние о́чень уме́стно

An|bruch *m* Anfang нача́ло 4, наступле́ние 5 | bei ≈ des Tages [der Nacht] с наступле́нием дня [но́чи]; **~dacht** *f* благогове́ние 5; Gebet моли́тва 6

andächtig благогове́|йный₁ -ен₁ -йна

andauern *intr* продолжа́ться ⟨-до́лжиться 3⟩, дли́ться 3 (про-); **~d 1.** *Adj* продолжи́тел|ьный₁ -ен₁ -ьна **2.** *Adv* постоя́нно

Anden *Pl* А́нды *Pl* 6

Andenken *n* па́мять 9; Erinnerungsstück пода́р|ок₁ -ка 2 на па́мять, сувени́р 2 | zum ~ an на [в] па́мять о *P*

andere|r 1. *m* друго́й, ино́й; zweiter второ́й; die übrigen остальны́е | etwas ~s не́что ино́е; einer nach dem ~n оди́н за други́м; nichts ~s als … не что ино́е₁ как …; j-n eines ~n belehren про-, научи́ть *v* 3⁺ кого́-н.; sich eines ~n besinnen пере-, разду́м|ывать ⟨-ать⟩; das ist etw. ~s э́то друго́е де́ло; unter ~m ме́жду про́чим **2.** *Adj* друго́й

ander[e]nfalls *Adv* в проти́вном слу́чае

ander[er]seits *Adv* с друго́й стороны́

andermal: ein ~ в друго́й раз

ändern *tr* из-, перемен|я́ть ⟨-и́ть 3⁺¡ -ённый⟩; Kleidung переде́л|ывать ⟨-ать⟩; sich ~ *refl* измен|я́ться ⟨-и́ться⟩, меня́ться | sich von Grund auf ~ в ко́рне измен|я́ться ⟨-и́ться⟩; seine Meinung ~ меня́ть своё мне́ние

anders *Adv* ина́че, не так | j-d ~ кто-то друго́й; niemand ~ als … не кто ино́й ₁как …; wer ~ als er? кто же кро́ме него́?; so und nicht ~ так и не ина́че; es sich ~ überlegen пере-, разду́м|ывать ⟨-ать⟩; **~wo** *Adv* в друго́м ме́сте; **~woher** *Adv* из друго́го ме́ста; **~wohin** *Adv* в друго́е ме́сто

anderthalb полтор|а́ *m, n*¡ *f* -ы́¡ *A m, n* -а́¡ *f* -ы́¡ *G D I P* полу́тора; **~fach** полу́торный

Änderung *f* измене́ние 5, переме́на 6; Kleid переде́лка 6

Änderungsvorschlag *m* попра́вка 6

ander|wärts *Adv* в друго́м ме́сте; **~weitig 1.** *Adj* ино́й, друго́й **2.** *Adv* по-ино́му, по-друго́му

andeuten *tr* намек|а́ть ⟨-ну́ть 4⟩ на *A*

Andeutung *f* намёк 2 | in ~en reden говори́ть намёками; eine ~ über etw. machen де́лать (с-) намёк на что-н.

andeutungsweise *Adv* в ви́де намёка, намёками

andichten *tr* припи́сывать ⟨-|писа́ть*⟩

Andrang *m* von Menschen наплы́в 2, на́тиск 2; Gedränge да́вка 6; von Blut прили́в 2

androhen *tr* угрожа́ть *I*, гро|зи́ть 3 -жу́ *I oder mit Inf*

An|drohung *f* угро́за 6 (von *I*); **~druck** *m Typ* про́бный о́ттиск 2

an|drücken *tr* прижима́ть ⟨-|жа́ть¹*⟩; **~eignen, sich** *refl* присв|а́ивать ⟨-о́ить 3⟩; erlernen усв|а́ивать ⟨-о́ить⟩, осв|а́ивать ⟨-о́ить⟩; von anderen übernehmen перенима́ть ⟨переня́ть*⟩; gewaltsam захв|а́тывать ⟨-ати́ть 3⁺ -ачу́⟩; Wissen овлад|ева́ть ⟨-е́ть⟩

Aneignung *f* присвое́ние 5; Erlernung усвое́ние 5, освое́ние 5; gewaltsame захва́т 2, овладе́ние 5

aneinander *Adv* друг к дру́гу | sich ~ gewöhnen привыка́ть ⟨-вы́кнуть⟩ друг к дру́гу; **~fügen** *tr* соедин|я́ть ⟨-и́ть 3⟩; **~geraten** *intr* повздо́рить *v* 3; handgreiflich werden сцеп|и́ться *v* 3⁺ -лю́сь; **~grenzen** *intr* грани́чить 3; **~reihen** *tr* нани́зывать ⟨-|низа́ть*⟩

Anekdote *f* анекдо́т 2

anekdotenhaft анекдоти́ческий, анекдоти́ч|ный₁ -ен

anekeln *tr* внуш|а́ть ⟨-и́ть 3⟩ отвраще́ние *D* | das ekelt mich an э́то мне проти́вно

Anemometer *n Met* анемо́метр 2

Anemone *f* ве́треница 6

Anerbieten *n* предложе́ние 5

anerkanntermaßen *Adv* как при́знано

anerkennen *tr* при|знава́ть* ⟨-зна́ть⟩; achten уважа́ть; schätzen цени́ть 3⁺; **~d 1.** *Adj* похва́л|ьный₁ -ен₁ -ьна ~de Worte одобри́тельные слова́ **2.** *Adv* с похвало́й, с уваже́нием

anerkennenswert досто́йный призна́ния

Anerkennung *f* призна́ние 5; Beifall одобре́ние 5 | in ~ der Verdienste признава́я заслу́ги

Anerkennungsschreiben *n* похва́льная гра́мота 6
an|erziehen *tr* привива́ть ⟨-|ви́ть*⟩ (воспита́нием); **~fachen** *tr* Feuer раздува́ть ⟨-|ду́ть*⟩; *übertr* разжига́ть ⟨-|же́чь*| -ожгу́⟩; **~fahren** *tr* Material под-, привози́ть 3⁺ -вожу́ ⟨-|везти́*⟩; Person; Hindernis наезжа́ть ⟨-|е́хать*⟩ на *A; Tech* Anlage запу|ска́ть ⟨-сти́ть 3⁺ -щу́⟩; *übertr* накрича́ть *v* 3 на *A; intr* приезжа́ть ⟨-е́хать⟩; sich in Bewegung setzen тро́гаться ⟨-нуться 4⟩
An|fahrt *f* Auffahrt подъе́зд 2; Weg доро́га 6 (до како́го-н. ме́ста); **~fall** *m Med* припа́д|ок| -ка 2, при́ступ 2
an|fallen *tr* напада́ть ⟨-|па́сть*⟩ на *A; intr:* in der nächsten Woche wird viel Arbeit ≈ на сле́дующей неде́ле бу́дет мно́го рабо́ты; **~fällig** für Krankheiten восприи́мчив:ый (für к *D*), предрасполо́жен:ный| -а (für к *D*)
Anfälligkeit *f* предрасположе́ние 5 (für к *D*)
Anfang *m* нача́ло 4; *Pl* Geschichte зарожде́ние 5, нача́льный пери́од 2 | am ~, zu ~ в нача́ле; von ~ an с са́мого нача́ла; den ~ machen начина́ть ⟨нача́ть*⟩; ~ Mai в нача́ле ма́я; am ~ der Straße в нача́ле у́лицы; die Anfänge der Arbeiterbewegung зарожде́ние рабо́чего движе́ния; der ~ ist gemacht почи́н сде́лан; aller ~ ist schwer лиха́ беда́ нача́ло; von ~ bis Ende с нача́ла до конца́
anfangen *tr* начина́ть ⟨нача́ть*⟩, принима́ться ⟨приня́ться*| -я́лся| -яли́сь⟩ за *A; intr* начина́ться ⟨нача́ться| начал|ся́| -и́сь⟩ | was fange ich an? что мне де́лать?; mit dir ist nichts anzufangen с тобо́й ничего́ не поде́лаешь
Anfänger *m* начина́ющий *Subst* 11; Neuling нович|о́к| -ка́ 2; **~lehrgang** *m* ку́рсы для начина́ющих
an|fänglich **1.** *Adj* (перво)нача́льный **2.** *Adv* внача́ле, снача́ла; **~fangs** *Adv* внача́ле, снача́ла
Anfangs|buchstabe *m* нача́льная бу́ква; großer прописна́я бу́ква; **~geschwindigkeit** *f* нача́льная ско́рость; **~gründe** *m Pl* осно́вы *Pl* 6; **~stadium** *n* нача́льная ста́дия
an|fassen *tr* схва́тывать ⟨схва|ти́ть 3⁺ -чу́⟩ *A*, бра́ться*| брали́сь ⟨взя́ться*| взяли́сь⟩ за *A a. übertr;* berühren дотр|а́гиваться ⟨-о́нуться 4⟩; **~faulen** *intr* подгнива́ть ⟨-|гни́ть*⟩; **~fechtbar** оспори́м:ый, спо́р|ный| -ен; **~fechten** *tr* осп|а́ривать ⟨-о́рить 3⟩; *Jur* обжа́ловать *v* 2
Anfechtung *f* оспа́ривание 5; *Jur* обжа́лование 5
anfeinden *tr* вражде́бно относи́ться 3⁺ -ношу́сь ⟨-|нести́сь*⟩ к *D*
Anfeindung *f* вражде́бное отноше́ние 5; ~en *Pl* напа́дки *Pl* 6
anfertigen *tr* изгот|овля́ть ⟨-о́вить 3 -о́влю⟩, де́лать (с-); Kleidung с|шить* *v* сошью́
Anfertigung *f* изготовле́ние 5; von Kleidung поши́в 2
an|feuchten *tr* сма́чивать ⟨-мочи́ть 3⁺⟩, увлажн|я́ть ⟨-и́ть 3⟩; **~feuern** *tr* Ofen зата́пливать ⟨-топи́ть 3⁺ -топлю́⟩; *übertr* воодушев|ля́ть ⟨-и́ть 3 -лю́⟩; *Sport* подба́дривать ⟨-бодри́ть 3⟩; Pferd подгоня́ть ⟨подо|гна́ть*| подгоню́⟩; **~flehen** *tr* умол|я́ть ⟨-и́ть 3⁺⟩ (um о *P*); **~fliegen** *tr:* das Flugzeug wird Berlin ≈ самолёт сде́лает поса́дку в Берли́не
Anflug *m* Flugzeug подлёт 2; Nuance оттен|о́к| -ка 2, налёт 2 | in einem ~ von Großmut *übertr* в поры́ве великоду́шия
anfordern *tr* тре́бовать 2 (за-)
An|forderung *f* затре́бование 5 | hohe ≈en an j-n stellen предъяв|ля́ть ⟨-и́ть 3⁺ -лю́⟩ кому́-н. больши́е тре́бования; den ~en genügen отвеча́ть тре́бованиям; **~frage** *f* запро́с 2 | eine ≈ an j-n richten сде́лать запро́с кому́-н.
an|fragen *intr* запр|а́шивать ⟨-оси́ть 3⁺ -ошу́⟩ (bei *A*), справля́ться ⟨спра́в|иться 3 -люсь⟩ (bei у *G*); **~fressen** *tr* обгрыза́ть ⟨-|гры́зть*⟩; *Chem* разъеда́ть ⟨-|е́сть*⟩; **~freunden, sich** *refl* дружи́ться 3 (по-); **~frieren** *intr* примерза́ть ⟨-мёрзнуть 4а⟩; **~fügen** *tr* прибавля́ть ⟨-ба́вить 3 -ба́влю⟩; **~fühlen** *tr* ощу́п|ывать ⟨-ать⟩| das fühlt sich hart an э́то твёрдо на о́щупь
Anfuhr *f* подво́з 2, приво́з 2
anführen *tr* leiten возгл|авля́ть ⟨-а́вить 3 -а́влю⟩; Zitat цити́ровать 2 (про-); Beweise приводи́ть 3⁺ -вожу́⟨-|вести́*⟩; hintergehen проводи́ть ⟨-вести́⟩, обма́нывать ⟨-ману́ть 4⁺⟩
Anführer *m* предводи́тель 1; Initiator застре́льщик 2; Anstifter зачи́нщик 2
Anführungsstriche *m Pl* кавы́ч|ки *Pl* 6 *G* -ек
anfüllen *tr* наполня́ть ⟨-по́лнить 3⟩
Angabe *f* указа́ние 5; *Jur* показа́ние 5; Prahlerei хвастовство́ 4; *Sport* пода́ча 6; ~n *Pl* да́нные *Subst Pl* 10, све́дения *Pl* 5
an|gaffen *tr* глазе́ть на *A;* **~geben** *tr* ука́зывать ⟨-|каза́ть*⟩; bezeichnen обозн|ача́ть ⟨-а́чить 3⟩; *intr* prahlen хва́стать(ся); Ton за|дава́ть* ⟨зада́ть*⟩
Angeber *m* хвасту́н 2е; **~ei** *f* хвастовство́ 4
an|geberisch хвастли́в:ый; **~geblich** **1.** *Adj* предполага́емый **2.** *Adv* бу́дто бы, я́кобы, как говоря́т; **~geboren** приро́дный, врожд|ённый| -ён| -ена́
Angebot *n* предложе́ние 5 | ein ~ machen де́лать (с-) предложе́ние; ~ und Nachfrage спрос и предложе́ние

ange|bracht passend умéст|ный, -ен; **~brannt** Speisen подгорéлый
an|gedeihen *intr:* j-m eine gute Erziehung ≈ lassen дать комý-н. хорóшее воспитáние; **~gegriffen:** er sieht ≈ aus у негó измýченный вид; **~geheitert:** in ≈em Zustand навеселé, под хмелькóм
angehen *tr* betreffen касáться ⟨коснýться 4⟩ *G; intr* beginnen начинáться ⟨начáться*, начал|ся́, -и́сь⟩ | das geht nicht an так нельзя́; was geht es dich an? какóе тебé (до э́того) дéло?; das geht mich nichts an э́то меня́ не касáется; j-n um Geld ~ про|си́ть 3⁺ -шý (по-) дéнег у когó-н.; **~d** начинáющий 11, молодóй | ≈er Arzt молодóй врач
angehören *intr* принадлежáть 3 к *D* | dem Präsidium ≈ вхо|ди́ть 3⁺ -жý ⟨во|йти́*⟩ в состáв прези́диума
Angehöriger *m* рóдственник 2; Mitglied член 2; Mitarbeiter сотрýдник 2
Angeklagter *m* подсуди́мый *Subst* 10
Angel *f* ýдочка 6; Tür пéт|ля 7 *G Pl* -ель
ange|laufen Glas запотéлый; **~legen:** sich etw. ≈ sein lassen забó|титься 3 -чусь (по-) о чём-н.
Angelegenheit *f* дéло 4b | in welcher ~? по какóму дéлу?
Angel|haken *m* рыболóвный крючóк; **~leine** *f* лéсá 6 *oder* 6c *Pl* лёсы, лéска 6
angeln *tr u. intr* уди́ть 3⁺ ужý, лов|и́ть 3⁺ -лю ⟨поймáть⟩ ýдочкой
Angelrute *f* уди́лище 4
angelsächsisch англосаксóнский
Angelsport *m* рыболóвный спорт
ange|messen 1. *Adj* соразмéр|ный, -ен; entsprechend соотвéтствующий 11; hinreichend достáточ|ный, -ен | ≈e Frist достáточный срок **2.** *Adv* в мéру | für ≈ halten считáть ⟨счесть*⟩ умéстным; **~nehm** прия́т|ный, -ен; **~nommen** *Konj:* daß ... полóжим, что ..., допýстим, что ... **~rauht** Wäsche с начёсом; Stoff ворси́стый; **~schlagen** Sportler измóтанный; Geschirr надби́т:ый; **~schwemmt** нанóсный; **~sehen** авторитéт|ный, -ен, знáт|ный, -ен , -нá!
Angesicht *n* лицó 4c | von ~ zu ~ лицóм к лицý; von ~ kennen знать в лицó
ange|sichts *Präpos* ввидý *G*, пéред лицóм *G;* **~spannt** напряжён:ный, -на; **~stammt** наслéдственный, родовóй
Angestellter *m* слýжащий *Subst* 11
ange|strengt напряжён:ный, -на; **~trunken** подвы́пивший 11; **~wandt** прикладнóй; **~wiesen:** ≈ sein auf j-n быть зави́симым от когó-н.; auf sich selbst ≈ sein рассчи́тывать на самогó себя́; **~wöhnen** *tr* приуч|áть ⟨-и́ть 3⁺⟩ (j-m etw. когó-н. к чемý-н.); sich ≈ *refl* приуч|áться ⟨-и́ться⟩ (etw. к *D*), привыкáть ⟨-вы́кнуть 4a⟩ (etw. к *D*)
Angewohnheit *f* привы́чка 6; meist schlechte повáдка 6 | die ~ haben имéть привы́чку
Angina *f* анги́на 6 | ~ pectoris груднáя жáба 6
angleichen *tr* прирáвнивать ⟨-равня́ть⟩, приводи́ть 3⁺ -вожý ⟨-|вести́*⟩ в соотвéтствие с *I*
Angler *m* рыболóв 2, уди́льщик 2
angliedern *tr* присоедин|я́ть ⟨-и́ть 3⟩ (an к *D*)
Angliederung *f* присоединéние 5
anglikanisch англикáнский
Anglist *m* англи́ст 2; **~ik** *f* англи́стика 6
Angola Ангóла 6; **~ner** *m* ангóл|ец, -ьца 2
angolanisch ангóльский
Angora|kaninchen *n* ангóрский крóлик; **~katze** *f* ангóрская кóшка; **~wolle** *f* ангóрская шерсть
angreifen *tr* брать* ⟨взять*⟩, хватáть ⟨схва|ти́ть 3⁺ -чý⟩; *Sport, Mil* наступáть, нападáть ⟨-|пáсть*⟩, атаковáть *uv, v* 2; erschöpfen утом|ля́ть ⟨-и́ть 3 -лю⟩
Angreifer *m* нападáющий *Subst* 11, атакýющий *Subst* 11; *Mil* агрéссор 2
angrenzen *intr* грани́чить 3 (an с *I*), прилегáть ⟨-|лéчь*⟩ (an к *D*); **~d** смéж|ный, -ен, сосéдний 11
Angriff *m* наступлéние 5, нападéние 5; überraschender налёт 2; *übertr* вы́пад 2; ~e *Pl* Beschuldigungen напáд|ки *Pl* 6 *G* -ок | zum ~ übergehen переходи́ть 3⁺ -хожý ⟨-|йти́*⟩ в наступлéние; etw. in ~ nehmen брáться*, брали́сь ⟨взя́ться*, взяли́сь⟩ за что-н.; den Bau in ~ nehmen приступ|áть ⟨-и́ть 3⁺ -лю⟩ к стрóйке, начинáть ⟨начáть*⟩ стрóйку
Angriffs|krieg *m* наступáтельная войнá; **~punkt** *m übertr* уязви́мое мéсто 4b; **~spiel** *n Sport* наступáтельная тáктика 6
Angst *f* страх 2 (vor пéред *I*), боя́знь 9 (vor *G*); беспокóйство 4 (um о *P*) | vor ~ со стрáху, из боя́зни; ~ haben vor etw. боя́ться 3 чегó-н., трý|сить 3⁺ -шу (с-) пéред чем-н.; mir ist angst und bange мне стрáшно [жýтко]; **~hase** *m* трус 2
ängst|igen *tr* страши́ть 3; sich ≈ *refl* боя́ться 3, страши́ться; **~lich** боязли́в:ый, трусли́в:ый; zaghaft рóб|кий, -ок, -кá!, -че
Ängstlichkeit *f* боязли́вость 9
Angstschweiß *m* холóдный пот
an|gucken *tr* смотрéть 3 (по-) на *A;* **~gurten, sich** *refl* пристёгиваться ⟨-стегнýться 4⟩ (ремнём безопáсности); **~haben** *tr* Kleidung но|си́ть 3⁺ -шý, быть* одéтым в *A* | j-m etw. ≈ wollen *übertr* имéть зуб прóтив когó-н.; er kann mir nichts ≈ он мне не мóжет повреди́ть; **~haften** *intr* прилипáть ⟨-ли́пнуть 4a⟩,

при|ставáть* ⟨-|стáть*⟩; **~häkeln** *tr* надвя́зывать ⟨-|вязáть*⟩; **~haken** *tr* прицеп|ля́ть ⟨-и́ть 3⁺ -лю́⟩ (an к *D*); **~halten** *tr* Fahrzeug остан|áвливать ⟨-ови́ть 3⁺ -овлю́⟩; festhalten задéрживать ⟨-держáть 3⁺⟩; ermahnen приуч|áть ⟨-и́ть 3⁺⟩, побу|ждáть ⟨-ди́ть 3 -жу́⟩; *intr* остан|áвливаться ⟨-ови́ться 3⁺⟩; dauern продолжáться ⟨-дóлжиться 3⟩, дли́ться 3 (про-); sich ≈ *refl* держáться 3⁺ за *A* | um ein Mädchen ≈ свáтаться (по-) к дéвушке; **~haltend** продолжи́тел|ьный, -ен, -ьна; beharrlich устóйчив:ый, постоя́нный | ≈er Regen обложнóй дождь

Anhalter *m:* per ~ fahren éхать (по-) на попу́тных маши́нах [на попу́тной маши́не]

Anhaltspunkt *m* основáние 5

Anhang *m* Beilage приложéние 5 | ohne ~ allein одинóкий

anhängen *tr* вéшать ⟨повé|сить 3 -шу⟩, привé|шивать ⟨-сить⟩; hinzufügen прибавля́ть ⟨-бáвить 3 -бáвлю⟩; beilegen прилагáть ⟨-ложи́ть 3⁺⟩; ankuppeln прицеп|ля́ть ⟨-и́ть 3⁺ -лю́⟩; anhaken нацеп|ля́ть ⟨-и́ть⟩ | j-m etw. ~ *übertr* о|клеветáть* *v* когó-н.

Anhänger *m* einer Partei привéржен|ец, -ца 2, сторóнник 2; Schmuck кулóн 2; *Sport, Theat* болéльщик 2; beim Fahrzeug прицéп 2; **~kupplung** *f* сцепнóе устрóйство 4

anhäng|ig *Jur* подсу́д|ный, -ен | eine Klage ≈ machen подáть* жáлобу в суд; **~lich** привя́зан:ный, -а, привя́зчив:ый

Anhäng|lichkeit *f* привя́занность 9; **~sel** *n* придáт|ок, -ка 2

an|hauchen *tr* дышáть 3⁺ ⟨дыхну́ть 4⟩ на *A;* **~häufen** *tr* накáпливать ⟨-копи́ть 3⁺ -коплю́⟩, накоп|ля́ть ⟨-и́ть⟩; sich ≈ *refl* накáпливаться ⟨-копи́ться⟩

Anhäufung *f* накоплéние 5, скоплéние 5

an|heben *tr* приподнимáть ⟨-|подня́ть*⟩; Löhne повышáть ⟨-вы́сить 3 -вы́шу⟩; **~heften** *tr* прикреп|ля́ть ⟨-и́ть 3 -лю́⟩; nähen примётывать ⟨-метáть; -мётанный⟩; **~heimelnd** уют|ный, -ен

anheim|fallen *intr* до|ставáться* ⟨-|стáться*⟩ *D* | der Vergessenheit ≈ быть* прéданным забвéнию; **~stellen** *tr* предост|авля́ть ⟨-áвить 3 -áвлю⟩ | ich stelle es Ihnen anheim я оставля́ю э́то на вáше усмотрéние

anheischig: sich ~ machen предлагáть ⟨-ложи́ть 3⁺⟩ свои́ услу́ги

an|heizen *tr* за-, растáпливать ⟨-топи́ть 3⁺ -топлю́⟩; **~heuern** *tr* нанимáть ⟨наня́ть*⟩

Anhieb *m:* auf ~ срáзу

anhimmeln *tr* обожáть

Anhöhe *f* возвы́шенность 9, холм 2е

anhören *tr* Musik выслу́шивать ⟨вы́слушать⟩, прослу́ш|ивать ⟨-ать⟩; zuhören слу́шать (по-); Vortrag, Bericht заслу́ш|ивать ⟨-ать⟩ | das hört sich gut an э́то прия́тно слу́шать; es hört sich an, als ob … слы́шится как бу́дто

Anilin *n* анили́н 2; **~farbe** *f* анили́новая крáска

animalisch живóтный

animieren *tr* побу|ждáть ⟨-ди́ть 3 -жу́; -ждённый⟩ (zu к *D*) | zum Trinken ~ подбивáть ⟨-|би́ть*⟩ на вы́пивку

Anis *m* ани́с 2

ankämpfen *intr* борóться* (gegen с *I*)

Ankara Анкарá 6

Ankauf *m* заку́пка 6

ankaufen *tr* закуп|áть ⟨-и́ть 3⁺ -лю́⟩

Anker *m Mar, El* я́кор|ь 1b *Pl* -я́; Uhr, Mauer áнкер 2 | ~ werfen бросáть ⟨брóсить⟩ я́корь; vor ~ gehen станов|и́ться 3⁺ -лю́сь ⟨стать*⟩ на я́корь; vor ~ liegen стоя́ть 3 на я́коре; die ~ lichten снимáться ⟨сня́ться*⟩ с я́коря; **~kette** *f* я́корная цепь

ankern *intr* станов|и́ться 3⁺ -лю́сь ⟨стать*⟩ на я́корь

Ankerwinde *f* брáшпиль 1, я́корная лебёдка 6

anketten *tr* сажáть ⟨поса|ди́ть 3⁺ -жу́⟩ на цепь; Fahrrad прикреп|ля́ть ⟨-и́ть 3 -лю́⟩ цéпью

Anklage *f* обвинéние 5, жáлоба 6 | ~ gegen j-n erheben возбу|ждáть ⟨-ди́ть 3 -жу́⟩ обвинéние прóтив когó-н.; **~bank** *f* скамья́ подсуди́мых

anklagen *tr* обвин|я́ть ⟨-и́ть 3⟩ (wegen в *P*)

Ankläger *m* обвини́тель 1

Anklage|rede *f* обвини́тельная речь; **~schrift** *f* обвини́тельный акт 2

anklammern *tr* прикреп|ля́ть ⟨-и́ть 3 -лю́⟩ скрéпкой; sich ~ *refl* цепля́ться (an за *A*)

Anklang *m:* ~ finden находи́ть 3⁺ -хожу́ ⟨-|йти́*⟩ óтклик, имéть успéх

an|kleben *tr* прилеп|ля́ть ⟨-и́ть 3⁺ -лю́⟩, приклé|ивать ⟨-ить 3⟩; **~kleiden** *tr* одевáть ⟨-|дéть*⟩; sich ≈ *refl* одевáться ⟨-дéться⟩

Ankleideraum *m* гардерóб 2; *Theat* убóрная *Subst* 10

an|klopfen *intr* стучáться 3 (по-); **~knabbern** *tr* надгрызáть ⟨-|гры́зть*⟩; **~knöpfen** *tr* прист|ёгивать ⟨-егну́ть 4; -ёгнутый⟩; **~knüpfen** *tr* привя́зывать ⟨-|вязáть*⟩; *übertr* Gespräch, Bekanntschaft заводи́ть 3⁺ -вожу́ ⟨-|вести́*⟩, завя́зывать ⟨-вязáть⟩

Anknüpfungspunkt *m* тóчка соприкосновéния

ankommen *intr* прибывáть ⟨прибы́ть*⟩, приходи́ть 3⁺ -хожу́ ⟨-|йти́*, приду́⟩ (in в *A*); Fahrzeug приезжáть ⟨-|éхать*⟩ (in в

A); sich nähern подходи́ть ⟨-ойти́⟩; gefallen нра́виться 3 (по-); abhängen зави́сеть 3 (auf от *G*) | bei ihm ist nicht anzukommen к нему́ не подсту́пишься; darauf kommt es an в том-то и де́ло; es kommt ihm sehr darauf an для него́ э́то о́чень ва́жно; auf etw. ~ lassen доводи́ть 3⁺ -вожу́ ⟨-|вести́*⟩ де́ло до чего́-н.; jetzt kommt es darauf an тепе́рь наступи́л реши́тельный моме́нт; es kommt darauf an, daß … всё де́ло в том, что́бы …

Ankömmling *m* прие́зжий *Subst* 11

an|kreiden *tr:* das werde ich Ihnen ≈ я вам э́то припо́мню; **~kündigen** *tr* объяв|ля́ть ⟨-и́ть 3⁺ -лю́⟩; verkünden огла|ша́ть ⟨-си́ть 3 -шу́⟩; Besuch изве|ща́ть ⟨-сти́ть 3 -щу́⟩

An|kündigung *f* объявле́ние 5; **~kunft** *f* Zug прибы́тие 5, прихо́д 2; Gäste прие́зд 2, прихо́д

Ankunftszeit *f* Zug вре́мя прибы́тия (по́езда *usw.*)

an|kuppeln *tr* прицеп|ля́ть ⟨-и́ть 3⁺ -лю́⟩; **~kurbeln** *tr* Motor заводи́ть 3⁺ -вожу́ ⟨-|вести́*⟩ рукоя́ткой; Wirtschaft ожив|ля́ть ⟨-и́ть 3 -лю́⟩; **~lächeln** *tr* улыб|а́ться ⟨-ну́ться 4⟩ *D;* **~lachen** *tr* смея́ться*, глядя на *A*

Anlage *f* Einrichtung устро́йство 4, сооруже́ние 5; *Tech* устано́вка 6; Kapital вложе́ние 5, помеще́ние 5; Fähigkeit спосо́бность 9; Park сквер 2, парк 2; Beilage приложе́ние 5; Plan, Aufbau план 2, за́мыс|ел, -ла 2 | in der ~ при сём

anlangen *tr* прибыва́ть ⟨прибы́ть*⟩ | wir sind beim zweiten Kapitel angelangt мы дошли́ до второ́й главы́

Anlaß *m* по́вод 2; Gelegenheit слу́чай 1; Ursache причи́на 6 | aus ~ по по́воду, по слу́чаю; ohne jeden ~ без вся́кого основа́ния [по́вода]; ~ zu etw. geben дава́ть* ⟨да́ть*⟩ по́вод к чему́-н.

anlassen *tr* Kleidung не снима́ть ⟨снять*⟩ *G;* Motor заводи́ть 3⁺ -вожу́ ⟨-|вести́*⟩, запу|ска́ть ⟨-сти́ть 3⁺ -щу́⟩; sich ~ *refl:* sich gut ~ идти́* на лад; sich schlecht ~ пло́хо начина́ться

Anlasser *m Tech* ста́ртер 2

anläßlich *Adv* по по́воду *G;* gelegentlich по слу́чаю *G*

Anlauf *m* разбе́г 2; Produktion нача́ло 4 | ~ nehmen *Sport* брать* ⟨взять*⟩ разбе́г, разбега́ться ⟨-|бежа́ться*⟩; mit ~ с разбе́га

anlaufen *tr* Hafen заходи́ть 3⁺ -хожу́ ⟨-|йти*⟩ в *A; intr* Sport брать* ⟨взять*⟩ разбе́г, разбега́ться ⟨-|бежа́ться*⟩; anschwellen отека́ть ⟨-|те́чь*⟩; Fenster поте́ть (за-), запот|ева́ть ⟨-е́ть⟩; Produktion начина́ться ⟨нача́ться*; начал|ся́, -и́сь⟩ | angelaufen kommen прибега́ть ⟨-|бежа́ть*⟩

Anlaut *m Gramm* нача́льный звук 2 | im ~ в нача́ле сло́ва

anlegen *tr* einrichten устр|а́ивать ⟨-о́ить 3⟩; Leiter прист|авля́ть ⟨-а́вить 3 -а́влю⟩; Kapital поме|ща́ть ⟨-сти́ть 3 -щу́⟩, вкла́дывать ⟨вложи́ть 3⁺⟩; Stadt закла́дывать ⟨-ложи́ть⟩; Straße прокла́дывать ⟨-ложи́ть⟩; Dokumentation составля́ть ⟨соста́в|ить 3 -лю⟩; Kartothek заводи́ть 3⁺ -вожу́ ⟨-|вести́*⟩; Verband накла́дывать ⟨-ложи́ть⟩; *intr* Schiff прича́л|ивать ⟨-ить 3⟩, при|става́ть* ⟨-|ста́ть*⟩ к *D;* auf etw. zielen прице́л|иваться ⟨-иться 3⟩ | Hand ~ an etw. приложи́ть ру́ку к чему́-н.; einen Garten ~ раз|би́ть* *v* сад, разводи́ть ⟨-вести́⟩ сад; er hatte es darauf angelegt, daß … он рассчи́тывал на то, что …

Anlegestelle *f* при́стань 9g

anlehnen *tr* присл|оня́ть ⟨-они́ть 3 -о́нишь, -онённый⟩; Tür притвор|я́ть ⟨-и́ть 3⁺⟩; sich ~ *refl* прислон|я́ться ⟨-и́ться⟩ (an к *D*)

An|lehnung *f:* in ≈ an сле́дуя *D;* **~leihe** *f* заём, за́йма 2 | eine ≈ aufnehmen де́лать (с-) заём; eine ≈ zeichnen подпи́сываться ⟨-|писа́ться*⟩ на заём

an|leimen *tr* прикле́|ивать ⟨-ить 3⟩; **~leiten** *tr:* j-n ≈ руково|ди́ть 3 -жу́ чьей-н. рабо́той

Anleitung *f* руково́дство 4, инстру́кция 8

an|lernen *tr* обуч|а́ть ⟨-и́ть 3⁺⟩; **~liefern** *tr* дост|авля́ть ⟨-а́вить 3 -а́влю⟩

Anlieferung *f* доста́вка 6

anliegen *intr* Kleidung облега́ть

Anliegen *n* про́сьба 6, де́ло 4b | ich habe ein ~ an Sie у меня́ к вам про́сьба

anliegend прилега́ющий 11

Anlieger *m:* Parken nur für ~ стоя́нка то́лько для жи́телей э́той у́лицы

an|locken *tr* привлека́ть ⟨-|вле́чь*⟩; Vögel прима́нивать ⟨-мани́ть 3⁺⟩; **~löten** *tr* припа́ивать ⟨-пая́ть⟩; **~lügen** *tr* на|лга́ть* *v;* на́лганный кому́-н.; **~machen** *tr* befestigen прикреп|ля́ть ⟨-и́ть 3 -лю⟩, приде́л|ывать ⟨-ать⟩; zubereiten запр|авля́ть ⟨-а́вить 3 -а́влю⟩; Licht, Radio включ|а́ть ⟨-и́ть 3⟩ | Feuer ≈ разводи́ть 3⁺ -вожу́ ⟨-|вести́*⟩ ого́нь

Anmarsch *m Mil* подхо́д 2; Weg пут|ь 9e *I* -ём подхо́да

an|marschieren *intr* подходи́ть 3⁺ -хожу́ ⟨-о|йти́*⟩; **~maßen, sich** *refl* присв|а́ивать ⟨-о́ить 3⟩ себе́ *A* | sich das Recht ≈ присв|а́ивать ⟨-о́ить 3⟩ себе́ пра́во; **~maßend** самонаде́ян:ный, -на; Benehmen надме́н|ный, -ен, -на

Anmaßung *f* надме́нность 9

Anmeldeformular *n* im Hotel прописно́й лист|о́к, -ка́ 2; auf Behörde бланк 2 для прописки

anmelden *tr* Besucher докла́дывать ⟨-ложи́ть 3⁺⟩; beim Arzt запи́сывать ⟨-|пи-са́ть*⟩ на приём (к врачу́); sich ~ *refl* сообщи́ть 3 о своём прибы́тии; bei der Polizei пропи́сываться ⟨-|писа́ться*⟩ | ein Kraftfahrzeug ~ зарегистри́ровать *v* 2 маши́ну, поста́в|ить *v* 3 -лю маши́ну на учёт; sich zum Lehrgang ~ запи́сываться ⟨-писа́ться⟩ на ку́рсы

Anmeldung *f* сообще́ние 5; за́пись 9; пропи́ска 6; регистра́ция 8

anmerken *tr* vermerken отмеча́ть ⟨-ме́тить 3 -ме́чу⟩; bemerken замеча́ть ⟨-ме́тить⟩ | man merkt es ihm an, daß ... по нему́ ви́дно, что ...; er läßt sich nichts ~ он де́лает вид, бу́дто ничего́ не случи́лось

Anmerkung *f* примеча́ние 5; Notiz заме́тка 6

anmessen *tr* снима́ть ⟨снять*⟩ ме́рку (j-m с кого́-н.)

Anmut *f* пре́лесть 9, гра́ция 8

anmut|en *tr:* das mutet mich seltsam an э́то мне ка́жется стра́нным; **~ig** преле́с|тный, -ен, грацио́з|ный, -ен

an|nageln *tr* прибива́ть ⟨-|би́ть*⟩ гвоздя́ми; **~nähen** *tr* пришива́ть ⟨-|ши́ть*⟩; **~nähern** *tr* прибл|ижа́ть ⟨-и́зить 3 -и́жу⟩ (an к *D*); sich ≈ *refl* прибл|ижа́ться ⟨-и́зиться⟩ (an к *D*); *übertr* сбл|ижа́ться ⟨-и́зиться⟩ (an с *I*); **~nähernd** приблизи́тел|ьный, -ен, -ьна

Annäherung *f* приближе́ние 5 (an к *D*); *übertr* сближе́ние 5 (an с *I*)

Annäherungsversuch *m* попы́тка сближе́ния

Annahme *f* Empfang приём 2, приня́тие 5; Vermutung предположе́ние 5 | in der ~, daß ... предполо́жим, что ...; ich habe Grund zu der ~, daß ... у меня́ есть все основа́ния полага́ть, что ...; **~stelle** *f* приёмный пункт 2; **~verweigerung** *f* отка́з в приня́тии

Annalen *Pl* ле́топись 9, анна́лы *Pl* 2

annehmbar прие́млем|ый

annehmen *tr* empfangen принима́ть ⟨приня́ть*⟩; zustimmen согла|ша́ться ⟨-си́ться 3 -шу́сь⟩; vermuten предпол|ага́ть ⟨-ожи́ть 3⁺⟩, счита́ть; sich ~ *refl* забо́титься 3 -чусь (по-) о *P* | man nimmt an, daß ... счита́ют, что ...; es ist anzunehmen на́до полага́ть; angenommen, daß ... предполо́жим, что ..., допу́стим, что ...; sich einer Sache ~ взя́ться* взяли́сь за како́е-н. де́ло; Vernunft ~ образу́м|ливаться ⟨-иться 3 -люсь⟩

Annehmlichkeit *f meist Pl* удо́бство 4

annektieren *tr* аннекси́ровать *uv, v* 2

Annexion *f* анне́ксия 8

Annonce *f* объявле́ние 5 | eine ≈ aufgeben дава́ть* ⟨дать*⟩ объявле́ние

annoncieren *tr* объяв|ля́ть ⟨-и́ть 3⁺ -лю́⟩ о *P*, дава́ть* ⟨дать*⟩ объявле́ние в газе́ту

Annotation *f* Buchempfehlung анно-та́ция 8

annullieren *tr* аннули́ровать *uv, v* 2

Anode *f El* ано́д 2

Anomalie *f* анома́лия 8

anonym анони́м|ный, -ен, безымя́нный

Anorak *m* спорти́вная ку́ртка 6 из непромока́емой тка́ни с капюшо́ном, лы́жная ку́ртка

anordnen *tr* ordnen распол|ага́ть ⟨-ожи́ть 3⁺⟩; aufstellen расст|авля́ть ⟨-а́вить 3 -а́влю⟩; verfügen распоря|жа́ться ⟨-ди́ться 3 -жу́сь⟩; *Mil* прика́зывать ⟨-|каза́ть*⟩; vorschreiben предпи́сывать ⟨-|писа́ть*⟩

Anordnung *f* расположе́ние 5; расстано́вка 6; распоряже́ние 5; прика́з 2; предписа́ние 5 | eine ~ treffen дава́ть* ⟨дать*⟩ распоряже́ние

anorganisch неоргани́ческий

anormal ненорма́л|ьный, -ен, -ьна

an|packen *tr* хвата́ть ⟨схва|ти́ть 3⁺ -чу́⟩, схва́тывать ⟨схвати́ть⟩; **~passen** *tr* Kleidung примеря́ть ⟨-ме́рить 3⟩; entsprechend einrichten принор|а́вливать ⟨-ови́ть 3 -овлю́⟩; sich ≈ *refl* приспос|обля́ться ⟨-о́биться 3 -о́блюсь⟩

Anpassung *f* приспособле́ние 5 (an к *D*); *Tech* приго́нка 6

Anpassungsfähigkeit *f* приспособля́емость 9

an|peilen *tr* пеленгова́ть 2 (за-); **~pflanzen** *tr* наса́живать ⟨-сажа́ть *u.* -сади́ть 3⁺ -сажу́⟩ *G*

Anpflanzung *f* насажде́ние 5; Anpflanzen поса́дка 6

anpöbeln *tr* гру́бо обраща́ться к *D*

Anprall *m* уда́р 2, си́льный толч|о́к, -ка́ 2

an|prallen *intr* ударя́ться ⟨уда́риться 3⟩ (an о *A*), ната́лкиваться ⟨-толкну́ться 4⟩ (an на *A*); **~prangern** *tr* клейм|и́ть 3 -лю́ (за-); **~preisen** *tr* расхв|а́ливать ⟨-али́ть 3⁺⟩

Anprobe *f* приме́рка 6; **~kabine** *f* приме́рочная *Subst* 10

an|probieren *tr* примеря́ть ⟨-ме́рить 3⟩; **~raten** *tr* сове́товать 2 (по-), рекомендова́ть *uv, v* 2; **~rauchen** *tr* Zigarette заку́ривать ⟨-кури́ть 3⁺⟩; an einer brennenden Zigarette прику́ривать ⟨-кури́ть⟩; **~rechnen** *tr* зачи́тывать ⟨-|че́сть*⟩, засч|и́тывать ⟨-ита́ть⟩ *a. übertr* | j-m etw. hoch ≈ ста́вить кому́-н. что-н. в (большу́ю) заслу́гу

Anrechnung *f* зачёт 2 | ~ der Untersuchungshaft зачёт предвари́тельного заключе́ния

An|recht *n* пра́во 4b (auf на *A*); *Theat* абоне́мент 2; **~rede** *f* обраще́ние 5 (an к *D*)

an|reden *tr* обра|ща́ться ⟨-ти́ться 3 -щу́сь⟩ к *D*, загов|а́ривать ⟨-ори́ть 3⟩ с *I*; **~regen** *tr* Appetit возбу|жда́ть ⟨-ди́ть 3

-жу́| -ждённый⟩; vorschlagen побу|жда́ть ⟨-ди́ть⟩ | angeregte Unterhaltung оживлённый разгово́р; in angeregter Stimmung в припо́днятом настрое́нии; **~regend** увлека́тел|ьный| -ен| -ьна, интере́с|ный, -ен; *Med* возбужда́ющий 11
Anregung *f* побужде́ние 5, толч|о́к| -ка́ 2 | auf ~ по инициати́ве
an|reichern *tr Tech* обога|ща́ть ⟨-ти́ть 3 -щу́⟩; **~reißen** *tr* надрыва́ть ⟨-о|рва́ть*| -о́рванный⟩; *Tech* размеча́ть ⟨-ме́тить 3 -ме́чу⟩
Anreiz *m* сти́мул 2 | einen ~ geben стимули́ровать *uv, v* 2
anrennen *intr* с разбе́га ударя́ться ⟨уда́риться 3⟩ (an о *A*), наск|а́кивать ⟨-очи́ть 3⁺⟩ (gegen на *A*) | angerannt kommen прибега́ть ⟨-|бежа́ть*⟩
Anrichte *f* серва́нт 2
an|richten *tr* Speisen подгот|овля́ть ⟨-о́вить 3 -о́влю⟩; Unheil натвори́ть *v* 3, наде́лать *v* | da haben Sie was (Schönes) angerichtet! ну и наде́лали [натвори́ли] же вы дел!; **~rüchig** подозри́тел|ьный| -ен| -ьна, по́льзующийся 11 дурно́й сла́вой
Anruf *m* Telefon телефо́нный звон|о́к, -ка́ 2; Wachtposten о́клик 2
an|rufen *tr* оклика́ть ⟨окли́кнуть 4⟩; Telefon звони́ть 3 (по-) Personen *D,* Institutionen в *A* (по телефо́ну); **~rühren** *tr* тро́гать ⟨тро́нуть 4⟩, leicht прикаса́ться ⟨-косну́ться 4⟩ к *D;* Suppe запр|авля́ть ⟨-а́вить 3 -а́влю⟩ | eine Farbe ≈ разводи́ть 3⁺ -вожу́ ⟨-|вести́*⟩ кра́ску
Ansage *f* объявле́ние 5
an|sagen *tr* объяв|ля́ть ⟨-и́ть 3⁺ -лю́⟩; **~sägen** *tr* надпи́ливать ⟨-пили́ть 3⁺⟩
Ansager *m* конферансье́ *m idkl; Rad* ди́ктор 2
ansammeln *tr* коп|и́ть 3⁺ -лю́ (на-), нака́пливать ⟨-копи́ть⟩; sich ~ *refl* копи́ться (на-), нака́пливаться ⟨-копи́ться⟩
Ansammlung *f* накопле́ние 5; von Menschen скопле́ние 5
ansässig постоя́нно прожива́ющий 11
Ansatz *m* angesetztes Stück наста́вка 6, наса́дка 6; Kochrückstand на́кипь 9, наро́ст 2; *Math* подхо́д 2 *a. übertr* | positive Ansätze положи́тельные начина́ния
an|saugen, sich *refl* приса́сываться ⟨-|соса́ться*⟩; **~schaffen** *tr* приобрета́ть ⟨-|обрести́*⟩; Freund заводи́ть 3⁺ -вожу́ ⟨-|вести́*⟩; Vorrat загот|овля́ть ⟨-о́вить 3 -о́влю⟩
Anschaffung *f* приобрете́ние 5, поку́пка 6
Anschaffungspreis *m* заку́почная цена́
anschau|en *tr* смотре́ть 3⁺ (по-) на *A;* **~lich** нагля́д|ный| -ен
Anschau|lichkeit *f* нагля́дность 9; **~ung** *f* взгляд 2 (über на *A*)
Anschauungs|material *n* нагля́дные посо́бия *Pl 5;* **~unterricht** *m* нагля́дное обуче́ние
Anschein *m* вид 2, ви́димость 9 | allem ~ nach по-ви́димому; es hat den ~, als ob ... ка́жется| бу́дто ...; sich den ~ geben де́лать (с-) вид
anscheinend *Adv* по-ви́димому, ка́жется
an|schicken, sich *refl* собира́ться ⟨-|бра́ться*| -брали́сь⟩; **~schielen** *tr* коси́ться 3 кошу́сь (по-) на *A;* **~schießen** *tr* Tier подстр|е́ливать ⟨-ели́ть 3⁺⟩; **~schirren** *tr* Zugtier запряга́ть ⟨-|пря́чь*⟩ | ein Pferd ≈ надева́ть ⟨-|де́ть*⟩ сбру́ю на ло́шадь
Anschlag *m* Plakat афи́ша 6; Bekanntmachung объявле́ние 5; Attentat покуше́ние 5; Gewehr прикла́дка 6, упо́р 2; *Mus* уда́р 2; Kosten сме́та 6 | einen ~ auf j-n machen поку|ша́ться ⟨-си́ться 3 -шу́сь⟩ на кого́-н.
anschlagen *tr* прибива́ть ⟨-|би́ть*⟩, приколачивать ⟨-оти́ть 3⁺ -очу́⟩; *Mus* ударя́ть ⟨уда́рить 3⟩ в *A*; *intr* Hund зала́|ять *v*, -ет; Arznei де́йствовать 2 (по-) | ein Plakat ~ выве́шивать ⟨вы́весить 3 -шу⟩ плака́т; die Tasten ~ уда́рить по кла́вишам; den richtigen Ton ~ *übertr* уме́ть взять пра́вильный тон
Anschlag|säule *f* столб 2е для афи́ш, афи́шный столб **~tafel** *f* доска́ объявле́ний
anschließen *tr* присоедин|я́ть ⟨-и́ть 3⟩; Gerät подключ|а́ть ⟨-и́ть 3⟩; Fahrrad запира́ть ⟨-|пере́ть*⟩ замко́м; sich ~ *refl* присоедин|я́ться ⟨-и́ться⟩, при|става́ть* ⟨-|ста́ть*⟩ (an к *D*); angrenzen; einer Sache, einer gesellschaftl. Richtung примыка́ть ⟨-мкну́ть 4⟩; **~d** *Adv* (непосре́дственно) по́сле э́того, зате́м | ≈ an die Sitzung (сра́зу) по́сле заседа́ния
Anschluß *m* присоедине́ние 5; *El* включе́ние 5; Bekanntschaft знако́мство 4 | ~ finden завя́зывать ⟨за|вяза́ть*⟩ конта́кт; dieser Zug hat guten ~ с э́того по́езда о́чень удо́бно сде́лать переса́дку; ich bekam keinen ~ Telefon я не мог дозвони́ться; im ~ an etw. в связи́ с чем-н., ссыла́ясь на что-н.; **~gleis** *n* примыка́ющий пут|ь 11–9е *I* -ём; **~kabel** *n* соедини́тельный ка́бель; **~zug** *m* по́езд, на кото́рый ну́жно сде́лать переса́дку
an|schmiegen, sich *refl* прижима́ться ⟨-|жа́ться¹*⟩; *übertr* ла́ститься к *D;* **~schmieren** *tr* па́чкать (вы́-, за-); *übertr umg* обма́нывать ⟨-ману́ть 4⁺⟩; **~schnallen** *tr* пристёгивать ⟨-стегну́ть 4| -стёгнутый⟩; sich ~ пристёгивать ⟨-стегну́ть⟩ ре́мни; **~schneiden** *tr* отреза́ть ⟨-|ре́зать*⟩ пе́рвый кусо́к от *G* | eine Frage ≈ *übertr* поднима́ть ⟨подня́ть*⟩ вопро́с

Anschnitt *m* пе́рвый отре́занный кус|о́к| -ка́ 2; Schnittfläche срез 2
Anschovis *f* анчо́ус 2
an|schrauben *tr* приви́нчивать ⟨-винти́ть 3 -винчу́| -ви́нченный⟩; **~schreiben** *tr* Schulden запи́сывать ⟨-|писа́ть*⟩ | ~ lassen покупа́ть ⟨куп|и́ть 3⁺ -лю́⟩ в креди́т; er ist bei mir gut angeschrieben *übertr* он у меня́ на хоро́шем счету́; **~schreien** *tr* крича́ть 3 ⟨кри́кнуть *mom* 4⟩ на *A*, прикри́к|ивать ⟨-нуть⟩ на *A*
Anschrift *f* а́дрес 2 | darf ich um Ihre ~ bitten? разреши́те записа́ть ваш а́дрес?
anschuldigen *tr* обвин|я́ть ⟨-и́ть 3⟩
Anschuldigung *f* обвине́ние 5
an|schwärzen *tr übertr* очерн|я́ть ⟨-и́ть 3⟩, оклевета́ть* *v;* **~schweißen** *tr Tech* прива́ривать ⟨-вари́ть 3⁺⟩; **~schwellen** *intr* Knospe набуха́ть ⟨-бу́хнуть 4a⟩; *Med* опуха́ть ⟨-пу́хнуть 4a⟩, отека́ть ⟨-|те́чь*⟩; Fluß вздува́ться ⟨-|ду́ться*⟩, прибыва́ть ⟨прибы́ть*⟩; Ton нараста́ть ⟨-|расти́*⟩, уси́л|иваться ⟨-иться 3⟩; **~schwemmen** *tr* наноси́ть 3⁺ ⟨-|нести́*⟩ (тече́нием), намыва́ть ⟨-|мы́ть*⟩
Anschwemmung *f* нано́с 2
ansehen *tr* смотре́ть 3⁺ (по-) на *A;* betrachten рассма́тривать ⟨-смотре́ть⟩; als etw. принима́ть ⟨приня́ть*⟩ за *A*, счита́ть ⟨счесть*⟩ за *A*, *I* | j-m etw. ~ ви́|деть 3 -жу (у-) что-н. по кому́-н.; man sieht es dir an по тебе́ ви́дно; man sieht ihm sein Alter nicht an он вы́глядит моло́же свои́х лет; sieh mal an! посмотри́-ка!; j-n groß ~ удивлённо смотре́ть 3 на кого́-н.; ich muß mir das näher ~ мне ну́жно с э́тим познако́миться бли́же
Ansehen *n* уваже́ние 5 | in hohem ~ stehen быть* в большо́м почёте; ohne ~ der Person не взира́я на ли́ца
ansehnlich ви́дный, представи́тел|ьный| -ен| -ьна; Betrag значи́тел|ьный| -ен| -ьна
an|seilen *tr* привя́зывать ⟨-|вяза́ть*⟩ верёвкой; **~setzen** *tr* прист|авля́ть ⟨-а́вить 3 -а́влю⟩; annähen пришива́ть ⟨-|ши́ть*⟩; Termin назн|ача́ть ⟨-а́чить 3⟩; Knospen пу|ска́ть ⟨-сти́ть 3⁺⟩; Extrakt наст|а́ивать ⟨-оя́ть 3⟩; *intr* полне́ть (по-) | Kesselstein ≈ накип|а́ть ⟨-е́ть 3⟩; zum Sprung ≈ разбега́ться ⟨-|бежа́ться*⟩; zur Landung ≈ идти́* на поса́дку
Ansicht *f* взгляд 2 (über на *P*); мне́ние 5 (über о *P*); einer Stadt вид 2 | meiner ~ nach по моему́ мне́нию, по-мо́ему; ich bin der ~, daß … я того́ мне́ния| что …; zur ~ на просмо́тр, для ознакомле́ния
ansichtig: ~ werden замеча́ть ⟨-ме́тить 3 -ме́чу⟩, ви́|деть 3 -жу (у-)
Ansichtskarte *f* откры́тка 6 с ви́дом, видова́я откры́тка
ansiedeln *tr* посел|я́ть ⟨-и́ть 3⟩; sich ~ *refl* посел|я́ться ⟨-и́ться⟩
Ansiedl|er *m* поселе́н|ец| -ца 2; **~ung** *f* поселе́ние 5
Ansinnen *n* чрезме́рное тре́бование 5
anspannen *tr* Kräfte напряга́ть ⟨-|пря́чь*⟩; Saite натя́гивать ⟨-тяну́ть 4⁺⟩; Pferd запряга́ть ⟨-пря́чь⟩
Anspannung *f* напряже́ние 5
an|speien *tr* плева́ть* (на-) на *A;* **~spielen** *tr.* j-n ~ по|дава́ть ⟨пода́ть*⟩ кому́-н. мяч; *intr* начина́ть ⟨нача́ть*⟩ игра́ть; *übertr* намек|а́ть ⟨-ну́ть 4⟩ (auf на *A*)
Anspielung *f* намёк 2
anspitzen *tr* Pfahl заостр|я́ть ⟨-и́ть 3⟩; Bleistift точи́ть 3⁺ (на-); *übertr* j-n подгоня́ть ⟨подо|гна́ть*, подгоню́⟩
Ansporn *m* сти́мул 2
anspornen *tr* Pferd пришпо́р|ивать ⟨-ить 3⟩; *übertr* поощр|я́ть ⟨-и́ть 3⟩
Ansprache *f* речь 9g | eine ~ halten выступа́ть ⟨вы́ступ|ить 3 -лю⟩ с коро́ткой ре́чью
ansprechen *tr* sich wenden an загов|а́ривать ⟨-ори́ть 3⟩ с *I*, обра|ща́ться ⟨-ти́ться 3 -щу́сь⟩ к *D;* gefallen нра́виться 3 (по-) *D;* **~d** привлека́тел|ьный| -ен| -ьна
anspringen *tr* наска́кивать ⟨-скочи́ть 3⁺⟩ на *A; intr* Motor зарабо́тать *v*
Anspruch *m* прете́нзия 8 (auf на *A*); Recht пра́во 4b (auf на *A*); Forderung тре́бование 5 (auf к *D*) | ~ erheben auf претендова́ть 2 на *A;* die ganze Zeit in ~ nehmen занима́ть ⟨заня́ть*⟩ всё вре́мя; Ansprüche stellen anmaßend sein сли́шком мно́го тре́бовать
anspruchslos невзыска́тел|ьный| -ен| -ьна, непритяза́тел|ьный| -ен| -ьна
Anspruchslosigkeit *f* невзыска́тельность 9, непритяза́тельность 9
anspruchsvoll тре́бовател|ьный| -ен| -ьна, притяза́тел|ьный| -ен| -ьна
an|spucken *tr* плева́ть* (на-) на *A;* **~spülen** *tr* намыва́ть ⟨-|мы́ть*⟩, наноси́ть 3⁺ ⟨-|нести́*⟩ (тече́нием); **~stacheln** *tr* подстрек|а́ть ⟨-ну́ть 4⟩
An|stalt *f* учрежде́ние 5; Lehr~ заведе́ние 5; Vorbereitung *meist Pl* ме́ры *Pl* 6, приготовле́ния *Pl* 5 | (keine) ≈en machen (не) собира́ться ⟨-|бра́ться*⟩ *Inf;* **~stand** *m* прили́чие 5; Jagd охо́тничье укры́тие 12-5 | den ≈ wahren соблюда́ть ⟨соблюсти́*⟩ прили́чия; keinen ≈ haben не уме́ть вести́ себя́
anständig прили́ч|ный| -ен; ehrlich поря́доч|ный| -ен
Anständigkeit *f* прили́чие 5; поря́дочность 9
anstands|halber *Adv* ра́ди прили́чия; **~los** *Adv* bedingungslos безогово́рочно
an|starren *tr* приста́льно смотре́ть 3⁺ (по-) на *A;* **~statt 1.** *Präpos* вме́сто *G* **2.** *Konj:* ≈ daß, ≈ zu вме́сто того́| что́бы; **~staunen** *tr* див|и́ться 3 -лю́сь *D,*

смотре́ть 3⁺ (по-) с изумле́нием на *A;* **~stecken** *tr* прика́лывать ⟨-|коло́ть*⟩; Feuer зажига́ть ⟨-|же́чь*⟩; Haus поджига́ть ⟨-же́чь| -ожгу́⟩; *Med* зара|жа́ть ⟨-зи́ть 3 -жу́⟩ *a. übertr;* Ring надева́ть ⟨-|де́ть*⟩; sich ≈ *refl* зара|жа́ться ⟨-зи́ться⟩ (mit *I,* bei от *G*) | sich eine Zigarette ≈ закури́ть *v* 3⁺ папиро́су; **~steckend** *Med* зара́з|ный| -ен, инфекцио́нный; *übertr* зарази́тел|ьный| -ен| -ьна | nicht ≈ незара́з|ный| -ен

Ansteckung *f Med* зараже́ние 5, инфе́кция 8

Ansteckungsgefahr *f Med* опа́сность зараже́ния

an|stehen *intr* стоя́ть 3 в о́череди (nach за *I*); **~steigen** *intr* Straße поднима́ться ⟨подня́ться*| -я́лся| -яли́сь⟩; Wasser повыша́ться ⟨-вы́ситься 3⟩; zunehmen увели́ч|иваться ⟨-иться 3⟩; **~stellen** *tr* zur Arbeit принима́ть ⟨приня́ть*⟩ на рабо́ту, зачисля́ть ⟨зачи́слить 3⟩ в штат; verrichten де́лать (с-), устр|а́ивать ⟨-о́ить 3⟩; einschalten включ|а́ть ⟨-и́ть 3⟩; Unfug твори́ть 3 (со-); sich ≈ *refl* станов|и́ться 3 -лю́сь ⟨стать*⟩ в о́чередь (nach за *I*); *übertr* прики́|дываться ⟨-нуться 4⟩ | angestellt sein нахо|ди́ться 3 -жу́сь на слу́жбе; wie hast du das nur angestellt? как тебе́ э́то удало́сь?; sich geschickt ≈ bei etw. быть* ло́вким в чём-н.; er stellt sich an, als ob ... он де́лает вид| бу́дто ...; **~stellig** ло́в|кий| -ок| -ка́!, иску́с|ный| -ен

An|stellung *f* зачисле́ние 5 в штат; Amt ме́сто 4; **~stieg** *m* подъём 2, восхожде́ние 5

anstiften *tr* подстрек|а́ть ⟨-ну́ть 4⟩

Anstifter *m* подстрека́тель 1, зачи́нщик 2

anstimmen *tr* Lied запева́ть ⟨-|пе́ть*⟩

Anstoß *m* толч|о́к| -ка́ 2, уда́р 2; *übertr* Anlaß по́вод 2; Ärgernis возмуще́ние 5; *Sport* нача́льный уда́р | ~ erregen вызыва́ть ⟨вы́|звать*⟩ возмуще́ние; ~ nehmen an etw. быть* шоки́рованным чем-н.

an|stoßen *tr* толк|а́ть ⟨-ну́ть 4⟩; mit Gläsern чо́каться ⟨чо́кнуться 4⟩ (auf за *A*); *intr* ударя́ться ⟨уда́риться 3⟩ (an о *A*) | mit der Zunge ≈ шепеля́в|ить 3 -лю; auf j-s Wohl ~ пить* за чьё-н. здоро́вье; **~stößig** предосуди́тел|ьный| -ен| -ьна

an|strahlen *tr* осве|ща́ть ⟨-ти́ть 3 -щу́⟩, озар|я́ть ⟨-и́ть 3⟩ луча́ми; j-n смотре́ть 3⁺ сия́ющими глаза́ми на *A;* **~streben** *tr* стрем|и́ться 3 -лю́сь к *D;* **~streichen** *tr* кра́сить (о-, по-), окра́шивать ⟨окра́|сить 3 -шу⟩; im Buch отмеча́ть ⟨отме́|тить 3 -чу⟩; unterstreichen подчёркивать ⟨-черкну́ть 4⟩ | rot ≈ отчёркивать ⟨-черкну́ть⟩ кра́сным (карандашо́м)

Anstreicher *m* маля́р 2e

anstrengen *tr* напряга́ть ⟨-|пря́чь*⟩; ermüden утом|ля́ть ⟨-и́ть 3 -лю́⟩; sich ~ *refl* напряга́ться ⟨-пря́чься⟩, стара́ться (по-); sehr нату́ж|иваться ⟨-иться 3⟩ *umg;* **~d** утоми́тел|ьный| -ен| -ьна

An|strengung *f* напряже́ние 5; ~en *Pl* уси́лия *Pl* 5 | große ≈en unternehmen стара́ться изо всех сил; **~strich** *m* окра́ска 6; *übertr* вид 2

an|stricken *tr* надвя́зывать ⟨-|вяза́ть*⟩; **~stückeln** *tr* надст|авля́ть ⟨-а́вить 3 -а́влю⟩

Ansturm *m* на́тиск 2

Antagonismus *m* антагони́зм 2

antagonistisch антагонисти́ческий

Antarktis Анта́рктика 6

antarktisch антаркти́ческий

antasten *tr übertr* наруша́ть ⟨-ру́шить 3⟩; Ruf затр|а́гивать ⟨-о́нуть 4⟩

Anteil *m* до́ля 7g; *übertr* уча́стие 5 | ~ nehmen an etw. принима́ть ⟨приня́ть*⟩ уча́стие в чём-н.

anteilig 1. *Adj* пропорциона́л|ьный| -ен| -ьна, соразме́р|ный| -ен **2.** *Adv* пропорциона́льно до́ле уча́стия

Anteilnahme *f* Teilnahme уча́стие 5; Mitgefühl сочу́вствие 5

Antenne *f* анте́нна 6

Anthologie *f* антоло́гия 8

Anthrazit *m* антраци́т 2

anthrazitfarben антраци́товый

Anthropolog|e *m* антропо́лог 2; **~ie** *f* антрополо́гия 8

anthropologisch антропологи́ческий

Antibiotikum *n* антибио́тик 2

Antifasch|ismus *m* антифаши́зм 2; **~ist** *m* антифаши́ст 2

antifaschistisch антифаши́стский

antik анти́чный; altertümlich стари́нный

Antike *f* анти́чный мир 2, анти́чность 9

Antilope *f* антило́па 6

antimilitaristisch антимилитари́стский

Antimon *n Chem* сурьма́ 6

Antipathie *f* отвраще́ние 5, антипа́тия 8 (gegen к *D*)

Antipode *m* антипо́д 2

Antiqua *f Typ* анти́ква 6

Antiquar *m* антиква́р 2; Buchhändler букини́ст 2; **~iat** *n* букинисти́ческий магази́н 2

antiquarisch антиква́рный; Buch букинисти́ческий

Antiquität *f* стари́нная вещь 9g; ~en *Pl* предме́ты *Pl* 2 анти́чного иску́сства

Antiquitätenhandlung *f* антиква́рный магази́н

Antisemit *m* антисеми́т 2

antisemitisch антисеми́тский

Antisemitismus *m* антисемити́зм 2

antiseptisch антисепти́ческий [сэ]

Antistatiktuch *n* тря́п|ка 6 -ок для сня́тия электростати́ческих заря́дов

Antithese *f* Stil антитéза [тэ] 6; *Phil* антитéзис [тэ] 2
Antlitz *n* лицó 4с; *poet* лик 2
Antonym *n* антóним 2
Antrag *m* предложéние 5; Gesuch заявлéние 5 | einen ~ stellen вно|сúть 3⁺ -шý ⟨в|нестú*⟩ предложéние; einen ~ um Aufnahme in die Partei stellen по|давáть* ⟨подáть*⟩ заявлéние о приёме в пáртию; er machte ihr einen ~ он сдéлал ей предложéние
antragen *tr* anbieten предлагáть ⟨-ложúть 3⁺⟩
Antragsteller *m* заявúтель 1
an|treffen *tr* zu Hause за|ставáть* ⟨-|стáть*⟩; auf der Straße встречáть ⟨встрé|тить 3 -чу⟩; **~treiben** *tr* zu Leistungen подгонять ⟨подо|гнáть*, подгоню⟩, Tiere a. погонять; *intr* ans Ufer приносúть 3⁺ ⟨-|нестú*⟩ течéнием
antreten *tr* Amt, Erbschaft вступ|áть ⟨-úть 3⁺ -лю⟩ в *A;* Reise отправляться ⟨отпрáв|иться 3 -люсь⟩ в *A;* Motorrad заводúть 3⁺ -вожý ⟨-|вестú*⟩; *intr Mil* стрóиться 3 (вы́-, по-); *Sport* выступáть ⟨вы́ступ|ить 3 -лю⟩ в соревновáнии (gegen прóтив *G*) | den Urlaub ~ идтú* в óтпуск; angetreten! стрóйся!
Antrieb *m* побуждéние 5; äußerer Anlaß стúмул 2; *Tech* привóд 2 | aus eigenem ~ по сóбственному почúну
Antriebs|achse *f Tech* приводнáя ось; Auto ведýщий мост 11-2; **~kraft** *f* двúгательная сúла; **~motor** *m* приводнóй двúгатель; **~welle** *f Tech* приводнóй вал
antrinken *tr:* sich einen (Rausch) ~ напивáться ⟨-|пúться*, -пилúсь⟩, подвы́пить *v umg*
Antritt *m* начáло 4; eines Amtes вступлéние 5 в *A* | vor ~ der Fahrt пéред отъéздом
Antrittsvorlesung *f* лéкция по слýчаю вступлéния в дóлжность
an|trocknen *intr* присыхáть ⟨-сóхнуть 4а⟩; **~tun** *tr* причин|я́ть ⟨-úть 3⟩ | sich etw. ≈ налагáть ⟨-ложúть 3⁺⟩ на себя рýки; tu mir das nicht an не огорчáй меня э́тим
Antwerpen Антвéрпен 2
Antwort *f* отвéт 2; abschlägige откáз 2; auf einen Zuruf óтклик 2 | als ~ auf в отвéт на …; er bleibt keine ~ schuldig он за слóвом в кармáн не полéзет; zur ~ geben сказáть *v* в отвéт; eine scharfe ~ geben отрезáть ⟨-|рéзать*⟩; **~brief** *m* отвéтное письмó
antworten *intr* отвечáть ⟨отвé|тить 3 -чу⟩ (auf на *A*); scharf und kurz отрезáть ⟨-|рéзать*⟩; auf einen Zuruf откликáться ⟨-клúкнуться 4⟩, отзывáться ⟨отозвáться*, отзовýсь, отозвалúсь⟩
Antwortschreiben *n* отвéтное письмó
an|vertrauen *tr* доверять ⟨-вéрить 3⟩; sich ≈ *refl* доверя́ться ⟨-вéриться⟩ *D;* **~wachsen** *intr* festwachsen прирастáть ⟨-|растú*⟩ (an к *D*); zunehmen нарастáть ⟨-растú⟩| er steht da wie angewachsen он тóчно к землé прирóс
An|walt *m Jur* адвокáт 2, защúтник 2 *a. übertr;* **~wandlung** *f* прúступ 2, припá|док, -ка 2
anwärmen *tr* подогревáть ⟨-грéть⟩
An|wärter *m* кандидáт 2 (auf на *A*); **~wartschaft** *f* кандидатýра 6 (auf на *A*)
anweisen *tr* давáть* ⟨дать*⟩ указáние;Platz укáзывать ⟨-|казáть*⟩; Quartier предоставлять ⟨-стáвить 3 -стáвлю⟩; Geld переводúть 3⁺ -вожý ⟨-|вестú*⟩
Anweisung *f* указáние 5; Anleitung инстрýкция 8; Geld перевóд 2
anwendbar применúм:ый
anwenden *tr* примен|я́ть ⟨-úть 3⁺⟩, употреб|ля́ть ⟨-úть 3 -лю⟩ | Sorgfalt ~ прилагáть ⟨-ложúть 3⁺⟩ старáние
Anwendung *f* применéние 5, употреблéние 5 | unter ~ von etw. с применéнием чегó-н.
anwerben *tr* вербовáть 2 (за-), набирáть ⟨-|брáть*⟩
An|werbung *f* вербóвка 6; **~wesen** *n* (небольшóе) владéние 5
anwesend присýтствующий 11 | ~ sein присýтствовать 2 (bei на *P*)
Anwesen|der *m* присýтствующий *Subst 11;* **~heit** *f* присýтствие 5
Anwesenheits|kontrolle *f* провéрка 6 я́вки; **~liste** *f* спúсок присýтствующих | eine ≈ führen вестú учёт посещáемости
anwidern *tr* вызывáть ⟨вы́|звать*⟩ отвращéние | das widert mich an э́то мне протúвно
Anwurf *m Sport* начáльный брос|óк, -кá 2
anwurzeln *intr* укорен|я́ться ⟨-úться 3⟩, пу|скáть ⟨-стúть 3⁺ -щý⟩ кóрни | wie angewurzelt dastehen стоя́ть как вкóпанный
Anzahl *f* (некотóрое) колúчество 4 [числó 4]; große мнóжество 4
anzahlen *tr* упл|áчивать ⟨-атúть 3⁺ -ачý⟩ пéрвый взнос (für в счёт *G*)
Anzahlung *f* пéрвый взнос 2
anzapfen *tr* Faß начинáть ⟨начáть*⟩ | das Telefon ~ подключ|áться ⟨-úться 3⟩ к телефóнному прóводу
Anzeichen *n* прúзнак 2
anzeichnen *tr* anmerken отмечáть ⟨-мéтить 3 -мéчу⟩; an Tafel рисовáть 2 (на-)
Anzeige *f* Mitteilung сообщéние 5; Annonce объявлéние 5; *Jur* заявлéние 5; Meßinstrument показáние 5 | von etw. ~ erstatten заяв|ля́ть ⟨-úть 3⁺ -лю⟩ о чём-н.; gegen j-n ~ erstatten wegen дéлать (с-) заявлéние на когó-н. по пóводу *G*
anzeigen *tr* durch Aushang изве|щáть ⟨-стúть 3 -щý⟩, уведомля́ть ⟨увéдомить 3

-лю⟩; Meßinstrumente пока́зывать ⟨-|каза́ть*⟩; annoncieren объяв|ля́ть ⟨-и́ть 3⁺ -лю́⟩; bei Behörden заяв|ля́ть ⟨-и́ть 3⁺ -лю́⟩ о *P*
Anzeigenteil *m* Zeitung отде́л 2 объявле́ний
Anzeiger *m* Zeitung ве́стник 2; *Tech* указа́тель 1
an|zetteln *tr* затева́ть ⟨-те́ять| -те́ю| -те́ешь⟩; Verschwörung устр|а́ивать ⟨-о́ить 3⟩; **~ziehen** *tr* Kleidung надева́ть ⟨-|де́ть*⟩; Person одева́ть ⟨-де́ть⟩; Schuhe обува́ть ⟨обу́|ть| -ю| -ешь⟩; straffen подтя́гивать ⟨-тяну́ть 4⁺⟩; Schraube подви́нчивать ⟨-винти́ть 3 -винчу́| -ви́нченный⟩; *übertr* привлека́ть ⟨-|вле́чь*⟩; *intr* Preise поднима́ться ⟨подня́ться*| -ялся́| -яли́сь⟩, повыша́ться ⟨-вы́ситься 3⟩; sich ≈ *refl* одева́ться ⟨-де́ться⟩ | dem Kind einen Mantel ≈ оде́ть ребёнка в пальто́; **~ziehend** привлека́тел|ьный| -ен| -ьна, интере́с|ный| -ен
Anziehpuppe *f* ку́кла с гардеро́бом
Anziehung *f Phys* притяже́ние 5
Anziehungs|kraft *f* привлека́тельность 9; *Phys* си́ла притяже́ния; **~punkt** *m:* diese Ausstellung ist ein ≈ für viele Besucher э́та вы́ставка привлека́ет мно́го посети́телей
Anzug *m* костю́м 2 | ein Gewitter ist im ~ надвига́ется гроза́
anzüglich двусмы́слен:ный
Anzüglichkeit *f* двусмы́сленность 9
an|zünden *tr* зажига́ть ⟨-|же́чь*⟩; Zigarette заку́ривать ⟨-кури́ть 3⁺⟩; Gebäude поджига́ть ⟨-же́чь⟩; **~zweifeln** *tr* сомнева́ться в *P*
Äolsharfe *f* эо́лова 13 а́рфа
Aorta *f* ао́рта 6
apart привлека́тел|ьный| -ен| -ьна, изыскан:ный| -на
Apathie *f* апа́тия 8
apathisch апати́ч|ный| -ен
Apenninen *Pl* Апенни́ны *Pl* 6
Aperitif *m* аперити́в 2
Apfel *m* я́блок|о 4 *Pl* -и *G* я́блок | in den sauren ~ beißen *übertr* покор|я́ться ⟨-и́ться 3⟩ неприя́тной необходи́мости; der ~ fällt nicht weit vom Stamm *übertr* я́блоко от я́блони недалеко́ па́дает; **~baum** *m* я́блоня 7; **~kuchen** *m* я́блочный пиро́г; **~mus** *n* я́блочное пюре́; **~saft** *m* я́блочный сок; **~schale** *f* ко́жица я́блока
Apfelsine *f* апельси́н 2
Apfelsinenscheibe *f* апельси́новая до́л|ька 6 *G Pl* -ек
Apfelwein *m* сидр 2, я́блочное вино́
Aphorismus *m* афори́зм 2
aphoristisch афористи́ческий
apodiktisch аподикти́ческий
Apokalypse *f* апока́липсис 2
Apolog|et *m* апологе́т 2; **~ie** *f* аполо́гия 8
Apostel *m* апо́стол 2
apostolisch апо́стольский
Apostroph *m* апостро́ф 2
apostrophieren *tr* ста́в|ить 3 -лю (по-) апостро́ф
Apotheke *f* апте́ка 6; **~r** *m* апте́карь 1
Apotheose *f* апофео́з 2
Apparat *m* аппара́т 2, прибо́р 2; **~ur** *f* аппарату́ра 6
Appartement *n* апарта́мент 2 *meist Pl;* **~haus** *n* жило́й дом гости́ничного ти́па
Appell *m* Aufruf призы́в 2, обраще́ние 5 (an к *D*); namentlicher Aufruf перекли́чка 6; Ruf zum Sammeln сбор 2; im Pionierlager лине́йка 6
Appellation *f* апелля́ция 8
appellieren *intr* обраща́ться ⟨-ти́ться 3 -щу́сь⟩ с призы́вом (an к *D*), апелли́ровать *uv, v* 2 (an к *D*)
Appendix *m* аппе́ндикс 2
Appetit *m* аппети́т 2 (auf на *A*) | guten ~! прия́тного аппети́та!; ~ anregen возбу|жда́ть ⟨-ди́ть 3 -жу́⟩ аппети́т; mir ist der ~ vergangen у меня́ пропа́л аппети́т
appetit|anregend вызыва́ющий 11 аппети́т; **~lich** аппети́т|ный| -ен
Appetitlosigkeit *f* отсу́тствие 5 аппети́та
applaudieren *intr* аплоди́ровать 2
Applaus *m* аплодисме́нты *Pl* 2
Applikation *f* Stickerei апплика́ция 8
Apposition *f Gramm* приложе́ние 5
Appretur *f Text* аппре́т 2
Approbation *f* Arzt допуще́ние 5 к пра́ктике
approbieren *tr* Arzt допу|ска́ть ⟨-сти́ть 3⁺ -щу́⟩ к пра́ктике
Aprikose *f* абрико́с 2
April *m* апре́ль 1 | j-n in den ~ schicken подшу́чивать ⟨-шути́ть 3⁺ -шучу́⟩ над кем-н. пе́рвого апре́ля; **~scherz** *m* апре́льская шу́тка; **~wetter** *n* переме́нчивая пого́да
apropos *Adv* кста́ти
Aquädukt *m* акведу́к 2
Aquamarin *m* аквамари́н 2
Aqua|naut *m* акванáвт 2; **~planing** *n* скольже́ние 5 (автомоби́ля) по мо́крой пове́рхности
Aquarell *n* акваре́ль 9; **~farbe** *f* акваре́льная кра́ска; **~maler** *m* акварели́ст 2; **~malerei** *f* акваре́льная жи́вопись
Aquarium *n* аква́риум 2
Äquator *m* эква́тор 2
äquatorial экваториа́льный
Äquatorial-Guinea Экваториа́льная Гвине́я 7
Äquilibrist *m* эквилибри́ст 2
äquivalent эквивале́нт|ный| -ен
Äquivalent *n* эквивале́нт 2 (für *G*)
Ar *m, n* ар 2

Ära *f* э́ра 6
Araber *m* ара́б 2; Pferd ара́бская ло́шадь 9g *I Pl* -ми; ~**in** *f* ара́бка 6
Arabeske *f* арабе́ск 2
arabisch ара́бский
Aralsee Ара́льское мо́ре 3
Arbeit *f* рабо́та 6; *Wiss* труд 2e | eine ~ leisten де́лать (с-) рабо́ту, выполня́ть ⟨вы́полнить 3⟩ рабо́ту; an die ~ gehen приступ|а́ть ⟨-и́ть 3⁺ -лю́⟩ к рабо́те; sich an die ~ machen принима́ться ⟨приня́ться*ᵢ -я́лся́ᵢ -яли́сь⟩ за рабо́ту, занима́ться ⟨заня́ться*ᵢ -я́лся́ᵢ -яли́сь⟩ рабо́той; bei der ~ sein быть за рабо́той; er ging zur ~ он вы́шел на рабо́ту; geistige ~ у́мственный труд; körperliche ~ физи́ческий труд; mir geht die ~ leicht von der Hand у меня́ рабо́та спори́тся
arbeiten *intr* рабо́тать; тру|ди́ться 3⁺ -жу́сь (an над *I*); sich beschäftigen занима́ться ⟨заня́ться*ᵢ -я́лся́ᵢ -яли́сь⟩; eine Zeitlang порабо́тать *v;* Maschine рабо́тать | an einem Artikel ~ рабо́тать над статьёй; er arbeitet für seine Familie он рабо́тает на свою́ семью́
Arbeiter *m* рабо́чий *Subst* 11; jeder Arbeitende рабо́тник 2 | ungelernter ~ чернорабо́чий *Subst* 11; ~**bewegung** *f* рабо́чее 11 движе́ние; ~**festspiele** *n Pl* театра́льный фестива́ль для рабо́чих; ~**in** *f* рабо́тница 6; ~**klasse** *f* рабо́чий 11 класс; ~**korrespondent** *m* рабо́чий 11 корреспонде́нт, рабко́р 2; ~**partei** *f* рабо́чая 11 па́ртия; ~**schaft** *f* рабо́чие *Subst* 11; ~**siedlung** *f* рабо́чий 11 посёлок; ~**-und-Bauern-Fakultät** *f* (*Abk* ABF) рабо́че-крестья́нский факульте́т; ~**-und-Bauern-Staat** *m* рабо́че-крестья́нское госуда́рство; ~**veteran** *m* ветера́н труда́; ~**wohnungsbaugenossenschaft** *f* рабо́чий 11 жили́щно-строи́тельный кооперати́в
Arbeit|geber *m* работода́тель 1; ~**nehmer** *m* рабо́чий *Subst* 11; Angestellter слу́жащий *Subst* 11
arbeitsam работя́щий 11, трудолюби́в:ый
Arbeits|amt *n* би́ржа 6 труда́; ~**anzug** *m* рабо́чий 11 костю́м; ~**aufwand** *m* затра́та 6 труда́ (für на *A*); ~**ausfall** *m* просто́й 1 в рабо́те; ~**biene** *f* рабо́чая 11 пчела́; ~**buch** *n* трудова́я кни́жка; ~**bummelant** *m* прогу́льщик 2; ~**disziplin** *f* трудова́я дисципли́на; ~**eifer** *m* трудово́е рве́ние; ~**einsatz** *m* рабо́та 6, уча́стие 5 в како́й-н. рабо́те; freiwilliger суббо́тник 2; ~**einstellung** *f* прекраще́ние рабо́ты; Verhältnis zur Arbeit отноше́ние 5 к труду́
arbeitsfähig работоспосо́б|ный, -ен, трудоспосо́б|ный, -ен
Arbeits|fähigkeit *f* работоспосо́бность 9, трудоспосо́бность 9; ~**gang** *m* опера́ция 8; ~**gebiet** *n* о́бласть рабо́ты, сфе́ра 6 де́ятельности; ~**gemeinschaft** *f* (делово́е) сотру́дничество 4, рабо́чее 11 содру́жество; Zirkel круж|о́кᵢ -ка́ 2; ~**gericht** *n Jur* суд по трудовы́м дела́м; ~**gesetzbuch** *n* ко́декс 2 зако́нов о труде́; ~**kampf** *m* забасто́вочная борьба́; ~**kittel** *m* рабо́чий 11 хала́т; ~**kleidung** *f* рабо́чий костю́м 11-2; ~**klima** *n* атмосфе́ра 6 на рабо́те; ~**kollege** *m* това́рищ по рабо́те, колле́га 6; ~**kollektiv** *n* трудово́й коллекти́в; ~**kraft** *f* Arbeiter рабо́чая 11 си́ла | die Arbeitskräfte reichen nicht aus рабо́чих рук не хвата́ет; ~**kräftelenkung** *f* распределе́ние 5 [расстано́вка 6] рабо́чей си́лы; ~**kräftemangel** *m* нехва́тка рабо́чей си́лы; ~**kräfteplan** *m* план подгото́вки рабо́чей си́лы; ~**leistung** *f* вы́работка 6; ~**lohn** *m* за́работная пла́та 6, зарпла́та 6
arbeitslos безрабо́тный
Arbeitsloser *m* безрабо́тный *Subst* 10
Arbeits|losenunterstützung *f* посо́бие 5 по безрабо́тице; ~**losigkeit** *f* безрабо́тица 6; ~**mittel** *n* сре́дство труда́; ~**moral** *f* созна́тельное отноше́ние 5 к труду́; ~**norm** *f* но́рма вы́работки | technisch begründete ≈ техни́чески обосно́ванная но́рма вы́работки; ~**ordnung** *f* im Betrieb пра́вила *Pl* 4 вну́треннего распоря́дка; ~**organisation** *f* организа́ция труда́; ~**plan** *m* план рабо́ты, рабо́чий 11 план; ~**platz** *m* рабо́чее 11 ме́сто | j-m einen ≈ verschaffen устр|а́ивать ⟨-о́ить 3⟩ кого́-н. на рабо́ту; ein gesicherter ≈ обеспе́ченная рабо́та; ~**produktivität** *f* производи́тельность труда́; ~**prozeß** *m* трудово́й проце́сс; ~**recht** *n* трудово́е пра́во
arbeitsscheu уклоня́ющийся 11 от рабо́ты
Arbeits|schluß *m* коне́ц рабо́чего дня; ~**schutz** *m* охра́на труда́; ~**stelle** *f* ме́сто рабо́ты; ~**tag** *m* рабо́чий 11 день; ~**teilung** *f* разделе́ние труда́; ~**überlastung** *f* перегру́женность 9 рабо́той
arbeitsunfähig нетрудоспосо́б|ныйᵢ -ен, неработоспосо́б|ныйᵢ -ен
Arbeits|unfähigkeit *f* нетрудоспосо́бность 9, неработоспосо́бность 9; ~**unfall** *m* несча́стный слу́ча|й 1 *G Pl* -ев на произво́дстве; ~**unterbrechung** *f* переры́в 2 в рабо́те; ~**zeit** *f* рабо́чее 11 вре́мя; ~**zeitverkürzung** *f* сокраще́ние рабо́чего дня; ~**zimmer** *n* кабине́т 2
archaisch архаи́ческий
Archangelsk Арха́нгельск 2
Archäolog|e *m* архео́лог 2; ~**ie** *f* археоло́гия 8
archäologisch археологи́ческий
Archipel *m* архипела́г 2

Architekt *m* архитéктор 2
architektonisch архитектýрный; baukünstlerisch архитектони́ческий
Architektur *f* архитектýра 6
Archiv *n* архи́в 2; **~ar** *m* архивáриус 2
Areal *n* террито́рия 8
Arena *f* арéна 6 | in der ~ на арéне
arg 1. *Adj* дурнó|й, дýр|ен, -нá, -но, дýрны́, злой, зол, злéйший 11; Fehler грýб:ый, -á!, крýп|ный, -ен, -нá! | im ~en liegen быть* в плохóм положéнии; in ~er Verlegenheit sein испы́тывать ⟨-пытáть⟩ больши́е затруднéния **2.** *Adv* си́льно | j-m ~ mitspielen сыгрáть *v* с кем-н. злýю шýтку; das ist zu ~ э́то уж сли́шком; es zu ~ treiben *umg* захо|ди́ть 3⁺ -жý сли́шком далекó
Argentini|en Аргенти́на 6; **~er** *m* аргенти́н|ец, -ца 2; **~erin** *f* аргенти́нка 6
argentinisch аргенти́нский
Ärger *m* досáда 6 (über на *A*); Zorn гнев 2; Unannehmlichkeit неприя́тность 9 | aus ~ с досáды, со злá; zum ~ нáзлó; viel ~ haben имéть мнóго неприя́тностей; j-m ~ bereiten доса|ждáть ⟨-ди́ть 3 -жý⟩ комý-н.
ärgerlich серди́тый, раздражён|ный, -ён, -енá; peinlich досáд|ный, -ен | ~ sein auf j-n сер|ди́ться 3⁺ -жýсь (рас-) на когó-н., быть серди́тым на когó-н.; es ist ~, daß … досáдно, что …
ärgern *tr* злить 3 (обо-, о-, разо-), серди́ть 3⁺ -жý (рас-); sich ~ *refl* серди́ться (рас-), зли́ться (обо-, о-, разо-) | er ärgerte sich zu Tode он си́льно серди́лся; es ärgerte mich, daß … досáдно мне, что …
Ärgernis *n* досáда 6, неприя́тность 9 | ~ erregen вызывáть ⟨вы́|звать*⟩ досáду; öffentliches ~ публи́чный скандáл 2
Arglist *f* ковáрство 4
arg|listig ковáр|ный, -ен; **~los** простодýш|ный, -ен
Arglosigkeit *f* простодýшие 5
Argon *n* аргóн 2
Argument *n* аргумéнт 2, дóвод 2; **~ation** *f* аргументáция 8
argumentieren *intr* приводи́ть 3⁺ -вожý ⟨-|вести́*⟩ доказáтельства, аргументи́ровать *uv, v* 2
Argwohn *m* подозрéние 5, недовéрие 5 | ~ hegen gegen j-n питáть недовéрие к комý-н.
argwöhn|en *tr* подозревáть; **~isch** подозри́тел|ьный, -ен, -ьна | ≈ sein gegen j-n питáть подозрéние к комý-н.
Arie *f* áрия 8
Aristokrat *m* аристокрáт 2; **~ie** *f* аристокрáтия 8
aristokratisch аристократи́ческий; vornehm аристократи́ч|ный, -ен
Arithmetik *f* арифмéтика 6
arithmetisch арифмети́ческий | das ~e Mittel срéднее *Subst* 10 арифмети́ческое
Arkade *f* аркáда 6
Arktis Áрктика 6
arktisch аркти́ческий
arm бéд|ный, -ен, -нá, -но, бéдны́ (an *I*) | ~ sein нуждáться (an в *P*); ~ werden беднéть (о-); ~er Schlucker *umg* бедня́га *m* 6
Arm *m* рукá 6а; Fluß рукáв 2е *Pl* -á; am Sessel рýчка 6; Hebel рычáг 2е, плечó 4 *Pl* плéчи, плеч, плечáм | in den ~en в объя́тиях; ~ in ~ рукá óб руку; j-m unter die ~e greifen *übertr* помогáть ⟨-|мóчь*⟩ комý-н.; die Aktentasche unter den ~ nehmen взять *v* портфéль под мы́шки [под мы́шку]; etw. unter dem ~ tragen нести́ что-н. под мы́шкой
Armatur *f* арматýра 6
Armaturenbrett *n* щит|óк, -кá 2 прибóров, прибóрный щитóк
Armband *n* браслéт 2; **~uhr** *f* ручны́е [нарýчные] часы́
Arm|binde *f* повя́зка 6 (на рукé), нарукáвная повя́зка; als Schlinge перевя́зь 9; **~brust** *f* арбалéт 2, самострéл 2
Armee *f* áрмия 8; **~befehlshaber** *m* комáндующий *Subst* 11 áрмией; **~general** *m* генерáл áрмии; **~korps** *n* армéйский кóрпус; **~sportler** *m* спортсмéн армéйского клýба
Ärmel *m* рукáв 2е *Pl* -а | das läßt sich nicht aus dem ~ schütteln э́то дéло нелёгкое [xк]; **~brett** *n* глади́льная доскá для рукавóв; **~futter** *n* подклáдка 6 рукавá; **~halter** *m* рези́нка 6 для рукавóв; **~kanal** *m* проли́в 2 Ла-Мáнш
ärmellos без рукавóв | ~e Jacke безрукáвка 6
Ärmelschoner *m* нарукáвник 2
Armen|ien Армéния 8; **~ier** *m* арм|яни́н 2 *Pl* -я́не, -я́н; **~ierin** *f* армя́нка 6
armenisch армя́нский | Armenische Sozialistische Sowjetrepublik Армя́нская Совéтская Социалисти́ческая Респýблика
Armer *m* бедня́к 2е; *übertr* бедня́жка *m* 6
Arm|lehne *f* рýчка 6 крéсла; **~leuchter** *m* канделя́бр 2
ärmlich убóг:ий, бéд|ный, -ен, -нá, -но, бéдны́
Ärmlichkeit *f* бéдность 9
armselig жáл|кий, -ок, -кá!, убóгий
Armseligkeit *f* скýдость 9, убóжество 4
Armut *f* бéдность 9; arme Leute беднотá 6 | geistige ~ духóвное убóжество 4
Armvoll *m* охáпка 6 | einen ganzen ~ цéлую охáпку
Arnika *f* áрника 6
Aroma *n* аромáт 2
aromatisch аромáт|ный, -ен; *Chem* аромати́ческий

Aronstab *m Bot* áрум 2, арóнник 2
Arrangement *n* Übereinkunft соглашéние 5; *Mus* аранжирóвка 6
arrangieren *tr* устр|áивать ⟨-óить 3⟩; *Mus* аранжи́ровать *uv, v* 2
Arrest *m* арéст 2
arretieren *tr* арест|óвывать ⟨-овáть *a. uv* 2⟩; *Tech* Waage стóпорить 3 (за-)
arrogant надмéн|ный, -ен, -на, занóсчив:ый
Arroganz *f* надмéнность 9, занóсчивость 9
Arsen *n* мышья́к 2е
Arsenal *n* арсенáл 2
Art *f Biol* вид 2; Sorte род 2b, сорт 2b, *Pl* -á; Weise спóсоб 2; eines Menschen манéра 6 вести́ себя́ | auf diese ~ (und Weise) таки́м óбразом; auf jede ~ (und Weise) вся́чески, на все лады́; von der ~ такóго рóда; in dieser ~ в э́том [такóм] рóде; aus der ~ schlagen вырождáться ⟨вы́родиться 3⟩; das ist doch keine ~ э́то ни на что не похóже; der Ursprung der ~en *Biol* происхождéние ви́дов
arteigen свóйствен:ный какóму-то ви́ду
Arterie *f* артéрия 8
Arterienverkalkung *f* артериосклерóз 2
artesisch артезиáнский | ~er Brunnen артезиáнский колóдец
artig послу́ш|ный, -ен; höflich вéжлив:ый, учти́в:ый
Artikel *m* стат|ья́ 7 *G Pl* -éй; Ware товáр 2, предмéт 2; Verfassung статья́; eines Vertrages пункт 2; *Gramm* арти́кль 1, член 2 | einen ~ veröffentlichen поме|щáть ⟨-сти́ть 3 -щу́⟩ статью́
Artikulation *f* артикуля́ция 8
artikulieren *tr* артикули́ровать *uv,v* 2
Artillerie *f* артиллéрия 8; **~feuer** *n* артиллери́йский огóнь
Artillerist *m* артиллери́ст 2
Artischocke *f* артишóк 2
Artist *m* арти́ст 2 ци́рка [эстрáды]; **~ik** *f* цирковóе искýсство 4; искýсство эстрáды; **~in** *f* арти́стка 6 ци́рка [эстрáды]
artistisch акробати́ческий; meisterhaft виртуóз|ный, -ен
Arznei *f* лекáрство 4 (gegen от *G*) | eine ~ verschreiben прописывать ⟨-|писáть*⟩ лекáрство; die ~ wirkte лекáрство оказáло дéйствие; **~buch** *n* фармакопéя 7; **~kunde** *f* фармаколóгия 8; **~mittel** *n* лекáрство 4; **~pflanze** *f* лекáрственное растéние
Arzt *m* врач 2е *G Pl* -éй, дóктор 2b *Pl* -á *umg* | als ~ в кáчестве врачá; den ~ zu Rate ziehen обра|щáться ⟨-ти́ться 3 -щýсь⟩ к врачý за консультáцией; praktischer ~ врач-прáктик 2е-2
Ärztekommission *f* врачéбная коми́ссия
Ärztin *f* (жéнщина-) врач (6-)2е *G Pl* -éй
ärztlich врачéбный, медици́нский | ~e Untersuchung врачéбный осмóтр; ~e Beratungsstelle консультáция 8; ~e Hilfe in Anspruch nehmen пóльзоваться 2 медици́нской пóмощью
[1]**As** *n* Karte туз 2е *A* тузá; *übertr* ас 2
[2]**As** *n Mus* ля бемóль 1
Asbest *m* асбéст 2; **~platte** *f* асбéстовая плитá 6
Aschchabad Ашхабáд 2
Asche *f* пéп|ел, -ла 2, золá 6; von Toten прах 2
Aschen|bahn *f Sport* гаревáя дорóжка 6; **~becher** *m* пéпельница 6; **~brödel** *n* зóлушка 6; **~kasten** *m* зóльник 2
aschgrau пéпельно-сéрый
äsen *intr* пасти́сь*, корми́ться 3⁺
Aserbaidshan Азербайджáн 2; **~er** *m* азербайджáн|ец, -ца 2; **~erin** *f* азербайджáнка 6
aserbaidshanisch азербайджáнский | Aserbaidshanische Sozialistische Sowjetrepublik Азербайджáнская Совéтская Социалисти́ческая Респýблика
Asiat *m* азиáт 2; **~in** *f* азиáтка 6
asiatisch азиáтский
Asien А́зия 8
Aske|se *f* аскети́зм 2; **~t** *m* аскéт 2
asketisch аскети́ческий
Asowsches Meer Азóвское мóре
asozial асоциáльный
Aspekt *m* аспéкт 2; *Gramm* вид 2 | unvollendeter ~ несовершéнный вид; vollendeter ~ совершéнный вид
Asphalt *m* асфáльт 2
asphaltieren *tr* асфальти́ровать *uv, v* 2 (*a.* за-), покрывáть ⟨-|кры́ть*⟩ асфáльтом
Asphaltstraße *f* асфальти́рованная ýлица; Landstraße асфальти́рованное шоссé
Aspik *m, n* заливнóе блю́до 4
Aspirant *m* аспирáнт 2; **~ur** *f* аспирантýра 6
Aspiration *f Ling* придыхáние 5
aspiriert *Ling* придыхáтельный
Aspirin *n* аспири́н 2
Assel *f Zool* мокри́ца 6
Assessor *m* асéссор 2
Assimilation *f* ассимиля́ция 8, уподоблéние 5
assimilieren *tr* ассимили́ровать *uv, v* 2, упод|обля́ть ⟨-óбить 3 -óблю⟩; sich ~ *refl* ассимили́роваться *uv, v* 2, упод|обля́ться ⟨-óбиться⟩
Assistent *m* ассистéнт 2; **~in** *f* ассистéнтка 6 | wissenschaftlich-technische ≈ лаборáнтка 6
Assistenzarzt *m* млáдший 11 врач
assistieren *intr* ассисти́ровать *uv, v* 2
Assoziation *f* ассоциáция 8
assoziieren *tr* ассоции́ровать *uv, v* 2
assyrisch асси́рийский

Ast *m* сук 2e| на сукý| *Pl a.* сýчь|я| -ев 1; Zweig ветвь 9g | sich einen ~ lachen *umg* чуть не лóпнуть 4 от смéха
Aster *f* áстра 6
Ästhet *m* эстéт [тэ] 2; **~ik** *f* эстéтика [тэ] 6
ästhetisch эстетúческий [тэ]; geschmackvoll эстетúч|ный [тэ]| -ен
Asthma *n* áстма 6; **~tiker** *m* астмáтик 2, страдáющий *Subst* 11 áстмой
asthmatisch астматúческий
Astloch *n* свищ 2e
Astrolog|e *m* астрóлог 2; **~ie** *f* астролóгия 8
astrologisch астрологúческий
Astronaut *m* астронáвт 2; **~ik** *f* астронáвтика 6
Astronom *m* астронóм 2; **~ie** *f* астронóмия 8
astronomisch астрономúческий
Astrophysik *f* астрофúзика 6
Asyl *n* убéжище 4; ночлéжка 6 | 2 j-m ~ gewähren предост|авля́ть ⟨-áвить 3 -áвлю⟩ комý-н. прáво убéжища; **~recht** *n* прáво убéжища
asymmetrisch асимметрúческий, асимметрúч|ный| -ен
Asymptote *f Math* асимптóта 6
Atelier *n* ателье́ [тэ] *n idkl,* мастерскáя *Subst* 10; Film~ (киносъёмочный) павильóн 2
Atem *m* дыхáние 5; *umg* дух 2 | ~ holen переводúть 3⁺ -вожý ⟨-|вестú*⟩ дух; außer ~ kommen задыхáться ⟨-дохнýться 4 *u.* 4a⟩, запыхáться; den ~ anhalten задéрживать ⟨-держáть 3⁺⟩ дыхáние; es verschlug mir den ~ у меня́ захватúло дух
atemberaubend захвáтывающий 11 (дух)
Atem|beschwerden *f Pl* удýшье 5, затруднённое дыхáние 5 | ich habe ≈ мне трýдно дышáть; **~not** *f* одышка 6, удýшье 5; **~pause** *f* передышка 6; **~wege** *m Pl* дыхáтельные путú; **~zug** *m* вдох 2 | bis zum letzten ≈ до послéднего издыхáния; in einem ≈ одновремéнно
Äthan *n* этáн 2
Athe|ismus *m* атеúзм [тэ] 2, безбóжие 5; **~ist** *m* атеúст [тэ] 2, безбóжник 2
atheistisch атеистúческий [тэ]
Athen Афúны *Pl* 6
Äther *m* эфúр 2
ätherisch эфúрный
Äthiop|ien Эфиóпия 8; **~ier** *m* эфиóп 2; **~ierin** *f* эфиóпка 6
äthiopisch эфиóпский
Athlet *m* атлéт 2; Kraftmensch силáч 2e *G Pl* -éй
athletisch атлетúческий
Äthyl *n* этúл 2; **~alkohol** *m* этúловый спирт 2
Atlantik *m* Атлáнтика 6
atlantisch атлантúческий | Atlantischer Ozean Атлантúческий океáн
[1]**Atlas** *m* Kartenwerk áтлас 2
[2]**Atlas** *m* Stoff атлáс 2
atmen *tr u. intr* дышáть 3⁺ | hier kann man leichter ~ здесь лéгче [хч] дышится
Atmosphäre *f* атмосфéра 6, *übertr a.* обстанóвка 6 | die ~ ist geladen *übertr* атмосфéра накаленá
atmosphärisch атмосфéрный
Atmung *f* дыхáние 5
Atmungsorgane *n Pl* óрганы дыхáния
Atoll *n* атóлл 2
Atom *n* áтом 2
atomar áтомный | ~e Bewaffnung áтомное вооружéние
Atom|bombe *f* áтомная бóмба; **~eisbrecher** *m* áтомный ледокóл; **~energie** *f* áтомная энéргия | die friedliche Nutzung der ≈ испóльзование áтомной энéргии в мúрных цéлях
atomgetrieben с áтомным двúгателем, áтомный
Atomgewicht *n* áтомный вес
Atomkern *m* áтомное ядрó; **~spaltung** *f* делéние 5 áтомного ядрá
Atomkraft *f* áтомная [я́дерная] энéргия 8; **~werk** *n* áтомная электростáнция | ein ≈ mit einer Leistung von 400000 Kilowatt áтомная электростáнция мóщностью в 400 ты́сяч киловáтт
Atom|krieg *m* áтомная войнá; **~müll** *m* радиоактúвные отхóды *Pl* 2; **~physik** *f* áтомная фúзика; **~reaktor** *m* áтомный [я́дерный] реáктор; **~sprengkopf** *m* áтомная боеголóв|ка 6 *G Pl* -ок; **~waffe** *f* áтомное орýжие
atomwaffenfrei свобóдный от áтомного орýжия | ~e Zone безáтомная зóна
Atomwaffensperrvertrag *m* договóр о нераспространéнии я́дерного орýжия
Atomwissenschaftler *m* учёный-áтомник *Subst* 10–2
atonal атонáльный
Attaché *m Pol* атташé *m idkl*
Attacke *f* атáка 6; Anfall прúступ 2
Atten|tat *n* покушéние 5 (auf на *A*); **~täter** *m* совершúвший *Subst* 11 покушéние на *A*
Attest *n* аттестáт 2, свидéтельство 4 | ärztliches ~ медицúнское свидéтельство
attestieren *tr* свидéтельствовать 2 (за-)
Attraktion *f* аттракциóн 2
attraktiv привлекáтел|ьный| -ен| -ьна
Attrappe *f* бутафóрия 8; Auslage муля́ж 2e
Attribut *n* свóйство 4; *Gramm* определéние 5
ätzen *tr* трав|úть 3⁺ -лю́ (вы-); ausbrennen прижигáть ⟨-|жéчь*⟩; durch Säure разъедáть ⟨-|éсть*⟩; *Typ* растр|áвливать ⟨-авúть 3⁺ -авлю́⟩; **~d** éд|кий| -ок| -кá!

Ätzung *f* von Metall травле́ние 5
au! *Interj* ай!, ой!
auch *Konj* та́кже; betont то́же, и | wenn ~ хотя́ (бы) и; was ~ что бы ни; wie ~ как бы ни; sowohl ... als ~ ... как ... так и ..., и ... и ...; nicht nur ..., sondern ~ ... не то́лько ...| но и ...; wie dem ~ sei как бы то ни́ бы́ло; ~ Ihnen kann das passieren и с ва́ми э́то мо́жет случи́ться; ich fahre ~ nach Hause я то́же пое́ду домо́й
Audienz *f* аудие́нция 8, приём 2
audiovisuell аудиовизуа́льный
Auditorium *n* аудито́рия 8
Aue *f* луга́, -о́в *Pl* 2; Tal доли́на 6
Auer|hahn *m* глуха́рь 1e; **~ochs** *m* тур 2
auf 1. *Adv:* das Fenster ist ~ окно́ откры́то; er ist schon ~ он уже́ на нога́х; ~ und ab взад и вперёд; ~ und nieder вверх и вниз; von klein ~ с де́тства **2.** *Präpos Ort wo?* на *P;* ~ dem Tisch на столе́; ~ der Post на по́чте; ~ der Straße gehen идти́ по у́лице [доро́ге]; ~ beiden Seiten по о́бе сто́роны; ~ der Bank [Sparkasse] в ба́нке [сберка́ссе] | *wohin?* на *A;* ~ den Tisch на стол; ~ die Post gehen идти́ на по́чту; ~s Land fahren е́хать в дере́вню | Entfernung на *A;* ~ drei Kilometer на три киломе́тра; ~ Schußweite на да́льность вы́стрела | *Zeit* на *A;* ~ ein Jahr на́ год; ~ Zeit на вре́мя; ~ Monate hinaus на (це́лые) ме́сяцы; die Versammlung ~ morgen [Mittwoch] verlegen пере|нести́* собра́ние на за́втра [сре́ду]; ~ die Minute genau мину́та в мину́ту; ~ einmal вдруг; ~ der Stelle то́тчас, сейча́с | Steigerung, Verringerung до *G;* ~ hundert Tonnen erhöhen повы́сить до ста тонн; den Ausschuß ~ zwei Prozent senken сни́зить брак до двух проце́нтов; ~ ein Minimum reduzieren сократи́ть до ми́нимума | ~ etw. hin по *D;* ~ Wunsch по жела́нию; ~ Einladung по приглаше́нию | *Art und Weise:* ~ diese Weise таки́м о́бразом; ~ neue Art und Weise поно́вому; ~ friedliche Weise ми́рным путём; ~ deutsch по-неме́цки; ~s beste как нельзя́ лу́чше; ~s höchste в вы́сшей ме́ре [сте́пени] **3.** *Konj:* ~ daß ... что́бы ... **4.** *Interj:* ~! встань!
auf|arbeiten *tr* Unerledigtes навёрстывать ⟨-верста́ть⟩; Kleidung, Möbel поднов|ля́ть ⟨-и́ть 3 -лю́⟩; **~atmen** *intr* вздыха́ть ⟨вздохну́ть 4⟩; **~bahren** *tr* устан|а́вливать ⟨-ови́ть 3⁺ -овлю́⟩ (гроб с те́лом кого́-н.)
Aufbau *m* строи́тельство 4, сооруже́ние 5; *Tech* констру́кция 8; Aufstockung надстро́йка 6; Struktur структу́ра 6, устро́йство 4; eines Kunstwerks компози́ция 8 | der grammatische ~ граммати́ческий строй; **~arbeit** *f* созида́тельный труд
auf|bauen *tr* стро́ить 3 (по-), соору|жа́ть ⟨-ди́ть 3 -жу́⟩ | ein gut aufgebauter Vortrag стро́йный докла́д; **~bäumen, sich** *refl* в|става́ть* ⟨-|стать*⟩ на дыбы́; *übertr* вос|става́ть* ⟨-|ста́ть*⟩; **~bauschen** *tr übertr* раздува́ть ⟨-|ду́ть*⟩
auf|begehren *intr* протестова́ть 2 (за-) (gegen про́тив *G*); **~behalten** *tr* Hut не снима́ть ⟨снять*⟩ *G;* **~bereiten** *tr* Erz обога|ща́ть ⟨-ти́ть 3 -щу́⟩; Daten подгот|овля́ть ⟨-о́вить 3 -о́влю⟩
Aufbereitung *f* обогаще́ние 5; подгото́вка 6
aufbessern *tr* улучша́ть ⟨улу́чшить 3⟩; Lohn повыша́ть ⟨-вы́сить 3 -вы́шу⟩
Aufbesserung *f* улучше́ние 5; Lohn повыше́ние 5, *umg* приба́вка 6
Aufbettung *f* дива́н 2; куше́тка 6
aufbewahren *tr* храни́ть 3, сохран|я́ть ⟨-и́ть⟩; sorgfältig сберега́ть ⟨-|бере́чь*⟩
Aufbewahrung *f* хране́ние 5, сохране́ние 5; сбереже́ние 5 | zur ~ geben сдава́ть ⟨сдать⟩ на хране́ние
auf|bieten *tr* Truppen призыва́ть ⟨-|зва́ть*⟩; Kräfte напряга́ть ⟨-|пря́чь*⟩; Brautpaar объяв|ля́ть ⟨-и́ть 3⁺ -лю́⟩ о предстоя́щем бракосочета́нии | alles ≈ прилага́ть ⟨-ложи́ть 3⁺⟩ все уси́лия; **~binden** *tr* lösen развя́зывать ⟨-|вяза́ть*⟩; Haare расп|ска́ть ⟨-сти́ть 3⁺ -щу́⟩; hochbinden подвя́зывать ⟨-|вяза́ть*⟩; **~blähen** *tr* надува́ть ⟨-|ду́ть*⟩; sich ≈ *refl* надува́ться ⟨-ду́ться⟩; *übertr* ва́жничать; **~blasen** *tr* надува́ть ⟨-|ду́ть*⟩; **~bleiben** *intr* не ложи́ться 3 ⟨лечь*⟩ спать; Fenster о|става́ться* ⟨-|ста́ться*⟩ откры́тым; **~blikken** *intr* поднима́ть ⟨подня́ть*⟩ взгляд [глаза́] на *A,* взгля́дывать ⟨взгляну́ть 4⁺⟩ вверх на *A;* **~blitzen** *intr* сверкну́ть *v* 4, von Gedanken *a.* промелькну́ть *v* 4; **~blühen** *intr* расцвета́ть ⟨-|цвести́*⟩; *übertr* процвета́ть ⟨-цвести́⟩; **~brausen** *intr übertr* вспы́ли́ть *v* 3; **~brausend** вспы́льчив:ый, пыл|кий| -ок| -ка́!; **~brechen** *tr* взла́мывать ⟨взлома́ть⟩; Brief вскрыва́ть ⟨-|кры́ть*⟩; *intr* Knospe распу|ска́ться ⟨-сти́ться 3⁺⟩; Geschwür вскрыва́ться ⟨-кры́ться⟩, прорыва́ться ⟨-|рва́ться*| -рвали́сь⟩; zur Reise отпр|авля́ться ⟨-а́виться 3 -а́влюсь⟩ в путь; *Mil* ausrücken выступа́ть ⟨вы́ступ|ить 3 -лю⟩; **~bringen** *tr* besorgen до|ставать* ⟨-|ста́ть*⟩, добыва́ть ⟨добы́ть*⟩; einführen вводи́ть 3⁺ -вожу́ ⟨-|вести́*⟩; Schiff захв|а́тывать ⟨-ати́ть 3⁺ -ачу́⟩; *übertr* j-n erregen выводи́ть ⟨вы́вести⟩ кого́-н. из себя́
Aufbruch *m* отправле́ние 5 (в доро́гу), ухо́д 2; Abfahrt отъе́зд 2; *Mil* выступле́ние 5

auf|brühen *tr* зава́ривать ⟨-вари́ть 3⁺⟩; **~bügeln** *tr* разгла́|живать ⟨-дить 3 -жу⟩ (утюго́м); **~bürden** *tr* взва́ливать ⟨-вали́ть 3⁺⟩ (j-m на *A*); **~decken** *tr* раскрыва́ть ⟨-|кры́ть*⟩ *a. übertr* | ein Verbrechen ≈ обнару́ж|ивать ⟨-ить 3⟩ преступле́ние; **~drängen** *tr* навя́зывать ⟨-|вяза́ть*⟩; sich ≈ *refl* навя́зываться ⟨-вяза́ться⟩, напр|а́шиваться ⟨-оси́ться 3⁺ -ошу́сь⟩ | der Gedanke drängt sich auf напра́шивается мысль; **~drehen** *tr* отвёртывать ⟨-верну́ть 4¡ -вёрнутый⟩; Ventil открыва́ть ⟨-|кры́ть*⟩; **~dringlich** назо́йлив:ый, навя́зчив:ый

Auf|dringlichkeit *f* назо́йливость 9, навя́зчивость 9; **~druck** *m* Briefmarke надпеча́тка 6

aufdrücken *tr:* seinen Stempel ~ *übertr* накла́дывать ⟨-ложи́ть 3⁺⟩ свой отпеча́ток на *A*

aufeinander *Adv* друг на дру́га; nacheinander оди́н за други́м; **~folgen** *intr* сле́довать 2 друг за дру́гом; **~folgend** после́довател|ьный₁ -ен₁ -ьна; **~legen** *tr* класть* ⟨положи́ть 3⁺⟩ одно́ на друго́е

Aufenthalt *m* (место)пребыва́ние 5; offiziell местожи́тельство 4; Verzögerung заде́ржка 6; Zug остано́вка 6 | während meines ~es in … во вре́мя моего́ пребыва́ния в …; der Zug hat zehn Minuten ~ стоя́нка по́езда де́сять мину́т, по́езд стои́т де́сять мину́т

Aufenthalts|genehmigung *f* разреше́ние 5 на (промежу́точное) пребыва́ние; zum Wohnen вид 2 на жи́тельство; **~ort** *m* местопребыва́ние 5; **~raum** *m* ко́мната 6 о́тдыха

auf|erlegen *tr* возлага́ть ⟨-ложи́ть 3⁺⟩ (j-m на *A*); Steuern облага́ть ⟨-ложи́ть⟩ *I;* **~erstehen** *intr Rel* воскр|еса́ть ⟨-е́снуть 4a⟩

Auferstehung *f* воскресе́ние 5

auf|essen *tr* до-, съеда́ть ⟨-|е́сть*⟩; **~fädeln** *tr* нани́зывать ⟨-|низа́ть*⟩; **~fahren** *tr* Geschütz ста́в|ить 3 -лю (по-) на пози́цию; *intr* наезжа́ть ⟨-|е́хать*⟩ (auf на *A*); Schiff сади́ться 3 ⟨сесть*⟩ на мель; *übertr* erschrecken вска́кивать ⟨вскочи́ть 3⁺⟩; zornig werden вспыли́ть *v* 3

Auffahrt *f* подъе́зд 2

Auffahrunfall *m* нае́зд 2 на другу́ю маши́ну

auf|fallen *intr übertr* броса́ться ⟨бро́ситься 3⟩ в глаза́ | mir fiel auf, daß … я заме́тил, что …; das fällt allgemein auf э́то всем броса́ется в глаза́; **~fallend, ~fällig** порази́тел|ьный₁ -ен₁ -ьна, броса́ющийся 11 в глаза́ | sich auffällig kleiden крикли́во одева́ться ⟨-|де́ться*⟩; ein auffallender Unterschied заме́тная ра́зница; **~fangen** *tr* Fallendes подхв|а́тывать ⟨-ати́ть 3⁺ -ачу́⟩; Ball лов|и́ть 3⁺ -лю́ ⟨пойма́ть⟩ *a. übertr;* Blick, Töne улавливать ⟨улови́ть⟩; *Wirtsch* приостан|а́вливать ⟨-ови́ть 3⁺ -овлю⟩; **~fassen** *tr* понима́ть ⟨поня́ть*⟩; wahrnehmen воспринима́ть ⟨-|приня́ть*⟩ | unterschiedlich ≈ толкова́ть 2 по-ра́зному

Auffassung *f* понима́ние 5, восприя́тие 5; Meinung мне́ние 5

Auffassungsgabe *f* сообрази́тельность 9

auf|finden *tr* находи́ть 3⁺ -хожу́ ⟨-|йти́*⟩; **~flackern** *intr* вспы́х|ивать ⟨-нуть 4⟩ *a. übertr;* **~flammen** *intr* воспламен|я́ться ⟨-и́ться 3⟩ *a. übertr;* **~flattern** *intr* вспа́рхивать ⟨вспорхну́ть 4⟩; **~fliegen** *intr* взле|та́ть ⟨-те́ть 3 -чу́⟩; Tür распа́хиваться ⟨-пахну́ться 4⟩; *übertr* срыва́ться ⟨со|рва́ться*¡ -рвали́сь⟩, прова́ливаться ⟨-вали́ться 3⁺⟩; **~fordern** *tr* пригла|ша́ть ⟨-си́ть 3 -шу́⟩ (zu на *A*); aufrufen призыва́ть ⟨-|зва́ть*⟩ (zu к *D*); energisch тре́бовать 2 (по-) от *G*

Aufforderung *f* приглаше́ние 5, вы́зов 2; тре́бование 5

aufforsten *tr* разводи́ть 3⁺ -вожу́ ⟨-|вести́*⟩ лес, облеси́ть *v* 3

Aufforstung *f* лесоразведе́ние 5, лесонасажде́ние 5

auf|fressen *tr* съеда́ть ⟨-|есть*⟩, пожира́ть ⟨-|жра́ть*⟩; **~frischen** *tr* Kenntnisse осве|жа́ть ⟨-и́ть 3⟩, обнов|ля́ть ⟨-и́ть 3 -лю́⟩; restaurieren поднов|ля́ть ⟨-и́ть⟩; beleben ожив|ля́ть ⟨-и́ть 3 -лю́⟩; *intr* Wind крепча́ть; **~führen** *tr* Gebäude возводи́ть 3⁺ -вожу́ ⟨-|вести́*⟩; *Theat* ста́в|ить 3 -лю (по-), исполня́ть ⟨-по́лнить 3⟩; anführen приводи́ть 3⁺ -вожу́ ⟨-|вести́*⟩; sich ≈ *refl* вести́ себя́

Aufführung *f* Gebäude возведе́ние 5; *Theat* постано́вка 6

auffüllen *tr* пополня́ть ⟨-по́лнить 3⟩

Aufgabe *f* зада́ча 6; Auftrag зада́ние 5; Schul~ уро́к 2, зада́ние; eines Geschäfts закры́тие 5; Verzicht отка́з 2 (von от *G*); Gepäck, Brief сда́ча 6 *a. Mil* | ~n machen гото́в|ить 3 -лю уро́ки; es sich zur ~ machen ста́в|ить 3 -лю (по-) свое́й зада́чей; er ist dieser ~ nicht gewachsen э́та зада́ча ему́ не по плечу́

aufgabeln *tr übertr* подцеп|ля́ть ⟨-и́ть 3⁺ -лю́⟩

Aufgabenheft *n* дневни́к 2e

Aufgang *m Eisenb* подъём 2; Treppe ле́стница 6; *Astr* восхо́д 2

aufgeben *tr* Schulaufgabe за|дава́ть* ⟨зада́ть*⟩; Brief сдава́ть ⟨-|да́ть*⟩; verzichten отка́зываться ⟨-|каза́ться*⟩ от *G;* Geschäft закрыва́ть ⟨-|кры́ть*⟩; im Stich lassen ост|авля́ть ⟨-а́вить 3 -а́влю⟩; *intr* resignieren пасова́ть 2 (с-); Partie Schach сдава́ть ⟨-да́ть⟩ па́ртию | ein Rätsel ~ зага́дывать ⟨-гада́ть⟩ зага́дку; die Hoffnung ~ теря́ть (по-) на-

де́жду; ein Inserat ~ дава́ть ⟨дать⟩ объявле́ние в газе́ту
aufgeblasen наду́т:ый; *übertr* чва́нный, надме́н|ный, -ен, -на
Aufgebot *n* Brautpaar оглаше́ние 5 вступа́ющих в брак; Polizei наря́д 2
aufge|bracht взбеш|ённый, -ён, -ена́, рассе́ржен:ный, -а; **~dunsen** Gesicht одутлова́т|ый
aufgehen *intr* sich öffnen открыва́ться ⟨-|кры́ться*⟩; Tür отпира́ться ⟨отпере́ться*, отопрётся; отп|ерся́, -ерли́сь⟩; Gestirn восходи́ть 3⁺ ⟨взо|йти́*⟩; Vorhang раствор|я́ться ⟨-и́ться 3⟩; Knospe; Haar распу|ска́ться ⟨-сти́ться 3⁺⟩; Saat всходи́ть 3⁺ ⟨взо|йти́*⟩; Geschwür прорыва́ться ⟨-|рва́ться*; -рва́ли́сь⟩; Gebundenes развя́зываться ⟨-|вяза́ться*⟩; Naht распа́рываться ⟨-|поро́ться*⟩; Geknöpftes расст|ёгиваться ⟨-егну́ться 4⟩; *Math* дели́ться 3⁺ (раз-) без оста́тка; *übertr* быть* поглощённым (in etw. *D*) | in der Arbeit ~ с голово́й уйти́ в рабо́ту; die Rechnung geht auf подсчёты схо́дятся
aufgeklärt просвещён:ный, -на; über etw. осведомл|ённый, -ён, -ена́
aufge|legt располо́женный, -а (zu к *D*) | er ist gut ≈ он в хоро́шем настрое́нии; **~löst:** in Tränen ≈ sein облива́ться ⟨-|ли́ться*, -олью́сь; -ли́ли́сь⟩ слеза́ми; **~räumt** *übertr* весёлый, ве́сел, весела́!, возбужд|ённый, -ён, -ена́; **~regt** взволно́ван:ный, -на; **~schlossen** заинтересо́ванный; mitteilsam общи́тел|ьный, -ен, -ьна; verständnisvoll отзы́вчив:ый; **~takelt** расфуфы́рен:ный, -а; **~weckt** смышлён:ый, поня́тлив:ый
auf|gießen *tr* долива́ть ⟨доли́ть*⟩ на *A; Tee* зава́ривать ⟨-вари́ть 3⁺⟩; **~graben** *tr* раска́пывать⟨-копа́ть⟩, разрыва́ть ⟨-|ры́ть*⟩; **~greifen** *tr übertr* Gedanken подхв|а́тывать ⟨-ати́ть 3⁺ -ачу́⟩
Aufguß *m* насто́|й 1 *G Pl* -ев
auf|haben *tr* Kopfbedeckung име́ть на себе́; Schulaufgaben име́ть зада́ние; *intr umg* Geschäft рабо́тать, быть* откры́тым | den Hut ≈ быть* в шля́пе; **~hacken** *tr* Boden разрых|ля́ть ⟨-и́ть 3⟩; Eis обка́лывать ⟨-|коло́ть*⟩; **~haken** *tr* расст|ёгивать ⟨-егну́ть 4; -ёгнутый⟩ (крючки́); **~halten** *tr* заде́рживать ⟨-держа́ть 3⁺⟩, остан|а́вливать ⟨-ови́ть 3⁺ -овлю́⟩; geöffnet halten держа́ть откры́тым; sich ≈ *refl* заде́рживаться ⟨-держа́ться⟩ | sich unterwegs ≈ остан|а́вливаться ⟨-ови́ться⟩ по пути́; **~hängen** *tr* ве́шать ⟨пове́|сить 3 -шу⟩; an verschiedenen Stellen, z. B Wäsche разве́|шивать ⟨-сить 3 -шу⟩; sich ≈ *refl* ве́шаться ⟨пове́ситься⟩
Aufhänger *m* ве́шалка 6
auf|häufen *tr* скý́ч|ивать ⟨-ить 3⟩, нагромо|жда́ть ⟨-зди́ть 3 -зжу́⟩; sich ≈ *refl* скýчиваться ⟨скýчиться⟩, копи́ться (на-); **~heben** *tr* поднима́ть ⟨подня́ть*⟩; Gesetz отмен|я́ть ⟨-и́ть 3⁺⟩; abschaffen упраздн|я́ть ⟨-и́ть 3⟩; *Mil* Belagerung снима́ть ⟨снять*⟩; bewahren сохран|я́ть ⟨-и́ть 3⟩; sich ≈ *refl Math* взаи́мно уничт|ожа́ться ⟨-о́житься 3⟩ | die Tafel ≈ конча́ть ⟨ко́нчить 3⟩ обе́д [у́жин], в|става́ть* ⟨-|стать*⟩ из-за стола́; der Junge ist dort gut aufgehoben ма́льчик там хорошо́ устро́ен
Aufheben *n:* viel ~s von etw. machen поднима́ть ⟨подня́ть*⟩ мно́го шу́му из-за чего́-н.
Aufhebung *f* отме́на 6, упраздне́ние 5; einer Belagerung сня́тие 5
auf|heitern *tr* весели́ть 3 (раз-); sich ≈ *refl* Wetter проясн|я́ться ⟨-и́ться 3⟩; **~hellen** *tr* де́лать (с-) бо́лее све́тлым; *übertr* разъясн|я́ть ⟨-и́ть 3⟩; sich ≈ *refl* Wetter; Gesicht проясн|я́ться ⟨-и́ться 3⟩; **~hetzen** *tr* подстрек|а́ть ⟨-ну́ть 4⟩; **~heulen** *intr* Wolf; Wind завы́ть *v;* **~holen** *tr* навёрстывать ⟨-верста́ть; -вёрстанный⟩; *intr Sport* сокра|ща́ть ⟨-ти́ть 3 -щу́⟩ диста́нцию; **~horchen** *intr* прислу́ш|иваться ⟨-аться⟩; **~hören** *intr* перестава́ть ⟨-|ста́ть*⟩, прекра|ща́ть ⟨-ти́ть 3 -щу́⟩ *A oder mit Inf; unpers* прекра|ща́ться ⟨-ти́ться⟩, конча́ться ⟨ко́нчиться 3⟩ | da hört (sich) doch alles auf э́то перехо́дит вся́кие грани́цы; es hat aufgehört zu regnen дождь переста́л; **~jauchzen, ~jubeln** *intr* возликова́ть *v* 2
Aufkauf *m* заку́пка 6
aufkaufen *tr* закуп|а́ть ⟨-и́ть 3⁺ -лю́⟩; vollständig раскуп|а́ть ⟨-и́ть⟩
Aufkäufer *m* заку́пщик 2
Aufkauf|preis *m* заку́почная цена́; **~stelle** *f* заку́почный пункт 2;
aufklappbar Sitz откидно́й
auf|klappen *tr* раскрыва́ть ⟨-|кры́ть*⟩; **~klaren** *tr* Wetter проясня́ться; **~klären** *intr* Zweifel выясня́ть ⟨вы́яснить 3⟩; schulen агити́ровать 2, просве|ща́ть ⟨-ти́ть 3 -щу́⟩; *Mil* разве́д|ывать ⟨-ать⟩; sich ≈ *refl* Wetter проясн|я́ться ⟨-и́ться⟩ *a. übertr*
Aufklär|er *m* агита́тор 2; *Mil* разве́дчик 2; **~ung** *f* выясне́ние 5; агита́ция 8; *Lit* просвеще́ние 5; *Mil* разве́дка 6
Aufklärungsflugzeug *n* самолёт-разве́дчик 2-2
auf|kleben *tr* накл|е́ивать ⟨-е́ить 3 -е́ю, -е́ишь⟩; Plakate раскле́ивать ⟨-кле́ить⟩; **~klopfen** *tr* Kissen взбива́ть ⟨-|бить*, взобью́⟩; **~knacken** *tr* Nuß раска́лывать ⟨-|коло́ть*⟩; **~knöpfen** расстёгивать ⟨-стегну́ть 4; -стёгнутый⟩; **~knoten** *tr* развя́зывать ⟨-|вяза́ть*⟩ (у́зел); **~kochen** *tr* кипяти́ть 3 -чу́ (вс-); *intr* вскип|а́ть

⟨-éть 3⟩; **~kommen** *intr* entstehen возникáть ⟨-ни́кнуть 4a⟩; in Gebrauch kommen входи́ть 3⁺ ⟨во|йти́*⟩ в употреблéние; bürgen ручáться ⟨поручи́ться 3⟩ (für за *A*);Sturm поднимáться ⟨подня́ться*⟩ | für einen Schaden ≈ возме|щáть ⟨-сти́ть 3 -щу́⟩ убы́ток; etw. nicht ≈ lassen не давáть* ⟨дать*⟩ появи́ться чему́-н.; gegen j-n nicht ≈ не справля́ться ⟨спрáв|иться 3 -люсь⟩ с кем-н.; **~kratzen** *tr* расцарáп|ывать ⟨-ать⟩; **~kreischen** *intr* взви́зг|ивать ⟨-нуть 4⟩; **~krempeln** *tr* Ärmel засу́чивать ⟨-сучи́ть 3 -су́чишь⟩, заворáчивать ⟨-верну́ть 4¡ -вёрнутый⟩; **~lachen** *intr* за|смея́ться* *v*; laut рассмея́ться *v*, за|хохотáть* *v*; **~laden** *tr* нагр|ужáть ⟨-узи́ть 3 -ужу́¦ -у́зишь⟩; aufbürden взвáливать ⟨-вали́ть 3⁺⟩ (j-m на *A*); Akkumulator зар|яжáть ⟨-яди́ть 3 -яжу́¦ -я́дишь⟩

Auflage *f* издáние 5; Auflagenhöhe тирáж 2e *G Pl* -éй; Soll нóрма 6 вы́работки; Verpflichtung обя́занность 9

auf|lassen *tr* Tür оставля́ть ⟨остáв|ить 3 -лю⟩ откры́тым; Mantel не заст|ёгивать ⟨-егну́ть 4¡ -ёгнутый⟩; Hut не снимáть ⟨снять*⟩ *G*; **~lauern** *intr* подкарау́л|ивать ⟨-ить 3⟩ *A*, подстерегáть ⟨-|стерéчь*⟩ *A*; Jagd подси́живать ⟨-сидéть 3 -сижу́⟩

Auflauf *m* толпá 6c, скоплéние 5 нарóда; Speise запекáнка 6; **~bremse** *f* тóрмоз накáта

auf|laufen *intr* Schiff сади́ться ⟨сесть*⟩ на мель; **~leben** *intr* оживáть ⟨-|жить*¡ óжил⟩, ожив|ля́ться ⟨-и́ться 3 -лю́сь⟩; **~lecken** *tr* сли́зывать ⟨-лизáть¦ -лижу́¦ -ли́жешь⟩

Auflegematratze *f* вéрхний 11 матрáс, наматрáсник 2

auf|legen *tr* наклáдывать ⟨-ложи́ть 3⁺⟩; Tischtuch постилáть ⟨-|стлáть*⟩; Schallplatte стáв|ить 3 -лю (по-); Buch выпускáть ⟨вы́пу|стить 3 -щу⟩ | eine Anleihe ≈ выпускáть ⟨вы́пустить⟩ заём; den Telefonhörer ≈ положи́ть *v* 3⁺ телефóнную тру́бку; **~lehnen, sich** *refl* вос|ставáть* ⟨-|стáть*⟩ (gegen прóтив *G*)

Auflehnung *f* восстáние 5

auf|lesen *tr* подбирáть ⟨подо|брáть*¦ подберу́¡ подóбранный⟩; **~leuchten** *intr* засвети́ться *v* 3⁺; **~liegen** *tr*: sich etw. ≈ *Med* належáть *v* 3 прóлежни на чём-н.; **~lockern** *tr* разрыхл|я́ть ⟨-и́ть⟩ | den Unterricht ≈ оживля́ть урóк; ein aufgelockertes Programm непринуждённая прогрáмма

Auflockerung *f* (раз)рыхлéние 5

auflodern *intr* вспы́х|ивать ⟨-нуть 4⟩, разгор|áться ⟨-éться 3⟩

auflösen *tr* развя́зывать ⟨-|вязáть*⟩; entwirren распу́т|ывать ⟨-ать⟩; Haar; Versammlung распу|скáть ⟨-сти́ть 3⁺ -щу́⟩; *Chem* раствор|я́ть ⟨-и́ть 3⟩; Pulver разводи́ть 3⁺ -вожу́ ⟨-|вести́*⟩; *Math* Klammern раскрывáть ⟨-|кры́ть*⟩ (скóбки); Geschäft ликвиди́ровать *uv, v* 2; Vertrag расторгáть ⟨-тóргнуть 4a *u.* 4⟩; *Mil* расформир|óвывать ⟨-овáть 2⟩; sich ~ *refl* in Flüssigkeit раствор|я́ться ⟨-и́ться⟩; Ansammlung расходи́ться 3⁺ ⟨разойти́сь*⟩ | einen Haushalt ~ распро|давáть* ⟨рас-|продáть*⟩ иму́щество

Auflösung *f* развя́зывание 5; Versammlung рóспуск 2; *Chem* растворéние 5; *Math* разложéние 5, сокращéние 5; Vertrag расторжéние 5; *Mil* расформировáние 5, рóспуск; Geschäft ликвидáция 8, закры́тие 5

Auflösungszeichen *n Mus* бекáр 2

aufmachen *tr* открывáть ⟨-|кры́ть*⟩; Augen раскрывáть ⟨-кры́ть⟩; Brief вскрывáть ⟨-крыть⟩; sich ~ *refl* собирáться ⟨-|брáться*¡ -брали́сь⟩ (в путь)

Aufmachung *f* оформлéние 5; Verpackung упакóвка 6

Aufmarsch *m Mil* развёртывание 5; Kundgebung демонстрáция 8; **~gebiet** *n Mil* райóн 2 сосредотóчения и развёртывания áрмии, плацдáрм 2

aufmarschieren *intr Mil* стрóиться 3 (по-)

aufmerk|en *intr* внимáтельно слу́шать, прислу́ш|иваться ⟨-аться⟩; **~sam** внимáтел|ьный¦ -ен¦ -ьна | j-n auf etw. ≈ machen обра|щáть ⟨-ти́ть 3 -щу́⟩ чьё-н. внимáние на что-н.

Aufmerksamkeit *f* внимáние 5; Höflichkeit внимáтельность 9; Geschenk подáр|ок¦ -ка 2 (в знак 2 внимáния) | etw. seine ~ schenken удел|я́ть ⟨-и́ть 3⟩ внимáние чему́-н.; die ~ auf etw. richten обра|щáть ⟨-ти́ть 3 -щу́⟩ внимáние на что-н.

aufmuntern *tr* ободр|я́ть ⟨-и́ть 3⟩

Aufmunterung *f* ободрéние 5

aufnähen *tr* нашивáть ⟨-|ши́ть*⟩ (auf на *A*)

Aufnahme *f* приём 2; Bücher; Schüler набóр 2; der Arbeit начáло 4; Foto сни́м|ок¦ -ка 2, фотогрáфия 8; Film; Vermessung съёмка 6; Protokoll составлéние 5; Inventar óпись 9; Rundfunk, Tonband (звуко)зáпись 9; Abteilung приёмная *Subst* 10 | ~ in die Partei приём в пáртию; eine ~ machen дéлать (с-) сни́мок **~antrag** *m* заявлéние 5 о приёме; **~bedingung** *f* услóвие приёма

aufnahmefähig восприи́мчив:ый

Aufnahme|fähigkeit *f* восприи́мчивость 9; **~gebühr** *f* вступи́тельный взнос; **~gerät** *n* (звуко)записывающий 11 прибóр; **~kamera** *f* киносъёмочная кáмера; **~prüfung** *f* вступи́тельный [приёмный] экзáмен; **~station** *f* im Krankenhaus приёмное отделéние 5

auf|nehmen *tr* поднимáть ⟨подня́ть*⟩;

empfangen; einstellen принимáть ⟨принять*⟩; einfügen включ|áть ⟨-ить 3⟩; in einen Vertrag; fassen вме|щáть ⟨-стить 3 -щý⟩; wahrnehmen восприн|и-мáть ⟨-ять⟩; Foto снимáть ⟨снять*⟩, фотографи́ровать 2 (с-); Arbeit начинáть ⟨начáть*⟩; Inventar опи́сывать ⟨-|пи-сáть*⟩; auf Tonband дéлать (с-) (звуко)зáпись, запи́сывать ⟨-писáть⟩ | als Mitglied ≈ принимáть в члéны; ein Protokoll ≈ сост|авлять ⟨-áвить 3 -áвлю⟩ протокóл; du kannst es mit ihm nicht ≈ тебé с ним тягáться трýдно, тебé с ним не сравни́ться; seine Rede wurde schlecht aufgenommen егó речь былá плóхо принятá; **~nötigen** *tr* навязывать ⟨-|вязáть*⟩, принуждáть ⟨-нýдить 3 -нý-жу¡ -нуждённый⟩ взять; **~opfern** *tr* жéртвовать 2 (по-) *I;* sich ≈ *refl* жéртвовать (по-) собóй; **~opfernd** самоотвéржен:ный¦ -на

Aufopferung *f* (само)пожéртвование 5

aufopferungsvoll самоотвéржен:ный¦ -на

aufpassen *intr* aufmerksam sein быть* внимáтельным; achtgeben присм|áтривать ⟨-отрéть 3⁺⟩ (auf за *I*), смотрéть 3⁺ (auf за *I*) | paß auf! осторóжно!, смотри́!; scharf ~ смотрéть в óба; nicht genug auf j-n ~ недосмотрéть *v* за кем-н.

Aufpasser *m* надсмóтрщик 2, надзирáтель 1

auf|pflanzen *tr* Fahne водру|жáть ⟨-зи́ть 3 -жý⟩; *Mil* Bajonett примыкáть ⟨-мкнýть 4⟩; sich ≈ *refl* бесцеремóнно в|стать* *v* (vor пéред *I*); **~pflügen** *tr* распáхивать ⟨-|пахáть*⟩; **~pfropfen** *tr* приви́вáть ⟨-|ви́ть*⟩; **~polstern** *tr* зáново обивáть ⟨-би́ть¦ обобью⟩; **~prägen** *tr* отчекáн|и-вать ⟨-ить 3⟩; *übertr* наклáдывать ⟨-ложи́ть 3⟩ свой отпечáток на *A*; **~prallen** *intr* натáлкиваться ⟨-толкнýться 4⟩, натыкáться ⟨-ткнýться 4⟩ (auf на *A*); **~pumpen** *tr* накáчивать ⟨-качáть⟩, надувáть ⟨-|дýть*⟩; **~quellen** *intr* разбухáть ⟨-бýхнуть 4a⟩; **~raffen** *tr* подбирáть ⟨подо|брáть*¦ подберý¡ подóбранный⟩; sich ≈ *refl* собирáться ⟨-|брáться¡ -брали́сь⟩ с си́лами; **~rauhen** *tr* ворсовáть 2 (на-); **~räumen** *tr* убирáть ⟨-|брáть*⟩, наводи́ть 3⁺ -вожý ⟨-|вести́*⟩ поря́док; *intr:* mit etw. ≈ покóнчить с чем-н.

Aufräumungsarbeiten *f Pl* рабóты по расчи́стке *G*

aufrecht 1. *Adj* прям:óй¦ -á!; stehend стоя́чий 11 **2.** *Adv* пря́мо *a. übertr,* стоймя́

aufrechterhalten *tr* поддéрживать ⟨-держáть 3⁺⟩ | die Ordnung ~ соблюдáть поря́док

Aufrechterhaltung *f* поддéрживание 5, поддержáние 5 | ~ der Ordnung поддержáние [соблюдéние 5] поря́дка

aufregen *tr* волновáть 2 (вз-); sich ~ *refl* волновáться (вз-)

Aufregung *f* волнéние 5, возбуждéние 5 | vor ~ от волнéния

auf|reiben *tr* Haut стирáть ⟨стерéть¦ сотрý¡ стерёв *u.* стёрши⟩; *Mil* уничт|ожáть ⟨-óжить 3⟩; sich ≈ *refl* изнур|я́ться ⟨-и́ться 3⟩; **~reihen** *tr* Perlen низáть* (на-), нани́зывать ⟨-низáть⟩; **~reißen** *tr* разрывáть ⟨-о|рвáть*¡ -óрванный⟩, раздирáть ⟨-о|драть*¦ раздерý¡ -óдранный⟩; Tür распáхивать ⟨-пахнýть 4⟩; Augen тарáщить 3 (вы́-); Mund раз|евáть ⟨-и́нуть 4⟩; Wunde береди́ть (раз-); Straßenpflaster разбирáть ⟨-о|брáть*¦ раз|берý¡ -óбранный⟩; **~reizen** *tr* раздраж|áть ⟨-и́ть 3⟩, возбу|ждáть ⟨-ди́ть 3 -жý¡ -ждённый⟩; **~richten** *tr* поднимáть ⟨подня́ть*⟩; errichten соору|жáть ⟨-ди́ть 3 -жý⟩, воздвигáть ⟨-дви́гнуть 4a *u.* 4⟩; *übertr* ermuntern ободр|я́ть ⟨-и́ть 3⟩; sich ≈ *refl* поднимáться ⟨подн|я́ться¡ -ялся́¦ -яли́сь⟩, выпрямля́ться ⟨вы́прям|иться 3 -люсь⟩; *übertr* ободр|я́ться ⟨-и́ться⟩; **~richtig** и́скрен|ний 11 -ен¦ -на, откровéн|ный¦ -ен¦ -на; Charakter прям|óй, -á!

Aufrichtigkeit *f* и́скренность 9, откровéнность 9; прямотá 6

aufriegeln *tr* отодв|игáть ⟨-и́нуть 4⟩ засóв, отпирáть ⟨отперéть*⟩

Aufriß *m* вертикáльная проéкция 8

auf|rollen *tr* zusammenrollen свёртывать ⟨свернýть 4¡ свёрнутый⟩; entrollen развёртывать ⟨-вернýть⟩; Teppich раскáтывать ⟨-катáть⟩ | eine Frage ≈ *übertr* поднимáть ⟨подня́ть*⟩ вопрóс; **~rücken** *intr* im Amt повышáться ⟨-вы́ситься 3 -вы́шусь⟩, продв|игáться ⟨-и́нуться⟩

Aufruf *m* Appell призы́в 2; namentlich вы́зов 2 | nach ~ по вы́зову

aufrufen *tr* призывáть ⟨-|звáть*⟩; namentlich вызывáть ⟨вы́звать⟩, дéлать (с-) перекли́чку

Aufruhr *m* волнéние 5; Aufstand мятéж 2e *G Pl* -éй | in ~ geraten быть охвáченным волнéнием

aufrühren *tr* взмýчивать ⟨взму|ти́ть 3 -чý⟩; *übertr* волновáть 2 (вз-)

Aufrührer *m* мятéжник 2, бунтовщи́к 2e

aufrührerisch мятéжный, бунтáрский

auf|runden *tr* округл|я́ть ⟨-и́ть 3⟩; **~rüsten** *tr* вооруж|áть ⟨-и́ть 3⟩; *intr* вооруж|áться ⟨-и́ться⟩

Aufrüstung *f* вооружéние 5 | atomare ~ вооружéние áтомным орýжием

auf|rütteln *tr* встр|я́хивать ⟨-яхнýть 4⟩ *a. übertr;* wecken растормоши́ть *v* 3; **~sagen** *tr* Gedicht читáть (про-) (наизýсть)

aufsässig упря́м:ый, строптив:ый

Aufsatz *m* сочинéние 5; Zeitungs~ стат|ья́ 7 *G Pl* -éй *a. Wiss;* Visier прицéл 2

auf|saugen *tr* впи́тывать ⟨-пита́ть⟩, вса́сывать ⟨-|соса́ть*⟩; **~schauen** *intr* = **aufsehen;** **~schäumen** *intr* вспе́н|иваться ⟨-иться 3⟩; **~scheuchen** *tr* вспу́гивать ⟨-пугну́ть 4⟩; **~schichten** *tr* скла́дывать ⟨сложи́ть 3⁺⟩; **~schieben** *tr übertr* откла́дывать ⟨-ложи́ть 3⁺⟩, отсро́ч|ивать ⟨-ить 3⟩

Aufschlag *m* Ärmel обшла́г 2е *Pl* -á; Hose отворо́т 2; Preis надба́вка 6, наце́нка 6; Geschoß уда́р 2; Tennis пода́ча 6

aufschlagen *tr* Schale разбива́ть ⟨-|бить, -разобью́⟩; Zelt разбива́ть ⟨-бить⟩, раски́|дывать ⟨-нуть 4⟩; Buch раскрыва́ть ⟨-|кры́ть*⟩; Augen поднима́ть ⟨подня́ть*⟩; Preis наб|авля́ть ⟨-а́вить 3 -а́влю⟩; *intr* Tennis бить (про-) пе́рвым; Flamme вспы́х|ивать ⟨-нуть 4⟩; sich stoßen ударя́ться ⟨уда́риться 3⟩ | ich habe mir das Knie aufgeschlagen я разби́л себе́ коле́но; **~schließen** *tr* отпира́ть ⟨отпере́ть*⟩, открыва́ть ⟨-|кры́ть*⟩; Tagebau вскрыва́ть ⟨-|кры́ть*⟩; *intr* aufrücken смыка́ться ⟨сомкну́ться 4⟩; **~schluchzen** *intr* зарыда́ть *v*, всхли́пнуть *v mom* 4

Aufschluß *m* объясне́ние 5, разъясне́ние 5; Tagebau вскры́тие 5 | ~ geben разъясн|я́ть ⟨-и́ть 3⟩

aufschlüsseln *tr* распредел|я́ть ⟨-и́ть 3⟩

aufschlußreich показа́тел|ьный, -ен, -ьна, поучи́тел|ьный, -ен, -ьна

auf|schnappen *tr* подхв|а́тывать ⟨-ати́ть 3⁺ -ачу́⟩ *a. übertr;* **~schneiden** *tr* разреза́ть ⟨-|ре́зать*⟩; *intr übertr* хва́стать(ся) (по-) (mit *I*); Wurst нареза́ть ⟨-ре́зать⟩

Auf|schneider *m* хвасту́н 2е; **~schnitt** *m* ассорти́ *n idkl* из ра́зных сорто́в колба́с, мя́са

auf|schnüren *tr* расшнур|о́вывать ⟨-ова́ть 2⟩; **~schrauben** *tr* losschrauben разви́нчивать ⟨-винти́ть 3 -винчу́⟩; anschrauben нави́нчивать ⟨-винти́ть⟩; **~schrecken** *tr* вспу́гивать ⟨-пугну́ть 4⟩; *intr* вска́кивать ⟨вскочи́ть 3⁺⟩ в стра́хе

Aufschrei *m* вы́крик 2

auf|schreiben *tr* запи́сывать ⟨-|писа́ть*⟩; **~schreien** *intr* вскри́к|ивать ⟨-нуть *mom* 4⟩, закрича́ть *v* 3

Auf|schrift *f* на́дпись 9; Brief а́дрес 2b *Pl* -á | mit einer ≈ versehen надпи́сывать ⟨-|писа́ть*⟩; **~schub** *m* отсро́чка 6 | ohne ≈ неме́дленно, безотлага́тельно; die Sache duldet keinen ≈ де́ло не те́рпит отлага́тельства

auf|schütteln *tr* взбива́ть ⟨-|бить*, взобью́⟩; **~schütten** *tr* насыпа́ть ⟨-|сы́пать*⟩; **~schwatzen** *tr* всу́чивать ⟨всучи́ть 3⁺⟩; **~schwingen, sich** *refl übertr* собира́ться ⟨-|бра́ться*; -брали́сь⟩ с си́лами | dazu kann ich mich nicht ≈ на э́то я не могу́ реши́ться

Aufschwung *m* подъём 2, поры́в 2; *Sport, Wirtsch* подъём | einen ~ nehmen бу́рно развива́ться ⟨-|ви́ться*; -вили́сь⟩

aufsehen *intr* поднима́ть ⟨подня́ть*⟩ глаза́ | zu j-m ~ *übertr* отно|си́ться 3⁺ -шу́сь с уваже́нием к кому́-н.

Aufsehen *n* внима́ние 5, сенса́ция 8 | ~ erregen привлека́ть ⟨-|вле́чь*⟩ (всео́бщее) внима́ние

aufsehenerregend сенсацио́н|ный, -ен, -на; Kunstwerk нашуме́вший 11

Aufseher *m* надзира́тель 1, надсмо́трщик 2

auf|setzen *tr* Hut надева́ть ⟨-|де́ть*⟩; Essen; Kegel ста́в|ить 3 -лю (по-); *übertr* Brief сост|авля́ть ⟨-а́вить 3 -а́влю⟩; *intr* Flugzeug приземл|я́ться ⟨-и́ться 3⟩; sich ≈ *refl* сади́ться 3 ⟨сесть*⟩; **~seufzen** *intr* вздыха́ть ⟨вздохну́ть *mom* 4⟩

Aufsicht *f* надзо́р 2, присмо́тр 2 | die ~ über etw. haben присм|а́тривать ⟨-отре́ть 3⁺⟩ за чем-н., сле|ди́ть 3 -жу́ за чем-н.

Aufsichtsrat *m* контро́льный сове́т

auf|sitzen *intr* са|ди́ться 3 -жу́сь ⟨сесть*⟩ на ло́шадь | ~! по ко́ням!; **~spalten** *tr* раска́лывать ⟨-|коло́ть*⟩; **~spannen** *tr* натя́гивать ⟨-тяну́ть 4⁺⟩ | einen Regenschirm ≈ раскрыва́ть ⟨-|кры́ть*⟩ зо́нтик; **~sparen** *tr* приберега́ть ⟨-|бере́чь*⟩; **~speichern** *tr* нака́пливать ⟨-копи́ть 3⁺ -коплю́⟩; Getreide скла́дывать ⟨-ложи́ть 3⁺⟩ в амба́р; **~sperren** *tr* открыва́ть ⟨-|кры́ть*⟩ на́стежь | den Mund ≈ раз|ева́ть ⟨-и́нуть 4⟩ рот; **~spielen** *intr* игра́ть ⟨сыгра́ть⟩ му́зыку; sich ≈ *refl* разы́грывать из себя́, ко́рчить 3 из себя́ (als *A*); angeben ва́жничать; **~spießen** *tr* поднима́ть ⟨подня́ть*⟩ на рога́; auf eine Nadel нат|ыка́ть ⟨-кну́ть 4⟩; **~springen** *intr* вска́кивать ⟨вскочи́ть 3⁺⟩; Tür распа́хиваться ⟨-пахну́ться 4⟩; Lippen тре́скаться (по-); Knospen распу|ска́ться ⟨-сти́ться 3⁺⟩; **~sprudeln** *intr* заклок|ота́ть *v*, -о́чет

Aufsprung *m Sport* наско́к 2, Ski приземле́ние 5

auf|spulen *tr* нама́тывать ⟨-мота́ть⟩; **~spüren** высле́живать ⟨вы́сле|дить 3⁺ -жу⟩; **~stacheln** *tr* подстрек|а́ть ⟨-ну́ть 4⟩ (gegen к *D*), натр|а́вливать ⟨-ави́ть 3⁺ -авлю́⟩ (gegen на *A*); **~stampfen** *intr* то́пать ⟨то́пнуть *mom* 4⟩

Aufstand *m* восста́ние 5 | bewaffneter ~ вооружённое восста́ние

aufständisch восста́вший 11

Aufständischer *m* повста́н|ец, -ца 2, мяте́жник 2

auf|stapeln *tr* скла́дывать ⟨сложи́ть 3⁺⟩ в штабеля́; **~stechen** *tr* Geschwür прока́лывать ⟨-|коло́ть*⟩; Muster нака́лывать ⟨-коло́ть⟩; **~stecken** *tr* Kleid, Haare подка́лывать ⟨-|коло́ть*⟩

[1]**aufstehen** *intr* в|ставáть* ⟨-|стать*⟩; *übertr* sich empören восставáть ⟨-стáть⟩ (gegen на *A*) | vom Tisch ~ встать из-за столá
[2]**auf|stehen** *intr* geöffnet sein быть* откры́тым; **~steigen** *intr* поднимáться ⟨подня́ться*¡ -ялся́¡ -яли́сь⟩, восходи́ть 3⁺⟩взо|йти́*⟩ a. Gestirne; *übertr* возникáть ⟨-ни́кнуть 4a⟩, заро|ждáться ⟨-ди́ться 3⟩; *Flugw* взлетáть ⟨-летéть 3 -лечу́⟩; **~stellen** *tr* стáв|ить 3 -лю (по-); festsetzen устан|áвливать ⟨-ови́ть 3⁺ -овлю́⟩; Maschine устан|áвливать ⟨-ови́ть⟩, монти́ровать 2 (с-); Posten расст|авля́ть ⟨-áвить⟩; Kandidaten выдвигáть ⟨вы́двинуть 4⟩; formieren формировáть 2 (с-); Plan сост|авля́ть ⟨-áвить⟩; sich ≈ *refl* станов|и́ться 3⁺ -лю́сь ⟨стать*⟩; in Reih und Glied выстрáиваться ⟨вы́строиться⟩
Auf|stellung *f* устанóвка 6; *Tech* монтáж 2e; Kandidaten выставлéние 5, выдвижéние 5; *Mil* формировáние 5; *Sport* расстанóвка, расположéние; Zusammensetzung состáв 2 | eine ≈ machen составля́ть ⟨-áвить 3 -áвлю⟩ спи́сок; **~stieg** *m* восхождéние 5; *Flugw* взлёт 2, подъём; *übertr* Entwicklung подъём
Aufstiegsmöglichkeit *f* im Beruf возмóжность продвижéния
auf|stöbern *tr* оты́скивать ⟨-|ыскáть*⟩ | Wild ≈ поднимáть ⟨подня́ть*⟩ дичь; **~stocken** *tr* надстрáивать ⟨-óить 3⟩; **~stoßen** *tr* открывáть ⟨-|кры́ть*⟩ толчкóм; *intr* Magen рыг|áть ⟨-нýть *mom* 4⟩
aufstrebend развивáющийся 11
auf|stülpen *tr* Hut надевáть ⟨-|дéть*⟩; **~stützen, sich** *refl* опирáться ⟨оперéться*⟩; auf die Ellbogen облок|áчиваться ⟨-оти́ться 3 -очу́сь⟩; **~suchen** *tr* заходи́ть 3⁺ -хожу́ ⟨-|йти́*⟩ к *D;* **~takeln** *tr Mar* осна|щáть ⟨-сти́ть 3 -щу́⟩; sich ≈ *refl übertr umg* расфуфы́риться *v* 3
Auftakt *m Mus* затáкт 2; *übertr* начáло 4, почи́н 2
auf|tanken *tr* запр|авля́ть ⟨-áвить 3 -áвлю⟩; **~tauchen** *intr* всплывáть ⟨-|плыть*⟩, вы́нырнуть *v* 4; *übertr* (внезáпно) появ|ля́ться ⟨-и́ться 3⁺ -лю́сь⟩; Zweifel; Verdacht возникáть ⟨-ни́кнуть 4a⟩; **~tauen** *tr* оттá|ивать ⟨-ять, -ю, -ешь⟩; *übertr* ожив|ля́ться ⟨-и́ться 3 -лю́сь⟩; **~teilen** *tr* раздел|я́ть ⟨-и́ть 3⟩; verteilen распредел|я́ть ⟨-и́ть 3⟩
Aufteilung *f* разделéние 5; распределéние 5
auftischen *tr* по|давáть* ⟨подáть*⟩ на стол | j-m Märchen ~ *übertr* расскáзывать ⟨-с|казáть*⟩ комý-н. небыли́цы
Auftrag *m* поручéние 5, задáние 5; Wähler~ накáз 2; Bestellung закáз 2 | im ~e по поручéнию; j-n mit dienstlichem ~ fortschicken командировáть *uv, v* 2 когó-н.; **~bürste** *f* сапóжная щёточка 6 (для крéма)
auftragen *tr* Speisen по|давáть* ⟨подáть*⟩ на стол; Schminke наклáдывать ⟨-ложи́ть 3⁺⟩; Arbeit поруч|áть ⟨-и́ть 3⁺⟩; *intr:* dick ~ *übert* сгу|щáть ⟨-сти́ть 3 -щу́⟩ крáски | wir trugen ihr Grüße auf мы проси́ли её передáть привéт
Auftraggeber *m* закáзчик 2
Auftragseingänge *m Pl* поступлéние 5 закáзов
auftragsgemäß *Adv* соглáсно закáзу, по закáзу
auf|treiben *tr* Faßreifen набивáть ⟨-|би́ть*⟩; *übertr* beschaffen раздобывáть ⟨-|бы́ть*¡ -бы́ла⟩, до|ставáть* ⟨-|стáть*⟩; **~trennen** *tr* распáрывать ⟨-|порóть*⟩; **~treten** *tr* Tür отв|оря́ть ⟨-ори́ть 3⁺⟩ удáром ноги́; *intr* наступ|áть ⟨-и́ть 3⁺ -лю́⟩; öffentlich выступáть ⟨вы́ступить⟩; entstehen появ|ля́ться ⟨-и́ться 3⁺⟩; vorkommen встречáться ⟨встрéтиться 3⟩; sich benehmen вести́* себя́
Auf|treten *n* появлéние 5; выступлéние 5; Benehmen манéра 6 держáть себя́, поведéние 5 | ein sicheres ≈ haben увéренно держáться; **~trieb** *m Phys* подъёмная си́ла 6 | das gab ihm neuen ≈ *übertr* э́то воодушеви́ло егó; **~tritt** *m* выступлéние 5; eines Dramas явлéние 5; *übertr* сцéна 6
auf|trumpfen *intr übertr* козыр|я́ть ⟨-нýть *mom* 4⟩; **~tun** *tr* от-, раскрывáть ⟨-|кры́ть*⟩; sich ≈ *refl* от-, раскрывáться ⟨-кры́ться⟩; **~türmen** *tr* нагром|ождáть ⟨-озди́ть 3 -ожу́¡ -ождённый⟩; sich ≈ *refl* громозди́ться; **~wachen** *intr* про-с|ыпáться ⟨-нýться 4⟩, пробу|ждáться ⟨-ди́ться 3⁺ -жу́сь⟩ | ohne aufzuwachen без прóсыпу; **~wachsen** *intr* вырастáть ⟨вы́|расти*⟩
Auf|wallung *f* Zorn при́ступ 2; Gefühl поры́в 2; **~wand** *m* затрáта 6; an Geld издéржки *Pl* 6 | großen ≈ treiben дéлать (с-) больши́е затрáты
aufwärmen *tr* подогревáть ⟨-грéть¡ -грéтый⟩; sich ~ *refl* согревáться ⟨-грéться⟩
Aufwartefrau *f* приходя́щая домрабóтница 11-6
aufwarten *intr* bewirten уго|щáть ⟨-сти́ть 3 -щу́⟩ (mit *I*)
aufwärts *Adv* вверх; höher и вы́ше | mit uns geht es ~ мы идём в гóру
Aufwartung *f* Aufwartefrau приходя́щая домрабóтница 11-6 | j-m seine ~ machen свидéтельствовать 2 (за-) комý-н. своё почтéние (посещéнием)
aufwaschen *tr u. intr* мыть* (вы́-) посýду
Aufwaschtisch *m* кýхонный стол для мытья́ с посýды
auf|wecken *tr* бу|ди́ть 3⁺ -жу́ (раз-);

~weichen *tr* размягч|áть ⟨-и́ть 3⟩, размáчивать ⟨-мочи́ть 3⁺⟩; Weg размывáть ⟨-|мы́ть*⟩; *intr* размокáть ⟨-мóкнуть 4a⟩; **~weisen** *tr* покáзывать ⟨-|казáть*⟩; Kenntnisse обнарýж|ивать ⟨-ить 3⟩; **~wenden** *tr* трá|тить 3 -чу (по-) | alle Kräfte ≈ прилагáть ⟨-ложи́ть 3⁺⟩ все си́лы

aufwendig Lebensweise расточи́тел|ьный, -ен, -ьна; teuer дорогостóящий 11

Aufwendungen *f Pl* затрáты *Pl* 6, расхóды *Pl* 2

auf|werfen *tr* Wall насыпáть ⟨-|сы́пать*⟩; Frage поднимáть ⟨подня́ть*⟩; **~werten** *tr Fin* ревальви́ровать 2

Aufwertung *f Fin* ревальвáция 8

auf|wickeln *tr* мотáть (на-), намáтывать ⟨-мотáть⟩; lösen развёртывать ⟨-вернýть 4⟩; sich ≈ *refl* намáтываться ⟨-мотáться⟩; развёртываться ⟨-вернýться⟩; **~wiegeln** *tr* подстрек|áть ⟨-нýть 4⟩; **~wiegen** *tr übertr* возмещáть ⟨-сти́ть 3 -щý⟩

Aufwind *m Flugw* восходя́щий 11 вéтер

auf|wirbeln *tr* взвивáть ⟨-|вить, взовью́⟩; *intr* взвивáться ⟨-ви́ться; -ви́ли́сь⟩; **~wischen** *tr* подтирáть ⟨-|терéть*, подотрý⟩; Fußboden мыть* (вы́-); **~wühlen** *tr* взрывáть ⟨-|рыть*⟩; *übertr* волновáть (вз-); **~zählen** *tr* перечисля́ть ⟨-чи́слить 3⟩; Geld пересчи́тывать ⟨-считáть⟩

Aufzählung *f* перечислéние 5

auf|zäumen *tr* взн|ýздывать ⟨-уздáть⟩ | das Pferd beim Schwanz ≈ начинáть ⟨начáть*⟩ дéло не с тогó концá; **~zehren** *tr* поедáть ⟨-|есть*⟩ | seine Kräfte ≈ истощ|áть ⟨-и́ть 3⟩ свои́ си́лы; **~zeichnen** *tr* рисовáть 2 (на-); notieren запи́сывать ⟨-|писáть*⟩ a. auf Band

Aufzeichnung *f* Aufnahme (звуко)зáпись 9; das Aufnehmen запи́сывание 5; ~en *Pl* зáписи *Pl* 9

auf|zeigen *tr* покáзывать ⟨-|казáть*⟩, выявля́ть ⟨вы́яв|ить 3 -лю⟩; **~ziehen** *tr* hochziehen поднимáть ⟨подня́ть*⟩; Uhr заводи́ть 3⁺ -вожý ⟨-|вести́*⟩; Saite натя́гивать ⟨-тянýть 4⁺⟩; Tiere, Pflanzen вырáщивать ⟨вы́ра|стить 3 -щу⟩; Kinder воспи́тывать ⟨-питáть⟩, расти́ть; Veranstaltung организовáть *uv, v* 2; *übertr* nekken подтр|ýнивать ⟨-ýнить 3⟩ над *I; intr Mil* Posten заст|упáть ⟨-упи́ть 3⁺ -уплю́⟩; Gewitter надвигáться ⟨дви́нуться 4⟩

Auf|zucht *f* вырáщивание 5, разведéние 5; **~zug** *m* Aufmarsch шéствие 5; feierlicher Zug процéссия 8; *Theat* акт 2, дéйствие 5; Fahrstuhl лифт 2, подъёмник 2 | in einem lächerlichen ≈ в смешнóм ви́де

aufzwingen *tr* навя́зывать ⟨-|вязáть*⟩

Augapfel *m Anat* глазнóе я́блоко | etw. wie seinen ~ hüten храни́ть 3 что-н. как зени́цу óка

Auge *n* глаз 2b; в глазý; *Pl* -á, *G* глаз; im Kartenspiel очк|ó 4 *Pl* -и́, -óв; *Bot, Tech* глаз|óк, -кá 2 | in meinen ~n в мои́х глазáх; mit eigenen ~n сóбственными глазáми; mit bloßem ~ невооружённым глáзом; mit offenen ~n откры́тыми глазáми; vor den ~n на глазáх; vor aller ~n на глазáх у всех; unter vier ~n с глáзу на глаз; mit einem blauen ~ davonkommen легкó [дёшево] отдéлаться; in die ~en fallen, springen бросáться ⟨брóситься 3⟩ в глазá; ins ~ fassen учи́тывать ⟨-|чéсть*⟩; im ~ haben имéть в видý; sich etw. vor ~en halten предст|авля́ть ⟨-áвить 3 -áвлю⟩ себé что-н.; j-n nicht aus den ~n lassen не спускáть ⟨спу|сти́ть 3⁺ -щý⟩ глаз с когó--н.; große ~n machen ширóко открывáть ⟨-|кры́ть*⟩ глазá; j-m über etw. die ~n öffnen открывáть ⟨-кры́ть⟩ комý-н. глазá на что-н.; j-m nicht unter die ~n treten не покáзываться ⟨-|казáться*⟩ комý-н. на глазá; aus den ~n verlieren теря́ть (по-) и́з виду; die ~n vor etw. verschließen закрывáть ⟨-кры́ть⟩ глазá на что-н.; bei etw. ein ~ zudrücken смотрéть 3⁺ сквозь пáльцы на что-н.; die ~n zukneifen прищýр|ивать ⟨-ить 3⟩ глазá, жмýриться 3 (за-); kein ~ zutun не смыкáть ⟨сомкнýть 4⟩ глаз

Augen|arzt *m* окули́ст 2; **~aufschlag** *m* мимолётный [бы́стрый] взгляд 2; **~blick** *m* миг 2, мгновéние 5 | im ≈ в однó мгновéние, сию́ минýту; alle ~e ежеминýтно, беспрестáнно; er kann jeden ≈ kommen он мóжет прийти́ с минýты на минýту; (einen) ≈! минýтку!

augenblicklich **1.** *Adj* unverzüglich немéдленный; gegenwärtig настоя́щий 11, совремéнный **2.** *Adv* в дáнный момéнт; sofort сейчáс, сию́ минýтку

Augen|braue *f* бровь 9g; **~brauenstift** *m* карандáш 2e для бровéй

augenfällig очеви́д|ный, -ен

Augen|farbe *f* цвет глаз; **~höhle** *f Anat* глазнáя впáдина 6; **~klinik** *f* глазнáя кли́ника; **~krankheit** *f* заболевáние глáза; **~licht** *n* зрéние 5; **~lid** *n Anat* вéко 4 *Pl* вéки; **~maß** *n* глазомéр 2 | nach ≈ на глаз(óк); **~merk** *n:* sein ≈ auf etw. richten обра|щáть ⟨-ти́ть 3 -щý⟩ внимáние на что-н.; **~schein** *m* вид 2; Anschein ви́димость 9 | in ≈ nehmen расcм|áтривать ⟨-отрéть 3⁺⟩; nach dem ≈ по ви́ду

augenscheinlich **1.** *Adj* очеви́д|ный, -ен, я́в|ный, -ен **2.** *Adv* ви́димо, очеви́дно

Augen|weide *f* загляденье 5; **~wimper** *f* ресни́ца 6; **~zahn** *m Anat* глазнóй зуб; **~zeuge** *m* очеви́д|ец, -ца 2

August *m* áвгуст 2
Auktion *f* аукциóн 2; **~ator** *m* аукционúст 2
Aula *f* áктовый зал 2
Aureole *f* ореóл 2
Aurikel *f* аврúкула 6
aus 1. *Adv* (по)кóнчено; es ist ~ mit ihm с ним покóнчено; die Schule ist ~ урóки окóнчены; von hier ~ отсюда; er weiß weder ~ noch ein он не знáет, что дéлать, он в безвы́ходном положéнии; auf etw. ~ sein стрем|úться 3 -лю́сь к чемý-н. **2.** *Präpos Ort* из *G;* ~ Berlin из Берлúна; ~ dem Zimmer из кóмнаты; ~ der Heimat с рóдины; ~ dem Ausland из-за гранúцы; ~ der Gegend von Minsk из-под Мúнска | Himmelsrichtung с *G;* ~ dem Süden с ю́га | Veranstaltung с *G;* ~ der Vorlesung [dem Konzert] kommen идтú* с лéкции [с концéрта] | von herunter с *G;* ~ großer Höhe с большóй высоты́; ~ dem dritten Stock с четвёртого этажá | Herkunft из *G;* er stammt ~ einer Arbeiterfamilie он из рабóчей семьú; *Zeit* eine Vase ~ dem 15. Jahrhundert вáза пятнáдцатого вéка; ein Gebäude ~ der Barockzeit здáние эпóхи барóкко | Stoff из *G;* ~ Holz из дéрева | *Grund* из *G,* по *D;* ~ Liebe из любвú; ~ Mitleid [Angst] из жáлости [стрáха]; ~ diesem Grund по э́той причúне; ~Dummheit [mangelnder Erfahrung] по глýпости [неóпытности]; ~ Kummer с гóря; ~ Bosheit со злóсти; ~ Protest в знак протéста; ~ Überzeugung handeln дéйствовать по убеждéнию; ~ der Erfahrung lernen учúться на óпыте
ausarbeiten *tr* Projekt разраб|áтывать ⟨-óтать⟩; schriftlich сост|авля́ть ⟨-áвить 3 -áвлю⟩; sich ~ *refl* занимáться физúческим трудóм
Ausarbeitung *f* Projekt разрабóтка 6; schriftliche составлéние 5
aus|arten *intr* превра|щáться ⟨-тúться⟩ (in в *A*); **~atmen** *tr u. intr* выдыхáть ⟨вы́дохнуть 4⟩; **~baden** *tr übertr* распл|áчиваться ⟨-атúться 3⁺ -ачýсь⟩ | er muß alles ≈ на егó гóлову все шúшки вáлятся; **~baggern** *tr* вычéрпывать ⟨вы́черпать⟩ землечерпáлкой
Ausbau *m Arch* отдéлка 6; *übertr* развúтие 5; Erweiterung расширéние 5; Umbau переоборýдование 5
aus|bauen *tr übertr* развивáть ⟨-|вúть*, -овью́⟩; Maschinenteil снимáть ⟨снять*⟩; erweitern расширя́ть ⟨-шúрить 3⟩; festigen закреп|ля́ть ⟨-úть 3 -лю́⟩; umbauen переоборýдовать *uv, v* 2; **~bedingen** *tr:* sich von j-m etw. ≈ выговáривать ⟨вы́говорить 3⟩ себé что-н. у когó-н.; **~beißen** *tr:* sich an etw. die Zähne ≈ *übertr* облáмывать ⟨-ломáть⟩ себé зýбы обо что-н.; **~bessern** *tr* попр|авля́ть ⟨-áвить 3 -áвлю⟩, чинúть 3⁺ (по-); Gebäude ремонтúровать 2 (от-) | ≈ lassen от|давáть* ⟨отдáть*⟩ в почúнку
Aus|besserung *f* почúнка 6, поprá вка 6; Gebäude ремóнт 2; **~beute** *f Bergb* добы́ча 6
ausbeuten *tr* abbauen разраб|áтывать ⟨-óтать⟩; Arbeiter эксплуатúровать 2
Ausbeuter *m* эксплуатáтор 2; **~klasse** *f* эксплуатáторский класс; **~system** *n* систéма эксплуатáции
Ausbeutung *f* Abbau разрабóтка 6; der Arbeiter эксплуатáция 8
ausbilden *tr* обуч|áть ⟨-úть 3⁺⟩ (in *D*); entwickeln развивáть ⟨-|вúть*, -овью́⟩ | j-n zum Lehrer ~ готóвить когó-н. в преподавáтели
Ausbild|er *m* инструктор 2; im Betrieb мáстер 2b *Pl* -á; **~ung** *f* обучéние 5; Qualifikation подготóвка 6; Entwicklung развúтие 5 | militärische ≈ воéнная подготóвка; die ≈ von Fachkräften подготóвка специалúстов; schulische ≈ шкóльная учёба 6; in der ≈ sein учúться 3⁺
Ausbildungs|dauer *f* срок 2 обучéния; **~lehrgang** *m* кýрсы повышéния квалификáции
aus|bitten, sich *refl* про|сúть 3⁺ -шý (по-) | wir bitten uns Ruhe aus! прóсим не шумéть!; das bitte ich mir aus! я на э́том настáиваю!; **~blasen** *tr* задувáть ⟨-|дýть*⟩; Ei выдувáть ⟨вы́дуть⟩; reinigen продувáть ⟨-дýть⟩ **~bleiben** *intr* не приходúть 3⁺ -хожý ⟨-|йтú*, придý⟩; nicht geschehen не происходúть 3⁺ | das konnte nicht ≈ э́то должнó бы́ло случúться; die Strafe bleibt nicht aus наказáние неизбéжно; **~bleichen** *intr* выцветáть ⟨вы́|цвести*⟩
Ausblick *m* вид 2; in die Zukunft перспектúвы *Pl* 6
aus|bohren *tr* высвéрливать ⟨вы́сверлить 3⟩; **~bomben** *tr* разбомб|úть *v* 3 -лю́; **~booten** *tr übertr* сме|щáть ⟨-стúть 3 -щý⟩; **~brechen** *tr* вылáмывать ⟨вы́ломать⟩; *intr* fliehen сбегáть ⟨-|бежáть*⟩; Tier вырывáться ⟨вы́|рваться*⟩; Seuche вспы́х|ивать ⟨-нуть 4⟩; Krieg разра|жáться ⟨-зúться 3 -жýсь⟩; Feuer возникáть ⟨-нúкнуть 4a⟩ Vulkan извергáться ⟨-вéргнуться 4a⟩ | in Tränen ≈ рас|плáкаться* *v;* in Schweiß ≈ потéть (вс-); **~breiten** *tr* hinlegen расклáдывать ⟨разложúть 3⁺⟩; Arme распрос|тирáть ⟨-|терéть*⟩; sich ≈ *refl* Ebene простирáться ⟨-с|терéться*⟩; Krankheit; Feuer распростран|я́ться ⟨-úться 3⟩
Ausbreitung *f* распространéние 5
aus|brennen *tr* Wunde прижигáть ⟨-|жéчь*⟩; *intr* Gebäude сгор|áть ⟨-éть⟩;

~bringen *tr:* einen Trinkspruch auf j-n ≈ провозгла|ша́ть ⟨-си́ть 3 -шу́⟩ тост за кого́-н.

Ausbruch *m* Beginn нача́ло 4; Vulkan изверже́ние 5; Epidemie вспы́шка 6; Gefühl при́ступ 2; geräuschvoller взрыв 2; Flucht побе́г 2

aus|brüten *tr* выси́живать ⟨вы́си|деть 3 -жу¡ вы́сиженный⟩; *übertr* замышля́ть ⟨-мы́слить 3¡ -мы́шленный⟩; **~buchen** *tr:* das Flugzeug ist ausgebucht все места́ на самолёте распро́даны

Ausbund *m:* er ist ein ~ von Tugend он сама́ доброде́тель

aus|bürgern *tr* лиш|а́ть ⟨-и́ть 3⟩ гражда́нства; **~bürsten** *tr* вычища́ть ⟨вы́чи|стить 3 -щу⟩ (щёткой)

Ausdauer *f* вы́держка 6, выно́сливость 9; Geduld терпе́ние 5

ausdauernd выно́слив:ый; bei der Arbeit уси́дчив:ый; geduldig терпели́в:ый

ausdehnen *tr* растя́гивать ⟨-тяну́ть 4⁺⟩, расширя́ть ⟨-ши́рить 3⟩; *übertr* Einfluß распростран|я́ть ⟨-и́ть 3⟩; sich ~ *refl* растя́гиваться ⟨-тяну́ться⟩, расширя́ться ⟨-ши́риться⟩; распростран|я́ться ⟨-и́ться⟩ (auf на *A*)

Ausdehnung *f* расшире́ние 5; Ausmaß протяжённость 9; *übertr* распростране́ние 5

aus|denken *tr:* sich etw. ≈ выду́мывать ⟨вы́думать⟩ что-н., измышля́ть ⟨-мы́слить 3¡ -мы́шленный⟩ что-н. | die Folgen sind nicht auszudenken нельзя́ предста́вить себе́, каки́е э́то мо́жет име́ть после́дствия; **~dienen** *intr* отслу́живать ⟨отслужи́ть 3⁺⟩; **~dörren** *tr* высу́шивать ⟨вы́сушить 3⟩; **~drehen** *tr* Licht выключа́ть ⟨вы́ключить 3⟩; **~dreschen** *tr* вымола́чивать ⟨вы́моло|тить 3 -чу⟩

Ausdruck *m* выраже́ние 5; Ausdruckskraft вырази́тельность 9; Fach~ те́рмин 2 | zum ~ bringen выража́ть ⟨вы́ра|зить 3 -жу⟩; zum ~ kommen находи́ть 3⁺ ⟨-|йти́*⟩ выраже́ние; mit ~ с чу́вством

aus|drucken *tr* отпеча́т|ывать ⟨-ать⟩ по́лностью; **~drücken** *tr* Schwamm выжима́ть ⟨вы́|жать¹*⟩; Pickel выда́вливать ⟨вы́дав|ить 3 -лю⟩; *übertr* выража́ть ⟨вы́ра|зить 3 -жу⟩; sich ≈ *refl* выража́ться ⟨вы́разиться⟩; **~drücklich**: auf j-s ≈en Wunsch по чьей-н. настоя́тельной про́сьбе

Ausdruckskraft *f* вырази́тельность 9

ausdruckslos невырази́тел|ьный, -ен, -ьна, без выраже́ния

Ausdruckstanz *m* характе́рный та́нец

ausdrucksvoll вырази́тел|ьный, -ен, -ьна, с выраже́нием

Ausdrucksweise *f* спо́соб выраже́ния

Ausdünstung *f* испаре́ние 5

auseinander *Adv* врозь | ~ schreiben писа́ть (на-) разде́льно; sie wohnen weit ~ они́ живу́т далеко́ друг от дру́га

auseinander|biegen *tr* разгиба́ть ⟨-огну́ть 4¡ -о́гнутый⟩; **~bringen** *tr* Streitende разнима́ть ⟨разня́ть*⟩; **~falten** *tr* развёртывать ⟨-верну́ть 4¡ -вёрнутый⟩; **~gehen** *intr* расхо|ди́ться 3⁺ -жу́сь ⟨разо|йти́сь*⟩; Ehe расстр|а́иваться ⟨-о́иться 3⟩; zerfallen распада́ться ⟨-|па́сться*⟩; **~halten** *tr* отлич|а́ть ⟨-и́ть 3⟩друг от дру́га; **~jagen** *tr* разгоня́ть ⟨-о|гна́ть, -гоню́¡ -о́гнанный⟩; **~laufen** *intr* разбега́ться ⟨-|бежа́ться*⟩; **~nehmen** *tr* разбира́ть ⟨разо|бра́ть*, разберу́¡ разо́бранный⟩, разнима́ть ⟨разня́ть*⟩; **~schieben** *tr* раздв|ига́ть ⟨-и́нуть 4⟩; **~setzen** *tr* разъясн|я́ть ⟨-и́ть 3⟩; sich ≈ *refl* объясн|я́ться ⟨-и́ться⟩; sich befassen расм|а́тривать ⟨-отре́ть 3⁺⟩ 3 | sich mit einem Problem ≈ занима́ться ⟨заня́ться*¡ заня́л|ся́, -и́сь⟩ како́й-н. пробле́мой

Auseinandersetzung *f* столкнове́ние 5; Meinungsaustausch диску́ссия 8

auseinander|treiben *tr* разгоня́ть ⟨разо|гна́ть*, разгоню́¡ разо́гнанный⟩; **~werfen** *tr* разбр|а́сывать ⟨-оса́ть⟩

auser|koren и́збранный; **~lesen** и́збранный, отбо́рный; Geschmack изы́скан:ный, -на

auserwählen *tr* избира́ть ⟨-|бра́ть*⟩

ausfahren *tr* spazierenfahren ката́ть; *intr* выезжа́ть ⟨вы́|ехать*⟩; aus dem Schacht поднима́ться ⟨подня́ться*¡ -я́лся́, -яли́сь⟩

Aus|fahrt *f* вы́езд 2; Ausflug пое́здка 6; **~fall** *m* im Arbeitsablauf просто́й 1; Haare выпаде́ние 5; einer Maschine вы́ход 2 из стро́я; Veranstaltung; Zug отме́на 6; *Mil* вы́лазка 6; beim Fechten вы́пад 2

aus|fallen *intr* Sitzung; Unterricht не состоя́ться 3; Veranstaltung; Zug отмен|я́ться ⟨-и́ться 3⁺⟩; Haare выпада́ть ⟨вы́|пасть*⟩ | es ist gut ausgefallen э́то удало́сь; wie sind die Wahlen ausgefallen? как прошли́ вы́боры?; die Maschine ist ausgefallen маши́на вы́шла из стро́я; **~fällig** гру́б:ый, -а́! | ~ werden gegen j-n оскорб|ля́ть ⟨-и́ть 3 -лю́⟩ кого́-н., нагруб|и́ть 3 -лю́ кому́-н.

Ausfallstraße *f* вылетна́я магистра́ль 9

aus|fechten *tr* выде́рживать ⟨вы́держать 3⟩ | einen Streit ≈ спо́рить 3 (по-); **~fegen** *tr* Zimmer подмета́ть ⟨-|мести́*⟩; **~fertigen** *tr* Schriftstück сост|авля́ть ⟨-а́вить 3 -а́влю⟩; Rechnung выпи́сывать ⟨вы́|писать*⟩

Ausfertigung *f* Tätigkeit составле́ние 5 | in dreifacher ~ в трёх экземпля́рах

aus|findig: ≈ machen разы́скивать ⟨-|ыска́ть*⟩; aufstöbern отка́пывать ⟨-ко-

пáть⟩; Methode придýм|ывать ⟨-ать⟩; **~fliegen** *intr* вылетáть ⟨вы́ле|теть 3 -чу⟩; *übertr* соверш|áть ⟨-и́ть 3⟩ экскýрсию; **~fließen** *intr* вытекáть ⟨вы́|течь*⟩
Aus|flucht *f* отговóрка 6, увёртка 6 | Ausflüchte machen виля́ть, увúливать ⟨-вильнýть 4⟩; **~flug** *m* экскýрсия 8; Spaziergang прогýлка 6 | morgen machen wir einen ≈ зáвтра мы идём на экскýрсию; einen ≈ ins Grüne machen соверш|áть ⟨-и́ть 3⟩ поéздку зá город; **~flügler** *m* отдыхáющий *Subst* 11 зá городом; **~fluß** *m* Abfluß сток 2; *Med* выделéние 5
aus|forschen *tr* вывéдывать ⟨вы́ведать⟩, выпы́тывать ⟨вы́пытать⟩; **~forsten** *tr* производи́ть 3⁺ -вожý ⟨-|вести́*⟩ вы́борочную рýбку; **~fragen** *tr* расспр|áшивать ⟨-оси́ть 3⁺⟩ (nach, über о *P*)
Ausfuhr *f* вы́воз 2, э́кспорт 2; **~artikel** *m* предмéт э́кспорта; **~beschränkung** *f* ограничéние э́кспорта
ausführen *tr Wirtsch* выво|зи́ть 3⁺ -жý ⟨вы́|везти*⟩ (von из *G*, nach на *A*, в *A*); Hund выво|ди́ть 3⁺ -жý ⟨вы́|вести*⟩; durchführen выполня́ть ⟨вы́полнить 3⟩, исполня́ть ⟨-пóлнить⟩; Gedanken излагáть ⟨-ложи́ть 3⁺⟩, поясн|я́ть ⟨-и́ть 3⟩
Ausfuhrgenehmigung *f* разрешéние на вы́воз
ausführlich подрóб|ный| -ен
Ausführlichkeit *f* подрóбность 9
Ausführung *f* выполнéние 5, исполнéние 5; Gedanken изложéние 5; Gestaltungsart оформлéние 5; ~en *Pl* выступлéние 5, речь 9g
Ausführungsbestimmung *f* инстрýкция 8 о проведéнии
Ausfuhr|verbot *n* запрéт *n idkl* на вы́воз, запрещéние вы́воза; **~zoll** *m* вывознáя пóшлина
ausfüllen *tr* Formular; Zeit заполня́ть ⟨-пóлнить 3⟩; Stellung справля́ться ⟨спрáв|иться 3 -люсь⟩
Ausgabe *f* вы́дача 6; Buch издáние 5; Banknote вы́пуск 2; ~en *Pl* расхóды, издéрж|ки *Pl* 6 *G* -ек (für на *A*)
Ausgabenbuch *n* расхóдная кни́га
Ausgang *m* вы́ход 2; Ende кон|éц| -цá 2; Ergebnis результáт 2, исхóд 2 | sie hat heute ~ у неё сегóдня выходнóй день, онá сегóдня выходнáя
Ausgangs|position *f* исхóдное положéние; **~punkt** *m* исхóдный пункт
ausgeben *tr* вы|давáть* ⟨вы́|дать*⟩; Geld расхóдовать 2 (из-), трá|тить 3 -чу (ис-, по-) (für на *A*); Aktien выпускáть ⟨вы́пустить 3 -щу⟩; Befehl издавáть ⟨издáть*⟩; sich ~ *refl* выдавáть ⟨вы́дать⟩ себя́ (für за *A*)
Ausgeburt *f* порождéние 5
ausge|dehnt обши́р|ный| -ен; **~fallen** необычá|йный| -ен| -йина, стрáн|ный| -ен| -на; **~glichen** уравновéшен:ный| -на
ausgehen *intr* выходи́ть 3⁺ -хожý ⟨вы́|йти*⟩; spazierengehen гуля́ть (по-); zu Ende gehen кончáться ⟨кóнчиться 3⟩; verlöschen угасáть ⟨-гáснуть 4a⟩, гáснуть (по-, у-); Farbe линя́ть (по-); Kräfte исс|якáть ⟨-я́кнуть 4a⟩; Anregung исходи́ть (von из *G*, от *G*) | die Haare gehen aus вóлосы редéют; die Sache ging gut aus дéло кóнчилось хорошó; auf etw. ~ пу|скáться ⟨-сти́ться 3⁺ -щýсь⟩ на что-н.; leer ~ о|ставáться* ⟨-|стáться*⟩ ни с чем; straflos ~ оставáться ⟨-стáться⟩ безнакáзанным
ausgelassen шаловли́в:ый, рéзв:ый| -á! | sehr ~ sein расшали́ться *v* 3
Ausgelassenheit *f* шаловли́вость 9, рéзвость 9
ausge|macht реш|ённый| -ён| -енá | ein ≈er Dummkopf наби́тый дурáк; **~mergelt** истощ|ённый| -ён| -енá, исхудáлый; **~nommen** *Adv* крóме *G*, за исключéнием *G*; **~prägt** я́рко вы́раженный; **~rechnet** *Adv* как раз, и́менно; **~sprochen** очеви́д|ный| -ен; Lump отъя́вленный
ausgestalten *tr* оформля́ть ⟨офóрм|ить 3 -лю⟩
Ausgestaltung *f* оформлéние 5
ausge|stoßen отвéржен:ный| -а; **~sucht** изы́скан:ный| -на; **~trocknet** вы́сохший 11; **~zeichnet** отли́ч|ный| -ен, превосхóд|ный| -ен
ausgiebig оби́л|ьный| -ен| -ьна
ausgießen *tr* выливáть ⟨вы́|лить*⟩; Form отливáть ⟨отли́ть*⟩
Ausgleich *m* Übereinkommen соглашéние 5, компроми́сс 2; der Interessen урáвнивание 5; *Sport* рáвный счёт 2 | den ~ erzielen *Sport* сквитáть счёт
ausgleichen *tr* вырáвнивать ⟨вы́ровнять⟩; wettmachen возме|щáть ⟨-сти́ть 3 -щý⟩; ersetzen компенси́ровать *uv*, *v* 2; Betrag баланси́ровать 2 (с-), вырáвнивать ⟨вы́ровнять⟩; *Sport* сравня́ть счёт; **~d** уравни́тел|ьный| -ен| -ьна
Ausgleichs|getriebe *n Tech* дифференциáл 2; **~gymnastik** *f* компенси́рующая 11 гимнáстика; **~sport** *m* компенси́рующий 11 спорт; **~tor** *n* гол| срáвнивающий 11 счёт
aus|gleiten *intr* поскáльзываться ⟨поскользнýться 4⟩; **~graben** *tr* выкáпывать ⟨вы́копать⟩, вырывáть ⟨вы́|рыть*⟩
Aus|grabung *f* раскóпка 6; **~guck** *m Mar* марс 2; **~guß** *m* Küche рáковина 6
aus|hacken *tr* mit dem Schnabel выклёвывать ⟨вы́клевать 2⟩; **~halten** *tr* выдéрживать ⟨вы́держать 3⟩; unterhalten содержáть 3⁺; *intr* выдéрживать

⟨вы́держать⟩ | es ist nicht auszuhalten э́то невыноси́мо; **~händigen** *tr* вруч|а́ть ⟨-и́ть 3⟩, вы|дава́ть* ⟨вы́|дать*⟩ на́ руки
Aus|händigung *f* вруче́ние 5, вы́дача 6 на́ руки; **~hang** *m* объявле́ние 5; Plakat афи́ша 6; **~hängebogen** *m Typ* чи́стый лист
aushängen *tr* выве́шивать ⟨вы́ве|сить 3 -шу⟩; an vielen Stellen разве́|шивать ⟨-сить 3 -шу⟩; Tür снима́ть ⟨снять*⟩ с пе́тель
Aushängeschild *n* вы́веска 6
aus|harren *intr* терпели́во ждать*; **~hauchen** *tr:* den Geist ≈ испусти́ть *v* 3⁺ дух; **~heben** *tr* Graben выка́пывать ⟨вы́копать⟩; Tür снима́ть ⟨снять*⟩ с пе́тель; *Mil* набира́ть ⟨-|бра́ть*⟩; Bande ликвиди́ровать *uv, v* 2
Aushebung *f Mil* набо́р 2, призы́в 2
aus|hecken *tr* вына́шивать ⟨вы́но|сить 3 -шу⟩; **~heilen** *tr* выле́чивать ⟨вы́лечить 3⟩; *intr* Wunde зажива́ть ⟨зажи́ть*⟩; **~helfen** *intr* помога́ть ⟨-|мо́чь*⟩, выруча́ть ⟨вы́ручить 3⟩
Aushilfe *f* Mann вре́менный рабо́тник 2; Frau вре́менная рабо́тница 6
aushilfsweise *Adv* в ка́честве вре́менной по́мощи
aus|höhlen *tr* выда́лбливать ⟨вы́долб|ить 3 -лю⟩; *übertr* выхола́щивать ⟨вы́холо|стить 3 -щу⟩ **~holen** *tr* zum Schlag за-, разма́хиваться ⟨-махну́ться 4⟩ | weit ≈ *übertr* начина́ть ⟨нача́ть*⟩ (речь) издалека́; **~horchen** *tr* выве́дывать ⟨вы́ведать⟩ у *G;* **~hülsen** *tr* вылу́щивать ⟨вы́лущить 3⟩; **~hungern** *tr* мори́ть 3 (за-) го́лодом; **~husten** *tr* отка́шливать ⟨отка́шлянуть⟩; **~jäten** *tr* выпа́лывать ⟨вы́|полоть*⟩; **~kämmen** *tr* вычёсывать ⟨вы́|чесать*⟩, расчёсывать ⟨-чеса́ть⟩; **~kehren** *tr* подмета́ть ⟨-|мести́*⟩; **~kennen, sich** *refl* ориенти́роваться *uv, v* 2; in einer Sache (хорошо́) разбира́ться ⟨разо|бра́ться*, разберу́сь, -брали́сь⟩ (in в *P*); **~kernen** *tr* вынима́ть ⟨вы́нуть 4⟩ ко́сточки из *G;* **~klammern** *tr übertr* исключ|а́ть ⟨-и́ть 3⟩
Ausklang *m übertr* коп|е́ц, -ца́ 2
auskleiden *tr* раздева́ть ⟨-|де́ть*⟩; verschalen обшива́ть ⟨-|ши́ть*, -ошью́⟩, выстила́ть ⟨вы́|стлать*⟩; sich ~ *refl* раздева́ться ⟨-де́ться⟩
Auskleideraum *m* раздева́л|ьня 7 *G Pl* -ен
aus|klingen *intr übertr* зака́нчиваться ⟨-ко́нчиться 3⟩; **~klopfen** *tr* выбива́ть ⟨вы́|бить*⟩, выкола́чивать ⟨вы́коло|тить 3 -чу⟩
Ausklopfer *m* выбива́лка 6
aus|klügeln *tr* заду́мывать ⟨-ду́мать⟩; **~kochen** *tr* выва́ривать ⟨вы́варить 3⟩; **~kommen** *intr* обхо|ди́ться 3⁺ -жу́сь ⟨обо|йти́сь*⟩ (mit *I*); sich vertragen ла́|дить 3 -жу, ужива́ться ⟨-|жи́ться*, -жили́сь⟩ | wir kommen kaum aus мы е́ле сво́дим концы́ с конца́ми; mit ihm ist nicht auszukommen с ним не уживёшься
Auskommen *n* сре́дства *Pl* 4 к жи́зни | er hat ein gutes ~ он челове́к с доста́тком
auskömmlich доста́точ|ный, -ен
aus|kosten *tr* насла|жда́ться ⟨-ди́ться 3 -жу́сь⟩; **~kramen** *tr* выкла́дывать ⟨вы́ложить 3⟩; *übertr* Wissen пока́зывать ⟨-|каза́ть*⟩; **~kratzen** *tr* выскрёбывать ⟨вы́|скрести*⟩; *Med* выска́бливать ⟨вы́скоблить 3⟩; **~kriechen** *intr* aus dem Ei вылу́пливаться ⟨вы́лупиться 3⟩; **~kugeln** *tr Med* вы́вихнуть *v* 4; **~kühlen** *intr* остыва́ть ⟨-|сты́ть*⟩ | das Zimmer ist ausgekühlt ко́мната вы́стужена; **~kundschaften** *tr übertr* выве́дывать ⟨вы́ведать⟩
Auskunft *f* спра́вка 6, информа́ция 8 | ~ erteilen дава́ть* ⟨дать*⟩ спра́вку
Auskunftsbüro *n* спра́вочное бюро́
aus|lachen *tr* высме́ивать ⟨вы́сме|ять, -ю, -ешь⟩; **~laden** *tr* выгружа́ть ⟨вы́гру|зить 3 -жу⟩; Fahrzeug разгр|ужа́ть ⟨-узи́ть, -ужу́, -у́зишь⟩; Truppen выса́живать ⟨вы́са|дить 3 -жу⟩ | Besuch ≈ отмен|я́ть ⟨-и́ть 3⁺⟩ приглаше́ние; **~ladend** *übertr* Schultern шир|о́кий, -о́к, -ока́, -о́ко́; Baum раски́дист:ый
Aus|lage *f* вы́ставленные това́ры *Pl* 6; ≈n *Pl* Unkosten изде́ржки *Pl* 6; **~land** *n* грани́ца 6 | im ≈ за грани́цей, за рубежо́м; ins ≈ за грани́цу; aus dem ≈ из-за грани́цы; **~länder** *m* иностра́н|ец, -ца 2; **~länderin** *f* иностра́нка 6
ausländisch иностра́нный; заграни́чный
Auslands|korrespondent *m* зарубе́жный корреспонде́нт; **~paß** *m* заграни́чный па́спорт; **~post** *f* междунаро́дная по́чта [корреспонде́нция 8]; **~reise** *f* пое́здка 6 за грани́цу; **~vertretung** *f Dipl* представи́тельство за грани́цей; *Hdl* филиа́л 2 за грани́цей
auslassen *tr* выпуска́ть ⟨вы́пу|стить 3 -щу⟩; übergehen пропу|ска́ть ⟨-сти́ть 3⁺⟩; Fett выта́пливать ⟨вы́топ|ить 3 -лю⟩, раста́пливать ⟨-топи́ть 3⁺ -топлю́⟩; sich ~ *refl* распростран|я́ться ⟨-и́ться 3⟩ (über о *P*) | seinen Zorn [Ärger] an j-m ~ срыва́ть ⟨со|рва́ть*⟩ зло на ком-н.
Auslassung *f* im Text про́пуск 2
auslasten *tr* загр|ужа́ть ⟨-узи́ть 3 -ужу́, -у́зишь⟩ | nicht ~ недогр|ужа́ть ⟨-узи́ть 3 -ужу́, -у́зишь⟩; die Arbeitskräfte voll ~ по́лностью испо́льзовать *uv, v* рабо́чую си́лу
Auslauf *m* Schisport площа́дка 6 остано́вки, вы́кат 2; Bewegungsfreiheit für Kinder площа́дка (для игр); für Tiere вы́гул 2
auslaufen *intr* Wasser вытека́ть ⟨вы́|течь*⟩; Schiff выходи́ть 3⁺ ⟨вы́|йти*⟩

в мóре, отплывáть ⟨-|плы́ть*⟩; Farbe рас-плывáться ⟨-|плы́ться*| -плыли́сь⟩; enden закáнчиваться ⟨-кóнчиться 3⟩ *I,* кончáться ⟨кóнчиться⟩ *I* | die Produktion eines Erzeugnisses ~ lassen снимáть ⟨снять*⟩ что-н. с произвóдства
Aus|laufen *n* Schiff вы́ход 2 в мóре, отплы́тие 5; **~läufer** *m* Gebirge (гóрный) отрóг
auslaugen *tr Chem* выщелáчивать ⟨вы́щелочить 3⟩
Auslaut *m Ling* конéчный звук | im ~ в концé слóва [слóга]
auslauten *intr* окáнчиваться (auf на *A*); **~d** окáнчивающийся 11 на *A*
aus|leben, sich *refl* давáть вóлю свои́м страстя́м; **~lecken** *tr* вы́лизывать ⟨вы́лиза|ть| -жу| -жешь⟩; **~leeren** *tr* опор|ожня́ть ⟨-ожни́ть 3⟩; **~legen** *tr* расклáдывать ⟨разложи́ть 3⁺⟩; mit Teppich выстилáть ⟨вы́|стлать*⟩; ausstellen выставля́ть ⟨вы́став|ить 3 -лю⟩; Geld пла|ти́ть 3⁺ -чý (за-) (für j-n за когó-н.); deuten истолк|óвывать ⟨-овáть⟩ | falsch ≈ превря́тно толковáть
Aus|leger *m* Kran стрелá 6c; **~legung** *f* Deutung (ис)толковáние 5
Ausleihdienst *m* слýжба прокáта
Ausleihe *f* вы́дача 6 напрокáт 2; Bibliothek вы́дача (книг) нá дом; Ausleihstelle отдéл 2 вы́дачи
ausleihen *tr* Geld давáть* ⟨дать*⟩ взаймы́; Gegenstände отдавáть ⟨отдáть*⟩ напрокáт | sich etw. ~ занимáть ⟨заня́ть*⟩ что-н., gegen Geld брать* ⟨взять*⟩ напрокáт; sich in der Bibliothek ein Buch ~ брать* ⟨взять*⟩ в библиотéке кни́гу
Ausleih|gebühr *f* плáта за пóльзование *I;* **~station** *f* пункт 2 прокáта
auslernen *intr* закáнчивать ⟨-кóнчить⟩ учéние | man lernt nie aus век живи́| век учи́сь
Auslese *f* вы́бор 2; *Biol* отбóр 2
aus|lesen *tr* aussuchen выбирáть ⟨вы́|брать*⟩, отбирáть ⟨отобрáть| отберý| отóбранный⟩; Zeitung прочи́тывать ⟨-читáть⟩; **~liefern** *tr* Ware пост|авля́ть ⟨-áвить 3 -áвлю⟩; Bücher с|давáть* ⟨-|дать*⟩; Verbrecher выдавáть ⟨вы́дать⟩
Auslieferung *f* постáвка 6; сдáча 6; вы́дача 6
Auslieferungslager *n* сбытовáя бáза 6
aus|liegen *intr* Ware быть* вы́ставленным; Zeitungen быть разлóженным (на столé); **~löffeln** *tr* расхлёбывать ⟨-хлебáть⟩ *a. übertr;* **~löschen** *tr* га|си́ть 3⁺ -шý (за-, по-), туши́ть 3⁺ (за-, по-); Kerze задувáть ⟨-|дýть*⟩; Schrift стирáть ⟨-|терéть*| сотрý⟩; *übertr* изглá|живать ⟨-дить 3 -жу⟩; Schmach смывáть ⟨-|мыть*⟩; **~losen** *tr* реш|áть ⟨-и́ть 3⟩ жеребьёвкой; разы́грывать ⟨-ыгрáть⟩ в лотерéе; **~lösen** *tr* вызывáть ⟨вы́|звать*⟩; *Tech* пускáть ⟨пу|сти́ть 3⁺ -щý⟩
Aus|löser *m Foto* спуск 2; **~losung** *f* жеребьёвка 6; Lotterie рóзыгрыш 2 *G Pl* -ей
aus|lüften *tr* провéтр|ивать ⟨-ить 3⟩; **~machen** *tr* vereinbaren договáриваться ⟨-говори́ться 3⟩; betragen сост|авля́ть ⟨-áвить 3 -áвлю⟩; *umg* auslöschen га|си́ть 3⁺ -шý (за-, по-), туши́ть 3⁺ (за-, по-); ausschalten выключáть ⟨вы́ключить 3⟩ | Kartoffeln ≈ копáть (вы́-) картóфель; wieviel macht das aus? скóлько э́то состáвит?; das macht nichts aus (э́то) ничегó (не знáчит); es macht ihm nichts aus емý нипочём; würde es Ihnen etw. ~, wenn …? вас не затрудни́т| éсли …?; **~mahlen** *tr* размáлывать ⟨-|молóть*⟩; **~malen** *tr* распи́сывать ⟨-|писáть*⟩ *a. übertr,* раскр|áшивать ⟨-áсить 3 -áшу⟩; *übertr* schildern пред-ст|авля́ть ⟨-áвить 3 -áвлю⟩
Ausmarsch *m* выступлéние 5
ausmarschieren *intr* выступáть ⟨вы́ступ|ить 3 -лю⟩
Ausmaß *n* размéр 2 | in großem ~ в большóм масштáбе; in bedeutendem ~ в значи́тельной мéре
aus|mauern *tr* выклáдывать ⟨вы́ложить 3⟩ кáмнем; **~meißeln** *tr* высекáть ⟨вы́|сечь*⟩ резцóм; **~mergeln** *tr übertr* изнур|я́ть ⟨-и́ть 3⟩; **~merzen** *tr* искорен|я́ть ⟨-и́ть 3⟩; **~messen** *tr* вымеря́ть ⟨вы́мерить 3⟩; **~misten** *tr* очищáть ⟨очи́|стить 3 -щу⟩ от навóза; **~mustern** *tr Mil* при|знавáть* ⟨-знáть⟩ непригóдным к воéнной слýжбе
Ausnahme *f* исключéние 5 | mit ~ исключáя *A,* за исключéнием *G;* mit wenigen ~n за рéдким исключéнием; keine Regel ohne ~ нет прáвила без исключéния; **~fall** *m* исключи́тельный слýчай; **~zustand** *m* чрезвычáйное положéние | den ≈ verhängen объяв|ля́ть ⟨-и́ть 3⁺ -лю́⟩ чрезвычáйное положéние
ausnahms|los *Adv* без исключéния; **~weise** *Adv* в ви́де исключéния
ausnehmen *tr* вынимáть ⟨вы́нуть 4⟩; Gans потроши́ть 3 (вы́-); *übertr* исключ|áть ⟨-и́ть 3⟩ (von из *G*); sich ~ *refl* выделя́ться ⟨вы́делиться 3⟩ | j-n (beim Spiel) ~ обо|брáть*, оберý когó-н.; sich gut ~ вы́глядеть хорошó; **~d 1.** *Adj* отли́ч|ный| -ен, исключи́тел|ьный| -ен| -ьна **2.** *Adv* весьмá, óчень
ausnutzen *tr* испóльзовать *uv, v* 2; j-n ausbeuten эксплуати́ровать 2; mißbrauchen злоупотреб|ля́ть ⟨-и́ть 3 -лю⟩
Ausnutzung *f* испóльзование 5; эксплуатáция 8; злоупотреблéние 5 *I*
aus|packen *tr* распак|óвывать ⟨-овáть 2⟩;

intr übertr umg выкла́дывать ⟨вы́ложить 3⟩; **~peitschen** *tr* отст|ега́ть *v*¦ -ёганный, сечь (вы́-); **~pfeifen** *tr* осви́стывать ⟨-|свиста́ть*⟩; **~pflanzen** *tr* расса́живать ⟨-сади́ть 3⁺ -сажу́⟩; **~plaudern** *tr* выба́лтывать ⟨вы́болтать⟩; verraten разгла|ша́ть ⟨-си́ть 3 -шу́⟩ | ein Geheimnis ≈ проба́лтываться ⟨-болта́ться⟩; **~plündern** *tr* разгр|абля́ть ⟨-а́бить 3 -а́блю⟩; **~polstern** *tr* набива́ть ⟨-|би́ть*⟩; **~posaunen** *tr übertr* раструб|и́ть *v* 3 -лю́, разгла|ша́ть ⟨-си́ть 3 -шу́⟩; **~prägen** *tr* чека́нить 3 (вы́-); sich ≈ *refl übertr* выража́ться ⟨вы́разиться 3⟩; **~pressen** *tr* выжима́ть ⟨вы́|жать¹*⟩, выда́вливать ⟨вы́дав|ить 3 -лю⟩; **~probieren** *tr* про́бовать 2 (по-, ис-)

Auspuff *m* вы́хлоп 2; **~gase** *n Pl* выхлопны́е га́зы; **~rohr** *n* выхлопна́я труба́

aus|pumpen *tr* выка́чивать ⟨вы́качать⟩, otка́чивать ⟨-кача́ть⟩; **~punkten** *tr Sport* побе|жда́ть ⟨-ди́ть 3¦ -ждённый⟩ по очка́м; **~pusten** *tr* задува́ть ⟨-|ду́ть*⟩; **~quartieren** *tr* выселя́ть ⟨вы́селить 3⟩ (из кварти́ры); **~quetschen** *tr* выжима́ть ⟨вы́|жать¹*⟩, выда́вливать ⟨вы́дав|ить 3 -лю⟩; **~radieren** *tr* стира́ть ⟨с|тере́ть*¦ сотру́¦ стёре́в *u.* стёрши⟩; **~rangieren** *tr* выки́дывать ⟨вы́кинуть 4⟩; **~rauben** *tr* гра́б|ить 3 -лю (о-) на́чисто; **~rauchen** *tr* Zigarette выку́ривать ⟨вы́курить 3⟩; **~räumen** *tr* Zimmer освобо|жда́ть ⟨-ди́ть 3 -жу́; herausnehmen вынима́ть ⟨вы́нуть 4⟩; **~rechnen** *tr* вычисля́ть ⟨вы́числить 3⟩, высчи́тывать ⟨вы́считать⟩

Aus|rechnung *f* вычисле́ние 5; **~rede** *f* отгово́рка 6

aus|reden *tr* отгов|а́ривать ⟨-ори́ть 3⟩ (j-m etw. *A* от *G*), разубе|жда́ть ⟨-ди́ть 3 -жу́¦ -ждённый⟩ (j-m etw. *A* в *P*); *intr* zu Ende reden конча́ть ⟨ко́нчить 3⟩ речь, догов|а́ривать ⟨-ори́ть⟩ | ≈ lassen дава́ть* ⟨дать*⟩ договори́ть; **~reichen** *intr* хват|а́ть ⟨-и́ть 3⁺⟩, быть* доста́точным; **~reichend** доста́точ|ный¦ -ен; **~reifen** *intr* вызрева́ть ⟨вы́зреть⟩

Ausreise *f* вы́езд 2 (за грани́цу) (nach в *A*); **~erlaubnis** *f* разреше́ние на вы́езд (за грани́цу)

ausreisen *intr* выезжа́ть ⟨вы́|ехать*⟩ (nach в *A*)

Ausreisevisum *n* ви́за на вы́езд (за грани́цу)

ausreißen *tr* вырыва́ть ⟨вы́|рвать*⟩; *intr* удира́ть ⟨-|дра́ть*⟩, убега́ть ⟨-|бежа́ть*⟩ (vor от *G*)

Ausreißer *m* бегле́ц 2е *a. Sport*

aus|reiten *intr* выезжа́ть ⟨вы́|ехать*⟩ верхо́м; **~renken** *tr Med* вы́вихнуть *v* 4; **~richten** *tr Mil* выра́внивать ⟨вы́ровнять⟩, равня́ть; erfüllen исполня́ть ⟨-по́лнить 3⟩; Gruß пере|дава́ть* ⟨переда́ть*⟩ (приве́т); erreichen добива́ться ⟨-|би́ться*⟩; sich ≈ *refl* in einer Reihe равня́ться, выра́вниваться ⟨вы́ровняться⟩ (nach по *D*)

Ausritt *m* вы́езд 2 верхо́м

aus|roden *tr* выкорчёвывать ⟨вы́корчевать 2⟩; **~rollen** *intr Flugw* соверш|а́ть ⟨-и́ть 3⟩ пробе́г; Teppich раска́тывать ⟨-ката́ть⟩; **~rotten** *tr* искорен|я́ть ⟨-и́ть 3⟩; **~rücken** *intr Mil* выступа́ть ⟨вы́ступ|ить 3 -лю⟩

Ausruf *m* во́зглас 2

ausrufen *tr* выкри́кивать ⟨вы́крикнуть 4⟩, воскл|ица́ть ⟨-и́кнуть 4⟩; proklamieren провозгла|ша́ть ⟨-си́ть 3 -шу́⟩; Streik; Haltestelle объ|явля́ть ⟨-яви́ть 3⁺ -явлю́⟩; *intr* воскл|ица́ть ⟨-и́кнуть⟩

Ausrufezeichen *n* восклица́тельный знак

Ausrufung *f* провозглаше́ние 5

aus|ruhen *intr u.* sich ≈ *refl* отдыха́ть ⟨-дохну́ть 4⟩ (von от *G*); **~rupfen** *tr* выщи́пывать ⟨вы́|щипать*⟩; **~rüsten** *tr Mil* вооруж|а́ть ⟨-и́ть 3⟩; *Tech* mit Gerät осна|ща́ть ⟨-сти́ть 3 -щу́⟩; Expedition, Schiff снаря|жа́ть ⟨-ди́ть 3 -жу́⟩, экипи́ровать *uv, v 2;* Fabrik обору́довать *uv, v* 2; versorgen снаб|жа́ть ⟨-ди́ть 3 -жу́⟩; sich ≈ *refl* снаря|жа́ться ⟨-ди́ться 3 -жу́сь⟩

Ausrüstung *f* вооруже́ние 5; оснаще́ние 5; снаряже́ние 5, экипиро́вка 6; обору́дование 5; Ausrüstungsgegenstände оснаще́ние 5

ausrutschen *intr* поскользну́ться *v* 4

Aussaat *f* посе́в 2, сев 2

Aussage *f* Äußerung выска́зывание 5; *Jur* показа́ния *Pl* 5, свиде́тельство 4 | falsche ~ лжесвиде́тельство 4; nach seiner ~ по его́ слова́м; **~kraft** *f* вырази́тельность 9

aus|sagen *tr* выска́зывать ⟨вы́с|казать*⟩; *Jur* пока́зывать ⟨-каза́ть⟩, дава́ть* ⟨дать*⟩ показа́ния; *intr:* falsch ≈ лжесвиде́тельствовать 2; **~sägen** *tr* выпи́ливать ⟨вы́пилить 3⟩

Aussagesatz *m* повествова́тельное предложе́ние

Aussatz *m Med* прока́за 6

aussaugen *tr* выса́сывать ⟨вы́сос|ать¦ -у¦ -ешь⟩; *übertr* истощ|а́ть ⟨-и́ть 3⟩, изнур|я́ть ⟨-и́ть 3⟩

ausschalten *tr El* выключа́ть ⟨вы́ключить 3⟩; *übertr* исключ|а́ть ⟨-и́ть 3⟩

Aus|schalter *m El* выключа́тель 1; **~schank** *m* прода́жа 6 в разли́в; Theke сто́йка 6; **~schau** *f:* ≈ halten nach высма́тривать ⟨вы́смотреть 3⟩

aus|schauen *intr* высма́тривать ⟨вы́смотреть 3⟩ (nach j-m *A*); *umg* aussehen име́ть вид, вы́гля|деть 3 -жу; **~scheiden** *tr Med* выделя́ть ⟨вы́делить 3⟩; *Chem* оса|жда́ть ⟨-ди́ть 3 -жу́⟩; *intr* выбыва́ть ⟨вы́|быть*⟩ *a. Sport* (aus из *G*); Spiel выхо|ди́ть 3⁺ -жу ⟨вы́|йти*⟩

Ausscheidung *f Sport* отбо́рочные соревнова́ния *Pl* 5; *Med* выделе́ние 5, секре́ция 8
Ausscheidungs|spiel *n Sport* отбо́рочная игра́, отбо́рочный матч 2 *G Pl* -ей; **~wettkämpfe** *m Pl* отбо́рочные соревнова́ния
aus|schelten *tr* вы́бранить *v* 3; **~schenken** *tr* разлива́ть ⟨-|ли́ть*, -олью́⟩; **~schicken** *tr* посыла́ть ⟨-|сла́ть*⟩; **~schiffen** *tr* выса́живать ⟨вы́са|дить 3 -жу⟩; Ware выгружа́ть ⟨вы́гру|зить 3 -жу⟩ с су́дна; **~schimpfen** *tr* руга́ть ⟨вы́-⟩ (wegen за *A*); **~schirren** *tr* снима́ть ⟨снять*⟩ сбру́ю с *G*; **~schlachten** *tr* разде́лывать ⟨-де́лать⟩ ту́шу; Auto, Maschine разбира́ть ⟨разо|бра́ть*, разберу́; разо́бранный⟩ | einen Fall ≈ испо́льзовать *uv, v* 2 слу́чай; **~schlafen** *tr:* seinen Rausch ≈ про|спа́ться* *v; intr u.* sich ≈ *refl* высыпа́ться ⟨вы́спаться⟩ | nicht ≈ недо|сыпа́ть ⟨-спа́ть⟩
Ausschlag *m Med* сыпь 9; Zeiger отклоне́ние 5, амплиту́да 6 | den ~ geben име́ть реша́ющее значе́ние; er hat auf der Brust einen ~ у него́ вы́сыпало на груди́
ausschlagen *tr* выбива́ть ⟨вы́|бить*⟩; mit Stoff verkleiden обива́ть ⟨-би́ть, обобью́⟩, обшива́ть ⟨-|ши́ть*, обошью́⟩; *übertr* ablehnen отка́зывать ⟨-|каза́ть*⟩ в *P; intr* Baum распу|ска́ться ⟨-сти́ться 3⁺⟩; Tiere ляга́ться, брыка́ться; Flammen пробива́ться ⟨-би́ться⟩; Zeiger отклон|я́ться ⟨-и́ться 3⁺⟩ | das Pferd schlägt aus ло́шадь бьёт за́дом; die Sache schlug zu seinen Gunsten aus де́ло оберну́лось [ко́нчилось] в его́ по́льзу
ausschlaggebend реша́ющий 11
ausschließen *tr* исключ|а́ть ⟨-и́ть 3⟩; sich ~ *refl* исключ|а́ть ⟨-и́ть⟩ себя́ | ausgeschlossen! и говори́ть не́чего!
ausschließlich **1.** *Adj* исключи́тел|ьный, -ен, -ьна **2.** *Adv* то́лько, исключи́тельно **3.** *Präpos* за исключе́нием, исключа́я
ausschlüpfen *intr* aus dem Ei вылупля́ться ⟨вы́лупиться 3⟩
Ausschluß *m* исключе́ние 5 | unter ~ der Öffentlichkeit при закры́тых дверя́х
ausschmücken *tr* украша́ть ⟨укра́|сить 3 -шу⟩; Erzählung при(у)кра́шивать
Ausschmückung *f* украше́ние 5; прикра́шивание 5
ausschneiden *tr* выреза́ть ⟨вы́|резать*⟩
Ausschnitt *m* Rede, Roman отры́в|ок, -ка 2; Zeitung вы́резка 6; für Ärmel про́йма 6; Kleid декольте́ [дэ, тэ] *n idkl,* вы́рез 2 | tiefer ~ Kleid откры́тый вы́рез
aus|schnüffeln *tr* пронюх|ивать ⟨-ать⟩; **~schöpfen** *tr* выче́рпывать ⟨вы́черпать⟩ | alle Möglichkeiten ≈ исче́рп|ывать ⟨-ать⟩ все возмо́жности; **~schrauben** *tr* выви́нчивать ⟨вы́вин|тить 3 -чу⟩; **~schreiben** *tr* Rechnung; Buchtitel выпи́сывать ⟨вы́писать⟩; Ziffern писа́ть* ⟨на-⟩ про́писью; Wahlen назн|ача́ть ⟨-а́чить 3⟩, объяв|ля́ть ⟨-и́ть 3⁺ -лю́⟩ | einen Wettbewerb ≈ объяв|ля́ть ⟨-и́ть⟩ ко́нкурс
Ausschreibung *f* объявле́ние 5 (ко́нкурса на) *A*
aus|schreien *tr* выкри́кивать ⟨вы́крикнуть 4⟩ | sich die Lunge ≈ крича́ть 3 до изнеможе́ния; **~schreiten** *intr* идти́* больши́ми шага́ми
Ausschreitungen *f Pl* вы́ходки *Pl* 6, эксце́ссы *Pl* 2
Ausschuß *m* комите́т 2; von Ware брак 2; *Typ* макулату́ра 6; **~mitglied** *n* член комите́та; **~sitzung** *f* заседа́ние комите́та; **~ware** *f* брако́ванный това́р, брак 2
aus|schütteln *tr* вытря́хивать ⟨вы́тряхнуть 4⟩; **~schütten** *tr* высыпа́ть ⟨вы́|сыпать*⟩; Flüssigkeit вылива́ть ⟨вы́|лить*⟩; Dividende выпла́чивать ⟨вы́пла|тить 3 -чу⟩ | sich vor Lachen ≈ ката́ться со́ смеху; **~schwärmen** *intr* Bienen рои́ться 3; *Mil* рассыпа́ться ⟨-|сы́паться*⟩ в цепь; **~schweifend** распу́т|ный, -ен, развра́тный, -ен | ein ≈es Leben führen развра́тничать, распу́тничать
Ausschweifung *f* распу́тство 4, развра́т 2
aus|schweigen, sich *refl* отма́лчиваться ⟨-молча́ться 3⟩; **~schwitzen** *tr:* eine Krankheit ≈ выгоня́ть ⟨вы́|гнать*⟩ боле́знь с по́том; **~sehen** *intr* вы́гля|деть 3 -жу, име́ть вид | wie sieht er aus? како́в он собо́й?; er sieht gesund aus у него́ здоро́вый вид; gut ≈ вы́глядеть хорошо́; sie sieht so aus, als ob … у неё тако́й вид, бу́дто бы …; es sieht nach Regen aus похо́же на то, что бу́дет дождь; so siehst du aus! ещё бы!, как бы не так!; nach j-m ≈ высма́тривать ⟨вы́смотреть 3⟩ кого́-н.; sich die Augen ≈ прогл|яде́ть *v* 3 -яжу́ все глаза́
Aussehen *n* вид 2 | dem ~ nach по вне́шнему ви́ду, на вид
aussein *intr umg* ока́нчиваться ⟨око́нчиться 3⟩ | es ist aus ко́нчено; auf etw. ~ стрем|и́ться 3 -лю́сь к чему́-н.
außen *Adv* снару́жи | nach ~ нару́жу; von ~ снару́жи, извне́
Außen|antenne *f Rad* нару́жная анте́нна; **~aufnahmen** *f Pl* нату́рные съёмки; **~bahn** *f Sport* вне́шняя 11 доро́жка; **~bordmotor** *m* подвесно́й дви́гатель
aussenden *tr* рассыла́ть ⟨разо|сла́ть*, разо́сланный⟩, посыла́ть ⟨-сла́ть⟩; Strahlen испу|ска́ть ⟨-сти́ть 3⁺⟩
Außen|dienst *m* выездны́е рабо́ты *Pl* 6; **~hafen** *m Mar* аванпо́рт 2; **~handel** *m* вне́шняя 11 торго́вля; **~minister** *m* ми-

ни́стр иностра́нных дел; **~ministerium** *n* министе́рство иностра́нных дел; **~politik** *f* вне́шняя 11 поли́тика
außenpolitisch внешнеполити́ческий
Außen|seite *f* нару́жная сторона́; **~seiter** *m Sport* аутса́йдер 2 | ein ≈ sein держа́ться 3⁺ особняко́м; **~stände** *m Pl Hdl* счета́ *Pl* 2b дебито́ров; **~stelle** *f* филиа́л 2; **~stürmer** *m* кра́йний напада́ющий 11-*Subst* 11; **~wand** *f* нару́жная стена́; **~welt** *f* вне́шний 11 мир; **~winkel** *m* вне́шний 11 у́гол; **~wirtschaft** *f* внешне-экономи́ческие свя́зи *Pl* 9
außer 1. *Präpos* ausgenommen кро́ме *G;* außerhalb вне *G,* из *G* | ~ Landes sein быть за грани́цей; ~ sich sein vor etw. быть вне себя́ от чего́-н.; ~ acht lassen упу|ска́ть ⟨-сти́ть 3⁺ -щу́⟩ и́з виду; alle ~ dir все кро́ме тебя́ **2.** *Konj:* ~ daß ра́зве что
außerdem *Adv* кро́ме того́
außerdienstlich внеслуже́бный
außerehelich внебра́чный
äußerer вне́шний 11; Tor, Wand нару́жный
Äußeres *n* вне́шность 9, нару́жность 9
außer|gewöhnlich чрезвыча́|йный, -ен, -йна, необыкнове́н|ный, -ен, -на; **~halb** *Präpos* вне *G,* за *I* | ≈ der Stadt за́ городом, вне го́рода
äußerlich вне́шний 11; Behandlung нару́жный | für ~en Gebrauch *Med* для нару́жного употребле́ния
Äußerlichkeiten *f Pl* форма́льности *Pl* 9
äußern *tr* Meinung, Wunsch выража́ть ⟨вы́ра|зить 3 -жу⟩, выска́зывать ⟨вы́с|казать*⟩; Freude обнару́ж|ивать ⟨-ить 3⟩, пока́зывать ⟨-каза́ть⟩; sich ~ *refl* выража́ться ⟨вы́разиться⟩, выска́зываться ⟨вы́сказаться⟩; sich zeigen обнару́ж|иваться ⟨-иться⟩, пока́зываться ⟨-каза́ться⟩
außer|ordentlich чрезвыча́|йный, -ен, -йна; ungewöhnlich необыкнове́н|ный, -ен, -на; Professor экстраордина́рный; außer der Reihe внеочередно́й; **~planmäßig** внепла́новый; **~schulisch** внешко́льный
äußerst 1. *Adj* кра́йний 11 | im ~en Falle в кра́йнем слу́чае; bis zum ~en до после́дней кра́йности; das Äußerste tun де́лать (с-) всё возмо́жное **2.** *Adv* кра́йне, о́чень; außerordentlich весьма́ | aufs Äußerste gefaßt sein быть гото́вым ко всему́
außerstande *Adv:* ~ sein быть не в состоя́нии
Äußerung *f* выраже́ние 5, проявле́ние 5; Meinung выска́зывание 5
aussetzen *tr* выса́живать ⟨вы́са|дить 3 -жу⟩; Belohnung назн|ача́ть ⟨-а́чить 3⟩; unterbrechen прерыва́ть ⟨-|рва́ть*⟩, приостан|а́вливать ⟨-ови́ть 3⁺ -овлю́⟩; einer Gefahr подверга́ть ⟨-ве́ргнуть 4a *u.* 4⟩; *intr* остан|а́вливаться ⟨-ови́ться⟩; *Tech* рабо́тать с перебо́ями; sich ~ *refl* подверга́ться ⟨-ве́ргнуться⟩ *D* | ein Kind ~ подки́дывать ⟨-ки́нуть 4⟩ ребёнка; an allem etw. auszusetzen haben находи́ть во всём недоста́тки
Aussicht *f* вид 2 (auf на *A*); ~en *Pl* перспекти́ва 6, ви́ды *Pl; übertr* ша́нсы *Pl* 2 | ein Zimmer mit ~ aufs Meer ко́мната с ви́дом на мо́ре; keine ~en haben не име́ть никаки́х ша́нсов; j-m etw. in ~ stellen обнадёж|ивать ⟨-ить 3⟩ кого́-н. чем-н.; ~en für die Zukunft ви́ды на бу́дущее
aussichtslos безнадёж|ный, -ен
Aussichts|losigkeit *f* безнадёжность 9, бесперспекти́вность 9; **~plattform** *f* смотрова́я площа́дка; **~punkt** *m* смотрово́й пункт
aussichtsreich перспекти́вный, многообеща́ющий 11
Aussichtsturm *m* смотрова́я вы́шка 6
aus|sieben *tr* отсе́|ивать ⟨-ять, -ю, -ешь⟩; **~siedeln** *tr* выселя́ть ⟨вы́селить 3⟩
Aussiedlung *f* выселе́ние 5
aussöhnen *tr* примир|я́ть ⟨-и́ть 3⟩; sich ~ *refl* примир|я́ться ⟨-и́ться⟩, мири́ться (по-)
Aussöhnung *f* примире́ние 5
aus|sondern *tr* отбира́ть ⟨ото|бра́ть*, отберу́, ото́бранный⟩, выделя́ть ⟨вы́делить 3⟩; **~spannen** *tr* Pferd выпряга́ть ⟨вы́|прячь*⟩, распряга́ть ⟨-пря́чь⟩; *intr* ausruhen отдыха́ть ⟨-дохну́ть 4⟩; **~sparen** *tr* де́лать (с-) вы́емку [паз]
Aussparung *f* вы́емка 6, паз 2b
aus|speien *tr* выплёвывать ⟨вы́плюнуть 4⟩; Vulkan изверга́ть ⟨-ве́ргнуть 4a *u.* 4; -ве́ргнутый *u.* -ве́рженный⟩; **~sperren** *tr* ост|авля́ть ⟨-а́вить 3⟩; за две́рью; Arbeiter объяв|ля́ть ⟨-и́ть 3⁺ -лю́⟩ локау́т
Aussperrung *f* локау́т 2
aus|spielen *tr* Schach, Kartenspiel хо|ди́ть 3⁺ -жу́, идти́* | die Dame ≈ ходи́ть с да́мы; den letzten Trumpf ≈ *übertr* разы́грывать ⟨-ыгра́ть⟩ после́дний ко́зырь; *intr:* Sie spielen aus Kartenspiel вам идти́; er hat ausgespielt *übertr* его́ пе́сенка спе́та; **~spionieren** *tr* разу|знава́ть* ⟨-зна́ть⟩
Aussprache *f* произноше́ние 5; Diskussion обме́н 2 мне́ниями, диску́ссия 8 (über о *P*); **~fehler** *m* оши́бка в произноше́нии
aussprechbar произноси́мый | schwer ~ труднопроизноси́мый
aussprechen *tr* произноси́ть 3⁺ -ношу́ ⟨-|нести́*⟩; äußern выска́зывать ⟨вы́с|казать*⟩, выража́ть ⟨вы́ра|зить 3 -жу⟩; sich ~ *refl* выска́зываться ⟨вы́сказаться⟩ (für

за *A*); Meinungsunterschiede beseitigen объясн|я́ться ⟨-и́ться 3⟩ (für за *A*, gegen про́тив *G*, über о *P*) | laß ihn doch ~ дай ему́ договори́ть

Ausspruch *m* изрече́ние 5

aus|spucken *tr* выплёвывать ⟨вы́плюнуть 4⟩; **~spülen** *tr* полоска́ть* ⟨вы́-, про-⟩; Ufer размыва́ть ⟨-мы́ть⟩; **~staffieren** *tr* снаб|жа́ть ⟨-ди́ть 3 -жу́⟩, экипи́ровать *uv, v* 2 *I*; sich ≈ *refl* наря|жа́ться ⟨-ди́ться⟩

Ausstand *m* забасто́вка 6, ста́чка 6 | in den ~ treten забастова́ть *v* 2

ausstatten *tr* versorgen снаб|жа́ть ⟨-ди́ть 3 -жу́⟩; Wohnung обст|авля́ть ⟨-а́вить 3 -а́влю⟩; Labor обору́довать *uv, v* 2; für die Reise снаря|жа́ть ⟨-ди́ть 3 -жу́⟩ | ein Buch ~ оформля́ть ⟨офо́рм|ить 3 -лю⟩ кни́гу

Ausstattung *f* снабже́ние 5; обору́дование 5; обстано́вка 6; *Theat* декора́ция 8; Buch ~ оформле́ние 5

aus|stechen *tr* выка́лывать ⟨вы́|колоть*⟩; *übertr* im Wettkampf превосхо|ди́ть 3⁺ -жу́ ⟨превзо|йти́*⟩, взять* *v* верх над *I;* Rivalen оттесня́ть ⟨-тесни́ть 3⟩; **~stehen** *tr* Qualen испы́тывать ⟨-пыта́ть⟩, перено|си́ть 3 -шу́ ⟨-|нести́*⟩ | die Antwort steht noch aus отве́та ещё нет; ich kann ihn nicht ≈ я его́ терпе́ть не могу́; **~steigen** *intr* выходи́ть 3⁺ -хожу́ ⟨вы́|йти*⟩; Bahn, Bus схо|ди́ть 3⁺ -жу́ ⟨со|йти́*⟩ (aus с *G*); **~stellen** *tr* выставля́ть ⟨вы́став|ить 3 -лю⟩, экспони́ровать *uv, v* 2; Paß вы|дава́ть* ⟨вы́|дать*⟩; amtliches Schriftstück оформля́ть ⟨офо́рм|ить 3 -лю⟩

Ausstell|er *m* уча́стник 2 вы́ставки, экспоне́нт 2; Messe уча́стник я́рмарки; **~fenster** *n* поворо́тная фо́рточка 6; **~ung** *f* вы́ставка 6; die ausgestellten Gegenstände экспози́ция 8; Paß вы́дача 6; Schriftstück оформле́ние 5

Ausstellungs|gegenstand *m* экспона́т 2; **~gelände** *n* террито́рия 8 вы́ставки; **~halle** *f* вы́ставочный павильо́н; **~saal** *m* вы́ставочный зал 2

Aussterbeetat *m:* auf dem ~ stehen быть* обречённым на вымира́ние

aussterben *intr* вымира́ть ⟨вы́|мереть*⟩ | vom Aussterben bedroht sein находи́ться 3⁺ под угро́зой исчезнове́ния

Aussteuer *f* прида́ное *Subst* 10

aus|steuern *tr* Arbeitslose снима́ть ⟨снять*⟩ с посо́бия; Rad модули́ровать 2; **~stopfen** *tr* набива́ть ⟨-|би́ть*⟩

Ausstoß *m* Produktion вы́пуск 2 (проду́кции)

aus|stoßen *tr* Dampf выпуска́ть ⟨вы́пу|стить 3 -щу⟩; Lava выбра́сывать ⟨вы́бр|осить 3 -ошу⟩; Schrei испу|ска́ть ⟨-сти́ть 3⁺ -щу́⟩; j-n aus einer Gesellschaft исключ|а́ть ⟨-и́ть 3⟩, изгоня́ть ⟨-|гна́ть*⟩; *Wirtsch* выпуска́ть ⟨вы́пустить⟩, выраба́тывать ⟨вы́работать⟩; **~strahlen** *tr* излуча́ть; *Rad* трансли́ровать *uv, v* 2; *intr* излуча́ться; Idee возде́йствовать *uv, v* 2 (auf на *A*)

Ausstrahlung *f* излуче́ние 5

aus|strecken *tr* Hand протя́гивать ⟨-тяну́ть 4⁺⟩; die Glieder вытя́гивать ⟨вы́тянуть⟩; sich ≈ *refl* растя́гиваться ⟨-тяну́ться⟩; **~streichen** *tr* вычёркивать ⟨вы́черкнуть 4⟩; glätten разгла́ж|ивать ⟨-дить 3 -жу⟩; einschmieren сма́зывать ⟨-|ма́зать*⟩; **~streuen** *tr* расбр|а́сывать ⟨-оса́ть⟩; Gerüchte распростран|я́ть ⟨-и́ть 3⟩; **~strömen** *tr* Geruch испуска́ть; *intr* вытека́ть ⟨вы́|течь*⟩; **~studieren** *intr* зака́нчивать ⟨-ко́нчить 3⟩ учёбу (в вы́сшем учёбном заведе́нии); **~suchen** *tr* выбира́ть ⟨вы́|брать*⟩, отбира́ть ⟨ото|бра́ть*, отберу́, ото́бранный⟩; Geschenk подбира́ть ⟨подобра́ть, подберу́, подо́бранный⟩

Austausch *m* обме́н 2 (von *I*); Ersatz заме́на 6

aus|tauschen *tr* меня́ть (об-, по-) (gegen на *A*); untereinander обме́ниваться ⟨-меня́ться⟩; **~teilen** *tr* раз|дава́ть* ⟨разда́ть*⟩

Auster *f* у́стрица 6

aus|tilgen *tr* искорен|я́ть ⟨-и́ть 3⟩; **~toben** *tr:* seine Wut ≈ дава́ть* ⟨дать*⟩ во́лю свое́й я́рости; sich ≈ *refl* пере|става́ть* ⟨-|ста́ть*⟩ бушева́ть | er hat sich ausgetobt он перебеси́лся **~tragen** *tr* Post разноси́ть 3⁺ -ношу́ ⟨-|нести́*⟩; Kind вына́шивать ⟨вы́носить⟩; *Sport* проводи́ть 3⁺ -вожу́ ⟨-|вести́*⟩, разы́грывать ⟨-ыгра́ть⟩; ausstreichen вычёркивать ⟨вы́черкнуть 4⟩; aus dem Hausbuch выпи́сываться ⟨вы́|писаться*⟩

Austragung *f Sport* проведе́ние 5

Australi|en Австра́лия 8; **~er** *m* австрали́|ец, -йца 2; **~erin** *f* австрали́йка 6

australisch австрали́йский

aus|treiben *tr* выгоня́ть ⟨вы́|гнать*⟩ | j-m die Grillen ≈ отуч|а́ть ⟨-и́ть 3⁺⟩ кого́-н. от капри́зов; j-m den Hochmut ≈ с|бить* *v* спесь с кого́-н.; **~treten** *tr* Feuer гаси́ть (по-) нога́ми; Weg прота́птывать ⟨-|топта́ть*⟩, протор|я́ть ⟨-и́ть 3⟩; Schuhe раста́птывать ⟨-топта́ть⟩; *intr* aus einer Organisation выходи́ть 3⁺-жу́ ⟨вы́йти*⟩ (aus из *G*); auf die Toilette выходи́ть ⟨вы́йти⟩; **~tricksen** *tr umg* обхо|ди́ть 3⁺ -жу́ ⟨обо|йти́*⟩; **~trinken** *tr* выпива́ть ⟨вы́|пить*⟩, допива́ть ⟨допи́ть*⟩ | in drei Zügen ≈ вы́пить в три глотка́

Austritt *m* вы́ход 2

aus|trocknen *tr* высу́шивать ⟨вы́сушить 3⟩; *intr* высыха́ть ⟨вы́сохнуть 4а⟩; **~üben**

tr исполня́ть ⟨-по́лнить 3⟩ | eine Funktion ≈ занима́ть ⟨заня́ть*⟩ каку́ю-н. до́лжность; | einen Beruf ≈ занима́ться ⟨заня́ться*¡ заня́л|ся́¡ -и́сь⟩ чем-н., име́ть профе́ссию

Aus|übung *f* исполне́ние 5 | in ≈ des Dienstes при исполне́нии служе́бных обя́занностей; **~verkauf** *m* распрода́жа 6

aus|verkaufen *tr* распро|дава́ть* ⟨-|прода́ть*⟩ | die Vorstellung [das Haus] ist ausverkauft все биле́ты про́даны, спекта́кль идёт с аншла́гом; **~wachsen** *tr* Kleidung выраста́ть ⟨вы́|расти*⟩ из *G; intr* выраста́ть ⟨вы́расти⟩

Auswahl *f* вы́бор 2; passende: подбо́р 2; *Sport* сбо́рная кома́нда 6 | eine ~ treffen де́лать (с-) вы́бор; ohne ~ без разбо́ра

auswählen *tr* выбира́ть ⟨вы́|брать*⟩, отбира́ть ⟨ото|бра́ть*¡ отберу́¡ ото́бранный⟩; Passendes подбира́ть ⟨подобра́ть¡ подо́бранный⟩

Auswahl|mannschaft *f* сбо́рная кома́нда; **~spieler** *m* игро́к сбо́рной кома́нды

Auswanderer *m* эмигра́нт 2

auswandern *intr* эмигри́ровать *uv, v* 2 (nach в *A*)

Auswanderung *f* эмигра́ция 8

aus|wärtig иностра́нный; in einem anderen Ort иногоро́дний 11 | das Ministerium für Auswärtige Angelegenheiten министе́рство иностра́нных дел; **~wärts** *Adv* вне до́ма; in einem anderen Ort в друго́м ме́сте | ≈ essen обе́дать (по-) не [вне] до́ма

auswaschen *tr* мыть* ⟨вы́-⟩; reinigen промыва́ть ⟨-мы́ть⟩

auswechselbar сменя́ем:ый; ersetzbar замени́м:ый

auswechseln *tr* смен|я́ть ⟨-и́ть 3⁺⟩; gegen etw. замен|я́ть ⟨-и́ть⟩ (*I od.* на *A*)

Ausweg *m* вы́ход 2

ausweglos безвы́ход|ный¡ -ен

Ausweglosigkeit *f* безвы́ходность 9

ausweichen *intr* уступ|а́ть ⟨-и́ть 3⁺ -лю́⟩ доро́гу, дава́ть* ⟨дать*⟩ доро́гу, von Fahrzeugen разъезжа́ться ⟨-|е́хаться*⟩; entgehen укл|оня́ться ⟨-они́ться 3 -оню́сь⟩ *a. übertr;* meiden избега́ть | einem Schlag ~ уклоня́ться от уда́ра; einer Antwort ~ уклоня́ться от отве́та; **~d** укло́нчив:ый

Ausweichstelle *f* разъе́зд 2

aus|weiden *tr* Wild свежева́ть 2 (о-); Fisch потроши́ть 3 (вы́-) | ausgeweidetes Tier ту́ша 6; **~weinen** *tr* выпла́кивать ⟨вы́|плакать*⟩; sich ≈ *refl* вы́плакаться *v v* | sich die Augen ≈ вы́плакать (все) глаза́

Ausweis *m* Personal≁ па́спорт 2b *Pl* -а́; Mitglieds≁ (чле́нский) биле́т 2 | Ihre ~e bitte! ва́ши докуме́нты¡ пожа́луйста!

ausweisen *tr* высыла́ть ⟨вы́|слать*⟩; sich ~ *refl* предъяв|ля́ть ⟨-и́ть 3⁺ -лю́⟩ свои́ докуме́нты

Ausweispapiere *n Pl* докуме́нты *Pl* 2

Ausweisung *f* вы́сылка 6

ausweiten *tr* растя́гивать ⟨-тяну́ть 4⁺⟩, расширя́ть ⟨-ши́рить 3⟩; sich ~ *refl* растя́гиваться ⟨-тяну́ться⟩; *übertr* расширя́ться ⟨-ши́риться⟩

auswendig *Adv* наизу́сть, на па́мять | ~ lernen зау́чивать ⟨-учи́ть 3⁺⟩ наизу́сть; etw. in- und auswendig kennen знать что-н. наизу́сть

aus|werfen *tr* Anker броса́ть ⟨бро́|сить 3 -шу⟩; Angel заки́|дывать ⟨-нуть 4⟩; Graben выка́пывать ⟨вы́копать⟩; **~werten** *tr* испо́льзовать *uv, v* 2; Schlußfolgerungen ziehen подводи́ть 3⁺ -вожу́ ⟨-|вести́*⟩ ито́ги | die Statistik ≈ испо́льзовать статисти́ческие да́нные

Auswertung *f* испо́льзование 5; подведе́ние 5 ито́гов

aus|wickeln *tr* развёртывать ⟨-верну́ть 4¡ -вёрнутый⟩; aus Windeln распел|ёныать ⟨-ена́ть¡ -ёнатый⟩; **~wiegen** *tr* взве́|шивать ⟨-сить 3 -шу⟩; **~wintern** *intr* вымерза́ть ⟨вы́мерзнуть 4а⟩; **~wirken, sich** *refl* ска́зываться ⟨-|каза́ться*⟩, отра|жа́ться ⟨-зи́ться 3 -жу́сь⟩ (auf на *P*) | die Überarbeitung wirkte sich auf die Gesundheit aus переутомле́ние отозва́лось на здоро́вье

Auswirkung *f* (воз)де́йствие 5 (auf на *A*); Einfluß влия́ние 5; Folge после́дствие 5

aus|wischen *tr* вытира́ть ⟨вы́|тереть*⟩, протира́ть ⟨-тере́ть⟩ | j-m eins ≈ *übertr* подстро́ить *v* 3 шту́ку кому́-н.; **~wringen** *tr* выжима́ть ⟨вы́|жать[1*]⟩

Aus|wuchs *m* наро́ст 2; **~wurf** *m* Vulkan изверже́ние 5; *Med* мокро́та 6

aus|zahlen *tr* выпла́чивать ⟨вы́пла|тить 3 -чу⟩; **~zählen** *tr* Stimmen подсч|и́тывать ⟨-ита́ть⟩; *Sport* отсч|и́тывать ⟨-ита́ть⟩ секу́нды

Aus|zahlung *f* платёж 2c *G Pl* -еже́й, вы́плата 6; **~zählung** *f* подсчёт 2

auszehren *tr* истощ|а́ть ⟨-и́ть 3⟩, изнур|я́ть ⟨-и́ть 3⟩

auszeichnen *tr* loben награ|жда́ть ⟨-ди́ть 3 -жу¡ -ждённый⟩ (mit *I*); durch Kenntnisse, Freundlichkeit u. a. отлич|а́ть ⟨-и́ть 3⟩; Manuskript размеча́ть ⟨-ме́тить 3 -ме́чу⟩; Waren снаб|жа́ть ⟨-ди́ть 3 -жу́⟩ це́нником; sich ~ *refl* отлич|а́ться ⟨-и́ться⟩

Auszeichnung *f* награжде́ние 5; Orden награ́да 6; Prüfungsnote отли́чие 5; Manuskript разме́тка 6; der Ware обозначе́ние 5 цены́ | Diplom mit ~ дипло́м с отли́чием; j-n zur ~ vorschlagen предст|авля́ть ⟨-а́вить 3 -а́влю⟩ кого́-н. к награжде́нию

ausziehbar Schubfach, Antenne выдвижнóй; Tisch раздвижнóй
ausziehen *tr* Tisch раздв|игáть ⟨-и́нуть 4⟩; Mantel снимáть ⟨снять*⟩; entkleiden раздевáть ⟨-|дéть*⟩; *intr* aus einer Wohnung съезжáть ⟨съ|éхать*⟩ с кварти́ры; sich ~ *refl* раздевáться ⟨-дéться⟩
Ausziehtisch *m* раздвижнóй стол
aus|zirkeln *tr übertr* (тóчно) измеря́ть ⟨-мéрить 3⟩; **~zischen** *tr* оши́кать *v*
Auszug *m* Text извлечéние 5; Konto вы́писка 6; Roman, Oper отры́в|ок, -ка 2; *Chem* вы́тяжка 6, экстрáкт 2 | in Auszügen lesen читáть в вы́держках
auszugsweise *Adv* в вы́держках
auszupfen *tr* выщи́пывать ⟨вы́|щипать*⟩
autark автаркúческий
Autarkie *f* автаркúя 8
authentisch пóдлин|ный, -ен, -на, аутенти́чный [тэ], -ен | nicht ~ недостовéр|ный, -ен
Auto *n* автомоби́ль 1, (авто)маши́на 6 | ~ fahren во|ди́ть 3⁺ -жу́ ⟨вести́*⟩ автомоби́ль; mit dem ~ fahren éхать* на (авто)маши́не; **~atlas** *m* áтлас автомоби́льных дорóг, автоáтлас 2; **~bahn** *f* автострáда 6 | auf die ≈ fahren éхать на автострáду; **~bahnauffahrt** *f* въезд на автострáду; **~bahnausfahrt** *f* съезд с автострáды; **~bahnkreuz** *n* развя́зка 6 автострáд; **~bahnring** *m* кольцевáя автострáда; **~biographie** *f* автобиогрáфия 8
autobiographisch автобиографи́ческий
Autobus *m* автóбус 2; **~verbindung** *f* автóбусное сообщéние
Autocamping *n* кéмпинг 2 для автотури́стов
Autodidakt *m* самоу́чка *m, f* 6, автодидáкт 2
autodidaktisch 1. *Adj* оснóванный на самообучéнии **2.** *Adv* самоу́чкой
Auto|fähre *f* автомоби́льный парóм; **~fahrer** *m* води́тель 1 автомоби́ля; als Sportler автомобили́ст 2; **~fahrt** *f* поéздка на автомоби́ле [автомаши́не]; **~garage** *f* автомоби́льный гарáж, автогарáж 2e
autogen *Tech* автогéнный | ~es Schweißen автогéнная свáрка
Autogramm *n* автóграф 2; **~jäger** *m* охóтник за автóграфами
Auto|hupe *f* автомоби́льный гудóк; **~karte** *f* кáрта автомоби́льных дорóг; **~kino** *n* автокинотеáтр 2; **~kolonne** *f* колóнна автомоби́лей, автоколóнна 6
Autokrat *m* самодéрж|ец, -ца 2, автокрáт 2; **~ie** *f* самодержáвие 5, автокрáтия 8
autokratisch самодержáвный, автократи́ческий
Automat *m* автомáт 2
automatisch автомати́ческий; unwillkürlich непроизвóл|ьный, -ен, -ьна
automatisieren *tr* автоматизи́ровать *uv, v* 2
Automatisierung *f* автоматизáция 8
Automobil *n* автомоби́ль 1; **~ausstellung** *f* автомоби́льная вы́ставка; **~klub** *m* автомоби́льный клуб; **~sport** *m* автомобили́зм 2, автомоби́льный спорт; **~werk** *n* автозавóд 2, автомоби́льный завóд
autonom автонóм|ный, -ен | Autonome Sozialistische Sowjetrepublik Автонóмная Совéтская Социалисти́ческая Респу́блика (*Abk* АССР)
Autonomie *f* автонóмия 8
Autor *m* áвтор 2
Auto|radio *n* автомоби́льный радиоприёмник; **~reifen** *m* автомоби́льная ши́на
Autoren|honorar *n* áвторский гонорáр; **~lesung** *f* áвторские чтéния *Pl* 5
Autorennen *n* автомоби́льные гóнки, автогóнки *Pl* 6
Autorenrecht *n* áвторское прáво
Autoreparaturwerkstatt *f* авторемóнтная мастерскáя
autoris|ieren *tr* авторизовáть *uv, v* 2; **~iert** авторизóван:ный, -а
Autorität *f* авторитéт 2 | ~ genießen пóльзоваться авторитéтом
autoritativ авторитéт|ный, -ен
Autorschaft *f* áвторство 4
Auto|schlosser *m* автослéсарь 1 *Pl a.* -я́ 1b; **~schlüssel** *m* ключ от маши́ны; **~skooter** *m* электро(авто)моби́льчик 2; **~suggestion** *f* самовнушéние 5; **~tourist** *m* автотури́ст 2; **~touristik** *f* автотури́зм 2
Autotypie *f Typ* автоти́пия 8
Auto|unfall *m* автомоби́льная катастрóфа 6; **~verkehr** *m* автотрáнспорт 2, автомоби́льное движéние; **~vermietung** *f* автопрокáт 2, прокáт автомоби́лей
auweh! *Interj* ах!, увы́!
avancieren *intr* продв|игáться ⟨-и́нуться 4⟩ (по слу́жбе); im Rang повышáться ⟨-вы́ситься 3 -вы́шусь⟩ в чи́не
Avantgarde *f* авангáрд 2
Aversion *f* отвращéние 5, антипáтия 8 (gegen к *D*)
Avitaminose *f* авитаминóз 2
axial осевóй
Axiom *n* аксиóма 6
axiomatisch аксиомати́чный
Axt *f* топóр 2e; große колу́н 2e; **~blatt** *n* лéзвие 5 топорá; **~stiel** *m* топори́ще 4
Azalee, Azalie *f* азáлия 8
Azeton *n* ацетóн 2
Azetylen *n* ацетилéн 2
Azimut *m, n Astr* áзимут 2
Azoren *Pl* Азóрские островá *Pl* 2b
Azur *m* лазу́рь 9
azurblau лазу́р|ный, -ен, лазóревый

B

Baby *n* (грудно́й) ребён|ок, -ка 2 *Pl* де́ти, дете́й, де́тям, детьми́, де́тях
babylonisch вавило́нский
Baby|nahrung *f* де́тское пита́ние; **~sitter** *m* почасова́я ня́ня 7; **~wäsche** *f* бельё для новорождённых [са́мых ма́леньких]
Bach *m* руч|е́й, -ья́ 1 *G Pl* -ьёв; kleiner руче|ёк, -йка́ 2
Bache *f* са́мка 6 кабана́
Bachstelze *f* трясогу́зка 6
Back|aroma *n* аромати́ческая эссе́нция 8; **~bord** *n* ле́вый борт, бакбо́рт 2b
Backe *f Anat* щека́ 6a *Pl* щёки, щёк, щека́м *a. Tech;* Brems~ коло́дка 6 | eine dicke ~ распу́хшая 11 щека́, флюс 2
backen *tr* Brot печь* (ис-), выпека́ть ⟨вы́печь⟩; Reis, Fleisch, Fisch жа́рить 3 (за-, из-), запека́ть ⟨-пе́чь⟩; *intr* пе́чься (ис-); жа́риться (из-, за-); kleben прилипа́ть ⟨-ли́пнуть 4a⟩ (an к *D*) | frisch gebackenes Brot свежеиспечённый хлеб; gebackenes Huhn жа́реная ку́рица; gebackenes Obst сушёные фру́кты; der Schnee backt an den Skiern снег прилипа́ет [пристаёт] к лы́жам
Backen|bart *m* бакенба́рды *Pl* 6, ба́ки *Pl* 6; **~knochen** *m* скула́ 6c | er hat stark hervortretende ≈ он скула́стый челове́к; **~zahn** *m* коренно́й зуб
Bäcker *m* пе́кар|ь 1b *Pl* -я́; Weißbrot~ бу́лочник 2; **~ei** *f* Brotbäckerei (хлебо)пека́р|ня 7 *G Pl* -ен; Laden бу́лочная *Subst* 10; **~handwerk** *n* пека́рное ремесло́; **~laden** бу́лочная *Subst* 10
Back|fisch *m* жа́реная ры́ба; *übertr* (де́вочка-)подро́ст|ок, -ка (6–)2; **~form** *f* фо́рма для вы́печки; **~obst** *n* сушёные фру́кты; **~ofen** *m* хлебопека́рная печь; **~pfeife** *f umg* пощёчина 6; **~pflaumen** *f Pl* черносли́в 2; **~pulver** *n* пе́карский порошо́к; **~röhre** *f* духо́вка 6; **~stein** *m* (жжёный) кирпи́ч 2e *G Pl* -е́й; **~steinbau** *m* постро́йка из обожжённого кирпича́, кирпи́чная постро́йка; **~trog** *m* квашн|я́ 7 *G Pl* -е́й; **~waren** *f Pl* хлебобу́лочные изде́лия; **~werk** *n* пече́нье 5
Bad *n* Wannen~ ва́нна 6; Dampf~ ба́ня 7; Badeanstalt купа́л|ьня 7 *G Pl* -ен; Frei~ откры́тый бассе́йн 2; Strand~ пляж 2 *G Pl* -е́й; Badeort куро́рт 2; See~ примо́рский куро́рт; Badezimmer ва́нная *Subst* 10; *Tech* ва́нна | ein ~ nehmen принима́ть ⟨приня́ть*⟩ ва́нну; eine Wohnung mit ~ кварти́ра с ва́нной; in einem ~ на куро́рте, на во́дах; in ein ~ fahren е́хать (по-) на куро́рт [на во́ды]
Bade|anstalt *f* бассе́йн 2; an Gewässern пляж 2 *G Pl* -е́й, купа́л|ьня 7 *G Pl* -ен; Wannenbäder ва́нны *Pl* 6; Dampfbad ба́ня 7; **~anzug** *m* купа́льный костю́м; **~gast** *m* Kurgast куро́ртник 2; im Heilbad посети́тель 1 (лече́бных) ванн; im Dampfbad посети́тель ба́ни; im Schwimmbad подети́тель купа́льни; im Freibad, Hallenbad купа́льщик 2; **~haus** *n* im Kurbad купа́л|ьня 7 *G Pl* -ен, ва́нное зда́ние; **~hose** *f* пла́вки *Pl* 6; **~kabine** *f* каби́на 6 (для купа́льщиков, на пля́же); **~kappe** *f* купа́льная ша́почка 6; **~kur** *f* лече́ние во́дами [ва́ннами]; **~mantel** *m* купа́льный хала́т 2; **~meister** *m* деж́урный *Subst* 10 по бассе́йну [am Strand по пля́жу]; *Med* рабо́тник 2 водолече́бного отделе́ния; **~mütze** *f* купа́льная ша́почка 6
baden *tr* купа́ть (вы́-, ис-); *intr* ein Bad nehmen купа́ться (вы́-, ис-) | warm ~ купа́ться в тёплой воде́; wir gehen ~ im Freien мы идём купа́ться; Baden verboten! купа́ние запреща́ется!
Baden-Württemberg Ба́ден-Вю́ртемберг 2
Bade|ofen *m* ва́нная коло́нка 6; **~ort** *m* куро́рт 2; **~saison** *f* купа́льный сезо́н; **~schuhe** *m Pl* купа́льные та́поч|ки, -ек *Pl* 6; **~schwamm** *m* гу́бка 6; **~strand** *m* пляж 2; **~tasche** *f* пля́жная су́мка; **~thermometer** *n* водяно́й термо́метр; **~tuch** *n* купа́льная простыня́ 7 *Pl* про́ст|ыни, -ы́нь, -ыня́м; **~verbot** *n* запре́т купа́ться; **~wanne** *f* ва́нна 6; **~wasser** *n* вода́ для ванн; **~zeit** *f* Saison купа́льный сезо́н; **~zimmer** *n* ва́нная *Subst* 10
Bagage *f übertr* сброд 2, сво́лочь 9g
Bagatelle *f* ме́лочь 9g, пустя́к 2e
bagatellisieren *tr* недооц|е́нивать ⟨-ени́ть 3⁺⟩, преуменьша́ть ⟨-уме́ньши́ть 3⟩
Bagdad Багда́д 2
Bagger *m* экскава́тор 2; schwimmender землечерпа́лка 6; **~arbeiten** *f Pl* землечерпа́тельные рабо́ты; **~eimer** *m* ковш экскава́тора; **~fahrer** *m* экскава́торщик 2
baggern *tr* in Gewässern че́рпать зе́млю, выче́рпывать ⟨вы́черпать⟩ (землечерпа́лкой); *intr* производи́ть 3⁺ -вожу́ ⟨-|вести́*⟩ землечерпа́тельные рабо́ты [экскава́цию]
Baggerschaufel *f* черпа́к экскава́тора
Bahamainseln *Pl* Бага́мские острова́
Bahamas *Pl* Бага́мы *Pl*
Bahn *f* Strecke пут|ь *m* 9e *I* -ём, доро́га 6; *Eisenb* желе́зная доро́га; *Astr* Raumflugkörper орби́та 6; Geschoß~ траекто́рия 8; *Sport* Lauf~ доро́жка 6; Radsport трек 2; Stoff~ поло́тнище 4 | die ~ frei machen дава́ть* ⟨дать*⟩ доро́гу, сторони́ться 3⁺ (по-); mit der ~ по желе́зной доро́ге, по́ездом, на по́езде; Straßen-

bahn на трамва́е, трамва́ем; bei der ~ tätig sein на желе́зной доро́ге; auf die ~ bringen *Kosm* выво|ди́ть 3⁺ -жу́ ⟨вы́|вести*⟩ на орби́ту; sich ~ brechen пробива́ть ⟨-|би́ть*⟩ себе́ доро́гу; auf die schiefe ~ geraten ка|ти́ться 3⁺ -чу́сь (по-) по накло́нной пло́скости; **~arbeiter** *m* железнодоро́жный рабо́чий
bahnbrechend открыва́ющий 11 [проклага́ющий 11] но́вый путь | von ~er Bedeutung sein открыва́ть но́вые пути́
Bahn|brecher *m* пионе́р 2, нова́тор 2; **~damm** *m* железнодоро́жная на́сыпь
bahnen *tr* Weg прокла́дывать ⟨-ложи́ть 3⁺⟩ | sich einen Weg durch die Menge [durch das Dickicht] ~ пробира́ться ⟨-|бра́ться*ᵢ -брали́сь⟩ сквозь толпу́ [сквозь ча́щу]
Bahn|fahrer *m* Radsport (вело)го́нщик 2 по тре́ку [на тре́ке]; **~fahrt** *f* пое́здка по желе́зной доро́ге; **~hof** *m* вокза́л 2 | auf dem ≈ на вокза́ле; zum ≈ на вокза́л
Bahnhofs|buchhandlung *f* привокза́льный кни́жный кио́ск 2; **~gaststätte** *f* привокза́льный рестора́н; **~halle** *f* зал вокза́ла; **~vorplatz** *m* привокза́льная пло́щадь; **~vorsteher** *m* нача́льник 2 вокза́ла; **~wirtschaft** *f* (при)вокза́льный рестора́н [буфе́т 2]
Bahn|körper *m* железнодоро́жное пол|отно́ 4c *G Pl* -о́тен; **~korrektur** *f Kosm* корре́кция 8 орби́ты; **~polizei** *f* железнодоро́жная поли́ция; **~postamt** *n* почто́вое отделе́ние при вокза́ле; **~rennen** *n Sport* го́нки на тре́ке; **~schwelle** *f* железнодоро́жная шпа́ла
Bahnsteig *m* платфо́рма 6, перро́н 2; **~karte** *f* перро́нный биле́т; **~tunnel** *m* тунне́ль [нэ] для вы́хода (пассажи́ров) на перро́н
Bahn|strecke *f* железнодоро́жный уча́сток; zwischen zwei Stationen железнодоро́жный перего́н; **~übergang** *m* железнодоро́жный перее́зд 2 | (un)beschrankter ≈ (не)охраня́емый железнодоро́жный перее́зд; **~unterführung** *f* тунне́ль 1 для прохо́да [прое́зда] под полотно́м желе́зной доро́ги; **~verbindung** *f* железнодоро́жное сообще́ние; **~wärter** *m* путево́й обхо́дчик 2; **~wärterhäuschen** *n* бу́дка 6 путево́го обхо́дчика
Bahre *f* носи́лки *Pl* 6; Toten≈ катафа́лк 2 | mit [auf] der ~ на носи́лках
Bai *f Geogr* бу́хта 6, морско́й зали́в 2
Baikalsee Байка́л 2
Baikonur Байкону́р 2
Baiser *n* Schaumgebäck безе́ *n idkl*
Bajonett *n* штык 2e | das ~ aufpflanzen примкну́ть *v* 4 штык; **~kampf** *m* штыково́й бой; **~verschluß** *m Tech* штыково́й затво́р
Bake *f* ба́кен 2, бу|й 1b *G Pl* -ёв
Bakelit *n* бакели́т 2 | aus ~ бакели́товый
Bakterie *f* бакте́рия 8
bakterienfrei без бакте́рий [баци́лл]
Bakteriologie *f* бактериоло́гия 8
bakteriologisch бактериологи́ческий
Baku Баку́ *m idkl*
Balalaika *f* балала́йка 6; **~spieler** *m* балала́ечник 2
Balance *f* равнове́сие 5 | die ~ halten удe̋рживать ⟨-держа́ть 3⁺⟩ равнове́сие
balancieren *tr* удe̋рживать ⟨-держа́ть 3⁺⟩ в равнове́сии (auf на *P*); *intr* баланси́ровать 2
Balancierstange *f* баланси́р 2
Balaton Ба́латон 2
bald 1. *Adv* in kurzer Zeit вско́ре, ско́ро; beinahe почти́, чуть не | er kommt ~ он ско́ро придёт; ~ darauf вско́ре по́сле (э)того; möglichst ~ как мо́жно скоре́е **2.** *Konj:* ~ …, ~ … то …ᵢ то …; ~ dies, ~ das то одно́ᵢ то друго́е; ~ hier, ~ dort то тутᵢ то там
Baldachin *m* балдахи́н 2
Bälde *f:* in ~ вско́ре
baldig ско́р:ыйᵢ -а́! | auf ~es Wiedersehen! до ско́рого свида́ния!
Baldrian *m* валериа́на 6; **~tropfen** *m Pl* валериа́новые ка́пли, валерья́нка 6 *umg*
Balearen *Pl* Балеа́рские острова́ *Pl* 2b
¹**Balg** *m* Tierfell шку́ра 6; ausgestopftes Tier чу́чело 4; Puppenrumpf ту́ловище 4; Blase≈ мехи́ *Pl* 2b
²**Balg** *m umg* unartiges Kind озорни́к 2e, баловни́к 2e
balgen, sich *refl* дра́ться*ᵢ драли́сь (по-) (um из-за *G*)
Balgerei *f* дра́ка 6 (um из-за *G*), потасо́вка 6 *umg*
Balkan Балка́ны *Pl* 6 | auf dem ~ на Балка́нах; **~halbinsel** *f* Балка́нский полуо́стров
Balken *m* бревно́ 4c *Pl* брёв|наᵢ -ен *a.* Sportgerät; Bohle брус 2 *Pl* -ьяᵢ -ьевᵢ -ьям; Träger ба́лка 6; Quer≈ перекла́дина 6; **~decke** *f* потоло́к с нака́том, нака́т 2; **~lage** *f* ба́лки *Pl* 6 перекры́тия
Balkon *m* балко́н 2; **~tür** *f* балко́нная дверь, дверь на балко́н; **~platz** *m:* die ~plätze sind alle verkauft все места́ на балко́не про́даны; **~zimmer** *n* ко́мната с балко́ном
¹**Ball** *m* мяч 2e *G Pl* -е́й; kleiner мя́чик 2 | ~ spielen игра́ть в мяч
²**Ball** *m* Tanzfest бал 2bᵢ на балу́ | zu einem ~ gehen пойти́ *v* на бал
Ballabgabe *f* переда́ча 6 (мяча́)
Ballade *f* балла́да 6
Ballannahme *f* приём мяча́
Ballast *m* балла́ст 2 *a. übertr* | ~ abwerfen сбра́сывать ⟨сбро́сить⟩ балла́ст; **~stoffe** *m Pl Med* балла́стные вещества́
ballen *tr* сжима́ть ⟨-|жать*ᵢ сожму́⟩; sich

~ *refl* von Faust сжима́ться ⟨-жа́ться⟩; Schnee лепи́ться 3⁺; Wolken сгу|ща́ться ⟨-сти́ться 3⟩ | die Hand zur Faust ~ сжать ру́ку в кула́к; der Schnee ballt sich снег слипа́ется в ком
Ballen *m Anat* мя́коть 9; Tier поду́шечка 6; Baumwolle тюк 2e, ки́па 6; Tabak бунт 2e; Papier стопа́ 6c, ки́па; Leder руло́н 2
Ballerina *f* балери́на 6
Ballett *n* бале́т 2; Tanzgruppe бале́тная тру́ппа 6 | ein ~ aufführen ста́в|ить 3 -лю (по-) бале́т; zum ~ gehen идти́ ⟨пойти́⟩ в бале́т
Ballettänzer *m* арти́ст 2 бале́та, танцо́вщик 2; **~in** *f* арти́стка 6 бале́та, танцо́вщица 6
Ballett|gruppe *f* бале́тная тру́ппа 6; Ballettkorps кордебале́т [дэ] 2; **~meister** *m* балетме́йстер 2; **~musik** *f* бале́тная му́зыка, му́зыка к бале́ту; **~schule** *f* хореографи́ческое учи́лище, бале́тная шко́ла
Ball|führung *f Sport* веде́ние мяча́; **~haus** *n* танцева́льный зал 2
Ballistik *f* балли́стика 6
ballistisch баллисти́ческий
Ballkleid *n* ба́льное пла́тье
Ballon *m Flugw* аэроста́т 2; Wetter~, Luft~ возду́шный шар 2b; Glaskolben балло́н 2; bauchige Flasche (оплетённая) буты́ль 9; **~hülle** *f* оболо́чка аэроста́та; **~reifen** *m Kfz* ши́на ни́зкого давле́ния, балло́н 2; **~sperre** *f* аэроста́тное загражде́ние
Ball|saal *m* зал для та́нцев, ба́льный зал; **~spiel** *n* игра́ в мяч; ≈e *Pl Sport* и́гры с мячо́м; **~technik** *f Sport* те́хника владе́ния мячо́м
Ballungsgebiet *n* агломера́ция 8 (населённых пу́нктов) | industrielles ~ райо́н сосредото́чения промы́шленных предприя́тий и городско́го населе́ния
Balneologie *f* бальнеоло́гия 8
Balsam *m* бальза́м 2
balsamieren *tr* бальзами́ровать 2 (за-, на-)
Balt|e *m* балти́|ец₁ -йца 2; **~in** *f* балти́йка 6
baltisch (при)балти́йский
Balustrade *f* балюстра́да 6, пери́ла *Pl* 4
Balz *f* ток 2b
Bambus *m* бамбу́к 2; **~rohr** *n* бамбу́к 2; **~stock** *m* бамбу́ковая трость
banal бана́л|ьный₁ -ен₁ -ьна, по́шл:ый₁ -а́!
banalisieren *tr* опошля́ть ⟨-по́шлить 3⟩
Banalität *f* бана́льность 9, по́шлость 9
Banane *f* бана́н 2
Bananenstecker *m* бана́новый ште́псель [тэ]
Banause *m* неве́жда *m* 6
¹Band *m* Buch том 2b *Pl* -а́ | das spricht Bände э́тим всё [мно́гое] ска́зано, э́то говори́т о мно́гом
²Band *n* Stoff, Hut~, Ton~ ле́нта 6; *Rad* полоса́ 6 *N Pl* по́лосы; *Text* тесьма́ 6; Schleife бант 2; an Beuteln завя́зка 6; am Faß о́бруч 2g *G Pl* -е́й; Tür пе́т|ля 7 *G Pl* -ель; *Anat* свя́зка 6; Fließband конве́йер 2 | auf ~ aufnehmen Tonband запи́сывать ⟨-|писа́ть*⟩ на (магнитофо́нную) плёнку; laufendes ~ (ле́нточный) конве́йер; am laufenden ~ непреры́вно
³Band *n* (Ver-)Bindung у́зы *Pl* 6 *G* уз, связь 9; Fesseln око́вы *Pl* 6 | ~e der Freundschaft у́зы дру́жбы; außer Rand und ~ sein быть вне себя́
⁴Band *f* Tanzkapelle (джаз-)ба́нд 2, (джа́зовый) анса́мбль 1
Bandage *f* банда́ж 2e *G Pl* -е́й, туга́я повя́зка 6
bandagieren *tr* накла́дывать ⟨-ложи́ть 3⁺⟩ банда́ж, бинтова́ть 2 (за-)
Bandagist *m* бандажи́ст 2
Bandaufnahme *f Rad* (звуко)за́пись 9 на (магнитофо́нную) плёнку
¹Bande *f* Schar ша́йка 6, ба́нда 6
²Bande *f* Billard борт 2b₁ на борту́₁ *Pl* -а́; Eishockey бо́ртик 2
Bandeisen *n* полосово́е желе́зо
Banderole *f* бандеро́ль 9
Bandgeschwindigkeit *f* Tonband ско́рость движе́ния ле́нты
bändigen *tr* zähmen укро|ща́ть ⟨-ти́ть 3 -щу́⟩; beruhigen усмир|я́ть ⟨-и́ть 3⟩; *übertr* обу́здывать ⟨обузда́ть⟩
Bändig|er *m* укроти́тель 1, дрессиро́вщик 2 **~ung** *f* укроще́ние 5; *übertr* обузда́ние 5
Bandit *m* банди́т 2
Bandmaß *n* Roll~ руле́тка 6
Bandonion *n* бандо́нион 2
Band|säge *f* ле́нточная пила́; **~scheibenschaden** *m* поврежде́ние свя́зок суста́ва; **~stahl** *m* полосова́я сталь
Bandung Банду́нг 2
Bandwurm *m* солитёр 2
bange боязли́в:ый, ро́б|кий₁ -ок₁ -ка́! | ~ Stunden трево́жные часы́; mir ist (angst und) ~ мне стра́шно, мне жу́тко; mir ist um ihn ~ я бою́сь [трево́жусь] за него́
bangen *intr* беспоко́иться 3 (um за *A*); боя́ться 3, трево́житься 3 (um за *A*) | uns bangt vor etw. мы бои́мся чего́-н.; wir ~ um seine Gesundheit мы бои́мся за его́ здоро́вье
Bangkok Банко́к 2
Bangladesh Бангладе́ш [дэ] *idkl*
Banjo *n* ба́нджо *n idkl*
¹Bank *f* скамья́ 7 *Pl* ска́мьи, скаме́й, скаме́йка 6; längs der Wand ла́вка 6; Schul~ па́рта 6; Sand~ мель 9₁ на мели́, о́тмель 9; *Tech* верста́к 2e | (alle) durch die ~ (все) без исключе́ния; etw. auf die

lange ~ schieben откла́дывать ⟨-ложи́ть 3⁺⟩ что-н. в до́лгий я́щик

²**Bank** *f* Institution, Spielbank банк 2 | ein Konto bei der ~ haben име́ть теку́щий счёт в ба́нке; die ~ halten держа́ть банк; die ~ sprengen срыва́ть ⟨со|р-ва́ть*⟩ банк; **~angestellter** *m* ба́нковский слу́жащий

Bankett *n* банке́т 2; Straßenbau обо́чина 6 | er war auf einem ~ он был на банке́те; zu einem ~ gehen пойти́ на банке́т

Bank|guthaben *n* де́ньги на теку́щем счету́ (в ба́нке); **~halter** *m* банкомёт 2; **~haus** *n* банки́рский дом; **~ier** *m* банки́р 2; **~konto** *n* (теку́щий 11) счёт в ба́нке; **~kredit** *n* ба́нковский креди́т; **~note** *f* банкно́т 2, ба́нковый биле́т 2

bankrott обанкро́тившийся 11 | ~ gehen [machen] обанкро́|титься *v* 3 -чусь

Bankrott *m* банкро́тство 4; **~erklärung** *f* объявле́ние о банкро́тстве; **~eur** *m* банкро́т 2

Bann *m* изгна́ние 5; Kirchen~ ана́фема 6, отлуче́ние 5 от це́ркви; *übertr* обая́ние 5, ча́ры *Pl* 6 | im ~ von etw. stehen быть* очаро́ванным чем-н., всеце́ло находи́ться 3⁺ -жу́сь под впечатле́нием чего́-н.; er geriet in ihren ~ он подпа́л под её влия́ние [её ча́ры]

bannen *tr* ver~ изгоня́ть ⟨-|гна́ть*⟩; *Rel* отлуч|а́ть ⟨-и́ть 3⟩ от це́ркви; fesseln прико́вывать ⟨-|кова́ть*⟩, очар|о́вывать ⟨-ова́ть 2⟩ | die Kriegsgefahr ~ предотвра|-ща́ть ⟨-ти́ть 3 -щу́⟩ опа́сность войны́; eine Gefahr ~ устран|я́ть ⟨-и́ть 3⟩ опа́сность; er steht (wie) gebannt он стои́т как вко́панный

Banner *n* зна́м|я *n G D P* -ени₁ *I* -енем₁ *Pl* -ёна 4 | ~ der Arbeit Orden о́рден «Зна́мя Труда́»; **~träger** *m* знамено́с|ец₁ -ца 2

Bannfluch *m* ана́фема 6

Bantamgewicht *n* легча́йший [x4] 11 вес

Baptist *m* бапти́ст 2

bar **1.** *Adj Fin* нали́чный; *übertr* лиш|ённый₁ -ён₁ -ена́ *G* | ~es Geld нали́чные *Pl* 10; das ist ~er Unsinn! э́то соверше́нная бессмы́слица! **2.** *Adv:* in ~ за нали́чный расчёт, за нали́чные; in ~ zahlen плати́ть (за-) нали́чными

¹**Bar** *f* (Nacht-)Lokal бар 2; Schanktisch сто́йка 6 | an der ~ за сто́йкой

²**Bar** *n Phys* бар 2

Bär *m* медве́дь 1; *Tech* ба́ба 6 | der Große ~ *Astr* Больша́я Медве́дица 6; er schläft wie ein ~ он спит как суро́к; j-m einen ~en aufbinden расска́зывать ⟨-с|каза́ть*⟩ кому́-н. ска́зки [небыли́цы]

Baracke *f* бара́к 2

Barackenlager *n* бара́чный ла́герь

Barbar *m* ва́рвар 2 *a. hist;* **~ei** *f* ва́рварство 4

barbarisch ва́рварский; grausam жесто́к:ий₁ -а́!

Bar|bestand *m* нали́чность 9; **~betrag** *m* нали́чная су́мма

Barchent *m* бумазе́я 7

Bardame *f* буфе́тчица 6 в ба́ре, ба́рменша 6

Bären|fleisch *n* медвежа́тина 6; **~führer** *m* вожа́к медве́дя; **~haut** *f:* auf der (faulen) ≈ liegen бить* баклу́ши; **~höhle** *f* (медве́жья 12) берло́га 6; **~hunger** *m* во́лчий аппети́т 12–2; **~jagd** *f* охо́та на медве́дя; **~junges** *n* медвеж|о́нок₁ -о́нка 2 *Pl* -а́та₁ -а́т; **~natur** *f:* eine ≈ haben быть* здоро́вым как бык

bärenstark здоро́вый [си́льный] как медве́дь

Barentsee *f* Ба́ренцого 13 мо́ре

Bärenzwinger *m* медвежа́тник 2

Barett *n* бере́т 2

bar|fuß *Adv* босико́м | ≈ gehen хо|ди́ть 3⁺ -жу́ босико́м; **~füßig** бос:о́й₁ -а́!

Bargeld *n* нали́чные де́ньги, нали́чные *Subst* 10

bargeldlos безнали́чный | ≈er (Zahlungs-) Verkehr безнали́чный расчёт 2

Barhocker *m* высо́кий табуре́т 2 (в ба́ре)

Bärin *f* медве́дица 6

Bariton *m* барито́н 2

Barium *n* ба́ри|й 1 *P* -и

Barkasse *f* барка́с 2

Barke *f* ба́рка 6, ба́ржа 6

Bar|keeper *m* ба́рмен 2; **~kellner** *m* официа́нт в ба́ре

barmherzig милосе́рд|ный₁ -ен

Barmherzigkeit *f* милосе́рдие 5

Barmixer *m* ба́рмен 2

barock баро́чный, в сти́ле баро́кко

Barock *n, m* баро́кко *n idkl;* **~dichtung** *f* поэ́зия в ду́хе баро́кко; **~schloß** *n* дворе́ц в сти́ле баро́кко; **~stil** *m* стиль баро́кко

Barometer *n* баро́метр 2; **~stand** *m* показа́ние 5 баро́метра

Baron *m* баро́н 2; **~esse** *f* бароне́сса 6; **~in** *f* бароне́сса 6

Barren *m* Metall сли́т|ок₁ -ка 2; *Tech* болва́нка 6; *Sport* (паралле́льные) бру́сь|я *Pl* 2 -ев₁ -ям | am ~ на бру́сьях; **~gold** *n* зо́лото в сли́тках

Barri|ere *f* барье́р 2; **~kade** *f* баррика́да 6 | ≈n errichten стро́ить 3 (по-) баррика́ды

Barrikadenkampf *m* баррика́дный бой

barsch гру́б:ый₁ -а́!, ре́з|кий₁ -ок₁ -ка́!

Barsch *m* о́кунь 1g

Barscheck *m* чек на опла́ту нали́чными

Barsoi *m* Hund борза́я *Subst* 10

Bart *m* борода́ 6а; am Schlüssel боро́дка 6 | er läßt sich einen ~ wachsen он отпуска́ет (себе́) бо́роду; sich um des Kaisers ~ streiten спо́рить (по-) о чём-н. некон-

кре́тном [несуще́ственном]; **~flechte** *f* сико́з 2 бороды́
bärtig борода́т:ый
bartlos безборо́дый
Bartwuchs *m:* er hat einen starken ~ у него́ бы́стро растёт борода́
Bar|vermögen *n* де́нежная нали́чность 9; **~zahlung** *f* платёж нали́чными
Basalt *m* база́льт 2; **~felsen** *m* база́льтовая скала́
Basar *m* orientalischer Markt ры́н|ок, -ка 2, база́р 2; Ladenstraße торго́вая у́лица 6; Wohltätigkeits~ база́р, распрода́жа 6
Baschkir|e *m* башки́р 2 *G Pl* башки́р; **~in** *f* башки́рка 6
baschkirisch башки́рский
[1]**Base** *f* кузи́на 6
[2]**Base** *f Chem* основа́ние 5
Basel Ба́зель [зэ] 1
basieren *intr* бази́роваться 2 (auf на *P*), осно́вываться (auf на *P*)
Basilika *f* базили́ка 6
Basis *f Bauw* основа́ние 5, фунда́мент 2; Sockel цо́коль 1; *Math* основа́ние 5; Grundlage осно́ва 6, ба́за 6; *Phil* ба́зис 2; *Pol* ма́ссы *Pl* 6, низы́ *Pl* 2b | ~ und Überbau ба́зис и надстро́йка; auf der ~ von etw. на осно́ве чего́-н.; auf freiwilliger ~ на доброво́льных нача́лах
basisch осно́вный
Baskenmütze *f* бере́т 2
Basketball *m* баскетбо́л 2 | ~ spielen игра́ть в баскетбо́л; **~mannschaft** *f* баскетбо́льная кома́нда; **~spieler** *m* баскетболи́ст 2
baskisch ба́скский
Baß *m* Stimmlage, Sänger бас 2b; Baßgeige контраба́с 2
Bassin *n* бассе́йн 2
Bassist *m* Sänger бас 2b; Baßgeiger контрабаси́ст 2
Baß|schlüssel *m* басо́вый ключ; **~stimme** *f* бас 2b
Bast *m* Faser лы́ко 4, луб 2 *Pl* лу́бь|я, -ев, -ям; zerfaserter ~, Linden~ моча́ло 4 | aus ~ лы́ковый, из лубяно́го волокна́
Bastard *m* по́месь 9, гибри́д 2
Bastelarbeit *f* заня́тие люби́теля каки́м-н. ремесло́м [како́й-н. те́хникой]; selbstgefertigter Gegenstand люби́тельская поде́лка 6 [рабо́та]
basteln *tr u. intr* занима́ться люби́тельски каки́м-н. ремесло́м [како́й-н. те́хникой], мастери́ть 3 (с-)
Bastfaser *f* лубяно́е волокно́
Bastion *f* бастио́н 2 *a. übertr*
Bastkorb *m* лы́ковая корзи́на
Bastler *m* люби́тель 1 мастери́ть что-н., реме́сленник-люби́тель 2-1; Radio~ радиолюби́тель 1; **~bedarf** *m* това́ры *Pl* 2 для уме́лых рук
Bast|matte *f* цино́вка 6, рого́жа 6; **~schuh** *m* ла́п|оть, -тя 1g; **~tasche** *f* плетёная су́мка
Bataillon *n* батальо́н [льё] 2
Bataillonskommandeur *m* команди́р батальо́на
Batik *f Text* ба́тик 2; **~druck** *m* ба́тик 2, ба́тиковая наби́вка 6
batiken *tr Text* печа́тать бати́к
Batist *m* бати́ст 2; **~tuch** *n* бати́стовый плато́к
Batterie *f El, Mil* батаре́я 7; Taschenlampe батаре́йка 6; **~chef** *m* команди́р батаре́и; **~empfänger** *m* батаре́йный приёмник 2
Bau *m* Vorgang строи́тельство 4; Struktur строе́ние 5; ~stelle, ~platz строи́тельство 4, стро́йка; Gebäude постро́йка 6, строе́ние; großer сооруже́ние 5; einer Straße прокла́дка 6; Feld~ возде́лывание 5, обрабо́тка 6; Bauart структу́ра 6; архитекто́ника 6; *Tech* констру́кция 8, построе́ние 5; Sprache стро|й 1 *G Pl* -ев; Tierwohnung нора́ 6c; des Bären берло́га 6; Körper~ (тело)сложе́ние 5 | auf dem ~ на стро́йке; öffentliche ~ten обще́ственные зда́ния; Leute vom ~ Fachleute специали́сты *Pl* 2, знатоки́ *Pl* 2e; in ~ sein стро́иться 3; **~abschnitt** *m* строи́тельный уча́сток; **~arbeiten** *f Pl* строи́тельные рабо́ты; **~arbeiter** *m* строи́тельный рабо́чий, строи́тель 1; **~aufsicht** *f* инспе́кция 8 строи́тельного надзо́ра; **~büro** *n* строи́тельная конто́ра
Bauch *m* живо́т 2e; Tier брю́хо 4; Schiff чре́во 4, глубина́ 6c | einen ~ bekommen отра́щивать ⟨отра|сти́ть 3 -щу́⟩ живо́т; **~binde** *f* набрю́шник 2; **~fell** *n* брюши́на 6; **~höhle** *f* брюшна́я по́лость
bauchig пуза́т:ый, вы́пуклый
Bauch|laden *m* лот|о́к, -ка́ 2 (разно́счика); **~landung** *f* поса́дка на фюзеля́ж; **~muskel** *m* брюшна́я мы́шца; **~redner** *m* чревовеща́тель 1; **~schmerzen** *m Pl* бо́ли в животе́ | er hat ≈ у него́ боли́т живо́т; **~speicheldrüse** *f* поджелу́дочная железа́; **~typhus** *m* брюшно́й тиф
Baude *f* тури́стская ба́за (в гора́х), турба́за 6 | in der ~ на турба́зе
Baudenkmal *n* па́мятник архитекту́ры
[1]**bauen** *tr* стро́ить (по-), соору|жа́ть ⟨-ди́ть 3 -жу́⟩; Apparate, Geige u. ä. де́лать (с-); Straße прокла́дывать ⟨-ложи́ть 3⁺⟩; Nest вить* (с-, совьёт) | sich ein Haus ~ стро́иться 3, стро́ить себе́ дом
[2]**bauen** *intr übertr* полага́ться ⟨-ложи́ться 3⁺⟩ (auf на *A*), возлага́ть ⟨-ложи́ть⟩ наде́жды (auf на *A*)
[1]**Bauer** *m* кресть|я́нин 2 *Pl* -я́не, -я́н; Schachfigur пе́шка 6

²**Bauer** *n* Vogelkäfig клéтка 6 (для птиц)
Bäuerin *f* крестья́нка 6
bäuerlich 1. *Adj* крестья́нский, сéльский | Bäuerliche Handelsgenossenschaft (*Abk* BHG) Крестья́нский торгóвый кооперати́в **2.** *Adv* по-крестья́нски
Bauern|haus *n* крестья́нский дом; aus Holz избá 6c; **~hof** *m* крестья́нская усáд|ьба 6 *G Pl* -еб; **~krieg** *hist* крестья́нская войнá; **~legen** *n hist* захвáт 2 крестья́нских земéль помéщиками; **~möbel** *n Pl* крестья́нская мéбель; **~partei** *f*: Demokratische ≈ Deutschlands Демократи́ческая крестья́нская пáртия Гермáнии; **~schaft** *f* крестья́нство 4; **~stube** *f* im Bauerngeschmack eingerichtet кóмната в деревéнском сти́ле
Baufachmann *m* специали́ст в óбласти строи́тельства
baufällig вéтх:ий, -á!, обветшáлый | ~ werden приходи́ть 3⁺ -хожý ⟨-|йти́*⟩ в вéтхость
Bau|gelände террито́рия 8 стрóйки; **~genehmigung** *f* разрешéние на пострóйку [на строи́тельство]; **~genossenschaft** *f* жили́щно-строи́тельный кооперати́в; **~gewerbe** *n* строи́тельство 4, строи́тельный прóмысел; **~grube** *f* котловáн 2; **~herr** *m* владéл|ец, -ца 2 стрóйки, застрóйщик 2; **~hochschule** *f* строи́тельный институ́т; **~holz** *n* строевóй лес [лесоматериáл]; **~industrie** *f* строи́тельная промы́шленность; **~ingenieur** *m* инженéр-строи́тель 2-1; **~jahr** *n* год пострóйки [сооружéния]; Maschine год вы́пуска; **~kasten** *m* (строи́тельный) я́щик с ку́биками; Spielzeug «констру́ктор 2»; **~kastenprinzip** *n* агрегáтный при́нцип, при́нцип агрегати́рования; *Bauw* блóчный при́нцип; **~kastensystem** *n* агрегáтная констру́кция 8; **~kosten** *Pl* стóимость 9 строи́тельства; **~kunst** *f* архитекту́ра 6; **~leiter** *m* (стáрший 11) прорáб 2, производи́тель 1 рабóт
baulich 1. *Adj* строи́тельный | in gutem ~en Zustand в хорóшем состоя́нии **2.** *Adv* конструкти́вно, архитекту́рно
Baum *m* дéрево 4f *Pl* дерéвь|я, -ев
Baumaterial *n* строи́тельный материáл, стройм材материáл 2
Baum|behang *m* ёлочные украшéния *Pl* 5; **~bestand** *m* древéсное насаждéние 5, древостóй 1; **~blüte** *f* цветéние (плодóвых) дерéвьев
Baumeister *m* инженéр-строи́тель 2-1, мáстер строи́тельного дéла
baumeln *intr* болтáться | mit den Füßen ~ болтáть ногáми
bäumen, sich *refl* Pferd станови́ться 3⁺ ⟨стать*⟩ на ды́бы
Baum|grenze *f* грани́ца древéсной расти́тельности, грани́ца лесóв; **~krone** *f* крóна дéрева; **~rinde** *f* древéсная корá; **~schere** *f* секáтор 2, садóвые нóжницы; **~schule** *f* древéсный питóмник 2, рассáдник 2; **~stamm** *m* ствол дéрева; **~stumpf** *m* пень, пня 1; **~wachs** *n* древéсная замáзка 6; **~wolle** *f* хлóп|ок, -ка 2; Stoff (хлопчато)бумáжная ткань 9
baumwollen (хлопчато)бумáжный
Baumwoll|kleid *n* (хлопчато)бумáжное плáтье; **~spinnerei** *f* бумагопряди́льная фáбрика 6; **~stoff** *m* (хлопчато)бумáжная ткань
Bau|plan *m* строи́тельный план, стройплáн 2; **~platz** *m* строи́тельная плóщáдка, стройплощáдка 6; **~polizei** *f* строи́тельный надзóр 2; **~polizeilich**: ≈e Genehmigung разрешéние строи́тельного надзóра; **~programm** *n* прогрáмма строи́тельства
Bausch *m* (вáтный) тампóн 2 | in ~ und Bogen целикóм
bausch|en *intr* Kleid пáдать кру́пными склáдками; Ärmel быть присбóренным; sich ~ *refl* надувáться ⟨-|ду́ться*⟩; **~ig** взду́тый, вы́пуклый | ≈e Ärmel рукавá с бу́фами
Bau|schule *f* строи́тельное учи́лище; **~stein** *m* строи́тельный кáмень; Kinderspielzeug ку́бик 2; *übertr* вклад 2; **~stelle** *f* стрóйка 6, стройплощáдка 6; **~stil** *m* архитекту́рный стиль; **~stoffe** *m Pl* строи́тельные материáлы; **~tätigkeit** *f* строи́тельство 4; **~teile** *m Pl* стройдетáли *Pl* 9, строи́тельные [конструкти́вные] элемéнты *Pl* 2; **~unternehmen** *n* строи́тельное предприя́тие; Projekt строи́тельный проéкт 2; **~vorhaben** *n* план 2 [проéкт 2] строи́тельства; **~weise** *f* мéтод строи́тельства, констру́кция 8; **~werk** *n* (архитекту́рное) сооружéние 5, пострóйка 6; **~wesen** *n* строи́тельное дéло, строи́тельство 4
Bauxit *m* бокси́т 2
Bau|zeichnung *f* рабóчий 11 строи́тельный чертёж; **~zeit** *f* срок строи́тельства | während der ≈ во врéмя строи́тельства
Bayer *m* бавáр|ец, -ца 2; **~in** *f* бавáрка 6; **~n** Бавáрия 8
bayrisch 1. *Adj* бавáрский **2.** *Adv* по-бавáрски
Bazill|enträger *m* бациллоноси́тель 1; **~us** *m* баци́лла 6
be|absichtigen *tr* намеревáться, имéть намéрение; vorhaben задýм|ывать ⟨-ать⟩ | ich beabsichtige etw. zu tun я намéрен …; was ≈ Sie zu tun? что вы намéрены дéлать?; was beabsichtigt er? какие у негó намéрения?; er beabsichtigt

nichts Gutes у него недоброе на уме; ich beabsichtige wegzufahren я думаю уехать; wir ≈ einen Wagen zu kaufen мы задумали купить машину; **~absichtigt** (пред)намеренный, задуманный; Wirkung желаемый | das war ≈ это было сделано намеренно; **~achten** *tr* achtgeben обра|щать ⟨-тить 3 -щу⟩ внимание на *A*, замечать ⟨-метить 3 -мечу⟩; berücksichtigen принимать ⟨принять*⟩ во внимание; streng einhalten, Regeln u. ä. соблюдать; Bedeutung beimessen при|давать* ⟨придать*⟩ значение | er beachtete mich nicht он (намеренно) не обратил на меня внимания

beacht|enswert заслуживающий 11 внимания, (весьма) значительный; **~lich** beträchtlich значител|ьный, -ен, -ьна; Erfolg, Leistung замечател|ьный, -ен, -ьна

Be|achtung *f* внимание 5 | ≈ finden пользоваться 2 вниманием; j-m ≈ schenken удел|ять ⟨-ить 3⟩ кому-н. внимание; das verdient ≈ это заслуживает внимания; **~amter** *m* (государственный) служащий *Subst* 11, должностное лицо 4c

beängstigend страш|ный, -ен, -на, -но, страшны; beunruhigend тревож|ный, -ен | sie ist ~ blaß она ужасно бледна, её бледность пугает

beanspruchen *tr* brauchen требовать 2 (по-) (etw. für j-n *oder* für sich чего-н. для кого-н. *oder* для себя); verlangen, fordern претендовать 2, заяв|лять ⟨-ить 3⁺ -лю⟩ претензию (etw. на что-н.); *Tech* подвергать ⟨-вергнуть 4a *u.* 4⟩ нагрузке [напряжению] | von etw. sehr beansprucht werden быть* очень занятым [загруженным] чем-н.

Beanspruchung *f* требование 5 *G*, претензия на *A;* Person занятость 9, загрузка 6; Material, Nerven нагрузка на *A*, напряжение *G*

beanstanden *tr* высказывать ⟨выс|казать*⟩ недовольство (по поводу *G*); einwenden возра|жать ⟨-зить 3 -жу⟩ против *G;* Einspruch erheben протестовать *uv, v* 2 против *G; Hdl* заяв|лять ⟨-ить 3⁺ -лю⟩ претензию на *A*

Beanstandung *f* возражение 5 против *G*, опротестование 5 *G; Hdl* рекламация 8, претензия 8

be|antragen *tr* Antrag stellen по|давать* ⟨подать*⟩ заявление о *P*, обра|щаться ⟨-титься 3 -щусь⟩ с ходатайством о *P;* etw. vorschlagen предлагать ⟨-ложить 3⁺⟩ *A*, вносить 3⁺ -ношу ⟨-|нести*⟩ предложение о *P;* **~antworten** *tr* отв|ечать ⟨-етить 3 -ечу⟩ (j-m etw. кому-н. на что-н.)

Beantwortung *f* ответ 2 (на *A*) | in ~ в ответ на *A*

bearbeiten *tr Verw, Landw, Tech* обраб|атывать ⟨-отать⟩; Leder, Holz обдел|ывать ⟨-ать⟩; Gesuch, Antrag u.ä. рассм|атривать ⟨-отреть 3⁺⟩, заниматься *I;* Thema разраб|атывать ⟨-отать⟩; Buch, Text об-, перераб|атывать ⟨-отать⟩; *Mus* аранжировать *uv, v* 2; fürs Theater театрализовать *uv, v* 2 | eine neu bearbeitete Auflage переработанное издание

Bearbeiter *m Verw* занимающийся *Subst* 11 обработкой; Fachmann специалист 2; Buch, *Text* редактор 2; dramaturgischer ~ автор 2 редакции [сценической обработки]; *Mus* аранжировщик 2

Bearbeitung *f Verw, Landw, Tech* обработка 6; Leder, Holz обделка 6; Gesuch, Antrag рассмотрение 5; Thema разработка 6; Buch, Text переработка 6; *Mus* аранжировка 6; fürs Theater театрализация 8

Bearbeitungskosten *Pl* стоимость 9 обработки

Beat *m* бит 2, бит-музыка 6; **~band** *f*, **~gruppe** *f* бит-группа 6

beatmen *tr:* j-n (künstlich) ~ делать (с-) кому-н. искусственное дыхание

Beatmung *f:* künstliche ~ искусственное дыхание 5

Beatmusik *f* музыка в стиле бит, бит-музыка 6

beauf|sichtigen *tr* Schüler, Gefangene надзирать за *I;* j-s Arbeit наблюдать за *I;* Kinder, Kranke смотреть 3⁺ за *I*, присматривать за *I* | Kinder ≈ присматривать за детьми; **~tragen** *tr* поруч|ать ⟨-ить 3⁺⟩ (j-n mit etw. кому-н. что-н.) | ich bin beauftragt … мне поручено …

Beauftragter *m* уполномоченный *Subst* 10 (für по *D*)

bebauen *tr* Gelände застр|аивать ⟨-оить 3⟩; ringsum обстр|аивать ⟨-оить⟩; *Landw* возделывать ⟨-ать⟩, обраб|атывать ⟨-отать⟩; Gemüse засаживать ⟨-садить 3⁺ -сажу⟩ (mit *I*)

Bebauung *f* застройка 6; обстройка 6; возделывание 5, обработка 6

beben *intr* дрожать 3, трепетать* (vor от *G*) | vor Kälte ~ дрожать от холода; die Erde bebt *Geol* происходит землетрясение

Beben *n Geol* землетрясение 5

be|bildern *tr* иллюстрировать *uv, v* 2; **~brüten** *tr:* Eier ≈ высиживать ⟨высид|еть 3 -ит⟩ яйца

Becher *m* бокал 2; aus Pappe u.a. стаканчик 2; Gift~ куб|ок, -ка 2; *Bot* бокал|ец, -ьца 2; *übertr* чаша 6 | ein ~ Wein бокал вина

Becken *n* (Schwimm-)Bassin бассейн 2 *a. Geogr;* Wasch~ раковина 6; Gefäß таз 2b; в тазу; *Anat* таз, в тазе *u.* в тазу; *Mus* тарелки *Pl* 6; **~knochen** *m Pl* кости таза

bedacht: auf etw. ~ sein имéть в видý что-н., забó|титься 3 -чусь о чём-н.; auf sein Wohl ~ sein пéчься* о своём бла́ге

Bedacht *m:* mit ~ обдýманно; mit Sorgfalt тщáтельно

bedächtig vorsichtig осмотрѝтел|ьный, -ен, -ьна; langsam, träge медли́тел|ьный, -ен, -ьна | mit ~em Schritt мéдленным [размéренным] шáгом

bedanken, sich *refl* благодари́ть 3 (по-) (bei j-m für etw. когó-н. за что-н.)

Bedarf *m* потрéбность 9 (an в *P*); Nachfrage спрос 2 (an на *A*) | ~ haben an etw. нуждáться в чём-н., испы́тывать ⟨-пытáть⟩ потрéбность в чём-н.; bei ~ в слýчае необходи́мости [нужды́]; Straßenbahn по трéбованию; nach ~ *Hdl* по мéре нáдобности, в зави́симости от потрéбности; für den eigenen ~ для ли́чного употреблéния

Bedarfs|artikel *m* предмéт пéрвой необходи́мости, издéлие 5 повседнéвного спрóса; **~deckung** *f* удовлетворéние потрéбностей [спрóса]; **~fall** *m:* im ≈ в слýчае необходи́мости [нáдобности]; **~forschung** *f* изучéние 5 спрóса [запрóсов потреби́теля]

bedarfsgerecht **1.** *Adj* отвечáющий 11 спрóсу | ~e Versorgung снабжéние, отвечáющее запрóсам **2.** *Adv* соответ́ственно спрóсу

Bedarfshaltestelle *f* остановка по трéбованию

bedauerlich unerfreulich досáд|ный, -ен | wie ~! досáдно!; es ist ~ schade жаль; **~erweise** *Adv* к сожалéнию

bedauern *tr* сожалéть (etw. о чём-н.), жалéть (по-) (j-n wegen etw. когó-н. из-за чегó-н.) | ich bedaure diesen Vorfall я сожалéю о случи́вшемся; ich bedaure, das getan zu haben я (со)жалéю [мне жаль], что я сдéлал э́то; er ist zu ~ он достóин сожалéния, жаль егó; bedaure sehr! óчень [весьмá] сожалéю!

Bedauern *n* сожалéние 5 | zu meinem größten ~ к моемý величáйшему сожалéнию

bedauernswert Person достóйный сожалéния; Aussehen жáл|кий, -ок, -кá!; Vorfall досáд|ный, -ен

bedecken *tr* покрывáть ⟨-|кры́ть*⟩ (mit *I*); leicht прикрывáть ⟨-кры́ть⟩ (mit *I*); verhüllen укрывáть ⟨-кры́ть⟩ (mit *I*); auslegen устилáть ⟨-|стлáть*⟩ (mit *I*); sich ~ *refl* покрывáться ⟨-кры́ться⟩ (mit *I*) | den Tisch mit einem Tuch ~ на-, покрывáть стол скáтертью; den Kopf ~ покры́ть гóлову; das Gesicht mit den Händen ~ закры́ть лицó рукáми; mit Küssen ~ осыпáть ⟨-|сы́пать*⟩ поцелýями; der Himmel bedeckt sich нéбо покрывáется тýчами

bedeckt óблачный | ~er Himmel нéбо в тýчах

Bedeckung *f* покры́тие 5 | unter ~ под охрáной, в сопровождéнии

bedenken *tr* erwägen, gründlich überdenken обдýм|ывать ⟨-ать⟩; überlegen размышля́ть о *P;* nachdenken дýмать (по-) о *P;* beschenken одáривать ⟨-дари́ть 3⟩ (mit *I*) | j-m etw. zu ~ geben про|си́ть 3⁺ -шý (по-) когó-н. обдýмать; wenn man bedenkt … éсли подýмать …; ohne sich lange zu ~ … не дóлго дýмая [раздýмывая] …; er hatte nicht bedacht, daß … он не подýмал о том, что …; j-n mit etw. im Testament ~ завещáть *uv, v* что-н. комý-н.; mit Aufträgen bedacht werden получ|áть ⟨-и́ть 3⁺⟩ закáзы

Bedenken *n* Zweifel сомнéния *Pl* 5; Einwände возражéния *Pl* 5 (gegen прóтив *G*); Überlegung размышлéние 5 | ~ haben сомневáться в *P;* ohne ~ не дóлго дýмая, не раздýмывая; er hegt ~, das zu tun он опасáется сдéлать э́то

bedenklich fragwürdig сомни́тел|ьный, -ен, -ьна; riskant рискóван:ный, -на; gefährlich опáс|ный, -ен | ~ werden принимáть ⟨приня́ть*⟩ опáсный оборóт; ~e Lage затрудни́тельное положéние

Bedenkzeit *f* врéмя на размышлéние | ich bitte mir ~ aus! дáйте мне подýмать!

bedeuten *tr* знáчить 3, означáть; wichtig sein имéть значéние (etw. j-m что-н. для когó-н.); zu verstehen geben давáть* ⟨дать*⟩ поня́ть (j-m etw. комý-н. что-н.) | das bedeutet (э́то) знáчит; was soll das ~? что э́то знáчит?; das hat nichts zu ~ э́то не имéет никакóго значéния, э́то не вáжно; was bedeutet Ihr Schweigen? что означáет вáше молчáние?; j-m ~, daß … дать комý-н. поня́ть, что …; **~d** **1.** *Adj* Beitrag; Erfolg значи́тел|ьный, -ен, -ьна, вáж|ный, -ен, -нá, -но, вáжны́; Gelehrter, Persönlichkeit выдаю́щийся 11, извéст|ный, -ен; groß an Bedeutung, an Einfluß крýп|ный, -ен, -нá! | eine ≈e Rolle spielen игрáть вáжную [ви́дную] роль **2.** *Adv:* ~ besser горáздо [значи́тельно] лýчше

bedeutsam знаменáтел|ьный, -ен, -ьна; vielsagend многозначи́тел|ьный, -ен, -ьна

Bedeutung *f* значéние 5 | ~ haben имéть значéние; das ist von ~ für uns э́то имéет для нас значéние; nichts von ~ не имéет значéния, ничегó вáжного; einer Sache ~ beimessen при|давáть* ⟨придáть*⟩ значéние чемý-н.; die ~ liegt darin, daß … смысл состои́т в том, что …; er ist sich seiner ~ bewußt он понимáет своё значéние, он знáет себé цéну

bedeutungs|los не имéющий 11 значéния, незначи́тел|ьный, -ен, -ьна; **~voll** вáж|ный, -ен, -нá, -но, вáжны́; vielsagend многозначи́тел|ьный, -ен, -ьна

Bedeutungs|wandel *m Ling* изменéние 5 значéния (слóва); **~wörterbuch** *n* (одноязы́чный) толкóвый словáрь

bedienen *tr* Gast, Kunden обсл|у́живать ⟨-ужи́ть 3⁺⟩ *A,* прислу́живать *D;* Maschinen обсл|у́живать ⟨-ужи́ть⟩ *A,* управля́ть *I; intr* Kartenspiel хо|ди́ть 3⁺ -жу́ ⟨по|йти́*⟩ в масть; sich ~ *refl* benutzen пóльзоваться 2 (вос-) *I* | bitte, ~ Sie sich!, langen Sie zu! пожáлуйста, прошу́!, угощáйтесь!; bei Tisch ~ прислу́живать за столóм

Bedienung *f* обслу́живание 5; Kellner официáнт 2; Verkäufer продав|éц, -цá 2; обслу́живающий персонáл 11-2; *Mil* расчёт 2

Bedienungs|anweisung *f* руковóдство 4 [инстру́кция 8] по обслу́живанию; **~geld** *n* Restaurant нацéнка 6 за обслу́живание; **~mannschaft** *f* eines Geschützes u. ä. расчёт 2; **~personal** *n Mil* обслу́живающий персонáл 11-2; **~pult** *n El* пульт управлéния; **~vorschrift** *f* прáвила *Pl* 4 обслу́живания [ухóда]

beding|en *tr* bewirken обуслóв|ливать ⟨-ить 3 -лю⟩; **~t 1.** *Adj* услóв|ный, -ен *a. Physiol* **2.** *Adv* услóвно, при услóвии | ≈ tauglich *Mil* услóвно гóдный; ≈ verwendbar sein испóльзоваться *v* 2 ограни́ченно

Bedingung *f* услóвие 5 | unter ... ~en Verhältnissen в ... услóвиях; zu welchen ~en? на каки́х услóвиях; unter der ~, daß ... при услóвии, чтó(бы) ...; unter der ~, daß schönes Wetter ist при услóвии хорóшей погóды; unter keiner ~ ни за что, ни в кóем слу́чае; zur ~ machen стáв|ить 3 -лю (по-) услóвием

bedingungslos безуслóв|ный, -ен; Kapitulation, Absage безоговóроч|ный, -ен | ~ akzeptieren при|знавáть* ⟨-знáть⟩ безоговóрочно

Bedingungssatz *m* услóвное предложéние

bedrängen *tr* mit Bitten оса|ждáть ⟨-ди́ть 3 -жу⟩; bedrücken притесн|я́ть ⟨-и́ть 3⟩ | er wird von Feinden bedrängt егó преслéдуют враги́

Bedrängnis *n* притеснéние 5 | er befindet sich in arger ~ он нахóдится в бéдственном положéнии

bedroh|en *tr* гро|зи́ть 3 -жу́, угрожáть (j-n mit *oder* durch etw. комý-н. чем-н.) | von etw. bedroht werden находи́ться 3⁺ -хожу́сь ⟨-|йти́сь*⟩ под угрóзой чегó-н.; **~lich 1.** *Adj* угрожáющий 11 **2.** *Adv:* es sieht ≈ aus положéние угрожáющее

Bedrohung *f* угрóза 6 | ~ des Friedens угрóза ми́ру; in ständiger ~ leben быть* постоя́нно в опáсности

be|drucken *tr* печáтать (на-) на *P; Text* набивáть ⟨-|би́ть*⟩; **~drücken** *tr* притесн|я́ть ⟨-и́ть 3⟩; betrüben огорч|áть ⟨-и́ть 3⟩; belasten тяго|ти́ть 3 -щу́ | das bedrückt mich (sehr) от э́того у меня́ тяжелó на душé; sie fühlte sich bedrückt онá чу́вствовала себя́ подáвленной; **~drückend** тя́ж|кий, -ек, -кá!, тя́гост|ный, -ен

Bedrücker *m* угнетáтель 1

bedruckt *Text* набивнóй | ~er Stoff набóйка 6

Bedrückung *f* притеснéние 5, гнёт 2; Niedergeschlagenheit подáвленное настроéние 5

Beduine *m* беду́ин 2

bedürfen *intr* нуждáться в *P* | es bedurfte nur eines Wortes um ... достáточно бы́ло одногó слóва, чтóбы ...; das bedarf der Erläuterung э́то трéбует пояснéния, э́то ну́жно объясни́ть; es hat seiner ganzen Kraft bedurft, damit ... нужнá былá вся егó си́ла, чтóбы ...

Bedürfnis *n* Wunsch потрéбность 9, нуждá 6c (nach в *P*); Notdurft естéственная потрéбность | ~ nach etw. haben нуждáться в чём-н., имéть потрéбность в чём-н.; es liegt kein ~ hierfür vor в э́том нет никакóй нáдобности [нужды́]; seine ~se befriedigen удовлетвор|я́ть ⟨-и́ть 3⟩ свои́ потрéбности; die kulturellen ~se культу́рные запрóсы; **~anstalt** *f* общéственная убóрная *Subst* 10, туалéт 2

bedürfnislos нетрéбовател|ьный, -ен, -ьна

bedürftig нуждáющийся 11 в *P;* arm бéд|ный, -ен, -нá, -но, бéдны́ | einer Sache ~ sein нуждáться в чём-н.

Beefsteak *n* бифштéкс [тэ] 2

be|ehren *tr* удост|áивать ⟨-óить 3⟩ (mit *I*), по|чти́ть* *v* (mit *I*); sich ≈ *refl:* ich beehre mich ... честь имéю ..., **~eiden** *tr* присяг|áть ⟨-нуть 4⟩ в *P;* **~eilen, sich** *refl* тороп|и́ться 3⁺ -лю́сь (по-) (mit c *I*), спеши́ть 3 (по-) (mit c *I*) | ich beeile mich Ihnen mitzuteilen, daß ... спешу́ сообщи́ть вам, что ...; beeile dich! поспеши́!, поторопи́сь!; **~eindrucken** *tr* производи́ть 3⁺ -вожу́ ⟨-|вести́*⟩ (си́льное) впечатлéние на *A* | von etw. beeindruckt werden находи́ться 3⁺ -хожу́сь под (си́льным) впечатлéнием чегó-н.; **~einflussen** *tr* окáзывать ⟨-|казáть*⟩ влия́ние на *A,* влия́ть (по-) на *A* | von j-m beeinflußt werden нахо|ди́ться 3⁺ -жу́сь под влия́нием когó-н.

Beeinflussung *f* влия́ние 5

beeinträchtigen *tr* окáзывать ⟨-|казáть*⟩ отрицáтельное влия́ние на *A;* schaden

причин|ять ⟨-ить 3⟩ вред [ущерб] *D;* stören, hindern мешать (по-), препятствовать 2 (вос-) (j-n in etw. кому-н. в чём-н.); Rechte ущем|лять ⟨-ить 3 -лю⟩
Beeinträchtigung *f* Interessen, Rechte ущемление 5; Leistungsfähigkeit снижение 5
beenden *tr* кончать ⟨кончить 3⟩, за-, оканчивать ⟨-кончить⟩; abbrechen, einstellen прекра|щать ⟨-тить 3 -щу⟩; Bedeutendes заверш|ать ⟨-ить 3⟩
Beendigung *f* окончание 5; прекращение 5; завершение 5
be|engen *tr* стесн|ять ⟨-ить 3⟩ *a. übertr* | beengt wohnen жить в тесноте; **~erben** *tr* получ|ать ⟨-ить 3⁺⟩ наследство от *G;* **~erdigen** *tr* хоронить 3⁺ (по-)
Beerdigung *f* похороны *Pl* 6g | zur ~ gehen на похороны
Beerdigungsinstitut *n* похоронное бюро *n idkl*
Beere *f* ягода 6
Beeren|obst *n* ягоды *Pl* 6; **~saft** *m* ягодный сок; **~strauch** *m* ягодный куст
Beet *n* грядка 6, гряда 6h; Blumen∸ клумба 6
befähig|en *tr* прививать ⟨-|вить*⟩ кому-н. способность (zu к *D*), делать способным (zu к *D*) | seine Kenntnisse ≈ ihn zu diesem Amt его знания позволяют ему занимать эту должность; **~t** способ|ный, -ен (zu, für к *D*)
Befähigung *f* способность 9; Neigung способности *Pl* (zu, für к *D*)
Befähigungsnachweis *m* удостоверение 5 о технической подготовке [о квалификации]
befahrbar проезжий 11; Wasserstraße судоход|ный, -ен
be|fahren *tr* Strecke, Straße ехать*, *unbest* ездить 3 езжу по *D;* See плавать по *D;* von Verkehrsmitteln курсировать 2 | diese Strecke wird stark ≈ на этом участке большое движение; eine wenig ≈e Straße малоезжая 11 дорога; einen Schacht ≈ *Bergb* спу|скаться ⟨-ститься 3⁺ -щусь⟩ в шахту; **~fallen** *tr* heimsuchen, treffen нападать ⟨-|пасть*⟩ на *A,* постигать ⟨-стигнуть 4a *u.* -|стичь*⟩; Krankheit, Epidemie пора|жать ⟨-зить 3⟩ | Furcht befiel ihn на него напал страх; er wurde von einem Übel ≈ его постигло горе [несчастье]; von einer Krankheit ≈ werden забол|евать ⟨-еть⟩ чем-н.; ihn befiel Müdigkeit он почувствовал усталость; **~fangen** verlegen смущ|ённый, -ён, -ена, робк|ий, -ок, -ка!; voreingenommen предвзят:ый; parteiisch пристраст|ный, -ен *a. Jur* | in einem Irrtum ≈ sein находиться 3⁺ -хожусь ⟨-|йтись*⟩ в заблуждении
Befangenheit *f* смущение 5; *Jur* пристрастность 9 | j-n wegen ~ ablehnen отклон|ять ⟨-ить 3⁺⟩ кого-н. ввиду сомнения в его беспристрастности
befassen, sich *refl* заниматься ⟨заняться*; зан|ялся, -ялась⟩ (mit *I*)
Befehl *m* приказ 2; Anordnung приказание 5; mündlicher команда 6 *a. EDV* | auf ~ по приказанию, по приказу; laut ~ согласно приказу; unter dem ~ под командованием; zu ~! слушаюсь!; den ~ übernehmen принять* *v* командование; j-m einen ~ geben давать ⟨дать⟩ кому-н. приказ
befehl|en *tr* приказывать ⟨-|казать*⟩; auffordern велеть *uv, v* 3 (j-m etw. кому-н. *mit Inf*); anordnen распоря|жаться ⟨-диться 3 -жусь⟩ (über *I*) | wie Sie ≈! как (вы) прикажете!; wer hat hier zu ≈? кто здесь распоряжается?; in ≈dem Ton повелительным тоном; **~igen** *tr* командовать 2 *I* | befehligt werden von находиться 3⁺ -хожусь ⟨-|йтись*⟩ под командованием *G;* eine Armee ≈ командовать армией
Befehls|form *f* повелительное наклонение; **~gewalt** *f* командная власть (über над *I*); **~haber** *m* (главно)командующий *Subst* 11 | ≈ der Armee командующий армией; **~stand** *m Mil* командный пункт 2; **~verweigerung** *f* отказ от исполнения приказа
befestigen *tr* прикреп|лять ⟨-ить 3 -лю⟩ (etw. mit etw. что-н. чем-н., an etw. к чему-н.); aneinander скреп|лять ⟨-ить⟩; anbinden привязывать ⟨-|вязать*⟩ (an к *D*); Stadt, Ufer, *Mil* укреп|лять ⟨-ить⟩
Befestigung *f* прикрепление 5; привязывание 5; *Mil* укрепление 5
Befestigungs|anlage *f* укрепление 5; ≈en *Pl* фортификация 8; **~arbeiten** *f Pl* фортификационные работы
be|feuchten *tr* смачивать ⟨смочить 3⁺⟩, увлажн|ять ⟨-ить 3⟩ | die Lippen ≈ облизывать ⟨-лизнуть 4⟩ губы; **~finden** *intr* Beschluß fassen принимать ⟨принять*⟩ решение (über о *P*); sich ≈ *refl* находиться 3⁺ -хожусь ⟨-|йтись*⟩, быть*, пребывать; sich fühlen чувствовать себя | etw. für richtig ≈ находить что-н. правильным; etw. für gut ≈ одобрять ⟨одобрить 3⟩ что-н.; er befindet sich jetzt in Moskau он (находится) теперь в Москве; sich in gutem Zustand ≈ быть* в хорошем состоянии; sie befindet sich gut она чувствует себя хорошо
Befinden *n* Wohl∸ самочувствие [ус] 5; eines Patienten состояние 5 здоровья | wie ist Ihr ~? как вы себя чувствуете?
befindlich находящийся 11 | im Bau ~ строящийся 11

be|flaggen *tr* вывéшивать ⟨вы́ве|сить 3 -шу⟩ флáги, укр|ашáть ⟨-áсить 3 -áшу⟩ флáгами; **~flecken** *tr* пятнáть (за-) *a. übertr;* **~fleißigen, sich** *refl* старáться (по-); **~flissen** старáтел|ьный, -ен, -ьна, усéрд|ный, -ен
Beflissenheit *f* старáние 5, рвéние 5
be|flügeln *tr* anspornen окрыл|я́ть ⟨-и́ть 3⟩ | zu etwas ≈ вдохнов|ля́ть ⟨-и́ть 3 -лю́⟩; **~folgen** *tr* Beispiel, Rat слéдовать 2 (по-) *D;* Anordnung, Befehl выполня́ть ⟨вы́полнить 3⟩, исполня́ть ⟨-пóлнить⟩ | die Anstandsregeln ≈ соблюдáть прáвила прили́чия
Befolgung *f* исполнéние 5; соблюдéние 5
befördern *tr* transportieren отпр|авля́ть ⟨-áвить 3 -áвлю⟩, перевози́ть 3⁺ -вожу́ ⟨-|везти́*⟩ (mit, durch на *P,* von с *G,* nach в *A,* an к *D*); im Rang erhöhen повышáть ⟨-вы́сить 3 -вы́шу⟩ в звáнии [по слу́жбе, в дóлжности] | mit dem Auto [Flugzeug, Schiff] ~ перевози́ть на (авто)маши́не [на самолёте, на су́дне]; mit der Post ~ посылáть ⟨-|слáть*⟩ по пóчте; befördert werden быть* повы́шенным в звáнии [по слу́жбе]; er wurde zum Major befördert он получи́л [ему́ присвóили] звáние майóра
Beförderung *f* Transport перевóзки *Pl* 6, транспорти́ровка 6, трáнспорт 2; Rangerhöhung повышéние 5 в звáнии [по слу́жбе] | j-s ~ zu etw. присвоéние 5 комý-н. звáния когó-н.; j-n für eine ~ vorschlagen предст|авля́ть ⟨-áвить 3 -áвлю⟩ когó-н. к повышéнию в звáнии [к присвоéнию звáния]
Beförderungs|kosten *Pl* стóимость 9 перевóзки; **~mittel** *n* перевóзочное срéдство; *Pl* трáнспортные срéдства
be|frachten *tr* нагр|ужáть ⟨-узи́ть 3 -ужý, -ýзишь⟩; *Mar* фрахтовáть 2 (за-); **~fragen** *tr* спрáшивать ⟨спро|си́ть 3⁺ -шу́⟩ (nach, über о *P*); verhören опрáшивать ⟨опроси́ть⟩
Befragung *f* опрóс 2; Verhör допрóс 2 | schriftliche ~ анкéтный опрóс
befreien *tr* освобо|ждáть ⟨-ди́ть 3 -жý; -ждённый⟩ (von от *G,* aus из *G,* от *G*); erlösen избавля́ть ⟨-бáвить 3 -бáвлю⟩ (von *oder* aus от *G*); sich ~ *refl* освобождáться ⟨-ди́ться⟩, избавля́ться ⟨-бáвиться⟩ (von *oder* aus из *G,* от *G*)
Befrei|er *m* освободи́тель 1; **~ung** *f* освобождéние 5 (von от *G*); Erlösung избавлéние 5 (von *oder* aus от *G*)
Befreiungs|bewegung *f* освободи́тельное движéние; **~krieg** *m* освободи́тельная войнá
befremden *tr* (неприя́тно) удив|ля́ть ⟨-и́ть 3⟩ | das befremdet mich э́то мне кáжется стрáнным; es befremdet mich, daß … стрáнно, что …
Befremden *n* (неприя́тное) удивлéние 5 | sein ~ über etw. ausdrücken выражáть ⟨вы́ра|зить 3 -жу⟩ своё удивлéние по пóводу чегó-н.
befremdend стрáн|ный, -ен, -нá!
be|freunden, sich *refl* дружи́ться (по-) (mit с *I*), сдружи́ться *v* 3 (mit с *I*); vertraut machen свыкáться ⟨свы́кнуться 4a⟩ (mit с *I*); **~freundet** дру́жествен:ный, -на a. Staaten | er ist mit mir ≈ мы с ним друзья́; sie sind eng ≈ они́ больши́е друзья́, они́ óчень дружны́ мéжду собóй; wir haben uns schnell ≈ мы бы́стро подружи́лись; **~frieden** *tr* умиротвор|я́ть ⟨-и́ть 3⟩ | ein Land ≈ дать* *v* странé мир; **~friedigen** *tr* Wünsche, Ansprüche удовлетвор|я́ть ⟨-и́ть 3⟩; Verlangen, Bedürfnis утол|я́ть ⟨-и́ть 3⟩; **~friedigend** удовлетвори́тел|ьный, -ен, -ьна
Befried|igung *f* удовлетворéние 5; **~ung** *f* умиротворéние 5; Beruhigung примирéние 5
be|fristen *tr* назн|ачáть ⟨-áчить 3⟩ срок *G;* **~fristet** *Jur* ограни́чен:ный, -на срóком; Arbeit, Genehmigung врéменный; Darlehen срóч|ный, -ен; **~fruchten** *tr Biol* оплодотвор|я́ть ⟨-и́ть 3⟩ *a. übertr;* künstlich a. осемен|я́ть ⟨-и́ть 3⟩
Be|fruchtung *f Biol* оплодотворéние 5; *übertr* плодотвóрное влия́ние 5 | künstliche ≈ иску́сственное оплодотворéние; **~fugnis** *f* полномóчие 5 (zu на *A*) | seine ≈se überschreiten превышáть ⟨-вы́сить 3 -вы́шу⟩ свои́ полномóчия
befugt: zu etw. ~ sein быть уполномóченным на что-н. *oder Inf,* имéть прáво [полномóчие] на что-н. *oder Inf*
befühlen *tr* ощу́п|ывать ⟨-ать⟩; Puls, Stoff щу́пать (по-)
Befund *m* дáнные *Subst* 10 осмóтра [анáлиза], результáт 2 эксперти́зы [*Med* медици́нского обслéдования] | nach ärztlichem ~ на основáнии медици́нского обслéдования [осмóтра]; ohne ~ без диáгноза, без заключéния врачá
befürchten *tr* опасáться *G* | Sie haben nichts zu ~ вам нéчего боя́ться; es ist zu ~, daß … слéдует опасáться, что …
Befürchtung *f* опасéние 5
befürworten *tr* billigen одобря́ть ⟨одóбрить 3⟩ | j-s Gesuch ~ поддéрживать ⟨-держáть 3⁺⟩ чью-н. прóсьбу [чьё-н. заявлéние]
Befürwortung *f* поддéржка 6; одобрéние 5
begabt одарён:ный, -на (mit *I*), талáнтлив:ый | ~ für etw. спосóб|ный, -ен к чемý-н.; er ist technisch ~ у негó спосóбности к тéхнике
Begabung *f* даровáние 5, одарённость 9, талáнт 2; Anlage спосóбности *Pl* 6 (für к

D) | hohe ~ высóкая одарённость, большóй талáнт; eine ~ für etw. haben имéть спосóбности к чемý-н.

begatten, sich *refl* совокуп|ля́ться ⟨-и́ться 3 -лю́сь⟩; Tiere случ|áться ⟨-и́ться 3⟩

Begattung *f* совокуплéние 5; von Tieren a. слу́чка 6

begeben, sich *refl* отпр|авля́ться ⟨-áвиться 3 -áвлюсь⟩; gehen идти́* ⟨по|йти́*⟩; geschehen случ|áться ⟨-и́ться 3⟩; feierlich проslédовать *v* 2 | der Präsident begab sich in seinen Amtsstitz президéнт прослéдовал в свою́ резидéнцию; sich in ärztliche Behandlung begeben обра|щáться ⟨-ти́ться 3 -щу́сь⟩ к врачý; sich in Gefahr ~ подвергáться ⟨-вéргнуться 4a *u.* 4⟩ опáсности; es begab sich, daß … случи́лось, что …

Begebenheit *f* собы́тие 5

begegnen *intr* treffen встр|ечáть ⟨-éтить 3 -éчу⟩ (j-m *A*); zufällig попадáться ⟨-|пáсться*⟩ навстрéчу; sich [einander] treffen встр|ечáться ⟨-éтиться⟩; entgegentreten противостоя́ть 3 (j-m комý-н.); vorbeugen предотвра|щáть ⟨-ти́ть 3 -щý⟩ (einer Sache что-н.); zustoßen случ|áться ⟨-и́ться 3⟩ (etw. j-m что-н. с кем-н.) | ich bin ihm zufällig begegnet я встрéтил егó случáйно; einer Krankheit ~ предупре|ждáть ⟨-ди́ть 3 -жý⟩ болéзнь; Schwierigkeiten ~ борóться* с трýдностями; einer Gefahr ~ отвра|щáть ⟨-ти́ть⟩ опáсность

Begegnung *f* встрéча 6; *Sport* встрéча 6, матч 2 (mit j-m с кем-н.)

begeh|bar Tunnel проходнóй; Weg достýп|ный, -ен; **~en** *tr* Weg хо|ди́ть 3⁺ -жý, *best* идти́* по *D;* prüfend abschreiten обходи́ть ⟨обо|йти́*⟩; Fehler, Dummheit дéлать (с-); Verbrechen соверш|áть ⟨-и́ть 3⟩; Fest прáздновать [зн] 2 (от-), отмечáть ⟨отмé|тить -чу⟩; **~ren** *tr* wünschen (стрáстно) желáть (по-) *G,* хотéть* (за-) *G* | er hat alles, was sein Herz begehrt у негó есть всё, что (егó) душé угóдно

begehr|enswert желáнный; **~lich** жáд|ный, -ен, -нá, -но, жáдны́

Begehrlichkeit *f* жáдность 9

begehrt: (sehr) ~ sein пóльзоваться 2 (больши́м) спрóсом

Begehung *f* im Betrieb обхóд 2 *G* | ≈ der Bahn *Sport* ознакомлéние 5 с маршрýтом

begeister|n *tr* воодушев|ля́ть ⟨-и́ть 3 -лю́⟩, вдохнов|ля́ть ⟨-и́ть 3 -лю́⟩ (j-n für, zu когó-н. на *A*); entzücken восхи|щáть ⟨-ти́ть 3 -щý⟩; sich ~ *refl* увлекáться ⟨-|влéчься*⟩ (für *oder* an *I*) | sie begeisterte sich für die Kunst онá увлекáлась искýсством; **~t** Zuschauer, Zustimmung востóржен:ный, -на; Sammler, Sportler стрáстный; воодушевлённый (von *I*) | begeistert sein von *oder* für etw. быть в востóрге от чегó-н.

Be|geisterung *f* воодушевлéние 5; (стрáстное) увлечéние 5 (für *I*); Enthusiasmus подъём 2; Entzücken востóрг 2 (für *I*) | mit ≈ востóрженно, с востóргом; vor ≈ от востóрга; die Wogen der ≈ gingen hoch востóрг дости́г наивы́сшего подъёма; … im Zeichen einer großen ≈ … в обстанóвке большóго подъёма; Lehrer aus ≈ учи́тель-энтузиáст 1-2; **~gierde** *f* (стрáстное) желáние 5 (nach *G*); Gier жáдность 9 (nach к *D*); Gelüst пóхоть 9 | vor ≈ brennen сгор|áть ⟨-éть 3⟩ от (стрáстного) желáния

begierig жáд|ный, -ен, -нá, -но, жáдны́ (nach к *D,* auf на *A*), жáждущий 11 (nach *G*) | ich bin ~ zu erfahren … мне óчень хóчется узнáть …

begießen *tr* besprengen поливáть ⟨поли́ть*⟩; durch Trinken feiern вы́|пить* *v* по пóводу *G,* обмывáть ⟨-|мы́ть*⟩

Beginn *m* начáло 4 | bei [zu] ~ вначáле; von ~ an с сáмого начáла

be|ginnen *tr* начинáть ⟨начáть*⟩ (mit с *G*) *intr* начинáться ⟨начáться; начал|ся́, -и́сь⟩ (mit с *G*), начинáть ⟨начáть⟩ *mit Inf;* стать *v mit Inf als Hilfsverb gebr;* Tag светáет, брéзжит заря́; Veranstaltung начинáться ⟨начáться⟩; Sitzung, Versammlung открывáться ⟨-|кры́ться*⟩ | was willst du ~? что ты хóчешь предприня́ть [сдéлать]?; er begann die Rede mit der Begrüßung он нáчал речь привéтствием [с привéтствия]; er begann zu arbeiten он стал рабóтать; es begann zu dämmern стáло светáть; womit beginnt die Erzählung? с чегó начинáется расскáз?; laßt uns ≈! начнём!; **~glaubigen** *tr* зав|еря́ть ⟨-éрить 3⟩, свидéтельствовать 2 (за-); Botschafter аккредитовáть *uv, v* 2; **~glaubigt:** eine ~e Abschrift засвидéтельствованная [завéренная] кóпия

Beglaubigung *f* завéрка 6, засвидéтельствование 5; аккредитовáние 5

Beglaubigungsschreiben *n* вери́тельная грáмота 6

begleichen *tr Fin* опл|áчивать ⟨-ати́ть 3⁺ -ачý⟩, пога|шáть ⟨-си́ть 3⁺ -шý⟩ | die Schuld ~ упл|áчивать ⟨-ати́ть⟩ долг

Be|gleichung *f Fin* уплáта 6, погашéние 5; **~gleitbrief** *m* сопроводи́тельное письмó

begleiten *tr* прово|жáть ⟨-ди́ть 3⁺ -жý⟩; auf einer Reise, im Gefolge сопровождáть *a. übertr u. Mil; Mus* аккомпани́ровать 2 (j-n auf etw. комý-н. на чём-н.)

Begleiter *m* сопровождáющий *Subst* 11, провожáтый *Subst* 10; Reisegefährte

спу́тник 2; Beruf проводни́к 2e; *Pl* offiziell сопрвожда́ющие ли́ца 11-4c; *Mus* аккомпаниа́тор 2
Begleit|erscheinung *f* сопу́тствующее 11 явле́ние; **~musik** *f* музыка́льное сопровожде́ние 5; **~person** *f* сопровожда́ющее 11 лицо́; **~personal** *n Eisenb* проводники́ *Pl* 2e, поездна́я брига́да 6; **~schein** *m* сопроводи́тельный докуме́нт 2; **~schreiben** *n* сопроводи́тельное письмо́; **~umstände** *m Pl* сопу́тствующие 11 обстоя́тельства
Begleitung *f* сопровожде́ние 5; Begleitperson сопровожда́ющее лицо́ 11-4c; Gefolge сви́та 6; *Mus* сопровожде́ние 5, аккомпанеме́нт 2 | in j-s ~ в сопровожде́нии кого́-н.; er hat ihr seine ~ angeboten он предложи́л ей проводи́ть её; mit ~ singen петь под аккомпанеме́нт
beglück|en *tr* осчастли́в|ливать ⟨-ить 3 -лю⟩ (mit *I*); **~wünschen** *tr* поздр|авля́ть ⟨-а́вить 3 -а́влю⟩ (zu с *I*)
begnad|et одарён:ный, -на; **~igen** *tr* поми́ловать *v* 2
Begnadigung *f* поми́лование 5
Begnadigungsgesuch *n* хода́тайство 4 о поми́ловании
begnügen, sich *refl* удовлетвор|я́ться ⟨-и́ться⟩ (mit *I*), дово́льствоваться 2 (у-) (mit *I*)
Begonie *f* бего́ния 8
begraben *tr* хорони́ть 3⁺ (по-), погреба́ть ⟨-|грести́*⟩; unter Trümmern, Schnee погреба́ть ⟨-грести́⟩ (unter sich под собо́й) | eine Hoffnung ~ похорони́ть наде́жду
Begräbnis *n* по́хороны *Pl* 6g
be|gradigen *tr* gerade machen выпрямля́ть ⟨вы́прям|ить 3 -лю⟩; Flußbett спрям|ля́ть ⟨-и́ть 3 -лю́⟩; **~greifen** *tr* понима́ть ⟨поня́ть*⟩; mit dem Verstand erfassen постига́ть ⟨-сти́гнуть 4a *u.* -|сти́чь*⟩ | er begreift leicht он поня́тлив, он бы́стро сообража́ет; ich kann es nicht ≈ недоумева́ю, ума́ не приложу́; es ist kaum zu ~ э́то про́сто уму́ непостижи́мо
begreiflich поня́т|ный, -ен | j-m etw. ~ machen растолк|о́вывать ⟨-ова́ть 2⟩ кому́-н. что-н.; **~erweise** *Adv* разуме́ется, поня́тно
begrenz|en *tr* ограни́ч|ивать ⟨-ить 3⟩ | der Wald begrenzt das Feld лес окаймля́ет по́ле; **~t** geistig träge ограни́чен:ный, -на | er hat einen ≈en Horizont он ограни́ченный челове́к, у него́ у́зкий кругозо́р
Begrenz|theit *f* ограни́ченность 9; **~ung** *f* ограниче́ние 5; Grenze преде́л 2, грани́ца 6
Begriff *m* поня́тие 5; Vorstellung представле́ние 5 (von о *P*) | sich einen ~ von etw. machen сост|авля́ть ⟨-а́вить 3 -а́влю⟩ себе́ представле́ние о чём-н.; er ist schwer von ~ он ту́го сообража́ет, он непоня́тлив; im ~ sein etw. zu tun собира́ться ⟨-|бра́ться*; -брали́сь⟩ что-н. сде́лать, намерева́ться что-н. сде́лать
begriffen: in der Entwicklung ~ sein нахо|ди́ться 3⁺ -жу́сь в ста́дии [в проце́ссе] разви́тия; im Verfall ~ sein находи́ться в состоя́нии упа́дка
begrifflich отвлечён:ный, -на, абстра́ктный, -ен | ~ denken ду́мать поня́ти́йными катего́риями
begriffsstutzig несообрази́тел|ьный, -ен, -ьна, ту́го сообража́ющий 11
begründen *tr* Gründe angeben обосно́вывать ⟨-|сновать*⟩ (j-m etw. кому́-н. что-н.); basieren осно́вывать ⟨-снова́ть⟩ (etw. auf etw. что-н. на чём-н.); мотиви́ровать *uv, v* 2 (etw. mit что-н. чем-н.); gründen, stiften осно́вывать ⟨-снова́ть⟩, учре|жда́ть ⟨-ди́ть 3 -жу́; -ждённый⟩ | eine durch nichts begründete Vermutung ни на чём не осно́ванное предположе́ние
Begründ|er *m* основа́тель 1; einer Lehre основополо́жник 2; **~ung** *f* обоснова́ние 5 (für *G*); мотиviро́вка 6 (für *G*); Beweis доказа́тельство 4 | mit der ≈, daß ... с тем обоснова́нием, что ..., на том основа́нии, что ...; mit welcher ≈ на како́м основа́нии
begrüßen *tr* willkommen heißen приве́тствовать 2 (j-n кого́-н.) *Prät a. v*, здоро́ваться (по-) (j-n с кем-н.); von Gästen a. (beim Abholen) встреча́ть ⟨встре́|тить 3 -чу⟩; einander приве́тствовать друг дру́га, здоро́ваться друг с дру́гом; für wünschenswert halten приве́тствовать, одобря́ть ⟨одо́брить 3⟩; es ist zu ~, daß ... отра́дно, что ...
Begrüßung *f* приве́тствие 5; von Gästen a. встре́ча 6; Gruß покло́н 2 | zur ~ для приве́тствия, для встре́чи
Begrüßungsansprache *f* приве́тственная речь | eine ~ halten произнос|и́ть 3⁺ -ношу́ ⟨-|нести́*⟩ приве́тствие
begünstigen *tr* fördern благоприя́тствовать 2 *D*, спосо́бствовать 2 *D*; protegieren покрови́тельствовать 2 *D*
Begünstigung *f* соде́йствие 5, благоприя́тствование 5; покрови́тельство 4 *D*; einer Straftat укрыва́тельство 4
begutachten *tr* untersuchen о-, рассм|а́тривать ⟨-отре́ть 3⁺⟩ *A*; beurteilen выска́зывать ⟨вы́с|казать*⟩ своё мне́ние о *P*; Artikel рецензи́ровать 2 (про-); amtlich дава́ть ⟨дать*⟩ о́тзыв [заключе́ние] о чём-н.; einschätzen дава́ть ⟨дать⟩ оце́нку чему́-н. | ~ lassen *Wirtsch, Jur* подверга́ть ⟨-ве́ргнуть 4a *u.* 4⟩ эксперти́зе что-н.
Begutachtung *f* Prüfung рассмотре́ние 5;

Gutachten экспертиза 6; отзыв 2; заключение 5 | zur ~ vorlegen став|ить 3 -лю (по-) на обсуждение; подвергать ⟨-вергнуть 4а *u.* 4⟩ экспертизе
begütert зажиточ|ный, -ен
be|haart покрытый волосами, волосат:ый; **~häbig** geruhsam медлител|ьный, -ен, -ьна, тяж|ёлый, -ёл, -ела на подъём; beleibt дород|ный, ен
behaftet: mit einer Krankheit ~ страдающий 11 [поражённый] какой-н. болезнью; mit Fehlern ~ пол|ный, -он, -на, полны ошибок; mit Mängeln ~ имеющий 11 недостатки *D;* mit Lastern ~ погрязший 11 в пороках
behagen *intr* нравиться 3 (по-) | das behagt uns nicht нам это не нравится, нам неприятно
Behagen *n* Zufriedenheit удовлетворение 5; Genuß, Wohl~ удовольствие 5 | mit ~ с удовольствием; vor ~ от удовольствия
behaglich gemütlich уют|ный, -ен; angenehm прият|ный, -ен; bequem комфортный, -ен | er hat sich recht ~ eingerichtet он довольно уютно устроился
Behaglichkeit *f* Gemütlichkeit уют 2; Vergnügen, Wohlbehagen удовольствие 5; комфорт 2
behalten *tr* fest-, zurückhalten ост|авлять ⟨-авить 3 -авлю⟩, удерживать ⟨-держать 3⁺⟩; (auf)bewahren сохран|ять ⟨-ить 3⟩; sich merken запоминать ⟨-помнить 3⟩ | ich habe das Kind bei mir ~ я оставил ребёнка у себя; etw. für sich ~ оставлять себе что-н.; er behielt den Hut auf dem Kopf он не снял шляпы (с головы); im Gedächtnis ~ сохранить в памяти; etw. für sich ~ verschweigen хранить что-н. в тайне, никому не рассказывать о чём-н.; Gültigkeit ~ о|ставаться ⟨-|статься*⟩ в силе
Behälter *m* вместилище 4; für Flüssigkeiten u. Gase резервуар 2; Gefäß сосуд 2; Tank бак 2; Öl~ цистерна 6; Container контейнер [тэ] 2
behandeln *tr* umgehen обхо|диться 3⁺ -жусь ⟨обо|йтись*⟩ с *I,* обращаться с *I; Lit, Kunst* (Problem, Stoff) разраб|атывать ⟨-отать⟩, подвергать ⟨-вергнуть 4а *u.* 4⟩ обработке; abhandeln (Frage, Thema) рассм|атривать ⟨-отреть 3⁺⟩; erörtern обсу|ждать ⟨-дить 3⁺ -жу, -ждённый⟩; darlegen излагать ⟨-ложить 3⁺⟩; *Tech* обраб|атывать ⟨-отать⟩; *Med* лечить 3⁺ | sich (ärztlich) ~ lassen лечиться у *G;* der ~de Arzt лечащий 11 врач; diese Angelegenheit muß anders behandelt werden к этому делу нужно отнестись иначе, это дело требует иного подхода
Behandlung *f* Umgehen, Verfahren обращение 5, обхождение 5; Abhandlung eines Themas, eines Stoffes разработка 6; рассмотрение 5; обсуждение 5; *Tech* обработка 6; *Med* лечение 5 (gegen от *G*) | in (ärztlicher) ~ sein лечиться 3⁺, быть на лечении; zur ~ gehen идти* на лечение
Behandlungs|kosten *Pl* стоимость 9 лечения | die ≈ bezahlen платить (за-) за лечение; **~raum** *m* лечебный [процедурный] кабинет 2, процедурная *Subst* 10
Behang *m* Vorhang занавеска 6; schwerer портьера 6; Wand~ настенный коврик 2 [ков|ёр, -ра 2]; Weihnachtsbaum ёлочные украшения *Pl* 5
behängen *tr* об-, увеш|ивать ⟨-ать⟩ (mit *I*); sich ~ *refl* обвеш|иваться ⟨-аться⟩ (mit *I*)
beharr|en *intr* наст|аивать ⟨-оять 3⟩ (auf, bei на *P*); hartnäckig упорствовать 2 (auf в *P*); nicht verzichten не отступ|аться ⟨-иться 3⁺ -люсь⟩ (auf от *G*); **~lich** настойчив:ый, упор|ный, -ен
Beharrlichkeit *f* настойчивость 9, упорство 4; Ausdauer выдержка 6
Beharrungsvermögen *n Phys* инерция 8
behaucht *Phon* придыхательный
behauen *tr* Baumstamm обруб|ать ⟨-ить 3⁺ -лю⟩; Balken, Stein обтёсывать ⟨-|тесать*⟩; **~haupten** *tr* nachdrücklich versichern утверждать; mit Erfolg verteidigen отст|аивать ⟨-оять 3⟩; Stellung, Sieg, Platz удерживать ⟨-держать 3⁺⟩; sich ≈ *refl* удерживаться ⟨-держаться⟩ | seine Meinung [sein Recht] ≈ отстаивать своё мнение [своё право]; etw. steif und fest ≈ упорно утверждать что-н.; es wird behauptet, daß ... говорят, что ...
Be|hauptung *f* утверждение 5; отстаивание 5 | bei seiner ≈ bleiben о|ставаться* ⟨-|статься*⟩ при своём мнении; ≈en aufstellen утверждать; **~hausung** *f* жилище 4, жильё 3
be|heben *tr* устран|ять ⟨-ить 3⟩; Schwierigkeiten преодол|евать ⟨-еть⟩; **~heimatet** gebürtig, ansässig (происходящий 11) родом; eingebürgert натурализован:ный | ≈ sein in быть родом из *G*
Behelf *m* вспомагательное средство 4; Ersatzstoff заменитель 1
behelfen, sich *refl* auskommen обходиться 3⁺ -жусь ⟨обо|йтись*⟩ (mit *I*); sich zufrieden geben довольствоваться 2 (у-) (mit *I*); kümmerlich перебиваться ⟨-|биться*⟩
behelfsmäßig Unterkunft временный; Lazarett наспех оборудованный
Behelfsunterkunft *f* временное жильё 3
behelligen *tr* беспокоить 3 (mit *I*), обремен|ять ⟨-ить 3⟩ (mit *I*); mit Zuschriften надоедать ⟨-|есть*⟩ кому-н. чем-н.

behend[e] провóр|ный, -ен
beherbergen *tr* принимáть ⟨принять*⟩ у себя́ *A;* j-m Unterkunft geben давáть* ⟨дать*⟩ прию́т *D* (über Nacht ночлéг *D*)
beherrschen *tr* über j-n, etw. herrschen владéть *I;* regieren прáв|ить 3 -лю *I; übertr* госпóдствовать 2 над *I,* Land в *P,* Meer на *P;* vollständig können, meistern владéть *I,* овлад|евáть ⟨-éть⟩ *I;* überragen госпóдствовать над *I;* sich ~ *refl* владéть собóй, сдéрживаться | ein Land ~ владéть странóй, госпóдствовать в странé; das Meer ~ госпóдствовать нá море; die Technik ~ овладéть тéхникой; welche Fremdsprache ~ Sie? каки́м инострáнным языкóм вы владéете?; **~d** *Mil* госпóдствующий 11; Thema основнóй
Beherrscher *m* повели́тель 1, властели́н 2
beherrscht 1. *Adj* сдéржан:ный, на **2.** *Adv:* er tritt ~ auf он дéржится спокóйно
Beherrschung *f* Herrschaft владéние 5 *I;* управлéние 5 *I;* госпóдство 4 над *I,* в *P;* der Leidenschaften обуздáние 5; Selbstbeherrschung самообладáние 5; der Sprache владéние; der Technik освоéние 5 *G,* владéние *I*
beherz|igen *tr* принимáть ⟨приня́ть*⟩ к сéрдцу; berücksichtigen принимáть ⟨приня́ть⟩ во внимáние | einen Rat ≈ слу́шаться совéта; j-s Worte ≈ хорошó запóмнить *v* 3 чьи-н. словá; **≈t** mutig хрáбр:ый, -á!, смéл:ый, -á!; entschlossen реши́тел|ьный, -ен, -ьна
be|hexen *tr* околд|óвывать ⟨-овáть 2⟩; *übertr* околд|óвывать ⟨-овáть⟩, очар|óвывать ⟨-овáть 2⟩; **~hilflich:** j-m bei etw. ≈ sein помогáть ⟨по|мóчь*⟩ комý-н. в чём-н., быть полéзным комý-н. в чём-н.; **~hindern** *tr* препя́тствовать 2 (вос-) (j-n bei *D* в *P*), мешáть (по-) (j-n bei *D* в *P*); *Sport* Rennen не давáть* ⟨не дать*⟩ вы́йти вперёд *D* | den Verkehr ≈ задéрживать ⟨-держáть 3⁺⟩ движéние
Be|hinderter *m* человéк 2 с физи́ческими недостáтками, инвали́д 2; **~hinderung** *f* препя́тствие 5, помéха 6; des Verkehrs задéржка 6 в *P* | wegen ≈ *Sport* за задéржку; **~hörde** *f* Verwaltungsorgan óрган 2 влáсти, die ≈n влáсти *Pl* 9g; Dienststelle (администрати́вное) учреждéние 5, вéдомство 4 | die obersten ≈n вы́сшие 11 инстáнции
behördlich официáл|ьный, -ен, -ьна | mit ~er Genehmigung с официáльного разрешéния
be|hüten *tr* оберегáть (vor от *G*) | (Gott) behüte! упаси́ [сохрани́] бог!; **~hutsam** осторóж|ный, -ен, осмотри́тел|ьный, -ен, -ьна; Behandlung бéреж|ный, -ен
Behutsamkeit *f* осторóжность 9, осмотри́тельность 9; бéрежность 9
bei *Präpos Ort* у *G,* óколо *G;* ~ der Großmutter у бáбушки; ~m Eingang у [вóзле] вхóда; so heißt es ~ Schiller так скáзано у Ши́ллера; ich habe kein Geld ~ mir у меня́ нет при себé [с собóй] дéнег | vor Städtenamen под *I;* ~ Moskau под Москвóй; die Völkerschlacht ~ Leipzig Би́тва нарóдов под Лéйпцигом | Institution в *P,* на *P;* ~ der Armee sein быть [служи́ть] в áрмии; ~m Theater arbeiten рабóтать в теáтре; ~ Gericht в судé; ~ der Polizei einen Paß beantragen подáть* *v* в поли́цию заявлéние о вы́даче пáспорта | Berührung за *A;* ~ der Hand nehmen взять* *v* зá руку | Zeit при *P;* ~ Sonnenaufgang при восхóде сóлнца; ~ Eintritt der Dunkelheit при наступлéнии темноты́; ~ Tagesanbruch на рассвéте; ~ Tage днём | Begleitumstand при *P,* в слу́чае *G;* ~ offenem Fenster schlafen спать* при откры́том окнé; ~ dieser Gelegenheit при э́том слу́чае; ~ Gefahr [Verlust] в слу́чае опáсности [потéри] | Witterungserscheinungen, die eintreten können в *A;* ~ Gewitter [Hitze, Sturm] в грозу́ [жару́, бу́рю]; ~ schlechtem Wetter в плохýю погóду | Einräumung при *P;* ~ all seinen guten Eigenschaften при всех егó достóинствах; ~ alledem при всём э́том; ~m besten Willen при всём желáнии; ~ Strafe verboten запрещáется под стрáхом наказáния; ~ guter Laune sein быть в хорóшем настроéнии | Beteuerung ~ meiner Ehre! кляну́сь чéстью! | ~ Wasser und Brot sitzen сидéть на хлéбе и водé
beibehalten *tr* сохран|я́ть ⟨-и́ть 3⟩; Maßnahme оставля́ть ⟨остáв|ить 3 -лю⟩ в си́ле
Bei|behaltung *f* сохранéние 5 | unter ≈ сохраня́я; **~blatt** *n* приложéние 5
beibringen *tr* Zeugen, Dokumente предст|авля́ть ⟨-áвить 3 -áвлю⟩; Beweise приводи́ть 3⁺ -вожу́ ⟨-|вести́*⟩; Niederlage, Verlust, Wunde наноси́ть 3⁺ -пошу́ ⟨-|нести́*⟩; Kenntnisse обуч|áть ⟨-и́ть 3⁺⟩ (j-m etw когó-н. чемý-н.), научи́ть *v* 3⁺ (j-m etw. когó-н. чемý-н.); begreiflich machen втолк|óвывать ⟨-овáть 2⟩ | j-m das Lesen ~ учи́ть когó-н. читáть; wie soll ich's ihm bloß ~! как я емý э́то скажу́!
Beichte *f* и́споведь 9 | zur ~ gehen идти́ на и́споведь; j-m die ~ abnehmen исповéдовать *uv, v* 2 когó-н.
beichten *tr* исповéдоваться *uv, v* 2 (j-m etw. комý-н. в чём-н.) *a. übertr*
Beichtstuhl *m* исповедáл|ьня *G Pl* -ен
beide 1. *Adj* óба, обóих *Num m, n;* óбе, обéих *f* 11 | meine ~n Brüder óба мои́

бра́та; einer der ~n Brüder оди́н из двух бра́тьев **2.** *Pron:* alle ~ о́ба; *f* о́бе; вдвоём; wir ~ мы о́ба, *f* мы о́бе; мы с ва́ми, мы с тобо́й; einer von ~n оди́н из двух; keiner von ~n ни тот$_{|}$ ни друго́й; welcher von ~n? кото́рый из двух?; ~s ist möglich и то и друго́е возмо́жно

beider|lei двоя́кий | ≈ Geschlechts обо́его по́ла; *Gramm* обо́их родо́в; auf ≈ Art двоя́ким о́бразом; **~seitig 1.** *Adj* взаи́м|ный$_{|}$ -ен, обою́д|ный$_{|}$ -ен; *Med* двухсторо́нний 11 | im ≈en Einvernehmen при обою́дном согла́сии; zum ≈en Nutzen взаимовы́год|ный$_{|}$ -ен **2.** *Adv* с обе́их сторо́н; **~seits 1.** *Adv* с обе́их сторо́н **2.** *Präpos* по о́бе сто́роны *G,* по обе́им сторона́м *G*

beidrehen *intr Mar* ложи́ться 3 ⟨лечь*⟩ в дрейф

beieinander *Adv* nebeneinander друг по́дле [во́зле] дру́га; beisammen вме́сте

Beifahrer *m* сопровожда́ющий *Subst* 11 води́теля (грузовика́), второ́й води́тель

Beifall *m* аплодисме́нты *Pl* 2; Zustimmung одобре́ние 5 | j-m ~ klatschen аплоди́ровать 2 кому́-н., руко|плеска́ть* кому́-н.; j-s ~ finden име́ть успе́х, встр|еча́ть ⟨-е́тить 3 -е́чу⟩ одобре́ние; stürmischer ~ бу́рные аплодисме́нты

beifällig одобри́тел|ьный$_{|}$ -ен$_{|}$ -ьна

Beifalls|kundgebung *f* ова́ция 8, аплодисме́нты *Pl* 2; **~sturm** *m* гром 2g [бу́ря 7] аплодисме́нтов

beifügen *tr* прилага́ть ⟨-ложи́ть 3⁺⟩ (einer Sache к *D*) | beigefügt прилага́емый

Beifügung *f* приложе́ние 5 (zu к *D*); *Gramm* определе́ние 5

Bei|fuß *m Bot* полы́нь 9; **~gabe** *f* прида́ча 6, приба́вка 6

beige (цве́та) беж *idkl,* бе́жевый

beigeben *tr* beiordnen при|дава́ть* ⟨прида́ть*⟩; einer Sache прибавля́ть ⟨-ба́вить 3 -ба́влю⟩ к *D; intr:* klein ~ уступ|а́ть ⟨-и́ть 3⁺ -лю́⟩

beigefarben бе́жевый | ~e Stümpfe чулки́ цве́та беж, бе́жевые чулки́

Beigeschmack *m* при́вкус 2 | einen ~ von etw. haben име́ть при́вкус чего́-н.; ein bitterer ~ *übertr* неприя́тный [го́рький] оса́д|ок$_{|}$ -ка 2

Beihilfe *f* finanzielle Zuwendung посо́бие 5, субси́дия 8; *Jur* Mittäterschaft посо́бничество 4 (zu в *P*) | j-m ~ leisten помага́ть ⟨-|мо́чь*⟩ кому́-н.

beikommen *intr* подступ|а́ть ⟨-и́ть 3⁺ -лю́⟩ к *D* | ihm ist nicht beizukommen к нему́ не подсту́пишься, до него́ не добе- рёшься

Beil *n* топо́р 2e

Beilage *f* Zeitung u. ä. приложе́ние 5 (zu к *D*); Zukost гарни́р 2 (zu к *D*)

beiläufig 1. *Adj* попу́тный; zufällig случа́|йный$_{|}$ -ен$_{|}$ -йна **2.** *Adv* вскользь, мимохо́дом | ~ gesagt кста́ти говоря́, кста́ти сказа́ть

beilegen *tr* Dokumente прилага́ть ⟨-ложи́ть 3⁺⟩ (einer Sache к *D*); Bedeutung при|дава́ть* ⟨прида́ть*⟩ *D;* Streit ула́|живать ⟨-дить 3 -жу⟩, урегули́ровать *v* 2 | Differenzen ~ устран|я́ть ⟨-и́ть 3⟩ разногла́сия; sich einen Titel ~ присв|а́ивать ⟨-о́ить 3⟩ себе́ како́е-н. зва́ние

Beilegung *f* Schlichtung ула́живание 5; устране́ние 5

Beileid *n* соболе́знование 5 | sein ~ aussprechen выража́ть ⟨вы́ра|зить 3 -жу⟩ своё соболе́знование; herzliches ~! прими́те моё соболе́знование!

Beileids|bezeugung *f* выраже́ние 5 соболе́знования; **~schreiben** *n* письмо́ [посла́ние 5] с выраже́нием соболе́знования

beiliegen *intr* быть* прило́женным (к *D,* при *P*) | die Rechnung liegt dem Brief bei к письму́ прило́жен счёт; **~d 1.** *Adj* прилага́емый, прило́женный **2.** *Adv* при сём, при э́том, в приложе́нии

bei|mengen *tr* приме́шивать ⟨-меша́ть⟩ (einer Sache к *D*); **~messen** *tr:* einer Sache große Bedeutung ≈ при|дава́ть* ⟨прида́ть*⟩ како́му-н. де́лу большо́е значе́ние; **~mischen** *tr* под-, приме́шивать ⟨-меша́ть⟩ в *A,* к *D*

Beimischung *f* приме́шивание 5; Zusatz при́месь 9

Bein *n Anat* нога́ 6a; an Möbeln und Geräten но́жка 6 | ohne ~ безно́гий; ein Tisch mit drei ~en стол на трёх но́жках; auf den ~n sein быть на нога́х; mit übergeschlagenen ~en (da)sitzen сиде́ть нога́ на́ ногу; j-m auf die ~e helfen поста́в|ить *v* 3 -лю на́ ноги кого́-н.; laufen was die ~e hergeben бежа́ть со всех ног; auf beiden ~en hinken хрома́ть на о́бе ноги́; von einem ~ aufs andere treten переступа́ть с ноги́ на́ ногу; er ist wieder auf den ~en он сно́ва на нога́х; fest auf den ~en stehen твёрдо стоя́ть на нога́х; er hält sich kaum auf den ~en он е́ле де́ржится на нога́х; j-m ein ~ stellen подст|авля́ть ⟨-а́вить 3 -а́влю⟩ но́жку кому́-н.; j-n auf die ~e bringen einen Kranken поста́в|ить *v* 3 -лю [подня́ть*] на́ ноги кого́-н.; etw. auf die ~e bringen созда́ть* *v* [организова́ть *uv, v* 2] что-н.; auf die ~e kommen станов|и́ться 3⁺ -лю́сь ⟨стать*⟩ на́ ноги; sich auf die ~e machen отпр|авля́ться ⟨-а́виться 3 -а́влюсь⟩ куда́-н.; j-m ~e machen подгоня́ть [тороп|и́ть 3⁺ -лю́] кого́-н.

beinah[e] *Adv* почти́, чуть (ли) не, едва́ (ли) не | ich hätte ~ vergessen я чуть (бы́ло) не забы́л; er wäre ~ hingefallen он чуть не упа́л; ~ alle почти́ [чуть ли не] все

Beiname *m* прозва́ние 5 | mit dem ~n по прозва́нию; Spitzname по про́звищу

Bein|amputierter *m* безно́гий инвали́д 2; **~bruch** *m* перело́м ноги́ | das ist kein ~! э́то не беда́!; Hals- und ~! ни пу́ха ни пера́!; **~prothese** *f* проте́з ноги́

beiordnen *tr* прикомандир|о́вывать ⟨-ова́ть 2⟩ (j-m к *D*); beigeben, zuteilen причисля́ть ⟨-чи́слить 3⟩; **~d** *Gramm* сочини́тельный

beipflichten *intr* согла|ша́ться ⟨-си́ться 3 -шу́сь⟩ (j-m in etw. с кем-н. в чём-н.) | ich pflichte ihnen bei я с ва́ми согла́сен

Beirat *m* коми́ссия 8, сове́т 2 (für по *D*) | wissenschaftlicher ~ нау́чный сове́т

beirren *tr:* sich nicht ~ lassen не дава́ть* ⟨дать*⟩ сбить себя́ с то́лку

Beirut Бейру́т 2

beisammen *Adv* вме́сте; nebeneinander друг во́зле дру́га | seine Gedanken ~ haben со|бра́ться* *v*| -бра́лись с мы́слями; er hat seine fünf Sinne nicht ganz ~ он не в своём уме́

Bei|sammensein *n* 5: ein geselliges ≈ дру́жеская встре́ча 6; дру́жеский ве́чер 2; **~satz** *m* приложе́ние 5; **~schlaf** *m* полово́е сноше́ние 5; **~sein** *n:* in seinem ≈ в его́ прису́тствии, при нём

beiseite *Adv* в сто́рону | ~ legen откла́дывать ⟨-ложи́ть 3⁺⟩ в сто́рону; ~ treten отхо|ди́ть 3⁺ -жу́ ⟨ото|йти́*⟩ в сто́рону; ~ schaffen устран|я́ть ⟨-и́ть 3⟩; **~legen** *tr* sparen откла́дывать ⟨-ложи́ть 3⁺⟩; **~stehen** *intr* стоя́ть в стороне́

beisetzen *tr* beerdigen хорони́ть 3⁺ (по-); Urne хорони́ть (за-)

Beisetzung *f* по́хороны *Pl* 6g; Urne захороне́ние 5

Beisetzungsfeier(lichkeit) *f* похоро́нная церемо́ния 8

Bei|sitzer *m Jur* заседа́тель 1; **~spiel** *n* Vorbild приме́р 2; Muster образ|е́ц| -ца́ 2 | zum ≈ наприме́р; als ≈ в приме́р, к приме́ру, в ка́честве приме́ра; ein ≈ anführen приводи́ть 3⁺ -вожу́ ⟨-|вести́*⟩ приме́р, als ≈ dienen служи́ть (по-) приме́ром; sich ein ≈ nehmen an j-m брать ⟨взять⟩ приме́р с кого́-н.; an einem ≈ zeigen пока́зывать ⟨-каза́ть⟩ на приме́ре; an einem ≈ erläutern поясн|я́ть ⟨-и́ть⟩ приме́ром; mit (gutem) vorangehen по|дава́ть* ⟨пода́ть*⟩ (хоро́ший) приме́р

beispiel|haft приме́р|ный| -ен, образцо́вый; **~los** бесприме́р|ный| -ен; unerhört неслы́хан:ный| -на

beispielsweise *Adv* к приме́ру, в ви́де приме́ра

beispringen *intr* спеши́ть 3 (по-) на по́мощь

beißen *tr* mit Zähnen кус|а́ть ⟨-ну́ть⟩, уку|си́ть *v* 3⁺ -шу́ (in, auf за *A, A*); Insekten жа́лить 3 (у-); *intr* Hund куса́ть(ся); Fisch клева́ть*; Pfeffer жечь*, щипа́ть* | der Hund hat mich ins Bein gebissen соба́ка укуси́ла меня́ за́ ногу; dieser Hund beißt (nicht) э́та соба́ка (не) куса́ется; sich auf die Lippen ~ куса́ть (ис-, по-) (себе́) гу́бы а. *übertr;* der Rauch beißt in die Augen дым ест глаза́; der Pfeffer beißt (auf der Zunge) пе́рец жжёт (язы́к); nichts zu ~ haben не име́ть куска́ хле́ба; **~d** Geruch, Rauch е́д|кий| -ок| -ка́!; *übertr* язви́тел|ьный| -ен| -ьна | ≈er Spott язви́тельная иро́ния

Beißkorb *m* намо́рдник 2

Beistand *m* Hilfe по́мощь 9, соде́йствие 5; *Jur* защи́тник 2 | ~ leisten ока́зывать ⟨-|каза́ть*⟩ по́мощь [соде́йствие]

Beistandspakt *m* пакт о взаимопо́мощи

bei|stehen *intr* помога́ть ⟨-|мо́чь*⟩ (j-m in etw. кому́-н. в чём-н.) | j-m in der Not ≈ помога́ть кому́-н. в нужде́; **~steuern** *tr* вноси́ть 3⁺ -ношу́ ⟨-|нести́*⟩ свою́ до́лю [часть] во что-н.; **~stimmen** *intr* согла|ша́ться ⟨-си́ться 3 -шу́сь⟩ (j-m с *I*), одобря́ть ⟨одо́брить 3⟩ (j-m *A*)

Beitrag *m* Mitgliedsgeld (чле́нский) взнос 2; Aufsatz стат|ья́ 7 *G Pl* -е́й; *übertr* вклад 2 | einen ≈ zu etw. leisten вноси́ть 3⁺ -ношу́ ⟨-|нести́*⟩ вклад во что-н.; Beiträge zur Geschichte … о́черки по [к] исто́рии …

beitragen *intr* mitwirken соде́йствовать *uv, v* 2 ⟨*a.* по-⟩ (zu *D*), спосо́бствовать 2 (zu *D*); seinen Anteil geben вноси́ть 3⁺ -ношу́ ⟨-|нести́*⟩ свой вклад (zu в *A*)

Beitrags|kassierung *f* сбор 2 (чле́нских взно́сов; **~marke** *f* ма́рка (упла́ты чле́нских взно́сов)

beitragspflichtig обя́занный плати́ть чле́нские взно́сы

Beitrags|rückstände *m Pl* задо́лженность по упла́те (чле́нских) взно́сов; **~zahlung** *f* упла́та (чле́нских) взно́сов

beitreten *intr* Organisation вступ|а́ть ⟨-и́ть 3⁺ -лю́⟩ в *A;* sich anschließen, einem Pakt присоедин|я́ться ⟨-и́ться 3⟩ к *D*

Beitritt *m* Organisation вступле́ние 5 (zu в *A*); Vertrag, Pakt присоедине́ние 5 (zu к *D*) | seinen ~ erklären заяв|ля́ть ⟨-и́ть 3⁺ -лю́⟩ о вступле́нии

Beitrittserklärung *f* Organisation заявле́ние 5 о вступле́нии в *A;* Vertrag, Pakt заявле́ние о присоедине́нии к *D*

Beiwagen *m Kfz* (бокова́я) коля́ска 6; *Verk* прицепно́й ваго́н | Motorrad mit ~ мотоци́кл с коля́ской; **~maschine** *f* мотоци́кл 2 с коля́ской

Beiwerk *n* Ausschmückung украше́ние 5, убра́нство 4; Zubehör аксессуа́ры *Pl* 2 | modisches ~ мо́дные аксессуа́ры

beiwohnen *intr* прису́тствовать 2 | einer Versammlung ~ прису́тствовать на собра́нии; einem Gespräch ~ прису́тствовать при разгово́ре
Beiwort *n:* schmückendes ~ эпи́тет 2
Beize *f* Metallurgie, *Text, Chem, Landw* протра́ва 6; Holz≈ мори́лка 6; *Kochk* мари́над 2
beizeiten *Adv* заблаговре́менно, зара́нее
beizen *tr* Metall, Text, Saatgut протр|а́вливать ⟨-ави́ть 3⁺ -авлю́⟩; Holz мори́ть 3 (за-); *Kochk* консерви́ровать 2 (за-), марино́вать 2 (за-)
bejahen *tr* eine Frage отвеча́ть ⟨отве́|тить 3 -чу⟩ утверди́тельно на *A;* gutheißen положи́тельно относи́ться 3⁺ -ношу́сь ⟨-|нести́сь*⟩ к *D;* **~d** утверди́тел|ьный, -ен, -ьна
bejahrt пожило́й, прекло́нных лет; hochbetagt престаре́лый
Bejahung *f* Zustimmung согла́сие 5; einer Frage утверди́тельный отве́т на *A* | die ~ des Lebens утвержде́ние 5 жи́зни
bejammernswert досто́йный сожале́ния; Anblick жа́л|кий, -ок, -ка́!
be|kämpfen *tr* боро́ться* с *I,* вести́* борьбу́ с *I; Mil* durch Beschuß niederhalten подав|ля́ть ⟨-и́ть 3⁺ -лю́⟩; **~kannt** persönlich знако́м:ый; berühmt изве́ст|ный, -ен, знамени́т:ый; allbekannt общеизве́ст|ный, -ен | wenig ≈ малоизве́ст|ный, -ен; mit j-m ≈ sein быть знако́мым с кем-н.; mit j-m ≈ machen знако́м|ить 3 -лю (по-) с кем-н.; sich mit j-m ≈ machen знако́миться (по-) с кем-н.; es freut mich, mit ihm ≈ zu werden я рад познако́миться с ним; es wurde ≈, daß … ста́ло изве́стно, что …; er ist ≈ dafür, daß er geizig ist он изве́стен свое́й ску́постью; er ist hier ≈ его́ здесь зна́ют; ortskundig он зна́ет э́ту ме́стность
Bekannte *m* знако́мая *Subst* 10; **~r** *m* знако́мый *Subst* 10 | ein ≈ von mir мой знако́мый
Bekanntenkreis *m:* er hat einen großen ~ у него́ широ́кий круг знако́мых, у него́ обши́рное знако́мство
Bekanntgabe *f* объявле́ние 5, сообще́ние 5 (von о *P*)
bekanntgeben *tr* объяв|ля́ть ⟨-и́ть 3⁺ -лю́⟩, сообщ|а́ть ⟨-и́ть 3⟩ о *P;* in der Zeitung a. опублик|о́вывать ⟨-ова́ть 2⟩ *A*
bekanntlich *Adv* как изве́стно
bekanntmachen *tr* знако́м|ить 3 -лю (о-) (j-n mit etw. кого́-н. с чем-н.); öffentlich mitteilen объяв|ля́ть ⟨-и́ть 3⁺ -лю́⟩; publizieren опублик|о́вывать ⟨-ова́ть 2⟩ | er hat sich schon mit allen Arbeiten bekanntgemacht он ознако́мился уже́ со все́ми рабо́тами
Bekannt|machung *f* Aushang, Erklärung объявле́ние 5; Veröffentlichung опублико́вание 5; **~schaft** *f* знако́мство 4 (mit с *I*) | bei näherer ≈ при бо́лее бли́зком знако́мстве; j-s ≈ machen знако́миться 3 (по-) с кем-н.; eine ~ machen завя́зывать ⟨-|вяза́ть*⟩ знако́мство
bekehren *tr Rel* обра|ща́ть ⟨-ти́ть 3 -щу́⟩ (zu в *A*); sich ~ *refl* измен|я́ть ⟨-и́ть 3⁺⟩ о́браз мы́слей
Bekehrung *f Rel* обраще́ние 5 (zu в *A*); измене́ние 5 о́браза мы́слей
bekennen *tr* gestehen при|знава́ться* ⟨-зна́ться⟩ в *P;* sich ~ *refl* Glauben испове́довать *v* 2; Lehre при|знава́ть* ⟨-зна́ть⟩ себя́ сторо́нником *G;* sich erklären für, zu продемонстри́ровать *v* 2 приве́рженность к *D* | Farbe ~ *übertr* раскрыва́ть ⟨-|кры́ть*⟩ (свои́) ка́рты; sich (für) schuldig ~ признава́ть ⟨-зна́ть⟩ себя́ вино́вным; sich zu j-s Auffassung ~ приде́рживаться чьего́-н. взгля́да
Bekenntnis *n* призна́ние 5 (zu *G*); *Rel* вероисповеда́ние 5 (zu *G*, в *P*) | ein ~ zu etw. ablegen при|знава́ть* ⟨-зна́ть⟩ себя́ сторо́нником чего́-н.
beklagen *tr* bedauern жале́ть (по-) о *P;* trauern über скорб|е́ть 3 -лю́ о *P;* sich ~ *refl* жа́ловаться 2 (по-) (bei j-m über etw. кому́-н. на что-н.) | es ist sehr zu ~ о́чень жаль; ich kann mich nicht ~ я не могу́ пожа́ловаться; er hat seinen einzigen Sohn zu ~ поги́б его́ еди́нственный сын; bei diesem Unfall waren Tote zu ~ при э́той катастро́фе бы́ли уби́тые
beklagenswert досто́йный сожале́ния, приско́рб|ный, -ен
be|kleben *tr* окле́|ивать ⟨-ить 3⟩ облеп|ля́ть ⟨-и́ть 3⁺ -лю́⟩; **~kleckern** *tr* запятна́ть *v*, зака́пать *v;* sich ≈ *refl* запа́чкаться *v;* **~kleiden** *tr* одева́ть ⟨-|де́ть*⟩ (mit в *A* oder *I*); be-, überziehen покрыва́ть ⟨-|кры́ть*⟩ (mit *I*); mit Brettern обшива́ть ⟨-|ши́ть*, обошью́⟩ (mit *I*); mit Tapeten окле́|ивать ⟨-ить 3⟩ | bekleidet mit etw. оде́тый во что-н.; sich mit etw. ≈ одева́ться ⟨-де́ться⟩ во что-н.; ein Amt [eine Stellung] ≈ занима́ть до́лжность [ме́сто]
Bekleidung *f* оде́жда 6, шве́йные изде́лия *Pl* 5; *Mil* обмундирова́ние 5; Verkleidung облицо́вка 6; mit Brettern обши́вка 6
Bekleidungsindustrie *f* шве́йная [конфекцио́нная] промы́шленность
beklemmen *tr:* es beklemmt mir den Atem мне тру́дно дыша́ть, я задыха́юсь; die Angst beklemmt mir das Herz у меня́ се́рдце сжима́ется от стра́ха; **~d** Schweigen нело́вкий; Gefühl гнету́щий 11
Beklemmung *f* Herz≈ чу́вство 4 стесне́ния (в о́бласти се́рдца); Atem≈ уду́шье 5

beklommen стесни́тел|ьный, -ен, -ьна | mir ist ~ ums Herz у меня́ тяжело́ на се́рдце [на душе́]
Beklommenheit *f* стесне́ние 5; угнетённое состоя́ние 5
bekommen *tr* получ|а́ть ⟨-и́ть 3⁺⟩; erwerben, erlangen приобрета́ть ⟨-|обрести́*⟩, до|става́ть* ⟨-|ста́ть*⟩; finden (Stellung, Kontakt u. ä.) находи́ть 3⁺ -хожу́ ⟨-|йти́*⟩ | wieviel ~ Sie (von mir)? ско́лько я вам до́лжен?, ско́лько с меня́ сле́дует?; er hat die Grippe ~ он заболе́л гри́ппом; sie hat Kopfschmerzen ~ у неё заболе́ла голова́; Hunger ~ проголода́ться *v;* wir haben keinen Platz mehr ~ нам не хвати́ло мест; wir ~ gutes Wetter насту́пит хоро́шая пого́да; *intr:* gut ~ идти́* [по|йти́* *v*] на по́льзу, быть* на по́льзу; schlecht ~ быть* во вред, приноси́ть 3⁺ -ношу́ ⟨-|нести́*⟩ вред; die Luft bekommt ihm gut э́тот во́здух прино́сит ему́ по́льзу [(идёт) ему́ на по́льзу]; dieses Essen ist ihm nicht ~ э́та еда́ принесла́ ему́ вред; wie ist Ihnen …~? как вы чу́вствуете себя́ по́сле … *(G)*?; wohl bekomm's! на здоро́вье!
bekömmlich поле́з|ный, -ен, хоро́ш:ий, -á | die Speise ist leicht ~ пи́ща легко́ усва́ивается
beköstigen *tr* предост|авля́ть ⟨-а́вить 3 -а́влю⟩ стол *D*, дава́ть* ⟨дать*⟩ стол *D;* sich ~ *refl* пита́ться, столова́ться 2
Beköstigung *f* пита́ние 5, стол 2e | Zimmer mit ~ ко́мната со столо́м [с пансио́ном]
bekräftigen *tr* подтвер|жда́ть ⟨-ди́ть 3 -жу́, -ждённый⟩; durch Unterschrift скреп|ля́ть ⟨-и́ть 3 -лю́⟩ *I*
Bekräftigung *f* подтвержде́ние 5; скрепле́ние 5 | zur ~ в подтвержде́ние
be|kränzen *tr* укр|аша́ть ⟨-а́сить 3 -а́шу⟩ венка́ми [гирля́ндами из цвето́в и ли́стьев]; Sieger уве́нчивать ⟨увенча́ть⟩; **~kreuzigen, sich** *refl* кре|сти́ться 3⁺ -щу́сь (пере-); als Zeichen abergläubischer Furcht откре́щиваться (vor от *G*); **~kriegen** *tr* воева́ть 2 про́тив *A*; **~kritteln** *tr* ме́лочно критикова́ть 2; **~kümmern** *tr* печа́лить 3 (о-) | sie schien darüber sehr bekümmert zu sein она́, каза́лось, была́ э́тим о́чень опеча́лена; **~kunden** *tr* прояв|ля́ть ⟨-и́ть 3⁺ -лю́⟩, демонстри́ровать *uv, v* 2 (*a.* про-); aussprechen выража́ть ⟨вы́ра|зить 3 -жу⟩ | Interesse für etw. ≈ проявля́ть к чему́-н. интере́с; **~lächeln** *tr* sich lustig machen посме́иваться над *I;* **~lachen** *tr* осм|е́ивать ⟨-ея́ть, -ею́, -еёшь⟩ *A*, насмеха́ться над *I;* **~laden** *tr* гру|зи́ть 3 -ужу́, -у́зишь (за-, на-), нагру|жа́ть ⟨-зи́ть⟩; Lasttier навью́ч|ивать ⟨-ить 3⟩ | sich mit Schuld ≈ брать* ⟨взять*⟩ на себя́ вину́
Beladung *f* погру́зка 6, загру́зка 6
Belag *m* Überzug покры́тие 5; Fußboden~ насти́л 2; Brot~ то, что кладётся на бутербро́д [тэр]; auf der Scheibe налёт 2 *a. Med;* **~erer** *m* осажда́ющий *Subst* 11
belagern *tr Mil* оса|жда́ть ⟨-ди́ть 3⁺ -жу́, -ждённый⟩ | er wird von allen Seiten belagert его́ осажда́ют со всех сторо́н
Belagerung *f Mil* оса́да 6 | die ~ aufheben снима́ть ⟨снять*⟩ оса́ду
Belagerungszustand *m* оса́дное положе́ние 5 | den ~ verhängen в|вести́* *v* оса́дное положе́ние
Belang *m* значе́ние 5; ~e *Pl* интере́сы *Pl* 6 | das ist von (ohne) ~ э́то (не)ва́жно, э́то (не) име́ет значе́ние (значе́ния)
belang|en *tr:* gerichtlich ≈ привлека́ть ⟨-|вле́чь*⟩ к суду́ [к суде́бной отве́тственности]; **~los** незначи́тел|ьный, -ен, -ьна, нева́ж|ный, -на; Information несуще́ствен:ный, -на
Belanglosigkeit *f* незначи́тельность 9, нева́жность 9
be|lassen *tr* оставля́ть ⟨оста́в|ить 3 -лю⟩ | wir wollen es dabei ≈ оста́вим э́то так, как есть; **~lasten** *tr* Fahrzeug; mit Arbeit наг|ружа́ть ⟨-узи́ть 3 -ужу́, -у́зишь⟩ *a. Tech; El* Leitung; Magen перегр|ужа́ть ⟨-узи́ть 3 -ужу́, -у́зишь⟩; *Fin* Konto дебетова́ть *uv, v* 2 (mit на *A*); *Jur* beschuldigen обвин|я́ть ⟨-и́ть 3⟩; mit Aufgaben, Verpflichtungen; geldlich обремен|я́ть ⟨-и́ть 3⟩; bedrücken отяго|ща́ть ⟨-ти́ть 3 -щу́⟩; sich ≈ *refl* обремен|я́ть ⟨-и́ть⟩ себя́ (mit *I*) | erblich belastet sein mit быть насле́дственно предрасполо́женным к чему́-н.; sehr belastet sein mit Arbeit быть о́чень загру́женным; **~lastend** Material обвини́тельный | ein ≈er Zeuge свиде́тель обвине́ния **~lästigen** *tr* stören беспоко́ить 3 (mit *I*); lästig fallen надоеда́ть ⟨-|е́сть*⟩ *D* (mit *I*); zudringlich werden при|става́ть* ⟨-|ста́ть*⟩
Be|lästigung *f* беспоко́йство 4 (j-s *A*); надоеда́ние 5 (j-s *D*); **~lastung** *f* Belasten нагру́зка 6 *a. Tech, El;* starke Inanspruchnahme, Streß нагру́зка; geldliche обремене́ние 5; *Fin* дебетова́ние 5; Beschuldigung обвине́ние 5; Bedrückung, seel. Druck бре́м|я *n G, D, P* -ени, *I* -енем, тя́готы *Pl* 6 | zulässige ≈ допуска́емая нагру́зка
Belastungs|grenze *f* преде́л нагру́зки; **~material** *n Jur* обвини́тельный материа́л, ули́ки *Pl* 6; **~probe** *f Tech* про́бная нагру́зка 6; *übertr* испыта́ние 5 | die ≈ bestehen вы́держать *v* 3 испыта́ние; **~zeuge** *m* свиде́тель обвине́ния
be|lauben, sich *refl* покрыва́ться ⟨-|кры́ться*⟩ листво́й; **~laubt** покры́тый ли́стьями | dicht ≈ с густо́й листво́й;

~lauern *tr* подсм|áтривать ⟨-отрéть 3⁺⟩ за *I;* auflauern подстерегáть ⟨-|стерéчь*⟩; **~laufen, sich** *refl* исчисля́ться (auf *I*), сост|авля́ть ⟨-áвить 3 -áвлю⟩ (auf *A*) | die Kosten ≈ sich auf… расхóды составля́ют … *(A);* **~lauschen** *tr* подслу́ш|ивать ⟨-ать⟩; **~leben** *tr* оживл|ля́ть ⟨-и́ть 3 -лю́⟩ (mit *I*) *a. übertr;* anregen возбу|ждáть ⟨-ди́ть 3 -жу́| -ждённый⟩; sich ≈ *refl* оживл|ля́ться ⟨-и́ться 3⟩ | der Verkehr belebt sich движéние станóвится бóлее оживлённым; **~lebend** оживля́ющий 11, живи́тел|ьный| -ен| -ьна; **~lebt** Verkehr оживлён:ный| -на; Straße многолю́д|ный| -ен, шу́м|ный| -ен, -нá!; *Gramm* одушевлён:ный| -на

Belebung *f* оживлéние 5 *a. übertr*

belecken *tr* обли́зывать ⟨-лизáть| -лижу́| -ли́жешь⟩

Beleg *m* Urkunde (оправдáтельный) докумéнт 2; Quittung распи́ска 6, квитáнция 8; Bestätigung спрáвка 6; Beweis(stück) (вещéственное) доказáтельство 4 (für *G*); Beispiel примéр 2, дóвод 2

belegen *tr* bedecken покрывáть ⟨-|кры́ть*⟩ (mit *I*); mit Teppichen устилáть ⟨-|стлáть*⟩ *I;* besetzen (Sitzplatz, Zimmer) занимáть ⟨заня́ть*⟩ a. Platz bei Wettkampf; auferlegen (Geldstrafe) налагáть ⟨-ложи́ть 3⁺⟩ (j-n mit etw. на когó-н. что-н.); beweisen подтвер|ждáть ⟨-ди́ть 3 -жу́⟩, докáзывать ⟨-|казáть*⟩ (etw. mit *oder* durch что-н. чем-н.) | ein Haus mit Einquartierung ~ разме|щáть ⟨-сти́ть 3 -щу́⟩ по кварти́рам, расквартир|óвывать ⟨-овáть 2⟩ (солдáт) в дóме; alle Betten sind belegt Krankenhaus все кóйки зáняты; Brote mit Wurst ~ класть* ⟨положи́ть 3⁺⟩ колбáсу на хлеб, дéлать (с-) бутербрóд с колбасóй; eine Vorlesung ~ запи́сываться ⟨-|писáться*⟩ на лéкцию; dieses Wort ist bei … belegt э́то слóво встречáется у …

Beleg|exemplar *n* обязáтельный экземпля́р [зэ] (кни́ги); **~schaft** *f* коллекти́в 2 (рабóчих и слу́жащих) предприя́тия; Krankenhaus персонáл 2

Belegschaftsversammlung *f* óбщее 11 собрáние (предприя́тия)

belegt Zunge облóжен:ный| -а; Stimme охри́пший 11, хрипловáтый; Platz, Zimmer зáнят:ый| -á! | ~e Brote [Brötchen] бутербрóды [тэр] *Pl* 2

Belegung *f* Platz, Zimmer заня́тие 5 *G;* Einquartierung расквартировáние 5; Krankenhaus загру́женность 9; Sanatorium, Erholungsheim заéзд 2; mit Steuern обложéние 5 *I*

belehren *tr* учи́ть 3⁺ (über *D*), поучáть (über *D*) *umg;* unterweisen разъясн|я́ть ⟨-и́ть 3⟩ (j-n über etw. комý-н. что-н.) | sich nicht ~ lassen не слу́шать никаки́х дóводов; sich gern ~ lassen слу́шаться совéтов; j-n eines Besseren ~ переубе|ждáть ⟨-ди́ть 3⟩ когó-н., вразум|ля́ть ⟨-ми́ть 3 -лю́⟩ когó-н.; **~d** поучи́тел|ьный| -ен| -ьна, настави́тел|ьный| -ен| -ьна

Belehrung *f* обучéние 5; разъяснéние 5; Anleitung инструктáж 2

beleibt пóл|ный| -он| -нá| пóлно

beleidigen *tr* обижáть ⟨оби́|деть 3 -жу⟩; schwer оскорб|ля́ть ⟨-и́ть 3 -лю́⟩ (j-n mit etw. *oder* durch etw. когó-н. чем-н.); **~d** оби́д|ный| -ен, оскорби́тел|ьный| -ен| -ьна

beleidigt оби́жен:ный| -а, оскорбл|ённый| -ён| -енá; leicht оби́дчив:ый | ~ sein об|ижáться ⟨-и́деться 3 -и́жусь⟩; er ist ~ он оби́жен, он оскорблён

Beleidigung *f* оби́да 6, оскорблéние 5

belesen начи́тан:ный| -на | ~ sein быть знатокóм чегó-н.

beleuchten *tr* осве|щáть ⟨-ти́ть 3 -щу́⟩ *a. übertr* | festlich ~ иллюмини́ровать *uv, v* 2

Beleuchtung *f* освещéние 5; Lichtquelle свет 2 | festliche ~ иллюминáция 8

Beleuchtungs|anlage *f* освети́тельное устрóйство; **~körper** *m* лáмпа 6; освети́тельная армату́ра 6; **~technik** *f* тéхника освещéния

Belgie|n Бéльгия 8; **~r** *m* бельги́|ец| -йца 2; **~rin** *f* бельги́йка 6

belgisch бельги́йский

Belgrad Белгрáд 2

belichten *tr Foto* экспони́ровать *uv, v* 2 | kurz ~ снимáть ⟨снять*⟩ с корóткой вы́держкой

Belichtung *f Foto* экспози́ция 8

Belichtungs|messer *m* экспонóметр 2; **~zeit** *f* вы́держка 6

belieben *tr:* wie (es) Ihnen beliebt как вам угóдно, как хоти́те; Sie ~ zu scherzen вам угóдно шути́ть, шути́ть извóлите

Belieben *n:* nach ~ soviel man will скóлько угóдно; ganz nach ~ etw. tun дéлать что-н. исключи́тельно по сóбственному усмотрéнию; es steht (ganz) in Ihrem ~ … (тóлько) от вас зави́сит …

belieb|ig 1. *Adj* любóй | jeder ≈e любóй, пéрвый встрéчный *Subst* 10; кто [какóй] угóдно; zu jeder ≈en Zeit в любóе врéмя, когдá угóдно; an einem ≈en Ort кудá угóдно **2.** *Adv:* ≈ lange как угóдно дóлго; ≈ oft как угóдно чáсто; **~t** люби́м:ый; популя́р|ный| -ен (bei у *G*); Thema; Kurort, Gaststätte излю́бленный | ≈e Ausrede люби́мая отговóрка; eine der ≈esten Opern однá из наибóлее популя́рных óпер; er war bei allen ≈ егó все люби́ли; sich bei j-m ≈ machen искáть* чьё-н. расположéние

Beliebtheit *f* популя́рность 9 | sich großer ~ erfreuen по́льзоваться большо́й популя́рностью
beliefern *tr:* j-n mit Waren ~ пост|авля́ть ⟨-а́вить 3 -а́влю⟩ кому́-н. това́р; die Läden mit Waren ~ снаб|жа́ть ⟨-ди́ть 3 -жу́⟩ магази́ны това́рами; die Kohlenscheine ~ отова́р|ивать ⟨-ить 3⟩ тало́ны на у́голь
Belieferung *f* поста́вка 6; снабже́ние 5
bellen *intr* ла́|ять, -ет (за-); kläffen тя́вк|ать ⟨-нуть *mom* 4⟩
Belletristik *f* беллетри́стика 6
belletristisch беллетристи́ческий
belobigen *tr* хвали́ть 3⁺ (по-), поощр|я́ть ⟨-и́ть 3⟩; sehr восхваля́ть; награ|жда́ть ⟨-ди́ть 3 -жу́, -ждённый⟩ (durch *I*)
Belobigung *f* похвала́ 6; восхвале́ние 5
Belobigungsurkunde *f* in der Schule похва́льная гра́мота
belohnen *tr* reichlich, würdevoll вознагра|жда́ть ⟨-ди́ть 3 -жу́, -ждённый⟩ (j-n für etw. кого́-н. за что-н.); danken награ|жда́ть ⟨-ди́ть⟩ (j-n mit etw. кого́-н. чем-н.)
Belohnung *f* (воз)награжде́ние 5 (für за *A*); награ́да 6 | gegen ~ за вознагражде́ние, за пла́ту; zur ~ в награ́ду
Beloruss|e *m* белору́с 2; **~in** *f* белору́ска 6
belorussisch белору́сский | Belorussische Sozialistische Sowjetrepublik Белору́сская Сове́тская Социалисти́ческая Респу́блика
Belüftungsanlage *f* вентиляцио́нная устано́вка
belügen *tr* лгать* (на-) *D*
belustigen *tr* забавля́ть; sich ~ *refl* забавля́ться (an *I*); насмеха́ться (über над *I*); **~d** увесели́тел|ьный, -ен, -ьна; spaßig заба́в|ный, -ен
Belustigung *f* увеселе́ние 5; Vergnügen, Fest развлече́ние 5, заба́ва 6, пра́здник [зн] 2
be|mächtigen, sich *refl* завладева́ть ⟨-е́ть⟩ *I;* Schlaf, Gefühl овлад|ева́ть ⟨-е́ть⟩ *I;* der Herrschaft захв|а́тывать ⟨-ати́ть 3⁺ -ачу́⟩ | Angst bemächtigte sich seiner его́ обуя́л страх; **~malen** *tr* bunt раскра́|шивать ⟨-сить 3 -шу⟩; ausmalen распи́сывать ⟨-|писа́ть*⟩; **~mängeln** *tr* находи́ть 3⁺ -хожу́ ⟨-|йти́*⟩ недоста́тки в *P;* tadeln осу|жда́ть ⟨-ди́ть 3⁺ -жу́, -ждённый⟩; **~mannen** *tr Mil* укомплект|о́вывать ⟨-ова́ть 2⟩; *Mar* комплектова́ть 2 (у-) экипа́ж [кома́нду]; **~mannt** с экипа́жем, с кома́ндой | ≈es Flugzeug пилоти́руемый самолёт; ≈er Weltraumflug косми́ческий полёт с челове́ком [с экипа́жем, с людьми́] на борту́; ≈es Raumfahrzeug косми́ческий аппара́т 2 с челове́ком [с экипа́жем] на борту́
Bemannung *f* Mannschaft экипа́ж 2 *G Pl* -ей, кома́нда 6; *Mar,* das Bemannen комплектова́ние 5 экипа́жа [кома́нды]
be|mänteln *tr* Fehler прикрыва́ть ⟨-|кры́ть*⟩; verbergen скрыва́ть ⟨-крыть⟩, маскирова́ть 2 (за-); beschönigen скра́|шивать ⟨-сить 3 -шу⟩; **~merkbar** заме́т|ный, -ен | sich ≈ machen обра|ща́ть ⟨-ти́ть 3 -щу́⟩ на себя́ внима́ние; **~merken** *tr* wahrnehmen замеча́ть ⟨-ме́тить 3 -ме́чу⟩; eine Bemerkung machen замеча́ть ⟨-ме́тить⟩, де́лать (с-) замеча́ние | zum Schluß bemerkte er, daß ... в конце́ он заме́тил, что ...
Bemerken *n:* mit dem ~, daß ... указа́в на то, что ...
bemerkenswert замеча́тел|ьный, -ен, -ьна, досто́йный внима́ния
Bemerkung *f* замеча́ние 5; Rand~, Notiz заме́тка 6; zum Text примеча́ние 5 | eine ~ über etw. machen де́лать (с-) замеча́ние о чём-н. [относи́тельно чего́-н.]
be|messen 1. *tr* выделя́ть ⟨вы́делить 3⟩ | meine Zeit ist bemessen у меня́ ма́ло вре́мени **2.** *Adj* Frist, Geldmittel ограни́чен:ный, -на, Frist a. коро́ткий; **~mitleiden** *tr* жале́ть (по-) *A,* сочу́вствовать 2 *D*
bemitleidenswert *tr* досто́йный сожале́ния
bemoost покры́тый [поро́сший 11] мхом
bemühen *tr* um Hilfe bitten беспоко́ить 3 (j-n wegen, in кого́-н. из-за *G*); sich ~ *refl* sich kümmern забо́|титься 3 -чусь (по-) (um о *P*); sich mühen стара́ться (по-); тру|ди́ться 3⁺ -жу́сь (um над *I*) | ich muß Sie in dieser Sache ~ я до́лжен вас побеспоко́ить по э́тому де́лу; wollen Sie sich bitte ... ~ sich begeben потруди́тесь, пожа́луйста, ...; ~ Sie sich, bitte, nicht! не беспоко́йтесь, пожа́луйста!; sich um j-s Freundschaft ~ добива́ться чьей-н. дру́жбы; sich um eine (Arbeits-)Stelle ~ добива́ться ⟨-|би́ться*⟩ ме́ста
Bemühung *f* стара́ние 5; Anstrengung уси́лие 5; *meist Pl* Mühen хло́п|оты *Pl* 6 -о́т, -ота́м (um о *P*) | vielen Dank für Ihre ~en большо́е вам спаси́бо за стара́ния [за хло́поты]
be|muttern *tr* прояв|ля́ть ⟨-и́ть 3⁺ -лю⟩ матери́нскую забо́ту о *P;* **~nachbart** сосе́дний 11; angrenzend сме́ж|ный, -ен; umliegend окре́стный; **~nachrichtigen** *tr* изве|ща́ть ⟨-сти́ть 3 -щу́⟩ (von о *P*); meist offiziell уведомля́ть ⟨уве́дом|ить 3 -лю, -ленный⟩ (von о *P*)
Benachrichtigung *f* извеще́ние 5; уведомле́ние 5; Vorladung пове́стка 6 | schriftliche ~ уведоми́тельное пис|ьмо́ 4с *G Pl* -ем

benachteiligen *tr* причин|я́ть ⟨-и́ть 3⟩ ущéрб [вред, убы́ток] (j-n durch комý-н. *I*); in eine unvorteilhafte Lage bringen ста́в|ить 3 -лю (по-) в невы́годное положéние; beim Verteilen обдел|я́ть ⟨-и́ть 3⁺¡ -ённый⟩

Benachteiligung *f* причинéние 5 ущéрба [вредá, убы́тка]

be|nagen *tr* обгрыза́ть ⟨-|гры́зть*⟩; **~nähen** *tr* обшива́ть ⟨-|ши́ть*¡ обошью́⟩; Knopflöcher обмётывать ⟨-|мета́ть*⟩; **~nebeln** *tr* затумáн|ивать ⟨-ить 3⟩; berauschen опьян|я́ть ⟨-и́ть 3⟩ | benebelt sein быть навеселé, быть под хмелькóм

benehmen, sich *refl* вести́* себя́, держа́ться 3⁺; sich verhalten относи́ться 3⁺ -ношýсь ⟨-|нести́сь*⟩ (gegen к *D*), обращáться (gegen с *I*) | sich schlecht ~ вести́ себя́ дýрно; sich gut ~ держа́ть себя́ хорошó; benimm dich! веди́ себя́ прили́чно!

Benehmen *n* поведéние 5 | das ist kein (gutes) ~ нельзя́ так (сквéрно) вести́ себя́; э́то нарушáет все нóрмы прили́чия; sich gut mit j-m ins ~ setzen свя́зываться ⟨-|вяза́ться*⟩ с кем-н., вхо|ди́ть 3⁺ -жý ⟨во|йти́*⟩ в соглашéние с кем-н.

beneiden *tr* зави́довать 2 (по-) (j-n um etw. комý-н. в чём-н.) | ich beneide ihn um seine Erfolge я зави́дую егó успéхам; er ist nicht zu ~ емý не позави́дуешь

beneidenswert зави́дный | ein ~er Mensch человéк¡ котóрому мóжно позави́довать

benennen *tr* называ́ть ⟨-|зва́ть*⟩ (j-n nach j-m когó-н. по комý-н.), дава́ть* ⟨дать*⟩ назва́ние *D;* Kanditaten выдвига́ть ⟨вы́двинуть 4⟩

Benennung *f* назва́ние 5; Waren~ наименова́ние 5, выдвижéние 5

benetzen *tr* смáчивать ⟨-мочи́ть 3⁺⟩, увлажн|я́ть ⟨-и́ть 3⟩

bengalisch бенгáльский | in ~er Beleuchtung erstrahlen сверка́ть разноцвéтными огня́ми

Bengasi Бенгáзи *idkl*

Bengel *m* мальчи́шка 6; Rüpel озорни́к 2e

Benin Бени́н 2; **~er** *m* бени́н|ец¡ -ца 2

beninisch бени́нский

benommen verwirrt смущ|ён|ный¡ -ён¡ -енá (von *I*); Sinne с помутнённым сознáнием; leicht betäubt оглуш|ённый¡ -ён¡ -енá, одурмáненный | der Kopf ist mir ~ у меня́ тяжёлая головá

Benommenheit *f* смущéние 5; тя́жесть 9; Bewußtseinstrübung помрачéние 5 сознáния

be|nötigen *tr* нуждáться в *P* | benötigt werden быть* нýжным; **~nutzen** *tr* gebrauchen употреб|ля́ть ⟨-и́ть 3 -лю́⟩; Nutzen ziehen aus пóльзоваться 2 (вос-) *I,* испóльзовать *uv, v* 2 *A* | die Gelegenheit ≈ воспóльзоваться слýчаем

Benutz|er *m* пóльзующийся *Subst* 11 *I;* Lesesaal посети́тель 1; **~ung** *f* (Aus-)Nutzung пóльзование 5 *I,* испóльзование *G;* Gebrauch употреблéние 5 | zur ≈ в пóльзование

Benutzungsgebühr *f* плáта за пóльзование

Benzin *n* бензи́н 2; **~kanister** *m* кани́стра 6 для бензи́на; **~tank** *m* бензобáк 2

Benzol *n* бензóл 2

beobachten *tr* наблюда́ть *A oder* за *I;* j-n beschatten следи́ть за *I;* bemerken замечáть ⟨-мéтить 3 -мéчу⟩ (an j-m etw. в ком-н. что-н., an [bei] j-m etw. Gewohnheit a. за кем-н. что-н.)

Beobacht|er *m* наблюдáтель 1; **~ung** *f* наблюдéние 5 за *I;* Beschattung слéжка 6 | unter ≈ stehen под наблюдéнием; j-n unter ≈ stellen устан|áвливать ⟨-ови́ть 3⁺ -овлю́⟩ набдюдéние за кем-н.; ≈en anstellen произво|ди́ть 3⁺ -жý ⟨произвести́*⟩ наблюдéния; einen Kranken zur ≈ ins Krankenhaus bringen положи́ть *v* 3⁺ больнóго в больни́цу для обслéдования

Beobachtungs|gabe *f* наблюдáтельность 9; **~stand** *m Mil* наблюдáтельный пункт 2; **~station** *f Med* палáта 6 для (специáльного) обслéдования больнóго

be|ordern *tr* командировáть *uv, v* 2 (*v. a.* от-); kommen lassen вызывáть ⟨вы́|звать*⟩, прикáзывать ⟨-|казáть*⟩ яви́ться (zu j-m к комý-н.); **~packen** *tr* нагр|ужáть ⟨-узи́ть 3 -ужý¡ -ýзишь⟩; Lasttier навью́ч|ивать ⟨-ить 3⟩; sich ≈ *refl* нагружáться ⟨-грузи́ться⟩ *I;* **~pflanzen** *tr* за-, rundherum обсáживать ⟨-сади́ть 3⁺ -сажý⟩ (mit *I*)

bequem passend удóб|ный¡ -ен; gemütlich ую́т|ный¡ -ен; angenehm прия́т|ный¡ -ен; träge лени́в:ый | es sich ~ machen устр|áиваться ⟨-óиться 3⟩ поудóбнее

bequemen, sich *refl* (неохóтно) решáться (zu на *A*), (нéхотя) согла|шáться ⟨-си́ться 3 -шýсь⟩ (zu на *A*)

Bequemlichkeit *f* Annehmlichkeit удóбство 4; Gemütlichkeit ую́т 2; Trägheit лéнь 9 | die gewohnte ~ vermissen быть* лишённым привы́чных удóбств; das ist in bezug auf ~ das beste Zimmer э́то лýчшая по удóбству кóмната; er will aus ~ nicht … он лени́тся …, емý лень …

beraten *tr* совéтовать 2 (по-) (j-n комý-н.); als Fachmann консульти́ровать 2 ⟨про-⟩ *A;* erörtern обсу|ждáть ⟨-ди́ть 3⁺ -жý¡ -ждённый⟩ (über *A*); sich ~ *refl* совéтоваться (по-) (mit j-m über etw. с кем-н. о чём-н., консульти́роваться ⟨про-⟩ (über о *P*) | j-n gut ~ дать* *v* кому́-н. хоро́ший сове́т; **~d:** mit ≈er Stimme с совеща́тельным го́лосом, с пра́вом совеща́тельного го́лоса; ~e Versammlung консультати́вная ассамбле́я 7

Berater *m* Ratgeber сове́тчик 2; Fach~ консульта́нт 2; *Dipl* сове́тник 2 | wissenschaftlicher ~ нау́чный консульта́нт

beratschlagen *tr* обсу|жда́ть ⟨-ди́ть 3⁺ -жу́ₗ -ждённый⟩ (über *A*); *intr* совеща́ться (über о *P*)

Beratung *f* Sitzung, Konferenz совеща́ние 5; Konsultation консульта́ция 8; Erörterung обсужде́ние 5 *G* | eine fachärztliche ~ консульта́ция врача́

Beratungs|stelle *f* консультацио́нный пункт, консульта́ция 8; *Med a.* диспансе́р [сэ] 2; **~zimmer** *n Jur* совеща́тельная ко́мната

berauben *tr* гра́б|ить 3 -лю (о-), обира́ть ⟨обо|бра́ть*ₗ оберу́ₗ обо́бранный⟩ *umg;* Rechte, Freiheit лиш|а́ть ⟨-и́ть 3⟩

Beraubung *f* ограбле́ние 5, граб|ёжₗ -ежа́ 2e; лише́ние 5

berausch|en *tr* опьян|я́ть ⟨-и́ть 3⟩ *a. übertr;* sich ≈ *refl übertr* упива́ться ⟨-|пи́ться*⟩ (an *I*); **~end** Getränke хмел|ьно́йₗ -ёнₗ -ьна́; Duft опьяня́ющий 11, дурманя́щий 11; *übertr* упо́ител|ьныйₗ -енₗ -ьна; **~t** подвы́пивший 11, под хмелько́м; *übertr* опьян|ённыйₗ -ёнₗ -ена́ (von *I*), в упое́нии (von от *G*)

Berberitze *f* барбари́с 2

berechnen *tr* ausrechnen вычисля́ть ⟨вы́числить 3⟩, рассч|и́тывать ⟨-ита́ть⟩; überschlagen подсч|и́тывать ⟨-ита́ть⟩; anrechnen ста́|вить 3 -лю (по-) в счёт (etw. für что-н. кому́-н.), брать* ⟨взять*⟩ (j-m etw. с кого́-н. за что-н.); bemessen; in bestimmter Absicht tun рассч|и́тывать ⟨-ита́ть⟩ | j-m etw. billig ~ брать* ⟨взять*⟩ с кого́-н. дёшего; j-m den höchsten Preis für etw. ~ от|дава́ть* ⟨отда́ть*⟩ кому́-н. что-н. по са́мой высо́кой цене́; bei ihm ist alles auf Effekt berechnet у него́ всё рассчи́тано на эффе́кт; **~d 1.** *Adj* расчётливый **2.** *Adv* с расчётом, созна́тельно

Berechnung *f* Ausrechnung вычисле́ние 5, расчёт 2; Überschlag подсчёт 2; eigennützige Überlegung расчёт | ~en anstellen производи́ть 3⁺ -вожу́ ⟨-|вести́*⟩ расчёты; nach vorläufigen ~en по предвари́тельным подсчётам; bei ihm ist alles ~ у него́ всё осно́вано на расчёте

berechtig|en *tr* дава́ть* ⟨дать*⟩ пра́во (j-n zu etw. кому́-н. на что-н.) | dazu bist du nicht berechtigt на э́то ты не име́ешь пра́ва; die Karte berechtigt zum Eintritt ins Theater биле́т даёт пра́во на вход в теа́тр; dieser Umstand berechtigt zu der Annahme, daß … э́то обстоя́тельство даёт основа́ние полага́тьₗ что …; ihr Anspruch ist vollkommen berechtigt ва́ше притяза́ние вполне́ зако́нно; **~t** begründet обосно́ван:ныйₗ -на ||≈e Forderungen справедли́вые [обосно́ванные] тре́бования

Berechtigung *f* пра́во 4b (zu на *A*); Rechtmäßigkeit основа́ние 5 (для *G*); Recht, nachgewiesene Qualifizierung права́ *Pl,* удостовере́ние 5

Berechtigungsschein *m* удостовере́ние 5 (für на пра́во *G*)

bereden *tr* besprechen обсу|жда́ть ⟨-ди́ть 3⁺ -жу́ₗ -ждённый⟩, говори́ть 3 о *Pl;* j-m Schlechtes nachsagen огов|а́ривать ⟨-ори́ть⟩ *A* | etw. miteinander ~ обсужда́ть что-н. ме́жду собо́й [друг с дру́гом]

Beredsamkeit *f* красноре́чие 5

beredt красноречи́в:ый

beregnen *tr* иску́сственно оро|ша́ть ⟨-си́ть 3 -шу́⟩

Beregnungsanlage *f* дождева́льная устано́вка

Bereich *m* Gebiet райо́н 2; Grenz~, Küsten~ зо́на 6; Einfluß~, Geltungs~ сфе́ра 6; Abteilung отде́л 2; Universität се́ктор 2; Zuständigkeits~ компете́нция 8; Wissenschafts~, Aufgaben~ о́бласть 9g; *Rad* диапазо́н 2 | im ~ der Stadt в черте́ го́рода; dieses Gebirge liegt im ~ … э́ти го́ры располо́жены в преде́лах …; im ~ des Möglichen в преде́лах возмо́жного; aus dem ~ der Geschichte из о́бласти исто́рии; das gehört nicht in meinen ~ э́то не по мое́й ча́сти

bereichern *tr* обога|ща́ть ⟨-ти́ть 3 -щу́⟩ (mit *I*) *a. übertr;* sich ~ *refl* нажива́ться ⟨-|жи́ться*ₗ -жили́сь⟩ (an на *P*), обога|ща́ться ⟨-ти́ться⟩

Bereicherung *f* обогаще́ние 5 *a. übertr*

bereifen *tr* Faß набива́ть ⟨-|би́ть*⟩ о́бручи на *A;* Auto надева́ть ⟨-|де́ть*⟩ ши́ны на *A*

bereift mit Reif bedeckt покры́т:ый и́неем, заиндеве́лый

Bereifung *f* Reifen ши́ны *Pl* 6, авторези́на 6

be|reinigen *tr* Angelegenheit; Mißverständnis ула́|живать ⟨-дить 3 -жу⟩, урегули́ровать *v* 2 | eine Angelegenheit ≈ выясня́ть ⟨вы́яснить 3⟩ положе́ние, урегули́ровать де́ло; **~reisen** *tr* объезжа́ть ⟨объ|е́хать* *u.* объе́з|дить 3 -жу⟩, посе|ща́ть ⟨-ти́ть 3 -щу́⟩ | ein Land ≈ путеше́ствовать 2 [е́здить 3 е́зжу] по стране́

bereit гото́в:ый (zu к *D*, на *A*); пригото́вленный, нагото́ве (für для *G*) | immer ~! всегда́ гото́вы!; seid ~! бу́дьте гото́вы!; sich ~ halten (zu etw.) быть гото́вым (к чему́-н.), быть нагото́ве; sich ~ erklären согла|ша́ться ⟨-си́ться 3 -шу́сь⟩ на что-н.; er ist zu allem ~ он ко всему́ [на всё] гото́в

bereiten *tr* herrichten, zubereiten гото́в|ить 3 -лю, пригото|вля́ть ⟨-о́вить⟩ (j-m etw. кому́-н. что-н.); verursachen причин|я́ть ⟨-и́ть 3⟩ (j-m etw. кому́-н. что-н.) | das Abendessen ~ (при)гото́вить у́жин; j-m einen guten Empfang ~ хорошо́ принима́ть ⟨приня́ть*⟩ кого́-н.; Kummer ~ причиня́ть го́ре; Freude ~ дост|авля́ть ⟨-а́вить 3 -а́влю⟩ ра́дость; einer Sache ein Ende ~ поко́нчить *v* 3 с чем-н.; das bereitet mir nicht die geringsten Schwierigkeiten э́то не составля́ет для меня́ никако́й тру́дности

bereit|halten *tr* держа́ть наготове | halten Sie die Karten bereit! пригото́вьте биле́ты!; **~legen** *tr* пригота́вливать *u.* пригот|овля́ть ⟨-о́вить 3 -о́влю⟩, положи́ть 3⁺ наготове; **~machen** *tr* пригота́вливать *u.* пригот|овля́ть ⟨-о́вить 3 -о́влю⟩; sich ≈ *refl* собира́ться ⟨-|бра́ться*ᵢ -бра́ли́сь⟩ *mit Inf*

bereits *Adv* уже́ | ~ als Kind ещё ребёнком

Bereitschaft *f* das Bereitsein гото́вность 9 (zu к *D*); Truppe (der Polizei) полице́йский отря́д 2, (дежу́рное) полице́йское формирова́ние 5 | ~ Dienst haben быть* на дежу́рстве, дежу́рить 3; in ~ stehen стоя́ть [быть*] наготове

Bereitschafts|dienst *m Med* дежу́рство 4, ско́рая по́мощь 9; **~polizei** *f* дежу́рные (полице́йские) отря́ды *Pl* 2; **~wagen** *m* дежу́рная маши́на

bereit|stehen *intr* стоя́ть наготове, быть* гото́вым; **~stellen** *tr* Maschinen подгот|овля́ть ⟨-о́вить 3 -о́влю⟩; Waren загот|овля́ть ⟨-о́вить 3 -о́влю⟩; *Eisenb* по|дава́ть* ⟨пода́ть*⟩; Kredit предост|авля́ть ⟨-а́вить 3 -а́влю⟩

Bereitstellung *f* подгото́вка 6; загото́вка 6; предоставле́ние 5

bereitwillig **1.** *Adj* гото́в:ый; gefällig услу́жлив:ый **2.** *Adv* охо́тно

Bereitwilligkeit *f* гото́вность 9 | mit großer ~ о́чень охо́тно

bereuen *tr* раска́|иваться ⟨-яться, -юсь, ешься⟩ в *P;* bedauern сожале́ть о *P oder mit der Konj* что | das wirst du noch bitter ~! в э́том ты ещё го́рько раска́ешься!, ты об э́том ещё го́рько пожале́ешь!

Berg *m* гора́ 6a; *übertr* гора́, ку́ча 6 | auf dem ~ на горе́; in den ~en в гора́х; in die ~e fahren е́хать (по-) в го́ры; einen ~ besteigen поднима́ться на́ гору; einen ~ erklettern взбира́ться на́ гору; ~e von Büchern го́ры [гру́ды] книг; ~e versetzen сдви́нуть *v* 4 го́ры; über den ~ sein преодоле́ть *v* са́мую большу́ю тру́дность; von einem Kranken попра́виться *v* 3 (от боле́зни), спра́виться *v* с боле́знью; er ist längst über alle ~e его́ и след просты́л; mit seiner Meinung nicht hinter dem ~ halten не скрыва́ть своего́ мне́ния

bergab *Adv* по́д гору, с горы́ | hier geht es steil ~ здесь круто́й спуск; mit seiner Gesundheit geht es ~ его́ здоро́вье ухудша́ется

Berg|abhang *m* склон горы́; **~akademie** *f* го́рная акаде́мия

bergan *Adv* в го́ру, на́ гору | es geht immer ~ доро́га всё идёт в го́ру

Bergarbeiter *m* горнорабо́чий *Subst* 11, шахтёр 2

bergauf *Adv* на́ гору, в го́ру | ~ und bergab то в го́руᵢ то по́д гору; es geht (wieder) ~ дела́ поправля́ются [иду́т в го́ру]; es geht mit ihm ~ gesundheitlich он пошёл на попра́вку

Berg|bahn *f* Seilbahn подвесна́я кана́тная доро́га 6; Zahnradbahn зубча́тая желе́зная доро́га в гора́х; **~bau** *m* го́рная промы́шленность 9; **~besteigung** *f* восхожде́ние на́ гору; **~bewohner** *m* го́р|ецᵢ -ца 2

bergen *tr* retten спаса́ть ⟨-|пасти́*⟩ (j-n *oder* etw. vor кого́-н., что-н. от *G*); Getreide убира́ть ⟨-|бра́ть*⟩; Schiffe поднима́ть ⟨подня́ть*⟩; enthalten храни́ть 3 | das Getreide ist noch nicht geborgen хлеб ещё не у́бран; hier fühle ich mich geborgen здесь я чу́вствую себя́ в безопа́сности; das birgt Gefahren in sich э́то таи́т в себе́ опа́сности

Berg|führer *m* проводни́к в гора́х; **~gipfel** *m* го́рная верши́на; **~hotel** *n* гости́ница в гора́х; **~hütte** *f* го́рная хи́жина

bergig гори́ст:ый

Berg|ingenieur *m* го́рный инжене́р; **~kristall** *n* го́рный хруста́ль; **~land** *n* го́рная страна́, гори́стый край; **~mann** *m* горнорабо́чий *Subst* 11, горня́к 2e; meist im Kohlenbergwerk шахтёр 2; **~rettungsdienst** *m* слу́жба спасе́ния в гора́х; **~rücken** *m* го́рный хребе́т; **~rutsch** *m* о́полз|еньᵢ -ня 1; **~schuh** *m* го́рный боти́нок; **~spitze** *f* пик 2 (горы́); **~sport** *m* высокого́рный тури́зм 2; альпини́зм 2; **~station** *f* Seilbahn ве́рхняя 11 ста́нция; **~steigen** *n* альпини́зм 2; **~steiger** *m* альпини́ст 2; **~sturz** *m* обва́л в гора́х; **~-und-Tal-Bahn** *f* америка́нские го́ры *Pl* 6a

Bergung *f* спаса́ние 5, оказа́ние 5 по́мощи; Schiff подня́тие 5; der Ernte убо́рка 6; *Bergb* проведе́ние 5 горноспаса́тельных рабо́т

Bergungsarbeiten *f Pl* спаса́тельные рабо́ты

Berg|wand *f* отве́сный склон 2 горы́; **~wanderung** *f* туристи́ческий похо́д в го́ры; **~werk** *n* ша́хта 6; Erz рудни́к 2e

Bericht *m* докла́д 2; Rechenschafts~ отчёт 2; Meldung донесе́ние 5; Mitteilung сообщéние 5; mündliche Erzählung расскáз 2; Zeitungs~ корреспондéнция 8 | laut ~ по сообщéнию; j-m einen ~ erstatten über etw. дéлать (с-) доклáд комý-н. о чём-н., доклáдывать ⟨-ложи́ть 3⁺⟩ комý-н. о чём-н.; einen ~ abfassen составля́ть ⟨состáв|ить 3 -лю⟩ отчёт

berichten *tr* доклáдывать ⟨-ложи́ть 3⁺⟩ (j-m etw. комý-н. что-н. *oder* о чём-н.); *intr* сообщ|áть ⟨-и́ть 3⟩ (j-m über *oder* von комý-н. о чём-н.); erzählen расскáзывать ⟨-с|казáть*⟩ (j-m über *oder* von комý-н. о чём-н.)

Berichterstatt|er *m* доклáдчик 2; Zeitung корреспондéнт 2, репортёр 2; **~ung** *f* in der Presse сообщéние 5; für Zeitungen репортáж 2 *G Pl* -ей; Rechenschaftslegung представлéние 5 отчёта [доклáда]; Referat доклáд 2

berichtigen *tr* (Druck-)Fehler испр|авля́ть ⟨-áвить 3 -áвлю⟩; Text вноси́ть 3⁺ -ношý ⟨-|нести́*⟩ попрáвку в *A* | j-n ~ попр|авля́ть ⟨-áвить 3 -áвлю⟩ когó-н.; Irrtümer ~ выясня́ть ⟨вы́яснить 3⟩ недоразумéния

Berichtigung *f* исправлéние 5 G; внесéние попрáвок в *A;* Korrektur попрáвка 6

Berichtszeitraum *m:* im ~ за отчётный перúод

be|riechen *tr* Hund обнюх|ивать ⟨-ать⟩; **~rieseln** *tr* оро|шáть ⟨-си́ть 3 -шý⟩

Berieselung *f* орошéние 5

Berieselungsanlage *f* ороси́тельная установка

bering|en *tr* Vögel кольцевáть 2 (за-, о-); **~t** в кóльцах, с кольцóм; Vögel окольцóванный

Bering|meer *n* Бéрингово мóре 13-3b; **~straße** *f* Бéрингов проли́в 13-2

beritten 1. *Adj* кóнный **2.** *Adv* верхóм

Berlin Берли́н 2

Berliner *m* **1.** *m* берли́н|ец, -ца 2 **2.** *Adj* берли́нский | ~ Weiße свéтлое берли́нское пи́во; ~ Blau берли́нская лазýрь 9

Berlinerin *f* берли́нка 6

berlinisch берли́нский

Bern Берн 2

Bernhardiner *m* Hund сенбернáр [сэ] 2

Bernstein *m* янтáрь 1e; **~kette** *f* янтáрное ожерéлье; **~schmuck** *m* украшéние из янтаря́

bersten *intr* трéскаться (по-), трéснуть *v* 4; *übertr* лóпаться ⟨лóпнуть 4⟩ (vor от *G*) | vor Wut [vor Lachen] ~ лóпнуть с досáды [сó смеху]; zum Bersten voll наби́тый до откáза

berüchtigt пóльзующийся 11 дурнóй слáвой; *iron* пресловýтый (durch *oder* wegen по пóводу *G*) | er ist ~ о нём идёт дурнáя слáва

berückend плени́тел|ьный, -ен, -ьна, очаровáтел|ьный, -ен, -ьна

berücksichtigen *tr* принимáть ⟨приня́ть*⟩ во вниманиe, учи́тывать ⟨-|чéсть*⟩ | etw. nicht ~ не принимáть ⟨приня́ть⟩ в расчёт

Berücksichtigung *f* приня́тие 5 во внимáние, учёт 2 | unter ~ von etw. принимáя во внимáние [учи́тывая], что-н., с учётом чегó-н.; unter ~ der Umstände учи́тывая обстоя́тельства; ohne ~ не принимáя во внимáние, не учи́тывая

Beruf *m* профéссия 8, специáльность 9 | freier ~ свобóдная профéссия; ungelernter ~ заня́тие 5, не трéбующее квалификáции; von ~ по профéсии; er ist von ~ Ingenieur он по специáльности [по профéссии] инженéр; einen ~ ergreifen избирáть ⟨-|брáть*⟩ профéссию; was sind Sie von ~? кто вы по профéссии [по специáльности]?; er hat seinen ~ verfehlt он оши́бся в вы́боре профéссии

berufen 1. *tr* ernennen пригла|шáть ⟨-си́ть 3 -шý⟩ (auf на *A*, an в *A*); einsetzen назн|ачáть ⟨-áчить 3⟩ на рабóту; sich ~ *refl* ссылáться ⟨со|слáться*⟩ (auf на *A*) | j-n als Professor an eine Universität ~ приглашáть когó-н. в университéт на дóлжность [в кáчестве] профéссора; j-n auf einen Lehrstuhl ~ приглашáть когó-н. на завéдование кáфедрой; j-n ins Ministerium ~ приглашáть когó-н. на рабóту в министéрство **2.** *Adj* при́зван:ный, -а (zu к *D*); компетéнтный, -ен, авторитéт|ный, -ен | sich ~ fühlen чýвствовать призвáние к чемý-н.; zu etw. ~ sein быть при́званным [имéть призвáние] к чемý-н.

beruflich профессионáльный; Pflichten служéбный | er war ~ verhindert емý помешáли [егó задержáли] служéбные делá; aus ~en Gründen по служéбным причи́нам

Berufsausbildung *f* профессионáльное обучéние [образовáние], профтехобразовáние 5

berufsbedingt свя́занный с профéссией; Ausgaben служéбный

Berufsberatung *f* консультáция по вы́бору профéссии, профориентáция 8; Stelle центр 2 профориентáции [консультáции]

berufsbezogen имéющий 11 профессионáльную ориентáцию, свя́занный с бýдущей специáльностью

Berufserfahrung *f* профессионáльный óпыт

berufsfremd: j-n ~ beschäftigen испóльзовать *uv, v* 2 когó-н. не по специáльности

Berufs|geheimnis *n* профессионáльная тáйна; **~interessen** *n Pl* профессионáльные интерéсы; **~kleidung** *f* спецодéжда 6; спецóвка 6 meist Jacke; **~kol-**

lege *m* колле́га 6, това́рищ по профе́ссии; **~krankheit** *f* профессиона́льное заболева́ние 5; **~leben** *n* трудова́я жизнь | im ≈ stehen рабо́тать; **~lenkung** *f* (организо́ванная и плани́руемая) по́мощь 9 при вы́боре профе́ссии, профориента́ция 8

berufsmäßig профессиона́льный

Berufs|praktikum *n* (произво́дственная) пра́ктика; **~schule** *f* (обяза́тельная) профессиона́льная шко́ла, профтехучи́лище 4; **~schüler** *m* уча́щийся *Subst* 11 профессиона́льной шко́лы; **~soldat** *m* ка́дровый солда́т; **~spieler** *m Sport* (игро́к-)профессиона́л (2e-)2; **~sportler** *m* (спортсме́н-)профессиона́л (2-)2

berufstätig рабо́тающий 11, за́нятый на рабо́те | ~e Frauen рабо́тающие же́нщины; ~ sein рабо́тать (профессиона́льно)

Berufs|tätiger *m* рабо́тающий *Subst* 11; **~- und Nahverkehr** *m* городско́й и при́городный тра́нспорт 2; **~verkehr** *m* Zeit часы́ пик 2-*idkl* (на тра́нспорте); Transport перево́зка 6 трудя́щихся к ме́сту рабо́ты, интенси́вная рабо́та тра́нспорта пе́ред нача́лом и по оконча́нии рабо́чего дня; **~wahl** *f* вы́бор профе́ссии; **~wechsel** *m* переме́на профе́ссии; **~zweig** *m* специа́льность 9

Berufung *f* Ernennung приглаше́ние 5 (на рабо́ту); назначе́ние 5 (на рабо́ту); innerer Drang призва́ние 5 (zu к *D*); *Jur* апелля́ция 8, обжа́лование 5 | aus ~ по призва́нию; ~ an eine Universität приглаше́ние [назначе́ние] на рабо́ту в университе́т; unter ~ auf etw. ссыла́ясь на что-н.; ~ einlegen по|дава́ть * ⟨пода́ть*⟩ апелля́цию

Berufungsgericht *n* апелляцио́нный суд

beruhen *intr* осно́вываться (auf на *P*) | seine Aussagen ~ auf Wahrheit его́ показа́ния правди́вы; etw. auf sich ~ lassen оставля́ть ⟨оста́в|ить 3 -лю⟩ что-н., бо́льше не занима́ться чем-н.

beruhigen *tr* успок|а́ивать ⟨-о́ить 3⟩; beschwichtigen унима́ть ⟨уня́ть*⟩; sich ~ *refl* успок|а́иваться ⟨-о́иться⟩; sich legen: Sturm, Aufregung унима́ться ⟨уня́ться¡ -няли́сь⟩; Lage разря|жа́ться ⟨-ди́ться 3⟩ | der Sturm hat sich beruhigt бу́ря ути́хла; er ging beruhigt nach … он пошёл … успоко́енный; **~d** Heilmittel, Ton успока́ивающий 11, успоко́ител|ьный¦ -ен¦ -ьна | ≈e Nachrichten [Worte] успокои́тельные ве́сти [слова́]; ≈ wirken де́йствовать успока́ивающе

Beruhigung *f* успокое́ние 5 | zur ~ для успокое́ния; es ist mir eine ~ zu wissen, daß … для меня́ утеше́ние знать¦ что …

Beruhigungsmittel *n* успокои́тельное [успока́ивающее 11] сре́дство

berühmt знамени́т:ый, изве́ст|ный¦ -ен | durch etw. ~ sein сла́в|иться 3 -люсь чем-н.; ~ werden просл|авля́ться ⟨-а́виться⟩, *I*, стать* *v* знамени́тым

Berühmtheit *f* Berühmtsein изве́стность 9; bekannte Persönlichkeit знамени́тость 9 | ~ erlangen приобрета́ть ⟨-|обрести́*⟩ изве́стность, станов|и́ться 3⁺ -лю́сь ⟨стать*⟩ знамени́тым

berühren *tr* anfassen каса́ться ⟨косну́ться 4⟩ *G*, тро́|гать ⟨-нуть 4⟩ *A;* erwähnen каса́ться ⟨косну́ться⟩ *G;* beeindrucken тро́|гать ⟨-нуть⟩, unangenehm a. задева́ть ⟨-|де́ть*⟩; sich ~ *refl* каса́ться ⟨косну́ться⟩ друг дру́га; *übertr* соприкаса́ться ⟨-косну́ться⟩ (mit с *I*) | das hat mich schmerzlich berührt э́то меня́ си́льно заде́ло; es berührt mich seltsam э́то произво́дит на меня́ стра́нное впечатле́ние; die Eisenbahnlinie berührt diesen Ort железнодоро́жная ли́ния прохо́дит че́рез э́то ме́сто; nicht ~! не тро́гать!

Berührung *f* прикоснове́ние 5; *übertr* соприкоснове́ние 5, конта́кт 2 (mit с *I*) | in ~ kommen mit j-m вхо|ди́ть 3⁺ -жу́ ⟨во|йти́*⟩ в соприкоснове́ние с кем-н., име́ть де́ло с кем-н.; gesellschaftlich встр|еча́ться ⟨-е́титься 3 -е́чусь⟩ (в о́бществе) с кем-н.; ich war mit ihm durch die Arbeit in ~ gekommen я столкну́лся с ним по рабо́те

Berührungspunkt *m Math* то́чка каса́ния; *übertr* то́чка соприкоснове́ния

be|sagen *tr:* das besagt, daß … э́то зна́чит¦ что …; das will gar nichts ≈ э́то ничего́ не зна́чит; der Paragraph besagt folgendes … пара́граф гласи́т сле́дующее …; **~sagt** упомя́нутый, ука́занный; **~saiten** *tr* натя́гивать ⟨-тяну́ть 4⁺⟩ стру́ны на *A;* **~saitet:** zart ≈ о́чень чувстви́тел|ьный¦ -ен¦ -ьна; **~samen** *tr* осемен|я́ть ⟨-и́ть 3⟩

Besamung *f* осемене́ние 5 | künstliche ~ иску́сственное осемене́ние

Besamungsstation *f* ста́нция [пункт 2] иску́сственного осемене́ния

besänftigen *tr* успок|а́ивать ⟨-о́ить 3⟩; Zorn смягч|а́ть ⟨-и́ть 3⟩

besät усе́янный (mit *I*)

Besatz *m* an Kleidung отде́лка 6, обши́вка 6; Pelz≈ опу́шка 6; an Mützen око́лыш 2 *G Pl* -ей

Besatzung *f Mil* Verteidiger гарнизо́н 2; Besatzungstruppen оккупацио́нные войска́ *Pl* 4; *Mar, Flugw* экипа́ж 2 *G Pl* -ей

Besatzungs|macht *f* оккупацио́нная власть; **~truppen** *f* оккупацио́нные войска́

be|saufen, sich *refl umg* напива́ться ⟨-пи́ться*¡ -пили́сь⟩ (пья́ным); **~schädigen** *tr* повре|жда́ть ⟨-ди́ть 3 -жу́¡ -ждённый⟩

Beschädigung *f* повреждéние 5
[1]beschaffen *tr* до|ставáть* ⟨-|стáть*⟩; erwerben приобретáть ⟨-|обрести́*⟩ | das ist schwer zu ~ э́то трýдно достáть; dieses Buch ist nicht zu ~ э́ту кни́гу достáть нельзя́
[2]beschaffen *Adj:* sein Charakter war so ~, daß, … у негó был такóй харáктер, что …; die Sache ist so ~ дéло обстои́т так; gut ~ в хорóшем состоя́нии; so ~ sein, daß … быть сóзданным, так что …, имéть такóе свóйство, что …; wie ist es mit seiner Gesundheit ~? как егó здорóвье?
Beschaff|enheit *f* свóйство 4; Qualität кáчество 4; einer Sache состоя́ние 5; *Geol* структýра 6; körperliche телосложéние 5; **~ung** *f* достáвка 6; Erwerb приобретéние 5; Bereitstellung заготóвка 6
beschäftigen *tr* занимáть ⟨заня́ть*⟩ (j-n mit когó-н. чем-н.), давáть* ⟨дать*⟩ рабóту (j-n комý-н.); *übertr* занимáть ⟨заня́ть⟩; sich ~ *refl* занимáться ⟨заня́ться; зан|я́лся́, -яли́сь⟩ (mit *I*) | beschäftigt sein рабóтать, быть* зáнятым; das Werk beschäftigt über tausend Arbeiter на завóде зáнято [рабóтает] бóлее ты́сячи рабóчих; dieser Gedanke beschäftigt mich э́та мысль меня́ занимáет, я поглощён э́той мы́слью; wo sind Sie beschäftigt? где вы рабóтаете?; ich bin sehr beschäftigt я óчень зáнят, у меня́ мнóго рабóты; womit sind Sie beschäftigt? чем вы зáняты?
Beschäftigung *f* Tätigkeit; Zeitvertreib заня́тие 5 (mit *I*); Arbeit *a.* рабóта 6 | einer ~ nachgehen занимáться чем-н., имéть рабóту; keine ~ finden не находи́ть ⟨-йти́⟩ рабóты; ohne ~ sein быть без рабóты
Beschäftigungstherapie *f* трудовáя терапи́я 8, трудотерапи́я 8
be|schämen *tr* сты|ди́ть 3 -жý (при-); verwirren сму|щáть ⟨-ти́ть 3 -щý⟩ | er will sich nicht ≈ lassen он не смущáется; **~schämend** (по)сты́д|ный, -ен | ≈es Gefühl чýвство сты́да; **~schämt** присты́ж|ённый, -ён, -енá, сконфýженный | ≈ sein быть присты́женным; **~schatten** *tr* затен|я́ть ⟨-и́ть 3⟩ *A*, бросáть тень на *A* | j-n ~ сле|ди́ть 3 -жý за кем-н., вести́* слéжку за кем-н.; **~schaulich** задýмчив|ый, погружённый в раздýмье; geruhsam спокó|йный, -ен, -йна | ≈e Ruhe блажéнный покóй
Bescheid *m* Antwort отвéт 2; Auskunft разъяснéние 5, спрáвка 6; Nachricht сообщéние 5; offiziell a. извещéние 5; behördliche Entscheidung решéние 5, приговóр 2 | j-m ~ geben информи́ровать 2 (про-) когó-н., давáть ⟨дать⟩ отвéт [знать] комý-н.; j-m ~ sagen сообщ|áть ⟨-и́ть 3⟩ комý-н.; Meinung сказáть своё мнéние комý-н.; ~ erhalten получ|áть ⟨-и́ть 3⁺⟩ отвéт [извещéние 5]; ~ wissen in etw. разбирáться ⟨разо|брáться*, разберýсь, разобрали́сь⟩ в чём-н.; er weiß ~ он в кýрсе (дéла), он знáет, в чём дéло; ich weiß in dieser Gegend ~ э́та мéстность мне знакóма
[1]bescheiden *tr:* ihm war wenig Glück beschieden на егó дóлю вы́пало мáло счáстья; es war mir nicht beschieden … мне не (бы́ло) сужденó …; sich ~ *refl* довóльствоваться 2 (у-) (mit *I*)
[2]bescheiden *Adj* скрóм|ный, -ен, -нá! | allzu ~ sein скрóмничать; ein ~es Leben führen жить* скрóмно
Bescheidenheit *f* скрóмность 9 | aus ~ из скрóмности; falsche ~ напускнáя скрóмность
beschein|en *tr* осве|щáть ⟨-ти́ть 3 -щý⟩; **~igen** *tr* свидéтельствовать 2 (за-); beglaubigen удостов|еря́ть ⟨-éрить 3⟩ | den Empfang von etw. ≈ распи́сываться ⟨-|писáться*⟩ в получéнии чегó-н.
Bescheinigung *f* свидéтельство 4 (über o *P*); удостоверéние 5 (über *G*); Verdienst-~, Arbeits-~, über Wohnsitz спрáвка 6; Quittung распи́ска 6 (über o *P;* в *P*) | eine ~ ausstellen выдавáть ⟨вы́дать⟩ удостоверéние [спрáвку]
be|schenken *tr* дéлать (с-) подáрок [подáрки] *D;* einige, viele одáривать ⟨одари́ть 3⟩ (mit *I*); **~scheren** *tr* дари́ть 3⁺ (по-); am Weihnachtsabend делáть (с-) какóй-н. (рождéственский) подáрок; vom Weihnachtsmann раз|давáть* ⟨раздáть*⟩ (рождéственские) подáрки
Bescherung *f* Weihnachten раздáча 6 (рождéственских) подáрков | da haben wir die ~! вот так сюрпри́з!, вот тебé и нá!
be|schicken *tr* Veranstaltung посылáть ⟨-|слáть*⟩ на *A;* Ausstellung, Messe отпр|авля́ть ⟨-áвить 3 -áвлю⟩ на *A; Tech* загр|ужáть ⟨-узи́ть 3 -ужý, -ýзишь⟩ | eine Messe ≈ отправля́ть экспонáты на междунарóдную я́рмарку; **~schießen** *tr* обстр|éливать ⟨-еля́ть⟩ *a. Phys;* mit Strahlen облуч|áть ⟨-и́ть 3⟩
Beschießung *f Mil* обстрéл 2
beschimpfen *tr* ругáть (об-), поноси́ть 3⁺ -шý | (gegenseitig) ~ ругáться друг с дрýгом
Beschimpfung *f* поругáние 5, поношéние 5
beschirmen *tr* vor Gefahr оберегáть ⟨-|берéчь*⟩ от *G*
Beschlag *m* Metallstück оби́вка 6, окóвка 6; Pferd подкóвы *Pl* 6; Feuchtigkeit налёт на *A* | er hat ihn ganz in ~ genommen он завладéл им пóлностью, он отнимáет у негó всё врéмя

[1]**beschlagen** *tr* Pferd подкóвывать ⟨-|ковáть*⟩; mit Metall окóвывать ⟨-ковáть⟩; Deichsel, mit Leder обивáть ⟨-|бить*, обобью⟩; Stiefel подбивáть ⟨-|бить*, подобью⟩; *intr* Speise покрывáться ⟨-|крыться*⟩ налётом; Scheibe потéть (за-) | das Fenster ist ~ окнó запотéло

[2]**beschlagen** *Adj* angelaufen запотéлый, запотéвший 11; erfahren, kenntnisreich óпыт|ный, -ен, свéдущ:ий 11 | er ist in Mathematik gut ~ он силён в математике, он основáтельно знáет матемáтику

Beschlagnahme *f Jur* Vermögen конфискáция 8 *G;* zeitlich begrenzt наложéние 5 арéста на *A;* Schriftstücke, Akten вы́емка 6 *G,* изъя́тие 5 *G*

be|schlagnahmen *tr* Vermögen конфисковáть *uv, v* 2 *A;* zeitlich begrenzt налагáть ⟨-ложи́ть 3⁺⟩ арéст на *A;* eine Sache, Akten изымáть ⟨изъя́ть*⟩; **~schleichen** *tr* подкрáдываться ⟨-|крáсться*⟩ к *D* | ein Gefühl der Angst beschlich ihn на негó напáл страх; **~schleunigen** *tr* ускo|ря́ть ⟨-óрить 3⟩ | die Schritte ≈ ускóрить шаг; die Geschwindigkeit ≈ увели́ч|ивать ⟨-ить 3⟩ скóрость *G;* beschleunigter Puls учащённый пульс

Beschleunigung *f* ускорéние 5

beschließen *tr* entscheiden реш|áть ⟨-и́ть 3⟩; von einer Behörde u. ä. постанов|ля́ть ⟨-и́ть 3⁺ -лю́⟩; beenden закáнчивать ⟨-кóнчить 3⟩; Gesetz принимáть ⟨приня́ть*⟩ | das ist beschlossene Sache э́то дéло решённое; den (Fest-) Zug ~ замыкáть шéствие

Beschluß *m* Entscheidung решéние 5; einer Behörde u. ä. постановлéние 5 | einen ~ fassen über принимáть ⟨приня́ть*⟩ решéние о *P,* реш|áть ⟨-и́ть 3⟩ *A;* laut ~ соглáсно решéнию [постановлéнию]; zu keinem ~ kommen не приходи́ть 3⁺ ⟨-|йти́*⟩ ни к какомý решéнию

beschlußfähig Versammlung имéющий 11 квóрум

Beschlußfassung *f* приня́тие 5 решéния [постановлéния]

be|schmieren *tr* beschmutzen пáчкать (ис-), марáть (из-); bestreichen намáзывать ⟨-|мáзать*⟩; **~schmutzen** *tr* загрязн|я́ть ⟨-и́ть 3⟩, пáчкать (за-, ис-) (mit *I*); verunreinigen засор|я́ть ⟨-и́ть 3⟩; *übertr* осквернн|я́ть ⟨-и́ть 3⟩; sich ≈ *refl* пáчкаться (ис-) (mit *I*); **~schneiden** *tr* Flügel, Bäume подрезáть ⟨-|рéзать*⟩; Nägel, Äste обрезáть ⟨-рéзать⟩; Strauch, Hecken подстригáть ⟨-|стри́чь*⟩; rituell соверш|áть ⟨-и́ть 3⟩ обрéзание; *übertr* урéз|ывать ⟨-ать⟩; **~schneit** заснéженный, покры́тый [занесённый] снéгом; **~schnuppern** обню́х|ивать ⟨-ать⟩; **~schönigen** *tr* приукрá|шивать ⟨-сить 3 -шу⟩

Beschönigung *f* приукрáшивание 5

be|schottern *tr* покрывáть ⟨-|кры́ть*⟩ щéбнем; **~schränken** *tr* ограни́ч|ивать ⟨-ить 3⟩ (auf *I,* in в *P*); einengen стесн|я́ть ⟨-и́ть 3⟩ (auf в *P*); sich ≈ *refl* ограни́ч|иваться ⟨-иться⟩ (auf *I*); **~schränkt** ограни́чен:ный, -на *a. übertr* | ≈er Mensch ограни́ченный [недалёкий] человéк; in ~en Verhältnissen leben жить в стеснённых услóвиях

Beschränk|theit *f* ограни́ченность 9; **~ung** *f* ограничéние 5; Reduzierung сокращéние 5 | sich ≈en auferlegen ограни́ч|ивать ⟨-ить 3⟩ себя́

beschreiben *tr* Papier испи́сывать ⟨-|писáть*⟩; Erlebnis; Kreis опи́сывать ⟨-писáть⟩; Himmelskörper проходи́ть 3⁺ -хóдит ⟨про|йти́*⟩ (um вокрýг *G*) | das läßt sich nicht ~ э́то неописýемо; seine Bahn ~ *Astr* опи́сывать орби́ту; **~d** описáтельный

Beschreibung *f* описáние 5 | das spottet jeder ~ э́то не поддаётся описáнию

be|schreiten *tr:* einen Weg ≈ *übertr* вступ|áть ⟨-и́ть 3⁺ -лю́⟩ на какóй-н. путь; den Rechtsweg ≈ обра|щáться ⟨-ти́ться 3 -щýсь⟩ в суд; **~schriften** *tr* дéлать (с-) нáдпись на *P,* надпи́сывать ⟨-|писáть*⟩ *A*

Beschriftung *f* нáдпись 9; Zeichnung, Karte экспликáция 8, легéнда 6

beschuldigen *tr* обвин|я́ть ⟨-и́ть 3⟩ (j-n einer Sache, Tat когó-н. в чём-н.) | j-n des Diebstahls ~ обвини́ть когó-н. в воровствé; er wird beschuldigt, einen Menschen ermordet zu haben он обвиня́ется в уби́йстве человéка [в том, что уби́л человéка]

Be|schuldigung *f* обвинéние 5 в *P* | falsche ≈ лóжное обвинéние; eine ≈ gegen j-n erheben предъяв|ля́ть ⟨-и́ть 3⁺ -лю́⟩ обвинéние прóтив когó-н.; **~schuß** *m Mil* обстрéл 2 | unter ≈ liegen находи́ться 3⁺ под обстрéлом

beschützen *tr* защи|щáть ⟨-ти́ть 3 -щý⟩ (vor от *G*); Grenzen охран|я́ть ⟨-и́ть 3⟩; begünstigen покрови́тельствовать 2 *D*

Beschützer *m* защи́тник 2

beschwatzen *tr umg* угов|áривать ⟨-ори́ть 3⟩

Beschwerde *f* Klage жáлоба 6 (über на *A*); Mühe, Gebrechen *meist Pl* трýдность 9; недýг 2 | bei j-m ~ vorbringen по|давáть* ⟨подáть*⟩ жáлобу комý-н.; welche ~n haben Sie? beim Arzt на что вы жáлуетесь?; es macht ihm ~n э́то затрудня́ет егó; ~n bei etw. haben испы́тывать ⟨-пытáть⟩ затруднéния при чём-н.; die ~n des Alters стáрческие недýги; **~buch** *n* кни́га жáлоб

beschwer|en *tr* Briefe класть* ⟨положи́ть

3⁺⟩ что-н. тяжёлое на *A;* (seelisch) belasten обремен|я́ть ⟨-и́ть 3⟩ (mit *I*); sich ≈ *refl* жа́ловаться 2 (по-) (bei j-m über etw. кому́-н. на что-н.); **~lich** schwierig затрудни́тел|ьный, -ен, -ьна; lästig тя́гост|ный, -ен | eine ≈e Reise утоми́тельное путеше́ствие

Beschwerlichkeit *f* тру́дность 9, тя́гостность 9; утоми́тельность 9

beschwichtigen *tr* унима́ть ⟨уня́ть*⟩, успок|а́ивать ⟨-о́ить 3⟩

Beschwichtigung *f* успокое́ние 5

be|schwindeln *tr* обма́нывать ⟨-ману́ть 4⁺⟩, надува́ть ⟨-|ду́ть*⟩; **~schwingt** *übertr* окрылённый | in ≈er Stimmung sein испы́тывать (душе́вный) подъём; **~schwipst** *umg* подвы́пивший 11, под хмелько́м; **~schwören** *tr* присяг|а́ть ⟨-ну́ть 4⟩ в *P;* bitten умол|я́ть ⟨-и́ть 3⟩, заклина́ть; *Rel* заклина́ть | seine Aussage ≈ дать* *v* показа́ние под прися́гой; Schlangen ≈ загов|а́ривать ⟨-ори́ть 3⟩ змей

Beschwörung *f* убеди́тельная про́сьба 6, мольба́ 6; Geister~ заклина́ние 5; Schlangen~ загова́ривание 5

beseelt воодушевлён:ный, -на | ~es Spiel проникнове́нная игра́, игра́ с душо́й; vom Wunsche ~ воодушевлённый [прони́кнутый] жела́нием

be|sehen *tr* осм|а́тривать ⟨-отре́ть 3⁺⟩; näher рассм|а́тривать ⟨-отре́ть⟩ | das muß man sich bei Licht ≈ э́то на́до подро́бно рассмотре́ть; sich im Spiegel ≈ смотре́ться в зе́ркало; **~seitigen** *tr* Hindernisse устран|я́ть ⟨-и́ть 3⟩; Trümmer, Schmutz убира́ть ⟨-|бра́ть*⟩; Spuren, Gegensatz уничт|ожа́ть ⟨-о́жить 3⟩; Vorurteile ликвиди́ровать *uv, v* 2; Verdacht рассе́|ивать ⟨-ять, -ю, -ешь⟩; Zweifel разреш|а́ть ⟨-и́ть 3⟩

Beseitigung *f* устране́ние 5; ликвида́ция 8; убо́рка 6

Besen *m* метла́ 6c *Pl* мёт|лы, -ел; kleiner мете́лка 6; aus Reisig ве́ник 2 | neue ~ kehren gut но́вая метла́ чи́сто метёт; **~binder** *m* вяза́льщик 2 ве́ников; **~schrank** *m* шкаф для мётел; **~stiel** *m* па́лка 6 от метлы́

besessen одержи́м:ый (von *I*), поме́шан:ный (auf на *P*); rasend бе́шеный | von einer Idee ~ одержи́мый иде́ей; er läuft wie ~ herum он ме́чется как угоре́лый

Besessen|er *m* одержи́мый *Subst* 10 | wie ein ≈ как угоре́лый; sich wie ein ≈ gebärden бесно́ваться 2; **~heit** *f* одержи́мость 9

besetz|en *tr* Platz занима́ть ⟨заня́ть*⟩; Stelle, Posten занима́ть ⟨заня́ть⟩, назн|ача́ть ⟨-а́чить 3⟩ (etw. mit j-m кого́-н. на что-н.); *Theat* Rolle распредел|я́ть ⟨-и́ть 3⟩ (ро́ли); *Mil* занима́ть ⟨заня́ть⟩, оккупи́ровать *uv, v* 2; benähen отде́л|ывать ⟨-ать⟩; mit Pelz опуш|а́ть ⟨-и́ть 3⟩; mit Perlen уни́зывать ⟨-|низа́ть*⟩ *I* | ein Kleid mit Spitzen ≈ отде́лать пла́тье кружева́ми; **~t** Platz, Fernsprecher, Abort за́нят:ый, -á! (mit *I*) | ≈es Gebiet оккупи́рованная о́бласть; der Platz ist bereits ≈ ме́сто уже́ за́нято; diese Stelle wurde mit einem Fachmann ≈ на э́ту до́лжность назна́чили специали́ста; das Theater war gut ≈ теа́тр име́л хоро́ший сбор, на спекта́кле бы́ло мно́го зри́телей; das Stück war gut ≈ пье́са шла в хоро́шем соста́ве; die Rolle war nicht gut ≈ роль сы́грана пло́хо

Besetzung *f* einer Stelle назначе́ние 5 на *A*, замеще́ние 5 *G; Mil* заня́тие 5, оккупа́ция 8; *Theat* распределе́ние 5 (роле́й); соста́в 2 исполни́телей

besichtigen *tr* осм|а́тривать ⟨-отре́ть 3⁺⟩ | Truppen ~ производи́ть 3⁺ -вожу́ ⟨-|вести́*⟩ осмо́тр войск

Besichtigung *f* осмо́тр 2

besiedeln *tr* засел|я́ть ⟨-и́ть 3⟩ | dünn besiedelt малонаселённый

Besiedlung *f* заселе́ние 5

be|siegeln *tr* mit Handschlag, einem Kuß скреп|ля́ть ⟨-и́ть 3 -лю́⟩ (mit *I*) | sein Schicksal ist besiegelt его́ судьба́ решена́; **~siegen** *tr* побе|жда́ть ⟨-ди́ть 3, *1. Pers Sg ungebr*, -ждённый⟩ *a. Sport; übertr* по|боро́ть* *v;* **~singen** *tr* воспева́ть ⟨-|пе́ть*⟩; Schallplatte напева́ть ⟨-пе́ть⟩ на *A;* **~sinnen, sich** *refl* Vernunft annehmen опо́мниться *v* 3; sich erinnern вспомина́ть ⟨-по́мнить 3⟩ (auf о *P*), припомина́ть ⟨-по́мнить⟩ (auf *A*) | ich kann mich nicht ≈ я (что-то) не припо́мню; sich eines Besseren ≈ оду́м|ываться ⟨-аться⟩, переду́м|ывать ⟨-ать⟩; **~sinnlich** nachdenklich вду́мчив:ый; beschaulich созерца́тел|ьный, -ен, -ьна

Besinnung *f* Bewußtsein созна́ние 5, чу́вство 4 | bei ~ sein быть в созна́нии; die ~ verlieren теря́ть (по-) созна́ние; (wieder) zur ~ kommen приходи́ть 3⁺ -хожу́ ⟨-|йти́*⟩ в себя́ [в чу́вство], очну́ться *v* 4; Vernunft annehmen образу́м|иться *v* 3 -люсь; er ist nicht bei ~ он без созна́ния; nicht bei Verstand он не в своём уме́

besinnungslos 1. *Adj* бессозна́тел|ьный, -ен, -ьна **2.** *Adv* без созна́ния

Besinnungslosigkeit *f* бессозна́тельное состоя́ние 5

Besitz *m* Eigentum со́бственность 9; Grundbesitz владе́ние 5; geistiges, kulturelles Erbe достоя́ние 5; Besitzen владе́ние 5 *I*, облада́ние 5 *I* | etw. in ~ nehmen за-, vom Gefühl овлад|ева́ть ⟨-е́ть⟩

чем-н.; etw. in [im] ~ haben владе́ть чем-н.; in den ~ von etw. kommen всту-п|а́ть ⟨-и́ть 3⁺ -лю́⟩ во владе́ние чем-н.; das Haus ging in seinen ~ über дом пе-решёл в его́ владе́ние; in (staatlichem) ~ sein находи́ться 3⁺ в (госуда́р-ственной) со́бственности
besitzanzeigend: ~es Fürwort притяжа́-тельное местоиме́ние
besitzen *tr* име́ть *A*, seltener владе́ть *I*, быть* владе́льцем *G; übertr* облада́ть *I*, име́ть *A* | ich besitze … у меня́ (есть) …; er besitzt ein Haus у него́ есть дом; er be-sitzt mein Vertrauen он по́льзуется мои́м дове́рием; er besitzt Talent он об-лада́ет тала́нтом, у него́ есть тала́нт; die besitzenden Klassen иму́щие кла́ссы 11-2
Besitzer *m* владе́л|ец, -ьца 2; **~in** *f* владе́-лица 6
besitzlos неиму́щий 11
Besitz|nahme *f* завладе́ние 5 *I;* rechtmä-ßig вступле́ние 5 во владе́ние *I;* **~tum** *n* Vermögen allgemein иму́щество 4; Im-mobilien недви́жимость 9, име́ние 5; Landbesitz (земе́льное) владе́ние 5; **~ung** *f* Gut, Landsitz име́ние 5, (земе́ль-ное) владе́ние 5; **~verhältnisse** *n Pl* от-ноше́ния *Pl* 5 владе́ния
Beskiden Бески́ды *Pl* 2
besoffen *derb* пья́н:ый, -а́!
besohlen *tr* подбива́ть ⟨-|би́ть*, -обью́⟩ подмётки к *D* | die Schuhe neu ~ ста́-в|ить 3 -лю (по-) к боти́нкам но́вые под-мётки
Besoldung *f* жа́лованье 5; *Mil* де́нежное содержа́ние 5
besonder|er eigen(artig) осо́бый; ausge-zeichnet осо́бенный; einzeln; speziell отде́льный; außergewöhnlich осо́-бенный, необы́ч|ный, -ен; Fall осо́бый, ча́стный; seltsam стра́нный | ~e Wün-sche [Umstände] осо́бые жела́ния [обсто-я́тельства]; zur ~en Verwendung осо́-бого назначе́ния; auf ~en Befehl осо́бым ука́зом; im ~en в осо́бенности, в ча́стности; nichts ~es ничего́ осо́бен-ного
Besonderheit *f* осо́бенность 9
besonders *Adv* sehr, vor allem осо́бенно; ausdrücklich осо́бо; für sich (allein) от-де́льно; außergewöhnlich чрезвыча́йно; специа́льно | ~ wenn, … осо́бенно, е́сли …; nicht ~ не осо́бенно, не о́чень; нева́жно; man muß ihn ~ freundlich be-handeln с ним ну́жно обраща́ться осо́-бенно приве́тливо; etw. ~ erwähnen осо́бо упомяну́ть *v* что-н.; das freut mich ganz ~ э́то меня́ осо́бенно [бо́льше всего́] ра́дует; es geht mir nicht ~ я чу́вст-вую [ус] себя́ нева́жно
besonnen verständig рассуди́тел|ьный, -ен, -ьна, (благо)разу́м|ный, -ен
Besonnenheit *f* рассуди́тельность 9, бла-горазу́мие 5
besorgen *tr* beschaffen до|става́ть* ⟨-|ста́ть*⟩; erledigen исполня́ть ⟨-по́л-нить 3⟩, де́лать (с-); versorgen забо́|-титься 3 -чусь (по-) о *P;* betreuen смо-тре́ть 3⁺ (по-) за *I* | Einkäufe ~ де́лать (с-) поку́пки; für j-n Fahrkarten ~ до-ста́ть для кого́-н. (проездны́е) биле́ты; ich muß Zigaretten ~ я до́лжен доста́ть папиро́с; den Haushalt ~ занима́ться ⟨заня́ться*; -я́лся́, -яли́сь⟩ (дома́шним) хозя́йством, вести́* хозя́йство; ich werde es ihm schon noch ~! *umg* я его́ проучу́!
Besorgnis *f* опасе́ние 5 | ~ erregen вызыва́ть ⟨вы́|звать*⟩ трево́гу
besorg|niserregend внуша́ющий 11 опа-се́ния, трево́ж|ный, -ен; **~t** озабо́-чен:ный, -на | ≈ sein um j-n забо́|титься 3 -чусь (по-) о ком-н.
Besorgung *f* Einkauf поку́пка 6; Erledi-gung вы-, исполне́ние 5; Beschaffung приобрете́ние 5 | ~en machen де́лать (с-) поку́пки
be|spannen *tr* mit Stoff обтя́гивать ⟨-тяну́ть 4⁺⟩ | eine Geige mit Saiten ≈ натя́гивать ⟨-тяну́ть⟩ стру́ны на скри́пку; mit Pferden ≈ запряга́ть ⟨-|пря́чь* [ре]⟩ лошаде́й; **~spiegeln, sich** *refl* рассма́тривать себя́ в зе́ркале; **~spielen** *tr Theat* Ort обсл|у́живать ⟨-ужи́ть 3⁺⟩ спекта́клями; mit Gastspie-len приезжа́ть ⟨-|е́хать*⟩ на гастро́ли | eine Schallplatte [ein Tonband] ≈ запи́-сывать ⟨-|писа́ть*⟩ на пласти́нку [на плёнку]; ein bespieltes Tonband плёнка с (музыка́льной) за́писью; **~spitzeln** *tr* сле|ди́ть 3 -жу́ за *I*, вести́* слё́жку за *I*
Bespitzelung *f* слё́жка 6 (von j-m за кем-н.)
be|spötteln *tr* подтр|у́нивать ⟨-уни́ть 3⟩ над *I;* **~sprechen** *tr* sprechen über гово-ри́ть 3 (по-) о *P;* erörtern обсу|жда́ть ⟨-ди́ть 3⁺ -жу́; -ждённый⟩ (etw. mit j-m что-н. с кем-н.); Artikel писа́ть* (на-) ре-це́нзию на *A;* Schallplatte, Tonband де́-лать (с-) за́пись на *A;* нагов|а́ривать ⟨-ори́ть 3⟩ *A*; sich ≈ *refl* sich beraten со-веща́ться (mit j-m über etw. с кем-н. о чём-н.)
Besprechung *f* Beratung совеща́ние 5 (mit с *I*, über по *D*); Erörterung обсуж-де́ние 5 (über *G*); Rezension реце́нзия 8 (von на *A*)
be|sprengen *tr* опры́ск|ивать ⟨-ать⟩; Wä-sche спры́с|кивать ⟨-нуть 4⟩; Blumen, Straßen полива́ть ⟨поли́ть*⟩; **~spritzen** *tr* обры́зг|ивать ⟨-ать⟩; Pflanzen опры́ск|ивать ⟨-ать⟩; mit Schmutz, Blut; Fußgänger забры́зг|ивать ⟨-ать⟩; **~spü-len** *tr* омыва́ть ⟨-|мы́ть*⟩

besser 1. *Adj* лу́чший 11 | je mehr, desto ~ чем бо́льше, тем лу́чше; ~ machen де́лать (с-) лу́чше; ~ werden улучша́ться ⟨улу́чшиться 3⟩, станови́ться лу́чше; eine Wendung zum Besseren поворо́т к лу́чшему; sich eines Besseren besinnen оду́м|ываться ⟨-аться⟩, взя́ться* *v* за ум; in Ermangelung eines Besseren за неиме́нием лу́чшего; ich habe Besseres zu tun у меня́ есть бо́лее ва́жное де́ло; es ist ~, daß … [wenn …] лу́чше, что́бы … [е́сли …] **2.** *Adv* лу́чше | es geht ihm ~ ему́ лу́чше; um so ~ тем лу́чше; ~ als nichts лу́чше, чем ничего́

bessergestellt (бо́лее) состоя́тельный

bessern *tr* улучша́ть ⟨улу́чшить 3⟩; moralisch испр|авля́ть ⟨-а́вить 3 -а́влю⟩; sich ~ *refl* улучша́ться ⟨улу́чшиться⟩; von Person z. B. Schüler испр|авля́ться ⟨-а́виться⟩ | er verspricht sich zu ~ он обеща́ет испра́виться; dadurch wurde nichts gebessert от э́того не ста́ло лу́чше

Besserung *f* улучше́ние 5; Gesundheit выздоровле́ние 5, попра́вка 6; moralisch исправле́ние 5 | er ist auf dem Wege der ~ vom Kranken он поправля́ется; moralisch он исправля́ется; gute ~! поправля́йтесь скоре́е!

Besserwisser *m* всезна́йка *m* 6

Bestand *m* Weiterbestehen (дальне́йшее 11) существова́ние 5; Vorhandenes z. B. Waren нали́чие 5; Kasse нали́чность 9; Vorrat запа́с 2 (an *G*), фонд 2 (an *G*); Personal, *Mil* (ли́чный) соста́в 2; Bibliothek фо́нд(ы) | von ~ sein быть постоя́нным [про́чным]; den ~ aufnehmen сост|авля́ть ⟨-а́вить 3 -а́влю⟩ инвента́рь

beständig (an)dauernd постоя́нный; Wetter усто́йчив:ый; Glück про́ч|ный, -ен, -на́! | das Wetter war ~ geworden пого́да установи́лась

Beständigkeit *f* постоя́нство 4, усто́йчивость 9

Bestandsaufnahme *f* инвентариза́ция 8

Bestandteil *m* составна́я часть, элеме́нт 2 | in seine ~e zerlegen Motor разбира́ть ⟨разо|бра́ть*, разберу́, разо́бранный⟩ на ча́сти

Bestarbeiter *m* рабо́чий-передови́к *Subst* 11-2e, передови́к произво́дства

be|stärken *tr* укреп|ля́ть ⟨-и́ть 3 -лю́⟩ (j-n in etw. кого́-н. в чём-н.) | das bestärkte mich in meiner Meinung э́то убеди́ло меня́ в пра́вильности моего́ мне́ния, э́то утверди́ло меня́ в моём мне́нии; **~stätigen** *tr* Empfang подтвер|жда́ть ⟨-ди́ть 3 -жу́ ;-ждённый⟩ *A;* durch Unterschrift расписываться ⟨-|писа́ться*⟩ в *P;* Plan; Urteil утвержда́ть ⟨-ди́ть 3 -жу́, -ждённый⟩; Richtigkeit, Echtheit von etw. удостов|еря́ть ⟨-е́рить 3⟩; sich ≈ *refl* Nachricht подтвер|жда́ться ⟨-ди́ться⟩; Befürchtung, Verdacht опр|а́вдываться ⟨-авда́ться⟩ | j-n in seinem Amt [als Bürgermeister] ≈ утверди́ть кого́-н. в до́лжности [бургоми́стром]

Bestätigung *f* Bestätigen подтвержде́ние 5; Empfangsbescheinigung распи́ска 6; Anerkennung, Inkraftsetzen утвержде́ние 5

bestatten *tr* погреба́ть ⟨-|гpecти́*⟩

Bestattung *f* погребе́ние 5

Bestattungsanstalt *f* похоро́нное бюро́ *n idkl*

bestäuben *itr* mit Mehl посыпа́ть ⟨по|-сы́пать*⟩; mit Puder oder Pulver пу́дрить 3 (на-); von Schnee запороши́ть *v* 3; *Bot* опыл|я́ть ⟨-и́ть 3⟩ | bestäubt werden *Bot* опыл|я́ться ⟨-и́ться⟩

bestaubt mit Staub bedeckt запылён:ный

Bestäubung *f Bot* опыле́ние 5

bestaunen *tr* смотре́ть 3⁺ (по-) с удивле́нием на *A;* bewundern див|и́ться 3 -лю́сь (по-) *D*

bestech|en *tr* подкуп|а́ть ⟨-и́ть 3⁺ -лю́⟩ (j-n durch etw. *oder* mit etw. кого́-н. чем-н.) *a. übertr,* дава́ть* ⟨дать*⟩ взя́тку *D* | man hat ihn mit Geld bestochen его́ подкупи́ли деньга́ми, ему́ да́ли взя́тку деньга́ми; sich ≈ lassen брать* ⟨взять*⟩ взя́тку (von j-m с кого́-н.); durch Vorteile соблазн|я́ться ⟨-и́ться 3⟩ (durch etw. чем-н.); **~end:** von ≈er Liebenswürdigkeit sein быть подкупа́юще любе́зным; **~lich** подко́пнуй, прода́жный, -ен

Bestechlichkeit *f* подку́пность 9, прода́жность 9

Bestechung *f* по́дкуп 2

Bestechungsgelder *n Pl* взя́тка 6 (деньга́ми)

Besteck *n* (столо́вый) прибо́р 2; Satz von Instrumenten набо́р 2 (инструме́нтов)

bestehen *tr* Prüfung, Kampf выде́рживать ⟨вы́держать 3⟩; Examen *a.* с|дава́ть ⟨-|да́ть*⟩; Gefahren преодол|ева́ть ⟨-о́ть⟩; *intr* existieren существова́ть 2; fortbestehen продолжа́ться ⟨-до́лжиться 3⟩; Bestand haben быть* постоя́нным [про́чным]; standhalten усто́ять *v* 3 (vor пе́ред *I*); beharren наст|а́ивать ⟨-оя́ть 3⟩ (auf на *P*); hartnäckig упо́рствовать 2 (auf в *P*); zusammengesetzt sein состоя́ть (aus из *G*); zum Inhalt haben состоя́ть (in в *P*) | es kann kein Zweifel ~ не мо́жет быть сомне́ния; seine Arbeit besteht darin, daß … его́ рабо́та заключа́ется [состои́т] в том, что …; ein Abenteuer ~ пережива́ть ⟨пережи́ть*⟩ приключе́ние; die Delegation besteht aus neun Personen в соста́в делега́ции вхо́дит де́вят челове́к, делега́ция состои́т из девяти́ челове́к

Bestehen *n* Existenz существова́ние 5; Überwindung преодоле́ние 5; Prüfung сда́ча 6 | das 25jährige ~ двадцатипятиле́тие 5; die Universität feierte ihr 150jähriges ~ университе́т отмеча́л стопятидесятиле́тие со дня своего́ основа́ния

be|stehlen *tr* обкра́дывать ⟨обо|кра́сть*, обкраду́⟩; **~steigen** *tr* Berg, Turm подниматься ⟨подня́ться* -я́лся́, -яли́сь⟩ на *A; Berg a.* всходи́ть 3⁺ -хожу́ ⟨взо|йти́*⟩ на *A;* Zug, Wagen сади́ться 3 -жу́сь ⟨сесть*⟩ в *A* | ein Pferd [ein Motorschiff] ≈ сади́ться на ло́шадь [на теплохо́д]; den Thron ≈ вступ|и́ть *v* 3⁺ -лю́ на престо́л

Besteigung *f* Berg восхожде́ние 5 на *A;* Thron вступле́ние 5 на *A*

bestellen *tr* Bestellung aufgeben, reservieren lassen зака́зывать ⟨-|каза́ть*⟩ (bei у *G*); Taxi вызыва́ть ⟨вы́|звать*⟩; Acker возде́л|ывать ⟨-ать⟩, обраб|а́тывать ⟨-о́тать⟩; Brief, Gruß пере|дава́ть* ⟨переда́ть*⟩; Treffpunkt angeben, zu kommen bitten про|си́ть 3⁺ -шу́ (по-) прийти́ (j-n an кого́-н. к *D,* до *G,* in в *A,* nach в *A*); Zeitung подпи́сываться ⟨-|писа́ться*⟩ на *A* | es ist schlecht um ihn bestellt его́ дела́ пло́хи; nicht besser ist es mit etw. bestellt не лу́чше обстои́т де́ло с чем-н.; er bestellte mich um sechs Uhr он попроси́л меня́ прийти́ в шесть часо́в; j-n zu sich ~ пригла|ша́ть ⟨-си́ть 3 -шу́⟩ кого́-н. к себе́

Bestell|er *m* зака́зчик 2; **~ung** *f* Anforderung зака́з 2 (für, auf *G*); Taxi вы́зов 2; Zeitung подпи́ска 6 (auf на *A*); Auftrag, Botschaft поруче́ние 5; Feldbestellung возде́лывание 5, обрабо́тка 6 | auf ≈ на зака́з; **~schein** *m* бланк 2 зака́за; **~zettel** *m* Bibliothek (листо́к-)тре́бование (2-)5

besten|falls *Adv* в лу́чшем слу́чае; **~s** *Adv* лу́чше всего́ | ich empfehle mich ≈ име́ю честь откла́няться; ≈ unterrichtet sein быть осведомлённым наилу́чшим о́бразом

beste|r 1. *Adj* (наи)лу́чший 11, са́мый лу́чший [хоро́ший 11] | das ist der beste Ausweg э́то (са́мый) лу́чший вы́ход; die ~n Wünsche наилу́чшие пожела́ния 11-*Pl* 5; das erste beste nehmen брать ⟨взять⟩ что попа́ло; der erste beste пе́рвый встре́чный; beim ~n Willen при всём жела́нии; sie hat sich von ihrer ~n Seite gezeigt она́ показа́ла себя́ с са́мой лу́чшей [с наилу́чшей] стороны́; sie ist in den ~n Jahren она́ в расцве́те сил; er ist der Beste in der Klasse он пе́рвый учени́к в кла́ссе; ich tue mein Bestes, um … я де́лаю всё возмо́жное, что́бы …; die Sache steht nicht zum ~en де́ло обстои́т нева́жно; ich will nur dein Bestes я хочу́ тебе́ то́лько добра́ **2.** *Adv:* am ~n лу́чше всего́; aufs beste как нельзя́ лу́чше, наилу́чшим о́бразом; das mußt du doch am ~n wissen э́то ты до́лжен знать лу́чше всего́; besser als alle anderen лу́чше всех; j-n zum ~n haben подтр|у́нивать ⟨-уни́ть 3⟩ над кем-н.; etw. zum ~n geben spendieren уго|ща́ть ⟨-сти́ть 3 -щу́⟩ чем-н.; vortragen выступа́ть ⟨вы́ступить 3⟩ с чем-н.; расска́зывать ⟨-с|каза́ть*⟩; mein Bester! мой дорого́й!

besteuern *tr* облага́ть ⟨-ложи́ть 3⁺⟩ нало́гом

Besteuerung *f* обложе́ние 5 нало́гом

Bestform *f Sport* отли́чная фо́рма 6

bestialisch зве́рский; Wut бе́шеный

Bestialität *f* зве́рство 4

besticken *tr* укр|аша́ть ⟨-а́сить 3 -а́шу⟩ вы́шивкой *A*

Bestie *f* (ди́кий) зверь; *übertr* и́зверг 2

bestimmbar определим:ый

bestimmen *tr* festsetzen назн|ача́ть ⟨-а́чить 3⟩; festlegen (Lohn, Norm, Frist) устан|а́вливать ⟨-ови́ть 3⁺ -овлю́⟩; ernennen назн|ача́ть ⟨-а́чить⟩ (j-n zu etw. кого́-н. чем-н., на до́лжность кого́-н.); beschließen постанов|ля́ть ⟨-и́ть 3⁺⟩, реш|а́ть ⟨-и́ть 3⟩; definieren; festlegen определ|я́ть ⟨-и́ть 3⟩; vorsehen предназн|ача́ть ⟨-а́чить⟩ (für *D,* для *G*); veranlassen побу|жда́ть ⟨-ди́ть 3 -жу́, -ждённый⟩ | j-n zu seinem Nachfolger ~ назна́чить кого́-н. свои́м прее́мником [насле́дником]; sein Schicksal ~ реши́ть свою́ судьбу́; du hast hier gar nichts zu ~ ты здесь не распоряжа́ешься; es war ihm nicht bestimmt … ему́ не́ было суждено́ …

bestimmt 1. *Adj* feststehend определён|ный, -ен, -на, назна́ченный; entschieden реши́тел|ьный, -ен, -ьна | der ~e Artikel *Gramm* определённый арти́кль; zur ~en Stunde в определённый [в назна́ченный] час; etw. mit ~en Worten erklären категори́чески заяви́ть что-н. **2.** *Adv* определённо, катергори́чески; sicher, unbedingt непреме́нно, обяза́тельно; *umg* наверняка́ | ganz ~! наве́рное!, непреме́нно!; er wird ~ kommen! он непреме́нно [обяза́тельно] придёт!; ich kann es nicht ~ sagen я не могу́ сказа́ть э́то определённо; ~ wissen твёрдо [то́чно] знать

Bestimm|theit *f* уве́ренность 9; Entschiedenheit реши́тельность 9 | mit ≈ sagen сказа́ть *v* с уве́ренностью [реши́тельно]; **~ung** *f* Festsetzung; Ziel назначе́ние 5; Anordnung постановле́ние 5, предписа́ние 5; Festlegung; Definition определе́ние 5 *a. Gramm;* Schicksal у́часть 9, призва́ние 5 | gesetzliche ≈ законоположе́ние 5; adverbiale ≈ обстоя́тельство 4

Bestimmungs|bahnhof *m* стáнция назначéния; **~ort** *m* мéсто назначéния; **~wort** *n Gramm* определя́ющее 11 слóво
Bestleistung *f* рекóрд 2
bestmöglich *Adv* наилу́чшим óбразом, как мóжно лу́чше
bestrafen *tr* накáзывать ⟨-|казáть*⟩ (für, wegen за *A*); streng карáть (по-) (für, wegen за *A*)
Bestrafung *f* наказáние 5; кáра 6
bestrahlen *tr* осве|щáть ⟨-ти́ть 3 -щу́⟩ (лучáми); *Med, Phys* облуч|áть ⟨-и́ть 3⟩ (mit *I*) | sich ~ lassen *Med* облуч|áться ⟨-и́ться⟩
Bestrahlung *f Med, Phys* облучéние 5
Bestrahlungs|lampe *f* лáмпа для облучéния; **~therapie** *f* лучевáя терапи́я
Bestreben *n* старáние 5 | sein ~ geht dahin … он стреми́тся к тому́ …
bestrebt: sie ist ~, alles recht zu machen онá старáется сдéлать всё как слéдует
Bestrebung *f* стремлéние 5; ~en Versuche попы́тки *Pl* 5
be|streichen *tr mit Flüssigem, Fettem* намáзывать ⟨-|мáзать*⟩ (etw. mit что-н. чем-н., на что-н. что-н.) | mit Butter ≈ намáзать мáслом; **~streiten** *tr* Aussage осп|áривать ⟨-óрить 3⟩; Ausgaben покрывáть ⟨-|кры́ть*⟩; vom Sportler учáствовать 2 в *P* | eine Unterhaltung ≈ поддéрживать ⟨-держáть 3⁺⟩ разговóр, вести́* бесéду; ich will dies nicht ≈ я э́того не отрицáю; er bestritt das ganze Programm егó выступлéние зáняло всю прогрáмму; ein Spiel gegen j-n ≈ *Sport* проводи́ть 3⁺ -вожу́ ⟨-|вести́*⟩ игру́ с кем-н.
Bestreitung *f:* ~ der Kosten покры́тие 5 издéржек
be|streuen *tr* посыпáть ⟨-|сы́пать*⟩; mit Blumen осыпáть ⟨-сы́пать⟩ *I;* **~stricken** *tr übertr* плен|я́ть ⟨-и́ть 3⟩, очар|óвывать ⟨-овáть 2⟩; **~strickend** плени́тел|ьный, -ен, -ьна, очаровáтел|ьный, -ен, -ьна
Best|seller *m* бестсéллер 2; **~student** *m* студéнт-отли́чник 2-2
be|stücken *tr* осна|щáть ⟨-сти́ть 3 -щу́⟩; Schiff воору́ж|áть ⟨-и́ть 3⟩; **~stürmen** *tr* штурмовáть 2 | j-n mit Fragen ≈ оса|ждáть ⟨-ди́ть 3 -жу́⟩ когó-н. вопрóсами; j-n mit Bitten ≈ доса|ждáть ⟨-ди́ть 3 -жу́⟩ кому́-н. прóсьбами; **~stürzt 1.** *Adj* поражённый, -ён, -енá (über *I*) **2.** *Adv* растéрянно, ошеломлённо | ich bin über diese Nachricht ≈ я поражён [озадáчен] э́тим извéстием; das machte ihn ganz ≈ э́то ошеломи́ло егó
Bestürzung *f* замешáтельство 4 | auf allen Gesichtern zeigte sich (arge) ~ на всех ли́цах отобрази́лось си́льное смущéние; j-n in ~ versetzen вызывáть ⟨вы́|звать*⟩ замешáтельство у когó-н.
Bestzeit *f Sport* лу́чшее 11 врéмя
Besuch *m* das Besuchen, Aufsuchen посещéние 5 *G;* offizieller a. визи́т 2 (in в *A*); Besucher посети́тели *Pl* 1; Gäste гóсти *Pl* 1g; Besucherzahl посещáемость 9 | j-m einen ~ machen посе|щáть ⟨-ти́ть 3 -щу́⟩ когó-н.; ein ~ beim Minister посещéние мини́стра [offiziell визи́т к мини́стру]; wir haben ~ у нас гóсти; ich habe ~ bekommen ко мне пришли́ [von auswärts приéхали] гóсти; zu ~ sein быть в гостя́х, го|сти́ть 3 -щу́; zu j-m zu ~ gehen идти́ [при|йти́* *v*] в гóсти к кому́-н.; j-m einen ~ abstatten нанести́* *v* кому́-н. визи́т; wir kamen von einem ~ мы бы́ли в гостя́х, мы пришли́ из гостéй; j-n zum ~ einer Ausstellung einladen пригласи́ть когó-н. посети́ть вы́ставку
besuchen *tr* посе|щáть ⟨-ти́ть 3 -щу́⟩; Bekannte a. наве|щáть ⟨-сти́ть 3 -щу́⟩; Veranstaltung, Schule хо|ди́ть 3⁺ -жу́ в *A*, посе|щáть ⟨-ти́ть⟩ *A;* häufig verkehren (чáсто) бывáть у *G*, ходи́ть; kurz aufsuchen заезжáть ⟨-|éхать*⟩ к *D*, meist auf der Durchreise; zu Fuß заходи́ть 3⁺ -хожу́ ⟨-|йти́*⟩ к *D* | Vorlesungen ~ ходи́ть на лéкции, посещáть лéкции; er besucht die Schule [Universität] он у́чится в шкóле [в университéте]; eine Ausstellung ~ посети́ть вы́ставку; das Museum wird stark besucht в (э́том) музéе мнóго посети́телей; eine stark [gut] besuchte Versammlung многолю́дное собрáние; eine schlecht besuchte Gaststätte мáло посещáемый ресторáн
Besucher *m* Theater, Kino, Sportveranstaltung зри́тель 1; Konzert слу́шатель 1; Ausstellung, Bibliothek, Museum, Theater посети́тель 1; Gast гость 1g; **~in** *f* посети́тельница 6; Gast гóстья 7; **~strom** *m* потóк посети́телей; **~zahl** *f* числó [коли́чество] посети́телей [зри́телей]
Besuchs|tag *m* день посещéния; **~zeit** *f* врéмя посещéний; **~zimmer** *n* гости́ная *Subst* 10, приёмная *Subst* 10
besudeln *tr übertr* оскверн|я́ть ⟨-и́ть 3⟩, марáть (за-, из-)
betagt пожилóй, преклóнного вóзраста
be|tasten *tr* ощу́п|ывать ⟨-ать⟩; Waren щу́пать (по-); *Med* пальпи́ровать *uv, v* 2; **~tätigen** *tr Tech* приводи́ть 3⁺ -вожу́ ⟨-|вести́*⟩ в дéйствие, пу|скáть ⟨-сти́ть 3⁺ -щу́⟩ в ход; sich ≈ *refl* занимáться ⟨заня́ться*, -ялся́, -яли́сь⟩ (mit, in *I*); принимáть ⟨приня́ть*⟩ учáстие (an, bei в *P*) | er betätigte sich politisch [sportlich] он занимáлся полити́ческой дéятельностью [спóртом]
Betätigung *f Tech* приведéние 5 в дéйствие; Aktivität(en) дéятельность 9;

участие 5 в *P* | sportliche ~ занятие 5 спортом

Betätigungsfeld *n* поле деятельности

betäuben *tr* durch Schlag, durch Lärm оглуш|ать ⟨-ить 3⟩; *übertr* дурманить 3 (о-); *Med* анестезировать [нэстэ] *uv, v* 2, делать (с-) наркоз | den Schmerz ~ заглушить *v* боль; sein Gewissen ~ заглушать голос совести; durch Narkose ~ обезбол|ивать ⟨-ить 3⟩ наркозом; (örtlich) betäubt под (местным) наркозом; **~d** Lärm оглушител|ьный| -ен| -ьна; Duft дурманящий 11, пьянящий 11

Betäubung *f* Benommenheit состояние 5 одурманности, одурь 9; durch Lärm оглушение 5; *Med* анестезия [нэстэ] 8, наркоз 2 | örtliche ~ местная анестезия; mit ~ под наркозом

Betäubungsmittel *n* наркотическое средство, наркотик 2

Bete *f Bot* свёкла 6 | rote ~ свёкла столовая

beteiligen *tr* делать (с-) (кого-н.) участником (an etw. чего-н.); ver-, zuteilen надел|ять ⟨-ить 3⟩ (j-n an etw. кого-н. чем-н.); sich ~ *refl* участвовать 2 (an в *P*), принимать ⟨принять*⟩ участие (an в *P*); finanziell вкладывать ⟨-ложить 3⁺⟩ капитал (an в *A*) | j-n am Gewinn ~ сделать *v* кого-н. соучастником прибыли; an einer Sache beteiligt sein *Jur* быть причастным к чему-н.; er war daran beteiligt он принимал в этом участие, он участвовал в этом

Beteilig|te *f* участница 6 (an *G*), участвующая *Subst* 10 (an в *P*); **~ter** *m* участник 2, (an *G*), участвующий *Subst* 10 (an в *P*); **~ung** *f* участие 5 (an в *P*) | unter ≈ von j-m при участии кого-н.; unter starker ≈ при большом количестве участников; aus Mangel an ~ ввиду небольшого числа участников, из-за недостатка желающих; ein Betrieb mit staatlicher ~ предприятие с участием государства, полугосударственное предприятие

beten *intr* молиться 3⁺ (по-) (für j-n за кого-н., um etw. о чём-н.) | zu Gott ~ молиться богу

beteuern *tr* у-, заверять ⟨-верить⟩ (j-m etw. кого-н. в чём-н.) | seine Unschuld ~ клясться* (по-) в своей невинности

Beteuerung *f* уверение 5, заверение 5 (von etw. в чём-н.)

betiteln *tr* eine Überschrift geben озаглавливать ⟨-ить 3 -лю⟩

Beton *m* бетон 2; **~decke** *f* Straße бетонное покрытие 5

betonen *tr Ling* делать (с-) ударение на *P;* hervorheben подчёркивать ⟨-черкнуть 4| -чёркнутый⟩ | er benimmt sich betont höflich он держится подчёркнуто вежливо; ein betonter Vokal ударный гласный

Betonfertigteil *m* сборный бетонный элемент 2

betonieren *tr* бетонировать 2 (за-)

Beton|mischmaschine *f* бетономешалка 6; **~straße** *f* бетонная дорога

Betonung *f Ling* ударение 5; Hervorhebung подчёркивание 5

Betonungs|fehler *m* ошибка в ударении; **~zeichen** *n* знак ударения

Betonwerk *n* бетонный завод; завод железобетонных изделий

betören *tr* плен|ять ⟨-ить 3⟩, ослеп|лять ⟨-ить 3 -лю⟩; **~d** Schönheit очаровател|ьный| -ен| -ьна, ослепител|ьный| -ен| -ьна; Duft пьянящий 11

Betracht *m:* außer ~ lassen не принимать ⟨принять*⟩ во внимание [в расчёт]; in ~ ziehen принимать ⟨принять⟩ во внимание [в расчёт]; er kommt für diese Stelle nicht in ~ он не годится для этой должности

betrachten *tr* ansehen смотреть 3⁺ (по-) на *A;* aufmerksam von allen Seiten рассм|атривать ⟨-отреть⟩; halten für считать ⟨счесть*⟩ (als *I*); einschätzen рассм|атривать (als как *A*) | etw. genau ~ присм|атриваться ⟨-отреться⟩ к чему-н.; sich im Spiegel ~ смотреться (по-) в зеркало; näher betrachtet при ближайшем рассмотрении; politisch betrachtet (рассматривая) с политической точки зрения

Betrachter *m:* der ~ dieses Bildes … человек| смотрящий 11 на эту картину …

beträchtlich значител|ьный| -ен| -ьна | um ein ~es значительно, очень, намного

Be|trachtung *f* das Anschauen рассматривание 5; Untersuchung рассмотрение 5; Überlegung рассуждение 5; ≈en *Pl* соображения *Pl* 5, размышления *Pl* 5 | bei näherer ≈ при ближайшем рассмотрении; ~en über etw. anstellen размышлять о чём-н.; **~trag** *m* сумма 6 | im ≈e von … в сумме … *A;* ein ≈ von zwanzig Mark сумма в двадцать марок

betragen *intr* sich belaufen auf сост|авлять ⟨-авить 3 -авлю⟩ *A;* sich ~ *refl* вести* себя | die Rechnung beträgt hundert Rubel счёт составляет сто рублей

Betragen *n* поведение 5

be|trauen *tr* поруч|ать ⟨-ить 3⁺⟩ (j-n mit etw. кому-н. что-н.) | er wurde mit einem wichtigen Auftrag betraut ему дали [доверили] важное поручение; **~trauern** *tr* скорб|еть 3 -лю о *P;* sein Los оплакивать ⟨-|плакать*⟩

betreffen *tr* касаться ⟨коснуться 4⟩ *G,* относиться 3⁺ к *D;* zustoßen постигать ⟨-стичь* *u.* -стигнуть 4a⟩ | was mich betrifft ... что каса́ется меня́ ...; **~d 1.** *Adj* der zuständige соотве́тствующий 11; der genannte да́нный, упомя́нутый **2.** *Adv* относи́тельно *G*, каса́ясь *G*

betreffs *Präp* относи́тельно *G*, что каса́ется *G*

betreiben *tr* Studien занима́ться *I;* Prozeß, Politik вести́*, проводи́ть 3⁺ -вожу́ ⟨-вести́⟩; ein Ziel verfolgen пресле́довать 2; beschleunigen уск|оря́ть ⟨-о́рить 3⟩; *Tech* приводи́ть ⟨-вести́⟩ в движе́ние [в де́йствие] | eifrig Studien ≈ усе́рдно изуча́ть что-н.; die Strecke wird elektrisch betrieben доро́га электрифици́рована

Betreiben *n:* auf sein ~ по его́ настоя́нию

¹betreten *tr* Straße, Bühne выхо|ди́ть 3⁺ -жу́ ⟨вы́|йти*⟩ на *A;* eintreten вхо|ди́ть 3⁺ -жу́ ⟨во|йти́*⟩ в *A;* fremden Boden, Weg вступ|а́ть ⟨-и́ть 3⁺ -лю́⟩ на *A* | j-s Schwelle nie wieder ~ никогда́ бо́лее не переступа́ть чьего́-н. поро́га

²betreten *Adj übertr* смущ|ённый, -ён, -ена́ | ~es Schweigen тя́гостное молча́ние

Betreten *n:* ~ verboten! вход воспрещён!; das ~ des Bahndamms ist verboten! хо|ди́ть 3⁺ -жу́ по путя́м воспреща́ется!

betreuen *tr* sich kümmern um забо́|титься 3 -чусь (по-) о *P;* pflegen ход|и́ть 3⁺ -жу́ за *I*, уха́живать за *I;* bedienen z. B. Fahrgäste, Touristen обслу́живать; Brigade, Diplomand, wissenschaftliche Arbeit руково|ди́ть 3 -жу́ *I;* Touristen, Gäste быть* прикреплённым к *D* | er betreut eine Studentengruppe [eine Delegation] его́ прикрепи́ли к студе́нческой гру́ппе [к делега́ции]; er betreut Delegationen он рабо́тает с делега́циями

Betreu|er *m* забо́тящийся *Subst* 11 о *P;* обслу́живающий *Subst* 11 *A;* Touristen, Delegationen сопровожда́ющий *Subst* 11 *A*, помо́щник-перево́дчик 2-2; Ferienlager воспита́тель 1 | ≈ einer Delegation сопровожда́ющий делега́цию; er ist ≈ einer Studentengruppe его́ прикрепи́ли к студе́нческой гру́ппе; wissenschaftlicher ≈ нау́чный руководи́тель; **-ung** *f* обслу́живание 5 *G;* Fürsorge забо́та 6 о *P;* Pflege ухо́д за *I* | medizinische [kulturelle] ≈ медици́нское [культу́рное] обслу́живание; künstlerische [wissenschaftliche] ≈ худо́жественное [нау́чное] руково́дство 4

Betreuungsstelle *f Med* консульта́ция 8, диспансе́р [сэ] 2

Betrieb *m* Unternehmen, Arbeitsstätte предприя́тие 5; Werk заво́д 2; Tätigkeit, Arbeitsablauf произво́дство 4, рабо́та 6; эксплуата́ция 8; Verkehr, lebhaftes Treiben движе́ние 5, оживле́ние 5 | im ~ на предприя́тии, на заво́де, на произво́дстве; der ~ beschäftigt tausend Arbeiter на предприя́тии [на заво́де] занята́ [рабо́тает] ты́сяча рабо́чих; das Werk ist seit Jahren in ~ заво́д рабо́тает мно́го лет; der Fahrstuhl ist in ~ лифт рабо́тает [де́йствует]; außer ~ sein не рабо́тать, не де́йствовать 2; den ~ aufnehmen начина́ть ⟨нача́ть*⟩ рабо́ту [произво́дство]; in ~ setzen приводи́ть 3⁺ -вожу́ ⟨-|вести́*⟩ в де́йствие, пу|ска́ть ⟨-сти́ть 3⁺ -щу́⟩ в ход; in ~ nehmen пуска́ть ⟨-сти́ть⟩ в эксплуата́цию, вводи́ть ⟨-вести́⟩ в строй [в эксплуата́цию]; neue Objekte werden in ~ genommen вступа́ют в строй [вво́дятся] но́вые объе́кты; da ist [herrscht] immer starker ~ здесь всегда́ [цари́т] большо́е оживле́ние

betrieblich произво́дственный, заводско́й; на [при] предприя́тии

Betriebs|abrechnung *f* произво́дственный учёт 2; **~akademie** *f* систе́ма 6 ку́рсов повыше́ния квалифика́ции рабо́чих (на предприя́тии)

Betriebsamkeit *f* эне́ргия 8; übertriebene Rührigkeit суета́ 6

Betriebs|angehöriger *m* рабо́чий *Subst* 11 [Angestellter слу́жащий *Subst* 11] предприя́тия [заво́да]; **~anlagen** *f (Pl)* произво́дственные устано́вки; Räume заводски́е помеще́ния; **~arzt** *m* врач при предприя́тии; врач здравпу́нкта (на предприя́тии); **~ausflug** *m* (за́городная) экску́рсия (для рабо́тников предприя́тия), массо́вка 6; **~ausweis** про́пуск 2 (на заво́д); **~berufsschule** *f* шко́ла фабри́чно-заводско́го обуче́ния; im Betrieb профессиона́льная шко́ла при предприя́тии; **~besichtigung** *f* осмо́тр предприя́тия; (произво́дственная) экску́рсия 8; **~ergebnis** *n Wirtsch* бала́нс 2 предприя́тия; **~erholungsheim** *n* = **Betriebsferienheim;** **~essen** *n* обе́ды *Pl* 2 по удешевлённым це́нам в заводско́й столо́вой; **~fachschule** *f* те́хникум 2 при предприя́тии; **~ferienheim** *n* дом о́тдыха предприя́тия; eines Werkes заводско́й дом о́тдыха; **~ferienlager** *m* (пионе́рский) ла́герь предприя́тия; eines Werkes заводско́й (пионе́рский) ла́герь; **~fest** *n* ве́чер 2b *Pl* -а́ для рабо́чих и слу́жащих предприя́тия; **~funk** *m* заводско́й радиоу́з|ел, -ла́ 2e; **~gaststätte** *f* заводска́я столо́вая; **~geheimnis** *n* произво́дственный секре́т; **~gewerkschaftsleitung** *f* профко́м 2 предприя́тия; in der UdSSR in einem Produktionsbetrieb завко́м 2, заводско́й комите́т 2; in Behörde, Schule, Universität местко́м 2, ме́стный комите́т; **~kapital** *n* оборо́тный капита́л; **~kindergarten** *m* де́тский сад при предприя́тии; **~kollektivvertrag** *m* коллекти́вный догово́р предприя́тия; **~kosten** *Pl* издéржки *Pl* 6 произвóдства; **~küche** *f* столóвая *Subst* 10 при предприя́тии; **~küchenessen** *n* питáние 5 в заводскóй столóвой; **~leiter** *m* дирéктор [руководи́тель] предприя́тия; Produktion завéдующий произвóдством; **~leitung** *f* руковóдство предприя́тием; Kollektiv дирéкция 8 [администрáция 8] предприя́тия; **~ordnung** *f* прáвила *Pl* 4 вну́треннего распоря́дка на предприя́тии; **~parteiorganisation** *f* первúчная парторганизáция на предприя́тии; **~plan** *m* произвóдственный план (предприя́тия); **~poliklinik** *f* поликли́ника при предприя́тии; **~praktikum** *n* произвóдственная прáктика; **~rat** *m* *BRD* произвóдственный совéт, заводскóй комитéт 2, завкóм 2; **~schutz** *m* заводскáя охрáна

betriebssicher надёжный в рабóте

Betriebs|sicherheit *f Tech* надёжность в эксплуатáции; **~sportgemeinschaft** *f* спорти́вное óбщество предприя́тия; **~stillegung** *f* свёртывание произвóдства; **~störung** *f* нарушéние 5 произвóдственного процéсса; **~unfall** *m* произвóдственная трáвма 6, несчáстный слу́чай на произвóдстве; **~verkaufsstelle** *f* заводскóй магази́н 2, магази́н на предприя́тии; **~versammlung** *f* собрáние на предприя́тии [на завóде]; **~wirtschaft** *f* эконóмика 6 и организáция 8 произвóдства; **~zeitung** *f* заводскáя газéта; mit größerer Auflage многотирáжка 6; **~zweig** *m* óтрасль произвóдства

be|trinken, sich *refl* напивáться ⟨-|пи́ться*| -пили́сь⟩ (пья́ным); **~troffen** смущ|ённый| -ён| -енá (über *I*); **~trüben** *tr* печáлить 3 (о-), огорч|áть ⟨-и́ть 3⟩; **~trüblich** печáл|ьный| -ен| -ьна; **~trübt** огорч|ённый| -ён| -енá, грýстный| -ен| -нá! | über etw. ≈ sein горевáть 2 [печáлиться 3 (о-)] о чём-н.

Betrug *m* обмáн 2; Untreue измéна 6 | das ist ein glatter ~! э́то сплошнóе надувáтельство!

betrügen *tr* обмáнывать ⟨-мaну́ть 4⁺⟩; обмáном лиш|áть ⟨-и́ть 3⟩ (j-n um etw. когó-н. чегó-н.); *intr* meist beim Spiel плутовáть 2 (на-, с-) *umg* | j-n um zehn Mark ~ обмáнывать ⟨-мaну́ть⟩ [обсч|и́тывать ⟨-итáть⟩] когó-н. на дéсять мáрок; seine Frau betrügt ihn егó женá емý изменя́ет; sich nicht ~ lassen не поддáться* *v*| -дáлся| -дали́сь обмáну; ich sah mich in meinen Hoffnungen betrogen я обману́лся в свои́х надéждах

Betrüger *m* обмáнщик 2

be|trügerisch обмáнчив:ый; lügnerisch лжи́в:ый | ≈e Absicht намéрение обманýть; **~trunken** пья́н:ый| -á! | ≈ werden пьянéть (о-); j-n ein wenig ≈ machen спáивать ⟨спои́ть 3 споúшь⟩ когó-н.; er ist schwer [leicht] ≈ он си́льно [слегкá] пьян

Betrunkener *m* пья́ный *Subst* 10

Bett *n* кровáть 9; zurechtgemachtes постéль 9; im Krankenhaus кóйка 6; Fluß~ рýсло 4 *G Pl* русл, лóже 4 | ein Hotel mit dreihundert ~en гости́ница на три́ста мест; ein Krankenhaus mit zweihundert ~en больни́ца на двéсти кóек; das ~ machen стлать* (по-) [пост|ели́ть *v* -елю́| -éлешь] постéль; zu ~ gehen ложи́ться 3 ⟨лечь*⟩ спать, идти́ спать; zu ~ bringen Kinder уклáдывать ⟨уложи́ть 3⁺⟩ спать; sich ins ~ legen bei Krankheit с|лечь* *v* (в постéль); ans ~ gefesselt sein быть прикóванным к постéли; im ~ liegen лежáть 3 в постéли; auf dem ~liegen лежáть на кровáти [на кóйке]; am ~ sitzen сидéть у постéли; aus dem ~ steigen в|стать* *v* с постéли; mit j-m ins ~ gehen спать* с кем-н.; **~bezug** *m* пододея́льник 2; **~couch** *f* дивáн-кровáть 2-9; **~decke** *f* одея́ло 4; Zierdecke покрывáло 4 (на постéль)

bettelarm ни́щий 11, óчень бéд|ный| -ен| -нá| -нó| бéдны́

Bettelei *f* ни́щенство 4, попрошáйничество 4

betteln *intr* про|си́ть 3⁺ -шу́ (по-) ми́лостыню; inständig bitten неотсту́пно проси́ть (по-) (um etw. что-н., чегó-н.,о чём-н.) | ~ gehen идти́ ⟨пойти́⟩ с сумóю

Bettelstab *m:* an den ~ bringen пу|сти́ть *v* 3⁺ -щу́ пó миру когó-н.

betten *tr* уклáдывать ⟨уложи́ть 3⁺⟩ (zum Schlafen в постéль) | er ist nicht auf Rosen gebettet у негó жизнь нелёгкая

Betten|haus *n* спáльный кóрпус 2b *Pl* -á z. B. im Erholungsheim; eines Krankenhauses стационáр 2; **~kapazität** *f* Krankenhaus чис|лó 4c *G Pl* -ел кóек; Sanatorium вмести́мость 9; **~station** *f Med* стационáрное отделéние, стационáр 2

Bettkarte *f Eisenb* плацкáрта 6 в спáльный вагóн

bettlägerig лежáчий 11; *Med* постéльный | ~ sein лежáть 3 в постéли, соблюдáть постéльный режи́м

Bettlaken *n* простыня́ 7 *Pl* прóстыни| прост|ы́нь| -ыня́м

Bettler *m* ни́щий *Subst* 11

Bett|nässer *n* страдáющий *Subst* 11 ночны́м недержáнием мочи́; **~ruhe** *f* постéльный режи́м 2; **~umrandung** *f* кóврики *Pl* 2 [дорóжки *Pl* 6] вокру́г кровáти; **~vorleger** *m* кóврик 2 пéред кровáтью; **~wäsche** *f* постéльное бельё; **~zeug** *n* постéль 9, постéльные принадлéжности *Pl* 9

betupfen *tr* abtupfen смáчивать ⟨смочи́ть

3⁺⟩; mit Tupfen versehen покрывáть ⟨-|крыть*⟩ пя́тнами [крáпинками]
beugen *tr* сгибáть ⟨согнýть 4ⅰ сóгнутый⟩; nieder~ наклон|я́ть ⟨-и́ть 3⁺ⅰ -ённый⟩; *Gramm:* deklinieren склоня́ть (про-); konjugieren спрягáть (про-); sich ~ *refl* sich bücken наклон|я́ться ⟨-и́ться⟩; склон|я́ться ⟨-и́ться⟩ (über над *I*); *übertr* преклон|я́ться ⟨-и́ться 3⟩ (vor пéред *I*) | die Knie ~ преклон|я́ть ⟨-и́ть⟩ колéни; das Recht ~ *Jur* нарушáть ⟨-рýшить 3⟩ закóн
Beugung *f* das Beugen сгибáние 5; Rumpf наклóн 2; *Gramm:* Deklination склонéние 5; Konjugation спряжéние 5; *Phys* дифрáкция 8 | ~ des Rechts *Jur* нарушéние 5 закóна
Beule *f* ши́шка 6; *Med* желвáк 2е
beunruhigen *tr* беспокóить 3, тревóжить 3 (вс-); sich ~ *refl* беспокóиться, тревóжиться (вс-) (über о *P*); **~d** тревóж|ный̂ⅰ -ен
Beunruhigung *f* беспокóйство 4, тревóга 6
beur|kunden *tr* удостов|еря́ть ⟨-éрить 3⟩ (докумéнтами); **~lauben** *tr* давáть* ⟨дать*⟩ óтпуск *D; Mil* увольня́ть ⟨уволить 3⟩ в óтпуск *A;* vorübergehend von Pflichten entbinden врéменно освобо|ждáть ⟨-ди́ть 3 -жýⅰ -ждённый⟩ от обя́занностей [bei Behörde от занимáемой дóлжности]
Beurlaubung *f* óтпуск 2; *Mil* увольнéние 5 (в óтпуск)
beurteilen *tr* urteilen су|ди́ть 3⁺ -жýⅰ -ждённый (о *P*, nach по *D*); bewerten оцéнивать ⟨-цени́ть 3⁺ⅰ -ценённый⟩ | j-n nach seinen Leistungen ~суди́ть о ком-н. по егó успéхам
Beurteilung *f* Bewertung оцéнка 6; Dokument характери́стика 6; Gutachten, Rezension óтзыв 2, рецéнзия 8
Beute *f Jagd* добы́ча 6; *Mil* трофé|й 1 *G Pl* -ев; Diebstahl крáденое *Subst* 10 | ~ machen захв|áтывать ⟨-ати́ть 3⁺ -ачý⟩ трофéй [добы́чу]; auf ~ ausgehen выходи́ть 3⁺ -жý ⟨вы́|йти*⟩ на добы́чу [за добы́чей]; j-m zur ~ werden стать* *v* добы́чей когó-н.
Beutel *m* Einkaufs~ сýмка 6; Geld~ кошел|ёкⅰ -ькá 2; Säckchen меш|óкⅰ -кá 2; *Zool* сýмка | er muß tief in den ~ greifen он вы́нужден раскошéлиться; **~tier** *n* сýмчатое живóтное
bevölker|n *tr* насел|я́ть ⟨-и́ть 3⟩; besiedeln засел|я́ть ⟨-и́ть 3⟩; **~t** dicht населённый, (много)лю́д|ныйⅰ -ен | wenig ≈ малонаселённый; Straße малолю́дныйⅰ -ен
Bevölkerung *f* населéние 5; Besiedlung заселéние 5
Bevölkerungsdichte *f* плóтность населéния, населённость 9
bevölkerungspolitisch демографи́ческий
Bevölkerungs|zahl *f* чи́сленность 9 населéния; **~zuwachs** *m* прирóст населéния
bevollmächtig|en *tr* уполномóч|ивать ⟨-ить 3⟩ (zu на *A*); **~t** уполномóченный | ≈er Vertreter полномóчный представи́тель
Bevollmächtig|ter *m Pol* уполномóченный *Subst* 10; *Wirtsch* довéренный *Subst* 10; *Dipl Jur* повéренный *Subst* 10; **~ung** *f* Vollmacht полномóчие 5 | durch ≈ по полномóчию
bevor *Konj* до тогó как; прéжде чем, *mit Negation* покá не | ~ man abreist… прéжде чем уéхать…; ~ es zu spät ist покá не пóздно; er kann nicht schreiben, ~ er die Adresse nicht weiß он не мóжет написáтьⅰ покá не узнáет áдреса; kurz ~ das geschah незадóлго до тогóⅰ как э́то случи́лось; **~munden** *tr* опекáть | ich lasse mich von niemandem ≈ я не допущýⅰ чтóбы меня́ опекáли
Bevormundung *f* опéка 6
bevorrecht|en *tr* давáть* ⟨дать*⟩ привилéгию *D;* **~et** привилеги́рóванный
bevorstehen *intr* предстоя́ть 3 | was steht mir bevor? что меня́ ждёт?; **~d** предстоя́щий 11, Fest a. наступáющий 11
bevorzug|en *tr* предпо|читáть ⟨-|чéсть*⟩ (j-n, etw. когó-н., что-н. vor j-m, etw. комý-н., чемý-н.) | ich bevorzuge ihn vor anderen я окáзываю емý предпочтéние пéред другúми; **~t** **1.** *Adj* привилегирóванный; Lieferung, Abfertigung первоочереднóй **2.** *Adv* предпочти́тельно, в пéрвую óчередь
Bevorzugung *f* предпочтéние 5ⅰ окáзываемое … (von j-m durch j-n комý-н. кем-н.)
be|wachen *tr* охраня́ть, стерéчь*; **~wachsen** *intr* zuwachsen зарастáть ⟨-|расти́*⟩ (mit *I*); umwachsen обрастáть ⟨-расти́⟩ (mit *I*) | das Feld ist mit Gras ≈ пóле поросло́ [заросло́] травóй; mit Moos ≈ зарóсший 11 травóй
Bewachung *f* охрáна 6 | unter ~ под охрáной
bewaffne|n *tr* вооруж|áть ⟨-и́ть 3⟩ (mit *I*); sich ≈ *refl* вооруж|áться ⟨-и́ться⟩ (mit *I*); **~t** вооружённый
Bewaffnung *f* вооружéние 5 (mit *I*)
be|wahren *tr* hüten, auch weiterhin beibehalten сохран|я́ть ⟨-и́ть 3⟩; aufbewahren, wahren храни́ть, сохран|я́ть ⟨-и́ть⟩; schützen оберегáть ⟨-|берéчь*ⅰ -бережённый (j-n vor когó-н. от *G*); Wertgegenstände берéчь, храни́ть | Ruhe ≈ сохрани́ть спокóйствие; Stillschweigen ≈ храни́ть молчáние, не разглашáть чегó-н.; j-m ein gutes Andenken ≈ храни́ть 3 о ком-н. дóбрую пáмять; ein Geheimnis ≈ храни́ть тáйну; j-n vor Krankheit ≈ уберéчь когó-н. от бо-

лéзни; Gott bewahre! избáви бог!; **~währen, sich** *refl* (хорошó) покáзывать ⟨-|казáть*⟩ себя́ (als *I*); Verfahren опр|áвдывать ⟨-авдáть⟩ себя́ | er hat sich als treuer Freund bewährt он проявúл себя́ как вéрный друг [вéрным дрýгом]; diese Methode hat sich nicht bewährt э́тот мéтод не оправдывает себя́; er bewährte sich als guter Arbeiter он зарекомендовáл себя́ хорóшим рабóтником; ein bewährtes Mittel испы́танное срéдство; **~wahrheiten, sich** *refl* опр|áвдываться ⟨-авдáться⟩ (на дéле); **~währt** испы́танный; zuverlässig надёжный, -ен

Bewährung *f* schwere Prüfung испытáние 5 | mit ~ *Jur* услóвно

Bewährungs|frist *f* испытáтельный срок | drei Monate Gefängnis mit ≈ три мéсяца тюрéмного заключéния услóвно; **~probe** *f* испытáние 5

bewaldet лесúст:ый, зарóсший 11 лéсом

be|wältigen *tr* Arbeit спр|авля́ться ⟨-áвиться 3 -áвлюсь⟩ с *I;* Problem (раз)реш|áть ⟨-úть 3⟩; Schwierigkeiten преодол|евáть ⟨-éть⟩; Vergangenheit осúливать ⟨осúлить 3⟩, преодол|евáть ⟨-éть⟩; **~wandert** свéдущий 11 (in в *P*), óпыт|ный, -ен (in в *P*)

Bewältigung *f* преодолéние 5; (раз)решéние 5 | ~ der Vergangenheit осилéние 5 [преодолéние] прóшлого

Bewandtnis *f:* damit hat es folgende ~ дéло вот в чём, дéло (заключáется) в слéдующем; damit hat es eine andere ~ э́то другóе дéло

bewässern *tr* оро|шáть ⟨-сúть 3 -шý⟩, обводн|я́ть ⟨-úть 3⟩

Bewässerung *f* орошéние 5, обводнéние 5

Bewässerungs|anlage *f* оросúтельная установка 6; **~kanal** *m* оросúтельный канáл; **~system** *n* ирригациóнная систéма

[1]**bewegen** *tr* двúгать* ⟨двúнуть 4⟩ *a.* Körperteile; von der Stelle сдв|игáть 1 ⟨-úнуть⟩; leicht ~ (Schulter, Lippen; Wind) шев|елúть 3 -éлúшь *I;* Gefühl erregen волновáть 2 (вз-), трó|гать ⟨-нуть 4⟩; sich ~ *refl* двú|гаться ⟨-нуться⟩; leicht шевелúться (по-); um die Achse; Erde; Gedanken вращáться | der Wind bewegt die Gardine вéтер колы́шет занавéску; die Feder bewegt den Mechanismus пружúна двúжет механúзм; die Fragen, die die Völker ~ вопрóсы, котóрые волнýют нарóды; der Stein bewegte sich nicht von der Stelle кáмень не сдвúнулся с мéста; der Preis bewegt sich zwischen ... ценá колéблется мéжду ...

[2]**bewegen** *tr* veranlassen побу|ждáть ⟨-дúть 3 -жý, -ждённый⟩ (zu к *D*, на *A*) | was hat dich zur Abreise bewogen? что побудúло [застáвило] тебя́ уéхать?; sich zu etw. ~ lassen склон|я́ться ⟨-úться⟩ к чемý-н., дать* себя́ уговорúть

bewegend anregend побудúтел|ьный, -ен, -ьна; rührend трóгател|ьный, -ен, -ьна; Rede волнýющий 11

Beweggrund *m* пóвод 2, мотúв 2

beweglich подвижн:óй, -á! | ~e Habe двúжимое имýщество; er ist geistig sehr ~ у негó живóй ум

Beweglichkeit *f* подвúжность 9; жúвость 9

bewegt lebhaft оживлён:ный, -на; ergriffen трóнут:ый (von, durch *I*) | ~e See волнýющееся 11 мóре; ~es Leben бýрная жизнь; er war tief ~ он был глубокó трóнут; ~en Herzens глубокó взволнóванный

Bewegung *f Phys,* Ortsveränderung, Strömung движéние 5; Gebärde движéние, жест 2; Unruhe волнéние 5; Rührung эмóция 8, растрóганность 9; Bestrebung движéние 5; Spazierengehen zur Erholung моциóн 2 | in ~ setzen *Tech* приводúть 3⁺-вожý ⟨-|вестú*⟩ в движéние; Truppen двúгать* ⟨двúнуть 4⟩; in ~ sein двú|гаться ⟨-нуться⟩; sich in ~ setzen трó|гаться ⟨-нуться 4⟩, приходúть 3⁺ -хожý ⟨-|йтú*⟩ в движéние; die ganze Stadt war in ~ весь гóрод пришёл в движéние; весь гóрод был охвáчен волнéнием; er konnte seine innere ~ nicht verbergen он не мог скрыть своегó внýтреннего волнéния; der Arzt hat viel ~ in frischer Luft verordnet врач рекомендовáл длúтельные прогýлки [продолжúтельный моциóн] на свéжем вóздухе; Mangel an ~ недостáток движéния

Bewegungsfreiheit *f* свобóда передвижéния; in Tätigkeit свобóда дéйствий

bewegungslos неподвúж|ный, -ен

Bewegungs|mangel *m* недостáток движéния; **~spiel** *n* подвúжная игрá

bewegungsunfähig: das defekte Auto war ~ повреждённый автомобúль не мог двúгаться

beweinen *tr* оплáкивать ⟨-|плáкать*⟩

Beweis *m* доказáтельство 4 (für *G*); Indiz улúка 6; аргумéнт 2 | unter ~ stellen, einen ~ führen докáзывать ⟨-|казáть*⟩; einen ~ erbringen приводúть 3⁺ -вожý ⟨-|вестú*⟩ доказáтельство; als ~ dafür, daß ... в доказáтельство тогó, что ...; zum ~ seiner Aussagen в подтверждéние своúх показáний; als ~ в кáчестве доказáтельства, как доказáтельство; zum ~ в доказáтельство; zum ~ seiner Dankbarkeit в знак своéй благодáрности; ein ~ der Liebe проявлéние 5 [знак 2] любвú; wegen Mangels an ~en за неимéнием улúк; **~aufnahme** *f* судéбное слéдствие 5

beweisbar доказу́ем:ый | nicht ~ недоказу́емый

beweisen *tr* дока́зывать ⟨-|каза́ть*⟩; zeugen von свиде́тельствовать 2 о *P;* an den Tag legen, zeigen; проявл|я́ть ⟨-и́ть 3⁺ -лю́⟩ | das beweist gar nichts э́то соверше́нно ничего́ не дока́зывает; Mut ~ проявля́ть му́жество

Beweis|führung *f* представле́ние 5 доказа́тельств; аргумента́ция 8; **~grund** *m* до́вод 2, основа́ние (для) доказа́тельства

beweiskräftig доказа́тел|ьный, -ен, -ьна

Beweis|material *n* доказа́тельства *Pl* 4, обличи́тельный материа́л | dokumentarisches ≈ облича́ющие 11 докуме́нты *Pl* 2; **~stück** *n* ули́ка 6, веще́ственное доказа́тельство 4

bewenden *intr:* es dabei ~ lassen ост|а́вить *v* 3 -а́влю что-н. по-ста́рому [как оно́ есть]

bewerben, sich *refl* um Arbeitsstelle проси́ть 3⁺ -шу́ (по-) [schriftlich подава́ть ⟨пода́ть*⟩ заявле́ние] о приёме на (каку́ю-н.) рабо́ту [um Posten о назначе́нии на (каку́ю-н.) до́лжность]; um Gunst, j-s Hand добива́ться *G;* Kandidatur претендова́ть 2 (um на *A*) | sich um einen Studienplatz ~ проси́ть [подава́ть заявле́ние] о зачисле́нии в уче́бное заведе́ние

Bewerb|er *m* Posten, Stelle кандида́т 2 (für, um на *A*); *Sport* претенде́нт 2 (um на *A*); Interessent жела́ющий *Subst* 11; um einen Titel, Preis соиска́тель 1; Freier жени́х 2e; **~ung** *f* про́сьба 6; [Schreiben] заявле́ние 5 (um о *P*) [um Arbeitsstelle о приёме на рабо́ту, um Posten о назначе́нии на до́лжность] | ~ um einen Studienplatz про́сьба [заявле́ние] о зачисле́нии в уче́бное заведе́ние

Bewerbungsschreiben *n* заявле́ние 5 (о приёме на рабо́ту)

be|werfen *tr* забр|а́сывать ⟨-оса́ть⟩ (mit *I*) | mit Stuck ≈ штукату́рить 3 (от-); mit Schmutz ≈ *übertr* сме́шивать ⟨-меша́ть⟩ с гря́зью; **~werkstelligen** *tr* производи́ть 3⁺ -вожу́ ⟨-|вести́*⟩, осуществ|ля́ть ⟨-и́ть 3 -лю́⟩ | ich werde das ≈ я э́то сде́лаю [устро́ю]; **~werten** *tr* оце́нивать ⟨-цени́ть 3⁺; -ценённый⟩ | neu [zu hoch] ≈ переоц|е́нивать ⟨-цени́ть⟩

Bewertung *f* оце́нка 6 *a. Sport*

bewilligen *tr* дава́ть* ⟨дать*⟩ разреше́ние на *A*, разреш|а́ть ⟨-и́ть 3⟩ *A;* Gelder, Unterstützung ассигнова́ть *uv, v* 2, отпу|ска́ть ⟨-сти́ть 3⁺ -щу́⟩ (für на *A*); Kredit, Stipendium предост|авля́ть ⟨-а́вить 3 -а́влю⟩; *Pol* Kredite воти́ровать *uv, v* 2 | j-m ein Stipendium ~ дать [предоста́вить] кому́-н. стипе́ндию

Bewilligung *f* разреше́ние 5 (für на *A*); ассигнова́ние 5; предоставле́ние 5

be|wirken *tr* вызыва́ть ⟨вы́|звать*⟩, быть* причи́ной | ≈, daß... спосо́бствовать 2 тому́, что́бы ...; **~wirten** *tr* уго|ща́ть ⟨-сти́ть 3 -щу́⟩, принима́ть ⟨приня́ть*⟩ у себя́; **~wirtschaften** *tr* вести́* (хозя́йство), управля́ть (хозя́йством); Boden обраба́тывать; Waren, Produkte ве́дать *I;* рациони́ровать *uv, v* 2 | eine Gaststätte ≈ ве́дать рестора́ном; den Wohnraum ≈ ве́дать распределе́нием жилпло́щади; Devisen ~ регули́ровать 2 обраще́ние валю́ты

Bewirt|schaftung *f* Hof, Gaststätte веде́ние 5 (*Landw* хозя́йства); обрабо́тка 6; рациони́рование 5; регули́рование 5 | die ≈ des Wohnraums распределе́ние 5 жилпло́щади; **~ung** *f* угоще́ние 5

bewohnbar приго́дный для жилья́

bewohnen *tr* жить* в *P;* bevölkern населя́ть, обита́ть | ein Haus [ein Zimmer] ~ занима́ть дом [ко́мнату]; ich habe das Zimmer bewohnt я жил в э́той ко́мнате; eine bewohnte Insel обита́емый о́стров; die Erde wird von ... bewohnt на земле́ живу́т [зе́млю населя́ют] ...

Bewohner *m* der Erde, der Wälder (z. B. die Vögel) обита́тель 1 *buchspr;* Land, Stadt жи́тель 1; Mieter жил|е́ц, -ьца́ 2 | die ~ der Erde населе́ние 5, обита́тели; **~in** *f* обита́тельница 6; жи́тельница 6; жили́ца 6

bewohnt жило́й, обита́ем:ый | wenig ~ малонаселённый

bewölk|en, sich *refl* покрыва́ться ⟨-|кры́ться*⟩ облака́ми, завола́киваться ⟨-|воло́чься*⟩ | seine Stirn bewölkte sich лицо́ его́ помрачне́ло; **~t** о́блач|ный, -ен, покры́тый облака́ми | stark ≈ си́льная о́блачность

Bewölkung *f* о́блачность 9

Bewunderer *m* почита́тель 1

bewundern *tr* восхи|ща́ться ⟨-ти́ться 3 -щу́сь⟩ *I*, sehend a. любова́ться 2 (по-) *I;* **~d:** ≈e Blicke восхищённые взгля́ды

bewundernswert досто́йный восхище́ния

Bewunderung *f* восхище́ние 5, восто́рг 2 (für от *G* oder *I*) | j-m ~ einflößen вызыва́ть ⟨вы́|звать*⟩ чьё-н. восхище́ние; voller ~ с восхище́нием

bewußt 1. *Adj* созна́тел|ьный, -ен, -ьна; vorsätzlich обду́манный; Irreführung умы́шленный; bekannt изве́ст|ный [сн], -ен, тот (са́мый) | an dem ~en Tag в изве́стный нам день, в тот (са́мый) день; ich bin mir keiner Schuld ~ я не чу́вствую за собо́й никако́й вины́; er war sich seiner Tat ~ он отдава́л себе́ отчёт в том, что де́лает **2.** *Adv* созна́тельно; absichtlich наро́чно [шн], с наме́рением | es ist mir wohl ~ я хорошо́ понима́ю; erinnerlich я хорошо́ по́мню; es ist mir nicht mehr ~… не могу́ припо́мнить …; er hat das ganz ~ getan он сде́лал э́то соверше́нно созна́тельно; sich einer Sache ~ sein от|дава́ть* ⟨отда́ть*⟩ себе́ отчёт в чём-н.; **~los 1.** *Adj* бессозна́тел|ьный, -ен, -ьна | ≈ werden теря́ть (по-) созна́ние **2.** *Adv* без созна́ния, без па́мяти

Bewußtlosigkeit *f* бессозна́тельное состоя́ние 5, беспа́мятство 4

bewußtmachen *tr:* den Menschen etw. ~ доводи́ть 3⁺ -вожу́ ⟨-|вести́*⟩ что-н. до созна́ния люде́й, вноси́ть 3⁺ -ношу́ ⟨-|нести́*⟩ что-н. в созна́ние люде́й

Bewußtsein *n* созна́ние 5, па́мять 9; Verhalten zur Gesellschaft созна́тельность 9 | bei vollem ~ в по́лном созна́нии; ohne ~ без созна́ния, без па́мяти; das ≈ verlieren теря́ть (по-) созна́ние; er kam wieder zu(m) ≈ он сно́ва пришёл в себя́ [в созна́ние]; etw. mit vollem ~ tun де́лать (с-) что-н. соверше́нно созна́тельно; sozialistisches [gesellschaftliches] ~ социалисти́ческое [обще́ственное] созна́ние; das politische ~ der Massen полити́ческая созна́тельность масс

Bewußtseins|bildung *f* формирова́ние созна́ния; **~spaltung** *f* расщепл|е́ние созна́ния

bezahlen *tr* пла|ти́ть 3⁺ -чу́ (за-, у-) (*A oder* für за *A*); Rechnung, Schulden упл|а́чивать ⟨-ати́ть⟩; entlohnen, voll auszahlen распл|а́чиваться ⟨-ати́ться⟩; *übertr* поплати́ться *v* (mit *I*) | ein Buch ~ заплати́ть за кни́гу; mit Scheck ~ заплати́ть че́ком; in Gold ~ плати́ть зо́лотом; an der Kasse ~ плати́ть в ка́ссу; bezahlter Urlaub опла́чиваемый о́тпуск; die Zeche [die Rechnung] ~ оплати́ть счёт; eine gut bezahlte Arbeit хорошо́ опла́чиваемая рабо́та; wieviel [was] habe ich zu ~? ско́лько вам с меня́ сле́дует?; das macht sich bezahlt э́то окупа́ется; das lohnt sich э́то опра́вдывает себя́; etw. mit dem Leben ~ поплати́ться за что-н. жи́знью; das ist nicht mit Geld zu ~ э́тому цены́ нет; das habe ich teuer ~ müssen *übertr* э́то обошло́сь мне до́рого; ich möchte ~! im Restaurant да́йте, пожа́луйста, счёт!

Bezahlung *f* пла́та 6 (von за *A*); Bezahlen a. опла́та 6; Zahlung упла́та 6 | gegen ~ за пла́ту, за вознагражде́ние

bezähmen *tr* укро|ща́ть ⟨-ти́ть 3 -щу́⟩, обу́здывать ⟨обузда́ть⟩; Neugier, Zorn сде́рживать ⟨-держа́ть 3⁺⟩

bezaubern *tr* очар|о́вывать ⟨-ова́ть 2⟩, обвор|а́живать ⟨-ожи́ть 3⟩; **~d** очарова́тел|ьный, -ен, -ьна, обворожи́тел|ьный, -ен, -ьна | ≈er Blick чару́ющий 11 взгляд

bezeichnen *tr* durch Zeichen kenntlich machen отмеча́ть ⟨-ме́тить 3 -ме́чу⟩; ме́тить (по-); Wäsche kennzeichnen, bedeuten обозн|ача́ть ⟨-а́чить 3⟩; charakterisieren характеризова́ть *uv, v* 2 (*v a.* о-); (be)nennen называ́ть ⟨-|зва́ть*⟩ (j-n *oder* etw. als кого́-н. oder что-н. *I*) | die Aussprache eines Wortes ~ ука́зывать ⟨-|каза́ть*⟩ произноше́ние сло́ва; genau ~ то́чно указа́ть; j-n als dumm ~ пред-ст|авля́ть ⟨-а́вить 3 -а́влю⟩ кого́-н. дурако́м, назва́ть кого́-н. глу́пым; er bezeichnet sich als Künstler он представля́ется как худо́жник; was bezeichnet diese Zahl? что обознача́ет э́та ци́фра?; **~d** характе́р|ный, -ен, типи́чный, -ен | das ist für ihn ≈ э́то характе́рно [типи́чно] для него́

Bezeichnung *f* Kennzeichnung durch ein Zeichen отме́тка 6; Markierung обозначе́ние 5; Benennung назва́ние 5, обозначе́ние 5 | die ~ der Aussprache указа́ние 5 на произноше́ние

be|zeigen *tr* Freude, Beileid, Wohlgefallen выража́ть ⟨вы́ра|зить 3 -жу⟩; Gunst, Ehre, Aufmerksamkeit ока́зывать ⟨-|каза́ть*⟩ | j-m seine Achtung ≈ относи́ться 3⁺ -ношу́сь ⟨-|нести́сь*⟩ к кому́-н. с уваже́нием; sich dankbar ≈ прояв|ля́ть ⟨-и́ть 3⁺ -лю́⟩ благода́рность; **~zeugen** *tr* свиде́тельствовать 2 (за-); Achtung, Vertrauen выража́ть ⟨вы́ра|зить 3 -жу⟩; *Jur* дава́ть* ⟨дать*⟩ свиде́тельские показа́ния | ich kann ≈, daß Sie die Wahrheit sagt я могу́ подтверди́ть, что она́ говори́т пра́вду

be|zichtigen *tr* обвин|я́ть ⟨-и́ть 3⟩ в *P;* **~ziehen** *tr* mit Stoff обива́ть ⟨-|би́ть*, обобью́⟩, обтя́гивать ⟨-тяну́ть 4⁺⟩; Gehalt, Einkünfte получ|а́ть ⟨-и́ть 3⁺⟩; Ware, Zeitung выпи́сывать ⟨вы́|писать*⟩, зака́зывать ⟨-|каза́ть*⟩; erhalten получ|а́ть ⟨-и́ть⟩ (von у *G*); Wohnung въ|езжа́ть ⟨-|е́хать*⟩ в *A*, переезжа́ть ⟨-е́хать⟩ в *A;* Hochschule поступ|а́ть ⟨-и́ть 3⁺ -лю́⟩ в *A; Mil* Stellung занима́ть ⟨заня́ть⟩; in Beziehung setzen относи́ть 3⁺ -ношу́ ⟨-|нести́*⟩ (auf к *D*); Kritik, Anspielung принима́ть ⟨приня́ть*⟩ на свой счёт; sich ≈ *refl* sich bedecken покрыва́ться ⟨-|кры́ться*⟩; in Beziehung stehen относи́ться ⟨-нести́сь⟩ (auf к *D*); auf ein Schreiben ссыла́ться ⟨со|сла́ться*, сошлю́сь⟩ (auf на *A*) | die Betten neu ≈ меня́ть [смени́ть *v* 3⁺] посте́льное бельё; eine neue Wohnung ≈ переезжа́ть ⟨-|е́хать*⟩ в [на] но́вую кварти́ру; der Himmel bezieht sich (mit Wolken) не́бо заволя́кивается; seine Äußerung bezieht sich auf dich его́ выска́зывание каса́ется тебя́; das bezieht sich nicht auf mich э́то ко мне не отно́сится; zu ≈ durch … мо́жно получи́ть у …

Beziehung *f* Verbindung отношéния *Pl* 5, offiziell a. свя́зи *Pl* 9; Verbundenheit; Zusammenhang связь 9; Hinsicht отношéние 5 | gute ~en zu j-m haben быть* в хорóших отношéниях с кем-н., имéть хорóшие отношéния с кéм-н.; wirtschaftliche [kulturelle] ~en zwischen den Staaten экономи́ческие [культу́рные] отношéния [свя́зи] мéжду госудáрствами; einflußreiche ~en haben имéть (влия́тельные) свя́зи; ~en aufnehmen *Dipl* устан|áвливать ⟨-ови́ть 3⁺ -овлю́⟩ дипломати́ческие отношéния; ~en abbrechen порывáть ⟨-|рвáть*⟩ отношéния; das steht in keiner ~ zur Sache э́то к дéлу не относи́тся; etw. in ~ setzen zu etw. стáв|ить 3 -лю (по-) что-н. в связь с чем-н.; in dieser ~ в э́том отношéнии; in mancher ~ в нéкотором отношéнии, во мнóгих отношéниях; in jeder ~ во всех отношéниях

beziehungsweise *Adv* oder и́ли (же) мóжет быть; genauer gesagt вернée

beziffern *tr* нумеровáть 2 (про-), обозн|ачáть ⟨-áчить 3⟩ ци́фрами; sich ~ *refl* исчисля́ться (auf *I oder* в *A*)

Bezifferung *f* нумерáция 8

Bezirk *m* óбласть 9g; Verwaltungseinheit óкруг 2b *Pl* -á; Stadt~ райóн | Rat des ~es окружнóй совéт

bezirksgeleitet: ~er Betrieb предприя́тие окружнóго подчинéния

Bezirks|gericht *n* окружнóй суд; **~hauptstadt** *f* глáвный гóрод 2b *Pl* -á óкруга; **~kommando** *n Mil* окружнóе воéнное комáндование, окружнóе управлéние 5 комплектовáния; **~maßstab** *m:* im ≈ в рáмках óкруга **~leitung** *f* einer Partei окружнóй комитéт 2; **~liga** *f Sport* окружнóй класс; **~stadt** *f* окружнóй центр 2; **~tag** *m* окружнóе собрáние 5 депутáтов

Bezug *m* für Polstermöbel оби́вка 6; des Sofas обтя́жка 6; Schon~ чех|óл, -лá 2; Kissen~ нáволочка 6; von Waren покýпка 6, получéние 5; Zeitschriften вы́писка 6; *Pl* Einnahmen дохóды *Pl* 2; Beziehung отношéние 5 | in ~ auf etw. что касáется чегó-н., относи́тельно чегó-н.; mit ~ auf … ссыля́ясь на …; ~ nehmen auf etw. ссылáться ⟨сослáться*⟩ на что-н.; seine Bezüge sind nicht hoch егó дохóды невелики́

bezüglich 1. *Adj* относя́щийся 11 (auf к *D*) | ~es Fürwort относи́тельное местоимéние **2.** *Präp* относи́тельно *G*, насчёт *G*

Bezugnahme *f* ссы́лка 6 | unter ~ auf etw. ссыля́ясь на что-н.

bezugsfertig готóвый к заселéнию [к сдáче] | die Wohnung ist ~ кварти́ра отстрóена [готóвая к заселéнию]

Bezugs|preis *m* подписнáя ценá; **~schein** *m* óрдер 2b *Pl* -á (für на *A*); **~stoff** *m* оби́вочная ткань, оби́вка 6

be|zwecken *tr* имéть цéлью, стáв|ить 3 -лю себé цéлью | was bezweckst du damit? чегó ты хóчешь э́тим доби́ться?; **~zweifeln** *tr* сомневáться в *P*, подвергáть ⟨-вéргнуть 4a⟩ сомнéнию *A* | es ist nicht zu ≈ в э́том нельзя́ сомневáться

bezwingbar преодоли́м:ый

bezwingen *tr* Gegner, Gefühl, Krankheit побе|ждáть ⟨-ди́ть 3, *1. Pers Sg ungebr*, -ждённый⟩ *a. Sport;* Land, Berg, Kosmos покор|я́ть ⟨-и́ть 3⟩; Schwierigkeiten преодол|евáть ⟨-éть⟩; Müdigkeit, Schmerz, Durst превоз|могáть ⟨-|мóчь*⟩; Schlaf одол|евáть ⟨-éть⟩; sich ~ *refl* по|борóть* *v* себя́; sich zusammennehmen брать* ⟨взять*⟩ себя́ в рýки | eine Festung ~ брать* ⟨взять*⟩ крéпость; den Zorn ~ укро|щáть ⟨-ти́ть 3 -щý⟩ гнев

Bezwing|er *m* покори́тель 1 | die ≈ des Kosmos покори́тели кóсмоса; **~ung** *f* Berg покорéние 5 *a. Kosm;* Schwierigkeiten преодолéние 5

BGL-Vorsitzender *m* председáтель завкóма [месткóма]

Biathlon *n Sport* биатлóн 2; **~sportler** *m* биатлони́ст 2

Bibel *f* би́блия 8

Biber *m* бобр 2; Pelz бобрóвый мех 2b *Pl* -á; **~kragen** *m* бобрóвый воротни́к; **~pelz** *m* Mantel бобрóвая шýба; **~schwanz** *m* Ziegel плóская черепи́ца 6

Bibliographie *f* библиогрáфия 8

bibliographisch библиографи́ческий

bibliophil рéд|кий, -ок, -кá!, редчáйший, цéн|ный, -ен, -на

Bibliothek *f* библиотéка 6; mit oder als Lesesaal библиотéка-читáльня 6-7 *G Pl* библиотéк-читáлен | öffentliche ~ публи́чная [мáссовая] библиотéка; **~ar** *m* библиотéкарь 1

bibliothekarisch библиотéкарский

Bibliotheks|wesen *n* библиотéчное дéло; **~wissenschaft** *f* библиотековéдение 5

biblisch библéйский

bieder чéст|ный, -ен, -нá!; allzu naiv прямодýш|ный, -ен

Bieder|keit *f* чéстность 9; прямодýшие 5; **~meier** *n Kunst* би́дермейер 2

biegen *tr* гнуть 4 (по-, со-), изгибáть ⟨изогнýть 4⟩; zusammen сгибáть ⟨согнýть, сóгнутый⟩; gerade разгибáть ⟨-огнýть, -óгнутый⟩; herab нагибáть ⟨-гнýть, нáгнутый⟩; *intr* Richtung ändern сворáчивать ⟨свернýть 4⟩; um etw. herum огибáть ⟨обогнýть, обóгнутый⟩; sich ~ *refl* гнýться (по-, со-), сгибáться ⟨согнýться⟩ | um die Ecke ~ заворáчивать ⟨-вернýть 4⟩ зá угол; sich unter der Last ~ согнýться под тя́жестью; sich vor Lachen ~ кóрчиться 3 от смéха

biegsam ги́б|кий, -ок, -ка́!; elastisch упру́г:ий
Biegsamkeit *f* ги́бкость 9
Biegung *f* eines Flusses изги́б 2; einer Straße поворо́т 2 | eine ~ machen Auto свора́чивать ⟨сверну́ть 4⟩, де́лать (с-) поворо́т
Biene *f* пчела́ 6c *Pl* пчёлы
Bienen|haus *n* у́л|ей, -ья 1 для не́скольких роёв пчёл; **~honig** *m* пчели́ный мёд; **~königin** *f* (пчели́ная) ма́тка 6; **~schwarm** *m* рой пчёл; **~stand** *m* па́сека 6; **~stock** *m* у́л|ей, -ья 1 *G Pl* -ьев; **~zucht** *f* пчелово́дство 4; **~züchter** *m* пчелово́д 2
Biennale *f* биенна́ле *idkl,* междунаро́дный кинофестива́ль 1 (проводя́щийся 11 ка́ждые два го́да)
Bier *n* пи́во 4 | helles ~ све́тлое пи́во; dunkles ~ тёмное пи́во; ~ in Flaschen пи́во в буты́лках; ~ vom Faß пи́во из бо́чки; **~ausschank** *m* прода́жа пи́ва; **~brauer** *m* пивова́р 2; **~brauerei** *f* пивова́ренный заво́д; **~deckel** *m* подста́вка под кру́жку с пи́вом; **~faß** *n* пивна́я бо́чка; **~flasche** *f* пивна́я буты́лка; leer буты́лка из-под пи́ва; **~glas** *n* пивно́й бока́л 2, стака́н для пи́ва; **~kneipe** *f* пивна́я *Subst* 10; **~krug** *m* пивна́я кру́жка; **~stube** *f* ма́ленькая пивна́я *Subst* 10; **~trinker** *m* люби́тель 1 пи́ва
Biese *f* an Uniformen вы́пушка 6, кант 2; an Hose лампа́с 2; an Kleidungsstücken ме́лкая скла́дка 6
Biest *n* скоти́на 6, бе́стия 8
bieten *tr* geben, darreichen дава́ть* ⟨дать*⟩; anbieten, vorschlagen предлага́ть ⟨-ложи́ть 3⁺, предост|авля́ть ⟨-а́вить 3 -а́влю⟩; Versteigerung предлага́ть ⟨-ложи́ть⟩ (auf etw. за что-н.); zeigen (Programm, im Kino) пока́зывать ⟨-|каза́ть*⟩; sich ~ *refl* предст|авля́ться ⟨-а́виться⟩ | er bot ihr den Arm он предложи́л ей ру́ку; das bietet keine besondere Schwierigkeit э́то не представля́ет осо́бых затрудне́ний; das lasse ich mir nicht ~ э́того я не позво́лю; es bot sich eine günstige Gelegenheit предста́вился удо́бный слу́чай
Bigamie *f* бига́мия 8, двоебра́чие 5
bigott scheinheilig ха́нжеский
Bijouterie *f* бижутери́я 8, же́нские украше́ния *Pl* 5
Bikarbonat *n* бикарбона́т 2, двуугледеки́слая соль 9g
Bikini *m* бики́ни *idkl,* да́мский купа́льный костю́м 2 из двух часте́й
bi|konkav двояково́гнутый; **~konvex** двояковы́пуклый; **~labial** билабиа́льный
Bilanz *f Wirtsch* бала́нс 2; Ergebnis ито́г 2 | ~ aufstellen сост|авля́ть ⟨-а́вить 3 -а́влю⟩ бала́нс; ~ ziehen подводи́ть 3⁺ -вожу́ ⟨-|вести́*⟩ ито́г
bilanzieren *tr* сост|авля́ть ⟨-а́вить 3 -а́влю⟩ бала́нс, баланси́ровать 2 (с-)
Bilanzierung *f* составле́ние 5 бала́нсов, баланси́рование 5
bilateral двусторо́ний 11
Bild *n* Abbildung, Gemälde карти́на 6 *a. Theat;* Illustration карти́нка 6; Porträt портре́т 2; *Kunst, Lit, Mus* о́браз 2; Darstellung, TV, Kino изображе́ние 5 | ein ~ von etw. entwerfen рисова́ть 2 (на-) карти́ну чего́-н.; sich ein ~ von etw. machen сост|авля́ть ⟨-а́вить 3 -а́влю⟩ себе́ представле́ние о чём-н.; über etw. im ~e sein быть в ку́рсе де́ла; ein ~ der Unschuld олицетворе́ние 5 неви́нности; **~archiv** *n* фотоархи́в 2; **~band** *m* (фото)альбо́м 2, альбо́м с ви́дами (über etw. чего́-н.)
Bildbericht *m* фоторепорта́ж 2; **~erstatter** *m* фоторепортёр 2 фотокорреспонде́нт 2
Bildeinstellung *f TV* кадри́рование 5
bilden *tr* formen, gestalten образ|о́вывать ⟨-ова́ть *uv, v* 2⟩, формирова́ть 2 (с-) (etw. aus что из *G,* nach по *D,* zu в *A*); Meinung, Urteil составля́ть ⟨соста́в|ить 3 -лю⟩; Regierung образ|о́вывать ⟨-ова́ть⟩, формирова́ть (с-); Staat, Ausschuß образ|о́вывать ⟨-ова́ть⟩, учре|жда́ть ⟨-ди́ть 3 -жу́, -ждённый⟩; Bildung vermitteln, ausbilden восп|и́тывать ⟨-ита́ть⟩, просве|ща́ть ⟨-ти́ть 3 -щу́⟩; entwickeln развива́ть ⟨-|ви́ть*, -овью́⟩; sich ~ *refl* entstehen образ|о́вываться ⟨-ова́ться⟩, формирова́ться (с-); Urteil сост|авля́ться ⟨-а́виться⟩; geistig, kulturell развива́ться ⟨-ви́ться⟩, расти́* ⟨вы́расти⟩; **~d** образова́тел|ный, -ен, -ьна, тво́рческий | die ≈en Künste изобрази́тельные иску́сства
Bilder|buch *n* де́тская кни́га с карти́нками; **~galerie** *f* карти́нная галере́я; **~rahmen** *m* ра́ма для карти́ны; **~rätsel** *n* ре́бус 2; **~sammlung** *f* колле́кция карти́н; **~schärfe** *f* ре́зкость изображе́ния; **~schrift** *f* иероглифи́ческое письмо́; **~sprache** *f* о́бразная речь
Bild|fläche *f* пло́щадь изображе́ния; Kino экра́н 2 | auf der ≈ erscheinen всплыва́ть ⟨-|плыть*⟩ на пове́рхность; von der ≈ verschwinden скрыва́ться ⟨-|кры́ться*⟩ из виду; **~format** *n Foto* форма́т фотогра́фии [ка́дра]; **~funk** *m* бильдтелегра́ф 2; **~hauer** *m* ску́льптор 2; **~hauerkunst** *f* скульпту́ра 6; **~hauerwerkstatt** *f* ателье́ [тэ] *n idkl* [мастерска́я] ску́льптора; **~kalender** *m* иллюстри́рованный календа́рь
bildlich образ|ный, -ен; *übertr* о́бразный, фигура́л|ьный, -ен, -ьна
Bild|material *n* иллюстрати́вный мате-

риáл; ~**nis** *n* портрéт 2; bildliche Darstellung изображéние 5; ~**qualität** *f TV* кáчество изображéния; ~**reportage** *f* фоторепортáж 2 *G Pl* -ей; ~**röhre** *f TV* приёмная (телевизиóнная) трýбка, кинескóп 2; ~**säule** *f* стáтуя 7, скульптýра 6 (на постамéнте); ~**schärfe** *f Rad* рéзкость изображéния; ~**schirm** *m* экрáн 2 (телевизора) | am ≈ на экрáне, по телевизору

bildschön óчень [необычáйно] красив:ый | ~es Mädchen писаная красáвица 6

Bild|störung *f TV* помéхи *Pl* 6, искажéние 5 изображéния помéхами; ~**telegrafie** *f* фототелеграфия 8

Bildung *f* Wissen, Ausbildung образовáние 5; Erziehung, (gutes) Benehmen (хорóшее) воспитáние (11-)5; kulturelle просвещéние 5; Entstehung; Gebilde образовáние; Schaffung, Gründung образовáние, учреждéние 5, создáние 5; einer Regierung формировáние 5, образовáние; Gestaltung формировáние 5, оформлéние 5; Form фóрма 6 | sich ~ aneignen получить 3⁺ образовáние; er ist ein Mann von ~ он образóванный [культýрный] человéк

Bildungs|einrichtung *f* учéбное [образовáтельное] учреждéние; ~**gang** *m* пут|ь *m* 9e *I* -ём образовáния [развития]; ~**grad** *m* образовáтельный ценз 2; ~**lücke** *f* пробéл в образовáнии [в знáниях]; ~**politik** *f* политика в óбласти образовáния; ~**stand** *m* образовáние 5; ~**stufe** *f* ýров|ень, -ня 1 образовáния; ~**wesen** *n* нарóдное образовáние 5

Bild|werfer *m* проекциóнный аппарáт 2; für Dias диапроéктор [эк] 2; ~**werk** *n* скульптýра 6, произведéние (изобразительного) искýсства; ~**wiedergabe** *f TV* воспроизведéние изображéния; ~**wörterbuch** *n* иллюстрированный словáрь

Billard *n* бильярд 2 | ~ spielen игрáть ⟨сыгрáть⟩ на бильярде [в бильярд]; ~**kugel** *f* бильярдный шар; ~**stock** *m* кий 1e *P* кий *G Pl* киёв

billig 1. *Adj* дешёвый, дёшев, дешевá, дёшево; дешéвле *a. übertr;* gerecht справедлив:ый | das ist eine ~e Ausrede это дешёвая отговóрка; ~er werden дешевéть (по-); um zwei Mark ~er нá две мáрки дешéвле **2.** *Adv* дёшево | ~ kaufen дёшево покупáть; am ~sten дешéвле всегó; ~ **davonkommen** дёшево отдéлаться

billigen *tr* одобрять ⟨одóбрить 3⟩ | nicht ~ не одобрять, порицáть; ~**d** одобрител|ьный, -ен, -ьна

Billigung *f* одобрéние 5 | ~ finden получ|áть ⟨-ить 3⁺⟩ одобрéние

Billion *f* биллиóн 2

Bilsenkraut *n* беленá 6

Biluxlampe *f* двухсвéтная лáмпа

Bimetall *n* биметáлл 2

bimmeln *intr umg* звонить 3 (по-)

Bimsstein *m* пéмза 6

binär бинáрный

Binde *f* Arm-, Kopfbinde повязка 6; Verband aus Mull, Gummi бинт 2; Schlinge пéревязь 9; am Arm, z. B. für Blinde (нарукáвная) повязка | eine ~ am Arm haben имéть повязку на рукé; er trägt den Arm in der ~ у негó рукá на пéревязи; einen hinter die ~ gießen *umg* заложить *v* 3⁺ за гáлстук; ~**gewebe** *n Anat* соединительная ткань; ~**glied** *n* связýющее 11 звенó; ~**haut** *f* конъюнктива 6; ~**hautentzündung** *f* конъюнктивит 2; ~**mittel** *n* вяжущее 11 срéдство [веществó 4]; *Bauw* известкóвый раствóр 2

binden *tr* Besen, Blumen вязáть* (с-); zusammen связывать ⟨-вязáть⟩ *a. übertr;* befestigen привязывать ⟨-вязáть⟩ (etw. an etw. что-н. к чемý-н.); herumschlingen обвязывать ⟨-вязáть⟩ (etw. um что-н. чем-н.); Bücher переплетáть ⟨-|плести*⟩; Kränze плести, вить* (с-, совью); Knoten, Schleife завязывать ⟨-вязáть⟩; *intr* Leim связывать ⟨-вязáть⟩; Zement схвáтывать; sich ~ *refl* обязываться ⟨об|язáться, -яжýсь, -яжешься⟩ | ein Tuch um den Kopf ~ повязывать ⟨-вязáть⟩ гóлову платкóм; der Eid bindet mich клятва связывает меня; sich gebunden fühlen чýвствовать себя связанным; sich vertraglich ~ обязáться по договóру; j-m die Hände ~ связывать ⟨-вязáть⟩ комý-н рýки; ~**d** обязáтел|ьный, -ен, -ьна | ≈de Zusage обязывающее 11 соглáсие

Binder *m* Schlips гáлстук 2; Mäh~ сноповязáлка 6; *Arch* tragender Teil стропильная фéрма 6

Bindestrich *m* дефис 2, *umg* чёрточка 6

Bind|faden *m* шпагáт 2; Schnur бечёвка 6, верёвочка 6; ~**ung** *f Tech, Chem* (Verbindung) соединéние 5; Ski креплéние 5; Beziehung связь 9, отношéние 5; привязанность 9 (an к *D*); Verpflichtung обязáтельство 4

binnen *Präp* в течéние *G;* за *A* | ~ acht Tagen в недéльный срок; ~ vierzehn Tagen в двухнедéльный срок; ~ einem Jahr в течéние [на протяжéнии] гóда, зá год; ~ kurzem в течéние корóткого врéмени

Binnen|gewässer *n* внýтренние 11 вóды; ~**hafen** *m* речнóй порт; ~**handel** *m* внýтренняя 11 торгóвля; ~**land** *n* мéстность 9, удалённая от мóря; ~**markt** *m* внýтренний 11 рынок; ~**meer** *n* внýтреннее 11 мóре; ~**schiffahrt** *f* судохóдство по внýтренним вóдным путям

Binom *n Math* бино́м 2
Binse *f Bot* камы́ш 2е *G Pl* -е́й, си́тник 2 | in die ~n gehen *umg* поги́бнуть *v* 4a, пропа́сть* *v*
Binsenwahrheit *f* а́збучная [прописна́я] и́стина
Biochemie *f* биохи́мия 8
bio|chemisch биохими́ческий; **~genetisch** биогенети́ческий [нэ]
Biographie *f* биогра́фия 8
biographisch биографи́ческий
Biolog|e *m* био́лог 2; **~ie** *f* биоло́гия 8
biologisch биологи́ческий
Bionik *f* био́ника 6
Bio|physik *f* биофи́зика 6; **~sphäre** *f* биосфе́ра 6; **~top** *n* биото́п 2; **~wissenschaften** *f Pl* биологи́ческие нау́ки
Birke *f* берёза 6
Birken|hain *m* берёзовая ро́ща; **~pilz** *m* (под)берёзовик 2; **~rinde** *f* берёстка 6; **~wald** *m* березня́к 2е
Birk|hahn *m* те́терев 2 *Pl* -а́; **~henne** *f* тетёрка 6
Birnbaum *m* гру́ша 6
Birne *f* гру́ша 6; *El* (электри́ческая) ла́мпочка 6
bis 1. *Präpos Ort* до *G;* ~ zum Bahnhof до вокза́ла; von Moskau ~ Kiew от Москвы́ до Ки́ева; ein Rock ~ an die Knie ю́бка до коле́на; ~ zu den Knien [an den Gürtel, zum Hals] im Wasser stehen стоя́ть в воде́ по коле́ни [по́яс, го́рло]; ~ hierher досю́да; ~ wohin доку́да, до како́го ме́ста; ~ oben, ~ zum Rand до́верху | *Zeit* до *G,* по *A;* ~ Montag до понеде́льника; ~ jetzt до сих по́р; ~ heute до сего́дняшнего дня; ~ wann? до каки́х пор; ~ nach Mitternacht за по́лночь; vom 1. ~ 3. März с пе́рвого по тре́тье ма́рта; von acht ~ zehn (Uhr) с восьми́ до десяти́ (часо́в); ~ auf weiteres впредь до дальне́йших распоряже́ний; ~ dahin, ~ zu der Zeit до тех пор | Zahlenbereich von ... ~ от *G* до *G;* Temperaturen von 90 ~ 120 Grad температу́ры от девяно́ста до ста двадцати́ гра́дусов; Kinder von drei ~ sechs Jahren де́ти от трёх до шести́ лет | ungenaue Werte: acht ~ neun Stunden во́семь–де́вять часо́в; 15 ~ 20 Mann челове́к пятна́дцать–два́дцать | Grad до *G;* ~ auf die Minute berechnen рассчита́ть с то́чностью до мину́ты; ~ auf die Grundmauern niederbrennen сгоре́ть до са́мого фунда́мента | Höchstwert до *G;* der Motor macht ~ zu tausend Umdrehungen pro Minute дви́гатель де́лает до ты́сячи оборо́тов в мину́ту; alle ~ auf einen все, кро́ме одного́; es war alles besetzt ~ auf den letzen Platz места́ бы́ли за́няты все до одного́ **2.** *Konj* пока́ не (*mit v Verb*); ich warte, ~ du kommst я подожду́, пока́ ты не придёшь; wir suchten so lange, ~ wir den Schlüssel fanden мы иска́ли до тех пор, пока́ не нашли́ ключ
Bisam *m Pelz* онда́тровый мех 2b, онда́тра 6; **~ratte** *f* онда́тра 6
Bischof *m* епи́скоп
bischöflich епи́скопский, епископа́льный
Bischofswürde *f* сан 2 епи́скопа
bisher *Adv* до сих пор, доны́не; **~ig** пре́жний 11, бы́вший 11
Biskuit *m* бискви́т 2
Bison *m* бизо́н 2
Biß *m* уку́с 2; Wunde ра́на 6 от уку́са
bißchen *Adv:* ein ~ немно́жко, немно́го; ein ~ wenig малова́то; ~ mehr чуть бо́льше; ein klein ~ чуть-чу́ть, совсе́м немно́го; das ist ein ~viel verlangt! э́то уж сли́шком!; ein ~ Salz щепо́тка 6 со́ли; kein ~ Milch ни ка́пли молока́; ich werde ein ~ schlafen ма́лость посплю
Bissen *m* кус|о́к, -ка́ 2 | mir blieb der ~ im Halse stecken ich war überrascht я чу́ть бы́ло не подави́лся
bissig Hund зло́й, зол, зла; Bemerkung е́д|кий, -ок, -ка́! | der Hund ist ~ соба́ка куса́ется
Biß|stelle *f* ме́сто 4b уку́са, уку́с 2; **~wunde** *f* ра́на от уку́са
Bistum *n* епи́скопство 4
Bitte *f* Wunsch про́сьба 6 (an к *D*) | sich an j-n mit einer ~ wenden обра|ща́ться ⟨-ти́ться 3 -щу́сь⟩ к кому́-н. с про́сьбой; ich habe eine ~ an Sie у меня́ к вам про́сьба; eine ~ abschlagen отка́зывать ⟨-каза́ть⟩ в про́сьбе
bitten *tr* про|си́ть 3⁺ -шу́ (по-) (j-n um etw. у кого́-н. чего́-н. [etw. Bestimmtes что-н.], кого́-н. о чём-н.); Fürbitte einlegen проси́ть (по-) (für j-n за кого́-н.); einladen пригла|ша́ть ⟨-си́ть 3 -шу́⟩ (zu Tisch к столу́, zu Gast в го́сти, zum Tanz на та́нец) | bei j-m für j-n ~ проси́ть кого́-н. за кого́-н.; ich bitte dich um einen Freundschaftsdienst прошу́ тебя́ о дру́жеской услу́ге; um etw. zu trinken ~ проси́ть пить; es wird gebeten, nicht zu rauchen про́сят не кури́ть; worum bittet sie? чего́ [что, о чём] она́ про́сит?; wenn ich ~ darf! пожа́луйста [лус], е́сли разреши́те?; aber ich bitte Sie прости́те!, позво́льте!; bitte sehr! пожа́луйста [лус]!; wie bitte? что?, что [как] вы сказа́ли?; «Ja, bitte» am Telefon «слу́шаю»
bitter 1. *Adj* Geschmack го́р|кий, -ек, -ька́!, го́рче; Gefühl, Schmerz, Schicksal го́рький, го́рше, горча́йший 11; hart го́рький | ~e Erfahrung го́рькький о́пыт; ~e Tränen го́рькие слёзы; ~es Ende печа́льный коне́ц; ~e Not кра́йняя 11 нужда́; das ist ~er Ernst э́то кра́йне серьёзно **2.** *Adv:* ~ kalt стра́шно хо́лодно; es

ist ~ … го́рько …; die Pille schmeckt ~ пилю́ля име́ет го́рький вкус
Bitterkeit *f* го́речь 9 *a. übertr*
bitterlich 1. *Adj* Geschmack горькова́тый **2.** *Adv:* ~ weinen го́рько пла́кать
Bitter|nis *f* го́речь 9; des Schicksals го́рькая судьба́ 6; **~salz** *n Chem* го́рькая соль, эпсоми́т 2
Bitt|schrift *f* проше́ние 5; **~steller** *m* проси́тель 1
Bitumen *n* биту́м 2
bituminös битумино́зный, биту́мный
Biwak *n* бива́к 2
biwakieren *intr* стоя́ть 3 бива́ком [на бива́ке]
bizarr seltsam стра́н|ный, -ен, -на́!, необы́ч|ный, -ен; launenhaft прихотли́в:ый
Bizeps *m* би́цепс 2
blähen *tr* Segel надува́ть ⟨-|ду́ть*⟩; *intr Med* пу́чить 3 (вс-); sich ~ *refl* Vorhang вздува́ться ⟨-ду́ться⟩; Segel надува́ться ⟨-ду́ться⟩ *a. übertr;* prahlen ва́жничать | Erbsen ~ от горо́ха пу́чит живо́т
Blähung *f Med* взду́тие 5 | er hat ~en его́ пу́чит, у него́ живо́т пу́чит
Blamage *f* позо́р 2
blamieren *tr* позо́рить 3 (о-) (vor j-m пе́ред кем-н., durch etw. чем-н.); sich ~ *refl* позо́риться (о-) (vor j-m пе́ред кем-н., durch etw. чем-н.)
blank 1. *Adj* glänzend блестя́щий 11; poliert лощёный; sauber чи́ст:ый, -á, -о, чи́сты́; начи́щенный (до бле́ска); unbedeckt го́л:ый, -á!; Säbel обнаж|ённый, -ён, -ена́ | ~e Waffe холо́дное ору́жие; mit ~em Säbel с ша́шкой наголо́ **2.** *Adv:* etw. ~ putzen начи́стить *v* что-н. до бле́ска; ganz ~ sein *umg* быть без гроша́
blanko *Adv* незапо́лненный
Blanko|scheck *m* бла́нковый чек; **~vollmacht** *f* по́лная дове́ренность
Blase *f* Luft, Seife пузы́рь 1е; *Anat* мочево́й пузы́рь; *Med* пузы́рь; Haut~ *a.* волды́рь 1е; *Tech* Gußfehler ра́ковина 6; im Ball ка́мера 6 | sich ~n am Fuß laufen натира́ть ⟨-|тере́ть*⟩ себе́ пузыри́ [мозо́ли] на ноге́; ~n bilden пузы́риться 3; **~balg** *m* воздуходу́вный мех
blasen *tr* дуть* ⟨ду́нуть *mom* 4⟩; Glas выдува́ть ⟨вы́дуть⟩; Blasinstrument труб|и́ть 3 -лю́ в *A*, на *P; intr* wehen; pusten дуть ⟨ду́нуть *mom*⟩ | Trompete ~ труби́ть (в трубу́), игра́ть на трубе́; Flöte ~ игра́ть на фле́йте
Blasen|entzündung *f* воспале́ние мочево́го пузыря́, цисти́т 2; **~leiden** *n* заболева́ние 5 мочево́го пузыря́; **~stein** *m* ка́мень в мочево́м пузыре́; **~tee** *m* насто́|й 1 *G Pl* -ев лека́рственных расте́ний (для лече́ния заболева́ний мочево́го пузыря́)
Bläser *m* музыка́нт 2, игра́ющий 11 на духово́м инструме́нте; Trompeter труба́ч 2е; *Pl* ~er Chor духовики́ *Pl* 2е; Glas~ стеклоду́в 2
blasiert высокоме́р|ный, -ен
Blasiertheit *f* высокоме́рие 5
Blas|instrument *n* духово́й инструме́нт; **~musik** *f* духова́я му́зыка; **~orchester** *n* духово́й орке́стр; **~rohr** *n* духово́е ружьё 3с
blaß бле́д|ный, -ен, -на́, -но, бле́дны́; Farbe блёклый | ~ werden бледне́ть (по-); keine blasse Ahnung von etw. haben не име́ть ни мале́йшего представле́ния о чём-н.
Blässe *f* бле́дность 9
Blatt *n Bot* лист 2е *Pl* ли́сть|я, -ев; Papier, Eisen лист 2е *Pl* листы́; Zeitung газе́та 6; Schiffs-, Luftschraube; Ruder~ ло́пасть 9g; Säge~ пол|отно́ 4с *G Pl* -о́тен; eines Tieres лопа́тка 6, плечо́ 4 *Pl* пле́чи 6h | vom ~ ablesen по бума́жке; vom ~ spielen игра́ть с листа́; kein ~ vor den Mund nehmen говори́ть не стесня́ясь [без обиняко́в]; das ~ hat sich gewendet де́ло при́няло друго́й оборо́т; eingelegtes ~ вкла́дка 6; er hat ein gutes ~ ему́ попа́лись хоро́шие ка́рты
Blättergebäck *n* слоёный пиро́г 2е; изде́лия *Pl* 5 из слоёного те́ста
blättern *intr:* in einem Buch ~ перели́стывать ⟨-листа́ть⟩ кни́гу
Blatternarbe *f Med* о́спина 6
blatternarbig ряб:о́й, -а́!
Blätter|pilz *m* пласти́нчатый гриб; **~teig** *m* слоёное те́сто
Blatt|feder *f Tech* листова́я рессо́ра; **~gold** *n* листово́е [суса́льное] зо́лото; **~laus** *f* тля 7 *G Pl* тлей; **~pflanze** *f* ли́ственное расте́ние; **~salat** *m* листово́й [зелёный] сала́т; **~stiel** *m Bot* черено́к листа́
blau си́ний 11; hell~ голубо́й | ~ farben сини́ть 3; ~ werden [anlaufen] сине́ть (по-); ~ machen прогу́ливать ⟨гуля́ть⟩, не выхо|ди́ть 3⁺ -жу́ [не вы́|йти*] на рабо́ту; ~e Ringe um die Augen синева́ 6 под глаза́ми; mit einem ~en Auge davonkommen сравни́тельно легко́ отде́латься; sein ~es Wunder erleben насмотре́ться *v* 3⁺ чуде́с, наслу́шаться *v* небыли́ц; er ist ~ он пьян
Blau *n* си́ний 11 [голубо́й] цвет 2; Wasch~ си́нька 6 | (ganz) in ~ gekleidet оде́тый во всё си́нее; das ~ des Himmels небе́сная лазу́рь 9; eine Fahrt ins ~e (развлека́тельная) пое́здка без определённой це́ли; ins ~e (hinein) reden горо|ди́ть 3 -жу́, -о́дишь вздор; das ~e vom Himmel herunterlügen врать так, что не́бу жа́рко, врать с три ко́роба
blauäugig синегла́з:ый

Blaubeere *f* черни́ка 6; einzelne я́года 6 черни́ки
Bläue *f* си́ний 11 [голубо́й] цвет 2; des Himmels синева́ 6, лазу́рь 9
Blaufuchs *m* голубо́й пес|е́ц| -ца́ 2
blaugestreift в си́нюю [голубу́ю] поло́ску
Blauhemd *n FDJ* си́няя блу́зка 11-6
bläulich синева́тый, голубова́тый
Blaulicht *n* Signal сигна́льная фа́ра 6 си́него све́та
blaumachen *intr umg* прогу́ливать ⟨-гуля́ть⟩, не выходи́ть 3⁺ -хожу́ ⟨вы́|йти*⟩ на рабо́ту
Blau|meise *f* лазо́ревка 6; **~papier** *n* си́няя 11 копирова́льная бума́га; **~säure** *f* сини́льная кислота́
Blech *n* жесть 9, листова́я сталь 9; *übertr umg* вздор 2, чушь 9 | verzinktes ~ оцинко́ванная жесть; **~blasinstrument** *n* ме́дный духово́й инструме́нт; **~dose** *f* жестя́нка 6 *umg*
blechern жестяно́й | ~e Stimme дребезжа́щий 11 [пронзи́тельный] го́лос
Blech|geschirr *n* жестяна́я [металли́ческая] посу́да; **~kanister** *m* жестяна́я кани́стра; **~musik** *f* духова́я му́зыка; **~napf** *m* жестяна́я ми́ска; **~schaden** *m Kfz* поврежде́ние ку́зова; **~schere** *f* но́жницы для ре́зки листово́го мета́лла; **~schild** *n* an der Tür жестяна́я [металли́ческая] табли́чка
[1]**Blei** *n* Metall свин|е́ц| -ца́ 2; Lot лот 2, отве́с 2 | es liegt mir wie ~ in den Gliedern у меня́ всё те́ло сло́вно на́лито свинцо́м, я е́ле дви́гаюсь
[2]**Blei** *m Zool* лещ 2е
Bleibe *f* прию́т 2 | ich habe keine ~ мне не́куда дева́ться, мне не́где ночева́ть
bleiben *intr* nicht verlassen о|става́ться* ⟨-|ста́ться*⟩ (bei j-m у кого́-н.); sich aufhalten пребыва́ть в *P*, пробы́ть* *v;* sich nicht verändern остава́ться ⟨оста́ться⟩ *I* | bei der Sache ~ не отклон|я́ться ⟨-и́ться 3⁺⟩ от те́мы; bei der Wahrheit ~ говори́ть 3 пра́вду; am Leben ~ оста́ться в живы́х; ich bleibe dabei я наста́иваю на э́том; es bleibt dabei ~! так решено́!; es bleibt alles beim alten всё остаётся по-ста́рому; bei seiner Meinung ~ остава́ться при своём мне́нии; wo bleibt er? где же он?, куда́ он дева́лся?; im ungewissen ~ пребыва́ть в по́лном неве́дении; er blieb fünf Mark schuldig за ним оста́лось пять ма́рок; ihm blieb nichts anderes übrig als zuzustimmen ему́ оста́лось то́лько согласи́ться; er blieb den ganzen Sommer auf dem Dorf он про́был всё ле́то в дере́вне; **~d** постоя́нный; Eindruck неизглади́мый
bleibenlassen *tr* ост|авля́ть ⟨-а́вить 3 -а́влю⟩ *A*, возде́рживаться ⟨-держа́ться 3⁺⟩ от *G* | lassen Sie das bleiben! оста́вьте!, бро́сьте!; er sollte das ~ он не до́лжен был бы э́того де́лать
bleich бле́д|ный| -ен| -на́| -но| бле́дны́ | ~ werden бледне́ть (по-)
Bleiche *f* Bleichplatz бели́л|ьная 7 *G Pl* -ен, уча́ст|ок| -ка 2 [лужа́йка 6] для отбе́ливания
bleichen *tr* отбе́ливать ⟨-бели́ть⟩; Gewebe обесцв|е́чивать ⟨-е́тить 3 -е́чу⟩; *intr* Farbe verlieren линя́ть (по-); durch Sonne выцвета́ть ⟨вы́|цвести*⟩ | die Haare ~ (lassen) обесцве́чивать во́лосы
Bleichmittel *n* сре́дство для отбе́ливания
bleichsüchtig малокро́в|ный| -ен
bleiern свинцо́вый | ~e Müdigkeit си́льная [стра́шная] уста́лость; ~er Schlaf тяжёлый сон
Blei|glanz *m Min* свинцо́вый блеск, гале́ни́т 2; **~glas** *n* свинцо́вое стекло́; **~kristall** *n* свинцо́вый хруста́ль; **~kugel** *f* (свинцо́вая) пу́ля
Bleistift *m* каранда́ш 2е *G Pl* -е́й; **~hülse** *f* наконе́чник 2 для карандаша́; **~mine** *f* графи́т 2, гри́фель 1; **~skizze** *f* каранда́шный набро́сок; **~spitzer** *m* точи́лка 6 для карандаше́й; **~spitzmaschine** *f* маши́нка 6 для то́чки карандаше́й; **~zeichnung** *f* рису́нок карандашо́м
Blei|vergiftung *f* отравле́ние свинцо́м; **~weiß** *n* свинцо́вые бели́ла *Pl* 4
Blende *f* Scheinwerfer при-, укры́тие 5; *Phys, Foto* диафра́гма 6; Film обтюра́тор 2; Kleidung кант 2, обши́вка 6; *Bauw* глухо́е окно́ 4с *G Pl* о́кон; глуха́я дверь 9g; *Min* (ци́нковая) обма́нка 6
blenden *tr* Sonne, Licht слеп|и́ть 3 -лю́, ослеп|ля́ть ⟨-и́ть⟩ *a. hist; übertr* ослеп|ля́ть ⟨-и́ть⟩, обвор|а́живать ⟨-ожи́ть 3⟩; *intr* Licht, Schnee ослеп|ля́ть ⟨-и́ть⟩ | es blendet отсве́чивает; geblendet sein ничего́ не ви́деть; sich von etw. ~ lassen соблазн|я́ться ⟨-и́ться 3⟩ чем-н.; **~d** Licht ослепи́тел|ьный| -ен| -ьна; *übertr* ослепи́тельный, блестя́щий 11 | ≈ schönes Wetter великоле́пная пого́да; ich habe mich ≈ amüsiert я великоле́пно провёл вре́мя; du siehst ≈ aus! ты чуде́сно вы́глядишь!
Blendeneinstellung *f Foto* устано́вка 6 диафра́гмы
Blend|rahmen *m* Malerei подра́м|ок| -ка 2; *Bauw* Fenster разде́льная ра́ма 6 окна́; **~werk** *n* (опти́ческий) обма́н 2 | sich von ≈ täuschen lassen под|дава́ться* ⟨-|да́ться*| -да́лся| -дали́сь⟩ обма́ну
Bleßhuhn *n* лысу́ха 6
Blick *m* взгляд 2, взор 2; Augenausdruck взгляд; Aussicht вид 2 (auf на *A)* | auf den ersten ~ на пе́рвый взгляд; Liebe с

пе́рвого взгля́да; den ~ heben поднима́ть ⟨подня́ть⟩ глаза́; den ~ senken поту́пля́ть ⟨-ту́пить 3 -ту́плю⟩ взор; den ~ auf etw. richten устрем|ля́ть ⟨-и́ть 3 -лю́⟩ взор на что-н., взгл|я́дывать ⟨-яну́ть 4⁺⟩ на что-н.; mit j-m ~e tauschen перегл|я́дываться ⟨-яну́ться⟩ с ке́м-н.; einen ~ auf etw. werfen броса́ть ⟨бро́сить⟩ взгляд на что-н.; mit einem ~ übersehen оки́дывать ⟨оки́нуть 4⟩ взгля́дом; sie wandte keinen ~ von ihm она́ не спуска́ла с него́ глаз; ein Zimmer mit ~ auf das Meer ко́мната с ви́дом на́ море; der ~ aus meinem Fenster ist herrlich вид из моего́ окна́ чуде́сный

blicken *intr* смотре́ть 3⁺ (по-) (auf на *A)*, гля|де́ть 3 -жу́ (по-) (auf на *A*), einen Blick werfen взгляну́ть *v* 4⁺ (auf на *A*) | er blickte aus dem Fenster он вы́глянул в окно́; die Sonne blickte durch die Wolken со́лнце [нц] вы́глянуло [показа́лось] из-за туч; er läßt sich nicht mehr ~ он бо́льше не пока́зывается; das läßt tief ~ э́то мно́го зна́чит, э́то позволя́ет суди́ть о мно́гом

Blick|fang *m* прима́нка 6 для глаз; рекла́мный плака́т 2, рекла́ма 6 | als ≈ dienen служи́ть (по-) для привлече́ния внима́ния; **~feld** *n* по́ле зре́ния | ins ≈ kommen ока́зываться ⟨-|каза́ться*⟩ в це́нтре внима́ния; **~punkt** *m* центр 2 внима́ния | im ≈ stehen находи́ться 3⁺ -хожу́сь ⟨на|йти́сь*⟩ в це́нтре внима́ния; **~winkel** *m* у́гол зре́ния *a. übertr* | unter diesem ≈ с э́той то́чки зре́ния

blind 1. *Adj* nicht sehend слеп:о́й, -á!; *übertr* слепо́й, ослепл|ённый, -ён, -ена́; Glas ту́скл:ый, -á!; Alarm ло́ж|ный, -ен; Schuß холосто́й, хо́лост, -á! | ~ werden сле́пнуть 4а (о-); тускне́ть (по-) (von etw. от чего́-н.); auf einem Auge ~ sein не ви́деть одни́м гла́зом; ~er Eifer слепо́е [безрассу́дное] рве́ние; in ~er Wut в слепо́м гне́ве; ~es falsches Fenster глухо́е окно́ **2.** *Adv:* j-m ~ vertrauen сле́по доверя́ть кому́-н.; ~ darauf losschlagen бить* куда́ попа́ло

Blinddarm *m* слепа́я кишка́; **~entzündung** *f* аппендици́т 2

Blinde *f* слепа́я *Subst* 10

Blindekuh *f:* ~ spielen игра́ть ⟨сыгра́ть⟩ в жму́рки

Blinden|anstalt *f* заведе́ние 5 для слепы́х; **~führer** *m* поводы́рь 1е слепо́го; **~hund** *m* соба́ка-поводы́рь 6-1е; **~schrift** *f* шрифт для слепы́х; **~schule** *f* шко́ла(-интерна́т) 6(-2) для слепы́х

Blinder *m* слепо́й *Subst* 10

Blind|flug *m* слепо́й полёт; **~gänger** *m Mil* неразры́в 2; Granate неразорва́вшийся снаря́д 11-2

blindgeboren слепорождённый

Blindheit *f* слепота́ 6 | mit ~ geschlagen sein быть поражённым слепото́й

blindlings *Adv* сле́по; aufs Geratewohl вслепу́ю, науда́чу, как попа́ло; Hals über Kopf сломя́ го́лову

Blindschleiche *f* верете́ница 6

blindschreiben *intr* печа́тать слепы́м ме́тодом (на пи́шущей маши́нке)

blinken *intr* Stern мерца́ть; Metall, Leuchtfeuer сверка́ть; signalisieren передава́ть* ⟨переда́ть*⟩ световы́е сигна́лы | der Wein blinkt im Glas вино́ и́скрится в бока́ле

Blinker *m* Auto указа́тель 1 поворо́та (с мига́ющим све́том)

Blink|feuer *n* Schiff про́блесковый ого́нь; **~gerät** *n* светосигна́льный прибо́р (с мига́ющим све́том); **~leuchte** *f* Auto мига́ющий 11 указа́тель 1 поворо́та; **~licht** *n* мига́ющий 11 свет; **~signal** *n* Straßenverkehr мига́ющий 11 [светово́й] сигна́л; **~zeichen** *n* мига́ющий 11 светово́й сигна́л

blinzeln *intr* миг|а́ть ⟨-ну́ть *mom* 4⟩, морг|а́ть ⟨-ну́ть *mom* 4⟩; in der Sonne жму́риться 3 (за-)

Blitz *m* мо́лния 8 | der ~ hat eingeschlagen уда́рила мо́лния; wie vom ~ getroffen как гро́мом поражённый; wie ein ~ aus heiterem Himmel как гром среди́ я́сного не́ба; **~ableiter** *m* молниеотво́д 2, громоотво́д 2 *umg*

blitz|artig молниено́с|ный, -ен, мгнове́н|ный, -ен, -на; **~blank** начи́щенный до бле́ска; Wohnung сверка́ющий 11 чистото́й

blitzen *intr* сверк|а́ть ⟨-ну́ть *mom* 4⟩; blinken, strahlen блесте́ть* (vor *I)* | es blitzt сверка́ет мо́лния

Blitz|gespräch *n* разгово́р-мо́лния 2-8; **~krieg** *m* молниено́сная война́; **~licht** *n Foto* (освети́тельная) вспы́шка 6; **~schlag** *m* уда́р мо́лнии

blitzschnell 1. *Adj* молниено́с|ный, -ен **2.** *Adv* молниено́сно, ми́гом

Blitz|schutzanlage *f* молниеотво́дная устано́вка; **~telegramm** *n* (телегра́мма-) мо́лния (6-)8

Block *m* Holz коло́да 6, чурба́н 2; Eis, Felsen глы́ба 6; *Tech* блок 2; Klumpen, unbearbeitetes Stück каба́н 2; Notiz~ блокно́т 2; Häuser~ ко́рпус 2b *Pl* -á, блок [гру́ппа 6] зда́ний [домо́в]; *Pol* блок

Blockade *f* блока́да 6; *Typ* мара́шка 6

Block|bauweise *f* ме́тод 2 бло́чного строи́тельства; **~flöte** *f* пряма́я фле́йта

blockfrei Staat неприсоедини́вшийся 11

Block|freiheit *f* неприсоедине́ние 5 к бло́кам; **~haus** *n* ру́бленый [бреве́нчатый] дом

blockieren *tr* блоки́ровать *uv, v* 2; *a. übertr Typ* ста́в|ить 3 -лю (по-) мара́шки;

Durchfahrt загор|а́живать ⟨-оди́ть 3 -ожу́, -о́ди́шь⟩; Verkehr перекрыва́ть ⟨-|кры́ть*⟩
Blockierung *f* блокиро́вка 6, блоки́рование 5; der Strecke перекры́тие 5
Block|schrift *f Typ* гроте́сковый [тэ] шрифт; **~stelle** *f Eisenb* блок-по́ст 2-2e
blöde *Med* слабоу́м|ный, -ен; dumm глу́п|ый, -а́!; unerfreulich глу́пый, неприя́т|ный, -ен
blödeln *intr* болта́ть вздор
Blöd|heit *f Med* слабоу́мие 5, тупоу́мие 5; **~sinn** *m* Unsinn бессмы́слица 6 | so ein ~! что за чепуха́!; ≈ machen де́лать глу́пости
blödsinnig *Med* слабоу́м|ный, -ен, тупоу́м|ный, -ен; sinnlos глу́п:ый, -а́!; Anordnung дура́цкий; sehr stark безу́м|ный, -ен, ужа́с|ный, -ен
blöken *intr* Schaf бле́|ять, -ет; Rind мыча́ть 3
blond светловоло́с:ый; hell белоку́р:ый; dunkel ру́с:ый | er ist ~ он блонди́н
blondieren *tr* осветл|я́ть ⟨-и́ть 3 -лю́⟩ во́лосы, обесцв|е́чивать ⟨-е́тить 3 -е́чу⟩
Blondine *f* блонди́нка 6
bloß 1. *Adj* nackt го́л:ый, -а́!; nur оди́н, огного́ 15; *f* одна́; *n* одно́; *Pl* одни́ (*meist mit* то́лько, лишь) | mit ~en Händen го́лыми рука́ми; mit ~en Füßen босико́м; im ~en Hemd в одно́й (то́лько) руба́шке; mit ~em Auge невооружённым гла́зом; auf den ~en Verdacht hin по одному́ (то́лько) подозре́нию **2.** *Adv* то́лько, лишь | nicht ~ ..., sondern auch ... не то́лько ..., но и ...; nicht ~, daß ... ма́ло того́, что ...; wenn ~ е́сли то́лько; ich habe ~ zwei Mark у меня́ то́лько две ма́рки; was hast du ~! что же с тобо́й!
Blöße *f* нагота́ 6 | sich eine ~ geben *übertr* обнару́ж|ивать ⟨-ить 3⟩ своё сла́бое [уязви́мое] ме́сто
bloß|legen *tr* freilegen обнаж|а́ть ⟨-и́ть 3⟩; Pläne, geheime Fäden раскрыва́ть ⟨-|кры́ть*⟩; Mängel, Irrtümer вскрыва́ть ⟨-кры́ть⟩; **~stellen** *tr* срам|и́ть 3 -лю́ (о-), компромети́ровать 2 (с-); sich ≈ *refl* срам|и́ться (о-), компромети́ровать (с-) себя́
Blouson *n, m* блузо́н 2, блу́за 6 руба́шечного покро́я с на́пуском
Blues *m* Tanz блюз 2
Bluff *m* блеф 2, надува́тельство 4
blühen *intr* цвести́*; *übertr* Geschäft, *Kunst* процвета́ть ⟨-цвести́⟩ | der Flieder begann zu ~ сире́нь зацвела́; das kann mir auch noch ~! со мной э́то то́же мо́жет случи́ться!; **~d** цвету́щ:ий 11 *a. übertr,* в цвету́ | im ≈en Alter во цве́те лет; sie sieht ≈ aus у неё цвету́щий вид
Blume *f* цвет|о́к, -ка́ 2 *Pl* -ы́, -о́в; Wein буке́т 2; Bier пе́на 6; *Jagd* хвост 2e | j-m etw. durch die ~ sagen говори́ть ⟨сказа́ть⟩ кому́-н. что-н. намёками
Blumen|arrangement *n* компози́ция 8 цвето́в, подбо́р 2 цвето́в; **~ausstellung** *f* вы́ставка цвето́в; **~beet** *n* цвето́чная клу́мба; **~binderin** *f* ма́стер 2b *Pl* -а́, де́лающая 11 буке́ты и венки́; **~brett** *n* по́лочка 6 для цвето́в; **~garten** *m* цветни́к 2e; **~geschäft** *n* цвето́чный магази́н; **~händlerin** *f* цвето́чница 6; **~kasten** *m* я́щик для (поса́дки) цвето́в; **~kohl** *m* капу́ста цветна́я; **~kohlsuppe** *f* суп-пюре́ из цветно́й капу́сты; **~muster** *n* узо́р в ви́де цвето́в
blumenreich цвети́ст:ый *a. übertr;* Wiesen u. a. усе́янный цвета́ми
Blumen|schmuck *m* украше́ние цвета́ми; **~ständer** *m* жардинье́рка 6; **~stock** *m* Topfpflanze (ко́мнатный) цвет|о́к, -ка́ 2 (в горшке́); **~strauß** *m* буке́т 2 (цвето́в); **~topf** *m* цвето́чный горшо́к | damit ist kein ≈ zu gewinnen э́тим ничего́ не добьёшься; **~vase** *f* ва́за для цвето́в; **~verkäuferin** *f* цвето́чница 6; **~zucht** *f* цветово́дство 4; **~zwiebel** *f* цвето́чная лу́ковица
blumig Wiese усе́янный цвета́ми; Stil цвети́ст:ый
Bluse *f* блу́зка 6; aus festem Stoff ко́фта 6, ко́фточка 6; Arbeits~ блу́зка 6
Blusenrock *m* (да́мская) ю́бка
Blut *n* кровь 9g | ~ spenden дава́ть* ⟨дать*⟩ кровь; er spuckt ~ у него́ кровоха́рканье; das liegt bei ihm im ~ э́то у него́ в крови́; das ~ stieg ihm in den Kopf кровь уда́рила ему́ в го́лову; für etw. ~ vergießen пролива́ть ⟨проли́ть⟩ кровь за что-н.; kaltes ~ bewahren сохран|я́ть ⟨-и́ть⟩ хладнокро́вие; diese Musik geht ins ~ э́та му́зыка зажига́ет кровь; **~andrang** *m* прили́в кро́ви; **~apfelsine** *f* королёк, -ька́ 2
blutarm малокро́в|ный, -ен
Blut|armut *f* малокро́вие 5; **~bad** *n* крова́вая ба́ня 7, резня́ 7; **~bank** *f Med* храни́лище 4 до́норской кро́ви
blutbefleckt окрова́вленный, besonders Hände обагрённый кро́вью; Regime крова́вый
Blut|bild *n* карти́на кро́ви; **~bildung** *f* кроветворе́ние 5; **~druck** *m* кровяно́е давле́ние
blutdürstig кровожа́д|ный, -ен
Blüte *f* цвет|о́к, -ка́ 2 *Pl* -ы́, -о́в *u.* -ки́, -ко́в; das Blühen цвете́ние 5; Pickel прыщ 2e; *übertr* расцве́т 2, процвета́ние 5 | die Bäume stehen in voller ~ дере́вья в по́лном цвету́; ein Baum voller ~n де́рево всё в цвету́; die ~ der Jugend die Besten цвет 2b молодёжи; in der ~ der

Jahre во цвете лет; die Industrie steht in voller ~ промышленность процветáет; voller ~n Gesicht покрытый прыщáми, в прыщáх
Blutegel *n* пиявка 6 | ~ ansetzen стáв|ить 3 -лю (по-) пиявки
bluten *intr* кровоточить 3 | er blutet aus der Nase у негó идёт кровь нóсом [из носу]; die Wunde blutet рáна кровоточит, из рáны идёт [течёт] кровь; das Herz blutet einem сéрдце крóвью обливáется
Blüten|blatt *n* лепест|óк, -кá 6; **~kelch** *m* чáшечка 6 (цветкá); **~knospe** *f* цветóчная пóчка; **~stand** *m* соцвéтие 5; **~staub** *m* цветóчная пыльцá 6
Blutentnahme *f* взятие 5 крóви
blütenweiß белоснéж|ный, -ен
Bluter *m* гемофилик 2
Bluterguß *m* кровоизлияние 5
Bluterkrankheit *f* гемофилия 8
Blütezeit *f* врéмя цветéния; *übertr* врéмя [периóд 2] расцвéта
Blut|farbstoff *m* гемоглобин 2; **~fleck** *m* кровянóе пятнó; **~gefäß** *m* кровенóсный сосýд; **~gerinnsel** *n* сгýсток крóви, тромб 2
blutgierig кровожáд|ный, -ен
Blut|gruppe *f* грýппа крóви; **~husten** *m* кровохáрканье 5
blut|ig кровáвый; blutbefleckt окровáвленный | ≈e Kämpfe кровопролитные бои; ≈ schlagen избивáть ⟨-|бить*, -обью⟩ дó крови; es ist mein ≈er Ernst я говорю совершéнно серьёзно; ≈er Anfänger совсéм ещё новичóк; **~jung** совсéм молодóй [молóденький]
Blut|konserve *f* консервирóванная кровь 9g; **~körperchen** *n* кровянóе тéльце 4b | weißes ≈ лейкоцит 2; rotes ~ эритроцит 2; **~kreislauf** *m* кровообращéние 5; **~probe** *f* анáлиз 2 крóви; **~rache** *f* крóвная месть
blut|reinigend кровоочистительный; **~rot** кровáво-крáсный; hell áлый; **~rünstig** кровожáд|ный, -ен; Geschichten кровáвый, жýт|кий, -ок, -кá!
Blut|sauger *m* кровопийца *m* 6; **~schande** *f* кровосмещéние 5; **~senkung** *f* реáкция 8 оседáния эритроцитов; **~serum** *n* сыворотка крóви
Blutspende|r *m* дóнор 2; **~zentrale** *f* дóнорский пункт
Blutspur *f* кровянóй след
blutstillend кровоостанáвливающий 11
Blutstropfen *m* кáпля крóви
Blutsturz *m* профýзное кровотечéние 5
blutsverwandte (едино)крóвный, близ|кий, -ок, -кá, -ко, близкú; im zweiten Grade двоюродный
Blutsverwandschaft *f* крóвное родствó
Blut|transfusion *f*, **~übertragung** *f* переливáние 5 крóви; **~ung** *f* кровотечéние 5
blutunterlaufen с кровоподтёками | ~e Stelle кровоподтёк 2
Blut|untersuchung *f* исслéдование [анáлиз 2] крóви; **~vergießen** *n* кровопролитие 5; **~vergiftung** *f* заражéние 5 крóви; **~verlust** *m* потéря крóви; **~wurst** *f* кровянáя колбасá; **~zirkulation** *f* циркуляция крóви; **~zucker** *m* сáхар крóви; **~zuckergehalt** *m* содержáние сáхара в кровú; **~zufuhr** *f* притóк 2 крóви
Bö *f* шквал 2, (сильный) порыв 2 вéтра
Boa *f Zool* боá *m idkl*
Bob *m* бóбслей 1; **~bahn** *f* ледянóй жёлоб для бóбслея; **~fahrer** *m* бобслеист 2; **~mannschaft** *f* экипáж бóбслея, бóбслейная комáнда; **~schlitten** *m* = **Bob**; **~sport** *m* бóбслей 1, бóбслейный спорт; **~weltmeisterschaft** *f* чемпионáт 2 мира по бóбслею
Bock *m* Ziegen~ коз|ёл, -лá 2; Schaf~ барáн 2; Reh сам|éц, -цá 2 (косýли); Kaninchen самéц (крóлика); Wagensitz, Säge~ кóз|лы *Pl* 6 *G* -ел; *Sport* (гимнастúческий) козёл; Gestell подстáвка 6; Fehler ошибка 6 | einen ~ schießen сдéлать *v* оплóшность, дать* *v* мáху
blockbeinig упрям:ый (как козёл)
Bockbier *n* мáртовское пиво
bock|en *intr* Esel, Pferd в|ставáть* ⟨-|стать*⟩ на дыбы; Person упрям|иться 3 -люсь; **~ig** упрям:ый
Bockleiter *f* лéстница-стремянка 6-6
Bockshorn *n*: j-n ins ~ jagen согнýть *v* 4 в барáний рог когó-н.
Bock|springen *n* Spiel чехардá 6; Turnen прыжкú *Pl* 2 чéрез козлá; **~wurst** *f* (горячая 11) сардéлька 6
Boden *m* Erdoberfläche землá 7c *A Sg* зéмлю, *G Pl* земéль; Erdreich пóчва 6 *G Pl* почв, грунт 2; Fuß~ пол 2b| на полý; Dach~ чердáк 2c; Grundfläche eines Behälters дно 4 *Pl* дóнь|я, -ев; Meeres~ дно; Grundlage пóчва 6, оснóва 6 | Grund und ~ землá, земéльное владéние 5; zu ~ fallen пáдать ⟨пасть⟩ на зéмлю; am ~ liegen лежáть на землé; auf dem ~ der Tatsachen stehen опирáться на фáкты, оснóвываться на фáктах; auf fremden ~ на землé; festen ~ unter den Füßen haben имéть [чýвствовать 2] твёрдую пóчву под ногáми; den ~ unter den Füßen verlieren терять (по-) пóчву под ногáми; der ~ brennt ihm unter den Füßen у негó землá горит под ногáми; **~bearbeitung** *f* обрабóтка пóчвы; **~beschaffenheit** *f* строéние 5 пóчвы; **~bestellung** *f* воздéлывание 5 пóчвы; **~fenster** *n* слуховóе oкнó; **~frost** *m* зáморозки *Pl* 2 на пóчве;

~frostgefahr *f* опáсность зáморозков на пóчве; **~kammer** *f* мансáрда 6; **~kampf** *m* Ringen борьбá в партéре [тэ]; **~kunde** *f* почвовéдение 5; **~kür** *f* Turnen произвóльная прогрáмма 6 при вóльных упражнéниях

bodenlos бездóнный; unerhört невероя́т|ный, -ен | ~e Frechheit неслы́ханная дéрзость

Boden|nebel *m* назéмный тумáн; **~nutzung** *f* землепóльзование 5; **~personal** *n Flugw* назéмный обслу́живающий 11 персонáл; **~reform** *f* земéльная рефóрма; **~satz** *m* осáд|ок, -ка 2, гу́ща 6; **~schätze** *m Pl* (полéзные) ископáемые *Pl Subst* 10; **~schicht** *f* пóчвенный слой

Bodensee Бóденское óзеро

Bodenspekulation *f* спекуля́ция земéльными учáстками

bodenständig коренно́й, мéстный

Boden|station *f Flugw* назéмная (радио)стáнция 8; **~treppe** *f* лéстница на чердáк; **~truppen** *f Pl* назéмные войскá; **~turnen** *n Sport* вóльные упражнéния *Pl* 5 (на ковре́); **~untersuchung** *f* анáлиз 2 пóчвы; **~verhältnisse** *n Pl* пóчвенные услóвия

Bofist *m* дождеви́к 2е

Bogen *m* Biegung, *Math, El* дугá 6с; Waffe лук 2; *Bauw* áрка 6 *G Pl* áрок а. Brücke; Fluß изги́б 2, излу́чина 6; Papier лист 2е; Geige смыч|óк, -кá 2 | mit dem ~ schießen стреля́ть из лу́ка; den ~ überspannen перегну́ть *v* пáлку; einen (großen) ~ machen сдéлать *v* (большо́й) крюк; **~brücke** *f* áрочный мост; **~fenster** *n* свóдчатое окнó

bogenförmig дугообрáз|ный, -ен

Bogen|gang *m* галерéя 7 со свóдом; Arkaden аркáда 6; **~honorar** *n* гонорáр листá; **~korrektur** *f* корректу́ра в листáх; **~lampe** *f* дуговáя лáмпа; **~pfeiler** *m* стóйка 6 (поддéрживающая 11 свод); Brücke бык 2е; **~säge** *f* лучкóвая пилá; **~schießen** *n* стрельбá из лу́ка; **~schütze** *m* стрелóк из лу́ка, *hist* лу́чник 2; **~zahl** *f Typ* числó листóв

Bogota Боготá 6

Boheme *f* богéма 6

Bohemien *m* представи́тель 1 богéмы, богéма 6

Bohle *f* брус 2 *Pl* -ья, -ьев, (тóлстая) дос|кá 6а *G Pl* -óк

Böhmerwald *m* Богéмский Лес

böhmisch: das sind für mich ~e Dörfer *umg* э́то для меня́ кни́га за семью́ печáтями

Bohne *f* фасóль 9; Sau~ боб 2е; Kaffee~ зернó 4с *G Pl* зёрен (кóфе) | grüne [weiße] ~n зелёная [бéлая] фасóль; ~n essen есть фасóль [бобы́]

Bohnen|kaffee *m* Getränk (натурáльный) кóфе; ungemahlen кóфе в зёрнах; **~kraut** *n* (садóвый) чабё|р, -рá 2; **~salat** *m* aus grünen Bohnen салáт из стручкóвой фасóли; **~stange** *f* тычи́на 6 для фасóли; *übertr* каланч|á 6 *G Pl* -éй; **~stroh** *n*: dumm wie ≈ глуп, как прóбка, глуп, как си́вый мéрин; **~suppe** *f* фасóлевый суп

Bohner|bürste *f* полотёрная щётка; **~maschine** *f* электрополотёр 2

bohnern *tr* натирáть ⟨-|терéть*⟩ масти́кой [mit Wachs вóском] | frisch gebohnert! осторóжно, натёрто!

Bohnerwachs *m* масти́ка 6 [Wachs воск] для нати́рки полóв

bohren *tr* сверли́ть 3 (про-); mit Holzbohrer бурáв|ить 3 -лю (про-); Brunnen; Gestein; Tunnel бури́ть 3 (про-); *intr* nach Erdöl, Bodenschätzen, Wasser бури́ть (про-); stochern ковыр|я́ть ⟨-ну́ть *mom* 4⟩ (in в *P*) | nach Erdöl ~ бури́ть в пóисках нéфти [на нефть]; **~d** Blick прони́зывающий 11; Schmerz сверля́щий 11

Bohrer *m* Werkzeug сверлó 4с *Pl* свёрла; Holz~ бурáв 2е; *Bergb* бур 2; *Med* бор 2; Arbeiter сверлóвщик 2, *Bergb* бури́льщик 2 | elektrischer ~ электродрéль 9

Bohr|insel *f* буровáя платфóрма 6; **~loch** *n Geol, Bergb* буровáя сквáжина; **~maschine** *f* сверли́льный стан|óк, -кá 2; *Med* бормаши́на 6; **~turm** *m* буровáя вы́шка; **~ung** *f* Erdöl бурéние 5; Bohrloch сквáжина 6

böig Wind пор ы́вист|ый | ~es Wetter вéтреная погóда, си́льные поры́вы *Pl* 2 вéтра

Boiler *m Tech* бóйлер 2; im Bad электри́ческая [гáзовая] колóнка 6 для вáнны [для нагревáния воды́ в вáнной]

Bojar *m* бо|я́рин 2 *Pl* -я́ре, -я́р; **~in** *f* боя́рыня 7

Boje *f* бу|й 1b *G Pl* -ёв, бáкен 2

Bolero *m* болерó *n idkl*; **~jäckchen** *n* болерó *n idkl*

Bolivianer *m* боливи́|ец, -йца 2; **~in** *f* боливи́йка 6

bolivianisch боливи́йский

Bolivien Боли́вия 8

Böllerschuß *m* салю́тный вы́стрел

Bollwerk *n Mil* укреплéние 5, бастиóн 2; *übertr* оплóт 2

Bolschewik *m* большеви́к 2е

Bolschewismus *m* большеви́зм 2

bolschewistisch большеви́стский

Bolzen *m Tech* болт 2е, винт 2е; Zapfen шквóр|ень, -ня 1

Bombardement *n* бомбардирóвка 6

bombardieren *tr* бомбардировáть 2, бомб|и́ть 3 -лю́; *übertr* бомбарди́ровать (mit *I*)

Bombardierung *f* бомбардирóвка 6

bombastisch высокопáр|ный, -ен, напы́щен|ный, -на

Bombe *f* бóмба 6; Eis~ торт-морóженое 2-*Subst* 10 | mit ~n belegen бомб|и́ть 3 -лю́, бомбардировáть 2; die Nachricht hat wie eine ~ eingeschlagen э́то извéстие произвелó впечатлéние разорвáвшейся бóмбы

Bomben|abwurf *m* бомбометáние 5, сбрáсывание 5 бомб; **~angriff** *m* налёт бомбардирóвочной авиáции; **~anschlag** *m* покушéние (с применéнием бомб) (auf на *A); ~**erfolg** колоссáльный успéх; **~flugzeug** *n* самолёт-бомбардирóвщик 2-2; **~geschäft** *n* потрясáюще вы́годное дéло; **~hagel** *m:* im ≈ под грáдом бомб; **~rolle** *f Theat* вы́игрышная [колоссáльная] роль

bombensicher бомбоустóйчивый | ich weiß es ~ мне э́то совершéнно тóчно извéстно; das ist ~ э́то абсолю́тно тóчно

Bomben|splitter *m* оскóлок бóмбы; **~teppich** *m* лави́на 6 бомб; **~trichter** *m* ворóнка от бóмбы

Bomber *m Mil* бомбардирóвщик 2

Bon *m* Gutschein талóн 2; Kassenzettel чек 2

Bonbon *m, n* конфéта 6; hart карамéль 9, mit Fruchtgeschmack леден|éц| -цá 2 | gefülltes ~ конфéта с начи́нкой

Bonbonniere *f* бонбоньéрка 6

Bonn Бонн 2

Bonze *m* бóнза *m* 6, зазнáвшийся 11 бюрокрáт 2

Boom *m* бум 2, искýсственное повышéние 5 кýрсов; спекуляти́вный подъём 2

Boot *n* лóдка 6; größeres; seetüchtiges шлю́пка 6 | wir fahren gern ~ мы лю́бим катáться на лóдке; wir stiegen ins ~ мы сéли в лóдку

Boots|anlegenstelle *f* лóдочная при́стань; **~ausleihstelle** *f* лóдочная стáнция 8; **~deck** *n* шлю́почная пáлуба; **~haken** *m* баг|óр| -рá 2; **~haus** *n* помещéние 5 для хранéния лóдок; **~lack** *m* лóдочный лак; **~mann** *m* бóцман 2; **~schuppen** *m* сарáй шлю́почный; **~steg** *m* причáл 2; причáльный мóстик; **~verleih** *m* прокáт лóдок, вы́дача 6 лóдок напрокáт

Bor *n Chem* бор 2

[1]**Bord** *m Mar, Flugw* борт 2b| на бортý| *Pl* -á | an ~ на бортý; an ~ gehen подн|я́ться* *v* -ял|ся́| -яли́сь [сесть*] на корáбль [на сýдно]; Flugzeug са|ди́ться 3⁺ -жýсь ⟨сесть*⟩ в самолёт; von ~ gehen Schiff схо|ди́ть 3⁺ -жý ⟨со|йти́*⟩ на бéрег; über ~ werfen бросáть ⟨брóсить⟩ за борт; Mann über ~! человéк за бóртом!

[2]**Bord** *n* Wandbrett пóлка 6

Bordell *n* публи́чный дом 2b

Bord|funker *m Flugw* бортради́ст 2; *Mar* судовóй ради́ст; **~kante** *f* борт 2 тротуáра; **~karte** *f* посáдочный талóн 2; **~mechaniker** *m* бортмехáник 2; **~stein** *m* бортовóй кáмень тротуáра

Boretsch *m* огурéчник 2

Borg *m:* auf ~ взаймы́, в долг, в креди́т

borgen *tr* entleihen занимáть ⟨заня́ть*⟩ (von у *G);* Geld a. брать* ⟨взять*⟩ взаймы́ [в долг] (von у *G*); leihen одáлживать ⟨одолжи́ть 3⟩ (j-m *D);* Geld a. давáть* ⟨дать*⟩ в взаймы́ [в долг] (j-m *D)* | ich habe mir ein Buch von ihm geborgt я зáнял у негó кни́гу; er borgte mir zwei Hefte он одолжи́л мне две тетрáди; er borgte mir drei Mark он одолжи́л мне [дал мне в долг] три мáрки

Borke *f* корá 6

Borkenkäfer *m* короéд 2

Borneo Борнéо [нэ] *m idkl*

borniert ограни́чен:ный| -на, туп:óй| -á!

Bor|salbe *f* бóрная мазь; **~säure** *f* бóрная кислотá

Börse *f Wirtsch* би́ржа 6; Geldbeutel кошел|ёк| -ькá 2 | an der ~ на би́рже

Börsen|bericht *m* биржевóй бюллетéнь 1; **~spekulant** *m* биржевóй спекуля́нт

Borste *f* щети́нка 6; ~n *Pl* щети́на 6

borstig щети́нист:ый; *übertr* грýб:ый| -á!, угрю́м:ый

Borte *f* ка|и́мá 6 *G Pl* -ём, обши́вка 6, бордю́р 2

bösartig злой| зол| зла, злóст|ный| -ен; *Med* злокáчествен:ный| -на

Bösartigkeit *f* злость 9, злóба 6; *Med* злокáчественность 9

Böschung *f* откóс 2, склон 2

böse schlecht дурнóй| дýр|ен| -нá| -но| дýрны́; böswillig злой| зол| зла| злéйший 11, злóб|ный| -ен; ärgerlich серди́т:ый; ergrimmt озлóблен:ный| -на | ~r Mensch злю́ка 6, лихóй человéк; ~r Finger больнóй пáлец; ~ Tat дурнóй постýпок; ~s Siechtum лихóй недýг; j-n ~ machen злить 3 когó-н.; auf j-n ~ sein сер|ди́ться 3⁺ -жýсь (рас-) на когó-н. (wegen за *A*), sei mir nicht ~ не серди́сь [не злись] на меня́; es ist nicht ~ gemeint э́то скáзано без злóго ýмысла; sich nichts Böses dabei denken не имéть злóго ýмысла; das sieht ~ aus дéло обстои́т плóхо

Bösewicht *m* Schelm сорван|éц| -цá 2, прокáзник 2

boshaft злой| зол| зла; Blick злóб|ный| -ен; Streich злóст|ный| -ен; giftig, tückisch ехи́д|ный| -ен | ~er Sinn злой ýмыс|ел| -ла 2

Bosheit *f* злóба 6; Tücke ехи́дство 4 | aus ~ со злóсти; voller ~en sein быть испóлненным злóбы

Bosporus Босфóр 2

Boß *m umg* босс 2

böswillig злóст|ный, -ен | ~e Handlung злонамéренный постýпок
Böswilligkeit *f* злóстность 9; злонамéренность 9
Botanik *f* ботáника 6; **~er** *m* ботáник 2
botanisch ботани́ческий | ~er Garten ботани́ческий сад
botanisieren *intr* собирáть растéния
Bote *m* Dienst~ курьéр 2, посы́льный *Subst* 10; Paketausträger рассы́льный *Subst* 10; Anzeichen (пред)вéстник 2, гон|éц, -цá 2 | die ~n des Frühlings (пред)вéстники [гонцы́] весны́
Botengang *m:* Botengänge machen исполня́ть ⟨-пóлнить 3⟩ поручéния, быть* на посы́лках
Botin *f* курьéр 2, курьéрша 6 *umg,* посы́льная *Subst* 10; рассы́льная *Subst* 10
Botmäßigkeit *f* 9 госпóдство 4 | j-n unter seine ~ bringen покор|я́ть ⟨-и́ть 3⟩ когó-н.
Botschaft *f* Nachricht весть 9g, извéстие 5; schriftlich послáние 5; *Pol* посóльство 4 | auf die ≈ gehen идти́* ⟨по|йти́*⟩ в посóльство; **~er** *m* пос|óл, -лá 2
Botschafter|austausch *m* обмéн послáми; **~ebene** *f:* auf ≈ на ýровне послóв
Botschafts|angestellter *m* сотрýдник 2; посóльства; **~personal** *n* состáв посóльства
Botswana Ботсвáна 6
Böttcher *m* бочáр 2e, бóндарь 1 *u.* бондáрь 1e; **~werkstatt** *f* бондáрная мастерскáя
Bottich *m* чан 2
Bouillon *f* бульóн 2; **~würfel** *m* бульóнный кýбик
Boulevard *m* бульвáр 2; **~blatt** *n* бульвáрная газéта
Bourgeois *m* буржуá *m idkl;* **~ie** *f* буржуази́я 8
Boutique *f* худóжественный салóн 2 мод, бути́к 2
Bowdenzug *m* трос 2 Бóудена
Bowle *f* Getränk крюшóн 2; Gefäß чáша 6 для крюшóна, крюшóнница 6
Box *f* abgeteilter Raum бокс 2; für Pferde стóйло 4; für Auto изоли́рованное отделéние 5 в óбщем гарáже; *Foto* я́щичный (фото)аппарáт 2
boxen *intr Sport* выступáть ⟨вы́ступ|ить 3 -лю⟩ на ри́нге, бокси́ровать 2 | gegen j-n ~ встречáться ⟨встрé|титься 3 -чусь⟩ с кем-н.
Boxen *n* бокс 2 | Meister im ~ мáстер по бóксу
Boxer *m Sportler, Hund* боксёр 2
Box|handschuhe *m Pl* боксёрские перчáтки; **~kalf** *n* опó|ек, -йка 2; **~kampf** *m* бокс 2, встрéча [состязáние] по бóксу; **~ring** *m* ринг 2
Boykott *m* бойкóт 2 | j-m den ~ erklären объяв|ля́ть ⟨-ви́ть 3⁺ -лю⟩ бойкóт комý-н.
boykottieren *tr* бойкоти́ровать 2
brach невоздéланный, под пáром; lange Zeit brachliegend зáлежный
Brache *f Landw* пар 2b, пóле 3b под пáром
Brach|feld *n* пóле под пáром; **~land** *n* зáлежное пóле 3b; Gebiete зáлежные зéмли 7c
brachliegen *intr Landw* лежáть под пáром, быть* невоздéланным; *übertr* о|ставáться* ⟨-|стáться*⟩ неиспóльзованным | ~des Feld пóле под пáром, необрабóтанное пóле
Brachvogel *m* крóншнеп 2
Bramsegel *n* брáмсель 1
Branche *f* Zweig óтрасль 9; Fach специáльность 9
Branchenverzeichnis *n* отраслевóй спрáвочник 2
Brand *m* Feuer пожáр 2; *Tech* óбжиг 2; *Bot* головн|я́ 7 *G Pl* -éй; *Med* гангрéна 6 | in ~ geraten загор|áться ⟨-éться 3⟩; in ~ stecken поджигáть ⟨под|жéчь*, -ожгý⟩; seinen ~ löschen *umg* утол|я́ть ⟨-и́ть 3⟩ жáжду; **~binde** *f* бинт для перевя́зки ожóга, противоожóговая повя́зка; **~blase** *f* пузы́рь от ожóга; **~bombe** *f* зажигáтельная бóмба
branden *intr* разбивáться ⟨раз|би́ться*, -обьётся⟩ (с шýмом) (gegen о *A*), бушевáть 2 | ~der Beifall бýрные аплодисмéнты
Brandenburg Брáнденбург 2
Brand|fackel *f* (зажигáтельный) фáкел *a. übertr;* **~gefahr** *f* опáсность пожáра; **~geruch** *m* гарь 9, зáпах гáри; **~haken** *m* баг|óр, -рá 2; **~herd** *m* очáг пожáра *a. übertr*
brandig verbrannt горéлый; *Med* гангренóзный | es riecht ~ пáхнет гáрью [горéлым]
Brandmal *n übertr* след 2b ожóга; клеймó 4c
brandmarken *tr übertr* клейм|и́ть 3 -лю́ (за-) (позóром)
Brand|mauer *f* брандмáуер [тм] 2; **~salbe** *f* мазь от [прóтив] ожóгов; **~schaden** *m* убы́ток от пожáра
brandschatzen *tr* ausplündern грáб|ить 3 -лю (о-, раз-)
Brandschutz *m* пожáрная охрáна; **~schutzmaßnahmen** *f Pl* противопожáрные мероприя́тия *Pl* 5; **~verantwortlicher** *m* ответственный *Subst m* 10 за противопожáрные мероприя́тия
Brand|sohle *f* стéлька 6; **~stätte** *f* пожáрище 4; **~stifter** *m* поджигáтель 1; **~stiftung** *f* поджóг 2; **~ung** *f* прибóй 1; **~wunde** *f* ожóг 2, рáна от ожóга
Branntwein *m* (вы́держанная) вóдка 6; **~brennerei** *f* винокýренный завóд

Brasilia Бразúлия 8 *idkl*
Brasilianer *m* бразúл|ец| -ьца 2; **~in** *f* бразилия́нка 6
brasilianisch бразúльский
Brasilien Бразúлия *f idkl*
Bratapfel *m* печёное я́блоко
braten *tr* жа́рить 3 (за-, из-); Äpfel печь* (ис-); *intr* жа́риться (за-, из-); Äpfel пéчься | etw. braun ~ поджа́р|ивать ⟨-ить⟩ что-н. до корúчневого цвéта; sich in der Sonne ~ lassen жа́риться на сóлнце [он]
Braten *n* жа́ренье 5, за-, из-, поджа́ривание 5; *m* gebratenes Fleisch жаркóе *Subst n* 10 | den ~ riechen *übertr umg* пронюхать v_1 в чём дéло, смекну́ть *v mom* 4_1 чем дéло пáхнет; **~geruch** *m* зáпах жаркóго; **~platte** *f* блю́до 4 для жаркóго; **~tunke** *f* сóус к жаркóму, подлúвка из жаркóго
Brat|fisch *m* gebraten жа́реная ры́ба; zum Braten ры́ба для жа́рки [жа́ренья]; **~hähnchen** *n* gebraten жа́реный цыплён|ок| -ка 2 *Pl* цыпля́та 4; zum Braten цыплёнок для жа́рки [жа́ренья], брóйлер 2; **~hering** *m* сельдь жа́реная (в маринáде), жа́реная селёдка
Bratislava Братислáва 6
Brat|kartoffeln *f Pl* жа́реный (варёный) картóфель; **~pfanne** *f* сковородá 6е *Pl* скóвороды; **~röhre** *f* духóвка 6; **~rost** *m* решётка 6 (для жа́ренья)
Bratsche *f* альт 2е
Bratschist *m* альтúст 2
Brat|spieß *m* вéртел 2b *Pl* -á; **~wurst** *f* жа́реная колбáска [сосúска 6]; Wurst zum Braten колбáска [сосúска] из сырóго фáрша (для жа́ренья)
Brauch *m* обы́ча|й 1 *G Pl* -ев | es ist bei uns so ~ у нас так вóдится, у нас такóв обы́чай
brauchbar гóд|ный| -ен| -нá!, пригóдный| -ен (zu, für к *D*, на *A*); Vorschlag дéльный, полéз|ный| -ен
brauchen *tr* nötig haben *(wird durch die Kurzform des Adjektivs wiedergegeben)* ну́жен| нужнá| ну́жно| ну́жны́; bedürfen нуждáться в *P;* verwenden употреб|ля́ть ⟨-úть 3 -лю́⟩ *A,* пóльзоваться 2 *I* | gebraucht werden быть ну́жным, трéбоваться 2 (по-); ich brauche das Buch мне нужнá э́та кнúга; der Kranke braucht Ruhe больнóму ну́жен покóй; er braucht das он нуждáется в э́том, емý трéбуется э́то; ich werde es ~ мне э́то понадóбится; ich brauche Wasser мне нáдо воды́; er braucht nicht zu kommen емý не нáдо [не ну́жно] приходúть; du brauchst dich nicht zu fürchten тебé не ну́жно боя́ться; ich brauche diese Sache nicht мне э́та вещь ни к чемý; für das Kleid braucht man drei Meter Stoff на плáтье идёт три мéтра матéрии; darüber braucht man sich nicht zu wundern тут нéчему удивля́ться; Sie ~ es nur zu sagen вам стóит тóлько сказáть
Braue *f* бровь 9g
brauen *tr* Bier варúть 3^+ (с-); Punsch u. ä. готóв|ить 3 -лю (при-)
Brauer *m* пивовáр 2; **~ei** *f* пивовáренный завóд 2
braun zimtfarben корúчневый; dunkel~ z. B. Fell бу́рый; Haar каштáновый; Haut смýглый; von der Sonne загорéлый; Augen кáрий 11; Pferd гнедóй | von ~er Gesichtsfarbe смуглолúцый; ~e Butter поджа́ренное мáсло; er hat ~es Haar он шатéн [тэ]; ~ werden бурéть (по-); von der Hautfarbe смуглéть [по-); durch Sonneneinwirkung загор|áть ⟨-éть 3⟩ (на сóлнце) [он]
Braunbär *m* медвéдь бу́рый
Bräune *f* смýглый цвет 2b кóжи; Sonnen~ загáр 2
bräunen *tr* Fleisch поджа́р|ивать ⟨-ить 3⟩; Haut дéлать (с-) смýглым [загорéлым]; *intr u.* sich ~ *refl* von Gebackenem подрумя́н|иваться ⟨-иться 3⟩; von der Hautfarbe смуглéть (по-); durch Sonneneinwirkung загор|áть ⟨-éть 3⟩ | er läßt sich in der Sonne ~ он загорáет (на сóлнце)
braungebrannt von der Sonne загорéлый
Braunkohle *f* бу́рый ýголь
Braunkohlen|bergbau *m* добы́ча 6 бу́рого ýгля, буроýгольные разрабóтки *Pl* 6; **~brikett** *n* буроýгольный брикéт; **~förderung** *f* добы́ча бу́рого ýгля; **~tagebau** *m* буроýгольный карьéр [разрéз 2]; **~vorräte** *m Pl* запáсы бу́рого ýгля
bräunlich коричневáтый; Haut смуглоавáтый
Brause *f* Dusche душ 2 *G Pl* -éй; Gießkanne сéтка 6; Limonade лимонáд 11-2, шипýчка 6 *umg;* **~bad** *n* душ 2 *G Pl* -éй; **~limonade** *f* лимонáд, шипýчка 6 *umg*
brausen *intr* Wind, Meer бушевáть 2; Wald, Brandung шумéть 3; Getränke шипéть 3; aufwallen кипéть 3, бурлúть 3; *umg* Zug, Auto мчáться 3 (по-) по *D;* sich ~ *refl* sich duschen принимáть ⟨приня́ть*⟩ душ; **~d** lärmend шýм|ный| -ен| -нá! | ≈er Beifall бу́рные аплодисмéнты
Brausepulver *n* шипýчий 11 порошóк
Braut *f* невéста 6; **~führer** *m* шáфер 2b *Pl* -á, дрýжка *m* 6
Bräutigam *m* женúх 2е
Braut|jungfer *f* подрýжка 6; **~kleid** *n* свáдебное [подвенéчное] плáтье; **~nacht** *f* брáчная ночь; **~paar** *n* женúх 2е и невéста 6, новобрáчные *Subst Pl* 10; **~schleier** *m* (свáдебная) фатá 6; **~werber** *m* сват 2; **~werbung** *f* сватовствó 4
brav artig послýш|ный| -ен, хорóш: 11_1

-á; rechtschaffen поря́доч|ный, -ен, че́ст|ный, -ен, -на́!
bravo! *Interj* бра́во!, прекра́сно!
Bravour *f* Meisterschaft высо́кое мастерство́ 4, блестя́щее исполне́ние 11-5 | mit ~ с бле́ском, превосхо́дно, виртуо́зно
Brazzaville Браззави́ль 1
Brech|durchfall *m* рво́та с поно́сом; **~eisen** *n* лом 2g
brechen *tr* лома́ть (с-); Zweig отла́мывать ⟨-ломи́ть 3⁺ -ломлю́⟩; Rose срыва́ть ⟨со|рва́ть*⟩; Flachs трепа́ть*, мять* ⟨раз|-мя́ть, -омну́⟩; Vertrag, Eid наруша́ть ⟨-ру́шить 3⟩; Widerstand лома́ть ⟨слом|и́ть *v* 3⁺ -лю́⟩; *Med* переломáть *v* z. B. Rippen; Strahlen прелом|ля́ть ⟨-и́ть⟩; Rekord побива́ть ⟨по|би́ть*⟩; *intr* in Stücke gehen лома́ться (с-); Leder ло́паться; Eis тре́скаться (по-); Stimme лома́ться; sich übergeben рвать* (вы́), тошни́ть 3; mit j-m, die Verbindung zu j-m порыва́ть ⟨-рва́ть⟩ с *I;* sich ~ *refl* Brandung разбива́ться ⟨-|би́ться*⟩; Lichtstrahlen прелом|ля́ться ⟨-и́ться⟩ | (sich) den Arm ~ слома́ть (себе́) ру́ку; Marmor ~ лома́ть мра́мор; die Ehe ~ нару́шить супру́жескую ве́рность; mit der Vergangenheit ~ порва́ть *v* с про́шлым; mit einer Gewohnheit ~ броса́ть ⟨бро́|сить 3 -шу⟩ привы́чку; das Bein ist gebrochen нога́ сло́мана; der Mast ist gebrochen ма́чта слома́лась; er hat gebrochen его́ стошни́ло [вы́рвало]; **~d:** ≈ voll битко́м наби́тый
Brecher *m* прибо́йная волна́ 6 *G Pl* волн, буру́н 2e
Brech|mittel *n* рво́тное сре́дство; **~reiz** *m* тошнота́ 6, позы́в 2 к рво́те; **~ung** *f Phys* преломле́ние 5, рефра́кция 8
Brei *m* Grütze ка́ша 6; aus Kartoffeln, Gemüse пюре́ [рэ] *n idkl* | dünner ~ каши́ца 6 *umg;* dicker ~ крута́я ка́ша; (wie die Katze) um den heißen ~ herumgehen *umg* ходи́ть 3⁺ вокру́г да о́коло
breiig кашеобра́з|ный, -ен; dickflüssig тягу́ч:ий 11
breit широ́к:ий, -á, широко́; ши́ре; широча́йший 11 | das Brett ist zehn Meter ~ доска́ де́сять ме́тров в ширину́, доска́ шириной (в) де́сять ме́тров; doppelt ~ Stoff двойно́й ширины́; eine Hand ~ шириной в ладо́нь; die ~e Öffentlichkeit широ́кие круги́ обще́ственности; die ~en Bevölkerungsschichten широ́кие слои́ населе́ния; auf ~ester Grundlage на са́мой широ́кой осно́ве; ~er machen расширя́ть ⟨-ши́рить 3⟩; ~ werden станов|и́ться 3⁺ -лю́сь ⟨стать*⟩ ши́ре, расширя́ться ⟨-ши́риться⟩; **~beinig** с (широко́) расста́вленными нога́ми
Breite *f* ширина́ 6; eines Stoffes поло́тнище 4; *Geogr* широта́ 6c | in die ~ *übertr* в ширину́, вширь; er ist in die ~ gegangen он растолсте́л; um eines Haares ~ beinahe едва́ не, чуть бы́ло не; nördlicher ~ се́верной широты́
Breiten|grad *m* гра́дус широты́; **~kreis** *m* паралле́ль 9; **~sport** *m* ма́ссовый спорт, ма́ссовое спорти́вное движе́ние 5; **~wirkung** *f* ма́ссовое влия́ние 5, возде́йствие на са́мые широ́кие слои́ (населе́ния)
breitkrempig широкопо́лый
breit|machen, sich *refl* рассáживаться ⟨рас|се́сться*⟩, (удо́бно) устр|а́иваться ⟨-о́иться 3⟩ | mach dich nicht so breit! что ты (так) рассе́лся!; **~schlagen** *tr* überreden угов|а́ривать ⟨-ори́ть 3⟩ | sich zu etw. ≈ lassen дава́ть* ⟨дать*⟩ себя́ уговори́ть [улома́ть] сде́лать что--н.; **~schultrig** широкопле́ч:ий 11
Breit|schwanz *m* Pelz кара́ку́льча 6; **~seite** *f Mar* борт 2b (су́дна); *Mil* борт с ору́диями на нём
breitspurig *Eisenb* ширококоле́йный; anmaßend зано́счив:ый, наду́т:ый
breittreten *tr übertr* распростран|я́ться ⟨-и́ться 3⟩ о *P*
Breitwand *f* широ́кий экра́н; 2; **~film** *m* широкоэкра́нный фильм; **~kino** *n* широкоэкра́нный кинотеа́тр
Bremen Бре́мен 2
Brems|backe *f Tech* тормозна́я коло́дка; **~belag** *m Kfz* тормозна́я накла́дка 6
[1]**Bremse** *f* Stechfliege слеп|е́нь, -ня́ 1; Pferde~ о́вод 2 *Pl a.* -á 2b
[2]**Bremse** *f Tech* то́рмоз 2b *Pl* -á | die ~ (an)ziehen потяну́ть *v* 4⁺ за то́рмоз, затормо|зи́ть *v* 3 -жу́; auf die ~ treten нажима́ть ⟨на|жа́ть[1]* ⟩ (ного́й) на то́рмоз
bremsen *tr u. intr* тормо|зи́ть 3 -жу́ (за-) | scharf ~ ре́зко тормози́ть
Bremsen *n* торможе́ние 5
Brems|flüssigkeit *f Kfz* тормозна́я жи́дкость; **~leuchte** *f Kfz* фона́рь 1e стоп-сигна́ла; **~licht** *n Kfz* (светово́й) стоп-сигна́л 2; **~pedal** *n Kfz* педа́ль то́рмоза; **~spur** *f Kfz* след при торможе́нии; **~triebwerk** *n* Raumfahrt тормозно́й (раке́тный) дви́гатель 1; **~ung** *f* торможе́ние 5; **~vorrichtung** *f* тормозно́е устро́йство; **~weg** *m Kfz* путь торможе́ния
brennbar горю́ч:ий 11
brennen *tr* Holz, Kohle топ|и́ть 3⁺ -лю́ *I,* жечь* (с-, сожгу́, сожжённый) *A;* rösten об-, поджа́р|ивать ⟨-ить 3⟩; Ziegel, Porzellan обжига́ть ⟨-же́чь, -ожгу́, -ожжённый⟩; *intr* in Brand sein горе́ть (с-); lichterloh пыла́ть; glühen пали́ть 3; Sonne жечь (с-), пали́ть; schmerzen жечь; begierig sein горе́ть (с-) (vor *I),* сгор|а́ть ⟨-е́ть⟩ (vor от *G)* | das Haus brennt дом гори́т [пыла́ет]; die Lampe

brennt schlecht ла́мпа гори́т пло́хо; die Wunde brennt ра́на жжёт; die Brennessel brennt крапи́ва жжётся; die Sonne brennt со́лнце пали́т; der Pfeffer brennt auf der Zunge пе́рец жжёт язы́к; es brennt! пожа́р!; wo brennt's denn? *übertr* что за спе́шка?, was ist los? что там случи́лось?; ~**d** Augen горя́щий 11; Kälte; Gefühle, Frage жгу́ч:ий 11 | ≈er Durst жгу́чая [си́льная] жа́жда; ≈er Schmerz о́страя [жгу́чая] боль; ≈e Liebe пы́лкая любо́вь; ≈e Frage жгу́чий [животрепе́щущий 11] вопро́с

Brenner *m* Gas~ (га́зовая) горе́лка 6

Brennessel *f* крапи́ва 6

Brenn|glas *n* зажига́тельное стекло́; ~**holz** *n* дрова́ *Pl* 4; ~**material** *n* то́пливо 4, горю́чее *Subst* 11; ~**punkt** *m Phys* фо́кус 2; *übertr* центр 2 | im ≈ des Interesses stehen находи́ться 3⁺ -хожу́сь ⟨-|йти́сь*⟩ в це́нтре внима́ния; ~**schere** *f* щипцы́ *Pl* 2 для зави́вки; ~**spiritus** *m* денатури́рованный [дэ] спирт; ~**stoff** *m* горю́чее *Subst* 11, то́пливо 4; ~**stoffverbrauch** *m* расхо́д горю́чего; ~**weite** *f Phys* фо́кус 2, фо́кусное расстоя́ние 5

brenzlig *übertr* щекотли́в:ый, опа́с|ный, -ен, крити́ческий | eine ~e Lage сомни́тельная ситуа́ция; die Sache wird ~ де́ло стано́вится подозри́тельным

Bresche *f:* eine ~ schlagen пробива́ть ⟨про|би́ть*⟩ брешь *a. übertr*

Brett *n* Schnittholz, Spiel~ дос|ка́ 6а *G Pl* -о́к; ~er *Pl* Skier лы́жи *Pl* 6; ~er *Pl Theat* Bühne сце́на 6, (театра́льные) подмо́стки *Pl* 2 | das Schwarze ~ доска́ (для) объявле́ний; das Stück ging zwölfmal über die ~er *Theat* пье́са шла двена́дцать раз

Bretter|verschlag *m* помеще́ние 5, отгоро́женное доска́ми; für Getreide, Korn u. ä. за́кром 2b *Pl* -а́; ~**wand** *f* доща́тая перегоро́дка 6

Brett|segeln *n* = **Windsurfing**; ~**spiele** *n Pl* насто́льные и́гры

Brezel *f* кре́ндель 1g

Bridge *n* бридж 2

Brief *m* пис|ьмо́ 4с *G Pl* сем | ein ~ Stecknadeln па́чка 6 була́вок; ~e wechseln mit j-m перепи́сываться с кем-н.; einen ~ aufgeben сдава́ть ⟨сдать⟩ письмо́ (на по́чте); ich gebe dir ~ und Siegel уверя́ю тебя́, ты мо́жешь быть уве́рен; ~**ablage** *f* ме́сто 4b, где оставля́ются пи́сьма; im Hotel я́щик 2 с отделе́ниями для корреспонде́нции; ~**ausgabe** *f* вы́дача пи́сем; ~**beschwerer** *m* пресс-папье́ *n idkl;* ~**bogen** *m* лист почто́вой бума́ги; ~**kasten** *m* почто́вый я́щик; im Haus я́щик для пи́сем и газе́т; ~**kastenleerung** *f* вы́емка 6 пи́сем; ~**kopf** *m* штамп 2 отправи́теля письма́

brieflich 1. *Adj* пи́сьменный **2.** *Adv* пи́сьменно, письмо́м

Brief|mappe *f* бюва́р 2; ~**marke** *f* почто́вая ма́рка

Briefmarken|album *n* альбо́м для (почто́вых) ма́рок; ~**ausstellung** *f* вы́ставка почто́вых ма́рок; ~**laden** *m* филатели-сти́ческий [тэ] магази́н; ~**sammler** *m* филатели́ст [тэ] 2; ~**sammlung** *f* колле́кция почто́вых ма́рок; ~**tausch** *m* обме́н почто́выми ма́рками

Brief|öffner *m* нож 2е для вскры́|тия пи́сем; ~**papier** *n* почто́вая бума́га; ~**partner** *m* корреспонде́нт 2, партнёр по перепи́ске; ~**porto** *n* почто́вый сбор; ~**stempel** *m* почто́вый ште́мпель; ~**tasche** *f* бума́жник 2; ~**taube** *f* почто́вый го́лубь; ~**telegramm** *n* письмо́-телегра́мма 4с-6; ~**träger** *m* письмоно́с|ец, -ца 2, почтальо́н 2; ~**umschlag** *m* (почто́вый) конве́рт 2; ~**waage** *f* почто́вые весы́ (для пи́сем); ~**wechsel** *m* перепи́ска 6, корреспонде́нция 8 | mit j-m im ≈ stehen перепи́сываться с кем-н., быть* в перепи́ске с кем-н.

Brigade *f* брига́да 6 *a. Mil;* ~**leiter** *m* бригади́р 2, руководи́тель брига́ды; ~**mitglied** *n* член брига́ды; ~**tagebuch** *n* дневни́к брига́ды

Brigadier *m* бригади́р 2

Brikett *n* брике́т 2; ~**fabrik** *f* брике́тно-у́гольная фа́брика

brikettieren *tr* брикети́ровать *uv, v* 2

Brikettzange *f* щипцы́ для брике́тов

brillant блестя́щий 11; Stimmung великоле́п|ный, -ен

Brillant *m* бриллиа́нт [лья] 2 | zweikarätiger ~ бриллиа́нт в два кара́та; ~**ring** *m* пе́рстень с бриллиа́нтом, бриллиа́нтовый пе́рстень; ~**schmuck** *m* бриллиа́нтовое украше́ние

Brillanz *f* блеск 2; *Foto* со́чность 9 (изображе́ния)

Brille *f* очки́ *Pl* 2; Klosett~ сиде́нье 5 (унита́за) | mit ~ в очка́х; eine ~ tragen носи́ть очки́; eine ~ aufsetzen надева́ть ⟨-де́ть⟩ очки́; etw. durch eine rosige ~ sehen смотре́ть на что-н. сквозь ро́зовые очки́

Brillen|etui *n* футля́р для очко́в; ~**gestell** *n* опра́ва 6 очко́в; ~**glas** *n* стекло́ для очко́в; ~**schlange** *f* очко́вая змея́; ~**träger** *m:* sind Sie ≈? вы но́сите очки́?

brillieren *intr* glänzen блиста́ть

bringen *tr* herbei~ приноси́ть 3⁺ -ношу́ ⟨-|нести́*⟩; fahrend привози́ть 3⁺ -вожу́ ⟨-|везти́*⟩; her~, hinführen приводи́ть 3⁺ -вожу́ ⟨-|вести́*⟩ (in в *A,* nach в *A,* auf на *A zu* к *D);* fort~ относи́ть ⟨-нести́⟩; fahrend отвози́ть ⟨-везти́⟩; zustellen дост|авля́ть ⟨-а́вить 3 -а́влю⟩; Ware auf den Markt выбра́сывать ⟨вы́бро|сить 3

-шу⟩; geleiten отводи́ть ⟨-вести́⟩; verlassen доводи́ть 3 -вожу́ ⟨-вести́⟩ (j-n zu etw. кого́-н. до чего́-н.); заст|авля́ть ⟨-а́вить 3 -а́влю⟩ z. B. zum Schweigen; in eine Lage, einen Zustand versetzen приводи́ть ⟨-вести́⟩ в *A;* schädigen, wegnehmen лиш|а́ть ⟨-и́ть 3⟩ (j-n um etw. кого́-н. чего́-н.); erreichen дост|ига́ть ⟨-и́гнуть 4a *u.* 4⟩; veröffentlichen помеща́ть ⟨-сти́ть 3 -щу́⟩, публикова́ть 2 (о-); *Rad* übertragen пере|дава́ть* ⟨переда́ть*⟩ | Kinder nach Hause ~ geleiten отводи́ть ⟨-вести́⟩ дете́й домо́й; er brachte die Kinder nach Hause он привёл ребёнка домо́й; j-n zum Bahnhof [nach Hause] ~ прово|жа́ть ⟨-ди́ть 3⁺ -жу́⟩ кого́-н. на вокза́л [домо́й]; wir brachten den Kranken ins Krankenhaus мы доста́вили больно́го в больни́цу; das Paket auf die Post ~ относи́ть ⟨-нести́⟩ посы́лку на по́чту; das Radio bringt Musik по ра́дио передаю́т му́зыку; das bringt uns Freude э́то прино́сит [доставля́ет] нам ра́дость; j-n in Stimmung ~ привести́ кого́-н. в хоро́шее настрое́ние; auf einen Gedanken ~ наводи́ть ⟨-вести́⟩ на мысль, ната́лкивать ⟨-толкну́ть 4⟩ на мысль; j-n um das Geld ~ лиш|а́ть ⟨-и́ть 3⟩ кого́-н. де́нег; es dahin ~, daß … доводи́ть до того́⟩ что …; er hat es weit gebracht он далеко́ пошёл, он мно́гого дости́г; es in etw. weit ~ Erfolg haben де́лать (с-) больши́е успе́хи в чём-н., преусп|ева́ть ⟨-е́ть⟩ в како́м-н. де́ле; es zu etw. ~ вы́|биться* *v* [вы́|йти* *v*] в лю́ди, дости́гнуть *v* 4 изве́стного положе́ния; mit sich ~, daß … быть* причи́ной того́, что …; по|вле́чь* *v* за собо́й то, что . . .; er hat es bis zum Leiter gebracht он дослужи́лся до (ме́ста) заве́дующего; er hat es zu nichts gebracht из него́ ничего́ (пу́тного) не вы́шло, он ничего́ не доби́лся; an den Tag ~ выявля́ть ⟨вы́яв|ить 3 -лю⟩; j-n dahin ~, daß … убе|жда́ть ⟨-ди́ть 3⟩ кого́-н. в том, что …

Brise *f* бриз 2 | frische ~ си́льный бриз

Brit|e *m* брита́н|ец, -ца 2; ~**in** *f* брита́нка 6

britisch брита́нский

bröckelig рассы́пчат:ый, (легко́) кроша́щийся 11

bröckeln *intr* кроши́ться 3⁺ (ис-, рас-) | das Brot in die Suppe ~ на-, покроши́ть *v* хле́ба в похлёбку

Brocken *m* кус|о́к, -ка́ 2, кусо́ч|ек, -ка 2; Felsen обло́м|ок, -ка 2 | ein paar ~ Russisch können уме́ть ко́е-как объясня́ться по-ру́сски; das ist ein harter ~ э́то твёрдый оре́шек

brodeln *intr* бурли́ть 3, клок|ота́ть, -о́чет; vor Groll кипе́ть 3 | im Volk brodelte es в наро́де бы́ло броже́ние

Broiler *m* бро́йлер 2, мясно́й цыплён|ок, -ка 2 *Pl* цыпля́та 4

Brokat *m* брока́т 2, парча́ 6; ~**kleid** *n* пла́тье из парчи́, парчо́вое пла́тье

Brom *n* бром 2

Brombeer|e *f* ежеви́ка 6; einzelne я́года ежеви́ки; ~**strauch** *m* куст ежеви́ки

Bronchialasthma *n* бронхиа́льная а́стма

Bronchien *Pl* бро́нхи *Pl* 2

Bronchitis *f* бронхи́т 2

Bronze *f* бро́нза 6; Farbton бро́нзовый цвет 2b *Pl* -а́

Bronze|figur *f* бро́нзовая фигу́ра; скульпту́ра 6 [статуэ́тка 6] из бро́нзы; ~**medaille** *f* бро́нзовая меда́ль

bronzen бро́нзовый

Bronzezeit *f* бро́нзовый век 2b

bronzieren *tr* бронзирова́ть *uv, v* 2 (*a.* на-)

Brosame *f* хле́бная кро́шка 6; ~n *Pl übertr* кро́хи *Pl* 6h

Brosche *f* бро́шка 6, брошь 9

broschier|en *tr Typ* брошюрова́ть [шу] 2 (с-); ~**t** (с)брошюро́ванный [шу]; in Broschürenform брошю́рой, в ви́де брошю́ры

Broschüre *f* брошю́ра [шу] 6

Brot *n* хлеб 2; Lebensunterhalt хлеб, кус|о́к, -ка́ 2 хле́ба | ein Stück ~ кусо́к хле́ба; ein Laib ~ буха́нка хле́ба; belegtes ~ бутербро́д [тэр] 2; ich verdiene (mir) mein ~ selbst я сам зараба́тываю себе́ на хлеб [на кусо́к хле́ба]; das ist ein saures ~ э́то нелёгкий хлеб; ~**aufstrich** *m* то, что нама́зывается на хлеб; ~**bäckerei** *f* хлебопека́р|ня 7 *G Pl* -ен; ~**beutel** *m* су́мка для сухо́го пайка́; ~**büchse** *f* (жестяна́я) коро́бка 6 для за́втрака [для бутербро́дов]

Brötchen *n* бу́лочка 6 | süßes ~ сдо́бная бу́лочка; belegtes ~ бутербро́д [тэр] 2

Brot|erwerb *m:* einem ≈ nachgehen зараба́тывать на жизнь; ~**fabrik** *f* хлебозаво́д 2; ~**getreide** *n* хле́бное зерно́ 4c, хлеба́ *Pl* 2b; ~**kanten** *m* горбу́шка 6 (хле́ба); ~**korb** *m* корзи́нка для хле́ба | j-m den ≈ höher hängen держа́ть 3⁺ впро́голодь кого́-н.; ~**krume** *f* хле́бный мя́киш 2; ~**laib** *m* буха́нка 6; rundes Brot карава́|й 1 *G Pl* -ев хле́ба

brotlos без хле́ба, без средств к существова́нию; erwerbslos безрабо́тный | ~ werden лиш|а́ться ⟨-и́ться 3⟩ за́работка [куска́ хле́ба]

Brot|preis *m* цена́ на хлеб; ~**rinde** *f* ко́рка 6 хле́ба; ~**röster** *m* то́стер 2; ~**scheibe** *f* ломо́ть хле́ба; ~**schneidemaschine** *f* хлеборе́зка 6; ~**suppe** *f* хле́бная похлёбка 6; ~**teller** *m* хле́бница 6

¹Bruch *m* (Zer-)Brechen ло́мка 6, поло́мка 6; Spalt, Riß тре́щина 6; Metall,

Schokolade, Gebäck лом 2; Scherben бой; Bruchstelle изло́м 2; Seil разры́в 2; Bügelfalte скла́дка 6; Knick, Stoff~, im Papier сгиб 2; Стеин~ каменоло́м|ня 7 *G Pl* -ен; *Math* дробь 9g; Knochen~ перело́м 2; Eingeweide~ гры́жа 6; Zerwürfnis разры́в 2; eines Vertrages наруше́ние 5 | echter ~ пра́вильная дробь; gemeiner ~ проста́я дробь; es ist zwischen ihnen zum ~ gekommen де́ло у них дошло́ до разры́ва; in die Brüche gehen fehlschlagen терп|е́ть 3⁺ -лю́ (по-) крах [круше́ние]; Hoffnungen разбива́ться ⟨-|би́ться*| -объётся⟩

²Bruch *m, n* Sumpfland топь 9, боло́то 4

Bruch|band *n* гры́жевый банда́ж 2e *G Pl* -ей; **~eisen** *n* желе́зный скрап 2

brüchig ло́м|кий| -ок| -ка́!, хру́п|кий| -ок| -ка́!; *übertr* непро́ч|ный| -ен| -на́!

Bruch|landung *f* авари́йная поса́дка; **~operation** *f Med* удале́ние 5 гры́жи; **~rechnung** *f* исчисле́ние 5 в дробя́х [дробе́й]; **~schokolade** *f* шокола́дный лом 2; **~stein** *m* бут 2; **~stelle** *f* ме́сто изло́ма, сло́манное ме́сто; **~stück** *n* обло́м|ок| -ка 2; *übertr* отры́в|ок| -ка 2, фрагме́нт 2; **~teil** *m* до́л|я 7g *G Pl* -е́й | für den ≈ einer Sekunde за [на] до́лю секу́нды; **~zahl** *f* дро́бное число́, дробь 9g

Brücke *f* мост 2b *oder* 2e| на мосту́; *übertr* Verbindung мост; kleiner Teppich ко́врик 2, доро́жка 6; Zahnersatz мост, мо́стик 2; auf Schiffen мо́стик; *Sport* мост | auf der ~ на мосту́; eine ~ schlagen наводи́ть 3⁺вожу́ ⟨-|вести́*⟩ мост; *übertr* устан|а́вливать ⟨-ови́ть 3⁺ -овлю́⟩ конта́кт [связь]; alle Brücken hinter sich abbrechen с|жечь* *v* свои́ корабли́, сжечь (за собо́й) все мосты́

Brücken|bau *m* строи́тельство [наво́дка 6] моста́; Fachgebiet мостострое́ние 5; **~bogen** *m* а́рка моста́; **~geländer** *n* пери́ла моста́; **~kopf** *m Mil* предмо́стное укрепле́ние 5; **~pfeiler** *m* опо́ра [бык] моста́; **~waage** *f* весы́ с платфо́рмой

Bruder *m* брат 2 *Pl* бра́т|ья| -ьев| -ьям

Brüderchen *n* брат|ец| -ца 2, брати́шка *m* 6 *umg*

Bruder|krieg *m* братоуби́йственная война́; **~land** *n* бра́тская страна́

brüderlich 1. *Adj* бра́тский 2. *Adv* по-бра́тски | ~ teilen по-бра́тски подели́ться *v* 3⁺

Brüderlichkeit *f* бра́тство 4

Bruderpartei *f* бра́тская па́ртия

Brüderschaft *f* Freundschaft бра́тство 4 | mit j-m ~ trinken пить (вы́-) на брудерша́фт [дэ] [на ты] с кем-н.

Brühe *f* бульо́н 2; besonders von Gemüse отва́р 2 | nicht viel ~ mit j-m machen не церемо́ниться 3 (по-) с кем-н.

brühen *tr* mit kochendem Wasser übergießen ошпа́ривать ⟨-шпа́рить 3⟩, обва́ривать ⟨-вари́ть 3⁺⟩ кипятко́м; Kaffee, Tee зава́ривать ⟨-вари́ть 3⁺⟩

brühheiß кипя́щий 11, о́чень горя́ч:ий 11 -а́

Brühkartoffeln *f* карто́фель ло́мтиками| отва́ренный в мясно́м бульо́не

brühwarm 1. *Adj:* eine ~e Neuigkeit са́мая после́дняя 11 [све́жая] но́вость 2. *Adv* sofort то́тчас, неме́дленно

Brüh|wasser *n* горя́чая 11 вода́, кипят|о́к| -ка́ 2; **~wurst** *f* горя́чая 11 соси́ска

brüllen *intr* ора́ть*, крича́ть 3 исто́шным го́лосом; Tiere реве́ть*, Bär, Tiger a. рыча́ть 3; Rind мыча́ть 3 | vor Schmerz ~ (вз)вы́ть* от бо́ли; Beifall ~ реве́ть от восто́рга

Brummbär *m* ворчу́н 2e

brummen *intr* Bär рыча́ть 3; Rind реве́ть*; schimpfen ворча́ть 3 (mit на *A*); dröhnen гуде́ть 3 | mir brummt der Kopf у меня́ голова́ трещи́т

brummig ворчли́в:ый, брюзжа́щий 11

Brummkreisel *m* волч|о́к| -ка́ 2

brünett тёмно воло́с:ый; Haut сму́гл:ый| -а́! | er ist ~ он брюне́т; sie ist ~ она́ брюне́тка

Brunnen *m* коло́д|ец| -ца 2; Heilquelle (минера́льный) исто́чник 2; Spring~ фонта́н 2 | ~ trinken пить минера́льную во́ду; **~bauer** *m* бурово́й ма́стер 2b *Pl* -а́ (артезиа́нзких) коло́дцев; **~kresse** *f* жеру́ха 6; **~kur** *f* лече́ние минера́льными во́дами; **~schwengel** *m* жура́вль 1e

Brunst *f* те́чка 6

brünstig (находя́щийся 11) в те́чке

brüsk ре́з|кий| -ок| -ка́!| ре́зче, бесцеремо́н|ный| -ен| -на

brüskieren *tr* обраща́ться ре́зко [бесцеремо́нно] с *I*

Brüssel Брюссе́ль 1

Brust *f* грудь 9g| в| на груди́ | j-n an seine ~ drücken прижима́ть ⟨-|жа́ть¹*⟩ кого́-н. к свое́й груди́; ein Kind der ~ entwöhnen отнима́ть ⟨отня́ть*⟩ ребёнка от груди́; es auf der ~ haben страда́ть одышко́й; **~beln** *n* груди́на 6; **~bild** *n* поясно́й портре́т; **~drüse** *f* грудна́я железа́

brüsten, sich *refl* гор|ди́ться 3 -жу́сь (mit *I*), хваста́ться (по-) (mit *I*)

Brustfell *n* пле́вра 6; **~entzündung** *f* плеври́т 2

Brust|kasten *m* грудна́я кле́тка 6; **~latz** *m* нагру́дник 2; oberer Teil der Schürze ве́рхняя 11 часть 9g пере́дника; **~schwimmen** *n* пла́вание 5 сти́лем «брасс»; **~stück** *n Kochk* груди́нка 6; **~tee** *m* грудно́й чай

Brüstung *f* Geländer парапе́т 2

Brust|warze *f* грудно́й сосо́к; **~wickel** *m* компре́сс на груди́

Brut *f* das Brüten наси́живание 5; künstliche инкуба́ция 8; Geflügel вы́вод|ок, -ка 2; Fische (ры́бья 12) мо́лодь 9; *übertr* отро́дье 5
brutal гру́б:ый, -á!; grausam жесто́к:ий, -á!; жесточа́йший 11; viehisch зве́рский
Brutalität *f* гру́бость 9; жесто́кость 9
Brutapparat *m* инкуба́тор 2
brüten *intr* наси́живать ⟨насид|е́ть 3 -и́т⟩, *umg* сиде́ть 3 на я́йцах; *übertr* размышля́ть (über о *P*) | die Hitze brütete über dem Tal жара́ нави́сла над доли́ной; über etw. ~ лома́ть (себе́) го́лову над чем-н.
Brüter *m Phys:* schneller ~ реа́ктор-размно́житель 2-1 на бы́стрых нейтро́нах
Brut|henne *f* насе́дка 6; **~station** *f* инкуба́торно-птицево́дческая ста́нция
brutto *Adv Hdl* бру́тто
Brutto|einkommen *n* валово́й дохо́д; **~gewicht** *n Hdl* вес бру́тто; **~lohn** *m* о́бщая 11 су́мма за́работной пла́ты, зарпла́та 6 без вы́четов; **~produktion** *f* валова́я проду́кция; **~registertonne** *f Mar* бру́тто-реги́стровая то́нна; **~verdienst** *m* о́бщая 11 су́мма 6 за́работка
Brutzeit *f* вре́мя гнездова́ния; пери́од 2 инкуба́ции
Bube *m Kart* вале́т 2 *A* вале́та; Schurke плут 2e, негодя́й 1
Bubenstreich *m* ша́лость 9 | ein dummer ~ мальчи́шество 4
Bubikopf *m* же́нская стри́жка 6 под ма́льчика
Buch *n* кни́га 6; Mitgliedsbuch u. ä. кни́жка 6 | die Bücher führen вести́ (бухга́лтерские) кни́ги; über etw. führen вести́ учёт чего́-н; Bücher (aus)leihen дава́ть* ⟨дать*⟩ кни́ги на́ дом; über Büchern sitzen (всегда́) сиде́ть за кни́гами; Bücher wälzen копа́ться в кни́гах; das ~ ist vergriffen кни́га распро́дана; wie ein ~ reden *übertr* говори́ть как по-пи́саному; ein ~ mit sieben Siegeln кни́га за семью́ печа́тями; **~ausstellung** *f* кни́жная вы́ставка; **~basar** *m* кни́жный база́р; **~besprechung** *f* реце́нзия 8 на кни́гу; **~binder** *m* переплётчик 2; **~binderei** *f* Werkstatt переплётная мастерска́я *Subst* 10; **~druck** *m* книгопеча́тание 5
Buchdrucker *m* печа́тник 2; **~ei** *f* Werkstatt типогра́фия 8; **~kunst** *f* иску́сство книгопеча́тания; **~presse** *f* печа́тный стан|о́к, -ка́ 2
Buche *f* бук 2
Buch|ecker *f* бу́ковый оре́ш|ек, -ка 2; **~einband** *m* (кни́жный) переплёт 2
buchen *tr Hdl* проводи́ть 3⁺ -вожу́ ⟨-|вести́*⟩ по (бухга́лтерским) кни́гам; Reise, Platz зака́зывать ⟨-|каза́ть*⟩ | die Rechnung ~ провести́ счёт по кни́гам; etw. auf ein Konto ~ заноси́ть 3⁺ -ношу́ ⟨-|нести́*⟩ что-н. на (теку́щий) счёт; einen Platz im Flugzeug ~ брони́ровать 2 (за-) ме́сто в самолёте; er konnte einen großen Erfolg für sich ~ он име́л большо́й успе́х
Buchenwald *m* бу́ковый лес
Bücher|brett *n* кни́жная по́лка; **~ei** *f* библиоте́ка 6; **~freund** *m* библиофи́л 2; **~narr** *m* библиома́н 2; **~regal** *n* стелла́ж [по́лка] для книг; **~revisor** *m* бухга́лтер-ревизо́р 2-2; **~schrank** *m* кни́жный шкаф; **~stand** *m* кни́жный кио́ск; auf der Messe кни́жный стенд [тэ]; **~stapel** *m* стопа́ книг; **~stütze** *f* подпо́рка для книг; **~verzeichnis** *n* пе́речень книг, кни́жный катало́г 2; **~wand** *f* (составны́е) кни́жные по́лки *Pl* 6 [стеллажи́ *Pl* 2 *G Pl* стеллаже́й] во всю сте́ну; **~weisheit** *f* кни́жная прему́дрость 9; **~wurm** *m* кни́жник 2
Buch|fink *m* зя́блик 2; **~führung** *f* бухгалте́рия 8, веде́ние 5 бухга́лтерских книг; **~gestaltung** *f* оформле́ние кни́ги; **~gewerbe** *n* кни́жное де́ло 4b; **~halter** *m* бухга́лтер 2; **~haltung** *f* бухгалте́рия 8; **~handel** *m* кни́жная торго́вля; **~händler** *m* книготорго́в|ец, -ца 2; Angestellter in einer Buchhandlung продав|е́ц, -ца́ 2 книг; **~handlung** *f* кни́жный магази́н; **~kunst** *f* кни́жное иску́сство; Gestaltung иску́сство оформле́ния книг; **~kunstausstellung** *f* вы́ставка кни́жно-оформи́тельского иску́сства [кни́жного иску́сства]; **~messe** *f* кни́жная я́рмарка; **~rücken** *m* корешо́к кни́ги
Buchsbaum *m* самши́т 2
Buchse *f Tech* вту́лка 6; *El* гнездо́ 4c *Pl* гнёзда
Büchse *f* Gefäß ба́нка 6; aus Blech жестя́нка 6; Sammel~ кру́жка 6; Gewehr нарезно́е ружьё 3c *G Pl* ру́жей
Büchsen|fleisch *n* мя́со из консе́рвов; **~milch** *f* конденси́рованное [дэ] [сгущённое] молоко́; **~öffner** *m* ключ 2e *G Pl* -е́й для открыва́ния консе́рвных ба́нок, консе́рвный нож 2e *G Pl* -е́й
Buchstabe *m* бу́ква 6; *Typ* ли́тера 6 | kleiner ~ строчна́я [ма́ленькая] бу́ква; großer ~ прописна́я [больша́я] бу́ква; in ~n schreiben Zahlen писа́ть (на-) про́писью
buchstabieren *tr* чита́ть (про-) [Telefon диктова́ть (про-)] по бу́квам
buchstäblich *Adv übertr* буква́льно, в буква́льном смы́сле (сло́ва)
Bucht *f* зали́в 2; kleinere бу́хта 6; für Haustiere стан|о́к, -ка́ 2
Buch|titel *m* назва́ние 5 кни́ги; *Typ* ти́тул кни́ги; **~umschlag** *m* суперобло́жка 6; **~ung** *f* бухга́лтерская за́пись 9; Reisebüro зака́з 2, за́пись 9

Buchungs|fehler *m* оши́бка бухга́лтерского учёта; **~maschine** *f* бухга́лтерская маши́на

Buch|verlag *m* кни́жное изда́тельство; **~verleger** *m* книгоизда́тель 1; **~weizen** *m* греча́ха 6

Buckel *m* Höcker горб 2e, на горбу́ | seinen ~ hinhalten отдува́ться за кого́-н.; du kannst mir den ~ herunterrutschen! мне начиха́ть на тебя́!; einen (krummen) ~ machen выгиба́ть ⟨вы́гнуть 4⟩ спи́ну (дуго́й)

buck[e]lig горба́т:ый | ~ werden го́рб|иться 3 -люсь (с-); verkrüppelt стано-в|и́ться 3^+ -лю́сь горба́тым

bücken, sich *refl* нагиба́ться ⟨-гну́ться 4⟩ (nach etw. за че́м-н.)

[1]Bückling *m* копчёная се́льдь 9g

[2]Bückling *m* Verbeugung покло́н 2 | einen (tiefen) ~ machen (подобостра́стно) кла́няться ⟨поклони́ться 3^+⟩ (vor *D*)

Budapest Будапе́шт 2

Buddhis|mus *m* будди́зм 2; **~t** будди́ст 2

buddhistisch будди́йский

Bude *f* Bretter~ (доща́тый) бара́к 2, бу́дка 6; Markt~ (ры́ночная) пала́тка 6; provisorischer Laden лар|ёк, -ька́ 2; Hütte лачу́га 6, хиба́р(к)а 6; *umg* kleines Zimmer клету́шка 6; Studentenzimmer (меблиро́ванная) ко́мната, каморка 6 | Leben in die ~ bringen *umg* вноси́ть 3^+ -ношу́ ⟨-|нести́*⟩ оживле́ние (в о́бщество)

Budget *n* бюдже́т 2

Buenos Aires Буэ́нос-А́йрес 2

Büfett *n* Schrank, Ausschank буфе́т 2; modernes Möbelstück серва́нт 2 | am ~ у буфе́тной сто́йки; am ~ bestellen зака́зывать ⟨-каза́ть⟩ в буфе́те; kaltes ~ стол 2e холо́дными заку́сками (для самообслу́живания); **~ier** *m* буфе́тчик 2, рабо́тник 2 рестора́на, ве́дающий 11 о́тпуском спиртны́х напи́тков официа́нтам

Büffel *m* бу́йвол 2

büffeln *intr* зубри́ть 3 зу́бри́шь (вы́-) | für die Prüfung ~ зубри́ть к экза́мену

Bug *m Mar* нос 2b, в, на носу́, носова́я часть 9g

Bügel *m* Kleider~ ве́шалка 6; Steig~ стре́м|я *n G D P* ени, *I* -енем, *Pl* -ена́, -я́н, -ена́м; Stromabnehmer дугово́й токоприёмник 2; Brille ду́жка 6; Handtasche ду́жки *Pl* 6; ра́мочный зам|о́к, -ка́ 2; Gewehr спусково́я скоба́ 6h; Säge дуга́ 6c; **~brett** *n* глади́льная доска́; **~eisen** *n* утю́г 2e; **~falte** *f* скла́дка (на брю́ках)

bügelfrei немну́щийся 11, не нужда́ющийся 11 в гла́женье

bügeln *tr* гла́|дить 3 -жу (вы́-), утю́жить (вы́-, от-) | einen Anzug zum Bügeln geben отда́ть* *v* костю́м в утю́жку

Bügelsäge *f* дугова́я [лучко́вая] пила́

bugsieren *tr* букси́ровать 2, брать* ⟨взять*⟩ на букси́р

buhlen *intr* werben уха́живать (um за *I*); sich um etw. bewerben домога́ться *G*

Buhne *f* бу́на 6

Bühne *f Theat* сце́на 6; «Bretter» подмо́стки *Pl* 2; offene эстра́да 6 a. im Kabarett; *übertr* теа́тр 2; Podium помо́ст 2, площа́дка 6 | zur ~ gehen станов|и́ться 3^+ -лю́сь ⟨стать*⟩ актёром; von der ~ abtreten уходи́ть 3^+ -хожу́ ⟨-|йти́*⟩ со сце́ны; *übertr* схо|ди́ть 3 -жу́ ⟨со|йти́*⟩ со сце́ны; ein Stück auf die ~ bringen ста́в|ить 3 -лю (по-) пье́су

Bühnen|anweisung *f* рема́рка 6; **~aussprache** *f* сцени́ческая речь 9g; **~autor** *m* драмату́рг 2; **~bild** *n* декора́ция 8 (на сце́не); **~bildner** *m* худо́жник-декора́тор 2-2; **~effekte** *m Pl* сцени́ческие эффе́кты; **~haus** *n Theat* Gebäude теа́тр 2, зда́ние теа́тра; **~kunst** *f* сцени́ческое иску́сство; **~künstler** *m* арти́ст теа́тра

Bühnen|stück *n* пье́са 6; **~technik** *f* техни́ческие приспособле́ния *Pl* 5 для созда́ния сцени́ческого эффе́кта

bühnenwirksam сцени́чный, име́ющий 11 успе́х у пу́блики

Bukarest Бухаре́ст 2

Bukett *n* Blumen, Wein буке́т 2

Bulette *f* (ру́бленая) котле́та 6, бит|о́к, -ка́ 2

Bulgar|e *m* болг|а́рин 2 *Pl* -а́ры, -а́р, -а́рам; **~ien** *f* Болга́рия 8; **~in** *f* болга́рка 6

bulgarisch болга́рский

Bull|auge *n* (бортово́й) иллюмина́тор 2; **~dogge** *f* бульдо́г 2; **~dozer** *m* бульдо́зер 2

[1]Bulle *m Zool* бык 2

[2]Bulle *f Rel* бу́лла 6

Bulletin *n* бюллете́нь 1

Bumerang *m* бумера́нг 2

Bummel *m* прогу́лка 6, флани́рование 5; Herumtreiben шата́ние 5 | einen ~ machen идти́* ⟨по|йти́*⟩ прогуля́ться; **~ant** *m* Arbeits~ прогу́льщик 2; **~ei** *f* Müßiggang безде́лье 5; Pflichtvergessenheit неради́вость 9, хала́тность 9; Trödelei копа́нье 5; böswillige Verzögerung воло́кита 6 *umg;* Arbeits~ прогу́л 2

bummeln *intr* schlendern гуля́ть, бро|ди́ть 3^+ -жу́, шата́ться; nichts tun безде́льничать; bei der Arbeit прогу́ливать ⟨-гуля́ть⟩; trödeln ме́дленно [лени́во] рабо́тать, копа́ться | gern durch die Stadt ~ gehen люб|и́ть 3^+ -лю́ побро́дить по го́роду; sie bummelten durch die Straßen они́ прогу́ливались по у́лицам

Bummelstreik *m* забасто́вка со сни́женным те́мпом рабо́ты

Bummler *m* Rumtreiber гуля́ка *m* 6; Müßiggänger праздношата́ющийся *Subst* 11, безде́льник 2

Buna *m, n* бу́на-каучу́к 6-2

[1]**Bund** *m* Bündnis, Vertrag сою́з 2; Staaten-∼ сою́з, (кон)федера́ция 8; Liga ли́га 6; Hose по́яс 2; Rock корса́ж 2 *G Pl* -ей | den ∼ fürs Leben schließen сочета́ться у́зами бра́ка; im ∼e mit j-m в сою́зе с кем-н.

[2]**Bund** Schlüssel свя́зка 6; Reisig, Holz вяза́нка 6; Stroh, Heu пук 2b, оха́пка 6; мот|о́к| -ка́ 2; Radieschen пуч|о́к| -ка́ 2

Bündel *n* Banknoten, Bücher u. a. свя́зка 6, па́чка 6; Reisig, Holz вяза́нка 6; Stroh, Heu пук 2, оха́пка 6; Wäsche у́зел| узла́ 2; Stroh, Strahlen; Gemüse пуч|о́к| -ка́ 2 | sein ∼ schnüren собира́ться ⟨-|бра́ться*| -брали́сь⟩ в путь; seine Sachen zusammenpacken собира́ть ⟨-бра́ть⟩ свои́ пожи́тки

bündeln *tr* связывать ⟨-|вяза́ть*⟩ в па́чки [в паке́ты]; Wäsche свя́зывать ⟨-вяза́ть⟩ в узлы́ | (Brenn-) Holz ∼ вяза́ть вяза́нки

Bundes|bürger *m* граждани́н ФРГ [фэЭргэ]; **∼genosse** *m* сою́зник 2; **∼kanzler** *m BRD* федера́льный ка́нцлер; **∼republik** *f* федерати́вная респу́блика | ≈ Deutschland (*Abk* BRD) Федерати́вная Респу́блика Герма́нии (*Abk* ФРГ [фээргэ]); **∼staat** *m* федера́ция 8, сою́зное [федерати́вное] госуда́рство; **∼tag** *m* бундеста́г 2, федера́льный парла́мент ; **∼vorstand** *m* правле́ние 5 сою́за

bündig knapp, klar сжа́тый; zwingend убеди́тел|ьный| -ен| -ьна | eine ∼e Rede свя́зная речь; kurz und ∼ пря́мо, ко́ротко и я́сно

Bündnis *n* сою́з 2 (mit с *Instr*, zwischen *G*) | mit j-m ein ∼ schließen заключ|а́ть ⟨-и́ть 3⟩ сою́з с кем-н.; **∼politik** *f* поли́тика сою́зов

Bungalow *m* ле́тний 11 [да́чный] до́мик 2, ле́тняя да́ча 6, за́городная постро́йка 6 облегчённого ти́па; in den Tropen бу́нгало *n idkl;* **∼dorf** *n* да́чный посёл|ок| -ка 2| состоя́щий 11 из постро́ек облегчённого ти́па

Bunker *m* Luftschutz-∼ (бомбо)убе́жище 4; Kohlen-∼ бу́нкер 2b *Pl* -а́ (для у́гля); *Mil* Unterstand (бетони́рованное) убе́жище 4

bunkern *intr Mar* принима́ть ⟨приня́ть*⟩ то́пливо, бункерова́ть(ся) 2

Bunsenbrenner *m* горе́лка Бу́нзена

bunt 1. *Adj* gefleckt пёстр:ый| пестра́| пёстро *u.* пестро́; farbig цветно́й; farbig gemustert цвети́ст:ый | ∼es Kleid пёстрое [разноцве́тное] пла́тье; ∼er Teller таре́лка с ра́зными сорта́ми пече́нья, со сла́достями и фру́ктами; ∼er Teppich цвети́стый ковёр; ∼er Abend ве́чер с бога́той [разнообра́зной] програ́ммой, эстра́дный конце́рт 2; eine ∼e Reihe machen рас|са́живать ⟨-сади́ть 3⁺ -сажу́⟩ вперемéшку **2.** *Adv:* ∼ schimmern пестре́ть; ∼ bemalen раскр|а́шивать ⟨-а́сить 3 -а́шу⟩; es zu ∼ treiben заходи́ть 3⁺ -хожу́ ⟨-|йти́*⟩ сли́шком далеко́; jetzt wird's mir doch zu ∼! э́то уж сли́шком!, э́то уж чересчу́р!

Bunt|glasfenster *n* витра́ж 2e *G Pl* -ей; **∼heit** *f* пестрота́ 6

buntkariert в пёструю кле́тку

Buntmetall *m* цветно́й мета́лл

bunt|scheckig пёстр:ый| пестра́| пёстро *u.* пестро́; **∼schillernd** перелива́ющийся 11 ра́зными цвета́ми

Bunt|specht *m* дя́тель пёстрый большо́й; **∼stift** *m* цветно́й каранда́ш; **∼wäsche** *f* цветно́е бельё

Bürde *f übertr* бре́м|я *n G D P* -ени| *I* -енем

Burg *f* за́м|ок| -ка 2; Bau des Bibers ха́тка 6; aus Sand кре́пость 9g из песка́

Bürge *m* поручи́тель 1

bürgen *intr* руча́ться ⟨поручи́ться 3⁺⟩ (für за *A*) | für Qualität ∼ отвеча́ть за ка́чество

Bürger *m* граждани́н 2 *Pl* гра́жд|ане| -ан; der Stadt (городско́й) жи́тель 1; *Pol* буржуа́ *m idkl;* **∼in** *f* гражда́нка 6; жи́тельница 6; **∼krieg** *m* гражда́нская война́

bürgerlich гражда́нский; Klasse betreffend буржуа́зный | das ∼e Recht *Jur* гражда́нское пра́во; die ∼en Parteien буржуа́зные па́ртии

Bürger|meister *m* бургоми́стр 2; **∼recht** *n* пра́во гражда́нства; **∼steig** *m* тротуа́р 2; **∼tum** *n* буржуази́я 8

Bürgschaft *f* Kaution поручи́тельство 4, пору́ка 6 | gegen ∼ freilassen отпу|ска́ть ⟨-сти́ть 3⁺ -щу́⟩ на пору́ки; für j-n eine ∼ übernehmen руча́ться ⟨поручи́ться 3⁺⟩ за кого́-н.

Burjat|e *m* буря́т 2; **∼in** *f* буря́тка 6

Burleske *f* бурле́ск 2, фарс 2

Burm|a Би́рма 6; **∼ese** *m* бирма́н|ец| -ца 2; **∼esin** *f* бирма́нка 6

burmesisch бирма́нский

Büro *n* бюро́ *n idkl,* конто́ра 6; Dienststelle ме́сто рабо́ты [слу́жбы], учрежде́ние 5 | ins ∼ gehen идти́ [ходи́ть] на рабо́ту; in einem ∼ arbeiten рабо́тать в бюро́; **∼angestellter** *m* конто́рский [канцеля́рский] слу́жащий; **∼arbeit** *f* канцеля́рская рабо́та; **∼bedarf** *m* канцеля́рские принадле́жности *Pl* 9; **∼klammer** *f* скре́пка 6; **∼kraft** *f* канцеля́рский рабо́тник

Bürokrat *m* бюрокра́т 2; **∼ie** *f* бюрокра́тия 8

bürokratisch бюрократи́ческий

Büro|kratismus *m* бюрократи́зм 2; **∼maschinen** *f Pl* конто́рские маши́ны; **∼mö-**

bel *n Pl* контóрская мéбель; **~raum** *m* помещéние бюрó [контóры]
Bursche *m* пáр|ень, -ня 1g; Junge мáлый *Subst* 10
burschikos развя́з|ный, -ен, бесцеремóн|ный, -ен, -на
Bürste *f* щётка 6; zum Reinigen von Flaschen, Gläsern ёрш 2e *G Pl* ершéй, ёршик 2
bürsten *tr* чи́|стить 3 -щу (вы́-, по-) щёткой; Haare glätten приглá|живать ⟨-дить 3 -жу⟩ щёткой
Bürsten|frisur *f* стри́жка 6 ёжиком; **~macher** *m* щёточник 2
Burundi Буру́нди *idkl*
Bus *m* автóбус 2; Obus троллéйбус 2 | (mit dem) ~ fahren éхать на автóбусе [автóбусом]; in den ~ steigen са|ди́ться 3 -жу́сь ⟨сесть*⟩ в [на] автóбус; den ~ benutzen пóльзоваться 2 автóбусом; wann geht dein ~? когдá идёт твой автóбус?; **~bahnhof** *m* автовокзáл 2
Busch *m* Strauch куст 2e; Gebüsch, Gestrüpp кустáрник 2; Wäldchen рóща 6, (небольшóй) лес|óк, -кá 2; Dickicht (леснáя) чáща 6; Haar~, Feder~ клок 2e *Pl a.* клóчь|я, -ев 1 | auf den ~ klopfen заки́дывать ⟨заки́нуть 4⟩ у́дочку; **~bohne** *f* кустовáя фасóль
Büschel *n* пуч|óк, -кá 2; Haare клок 2e *Pl a.* клóчь|я, -ев 1, хох|óл, -лá 2
buschig кусти́ст:ый
Buschwindröschen *n* тени́стая вéтреница 6
Busen *m* грудь 9g; в, на груди́, бюст 2; Meer~ зали́в 2 | etw. im ~ verstecken пря́тать (с-) что-н. за пáзуху; ein Geheimnis im ~ tragen храни́ть 3 в душé тáйну; am ~ der Natur на лóне прирóды; **~freund** *m* закады́чный друг
Bus|fahrer *m* води́тель автóбуса; **~haltestelle** *f* автóбусная останóвка; **~linie** *f* автóбусный маршру́т 2, автóбусная ли́ния
Bussard *m* канюк 2e
Buße *f* Reue покая́ние 5; Bestrafung накaзáние 5; Geldstrafe штраф 2; *Rel* епити́м|ья́ 7 *G Pl* -и́й | ~tun приноси́ть 3⁺ -ношу́ ⟨-|нести́*⟩ покая́ние, кá|яться, -юсь, -ешься (по-)
büßen *tr* Schuld, Vergehen искуп|áть ⟨-и́ть 3⁺ -лю́⟩; *intr Rel* кá|яться, -юсь, -ешься (по-) (für в *P*); плa|ти́ться 3⁺ -чу́сь (по-) (für за *A*) | das mußt du ~! за э́то ты поплáтишься!; für etw. mit dem Leben ~ плати́ться (по-) жи́знью за что-н.; für etw. ~ распл|áчиваться ⟨-ати́ться 3⁺ -ачу́сь⟩ за что-н., нести́* (по-) наказáние за что-н.
Büßer *m* кáющийся *Subst* 11
Bußtag *m* день покая́ния и моли́твы
Büste *f* бюст 2; Schneider~ манекéн 2
Büstenhalter *m* бюстгáльтер [бюзгальтэр] 2
Bus|unglück *n* автóбусная авáрия 8; **~verbindung** *f* автóбусная связь [ли́ния 8]
Bütte *f* Holzgefäß чан 2b, кáдка 6; Rednerpult пёстро разукрáшенная бóчка 6
Büttel *m* Ordnungshüter слугá 6c закóна; Spitzel сы́щик 2, ищéйка 6
Büttenpapier *n* бумáга ручнóй вы́делки
Butter *f* (сли́вочное) мáс|ло 4b *G Pl* -ел | ~ aufs Brot streichen намáзывать ⟨-|мáзать*⟩ хлеб мáслом; es ist alles in ~ *umg* всё в (пóлном) поря́дке; **~blume** *f* Hahnenfuß лю́тик 2; **~brot** *n* хлеб с мáслом; **~brotpapier** *n* пергáмент 2, жиронепроницáемая бумáга 6; **~cremetorte** *f* торт со сли́вочным крéмом; **~dose** *f* маслёнка 6; **~faß** *n* zum Aufbewahren кáдка 6 (для мáсла); zum Buttern маслобóйка 6
Butter|keks *m* сли́вочное печéнье; **~milch** *f* пáхта 6
buttern *intr* бить*, сбивáть ⟨сбить*, собью́⟩ мáсло
Butter|pilz *m* масл|ёнок, -ёнка 2 *Pl* -я́та, -я́т, -я́там; **~säure** *f* мáсляная кислотá; **~schnitte** *f* бутербрóд [тэр] 2 с мáслом
Butzenscheibe *f* мáленькое кру́глое (окóнное) стеклó (с утолщéнием посреди́не)
byzantinisch византи́йский

C

c, C *n Mus* до *n idkl*
Café *n* кафé *n idkl*
campen *intr* жить* в кéмпинге
Camper *m* тури́ст 2, проводя́щий 11 свой óтпуск в кéмпинге, отдыхáющий *Subst* 11 кéмпинга
Camping|anhänger *m* тури́стский автофургóн 2, *umg* автодáча 6; **~beutel** *m* тури́стский мешо|óк, -кá 2; **~hemd** *n* лéтняя рубáшка; **~leuchte** *f* светильни́к 2 для кéмпинга; **~liege** *f* раскладнáя портати́вная кровáть 9; **~möbel** *Pl* портати́вная складнáя мéбель; **~platz** *m* кéмпинг 2; **~stuhl** *m* складнóй стул; **~tisch** *m* складнóй стол
Canberra Кáнберра 6
Cape *n* наки́дка 6
Caracas Каракáс 2
Cellist *m* виолончели́ст 2
Cello *n* виолончéль 9 | ~ spielen игрáть на виолончéли
Celsius Цéльсий 1 | 10 Grad ~ 10 грáдусов Цéльсия, 10 грáдусов по Цéльсию

Cembalo *n* клавеси́н 2
Chaiselongue *f* куше́тка 6
Chamäleon *n* хамелео́н 2
Champagner *m* шампа́нское *Subst* 10
Champignon *m* шампиньо́н 2; **~suppe** *f* суп-пюре́ [рэ] 2*b-n-idkl* из шампиньо́нов
Champion *m Sport* чемпио́н 2
Chance *f* шанс 2
Chanson *n* жа́нровая пе́с|ня 7 *G Pl* -ен, пе́сенка 6; **~ette** *f* шансоне́тная певи́ца 6
Chaos *n* Durcheinander хао́с 2; *Myth* ха́ос 2
chaotisch хаоти́ческий, хаоти́ч|ный, -ен
Charakter *m* хара́ктер 2, нрав 2; Eigenschaft хара́ктер, сво́йство 4 | ein Mann von ~ челове́к 2 с хара́ктером; **~bild** *n* характери́стика 6; **~darsteller** *m* актёр на характе́рные ро́ли; **~eigenschaft** *f* сво́йство хара́ктера
charakterfest твёрдого хара́ктера
Charakterfestigkeit *f* твёрдость хара́ктера
charakterisieren *tr* характеризова́ть *uv, v* 2, дава́ть* ⟨дать*⟩ характери́стику
Charakteristik *f* характери́стика 6, обрисо́вка 6; **~um** *n* характе́рная черта́ 6
charakteristisch характе́р|ный, -ен
Charakterkopf *m* характе́рная [вырази́тельная] голова́
charakter|lich 1. *Adj:* ≈e Mängel недоста́тки хара́ктера **2.** *Adv* по своему́ хара́ктеру, по скла́ду хара́ктера; **~los** бесхара́ктер|ный, -ен
Charakter|rolle *f* характе́рная роль; **~schwäche** *f* сла́бость хара́ктера; **~stärke** *f* си́ла хара́ктера; **~stück** *n Theat* бытова́я дра́ма 6; **~tanz** *m* характе́рный та́нец; **~zug** *m* черта́ хара́ктера
Charge *f* до́лжность 9g; *Mil* зва́ние 5
Charkow Ха́рьков 2
charmant очарова́тел|ьный, -ен, -ьна
Charme *m* очарова́ние 5
Charmeuse *f* шармёз 2
Charta *f* ха́ртия 8 | die ~ der Vereinten Nationen Уста́в 2 Организа́ции Объединённых На́ций
Charterflug *m* спецре́йс 2, ча́ртерный рейс 2
chartern *tr* Schiff фрахтова́ть 2 (за-)
Chassis *n* шасси́ *n idkl*
Chauffeur *m* шофёр 2
Chaussee *f* шоссе́ [сэ] *n idkl,* шоссе́йная [сэ] доро́га 6
Chauvinis|mus *m* шовини́зм 2; **~t** *m* шовини́ст 2
chauvinistisch шовинисти́ческий
Chef *m* руководи́тель 1, нача́льник 2; **~arzt** *m* гла́вный врач; **~koch** *m* шеф-по́вар 2b; **~konstrukteur** *m* гла́вный констру́ктор; **~lektor** *m,* **~redakteur** *m* гла́вный реда́ктор
Chemie *f* хи́мия 8; **~faser** *f* хими́ческое волокно́; **~industrie** *f* хими́ческая промы́шленность; **~unterricht** *m* препода-ва́ние хи́мии
Chemi|graphie *f Typ* химигра́фия 8; **~kalien** *Pl* химика́лии *Pl* 8
Chemiker *m* хи́мик 2
chemisch хими́ческий
Chemotherapie *f Med* химиотерапи́я 8
Chevreauleder *n* шевро́ *n idkl*
Chicorée *m* сала́тный сорт 2b цико́рия
Chiffre *f* шифр 2
chiffrieren *tr* шифрова́ть 2 (за-)
Chikago Чика́го *m idkl*
Chile Чи́ли *m idkl*
Chilen|e *m* чили́|ец, -йца 2; **~in** *f* чили́йка 6
chilenisch чили́йский
Chimäre *f* химе́ра 6
China Кита́й 1
China|kohl *m* кита́йская капу́ста; **~rinde** *f Pharm* хи́нная кора́
Chinchilla *f Zool* шинши́лла 6 *a.* Pelz
Chines|e *m* кита́|ец, -йца 2; **~in** *f* китая́нка 6
chinesisch кита́йский
Chinin *n Pharm* хини́н 2
Chip *m* чип 2
Chips *Pl* (карто́фельные) чи́псы *Pl* 2
Chirurg *m* хиру́рг 2; **~ie** *f* хирурги́я 8
chirurgisch хирурги́ческий
Chlor *n* хлор 2
chlorhaltig содержа́щий 11 хлор, хло́ристый
Chlor|id *n* хлори́д 2; **~kalk** *m* хло́рная и́звесть; **~oform** *n* хлорофо́рм 2
chloroformieren *tr* хлороформи́ровать *uv, v* 2 (*a.* -за)
Chlorophyll *n* хлорофи́л 2
Cholera *f* холе́ра 6; **~epidemie** *f* холе́рная эпиде́мия, эпиде́мия холе́ры
Choleriker *m* холе́рик 2
cholerisch Temperament холери́ческий; hitzig вспы́льчив:ый, горя́ч:ий 11 -а́
Cholesterin *n* холестери́н 2
Chor *m* хор 2 *oder* 2b | im ~ singen петь хо́ром; Chormitglied sein петь в хо́ре
Choral *m* хора́л 2
Choreograph *m* хорео́граф 2; **~ie** *f* хореогра́фия 8
Chor|probe *f* спе́вка 6; **~sänger** *m* хори́ст 2; **~sängerin** *f* хори́стка 6
Chrestomathie *f* хрестома́тия 8
Christ *m* христи|ани́н 2 *Pl* -а́не, -а́н, -а́нам
Christentum *n* христиа́нство 4
christlich христиа́нский | Christlich Demokratische Union Христиа́нско-демократи́ческий сою́з
Chrom *n* хром 2

chromatisch хроматический
Chrom|leder хром 2, хромовая кожа; **~osom** *n* хромосома 6; **~stahl** *m* хромистая сталь
Chronik *f* хроника 6, летопись 9
chronisch хронический
Chron|ist *m* летопис|ец, -ца 2, хронист 2; **~ologie** *f* хронология 8
chronologisch хронологический
Chronometer *m* хронометр 2
Chrysantheme *f* хризантема [тэ] 6
Cis *n Mus* до диез [иэ] 2
Clique *f* клика 6
Cliquenwirtschaft *f* групповщина 6
Clivia *f Bot* кливия 8
Clou *m* гвоздь 1e
Clown *m* клоун 2
Cocktail *m* коктейль [тэ] 1
Colombo Коломбо *idkl*
Computer *m* компьютер [тэ] 2, электронная вычислительная машина 6
computergesteuert управляемый с помощью ЭВМ [компьютером]
Conakry Конакри *idkl*
Conférencier *m* конферансье *m idkl*
Container *m* контейнер 2; **~bahnhof** *m* контейнерная станция; **~schiff** *n* судно-контейнер 4-2; **~verkehr** *m* контейнерные перевозки *Pl* 6
Copyright *n* право 4 издания
Cordhose *f* вельветовые брюки
Cottbus Котбус 2
Couch *f* диван 2; **~garnitur** *f* гарнитур мягкой мебели
Coupé *n* купе [пэ] *n idkl;* Auto двухместная машина 6
Couplet *n Mus* куплет 2
Cour *f:* j-m die ~ machen ухаживать за кем-н.
Courage *f* смелость 9
couragiert смел:ый, -á!
Cousin *m* двоюродный брат 2 *Pl* -ья, -ьев; **~e** *f* двоюродная сестра 6c *Pl* сёстры, сестёр, сёстрам
Creme *f* Speise, Kosmetik крем 2
cremefarben кремовый, кремового цвета
Cup *m* кýб|ок, -ка 2
Cutterin *f* монтажница 6

D

d, D *n Mus* ре *n idkl*
da 1. *Adv Ort* dort там; hier тут, здесь | ~ ist … *oder* sind … там …; ~ kommt er вот он идёт; dieses Haus ~ (вот) этот дом; wer ist ~? кто там?, кто идёт?; von ~ оттуда | *Zeit* тогда; von ~ an с того времени, с тех пор; ~ hast du's!, ~ haben wir's! вот тебе на!, вот тебе раз! | *Grund* в таком случае, тогда **2.** *Konj Zeit* когда, в то время, как | zu der Zeit, ~ er mit euch gesprochen hat в то время, когда он с вами говорил | *Grund* weil потому что *(nur im Nachsatz),* так как
dabei *Adv Ort* возле, рядом | er war gerade ~ fortzugehen он как раз собирался уйти; es bleibt ~! решено!; ~ muß man berücksichtigen при этом надо учесть; ~ kommt nichts heraus из этого ничего не выйдет; was ist denn schon ~? что же тут такого?; er blieb ~ он остался при своём мнении; ich bleibe dabei, daß … я всё-таки думаю, что …; **~sein** *intr* быть*, присутствовать 2 (при *P*) | er ist immer gleich dabei, wenn … он всегда тут как тут, когда …; er war gerade dabei zu … он как раз собирался *Inf*
dableiben *intr* о|ставаться* ⟨-статься*⟩
Dach *n* крыша 6, кров|ля 7 *G Pl* -ель; *Bergb* кровля | j-m aufs ~ steigen задать *v* жару [перцу] кому-н.; unter ~ und Fach bringen устраивать ⟨-строить⟩; Projekt заканчивать ⟨-кончить 3⟩; kein ~ über dem Kopf haben не иметь крыши над головой, не иметь, где голову приклонить; **~balken** *m* (кровельная) балка, стропильная затяжка 6; **~boden** *m* чердак 2e; **~decker** *m* кровельщик 2; **~fenster** *n* слуховое окно; **~first** *m* кон|ёк, -ька 2; **~garten** *m* сад на крыше; **~kammer** *f* (маленькая) комната 6 на чердаке; **~organisation** *f* верхушечная организация; **~pappe** *f* (кровельный) толь 1; **~rinne** *f* (водосточный) кровельный жёлоб
Dachs *m* барсук 2e
Dach|schiefer *m* кровельный сланец; **~schindeln** *f Pl* кровельная дранка 6, гонт 2
Dachshund *m* такса 6
Dach|sparren *m* стропило 4; **~stuhl** *m* стропила *Pl* 4, стропильная ферма 6; **~ziegel** *m* (кровельная) черепица 6
Dackel *m* такса 6
dadurch 1. *Adv* damit тем, этим **2.** *Konj* infolgedessen вследствие этого, благодаря этому | ~ daß … благодаря тому, что …; er gefiel mir ~, daß … он мне понравился тем, что …
dafür *Adv* bestimmt für для этого; statt dessen вместо этого; aber zugleich зато; einstehen für за (э)то | ~, daß для того, чтобы; ich bin ~ я за (это); ich bin ~, daß er kommt я за то, чтобы он пришёл; er ist streng, aber ~ gerecht он строг, но зато справедлив; er kann nichts ~ он тут не при чём, он в этом не виноват; alles spricht ~ всё говорит за это

Dafürhalten *n:* nach meinem ~ по мо́ему мне́нию
dagegen 1. *Adv* про́тив э́того; im Vergleich в сравне́нии [по сравне́нию] с э́тим | ich habe nichts ~ я ничего́ не име́ю про́тив (э́того), *umg* я не прочь; ich bin ~ я про́тив; deine Schwierigkeiten sind nichts ~ твои́ тру́дности ничто́ в сравне́нии с э́тим **2.** *Konj* а, же | sie ist groß und schlank, er ~ klein und dick она́ высо́кая и стро́йная, а он [он же] ни́зкий и то́лстый
daheim *Adv* до́ма
daher 1. *Adv Ort* отту́да | *Grund* поэ́тому; оттого́; ~ daß ... потому́, что ..., оттого́, что ... **2.** *Konj* поэ́тому, сле́довательно
dahin *Adv* туда́ | bis ~ *Ort* до того́ ме́ста, *Zeit* до того́ вре́мени, до тех пор; laß es nicht ~ kommen, daß ... не доводи́ де́ло до того́, что́бы ...; **~eilen** *intr* мча́ться 3; Zeit лете́ть 3; **~gehen** *intr* идти́* | er ist dahingegangen *übertr* он у́мер; **~gehend** *Adv:* sich ≈ äußern, daß ... выс|ка́зываться ⟨вы́с|казаться*⟩ в том смы́сле, что ...; **~gestellt** *Adv:* ≈ sein lassen оставля́ть ⟨оста́в|ить 3 -лю⟩ нерешённым; **~jagen** *intr* мча́ться 3; **~raffen** *tr* Seuche коси́ть 3⁺ (с-); **~schwinden** *intr* исчеза́ть ⟨-че́знуть 4а⟩; **~siechen** *intr* ча́хнуть 4а (за-), хире́ть (за-)
dahinter *Adv* позади́ э́того, за э́тим; (там) сза́ди; **~kommen** *intr* разу|знава́ть* ⟨-зна́ть⟩ *A*; **~stecken** *intr:* es steckt etwas dahinter тут [за э́тим] что-то кро́ется; es steckt nichts dahinter в э́том нет ни сло́ва пра́вды, э́то не соотве́тствует действи́тельности
dahinvegetieren *intr* прозяба́ть, влачи́ть 3 жа́лкое существова́ние
Dahlie *f* георги́н 2
Dakar Дака́р 2
Daktyloskopie *f* дактилоско́пия 8
Daktylus *m Metr* да́ктиль 1
damalig тогда́шний 11; **~s** *Adv* тогда́, в то вре́мя
Damaskus Дама́ск 2
Damast *m* камча́тная ткань 9; Seiden~ камка́ 6; **~tischtuch** *n* камча́тная ска́терть
Dame *f* да́ма 6 a. Spielkarte; Schachspiel ферзь 1e; Damespiel да́мка 6 | ~ spielen игра́ть в ша́шки; **~brett** *n* ша́шечная доска́, ша́шечница 6
Damen|binde *f Med* гигиени́ческий по́яс b *Pl* -á; **~fahrrad** *n* да́мский велосипе́д; **~gesellschaft** *f* да́мское о́бщество; **~handtasche** *f* да́мская су́мочка 6; **~hut** *m* да́мская шля́па; **~konfektion** *f* же́нское гото́вое пла́тье, же́нская оде́жда; **~kostüm** *n* же́нский костю́м; **~mannschaft** *f Sport* же́нская кома́нда; **~schneider** *m* да́мский портно́й; **~schuhe** *Pl* же́нская о́бувь; **~wahl** *f* да́мский та́н|ец, -ца 2
Dame|spiel *n* ша́шки *Pl* 6; **~stein** *m* ша́шка 6
Damhirsch *m* лань 9
damit 1. *Adv* (с) тем, (с) э́тим | was soll ich ~? что мне де́лать с э́тим?; ~ ist alles gesagt э́тим всё ска́зано; (nur) her ~ дава́й(те) сюда́ **2.** *Konj* (с тем,) что́бы *mit Prät des Verbs* | ~ du's nicht vergißt что́бы ты не забы́л
dämlich глупова́т:ый, придуркова́т:ый
Damm *m* да́мба 6, на́сыпь 9; Stau~ плоти́на 6, запру́да 6; Hafen~ мол 2; Eisenbahn~ пол|отно́ 4c *G Pl* -о́тен; *übertr* прегра́да 6 | auf dem ~ sein быть* бо́дрым; **~bruch** *m* проры́в 2 плоти́ны
dämm[e]rig су́мереч|ный, -ен
dämmern *intr* früh (рас)света́ть; abends смерка́ться | es dämmert (рас)света́ет; смерка́ется; bei mir dämmert es *übertr* я начина́ю понима́ть
Dämmer|stunde *f* су́мер|ки *Pl* 6 *G* -ек; **~ung** *f* Morgen~ рассве́т 2; Abend~ су́мер|ки *Pl* 6 *G* -ек; **~zustand** *m Med* су́меречное состоя́ние
Damoklesschwert *n* дамо́клов 13 меч
Dämon *m* де́мон 2
dämonisch демони́ческий
Dampf *m* пар 2b *G a.* -у; в пару́ | unter ~ stehen стоя́ть 3 под пара́ми; er machte ~ dahinter он по́ддал па́ру; **~bad** Anstalt парна́я *Subst* 10, russisches ба́ня 7; Prozedur парова́я ва́нна | ein ≈ nehmen па́риться 3; **~druck** *m* давле́ние па́ра; **~druckmesser** *m* мано́метр 2
dampfen *intr* Lokomotive выпуска́ть ⟨вы́пустить 3⟩ пар; Speisen дыми́ться 3 | das Wasser dampft от воды́ идёт пар
dämpfen *tr* Stimme понижа́ть ⟨-ни́зить 3 -ни́жу⟩; Licht уменьша́ть ⟨-ме́ньшить 3⟩; *Tech* Stoß амортизи́ровать *uv, v* 2; Schall за-, приглуш|а́ть ⟨-и́ть 3⟩; Speisen туши́ть 3⁺ (с-), па́рить 3; *übertr* сде́рживать ⟨-держа́ть 3⁺⟩; Begeisterung расхол|а́живать ⟨-оди́ть 3 -ожу́⟩
Dampfer *m* парохо́д 2
Dämpfer *m Mus* модера́тор [дэ] 2; Geige surди́н(к)а 6; *Tech* глуши́тель 1, бу́фер 2 | j-m einen ~ aufsetzen *übertr* оса́живать ⟨оса|ди́ть 3⁺ жу́⟩ кого́-н.
Dampf|heizung *f* парово́е отопле́ние; **~kessel** *m* парово́й котёл; **~lokomotive** *f* парово́з 2; **~maschine** *f* парова́я маши́на; **~schiffahrt** *f* парохо́дство 4; **~turbine** *f* парова́я турби́на, паротурби́на 6
Dämpfung *f Tech* затуха́ние 5
Dampfwalze *f* парово́й като́к
Damwild *n* ла́ни *Pl* 9
danach *Adv* пото́м, зате́м, по́сле э́того; gemäß сообра́зно с э́тим | er fragte ~ он

спроси́л об э́том; sich ~ richten сообразова́ться с э́тим; die Ware ist billig, aber sie ist auch ~ това́р сто́ит дёшево, и его́ ка́чество соотве́тствует цене́; die Zeiten sind nicht ~ времена́ не те; es sieht ganz ~ aus, als ob … по всему́ ви́дно, что …

Däne *m* датч|а́нин 2 *Pl* -а́не, -а́н

daneben *Adv* ря́дом; außerdem наряду́ с э́тим, кро́ме э́того

Dänemark Да́ния 8

daniederliegen *intr* krank лежа́ть 3 больны́м; *übertr* быть* в упа́дке

Dänin *f* датча́нка 6

dänisch да́тский

dank *Präpos* благодаря́ *D*

Dank *m* благода́рность 9 | vielen [herzlichen]! ~ большо́е спаси́бо! zum ~ в знак благода́рности; ich bin dir zu ~ verpflichtet я тебе́ обя́зан

dankbar благода́р|ный, -ен | j-m ~ sein für etw. быть благода́рным кому́-н. за что-н.

Dankbarkeit *f* благода́рность 9

danken *tr* быть* обя́занным (j-m etw. кому́-н. чем-н.); *intr* благодари́ть 3 (по-) (j-m für etw. кого́-н. за что-н.) danke sehr! большо́е спаси́бо!; wir ~ euch спаси́бо вам; **~d** *Adv* с благода́рностью

dankenswert заслу́живающий 11 благода́рность

Dankschreiben *n* благода́рственное письмо́

dann *Adv* danach пото́м, зате́м; in dem Fall в том слу́чае, тогда́; so то | wenn …, ~ когда́ [е́сли] …, тогда́; selbst ~, wenn … да́же в том слу́чае, е́сли …; ~ und wann поро́ю, и́зредка; wenn das stimmt, ~ komme ich е́сли э́то так, то я приду́

d(a)ran *Adv* к (э́)тому́, об э́том | denke ~! по́мни об э́том!; ich denke nicht ~! и не поду́маю!; er glaubt nicht ~ он э́тому не ве́рит; sie hat ihre Freude ~ э́то её ра́дует; es liegt mir viel ~ э́то для меня́ о́чень ва́жно; da ist etwas dran в э́том есть до́ля пра́вды; er ist schlecht ~ его́ дела́ пло́хи; man weiß nie, wie man mit ihm ~ ist никогда́ не зна́ешь, что он вы́кинет; wer ist dran? чья о́чередь?; **~gehen** *intr* бра́ться*, бра́ли́сь ⟨взя́ться*, взяли́сь⟩ за *A*; **~kommen** *intr:* jetzt komme ich dran тепе́рь моя́ о́чередь; **~setzen** *tr:* alles ≈ де́лать (с-) всё (возмо́жное), прилага́ть ⟨-ложи́ть 3⁺⟩ все уси́лия

darauf *Adv Ort* wo на (э́)том; wohin на (э́)то; *Zeit* пото́м, зате́м | ein Jahr ~ год спустя́; er versteht sich ~ он э́то (де́ло) зна́ет; ich gebe nicht viel ~ э́то для меня́ не ва́жно; es kommt ~ an … э́то зави́сит от того́ …; **~folgend** сле́дующий 11; **~hin** *Adv* в отве́т на э́то; danach по́сле э́того; **~kommen** *intr* вспомина́ть ⟨вспо́мнить 3⟩ | wie kommst du darauf? как э́то пришло́ тебе́ в го́лову?

daraus *Adv* из э́того, отсю́да | ~ folgt отсю́да сле́дует; ich mache mir nichts ~ мне э́то нипочём [всё равно́]; ~ wird nichts! из э́того ничего́ не вы́йдет!

darben *intr* бе́дствовать 2

darbieten *tr* предлага́ть ⟨-ложи́ть 3⁺⟩, (пре)подноси́ть 3⁺ -ношу́ ⟨-|нести́*⟩; *Theat* исполня́ть ⟨-по́лнить 3⟩; Programm выступа́ть ⟨вы́ступ|ить 3 -лю⟩ с *I*; sich ~ *refl* представля́ться ⟨-ста́виться 3⟩

Darbietung *f* исполне́ние 5 | kulturelle ~ культу́рное мероприя́тие 5

darbringen *tr:* ein Opfer ~ приноси́ть 3⁺ -ношу́ ⟨-|нести́*⟩ в же́ртву

Dardanellen *Pl* Дардане́ллы *Pl* 6

Daressalam Дар-эс-Сала́м 2

darin *Adv* в (э́)том | die Sache besteht ~, daß … де́ло состо́ит в том, что …; ~ irrt er в э́том он ошиба́ется

darlegen *tr* излага́ть ⟨-ложи́ть 3⁺⟩; erklären объясн|я́ть ⟨-и́ть 3⟩

Darlegung *f* изложе́ние 5; объясне́ние 5

Darlehen *n* ссу́да 6 | ein ~ aufnehmen брать* ⟨взять*⟩ ссу́ду

Darm *m* киш|ка́ 6 *G Pl* -о́к; Gedärm кише́чник 2; **~blutung** *f* кише́чное кровотече́ние 5; **~saite** *f* кише́чная струна́; **~verschlingung** *f* за́ворот 2 кишо́к; **~verschluß** *m Med* непроходи́мость 9 кише́чника; **~verstopfung** *f* запо́р 2

Darre *f* суши́лка 6

darreichen *tr* подноси́ть 3⁺ -ношу́ ⟨-|нести́*⟩

darstellen *tr* изобра|жа́ть ⟨-зи́ть 3 -жу́⟩, предст|авля́ть ⟨-а́вить 3⟩; *Theat* Rolle исполня́ть ⟨-по́лнить 3⟩ роль *G;* beschreiben излага́ть ⟨-ложи́ть 3⁺⟩; **~d** изобрази́тельный | ~de Kunst сцени́ческое иску́сство

Darsteller *m* исполни́тель 1 (ро́ли); Schauspieler актёр 2; **~in** *f* исполни́тельница 6 (ро́ли); актри́са 6

Darstellung *f* изображе́ние 5; *Theat* исполне́ние 5 (ро́ли); Beschreibung изложе́ние 5 | graphische ~ гра́фик 2

darüber *Adv* над э́тим; *übertr* об э́том, о том; mehr свы́ше, бо́льше | ~ hinaus сверх (э́)того́ nichts geht ~ лу́чше э́того ничего́ нет; wir freuen uns sehr ~ мы э́тому о́чень ра́ды

darum **1.** *Adv* за э́то, для э́того | ich bitte ~ я прошу́ об э́том; es handelt sich ~, daß … де́ло в том, что …; es ist mir sehr ~ zu tun для меня́ э́то о́чень ва́жно; ich würde viel ~ geben, wenn … я мно́гое дал бы за то, что́бы …; wir sind ~ herumgekommen мы лиши́лись э́того **2.** *Konj* deshalb поэ́тому

darunter *Adv* под э́тим; под э́то; davon в том числе́; dazwischen ме́жду ни́ми, среди́ них | zehn Personen, ~ zwei Frauen де́сять челове́к, в том числе́ две же́нщины; Strümpfe für drei Mark und ~ чулки́ по три ма́рки и ни́же [и деше́вле]; ~ leiden страда́ть от э́того

Darwinismus *m* дарвини́зм 2

das 1. *Artikel fehlt im Russischen* **2.** *Dem Pron* э́то 15, jenes то 15 | ~ ist э́то; ~ heißt то есть **3.** *Rel Pron* кото́рое, что

dasein *intr* прису́тствовать 2, быть* нали́цо́ | er ist nicht da его́ нет; sie ist schon da она́ уже́ здесь, она́ уже́ пришла́; dazu ist es ja da на то э́то и существу́ет; so etwas ist noch nicht dagewesen ничего́ подо́бного ещё никогда́ не́ было; nie dagewesen небыва́лый, неви́данный

Dasein *n* существова́ние 5

Daseinsberechtigung *f* пра́во на существова́ние

dasjenige *Dem Pron* то 15

daß *Konj* что; Wunsch, Befehl что́бы *mit Inf oder Prät des Verbs* | ohne ~ … без того́, что́бы …; er schrieb, ~ er krank sei он писа́л, что он бо́лен; ich wünsche, ~ er kommt я хочу́, что́бы он пришёл; beeil dich, ~ du nicht zu spät kommst потoропи́сь, что́бы не опозда́ть; so ~ так что

dasselbe *Dem Pron* то же са́мое 15–10, то же

dastehen *intr:* er steht gut da он хорошо́ обеспе́чен; ohne Mittel ~ быть* без средств

Datei *f* масси́в 2 да́нных

Daten *Pl* да́нные *Subst* 10 | technische ~ техни́ческая характери́стика; ~ aufbereiten обраба́тывать ⟨-о́тать⟩ да́нные; **~bank** *f* архи́в 2' да́нных; **~verarbeitung** *f* обрабо́тка 6 да́нных | elektronische ≈ электро́нная обрабо́тка да́нных; **~verarbeitungsanlage** *f* маши́на 6 для обрабо́тки да́нных

datieren *tr* дати́ровать *uv, v* 2

Dativ *m* да́тельный паде́ж 2e

Dattel *f* фи́ник 2; **~palme** *f* фи́никовая па́льма

Datum *n* чис|ло́ 4c *G Pl* -ел, да́та 6 | welches ~ haben wir heute? како́е сего́дня число́?

Daube *f* клёпка 6

Dauer *f* продолжи́тельность 9, дли́тельность 9 | auf die ~ на дли́тельный срок, надо́лго; von langer ~ продолжи́тел|ьный, -ен, -ьна; für die ~ von drei Wochen сро́ком на три неде́ли; **~backwaren** *f Pl* пече́нье 5 дли́тельного хране́ния, суха́рные изде́лия *Pl* 5; **~gebäck** *n* сухари́ *Pl* 1e

dauerhaft долгове́ч|ный, -ен, про́ч|ный, -ен, -на́, -но, про́чны́; Frieden про́чный; Kleidung но́с|кий, -ок

Dauer|karte *f* абонеме́нт 2; **~lauf** *m* бег на выно́сливость

[1]**dauern** *tr:* der arme Kerl dauert mich мне жаль бедня́гу; das Geld dauert mich мне жаль на э́то тра́тить де́ньги

[2]**dauern** *intr* продолжа́ться ⟨-до́лжиться 3⟩, дли́ться 3 (про-) | das dauert mir zu lange! уж сли́шком до́лго э́то тя́нется!; es wird lange ~, bis … пройдёт мно́го вре́мени, пока́ …; wie lange dauert das? ско́лько вре́мени э́то продли́тся?; wie lange soll das noch ~? ско́ро ли э́то ко́нчится?; **~d** ständig постоя́н|ный, -ен, -на | er ist ≈ unterwegs он постоя́нно в разъе́здах

Dauer|regen *m* затяжно́й дождь; **~wellen** *f Pl* перманент 2, шестиме́сячная зави́вка 6; **~wurst** *f* твердокопчёная колбаса́

Daumen *m* большо́й па́л|ец, -ьца 2 | ~ drehen *übertr* безде́льничать; den ~ drücken жела́ть успе́ха; über den ~ peilen определ|я́ть ⟨-и́ть 3⟩ на глазо́к

daumenbreit ширино́й в большо́й па́лец

Däumling *m* Märchen ма́льчик 2-с- па́льчик; *Med* напа́льчик 2

Daune *f* пуши́нка 6; ~n *Pl* пух 2¡ в пуху́

Daunen|bett *n* пухови́к 2e; **~decke** *f* пухо́вое одея́ло

Daus *n* Spielkarte туз 2e, *A* туза́

davon *Adv* от (э́)того́, из (э́)того́; darüber об э́том | ich gehe ~ aus, daß … я исхожу́ из того́, что …; was habe ich ~? что мне от э́того?; genug ~! об э́том дово́льно!, ни сло́ва бо́льше об э́том!; das kommt ~ всё из-за э́того; er ging auf und ~ его́ и след просты́л; **~kommen** *intr* отде́л|ываться ⟨-аться⟩ | mit dem Schrecken ≈ отде́латься испу́гом; mit heiler Haut ≈ вы́|йти* *v* сухи́м из воды́; billig ≈дёшево отде́латься; mit dem Leben ≈ о|ста́ться* *v* в живы́х; **~laufen** *intr* убега́ть ⟨-|бежа́ть*⟩; **~tragen** *tr.* den Sieg ≈ одéрживать ⟨-держа́ть 3⁺⟩ побе́ду (über над *I*); Schaden ≈ нести́ (по-) убы́ток

davor *Adv* пе́ред э́тим; kausal от э́того | hüte dich ~! береги́сь э́того!

dazu *Adv* dafür для э́того; zusätzlich к э́тому, кро́ме того́ | was sagen Sie ~? что вы на э́то ска́жете?; ~ langt das Geld nicht на э́то де́нег не хвата́ет; ich habe keine Lust ~ у меня́ к э́тому нет ни мале́йшей охо́ты; ich komme nicht ~ у меня́ до э́того ру́ки не дохо́дят; **~gehören** *intr* принадлежа́ть 3 к *D*; **~gehörig** относя́щийся 11сюда́, принадлежа́щий 11 к *D*; **~halten, sich** *refl* спеши́ть 3 (по-), тороп|и́ться 3⁺ -лю́сь (по-); **~kommen** *intr* подходи́ть 3⁺ -хожу́ ⟨подо|йти́*⟩

к *D* | wie bist du dazugekommen? как ты добился этого?, как ты достал это?; ich komme nicht dazu, etw. zu tun никак руки не доходят что-н. сделать
dazumal *Adv* в то время, тогда
dazwischen *Adv* между этим [тем]; **~kommen** *intr* вмешиваться ⟨вмешаться⟩ | wenn nichts dazwischenkommt если ничто не помешает; **~reden** *intr* вмешиваться ⟨вмешаться⟩ в разговор; **~treten** *intr:* er trat dazwischen он вмешался (в спор; в драку)
Debatte *f* прения *Pl* 5, дебаты *Pl* 2; Erörterung обсуждение 5 вопроса | zur ~ stehen являться ⟨явиться 3⟩ предметом обсуждения; die ~ eröffnen открывать ⟨-крыть⟩ прения; in die ~ eingreifen выступать ⟨выступ|ить 3 -лю⟩ в прениях
debattieren *intr* дебатировать 2 (über *A oder* о *P*), обсу|ждать ⟨-дить 3⁺ -жу⟩ (über *A*)
Debet *n* дебет [дэ] 2
Debüt *n* дебют 2
debütieren *intr* дебютировать *uv, v* 2
dechiffrieren *tr* расшифр|овывать ⟨-овать 2⟩
Deck *n* Schiff палуба 6; **~adresse** *f* условный адрес; **~bett** *n* пуховик 2e, перина 6; **~blatt** *n* Zigarre покровный лист; *Bot* прицветник 2
Decke *f* Zimmer~ потол|ок, -ка 2; Schlaf~ одеяло 4; Tisch~ скатерть 9g; Pferde~ попона 6; Reifen покрышка 6; Straßen~ (дорожное) покрытие 5 | mit j-m unter einer ~ stecken быть* заодно с кем-н.; man muß sich nach der ~ strecken по одёжке протягивай ножки
Deckel *m* Topf; Buch крышка 6; Zuber, Kübel u. ä. покрышка 6 | du kriegst eins auf den ~! *umg* ты получишь по шапке!
decken *tr* Dach крыть* (по-); zudecken покрывать ⟨-крыть⟩; *Mil,* Sport прикрывать ⟨-крыть⟩; *übertr* Bedarf обеспеч|ивать ⟨-ить 3⟩, удовлетвор|ять ⟨-ить 3⟩; Schulden, Ausgaben покрывать ⟨-крыть⟩, уплачивать ⟨упла|тить 3⁺ -чу⟩; Tiere покрывать ⟨-крыть⟩, случ|ать ⟨-ить 3⟩; *intr* Farbe крыть; sich ~ *refl* identisch sein совпадать ⟨сов|пасть*⟩ | den Tisch für zwei Personen ~ накрывать ⟨-крыть⟩ (на) стол на двоих
Decken|beleuchtung *f* потолочное освещение; **~gemälde** *n* плафон 2, потолочные фрески *Pl* 6; **~leuchte** *f* плафон 2; **~malerei** *f* плафонная живопись
Deck|farbe *f* кроющая 11 краска; **~glas** *n* покровное стекло; **~mantel** *m:* unter dem ≈ *übertr* под личиной, под прикрытием; als ≈ dienen служить (по-) ширмой; **~name** *m* псевдоним 2; **~station** *f Landw* случной пункт 2; **~ung** *f* Kosten~ покрытие 5; Bezahlung уплата 6; eines Wechsels обеспечение 5; Bedarf обеспечение, удовлетворение 5; *Mil* прикрытие 5; *Sport* защита 6| volle ~! в укрытие!
Dederon n дедерон [дэдэ] 2
Deduktion *f* дедукция [дэ] 8
deduktiv дедуктивный [дэ]
Defätis|mus *m* пораженчество 4; **~t** *m* поражен|ец, -ца 2
defätistisch пораженческий
defekt mangelhaft дефект|ный [дэ], -ен; beschädigt испорченный
Defekt *m* Mangel дефект [дэ] 2; Beschädigung повреждение 5, порча 6; Fahrzeug, Radio неисправность 9
defensiv оборонительный
Defensive *f* оборона 6 | in die ~ gehen переходить 3⁺ -хожу ⟨-|йти*⟩ к обороне
definieren *tr* определ|ять ⟨-ить 3⟩
Definition *f* определение 5
definitiv окончател|ьный, -ен, -ьна
Defizit *n* дефицит 2, убыт|ок, -ка 2
Deflation *f* дефляция [дэ] 8
Defloration *f* лишение 5 девственности
deflorieren *tr* лиш|ать ⟨-ить 3⟩ девственности
deformieren *tr* деформировать [дэ] *uv, v* 2
Degen *m* шпага 6
Degeneration *f* вырождение 5; *Biol* дегенерация [дэ, нэ] 8
degenerier|en *intr* вырождаться ⟨выродиться 3⟩, дегенерировать [дэ, нэ] 2; **~t** дегенерировавший 11
Degen|fechten *n* фехтование на шпагах; **~griff** *m* эфес 2; **~klinge** *f* клинок шпаги; **~stoß** *m* удар шпагой
degradieren *tr Mil* снижать ⟨сни|зить 3 -жу⟩ в чине [в звании]
degressiv дегрессив|ный, -ен, -на
dehnbar эластич|ный, -ен; *übertr* растяжим:ый
Dehnbarkeit *f* эластичность 9; растяжимость 9
dehnen *tr* растягивать ⟨-тянуть 4⁺⟩; sich ~ *refl* weiter werden растягиваться ⟨-тянуться⟩; sich rekeln потягиваться; Strecke тянуться; Raum простираться ⟨-с|тереться*⟩; Zeit тянуться
Deich *m* дамба 6
Deichsel *f* am Zweispänner дышло 4; am Einspänner оглоб|ли, -ель *Pl* 7
deichseln *tr:* eine Sache ~ *umg* обдел|ывать ⟨-ать⟩ дело, обтяп|ывать ⟨-ать⟩ дело
dein 1. (~e, ~, ~e) *Poss Pron* твой 14 (твоя, твоё, твои) *refl a.* свой 14 (своя, своё, свои) | die Deinen твои родные, твоя сем|ья 7c *G Pl* -ей; du hast ~e Handschuhe vergessen ты забыл свои перчатки; ewig der Deine навеки твой **2.** *Pers Pron*: ich gedenke ~er я вспоминаю о тебе
deinerseits *Adv* с твоей стороны

deinesgleichen подóбный тебé, такóй как ты
deinetwegen *Adv* durch deine Schuld из-за тебя́; für dich ра́ди тебя́
Deismus *m* деи́зм [дэ] 2
Dekabrist *m* декабри́ст 2
Dekade *f* декáда 6, десятиднéвка 6 *umg*
dekadent декадéнтский, упáдоч|ный, -ен
Dekadenz *f* декадéнтство 4, упáдочничество 4
Dekan *m* декáн 2; **~at** *n* деканáт 2
dekatieren *tr Text* декатировáть [дэ] *uv, v* 2
Deklamation *f* декламáция 8
deklamieren *tr* деклами́ровать 2 (про-)
Deklaration *f* декларáция 8
deklarieren *tr* деклари́ровать *uv, v* 2
deklassieren *tr Sport* на|нести́* *v* поражéние с разгрóмным счётом | die Mannschaft ist deklassiert worden комáнда потерпéла поражéние с разгрóмным счётом
Deklination *f* склонéние 5
deklinierbar склоня́емый
deklinieren *tr Gramm* склоня́ть; *intr Astr* склоня́ться
Dekolleté *n* декольтé [дэ, тэ] *n idkl*
Dekorat|eur *m* декорáтор 2; **~ion** *f* декорáция 8; Schaufenster оформлéние 5
Dekorationsmaler *m* худóжник-декорáтор 2-2; **~ei** *f* декорациóнная жи́вопись
Dekorationsstoffe *m Pl* декорати́вные (мéбельные) ткáни
dekorativ декорати́в|ный, -ен
dekorieren *tr* декори́ровать *uv, v* 2, украшáть ⟨укрá|сить 3 -шу⟩
Dekret *n* декрéт 2
Delegation *f* делегáция 8
delegieren *tr* делеги́ровать *uv, v* 2, посылáть ⟨-|слáть*⟩ делегáтом (zu на *A*)
Delegierten|konferenz *f* конферéнция делегáтов; **~versammlung** *f* собрáние делегáтов
Delegierter *m* делегáт 2
Delhi Дéли [дэ] *idkl*
delikat Speise изы́скан:ный, -на; lecker лáком:ый; *übertr* деликáт|ный, -ен; heikel щепети́л|ьный, -ен, -ьна
Delikatesse *f* деликатéс 2, лáкомство 4; Zartgefühl деликáтность 9
Delikatessengeschäft *n* гастрономи́ческий магази́н, гастронóм 2
Delikateßwaren *f Pl* деликатéсы Pl 2
Delikt *n* дели́кт 2, правонарушéние 5
Delinquent *m* престýпник 2;verurteilt осуждённый *Subst* 10
Delirium *n* горя́чечный бред 2; в бредý
Delphin *m* дельфи́н 2; **~arium** *n* дельфинáри|й 1 *Pl* -и
Delta *n* дéльта [дэ] 6
Demagog|e *m* демагóг 2; **~ie** *f* демагóгия 8
demagogisch демагоги́ческий
Demarkationslinie *f* демаркациóнная [дэ] ли́ния
demaskieren *tr übertr* срывáть ⟨со|рвáть*⟩ мáску с *G*, разоблач|áть ⟨-и́ть 3⟩
Dementi *n* опровержéние 5
dementieren *tr* опро|вергáть ⟨-вéргнуть 4a *u.* 4⟩
dem|entsprechend *Adv* соотвéтственно э́тому; **~gegenüber** *Adv* в противополóжность э́тому
Demission *f* отстáвка 6
dem|nach *Adv* слéдовательно, итáк; **~nächst** *Adv* в скóром врéмени, скóро
demobilisieren *tr* демобилизовáть *uv, v* 2
Demobilisierung *f* демобилизáция 8
Demokrat *m* демокрáт 2; **~ie** *f* демокрáтия 8
demokratisch демократи́ческий | auf ~er Grundlage на демократи́ческих начáлах
demokratisieren *tr* демократизи́ровать *uv, v* 2
Demokratisierung *f* демократизáция 8
demolieren *tr* разрушáть ⟨-рýшить 3⟩, гром|и́ть 3 -лю́ (раз-)
Demonstra|nt *m* демонстрáнт 2; **~tion** *f* демонстрáция 8 | zur ≈ на демонстрáцию
Demonstrations|fläche *f Landw* показáтельный учáст|ок, -ка 2; **~zug** *m* шéствие демонстрáнтов 5
demonstrativ демонстрати́в|ный, -ен
Demonstrativpronomen *n* указáтельное местоимéние
demonstrieren *tr* демонстри́ровать *uv, v* 2 (*a.* про-); *intr* демонстри́ровать *uv, v*
Demontage *f* демонтáж [дэ] 2
demontieren *tr* демонти́ровать [дэ] *uv, v* 2
demoralisieren *tr* деморализовáть *uv, v* 2
Demut *f* смирéние 5; Ergebenheit покóрность 9
demütig смирéн:ный, -на; unterwürfig покóр|ный, -ен
demütigen *tr* уни́жáть ⟨уни́|зить 3 -жу⟩
Demütigung *f* унижéние 5
demzufolge *Adv* вслéдствие э́того; folglich слéдовательно
dengeln *tr* отбивáть ⟨-|би́ть*, -обью́⟩
Den Haag Гаáга 6
Denkart *f* óбраз мы́слей
denkbar **1.** *Adj* мы́слим:ый; möglich возмóж|ный, -ен **2.** *Adv:* das Verfahren wurde ~ vereinfacht спóсоб был по возмóжности [наскóлько возмóжно] упрощён
denken *intr* дýмать (по-) (an о *P*), мы́слить 3 (an о *P*); sich entsinnen пóмнить 3 (an о *P*); beabsichtigen намеревáться *mit Inf,* собирáться ⟨-|брáться*, -брали́сь⟩ *mit Inf;* annehmen полагáть; sich ~ *refl* предст|авля́ть ⟨-áвить 3 -áвлю⟩ себé | er denkt gar nicht daran zu

gehen он и не ду́мает уходи́ть; es ist gar nicht daran zu ~ об э́том не́чего и ду́мать; wer hätte das gedacht! кто бы мог поду́мать!; wo denkst du hin! поду́май, что ты говори́шь!; denk mal an! поду́май то́лько!; denke daran! по́мни об э́том!; das kannst du dir doch ~, daß … мо́жешь себе́ предста́вить, что …; ich habe mir nichts Böses dabei gedacht я ничего́ плохо́го при э́том не ду́мал; es läßt sich ~ мо́жно себе́ предста́вить; das habe ich mir gedacht я так и ду́мал; ich kann mir nicht ~, daß … я не могу́ предста́вить себе́, что …; ich denke an meine Kindheit я по́мню своё де́тство

Denker *m* мысли́тель 1

Denkmal *n* па́мятник 2 *D*; Monument монуме́нт | Schiller-~ па́мятник Ши́ллеру; ihm wurde ein ~ gesetzt ему́ поста́вили па́мятник

Denkmal[s]schutz *m* охра́на истори́ческих па́мятников | unter ~ stehen находи́ться 3⁺ под охра́ной

Denk|schrift *f* па́мятная запи́ска 6, мемора́ндум 2; **~sport** у́мственная гимна́стика 6; **~sportaufgabe** *f* головоло́мка 6; **~spruch** *m* изрече́ние 5; **~vermögen** *n* спосо́бность 9 мы́слить; **~vorgang** *m* проце́сс 2 мышле́ния; **~weise** *f* о́браз мы́слей [мышле́ния]

denkwürdig па́мят|ный, -ен, знамена́тел|ьный, -ен, -ьна

Denkzettel *m:* ich werde ihm einen ~ geben! я его́ проучу́!

denn **1.** *Adv* ра́зве; же | was ~? что же?; wo ist er ~? где же он?; ist sie ~ krank? ра́зве она́ больна́?; muß es ~ gleich sein? ра́зве э́то ну́жно сейча́с?; wann ~? когда́ же? **2.** *Konj* потому́ что,-и́бо, так как | mehr ~ je бо́льше чем когда́-либо

dennoch *Konj* всё-таки, всё-же

dental зубно́й

Denunzia|nt *m* доно́счик 2; **~tion** *f* доно́с 2

denunzieren *tr* доноси́ть 3⁺ -ношу́ ⟨|нести́*⟩ на *A*

Depesche *f* депе́ша 6

deplaciert неуме́ст|ный, -ен

Deponent *m Fin* депоне́нт [дэ] 2, вкла́дчик 2

Deponie *f* für Schutt сва́лка 6 | geordnete ~ упоря́доченные сва́лки

deponieren *tr* от|дава́ть* ⟨отда́ть*⟩ на хране́ние; *Fin* депони́ровать [дэ] *uv, v* 2

Deportation *f* вы́сылка 6

deportieren *tr* высыла́ть ⟨вы́|слать*⟩

Depositen *Pl* депози́ты *Pl* 2; **~bank** *f* депози́тный банк

Depot *n* für Verkehrsmittel депо́ *n idkl*, парк 2; Lager склад 2

Depression *f* депре́ссия [дэ] 8, пода́вленность 9

deprimieren *tr* удруч|а́ть ⟨-и́ть 3⟩ | deprimiert sein быть удручённым [пода́вленным]

Deput|at *n* опла́та 6 нату́рой, натуропла́та 6; **~ierter** *m* депута́т 2;

der **1.** *Artikel fehlt im Russischen* | ~ Erste Mai Пе́рвое ма́я **2.** *Dem Pron* э́тот 15, jener тот 15 | wie dem auch sei как бы то ни́ было; wenn dem so ist е́сли э́то так **3.** *Rel Pron* кото́рый, кто, что

derart *Adv* столь, до того́; von der Art тако́го ро́да; **~ig** *Adj* тако́й, подо́б|ный, -ен

derb kräftig кре́п|кий, -ок, -ка́!, -че; grob гру́б:ый, -а́!

Derbheit *f* кре́пость 9; гру́бость 9

Derby *n* де́рби [дэ] *n idkl*

dereinst *Adv* когда́-нибудь

deren *Rel Pron* кото́рой, *Pl* кото́рых

der|gestalt *Adv* таки́м о́бразом; **~gleichen** подо́бный (тому́), тако́го ро́да | und ≈ mehr и тому́ подо́бное (*Abk* и т. п.)

Derivat *n Gramm* произво́дное сло́во 4b; *Chem* дерива́т [дэ] 2

der|jenige *Dem Pron* тот 15 | ≈, der … тот, кто …; **~maßen** *Adv* так, таки́м о́бразом; so sehr до того́, насто́лько

Dermatolog|e *m* дермато́лог [дэ] 2; **~ie** *f* дерматоло́гия [дэ] 8

der|selbe *Pron* тот 15 (же) са́мый, тот же | ein und ≈ Fehler та же са́мая оши́бка; **~weile(n)** *Adv* ме́жду тем

derzeitig heutig ны́нешний 11, тепе́решний 11; damalig тогда́шний 11

Deserteur *m* дезерти́р 2

desertieren *intr* дезерти́ровать *uv, v* 2

des|gleichen *Adv* ра́вным о́бразом; **~halb** *Adv* поэ́тому, потому́; wegen ра́ди (э)того́ | ≈, weil … потому́, что …

Designer *m* диза́йнер 2

Desinfektion *f* дезинфе́кция 8, обеззара́живание 5

Desinfektionsmittel *n* дезинфици́рующее 11 сре́дство

desinfizieren *tr* дезинфици́ровать *uv, v* 2, обеззара́|живать ⟨-зить 3 -жу⟩

Desinteresse *n* отсу́тствие 5 интере́са

deskriptiv *Gramm* описа́тельный | ~e Grammatik описа́тельная грамма́тика

Desorganisation *f* дезорганиза́ция 8

desorganisieren *tr* дезорганизова́ть *uv, v* 2

Despot *m* де́спот 2; **~ie** *f* деспоти́зм 2

despotisch деспоти́ческий; Charakter деспоти́ч|ный, -ен

dessen *Rel Pron* кото́рого | der Mann, ~ Frau ich kenne муж, жену́ кото́рого я зна́ю; sie ist sich ~ bewußt она́ (хорошо́) сознаёт э́то; **~ungeachtet** *Adv* несмотря́ на э́то, тем не ме́нее

Dessert *n* десе́рт 2; **~teller** *m* десе́ртная таре́лка; **~wein** *m* десе́ртное вино́

Dessin *n* рису́н|ок, -ка 2, образ|е́ц, -ца́ 2
Destillation *f* перего́нка 6, дистилля́ция 8
Destillationsapparat *m* перего́нный [дистилляцио́нный] аппара́т
destillieren *tr* перегоня́ть ⟨-|гна́ть*⟩, дистилли́ровать *uv, v* 2
desto *Adv* тем | ~ besser тем лу́чше
destruktiv Haltung отрица́тел|ьный, -ен, -ьна
deswegen *Adv* поэ́тому
Detail *n* дета́ль 9, подро́бность 9 | im ~ подро́бно; ins ~ gehen в|дава́ться* ⟨-|да́ться*; -дали́сь⟩ в подро́бности
detailliert дета́л|ьный, -ен, -ьна, подро́б|ный, -ен
Detektiv *m* сы́щик 2, детекти́в [дэтэ] 2; **~roman** *m* детекти́вный [дэдэ] рома́н
Detektor *m Rad* дете́ктор [дэтэ] 2
determinieren *tr* (то́чно) определ|я́ть ⟨-и́ть 3⟩
Determinismus *m* детермини́зм [дэтэ] 2
Detonation *f* детона́ция 8, взрыв 2
detonieren *intr* детони́ровать 2, взрыва́ться ⟨взо|рва́ться*; -рвали́сь⟩
Deut *m:* nicht einen ~ besser ни на йо́ту лу́чше
deuteln *intr* толкова́ть 2 вкривь и вкось
deuten *tr* толкова́ть 2; *intr* указыва́ть ⟨-|каза́ть*⟩ (auf на *A*) | das deutet auf nichts Gutes э́то не сули́т ничего́ хоро́шего
deutlich klar я́с|ный, -ен, -на́, -но, ясны́, отчётлив:ый; vernehmbar вня́т|ный, -ен, я́вствен:ный, -на; leserlich чёт|кий, -ок, четка́, чётко; | чётче, разбо́рчив:ый; verständlich поня́т|ный, -ен | ~e Aussprache отчётливое произноше́ние
Deutlichkeit *f* я́сность 9, отчётливость 9; вня́тность 9; чёткость 9
deutsch 1. *Adj* in staatspolitischen Bezeichnungen герма́нский; Sprache, Literatur, Volk неме́цкий | Deutsche Demokratische Republik (*Abk* DDR) Герма́нская Демократи́ческая Респу́блика (*Abk* ГДР); in ~er Sprache на неме́цком языке́ **2.** *Adv* по-неме́цки | er spricht ~ он говори́т по-неме́цки
Deutsch *n* неме́цкий язы́к 2е | im ~en в неме́цком языке́; aus dem Russischen ins ~e übersetzen переводи́ть ⟨-вести́⟩ с ру́сского языка́ на неме́цкий язы́к
Deutsch|e *f* не́мка 6; **~er** *m* не́м|ец, -ца 2
Deutschland Герма́ния 8
Deutschlehrer *m* преподава́тель [учи́тель] неме́цкого языка́
deutsch-sowjetisch герма́но-сове́тский | Gesellschaft für Deutsch-Sowjetische Freundschaft О́бщество герма́но-сове́тской дру́жбы
deutschsprach|ig говоря́щий 11 на неме́цком языке́, говоря́щий по-неме́цки | ~ige Länder стра́ны неме́цкого языка́; **~lich** относя́щийся 11 к неме́цкому языку́ | ≈er Unterricht преподава́ние неме́цкого языка́
Deutschunterricht *m* преподава́ние неме́цкого языка́, обуче́ние неме́цкому языку́
Deutung *f* толкова́ние 5, объясне́ние 5
Devise *f* Wahlspruch деви́з 2 | nach der ~ под деви́зом; **~n** *Pl Fin* (иностра́нная) валю́та 6
Devisengeschäft *n* валю́тная опера́ция 8; **~mangel** *m* валю́тный дефици́т 2
Devon *n Geol* Дево́н [дэ] 2
devot подобостра́ст|ный, -ен
Dextrose *f* декстро́за [дэ] 6
Dezember *m* дека́брь 1е
dezent прили́ч|ный, -ен; Musik прия́т|ный, -ен; Kleidung небро́ский
dezentralisieren *tr* децентрализова́ть [дэ] *uv, v* 2
Dezentralisierung *f* децентрализа́ция [дэ] 8
Dezernat *n* отделе́ние 5, отде́л (für по *D*)
dezimal десяти́чный
Dezimal|bruch *m* десяти́чная дробь; **~rechnung** *f* десяти́чное исчисле́ние 5; **~system** *n* десяти́чная систе́ма; **~waage** *f* десяти́чные весы́; **~zahl** *f* десяти́чное число́
Dezime *f Mus* де́цима [дэ] 6
Dezimeter *m* дециме́тр [дэ] 2
dezimieren *tr übertr* си́льно сокра|ща́ть ⟨-ти́ть 3 -щу́⟩
Dezitonne *f* це́нтнер 2
Dia *n umg* = **Diapositiv**
Diabet|es *m* (са́харный) диабе́т 2; **~iker** *m* диабе́тик 2
diabolisch дья́вольский
Diadem *n* диаде́ма [дэ] 6
Diafilm *m* диафи́льм 2
Diagno|se *f* диа́гноз 2 | eine ≈ stellen ста́вить (по-) диа́гноз; **~stik** *f Med* диагно́стика 6; **~stiker** *m Med* диагно́ст 2
diagonal 1 *Adj* диагона́льный **2** *Adv* по диагона́ли
Diagonale *f* диагона́ль 9
Diagramm *n* диагра́мма 6
Diakonisse *f* Kirche диакони́са 6
diakritisch диакрити́ческий
Dialekt *m* диале́кт 2, наре́чие 5; **~ik** *f* диале́ктика 6
dialektisch диалекти́ческий | ~er Materialismus диалекти́ческий материали́зм
Dialog *m* диало́г 2
Diamant *m* алма́з 2
diamanten алма́зный | ~e Hochzeit брилли́антовая [лья] сва́дьба
diametral 1. *Adj* диаметра́льный **2.** *Adv:* ~ entgegengesetzt диаметра́льно противополо́жный
Diapositiv *n* диапозити́в 2
Diarrhöe *f* диаре́я 7, поно́с 2

diät *Adv:* ~ leben соблюда́ть дие́ту [иэ]
Diät *f* дие́та [иэ] 6 | ~ halten соблюда́ть дие́ту; **~en** *Pl* су́точные *Subst Pl* 10; **~geschäft** *n* диети́ческий [иэ] магази́н; **~kost** *f* диети́ческая [иэ] пи́ща 6; **~küche** *f* диети́ческая [иэ] ку́хня; **~kur** *f* лече́ние дие́той [иэ]
diatonisch диатони́ческий
Diätverpflegung *f* диети́ческое [иэ] пита́ние
dicht 1. *Adj* Wald, Nebel, Haar густ:ой, -а́, -о, гу́сты́; гу́ще; Gewebe, Bevölkerung, Verschluß плот|ный, -ен, -на́!; Zaun, Regen ча́ст:ый, -а́!; ча́ще | in ~en Reihen в те́сных ряда́х; die Schuhe sind nicht mehr ~ боти́нки ста́ли пропуска́ть во́ду; der Nebel wird ~er тума́н густе́ет **2.** *Adv:* ~ ans Ufer herangehen подходи́ть 3⁺ -хожу́ ⟨-о|йти́*⟩ вплотну́ю к бе́регу; ~ am Rand на са́мом краю́; **~bevölkert** густонаселённый; Länder с высо́кой пло́тностью населе́ния
Dichte *f* густота́ 6; *Phys* пло́тность 9
dichten *tr u. intr* сочин|я́ть ⟨-и́ть 3⟩ (стихи́)
Dichter *m* поэ́т 2; **~in** *f* поэте́сса [тэ] 6
dichterisch поэти́ческий
dichtgedrängt те́сный, пло́тный
dichthalten *intr umg* держа́ть 3⁺ язы́к за зуба́ми
Dichtkunst *f* поэ́зия 8
[1]**Dichtung** *f* поэти́ческие произведе́ния *Pl 5;* Poesie поэ́зия 8
[2]**Dichtung** *f Tech* уплотне́ние 5; Dichtungsscheibe прокла́дка 6; Dichtungsmasse наби́вка 6
Dichtungs|ring *m* прокла́дочное кольцо́; **~scheibe** *f* прокла́дочная ша́йба, прокла́дка 6
dick то́лст:ый, -а́, -о, то́льсты́; то́лще; Flüssigkeit, Essen густ:о́й, -а́, -о, гу́сты́; гу́ще; geschwollen опу́хший 11, распу́хший 11 | zwei Meter ~ толщино́й в два ме́тра; ~ werden толсте́ть (по-), полне́ть (по-); Flüssigkeit густе́ть (за-), ~e Freunde закады́чные [бо́льшие] друзья́; mit j-m durch ~ und dünn gehen идти́ в ого́нь и в во́ду за кем-н.
Dickdarm *m* то́лстая кишка́
[1]**Dicke** *f* толщина́ 6; Körperumfang полнота́ 6, ту́чность 9; Flüssigkeit густота́ 6
[2]**Dicke** *f umg* толсту́ха 6
Dicker *m umg* толстя́к 2е
dick|fellig толстоко́ж:ий 11 *a. übertr;* **~flüssig** густ:о́й, -а́, -о, гу́сты́; гу́ще
Dickhäuter *m* толстоко́жое *Subst* 11
dickhäutig толстоко́жий 11
Dickicht ча́ща 6, за́росль 9
Dickkopf *m* упря́м|ец, -ца 2
dickköpfig упря́м:ый, твердоло́б:ый
Didaktik *f* дида́ктика 6
didaktisch дидакти́ческий

die 1. *Artikel fehlt im Russischen* **2.** *Dem Pron* э́та 15, jene та 15; *Pl* э́ти, те **3.** *Rel Pron* кото́рая, кто; *Pl* кото́рые, кто | das sind die Namen derer, ~ gestern hier anwesend waren э́то имена́ тех, кто вчера́ здесь прису́тствовал
Dieb *m* вор 2
Diebes|bande *f* воровска́я ша́йка; **~gut** *n* кра́деное *Subst* 10
Diebin *f* воро́вка 6
diebisch 1. *Adj* ворова́т:ый **2.** *Adv:* sich ~ freuen черто́вски ра́доваться
Diebstahl *m* (по)кра́жа 6, воровство́ 4 | geistiger ~ плагиа́т 2; einen ~ begehen соверш|а́ть ⟨-и́ть 3⟩ кра́жу
diejenige *Dem Pron* та 15; ~n *Pl* те 15
Diele *f* дос|ка́ 6а *G Pl* -ок; Fußboden пол 2b; на полу́; Flur се́ни *Pl* 9g; in Wohnung прихо́жая *Subst* 11
dielen *tr* настила́ть ⟨-|стла́ть*⟩ пол
Dielenbrett *n* полови́ца 6
dienen *intr* служи́ть 3⁺ (по-) (als *I*, zu для *G*); geeignet sein го|ди́ться 3 -жу́сь (zu для *G*, на *A*) | wozu dient das? заче́м э́то?; womit kann ich Ihnen ~? чем могу́ вам служи́ть?; damit ist mir nicht gedient э́то мне не помо́жет, э́то меня́ не устра́ивает; bei der Infanterie ~ служи́ть в пехо́те; die Couch diente ihm als Bett дива́н служи́л ему́ посте́лью
Diener *m* слуга́ *m* 6с | einen ~ machen ни́зко кла́няться ⟨поклони́ться 3⁺⟩; **~in** *f* служа́нка 6; **~schaft** *f* слу́ги *Pl* 6с, прислу́га 6
dienlich поле́з|ный, -ен, го́д|ный, -ен, -на́, -но, го́дны́ | einer Sache ~ sein годи́ться 3 на что-н.
Dienst *m* слу́жба 6; Stellung до́лжность 9g; Dienen служе́ние 5; Wach~ дежу́рство 4; *Mil* наря́д 2; Gefälligkeit услу́га 6 | im ~ на слу́жбе; ~ tun дежу́рить 3; außer ~ sein; Ruhestand быть в отста́вке; einen großen ~ erweisen ока́зывать ⟨-|каза́ть*⟩ большу́ю услу́гу; ~ am Kunden обслу́живание 5 покупа́теля [клие́нта]; ich stehe zu Ihren ~en я к ва́шим услу́гам; im ~ einer guten Sache stehen служи́ть 3⁺ хоро́шему де́лу; **~abteil** *n* служе́бное купе́ [пэ]
Dienstag *m* вто́рник 2 | am ~ во вто́рник
dienstags *Adv* по вто́рникам
Dienst|alter *n* стаж 2; **~ältester** *m* ста́рший слу́жащий 11-*Subst* 11; **~antritt** *m* поступле́ние 5 на слу́жбу; **~auftrag** *m* служе́бное поруче́ние 5; **~ausweis** *m* служе́бное удостовере́ние
dienst|bar гото́в:ый к услу́гам; **~beflissen** услу́жлив:ый, гото́в:ый к услу́гам; bei der Arbeit ре́вностный; **~bereit** Apotheke, Arzt дежу́рный | ≈ sein дежу́рить 3; **~fertig** услу́жлив:ый; **~frei** свобо́дный от слу́жбы [рабо́ты]

Dienstgebrauch *m*: für den ~ для служéбного пóльзованния
Dienstgrad *m* звáние 5; **~abzeichen** *n Mil* знак различия
diensthabend дежýрный
Dienst|habender *m* дежýрный *Subst* 10; **~jahre** *n Pl* служéбный стаж 2; **~kleidung** *f* фóрма 6, фóрменная одéжда; **~leistung** *f* (плáтная) услýга 6, бытовóе обслýживание 5; **~leistungskombinat** *n* комбинáт бытовóго обслýживания, быткомбинáт 2
dienstlich **1.** *Adj* служéбный, официáл|ьный, -ен, -ьна **2.** *Adv* по служéбным делáм; offiziell официáльно | er war ~ verhindert егó задержáли служéбные делá; er ist ~ nach Berlin gekommen он приéхал в Берлин в командирóвку
Dienst|mädchen *n* Hausgehilfin домрабóтница 6; **~mann** *m* носильщик 2; Bote посыльный *Subst* 10; **~ordnung** *f* устáв 2 слýжбы; **~pflicht** *f Mil* вóинская повинность 9
dienstpflichtig: im ~en Alter *Mil* в призывнóм вóзрасте
Dienstreise *f* (служéбная) командирóвка 6 | eine ~ machen уезжáть ⟨-|éхать*⟩ в командирóвку; er ist auf ~ он в командирóвке; **~auftrag** *m*, **~bescheinigung** *f* командирóвочное удостоверéние
Dienst|stelle *f* (служéбная) инстáнция 8; **~stellung** *f* служéбаная фýнкция 8; Anstellung дóлжность 9g
dienst|tauglich (при)гóдный к (воéнной) слýжбе; **~tuend** дежýрный
Dienst|weg *m*: auf dem ≈ в служéбном порядке; **~wohnung** *f* служéбная квартира; **~zeit** *f* срок 2 слýжбы; Dienststunden служéбное врéмя
dies *Pron* э́то 15 | ~ und das то и э́то; ~ und jenes кое-чтó; ~ (hier) ist mein Bruder вот мой брат; **~bezüglich** **1.** *Adj* относящийся 11 к э́тому **2.** *Adv* относительно э́того, что касáется э́того
dieselbe *Pron* та 15 (же) сáмая, та же; ~n *Pl* те (же) сáмые, те же
Diesel|lokomotive *f* тепловóз 2; **~motor** *m* дизель 1, дизель-мотóр 1-2; **~öl** *n* дизельное тóпливо 4
dies|er (~e, ~es, ~e) *Pron* э́тот 15 (э́та, э́то, э́ти) | an ~em Tag на днях; am zehnten ~es Monats десятого сегó [текýщего] мéсяца; ≈ und jener тот и другóй; ≈ oder jener тот или инóй
diesig тумáн|ный, -ен, -на, мглист:ый
dies|jährig э́того гóда; **~mal** *Adv* на э́тот раз; **~seitig** находящийся 11 по э́ту стóрону *G*; **~seits** *Adv u. Präpos* по э́ту стóрону
Dietrich *m* отмычка 6
diffamieren *tr* клеветáть* (на-) на *A*, оклеветáть *v*
Differential *n Math, Tech* дифференциáл 2; **~getriebe** *n* дифференциáл 2, дифференциáльная передáча; **~rechnung** *f* дифференциáльное исчислéние 5
Differenz *f Math* рáзность 9; ~en *meist Pl* der Meinungen разноглáсия Pl 5
differenzieren *tr* дифференцировать *uv, v* 2; unterscheiden различ|áть ⟨-ить 3⟩
Differenzierung *f* дифференциáция 8; Gliederung расчленéние 5
differieren *intr* расходиться 3⁺ ⟨разо|йтись*⟩ (in в *P*)
diffizil трýд|ный, -ен, -нá, -но, трýдны́; heikel щекотлив:ый
diffus Licht рассéян:ный, -на, диффýзный; Gerede пýтаный
Diffusion *f* диффýзия 8
digital цифровóй
Digital|anzeige *f* цифровáя индикáция 8; **~uhr** *f* цифровóй дáтчик 2 врéмени
Diktat *n* диктáнт 2, диктóвка 6; zwingendes Gebot диктáт 2 | nach ~ schreiben писáть под диктóвку; **~or** *m* диктáтор 2
diktatorisch диктáторский
Diktat|ur *f* диктатýра 6; **~zeichen** *n* шифр 2 [знак] отправителя
diktieren *tr* диктовáть 2 (про-) *a. übertr* | j-m in die Maschine ~ диктовáть комý-н. на машинку
Diktiergerät *n* диктофóн 2
Diktion *f* дикция 8
Dilemma *n* дилéмма 6 | sich in einem ~ befinden стоять 3 пéред дилéммой
Dilettant *m* дилетáнт 2, любитель 1
diletanttisch дилетáнтский, любительский
Dilettantismus *m* дилетантизм 2
Dill *m* укрóп 2
diluvial делювиáльный [дэ]
Diluvium *n* делювий [дэ] 1 *P* -и
Dimension *f* размéр 2; *Math* измерéние 5; *Phys* размéрность 9
Diminutiv *n* уменьшительная фóрма 6
Ding *n* Gegenstand вещь 9g, предмéт 2; Angelegenheit вещь, дéло 4b | das ~an sich *Phil* вещь в себé; wie die ~e liegen … сýдя по положéнию вещéй …; lassen wir den ~en ihren Lauf пусть всё идёт своим чередóм; guter ~e sein быть в дýхе; wir haben andere ~e zu tun у нас есть другие делá повáжнéе; vor allen ~en прéжде всегó, пéрвым дéлом; sie ist ein hübsches ~ онá хорóшенькая; ein albernes ~ дурёха 6; das arme ~! бедняжка!; ein ~ drehen *umg* обтяпать дéльце; aller guten ~e sind drei бог трóицу лю́бит; das ist ein ~ der Unmöglichkeit э́то невозмóжно; es geht nicht mit rechten ~en zu тут что-то нелáдно
ding|en *tr* нанимáть ⟨нанять*⟩ | einen Mörder ≈ нанимáть убийцу; **~fest**: j-n ≈ machen арестовáть *uv, v 2* когó-н.

dinieren *intr* обе́дать
Diode *f* дио́д 2
Dioptrie *f Phys* диоптри́я 8
Diorama *n* диора́ма 6
Dioxid *n* двуо́кись 9
Diözese *f* епа́рхия 8
Diphtherie *f* дифтери́я 8, *umg* дифтери́т 2
Diphthong *m* дифто́нг 2
Diplom *n* дипло́м 2; **~and** *m* диплома́нт 2; **~arbeit** *f* дипло́мная рабо́та
Diplomat *m* диплома́т 2; **~ie** *f* диплома́тия 8
diplomatisch дипломати́ческий; geschickt дипломати́ч|ный, -ен | das ~e Korps дипломати́ческий ко́рпус
Diplom|ingenieur *m* инжене́р с дипло́мом, дипломи́рованный инжене́р; **~prüfung** *f* экза́мен на получе́ние дипло́ма
Dipol *m*, **~antenne** *f* дипо́ль 9
direkt 1. *Adj* прям:о́й, -а́!; unmittelbar непосре́дствен:ный, -на | ~e Verbindung Zug, Bus беспереса́дочное [прямо́е] сообще́ние **2.** *Adv* пря́мо | er kam ~ auf mich zu он подошёл пря́мо ко мне; ~ an der Tür у са́мой две́ри; ~ am Meer у са́мого мо́ря; ~ ins Ohr в са́мое у́хо; ~ hinter mir вслед за мной
Direktflug *m* беспоса́дочный полёт
Direkt|ion *f* дире́кция 8; **~ive** *f* директи́ва 6
Direktor *m* дире́ктор 2b *Pl* -а́; **~ium** *n* правле́ние 5; *hist* Директо́рия 8
Direkt|studium *n* о́чное обуче́ние 5; **~übertragung** *f* пряма́я переда́ча по ра́дио [по телеви́дению]
Dirigent *m* дирижёр 2
Dirigentenpult *n* дирижёрский пульт
dirigieren *tr Mus* дирижи́ровать 2 *I*
Dirne *f* де́вка 6
Disharmonie *f Mus* дисгармо́ния 8
disharmonieren *intr Mus, übertr* дисгармони́ровать 2
Diskant *m* ди́скант 2
Diskjockey *m* ди́ско-жоке́й
Disko *f* ве́чер 2b та́нцев под грамза́пись
Diskont *m* учёт 2, диско́нт 2; **~satz** *m* учётный проце́нт 2
Diskothek *f* дискоте́ка 6
diskreditieren *tr* дискредити́ровать *uv, v* 2
Diskrepanz *f* разногла́сие 5, разла́д 2
diskret 1. *Adj* taktvoll такти́ч|ный, -ен, делика́т|ный, -ен **2.** *Adv* такти́чно, с та́ктом | etw. ~ behandeln подходи́ть 3⁺ -хожу́ ⟨подо|йти́*⟩ с та́ктом к чему́-н.
Diskretion *f* такт 2
diskriminieren *tr* дискримини́ровать *uv, v* 2
Diskriminierung *f* дискримина́ция 8
Diskurs *m* обсужде́ние 5; Unterhaltung бесе́да 6, разгово́р 2
Diskus *m* диск 2
Diskussion *f* диску́ссия 8, пре́ния *Pl* 5; Besprechung обсужде́ние 5 | zur ~ stehen обсужда́ться, стоя́ть на обсужде́нии; zur ~ stellen ста́вить (по-) на обсужде́ние
Diskussions|beitrag *m* выступле́ние 5 на диску́ссии [в пре́ниях]; schriftlicher диску́ссио́нная ста́т|ья́ 7 *G Pl* -е́й; **~redner** *m* выступа́ющий *Subst* 11 на диску́ссии [в пре́ниях]
Diskus|werfen *n* мета́ние 5 ди́ска; **~werfer** *m* мета́тель 1 ди́ска, дискобо́л 2
diskutabel прие́млем:ый | das ist nicht ~ э́то не подлежи́т обсужде́нию
diskutieren *tr* обсу|жда́ть ⟨-ди́ть 3⁺ -жу́, -ждённый⟩, дискути́ровать 2 (über *A*)
Dispatcher *m* диспе́тчер 2; **~system** *n* диспе́тчерская систе́ма; **~zentrale** *f* диспе́тчерская *Subst* 10, диспе́тчерский пункт 2
dis|pensieren *tr* освобо|жда́ть ⟨-ди́ть 3⁺ -жу́, -ждённый⟩; **~ponieren** *intr* располага́ть (über *I*), распоря|жа́ться ⟨-ди́ться 3 -жу́сь⟩ (über *I*)
Dis|position *f* einer Arbeit план 2; Verfügung распоряже́ние 5; Stimmung расположе́ние; *Med* предрасположе́ние 5 (zu к *D*) | ≈en treffen дава́ть* ⟨дать*⟩ распоряже́ния; **~proportion** *f* диспропо́рция 8, несоразме́рность 9
Disput *m*, **~ation** *f* ди́спут 2, спор 2
dis|putieren *intr* вести́* ди́спут, диспути́ровать 2; **~qualifizieren** *tr* дисквалифици́ровать *uv, v* 2
Disqualifizierung *f* дисквалифика́ция 8
Dissertation *f* диссерта́ция 8
Dissident *m* диссиде́нт 2
Dissimilation *f* диссимиля́ция 8
Dissonanz *f* диссона́нс 2
Distanz *f* диста́нция 8; Entfernung расстоя́ние 5 | ~ wahren соблюда́ть диста́нцию
distanzieren *tr Sport* ост|авля́ть ⟨-а́вить 3 -а́влю⟩ позади́; sich ~ *refl* отмежлёвываться ⟨-ева́ться 2⟩ (von от *G*), отрека́ться ⟨-|ре́чься*⟩ (von от *G*)
Distel *f* чертополо́х 2; **~fink** *m* щег|о́л, -ла́ 2
Distichon *n* двусти́шие 5
distinguiert изыскан:ный, -на
Distrikt *m* дистри́кт 2
Disziplin *f* дисципли́на 6 a. als Wissenschaftszweig; als Unterrichtsfach предме́т 2; *Sport* вид 2 спо́рта | ~ halten соблюда́ть дисципли́ну
disziplinarisch дисциплина́рный
Disziplinar|strafe *f* дисциплина́рное взыска́ние; **~verfahren** *n* дисциплина́рное де́ло 4b
disziplin|iert дисциплини́рован:ный, -а; **~los** недисциплини́рован:ный, -а
Divergenz *f* диверге́нция 8, расхожде́ние 5

divergieren *intr* расходи́ться 3⁺ ⟨разо|йти́сь*⟩
divers разли́ч|ный, -ен, ра́зный
Divers|ant *m* диверса́нт 2; **~ion** *f* дивéрсия 8
Dividend *m* дели́мое *Subst* 10; eines Bruchs числи́тель 1; **~e** *f* дивиде́нд 2
dividieren *tr* дели́ть 3⁺ (раз-) (durch на *A*)
Divis *n Typ* дефи́с 2; **~ion** *f Math* деле́ние 5; *Mil* диви́зия 8
Divisions|kommandeur *m* команди́р диви́зии, комди́в 2; **~zeichen** *n Math* знак деле́ния
Divisor *m* дели́тель 1
Diwan *m* дива́н 2
Dixieland *m Mus* ди́ксиленд 2
Dnepr Днепр 2е
Dnestr Днестр 2
doch 1. *Adv* trotzdem всё-таки, всё-же; *unbetont* же *meist nachgestellt,* ведь | du willst heute nicht kommen? – ~! ты сего́дня не придёшь? – нет, приду́!; kommst du denn nicht mit? – ~! ты ра́зве с на́ми не идёшь? – как же, коне́чно, иду́!; so geh ~! пойди́ же!; nun zeig ~ mal! ну́-ка, покажи́!; ja ~! коне́чно!; nicht ~! да нет же!; sprechen Sie ~! говори́те же!; das müßte ich ~ wissen я до́лжен был бы э́то знать; wenn ich ~ nur wüßte! е́сли бы я то́лько знал! **2.** *Konj* одна́ко, но
Docht *m* фити́ль 1е
Dock *n Mar* док 2 | im ~ liegen стоя́ть 3 в до́ке; **~arbeiter** *m* до́кер 2
Dogge *f* дог 2
Dogma *n* до́гма 6; Religion до́гмат 2; **~tiker** *m* догма́тик 2
dogmatisch догмати́ческий
Dohle *f* га́лка 6
Doktor *m akad. Grad* до́ктор 2b *Pl* -á (*in der UdSSR* кандида́т 2 нау́к); *in der UdSSR mit genauer Bezeichnung des Faches entsprechen unserem* Dr. rer. nat. кандида́т матема́тических [физи́ческих, биологи́ческих, географи́ческих] нау́к; Dr. med. кандида́т медици́нских нау́к; Dr. sc. до́ктор; Dr. sc. med. до́ктор медици́нских нау́к; Dr. h. c. почётный до́ктор; Dr. Ing. кандида́т техни́ческих нау́к; Arzt *umg* до́ктор | seinen ~ machen защи|ща́ть ⟨-ти́ть 3 -щу́⟩ свою́ диссерта́цию; **~and** *m* аспира́нт 2; *bei B-Promotion* доктора́нт 2; **~arbeit** *f* кандида́тская диссерта́ция 8; **~grad** *m* сте́пень кандида́та нау́к; сте́пень до́ктора; **~prüfung** *f* экза́мен на сте́пень кандида́та нау́к [сте́пень до́ктора]
Doktrin *f* доктри́на 6
doktrinär доктринёрский
Dokument *n* докуме́нт 2
Dokumentarfilm *m* документа́льный фильм
dokumentarisch документа́льный
Dokumentation *f* документа́ция 8
dokumentieren *tr* beurkunden документи́ровать *uv, v* 2
Dolch *m* кинжа́л 2; **~stich** *m,* **~stoß** *m* уда́р кинжа́лом
Dolde *f Bot* зо́нтик 2
Dollar *m* до́ллар 2
dolmetschen *tr* переводи́ть 3⁺ -вожу́ ⟨-|вести́*⟩ (у́стно)
Dolmetscher *m* (у́стный) перево́дчик 2; **~in** *f* перево́дчица 6; **~prüfung** *f* экза́мен на (у́стного) перево́дчика
Dom *m* (кафедра́льный) собо́р 2
Domäne *f* госуда́рственная земля́ 7с, *A* зе́млю, *G Pl* земе́ль; *übertr* о́бласть 9g
Dominante *f Mus* домина́нта 6
dominieren *intr* домини́ровать 2 (über над *I*)
Dominikaner жи́тель 1 Доминика́нской Респу́блики; Mönch доминика́н|ец, -ца 2
dominikanisch доминика́нский | Dominikanische Republik Доминика́нская Респу́блика
Dominion *n* доминио́н 2
[1]**Domino** *m* Kostüm домино́ *n idkl*
[2]**Domino** *n* Spiel домино́ *n idkl*; **~stein** *m* костя́шка 6 домино́
Domizil *n* местожи́тельство 4
Dompfaff *m Zool* снеги́рь 1е
Dompteu|r *m* укроти́тель 1; **~se** *f* укроти́тельница 6
Don дон 2 | Rostow am ~ Росто́в-на-Дону́
Donau Дуна́й 1
Donez Дон|е́ц, -ца́ 2е; **~becken** *n* Доне́цкий (у́гольный) бассе́йн, Донба́сс 2
Donner *m* гром 2g; Geschütz~ гро́хот 2 | wie vom ~ gerührt как гро́мом поражённый
donnern *intr* греме́ть 3; Geschütze грохота́ть* | es donnert гром греми́т; an die Tür ~ бараба́нить 3 в дверь; **~d** гремя́щий 11, громово́й
Donnerschlag *m* уда́р гро́ма
Donnerstag *m* четве́рг 2е | am ~ в четве́рг
donnerstags *Adv* по четверга́м
Donnerwetter *n*: zum ~ гром и мо́лния!, чёрт возьми́!, anerkennend ну уж (и моло́де́ц)
Doping *n Sport* примене́ние 5 до́пинга
Doppel *n* Kopie (машинопи́сная) ко́пия 8; *Sport* Tennis па́рная игра́ 6с | gemischtes ~ па́рная сме́шанная игра́
Doppel|bett *n* двуспа́льная крова́ть; **~bettcouch** *f* двуспа́льный дива́н 2; **~decker** *m* бипла́н 2; **~fenster** *n* окно́ с двойны́ми ра́мами; **~gänger** *m* двойни́к 2е; **~kinn** *n* двойно́й подборо́док; **~kreuz** *n Mus* двойно́й дие́з [иэ] 2; **~laut** *m* дифто́нг 2, двугла́сный звук 2;

~**linie** *f* двойна́я ли́ния; ~**name** *m* Familienname двойна́я фами́лия; Vorname двойно́е и́мя; ~**punkt** *m* двоето́чие 5; ~**salto** *m* двойно́е са́льто
doppel|seitig двусторо́нний 11; ~**sinnig** двусмы́слен:ный, -на
Doppel|spiel *n übertr* двойна́я игра́; ~**stecker** *m* комбини́рованная ви́лка-розе́тка 6-6, двойно́й ште́псель
Doppelstock|bett *n* двухэта́жная крова́ть; ~**brücke** *f* двухъя́русный мост; ~**omnibus** *m* двухэта́жный авто́бус; ~**wagen** *m* двухэта́жный ваго́н; ~**zug** *m* двухэта́жный по́езд
doppelt 1. *Adj* двойно́й | in ~er Ausfertigung в двух экземпля́рах **2.** *Adv* вдвойне́, вдво́е | der Stoff liegt ~ материа́л двойно́й; ~ soviel вдво́е бо́льше; ~ und dreifach многокра́тно; ich sehe alles ~ у меня́ двои́тся в глаза́х; ~**kohlensauer**: doppeltkohlensaures Natron двууглеки́слый на́трий
Doppel|tür *f* двойна́я дверь; ~**verdiener** *m* челове́к 2 с двойны́м за́работком; *Pl* Ehepartner супру́ги *Pl* 2, ка́ждый из кото́рых име́ет свой за́работок; ~**verdienst** *m* двойно́й за́работок; ~**zentner** *m* це́нтнер 2; ~**zimmer** *n* ко́мната [im Hotel но́мер] на двои́х
doppelzüngig двули́ч|ный, -ен, двуру́шнический
Doppel|züngigkeit *f* двуру́шничество 4; ~**züngler** *m* двуру́шник 2; ~**zweier** *m Sport* (академи́ческая) па́рная дво́йка
Dorf *n* дере́в|ня 7g *G Pl* -ень; größeres село́ 4c *Pl* сёла | auf dem ~ в дере́вне; ~**bewohner** *m* се́льский [дереве́нский] жи́тель; ~**gemeinde** *f* се́льская о́бщина; ~**sowjet** *m* се́льский сове́т, сельсове́т 2
Dorn *m* колю́чка 6, шип 2e *a. Tech* | er ist mir ein ~ im Auge он у меня́ как бельмо́ на глазу́
Dornenhecke *f* колю́чая 11 и́згородь; ~**krone** *f* терно́вый вене́ц
dorn|envoll *übertr* терни́ст:ый; ~**ig** колю́ч:ий 11
Dornröschen *n* Märchen Спя́щая Краса́вица 11-6
dörren *tr* durch Hitze суши́ть 3⁺ (вы́-); an der Sonne вя́лить 3 (про-)
Dörr|gemüse *n* сушёные о́вощи; ~**obst** *n* сушёные фру́кты
Dorsch *m* треска́ 6
dort *Adv* там | von ~ отту́да; ~ drüben там, на той стороне́; hier und ~ тут и там; ~**her** *Adv* отту́да; ~**hin** *Adv* туда́; ~**ig** та́мошний 11
Dortmund До́ртмунд 2
Dose *f* коро́бка 6; Blech~ жестя́нка 6; runde ба́нка 6
dösen *intr umg* дрема́ть*
Dosenöffner *m* консе́рвный ключ 2e *G Pl* -е́й, открыва́лка 6 *umg*
dosieren *tr* дози́ровать *uv, v* 2
Dosis *f* до́за 6
Dotter *m* желт|о́к, -ка́ 2
Double *n* Film дублёр 2
Dozent *m* доце́нт 2, преподава́тель 1; ~**in** *f* доце́нт 2, преподава́тельница 6; ~**ur** *f* доценту́ра 6
dozieren *tr u. intr* препо|дава́ть*
Drache *m* Fabelwesen драко́н 2
Drachen *m* Papier~ бума́жный змей; zänkische Frau карга́ 6 | einen ~ steigen lassen запу|ска́ть ⟨-сти́ть 3⁺ -щу́⟩ зме́й; ~**flieger** *m* дельтапланери́ст 2; Gerät дельтапла́н 2
Dragée *n* драже́ *n idkl*
Dragoner *m* драгу́н 2
Draht *m* про́волока 6; Leitung про́вод 2b *Pl* -а́ | auf ~ sein *übertr* auf der Hut sein бо́дро держа́ться 3⁺; energisch sein быть на высоте́; ~**auslöser** *m Foto* спусково́й тро́сик 2; ~**bürste** *f* про́волочная щётка, кардощётка 6
Draht|funk *m* проводна́я радиотрансля́ция 8; ~**glas** *n* арми́рованное стекло́
drahtlos беспро́волочный | ~e Telegraphie радиотелеграфи́я 8
Draht|schere *f* но́жницы для ре́зки про́волоки; ~**seil** *n* трос 2, про́волочный кана́т; ~**seilbahn** *f* (подвесна́я про́волочно-)кана́тная доро́га 6; ~**verhau** *m* про́волочное загражде́ние; ~**zaun** *m* про́волочный забо́р; ~**zieher** *m übertr* закули́сный руководи́тель 1, *Pl a.* закули́сные си́лы *Pl* 6
Draisine *f* дрези́на 6; mit Motor автодрези́на 6
drakonisch драко́новский
drall *umg* упи́тан:ный, -на, ядрён:ый, -а
Drall *m* Waffe наре́зка 6; *Text* кру́тка 6
Drama *n* дра́ма 6 *a. übertr;* ~**tik** *f* драматурги́я 8; Spannung драмати́зм 2; ~**tiker** *m* драмату́рг 2
dramatisch драмати́ческий | ~er Zirkel драмати́ческий кружо́к, драмкруж|о́к, -ка́ 2; ~e Lage драмати́чное положе́ние
dramatisieren *tr* драматизи́ровать *uv, v* 2
Dramat|isierung *f Theat* драматиза́ция 8; ~**urg** *m* заве́дующий *Subst* 11 реперту́аром, заве́дующий литерату́рной ча́стью теа́тра; ~**urgie** *f* драматурги́я 8
Dränage *f* дрена́ж 2 *G Pl* -е́й; ~**rohr** *n* дрена́жная труба́
Drang *m* Druck на́тиск 2; Trieb стремле́ние 5 (nach к *D*), влече́ние 5 (nach к *D*); *Med* позы́в 2 | ~ nach Freiheit жа́жда 6 свобо́ды
Drängelei *f* толкотня́ 7
drängeln *intr* напира́ть ⟨-|пере́ть*⟩; zur Eile тороп|и́ть 3⁺ -лю́ (по-) | nicht ~! не напира́йте!

drängen *tr übertr* bedrängen прижима́ть ⟨-|жа́ть[1]*⟩; nachdrücklich bestehen на-ста́ивать (auf на *P*); zur Eile тороп|и́ть 3⁺ -лю́ (по-); sich ~ *refl* eng stehen толпи́ться 3, тесни́ться 3; sich den Weg bahnen прота́лкиваться | er drängte mich zur Abreise он торопи́л меня́ с отъе́здом; die Zeit drängt вре́мя не те́рпит; die Gefahr drängt zur Entscheidung опа́сность тре́бует скоре́йшего приня́тия реше́ния; sich durch die Menge ~ проти́скиваться ⟨-ти́скаться *u.* -ти́снуться 4 *umg*⟩ сквозь толпу́
Drängen *n* насто́йчивая про́сьба 6 | auf sein ~ hin по его́ настоя́нию
Drangsal *f, n* нужда́ 6c, бе́дствие 5
drangsalieren *tr* притесн|я́ть ⟨-и́ть 3⟩
drapieren *tr* драпирова́ть 2 (за-)
drastisch Ausdruck кре́п|кий, -ок, -ка́!; Beispiel гру́бо нагля́д|ный, -ен; Maßnahmen радика́л|ьный, -ен, -ьна
Draufgänger *m* сорвиголова́ *m, f* 6a
draufgängerisch безрассу́дно сме́л:ый, -а́!
draufgehen *intr* тра́титься 3 (по-), идти́* на *A*, по|йти́* *v* на *A*; umkommen *umg* погиба́ть ⟨-ги́бнуть 4a⟩ | es ist viel Geld draufgegangen на э́то пошло́ мно́го де́нег
drauflos *Adv* вперёд; **~gehen** *intr* идти́ напрями́к; *übertr* идти́ напроло́м; schnell an die Sache gehen сра́зу бра́ться*; брали́сь ⟨взя́ться*; взяли́сь⟩ за де́ло
draußen *Adv* на дворе́, на у́лице | von ~ со двора́, снару́жи; wer ist ~? кто там?
drechseln *tr* выта́чивать ⟨вы́точить 3⟩
Drechsler *m* то́кар|ь 1 *Pl a.* -я́ 1b по де́реву; **~ei** *f* тока́рная мастерска́я *Subst* 10
Dreck *m* грязь 9g; в грязи́; Müll нечисто́ты *Pl* 6; Kot кал 2; Wertloses *umg* дрянь 9 | j-n durch den ~ ziehen сме́шивать ⟨смеша́ть⟩ кого́-н. с гря́зью; er kümmert sich um jeden ~ *umg* он суёт свой нос (по)всю́ду; das geht dich einen ~ an *umg* э́то тебя́ совсе́м не каса́ется; **~fink** *m* неря́ха *m, f* 6, грязну́ля *m, f* 7
dreckig **1.** *Adj* гря́з|ный, -ен, -на́, -но, гря́зны́ *a. übertr* **2.** *Adv*: es geht ihm ~ *umg* его́ дела́ пло́хи, его́ де́ло дрянь; sich die Hände ~ machen па́чкать себе́ ру́ки
Dreh *m übertr* приём 2 | er hat den (richtigen) ~ heraus он разбира́ется в э́том де́ле; **~bank** *f* тока́рный стано́к
drehbar враща́ющийся 11, поворо́тный
Drehbrücke *f* поворо́тный мост
Drehbuch *n* (кино)сцена́рый 1 *P* -и; **~autor** *m* сценари́ст 2
Drehbühne *f* враща́ющаяся 11 сце́на
drehen *tr* враща́ть, вер|те́ть 3⁺ -чу́; Zigarette кру|ти́ть 3⁺ -чу (с-), свёртывать ⟨сверну́ть 4; свёрнутый⟩; wenden повора́чивать ⟨-верну́ть⟩; Metall обта́чивать ⟨-точи́ть 3⁺⟩; Film снима́ть ⟨снять*⟩; sich ~ *refl* враща́ться (um вокру́г *G*); sich wenden повора́чиваться ⟨-верну́ться⟩ | Locken ~ завива́ть ⟨-|ви́ть*⟩ во́лосы; eine Sache so ~, daß ... *umg* поверну́ть де́ло так, что ...; sich im Kreise ~ кружи́ться 3 кру́жи́шься; mir dreht sich alles im Kopf у меня́ кру́жится голова́; das Gespräch drehte sich um diese Frage разгово́р верте́лся [шёл] вокру́г э́того вопро́са; es dreht sich um ihn речь идёт о нём; sich ~ und wenden юли́ть 3; der Wind dreht sich ве́тер меня́ет направле́ние
Dreher *m* то́карь 1 *Pl a.* -я́ 1b (по мета́ллу); **~ei** *f* тока́рная мастерска́я *Subst* 10; Betriebsteil тока́рный цех 2
Dreh|kondensator *m El* переме́нный конденса́тор; **~kran** *m* поворо́тный кран; **~kreuz** *n* an Eingängen турнике́т 2; **~moment** *n Tech* крутя́щий 11 моме́нт; **~orgel** *f* шарма́нка 6; **~pause** *f* Film переры́в ме́жду съёмками; **~scheibe** *f* des Töpfers гонча́рный круг; *Eisenb* поворо́тный круг; **~sessel** *m* вращающееся 11 кре́сло; **~strom** *m El* трёхфа́зный ток; **~stuhl** *m* поворо́тный стул; **~tür** *f* вращающаяся 11 дверь; **~ung** *f* враще́ние 5; Wendung оборо́т 2 | eine halbe ≈ machen де́лать (с-) пол-оборо́та; **~zahl** *f* число́ оборо́тов
drei *Num* три, трёх, трём, тремя́, о трёх; *kollektives Num* тро́е, трои́х 11 *mit G Pl* | er kann nicht bis ~ zählen он кру́глый неве́жда
Drei *f* число́ 4c три, тро́йка 6; Straßenbahn тро́йка, тре́тий но́мер 11-2b
dreiachsig трёхо́сный
Dreiachteltakt такт в три восьмы́х
drei|beinig трёхно́гий; **~dimensional** трёхме́рный
Dreieck *n* треуго́льник 2
dreieckig треуго́льный; Feile трёхгра́нный
Dreieckstuch *n* косы́нка 6
Dreieinigkeit *f Rel* триеди́нство 4
dreierlei троя́к:ий
dreifach **1.** *Adj* тройно́й; dreimalig троекра́тный; bei Auszeichnungen три́жды **2.** *Adv* втрое́
Dreifarbendruck *m* трёхкра́сочная печа́ть
dreifarbig трёхцве́тный
Drei|felderwirtschaft *f* трёхполье 5; **~fuß** *m* трено́жник 2; **~ganggetriebe** *n*, **~gangschaltung** *f* трёхступе́нчатая коро́бка переда́ч; **~gespann** *n* тро́йка 6
drei|hundert *Num* триста, трёхсот, трёмстам, тремястами, о трёхстах; **~hun-**

dertjährig трёхсотле́тний 11 | ≈er Gedenktag трёхсотле́тие 5; **~jährig** трёхле́тний 11; Dauer трёхгоди́чный
drei|kampf *m Sport* троебо́рье 5; **~kant** *m Math* трёхгра́нник 2
dreikantig трёхгра́нный
Drei|käsehoch *m umg* карапу́з 2; **~klang** *m* трезву́чие 5
dreiköpfig: ~e Familie семья́ из трёх челове́к
drei|mal *Adv* три ра́за, три́жды | ≈ so groß в три ра́за бо́льше; ≈ soviel втро́е бо́льше; ≈ so viel bezahlen плати́ть (за-) втройне́; **~malig** троекра́тный
Dreimaster *m* трёхма́чтовый кора́бль 1e
dreimotorig трёхмото́рный
Dreiphasenstrom *m* трёхфа́зный ток
dreiprozentig трёхпроце́нтный
Dreirad *n* де́тский трёхколёсный велосипе́д
dreireihig трёхря́дный
Dreisatz *m* тройно́е пра́вило 4
drei|seitig трёхсторо́нний 11; **~silbig** трёхсло́жный; **~sitzig** трёхме́стный; **~spaltig** в три столбца́; **~sprachig** трёхъязы́чный, на трёх языка́х
Dreisprung *m* тройно́й прыжо́к
dreißig *Num* три́дцать 9e | die ~er Jahre тридца́тые го́ды
Dreißiger *m* тридцатиле́тний мужчи́на 11-*m* 6
dreißig|jährig тридцатиле́тний 11; **~ster** *Num* тридца́тый
Dreißigstel *n* тридца́тая часть 9g
dreist сме́л:ый, -á!; frech де́рз|кий, -ок, -ка́!
dreistellig *Math* трёхзна́чный
Dreistigkeit *f* сме́лость 9; де́рзость 9
dreistöckig трёхэта́жный; in der UdSSR entsprechend четырёхэта́жный
Dreistufenrakete *f* трёхступе́нчатая раке́та
drei|stündig трёхчасово́й; **~tägig** трёхдне́вный; **~teilig** из трёх часте́й; Schrank трёхство́рчатый
Dreitonner *m Lkw* трёхто́нка 6
dreiviertel *Num* три че́тверти
Dreiviertel|mehrheit *f* большинство́ в три че́тверти; **~takt** *m* такт в три че́тверти
drei|wertig трёхвале́нтный; **~wöchig** трёхнеде́льный; **~zehn** *Num* трина́дцать 9; **~zehnter** *Num* трина́дцатый
Dreizimmerwohnung *f* трёхко́мнатная кварти́ра
dreschen *tr* моло|ти́ть 3⁺ -чу́ | Phrasen ~ пустосло́в|ить 3 -лю *umg*
Dresch|en *n* молотьба́ 6, обмоло́т 2; **~flegel** *m* цеп 2e; **~maschine** *f* молоти́лка 6
Dresden Дре́зден [дэ] 2
Dreß *m* спорти́вный костю́м 2
dressieren *tr* дрессирова́ть 2 (вы́-)
Dressur *f* дрессиро́вка 6
dribbeln *intr Sport* вести́* мяч дри́блингом
Drift *f Mar* дрейф 2
Drill *m Mil* муштра́ 6, муштро́вка 6; **~bohrer** *m* дрель 9
drillen *tr* Saat се́|ять, -ю, -ешь (по-) ряда́ми; *Mil* муштрова́ть 2 (вы́-)
Drillich *m Text* тик 2
Drillinge *Pl* тро́йня 7 *G Pl* тро́ен
Drill|maschine *f* рядова́я се́ялка 6; **~saat** *f* рядово́й посе́в
dringen *intr* durch~ прон|ика́ть ⟨-и́кнуть 4a⟩ (durch че́рез *A*); bestehen наста́ивать (auf на *P*); inständig bitten при|става́ть* ⟨-|ста́ть*⟩ (in к *D*) | der Splitter ist tief ins Fleisch gedrungen оско́лок вошёл глубоко́ в те́ло; das Gerücht ist bis zu mir gedrungen слух дошёл до меня́; **~d 1.** *Adj* unaufschiebbar сро́ч|ный, -ен, неотло́ж|ный, -ен; unbedingt nötig кра́йне необходи́м:ый, кра́йне ну́ж|ный, -ен, -на́, -но, ну́жны́; nachdrücklich настоя́тел|ьный, -ен, -ьна | ≈es Gespräch Telefon сро́чный разгово́р **2.** *Adv* äußerst кра́йне | ≈ verdächtig кра́йне подозри́тел|ьный, -ен, -ьна
dringlich сро́ч|ный, -ен; nachdrücklich неотло́ж|ный, -ен
Dringlichkeit *f* сро́чность 9; неотло́жность 9
Dringlichkeitsbescheinigung *f* свиде́тельство о неотло́жности
drinnen *Adv* внутри́
dritt: zu ~ втроём
drittel *Num*: ein ~ Kilo тре́тья часть 12-9g килогра́мма
Drittel *n* тре́тья часть 12-9g, треть 9g
dritt|ens *Adv* в-тре́тьих; **~letzter** тре́тий 12 с конца́; **~rangig** третестепе́нный, третьеразря́дный
dritter *Num* тре́тий 12 | das dritte Mal тре́тий раз; bis zum Dritten des Monats до тре́тьего числа́
Droge *f* апте́карский това́р 2; Rauschgift нарко́тик 2
Drogen|abhängigkeit *f* наркома́ния 8; **~handel** *m* торго́вля нарко́тиками; **~mißbrauch** *m* злоупотребле́ние нарко́тиками
Drogerie *f* апте́карский магази́н 2; für Farben, Chemikalien usw. москате́льный магази́н
Drogist *m* торго́в|ец, -ца 2 москате́льными това́рами, дроги́ст 2
Drohbrief *m* письмо́ с угро́зами
drohen *intr* гро|зи́ть 3 -жу́, угрожа́ть (j-m mit etw. кому́-н. чем-н.); Gefahren нависа́ть ⟨-ви́снуть 4a⟩ (j-m над *I*) | mit dem Finger ~ грози́ть па́льцем; ihm droht ein Unglück ему́ угрожа́ет несча́стье; uns droht Gefahr над на́ми нави́сла опа́сность [угро́за]; die Mauer droht

einzufallen стена́ грози́т ру́хнуть; ein Krieg droht грози́т война́; **~d** угрожа́ющий 11, грозя́щий 11 | ≈ die Hand erheben угрожа́юще поднима́ть ⟨подня́ть*⟩ ру́ку
Drohne *f Zool* тру́т|ень, -ня 1
dröhnen *intr* Donner u. a. греме́ть 3; Maschinen, Motor гуде́ть 3 | mir dröhnt der Kopf у меня́ гуди́т голова́
Drohung *f* угро́за 6
drollig заба́в|ный, -ен, смеш|но́й, -о́н, -на́
Dromedar *n* (одного́рбый) верблю́д 2, дрома́де́р 2 [ро, дэ]
Drops *m Pl* фрукто́вые леденцы́ *Pl* 2 | eine Rolle ~ тру́бочка леденцо́в
[1]**Drossel** *f Zool* дрозд 2e
[2]**Drossel** *f El, Tech* дро́ссель 1; **~klappe** *f Tech* дро́ссель 1, дро́ссельная засло́нка
drosseln *tr Tech* дроссели́ровать *uv, v* 2; Motor приглуш|а́ть ⟨-и́ть 3⟩; *übertr* Einfuhr ограни́ч|ивать ⟨-и́ть 3⟩; Produktion сокра|ща́ть ⟨-ти́ть 3 -щу́⟩
Drossel|spule *f El* дро́ссельная кату́шка; **~ung** *f Tech* приглуше́ние 5; *übertr* ограниче́ние 5
drüben *Adv* по ту сто́рону, там | hüben und ~ и здесь и там; dort ~ на той стороне́
[1]**Druck** *m* давле́ние 5; *übertr* давле́ние, нажи́м 2; Joch гнёт 2 | ein ~ von vier Atmosphären давле́ние в четы́ре атмосфе́ры; j-n unter ~ setzen ока́зывать ⟨-|каза́ть*⟩ давле́ние на кого́-н.; unter ~ handeln де́йствовать под нажи́мом
[2]**Druck** *m Typ* печа́ть 9; Drucken печа́тание 5; *Text* наби́вка 6; **~bogen** *m Typ* печа́тный лист; **~buchstabe** *m* печа́тная бу́ква
Drückeberger *m* ло́дырь 1
drucken *tr* печа́тать (на-) | ~ lassen с|дава́ть* ⟨-|да́ть*⟩ в печа́ть
drücken *tr* жать[1]*, дав|и́ть 3[+] -лю́; *übertr* nieder~ угнета́ть; umarmen обнима́ть ⟨обня́ть*⟩; sich ~ *refl* verschwinden скрыва́ться ⟨-|кры́ться*⟩ | an seine Brust ~ прижима́ть ⟨-жа́ть⟩ к груди́; die Hand ~ жать (по-) ру́ку; etw. in die Hand ~ сова́ть* ⟨су́нуть 4⟩ что-н. в ру́ку; (auf) den Knopf ~ нажима́ть ⟨-жа́ть⟩ (на) кно́пку; an die Wand ~ *a. übertr* прижима́ть ⟨-жа́ть⟩ к стене́; der Schuh drückt боти́нок жмёт; ihn ~ schwere Sorgen его́ угнета́ют тяжёлые забо́ты; den Preis ~ сбива́ть ⟨-|бить*, собью⟩ це́ну; wissen, wo j-n der Schuh drückt знать чьё-н. сла́бое ме́сто; sie drückt sich vor der Arbeit она́ отлы́нивает от рабо́ты; **~d** niederdrückend угнета́ющий 11, тя́ж|кий, -ек, -ка́!; schwül ду́ш|ный, -ен, -на́! | ≈e Hitze томи́тельная жара́
Drucker *m Typ* печа́тник 2
Drücker *m* Klinke (дверна́я) ру́чка 6 | am ~ sitzen занима́ть ⟨заня́ть*⟩ влия́тельное положе́ние, держа́ть 3[+] вожжи́ в рука́х
Druckerei *f* типогра́фия 8
Druckerschwärze *f Typ* чёрная печа́тная [типогра́фская] кра́ска 6
Druckfehler *m* опеча́тка 6
druckfertig гото́вый к печа́ти
Druck|form *f* печа́тная фо́рма; **~genehmigung** *f* разреше́ние на печа́ть; **~kabine** *f Flugw* гермети́ческая каби́на; **~knopf** *m* нажи́мная кно́пка 6; **~kosten** *Pl* типогра́фские расхо́ды; **~legung** *f* печа́тание 5; **~luft** *f* сжа́тый во́здух; **~luftbremse** *f* пневмати́ческий то́рмоз; **~maschine** *f* печа́тная маши́на; **~messer** *m* мано́метр 2; **~mittel** *n* сре́дство нажи́ма; **~muster** *n* набивно́й узо́р; **~papier** *n* печа́тная бума́га; **~punkt** *m* центр 2 давле́ния; Gewehr предупреди́тельный спуск 2; **~regler** *m* регуля́тор давле́ния
druckreif гото́вый к печа́ти
Druck|sache *f* Post бандеро́ль 9; **~schrift** *f* брошю́ра [шу] 6; *Typ* типогра́фский шрифт | in ≈ печа́тными бу́квами; **~seite** *f* печа́тная страни́ца; **~stift** *m* механи́ческий каранда́ш 2e; **~stock** *m Typ* клише́ *n idkl*; **~verband** *m Med* да́вящая 11 повя́зка; **~verbot** *n* запреще́ние печа́тать; **~verfahren** *n* спо́соб печа́тания
drum *Adv*: alles was ~ und dran hängt всё, что с э́тим свя́зано
drunter *Adv*: alles geht ~ und drüber всё идёт кувырко́м
Drusch *m* молотьба́ 6, обмоло́т 2; Ertrag умоло́т 2
Drüse *f* железа́ 6 *Pl* же́лезы, желёз, железа́м
Drüsenschwellung *f* опуха́ние желёз
Dschungel *m, n, f* джу́нгли *Pl* 9
du *Pers Pron* ты, теб|я́, -е́, -я́, тобо́й, о тебе́ | ich bin mit ihm auf ~ (und ~) я с ним на ты
Dual *m* дво́йственное число́; **~ismus** *m* дуали́зм 2
dualistisch дуалисти́ческий
Dübel *m* дю́бель 1; **~masse** *f* шпаклёвка 6
dubios сомни́тел|ьный, -ен, -ьна
Dublee[gold] *n* накладно́е зо́лото
Dublette *f* дубле́т 2
Dublin Ду́блин 2
ducken, sich *refl* пригиба́ться ⟨-гну́ться 4⟩; *übertr* покор|я́ться ⟨-и́ться 3⟩
Duckmäuser *m* тихо́н|я *umg m, f* 7 *G Pl* -ей, ханж|а́ *m, f* 6 *G Pl* -е́й
Dudelsack *m Mus* волы́нка 6
Duell *n* дуэ́ль 9 | beim ~ на дуэ́ли; zum ~ fordern вызыва́ть ⟨вы́|звать*⟩ на дуэ́ль; **~ant** *m* дуэля́нт 2

duellieren, sich *refl* дра́ться*; дра́ли́сь на дуэ́ли
Duett *n* дуэ́т 2
Duft *m* за́пах 2, арома́т 2
duft|en *intr* па́хнуть 4а *u.* 4 (nach *I*), благоуха́ть (nach *I*); **~end** души́ст:ый; **~ig** Gewebe возду́шный, лёг|кий [хк]ı -окı легк|а́ [хк]ı -о́ı легки́ *u.* лёгки; ле́гче; легча́йший 11
Dukaten *m* дука́т 2; **~gold** *n* червóнное зóлото
dulden *tr* терп|е́ть 3⁺ -лю́, переноси́ть 3⁺ -ношу́ ⟨-|нести́*⟩; zulassen терпе́ть, допуска́ть ⟨-сти́ть 3⁺ -щу́⟩; *intr* страда́ть
Dulder *m* страда́л|ецı -ьца 2
duldsam терпи́м:ый
Duld|samkeit *f* терпи́мость 9; **~ung** *f* допуще́ние 5 *G*
dumm 1. *Adj* глу́п:ыйı -а́! | ~es Zeug! ерунда́!; sich ~ stellen прики́дываться ⟨-ки́нуться 4⟩ дурачко́м; das ist eine ~e Geschichte э́то неприя́тная исто́рия; das wird mir zu ~ э́то мне надое́ло; ein ~es Gesicht machen де́лать (с-) наи́вное лицо́; ~ wie Bohnenstroh глуп как про́бка **2.** *Adv:* das konnte ~ ausgehen э́то могло́ пло́хо ко́нчиться; **~dreist** наха́л|ьныйı -енı -ьна
Dumm|heit *f* глу́пость 9 | aus ≈ по глу́пости, сду́ру *umg*; **~kopf** *m* дура́к 2е, болва́н 2 | ein ausgemachter ≈ наби́тый дура́к
Dumper *m* ду́мпкар 2
dumpf Ton глух:о́йı -а́!; глу́ше; Gefühl сму́т|ныйı -енı -на́!; Schmerz туп:о́йı -а́!; **~ig** за́тхлый
Dumping *n Wirtsch* де́мпинг [дэ] 2, бро́совый э́кспорт 2
Düne *f* дю́на 6
Dünensand *m* дю́нный песо́к
Dünge|kalk *m* и́звесть для удобре́ния; **~mittel** *n* удобре́ние 5
düngen *tr* удобря́ть ⟨-до́брить 3⟩; mit Stallmist унаво́|живать ⟨-зить 3 -жу⟩
Dünger *m* удобре́ние 5; Mist наво́з 2; Mineral~ тук 2; **~haufen** *m* наво́зная ку́ча; **~streuer** *m*, **~streumaschine** *f* тукоразбра́сыватель 1, разбра́сыватель 1 удобре́ний
Düngung *f* удобре́ние 5
dunkel тёмныйı -енı темна́ı темно́ *u.* тёмно, мра́ч|ныйı -енı -на́!; dämmerig су́мрач|ныйı -ен; verdächtig тёмный; unklar сму́т|ныйı -енı -на́!; unverständlich нея́с|ныйı -енı -на́!, непоня́т|ныйı -ен | ~ werden темне́ть (с-, по-); am Abend смерка́ться; eine dunkle Erinnerung сму́тное воспомина́ние; eine dunkle Ahnung нея́сное предчу́вствие; eine dunkle Stimme глухо́й го́лос
Dunkel *n* темнота́ 6, тьма 6 | im ~n впотьма́х; im ~ der Nacht во мра́ке но́чи; im ~n tappen бро|ди́ть 3⁺ -жу́ в потёмках *a. übertr;* j-n im ~n lassen ост|авля́ть ⟨-а́вить 3 -а́влю⟩ [держа́ть 3⁺⟩ в неве́дении
Dünkel *m* высокоме́рие 5, чва́нство 4
dunkel|äugig темноглáзый; **~blau** тёмно-си́ний 11; **~blond** тёмно--ру́сый; **~braun** тёмно-кори́чневый; **~grau** тёмно-се́рый; **~haarig** темноволо́сый
dünkelhaft высокоме́р|ныйı -ен, чва́н|ныйı -енı -на
dunkelhäutig сму́гл:ыйı -а́!, темноко́жий 11
Dunkel|heit *f* темпота́ 6; **~kammer** *f Foto* тёмная ко́мната 6; **~mann** *m* мракобе́с 2, обскура́нт 2
dunkeln *intr* темне́ть (с-, по-) | es dunkelt темне́ет, смерка́ется
dunkelrot тёмно-кра́сный
Dunkelziffer *f* да́нные *Subst Pl* 10ı не поддаю́щиеся статисти́ческому учёту
dünken *tr* каза́ться*; sich ~ *refl* счита́ть себя́ *I* | es dünkt mich [mir] мне ка́жется; er dünkt sich klug он счита́ет себя́ у́мным
dünn то́н|кийı -окı -ка́!; -ьше; dünnflüssig жи́д|кийı -окı -ка́!; жи́же; nicht dicht ре́д|кийı -окı -ка́!; ре́же | ~es Haar ре́дкие во́лосы; eine ~e Suppe жи́дкий суп; eine ~e Stimme сла́бый го́лос; **~bevölkert** малонаселённый
Dünn|darm *m* то́нкая кишка́; **~druckpapier** *n* то́нкая печа́тная бума́га
dünn|flüssig жи́д|кийı -окı -ка́!; жи́же; ~wandig тонкосте́нный
Dunst *m* Ausdünstung испаре́ние 5; Küchen~ чад 2; в чаду́; Kohlen ~ уга́р 2; Nebel ды́мка 6; | der Horizont verschwimmt im blauen ~ горизо́нт подёрнут голубо́й ды́мкой; j-m blauen ~ vormachen *umg* втира́ть ⟨-|тере́ть*⟩ кому́-н. очки́, пуска́ть ⟨пу|сти́ть 3⁺ -щу́⟩ кому́-н. пыль в глаза́; keinen blassen ~ von etw haben *umg* не име́ть ни мале́йшего представле́ния о чём-н.
dünsten *tr* Obst, Fleisch па́рить 3, туши́ть 3⁺
Dunstglocke *f* о́блако 4b ды́ма и пы́ли
dunstig Wetter насы́щенный пара́ми; qualmig, stickig ча́д|ныйı -ен, уга́рный
Dunstwolke *f* о́блако ды́мки
Dünung *f Mar* (мёртвая) зыбь 9
Duo *n* дуэ́т 2
Duplikat *n* дублика́т 2
Dur *n* мажо́р 2
Duralumin *n* дюралюми́ни|й 1 *P* -и
durch 1. *Adv:* die Nacht ~ всю ночь (напролёт); es ist zehn (Uhr) ~ (уже́) бо́льше десяти́ (часо́в); die Sohlen sind ~ подмётки проноси́лись; ~ und ~ наскво́зь; das Brot ist ~ und ~ verschimmelt хлеб соверше́нно проплесневе́л; er

ist ein Egoist ~ und ~ он большу́щий **ägoist 2.** *Präpos* räumlich по *D*; ~ die Geschäfte gehen ходи́ть по магази́нам; ~ die Luft по во́здуху; sich ~ das ganze Land verbreiten распространи́ться по всей стране́, eine Rundfahrt ~ Leipzig (авто́бусная) экску́рсия по Ле́йпцигу; ein Spaziergang ~ den Park прогу́лка по па́рку | durch hindurch че́рез *A*; ~ die Stadt [den Tunnel] fahren про|е́хать* че́рез го́род [тунне́ль]; ~ den Park (ins Museum) gehen про|йти́* че́рез парк (в музе́й) | durch etw. Dichtes hindurch сквозь *A*; ~ die Menschenmenge [Dunkelheit] сквозь толпу́ [темноту́]; ~ das Gebüsch kriechen про|ле́зть* че́рез кусты́; ein Loch ~ ein Brett [die Wand] bohren просверли́ть дыру́ в доске́ [стене́]; ~ das Fenster sehen смотре́ть в окно́; ~ die Nase sprechen говори́ть в нос | *durch eine Mittelsperson* че́рез *A*; ich habe es ~ meinen Freund erfahren я узна́л э́то че́рез моего́ дру́га | *mit Hilfe von I, bei Verbalsubstantiven meist* путём *G*, посре́дством *G*; за счёт *G*; sich ~ Zeichen verständigen объясня́ться зна́ками; sich ~ seine Kenntnisse auszeichnen выделя́ться свои́ми зна́ниями; ~ die Anwendung neuer Methoden путём [за счёт] примене́ния но́вых ме́тодов; ~ dieses Mittel с по́мощью [при по́мощи] э́того сре́дства | Ursache в результа́те *G*; die Zerstörung der Stadt ~ einen Luftangriff разруше́ние го́рода в результа́те возду́шного налёта; das Auto wurde ~ den Unfall beschädigt маши́на получи́ла поврежде́ния в результа́те ава́рии | Handlungsträger *I*; die Arbeiten werden ~ Spezialisten ausgeführt рабо́ты произво́дятся специали́стами | Naturgewalten *in Passivsätzen (unpersönliche Konstruktion) I;* das Boot wird ~ die Strömung abgetrieben ло́дку сно́сит тече́нием; das Dach wurde vom Sturm abgedeckt кры́шу снесло́ бу́рей

durch|ackern *tr* Feld пропа́хивать ⟨-|пахать*⟩; Buch основа́тельно прораб|а́тывать ⟨-о́тать⟩; ~arbeiten *tr* прораб|а́тывать ⟨-о́тать⟩; ohne Pause рабо́тать без переры́ва; sich ≈ пробира́ться ⟨-|бра́ться*⟩; -брали́сь⟩, пробива́ться ⟨-би́ться*⟩ (durch сквозь *A*) | wir arbeiten die ganze Nacht durch мы рабо́таем ночь напролёт

Durcharbeitung *f* прорабо́тка 6

durchaus *Adv* völlig совсе́м, вполне́; ganz und gar абсолю́тно; unbedingt непреме́нно | ~ nicht совсе́м не, во́все не; ohne Verb во́все нет

durch|backen *intr* пропека́ть ⟨-|пе́чь*⟩; **~beißen** *tr* переку́сывать ⟨-куси́ть 3⁺-кушу́⟩; sich ≈ *refl übertr* пробива́ться ⟨-|би́ться*⟩; **~biegen** *tr* прогиба́ть ⟨-гну́ть 4⟩; **~blasen** *tr* продува́ть ⟨-|ду́ть*⟩; **~blättern** *tr* перели́стывать ⟨-листа́ть⟩

Durchblick *m* вид 2 (auf на *A*, в просве́те ме́жду *I*)

durch|blicken *intr* смотре́ть 3⁺ (по-) (сквозь *A*) | ≈ lassen дава́ть*⟨дать*⟩ поня́ть; **~bluten** *tr* снаб|жа́ть ⟨-ди́ть 3 -жу́⟩ кро́вью, пита́ть кро́вью

Durchblutung *f* кровоснабже́ние 5

Durchblutungsstörung *f* наруше́ние 5 кровоснабже́ния

durch|bohren *tr* [ˈ---] Brett просв|е́рливать ⟨-ерли́ть 3⟩; [-ˈ--] прон|за́ть ⟨-зи́ть 3 -жу́; -зённый⟩; von Kugeln пробива́ть ⟨-|би́ть*⟩ на́сквозь | mit Blicken ≈ прон|за́ть ⟨-зи́ть⟩ взгля́дом; **~braten** *tr* прожа́р|ивать ⟨-ить 3⟩; **~brechen** *tr* [ˈ---] Öffnung пробива́ть ⟨-|би́ть*⟩; einschlagen прола́мывать ⟨-ломи́ть⟩; Mauer пробива́ть ⟨-би́ть⟩, прола́мывать ⟨-ломи́ть⟩; [-ˈ--] Regel наруша́ть ⟨-ру́шить 3⟩; Schallmauer преодол|ева́ть ⟨-е́ть⟩; *intr* [ˈ---] einbrechen прола́мываться ⟨-ломи́ться⟩; *Mil* прорыва́ться ⟨-|рва́ться*; -рвали́сь⟩; Zähne прореза́ться ⟨-|ре́заться*⟩ | die Sonne brach durch die Wolken со́лнце проби́лось сквозь ту́чи; die Front ≈ прорыва́ть ⟨-|рва́ть*⟩ фронт; **~brennen** *tr* прожига́ть ⟨-|же́чь*⟩; *intr* Feuer прогор|а́ть ⟨-еть 3⟩; *El* Sicherung перегор|а́ть ⟨-е́ть⟩; *übertr* davonlaufen удира́ть ⟨-|дра́ть*⟩; **~bringen** *tr* Kranke выле́чивать ⟨вы́лечить 3⟩, выха́живать ⟨вы́хо|дить 3 -жу⟩; Geld прома́тывать ⟨-мота́ть; **~brochen** ажу́рный

Durchbruch *m* Mauer проло́м 2 (durch сквозь *A*); Front проры́в 2 *a. Med;* Zähne проре́зывание 5

durch|denken *tr* проду́м|ывать ⟨-ать⟩; **~drängen, sich** *refl* проти́с|киваться ⟨-нуться 4⟩, прота́лкиваться ⟨-толка́ться 4⟩ *umg;* **~dringen** *tr* [-ˈ--] проника́ть ⟨-ни́кнуть 4a⟩; *intr* [ˈ---] durch und durch gehen прони́зывать ⟨-|низа́ть*⟩ z. B. Kälte, Wind, Strahlen; Schrei, Blick прон|за́ть ⟨-зи́ть 3 -жу́; -зённый⟩ *a. übertr;* Wasser проника́ть ⟨-ни́кнуть⟩ сквозь *A; Mil* дост|ига́ть ⟨-и́гнуть 4a⟩ (bis *G*) | ein Schrei durchdrang die Stille крик пронзи́л тишину́; **~dringend** Blick проница́тел|ьный, -ен, -ьна; Schrei пронзи́тел|ьный, -ен, -ьна | ≈er Wind прони́зывающий 11 ве́тер; **~drücken** *tr* прожима́ть ⟨-|жа́ть[1]*⟩; Gesetz (с трудо́м) проводи́ть 3⁺ -вожу́ ⟨-|вести́*; **~eilen** *tr* Strecke пробега́ть ⟨-~бежа́ть*⟩; Raum бы́стро проходи́ть 3⁺ -хожу́ ⟨-|йти́*⟩ по *D oder* че́рез *A;* **~einander** *Adv* впереме́шку, как попа́ло; sich gegenseitig unterbrechend наперебо́й

Durcheinander *n* беспоря́д|ок, -ка 2, неразбери́ха 6 *umg;* Gedränge сумато́ха 6
durcheinander|bringen *tr* пу́тать (с-); **~reden** *intr* говори́ть 3 перебива́я друг дру́га; **~werfen** *tr* разбр|а́сывать ⟨-оса́ть⟩ (вперемёшку); verwechseln перепу́т|ывать ⟨-ать⟩
durchfahren *tr* [-ˈ--] ein Land объезжа́ть ⟨-|е́хать*⟩, изъе́з|дить 3 -жу *v; intr* [ˈ---] проезжа́ть ⟨-е́хать⟩; nicht halten не остан|а́вливаться ⟨-ови́ться 3⁺-овлю́сь⟩ | ein Schreck durchfuhr ihn у́жас пронизал [охвати́л] его́; durch Moskau fahren проезжа́ть Москву́; unter einer Brücke ~ проезжа́ть под мосто́м
Durch|fahrt *f* прое́зд 2 | auf der ≈ прое́здом; ≈ verboten! прое́зд воспрещён!; **~fall** *m Med* поно́с 2; Mißerfolg прова́л 2 | ich habe ≈ меня́ сла́бит, у меня́ поно́с
durch|fallen *intr* прова́ливаться ⟨-вали́ться 3⁺ (durch Prüfung на экза́мене) | er ist in Mathematik durchgefallen он сре́зался по матема́тике; er hat ihn ≈ lassen он провали́л его́; **~faulen** *intr* прогнива́ть ⟨-|гни́ть*⟩; **~fechten** *tr* проводи́ть 3⁺ -вожу́ ⟨-|вести́*⟩ своё де́ло; **~feilen** *tr* перепи́ливать ⟨-пили́ть 3⁺⟩; **~finden, sich** *refl* разбира́ться ⟨разо|бра́ться*, разберу́сь, -брали́сь⟩; **~fliegen** *tr* [-ˈ--] проле|та́ть ⟨-те́ть 3 -чу́⟩; *intr* [ˈ---] проле|та́ть ⟨-те́ть⟩; *umg* Prüfung прова́ливаться ⟨-вали́ться 3⟩; **~fließen** *tr, intr* протека́ть ⟨-те́чь⟩ (че́рез *A*)
durchforschen *tr* иссле́довать *uv, v* 2
Durchforschung *f* иссле́дование 5
durch|fragen, sich *refl* находи́ть 3⁺ -хожу́ ⟨-|йти́*⟩ доро́гу путём расспро́сов; **~fressen** *tr* проеда́ть ⟨-|е́сть*⟩; durchnagen прогрыза́ть ⟨-|гры́зть*⟩; sich ≈ *refl umg* прожива́ть ⟨прожи́ть* на чужо́й счёт; **~frieren** *intr* промерза́ть ⟨-мёрзнуть 4a⟩ | ganz durchfroren совсе́м замёрзший 11; er ist ganz durch(ge)froren он совсе́м замёрз
durchführbar выполни́м:ый, осуществи́м:ый
durchführen *tr* проводи́ть 3⁺ -вожу́ ⟨-|вести́*; ausführen проводи́ть ⟨-вести́⟩ в жизнь), осуществ|ля́ть ⟨-и́ть 3 -лю́⟩ | einen Beschluß ~ выполня́ть ⟨вы́полнить 3⟩ реше́ние; Untersuchungen ~ проводи́ть иссле́дования
Durchführung *f* проведе́ние 5; осуществле́ние 5
Durchführungsbestimmung *f* инстру́кция 8 об исполне́нии; *Jur meist Pl* вво́дные постановле́ния *Pl* 5
durch|furchen *tr* бороз|ди́ть 3 -жу́ (из-); **~furcht** избoрожд|ённый, -ён, -ена́; **~füttern** *tr* прока́рмливать ⟨прокорм|и́ть 3⁺ -лю́⟩
Durchgang *m* прохо́д 2 (durch по *D*); im Zug коридо́р 2; Gebäude~ mit Geschäften пасса́ж 2 *G Pl* -ей, прохо́д; Lehrgang пото́к 2; Belegung сме́на 6; *Sport* захо́д 2 | ~ verboten! прохо́д воспреща́ется!; kein ~! прохо́д закры́т!, хо́да нет!
durchgängig сплошно́й
Durchgangs|verkehr *m* сквозно́е у́личное движе́ние; **~wagen** *m* ваго́н со сквозны́м прохо́дом; **~zimmer** *n* проходна́я ко́мната
durch|geben *tr Rad* пере|дава́ть* ⟨переда́ть*⟩; по D; **~gehen** *tr* проходи́ть 3⁺ -хожу́ ⟨-|йти́*⟩; durchsehen просм|а́тривать ⟨-отре́ть 3⁺⟩; sorgfältig prüfen проверя́ть ⟨-ве́рить 3 -ве́рю⟩; *intr* Antrag пройти́ *v,* быть* при́нятым; Pferd по|нести́* *v* | der Tisch geht hier nicht durch стол здесь не пройдёт; der Antrag ist durchgegangen предложе́ние прошло́ [бы́ло при́нято]; man läßt ihm alles ≈ ему́ всё пропуска́ют; **~gehend:** ein ≈er Zug по́езд прямо́го сообще́ния; das Geschäft ist ≈ geöffnet магази́н рабо́тает без переры́ва; **~geistigt** одухотворён:ный, -на; **~gießen** *tr* лить* че́рез *A;* **~glühen** *tr* [ˈ---] Eisen прока́ливать ⟨-кали́ть 3⟩; *intr* [ˈ---] glühend sein прогор|а́ть ⟨-е́ть 3⟩; **~greifen** *intr* принима́ть ⟨приня́ть*⟩ реши́тельные ме́ры; **~halten** *intr* выде́рживать ⟨вы́держать 3⟩ до конца́; **~hauen** *tr* Öffnung проруб|а́ть ⟨-и́ть 3⁺ -лю́⟩; Stange переруб|а́ть ⟨-и́ть⟩; mit dem Beil просека́ть ⟨-|се́чь*⟩; verprügeln коло|ти́ть 3⁺ -чу́ (по-); **~hecheln** *tr* Flachs прочёсывать ⟨-|чеса́ть*⟩; *übertr* перемыва́ть ⟨-|мы́ть*⟩ ко́сточки *D;* **~irren** *tr* блужда́ть по *D;* **~jagen** *tr* [ˈ---] прогоня́ть ⟨-|гна́ть*⟩; [-ˈ--] промча́ться *v* 3 че́рез *A; intr* [ˈ---] промча́ться по *D;* **~kämmen** *tr* прочёсывать ⟨-|чеса́ть*⟩ *a. Mil;* **~kämpfen, sich** *refl* пробива́ться ⟨-|би́ться*⟩ с бо́ем; **~kauen** *tr* прожёвывать ⟨-|жева́ть*⟩ *a. übertr;* **~kneten** *tr* Teig проме́шивать ⟨-меси́ть 3⁺ -мешу́⟩; bei der Massage масси́ровать *uv, v* 2
~kommen *intr* zu Fuß проходи́ть 3⁺ -хожу́ ⟨-|йти́*⟩; fahrend проезжа́ть ⟨-|е́хать*⟩; *übertr* sich durchschlagen пробива́ться ⟨-|би́ться*⟩ | hier ist nicht durchzukommen здесь прохо́да [прое́зда] нет; *übertr* тут не пробьёшься; **~kosten** *tr* перепро́бовать *v* 2; **~kreuzen** *tr* [ˈ---] перечёркивать ⟨-черкну́ть 4⟩ крест-на́крест; [-ˈ--] Meer пересека́ть ⟨-|се́чь*⟩; Pläne срыва́ть ⟨со|рва́ть*; **~kriechen** *intr* пролеза́ть ⟨-|ле́зть*, прополза́ть ⟨-|ползти́*⟩
Durchlaß *m* у́зкий прохо́д 2 (durch по *D*); *Tech* про́пуск 2
durch|lassen *tr* пропу|ска́ть ⟨-сти́ть 3⁺ -щу́⟩; **~lässig** проница́ем:ый; **~laufen** *tr* [ˈ---] Schuhe прота́птывать ⟨-|топта́ть*⟩,

изна́шивать ⟨-носи́ть 3⁺ -ношу́⟩; [-ˈ--] пробега́ть ⟨-|бежа́ть*⟩ *A oder* по *D;* Schule проходи́ть 3⁺ -хожу́ ⟨-|йти́*⟩; *intr* [ˈ---] Flüssigkeit протека́ть ⟨-|те́чь*⟩
Durchlauferhitzer *m* прото́чный нагрева́тель 1; für Gas га́зовая коло́нка 6
durch|leben *tr* пережива́ть ⟨пережи́ть*; **~lesen** *tr* прочи́тывать ⟨-чита́ть⟩; **~leuchten** *tr Med* просв|е́чивать ⟨-ети́ть 3⁺ -ечу́⟩ | sich ≈ lassen просв|е́чиваться ⟨-ети́ться⟩
Durchleuchtung *f Med* просве́чивание 5
durch|liegen, sich *refl* налёживать ⟨-лежа́ть 3⟩ про́лежни; **~löchern** *tr* продыря́в|ливать ⟨-ить 3 -лю⟩ *umg;* wie ein Sieb изреш|е́чивать ⟨-ети́ть 3 -ечу́, -ечённый *u.* -е́ченный⟩; **~löchert** в ды́рах, дыря́в:ый; **~lüften** *tr* прове́тр|ивать ⟨-ить 3⟩, вентили́ровать 2 (про-); **~machen** *tr* пережива́ть ⟨пережи́ть*⟩ | sie hat viel ≈ müssen ей пришло́сь мно́гое испыта́ть; eine Krankheit ≈ перенести́ боле́знь
Durchmarsch *m Mil* прохожде́ние 5 (войск)
durch|marschieren *intr* проходи́ть 3⁺ -хожу́ ⟨-|йти́*⟩ (durch че́рез *A*); **~messen** *tr* [-ˈ--] обхо|ди́ть 3⁺ -жу́ ⟨обо|йти́*⟩; [ˈ---] вымеря́ть ⟨вы́мерить 3⟩, обме́р|ивать ⟨-ить⟩
Durchmesser *m* диа́метр 2 | fünf Meter im ~ пять ме́тров в диа́метре
durch|mustern *tr* просм|а́тривать ⟨-отре́ть 3⁺⟩; **~nagen** *tr* прогрыза́ть ⟨-|гры́зть*⟩; **~nässen** *tr* прома́чивать ⟨-мочи́ть 3⁺⟩; **~näßt** промо́кший 11 (von от *G*) | ≈ werden промока́ть ⟨-мо́кнуть 4a⟩ наскво́зь; **~nehmen** *tr* проходи́ть 3⁺ -хожу́ ⟨-|йти́*⟩, прораб|а́тывать ⟨-о́тать⟩; **~numerieren** *tr* пронумер|о́вывать ⟨-ова́ть 2⟩; **~pausen** *tr* кальки́ровать 2 (с-), переводи́ть 3⁺ -вожу́ ⟨-|вести́*⟩ на ка́льку; **~peitschen** *tr* отхлёстывать ⟨-|хлеста́ть*⟩ | eine Gesetzesvorlage im Parlament ≈ протащи́ть *v* 3⁺ законопрое́кт в парла́менте; **~probieren** *tr* перепро́бовать *v* 2; **~prügeln** *tr* исколо|ти́ть *v* 3⁺ -чу́ *umg;* **~queren** *tr* пересека́ть ⟨-|се́чь*⟩
Durchquerung *f* пересече́ние 5
durch|rechnen *tr* де́лать (с-) расчёт; **~regnen** *intr:* es regnet durch дождь прохо́дит [проника́ет] (сквозь кры́шу); **~reiben** *tr* протира́ть ⟨-|тере́ть*⟩ че́рез *A*
Durchreise *f* прое́зд 2 (durch по *D*) | auf der ~ прое́здом
durchreisen *tr* [-ˈ--] изъе́з|дить *v* 3 -жу; *intr* [ˈ---] проезжа́ть ⟨-е́хать*⟩ (durch по *D*)
Durch|reisender *m* прое́зжий *Subst* 11; **~reisevisum** *n* транзи́тная ви́за
durch|reißen *tr* перерыва́ть ⟨-|рва́ть*⟩; *intr* перерыва́ться ⟨-рва́ться, -рвали́сь⟩; **~reiten** *tr* [-ˈ--] объ|езжа́ть ⟨-|е́хать*⟩ (верхо́м); *intr* [ˈ---] проезжа́ть ⟨-|е́хать⟩ (верхо́м) | die Hosen ≈ про|тере́ть* *v* брю́ки (от ча́стой верхово́й езды́); **~rosten** *intr* проржа́веть *v;* **~rühren** *tr* раз-, переме́шивать ⟨-меша́ть⟩; **~rutschen** *intr* проска́льзывать ⟨-скользну́ть 4⟩ *a. übertr;* **~rütteln** *tr* перетря́хивать ⟨-|трясти́*⟩, трясти́
Durchsage *f* сообще́ние 5 (über по D)
durch|sagen *tr Rad* пере|дава́ть* ⟨переда́ть*⟩ a. von Mann zu Mann; **~sägen** *tr* распи́ливать ⟨-пили́ть 3⁺⟩; **~schauen** tr [-ˈ--] раску|си́ть *v* 3⁺ -шу́, ви́|деть 3 -жу наскво́зь; **~scheinen** *intr* просв|е́чивать ⟨-ети́ть 3⁺⟩; **~scheuern** *tr* Haut стира́ть ⟨-|тере́ть*⟩; Stoff протира́ть ⟨-тере́ть⟩; **~schießen** *tr* [-ˈ--] простр|е́ливать ⟨-ели́ть 3⁺⟩ | Zeilen ≈ *Typ* разбива́ть ⟨-|би́ть*, -обью́⟩ на шпо́ны; mit leeren Seiten ~ вставля́ть ⟨вста́в|ить 3 -лю⟩ чи́стые листы́⟩; **~schimmern** *intr* (сла́бо) просве́чивать; **~schlafen** *tr* про-|спа́ть* *v*
Durchschlag *m* Sieb дуршла́г 2; Kopie (машинопи́сная) ко́пия 8; *Tech* пробо́йник 2 | mit ~ schreiben писа́ть под копи́рку
durchschlagen *tr* перебива́ть ⟨-|би́ть*⟩; durch ein Sieb пропу|ска́ть ⟨-сти́ть 3 -щу́⟩; *intr* Essen сла́бить 3 (про-); sich ~ *refl* kümmerlich перебива́ться ⟨-би́ться⟩; **~d** Wirkung реша́ющий 11; Erfolg потряса́ющий 11
Durch|schlagpapier *n* копирова́льная бума́га; **~schlagskraft** *f* пробивна́я си́ла
durch|schleichen, sich *refl* прокра́дываться ⟨-|кра́сться*⟩; **~schleppen** *tr* прота́скивать ⟨-тащи́ть 3⁺⟩; **~schleusen** *tr Tech* пропу|ска́ть ⟨-сти́ть 3⁺ -щу́⟩ че́рез шлюз; *übertr* пропу|ска́ть ⟨-сти́ть⟩; **~schlüpfen** *intr* проск|а́льзывать ⟨-ользну́ть 4⟩; **~schneiden** *tr* [ˈ---] пере-, разреза́ть ⟨-|ре́зать*⟩; [-ˈ--] *übertr* пересека́ть ⟨-|се́чь*⟩
Durchschnitt *m* Aufriß разре́з 2; Mittelwert сре́днее *Subst* 11, сре́днее чис|ло́ 4c *G Pl* -ел | im ~ в сре́днем; über [unter] dem ~ вы́ше [ни́же] сре́днего
durchschnittlich **1.** *Adj* сре́дний 11 **2.** *Adv* в сре́днем
Durchschnitts|alter *n* сре́дний 11 во́зраст; **~geschwindigkeit** *f* сре́дняя 11 ско́рость; **~leistung** *f Tech* сре́дняя 11 произво́дительность; eines Arbeiters сре́дняя вы́работка 6; eines Schülers сре́дняя успева́емость 9; **~mensch** *m* зауря́дный челове́к; **~wert** *m* сре́дняя величина́ 6; **~zahl** *f* сре́днее 11 число́; **~zensur** *f* сре́дняя 11 отме́тка
Durchschreibe|block *m* блокно́т, проло́-

женный копировáльной бумáгой; ~**buchführung** *f* копиручётная бухгалтéрия; ~**verfahren** *n* копиручётная систéма 6

durchschreiten *tr* проходи́ть 3⁺ -хожу́ ⟨-|йти́*⟩ чéрез *A*

Durch|schrift *f* кóпия 8; ~**schuß** *m Typ* шпон 2; Verwundung ранéние 5 навы́лет | er hat einen ≈ он рáнен навы́лет

durch|schütteln *tr* перетря́хивать ⟨-|трясти́*⟩; Flüssigkeit взбáлтывать ⟨-болтáть⟩ | ich bin ganz durchgeschüttelt vom Fahren меня́ растрясло́; ~**schwimmen** *tr* [-'--] переплывáть ⟨-|плы́ть*⟩; *intr* ['---] проплывáть ⟨-плы́ть⟩; ~**sehen** *tr* просм|áтривать ⟨-отрéть 3⁺⟩; Hefte проверя́ть ⟨-вéрить 3⟩; nochmals пересм|áтривать ⟨-отрéть⟩; flüchtig пробегáть ⟨-|бежáть*⟩, прогл|я́дывать ⟨-ядéть 3 -яжу́⟩; | ich sehe da nicht mehr durch я тут бóльше ничегó не понимáю; ~**seihen** *tr* процéживать ⟨-цеди́ть 3⁺ -цежу́⟩; ~**setzen** *tr* ['---] Meinung добивáться ⟨-|би́ться*⟩ *G;* Gesetz проводи́ть 3⁺ -вожу́ ⟨-|вести́*; [-'--] насыщáть ⟨-сы́тить⟩ (mit *I*); sich ≈ *refl* Anerkennung erlangen добивáться признáния; Ideen пробивáть ⟨-|би́ть*⟩ себé дорóгу | seinen Willen ≈ настоя́ть *v* 3 на своём

Durchsicht *f* просмóтр 2; Überprüfung провéрка 6 | technische ~ техни́ческий осмóтр 2, техосмóтр 2

durchsichtig прозрáч|ный, -ен *a. übertr* | seine Absicht war ~ егó намéрение бы́ло очеви́дно

Durchsichtigkeit *f* прозрáчность 9

durch|sickern *intr* просáчиваться ⟨-сочи́ться 3⟩ | von dieser Sache ist schon viel durchgesickert об э́том ужé мнóгое стáло извéстно; ~**sieben** *tr* просé|ивать ⟨-ять, -ю, -ешь⟩; ~**sitzen** *tr* проси́живать ⟨-сидéть 3 -сижу́⟩; ~**sprechen** tr (подрóбно) обсу|ждáть ⟨-ди́ть 3⁺ -жу́; -ждённый⟩; ~**starten** *intr Flugw* прерывáть ⟨-|рвáть*⟩ посáдку; ~**stechen** *tr* ['---] протывáть ⟨-ткну́ть 4⟩; [-'--] Damm прорыв129ать ⟨-|ры́ть*⟩; ~**stecken** *tr* просóвывать ⟨-су́нуть 4⟩

Durchstich *m* Landenge проры́тие 5; *Med* прободéние 5

durch|stöbern *tr* обшáр|ивать ⟨-ить 3⟩, перерывáть ⟨-|ры́ть*⟩; ~**stoßen** *tr* ['---] протáлкивать ⟨-толкну́ть 4⟩, пробивáть ⟨-|би́ть*⟩; [-'--] mit dem Dolch прон|зáть ⟨-зи́ть 3 -жу́; -зённый⟩; *intr* ['---] *Mil* прорывáться ⟨-|рвáться*⟩; ~**streichen** *tr* за-, перечёркивать ⟨-черкну́ть 4; -чёркнутый⟩; ~**streifen** *tr* исхо|ди́ть 3⁺ *v* -жу́, исколе|си́ть 3 *v* -шу́; ~**suchen** *tr* обы́скивать ⟨-|ыскáть*⟩

Durch|suchung *f* óбыск 2; ~**suchungsbefehl** *m* óрдер 2b на óбыск

durch|tanzen *tr* протанцевáть *v* 2; ~**trainiert** натрениро́ванный; ~**tränken** *tr* пропи́тывать ⟨-питáть⟩; ~**trieben** хи́т|рый, -ёр, -рá!, продувнóй *umg;* ~**wachen** *tr:* eine Nacht ≈ не спать* [бóдрствовать 2] всю ночь; ~**wachsen 1.** *intr* ['---] прорастáть ⟨-|расти́*⟩ (durch сквозь *A*) **2.** *Adj* [-'--]: ≈es Fleisch мя́со, прорóсшее жи́ром; ~**wandern** *tr* [-'--] Gegend исхо|ди́ть *v* 3⁺ -жу́ *A;* bestimmtes Gebiet проходи́ть ⟨-|йти́*⟩; ~**wärmen** *tr* прогревáть ⟨-грéть⟩; ~**waten** *tr* переходи́ть 3⁺ -хожу́ ⟨-|йти́*⟩ вброд; ~**weg** *Adv* völlig сплошь; überall вездé, повсю́ду; immer всегдá; ~**wirken** *tr* про|-ткáть* *v* (mit *I*); ~**wühlen** *tr* перерывáть ⟨-|ры́ть*; ~**zählen** *tr* пересч|и́тывать ⟨-итáть⟩; ~**zeichnen** *tr* прорис|óвывать ⟨-овáть 2⟩; ~**ziehen** *tr* ['---] durch eine Öffnung продевáть ⟨-|дéть*⟩, продёр|гивать ⟨-нуть 4⟩; *intr* проходи́ть 3⁺ -хожу́ ⟨-|йти́*⟩; [-'--] fahrend проезжáть ⟨-|éхать*; durchfurchen борозд|ди́ть 3 -жу́ (из-) | sich wie ein roter Faden durch etw. ziehen проходи́ть крáсной ни́тью чéрез что-н.

Durchzug *m* прохóд 2; Zugluft сквозня́к 2e | ~ machen устр|áивать ⟨-óить 3⟩ сквозня́к

durchzwängen, sich *refl* проти́ск|иваться ⟨-аться⟩ *umg*

dürfen *intr:* Erlaubnis haben man darf мóжно *Inf*); darf ich bleiben? мóжно (ли) мне остáться?; sie durfte nicht ins Theater gehen ей не разреши́ли пойти́ в теáтр | Gebot man darf nicht нельзя́; das durfte nicht geschehen э́то не должнó бы́ло случи́ться | können мочь; Sie ~ unbesorgt sein мóжете не беспокóиться | Annahme das dürfte klar sein э́то навéрно(е) я́сно; er dürfte sich geirrt haben мне кáжется, что он оши́бся; darf ich bitten zum Tanz разреши́те

dürftig ску́д|ный, -ен, -нá!, бéдный, -ен, -нá, -но, бéдны́

Dürftigkeit *f* ску́дость 9, бéдность 9

dürr trocken сух:óй, -á!, су́ше; mager тóщ:ий 11 -á, -e a. Boden, худ:óй, -á!, худée

Dürre *f* зáсуха 6

Durst *m* жáжда 6 *a. übertr* (nach *G*) | ich habe (großen) ~ мне (óчень) хóчется пить; den ~ löschen утол|я́ть ⟨-и́ть 3⟩ жáжду

dürsten *tr:* mich dürstet мне хóчется пить; *intr übertr* жáждать* (nach *G*)

durst|ig: ≈ sein хотéть* пить; ~**löschend** утоля́ющий 11 жáжду

Dusche *f* душ 2 *G Pl* -ей | er hat eine kalte ~ bekommen *übertr* на негó (как) бу́дто вы́лили ушáт холóдной воды́

duschen *intr u.* sich ~ *refl* принимáть

⟨приня́ть* ⟩ душ, мы́ться* (по-) под ду́шем
Dusch|kabine *f* душева́я каби́на; **~raum** *m* душева́я *Subst* 10
Düse *f Tech* соп|ло́ 4c *G Pl* -ел *u.* сопл; Vergaser жиклёр 2, форсу́нка 6 a. in Dampfmaschinen
Dusel *m* Rausch хмель 1; Glück сча́стье 5
duseln *intr* дрема́ть*
Düsen|antrieb *m Tech* реакти́вный дви́гатель 1; **~flugzeug** *n* реакти́вный самолёт; **~jäger** *m* реакти́вный истреби́тель; **~triebwerk** *n* реакти́вный дви́гатель; **~verkehrsflugzeug** *n* пассажи́рский-реакти́вный самолёт
Düsseldorf Дю́ссельдорф 2
düster мра́ч|ный, -ен, -на́!; *übertr* угрю́м:ый, тём|ный, -ен, -на́
Dutzend *n* дю́жина 6 | ein halbes ~ полдю́жины; ~e von Menschen деся́тки *Pl* 2 люде́й
dutzendweise *Adv* дю́жинами; *übertr* деся́тками
dutzen *tr* обраща́ться к кому́-н. на ты, ты́кать *A;* sich ~ *refl* быть* на ты | wir ~ uns мы на ты
Duzfreund *m:* wir sind ~e мы на ты
Dyn *n Phys* ди́на 6
Dynamik *f* дина́мика 6
dynamisch динами́ческий; Entwicklung динами́ч|ный, -ен
Dynamit *n* динами́т 2
Dynamo *m,* **~maschine** *f* дина́мо-маши́на 6, дина́мо *n idkl;* **~meter** *n Phys* динамо́метр 2
Dynastie *f* дина́стия 8
dynastisch династи́ческий
Dys|enterie *f Med* дизентери́я 8; **~trophie** *f Med* дистрофи́я 8
D-Zug *m* ско́рый по́езд

E

e, E *n Mus* ми *n idkl*
Eau de Cologne *n, f* одеколо́н 2
Ebbe *f* отли́в 2 | ~ und Flut отли́в и прили́в; in der Kasse ist ~ *übertr* ка́сса пуста́
eben 1. *Adj* ро́в|ный, -ен, -на́!; *Math* пло́с|кий, -ок, -ка́!; пло́ще; glatt гла́д|кий, -ок, -ка́! | das ~e Land равни́на 6 **2.** *Adv:* ~ erst то́лько что; ~ das и́менно э́то; ~ noch mit Mühe е́ле; gerade ~ как раз; на ~! то-то!; das ist es (ja) ~! в то́м-то и де́ло!, вот и́менно!; das ist ~ das Schlimme в то́м-то и беда́; er ist ~ ein Faulpelz он (ведь) лентя́й, э́того отрица́ть нельзя́
Ebenbild *n* портре́т 2 | er ist das ~ seines Vaters он вы́литый оте́ц
eben|bürtig ра́в|ный, -ен, -на́; **~da** *Adv* тут же, там же; **~daher** *Adv* и́менно поэ́тому; **~derselbe** *Pron* тот же (са́мый); **~deshalb** *Adv* и́менно поэ́тому
Ebene *f Geogr* равни́на 6; *Math* пло́скость 9g | in der ~ на равни́не; schiefe ~ накло́нная пло́скость *a. übertr;* Konferenz auf höchster ~ конфере́нция на вы́сшем у́ровне
eben|erdig одноэта́жный; **~falls** *Adv* та́кже, то́же
Eben|holz *n* эбе́новое [чёрное] де́рево; **~maß** *n* соразме́рность 9
ebenmäßig соразме́р|ный, -ен
ebenso *Adv* так же, таки́м же о́бразом | er ist ein ~ guter Mensch wie sie он тако́й же хоро́ший челове́к, как и она́; **~gut** *Adv* так же хорошо́, с таки́м же успе́хом; **~lange** *Adv* так же до́лго; **~oft** *Adv* так же ча́сто; **~viel** *Adv* сто́лько же; **~wenig** *Adv* так же ма́ло
Eber *m* каба́н 2e, хряк 2e; kastrierter бо́ров 2g; **~esche** *f* ряби́на 6
ebnen *tr* выра́внивать ⟨вы́ровнять⟩; planieren плани́ровать 2 | j-m den Weg ~ облегч|а́ть ⟨-и́ть 3⟩ кому́-н. путь, прокла́дывать ⟨-ложи́ть 3⁺⟩ кому́-н. путь [доро́гу]
Echo *n* э́хо 4; *übertr* о́тклик 2 | ein lebhaftes ~ живо́й о́тклик; **~lot** *n* эхоло́т 2
Echse *f* я́щерица 6
echt настоя́щий 11, по́длин|ный, -ен, -на; unverfälscht неподде́л|ный, -ен, -ьна | ~es Gold чи́стое зо́лото; ~e Farbe про́чная [нелиня́ющая 11] кра́ска
Echtheit *f* Urkunde по́длинность 9; неподде́льность 9; Farbe про́чность 9
Eckball *m Sport* углово́й уда́р 2
Ecke *f* у́г|ол, -ла́ 2e; на, в углу́, *Math* в угле́; versteckter Winkel im Haus u. ä. закоу́л|ок, -ка 2 | an der ~ на углу́; er wohnt um die ~ он живёт за угло́м; um die ~ biegen завёртывать ⟨-верну́ть 4⟩ за́ угол; an allen ~n und Enden везде́ и повсю́ду; j-n um die ~ bringen *umg* у|би́ть* *v* кого́-н.
Eck|fahne *f Sport* углово́й флаг; **~haus** *n* углово́й дом
eckig углова́т:ый *a. übertr,* с угла́ми
Eck|pfeiler *m Arch* углова́я пиля́стра 6; Brücke углово́й усто́й; **~stein** *m* углово́й ка́мень; Prellstein ка́менная ту́мба 6; **~stoß** *m Sport* углово́й уда́р; **~zahn** *m* глазно́й зуб; bei Tieren клык 2e; **~zimmer** *n* углова́я ко́мната
edel благоро́д|ный, -ен
Edel|gas *n* благоро́дный газ; **~hirsch** *m* благоро́дный оле́нь; **~holz** *n* древеси́на 6 це́нных поро́д; **~kastanie** *f* благоро́дный кашта́н; **~mann** *m* двор|яни́н 2

Pl -я́не| -я́н; **~marder** *m* лесна́я куни́ца; **~metall** *n* благоро́дный мета́лл; **~mut** *m* благоро́дство 4, великоду́шие 5
edelmütig благоро́д|ный| -ен, великоду́ш|ный| -ен
Edel|obst *n* высокосо́ртные фру́кты; **~reis** *n Bot* приво́й 1; **~stahl** *m* высокока́чественная [высокосо́ртная] сталь; **~stein** *m* драгоце́нный ка́мень; **~tanne** *f* бе́лая пи́хта; **~weiß** *n Bot* эдельве́йс 2; **~wild** *n* кра́сная дичь
Edikt *n* эди́кт 2, ука́з 2
Edition *f* изда́ние 5
EDV электро́нная обрабо́тка 6 да́нных
Efeu *m* плющ 2е
Effekt *m* эффе́кт 2 *a. Phys;* ~en *Pl Fin* це́нные бума́ги *Pl 6,* фо́нды *Pl* 2; **~hascherei** *f* пого́ня 7 за эффе́ктом
effektiv 1. *Adj* эффекти́в|ный| -ен **2.** *Adv* действи́тельно, на са́мом де́ле | ~e Leistung *Tech* эффекти́вная мо́щность
Effektivität *f* эффекти́вность 9
effektvoll эффе́кт|ный| -ен
egal *Adv:* das ist mir ganz ~ мне всё равно́ [безразли́чно]
Egel *m Zool* пия́вка 6
Egge *f* борона́ 6а
eggen *tr* борони́ть 3 (вз-), боронова́ть 2 (вз-)
Egois|mus *m* эгои́зм 2; **~t** *m* эгои́ст 2
ego|istisch эгоисти́ческий, эгоисти́чный| -ен; **~zentrisch** эгоцентри́ческий
ehe *Konj* пре́жде чем, пока́ не
Ehe *f* брак 2, супру́жество 4 | die ~ schließen вступ|а́ть (-и́ть 3⁺ -лю́) в брак; aus erster ~ от пе́рвого бра́ка; **~beratung** *f* консульта́ция 8 по вопро́сам бра́ка; **~bett** *n* супру́жеское ло́же 4; **~bruch** *m* наруше́ние супру́жеской ве́рности
ehedem *Adv* когда́-то, пре́жде
Ehe|frau *f* супру́га 6, жена́ 6с *Pl* жёны| жён; **~leute** *Pl* супру́ги *Pl* 2
ehelich бра́чный | ~es Kind ребёнок| роди́вшийся 11 в (зако́нном) бра́ке
Ehelosigkeit *f* безбра́чие 5
ehe|malig пре́жний 11, бы́вший 11; **~mals** *Adv* ра́ньше, не́когда
Ehe|mann *m* супру́г 2, муж 2 *Pl* -ья, -е́й, -ья́м; **~paar** *n* супру́ги *Pl* 2, супру́жеская чета́ | kinderloses ≈ безде́тные супру́ги
eher *Adv* früher ра́ньше; lieber скоре́е | je ~, desto besser чем ра́ньше| тем лу́чше; das ist ~ möglich э́то скоре́е возмо́жно
ehern: ein ~es Gesetz желе́зный зако́н
Ehe|scheidung *f* расторже́ние 5 бра́ка, разво́д 2; **~scheidungsprozeß** *m* бракоразво́дный проце́сс; **~schließung** *f* бракосочета́ние 5; **~stand** *m* супру́жество 4, брак 2; **~vermittlung** *f* посре́дничество в подыска́нии супру́га

ehrbar почте́н|ный| -ен| -на
Ehrbarkeit *f* почте́нность 9
Ehre *f* честь 9| в чести́; Hochachtung почёт 2 | aller ~n wert досто́йный вы́сшей похвалы́; in ~n с че́стью; auf ~! че́стное сло́во!; j-n in ~n halten почита́ть кого́-н.; etw. in ~halten цени́ть 3⁺ что-н.; damit kann man keine ~ einlegen э́то не де́лает че́сти; j-m zu ~n в честь кого́--н.; die letzte ~ erweisen отда́ть* после́дний долг; militärische ~n erweisen ока́зывать (-каза́ть) во́инские по́чести; er fühlte sich in seiner ~ gekränkt его́ честь заде́та
ehren *tr* уважа́ть, почита́ть; *poet* чтить*; feierlich че́ствовать 2
Ehrenamt *n* почётная до́лжность
ehrenamtlich 1. *Adj:* ~e Arbeit почётная obще́ственная рабо́та; ~er Helfer доброво́льный помо́щник **2.** *Adv* на обще́ственных нача́лах
Ehren|bezeigung *f Mil* отда́ние 5 че́сти; **~bürger** *m* почётный граждани́н; **~dienst** *m* почётная слу́жба; **~doktor** *m* почётный до́ктор; **~gast** *m* почёт|ный гость; **~geleit** *n* почётный эско́рт
ehren|haft че́ст|ный| -ен| -на́!, почте́нный| -ен| -на; **~halber** *Adv:* Doktor ≈ почётный до́ктор, до́ктор honoris causa
Ehren|karte *f* пригласи́тельный биле́т; **~kompanie** *f* почётный карау́л 2 | die ≈ abschreiten обхо|ди́ть 3⁺ -жу́ (обо|йти́*) почётный карау́л; **~loge** *f* почётная ло́жа; **~mal** *n* па́мятник 2 (в честь како́го-н. собы́тия); für Gefallene па́мятник поги́бшим во́инам; **~mann** *m* челове́к че́сти; **~mitglied** *n* почётный член; **~pflicht** *f* долг че́сти; **~platz** *m* почётное ме́сто; **~präsident** *m* почётный председа́тель; **~präsidium** *n* почётный прези́диум; **~recht** *n*: Verlust der bürgerlichen ≈e пораже́ние 5 в гражда́нских права́х; **~runde** *f Sport* круг почёта; **~sache** *f* вопро́с 2 [де́ло] че́сти; **~tafel** *f* доска́ почёта; **~tag** *m* торже́ственный день; **~titel** *m* почётное зва́ние; **~tribüne** *f* трибу́на для почётных госте́й; **~urkunde** *f* почётная гра́мота
ehrenvoll 1. *Adj* почётный **2.** *Adv* с че́стью
Ehrenwache *f* почётный карау́л
ehrenwert почте́н|ный| -ен| -на
Ehren|wort *n* че́стное сло́во | auf ≈ на че́стное сло́во; **~zeichen** *n* знак отли́чия, знак почёта
ehrerbietig почти́тел|ьный| -ен| -ьна
Ehr|erbietung *f* почте́ние 5; **~furcht** *f* глубо́кое уваже́ние 5 (vor к *D*), почте́ние 5 (vor к *D*)
ehrfürchtig, ehrfurchtsvoll 1. *Adj* благогове́|йный| -ен| -йна **2.** *Adv* с глубо́ким уваже́нием [почте́нием]

Ehr|gefühl *n* самолю́бие 5, чу́вство че́сти | j-s ≈ verletzen оскорб|ля́ть ⟨-и́ть⟩ чьё-н. самолю́бие; **~geiz** *m* честолю́бие 5
ehr|geizig честолюби́в:ый; **~lich** че́ст|ный, -ен, -на́! | ≈ währt am längsten че́стно живёшь – до́льше проживёшь
Ehrlichkeit *f* че́стность 9
ehrlos бесче́ст|ный, -ен
Ehrlosigkeit *f* бесче́стность 9
Ehrung *f* оказа́ние 5 по́честей, че́ствование 5
ehrwürdig почте́н|ный, -ен, -на
ei! *Interj* Verwunderung ах!
Ei *n* яйцо́ 4c *G Pl* яиц | hartes ~ яйцо́ вкруту́ю; weiches ~ яйцо́ всмя́тку; das ~ des Kolumbus Колу́мбово 13 яйцо́; aus dem ~ kriechen вылу́пливаться ⟨вы́лупиться 3⟩ из яйца́; ~er legen нести́сь; wie aus dem ~ gepellt оде́тый с иго́лочки; sie gleichen einander wie ein ~ dem anderen они́ похо́жи друг на дру́га как две ка́пли воды́; kümmere dich nicht um ungelegte ~er! не лома́й себе́ го́лову ра́ньше вре́мени!
Eibe *f* тис 2
Eibisch *m* алте́й 1
Eichamt *n* проби́рная пала́та 6, пала́та мер и весо́в
Eiche *f* дуб 2b; в, на ду́бе *u.* в, на дубу́
Eichel *f Anat, Bot* жёлудь 1g *G Pl* желуде́й; Spielkarte тре́фы *Pl* 6; **~häher** *m* со́йка 6 *G Pl* со́ек
[1]**eichen** *Adj* дубо́вый
[2]**eichen** *tr* Maße und Gewichte prüfen проверя́ть ⟨-ве́рить 3⟩; als geprüft kennzeichnen клейм|и́ть 3 -лю́ (за-); *Tech* калиброва́ть 2
Eichen|holz *n* дубо́вый лес, дуб 2b; **~wald** *m* дубо́вый лес, дубня́к 2e
Eich|hörnchen *n* бе́лка 6; **~maß** *n* этало́н 2; **~stempel** *m* клеймо́ 4c; **~ung** *f* Maße эталони́рование 5; *Tech* калибро́вка 6
Eid *m* кля́тва 6; bes. offiziell прися́га 6 | unter ~ под прися́гой; an ~es Statt взаме́н прися́ги; einen ~ brechen наруша́ть ⟨-ру́шить 3⟩ прися́гу; einen ~ leisten приноси́ть 3⁺ -ношу́ ⟨-нести́*⟩ прися́гу, присяг|а́ть ⟨-ну́ть 4⟩; **~bruch** *m* клятвопреступле́ние 5
eidbrüchig нару́шивший 11 кля́тву [прися́гу]
Eidechse *f* я́щерица 6
Eider|daunen *f Pl* гага́чий 12 пух; **~ente** *f* га́га 6
Eides|formel *f* текст 2 прися́ги; **~leistung** *f* принесе́ние 5 прися́ги
eidesstattlich равноси́льный прися́ге | ~e Erklärung заявле́ние 5, равноси́льное да́нному под прися́гой
eidlich **1.** *Adj* кля́твенный **2.** *Adv* под прися́гой
Eidotter *m, n* (яи́чный) желто́к
Eier|becher *m* рю́мка 6 для яи́ц; **~brikett** *n* брике́т яйцеви́дной фо́рмы; **~kuchen** *m* бли́нчик 2; **~likör** *m* яи́чный ликёр; **~löffel** *m* ло́жечка (для яйца́); **~pflaume** *f* (кру́пная) сли́ва; **~schale** f яи́чная скорлупа́; **~speise** *f* яи́чное блю́до; **~stock** *m Anat* яи́чник 2; **~uhr** *f* песо́чные часы́
Eifer *m* усе́рдие 5, рве́ние 5; Feuer~ пыл 2, в пылу́ | im ~ des Gefechts в пылу́ сраже́ния, *übertr* в поле́мике, в пылу́ спо́ра; blinder ~ слепо́е усе́рдие; sein ~ erlahmt его́ рве́ние ослабева́ет
eifern *intr* реши́тельно выступа́ть ⟨вы́ступ|ить 3 -лю⟩ (gegen про́тив *G*)
Eifersucht *f* ре́вность 9
eifersüchtig ревни́в:ый | auf j-n ~ sein ревнова́ть 2 кого́-н.; auf j-s Erfolge ~ sein зави́довать (по-) чьим-н. успе́хам
eiförmig яйцеви́дный
eifrig ре́вност|ный, -ен, усе́рд|ный, ен | ~ bemüht sein о́чень стара́ться (по-); ~ lernen усе́рно учи́ться
Eigelb *n* (яи́чный) желт|о́к, -ка́ 2
eigen со́бственный; eigentümlich прису́щий 11, сво́йствен:ный, -на; eigenartig своеобраз|ный, -ен, осо́бый | man hört sein ~es Wort nicht не слы́шно со́бственного го́лоса; sich etw. zu ~ machen присв|а́ивать ⟨-о́ить 3⟩ себе́ что-н.; es war mir ganz ~ zumute мне бы́ло не по себе́; der ihm ~e Humor прису́щий 11 ему́ ю́мор
Eigenart *f* своеобра́зие 5
eigenartig своеобра́з|ный, -ен, merkwürdig стра́н|ный, -ен, -на́!; **~erweise** *Adv* как ни стра́нно
Eigen|bau *m* со́бственная констру́кция 8; **~bericht** *m* сообще́ние со́бственного корреспонде́нта; **~brötelei** *f* чуда́чество 4; **~brötler** *m* чуда́к 2e; **~geschwindigkeit** *f* со́бственная ско́рость; **~gewicht** *n* со́бственный вес
eigenhändig собственнору́чный | ~e Unterschrift собственнору́чная по́дпись; einen Brief ~ übergeben вручи́ть 3 письмо́ адреса́ту ли́чно
Eigen|heim *n* со́бственный дом; **~heit** *f* своеобра́зие 5, осо́бенность 9; **~initiative** *f* со́бственная инициати́ва; **~leistung** *f* рабо́ты *Pl* 6, вы́полненные [выполня́емые] со́бственными си́лами; **~liebe** *f* эгои́зм 2, себялю́бие 5; **~lob** *n* самовосхвале́ние 5 | ≈ stinkt гре́чневая ка́ша сама́ себя́ хва́лит
eigenmächtig самово́л|ный, -ен, -ьна | ~ handeln де́йствовать самово́льно, самово́льничать *umg*
Eigen|mächtigkeit *f* самово́льничание 5; **~name** *m* и́мя со́бственное; **~nutz** *m* своекоры́стие 5

eigennützig (свое)коры́ст|ный, -ен
Eigenproduktion *f* собственное произво́дство; für den Eigenbedarf произво́дство для со́бственного потребле́ния
eigens *Adv* специа́льно
Eigenschaft *f* ка́чество 4, сво́йство 4 I in der ~ als Direktor в ка́честве дире́ктора
Eigen|schaftswort *n* и́мя прилага́тельное; **~schwingung** *f Phys* собственное колеба́ние; **~sinn** *m* упря́мство 4
eigen|sinnig упря́м:ый; **~ständig** самобы́т|ный, -ен; **~süchtig** эгоисти́ч|ный, -ен, себялюби́в:ый
eigentlich 1. *Adj* собственный, настоя́щий 11; ursprünglich первонача́льный; unmittelbar прям:о́й, -а́!, непосре́дствен:ный, -на I im ~en Sinne в прямо́м смы́сле [значе́нии] **2.** *Adv* со́бственно (говоря́), в су́щности I was wollen Sie ~? что вы, со́бственно, хоти́те?
Eigen|tum *n* со́бственность 9 I das ≈ an Produktionsmitteln со́бственность на сре́дства произво́дства; **~tümer** *m* со́бственник 2, владе́л|ец, -ьца 2
eigentümlich eigenartig своеобра́з|ный, -ен, осо́бенный; seltsam стра́н|ный, -ен, -на́!
Eigentümlichkeit *f* своеобра́зие 5, осо́бенность 9; стра́нность 9
Eigentums|recht *n* пра́во со́бственности; **~verhältnisse** *n Pl* иму́щественные отноше́ния
Eigen|verantwortlichkeit *f* ли́чная отве́тственность 9 I ≈ der Betriebe (операти́вная) самостоя́тельность предприя́тий; **~verbrauch** *m* со́бственное потребле́ние, со́бственный расхо́д 2; **~wert** *m* со́бственная це́нность
eigenwillig своево́л|ьный, -ен, -ьна, своенра́в|ный, -ен
eignen, sich *refl* го|ди́ться 3 -жу́сь (für для *G*), подходи́ть 3⁺ -хожу́ ⟨-о|йти́*⟩ (für, zu для *G*)
Eignung *f* приго́дность 9 (für, zu для *G*)
Eignungsprüfung *f* профессиона́льная эксперти́за 6, прове́рка приго́дности для како́й-н. профе́ссии
Eil|bote *m* на́рочный *Subst* 10, курье́р 2 I per ~n с на́рочным, с курье́ром; **~brief** *m* спе́шное письмо́; **~bus** *m* авто́бус-экспре́сс 2–2
Eile *f* спе́шка 6, поспе́шность 9 I in aller ~ спе́шно, на́скоро; zur ~ drängen тороп|и́ть 3⁺ -лю́ (по-); es hat keine ~ э́то де́ло не спе́шное; damit hat es keine ~ э́то не к спе́ху; ~ mit Weile ти́ше е́дешь, да́льше бу́дешь
Eileiter *m* яйцево́д 2
eilen *intr* спеши́ть 3 (по-), тороп|и́ться 3⁺ -лю́сь (по-) (zu к *D*) I zu Hilfe ~ спеши́ть на по́мощь; es eilt вре́мя не те́рпит; es eilt nicht э́то де́ло не спе́шное, э́то не к спе́ху; Eilt! auf Briefen сро́чно!
eilfertig опроме́тчив:ый
Eilgut *n* груз большо́й ско́рости
eilig поспе́ш|ный, -ен, торопли́в:ый; dringend спе́ш|ный, -ен, сро́ч|ный, -ен, -на́! I ich habe es ~ я спешу́, мне не́когда; er hat es nicht so ~ над ним не ка́плет *umg*
Eil|marsch *m Mil* форси́рованный марш I im ≈ форси́рованным ма́ршем; **~post** *f* спе́шная по́чта; **~schritt** *m* бы́стрый шаг; **~sendung** *f* спе́шное почто́вое отправле́ние
Eilzug *m* ско́рый пассажи́рский по́езд (с припла́той за ско́рость); **~zuschlag** *m* допла́та за ско́рость
Eimer *m* ведро́ 4с *Pl* вёдра, вёдер; am Bagger ковш 2е; **~kettenbagger** *m* многоковшо́вый экскава́тор
eimerweise *Adv* вёдрами
[1]**ein (~e, ~[es]) 1.** *Num* оди́н 15 (одна́, одно́) I ~ Uhr час; ~ Schalter включено́; ~ für allemal раз навсегда́; das ~e wie das andere и то и друго́е; ~ und derselbe оди́н и тот же; in ~em fort беспреры́вно; bei j-m ~ und aus gehen ча́сто быва́ть у кого́-н. **2.** *unbestimmter Artikel, wird nicht übersetzt* **3.** *Pron* кто́-нибудь 15, что́-нибудь 14 I das tut ~em wohl э́то прия́тно; das freut ~en э́то ра́дует
[2]**ein**: weder ~ noch aus wissen не находи́ть 3⁺ -хожу́ ⟨-|йти́*⟩ вы́хода из положе́ния
Einakter *m* одноа́ктная пье́са 6
einaktig одноа́ктный
einander *Pron* друг дру́га I ~ helfen помога́ть ⟨-мо́чь⟩ друг дру́гу
einarbeiten *tr* вводи́ть 3⁺ -вожу́ ⟨-|вести́*⟩ в курс де́ла; Nachträge вноси́ть 3⁺ -ношу́ ⟨-|нести́*⟩; sich ~ *refl* осв|а́иваться ⟨-о́иться 3⟩ (in с *I*), втя́гиваться ⟨-тяну́ться 4⁺⟩ в рабо́ту I sich aufeinander ~ срабо́таться *v* друг с дру́гом; ein gut eingearbeitetes Kollektiv хорошо́ срабо́тавшийся 11 коллекти́в
einarmig одноору́кий I ~es Reißen рыво́к одно́й руко́й
einäschern *tr* обра|ща́ть ⟨-ти́ть 3, -щу́⟩ в пе́пел; Leichen пре|дава́ть* ⟨преда́ть*⟩ крема́ции
Einäscherung *f* крема́ция 8
einatmen *tr* вдыха́ть ⟨-дохну́ть 4⟩
Einatmen *n* вдыха́ние 5
einäugig одногла́зый
Einbahnstraße *f* у́лица с односторо́нним движе́нием; Verkehrsschild односторо́ннее движе́ние 11–5
einbalsamieren *tr* бальзами́ровать 2 (на-)
Einband *m* переплёт 2; **~decke** *f* кры́шка 6 переплёта
Einbänder *m* одното́мник 2
einbändig одното́мный
Einbandrücken *m* корешо́к переплёта

Einbau *m Tech* вмонти́рование 5; Wandschränke встро́йка 6
einbauen *tr Tech* вмонти́ровать *v* 2; Schränke встр|а́ивать ⟨-о́ить 3⟩
Einbauküche *f* встро́енная ку́хонная ме́бель, ку́хня со встро́енным обору́дованием
Einbaum *m* однодерёвка 6
Einbaumöbel *n* встро́енная ме́бель
einbe|griffen *Adv:* diese Summe (mit) ≈ включа́я э́ту су́мму; **~halten** *tr* уде́рживать ⟨-держа́ть 3⁺⟩
einbeinig одноно́гий
einberufen *tr* Tagung созыва́ть ⟨-|зва́ть*⟩; *Mil* призыва́ть ⟨-зва́ть⟩
Einberufung *f* созы́в 2; *Mil* призы́в 2 (zu в *A*)
Einberufungsbefehl *m* прика́з о призы́ве
einbetten *tr* Kabel укла́дывать ⟨-ложи́ть 3⁺⟩
Einbett|ung *f* укла́дывание 5; **~zimmer** *n* ко́мната на одного́ челове́ка; im Hotel одноме́стный но́мер
einbeziehen *tr* включ|а́ть ⟨-и́ть 3⟩; etw. приобщ|а́ть ⟨-и́ть 3⟩; j-n втя́гивать ⟨-тяну́ть 4⁺⟩
Einbeziehung f: unter ~ von etw. со включе́нием чего́-н.
ein|biegen *tr* сгиба́ть ⟨согну́ть 4⟩; Straßenverkehr свора́чивать ⟨-верну́ть 4; -вёрнутый⟩ | in eine Querstraße ≈ свора́чивать ⟨-верну́ть⟩ в попере́чную у́лицу; **~bilden, sich** *refl* вообра|жа́ть ⟨-зи́ть 3 -жу́⟩; meinen полага́ть | sich viel ≈ мно́го мнить 3 о себе́; er bildet sich ein, daß … он воobража́ет, что …; das bildest du dir bloß ein ты себе́ э́то внуша́ешь; sich etw. ~ auf быть* высо́кого мне́ния о *P*
Einbildung *f* воображе́ние 5; Dünkel самомне́ние 5 | das ist nur ~ э́то то́лько воображе́ние
Einbildungskraft *f* си́ла воображе́ния
ein|binden *tr* завя́зывать ⟨-|вяза́ть*⟩ (in в *A*); Bücher переплета́ть ⟨-|плести́*⟩; **~blenden** *tr Rad* пере|дава́ть* ⟨переда́ть*⟩ на друго́м фо́не; sich ~ *refl* подключ|а́тьзя ⟨-и́ться 3⟩; **~bleuen** *tr* вда́лбливать ⟨вдолб|и́ть 3 -лю́⟩ (в го́лову)
Einblick *m* взгляд 2 (in на *A*), ознакомле́ние 5 (in с *I*) | ≈ in etw. haben име́ть представле́ние о чём-н.; ~ in etw. gewinnen ознак|омля́ться ⟨-о́миться 3 -о́млюсь⟩ с чем-н.
einbrechen *intr* in ein Haus соверш|а́ть ⟨-и́ть 3⟩ кра́жу со взло́мом ins Eis ~ прова́ливаться ⟨-вали́ться 3⁺⟩ под лёд
Einbrecher *m* взло́мщик 2
ein|brennen *tr* Zeichen выжига́ть ⟨вы́|жечь*⟩; **~bringen** *tr* приноси́ть 3⁺ ⟨-|нести́*⟩; Ernte собира́ть ⟨-|бра́ть*⟩ | Gewinn ≈ приноси́ть ⟨-нести́⟩ дохо́д; einen Antrag ≈ вноси́ть ⟨-нести́⟩ предложе́ние; eine Zeile ≈ *Typ* вгоня́ть ⟨во|гна́ть*, вгоню́⟩ строку́; **~brocken** *tr* Brot кроши́ть 3⁺ (на-), покроши́ть *v* | er hat uns eine schöne Suppe eingebrockt ну и ка́шу он нам завари́л; ich habe mir etw. Unangenehmes eingebrockt я завари́л себе́ ка́шу
Einbruch *m* Raub взлом 2; in ein Land вторже́ние 5 | einen ~ verüben соверши́ть 3 взлом; bei ~ der Dunkelheit при наступле́нии [с наступле́нием] темноты́
Einbruchsdiebstahl *m* кра́жа со взло́мом
Einbuchtung *f Geogr* der Küste во́гнутость 9; im Flußufer зато́н 2
einbürgern *tr* дава́ть* ⟨дать*⟩ права́ гражда́нства; sich ~ *refl* укорен|я́ться ⟨-и́ться 3⟩
Einbürgerung *f* получе́ние 5 прав гражда́нства; *übertr* укорене́иие 5
Einbuße *f* потеря 7, уще́рб 2 | ~ erleiden терп|е́ть 3⁺ -лю́ (по-) уще́рб
ein|büßen *tr* теря́ть (по-), утра́|чивать ⟨-тить 3 -чу⟩; *intr* лиш|а́ться ⟨-и́ться 3⟩ *G;* **~cremen, sich** *refl* ма́заться* (на-) кре́мом; **~dämmen** *tr* запр|у́живать ⟨-уди́ть 3 -ужу́, -у́дишь⟩; Krankheit, Brand локализова́ть *uv, v* 2; **~dampfen** *tr* выпа́ривать ⟨вы́парить 3⟩; **~decken** *tr* укрыва́ть ⟨-|кры́ть*⟩; sich ~ *refl* запаса́ться ⟨-|пасти́сь*⟩ (mit *I*)
Eindecker *m* моноплан 2
ein|deutig я́с|ный, -ен, -на́, -но, я́сны́, недвусмы́слен|ный, -на; **~dicken** *tr* сгу|ща́ть ⟨-сти́ть 3 -щу́⟩; **~dringen** *intr* проника́ть ⟨-ни́кнуть 4a⟩ (in в *A*) *a. übertr;* in ein Problem вника́ть ⟨-ни́кнуть⟩ в *A;* gewaltsam врыва́ться ⟨во|рва́ться*; -рвала́сь⟩; *Mil* вторга́ться ⟨-то́ргнуться 4a⟩ (in в *A*); **~dringlich** **1.** *Adj* убеди́тельный, насто́йчив|ый **2.** *Adv:* ≈ bitten убеди́тельно [насто́йчиво] проси́ть
Eindringling *m* захва́тчик 2, оккупа́нт 2
Eindruck *m* впечатле́ние 5 | einen guten ~ machen auf j-n произ|води́ть 3⁺ -вожу́ ⟨-|вести́*⟩ хоро́шее впечатле́ние на кого́-н.; sich des ~s nicht erwehren können не быть* в состоя́нии отде́латься от впечатле́ния; unter dem ~ stehen находи́ться 3⁺ -хожу́сь под впечатле́нием
ein|drücken *tr* eine Vertiefung вда́вливать ⟨вдав|и́ть 3⁺ -лю́⟩; Scheibe выда́вливать ⟨вы́давить⟩; **~drucksvoll** внуши́тел|ьный, -ен, -ьна; **~ebnen** *tr* выра́внивать ⟨вы́ровнять⟩
Einehe *f* единобра́чие 5, монога́мия 8
eineinhalb *Num* полтор|а́ *m, n; f* -ы́, *G D* полу́тора, *A* полтор|а́ *m, n; f* -ы́, *I P* полу́тора
einen *tr* объедин|я́ть ⟨-и́ть 3⟩
einengen *tr* су́живать ⟨-у́зить 3 -у́жу⟩, стесня́ть ⟨-и́ть 3⟩

Einer *m Math* единица 6; *Sport* Boot одиночка 6
einerlei *Adv* всё равно, безразлично
Einerlei *n* однообразие 5
einerseits, einesteils *Adv* с одной стороны
einfach прост:ой, -á, -o, прóсты; прóще, простéйший 11 | eine ~e Fahrkarte билéт в один конéц; das ist ganz ~ это очень прóсто; das ist ~ ausgezeichnet это прóсто замечáтельно
Einfachheit *f* простотá 6 | der ~ halber для упрощéния дéла, для простоты
ein|fädeln *tr* вдевáть ⟨-|дéть*⟩; *übertr* затевáть ⟨-тéять, -тéю, -тéешь⟩; **~fahren** *tr* Ernte свозить 3⁺ -вожу ⟨-|везти*⟩; Auto обкáтывать ⟨-катáть⟩; *intr* въезжáть ⟨-|éхать*⟩ | in einen Schacht ≈ спу|скáться ⟨-ститься 3⁺ -щусь⟩ в шáхту
Einfahrt *f* въезд 2 (in в *A*); *Bergb* спуск 2 (в шáхту)
Einfahrtssignal *n Eisenb* входнóй сигнáл
Einfall *m Mil* нашéствие 5, вторжéние 5 (in в *A*); Idee идéя 7 | er kam auf den ~ он напáл на мысль
einfallen *intr* einstürzen обвáливаться ⟨-валиться 3⁺⟩, обрýш|иваться ⟨-иться 3⟩; *Mil* вторгáться ⟨-тóргнуться 4а *u.* 4⟩; *übertr* приходить 3⁺ ⟨-|йти*⟩ на ум | das Licht fällt schräg ein свет пáдает сбóку; es ist mir eingefallen мне пришлó в гóлову; was fällt dir ein? как ты смéешь?; es fällt mir gar nicht ein … я и не подýмаю …; es fiel mir nicht ein мне было невдомёк
Einfalt *f* наивность 9, простотá 6; Beschränktheit простовáтость 9
einfältig наив|ный, -ен, простодýш|ный, -ен; Lächeln глуповáт:ый
Einfaltspinsel *m umg* простофиля *umg m, f* 7
Einfamilienhaus *n* дом для однóй семьи
ein|fangen *tr* лов|ить 3 -лю ⟨поймáть⟩; **~farbig** одноцвéт|ный, -ен; **~fassen** *tr* umsäumen окайм|лять ⟨-ить 3 -лю⟩; Edelsteine оправлять ⟨опрáв|ить 3 -лю⟩; mit Band u. a. отор|áчивать ⟨-очить 3⟩; mit Pelz опуш|áть ⟨-ить 3⟩
Einfassung *f* von Türen u. Fenstern налúчник 2; Beet обрамлéние 5; Edelstein опрáва 6
ein|fetten *tr* смáзывать ⟨-|мáзать*⟩ жиром; **~finden, sich** *refl* (по)являться ⟨(по)яв|иться 3⁺ -люсь⟩; **~flechten** *tr* вплетáть ⟨-|плести*⟩; Worte вставлять ⟨встáв|ить 3 -лю⟩; **~fliegen** *tr* Flugzeug испытывать ⟨-пытáть⟩, облётывать ⟨-летáть⟩; *intr* влетáть ⟨вле|тéть 3 -чý⟩; sich ≈ *refl* приобретáть ⟨-|обрести*⟩ лётный óпыт [лётные нáвыки]; **~fließen** *intr* втекáть ⟨-|течь*⟩, вливáться ⟨-|литься*; -лились⟩; **~flößen** *tr* вливáть ⟨-лить, вóлью⟩ в рот; *übertr* внушáть ⟨-ить 3⟩; Mut при|давáть* ⟨придáть*⟩ *G*
Einflugschneise *f* зóна 6 воздýшных подхóдов
Einfluß *m* влияние 5 | ~ auf j-n ausüben окáзывать ⟨-|казáть* влияние на когó-н.; ~ gewinnen приобретáть ⟨-|обрести*⟩ влияние; von ~ sein быть влиятельным; unter j-s ~ stehen быть* под влиянием когó-н.
einflußreich влиятел|ьный, -ен, -ьна
Einflußsphäre *f* сфéра влияния
einflüstern *tr* нашёптывать ⟨-|шептáть*⟩
Einflüsterung *f* нашёптывание 5
ein|fordern *tr* трéбовать 2 (за-); **~förmig** однообрáз|ный, -ен, монотóн|ный, -ен, -на
Einförmigkeit *f* однообрáзие 5, монотóнность 9
ein|fressen, sich *refl* въедáться ⟨-|éсться*⟩; **~frieden** *tr* огор|áживать ⟨-одить 3 -ожу, -óдишь⟩
Einfriedigung *f* огрáда 6
ein|frieren *intr* замерзáть ⟨-мёрзнуть 4а⟩; **~frosten** *tr* замор|áживать ⟨-óзить 3 -óжу⟩; **~fügen** *tr* вст|авлять ⟨-áвить 3 -áвлю⟩, вдéл|ывать ⟨-ать⟩; sich ~ *refl* включ|áться ⟨-иться 3⟩ (in в *P*)
Einfügung *f* встáвка 6, включéние 5
Einfühlungsvermögen *n* чýткость 9 понимáния
Einfuhr *f* ввоз 2, импорт 2; **~artikel** *m Wirtsch* предмéт 2 ввóза; **~bewilligung** *f* разрешéние на ввоз
einführen *tr* in ein Amt; etw. Neues вводить 3⁺ -вожу ⟨-|вести*⟩; importieren ввозить 3⁺ -вожу ⟨-|везти*⟩ (nach в *A*; aus из *G*)
Einführung *f* введéние 5 (in в *A*)
Einführungskursus *m* ввóдный курс
Einfuhr|verbot *n* запрещéние ввóза; **~ware** *f* импортный товáр; **~zoll** *m* ввóзная пóшлина
Ein|gabe *f* жáлоба 6; *EDV* ввод 2 | eine ≈ machen по|давáть* ⟨подáть*⟩ жáлобу; **~gang** *m* вход 2; von Schreiben получéние 5, поступлéние 5 | nach ≈ по получéнии; ~ finden получ|áть ⟨-ить 3⟩ дóступ; kein ≈! нет вхóда!
eingangs *Adv* сначáла, вначáле | ~ erwähnt упомянутый вначáле
Eingangs|buch *n* журнáл 2 [книга] для зáписи входящих бумáг; **~halle** *f* вестибюль 1
ein|geben *tr* Arznei давáть* ⟨дать*⟩; inspirieren внуш|áть ⟨-ить 3⟩; *EDV* вво|дить 3⁺ -жу ⟨в|вести*⟩ (в пáмять); **~gebildet** воображáющий 11 о себé | ≈ sein быть высóкого мнéния о себé; **~geboren** тузéмный
Ein|geborene *f* мéстная урожéнка 6, тузéмка 6; **~geborener** *m* мéстный уро-

же́н|ец, -ца 2, тузе́м|ец, -ца 2; **~gebung** *f* вдохнове́ние 5

einge|denk *Adv:* einer Sache ≈ sein по́мнить 3 о чём-н.; **~fallen** Wangen впа́лый; Augen ввали́вшийся 11; **~gefleischt** закорене́лый

eingehen *intr* Briefe поступ|а́ть ⟨-и́ть 3⁺⟩; einverstanden sein согла|ша́ться ⟨-си́ться 3 -шу́сь⟩ (auf с *I*); Tiere, Pflanzen погиба́ть ⟨-ги́бнуть 4a⟩; ein Ende nehmen закрыва́ться ⟨-|кры́ться*⟩; Kleidung сади́ться 3 ⟨сесть*⟩; *tr* Ehe всту|па́ть ⟨-и́ть 3⁺ -лю́⟩ в *A* | auf einen Vorschlag ~ принима́ть ⟨приня́ть*⟩ предложе́ние; auf eine Bitte ~ удовлетвор|я́ть ⟨-и́ть 3⟩ про́сьбу; auf eine Frage ~ оста-н|а́вливаться ⟨-ови́ться 3⁺ -овлю́сь⟩ на вопро́се; auf Einzelheiten ~ в|дава́ться* ⟨-|да́ться*¡ -дали́сь⟩ в подро́бности; in die Geschichte ~ вхо|ди́ть 3⁺ -жу́ ⟨во|йти́*⟩ в исто́рию; eine Verpflichtung ~ брать* ⟨взять*⟩ на себя́ обяза́тельство; eine Wette ~ держа́ть 3⁺ пари́; **~d** ausführlich обстоя́тел|ьный, -ен, -ьна, подро́б|ный, -ен

Eingemachtes *n* консерви́рованные фру́кты *Pl* 2

einge|meinden *tr* включ|а́ть ⟨-и́ть 3⟩ в соста́в о́бщины *oder* го́рода; **~nommen:** für j-n ≈ sein быть располо́женным к кому́-н.; gegen j-n ≈ sein быть предубеждённым про́тив кого́-н.; von sich ≈ sein сли́шком мно́го вообра|жа́ть ⟨-зи́ть 3 -жу́⟩ о себе́; **~schrieben** заказно́й; **~schüchtert** заби́т:ый, запу́ганный

Eingeständnis *n* призна́ние 5

eingestehen *tr* при|знава́ть* ⟨-зна́ть⟩ *A*, со|знава́ться* ⟨-зна́ться⟩ в *P*

Eingeweide *n* вну́тренности *Pl* 9

ein|gewöhnen *tr* приуч|а́ть ⟨-и́ть 3⁺⟩; sich ≈ *refl* привыка́ть ⟨-вы́кнуть 4a⟩ (in к *D*), осва́иваться ⟨-сво́иться 3⟩ (in с *I oder* в *P*); **~gewurzelt** закорене́лый, вкорени́вшийся 11; **~gießen** *tr* налива́ть ⟨нали́ть*⟩, влива́ть ⟨-|ли́ть*¡ волью́⟩; **~gipsen** *tr* укреп|ля́ть ⟨-и́ть 3 -лю⟩ с по́мощью ги́пса; *Med* накла́дывать ⟨-|ложи́ть 3⁺⟩ ги́псовую повя́зку; **~gleisig** одноколе́йный; **~gliedern** *tr* присоедин|я́ть ⟨-и́ть 3⟩ (in к *D*), включ|а́ть ⟨-и́ть 3⟩ (in в *A*)

Eingliederung *f* включе́ние 5

ein|graben *tr* Pflanze вка́пывать ⟨-копа́ть⟩, врыва́ть ⟨-|ры́ть*⟩; vergraben зака́пывать ⟨-копа́ть⟩, зарыва́ть ⟨-ры́ть⟩; sich ≈ *refl Mil* ока́пываться ⟨-копа́ться⟩; in Bücher; in Kissen зарыва́ться ⟨-ры́ться⟩; **~gravieren** *tr* гравирова́ть 2 (вы́-); **~greifen** *intr* вме́шиваться ⟨-меша́ться⟩ (in в *A*); Zahnräder зацеп|ля́ться ⟨-и́ться 3⁺⟩ | in j-s Rechte ≈ посяг|а́ть ⟨-ну́ть 4⟩ на чьи-н. права́

Eingriff *m* in Rechte посяга́тельство 4 на *A; Med* вмеша́тельство 4; *Tech* зацепле́ние 5

einhaken *tr* закрепл|я́ть ⟨-и́ть 3 -лю́⟩ на крючо́к | sich bei j-m ~ брать* ⟨взять*⟩ кого́-н. по́д руку

Einhalt *m:* einer Sache ~ gebieten прекра|ща́ть ⟨-ти́ть 3 -щу́⟩ что-н.; j-m ~ gebieten останов|и́ть *v* 3⁺ -лю́ кого́-н.

einhalten *tr* Vorschriften соблюда́ть; *intr:* halt ein! переста́нь!, прекрати́!

Einhaltung *f* соблюде́ние 5

ein|hämmern *tr* вбива́ть ⟨-|би́ть*¡ вобью́⟩; *übertr* вда́лбливать ⟨вдолб|и́ть 3 -лю́⟩ (в го́лову); **~händig** однору́кий; *Sport* одно́й руко́й; **~händigen** *tr* вруч|а́ть ⟨-и́ть 3⟩; **~hängen** *tr* наве́|шивать ⟨-сить 3 -шу⟩; **~hauen** *tr* Fenster, Tür вылáмывать ⟨вы́ломать⟩; **~heften** *tr* вшива́ть ⟨-|шить*, вошью́⟩; **~hegen** *tr* огор|а́живать ⟨-оди́ть 3 -ожу́, -о́ди́шь⟩; **~heimisch** ме́стный

Einheimische *f* ме́стная жи́тельница 6; **~r** *m* ме́стный жи́тель 1

ein|heimsen *tr* Geld загреба́ть ⟨-|грести́*⟩; **~heiraten** *intr* in eine Familie во|йти́* *v* в семью́ че́рез брак (in с *I*); in ein Geschäft сде́латься *v* уча́стником чего́-н. че́рез брак

Einheit *f* еди́нство 4; Maß, Teil едини́ца 6; *Mil* подразделе́ние 5, войскова́я часть 9g

einheitlich еди́н:ый; Kleidung одина́ковый | ein ~es Ganzes еди́ное це́лое

Einheitlichkeit *f* еди́нство 4

Einheits|front *f Pol* еди́ный фронт; **~kurzschrift** *f* еди́ная систе́ма 6 стеногра́фии; **~liste** *f* еди́ный спи́сок; **~preis** *m* еди́ная [станда́ртная] цена́; **~schule** *f* еди́ная шко́ла; **~staat** *m* еди́ное госуда́рство; **~wert** *m* иму́щественный ценз 2; **~zeit** *f* еди́ное вре́мя

einheizen *intr* ната́пливать ⟨-топи́ть 3⁺ -топлю́⟩; *übertr* за|дава́ть* ⟨зада́ть*⟩ жа́ру; **~hellig** единогла́с|ный, -ен, единоду́ш|ный, -ен

einherstolzieren *intr* ва́жно выступа́ть

einhöckerig одного́рбый

einholen *tr* догоня́ть ⟨-|гна́ть*⟩; bei der Verfolgung наст|ига́ть ⟨-и́гнуть 4a⟩; nachholen навёрстывать ⟨-верста́ть¡ -вёрстанный⟩; Erlaubnis испр|а́шивать ⟨-оси́ть 3⁺ -ошу́⟩; einkaufen закуп|а́ть ⟨-и́ть 3⁺ -лю́⟩; Seil, Segel убира́ть ⟨-|бра́ть*⟩; Fahne спу|ска́ть ⟨-сти́ть 3⁺ -щу́⟩ | Rat ~ сове́товаться 2 (по-); Erkundigungen ~ наводи́ть 3⁺ -вожу́ ⟨-|вести́*⟩ спра́вки

Einhufer *m Zool* однокопы́тное живо́тное *Subst* 10

einhüllen *tr* оку́т|ывать ⟨-ать⟩; sich ~ *refl* оку́т|ываться ⟨-аться⟩ (in в *A*)

einig соглáс|ный, -ен, единодýш|ный, -ен (in в *P*); eng verbunden сплочённый, дрýж|ный, -ен, -нá, -но, дрýжны́ | ~ werden über etw. приходи́ть 3⁺ -хожý ⟨-|йти́*⟩ к соглашéнию о чём-н., догов|áриваться ⟨-ори́ться 3⟩ о чём-н.; sich ~ sein über etw. быть соглáсным в чём-н.

einige *Pron* нéсколько *G;* mehrere нéкоторые *Pl,* немнóгие *Pl* | ~ von ihnen нéкоторые из них; ~ Male нéсколько раз; ~ hundert Jahre нéсколько сот лет; in ~er Entfernung на нéкотором расстоя́нии; vor ~n Jahren нéсколько лет томý назáд; nach ~r Zeit чéрез нéкоторое врéмя; ~ Kenntnisse кое-каки́е свéдения [знáния]; **~mal** *Adv* нéсколько раз

einigen *tr* объедин|я́ть ⟨-и́ть 3⟩; sich ~ *refl* согла|шáться ⟨-си́ться 3 -шýсь⟩ (in в *P*, auf на *A*)

einigermaßen *Adv* в [до] нéкоторой стéпени

Einig|keit *f* соглáсие 5; Eintracht единодýшие 5 | ≈ macht stark в единéнии си́ла; **~ung** *f* объединéние 5; Übereinstimmung соглашéние 5 (über о *P*) | ≈ erzielen достигáть ⟨-сти́гнуть 4a, -|сти́чь*⟩ соглашéния

ein|impfen *tr Med* прививáть ⟨-|ви́ть*⟩; *übertr* прививáть ⟨-ви́ть⟩, внуш|áть ⟨-и́ть 3⟩; **~jagen** *tr:* j-m einen Schrecken ≈ нагоня́ть ⟨-|гнáть*⟩ на когó-н. страх; **~jährig** годи́чный; ein Jahr alt годовáлый; Pflanzen, Frist однолéтний 11

Einkammersystem *n Pol* однопалáтная систéма

ein|kapseln *tr* заключ|áть ⟨-и́ть 3⟩ в оболóчку; **~kassieren** *tr* инкасси́ровать *uv, v* 2

Einkauf *m* покýпка 6

einkaufen *tr* покупáть ⟨куп|и́ть 3⁺ -лю́⟩; *ohne Objekt* дéлать (с-) покýпки; en gros закуп|áть ⟨-и́ть⟩

Einkäufer *m* закýпщик 2

Einkaufs|genossenschaft *m* закýпочная кооперáция; **~netz** *n* сéтка 6 для покýпок, авóська 6 *umg;* **~tasche** *f* хозя́йственная сýмка; **~zentrum** *n* торгóвый центр

ein|kehren *intr* заворáчивать ⟨-вернýть 4⟩ (bei к *D*); **~keilen** *tr:* in der Menge eingekeilt зажáтый в толпé; **~kellern** *tr* Kohlen склáдывать ⟨-ложи́ть 3⁺⟩ в подвáл; Kartoffeln засыпáть ⟨-|сы́пать*⟩ в подвáл

Einkellerung *f* заклáдка 6 в подвáл; засы́пка 6 в подвáл

ein|kerben *tr* насекáть ⟨-|сéчь*⟩, заруб|áть ⟨-и́ть 3⁺ -лю́⟩; **~kerkern** *tr* заключ|áть ⟨-и́ть 3⁺⟩ в тюрьмý

Einkerkerung *f* заключéние 5 в тюрьмý

einkesseln *tr Mil* окруж|áть ⟨-и́ть 3⟩

Einkesselung *f Mil* окружéние 5

ein|klagen *tr* по|давáть* ⟨подáть*⟩ иск на *A;* **~klammern** *tr* заключ|áть ⟨-и́ть 3⟩ в скóбки

Einklang *m* соглáсие 5 | etw. in ~ bringen mit etw. соглас|óвывать ⟨-овáть 2⟩ что с чем, приводи́ть 3 -вожý ⟨-|вести́*⟩ что в соотвéтствие с чем; nicht in ~ stehen расходи́ться 3⁺ -хожýсь ⟨разо|йти́сь*⟩, не соглас|óвываться ⟨-овáться⟩

ein|kleben *tr* вклéивать ⟨-клéить 3⟩; **~kleiden** *tr* одевáть ⟨-|дéть*⟩; mit Uniform обмундир|óвывать ⟨-овáть 2⟩; *übertr* облекáть ⟨облéчь*⟩; sich ≈ *refl* покупáть ⟨куп|и́ть 3⁺ -лю́⟩ себé одéжду

Einkleidung *f Mil* обмундировáние 5

ein|klemmen *tr* за-, прищем|ля́ть ⟨-и́ть 3 -лю́⟩ | er hat sich den Finger eingeklemmt он прищеми́л себé пáлец; **~klinken** *tr* защёлк|ивать ⟨-нуть 4⟩; *intr* защёлк|иваться ⟨-нуться⟩; **~knicken** *tr* надлáмывать ⟨-ломи́ть 3⁺ -ломлю́⟩; biegen загибáть ⟨-гнýть 4⟩; *intr* von den Beinen, Knien подкáшиваться ⟨-коси́ться 3⟩; **~kochen** *tr* консерви́ровать *uv, v* (в стекля́нных бáнках); *intr* увáриваться ⟨-вари́ться 3⁺⟩

Einkochring *m* проклáдочное кольцó (для консéрвных бáнок)

einkommen *intr* Geld поступ|áть ⟨-и́ть 3⁺ -лю́⟩, прибывáть ⟨прибы́ть*⟩

Einkommen *n* дохóд 2 | festes ~ постоя́нный дохóд; **~steuer** *f* подохóдный налóг

Einkommensverhältnisse *n Pl* имýщественное положéние 5

ein|köpfen *tr Sport* забивáть ⟨-|би́ть*⟩ мяч головóй; **~kreisen** *tr* окруж|áть ⟨-и́ть 3⟩

Einkreisung *f* окружéние 5

Einkünfte *f Pl* дохóды *Pl* 2

einkuppeln *tr Kfz* включ|áть ⟨-и́ть 3⟩ сцеплéние

einladen *tr* Gäste пригла|шáть ⟨-си́ть 3 -шý⟩ (zu на *A*); Ware нагр|ужáть ⟨-узи́ть 3 -ужý, -ýзишь⟩ | zu einer Tasse Tee ~ пригласи́ть на чáшку чáя; zu sich ~ звать* (по-) к себé (в гóсти); **~d** *übertr* гостеприи́м|ный, -ен

Ein|ladung *f* приглашéние 5; Karte пригласи́тельный билéт 2 | auf ≈ по приглашéнию; einer ≈ Folge leisten принимáть ⟨приня́ть*⟩ приглашéние; **~lage** *f* Buch вклáдка 6; orthopädische супинáтор 2; Zwischenfutter проклáдка 6; Bank вклад 2; Spiel стáвка 6; Zahn врéменная плóмба 6; Suppe засы́пка 6; *Theat* вставнóй нóмер 2b *Pl* -á

einlagern *tr* заклáдывать ⟨-ложи́ть 3⟩ на хранéние

Ein|lagerung *f* приня́тие 5 на склад; **~laß** *m* Zutritt вход 2 | j-m ≈ gewähren разреш|áть ⟨-и́ть 3⟩ комý-н. вход [дóступ]

einlassen *tr* впу|ска́ть ⟨-сти́ть 3⁺ -щу́⟩ (in в *A*); sich ~ *refl* пуска́ться ⟨пусти́ться 3⁺ -щу́сь⟩ (auf на *A*); Umgang haben свя́зываться ⟨-|вяза́ться*⟩ (mit с *I*) | sich in ein unsauberes Geschäft ~ пуска́ться ⟨пусти́ться⟩ в афе́ру

Einlaß|karte *f* входно́й биле́т; **~ventil** *n* впускно́й кла́пан

Einlauf *m Med* кли́зма 6; *Sport* финиши́рование 5

einlaufen *tr* Schuhe разна́шивать ⟨-носи́ть 3⁺ -ношу́⟩; *intr Mar* вхо|ди́ть 3⁺ -жу́ ⟨во|йти́*⟩ в га́вань; Zug подходи́ть 3⁺ ⟨подо|йти́*⟩ к перро́ну; Mannschaft ins Stadion выходи́ть 3⁺ ⟨вы́йти⟩(на по́ле); Stoff сади́ться 3 ⟨сесть*⟩

Einlaufwette *f* Pferderennen ста́вка 6 на зае́зд

ein|läuten *tr* зво́ном оповеща́ть о нача́ле чего́-н; **~leben, sich** *refl* in Verhältnisse свыка́ться ⟨свы́кнуться 4a⟩ с *I*; mit Menschen сжива́ться ⟨-|жи́ться*¡ -жили́сь⟩ с *I*, ужива́ться ⟨-жи́ться¡ -жили́сь⟩ с *I*

Einlegearbeit *f* инкруста́ция 8

einlegen *tr* вкла́дывать ⟨-ложи́ть 3⁺⟩, поме|ща́ть ⟨-сти́ть 3 -щу́⟩; sauer einlegen маринова́ть 2 (за-); einsalzen соли́ть 3 солю́¡ со́ли́шь (за-); mit Intarsien versehen инкрусти́ровать *uv, v* 2 | Ehre ~ mit etw. просла́в|иться *v* 3 -люсь чем-н.; ein gutes Wort für j-n ~ замо́лв|ить *v* 3 -лю словечко за кого́-н.

Einlegesohle *f* сте́лька 6

einleiten *tr* начина́ть ⟨нача́ть*⟩ | ein Verfahren gegen j-n ~ возбу|жда́ть ⟨-ди́ть 3 жу́⟩ про́тив кого́-н. суде́бное де́ло; Maßnahmen ~ принима́ть ⟨приня́ть*⟩ ме́ры; **~d 1.** *Adj* вступи́тельный **2.** *Adv* во вступле́нии, во вступи́тельном сло́ве

Einleitung *f* введе́ние 5 (in в *A*)

ein|lenken *intr* beim Streit идти́* на усту́пки; **~lesen, sich** *refl* вчи́тываться ⟨вчита́ться⟩ (in в *A*); **~leuchten** *intr* быть* очеви́дным [я́сным] | das leuchtet mir ein э́то ста́ло для меня́ я́сно; das will mir nicht ≈ э́то мне не я́сно, э́то меня́ не убежда́ет; **~leuchtend** я́сн|ый¡ -ен¡ -на́¡ -но¡ я́сны́; überzeugend убеди́тел|ьный¡ -ен¡ -ьна; **~liefern** *tr* дост|авля́ть ⟨-а́вить 3 -а́влю⟩; unterbringen сдава́ть ⟨-|дать*⟩; Kranke помеща́ть ⟨-мести́ть 3 -мещу́⟩

Einlieferung *f* доста́вка 6; сда́ча 6; помеще́ние 5

Einlieferungsschein *m* почто́вая квита́нция 8

ein|lösen *tr* выкупа́ть ⟨вы́куп|ить 3 -лю⟩ | einen Scheck ≈ получ|а́ть ⟨-и́ть 3⁺⟩ де́ньги по предъявленному че́ку; Versprechen ≈ выполня́ть ⟨вы́полнить 3⟩ обеща́ние; **~lullen** *tr* убаю́к|ивать ⟨-ать⟩; **~machen** *tr* консерви́ровать *uv, v* 2

Einmachglas *n* стекля́нная консе́рвная ба́нка 6

einmal *Adv* (оди́н) раз; einst, früher одна́жды, когда́-то; später когда́-нибудь | noch ~ ещё раз; noch ~ so groß вдво́е бо́льше; noch ~ soviel ещё сто́лько же; auf ~ вдруг, внеза́пно; es war einmal in Märchen жил-был ...; sag ~ скажи́-ка; nicht ~ да́же не, и не; ich bin nun ~ so уж я тако́й; nicht ~ lesen kann er он да́же чита́ть не уме́ет [мо́жет]

Einmaleins *n* табли́ца 6 умноже́ния

einmalig однокра́тный; für einmal ра́зовый; einzig(artig) еди́нственный в своём ро́де, неповтори́м¦ый

Einmaligkeit *f* однокра́тность 9; неповтори́мость 9

Einmarsch *m Mil* вступле́ние 5; *Sport* вы́ход 2 (уча́стников на по́ле)

einmarschieren *intr* вступ|а́ть ⟨-и́ть 3⁺ -лю́⟩; *Sport* выходи́ть 3 ⟨вы́|йти*⟩ (на по́ле)

Einmaster *m* однома́чтовое су́дно 4 *Pl* суда́ 2b

ein|mauern *tr* замур|о́вывать ⟨-ова́ть 2⟩; **~mengen, sich** *refl* вме́шиваться ⟨вмеша́ться⟩

einmieten *tr* Kartoffeln скла́дывать ⟨сложи́ть 3⁺⟩ в бу́рты, буртова́ть 2; sich ~ *refl* снима́ть ⟨снять*⟩ ко́мнату (bei у *G*)

einmischen, sich *refl* вме́шиваться ⟨-меша́ться⟩

Einmischung *f* вмеша́тельство 4

ein|motten *tr* пересыпа́ть ⟨-|сы́пать*⟩ нафтали́ном; **~mummeln** *tr* (пло́тно *oder* тепло́) заку́т|ывать ⟨-ать⟩; sich ≈ *refl* (пло́тно *oder* тепло́) уку́т|ываться ⟨-аться⟩; **~münden** *intr* Flüsse впада́ть; Straßen выходи́ть 3⁺ на *A*; **~mütig 1.** *Adj* единоду́ш|ный¡ -ен, дру́ж|ный¡ -ен¡ -на́¡ -но¡ дру́жны́ **2.** *Adv* заодно́ | ≈ handeln де́йствовать согласо́ванно

Einmütigkeit *f* единоду́шие 5

einnähen *tr* вшива́ть ⟨-|шить*⟩

Einnahme *f Fin* прихо́д 2; Erlös вы́ручка 6; *Mil* взя́тие 5, заня́тие 5, **~en** *Pl Fin* дохо́ды *Pl* 2; **~quelle** *f* исто́чник дохо́да

einnehmen *tr Fin* получ|а́ть ⟨-и́ть 3⁺⟩; Platz занима́ть ⟨заня́ть*⟩; Festung занима́ть ⟨заня́ть⟩, захв|а́тывать ⟨-ати́ть 3⁺ -ачу́⟩; Arznei принима́ть ⟨приня́ть*⟩ | eine Mahlzeit ~ есть*, ку́шать; von j-m eingenommen sein быть располо́женным к кому́-н., пита́ть симпа́тию к кому́-н.; sehr von sich eingenommen sein мнить 3 мно́го о себе́; **~d** привлека́тел|ьный¡ -ен¡ -ьна

ein|nicken *intr* за|дрема́ть* *v*, клева́ть* но́сом; **~nisten, sich** *refl* гнезди́ться 3; *übertr* заседа́ть ⟨-|се́сть*⟩ у *G*

Einöde *f* глушь 9e, пусты́ня 7

einölen *tr* сма́зывать ⟨-|ма́зать*⟩ ма́слом

einordnen *tr* an seinen Platz ста́в|ить 3 -лю (по-) на своё (определённое) ме́сто; Akten подшива́ть ⟨-|ши́ть*ᵢ -ошью́⟩; sich ~ *refl* находи́ть 3⁺ -хожу́ ⟨-|йти́*⟩ своё ме́сто в *P* | sich links ~ *Kfz* занима́ть ⟨заня́ть*⟩ ле́вый ряд

Einordnung *f* расположе́ние 5 (в определённом поря́дке)

ein|packen *tr* укла́дывать ⟨-ложи́ть 3⁺⟩, упако́вывать ⟨-пакова́ть 2⟩; **~passen** *tr Tech* подгоня́ть ⟨-о|гна́ть*⟩ к *D*; **~pauken** *tr* вда́лбливать ⟨вдолб|и́ть 3 -лю́⟩; **~pferchen** *tr* Menschen впи́х|ивать ⟨-нуть 4⟩; **~pflanzen** *tr* сажа́ть ⟨поса|ди́ть 3⁺ -жу́⟩; ins Beet выса́живать ⟨вы́садить 3⟩

Einphasenstrom *m* однофа́зный ток

ein|planen *tr* плани́ровать 2 (за-) включ|а́ть ⟨-и́ть 3⟩ в план; **~pökeln** *tr* заса́ливать ⟨-соли́ть 3 -со́ли́шь⟩ (впрок); **~polig** однопо́люсный; **~prägen sich** ≈ *refl* запомина́ть ⟨-по́мнить 3⟩; **~quartieren** *tr* разме|ща́ть ⟨-сти́ть 3 -щу́⟩ по кварти́рам; *Mil* расквартир|о́вывать ⟨-ова́ть 2⟩; sich ≈ *refl* разме|ща́ться ⟨-сти́ться⟩ (bei у *G*); расквартир|о́вываться ⟨-ова́ться⟩

Einquartierung *f* размеще́ние 5 по кварти́рам, расквартирова́ние 5

ein|rahmen *tr* вст|авля́ть ⟨-а́вить 3 -а́влю⟩ в ра́мку; *übertr* обрамля́ть ⟨-ра́мить 3 -ра́млю⟩; **~rammen** *tr* вбива́ть ⟨-|би́ть*⟩; **~räumen** *tr* Wohnung расст|авля́ть ⟨-а́вить 3 -а́влю⟩; zugeben согла|ша́ться ⟨-си́ться 3 -шу́сь⟩ с *I;* gewähren предост|авля́ть ⟨-а́вить 3 -а́влю⟩

Einraumwohnung *f* одноко́мнатная кварти́ра

einrechnen *tr* включ|а́ть ⟨-и́ть 3⟩ (в счёт) | mit eingerechnet включа́я; nicht mit eingerechnet не счита́я

ein|reden *tr:* j-m etw. ≈ внуш|а́ть ⟨-и́ть 3⟩ кому́-н. что-н.; *intr:* auf j-n ≈ (насто́йчиво) угова́ривать кого́-н.; sich ≈, daß … внуша́ть себе́ᵢ что …; **~reiben** *tr* Salbe втира́ть ⟨-|тере́ть*ᵢ вотру́⟩; Körper натира́ть ⟨-тере́ть⟩

Einreibung *f* втира́ние 5; натира́ние 5

einreichen *tr* по|дава́ть* ⟨пода́ть*⟩ | seinen Abschied ~ пода́ть в отста́вку

ein|reihen *tr* включ|а́ть ⟨-и́ть 3⟩ (in в *A*), принима́ть ⟨приня́ть*⟩ (in в *A*); sich ≈ *refl* включ|а́ться ⟨-и́ться 3⟩; bei Wartenden в|става́ть* ⟨-|стать*⟩ в о́чередь; **~reihig** однобо́ртный | ≈es Jackett однобо́ртный пиджа́к

Einreise *f* въезд 2 (nach, in в *A*); **~genehmigung** *f* разреше́ние на въезд

einreisen *intr* въезжа́ть ⟨-|е́хать*⟩ (nach, in в *A*)

Einreisevisum *n* ви́за на въезд

ein|reißen *tr* Haus лома́ть (с-), сноси́ть 3⁺ -ношу́ ⟨-|нести́*⟩; Kleid надрыва́ть ⟨-о|рва́ть*ᵢ -о́рванный⟩; *intr* надрыва́ться ⟨-о|рва́ться*ᵢ -орва́ли́сь⟩; *übertr* sich verbreiten распростран|я́ться ⟨-и́ться 3⟩; **~renken** *tr Med* вправля́ть ⟨впра́в|ить 3 -лю⟩; *übertr* ула́|живать ⟨-дить 3 -жу⟩; **~rennen** *tr* пробива́ть ⟨-|би́ть*⟩ с разбе́гу | offene Türen ≈ ломи́ться 3⁺ в откры́тые две́ри; sich den Kopf ≈ разби́ть* vᵢ -обью́ себе́ го́лову; **~richten** *tr* Wohnung обст|авля́ть ⟨-а́вить 3 -а́влю⟩; Fabrik обору́довать *uv, v* 2; organisieren организова́ть *uv, v* 2, устр|а́ивать ⟨-о́ить 3⟩; *Tech* устан|а́вливать ⟨-ови́ть 3⁺ -овлю́⟩, нала́|живать ⟨-дить 3 -жу⟩; sich ≈ *refl* häuslich устр|а́иваться ⟨-о́иться⟩ | sich auf etw. ≈ гото́в|иться 3 -люсь к чему́-н.

Einrichtung *f* Mobiliar обстано́вка 6; einer Fabrik обору́дование 5; Anlage устано́вка 6; Institution учрежде́ние 5

ein|ritzen *tr* цара́пать (на-), выреза́ть ⟨вы́|резать*⟩; **~rollen** *tr* свёртывать ⟨-верну́ть 4ᵢ -вёрнутый⟩ тру́бкой, ска́тывать ⟨-ката́ть⟩; **~rosten** *intr* ржа́веть (за-); **~rücken** *tr* Schreibrand отступ|а́ть ⟨-и́ть 3⁺ -лю́⟩; *Typ* де́лать (с-) о́тступ; *intr Mil* einmarschieren вступ|а́ть ⟨-и́ть⟩; **~rühren** *tr* Teig заме́шивать ⟨-меси́ть 3⁺-мешу́⟩

eins *Num* одно́ 15; beim Zählen раз | es läuft auf ~ hinaus э́то одно́ и то же; halb ~ полови́на пе́рвого

Eins *f* число́ 4c оди́н, оди́н 15; Straßenbahn пе́рвый но́мер 2b; Zensur едини́ца 6 in sowjetischen Schulen schlechteste Zensur

ein|sacken *tr* засыпа́ть ⟨-|сы́пать*⟩ в мешо́к; *intr* sich senken оседа́ть ⟨-|се́сть*⟩; **~salben** *tr* натира́ть ⟨-|тере́ть*⟩ ма́зью; **~salzen** *tr* заса́ливать ⟨-соли́ть 3 -со́ли́шь⟩

einsam alleinstehend одино́к:ий; vereinsamt уединён:ныйᵢ -на | ~er Ort захолу́стье 5

Einsamkeit *f* одино́чество 4; уедине́ние 5

ein|sammeln *tr* собира́ть ⟨-|бра́ть*⟩; **~sargen** *tr* класть* ⟨положи́ть 3⁺⟩ в гроб

Einsatz *m* Maschinen, Kräfte испо́льзование 5, примене́ние 5; Spiel ста́вка 6; Kleidung вста́вка 6; Pfand закла́д 2, зало́г 2; *Mus* вступле́ние 5; Arbeits~ командиро́вка 6, freiwilliger суббо́тник 2; *Mil* введе́ние 5 в бой | mit ~ aller Kräfte с напряже́нием всех сил

einsatzbereit *Mil* в по́лной гото́вности; Fahrzeug гото́вый к вы́езду

Einsatz|bereitschaft *f* гото́вность к *D* | ≈ zeigen прояв|ля́ть ⟨-и́ть 3 -лю⟩ акти́вность; **~wagen** *m* Straßenbahn дополни́тельный трамва́й

ein|säuern *tr* ква́|сить 3 -шу (за-); Futter силосова́ть *uv, v* 2 (*a.* за-); **~saugen** *tr* впи́тывать ⟨-пита́ть⟩, вса́сывать ⟨-|соса́ть*⟩; **~säumen** *tr* Kleid подшив|а́ть ⟨-|ши́ть*⟩; **~schalten** *tr* включ|а́ть ⟨-и́ть 3⟩; im Text вставля́ть ⟨вста́в|ить 3 -лю⟩; sich ≈ *refl* включ|а́ться ⟨-и́ться⟩
Einschaltung *f El* включе́ние 5; im Text вста́вка 6
ein|schärfen *tr* насто́йчиво внуш|а́ть ⟨-и́ть 3⟩; **~scharren** *tr* зарыва́ть ⟨-|ры́ть*⟩; **~schätzen** *tr* оце́нивать ⟨-цени́ть 3⁺⟩
Einschätzung *f* оце́нка 6
ein|schenken *tr* налива́ть ⟨нали́ть*⟩; **~schicken** *tr* посыла́ть ⟨-|сла́ть*⟩; **~schieben** *tr* вдв|ига́ть ⟨-и́нуть 4⟩; in den Text де́лать вста́вки
Einschienenbahn *f* моноре́льсовая желе́зная доро́га 6
ein|schießen *tr* Gewehr пристр|е́ливать ⟨-еля́ть⟩; sich ≈ *refl* пристр|е́ливаться ⟨-еля́ться⟩ (auf по *D*); **~schiffen** *tr* Passagiere производи́ть 3⁺ -вожу́ ⟨-|вести́*⟩ поса́дку на су́дно; Fracht гр|узи́ть 3 -ужу́, -у́зишь (на-) су́дно; sich ≈ *refl* са|ди́ться 3 -жу́сь ⟨сесть*⟩ на су́дно
ein|schirren *tr* запряга́ть ⟨-|пря́чь*⟩; **~schlafen** *intr* зас|ыпа́ть ⟨-ну́ть 4⟩; Gliedmaßen неме́ть (о-) I ich kann nicht ≈ мне не спи́тся; **~schläfern** *tr* Gewissen усып|ля́ть ⟨-и́ть 3 -лю⟩; **~schläfernd** *Med* снотво́рный; *übertr* усыпля́ющий 11, усыпи́тел|ьный, -ен, -ьна
Einschlag *m* Blitz уда́р 2; Geschoß попада́ние 5; am Kleid запа́с 2; Wald ру́бка 6
einschlagen *tr* Nagel вбива́ть ⟨-|бить*, вобью⟩, забива́ть ⟨-би́ть⟩; Pfahl вкол|а́чивать ⟨-оти́ть 3⁺ -очу́⟩; Fenster разбива́ть ⟨-би́ть, -обью⟩; in Papier завёртывать ⟨-верну́ть 4; -вёрнутый⟩; Weg идти́*, по|йти́* *v* (по како́му-н. пути́); *intr* Blitz ударя́ть ⟨-да́рить 3⟩; Geschoß попада́ть ⟨-|па́сть*⟩; Erfolg haben име́ть успе́х; Waren быть* хо́дким | die Tür ≈ вышиба́ть ⟨вы́|шибить*⟩ дверь; schlag ein! по рука́м!; eine Laufbahn ≈ из|бра́ть* *v* каку́ю-н. карье́ру; **~schlägig** соотве́тствующий 11 | ≈e Literatur литерату́ра по да́нному предме́ту
Einschlagpapier *n* обёрточная бума́га
ein|schleichen, sich *refl* Dieb прокра́дываться ⟨-|кра́сться*⟩; Fehler вкра́дываться ⟨-кра́сться⟩ | er schlich sich in sein Vertrauen ein он вкра́лся к нему́ в дове́рие; **~schleppen** *tr* Krankheit заноси́ть 3⁺ -ношу́ ⟨-|нести́*⟩; **~schleusen** *tr* Agenten засыла́ть ⟨-|сла́ть*⟩; Waren ввози́ть 3⁺ -вожу́ ⟨-|везти́*⟩ контраба́ндой; **~schließen** tr запира́ть ⟨запере́ть*⟩; *Mil* окруж|а́ть ⟨-и́ть 3⟩; *übertr* включ|а́ть ⟨-и́ть 3⟩; sich ≈ *refl* запира́ться ⟨-пере́ться⟩ | in Klammern ≈ заключ|а́ть ⟨-и́ть⟩ в ско́бки; **~schließlich** 1. *Adv* включи́тельно 2. *Präpos* включа́я *A*; **~schlummern** *intr* за|дрема́ть* *v*
Einschluß *m* включе́ние 5 I mit [unter] ~ включа́я *A*, с включе́нием *G*
einschmeicheln, sich *refl* подли́зываться ⟨-|лиза́ться*⟩ (bei к *D*)
einschmeichelnd вкра́дчив|ый
ein|schmelzen *tr* Metall распл|авля́ть ⟨-а́вить 3 -а́влю⟩; **~schmieren** *tr* einfetten сма́зывать ⟨-|ма́зать*⟩; beschmutzen па́чкать (за-); **~schmuggeln** *tr* ввози́ть 3⁺ -вожу́ ⟨-|везти́*⟩ контраба́ндой; *übertr* прота́скивать ⟨-тащи́ть 3⁺⟩ *umg*; sich ≈ *refl* пробира́ться ⟨-|бра́ться*; -брали́сь⟩; **~schnappen** *intr* Türschloß защёлк|иваться ⟨-нуться 4⟩; *umg* übelnehmen обижа́ться ⟨оби́|деться 3 -жусь⟩
einschneidend реши́тел|ьный, -ен, -ьна, радика́л|ьный, -ен, -ьна
einschneien *intr* быть* занесённым сне́гом I das Haus ist eingeschneit дом занесён сне́гом
Einschnitt *m* надре́з 2 *a. Med;* Geländeprова́л 2; *Lit* цезу́ра 6; im Leben перело́м 2
ein|schnüren *tr* Taille затя́гивать ⟨-тяну́ть 4⁺⟩; **~schränken** *tr* ограни́ч|ивать ⟨-ить 3⟩; Ausgaben сокра|ща́ть ⟨-ти́ть 3 -щу́⟩; sich ≈ *refl* ограни́ч|ивать ⟨-ить⟩ себя́ (in в *P*)
Einschränkung *f* ограниче́ние 5 I ohne ~ без огово́рок
einschrauben *tr* вви́нчивать ⟨ввин|ти́ть 3 -чу́⟩
Einschreibe|brief *m* заказно́е письмо́; **~gebühr** *f* пла́та за заказно́е письмо́
ein|schreiben *tr* в-, запи́сывать ⟨-писа́ть*⟩; sich ≈ *refl* запи́сываться ⟨-писа́ться⟩ I ≈ einen Brief ≈ lassen отпр|авля́ть ⟨-а́вить 3 -а́влю⟩ заказно́е письмо́
Einschreiben *n* Brief заказно́е пис|ьмо́ 4c *G Pl* -ем; Päckchen заказна́я бандеро́ль 9
ein|schreiten *intr* принима́ть ⟨приня́ть*⟩ ме́ры; **~schrumpfen** *intr* мо́рщиться 3 (с-); **~schüchtern** *tr* запу́гивать ⟨-пуга́ть⟩ I sich nicht ≈ lassen не дать* *v* себя́ запуга́ть
Einschüchterung *f* запу́гивание 5
Einschüchterungsversuch *m* попы́тка запу́гивания
einschulen *tr* Kinder определ|я́ть ⟨-и́ть 3⟩ в шко́лу
Ein|schulung *f* определе́ние 5 в шко́лу; **~schuß** *m* ме́сто 4b попада́ния (пу́ли); Weberei ут|о́к, -ка́ 2
ein|sehen *tr* Einblick nehmen просм|а́тривать ⟨-отре́ть 3⁺ -отрю́⟩; erkennen понима́ть ⟨поня́ть*⟩ I seinen Fehler ≈ осо-

знава́ть* ⟨-зна́ть⟩ свою́ оши́бку; **~seifen** *tr* мы́лить 3 (на-), намы́л|ивать ⟨-ить⟩; *übertr umg* надува́ть ⟨-|ду́ть*⟩; **~seitig 1.** *Adj* односторо́нний 11 **2.** *Adv:* ein ≈ geschriebenes Manuskript ру́копись, напи́санная с одно́й стороны́ листа́
Einseitigkeit *f* односторо́нность 9
einsenden *tr* присыла́ть ⟨-|сла́ть*⟩
Einsendeschluß *m* после́дняя да́та 11-6 для отправле́ния
Einsendung *f* посы́лка 6; von Briefen, Geld поступле́ние 5
einsetzen *tr* вставля́ть ⟨вста́в|ить 3 -лю⟩; Kommission назн|ача́ть ⟨-а́чить 3⟩; Pflanzen сажа́ть ⟨поса|ди́ть 3⁺ -жу́⟩; *Mil* вводи́ть 3⁺ -вожу́ ⟨-|вести́*⟩ в бой; *intr* beginnen начина́ться ⟨нача́ться*, нача|лся́, -и́сь⟩; Instrument вступ|а́ть ⟨-и́ть 3⁺⟩; sich ~ *refl* вступ|а́ться ⟨-и́ться 3⁺ -лю́сь⟩ (für за *A*) | j-n als Leiter einer Abteilung ~ назн|ача́ть ⟨-а́чить⟩ кого́-н. руководи́телем отде́ла; einen Flicken ~ ста́в|ить 3 -лю (по-) запла́ту; alle Kraft ~ напряга́ть ⟨-|пря́чь*⟩ все си́лы; sein Leben ~ рискова́ть 2 жи́знью
Ein|setzung *f* ins Amt назначе́ние 5; **~sicht** *f* просмо́тр 2; Verständnis понима́ние 5 | ≈ nehmen in etw. просм|а́тривать ⟨-отре́ть 3⁺⟩ что-н.; zur ≈ gelangen образу́м|иться *v* 3 -люсь *umg*; ≈ in die Notwendigkeit по́знанная необходи́мость
einsichtig благоразу́м|ный, -ен, рассуди́тел|ьный, -ен, -ьна
Einsichtnahme *f* просмо́тр 2 (in *G*), ознакомле́ние 5 (in с *I*)
einsichts|los неблагоразу́м|ный, -ен; **~voll** = **einsichtig**
einsickern *intr* проса́чиваться ⟨-сочи́ться 3⟩
Einsied|elei *f* пу́стынь 9; **~ler** *m* отше́льник 2; Mönch затво́рник 2
einsiedlerisch отше́льнический
Einsiedlerkrebs *m* рак-отше́льник 2-2
einsilbig *Gramm* односло́ж|ный, -ен; *übertr* неразгово́рчив|ый, молчали́в|ый
ein|singen, sich *refl* Chor с|пе́ться* *v;* Sänger распева́ться ⟨-|пе́ться⟩; **~sinken** *intr* погр|ужа́ться ⟨-узи́ться 3 -ужу́сь, -у́зишься⟩; im schlammigen Boden, im Schnee увяза́ть ⟨увя́знуть 4a⟩; Boden оседа́ть ⟨-|се́сть*⟩
einsitzig одноме́стный
einspannen *tr* Pferde запряга́ть ⟨-|пря́чь*⟩; zur Arbeit запряга́ть ⟨-пря́чь⟩ (j-n in etw. кого́-н. во что-н.); in die Schreibmaschine вст|авля́ть ⟨-а́вить 3 -а́влю⟩; *Tech* зажима́ть ⟨-|жа́ть[1]*⟩
Einspänner *m* одноко́нный экипа́ж 2 *G Pl* -ей, экипа́ж на одну́ ло́шадь
einspännig одноко́нный
einsparen *tr* эконо́м|ить 3 -лю (с-)
Einsparung *f* эконо́мия 8
ein|speichern *tr EDV* вво|ди́ть 3⁺ -жу́ ⟨в|вести́*⟩ в па́мять; **~sperren** *tr* запира́ть ⟨запере́ть*⟩; einkerkern заключ|а́ть ⟨-и́ть 3⟩ в тюрьму́ | j-n eingesperrt halten держа́ть кого́-н. взаперти́ [под замко́м]; **~spielen** *tr* Instrument обы́грывать ⟨-ыгра́ть⟩; sich ≈ *refl* aufeinander сраб|а́тываться ⟨-о́таться⟩; **~spinnen, sich** *refl* Seidenraupe прясть* (с-) ко́кон
einsprachig одноязы́чный
ein|sprengen *tr* Wäsche обры́з|гивать ⟨-нуть 4⟩; **~springen** *intr* замен|я́ть ⟨-и́ть 3⁺⟩ (für *A*); **~spritzen** *tr* впры́с|кивать ⟨-нуть 4⟩; *Med* де́лать (с-) инъе́кцию
Einspruch *m* возраже́ние 5, проте́ст 2 | gegen etw. ~ erheben протестова́ть 2 про́тив чего́-н., заяв|ля́ть ⟨-и́ть 3⁺ -лю́⟩ проте́ст про́тив чего́-н.
Einspruchsrecht *n* пра́во проте́ста
einspurig одноколе́йный
einst *Adv* ehedem когда́-то, не́когда; künftig когда́-нибудь, когда́-то
einstampfen *tr* утрамб|о́вывать ⟨-ова́ть 2⟩; mit Füßen втა́птывать ⟨-|топта́ть*⟩; Papier перераб|а́тывать ⟨-о́тать⟩
Einstand *m* празднова́ние 5 по слу́чаю вступле́ния 5 в до́лжность; Tennis ро́вный счёт 2
ein|stechen *tr* втыка́ть ⟨воткну́ть 4⟩; **~stecken** *tr* всо́вывать ⟨всу́нуть 4⟩; in den Briefkasten опу|ска́ть ⟨-сти́ть 3⁺ -щу́⟩; *umg* Beleidigungen прогл|а́тывать ⟨-оти́ть 3⁺ -очу́⟩; **~stehen** *intr* руча́ться ⟨поручи́ться 3⁺⟩ (für за *A*); **~steigen** *intr* вхо|ди́ть 3⁺ -жу ⟨во|йти́*⟩ (in в A); in ein Fahrzeug са|ди́ться 3 -жу́сь ⟨се́сть*⟩ в *A* | ≈! занима́йте места́!; nicht ≈! поса́дки нет!; **~stellbar** регули́руемый; **~stellen** *tr* Tätigkeit прекра|ща́ть ⟨-ти́ть 3 -щу́⟩; Auto поме|ща́ть ⟨-сти́ть 3 -щу́⟩; zur Arbeit принима́ть ⟨приня́ть*⟩ на рабо́ту, зачисля́ть ⟨-чи́слить 3⟩ в штат; *Tech* регули́ровать 2 (от-); *Rad* настр|а́ивать ⟨-о́ить 3⟩; sich ≈ *refl* явля́ться ⟨яв|и́ться 3⁺ -лю́сь⟩, beginnen начина́ться ⟨нача́ться*, нача|лся́, -и́сь⟩; *übertr* настр|а́иваться ⟨-о́иться⟩ (auf на *A*) | die Zahlungen ≈ приостан|а́вливать ⟨-ови́ть 3⁺ -овлю́⟩ платежи́; er ist gegen mich (feindlich) eingestellt он настро́ен ко мне (вражде́бно)
einstellig *Math* однозна́чный
Einstell|knopf *m Rad* ру́чка 6 настро́йки; **~ring** *m Tech* устано́вочное кольцо́; **~ung** *f* Aufnahme приня́тие 5 на рабо́ту; Abbruch прекраще́ние 5; Haltung отноше́ние 5 (zu к *D*), то́чка 6 зре́ния; *Tech* регулиро́вка 6; *Rad* настро́йка 6; Foto наво́дка 6 (на ре́зкость); Film съёмка 6
Einstich *m* уко́л 2

Einstieg *m* вход 2; Einsteigen поса́дка 6
einstig бы́вший 11, пре́жний 11
einstimm|en *intr* in ein Lied подхва́тывать ⟨-хвати́ть 3⁺ -хвачу́⟩; **~ig** единогла́с|ный, -ен
Einstimmigkeit *f* единогла́сие 5
einstmals *Adv* одна́жды, когда́-то
einstöckig одноэта́жный; in der UdSSR entsprechend двухэта́жный
ein|stoßen *tr* Tür взла́мывать ⟨-лома́ть⟩; **~streichen** *tr umg* Geld загреба́ть ⟨-|грести́*⟩; **~streuen** *tr* всыпа́ть ⟨-|сы́пать*⟩; *übertr* пересыпа́ть ⟨-сы́пать⟩; **~strömen** *intr* втека́ть ⟨-|течь*⟩, влива́ться ⟨-|ли́ться*, -ли́ли́сь⟩; **~studieren** *tr Theat* разу́чивать ⟨-учи́ть 3⁺⟩; **~stufen** tr классифици́ровать *uv, v* 2
Ein|stufenrakete *f* одноступе́нчатая раке́та; **~stufung** *f* распределе́ние 5 по катего́риям [по разря́дам]; **~sturz** *m* обва́л 2
einstürzen *intr* обру́ш|иваться ⟨-иться 3⟩, обва́ливаться ⟨-вали́ться 3⁺⟩ | die Decke ist eingestürzt потоло́к ру́хнул
einstweil|en *Adv* пока́, тем вре́менем; **~ig** вре́менный
eintägig однодне́вный
Eintagsfliege *f* му́ха-подёнка 6-6
ein|tauchen *tr* окуна́ть ⟨окуну́ть 4⟩; Feder обма́кивать ⟨-макну́ть 4⟩; Körper погр|ужа́ть ⟨-узи́ть 3 -ужу́, -у́зи́шь⟩; *intr* погружа́ться ⟨-узи́ться⟩; **~tauschen** *tr* меня́ть (об-) (gegen на *A*); **~teilen** *tr* раздел|я́ть ⟨-и́ть 3⁺⟩ (in на *A*); aufteilen распредел|я́ть ⟨-и́ть 3⟩ | das Geld ≈ эконо́мно тра́|тить 3 -чу (ис-) де́ньги
Einteilung *f* (под)разделе́ние 5; распределе́ние 5; Grad~ шкала́ 6c
eintönig моното́н|ный, -ен, -на, однообра́з|ный, -ен
Ein|tönigkeit *f* моното́нность 9, однообра́зие 5; **~topfgericht** *n* обе́д 2 из одного́ блю́да; **~tracht** *f* единоду́шие 5, согла́сие 5 | in ≈ leben жить в ми́ре и согла́сии, жить в ладу́
einträchtig дру́ж|ный, -ен, -на́, -но, дру́жны́, единоду́ш|ный, -ен
Eintrag *m* Strafvermerk вы́говор 2 (с занесе́нием в кла́ссный журна́л, в ли́чное де́ло)
ein|tragen *tr* in eine Liste u.a. запи́сывать ⟨-|писа́ть*⟩ (in в *A*); Gewinn bringen приноси́ть ⟨-|нести́*⟩; sich ≈ *refl* запи́сываться ⟨-писа́ться⟩ | Korrekturen ≈ вноси́ть 3⁺ -ношу́ ⟨-нести́⟩ исправле́ния; **~träglich** дохо́д|ный, -ен, при́был|ьный, -ен, -ьна
Eintragung *f* внесе́ние 5; Notiz за́пись 9
ein|träufeln *tr* ка́пать (на-), влива́ть ⟨-|ли́ть*, во́лью⟩ по ка́плям; **~treffen** *intr* прибыва́ть ⟨прибы́ть*⟩; zu Fuß приходи́ть 3⁺ -хожу́ ⟨-|йти́*⟩; fahrend приезжа́ть ⟨-|е́хать*⟩; Ereignis сбыва́ться ⟨-|бы́ться*, -бы́ли́сь⟩; Voraussage опр|а́вдываться ⟨-авда́ться⟩; **~treiben** *tr* Vieh загоня́ть ⟨-|гна́ть*⟩; Schulden взы́скивать ⟨-|ыска́ть*⟩; Gebühren взима́ть; **~treten** *tr* Tür выбива́ть ⟨вы́|бить*⟩; *intr* ins Zimmer вхо|ди́ть 3⁺ -жу́ ⟨во|йти́*⟩; in Schule, Dienst поступ|а́ть ⟨-и́ть 3⁺ -лю́⟩ в *A;* in eine Organisation вступ|а́ть ⟨-и́ть⟩ в *A;* Ereignis происходи́ть ⟨произойти́⟩; Besserung наступ|а́ть ⟨-и́ть⟩; sich einsetzen вступ|а́ться ⟨-и́ться⟩ (für за *A*) | für den Frieden ≈ выступа́ть за мир, стоя́ть 3 за мир; es trat Ruhe ein наста́ла тишина́; es kann der Fall ≈, daß … мо́жет случи́ться, что …; **~trichtern** *tr:* j-m etw. ≈ *umg* вда́лбливать ⟨вдолб|и́ть 3 -лю́⟩ кому́-н. что-н. (в го́лову)
Eintritt *m* вход 2; in Schule поступле́ние 5; in Organisation вступле́ние 5; Anbruch наступле́ние 5 | freier ~ беспла́тный [свобо́дный] вход; ~ verboten! вход воспрещён!
Eintritts|geld *n* пла́та за вход; **~karte** *f* (входно́й) биле́т; **~preis** *m* входна́я пла́та 6, пла́та за вход
ein|trocknen *intr* засыха́ть ⟨-со́хнуть 4a⟩; an Gewicht verlieren усыха́ть ⟨-со́хнуть⟩; **~üben** *tr* разу́чивать ⟨-учи́ть 3⁺⟩; **~verleiben** *tr* присоедин|я́ть ⟨-и́ть 3⟩ к *D*
Einver|leibung *f* Gebiet присоедине́ние 5, анне́ксия 8; **~nehmen** *n* (взаи́мное) согла́сие 5 | in gutem ≈ в до́бром согла́сии; im ≈ mit j-m заодно́ с кем-н.
einverstanden: damit sind alle ≈ все с э́тим согла́сны; sich ~ erklären объяв|ля́ть ⟨-и́ть⟩ о своём согла́сии; ~! согла́сен!
Einverständnis *n* согла́сие 5; Einwilligung соглаше́ние 5 | im ~ mit j-m handeln де́йствовать с чьего́-; согла́сия
Einwand *m* возраже́ние 5 (gegen про́тив *G*); **~erer** *m* иммигра́нт 2
einwandern *intr* иммигри́ровать *uv, v* 2
Einwanderung *f* иммигра́ция 8
einwandfrei безупре́ч|ный, -ен, безукори́знен|ный, -на | es ist ~ nachgewiesen э́то с несомне́нностью дока́зано
einwärts *Adv* внутрь
ein|wechseln *tr* обме́нивать ⟨-меня́ть⟩ (in на *A*); **~wecken** *tr* консерви́ровать 2 (за-)
Einweck|glas *n* стекля́нная ба́нка (для фрукто́вых, овощны́х консе́рвов); **~topf** *m* кастрю́ля для приготовле́ния консе́рвов
ein|weichen *tr* Zwieback разма́чивать ⟨-мочи́ть 3⁺⟩; Wäsche мочи́ть (за-); **~weihen** *tr* Denkmal (торже́ственно) открыва́ть ⟨-|кры́ть*⟩; Kirche освя|ща́ть ⟨-ти́ть 3 -щу́⟩ | j-n in etw. ≈ посвя|ща́ть ⟨-ти́ть⟩ кого́-н. во что-н.

Einweihung *f* (торжéственное) откры́тие 5; освящéние 5; посвящéние 5
einweisen *tr* Hinweise geben инструкти́ровать *uv, v* 2; einführen вводи́ть 3⁺ -вожу́ ⟨-|вести́*⟩ (in в *A*) | j-n in ein Sanatorium ~ дава́ть* ⟨дать*⟩ кому́-н. путёвку в санатóрий; j-n in ein Krankenhaus ~ напр|авля́ть ⟨-áвить 3 -áвлю⟩ когó-н. в больни́цу
Einweisung *f* in ein Amt ввод 2 в *A;* in ein Sanatorium, Ferienheim направлéние 5
Einweisungsschein *m* путёвка 6
ein|wenden *tr* возра|жáть ⟨-зи́ть 3 -жу́⟩ | er hat nichts dagegen einzuwenden у негó нет никаки́х возражéний; **~werfen** *tr* Fensterscheibe выбивáть ⟨вы́|бить*⟩; Brief опу|скáть ⟨-сти́ть 3⁺ -щу́⟩; Bemerkung вставля́ть ⟨встáв|ить 3 -лю⟩ (замечáния); Ball вбр|áсывать ⟨-óсить 3 -óшу⟩; **~wertig** *Chem* одновалéнтный; **~wickeln** *tr* завёртывать ⟨-верну́ть 4¡ -вёрнутый⟩; in Windeln пеленáть (за-); *übertr umg* оку́т|ывать ⟨-ать⟩; **~wiegen** Kind баю́кать, укáчивать ⟨-качáть⟩; **~willigen** *intr* согла|шáться ⟨-си́ться 3 -шу́сь⟩ (in на *A*)
Einwilligung *f* соглáсие 5 (zu на *A*)
einwirken *intr* воздéйствовать *uv, v* 2 (auf на *A*), влия́ть (по-) (auf на *A*)
Einwirkung *f* (воз)дéйствие 5, влия́ние 5
Einwohner *m* жи́тель 1; **~in** *f* жи́тельница 6; **~meldeamt** *n* стол 2е прóписки; **~versammlung** *f* собрáние жи́телей; **~schaft** *f* жи́тели *Pl* 1; **~zahl** *f* числó жи́телей, коли́чество 4 населéния
Einwurf *m* Schlitz щель 9g; Bemerkung рéплика 6; *Sport* вбрáсывание 5 мячá
einwurzeln *intr* Pflanze пу|скáть ⟨-сти́ть 3⁺⟩ кóрни, укорен|я́ться ⟨-и́ться 3⟩ *a. übertr*
Einzahl *f Gramm* еди́нственное числó
einzahlen *tr* вноси́ть 3⁺ -ношу́ ⟨-|нести́*⟩
Einzahlung *f* плат|ёж 2е *G Pl* -ежéй, взнос 2
Einzahlungs|schein *m* прихóдный óрдер 2; **~termin** *m* срок платежá
ein|zäunen *tr* обноси́ть 3⁺ -ношу́ ⟨-|нести́*⟩ забóром, огор|áживать ⟨-оди́ть 3 -ожу́¡ -óди́шь¡ -óженный⟩; **~zeichnen** *tr* in eine Karte наноси́ть 3⁺ -ношу́ ⟨-|нести́*⟩ на A; in eine Liste вноси́ть ⟨-|нести́*⟩ (in в *A*); sich ≈ *refl* впи́сываться ⟨-|писáться*⟩
Einzel *n Sport* Tennis одинóчная игрá 6с; **~anfertigung** *f* уникáльное издéлие 5; **~bauer** *m* единоли́чник 2; **~bestellung** *f* отдéльный закáз; **~fall** *m* едини́чный слу́чай; **~fertigung** *f* шту́чное произвóдство; einmalig уникáльное произвóдство; **~gänger** *m* одинóчка *m* 6; **~gehöft** *n* ху́тор 2b *Pl* -á; **~haft** *f* одинóчное заключéние 5; **~handel** *m* рóзничная торгóвля; **~handelspreis** *m* рóзничная ценá; **~haus** *n* особня́к 2е; **~heit** *f* подрóбность 9, детáль 9 | auf ≈en eingehen в|давáться* ⟨-|дáться*¡ -дали́сь⟩ в подрóбности; **~läufer** *m* Eiskunstlauf фигури́ст-одинóчник 2-2
Einzeller *m* одноклéточный органи́зм 2
einzeln 1. *Adj* отдéльный; alleinstehend одинóк¦ий | im ~en в чáстности; bis ins ~ до (мельчáйших) подрóбностей; jeder ~e кáждый (в отдéльности) **2.** *Adv* отдéльно, пóрознь *umg*
Einzel|person *f* отдéльное лицó; **~start** *m Sport* раздéльный старт; **~teil** *m* отдéльная часть, детáль 9; **~verkauf** *m* рóзничная продáжа; **~verpflichtung** *f* индивидуáльное обязáтельство; **~vertrag** *m* индивидуáльный договóр; **~wertung** *f Sport* ли́чный зачёт 2; **~wesen** *n* óсобь 9; **~zelle** *f* одинóчная кáмера; **~zimmer** *n* отдéльная кóмната, кóмната на [im Hotel нóмер 2b *Pl* -á] одногó человéка
einziehbar: ~es Fahrgestell Flugzeug убирáющееся 11 шасси́
einziehen *tr* втя́гивать ⟨-тяну́ть 4⁺⟩; Faden вдевáть ⟨-|деть*⟩; Segel, Fahrgestell убирáть ⟨-|брáть*⟩; Fahne спу|скáть ⟨-сти́ть 3⁺ -щу́⟩; Gelder взы́скивать ⟨-|ыскáть*⟩; Steuern взимáть; Eigentum конфисковáть *uv, v* 2; *Mil* призывáть ⟨-|звáть*⟩ (на воéнную слу́жбу); *intr* in eine Wohnung пересел|я́ться ⟨-и́ться 3⟩ | Erkundigungen ~ наводи́ть 3⁺ -вожу́ ⟨-|вести́*⟩ спрáвки; den Schwanz ~ *a. übertr* поджимáть ⟨-|жáть¹*⟩ хвост
einzig 1. *Adj* еди́нственный | ein ~er оди́н-еди́нственный; kein ~er ни оди́н **2.** *Adv:* ~ und allein исключи́тельно, тóлько; dieser Fall steht ~ da э́то совсéм óсобый слу́чай; das ist ~ э́то исключи́тельно; **~artig** еди́нственный в своём рóде
Einzimmerwohnung *f* однокóмнатная квarти́ра
Einzug *m* in eine Wohnung въезд 2; bei Umzug переéзд 2; in eine Stadt вступлéние 5; *Typ* крáсная строкá 6h
Einzugsfeier *f* новосéлье 5
Eis *n* лёд 2 льда¡ на льду; Speise~ морóженое *Subst* 10 | ewiges ~ in Eismeeren вéчные льды; das ~ ist gebrochen *übertr* лёд слóман, лёд трóнулся; auf ~ legen стáв|ить 3 -лю (по-) на лёд, *übertr* замор|áживать ⟨-óзить 3 -óжу⟩; ~ am Stiel эскимó *n idkl;* **~bahn** *f* кат|óк¡ -кá 2; **~bär** *m* бéлый медвéдь; **~becher** *m* вáзочка 6 для морóженого; Portion пóрция 8 морóженого; **~bein** *n* свинáя нóжка; **~berg** *m* áйсберг 2; **~beutel** *m Med* пузы́рь 1е со льдом; **~blume** *f*

ледянóй узóр 2; ~**bombe** *f* торт-морóженое 2-*Subst* 10; ~**brecher** *m* ледокóл 2; an Brücken ледорéз 2; ~**decke** *f* ледянóй покрóв; ~**diele** *f* кафé-морóженое *idkl-Subst* 10

Eisen *n* желéзо 4 | etw. zum alten ~ werfen *übertr* с|давáть* ⟨-|дать*⟩ что-н. в архи́в; das ist ein heißes ~ *umg* э́то щекотли́вое дéло; mehrere ~ im Feuer haben имéть нéсколько шáнсов на успéх

Eisenach Айзенáх 2

Eisenbahn *f* желéзная дорóга 6 | mit der ~ по желéзной дорóге; es ist höchste ~ *umg* давнó порá, врéмя не тéрпит; ~**abteil** *n* купé [пэ] *n idkl;* ~**ausbesserungswerk** *n* железнодорóжный ремóнтный завóд; ~**er** *m* железнодорóжник 2; im Streckendienst путé|ец, -йца 2; ~**fähre** *f* железнодорóжный парóм; ~**fahrkarte** *f* железнодорóжный билéт; ~**fahrplan** *m* расписáние (движéния) железнодорóжных поездóв; als Buch железнодорóжный спрáвочник 2; ~**fahrt** *f* поéздка по желéзной дорóге; ~**gleis** *n* железнодорóжная колея́; ~**knotenpunkt** *m* железнодорóжный ýзел; ~**linie** *f* железнодорóжная ли́ния; ~**netz** *n* железнодорóжная сеть; ~**schaffner** *m* кондýктор 2b *Pl* -á; im Schlafwagen проводни́к 2e; ~**schiene** *f* железнодорóжный рельс; ~**schranke** *f* шлагбáум 2; ~**signal** *n* железнодорóжный семафóр 2 [сигнáл]; ~**station** *f* железнодорóжная стáнция; ~**transport** *m* железнодорóжный трáнспорт; ~**überführung** *f* путепровóд над полотнóм желéзной дорóги; ~**übergang** *m:* beschrankter ≈ железнодорóжный переéзд 2 со шлагбáумом; unbeschrankter ≈ железнодорóжный переéзд без шлагбáума; ~**unglück** *n* крушéние 5 пóезда; ~**unterführung** *f* путепровóд под полотнóм желéзной дорóги; ~**verbindung** *f* железнодорóжное сообщéние; ~**verkehr** *m* железнодорóжное движéние [сообщéние]; ~**wagen** *m* (железнодорóжный) вагóн | ≈ 1. Klasse мя́гкий вагóн; ≈ 2. Klasse жёсткий вагóн; ~**zug** *m* железнодорóжный пóезд

Eisen|beton *m* железобетóн 2; ~**blech** *n* листовóе желéзо 4; ~**draht** *m* желéзная прóволока; ~**erz** *n* желéзная рудá; ~**gehalt** *m* содержáние желéза; ~**gießerei** *f* чугунолитéйный завóд 2

eisenhaltig Erz желези́стый

Eisen|hut *m Bot* акони́т 2; ~**hütte** *f* металлурги́ческий завóд 2; ~**industrie** *f* чёрная металлýргия 8; ~**oxid** *n* óкись желéза; ~**quelle** *f* желези́стый истóчник; ~**träger** *m Tech* желéзная бáлка, желéзное стропи́ло 4; ~**walzwerk** *n* железопрокáтный завóд 2 [цех 2]; ~**waren** *f Pl* скобяны́е издéлия; ~**zeit** *f* желéзный век 2b *Pl* -á

eisern желéзный *a. übertr* | ~er Fleiß необычáйное усéрдие, неутоми́мое прилежáние

eisfrei незамерзáющий 11; zeitweise свобóдный ото льда

Eisgang *m* ледохóд 2

eisgekühlt охлаждённый на льду

Eishockey *n* хоккéй (с шáйбой); ~**mannschaft** *f* хоккéйная комáнда; ~**spieler** *m* хоккеи́ст 2

eisig ледянóй; *übertr* ледянóй, холóдный, хóлод|ен, -нá, -но, хóлодны́ | ~es Schweigen ледянóе молчáние

Eiskaffee *m* кóфе глясé *m idkl*

eiskalt холóдный как лёд, морóз|ный, -ен | ~e Füße ледяны́е нóги

Eiskeller *m* лéдник 2

Eiskunst|lauf *m* фигýрное катáние 5 (на конькáх); ~**läufer** *m* фигури́ст 2; ~**läuferin** *f* фигури́стка 6

Eis|maschine *f* морóженица 6; ~**meer** Ледови́тый океáн 1; ~**pickel** *m* ледорýб 2; ~**revue** *f* балéт 2 на льду; ~**schlitten** *m* бýер 2b *Pl* -á; ~**schnellauf** *m* скоростнóй бег на конькáх; ~**schnelläufer** *m* конькобéж|ец-скорохóд, -ца 2-2; ~**scholle** *f* льди́на 6; ~**segeln** *n* бýерный спорт 2; ~**sporthalle** *f* крытый (искýсственный) кат|óк, -кá 2; ~**stand** *m* палáтка 6 [киóск] для продáжи морóженого; ~**tanz** *m Sport* тáнцы *Pl* 2 на льду; ~**verkäuferin** *f* морóженщица 6; ~**vogel** *m* зиморóд|ок, -ка 2; ~**würfel** *m* кýбик льда; ~**zapfen** *m* (ледянáя) сосýлька 6; ~**zeit** *f* леднико́вый пери́од 2

eitel тщеслáв:ный, -ен; rein чи́ст:ый, -а, -о, чи́сты́ | ~ sein гор|ди́ться 3 -жýсь

Eitelkeit *f* тщеслáвие 5

Eiter *m* гной 1; в гною́; ~**beule** *f* (гнóйный) нары́в 2, абсцéсс 2; ~**herd** *m* гнойни́к 2e

eitern *intr* гнои́ться 3

Eiterung *f* (на)гноéние 5

Eiterungsprozeß *m* гнóйный процéсс

eitrig гнóйный

Eiweiß *n* бел|óк, -кá 2

eiweißhaltig содержáщий 11 белóк

Eiweißverbindung *f* белкóвое соединéние

Eizelle *f* яйцевáя клéтка 6, яйцеклéтка 6

[1]**Ekel** *m* отвращéние 5 (vor к *D*) | ~ vor etw. haben испы́тывать ⟨-пытáть⟩ отвращéние к чемý-н.

[2]**Ekel** *n* widerlicher Mensch отврати́тельный человéк

ekelhaft, ekelig отврати́тел|ьный, -ен, -ьна, проти́в|ный, -ен

ekeln, sich *refl* испы́тывать ⟨-пытáть⟩ отвращéние (vor к *D*), брéзгать (по-) (vor

l) | es ekelt mich мне проти́вно, меня́ тошни́т
Eklekti|ker *m* экле́ктик 2; **~zismus** *m* эклекти́зм 2
Ekliptik *f Astr* экли́птика 6
Ekstase *f* экста́з 2, восто́рг 2 | in ~ geraten приходи́ть 3⁺ -хожу́ ⟨-|йти́*⟩ в экста́з
Ekuador Эквадо́р 2; **~ianer** *m* эквадо́р|ец, -ца 2
ekuadorianisch эквадо́рский
Ekzem *n* экзе́ма [зэ] 6
Elan *m* подъём 2, разма́х 2 | mit ≈ arbeiten рабо́тать с подъёмом
Elastikstrümpfe *m Pl* эласти́чные чулки́
elastisch ги́б|кий, -ок, -ка́!; Gewebe эласти́ч|ный, -ен; federnd упру́г:ий
Elastizität *f* ги́бкость 9; эласти́чность 9; упру́гость 9
Elbe Э́льба 6
Elbrus Эльбру́с 2
Elch *m* лось 1g
Elefant *m* слон 2e
Elefantenrüssel *m* слоно́вый хо́бот
elegant изя́щ|ный, -ен, элега́нт|ный, -ен
Eleganz *f* элега́нтность 9, изя́щество 4
Elegie *f* эле́гия 8
elegisch элеги́ческий; wehmütig элеги́ч|ный, -ен
elektrifizieren *tr* электрифици́ровать *uv, v* 2
Elektri|fizierung *f* электрифика́ция 8; **~ker** *m* эле́ктрик 2, электромонтёр 2
elektrisch электри́ческий | ~er Stuhl электри́ческий стул; ~e Eisenbahn электри́ческая желе́зная доро́га; ~e Lokomotive электрово́з 2; ~e Kochplatte электропли́тка 6
elektrisieren *tr* электризова́ть *uv, v* 2 (*a.* на-)
Elektri|siermaschine *f* электростати́ческая маши́на; **~zität** *f* электри́чество 4
Elektrizitäts|netz *n* электросе́ть 9; **~werk** *n* электроста́нция 8
Elektro|akustik *f* электроаку́стика 6; **~artikel** *Pl* электробытовы́е това́ры; **~chemie** *f* электрохи́мия 8
Elektrode *f* электро́д 2
Elektro|dynamik *f* электродина́мика 6; **~gerät** *n* электроприбо́р 2; **~herd** *m* электри́ческая плита́ 6c; **~ingenieur** *m* инжене́р-эле́ктрик 2-2; **~kardiogramm** *n* электрокардиогра́мма 6; **~karren** *m* электрока́р 2; **~lokomotive** *f* электрово́з 2; **~lyse** *f* электро́лиз 2; **~lyt** *m* электроли́т 2; **~magnet** *m* электромагни́т 2
elektromagnetisch электромагни́тный | ~es Feld электромагни́тное по́ле
Elektromechanik *f* электромеха́ника 6
elektromechanisch электромехани́ческий
Elektro|monteur *m* электрмонтёр 2; **~motor** *m* электромото́р 2, электродви́гатель 1
elektromotorisch: ~e Kraft электродви́жущая 11 си́ла
Elektron *n* электро́н 2
Elektronen|blitz *m Foto* электро́нная фотовспы́шка 6; **~gehirn** *n* электро́нный мозг; **~mikroskop** *n* электро́нный микроско́п; **~orgel** *f* электро́нный орга́н; **~rechner** *m* электро́нная вычисли́тельная маши́на; **~röhre** *f* электро́нная ла́мпа
Elektronik *f* электро́ника 6; **~er** *m* электро́ник 2
elektronisch электро́нный
Elektro|ofen *m* электропе́чь 9g; **~rasierer** *m* электробри́тва 6 **~schweißen** *n* электросва́рка 6; **~technik** *f* электроте́хника 6; **~techniker** *m* электроте́хник 2
elektrotechnisch электротехни́ческий
Elektrotherapie *f* электротерапи́я 8
Element *n* Natur~ стихи́я 8; *El, Chem* элеме́нт 2; ~e *Pl* Anfangsgründe осно́вы *Pl* 6 | in seinem ~ sein *übertr* быть в свое́й стихи́и; verbrecherische ~e престу́пные элеме́нты
elementar элемента́р|ный, -ен; naturgewaltig; spontan стихи́|йный, -ен, -йна
Elementar|bildung *f* нача́льное образова́ние; **~gewalt** *f* стихи́йиная си́ла; **~teilchen** *n* элемента́рная части́ца; **~unterricht** *m* нача́льное обуче́ние
elend 1. жа́л|кий, -ок, -ка́!, -ьче; erbärmlich, bedürftig бе́дствен:ный, -на; verächtlich по́дл:ый, -а́!, презре́н:ный, -на | ein ~es Dasein жа́лкое существова́ние **2.** *Adv:* ~ aussehen пло́хо вы́гля|деть 3 -жу; er fühlt sich ~ ему́ пло́хо
Elend *n* беда́ 6c; Armut нищета́ 6 | er ist nur noch ein Häufchen ~ *umg* у него́ жа́лкий вид; es ist ein ~ mit ihm *umg* беда́ с ним
Elends|quartier *n* трущо́ба 6; **~viertel** *n* трущо́бы *Pl* 6
Elevator *m Tech* элева́тор 2
elf *Num* оди́ннадцать 9
[1]**Elf** *f Sport* кома́нда 6
[2]**Elf** *m*, **Elfe** *f Myth* эльф 2
Elfenbein *n* слоно́вая кость
elfjährig одиннадцатиле́тний 11
Elfmeter *m* одиннадцатиметро́вый уда́р 2; **~punkt** *m* одиннадцатиметро́вая отме́тка 6
elfter *Num* оди́ннадцатый
Elftel *n* оди́ннадцатая часть 9g
eliminieren *tr* исключ|а́ть ⟨-и́ть 3⟩, элимини́ровать *uv, v* 2
Elite *f* эли́та 6; **~truppen** *f Pl* отбо́рные войска́
Ellbogen *m* ло́к|оть, -тя 1g | sich auf die ~ stützen облок|а́чиваться ⟨-оти́ться 3⁺ -очу́сь⟩; **~freiheit** *f* свобо́да де́йствий

Elle *f Anat* локтевая кость 9g; Maß ло́к|оть, -тя 1g
ellenlang *übertr* очень длинный
Ellipse *f* эллипс 2
elliptisch эллиптический
eloxieren *tr* элоксировать *uv, v* 2
El Salvador Сальвадо́р 2
Elster *f* соро́ка 6 | die diebische ~ соро́ка-воро́вка 6-6
elterlich роди́тельский
Eltern *m, n Pl* роди́тели *Pl* 1; ~**abend** *m* роди́тельское собра́ние 5; ~**aktiv** *n* роди́тельский акти́в 2; ~**beirat** *m* роди́тельский сове́т 2; ~**haus** *n* родно́й дом
elternlos не име́ющий 11 роди́телей | er ist ~ у его́ нет роди́телей
Elternseminar *n* семина́р для роди́телей
Emailfarbe *f* эма́левая кра́ска
Emaille *f* эма́ль 9
emaillieren *tr* эмалирова́ть 2
Emailletopf *m* эмалиро́ванная кастрю́ля
Emanzipation *f* эмансипа́ция 8
emanzipieren *tr* эмансипи́ровать *uv, v* 2
Embargo *n* эмба́рго; ~**politik** *f* поли́тика эмба́рго
Emblem *n* эмбле́ма 6
Embolie *f* эмболи́я 8
Embryo *n* эмбрио́н 2, заро́дыш 2 *G Pl* -ей
embryonal эмбриона́льный, заро́дышевый
emeritieren *tr* переводи́ть 3⁺ -вожу́ ⟨-|вести́*⟩ на пе́нсию
Emigrant *m* эмигра́нт 2; ~**in** *f* эмигра́нтка 6
Emigration *f* эмигра́ция 8
emigrieren *intr* эмигри́ровать *uv, v* 2 (nach в *A*)
eminent 1. *Adj* выдаю́щийся 11 **2.** *Adv* весьма́
Emission *f Fin* эми́ссия 2, вы́пуск 2 це́нных бума́г
Emotion *f* эмо́ция 8
emotional эмоциона́л|ьный, -ен, -на
Empfang *m* Ware приём 2, получе́ние 5; Gäste встре́ча 6, приём; *Rad* приём | einen ~ bereiten устр|а́ивать ⟨-о́ить 3⟩ приём; in ~ nehmen получ|а́ть ⟨-и́ть 3⁺⟩, принима́ть ⟨приня́ть*⟩; störungsfreier ~ приём без поме́х
empfangen *tr* получ|а́ть ⟨-и́ть 3⁺⟩, принима́ть ⟨приня́ть*⟩; begrüßen встреча́ть ⟨встре́|тить 3 -чу⟩; Eindrücke воспринима́ть ⟨-приня́ть⟩; *Rad* принима́ть ⟨приня́ть⟩; *intr* schwanger werden зача́ть* *v*
Empfänger *m* получа́тель 1, адреса́т 2; *Rad* приёмник 2
empfänglich восприи́мчив:ый (für к *D*); für Eindrücke впечатли́тел|ьный, -ен, -ьна
Empfänglichkeit *f* восприи́мчивость 9; впечатли́тельность 9
Empfängnis *f Med* зача́тие 5; ~**verhütung** *f* предупрежде́ние 5 бере́менности
Empfangs|bescheinigung *f* распи́ска в получе́нии; ~**chef** *m* администра́тор 2; ~**zimmer** *n* приёмная *Subst* 10
empfehlen *tr* рекомендова́ть *uv, v* 2; raten сове́товать 2 (по-); sich ~ *refl* sich verabschieden про|ща́ться ⟨-сти́ться 3 -щу́сь⟩ | ~ Sie mich bitte Ihren Eltern переда́йте, пожа́луйста, (от меня́) приве́т ва́шим роди́телям; es empfiehlt sich рекоменду́ется
empfehlenswert досто́йный рекоменда́ции
Empfehlung *f* рекоменда́ция 8; Gruß приве́т 2, покло́н 2 (an *D*) | auf ~ по рекоменда́ции
Empfehlungsschreiben *n* рекоменда́тельное письмо́
empfind|en *tr* чу́вствовать 2 (по-), ощу|ща́ть ⟨-ти́ть 3 -щу́⟩; Freude; Gewissensbisse испы́тывать ⟨-пыта́ть⟩; ~**lich** чувстви́тел|ьный, -ен, -ьна; Kälte; Verlust ощути́тел|ьный, -ен, -ьна; Körperteil боле́знен:ный, -на; leicht gekränkt оби́дчив:ый; Stoff ма́р|кий, -ок, -ка
Empfindlichkeit *f* чувстви́тельность 9; оби́дчивость 9
empfindsam чувстви́тел|ьный, -ен, -ьна, сентимента́л|ьный, -ен, -ьна
Empfind|samkeit *f* чувстви́тельность 9, сентимента́льность 9; ~**ung** *f* чу́вство 4, ощуще́ние 5
Empfindungs|losigkeit *f* бесчу́вственность 9; ~**vermögen** *n* спосо́бность чу́вствовать [ощуща́ть]
Empir|iriker *m* эмпи́рик 2; ~**iokritizismus** *m* эмпириокритици́зм 2
empirisch эмпири́ч|ный, -ен, эмпири́ческий
Empirismus *m* эмпири́зм 2
empor *Adv* вверх, кве́рху; ~**arbeiten, sich** *refl* пробива́ть ⟨-|би́ть*⟩ себе́ доро́гу; ~**blicken** *intr* гля|де́ть 3 -жу́ (по-) вверх (zu на *A*)
Empore *f* хо́ры *Pl* 2
empören *tr* возму|ща́ть ⟨-ти́ть 3 -щу́⟩; sich ~ *refl* возму|ща́ться ⟨-ти́ться⟩ (über *I*); вос|committed ⟨-|ста́ть*⟩ (gegen про́тив *G*) | empört sein über etw. быть возмущённым чем-н.; ~**d** возмути́тел|ьный, -ен, -ьна
empor|heben *tr* поднима́ть ⟨подня́ть*⟩ вверх; ~ **kommen** *intr übertr* де́лать (с-) карье́ру
Emporkömmling *m* вы́скочка *m* 6, карьери́ст 2
empor|ragen *intr* вы́ситься 3, возвыша́ться (über над *I*); ~**schwingen, sich** *refl* высоко́ взлет|а́ть ⟨-е́ть 3⟩; *übertr* поднима́ться ⟨подня́ться⟩ на бо́лее высо́кую ступе́нь; ~**streben** *intr* тяну́ться 4⁺

ввысь [вверх]; *übertr* стрем|и́ться 3 -лю́сь ввысь
Empörung *f* возмуще́ние 5, негодова́ние 5 (über *I*)
emsig усе́рд|ный, -ен
Emsigkeit *f* усе́рдие 5
Emulsion *f* эму́льсия 8
Ende *n* кон|е́ц, -ца́ 2; Tod конч́ина 6 | am ~ в конце́; gegen ~ к концу́; am anderen ~ на друго́м конце́; ~ Mai в конце́ ма́я; das ~ vom Lied *übertr* коне́ц де́ла; letzten ~s в конце́ концо́в; zu ~ gehen конча́ться ⟨ко́нчиться 3⟩; zu ~ sein зака́нчиваться ⟨-ко́нчиться⟩; ein ~ nehmen прекра|ща́ться ⟨-ти́ться 3 -щу́сь⟩; zu ~ führen доводи́ть 3⁺ -вожу́ ⟨-|вести́*⟩ до конца́; meine Geduld ist zu ~ моё терпе́ние исся́кло; am ~ der Welt на краю́ све́та; am äußersten ~ на са́мом краю́; mit seinem Latein am ~ sein не знать, что де́лать да́льше; das dicke ~ kommt nach я́годки ещё впереди́
enden *intr* конча́ться ⟨ко́нчиться 3⟩, зака́нчиваться ⟨-ко́нчиться⟩ | nicht ~ wollender Beifall несмолка́ющая ова́ция 11-8, несмолка́ющие аплодисме́нты
Endergebnis *n* коне́чный ито́г [результа́т 2]
en detail *Adv Hdl* в ро́зницу
Endgeschwindigkeit *f* коне́чная ско́рость
endgültig оконча́тел|ьный, -ен, -ьна
End|haltestelle *f* коне́чная остано́вка; **~kampf** *m Sport* фина́л 2; **~konsequenz** *f*: in der ≈ в коне́чном счёте; **~lauf** *m* фина́льный забе́г 2
end|lich 1. *Adj* коне́ч|ный, -ен **2.** *Adv* наконе́ц; **~los 1.** *Adj* бесконе́ч|ный, -ен, нескончае́м:ый **2.** *Adv* без конца́
End|runde *f Sport* после́дний 11 [заключи́тельный] тур 2, фина́л 2; **~sieg** *m* оконча́тельная побе́да; **~silbe** *f* коне́чный слог
Endspiel *n* фина́л 2, заключи́тельная [фина́льная] игра́; Schach э́ндшпиль 1; **~teilnehmer** *m Sport* финали́ст 2
End|spurt *m* рыв|о́к, -ка 2 пе́ред фи́нишем; **~station** *f* коне́чная ста́нция; **~ung** *f* оконча́ние 5; **~verbraucher** *m* коне́чный потреби́тель; **~ziel** *n*, **~zweck** *m* коне́чная цель
Energetik *f* энерге́тика 6
Energie *f* эне́ргия 8; **~bedarf** *m* потре́бность в эне́ргии
energieintensiv энергоёмкий
Energie|krise *f* энергети́ческий кри́зис; **~politik** *f* поли́тика в о́бласти энерге́тики; **~quelle** *f* исто́чник эне́ргии; **~träger** *m* исто́чник 2 эне́ргии; **~verbrauch** *m* потребле́ние эне́ргии 5; **~verbundnetz** *n* объединённая энергосе́ть; **~versorgung** *f* энергоснабже́ние 5; **~wirtschaft** *f* энергети́ческое хозя́йство
energisch энерги́ч|ный, -ен; zielstrebig напо́рист:ый
eng 1. *Adj* у́з|кий, -ок, -ка́, -ко, у́зки́; у́же; beengt те́с|ный, -ен, -на́, -но, те́сны́, befreundet бли́з|кий, -ок, -ка́, -ко, бли́зки́; бли́же; ближа́йший 11 | im ~eren Sinne в у́зком смы́сле; ~e Freundschaft те́сная дру́жба; in ~en Beziehungen в бли́зких отноше́ниях; in die ~ere Wahl kommen проходи́ть 3⁺ -хожу́ ⟨-|йти́*⟩ во второ́й тур **2.** *Adv:* ~ schreiben писа́ть убо́ристо; ~ nebeneinander sitzen сиде́ть вплотну́ю друг к дру́гу; aufs ~ste о́чень те́сно; ~er machen су́|живать ⟨-зить 3 -жу⟩
Engagement *n* Arbeitsvertrag контра́кт 2; Einsatzfreude акти́вность 9
engagieren *tr* принима́ть ⟨приня́ть*⟩ на рабо́ту; zum Tanz пригла|ша́ть ⟨-си́ть 3 -шу́⟩; sich ~ *refl* заступ|а́ться ⟨-и́ться 3⁺ -лю́сь⟩ (für за *A*)
enganliegend пло́тно облега́ющий 11, в обтя́жку
Enge *f* räumliche теснота́ 6; geistige у́зость 9 | in die ~ treiben при|жа́ть[1]* *v* к стене́; mit Fragen ста́в|ить 3 -лю в тупи́к
Engel *m* а́нгел 2
engelhaft а́нгельский
Engelsgeduld *f* а́нгельское терпе́ние
Engerling *m* личи́нка 6 ма́йского жука́
engherzig безду́ш|ный, -ен, чёрств:ый, черства́, чёрство, чёрствы *u.* черствы́
Engherzigkeit *f* безду́шие 5, чёрствость 9
England А́нглия 8
Engländer *m* англич|а́нин 2 *Pl* -а́не, -а́н; **~in** *f* англича́нка 6
englisch 1. *Adj* англи́йский | ~e Krankheit рахи́т 2 **2.** *Adv* по-англи́йски
Englischhorn *n Mus* англи́йский рожо́к
Engpaß *m* уще́лье 5, тесни́на 6; *Wirtsch* у́зкое ме́сто 4b *a. übertr* (in в *P*)
en gros *Adv* о́птом
engstirnig *übertr* ограни́чен:ный, -на, узколо́б:ый
Enkel *m* внук 2; **~in** *f* вну́чка 6; **~kind** *n* внук 2; вну́чка 6; ≈er *Pl* внуч|а́та *Pl* -а́т, а́там
Enklave *f* экнла́в 2
enorm 1. *Adj* огро́м|ный, -ен **2.** *Adv* о́чень, чрезме́р|но
Ensemble *n* анса́мбль 1; Kleidung компле́кт 2
entarten *intr* вырожда́ться ⟨вы́родиться 3⟩; moralisch по́р|титься 3 -чусь (ис-)
Entartung *f* вырожде́ние 5; по́рча 6
entäußern, sich *refl* отка́зываться ⟨-|каза́ться*⟩ от *G*
entbehr|en *tr* быть* лишённым *G*, нужда́ться в *P* | j-n ≈ жале́ть об отсу́тствии кого́-н.; etw. ≈ können обхо|ди́ться 3⁺ -жу́сь ⟨обо|йти́сь*⟩ без чего́-н.; **~lich** не-

нýж|ный, -ен, -нá!, излѝш|ний 11 -ен | das ist ≈ без э́того мóжно обойтѝсь
Entbehrung *f* нуждá 6c, лишéния *Pl* 5
entbinden *tr* освобо|ждáть ⟨-дѝть 3 -жý; -ждённый⟩ (von от *G*) | entbunden werden *Med* разреш|áться ⟨-ѝться 3⟩ от брéмени
Entbindung *f* освобождéние 5; *Med* рóды *Pl* 2 | schmerzlose ~ обезбóленные рóды
Entbindungs|heim *n* родѝльный дом; **~station** *f* родѝльное отделéние
ent|blättern *tr* обрывáть ⟨обо|рвáть*⟩ лѝстья с *G*; sich ≈ *refl* терять лѝстья; **~blöden, sich** *refl:* sich nicht ≈ не стесня́ться (по-); **~blößen** *tr* обнаж|áть ⟨-ѝть 3⟩; sich ≈ *refl* обнаж|áться ⟨-ѝться⟩; **~blößt** обнаж|ённый, -ён, -енá; *übertr* лиш|ённый, -ён, -енá *G;* **~brennen** *intr* заго-р|áться ⟨-éться 3⟩ | in Liebe für j-n ≈ пылáть (вос-) любóвью к комý-н.; **~decken** *tr* открывáть ⟨-|крыть*⟩; (auf)finden обнарýж|ивать ⟨-ить 3⟩
Entdeck|er *m* первооткрывáтель 1; **~ung** *f* открытие 5
Entdeckungsreise *f* исслéдовательская экспедѝция 8
Ente *f* ýтка 6 *a. Med*
entehren *tr* позóрить 3 (о-), бесчé|стить 3 -щу (о-); **~d** позóр|ный, -ен
Entehrung *f* позóр 2, бесчéстие 5
enteignen *tr* отчуждáть, экспроприѝровать *uv, v* 2
Enteignung *f* отчуждéние 5, экспроприáция 8
enteisen *tr* устран|я́ть ⟨-ѝть 3⟩ обледенéние
Entenbraten *m* жáреная ýтка 6
Entenzucht *f* утковóдство 4
enterben *tr* лиш|áть ⟨-ѝть 3⟩ наслéдства
Enterich *m* сéлез|ень, -ня 1
entern *tr Mar* брать* ⟨взять*⟩ на абордáж
ent|fachen *tr* раздувáть ⟨-|дýть*⟩ *a. übertr;* **~fahren** *intr* вырывáться ⟨вы́|рваться*⟩; **~fallen** *intr* auf j-n до|ставáться* ⟨-|стáться*⟩ *D;* auf Fragebogen отпадáть ⟨-|пáсть*⟩ | das ist mir ≈ э́то вы́пало у меня́ из пáмяти; **~falten** *tr* развёртывать ⟨-вернýть 4; -вёрнутый⟩ *a. übertr;* Fähigkeiten развивáть ⟨-|вѝть*, -овью́⟩; sich ≈ *refl* Blume распу|скáться ⟨-стѝться 3⁺⟩; *übertr* развивáться ⟨-вѝться; -вѝлѝсь⟩
Entfaltung *f* Entwicklung развѝтие 5
ent|färben *tr* обесцвé|чивать ⟨-тить 3 -чу⟩; sich ≈ *refl* Gesicht бледнéть (по-); **~fernen** *tr* удал|я́ть ⟨-ѝть 3⟩, устран|я́ть ⟨-ѝть 3⟩; sich ≈ *refl* удал|я́ться ⟨-ѝться⟩, уходѝть 3⁺ -жý ⟨у|йтѝ*⟩; für kurze Zeit отлуч|áться ⟨-ѝться 3⟩ *umg;* **~fernt** отдалён:ный, -на; Verwandtschaft дáльний 11 | das Dorf ist 2 km vom Bahnhof ≈ дерéвня нахóдится в двух киломéтрах от стáнции; ich bin weit davon ≈, das zu tun я совершéнно не намéрен э́того дéлать; nicht im ≈esten нискóлько, ничýть
Entfernung *f* расстоя́ние 5; Beseitigung удалéние 5, отстранéние 5 | in einiger ~ на нéкотором расстоя́нии; in einer ~ von fünf Kilometern на расстоя́нии пятѝ километров; unerlaubte ~ самовóльная отлýчка 6
Entfernungsmesser *m* дальномéр 2
ent|fesseln *tr* развя́зывать ⟨-|вязáть*⟩ *a. übertr;* **~fetten** *tr* обезжѝр|ивать ⟨-ить 3⟩
Entfettungskur *f* лечéние (от) ожирéния
ent|flammbar (легкó [хк]) воспламеня́ющийся 11; **~flammen** *tr* воспламен|я́ть ⟨-ѝть 3⟩ (zu *I*); begeistern воодушев|ля́ть ⟨-ѝть 3 -лю́⟩ (zu на *A*); sich ≈ *refl* воспламеня́ться ⟨-ѝться⟩ *I;* **~flechten** *tr* Konzern декартелизѝровать *uv, v* 2; **~fliehen** *intr* сбегáть ⟨-|бежáть*⟩; **~fremden** *tr* отдал|я́ть ⟨-ѝть 3⟩ от *G;* sich ≈ *refl* охлад|евáть ⟨-éть⟩ (j-m к *D*); **~führen** *tr* уводѝть 3⁺ -вожý ⟨-|вестѝ*⟩, похищáть ⟨-хѝтить 3 -хѝщу⟩; Flugzeug угоня́ть ⟨-|гнáть*⟩
Entführ|er *m* похитѝтель 1; совершѝвший *Subst* 11 угóн; **~ung** *f* похищéние 5; угóн 2
entgasen *tr* дегазѝровать *uv, v* 2, очищáть ⟨очѝ|стить 3 -щу⟩ от гáза
entgegen 1. *Adv* навстрéчу **2.** *Präpos* вопрекѝ *D,* прóтив *G;* **~arbeiten** *intr* противодéйствовать 2; **~bringen** *tr:* j-m Vertrauen ≈ окáзывать ⟨-|казáть*⟩ комý-н. довéрие; **~eilen** *intr* спешѝть 3 (по-) навстрéчу; **~gehen** *intr* идтѝ навстрéчу; **~gesetzt** противополóж|ный, -ен, протѝвный | in ≈er Richtung в обрáтном направлéнии; **~halten** *tr übertr* возра|жáть ⟨-зѝть 3 жý⟩; **~handeln** *intr* дéйствовать вопрекѝ *D,* противодéйствовать; **~kommen** *intr* идтѝ* навстрéчу *a. übertr*
Entgegenkommen *n* любéзность 9
entgegenkommend любéз|ный, -ен, предупредѝтел|ьный, -ен, -ьна
Entgegennahme *f* приня́тие 5
entgegen|nehmen *tr* принимáть ⟨приня́ть*⟩; **~sehen** *intr übertr* ожидáть; **~setzen** *tr,* **~stellen** *tr* противопост|авля́ть ⟨-áвить 3 -áвлю⟩; **~treten** *intr* выступáть ⟨вы́ступ|ить 3 -лю⟩ прóтив *G;* einer Sache протѝв|иться 3 -люсь (вос-) *D;* **~wirken** *intr* противодéйствовать 2 *D*
entgegnen *tr* возра|жáть ⟨-зѝть 3 -жý⟩
Entgegnung *f* возражéние 5, отвéт 2
ent|gehen *intr* избегáть ⟨-|бежáть*, -бéгнуть 4a *u.* 4⟩ *G,* уходѝть 3⁺ -хожý ⟨-|йтѝ*⟩ от *G* | sich etw. ≈ lassen упу|скáть ⟨-стѝть 3⁺ -щý⟩ что-н.; mir ist nicht entgangen, daß … мне небезызвéстно, что …; das ist mir entgangen э́то я упу-

сти́л [пропусти́л], э́того я не заме́тил; **~geistert** растéрянный, ошара́шен:ный

Entgelt *n* вознагражде́ние 5 (für за *A*); Ersatz возмеще́ние 5 | als ~ взаме́н; gegen ~ за пла́ту

ent|gelten *tr* belohnen отпл|а́чивать ⟨-ати́ть 3⁺ -ачу́⟩ за *A;* **~giften** *tr* обеззара́|живать ⟨-зить 3 -жу⟩; von Giftgas дегази́ровать [дэ] *uv, v* 2

Entgiftung *f* обеззара́живание 5; дегаза́ция [дэ] 8

entgleisen *intr* схо|ди́ть 3⁺ -жу́ ⟨со|йти́*⟩ с ре́льсов; *übertr* сказа́ть* *v* что-н. неуме́стное

Entgleisung *f* Zug сход 2 с ре́льсов; *übertr* беста́ктность 9

ent|gleiten *intr* den Händen выска́льзывать ⟨вы́скользнуть 4⟩ из *G;* **~haaren** *tr* удал|я́ть ⟨-и́ть 3⟩ во́лосы с *G*

Enthaarung *f* удале́ние 5 воло́с с *G; Tech* обезвола́шивание 5

ent|halten *tr* содержа́ть 3⁺; sich ≈ *refl* возде́рживаться ⟨-держа́ться⟩ от *G;* **~haltsam** возде́ржан:ный, -на

Enthaltsamkeit *f* возде́ржанность 9

enthaupten *tr* обезгла́в|ливать ⟨-ить 3 -лю⟩

Enthauptung *f* обезгла́вливание 5

ent|heben *tr* освобо|жда́ть ⟨-ди́ть 3 -жу́; -ждённый⟩ от *G,* отстран|я́ть ⟨-и́ть 3⟩ от *G;* **~hüllen** *tr* открыва́ть ⟨-|кры́ть*⟩; *übertr* разоблач|а́ть ⟨-и́ть 3⟩

Enthüllung *f* откры́тие 5; *übertr* разоблаче́ние 5

enthülsen *tr* лущи́ть 3 (об-), шелуши́ть 3

Enthusiasmus *m* энтузиа́зм 2

enthusiastisch по́лный энтузиа́зма

ent|jungfern *tr* лиш|а́ть ⟨-и́ть 3⟩ де́вственности; **~keimen** *tr* стерилизова́ть *uv, v* 2; Kartoffeln удал|я́ть ⟨-и́ть 3⟩ ростки́; **~kernen** *tr* вынима́ть ⟨вы́нуть 4⟩ зёрна; bei Steinobst вынима́ть ⟨вы́нуть⟩ ко́сточку из *G;* **~kleiden** *tr* раздева́ть ⟨-|де́ть*⟩; sich ≈ *refl* раздева́ться ⟨-де́ться⟩; **~kommen** *intr* убега́ть ⟨-|бежа́ть*⟩; **~koppeln** *tr* Raumschiffe расстык|о́вывать ⟨-ова́ть 2⟩; **~korken** *tr* отку́пор|ивать ⟨-ить 3⟩; **~kräften** *tr* обесси́л|ивать ⟨-ить 3⟩; *übertr* опро|верга́ть ⟨-ве́ргнуть 4 *u.* 4a⟩; **~kräftet** обесси́лен:ный, -а

Entkräftung *f* Erschöpfung обесси́ление 5; Widerlegung опроверже́ние 5

entladen *tr* разгр|ужа́ть ⟨-узи́ть 3 -ужу́, -у́зишь⟩; Gewehr, Akkumulator разря|жа́ть ⟨-ди́ть 3 -жу́⟩; sich ~ *refl* разря|жа́ться ⟨-ди́ться⟩ *a. übertr;* Gewitter разра|жа́ться ⟨-зи́ться 3⟩

Entladung *f* разгру́зка 6; Gewitter разря́ды *Pl* 2; Batterie разря́дка 6

entlang *Adv u. Präpos* вдоль *G;* по *D* | am Fluß ~ вдоль реки́

entlarven *tr* разоблач|а́ть ⟨-и́ть 3⟩

Entlarvung *f* разоблаче́ние 5

entlassen *tr* Häftling освобо|жда́ть ⟨-ди́ть 3 -жу́, -ждённый⟩; aus dem Dienst увольня́ть ⟨уво́лить 3⟩ (со слу́жбы); aus einer Lehranstalt выпуска́ть ⟨вы́пу|стить 3 -щу⟩

Entlassung *f* освобожде́ние 5; увольне́ние 5; aus einer Lehranstalt вы́пуск 2 | fristlose ~ (неме́дленное) увольне́ние без предупрежде́ния

Entlassungs|feier *f* Schule выпускно́й ве́чер 2b; **~zeugnis** *n* свиде́тельство об оконча́нии шко́лы

entlasten *tr* разгр|ужа́ть ⟨-узи́ть 3 -ужу́, -у́зишь⟩ (von от *G*); Gewissen облегч|а́ть ⟨-и́ть 3⟩ (von от *G*); *Jur* снима́ть ⟨снять*⟩ обвине́ние с *G*

Entlastung *f* разгру́зка 6; облегче́ние 5; сня́тие обвине́ния с *G*

Entlastungszeuge *m* свиде́тель защи́ты

ent|laufen *intr* убега́ть ⟨-|бежа́ть*⟩ (j-m от *G*); **~lausen** *tr* производи́ть 3⁺ -вожу́ ⟨-|вести́*⟩ дезинфе́кцию [дэ] у *A;* **~ledigen, sich** *refl* der Kleidung снима́ть ⟨снять*⟩ с себя́ | sich eines Auftrags ≈ выполня́ть ⟨вы́полнить 3⟩ поруче́ние; **~leeren** *tr* опор|ожня́ть ⟨-о́жни́ть 3⟩; Darm очища́ть ⟨очи́|стить 3 -щу⟩; **~legen** отдалён:ный, -на; **~lehnen** *tr* заи́мствовать *uv, v* 2 (von у *G*); **~leihen** *tr* брать* ⟨взять*⟩ взаймы́ у *G;* gegen Entgelt брать ⟨взять⟩ напрока́т; Buch брать ⟨взять⟩ на вре́мя; **~locken** *tr* выма́нивать ⟨вы́манить 3⟩; Töne извлека́ть ⟨-|вле́чь*⟩ | j-m ein Geheimnis ≈ вы́ведать *v* та́йну у кого́-н.; **~lohnen** *tr* вознагра|жда́ть ⟨-ди́ть 3 -жу́, -ждённый⟩

Ent|lohnung *f* вознагражде́ние 5, пла́та 6; **~lüftung** *f* прове́тривание 5

ent|machten *tr* лиш|а́ть ⟨-и́ть 3⟩ вла́сти; **~militarisieren** *tr* демилитаризова́ть [дэ] *uv, v* 2

Entmilitarisierung *f* демилитариза́ция [дэ] 8

entminen *tr* размини́ровать *v* 2

ent|mündigen *tr* брать* ⟨взять*⟩ под опе́ку; **~mutigen** *tr* обескура́ж|ивать ⟨-ить 3⟩ | sich durch etw. nicht ≈ lassen не па́дать ⟨пасть*⟩ ду́хом из-за чего́-н.; **~nehmen** *tr* брать* ⟨взять*⟩ из *G;* folgern заключ|а́ть ⟨-и́ть 3⟩ (aus из *G*), де́лать (с-) вы́вод (aus из *G*); **~puppen, sich** *refl* вылупля́ться ⟨вы́лупиться 3⟩ из ку́колки; *übertr* ока́зываться ⟨-|каза́ться*⟩ (als *I*); **~rahmen** *tr* снима́ть ⟨снять*⟩ сли́вки | entrahmte Milch снято́е молоко́; **~rätseln** *tr* разга́дывать ⟨-гада́ть⟩; **~rechten** *tr Jur* лиш|а́ть ⟨-и́ть 3⟩ (гражда́нских) прав; **~reißen** *tr* вырыва́ть ⟨вы́|рвать*⟩ (j-m у *G*), выхва́тывать ⟨вы́хва|тить 3 -чу⟩ (j-m у *G*);

~richten *tr* Beitrag вноси́ть 3⁺ -ношу́ ⟨-|нести́*⟩; Steuern u. ä. упл|а́чивать ⟨-ати́ть 3⁺ -ачу́⟩; **~rinnen** *intr übertr* уходи́ть 3 -хожу́ ⟨-|йти́*⟩; **~rollen** *tr* развёртывать ⟨-верну́ть 4¡ -вёрнутый⟩, раска́тывать ⟨-ката́ть⟩; **~rosten** *tr* удал|я́ть ⟨-и́ть 3⟩ ржа́вчину; **~rücken** *tr* отдал|я́ть ⟨-и́ть 3⟩ | den Blicken entrückt sein исчеза́ть из по́ля зре́ния; **~rüsten, sich** *refl* возму|ща́ться ⟨-ти́ться 3 -щу́сь⟩ (über *I*), приходи́ть 3⁺ -хожу́ ⟨-|йти́*⟩ в негодова́ние (über из-за *G*); **~rüstet** возмущённый (über *I*)

Entrüstung *f* возмуще́ние 5, негодова́ние 5 (über *I*)

entsaften *tr* выжима́ть ⟨вы́|жать*⟩ сок из *G*

Entsafter *m* соковыжима́лка 6; mit Dampf сокова́рка 6

entsagen *intr* отка́зываться ⟨-|каза́ться*⟩ от *G;* abdanken отрека́ться ⟨-|ре́чься*⟩ от *G*

Entsagung *f* отка́з 2 от *G;* отрече́ние 5 от *G*

entsagungsvoll самоотве́ржен:ный, -на

entsalzen *tr:* Meerwasser ~ опресн|я́ть ⟨-и́ть 3⟩ морску́ю во́ду

Entsalzungsanlage *f* für Meerwasser опресни́тель 1

Entsatz *m Mil* деблоки́рование 5

entschädigen *tr* für Verlust возме|ща́ть ⟨-сти́ть 3 -щу́⟩ (убы́тки); für Mühe вознагра|жда́ть ⟨-ди́ть 3 -жу́¡ -ждённый⟩ (für за *A*)

Entschädigung *f* возмеще́ние 5 (убы́тков) (für *G*); вознагражде́ние 5

entschärfen *tr* Bombe обезвре́|живать ⟨-дить 3 -жу⟩

entscheiden *tr* реш|а́ть ⟨-и́ть 3⟩; *intr* реш|а́ть ⟨-и́ть⟩ (über *A*); sich ~ *refl* реш|а́ться ⟨-и́ться⟩ (für на *A*) | im voraus ~ предреш|а́ть ⟨-и́ть⟩; er hat sich für den Schlosserberuf entschieden он реши́л стать сле́сарем; er hat den Wettkampf für sich entschieden он одержа́л побе́ду в соревнова́нии; **~d** реша́ющий 11

Entscheidung *f* реше́ние 5 | eine ~ treffen принима́ть ⟨приня́ть*⟩ реше́ние; vor einer schwierigen ~ stehen быть* на перепу́тье

Entscheidungskampf *m* реша́ющий 11 бой; *Sport* фина́льная встре́ча

entschieden 1. *Adj* реши́тел|ьный¡ -ен¡ -ьна; определён|ный¡ -ен¡ -на **2.** *Adv* реши́тельно, наотре́з | aufs ~ste са́мым реши́тельным о́бразом; ~ ablehnen от|каза́ться* *v* наотре́з

Entschiedenheit *f* реши́тельность 9

ent|schlacken *tr* удал|я́ть ⟨-и́ть 3⟩ шлак; **~schleiern** *tr übertr* разоблач|а́ть ⟨-и́ть 3⟩, раскрыва́ть ⟨-|кры́ть*⟩; **~schließen, sich** *refl* реш|а́ться ⟨-и́ться 3⟩ (zu на *A*) | er hat sich zum Studium entschlossen он реши́л поступи́ть в университе́т

Entschließung *f* реше́ние 5, постановле́ние 5

entschlossen реши́тел|ьный¡ -ен¡ -ьна | ich bin zu allem ~ я гото́в на всё; kurz ~ не до́лго ду́мая

Entschlossenheit *f* реши́тельность 9, реши́мость 9

entschlüpfen *intr* выска́льзывать ⟨вы́скользнуть 4⟩; *übertr* срыва́ться ⟨со|рва́ться*¡ -рвали́сь⟩ (j-m у *G*)

Entschluß *m* реше́ние 5 | einen ~ fassen принима́ть ⟨приня́ть*⟩ реше́ние

entschuldigen *tr* извин|я́ть ⟨-и́ть 3⟩, про-|ща́ть ⟨-сти́ть 3 -щу́⟩ (j-n bei кого́ пе́ред *I*); sich ~ *refl* извин|я́ться ⟨-и́ться⟩ (bei j-m für пе́ред кем за *A*) | ~ Sie ! прости́те!, извини́те!; er läßt sich ~ он про́сит извини́ть его́; das ist nicht zu ~ э́то непрости́тельно; entschuldigt fehlen отсу́тствовать по уважи́тельной причи́не; Sie brauchen sich nicht zu ~ вам не́чего извиня́ться

Entschuldigung *f* извине́ние 5 | um ~ bitten проси́ть (по-) проще́ния

ent|schwinden *intr* исчеза́ть ⟨-че́знуть 4а⟩ из *G* | dem Gedächtnis ≈ исчеза́ть ⟨-че́знуть⟩ из па́мяти; **~senden** *tr* посыла́ть ⟨-|сла́ть*⟩; Delegation напр|авля́ть ⟨-а́вить 3⟩; **~setzen** *tr* eines Amtes сме|ща́ть ⟨-сти́ть 3 -щу́⟩ с *G;* erschrecken приводи́ть 3⁺ -вожу́ ⟨-|вести́*⟩ в у́жас; sich ≈ *refl* быть* в у́жасе (über от *G*), ужас|а́ться ⟨-ну́ться 4⟩ (über *D*)

Entsetzen *n* у́жас 2 | vor ~ от у́жаса

ent|setzlich ужа́с|ный¡ -ен; **~setzt:** ≈ sein über etw. быть в у́жасе от чего́-н.; **~sichern** *tr* Waffe снима́ть ⟨снять*⟩ с предохрани́теля; **~siegeln** *tr* распеча́т|ывать ⟨-ать⟩; **~sinnen, sich** *refl* по́мнить 3 о *P*, вспомина́ть ⟨-по́мнить⟩ о *P*

Entsorgung *f* удале́ние 5 отхо́дов

entspannen *tr* lockern осл|абля́ть ⟨-а́бить 3 -а́блю⟩ напряже́ние; Lage разр|яжа́ть ⟨-яди́ть 3 -яжу́¡ -я́ди́шь⟩; sich ~ *refl* sich erholen отдыха́ть ⟨-дохну́ть 4⟩; Lage разря|жа́ться ⟨-ди́ться⟩

Entspannung *f* уменьше́ние 5 напряже́ния; *Pol* разря́дка 6 | ~ der internationalen Lage разря́дка 6 [ослабле́ние 5] напряжённости междунаро́дного положе́ния

entspannungsfeindlich напра́вленный про́тив поли́тики разря́дки

Entspannungspolitik *f* поли́тика разря́дки

entspinnen, sich *refl* завя́зываться ⟨-|вяза́ться*⟩

entsprechen *intr* соотве́тствовать 2 (einer Sache *D*), отвеча́ть ⟨отве́|тить 3 -чу⟩ (Forderungen тре́бованиям) | einem

Wunsch ~ исполня́ть ⟨-по́лнить 3⟩ жела́ние; **~d 1.** *Adj* соотве́тствующий 11 **2.** *Adv* согла́сно I er wird ≈ seiner Arbeit entlohnt он получа́ет зарпла́ту по своему́ труду́
Entsprechung *f* соотве́тствие 5; эквивале́нт 2
ent|springen *intr* Fluß брать* нача́ло; *übertr* entstehen происхо|ди́ть 3⁺ -жу́ ⟨произо|йти́*⟩, возника́ть ⟨-ни́кнуть 4a⟩; **~stammen** *intr* происхо|ди́ть 3⁺ -жу́ ⟨произо|йти́*⟩ от *G*, из *G*; **~stauben** *tr* удал|я́ть ⟨-и́ть 3⟩ пыль
Entstaubungsanlage *f* пылеулови́тель 1
entstehen *intr* возника́ть ⟨-ни́кнуть 4a⟩, происходи́ть 3⁺ ⟨произо|йти́*⟩; Lage, Eindruck соз|дава́ться* ⟨-да́ться*ₗ -дали́сь⟩ I es entstand ein Gedränge образова́лась да́вка; es entstand eine schwierige Lage созда́ло́сь сло́жное положе́ние
Entstehung *f* возникнове́ние 5; Ursprung происхожде́ние 5 I in der ~ begriffen sein находи́ться 3⁺ в ста́дии возникнове́ния
entstellen *tr* иска|жа́ть ⟨-зи́ть 3 -жу́⟩; verunstalten уро́довать 2 (из-)
Entstellung *f* искаже́ние 5
entstören *tr* устран|я́ть ⟨-и́ть 3⟩ поме́хи
Entstörung *f* устране́ние 5 поме́х в *P*
ent|täuschen *tr* разочар|о́вывать ⟨-ова́ть 2⟩; **~täuscht** разочаро́ван:ный, -на I ≈ sein über быть разочаро́ванным чем-н.
Enttäuschung *f* разочарова́ние 5
ent|thronen *tr* сверга́ть ⟨све́ргнуть 4a *u.* 4⟩ с престо́ла; den Nimbus nehmen разве́нчивать ⟨-венча́ть⟩; **~trümmern** *tr* очища́ть ⟨очи́|стить 3 -щу⟩ от разва́лин
entvölkert обезлю́жен:ный
Entvölkerung *f* обезлю́дение 5
ent|wachsen *intr* вы́|йти* *v* из *G* I der Schule ≈ вы́йти из шко́льного во́зраста; den Kinderschuhen ≈ вы́йти из младе́нческого во́зраста; **~waffnen** *tr* обезору́ж|ивать ⟨-ить 3⟩ *a. übertr*
Ent|waffnung *f* обезору́живание 5; **~warnung** *f* отбо́й 1
entwässern *tr* осуш|а́ть ⟨-и́ть 3⁺⟩, обезво́|живать ⟨-дить 3 -жу⟩
Entwässerung *f* осуше́ние 5, обезво́живание 5
Entwässerungs|anlage *f* осуши́тельная устано́вка; **~graben** *m* осуши́тельная кана́ва
entweder *Konj:* ~ … oder … и́ли … и́ли …, ли́бо … ли́бо …; ~ oder! одно́ из двух!
ent|weichen *intr* убега́ть ⟨-|бежа́ть*⟩; Gas выходи́ть 3⁺ ⟨вы́|йти*⟩ (aus из *G*); **~weihen** *tr* оскверн|я́ть ⟨-и́ть 3⟩
Entweihung *f* оскверне́ние 5
ent|wenden *tr* похища́ть ⟨-хи́тить 3 -хи́щу⟩ (j-m у *G*); **~werfen** *tr* набр|а́сывать ⟨-оса́ть⟩; Plan проекти́ровать 2 (за-, с-); **~werten** *tr* обесце́н|ивать ⟨-ить 3⟩; Briefmarken пога|ша́ть ⟨-си́ть 3⁺ -шу́⟩
Entwert|er *m* für Fahrscheine компо́стер 2; **~ung** *f* обесце́нение 5; Briefmarken погаше́ние 5
entwickeln *tr* развива́ть ⟨-|ви́ть*ₗ -овью́⟩; Film прояв|ля́ть ⟨-и́ть 3⁺ -лю́⟩; darlegen излага́ть ⟨-ложи́ть 3⁺⟩; Gerät, Plan разраб|а́тывать ⟨-о́тать⟩; Eigenschaften прояв|ля́ть ⟨-и́ть⟩; sich ~ *refl* развива́ться ⟨-ви́ться⟩ I aus der Puppe entwickelte sich ein Schmetterling ку́колка преврати́лась в ба́бочку; die Stadt entwickelt sich zu einem Handelszentrum го́род превраща́ется в торго́вый центр
Entwickl|er *m Foto* прояви́тель 1; **~ung** *f* разви́тие 5; einer Maschine разрабо́тка 6; *Foto* проявле́ние 5; Darlegung изложе́ние 5
entwicklungsfähig спосо́бный к разви́тию
Entwicklungs|gerät *n* проя́вочный прибо́р; **~geschichte** *f* исто́рия разви́тия; **~gesetz** *n* зако́н разви́тия; **~hilfe** *f* по́мощь развива́ющимся стра́нам; **~jahre** *n Pl* го́ды ро́ста [созрева́ния], перехо́дный во́зраст 2; **~land** *n* развива́ющаяся 11 страна́; **~stufe** *f* ступе́нь разви́тия
ent|winden *tr* вырыва́ть ⟨вы́|рвать*⟩ (j-m у *G*); **~wirren** *tr* распу́т|ывать ⟨-ать⟩; **~wischen** *intr* улизну́ть *v* 4 (j-m от *G*); **~wöhnen** *tr* отуч|а́ть ⟨-и́ть 3⁺⟩ (etw. от *G oder mit Inf*) I ein Kind ≈ отнима́ть ⟨отня́ть*⟩ ребёнка от груди́; **~würdigen** *tr* унижа́ть ⟨уни́|зить 3 -жу⟩
Ent|würdigung *f* униже́ние 5; **~wurf** *m* набро́с|окₗ -ка 2; zu einem Bilde эски́з 2; Plan прое́кт [оэ] 2 I im ≈ вчерне́
ent|wurzeln *tr übertr* вырыва́ть ⟨вы́|рвать*⟩ с ко́рнем; *übertr* искоренія́ть ⟨-и́ть 3⟩; **~zaubern** *tr* снима́ть ⟨снять*⟩ ча́ры с *G*
entziehen *tr* лиш|а́ть ⟨-и́ть 3⟩ (j-m *G*); sich ~ *refl* einer Verpflichtung уклон|я́ться ⟨-и́ться 3⟩ от *G* I es entzieht sich meiner Kenntnis мне неизве́стно
Entziehungskur *f* лече́ние 5 (алкого́ликов) воздержа́нием
entziffern *tr* расшифр|о́вывать ⟨-ова́ть 2⟩; Handschrift разбира́ть ⟨разо|бра́ть*ₗ разберу́ₗ разо́бранный⟩
Entzifferung *f* расшифро́вка 6
entzücken *tr* восхи|ща́ть ⟨-ти́ть 3 -щу́⟩ I ich bin von ihm entzückt я от него́ в восто́рге
Entzücken *n* восхище́ние 5, восто́рг 2 I in ~ geraten восхи|ща́ться ⟨-ти́ться 3 -щу́сь⟩
entzückend восхити́тел|ьный, -енₗ -ьна
entzündbar (легко)воспламеня́ющийся 11

entzünden *tr* зажига́ть ⟨-|же́чь*⟩; *übertr* воспламен|я́ть ⟨-и́ть 3⟩; sich ~ *refl* загор|а́ться ⟨-е́ться 3⟩ (an от *G*); *Med* воспал|я́ться ⟨-и́ться 3⟩
entzündlich *Med* воспали́тельный
Entzündung *f* воспламене́ние 5; *Med* воспале́ние 5
entzwei *Adv* разби́тый | ~ sein быть разби́тым; **~brechen** *tr* разла́мывать ⟨-лома́ть⟩; *intr* лома́ться (с-); **~en** *tr* ссо́рить 3 (по-); sich ≈ *refl* рассо́риться *v* 3
Enzian *m* гореча́вка 6
Enzyklopädie *f* энциклопе́дия 8
enzyklopädisch энциклопеди́ческий
Enzym *n* энзи́м 2
Epidemie *f* эпиде́мия 8
epidemisch эпидеми́ческий
Epi|diaskop *n* эпидиаско́п 2; **~gone** *m* эпиго́н 2; **~gramm** *n* эпигра́мма 6
Epik *f* эпи́ческая поэ́зия 8, э́пика 6
Epilepsie *f* эпиле́псия 8
epileptisch эпилепти́ческий
Epilog *m* эпило́г 2
episch эпи́ческий
Episode *f* эпизо́д 2
Epoche *f* эпо́ха 6 | in der ~ в эпо́ху
epochemachend эпоха́льный
Epos *n* э́пос 2
Equipage *f* экипа́ж 2 *G Pl* -ей
er *Pers Pron* он| *G* его́ 14 | ~ selbst он сам; ~ allein он оди́н, то́лько он; mit ihm с ним
erachten *tr* счита́ть ⟨счесть*⟩ (für, als *I*) | für nötig ~ счита́ть необходи́мым
Erachten *n:* meines ~s по-мо́ему, на мой взгляд
erarbeiten *tr* зараб|а́тывать ⟨-о́тать⟩; Plan разраб|а́тывать ⟨-о́тать⟩
Erbanlagen *f Pl* насле́дственность 9
erbarmen, sich *refl* сжа́литься *v* 3 (j-s над кем-н.)
Erbarmen *n* жа́лость 9, сострада́ние 5 | es ist zum ~ э́то ужа́сно
erbärmlich жа́л|кий| -ок| -ка́!; Person ничто́ж|ный| -ен; Verhalten недосто́|йный| -ен
er|barmungslos безжа́лост|ный| -ен, беспоща́д|ный| -ен; **~bauen** *tr* стро́ить 3 (по-), соору|жа́ть ⟨-ди́ть 3 -жу́⟩; sich ≈ *refl übertr* насла|жда́ться ⟨-ди́ться 3 -жу́сь⟩ (an *I*) | ich bin wenig erbaut davon я не в восто́рге от э́того
Erbauer *m* строи́тель 1
erbaulich поучи́тел|ьный| -ен| -ьна
[1]**Erbe** *m* насле́дник 2 | zum ~n einsetzen назна́чить *v* 3 насле́дником
[2]**Erbe** *n* насле́дство 4; geistiges usw. насле́дие 5
erbeben *intr* erschaudern содрог|а́ться ⟨-ну́ться 4⟩ (vor от *G*)
erben *tr* насле́довать *uv, v* 2 (а. у-) (von от *G*)
er|betteln *tr* выпра́шивать ⟨вы́про|сить 3 -шу⟩; **~beuten** *tr* захв|а́тывать ⟨-ати́ть 3⁺ -ачу́⟩
Erb|fehler *m* насле́дственный поро́к 2; **~folge** *f* поря́д|ок| -ка 2 насле́дования
erbieten, sich *refl* вызыва́ться ⟨вы́|зваться*⟩ (*mit Inf* oder на *A*)
Erbin *f* насле́дница 6
er|bitten *tr* выпра́шивать ⟨вы́про|сить 3 -шу⟩; **~bittern** *tr* ожесточ|а́ть ⟨-и́ть 3⟩; **~bittert** ожесточё:ный
Erbitterung *f* ожесточе́ние 5, озлобле́ние 5
erblassen *intr* бледне́ть (по-)
Erblasser *m* завеща́тель 1
erbleichen *intr* = **erblassen**
erblich 1. *Adj* насле́дственный **2.** *Adv* по насле́дству | ~ belastet страда́ющий 11 насле́дственным поро́ком
Erblichkeit *f* насле́дственность 9
er|blicken *tr* ви́|деть 3 -жу (у-) | das Licht der Welt ≈ появ|ля́ться ⟨-и́ться 3⁺ -лю́сь⟩ на свет; **~blinden** *intr* сле́пнуть 4а (о-); **~blühen** *intr* расцвета́ть ⟨-|цвести́*⟩ *a. übertr;* **~bosen** *tr* злить 3 (разо-); sich ≈ *refl* зли́ться (разо-) (über на *A*); **~brechen** *tr* Brief вскрыва́ть ⟨-|кры́ть*⟩; sich ≈ *refl:* er erbricht sich его́ рвёт
Erbrechen *n* рво́та 6
Erb|recht *n* насле́дственное пра́во; Erbberechtigung пра́во насле́дования; **~schaft** *f* насле́дство 4
Erbschafts|anspruch *m* прете́нзия на насле́дство; **~steuer** *f* нало́г с насле́дства
Erbse *f* горо́шина 6; -n *Pl* горо́х 2
Erbsen|suppe *f* горо́ховый суп
Erb|stück *n* вещь 9g| доста́вшаяся 11 [переше́дшая 11] по насле́дству; **~teil** *n* до́ля насле́дства; **~vertrag** *m* догово́р о насле́дстве
Erd|achse *f* земна́я ось; **~arbeiten** *f Pl* земляны́е рабо́ты; **~arbeiter** *m* землеко́п 2; **~bahn** *f Astr* орби́та Земли́; **~ball** *m* земно́й шар; **~beben** *n* землетрясе́ние 5; **~beere** *f* земляни́ка 6; Gartenerdbeere клубни́ка 6; **~beersaft** *m* земляни́чный [клубни́чный] сок; **~beschleunigung** *f* ускоре́ние си́лы тя́жести; **~bewohner** *m* обита́тель земно́го ша́ра; **~boden** *m* земля́ 7с *A* зе́млю| *G Pl* земе́ль; Bodenart по́чва 6 | dem ≈ gleichmachen сровня́ть *v* с землёй
Erde *f* земля́ 7с *A* зе́млю; Bodenart по́чва 6; *Astr* Земля́ | auf die ~ на зе́млю; auf der ~ на земле́; über die ganze ~ по всему́ све́ту; j-n unter die ~ bringen сво|ди́ть 3⁺ -жу́ ⟨с|вести́*⟩ кого́-н. в моги́лу; seltene ~n ре́дкие зе́мли
erden *tr* заземл|я́ть ⟨-и́ть 3⟩
erdenk|en *tr* выду́мывать ⟨вы́думать⟩, приду́м|ывать ⟨-ать⟩; **~lich** возмо́ж|ный| -ен | alle ≈en Mittel все [всевозмо́жные]

сре́дства; sich alle ≈e Mühe geben прилага́ть ⟨-ложи́ть 3⁺⟩ все стара́ния
erdfarben земли́ст:ый
Erd|ferne *f* апоге́й 1; **~gas** *n* приро́дный газ; **~gasfernleitung** *f* магистра́льный газопрово́д; **~geist** *m* гном 2; **~geschoß** *n* пе́рвый [ни́жний 11] эта́ж; **~höhle** *f* пеще́ра 6; **~hütte** *f* земля́нка 6
erdichten *tr* сочин|я́ть ⟨-и́ть 3⟩, выду́мывать ⟨вы́думать⟩
Erd|inneres *n* не́дра *Pl* 4 (земли́); **~karte** *f* ка́рта земно́го ша́ра; **~kreis** *m* весь свет 2; **~kruste** *f* земна́я кора́; **~kugel** *f* земно́й шар; **~kunde** *f* геогра́фия 8; **~leitung** *f El* про́вод заземле́ния; **~magnetismus** *m* земно́й магнети́зм
erdnah: ~e Bahn eines Satelliten околозе́мная орби́та 6
Erd|nähe *f* периге́й 1; **~nuß** *f* земляно́й оре́х, ара́хис 2; **~nußöl** *n* ара́хисовое ма́сло; **~oberfläche** *f* пове́рхность Земли́; **~öl** *n* нефть 9
erdolchen *tr* зака́лывать ⟨-|коло́ть*⟩, убива́ть ⟨-|би́ть*⟩ кинжа́лом
Erdölfelder *n Pl* нефтяны́е про́мыслы *Pl* 2
erdölfördernd нефтедобыва́ющий 11
Erdöl|förderung *f*, **~gewinnung** *f* нефтедобы́ча 6; **~industrie** *f* нефтепромы́шленность 9; **~leitung** *f* нефтепрово́д 2; **~raffinerie** *f*, **~verarbeitungswerk** *n* нефтеперераба́тывающий 11 заво́д
Erdreich *n* по́чва 6, грунт 2
erdreisten, sich *refl* осме́л|иваться ⟨-иться 3⟩ (zu на *A*)
Erdrinde *f* земна́я кора́
er|dröhnen *intr* загреме́ть *v* 3; **~drosseln** *tr* души́ть 3⁺ (за-)
Erdrotation *f* враще́ние Земли́
erdrücken *tr* задав|и́ть *v* 3⁺ -лю́; *übertr* подав|ля́ть ⟨-и́ть 3⁺ -лю́⟩
Erd|rutsch *m* о́полз|ень, -ня 1, земляно́й обва́л 2; **~satellit** *m* спу́тник Земли́ | künstlicher ≈ иску́сственный спу́тник Земли́; **~scholle** *f* глы́ба земли́; **~stoß** *m* подзе́мный толчо́к; **~teil** *m* часть све́та
erdulden *tr* терп|е́ть 3⁺ -лю́, перено|си́ть 3⁺ -шу́ ⟨-|нести́*⟩
Erdum|fang *m* пери́метр 2 земно́го ша́ра; **~laufbahn** *f* околозе́мная орби́та; **~seglung** *f* кругосве́тное пла́вание 5
Erdung *f* заземле́ние 5
Erd|wall *m* земляно́й вал; **~zeitalter** *n* геологи́ческий пери́од 2
er|eifern, sich *refl* горячи́ться 3 (раз-) (über из-за *G*), во|йти́* *v* в аза́рт; **~eignen, sich** *refl* происходи́ть 3⁺ ⟨произо|йти́*⟩, случ|а́ться ⟨-и́ться 3⟩
Ereignis *n* происше́ствие 5, собы́тие 5
ereignisreich бога́тый собы́тиями
ereilen *tr* наст|ига́ть ⟨-и́гнуть 4a *u.* 4⟩
Eremit *m* отше́льник 2

erfahren 1. *tr* у|знава́ть* ⟨-зна́ть⟩; hören слы́шать 3 (у-) **2.** *Adj* о́пыт|ный, -ен (in в *P*), све́дущий 11 (in в *P*)
Erfahrung *f* о́пыт 2 | aus (eigener) ~ по (со́бственному) о́пыту; schlechte ~en gemacht haben име́ть печа́льный о́пыт; etw. in ~ bringen получ|а́ть ⟨-и́ть 3⁺⟩ све́дения о чём-н.
Erfahrungsaustausch *m* обме́н о́пытом
erfahrungs|gemäß *Adv* по о́пыту; **~mäßig** эмпири́ческий
erfassen *tr übertr* охв|а́тывать ⟨-ати́ть⟩; verstehen понима́ть ⟨поня́ть*⟩
Erfassung *f* des Bedarfs учёт 2; *Landw* загото́вки *Pl* 6
Erfassungsstelle *f Landw* заготови́тельный пункт 2
erfinden *tr* изобрета́ть ⟨-|обрести́*⟩; sich ausdenken выду́мывать ⟨вы́думать⟩; Ausrede приду́м|ывать ⟨-ать⟩
Erfinder *m* изобрета́тель 1
erfinderisch изобрета́тел|ьный, -ен, -ьна
Erfindung *f* изобрете́ние 5; Erdichtetes вы́думка 6; lügenhafte измышле́ние 5
Erfindungs|gabe *f* изобрета́тельность 9; **~geist** *m* тво́рческий ум [дух]
erflehen *tr* выма́ливать ⟨вы́молить 3⟩ *A oder G*
Erfolg *m* успе́х 2; Ergebnis результа́т 2 | ~ haben име́ть успе́х; von ~ zu ~ schreiten име́ть успе́х за успе́хом; mit ~ с успе́хом, успе́шно
erfolgen *intr* происходи́ть 3⁺ ⟨произо|йти́*⟩
erfolg|los безуспе́ш|ный, -ен; **~reich** успе́ш|ный, -ен; lernen успева́ющий 11 | sich ≈ mit etw. beschäftigen успева́ть в чём-н.; **~versprechend** обеща́ющий 11 успе́х
erforderlich необходи́м:ый, ну́ж|ный, -ен, -на́, -но, ну́жны́ | ~ sein тре́боваться 2 (по-); **~enfalls** *Adv* в слу́чае на́добности
erfordern *tr* тре́бовать 2 (по-) *G* | das erfordert Zeit на э́то нужно вре́мя
Erfordernis *n* тре́бование 5
erforschen *tr* иссле́довать *uv, v* 2; Geheimnis разу|знава́ть* ⟨-зна́ть⟩
Erforsch|er *m* иссле́дователь 1; **~ung** *f* иссле́дование 5; Bodenschätze разве́дка 6 | die ≈ des Kosmos разве́дка ко́смоса
er|fragen *tr* спра́шивать ⟨спро|си́ть 3⁺ -шу́⟩ о *P*; **~freuen** *tr* ра́довать 2 (об-, по-) (j-n mit кого́-н. *I*); sich ≈ *refl* ра́доваться (об-, по-) (an *D*) | er ist darüber erfreut он э́тим обра́дован; er erfreut sich bester Gesundheit у него́ хоро́шее здоро́вье
erfreulich ра́дост|ный, -ен; Bedingungen благоприя́т|ный, -ен; **~erweise** *Adv* к сча́стью

erfrieren *intr* замерзáть ⟨-мёрзнуть 4а⟩; von Pflanzen вымерзáть ⟨вы́мерзнуть 4а⟩; sich Frostbeulen holen отмор|áживать ⟨-óзить 3 -óжу⟩ | sich etw. ~ отмор|áживать ⟨-óзить⟩ (себé) что-н.
Erfrierung *f* отморóжение 5
erfrischen *tr* освеж|áть ⟨-и́ть 3⟩; sich ~ *refl* освеж|áться ⟨-и́ться⟩; **~d** освежáющий 11, освежи́тел|ьный, -ен, -ьна; kühlend прохлади́тел|ьный, -ен, -ьна
Erfrischung *f* освежéние 5; Getränk освежáющий 11 [прохлади́тельный] напи́т|ок, -ка 2
Erfrischungsraum *m* буфéт 2
erfüllen *tr* выполня́ть ⟨вы́полнить 3⟩; Bitte исполня́ть ⟨-пóлнить⟩; sich ~ *refl* сбывáться ⟨-|бы́ться*; -бы́ли́сь⟩, исполня́ться ⟨-пóлниться⟩ | seinen Zweck ~ соответствовать 2 своему́ назначéнию; erfüllt sein von etw. быть пóлным чегó-н.
Erfüllung *f* выполнéние 5, исполнéние 5 | in ~ gehen сбывáться ⟨-|бы́ться*; -бы́ли́сь⟩, исполня́ться ⟨-пóлниться 3⟩
Erfurt Э́рфурт 2
ergänzen *tr* дополня́ть ⟨-пóлнить 3⟩; hinzufügen добавля́ть ⟨-áвить 3 -áвлю⟩; auffüllen пополня́ть ⟨-пóлнить⟩; **~d** дополни́тельный, добáвочный
Ergänzung *f* дополнéние 5, добавлéние 5 | zur ~ в дополнéние
Ergänzungsband *m* дополни́тельный том
ergeben 1. *tr* betragen давáть* ⟨дать*⟩; sich ~ *refl* dem Feind сдавáться ⟨-дáться; -дали́сь⟩; sich fügen покор|я́ться ⟨-и́ться 3⟩; sich herausstellen получ|áться ⟨-и́ться 3⁺⟩; als Folge erscheinen слéдовать 2 (по-) | sich dem Trunke ~ предавáться ⟨пре|дáться*; -дали́сь⟩ пья́нству; daraus ergibt sich из э́того слéдует **2.** *Adj* прéдан:ный, -на | Ihr ~er прéданный Вам
Ergebenheit *f* прéданность 9; ins Schicksal покóрность 9
Ergebnis *n* результáт 2; Schlußfolgerung вы́вод 2; in Zahlen, Punkten ausgedrückt (Sport, Spiel) счёт 2 | zu dem ~ kommen прийти́ *v* к вы́воду
ergebnislos безрезультáт|ный, -ен
er|gehen *intr* Befehl быть* и́зданным [объя́вленным]; sich ≈ *refl* прогу́ливаться | über sich ≈ lassen сноси́ть 3⁺ -ношу́ ⟨-|нести́*⟩; sich in Vermutungen ≈ теря́ться в догáдках; wie ist es dir ergangen? как тебé жилóсь?; **~giebig** Boden плодорóд|ный, -ен; an Bodenschätzen богáт:ый; viel ergebend экономи́ч|ный, -ен
Ergiebigkeit *f* плодорóдие 5; богáтство 4
er|gießen, sich *refl* ли́ться*; ли́ли́сь *a. übertr;* Fluß впадáть ⟨-|пасть*⟩; **~glänzen** *intr* блестéть (за-), сия́ть (за-); **~glühen** *intr* Gesicht вспы́х|ивать ⟨-нуть 4⟩ | in Liebe zu j-m ≈ воспылáть *v* любóвью к кому́-н.; **~götzen** *tr* рáдовать 2 (об-, по-), доставля́ть ⟨-áвить 3 -áвлю⟩ наслаждéние; sich ≈ *refl* насла|ждáться ⟨-ди́ться 3 -жу́сь⟩; am Anblick любовáться 2 (по-) (an *I*); **~grauen** *intr* седéть (по-); **~greifen** *tr* схв|áтывать ⟨-ати́ть 3⁺ -ачу́; -áченный⟩, брáться*; брали́сь ⟨взя́ться*; взяли́сь⟩ за *A;* Gelegenheit пóльзоваться 2 (вос-) *I;* Gefühl трó|гать ⟨-нуть 4⟩; Beruf выбирáть ⟨вы́|брать*⟩; Maßnahmen принимáть ⟨приня́ть*⟩; Dieb поймáть *v* | Besitz ≈ von etw. захв|áтывать ⟨-ати́ть⟩, овлад|евáть ⟨-éть⟩ что-н.; **~greifend** волну́ющий 11; **~griffen** взволнóван:ный, -на (von *I*)
Ergriffenheit *f* волнéние 5
ergründen *tr übertr* проникáть ⟨-ни́кнуть 4а⟩ в суть; erforschen исслéдовать *uv, v* 2
Erguß *m* излия́ние 5
erhaben возвы́шен:ный, -на; konvex вы́пуклый | über etw. ~ sein быть вы́ше чегó-н.; über alle Zweifel ~ вне вся́кого сомнéния
Erhabenheit *f* вели́чие 5; Gefühle возвы́шенность 9
erhalten *tr* получ|áть ⟨-и́ть 3⁺⟩; (auf)bewahren сохран|я́ть ⟨-и́ть 3⟩; unterhalten содержáть 3⁺; sich ~ *refl* сохран|я́ться ⟨-и́ться⟩
erhältlich: ~ sein имéться в продáже; schwer ~e Waren товáры, котóрые тру́дно купи́ть
Erhaltung *f* сохранéние 5
er|handeln *tr* выторгóвывать ⟨вы́торговать 2⟩; **~hängen, sich** *refl* вéшаться ⟨повé|ситься 3 -шусь⟩; **~härten** *tr* подтвер|ждáть ⟨-ди́ть 3 -жу́; -ждённый⟩, подкреп|ля́ть ⟨-и́ть 3 -лю́⟩; **~haschen** *tr* лов|и́ть 3 -лю́ ⟨поймáть⟩ *a. übertr;* **~heben** *tr* поднимáть ⟨подня́ть*⟩; *übertr* возводи́ть 3⁺ -вожу́ ⟨-|вести́*⟩; Steuern взимáть; sich ≈ *refl* поднимáться ⟨подн|я́ться; -я́лся́, -яли́сь⟩ (von с *G*); sich empören вос|ставáть* ⟨-|стáть*⟩ | großes Geschrei ≈ поднимáть ⟨подня́ть⟩ грóмкий крик; sein Glas ≈ подня́ть (свой) бокáл; Bedenken ≈ выскáзывать ⟨вы́с|казать*⟩ опасéние; sich über andere ≈ стáв|ить 3 -лю (по-) себя́ вы́ше други́х; **~hebend** Feier торжéствен:ный, -на
erheblich значи́тел|ьный, -ен, -ьна
Erhebung *f* Boden возвышéние 5; Steuer взимáние 5; Nachforschung собирáние 5 свéдений; Aufstand восстáние 5
erheitern *tr* весели́ть 3 (раз-)
Erheiterung *f* увеселéние 5
erhellen *tr* осве|щáть ⟨-ти́ть 3 -щу́⟩; *übertr*

озар|я́ть ⟨-и́ть 3⟩; **~hitzen** *tr* нагр|ева́ть ⟨-е́ть⟩; Eisen накал|я́ть ⟨-и́ть 3⟩; sich ≈ *refl übertr* горячи́ться 3 (раз-); **~hitzt** разгоряч|ённый, -ён, -ена́; **~hoffen** *tr* наде́|яться, -юсь, -ешься на *A;* **~höhen** *tr* Preise, Produktion повыша́ть ⟨-вы́сить 3 -вы́шу⟩ (auf до *G*, um на *A*); Geschwindigkeit, Produktion увели́ч|ивать ⟨-ить 3⟩; sich ≈ *refl* повыша́ться ⟨-вы́ситься⟩ | auf das Fünffache ≈ повыша́ть в пять раз

Erhöhung *f* повыше́ние 5 (um на *A*, auf до *G*); увеличе́ние 5; *Geogr* возвыше́ние 5, возвы́шенность 9

Erhöhungszeichen *n Mus* дие́з [иэ] 2

erholen, sich *refl* отдыха́ть ⟨-дохну́ть 4⟩; gesunden попр|авля́ться ⟨-а́виться 3 -а́влюсь⟩ | sich vom Schrecken ~ опр|авля́ться ⟨-а́виться⟩ от испу́га

erholsame: ~e Stunden часы́ о́тдыха; ich habe ~e Ferien verbracht за кани́кулы я (хорошо́) отдохну́л

Erholung *f* о́тдых 2 | zur ~ на о́тдых, lesen для о́тдыха

erholungsbedürftig нужда́ющийся 11 в о́тдыхе

Erholungs|gebiet *n* куро́ртная зо́на 6, зо́на о́тдыха; **~heim** *n* дом о́тдыха ≈ der Gewerkschaft профсою́зный дом о́тдыха; **~reise** *f* пое́здка для о́тдыха; **~stätte** *f* ме́сто о́тдыха; **~urlaub** *m* о́тпуск для восстановле́ния здоро́вья

erhören *tr:* eine Bitte ~ исполня́ть ⟨-по́лнить 3⟩ про́сьбу

Erika *f* ве́реск 2

erinnerlich: mir ist ~ я по́мню

erinnern *tr* напомина́ть ⟨-по́мнить 3⟩ (j-n an etw. кому́-н. о чём-н.); sich ~ *refl* по́мнить (an *A oder* о *P*) | wenn ich mich recht erinnere е́сли мне не изменя́ет па́мять, наско́лько я по́мню

Erinnerung *f* воспомина́ние 5; Andenken па́мять 9; ~en *Pl* Memoiren воспомина́ния *Pl* 5 | zur ~ an на па́мять о *P;* in guter ~ behalten сохран|я́ть ⟨-и́ть 3⟩ до́брую па́мять о *P*

Erinnerungsmedaille *f* меда́ль в па́мять *G*

er|kalten *intr* остыва́ть ⟨-|сты́ть*, -|сты́нуть*⟩ *a. übertr,* охла|жда́ться ⟨-ди́ться 3⟩; *übertr* охлад|ева́ть ⟨-е́ть⟩ | ≈ lassen охла|жда́ть ⟨-ди́ть 3 -жу́, -ждённый⟩; **~kälten, sich** *refl* просту|жа́ться ⟨-ди́ться 3⁺ -жу́сь⟩

Erkältung *f* просту́да 6

er|kämpfen *tr* заво|ёвывать ⟨-ева́ть 2⟩; **~kaufen** *tr* пла|ти́ть 3⁺ -чу́ (за-) за *A* | eine Erfahrung teuer ≈ до́рого заплати́ть за о́пыт

erkennbar заме́т|ный, -ен; *Phil* познава́ем:ый

Erkennbarkeit *f:* die ~ der Welt познава́емость 9 ми́ра

erkennen *tr* у|знава́ть* ⟨-зна́ть⟩ (an по *D*); einsehen осознава́ть ⟨-зна́ть⟩; identifizieren распознава́ть ⟨-зна́ть⟩; *übertr* познава́ть ⟨-зна́ть⟩; *Jur* пригова́ривать ⟨-говори́ть 3⟩ (auf к *D*) | an der Stimme ~ узнава́ть ⟨-зна́ть⟩ по го́лосу; einander ~ узнава́ть ⟨-зна́ть⟩ друг дру́га; sich zu ~ geben называ́ть ⟨-|зва́ть*⟩ своё и́мя

erkenntlich призна́тел|ьный, -ен, -ьна, благода́р|ный, -ен | sich ~ zeigen выража́ть ⟨вы́ра|зить 3 -жу⟩ призна́тельность

Erkenntlichkeit *f* призна́тельность 9, благода́рность 9

Erkenntnis *f* позна́ние 5 | zu der ~ kommen прийти́ *v* к вы́воду; **~theorie** *f* тео́рия позна́ния

Erkennung *f* распознава́ние 5

Erkennungs|marke *f Mil* ли́чный (опознава́тельный) знак 2; **~zeichen** *n* отличи́тельный при́знак 2; *Mil* опознава́тельный знак

Erker *m* э́ркер 2

erklärbar объясни́мый; verständlich поня́т|ный, -ен

erklären *tr* erläutern объясн|я́ть ⟨-и́ть 3⟩; Krieg объяв|ля́ть ⟨-и́ть 3⁺ -лю́⟩; kommentieren толкова́ть 2, истолк|о́вывать ⟨-ова́ть⟩; eine Erklärung abgeben заяв|ля́ть ⟨-и́ть⟩ | sich etw. ~ объясн|я́ть ⟨-и́ть 3⟩ себе́ что-н.; seine Liebe ~ объясн|я́ться ⟨-и́ться⟩ в любви́; für vogelfrei ~ объяв|ля́ть ⟨-и́ть⟩ вне зако́на; **~d** объясни́тельный; Wörterbuch толко́вый

erklärlich поня́т|ный, -ен

Erklärung *f* объясне́ние 5; Bekanntmachung объявле́ние 5; Deutung толкова́ние 5; Deklaration деклара́ция 8; offizielle заявле́ние 5 | eine ~ abgeben де́лать (с-) заявле́ние

er|klettern, ~klimmen *tr* взбира́ться ⟨взо|бра́ться*, взберу́сь, взобрали́сь⟩ на *A;* **~klingen** *intr* зазвене́ть *v* 3; **~kranken** *intr* забол|ева́ть ⟨-е́ть⟩ (an *I*) | er ist schwer erkrankt он разболе́лся

Erkrankung *f* заболева́ние 5

er|kühnen, sich *refl* осме́л|иваться ⟨-иться 3⟩, отва́ж|иваться ⟨-иться 3⟩; **~kunden** *tr Mil, Geol* разве́д|ывать ⟨-ать⟩; **~kundigen, sich** *refl* справля́ться ⟨спра́в|иться 3 -люсь⟩ (nach о *P*), осведомля́ться ⟨осве́домиться 3 -люсь⟩ (nach о *P*)

Erkund|igung *f* спра́вка 6 | ≈en einziehen наводи́ть 3⁺ -вожу́ ⟨-|вести́*⟩ спра́вки; **~ung** *f Geol* разве́дка 6

Erkundungsflug *m* разве́дывательный полёт

er|lahmen *intr übertr* ослаб|ева́ть ⟨-е́ть⟩; **~langen** *tr* erringen приобрета́ть ⟨-|обрести́*⟩; Ziel дост|ига́ть ⟨-и́гнуть 4a⟩ *G*

Erlaß *m* Verordnung ука́з 2; Befreiung von etw. освобожде́ние 5 от *G*
er|lassen *tr* Gesetz, Dekret из|дава́ть* ⟨изда́ть*⟩; Strafe освобо|жда́ть ⟨-ди́ть 3 -жу́¡ -ждённый⟩ от *G* | der General erließ den Befehl генера́л о́тдал прика́з; **~lauben** *tr* позв|оля́ть ⟨-о́лить 3⟩, разреш|а́ть ⟨-и́ть 3⟩ | ≈ Sie! позво́льте!; ich kann mir das nicht ≈ я не могу́ себе́ э́того позво́лить
Erlaubnis *f* разреше́ние 5 (zu на *A*) | j-n um (die) ~ bitten проси́ть (по-) у кого́-н. разреше́ния; mit ~ с разреше́ния
erläutern *tr* объясн|я́ть ⟨-и́ть 3⟩, поясн|я́ть ⟨-и́ть⟩; deuten толкова́ть 2; **~d** объясни́тельный, поясни́тельный
Erläuterung *f* объясне́ние 5, поясне́ние 5; толкова́ние 5; zum Text коммента́ри|й 1 *P* -и
Erle *f* ольха́ 6c
erleben *tr* дожива́ть ⟨дожи́ть*⟩ до *G;* durchmachen пережива́ть ⟨пережи́ть*⟩, испы́тывать ⟨-пыта́ть⟩ | hat man je so etwas erlebt? ви́данное ли э́то де́ло?; der kann was ~ *umg* ну и попадёт же ему́
Erlebnis *n* Ereignis собы́тие 5; seelisches пережива́ние 5
erledigen *tr* ausführen выполня́ть ⟨вы́полнить 3⟩, исполня́ть ⟨-по́лнить⟩; beenden зака́нчивать ⟨-ко́нчить 3⟩ | das ist erledigt! де́ло ула́жено!; er ist erledigt он гото́в, он ко́нченый челове́к
Erledigung *f* выполне́ние 5, исполне́ние 5
er|legen *tr* Wild убива́ть ⟨-|би́ть*⟩; **~leichtern** *tr* облегч|а́ть ⟨-и́ть 3⟩ | das Gewissen ≈ облегч|а́ть ⟨-и́ть⟩ свою́ со́весть
Erleichterung *f* облегче́ние 5
er|leiden *tr* переноси́ть 3⁺ -ношу́ ⟨-|нести́⟩; durchmachen терп|е́ть 3⁺ -лю́ (по-); **~lernen** *tr* изуч|а́ть ⟨-и́ть 3⁺⟩, учи́ться (вы́-, на-, об-) *D* | das Klavierspiel ≈ научи́ться *v* игра́ть на роя́ле; ein Handwerk ≈ выу́чиваться ⟨вы́учиться 3⟩ ремеслу́; **~lesen** Gesellschaft и́збран:ный¡ -а; Speisen изы́скан:ный¡ -на; Geschmack утончён:ный¡ -на
erleuchten *tr* осве|ща́ть ⟨-ти́ть 3 -щу́⟩; *übertr* озар|я́ть ⟨-и́ть 3⟩
Erleuchtung *f* озаре́ние 5
erliegen *intr:* seinen Verletzungen ~ умира́ть ⟨-|мере́ть*⟩ от ран; der Versuchung ~ под|да́ться* *v* искуше́нию
Erlkönig *m* лесно́й царь 1e
erlogen ло́ж|ный¡ -ен
Erlös *m* вы́ручка 6
er|löschen *intr* Licht га́снуть 4a (по-); Feuer, Vulkan ту́хнуть 4a (по-); Gefühle угаса́ть ⟨-га́снуть⟩; Mandat станови́ться 3⁺ ⟨стать*⟩ недействи́тельным, теря́ть (по-) си́лу; Frist истека́ть ⟨-|те́чь*⟩; **~lösen** *tr* избавля́ть ⟨-ба́вить 3 -ба́влю⟩ (aus, von от *G*), освобо|жда́ть ⟨-ди́ть 3 -жу́¡ -ждённый⟩ (von от *G*)
Erlös|er *m* спаси́тель 1; **~ung** *f* избавле́ние 5, освобожде́ние 5 (zu от G)
ermächtigen *tr* уполномо́ч|ивать ⟨-ить 3⟩ (zu на *A*)
Ermächtigung *f* полномо́чие 5 (zu на *A*)
ermahnen *tr* увещ|ева́ть ⟨-а́ть⟩, призыва́ть ⟨-|зва́ть*⟩ (zu к *D*)
Ermahnung *f* увещева́ние 5
Ermanglung *f:* in ~ за неиме́нием *G*
er|mannen, sich *refl* мужа́ться; **~mäßigen** *tr* Preis сбавля́ть ⟨сба́в|ить 3 -лю⟩, снижа́ть ⟨-ни́зить 3 -ни́жу⟩ | zu ermäßigten Preisen по сни́женным [уме́ренным] це́нам; ermäßigte Fahrkarte льго́тный биле́т
Ermäßigung *f* ски́дка 6
ermatten *intr* ослаб|ева́ть ⟨-е́ть⟩, изнемога́ть ⟨-|мо́чь*⟩
Ermattung *f* сла́бость 9, изнеможе́ние 5
ermessen *intr* Möglichkeiten су|ди́ть 3⁺ -жу́
Ermessen *n* усмотре́ние 5 | nach eigenem ~ по со́бственному усмотре́нию
ermitteln *tr* ausfindig machen разы́скивать ⟨-|ыска́ть*⟩, прии́скивать ⟨-|иска́ть*⟩; Tatbestand обнару́ж|ивать ⟨-ить 3⟩; *Jur* добыва́ть ⟨добы́ть*⟩ све́дения | der Adressat ist nicht zu ~ адреса́т не на́йден
Ermittlung *f* ро́зыск 2; обнаруже́ние 5; *Jur* дозна́ние 5 | ~en anstellen собира́ть ⟨-|бра́ть*⟩ све́дения
Ermittlungsverfahren *n Jur* дозна́ние 5
ermöglichen *tr* де́лать (с-) возмо́жным, дава́ть* ⟨дать*⟩ возмо́жность
ermorden *tr* убива́ть ⟨-|би́ть*⟩
Ermordung *f* уби́йство 4
ermüden *tr* утом|ля́ть ⟨-и́ть 3 -лю́⟩, изму́чить *v* 3; *intr* утом|ля́ться ⟨-и́ться⟩, у|става́ть* ⟨-|ста́ть*⟩; **~d** утоми́тел|ьный¡ -ен¡ -ьна
Ermüdung *f* утомле́ние 5, уста́лость 9
ermuntern *tr* ободр|я́ть ⟨-и́ть 3⟩; anregen побу|жда́ть ⟨-ди́ть 3 -жу́¡ -ждённый⟩ (zu к *D*)
Ermunterung *f* ободре́ние 5; побужде́ние 5
ermutigen *tr* ободр|я́ть ⟨-и́ть 3⟩
Ermutigung *f* ободре́ние 5
ernähren *tr* корм|и́ть 3⁺ -лю́ (на-, по-), пита́ть; für den Unterhalt sorgen корми́ть (про-), содержа́ть 3⁺; sich ~ *refl* für den Unterhalt sorgen корми́ться (про-); sich nähren пита́ться
Ernähr|er *m* корми́л|ец¡ -ьца 2; **~ung** *f* пита́ние 5
Ernährungs|lage *f* положе́ние с пита́нием; **~weise** *f* пищево́й режи́м 2, режи́м пита́ния
ernennen *tr* назн|ача́ть ⟨-а́чить 3⟩ (zu *I*)

Ernennung *f* назначéние 5 (zu *I*)
Ernennungsurkunde *f* верúтельная грáмота 6
erneuern *tr* Garderobe обнов|ля́ть ⟨-и́ть 3 -лю́⟩; Verträge возобнов|ля́ть ⟨-и́ть⟩; beleben возро|ждáть ⟨-ди́ть 3 -жу́; -ждённый⟩ | ein Versprechen ~ повтор|я́ть ⟨-и́ть 3⟩ обещáние
Erneuerung *f* обновлéние 5; возобновлéние 5; возрождéние 5
erneut *Adv* снóва, опя́ть
erniedrigen *tr* унижáть ⟨уни́|зить 3 -жу⟩; sich ~ *refl* унижáться ⟨уни́зиться⟩
Erniedrigung *f* унижéние 5
Erniedrigungszeichen *n Mus* знак понижéния
ernst серьёз|ный; -ен | ~ nehmen принимáть ⟨приня́ть*⟩ всерьёз; es ist mir ~ damit я не шучу́; ein ~es Wort mit j-m reden серьёзно поговори́ть с кем-н.
Ernst *m* серьёзность 9 | im ~ серьёзно; allen ~es совершéнно серьёзно; mein voller ~ крóме шу́ток; ist das dein ~? ты не шу́тишь?; der ~ der Lage серьёзность положéния; er machte mit seiner Drohung ~ он вы́полнил свою́ угрóзу; **~fall** *m:* im ≈ в слу́чае опáсности
ernst|haft, ~lich 1. *Adj* серьёз|ный; -ен **2.** *Adv* всерьёз
Ernte *f* Ertrag урожá|й 1 *G Pl* -ев; Arbeiten убóрка 6 урожáя | die ~ einbringen со-, убирáть ⟨-|брáть*⟩ урожáй; **~ertrag** *m* урожá|й 1 *G Pl* -ев; **~fest** *n* прáздник 2 урожáя; **~helfer** *m* помóщник на убóрке урожáя; **~kranz** *m* венóк из колóсьев; **~maschine** *f* жáтвенная [убóрочная] маши́на
ernten *tr* убирáть ⟨-|брáть*⟩ урожáй; Obst собирáть ⟨-брáть⟩ урожáй; *übertr* пожинáть ⟨-|жáть²*⟩
Erntezeit *f* врéмя убóрки урожáя
ernüchtern *tr* о-, протрезв|ля́ть ⟨-и́ть 3 -лю́⟩
Ernüchterung *f* о-, протрезвлéние 5
Eroberer *m* завоевáтель 1, захвáтчик 2
erobern *tr* заво|ёвывать ⟨-евáть 2⟩, захв|áтывать ⟨-ати́ть 3⁺ -ачу́⟩; *übertr* плен|я́ть ⟨-и́ть 3⟩, покор|я́ть ⟨-и́ть 3⟩
Eroberung *f* завоевáние 5, захвáт 2 | ~en machen *übertr* плен|я́ть ⟨-и́ть 3⟩ сердцá
Eroberungskrieg *m* захвáтническая войнá
eröffnen *tr* открывáть ⟨-|кры́ть*⟩; anfangen начинáть ⟨начáть*⟩; mitteilen сообщ|áть ⟨-и́ть 3⟩; sich ~ *refl* Aussichten, Möglichkeiten открывáться ⟨-кры́ться⟩
Eröffnung *f* откры́тие 5; Anfang начáло 4; Bericht сообщéние 5; Schach дебю́т 2
Eröffnungs|feier *f* торжествó по слу́чаю открытия; **~tag** *m* день откры́тия
erörtern *tr* обсу|ждáть ⟨-ди́ть 3⁺ -жу́; -ждённый⟩
Erörterung *f* обсуждéние 5
Erosion *f* эрóзия 8
Erotik *f* эрóтика 6
erotisch эроти́ческий
Erpel *m* сéлез|ень; -ня 1
erpicht пáд|кий; -ок (auf на *A*)
erpressen *tr* вымогáть (von j-m etw. что-н. у когó-н.), шантажи́ровать 2 (j-n когó-н.)
Erpress|er *m* вымогáтель 1, шантажи́ст 2; **~ung** *f* вымогáтельство 4, шантáж 2е *G Pl* -éй
er|proben *tr* испы́тывать ⟨-пытáть⟩; **~quicken** *tr* erfrischen освеж|áть ⟨-и́ть 3⟩
Erquickung *f* освежéние 5
erraten от-, угáдывать ⟨-гадáть⟩; daraufkommen догáдываться ⟨-гадáться⟩ (o *P*)
errechnen *tr* рассч|и́тывать ⟨-итáть⟩
erratisch *Geol* эррати́ческий | ~er Block эррати́ческий валу́н 2е
erregbar возбуди́м:ый; reizbar раздражи́тел|ьный; -ен; -ьна
Erregbarkeit *f* возбуди́мость 9; раздражи́тельность 9
erregen *tr* возбу|ждáть ⟨-ди́ть 3 -жу́; -ждённый⟩; Unwillen вызывáть ⟨вы́|звать*⟩; reizen раздраж|áть ⟨-и́ть 3⟩; aufregen волновáть 3 (вз-)
Erreger *m Med* возбуди́тель 1; **~strom** *m* ток возбуждéния
Erregung *f* возбуждéние 5, волнéние 5
erreichbar достижи́м:ый; zugänglich досту́п|ный; -ен | ich bin stets ~ меня́ всегдá мóжно застáть
er|reichen *tr* достигáть ⟨-и́гнуть 4a *u.* 4⟩ *G;* erringen добивáться ⟨-|би́ться*⟩ *G;* mit der Hand до|ставáть* ⟨-|стáть*⟩; einen bestimmten Ort, eine bestimmte Grenze, Höhe доходи́ть 3⁺ -хожу́ ⟨-|йти́*⟩ до *G;* fahrend доезжáть ⟨-|éхать*⟩ до *G;* antreffen заставáть ⟨-стáть⟩; telefonisch дозвони́ться *v* 3 | den Zug ≈ успéть *v* на пóезд; den Anschluß ≈ успéть сесть в другóй пóезд; endlich erreichten wir den Wald наконéц мы добрали́сь до лéса; eine hohe Geschwindigkeit ≈ раз|ви́ть* *v* -овью́ большу́ю скóрость; **~retten** *tr* спасáть ⟨-|пасти́*⟩ (von, aus, vor от *G*); **~richten** *tr* возводи́ть 3⁺ -вожу́ ⟨-|вести́*⟩, воздв|игáть ⟨-и́гнуть 4a *u.* 4⟩; aufstellen соору|жáть ⟨-ди́ть 3 -жу́⟩; Institution устан|áвливать ⟨-ови́ть 3⁺ -овлю́⟩ | eine Senkrechte ≈ *Math* восстан|áвливать ⟨-ови́ть 3⁺ -овлю́⟩ перпендикуля́р; ein Denkmal ≈ воздвигáть пáмятник
Errichtung *f* возведéние 5; сооружéние 5; установлéние 5
er|ringen *tr* добивáться ⟨-|би́ться*⟩ *G,* дост|игáть ⟨-и́гнуть 4a *u.* 4⟩; erkämpfen заво|ёвывать ⟨-евáть 2⟩ | den Sieg ≈ одéр-

живать ⟨одержа́ть 3⁺⟩ побе́ду; **~röten** *intr* красне́ть (по-) (vor, über от *G*)
Errungenschaft *f* достиже́ние 5
Ersatz *m* заме́на 6; Entschädigung возмеще́ние 5 (für за *A*); Ersatzstoff замени́тель 1; nicht vollwertiger суррога́т 2 | als ~ взаме́н *G;* **~mann** *m Sport* запасно́й игро́к 2e; **~mannschaft** *f Sport* запасна́я кома́нда; **~spieler** *m* запасно́й игро́к; **~teil** *n* запасна́я часть, запча́сть 9g
erschaffen *tr* соз|дава́ть* ⟨созда́ть*⟩, твори́ть 3 (со-)
Erschaffung *f* созда́ние 5 | die ~ der Welt сотворе́ние 5 ми́ра
er|schallen *intr* раз|дава́ться* ⟨-|да́ться*; -дали́сь⟩, зазвуча́ть *v* 3; **~scheinen** *intr* появ|ля́ться ⟨-и́ться 3⁺ -лю́сь⟩; vor Gericht явля́ться ⟨яви́ться⟩; Buch выходи́ть 3⁺ ⟨вы́|йти*⟩ (в свет) | das erscheint mir seltsam э́то ка́жется мне стра́нным
Erscheinen *n* появле́ние 5; vor Gericht я́вка 6 (в суд); eines Buches вы́ход 2 (из печа́ти)
Erscheinung *f* явле́ние 5, появле́ние 5; Aussehen (вне́шний 11) вид 2; Spuk привиде́ние 5, при́зрак 2 | in ~ treten обнару́ж|иваться ⟨-иться 3⟩
Erscheinungsjahr *n* год изда́ния
erschießen *tr* застр|е́ливать ⟨-ели́ть 3⁺⟩; sich ~ *refl* застре́ливаться ⟨-ели́ться⟩
Erschießung *f* расстре́л 2
er|schlaffen *intr* ослаб|ева́ть ⟨-е́ть⟩; **~schlagen** *tr* убива́ть ⟨-|би́ть*⟩ | vom Blitz ≈ werden быть* поражённым мо́лнией; ich bin ≈ я ошеломлён; ich fühle mich wie ≈ я о́чень уста́л; **~schleichen** *tr* добива́ться ⟨-|би́ться*⟩ чего́-н. хи́тростью; **~schließen** *tr Wirtsch* открыва́ть ⟨-|кры́ть*⟩; Neuland, Brachland осв|а́ивать ⟨-о́ить 3⟩
Erschließung *f* откры́тие 5; освое́ние 5
erschöpfen *tr* Mittel исче́рп|ывать ⟨-ать⟩; Kräfte изнур|я́ть ⟨-и́ть 3⟩; Erzlager истощ|а́ть ⟨-и́ть 3⟩; **~d 1.** *Adj* исче́рпывающий 11 **2.** *Adv* исче́рпывающе
erschöpft изнур|ённый, -ён, -ена́, истощ|ённый, -ён, -ена́ | meine Kräfte sind ~ у меня́ нет бо́льше сил; meine Geduld ist ~ моё терпе́ние исся́кло
Erschöpfung *f* изнеможе́ние 5 | bis zur ~ до изнеможе́ния
er|schrecken *tr* пуга́ть (ис-); *intr* пуга́ться (ис-) (über, vor *G*); **~schüttern** *tr* потряса́ть ⟨-|трясти́*⟩; Grundsätze колеба́ть* (по-); Gesundheit, Autorität подрыва́ть ⟨подо|рва́ть*; подо́рванный⟩; **~schütternd 1.** *Adj* потряса́ющий 11 **2.** *Adv* потряса́юще
Erschütterung *f* сотрясе́ние 5 *a. Med;* потрясе́ние 5 | seelische ~ душе́вное потрясе́ние
er|schweren *tr* затрудн|я́ть ⟨-и́ть 3⟩, осложн|я́ть ⟨-и́ть 3⟩ | ≈de Umstände отягча́ющие 11 (вину́) обстоя́тельства; **~schwinglich** досту́п|ный, -ен; **~sehnen** *tr* ждать *G* с нетерпе́нием, стра́стно жела́ть (по-); **~setzbar** замени́м|ый; **~setzen** *tr* замен|я́ть ⟨-и́ть 3⁺; -ённый⟩; entschädigen возме|ща́ть ⟨-сти́ть 3 -щу́⟩; **~sichtlich** ви́димый, -ен, я́в|ный, -ен | ≈ sein я́вствовать 2; **~sinnen** *tr* приду́м|ывать ⟨-ать⟩, выду́мывать ⟨вы́думать⟩; **~spähen** *tr* высма́тривать ⟨вы́смотреть 3⟩; **~sparen** *tr* сберега́ть ⟨-|бере́чь*⟩, ска́пливать ⟨скоп|и́ть 3⁺ -лю́⟩; verschonen изб|авля́ть ⟨-а́вить 3 -а́влю⟩ (etw. от *G*) | ich hätte mir die Mühe ≈ können мне не сто́ило труди́ться; es blieb ihm nichts erspart ничто́ его́ не минова́ло
Ersparnisse *f Pl* сбереже́ния *Pl* 5
ersprießlich поле́з|ный, -ен, плодотво́р|ный, -ен
erst *Adv* zuerst сперва́, снача́ла; nur то́лько, лишь | eben ~ то́лько что; ~ recht тем бо́лее; ~ heute то́лько сего́дня; wenn du ~ einmal so alt bist wie ich когда́ ты доживёшь до мои́х лет
er|starken *intr* кре́пнуть 4 *u.* 4a (о-) *a. übertr;* **~starren** *intr* vor Kälte кочене́ть (за-, о-); vor Ehrfurcht застыва́ть ⟨-|сты́ть*⟩ | vor Schreck ≈ цепене́ть от стра́ха; das Blut erstarrt mir in den Adern кровь сты́нет у меня́ в жи́лах; **~starrt** оцепене́лый; von Gliedern онеме́лый; verhärtet отверде́лый
Erstarrung *f* оцепене́ние 5
erstatten *tr* возме|ща́ть ⟨-сти́ть 3 -щу́⟩ | Bericht ~ докла́дывать ⟨-ложи́ть 3⁺⟩
Erstaufführung *f* премье́ра 6
erstaunen *intr* удив|ля́ться ⟨-и́ться 3 -лю́сь⟩ | erstaunt sein über etw. быть удивлённым чем-н.
Erstaunen *n* удивле́ние 5, изумле́ние 5; Verwunderung недоуме́ние 5 | in ~ setzen удив|ля́ть ⟨-и́ть 3 -лю́⟩, изум|ля́ть ⟨-и́ть 3 -лю́⟩
erstaunlich удиви́тел|ьный, -ен, -ьна, изуми́тел|ьный, -ен, -ьна
Erst|ausgabe *f* пе́рвое изда́ние; **~besteigung** *f* пе́рвое восхожде́ние
er|stechen *tr* зака́лывать ⟨-|коло́ть*⟩; **~stehen** *tr* kaufen покупа́ть ⟨куп|и́ть 3⁺ -лю́⟩; erwerben приобрета́ть ⟨-|обрести́*⟩; *intr* возро|жда́ться ⟨-ди́ться 3 -жу́сь⟩; **~steigen** *tr* всхо|ди́ть 3⁺ -жу́ ⟨взо|йти́*⟩ на *A*
erstens *Adv* во-пе́рвых
erste|r *Num* пе́рвый | der ~ Juni пе́рвое ию́ня; zum ~n Male в пе́рвый раз; der ~ beste пе́рвый встре́чный; fürs ~ для нача́ла; das ist das ~, was ich höre в пе́рвый раз слы́шу
Erster *m* in der Klasse пе́рвый учени́к 2e

(в кла́ссе); des Monats пе́рвое число́ 4c (ме́сяца)
ersterben *intr* замира́ть (-|мере́ть*)
Erst|geborene *f, n,* **~geborener** *m* пе́рвен|ец| -ца 2; **~geburt** *f Med* пе́рвые ро́ды
ersticken *tr* души́ть 3⁺ (за-); *intr* задыха́ться ⟨-дохну́ться 4 *u.* 4a⟩; vor Husten, Lachen дав|и́ться 3⁺ -лю́сь (по-) (an от *G*) | einen Aufruhr im Keim ~ подав|ля́ть ⟨-и́ть 3⁺ -лю́⟩ мяте́ж в заро́дыше
Erstickung *f* уду́шье 5
Erstickungstod *m* смерть от уду́шья
erstklassig первокла́ссный | ~er Tabak таба́к пе́рвого со́рта; ~es Restaurant перворазря́дный рестора́н
Erstling *m* пе́рвен|ец| -ца 2
erstmalig 1. *Adj* пе́рвый **2.** *Adv* впервы́е, в пе́рвый раз
erstrangig первостепе́н|ный| -ен| -на
erstreben *tr* стрем|и́ться 3 -лю́сь к *D*
erstrebenswert досто́йный того́| что́бы к нему́ стреми́ться | ~es Ziel жела́нная цель
er|strecken, sich *refl* простира́ться ⟨прос|тере́ться*⟩; umfassen распростран|я́ться ⟨-и́ться 3⟩ (auf на *A*) | die Arbeit erstreckt sich über Jahre рабо́та дли́тся мно́гие го́ды; **~stürmen** *tr* брать* ⟨взять*⟩ шту́рмом; Gipfel штурмова́ть 2
Erstürmung *f* взя́тие 5 шту́рмом
er|suchen *tr* про|си́ть 3⁺ -шу́ (по-) (um o *P*); **~tappen** *tr* пойма́ть *v* (bei, auf на *P*), заст|ига́ть ⟨-и́гнуть 4a⟩ (bei на *P*) | auf frischer Tat ≈ пойма́ть с поли́чным, пойма́ть на ме́сте преступле́ния; bei etw. ertappt werden попада́ться ⟨-|па́сться*⟩ на чём-н.; **~teilen** *tr* Auskunft, Erlaubnis дава́ть* ⟨дать*⟩ | einen Verweis ≈ де́лать (с-) вы́говор; Unterricht ≈ преподава́ть, дава́ть ⟨дать⟩ уро́ки
ertönen *intr* раз|дава́ться* ⟨-|да́ться*; -да́ли́сь⟩
Ertrag *m* дохо́д 2; Ernte урожа́|й 1 *G Pl* -ев
er|tragen *tr* переноси́ть 3⁺ -ношу́ ⟨-|нести́*⟩, терп|е́ть 3⁺ -лю́; **~träglich** сно́с|ный| -ен, терпи́м|ый; **~tragreich** gewinnbringend дохо́д|ный| -ен; *Landw* (высоко)урожа́йный
Ertragssteigerung *f Landw* повыше́ние урожа́йности
er|tränken *tr* топ|и́ть 3⁺ -лю́ (у-) | den Kummer im Wein ≈ залива́ть ⟨зали́ть*⟩ го́ре вино́м; **~trinken** *intr* тону́ть 4⁺ (по-), уто|па́ть ⟨-ну́ть⟩
Ertrunkene *f* уто́пленница 6; **~r** *m* уто́пленник 2
erübrigen *tr* сберега́ть ⟨-|бере́чь*⟩; sich ~ *refl* быть* изли́шним | es erübrigt sich zu sagen, daß … изли́шне говори́ть| что …
Eruption *f* изверже́ние 5
Eruptivgestein *n* изве́рженная го́рная поро́да 6
erwachen *intr* прос|ыпа́ться ⟨-ну́ться 4⟩, пробу|жда́ться ⟨-ди́ться 3⁺ -жу́сь⟩ (aus от *G*) *a. übertr*
Erwachen *n* пробужде́ние 5
erwachsen 1. *Adj* взро́слый **2.** *intr* проис|тека́ть ⟨-|те́чь*⟩, происходи́ть 3⁺ ⟨произо|йти́*⟩ (aus из, от *G*)
Erwachsene *f* взро́слая *Subst* 10
Erwachsenenbildung *f* обуче́ние 5 взро́слых
Erwachsener *m* взро́слый *Subst* 10
erwägen *tr* обду́м|ывать ⟨-ать⟩
Erwägung *f* соображе́ние 5; Prüfung обсужде́ние 5 | in ~ ziehen принима́ть ⟨приня́ть*⟩ во внима́ние
er|wählen *tr* выбира́ть ⟨вы́|брать*⟩, избира́ть ⟨-бра́ть⟩; **~wähnen** *tr* упом|ина́ть ⟨-яну́ть 4⁺⟩ о *P* | mit keinem Wort ≈ не обмо́лвиться *v* 3 ни (одни́м) сло́вом
erwähnenswert досто́йный упомина́ния
Erwähnung *f* упомина́ние 5
erwärmen *tr* Glied, Luft со-, обогрева́ть ⟨-гре́ть⟩; Wasser нагрева́ть ⟨-гре́ть⟩; sich ~ *refl* обогрева́ться ⟨-гре́ться⟩; нагрева́ться ⟨-гре́ться⟩; *übertr* заинтересова́ться *v* 2 (für *I*)
Erwärmung *f* Wasser нагрева́ние 5; *Tech* нагре́в 2; Wetter потепле́ние 5
erwarten *tr* ждать*, ожида́ть *G* | ein Kind ~ ждать (рожде́ния) ребёнка; wir können es kaum ~ ждём не дождёмся
Erwartung *f* ожида́ние 5 | in ~ в ожида́нии; das übertrifft meine ~en э́то бо́льше| чем я ожида́л
erwartungsvoll по́лный ожида́ния
er|wecken *tr übertr* пробу|жда́ть ⟨-ди́ть 3| -ждённый⟩; **~wehren, sich** *refl* eines Gegners защи|ща́ться ⟨-ти́ться 3 -щу́сь⟩ от *G;* eines lästigen Menschen oder Gedankens отде́л|ываться ⟨-аться⟩ от *G;* Tränen, Lachen уде́рживаться ⟨удержа́ться 3⁺⟩ от *G* | man kann sich ihrer nicht ≈ от них отбо́ю нет; **~weichen** *tr* размягч|а́ть ⟨-и́ть 3⟩; *übertr* смягч|а́ть ⟨-и́ть⟩; sich ≈ lassen смягч|а́ться ⟨-и́ться⟩; **~weisen** *tr* beweisen дока́зывать ⟨-|каза́ть*⟩; Gunst, Wohltat ока́зывать ⟨-каза́ть⟩; sich ≈ *refl* ока́зываться ⟨-каза́ться⟩ (als *I*) | sich dankbar gegen j-n ≈ быть* благода́рным кому́-н.; **~weitern** *tr* расширя́ть ⟨-ши́рить 3⟩, распростран|я́ть ⟨-и́ть 3⟩; *Math* Bruch превра|ща́ть ⟨-ти́ть 3 -щу́⟩
Er|weiterung *f* расшире́ние 5; **~werb** *m* Verdienst за́работ|ок| -ка 2; durch Kauf приобрете́ние 5
erwerben *tr* käuflich приобрета́ть ⟨-|обрести́*⟩; sich verschaffen добыва́ть ⟨добы́ть*⟩; Geld зараб|а́тывать ⟨-о́тать⟩,

наживáть ⟨нажи́ть*⟩; Ruhm, Vertrauen заво|ёвывать ⟨-евáть 2⟩ | sich Verdienste um etw. ~ имéть заслу́ги в óбласти чегó-н.
erwerbsfähig трудоспосóб|ный, -ен
Erwerbsfähigkeit *f* трудоспосóбность 9
erwerbslos безрабóтный
Erwerbslose *f* безрабóтная *Subst* 10
Erwerbs|losenunterstützung *f* пособие 5 по безрабóтице; **~losigkeit** *f* безрабóтица 6
Erwerbsloser *m* безрабóтный *Subst* 10
erwerbs|tätig трудя́щийся 11, трудовóй; **~unfähig** нетрудоспосóб|ный, -ен
Erwerbs|unfähigkeit *f* нетрудоспосóбность 9; **~zweig** *m* óтрасль произвóдства
Erwerbung *f* приобретéние 5
erwidern *tr* возра|жáть ⟨-зи́ть 3 -жу́⟩ (auf на *A*); antworten отв|ечáть ⟨-éтить 3 -éчу⟩ (auf на *A*) | das Feuer ~ *Mil* открывáть ⟨-|кры́ть*⟩ отвéтный огóнь; einen Gruß ~ отв|ечáть ⟨-éтить⟩ на привéтствие
Erwiderung *f* возражéние 5; отвéт 2
erwiesenermaßen *Adv* как докáзано
er|wirken *tr* добивáться ⟨-|би́ться*⟩ *G*; **~wirtschaften** *tr* Mittel накáпливать ⟨-копи́ть 3⁺ -коплю́⟩ (срéдства) | Gewinn ≈ получи́ть *v* 3⁺ при́быль; **~wischen** *tr* лов|и́ть 3⁺ -лю́ ⟨поймáть ⟩, схв|áтывать ⟨-ати́ть 3⁺ -ачу́⟩; **~wünscht** желáтел|ьный, -ен, -ьна, желáнный; **~würgen** *tr* души́ть 3⁺ (за-)
Erz *n* рудá 6c; **~ader** *f* ру́дная жи́ла 6
erzählen *tr* расскáзывать ⟨-с|казáть*⟩ (von о P) | ich habe mir ~ lassen мне расскáзывали, до меня́ дошлó; **~d** повествовáтельный
Erzähl|er *m* расскáзчик 2; **~ung** *f* расскáз 2, пóвесть 9g
Erz|aufbereitung *f* обогащéние 5 руды́; **~bergbau** *m* горнору́дная промы́шленность 9; Abbau разрабóтка 6 [добы́ча 6] руды́
Erzbischof *m* архиепи́скоп 2
erzeugen *tr* herstellen производи́ть 3⁺ -вожу́ ⟨-|вести́*⟩, вырабáтывать ⟨вы́работать⟩; hervorrufen порождáть ⟨-роди́ть 3 -рожу́⟩
Erzeug|er *m* производи́тель 1; Vater роди́тель 1; **~nis** *n* издéлие 5, продýкт 2; **~ung** *f* произвóдство 4, продýкция 8, вы́пуск 2
Erz|feind *m* закля́тый враг; **~gebirge** Ру́дные гóры *Pl* 6a
erzhaltig рудонóс|ный, -ен
erziehen *tr* воспи́тывать ⟨-питáть⟩
Erzieher *m* воспитáтель 1; **~in** *f* воспитáтельница 6
erzieherisch Maßnahmen воспитáтельный; Tätigkeit педагоги́ческий | von ~em Wert sein имéть воспитáтельное значéние
Erziehung *f* воспитáние 5
Erziehungsberechtigte *m Pl* имéющие *Subst Pl* 11 прáво воспи́тывать детéй
er|zielen *tr* добивáться ⟨-|би́ться*⟩ *G*, дост|игáть ⟨-и́гнуть 4a⟩ *G*; **~zittern** *intr* задрожáть *v* 3
Erzlager *n meist Pl* зáлежи руды́; **~stätte** *f* ру́дное месторождéние 5
Erz|reaktionär *m* махрóвый реакционéр; **~schelm** *m* отъя́вленный плут
er|zürnen *tr* сер|ди́ть 3⁺ -жу́ (рас-); sich ≈ *refl* серди́ться (рас-) (über на *A*); **~zwingen** *tr* вынуждáть ⟨вы́ну|дить 3 -жу, -жденный⟩
es *Pers Pron* онó *G* егó 14; *Dem Pron* э́то | wir sind ~ э́то мы; ~ gibt есть, имéется; ~ klopft стучáт; ~ ist dunkel темнó; ~ lebe …! да здрáвствует …!; ~ gut mit j-m meinen хорошó относи́ться 3⁺ -ношу́сь к комý-н.
Esche *f* я́сень 1
Esel *m* ос|ёл, -лá 2 a. als Schimpfwort; **~in** *f* осли́ца 6
Eselsohr *n* загну́тый у́г|ол, -ла 2 (страни́цы)
Eskalation *f* эскалáция 8
Eskimo *m* эскимóс 2; **~hund** *m* лáйка 6
Eskorte *f* Ehrengeleit эскóрт 2; Schutzgeleit конвó|й 1 *G Pl* -ев
Espe *f* оси́на 6
Espenlaub *n* оси́новая листвá | er zittert wie ~ он дрожи́т как оси́новый лист
Esperanto *n* эсперáнто *n idkl*
Essay *m, n* эссé *n idkl*, óчерк 2; **~ist** *m* очерки́ст 2, эссеи́ст 2
eßbar съедóб|ный, -ен
Eßbesteck *n* столóвый прибóр 2
Esse *f* дымовáя трубá 6c; *Tech* горн 2
essen *tr u. intr* есть* ⟨съесть⟩, ку́шать (по-) | sich satt ~ наедáться ⟨-éсться⟩ дóсыта; ~ Sie, bitte! ку́шайте, пожáлуйста!; unmäßig ~ быть* неумéренным в еде́; zu Abend ~ у́жинать (по-); zu Mittag ~ обéдать (по-); habt ihr nicht etwas zu ~? нет ли у вас чегó-н. поéсть?
¹Essen Э́ссен 2
²Essen *n* едá 6; Speise, Gericht ку́шанье 5, блю́до 4; Festmahl банкéт 2 | beim ~ за столóм; der Appetit kommt beim ~ аппети́т прихóдит во врéмя еды́; **~kübel** *m* бачó|к, -кá 2
Essenz *f* эссéнция 8
Esser *m* едóк 2e | ein schwacher ~ плохóй едóк; ein starker ~ люби́тель 1 поку́шать
Essig *m* у́ксус 2; **~gurke** *f* маринóванный огурéц, корнишóн 2
essigsauer *Chem* уксусноќислый | essigsaure Tonerde уксуснoки́слый глинозём 2

Essigsäure *f* уксусная кислота́

Eß|löffel *m* столо́вая ло́жка; **~tisch** *m* обе́денный стол; **~waren** *f Pl* проду́кты *Pl* 2 (пита́ния); **~zimmer** *n* столо́вая *Subst* 10

Este *m* эсто́н|ец, -ца 2

Ester *m* сло́жный эфи́р 2

Estin *f* эсто́нка 6

Estland Эсто́ния 8

estnisch эсто́нский | Estnische Sozialistische Sowjetrepublik Эсто́нская Сове́тская Социалисти́ческая Респу́блика

Estrade *f* эстра́да 6

Estradenkonzert *n* эстра́дный конце́рт

Estrich *m* бесшо́вный пол 2b; на полу́

etablieren, sich *refl* устр|а́иваться ⟨-о́иться 3⟩

Etage *f* эта́ж 2e *G Pl* -е́й | in der ersten ~ в бельэта́же, на пе́рвом этаже́, in der UdSSR entsprechend на второ́м этаже́

Etagenheizung *f* эта́жное центра́льное отопле́ние

Etappe *f* эта́п 2; *Mil* тыл 2b; в тылу́ | in der ersten ~ на пе́рвом эта́пе

Etappensieger *m Sport* победи́тель эта́па

Etat *m* Budget (госуда́рственный) бюдже́т 2

etatmäßig бюдже́тный; den Personaletat betreffend шта́тный

Ethik *f* э́тика 6

ethisch эти́ческий; Verhalten эти́ч|ный, -ен

ethnisch этни́ческий

Ethnographie *f* этногра́фия 8

ethnographisch этнографи́ческий

Ethnologie *f* этноло́гия 8

ethnologisch этнологи́ческий

Ethos *n* мора́льный о́блик 2, духо́вный склад 2

Etikett *n* ярлы́к 2e, этике́тка 6; **~e** *f* этике́т 2

etliche *unbest. Pron* не́которые; не́сколько *G* | ~ Male не́сколько раз

Etüde *f Mus* этю́д 2

Etui *n* футля́р 2

etwa *Adv* о́коло *G*, приблизи́тельно; in Fragen ра́зве, неуже́ли | es verging ~ ein Monat прошло́ с ме́сяц; bist du ~ krank? мо́жет быть, ты бо́лен?; er ist doch nicht ~ krank? неуже́ли он бо́лен?

etwaig возмо́ж|ный, -ен

etwas 1. *Adv* не́сколько, немно́го | ~ über zwanzig два́дцать с небольши́м; ~ besser полу́чше, немно́го лу́чше; ~ mehr побо́льше; gib mir ~ Geld дай мне ско́лько-нибудь де́нег **2.** *unbest. Pron* что́-либо, что́-нибудь 14; bestimmtes что́-то 14, не́что; einiges ко́е-что 14 | ~ Ähnliches не́что подо́бное; ~ Zucker немно́го са́хару

Etymologie *f* этимоло́гия 8

etymologisch этимологи́ческий

euer *Poss Pron* (~e, ~, ~e) ваш 14 (-а, -е, -и)

Eukalyptus *m Bot* эвкали́пт 2; **~bonbons** *n Pl* эвкали́птовая караме́ль 1

Eule *f* сова́ 6c

Eulenspiegel *m* Уленшпи́гель 1

Eunuch *m* е́внух 2

eurerseits *Adv* с ва́шей стороны́

euresgleichen *Adv* подо́бный вам

euretwegen *Adv* ра́ди вас, из-за вас

Europa Евро́па 6

Europäer *m* европе́|ец, -йца 2; **~in** *f* европе́йка 6

europäisch европе́йский

Europa|meister *m* чемпио́н 2 Евро́пы; **~meisterschaft** *f* пе́рвенство Евро́пы; **~rekord** *m* европе́йский реко́рд

Euter *n* вы́м|я *n G D P* -ени, *I* -енем

evakuieren *tr* эвакуи́ровать *uv, v* 2

Evakuierung *f* эвакуа́ция 8

evangelisch евангели́ческий

Evangelium *n* ева́нгелие 5

Eventualität *f* возмо́жность 9 | für alle ~en на вся́кий слу́чай

eventuell 1. *Adj* возмо́ж|ный, -ен **2.** *Adv* при слу́чае, пожа́луй | ich würde ~ kommen я, пожа́луй, пришёл бы

Evergreen *m* нестаре́ющая 11 эстра́дная пе́сня 7

Evolution *f* эволю́ция 8

Evolutionstheorie *f* эволюцио́нная тео́рия

ewig ве́ч|ный, -ен | auf ~ наве́ки; für ~e Zeiten на ве́чные времена́, на ве́ки веко́в

Ewigkeit *f* ве́чность 9

exakt то́ч|ный, -ен, -на́!

Exaktheit *f* то́чность 9

exaltiert экзальтиро́ван:ный, -на

Examen *n* экза́мен 2 | ein ~ ablegen с|дава́ть* ⟨-|дать*⟩ экза́мен, экзаменова́ться 2 (про-); ein ~ bestehen вы́держать *v* 3 экза́мен; beim ~ durchfallen провали́ться *v* 3⁺ на экза́мене, с|ре́заться* *v* на экза́мене

Examinator *m* экзамена́тор 2

examinieren *tr* экзаменова́ть 2 (про-)

Exekution *f* сме́ртная казнь 9

Exekutive *f* исполни́тельная власть 9

Exekutivkomitee *n* исполни́тельный комите́т

Exempel *n* приме́р 2 | die Probe aufs ~ machen испро́бовать *v* 2, проверя́ть ⟨-ве́рить 3⟩ на де́ле

Exemplar *n* экземпля́р 2

exemplarisch приме́р|ный, -ен

exerzieren *intr* занима́ться строево́й подгото́вкой

Exerzierplatz *m* уче́бный плац

Exil *n* изгна́ние 5 | im ~ leben жить в изгна́нии

Existenz *f* существова́ние 5; **~berechti-**

gung *f* право на существова́ние; **~minimum** *n* прожи́точный ми́нимум; **~mittel** *n Pl* сре́дства к жи́зни
existieren *intr* существова́ть 2
exklusiv Gesellschaft и́збран:ный, -а, за́мкнут:ый
Exkurs *m* экску́рс 2; **~ion** *f* экску́рсия 8
Exkursionsleiter *m* экскурсово́д 2
Exmatrikulation *f* исключе́ние 5 из спи́ска студе́нтов, отчисле́ние 5
exmatrikulieren *tr* исключ|а́ть ⟨-и́ть 3⟩ из спи́ска студе́нтов
Exotik *f* экзо́тика 6
exotisch экзоти́ческий
Expander *m* экспа́ндер 2
Expansion *f* экспа́нсия 8
Expansionspolitik *f* экспансиони́стская поли́тика
expansiv экспанси́в|ный, -ен
Expedient *m* экспеди́тор 2
Expedition *f* экспеди́ция 8
Experiment *m* экспериме́нт 2, о́пыт 2
experimentell эксперимента́льный
experimentieren *intr* эксперименти́ровать 2 (mit над *oder* с *I*)
Experte *m* экспе́рт 2 (für по *D*)
explodieren *intr* взрыва́ться ⟨взо|рва́ться*, -рвали́сь⟩
Explosion *f* взрыв 2
explosiv взры́вчатый; *übertr* вспы́льчив:ый
Expon|at *n* экспона́т 2; **~ent** *m Math* показа́тель 1 сте́пени; markanter Vertreter представи́тель 1
exponiert ви́д|ный, -ен, -на́! | an ~er Stelle stehen быть* уязви́мым
Export *m* э́кспорт 2, вы́воз 2 | für den ~ на э́кспорт; **~artikel** *m* предме́т э́кспорта, э́кспортный това́р 2; **~auftrag** *m* э́кспортный зака́з; **~eur** *m* экспортёр 2
exportieren *tr* экспорти́ровать *uv, v* 2, выво|зи́ть 3⁺ -жу ⟨вы́|везти*⟩
Exportplan *m* план э́кспорта
Exposé *n* экспозе́ *n idkl,* докладна́я запи́ска 6
Exposition *f Lit, Foto* экспози́ция 8
Expreß *m* Zug экспре́сс 2; **~gut** *n* груз большо́й ско́рости
Expressionis|mus *m* экспрессиони́зм 2; **~t** *m* экспрессиони́ст 2
Expropriation *f* экспроприа́ция 8
exquisit и́збран:ный, -а, отли́ч|ный, -ен
extensiv *Landw* экстенси́в|ный [тэ], -ен
Externer *m* экстéрн [тэ] 2 | als ~ das Examen ablegen с|дава́ть* ⟨-|да́ть*⟩ экза́мен экстéрном
exterritorial экстерриториа́л|ный, -ен, -ьна
Exterritorialität *f* экстерриториа́льность 9
extra *Adv* специа́льно, осо́бенно; zusätzlich дополни́тельно
Extrablatt *n* э́кстренный вы́пуск 2 газе́ты
Extrakt *m* экстра́кт 2
Extraktion *f* eines Zahns удале́ние 5
extravagant экстрава́гант|ный, -ен
Extravaganz *f* экстрава́гантность 9
extrem кра́йний 11
Extrem *n* кра́йность 9 | aus einem ~ ins andere fallen впада́ть ⟨-|пасть*⟩ из одно́й кра́йности в другу́ю; **~itäten** *f Pl* коне́чности *Pl* 9
Exzellenz *f* превосходи́тельство 4
Exzentriker *m* эксце́нтрик 2
exzentrisch *Math* эксцентри́ческий; *übertr* эксцентри́ч|ный, -ен
exzerpieren *tr* де́лать (с-) вы́писки [вы́борку] из *G*
Exzerpt *n* вы́писка 6, вы́борка 6
Exzeß *m* эксце́сс 2

F

f, F *n Mus* фа *n idkl*
Fabel *f* Tiergeschichte ба́с|ня 7 *G Pl* -ен; Phantasieprodukt фанта́зия 8; *Lit, Theat* фа́була 6, сюже́т 2; **~dichter** *m* баснопи́с|ец, -ца 2
fabelhaft großartig замеча́тел|ьный, -ен, -ьна | ist ja ~! э́то замеча́тельно [чуде́сно]!; ein ~er Kerl замеча́тельный па́рень; ein ~es Gedächtnis изуми́тельная [превосхо́дная] па́мять
Fabel|tier *n* живо́тное из ба́сни; **~wesen** *n* ска́зочное существо́
Fabrik *f* фа́брика 6; Werk заво́д 2 | in die ~ gehen идти́ на фа́брику [на заво́д]; in der ~ arbeiten рабо́тать на фа́брике [на заво́де]; **~anlage** *f* фабри́чное [заводско́е] сооруже́ние
Fabrikant *m* фабрика́нт 2
Fabrikarbeiter *m* фабри́чный [заводско́й] рабо́чий
Fabrikat *n* фабри́чное изде́лие 5, фабрика́т 2; **~ion** *f* произво́дство 4, изготовле́ние 5
Fabrikmarke *f* фабри́чная [заводска́я] ма́рка
fabrikmäßig фабри́чный | ~ herstellen изгот|овля́ть ⟨-о́вить⟩ фабри́чным [заводски́м] спо́собом
Fabrik|schiff *n* плаву́чий 11 рыбозаво́д 2; **~sirene** *f* фабри́чный [заводско́й] гудо́к
fabrizieren *tr umg iron* фабрикова́ть 2 (с-) | was hast du denn da fabriziert? что ты там смастери́л?
Facette *f* фасе́т 2, грань 9
Fach *n* Regal по́лка 6; Schrank, Kühlschrank отделе́ние 5; Tisch, Kommode я́щик 2; Lehr~ предме́т 2 (обуче́ния);

(Wissens-) Gebiet, (Berufs-) Zweig óтрасль 9, óбласть 9g; ~richtung, Beruf специáльность 9 | Biologie ist sein ~ биолóгия егó специáльность; Chemiker vom ~ хи́мик по специáльности; er ist vom ~ он специали́ст; er versteht sein ~ он хорóший специали́ст; das ist nicht mein ~ э́то не моя́ специáльность, э́то не по моéй чáсти [специáльности]
Facharbeiter *m* квалифици́рованный рабóчий, специали́ст 2; **~ausbildung** *f* подготóвка квалифици́рованных рабóчих | eine ≈ erhalten получи́ть специáльность в профессионáльно-техни́ческих учи́лищах; **~brief** *m* свидéтельство 4 о закóнченном специáльном образовáнии в профессионáльно-техни́ческом учи́лище; **~prüfung** *f* экзáмен на получéние квалификациóнного разря́да | die ≈ machen с|давáть* ⟨-|дáть*⟩ квалификациóнный экзáмен
Facharzt *m* врач-специали́ст 2e-2 | ~ für innere Krankheiten (врач-)специали́ст по вну́тренним болéзням, терапéвт 2
fachärztlich: (у) врачá-специали́ста *nachgestellt* | ~es Gutachten заключéние 5 меди́ци́нской эксперти́зы
Fach|ausbildung *f* (срéднее) специáльное [Berufsausbildung профессионáльное] образовáние; **~ausdruck** *m* тéрмин 2; **~berater** *m* консультáнт(-специали́ст) 2(-2)
fachbezogen со специáльным уклóном; Unterricht, Praktikum по специáльности *nachgestellt*
Fachbuch *n* кни́га по какóй-н. специáльности, нау́чно-техни́ческая кни́га; **~handlung** *f* магази́н специáльной литерату́ры
fächeln *tr:* sich ~ *refl* обмáхиваться (mit *I*)
Fächer *m* вéер 2b *Pl* -á
Fachgebiet *n* специáльность 9
fachgemäß 1. *Adj* sachkundig компетéнт|ный, -ен **2.** *Adv* со знáнием дéла
Fach|geschäft *n* специализи́рованный магази́н (für по *D*); **~gruppe** *f* объединéние 5 по профéссии [по интерéсам]; предмéтная коми́ссия 8; сéкция 8; **~handel** *m* специализи́рованная торгóвля; **~kenntnisse** *f* специáльные знáния; **~kräfte** *f Pl* кáдры *Pl* 2 специали́стов; **~kreise** *m Pl:* in ≈n в кругáх [среди́] специали́стов
fachkundig знáющий 11 дéло, свéдущий 11 в дáнной óбласти
Fachlehrer *m* преподавáтель-предмéтник 1-2, учи́тель-предмéтник 1-2
fachlich специáл|ьный, -ен, -ьна | die ~e Qualifikation профессионáльная квалификáция; ~es Gutachten эксперти́за 6; sich ~ weiterbilden повышáть ⟨повы́|сить 3 -шу⟩ (свою́) квалификáцию (по специáльности)
Fach|literatur *f* специáльная литерату́ра | medizinische ≈ литерату́ра по медици́не; technische ≈ техни́ческая литерату́ра; **~mann** *m* специали́ст 2 (für по *D*) | vielseitiger ≈ универсáл 2; ≈ auf dem Gebiet … специали́ст в óбласти *G*, по *D*
fachmännisch 1. *Adj* профессионáльный; Urteil компетéнт|ный, -ен | ~es Urteil заключéние специали́ста **2.** *Adv* как специали́ст, в кáчестве специали́ста, со знáнием дéла
Fach|messe *f* отраслевáя я́рмарка; **~personal** *n* специали́сты *Pl* 2, обу́ченный персонáл; **~presse** *f* специáльная периоди́ческая печáть; **~richtung** *f* (у́зкая) специáльность 9; Uni отделéние 5; дисципли́на 6; **~schule** *f* срéднее 11 специáльное учéбное заведéние 5 | technische ≈ тéхникум 2; ≈ für Bauwesen строи́тельный тéхникум; ≈ für Binnenhandel торгóвое учи́лище, торгóвый тéхникум; **~schulkader** *m Pl* специали́сты *Pl* 2 со срéдним специáльным образовáнием
fachsimpeln *intr* разговáривать на узкоспециáльные тéмы
Fach|sprache *f* профессионáльный язы́к; **~studium** *n* учёба по специáльности; **~tagung** *f* совещáние 5 (специали́стов); нау́чная конферéнция 8, симпóзиум 2; **~text** *m* спецтéкст 2; **~unterricht** *m* предмéтное (профессионáльное) обучéние; **~verkäufer** *m* квалифици́рованный продавéц; **~welt** *f* специали́сты *Pl* 2, мир [ширóкие круги́ *Pl* 2e] специали́стов; **~werk** *n* фахвéрк 2; **~werkhaus** *n* фахвéрковый дом; **~wissen** *n* специáльные знáния; знáния по специáльности; **~wort** *n* тéрмин 2, специáльное выражéние 5; **~wörterbuch** *n* специáльный [отраслевóй] словáрь; **~wortschatz** *m* профессионáльная [специáльная] лéксика 6; (специáльная) терминолóгия 8; **~zeitschrift** *f* специáльный журнáл
Fackel *f* фáкел 2; *übertr* свéточ 2 *G Pl* -ей
fackeln *itr:* man wird nicht lange ~ дóлго церемóниться не бу́дут; ohne zu ~ без церемóний
Fackelzug *m* фáкельное шéствие
fade Speise безвку́с|ный, -ен; Stimmung, Mensch ску́ч|ный, -ен, -нá, -но, ску́чны; Witz, Buch пóшл:ый, -á! | einen ~en Geschmack im Mund haben имéть неприя́тный вкус во рту
fädeln *tr* Perlen нани́зывать ⟨-|низáть*⟩ (auf на *A*)
Faden *m* ни́тка 6, нить 9; *Med* шов, шва 2; *Mar* сáжéнь 9 *Pl* сáжéни, сáжен *oder* сажéнéй, сажéня́м | sein Leben hängt

nur noch an einem ~ его́ жизнь виси́т на волоске́; den ~ verlieren потеря́ть *v* нить; er hat alle Fäden in der Hand у него́ все ни́ти в рука́х; sich wie ein roter ~ hindurchziehen проходи́ть 3⁺ кра́сной ни́тью; keinen guten ~ an j-m lassen не оста́в|ить *v* 3 -лю на ком-н. живо́го ме́ста

Faden|kreuz *n* Optik перекре́стие 5 ни́тей; **~nudeln** *f Pl* вермише́ль 9

fadenscheinig: ~e Ausreden нехи́трые отгово́рки; ~e Gründe ша́ткие [сла́бые] до́воды *Pl* 2

Fagott *n* фаго́т 2

Fagottist *m* фаготи́ст 2

fähig imstande спосо́б|ный$_I$ -ен (zu к *D*, на *A*) | zu allem ~ sein быть спосо́бным на всё; er ist ein ~er Kopf он спосо́бный челове́к

Fähigkeit *f* спосо́бность 9 | überdurchschnittliche ~en незауря́дные спосо́бности; glänzende ~en besitzen облада́ть блестя́щими спосо́бностями (zu к *D*); ~en und Fertigkeiten спосо́бности и на́выки, на́выки и уме́ние

fahl блёд|ный$_I$ -ен$_I$ -на́$_I$ -но$_I$ блёдны́; verblaßt, matt блёклый

Fähnchen *n* флаж|о́к$_I$ -ка́ 2

fahnden *intr* kriminalpolizeilich производи́ть 3⁺ -вожу́ ⟨-|вести́*⟩ ро́зыск (nach *G*)

Fahndung *f* kriminalpolizeilich ро́зыск 2 (nach *G*)

Fahne *f* флаг 2; Banner зна́м|я *n G D P* -ени$_I$ *I* -енем$_I$ *Pl* -ёна 4; Korrektur∽ гра́нка 6 | mit wehenden ~n с развева́ющимися знамёнами; mit fliegenden ~n zum Gegner übergehen переходи́ть ⟨перейти́⟩ откры́то на сто́рону проти́вника; die ~ der Freiheit hochhalten высоко́ держа́ть 3⁺ зна́мя свобо́ды; die ~ nach dem Wind drehen держа́ть нос по ве́тру; er hat eine ~ *umg* от него́ несёт спиртны́м [во́дкой]

Fahnen|appell *m* Pionierlager (у́тренняя) лине́йка (11-)6; *Mil* построе́ние 5 в честь подня́тия фла́га; **~eid** *m* вое́нная прися́га; **~flucht** *f* дезерти́рство 4; **~flüchtiger** *m* дезерти́р 2; **~korrektur** *f* корректу́ра в гра́нках; **~mast** *m* флагшто́к 2; **~schmuck** *m:* die Stadt prangte im ≈ го́род был укра́шен фла́гами; **~stange** *f* дре́вко зна́мени; **~träger** знамено́се|ц$_I$ -ца 2; **~tuch** *n* поло́тнище 4 зна́мени

Fähnrich *m DDR* пра́порщик 2; *BRD* фе́нрих 2

Fahr|auftrag *m* путево́й лист 2e *Pl* листы́, путёвка 6; **~bahn** *f* прое́зжая часть 11-9g; **~bahnmarkierung** *f* разме́тка 6 прое́зжей ча́сти

fahrbar Last передвижно́й

fahrbereit гото́вый к вы́езду [к отъе́зду] | ein ~er Personenkraftwagen легкова́я [хх] маши́на на ходу́

Fährbetrieb *m* паро́мное сообще́ние 5

Fahrdienstleiter *m* дежу́рный *Subst* 10 по ста́нции

Fähre *f* паро́м 2 | mit der ~, auf der ~ на паро́ме

Fahreigenschaften *f Pl* ходовы́е ка́чества

fahren *tr* lenken вести́* (по-) *best,* води́ть 3⁺ вожу́ *A unbest;* einen Wagen besitzen, benutzen е́здить 3 е́зжу на *P;* mit dem Wagen bringen, holen, befördern везти́* (по-) *best,* вози́ть 3⁺ вожу́ *unbest; intr* sich mit einem Fahrzeug fortbewegen е́хать* (по-) *best,* е́здить 3 е́зжу *unbest;* Schiff плыть* (по-) *best,* пла́вать *unbest,* идти́*; Zug, Bus идти́ *best,* ходи́ть 3⁺ *unbest;* Schlitten, Boot, Ski ката́ться на *P;* наезжа́ть ⟨-е́хать⟩ (gegen, auf на *A*) | etw. mit [auf] dem Wagen ~ transportieren везти́ что-н. на маши́не; Holz ~ вози́ть дрова́; Auto ~ е́хать [ката́ться] на (авто)маши́не; Auto fahren können (уме́ть) води́ть маши́ну; Boot [Schlitten] ~ ката́ться на ло́дке [на са́нках]; links ~ держа́ться 3⁺ ле́вой стороны́; mit dem Schiff ~ е́хать [плыть] на корабле́; mit der Eisenbahn ~ е́хать по желе́зной доро́ге [на по́езде]; mit der Straßenbahn ~ е́хать трамва́ем [на трамва́е]; (ein) Auto ~ вести́ маши́ну; das Schiff fährt nach … парохо́д идёт в …; wann fährt dein Bus? когда́ идёт твой авто́бус?; der Zug fährt um … по́езд идёт [отправля́ется, отхо́дит] в …; wir ~ gern Auto мы охо́тно е́здим на (авто)маши́не; er hat mich nach Hause gefahren он привёз [отвёз] меня́ домо́й; ~ Sie mich zum Bahnhof [nach Halle, zur Stadt] везе́те [отвези́те] меня́ на вокза́л [в Га́лле, в го́род]; ich bin ins Gebirge gefahren я пое́хал в го́ры; zwei Runden ~ *Sport* прое́хать *v* два кру́га; er fuhr mit der Hand über die Haare он провёл руко́й по волоса́м; in die Kleider ~ бы́стро оде́ться; er fuhr mit der Hand in die Tasche он бы́стро су́нул ру́ку в карма́н; der Schreck ist ihm in die [durch alle] Glieder gefahren он оцепене́л от у́жаса; его́ охвати́л страх; er ist gut dabei gefahren ему́ повезло́ в како́м-н. де́ле; was ist in dich gefahren? что на тебя́ нашло́?, что с тобо́й?; **~d:** ≈e (Spiel-) Leute бродя́чие 11 [стра́нствующие 11] музыка́нты *Pl* 2 [комедиа́нты *Pl* 2]

fahrenlassen *tr* Hoffnungen ост|авля́ть ⟨-а́вить 3 -а́влю⟩ *A;* Absicht, Plan отка́зываться ⟨-|каза́ться*⟩ от *G*

Fahrer *m* Kraftwagen води́тель 1; Motorrad мотоцикли́ст 2; Straßenbahn вагоновожа́тый *Subst* 10; Radrenn∽ (вело)го́нщик 2; **~flucht** *f* самово́льное оставле́ние 5 води́телем ме́ста происше́ствия; ~**haus** *n LKW* каби́на води́теля; ~**in** *f* (же́нщина-)води́тель (6-)1; ~**kabine** *f* каби́на води́теля; ~**korb** *m* каби́на кранови́цика́

Fahr|erlaubnis *f* води́тельские права́ *Pl* 4b; ~**gast** *m* пассажи́р 2; ~**gastschiff** *n* пассажи́рское су́дно; ~**geld** *n* пла́та 6 за прое́зд; ~**gestell** *n* Auto шасси́ *n idkl; Tech* теле́жка 6

Fahrkarte *f* (проездно́й) биле́т; ~**kartenkontrolle** *f* прове́рка биле́тов; ~**kartenschalter** *m* биле́тная ка́сса

Fahrkomfort *m* комфорта́бельность 9 [удо́бство 4] езды́

fahrlässig 1. *Adj* неосторо́ж|ный, -ен | ~e Tötung уби́йство по неосторо́жности **2.** *Adv:* ~ handeln обраща́ться неосторо́жно

Fahr|lässigkeit *f* неосторо́жность 9 | wegen ≈ *Jur* за неосторо́жность; sich eine ≈ zuschulden kommen lassen провини́ться *v* 3, допусти́в престу́пную небре́жность; ~**lehrer** *m* инстру́ктор уче́бной [автомоби́льной] езды́

Fährmann *m* перево́зчик 2, паро́мщик 2

Fahrplan *m* расписа́ние 5 (движе́ния) поездо́в [Bus авто́бусов]

fahrplanmäßig *Adv* по расписа́нию | ~er Zug по́езд, сле́дующий 11 по расписа́нию, гра́фиковый по́езд

Fahrpraxis *f Kfz* о́пыт 2 вожде́ния (автомоби́ля)

Fahrpreis *m* сто́имость 9 прое́зда; ~**ermäßigung** *f* льго́тный тари́ф | 75 % ≈ 75 проце́нтов ски́дки

Fahrprüfung *f* экза́мен на получе́ние води́тельских прав

Fahrrad *n* велосипе́д 2 | mit dem ~ fahren е́хать на велосипе́де; ~**anhänger** *m* прице́п к велосипе́ду; ~**bereifung** *f* велосипе́дные ши́ны *Pl* 6; ~**decke** *f* велопокры́шка 6; ~**handlung** *f* веломагази́н 2; ~**schlauch** *m* велока́мера 6; ~**ständer** *m* велостоя́нка 6; ~**weg** *m* велодоро́жка 6

Fahr|rinne *f* фарва́тер 2; ~**schein** *m* (проездно́й) биле́т

Fährschiff *n* (морско́й) паро́м 2

Fahr|schule *f* автошко́ла 6; Aufschrift auf Fahrschulwagen уче́бный; ~**schüler** *m* обуча́ющийся *Subst* 11 в автошко́ле; ~**schulwagen** *m* уче́бная (авто)маши́на; ~**spur** *f* Teil einer Fahrbahn полоса́ движе́ния, ряд; von Rädern колея́ 7; ~**spurwechsel** *m* сме́на полосы́ (движе́ния), вы́езд 2 из занима́емого ря́да; ~**straße** *f* шоссе́йная доро́га

Fahrstuhl *m* лифт 2, подъёмник 2 | mit dem ~ fahren поднима́ться ⟨подня́ться*, -я́лся́, -яли́сь⟩ на ли́фте; ~**führer** *m* лифтёр 2

Fahrt *f* das Fahren езда́ 6; Reise пое́здка 6; *Verk* прое́зд 2; Wanderung путеше́ствие 5; See- пла́вание 5, путеше́ствие; Route, Tour рейс 2; Geschwindigkeit ход 2, в, на ходу́, ско́рость 9g; *Bergb* спуск 2 в ша́хту | zwei Stunden ~ Entfernung два часа́ езды́; während der ~ im Fahren на ходу́; auf der ~ nach … по доро́ге [на пути́] в …; in voller ~ по́лным хо́дом, на по́лном ходу́; freie ~ *Eisenb* Freifahrtschein беспла́тный прое́зд 2; für den Zug свобо́дный пут|ь 9e *I* -ём, зелёная у́лица 6; glückliche ~! счастли́вого пути́!; eine ~ ins Blaue пое́здка без определённой це́ли, пое́здка в неизве́стность; eine ~ ins Grüne пое́здка за́ город

Fahrtauglichkeit *f* го́дность 9 к вожде́нию [к управле́нию] *I*

Fährte *f* след 2b, в, на следу́ | auf eine ~ kommen напада́ть ⟨-|па́сть*⟩ на след; einer ~ folgen идти́* ⟨по|йти́*⟩ по следу́; auf die richtige ~ bringen наводи́ть 3+ -вожу́ ⟨-|вести́*⟩ кого́-н. на ве́рный след

Fahrtkosten *Pl* сто́имость 9 прое́зда, пла́та 6 за прое́зд

Fahrtrainer *m Kfz* (авто)тренажёр 2

Fahrt|richtung *f* направле́ние движе́ния; ~**richtungsanzeiger** *m* указа́тель направле́ния движе́ния, сигна́л 2 поворо́та; ~**unterbrechung** *f* остано́вка в пути́ сле́дования, прерыва́ние пое́здки

Fahr|unterricht обуче́ние вожде́нию; ~**verbot** *n* лише́ние 5 води́тельских прав; ~**wasser** *n* фарва́тер 2 | in j-s ≈ segeln пляса́ть* под чью-н. ду́дку; ~**weg** *m* Straße прое́зжая 11 доро́га; ~**werk** *n Kfz* ходова́я часть 9g; *Flugw* шасси́ *n idkl;* ~**zeit** дли́тельность 9 езды́ [прое́зда]

Fahrzeug *n* тра́нспортное сре́дство 4; автомоби́ль 1 | schienengebundene ~e ре́льсовый подвижно́й соста́в; ~**führer** *m* води́тель 1; ~**halter** *m* владе́л|ец, -ьца 2 автомоби́ля [мотоци́кла]; ~**kolonne** *f* коло́нна автомоби́лей; ~**nummer** *f* но́мер автомоби́ля; ~**wäsche** *f* мытьё 3 [мо́йка] автомоби́лей

fair 1. *Adj* ehrlich че́ст|ный, -ен, -на́! | das war nicht ~ von ihm э́то бы́ло некорре́ктно с его́ стороны́; ~es Spiel *Sport* корре́кная игра́ **2.** *Adv:* (nicht) ~ handeln поступ|а́ть ⟨-и́ть⟩ (не)поря́дочно [(не)че́стно]

Fairneß *f* безупре́чное [корре́ктное] поведе́ние 5

Fäkalien *Pl* фека́лии *Pl* 8

Faksimile *n* факси́миле *n idkl*

Fakt *m* факт 2

faktisch факти́ческий

Faktor *m* фа́ктор 2

Fakultät *f* факульте́т 2 | an der ~ на факульте́те

fakultativ факультати́в|ный, -ен, необяза́тел|ьный, -ен, -ьна | ~er Unterricht заня́тие 5 по вы́бору
Falbel *f* обо́рка 6
Falk|e *m* со́кол 2; **~enjagd** *f* соколи́ная охо́та; **~ner** *m* соко́льничий *Subst* 11
Fall *m* Sturz паде́ние 5; Umstand, Zufall слу́ча|й 1 *G Pl* -ев; Ereignis происше́ствие 5; der Gewässer у́быль 9 [спад 2] воды́; *Jur* де́ло 4b; *Gramm* паде́ж 2e *G Pl* -е́й | hoffnungsloser ~ безнадёжный слу́чай; er brachte ihn zu ~ он сбил с ног его́; einen Plan zu ~ bringen расстро́ить *v* 3 [со|рва́ть* *v*] план; in jedem ~ во вся́ком слу́чае; auf alle Fälle на вся́кий слу́чай; auf keinen ~ ни за что, ни в ко́ем слу́чае; im besten ~ в лу́чшем слу́чае; in gewissen Fällen в изве́стных слу́чаях; von ~ zu ~ от слу́чая к слу́чаю; für den ~, daß … в (том) слу́чае, е́сли …; gesetzt den ~, daß … предположи́м, что …; das ist ganz mein ~ э́то в моём вку́се, э́то мне по душе́; **~beil** *n* гильоти́на 6; **~beschleunigung** *f* ускоре́ние си́лы тя́жести
Falle *f* лову́шка 6, западн|я́ 7 *G Pl* -е́й *a. übertr;* Mäuse~ мышело́вка 6; Fangeisen~ капка́н 2 | j-m eine ~ stellen ста́вить (по-) кому́-н. лову́шку; in der ~ sitzen по|па́сть(ся)* *v* в лову́шку
fallen *intr* hin~, ·herunter~ па́дать ⟨у|па́сть*⟩; sinken па́дать ⟨пасть*⟩ *a. übertr;* Preise па́дать ⟨упа́сть⟩, понижа́ться ⟨-ни́зиться 3⟩; Wasserspiegel спада́ть ⟨спасть⟩, убыва́ть ⟨убы́ть*⟩; Regen, Schnee идти́*, выпада́ть ⟨вы́пасть⟩; Soldat пасть, поги́бнуть *v* 4a; Schuß раз|дава́ться* ⟨-|да́ться*, -дали́сь⟩ | ~ lassen роня́ть ⟨урони́ть 3⁺⟩, броса́ть ⟨бро́|сить 3 -шу⟩ на зе́млю [на́ пол]; *übertr* отка́зываться ⟨-|каза́ться*⟩; er ließ die Tasse ~ он урони́л ча́шку; ihm fällt alles aus den Händen у него́ всё ва́лится из рук; mein Blick fiel auf das Gemälde мой взгляд упа́л на карти́ну; das Laub fällt ли́стья опада́ют; der Regen fällt дождь идёт; es fällt Schnee па́дает снег; der Nebel fällt ложи́тся тума́н; die Temperatur [das Barometer] fällt температу́ра [баро́метр] па́дает; der Weg fällt schroff ins Tal доро́га кру́то спуска́ется в доли́ну; die Waren ~ im Preis це́ны на това́ры па́дают; die Wahl fiel auf ihn вы́бор пал на него́; darüber fiel kein Wort об э́том не́ было ска́зано ни сло́ва; das Fest fällt auf einen Sonntag пра́здник прихо́дится [па́дает] на воскресе́нье; das Lernen fällt ihm leicht [schwer] уче́ние [учёба] даётся ему́ легко́ [хк] [с трудо́м]; das fällt ihm schwer э́то ему́ не даётся
fällen *tr* Baum вали́ть 3⁺ (по-, с-), сруб|а́ть ⟨-и́ть 3⁺ -лю́⟩; *Chem* оса|жда́ть ⟨-ди́ть 3⁺ -жу́⟩ | das Lot ~ *Math* опу|ска́ть ⟨-сти́ть 3⁺ щу́⟩ перпендикуля́р; über j-n ein Urteil ~ выно|си́ть 3⁺ -шу́ ⟨вы́|нести*⟩ кому́-н. пригово́р
fallenlassen *tr* Pläne, Ansichten, Freund отка́зываться ⟨-каза́ться⟩ от *G* | kein Wort ~ не пророни́ть *v* 3 ни сло́ва
Fall|geschwindigkeit *f* ско́рость паде́ния; **~gesetz** *n* зако́н паде́ния; **~grube** *f* Falle für Wild я́ма 6
fällig подлежа́щий 11 опла́те [Zinsen упла́те] | ~ sein подлежа́ть 3 опла́те [упла́те]
Fälligkeit *f* срок 2 платежа́
Fälligkeitstermin *m* срок исполне́ния обяза́тельства
Fall|obst *n* па́данцы *Pl* 2; **~reep** *n* забо́ртный трап 2
falls *Konj* е́сли, в слу́чае, е́сли
Fallschirm *m* парашю́т [шу] 2 | mit dem ≈ abspringen пры́гать с парашю́том; **~absprung** *m* прыжо́к с парашю́том [шу]; **~jäger** *m* парашюти́ст [шу]-деса́нтник 2-2; **~sport** *m* парашю́тный [шу] спорт, парашюти́зм [шу] 2; **~springer** *m* парашюти́ст [шу] 2; **~truppen** *f Pl* парашю́тно [шу]-деса́нтные войска́
Falltür *f* кры́шка 6 лю́ка
falsch 1. *Adj* irrig оши́боч|ный, -ен; unwahr ло́ж|ный, -ен; fehlerhaft, unrichtig непра́вил|ьный, -ен, -ьна, неве́р|ный, -ен; unaufrichtig фальши́в:ый, двули́ч|-ный, -ен; unecht, gefälscht фальши́в:ый, подде́льный; künstlich иску́сствен:ный, -на | ~er Bart накладна́я борода́; ~e Anschuldigung ло́жное обвине́ние; ~e Vorstellung оши́бочное представле́ние; unter ~em Namen под чужи́м и́менем; eine ~e Adresse непра́вильный [не тот] а́дрес; an eine ~e Adresse befördern не по а́дресу; ein ~es Spiel mit j-m treiben вести́* двойну́ю игру́ с кем-н.; bei j-m an die ~e Adresse geraten получи́ть *v* 3⁺ ре́зкий отпо́р от кого́-н. **2.** *Adv:* ~ spielen [singen] фальши́во игра́ть [петь], фальши́в|ить 3 -лю (с-); ~ schreiben непра́вильно писа́ть (на-), писа́ть (на-) с оши́бками; ~ verstehen не так [непра́вильно] понима́ть ⟨поня́ть*⟩; einen ~en Schritt tun сде́лать *v* неве́рный шаг; die Uhr geht ~ часы́ иду́т непра́вильно; Entschuldigung, ich bin ~ verbunden Telefon извини́те, я не туда́ попа́л
fälschen *tr* Urkunden, Unterschrift, Geld подде́л|ывать ⟨-ать⟩; Tatsachen, Geschichte фальсифици́ровать *uv, v* 2 | gefälschtes Dokument подде́льный докуме́нт; gefälschtes Geld фальши́вые де́ньги
Fälscher *m* фальсифика́тор 2; подде́лыватель 1

Falsch|geld *n* фальши́вые де́ньги; **~heit** *f* Verlogenheit ло́жность 9; Unehrlichkeit, Heuchelei лицеме́рие 5
fälschlich, ~erweise *Adv* оши́бочно, по недоразуме́нию
Falsch|meldung *f* ло́жное сообще́ние 5; **~münzer** *m* фальшивомоне́тчик 2; **~spieler** *m* шу́лер 2b *Pl* -á
Fälschung *f* Handlung фальсифика́ция 8; gefälschter Gegenstand, Bild, Dokument подде́лка 6
faltbar складно́й
Faltboot *n* складна́я [разбо́рная] байда́рка 6
Falte *f* Stoff скла́дка 6; eingenähte Falte im Kleid сбо́рка 6; Stirn морщи́на 6 | einen Rock in ~n legen закла́дывать ⟨-ложи́ть 3⁺⟩ скла́дки на ю́бке; das Kleid schlägt ~n пла́тье морщи́т [мо́рщится]; die Stirn in ~n ziehen мо́рщить (на-) лоб
falten *tr* Stoff, Papier скла́дывать ⟨сложи́ть 3⁺⟩ Stirn мо́рщить 3 (на-) | die Hände ~ сложи́ть ру́ки
Falten|gebirge *n* скла́дчатые го́ры; **~rock** *m* ю́бка в скла́дку; **~wurf** *m* драпиро́вка 6
Falter *m* мотыл|ёк, -ька́ 2, ба́бочка 6
faltig Gewand скла́дчатый, в скла́дках; Gesicht морщи́нист:ый; zerdrückt мя́тый
Faltschachtel *f* карто́нная коро́бка
Falz *m* Holz паз 2b;в, на пазу́; *Typ, Tech* фальц 2
falzen *tr Typ, Tech* фальцева́ть 2 (с-)
familiär семе́йный; vertraulich фамилья́р|ный, -ен | aus ~en Gründen по семе́йным обстоя́тельствам
Familie *f* сем|ья́ 7c *G Pl* -е́й, семе́йство 4; Geschlecht род 2b; в, на роду́; *Biol* семе́йство | eine ~ gründen обзаводи́ться 3⁺ -вожу́сь ⟨-|вести́сь*⟩ семьёй; das liegt in der ~ э́то родова́я черта́, э́то уже́ в роду́; ohne ~ бессеме́йный; es bleibt in der ~ э́то оста́нется ме́жду на́ми; eine saubere ~! *iron* ну и семе́йка!
Familien|angehöriger *m* член семьи́; **~angelegenheit** *f* семе́йное де́ло; **~anhang** *m* (все) чле́ны *Pl* 2 семьи́, ро́дственники *Pl* 2; **~gesetzbuch** *n* ко́декс зако́нов о семье́; **~kreis** *m* круг семьи́, семе́йный круг; **~leben** *n* семе́йная жизнь; **~mitglied** *n* член семьи́; **~name** *m* фами́лия 8; **~oberhaupt** *n* глава́ семьи́; **~planung** *f* плани́рование семьи́; **~sinn** *m* скло́нность 9 к семе́йной жи́зни; **~stand** *m* семе́йное положе́ние 5; **~vater** *m* оте́ц семе́йства; **~verhältnisse** *n Pl* семе́йные отноше́ния [обстоя́тельства] | gesunde ≈ здоро́вая семе́йная обстано́вка; **~zuwachs** *m* прибавле́ние 5 семе́йства
famos großartig великоле́п|ный, -ен | das ist ~ э́то здо́рово
Fan *m* боле́льщик 2
Fanal *n übertr* предве́стник 2
Fanatiker *m* фана́тик 2
fanatisch 1. *Adj* фанати́ческий 2. *Adv* фанати́чески; blicken фанати́чно
Fanatismus *m* фанати́зм 2
Fanfare *f* фанфа́ра 6
Fanfarenzug *m* гру́ппа 6 [der FDJ взвод] фанфари́стов
Fang *m* Fischerei: das Fangen ло́в|ля 7 *G Pl* -ель; das Gefangene уло́в 2; *Pl* Fänge: Eber, Hund клыки́ *Pl* 2e; Raubvogel ко́гт|и, -е́й *Pl* 1g | einen guten ~ machen взять* *v* оби́льный уло́в, пойма́ть *v* мно́го ры́бы; *übertr* име́ть уда́чу; **~arme** *m Pl* щу́пал|ьцы *Pl* 4 *G* -ец; **~eisen** *n* капка́н 2
fangen *tr* ergreifen; erbeuten; auffangen лов|и́ть 3⁺ -лю́ ⟨пойма́ть⟩; sich ~ *refl* Wind врыва́ться ⟨во|рва́ться*; -рвали́сь⟩ в *A;* sein Gleichgewicht wiedererlangen уде́рживаться ⟨-держа́ться 3⁺⟩ | einen Verbrecher ~ пойма́ть престу́пника; Feuer ~ загора́ться ⟨-горе́ться 3⟩; *übertr* влюб|ля́ться ⟨-и́ться 3⁺ -лю́сь⟩; er fängt leicht Feuer он бы́стро увлека́ется
Fang|ergebnis *n* уло́в 2; **~korb** *m* предохрани́тельная се́тка 6; **~leine** *f* als Sicherung vor Absturz кана́т 2 для страхо́вки; *Mar* ча́лка 6, строп 2; **~spiel** *n* са́л|ки *Pl* 6 *G* -ок, огоре́л|ки *Pl* 6 *G* -ок; **-und-Verarbeitungs-Schiff** *n* тра́улер-рыбозаво́д 2-2;
Fantasie *f Mus* фанта́зия 8
Farb|aufnahme *f* цветна́я фотогра́фия; цветно́й сни́мок; **~band** *n* ле́нта для пи́шущей маши́нки; **~dia** *n umg* цветно́й диапозити́в
Farbe *f* Farbton цвет 2b *Pl* -á; Kolorit nur Pl кра́ски *Pl* 6; Farbstoff кра́ска 6; von Tieren und Spielkarten масть 9g | lebhafte ~n живы́е кра́ски; eine frische Hautfarbe haben име́ть хоро́ший цвет лица́; ~ bedienen хо|ди́ть 3⁺ -жу́ в масть; ~ bekennen *übertr* раскрыва́ть ⟨-|кры́ть*⟩ свои́ ка́рты; in ~ senden передава́ть в цветно́м изображе́нии
farb|echt Stoff нелиня́ющий 11; *Text* про́чно окра́шенный; **~empfindlich** цветочувстви́тел|ьный, -ен, -ьна
färben *tr* кра́|сить 3 -шу (по-), окра́|шивать ⟨-сить⟩; bunt раскра́|шивать ⟨-сить⟩; abfärben кра́ситься; sich ~ *refl* Wangen, Blätter окра́|шиваться ⟨-ситься⟩ | blau ~ кра́сить в си́ний цвет; das Laub färbt sich (gelb) листва́ желте́ет
farbenblind не различа́ющий 11 цвета́, страда́ющий 11 дальтони́змом | er ist ~ он дальто́ник

Farben|blindheit *f* цветова́я слепота́, дальтони́зм 2; ~**druck** *m Typ* многокра́сочная печа́ть; ~**handlung** *f* москате́льный магази́н; ~**lehre** *f* уче́ние о цвета́х [о кра́сках]; ~**pracht** *f* кра́сочность 9, бога́тство 4 кра́сок
farben|prächtig кра́соч|ный, -ен; ~**reich** многоцве́тный
Farben|reichtum *m* бога́тство кра́сок, колори́тность 9; ~**skala** *f* га́мма 6 кра́сок; *Kunst* цветова́я шкала́; ~**spiel** *n* перели́вы *Pl* 2 цвето́в, игра́ кра́сок
Färber *m* краси́льщик 2; ~**ei** *f* краси́ль|ня 7 *G Pl* -ен
Farb|fernsehen *n* цветно́е телеви́дение; ~**fernseher** *m* цветно́й телеви́зор; ~**film** *m* цветно́й фильм; *Foto* цветна́я плёнка 6; ~**filter** *m* (цветно́й) светофи́льтр 2; ~**foto** *n*, ~**fotografie** *f* = **Farbaufnahme**; ~**gebung** *f* расцве́тка 6; des Bildes колори́т 2
farbig **1.** *Adj* цветно́й; lebendig жив:о́й, -а́!, я́р|кий, -ок, -ка́!; я́рче | eine ~e Schilderung кра́сочное описа́ние; ein ~es Bild entrollen дать* я́ркую [живу́ю] карти́ну **2.** *Adv* в кра́сках | ~ fotografieren фотографи́ровать на цветну́ю плёнку
Farbkasten *m* я́щик с кра́сками
farb|lich **1.** *Adj* цветово́й **2.** *Adv* по цве́ту; ~**los** бесцве́т|ный, -ен *a. übertr;* Gesicht, Persönlichkeit, Charakter блед|ный, -ен, -на́, -но, бле́дны́
Farb|muster *n* образе́ц окра́ски; Stoff расцве́тка 6; ~**stich** *m Foto* цветоискажа́ющий 11 отте́н|ок, -ка 2; ~**stift** *m* цветно́й каранда́ш; ~**stoff** *m* кра́сящее 11 вещество́; in der Textilindustrie краси́тель 1; ~**ton** *m* цвет 2b *Pl* -а́, тон (кра́ски) | im ≈ passen по цве́ту, по то́ну
Färbung *f* окра́ска 6 *a. übertr* | die ~ des Himmels окра́ска [цвет] не́ба
Farce *f Theat* фарс 2 *a. übertr*
Farm *f* фе́рма 6 | auf der ~ arbeiten рабо́тать на фе́рме; ~**er** *m* фе́рмер 2
Farn *m*, ~**kraut** *n* па́поротник 2
Fasan *m* фаза́н 2; ~**erie** *f* фаза́ний двор 12-2е
Faschine *f* фаши́на 6
Fasching *m* карнава́л 2 | zum ~ на карнава́ле
Faschings|(um)zug *m* карнава́льное ше́ствие; ~**zeit** *f* вре́мя карнава́ла
Fasch|ismus *m* фаши́зм 2; ~**ist** *m* фаши́ст 2
faschistisch фаши́стский
Faselei *f* вздор 2
faseln *intr* разглаго́льствовать 2
Faser *f* волок|но́ 4с *G Pl* -он | mit allen ~n seines Herzens an j-m hängen быть* привя́занным к кому́-н. всеми фи́брами свое́й души́
faserig волокни́ст:ый
Faserpflanze *f* волокни́стое расте́ние; ~**stift** *m* флома́стер 2
Faß *n* бо́чка 6 | Bier vom ~ пи́во из бо́чки; frisch vom ~ пря́мо из бо́чки; das schlägt dem ~ den Boden aus э́то уже́ сли́шком
Fassade *f Bauw* фаса́д 2; *übertr* вне́шнее прили́чие 11-5 | das war alles nur ~ всё э́то бы́ло то́лько вне́шне
faßbar verständlich досту́п|ный, -ен, поня́т|ный, -ен | das ist nicht ~! э́того нельзя́ поня́ть!
Faßbinder *m* бо́ндарь 1
fassen *tr* хвата́ть, схва́тывать ⟨схва|ти́ть 3⁺ -чу́ (bei за *A*); Saal, Flasche вмеща́ть ⟨вме|сти́ть 3 -щу́⟩; einfassen оправля́ть ⟨опра́в|ить 3 -лю (in etw. чем-н. во что-н.); formulieren формули́ровать 2 (с-); begreifen понима́ть ⟨поня́ть*⟩; Beschluß принима́ть ⟨приня́ть*⟩; sich ~ *refl* брать* ⟨взять*⟩ себя́ в ру́ки | j-n an der Hand ~ схва́тывать ⟨схвати́ть⟩ кого́-н. за ру́ку; sich an den Händen ~ бра́ться ⟨взя́ться⟩ за́ руки; den Dieb ~ схвати́ть во́ра; der Saal faßt über tausend Menschen зал вмеща́ет бо́лее ты́сячи челове́к; zu j-m Vertrauen [Mißtrauen] ~ чу́вствовать 2 (по-) дове́рие [недове́рие] к кому́-н.; er faßte den Gedanken у него́ возни́кла мысль; etw. in Worte ~ выража́ть ⟨вы́разить 3- жу⟩ что-н. (слова́ми); ich bin auf alles gefaßt я гото́в ко всему́; ~ Sie sich! успоко́йтесь!; sich kurz ~ быть* кра́тким; man kann es nicht ~ уму́ непостижи́мо
faßlich досту́п|ный, -ен
Fasson *f* фасо́н 2; Form фо́рма 6 | nach seiner ~ по-сво́ему; jeder soll nach seiner ~ selig werden всяк молоде́ц на свой образе́ц
Faßreifen *m* о́бруч 2g *G Pl* -е́й
Fassung *f* Einfassung опра́ва 6; *Tech, El* патро́н 2; Wortlaut вариа́нт 2; Formulierung, Abfassen формулиро́вка 6; eines Werkes изда́ние 5, реда́кция 8; Selbstbeherrschung самооблада́ние 5; Beschluß приня́тие 5 | in deutscher ~ на неме́цком языке́; die ~ bewahren сохран|я́ть ⟨-и́ть 3⟩ самооблада́ние; j-n aus der ~ bringen выводи́ть 3⁺ -вожу́ ⟨вы́|вести*⟩ кого́-н. из терпе́ния
fassungslos расте́рянный; Wut необу́зданный | ich war ~ я был в по́лной расте́рянности
Fassungsvermögen *n El* ёмкость 9; Aufnahmefähigkeit сообрази́тельность 9, понима́ние 5
faßweise бо́чками
fast почти́ | ~ nichts почти́ ничего́; ~ wäre er gefallen он едва́ не упа́л; ~ hätten sie den Zug verpaßt они́ чуть [едва́] не опозда́ли на по́езд

fasten *intr* соблюда́ть дие́ту; *Rel* по|-сти́ться 3 -щу́сь
Fasten *n* пост 2е₁ в посте́; **~zeit** *f Rel* вре́мя поста́
Fast|nacht *f* карнава́л 2; *Rel* ма́сленица 6; **~tag** *m* Diät разгру́зочный день
faszinieren *tr* захв|а́тывать ⟨-ати́ть 3⁺ -ачу́⟩ | von j-m fasziniert sein быть очаро́ванным кем-н.; **~d** захва́тывающий 11, очарова́тел|ьный₁ -ен₁ -ьна
fatal verhängnisvoll фата́л|ьный₁ -ен₁ -лна, роково́й; peinlich неприя́т|ный₁ -ен
Fatalis|mus *m* фатали́зм 2; **~t** *m* фатали́ст 2
fatalistisch фаталисти́ческий
Fata Morgana *f* мира́ж 2 *G Pl* -ей
fauchen *intr* фы́рк|ать ⟨-нуть 4⟩; Lokomotive пыхте́ть 3
faul Holz, Obst, Kartoffeln, Geruch гнил:о́й₁ -а́!; Fleisch, Fisch, Eier ту́хл:ый₁ -а́!; träge лени́в:ый; Ausrede пуст:о́й₁ -а́!; Witz глу́п:ый₁ -а́! | ~e Geschichte скве́рная исто́рия; ~ riechen па́хнуть гни́лью; ~ werden Holz, Obst, Kartoffeln загнива́ть ⟨-|гни́ть*⟩; Fleisch, Fisch, Eier протуха́ть ⟨-ту́хнуть 4а⟩ | diese Sache scheint ~ zu sein ка́жется₁ э́то тёмное де́ло; ~ sein быть лени́вым; er ist stinkend ~ он ужа́сно лени́в; auf der ~en Haut liegen лентя́йничать
Faulbaum *m* черёмуха 6
faulen *intr* Holz, Stroh гнить*, преть (со-); Speisen протуха́ть ⟨-ту́хнуть 4а⟩
faulenzen *intr* лентя́йничать
Faulenzer *m* лентя́|й 1 *G Pl* -ев
Faulheit *f* лень 9
faulig подгни́вший 11
Fäulnis *f* Faulen гние́ние 5; Verfaultes гниль 9; *übertr* разложе́ние 5 | in ~ übergehen загнива́ть ⟨-|гни́ть*⟩
Faul|pelz *m umg* лентя́|й 1 *G Pl* -ев; **~tier** *n* лени́в|ец₁ -ца 2
Fauna *f* фа́уна 6
Faust *f* кула́к 2е | in der ~ в кулаке́; auf eigene ~ на свой страх и риск; das paßt wie die ~ aufs Auge э́то ни к селу́ ни к го́роду; mit der ~ auf den Tisch schlagen *übertr* де́йствовать 2 энерги́чно [реши́тельно]; **~ball** *m* Spiel италья́нская лапта́ 6
Fäustchen *n:* sich (eins) ins ~ lachen смея́ться в кула́к
faustdick: eine ~e Lüge гру́бая [на́глая] ложь; er hat es ~ hinter den Ohren он тёртый кала́ч
fausten *tr Sport* отбива́ть ⟨-|би́ть*⟩ кулака́ми [кулако́м]
faustgroß величино́й в (etwa с) кула́к
Faust|handschuh *m* рукави́ца 6; gestrickter ва́режка 6; **~kampf** *m* кула́чный бой; **~recht** *n* пра́во необходи́мой самооборо́ны; **~regel** *f* просто́е [о́бщее 11] пра́вило; **~schlag** *m* уда́р кулако́м
favorisiert: ~e Mannschaft претенду́ющая 11 на побе́ду кома́нда; der ~e … претенде́нт на побе́ду …
Favorit *m* фаворѝт 2; **~in** *f* фавори́тка 6
Faxen *f Pl:* ~ machen дура́читься 3 (по-) | laß die ~! переста́нь дура́читься!
Fayence *f* фая́нс 2
Fazit *n* ито́г 2, (о́бщая) су́мма | das ~ aus etw. ziehen подводи́ть 3⁺ -вожу́ ⟨-|вести́*⟩ ито́г чему́-н.
Februar *m* февра́ль 1е
fechten *intr* фехтова́ть 2 (mit с *I*, gegen про́тив *G*)
Fecht|en *n* фехтова́ние 5; **~er** *m* фехтова́льщик 2; **~kunst** *f* фехтова́льное иску́сство; **~sport** *m* фехтова́льный спорт
Feder *f* Vogel-, Schreib- перо́ 4с *Pl* пе́рь|я₁ -ев 3; Uhr, Möbel пружи́на 6; am Wagen рессо́ра 6; *Tech* шпо́нка 6 | in den ~n liegen в посте́ли; ein Buch aus der ~ … кни́га₁ принадлежа́щая перу́ …; sie griffen zur ~ они взяли́сь за перо́; sich mit fremden ~n schmücken ря|ди́ться 3⁺ -жу́сь в чужи́е пе́рья; **~ball** *m* Spiel ба́дминтон 2; Ball вола́н 2; **~ballspieler** *m* игро́к в ба́дминтон, бадминтони́ст 2; **~bett** *n* пери́на 6; **~busch** *m* Hut плюма́ж *G Pl* -ей; Helm, Pferd султа́н 2
federführend отве́тствен:ный₁ -на (за *A*)
Feder|gewicht *n* полулёгкий [хк] вес; **~gewichtler** *m* спортсме́н полулёгкого [хк] ве́са; **~halter** *m* ру́чка 6; **~kasten** *m* пена́л 2; **~kissen** *n* пухо́вая поду́шка
federleicht лёгкий [хк] как пёрышко
Federlesen *n:* ohne viel ≈ без церемо́ний; nicht viel ≈s machen не церемо́ниться 3
federn *intr* пружи́нить 3; *tr Tech* mit Federn versehen вст|авля́ть ⟨-а́вить 3 -а́влю⟩ пружи́ны [*Kfz* рессо́ры *Pl* 6] | der Wagen federt gut рессо́ры хорошо́ пружи́нят; gut gefedert Sitz мя́гкий [хк]; **~d** упру́г:ий; Gang пружи́нистый
Feder|schmuck *m* Kleidung украше́ние из пе́рьев; **~strich** *m* Federzug штрих 2е; Namenszug ро́счерк 2 (пера́) | mit ein paar ≈en etw. entwerfen бы́стро наброса́ть что-н.; **~ung** *f* Polstermöbel пружи́ны *Pl* 6; *Tech* подрессо́ривание 5; *Kfz* рессо́ры *Pl* 6; **~vieh** *n* дома́шняя пти́ца 11-6; **~waage** *f* пружи́нные весы́; **~wolke** *f* пе́ристое о́блако; **~zeichnung** *f* рису́нок перо́м
Fee *f* фе́я 7
feenhaft чуде́с|ный₁ -ен, волше́бный
Fegefeuer *n Rel* чисти́лище 4
fegen *tr* мести́*; Straße, Zimmer подмета́ть ⟨-|мести́*⟩; Schornstein чи́|стить 3 -щу (вы́-); *intr* vom Wind (про)носи́ться 3⁺ ⟨(про)|нести́сь*⟩

Feh *n* Pelz бéличий мех 12-2b¡ на мехý, *Pl*-á
Fehde *f* Feindschaft враждá 6; Streit спор 2 | in ~ liegen mit j-m враждовáть 2 с кéм-н.; **~handschuh** *m:* j-m den ≈ hinwerfen бросáть ⟨брó|сить 3 -шу⟩ комý-н. перчáтку
fehl *Adv:* ~ am Platz sein Strenge u. ä. быть неумéстным; Mensch не годи́ться 3 для чегó-н.
Fehl|anzeige *f* оши́бочное заявлéние 5; заявлéние о недостáче [о невыполнéнии] чегó-н.; **~betrag** *m* недочёт 2, дефици́т 2; **~diagnose** *f:* eine ≈ stellen стáв|ить 3 -лю (по-) оши́бочный диáгноз; **~einschätzung** *f* оши́бочная оцéнка
fehlen *intr* mangeln недо|ставáть* ⟨-|стáть*⟩ (an *G*) *unpers,* не хватáть ⟨не хвати́ть 3⁺⟩ (an *G*) *unpers;* abwesend sein отсýтствовать 2; sich irren ошибáться ⟨-|шиби́ться*⟩; sich vergehen провини́ться *v* 3 в *P oder I* (gegen пéред *I*) | es fehlt mir an Geld, um ... мне не хватáет [недостаёт] дéнег, чтóбы ...; dafür fehlt mir die Zeit на э́то у меня́ не хватáет [недостаёт] врéмени; es fehlt mir an allem мне всегó не хватáет [недостаёт]; es an nichts ~ lassen удовлетвор|я́ть ⟨-и́ть 3⟩ всем трéбованиям, позабó|титься *v* 3 -чусь обо всём; wer fehlt? кто отсýтствует?, когó нет?; oft ~ im Unterricht чáсто пропускáть заня́тия; чáсто не явля́ться кудá-н.; was fehlt Ihnen? что с вáми?; mir fehlt nichts у меня́ всё есть; bin gesund я совсéм здорóв; du läßt es am nötigen Ernst ~ тебé недостаёт дóлжной серьёзности; weit gefehlt! жестóко ошибáетесь!, ничегó подóбного!; das fehlte (gerade) noch! э́того тóлько не хватáло!, э́того ещё недоставáло!; es fehlte nicht viel, so wäre ich gefallen я чуть не упáл; er hat schwer gefehlt он серьёзно провини́лся
Fehl|entscheidung *f* оши́бочное решéние; **~entwicklung** *f* ненормáльное [непрáвильное] разви́тие
Fehler *m* оши́бка 6; *Math* оши́бка, погрéшность 9; *EDV* сбой 1b; Schreib-~ опи́ска 6; Druck-~ опечáтка 6; im Material, *Tech* Schaden дефéкт [дэ] 2, изъя́н 2; Geräte-~ z. B. beim Messen погрéшность; Mangel, (Charakter) Schwäche недостáт|ок, -ка 2 *a. Tech;* Fehlgriff оплóшность 9 | einen ~ machen дéлать (с-) оши́бку; aus (den) ~n lernen учи́ться на оши́бках
fehler|frei безоши́боч|ный, -ен, без оши́бок; tadellos безукори́знен:ный, -на z. B. Aussprache; **~haft** оши́боч|ный, -ен, с оши́бками; Ware бракóванный, недоброкáчествен:ный, -на; Gewebe с изъя́ном, с брáком
fehlerlos = **fehlerfrei**
Fehlerquelle причи́на 6 оши́бок [*Tech* неисправностей]
Fehlgeburt *f* вы́кидыш 2 *G Pl* -ей | sie hatte eine ~ у неё был вы́кидыш
fehlgehen *intr* sich irren ошибáться ⟨-|шиби́ться*⟩ | der Schuß ging fehl пýля не попáла в цель; ich gehe wohl nicht ~ in der Annahme, daß ... я не ошибýсь, éсли предположý, что ...
Fehl|griff *m:* einen ≈ tun соверш|áть ⟨-и́ть 3⟩ оши́бку [прóмах]; **~investition** *f* неудáчное капиталовложéние; **~konstruktion** *f* неудáчная констрýкция
fehlleiten *tr* Sendung, Transport отпр|авля́ть ⟨-áвить 3 -áвлю⟩ по непрáвильному áдресу [пути́]
Fehl|meldung *f* заявлéние 5 о неисполнéнии [über Material о нехвáтке]; **~planung** *f* непрáвильное плани́рование, непрáвильная планирóвка 6
fehlschießen *itr* промáхиваться ⟨-махнýться 4⟩
Fehlschlag *m* неудáча 6
fehlschlagen *intr* Pläne, Versuch не у|давáться* ⟨-|дáться*¡ -дали́сь⟩, терп|éть 3⁺ -лю́ (по-) неудáчу
Fehl|schluß *m* оши́бочное заключéние; **~schuß** *m* прóмах 2; **~start** *m Sport* фальстáрт 2; Flugzeug неудáчный старт [Rakete зáпуск 2]
fehltreten *intr* stolpern оступ|áться ⟨-и́ться 3⁺ -лю́сь⟩
Fehl|tritt *m* простýп|ок, -ка 2, оши́бка 6 | einen ≈ tun *übertr* соверш|áть ⟨-и́ть 3⟩ простýпок; **~urteil** *n* непрáвильное суждéние; *Jur* непрáвильный приговóр; **~verhalten** *n* непрáвильное поведéние; **~zündung** *f Kfz* неисправное зажигáние; *übertr* непрáвильное понимáние 5
Feier *f* Fest прáздник [зн] 2; Feierlichkeit; die Feiern торжествó 4 *meist Pl;* Feierstunde торжéственное собрáние 5 [Sitzung заседáние 5]; Familien-~ семéйное торжествó; das Feiern прáзднование [зн] 5 | eine ~ veranstalten устр|áивать ⟨-óить 3⟩ прáздник [торжествó]; auf einer ~ на прáзднике, на торжествé; zu einer ~ gehen пойти́ на прáздник [на торжествó]; an einer ~ teilnehmen принимáть ⟨приня́ть*⟩ учáстие в прáзднике [в торжествé]; eine Puschkin-~ Пýшкинские торжествá; Sitzung торжéственное заседáние, посвящённое Пýшкину; ~ zu etw. zu einem wichtigen Ereignis прáздник по слýчаю чегó-н.; die ~ eines Geburtstages прáзднование дня рождéния
Feierabend *m* кон|éц, -цá 2 рабóчего дня | am ~ вéчером (пóсле рабóты); ~ machen кончáть ⟨кóнчить 3⟩ рабóту; **~arbeit** *f* (сверхурóчная) рабóта, выпол-

ня́емая по́сле оконча́ния рабо́чего дня; шаба́шка 6 *umg;* **~brigade** *f* брига́да шаба́шников; **~heim** *n*= **Altersheim**

feierlich 1. *Adj* торже́ствен:ный, -на; festlich пра́здничный [зн] **2.** *Adv:* ~ geschmückt пра́зднично укра́шенный; diesen Tag ~ begehen торже́ственно отме́тить э́тот день

Feierlichkeit *f* Stimmung торже́ственность 9; ~en *Pl* die Feiern торжества́ *Pl* 4

feiern *tr* festlich begehen пра́здновать [зн] 2 (от-), отмеча́ть ⟨-ме́тить 3 -ме́чу⟩; Geburtstag, Hochzeit пра́здновать; *umg* справля́ть ⟨спра́в|ить 3 -лю⟩; Sänger, Jubilar че́ствовать 2; *intr* nicht arbeiten не рабо́тать, быть* без рабо́ты | Silvester ~ встр|еча́ть ⟨-е́тить 3 -е́чу⟩ Но́вый год; den 1. Mai ~ пра́здновать [отмеча́ть] Пе́рвое ма́я; sie feierten die ganze Nacht они́ пра́здновали [гуля́ли] всю ночь (напролёт); eine gefeierte Sängerin изве́стная [просла́вленная] певи́ца

Feier|schicht *f* нерабо́чая 11 сме́на | eine ≈ einlegen прекра|ща́ть ⟨-ти́ть 3 -щу́⟩ рабо́ту на одну́ сме́ну; **~stunde** *f* торже́ственное собра́ние [Sitzung заседа́ние]; **~tag** *m* пра́здник [зн] 2 | an ≈en по пра́здникам; behördlich по пра́здничным дням; über die ≈e besuchen wir euch на пра́здники мы навести́м вас; an Sonn- und ≈en по воскре́сным и пра́здничным дням

feige 1. *Adj* трусли́в:ый; heimtückisch по́дл:ый, -á! **2.** *Adv:* sich ~ benehmen проявл|ля́ть ⟨-и́ть 3⁺ -лю́⟩ тру́сость

Feige *f* инжи́р 2, фи́га 6 | getrocknete ~n ви́нные я́годы

Feigenbaum *m* фи́говое де́рево; **~blatt** *n übertr* фи́говый листо́к

Feig|heit *f* тру́сость 9; **~ling** *m* трус 2

feilbieten *tr* выставля́ть ⟨вы́став|ить 3 -лю⟩ для прода́жи [на прода́жу]

Feile *f* напи́льник 2

feilen *tr Tech* пили́ть 3⁺, отде́л|ывать ⟨-ать⟩ напи́льником; *intr übertr* шлифова́ть 2 (от-) (an *A*)

feilschen *intr* торгова́ться 2 (с-) (um из-за *G*)

fein Gewebe, Fäden; Glieder; Gehör то́н|кий, -ок, -ка́!, -ьше *a. übertr;* Pulver, Regen ме́л|кий, -ок, -ка́!, -ьче; Gestalt, Kleider изя́щ|ный, -ен; Geschmack то́нкий, утончён:ный, -на; Gefühl то́нкий, не́ж|ный, -ен, -на́, -но, не́жны́; Gesellschaft; Speisen, Wein изы́скан|ный, -на; gut, ausgezeichnet хоро́ш:ий 11, -á, отли́ч|ный, -ен | ein ~es Mehl мука́ ме́лкого помо́ла; ~er Kamm ча́стый гре́бень; ~ste Sorten лу́чшие сорта́ 2b, отбо́рный това́р 2; Zigarren ~ster Sorte сига́ры вы́сшего со́рта; ein ~er Junge [Plan] замеча́тельный па́рень [план]; er ist ein ~er Mensch он хоро́ший [отли́чный] челове́к; ~e Leute воспи́танные [культу́рные] лю́ди; das ist aber ~! (вот) э́то прекра́сно [здо́рово]!; das hast du ~ gemacht э́то ты замеча́тельно сде́лал

Feinbäckerei *f* конди́терская *Subst* 10

feind: j-m ~ sein отно|си́ться 3⁺ -шу́сь к кому́-н. вражде́бно

Feind *m* враг 2e, Gegner проти́вник 2; *Mil a.* неприя́тель 1 | ich habe ihn mir zum ~ gemacht я на́жил себе́ в нём врага́

Feindeshand *f:* in ~ geraten попада́ть ⟨-|па́сть*⟩ в ру́ки враго́в [проти́вника]

feindlich *Mil* вра́жеский, неприя́тельский; feindselig вражде́б|ный, -ен (gegen к *D*, по отноше́нию к *D*) | j-m ~ gesinnt sein относи́ться 3⁺ -ношу́сь ⟨-|нести́сь*⟩ к кому́-н. вражде́бно

Feindschaft *f* вражда́ 6 | mit j-m in ~ leben жить во вражде́ с кем-н.; sich j-s ~ zuziehen нажи́ть* *v* себе́ врага́ в ком-н.

feindselig вражде́б|ный, -ен (j-m gegenüber по отноше́нию к кому́-н.)

Feindseligkeit *f* вражде́бность 9; ~en *Pl Mil* вое́нные де́йствия *Pl* 5

Feinfrost *m* свежезаморо́женные фру́кты [о́вощи, я́годы]; **~gemüse** *n* свежезаморо́женные о́вощи

feinfühlig чу́т|кий, -ок, -ка́!, -че

Fein|gefühl *n* чу́вство [ус] та́кта, такт 2; **~gehalt** *m* (чи́стое) содержа́ние

feingemahlen Kaffee ме́лкого помо́ла

Feingold *n* чи́стое зо́лото

Feinheit *f* Gesichtszüge; Stil то́нкость 9; Gefühl; der Haut не́жность 9; Eleganz, künstlerischer Geschmack изя́щество 4 | die ~en der Sprache то́нкости языка́

Feinkeramik *f* то́нкая кера́мика

feinkörnig мелкозерни́стый

Feinkost *f* деликате́сы *Pl* 2; **~handlung** *f* гастроно́м 2, гастрономи́ческий магази́н 2

feinmaschig то́н|кий, -ок, -ка́!; Netz мелкояче́истый

Fein|mechanik *f* то́чная меха́ника; **~mechaniker** *m* специали́ст 2 по то́чной меха́нике; **~meßgerät** *n* то́чный измери́тельный прибо́р; **~schmecker** *m* гурма́н 2; **~schnitt** *m* таба́к 2 ме́лкой ре́зки, таба́к для тру́бки

feinsinnig чу́т|кий, -ок, -ка́!; -че | ein ~er Künstler худо́жник с то́нким вку́сом [чутьём]

Feinwaschmittel *n* стира́льный поро|ш|о́к, -ка́ 2 для то́нких тка́ней

feist Person жи́р|ный, -ен, -на́!, ожире́лый

feixen *intr umg* (язви́тельно) ухмы|ля́ться ⟨-льну́ться 4⟩; spötteln зубоска́лить 3

Feld *n Landw, Phys, Ling, Sport* по́ле 3b; gepflügtes па́ш|ня 7 *G Pl* -ен; Volleyball площа́дка 6; *Mil* фронт 2; Arbeitsgebiet по́ле, о́бласть 9; Brettspiel; bei Fahnen по́ле; Tabelle кле́тка 6; Radrennen гла́вная гру́ппа 6 I auf dem ~ в по́ле; *übertr* в о́бласти; im freien ~ в чи́стом по́ле; aufs ~ gehen пойти́ на́ поле [на по́ле, в по́ле]; übers ~ gehen идти́ по по́лю; im ~e stehen быть* на фро́нте [на войне́]; ins ~ ziehen отпр|авля́ться ⟨-а́виться 3 -а́влюсь⟩ на фронт; das ~ räumen с|дава́ть ⟨-|да́ть*⟩ свои́ пози́ции; alle möglichen Gründe ins ~ führen приводи́ть 3⁺ -вожу́ ⟨-|вести́*⟩ всевозмо́жные до́воды; gegen j-n zu ~e ziehen энерги́чно выступа́ть ⟨вы́ступ|ить 3 -лю⟩ про́тив кого́-н.; das ~ sprengen *Sport* разо|рва́ть* *v* гру́ппу го́нщиков; **~arbeit** *f* полевы́е рабо́ты *Pl* 6; **~bau** *m* полево́дство 4; **~bestellung** *f* обрабо́тка 6 по́ля; **~flasche** *f* похо́дная фля́га 6; **~herr** *m* полково́д|ец, -ца 2; **~küche** *f* похо́дная ку́хня; **~lazarett** *n* полево́й го́спиталь 1; **~marschall** *m* фельдма́ршал 2; **~maus** *f* полёвка 6 обыкнове́нная; **~mütze** *f* пило́тка 6; **~post** *f* военнополева́я по́чта; **~postbrief** *m* письмо́ с фро́нта; **~rain** *m* межа́ 6h; **~scher** *m* фе́льдшер 2b *Pl* -а́; **~stärke** *f Phys* напряжённость 9 [си́ла] по́ля; **~stecher** *m* полево́й бино́кль 1 I durch den ≈ schauen в бино́кль; **~überlegenheit** *f Sport* территориа́льное преиму́щество; **~webel** *m* фельдфе́бель 1; **~weg** *m* просёлочная доро́га; **~zug** *m* похо́д 2, кампа́ния 8

Felge *f* Radkranz (колёсный) о́бод 2f *Pl* обо́дь|я, -ев; *Sport* оборо́т 2

Felgenbremse *f* Fahrrad то́рмоз, де́йствующий 11 на о́бод

Fell *n* behaarte Tierhaut шерсть 9g; bei Pelztieren мех 2b; на меху́ *Pl* -а́; abgezogenes шку́ра 6; kleines шку́рка 6 I ein dickes ~ haben быть толстоко́жим; j-m das ~ über die Ohren ziehen надува́ть ⟨-|ду́ть*⟩ кого́-н.; seine ~e davonschwimmen sehen теря́ть (по-) после́днюю наде́жду; **~handel** *m* пушна́я торго́вля; **~schuhe** *m Pl* мехов́ые боти́нки *Pl* 2

Fels|block *m* ка́менная глы́ба 6; **~en** *m* скала́ 6c

felsenfest 1. *Adj* непоколеби́м:ый **2.** *Adv* твёрдо I ~ an etw. glauben твёрдо ве́рить (по-) во что-н.

Felsen|klippe *f* подво́дная скала́ 6c; **~kluft** *f* скали́стое уще́лье; **~riff** *n* скали́стый риф

felsig скали́ст:ый

Fels|spalte *f* рассе́лина 6 (в скале́); **~vorsprung** *m* вы́ступ скалы́; **~wand** *f* отве́сная скала́ 6c

Femininum *n Gramm* же́нский род 2; Substantiv и́мя существи́тельное же́нского ро́да

Fenchel *m* фе́нхель 1; **~tee** *m* чай из фе́нхеля

Fenster *n* окно́ 4c *G Pl* о́кон I aus dem [durchs] ~ sehen смотре́ть в окно́; zum ~ hinaussehen гля|де́ть 3 -жу́ [вы́глянуть *v* 4] из окна́; das ~ geht auf die Straße [zum Garten] hinaus окно́ выхо́дит на у́лицу [в сад]; das Geld zum ~ hinauswerfen броса́ть ⟨вы́бро|сить 3 -шу⟩ де́ньги на ве́тер; **~brett** *n* подоко́нник 2; **~briefumschlag** *m* конве́рт с око́шечком; **~flügel** *m* око́нная ство́рка; **~glas** *n* око́нное стекло́; **~kreuz** *n* око́нный переплёт 2; **~laden** *m* ста́в|ень 1 -ня; **~platz** *m Eisenb* ме́сто у окна́; **~putzer** *m* мо́йщик 2 стёкол [о́кон]; **~rahmen** *m* око́нная ра́ма; **~scheibe** *f* око́нное стекло́; **~vorhang** *m* око́нный за́навес

Ferien *Pl* Schul~ кани́кулы *Pl* 2; Urlaub о́тпуск 2 I in den ~ на кани́кулах, во вре́мя кани́кул [о́тпуска]; wir gehen in die ~ мы разъезжа́емся на кани́кулы; **~dienst** *m* отде́л 2 (профсою́за) по организа́ции о́тдыха отпускнико́в, слу́жба о́тдыха; **~gast** *m* отдыха́ющий *Subst* 11; **~heim** *n* дом о́тдыха; **~helfer** *m* помо́щник [воспита́тель 1] в де́тском ла́гере; **~kurs** *m* ле́тний 11 курс; **~lager** *n* ле́тний 11 [пионе́рский] ла́герь; **~platz** *m* ме́сто в до́ме о́тдыха; Scheck путёвка 6 в дом о́тдыха; **~reise** *f* путеше́ствие во вре́мя кани́кул [о́тпуска]; **~scheck** *m* путёвка 6 (в дом о́тдыха); **~spiele** *n Pl* шко́льный ла́гер|ь 1 *Pl* -я́, -е́й 1b, мероприя́тия *Pl* 5, организу́емые шко́лой для дете́й, оста́вшихся в го́роде во вре́мя кани́кул

Ferkel *n* поросён|ок, -ка 2 *Pl* порос|я́та, -я́т 4

ferkeln *intr* пороси́ться 3 (о-)

Ferment *n* ферме́нт 2

fern 1. *Adj Ort* дал|ёкий, -ёк, -ека́, -ёко *u.* -еко́; да́льше, да́льний 11; entfernt отда-л|ённый, -ённа *Kurzf m ungebr;* Zeit далёкий I ~ der Heimat далеко́ от ро́дины; im Fernen Osten на Да́льнем Восто́ке; in ~er Zukunft в далёком бу́дущем; in nicht allzu ~er Zeit в недалёком бу́дущем **2.** *Adv* далеко́ I von ~ (her) издалека́; von nah und ~ отовсю́ду; von ~ betrachtet … е́сли смотре́ть и́здали …

Fern|amt *n* центра́льная [междугоро́дная] телефо́нная ста́нция 8; **~aufklärer** *m* самолёт-разве́дчик 2-2 да́льнего де́йствия; **~bahnhof** *m* вокза́л (для) поездо́в да́льнего сле́дования

fernbedien|en *tr* управля́ть на расстоя́нии; **~t** телеуправля́емый

Fernbedienung *f* дистанцио́нное управле́ние 5, телеуправле́ние 5
fernbeheizt теплофици́рован:ный, с центра́льным отопле́нием
fernbleiben *intr* fehlen отсу́тствовать 2 | der Arbeit ~ не вы́|йти* на рабо́ту; der Versammlung ~ отсу́тствовать на собра́нии
Fern|bleiben *n:* ~ von der Arbeit невы́ход 2 [нея́вка 6] на рабо́ту; unentschuldigtes ~ нея́вка без уважи́тельных причи́н; **~blick** *m* вид в даль; перспекти́ва; **~brille** *f* очки́ для да́ли
Ferne *f* даль 9 | aus der ~ издалека́; in der ~ вдали́; in die ~ вдаль; etw. aus der ~ beobachten наблюда́ть за чем-н. и́здали [издалека́]; das liegt noch in weiter ~ до э́того ещё далеко́
Fernempfang *m* да́льний 11 приём
ferner *Adv* künftig да́льше, да́лее, впредь; außerdem кро́ме того́, ещё; **~hin** *Adv* künftig в дальне́йшем, впредь; außerdem кро́ме того́
Fern|fahrer *m* води́тель 1 грузовика́ для да́льних перево́зок; **~flug** *m* да́льний 11 полёт; **~gasleitung** *f* магистра́льный газопрово́д
ferngelenkt телеуправля́емый, управля́емый на растоя́нии | ~es Flugzeug беспило́тный самолёт
Fern|geschütz *n* дальнобо́йное ору́дие; **~gespräch** *n* междугоро́дный (телефо́нный) разгово́р
ferngesteuert = **ferngelenkt**
Fernglas *n* бино́кль 1 | durch das ~ sehen смотре́ть в бино́кль
fern|halten *tr* von Versuchung, von gefährlichem Umgang уде́рживать ⟨-держа́ть 3⁺⟩ (от *G*); Kummer, Sorge о-, уберега́ть ⟨-|бере́чь*⟩ (von от *G*); sich ≈ *refl* держа́ться 3⁺ в стороне́ [на растоя́нии] (von от *G*); **~heizen** *tr:* ferngeheizt werden име́ть центра́льное отопле́ние
Fern|heizung *f* теплофика́ция 8, *umg* центра́льное отопле́ние | mit ≈ с центра́льным отопле́нием; ≈ legen теплофици́ровать *uv, v* 2; **~heizwerk** *n* теплоцентра́ль 9; **~lastzug** *m* грузово́й (авто)по́езд да́льнего сле́дования; **~leihe** *f* Bibliothek межбиблиоте́чный абонеме́нт 2; **~leitung** *f El* ли́ния 8 да́льней переда́чи; Gas магистра́льный газопрово́д 2
fernlenken *tr:* etw. ~ управля́ть чем-н. на расстоя́нии
Fern|lenkung *f* управле́ние на расстоя́нии, телеуправле́ние 5; **~licht** *n Kfz* да́льний 11 свет
fernliegen *intr:* es liegt mir fern … я далёк от мы́сли …, мне и в го́лову не прихо́дит …
Fernmelde|amt *n* центра́льная телефо́нная ста́нция 8; **~technik** *f* те́хника свя́зи; **~wesen** *n* связь 9| в свя́зи
Fernmessung *f* телеметри́я 8
fern|mündlich *Adv* по телефо́ну; **~östlich** дальневосто́чный
Fern|rakete *f* ракéта да́льнего де́йствия; **~rohr** *n* подзо́рная труба́; *Astr* телеско́п 2 | durch das ≈ sehen смотре́ть в телеско́п; **~ruf** *m Tel* телефо́н 2, но́мер 2b *Pl* -а́ телефо́на; **~schreiben** *n* телегра́мма 6; **~schreiber** *m* телета́йп 2
fernschriftlich по телета́йпу
Fernseh|ansager(in) *m (f)* ди́ктор 2 (телеви́дения); **~ansprache** *f* выступле́ние 5 по телеви́дению; **~antenne** *f* телевизио́нная анте́нна; **~apparat** *m* телеви́зор 2; **~bild** *n* телевизио́нное изображе́ние; **~empfang** *m* приём телепереда́ч; **~empfänger** *m* = **Fernsehgerät**
fernsehen *itr* смотре́ть 3⁺ (по-) телепереда́чу [телеви́зор *umg*]
Fernsehe|n *n* телеви́дение 5 | im ≈ sehen смотре́ть по телеви́дению [по телеви́зору *umg*]; was gibt es im ≈? что передаю́т по телеви́дению [по телеви́зору *umg*]?; **~r** *m*= **Fernsehgerät**
Fernseh|film *n* телевизио́нный фильм; **~funk** *m* телеви́дение 5; **~gerät** *n* телеви́зор 2; Standgerät консо́льный телеви́зор | vor dem ≈ sitzen сиде́ть у телеви́зора; **~interview** *n* интервью́ по телеви́дению; **~kamera** *f* телевизио́нная ка́мера; **~kommentator** *m* коммента́тор телеви́дения; **~monteur** *m* специали́ст 2 по устано́вке и ремо́нту телеви́зоров, телевизио́нник 2 *umg;* **~programm** *n* програ́мма телевизио́нных переда́ч, телепрогра́мма 6; **~reportage** *f* репорта́ж по телеви́дению; **~satellit** *m* спу́тник-ретрансля́тор 2-2; **~schirm** *m* экра́н телеви́зора; **~sender** *m* телевизио́нная ста́нция 8, телеце́нтр 2; **~sendung** *f* телевизио́нная переда́ча, телепереда́ча 6; **~show** *f* телевизио́нное шо́у *n indkl;* **~spiel** *n* пье́са 6 для телеви́дения, телеспекта́кль 1; **~station** *f* телевизио́нная ста́нция; **~studio** *n* телевизио́нная сту́дия, телесту́дия 8; **~teilnehmer** *m* телезри́тель 1; **~truhe** *f* телеви́зор-комба́йн 2-2, радиотелекомба́йн 2; **~turm** *m* телевизио́нная ба́шня, телеба́ш|ня 7 *G Pl* -ен; **~übertragung** = **Fernsehsendung;** **~zuschauer** *m* = **Fernsehteilnehmer**
Fernsicht *f* вид 2 в даль, ви́димость 9
Fernsprech|amt *n* (центра́льная) телефо́нная ста́нция 8; **~anschluß** *m* абоне́нтский ввод 2 | einen ≈ einrichten подключ|а́ть ⟨-и́ть 3⟩ к телефо́нной се́ти; **~automat** *m* телефо́н-автома́т 2-2; **~buch** *n* = **Fernsprechverzeichnis;** **~er** *m* телефо́н 2, телефо́нный аппара́т 2 |

öffentlicher ≈ телефо́н-автома́т 2-2; **~gebühr** *f* пла́та за по́льзование телефо́ном; **~technik** *f* те́хника телефо́нной свя́зи; **~teilnehmer** *m* абоне́нт 2 телефо́нной се́ти; **~verbindung** *f*, **~verkehr** *m* телефо́нная связь; **~verzeichnis** *n* телефо́нная кни́га 6; **~zelle** *f* телефо́нная бу́дка 6; **~zentrale** *f* (центра́льная) телефо́нная ста́нция; für Hausapparate bzw. Nebenstellen коммута́тор 2

fern|stehen *intr* быть* в стороне́ (einer Sache от чего́-н.); **~steuern** *tr:* etw. ≈ управля́ть чем-н. на расстоя́нии

Fern|steuerung *f* управле́ние 5 на расстоя́нии, телеуправле́ние 5; **~student** *m* (студе́нт-)зао́чник (2-) 2; **~studium** *n* зао́чная учёба | im ≈ зао́чно; ich nehme am ≈ teil я учу́сь зао́чно, я зао́чник; **~transport** *m* да́льний 11 тра́нспорт; **~verkehr** *m* Eisenbahn-, Straßenverkehr да́льнее 11 сообще́ние; движе́ние поездо́в [авто́бусов usw.] да́льнего сле́дования; *Tel* междугоро́дная телефо́нная связь; **~verkehrsstraße** *f* шоссе́ [сэ] *n idkl*, шоссе́йная [сэ] доро́га; **~ziel** *n* далёкая [отдалённая] цель; **~zug** *m* по́езд да́льнего сле́дования

Ferse *f* пя́тка 6 | j-m auf den ~n sein гна́ться* (по-) за кем-н. по пята́м

Fersengeld *n:* ~ geben дава́ть ⟨дать⟩ тя́гу

fertig гото́в:ый | er ist ~ он гото́в a. betrunken; erschöpft он обесси́лел, он о́чень уста́л; bankrott он обанкро́тился; ~! *Sport* внима́ние!; ich bin mit meiner Arbeit ~ я зако́нчил свою́ рабо́ту; ~ werden mit etw. справля́ться ⟨спра́в|иться 3 -люсь⟩ с чем-н.; das ist fix und ~ э́то совсе́м гото́во; ohne j-n ~ werden обходи́ться 3⁺ ⟨обо|йти́сь*⟩ без кого́-н.; ich bin mit ihm ~ я не жела́ю бо́льше име́ть с ним ничего́ о́бщего; **~bauen** *tr* зака́нчивать ⟨-ко́нчить 3⟩ строи́тельство *G*

Fertigbau|teile *n Pl* гото́вые строи́тельные элеме́нты *Pl* 2, сбо́рные элеме́нты; **~weise** *f* строи́тельство 4 из сбо́рных элеме́нтов

fertigbringen *tr* beenden зака́нчивать ⟨зако́нчить 3⟩ | wie hast du das fertiggebracht? как тебе́ то́лько удало́сь э́то сде́лать?; er bringt es fertig! он спосо́бен э́то сде́лать!

fertigen *tr* изгот|овля́ть ⟨-о́вить 3 -о́влю⟩

Fertig|erzeugnis гото́вое изде́лие; **~gericht** *n* консерви́рованное гото́вое блю́до; **~haus** *n* сбо́рный дом, дом из сбо́рных элеме́нтов

Fertig|keit *f* Geschick сноро́вка 6, ло́вкость 9; durch Übung erworben на́выки *Pl* 2 | mit großer ≈ sprechen, lesen совсе́м свобо́дно [бе́гло]; handwerkliche ≈en реме́сленные на́выки; die ≈(en) im Lesen на́выки в чте́нии; dieser Beruf verlangt große ≈en э́та профе́ссия тре́бует большо́й сноро́вки; **~kleidung** *f* гото́вое пла́тье

fertig|machen *tr* beenden зака́нчивать ⟨-ко́нчить 3⟩; vorbereiten подгот|авливать ⟨-о́вить 3 -о́влю⟩; nachdrücklich zurechtweisen дока́нывать ⟨докона́ть⟩; körperlich обесси́л|ивать ⟨-ить 3⟩; zugrunde richten разор|я́ть ⟨-и́ть 3⟩; sich ≈ *refl* sich bereit machen собира́ться ⟨-|бра́ться*¡ -брали́сь⟩ (für die Reise в доро́гу); entkräften изводи́ть 3⁺ -вожу́ ⟨-|вести́*⟩ себя́ | das hat ihn fertiggemacht э́то его́ докона́ло; **~stellen** *tr* зака́нчивать ⟨-ко́нчить 3⟩ произво́дство [*Bauw* строи́тельство]

Fertig|stellung *f* оконча́ние 5 произво́дства [*Bauw* строи́тельства]; letzte Bearbeitung, Vollendung отде́лка 6; **~teil** *m Bauw* сбо́рный элеме́нт 2; **~ung** *f* изготовле́ние 5 | serienmäßige ≈ сери́йное произво́дство 4

Fertigungsprozeß *m* проце́сс произво́дства

fesch элега́нт|ный, -ен, шика́р|ный, -ен; schneidig молодцева́т:ый

Fessel *f* Ketten це́пи *Pl* 9g; *hist* кандалы́ *Pl* 2; für Pferde пу́ты *Pl* 4; bei Huftieren ба́бка 6; *übertr* око́вы *Pl* 6 | j-m ~n anlegen надева́ть ⟨-|де́ть*⟩ кому́-н. це́пи [кандалы́]; einem Pferd трено́жить 3 (с-) кого́-н.; in ~n legen зако́вывать ⟨-|кова́ть*⟩ в це́пи [в кандалы́]; **~ballon** *m* привязно́й аэроста́т

fesseln *tr* (zusammen)binden свя́зывать ⟨-|вяза́ть*⟩; in Ketten legen *hist* зако́вывать ⟨-|кова́ть*⟩ в кандалы́; ein Pferd спу́тывать ⟨-пу́тать⟩ но́ги *D*; Blick прико́вывать ⟨-кова́ть⟩; anziehen привя́зывать ⟨-|вяза́ть*⟩ (an к *D*); Buch, Vortrag захва́тывать ⟨-хвати́ть 3⟩ | j-m die Hände ~ свя́зывать ⟨-вяза́ть⟩ кому́-н. ру́ки; j-n mit Handschellen ~ надева́ть ⟨-|де́ть*⟩ кому́-н. нару́чники; die Krankheit fesselte ihn ans Bett боле́знь прикова́ла его́ к посте́ли; **~d** spannend захва́тывающий 11, увлека́тел|ьный, -ен, -ьна; anziehend привлека́тел|ьный, -ен, -ьна

fest 1. *Adj* hart; sicher, stabil; standhaft твёрд:ый, тверда́!¡ твёрже; kräftig, stark кре́п|кий, -ок, -ка́!¡ -че *a. übertr;* haltbar про́ч|ный, -ен, -на́, -но, про́чны; (be)ständig, stetig постоя́нный; Gehalt, Preise, Grundsätze твёрдый | ~ werden тверде́ть (за-); ~er Boden твёрдая по́чва; ~e Schnur кре́пкая верёвка; ~e Anstellung шта́тная до́лжность; ~e Einkünfte постоя́нные дохо́ды *Pl* 2 **2.** *Adv:* ~ an etw. glauben твёрдо ве́рить во что-н.; ~ überzeugt sein быть твёрдо [глубокó] убеждённым; ~ bei etw. bleiben решúтельно наст|áивать ⟨-оя́ть 3⟩ на своём; ~ schlafen крéпко [глубокó] спать; der Nagel sitzt ~ in der Wand гвоздь крéпко сидúт в стенé; die Tür ~ zumachen плóтно закрывáть ⟨-кры́ть⟩ дверь; ~ bei etw. bleiben не отступ|áть ⟨-úть 3⁺ -лю́⟩ от чегó-н.; sich etw. ~ vornehmen имéть твёрдое намéрение; sehr ~ zusammenbinden крéпко-нáкрепко свя́зывать ⟨-|вязáть*⟩

Fest *n* прáздник [зн] 2 | zu einem ~ gehen идтú [по|йтú*] на прáздник; ein ~ geben устрá|ивать ⟨-óить 3⟩ прáздник, [прáздничный приём]; an einem ~ teilnehmen принимáть ⟨приня́ть⟩ учáстие в прáзднике; ein ~ begehen отмечáть ⟨отмé|тить 3 -чу⟩ прáздник; frohes ~! с прáздником [зн]!; **~akt** *m* торжéственное собрáние

festangestellt штáтный

Fest|ausschuß *m* комитéт по организáции прáздника; **~beleuchtung** *f* прáздничная иллюминáция

festbinden *tr* привя́зывать ⟨-вязáть⟩ (an к *D*)

Festessen *n* торжéственный обéд 2

fest|fahren *intr* завя́знуть *v* 4a (im Schlamm в грязú) | die Sache ist festgefahren дéло зашлó в тупúк; **~fressen, sich** *refl* Kolben заедáть ⟨-|éсть*⟩; **~halten** *tr* держáть 3⁺ (j-n an etw. когó-н. за что-н.); aufhalten, festnehmen задéрживать ⟨-держáть⟩; Hut придéрживать ⟨-держáть⟩; *intr* Meinung, Vorschrift придéрживаться (an *G*); sich ≈ *refl* (крéпко) держáться (an за *A*) | an einer Meinung ≈ придéрживаться мнéния; auf dem Film [im Bild] ≈ запечатл|евáть ⟨-éть⟩ на плёнке [на снúмке]

festigen *tr* укреп|ля́ть ⟨-úть 3 -лю́⟩; Stoff, Kenntnisse закреп|ля́ть ⟨-úть 3 -лю́⟩; sich ~ *refl* укреп|ля́ться ⟨-úться⟩ | gefestigt Charakter сложúвшийся 11

Festigkeit *f Tech* прóчность 9; Standhaftigkeit стóйкость 9; Härte, Strenge твёрдость 9

Festigkeits|grad *m* стéпень прóчности; **~prüfung** *f* испытáние на прóчность

Festigung *f* укреплéние 5 *a. übertr;* Stoff, Kenntnisse закреплéние 5

Festival *n* фестивáль 1

Fest|kleid *n* прáздничное плáтье; ≈er *Pl* прáздничная одéжда 6; **~konzert** прáздничный концéрт; **~land** *n* сýша 6; Kontinent материк 2e

festlegen *tr* устан|áвливать ⟨-овúть 3⁺ -овлю́⟩; Route, Richtung определ|я́ть ⟨-úть 3⟩; sich ~ *refl:* ich möchte mich darauf noch nicht ~ *übertr* я не хочý окончáтельно решúться на э́то

Festlegung *f* установлéние 5

festlich 1. *Adj* прáздничный [зн]; feierlich торжéственный | ~er Empfang торжéственный приём **2.** *Adv* по-прáздничному; торжéственно | ~ begehen торжéственно отмечáть, прáздновать 2 (от-); ~ gekleidet прáздничнo [по-прáздничному] одéтый

Festlichkeit *f* festliche Stimmung торжéственность 9; festliche Veranstaltung, Fest прáздник 2, торжествó 4; Feier(n) in vertrautem Kreis прáзднование 5 в *P*

festmachen *tr* Boot привя́зывать ⟨-|вязáть*⟩; Bretter, Balken прикреп|ля́ть ⟨-úть 3 -лю́⟩ (an к *D*); *intr* Schiff швартовáться 2 (при-) (an к *D*)

Festmeter *m* фестмéтр 2

festnageln *tr* Bretter прибивáть ⟨-|бúть*⟩ гвоздя́ми (an к *D*) | j-n auf etw. ~ beim Wort nehmen лов|úть 3⁺ -лю́ ⟨поймáть⟩ когó-н. на слóве; auf Aussage, Position закреп|úть *v* 3 -лю́ когó-н. на чём-н.

Festnahme *f* задержáние 5, арéст 2

festnehmen *tr* задéрживать ⟨-держáть 3⁺⟩, арестóвывать ⟨арестовáть 2 *a. uv*⟩

Fest|preis *m* твёрдая ценá (für на *A*); **~rede** *f* речь на торжéственном заседáнии [собрáнии]; **~saal** *m* прáздничный [парáдный] зал

festsaugen, sich *refl* присáсываться ⟨-|сосáться*⟩ (an к *D*); **~schrauben** *tr* за-, привúнчивать ⟨-винтúть 3 -винчý; -вúнченный⟩ (an к *D*)

Festschrift *f* юбилéйный сбóрник 2; einzelner Artikel юбилéйная стат|ья́ 7 *G Pl* -éй

fest|setzen *tr* bestimmen устан|áвливать ⟨-овúть 3⁺ -овлю́⟩; Termin, Preis a. назн|ачáть ⟨-áчить 3⟩; einsperren сажáть ⟨поса|дúть 3⁺ -жý⟩ в тюрьмý; sich ≈ *refl* Staub, Schmutz за-, набивáться ⟨-|бúться*⟩ | dieser Gedanke hat sich in seinem Kopf festgesetzt э́та мысль прóчно засéла у негó в головé; **~sitzen** *intr* Nagel крéпко сидéть; steckenbleiben, sich lange aufhalten застревáть ⟨застря́ть*⟩

Fest|sitzung *f* торжéственное заседáние; **~spiele** *n Pl* фестивáль 1

fest|stampfen *tr* утрамб|óвывать ⟨-овáть 2⟩; **~stehen** *intr* быть* устанóвленным | es steht fest, daß … несомнéнно, что …; **~stehend** установúвшийся 11; **~stellen** *tr* ermitteln устан|áвливать ⟨-овúть 3⁺ -овлю́⟩; Schaden, Bedarf определ|я́ть ⟨-úть 3⟩; konstatieren констатúровать *uv, v* 2; *Tech* фиксúровать *uv, v* 2 | j-s Personalien [j-s Schuld] ~ установúть чью-н. лúчность [чью-н. винý]; es wurde festgestellt, daß … бы́ло устанóвлено, что …

Feststellung *f* установлéние 5; Aussage констатáция 8

Festtag *m* прáздник [зн] 2, прáздничный день
festtreten *tr* утáптывать ⟨-|топтáть*⟩
Festung *f* крéпость 9g
Festungshaft *f* заключéние 5 в крéпости
Fest|veranstaltung *f*, **~versammlung** *f* торжéственное собрáние [заседáние 5]; **~zug** *m* прáздничное шéствие
Fetisch *m* фетúш 2 *u.* 2e; **~ismus** *m* фетишúзм 2
fett жúр|ный| -ен| -нá!; Gras, Weide тýч|-ный| -ен| -нá!; *Typ* жúрный I ~ werden жирéть (о-, раз-)
Fett *n* жир 2b; festes (Talg, Speck, Schmalz) a. сáло 4; *Tech* смáзочный материáл 2 I ~ ansetzen жирéть (о-, раз-); ~ auslassen топúть сáло; das ~ abschöpfen *übertr* снимáть ⟨снять*⟩ слúвки; **~ansatz** *m* жировые отложéния *Pl* 5
fettarm нежúрный
Fett|auge *n* блёстка 6 жúра; **~creme** *f* жúрный крем; **~druck** *m Typ* жúрный шрифт 2
fetten *tr* смáзывать ⟨-|мáзать*⟩ (жúром)
Fett|fleck *m* жúрное пятнó; **~gehalt** *m* содержáние жúра, жúрность 9; **~gewebe** *n* жировáя ткань
fetthaltig содержáщий 11 жир
fettig жúр|ный| -ен| -нá!; schmierig засáленный I ~ machen засáл|ивать ⟨-ить 3⟩
Fettkäse *m* жúрный сыр; сыр повышенной жúрности
fettleibig жúр|ный| -ен| -нá!, тýч|ный| -ен| -нá!
Fettleibigkeit *f* тýчность 9 I an ~ leiden страдáть ожирéнием
fettlos без жúра, нежúрный
Fett|näpfen *n:* bei j-m ins ≈ treten *umg* наступ|áть ⟨-úть⟩ комý-н. на больнýю мозóль; **~polster** *n* отложéние 5 жúра; **~säure** *f* кислотá жúрного рядá; **~schicht** *f* слой жúра [*Tech* смáзки]; auf der Suppe u. ä. навáр 2; **~sucht** *f* ожирéние 5
Fetzen *m* Flicken, Lappen лоскýт 2e *Pl a.* лоскýть|я| -ев; zerschlissene Kleidung, Lumpen лохмóть|я| -ев *Pl* 5; Papier u. ä. клок 2e *Pl a.* клóчь|я| -ев| -ям 1, клоч|óк| -кá 2 I daß die ~ fliegen так| что клóчья летят
feucht влáж|ный| -ен, -нá!; Wohnung, Luft сыр:óй| -á! I ~er Boden влáжная [сырáя] пóчва; ~es Wetter сырáя погóда; ~ werden становúться ⟨стать⟩ влáжным; Augen, Luft влажнéть (по-); **~fröhlich**: ≈er Abend вечерúнка с выпивкой; alle waren in ≈er Stimmung все были навеселé
Feuchtigkeit *f* влáжность 9; Nässe сырость 9, влáга 6
Feuchtigkeits|gehalt *m* влáжность 9; **~messer** *m* гигрóметр 2
feuchtwarm влáжный и тёплый
feudal феодáльный; *übertr umg* шикáр|ный| -ен
Feudal|herr *m* феодáл 2; **~ismus** *m* феодалúзм 2 I im ≈ при феодалúзме; **~ordnung** *f* феодáльный строй
Feuer *n* ог|óнь| -нá 1; Brand пожáр 2; *Mil* огóнь, стрельбá 6c; der Augen блеск 2; *übertr* пылкость 9, пыл 2| в пылý; eines Edelsteins игрá 6 I ~! пожáр!; ~ machen растáпливать ⟨-топúть 3⁺ -топлю⟩; das ~ brach aus вспыхнул пожáр; direktes ~ Schießen стрельбá прямóй навóдкой; das ~ eröffnen открывáть ⟨-крыть⟩ огóнь; darf ich Sie um ~ bitten разрешúте прикурúть?; ~ fangen *übertr* легкó [быстро] загор|áться ⟨-éться 3⟩; zwischen zwei ~n мéжду двух огнéй; für j-n durchs ~ gehen пойтú *v* за когó-н. в огóнь и вóду; ~ und Flamme sein für etw. воспылáть *v* стрáстью к чемý-н., (легкó) увлекáться ⟨-|влéчься*⟩ чем-н.; **~alarm** *m* пожáрная тревóга; **~anzünder** *m* растóпка 6; **~bestattung** *f* кремáция 8; **~bohne** *f* óгненная фасóль 9; **~eifer** *m* рвéние 5, (большóе) усéрдие (11-)5; **~einstellung** *f* прекращéние огня
feuer|fest огнеупóр|ный| -ен, огнестó|йкий| -ек; Glas жаростóйкий; Schrank несгорáемый; **~gefährlich** огнеопáс|-ный| -ен
Feuer|haken *m* кочер|гá 6 *G Pl* -ёг; **~kugel** *f* óгненный шар; **~leiter** *f* пожáрная лéстница; **~löschanlage** *f* пожáрная систéма 6; огнетушúтельная установка 6; **~löscher** *m* огнетушúтель 1; **~löschteich** *m* пожáрный водоём 2; **~melder** *m* пожáрный сигнализáтор 2
feuern *intr* heizen топ|úть 3⁺ -лю; einheizen за-, растáпливать ⟨-топúть 3⁺ -топлю⟩ (mit *I*); schießen палúть 3 (вы-); *tr* schleudern швыр|ять ⟨-нýть 4⟩ I mit Holz ~ топúть дровáми
Feuer|probe *f:* die ~ bestehen *übertr* выдержать трýдное испытáние; **~salamander** *m* саламáндра пятнúстая
Feuersbrunst *f* пожáр 2
Feuer|schaden *m* убыток от пожáра; **~schein** *m* зáрево 4 пожáра; Kamin отсвéт 2 плáмени; **~schiff** *n* плавýчий маяк 11-2e; **~schutz** *m Mil* огневóе прикрытие 5
feuer|sicher безопáсный в пожáрном отношéнии; **~speiend** огнедышащий 11; Vulkan дéйствующий 11
Feuer|spritze *f* пожáрный насóс 2; **~stein** *m* крем|éнь| -нá 1; **~stelle** *f* Brandstätte пожáрище 4; Herd очáг 2 (пожáра); **~stellung** *f Mil* огневáя позúция; **~taufe** *f:* die ~ erhalten получ|áть ⟨-úть⟩ боевóе крещéние; **~überfall** *m Mil*

огневой налёт; **~ung** *f* Feuerungsanlage отопительная установка 6; Brennstoff топливо 4; Heizen топка 6; **~versicherung** *f* страхование от пожара; **~wache** *f* пожарное депо *n idkl;* **~waffen** *f Pl* огнестрельное оружие

Feuerwehr *f* пожарная команда 6 [часть 9g]; **~auto** *n* пожарная машина; **~mann** *m* пожарный *Subst* 10; **~schlauch** *m* пожарный шланг; **~übung** *f* учебная тренировка пожарных

Feuerwerk *n* фейерверк 2

Feuerwerkskörper *m* пиротехническое средство 4; пиротехническая ракета 6

Feuerzeug *n* зажигалка 6

Feuilleton *n* литературный отдел в газете [в журнале]; Aufsatz фельетон 2

feurig огнен|ный, -на; leidenschaftlich пламен|ный, -ен, -на | ~er Wein огненное вино; ~es Pferd горячая 11 лошадь; ~er Blick страстный взгляд

Fiaker *m* фиакр 2

Fiasko *n* фиаско *n idkl,* провал 2 | ein ~ erleiden потерпеть фиаско

Fibel *f* букварь 1e

Fiber *f Biol* фибра 6 | etw. mit jeder ~ seines Körpers fühlen чувствовать что-н. всеми фибрами души

Fichte *f* ель 9, ёлка 6

Fichten|holz *n* еловая древесина; **~wald** *m* ельник 2; **~zweig** *m* еловая ветка

fidel весёлый, весел, -á!

Fidibus *m* Papier скрученная бумажка 6 для зажигания чего-н.

Fieber *n* температура 6; hohes лихорадка 6; *übertr* страсть 9g | er hat ~ у него жар [температура]; ich habe kein ~ у меня температуры нет; ~ messen изм|ерять ⟨-ерить⟩ температуру; **~anfall** *m* приступ лихорадки

fieber|frei без температуры | der Kranke ist ≈ у больного нормальная температура; **~haft** лихорадоч|ный, -ен | eine ≈e Tätigkeit entfalten развивать ⟨-|вить*, -овью⟩ лихорадочную деятельность

fieberkrank с температурой | ~ sein болеть лихорадкой

Fieber|kurve *f* температурная кривая; **~mittel** *n* жаропонижающее 11 средство

fiebern *intr:* der Kranke fiebert у больного температура; mit Schüttelfrost больного лихорадит; er fiebert vor Erregung [vor Spannung] его трясёт от волнения [он дрожит от нетерпения]

fiebersenkend жаропонижающий 11

Fieber|thermometer *n* градусник 2, термометр; **~wahn** *m* лихорадочный бред | im ≈ в бреду

fiebrig mit Fieber с температурой; fieberhaft лихорадоч|ный, -ен

fiedeln *intr Mus* пиликать на скрипке

Figur *f* Abbildung, Bildwerk, Schach, Eiskunstlauf фигура 6 | eine gute ~ haben быть* хорошо сложённым, иметь хорошую фигуру; eine gute ~ machen производить 3⁺ -вожу ⟨-|вести*⟩ хорошее впечатление

figürlich bildlich образ|ный, -ен; *übertr* фигурал|ьный, -ен, -ьна | im ~en Sinn в фигуральном смысле

Fiktion *f* фикция 8

fiktiv фиктив|ный, -ен

Filet *n* Fleisch; Handarbeit филе *n idkl;* **~arbeit** *f* филейная вышивка 6; **~braten** *m* жаркое из филе

Filiale *f* филиал 2

Filigran *n* филигрань 9; **~arbeit** *f* филигранная работа

Film *m* (кино)фильм 2, (кино)картина 6; ~kunst кино *n idkl; Foto* плёнка 6 | abendfüllender ~ полнометражный фильм; heute läuft ein neuer ~ сегодня идёт новый фильм [новая кинокартина]; einen ~ vorführen демонстрировать *uv, v* 2 (*a.* про-) фильм; einen ~ drehen снимать ⟨снять*⟩ фильм; einen ~ einlegen *Foto* зар|яжать ⟨-ядить 3 -яжу, -ядишь⟩ фотоаппарат, вставлять ⟨вста-в|ить 3 -лю⟩ (новую) плёнку; **~amateur** *m* кинолюбитель 1; **~atelier** *n* киностудия 8; **~aufnahme** *f* киносъёмка 6 | ≈en machen производить 3⁺ -вожу ⟨-|вести*⟩ кинисъёмки

filmen *tr* eine Szene снимать ⟨снять*⟩; *intr* einen Film über etw. drehen производить 3⁺ -вожу ⟨-|вести*⟩ киносъёмку, снимать ⟨снять⟩ фильм о чём-н.; in einem Film spielen сниматься ⟨сняться⟩ в кино

Film|festival *n,* **~festspiele** *n Pl* кинофестиваль 1; **~gesellschaft** *f* общество [компания] по производству кинофильмов; **~industrie** *f* кинопромышленность 9; **~kamera** *f* киносъёмочная камера, кинокамера 6; **~kunst** *f* киноискусство 4; **~leinwand** *f* киноэкран 2; **~lustspiel** *n* кинокомедия 8; **~produzent** *m* (кино)продюсер 2; **~rolle** *f* des Schauspielers роль в фильме; **~regisseur** *m* кинорежиссёр 2; **~schaffender** *m* работник 2 [деятель 1] кино, кинематографист 2; **~schauspieler** *m* актёр кино, киноартист 2; **~schauspielerin** *f* актриса кино, киноартистка 6; **~star** *m* кинозвезда 6c, звезда экрана; **~studio** *n* киностудия 8; **~theater** *n* кинотеатр 2; **~verleih** *m* кинопрокат 2; **~vorführer** *m* киномеханик 2; **~vorführung** *f* демонстрация [показ] фильма; Vorstellung киносеанс 2; **~wesen** *n* кинематография 8, кино *n idkl;* **~woche** *f* неделя фильмов, кинофестиваль 1; **~zeitschrift** *f* журнал по киноискусству

[1]**Filter** *m* фильтр 2
[2]**Filter** *n Foto* (свето)фи́льтр 2
filtern *tr* фильтровáть 2 (про-)
Filter|papier *n* фильтровáльная бумáга; **~zigarette** *f* сигарéта с фи́льтром
Filz *m* dicker вóйлок 2; dünner фетр 2
filzen *intr* Wolle свáливаться ⟨-валя́ться⟩
Filzhut *m* фéтровая шля́па
filzig Wolle свваля́вшийся 11
Filz|laus *f* площи́ца 6; **~pantoffel** *m* вóйлочная тáпочка 6 (тýфля); **~schuh** *m* фётровый бóтик 2; **~stiefel** *m* вáлен|ок| -ка 2 *meist Pl;* **~stift** фломáстер 2
Fimmel *m:* er hat einen ~ *umg* у негó пýнктик
Finale *n* финáл 2 | ins ~ kommen *Sport* попадáть ⟨-|пáсть*⟩ в финáл
Finalprodukt *n* конéчный продýкт
Finanz|amt *n* финáнсовое управлéние; **~buchhaltung** *f* финáнсовый отдéл 2; Buchführung финáнсовое счетовóдство; **~en** *Pl* финáнсы *Pl* 2
finanziell 1. *Adj* финáнсовый | aus ~en Gründen по финáнсовым соображéниям **2.** *Adv* в дéнежном отношéнии
Finanzier *m* финанси́ст 2
finanzieren *tr* финанси́ровать *uv, v* 2
Finanzierung *f* финанси́рование 5
Finanzierungsplan *m* план финанси́рования
Finanz|kapital *n* финáнсовый капитáл; **~kontrolle** *f* финáнсовый контрóль; **~lage** *f* финáнсы *Pl* 2, финáнсовое положéние; **~plan** *m* финáнсовый план; **~wesen** *n* финáнсовая систéма 6
Findelkind *n* найдёныш 2 *G Pl* -ей
finden *tr* нахо|ди́ть 3^+ -жý ⟨на|йти́*⟩; ausfindig machen оты́скивать ⟨-|ыскáть*⟩; meinen, halten für находи́ть ⟨найти́⟩ *I*, считáть ⟨счесть*⟩ (что-н. каки́м-н.); antreffen заставáть ⟨-|стáть*⟩; sich ~ *refl* gefunden werden находи́ться ⟨найти́сь⟩; sich abfinden, sich fügen с-, примиря́ться ⟨-мири́ться 3⟩ (mit, in с *I*); zueinander finden сходи́ться 3^+ ⟨со|йти́сь*⟩ (in etw. в чём-н.) | nicht alle Bücher fanden im Regal Platz не все кни́ги помести́лись на пóлке; ich finde keinen Gefallen daran э́то мне не нрáвится, э́то не в моём вкýсе; was findet er an ihr? что он в ней нахóдит?, чем онá емý нрáвится?; Verbreitung ~ получ|áть ⟨-и́ть 3^+⟩ распространéние; Mittel und Wege ~ найти́ пути́ в срéдства; er fand die Bemerkung überflüssig он нашёл замечáние неумéстным; ich finde, daß du Unrecht hast я считáю| что ты непрáв; ich kann nichts dabei ~ я не нахожý в э́том ничегó (плохóго); wie finden Sie dieses Buch? какóго мнéния вы об э́той кни́ге?; das Geld wird sich schon ~ дéньги найдýтся; es ~ sich immer Leute, die …, всегдá нахóдятся [встречáются] лю́ди| котóрые …; er kann sich nicht in sein Schicksal ~ он не мóжет примири́ться со своéй судьбóй; wo werden wir uns ~ ? где мы встрéтимся?; das wird sich schon ~ ! э́то (ещё) налáдится!; sich bereit ~ быть готóвым
Finder *m* нашéдший *Subst* 11; **~lohn** *m* вознаграждéние 5 за нахóдку
findig нахóдчив:ый
Findling *m* найдёныш 2 *G Pl* -ей; *Geol* эррати́ческий валýн 2е
Finesse *f* Feinheit тóнкость 9; Schlauheit; Kniff хи́трость 9
Finger *m* пáл|ец| -ца 2 | am ~ на пáльце; der kleine ~ мизи́н|ец| -ца 2; drei ~ breit ширинóй в три пáльца; mit dem ~ zeigen покáзывать ⟨-казáть⟩ пáльцем; j-m auf die ~ sehen зóрко сле|ди́ть 3 -жý за кем-н.; lange ~ haben *übertr* быть* нечи́стым нá руку; an den ~n abzählen пере|чéсть* *v* по пáльцам; *übertr* легкó собра|зи́ть *v* 3 -жý; das kann man sich an den (fünf) ~n abzählen э́то я́сно как бóжий день; j-n um den ~ wickeln обво|ди́ть 3^+ -жý ⟨об|вести́*⟩ когó-н. вокрýг пáльца; die ~ von etw. lassen не вмéшиваться в каки́е-н. делá; **~abdruck** *m* отпечáток пáльцев; **~breit** *m:* keinen ≈ ни на йóту; nachgeben ни на пядь; **~fertigkeit** *f* сноровка в рукáх; Klavierspiel тéхника 6 игры́; **~gelenk** *n* пальцевóй суставá; **~handschuh** *m* перчáтка 6; **~hut** *m* напёрст|ок| -ка 2; *Bot* наперстя́нка 6; **~ling** *m* Fingerschutz напáльчник 2; **~nagel** *m* нóготь пáльца руки́; **~ring** *m* пéрст|ень| -ня 1; **~spitze** *f* кóнчик пáльца | er ist musikalisch bis in die ≈n он музыкáлен до кóнчиков пáльцев [ногтéй]; **~spitzengefühl** *n* чýвство [ус] тáкта | ≈ haben *übertr* имéть тóнкое чутьё; **~zeig** *m* указáние 5, намёк 2
fingier|en *tr* симули́ровать *uv, v* 2; **~t** фикти́в|ный| -ен | ≈e Adresse вы́мышленный áдрес
Finish *n Sport* фи́ниш 2
Fink *m* зя́блик 2
[1]**Finne** *f* Flosse плавни́к 2е
[2]**Finne** *f Med* прыщ 2е; Larve vieler Bandwürmer фи́нна 6
[3]**Finn|e** *m* Bewohner финн 2; **~in** *f* фи́нка 6
finnisch 1. *Adj* фи́нский; in offiziellen Bezeichnungen финля́ндский | Finnischer Meerbusen Фи́нский зали́в **2.** *Adv* по-фи́нски
Finnland Финля́ндия 8
finster тём|ный| -ен| темнá, темнó *u.* тёмно; Wald дремýчий 11; Gesicht, Blicke; Gedanken; Mittelalter мрáч|ный| -ен| -нá!; Angelegenheit тёмный, подо-

зри́тел|ьный, -ен, -ьна | ~ werden темне́ть (по-); es wird ~ стано́вится темно́, темне́ет; ein ~es Gesicht machen хму́риться 3 (на-); ~ dreinschauen смотре́ть 3⁺ во́лком, насу́п|ливаться ⟨-иться 3 -люсь⟩; im ~n tappen блужда́ть в потёмках
Finsternis *f* мрак 2, темнота́ 6; *Astr* затме́ние 5; *Rel* ве́чная тьма 6
Finte *f umg* уло́вка 6; Ausflucht увёртка 6 | das ist eine ~ э́то про́сто увёртка
Firlefanz *m* Tand мишура́ 6; Albernheit, Unsinn дура́чество 4
firm: in etw. ~ sein быть си́льным [све́дущим] в чём-н.
Firma *f* фи́рма 6
Firmament *n* небосво́д 2
Firmen|name *m* назва́ние фи́рмы; **~schild** *n* фи́рменная вы́веска; **~zeichen** *n* фи́рменный знак
Firn *n* фирн 2
Firnis *m* Öl~ оли́фа 6
Firnschnee *m* фирн 2, фи́рновый снег
First *m Bauw* кон|ёк, -ька́ 2; **~ziegel** *m* конько́вая черепи́ца
Fis *n Mus* фа дие́з [иэ] *idkl*
Fisch *m* ры́ба 6; die ~e *Pl Astr* Ры́бы | er ist stumm wie ein ~ он нем как ры́ба; kleine ~e пустяко́вые дела́ *Pl* 4b, пустяки́ *Pl* 2e; weder ~ noch Fleisch ни ры́ба ни мя́со; **~adler** *m* скопа́ 6; **~bein** *n* кито́вый ус 2b; **~brötchen** *n* бутербро́д [тэр] 2 с ры́бой, бу́лочка с ры́бой; **~brut** *f* ры́бья мо́лодь 12-9; **~dampfer** *m* рыболо́вное су́дно
fischen *tr u. intr* лов|и́ть 3⁺ -лю́ ры́бу | Perlen ~ иска́ть же́мчуг; im trüben ~ в му́тной воде́ ры́бу лови́ть
Fischer *m* рыба́к 2e; **~boot** рыболо́вная [рыба́чья 12] ло́дка; **~dorf** *n* рыба́цкий посёл|ок, -ка 2
Fischerei *f* рыболо́вство 4, ры́бный про́мыс|ел, -ла 2; **~fahrzeug** *n* рыболо́вное су́дно 4 *Pl* суда́ 2b; **~hafen** *m* рыба́чий 12 порт, рыболове́цкая га́вань; **~flotte** *f* рыболо́вный флот
Fisch|fabrik *f* рыбозаво́д 2; **~fang** *m* рыболо́вство 4; Gewerbe рыболо́вный про́мыс|ел, -ла 2 | ≈ treiben занима́ться рыболо́вством; **~filet** *n* ры́бное филе́; **~gericht** *n* ры́бное блю́до; **~gräte** *f* ры́бья кость 12-9g; **~grätenmuster** *m* рису́н|ок, -ка 2 в ёлочку | Stoff in ≈ ткань в ёлочку; **~handlung** *f* ры́бный магази́н 2; **~konserven** *f Pl* ры́бные консе́рвы; **~kutter** *m* рыболо́вный ка́тер; **~mehl** *n* ры́бная мука́; **~netz** *n* рыболо́вная сеть; Schleppnetz не́вод 2b *Pl* -а́; **~otter** *f* вы́дра 6; **~schwarm** *m* стая [кося́к 2e] ры́бы; **~suppe** *f* уха́ 6, ры́бный суп; **~teich** *m* пруд для разведе́ния ры́бы; **~verarbeitungsschiff** *n* рыболо́вное и рыбоперераба́тывающее 11 су́дно, плаву́чий 11 рыбозаво́д 2; **~vergiftung** *f* отравле́ние ры́бой; **~zucht** *f* рыбово́дство 4; **~zug** *m* лов ры́бы (се́тью), пути́на 6
fiskalisch фиска́льный
Fiskus *m* фиск 2
Fistel *f Med* фи́стула́ 6, свищ 2e *G Pl* -е́й; **~stimme** *f* фистула́ 6
fit: ~ sein быть в фо́рме
Fittich *m* | j-n unter seine ~e nehmen брать ⟨взять⟩ кого́-н. под своё кры́лышко
fix 1. *Adj* feststehend твёрд:ый, тверда́!; gewandt ло́в|кий, -ок, -ка́!, прово́р|ный, -ен | ~e Idee навя́зчивая иде́я; ~es Kerlchen бо́йкий па́р|ень, -ня 1, молод|е́ц, -ца́ 2 **2.** *Adv* жи́во, бы́стро | mach ein bißchen ~! торопи́сь!, жи́во!; ich bin ~ und fertig a) я вполне́ гото́в b) erschöpft я совсе́м вы́дохся, я уже́ гото́в
Fixierbad *n Foto* фикса́ж 2 *G Pl* -ей
fixieren *tr* festlegen, -halten фикси́ровать 2 (за-) *a. Foto;* befestigen закреп|ля́ть ⟨-и́ть 3 -лю́⟩; unverwandt ansehen приста́льно смотре́ть 3⁺ на *A*
Fixstern *m* неподви́жная звезда́; **~e** *Pl* созве́здие 5 из неподви́жных звёзд
Fjord *m* фьорд 2
FKK-Strand *m* пляж для купа́ющихся в обнажённом ви́де [для нуди́стов]
flach 1. *Adj* Dach; Stirn; Stein пло́с|кий, -ок, -ка́!; пло́сче; Gelände, Gegend равни́нный, ро́в|ный, -ен, -на́!; Teller, Fluß ме́л|кий, -ок, -ка́!; -ьче, неглубо́кий; *Mil* Schuß насти́льный; *übertr* пове́рхност|ный, -ен, по́шл:ый, -а́! | die ~e Hand ладо́нь 9 **2.** *Adv* плашмя́ | ~ liegen лежа́ть плашмя́
Flach|ball *m* ни́зкий мяч; **~druck** *m Typ* пло́ская печа́ть
Fläche *f Phys* Geometrie пло́скость 9g; Ober~ пове́рхность 9 *a. Math, Phys;* Platz пло́щадь 9g *a. Landw;* Ebene равни́на 6, простра́нство 4 | der ~ nach по пло́щади; mit einer ~ von fünf Hektar пло́щадью (в) пять гекта́ров
Flächen|inhalt *m Math* пло́щадь 9g; **~maß** *n* ме́ра пло́щади
Flach|küste *f* ни́зкий бе́рег; **~land** *n* равни́на 6, ни́зменность 9; **~paß** *m Sport* ни́зкая переда́ча; **~rennen** *n Sport* гла́дкие ска́чки
Flachs *m* лён, льна 2; **~bau** *m* льново́дство 4; **~faser** *f* льняно́е волокно́; **~hechel** *f* льночеса́лка 6; **~spinnerei** *f* льнопряди́л|ьня 7 *G Pl* -ен
Flachzange *f* плоскогу́бцы *Pl* 2
flackern *intr* Feuer мерца́ть; Kerze, Lampe мига́ть
Fladen *m* Art Gebäck лепёш|ка 6 *G Pl* -ек; Kuh~ коро́вий 12 блин

Flagge *f* флаг 2 | unter fremder ~ segeln пла́вать [*best* плыть*] под чужи́м фла́гом
flaggen *intr* выве́шивать ⟨вы́ве|сить 3 -шу⟩ фла́ги; beflaggen украша́ть ⟨укра́|сить 3 -шу⟩ фла́гами
Flaggschiff *n* фла́гманский кора́бль
flagrant я́в|ный| -ен, очеви́д|ный| -ен | in ~i *Jur* с поли́чным
Flak *f* Geschütz зени́тная пу́шка 6; **~artillerie** *f* зени́тная артилле́рия
Flamingo *m* флами́нго *m idkl*
flämisch флама́ндский
Flamme *f* пла́м|я *n G D P* -ени| *I* -енем *Pl* -ена́| -ён| -ена́м 4; Brennstelle am Gasherd горе́лка 6 | in ~n stehen пыла́ть, горе́ть 3; in ~n aufgehen сгор|а́ть ⟨-е́ть 3⟩; auf kleiner ~ kochen вари́ть на сла́бом огне́; das ist seine alte ~ Geliebte э́то его́ ста́рая любо́вь [симпа́тия]
flammend пла́мен|ный| -ен| -на | eine ~e Begeisterung огро́мное воодушевле́ние; einen ~en Protest erheben горячо́ протестова́ть 2
Flammenwerfer *m* огнемёт 2
Flammpunkt *m* температу́ра 6 воспламене́ния
Flanell *m* флане́ль 9; **~rock** *m* флане́левая ю́бка
flanieren *intr* флани́ровать 2
Flanke *f* Tier бок 2b| на боку́ *Pl* бока́; *Mil* фланг 2; Turnen прыж|о́к| -ка́ 2 бо́ком; Ballspiele попере́чная переда́ча 6 | dem Gegner in die ~ fallen атакова́ть *uv, v* 2 проти́вника во фланг; ~ zur Mitte переда́ча в центр
flanken *intr* Ballspiele пере|дава́ть ⟨переда́ть*⟩ мяч (попере́к по́ля)
Flankensicherung *f Mil* фла́нговое прикры́тие 5
flankieren *tr* стоя́ть 3 [идти́*] по бока́м от кого́-н.
Flansch *m* фла́н|ец| -ца 2
Flasche *f* буты́лка 6; große буты́ль 9; flache, Feld~ фля́жка 6; Saug~ рож|о́к| -ка́ 2; *Tech*, Gas~ балло́н 2 | aus der ~ trinken пить из буты́лки; dem Kind die ~ geben дать ребёнку буты́лочку, корм|и́ть 3⁺ -лю́ ребёнка из рожка́; so eine ~! *umg* ну и болва́н!
Flaschen|bier *n* буты́лочное пи́во; **~gas** *n* сжа́тый газ; **~hals** *m* го́рлышко буты́лки; **~korken** *m* про́бка 6 (для буты́лки); **~öffner** *m* ключ 2e для (открыва́ния) буты́лок, открыва́л|ка 6 *G Pl* -ок *umg*; **~pfand** *m* зало́г (за буты́лку); **~post** *f Mar* буты́лочная по́чта; **~zug** *m Tech* таль 9, полиспа́ст 2
flatterhaft ве́трен:ый| -а
Flatterhemd *n* коро́ткая же́нская ночна́я руба́шка
flattern *intr* Haare, Fahne развева́ться; Schmetterling, Vogel порх|а́ть ⟨-ну́ть 4⟩; *Tech* вибри́ровать 2; *Kfz* колеба́ться*
flau Lüftchen сла́б:ый| -а́| -о| сла́бы́; Stimmung вя́л:ый | mir ist ganz ~ мне не по себе́; das Geschäft geht ~ дела́ иду́т вя́ло
Flaum *m* пух 2| в пуху́; Barthaare u. ä. пуш|о́к| -ка́ 2; **~feder** *f* пуши́нка 6
flaumig пуши́ст:ый
Flausch *m* мя́гкий [хк] драп 2
flauschig vom Stoff пуши́ст:ый, мохна́т:ый; Mantel из пуши́стой мя́гкой [гх] тка́ни
Flausen *f Pl* Ausflüchte пусты́е отгово́рки *Pl* 6, увёртки *Pl* 6 | ~ machen болта́ть вздор; er hat nichts als lauter ~ im Kopf у него́ нет ничего́ кро́ме вздо́ра в голове́; j-m ~ in den Kopf setzen моро́чить 3 (за-) го́лову кому́-н.
Flaute *f Mar* штиль 1; *Hdl* засто́й 1
Flechte *f* Haar коса́ 6c *A* ко́су; *Bot* лиша́йник 2; *Med* лиша́|й 1e *G Pl* -ёв
flechten *tr* плести́* (с-); Kranz a. вить* ⟨с-| совью́⟩; Haare заплета́ть ⟨-плести́⟩ | Blumen zu Kränzen ~ плести́ [вить] венки́ из цвето́в
Flechtwerk *n* сплете́ние 5; Hydrologie плетнево́е сооруже́ние 5; *Arch* плетёный орна́мент 2
Fleck *m* beschmutzte Stelle пят|но́ 4c *G Pl* -ен; best. Stelle, Platz ме́сто 4b; Flicken запла́та 6 | mach dir keine ~n auf (in) den neuen Anzug не посади́ пя́тен на свой но́вый костю́м; einen ~ aus dem Kleid entfernen удал|я́ть ⟨-и́ть⟩ пятно́ с пла́тья; blauer ~ синя́к 2e; das Kleid ist voller ~en пла́тье всё в пя́тнах; nicht vom ~ kommen не сдви́нуться 4 с ме́ста; die Arbeit kommt nicht vom ~ рабо́та не продвига́ется
Flecke *m Pl Kochk* руб|е́ц| -ца́ 2
Flecken *m* Schmutzfleck пят|но́ 4c *G Pl* -ен; Ortschaft посёл|ок| -ка 2
Fleckenentferner *m* пятновыводи́тель 1
fleckenlos без пя́тен
Flecken|paste *f* па́ста для выведе́ния пя́тен; **~wasser** *n* жи́дкость для выведе́ния пя́тен
Fleckfieber *n* сыпно́й тиф
fleckig пятни́ст:ый, в пя́тнах
Flecktyphus *m* сыпно́й тиф
Fledermaus *f* лету́чая 11 мышь
Flegel *m* Dresch~ цеп 2e; *übertr* неве́жа *m* 6, грубия́н 2; **~ei** *f* де́рзость 9, гру́бость 9
flegelhaft frech де́рз|кий| -ок| -ка́!, на́гл:ый, -а́! | sich ~ benehmen вести́ себя́ гру́бо
Flegeljahre *n Pl* перехо́дный во́зраст 2
flehen *intr* моли́ть 3⁺ (um о *P*), умол|я́ть ⟨-и́ть⟩ (um о *P*); **~d** умоля́ющий 11
flehentlich 1. *Adj* умоля́ющий 11 **2.** *Adv* с

молбóй; blicken умоля́юще | ~ bitten умол|я́ть ⟨-и́ть 3⁺⟩
Fleisch *n* мя́со 4; Frucht~ мя́коть 9 | wildes ~ *Med* ди́кое мя́со; in ~ und Blut übergehen во|йти́* в плоть и кровь; sich ins eigene ~ schneiden *übertr* вре|ди́ть 3 -жу́ (на-) самому́ себе́; **~beschau** *f* санита́рный осмо́тр 2 мя́са; **~brühe** *f* мясно́й бульо́н
Fleischer *m* мясни́к 2e; **~ei** *f,* **~laden** *m* мясно́й магази́н, мясна́я (ла́вка) *Subst* 10 (6)
fleischern мясно́й
fleisch|farben теле́сного цве́та; **~fressend** плотоя́д|ный, -ен; Pflanze насекомоя́дный
Fleisch|fresser *m* плотоя́дное живо́тное *Subst* 10; **~füllung** *f* мясна́я начи́нка; **~gericht** *n* мясно́е блю́до
fleischig мяси́ст:ый
Fleisch|klops *m,* **~klößchen** *n* фрикаде́лька [дэ] 6; **~konserven** *f Pl* мясны́е консе́рвы; **~kost** *f* мясно́й стол
fleisch|lich мясно́й; sinnlich теле́сный | ≈e Begierde по́хоть 9; **~los** без мя́са; Tag, Küche вегетариа́нский
Fleisch|pastete *f* пирожо́к с мя́сом; **~salat** *m* мясно́й сала́т; **~verbrauch** *m* потребле́ние мя́са; **~vergiftung** *f* отравле́ние мя́сом; **~versorgung** *f* снабже́ние мя́сом; **~waren** *f Pl* мясны́е (и колба́сные) изде́лия *Pl* 5, мясопроду́кты *Pl* 2; **~wolf** *m* мясору́бка 6
Fleiß *m* прилежа́ние 5, усе́рдие 5 | eiserner ~ велича́йшее 11 усе́рдие; mit ~ приле́жно, стара́тельно; viel ~ auf etw. verwenden прилага́ть ⟨приложи́ть 3⁺⟩ большо́е стара́ние к чему́-н.
fleißig **1.** *Adj* приле́ж|ный, -ен, стара́тел|ьный, -ен, -ьна **2.** *Adv* усе́рдно | ~ spazierengehen мно́го гуля́ть; die Vorlesungen ~ besuchen усе́рдно [ча́сто] посеща́ть ле́кции
flektierbar флекти́рующий 11, флекти́вный
flektieren *tr* флекти́ровать 2; deklinieren склоня́ть (про-); konjugieren спряга́ть (про-)
fletschen *tr:* die Zähne ска́лить 3 (о-) зу́бы
flexibel ги́б|кий, -ок, -ка́!
Flexion *f* словоизмене́ние 5, фле́ксия 8; Deklination *a.* склоне́ние 5; Konjugation a. спряже́ние 5
Flexionsendung *f* оконча́ние 5, фле́ксия 8
flicken *tr* ausbessern чини́ть 3⁺ (по-); stopfen што́пать (за-)
[1]**Flicken** *m* запла́та 6 | einen ~ aufsetzen класть* ⟨положи́ть 3⁺⟩ запла́ту
[2]**Flicken** *n* (по)чи́нка 6; Stopfen што́пка 6
Flick|schneider *m* портно́й, занима́ющийся 11 почи́нкой; **~schuster** *m* сапо́жник по ме́лкому ремо́нту; **~wort** *n* вставно́е сло́во; **~zeug** *n* Fahrrad принадле́жности для ремо́нта велосипе́да
Flieder *m* сире́нь 9; **~busch** *m* сире́невый куст
fliederfarben сире́невый
Fliege *f* му́ха 6; kleine мо́шка 6; Krawatte ба́бочка 6 | zwei ~n mit einer Klappe schlagen одни́м уда́ром двух за́йцев уби́ть
fliegen *intr* лета́ть *unbest,* ле|те́ть 3 -чу́ (по-) *best;* über etw. перелет|а́ть ⟨-е́ть⟩; (an)geflogen kommen прилет|а́ть ⟨-е́ть⟩; flattern развева́ться; *tr* Flugzeug во|ди́ть 3⁺ -жу́ *unbest,* вести́* (по-) *best* (самолёт); mit dem Flugzeug befördern перевози́ть 3⁺ -вожу́ ⟨-везти́⟩ (на самолёте), дост|авля́ть ⟨-а́вить 3 -а́влю⟩ | mit dem Flugzeug nach Moskau ~ лете́ть (на самолёте) в Москву́; der Vogel fliegt durch die Luft пти́ца лета́ет [лети́т] по во́здуху; in die Luft ~ взлете́ть *v* 3 на во́здух, взрыва́ться ⟨взо|рва́ться*, -рвала́сь⟩; er ist geflogen *umg* он вы́летел, его́ уво́лили; der Staub flog nach allen Seiten пыль полете́ла во все сто́роны; **~d** лету́ч:ий 11; лета́ющий 11 *a. Zool* | ≈er Händler торго́вец вразно́с, лото́чник [шн] 2; ≈er Buchhändler книгоно́ша *m, f* 6; ≈er Start *Sport* старт с разбе́га [с хо́ду]; ≈es Personal *Mil* лётный соста́в; ≈er Fisch лету́чка 6
Fliegen|fänger *m* бума́га-мухомо́р 6-2, липу́чка 6 *umg;* **~fenster** *n* око́нная ра́ма 6, затя́нутая ма́рлей (от мух); **~gewicht** *n* наилегча́йший 11 вес; **~klatsche** *f* хлопу́шка 6; **~pilz** *m* мухомо́р 2; **~schrank** *m* шкаф с се́ткой от мух
Flieger *m* лётчик 2; Flugfähiger летýн 2e; Radsport велого́нщик-спри́нтер 2-2; **~abwehrkanone** *f* зени́тная пу́шка; **~abwehrrakete** *f* зени́тная раке́та; **~alarm** *m* возду́шная трево́га; **~angriff** *m* налёт авиа́ции; **~bombe** *f* авиабо́мба 6; **~horst** *m* авиацио́нная ба́за 6, авиаба́за 6; **~kosmonaut** *m* лётчик-космона́вт 2-2; **~offizier** *m* офице́р авиа́ции; **~rennen** *n* Radsport спри́нтерская го́нка 6; **~schule** *f* лётная шко́ла, авиашко́ла 6; **~truppe** *f* лётные [авиацио́нные] ча́сти *Pl* 9g
fliehen *tr* Gesellschaft избега́ть ⟨-|бежа́ть*⟩ *G;* sich fernhalten чужда́ться *G; intr* бежа́ть*, убе|га́ть ⟨-жа́ть⟩ (vor от *G*); **~d:** ≈e Stirn пока́тый лоб
Fliehkraft *f* центробе́жная си́ла
Fliese *f* (изразцо́вая *oder* керами́ческая) пли́тка 6, ка́фель 1
fliesen *tr* облиц|о́вывать ⟨-цева́ть 2, -о́ванный⟩ пли́тками [ка́фелем]

Fliesenleger *m* плиточник-облицовщик 2-2
Fließ|arbeit *f* поточная работа; **~band** *n* конвейер 2 I am ≈ у конвейера; vom ≈ с конвейера; am ≈ arbeiten работать на конвейере; **~bandmontage** *f* монтаж на конвейере; **~bandproduktion** *f* поточное производство
fließen *intr* течь* (по-) *a. El;* stark, in Strömen литься*¡ -лились ⟨политься⟩ *a. übertr;* rinnen струиться 3 I ins Meer ~ впадать в море; im Krieg ist viel Blut geflossen в войну пролилось много крови; der Schweiß floß ihm von der Stirn пот струился у него со лба; der Sekt floß in Strömen шампанское лилось рекой; **~d** **1.** *Adj* Grenzen текучий 11; Rede плав|ный, -ен, -на! I ≈es Wasser проточная вода; ein Zimmer mit ≈em Wasser комната [номер] с водопроводом **2.** *Adv* бегло, свободно I ≈ Deutsch sprechen свободно говорить по-немецки [на немецком языке]
Fließ|fertigung *f* поточное производство; **~verfahren** *n* поточный метод производства
flimmern *intr* Sterne мерцать; Film, Licht мигать I es flimmert mir vor den Augen у меня рябит в глазах; das Bild flimmert *TV* изображение мелькает
flink **1.** *Adj* провор|ный, -ен **2.** *Adv a.* быстро, живо
Flinte *f* ружьё 3c *G Pl* ружей I die ~ ins Korn werfen пасовать 2 (с-) (перед трудностями)
Flip *m* (яичный) коктейль [тэ] 1
Flirt *m* флирт 2 I einen ~ mit j-m anfangen завязывать ⟨-|вязать*⟩ флирт с кем-н.
flirten *intr* флиртовать 2 (mit с *I*)
Flitter *m* блёстки *Pl* 6; *übertr* мишура 6; **~gold** *n* мишура 6; **~wochen** *f Pl* медовый месяц 2
Flocke *f* Schnee снежинка 6; Fläumchen пушинка 6; Wolle клок 2e, клоч|ок, -ка 2; ~n *Pl* Hafer≁, Schnee≁ хлопь|я *Pl* 1 -ев I der Schnee fällt in dichten ~n снег падает густыми хлопьями
flockig **1.** *Adj* пушист:ый **2.** *Adv* хлопьями
Floh *m* блоха 6h I j-m einen ~ ins Ohr setzen взбудораж|ивать ⟨-ить 3⟩ кого-н.
Flor *m* Blüte(npracht) цветение 5, цвет 2b; dünnes Gewebe флёр 2; Teppich u. ä. ворс 2; Trauer≁ креп 2 I im ~ stehen быть* в цвету; im ~ sein *übertr* находиться в (полном) расцвете
Flora *f* флора 6
Florenz Флоренция 8
Florett *n* рапира 6; **~fechten** *n* фехтование на рапирах
florieren *itr* процветать ⟨-|цвести*⟩
Floskel *f* пустая фраза 6
Floß *n* плот 2e; an der Angelschnur поплав|ок, -ка 2 I auf dem ~ fahren плавать [плыть] на плоту
flößbar сплавной I ~es Holz сплавной лес
Flosse *f* der Fische плавник 2e; bei Flossenfüßern ласт 2; *Flugw* стабилизатор 2; ~n *Sport* ласты *Pl*
flößen *tr* Holz сплавлять ⟨сплав|ить 3 -лю⟩
Flößer *m* плотовод 2, сплавщик 2; **~ei** *f* (лесо)сплав 2
Flößholz *n* сплавной лес
Flöte *f* флейта 6 I die ~ spielen играть на флейте
flöten *intr* играть на флейте; Vogel заливаться ⟨-|литься*¡ -лились⟩
flötengehen *intr* пропадать ⟨-|пасть*⟩ I mein Geld ging flöten плакали мои денежки
Flötenspiel *n* игра на флейте
Flötist *m* флейтист 2; **~in** *f* флейтистка 6
flott **1.** *Mar* готов:ый к плаванию; lustig весёлый, весел, весела!; lebhaft, gewandt бо|йкий, -ек, -йка!¡ бойче; schick шикар|ный, -ен; sorglos бесшабаш|ный, -ен I eine ~e Krawatte эффектный галстук; ein ~er Tänzer хороший 11 танцор; ein ~es Leben führen вести весёлую [бесшабашную] жизнь; dort wird man ~ bedient там быстро обслуживают; die Arbeit geht ihm ~ von der Hand работа у него спорится
Flotte *f* флот 2
Flotten|parade *f* парад военно-морского флота; **~stützpunkt** *m* военно-морская база; **~verband** *m* соединение военно-морских сил
Flottille *f* флотилия 8
flottmachen *tr Mar* приготовлять ⟨приготов|ить 3 -лю⟩ к плаванию; nach Auflaufen снимать ⟨снять*⟩ с мели
Flöz *n Geol, Bergb* (горный) пласт 2e
Fluch *m* Kraftwort ругательство 4; Verwünschung проклятие 5 I es liegt ein ~ auf etw. проклятие лежит на чём-н.
fluchen *intr* Kraftworte ausstoßen ругаться (вы-) I auf j-n ~ schimpfen проклинать ⟨-|клясть*¡ проклял⟩ кого-н.
[1]**Flucht** *f* бегство 4; aus der Gefangenschaft побег 2 I die ~ ergreifen обра|щаться ⟨-титься 3 -щусь⟩ в бегство; auf der ~ sein бежать*; sein Heil in der ~ suchen спасаться ⟨-|пастись*⟩ бегством; in die ~ schlagen обра|щать ⟨-тить⟩ в бегство
[2]**Flucht** *f* Reihe ряд 2¡ в ряду I in einer ~ bauen по одной линии; die Häuser stehen in einer ~ дома стоят в один ряд; eine ~ von Zimmern анфилада 6 комнат
fluchtartig **1.** *Adj* напоминающий 11 бегство **2.** *Adv* очень быстро

flücht|en *intr u. sich* ≈ *refl* бежа́ть*, убега́ть ⟨-бежа́ть⟩ (vor от *G*); sich verbergen скрыва́ться ⟨-|кры́ться*⟩ (zu у *G*); **~ig 1.** *Adj* Blick, Durchsicht, Laut бе́глый; Bekanntschaft, Begegnung мимолёт|ный| -ен; Besuch, Gespräch коро́ткий| коро́ток| коротка́!; oberflächlich пове́рхност|ный| -ен; nachlässig небре́ж|ный| -ен; *Chem* лету́чий 11, улету́чивающийся 11 | ≈ sein Verbrecher с|бежа́ть* *v*; einen ≈en Blick auf j-n werfen бро́сить на кого́-н. бе́глый взгляд; einen ≈en Eindruck von j-m haben име́ть нея́сное представле́ние о ком-н. **2.** *Adv:* etw. ≈ durchsehen на́спех [ме́льком, бе́гло] просм|а́тривать ⟨-отре́ть 3⁺ что-н.⟩; wir sind nur ≈ bekannt мы едва́ знако́мы

Flüchtigkeitsfehler *m* оши́бка по рассе́янности

Flüchtling *m* бе́жен|ец| -ца 2; бе́женка 6

Flüchtlings|lager *n* ла́герь для бе́женцев; **~strom** *m* пото́к бе́женцев

Flucht|linie *f* ли́ния фаса́дов зда́ний; **~verdacht** *m* опасе́ние 5 относи́тельно возмо́жного побе́га обвиня́емого | bei ihm besteht ≈ он подозрева́ется в подгото́вке к бе́гству [к побе́гу]; **~versuch** *m* попы́тка бежа́ть [побе́га] | beim ≈ при попы́тке к бе́гству; **~weg** *m* путь бе́гства [к побе́гу]; in Gebäuden запа́сный вы́ход 2

Flug *m* полёт 2; über weite Strecken, Überflug перелёт 2 *a.* von Zugvögel; Route рейс 2; Skisport прыж|о́к| -ка́ 2 | im ~e на лету́; sehr schnell о́чень бы́стро, ми́гом; einen ~ buchen брони́ровать *uv, v* 2 (*a.* за-) ме́сто на самолёт; der ~ von Berlin nach Moskau рейс из Берли́на в Москву́; während des ~es во вре́мя полёта [перелёта]; den Vogel im ~e treffen попа́сть *v* в пти́цу на лету́; die Zeit verging wie im ~e вре́мя пролете́ло невероя́тно бы́стро; **~bahn** *f* траекто́рия 8 (полёта); eines künstl. Satelliten *a.* орби́та 6; **~betrieb** *m* возду́шное сообще́ние 5; **~blatt** *n* листо́вка 6; **~boot** *n* летя́щая 11 ло́дка, гидросамолёт 2; **~dauer** *f* продолжи́тельность полёта; **~dienst** *m* возду́шное (пассажи́рское) сообще́ние 5; **~eigenschaften** *f Pl* лётные да́нные *Subst Pl* 10

Flügel *m* крыло́ 4 *Pl* кры́ль|я| -ев 5 *a. Tech, Flugw;* Fenster, Tür ство́рка 6; Seitengebäude фли́гел|ь 1b *Pl* -я́, крыло́; *Mus* (конце́ртный) роя́ль 1 | auf einem ~ spielen игра́ть на роя́ле; am ~ … у роя́ля …; *Mil, Sport* фланг 2, крыло́; **~fenster** *n* ство́рчатое окно́; **~mann** *m* фланго́вый *Subst* 10 | der rechte ≈ правофланго́вый *Subst* 10; **~mutter** *f* кры́льчатая га́йка, (га́йка-)бара́ш|ек| -ка (6-)2; **~rad** *n* ло́пастное колесо́; **~rakete** *f* крыла́тая раке́та; **~schlag** *m* взмах 2 кры́льев; **~tür** *f* двуство́рчатая дверь

Flugerfahrung *f* о́пыт полётов

flugfähig Flugzeug го́дный к полёту [к полётам]

Flug|feld *n* лётное по́ле; **~gast** *m* пассажи́р 2 (самолёта)

flügge опери́вшийся 11 | ~ werden *übertr* опер|я́ться ⟨-и́ться 3⟩

Flug|geschwindigkeit *f* ско́рость полёта; **~gesellschaft** *f* авиакомпа́ния 8

Flughafen *m* аэропо́рт 2 | auf dem ~ в аэропорту́; **~gebäude** *n* аэровокза́л 2; **~restaurant** *n* рестора́н при аэропо́рте

Flug|haut *f* лётная перепо́нка 6; **~höhe** *f* высота́ полёта; **~kapitän** *m* команди́р 2 корабля́; **~karte** *f* биле́т на самолёт, авиабиле́т 2; **~körper** *m* лета́тельный аппара́т 2; *Kosm* косми́ческий аппара́т; **~lehrer** *m* лётчик-инстру́ктор 2-2; **~linie** *f* авиали́ния 8, возду́шная ли́ния; **~lotse** *m* авиадиспе́тчер 2; **~meldung** *f* донесе́ние о полёте

Flugmodell *n* авиамоде́ль [дэ] 9; **~bau** *m* авиамодели́зм [дэ] 2

Flug|navigation *f* аэронавига́ция 8; **~plan** *m* расписа́ние 5 полётов; **~platz** *m* аэродро́м 2 | auf dem ≈ на аэродро́ме; **~reise** *f* путеше́ствие на самолёте; **~route** *f* возду́шная тра́сса 6, рейс 2

flugs *Adv* ми́гом, мгнове́нно

Flug|sand *m* нано́сный песо́к; **~schanze** *f* большо́й трампли́н; **~schrift** *f* брошю́ра [шу] 6; Blatt листо́вка 6; **~schüler** *m* учени́к-лётчик 2e-2; **~sicherheit** *f* обеспече́ние (безопа́сности) полётов; **~sport** *m* авиаспо́рт 2; **~strecke** *f* Entfernung да́льность 9 полёта; **~linie** маршру́т полёта; **~stunde** *f* час (по)лёта; Ausbildungsstunde лётный час

flugtauglich (при)го́дный к лётной слу́жбе

Flug|technik *f* авиацио́нная те́хника; **~verbindung** *f* возду́шное сообще́ние; **~verkehr** *m* возду́шное сообще́ние [движе́ние]; **~wesen** *n* авиа́ция 8; **~wetter** *n:* günstiges ≈ лётная пого́да; kein ≈ нелётная пого́да; **~zeit** *f* вре́мя полёта

Flugzeug *n* самолёт 2 (nach на *A*) | das ~ nach Berlin startet in zehn Minuten самолёт на Берли́н вылета́ет че́рез де́сять мину́т; mit dem ~ reisen, befördern на самолёте, самолётом; ein ~ besteigen сади́ться ⟨сесть⟩ на [в] самолёт; **~absturz** *m* авиацио́нная катастро́фа | bei dem ≈ в авиакатастро́фе; **~bau** *m* самолётострое́ние 5; **~besatzung** *f* экипа́ж самолёта; **~entführer** *m* похити́тель [уго́нщик 2] самолёта; **~entführung** *f* угóн 2 самолёта; ~**führer** *m* лётчик 2, пилóт 2; ~**halle** *f* ангáр 2; ~**industrie** *f* авиациóнная промы́шленность; ~**konstrukteur** *m* авиаконстрýктор 2; ~**rumpf** *m* фюзеля́ж 2 *G Pl* -ей; ~**träger** *m* авианóс|ец, -ца 2; ~**unglück** *n* авиациóнная катастрóфа; ~**werk** *n* авиациóнный завóд, авиазавóд 2

Fluktuation *f* колебáние 5 | ~ der Arbeitskräfte текýчесть рабóчей си́лы

Flunder *f* кáмбала 6

flunkern *itr* привирáть ⟨-|врáть*⟩

Fluor *n* фтор 2

Fluoreszenz *f* флуоресцéнция 8

fluoreszieren *itr* флуоресци́ровать 2; ~**d** флуоресци́рующий 11

[1]**Flur** *f* Nutzland ни́ва 6, пóле 3b | durch Feld und ~ по поля́м и лугáм; allein auf weiter ~ stehen о|стáться* *v* в пóлном одинóчестве

[2]**Flur** *m* (Flur-) Gang коридóр 2; Vorzimmer, Diele прихóжая *Subst* 11, перéдняя *Subst* 11; im Bauernhaus сéни *Pl* 9g; Treppe (лéстничная) площáдка 6 | auf dem ~ в коридóре; в прихóжей; в сеня́х; ~**bereinigung** *f* устранéние 5 чересполóсицы; ~**garderobe** *f* вéшалка в коридóре [в перéдней]; ~**schaden** *m* потрáва 6 полéй

Fluß *m* рекá 6 *A* рéкý, *Pl* рéки, рек, рéкáм; Flüßchen рéчка 6; Fließen; Lauf течéние 5; *Tech* флюс 2, плáв|ень, -ня 1 | auf einem ~ fahren éхать [плыть] по рекé; die Stadt liegt am ~ гóрод стои́т на рекé [у реки́]; der ~ der Rede плáвное течéние рéчи; in ~ kommen налáживаться ⟨-лáдиться 3⟩; ein Gespräch wieder in ~ bringen возобнов|ля́ть ⟨-и́ть 3 -лю́⟩ разговóр

flußab[wärts] *Adv* вниз по рекé

Flußarm *m* рукáв реки́

flußauf[wärts] *Adv* вверх по рекé

Fluß|bett *n* рýсло 4 (реки́); ~**hafen** *m* речнóй порт

flüssig Leim, Luft, Gas жи́д|кий, -ок, -кá!; жи́же; Fett растóпленный; Metall расплáвленный; Rede, Stil глáд|кий, -ок, -кá!; глáже; *Wirtsch* свобóд|ный, -ен | ~e Gelder свобóдные [нали́чные] дéньги; ~er Straßenverkehr непреры́вный потóк 2 ýличного движéния

Flüssig|gas *n* сжи́женный газ; ~**keit** *f* жи́дкость 9; Eigenschaft, Zustand (жидко)текýчесть 9; Stil лёгкость [xк] 9; Verkehr непреры́вность 9

Flüssigkeitsbehälter *m* сосýд для жи́дкости

Fluß|krebs *m* речнóй рак; ~**mündung** *f* ýстье реки́; ~**niederung** *f* überschwemmte пóйма 6 *G Pl* пойм; ~**pferd** *n* гиппопотáм 2, *umg* бегемóт 2; ~**quelle** *f* истóк реки́; ~**regulierung** *f* рабóты *Pl* 6 по регули́рованию рек; ~**schiffahrt** *f* речнóе судохóдство; ~**stahl** *m* мя́гкая сталь; ~**übergang** *m* речнáя перепрáва; Furt речнóй перекáт 2; ~**windung** *f* излýчина 6 [изви́лина] реки́

flüstern *tr* шептáть* ⟨шепнýть *mom* 4⟩; *intr* шептáться | ins Ohr ~ шептáть нá ухо; sie flüsterten miteinander они́ шептáлись друг с дрýгом; ~**d** sich unterhalten шёпотом

Flüsterton *m*: im ~ шёпотом

Flut *f* прили́в 2; Wassermassen потóк 2 *a. übertr* | bei ~ во врéмя прили́ва; in den ~en umkommen поги́бнуть *v* 4a в волнáх; eine ~ von Protesten потóк [волнá 6c] протéстов

fluten *intr* течь* (по-); *übertr* течь, (валóм) вали́ть 3 | der Verkehr flutet über ... потóк маши́н дви́жется по ...

Flutlicht *n* заливáющий 11 свет; ~**anlage** *f* осветúтельные устанóвки *Pl* 6 (прожéкторы *Pl* 2] заливáющего свéта

Flutwelle *f* bei Gezeiten прили́вная волнá; bei Seebeben волнá штормовóго нагóна

Fock|mast *m Mar* фок-мáчта 6; ~**segel** *n* фок 2

Föderalismus *m* федерали́зм 2

föderalistisch федерали́стский

Föderation *f* федерáция 8

föderativ федерати́вный

fohlen *intr* жереби́ться 3 (о-)

Fohlen *n* жереб|ёнок, -ёнка 2 *Pl* -я́та 4

Föhn *m* Wind фён 2

Föhre *f* соснá 6c *G Pl* сóсен

Folge *f* Ergebnis, Auswirkung (по)слéдствие 5, результáт 2; Reihe, Anzahl сéрия 8, ряд 2b; в ряду́; Fortsetzung продолжéние 5 | die neue ~ нóвый вы́пуск 2 [Zeitschrift нóмер 2b *Pl* -á]; in der ~ Folgezeit впослéдствии; die ~en tragen отвечáть за послéдствия; das hat zur ~, daß ... э́то имéет слéдствием то, что ..., э́то влечёт за собóй то, что ...; einer Einladung ~ leisten принимáть ⟨приня́ть*⟩ приглашéние; in alphabetischer ~ в алфави́тном поря́дке; in bunter ~ вперемéжку; das bleibt nicht ohne ~n э́то не остáнется без послéдствий; die Bände erschienen in rascher ~ томá выходи́ли оди́н за други́м

folgen *intr* слéдовать 2 (по-) (j-m, auf за *I*); befolgen слéдовать *D;* gehorchen слýшаться (по-) (j-m *G*); j-m nachfolgen z. B. im Amt быть* [стать* *v*] преéмником (когó-н. по дóлжности), смен|я́ть ⟨-и́ть 3⁺⟩ (когó-н. на дóлжности); mit Blicken, Gedanken сле|ди́ть 3 -жý за *I*; ursächlich слéдовать, вытекáть ⟨вы́|течь*⟩ | j-s Beispiel ~ слéдовать чьемý-н. примéру; daraus folgt, daß ... из э́того слéдует, что ...; was folgt dar-

aus? какóй отсю́да вы́вод?; kannst du ~? ты понимáешь?; ~**d** слéдующий 11 | im ≈en в дальнéйшем; im ≈en Jahr на слéдующий год; auf ≈e Weise слéдующим óбразом
folgendermaßen *Adv* слéдующим óбразом
folgenschwer чревáт:ый [с тяжёлыми] послéдствиями
folgerichtig послéдовател|ьный, -ен, -ьна
Folgerichtigkeit *f* послéдовательность 9
folgern *tr* дéлать (с-) вы́вод (aus из *G*); *intr:* daraus folgert, daß … из э́того слéдует, что …, мóжно заключи́ть, -что …
Folgerung *f* вы́вод 2 (aus из *G*) | aus etw. ~en ziehen дéлать (с-) вы́воды из чегó-н.
folgewidrig непослéдовател|ьный, -ен, нелоги́ч|ный, -ен
Folgezeit *f:* in der ~ впослéдствии
folg|lich *Konj* слéдовательно, знáчит; ~**sam** послу́ш|ный, -ен
Folie *f* фóльга 6
Folklore *f* фольклóр 2; Volkskunde фольклори́стика 6
folkloristisch фольклористи́ческий
Folter *f* пы́тка 6, истязáние 5; *übertr* пы́тка, му́ка 6 | j-n auf die ~ spannen му́чить 3 [пытáть] когó-н.; ~**kammer** *f* кáмера пы́ток, застéн|ок, -ка 2
foltern *tr* пытáть; *übertr* му́чить 3 | gefoltert werden подвергáться ⟨-вéргнуться 4a⟩ пы́ткам
Folter|qual *f* пы́тка 6, му́ка 6; ~**ung** *f* пы́тка 6, мучéние 5
Fön *m* фен 2
Fonds *m* фонд 2, дéнежные срéдства 4; *Pl Wirtsch* фóнды *Pl* 2
fönen *tr* суши́ть 3⁺ ⟨вы́-⟩ фéном
Fontäne *f* фонтáн 2
Fontanelle *f Anat* родни́ч|óк, -кá 2
foppen *tr* дразни́ть 3⁺ *A*
forcieren *tr* форси́ровать *uv, v* 2 *a. Mil;* Sport (steigern) уск|оря́ть ⟨-óрить 3⟩ | ~ Sie nichts! не дéйствуйте сли́шком поспéшно!
Förder|anlage *f* конвéйерная [*Bergb* подъёмная] установка; ~**band** *n* лéнточный конвéйер 2; ~**brücke** *f* мост-транспортёр 2b-2; *Bergb* эстакáда 6
Förderer *m* покрови́тель 1, меценáт 2; *Tech* транспортёр 2
Förderkorb *m Bergb* подъёмная клеть 9g
förderlich полéз|ный, -ен | ~ sein für быть полéзным для *G*
Fördermaschine *f* подъёмная маши́на
fordern *tr* трéбовать 2 (по-) (etw. von j-m чегó-н. от когó-н.); Opfer уноси́ть 3⁺ -ношу́ ⟨-|нести́*⟩ | einen hohen Preis von j-m für etw. ~ запрáшивать ⟨запро|си́ть 3⁺ -шу́⟩ высóкую цéну у когó-н. за что-н.
fördern *tr* Wissenschaft способствовать 2 разви́тию *G*; Wachstum, Handel способствовать 2 *D*, содéйствовать *uv, v* 2 *D;* vorantreiben подв|игáть ⟨-и́нуть 4⟩; *Bergb* добывáть ⟨добы́ть*⟩ | die Initiative ~ поддéрживать ⟨-держáть 3⁺⟩ инициати́ву; j-n ~ поощр|я́ть ⟨-и́ть 3⟩ [продв|игáть ⟨-и́нуть⟩] когó-н.; etw. zu Tage ~ *übertr* раскрывáть ⟨-|кры́ть*⟩ что-н.
Förder|schacht *m Bergb* подъёмный шáхтный ствол 2e; ~**strecke** *f Bergb* откáточный штрек; ~**turm** *m Bergb* надшáхтный копёр
Forderung *f* трéбование 5 (nach *G*); *Fin* Schuld~ долговóе обязáтельство 2; ~en *Pl, Jur, Wirtsch* претéнзии *Pl* 8 | an j-m ~en stellen предъяв|ля́ть ⟨-и́ть 3⁺ -лю́⟩ трéбования комý-н.; das entspricht nicht den ~en э́то не отвечáет трéбованиям; eine ~ an j-n haben имéть претéнзию к комý-н.
Förderung *f* Hilfe, Unterstützung содéйствие 5 *D*, поощрéние 5 *G*; der Kader продвижéние 5 *G; Bergb* Leistung добы́ча 6 | die ~ der Jugend выдвижéние 5 молодёжи
Forelle *f* форéль 9
Form *f* Gestalt, Umriß; Hut~, Druck~, Guß~ фóрма 6 *a. Gramm;* Umgangs~ фóрмы обращéния, прáвила *Pl* 4 прили́чия | in ~ von etw. в ви́де чегó-н.; der ~ nach по фóрме; der ~ wegen рáди [для] профóрмы; etw. in die richtige ~ bringen при|давáть* ⟨придáть*⟩ чему́-н. прáвильную фóрму; in (guter) ~ sein быть в фóрме; er ist nicht in ~ он не в фóрме; aus der ~ kommen терять (по-) фóрму
formal формáл|ьный, -ен, -ьна
Formalismus *m* формали́зм 2
formalistisch формалисти́ческий
Formalität *f* формáльность 9
Format *n* формáт *a. Buchw* 2, размéр 2 | ein Künstler von internationalem ~ худóжник международнóго масштáба; eine Persönlichkeit von ~ крýпная [незаурядная] ли́чность 9; der Mann hat kein ~ он человéк заурядный [без размáха]
Formation *f* формáция 8; *Mil* формировáние 5; *Geol* пери́од 2
Form|blatt *n* бланк 2; Fragebogen анкéтный лист; ~**eisen** *n* фасóнное желéзо
Formel *f Math, Chem* фóрмула 6 | etw. auf eine einfache ~ bringen с|вести́* *v* что-н. к простóй фóрмуле
formell формáл|ьный, -ен, -ьна
formen *tr* при|давáть* ⟨придáть*⟩ фóрму *D; Tech* формовáть 2 (с-); modellieren леп|и́ть 3⁺ -лю́ (с-); *übertr* формировáть 2 (с-); sich ~ *refl* формировáться (с-)

Formenlehre *f Gramm* морфоло́гия 8
Former *m* формо́вщик 2; **~ei** *f* Werkstatt формо́вочный цех 2¦ *a.* в цеху́¦ *Pl. a.* -а́ 2b
Form|gebung *f* прида́ние 5 фо́рмы, формообразова́ние 5; **~gestalter** *m:* industrieller ≈ худо́жник-оформи́тель 2-1, диза́йнер 2; **~gestaltung** *f* формообразова́ние 5 | industrielle ≈ диза́йн 2, промы́шленная эсте́тика [тэ] 6
formieren *tr* формирова́ть 2 (с-) *a. Mil;* sich ~ *refl* формирова́ться (с-); sich in Reih und Glied aufstellen выстра́иваться ⟨вы́строиться 3⟩
Formierung *f* формирова́ние 5
förmlich 1. *Adj* Skandal, Auflauf фо́рменный, настоя́щий 11; Zeremonie, Besuch официа́л|ьный¦ -ен¦ -ьна **2.** *Adv* соверше́нно; geradezu пря́мо-таки | man könnte ~ verzweifeln мо́жно¦ действи́тельно¦ [мо́жно бы́ло буква́льно] прийти́ в отча́яние
Förmlichkeit *f* форма́льность 9; официа́льность 9
formlos бесфо́рмен:ный¦ -на; sehr zwanglos без церемо́ний
Formsache *f:* das ist nur eine ~ э́то то́лько [чи́стая] форма́льность
formschön краси́вой фо́рмы
Formschönheit *f* красота́ фо́рмы
Formular *n* формуля́р 2, бланк 2
formulieren *tr* формули́ровать *uv, v* 2 ⟨*a.* с-⟩
Formulierung *f* Formulieren формули́рование 5; sprachl. Fassung формулиро́вка 6
formvollendet соверше́нный [зако́нченный] по фо́рме
forsch молодцева́т:ый, бо́|йкий¦ -ек¦ -йка́!¦ бо́йче; verwegen у́харский
forschen *intr Wiss* вести́* иссле́дования, иссле́довать *uv, v* 2 (nach *A*) | nach der Wahrheit ~ иска́ть* и́стину; nach den Ursachen eines Unglücks ~ рассле́довать *uv, v* 2 [иска́ть] причи́ны несча́стного слу́чая; **~d** испыту́ющий 11; neugierig пытли́в:ый
Forscher *m* иссле́дователь 1; **~in** *f* иссле́довательница 6
Forschung *f* иссле́дование 5 | wissenschaftliche ~en нау́чные иссле́дования
Forschungs|arbeit *f* иссле́довательская рабо́та [де́ятельность 9]; **~auftrag** *m* нау́чно-иссле́довательское зада́ние; **~ergebnisse** *n Pl* да́нные *Subst Pl* 10 [результа́ты] иссле́дований; **~institut** *n* нау́чно-иссле́довательский институ́т; **~laboratorium** *n* нау́чно-иссле́довательская лаборато́рия; **~programm** *n* програ́мма иссле́довательских рабо́т; **~reaktor** *m* эксперимента́льный (я́дерный) реа́ктор; **~reise** *f* нау́чная экспеди́ция 8 [командиро́вка 6]; **~schiff** *n* (гидрографи́ческое) иссле́довательское су́дно
Forst *m* лес 2b¦ в лесу́ *Pl* -а́
Förster *m* лесни́чий *Subst* 11; **~ei** *f* Forstamt лесни́чество 4
Forst|facharbeiter *m* квалифици́рованный рабо́чий-лесово́д *Subst* 11-2; **~frevel** *m* самово́льная пору́бка 6 ле́са; **~haus** *n* дом [уса́|дьба 6 *G Pl* -деб *u.* -дьб] лесни́чего; **~meister** *m* гла́вный лесни́чий *Subst* 11; **~revier** *n* лесоуча́ст|ок¦ -ка 2; **~schule** *f* лесно́е учи́лище; **~wesen** *n* лесно́е де́ло; **~wirtschaft** *f* лесно́е хозя́йство
forstwirtschaftlich лесохозя́йственный
Forstwissenschaft *f* лесово́дство 4
Forsythie *f* форзи́ция 8
fort *Adv* weg прочь; hinaus вон | ~ (mit dir)! прочь!, пошёл вон!, убира́йся!; ~ damit! убери́(те) э́то!; ich muß ~ я до́лжен уйти́ [уе́хать]; sie sind ~ они́ ушли́ [уе́хали]; die Uhr ist ~ часы́ пропа́ли [исче́зли]; der Zug war schon ~ по́езд уже́ отошёл [ушёл]; wie lange war er ~? ско́лько вре́мени его́ не́ было?; in einem ~ беспреста́нно, беспреры́вно; und so ~ (*Abk* usf.) и так да́лее (*Abk* и. т. д.)
Fort *n* форт 2
Fortbestand *m* дальне́йшее существова́ние 11-5
fort|bestehen *intr* продолжа́ть существова́ть; **~bewegen** *tr* сдвига́ть ⟨сдви́нуть 4⟩ с ме́ста; anderswohin rücken передв|ига́ть ⟨-и́нуть⟩; sich ≈ *refl* дви́|гаться ⟨-нуться⟩ вперёд [да́льше]; örtlich передв|ига́ться ⟨-и́нуться⟩
Fortbewegung *f* поступа́тельное движе́ние; Ortsveränderung передвиже́ние 5
Fortbewegungs|art *f* спо́соб передвиже́ния; **~mittel** *n* сре́дство передвиже́ния
fortbilden, sich *refl* повыша́ть ⟨-вы́сить 3 -вы́шу⟩ (своё) образова́ние [свою́ квалифика́цию]
Fortbildung *f* повыше́ние 5 квалифика́ции | fachliche ~ повыше́ние квалифика́ции по профе́ссии [по специа́льности]
Fortbildungskurse *m Pl* ку́рсы *Pl* 2 повыше́ния квалифика́ции
fort|bleiben *intr* (бо́льше) не явля́ться ⟨яв|и́ться 3⁺ -лю́сь⟩ | ich bleibe nicht lange fort я не надо́лго; **~bringen** *tr* tragend уноси́ть 3⁺ -ношу́ ⟨-|нести́*⟩; fahrend увози́ть 3⁺ -вожу́ ⟨-|везти́*⟩; führend уводи́ть 3⁺ -вожу́ ⟨-|вести́*⟩; Pflanzen, Tiere выра́щивать ⟨вы́ра|стить 3 -щу⟩ | er war von dem Schaufenster nicht fortzubringen его́ нельзя́ бы́ло оторва́ть от витри́ны
Fortdauer *f* продолже́ние 5 (существова́ния)

fortdauern *intr* продолжа́ться ⟨-до́лжиться 3⟩; **~d** непреры́в|ный, -ен, посто́янный

fort|dürfen *intr:* wir dürfen nicht fort нам нельзя́ уходи́ть [отлуча́ться]; **~eilen** *intr* поспе́шно удал|я́ться ⟨-и́ться 3⟩; **~entwickeln, sich** *refl* развива́ться ⟨-|ви́ться*, -овьётся⟩ да́льше; **~fahren** *tr* Waren увози́ть 3⁺ -вожу́ ⟨-|везти́*⟩; fortsetzen продолжа́ть z. B. Gespräch | sie fuhr fort zu weinen она́ продолжа́ла пла́кать

fort|fallen *intr* отпада́ть ⟨-|па́сть*⟩; aufgehoben werden быть отменённым; **~fliegen** *intr* уле|та́ть ⟨-те́ть 3 -чу́⟩; **~führen** *tr* Person уводи́ть 3⁺ -вожу́ ⟨-|вести́*⟩; fortsetzen прод|олжа́ть ⟨-о́лжить 3⟩ | fortgeführt werden прод|олжа́ться ⟨-о́лжиться⟩

Fort|führung *f* продолже́ние 5; **~gang** *m* Weggang ухо́д 2; Fortsetzung дальне́йший 11 ход | seinen ≈ nehmen продолжа́ться ⟨-до́лжиться 3⟩

fort|gehen *intr* уходи́ть 3⁺ -хожу́ ⟨-|йти́*⟩; weitergehen продолжа́ться | beim Fortgehen уходя́; **~geschritten** Schüler успева́ющий 11, продви́нутый; Alter зре́л:ый, -á!; Stadium разви́т:ый, -á!

Fortgeschritten|er *m* успева́ющий *Subst* 11; продви́нутый *Subst* 10, име́ющий *Subst* 11 уже́ не́которые зна́ния | ein Kursus für ~e курс для продви́нутых

fort|jagen *tr* прогоня́ть ⟨-|гна́ть*⟩; entlassen выгоня́ть ⟨вы́гнать⟩; *intr* умча́ться *v* 3; **~kommen** *intr* verschwinden исчеза́ть ⟨-че́знуть 4a⟩; Erfolg haben преусп|ева́ть ⟨-е́ть⟩ | mach daß du fortkommst! убира́йся отсю́да!; wir müssen sehen, daß wir hier (schnellstens) ≈ нам на́до отсю́да (поскоре́е) убра́ться

Fortkommen *n* im Beruf преуспева́ние 5; Lebensunterhalt сре́дства 4 к жи́зни, пропита́ние 5 | er hat sein gutes ~ он вполне́ обеспе́чен

fort|lassen *tr* отпу|ска́ть ⟨-сти́ть 3⁺ щу́⟩ *A*, дава́ть* ⟨дать*⟩ возмо́жность уйти́ *D;* auslassen пропу|ска́ть ⟨-сти́ть⟩; **~laufen** *intr* убега́ть ⟨-|бежа́ть*⟩; ausreißen сбега́ть ⟨-бежа́ть⟩; **~laufend 1.** *Adj* непреры́в|ный, -ен | ≈e Nummern номера́ по поря́дку **2.** *Adv* по поря́дку | ≈ numeriert пронумеро́вано подря́д; **~leben** *intr* продолжа́ть жить | sein Name wird durch die Jahrhunderte ≈ и́мя его́ переживёт века́; ein Fortleben nach dem Tode загро́бная жизнь; **~müssen** *intr:* ich muß jetzt fort тепе́рь мне ну́жно идти́ [уйти́], тепе́рь я до́лжен идти́ [уйти́]; er mußte früh fort он до́лжен был ра́но уйти́; der Brief muß noch heute fort письмо́ должно́ быть ещё сего́дня отпра́влено; **~pflanzen, sich** *refl* Tiere, Pflanzen размн|ожа́ться ⟨-о́житься 3⟩; *Phys* распростран|я́ться ⟨-и́ться 3⟩; sich vererben пере|дава́ться* ⟨переда́ться*; передали́сь⟩ по насле́дству

Fortpflanzung *f* размноже́ние 5; *Phys* распростране́ние 5

Fortpflanzungs|fähigkeit *f* спосо́бность к размноже́нию; **~organe** *n Pl* о́рганы размноже́ния; **~trieb** *m* инсти́нкт размноже́ния

fort|reißen *tr* ent-, wegreißen вырыва́ть ⟨вы́|рвать*⟩ (j-m etw. что-н. у кого́-н.); Flut сноси́ть 3⁺ -ношу́ ⟨-|нести́*⟩; mitreißen увлека́ть ⟨-|вле́чь*⟩ | mit sich ≈ увлека́ть за собо́й; das Wasser reißt die Brücken mit fort вода́ сно́сит мосты́; sich ≈ lassen durch etw. увлека́ться ⟨увле́чься⟩ чем-н.; **~schaffen** *tr* tragend уноси́ть 3⁺ -ношу́ ⟨-|нести́*⟩; fahrend увози́ть 3⁺ -вожу́ ⟨-|везти́*⟩; wegräumen убира́ть ⟨-|бра́ть*⟩; **~schicken** *tr* Person отпр|авля́ть ⟨-а́вить 3 -а́влю⟩, отсыла́ть ⟨ото|сла́ть*; ото́сланный⟩ прочь; Brief u. ä. отпр|авля́ть ⟨-а́вить⟩; **~schieben** *tr* отодв|ига́ть ⟨-и́нуть 4⟩; **~schleichen, sich** *refl* незаме́тно [укра́дкой] уходи́ть 3⁺ -хожу́ ⟨-|йти́*⟩; **~schleppen** *tr* ута́скивать ⟨утащи́ть 3⁺⟩; sich ≈ *refl* (наси́лу) тащи́ться [идти́] | j-n mit sich ≈ тащи́ть кого́-н. с собо́й; **~schreiten** *intr* продв|ига́ться ⟨-и́нуться 4⟩; Krankheit прогресси́ровать 2

Fortschritt *m* gesellschaftlich прогре́сс 2 *a. Wiss, Tech;* Erfolg успе́х 2 | ~e machen де́лать (с-) успе́хи, преусп|ева́ть ⟨-е́ть⟩ | das ist ein ~ gegenüber früher э́то прогре́сс [шаг вперёд] по сравне́нию с про́шлым

fortschrittlich прогресси́в|ный, -ен, передово́й

fortschrittsfeindlich вражде́бный прогре́ссу

fort|schwemmen *tr* смыва́ть ⟨-|мыть*⟩, сноси́ть 3⁺ -ношу́ ⟨-|нести́*⟩; **~setzen** *tr* продолжа́ть

Fortsetzung *f* продолже́ние 5 | ~ folgt продолже́ние сле́дует

Fortsetzungsroman *m* рома́н с продолже́нием

fort|stehlen, sich *refl* уходи́ть 3⁺ -хожу́ ⟨-|йти́*⟩ тайко́м [незаме́тно]; **~tragen** *tr* уноси́ть 3⁺ -ношу́ ⟨-|нести́*⟩; **~treiben** *tr* прогоня́ть ⟨-|гна́ть*⟩; Kahn, Balken угоня́ть ⟨-гна́ть⟩ | das Boot wurde vom Ufer fortgetrieben ло́дку угна́ло [унесло́] от бе́рега

fortwährend посто́янный

Forum *n* фо́рум 2, публи́чная [obще́ственная] диску́ссия 8 | das ~ der Öffentlichkeit обще́ственность

fossil окамене́лый; ausgegraben ископа́емый

Fossil *n* ископа́емое *Subst* 10

Foto *n* фо́то *n idkl umg;* **~album** *n* фотоальбо́м 2; **~amateur** *m* фотолюби́тель 1; **~apparat** *m* фотоаппара́т 2; **~atelier** *n* фотоателье́ [тэ] *n idkl;* **~ausstellung** *f* фотовы́ставка 6

fotogen фотогени́ч|ный| -ен

Fotogeschäft *n* магази́н фототова́ров; Aufschrift фототова́ры *Pl* 2

Fotograf *m* фото́граф 2; **~ie** *f* Verfahren фотогра́фия 8; Bild фотогра́фия, (фото)сни́м|ок| -ка 2, фотока́рточка 6 *umg*

fotograf|ieren *tr. u. intr* фотографи́ровать 2 (с-); *umg* снима́ть ⟨снять*⟩; sich ≈ lassen фотографи́роваться (с-); *umg* снима́ться ⟨сня́ться| сняли́сь⟩; **~isch** фотографи́ческий

Fotokopie *f* фотоко́пия 8 (von *G oder* с *G*)

foto|kopieren *tr* де́лать (с-) фотоко́пию (с) чего́-н.; **~mechanisch** фотомехани́ческий

Foto|labor *n* фотолаборато́рия 8; **~meter** *n* фото́метр 2; **~modell** *n* нату́рщик 2; Frau нату́рщица 6; **~montage** *f* фотомонта́ж 2e *G Pl* -е́й; **~papier** *n* фотобума́га 6; **~platte** *f* фотопласти́нка 6; **~reportage** *f* фоторепорта́ж 2e *G Pl* -ей; **~reporter** *m* фоторепортёр 2; **~zelle** *f* фотоэлеме́нт 2; **~zirkel** *m* фотокруж|о́к| -ка́ 2

Foul *n Sport* наруше́ние 5 (пра́вил игры́); **~spiel** *n* гру́бая [некорре́ктная] игра́, игра́ с наруше́нием пра́вил

foulen *tr, intr* наруша́ть ⟨-ру́шить 3⟩ пра́вила (игры́) | j-n ~ атакова́ть *uv, v* 2 кого́-н. не по пра́вилам

Foxterrier *m* фокстерье́р [тэ] 2

Foxtrott *m* фокстро́т 2

Foyer *n* фойе́ *n idkl* | ins ~, im ~ в фойе́

Fracht *f* груз 2; *Mar* фрахт 2; Gebühr пла́та 6 за прово́з, фрахт | ~ führen име́ть груз; **~brief** *m* накладна́я *Subst* 10; *Mar* коносаме́нт 2; **~er** *m* грузово́е су́дно 4 *Pl* суда́ 2b; **~geld** *n* пла́та 6 за перево́зку гру́зов, фрахт 2; **~gut** *n* груз 2, фрахт 2; *Eisenb* груз ма́лой ско́рости | als ≈ ма́лой ско́ростью; **~kosten** *Pl* изде́ржки по перево́зке; **~raum** *m* Schiff грузово́е помеще́ние; *Flugw* грузово́й отсе́к 2; **~schiff** грузово́е су́дно; **~verkehr** *m* перево́зки *Pl* 6, грузооборо́т 2

Frack *m* фрак 2; **~weste** *f* фра́чный жиле́т

Frage *f* вопро́с 2 | an j-n eine ~ richten обра|ща́ться ⟨-ти́ться 3 -щу́сь⟩ к кому́-н. с вопро́сом; j-m eine ~ stellen ста́вить (по-) кому́-н. вопро́с; ich habe eine ~ an Sie у меня́ к вам вопро́с; einer ~ ausweichen уклон|я́ться ⟨-и́ться 3⁺⟩ от вопро́са; etw. in ~ stellen ста́вить (по-) что-н. под вопро́с; das kommt nicht in ~ об э́том не мо́жет быть и ре́чи; das steht außer ~ э́то вне вся́кого сомне́ния; **~bogen** *m* анке́та 6, опро́сный лист

fragen *tr* спра́шивать ⟨спро|си́ть 3⁺ -шу́⟩ (j-n nach etw. кого́-н. о чём-н., wegen насчёт *G,* о *P*) | nach etw. ~ nach dem Weg, nach der Zeit спра́шивать ⟨спроси́ть⟩ что-н.; nach dem Professor ~ спра́шивать профе́ссора; ohne zu ~ без спро́са, без спро́су, не спра́шивая; j-n um Rat ~ спра́шивать у кого́-н. сове́та; es fragt sich (noch) … (ещё) вопро́с …, спра́шивается …; man fragt sich, woher das kommt спра́шивается, отку́да э́то берётся [взяло́сь]; **~d** вопроси́тельный | j-n ≈ ansehen смотре́ть (по-) на кого́-н. вопроша́юще

Fragenkomplex *m* ко́мплекс вопро́сов

Frage|pronomen *n* вопроси́тельное местоиме́ние; **~satz** *m* вопроси́тельное предложе́ние; **~steller** *m* спра́шивающий *Subst* 11; **~stellung** *f* постано́вка 6 вопро́са; **~-und-Antwort-Spiel** *n* виктори́на 6; **~zeichen** *n* вопроси́тельный знак

fraglich: es scheint ~ представля́ется сомни́тельным; es ist noch ~ ещё неизве́стно; die ~e Person лицо́| о кото́ром идёт речь

fraglos *Adv* бесспо́рно, несомне́нно

Fragment *n* фрагме́нт 2; *Lit* отры́в|ок| -ка 2

fragmentarisch 1. *Adj* фрагмента́р|ный| -ен **2.** *Adv* в отры́вках

fragwürdig сомни́тел|ьный| -ен| -ьна

Fraktion *f* фра́кция 8

Fraktions|bildung *f* образова́ние фра́кций; **|sitzung** *f* совеща́ние фра́кции

Fraktur *f Med* перело́м 2 (ко́сти); *Typ* фракту́ра 6

Franc *m* Währung франк 2

frank *Adv:* etw. ~ und frei aussprechen напрями́к [без обиняко́в] сказа́ть что-н.

Frankfurt: ~ am Main Фра́нкфурт 2-на-Ма́йне; ~ an der Oder Фра́нкфурт-на-О́дере

frankieren *tr* франки́ровать 2, накле́|ивать ⟨-ить 3⟩ ма́рку на *A*

franko *Adv Wirtsch* фра́нко

Frankreich Фра́нция 8

Franse *f* бахрома́ 6; ~n *Pl* an abgetragenen Kleidungsstücken махры́ *Pl* 2e

fransig бахро́мчатый, обтрёпанный

Franzbranntwein *m* нашаты́рный спирт 2

Fran|zose *m* францу́з 2; *Tech* францу́зский ключ 2e *G Pl* -е́й; **~zösin** *f* францу́женка 6

französisch 1. *Adj* францу́зский **2.** *Adv* по--францу́зски

frappieren *tr* пора|жа́ть ⟨-зи́ть 3 -жу́⟩; **~d** порази́тел|ьный| -ен, -ьна

Fräse *f Landw* фре́за 6

fräsen *tr* фрезерова́ть 2 (от-)

Fräser *m* Maschinenteil фрéза 6, фрéзер 2; Arbeiter фрезерóвщик 2
Fräsmaschine *f Tech* фрéзерный стан|óк, -кá 2
Fraß *m* Futter корм 2; schlechtes Essen жратвá 6
Fraternisierung *f* братáние 5
Fratze *f* рóжа 6 | ~n schneiden кóрчить 3 рóжи
Frau *f* жéнщина 6; Ehe~ женá 6c *Pl* жёны; Anrede: Sowjetbürgerin товáрищ; offiziell граждáнка; Deutsche фрáу; Ausländerin allg. госпожá | junge ~ Neuvermählte молодáя *Subst* 10; alte ~ стáрая жéнщина, старýха 6, zärtlich старýшка 6; sich eine ~ nehmen брать* ⟨взять*⟩ (себé) женý, женúться 3⁺; er hat keine ~ у негó нет жены́, он не женáт; Ihre ~ Gemahlin вáша супрýга; die ~ Herrin des Hauses хозя́йка (дóма); liebe ~ Schwarz! дорогáя товáрищ [госпожá, фрáу] Шварц!; ~ Professor! товáрищ [госпожá] профéссор!
Frauen|arbeit *f* жéнский труд; im Haushalt жéнская рабóта; **~arzt** *m*, **~ärztin** *f* врач-гинекóлог 2e *G Pl* -éй-2; **~ausschuß** *m* жéнский совéт 2 [комитéт]; **~bewegung** *f* жéнское движéние; **~brigade** *f* жéнская бригáда; **~bund** *m:* Demokratischer ≈ Deutschlands Демократúческий союз жéнщин Гермáнии; **~delegation** *f* делегáция жéнщин; **~doppel** *n* Tennis жéнский пáрный разря́д 2; **~föderation** *f:* Internationale Demokratische ≈ (*Abk* IDFF) Междунарóдная демократúческая федерáция жéнщин (*Abk* МДФЖ); **~förderung** *f* поощрéние жéнщин; **~frage** *f* жéнский вопрóс
frauenhaft **1.** *Adj* жéнствен:ный, -на **2.** *Adv* по-жéнски
Frauen|heilkunde *f* гинеколóгия 6; **~klinik** *f* гинекологúческая клúника; **~krankheit** *f*, **~leiden** *n* жéнская болéзнь; **~mannschaft** *f Sport* жéнская комáнда; **~mantel** *m Bot* манжéтка 6; **~roman** *m* ромáн о жéнщине; **~sport** *m* жéнский спорт, спорт для жéнщин; **~station** *f* Krankenhaus жéнское отделéние; **~stimmrecht** *n* прáво жéнщин на голосовáние; **~tag** *m:* Internationaler ≈ Междунарóдный жéнский день; **~zimmer** *n* бáба 6 | ein liederliches ≈ неря́шливая жéнщина 6
Fräulein *n* дéвушка 6 a. Anrede für Verkäuferinnen, Kellnerinnen u. a.; Anrede: Sowjetbürgerin товáрищ; offiziell граждáнка; Deutsche фрéйлейн; Ausländerin allg госпожá | liebes ~ Müller! дорогáя товáрищ [госпожá, фрéйлейн] Мю́ллер!; Ihr ~ Tochter вáша дочь
fraulich жéнствен:ный, -на
frech дéрз|кий, -ок, -кá!; unverschämt нáгл:ый, -á! | sich ~ benehmen дéрзко [нáгло] вестú себя́; ~ sein zu j-m быть дéрзким с кем-н.; ~er Kerl наглéц 2e
Frech|dachs *m* нахáл 2; **~heit** *f* дéрзость 9; Unverschämtheit нáглость 9 | eine bodenlose ≈ безгранúчное нахáльство; **~ling** *m* нахáл 2
Fregatte *f Mar* фрегáт 2
Fregattenkapitän *m* капитáн вторóго рáнга
frei **1.** *Adj* unabhängig; ohne Behinderung свобóд|ный, -ен (von от *G*); unbedeckt, offen откры́тый; nicht besetzt свобóдный, незáнятый; Stelle im Betrieb вакáнт|ный, -ен; ohne Entgelt бесплáт|ный, -ен; allzu frei, dreist развя́з|ный, -ен | Freie Deutsche Jugend (*Abk* FDJ) Союз 2 свобóдной немéцкой молодёжи (*Abk* СНМ); Feier Deutscher Gewerkschaftsbund (*Abk* FDGB) Объединéние 5 свобóдных немéцких профсоюзов (*Abk* ОСНП); ~er Eintritt вход свобóдный; ~er Zutritt свобóдный дóступ; ~e [unbesetzte] Stelle im Betrieb вакáнсия 8; ~e Übersetzung вóльный перевóд; ~er Mitarbeiter внештáтный сотрýдник; ~e Verse бéлые [вóльные] стихú; ~ praktizierender Arzt врач с чáстной прáктикой; ~e Stadt вóльный гóрод; ~er Platz откры́тое мéсто; im Freien на откры́том [свéжем] вóздухе, на дворé; ~er Verkauf свобóдная продáжа; auf ~er Strecke *Eisenb* на перегóне; ein ~er Tag выходнóй день; ~ stehen allein стоя́ть обосóбленно; ~ werden становúться ⟨стать⟩ свобóдным; wir haben heute ~ in der Schule у нас сегóдня нет заня́тий, von der Arbeit сегóдня мы свобóдны [не рабóтаем]; einen Platz für j-n ~ machen освобо|ждáть ⟨-дúть 3 -жý⟩ для когó-н. мéсто; ich kann mich für morgen (vom Dienst) ~ machen я могý на зáвтра освободúться (от рабóты [от слýжбы]); sich ~ machen beim Arzt раздевáться ⟨-|дéться*⟩; j-m ~e Hand lassen предост|авля́ть ⟨-áвить 3 -áвлю⟩ комý-н. свобóду дéйствий; aus ~en Stücken etw. tun дéлать (с-) что-н. по сóбственной инициатúве [добровóльно]; ~ von Sorgen без забóт, беззабóт|ный, -ен; ~ von Vorurteilen свобóдный от предрассýдков **2.** *Adv* свобóдно | ~ sprechen говорúть свобóдно [без конспéкта]; du benimmst dich ein wenig zu ~ ты ведёшь себя́ нéсколько развя́зно; ~ und offen etw. sagen говорúть ⟨сказáть⟩ совершéнно откровéнно
Freibad *n* (общéственный) пляж 2 *G Pl* -éй; künstliches откры́тый (плáвательный) бассéйн 2, откры́тая ку-

пал|ьня 7 *G Pl* -ен; **~bank** *f* мясная *Subst* 10, торгующая 11 несортовым мясом

freibekommen *intr* освобо|ждаться ⟨-диться 3 -жусь⟩ | einen Tag ~ полу-ч|ать ⟨-ить 3⁺⟩ свободный день; wir haben eine Stunde ~ нас освободили [отпустили] на час

freiberuflich на гонорарной основе | ~ Tätiger человек 2 *Pl* люди свободной профессии

Frei|brief *m hist* грамота 6 о предоставлении каких-н. прав | j-m einen ≈ ausstellen предоставлять ⟨-авить 3 -авлю⟩ кому-н. полную свободу действий; **~denker** *m* вольнодум|ец, -ца 2

freien *intr* свататься (по-) (um к *D*)

Freier *m* жених 2e

Freiersfüße *m Pl:* auf ~n gehen искать* себе невесту

Frei|exemplar *n* авторский [бесплатный] экземпляр; **~fahrt** *f* бесплатный проезд; **~fahrtschein** *m Eisenb* бесплатный билет 2, литер 2 *umg;* **~gabe** *f* освобождение 5; v. Ware разрешение 5 на продажу [на выдачу]; Aufhebung v. Beschlagnahme снятие 5 ареста (von с *G*)

freigeb|en *tr* entlassen освобо|ждать ⟨-дить 3 -жу¡ -ждённый⟩; Verbot aufheben снимать ⟨снять*⟩ запрет; Vermögen, Buch отмен|ять ⟨-ить 3⁺¡ -ённый⟩ конфискацию | für den Verkehr ≈ открывать ⟨-|крыть⟩ для движения; den Weg ≈ давать ⟨дать*⟩ дорогу; das Theaterstück wurde freigegeben пьеса была разрешена [допущена к постановке]; sich einen Tag ≈ lassen освободиться *v* 3 на день; **~ig** щедр:ый, -а! (mit на *A*) | wieso bist du so ≈? что это ты так расщедрился?

Frei|gebigkeit *f* щедрость 9; **~gehege** *n* открытый вольер 2; **~gelände** *n* Ausstellung территория (выставки) под открытым небом, открытые площадки *Pl* 6; **~gepäck** *n* багаж, провозимый бесплатно; **~gut** *n* товар, не подлежащий 11 обложению (пошлиной)

freihaben *intr* быть* свободным от *G* | er hat heute frei сегодня у него свободный день; sie hat noch fünf Tage frei у неё ещё пять дней свободных; die Kinder haben heute frei у детей сегодня нет занятий

Freihafen *m* вольная гавань

freihalten *tr* пла|тить 3⁺ -чу (за-) за *A*

Frei|handbibliothek *f* библиотека со свободным доступом к полкам; **~handel** *m* свободная торговля; **~handelszone** *f* зона свободной торговли

freihändig: ~ schießen стрелять с руки [без упора]; ~ zeichnen рисовать (на-) от руки; ~ radfahren ехать на велосипеде без рук

Freiheit *f* свобода 6 | dichterische ~ поэтическая вольность 9; j-m die volle ~ lassen давать* ⟨дать*⟩ кому-н. полную свободу, j-n der ~ berauben лиш|ать ⟨-ить 3⟩ кого-н. свободы; in ~ setzen Person отпускать ⟨отпустить 3⁺ -щу⟩ на свободу, Tier выпускать ⟨выпу|стить 3 -щу⟩ на волю; du erlaubst dir zu viele ~en ты позволяешь себе слишком много (вольностей); in ~ von Tieren на воле

freiheitlich свободный; Bestreben свободолюбив:ый

Freiheits|beraubung *f* (незаконное) лишение 5 свободы; **~drang** *m* стремление к свободе; **~entzug** *m* лишение 5 свободы; **~kampf** *m* борьба за свободу | der ≈ gegen j-n борьба за освобождение от кого-н.; **~kämpfer** *m* борец за свободу

freiheitsliebend свободолюбив:ый

Freiheitsstrafe *f* наказание, связанное с лишением свободы | eine ~ über j-n verhängen прису|ждать ⟨-дить 3⁺ -жу⟩ кого-н. к лишению свободы

freiheraus *Adv* без стеснения, напрямик

Frei|herr *m* барон 2; **~karte** *f* бесплатный билет 2

freikommen *intr* выхо|дить 3⁺ -жу ⟨вы|йти*⟩ на свободу [на волю]

Frei|körperkultur *f* купание 5 в обнажённом виде; **~landkultur** *f* культура открытого грунта

freilassen *tr* выпускать ⟨выпу|стить -щу⟩ на свободу; aus der Haft освобо|ждать ⟨-дить 3 -жу¡ -ждённый⟩ из заключения

Frei|lassung *f* освобождение 5 (из заключения); **~lauf** *m Tech* свободный ход

freilegen *tr* обнаж|ать ⟨-ить 3⟩; ausgraben раскапывать ⟨-копать⟩; alte Fresken освобо|ждать ⟨-дить 3 -жу¡ -ждённый⟩ от позднейших наслоений

Freileitung *f* воздушная линия 8 электропередачи

freilich *Adv* selbstverständlich конечно [шн]; aber однако; zwar правда | ~! ещё бы!; das ist ~ eine dumme Sache это, однако, глупая история

Freilicht|bühne *f* открытая сцена; Naturtheater летний 11 [открытый] театр 2, театр под открытым небом; **~kino** *n* открытый кинотеатр 2, кино под открытым небом; **~museum** *n* музей на открытом воздухе

freimachen *tr:* einen Brief ~ оплачивать ⟨опла|тить 3⁺ -чу⟩ письмо почтовым сбором

Freimaurer *m* масон 2; **~loge** *f* масонская ложа

Freimut *m* откровенность 9

freimütig откровен|ный, -ен, -на

freischaffend: ~e Intelligenz представи́тели *Pl* 1 свобо́дных профе́ссий; ~er Künstler свобо́дный худо́жник
Freischlag *m* Hockey свобо́дный уда́р
freischwimmen, sich *refl* сдава́ть ⟨-|дать*⟩ но́рмы по пла́ванию
Freischwimmerprüfung *f* сда́ча 6 норм по пла́ванию
Freisinn *m* свободомы́слие 5
freisinnig свободомы́слящий 11
freisprechen *tr Jur* опра́вдывать ⟨оправда́ть⟩ | j-n von aller Schuld ~ при|знава́ть* ⟨-зна́ть⟩ кого́-н. соверше́нно невино́вным; man muß ihn davon ~ в э́том его́ нельзя́ обвини́ть
Freispruch *m Jur* оправда́тельный пригово́р 2; Freisprechung оправда́ние 5
freistehen *itr:* es steht Ihnen frei zu bleiben вы мо́жете оста́ться; es steht ihm frei zu handeln, wie er will он во́лен поступа́ть| как хо́чет; **~d** unbesetzt неза́нят:ый, пусту́ющий 11
Freistelle *f* беспла́тное ме́сто | eine ~ haben по́льзоваться 2 пра́вом беспла́тного обуче́ния
freistellen *tr* j-m etw. предост|авля́ть ⟨-а́вить 3 -а́влю⟩ (zur Wahl вы́бор); j-n освобо|жда́ть ⟨-ди́ть 3 -жу́¦ -ждённый⟩ (von от *G*)
Freistellung *f* освобожде́ние 5 (von от *G*)
Freistil|ringen *n* во́льная борьба́; **~schwimmen** *n* пла́вание во́льным сти́лем
Frei|stoß *m* Fußball свобо́дный уда́р; **~stunde** *f* zwischen Unterrichtsstunden свобо́дный (от уро́ков) час; **~tag** *m* пя́тница 6 | am ≈ в пя́тницу
freitags *Adv* по пя́тницам
freitragend *Bauw* свободнонесу́щий 11, без промежу́точных опо́р
Frei|treppe *f* нару́жная ле́стница; **~übungen** *f Pl Sport* во́льные упражне́ния; **~umschlag** *m* конве́рт со шта́мпом почто́вой опла́ты
freiwillig доброво́л|ьный| -ен| -ьна | ~er Arbeitseinsatz суббо́тник 2; ~e Feuerwehr доброво́льная пожа́рная дружи́на
Freiwillig|er *m* доброво́л|ец| -ьца 2 | sich als ≈ melden запи́сываться ⟨-|писа́ться*⟩ в доброво́льцы; **~keit** *f* доброво́льность 9
Frei|wurf *m* Handball свобо́дный бросо́к; **~zeit** *f* свобо́дное (от рабо́ты) вре́мя | in der ≈ в свобо́дное вре́мя; **~zeitgestaltung** *f* мероприя́тия *Pl* по организа́ции и проведе́нию свобо́дного вре́мени [досу́га] | sinnvolle ≈ разу́мная организа́ция досу́га
Freizügigkeit *f* Wohnort пра́во 4b свобо́дного передвиже́ния (и повсеме́стного прожива́ния)
Freizügigkeitsverkehr *m* проведе́ние 5 приxо́до-расхо́дных опера́ций по сберкни́жкам во всех креди́тных учрежде́ниях
fremd unbekannt чужо́й; ausländisch иностра́нный; fern-, außenstehend посторо́нний 11; Ansichten, Gebräuche чу́жд:ый| -а́! | ~e Länder чужи́е стра́ны [края́]; er ist mir völlig ~ мы с ним соверше́нно чужи́е лю́ди; ich bin hier ~ я незде́шний, я здесь чужо́й; in einer Stadt ganz ~ sein не знать го́рода; vor ~en Leuten при посторо́нних лю́дях; **~artig** seltsam стра́н|ный| -ен| -на́!; ungewöhnlich необы́ч|ный| -ен
Fremde *f* чужби́на 6, чужо́й кра|й 1b¦ в краю́ *Pl* -я́| -ёв | in der ~ на чужби́не
Fremden|führer *m* гид 2, экскурсово́д 2; **~heim** *n* пансио́н 2; **~verkehr** *m* (иностра́нный) тури́зм 2; **~zimmer** *n* ко́мната для госте́й [для прие́зжих]
Fremder *m* чужо́й *Subst* 10; Unbekannter незнако́м|ец| -ца 2; Ausländer иностра́н|ец| -ца 2; Zugereister прие́зжий *Subst* 11 | hier gibt es keine Fremden здесь нет чужи́х; in Gegenwart ~ при посторо́нних
fremdgehen *intr* име́ть на стороне́ любо́вную связь
Fremd|herrschaft *f* чужезе́мное госпо́дство 4; **~körper** *m Med* иноро́дное те́ло; *übertr* чужо́й *Subst* 10; **~sprache** *f* иностра́нный язы́к
Fremdsprachenunterricht *m* преподава́ние иностра́нных языко́в, обуче́ние иностра́нным языка́м
fremdsprach|ig (говоря́щий 11) на иностра́нном языке́ | ≈er Unterricht преподава́ние на иностра́нном языке́; ≈e Literatur литерату́ра на иностра́нных языка́х; ≈e Wörterbücher иностра́нные словари́; **~lich:** ~er Unterricht преподава́ние иностра́нных языко́в, обуче́ние иностра́нным языка́м; Verlag für ≈e Worterbücher изда́тельство иностра́нных словаре́й
Fremd|wort *n* иностра́нное сло́во; **~wörterbuch** *n* слова́рь иностра́нных слов
Frequenz *f* частота́ 6c; **~bereich** *m* диапазо́н 2 часто́т
Fresko *n* фре́ска 6; **~malerei** *f* фре́сковая жи́вопись
fressen *tr* Tiere есть* (съ-); etwas поесть *v*; derb жрать* (со-); *Tech* Rost разъеда́ть ⟨-е́сть⟩ | aus der Hand ~ быть* приручённым [ручны́м]; an ihm frißt der Neid его́ гло́жет за́висть
Fressen *n* Futter корм 2; *derb* жратва́ 6c | das ist ein gefundenes ~ für ihn э́то нахо́дка для него́
Freßgier *f* жа́дность к еде́
Frettchen *n* хор|ёк-альбино́с| -ька́ 2–2
Freude *f* ра́дость 9; Heiterkeit весе́лье 5;

Vergnügen удово́льствие 5 | mit ~n с ра́достью; j-m ~ machen mit etw. дост|авля́ть ⟨-а́вить 3 -а́влю⟩ кому́-н. ра́дость [удово́льствие] чем-н.; j-m die ~ verderben по́ртить (ис-) кому́-н. удово́льствие; er ist außer sich vor ~ он вне себя́ от ра́дости; es ist eine wahre ~ се́рдце ра́дуется; an etw. ~ haben ра́доваться (по-) чему́-н.
Freuden|botschaft *f* ра́достная весть; **~taumel** *m* упое́ние 5 ра́достью; **~tränen** *f Pl* слёзы ра́дости
freudestrahlend сия́ющий 11 (от ра́дости)
freudig ра́дост|ный, -ен
freudlos безра́дост|ный, -ен
freuen, sich *refl* ра́доваться 2 (об-) (an *D*, auf *D*, über *D*); *tr* ра́довать 2 (об-) | sich über etw. ~ ра́доваться (по-) чему́-н.; das freut mich э́то меня́ ра́дует, я рад э́тому; es würde mich sehr freuen ... я был бы о́чень рад ...; es freut mich, Sie zu sehen я рад вас ви́деть; ich freue mich auf die Ferien я с ра́достью ожида́ю кани́кул, я о́чень рад кани́кулам
Freund *m* друг 2 *Pl* друз|ья́, -е́й, -ья́м; guter Bekannter прия́тель 1; Liebhaber люби́тель 1 (von *G*) | ein ~ sein von etw. быть* люби́телем чего́-н.; ein ~ von Musik люби́тель му́зыки; sie sind dicke ~e они́ закады́чные друзья́
Freundes|kreis *m* круг друзе́й, дру́жеская компа́ния; **~land** *n* дру́жественная страна́
Freundin *f* подру́га 6; gute Bekannte прия́тельница 6
freundlich приве́тлив:ый (zu с *I*); liebenswürdig любе́з|ный, -ен (zu с *I*); Wetter, Atmosphäre прия́т|ный, -ен | ~ sein zu j-m быть приве́тливым с кем-н.; das ist sehr ~ von Ihnen! э́то о́чень любе́зно с ва́шей стороны́!; seien Sie so ~! бу́дьте так до́бры [любе́зны]!; j-n ~ aufnehmen ока́зывать ⟨-|каза́ть*⟩ раду́шный приём кому́-н.; ~es Zimmer све́тлая ко́мната; mit ~en Grüßen Brief с дру́жеским приве́том
freundlicherweise *Adv* любе́зно
Freund|lichkeit *f* приве́тливость 9; любе́зность 9; **~schaft** *f* дру́жба 6; Pionier~ (пионе́рская) дружи́на 6 | aus ≈ по дру́жбе; in ≈ дру́жно, в дру́жбе; ≈ mit j-m schließen подружи́ться *v* 3 с ке́м-н.; j-m die ≈ kündigen порыва́ть ⟨-|рва́ть*⟩ с кем-н. (дру́жбу)
freundschaftlich 1. *Adj* дру́жествен:ный, -на, дру́жеский **2.** *Adv* по-дру́жески
Freundschafts|bande *n Pl* у́зы дру́жбы; **~besuch** *m* визи́т дру́жбы; **~geschenk** *n* пода́рок в знак дру́жбы; **~dienst** *m* дру́жеская услу́га; **~spiel** *n Sport* това́рищеская встре́ча 6; **~treffen** *n* встре́ча дру́жбы; **~vertrag** *m* догово́р о дру́жбе; mit einem Betrieb, Theater догово́р о ше́фстве
Frevel *m* преступле́ние 5, злодея́ние 5
frevelhaft verbrecherisch престу́п|ный, -ен; lästernd кощу́нственный
freveln *intr* соверш|а́ть ⟨-и́ть 3⟩ преступле́ние (gegen *oder* an про́тив *G*) | gegen die Gesetze ~ наруша́ть ⟨-ру́шить 3⟩ зако́ны
Frevler *m* престу́пник 2, злоде́й 1; (Gottes-) Lästerer богоху́льник 2
Frieden *m* мир 2; Ruhe поко́й 1, споко́йствие 5 | im ~ в ми́рное вре́мя; mit j-m ~ machen мири́ться 3 (по-) с кем-н.; ~ schließen заключ|а́ть ⟨-и́ть 3⟩ мир; mit j-m in ~ leben жить в ми́ре [ми́рно, в согла́сии] с кем-н.; laß mich in ~! оста́вь меня́ в поко́е!; er traut dem ~ nicht он не доверя́ет мни́мому споко́йствию; ~ stiften zwischen j-m versöhnen мири́ть 3 (по-) кого́-н.
Friedens|abschluß *m* заключе́ние ми́рного догово́ра; **~bewegung** *f* движе́ние сторо́нников ми́ра; **~bruch** *m* наруше́ние ми́ра; **~fahrer** *m* уча́стник 2 велого́нки ми́ра; **~fahrt** *f* велого́нка 6 ми́ра; **~freund** *m* сторо́нник 2 ми́ра; **~grenze** *f* грани́ца ми́ра; **~kampf** *m* борьба́ за мир; **~kämpfer** *m* боре́ц за мир, сторо́нник 2 ми́ра; **~konferenz** *f* конфере́нция сторо́нников ми́ра; **~kräfte** *f Pl* си́лы ми́ра; **~liebe** *f* миролю́бие 5; **~politik** *f* ми́рная [миролюби́вая] поли́тика; **~preis** *m* Auszeichnung пре́мия ми́ра; **~rat** *m* сове́т ми́ра; **~schluß** *m* заключе́ние 5 ми́ра; **~stärke** *f Mil* чи́сленность 9 ми́рного вре́мени; **~stifter** *m* примири́тель 1; **~störer** *m* наруши́тель 1 ми́ра; **~taube** *f* го́лубь ми́ра; **~treffen** *n* конфере́нция 8 сторо́нников ми́ра; **~verhandlungen** *f Pl* ми́рные перегово́ры; **~vertrag** *m* ми́рный догово́р; **~vorschlag** *m* ми́рное предложе́ние; **~zeit(en)** *f Pl* ми́рное вре́мя, ми́рные времена́
friedfertig миролюби́в:ый
Friedhof *m* кла́дбище 4
friedlich ми́р|ный, -ен; ruhig споко́|йный, -ен, -йна | ~er Vergleich *Jur* мирова́я сде́лка 6; auf ~em Wege ми́рным путём
friedliebend миролюби́в:ый
frieren *intr* мёрзнуть 4а (за-), зя́бнуть 4а (о-); Wasser замерза́ть ⟨-мёрзнуть⟩ | ich friere, es friert mich я мёрзну, я зя́бну, я озя́б; es friert mich an den Händen у меня́ мёрзнут [зя́бнут, замёрзли] ру́ки; es friert draußen на дворе́ моро́зит (моро́з); es fängt an zu ~ подмора́живает, начина́ются за́морозки
Fries *m Bauw, Text* фриз 2
Frikadelle *f* котле́та 6 ру́бленая

Frikassee *n* фрикасе́ [сэ] *n idkl*
frisch 1. *Adj* све́ж:ий 11 -а́, -о́, све́жи́; schön kühl прохла́д|ный, -ен, све́жий; rein чи́ст:ый, -а́, -о, чи́сты́; munter бо́др:ый, -а́, -о, бо́дры́ | ~es Hemd anziehen наде́ть све́жую [чи́стую] руба́шку; an der ~en Luft на све́жем во́здухе; es wird ~ свеже́ет, стано́вится прохла́дно; ~er Wind прохла́дный ве́тер; auf ~er Tat ertappen пойма́ть с поли́чным; sich ~ machen освеж|а́ться (-и́ться 3) **2.** *Adv* свежо́; eben, unlängst то́лько что | nachts ist es ~ но́чью свежо́; ~ gestrichen! окра́шено!; ~ gebackenes Brot свежеиспечённый хлеб; der Schnee ist ~ gefallen снег то́лько что вы́пал
Frische *f* све́жесть 9; бо́дрость 9
Frisch|fisch *m* све́жая 11 ры́ба; **~gemüse** *n* све́жие 11 о́вощи
frischgewaschen Wäsche свежевы́стиранный
Frischhalte|beutel *m* мешо́ч|ек, -ка 2 для (хране́ния) проду́ктов; **~packung** *f* упако́вка 6 для сохране́ния све́жести проду́ктов
Frisch|kost *f* пи́ща из сыры́х проду́ктов; **~ling** *m* (одногодова́лый) каба́н 2е; **~luftzufuhr** *f* прито́к 2 све́жего во́здуха; **~milch** *f* све́жее молоко́
Fris|eur *m* парикма́хер 2; **~euse** *f* парикма́хер 2, парикма́херша 6 *umg*
Frisiercreme *f* крем для воло́с, бриоли́н 2
frisieren *tr* причёсывать (-|чеса́ть*) *A. a. übertr,* де́лать (с-) причёску *D* | sich ~ lassen причёсываться (-чеса́ться) у парикма́хера; dieser Bericht ist frisiert *übertr* э́тот отчёт приукра́шен
Frisier|salon *m* парикма́херская *Subst* 10; **~toilette** *f* туале́тный сто́лик 2; **~umhang** *m* пеньюа́р 2
Frist *f* Termin срок 2; Aufschub отсро́чка 6 | eine ~ von zwei Wochen срок в две неде́ли; j-m eine ~ setzen дава́ть* (дать*) [назн|ача́ть (-а́чить 3)] кому́-н. срок; über die ~ hinaus сверх сро́ка; in kürzester ~ в кратча́йший срок; die ~ ist abgelaufen срок истёк; die ~ verlängern отсро́ч|ивать (-ить 3)
frist|en *tr:* ein elendes Leben ≈ влачи́ть 3 жа́лкое существова́ние; **~gemäß** в срок; **~los:** ≈e Kündigung увольне́ние без предупрежде́ния; j-n ≈ entlassen увольня́ть (уво́лить 3) кого́-н. без предупрежде́ния
Fristverlängerung *f* отсро́чка 6
Frisur *f* причёска 6
frivol фриво́л|ьный, -ен, -ьна; schlüpfrig скабрёз|ный, -ен
froh erfreut ра́дост|ный, -ен; heiter весёлый, ве́сел, весела́!; zufrieden дово́л|ьный, -ен, -ьна (über *I*) | mir ist ~ zumute мне ве́село; ich bin ~, daß я рад, что ...; ~ sein über etw. ра́доваться чему́-н.; ~en Mutes в хоро́шем [бо́дром] настрое́нии
fröhlich весёлый, ве́сел, весела́! | ~ sein быть в весёлом настрое́нии, весели́ться 3; ~e Ostern! весёлой па́схи!
Fröhlichkeit *f* Stimmung весёлость 9; Ausgelassenheit весе́лье 5
frohlocken *intr* ликова́ть 2 (воз-)
Frohsinn *m* весёлое настрое́ние 5
fromm на́бож|ный, -ен | ein ~er Wunsch благо́е наме́рение 5
Frömmelei *f* ханжество́ 4
Frömmigkeit *f* на́божность 9
Fron *f,* **~dienst** *m hist* ба́рщина 6
frönen *intr* Leidenschaft, Laster пре|дава́ться* (-|да́ться*; -да́ли́сь) *D* | seinen Leidenschaften ~ быть* рабо́м свои́х страсте́й
Front *f Mil* фронт 2 *a. übertr;* einer angetretenen Einheit фронт, строй 1; *Bauw* фаса́д 2 | an der ~ на фро́нте; in der ~ в строю́; vor die ~ treten в|става́ть* (-|стать*) пе́ред стро́ем; die ~ abschreiten обхо|ди́ть 3⁺ -жу́ фронт [строй]; an die ~ gehen у|йти́* *v* на фронт; in vorderster ~ kämpfen für etw. боро́ться в пе́рвых ряда́х за что-н.; **~abschnitt** *m* уча́сток фро́нта
frontal фронта́льный
Frontal|angriff *m Mil* фронта́льное наступле́ние; **~zusammenstoß** *m Kfz* лобово́е столкнове́ние
Front|antrieb *m Kfz* пере́дний 11 приво́д; **~dienst** *m* слу́жба в де́йствующей а́рмии; **~kämpfer** *m* фронтови́к 2е
Frosch *m* лягу́шка 6; **~mann** *m* челове́к-лягу́шка 2-6; ~männer *Pl* лёгкие водола́зы *Pl* 2; **~perspektive** *f* у́зкий кругозо́р 2; **~schenkel** *m* лягу́шечья 12 ла́пка
Frost *m* моро́з 2 | es herrschen starke Fröste стоя́т си́льные моро́зы; der ~ setzte ein уда́рил моро́з; **~aufbruch** *m* Straße морозобо́ина 6
frostbeständig морозоусто́йчив:ый
Frost|beule *f* ознобле́ние 5; **~einbruch** *m* неожи́данный кре́пкий моро́з 2
frösteln *intr* зя́бнуть 4а; Schüttelfrost haben знобить *unpers* 3 | mich fröstelt я зя́бну, меня́ зноби́т
frost|empfindlich чувстви́тельный к моро́зу; **~frei** незамерза́ющий 11; без моро́за
Frostgefahr *f* опа́сность за́морозков
frostig моро́з|ный, -ен; *übertr* холо́дный, хо́лоден, холодна́!
Frost|salbe *f* мазь про́тив обмора́живания; **~schaden** *m* вред, причинённый моро́зом; **~schutzmittel** *n* сре́дство защи́ты от моро́за; *Kfz* антифри́з 2; **~wetter** *n* моро́зная пого́да, моро́зы *Pl* 2

Frottee *n* махро́вая ткань 9; **~handtuch** *n* махро́вое [мохна́тое] полоте́нце
frottieren *tr* растира́ть ⟨-|тере́ть*¡ разотру́⟩ (полоте́нцем)
Frucht *f* плод 2e; Obst *Pl a.* фру́кты *Pl* 2; *übertr Pl* плоды́, результа́т 2 | eingemachte Früchte консерви́рованные фру́кты; eingelegte Früchte марино́ванные фру́кты; die verbotene ~ запре́тный плод; Früchte tragen приноси́ть 3⁺ ⟨-|нести́*⟩ плоды́
fruchtbar *f* Boden плодоро́д|ный¦ -ен; Jahr урожа́йный; Vermehrung плодови́т:ый; *übertr* плодотво́р|ный¦ -ен; Autor плодови́тый
Frucht|barkeit *f* плодоро́дие 5; урожа́йность 9; Produktivität плодови́тость 9, плодотво́рность 9; **~bonbon** *m, n* фрукто́вая конфе́та [караме́лька 6]; **~eis** *n* фрукто́вое моро́женое
fruchten *intr* приноси́ть 3⁺ -ношу́ ⟨-|нести́*⟩ по́льзу
Frucht|entsafter *m* соковыжима́лка 6; **~fleisch** *n* мя́коть 9 плода́; **~folge** *f Landw* севооборо́т 2; **~holz** *n* плодо́вая ветвь 9g; **~joghurt** *m* йогу́рт с фрукто́вым наполни́телем; **~knoten** *m Bot* за́вязь 9; **~likör** *m* нали́вка 6
fruchtlos беспло́д|ный¦ -ен; *übertr* тще́т|ный¦ -ен, напра́с|ный¦ -ен
Frucht|presse *f* соковыжима́лка 6; **~saft** *m* фрукто́вый сок; **~wasser** *n* околопло́дные во́ды; **~wechsel** *m Landw* севооборо́т 2, плодосме́н 2; **~wein** *m* плодо́во-я́годное вино́; **~zucker** *m* плодо́вый са́хар
früh 1. *Adj* ра́нний 11 | am ~en Morgen ра́нним у́тром; von ~er Kindheit an с ра́ннего де́тства; vom ~en Morgen bis zum späten Abend с ра́ннего утра́ до по́зднего ве́чера **2.** *Adv* ра́но; morgens ра́но (у́тром) | zu ~ (сли́шком) ра́но; morgen ~ за́втра у́тром; von ~ bis spät с утра́ до ве́чера; ~ genug доста́точно ра́но; wir müssen ~ aufstehen мы должны́ ра́но встава́ть; möglichst ~ как мо́жно ра́ньше; ~ fünf Uhr у́тром в пять часо́в
Früh|aufsteher *m* челове́к¦ привы́кший 11 ра́но встава́ть; **~beet** *n* парни́к 2e
Frühe *f* рань 9 | in aller ~ чуть свет, на рассве́те
früher 1. *Adj* ehemalig пре́жний 11, бы́вший 11 | die ~en Ausgaben des Buches (бо́лее) ра́нние изда́ния кни́ги; in ~en Zeiten в пре́жние [бы́лые, да́вние] времена́ **2.** *Adv* vorher ра́ньше, пре́жде | einen Monat ~ ме́сяцем [на ме́сяц] ра́ньше; ~ oder später ра́но и́ли по́здно; ~ als wir ра́ньше нас; wie ~ по-пре́жнему
frühest *Adv:* am ~en ра́ньше всего́ [всех]; **~ens** *Adv* не ра́ньше как [чем], са́мое ра́ннее | er wird ≈ übermorgen ankommen он прие́дет не ра́ньше¦ чем послеза́втра
Früh|geburt *f* преждевре́менные ро́ды; Kind недоно́шенный ребён|ок¦ -ка 2; **~gemüse** *n* ра́нние 11 о́вощи; **~jahr** *n* весна́ 6c *Pl* вёс|ны¦ -ен | im ≈ весно́й
Frühjahrs|aussaat *f* весе́нний 11 (по)се́в 2; **~bestellung** *f* подгото́вка 6 по́ля к весе́ннему се́ву; **~messe** *f* весе́нняя 11 я́рмарка; **~müdigkeit** *f* весе́ннее 11 недомога́ние 5
Frühkartoffel *f* ра́нний 11 карто́фель
Frühling *m* весна́ 6c *Pl* вёс|ны¦ -ен | im ~ весно́й
Frühlings|anfang *m* нача́ло весны́; **~blume** *f* весе́нний 11 цвето́к; **~tag** *m* весе́нний 11 день
frühmorgens *Adv* ра́но у́тром
frühreif скороспе́л:ый; Kind не по во́зрасту разви́тый [развито́й]
Früh|reife *f* скороспе́лость 9; Kind ра́ннее разви́тие 11-5; **~schicht** *f* у́тренняя 11 сме́на; **~schoppen** *m* ра́нняя кру́жка 11-6 (пи́ва, вина́); **~sport** *m* у́тренние 11 спорти́вные заня́тия *Pl* 5; **~start** *m Sport* фальста́рт 2; **~stück** *n* за́втрак 2 | zum ≈ на за́втрак; beim ≈ за за́втраком; vor dem ≈ до за́втрака
frühstücken *intr* за́втракать (по-)
Frühstücks|pause *f* переры́в на за́втрак; **~zimmer** *n* столо́вая *Subst* 10, помеще́ние 5 для за́втрака
frühzeitig 1 *Adj* (vor)zeitig ра́нний 11; Tod преждевре́мен|ный¦ -ен¦ -на **2.** *Adv* зара́нее, заблаговре́менно; am Morgen ра́но у́тром; sterben ра́но
Früh|zug *m* у́тренний 11 по́езд; **~zündung** *f Kfz* преждевре́менная вспы́шка 6
Frunse Фру́нзе *m idkl*
Frustration *f* фрустра́ция 8, чу́вство 4 разочарова́ния
frustrier|en *tr* фрустри́ровать 2, разочар|о́вывать ⟨-ова́ть 2⟩; **~t** фрустри́рованный, разочаро́ванный
Fuchs *m* лиси́ца 6, лиса́ 6c; junger лисён|ок¦ -ка 2 *Pl* лис|я́та¦ -я́т¦ -я́там; Pferd ло́шадь 9g ры́жей ма́сти; Pelz ли́сий мех 12-2b, лиса́ | sie trug einen ~ на ней была́ лиса́; schlauer ~ *übertr* хитре́ц 2e; **~bau** *m* ли́сья 12 нора́
Fuchsie *f* фу́ксия 8
Füchsin *f* лиси́ца 6
Fuchspelz *m* Mantel ли́сья 12 шу́ба
fuchsrot ры́жий 11
Fuchsschwanz *m* ли́сий 12 хвост; *Bot* лисохво́ст 2; *Tech* ножо́вка 6
fuchsteufelswild: ~ werden свирепе́ть (рас-)
Fuchtel *f:* j-n unter der ~ halten держа́ть кого́-н. в ежо́вых рукави́цах; unter j-s ~

stehen находи́ться 3⁺ -жу́сь под чьим-н. стро́гим надзо́ром
fuchteln *intr:* mit den Händen ~ *umg* разма́хивать рука́ми
Fuder *n* воз 2b | ein ~ Heu воз се́на
¹Fuge *f* стык 2, паз 2b₁ в₁ на пазу́; im Mauerwerk u. a. шов₁ шва 2 | aus den ~ gehen распада́ться ⟨-|па́сться*⟩; in allen ~n krachen треща́ть 3 по всем швам
²Fuge *f Mus* фу́га 6
fugen *tr* фугова́ть 2 (с-)
fügen *tr* (при)соедин|я́ть ⟨-и́ть 3⟩ (an, zu к *D*); Schicksal реш|а́ть ⟨-и́ть 3⟩; sich ~ *refl* gehorchen подчин|я́ться ⟨-и́ться 3⟩, покор|я́ться ⟨-и́ться 3⟩ (j-m кому́-н.) | sich in die Umstände ~ смир|я́ться ⟨-и́ться 3⟩ с обстоя́тельствами; es fügte sich, daß ... получи́лось [случи́лось]₁ что ...
fügsam поко́р|ный₁ -ен
Fügung *f* стече́ние 5 обстоя́тельств, судьба́ 6; *Gramm* сочета́ние 5 | die ~ des Schicksals веле́ние 5 [во́ля 7] судьбы́; durch ~ des Zufalls по во́ле слу́чая
fühlbar ощути́м:ый
fühlen *tr* be-, abtasten щу́пать (по-), ощу́п|ывать ⟨-ать⟩; empfinden чу́вствовать [ус] 2 (по-); sich ~ *refl* чу́вствовать (по-) себя́ (als как *oder I*) | eine Geschwulst ~ о-, прощу́п|ывать ⟨-ать⟩ о́пухоль; wie ~ Sie sich? как вы себя́ чу́вствуете?; er fühlt sich nicht ganz wohl он чу́вствует себя́ не совсе́м хорошо́; ich fühle mich krank мне нездоро́вится; sich verpflichtet ~ счита́ть себя́ обя́занным; sich getroffen ~ чу́вствовать себя́ заде́тым; j-n etw. ~ lassen дать* *v* почу́вствовать кому́-н. что-н.
Fühler *m Zool* щу́пальце 4; bei Gliederfüßlern у́сики *Pl* 2 | die ~ nach etw. ausstrecken прощу́пывать ⟨-щу́пать⟩ что-н.
Fühlung *f* связь 9, конта́кт 2 | mit j-m ~ haben име́ть конта́кт с кем-н.; mit j-m ~ halten подде́рживать связь с кем-н.; mit j-m ~ nehmen вступ|а́ть ⟨-и́ть 3⁺ -лю́⟩ в конта́кт с кем-н.; **~nahme** *f* установле́ние 5 конта́кта [свя́зи]
Fuhre *f* воз 2b₁ на возу́; Transport перево́зка 6
führen *tr* geleiten; handhaben во|ди́ть 3⁺ -жу́ *unbest,* вести́* *best* a. Konto, Gespräch; Haushalt; Krieg u. a.; повести́ *v;* her~, hin~ a. приводи́ть ⟨-вести́⟩; durch, über etw. пере-, hindurch проводи́ть ⟨-вести́⟩; einen Weg u. ä. доводи́ть ⟨-вести́⟩ (bis до *G*); leiten руководи́ть 2 *I;* anführen: Delegation возгл|авля́ть ⟨-а́вить 3 -а́влю⟩; *Mil* управля́ть *I;* befehligen кома́ндовать 2 *I;* lenken, steuern вести́ (по-) *A*, управля́ть *I; Hdl* держа́ть 3⁺ [име́ть] в прода́же, име́ть в ассортиме́нте; anlegen, bauen: Leitung проводи́ть ⟨-вести́⟩; *intr* Straße, Spur вести́; приводи́ть ⟨-вести́⟩; *Sport* лиди́ровать 2; sich ~ *refl* sich benehmen вести́ себя́ | dieser Weg führt nach der Stadt э́та доро́га ведёт в го́род; wohin führt dieser Weg? куда́ ведёт [идёт] э́та доро́га?; er führte mich zum Bahnhof [in den Park] он повёл меня́ к вокза́лу [в парк]; sie führte das Glas zum Munde она́ поднесла́ стака́н ко рту; bei sich ~ име́ть при себе́; eine Sache zu Ende ~ довести́ де́ло до конца́; einen falschen Namen ~ жить* под чужо́й фами́лией; ein fröhliches Leben ~ вести́ весёлую жизнь; zu keinem Ergebnis ~ не приводи́ть ⟨-вести́⟩ ни к како́му результа́ту; wohin soll das ~? к чему́ э́то приведёт?, до чего́ э́то доведёт?; das führt zu nichts э́то ни к чему́ не приведёт; **~d** веду́щий 11; Partei руководя́щий 11; *Sport* лиди́рующий 11 | einer der ≈n Wissenschaftler оди́н из веду́щих [видне́йших] учёных; eine ≈e Stellung руководя́щее положе́ние; eine ≈e Rolle spielen игра́ть веду́щую роль
Führer *m* einer Partei, eines Volkes руководи́тель 1; gehoben вождь 1e; wer den Weg zeigt проводни́к 2e; Fremden~, Reiseleiter экскурсово́д 2 (im Museum в музе́е); Handbuch путеводи́тель 1 (durch по *D*) | ~ durch das Museum путеводи́тель по музе́ю
führerlos ohne Leiter без руководи́теля; ohne Fahrer без води́теля, без вожа́того
Führer|schein *m* води́тельские права́ *Pl* 4b; **~stand** *m* ме́сто машини́ста [Straßenbahn вагоновожа́того]
Fuhr|lohn *m* пла́та за прово́з; **~park** *m* парк 2, подвижно́й соста́в 2
Führung Leitung, das Führen руково́дство 4 *I;* Staat; Flugzeug управле́ние 5 *I; Mil* управле́ние *I;* Befehligen кома́ндование 5 *I;* Bücher, Haushalt, Verhandlung веде́ние 5; Handhabung владе́ние 5 *I;* Betragen поведе́ние 5; im Museum u. a. экску́рсия 8 (с экскурсово́дом) по *D; Sport* лиди́рование 5; *Tech* направля́ющая *Subst* 11 | eine Delegation unter ~ des Ministers делега́ция₁ возглавля́емая мини́стром; unter ~ der Partei под руково́дством па́ртии; eine ~ im Museum veranstalten организова́ть экску́рсию в музе́е; in ~ gehen *Sport* выхо|ди́ть 3⁺ -жу́ ⟨вы́|йти*⟩ вперёд, повести́* *v;* sie gingen mit 1:0 in ~ они́ повели́ со счётом 1:0; in ~ liegen быть* впереди́, лиди́ровать 2
Führungs|schiene *f Tech* направля́ющая *Subst* 11; **~zeugnis** *n* polizeilich спра́вка 6 поли́ции о благонадёжности [о поведе́нии]
Fuhr|unternehmen *n* предприя́тие по перево́зке гру́зов; **~werk** *n* пово́зка 6

Fülle *f* изоби́лие 5; körperlich полнота́ 6 | eine ~ von изоби́лие *G*; in Hülle und ~ в изоби́лии
füllen *tr* наполня́ть ⟨-по́лнить 3⟩; mit Flüssigkeit a. налива́ть ⟨нали́ть*⟩ (etw. in etw. что-н. *oder* чего́-н. во что-н.); Raum oder Zeitraum занима́ть ⟨заня́ть*⟩, заполня́ть ⟨-по́лнить⟩; mit Fleisch фарширова́ть 2 (за-) *I*; Speisen начин|я́ть ⟨-и́ть 3⟩ (фа́ршем); sich ~ *refl* наполня́ться ⟨-по́лниться⟩ (mit *I*), Raum a. заполня́ться ⟨-по́лниться⟩ | gefüllte Tomaten фарширо́ванные помидо́ры; gefüllte Bonbons конфе́ты с начи́нкой; den Füllfederhalter ~ запр|авля́ть ⟨-а́вить 3 -а́влю⟩ автору́чку; Wein auf Flaschen ~ разлива́ть ⟨раз|ли́ть*, -олью́⟩ вино́ по буты́лкам
Füll|federhalter *m* автору́чка 6; **~ung** *f* Vorgang наполне́ние 5; in Speisen начи́нка 6; aus Fleisch фарш 2 *G Pl* -ей; *Med* пло́мба 6; Polsterung наби́вка 6; Tür филёнка 6 | mit einer ~ aus Fleisch с начи́нкой из мя́са; **~wort** вставно́е сло́во
Fund *m* нахо́дка 6 | einen ~ machen на|йти́* *v* что-н.
Fundament *n* фунда́мент 2, основа́ние 5; Grundlage осно́ва 6
fundamental фундамента́л|ьный, -ен, -ьна
Fundamentplatte *f* плита́ фунда́мента
Fund|büro *n* бюро́ нахо́док; **~grube** *f übertr* сокро́вищница 6
fundier|en *tr* обосно́вывать ⟨обосн|ова́ть 2 -ую́, -уёшь⟩ на *P;* **~t** обосно́ван:ный, -на | wissenschaftlich ≈ нау́чно обосно́ванный; gut ≈es Wissen основа́тельные зна́ния
Fundort *m* ме́сто нахо́дки; *Geol* при́иск 2
fünf *Num* пять 9e; *kollektives Num* пя́теро 10 | wir waren ~ нас бы́ло пя́теро; zu ~ впятеро́м, по пяти́; seine ~ Sinne zusammennehmen сосредото́чить 2 всё своё внима́ние; ~ mal ~ пя́тью пять
Fünf *f* число́ 4c пять, пятёрка 6; Straßenbahn пятёрка, пя́тый но́мер 2b; Prüfungsnote пятёрка in sowjetischen Schulen beste Zensur
fünf|eckig пятиуго́льный; **~fach 1.** *Adj* пятикра́тный **2.** *Adv* впя́теро, в пять раз; **~hundert** *Num* пятьсо́т, пятисо́т, пятиста́м, пятьюста́ми, пятиста́х
Fünfhundertjahrfeier *f* пятисотле́тие 5
fünfjährig пятиле́тний 11
Fünf|jahrplan *m* пятиле́тний 11 план, пятиле́тка 6; **~kampf** *m* пятибо́рье 5
fünfmal *Adv* пять раз | ~ mehr als в пять раз бо́льше, чем; ~ soviel впя́теро бо́льше; **~ig** пятикра́т|ный, -ен
Fünf|markschein *m* банкно́т 2 в пять ма́рок; **~markstück** *n* моне́та 6 в пять ма́рок; **~pfennigstück** *n* моне́та 6 в пять пфе́ннигов
fünfstöckig 1. *Adj* пятиэта́жный; in der UdSSR entsprechend шестиэта́жный **2.** *Adv* в шесть этаже́й
fünft: zu ~ впятеро́м
Fünftagewoche *f* пятидне́вная (рабо́чая) неде́ля, пятидне́вка 6 *umg*
fünf|tägig пятидне́вный; **~tausend** *Num* пять 9e ты́сяч
Fünftel *n* пя́тая часть 9g | vier ~ четы́ре пя́тых
fünftens *Adv* в-пя́тых
fünfter *Num* пя́тый | im fünften Stock на пя́том этаже́; in der UdSSR entsprechend на шесто́м этаже́; | der fünfte Jahrestag пятиле́тие 5
fünfzehn *Num* пятна́дцать 9; **~ter** *Num* пятна́дцатый
fünfzig *Num* пятьдеся́т *G D P* пяти́десяти, *I* пятью́десятью
Fünfziger *m* 50 Pfennig пятьдеся́т пфе́ннигов; 50 Mark пятьдеся́т ма́рок; Mann пятидесятиле́тний мужчи́на 11-6
Fünfzig|jahrfeier *f* пятидесятиле́тие 5; **~markschein** *m* банкно́т 2 в пятьдеся́т ма́рок
fünfzigster *Num* пятидеся́тый
Fünfzimmerwohnung *f* пятико́мнатная кварти́ра
fungieren *intr* исполня́ть ⟨-по́лнить 3⟩ обя́занности (als *G*)
Funk *m* ра́дио *n idkl;* **~amateur** *m* радиолюби́тель 1; **~anlage** *f* радиоуста-но́вка 6; **~ausstellung** *f* радиовы́ставка 6; **~bearbeitung** *f* обрабо́тка для ра́дио; **~bericht** *m* сообще́ние 5 по ра́дио; **~bild** *n* фоторадиогра́мма 6
funkeln *intr* сверк|а́ть ⟨-ну́ть 4⟩ (vor от *G*); Wein и́скриться 3
funkelnagelneu совсе́м но́вый; Kleidung с иго́лочки
funken *tr Rad* пере|дава́ть* ⟨переда́ть*⟩ по ра́дио, ради́ровать *uv, v* 2 | es hat bei ihm gefunkt (наконе́ц-то) до него́ дошло́
Funken *m* и́скра 6 *G Pl* искр *a. übertr* | ~ sprühen мета́ть* и́скры, искри́ться 3; es ist kein ~ Hoffnung mehr vorhanden нет бо́льше никако́й наде́жды; keinen ~ Ehrgefühl haben не име́ть ни ка́пельки самолю́бия
Funker *m* ради́ст 2
Funk|fernsteuerung *f* радио(теле)управле́ние 5; **~gerät** *n* (перено́сная) радиоста́нция 8, радиоприбо́р 2, радиоаппарату́ра 6; **~haus** *n* радиосту́дия 8, радиоце́нтр 2; **~kontakt** *m* сеа́нс 2 радиосвя́зи, вы́зов 2 по ра́дио; **~meldung** *f* сообще́ние 5 по ра́дио, радиогра́мма 6; **~meßtechnik** *f* радиолокацио́нная те́хника; **~navigation** *f* радионавига́ция 8; **~ortung** *f* радиолока́ция

8; **~peilung** *f* радиопеленгáция 8, радиопéленг 2; **~signal** *n* радиосигнáл 2; **~sprechgerät** *n* радиотелефóн 2; **~sprechverkehr** *m* радиотелефóнная связь; **~spruch** *m* радиогрáмма 6; **~station** *f* радиостáнция 8; **~stille** *f* радиомолчáние 5; **~störung** *f* радиопомéха 6; **~streife** *f*, **~streifenwagen** *m* радиопатрýльная (полицéйская) маши́на; **~taxi** *n* такси́ с радиотелефóном, радиотакси́ *n idkl;* **~technik** *f* радиотéхника 6; **~telegramm** *n* радиотелегрáмма 6

Funktion *f* Tätigkeit фýнкция 8, дéятельность 9; *Math, Med* фýнкция | eine leitende ~ руководя́щий 11 пост 2e| на постý; eine ~ ausüben исполня́ть обя́занности; eine ~ bekleiden занимáть какýю-н. дóлжность; von einer ~ entbinden освобо|ждáть ⟨-ди́ть 3 -жý⟩ от исполнéния (служéбных) обя́занностей; **~är** *m* функционéр 2; hoher дéятель 1 | ≈e der Partei парти́йные рабóтники, дéятели пáртии; ehrenamtlicher ≈ общéственник 2

funktionell функционáльный

funktionieren *intr* функциони́ровать 2 | der Aufzug funktioniert nicht лифт не рабóтает

funktions|fähig нормáльно функциони́рующий 11, хорошó дéйствующий 11; *Tech* работоспосóб|ный, -ен; **~sicher** надёжный в рабóте [к эксплуатáции]

Funktions|plan *m* план распределéния обя́занностей; **~weise** *f* при́нцип рабóты

Funk|turm *m* радиобáш|ня 7 *G Pl* -ен; **~übertragung** *f* передáча по рáдио; **~verbindung** *f* радиосвя́зь 9; **~verkehr** *m* радиообмéн 2; **~wagen** *m* передвижнáя радиостáнция 8; **~wagenstreife** *f* патрýль с передвижнóй радиостáнцией; **~weg** *m:* auf dem ≈e по рáдио; **~wellen** *f Pl* радиовóлны *Pl* 6

für *Präpos* bestimmt für для *G;* das ist ~ Sie э́то для вас; ein Lehrgang ~ Anfänger кýрсы для начинáющих; Wagen ~ Nichtraucher вагóн для некуря́щих; das ist nützlich ~ alle э́то полéзно для всех | Verwendungszweck von Geld oder Material на *A;* Geld ~ Bücher дéньги на кни́ги; Stoff ~ einen Anzug матéрия на костю́м; Mittel ~ den Wohnungsbau срéдства на жили́щное строи́тельство | vorgesehene Personenzahl на *A;* ein Saal ~ hundert Zuschauer зал на сто зри́телей; ~ wieviel Personen soll ich decken? на скóлько человéк накры́ть стол? | Bildungsreinrichtungen: Hochschule ~ Elektrotechnik электротехни́ческий институ́т; Ingenieurschule ~ Chemie хими́ческий тéхникум; Fachschule ~ Bibliothekare библиотéчный тéхникум | andere Institutionen *G:* Ministerium ~ Gesundheitswesen министéрство здравоохранéния; Vereinigtes Institut ~ Kernforschung Объединённый институ́т я́дерных исслéдований | Fachgebiet, Tätigkeitsbereich по *D;* Kommission ~ Verkehrsfragen коми́ссия по вопрóсам трáнспорта; Konferenz ~ Sicherheit und Zusammenarbeit in Europa Конферéнция по безопáсности и сотрýдничеству в Еврóпе; Spezialist ~ Kernphysik специали́ст по я́дерной фи́зике | zugunsten von за *A;* ~ den Frieden kämpfen борóться* за мир; ~ den Kandidaten stimmen голосовáть за кандидáта; ~ j-n eintreten заступи́ться за когó-н.; einer ~ alle оди́н за всех; das Für und Wider „за" и „прóтив" | vorgesehene Zeit на *A;* ~ morgen на зáвтра; ~ diesmal на э́тот раз; ~ 14 Tage на две недéли; ~ immer навсегдá; ~ später на потóм; ~ den Winter нá зиму; ~s erste покá; Karten ~ die erste Vorstellung Kino билéты на пéрвый сеáнс | Gegenwert, -leistung за *A;* ~ ein Buch zehn Mark bezahlen [bekommen] заплати́ть [получи́ть] за кни́гу дéсять мáрок; ~ Geld arbeiten рабóтать за дéньги | Lohn, Vergeltung за *A;* j-n ~ etw. bestrafen [loben, auszeichnen] наказáть* [похвали́ть, награди́ть] за что-н.; danke ~ die Blumen спаси́бо за цветы́ | für insgesamt на *A (Subst im G);* ~ zehn Mark Bücher kaufen купи́ть книг на дéсять мáрок | anstelle за *A,* вмéсто *G;* ~ einen kranken Kollegen arbeiten рабóтать за [вмéсто] больнóго товáрища; ~ zwei arbeiten [essen] рабóтать [есть*] за двои́х | im Verhältnis zum Üblichen для *G;* ~ sein Alter ist das Kind sehr entwickelt для свои́х лет ребёнок óчень рáзвит; ~ einen Ausländer spricht er gut deutsch для инострáнца он хорошó говори́т по-немéцки | als *I;* ich halte das ~ richtig [meine Pflicht] я считáю э́то прáвильным [своúм дóлгом]; j-n nicht ~ voll nehmen не принимáть когó-н. всерьёз | mit Wiederholung des Subst за *I;* Schritt ~ Schritt шаг за шáгом; Meter ~ Meter метр за мéтром; Tag ~ Tag изо дня в день; Nacht ~ Nacht кáждую ночь | ich ~ meine Person что касáется меня́; an und ~ sich самó по себé

Furche *f Landw* борозд|á 6a *A a.* -ý; in der Haut морщи́на 6 | ~n ziehen борозд|и́ть 3 -жý (из-); in ~n legen Stirn мóрщить 3 (на-)

Furcht *f* страх 2 (vor пéред *I*), боя́знь 9 (vor *G*) | aus ~ vor из стрáха пéред *I*, боя́сь *G;* ~ haben vor etw. боя́ться чегó-н.; keine ~ kennen не знать стрáха; j-n in ~ und Schrecken versetzen нагоня́ть ⟨-|гнáть*⟩ ýжас [страх] на когó-н.

furchtbar стра́ш|ный, -ен, -на́, -но, стра́шны́, ужа́с|ный, -ен | das ist doch ~! э́то же ужа́сно!
fürchten *tr u.* sich ~ *refl* боя́ться 3 *G* (vor *G*), опаса́ться *G* (vor *G*) | für j-s Leben ~ боя́ться за чью-н. жизнь
fürchterlich = furchtbar; Mensch ужа́сно неприя́тный; sehr groß ужа́сный
furcht|erregend внуша́ющий 11 страх; **~los** бесстра́ш|ный, -ен, безбоя́знен:ный, -на; **~sam** боязли́в:ый
Furchtsamkeit *f* боязли́вость 9
füreinander *Refl Pron:* ~ etw. tun де́лать (с-) что-то друг для дру́га; ~ Sympathie haben симпатизи́ровать 2 друг дру́гу; ~ Verständnis haben понима́ть ⟨поня́ть*⟩ друг дру́га; ~ eintreten заступ|а́ться ⟨-и́ться 3⁺ -лю́сь⟩ друг за дру́га; ~ sorgen забо́титься (по-) друг о дру́ге
Furie *f* фу́рия 8
Furnier *n* фане́ра 6
furnieren *tr* обива́ть ⟨-|би́ть 3, обобью́⟩ фане́рой
Furnierholz *n* древеси́на 6 для (изготовле́ния) фане́ры
Fürsorge *f* забо́та 6 (für о *P*), попече́ние 5; organisierte попечи́тельство 4; soziale, öffentliche социа́льное обеспе́чение 5; geldl. Unterstützung посо́бие 5 | ~ treffen für j-n забо́|титься 3 -чусь (по-) о ком-н.; **~amt** *n* отде́л 2 [управле́ние] социа́льного обеспе́чения; **~empfänger** *m* лицо́ 4c, получа́ющее 11 посо́бие по социа́льному обеспе́чению; **~erziehung** *f* воспита́ние 5 несовершенноле́тних под обще́ственным контро́лем; **~pflicht** *f Jur:* ≈ für j-n обя́занность содержа́ть кого́-н.; **~rin** *f* рабо́тник 2 отде́ла социа́льного обеспе́чения; **~unterstützung** *f* посо́бие по социа́льному обеспе́чению
fürsorglich забо́тливый
Für|sorglichkeit *f* забо́тливость 9; **~sprache** *f* хода́тайство 4 | ≈ für j-n einlegen хода́тайствовать *Prät a. v* 2 (по-) за кого́-н.; **~sprecher** *m* хода́та|й 1 *G Pl* -ев
Fürst *m* княз|ь 1b *Pl* -ья́, -е́й, -ья́м | wie ein ~ leben жить как коро́ль
Fürsten|gruft *f* кня́жеский склеп; **~tum** *n* кня́жество
Fürstin *f* княги́ня 7
fürstlich **1.** *Adj* кня́жеский **2.** *Adv* по-кня́жески; бога́то, по-ца́рски
Furt *f* брод 2, перехо́д 2 | durch die ~ waten идти́* бро́дом [вброд]
Furunkel *m* фуру́нкул 2
Furunkulose *f* фурункулёз 2
fürwahr *Adv* вои́стину, пра́во
Fürwort *n* местоиме́ние 5
Fusel *m umg* сиву́ха 6
Fusion *f* слия́ние 5; *Phys* слия́ние, си́нтез [тэ] 2
fusionieren *tr* слива́ть ⟨-|лить*, солью́⟩, объедин|я́ть ⟨-и́ть 3⟩
Fuß *m* нога́ 6a; im Unterschied zum Bein стопа́ 6; *Anat* ступн|я́ 7 *G Pl* -е́й; an Möbeln, Geräten но́жка 6; Mikroskop сто́йка 6; eines Berges подно́жие 5 *a. Bauw;* Längenmaß фут 2; Vers~ стопа́ 6c | zu ~ gehen пешко́м; (festen) ~ fassen (твёрдо) стать* на́ ноги; auf schwachen Füßen stehen не твёрдо стоя́ть на нога́х; auf eigenen Füßen stehen стоя́ть на со́бственных нога́х; mit j-m auf gutem ~e stehen быть* с кем-н. на коро́ткой ноге́; j-m zu Füßen fallen па́дать ⟨у|па́сть*⟩ кому́-н. в но́ги [к чьим-н. нога́м]; auf großem ~e leben жить на широ́кую но́гу; j-m auf dem ~e folgen сле́довать (по-) за кем-н. по пята́м; gut [schlecht] zu ~ sein быть хоро́шим [плохи́м] ходоко́м; j-n auf freien ~ setzen освобо|жда́ть ⟨-ди́ть 3 -жу́⟩ кого́-н. (из заключе́ния), выпуска́ть ⟨вы́пу|стить 3 -щу⟩ кого́-н. на свобо́ду; **~bad** *n* ножна́я ва́нна
Fußball *m* футбо́л 2; Spiel футбо́льный матч 2; Ball футбо́льный мяч 2e *G Pl* -е́й | ~ spielen игра́ть в футбо́л; **~fan** *m* боле́льщик футбо́ла; **~mannschaft** *f* футбо́льная кома́нда; **~meister** *m* чемпио́н по футбо́лу; **~meisterschaft** *f* пе́рвенство по футбо́лу; **~platz** *m* футбо́льная пло́щадка; **~spiel** *n* футбо́льный матч 2 | zum ~ gehen идти́ [пойти́ *v*] на футбо́л; **~spieler** *m* футболи́ст 2; **~stiefel** *m Pl* бу́тсы *Pl* 2; **~toto** *n* футбо́льный тотализа́тор 2, футбо́льная лотере́я 7; **~weltmeisterschaft** *f* чемпиона́т 2 ми́ра по футбо́лу
Fuß|bank *f* скаме́ечка 6 для ног; **~boden** *m* пол 2b, на полу́; **~bodenbelag** *m* материа́л [рья] 2 для покры́тия поло́в, поло́во́й насти́л 2
fußbreit ширино́й в фут
Fuß|breit *m:* keinen ≈ weichen не отступ|а́ть ⟨-и́ть⟩ ни на шаг [пядь]; **~bremse** *f* ножно́й то́рмоз
fußen *intr* осно́вываться, бази́роваться 2 (auf на *P*)
Fußende *n:* am ~ des Bettes в нога́х (крова́ти)
Fußgänger *m* пешехо́д 2; **~brücke** *f* пешехо́дный мо́стик; **~tunnel** *m* тунне́ль [нэ] для пешехо́дов; **~überweg** *m* пешехо́дный перехо́д 2 (ти́па) „зе́бра"; **~weg** *m* пешехо́дная доро́жка 6; **~zone** *f* пешехо́дная зо́на (закры́тая для тра́нспорта)
Fußgelenk *n* голеносто́пный суста́в
fußgerecht: ~es Schuhwerk удо́бная [специа́льно изгото́вленная] о́бувь
Fußhebel *m* ножно́й рыча́г, педа́ль 9
fußkalt с холо́дным по́лом

Fußknöchel *m* щиколотка 6, лодыжка 6
fußkrank с больной ногой | er ist ~ у него больные ноги
Fußlappen *m* портянка 6
Füßling *m* нижняя 11 часть 9g чулка
Fuß|marsch *m* (пешеходный) марш, поход; ~**matte** *f* aus Stroh циновка 6; ~**note** *f* сноска 6; ~**pfad** *m* тропинка 6; ~**pflege** *f* педикюр 2; ~**pflegerin** *f* педикюрщица 6; ~**sohle** *f* подошва ноги; ~**spitze** *f* носок ноги; ~**spur** *f* след ноги; ~**stapfe** *f* след 2b ноги | in j-s ≈n treten идти* [по|йти* *v*] чьим-н. стопам; ~**steig** *m* пешеходная дорожка 6, тротуар 2; ~**tritt** *m* пин|ок| -ка 2 | j-m einen ≈ versetzen дать* *v* пинка кому-н.; ~**wanderung** *f* туристский поход, экскурсия 8 пешком; ~**weg** *m* пешеходная дорожка 6, тротуар 2; Gehen ходьба 6
futsch тю-тю | ~ sein [gehen] *umg* пропадать ⟨-|пасть*⟩; alles ist ~! пиши пропало!
[1]**Futter** *n* Tiernahrung корм 2b| на корму| *Pl* -а, фураж 2e
[2]**Futter** *n* Kleid подкладка 6; *Tech* набивка 6, втулка 6 | Mantel mit ~ пальто на подкладке
[3]**Futter** *n* Pilz трубочки *Pl* 6
Futteral *n* футляр 2
Futter|getreide *n* кормовое зерно; ~**grundlage** *f* кормовая база 6; ~**häuschen** *n* кормушка 6 для птиц; ~**krippe** *f* кормушка 6 *a. übertr,* ясли *Pl* 9; ~**mangel** *m* бескормица 6, недостаток корма; ~**mittel** *n* корм 2b *Pl* -а, кормовое средство
[1]**füttern** *tr* Kind, Kranke корм|ить 3⁺ -лю (на-) (mit *I*); Tier давать* ⟨дать*⟩ корм, кормить (на-)
[2]**füttern** *tr* Kleidung подшивать ⟨-|шить*| -ошью⟩ подкладку к *D* | mit Pelz gefüttert подбитый мехом, на меху; mit Seide gefüttert на шелку; gefütterte Handschuhe перчатки на подкладке
Futter|napf *m* миска для корма; ~**pflanze** *f* кормовое растение; ~**rübe** *f* кормовая свёкла; ~**sack** *m* торба 6; ~**silo** *n* силосная башня; ~**stoff** *m* подкладочная материя, подкладка 6; ~**trog** *m* кормушка 6
Fütterung *f* кормление 5
Futur *n* будущее 11 врем|я *G, D, P* -ени| *I* -енем
Futurismus *m* футуризм 2
futuristisch футуристический

G

g, G *n Mus* соль *n idkl*
Gabardine *m, f* габардин 2
Gabe *f* Geschenk дар 2, подарок| -ка 2; Talent дарование 5, дар | die ~ der Rede дар речи
Gabel *f* вилка 6 *a. Tech;* Heu≈, Mist≈ вилы *Pl* 6; ~**deichsel** *f* дышло с поперечным брусом
gabelförmig вилкообразный| -ен, развилист:ый
Gabelfrühstück *n* второй (горячий 11) завтрак
gabeln *tr* Heu брать* ⟨взять*⟩ вилами; sich ~ *refl* Weg разветв|ляться ⟨-иться 3⟩
Gabelstapler *m* вилочный погрузчик 2
Gabelung *f* разветвление 5
Gabun Габон 2; ~**er** *m* габон|ец| -ца 2; ~**erin** *f* габонка 6
gabunisch габонский
gackern *intr* Huhn кудах|тать| -чет, кл|охтать| -охчет
Gaffel *f Mar* гафель 1
gaffen *intr* глазеть, ротозейничать
Gaffer *m* зевака 6, ротозе|й 1 *G Pl* -ев
Gag *m* эффектный трюк 2
Gage *f* жалованье 5, гонорар 2
gähnen *intr* зев|ать ⟨-нуть *mom* 4⟩ ; *übertr* Abgrund зиять
Gala парадная одежда 6, парадный костюм 2 | sich in ~ werfen надевать ⟨-|деть*⟩ парадный костюм
galaktisch галактический
Galan *m* любовник 2, поклонник 2
galant галант|ный| -ен, любез|ный| -ен
Galanterie *f* галантность 9, любезность 9
Galanteriewaren *f Pl* галантерейные товары
Gala|vorstellung *f* парадный спектакль
Galaxis *f* галактика 6
Galeere *f* галера 6
Galerie *f* галерея 7; *Theat* верхний ярус 11-2, галерка 6 *umg*
Galgen *m* виселица 6; j-n an den ~ bringen казнить 3 кого-н.; ~**frist** *f* отсрочка 6 на короткое время; ~**humor** *m* юмор висельника, мрачный юмор; ~**vogel** *m* висельник 2
Galle *f* жёлчь 9 | ihm läuft die ~ über он выходит из себя
gallebitter горький как жёлчь [как полынь]
Gallen|blase *f* жёлчный пузырь; ~**stein** *m* жёлчный камень
Gallert *n* желе *n idkl;* Sülze студ|ень| -ня 1
gallertartig студенист:ый
gallig жёлч|ный| -ен
Gallwespe *f* орехотворка 6
Galopp *m* галоп 2 | im ~ галопом, вскачь

galoppieren *intr* скака́ть* гало́пом | das Pferd ~ lassen пу|ска́ть ⟨-сти́ть 3⁺ -щу́⟩ ло́шадь гало́пом
Galopprennen *n* ска́ч|ки *Pl* 6 -ек
Galosche *f* гало́ша 6
galvanisch гальвани́ческий
galvanisieren *tr* гальванизи́ровать *uv, v* 2
Galvano *n* гальва́но *n idkl;* **~meter** *n* гальвано́метр 2; **~technik** *f* гальвано-те́хника 6
Gamaschen *f Pl* гама́ши *Pl* 6
Gambia Га́мбия 8
Gambit *n* Schach гамби́т 2
Gammastrahlen *m Pl* га́мма-лучи́ *Pl* 2e
gammeln *intr* болта́ться, безде́льничать
gang: es ist ~ und gäbe так во́дится, э́то при́нято
Gang *m* ход 2ⱼ вⱼ на ходу́ⱼ *Pl a.* -ы́ *oder* -а́ 2b; der Dinge ход 2ⱼ вⱼ на хо́де; Schritt похо́дка 6; Flur коридо́р 2; Durchgang прохо́д 2, Speisenfolge блю́до 4; *Anat* прото́к 2; *Kfz* ско́рость 9g | der dritte ~ Speisenfolge тре́тье блю́до; ~ der Ereignisse ход собы́тий; in ~ setzen eine Maschine пу|ска́ть ⟨-сти́ть 3⁺ -щу́⟩ в ход; den zweiten ~ einschalten включи́ть втору́ю переда́чу [ско́рость]; im dritten ~ fahren е́хать на тре́тьей ско́рости; in vollem ~ sein быть на по́лном ходу́; die Arbeit ist in vollem ~e рабо́та кипи́т; die Getreideernte war im vollen ~e убо́рка хле́ба была́ в по́лном разга́ре; das Leben ging seinen gewohnten ~ жизнь шла обы́чным поря́дком; in ~ bringen приводи́ть 3⁺ -вожу́ ⟨-|вести́*⟩ в движе́ние [в де́йствие]; in ~ kommen приходи́ть 3⁺ ⟨-|йти́*⟩ в движе́ние; j-n am ~ erkennen узна́ть *v* кого́-н. по похо́дке; **~art** *f* похо́дка 6; Pferd аллю́р 2
gangbar *Weg* проходи́м:ый
Gängelband *n:* j-n am ~ führen води́ть кого́-н. на поводу́
gängeln *tr* во|ди́ть 3⁺ -жу́ на поводу́, ме́лочно опека́ть
gängig Ware хо́д|кийⱼ -окⱼ -ка́!ⱼ хо́дче, ходово́й; Münze находя́щийся 11 в обраще́нии
Ganglien *Pl* не́рвные узлы́ *Pl* 2e, га́нглии *Pl* 1
Gangrän *n*, **Gangräne** *f* гангре́на 6
Gangschaltung *f Kfz* переключе́ние 5 скоросте́й
Gangster *m* га́нгстер 2
Gangway *f* (передвижно́й) трап 2
Gangwerk *n* ходово́й механи́зм
Gans *f* гусь 1g; junge гусён|окⱼ -ка 2 *Pl* гу-с|ятаⱼ -ят | dumme ~ *umg* ду́ра 6
Gänse|blümchen *n* маргари́тка 6; **~braten** *m* жа́реный гусь 1g; **~feder** *f* гуси́ное перо́; **~fett** *n* гуси́ный жир; **~fleisch** *n* Speise гуся́тина 6; **~füßchen** *n Pl umg* кавы́чки *Pl* 6; **~haut** *f übertr* мура́шки *Pl* 6 | ich kriege eine ≈ у меня́ мура́шки бе́гают по те́лу; **~klein** *n* гуси́ные потрох|а́ *Pl* 2b -о́в; **~leberpastete** *f* паште́т из гуси́ной печёнки; **~marsch** *m:* im ≈ gehen идти́ гусько́м; **~rich** *m* гуся́к 2e; **~stall** *m* гуся́тник 2
ganz 1. *Adj* весь 14 *G* всего́, *f* вся, *n* всё, *Pl* все; vollständig це́лый; unversehrt це́л:ыйⱼ -а́!, неповреждённый | ~e Zahlen *Math* це́лые чи́сла; die ~e Stadt весь го́род; den ~en Tag весь день; ein ~es Jahr весь [кру́глый] год; ein ~er Kerl настоя́щий 11 па́рень, молод|е́цⱼ -ца́ 2; von ~em Herzen от всего́ се́рдца; eine ~e Stunde це́лый [би́тый] час; ~e Tage und Nächte hindurch по це́лым дням и ноча́м; das Glas blieb ~ стака́н не разби́лся [оста́лся цел] **2.** *Adv* совсе́м, соверше́нно | ~ am Anfang в са́мом нача́ле; ~ allein совсе́м оди́н; ~ recht соверше́нно ве́рно; im ~en в це́лом, в о́бщем; ~ gut дово́льно хорошо́, непло́хо; ~ und gar совсе́м, всеце́ло; ~ und gar nicht во́все не, совсе́м не; das ist ~ unmöglich э́то абсолю́тно невозмо́жно; ein ~ neuer Anzug совсе́м но́вый костю́м; es geschieht ihm ~ recht подело́м ему́, так ему́ и на́до
Ganzes *n* це́лое *Subst* 10 | aufs Ganze gehen идти́ на всё, не идти́ ни на како́й компроми́сс; als ~ genommen взя́тое в це́лом
Ganz|heit *f* це́льность 9, це́лостность 9; Unversehrtheit це́лость 9; **~lederband** *m* кни́га 6 в (цельно)ко́жаном переплёте; **~leinenband** *m* кни́га 6 в холщо́вом переплёте
gänzlich 1. *Adj* по́лный, соверше́нный **2.** *Adv* совсе́м, вполне́
Ganzmetall|bau *m* цельнометалли́ческая констру́кция; **~flugzeug** *n* цельнометалли́ческий самолёт
ganztägig: ~e Beschäftigung рабо́та 6 на по́лный рабо́чий день
Ganztagsschule *f* шко́ла продлённого дня
gar 1. *Adj* гото́в:ый, сва́рен:ный | ~ kochen довари́ть 3⁺; das Fleisch ist nicht ganz ~ мя́со не совсе́м свари́лось **2.** *Adv* совсе́м | ~ nicht во́все не, ника́к; ~ nichts ничего́; ~ kein никако́й; ~ zu sehr сли́шком
Garage *f* гара́ж 2e *G Pl* -е́й
Garant *m* гара́нт 2; **~ie** *f* гара́нтия 8 | ein Jahr ≈ geben дава́ть ⟨дать⟩ гара́нтию на год; unter ≈ обяза́тельно
garantieren *tr* гаранти́ровать *uv, v* 2; *intr* руча́ться ⟨поручи́ться 3⁺⟩ (für за *A*)
Garantie|reparatur *f* гаранти́йный ремо́нт; **~schein** *m*, **~urkunde** *f* гара́нтия 8
Garaus *m:* j-m den ~ machen прика́нчивать ⟨-ко́нчить 3⟩ кого́-н.

Garbe *f* сноп 2e | ~n binden вязáть (в) снопы́

Garde *f* гвáрдия 8; **~regiment** *n* гвардéйский полк

Garderobe *f* Raum гардерóб 2, раздевáл|ьня 7 *G Pl* -ен; Flur~ вéшал|ка 6 *G Pl* -ок; *Theat* костюмéрная *Subst* 10; Kleidung гардерóб

Garderoben|frau *f* гардерóбщица 6; **~marke** *f* гардерóбный номер|óк, -кá 2; **~ständer** *m* (стоя́чая 11) вéшалка 6

Gardine *f* гарди́на 6, занавéска 6

Gardinen|leiste *f* багéт 2 для занавéски; **~predigt** *f:* j-m eine ≈ halten устр|áивать ⟨-óить 3⟩ комý-н. семéйную сцéну

gären *intr* Wein броди́ть 3⁺; *übertr* волновáться 2 (вз-)

Gärfutter *n Landw* си́лос 2, силосóванный корм

Garn *n* ни́тки *Pl* 6, пря́жа 6; Netz сеть 9g; в сети́ | ins ~ gehen *übertr* попадáться ⟨-|пáсться*⟩ в сéти

Garnele *f Zool* кревéтка 6

garnieren *tr* отдéлывать ⟨-дéлать⟩ , украшáть ⟨укрá|сить 3 -шу⟩ ; Speise украшáть гарни́ром

Garnison *f* гарнизóн 2

Garnitur *f* Unterwäsche, Möbel гарнитýр 2; Satz, Zusammenstellung набóр 2, комплéкт 2

Garn|knäuel *n* клубóк пря́жи [ни́ток]; **~rolle** *f* катýшка ни́ток; **~spule** *f* шпýлька 6, катýшка 6

garstig гáд|кий, -ок, -кá!; гáже, сквéрный, -ен, -нá!

Gärstoff *m* заквáска 6

Garten *m* сад 2b; в садý; **~anlage** *f* сквер 2; **~arbeit** *f* рабóта в садý; **~architekt** *m* архитéктор-планирóвщик 2-2 пáрков

Gartenbau *m* садовóдство 4; **~ausstellung** *f* вы́ставка садовóдства; **~betrieb** *m* садовóдство 4; **~fachmann** *m* садовóд 2

Garten|erde *f* садóвая земля́; **~fest** *n* гуля́нье 5; **~freund** *m* садовóд-люби́тель 2-1; **~gerät** *n* садóвый инвентáрь 1e; **~grundstück** *n* садóвый учáсток; **~laube** *f* бесéдка 6; **~lokal** *n* ресторáн в садý; **~möbel** *Pl* дáчная мéбель; **~pflanzen** *f Pl* садóвые растéния *Pl* 6; **~schere** *f* садóвые нóжницы; **~schlauch** *m* садóвый рукáв; **~stadt** *f* зелёный гóрод, гóрод-сад 2-2; **~weg** *m* садóвая дорóжка 6; **~zaun** *m* забóр 2 сáда

Gärtner *m* садóвник 2; Gemüse~ огорóдник 2; **~ei** *f* садовóдство 4; **~in** *f* садóвница 6; огорóдница 6

gärtnerisch: ~e Produktionsgenossenschaft садовóдческий кооперати́в

Gärung *f* брожéние 5

Gärungs|mittel *n* фермéнт 2; für Teig заквáска 6; **~prozeß** *m* броди́льный процéсс, ферментáция 8

Gas *n* газ 2 | das ~ anzünden зажигáть ⟨-жéчь⟩ газ; ~ geben Auto usw. дать газ; **~anzünder** *m* зажигáтель 1 гáзовой горéлки

Gas|behälter *m* газгóльдер 2, резервуáр для гáза; **~beleuchtung** *f* гáзовое освещéние; **~brenner** *m* гáзовая горéлка; **~druck** *m* давлéние гáза; **~erzeugung** *f* произвóдство 4; **~flamme** *f* гáзовое плáмя; **~flasche** *f* гáзовый баллóн 2

gasförmig газообрáзный

Gas|hahn *m* гáзовый кран | den ≈ aufdrehen *übertr* покóнчить *v* 3 с собóй; **~heizung** *f* гáзовое отоплéние; **~herd** *m* гáзовая плитá; **~installateur** *m* монтёр по гáзовым установкам, газовщи́к 2e; **~kocher** *m* гáзовая пли́тка; **~koks** *m* гáзовый кокс; **~laterne** *f* гáзовый фонáрь; **~leitung** *f* газопровóд 2; **~maske** *f* противогáз 2; **~netz** *n* гáзовая сеть; **~ofen** *m* гáзовая печь; **~öl** *n* газóйль 1; **~ometer** *m* газгóльдер 2; **~pedal** *n Kfz* педáль акселерáтора; **~rohr** *n* газопровóдная трубá

Gasse *f* переýл|ок, -ка 2; *Theat* ýзкий прохóд 2 | hohle ~ ущéлье 5

Gassen|hauer *m* ýличная пéсенка 6; **~junge** *m* ýличный мальчи́шка 6

Gast *m* гость 1g; *Theat* гастролёр 2 | zu ~ sein быть в гостя́х; wir bekommen heute Gäste у нас сегóдня бýдут гóсти; seien Sie mein ~! бýдьте мои́м гóстем!; **~arbeiter** *m BRD* инострáнный рабóчий; **~dirigent** *m* дирижёр, приéхавший 11 на гастрóли

Gäste|buch *n* кни́га óтзывов посети́телей; **~haus** *n* гости́ница 6 для официáльных гостéй

gastfreundlich гостеприи́м|ный, -ен

Gastfreundschaft *f* гостеприи́мство 4 | j-s ~ in Anspruch nehmen пóльзоваться чьим-н. гостеприи́мством

gastgebend принимáющий 11 гостéй | ~e Mannschaft *Sport* комáнда хозя́ев (пóля)

Gastgeber *m* хозя́|ин 2 *Pl* -ева, -ев дóма; **~haus** *n*, **~hof** *m* мáленькая гости́ница 6; **~hörer** *m* вольнослýшатель 1

gastieren *intr Theat* гастроли́ровать 2, быть* на гастрóлях

gastlich = **gastfreundlich**

Gast|mahl *n* звáный обéд 2, пир 2b; на, в пирý; **~mannschaft** *f Sport* комáнда гостéй; **~professor** *m* профéссор, приглашённый в другóй гóрод [в другýю странý] (для прочтéния ци́кла лéкций); **~recht** *n* закóн 2 гостеприи́мства | ≈ genießen пóльзоваться 2 (вос-) гостеприи́мством; j-m ≈ gewähren окáзывать ⟨-|казáть*⟩ комý-н. гостеприи́мство

Gastritis *f* гастри́т 2
Gastrolle *f Theat* гастро́ль 9 | eine ~ geben быть* гастролёром
Gastronom *m* Kochkünstler специали́ст 2 по приготовле́нию высокока́чественной пи́щи; **~ie** *f* иску́сство 4 [уме́ние 5] приготовля́ть высокока́чественную пи́щу
Gastspiel *n* гастро́ли *Pl* 9; **~reise** *f* гастро́льная пое́здка, гастро́ли *Pl* 9
Gast|stätte *f* рестора́н 2, столо́вая *Subst* 10; **~stättenleiter** *m* руководи́тель 1 рестора́на; **~stube** *f* зал 2 рестора́на *Subst* 10; **~vorstellung** *f* гастро́льный спекта́кль; **~wirt** *m* заве́дующий *Subst* 11 рестора́ном; **~wirtschaft** *f* рестора́н 2; **~zimmer** *n* гости́ная *Subst* 10
Gas|uhr *f* га́зовый счётчик 2, газоме́р 2; **~vergiftung** *f* отравле́ние га́зом; **~versorgung** *f* снабже́ние га́зом; **~werk** *n* га́зовый заво́д; **~zähler** *m* га́зовый счётчик 2
Gatte *m* супру́г 2
Gatter *n* Zaun деревя́нный забо́р 2; Gehege решётчатое огражде́ние 5; **~säge** *f* ра́мная пила́
Gattin *f* супру́га 6
Gattung *f Biol* род 2b; *Lit* жанр 2
Gattungs|begriff *m* родово́е поня́тие; **~name** *m Gramm* и́мя существи́тельное нарица́тельное
Gaudium *n* весе́лье 5, поте́ха 6
Gaukelei *f* фигля́рство 4
gaukeln *intr* фигля́рить 3; Schmetterling порха́ть
Gaukler *m* фигля́р 2, фо́кусник 2
Gaul *m* кля́ча 6 | einem geschenkten ~ sieht man nicht ins Maul дарёному коню́ в зу́бы не смо́трят
Gaumen *m* нёбо 4; **~kitzel** *m* ла́комство 4; **~laut** *m* нёбный звук; **~mandel** *f* миндалеви́дная железа́ 6, *Pl* же́лезы, желёз, железа́м; **~segel** *n Anat* нёбная занаве́ска 6
Gauner *m* моше́нник 2, плут 2e; **~ei** *f* моше́нничество 4, плутовство́ 4; **~sprache** *f* воровско́й жарго́н 2; **~stück** *n* плутовство́ 4, моше́нническая проде́лка 6
Gauß *n Phys* га́усс 2
Gavotte *f Mus* гаво́т 2
Gaze *f* газ 2; Mull ма́рля 7; **~binde** *f* ма́рлевый бинт; **~fenster** *n* окно́, затя́нутое се́ткой
Gazelle *f* газе́ль [зэ] 9
Geächze *n* о́ханье 5, кряхте́нье 5
ge|ädert с прожи́лками; **~artet:** so ist er ≈ он тако́в, такова́ его́ нату́ра
Geäst *n* су́ч|ья, -ев *Pl* 1
Gebäck *n* пече́нье 5; **~zange** *f* щипцы́ для пече́нья
Gebälk *n* ба́лки *Pl* 6, систе́ма 6 ба́лок
Gebärde *f* жест 2
gebärden, sich *refl* вести́* себя́, держа́ться 3⁺ | er gebärdete sich wie ein Verrückter он вёл себя́ как сумасше́дший
Gebärdenspiel *n* жестикуля́ция 8; **~sprache** *f* язы́к же́стов
gebären *tr* ро|ди́ть *uv, v* 3 -жу́; *uv* роди́ла, *v* -ила́; рождённый, рожа́ть *umg;* von Tieren мета́ть* | er ist 1917 geboren он роди́лся в 1917ом году́
Gebaren *n* поведе́ние 5, мане́ры *Pl* 6
Gebärmutter *f* ма́тка 6
Gebäude *n* зда́ние 5
Gebeine *n Pl* оста́нки *Pl* 2, прах 2
Gebell *n* лай 1
geben *tr* дава́ть* ⟨дать*⟩; Fest дава́ть ⟨дать⟩ , устр|а́ивать ⟨-о́ить 3⟩ ; Karten сдава́ть ⟨-дать⟩ | Feuer ~ zum Rauchen дать прикури́ть; j-m den Abschied ~ дать отста́вку кому́-н.; j-m die Hand ~ подава́ть ⟨пода́ть*⟩ ру́ку кому́-н.; es ist mir nicht gegeben, zu … мне не дано́ …, я не уме́ю …; es gibt Regen бу́дет дождь; von sich ~ Laut издава́ть ⟨изда́ть*⟩ ; j-m etw. zu verstehen ~ дать поня́ть кому́-н. что-н.; was gibt's? что тако́е?, в чём де́ло?; so was gibt's nicht э́того не быва́ет; es gibt есть, име́ется; es gibt kein(e) es ist nicht vorhanden нет *G;* es gibt viel zu tun мно́го рабо́ты; was wird heute im Theater gegeben? что идёт сего́дня в теа́тре?; viel auf etw. ~ придава́ть ⟨прида́ть*⟩ (большо́е) значе́ние чему́-н.; ich gäbe viel darum, wenn … я до́рого дал бы, е́сли бы …; etw. zum besten ~ выступа́ть ⟨вы́ступ|ить 3 -лю⟩ с чем-н.; es j-m ~ *übertr* задава́ть ⟨зада́ть*⟩ кому́-н.; sich heiter ~ принима́ть ⟨приня́ть*⟩ весёлый вид; was gibt es da zu lachen? что тут смешно́го?; das gibt sich alles всё ула́дится
Geben *n* (по)да́ча 6; beim Kartenspiel сда́ча 6 | ich bin am ~ мне сдава́ть
Gebet *n* моли́тва 6 | j-n ins ~ nehmen пробира́ть ⟨-|бра́ть*⟩ кого́-н.; **~buch** *n* моли́твенник 2
Gebiet *n* террито́рия 8; Verwaltungsbezirk о́бласть 9g; *übertr* о́бласть, сфе́ра 6 | das schlägt nicht in mein ~ э́то не по мое́й специа́льности
gebieten *tr* прика́зывать ⟨-|каза́ть*⟩ ; fordern тре́бовать 2 (по-); *intr* управля́ть (über *I*), распоря|жа́ться ⟨-ди́ться 3 -жу́сь⟩ (über *I*) | Vorsicht scheint hier geboten в э́том слу́чае рекоменду́ется осторо́жность
Gebieter *m* повели́тель 1; **~in** *f* повели́тельница 6
gebieterisch повели́тел|ьный, -ен
Gebiets|abtretung *f* усту́пка террито́рии; **~erweiterung** *f* расшире́ние террито́рии; **~teil** *m* часть о́бласти [террито́рии]

Gebilde *n* произведе́ние 5; Struktur строе́ние 5; *Geol* форма́ция 8
gebildet образо́ван:ный, -на | politisch ~ полити́чески гра́мот|ный, -ен, -на
Gebimmel *n* звон 2, трезво́н 2
Gebinde *n* Blumen~ буке́т 2 цвето́в
Gebirge *n* го́ры *Pl* 6a
gebirgig го́рный, гори́ст:ый
Gebirgs|bach *m* го́рный пото́к 2; **~gegend** *f* го́рная ме́стность; **~jäger** *m* го́рный стрел|о́к, -ка́ 2; **~kamm** *m* гре́бень гор; **~kette** *f* хреб|е́т, -та́ 2; **~paß** *m* го́рный прохо́д 2, перева́л 2; **~rücken** *m* го́рный хребе́т; **~sattel** *m* седлови́на 6; **~schlucht** *f* го́рное уще́лье; **~tal** *n* го́рная доли́на; **~vorland** *n* предго́рье 5; **~zug** *m* го́рная цепь 9g, на цепи́
Gebiß *n* зу́бы *Pl* 2g; künstliches вставна́я че́люсть 9, зубно́й проте́з [тэ] 2; am Zaum удила́ *Pl* 4
Gebläse *n* *Tech* воздуходу́вка 6; Ventilator вентиля́тор 2
Geblöke *n* бле́яние 5
geblümt Stoff с цвето́чками, в цвета́х
geboren урождённая; veranlagt прирождённый | sie ist eine ~e Müller она́ урождённая Мю́ллер; er ist ein ~er Künstler он прирождённый худо́жник [арти́ст]
geborgen находя́щийся 11 в безопа́сном ме́сте | sich ~ fühlen чу́вствовать себя́ в безопа́сности
Gebot *n* Forderung тре́бование 5; moralischer Grundsatz при́нцип 2, заве́т 2; *Rel* за́поведь 9 | das ~ der Stunde тре́бование моме́нта; j-m zu ~e stehen быть* в чьём-н. распоряже́нии
Gebotszeichen *n* предпи́сывающий 11 знак
gebraten жа́реный
Gebräu *n* питьё 3
Gebrauch *m* употребле́ние 5 *G,* по́льзование 5 *I;* Sitte обы́ч|ай 1 *G Pl* -ев; Gewohnheit привы́чка 6 | in ~ kommen вхо|ди́ть 3⁺ -жу́ ⟨во|йти́*⟩ в употребле́ние; außer ~ kommen выходи́ть ⟨вы́йти⟩ из употребле́ния [из обихо́да]; vor ~ schütteln пе́ред употребле́нием взба́лтывать; von etw. ~ machen употреб|ля́ть ⟨-и́ть 3 -лю́⟩ что-н., испо́льзовать *uv, v* 2 что-н.
gebrauchen *tr* употреб|ля́ть ⟨-и́ть 3 -лю́⟩ *A,* по́льзоваться 2 (вос-) *I* | das kann ich gut ~ э́то мне пригоди́тся
gebräuchlich употреби́тельный, -ен, -ьна | wenig ~ малоупотреби́тел|ьный, -ен, -ьна; nicht mehr ~ вы́шедший 11 из употребле́ния
Gebräuchlichkeit *f* употреби́тельность 9
Gebrauchs|anweisung *f* инстру́кция о примене́нии [о по́льзовании]; **~artikel** *m* предме́т 2 [това́р 2] широ́кого потребле́ния [ширпотре́ба]; **~eigenschaften** *f Pl* потреби́тельские сво́йства
gebrauchs|fähig, ~fertig (при)го́дный к употребле́нию
Gebrauchs|gegenstand *m* предме́т потребле́ния; **~güter** *n Pl* предме́ты *Pl* 2 [това́ры] широ́кого потребле́ния; **~muster** *n* зарегистри́рованный образ|е́ц, -ца́ 2; **~wert** *m* потреби́тельная сто́имость
gebraucht Gegenstand подде́ржанный
Gebraucht|wagen *m* подде́ржанный автомоби́ль; **~waren** *f Pl* подде́ржанные ве́щи; **~warengeschäft** *n* магази́н подде́ржанных веще́й
Gebrechen *n* неду́г 2; körperliches недоста́т|ок, -ка | die ~ des Alters ста́рческие неду́ги
gebrechlich дря́хл:ый, -а́!, сла́б:ый: -а́, -о, сла́бы́ | ~ werden дряхле́ть (о-)
Gebrechlichkeit *f* дря́хлость 9, сла́бость 9
gebrochen 1. *Adj* ло́маный | ~e Linie ло́маная ли́ния; er ist an Leib und Seele ~ он надло́мен физи́чески и мора́льно **2.** *Adv:* ~ Deutsch sprechen говори́ть на ло́маном неме́цком языке́
Gebrüder *Pl* бра́ть|я, -ев, -ям *Pl* 2
Gebrüll *n* рёв 2, рыча́ние 5; Löwe рык 2; Rind мыча́ние 5
Gebrumm *n* ворча́ние 5, бормота́ние 5
gebückt: in ~er Haltung согну́вшись
Gebühr *f* Kosten сбор 2, пла́та 6 | nach ~ по заслу́гам, по досто́инству; über ~ сверх ме́ры, чересчу́р; j-n nach ~ würdigen от|дава́ть* кому́-н. до́лжное
gebühren *intr:* ihm gebührt Lob он заслу́живает похвалы́; **~d 1.** *Adj* надлежа́щий 11, до́лжный; geziemend подоба́ющий 11 | in gebührender Weise подоба́ющим о́бразом **2.** *Adv* по заслу́гам, по досто́инству
gebührendermaßen *Adv* надлежа́щим о́бразом
Gebühren|erlaß *m* освобожде́ние от взно́са [пла́ты]; **~ermäßigung** *f* сниже́ние 5 взно́са [пла́ты]
gebühren|frei свобо́дный от опла́ты [от по́шлины]; kostenlos беспла́т|ный, -ен, -на; **~pflichtig** подлежа́щий 11 опла́те; kostenpflichtig пла́тный
Geburt *f* eines Kindes рожде́ние 5; Niederkunft ро́ды *Pl* 2; Herkunft происхожде́ние 5 | von ~ от рожде́ния, о́троду; von ~ Berliner уроже́н|ец, -ца 2 Берли́на; von ~ an blind sein быть слепы́м от рожде́ния
Geburten|beschränkung *f* ограниче́ние рожда́емости; **~kontrolle** *f* регули́рование 5 рожда́емости; **~rückgang** *m* паде́ние рожда́емости; **~überschuß** *m* превыше́ние 5 рожда́емости над сме́ртностью; **~zahl** *f,* **~ziffer** *f* рожда́емость

9; **~zunahme** *f* рост 2 [повышéние 5] рождáемости

gebürtig: er ist ein ~er Berliner он урожéнец Берлúна, он рóдом из Берлúна

Geburts|anzeige *f* объявлéние о рождéнии (ребёнка); **~fehler** *m* прирóдный недостáток; **~haus** *n* роднóй дом; **~helfer** *m* акушёр 2; **~hilfe** *f* акушéрство 4; **~jahr** *n* год рождéния; **~ort** *m* мéсто рождéния; **~tag** *m* день рождéния | ich gratuliere zum ≈ поздравля́ю с днём рождéния; sie hat ≈ у неё день рождéния; **~tagskind** *n* новорождённый *Subst* 10, новорождённая *Subst* 10; **~tagstisch** *m* стол с подáрками ко дню рождéния; **~urkunde** *f* мéтрика 6, метрúческое свидéтельство 4; **~vorgang** *m* рóды *Pl* 2; **~wehen** *f Pl* родовы́е схвáтки [потýги]

Gebüsch *n* кустáрник 2

Geck *m* франт 2, щёголь 1

geckenhaft франтовáтый, щегольскóй

Geckenhaftigkeit *f* франтовствó 4, щегольствó 4

Gedächtnis *n* пáмять 9 | kurzes ~ курúная пáмять; visuelles ~ зрúтельная пáмять; sich etw. ins ~ rufen вспоминáть ⟨-пóмнить 3⟩ что-н., восстан|áвливать ⟨-овúть 3⁺ -овлю́⟩ что-н. в пáмяти; im ~ behalten сохран|я́ть ⟨-úть 3⟩ что-н. в пáмяти; man kann nicht alles im ~ behalten всегó не упóмнишь; sich ins ~ einprägen в|рéзаться* *v* в пáмять; aus dem ~ verlieren забывáть ⟨-|бы́ть*⟩; aus dem ~ по пáмяти; zum ~ в пáмять; **~feier** *f* торжествó в пáмять когó-н. *oder* чегó-н.; **~rede** *f* речь| посвящённая пáмяти когó-н. *oder* чегó-н.; **~schwäche** *f* слáбость пáмяти; **~schwund** *m* амнезúя 8, потéря 7 пáмяти; **~stütze** *f:* zur ≈ для пáмяти

gedämpft Gemüse u. ä. пáреный; Stimme приглушённый; Licht мя́г|кий [хк]| -ок| -кá! | mit ~er Stimme вполгóлоса

Gedanke *m* мысль 9 (an о *P*) | in ~n vertieft [versunken] sein задýм|ываться ⟨-аться⟩, погру|жáться ⟨-зúться 3 -жýсь⟩ в раздýмье, seinen ~n nachhängen пре|давáться* ⟨предáться*| -дáлся| -дáлúсь⟩ размышлéниям; ich kam auf den ~n мне пришлá в гóлову мысль; sich über etw. ~n machen беспокóиться 3 о чём-н., тревóжиться 3 (вс-) за что-н.; in ~n мы́сленно; j-n auf andere ~n bringen отвлекáть ⟨-|влéчь*⟩ чьи-н. мы́сли; sich mit dem ~n tragen но|сúться 3⁺ -шýсь с мы́слью; seine ~n sammeln собирáться ⟨-|брáться*| -брáлúсь⟩ с мы́слями; mir schoß ein ~ durch den Kopf у меня́ блеснýла мысль; ich konnte den ~n nicht loswerden я не мог избáвиться от мы́сли

Gedanken|austausch *m* обмéн мы́слями [мнéниями]; **~freiheit** *f* свобóда мы́сли; **~gang** *m* ход мы́слей

gedankenlos необдýман:ный| -на; zerstreut рассéян:ный| -на

Gedankenlosigkeit *f* необдýманность 9, рассéянность 9

gedankenreich богáтый мы́слями

Gedanken|splitter *m* афорúзм 2; **~strich** *m* тирé [рэ] *n idkl;* **~übertragung** *f* передáча мы́слей; **~verbindung** *f* ассоциáция 8

gedankenvoll задýмчив:ый

Gedankenwelt *f* мир идéй [мы́слей]

gedanklich Prozeß, Fähigkeit мыслúтельный; in Gedanken vorgestellt мы́сленный

Gedärm *n* кишкú *Pl* 6

Gedeck *n* (столóвый) прибóр 2; Speisefolge кóмплексный обéд 2 | ein ~ für zwei Personen прибóр на двух человéк

Gedeih *m:* auf ~ und Verderb при всех обстоя́тельствах

gedeihen *intr* (хорошó) растú*, развивáться ⟨-|вúться*; -вúлúсь⟩; Arbeit usw. преусп|евáть ⟨-éть⟩ | die Arbeit ist weit gediehen рабóта далекó продвúнулась; wie weit ist die Sache gediehen? в какóм положéнии нахóдится дéло?

gedeihlich полéз|ный| -ен; erfolgreich успéш|ный| -ен

gedenken *intr* пóмнить 3 *A oder* о *P*, вспоминáть ⟨-пóмнить⟩ *A oder* о *P;* beabsichtigen намеревáться | ich gedenke zu verreisen я дýмаю уéхать; j-s in Ehren gedenken чтить* когó-н., чтить чью-н. пáмять; was ~ Sie zu tun? что вы намéрены дéлать?

Gedenken *n* пáмять 9 | zum ~ an в пáмять о *P*

Gedenk|feier *f* торжéственное собрáние 5 в пáмять *G;* **~minute** *f* минýта молчáния; **~münze** *f* юбилéйная монéта 6; **~rede** *f* речь| посвящённая пáмяти *G;* **~sendung** *f* радиопередáча [телепередáча] пáмяти *G;* **~stätte** *f* пáмятное мéсто 4b; das ehemalige Wohnhaus дом-музé|й 2-1 *G Pl* -ев; **~tafel** *f* мемориáльная [пáмятная] доскá; **~tag** *m* день пáмяти, годовщúна 6

Gedicht *n* стихотворéние 5; Poem поэ́ма 6 | ~e schreiben писáть стихú; **~form** *f* стихотвóрная фóрма | in ≈ в стихáх; **~sammlung** *f* сбóрник стихóв

gediegen Metall саморóд|ный| -ен; Mensch, Arbeit солúд|ный| -ен

gedörrt сушёный | ~es Fleisch вя́леное мя́со

Gedränge *n* толкотня́ 7, дáвка 6 | sich im ~ verlieren затéриваться ⟨-теря́ться⟩ в толпé; er geriet ins ~ он попáл в дáвку

gedrängt eng тéсный| -ен| -нá| -но|

тéсны́; zusammengedrängt скýченный; knapp dargestellt сжáтый, крáткий, -ок, -кá!, -че | ~e Darstellung сжáтое изложéние; ~ sitzen сидéть в тесноте́
Gedrängtheit *f* сжáтость 9, крáткость 9
ge|druckt печáтный | er lügt wie ≈ *umg* он лжёт без зазрéния сóвести; **~drückt** угнет|ённый, -ён, -енá, подáвленный
Gedrucktes *n* печáтный текст 2
gedrungen untersetzt коренáст:ый
Gedrungenheit *f* коренáстость 9
Geduld *f* терпéние 5 | ~ haben mit j-m быть* снисходи́тельным к комý-н.; mir reißt die ~ моё терпéние лóпнуло; ~ üben прояв|ля́ть ⟨-и́ть 3⁺ -лю́⟩ терпéние
geduld|en, sich *refl* имéть терпéние, терп|éть 3⁺ -лю́ (по-) | gedulden Sie sich! потерпи́те!, погоди́те!; wollen Sie sich bitte einen Augenblick gedulden! прошý вас немнóго подождáть!; **~ig** терпели́в:ый | ≈ alles über sich ergehen lassen терпели́во сноси́ть 3⁺ -ношý ⟨-|нести́*⟩ всё
Gedulds|probe *f* испытáние терпéния; **~spiel** *n* головолóмка 6
ge|dunsen распýхший 11, одутловáт:ый; **~dünstet** тушёный; **~ebnet** Weg тóрный; **~ehrt:** sehr ≈er in der Anrede многоуважáемый; **~eignet** (при)гóд|ный, -ен, подходя́щий 11 | in ≈er Weise надлежáщим óбразом; der ≈e Augenblick благоприя́тный момéнт; ≈ sein für подходи́ть 3⁺ -хожý ⟨-о|йти́*⟩ для *G*
Geest *f* возвы́шенная песчáная мéстность 9
Gefahr *f* опáсность 9; Wagnis риск 2; drohende угрóза 6 | bei ~ в слýчае опáсности; außer ~ sein быть вне опáсности; auf die ~ hin с ри́ском, рискýя; auf eigene ~ handeln дéйствовать на свой риск, дéйствовать на свой страх и риск; ~ laufen рисковáть 2; sich der ~ aussetzen подвергáться ⟨-вéргнуться 4а⟩ опáсности; es droht ~ грози́т опáсность; der ~ ins Auge sehen смотрéть 3⁺ (по-) в глазá опáсности; in ~ schweben быть* под угрóзой
gefährden *tr* подвергáть ⟨-вéргнуть 4а *u.* 4⟩ опáсности, стáв|ить 3 -лю (по-) под угрóзу | gefährdet sein быть в опáсности
Gefährdung *f* угрóза 6 *D*
Gefahrenzone *f* опáсная зóна
gefährlich опáс|ный, -ен
Gefährlichkeit *f* опáсность 9
gefahrlos безопáс|ный, -ен
Gefahrlosigkeit *f* безопáсность 9
Gefährt *n* повóзка 6
Gefährt|e *m* товáрищ 2; **~in** *f* товáрищ 2, подрýга 6
gefahrvoll опáс|ный, -ен
Gefälle *n* покáтость 9, уклóн 2 | leichtes ~ отлóгость 9
gefallen *intr* нрáв|иться 3 -люсь (по-) (wegen за *A*), быть* по вкýсу | wie hat Ihnen der Film ~ ? как вам понрáвился э́тот фильм?; wie es Ihnen gefällt как вам угóдно; das brauche ich mir nicht ~ zu lassen я не желáю э́того терпéть; sich nichts ~ lassen не давáть* себя́ в оби́ду
[1]**Gefallen** *n* удовóльствие 5 | an etw. ~ finden находи́ть 3⁺ -хожý ⟨-|йти́*⟩ удовóльствие в чём-н.; an j-m ~ finden чýвствовать 2 симпáтию к комý-н.
[2]**Gefallen** *m* Gefälligkeit любéзность 9, одолжéние 5 | j-m einen ~ tun сдéлать комý-н. одолжéние; tun Sie mir den ~! сдéлайте одолжéние!, бýдьте добры́ [любéзны]!
Gefallener *m* пáвший *Subst* 11, уби́тый *Subst* 10 в бою́
gefällig услýжлив:ый, любéз|ный, -ен; anziehend, einnehmend прия́т|ный, -ен | j-m ~ sein удружи́ть *v* 3 комý-н., окáзывать ⟨-|казáть*⟩ услýгу комý-н.
Gefälligkeit *f* услýжливость 9; Gefallen одолжéние 5, любéзность 9 | eine ~ erweisen дéлать (с-) одолжéние, окáзывать ⟨-|казáть*⟩ любéзность; j-n um eine ~ bitten про|си́ть 3⁺ -шý ⟨по-⟩ когó-н. об услýге
Gefallsucht *f* желáние 5 нрáвиться, кокéтливость 9
gefallsüchtig кокéтлив:ый
Gefangenen|aufseher *m* тюрéмный надзирáтель; **~lager** *n* лáгерь для (военно-) плéнных
Gefangener *m* плéнный *Subst* 10; Häftling заключённый *Subst* 10 | Gefangene machen захв|áтывать ⟨-ати́ть 3⁺ -ачý⟩ плéнных; Gefangene austauschen производи́ть 3⁺ -вожý ⟨-|вести́*⟩ обмéн плéнными
gefangenhalten *tr* держáть 3⁺ под арéстом [*Mil* в пленý]
Gefangennahme *f* взя́тие 5 в плен
gefangennehmen *tr* брать* ⟨взять*⟩ в плен
Gefangenschaft *f* плен 2, в пленý | in ~ geraten по|пáсть* *v* в плен
gefangensetzen *tr* сажáть ⟨поса|ди́ть 3⁺ -жý⟩ в тюрьмý
Gefängnis *n* тюр|ьмá 6с *G Pl* -ем; als Strafe тюрéмное заключéние 5 | ins ~ werfen сажáть ⟨поса|ди́ть 3⁺ -жý⟩ в тюрьмý; **~strafe** *f* тюрéмное заключéние 5; **~wärter** *m* тюрéмный надзирáтель; **~zelle** *f* тюрéмная кáмера 6
gefärbt крáшеный
Gefasel *n* болтовня́ 7, брéдни *Pl* 1
Gefäß *n* сосýд 2

gefaßt споко́|йный, -ен, -йна, сохраня́ющий 11 самооблада́ние | sich ~ machen auf гото́в|иться 3 -люсь к чему́-н.; sich auf das Schlimmste ~ machen пригото́виться *v* к са́мому ху́дшему
Gefäßverengung *f* суже́ние сосу́дов
Gefecht *n* бой 1b *P* в бою́, *G Pl* боёв | außer ~ setzen выво|ди́ть 3⁺ -жу́ ⟨вы́|вести*⟩ из стро́я; in der Hitze des ~s в пылу́ сраже́ния [спо́ра]
Gefechts|ausbildung *f* боева́я подгото́вка 6; **~bereitschaft** *f* боева́я гото́вность; **~ordnung** *f* боево́й поря́док; **~stand** *m* кома́ндный пункт; **~stellung** *f* боева́я пози́ция
gefeit gegen Angriffe неуязви́м:ый | gegen etw. ~ sein быть застрахо́ванным от чего́-н.
Gefieder *n* опере́ние 5, пе́рь|я, -ев *Pl* 3
gefiedert Vogel перна́т:ый; *Bot* пе́ристый
Gefilde *n* по́ле 3b, ни́ва 6
Geflecht *n* плете́ние 5 плетёнка 6
gefleckt пятни́ст:ый, в пя́тнах
Geflimmer *n* мерца́ние 5
geflissentlich 1. *Adj* наме́рен:ный, -на **2.** *Adv* умы́шленно, наро́чно
Geflügel *n* дома́шняя пти́ца 11-6; als Speise жи́вность 9; **~farm** *f* птицефе́рма 6; **~hof** *m* пти́чий 12 двор
geflügelt крыла́т:ый | ~es Wort крыла́тое сло́во
Geflügel|zucht *f* птицево́дство 4; **~züchter** *m* птицево́д 2; Facharbeiter пти́чник 2
Geflüster *n* шёпот 2
Gefolge *n* сви́та 6; *hist* дружи́на 6 | im ~ haben по|вле́чь* *v* за собо́й
gefräßig прожо́рлив:ый
Gefreiter *m* ефре́йтор 2
gefrieren *intr* замерза́ть ⟨-мёрзнуть 4a⟩; leicht подмерза́ть ⟨-мёрзнуть⟩; ringsum, an der Oberfläche обмерза́ть ⟨-мёрзнуть⟩ | ~ lassen замор|а́живать ⟨-о́зить 3 -о́жу⟩
Gefrier|fach *n* морози́льное отделе́ние, морози́льная ка́мера 6; **~fleisch** *n* моро́женое мя́со; **~punkt** *m* то́чка замерза́ния
Gefüge *n* структу́ра 6
gefügig gehorsam послу́ш|ный, -ен
Gefühl *n* чу́вство 4 [ус] (für *G*); Sinnesempfindung ощуще́ние 5; Gemütsbewegung эмо́ция 8 | ich habe kein ~ im Fuß у меня́ онеме́ла нога́; ein feines ~ haben то́нко чу́вствовать; j-s ~e verletzen оскорб|и́ть *v* 3 -лю́ чьё-н. чу́вство
gefühllos бесчу́вствен:ный, -на, чёрств:ый, черства́, чёрство, чёрствы *oder* черствы́; hartherzig нечувстви́тел|ьный, -ен, -ьна; Glied онеме́вший 11
Gefühllosigkeit *f* бесчу́вствие 5, чёрствость 9; нечувстви́тельность 9
Gefühlsausbruch *m* излия́ние 5 чувств
gefühls|betont эмоциона́л|ьный, -ен, -ьна; **~mäßig** продикто́ванный чу́вством, эмоциона́л|ьный, -ен, -ьна
Gefühls|mensch *m* эмоциона́льная нату́ра 6; **~regungen** *Pl* эмо́ции *Pl* 8; **~sache** *f* де́ло чувств
gefühlvoll чувстви́тел|ьный, -ен, -ьна
gefüllt *Bot* махро́вый; *Nahr* с начи́нкой; mit Fleisch, Gemüse фарширо́ванный
gefüttert Kleidung, Schuhe на подкла́дке
gegeben да́н:ный, -а́!; *Math* за́дан:ный | im ~en Augenblick в настоя́щую мину́ту; unter den ~en Umständen в да́нных обстоя́тельствах; **~enfalls** *Adv* в слу́чае необходи́мости
gegen *Präpos* про́тив *G;* ~ die Sonne про́тив све́та; ~ den Strom про́тив тече́ния; ~ den Krieg про́тив войны́ | (an)stoßen: ~ einen Baum fahren на|е́хать* *v* на де́рево; ~ die Ecke stoßen уда́риться *v* об у́гол; der Regen klatscht ~ die Scheiben дождь стучи́т в о́кна | *Zeit* о́коло *G*, к *D;* ~ drei (Uhr) о́коло трёх (часо́в); ~ Mittag [Mitternacht] о́коло полу́дня [полу́ночи]; ~ Morgen [Abend] к утру́ [ве́черу], под у́тро [ве́чер]; ~ Ende к концу́ | ungefähre Menge о́коло *G; umg a. Nachstellung des Substantivs;* ~ vierzig Mann о́коло сорока́ челове́к, челове́к со́рок; er ist ~ dreißig ему́ под три́дцать, ему́ лет три́дцать | trotz вопреки́ *D;* etw. ~ die Abmachung tun де́лать что-н. вопреки́ всем ожида́ниям | Mittel от *G;* ein Mittel ~ Husten сре́дство от ка́шля | gegenüber, in Bezug auf к *D;* ~ j-n streng [gerecht] sein быть стро́гим [справедли́вым] к кому́-н.; Mißtrauen [Achtung] ~ j-n недове́рие [уваже́ние] к кому́-н.; freundlich [höflich] ~ j-n sein быть любе́зным [ве́жливым] с кем-н. [по отноше́нию к кому́-н.] | Vergleich по сравне́нию с *I;* meine Sammlung ist nichts ~ deine моя́ колле́кция ничего́ по сравне́нию с твое́й; ~ dich ist er ein alter Mann по сравне́нию с тобо́й он стари́к | Gegenwert за *A;* ~ Bezahlung за пла́ту; ~ Barzahlung за нали́чные; Mark ~ Rubel tauschen обменя́ть ма́рки на рубли́; ~ Quittung под распи́ску; ~ Kaution [Zinsen] под зало́г [проце́нты]
Gegen|angriff *m* контрнаступле́ние 5, контрата́ка 6 | zum ≈ übergehen переходи́ть 3⁺ -хожу́ ⟨-|йти́*⟩ в контрата́ку; **~aussage** *f* противопоказа́ние 5; **~befehl** *m* контрприка́з 2; **~bemerkung** *f* возраже́ние 5; **~besuch** *m* отве́тный визи́т; **~beweis** *m* контраргуме́нт 2
Gegend *f* ме́стность 9; Umgebung окре́стность 9; *Med* о́бласть 9

Gegen|dienst *m* взаи́мная услу́га | zu ≈en gern bereit всегда́ гото́вый к услу́гам; **~druck** *m* противоде́йствие 5; *Tech* противодавле́ние 5

gegeneinander *Adv* друг про́тив дру́га

Gegen|forderung *f* встре́чное тре́бование; **~frage** *f* встре́чный вопро́с; **~gewicht** *n* противове́с 2 *a. übertr;* **~gift** *n* противоя́дие 5; **~kathete** *f Math* противолежа́щий 11 ка́тет; **~klage** *f* встре́чный иск; **~leistung** *f* отве́тная услу́га 6

Gegenlicht *n* свет, па́дающий 11 с противополо́жной стороны́; *Foto* контрово́й свет; **~aufnahme** *f* съёмка про́тив све́та

Gegen|liebe *f* отве́тная любо́вь | mit diesem Vorschlag fand er keine ≈ его́ предложе́ние не нашло́ сочу́вствия; **~maßnahme** *f* контрме́ра 6, отве́тная ме́ра; **~mittel** *n* сре́дство от чего́-н.; **~offensive** *f* контрнаступле́ние 5; **~partei** *f Jur* проти́вная сторона́; *Sport* кома́нда проти́вника; **~plan** *m* встре́чный план; **~pol** *m* противополо́жный по́люс; **~probe** *f* прове́рка 6 | ≈! bei Abstimmungen кто про́тив?; **~reformation** *f* контрреформа́ция 8; **~revolution** *f* контрреволю́ция 8; **~satz** *m* противополо́жность 9, контра́ст 2; Gegensätzlichkeit der Interessen противоре́чие 5 | im ≈ zu etw. в противополо́жность чему́-н.; im ≈ zu etw. stehen быть* в противоре́чии с чем-н.

gegensätzlich противополо́ж|ный, -ен

Gegenseite *f* противополо́жная сторона́

gegenseitig взаи́м|ный, -ен, обою́д|ный, -ен | ~e Hilfe взаимопо́мощь 9; ~es Einverständnis взаимопонима́ние 5

Gegen|seitigkeit *f* взаи́мность 9, обою́дность | das beruht auf ≈ э́то осно́вано на взаи́мности; **~spieler** *m* проти́вник 2; im Spiel партнёр 2; **~stand** *m* предме́т 2; eines Gesprächs те́ма 6, предме́т | zum ≈ der Beratung werden стать предме́том обсужде́ния

gegen|ständig *Bot* супроти́вный; **~ständlich** предме́т|ный, -ен; **~standslos** беспредме́т|ный, -ен; unbegründet необосно́ван:ный, -на | ≈ werden утра́|чивать ⟨-тить 3⟩ значе́ние

Gegen|stoß *m Mil* контруда́р 2, контрата́ка 6; **~strömung** *f* встре́чное [обра́тное] тече́ние *a. übertr;* **~teil** *n* противополо́жность 9 *D* | im ≈ наоборо́т, напро́тив; das ≈ ist wahr, das ≈ ist der Fall как раз наоборо́т; das ≈ behaupten утвержда́ть обра́тное

gegenteilig противополо́ж|ный, -ен | ≈e Meinung противополо́жное мне́ние

Gegentor *n* отве́тный гол

gegenüber *Präpos* örtlich напро́тив *G,* про́тив *G;* er saß mir ~ он сиде́л (на)про́тив меня́; der Schule schräg ~ наискосо́к [на́искось] про́тив шко́лы | vergleichend по сравне́нию с *I;* ~ dem Vorjahr по сравне́нию с предыду́щим го́дом | Beziehung по отноше́нию к *D,* пе́ред *I,* к *D;* unsere Pflicht der Heimat ~ наш долг пе́ред ро́диной; die Verantwortung ~ dem Kollektiv отве́тственность пе́ред коллекти́вом; j-s Plänen ~ skeptisch sein относи́ться скепти́чески к чьим-н. пла́нам; mir ~ hat er nichts gesagt мне он об э́том ничего́ не говори́л

Gegenüber *n* визави́ *m, f indekl;* Gegenübersitzender сидя́щий *Subst* 11 напро́тив

gegenüber|liegen *intr* лежа́ть [быть* располо́женным] напро́тив *G;* **~liegend** противополо́ж|ный, -ен; **~stehen** *intr* стоя́ть напро́тив *G;* Meinungen противостоя́ть 3 *D;* **~stellen** *tr* vergleichen сопост|авля́ть ⟨-а́вить 3 -а́влю⟩; *Jur* производи́ть 3⁺ -вожу́ ⟨-|вести́*⟩ о́чную ста́вку (j-n j-m кого́-н. с кем-н.)

Gegenüberstellung *f* сопоставле́ние 5; *Jur* о́чная ста́вка

Gegen|verkehr *m* встре́чное движе́ние 5; **~vorschlag** *m* контрпредложе́ние 5, встре́чное предложе́ние; **~wart** *f* Anwesenheit прису́тствие 5; Jetztzeit совреме́нность 9; Tempus настоя́щее 11 вре́мя | in j-s ≈ в чьём-н. прису́тствии; in ≈ des Direktors при дире́кторе

gegenwärtig **1.** *Adj* настоя́щий 11, совреме́н|ный, -ен, -на | das ist mir nicht mehr ganz ~ я э́то сейча́с пло́хо по́мню **2.** *Adv* в настоя́щее вре́мя, тепе́рь

Gegenwarts|literatur *f* совреме́нная литерату́ра; **~stück** *n* пье́са на совреме́нную те́му

Gegen|wehr *f* сопротивле́ние 5; **~wert** *m* эквивале́нт 2; **~wind** *m* встре́чный ве́тер; **~winkel** *m Math* противолежа́щий 11 у́гол; **~wirkung** *f* противоде́йствие 5

gegenzeichnen *tr* скреп|ля́ть ⟨-и́ть 3 -лю́⟩ второ́й по́дписью

Gegen|zeichnung *f* скрепле́ние 5 второ́й по́дписью; **~zug** *m* встре́чный по́езд; Schach отве́тный ход

Gegner *m* проти́вник 2; Feind враг 2e; *Sport* проти́вник

gegnerisch проти́вный | ~e Hälfte des Spielfelds *Sport* чужа́я полови́на по́ля

Gegnerschaft *f* вражда́ 6

Gehacktes *n* сыро́е ру́бленое мя́со 4, фарш 2

¹**Gehalt** *m* содержа́ние 5 (an *G*)

²**Gehalt** *n* зарпла́та 6, жа́лованье 5 | mit

seinem ~ auskommen обходи́ться 3⁺ -хожу́сь ⟨-о|йти́сь*⟩ своей за́работной пла́той, жить* на свою́ зарпла́ту
gehalt|los бессодержа́тел|ьный, -ен, -ьна; **~reich** содержа́тел|ьный, -ен, -ьна
Gehalts|abzug *m* вы́чет из за́работной пла́ты; **~anspruch** *m* пра́во 4b на получе́ние жа́лованья; Forderung тре́буемый окла́д 2; **~erhöhung** *f* повыше́ние зарпла́ты; **~stufe** *f* катего́рия 8 зарпла́ты; **~zulage** *f* надба́вка [приба́вка 6] к зарпла́те
ge|haltvoll содержа́тел|ьный, -ен, -ьна; **~harnischt** *übertr* ре́з|кий, -ок, -ка́!; **~hässig** язви́тел|ьный, -ен, -ьна, зло́б|ный, -ен | ≈es Benehmen вражде́бное отноше́ние; ≈e Worte жёлчные слова́
Gehässigkeit *f* язви́тельность 9
Gehäuse *n* Uhr ко́рпус 2b *Pl* -а́; *Tech* коро́бка 6
Gehege *n* заго́н 2 | j-m ins ~ kommen вме́шиваться ⟨вмеша́ться⟩ в чьи-н. дела́, затр|а́гивать ⟨-о́нуть 4⟩ чьи-н. интере́сы
geheim 1. *Adj* та́йный, секре́т|ный, -ен; verborgen потайно́й, скры́тый; im Innern verborgen сокрове́н:ный, -на | in ~er Abstimmung при та́йном голосова́нии **2.** *Adv* ~ tun секре́тничать, скры́тничать | im ~en вта́йне, укра́дкой
Geheim|abkommen *n* та́йное соглаше́ние; **~agent** *m* секре́тный аге́нт; **~bund** *m* та́йный сою́з; **~dienst** *m* та́йная поли́ция 8; **~fach** *n* тайни́к 2e, потайно́й я́щик 2; **~gang** *m* потайно́й ход
geheimhalten *tr* храни́ть 3 в та́йне, таи́ть 3 | etw. streng ~ храни́ть что-н. в стро́гой та́йне
Geheimhaltung *f* сохране́ние 5 в та́йне
Geheimnis *n* та́йна 6, секре́т 2 | öffentliches ~ всем изве́стный секре́т, секре́т полишине́ля; ein ~ aus etw. machen де́лать секре́т [та́йну] из чего́-н., скрыва́ть ⟨-|кры́ть*⟩ что-н.; es ist längst kein ~ mehr ни для кого́ уже́ не секре́т; **~krämerei** *f,* **~tuerei** *f* стремле́ние 5 де́лать из всего́ та́йну
geheimnisvoll таи́нствен:ный, -на | ~ tun секре́тничать, скры́тничать
Geheim|polizei *f* та́йная поли́ция; **~rat** *m alt* та́йный сове́тник; **~schrift** *f* шифр 2, тайнопись 9; **~sender** *m* та́йный радиопереда́тчик
Geheiß *n* приказа́ние 5 | auf j-s ~ по чьему́-н. приказа́нию [тре́бованию]
gehen *intr* идти́* *best,* хо|ди́ть 3⁺ -жу́ *unbest;* losgehen по|йти́* *v;* доходи́ть ⟨-йти́⟩ (bis zu до *G*) | Sie müssen bis zum Platz ~ вам ну́жно дойти́ до пло́щади; der Zug geht nach Berlin по́езд идёт в Берли́н; das Fenster geht nach Norden окно́ выхо́дит на се́вер; die Mühle geht ме́льница рабо́тает; das Geschäft geht schlecht де́ло идёт пло́хо; diese Ware geht gut э́тот това́р идёт хорошо́, э́то хо́дкий това́р; es geht darum, daß ... де́ло идёт о том, что ...; in die zweite Klasse ~ учи́ться 3⁺ во второ́м кла́ссе; wie geht es Ihnen? как вы пожива́ете?, как вы живёте?; es geht! ничего́ себе́!; mir geht es gut [schlecht] мне хорошо́ [пло́хо]; so gut es geht по ме́ре возмо́жности; es geht nichts darüber нет ничего́ лу́чше; so geht es nicht так нельзя́, так не вы́йдет; es wird schon ~ обойдётся!, сойдёт!; es geht auf Mitternacht вре́мя приближа́ется к полу́ночи; das geht zu weit э́то уж сли́шком, э́то уж чересчу́р; sicher ~ де́йствовать 2 наверняка́; es geht nicht nach dir э́то не по-тво́ему; vor sich ~ соверш|а́ться ⟨-и́ться 3⟩, происходи́ть ⟨произойти́⟩; in sich ~ уходи́ть ⟨уйти́⟩ в себя́, заду́мываться ⟨-ду́маться⟩
Gehen *n Sport* спорти́вная ходьба́ | im ~ на ходу́
gehenlassen, sich *refl* дава́ть* ⟨дать*⟩ себе́ во́лю, распу|ска́ться ⟨-сти́ться 3⁺ -щу́сь⟩
Geher *m Sport* скорохо́д 2
geheuer: das kommt mir nicht ganz ~ vor (мне ка́жется,) здесь что-то нела́дно [нечи́сто]
Geheul *n* вой 1, рёв 2
Gehilf|e *m* помо́щник 2; Geselle подру́чный *Subst* 10; **~in** *f* помо́щница 6
Gehirn *n* (головно́й) мозг 2b *G a.* мо́згу; в мозгу́; als Speise мозги́ *Pl;* **~erschütterung** *f* сотрясе́ние мо́зга; **~erweichung** *f Med* размягче́ние мо́зга
Gehirnhaut *f* мозгова́я оболо́чка; **~entzündung** *f* менинги́т 2
Gehirnschlag *m* апоплекси́ческий уда́р
gehoben повы́шенный | ~er Posten отве́тственная до́лжность; ~er Stil высо́кий [торже́ственный] стиль
Ge|höft *n* двор 2e, уса́д|ьба 6 *G Pl* -еб; **~hölz** *n* ро́ща 6, лес|о́к, -ка́ 2; Sträucher куста́рник 2; **~hör** *n* слух 2 *a. Mus* | nach ≈ на слух, по слу́ху; ≈ finden быть* вы́слушанным; j-m ≈ schenken (благоскло́нно) выслу́шивать ⟨вы́слушать⟩ кого́-н.; sich bei j-m ≈ verschaffen заставля́ть ⟨заста́в|ить 3 -лю⟩ кого́-н. вы́слушать себя́; das absolute ≈ абсолю́тный (музыка́льный) слух
gehorchen *intr* слу́шаться (по-)*G*, повинова́ться 2 *D Prät a. v*
gehören *intr* принадлежа́ть (j-m кому́-н.); принадлежа́ть, относи́ться 3⁺ (zu к *D*);

zu einer Gruppe входи́ть 3⁺ в соста́в (zu *G*) | das gehört nicht zur Sache э́то к де́лу не отно́сится; dazu gehört Geld для э́того нужны́ де́ньги; zur Kommission ~ 16 Abgeordnete в коми́ссию вхо́дят 16 депута́тов; es gehört sich полага́ется; das gehört sich nicht не подоба́ет, не прили́чно; wie es sich gehört как сле́дует, как полага́ется

Gehörgang *m* слухово́й прохо́д

gehörig 1. *Adj* принадлежа́щий 11; gebührend надлежа́щий 11, до́лжный | eine ~e Strafe bekommen получи́ть надлежа́щее наказа́ние **2.** *Adv* основа́тельно, как сле́дует | j-m ~ die Wahrheit sagen сказа́ть кому́-н. всю пра́вду в глаза́

gehörlos глух:о́й| -а́!

Gehörloser *m* глухо́й *Subst* 10

Gehörlosenschule *f* шко́ла для глухи́х [для глухонемы́х]

Gehörnerv *m* слухово́й нерв

gehörnt рога́т:ый

gehorsam послу́ш|ный| -ен

Gehorsam *m* повинове́ние 5, послуша́ние 5 | den ~ verweigern выхо|ди́ть 3⁺ -жу́ ⟨вы́|йти́*⟩ из повинове́ния

Geh|rock *m* сюрту́к 2e; **~rung** *f* направле́ние 5 под угло́м (в 45°)

Geier *m* гриф 2

Geifer *m* слюна́ 6; *übertr* яд 2

geifern *intr* бры́згать* слюно́й; *übertr* быть* в я́рости

Geige *f* скри́пка 6 | ~ spielen игра́ть на скри́пке; die erste ~ spielen игра́ть пе́рвую скри́пку *a. übertr*

geigen *intr* игра́ть на скри́пке

Geigen|bau *m* произво́дство скри́пок, **~bauer** *m* скрипи́чный ма́стер 2b *Pl* -а́; **~bogen** *m* смыч|о́к| -ка́ 2; **~spieler** *m* скрипа́ч 2e *G Pl* -е́й

Geiger *m* скрипа́ч 2e *G Pl* -е́й; **~zähler** *m* счётчик 2 Ге́йгера

geil похотли́в:ый, сладостра́ст|ный| -ен

Geilheit *f* похотли́вость 9, сладостра́стие 5

Geisel *f* зало́жник 2; **~nahme** *f* захва́т 2 зало́жников

Geiß *f Zool* коза́ 6c; **~blatt** *n Bot* жимо́лость 9; **~bock** *m* коз|ёл| -ла́ 2

Geist *m* дух 2; Verstand ум 2e; Scharfsinn, Witz остроу́мие 5; *Myth* при́зрак 2, привиде́ние 5 | im ~ der Zeit в ду́хе вре́мени; im ~ der Freundschaft в ду́хе дру́жбы; im ~e war er bei uns мы́сленно он был с на́ми; den ~ aufgeben испу|сти́ть *v* 3⁺ -щу́ дух, у|мере́ть* *v;* man weiß, wes ~es Kind er ist изве́стно| что он собо́й представля́ет

geisterhaft при́зрач|ный| -ен

geistern *intr* бро|ди́ть 3⁺ -жу́ как при́зрак

Geisterstunde *f* полу́ночный час

geistesabwesend 1. *Adj* рассе́ян:ный| -на **2.** *Adv* рассе́янно; blicken отсу́тствующим взгля́дом

Geistes|abwesenheit *f* рассе́янность 9; **~arbeit** *f* у́мственная рабо́та, у́мственный труд; **~armut** *f* ску́дость ума́; **~blitz** *m* остроу́мие 5, блеск 2 остроу́мия; **~gabe** *f* дарова́ние 5; **~gegenwart** *f* прису́тствие ду́ха

geisteskrank душевнобольно́й

Geistes|kranker *m* душевнобольно́й *Subst* 10; **~krankheit** *f* психи́ческое заболева́ние 5, душе́вная боле́знь; **~richtung** *f* иде́йное направле́ние; **~schaffender** *m* челове́к 2 у́мственного труда́; *Pl* интеллиге́нция 8

geistesschwach слабоу́м|ный| -ен

Geistesschwäche *f* слабоу́мие 5

geistesverwandt ро́дственный по ду́ху

Geistes|verwandtschaft *f* единомы́слие 5, (с)родство́ душ; **~wissenschaften** *f Pl* гуманита́рные нау́ки

geist|ig духо́вный; intellektuell у́мственный; Getränke спиртно́й | ≈e Arbeit у́мственный труд; ≈e Fähigkeiten у́мственные спосо́бности; ≈e Interessen духо́вные интере́сы; das materielle und ≈e Wohl материа́льное и духо́вное благосостоя́ние; ≈e Getränke спиртны́е напи́тки; **~lich** духо́вный

Geistlicher *m* свяще́нник 2, духо́вное лицо́ 4c

Geistlichkeit *f* духове́нство 4, клир 2

geist|los ску́ч|ный| -ен| -на́| -но| ску́чны́, пуст:о́й| -а́!; **~reich** остроу́м|ный| -ен; **~tötend** смерте́льно ску́чный; **~voll** scharfsinnig остроу́м|ный| -ен| у́мный| умён| умна́| у́мно́

Geiz *m* ску́пость 9

geizen *intr* скуп|и́ться 3⁺ -лю́сь ⟨по-⟩ (mit на *A*)

Geizhals *m* скупо́й *Subst* 10, скря́га *m, f* 6

geizig скуп:о́й| -а́!

Geizkragen *m* = **Geizhals**

Ge|jammer *n* во́пли *Pl* 1, сто́ны *Pl* 2, **~jauchze** *n* ликова́ние 5; **~johle** *n* кри́ки *Pl* 2, рёв 2; **~kicher** *n* хихи́канье 5; **~kläff** *n* тя́вканье 5; **~klapper** *n* стук 2; **~klimper** *n* бренча́ние 5; **~klirr** *n* Gläser дребезжа́ние 5; Waffen бряца́ние 5; **~knatter** *n* трескотня́ 7; **~krächze** *n* ка́рканье 5

gekräuselt курча́в:ый, кудря́в:ый

Ge|kreisch *n* визг 2, кри́ки *Pl* 7; **~kritzel** *n* кара́кули *Pl* 7; **~kröse** потрох|а́ *Pl* 2b -о́в

gekünstelt иску́ствен:ный| -на, неесте́ствен:ный| -на

Gelächter *n* смех 2 *G a.* -у; lautes хо́хот 2 | in ein ~ ausbrechen за|хохота́ть* *v,* рассме|я́ться| -ю́сь| -ёшься

Gelage *n* (роско́шный) пир 2b| на пиру́; Trink~ кут|ёж 2e *G Pl* -ежей, попо́йка 6

gelähmt парали́чный
Gelände *n* мéстность 9; Fläche террито́рия 8; **~beschaffenheit** *f* харáктер мéстности; **~fahrt** *f Sport* мотокрóсс 2
geländegängig вездехóдный
Gelände|kunde *f* топогрáфия 8; **~lauf** *m* кросс 2
Geländer *n* пери́ла *Pl* 4; Brüstung парапéт 2
Gelände|ritt *m* кóнный кросс 2; **~übung** *f* тактúческое заня́тие 5 на мéстности
gelangen *intr* попадáть ⟨-|пáсть*⟩; erreichen добирáться ⟨-|брáться*, -брали́сь⟩ (bis до *G*), дост|игáть ⟨-и́гнуть 4a *u.* 4⟩ *G* | nicht in die richtigen Hände ~ попáсть не по áдресу
gelassen спокó|йный, -ен, -йна, хладнокрóв|ный, -ен | etw. ~ hinnehmen относи́ться 3⁺ -ношу́сь ⟨-|нести́сь*⟩ к чему́-н. спокóйно
Gelassenheit *f* спокóйствие 5, хладнокрóвие 5
Gelatine *f* желати́н 2
geläufig 1. *Adj* употреби́тел|ьный, -ен, -ьна, извéст|ный, -ен | eine ~e Redensart употреби́тельный оборóт рéчи **2.** *Adv* бéгло, свобóдно
Geläufigkeit *f* бéглость 9
gelaunt: gut [schlecht] ~ в хорóшем [дурнóм] настроéнии
Geläute *n* звон 2, трезвóн 2
gelb жёлтый | gelber Fleck *Anat* жёлтое пятнó; ~ werden желтéть (по-)
Gelb *n* жёлтый цвет 2b *Pl* -á, желтизнá 6
Gelb|fieber *n* жёлтая лихорáдка; **~filter** *m* жёлтый (свето)фи́льтр
gelblich желтовáт:ый
Gelbsucht *f* желту́ха 6
gelbsüchtig желту́шный
Geld *n* дéньги *Pl* 6 *G* дéнег, *D* деньгáм (für на *A*) | großes ~ кру́пные дéньги; das große ~ больши́е дéньги; ~ für etw. ausgeben расхóдовать 2 (из-) дéньги на что-н.; das kostet viel ~ э́то стóит больши́х [мнóго] дéнег; er wurde sein ~ los он лиши́лся (свои́х) дéнег; das ist nicht mit ~ zu bezahlen э́то ни за каки́е дéньги не ку́пишь; das geht ins ~ э́то бьёт по кармáну; zu ~ kommen наживáться ⟨-|жи́ться*, -жили́сь⟩, богатéть (раз-); das ~ zum Fenster hinauswerfen *übertr* бросáть ⟨брóсить⟩ дéньги на вéтер; er hat ~ wie Heu у негó у́йма дéнег; **~abwertung** *f* девальвáция 8; **~anlage** *f* помещéние [вложéние] дéнежных средств; **~anweisung** *f* дéнежный перевóд; **~börse** *f* кошел|ёк, -ькá 2; **~entwertung** *f* обесцéнение дéнег, инфля́ция 8
geldgierig áлчный к деньгáм [до дéнег]
Geld|heirat *f* брак по расчёту; **~mangel** *m* отсу́тствие дéнег, безде́нежье 5 | unter ≈ leiden нуждáться в деньгáх; **~markt** *m* дéнежный ры́нок; **~mittel** *n Pl* дéнежные срéдства, дéнежный фонд 2; **~schein** *m* дéнежный знак 2, банкнóт 2; **~schrank** *m* сейф 2; **~strafe** *f* дéнежный штраф; **~stück** *n* монéта 6; **~umlauf** *m Wirtsch* дéнежное обращéние; **~umtausch** *m* обмéн (инострáнной) валю́ты; **~- und Sachwertlotterie** *f* дéнежно-вещевáя лотерéя; **~verlegenheit** *f* дéнежные затруднéния | in ≈ sein нуждáться в деньгáх; **~verschwendung** *f* расточи́тельство 4; **~wert** *m* стóимость [курс 2] дéнег; **~zeichen** *n* дéнежный знак
Gelee *n* желé *n idkl* | Hering in ~ заливнáя сельдь
gelegen 1. *Adj* passend удóб|ный, -ен, подходя́щий 11 | zu ~er Zeit в подходя́щее врéмя; mir ist viel daran ~ я придаю́ э́тому большóе значéние, э́то для меня́ óчень вáжно **2.** *Adv* вóвремя, кстáти | das kommt mir sehr ~ э́то для меня́ óчень кстáти; kommen wir ~? мы не помешáем?
Gelegenheit *f* (удóбный) слу́ча|й 1 *G Pl* -ев | bei ~ при (удóбном) слу́чае; mir bot sich eine ~, ich hatte ~ мне предстáвился слу́чай; j-m ~ geben давáть ⟨дать⟩ комý-н. возмóжность; die ~ beim Schopfe fassen воспóльзоваться благоприя́тным слу́чаем; не упу|скáть ⟨-сти́ть 3⁺ -щу́⟩ слу́чая; ich hatte keine ~ dort zu sein мне не довелóсь там побывáть
Gelegenheits|arbeiter *m* рабóчий, не имéющий 11 постоя́нной рабóты; **~kauf** *m* случáйная покýпка | einen ≈ machen куп|и́ть *v* 3⁺ -лю́ что-н. по слу́чаю
gelegentlich 1. *Adj* случáйный **2.** *Adv* manchmal иногдá **3.** *Präpos* während во врéмя *G*
gelehrig поня́тлив:ый, смышлён:ый
Gelehr|igkeit *f* поня́тливость 9, смышлёность 9; **~samkeit** *f* учёность 9, эруди́ция 8
gelehrt учён:ый, -а
Gelehrter *m* учёный *Subst* 10
Geleit *n* прóводы *Pl* 2; Geleitzug конвó|й 1 *G Pl* -ев | j-m das letzte ~ geben от|давáть* ⟨отдáть*⟩ комý-н. послéдний долг; j-m freies ~ zusichern обеспéч|ивать ⟨-ить 3⟩ комý-н. свобóдное продвижéние
geleiten *tr* прово|жáть ⟨-ди́ть 3⁺ -жу́⟩
Geleit|schiff *n* конвои́р 2; **~wort** *n* предислóвие 5; zum Abschied напу́тственное слóво, напу́тствие 5; **~zug** *m* конвó|й 1 *G Pl* -ев судóв
Gelenk *n Anat* сустáв 2; *Tech* сочленéние 5; **~bus** *m* сочленённый авто́бус; **~entzündung** *f* артри́т 2

gelenkig ло́в|кий, -ок, -ка́!, ги́б|кий, -ок, -ка́!
Gelenkigkeit *f* ло́вкость 9, ги́бкость 9
Gelenk|rheumatismus *m* суставно́й ревмати́зм; **~welle** *f Tech* карда́нный вал
gelernt квалифици́рован:ный, -на, обу́ченный
geliebt люби́м:ый
Geliebte *f* возлю́бленная *Subst* 10, любо́вница 6; **~r** *m* возлю́бленный *Subst* 10, любо́вник 2
gelieren *tr* застыва́ть ⟨-|сты́ть*⟩
gelinde 1. *Adj* sanft мя́г|кий [хк], -ок, -ка́ [хк]; -че, уме́рен:ный, -на **2.** *Adv* мя́гко | ~ gesagt мя́гко выража́ясь
gelingen *intr* у|дава́ться* ⟨-|да́ться*; -дали́сь⟩ | es wird dir sicherlich ~ э́то тебе́ наверняка́ уда́стся; ihm ist es gelungen zu … ему́ удало́сь *Inf*
Gelispel *n* шёпот 2
gellen *intr* ре́зко звуча́ть 3; **~d** ре́з|кий, -ок, -ка́!; -че, пронзи́тел|ьный, -ен, -ьна
geloben *tr* торже́ственно обеща́ть *uv, v* дава́ть* ⟨дать*⟩ обе́т; sich ~ *refl* посвя|ти́ть *v* 3 -щу́ себя́ *D* | ich gelobte mir, es nicht mehr zu tun я зака́ялся э́то де́лать
Gelöbnis *n* торже́ственное обеща́ние 5, обе́т 2
gelockt кудря́в:ый, завито́й, за́вит, -а́!
gelten *intr* wert sein сто́ить 3; gültig sein быть действи́тельным; im Ruf stehen слыть* ⟨про-⟩ (als *I*); gelten als счита́ться 1 *I*; bestimmt sein относи́ться 3⁺ -ношу́сь ⟨-нести́сь⟩ (j-m к кому́) | die Fahrkarte gilt nicht биле́т недействи́телен; was gilt die Wette? на ско́лько де́ржим пари́?; es gilt (zu) … де́ло идёт о том, чтобы …; es gilt! идёт!, ла́дно!; ~ lassen допу|ска́ть ⟨-сти́ть 3⁺ -щу́⟩, при|знава́ть* ⟨-зна́ть; при́знанный⟩ уважи́тельным; ich lasse es ~ я согла́сен; wir wollen es ~ lassen пусть бу́дет; das gilt dir э́то отно́сится к тебе́; das gilt nicht э́то не счита́ется; ihr Wort gilt viel bei ihm её мне́ние [её сло́во] для него́ авторите́тно [мно́го зна́чит]; **~d:** seine Rechte ≈ machen дока́зывать ⟨-|каза́ть*⟩ своё пра́во; seinen Einfluß ≈ machen испо́льзовать *uv, v* 2 своё влия́ние
Geltung *f* значе́ние 5 | sich ~ verschaffen приобрета́ть ⟨-о|брести́*⟩ влия́ние; etw. zur ~ bringen выставля́ть ⟨вы́став|ить 3 -лю⟩ что-н. напока́з; zur ~ kommen проявл|я́ться ⟨-и́ться 3⟩
Geltungsbedürfnis *n* жела́ние 5 прояви́ть себя́ *I*
Gelübde *n* обе́т 2 | ein ~ ablegen дать* обе́т
gelüsten *intr* стра́стно жела́ть (по-) | es gelüstet mich nach etw. я жа́жду чего́-н., я стра́стно жела́ю чего́-н.
gemach *Adv* ме́дленно, споко́йно
Gemach *n* поко́й 1
gemächlich ме́длен:ный, -на; gemütlich споко́|йный, -ен, -йна, удо́б|ный, -ен | ein ~es Leben führen споко́йно жить*
Gemächlichkeit *f* споко́йствие 5, поко́й 1; Bequemlichkeit удо́бство 4
Gemahl *m* супру́г 2; **~in** *f* супру́га 6
Gemälde *n* карти́на 6 | nach einem ~ von Rembrandt с карти́ны Ре́мбранта; **~ausstellung** *f* вы́ставка карти́н; **~galerie** *f* карти́нная галере́я; **~sammlung** *f* собра́ние карти́н
gemasert в прожи́лках
gemäß *Präp* согла́сно *D* | ~ den Verdiensten по заслу́гам; seinem Wunsch ~ в соотве́тствии с его́ жела́нием; **~igt** уме́рен:ный, -на
Gemäuer *n* ка́менные сте́ны 6h
gemein allgemein о́бщий 11; niederträchtig, unanständig по́дл:ый, -а́!; abscheulich безобра́з|ный, -ен | er hat mit ihm nichts ~ он не име́ет ни́чего о́бщего с ним; ~ handeln вести́ себя́ по́дло
Gemeinde *f* о́бщина 6; Kirche прихо́д 2; **~ältester** *m* се́льский ста́роста 6; **~rat** *m* сове́т о́бщины; **~verwaltung** *f* коммуна́льное [общи́нное] управле́ние; **~wahlen** *f Pl* коммуна́льные вы́боры
Gemeineigentum *n* обще́ственная со́бственность | Überführung in ~ переда́ча в обще́ственное по́льзование
gemein|gefährlich обще́ственно опа́сный; **~gültig** общепри́нят:ый
Gemein|gut *n* о́бщее достоя́ние 11-5; **~heit** *f* по́длость 9, ни́зость 9 | eine ≈ begehen поступ|а́ть ⟨-и́ть 3⁺ -лю⟩ по́дло; was für eine ≈! како́е безобра́зие!; **~kosten** *Pl* о́бщие 11 (накладны́е) расхо́ды
gemeinnützig обще́ственно поле́з|ный, -ен
Gemeinnützigkeit *f* обще́ственная по́льза 6
Gemeinplatz *m* о́бщее 11 ме́сто
gemeinsam 1. *Adj* о́бщ:ий 11 -а́!, совме́ст|ный, -ен | ~e Erklärung совме́стное заявле́ние; ~er Wille еди́ная во́ля **2.** *Adv* сообща́, вме́сте | ~ handeln де́йствовать сообща́
Gemeinsamkeit *f* о́бщность 9
Gemeinschaft *f* Gemeinsamkeit о́бщность 9; von Freunden содру́жество 4; Gesellschaft о́бщество 4 | eheliche ~ супру́жеское сожи́тельство 4
gemeinschaftlich о́бщ:ий 11 -а́!, обще́ственный
Gemeinschafts|antenne *f* коллекти́вная анте́нна; **~arbeit** *f* совме́стный труд; **~besuch** *m* Kino, Theater usw. культпохо́д 2; **~raum** *m* бытово́е помеще́ние; **~verpflegung** *f* обще́ственное пита́ние

Gemeinwohl *n* óбщее 11 блáго
Gemenge *n* смесь 9; *Landw* смéшанный посéв 2
gemessen Schritte, Bewegungen размéрен:ный, -на, мéр|ный, -ен; Haltung степéн|ный, -ен, -на
Gemetzel *n* резня́ 7, бó|йня 7 *G Pl* -ен
Gemisch *n* смесь 9
gemischt смéшанный
Gemsbock *m* гóрный коз|ёл, -лá 2
Gemse *f* сéрна 6
Ge|munkel *n* слýхи *Pl* 2, тóлки *Pl* 2; ~**murmel** *n* бормотáние 5, гóвор 2; Bach журчáние 5
Gemüse *n* óвощ|и, -ей 2g, зéлень 9; ~**anbau** *m* овощевóдство 4; ~**beilage** *f* гарни́р 2 из овощéй; ~**garten** *m* огорóд 2; ~**gärtner** *m* огорóдник 2; ~**händler** *m* зеленщи́к 2e, торгóвец овощáми; ~**handlung** *f* овощнóй магази́н, овощнáя лáвка; ~**konserven** *f Pl* овощны́е консéрвы; ~**pflanze** *f* овощнóе растéние; ~**salat** *m* салáт из овощéй; ~**suppe** *f* овощнóй суп
gemustert узóрный, узóрчат:ый | ~er Stoff матéрия с пёстрым узóром
Gemüt *n* нрав 2, душá 6c, *A* дýшу; *Pl* ~er умы́ 2e | fröhliches ~ весёлый нрав; die erregten ~er beschwichtigen успок|áивать ⟨-óить 3⟩ возбуждённые умы́
gemütlich ую́т|ный, -ен, прия́т|ный, -ен; Person прия́тный, добродýш|ный, -ен
Gemütlichkeit *f* ую́т 2, ую́тность 9 | da hört doch die ~ auf! э́то уж сли́шком [чересчýр]!
Gemüts|art *f* харáктер 2, нрав 2; ~**bewegung** *f* эмóция 8, душéвное пережива́ние 5
gemütskrank душевнобольнóй
Gemüts|mensch *m* добродýшный человéк; ~**ruhe** *f* душéвный покóй, спокóйствие дýха; ~**zustand** *m* душéвное состоя́ние
gemütvoll задушéв|ный, -ен
Gen *n* ген 2
genau 1. *Adj* тóч|ный, -ен, -нá!, аккурáт|ный, -ен; ausführlich подрóб|ный, -ен; sorgfältig тщáтел|ьный, -ен, -ьна; gewissenhaft щепети́л|ьный, -ен, -ьна **2.** *Adv* тóчно, рóвно | es mit etw. ~ nehmen быть* весьмá щепети́льным в чём-н.; es ist ~ sieben Uhr рóвно семь часóв; es ist ~ dasselbe э́то совершéнно то же сáмое; ~ so viel, wie … рóвно стóлько же, скóлько …; ~ in der Mitte в сáмой середи́не; ~er gesagt вернéе сказáть; ~er betrachtet при бóлее подрóбном рассмотрéнии; ~**genommen** *Adv* стрóго говоря́
Genauigkeit *f* тóчность 9, аккурáтность 9; подрóбность 9; тщáтельность 9; щепети́льность 9
genauso: ~ wie тóчно так же, как
Gendarm *m* жандáрм 2
genehm прия́т|ный, -ен
genehmigen *tr* разреш|áть ⟨-и́ть 3⟩; zustimmen согла|шáться ⟨-си́ться 3 -шýсь⟩ на *A* | ein Gesuch ~ удовлетвор|я́ть ⟨-и́ть 3⟩ прошéние
Genehmigung *f* разрешéние 5 (für на *A*) 5 | mit ~ von с разрешéния *G*
genehmigungspflichtig трéбующий 11 (осóбого) разрешéния
geneigt abschüssig, schief наклóнный, отлóг:ий; *übertr* склóн|ный, -ен, -нá! ‖ ~ sein быть располóжен:ным
General *m* генерáл 2; ~**angriff** *m* óбщее 11 наступлéние; ~**direktor** *m* генерáльный дирéктор; ~**feldmarschall** *m* генерáл-фельдмáршал 2; ~**gouverneur** *m* генерáл-губернáтор 2; ~**intendant** *m* генерáльный интендáнт
Generalität *f* генералитéт 2
General|konsul *m* генерáльный кóнсул; ~**leutnant** *m* генерáл-лейтенáнт 2; ~**linie** *f* генерáльная ли́ния; ~**major** *m* генерáл-майóр 2; ~**probe** *f* генерáльная репети́ция 8; ~**reparatur** *f* капитáльный ремóнт; ~**sekretär** *m* генерáльный секретáрь
Generalsrang *m* генерáльское звáние
General|staatsanwalt *m* генерáльный прокурóр; ~**stab** *m* генерáльный штаб; ~**streik** *m* всеóбщая 11 забастóвка; ~**versammlung** *f* óбщее 11 собрáние; der UN генерáльная ассамблéя 7; ~**vertretung** *f* глáвное представи́тельство
Generation *f* поколéние 5 | von ~ zu ~ из поколéния в поколéние
Generator *m* генерáтор 2; ~**gas** *n* генерáторный газ
generell 1. *Adj* (все)óбщий 11 **2.** *Adv* вообщé
genesen *intr* выздорáвливать ⟨вы́здороветь⟩, попр|авля́ться ⟨-áвиться 3 -áвлюсь⟩ (von пóсле *G*)
Genesis *f* гéнезис 2; Bibel Кни́га 6 Бытия́
Genesung *f* выздоровлéние 5, излечéние 5 | der ~ entgegengehen быть* на пути́ к выздоровлéнию
Genesungs|heim *n* дом óтдыха [санатóрий 1] для выздорáвливающих; ~**kur** *f* (курóртное) долéчивание 5
Genetik *f* генéтика [нэ] 6; ~**er** *m* генéтик 2
genetisch генети́ческий [нэ]
genial гениáл|ьный, -ен, -ьна
Genialität *f* гениáльность 9
Genick *n* заты́л|ок, -ка 2 | sich das ~ brechen *a. übertr* сломáть *v* себé шéю; das bricht ihm das ~ э́то сломáет емý шéю; ~**starre** *f Med* цереброспинáльный менинги́т 2
Genie *n* гéни|й 1 *P* -и, *G Pl* -ев, гениáльный человéк 2

genieren, sich *refl* стесня́ться (по-) (vor *G*)
genießbar съедо́б|ный, -ен, го́д|ный, -ен, -на́! в пи́щу
genießen *tr* Speise есть*, ку́шать (по-, с-); Leben насла|жда́ться ⟨-ди́ться 3 -жу́сь⟩ *I;* Ansehen по́льзоваться 2 *I* | er hat eine gute Erziehung genossen он получи́л хоро́шее воспита́ние; er ist heute nicht zu ~ он сего́дня невыноси́м [несно́сен]
Genießer *m* жуи́р 2
Genitalien *Pl* половы́е о́рганы 2
Genitiv *m* роди́тельный паде́ж 2e *G Pl* -е́й
Genius *m* ге́ни|й 1 *P* -и, *G Pl* -ев
genormt нормиро́ванный, станда́рт|ный, -ен
Genosse *m* това́рищ 2
Genossenschaft *f* коопера́ти́в 2; **~ler** *m* член 2 кооперати́ва
genossenschaftlich кооперати́вный | ~ organisieren коопери́ровать *uv, v* 2
Genossenschaftsbauer *m* член 2 сельскохозя́йственного произво́дственного кооперати́ва
Genossin *f* това́рищ 2 *in Verbindung mit Familiennamen nicht dekliniert*
Genre *n* жанр 2; **~bild** *n* жа́нровая карти́на; **~malerei** *f* жа́нровая жи́вопись
Gens *f hist* род 2b, в роду́
Gentil|gesellschaft *f* родово́е о́бщество; **~ordnung** *f* родово́й строй
genug *Adv* дово́льно, доста́точно | noch nicht ~ ещё ма́ло; mehr als ~ бо́лее чем доста́точно; nicht ~ damit, daß ... ма́ло того́, что ...; ich habe ~ (davon) с меня́ (э́того) хва́тит, мне э́то надое́ло; ~ des Guten! хоро́шего понемно́жку!
Genüge *f:* zur ~ доста́точно, вдо́воль
genügen *intr* хва|та́ть ⟨-ти́ть 3⁺⟩, быть* доста́точным; einer Forderung удовлетвор|я́ть ⟨-и́ть 3⟩ *D* | das genügt хва́тит; **~d** доста́точ|ный, -ен, удовлетвори́тел|ьный, -ен, -ьна; Zensur удовлетвори́тельно
genügsam скро́м|ный, -ен, -на́!, нетре́бовател|ьный, -ен, -ьна
Genugtuung *f* удовлетворе́ние 5 (über от *G*) | es ist mir eine ~, das zu hören мне доставля́ет удовлетворе́ние слы́шать э́то
Genus *n Gramm* род 2
Genuß *m* Vergnügen наслажде́ние 5; von Speisen потребле́ние | in den ~ von etw. kommen по́льзоваться 2 (вос-) чем-н.; **~mittel** *n Pl* изде́лия *Pl* 5 вкусово́й промы́шленности; **~sucht** *f* жа́жда 6 наслажде́ний
genußsüchtig жа́д|ный, -ен, -на́! до наслажде́ний
Geodäsie *f* геоде́зия [дэ] 8
geodätisch геодези́ческий [дэ]
Geograph *m* гео́граф 2; **~ie** *f* геогра́фия 8
geographisch географи́ческий
Geolog|e *m* гео́лог 2; **~ie** *f* геоло́гия 8
geologisch геологи́ческий
Geometrie *f* геоме́трия 8 | darstellende ~ начерта́тельная геоме́трия
geometrisch геометри́ческий
Geophysik *f* геофи́зика 6
geophysikalisch геофизи́ческий
Geophysiker *m* геофи́зик 2
Georgi|en Гру́зия 8; **~er** *m* грузи́н 2 *G Pl* грузи́н; **~erin** *f* грузи́нка 6
georgisch грузи́нский | Georgische Sozialistische Sowjetrepublik Грузи́нская Сове́тская Социалисти́ческая Респу́блика
geostationär геостациона́рный
Geowissenschaften *Pl* нау́ки *Pl* о земле́
Gepäck *n* бага́ж 2e; **~anhänger** *m* бага́жный ярлы́к 2e; beschriftetes Schildchen би́рка 6; **~annahme** *f* приём багажа́; **~aufbewahrung** *f* хране́ние багажа́; Raum ка́мера 6 хране́ния (багажа́); **~ausgabe** *f* вы́дача багажа́; **~automat** *m* автомати́ческая ка́мера 6 хране́ния багажа́; **~marsch** *m* марш с по́лной вы́кладкой; **~netz** *n* се́тка для багажа́; **~raum** *m* бага́жное отделе́ние 5; **~schein** *m* бага́жная квита́нция 8; **~stück** *n* (бага́жное) ме́сто 4; **~träger** *m* носи́льщик 2; am Fahrrad бага́жник 2; **~waage** *f* бага́жные весы́; **~wagen** *m Eisenb* бага́жный ваго́н; kleiner Karren бага́жная теле́жка 6
Gepard *m* гепа́рд 2
ge|pfeffert о́стр:ый, -а́!; Preise взду́тый | das sind ≈e Preise э́ти це́ны куса́ются; ≈er Witz солёная острота́; **~pflastert** мощёный; **~pflegt** хо́леный | ≈e Sprache культу́рная речь
Gepflogenheit *f* обы́ча|й 1 *G Pl* -ев, привы́чка 6
Geplänkel *n Mil* перестре́лка 6; Wortgefecht перебра́нка 6
Geplapper *n* болтовня́ 7
Geplätscher *n* плеск 2
Geplauder *n* разгово́ры *Pl* 2
Gepolter *n* гро́хот 2
Gepräge *n* отпеча́т|ок, -ка 2 | etw. das ~ geben класть* ⟨положи́ть 3⁺⟩ отпеча́ток на что-н.
Gepränge *n* пы́шность 9, ро́скошь 9
Gequake *n* von Fröschenква́канье 5
gerade 1. *Adj* прям:о́й, -а́!; aufrichtig прямоду́ш|ный, -ен, открове́н|ный, -ен, -на; *Math* чётный **2.** *Adv* пря́мо, как раз | ~ heute как раз сего́дня; nun ~ nicht! вот уж нет; er ist ~ abgereist он то́лько что уе́хал; ~ du wirst gesucht и́менно тебя́ и́щут; da fällt mir ~ ein кста́ти сказа́ть, ме́жду про́чим; von Ihnen spricht man ~ о вас и говоря́т; das wollte ich ~ sagen э́то я и хоте́л сказа́ть
Gerade *f Math* пряма́я *Subst f* 10, пряма́я

ли́ния 8; *Sport* Rennbahn пряма́я; Boxen прямо́й уда́р 2

geradeaus *Adv* пря́мо, напрями́к | ~ gehen идти́ пря́мо

geradebiegen *tr* распрям|ля́ть ⟨-и́ть 3 -лю́⟩, раз|гиба́ть ⟨-огну́ть 4⟩

geradeheraus *Adv* пря́мо, напрями́к

gerade|machen *tr* выпрямля́ть ⟨вы́прям|ить 3 -лю⟩; **~sitzen** *intr* сиде́ть пря́мо

geradeso *Adv* (то́чно) так же, (то́чно) тако́й же | er ist ~ groß wie du он то́чно тако́го же ро́ста как ты, он одного́ ро́ста с тобо́й; **~gut** *Adv* с таки́м же успе́хом, так же (хорошо́); **~viel** *Adv* и́менно сто́лько-то, тако́е-то коли́чество

gerade|wegs *Adv* пря́мо, прямы́м путём; **~zu** *Adv* [-'---] пря́мо, про́сто; [---'-] без обиняко́в, напрями́к

geradlinig прямолине́|йный, -ен, -йна

Geranie *f* гера́нь 9

Gerassel *n* гро́хот 2, шум 2; der Ketten лязг 2

Gerät *n* прибо́р 2; *Sport* (гимнасти́ческий) снаря́д 2

geraten **1.** *intr* gelangen попада́ть ⟨-|па́сть*⟩, очути́ться *v* 3⁺; in einen best. Gefühlszustand приходи́ть 3⁺ -хожу́ ⟨-|йти́*⟩; gelingen удава́ться ⟨-|да́ться*; -дали́сь⟩ | außer sich ~ вы́йти *v* из себя́; in Wut ~ прийти́ в я́рость; in Verzweiflung ~ прийти́ в отча́яние; an den rechten Mann ~ попа́сть *v* на ну́жного челове́ка; an den falschen ~ попа́сть не по а́дресу; zu klein ~ sein не вы́йти ро́стом; er ist nach seinem Vater ~ он (по хара́ктеру) похо́ж на своего́ отца́ **2.** *Adv* уда́ч|ный, -ен | nicht ~ неуда́вшийся 11

Geräte|schnur *f* соедини́тельный шнур; **~schuppen** *m* маши́нный сара́й

Geratewohl *n:* aufs ~ наyда́чу, наyга́д, на аво́сь

Gerätschaften *Pl* ору́дия *Pl* 5

Gerätturnen *n* спорти́вная гимна́стика 6 на снаря́дах

geräuchert копчёный

geraum: ~e Zeit нема́лый срок, продолжи́тельное [до́лгое] вре́мя; seit ~er Zeit с да́вних пор, давны́м-давно́

geräumig просто́р|ный, -ен

Geräusch *n* шо́рох 2, шум 2

geräuscharm малошу́м|ный, -ен

Geräuschkulisse *f* шумова́я кули́са

geräusch|los **1.** *Adj* бесшу́м|ный, -ен; **2.** *Adv* без шу́ма; **~voll** шу́м|ный, -ен, -на́!

gerben *tr* Fell дуб|и́ть 3 -лю́ (вы́-) | j-m das Fell ~ *übertr* откол|оти́ть 3⁺ -очу́ кого́-н.

Gerber *m* дуби́льщик 2; **~ei** *f* дуби́л|ьня 7 *G Pl* -ен

Gerb|säure *f* дуби́льная кислота́; **~stoff** *m* дуби́тель 1

gerecht справедли́в:ый | allen Anforderungen ~ werden удовлетвор|я́ть ⟨-и́ть 3⟩ всем тре́бованиям; eine ~e Sache пра́вое де́ло; ~ sein gegen j-n быть справедли́вым к кому́-н.; **~fertigt** обосно́ван:ный, -на, справедли́в:ый

Gerechtigkeit *f* справедли́вость 9; Justiz правосу́дие 5 | j-m ~ widerfahren lassen от|дава́ть* ⟨отда́ть*⟩ справедли́вость кому́-н., воздава́ть ⟨-да́ть⟩ до́лжное кому́-н.

Gerechtigkeitssinn *m* чу́вство 4 справедли́вости

Gerede *n* болтовня́ 7; Gerücht то́лки *Pl* 2 | ins ~ kommen стать предме́том пересу́дов [то́лков]

gereichen *intr:* das gereicht ihm zur Ehre э́то де́лает ему́ честь

gereizt раздраж|ённый, -ён, -ена́

Gereiztheit *f* раздраже́ние 5

gereuen *intr:* es gereut mich, daß ... я раска́иваюсь в том, что ..., я (со)жале́ю, что ...

[1]**Gericht** *n* Speise блю́до 4, ку́шанье 5

[2]**Gericht** *n Jur* суд 2е | das Oberste ~ Верхо́вный суд; über j-n zu ~ sitzen су|ди́ть 3⁺ -жу́ кого́-н.; die Sache kommt vor ~ де́ло бу́дет пе́редано в суд, де́ло бу́дет рассма́триваться в суде́; j-n bei ~ verklagen жа́ловаться (по-) на кого́-н. в суд; j-n vor ~ stellen от|дава́ть* ⟨отда́ть*⟩ кого́-н. под суд; das Jüngste ~ *Rel* стра́шный суд

gerichtlich **1.** *Adj* суде́бный | auf ~em Wege суде́бным поря́дком **2.** *Adv* по суду́, суде́бным поря́дком | gegen j-n ~ vorgehen по|дава́ть* ⟨пода́ть*⟩ в суд на кого́-н.

Gerichts|akten *f Pl* делопроизво́дство 4 по суде́бному проце́ссу; **~barkeit** *f* подсу́дность 9, юрисди́кция 8; **~behörde** *f* суд 2е, суде́бная инста́нция 8; **~beschluß** *m* определе́ние 5 суда́; **~hof** *m* трибуна́л 2; **~kosten** *Pl* суде́бные изде́ржки; **~medizin** *f* суде́бная медици́на; **~saal** *m* зал суде́бных заседа́ний; **~stand** *m* подсу́дность 9; **~verfahren** *n* судопроизво́дство 4; **~verhandlung** *f* суде́бное разбира́тельство 4, суде́бный проце́сс 2; **~vollzieher** *m* суде́бный исполни́тель 1

gerieben schlau проны́рлив:ый | ein ~er Bursche тёртый кала́ч 2е

gering **1.** *Adj* ма́л:ый, -а́; ме́ньше; ме́ньший 11; Qualität ни́з|кий, -ок, -ка́, -ко, ни́зки; ни́же | nicht das ~ste ро́вно ничего́; das ist meine ~ste Sorge э́то ма́ло меня́ беспоко́ит; es entgeht ihm nicht das Geringste от него́ ничто́ не ускольза́ет **2.** *Adv:* nicht im ~sten ничу́ть, нисколько; von j-m ~ denken быть* невысо́кого мне́ния о ком-н; **~fügig** ма-

лова́ж|ный, -ен, незначи́тел|ьный, -ен, -ьна
Geringfügigkeit *f* малова́жность 9, незначи́тельность 9
geringschätz|en *tr* пренебрега́ть ⟨пренебре́чь*⟩ *I,* не уважа́ть; **~ig 1.** *Adj* пренебрежи́тел|ьный, -ен, -ьна **2.** *Adv* свысока́
Geringschätzung *f* пренебреже́ние 5, неуваже́ние 5
gerinnen *intr* свёртываться ⟨сверну́ться 4⟩
Gerinnsel *n* сгу́ст|ок, -ка 2
Gerippe *n Anat* скеле́т 2; Schiffs~ о́стов 2; Gestell карка́с 2
ge|rippt ребри́ст:ый; *Bot* жилкова́т:ый; **~rissen** schlau продувно́й, хи́т|рый, -ёр, -ра́!
Gerissenheit *f* хи́трость 9
Germane *m* герма́н|ец, -ца 2
germanisch герма́нский
Germanist *m* германи́ст 2; **~ik** *f* германи́стика 6, герма́нская филоло́гия 8
Germanium *n* герма́ни|й 1 *P* -и
gern(e) *Adv* охо́тно | sehr ~ с удово́льствием; von Herzen ~ с велича́йшим удово́льствием; ich möchte ~ мне хоте́лось бы *Inf;* ich lese ~ я люблю́ чита́ть; ~ gesehen sein быть жела́нным го́стем; j-n ~ haben люб|и́ть 3⁺ -лю́ кого́-н.; ~ geschehen! не сто́ит благода́рности!, не́ за что!
Gernegroß *m* хвасту́н 2
Geröll *n* га́лька 6
geröstet жа́реный | ~e Brotschnitten гренки́ *Pl* 2
Gerste *f* ячме́нь 1e
Gersten|graupen *f Pl* я́чневая крупа́; **~korn** *n Bot* ячме́нное зерно́; *Med* ячме́нь 1e; **~mehl** *n* ячме́нная мука́
Gerte *f* прут 2 *u.* 2e, *Pl* -ья, -ьев; Reit~ хлыст 2e
Geruch *m* Sinnesorgan обоня́ние 5; Duft за́пах 2 | übler ~ злово́ние 5, дурно́й за́пах
geruchlos лишённый за́паха
Geruchs|organ *n* о́рган обоня́ния; **~sinn** *m* обоня́ние 5
Gerücht *n* слух 2 | ein ~ in Umlauf bringen распу|сти́ть *v* 3⁺ -щу́ слух
gerüchtweise *Adv* по слу́хам
geruhen *intr* соблаговол|я́ть ⟨-и́ть 3⟩ *mit Inf,* соизволя́ть ⟨-во́лить 3⟩ *mit Inf*
geruhsam споко́|йный, -ен, -йна
Gerümpel *n* хлам 2, ру́хлядь 9
Gerundium *n* дееприча́стие 5
Gerüst *n* Bau~ лес|а́ *Pl* 2 *G* -о́в
gesalzen солёный, со́лон, -а́! | wenig ~ малосо́л|ьный, -ен, -ьна; die Preise sind ~ *übertr umg* це́ны куса́ются
gesammelt: ~e Werke собра́ние 5 сочине́ний
gesamt весь, всего́ 14
Gesamt|ansicht *f* о́бщий 11 вид; **~ausgabe** *f* Bücher по́лное собра́ние сочине́ний; *Pl Fin* о́бщие расхо́ды 11-2; **~betrag** *m* о́бщая 11 су́мма; **~bild** *n* о́бщая 11 карти́на | sich ein ≈ machen сост|авля́ть ⟨-а́вить 3 -а́влю⟩ себе́ о́бщую карти́ну; **~eindruck** *m* о́бщее 11 впечатле́ние; **~einnahme** *f* валово́й дохо́д; **~ergebnis** *n* оконча́тельный результа́т; **~fläche** *f* о́бщая 11 пло́щадь; **~gewicht** *n* о́бщий 11 вес, вес бру́тто; **~heit** *f* совоку́пность 9; **~länge** *f* о́бщая 11 длина́; **~leistung** *f* по́лная мо́щность [производи́тельность]; **~produkt** *n Wirtsch* валово́й проду́кт; **~produktion** *f* о́бщая 11 проду́кция; **~punktzahl** *f Sport* о́бщее 11 число́ очко́в; **~sieg** *m* о́бщая 11 побе́да; **~stärke** *f* о́бщая 11 чи́сленность; **~summe** *f* о́бщая 11 [ито́говая] су́мма; **~umsatz** *m Wirtsch* о́бщий 11 оборо́т; **~zahl** *f* о́бщее 11 число́; **~zensur** *f* о́бщая 11 отме́тка [оце́нка]
Gesandter *m* посла́нник 2
Gesandtschaft *f* ми́ссия 8
Gesang *m* пе́ние 5; *Lied* пе́сня 7; **~buch** *n* сбо́рник 2 религио́зных пе́сен; **~lehrer** *m* учи́тель пе́ния; **~stunde** *f* уро́к пе́ния
Gesäß *n* зад 2b, на, в заду́, седа́лище 4
gesättigt *Chem* насы́щенный
Geschädigter *m* потерпе́вший *Subst* 11
Geschäft *n* Handel де́ло 4b; Abkommen сде́лка 6; Beschäftigung заня́тие 5; Laden магази́н 2; Unternehmen предприя́тие 5, фи́рма 6 | gute ~e machen заключ|а́ть ⟨-и́ть 3⟩ вы́годные сде́лки
Geschäftemacher *m* дел|е́ц, -ьца́ 2
geschäft|ig де́ятел|ьный, -ен, -ьна; **~lich 1.** *Adj* делово́й, торго́вый **2.** *Adv* по де́лу, по дела́м | er war ≈ verreist он уе́хал по дела́м
Geschäfts|abschluß *m:* einen ≈ tätigen заключ|а́ть ⟨-и́ть 3⟩ сде́лку; **~bereich** *m* круг 2b де́ятельности; **~bericht** *m* отчёт о состоя́нии дел; **~führer** *m* управля́ющий *Subst* 11 [заве́дующий *Subst* 11] торго́вой фи́рмой; **~gebaren** *n* делова́я пра́ктика 6, ме́тод веде́ния де́л(а); **~haus** *n* торго́вый дом, фи́рма 6; **~inhaber** *m* владе́лец магази́на; **~jahr** *n* хозя́йственный год; **~mann** *m* дел|е́ц, -ьца́ 2, коммерса́нт 2
geschäftsmäßig делово́й
Geschäfts|ordnung *f* регла́мент 2; **~partner** *m* делово́й партнёр; **~schluß** *m* закры́тие 5 магази́нов; **~straße** *f* торго́вая у́лица; **~träger** *m Pol* пове́ренный *Subst* 10 в дела́х; **~viertel** *n* торго́вая часть 9g (го́рода)
geschäftstüchtig де́льный, оборо́тлив:ый
Geschäfts|verkehr *m* деловы́е свя́зи *Pl* 9 [снoше́ния]; **~welt** *f* делово́й мир

geschehen *intr* происходи́ть 3⁺ ⟨про-изо|йти́*⟩, случ|а́ться ⟨-и́ться 3⟩; vor sich gehen де́латься ⟨c-⟩ | etw. ~ lassen допу|ска́ть ⟨-сти́ть 3⁺ -щу́⟩; als ob nichts ~ wäre как ни в чём не быва́ло; es ist ihm ganz recht ~ подело́м ему́, он получи́л по заслу́гам, так ему́ и на́до; es ist um ihn ~ он пропа́л, он поги́б

Geschehen *n* собы́тие 5

Geschehnis *n* происше́ствие 5, слу́ча|й 1 *G Pl* -ев

gescheit у́мный, ум|ён, -на́, у́мно́, раз-у́м|ный, -ен | du bist wohl nicht ~! *umg* ты с ума́ сошёл!

Geschenk *n* пода́р|ок, -ка 2 | zum ~ в пода́рок; j-n mit ~en überhäufen задари-вать ⟨-дари́ть 3⁺⟩ кого́-н.; **~artikel** *m* пода́р|ок, -ка 2; **~packung** *f* пода́-рочный набо́р 2; **~sendung** *f* пода́-рочная посы́лка

Geschichte *f* Wissenschaft исто́рия 8; Erzählung расска́з 2, по́весть 9g | eine wahre ~ быль 9; das ist eine schöne ~! *umg* ну и дела́!, вот так исто́рия!; immer dieselbe ~! ве́чно одно́ и то же!; mach keine ~n! *umg* не финти́!, не валя́й ду-рака́!

geschichtlich истори́ческий

Geschichts|atlas *m* а́тлас по исто́рии; **~auffassung** *f* понима́ние 5 исто́рии; **~buch** *n* уче́бник 2 исто́рии; **~fälscher** *m* фальсифика́тор исто́рии; **~forscher** *m* исто́рик 2; **~forschung** *f* историо-гра́фия 8; **~lehrer** *m* учи́тель исто́рии; **~quelle** *f* истори́ческий исто́чник; **~schreiber** *m* историо́граф 2; **~schreibung** *f* историогра́фия 8; **~unterricht** *m* преподава́ние исто́рии; **~wissenschaft** *f* истори́ческая нау́ка

Geschick *n* Schicksal судьба́ 6c *G Pl* су́-деб; Fertigkeit ло́вкость 9; **~lichkeit** *f* ло́вкость 9

Geschicklichkeitsrennen *n* Motorsport соревнова́ние 5 на ло́вкость

geschickt иску́с|ный, -ен, ло́в|кий, -ок, -ка́!

geschieden Ehe развед|ённый, -ён, -ена́ | wir sind ~e Leute ме́жду на́ми всё ко́н-чено

Geschimpfe *n* ру́гань 9, брань 9

Geschirr *n* посу́да 6; für Pferde сбру́я 7; **~schrank** *m* посу́дный шкаф, шкаф для посу́ды; **~spülmaschine** *f* посудомо́-ечная маши́на; **~tuch** *n* посу́дное поло-те́н|це 4 *G Pl* -ец

Geschlecht *n* *Biol* пол 2; *Gramm* род 2b, на, в роду́; Sippe род; Generation поко-ле́ние 5 | das schöne ~ прекра́сный пол; das schwache ~ сла́бый пол

geschlechtlich полово́й

Geschlechts|akt *m* полово́й акт; **~krankheit** *f* венери́ческая боле́знь

geschlechtslos *Biol* беспо́лый

Geschlechts|merkmale *n Pl* половы́е при́знаки; **~organ** *n* полово́й о́рган; **~reife** *f* полова́я зре́лость; **~trieb** *m* по-лово́е влече́ние 5; **~verkehr** *m* половы́е сноше́ния *Pl* 5

geschliffen шлифо́ван:ный, -а; facettiert гранёный; scharf точёный; Zunge о́стр:ый, -а́

Geschlinge *n* Innereien ли́вер 2; Ranken сплете́ние 5

geschlossen закры́тый; einmütig спло-чённый | ~e Vorstellung закры́тое пред-ставле́ние

Geschlossenheit *f* це́лостность 9, спло-чённость 9

Geschmack *m* вкус 2 | ~ finden an etw. приохо́|титься *v* 3 -чусь к чему́-н.; einer Sache keinen ~ abgewinnen не ви́|деть 3 -жу ничего́ хоро́шего в чём-н.; auf den ~ kommen вхо|ди́ть 3⁺ -жу́ ⟨во|йти́*⟩ во вкус; das ist ganz nach seinem ~ э́то со-верше́нно в его́ вку́се; das ist nicht nach unserem ~ э́то нам не по вку́су; über den ~ läßt sich nicht streiten о вку́сах не спо́рят, на вкус и на свет това́рищей нет

geschmacklos безвку́с|ный, -ен

Geschmacklosigkeit *f* безвку́сица 6

Geschmacks|empfindung *f* вкусово́е ощуще́ние; **~sache** *f*: das ist ≈ э́то де́ло вку́са; **~sinn** *m* чу́вство 4 вку́са; **~verirrung** *f* безвку́сица 6

geschmackswidrig неприя́тный на вкус

geschmackvoll со вку́сом

geschmeichelt польщ|ённый, -ён, -ена́

Geschmeide *n* украше́ние 5 из драго-це́нного мета́лла

geschmeidig ги́б|кий, -ок, -ка́!, Muskel упру́г:ий; Stoff, Lehm пода́тлив:ый; Leder мя́г|кий, -ок, -ка́!; *übertr* ги́бкий

Geschmeidigkeit *f* ги́бкость 9; пода́тли-вость 9; мя́гкость 9

Geschmiere *n* пачкотня́ 7 *umg*, мазня́ 7

Geschnatter *n* Gänse гогота́нье 5; Enten кря́канье 5; *übertr* болтовня́ 7

geschniegelt расфранч|ённый, -ён, -ена́ | ~ und gebügelt оде́тый с иго́лочки

Geschöpf *n* существо́ 4, созда́ние 5

Geschoß *n* Kugel пу́ля 7; schweres: снаря́д 2; Stockwerk эта́ж 2e *G Pl* -е́й; **~bahn** *f* траекто́рия 8 снаря́да

geschraubt *übertr* вы́чур|ный, -ен

Geschrei *n* крик 2 | ein ~ erheben подня́ть* *v* крик, раскрича́ться *v* 3

Geschreibsel *n* Geschriebenes писани́на 6

Geschütz *n* ору́дие 5 | weittragendes ~ дальнобо́йное ору́дие; ein schweres ~ auffahren *übertr* выставля́ть ⟨вы́став|ить 3 -лю⟩ ве́ские аргуме́нты; **~bedienung** *f* оруди́йный расчёт 2; **~feuer** *n* ору-

ди́йный ого́нь; **~führer** *m* команди́р 2 ору́дия; **~turm** *m* ору́дийная ба́шня
Geschwader *n Mar* эска́дра 6; *Flugw* авиацио́нная эска́дра, авиаэска́дра 6
Geschwätz *n* болтовня́ 7
geschwätzig болтли́в¦ый, говорли́в¦ый
Geschwätzigkeit *f* болтли́вость 9, говорли́вость 9
geschweige *Adv:* ~ denn не говоря́ уже́ о том; ich habe ihn überhaupt nicht gesehen, ~ denn gesprochen я его́ вообще́ не ви́дел, тем бо́лее я не мог с ним говори́ть
geschwind бы́стр¦ый, -а́!, прово́р|ный, -ен
Geschwindigkeit *f* ско́рость 9g, быстрота́ 6 | eine große ~ entwickeln развива́ть ⟨-|ви́ть*, -овью⟩ большу́ю ско́рость; eine ~ von 100 km/h erreichen дост|ига́ть ⟨-и́гнуть 4a *u* 4⟩ ско́рость 100 киломе́тров в час; die ~ herabsetzen уменьша́ть ⟨уме́ньшить 3⟩ ско́рость
Geschwindigkeits|beschränkung *f* ограниче́ние ско́рости; **~kontrolle** *f* контро́ль за ско́ростью движе́ния; **~messer** *m* спидо́метр 2, измери́тель 1 ско́рости, тахо́метр 2; **~überschreitung** *f* превыше́ние 5 ско́рости
Geschwister *Pl* бра́тья и сёстры *Pl* | wir sind ~ мы брат и сестра́
geschwollen *Med* опу́хший 11; Redeweise напы́щен¦ный
Geschworenengericht *n* суд прися́жных
Geschworener *m Jur* прися́жный *Subst* 10, прися́жный заседа́тель 1
Geschwulst *f* о́пухоль 9
Geschwür *n* нары́в 2, я́зва 6
Geselle *m* подмасте́рь|е 5 *G Pl* -ев; Gefährte това́рищ 2, па́р|ень, -ня lg | lustiger ~ весёлый ма́лый *Subst* 10
gesellen, sich *refl* присоедин|я́ться ⟨-и́ться 3 к *D*⟩
Gesellen|prüfung *f* экза́мен на зва́ние подмасте́рья; **~zeit** *f* го́ды *Pl* 2 рабо́ты подмасте́рьем
gesellig общи́тел|ьный, -ен, -ьна; umgänglich обходи́тел|ьный, -ен, -ьна | ~er Abend вечери́нка 6; ~es Beisammensein дру́жеская встре́ча 6
Geselligkeit *f* общи́тельность 9; обходи́тельность 9
Gesellschaft *f* о́бщество 4; Vereinigung о́бщество, объедине́ние 5; Handel о́бщество, това́рищество 4; kleiner Kreis компа́ния 8, о́бщество | ~ für Deutsch-Sowjetische Freundschaft О́бщество герма́но-сове́тской дру́жбы; ~ für Sport und Technik О́бщество друзе́й спо́рта и те́хники; ~ mit beschränkter Haftung това́рищество с ограни́ченной отве́тственностью; leisten Sie uns ~ соста́вьте нам компа́нию; er ist in schlechte ~ geraten он попа́л в дурно́е о́бщество
Gesellschafter *m* компаньо́н 2; **~in** *f* собесе́дница 6
gesellschaftlich обще́ственный | ~e Arbeit обще́ственная рабо́та; sich ~ betätigen занима́ться обще́ственной рабо́той
Gesellschafts|kleid *n* вече́рнее 11 пла́тье; **~ordnung** *f* обще́ственный строй; **~spiel** *n* коллекти́вная игра́; **~tanz** *m* ба́льный та́нец; **~wissenschaft** *f* обще́ственная нау́ка; **~wissenschaftler** *m* обществове́д 2, специали́ст 2 в о́бласти обще́ственных нау́к
gesellschaftswissenschaftlich обществове́дческий
Gesellschaftszimmer *n* гости́ная *Subst* 10, о́бщая 11 ко́мната
Gesetz *n* зако́н 2 | ein ~ erlassen изда́ть* *v* зако́н; im Namen des ~es и́менем зако́на; gegen das ~ verstoßen нар|уша́ть ⟨-у́шить 3⟩ зако́н; kraft des ~es в си́лу зако́на; nach dem ~ по зако́ну; **~blatt** *n* ве́стник 2 зако́нов; **~buch** *n* ко́декс 2, свод 2 зако́нов | Bürgerliches ≈ гражда́нский ко́декс; **~entwurf** *m* законопрое́кт 2
Gesetzes|kraft *f* си́ла зако́на, зако́нная си́ла | ≈ erlangen вступи́ть *v* 3 в си́лу; **~vorlage** *f* законопрое́кт 2
gesetzgebend законода́тельный
Gesetzgeb|er *m* законода́тель 1; **~ung** *f* законода́тельство 4
gesetzlich зако́н|ный, -ен, -на | auf ~em Wege зако́нным путём; ~ geschützt охраня́ется зако́ном
Gesetzlichkeit *f* зако́нность 9
gesetzlos беззако́н|ный, -ен, -на
Gesetzlosigkeit *f* беззако́ние 5
gesetzmäßig 1. *Adj* закономе́р|ный, -ен **2.** *Adv* по зако́ну
Gesetzmäßigkeit *f* закономе́рность 9
gesetzt 1. *Adj* соли́д|ный, -ен | im ~en Alter в зре́лом во́зрасте **2.** *Konj:* ~ den Fall, daß … предполо́жим, что…
gesetzwidrig противозако́н|ный, -ен, -на
Gesetzwidrigkeit *f* противозако́нность 9
Geseufze *n* сто́ны и вздо́хи *Pl* 2 – *Pl* 2
Gesicht *n* лицо́ 4c; Sehvermögen зре́ние 5 | ~er schneiden грима́сничать; er ist seinem Vater wie aus dem ~ geschnitten он вы́литый оте́ц; sein ~ wahren сохран|я́ть ⟨-и́ть 3⟩ свой прести́ж; j-n zu ~ bekommen уви́|деть *v* 3 -жу кого́-н.; j-m etw. ins ~ sagen сказа́ть кому́-н. что-н. (пря́мо) в лицо́ [в глаза́]; ein langes ~ machen де́лать (с-) ки́слое лицо́
Gesichts|ausdruck *m* выраже́ние лица́; **~farbe** *f* цвет лица́; **~feld** *n* по́ле зре́ния; **~kreis** *m* кругозо́р 2; **~massage** *f* масса́ж лица́; **~pflege** *f* ухо́д за лицо́м; **~punkt** *m* то́чка зре́ния | unter

diesem ≈ с э́той то́чки зре́ния, в э́том разре́зе; **~rose** *f* ро́жистое воспале́ние 5 лица́; **~sinn** *m* зре́ние 5; **~wasser** *n* туале́тная вода́ для лица́; **~winkel** *m* у́гол зре́ния; **~züge** *m Pl* черты́ лица́
Gesims *n* карни́з 2
Gesinde *n* прислу́га 6, че́лядь 9
Gesindel *n* сброд 2, сво́лочь 9g
gesinnt настро́енный, располо́женный | j-m freundlich ~ sein быть дру́жески располо́женным к кому́-н.
Gesinnung *f* о́браз 2 мы́слей, взгля́ды Pl 2 | seine wahre ~ zeigen выявля́ть ⟨вы́яв|ить 3 -лю⟩ свои́ настоя́щие убежде́ния
Gesinnungsgenosse *m* единомы́шленник 2
gesinnungslos беспринци́п|ный, -ен
Gesinnungslosigkeit *f* беспринци́пность 9
gesittet воспи́тан:ный, -на; kultiviert культу́р|ный, -ен
Gesittung *f* воспи́танность 9; культу́рность 9
gesondert отде́льный, разде́льный
Gespann *n* запря́жка 6, упря́жка 6; Motorrad mit Beiwagen мотоци́кл 2 с коля́ской
gespannt напряжён:ный, -на; gestrafft натя́нут:ый | auf etw. ~ sein с нетерпе́нием [с любопы́тством] ожида́ть чего́-н.
Gespenst *n* привиде́ние 5, при́зрак 2
gespensterhaft, gespenstisch при́зрач|ный, -ен; geheimnisvoll таинствен:ный, -на
Gespiel|e *m* друг 2 *Pl* друзь|я́, -е́й де́тства; **~in** *f* подру́га 6 де́тства
gespielt наигран:ный, -на
Gespinst *n* пря́жа 6
Gespött *n* насме́шки *Pl* 6, издева́тельство 4 | zum ~ на смех; zum ~ werden станов|и́ться 3⁺ -лю́сь ⟨стать*⟩ посме́шищем
Gespräch *n* разгово́р 2, бесе́да 6 | sich mit j-m in ein ~ einlassen вступ|а́ть ⟨-и́ть 3⁺ -лю́⟩ с кем-н. в разгово́р; ein ~ führen вести́ бесе́ду, бесе́довать 2; mit j-m ins ~ kommen разговори́ться *v* 3 с кем-н., ein ~ mit j-m anknüpfen завя́зывать ⟨-|вяза́ть*⟩ с кем-н. разгово́р
gesprächig разгово́рчив:ый, словоохо́тлив:ый
Gesprächigkeit *f* разгово́рчивость 9, словоохо́тливость 9
Gesprächs|buch *n* разгово́рник 2; **~partner** *m* собесе́дник 2; **~stoff** *m* те́ма 6 для разгово́ра; **~thema** *n* те́ма разгово́ра | das ≈ wechseln перемени́ть *v* 3⁺ разгово́р
gesprächsweise *Adv* в разгово́ре, в бесе́де
gespreizt *übertr* напы́щен:ный, -на
Gespreiztheit *f* напы́щенность 9
gesprenkelt пятни́ст:ый; Stoff в кра́пинках, с кра́пинками
Gestade *n* морско́й бе́рег 2
Gestalt *f* фо́рма 6, о́браз 2; des Körpers фигу́ра 6; Wuchs рост 2 | in ~ von etw. в лице́ чего́-н.; eine liebliche ~ милови́дная вне́шность 9; ~ annehmen оформля́ться ⟨офо́рмиться 3⟩
gestalten *tr* при|дава́ть* ⟨прида́ть*⟩ вид *D*, оформля́ть ⟨офо́рм|ить 3 -лю⟩; sich ~ *refl* скла́дываться ⟨сложи́ться 3⁺⟩
Gestaltung *f* оформле́ние 5, изображе́ние 5
Gestaltungs|kraft *f* изобрази́тельная си́ла; **~mittel** *n* вырази́тельное [изобрази́тельное] сре́дство
Gestammel *n* ле́пет 2
geständig: ~ sein при|знава́ть ⟨-зна́ть⟩ себя́ вино́вным; er ist ~ *Jur* он признаёт свою́ вину́
Geständnis *n* призна́ние 5 | ein ~ ablegen призна́ться *v* в вине́
Gestank *m* вонь 9, смрад 2
gestärkt Wäsche крахма́льный
gestatten *tr* разреш|а́ть ⟨-и́ть 3⟩, позв|оля́ть ⟨-о́лить 3⟩ | ~ Sie! позво́льте!, разреши́те!
Geste *f* жест 2
gestehen *tr* при|знава́ться* ⟨-зна́ться⟩ в *P* | offen gestanden открове́нно говоря́
Gestehungskosten *Pl Wirtsch* издержки *Pl* 6 ироизво́дства
Gestein *n* го́рная поро́да 6 | taubes ~ пуста́я поро́да
Gesteinsschicht *f* слой го́рной поро́ды
Gestell *n* Regal подста́вка 6, стелла́ж 2e *G Pl* -е́й; Gerüst, Gerippe о́стов 2, карка́с 2; Brille опра́ва 6
Gestellungsbefehl *m* прика́з о призы́ве
gestern *Adv* вчера́ | er ist nicht von ~ он быва́лый челове́к, он не новичо́к; seit ~ со вчера́шнего дня
ge|stiefelt в сапога́х | der Gestiefelte Kater Кот в сапога́х; **~stielt** *Bot* стебелько́вый, черенко́вый
Gestikulation *f* жестикуля́ция 8
gestikulieren *intr* жестикули́ровать 2
Gestirn *n* (небе́сное) свети́ло 4
gestirnt звёздный, в звёздах
Gestöber *n* мете́ль 1, вью́га 6
Gestöhn *n* стон 2, стена́ние 5
Gestotter *n* заика́ние 5
Gesträuch *n* куста́рник 2, за́росль 9
ge|streift полоса́т:ый, в поло́ску | blau ≈ в голубу́ю [си́нюю] поло́ску; **~strichelt** пункти́рный; **~strickt** вя́заный
gestrig вчера́шний 11
Gestrüpp *n* густо́й куста́рник 2, за́росль 9
Gestüt *n* ко́нный заво́д 2
Gesuch *n* хода́тайство 4, заявле́ние 5

(um *P)* | ein ~ einreichen по|дава́ть* ⟨пода́ть*⟩ заявле́ние
gesucht иско́мый; gekünstelt де́ланный, вы́чур|ный, -ен
Gesumme *n* жужжа́ние 5
gesund здоро́вый | ~ werden выздора́вливать ⟨вы́здороветь⟩; j-n ~ pflegen выха́живать ⟨вы́хо|дить 3 -жу⟩ кого́-н.; ~ sein быть здоро́вым; er ist nicht ~ он нездоро́в; j-n ~ schreiben вы́|писать* *v* кого́-н. на рабо́ту
gesunden *intr* выздора́вливать ⟨вы́здороветь⟩
Gesundheit *f* здоро́вье 5 | auf j-s ~ trinken пить за чьё-н. здоро́вье; er strotzt vor ~ он пы́шет здоро́вьем; eine unverwüstliche ~ haben име́ть желе́зное здоро́вье; ~! beim Niesen бу́дьте здоро́вы!
gesundheitlich относя́щийся 11 к здоро́вью | ~e Betreuung медици́нское обслу́живание
Gesundheits|amt *n* здравотде́л 2, отде́л здравоохране́ния; **~fürsorge** *f* здравоохране́ние 5
gesundheitshalber *Adv* ра́ди здоро́вья
Gesundheits|helfer *m* санита́р 2, получи́вший 11 зна́ния в о́бществе Кра́сного Креста́; **~pflege** *f* ухо́д 2 за здоро́вьем
gesundheitsschädlich вре́дный для здоро́вья
Gesundheits|schutz *m* охра́на здоро́вья | vorbeugender ≈ профила́ктика 6; **~wesen** *n* здравоохране́ние 5; **~zustand** *m* состоя́ние здоро́вья
Gesundung *f* выздоровле́ние 5; *übertr* оздоровле́ние 5
Getändel *n* заи́грывание 5
Getier *n* живо́тные *Subst Pl* 10
Getöse *n* шум 2, бушева́ние 5
getragen: eine ~e Melodie ме́дленная торже́ственная мело́дия
Getrampel *n* то́пот 2
Getränk *n* напи́т|ок, -ка 2, питьё 3 | geistige ~e спиртны́е напи́тки; erfrischende ~e прохлади́тельные напи́тки
Getränke|automat *m* автома́т по прода́же напи́тков; **~karte** *f* ка́рта [прейскура́нт 2] напи́тков
getrauen, sich *refl* осме́л|иваться ⟨-иться 3⟩
Getreide *n* хлеб 2; **~ablieferung** *f* хлебосда́ча 6; **~arten** *f Pl* хле́бные зла́ки *Pl* 2; **~bau** *m* возде́лывание 5 хлебо́в; **~darre** *f* зерносуши́лка 6; **~ernte** *f* убо́рка урожа́я зерновы́х культу́р | eine gute ≈ хоро́ший 11 урожа́й хле́ба; **~feld** *n* по́ле под зерновы́м; **~kombine** *f* зерноубо́рочный комба́йн; **~kultur** *f* зерновая культу́ра; **~mähmaschine** *f* жа́твенная маши́на; **~markt** *m* хле́бный ры́нок; **~pflanzen** *f Pl* зерновы́е *Subst Pl* 10; **~schober** *m* скирд 2e [скирда́ 6h] хле́ба; **~speicher** *m* амба́р 2, зернохрани́лище 4
getrennt разде́льный; isoliert von j-m разобщ|ённый, -ён, -ена́ | er lebt ~ von den Verwandten он живёт отде́льно от родны́х
Getrenntschreibung *f* разде́льное написа́ние
getreu ве́р|ный, -ен, -на́, -но, ве́рны́, пре́дан:ный, -на; **~lich** *Adv* ве́рно
Getriebe *n Tech* переда́точный механи́зм 2, переда́ча 4; Wechsel~ коро́бка 6 скоросте́й [переда́ч]; **~öl** *n* трансмиссио́нное ма́сло
getrost *Adv* споко́йно, уве́ренно | ~ in die Zukunft blicken уве́ренно смотре́ть в бу́дущее
Getue *n* жема́нство 4
Getümmel *n* сумато́ха 6, су́толока 6
getupft в кра́пинках, в то́чках
Getuschel *n* шушу́канье 5
geübt трениро́ванный | ~es Auge намётанный глаз
Geviert *n* четырёхуго́льник 2 | im ~ в квадра́те
Gewächs *n* расте́ние 5; *Med* наро́ст 2, о́пухоль 9
gewachsen: einer Aufgabe ~ sein спр|авля́ться ⟨-а́виться 3 -а́влюсь⟩ с зада́чей; j-m ~ sein быть ра́вным кому́-н.; er ist dieser Aufgabe nicht ~ э́та зада́ча ему́ не по плечу́
Gewächshaus *n* тепли́ца 4, оранжере́я 7
gewagt риско́ван:ный, -на, сме́л:ый, -а́!
gewählt Sprache изы́скан:ный, -на; Abgeordneter вы́борный
gewahr: ~ werden замеча́ть ⟨заме́|тить 3 -чу⟩
Gewähr *f* руча́тельство 4, гара́нтия 8 | ohne ~ без гара́нтии
gewahren *tr* уви́|деть *v* 3 -жу, замеча́ть ⟨заме́|тить 3 -чу⟩
gewähren *tr* предост|авля́ть ⟨-а́вить 3 -а́влю⟩; erfüllen исполня́ть ⟨-по́лнить 3⟩, удовлетвор|я́ть ⟨-и́ть 3⟩
gewährleisten *tr* гаранти́ровать *uv, v* 2, обеспе́ч|ивать ⟨-ить 3⟩
Gewährleistung *f* гара́нтия 8, обеспе́чение 5
Gewahrsam *m* Aufbewahrung (со)хране́ние 5; Arrest заключе́ние 5, аре́ст 2 | etw. in ~ nehmen взять что-н. на хране́ние
Gewährsmann *m* информа́нт 2
Gewährung *f* предоставле́ние 5; Erfüllung исполне́ние 5, удовлетворе́ние 5
Gewalt *f* власть 9g; Kraft си́ла 6, могу́щество 4; Zwang наси́лие 5 | etw. in seine ~ bekommen овлад|ева́ть ⟨-е́ть⟩ чем-н.; sich in der ~ haben уме́ть владе́ть собо́й; mit aller ~ все́ми си́лами; höhere ~ форс-мажо́р 2, непреодо-

ли́мая си́ла; j-m ~ antun соверш|а́ть ⟨-и́ть 3⁺⟩ над кем-н. наси́лие; **~akt** *m* акт наси́лия; **~herrschaft** *f* деспоти́зм 2; **~herrscher** *m* деспо́т 2

gewaltig I. *Adj* огро́м|ный, -ен; mächtig си́л|ьный, -ен, -ьна́!, мо́щ|ный, -ен, -на́!, -не́е; riesig грома́д|ный, -ен **2.** *Adv* о́чень си́льно | ~er Irrtum колосса́льная оши́бка

Gewalt|marsch *m* форси́рованный марш; **~maßnahmen** *f Pl* наси́льственные ме́ры; **~mittel** *n* сре́дство наси́лия

gewaltsam 1. *Adj* наси́льственный **2.** *Adv* наси́льно; *umg* си́лой | ~ eindringen врыва́ться ⟨во|рва́ться*, -рвали́сь⟩

Gewalttäter *m* наси́льник 2

gewalttätig наси́льственный

Gewalt|tätigkeit *f* наси́лие 5, акт 2 наси́лия; **~verzicht** *m Pol* отка́з 2 от примене́ния си́лы

Gewand *n* оде́жда 6

gewandt ло́в|кий, -ок, -ка́!, -че, прово́р|ный, -ен; findig нахо́дчив:ый

Gewandtheit *f* ло́вкость 9, прово́рство 4; нахо́дчивость 9

gewärtig: einer Sache ~ sein ожида́ть чего́-н., быть гото́вым к чему́-н.

Gewässer *n* во́ды *Pl* 6 | Reinhaltung der ~ санита́рная охра́на 6 водоёмов

Gewebe *n Text, Biol* ткань 9 | ein ~ von Lügen сеть 9g лжи

geweckt смышлён:ый

Gewehr *n* винто́вка 6; *Mil* ружьё 3c *G Pl* ру́жей | das ~ anlegen взять ружьё на изгото́вку; das ~ präsentieren взять* *v* на карау́л; das ~ über! на плечо́!; ~ ab! к ноге́!; an die ~e! в ружьё!; **~kolben** *m* прикла́д винто́вки; **~kugel** *f* руже́йная пу́ля; **~lauf** *m* ствол винто́вки

Geweih *n* (оле́ньи) рога́ (12-) *Pl* 2b

Gewerbe *n* Handwerk рем|есло́ 4c *G Pl* -ёсел; Klein~ про́мыс|ел, -ла 2; Beschäftigung заня́тие 5 | Handel und ~ торго́вля и промы́шленность 7-9; ein ~ betreiben занима́ться ⟨заня́ться*, -я́лся́, -яли́сь⟩ ремесло́м; **~schein** *m* промысло́вое свиде́тельство; **~schule** *f* ремёсленное учи́лище; **~steuer** *f* промысло́вый нало́г

gewerbetreibend занима́ющийся 11 про́мыслом [ремесло́м]

Gewerbetreibender *m* лицо́ 4c, занима́ющееся 11 каки́м-н. про́мыслом

gewerblich реме́сленный, промысло́вый

gewerbsmäßig профессиона́льный

Gewerkschaft *f* профессиона́льный сою́з 2, профсою́з 2; **~er** *m* член 2 профсою́за; Funktionär профсою́зный рабо́тник 2

gewerkschaftlich 1. *Adj* профсою́зный **2.** *Adv:* ~ organisiert организо́ванный в профсою́зе

Gewerkschafts|arbeit *f* профсою́зная рабо́та, профрабо́та 6; **~bewegung** *f* профсою́зное движе́ние, профдвиже́ние 5; **~bund** *m*: der Freie Deutsche ≈ (*Abk* FDGB) Объедине́ние 5 свобо́дных неме́цких профсою́сов (*Abk* ОСНП); **~funktionär** *m* профсою́зный де́ятель; **~gruppe** *f* профсою́зная гру́ппа, профгру́ппа 6; **~kongreß** *m* съезд профсою́зов; **~organisation** *f* профсою́зная организа́ция, профорганиза́ция 8; **~schule** *f* профсою́зная шко́ла, профшко́ла 6

Gewicht *n* einer Last вес 2 *G a.* -у; als Maß ги́ря 7 *G Pl* гирь; Wichtigkeit вес, ва́жность 9 | nach ~ на вес; Maße und ~e ме́ры и веса́; spezifisches ~ уде́льный вес; (schwer) ins ~ fallen име́ть (большо́е) значе́ние; **~heben** *n Sport* тяжёлая атле́тика; **~heber** *m Sport* штанги́ст 2

gewichtig bedeutend ве́с|кий, -ок; Person ва́жный, -ен, -на́, -но, ва́жны́; Münze полнове́|сный, -ен

Gewichts|abnahme *f* уменьше́ние ве́са; **~klasse** *f Sport* весова́я катего́рия 8; **~verlust** *m* поте́ря в ве́се; **~zunahme** *f* увеличе́ние ве́са, приба́вка 6 в ве́се

gewiegt о́чень о́пыт|ный, -ен, иску́с|ный, -ен

Gewieher *n* ржа́ние 5

gewillt: ~ sein намерева́ться; zustimmen согла|ша́ться ⟨-си́ться 3 -шу́сь⟩

Gewimmel *n* толпа́ 6; Gedränge толкотня́ 7

Gewimmer *n* рыда́ния *Pl* 5; Stöhnen сто́ны *Pl* 2

Gewinde *n* резьба́ 6, наре́зка 6; **~bohrer** *m* ме́тчик 2; **~bolzen** *m* болт с винтово́й наре́зкой; **~schneidemaschine** *f* резьбо-нарезно́й стан|о́к, -ка́ 2

Gewinn *m* вы́игрыш 2 *G Pl* -ей; Profit при́быль 9, дохо́д 2; Nutzen вы́года 6, по́льза 6; **~anteil** *m* до́ля при́были; **~beteiligung** *f* уча́стие 5 в при́былях

gewinnbringend при́был|ьный, -ен, -ьна, дохо́д|ный, -ен; vorteilhaft вы́год|ный, -ен

Gewinnchancen *Pl* ша́нсы *Pl* 2 на вы́игрыш

gewinnen *tr* im Spiel вы́игрывать ⟨вы́играть⟩ (gegen у *G);* Bodenschätze добыва́ть ⟨добы́ть*⟩; Eindruck получ|а́ть ⟨-и́ть 3⁺⟩; Einfluß приобрета́ть ⟨-|обрести́*⟩; zur Arbeit, Teilnahme u. ä. привлека́ть ⟨-|вле́чь*⟩ к *D; intr* вы́игрывать ⟨вы́играть⟩ | die Mannschaft hat 2:0 gewonnen кома́нда вы́играла со счётом 2:0; j-n für sich ~ склон|я́ть ⟨-и́ть 3⁺⟩ кого́-н. на свою́ сто́рону; j-n für etw. ~ заинтерес|о́вывать ⟨-ова́ть 2⟩ кого́-н. чем-н., распол|ага́ть ⟨-ожи́ть 3⁺⟩ кого́-н. к чему́-н.; Zeit ~ выга́дывать ⟨вы́гадать⟩ вре́мя

Gewinner *m* выигравший *Subst* 11
Gewinn|liste *f* таблица 6 выигрышей; **~sucht** *f* корыстолюбие 5
gewinnsüchtig корыст|ный, -ен, корыстолюбив:ый
Gewinn|ung *f* добыча 6; **~zahl** *f* номер 2b *Pl* -á выигрыша
Gewinsel *n* визг 2
Gewirr *n* путаница 6, суматоха 6
gewiß 1. *Adj* определён|ный, -ен, -на, некоторый; Person некий | in gewissen Fällen в определённых [известных] случаях; in gewisser Hinsicht в некотором отношении; ein gewisser Schmidt некий Шмидт; eine gewisse Ähnlichkeit некоторое сходство **2.** *Adv* конечно; wahrscheinlich наверно | ~ doch как же; ganz ~ непременно; er kommt ~ zu spät он наверно опоздает
Gewissen *n* совесть 9 | j-m ins ~ reden усовещивать ⟨усове|стить 3 -щу⟩ кого-н.; etw. auf dem ~ haben иметь что-н. на совести; er hat kein ~ он совести не имеет
gewissenhaft добросовест|ный, -ен
Gewissenhaftigkeit *f* добросовестность 9
gewissenlos бессовест|ный, -ен, недобросовест|ный, -ен (gegen j-n в отношении к кому-н.)
Gewissenlosigkeit *f* бессовестность 9, недобросовестность 9
Gewissens|bisse *Pl* угрызения *Pl* 5 совести | ohne sich die geringsten ≈ zu machen без зазрения совести; **~frage** *f* вопрос совести; **~freiheit** *f* свобода совести
gewissermaßen *Adv* до некоторой степени
Gewißheit *f* уверенность 9 | sich ~ über etw. verschaffen добиваться ⟨-биться*⟩ полной ясности в чём-н.; die ~ haben быть* уверенным
Gewitter *n* гроза 6c | das ~ entlud sich разразилась гроза; wir bekommen heute ein ~ сегодня будет гроза; **~front** *f* грозовой фронт; **~regen** *m* грозовой дождь
gewitterschwül душ|ный, -ен, -на!
Gewitter|schwüle *f* духота 6 перед грозой; **~wolke** *f* грозовое облако
ge|witzigt, ~witzt хит|рый, -ёр, -pá!, ловкий, -ок, -кá!; **~wogen**: j-m ≈ sein доброжелательно относиться 3⁺ -ношусь ⟨-|нестись*⟩ к кому-н., быть расположенным [благосклонным] к кому-н.
gewöhnen *tr* приуч|áть ⟨-ить 3⁺⟩ (an к *D*); sich ~ *refl* привыкáть ⟨-выкнуть 4a⟩ (an к *D*) | er ist daran gewöhnt он к этому привык
Gewohnheit *f* привычка 6; Sitte обыча|й 1 *G Pl* -ев | die Macht der ~ сила привычки; aus ~ по привычке; zur ~ werden входить 3⁺ ⟨во|йти*⟩ в привычку; sich zur ~ machen брать* ⟨взять*⟩ себе в привычку
gewohnheitsmäßig 1. *Adj* привыч|ный, -ен **2.** *Adv* по привычке
Gewohnheits|recht *n* обычное право; **~trinker** *m* запойный пьяница
gewöhnlich 1. *Adj* обыкновен|ный, -ен, -на, обыч|ный, -ен; alltäglich обыденный **2.** *Adv* обыкновенно, обычно | für ~ обычно; wie ~ по обыкновению, как обычно
gewohnt привыч|ный, -ен | ich bin es ~ я привык к этому; in ~er Weise привычным образом, привычно
Gewöhnung *f* приучение 5 (an к *D*)
Gewölbe *n* свод 2; Keller~ подвал 2 | unterirdisches ~ подземелье 5
gewölbt сводчатый, выпуклый | ~e Stirn выпуклый лоб
Gewölk *n* облак|á *Pl* 4b *G* -ов, тучи *Pl* 6
Gewühl *n* давка 6, сутолока 6
ge|wunden Weg извилист:ый; spiralförmig витой; unklar туман|ный, -ен, -на; **~würfelt** Tuch клетчатый, в клетку
Gewürz *n* пряность 9; **~gurke** *f* маринованный огурец; **~kräuter** *n Pl* пряная зелень 9; **~nelke** *f* гвоздика 6
ge|zackt зазубренный, зубчатый; **~zahnt** зубчатый
Gezänk *n* перебранка 6, ссоры *Pl* 6
gezeichnet Wäsche u. ä меченый
Gezeiten *Pl* прилив и отлив 2-2; **~kraftwerk** *n* приливная электростанция
Gezeter *n* вопли *Pl* 1, крики *Pl* 2
geziemen *unpers u.* sich ~ *refl* подобать | es geziemt sich следует, подобает; **~d** подобающий 11, прилич|ный, -ен
geziert жеман|ный, -ен, -на, манер|ный, -ен
Geziertheit *f* жеманство 4, манерность 9
Gezwitscher *n* щебет 2, чириканье 5
gezwungen натянут:ый, принуждённый; **~ermaßen** *Adv* поневоле
Ghan|a Гана 6; **~ese** *m* гана|ец, -йца 2
ghanesisch ганский
[1]**Gicht** *f Med* подагра 6
[2]**Gicht** *f Tech* колошник 2e; **~bühne** *f* колошниковая площадка 6, **~gas** *n* колошниковый газ
gichtig *Med* подагрический
Gichtkranker *m* подагрик 2
Giebel *m* фронтон 2; **~dach** *n* (остроконечная) двускатная крыша; **~fenster** *n* окно во фронтоне; **~wand** *f* фронтонная стена
Gier *f* жадность 9 (nach к *D*), алчность 9 (nach к *D*)
gieren *intr* жаждать* (nach *G*)
gierig жад|ный, -ен, -нá, -но, жадны (nach, auf к *D*, до *G*) | ~ sein прояв|лять ⟨-ить 3⁺ -лю⟩ жадность
gießen *tr* лить*; eingießen наливать ⟨на-

ли́ть*⟩; Blumen полива́ть ⟨поли́ть*⟩; *Tech* отлива́ть ⟨отли́ть*⟩ | einen hinter die Binde ~ *umg* опроки́нуть *v* 4 рю́мочку; *intr:* es gießt in Strömen льёт как из ведра́, *umg* льёт дождь

Gießen *n Tech* литьё 3, отли́вка 6

Gießer *m* лите́йщик 2; **~ei** *f* лите́йный заво́д 2 [цех 2], лите́йная *Subst* 10

Gieß|form *f* лите́йная фо́рма; **~kanne** *f* ле́йка 6

Gift *n* яд 2, отра́ва 6 | darauf kannst du ~ nehmen за э́то ты мо́жешь дать го́лову на отсече́ние, в э́том мо́жешь быть соверше́нно уве́рен; ~ und Galle speien рвать* и мета́ть*; **~becher** *m* ку́бок с я́дом; **~gas** *n* ядови́тый газ

giftgrün ядови́то-зелёный, я́рко-зелёный

giftig ядови́т:ый; *Med* токси́ческий; *übertr* язви́тел|ьный, -ен, -ьна, ехи́д|ный, -ен

Giftigkeit ядови́тость 9; токси́чность 9; язви́тельность 9, ехи́дность 9

Gift|mischer *m* отрави́тель 1; *übertr* интрига́н 2; **~pfeil** *m* отра́вленная стрела́; **~pflanze** *f* ядови́тое расте́ние; **~pilz** *m* ядови́тый гриб; **~schlange** *f* ядови́тая змея́; **~stoff** *m* отравля́ющее 11 вещество́; **~zahn** *m* ядови́тый зуб

Gig *n Mar* ги́чка 6

Gigant *m* гига́нт 2

gigantisch гига́нтский

Gilde *f* ги́льдия 8

Gimpel *m Zool* снеги́рь 1е; *übertr* простофи́ля *m, f* 7

Gin *m* джин 2

Ginster *m* дрок 2

Gipfel *m* верши́на 6 *a. übertr,* верх 2b| на верху́ *a. übertr;* **~konferenz** *f* совеща́ние на вы́сшем у́ровне, конфере́нция в верха́х

gipfeln *intr* достига́ть ⟨-сти́гнуть 4а *u.* 4, -|сти́чь*⟩ вы́сшей то́чки | sein Lebenswerk gipfelt in … верши́ной его́ тво́рчества явля́ется …

Gipfel|punkt *m* вы́сшая 11 то́чка, кульминацио́нный пункт; **~treffen** *n* встре́ча на вы́сшем у́ровне

Gips *m* гипс 2 | das Bein in ~ legen накла́дывать ⟨-ложи́ть 3⁺⟩ гипс на́ ногу; **~abdruck** *m* ги́псовый сле́пок

gipsen *tr* покрыва́ть ⟨-|кры́ть*⟩ ги́псом

Gipsmörtel *m* ги́псовый раство́р 2; **~verband** *m* ги́псовая повя́зка

Giraffe *f* жира́ф 2

Girlande *f* гирля́нда 6

Giro *n Fin* жи́ро *n idkl;* **~anweisung** *f Fin* жироприка́з 2; **~konto** *n* жиросчёт 2; **~verkehr** *m* жирооборо́т 2

girren *intr* воркова́ть 2

Gis *n* соль-дие́з [иэ] *idkl*

Gischt *m* пе́на 6, бры́зги *Pl* 6

Gitarre *f* гита́ра 6 | ~ **spielen** игра́ть на гита́ре

Gitarrist *m* гитари́ст 2

Gitter *n* решётка 6; **~bett** *n* (де́тская) крова́ть с решёткой

gitterförmig решётчатый

Gitterwerk *n* решётка 6

Glacé|handschuh *m* ла́йковая перча́тка | j-n mit ≈en anfassen делика́тно обраща́ться с кем-н.; **~leder** *n* ла́йка 6

Gladiator *m* гладиа́тор 2

Gladiole *f* гладио́лус 2, шпа́жник 2

Glanz *m* блеск 2; der Sterne сия́ние 5; Politur гля́н|ец, -ца 2 | trügerischer ~ ло́жный блеск, мишура́ 6; den ~ verlieren тускне́ть (по-), теря́ть (по-) блеск; eine Prüfung mit ~ bestehen блестя́ще сдава́ть ⟨-|да́ть*⟩ экза́мен

glänzen *intr* блесте́ть 3 ⟨блесну́ть *mom* 4⟩, сия́ть; sich auszeichnen блиста́ть, отлич|а́ться ⟨-и́ться 3⟩; **~d** блестя́щий 11 *a. übertr;* ausgezeichnet выдаю́щийся 11

Glanz|leder *n* лакиро́ванная ко́жа; **~leistung** *f* блестя́щее 11 достиже́ние

glanzlos ма́товый, ту́скл:ый, -а́!

Glanz|nummer *f* гвоздь 1h програ́ммы; **~papier** гля́нцевая бума́га

glanzvoll блестя́щий 11

Glas *n* Material стекло́ 4с *Pl* стёк|ла, -ол; Gefäß стака́н 2; Schnaps≈ рю́мка 6; Brille очк|и́, -о́в *Pl* 4; Fern≈ бино́кль 1 | ein ~ Bier стака́н пи́ва; ~ blasen выдува́ть ⟨вы́|дуть*⟩ стекло́; er hat zu tief ins ~ geguckt *umg* он хвати́л ли́шнего, он вы́пил ли́шнее

glasartig стеклови́д|ный, -ен

Glas|auge *n* иску́сственный глаз; **~baustein** *m* пустоте́лый стекля́нный блок 2; **~bläser** *m* стеклоду́в 2; **~bläserei** *f* стеклоду́вное рем|есло́ 4с *G Pl* -ёсел; Betrieb стеклоду́вная мастерска́я *Subst* 10

Gläschen *n* стака́нчик 2, рю́мочка 6

Glaser *m* стеко́льщик 2; **~ei** *f* стеко́льная мастерска́я *Subst* 10

gläsern стекля́нный

Glasfaser *f* стекля́нное волокно́, стекловолок|но́ 4с *G Pl* -он

glasfaserverstärkt: ~er Plast стеклоарми́рованный пла́стик 2, стеклопла́стик 2

Glas|glocke *f* стекля́нный колпа́к; **~hütte** *f* стеко́льный заво́д 2

glasieren *tr* покрыва́ть ⟨-|кры́ть*⟩ глазу́рью

glasig стеклови́д|ный, -ен | ~er Blick стекля́нный взгляд

Glas|industrie *f* стеко́льная промы́шленность; **~körper** *m* Auge стеклови́дное те́ло; **~kugel** *f* стекля́нный шар; **~malerei** *f* жи́вопись по стеклу́; **~perle** *f* бу́сина 6, бисери́на 6; ≈n *Pl* бу́сы *Pl* 6, би́сер 2; **~platte** *f* стекля́нная плита́ 6; **~scheibe** *f* око́нное стекло́; **~scherbe** *f* оско́л|ок, -ка 2 стекла́; **~schneider** *m* стеклоре́зный алма́з 2; **~schrank** *m* за-

стеклённый шкаф; **~tür** *f* застеклённая дверь
Glasur *f* глазу́рь 9, поли́ва 6; auf Tonwaren, Kacheln мурава́ 6
Glas|waren *f Pl* стекля́нные това́ры; **~watte** *f* стекля́нная ва́та
glatt 1. *Adj* гла́д|кий, -ок, -ка́!; гла́же, ро́в|ный, -ен, -на́!; glitschig ско́льз|кий, -ок, -ка́!; *übertr* льсти́в:ый | eine ~e Lüge чисте́йшая 11 ложь **2.** *Adv* про́сто; völlig на́чисто | die Sache ging ~ де́ло сошло́ гла́дко; j-m etw. ~ ins Gesicht sagen сказа́ть кому́-н. что-н. пря́мо в глаза́; ich habe es ~ abgelehnt я наотре́з отказа́лся от э́того; das habe ich ~ vergessen я э́то совсе́м забы́л
Glätte *f* гла́дкость 9; ско́льзкость 9
Glatteis *n* гололе́дица 6, гололёд 2 | j-n aufs ~ führen подводи́ть 3⁺ -вожу́ ⟨-|вести́*⟩ кого́-н.
glätten *tr* разгл|а́живать ⟨-а́дить 3 -а́жу⟩; polieren лощи́ть 3 (на-); sich ~ *refl* Wellen укла́дываться ⟨-|ле́чься*⟩
glatt|hobeln *tr* вы́стругать *v;* **~machen** *tr* разгл|а́живать ⟨-а́дить 3 -а́жу⟩, расп|р|авля́ть ⟨-а́вить 3 -а́влю⟩
glattweg *Adv* наотре́з, пря́мо
Glatz|e *f* лы́сина 6, плешь 9 | eine ~ bekommen лысе́ть (об-, по-), плеши́веть (о-); **~kopf** *m* лы́сая [плеши́вая] голова́; Mensch лы́сый *Subst* 10
glatzköpfig лы́с:ый, -á!, плеши́в:ый
Glaube *m Rel* ве́ра 6; Vertrauen дове́рие 5, уве́ренность 9 | im guten ~n в по́лной уве́ренности; laß ihn bei seinem ~n! не разубежда́й его́!; j-m ~n schenken ока́зывать ⟨-|каза́ть*⟩ дове́рие кому́-н.; den ~n an etw. verlieren потеря́ть *v* ве́ру во что-н., изве́риться 3 в чём-н.; auf Treu und ~n на че́стное сло́во; etw. in gutem ~n tun де́лать (с-) что-н. из лу́чших побужде́ний
glauben *tr* ве́рить 3 (по-); vermuten полага́ть, ду́мать; *intr* ве́рить (an в *A*) | es ist kaum zu ~ не ве́рится, ве́рится с трудо́м; man sollte ~ … каза́лось бы …; er wollte mich ~ machen, daß … он хоте́л меня́ уве́рить в том, что …; er glaubt fest daran он твёрдо уве́рен в э́том
Glaubens|bekenntnis *n* вероисповеда́ние 5; **~freiheit** *f* свобо́да вероисповеда́ния; **~genosse** *m* единове́р|ец, -ца 2; **~lehre** *f* вероуче́ние 5
glaubensstark твёрдо ве́рующий 11 во что-н.
Glaubersalz *n* гла́уберова 13 соль
glaubhaft правдоподо́б|ный, -ен
Glaubhaftigkeit *f* правдоподо́бие 5
gläubig ве́рующий 11
Gläubige *m* ве́рующий *Subst* 11
Gläubiger *m* кредито́р 2
glaub|lich: das ist kaum ≈ э́тому едва́ ли мо́жно ве́рить, э́то маловероя́тно; **~würdig** достове́р|ный, -ен, правдоподо́б|ный, -ен
Glaubwürdigkeit *f* достове́рность 9, правдоподо́бие 5
Glaukom *n* глауко́ма 6
glazial *Geol* леднико́вый, гляциа́льный
gleich 1. *Adj* ра́в|ный, -ен, -на́; identisch одина́ков:ый | der ~e тот же, тако́й же; zur ~en Stunde в тот же час; zur ~en Zeit в то же (са́мое) вре́мя; auf die ~e Weise одина́ково, ра́вным о́бразом; zu ~en Teilen, in zwei ~e Teile попола́м; das kommt aufs ~e hinaus э́то сво́дится к тому́ же **2.** *Adv* sofort сейча́с, неме́дленно; gleichgültig безразли́чно | ~ am Anfang с са́мого нача́ла; ist ~ *Math* равня́ется; das ist mir ganz ~ э́то мне соверше́нно безразли́чно, мне всё равно́; ~ darauf вслед за тем; ~ und ~ gesellt sich gern рыба́к рыбака́ ви́дит издалека́; ein Gleiches tun де́лать то же са́мое; Gleiches mit Gleichem vergelten отплачивать ⟨отпла|ти́ть 3⁺ -чу́⟩ той же моне́той; **~altrig** одни́х лет; **~artig** одноро́д|ный, -ен
Gleichartigkeit *f* одноро́дность 9
gleich|bedeutend равнозна́чащий 11, равноси́л|ьный, -ен, -ьна; **~berechtigt 1.** *Adj* равнопра́в|ный, -ен **2.** *Adv* нара́вне́
Gleichberechtigung *f* равнопра́вие 5
gleichbleiben, sich *refl* не измен|я́ться ⟨-и́ться 3⁺⟩ | das bleibt sich ganz gleich э́то безразли́чно, э́то не меня́ет де́ла
gleichbleibend постоя́нный
gleichen *intr* быть* похо́жим (j-m на *A*) | sie ~ einander wie ein Ei dem anderen они́ похо́жи (друг на дру́га) как две ка́пли воды́
gleichermaßen *Adv* ра́вным о́бразом
gleich|falls *Adv* то́чно так же, та́кже | danke, ≈! спаси́бо, и Вам того́ же (жела́ю)!; **~förmig** однообра́з|ный, -ен
Gleichförmigkeit *f* однообра́зие 5, однообра́зность 9
gleichgesinnt одина́кового о́браза мы́слей
Gleichgesinnter *m* единомы́шленник 2
Gleichgewicht *n* равнове́сие 5 | ins ~ bringen уравнов|е́шивать ⟨-е́сить 3 -е́шу⟩; aus dem ~ bringen выводи́ть 3⁺ -вожу́ ⟨вы́|вести*⟩ из равнове́сия; das ~ verlieren теря́ть (по-) равнове́сие
Gleichgewichts|störung *f Med* наруше́ние равнове́сия; **~übung** *f* упражне́ние в равнове́сии
gleichgültig безразли́ч|ный, -ен; teilnahmslos равноду́ш|ный, -ен (gegenüber к *D*) | das ist mir ~ э́то мне безразли́чно
Gleichgültigkeit *f* безразли́чие 5; равноду́шие 5

Gleichheit *f* ра́венство 4; Identität тожде́ственность 9 | ~ vor dem Gesetz ра́венство пе́ред зако́ном
Gleichheitszeichen *n* знак ра́венства
gleichkommen *intr* равня́ться (j-m с *I)*
gleichlautend *Text* иденти́ч|ный [дэ]| -ен
gleichmachen *tr* равня́ть, ура́внивать ⟨-равня́ть⟩ | ein Haus dem Erdboden ~ сровня́ть дом с землёй
Gleich|macherei *f* уравни́ловка 6; **~maß** *n* равноме́рность 9
gleichmäßig равноме́р|ный| -ен; ruhig ро́вный| -ен| -на́!
Gleich|mäßigkeit *f* равноме́рность 9; **~mut** *m* равноду́шие 5
gleich|mütig равноду́ш|ный| -ен; **~namig** одноимён|ный| -ен| -на
Gleichnis *n* при́тча 6
Gleichrichter *m El* выпрями́тель 1; **~röhre** *f* выпрями́тельная ла́мпа
gleichsam *Adv* сло́вно, как бу́дто
gleichschenklig равнобе́дренный
Gleichschritt *m* шаг в но́гу | im ~ в но́гу; im ~ marsch! ша́гом – марш!
gleichseitig равносторо́нний 11
gleich|setzen *tr* прира́внивать ⟨-равня́ть⟩ *a. Math;* **~stellen** *tr* уравн|я́ть ⟨-и́ть 3⟩
Gleichstrom *m* постоя́нный ток; **~generator** *m* генера́тор постоя́нного то́ка; **~motor** *m* дви́гатель постоя́нного то́ка
gleichtun *tr:* es j-m in etw. ~ подража́ть кому́-н. в чём-н.
Gleichung *f Math* уравне́ние 5 | ~ ersten Grades уравне́ние пе́рвой сте́пени; ~ mit zwei Unbekannten уравне́ние с двумя́ неизве́стными
gleich|viel *Adv* всё равно́, как бы то ни́ было; **~wertig** равноце́н|ный| -ен| -на, эквивале́нт|ный| -ен; **~wie** *Konj* подо́бно тому́ как, сло́вно; **~winklig** равноуго́льный; **~wohl** *Adv* всё же, одна́ко; **~zeitig** одновреме́н|ный| -ен| -на
Gleichzeitigkeit *f* одновреме́нность 9
Gleis *n* колея́ 7, ре́льсовый пут|ь *m* 9e *I* -ём | totes ~ *übertr* тупи́к 2e; **~anschluß** *m* примыка́ние 5 пути́; **~bau** *m* прокла́дка пути́
gleißend блестя́щий 11, сверка́ющий 11
Gleitboot *n* гли́ссер 2
gleiten *intr* сколь|зи́ть 3 -жу́ ⟨скользну́ть *mom* 4⟩; *Flugw* плани́ровать 2 (с-)
Gleiter *m Flugw* планёр 2
Gleit|flug *m* плани́рующий 11 полёт; **~flugzeug** *n* планёр 2; **~schiene** *f Tech* направля́ющая ре́йка 11-6; **~schuhe** *Pl* коньки́ *Pl* 2 с широ́кими поло́зьями; **~schutz** *m* предохрани́тель 1 от скольже́ния; **~schutzketten** *f Pl Kfz* це́пи противоскольже́ния
Gletscher *m* ледни́к 2e, глётчер 2; **~bach** *m* ледниќовый ручей; **~eis** *n* глётчерный лёд; **~spalte** *f* тре́щина в леднике́; **~zunge** *f* язы́к ледника́
Glied *n* член 2, коне́чность 9; einer Kette звено́ 4 *Pl* звéнь|я| -ев; Generation поколе́ние 5; *Mil* шере́нга 6 | in Reih und ~ stehen стоя́ть в строю́
Glieder|füßer *m* членистоно́гое *Subst* 10; **~kette** *f* цепь из звéньев
gliedern *tr* расчлен|я́ть ⟨-и́ть 3⟩, подраздел|я́ть ⟨-и́ть 3⟩ (in на *A);* sich ~ подраздел|я́ться ⟨-и́ться⟩ (in на *A)*
Glieder|puppe *f* марионе́тка 6; **~reißen** *n Med* ломо́та в коне́чностях; **~tiere** *n Pl* членистоно́гие *Subst Pl* 10; **~ung** *f* расчлене́ние 5, подразделе́ние 5; eines Aufsatzes построе́ние 5
Gliedmaßen *Pl* коне́чности *Pl* 9
glimmen *intr* тлеть
Glimmer *m Min* слюда́ 6; **~schiefer** *m* слюдяно́й сла́нец
glimpflich благополу́ч|ный, -ен; nachsichtig снисходи́тел|ьный| -ен| -ьна, мя́гкий| -ок| -ка́! | er ist ~ davongekommen он дёшево отде́лался; das ist noch ~ abgegangen э́то обошло́сь ещё дово́льно благополу́чно
glitschig ско́льз|кий| -ок| -ка́!
glitzern *intr* блесте́ть* ⟨блесну́ть *mom* 4⟩, сверк|а́ть ⟨-ну́ть *mom* 4⟩
global о́бщ:ий 11| -а́| -е, глоба́льный; weltweit глоба́льный, всеми́р|ный| -ен
Globus *m* гло́бус 2
Glocke *f* ко́локол 2b; Klingel звон|о́к, -ка́ 2; Glas~ колпа́к 2e | etw. an die große ~ hängen разгла|ша́ть ⟨-си́ть 3 -шу́⟩ что-н., труб|и́ть 3 -лю́ о чём-н. повсю́ду
Glockenblume *f* колоко́льчик 2
glockenförmig колоколообра́з|ный| -ен, в фо́рме ко́локола
Glocken|geläut *n* колоко́льный звон; **~rock** *m* ю́бка 6 ко́локолом; **~schlag** *m* уда́р ко́локола | mit dem ≈ мину́та в мину́ту; **~spiel** *n* an Turmuhr кура́нты *Pl* 2; **~turm** *m* колоко́л|ьня 7 *G Pl* -ен
Glöckner *m* звона́рь 1e
Glorie *f* сла́ва 6
Glorienschein *m* орео́л 2
glorifizieren *tr* просл|авля́ть ⟨-а́вить 3 -а́влю⟩
glorreich сла́в|ный, -ен, -на́!, просла́вленный
Glossar *n* глосса́ри|й 1 *Pl* -и| *G Pl* -ев
Glosse *f* гло́сса 6, примеча́ние 5 на поля́х | seine ~n machen де́лать (с-) ирони́ческие замеча́ния
glossieren *tr* де́лать (с-) ирони́ческие замеча́ния по по́воду *G*
Glotzauge *n Med* пучегла́зие 5; *übertr* ~n *Pl* глаза́ на вы́кате | ~n machen ту́по уст|авля́ться ⟨-а́виться 3 -а́влюсь⟩ на кого́-н.
glotzäugig пучегла́з:ый

glotzen *intr* таращить 3 (вы-) глаза, пучить 3 (вы-) глаза
Gloxinie *f* глоксиния 8
Glück *n* счастье 5 | zum ~ к счастью; auf gut ~ наудачу, наугад, на авось; kein ~ haben не иметь удачи; wir haben in allem ~ нам во всём удача; er hat ~ im Leben ему везёт в жизни; er hat mehr ~ als Verstand дуракам счастье; das ~ ist ihm hold ему улыбается счастье; sein ~ versuchen попытать *v* счастья; ~ auf! в добрый час!; du kannst von Glück reden тебе повезло; er hat ~ im Unglück gehabt он удачно вышел из беды; viel ~! желаю большой удачи!; jeder ist seines ~es Schmied всяк своего счастья кузнец
glückbringend приносящий 11 счастье
Glucke *f* наседка 6
glücken *intr* у|даваться* ⟨-|даться*¡ -дались⟩, посчастливиться *v* 3 *unpers* | es glückt дело идёт на лад; es ist mir nicht geglückt мне не удалось, мне не посчастливилось
glücklich счастливый¡ счастлив, благополуч|ный¡ -ен; erfolgreich удач|ный¡ -ен | ~ machen осчастлив|ить 3 -лю
Glückliche *f* счастливица 6
Glücklicher *m* счастлив|ец¡ -ца 2 | dem Glücklichen schlägt keine Stunde счастливые часов не наблюдают
glücklicherweise *Adv* к счастью
glückselig счастливый¡ счастлив, блажен:ный¡ -на
Glückseligkeit *f* блаженство 4, полное счастье
glucksen *intr* бульк|ать ⟨-нуть 4⟩
Glücks|fall *m* счастливый случай; **~kind** *n*, **~pilz** *m* счастливчик 2, балов|ень¡ -ня 1 судьбы; **~rad** *n* колесо счастья; **~ritter** *m* авантюрист 2; **~sache** *f* дело счастья, дело удачи; **~spiel** *n* азартная игра
glückstrahlend сияющий 11 от счастья
Glücks|umstand *m* счастливое обстоятельство; **~zahl** *f* счастливое число
glückverheißend сулящий 11 счастье
Glückwunsch *m* поздравление 5 (zu с *I*) | j-m seinen ~ zu etw. aussprechen поздр|авлять ⟨-авить 3 -авлю⟩ кого-н. с чем-н.; meinen herzlichsten ~! примите моё сердечное поздравление!, позвольте поздравить вас от души!; **~schreiben** *n* поздравительное письмо; **~telegramm** *n* поздравительная телеграмма
Glühbirne *f* лампа 6 накаливания
glühen *intr* Metall накал|яться ⟨-иться 3⟩; Licht гореть 3; *übertr* пылать, гореть (vor *I*); **~d** раскал|ённый¡ -ён¡ -ена; *übertr* горяч:ий¡ -а, пламенный | ≈ machen калить 3, накал|ять ⟨-ить⟩; ≈e Hitze палящий 11 зной; ≈ heiß зно|йный¡ -ен¡ -йна
Glüh|faden *m El* нить 9 накала; **~lampe** *f* лампа накаливания; **~ofen** *m* нагревательная печь; **~strumpf** *m* калильная сетка 6; **~wein** *m* глинтвейн 2; **~würmchen** *n* светляч|ок¡ -ка 2
Glukose *f* глюкоза 6
Glut *f* зной 1, жар 2 *G a.* -у¡ в жару; Leidenschaft пыл 2¡ в пылу; *Tech* накал 2, каление 5
glutrot багров:ый | ~werden багроветь (по-)
Glyzerin *n* глицерин 2
Glyzinie *f Bot* глициния 8
Gnade *f* милость 9; Schonung пощада 6 | ohne ~ без пощады; um ~ bitten просить (по-) пощады; ~ für Recht ergehen lassen смилостив|иться *v* 3 -люсь; sich j-m auf ~ und Ungnade ergeben с|даться* *v* на милость победителя
Gnaden|brot *n* милостыня 7 | das ≈ bei j-m essen быть* у кого-н. нахлебником; **~frist** *f* льготный срок; **~gesuch** *n* ходатайство 4 о помиловании; **~stoß** *m* последний 11 удар | j-m den ≈ geben до|бить* *v* кого-н.
gnädig милостив:ый, благоскло|нный¡ -ен¡ -на
Gneis *m* гнейс 2
Gnom *m* гном 2
gnomenhaft похож:ий 11 на гнома
Gnu *n* гну *m, f idkl*
Gobelin *m* гобелен 2
Gockel *m* петух 2е
Gold *n* золото 4 | das ist nicht mit ~ zu bezahlen этому цены нет; das ist ~es wert это ценится на вес золота; es ist nicht alles ~, was glänzt не всё то золото¡ что блестит; **~ader** *f* золотая жила; **~after** *m Zool* златогузка 6; **~amsel** *f* иволга 6; **~barren** *m* слит|ок¡ -ка 2 золота; **~bronze** *f* золочёная бронза; **~deckung** *f* золотое покрытие
golden золотой | ~e Hochzeit золотая свадьба; ~e Berge versprechen сулить 3 золотые горы; das Goldene Zeitalter золотой век; der Goldene Schnitt *Math* золотое сечение
Gold|fasan *m* золотой фазан; **~felder** *n Pl* золотые россыпи *Pl* 9; **~fieber** *n* золотая лихорадка; **~fisch** *m* золотая рыбка 6; **~gehalt** *m* проба 6 золота; im Erz содержание золота в руде
goldgelb золотист:ый
Gold|gräber *m* золотоискатель 1, старатель 1; **~grube** *f übertr* золотое дно 4
goldhaltig золотонос|ный¡ -ен
goldig золотист:ый; *übertr* мил:ый¡ -а¡ -о¡ милы
Gold|klumpen *m* самородок золота; **~krone** *f Med* золотая коронка; **~lack** *m*

Bot желтофиóль 9; **~medaille** *f* золотáя медáль; **~papier** *n* позолóченная бумáга; **~prägung** *f Typ* золотóе тиснéние; **~probe** *f* прóба зóлота; **~regen** *m Bot* золотóй дождь; **~schmied** *m* ювелíр 2; **~schnitt** *m* золотóй обрéз; **~stikkerei** *f* шитьё зóлотом; **~stück** *n* Geld золотóй *Subst* 10; **~sucher** *m* золотоискáтель 1, старáтель 1; **~waage** *f* весы́ для взвéшивания зóлота | jedes Wort auf die ≈ legen *übertr* тщáтельно взвéшивать кáждое слóво; **~währung** *f* золотáя валю́та

[1]**Golf** *m* Meeresbucht морскóй залíв 2 | ~ von Biskaya Бискáйский залíв

[2]**Golf** *n Sport* гольф 2

Golfspiel *n* игрá в гольф; **~er** *m* игрóк в гольф

Golfstrom *m* Гольфстрíм 2

Gondel *f* гондóла 6; **~lied** *n* баркарóла 6

gondeln *intr* плыть* на гондóле

Gondelteich *m* пруд с лóдочной стáнцией

Gondoliere *m* гондольéр 2

Gong *m* гонг 2

gongen *intr* бить* в гонг

Gongschlag *m* удáр гóнга

gönnen *tr* не завíдовать 2 *D* (j-m etw. комý-н. в чём-н.); sich leisten разреш|áть ⟨-íть 3⟩ (j-m *oder* sich etw. что комý-н. *oder* себé) | j-m sein Glück ~ рáдоваться счáстью когó-н.; sich Ruhe ~ дать* себé отдохнýть; ~ Sie sich Zeit! не спешíте!

Gönner *m* доброжелáтель 1, покровíтель 1

gönnerhaft доброжелáтел|ьный, -ен, -ьна, покровíтельственный

Gonorrhöe *f Med* гоноррéя 7

gordisch: ~er Knoten гóрдиев 13 ýзел

Gorilla *m* горíлла 6

Gosse *f* ýличный водостóчный жёлоб 2b *Pl* желобá; *übertr umg* грязь 9| в грязí

Gotik *f* гóтика 6, готíческий стиль 1

gotisch готíческий; die Goten betreffend гóтский

Gott *m* бог [бох] 2 *G* -а | weiß ~ бог знáет; ~ sei Dank! слáва бóгу!; um ~es willen! рáди бóга!; mein ~! бóже мой!; ~ behüte! бóже упасí!

gottbegnadet с íскрой бóжьей

Gottesdienst *m* богослужéние 5, церкóвная слýжба

gottesfürchtig богобоя́знен:ный, -на

Gottes|lästerung *f* богохýльство 4; **~urteil** *n* бóжий суд 12-2е

Gottheit *f* божествó 4

Göttin *f* богíня 7

göttlich божéствен:ный, -на *a. übertr*

gottlos безбóж|ный, -ен

Gottlosigkeit *f* безбóжие 5

Götze *m* íдол 2, кумíр 2

Götzen|bild *n* íдол 2, кумíр 2; **~dienst** *m* идолопоклóнство 4

Gouvern|ante *f* гувернáнтка 6; **~ement** *n* губéрния 8; **~eur** *m* губернáтор 2

Grab *n* могíла 6 | j-n zu ~e tragen хоронíть 3⁺ (по-) когó-н.; j-n ins ~ bringen сводíть 3⁺ -вожý (-|вестí*) когó-н. в могíлу; mit einem Bein im ~e stehen стоя́ть однóй ногóй в могíле; er ist verschwiegen wie das ~ он молчалíв как могíла

graben *tr* копáть (вы́-), рыть* (вы́-); *intr* копáть, рыть (nach *A*)

Graben *m* Straßen≈ кювéт 2; Bewässerungs≈ канáва 6, ров| рва 2; Schützen≈ окóп 2, траншéя 7 | einen ~ ziehen рыть* (вы́-) ров

Grabes|stille *f* могíльный покóй 1; **~stimme** *f*: mit ≈ замогíльным гóлосом

Grab|gewölbe *n* склеп 2; **~hügel** *m* могíла 6, могíльный холм; Hünengrab курráн 2; **~inschrift** *f* надгрóбная нáдпись; **~mal** *n* надгрóбный пáмятник 2; **~rede** *f* надгрóбное слóво 4b; **~stätte** *f* могíла; Archäologie могíльник 2; **~stein** *m* могíльная плитá 6с, надгрóбный кáмень

Grad *m* Maßbezeichnung грáдус 2; Stufe стéпень 9g; Rang звáние 5 | zehn ~ Kälte дéсять грáдусов морóза; es sind zehn ~ unter Null дéсять грáдусов нíже нуля́; im höchsten ~e в вы́сшей стéпени; bis zu einem gewissen ~e до извéстной [нéкоторой] стéпени; **~ation** *f* градáция 8; **~einteilung** *f* делéние 5 на грáдусы; **~messer** *m übertr* критéри|й 1 *P* -и, показáтель 1; **~netz** *n* грáдусная сéтка

graduell постепéн|ный, -ен, -на

Graf *m* граф 2

Grafik *m* грáфика 6; **~er** *m* (худóжник-) грáфик (2-) 2

Gräfin *f* графíня 7

grafisch графíческий | ~e Darstellung графíческое изображéние, грáфик 2; ~es Gewerbe графíческое искýсство 4

gräflich грáфский

Grafschaft *f* грáфство 4

gram: j-m ~ sein сер|дíться 3⁺ -жýсь (рас-) на когó-н.

Gram *m* скорбь 9g, гóре 3

grämen *tr:* das grämt mich wenig меня́ э́то мáло огорчáет; sich ~ *refl* скорб|éть 3 -лю́, гру|стíть 3 -щý (über о *P*) | sich zu Tode ~ у|мерéть* *v* с гóря

Gramm *n* грамм 2

Grammatik *f* граммáтика 6

grammati(kali)sch грамматíческий

Grammophon *n* граммофóн 2

gramvoll скóрб|ный, -ен, печáл|ьный, -ен, -ьна

Granat *m Min* грана́т 2; **~apfel** *m* грана́т 2; Baum грана́т, грана́товое де́рево 4
Granate *f* грана́та 6; Artillerie~ снаря́д 2
Granat|splitter *m* оско́лок снаря́да; **~trichter** *m* воро́нка от снаря́да; **~werfer** *m* миномёт 2
grandios грандио́з|ныйˌ -ен, вели́чествен:ныйˌ -на
Granit *m* грани́т 2; **~felsen** *m* грани́тный утёс 2
Granne *f* ость 9
granulieren *tr* гранули́ровать *uv, v* 2
Graphit *m* графи́т 2
Grapholog|e *m* графо́лог 2; **~ie** *f* графоло́гия 8
Gras *n* трава́, Gräser 6c *Pl* зла́ки *Pl* 2 | im ~e на траве́; er hört das ~ wachsen *umg* он счита́ет себя́ о́чень у́мным; darüber ist längst ~ gewachsen э́то давно́ забы́то; ins ~ beißen умира́ть ⟨-|мере́ть*⟩
grasen *intr* пасти́сь*
Gras|futter *n* подно́жный корм; **~halm** *m* трави́нка 6, былы́нка 6; **~hüpfer** *m* кузне́чик 2; **~land** *n* луг 2bˌ на лугу́ˌ *Pl* -а́, **~mähmaschine** *f* (сено)коси́лка 6; **~mücke** *f* сла́вка 6; **~narbe** *f* дёрн 2, лугова́я дерни́на 6
grassieren *intr* свире́пствовать 2
gräßlich ужа́с|ныйˌ -ен, стра́ш|ныйˌ -енˌ -на́ˌ -ноˌ стра́шны́; ekelhaft омерзи́тел|ьныйˌ -енˌ -ьна
Grat *m Berg* го́рный гре́б|еньˌ -ня 1; *Tech* заусе́н|ецˌ -ца 2, грат 2
Gräte *f* ры́бья кость 12-9g
Gratifikation *f* (де́нежное) вознагражде́ние 5, наградны́е *Subst Pl* 10
grätig кости́ст:ый, костля́в:ый
gratis *Adv* да́ром, беспла́тно
Grätsche *f* Grätschsprung прыжо́к но́ги врозь
grätschen *tr:* die Beine ~ раздв|ига́ть ⟨-и́нуть 4⟩ но́ги; *intr* einen Grätschsprung tun пры́гать ⟨пры́гнуть 4⟩ но́ги врозь
Grätsch|sprung *m* прыжо́к но́ги врозь; **~stellung** *f* положе́ние но́ги врозь
Gratula|nt *m* поздрави́тель 1; **~tion** *f* поздравле́ние 5 (zu с *I*)
gratulieren *intr* поздр|авля́ть ⟨-а́вить 3 -а́влю⟩ (j-m zu etw. кого́-н. с чем-н.)
grau се́р:ыйˌ -а́!; Haar сед:о́й, -а́! | ~ in ~ в се́рых тона́х; die ~e Vorzeit седа́я старина́; ~es Haar седина́ 6c; der ~e Alltag се́рые бу́дни; das ~e Elend беспросве́тная нужда́; ~ werden седе́ть (по-)
Grau *n* се́рый цвет 2b *Pl* -а́
grau|blau си́зый, се́ро-голубо́й; **~braun** (се́ро-)бу́рый
¹grauen *intr* света́ть | der Morgen graut света́ет
²grauen *intr unpers:* mir graut davor я бою́сь э́того, э́то наво́дит на меня́ у́жас; sich ~ *refl* страши́ться 3 (vor *G*), боя́ться 3 (vor *G*)
Grauen *n* у́жас 2, страх 2
grauen|erregend, ~haft, ~voll стра́ш|-ныйˌ -енˌ -на́ˌ -ноˌ стра́шны́, ужа́с|-ныйˌ -ен
grau|haarig сед:о́йˌ -а́!, седоволо́сый; **~meliert** с про́седью | ≈es Haar во́лосы с про́седью
graupeln *intr unpers:* es graupelt идёт ме́лкий град; von Graupelschnee идёт крупа́
Graupeln *f Pl* крупа́ 6
Graupel|schnee *m* крупа́ 6; **~wetter** *n* дождь 1e с ме́лким гра́дом; mit Graupelschnee дождь со сне́гом [с крупо́й]
Graupen *f Pl* перло́вая крупа́ 6
Graus *m* у́жас 2
grausam жесто́к:ийˌ -а́! (gegen j-n с кем-н.); wütend свире́пый
Grausamkeit *f* жесто́кость 9; свире́пость 9
Grauschimmel *m* ча́лая ло́шадь 9g, *umg* си́вка 6
grausen *intr unpers:* mir graust мне стра́шно [жу́тко]
grausig ужа́с|ныйˌ -ен, стра́шныйˌ -енˌ -на́ˌ -ноˌ стра́шны́
Graveur *m* гравёр 2, гравиро́вщик 2
gravieren *tr* гравирова́ть 2 ⟨вы́-, на-⟩
Gravier|nadel *f* гравирова́льная игла́; **~werkstatt** *f* гравёрная мастерска́я
Gravität *f* ва́жность 9
Gravitation *f* гравита́ция 8, тяготе́ние 5
Gravitations|feld *n* по́ле тяготе́ния; **~gesetz** *n* зако́н тяготе́ния
gravitätisch ва́ж|ныйˌ -енˌ -на́ˌ -ноˌ ва́жны́; schreiten разме́рен:ныйˌ -на
Grazie *f* Anmut гра́ция 8 *a. Myth*
graziös грацио́з|ныйˌ -ен
Greifbagger *m* гре́йферный экскава́тор
greifbar *übertr* я́в|ныйˌ -ен | ~e Formen annehmen принима́ть ⟨приня́ть*⟩ реа́льную фо́рму; in ~e Nähe rücken стать* де́лом ближа́йшего бу́дущего; in ~er Nähe в непосре́дственной бли́зости
greifen *tr* хвата́ть ⟨(с)хва|ти́ть 3⁺ -чу́⟩; fangen лов|и́ть 3⁺ -лю́ ⟨пойма́ть⟩; *übertr* брать* ⟨взять*⟩; *intr* хвата́ться ⟨(с)хвати́ться⟩ (nach за *A*); in die Hand nehmen бра́ться*¡ брали́сь ⟨взя́ться*¡ взяли́сь⟩ (zu за *A*) | zur Feder ~ взя́ться за перо́; zu den Waffen ~ бра́ться за ору́жие; j-m unter die Arme ~ выруча́ть ⟨вы́ручить 3⟩ кого́-н.; aus der Luft ~ взять с потолка́; um sich ~ распростран|я́ться ⟨-и́ться 3⟩; falsch ~ *Mus* взять неве́рный тон; zum letzten Mittel ~ пу|сти́ть 3⁺ -щу́ в ход после́днее сре́дство
Greifen *n:* zum ~ nahe sein находи́ться 3⁺ в непосре́дственной бли́зости
Greifer *m Tech* гре́йфер 2

Greis *m* стари́к 2е
Greisenalter *n* ста́рость 9
greisenhaft ста́рческий
Greisin *f* стару́ха 6, стару́шка 6
grell Ton ре́з|кий, ок, -ка́!, -че, пронзи́тел|ьный, -ен, -ьна; Licht я́ркий, -ок, -ка́!, -че; Farbe крича́щий 11
Gremium *n* von Experten коми́ссия 8; von Wissenschaftlern (учёный) сове́т 2
Grenadier *m hist* гренаде́р 2
Grenz|bahnhof *m* пограни́чная ста́нция; **~bewohner** *m* пограни́чный жи́тель
Grenze *f* грани́ца 6, рубе́ж 2е *G Pl* -е́й; *übertr* грани́ца, преде́л 2 | sich in ~n halten соблюда́ть прили́чие; alles hat seine ~n всему́ есть преде́л [ме́ра]; in etw. keine ~n kennen не знать грани́ц в чём-н.
grenzen *intr* грани́чить 3 (an с *I*), при|лега́ть ⟨-ле́чь*⟩ (an к *D*); **~los** безграни́ч|ный, -ен, беспреде́л|ьный, -ен, -ьна; selbstlos беззаве́т|ный, -ен
Grenzenlosigkeit *f* безграни́чность 9, беспреде́льность 9; беззаве́тность 9
Grenz|gebiet *n* пограни́чная о́бласть; **~kontrolle** *f* пограни́чный контро́ль; **~land** *n* пограни́чная о́бласть 9; **~linie** *f* пограни́чная ли́ния; **~pfahl** *m* пограни́чный [межево́й] столб; **~polizei** *f* пограни́чная охра́на 6; **~schutz** *m* пограни́чная охра́на; **~stein** *m* межево́й ка́мень; **~übergang** *m* пункт 2 перехо́да грани́цы; **~verkehr** *m* пограни́чное сообще́ние; **~verletzung** *f* наруше́ние грани́цы; **~ziehung** *f* проведе́ние грани́цы; **~zwischenfall** *m* пограни́чный инциде́нт
Greuel *m* у́жас 2; Abscheu отвраще́ние 5; **~märchen** *n* небыли́ца 6; **~tat** *f* злоде́йство 4, зве́рство 4
greulich ужа́с|ный, -ен; widerlich отврати́тел|ьный, -ен, -ьна
Grieben *f Pl* шква́р|ки *Pl* 6 -ок
Grieche *m* грек 2
Griechenland Гре́ция 8
Griechin *f* греча́нка 6
griechisch гре́ческий
Griesgram *m* угрю́мый челове́к 2
griesgrämig угрю́м:ый
Grieß *m* ма́нная крупа́ 6, ма́нка 6 *umg*; **~brei** *m* ма́нная ка́ша
Griff *m* хва́тка 6; Hand~ рукоя́тка 6; Tür~ ру́чка 6; Messer~ черен|о́к, -ка́ 2; Degen~ эфе́с 2; *Sport* приём 2 | ein glücklicher ~ уда́чный вы́бор 2; etw. im ~ haben на|би́ть* *v* себе́ ру́ку на чём-н.; **~brett** *n* an Saiteninstrumenten гриф 2
Griffel *m* гри́фель 1; *Bot* пе́стик 2
Griffwechsel *m Sport* переме́на хва́та
Grill *m* гриль 1; **~bar** *f* гриль-ба́р 2
Grille *f Zool* сверч|о́к, -ка́ 2; Laune капри́з 2, причу́да 6 | er hat ~n im Kopf на него́ дурь нашла́ *umg*
grillen *tr* поджа́р|ивать ⟨-ить 3⟩ на гри́ле
grillenhaft причу́дливый, капри́з|ный, -ен
Grimasse *f* грима́са 6, ужи́мка 6 | ~n schneiden грима́сничать
Grimm *m* я́рость 9, гнев 2
grimmig я́рост|ный, -ен, свире́п:ый | ~e Kälte лю́тый моро́з
Grind *m Med* струп 2 *Pl* -ья, -ьев
grindig стру́пный
grinsen *intr* ухмыл|я́ться ⟨-ьну́ться 4⟩ | übers ganze Gesicht ~ ухмыля́ться во всё лицо́
grippal: ~er Infekt гриппо́зная инфе́кция
Grippe *f* грипп 2 | ~ haben боле́ть гри́ппом; **~schutzimpfung** *f* вакцина́ция 8 про́тив гри́ппа
grob гру́б:ый, -а́!; Faden то́лст:ый, -а́, -о, то́лсты́; Sand, Mehl кру́п|ный, -ен, -на́!; unhöflich гру́бый, неотёсанный; ungeschlacht топо́р|ный, -ен | ~er Fehler гру́бая оши́бка; ~er Kerl грубия́н 2; ~er Unfug хулига́нство 4; aus dem gröbsten heraus sein име́ть са́мое тру́дное уже́ позади́
Grob|heit *f* гру́бость 9 | j-m ≈en an den Kopf werfen наговори́ть 3 кому́-н. гру́бости; **~ian** *m* грубия́н 2
grobkörnig крупнозерни́стый
gröblich **1.** *Adj* грубова́тый **2.** *Adv* гру́бо, си́льно
grobschlächtig неотёсанный, гру́б:ый, -а́!
Grog *m* грог 2 | steifer ~ кре́пкий грог
groggy Boxen гро́гги
grölen *intr* ора́ть*, горла́нить 3
Groll *m* зло́ба 6 | ~ gegen j-n hegen пита́ть зло́бу про́тив кого́-н.
grollen *intr* пита́ть зло́бу (j-m к *D*); Donner громыха́ть
Grönland Гренла́ндия 8
Grönländer *m* гренла́нд|ец, -ца 2; **~in** *f* гренла́ндка 6
grönländisch гренла́ндский
Gros *n* alte Maßeinheit гросс 2; Gesamtmasse гла́вная часть 9g; *Mil* гла́вные си́лы *Pl* 6
Groschen *m* грош 2е *G Pl* -е́й, моне́та 6 в де́сять пфе́ннигов | bei ihm ist der ~ gefallen наконе́ц до него́ дошло́
groß большо́й, *Komp* бо́льший 11, бо́льше; ausgedehnt обши́р|ный, -ен; von Wuchs выс|о́кий, -о́к, -ока́, -о́ко́; erwachsen взро́слый; bedeutsam вели́кий, *Komp* бо́льший; *Sup* велича́йший 11; Kummer, Schmerz, Hitze си́л|ьный, -ен, -ьна́! | gleich ~ одина́ковой величины́, одина́кого разме́ра; er ist etwa so ~ wie ich он ро́стом с меня́; ~ und klein от ма́ла до вели́ка; im ~en und ganzen в

óбщем и цéлом; das ~e Wort führen игрáть пéрвую скри́пку; ~ ankommen beim Publikum *umg* быть* популя́рным; eine Nummer größer на нóмер [размéр] бóльше; **~artig** великолéп|ный, -ен; prachtvoll грандиóз|ный, -ен

Groß|aufnahme *f Foto* крупномасштáбное изображéние; Film (кино)съёмка крýпным плáном; **~bäckerei** *f* хлебозавóд 2; **~bauer** *m* кулáк 2e; **~bauerntum** *n* кулáчество 4; **~baustelle** *f* крýпная стрóйка 6; **~betrieb** *m* крýпное предпри-я́тие; **~blockbauweise** *f* крупноблóчное строи́тельство 4; **~bourgeoisie** *f* крýпная буржуази́я

Großbritannien Великобритáния 8

Großbuchstabe *m* прописнáя [большáя] бýква

Größe *f* величинá 6c; seelische: вели́чие 5; Ausmaß размéр 2; Wuchs рост 2 | in natürlicher ~ в натурáльную величинý; in meiner ~ Kleidung на мой рост; konstante ~ постоя́нная величинá

Groß|eltern *Pl* дéдушка и бáбушка 6-6; **~enkel** *m* прáвнук 2

großenteils *Adv* бóльшей чáстью

Größen|verhältnis *n* соотношéние вели-чи́н; **~wahn** *m* мáния 8 вели́чия

größenwahnsinnig: er ist ~ он страдáет мáнией вели́чия

Großfürst *m* вели́кий князь

Großgrundbesitz *m* крýпное землевладéние; **~er** *m* крýпный землевладéлец

Groß|handel *m* оптóвая торгóвля; **~handelspreis** *m* оптóвая ценá; **~händler** *m* оптóвый торгóвец; **~handlung** *f* оптóвый магази́н

großherzig великодýш|ный, -ен

Groß|herzigkeit *f* великодýшие 5; **~hirn** *n* большóй головнóй мозг; **~industrie** *f* крýпная промы́шленность; **~industrieller** *m* крýпный промы́шленник

Grossist *m Hdl* оптóвый торгóв|ец, -ца 2, оптови́к 2e

großjährig совершеннолéтний 11

Groß|kraftwerk *n* мóщная электростáнция; **~küche** *f* фáбрика-кýхня 6-7; **~kundgebung** *f* мáссовый ми́тинг; **~macht** *f* вели́кая держáва; **~maul** *n umg* болтýн 2e, хвастýн 2e

großmäulig *umg* болтли́в:ый, хвастли́в:ый

Groß|meister *m Schach* гроссмéйстер 2; **~mut** *f* великодýшие 5 | ≈ üben проявл|я́ть ⟨-и́ть 3⁺ -лю⟩ великодýшие

großmütig великодýш|ный, -ен

Groß|mutter *f* бáбушка 6; **~neffe** *m* внучáтный племя́нник; **~onkel** *m* двоюрóдный дед; **~plattenbauweise** *f* крупнопанéльное строи́тельство 4; **~reinemachen** *n* генерáльная убóрка; **~schreibung** *f* написáние с прописнóй [большóй] бýквы; **~segel** *n* грот 2

groß|sprecherisch хвастли́в:ый; **~spurig** кичли́в:ый

Groß|stadt *f* большóй гóрод; **~städter** *m* жи́тель 1 большóго гóрода

großstädtisch городскóй

Großtat *f* слáвный пóдвиг 2

größtenteils *Adv* бóльшей чáстью, по бóльшей чáсти

größtmöglich возмóжно бóльший 11

großtuerisch хвастли́в:ый

großtun *intr* хвáстаться ⟨по-⟩ (mit чем-н.)

Großvater *m* дед 2, дéдушка *m* 6

großväterlich дéдовский

Groß|veranstaltung *f* мáссовое [крýпное] мероприя́тие 5; **~vieh** *n* крýпный рогáтый скот; **~wetterlage** *f* óбщее 11 синопти́ческое положéние; **~wild** *n* крýпные звéри *Pl* 1g

groß|ziehen *tr* Kinder воспи́тывать ⟨-питáть⟩; auffüttern выкáрмливать ⟨вы́корм|ить 3 -лю⟩; Pflanzen вырáщивать ⟨вы́растить⟩; **~zügig** Wesen ширóкий; großmütig великодýш|ный, -ен; freigebig щéдр:ый, -á! | ein ≈er Mensch ширóкая натýра; ≈e Hilfe великодýшная пóмощь; ≈er Plan грандиóзный план

Großzügigkeit *f* широтá 6; великодýшие 5; щéдрость 9

grotesk стрáн|ный, -ен, -нá!

Groteske *f* гротéск [тэ] 2

Grotte *f* грот 2

Grübchen *n* я́мочка 6

Grube *f* я́ма 6; Bergwerk рудни́к 2e, шáхта 6 | in der ~ arbeiten *umg* рабóтать на рудникé; wer andern eine ~ gräbt, fällt selbst hinein не рой другóму я́мы, сам в неё попадёшь

Grübelei *f* размышлéния *Pl* 5, раздýмье 5

grübeln *intr* раздýмывать (*über* о *P*), размышля́ть (über о *P*)

Gruben|arbeiter *m* шахтёр 2, горня́к 2e; **~brand** *m* рудни́чный пожáр; **~gas** *n* рудни́чный газ; **~holz** *n* крепёжный лес; **~lampe** *f* рудни́чная лáмпа; **~rettungswesen** *n* горноспасáтельное дéло

Grübler *m* человéк 2, склóнный к дóлгому раздýмью

grüblerisch склóнный к дóлгому раздýмью

Gruft *f* склеп 2

Grummet *n* отáва 6

grün зелёный; unreif незрéл:ый, неспéл:ый, -á! | ~ werden зеленéть (по-); ~es Licht im Straßenverkehr зелёная волнá; ein ~er Junge молокосóс 2 *umg;* vom ~en Tisch aus по-бюрократи́чески; j-m nicht ~ sein недолюбливать когó-н.; dasselbe in ~ почти́ то же сáмое, всё однó и то же

Grün *n* зелёный цвет 2; an Pflanzen зéлень 9; Kartenspiel пи́ки *Pl* 6 | im

~en schlafen ночева́ть под откры́тым не́бом; **~anlage** *f* сквер 2; *Pl a.* зелёные насажде́ния *Pl* 5; **~anpflanzung** *f* озелене́ние 5

Grund *m* Boden по́чва 6, грунт 2; Meer, Fluß дно 4 *Pl* до́нь|я| -ев| -ям; Tal доли́на 6; Grundfarbe фон 2; Fundament фунда́мент 2, основа́ние 5; Ursache, Anlaß причи́на 6, основа́ние 5 | auf ~ von etw. на основа́нии чего́-н.; ~ genug haben, allen ~ haben име́ть по́лное основа́ние; im ~e (genommen) по существу́, в су́щности (говоря́), по су́ти де́ла; von ~ auf в ко́рне; bis auf den ~ до дна; aus welchem ~e? по како́й причи́не?, на како́м основа́нии?; aus dem einfachen ~e, daß ... по той (просто́й) причи́не| что ...; auf eigenem ~ und Boden leben жить на свое́й земле́; den ~ zu etw. legen закла́дывать ⟨-ложи́ть 3⁺⟩ осно́ву чего́-н., положи́ть 3⁺ нача́ло чему́-н.; man hat allen ~ anzunehmen есть все основа́ния полага́ть; mit gutem ~ с по́лным основа́нием; dazu ist kein ~ vorhanden к э́тому нет основа́ний; ohne jeden ~ без вся́кого основа́ния; nicht ohne ~ не без причи́ны, неда́ром; einer Sache auf den ~ gehen вника́ть ⟨вни́кнуть 4⟩ в суть де́ла; es liegt kein ~ für eine Klage vor нет причи́ны жа́ловаться; sich in ~ und Boden schämen стыди́ться до глубины́ души́; **~ausbildung** *f Mil* первонача́льная подгото́вка 6; **~bedingung** *f* основно́е усло́вие; **~begriff** *m* основно́е поня́тие; **~besitz** *m* зе́мельная со́бственность 9, землевладе́ние 5; **~besitzer** *m* землевладе́л|ец| -ьца 2; **~bestandteil** *m* основно́й компоне́нт 2; **~buch** *n* поземе́льный када́стр 2

grundehrlich абсолю́тно че́стный

Grundeigentum *n* зе́мельная со́бственность

gründen *tr* осн|о́вывать ⟨-ова́ть 2 -ую́| -уёшь⟩, учре|жда́ть ⟨-ди́ть 2 -жу́| -ждённый⟩; sich ~ *refl* осн|о́вываться ⟨-ова́ться⟩ (auf на *P*) | eine Kommission ~ образ|о́вывать ⟨-ова́ть 2⟩ коми́ссию

Gründer *m* основа́тель 1, учреди́тель 1

grundfalsch в ко́рне неве́рный

Grund|farbe *f* грунтова́я кра́ска; **~fehler** *m* основна́я оши́бка; **~fläche** *f* основа́ние 5, ба́зис 2; **~form** *f* основна́я фо́рма; *Gramm* инфинити́в 2; **~frage** *f* основно́й [коренно́й] вопро́с; **~gebühr** *f* основно́й тари́ф 2; **~gedanke** *m* основна́я мысль; **~gesetz** *n* основно́й зако́н; **~haltung** *f* принципиа́льная пози́ция; **~idee** *f* основна́я иде́я

grundieren *tr* грунтова́ть 2 (за-)

Grund|kapital *n* основно́й капита́л; **~kenntnisse** *f Pl* осно́вы *G;* **~lage** *f* осно́ва 6, основа́ние 5 | auf der ≈ von etw. на основа́нии чего́-н.; auf sozialistischer ≈ на социалисти́ческих осно́вах [нача́лах]; die ≈ schaffen закла́дывать ⟨-ложи́ть 3⟩ осно́вы; es dient als ~ э́то слу́жит основа́нием; **~lagenforschung** *f* фундамента́льные иссле́дования *Pl*

grundlegend 1. *Adj* основно́й | ~e Arbeiten основополага́ющие 11 труды́; ~e Frage коренно́й [краеуго́льный] вопро́с **2.** *Adv* коренны́м о́бразом

gründlich 1. *Adj* основа́тел|ьный| -ен| -ьна, обстоя́тел|ьный| -ен| -ьна | ~e Kenntnisse haben име́ть про́чные [глубо́кие] зна́ния; ~e Untersuchung *Jur* доскона́льное рассле́дование **2.** *Adv* основа́тельно; erschöpfend коренны́м о́бразом | sich ~ täuschen глубоко́ ошиба́ться; j-m ~ die Meinung sagen сказа́ть кому́-н. пра́вду в глаза́

Gründlichkeit *f* основа́тельность 9

Gründling *m Zool* песка́рь 1e

Grund|linie *f* основна́я ли́ния *a. Sport; Math* основа́ние 5, ба́зис 2; **~lohn** *m* основна́я за́работная пла́та

grundlos tief бездо́н|ный| -ен; *übertr* ohne Ursache необосно́ван|ный| -на, беспричи́н|ный| -ен| -на

Grund|losigkeit *f* необосно́ванность 9; **~mauer** *f* фунда́мент 2

Gründonnerstag *m* свято́й четве́рг

Grund|organisation *f* перви́чная (парти́йная) организа́ция; **~pfeiler** *m Bauw* опо́рный столб; **~preis** *m* ба́зисная цена́; **~prinzip** *n* основно́й при́нцип, основно́е положе́ние; **~rechnungsart** *f* де́йствие 5 | die vier ≈en четы́ре де́йствия [пра́вила *Pl* 4] арифме́тики; **~recht** *n* основно́е пра́во; **~regel** *f* основно́е пра́вило; **~riß** *m* план 2, горизонта́льная прое́кция 8; *übertr* о́черк 2; **~satz** *m* при́нцип 2, основно́е пра́вило 4 | ein Mensch ohne Grundsätze беспринци́пный челове́к; sich etw. zum ≈ machen взять* себе́ что-н. за пра́вило; er weicht nicht von seinen Grundsätzen ab он не отхо́дит [не отклоня́ется] от свои́х при́нципов

grundsätzlich принципиа́л|ьный| -ен| -ьна

Grund|satzprogramm *n* основна́я [руководя́щая 11] програ́мма; **~schleppnetz** *n* до́нный трал 2; **~schule** *f* нача́льная шко́ла; **~schulpflicht** *f* всео́бщее 11 обяза́тельное нача́льное обуче́ние

Grundstein *m:* den ~ für etw. legen закла́дывать ⟨-ложи́ть 3⁺⟩ фунда́мент чего́-н., класть ⟨положи́ть⟩ нача́ло чему́-н.; **~legung** *f* закла́дка 6 фунда́мента *G*

Grund|stellung *f* основна́я сто́йка 6; *Mil* строева́я сто́йка; **~steuer** *f* поземе́льный нало́г; **~stock** *m* костя́к 2e

Grundstoff *m* основнóй материáл 2; *Chem* элемéнт 2; **~industrie** *f* промы́шленность основны́х материáлов
Grund|stück *n* земéльный учáст|ок, -ка 2; **~stufe** *f Gramm* положи́тельная стéпень (сравнéния); Schule млáдшие клáссы *Pl* 11-2; **~ton** *m* основнóй тон; Farbe основнóй цвет; **~übel** *n* основнóе зло
Gründung *f* основáние 5, учреждéние 5
Gründungsfeier *f* торжествó по слу́чаю основáния [учреждéния] чегó-н.
Gründüngung *f* зелёное удобрéние
grundverschieden в кóрне разли́чный
Grundwasser *n* грунтовы́е вóды; **~spiegel** *m* у́ров|ень 1 -ня грунтовы́х вод
Grundwehrdienst *m* обязáтельная воéнная слу́жба | den ~ leisten прохо|ди́ть 3⁺ -жу́ обязáтельную воéнную слу́жбу
Grundwissen *n* элементáрные знáния
Grundwort *n* основнóе слóво, основнáя часть 9g слóжного слóва; **~schatz** *m* основнóй словáрный фонд 2
Grundzahl *f Math* простóе числó; **~wort** *n* коли́чественное числи́тельное *Subst* 10
Grundzug *m* основнáя чертá
Grüne *n* зéлень 9 | ins ~ fahren поéхать *v* зá город, выезжáть ⟨вы́|ехать*⟩ зá город; im ~n на лóне прирóды
grünen *intr* зеленéть
Grün|futter *n* зелёный корм; **~kohl** *m* брáунколь 1; **~kram** *m* зéлень 9, óвощ|и, -éй *Pl* 2g
grünlich зеленовáтый
Grün|schnabel *m umg* молокосóс 2; **~span** *m* ярь-медя́нка 9-6; **~specht** *m* дя́тел зелёный
grunzen *intr* хрю́к|ать ⟨-нуть *mom* 4⟩
Gruppe *f* гру́ппа 6; *Mil* отделéние 5; Pionier~ отря́д 2
Gruppen|abend *m* вéчер гру́ппы; **~aufnahme** *f* группов́ой сни́мок | eine ≈ machen lassen снимáться ⟨сня́ться*, сня́ли́сь⟩ гру́ппой; **~führer** *m* команди́р 2 отделéния; **~tanz** *m* группов́ой тáнец
gruppenweise *Adv* по гру́ппам, гру́ппами
gruppieren *tr* группировáть 2 (с-); sich ~ *refl* группировáться (с-)
Gruppierung *f* группирóвка 6
Grus *m Bergb* у́гольная мéлочь 9g
gruselig жу́т|кий, -ок, -кá!
gruseln *unpers:* es gruselt mir мне стрáшно [жу́тко]
Gruß *m* привéт 2; *Mil* отдáние 5 чéсти | j-m einen ~ bestellen пере|давáть* ⟨передáть*⟩ комý-н. привéт; mit herzlichen Grüßen с сердéчным привéтом; viele Grüße an большóй привéт *D;* **~adresse** *f* привéтственный áдрес; **~botschaft** *f* привéтственное послáние 5
grüßen *tr* привéтствовать 2, клáняться ⟨поклони́ться 3⁺⟩ *D; Mil* от|давáть* ⟨отдáть*⟩ честь *D* | er läßt Sie ~ он шлёт вам привéт; ~ Sie bitte Ihre Schwester von mir передáйте, пожáлуйста, от меня́ привéт вáшей сестрé
Grußpflicht *f Mil* обязанность отдáния чéсти
Grütze *f* крупá 6; Speise кáша 6
G-Schlüssel *m* скрипи́чный ключ
Guatemal|a Гватемáла 6; **~teke** *m* гватемáл|ец, -ца 2; **~tekin** *f* гватемáлка 6
guatemaltekisch гватемáльский
gucken *intr* гля|дéть 3 -жу́, гля́дя (по-, *mom* гля́нуть 4) на *A,* смотрéть 3⁺ (по-) на *A* | sich die Augen aus dem Kopf ~ проглядéть *v* все глазá
Guckloch *n* глаз|óк, -кá 2
Guerillakrieg *m* партизáнская войнá
Guillotine *f* гильоти́на 6
Guinea Гвинéя 7; **~-Bissau** Гвинéя-Бисáу 7-*idkl*
Guineer *m* гвинé|ец, -ца 2
guineisch гвинéйский
Gulasch *n, m* гуля́ш 2; **~ kanone** *f* полевáя ку́х|ня 7 *G Pl* -онь
gültig действи́тел|ьный, -ен, -ьна | ~ sein быть действи́тельным, имéть си́лу; Münzen имéть хождéние; für ~ erklären при|знавáть* ⟨-знáть⟩ действи́тельным
Gültigkeit *f* действи́тельность 9; von Gesetzen, Verträgen си́ла 6 | ~ haben быть* действи́тельным
Gültigkeitsdauer *f* срок 2 дéйствия
Gummi *m* рези́на 6; Radier~ рези́нка 6; **~absatz** *m* рези́новый каблу́к; **~arabikum** *n* гуммиарáбик 2; **~ball** *m* рези́новый мяч; **~band** *n* рези́новая тесьмá, рези́нка 6; **~baum** *m* каучу́ковое дéрево; Zimmerpflanze фи́кус 2
gummibereift на рези́новых ши́нах, на рези́новом ходу́
Gummibereifung *f* рези́новые ши́ны *Pl* 6
gummieren *tr* гумми́ровать *uv, v* 2; Stoff прорези́н|ивать ⟨-ить 3⟩
Gummi|handschuh *m* рези́новая перчáтка; **~knüppel** *m* рези́новая дуби́нка; **~lösung** *f* рези́новый клей 1; **~mantel** *m* прорези́ненный плащ; **~schlauch** *m* рези́новый рукáв; **~schuh** *m* галóша 6; **~schwamm** *m* рези́новая гу́бка; **~sohle** *f* рези́новая подóшва; **~stiefel** *m* рези́новый сапóг; **~waren** *f Pl* рези́новые издéлия; **~zug** *m* рези́новая вздёржка 6 | mit ≈ на рези́нке
Gunst *f* благосклóнность 9; Gnade ми́лость 9 | j-m eine ~ erweisen дéлать (с-) комý-н. одолжéние; j-s ~ genießen пóльзоваться 2 (вос-) чéй-н. благосклóнностью; sich zu seinen ~en verändern измен|я́ться ⟨-и́ться⟩ к лу́чшему; zu unseren ~en в нáшу пóльзу; in j-s ~ stehen быть* в фавóре у когó-н.; **~bezeigung** *f* выражéние 5 благосклóнности

günstig 1. *Adj* благоприя́т|ный, -ен, благоскло́н|ный, -ен, -на | eine ~e Gelegenheit удо́бный слу́чай; ~er Wind попу́тный ве́тер; ~e Lage вы́годное положе́ние **2.** *Adv:* sie äußerte sich ~ über ihn она́ хорошо́ отозвала́сь о нём
Günstling *m* Schützling протеже́ [тэ] *m, f idkl;* Favorit фаво́ри́т 2, временщи́к 2e
Günstlingswirtschaft *f* фаворити́зм 2
Gurgel *f* го́рло 4, гло́тка 6 | j-m an die ~ fahren схва|ти́ть *v* 3⁺ -чу́ кого́-н. за гло́тку
gurgeln *intr* полоска́ть* (про-) го́рло
Gurke *f* огур|е́ц, -ца́ 2 | saure ~ солёный огуре́ц
Gurkensalat *m* сала́т из (све́жих) огурцо́в
Gurt *m* по́яс 2b *Pl* -á; Sattel~ подпру́га 6; *Mil* пулемётная ле́нта 6
Gürtel *m* по́яс 2b *Pl* -á; aus Stoff куша́к 2e; aus Leder рем|е́нь, -ня́ 1; *Geogr* зо́на 6 | den ~ enger schnallen затяну́ть *v* 4⁺ по́яс (по)ту́же; **~linie** *f* ли́ния по́яса | unterhalb der ≈ ни́же по́яса; **~rose** *f Med* опоя́сывающий лиша́й 11-1e; **~schnalle** *f* пря́жка 6 (по́яса); **~tier** *n* броненос|ец, -ца 2
gürten *tr* опоя́|сывать ⟨-сать, -шу, -шешь⟩
Guß *m Tech* литьё 3, отли́вка 6; Regen проливно́й дождь 1e, ли́в|ень, -ня 1 | aus einem ~ *übertr* це́льный; **~eisen** *n* чугу́н 2e
gußeisern чугу́нный
Guß|form *f Tech* лите́йная фо́рма; **~stahl** *m* лита́я сталь; **~stück** *n* отли́вка 6; ~e *Pl* литьё 3
gut 1. *Adj* хоро́ш:ий 11, -á, *Komp* лу́чше, *Sup* лу́чший 11; charakterlich до́бр:ый, -á, -о, до́бры́ (нра́вом) | ~en Morgen! здра́вствуй(те)! [аст], до́брое у́тро!; ~en Tag! здра́вствуй(те)!, до́брый день!; seien Sie so ~ бу́дьте так добры́; ~ drei Stunden до́брых три часа́; Menschen ~en Willens лю́ди до́брой во́ли; laß es ~ sein успоко́йся; j-m ~e Worte geben успок|а́ивать ⟨-о́ить 3⟩ кого́-н., утеша́ть ⟨уте́шить 3⟩ кого́-н.; j-m ~ sein люб|и́ть 3⁺ -лю́ кого́-н., хорошо́ отно|си́ться 3⁺ -шу́сь к кому́-н.; etw. für ~ befinden одобря́ть ⟨одо́брить 3⟩ что-н.; schon ~! ла́дно!; so ~ wie сло́вно, beinahe почти́; ~er Dinge sein быть дово́льным, быть в хоро́шем настрое́нии; na, der ist ja ~! хоро́ш, не́чего сказа́ть!, das ist alles ganz ~ und schön, aber … всё э́то хорошо́, но … **2.** *Adv* хорошо́; du hast ~ reden! тебе́ легко́ [хорошо́] говори́ть!; du bist ~ daran тебе́ везёт; das trifft sich ~ э́то уда́чно (совпа́ло); das ist so ~ wie sicher в э́том мо́жно не сомнева́ться; Sie täten ~ daran zu kommen вы хорошо́ сде́лаете, е́сли придёте
Gut *n* Besitz, bes. Land име́ние 5; Habe иму́щество 4; Ware това́р 2; Ladung груз 2; *übertr* бла́го 4 | Hab und ~ всё иму́щество; materielle Güter материа́льные бла́га; **~achten** *n* о́тзыв 2; *Jur* заключе́ние 5; eines Buches реце́нзия 8 | ein ≈ einholen запр|а́шивать ⟨-оси́ть 3⁺ -ошу́⟩ заключе́ние по како́му-н. вопро́су; **~achter** *m* экспе́рт 2; рецензе́нт 2
gutartig Kind usw. до́бр:ый, -á, -о, до́бры́, с хоро́шими зада́тками; *Med* доброка́чествен:ный, -на
Gutdünken *n* усмотре́ние 5 | nach ~ по усмотре́нию
Güte *f* доброта́ 6; Qualität ка́чество 4 | haben Sie die ~ бу́дьте так добры́; ach du meine ~! бо́же мой!, ба́тюшки мои́!; ein Vorschlag zur ~ предложе́ние реши́ть что-н. по-до́брому; **~klasse** *f* сорт 2b *Pl* -á; **~kontrolle** *f* контро́ль ка́чества (проду́кции); Abteilung отде́л 2 техни́ческого контро́ля; **~kontrolleur** *m* контролёр ка́чества
Güter|abfertigung *f* отпра́вка 6 гру́зов; **~austausch** *m* товарообме́н 2; **~bahnhof** *m* това́рная ста́нция; **~gemeinschaft** *f* о́бщность иму́щества; **~taxi** *n* грузово́е такси́; **~transport** *m* перево́зка гру́зов; **~verkehr** *m* грузово́е движе́ние; **~wagen** *m* грузово́й [това́рный] ваго́н | geschlossener ≈ кры́тый грузово́й ваго́н; **~zug** *m* грузово́й [това́рный] по́езд
Gutes *n* хоро́шее *Subst* 11, добро́ 4 | alles Gute! всего́ хоро́шего!; was gibt es ~? что хоро́шего?; etw. zum Guten wenden дать* де́лу хоро́ший оборо́т; nichts ~ im Sinn haben име́ть плохи́е наме́рения
Güte|vorschriften *f Pl* техусло́вия *Pl* 5; **~zeichen** *n* знак ка́чества
gut|gebaut хорошо́ слож|ённый, -ён, -ена́; **~gehend:** процвета́ющий 11; **~gelaunt** хорошо́ настро́енный | ≈ sein быть в ду́хе; **~gemeint** доброжела́тел|ьный, -ен, -ьна; **~gesinnt** благожела́тел|ьный, -ен, -ьна, благоскло́н|ный, -ен, -на; **~gläubig** легкове́р|ный [хк], -ен
guthaben *tr* име́ть в акти́ве
Guthaben *n* акти́в 2
gut|heißen *tr* одобря́ть ⟨одо́брить 3⟩, санкциони́ровать *uv, v* 2; **~herzig** доброду́ш|ный, -ен, добросерде́ч|ный, -ен
güt|ig до́бр:ый, -á, -о, до́бры́; **~lich** полюбо́вный | sich an etw. ≈ tun насла|жда́ться ⟨-ди́ться 3 -жу́сь⟩ чем-н., ла́ком|иться 3 -люсь ⟨по-⟩ чем-н.
gut|machen *tr* испр|авля́ть ⟨-а́вить 3 -а́влю⟩; Schuld загл|а́живать ⟨-а́дить 3 -а́жу⟩; **~mütig** доброду́ш|ный, -ен
Gutmütigkeit *f* доброду́шие 5
gutnachbarlich добрососе́дский
Gutsbesitzer *m* поме́щик 2; **~in** *f* поме́щица 6

Gutschein *m* óрдер 2b *Pl* -á, талóн 2
gutschreiben *tr* кредитовáть *uv, v* 2, запи́сывать ⟨-|писáть*⟩ на [в] крéдит
Gutschrift *f* зáпись 9 на [в] крéдит
Guts|haus *n* помéщичий 12 дом; ~**herr** *m* помéщик 2; ~**hof** *m* помéстье 5, помéщичья 12 усáдьба
gutsituiert состоя́тел|ьный, -ен, -ьна, обеспéченный
Guttapercha *f* гуттапéрча 6
guttun *intr* благотвóрно дéйствовать | das tut gut э́то хорошó
Gutturallaut *m Phon* гуттурáльный звук
gutwillig 1. *Adj* добровóл|ьный, -ен, -ьна 2. *Adv* добровóльно, по дóброй вóле
Gutwilligkeit *f* дóбрая вóля 7
Gymnasium *n* гимнáзия 8
Gymnastik *f* гимнáстика 6
gymnastisch гимнасти́ческий
Gynäkolog|e *m* гинекóлог 2; ~**ie** *f* гинеколóгия 8
gynäkologisch гинекологи́ческий

H

h, H *n Mus* си *n idkl*
Haar *n* вóлос 2g *G Pl* волóс; *Kollektivum* вóлосы; Tierhaare шерсть 9; auf Stoffen ворс 2 | sich die ~e machen причёсываться ⟨-|чесáться*⟩; sich in die ~e geraten ссóриться 3 (по-), сцеп|ля́ться ⟨-и́ться 3⁺ -лю́сь⟩; an den ~en herbeiziehen *übertr* притя́гивать ⟨-тянýть 4⁺⟩ зá волосы; mir standen die ~e zu Berge у меня́ вóлосы встáли ды́бом; sie gleichen einander aufs ~ они́ похóжи друг на дрýга как две кáпли воды́; um ein ~ чуть-чуть, едвá; um kein ~, nicht um ein ~ ни нá волос, ни на йóту; sein Leben hing an einem ~ егó жизнь висéла на волоскé; sich wegen etw. keine grauen ~e wachsen lassen не расстрáиваться ⟨-стрóиться 3⟩ из-за чегó-н.; kein gutes ~ an j-m lassen разбирáть ⟨разо|брáть*, разберý⟩ когó-н. по кóсточкам; sie hat ~e auf den Zähnen онá зубáстая; ~**ausfall** *m* выпадéние 5 волóс; ~**band** *n* лéнта для волóс; ~**bürste** *f* щётка для волóс; ~**büschel** *n* пучóк волóс
haaren *intr* Pelz вылезáть ⟨вы́|лезть*⟩; sich ~ *refl* Tiere линя́ть
Haaresbreite *f*: um ~ чуть не, на волосóк
Haar|farbe *f* цвет волóс; ~**färbemittel** *n* крáска 6 для волóс; ~**garnteppich** *m* волосянóй ковёр
haar|genau *Adv* точь-в-тóчь; ~**ig** волосáт:ый; heikel щекотли́вый; ~**klein** *Adv* óчень подрóбно, во всех детáлях
Haar|klemme *f* зажи́мка 6 (для волóс); ~**lack** *m* лак для волóс
Haarnadel *f* шпи́лька 6 (для волóс); ~**kurve** *f Sport* поворóт (дорóги) под óстрым углóм
Haar|netz *n* сéтка для волóс; ~**öl** *n* мáсло для волóс
Haarpflege *f* ухóд за волосáми; ~**mittel** *n* срéдство для ухóда за волосáми
Haarriß *m Tech* волоснáя трéщина
haarscharf 1. *Adj* óчень тóч|ный, -ен, -нá! 2. *Adv* точь-в-тóчь | die Kugel ging ~ an ihm vorbei пýля чуть не задéла егó
Haar|schneidemaschine *f* маши́нка 6 для стри́жки волóс; ~**schnitt** *m* стри́жка 6; ~**spalterei** *f* казуи́стика 6; ~**spange** *f* закóлка 6 для волóс; ~**spray** *n* лак-аэрозóль 2-1 для волóс
haarsträubend ужáс|ный, -ен
Haar|tracht *f* причёска 6; ~**wäsche** *f*, ~**waschen** *n* мытьё 3 волóс; ~**waschmittel** *n* шампýнь 1; ~**wasser** *n* туалéтная водá для волóс; ~**wuchs** *m* рост волóс | er hat einen starken ≈ у негó густы́е вóлосы; ~**wurzel** *f* кóрень вóлоса
Habe *f* имýщество 4 | bewegliche ~ дви́жимое имýщество
haben *tr* besitzen имéть; *konkret außer im Inf gewöhnlich* у *mit G des Pers Pron + Zeitform von* быть; *als Hilfsverb unübersetzt* | Geld ~ имéть дéньги; hast du Geld? у тебя́ есть дéньги?; sie hatte kein Geld у неё нé было дéнег; er hat nichts у негó ничегó нет; er hat eine große Nase у негó большóй нос; ich habe eine Bitte an Sie у меня́ к вам прóсьба; dazu muß man Talent ~ для э́того нýжно и́меть талáнт; ich habe ein Recht darauf я имéю на э́то прáво; die Stadt hat zehntausend Einwohner в гóроде дéсять ты́сяч жи́телей; der Januar hat 31 Tage в январé 31 день; ich habe nichts zu lesen мне нéчего читáть; hast du was zu lesen? тебé есть что читáть?; für mich у тебя́ есть чтó-нибудь почитáть?; das Buch ist noch zu ~ кни́га имéется ещё в продáже; da hast du's! вот, получи́!; *übertr* вот тебé и на!; wo hast du das Geld her? откýда [где] ты взял (э́ти) дéньги?; es hat keine Eile спеши́ть нéзачем, дéло тéрпит; Sie ~ dafür zu sorgen вы обя́заны [должны́] позабóтиться об э́том; ich will nichts damit zu tun ~ я не хочý имéть дéла с э́тим; ich habe zu tun я зáнят; du hast gut reden тебé хорошó говори́ть; das hat etwas für sich э́то имéет свои́ положи́тельные стóроны; von einem Vorschlag э́то неплохáя мысль; was habe ich davon? какáя мне пóльза от э́того?; hab dich nur nicht so! не вáжничай!; sei nicht so prüde не церемóнься!; ich habe ihn zum Freund он

мой друг; ich habe ihn anfangs gar nicht bemerkt я бы́ло во́все его́ не заме́тил; da ~ wir's! вот тебе́ раз!; das ~ wir in der Schule nicht gehabt мы э́того в шко́ле не проходи́ли

Habenichts *m* бедня́к 2e

Habgier *f* корыстолю́бие 5, жа́дность 9

habgierig корыстолюби́в:ый, жа́д|ный, -ен, -на́, -но, жа́дны́

Habicht *m* я́стреб 2 *Pl a.* -а́ 2b

Habilitation *f* защи́та 6 до́кторской диссерта́ции

Habilitationsschrift *f* до́кторская диссерта́ция 8

habilitieren, sich *refl* защи|ща́ть ⟨-ти́ть 3 -щу́⟩ до́кторскую диссерта́цию

Hab|seligkeiten *f Pl* пожи́тки *Pl* 2, ве́щи *Pl* 9g; **~sucht** *f* = **Habgier**

habsüchtig = **habgierig**

Hacke *f* моты́га 6; im Bergbau кирка́ 6; Ferse пя́тка 6 | sich die ~n ablaufen nach о|ста́ться* *v* без ног [с|би́ться* *v* с ног] в по́исках *G*

hacken *tr* Holz коло́ть* (рас-); Fleisch, Knochen руб|и́ть 3⁺ -лю́ (по-, на-); Boden моты́жить 3; mit dem Schnabel клева́ть* ⟨клю́нуть *mom* 4⟩

Hackepeter *m* сыро́е ру́бленое свино́е мя́со с со́лью и пе́рцем

Hack|fleisch *n* ру́бленое мя́со; durch den Fleischwolf gedreht мясно́й фарш 2; **~frucht** *f Landw* корнепло́д 2; mit Zwischenfurchen пропашна́я культу́ра 6; **~klotz** *m* чурба́н 2; des Fleischers коло́да 6; **~messer** *n* коса́рь 1e

Häcksel *m, n* се́чка 6; **~maschine** *f* соломоре́зка 6

[1]**Hader** *m* Lappen лоску́т 2e *Pl a.* лоску́т|ья, -ьев, тря́пка 6

[2]**Hader** *m* Streit ссо́ра 6; Feindseligkeiten вражда́ 6

hadern *itr* ссо́риться 3 (по-); враждова́ть 2

Hafen *m* порт 2b, в порту́; Natur- га́вань 9; *übertr* при́стань 9g | einen ~ anlaufen вхо|ди́ть 3⁺ -жу́ ⟨во|йти́*⟩ в порт [в га́вань]; **~anlagen** *f Pl* порто́вые сооруже́ния *Pl* 5; **~arbeiter** *m* порто́вый рабо́чий; **~damm** *m* порто́вый мол 2; **~rundfahrt** *f* тури́стская экску́рсия по по́рту; **~stadt** *f* порто́вый го́род; **~viertel** *n* порто́вый райо́н (го́рода)

Hafer *m* ов|ёс, -са́ 2 | ihn sticht der ~ *umg* он с жи́ру бе́сится; **~brei** *m* овся́ная ка́ша 6, овся́нка 6; **~flocken** *f Pl* овся́ные хло́пья; **~mehl** *n* овся́ная мука́; gestoßenes толокно́ 4; **~schleim** *m* овся́ный отва́р 2

Haff *n* гафф 2

Haft *f* аре́ст 2 | in ~ nehmen арестова́ть *uv, v* 2, сажа́ть [поса|ди́ть 3⁺ -жу́] под аре́ст; aus der ~ entlassen освобо|жда́ть ⟨-ди́ть 3 -жу́, -ждённый⟩ из-под аре́ста; **~anstalt** *f* тюр|ьма́ 6c *G Pl* -ём

haftbar отве́тствен:ный, -на (für за *A*)

Haftbefehl *m* о́рдер на аре́ст

haften *intr* hängenbleiben прилипа́ть ⟨-ли́нуть 4a⟩ (an к *D*), при|става́ть* ⟨-|ста́ть*⟩ (an к *D*); verantworten отвеча́ть (für за *A*) | im Gedächtnis ~ о|става́ться* ⟨-|ста́ться*⟩ в па́мяти; **~bleiben** *intr* = **haften**

Haftentlassung *f* освобожде́ние из заключе́ния

Häftling *m*ареста́нт 2, заключённый *Subst* 10

Haftpflicht *f* отве́тственность 9

haftpflichtig отве́тствен:ный, -на

Haft|pflichtversicherung *f* гаранти́йное страхова́ние; **~schalen** *f Pl* fürs Auge конта́ктные ли́нзы *Pl* 6; **~ung** *f* отве́тственность 9, гара́нтия 8 | Gesellschaft mit beschränkter ≈ (*Abk* GmbH) компа́ния с ограни́ченной отве́тственностью

Hage|butte *f* плод 2e шипо́вника; **~buttenstrauch** *m* шипо́вник 2

Hagel *m* град 2 *a. übertr* | ein ~ von Schlägen prasselte auf ihn hernieder на него́ посы́пался град уда́ров; **~korn** *n* гра́дина 6

hageln *intr:* es hagelt идёт град; es hagelte Schläge *übertr* уда́ры сы́пались гра́дом

Hagelschlag *m* градоби́тие 5

hager худ|о́й, -а́!, -ее

Hagestolz *m* ста́рый холостя́к 2e

haha! *Interj* ха-ха́!

Hahn *m* пету́х 2e; Vogelmännchen сам|е́ц, -ца́ 2; *Tech* кран 2; einer Waffe кур|о́к, -ка́ 2 | es kräht kein ~ danach э́тим никто́ не интересу́ется, об э́том никто́ не забо́тится; ~ im Korbe sein быть еди́нственным мужчи́ной в о́бществе же́нщин

Hahnen|feder *f* петуши́ное перо́; **~fuß** *m Bot* лю́тик 2; **~kamm** *m* петуши́ный гре́бень; **~kampf** *m* петуши́ный бой; **~schrei** *m* пе́ние 5 петуха́ | beim ersten ≈ с петуха́ми; vor dem ersten ≈ до петухо́в

Hahnrei *m* обма́нутый муж 2 *Pl* -ья́, -е́й, -ья́м, рогоно́с|ец, -ца 2 *umg*

Hai[fisch] *m* аку́ла 6

Hain *m* ро́ща 6; **~buche** *f* граб 2

Haïti Гаи́ти *n idkl*

haïti(ani)sch гаитя́нский

Häkchen *n* крюч|о́к, -ка́ 2; als Anmerkungszeichen га́лочка 6, пти́чка 6

Häkel|ei *f* вяза́ние 5 крючко́м; **~garn** *n* ни́тки для вяза́ния крючко́м

häkeln *tr u. intr* вяза́ть* крючко́м

Häkelnadel *f* вяза́льный крюч|о́к, -ка́ 2

Haken *m* крюк 2e; kleiner крюч|о́к, -ка́ 2; Stange mit ~ заце́пка 6; Boxen боково́й удáр 2 | die Sache hat einen ~ в э́том дéле есть своя́ загвóздка; ~ schlagen петля́ть, метáть пéтли; **~kreuz** *n* свáстика 6; **~nase** *f* крючковáтый нос, нос крючкóм; **~pflug** *m* сохá 6c

halb 1. *Adj* полови́нный, пол- *mit Subst im G; vor Vokal,* л *und Eigennamen mit Bindestrich;* unentschlossen полови́нчат:ый | von ~em Umfang в полови́нном размéре; ein ~es Jahr полгóда; ein ~es Dutzend полдю́жины; eine ~e Apfelsine пол-апельси́на; ein ~er Liter пол-ли́тра; für den ~en Preis за полови́нную цéну, за полцены́; auf ~em Wege umkehren верну́ться *v* 4 с полпути́; sich auf ~em Wege treffen *übertr* по|йти́* *v* навстрéчу друг дру́гу; mit ~em Ohr zuhören слу́шать лишь крáем у́ха; nur mit ~em Herzen dabeisein занимáться без осóбой охóты; er ist nur noch ein ~er Mensch он ужé не похóж на человéка; ein ~er Entschluß полови́нное решéние; eine ~e Maßnahme полумéра | Zeitangaben полови́на 6; es ist ~ eins тепéрь полови́на пéрвого [полпéрвого *umg*]; es schlägt ~ drei часы́ бьют полови́ну трéтьего [полтрéтьего *umg*]; um ~ vier в полови́не четвёртого, в полчетвёртого *umg*; fünfeinhalb Jahre пять с полови́ной лет **2.** *Adv* наполови́ну | ~ so groß наполови́ну [вдвóе] мéньше; nicht ~ so gut далекó не так хорошó; ~ im Ernst полусерьёзно; ~ und ~ пополáм, на полови́ну

Halbaffe *m* полуобезья́на 6

halb|amtlich полуофициáл|ьный, -ен, -ьна; Meldung официóз|ный, -ен; **~automatisch** полуавтомати́ческий

Halb|blut *n* Pferd полукрóвка 6; **~bruder** *m* свóдный брат; **~dunkel** *n* полумрáк 2; Dämmerung су́мер|ки *Pl* 6 *G* -ек; **~edelstein** *m* самоцвéт 2; **~fabrikat** *n* полуфабрикáт 2

halb|fertig полуготóв:ый

Halbfertiggerichte *Pl* (кулинáрные) полуфабрикáты *Pl* 2

Halb|finale *n* полуфинáл 2; **~heit** *f* полови́нчатость 9; ≈en *Pl* полумéры *Pl* 6

halbieren *tr* дели́ть 3⁺ (раз-) пополáм

Halbierung *f* делéние 5 пополáм

Halb|insel *f* полуóстров 2; **~jahr** *n* полугóдие 5

halb|jährig полугодовóй; Lebewesen полугодовáлый, шестимéсячный; **~jährlich 1.** *Adj* полугодовóй **2.** *Adv* кáждые полгóда

Halb|kreis *m* полукру́г 2; **~kugel** *f* полушáрие 5

halb|lang полудли́нный; Vokal полудóлгий; **~laut** *Adv* вполгóлоса

Halblederband *m* составнóй переплёт 2

halbleer полупустóй, наполови́ну пустóй

Halb|leinen *n* Einband составнóй переплёт с тканевы́м корешкóм; **~leiter** *m* *Phys* полупроводни́к 2e; **~leitertechnik** *f* тéхника полупроводникóв; **~leiterwerk** *n* завóд полупроводникóв; **~linker** *m* Fußball, Handball лéвый полусрéдний 11 нападáющий *Subst* 11

halbmast *Adv:* ~ flaggen приспу|скáть (-сти́ть 3⁺ -щу́) флаг

Halb|monatsschrift *f* двухнедéльник 2; **~mond** *m* полумéсяц 2

halb|nackt полугóл:ый, -á!; **~offen** полуоткры́т:ый; **~part:** ≈ machen дели́ть 3⁺ (раз-) пополáм

Halbrechter *m* Fußball, Handball прáвый полусрéдний 11 нападáющий *Subst* 11

halbrund полукру́гл:ый, -á!

Halb|schicht *f* полови́нная смéна; **~schlaf** *m* полус|óн, -нá 2 | im ≈ в полуснé; **~schranke** *f* *Eisenb* полушлагбáум; **~schuhe** *m* *Pl* полуботи́н|ки *Pl* 2 *G* -ок | ≈ mit flachem Absatz полуботи́нки на ни́зком каблукé; **~schwergewicht** *n* *Sport* полутяжёлый вес; **~schwester** *f* свóдная сестрá

halbseitig 1. *Adj* *Typ* в полстрани́цы **2.** *Adv:* er ist ~ gelähmt у негó парали́ч однóй стороны́ тéла

Halbstarker *m* хулигáн 2

halb|stündig получасовóй; **~stündlich** кáждые полчасá; **~süß** Sekt полуслáдкий; **~tags:** ≈ arbeiten рабóтать непóлный рабóчий день

Halb|tagsarbeit *f* рабóта на полстáвки [на полови́нном рабóчем дне, erstrebt на полови́нный рабóчий день]; **~tagskraft** *f* рабóчий *Subst* 11 [слу́жащий *Subst* 11] на полови́нном рабóчем дне, gesucht на полови́нный рабóчий день; **~ton** *m* полутóн 2

halbtot 1. *Adj* éле жив:óй, -á!, полумёртвый **2.** *Adv* до полусмéрти | sich ~ lachen помирáть сó смеху

Halbvokal *m* полуглáсный *Subst* 10

halb|voll наполови́ну напóлнен:ный, -а; mit Flüssigkeit наполови́ну нали́т:ый, -á!; **~wegs** *Adv* *übertr* кое-кáк, до нéкоторой стéпени

Halbwelt *f* полусвéт 2

Halbwertszeit *f* *Phys* пери́од 2 полураспáда

halbwüchsig: ein ~er Junge, ein ~es Mädchen подрóст|ок, -ка 2

Halb|zeit *f* *Sport* полови́на 6 игры́, тайм 2; **~zeug** *n* полуфабрикáт 2

Halde *f* Berg отвáл 2, террикóн 2

Hälfte *f* полови́на 6 | zur ~ наполови́ну; meine bessere ~ моя́ дражáйшая полови́на

Halfter *m, n* недоу́зд|ок, -ка 2

[1]**Halle** *f* зал 2; Hotel≈ холл 2; Flugzeug≈ ангáр 2; Ausstellungs≈ павильóн 2

[2]**Halle** Stadt Гáлле *m idkl*
hallen *intr* звучáть 3, раз|давáться* ⟨-|дáться*ᵢ -дáлись⟩
Hallenbad *n* закры́тый бассéйн 2
Hallenhandball *m* зáльный гандбóл
Hallimasch *m* опён|окᵢ -ка 2 осéнний 11
hallo! *Interj* аллó!, эй!
Hallo *n* шум 2, кри́ки *Pl 2*
Halluzination *f* галлюцинáция 8
Halm *m* стéб|ельᵢ -ля 1; Getreide~ солó-мин(к)а 6 | auf dem ~ на корню́
Halma *n*, **~spiel** *n* гáльма 6
Hals *m* шéя 7 *G Pl* шей; Kehle гóрло 4; Flasche гóрлышко 4; *Mus* Instrument гриф 2; Note шé|йка 6 *G Pl* -ек *a. Tech* | mir tut der ~ weh у меня́ боли́т гóрло; bis zum ~ по гóрло; bleib mir damit vom ~e не приставáй ко мне с э́тим; sich den ~ brechen *übertr* сломáть себé шéю; j-m um den ~ fallen бросáться ⟨брó|-ситься 3 -шусь⟩ комý-н. на шéю; ich habe sie auf dem ~e онá у меня́ на шéе сиди́т [виси́т]; das hängt mir längst zum ~ heraus э́то мне давнó опроти́вело; ~ über Kopf сломя́ гóлову; sich etw. vom ~e schaffen отдéл|ываться ⟨-аться⟩ от чегó-н.; aus vollem ~e во всё гóрло; **~abschneider** *m übertr* ростовщи́к 2e; **~band** *n* ожерéлье 5; beim Hund ошéй-ник 2; **~binde** *f Mil* подворотнич|óкᵢ -кá 2
halsbrecherisch крáйне опáс|ныйᵢ -ен
Hals|entzündung *f* ларинги́т 2; **~kette** *f* ожерéлье 5
Hals-Nasen-Ohrenarzt *m* оториноларин-гóлог 2
Hals|schlagader *f* сóнная артéрия; **~schmerzen** *m Pl* боль в гóрле | ich habe ≈ у меня́ боли́т гóрло; **~schmuck** *m* ожерéлье 5
halsstarrig упря́м:ый | er ist ~ он упёрся как бык
Hals|starrigkeit *f* упря́мство 4; **~tuch** *n* косы́нка 6; der Pioniere гáлстук 2
Hals- und Beinbruch! ни пýха ни перá!
Hals|wickel *m* компрéсс 2 на шéе, anle-gen на шéю; **~wirbel** *m Anat* шéйный позвонóк
halt! *Interj* стой!
Halt *m* Stütze поддéржка 6, опóра 6; Rast привáл 2; Aufenthalt остановка 6 | innerer ~ морáльная опóра; den ~ verlieren *übertr* терять (по-) душéвное равновéсие
haltbar прóч|ныйᵢ -енᵢ -нáᵢ -ноᵢ прóчны́, нóс|кийᵢ -ок | ~er Stoff прóчный матери́ал 2; ~e Farbe стóйкая крáска; ~e Lebensmittel долгохраня́щиеся 11 продýкты
Haltbarkeit *f* прóчность 9, нóскость 9; von Lebensmitteln сохраня́емость 9
halten *tr* держáть 3⁺; stützen поддéрживать ⟨-держáть⟩; betrachten als считáть ⟨счесть*⟩ (für *I* за *A*); annehmen als принимáть ⟨приня́ть*⟩ (für *A*); abonnieren вы́писывать; *intr* остан|áвливаться ⟨-ови́ться 3⁺ -овлю́сь⟩; haltbar sein держáться; sich ~ *refl* держáться; nicht verderben сохран|я́ться ⟨-и́ться 3⟩ | bei der Hand ~ держáть зá руку; kühl ~ держáть на хóлоде; verschlossen ~ держáть на запóре; bereit ~ держáть наготóве; Hühner ~ держáть кур; seine Sachen gut ~ хорошó обращáться со свои́ми вещáми; die Sachen in Ordnung ~ содержáть вéщи в поря́дке; die Festung ~ удéрживать ⟨-держáть⟩ крéпость, отст|áивать ⟨-оя́ть 3⟩ крéпость; für wen hältst du mich? за когó ты меня́ принимáешь?; j-n für dumm ~ считáть когó-н. глýпым; die Schuhe ~ gut боти́нки нóсятся хорошó; ich halte nicht viel von ihm я невысóкого мнéния о нём; es mit j-m ~ быть* заоднó с кем-н., дéлать óбщее дéло с кем-н.; j-n kurz ~ не давáть* комý-н. вóли; ich halte es so я так поступáю; j-n zum besten ~ подтр|ýнивать ⟨-уни́ть 3⟩ над кем-н.; große Stücke von j-m ~ дорожи́ть 3 кем-н., высокó цени́ть 3⁺ когó-н.; an sich ~ сдéрживать ⟨-держáть⟩ себя́; sich rechts ~ держáться прáвой стороны́
Haltepunkt *m Eisenb* останóвочный пункт; Gewehr тóчка прицéливания
Halter *m Tech* держáтель 1
Halte|signal *n Eisenb* сигнáл (для) останóвки; **~stelle** *f* останóвка 6 | an der nächsten ≈ aussteigen выхо|ди́ть 3⁺ -жý ⟨вы́|йти*⟩ на слéдующей останóвке; **~stelleninsel** *f* остров|óкᵢ -кá 2 безопáсности; **~verbot** *n* запрещéние останóвки
haltlos moralisch неустóйчив:ый; unbegründet необоснóван:ныйᵢ -на
Haltlosigkeit *f* неустóйчивость 9; необоснóванность 9
haltmachen *intr* остан|áвливаться ⟨-ови́ться 3⁺ -овлю́сь⟩ (vor пéред *I*) *a. übertr*
Haltung *f* stattliches Äußere осáнка 6; ausdrucksvolle пóза 6; Körper~ вы́правка 6; *Mil* вы́правка, вытя́жка 6; Benehmen поведéние 5; *übertr* пози́ция 8; Selbstbeherrschung самообладáние 5; von Tieren содержáние 5
Halunke *m* негодя́|й 1 *G Pl* -ев
Hamburg Гáмбург 2
hämisch злóб|ныйᵢ -ен
Hammel *m* барáн 2; **~braten** *m* жáреная барáнина 6, жаркóе *Subst* 10 из барáнины; **~brust** *f* барáнья груди́нка 12-6; **~fleisch** *n* барáнина 6; **~keule** *f* барáнья нóжка 12-6
Hammer *m* Werkzeug молот|óкᵢ -кá 2; *Tech, Sport* мóлот 2 | unter den ~ kom-

men про|дава́ться* с молотка́ [с аукцио́на]
hämmern *tr* Metall обраб|а́тывать ⟨-о́тать⟩ молотко́м; *intr* klopfen стуча́ть 3 молотко́м; mit dem Hammer schlagen бить* молотко́м
Hammer|schlag *m* уда́р мо́лотом [молотко́м]; **~werfen** *n Sport* мета́ние 5 мо́лота; **~werfer** *m Sport* мета́тель 1 мо́лота
Hämoglobin *n* гемоглоби́н 2
Hämorrhoiden *Pl* геморро́й 1
Hampelmann *m* Spielzeug марионе́тка 6; *übertr* пая́ц 2
Hamster *m* хомя́к 2e; **~er** *m* мешо́чник 2
hamstern *tr* жа́дно коп|и́ть 3⁺ -лю́ (на-), припаса́ть ⟨-|пасти́*⟩; *intr* мешо́чничать
Hand *f* рука́ 6a, im Unterschied zum Arm кисть 9g (руки́) | die flache ~ ладо́нь 9; die hohle ~ горсть 9g; rechter ~ напра́во; Hände weg! ру́ки прочь!; Hände hoch! ру́ки вверх!; bei der ~ nehmen взять *v* за́ руку; an ~ von Unterlagen на основа́нии докуме́нтов, руково́дствуясь докуме́нтами; an ~ des Lehrbuchs с по́мощью уче́бника; an der ~ führen вести́ за́ руку; das liegt auf der ~ э́то очеви́дно; mit seinen eigenen Händen свои́ми рука́ми; aus erster ~ erfahren у|знава́ть* ⟨-зна́ть⟩ из пе́рвых рук; aus zweiter ~ erfahren узнава́ть из вторы́х рук [че́рез кого́-н.]; sie ist mit der Antwort gleich bei der ~ у неё всегда́ гото́в отве́т, она́ за сло́вом в карма́н не (по)ле́зет; ~ in ~ рука́ о́б руку, *übertr a.* дру́жно, сообща́; es liegt in seiner ~ э́то в его́ рука́х; j-m in die Hände fallen по|па́сть* *v* кому́-н. в ру́ки; sich mit Händen und Füßen gegen etw. wehren рука́ми и нога́ми отбива́ться ⟨-|би́ться*ˌ отобью́сь⟩ от чего́-н.; mit beiden Händen zugreifen рья́но бра́ться*¡ брали́сь ⟨взя́ться¡ взяли́сь⟩ за что-н.; um die ~ eines Mädchens anhalten про|си́ть 3⁺ -шу́ руки́ де́вушки, unter der ~ verkaufen про|дава́ть* ⟨прода́ть*⟩ из-под полы́; von ~ zu ~ из рук в ру́ки; ihr geht die Arbeit flink von der ~ рабо́та у неё спори́тся; das läßt sich nicht von der ~ weisen от э́того нельзя́ отмахну́ться, э́то нельзя́ игнори́ровать; von der ~ in den Mund leben едва́ своди́ть концы́ с конца́ми; alle Hände voll zu tun haben быть* перегру́женным рабо́той, быть за́нятым по го́рло; das hat ~ und Fuß в э́том есть толк, э́то обосно́вано; die ~ im Spiel haben, игра́ть ⟨сыгра́ть⟩ роль; freie ~ haben име́ть свобо́ду де́йствий; er hat eine sichere ~ у него́ уве́ренная рука́; eine lockere ~ haben ча́сто дава́ть* во́лю рука́м; man kann die ~ nicht vor den Augen sehen ни зги не ви́дно; eine ~ wäscht die andere рука́ ру́ку мо́ет; **~antrieb** *m* ручно́й приво́д; **~arbeit** *f* ручно́й труд; Stricken usw. рукоде́лие 5, ручна́я рабо́та; **~atlas** *m* насто́льный а́тлас; **~ball** *m* ручно́й мяч, гандбо́л 2; **~baller** *m* гандболи́ст; **~ballspiel** *n Sport* игра́ в ручно́й мяч; **~besen** *m* щётка 6 с ру́чкой; **~bewegung** *f* движе́ние руко́й; Geste жест 2
handbreit ширино́й в ладо́нь
Hand|breite *f* ширина́ в ладо́нь; **~bremse** *f* ручно́й то́рмоз; **~buch** *n* спра́вочник 2 | ≈ der Chemie спра́вочник по хи́мии; **~bürste** *f* щётка для (мытья́) рук
Händedruck *m* рукопожа́тие 5 | sich mit einem ~ begrüßen здоро́ваться (по-) за́ руку
Handel *m* торго́вля 7; Geschäft, Tausch сде́лка 6 | ~ treiben вести́* торго́влю; sich in einen ~ einlassen по|йти́* *v* на сде́лку; ~ und Wandel торго́вля 7, торго́вая жизнь 9
Händel *m Pl* ссо́ра 6 | ~ suchen придира́ться ⟨-|дра́ться*¡ -драли́сь⟩
handeln *intr* verfahren поступ|а́ть ⟨-и́ть 3⁺ -лю́⟩; tätig sein де́йствовать 2; Handel treiben торгова́ть 2 (mit etw. *I*, mit j-m с *I*); feilschen торгова́ться (um о *P*) | er läßt mit sich ~ он сгово́рчив, его́ мо́жно уговори́ть; es handelt sich darum, daß ... речь идёт о томˌ что ...; worum handelt es sich? в чём де́ло?, о чём идёт речь?; ~de Person *Theat* де́йствующее 11 лицо́
Handels|abkommen *n* торго́вое соглаше́ние; **~attaché** *m* торго́вый атташе́; **~beziehungen** *f Pl* торго́вые отноше́ния [свя́зи]; **~delegation** *f* торго́вая делега́ция
handelseinig: ~ werden im Preis схо|ди́ться 3⁺ -жу́сь ⟨со|йти́сь*⟩ в цене́, *übertr* догов|а́риваться ⟨-ори́ться 3⟩
Handels|flotte *f* торго́вый флот; **~gesellschaft** *f* торго́вое о́бщество; **~haus** *n* торго́вый дом; **~hochschule** *f* вы́сшее 11 торго́вое [комме́рческое] учи́лище 5; **~kammer** *f* торго́вая пала́та 6; **~korrespondenz** *f* комме́рческая корреспонде́нция; **~marine** *f* = **Handelsflotte;** **~organisation** *f* торго́вая организа́ция; **~register** *n* торго́вый реги́стр; **~reisender** *m* коммивояжёр 2; **~schiff** *n* торго́вое су́дно; **~schule** *f* комме́рческое учи́лище; **~straße** *f* торго́вый путь
handelsüblich станда́рт|ныйˌ -ен; Gegenstand при́нятый в торго́вле
Handels|unternehmen *n* торго́вое предприя́тие; **~vertrag** *m* торго́вый догово́р; **~vertreter** *m* торго́вый представи́тель, торгпре́д 2; **~vertretung** *f* торго́вое представи́тельство, торгпре́дство 4; **~ware** *f*

f предмéт 2 торгóвли; ~**zentrum** *n* торгóвый центр

Hand|feger *m* щётка 6 с рýчкой; ~**fertigkeit** *f* лóвкость 9, проворство 4; ~**fesseln** *f Pl* нарýчники *Pl* 2

handfest крéп|кий₁ -ок₁ -кá!₁ -че; *übertr derb* грубовáт:ый

Hand|fläche *f* ладóнь 9; ~**geld** *n* задáт|ок₁ -ка 2; ~**gelenk** *n* запя́стье 5 | etw. aus dem ≈ schütteln поразúтельно легкó дéлать что-н., дéлать (с-) что-н. без подготóвки; ~**gemenge** *n* дрáка 6, свáлка 6

Handgepäck *n* ручнóй багáж; ~**aufbewahrung** *f* кáмера 6 хранéния ручнóго багажá

hand|geschnitzt вы́резанный от рукú; ~**geschrieben** рукопúсный; ~**gewebt** вы́тканный от рукú

Handgranate *f* ручнáя гранáта

handgreiflich *übertr* очевúд|ный₁ -ен | ~ werden давáть* ⟨дать*⟩ вóлю рукáм

Hand|griff *m* Tätigkeit приём 2; an Gegenständen рукоя́тка 6, рýчка 6 | mit einem ≈ в одúн приём; ~**habe** *f übertr* Möglichkeit возмóжность 9; Vorwand пóвод 2

handhaben *tr* (умéть) обращáться с *I*; beherrschen владéть *I* | die Säge gewandt ~ лóвко орýдовать пилóй

Hand|habung *f* обращéние 5 с *I*, пóльзование 5 *I* | ≈ von Werkzeugen пóльзование [обращéние с] инструмéнтами; ~**koffer** *m* (ручнóй) чемодáн; ~**kuß** *m* целовáние 5 рукú; ~**langer** *m* подрýчный *Subst* 10; *übertr* посóбник 2

Händler *m* торгóв|ец₁ -ца 2

handlich удóб|ный₁ -ен

Handlung *f* дéйствие 5

Handlungs|freiheit *f* свобóда дéйствий; ~**gehilfe** *m* торгóвый слýжащий *Subst* 11; ~**reisender** *m* коммивояжёр 2; ~**weise** *f* óбраз дéйствия

Hand|pflege *f* маникю́р 2; ~**presse** *f Typ* ручнóй печáтный стан|óк₁ -кá 2; ~**reichung** *f* пóмощь 9; ~**rücken** *m* ты́льная сторонá рукú; ~**satz** *m Typ* ручнóй набóр; ~**schellen** *Pl* нарýчники *Pl* 2; ~**schlag** *m* рукопожáтие 5 | etw. durch ≈ bekräftigen скреп|ля́ть ⟨-úть 3 -лю́⟩ рукопожáтием что-н., *ohne Objekt* удáрить *v* 3 по рукáм; ~**schreiben** *n* собственнорýчное письмó; ~**schrift** *f* пóчерк 2; Schriftdenkmal рýкопись 9

handschriftlich Schriftdenkmal рукопúсный; geschrieben напúсанный от рукú, selbst geschrieben собственнорýчный

Handschuh *m* перчáтка 6; ~**fach** *n* Auto я́щик для перчáток; ~**macher** *m* перчáточник 2

Hand|stand *m* стóйка 6 на рукáх; ~**streich** *m Mil* налёт 2, внезáпное нападéние 5; *Pol* путч 2; ~**tasche** *f* (дáмская) сýмка 6

Handtuch *n* полотéн|це 4 *G Pl* -ец; ~**halter** *m* вéшалка 6 для полотéнец

Hand|umdrehen *n:* im ≈ мúгом, в одúн миг; ~**voll** *f* горсть 9g; ~**wagen** *m* ручнáя тележка 6

Handwerk *n* рем|еслó 4c *G Pl* -ёсел | j-m das ~ legen положúть 3⁺ конéц чьим-н. прóискам; j-m ins ~ pfuschen вмéшиваться ⟨вмешáться⟩ в чьи-н. делá; ~**er** *m* ремéсленник 2 | einen ≈ bestellen вызывáть ⟨вы́|звать*⟩ мáстера

handwerklich ремéсленный

Handwerks|kammer *f* ремéсленная палáта; ~**zeug** *n* набóр 2 ремéсленных инструмéнтов

Hand|wörterbuch *n* настóльный словáрь; ~**wurzel** *f* запя́стье 5; ~**zeichen** *n:* Abstimmung durch ≈ голосовáние подня́тием рук; ≈ geben Straßenverkehr давáть ⟨дать⟩ сигнáл рукóй

hanebüchen: das ist ~! э́то неслы́ханно!

Hanf *m* Pflanze коноплЯ́ 7; Faser пенькá 6

Hänfling *m Zool* конопля́нка 6

Hang *m* Abhang склон 2; Böschung откóс 2; *übertr* склóнность 9 (zu к *D*); *Sport* вис 2

Hänge|bauch *m* отвúслый живóт; ~**brücke** *f* вися́чий 11 мост; ~**lampe** *f* вися́чая 11 лáмпа

hangeln *intr Sport* передвигáться на рукáх в вися́чем положéнии

Hängematte *f* гамáк 2e; *Mar* подвеснáя кóйка 6

hängen *tr* вéшать ⟨повé|сить 3 -шу⟩ (an на *A*); j-n вéшать ⟨повéсить⟩; *intr* ви|сéть 3 -шý (an на *P*) | an j-m ~ быть* привя́занным к комý-н.; j-m am Halse ~ вúснуть 4 у когó-н. на шéе; an einem Haar ~ висéть на волоскé; sein Herz an etw. ~ вú|деть 3 -жу всё своё счáстье в чём-н.; sich an j-n ~ (wie eine Klette) при|ставáть* ⟨-|стáть*⟩ к комý-н. (как репéй)

Hängen *n:* mit ~ und Würgen с трудóм

hängen|bleiben *intr* sich festhaken зацеп|ля́ться ⟨-úться 3⁺ -лю́сь⟩ (an за *A*); *übertr* застревáть ⟨застря́ть*⟩; ~**d** вися́чий 11; ~**lassen** *tr* оставля́ть ⟨остáв|ить 3 -лю⟩ висéть

Hänger *m* Mantel пальтó *n idkl* свобóдного покрóя; *umg* Anhänger прицéп 2

Hängeschrank *m* настéнный шкáф(чик) 2

Hannover Ганнóвер 2

Hanoi Ханóй 1

Hansdampf *m:* er ist ein ~ in allen Gassen наш пострéл вездé поспéл

Hanse *f hist* Гáнза 6

hänseln *tr* подтр|ýнивать ⟨-унúть 3⟩ над *I*, дразнúть 3⁺

Hansestadt *f hist* ганзе́йский го́род
Hanswurst *m* шут 2e
Hantel *f* ги́ря 7, ганте́ль [тэ] 9
hantieren *intr* во|зи́ться 3⁺ -жу́сь | an einer Maschine ~ вози́ться с маши́ной
hapern *intr unpers* не хвата́ть (an *G*) | woran hapert es? в чём затрудне́ние?; es hapert an Wissen не хвата́ет зна́ний
Häppchen *n* кусо́ч|ек, -ка 2
Happen *m* кус|о́к, -ка́ 2
happig: das ist ein bißchen ~ э́то уж сли́шком
Harem *m* гаре́м 2
Harfe *f* а́рфа 6
Harfenistin *f* арфи́стка 6
Harke *f* гра́б|ли *Pl* 7 *G* -ель *u.* -лей
harken *tr* грести́* гра́блями; zusammenharken сгреба́ть ⟨-|грести́⟩
härmen, sich *refl* скорб|е́ть 3 -лю́ (um о *P*), горева́ть 2 (um из-за *G*)
harmlos ungefährlich безоби́д|ный, -ен; unschuldig неви́н|ный, -ен, -на; unschädlich безвре́д|ный, -ен
Harmlosigkeit *f* безоби́дность 9; неви́нность 9; безвре́дность 9
Harmonie *f* гармо́ния 8 *a. Mus*; Eintracht согла́сие 5; **~lehre** *f Mus* гармо́ния 8
harmonieren *intr* гармони́ровать 2 | miteinander ~ подхо|ди́ть 3⁺ -жу́ друг к дру́гу
Harmonika *f* гармо́ника 6, *umg* гармо́нь 9; **~spieler** *m* гармони́ст 2
harmonisch гармони́чный; *Mus* гармони́ческий
harmonisieren *tr Mus* гармонизи́ровать *uv, v* 2
Harmonium *n* фисгармо́ния 8
Harn *m* моча́ 6 | ~ lassen мочи́ться 3⁺ (по-); **~absonderung** *f* мочеотделе́ние 5; **~blase** *f* мочево́й пузы́рь; **~drang** *m* позы́в 2 на мочеиспуска́ние
harnen *intr* мочи́ться 3⁺ (по-) *umg*
Harnisch *m* броня́ 7, ла́ты *Pl* 6 | in ~ geraten при|йти́* *v* в бе́шенство
Harn|leiter *f Anat* мочето́чник 2; **~röhre** *f Anat* мочеиспуска́тельный кана́л 2; **~säure** *f Chem* мочева́я кислота́; **~stoff** *m Chem* мочеви́на 6
harntreibend мочего́нный
Harnuntersuchung *f* иссле́дование 5 [ана́лиз 2] мочи́
Harpune *f* гарпу́н 2e, острога́ 6
Harpunenkanone *f* гарпу́нная пу́шка
harpunieren *tr* гарпу́нить 3
harren *intr* ждать* | dieses Problem harrt noch der Lösung э́та пробле́ма ещё ждёт своего́ реше́ния
Harsch *m* сне́жный наст 2
hart 1. *Adj* Metall, Stein u. a. твёрд:ый, тверда́!, твёрже; nicht elastisch: Bett, Landung, Haut, Bleistift жёст|кий, -ок, жестка́!, жёстче; altbacken чёрств:ый, черства́, чёрство, чёрствы *u.* черствы́; Urteil, Strafe стро́г:ий, -а́!, стро́же, суро́в:ый; Konturen, Klang, Worte ре́з|кий, -ок, -ка́!, ре́зче | ~es Spiel *Sport* жёсткая игра́; ~es Herz чёрствое се́рдце; ~er Winter суро́вая зима́; ~er Frost кре́пкий моро́з; ~es Schicksal суро́вая судьба́; eine ~e Nuß *übertr* твёрдый оре́ш|ек, -ка; ~ werden тверде́ть (за-); ~er Konsonant твёрдый согла́сный; er hat einen ~en Kopf *übertr* он о́чень упря́м(ый) **2.** *Adv* dicht bei вплотну́ю с *I* | es ging ~ auf ~ нашла́ коса́ на ка́мень; ein Ei ~ kochen вари́ть (с-) яйцо́ вкруту́ю
Härte *f* твёрдость 9; жёсткость 9; *übertr* жесто́кость 9; Strenge суро́вость 9 | unnötige ~n vermeiden избега́ть изли́шних тре́ний
härten *tr* зака́ливать ⟨-кали́ть 3⟩
Hartfaserplatte *f* твёрдая древесноволокни́стая плита́
hartgekocht сва́ренный вкруту́ю | ~es Ei круто́е яйцо́
Hartgeld *n* зво́нкая моне́та 6, металли́ческие де́ньги
hartgesotten *übertr* закорене́лый
Hartgummi *m* эбони́т 2; **~guß** *m Tech* отбелённый чугу́н 2e
hartherzig жестокосе́рд|ный, -ен
Hart|herzigkeit *f* жестокосе́рдие 5; **~holz** *n* твёрдая древеси́на; **~käse** *m* твёрдый сыр
hart|leibig страда́ющий 11 запо́ром; **~näckig** упря́м:ый; Krankheit закорене́лый | ≈er Winter затяжна́я зима́
Hartnäckigkeit *f* упря́мство 4
Härtung *f Tech* зака́лка 6
[1]**Harz** *n* смола́ 6c
[2]**Harz** *m* Gebirge Гарц 2
harzig смоли́ст:ый
Hasardspiel *n* аза́ртная игра́
haschen *tr* fangen лов|и́ть 3⁺ -лю́ ⟨пойма́ть⟩; *intr übertr* гна́ться* (nach за *I*) | sich ~ игра́ть в са́лки
Haschisch *m* гаши́ш 2
Hase *m* за́|яц, -йца 2; junger зайчо́н|ок, -ка 2 *Pl* зайча́та 4; grauer руса́к 2e | da liegt der ~ im Pfeffer вот где соба́ка зары́та; ein alter ~ ста́рый [о́пытный] специали́ст; mein Name ist ~, ich weiß von nichts моя́ ха́та с кра́ю, я ничего́ не зна́ю
Hasel|huhn *n* ря́бчик 2; **~nuß** *f* лесно́й оре́х; **~nußstrauch** *m* лещи́на 6, лещи́новый куст
Hasen|braten *m* жарко́е *Subst* 10 из за́йца; **~fuß** *m übertr* трус 2, Frau труси́ха 6; **~panier** *n*: das ≈ ergreifen удира́ть ⟨-|драть*⟩ во все лопа́тки; **~pfeffer** *m* рагу́ *n idkl* из за́ячьих потрохо́в; **~scharte** *f Med* за́ячья губа́ 12-6h

Haspe *f* Fenster∼ стéрж|ень, -ня 1 окóнной пéтли; Tür∼ стéржень двернóй пéтли
Haspel *f Tech* лебёдка 6; *Text* мотовúло 4
haspeln *tr Text* мотáть (на-)
Haß *m* нéнависть 9 (auf, gegen к *D*)
hassen *tr* ненавú|деть 3 -жу (wegen за *A*)
haßerfüllt пóлный нéнависти
häßlich im Aussehen некрасúв:ый; abstoßend безобрáз|ный, -ен; abscheulich отвратúтел|ьный, -ен, -ьна, сквéр|ный, -ен, -нá! | ∼ werden дурнéть (по-)
Häßlichkeit *f* некрасúвость 9; безобрáзие 5
Hast *f* спéшка 6; Hastigkeit тороплúвость 9 | in größter ∼ второпя́х; in wilder ∼ в дúкой спéшке
hast|en *intr* спешúть 3 (по-), тороп|úться 3⁺ -люсь (по-); ∼**ig 1.** *Adj* торопли́в:ый, поспéш|ный, -ен **2.** *Adv* торопли́во, нáспех
hätscheln *tr* ласкáть, баловáть 2 (из-)
Haube *f* чéпчик 2, чеп|éц, -цá 2; *Tech* колпáк 2e; *Kfz* капóт 2 | unter die ∼ bringen *übertr* вы|давáть* ⟨вы́|дать*⟩ зáмуж
Haubitze *f* гáубица 6
Hauch *m* дыхáние 5; Wind∼ дуновéние 5; Anflug оттéн|ок, -ка 2, налёт 2
hauchdünn тончáйший 11 | ∼e Strümpfe чулкú-паутúнка *Pl* 2-6
hauchen *intr* дохнýть *v* 4 | an den Spiegel ∼ дышáть 3⁺ (по-) на зéркало
Haudegen *m* Mensch рубáка *m* 6, вояка *m* 6
hauen *tr u. intr* Holz, Fleisch руб|úть 3⁺ -лю́; aus Stein высекáть ⟨вы́|сечь*⟩; schlagen бить* (из-, изобью́); mähen ко|сúть 3⁺ -шý (с-) | übers Ohr ∼ надувáть ⟨-|дýть*⟩
Hauer *m* Stoßzahn клык 2e, бúв|ень, -ня 1
Häuer *m Bergb* забóйщик 2
häufeln *tr Landw* окýч|ивать ⟨-ить 3⟩
Haufen *m* кýча 6 *a. übertr;* Heu∼ коп|нá 6h *G Pl* -ён; Menschen толпá 6c | das kostet einen ∼ Geld э́то стóит кýчу [ýйму] дéнег; alles auf einen ∼ werfen валúть 3⁺ (с-) всё в однý кýчу; über den ∼ rennen сбивáть ⟨с|бить*, собью́⟩ с ног; einen Plan über den ∼ werfen срывáть ⟨со|рвáть*⟩ план
häufen *tr* склáдывать ⟨сложúть 3⁺⟩ в кýчи, накáпливать ⟨-копúть 3⁺ -коплю́⟩; sich ∼ *refl* нагромо|ждáться ⟨-здúться 3⟩ | die Fehler ∼ sich ошúбок станóвится всё бóльше (и бóльше)
haufenweise *Adv* Sachen кýчами; Menschen тóлпами
Haufenwolke *f* кучевóе óблако
häufig чáст:ый, -á!; чáще | am ∼sten чáще всегó
Häufigkeit *f* частотá 6; *Ling* частóтность 9
Häufigkeitswörterbuch *n* частóтный словáрь
Häufung *f* учащéние 5
Haupt *n* Kopf головá 6a; Oberhaupt, Chef главá 6c
hauptamtlich 1. *Adj* штáтный **2.** *Adv*: ∼ arbeiten рабóтать на штáтной рабóте
Haupt|anliegen *n* глáвная цель 9, глáвная задáча; ∼**anziehungspunkt** *m* глáвная примáнка 6; ∼**aufgabe** *f* глáвная задáча; ∼**bahnhof** *m* глáвный вокзáл; ∼**beruf** *m* основнáя профéссия; ∼**buchhalter** *m* глáвный бухгáлтер, главбýх 2; ∼**darsteller** *m* исполнúтель глáвной рóли; ∼**eingang** *m* глáвный вход; ∼**fach** *n* глáвный предмéт; ∼**feldwebel** *m* старшинá *m* 6; ∼**figur** *f* глáвная фигýра; ∼**film** *m* (основнóй) фильм; ∼**gebäude** *n* глáвное здáние, центрáльный кóрпус 2b *Pl* -á; ∼**gewicht** *n*: das ≈ auf etw. legen уделя́ть основнóе внимáние чемý-н.; ∼**gewinn** *m* глáвный вы́игрыш; ∼**hahn** *m* Wasserleitung глáвный (запóрный) кран; ∼**inhalt** *m* основнóе содержáние; ∼**last** *f übertr* основнáя тя́жесть; ∼**leitung** *f Tech* магистрáль 9
Häuptling *m* Stammes∼ вождь 1e (плéмени)
Haupt|mann *m* капитáн 2; ∼**masse** *f* основнáя мáсса; ∼**merkmal** *n* глáвный прúзнак; ∼**nenner** *m Math* óбщий знаменáтель 11-1; ∼**person** *f* глáвное лицó; ∼**post** *f*, ∼**postamt** *n* глáвный почтáмт; ∼**probe** *f Theat* генерáльная репетúция; ∼**problem** *n* глáвная проблéма; ∼**quartier** *n Mil* стáвка 6; ∼**rolle** *f* глáвная роль; ∼**sache** *f* глáвное *Subst* 10; *Jur* глáвное дéло | das ist die ≈ э́то глáвное; in der ≈ в основнóм; die ≈ ist, daß … (сáмое) глáвное, что [Forderung чтóбы] …
hauptsächlich 1. *Adj* глáвный, основнóй **2.** *Adv* глáвным óбразом, преимýщественно
Haupt|satz *m Gramm* глáвное предложéние; ∼**schalter** *m El* глáвный выключáтель; ∼**schlagader** *f Anat* аóрта 6; ∼**schuld** *f* глáвная винá | ihn trifft die ≈ он глáвный винóвник; ∼**stadt** *f* столúца 6
hauptstädtisch столúчный
Haupt|straße *f* глáвная ýлица; ∼**strecke** *f Eisenb* магистрáльная лúния, магистрáль 9; ∼**treffer** *m* глáвный вы́игрыш
Hauptverkehrs|straße *f* магистрáль 9, ýлица магистрáльного движéния; ∼**zeit** *f* часы́ пик *Pl* 2-*idkl*
Haupt|verwaltung *f* глáвное управлéние; ∼**vorstand** *m* глáвное правлéние; ∼**wort** *n* (úмя) существúтельное; ∼**zweck** *m* глáвная [основнáя] цель
Haus *n* дом 2b *Pl* -á; Kammer im Parla-

ment палáта 6; Fürsten~ динáстия 8, род 2b | ein vierstöckiges [fünfgeschossiges] ~ пятиэтáжный дом; zu ~e дóма; zu ~e arbeiten рабóтать на домý; nach ~e домóй; sich wie zu ~e fühlen быть* [чýвствовать 2 себя́] как дóма; wo ist sie zu ~e? откýда онá?; in etw. zu ~e sein *übertr* хорошó разбирáться в чём-н.; vor ausverkauftem ~ spielen игрáть [выступáть] пéред пóлным зáлом; das ~ ist ausverkauft все билéты прóданы; (Lieferung) frei ~ с (бесплáтной) достáвкой нá дом; j-n aus dem ~e jagen вы́|гнать* *v* когó-н. из дóма [и́з дому]; von ~ zu ~ из дóма в дом; er ist von ~ aus Maler он прирождённый худóжник [живопи́сец]; j-m das ~ verbieten откáзывать ⟨-|казáть*⟩ комý-н. от дóма; ein gelehrtes ~ учёная головá; **~angestellte** *f* домáшняя рабóтница 11-6, домрабóтница 6; **~apotheke** *f* домáшняя аптéчка 11-6; **~apparat** *m Tel* добáвочный аппарáт; **~arbeit** *f* домáшняя 11 рабóта; **~arrest** *m* домáшний 11 арéст; **~arzt** *m* домáшний 11 врач; **~aufgabe** *f* домáшнее 11 задáние, урóк 2 | ≈n machen выполня́ть ⟨вы́полнить 3⟩ (домáшние) задáния, дéлать (с-) урóки; **~aufgabenheft** *n* учени́ческий дневни́к 2e

hausbacken Brot домáшний 11; *übertr* доморóщенный; Kleidung простовáт:ый

Haus|bar *f* домáшний бар 11; **~bau** *m* пострóйка 6 дóма; **~beauftragter** *m* уполномóченный *Subst* 10 по дóму; **~bedarf** *m:* für den ≈ для бытовы́х нужд; **~besitzer** *m* домовладéл|ец, -ьца 2; **~besuch** *m* des Arztes посещéние на домý; **~bewohner** *m* жил|éц, -ьцá 2; **~buch** *n* домóвая кни́га

Häuschen *n* дóмик 2 | ganz aus dem ~ sein быть вне себя́; aus dem ~ geraten выхо|ди́ть 3⁺ -жý ⟨вы́|йти*⟩ из себя́

Hausdrache *m* злáя [сварли́вая] женá 6c *Pl* жёны, мегéра 6

hausen *intr* wohnen юти́ться 3 ючýсь, обитáть; plündern бесчи́нствовать 2; wüten свирéпствовать 2

Hausen *m Zool* белýга 6

Häuserblock *m* квартáл 2

Haus|flur *m* прихóжая *Subst* 11; im Bauernhaus сéни *Pl* 9g; **~frau** *f* хозя́йка 6 (дóма), домохозя́йка 6; **~freund** *m* любóвник 2 [поклóнник 2] хозя́йки (дóма); **~friedensbruch** *m* нарушéние 5 неприкосновéнности жили́ща; **~gebrauch** *m:* für den ≈ для домáшнего употреблéния; **~gemeinschaft** *f* коллекти́в жильцóв; **~gemeinschaftsleitung** *f* домóвый комитéт 2; **~gerät** *n Koll* домáшняя 11 ýтварь

Haushalt *m* домáшнее хозя́йство 11-4; Staats~ бюджéт 2

haushalten *intr* sparsam sein эконóм|ить 3 -лю (с-) (mit *A*), быть бережли́вым

Haushälterin *f* эконóмка 6

Haushaltgerät *n:* elektrische ~e домáшние 11 [бытовы́е] электроприбóры

Haushalts|artikel *m* предмéт 2 домáшнего обихóда; **~jahr** *n* бюджéтный год; **~plan** *m* проéкт 2 [смéта 6] государственного бюджéта, nach Beschluß бюджéтный план; **~tag** *m* день для рабóт по дóму

Hausherr *m* хозя́ин (дóма)

haushoch вышинóй с дом | j-m ~ überlegen sein быть на гóлову [на две головы́] вы́ше когó-н.

hausieren *intr* торговáть 2 вразнóс (mit *I*)

Hausierer *m* торгóвец, -ца 2 вразнóс, разнóсчик 2

Haus|korrektur *f Typ* пéрвая [типогрáфская] корректýра; **~lehrer** *m* домáшний 11 учи́тель

häuslich **1.** *Adj* familiär семéйный; Pflicht домáшний 11; für das Haus sorgend, wirtschaftlich хозя́йствен:ный, -на, домови́т:ый **2.** *Adv* по-домáшнему; домови́то | sich ~ niederlassen посел|я́ться ⟨-и́ться 3⟩

Häuslichkeit *f* домáшний быт 11-2; домови́тость 9

Haus|macherart *f:* auf ≈ по-домáшнему; **~mannskost** *f* домáшний стол 11-2e; **~meister** *m* двóрник 2; **~mittel** *n* домáшнее 11 срéдство; **~musik** *f* домáшнее музици́рование 11-5; **~nummer** *f* нóмер дóма | meine ≈ нóмер моегó дóма; **~ordnung** *f* прáвила *Pl* 4 внýтреннего распоря́дка; im Sanatorium u. a. режи́м; **~rat** *m* вéщи *Pl* 9g [предмéты *Pl* 2] домáшнего обихóда, домáшняя ýтварь 11-9; **~ratversicherung** *f* страховáние домáшнего имýщества; **~recht** *n:* von seinem ≈ Gebrauch machen укáзывать ⟨-|казáть*⟩ комý-н. на дверь

hausschlachten: ~e Wurst колбасá домáшнего приготовлéния

Haus|schlüssel *m* ключ от дóма; **~schuh** *m* домáшняя 11 тýфля

Hausse *f Hdl* повышéние 5 кýрсов цéнных бумáг

Haus|stand *m* сем|ья́ 7c *G Pl* -éй | einen eigenen ≈ gründen обза|вести́сь* семьёй; **~suchung** *f* óбыск 2 (в кварти́ре); **~tier** *n* домáшнее 11 живóтное; **~tür** *f* нарýжная [входнáя] дверь; **~versammlung** *f* собрáние жильцóв (дóма); **~verwalter** *m* управля́ющий *Subst* 11 дóмом, управдóм 2; **~verwaltung** *f* домоуправлéние 5; **~wirt** *m* владéл|ец, -ьца 2 дóма; **~wirtin** *f* владéлица 6 дóма; **~wirtschaft** *f* домáшнее 11 хозя́йство

Haut *f* кóжа 6; abgezogene Tier~ шкýра

6; von Früchten ко́жица 6; Wurst∸; шку́рка 6; Milch∸ пе́нка 6 | bis auf die ~ durchnäßt werden промо́кнуть *v* 4 наскво́зь [до ни́тки]; mit ~ und Haaren verschlingen съ|есть* *v* со все́ми потроха́ми; aus der ~ fahren выхо|ди́ть 3⁺ -жу́ ⟨вы́|йти*, -йдешь⟩ из себя́; sich auf die faule ~ legen лени́ться 3⁺, безде́льничать; mit heiler ~ davonkommen выхо|ди́ть 3⁺ -жу́ ⟨вы́йти⟩ сухи́м из воды́; ich möchte nicht in seiner ~ stecken я не хоте́л бы быть в его́ шку́ре; aus seiner ~ nicht herauskönnen не быть* в состоя́нии перемени́ть свои́ взгля́ды [свой хара́ктер]; sich seiner ~ wehren защи|ща́ть ⟨-ти́ть 3 -щу́⟩ свою́ шку́ру; er ist nur noch ~ und Knochen он ко́жа да ко́сти; **~abschürfung** *f* сса́дина 6; **~arzt** *m Med* дермато́лог 2; **~ausschlag** *m* сыпь 9

Häutchen *n* плёнка 6; *Anat* плева́ 6, перепо́нка 6; *Bot* ко́жица 6

Hautcreme *f* крем для ко́жи

häuten, sich *refl* сбра́сывать ⟨сбро́|сить 3 -шу⟩ с себя́ ко́жу, линя́ть (вы́-)

hauteng облега́ющий 11

Haut|farbe *f* цвет ко́жи; **~jucken** *n* зуд 2; **~klinik** *f* дерматологи́ческая кли́ника; **~krankheit** *f* ко́жная боле́знь

hautnah *übertr* затра́гивающий 11 за живо́е

Hautpflege *f* ухо́д за ко́жей

hautschonend не раздража́ющий 11 ко́жу

Häutung *f* ли́нька 6, сбра́сывание 5 ко́жи

Havanna Гава́на 6; **~zigarre** *f* гава́нская сига́ра

Havarie *f* ава́рия 8

Hawaii Гава́йи; **~gitarre** *f* гава́йская гита́ра; **~-Inseln** Гава́йские острова́

hawaiisch гава́йский

H-Bombe *f* водоро́дная бо́мба

he! *Interj* эй!

Hebamme *f* акуше́рка 6

Hebebühne *f Tech* подъёмная платфо́рма 6

Hebel *m* рыча́г 2e | ökonomischer ~ экономи́ческий рыча́г; alle ~ in Bewegung setzen *übertr* пуска́ть ⟨пу|сти́ть 3⁺ -щу́⟩ в ход все сре́дства, нажима́ть ⟨-|жа́ть¹*⟩ на все педа́ли [рычаги́]; **~arm** *m Tech* плечо́ рычага́

heben *tr* поднима́ть ⟨подня́ть*⟩; *übertr* поднима́ть ⟨подня́ть⟩, повыша́ть ⟨-вы́сить 3 -вы́шу⟩; herunterheben снима́ть ⟨снять*⟩ (von с *G*); Lebensstandard повыша́ть ⟨-вы́сить 3 -вы́шу⟩; sich ~ *refl* поднима́ться ⟨подня́ться, подн|ялся́, -яли́сь⟩; *übertr* повыша́ться ⟨-вы́ситься⟩ | eine Tür aus den Angeln ~ снима́ть ⟨снять*⟩ дверь с пе́тель; die Welt aus den Angeln ~ поверну́ть 4 *v* весь мир; einen ~ *umg* опроки́|дывать ⟨-нуть 4⟩ рю́мочку

Hebe|schiff *n* судоподъёмное су́дно; **~vorrichtung** *f* подъёмный механи́зм 2

Hebräer *m* иуде́|й 1 *G Pl* -ев

hebräisch древнеевре́йский

Hebung *f* подня́тие 5; *übertr* повыше́ние 5; der Stimmung подъём 2

hecheln *tr* Flachs чеса́ть*

Hecht *m* щу́ка 6; **~rolle** *f Sport* прыж|о́к, -ка́ 2 с разбе́га каска́дом; **~sprung** *m* Schwimmsport прыжо́к согну́вшись (щу́кой); Turnen прыжо́к прогну́вшись (с опо́рой на снаря́д)

Heck *n Mar* корма́ 6; *Flugw* корма́, хвостова́я часть 9g

Hecke *f* жива́я и́згородь 9

hecken *intr* sich fortpflanzen плоди́ться 3 (рас-); mehr werden расти́*

Heckenrose *f* шипо́вник 2

Heck|leuchte *f Kfz* за́дний фона́рь 11-1e; **~motor** *m Kfz* дви́гатель 1 за́дней устано́вки; **~scheibe** *f Kfz* за́днее 11 стекло́

Heer *n Mil* а́рмия 8; Land∸ сухопу́тные войска́ *Pl* 4; Menge мно́жество 4, ма́сса 6 | stehendes ~ постоя́нная а́рмия

Heeresgruppe *f* гру́ппа а́рмий

Heer|führer *m* военача́льник 2, полково́д|ец, -ца 2; **~lager** *n* вое́нный ла́герь

Hefe *f* дро́жжи *Pl* 9g; **~gebäck** *n* пече́нье из дрожжево́го те́ста; **~pilz** *m* дрожжево́й гриб|о́к, -ка́ 2; **~teig** *m* дрожжево́е те́сто, те́сто на дрожжа́х

Heft *n* Schreib∸ тетра́дь 9; Zeitschrift, Jahrbuch но́мер 2b *Pl* -а́; Lieferung вы́пуск 2; Broschüre брошю́ра 6; Griff 20руко́ятка 6 | das ~ in der Hand halten держа́ть в свои́х рука́х бразды́ правле́ния

Heftelmacher *m:* aufpassen wie ein ~ сле|ди́ть 3 -жу́ не спуска́я глаз

heften *tr* прикреп|ля́ть ⟨-и́ть 3 -лю́⟩ (an к *D*); mit Faden сшива́ть ⟨-|шить*, сошью́⟩; mit großen Stichen мета́ть (на-, с-) | seinen Blick auf etw. ~ устрем|ля́ть ⟨-и́ть 3 -лю́⟩ взгляд на что-н.

Heftfaden *m* намётка 6

heftig Schlag, Schmerz си́л|ьный, си́лен *u.* силён, сильна́, си́льно, си́льны́; Worte; Kritik ре́з|кий, -ок, -ка́!; -че; aufbrausend вспы́льчив:ый, горя́ч:ий 11 -а́; stürmisch бу́р|ный, -ен, -на́! | ~er Streit жа́ркий [горя́чий] спор; ~er Schmerz о́страя [жгу́чая 11] боль; der Wind wurde ~er ве́тер уси́лился

Heftigkeit *f* си́ла 6; ре́зкость 9; вспы́льчивость 9, горя́чность 9; бу́рность 9

Heft|klammer *f* скре́пка 6; **~maschine** *f Typ* сшива́льная маши́на; **~pflaster** *n* ли́пкий пла́стырь 1; **~zwirn** *m* ни́тки *Pl* 6 для смётки

Hegemonie *f* гегемо́ния 8

hegen *tr* оберегáть ⟨-|берéчь*⟩, охран|я́ть ⟨-и́ть 3⟩; Kind лелé|ять, -ю, -ешь, ухáживать за *I* | zärtliche Gefühle gegen j-n ~ питáть нéжные чу́вства к комý-н.; Zweifel ~ an etw. сомневáться в чём-н.

Hehl *n:* kein ~ aus etw. machen не скрывáть ⟨-|кры́ть*⟩ чегó-н., не утáивать ⟨утаи́ть 3⟩ чегó-н.

Hehler *m* укрывáтель 1; **~ei** *f* укрывáтельство 4

[1]**Heide** *f* вéресковая степь 9g; в степи́, верещáтник 2

[2]**Heide** *m Rel* язы́чник 2

Heidekraut *n* вéреск 2

Heidel|beeren *f Pl* черни́ка 6; einzelne я́года 6 черни́ки; **~beerstrauch** *m* черни́ка 6; **~berg** Гéйдельберг 2

Heiden|angst *f* у́жас 2, ужáсный страх; **~geld** *n:* das kostet ein ≈ э́то ужáсно дóрого; **~lärm** *m* áдский шум; **~spaß** *m:* das ist ein ≈ э́то óчень забáвно; **~tum** *n* язы́чество 4

heidnisch язы́ческий

heikel щекотли́в:ый

heil цéл:ый, -á!, невреди́м:ый

Heil *n* блáго 4; Glück счáстье 5 | sein ~ versuchen попытáть *v* счáстья; Ski ~! лы́жникам урá!, лы́жникам привéт! Petri ~! удáчного улóва!

Heiland *m* спаси́тель 1

Heil|anstalt *f* лечéбное учреждéние; Fachklinik лечéбница 6; **~bad** *n* бальнеологи́ческий курóрт

heilbar излечи́м:ый, исцели́м:ый

Heil|barkeit *f* излечи́мость 9, исцели́мость 9; **~behandlung** *f* лечéние 5; **~butt** *m* пáлтус 2

heilen *tr* лечи́ть 3⁺ (вы́-), исцел|я́ть ⟨-и́ть 3⟩; *intr* заживáть ⟨-|жи́ть*⟩, залéчивать ⟨-лечи́ть 3⁺⟩ | er ist geheilt он вы́лечился

heilfroh óчень рад | er ist ~ он рад-радёхонек

Heil|gymnastik *f* лечéбная гимнáстика; **~gymnastin** *f* инстру́ктор 2 по лечéбной гимнáстике

heilig свят:óй, -á!, священ|ный, -ен, -на | nichts ist ihm ~ для негó нет ничегó святóго; die Heilige Schrift священное писáние 5

Heiligabend *m* рождéственский сочéльник 2

Heilige *f* святáя *Subst* 10; **~r** *m* святóй *Subst* 10

heiligen *tr* свя|ти́ть 3 -чý (о-), освя|щáть ⟨-ти́ть 3 -щý⟩ | der Zweck heiligt die Mittel цель опрáвдывает срéдства

Heiligen|bild *n* óбраз 2b *Pl* -á; **~schein** *m* орeóл 2

Heiligkeit *f* святость 9

heiligsprechen *tr Rel* канонизи́ровать *uv, v* 2, причисля́ть ⟨-чи́слить 3⟩ к ли́ку святы́х

Heiligtum *n* святы́ня 7

Heilkraft *m* лечéбная си́ла, целéбность 9

heilkräftig целéб|ный, -ен

Heil|kräuter *Pl* лекáрственные трáвы 6с; **~kunde** *f* медици́на 6

heillos: ein ~es Durcheinander ужáсный хаóс 2, пу́таница 6

Heil|methode *f* лечéбный мéтод; **~mittel** *n* лечéбное срéдство (gegen прóтив *G* oder от *G*); **~pflanze** *f* лекáрственное [целéбное] растéние; **~quelle** *f* минерáльный [целéбный] истóчник

heilsam *Med* целéб|ный, -ен; günstig благотвóр|ный, -ен

Heil|schlaf *m* лечéбный сон; **~schlamm** *m* лечéбная грязь; **~serum** *n* (лечéбная) сы́воротка 6; **~stätte** *f* санатóри|й 1 *P* -и, здрáвница 6; **~ung** *f* излечéние 5; einer Wunde заживлéние 5

heim *Adv* nach Hause домóй; in die Heimat на рóдину

Heim *n* Zuhause домáшний очáг 11-2e; Wohn~ общежи́тие 5; Erholungs~ дом 2b *Pl* -á óтдыха; **~arbeit** *f* кустáрная рабóта на домý, надóмничество 4; **~arbeiter** *m* кустáрь 1e, надóмник 2

Heimat *f* рóдина 6 | in der ~ на рóдине; **~dorf** *n* роднóе селó; **~forscher** *m* краевéд 2; **~kunde** *f* краевéдение 5; **~land** *n* роднáя странá, роднóй край

heimatlich роднóй

Heimatliebe *f* любóвь к рóдине

heimatlos без рóдины

Heimat|museum *n* краевéдческий музéй; **~recht** *n* прáво граждáнства; **~stadt** *f* роднóй гóрод

heimbringen *tr* begleiten прово|жáть ⟨-ди́ть 3⁺ -жý⟩ домóй

Heimchen *n Zool* сверч|óк, -кá 2 домóвый

Heim|erzieher *m* воспитáтель в дéтском дóме; **~erziehung** *f* im Kinderheim воспитáние в дéтском дóме

heimfahren *intr* éхать* (по-) домóй

Heimfahrt *f* поéздка домóй [на рóдину] | auf der ~ по пути́ домóй [на рóдину]; auf der Rückreise на обрáтном пути́; die ~ antreten отпр|авля́ться ⟨-áвиться 3 -áвлюсь⟩ домóй

heim|führen *tr* отводи́ть 3⁺ -вожý ⟨-|вести́*⟩ домóй; heiraten жени́ться 3⁺ *uv, v* на *P*; **~gehen** *intr* идти́* ⟨по|йти́*⟩ домóй; sterben умирáть ⟨-|мерéть*⟩

Heimindustrie *f* кустáрная промы́шленность

heimisch 1. *Adj* heimatlich роднóй; häuslich домáшний 11; inländisch отéчественный **2.** *Adv* по-домáшнему, как (у себя́) дóма | ~ werden обживáться ⟨-|жи́ться*; -жили́сь⟩

Heimkehr *f* nach Hause возвращéние 5 домóй; in die Heimat возвращéние на рóдину

heimkehren *intr* возвра|щáться ⟨-тúться 3 -щýсь⟩ домóй, in die Heimat на рóдину
Heimkehrer *m* возвратúвшийся *Subst* 11 на рóдину
heim|kommen *intr* nach Hause возвра|щáться ⟨-тúться 3 -щýсь⟩ домóй
Heimleiter *m* завéдующий общежúтием
heimlich 1. *Adj* тáйный; Zeichen секрéт|ный, -ен | ein ~es Plätzchen укрóмное местéчко **2.** *Adv* тайкóм, втáйне
Heimlich|keit *f* сокровéнность 9; Geheimnis секрéт 2, тáйна 6; **~tuer** *m* скрытный человéк 2; **~tuerei** *f* скрытничание 5
heimlichtun *intr* секрéтничать, скрытничать
Heim|ordnung *f* распоря́д|ок, -ка 2 в общежúтии; **~reise** *f* поéздка 6 домóй
heim|reisen *intr* éхать* (по-) домóй; **~schicken** *tr* посылáть ⟨-|слáть*⟩ домóй
Heim|schule *f* шкóла-интернáт 6-2; **~stätte** *f* жилúще 4, приют 2
heimsuchen *tr* постигáть ⟨-|стúчь*, стúгнуть 4a *u.* 4⟩ | er wurde von einem Unglück heimgesucht егó постúгло несчáстье
Heim|suchung *f* испытáние 5; **~trainer** *m* Sportgerät домáшний тренажёр 11-2; **~tücke** *f* ковáрство 4
heim|tückisch ковáр|ный, -ен; **~wärts** *Adv* nach Hause домóй; in die Heimat на рóдину
Heim|weg *m* путь домóй; **~weh** *n* тоскá 6 по рóдине [по дóму] | ≈ haben тосковáть 2 по рóдине [по дóму]; **~werker** *m* человéк 2, производя́щий 11 все домáшние ремóнтные рабóты
heimzahlen *tr* отпл|áчивать ⟨-атúть 3⁺ -ачý⟩ | mit gleicher Münze ~ отплатúть той же монéтой
Heinzelmännchen *n* домовóй *Subst* 10
Heirat *f* бракосочетáние 5; vom Mann женúтьба 6; von der Frau замýжество 4
heiraten *tr* женúться 3⁺ (по-); vom Mann женúться *uv, v* на *P*; von der Frau выходúть 3⁺ -хожý ⟨вы́|йти*⟩ зáмуж за *A*
Heirats|antrag *m* предложéние 5 (вступúть в брак); **~anzeige** *f* объявлéние о бракосочетáнии
heirats|fähig: eine ≈e Tochter дочь на вы́данье; ein ≈er Sohn сын-женúх 2-2e; **~lustig** желáющий 11 вступúть в брак
Heirats|urkunde *f* свидéтельство о брáке; **~vermittlung** *f* Büro бракопосрéдническое бюрó *n idkl;* **~versprechen** *n* обещáние женúться
heiser хрúпл:ый, -á!, охрúпший 11 | ~ werden хрúпнуть 4a *u.* 4 (о-); sich ~ schreien кричáть 3 до хрипоты́, охрúпнуть от крúка
Heiserkeit *f* хрипотá 6, сúплость 9
heiß: Wetter; Kampf жáр|кий, -ок, -кá!, -че; Luft, Wasser; Essen, Gefühle горя́ч:ий 11 -á | glühend ~ раскал|ённый, -ён, -енá; kochend ~ кипя́щий 11; mir ist ~ мне жáрко; der Boden wird ihm zu ~ unter den Füßen у негó пóчва горúт под ногáми
heißblütig горя́ч:ий 11 -á
heißen *tr* nennen называ́ть ⟨-|звáть*⟩; befehlen велéть *uv, v* 3 *D; intr* genannt werden называ́ться *I*; mit Namen звать*; bedeuten знáчить 3 | er hat mich einen Esel geheißen он назвáл меня́ ослóм; wie ~ Sie? как вас зовýт?; er heißt Peter егó зовýт Пётр; wie heißt das auf russisch? как э́то (называ́ется) по-рýсски?; was soll das ~? что э́то знáчит?; das will schon etwas ~! э́то чтó-нибудь да знáчит!; das heißt тó есть (*Abk* т.е.); es heißt, er ist krank говоря́т, что он бóлен; hier heißt es aufpassen здесь нáдо быть внимáтельным
Heißhunger *m* вóлчий аппетúт 12-2
heißhungrig óчень голóдный
heißlaufen *intr* Motor перегревáться ⟨-грéться⟩
Heißluft *f* горя́чий 11 вóздух
heißumstritten вызывáющий 11 горя́чие спóры | ~ sein быть предмéтом горя́чих спóров
Heißwasserspeicher *m* аккумуля́тор 2 горя́чей воды́
heiter fröhlich весёлый, вéсел, -á!; Wetter я́сный | das kann ja ~ werden! весёленькая истóрия!
Heiterkeit *f* весéлье 5, весёлое настроéние 5
Heizanlage *f* отопúтельная установка
heizbar отáпливаем:ый | der Saal ist nicht ~ зал не имéет отоплéния
heizen *tr* Ofen топ|úть 3⁺ -лю́ (за-); Raum отáпливать ⟨-топúть⟩; tüchtig протáпливать ⟨-топúть⟩ | das Zimmer läßt sich gut ~ кóмната хорошó отáпливается; der Ofen wird nicht geheizt печь не тóпится; der Ofen heizt gut печь хорошó грéет
Heizen *n* тóпка 6, отоплéние 5
Heizer *m* истопнúк 2e, кочегáр 2
Heiz|kessel *m* отопúтельный котёл; **~kissen** *n* электрúческая грéлка, электрогрéлка 6; **~körper** *m* батарéя 7, радиáтор 2; **~kraftwerk** *n* теплоэлектроцентрáль 9; **~lüfter** *m* тепло(электро)вентиля́тор 2; **~material** *n* тóпливо 4; **~öl** *n* мазýт 2, жúдкое тóпливо 4; **~periode** *f* отопúтельный сезóн 2; **~sonne** *f* рефлéкторная лáмпа-грéлка 6–6; **~ung** *f* отоплéние 5; **~ungsmonteur** *m* монтёр по отопúтельной систéме; **~wert** *m* теплотвóрная спосóбность 9
Hektar *m* гектáр 2; **~ertrag** *m* урожáй 1 с гектáра

Hektik *f* лихора́дочность 9; Eile спе́шка 6
hektisch *übertr* лихора́доч|ный, -ен | ~e Betriebsamkeit лихора́дочная де́ятельность 9
Hektoliter *m* гектоли́тр 2
Held *m* геро́|й 1 *G Pl* -ев | ~ der Arbeit Геро́й Труда́; er ist kein ~ in Mathematik он не силён в матема́тике
heldenhaft геро́йский, герои́ческий
Helden|lied *n* герои́ческий э́пос 2; **~mut** *m* герои́зм 2, до́блесть 9
heldenmütig геро́йский, герои́ческий
Helden|sage *f* сказа́ние 5 о геро́ях; **~stadt** *f* го́род-геро́й 2-1, *Pl* города́-геро́и; **~tat** *f* по́двиг 2; **~tenor** *m* драмати́ческий те́нор; **~tod** *m* геро́йская смерть; **~tum** *n* герои́зм 2, геро́йство 4
Heldin *f* герои́ня 7
helfen *intr* помога́ть ⟨-|мо́чь*⟩ (bei в *P*, mit *I*) | sich zu ~ wissen знать, что де́лать, быть* нахо́дчивым; da hilft nichts (тут) ничто́ не помо́жет; j-m ~ in schwieriger Lage выруча́ть ⟨вы́ручить 3⟩ кого́-н.; ich werde dir schon ~! drohend я тебе́ дам!; damit ist mir nicht geholfen э́то меня́ не устра́ивает; es hilft nichts ничто́ не помо́жет
Helfer *m* помо́щник [шн] 2
Helfershelfer *m* сообщник 2
Helgoland Ге́льголанд 2
heliozentrisch гелиоцентри́ческий
Helium *n Chem* ге́ли|й 1 *P* -и
hell 1. *Adj* све́т|лый, -ел, -ла́!, Lichtquelle я́р|кий, -ок, -ка́!; -че; Ton зво́н|кий, -ок, -ка́!; -че | ~ werden светле́ть (по-); tagen рассвета́ть ⟨рассве|сти́, -тёт; -ло́⟩ *unpers;* ein ~er Kopf *übertr* я́сная [у́мная] голова́; in ~en Haufen больши́ми то́лпами; seine ~e Freude an etw. haben ра́доваться 2 чему́-н. от всего́ се́рдца **2.** *Adv* светло́; **~blau** све́тло-си́ний 11, голубо́й; **~blond** белоку́рый
Helldunkel *n* Malerei светоте́нь 9
Helle *f* свет 2, я́ркость 9
hellenistisch эллинисти́ческий
Heller *m:* auf ~ und Pfennig bezahlen заплати́ть *v* всё до после́дней копе́йки
hell|grün све́тло-зелёный; **~hörig** Person чу́т|кий, -ок, -ка́!; -че; Wände звукопроница́емый
hellicht: am ~en Tage среди́ бе́ла дня
Helligkeit *f* свет 2, я́ркость 9
Helling *m Mar* э́ллинг 2
hellrot све́тло-кра́сный
Hellseher *m* ясновид|ец, -ца 2; **~in** *f* ясновидица 6
hellseherisch ясновидящий 11
Helm *m* шлем 2, ка́ска 6
Helsinki Хе́льсинки *m idkl*
Hemd *n* руба́шка 6, соро́чка 6 | j-n bis aufs ~ ausziehen обира́ть ⟨обо|бра́ть*, оберу́⟩ кого́-н. до ни́тки; das ~ ist einem näher als die Weste своя́ руба́шка бли́же к те́лу; **~bluse** *f* блу́за-руба́шка 6-6; mit Gürtel толсто́вка 6; mit seitlichem Verschluß косоворо́тка 6
Hemdsärmel *m* рука́в руба́шки | in ~n без пиджака́
Hemisphäre *f* полуша́рие 5, гемисфе́ра 6
hemmen *tr* aufhalten заде́рживать ⟨-держа́ть 3⁺⟩; beeinträchtigen препя́тствовать *D;* anhalten остан|а́вливать ⟨-ови́ть 3⁺ -овлю́⟩ | sich gehemmt fühlen чу́вствовать (по-) себя́ стеснённым
Hemm|nis *n* поме́ха 6, препя́тствие 5; **~schuh** *m* тормозно́й башма́к; *übertr* то́рмоз 2; **~ung** *f* Aufhalten заде́ржка 6; Verzögerung торможе́ние 5; Hindernis препя́тствие 5; *Psych* торможе́ние | ≈en haben чу́вствовать себя́ ско́ванным
hemmungslos 1. *Adj* безу́держ|ный, -ен **2.** *Adv* безу́держно, без у́держу
Hengst *m* жереб|е́ц, -ца́ 2
Henkel *m* ру́чка 6; am Kübel ушк|о́ 4 *Pl* -и́ 2; am Eimer ду́жка 6; **~topf** *m* кастрю́ля с ру́чкой
Henker *m* пала́ч 2e *a. übertr* | zum ~! к чёрту!
Henkersmahlzeit *f scherz* проща́льный обе́д
Henne *f* ку́рица 6 *Pl* ку́ры
her *Adv Ort* сюда́ | hin und ~ туда́ и сюда́; auf und ab взад и вперёд; komm ~! иди́ сюда́!; wo hast du das ~? отку́да ты э́то взял? | *Zeit:* es ist eine Woche ~, daß ... тому́ неде́ля, как ...; von alters ~ с да́вних пор; es ist mit ihm nicht weit ~ он челове́к недалёкий; hinter etw. ~ sein упо́рно добива́ться чего́-н.
herab *Adv* вниз | j-n von oben ~ behandeln обраща́ться с кем-н. свысока́; **~fallen** *intr* спада́ть ⟨-|пасть*⟩; Blätter обле-т|а́ть ⟨-е́ть 3⟩; **~gesetzt:** ≈er Preis сни́женная цена́; **~hängen** *intr* свиса́ть ⟨-ви́снуть 4a⟩, обвиса́ть ⟨-ви́снуть⟩; erschlaffen отвиса́ть ⟨-ви́снуть⟩ | die Haare hängen auf die Schultern ~ во́лосы па́дают на пле́чи; **~hängend** обви́слый, отви́слый; **~lassen** спу|ска́ть ⟨-сти́ть 3⁺ -щу́⟩; sich ≈ *refl iron* снисхо|ди́ть 3⁺ жу́ ⟨снизо|йти́*⟩ (zu к *D*); **~lassend** снисходи́тел|ьный, -ен, -ьна; **~setzen** *tr* Preis, Norm по-, снижа́ть ⟨-ни́зить 3 -ни́жу⟩; Kontingent редуци́ровать *uv, v* 2; Lohn сокра|ща́ть ⟨-ти́ть 3 -щу́⟩; herabwürdigen унижа́ть ⟨-ни́зить⟩, умал|я́ть ⟨-и́ть 3⟩
Herabsetzung *f* пониже́ние 5, сниже́ние 5; униже́ние 5, умале́ние 5
herab|springen *intr* спры́г|ивать ⟨-нуть 4⟩, соск|а́кивать ⟨-очи́ть 3⁺⟩; **~würdigen** *vt* унижа́ть ⟨-ни́зить⟩, умал|я́ть ⟨-и́ть⟩
Heraldik *f* гера́льдика 6
heraldisch геральди́ческий

heran *Adv* сюда́; näher побли́же | nur ~! подойди́(те)!; **~bilden** *tr* подгот|а́вливать ⟨-о́вить 3 -о́влю⟩; lehren обуч|а́ть ⟨-и́ть 3⁺⟩ | Kader ≈ гото́вить [подгота́вливать] ка́дры; **~fahren** *intr* подъезжа́ть ⟨-|е́хать*⟩; **~führen** *tr* подводи́ть 3⁺ -вожу́ ⟨-|вести́*⟩ (an к *D*); *übertr* j-n знако́м|ить 3 -лю (по-) (an с *I*); **~gehen** *intr* подходи́ть 3⁺ -хожу́ ⟨подо|йти́*⟩ *a. übertr;* beginnen бра́ться*ᵢ брали́сь ⟨взя́ться*ᵢ взяли́сь⟩ (an за *A*), присту-п|а́ть ⟨-и́ть 3⁺ -лю́⟩ (an к *D*); **~holen** *tr* j-n вызыва́ть ⟨вы́|звать*⟩; **~kommen** *intr* прибл|ижа́ться ⟨-и́зиться 3 -и́жусь⟩ | es ist schwer, an ihn heranzukommen к нему́ не подступи́ться; laß die Sache an dich ≈ не торопи́сь с э́тим; **~lassen** *tr* (под)пуска́ть ⟨(под)пу|сти́ть 3⁺ -щу́⟩ (an к *D*); **~locken** *tr* прима́нивать ⟨-мани́ть 3⁺⟩; **~machen, sich** *refl* принима́ться ⟨приня́ться*ᵢ -я́лся́ᵢ -яли́сь⟩ (an за *A*); sich aufdrängen при|istава́ть* ⟨-|ста́ть*⟩ (an к *D*); **~nahen** *intr* прибл|ижа́ться ⟨-и́зиться 3⟩; **~reichen** *intr* доходи́ть 3⁺ -хожу́ ⟨-|йти́⟩ (an до *G*); **~reifen** *intr* созрева́ть ⟨-зре́ть⟩; **~rollen** *tr* подка́тывать ⟨-кати́ть 3⁺ -качу́⟩; **~rücken** *tr* пододв|ига́ть ⟨-и́нуть 4⟩; *intr* прибл|ижа́ться ⟨-и́зиться 3 -и́жусь⟩; **~rufen** *tr* подзыва́ть ⟨подо|зва́ть*ᵢ подзову́ᵢ подо́званный⟩; **~schaffen** *tr* дост|авля́ть ⟨-а́вить 3 -а́влю⟩; **~schleichen, sich** *refl* подкра́дываться ⟨-|кра́сться*⟩; **~schleppen** *tr* прита́скивать ⟨-тащи́ть 3⁺⟩; **~schwimmen** *intr* подплыва́ть ⟨-|плы́ть*⟩; **~sprengen** *intr* приска́кивать ⟨-|скака́ть*⟩; **~treten** *intr* sich nähern подходи́ть 3⁺ -хожу́ ⟨подо|йти́*⟩ (an к *D*); *übertr* обра|ща́ться ⟨-ти́ться 3 -щу́сь⟩ (an j-n mit etw. к кому́-н. с чем-н.; **~wachsen** *intr* подраста́ть ⟨-|расти́*⟩; **wagen, sich** *refl* рискова́ть 2 ⟨рискну́ть *mom* 4⟩ подойти́ (an к *D*); **~ziehen** *tr* притя́гивать ⟨-тяну́ть 4⁺⟩; *übertr* привлека́ть ⟨-|вле́чь*⟩ (zu к *D*)

herauf *Adv* вверх, наве́рх; **~beschwören** *tr* вызыва́ть ⟨вы́|звать*⟩; **~kommen** *intr* поднима́ться ⟨подня́ться*ᵢ -я́лся́ᵢ -яли́сь⟩ вверх; **~setzen** *tr übertr* повыша́ть ⟨-вы́сить 3 -вы́шу⟩; **~ziehen** *tr* подтя́гивать ⟨-тяну́ть 4⁺⟩, поднима́ть ⟨подня́ть*⟩; *intr* Wolken, Gewitter надв|ига́ться ⟨-и́нуться 4⟩

heraus *Adv* нару́жу | ~! вон!; von innen ~ изнутри́; ~ mit der Sprache! говори́ же!, выкла́дывай!; frei ~ напрями́к; **~arbeiten** *tr:* wir haben den 5. August herausgearbeitet за 5-е а́вгуста мы отрабо́тали по́лностью; sich ≈ *refl* (с трудо́м) выбира́ться ⟨вы́|браться*⟩; **~bekommen** *tr* (с трудо́м) вы́тащить *v* 3; erraten разга́дывать ⟨-гада́ть⟩; Geld получ|а́ть ⟨-и́ть 3⁺⟩ сда́чу; *Math* получ|а́ть ⟨-и́ть⟩ в результа́те; **~bilden, sich** *refl* образ|о́вываться ⟨-ова́ться 2⟩, скла́дываться ⟨сложи́ться 3⁺⟩; **~brechen** *tr* выла́мывать ⟨вы́ломать⟩; **~bringen** *tr* hinaustragen выно|си́ть 3⁺ -шу́ ⟨вы́|нести*⟩; neu herstellen выпуска́ть ⟨вы́пу|стить 3 -щу⟩; Flecken выводи́ть ⟨вы́|вести*⟩; Worte произ|носи́ть 3⁺ -ношу́ ⟨-|нести́*⟩ | er brachte kein Wort heraus он не был в состоя́нии произнести́ ни сло́ва; **~drängen** *tr* вытесня́ть ⟨вы́теснить 3⟩ *a. übertr;* **~fallen** *intr* выпада́ть ⟨вы́|пасть*⟩; **~finden** *tr* erraten дога́дываться ⟨-гада́ться⟩ о *P*; sich ≈ *refl* находи́ть 3⁺ -хожу́ ⟨-|йти́*⟩ вы́ход; *übertr* выпу́тываться ⟨вы́путаться⟩; **~fischen** *tr* выла́вливать ⟨вы́лов|ить 3 -лю⟩; **~fliegen** *intr* вылета́ть ⟨вы́ле|теть 3 -чу⟩; **~fließen** *intr* вытека́ть ⟨вы́|течь*ᵢ -течет⟩; **~fordern** *tr* вызыва́ть ⟨вы́|звать*⟩ (zu на *A*); **~fordernd 1.** *Adj* вызыва́ющий 11 **2.** *Adv* вызыва́юще

Herausforderung *f* вы́зов 2

heraus|fühlen *tr übertr* чутьём дога́дываться ⟨-гада́ться⟩ о *P*; **~führen** *tr* выво|ди́ть 3⁺ -жу́ ⟨вы́|вести*⟩

Herausgabe *f* вы́дача 6; einer Druckschrift изда́ние 5, вы́пуск 2

herausgeben *tr* вы|дава́ть* ⟨вы́|дать*⟩; Bücher издава́ть ⟨изда́ть*⟩, выпуска́ть ⟨вы́пу|стить 3 -щу⟩; Gesetz издава́ть ⟨изда́ть⟩; Restbetrag дава́ть ⟨дать⟩ сда́чу, сдава́ть ⟨-дать⟩ | auf hundert Mark ~ дать сда́чу со ста ма́рок; herausgegeben von ... (и́здано) под реда́кцией ...

Herausgeber *m* (отве́тственный) реда́ктор 2 изда́ния

heraus|greifen *tr* выхва́тывать ⟨вы́хва|тить 3 -чу⟩ *a. übertr;* **~haben** *tr* begreifen поня́ть* *v*; erraten угада́ть *v*; meisterhaft beherrschen быть* иску́сным [о́чень ло́вким] в *P*, уме́ть *mit Inf.*; **~hängen** *intr* Fahnen выве́шивать ⟨вы́ве|сить 3 -шу⟩ фла́ги | das hängt mir zum Halse heraus э́то мне (стра́шно) надое́ло, э́то мне наби́ло оско́мину; **~hauen** *tr* вырyба́ть ⟨вы́руб|ить 3 -лю⟩; **~helfen** *intr* помога́ть ⟨-|мо́чь*⟩ вы́йти; *übertr* выруча́ть ⟨вы́ручить 3⟩; **~holen** *tr:* das Äußerste aus etw. ≈ *übertr* выжима́ть ⟨вы́|жать[1]*⟩ из чего́-н. ма́ксимум возмо́жного; **~katapultieren** *tr* Flug катапульти́ровать *uv, v* 2; **~kehren** *tr übertr* betonen подчёркивать ⟨-черкну́ть 4⟩; **~klingeln** *vt* вызыва́ть ⟨вы́|звать*⟩ звонко́м; **~kommen** *intr* sich mit Mühe befreien выбива́ться ⟨вы́|биться*⟩; aus einer schwierigen Lage вывёртиваться ⟨вы́вернуться 4⟩ из *G*; herausgehen выхо|ди́ть 3⁺ -жу ⟨вы́|йти*⟩; Druckschriften выходи́ть ⟨вы́йти⟩ из печа́ти [в свет]; Resultat получ|áться ⟨-и́ться 3⁺⟩, выходи́ть ⟨вы́йти⟩; bekannt werden обнару́ж|иваться ⟨-иться 3⟩; Geheimnis разглаша́ться | aus einer schwierigen Lage ≈ вы́йти из положе́ния; dabei kommt nichts heraus из э́того ничего́ не вы́йдет; das kommt alles auf eins heraus всё сво́дится к одному́ и тому́ же; mit der Sprache ≈ говори́ть 3 открове́нно; aus den Schulden nicht ≈ не вылеза́ть из долго́в; aus dem Lachen nicht ≈ непреры́вно сме|я́ться, -ю́сь, -ёшься; **~können** *intr* быть* в состоя́нии [мочь*] вы́йти; **~kriechen** *intr* выполза́ть ⟨вы́|ползти*⟩; **~kristallisieren, sich** *refl* выкристаллизо́вываться ⟨вы́кристаллизоваться 2⟩ *a. übertr;* **~lassen** *tr* выпуска́ть ⟨вы́пу|стить 3 -щу⟩; **~laufen** *intr* выбега́ть ⟨вы́|бежать*⟩; Flüssigkeit вытека́ть ⟨вы́|течь*, -течет⟩; **~lesen** *tr* heraussuchen выбира́ть ⟨вы́|брать*⟩ | aus diesem Brief kann man viel ≈ мно́гое в э́том письме́ мо́жно проче́сть ме́жду строк; **~locken** *tr* выма́нивать ⟨вы́манить 3⟩ (j-m etw. что-н. у кого́-н.); **~machen** *tr* Flecken выво|ди́ть 3⁺ -жу́ ⟨вы́|вести*⟩; sich ≈ *refl* попр|авля́ться ⟨-а́виться 3 -а́влюсь⟩; **~nehmen** *tr* вынима́ть ⟨вы́нуть 4⟩; sich viel ≈ позв|оля́ть ⟨-о́лить 3⟩ себе́ ли́шнее; **~platzen** *intr* бря́к|ать ⟨-нуть *mom* 4⟩ (mit *A*) *umg mißb;* loslachen разра|жа́ться ⟨-зи́ться 3 -жу́сь⟩ сме́хом; **~pressen** *tr* выжима́ть ⟨вы́|жать[1]*⟩ *a. übertr;* **~putzen** *tr* нар|яжа́ть ⟨-яди́ть 3⁺ -яжу́⟩; sich ≈ *refl* наря|жа́ться ⟨-ди́ться⟩, *umg* расфран|ти́ться 3 -чу́сь; **~reden, sich** *refl* отгов|а́риваться ⟨-ори́ться 3⟩ (mit *I*); **~reißen** *tr* вырыва́ть ⟨вы́|рвать*⟩, выдёргивать ⟨вы́дернуть 4⟩; entreißen выхва́тывать ⟨вы́хва|тить 3 -чу⟩; **~rücken** *intr:* mit dem Geld ≈ раскошёл|иваться ⟨-иться 3⟩; mit der Sprache ≈ говори́ть 3 открове́нно; **~rufen** *tr* вызыва́ть ⟨вы́|звать*⟩; **~sagen** *tr:* offen ≈ открове́нно выска́зывать ⟨выс|казать*⟩; **~schauen** *intr* выгля́дывать ⟨вы́глянуть 4⟩; **~schinden** *tr* выкола́чивать ⟨вы́коло|тить 3 -чу⟩ | dabei hat er 200 Mark herausgeschunden на э́том он вы́гадал 200 ма́рок; **~schlagen** *tr* выбива́ть ⟨вы́|бить*⟩; Gewinn выкола́чивать ⟨вы́коло|тить 3 -чу⟩; *intr* Flammen вырыва́ться ⟨вы́|рваться*, -рвется⟩ | einen Vorteil für sich ≈ извлека́ть ⟨-|вле́чь*⟩ для себя́ вы́году; **~schleppen** *tr* вытаскивать ⟨вы́тащить 3⟩; **~schneiden** *tr* выре́зывать ⟨вы́|резать*⟩, выреза́ть ⟨вы́резать⟩; **~schrauben** *tr* выви́нчивать ⟨вы́вин|тить 3 -чу⟩, вывёртывать ⟨вы́вернуть 4⟩; **~schreiben** *tr* выпи́сывать ⟨вы́|писать*⟩; **~schütteln** *tr* вытря́хивать ⟨вы́тряхнуть 4⟩; **~springen** *intr* выска́кивать ⟨вы́скочить 3⟩ | auch für ihn ist etwas herausgesprungen *übertr* и ему́ ко́е-что перепа́ло; **~stellen** *tr* выставля́ть ⟨вы́став|ить 3 -лю⟩ *a. übertr;* unterstreichen подчёркивать ⟨-черкну́ть 4⟩; sich ≈ *refl* ока́зываться ⟨-|каза́ться*⟩; **~strecken** *tr* высо́вывать ⟨вы́сунуть 4⟩; **~streichen** *tr* ausstreichen вычёркивать ⟨вы́черкнуть 4⟩; loben расхв|а́ливать ⟨-али́ть 3⁺⟩; **~strömen** *intr* вытека́ть ⟨вы́|течь*, -течет⟩; **~suchen** *tr* выбира́ть ⟨вы́|брать*⟩; **~treten** *intr* выступа́ть ⟨вы́ступ|ить 3 -лю⟩ *a. Med;* **~wachsen** *intr* выраста́ть ⟨вы́|расти*⟩; **~wagen, sich** *refl* рискова́ть 2 ⟨рискну́ть *mom* 4⟩ вы́йти; **~werfen** *tr* выбра́сывать ⟨вы́|бросить 3 -шу⟩; **~winden, sich** *refl übertr* вывёртываться ⟨вы́вернуться 4⟩, выкру́чиваться ⟨вы́кру|титься 3 -чусь⟩; **~wollen** *intr* хоте́ть* (за-) вы́йти | mit der Sprache nicht ≈ не хоте́ть говори́ть; **~ziehen** *tr* вытаскивать ⟨вы́тащить 3⟩; Schublade выдвига́ть ⟨вы́двинуть 4⟩; Zahn, Nagel выдёргивать ⟨вы́дернуть 4⟩; Rauch u. ä. вытя́гивать ⟨вы́тянуть 4⟩; Saft aus Pflanzen извлека́ть ⟨-|вле́чь*⟩

herb im Geschmack те́рп|кий, -ок, -ка́!, -че; *übertr* жёст|кий, -ок, жестка́!, жёстче, суро́в|ый

Herbarium *n* герба́ри|й 1 *P* -и

herbei *Adv* сюда́; **~eilen** *intr* прибега́ть ⟨-|бежа́ть*⟩, спеши́ть 3 (по-) (сюда́); **~fliegen** *intr* приле|та́ть ⟨-те́ть 3 -чу́⟩; **~führen** *tr* verursachen причин|я́ть ⟨-и́ть 3⟩; erreichen добива́ться ⟨-|би́ться*⟩; **~laufen** *intr* прибега́ть ⟨-|бежа́ть*⟩; **~rufen** *tr* призыва́ть ⟨-|зва́ть*⟩; **~schaffen** *tr* до|става́ть* ⟨-|ста́ть*⟩; **~strömen** *intr übertr* стека́ться ⟨-|те́чься*⟩; **~wünschen** *tr* жела́ть *G;* **~ziehen** *tr* привлека́ть ⟨-вле́чь*⟩, притя́гивать ⟨-тяну́ть 4⁺⟩ | an den Haaren ≈ притя́гивать ⟨-тяну́ть⟩ за́ волосы

herbemühen, sich *refl* потру|ди́ться *v* 3⁺ -жу́сь прийти́ (сюда́)

Herberge *f* für Wanderer тури́стская ба́за 6

herbestellen *tr* пригла|ша́ть ⟨-си́ть 3 -шу́⟩, вызыва́ть ⟨вы́|звать*⟩

Herbheit *f* im Geschmack те́рпкость 9; *übertr* жёсткость 9, суро́вость 9

herbitten *vt* про|си́ть 3⁺ -шу́ (по-) прийти́

Herbizid *n* гербици́д 2

herbringen *tr* tragend приноси́ть 3⁺ -ношу́ ⟨-|нести́*⟩; führend приводи́ть 3⁺ -вожу́ ⟨-|вести́*⟩; fahrend привози́ть 3⁺ -вожу́ ⟨-|везти́*⟩

Herbst *m* о́сень 9 | im ~ о́сенью; **~bestellung** *f* ози́мый сев 2; **~furche** *f Landw* зя́блевая вспа́шка 6

herbstlich осе́нний 11
Herbstmesse *f* осе́нняя 11 я́рмарка
Herbstzeitlose *f* осе́нний безвре́менник 11-2
Herd *m* оча́г 2е *a. übertr; Med* оча́г (боле́зни); Koch~ плита́ 6с; *Tech* горн 2
Herde *f* ста́до 4b; Schaf~ гурт 2е, ота́ра 6; Pferde~ табу́н 2е
Herden|tier *n* ста́дное живо́тное; **~trieb** *m* ста́дный инсти́нкт
Herdplatte *f* плита́ (очага́)
herein *Adv:* ~! войди́(те)!; **~bemühen, sich** *refl:* wollen Sie sich bitte ≈! прошу́ вас войти́!; **~bitten** *tr* про|си́ть 3⁺ -шу́ (по-) войти́; **~brechen** *intr* Nacht насту-п|а́ть ⟨-и́ть 3⁺⟩; Unglück обру́ш|иваться ⟨-иться 3⟩; **~bringen** *tr* вно|си́ть 3⁺ -шу́ ⟨в|нести́*⟩; **~fallen, ~fliegen** *intr* па́дать ⟨у|па́сть*⟩ в *A*, вва́ливаться ⟨-вали́ться 3⁺⟩ в *A*; *übertr* попада́ть ⟨-|па́сть*⟩ впроса́к; **~führen** *tr* вво|ди́ть 3⁺ -жу́ ⟨в|вести́*⟩; **~kommen** *intr* вхо|ди́ть 3⁺ -жу́ ⟨во|йти́*⟩; **~lassen** *tr* впуска́ть ⟨впу|сти́ть 3⁺ -щу́⟩; **~legen** *tr* betrügen прово-ди́ть 3⁺-вожу́ ⟨-|вести́*⟩, обма́нывать ⟨-ману́ть 4⁺⟩; **~platzen** *intr* неожи́данно врыва́ться ⟨во|рва́ться*¡ -рвали́сь⟩, вва́ливаться ⟨-вали́ться 3⁺⟩; **~schneien** *unpers:* es schneit zum Fenster herein снег залета́ет в окно́; *übertr* внеза́пно появи́ться *v* 3⁺; **~tragen** *tr* вноси́ть 3⁺ -ношу́ ⟨-|нести́*⟩
Herfahrt *f* пое́здка 6 сюда́ | auf der ~ по доро́ге сюда́
herfallen *intr* überfallen напада́ть ⟨-|па́сть*⟩ (über на *A*), набр|а́сываться ⟨-о́ситься 3 -о́шусь⟩ (über на *A*); mit Fragen u. ä. набр|а́сываться ⟨-о́ситься⟩ (über на *A*)
Hergang *m* ход 2 собы́тий
her|geben *tr* по|дава́ть* ⟨пода́ть*⟩; zurückgeben отдава́ть ⟨отда́ть*⟩; sich ≈ согла|ша́ться ⟨-си́ться 3 -шу́сь⟩ (zu на *A*); **~gehen** *intr* идти́* (hinter за *I*, позади́ *G*, neben ря́дом с *I*) | dort geht es toll her там идёт така́я кутерьма́; dort geht es hoch her там пир горо́й; **~gehören** *intr:* das gehört nicht hierher э́то сюда́ не отно́сится, здесь э́то неуме́стно; **~haben** *tr:* wo hast du das her? отку́да ты э́то взял?; **~halten** *tr* протя́гивать ⟨-тяну́ть 4⁺⟩; *intr* распл|а́чиваться ⟨-ати́ться 3⁺ -ачу́сь⟩ за *A* | er muß für alles ≈ он до́лжен плати́ть за всё; **~holen** *tr* etw. прино-си́ть 3⁺ -ношу́ ⟨-|нести́*⟩; j-n приводи́ть 3⁺-вожу́ ⟨-|вести́*⟩
Hering *m* сельдь 9g, селёдка 6; Zeltpflock ко́лыш|ек, -ка 2 | geräucherter ~ копчёная сельдь
Herings|fang *m* лов 2 се́льди; **~filet** *n* филе́ *n idkl* из се́льди; **~salat** *m* сала́т из се́льди; **~tonne** *f* сельдяна́я бо́чка
her|kommen *intr* приходи́ть 3⁺ -хожу́ ⟨-|йти́*⟩ | komm her! иди́ сюда́!; wo kommst du her? отку́да ты пришёл?; wo soll das Geld ≈? отку́да взять де́ньги?; **~kömmlich 1.** *Adj* традицио́нн|ый, -ен, -на, обы́ч|ный, -ен **2.** *Adv* по-пре́жнему
Herkunft *f* происхожде́ние 5
her|laufen *intr:* hinter j-m ≈ бежа́ть* (по-) за кем-н. *best,* бе́гать *unbest* за кем-н.; **~machen, sich** *refl* принима́ться ⟨приня́ться*¡ -я́лся́, -яли́сь⟩ (über за *A*)
Hermelin *n Zool* горноста́|й 1 *G Pl* -ев; Pelz горноста́евый мех 2b *Pl* -а́
hermetisch гермети́ческий, гермети́ч|-ный, -ен
hernach *Adv* пото́м, зате́м
hernehmen *tr* брать* ⟨взять*⟩
Heroin *n* геро́ин 2
heroisch геро́ический
Heroismus *m* геро́изм 2
Herold *m hist* геро́льд 2
Herr *m* Anrede an Bürger kap. Staaten господ|и́н 2 *Pl* -а́, -, -а́м; an Bürger soz. Staaten това́рищ 2; Eigentümer хозя́|ин 2 *Pl* -ева 4; Gott госпо́дь, *G* го́спода 2 | meine (Damen und) ~en! господа́!; ~ der Lage sein быть хозя́ином положе́ния; einer Sache ~ werden *übertr* справля́ться ⟨спра́в|иться 3 -люсь⟩ с чем-н.; den großen ~n spielen стро́ить 3 из себя́ (ва́жного) ба́рина; aus aller ~en Länder со всех концо́в све́та
Herreise *f* пое́здка 6 сюда́
Herren|anzug *m* мужско́й костю́м; **~artikel** *m Pl* галантере́йные това́ры *Pl* 2 для мужчи́н; **~ausstatter** *m* специализи́рованный магази́н мужско́й оде́жды; **~doppel** *n Sport* па́рная мужска́я игра́ 6с; **~einzel** *n Sport* одино́чная мужска́я игра́ 6с; **~halbschuh** *m* мужско́й полуботи́нок; **~konfektion** *f* гото́вое мужско́е пла́тье
herrenlos ниче́й 12; Besitz бесхо́зный *umg*
Herren|salon *m* мужска́я парикма́херская *Subst* 10; **~schlafanzug** *m* мужска́я пижа́ма; **~schneider** *m* мужско́й портно́й; **~schnitt** *m* Damenfrisur (же́нская) коро́ткая стри́жка; **~zimmer** *n* (рабо́чий) кабине́т (11-)2
Herrgott *m Rel* бог [бох] *G* -а 2
herrichten *tr* vorbereiten пригот|овля́ть ⟨-о́вить 3 -о́влю⟩; ausstatten обставля́ть ⟨обста́в|ить 3 -лю⟩; sich ~ тща́тельно одева́ться ⟨-|де́ться*⟩
Herrin *f* хозя́йка 6
herrisch власт|ный, -ен, повели́тел|ьный, -ен, -ьна
herrje! *Interj* бо́же мой!
herrlich прекра́с|ный, -ен, великоле́п|-ный, -ен
Herrlichkeit *f* великоле́пие 5, вели́чие 5 |

die ~ wird nicht lange dauern *iron* э́то удово́льствие ненадо́лго

Herrschaft *f* госпо́дство 3; Macht власть 9 | die ~ über etw. verlieren теря́ть (по-) власть над чем-н.; j-n unter seine ~ bringen подчин|я́ть ⟨-и́ть 3⟩ кого́-н. свое́й вла́сти; die ~ an sich reißen захва|ти́ть *v* 3⁺ -чу́ власть; meine ~en! господа́!

herrschaftlich госпо́дский, ба́рский

herrschen *intr* госпо́дствовать 2 (über над *I*); *übertr* цари́ть 3, ца́рствовать 2 z. B. Stille; **~d** Klasse госпо́дствующий 11; üblich при́нятый | die ≈en Kreise пра́вящие круги́; unter den ≈en Umständen при существу́ющих обстоя́тельствах

Herrscher *m* власти́тель 1; Monarch госуда́рь 1; **~in** *f* власти́тельница 6; госуда́р|ыня 6 *G Pl* -ынь

Herrschsucht *f* властолю́бие 5

herrschsüchtig властолюби́в:ый

her|rufen *tr* призыва́ть ⟨-|зва́ть*⟩; **~rühren** *intr* происходи́ть 3⁺ ⟨произо|йти́*⟩ (von от *G*), проистека́ть ⟨-|те́чь*⟩ (von из *oder* от *G*); **~sagen** *tr* auswendig расс|ка́зывать ⟨-|каза́ть*⟩ наизу́сть; **~stammen** *intr* происхо|ди́ть 3⁺ -жу; **~stellen** *tr* produzieren изгот|овля́ть ⟨-о́вить 3 -о́влю⟩, производи́ть 3⁺ -вожу́ ⟨-|вести́*⟩; Ordnung, Verbindung устан|а́вливать ⟨-ови́ть 3⁺ -овлю́⟩

Hersteller *m* производи́тель 1, изготови́тель 1; im Verlag техни́ческий реда́ктор 2 **~werk** *n* заво́д-изготови́тель 2-1

Herstellung *f* изготовле́ние 5, произво́дство 5; Ordnung, Verbindung установле́ние 5

Herstellungs|kosten *Pl Wirtsch* сто́имость 9 изготовле́ния; **~preis** *m* себесто́имость 9; **~prozeß** *m* проце́сс изготовле́ния

herüber *Adv* на э́ту сто́рону, сюда́; **~bringen** *tr* переноси́ть 3⁺ -ношу́ ⟨-|нести́*⟩ сюда́; **~kommen** *intr* auf einen Augenblick заходи́ть 3⁺ -хожу́ ⟨-|йти́*⟩ (zu к *D*)

Herübersetzung *f* перево́д 2 на родно́й язы́к

herüberziehen *tr* перетя́гивать ⟨-тяну́ть 4⁺⟩ к себе́

herum *Adv* um etwas вокру́г, круго́м; ungefähr приблизи́тельно, о́коло | im Kreise ~ круго́м; um die Ecke ~ за угло́м; um etw. ~ вокру́г чего́-н.; um j-n ~ sein уха́живать за кем-н.; er ist um die dreißig ~ ему́ о́коло тридцати́ (лет); die Zeit ist schon ~ вре́мя уже́ истекло́; **~balgen, sich** *refl* дра́ться*, драли́сь (по-), во|зи́ться 3⁺ -жу́сь; **~blättern** *intr* перели́стывать ⟨-листа́ть⟩ (in *A*); **~drehen** *tr* перевора́чивать ⟨-верну́ть 4⟩ | j-m die Worte im Munde ≈ переина́ч|ивать ⟨-ить 3⟩ чьи-н. слова́, иска|жа́ть ⟨-зи́ть 3 -жу́⟩ смысл чьих-н. слов; **~drücken, sich** *refl* слоня́ться | sich um etw. ≈ *übertr* уви́ливать ⟨увильну́ть 4⟩ от чего́-н.; **~fahren** *tr* во|зи́ть 3⁺ -жу́; eine Zeitlang повози́ть; *intr* объ|езжа́ть ⟨-|е́хать*⟩ (um *A*) | in der ganzen Welt ≈ объ|езжа́ть ⟨-е́здить 3 -е́зжу⟩ весь свет; **~fliegen** *intr* лета́ть (um вокру́г *G*); **~führen** *tr* во|ди́ть 3⁺ -жу́ (um вокру́г *G*), обводи́ть ⟨-|вести́*⟩ (um вокру́г *G*); **~geben** *tr* пере|дава́ть* ⟨переда́ть*⟩ друг дру́гу; **~gehen** *intr* обходи́ть 3⁺ -хожу́ ⟨обо|йти́*⟩ (um вокру́г *G*); umhergehen расха́живать | etw. ≈ lassen пере|дава́ть* ⟨переда́ть*⟩ друг дру́гу что-н.; tausend Gedanken gehen mir im Kopf herum ты́сячи мы́слей тесня́тся у меня́ в голове́; **~kommen** *intr:* er ist weit herumgekommen он мно́го ви́дел [путеше́ствовал]; darum kommen wir nicht herum мы э́того не мо́жем избежа́ть; **~laufen** *intr* бе́гать (по-); **~liegen** *intr* unordentlich валя́ться, лежа́ть 3 в беспоря́дке; **~lungern** *intr* слоня́ться, безде́льничать; **~reichen** *tr* einander geben пере|дава́ть* ⟨переда́ть*⟩ друг дру́гу; **~reisen** *tr u. intr* объезжа́ть ⟨-|е́хать*⟩ (in *A*), (мно́го) путеше́ствовать 2; **~schlagen, sich** *refl übertr* би́ться* (mit над *I*, с *I*); **~schnüffeln** *intr* обню́х|ивать ⟨-ать⟩ (an *A*) | überall ≈ всю́ду сова́ть свой нос; **~sprechen, sich** *refl:* es hat sich herumgesprochen, daß … пошли́ то́лки [слу́хи] о том, что …; **~stehen** *intr* стоя́ть (круго́м) | müßig ≈ стоя́ть без де́ла; **~stöbern** *intr* ры́ться (in в *P*); **~streifen** *intr* бро|ди́ть 3⁺ -жу́ (in по *D*); **~treiben, sich** *refl* слоня́ться, шата́ться

Herumtreiber *m* гуля́ка 6, бродя́га 6

herum|trödeln *intr* ме́шкать; **~wälzen, sich** *refl* валя́ться; im Bett воро́чаться; **~werfen** *tr* разбр|а́сывать ⟨-оса́ть⟩; in eine andere Lage ре́зко повора́чивать ⟨поверну́ть 4⟩ | das Steuer ≈ измен|я́ть ⟨-и́ть 3⁺⟩ курс *a. übertr;* **~wirtschaften** *tr* во|зи́ться 3⁺ -жу́сь; **~wühlen** *intr* ры́ться* *a. übertr*

herunter *Adv* вниз | ~ vom Zaun! слеза́й с забо́ра!; **~bringen** *tr* сноси́ть 3⁺ -ношу́ ⟨-|нести́*⟩ вниз; *übertr* etw. ruinieren раз-ор|я́ть ⟨-и́ть 3⟩; **~fallen** *intr* па́дать ⟨у|па́сть*⟩ (von с *G*); **~gekommen** 11, опусти́вшийся 11; gesundheitlich истощённый; **~hängen** *intr* свиса́ть ⟨сви́снуть 4⟩; **~hauen** *tr:* j-m eine ≈ *umg* дава́ть* ⟨дать*⟩ кому́-н. пощёчину; **~holen** *intr* до|става́ть* ⟨-|ста́ть*⟩ (von с *G*); **~klappen** *tr* опу|ска́ть ⟨-сти́ть 3⁺ -щу́⟩; **~kommen** *intr* сходи́ть 3⁺ -хожу́ ⟨со|йти́*⟩ (von с *G*); gesundheitlich обесси́леть *v;* moralisch опуска́ться ⟨опу|сти́ться 3⁺ -щу́сь⟩ | die Treppe ≈ спу|-

ска́ться ⟨-сти́ться⟩ по ле́стнице; **~lassen** *tr* спуска́ть ⟨спу|сти́ть 3⁺ -щу́⟩; **~leiern** *tr* моното́нно чита́ть ⟨прочита́ть⟩; **~machen** *tr übertr* отчи́тывать ⟨-чита́ть, -чи́танный⟩, отде́л|ывать ⟨-ать⟩ (под оре́х); **~nehmen** *tr* снима́ть ⟨снять*⟩ (von с *G*); **~reißen** *tr* срыва́ть ⟨со|рва́ть*⟩ (von с *G*); **~schalten** *intr Kfz* включ|а́ть ⟨-и́ть 3⟩ бо́лее ни́зкую ско́рость; **~schlagen** *tr* сбива́ть ⟨-|бить*, собью́⟩; Kragen, Klappe опуска́ть ⟨опу|сти́ть 3⁺ -щу́⟩; **~schütteln** *tr* стр|я́хивать ⟨-яхну́ть 4, -я́хнутый⟩ (von с *G*); Obst обива́ть ⟨-|би́ть*⟩; **~sein** *intr* körperlich u. moralisch быть в плохо́м состоя́нии | sie ist mit den Nerven ganz herunter её не́рвы совсе́м расша́таны; **~springen** *intr* спры́г|ивать ⟨-нуть 4⟩ (von с *G*); **~steigen** *intr* спуска́ться ⟨спу|сти́ться 3⁺ -щу́сь⟩ | eine Treppe ≈ спуска́ться по ле́стнице; **~stürzen** *tr übertr* schnell trinken вы́|пить* *v* за́лпом; *intr* низв|ерга́ться ⟨-е́ргнуться 4a⟩ (von с *G*); **~werfen** *tr* сбра́сывать ⟨сбро́|сить 3 -шу⟩; **~wirtschaften** *tr* приводи́ть 3⁺ -вожу́ ⟨-|вести́*⟩ в упа́док; **~ziehen** *tr* ста́скивать ⟨стащи́ть 3⁺⟩ вниз

hervor *Adv* из-за; unter ~ из под; **~blikken** *intr* выгля́дывать ⟨вы́глянуть 4⟩ (hinter из-за *G*); **~brechen** *intr* Person внеза́пно выступа́ть ⟨вы́ступ|ить 3 -лю⟩; Sonne появ|ля́ться ⟨-и́ться 3⁺⟩; Gefühl вырыва́ться ⟨вы́|рваться*, -рвется⟩; **~bringen** *tr* erzeugen производи́ть 3⁺ -вожу́ ⟨-|вести́*⟩; verursachen поро|жда́ть ⟨-ди́ть 3 -жу́, -ждённый⟩; sagen произ|носи́ть 3⁺ -ношу́ ⟨-|нести́*⟩; **~gehen** *intr* вытека́ть (aus из *G*), я́вствовать 2 (aus из *G*); выхо|ди́ть 3⁺ -жу́ ⟨вы́|йти*⟩ (als *I*) | daraus geht hervor, daß … отсю́да вытека́ет [сле́дует], что …; er ging als Sieger hervor он вы́шел победи́телем; **~heben** *tr übertr* подчёркивать ⟨-черкну́ть 4⟩, отмеча́ть ⟨отме́|тить 3 -чу⟩; **~holen** *tr* до|става́ть* ⟨-|ста́ть*⟩; **~locken** *tr* выма́нивать ⟨вы́манить 3⟩; **~ragen** *intr* sich erheben возвыша́ться (über над *I*); hervorstehen выступа́ть, вы|дава́ться*; **~ragend** выдаю́щийся 11; Zensur отли́ч|ный, -ен | ≈er Schüler отли́чник 2; **~rufen** *tr* вызыва́ть ⟨вы́|звать*⟩, возбу|жда́ть ⟨-ди́ть 3 -жу́⟩; **~schauen** *intr* выгля́дывать ⟨вы́глянуть 4⟩; **~sprudeln** *intr* Quelle за|би́ть* *v;* **~stehen** *intr* выступа́ть, вы|дава́ться*; **~treten** *intr* выступа́ть ⟨вы́ступ|ить 3 -лю⟩ вперёд, вы|дава́ться* ⟨вы́|даться*⟩; *übertr* выступа́ть ⟨вы́ступить⟩, выдвига́ться ⟨вы́двинуться 4⟩; **~tun, sich** *refl* auf sich aufmerksam machen обра|ща́ть ⟨-ти́ть 3 -щу́⟩ на себя́ внима́ние, выделя́ться ⟨вы́делиться 3⟩; sich auszeichnen отлич|а́ться ⟨-и́ться 3⟩; **~ziehen** *intr* выта́скивать ⟨вы́тащить 3⟩

Herweg *m* путь сюда́ | auf dem ~ по доро́ге [по пути́] сюда́

Herz *n* се́рд|це 4b *G Pl* -е́ц; *übertr* се́рдце, центр 2; Spielkarten че́рви *Pl* 9g, че́рвы *Pl* 6 | von ganzem ~en от всей души́; leichten ~ens лёгким се́рдцем; das liegt mir sehr am ~en э́то о́чень для меня́ ва́жно, э́то мне до́рого; das Wohl des Kindes liegt ihm sehr am ~en он боле́ет душо́й о ребёнке; etw. auf dem ~en haben име́ть что-л. на се́рдце [на душе́]; Hand aufs ~! положа́ ру́ку на́ се́рдце!; j-n auf ~ und Nieren prüfen стро́го испы́тывать ⟨-пыта́ть⟩ кого́-н.; aus tiefstem ~en из глубины́ души́; mir ist schwer ums ~ у меня́ тяжело́ на душе́; mir wurde leicht ums ~ у меня́ отлегло́ от се́рдца; es war mir aus dem ~en gesprochen э́то бы́ло мне по душе́; von ganzem ~en от всего́ се́рдца, от всей души́; sich etw. zu ~en nehmen принима́ть ⟨приня́ть*⟩ что-н. (бли́зко) к се́рдцу; sein ~ ausschütten излива́ть ⟨-|ли́ть*, изолью́⟩ ду́шу, открыва́ть ⟨-|кры́ть*⟩ ду́шу; sich ein ~ fassen со|бра́ться* *v* с ду́хом; er hat das ~ auf dem rechten Fleck он до́брый [настоя́щий] челове́к; sein ~ an j-n hängen быть* о́чень привя́занным к кому́-н.; seinem ~en Luft machen отводи́ть 3⁺ -вожу́ ⟨-|вести́*⟩ ду́шу; **~anfall** *m Med* серде́чный припа́док; **~beklemmung** *f* страх 2, трево́га 6; **~beschwerden** *Pl* расстро́йство 4 со стороны́ се́рдца; **~chirurg** *m* кардиохиру́рг 2; **~chirurgie** *f* кардиохирурги́я 8, хирурги́я се́рдца; **~drücken** *n:* er stirbt nicht an ≈ *übertr* он не бои́тся вы́сказаться открове́нно

Herzens|brecher *m* сердцее́д 2; **~freund** *m* серде́чный друг

herzensgut до́бр:ый, -а́, -о, до́бры́, серде́ч|ный, -ен

Herzens|güte *f* доброта́ 6, благоду́шие 5; **~lust** *f:* nach ≈ ско́лько душе́ уго́дно, вво́лю; **~wunsch** *m* и́скреннее 11 [заве́тное] жела́ние | das ist mein ≈ э́то моё заве́тное жела́ние

herzergreifend тро́гател|ьный, -ен, -ьна, хвата́ющий 11 за́ се́рдце

Herz|erkrankung *f* заболева́ние се́рдца; **~erweiterung** *f* расшире́ние се́рдца; **~fehler** *m* поро́к 2 се́рдца

herz|förmig сердцеви́д|ный, -ен; **~haft** kühn сме́л:ый, -а́!; kräftig кре́п|кий, -ок, -ка́!, -че

herziehen *tr* тяну́ть 4⁺, тащи́ть 3⁺; *intr* переезжа́ть ⟨-|е́хать*⟩ сюда́; *übertr* критикова́ть *v* 2 (über *A*), напада́ть ⟨-|па́сть*⟩ (über на *A*)

herzig ми́л:ый, -а́, -о, ми́лы́

Herz|infarkt *m* инфáркт миокáрда; **~kammer** *f* желýдоч|ек, -ка 2 сéрдца; **~klappe** *f* сердéчный клáпан; **~klappenfehler** *m* порóк сердéчного клáпана; **~klopfen** *n* сердцебиéние 5 | ich habe starkes ≈ у меня́ си́льное сердцебиéние
herzkrank страдáющий 11 болéзнью сéрдца | er ist ~ у негó больнóе сéрдце
Herz|kranker *m* страдáщий *Subst* 11 болéзнью сéрдца; **~krankheit** *f* болéзнь сéрдца
herzlich 1. *Adj* сердéч|ный, -ен, тёп|лый, -ел, теплá, теплó, тёплы; aufrichtig и́скрен|ний 11 -ен, -на | ~es Verhältnis душéвные отношéния; meine ~sten Glückwünsche! от души́ поздравля́ю вас! **2.** *Adv* сердéчно | ~ lachen смея́ться от души́; ~ gern весьмá охóтно, с величáйшим удовóльствием; ~ wenig óчень мáло
Herzlichkeit *f* сердéчность 9; и́скренность 9
herzlos бессердéч|ный, -ен, бездýш|ный, -ен
Herzlosigkeit *f* бессердéчие 3, бездýшие 5
Herzmuskel *m* сердéчная мы́шца
Herzog *m* гéрцог 2; **~in** *f* герцоги́ня 7; **~tum** *n* гéрцогство 4
Herz|operation *f* оперáция сéрдца; **~schlag** *m* Herzton биéние 5 сéрдца; plötzlicher Tod парали́ч 2е [разры́в 2] сéрдца | an ≈ sterben умерéть *v* от парали́чá [разры́ва] сéрдца; **~schrittmacher** *m* электростимуля́тор 2 (сéрдца); **~schwäche** *f* сердéчная слáбость
herzstärkend укрепля́ющий 11 деятельность сéрдца
Herz|stück *n* ядрó 4с; **~tätigkeit** *f* сердéчная дéятельность; **~töne** *Pl* тóны сéрдца; **~transplantation** *f* пересáдка сéрдца; **~verfettung** *f* ожирéние 5 сéрдца
herzzerreißend душераздирáющий 11
Hessen Гéссен 2
hessisch гéссенский
heterogen разнорóд|ный, -ен, гетерогéнный
Hetze *f* трáвля 7 (gegen *G*); Hast спéшка 6
hetzen *tr* Wild трав|и́ть 3⁺ -лю́ (за-); натр|áвливать ⟨-ави́ть⟩ (auf на *A*); zu Tode затр|áвливать ⟨-ави́ть⟩; *intr* трави́ть (за-) (gegen j-n *A*); hasten спеши́ть 3 (по-)
Hetzer *m übertr* подстрекáтель 1; **~ei** *f* спéшка 6
Hetz|jagd *f* псóвая охóта, трáвля 7 *a. übertr* (gegen j-n на *A*); **~propaganda** *f* злóстная пропагáнда; **~rede** *f* подстрекáтельская [погрóмная] речь; **~sender** *m* радиостáнция 8, ведýщая 11 злóстную пропагáнду
Heu *n* сéно 4 | ~ wenden вороши́ть 3 (раз-) сéно; **~boden** *m* сеновáл 2
Heuchelei *f* лицемéрие 5, притвóрство 4
heucheln *tr* притвор|я́ться ⟨-и́ться 3⟩; *intr* лицемéрить 3, крив|и́ть 3 -лю́ душóй | Gleichgültigkeit ~ притворя́ться равнодýшным
Heuchler *m* лицемéр 2, притвóрщик 2
heuchlerisch лицемéр|ный, -ен, хáнжеский
Heuer *f* зáработная плáта 6 (морякá)
Heu|ernte *f* сенокóс 2; Einbringen сеноубóрка 6; **~gabel** *f* сенны́е ви́лы; **~haufen** *m* коп|нá 6h *G Pl* -ён
Heulboje *f Mar* буй-ревýн 1b-2e
heulen *intr* Wölfe, Wind выть*; Motor, Sturm, Kinder ревéть*; Sirene гудéть 3; wehmütig выть, завывáть
Heul|peter *m*, **~suse** *f* плáкса *m, f* 6
Heumahd *f* сенокóс 2
Heuristik *f* эври́стика 6
Heu|schober *m* стог 2b, в стогý, *Pl* -á, скирд 2е; **~schrecke** *f* кузнéчик 2; Wanderheuschrecke саранчá 6
heute *Adv* сегóдня | ~ früh сегóдня ýтром; von ~ an с сегóдняшнего дня; bis ~ до сегóдняшнего дня; ~ vor acht Tagen недéлю томý назáд; ~ in acht Tagen чéрез недéлю; für ~ genug на сегóдня довóльно; von ~ auf morgen со дня нá день
heutig сегóдняшний 11; jetzig ны́нешний 11
heutzutage *Adv* сегóдня, в нáши дни, *umg* ны́нче
Hexameter *m* гекзáметр 2
Hexe *f* вéдьма 6 *G Pl* ведьм, колдýнья 7; im russ. Märchen бáба-ягá 6-6
hexen *intr* колдовáть 2
Hexen|kessel *m* сýщий 11 ад 2, в адý; **~meister** *m* колдýн 2е, чародé|й 1 *G Pl* -ев; **~schuß** *m* прострéл 2
Hexerei *f* колдовствó 4, чародéйство 4 | das ist keine ~ э́то дéло нехи́трое
Hieb *m* удáр 2; *übertr* намёк 2 (gegen на *A*) einen ~ versetzen наноси́ть 3 -ношý ⟨-|нести́*⟩ удáр
hier *Adv* здесь, тут | ~ ist, ~ sind вот; von ~ (an) отсю́да; ~ und da там и сям, stellenweise кóе-где, ab und zu то и дéло; **~an** *Adv* к + *Dat des Pers Pron* (к немý *usw.*)
Hierarchie *f* иерáрхия 8
hier|auf *Adv* на э́то; danach затéм, потóм; als Folge пóсле э́того; **~aus** *Adv* отсю́да, из э́того; **~bei** *Adv* при э́том; **~bleiben** *intr* о|ставáться* ⟨-|стáться*⟩ здесь; **~durch** *Adv* э́тим; **~für** *Adv* zu einem Zweck за э́то, на э́то; zur Verwendung для э́того; **~gegen** *Adv* прóтив э́того; **~her** *Adv* сюдá | komm ≈! иди́ сюдá!; bis ≈ досю́да *umg;* **~hin** *Adv* сюдá; **~mit** *Adv* э́тим; **~nach** *Adv* zeitlich пóсле э́того; demnach соотвéтственно э́тому | ≈ zu urteilen сýдя по э́тому

Hieroglyphe *f* иеро́глиф 2
hier|über *Adv übertr* об э́том; **~unter** *Adv* под э́тим; **~von** *Adv* от [из] э́того; hierüber об э́том | ≈ ausgehend исходя́ из э́того; **~zu** *Adv* к э́тому, к то́му же | was sagst du ≈? что ты ска́жешь на э́то?; **~zulande** *Adv* здесь, у нас
hiesig зде́шний 11, ме́стный
Hilfe *f* по́мощь 9 | mit ~ von etw. с по́мощью чего́-н., при по́мощи чего́-н.; (zu) ~! помоги́те!; ~ leisten ока́зывать ⟨-|каза́ть*⟩ по́мощь; zu ~ rufen звать* (по-) на по́мощь; etw. zu ~ nehmen по́льзоваться 2 чем-н.; Erste ~ ско́рая по́мощь; ärztliche ~ медици́нская по́мощь, медпо́мощь 9; **~leistung** *f* ока́зание 5 по́мощи; **~ruf** *m* крик о по́мощи; als Appell призы́в 2 о по́мощи; **~stellung** *f Sport* страхо́вка 6
hilflos беспо́мощ|ный, -ен
Hilflosigkeit *f* беспо́мощность 9
hilfreich гото́в:ый помо́чь
Hilfs|aktion *f* мероприя́тия *Pl* 5 по оказа́нию по́мощи; **~angebot** *n* предложе́ние по́мощи; **~arbeiter** *m* подсо́бный рабо́чий
hilfs|bedürftig нужда́ющийся 11 в по́мощи; **~bereit** гото́в:ый помо́чь
Hilfs|bereitschaft *f* гото́вность помо́чь; **~dienst** *m* вспомога́тельная слу́жба; **~fonds** *m* фонд по́мощи; **~kraft** *f* подсо́бная рабо́чая 11 си́ла; **~mittel** *n* вспомога́тельное сре́дство, посо́бие 5; **~motor** *m Tech* вспомога́тельный дви́гатель; **~quelle** *f* ресу́рс 2 *meist Pl;* **~schule** *f* вспомога́тельная шко́ла; **~verb** *n* вспомога́тельный глаго́л
Himalaja Гимала́|й *Pl* 1 *G* -ев
Himbeere *f* мали́на 6; einzelne я́года мали́ны
Himbeer|saft *m* мали́новый сок; **~strauch** *m* куст мали́ны
Himmel *m* не́б|о 4 *Pl* -еса́, -е́с, -еса́м | am ~ на [в] не́бе; unter freiem ~ под откры́тым не́бом; im siebenten ~ sein быть на седьмо́м не́бе; j-n in den ~ heben превозноси́ть 3⁺ -ношу́ ⟨-|нести́*⟩ кого́-н. до небе́с; weiß der ~! одному́ бо́гу изве́стно!; um ~s willen! ра́ди бо́га!; du lieber ~! бо́же ты мой!; **~bett** *n* крова́ть с балдахи́ном
himmelblau небе́сно-голубо́й
Himmel|fahrt *f Rel* вознесе́ние 5; **~schlüssel** *m Bot* первоцве́т 2
himmelschreiend вопию́щий 11
Himmels|körper *m* небе́сное те́ло; **~richtung** *f* страна́ 6c све́та; **~zelt** *n* небе́сный ку́пол 2
himmelweit: ein ~er Unterschied колосса́льная ра́зница
himmlisch небе́сный; *übertr* чуде́с|ный, -ен, восхити́тел|ьный, -ен, -ьна

hin *Adv* туда́ | geh ~! иди́ туда́!; ~ und zurück туда́ и обра́тно; ~ und wieder вре́мя от вре́мени; wo willst du ~? куда́ ты?; alles ist hin всё пропа́ло; ~ ist ~ что пропа́ло, то пропа́ло; auf seinen Rat ~ по его́ сове́ту; auf deine Bitte ~ в отве́т на твою́ про́сьбу; auf die Gefahr ~, daß … риску́я тем, что …; ~ und wieder вре́мя от вре́мени; sie ist ganz ~ она́ в по́лном восто́рге; (still) vor sich ~ lachen смея́ться укра́дкой
hinab вниз | den Fluß ~ вниз по реке́; **~führen** *tr* сво|ди́ть 3⁺ -жу́ ⟨-|вести́*⟩ (вниз); **~klettern** *intr* слеза́ть ⟨-|лезть*⟩ (вниз); **~steigen** *intr* спу|ска́ться ⟨-сти́ться 3⁺ -щу́сь⟩; **~stoßen** *tr* спи́хивать ⟨спихну́ть 4⟩ (вниз); **~stürzen** *tr* ста́лкивать ⟨столкну́ть 4⟩ (вниз); *intr* (стреми́тельно) па́дать (вниз)
hinan *Adv* вверх | den Berg ~ на́ гору
hinarbeiten *intr* стрем|и́ться 3 -лю́сь (auf к *D*)
hinauf *Adv* вверх, наве́рх; **~fahren** *intr* mit Fahrstuhl поднима́ться ⟨подня́ться*, -ня́лся́, -няли́сь⟩; **~führen** *tr* вести́* [провожа́ть ⟨-води́ть 3⁺ -вожу́⟩] вверх [наве́рх]; **~gehen** *intr* поднима́ться ⟨подня́ться*, -ня́лся́, -няли́сь⟩ вверх | die Treppe ≈ поднима́ться по ле́стнице; **~klettern** лезть* (за-) (вверх); besteigen взбира́ться ⟨взо|бра́ться*, взберу́сь, взобрали́сь⟩ на *A*; **~reichen** *tr* по|дава́ть* ⟨пода́ть*⟩ вверх; **~schrauben** *tr:* die Preise ≈ взви́нчивать ⟨-винти́ть 3 -винчу́⟩ це́ны, вздува́ть ⟨вз|дуть*⟩ це́ны; **~tragen** *tr* нести́* (по-) вверх; **~werfen** *tr* броса́ть ⟨бро́сить⟩ вверх; **~ziehen** *tr* вта́скивать ⟨-тащи́ть 3⁺⟩ наве́рх
hinaus *Adv* нару́жу | ~! вон!; ~ mit dir! убира́йся (вон)!; zum Fenster ~ из окна́; zur Tür ~ за дверь; auf Jahre ~ на до́лгие го́ды; darüber ~ сверх [кро́ме] того́; **~begleiten** *tr* провожа́ть ⟨прово|ди́ть 3⁺ -жу́⟩ до двере́й; **~drängen** *tr* вытесня́ть ⟨вы́теснить 3⟩ *a. übertr;* **~ekeln** *tr* выжива́ть ⟨вы́|жить*⟩; **~fahren** *tr* выво|зи́ть 3⁺ -жу́ ⟨вы́|везти*⟩; *intr* выезжа́ть ⟨вы́|ехать*⟩; **~fallen** *intr* выпада́ть ⟨вы́|пасть*⟩, выва́ливаться ⟨вы́валиться⟩; **~fliegen** *intr* вылета́ть ⟨вы́ле|теть 3 -чу⟩ *a. übertr;* **~führen** *tr* выво|ди́ть 3⁺ -жу́ ⟨вы́|вести*⟩; **~gehen** *intr* выхо|ди́ть 3⁺ -жу́ ⟨вы́|йти*⟩ | über etw. ≈ превыша́ть ⟨-вы́сить 3⟩ *A*; das Fenster geht auf den Hof hinaus окно́ выхо́дит во двор; **~jagen** *tr* выгоня́ть ⟨вы́|гнать*⟩; **~laufen** *intr* выбега́ть ⟨вы́|бежать*⟩; *übertr* своди́ться 3⁺ ⟨-|вести́сь*⟩ (auf к *D*) | die Sache läuft darauf ~, daß … де́ло сво́дится к тому́, что …; **~lehnen, sich** *refl* высо́вываться ⟨вы́сунуться 4⟩; **~schieben** *tr* вытесня́ть ⟨вы́теснить 3⟩;

aufschieben от|кла́дывать ⟨-ложи́ть 3⁺⟩; **~schießen** *intr:* über das Ziel ≈ заходи́ть 3⁺ -хожу́ ⟨-|йти́*⟩ сли́шком далеко́; **~schleppen** *tr* выта́скивать ⟨вы́тащить 3⟩; **schwimmen** *intr* выплыва́ть ⟨вы́|плыть*⟩; **~sehen** *intr* выгля́дывать ⟨вы́глянуть 4⟩; **~springen** *intr* выпры́гивать ⟨вы́прыгнуть 4⟩; **~stoßen** *tr* выта́лкивать ⟨вы́толкнуть 4⟩; **~tragen** *tr* выно|си́ть 3⁺ -шу́ ⟨вы́|нести*⟩; **~wagen, sich** *refl* осме́л|иваться ⟨-иться 3⟩ вы́йти; **~werfen** *tr* выбра́сывать ⟨вы́бро|сить 3 -шу⟩ ‖ das Geld zum Fenster ≈ броса́ть де́ньги на ве́тер; **~wollen** *intr* хоте́ть* вы́йти | worauf will er hinaus? куда́ он ме́тит?; er will hoch hinaus он высоко́ ме́тит; **~ziehen** *tr* выта́скивать ⟨вы́тащить 3⟩; *intr* стра́нствовать 2 по (бе́лу) све́ту

hinbestellen *tr* веле́ть 3 *v D* прийти́

Hinblick *m:* im ~ auf ввиду́ *G,* принима́я во внима́ние *A,* в расчёте на *A;* im ~ darauf, daß … учи́тывая, что …

hinbringen *tr* tragend но|си́ть 3⁺ -шу́ ⟨нести́*⟩ туда́; fahrend во|зи́ть 3⁺ -жу́ ⟨везти́*⟩ туда́; hinführen во|ди́ть 3⁺ -жу́ ⟨вести́*⟩ туда́ | die Zeit ~ проводи́ть ⟨-вести́⟩ вре́мя

hinderlich препя́тствующий 11; störend меша́ющий 11 | j-m ~ sein быть поме́хой кому́-н.

hindern *tr* меша́ть (по-) *D,* препя́тствовать 2 (вос-) *D* (an в *P*)

Hindernis *n* препя́тствие 5; Störung поме́ха 6 | eine Reise mit ~sen пое́здка с затрудне́ниями; **~bahn** *f Sport* доро́жка 6 с препя́тствиями; Reitsport мане́ж 2 *G Pl* -ей с препя́тствиями; **~lauf** *m* бег с препя́тствиями; **~rennen** *n* Reitsport ска́чки с препя́тствиями, стипль-чез 2

Hinderungsgrund *m* причи́на заде́ржки [поме́хи]

hindeuten *intr* ука́зывать ⟨-|каза́ть*⟩ (auf на *A*)

hindurch *Adv* сквозь *A,* че́рез *A; zeitlich:* die ganze Nacht ~ всю ночь; die ganze Zeit ~ всё вре́мя; Jahre ~ года́ми; **~gehen** *intr* проходи́ть 3⁺ -хожу́ ⟨-|йти́*⟩ (durch *A*)

hineilen *intr* спеши́ть 3 (по-) (туда́)

hinein *Adv* в *A* | ins Haus ~ в дом; nur ~! войди́те!; bis in die Gegenwart ~ вплоть до на́ших дней; **~bekommen** *tr* вти́с|кивать ⟨-нуть 4⟩; **~blicken** *intr* загл|я́дывать ⟨-яну́ть 4⁺⟩; **~denken, sich** *refl* вду́м|ываться ⟨-аться⟩ (in в *A*); **~deuten** *tr* припи́сывать ⟨-|писа́ть*⟩ (in *D*); **~drängen, sich** *refl* проти́с|киваться ⟨-нуться 4⟩; **~drücken** *tr* вда́вливать ⟨-дави́ть 3⁺ -давлю́⟩; **~fahren** *intr* въезжа́ть ⟨-|е́хать*⟩; **~fallen** *intr* па́дать ⟨упа́сть*⟩ в *A,* вва́ливаться ⟨ввали́ться 3⁺⟩ в *A;* **~finden, sich** *refl* мири́ться 3 (при-) с *I,* свыка́ться ⟨сви́кнуться 4а⟩ с *I;* **~fliegen** *intr* влета́ть ⟨вле|те́ть 3 -чу́⟩; **~fließen** *intr* втека́ть ⟨-|течь*⟩; **~fressen, sich** *refl* Säure u. ä. въеда́ться ⟨въ|е́сться*⟩ | den Ärger in sich ≈ подав|ля́ть ⟨-и́ть 3⁺ -лю́⟩ в себе́ доса́ду; **~führen** *tr* вводи́ть 3⁺ -вожу́ ⟨-|вести́*⟩; **~gehen** *intr* вхо|ди́ть 3⁺ -жу́ ⟨во|йти́*⟩; Platz finden a. вме|ща́ться ⟨-сти́ться 3 -щу́сь⟩ | wir gingen weit in den Wald hinein мы зашли́ далеко́ в лес; soviel, wie in ein Glas hineingeht сто́лько, ско́лько войдёт в ба́нку; **~geraten** *intr* попада́ть ⟨-|па́сть*⟩ (in в *A*); **~gießen** *tr* влива́ть ⟨-|лить*, волью́⟩; **~greifen** *intr* запуска́ть ⟨-пусти́ть 3⁺ -пущу́⟩ ру́ку (in в *A*); **~jagen** *tr* загоня́ть ⟨-|гна́ть*⟩, вгоня́ть ⟨во|гна́ть*, вгоню́⟩; **~knien, sich:** sich in etw. ≈ *übertr* вплотну́ю занима́ться ⟨заня́ться*⟩ (во что-н.); **~kriechen** *intr* вполза́ть ⟨-|ползти́*⟩; **~klettern** *intr* влеза́ть ⟨-|лезть*⟩; **~lassen** *tr* впуска́ть ⟨впу|сти́ть 3⁺ -щу́⟩; **~laufen** *intr* вбега́ть ⟨-|бежа́ть*⟩; **~leben** *intr:* in den Tag ≈ жить сего́дняшним днём; **~legen** *tr* класть* ⟨положи́ть 3⁺⟩, вкла́дывать ⟨-ложи́ть 3⁺⟩; **~mischen, sich** *refl* вме́шиваться ⟨-меша́ться⟩; **~passen** *intr* = **hineingehen;** **~pressen** *tr* вти́с|кивать ⟨-нуть 4⟩; **~ragen** *intr* в|дава́ться* ⟨-|да́ться*⟩; **~reden** *intr* вме́шиваться ⟨-меша́ться⟩; **~rollen** *tr* вка́тывать ⟨вка|ти́ть 3⁺ -чу́⟩; *intr* вка́тываться ⟨вкати́ться⟩; **~schieben** *tr* вдв|ига́ть ⟨-и́нуть 4⟩; **~schleppen** *tr* вта́скивать ⟨-тащи́ть 3⁺⟩; **~schlittern** *intr* попада́ть ⟨-|па́сть*⟩ впроса́к; **~schütten** *tr* всыпа́ть ⟨-|сы́пать*⟩; **~sehen** *intr* загл|я́дывать ⟨-яну́ть 4⁺⟩; **~setzen, sich** *refl* са|ди́ться 3 -жу́сь ⟨сесть*⟩ (in в *A*); **~springen** *intr* впры́г|ивать ⟨-нуть 4⟩; **~stecken** *tr* Nadel, Stecker втыка́ть ⟨воткну́ть 4⟩; Hand сова́ть* ⟨су́нуть 4⟩; Geld вкла́дывать ⟨-ложи́ть 3⁺⟩; **~stellen** *tr* ста́в|ить 3 -лю (in в *A*) w *A;* **~stopfen** *tr* запи́хивать ⟨-пиха́ть⟩; **~stoßen** *tr* вта́лкивать ⟨-толкну́ть 4⟩; Nadel u. ä. втыка́ть ⟨воткну́ть 4⟩; Dolch, Messer вон|за́ть ⟨-зи́ть 3 -жу́; -зённый⟩; **~tragen** *tr* вноси́ть 3⁺ -ношу́ ⟨-|нести́*⟩; **~treiben** *tr* загоня́ть ⟨-|гна́ть*⟩; **~versetzen, sich** *refl:* sich in einen anderen Menschen ≈ предст|авля́ть ⟨-а́вить 3 -а́влю⟩ себя́ на ме́сте друго́го (челове́ка); **~wachsen** *intr* враста́ть ⟨-|расти́*⟩; **~wagen, sich** *refl* осме́л|иваться ⟨-иться 3⟩ войти́; **~werfen** *tr* броса́ть ⟨бро́|сить 3 -шу⟩ в *A;* **~ziehen** *tr* втя́гивать ⟨-tjnútö 4⁺⟩; *übertr* вовлека́ть ⟨-|вле́чь*⟩ (in в *A*); **~zwängen** *tr* вти́с|кивать ⟨-нуть 4⟩

Hinfahrt *f* поéздка 6 тудá

hin|fallen *intr* пáдать ⟨у|пáсть*⟩; **~fällig** altersschwach слáб|ыйˌ -áˌ -оˌ слáбы́, дря́хл:ыйˌ -á! | ≈ werden слабéть (о-), дряхлéть (о-); ungültig werden терять (по-) сúлу

Hinfälligkeit *f* слáбость 9, дря́хлость 9

hinführen *tr* от-, приводúть 3^+ -вожý ⟨-|вестú*⟩; *intr* wo führt dieser Weg hin? кудá ведёт э́та дорóга?

Hingabe *f* Eifer увлечéние 5, усéрдие 5, Selbstlosigkeit самоотвéрженность 9

hin|geben *tr* от|давáть* ⟨отдáть*⟩; sich ≈ *refl* пре|давáться* ⟨предáться*ˌ -дáлúсь⟩; sich widmen от|давáться* ⟨отдáться*ˌ -дáлúсь⟩ a. von einer Frau | sich der Illusion ≈ предавáться иллю́зии; **~gegen** *Adv* однáко, *a. nachgestellt* же; **~gehen** *intr* идтú* ⟨по|йтú*⟩ (тудá); vergehen проходúть 3^+ ⟨-|йтú*⟩ | j-m etw. ≈ lassen спу|скáть ⟨-стúть 3^+ -щý⟩ комý-н. что-н.; **~gehören** *intr* относúться 3^+ к *D*; **~geraten** *intr* (случáйно) попадáть ⟨-|пáсть*⟩, очутúться *v* 3^+; Gegenstand девáться ⟨дéться*⟩; **~gerissen** в вострóрге (von от *G*); **~halten** *tr* hinreichen по|давáть* ⟨подáть*⟩, протя́гивать ⟨-тянýть 4^+⟩; verzögern задéрживать ⟨-держáть 3^+⟩ | j-n (mit leeren Versprechungen) ≈ корм|úть 3^+ -лю́ когó-н. зáвтраками, водúть 3^+ когó-н. зá нос; **~hauen** *tr umg* aufgeben бросáть ⟨брó|сить 3 -шу⟩ | das haut hin! э́то (как раз) то что нýжно!; **~hocken, sich** *refl* присáживаться ⟨-|сéсть*⟩ на кóрточки; **~hören** *intr* прислýш|иваться ⟨-аться⟩

hinken *intr* хромáть | der Vergleich hinkt сравнéние хромáет

hin|knien, sich *refl* опускáться ⟨-стúться 3^+ -щýсь⟩ на колéни; **~kommen** *intr* приходúть 3^+ -хожý ⟨-|йтúˌ придý⟩; hingeraten девáться ⟨дéться*⟩ | wo ist mein Schirm hingekommen? кудá дéлся мой зóнтик?; **~kriegen** *tr umg* спр|авля́ться ⟨-áвиться 3 -áвлюсь⟩; **~länglich** *Adv* достáточно, довóльно; **~legen** *tr* класть* ⟨положúть 3^+⟩; sich ≈ *refl* ложúться 3 ⟨лечь*⟩ | ~! *Mil* ложúсь!; **~nehmen** *tr* erleiden терп|éть 3^+ -лю́, переносúть 3^+ -ношý ⟨-|нестú*⟩; **~pfeifen** *tr:* vor sich ≈ насвúстывать; **~reichen** *tr* geben по|давáть* ⟨подáть*⟩; ausreichen хват|áть ⟨-úть 3⟩; **~reichend** достáточ|ныйˌ -ен

Hinreise *f* поéздка 6 тудá

hin|reißen *tr* увлекáть ⟨-|влéчь*⟩ | sich ≈ lassen zu увлекáться ⟨-влéчься⟩ *I*; **~reißend** восхитúтел|ьныйˌ -енˌ -ьна; **~richten** казнúть *uv*, *v* 3

Hinrichtung *f* казнь 9

hin|schaffen *tr* дост|авля́ть ⟨-áвить 3 -áвлю⟩ (тудá); **~schicken** *tr* посылáть ⟨по|слáть*⟩; **~schleppen, sich** *refl* тащúться 3^+ (тудá); **~sehen** *intr* взгля|дывать ⟨-янýть 4^+⟩ (на *A*), смотрéть 3^+ (тудá); **~setzen, sich** *refl* са|дúться 3 -жýсь ⟨сесть*⟩

Hinsicht *f:* in dieser ~ в э́том отношéнии

hin|sichtlich *Präpos* относúтельно *G*, в отношéнии *G;* **~siechen** *intr* хирéть (за-), чáхнуть 4а *u.* 4 (за-); **~stellen** *tr* стáв|ить 3 -лю (по-); sich ≈ *refl* станов|úться 3^+ -лю́сь ⟨стать*⟩ | eine Sache so ≈, als ob … предст|авля́ть ⟨-áвить 3 -áвлю⟩ дéло такˌ как бýдто …; als Erfolg ≈ вы|давáть* ⟨вы́|дать*⟩ за успéх; **~steuern** *intr* брать* ⟨взять*⟩ курс (auf на *A*); **~strecken** *tr* ausstrecken протя́гивать ⟨-тянýть 4^+⟩; zu Fall bringen валúть 3^+ (с-) с ног; sich ≈ *refl* растя́гиваться ⟨-тянýться 4^+⟩ | er wurde von einer Kugel hingestreckt егó сразúло пýлей

hintansetzen *tr* пренебрегáть ⟨пренебрéчь*⟩ *I*, ост|авля́ть ⟨-áвить 3 -áвлю⟩ без внимáния

hinten *Adv* позадú, сзáди | von ~ сзáди; nach ~ назáд; **~herum** *Adv* кругóм; heimlich тайкóм; verkaufen из-под полы́; **~über** *Adv* нáвзничь

hinter *Präpos wo?* за *I*, позадú *G*; *wohin?* за *A* | ~ dem Haus за дóмом, позадú дóма; er steht ~ ihm он стоúт позадú негó; sich ~ den Baum stellen стать* *v* за дéрево; ~ dem Rücken за спинóй *a. übertr;* ~ j-m zurückbleiben от|ставáть* ⟨-|стáть*⟩ от когó-н.; ~ etw. kommen нападáть ⟨-|пáсть*⟩ на след чегó-н.; ~ j-m her sein ухáживать за кем-н.; er hat viel ~ sich он мнóго пéрежил; sie blickte ~ der Tür hervor онá смотрéла из-за двéри; wer steckt ~ der Sache? кто стоúт за э́тим?

Hinter|achse *f* зáдняя 11 ось; **~bein** *n* зáдняя 11 ногá | sich auf die ~e stellen в|ставáть* ⟨-|стать*⟩ на дыбы́ *a. übertr;* **~bliebener** *m* блúзкий рóдственник 2 покóйного, *Pl a.* сем|ья́ 7с *G Pl* -éй умéршего

hinter|bringen *tr* доносúть 3 -ношý ⟨-|нестú*⟩ (j-m etw. комý-н. о чём-н.); **~drein** *Adv* вслед за э́тим, слéдом; zeitlich потóм, пóсле

hintere зáдний 11

hintereinander *Adv* друг за дрýгом; zeitlich подря́д | fünf Stunden ≈ пять часóв подря́д; **~schalten** *tr El* послéдовательно соедин|я́ть ⟨-úть 3⟩

Hinter|gebäude *n* зáдний кóрпус 11-2b *Pl* -á; **~gedanke** *m* зáдняя 11 мысль, *Pl* тáйные намéрения *Pl* 5

hintergehen *tr* betrügen обмáнывать ⟨-манýть 4^+⟩

Hinter|grund *m* зáдний план 11-2 *a. übertr;* eines Bildes фон 2; *übertr* фон, подоплёка 6 | sich im ≈ halten держáться 3^+ в тенú [на зáднем плáне]; in den ≈

treten отходи́ть 3⁺ ⟨ото|йти́*⟩ на за́дний план; die Hintergründe der Ereignisse заку́лисная сторона́ собы́тий; **~halt** *m* заса́да 6
hinterhältig кова́р|ный, -ен *Pl* -á
Hinter|hältigkeit *f* кова́рство 4; **~hand** *f* Kartenspiel втора́я рука́; **~haus** *n* за́дний ко́рпус 11-2
hinterher *Adv* örtlich позади́, сле́дом; zeitlich по́сле, пото́м | ich komme dir ~ я приду́ сле́дом за тобо́й; ~ ist man am klügsten челове́к за́дним умо́м кре́пок; **~laufen** *intr* бежа́ть сле́дом | j-m ≈ *übertr* бе́гать за кем-н.
Hinter|hof *m* задво́р|ки *Pl* 6 -ок, за́дний 11 двор; **~kopf** *m Anat* заты́л|ок, -ка 2 | auf den ≈ fallen па́дать ⟨у|па́сть*⟩ на́взничь; **~land** *n Mil* тыл 2b, в тылу́
hinterlassen *tr* ост|авля́ть ⟨-а́вить 3 -а́влю⟩ по́сле себя́
Hinterlassenschaft *f* насле́дство 4
hinterlegen *tr* с|дава́ть* ⟨с|дать*⟩ на хране́ние; bei einer Bank депони́ровать *uv, v* 2 | als Pfand ~ ост|авля́ть ⟨-а́вить 3 -а́влю⟩ в зало́г
Hinter|legung *f* сда́ча 6 на хране́ние; депони́рование 5; **~list** *f* кова́рство 4
hinterlistig кова́р|ный, -ен
Hinter|mann *m* стоя́щий *Subst* 11 [иду́щий *Subst* 11, сидя́щий *Subst* 11] позади́
Hinterrad *n* за́днее 11 колесо́; **~antrieb** *m* приво́д на за́дние колёса
hinterrücks *Adv übertr* за спино́й; verräterisch преда́тельски, из-за угла́
Hinter|seite *f* за́дняя 11 сторона́; **~sitz** *m* за́днее 11 сиде́нье; **~teil** *n* зад 2b, на заду́; **~treffen** *n:* ins ≈ geraten быть* оттеснённым
hintertreiben *tr* меша́ть (по-) *D,* препя́тствовать 2 (вос-) *D*
Hinter|treppe *f* за́дняя 11 ле́стница; **~treppenroman** *m* бульва́рный рома́н; **~tür** *f* за́дняя 11 дверь; *übertr* лазе́йка 6 | sich eine ≈ offenlassen оставля́ть ⟨оста́в|ить 3 -влю⟩ себе́ лазе́йку; **~wäldler** *m* провинциа́л 2
hinterziehen *tr:* Steuern ~ уклон|я́ться ⟨-и́ться 3⁺⟩ от упла́ты нало́гов
hin|tragen *tr* относи́ть 3⁺ -ношу́ ⟨-|нести́*⟩; **~tun** *tr* дева́ть ⟨деть*⟩
hinüber *Adv* на ту сто́рону; **~fahren** *tr* перевози́ть 3⁺ -вожу́ ⟨-|везти́*⟩, переправ|ля́ть ⟨-а́вить 3 -а́влю⟩ a. übers Wasser; *intr* переезжа́ть ⟨-|е́хать*⟩, перепр|авля́ться ⟨-а́виться⟩ a. übers Wasser; **~fliegen** *intr* переле|та́ть ⟨-те́ть 3 -чу́⟩; **~führen** *tr* переводи́ть 3⁺ -вожу́ ⟨-|вести́*⟩ (на ту сто́рону); **~gehen** *intr* переходи́ть 3⁺ -хожу́ ⟨-|йти́*⟩ (на ту сто́рону); **~klettern** *intr* перелеза́ть ⟨-|ле́зть*⟩ (über че́рез *A*)
Hinübersetzung *f* перево́д на иностра́нный язы́к
hinüber|tragen *tr* переноси́ть 3⁺ -ношу́ ⟨-|нести́*⟩; **~wachsen** *intr* перераста́ть ⟨-|расти́*⟩; **~werfen** *tr* перебр|а́сывать ⟨-о́сить 3 -о́шу⟩; **~ziehen** *tr* перетя́гивать ⟨-тяну́ть 4⁺⟩ *a. übertr* (zu sich к себе́)
hinunter *Adv* вниз | den Berg ~ с горы́, по́д гору; die Treppe ~ вниз по ле́стнице; **~bringen** *tr* сноси́ть 3⁺ -ношу́ ⟨-|нести́*⟩ (вниз); **~gehen** *intr* сходи́ть 3⁺ -хожу́ ⟨со|йти́*⟩, спу|ска́ться ⟨-сти́ться 3⁺ -щу́сь⟩; **~schlucken** *tr* прогл|а́тывать ⟨-оти́ть 3⁺ -очу́⟩; **~stürzen** *intr* (стреми́тельно) па́дать ⟨у|па́сть*⟩; sich ≈ *refl* броса́ться ⟨бро́|ситься 3 -шусь⟩ вниз; aus dem Fenster выбра́сываться ⟨вы́бро|ситься 3 -шусь⟩; **~tragen** *tr* = **hinunterbringen; ~werfen** *tr* сбра́сывать ⟨сбро́|сить 3 -шу⟩
hinweg *Adv* прочь | ~ mit dir! (пошёл) прочь!
Hinweg *m* пут|ь *m* 9e *I* -ём [доро́га 6] туда́ | auf dem ~ по пути́ [по доро́ге] туда́
hinweg|fegen *tr* сноси́ть 3⁺ -ношу́ ⟨-|нести́*⟩ | eine Woge fegte alles hinweg волна́ снесла́ [смы́ла] всё; **~gehen** *intr* не обраща́ть ⟨обра|ти́ть 3 -щу́⟩ внима́ния (über на *A*) | über etw. leicht ≈ (лишь) слегка́ упомяну́ть *v* 4⁺ о чём-н.; **~sehen** *intr übertr* не зам|еча́ть ⟨-е́тить 3 -е́чу⟩ (über *G*), закрыва́ть ⟨-|кры́ть*⟩ глаза́ (über на *A*); **~setzen** *intr* перепры́г|ивать ⟨-нуть 4⟩ (über че́рез *A*) | sich über alles ≈ ни с чем не счита́ться
Hinweis *m* указа́ние 5 (auf на *A*); Anmerkung ссы́лка 6 (auf на *A*)
hinweisen *tr* ука́зывать ⟨-|каза́ть*⟩ (auf на *A*); *intr* ссыла́ться ⟨со|сла́ться*⟩ (auf на *A*)
Hinweisschild *n* указа́тель 1
hin|werfen *tr* броса́ть ⟨бро́|сить 3 -шу⟩ *a. übertr;* sich ≈ *refl* броса́ться ⟨бро́ситься⟩ пáзсмь; **~wirken** *intr* возде́йствовать 2 *uv, v* (auf на *A*)
hinziehen *tr* in die Länge ziehen затя́гивать ⟨-тяну́ть 4⁺⟩; sich ~ *refl* затя́гиваться ⟨-тяну́ться⟩, дли́ться 3 | sich zu j-m hingezogen fühlen чу́вствовать симпа́тию к кому́-н.
hinzu *Adv* к э́тому; **~fügen** *tr* доб|авля́ть ⟨-а́вить 3 -а́влю⟩; **~gesellen, sich** *refl* примыка́ть ⟨-мкну́ть 4⟩ (zu к *D*); **~kommen** *intr* подходи́ть 3⁺ -хожу́ ⟨подо|йти́*⟩; *übertr* доб|авля́ться ⟨-а́виться 3⟩ | es kommt noch hinzu, daß ... к тому́ же ...
Hinzutun *n:* ohne mein ~ без моего́ уча́стия
hinzu|ziehen *tr* привлека́ть ⟨-|вле́чь*⟩ (zu к *D*) | einen Arzt ≈ пригла|ша́ть ⟨-си́ть 3 -шу́⟩ врача́

Hiobsbotschaft *f* печа́льное изве́стие, печа́льная весть
Hirn *n Anat* (головно́й) мозг 2b| в мозгу́; Speise мозги́ *Pl* 2b; **~gespinst** *n* химе́ра 6, измышле́ние 5; **~haut** *f* мозгова́я оболо́чка 6; **~hautentzündung** *f* менинги́т 2; **~rinde** *f* кора́ головно́го мо́зга; **~schale** *f* че́реп 2; **~schlag** *m* апоплекси́ческий уда́р | einem ≈ erliegen умира́ть ⟨-|мере́ть*⟩ от уда́ра
hirnverbrannt сумасбро́д|ный| -ен
Hirsch *m* оле́нь 1; **~fänger** *m* охо́тничий нож 12-2 *G Pl* -ей; **~geweih** *n* оле́ньи рога́ *Pl* 12-2b; **~hornsalz** *n* углеки́слый аммо́ни|й 1 *P* -и; **~käfer** *m* жук-оле́нь 2e-1; **~kuh** *f* са́мка 6 оле́ня
Hirse *f* про́со 4; enthülste пшено́ 4; **~brei** *m* пшённая ка́ша; **~korn** *n* просяно́е зерно́
Hirt *m* пасту́х 2e
Hirten|flöte *f* свире́ль 9; **~täschel** *n Bot* пасту́шья су́мка 12-6
His *n* си-дие́з [иэ] *idkl*
hissen *tr:* die Flagge ~ поднима́ть ⟨подня́ть*⟩ флаг
Historienmaler *m* худо́жник| пи́шущий 11 на истори́ческие те́мы; **~ei** *f* истори́ческая жи́вопись
Historiker *m* исто́рик 2
historisch истори́ческий
Hitze *f* жара́ 6, Sonnenhitze a. зной 1; *übertr* пыл 2| в пылу́ | bei dieser ~ в таку́ю жару́; vor ~ от жары́; in der ~ des Gefechts в пылу́ сраже́ния; sengende ~ испепеля́ющая 11 жара́
hitzebeständig жаросто́|йкий| -ек| -йка, жаропро́ч|ный| -ен
Hitzebläschen *n* потни́ца 6
Hitze|grad *m Tech* сте́пень 9 [температу́ра 6] нагре́ва; **~welle** *f* волна́ горя́чего во́здуха
hitzig вспы́льчив¦ый, горя́ч¦ий 11 -á | ~e Worte ре́зкие слова́; ~ werden горячи́ться 3 (раз-)
Hitz|kopf *m* вспы́льчивый челове́к 2, горя́чая 11 голова́; **~schlag** *m* теплово́й уда́р
hm! *Interj* гм!
Hobby *n* хо́бби *n idkl*
Hobel *m* руба́н|ок| -ка 2, струг 2; **~bank** *f* столя́рный верста́к 2e; **~maschine** *f* строга́льный стан|о́к| -ка́ 2
hobeln *tr* строга́ть (вы́-)
Hobelspäne *m Pl* стру́жка 6 (от строга́ния)
hoch 1. *Adj* высо́к|ий| -á| высо́ко́| вы́ше| (наи)вы́сший 11| высоча́йший 11 | das Haus ist zehn Meter ~ высота́ до́ма – де́сять ме́тров; ein zehn Meter hohes Haus дом высото́й (в) де́сять ме́тров; er springt einen Meter ~ он пры́гает метр в высоту́; ein hoher Gewinn большо́й вы́игрыш; ein hohes Amt высо́кая до́лжность; ein hohes Alter преклóнный во́зраст, глубо́кая ста́рость; in hohem Ansehen stehen по́льзоваться 2 больши́м почётом; eine hohe Auflage большо́й тира́ж; eine hohe Ehre больша́я [высо́кая] честь; hohes Fieber высо́кая температу́ра; hohe Geschwindigkeit больша́я ско́рость; in hohem Grade в большо́й сте́пени; auf hoher See в откры́том мо́ре; im Hohen Norden на Кра́йнем Се́вере; das ist für mich zu ~ э́то вы́ше моего́ понима́ния; wie ~ ist eure Miete? ско́лько вы пла́тите за кварти́ру?; es ist höchste Zeit давно́ пора́; wir haben eine hohe Meinung von ihm мы о нём высо́кого мне́ния; sich aufs hohe Pferd setzen задира́ть ⟨-|дра́ть*⟩ нос, зава́жничать *v* **2.** *Adv* высоко́ | es ging ~ her пир шёл горо́й; ~ hinauswollen высоко́ ме́|тить 3 -чу; wenn es ~ kommt в кра́йнем слу́чае; ~ und heilig versprechen торже́ственно [кля́твенно] обеща́ть
Hoch *n Met* о́бласть 9g высо́кого давле́ния, антицикло́н 2; Trinkspruch тост 2 | ein ~ auf j-n ausbringen произноси́ть 3 -ношу́ ⟨-|нести́*⟩ тост в честь кого́-н.
hochachten *tr* глубоко́ уважа́ть, цени́ть 3⁺
Hochachtung *f* глубо́кое уваже́ние
hochachtungsvoll Briefschluß с глубо́ким уваже́нием
Hoch|altar *m* гла́вный алта́рь; **~antenne** *f* возду́шная анте́нна
Hoch|bahn *f* эстака́дная желе́зная доро́га; **~bau** *m* надзе́мное строи́тельство
hochbe|gabt высокоодарённый; **~tagt** преклóнного во́зраста, преклóнных лет
Hoch|betrieb *m* reges Leben большо́е оживле́ние | im Kaufhaus herrscht ≈ в универма́ге полно́ покупа́телей; es ist ≈ рабо́та кипи́т [в по́лном разга́ре]; **~burg** *f übertr* опло́т 2
hochdeutsch верхненеме́цкий
Hochdeutsche *n* неме́цкий литерату́рный язы́к 2e
Hochdruck *m Tech* высо́кое давле́ние; *Typ* высо́кая печа́ть | mit ~ arbeiten рабо́тать на всех пара́х; **~gebiet** *n* = **Hoch**
Hochebene *f* плоского́рье 5, высокого́рное плато́ *n idkl*
hoch|empfindlich высокочувстви́тельный; **~entwickelt** высокора́звитый; **~erfreut:** ich war ≈ я о́чень обра́довался; **~fahren** *intr* mit Fahrstuhl поднима́ться ⟨подня́ться*| -ня́лся́| -яли́сь⟩ | aus dem Schlaf ≈ внеза́пно просну́ться 4 *v;* **~fahrend** надме́н|ный| -ен| -на, зано́счив¦ый
Hochfinanz *f* де́нежная аристокра́тия 8, фина́нсовые магна́ты *Pl* 2

hochfliegend: ~e Pläne честолюби́вые пла́ны
Hoch|flut *f* си́льный прили́в; **~form** *f:* in ≈ sein быть в блестя́щей фо́рме; **~format** *n Foto:* Aufnahme im ≈ вертика́льный сни́мок
Hochfrequenz *f* высо́кая частота́; **~strom** *m* ток высо́кой частоты́ (ТВЧ); **~technik** *f* высокочасто́тная те́хника
Hochgarage *f* многоя́русный гара́ж
hochge|achtet многоуважа́емый; **~bildet** высокообразо́ван:ный, -на
Hochgebirge *n* высокого́рье 5, высокого́рный масси́в 2
Hochgebirgs|kette *f* высо́кий го́рный хреб|е́т, -та́ 2е
hoch|geehrt многоуважа́емый; **~gehen** *intr umg* sich aufregen выхо|ди́ть 3⁺ -жу́ ⟨вы́|йти*⟩ из себя́; **~gelegen** высоко́ располо́женный; im Gebirge высоко-го́рный
Hochgenuß *m* большо́е наслажде́ние
hochge|schossen долговя́з:ый *umg;* **~spannt:** ≈e Erwartungen больши́е наде́жды; **~stellt** высокопоста́вленный; **~wachsen** высо́кого ро́ста, высо́к:ий, -а́, высо́ко́
Hoch|glanz *m:* auf ≈ polieren полирова́ть (от-) до бле́ска; **~glanzpapier** *n* особо-гля́нцевая (фото)бума́га
hoch|gradig 1. *Adj* си́льный, си́лен *u.* силён, сильна́, си́льно, си́льны́ **2.** *Adv* в вы́сшей сте́пени; **~halten** *tr* высоко́ держа́ть 3⁺; *übertr* дорожи́ть 3 *I,* высоко́ цени́ть 3⁺
Hochhaus *n* высо́тное зда́ние 5
hoch|heben *tr* высоко́ поднима́ть ⟨подня́ть*⟩; **~herzig** великоду́ш|ный, -ен
Hochherzigkeit *f* великоду́шие 5
Ho-Chi-Minh-Stadt Хошими́н 2
hoch|industrialisiert высокоиндустриа́льный; **~interessant** о́чень интере́сный; **~kant** *Adv:* ≈ stellen ста́вить (по-) на ребро́; **~klappen** *tr* отки́|дывать ⟨-нуть 4⟩ кве́рху; **~kommen** *intr:* es kommt mir hoch меня́ тошни́т
Hochkonjunktur *f* высо́кая конъюнкту́ра
hochkrempeln *tr* засу́чивать ⟨-сучи́ть 3⁺⟩
Hochland *n* плоского́рье 5 | ~ von Tibet Тибе́тское плоского́рье
hoch|leben *intr:* j-n ≈ lassen провозгла|ша́ть ⟨-си́ть 3 -шу́⟩ тост в честь кого́-н.; **~leistungsfähig** высокопроизводи́тел|ьный, -ен, -ьна; **~modern** ультрасовреме́нный; о́чень мо́д|ный, -ен, -на́!
Hochmut *m* высокоме́рие 5, надме́нность 9 | j-m den ~ austreiben с|бить*, собью́ *v* спесь с кого́-н.; ~ kommt vor dem Fall вздýлся пузы́рь да и ло́пнул
hoch|mütig высокоме́р|ный, -ен; **~näsig** зано́счив:ый, надме́н|ный, -ен, -на | ≈ sein задира́ть ⟨-|дра́ть*⟩ нос
Hoch|ofen *m* до́менная печь, до́м|на 6 *G Pl* -ен; **~öfner** *m* до́менщик 2; **~parterre** *n* цо́кольный эта́ж 2е *G Pl* -е́й
hoch|produktiv высокопроизводи́тел|ьный, -ен, -ьна; **~prozentig** высокопроце́нтный; **~rot** а́лый, я́рко-кра́сный
Hoch|rechnung *f* экстраполя́ция 8; **~ruf** *m* крик «ура́»; **~rüstung** *f* сверхвооруже́ние 5; **~saison** *f* разга́р 2 сезо́на | in der ≈ в разга́р сезо́на
hoch|schätzen *tr* глубоко́ уважа́ть, высоко́ цени́ть 3⁺; **~schrauben** Preise взви́нчивать ⟨-винти́ть 3 -винчу́, -ви́нченный⟩; Forderungen ре́зко повыша́ть ⟨-вы́сить 3 -вы́шу⟩
Hochschul|abschluß *m* зако́нченное вы́сшее 11 образова́ние; **~bildung** *f* вы́сшее 11 образова́ние; **~dienst** *m:* Lehrer im ≈ преподава́тель 1 в вы́сшей шко́ле
Hochschule *f* вы́сшее 11 уче́бное заведе́ние, вуз 2; in Namen институ́т 2 | ~ für Elektrotechnik электротехни́ческий институ́т; ~ für Bauwesen строи́тельный институ́т; ~ für Musik консервато́рия 8; landwirtschaftliche ~ сельскохозя́йственный институ́т; medizinische ~ медици́нский институ́т; pädagogische ~ педагоги́ческий институ́т; polytechnische ~ политехни́ческий институ́т; an einer ~ studieren учи́ться 3⁺ в институ́те
Hochschul|kader *m* специали́ст 2 с вы́сшим образова́нием; **~lehrer** *m* преподава́тель ву́за [вы́сшей шко́лы]; Gesamtheit нау́чно-педагоги́ческие ка́дры; **~reform** *f* рефо́рма вы́сшей шко́лы; **~reife** *f* подгото́вленность 9 к поступле́нию в вуз; **~studium** *n* учёба в ву́зе; **~wesen** *n* вы́сшая шко́ла 11-6 | Ministerium für Hoch- und Fachschulwesen Министе́рство вы́сшего и сре́днего специа́льного образова́ния
Hochsee|fischerei *f* рыболо́вство 4 в откры́том мо́ре; **~flotte** *f* морско́й флот; **~schiff** *n* морско́е су́дно
Hoch|sommer *m* разга́р 2 ле́та; **~spannung** *f El* высо́кое напряже́ние
Hochspannungs|leitung *f* высоково́льтная ли́ния; **~mast** *m* опо́ра 6 высоково́льтной ли́нии; **~strom** *m* ток высо́кого напряже́ния; **~transformator** *m El* высоково́льтный трансформа́тор
Hoch|sprache *f* литерату́рный язы́к; **~springer** *m* прыгу́н 2е в высоту́; **~sprung** *m* Sportart прыжки́ *Pl* 2 в высоту́
höchst 1. *Adj* са́мый высо́кий, (наи)вы́сший 11; äußerst преде́льный, кра́йний 11 | die ~e Not кра́йняя нужда́; eine Frage von ~er Wichtigkeit вопро́с огро́мной ва́жности; es ist ~e Zeit уже́ давно́ пора́; in ~em Grad в вы́сшей сте́пени **2.** *Adv* кра́йне, весьма́ |

die Spannung war aufs ~e gestiegen напряжéние достúгло (наи)вы́сшей тóчки
hochstämmig *Bot* высокоствóльный
Hoch|stand *m Jagd* (охóтничья) вы́шка (12-)6; **~stapelei** *f* мошéнничество 4; **~stapler** *m* аферúст 2, мошéнник 2
Höchst|belastung *f Tech* максимáльная [предéльная] нагрýзка; **~betrag** *m* максимáльная сýмма
hochstehend Person высокопостáвленный | technisch ~ стоя́щий 11 на высóком технúческом ýровне
höchsteigen: in ~er Person самолúчно, сóбственной персóной
höchstens *Adv* сáмое бóльшее, не бóлее *G* | er ist ~ dreißig Jahre alt емý не бóлее тридцатú лет; das kostet ~ vierzig Mark э́то стóит максимáльно сóрок мáрок
Höchst|fall *m:* im ≈ в крáйнем слýчае; **~geschwindigkeit** *f* предéльная [максимáльная] скóрость; **~grenze** *f* предéл 2, мáксимум 2; Limit лимúт 2; **~leistung** *f* рекóрд 2, вы́сшее 11 достижéние; *Tech* максимáльная [предéльная] мóщность; *Sport* рекóрд; **~preis** *m* максимáльная ценá; **~profit** *m* максимáльная прúбыль
Hochstraße *f* эстакáдная дорóга, эстакáда 6
Höchst|stand *m* наивы́сший 11 ýровень | wissenschaftlich-technischer ≈ наивы́сший наýчно-технúческий ýровень; **~verdienst** *m* максимáльный зáработок
höchstwahrscheinlich *Adv* по всей вероя́тности, вероя́тнее всегó
Höchstwert *m Math* мáксимум 2
hoch|tourig Motor высокооборóтный; **~trabend** высокопáр|ный, -ен; **~verehrt** Anrede многоуважáемый
Hoch|verrat *m* государственная измéна; **~verräter** *m* госудáрственный измéнник; **~wald** *m* высокоствóльный лес
Hochwasser *n* пáвод|ок, -ка 2, половóдье 5; **~katastrophe** *f* катастрофúческое наводнéние 5; **~marke** *f* отмéтка 6 ýровня высóкой воды́ [пáводка]; **~schutz** *m* защúта от пáводков
hoch|wertig высококáчественный; высокосóртный; **~wichtig** чрезвычáйно вáжный
Hoch|wild *n* крáсная дичь; **~zeit** *f* свáд|ьба 6 *G Pl* -еб | ≈ halten справля́ть ⟨спрáв|ить 3 -лю⟩ свáдьбу
hochzeitlich свáдебный
Hochzeits|feier *f* прáзднование свáдьбы; **~geschenk** *n* свáдебный подáрок; **~kleid** *n* свáдебное плáтье; **~reise** *f* свáдебное путешéствие; **~tag** *m* Jahrestag годовщúна 6 свáдьбы ‖ am ≈ в день свáдьбы
Hocke *f* Sprung прыж|óк, -кá 2 согнýв нóги; *Landw* коп|нá 6h *G Pl* -ён | in die ~ gehen при|сéсть* *v* на кóрточки
hocken *intr* си|дéть 3 -жý на кóрточках | zu Hause ~ сидéть [торчáть 3] дóма
Hocker *m* табурéтка 6
Höcker *m* горб 2e, на горбý; Auswuchs нарóст 2
höckerig горбáт:ый
Hockey *n* хоккéй 1 на травé; **~ball** *m* хоккéйный мяч; **~schläger** *m* клю́шка 6; **~spieler** *m* хоккеúст 2
Hoden *m* яúчк|о 4 *Pl* -и; **~bruch** *m* мошóночная гры́жа; **~sack** *m* мошóнка 6
Hof *m* двор 2e; Bauern≈ двор, усáд|ьба 6 *G Pl* -еб; Fürsten≈ двор; *Astr* свéтлый вен|éц, -цá 2 | auf den ~ во двор; auf dem ~ во дворé; am ~e при дворé; j-m den ~ machen ухáживать за кем-н.; **~dame** *f* придвóрная дáма
hoffen *intr* надé|яться, -юсь, -ешься, -ются (auf на *A*) | ich hoffe, daß … надéюсь, что …; ~ wir das Beste! бýдем надéяться на лýчшее!; das will ich nicht ~ надéюсь, что э́то не так
hoffentlich *Adv* надéюсь [надéемся], что …
Hoffnung *f* надéжда 6 (auf на *A*) | in der ~, daß … в надéжде, что …; j-m ~en machen по|давáть* ⟨подáть*⟩ комý-н. надéжду, обнадёж|ивать ⟨-ить 3⟩ когó-н.; ~ haben [hegen] питáть надéжду; meine ~en wurden zunichte мои́ надéжды рýшились; man soll die ~ nie aufgeben никогдá не нáдо отчáиваться
hoffnungslos безнадёж|ный, -ен
Hoffnungs|losigkeit *f* безнадёжность 9; **~schimmer** *m* прóблеск надéжды; **~strahl** *m* луч надéжды
hoffnungsvoll пóлный надéжды; Talent подаю́щий 11 надéжды, многообещáющий 11
Hof|gebäude *n Pl* надвóрные пострó|йки *Pl* 6 *G* -ек; **~hund** *m* дворня́жка 6, дворóвый п|ёс, пса 2
höf|isch придвóрный; **~lich** вéжлив:ый
Höflichkeit *f* вéжливость 9
Höfling *m* придвóрный *Subst* 10
Hof|marschall *m* гофмáршал 2; **~narr** *m* придвóрный шут 2e
Höhe *f* высотá 6c; von Geldsummen размéр 2; einer Fläche ýров|ень, -ня 1; Anhöhe возвы́шенность 9, холм 2e; *übertr* Gipfel вершúна 6 | in großer ~ на большóй высотé; auf gleicher ~ mit etw. врóвень [в ýровень] с чем-н.; der Turm erreicht eine ~ von 45 m бáшня достигáет высоты́ (в) сóрок пять мéтров; die ~ der Steuern размéр налóгов; auf der ~ des Ruhmes на вершúне слáвы; auf der ~ sein чýвствовать 2 себя́ хорошó, den Anforderungen genügen быть на высотé положéния; in die ~ fahren вс|кáкивать ⟨-кочúть 3⁺⟩ (с мéста); in die ~ schießen schnell wachsen бы́стро растú* (вы-);

Preise in die ~ treiben взви́нчивать ⟨взвин|ти́ть 3 -чу́⟩ це́ны; das ist doch die ~! э́то уж сли́шком!

Hoheit *f Pol* верхо́вная власть 9; Titel высо́чество 4

Hoheits|gebiet *n* госуда́рственная террито́рия 8; **~gewässer** *Pl* территориа́льные во́ды; **~recht** *n* суверéнное пра́во; **~zeichen** *n* эмбле́ма 6

Höhen|flug *m* высо́тный полёт; **~klima** *n* (высоко)го́рный кли́мат; **~krankheit** *f* высо́тная боле́знь; **~kurort** *m* (высоко)го́рный куро́рт; **~lage** *f* высота́ 6; **~leitwerk** *n Flugw* горизонта́льное опере́ние 5; **~linie** *f* auf Karten горизонта́ль 9; **~luft** *f* го́рный во́здух; **~messer** *m* высотоме́р 2; **~rekord** *m* реко́рд высоты́; **~ruder** *n* руль высоты́; **~sonne** *f* го́рное со́лнце; Quarzlampeква́рцевая ла́мпа 6; **~strahlung** *f* косми́ческое излуче́ние; **~unterschied** *m* ра́зность 9 высо́т; **~zug** *m* цепь 9g гор

Höhepunkt *m* кульминацио́нный пункт | ~ der Krise верх 2b кри́зиса; der ~ des Abends гвоздь 1e ве́чера

höher 1. *Adj* бо́лее высо́кий; Klasse, Semester ста́рший 11; in feststehenden Verbindungen вы́сший 11 | ~e Anforderungen бо́лее высо́кие [повы́шенные] тре́бования; vom Niederen zum Höheren от ни́зшего к вы́сшему; ~e Mathematik вы́сшая матема́тика **2.** *Adv* вы́ше | ein Stockwerk ~ этажо́м вы́ше; ~ geht's nicht mehr! вы́ше нельзя́!; *übertr* да́льше уж не́куда!

hohl leer пуст:о́й, -á!, по́лый; Ziegel u. ä. пустоте́лый | ~er Baum дупли́стое де́рево; ~er Zahn зуб с дупло́м; ~e Wangen впа́лые щёки; ein ~er Klang глухо́й звон

Höhle *f* unterirdische пеще́ра 6; Bau нора́ 6c; für größere Tiere ло́говище 4, ло́гово 4; Bären~ берло́га 6; *Anat* по́лость 9g, па́зуха 6 | sich in die ~ des Löwen begeben идти́* в ло́гово льва

Höhlen|bär *m* пеще́рный медве́дь; **~forscher** *m* спелео́лог 2; **~forschung** *f* спелеоло́гия 8; **~malerei** *f* пеще́рная жи́вопись; **~mensch** *m* пеще́рный челове́к, троглоди́т 2

Hohl|heit *f* по́лость 9; *übertr* пустота́ 6; **~körper** *m* по́лое те́ло; **~maß** *n* ме́ра ёмкости; **~raum** *m* по́лость 9; **~saum** *m* мере́жка 6; **~schliff** *m* во́гнутое остриё 3; **~spiegel** *m* во́гнутое зе́ркало

Höhlung Vertiefung углубле́ние 5; größere впа́дина 6; Hohlraum по́лость 9

Hohl|weg *m* ложби́на 6, уще́лье 5; **~ziegel** *m* пустоте́лый кирпи́ч

Hohn *m* (язви́тельная) насме́шка 6, издева́тельство 4 | das ist ja der reine ~ э́то про́сто смешно́; das spricht aller Vernunft ~ э́то противоре́чит здра́вому смы́слу

höhnen *intr* издева́ться (над *I*)

Hohngelächter *n* язви́тельный смех

höhnisch язви́тел|ьный, -ен, -ьна, насме́шлив:ый

Hokuspokus *m* фо́кусы *Pl* 2, фигля́рство 4 *umg* | ~ machen фигля́рничать, фигля́рить 3 *umg*

hold lieblich ми́л:ый, -á, -о, ми́лы́, преле́ст|ный, -ен; gewogen благоскло́н|ный, -ен, -на; **~selig** преле́ст|ный, -ен

holen *tr* hertragen приноси́ть 3⁺ -ношу́ ⟨-|нести́*⟩; herführen приводи́ть 3⁺ -вожу́ ⟨-|вести́*⟩; abholen заходи́ть 3⁺ -хожу́ ⟨за|йти́*⟩ за *I*, идти́* за *I*; mit Fahrzeug заезжа́ть ⟨-|е́хать*⟩ за *I* | Brot ~ идти́ за хле́бом; den Arzt ~ пригла|ша́ть ⟨-си́ть 3 -шу́⟩ [вызыва́ть ⟨вы́|звать*⟩] врача́; etw. ~ lassen посыла́ть ⟨-|сла́ть*⟩ за чем-н.; bei ihm ist nicht viel zu ~ с него́ не́чего взять, с него́ взя́тки гла́дки; sich bei j-m Rat ~ про|си́ть 3 -шу́ (по-) у кого́-н. сове́та

Holland Голла́ндия 8

Holländer *m* голла́нд|ец, -ца 2; **~in** *f* голла́ндка 6

holländisch голла́ндский

Holle: Frau ~ госпожа́ Мете́лица 6-6

Hölle *f* ад 2, в аду́ | j-m das Leben zur ~ machen сде́лать *v* чью-н. жизнь а́дом; j-m die ~ heiß machen за|дава́ть* ⟨задать*⟩ жа́ру [пе́рцу] кому́-н.; dort ist die ~ los там сам чёрт но́гу сло́мит

Höllen|lärm *m* а́дский шум; **~maschine** *f* а́дская маши́на; **~qualen** *f Pl* а́дские му́ки; **~stein** *m Pharm* ля́пис 2

höllisch а́дский | ~ aufpassen быть начеку́; eine ~e Angst vor etw. haben боя́ться 3 чего́-н. как огня́

Holm *m Sport* жердь 9g (на паралле́льных бру́сьях); der Leiter продо́льный брус 2 *Pl* -ья, -ьев

Holo|gramm *n* гологра́мма 6; **~graphie** *f* гологра́фия 8

holp(e)rig: ~er Weg тря́ская доро́га

holpern *intr* спот|ыка́ться ⟨-кну́ться 4⟩

Holunder *m* бузина́ 6; **~beere** *f* я́года бузины́

Holz *n* де́рево 4; Nutzholz a. древеси́на 6; Brenn~ дрова́ *Pl* 4; gefällte Bäume лес 2 | aus ~ деревя́нный; das ~ der Linde ли́повая древеси́на; er ist aus demselben ~ geschnitzt он сде́лан из того́ же те́ста; **~abfälle** *m Pl* древе́сные отхо́ды; **~apfel** *m* ди́кое я́блоко; Baum ди́кая [лесна́я] я́блоня 7; **~art** *f* древе́сная поро́да; **~bau** *m* Haus деревя́нная постро́йка; Bauweise деревя́нное строи́тельство; **~bearbeitung** *f* обрабо́тка де́рева

Holz|blasinstrument *n* деревя́нный ду-

ховóй инструмéнт; ~**bock** *m Zool* дровосéк 2; ~**brandmalerei** *f* выжигáние по дéреву; ~**brücke** *f* деревянный мост; ~**einschlag** *m* рýбка 6 лéса
holzen *intr* Fußball *umg* грýбо игрáть
hölzern деревянный
Holz|fällen *n* рýбка 6 лéса; ~**fäller** *m* лесорýб 2; ~**faser** *f* древéсное волокнó; ~**faserplatte** *f* древéсноволокнúстая плитá; ~**faß** *n* деревянная бóчка; ~**feuerung** *f* дровянóе отоплéние 5
holzfrei Papier не содержáщий 11 древéсной мáссы
Holz|fußboden *m* дощáтый пол; ~**gas** *n* древéсный газ; ~**gasgenerator** *m* газогенерáтор 2; ~**geist** *m Chem* древéсный спирт 2; ~**hammer** *m* деревянный молот|óк, -кá 2; ~**handel** *m* торгóвля лéсом; ~**haus** *n* деревянный дом
holzig деревянúст:ый | ~ werden деревенéть (о-)
Holz|industrie *f* леснáя промышленность, лесопромышленность 9; ~**käfer** *m* дровосéк 2; ~**klotz** *m* колóда 6, чурбáн 2; ~**kohle** *f* древéсный ýголь; ~**konstruktion** *f* деревянная констрýкция 8; ~**lager** *n*, ~**lagerplatz** *m* леснóй склад; ~**nagel** *m* деревянный гвоздь; ~**pantoffel** *m* деревянный башмáк 2е; ~**pflaster** *n* торцóвая мостовáя; ~**pflock** *m* деревянный кóлышек; ~**scheit** *n* полéн|о 4 *Pl* -ья, -ьев 3; ~**schlag** *m* рýбка лéса; Lichtung лесосéка 6; ~**schnitt** *m* гравюра 6 на дéреве; Fachgebiet ксилогрáфия; ~**schnitzer** *m* рéзчик 2 по дéреву; ~**schnitzerei** *f* резьбá по дéреву; ~**schraube** *f* шурýп 2; ~**schuh** *m* деревянный башмáк 2е; ~**schutzmittel** *n* срéдство для защúты древесúны; ~**schwamm** *m* древéсный гриб 2е; ~**span** *m* щéпка 6; ~späne *Pl* древéсная стрýжка; ~**stoß** *m* штáбел|ь 1b *Pl* -я́ дров, полéнница 6
holzverarbeitend деревообрабáтывающий 11
Holz|verarbeitung *f* обрабóтка дéрева; ~**verkleidung** *f* деревянная обшúвка; ~**verschalung** *f Bauw* деревянная опáлубка 6; ~**verschlag** *m* деревянная перегорóдка; ~**weg**: auf dem ≈ sein быть на лóжном путú; ~**wolle** *f* древéсная шерсть; ~**wurm** *m* древотóч|ец, -ца 2
Hometrainer *m* домáшний тренажёр 11-2
homogen однорóд|ный, -ен, гомогéнный
Homonym *n* омóним 2
Homöopath *m* гомеопáт 2; ~**ie** *f* гомеопáтия 8
homöopathisch гомеопатúческий
Homosexualität *f* гомосексуалúзм 2
homosexuell гомосексуáльный
Homosexueller *m* гомосексуалúст 2
Honduraner *m* гондурáс|ец, -ца 2
honduranisch гондурáсский
Honduras Гондурáс 2
Hongkong Гонкóнг 2
Honig *m* мёд 2b, в медý | ein Glas ~ бáнка мёду [мёда]; j-m ~ ums Maul schmieren *umg* умáсл|ивать ⟨-ить 3⟩ когó-н.; ~**biene** *f* медонóсная пчелá; ~**kuchen** *m* медóвая коврúжка 6; ~**schleuder** *f* центрифýга для мёда
honigsüß слáдкий как мёд; *übertr* медотóчив:ый, сладкоречúв:ый
Honigwaben *f Pl* сóты *Pl* 2
Honolulu Гонолýлу *idkl*
Honorar *n* гонорáр 2 | gegen ~ за гонорáр
honorieren *tr* плá|тúть 3⁺ -чý (за-) гонорáр
Hopfen *m* хмель 1 | an ihm ist ~ und Malz verloren егó ничéм не испрáвишь; ~**bau** *m* хмеловóдство 4; ~**ernte** *f* сбор хмéля; ~**feld** *n* хмéльник 2; ~**stange** *f* тычúна 6 для хмéля | er ist dürr wie eine ≈ он худóй как жердь
hopp! *Interj* гоп!, прыг!
hopsen *intr* подпрыг|ивать ⟨-нуть 4⟩
Hörapparat *m* слуховóй аппарáт
hörbar слыш|ный, -ен, -нá, -но, слышны́
Hör|barkeit *f* слышимость 9; ~**bereich** *m* предéл слышимости
horch! *Interj* чу!
horchen *intr* прислýш|иваться ⟨-аться⟩ (auf к *D*); belauschen подслýш|ивать ⟨-ать⟩
Horcher *m* подслýшивающий *Subst* 11
Horchgerät *n Mil* звукоулáвливатель 1; Unterwasser~ гидролокáтор 2
[1]**Horde** *f* für Obst плóский ящик 2 (для хранéния фрýктов)
[2]**Horde** *f* Bande шáйка 6, бáнда 6 | die Goldene ~ *hist* Золотáя Ордá 6
hören *tr* vernehmen, erfahren слышать 3 (у-); deutlich hören расслышать *v* 3; an-, zu~ слýшать (по-) *A*; *intr* gehorchen слýшать(ся) (по-) (auf *G*) | Vorlesungen ~ слýшать лéкции; ich habe sie singen ~ я слышал, как онá пéла; sie hört schwer онá тугá нá ухо, онá плóхо слышит; nur auf einem Ohr ~ слышать тóлько на однó ýхо; ich kann Sie nicht ~ я вас не слышу, мне вас не слышно; vor Lärm konnte man sein eigenes Wort nicht ~ от шýма не слышно бы́ло сóбственных слов; soviel ich gehört habe … наскóлько я слышал …; er läßt nichts von sich ~ о нём ничегó не слышно, он не даёт о себé знать; es ist nichts zu ~ ничегó не слышно; man muß beide Parteien [Seiten] ~ *Jur* нýжно вы́слушать óбе стороны́; hör mal! послýшай-ка!; hört!, hört! слýшайте!, слýшайте!; das läßt sich ~ об э́том мóжно поговорúть; wer nicht ~ will, muß fühlen когó слóво не проймёт, тогó пáлка прошибёт; hat

man so etwas je gehört? слы́хано ли э́то де́ло?; er hörte nicht auf ihren Rat он не послу́шал её сове́та, он не прислу́шался к её сове́ту
Hören *n:* mir verging ~ und Sehen у меня́ в глаза́х потемне́ло [помути́лось]; **~sagen** *n:* vom ≈ понаслы́шке, по слу́хам
Hörer *m* слу́шатель 1; Telefon (телефо́нная) тру́бка 6; **~in** *f* слу́шательница 6; **~schaft** *f* аудито́рия 8, слу́шатели *Pl* 1
Hör|fehler *m* ослы́шка 6; **~funk** *m* ра́дио *n idkl;* **~gerät** *n* слухово́й аппара́т
hörgeschädigt с повреждённым слу́хом
hörig leibeigen крепостно́й; abhängig зави́сим:ый от *G*
Höriger *m* крепостно́й *Subst* 10
Hörigkeit *f hist* крепостна́я зави́симость 9; *übertr* зави́симость 9
Horizont *m* горизо́нт 2; *übertr* горизо́нт, кругозо́р 2 | am ~ на горизо́нте; das geht über seinen ~ э́то вы́ше его́ разуме́ния
horizontal горизонта́л|ьный, -ен, -ьна
Horizontale *f* горизонта́ль 9
Hormon *n* гормо́н 2
hormonal гормона́льный
Hormon|behandlung *f* гормона́льная терапи́я; **~drüse** *f* железа́ вну́тренней секре́ции; **~präparat** *n* гормона́льный препара́т
Horn *n* bei Tieren рог 2b *Pl* -á; Material рог; *Mus* рож|о́к, -ка́ 2 | mit den Hörnern stoßen *intr* бода́ться, *tr* бода́ть (за-); das ~ blasen игра́ть на рожке́ [го́рне]; j-m Hörner aufsetzen наставля́ть ⟨наста́в|ить 3 -лю⟩ кому́-н. рога́; sich die Hörner abstoßen остепен|я́ться ⟨-и́ться 3⟩, образу́м|иться *v* 3 -люсь *umg;* **~brille** *f* очки́ в рогово́й опра́ве
Hörnchen *n* Gebäck рога́лик 2
Hornhaut *f* Auge рогови́ца 6, рогова́я оболо́чка 6; Schwiele мозо́ль 9; **~entzündung** *f* воспале́ние рогови́цы, керати́т 2
hornig мозо́лист:ый
Hornisse *f* шéршен|ь, -ня 1
Hornist *m* валторни́ст 2; *hist* горни́ст 2
Horn|ochse *m* Schimpfwort дура́к 2e; **~vieh** *n* рога́тый скот
Horoskop *n* гороско́п 2
horrend колосса́л|ьный, -ен, -ьна, ужа́с|ный, -ен
Hörrohr *n Med* стетоско́п 2; für Schwerhörige слухово́й рож|о́к, -ка́ 2
Horrorfilm *m* фильм у́жасов, киноу́жас 2
Hör|saal *m* аудито́рия 8; **~spiel** *n* радиопье́са 6, радиопостано́вка 6
Horst *m* Nest гнездо́ 4c *Pl* гнёзда
Hort *m* Schul~ гру́ппа 6 продлённого дня, продлёнка 6 *umg;* Zuflucht убе́жище 5 | ~ des Friedens опло́т 2 ми́ра
horten *tr* накоп|ля́ть ⟨-и́ть 3⁺ -лю⟩ запа́сы
Hortensie *f* горте́нзия [тэ] 8
Hort|erzieherin *f* воспита́тельница гру́ппы продлённого дня; **~klasse** *f* класс продлённого дня; **~nerin** *f* = **Horterzieherin**
Hörweite *f:* in ~ в преде́лах слы́шимости; er ist außer ~ его́ уже́ не слы́шно, hört nicht mehr он уже́ не (у)слы́шит
Höschen *n* штани́ш|ки *Pl* 6 -ек; Damenschlüpfer трико́ *n idkl*
Hose *f* брю́ки *Pl* 6, штаны́ *Pl* 2 *umg;* kurze (коро́ткие) штани́ш|ки *Pl* 6 -ек, für Kinder a. тру́сики *Pl* 2 | sie hat die ~n an она́ кома́ндует всем до́мом; das Herz fiel ihm in die ~n у него́ душа́ ушла́ в пя́тки; sich auf die ~ setzen нача́ть* *v* приле́жно занима́ться; das ist Jacke wie ~ э́то одно́ и то же, э́то всё равно́; j-m die ~ strammziehen поро́ть (вы́-) кого́-н.
Hosen|anzug *m* брю́чный костю́м; **~bandorden** *m* о́рден Подвя́зки; **~bein** *n* штани́на 6; **~boden** *m* зад 2b, на заду́ брюк | sich auf den ≈ setzen серьёзно взя́ться* *v* за учёбу; **~bügel** *m* брюкодержа́тель 1, ве́шалка 6 для брюк; **~klammer** *f* брю́чный зажи́м 2; **~naht** *f* шов 2 шва брюк; **~rock** *m* ю́бка-брю́ки 6-*Pl* 6; **~schlitz** *m* проре́ха 6; **~tasche** *f* карма́н брюк; **~träger** *Pl* подтя́ж|ки *Pl* 6 -ек, по́моч|и *Pl* 9g -е́й
Hospitation *f* посеще́ние 5 уро́ков [заня́тий] | er hat zwei ~en durchgeführt он посети́л два уро́ка
hospitieren *intr* Lehrer посе|ща́ть ⟨-ти́ть 3 -щу́⟩ уро́к(и)
Hostess *f* сопровожда́ющая перево́дчица 11-6, хосте́сса [тэ] 6
Hotel *n* гости́ница 6, im Ausland a. оте́ль [тэ] 1; **~diener** *m* слуга́ *m* 6c; **~halle** *f* вестибю́ль 1 гости́ницы; **~ier** *m* владе́л|ец, -ьца 2 гости́ницы; Leiter дире́ктор 2 гости́ницы **~zimmer** *n* но́мер 2b *Pl* -á
Hub *m Tech* подъём 2; Kolben ход 2
hüben *Adv:* ~ und drüben по э́ту и по ту сто́рону
Hubraum *m* рабо́чий объём 11-2 цили́ндра; *Kfz* литра́ж 2e
hübsch краси́в:ый, хоро́шенький; *übertr* ziemlich viel поря́дочный, дово́льно большо́й | eine ~e Geschichte! весёленькая исто́рия!; sitze ~ ruhig! сиди́ ти́хо [сми́рно]!; laß das ~ bleiben! оста́вь э́то!, не де́лай э́того!
Hubschrauber *m* вертолёт 2; **~landeplatz** *m* вертодро́м 2; **~pilot** *m* пило́т 2 вертолёта, вертолётчик 2
huckepack *Adv:* j-n ~ tragen нести́ кого́-н. на спине́ [на закорках]
Huf *m* копы́то 4; **~beschlag** *m* ко́вка 6 (ло́шади); **~eisen** *n* подко́ва 6

hufeisenförmig подковообра́з|ный, -ен
Huf|eisenmagnet *m* подковообра́зный магни́т; **~lattich** *m Bot* мать-и-ма́чеха 6; **~nagel** *m* подко́вный гвоздь; **~schlag** *m* стук 2 копы́т; Tritt уда́р копы́том; **~schmied** *m* кузне́ц 2е
Hüftbein *n* подвздо́шная кость
Hüfte *f* бедро́ 4с *Pl* бёд|ра, -ер
Hüftgelenk *n* тазобе́дренный суста́в
Hüfthalter *m* по́яс 2b *Pl* -а́ для чуло́к
Huftier *n* копы́тное *Subst* 10
Hüft|nerv *m* седа́лищный нерв; **~schwung** *m Sport* бе́дренный взмах
Hügel *m* холм 2е, приго́р|ок, -ка 2; **~grab** *n* курга́н 2
hüg(e)lig холми́ст:ый
Hügelland *n* холми́стая ме́стность 9
Hugenotte *m hist* гугено́т 2
Huhn *n* ку́рица 6 *Pl* ку́ры 6 | Hühner halten держа́ть 3⁺ кур; da lachen ja die Hühner! э́то ку́рам на́ смех!
Hühnchen *n* ку́рочка 6 | mit Ihnen habe ich noch ein ~ zu rupfen я с ва́ми ещё до́лжен свести́ счёты
Hühner|auge *n Med* мозо́ль 9 | ≈n bekommen натира́ть ⟨-|тере́ть*⟩ себе́ мозо́ли; j-m auf die ≈n treten наступ|а́ть ⟨-и́ть 3 -лю́⟩ кому́-н. на (люби́мую) мозо́ль, задева́ть ⟨-|де́ть*⟩ чьё-н. больно́е ме́сто; **~augenpflaster** *n* мозо́льный пла́стырь; **~braten** *m* жа́реная ку́рица 6; **~brühe** *f* кури́ный бульо́н; **~brust** *f Med* кури́ная грудь; **~ei** *n* кури́ное яйцо́; **~farm** *f* (куриво́дческая) птицефе́рма 6; **~fleisch** *n* куря́тина 6; **~habicht** *m* я́стреб-тетеревя́тник 2-2; **~hof** *m* пти́чий 12 двор; **~pest** *f* чума́ кур; **~stall** *m* куря́тник 2; **~stange** *f* насе́ст 2; **~suppe** *f* кури́ный суп; **~vögel** *m Pl* кури́ные *Subst Pl* 10; **~zucht** *f* курово́дство 4
huldigen *intr* преклон|я́ться ⟨-и́ться 3⟩ | den Künsten ~ служи́ть 3⁺ иску́сству
Huldigung *f* преклоне́ние 5
huldvoll ми́лостив:ый, благоскло́н|ный, -ен
Hülle *f* оболо́чка 6, покро́в 2; Futteral чех|о́л, -ла́ 2; Buch~ обёртка 6 | die sterbliche ~ бре́нные оста́нки *Pl* 2
hüllen *tr* за-, уку́т|ывать ⟨-ать⟩ | sich in Schweigen ~ храни́ть 3 молча́ние
Hülse *f* Zigaretten, Geschoß ги́льза 6; einer Schote струч|о́к, -ка́ 2; *Tech* вту́лка 6
Hülsenfrucht *f* бобо́вый [стручко́вый] плод
human гума́н|ный, -ен, -на
Human|ismus *m* гумани́зм 2; **~ist** *m* гумани́ст 2
humanistisch гумнасти́ческий
Humanität *f* гума́нность 9
Humbug *m* мистифика́ция 8, блеф 2
Hummel *f* шмель 1е
Hummer *m* ома́р 2
Humor *m* ю́мор 2 | Sinn für ~ haben облада́ть чу́вством ю́мора; den ~ nicht verlieren не теря́ть (чу́вства) ю́мора; **~eske** *f* юмористи́ческий расска́з 2, юморе́ска 6 *a. Mus;* **~ist** *m* юмори́ст 2
humoristisch юмористи́ческий
humorvoll заба́в|ный, -ен
humpeln *intr* ковыля́ть
Humpen *m* (больша́я) кру́жка 6
Humus *m* гу́мус 2, перегно́й 1; **~schicht** *f* гу́мусовый слой
Hund *m* соба́ка 6; junger щен|о́к, -ка́ 2 *Pl a.* -я́та 4; *Bergb* (рудни́чная) ваго́нетка 6 | der Große ~ Sternbild Большо́й Пёс, Пса 2; da liegt der ~ begraben вот где соба́ка зары́та; wie ~ und Katze leben жить как ко́шка с соба́кой; er ist bekannt wie ein scheckiger ~ *umg* его́ ка́ждая соба́ка зна́ет; frieren wie ein junger ~ дрожа́ть 3 от хо́лода как щено́к; auf den ~ kommen разор|я́ться ⟨-и́ться 3⟩, Mensch опус|ка́ться ⟨-ти́ться 3⁺⟩; vor die ~e gehen пропада́ть ⟨-|па́сть*⟩, погиба́ть ⟨-ги́бнуть 4а⟩; den letzten beißen die ~e после́днего и соба́ки рвут
Hunde|arbeit *f umg* ка́торжный труд; **~ausstellung** *f* вы́ставка соба́к; **~fraß** *m umg* отврати́тельная пи́ща; **~gebell** *n* соба́чий 12 лай; **~halsband** *n* (соба́чий 12) оше́йник 2; **~hütte** *f* конура́ 6; **~kälte** *f umg* соба́чий 12 хо́лод; **~kuchen** *m* гале́та 6 для соба́к; **~leben** *n* соба́чья 12 жизнь; **~leine** *f* повод|о́к, -ка́ 2; **~liebhaber** *m* люби́тель соба́к, соба́чник [шн] 2 *umg;* **~marke** *f* жето́н 2 для соба́к
hundemüde: ich bin ~ я уста́л(а) как соба́ка
Hunde|peitsche *f* ара́пник 2; **~rasse** *f* поро́да соба́к; **~rennen** *n* соба́чьи 12 го́нки
hundert *Num* сто *GDIP* ста | je ~ по́ сто; einige ~ Menschen не́сколько сот челове́к; ~ Fragen tauchten auf возни́кла со́тня вопро́сов
Hundert *n* со́т|ня 7 *G Pl* -ен | ein halbes ~ полсо́тни; einige ~ не́сколько со́т(ен); ~e und aber ~e со́тни и со́тни; drei vom ~ три проце́нта; zu ~en со́тнями
Hunderter *m Math* со́т|ня 7 *G Pl* -ен; Hundertmarkschein (банкно́т в) сто ма́рок
hundert|erlei: ≈ Sachen ра́зного ро́да ве́щи, со́тни всевозмо́жных веще́й; **~fach** **1.** *Adj* стокра́тный **2.** *Adv* в сто раз
Hundertjahrfeier *f* столе́тний юбиле́|й 11-1 *G Pl* -ев, столе́тие 5
hundert|jährig столе́тний 11; **~mal** *Adv* сто раз | ich habe ihm das ≈ gesagt я э́то говори́л ему́ уже́ сто раз; **~prozentig** стопроце́нтный | etw. ≈ erfüllen вы́полнить *v* 3 что-н. на (все) сто проце́нтов

Hundertschaft *f* сóт|ня 7 *G Pl* -ен
hundertster *Num* сóтый | vom Hundertsten ins Tausendste kommen переск|áкивать ⟨-очи́ть 3⁺⟩ с пя́того на деся́тое
Hundertstel *n* сóтая часть 9g, сóтая *Subst* 10 | drei ~ три сóтых
hunderttausend *Num* сто ты́сяч
Hunde|sperre *f* запрещéние 5 спускáть собáк с при́вязи; **~steuer** *f* налóг за держáние собáк; **~wetter** *n* собáчья 12 погóда; **~zucht** *f* собаковóдство 4; **~züchter** *m* собаковóд 2; **~zwinger** *m* псáр|ня 7 *G Pl* -ен
Hündin *f* сýка 6
hündisch собáчий 12; *übertr* раболéп|ный, -ен, льсти́в:ый
Hundstage *Pl* сáмые жáркие дни гóда
Hüne *m* großer Mensch великáн 2, исполи́н 2; Sagenheld богаты́рь 1e
Hünengrab *n* курга́н 2
Hunger *m* гóлод 2 | ich habe ~ я гóлоден [голоднá], мне хóчется есть; ~ bekommen проголодáться *v;* ~ leiden голодáть; vor ~ sterben умирáть ⟨-|умерéть*⟩ с гóлоду [голóдной смéртью]; ~ tut weh гóлод не тётка; **~dasein** *n* голóдное существовáние | ein ≈ führen жить* впрóголодь; **~gefühl** *n* чýвство гóлода; **~kur** *f* голоднáя диéта [иэ] 6, лечéние голодáнием; **~leider** *m* ни́щий *Subst* 11, бедня́к 2e; **~lohn** *m* ни́щенская зарплáта
hungern *intr* голодáть
Hunger|ödem *n* отёк от гóлода; **~ration** *f* голóдный паёк
Hungersnot *f* гóлод 2
Hunger|streik *m* голодóвка 6 | in den ≈ treten объяв|ля́ть ⟨-и́ть 3 -лю́⟩ голодóвку; **~tod** *m* голóдная смерть; **~tuch** *n:* am ≈ nagen жить* впрóголодь, голодáть; **~typhus** *m* голóдный тиф
hungrig голóдный, гóлод|ен, -нá, -но, гóлодны́
Hupe *f* клаксóн 2, гуд|óк, -кá 2
hupen *intr* сигнáлить 3 (про-), давáть* ⟨дать*⟩ сигнáл
hupfen: das ist gehupft wie gesprungen что в лоб, что пó лбу, э́то всё равнó
hüpfen *intr* пры́г|ать ⟨-нуть 4⟩
Hupverbot *n* запрéт автомоби́льных сигнáлов
Hürde *f Sport* барьéр 2; Flechtzaun плет|éнь, -ня́ 1e; für Schafe загóн 2
Hürden|lauf *m Sport* барьéрный бег; **~läufer** *m* барьери́ст 2
Hure *f* проститýтка 6, потаскýха 6
hurra! *Interj* урá!
Hurra|patriot *m* урá-патриóт; **~patriotismus** *m* урá-патриоти́зм; **~ruf** *m* крик урá
Hurrikan *m* урагáн 2
hurtig пры́т|кий, -ок, -кá!, -че
Husar *m* гусáр 2 *G Pl* гусáр
Husarenstreich *m* смéлая вы́ходка
husch! *Interj* шмыг!
huschen *intr* vorbei~ прошм|ы́гивать ⟨-ыгнýть 4⟩; über etw. сколь|зи́ть 3 -жý ⟨скользнýть 4 *mom*⟩ по *D* | hin und her ~ сновáть*, шныря́ть, шмы́гать *umg*
hüsteln *intr* покáшливать
husten *intr* кáшля|ть ⟨-нуть *mom* 4⟩ | ich werde dir was ~! я тебé дам!
Husten *m* кáш|ель, -ля 1; **~anfall** *m* при́ступ кáшля; **~bonbons** *n Pl* карамéль от кáшля; **~mittel** *n* срéдство от кáшля; **~reiz** *m* кáшлевое раздражéние, позы́в 2 к кáшлю; **~saft** *m* микстýра 6 от кáшля
[1]**Hut** *m* шля́па 6; Damen~ шля́пка 6 | den ~ aufsetzen надевáть ⟨-|дéть*⟩ шля́п(к)у; verschiedene Meinungen unter einen ~ bringen объедин|я́ть ⟨-и́ть 3⟩ [согласóвывать ⟨-овáть 2⟩] рaзли́чные мнéния; da geht einem der ~ hoch! глазá на лоб лéзут!
[2]**Hut** *f:* auf der ~ sein быть настороже́ [начекý]
hüten *tr* bewahren охран|я́ть ⟨-и́ть 3⟩; Vieh пасти́*; sich ~ *refl* остерегáться ⟨-|стерéчься*⟩ (vor *G*), берéчься* (vor *G*) | er muß das Bett ~ он бóлен и лежи́т в постéли; hüte dich! береги́сь!
Hut|form *f* Mode фасóн 2 шля́пы [шля́пки]; **~geschäft** *n* шля́пный магази́н; **~krempe** *f* поля́ шля́пы; **~macher** *m* шля́пник 2; **~macherin** *f* шля́пница 6; **~nadel** *f* булáвка для шля́пы; **~schachtel** *f* шля́пная картóнка; **~schnur** *f:* das geht über die ≈! э́то уж чересчýр!
Hütte *f* хи́жина 6; Fabrik металлурги́ческий завóд 2
Hütten|industrie *f* металлурги́ческая промы́шленность; **~kombinat** *n* металлурги́ческий комбинáт; **~kunde** *f* металлýргия 8; **~werk** *n* металлурги́ческий завóд; **~werker** *m* рабóчий *Subst* 11 металлурги́ческой промы́шленности; **~wesen** *n* металлýргия 8
Hyäne *f* гиéна 6
Hyazinthe *f* гиаци́нт 2
hybrid гибри́дный
Hybride *f* гибри́д 2
Hydrant *m* водоразбóрный кран 2, гидрáнт 2
Hydraulik *f* гидрáвлика 6
hydraulisch гидравли́ческий
hydrieren *tr* гидрогенизи́ровать 2
Hydrierung *f* гидрогенизáция 8
Hydro|dynamik *f* гидродинáмика 6; **~graph** *m* гидрóграф 2; **~kultur** *f* гидропóника 6; **~lyse** *f* гидрóлиз 2; **~mechanik** *f* гидромехáника 6; **~statik** *f* гидростáтика 6

Hydroxid *n* гидроо́кись 9
Hygiene *f* гигие́на 6; **~inspektion** *f* санита́рная инспе́кция, санинспе́кция 8
hygienisch гигиени́ч|ный, -ен, гигиени́ческий
Hygro|meter *n* гигро́метр 2; **~skop** *n* гигроско́п 2
hygroskopisch гигроскопи́ческий
Hymne *f* гимн 2
Hyperbel *f* гипе́рбола 6
hyperbolisch гиперболи́ческий
hypermodern сверхмо́дный
Hyper|tonie *f* гипертони́я 8; **~trophie** *f* гипертрофи́я 8
Hypnopädie *f* гипнопе́дия 8
Hypnose *f* гипно́з 2
hypnotisch гипноти́ческий
Hypnotiseur *m* гипнотизёр 2
hypnotisieren *tr* гипнотизи́ровать 2 (за-)
Hypo|chonder *m* ипохо́ндрик 2; **~chondrie** *f* ипохо́ндрия 8; **~physe** *f* гипофи́з 2; **~tenuse** *f* гипотену́за 6; **~thek** *f* ипоте́ка 6
Hypotheken|bank *f* ипоте́чный банк; **~(pfand)brief** *m* закладна́я *Subst* 10
Hypothese *f* гипо́теза 6 | eine ~ aufstellen стро́ить 3 гипо́тезу
hypothetisch гипотети́ческий
Hypotonie *f* гипотони́я 8
Hyster|ie *f* истери́я 8; **~iker** *m* исте́рик 2; **~ikerin** *f* истери́чка 6
hysterisch истери́ч|ный, -ен, истери́ческий | ~er Anfall исте́рика 6

I

iberisch ибери́йский
ich *Pers Pron* я, меня́, мне, меня́, мно́ю (мной), обо мне; *Refl Pron* себя́, себе́, собо́й | ~ spreche über mich я говорю́ о себе́; ~ war nicht zu Hause меня́ не́ было до́ма; ~ habe das nicht у меня́ э́того нет; du und ~ мы с тобо́й; ~ für meine Person что каса́ется меня́; ~ bin zwanzig geworden мне испо́лнилось два́дцать лет
Ich *n* я *Subst n idkl* | mein zweites ~ моё второ́е «я»; **~form** *f* фо́рма изложе́ния от пе́рвого лица́ | in der ≈ от пе́рвого лица́
Ichthyol *n* ихтио́л 2
Ichthyo|logie *f* ихтиоло́гия 8; **~saurus** *m* ихтиоза́вр 2
ideal идеа́л|ьный, -ен, -ьна
Ideal *n* идеа́л 2
idealisieren *tr* идеализи́ровать *uv, v* 2
Ideal|isierung *f* идеализа́ция 8; **~ismus** *m* идеали́зм 2; **~ist** *m* идеали́ст 2
idealistisch идеалисти́ческий
Idee *f* иде́я 7, мысль 9; eines Werkes за́мыс|ел, -ла 2 | sich für eine ~ opfern же́ртвовать (по-) собо́й ра́ди иде́и; eine fixe ~ навя́зчивая иде́я; eine verrückte ~ сумасбро́дная вы́думка; ich kam auf die ~ мне пришла́ в го́лову иде́я [мысль]; eine glänzende ~! блестя́щая 11 иде́я!; der Rock ist eine ~ zu kurz ю́бка чуть-чуть коротка́
ideell иде́|йный, -ен
Ideengehalt *f* иде́йность 9
ideenlos безыде́|йный, -ен, -йна
Ideen|losigkeit *f* безыде́йность 9; **~reichtum** *n* бога́тство иде́ями; **~verbindung** *f* ассоциа́ция 8 иде́й
ident|ifizieren *tr* gleichsetzen отождеств|ля́ть (-и́ть 3 -лю́); j-n устан|а́вливать (-ови́ть 3⁺ -овлю́) ли́чность; erkennen опо|знава́ть* (-зна́ть, опо́знанный); **~isch** иденти́ч|ный [дэ], -ен (mit *cI*)
Identität *f* тождество́ 4; иденти́чность [дэ] 9 | die Polizei stellte die ~ des Verhafteten fest поли́ция установи́ла ли́чность аресто́ванного
Ideolog|e *m* идео́лог 2; **~ie** *f* идеоло́гия 8
ideologisch идеологи́ческий, иде́йный
Idiom *n Ling* идио́ма 6; Dialekt наре́чие 5; **~atik** *f Ling* идиома́тика 6
idiomatisch идиомати́ческий
Idiot *m* идио́т 2; **~ie** *f* идиоти́зм 2
idiotisch идио́тский
Idol *n* и́дол 2, куми́р 2
Idyll *n*, **~e** *f Lit* иди́ллия 8
idyllisch идилли́ческий
Igel *m* ёж, ежа́ 2e *G Pl* еже́й; Frisur приче́ска ёжиком
Igelit *n* игели́т 2; **~decke** *f* игели́товая ска́терть
Iglu *n* и́глу *n idkl*, сне́жная хи́жина 6
Ignor|ant *m* неве́жда *m* 6, не́уч 2 *G Pl* -ей; **~anz** *f* неве́жество 4
ignorieren *tr* игнори́ровать *uv, v* 2
ihm *Pers Pron* ему́ | mit ~ с ним; zu ~ к нему́
ihn *Pers Pron* его́ | für ~ для него́
ihr 1. *Pers Pron* вы, вас, вам, вас, ва́ми, о вас; *Refl Pron* себя́ | ihr schreibt nichts von euch вы не пи́шете о себе́; ihr wart nicht zu Hause вас не́ было до́ма **2.** *Poss Pron f* её, *Pl* их; *refl* свой 14 | das ist ~ Buch э́то её кни́га; das sind ~e Bücher э́то их кни́ги; sie packte ~e Sachen она́ укла́дывала свои́ ве́щи; sie lieben ~e Eltern они́ лю́бят свои́х роди́телей
Ihr *Poss Pron* ваш, in Briefen Ваш
ihrerseits *Adv* с её стороны́, *refl* со свое́й стороны́; *Pl* с их стороны́, *refl* со свое́й стороны́
Ihrerseits *Adv* с ва́шей стороны́, *refl* со свое́й стороны́

ihresgleichen подо́бный ей [*Pl* им]
Ihresgleichen подо́бный вам
ihretwegen *Adv* Ursache из-за неё [*Pl* них]; für sie ра́ди неё [*Pl* них]
Ihretwegen *Adv* Ursache из-за вас; für Sie ра́ди вас
ihrige *Poss Pron:* sie hat das ~ getan она́ своё де́ло сде́лала
Ikone *f* ико́на 6
Ikonen|maler *m* иконопи́с|ец| -ца 2; **~malerei** *f* и́конопись 9; **~wand** *f* иконоста́с 2
illegal нелега́л|ьный| -ен| -ьна, *Pol a.* подпо́льный | ~ arbeiten рабо́тать в подпо́лье
Illegalität *f* нелега́льность 9, *Pol a.* подпо́лье 5 | in die ~ gehen уходи́ть 3⁺ -хожу́ ⟨-|йти́*⟩ в подпо́лье
illegitim незако́н|ный| -ен| -на
Illegitimität *f* незако́нность 9
Illumination *f* иллюмина́ция 8, пра́здничное освеще́ние 5
illuminieren *tr* иллюмини́ровать *uv, v* 2, пра́зднично освеща́ть
Illusion *f* иллю́зия 8 | ich mache mir keine ~en я не стро́ю себе́ иллю́зий; **~ist** *m* иллюзиони́ст 2, фо́кусник 2
illusorisch иллюзо́р|ный| -ен
Illustration *f* иллюстра́ция 8
illustrieren *tr* иллюстри́ровать *uv, v* 2
Illustrierte *f* иллюстри́рованный журна́л 2
Iltis *m* хор|ёк| -ька́ 2 лесно́й
im *Präpos* ↑ in
Image *n* репута́циая 8, «и́мидж»
imaginär мни́мый, вообража́емый
Imbiß *m* заку́ска 6 | einen ~ einnehmen заку́сывать ⟨-куси́ть 3⁺ -кушу́⟩; **~raum** *m* заку́сочная *Subst* 10
Imitation *f* имита́ция 8, подража́ние 5 *D*
imitieren *tr* имити́ровать 2, подража́ть *D*
Imker *m* пчелово́д 2; **~ei** *f* пчелово́дство 4; Bienenstand па́сека 6
immanent иммане́нт|ный| -ен, вну́тренне прису́щ:ий
Immatrikulation *f* зачисле́ние 5 (в университе́т, в институ́т)
immatrikulieren *tr* зачисля́ть ⟨-чи́слить 3⟩ (в университе́т, в институ́т)
immens огро́м|ный| -ен
immer *Adv* всегда́; *vor Komp* всё | ~ noch всё ещё; für ~ навсегда́; ~ wieder всё сно́ва и сно́ва; ~ besser всё лу́чше (и лу́чше); ~ mehr всё бо́льше (и бо́льше); es wird ~ wärmer стано́вится всё тепле́е; was auch ~ ... что бы ни ...; wo es auch ~ sei где бы то ни́ было; **~fort** *Adv* беспреры́вно, постоя́нно; **~grün** *Bot* вечнозелёный
Immergrün *n* барви́н|ок| -ка 2
immer|hin *Adv* всё-таки, всё же | es ist ≈ nicht angenehm э́то всё же неприя́тно; **~während** постоя́нный; **~zu** *Adv* постоя́нно
Immigr|ant *m* иммигра́нт 2; **~ation** *f* иммигра́ция 8
immigrieren *intr* иммигри́ровать *uv, v* 2
Immobilien *Pl* недви́жимость 9, недви́жимое иму́щество
immun *Med* невосприи́мчив:ый, имму́н|ный| -ен (gegen к *D*)
immunisieren *tr* иммунизи́ровать *uv, v* 2
Immunität *f* иммуните́т 2 | parlamentarische ~ депута́тская неприкоснове́нность
Imperativ *m Gramm* повели́тельное наклоне́ние 5, императи́в 2
Imperfekt *n* имперфе́кт 2
Imperial|ismus *m* империали́зм 2; **~ist** *m* империали́ст 2
imperialistisch империалисти́ческий
Imperium *n* импе́рия 8
impertinent де́рз|кий| -ок| -ка́! на́гл:ый| -а́!
impfen *tr* де́лать (с-) приви́вку (gegen про́тив *G*), привива́ть ⟨-|ви́ть*⟩ | Kinder gegen Pocken ~ привива́ть де́тям о́спу
Impf|schein *m* свиде́тельство 4 о приви́вке; **~stoff** *m* вакци́на 6; **~ung** *f* приви́вка 6; **~zwang** *m* обяза́тельность 9 приви́вок
Implosion *f* импло́зия 8
imponieren *intr* внуш|а́ть ⟨-и́ть 3⟩ уваже́ние, импони́ровать 2
Import *m* и́мпорт 2; **~artikel** *m* предме́т 2 и́мпорта; **~beschränkung** *f* ограниче́ние и́мпорта; **~eur** *m* импортёр 2
importieren *tr* импорти́ровать *uv, v* 2
Importware *f* и́мпортный това́р
imposant внуши́тел|ьный| -ен| -ьна, импоза́нт|ный| -ен
impotent импоте́нт|ный| -ен
Impotenz *f* импоте́нция 8, полово́е бесси́лие 5
imprägn|ieren *tr* пропи́тывать ⟨-пита́ть⟩; **~iert** пропи́танный | ≈er Mantel непромока́емый плащ
Imprägnierung *f* пропи́тка 6
Impresario *m* импреса́рио *m idkl*
Impression *f* впечатле́ние 5; **~ismus** *m* импрессиони́зм; **~ist** *m* импрессиони́ст 2
impressionistisch импрессиони́стский
Impressum *n* выходны́е да́нные *Subst Pl* 10
Imprimatur *n* по́дпись 9 к печа́ти
Improvisation *f* импровиза́ция 8, *Mus. a.* экспро́мт 2
improvisieren *tr* импровизи́ровать *uv, v 2*
Impuls *m* и́мпульс 2, пе́рвое побужде́ние 5
impulsiv импульси́в|ный| -ен; heftig поры́вист:ый
imstande *Adv:* ~ sein быть в состоя́нии

in *Präpos Ort wo?* в *P;* ~ Kiew в Ки́еве; ~ der ganzen Welt во всём ми́ре; im Ural на Ура́ле; ~ der Ukraine на Украи́не; ~ Kuba на Ку́бе | Himmelsrichtung на *P;* im Süden на ю́ге | Betrieb на *P;* im Betrieb на предприя́тии; ~ der Fabrik на заво́де [фа́брике] | Veranstaltung на *P;* ~ der Versammlung на собра́нии; im Unterricht на уро́ках [заня́тиях]; im Praktikum на пра́ктике; ~ der Prüfung на экза́мене | Bewegung im Raum по *D;* im Zimmer hin und her gehen ходи́ть по ко́мнате; *wohin?* в *A;* ins Zimmer в ко́мнату | Himmelsrichtung на *A;* ~ den Süden на юг | Betrieb на *A;* ~s Kombinat на комбина́т | Veranstaltung на *A;* ~s Konzert [in die Ausstellung] gehen идти́ на конце́рт [вы́ставку]; ~ die Heimat на ро́дину; ~s Haus liefern доставля́ть на́ дом; ~ den dritten Stock steigen поднима́ться на четвёртый эта́ж | *Zeit wann?;* ~ diesem Monat [Jahr] в э́том ме́сяце [году́]; im 20. Jahrhundert в двадца́том ве́ке; im Mai в ма́е; im Frühling весно́й; ~ der Jugend в мо́лодости; ~ letzter Zeit в [за] после́днее вре́мя; ~ den siebziger Jahren в семидеся́тых года́х; ~ letzter Minute в после́днюю мину́ту; im Morgengrauen на рассве́те; ~ der Nacht но́чью; ~ der Nacht vom 1. zum 2. Mai в ночь с пе́рвого на второ́е ма́я; ~ den Sommermonaten в ле́тние ме́сяцы; ~ der Steinzeit в ка́менный век | nach Ablauf von че́рез *A;* ich komme ~ einer Stunde wieder я верну́сь че́рез час; heute ~ acht Tagen че́рез неде́лю | innerhalb von за *A;* er las das Buch ~ einer Stunde он прочита́л кни́гу за час | pro в *A;* dreimal im Monat [Jahr] три ра́за в ме́сяц [год]; tausend Umdrehungen ~ der Minute ты́сяча оборо́тов в мину́ту | Zustand в *P;* ~ Ordnung в поря́дке; im Hemd в руба́шке; im Zorn в гне́ве | Stückzahl в *P;* in doppelter Ausfertigung в двух экземпля́рах | Schulfach, Sportart по *D;* ~ Russisch ist er gut по ру́сскому языку́ он успева́ет; eine Drei ~ Physik тро́йка по фи́зике; Weltmeister im Hochsprung чемпио́н ми́ра по прыжка́м в высоту́ | Übergang in einen Zustand в *A;* er geriet ~ Wut он пришёл в я́рость; ~ Verlegenheit geraten попа́сть* в затрудни́тельное положе́ние | Teilungsprodukte на *A;* ~ Scheiben schneiden раз|ре́зать* на куски́; ~ zwei Teile teilen раздели́ть на две ча́сти | Form *I;* ~ Stücken куска́ми; ~ großen Mengen больши́ми коли́чествами; ~ Worten ausdrücken выража́ть слова́ми | Gesellschaftsordnung при *P;* im Sozialismus при социали́зме | Witterungserscheinungen в *A;* im Gewitter в грозу́

inaktiv неакти́в|ный, -ен

Inaktivität *f* неакти́вность 9

Inan|griffnahme *f* нача́ло 4; **~spruchnahme** *f* испо́льзование 5

Inbegriff *m* воплоще́ние 5 | ~ der Schönheit воплощённая красота́

inbegriffen *Adv* включа́я, включи́тельно

Inbetriebnahme *f* ввод 2 в эксплуата́цию, пуск 2

Inbrunst *f* стра́стность 9

indem *Konj* während в то вре́мя, как

Inder *m* инди́|ец, -йца 2; **~in** *f* индиа́нка 6

indessen *Konj* ме́жду тем; doch одна́ко

Index *m Math* и́ндекс 2; Register im Buch указа́тель 1 | Bücher auf den ~ setzen внести́ *v* кни́ги в спи́сок запрещённых книг

Indianer *m* инде́|ец, -йца 2; **~häuptling** *m* инде́йский вождь 1e; **~in** индиа́нка 6

indianisch инде́йский

Indien И́ндия 8

indifferent безразли́ч|ный, -ен, индиффере́нт|ный, -ен

Indifferenz *f* безразли́чие 5, индиффере́нтность 9

Indik *m* И́ндик 2

Indikativ *m Gramm* изъяви́тельное наклоне́ние 5, индикати́в 2

Indikator *m* индика́тор 2

Indio *m* инде́|ец, -йца 2

indirekt ко́свенный

indisch инди́йский | Indischer Ozean Инди́йский океа́н

indiskret нескро́м|ный, -ен, беста́кт|ный, -ен

Indiskretion *f* нескро́мность 9, беста́ктность 9

indisponiert в плохо́м настрое́нии, нерасполо́жен:ный к *D*

individualisieren *tr* индивидуализи́ровать *uv, v* 2

Individual|ismus *m* индивидуали́зм 2; **~ist** *m* индивидуали́ст 2

individualistisch индивидуалисти́ческий

Individualität *f* индивидуа́льность 9

individuell индивидуа́л|ьный, -ен, -ьна

Individuum *n* индиви́д(уум) 2; *verächtl* тип 2

Indizien *Pl Jur* ко́свенные ули́ки *Pl* 6; **~beweis** *m Jur* доказа́тельство, осно́ванное на ко́свенных ули́ках

Indo|europäer *m*, **~germane** *m* индоевропе́|ец, -йца 2

indo|europäisch, ~germanisch индоевропе́йский

Indonesi|en Индоне́зия 8; **~er** *m* индонези́|ец, -йца 2; **~erin** индонези́|йка 6 *G Pl* -ек

indonesisch индонези́йский

Induktion *f* инду́кция 8

Induktions|spule *f* индукцио́нная кату́шка; **~strom** *m* индукцио́нный ток
induktiv индукти́вный
industrialisieren *tr* индустриализи́ровать *uv, v* 2
Industrialisierung *f* индустриализа́ция 8
Industrie *f* промы́шленность 9; **~abfälle** *Pl* промы́шленные отхо́ды *Pl* 2; **~arbeiter** *m* промы́шленный [индустриа́льный] рабо́чий; **~ausrüstung** *f* промы́шленное обору́дование 5; **~ausstellung** *f* промы́шленная вы́ставка; **~betrieb** *m* промы́шленное предприя́тие; **~erzeugnis** *n* промы́шленное изде́лие; **~formgestalter** *m* худо́жник-оформи́тель 2–1, диза́йнер 2; **~gebiet** *n* промы́шленный [индустриа́льный] райо́н; **~gelände** *n* заводска́я террито́рия; **~gewerkschaft** *f* отраслево́й профсою́з; **~laden** *m* фи́рменный магази́н; **~land** *n* индустриа́льная страна́; **~landschaft** *f* индустриа́льный пейза́ж
industriell промы́шленный, индустриа́льный
Industrieller *m* промы́шленник 2
industriemäßig: ~e Produktionsmethoden промы́шленные ме́тоды произво́дства
Industrie|preisreform *f* рефо́рма цен на промы́шленную проду́кцию; **~produktion** *f* промы́шленное произво́дство; **~staat** *m* госуда́рство с высокора́звитой промы́шленностью; **~stadt** *f* промы́шленный го́род
Industriewaren *Pl* промы́шленные това́ры, промтова́ры *Pl* 2; **~geschäft** *n* промтова́рный магази́н
Industrie|zentrum *n* промы́шленный центр; **~zweig** *m* о́трасль 9 промы́шленности
ineinander *Adv* одно́ в друго́е, друг в дру́га | ~ aufgehen жить душа́ в ду́шу; **~fügen** *tr* (пло́тно) соедин|я́ть ⟨-и́ть 3⟩ (одно́ с други́м); **~greifen** *intr Tech* находи́ться 3⁺ во взаи́мном зацепле́нии; *übertr* переплета́ться, те́сно взаимоде́йствовать 2
infam по́дл|ый, -а́! | ~e Lüge на́глая ложь
Infamie *f* по́длость 9
Infanterie *f* пехо́та 6; **~regiment** *n* пехо́тный полк
Infanterist *m* пехоти́н|ец, -ца 2
infantil инфанти́л|ьный, -ен, -ьна
Infarkt *m* инфа́ркт 2
Infektion *f* зараже́ние 5, инфе́кция 8 (mit *I*)
Infektions|herd *m* оча́г инфе́кции [зара́зы]; **~kranker** *m* зара́зный (больно́й); **~krankheit** *f* инфекцио́нная [зара́зная] боле́знь
infektiös инфекцио́нный, зара́з|ный, -ен
infernalisch а́дский
Inferno *n* ад 2, в аду́
Infiltration *f* инфильтра́ция 8
Infinitesimalrechnung *f* исчисле́ние 5 бесконе́чно ма́лых (величи́н)
Infinitiv *m* неопределённая фо́рма (глаго́ла), инфинити́в 2
infizieren *tr* зара|жа́ть ⟨-зи́ть 3 -жу́⟩, инфици́ровать *uv, v* 2 | sich ~ *refl* зара|жа́ться ⟨-зи́ться⟩
Inflation *f* инфля́ция 8 | schleichende ~ ползу́чая 11 инфля́ция
inflationär инфляцио́нный
infolge *Präpos* всле́дствие *G*; **~dessen** *Adv* всле́дствие [ввиду́] э́того
Information *f* информа́ция 8
Informations|bericht *m* информацио́нное сообще́ние; **~büro** *n* информацио́нное бюро́; **~fluß** *m* пото́к 2 информа́ции; **~flut** *f* информацио́нный взрыв, ма́сса 6 информа́ции; **~gehalt** *m* информацио́нная ёмкость 9; **~reise** *f* ознакоми́тельная командиро́вка 6
informieren *tr* информи́ровать *uv, v* 2, осведомля́ть ⟨осве́дом|ить 3 -лю⟩; sich ~ *refl* информи́роваться *uv, v* 2, осв|едомля́ться ⟨-е́домиться⟩ (über о *P*)
infrarot инфракра́сный
Infrarot|strahler *m* инфракра́сный излуча́тель; **~strahlung** *f* инфракра́сное излуче́ние
Infrastruktur *f* инфраструкту́ра 6
Infusion *f* влива́ние 5
Ingenieur *m* инжене́р 2; **~büro** *n* инжене́рная фи́рма 6; **~ökonom** *m* инжене́р-экономи́ст 2-2; **~schule** *f* те́хникум | ≈ für Chemie [Maschinenbau] хими́ческий [машинострои́тельный] те́хникум; an der ≈ в те́хникуме
ingenieurtechnisch инжене́рно-техни́ческий
Ingwer *m* имби́рь 1e
Inhaber *m* владе́л|ец, -ьца 2; von Wertpapieren держа́тель 1; Konto, Orden, Rekord облада́тель 1
inhaftieren *tr* арест|о́вывать ⟨-ова́ть 2⟩
Inhaftierung *f* аре́ст 2
Inhalation *f* ингаля́ция 8
Inhalationsgerät *n* ингаля́тор 2
Inhalatorium *n* ингалято́ри|й 1 *P* -и *G Pl* -ев
inhalieren *tr* вдыха́ть ⟨вдохну́ть 4⟩; beim Rauchen затя́гиваться ⟨-тяну́ться 4⁺⟩ *Med* де́лать (с-) ингаля́цию
Inhalt *m* Buch содержа́ние 5; Paket, Faß содержи́мое *Subst* 10; Raum~ ёмкость 9, вмести́мость 9
inhaltlich *Adv* с то́чки зре́ния содержа́ния
Inhaltsangabe *f* (кра́ткое) изложе́ние содержа́ния; zu einem Paket о́пись 9 вложе́ния
inhalts|los бессодержа́тел|ьный, -ен, -ьна; **~reich** содержа́тел|ьный, -ен,

-ьна; **~schwer** ва́ж|ный, -ен, -на́, -но, ва́жны́, суще́ствен:ный, -на; Nachricht значи́тел|ьный, -ен, -ьна
Inhalts|übersicht *f* конспе́кт 2; **~verzeichnis** *n* оглавле́ние 5, содержа́ние 5
Initial *n,* **~e** *f* инициа́л 2
Initiat|ive *f* инициати́ва 6, почи́н 2 | auf ≈ von по инициати́ве *G;* die ≈ ergreifen прояв|ля́ть ⟨-и́ть 3⁺ -лю́⟩ инициати́ву; **~or** *m* инициа́тор 2
Injektion *f* инъе́кция 8
injizieren *tr* впры́с|кивать ⟨-нуть 4⟩, де́лать (с-) инъе́кцию
Inkarnation *f* воплоще́ние 5
Inka *m hist* и́нка *m* 6
Inkasso *n* инка́ссо *n idkl*
inklusive 1. *Adv* включи́тельно **2.** *Präpos* включа́я *A*
inkognito *Adv* инко́гнито, под чужи́м и́менем
Inkognito *n* инко́гнито *n idkl*
inkompetent некомпете́нт|ный, -ен
Inkompetenz *f* некомпете́нтность 9
inkonsequent непосле́довател|ьный, -ен, -ьна
Inkonsequenz *f* непосле́довательность 9
Inkrafttreten *n* вступле́ние 5 в си́лу
Inkubationszeit *f* инкубацио́нный пери́од 2
Inkunabel *f* инкуна́була 6
Inland *n:* im ~ внутри́ страны́; **~eis** *n* материко́вый лёд; **~fluglinie** *f* вну́тренняя 11 авиали́ния
inländisch вну́тренний 11, оте́чественный
Inlands|bedarf *m* потре́бности *Pl* 9 вну́треннего ры́нка; **~markt** *m* вну́тренний 11 ры́нок
Inlaut *m:* im ~ внутри́ сло́ва
Inlett *n* напе́рник 2
inliegend 1. *Adj* вло́женный **2.** *Adv* | ~ senden wir Ihnen … при сём прилага́ем …
inmitten *Präpos* среди́ *G*
inne|haben *tr* занима́ть ⟨заня́ть*⟩; **~halten** *intr* прерыва́ть ⟨-|рва́ть*⟩ (in *A*)
innen *Adv* внутри́ | nach ~ внутрь; von ~ изнутри́
Innen|architekt *m* архите́ктор по интерье́рам; **~architektur** *f* архитекту́ра интерье́ра [тэ]; **~aufnahme** *f* Film павильо́нная съёмка; **~ausbau** *m* вну́тренняя отде́лка 11-6; **~bahn** *f Sport* вну́тренняя (бегова́я) доро́жка 11-6; **~einrichtung** *f* вну́тренняя обстано́вка 11-6; **~minister** *m* мини́стр вну́тренних дел; **~ministerium** *n* министе́рство вну́тренних дел; **~politik** *f* вну́тренняя 11 поли́тика
innenpolitisch внутриполити́ческий
Innen|raum *m* вну́треннее 11 помеще́ние, интерье́р [тэ] 2; **~seite** *f* вну́тренняя 11 сторона́; **~stadt** *f* центр 2 го́рода; **~stürmer** *m* и́нсайд 2, полусре́дний напада́ющий 11-*Subst* 11; **~welt** *f* вну́тренний 11 мир
innerbetrieblich внутризаводско́й
innerer вну́тренний 11 | ~e Krankheit вну́тренняя боле́знь
Inneres *n* вну́тренность 9, вну́тренняя часть 11-9g; der Erde не́дра *Pl* 4 | im ~n внутри́; *Psych* вну́тренне; ins ~ внутрь; ins ~ des Landes вглубь страны́
Innereien *Pl* потрох|а́ *Pl* 2b *G* -о́в
inner|gewerkschaftlich внутрипрофсою́зный; **~halb** *Präp Ort* внутри́ *G; Zeit* в тече́ние *G,* за *A;* **~lich** вну́тренний 11, душе́вный | ≈ anzuwenden Arznei для употребле́ния внутрь; **~parteilich** внутрипарти́йный
innewohnen *intr* быть* прису́щим *D*
innig 1. *Adj* задуше́в|ный, -ен, серде́ч|ый, -ен | ~e Freundschaft и́скренняя 11 дру́жба; ~ster Wunsch (са́мое) горя́чее 11 жела́ние **2.** *Adv* и́скренне
Innung *f hist* ги́льдия 8
inoffiziell неофициа́л|ьный, -ен, -ьна
Inquisit|ion *f* инквизи́ция 8; **~or** *m* инквизи́тор 2
Insasse *m* Fahrgast пассажи́р 2; Gefängnis заключённый *Subst* 10
insbesondere *Adv* осо́бенно, в ча́стности
Inschrift *f* на́дпись 9
Insekt *n* насеко́мое *Subst* 10
Insektenbekämpfung *f* борьба́ с насеко́мыми
insektenfressend насекомоя́дный
Insekten|fresser *m Zool* насекомоя́дное *Subst* 10; **~stich** *m* уку́с 2 насеко́мого
Insektizid *n* инсектици́д 2
Insel *f* о́стров 2b *Pl* -а́; **~bewohner** *m* островит|я́нин 2 *Pl* -я́не, -я́н; **~gruppe** *f* архипела́г 2; **~staat** *m* островно́е госуда́рство
Inserat *n* объявле́ние 5
inserieren *tr* поме|ща́ть ⟨-сти́ть 3 -щу́⟩ объявле́ние (in der Zeitung) (в газе́те)
insge|heim *Adv* вта́йне, тайко́м; **~gesamt** *Adv* в о́бщем, всего́; *Fin* итого́ | ≈ waren es zehn Personen всего́ их бы́ло де́сять челове́к
Insignien *Pl* рега́лии *Pl* 8
insofern 1. *Adv* в э́том (отноше́нии) | ~ hast du dich geirrt в э́том отноше́нии ты ошиба́ешься **2.** *Konj:* ~ als поско́льку, та́к как
insonderheit *Adv* осо́бенно, в ча́стности
insoweit = **insofern**
Inspekt|ion *f* Institution инспе́кция 8; Tätigkeit инспе́кция, прове́рка; **~or** *m* инспе́ктор 2
Inspira|tion *f* вдохнове́ние 5 (zu на *A*); **~tor** *m* вдохнови́тель 1
inspirieren *tr* вдохнов|ля́ть ⟨-и́ть 3 -лю́⟩ (zu на *A*)

Inspizient *m Theat* инспицие́нт 2, помо́щник 2 режиссёра
inspizieren *tr* инспекти́ровать 2; besichtigen осма́тривать ⟨-смотре́ть 3⁺⟩
Installat|eur *m* für Gas газопрово́дчик 2; für Wasserleitung водопрово́дчик 2; **~ion** *f* устано́вка 6
installieren *tr* устан|а́вливать ⟨-ови́ть 3⁺ -овлю́⟩, монти́ровать 2 (с-)
instand halten *tr* содержа́ть 3⁺ в испра́вности
Instandhaltung *f* содержа́ние 5 в испра́вности
inständig 1. *Adj* настоя́тел|ьный, -ен, -ьна **2.** *Adv* убеди́тельно
instand setzen *tr* приводи́ть 3⁺ -вожу́ ⟨-|вести́*⟩ в испра́вность, ремонти́ровать 2 (от-)
Instandsetzung *f* ремо́нт 2
Instandsetzungsarbeiten *Pl* ремо́нтные рабо́ты *Pl* 6
Instantkaffee *m* быстрорастворимый ко́фе
Instanz *f* инста́нция 8
Instanzenweg *m:* den ~ gehen по|йти́* *v* по инста́нциям
Instinkt *m* инсти́нкт 2, bei Tieren a. чутьё 3
instinktiv инстинкти́в|ный, -ен
Institut *n* институ́т 2 | ~ für Fremdsprachen институ́т иностра́нных языко́в; **~ion** *f* учрежде́ние 5
instruieren *tr* инструкти́ровать *uv, v* 2
Instrukt|eur *m* инстру́ктор 2; **~ion** *f* инстру́кция 8; Anleitung инструкта́ж 2
instruktiv инструкти́в|ный, -ен, поучи́тел|ьный, -ен, -ьна
Instrument *n* инструме́нт 2; Gerät прибо́р 2
Instrumental *m* твори́тельный паде́ж 2e; **~gruppe** *f* инструмента́льный анса́мбль 1; **~musik** *f* инструмента́льная му́зыка
Instrumentation *f* инструменто́вка 6, оркестро́вка 6
Instrumentenschrank *m* шкаф для инструме́нтов
instrumentieren *tr* инструментова́ть *uv, v* 2, оркестрова́ть *uv, v* 2
Insulaner *m* островит|я́нин 2 *Pl* -я́не, -я́н
Insulin *n* инсули́н 2
inszenieren *tr Theat* ста́в|ить 3 -лю (по-)
Inszenierung *f* постано́вка 6
intakt испра́в|ный, -ен | ~ sein быть в испра́вности, рабо́тать испра́вно
Intarsia *f* инкруста́ция 8
Integral *n* интегра́л 2; **~rechnung** *f* интегра́льное исчисле́ние; **~zeichen** *n Math* знак интегра́ла
Integration *f* интегра́ция 8
integrier|en *tr* интегри́ровать *uv, v* 2; **~end:** ≈er Bestandteil неотъе́млемая [суще́ственная] составна́я часть; **~t:** ≈e Schaltung интегра́льная схе́ма 6
Integrität *f* це́лостность 9 | territoriale ~ территориа́льная це́лостность
Intellekt *m* интелле́кт 2
intellektuell интеллектуа́л|ьный, -ен, -ьна
Intellektueller *m* интеллиге́нт 2
intelligent интеллиге́нт|ный, -ен, у́мный, умён, умна́, у́мно́, у́мны́
Intelligenz *f* die Geistesarbeiter интеллиге́нция 8; Verstand интелле́кт 2, ум 2 | schaffende ~ тво́рческая интеллиге́нция; **~test** *m* интеллектуа́льный тест
Intendant *m Theat* дире́ктор 2 *Pl* -а́ [руководи́тель 1] теа́тра; *Rad, TV* гла́вный режиссёр 2
Intendanz *f Theat* дире́кция 8
Intensität *f* интенси́вность 9
intensiv интенси́в|ный, -ен; Farbe я́р|кий, -ок, -ка́!; Geruch, Licht ре́з|кий, -ок, -ка́!
Intensivhaltung *f Landw* интенси́вное содержа́ние 5
intensivieren *tr* интенсифици́ровать *uv, v* 2
Intensivierung *f* интенсифика́ция 8
Intensiv|lehrgang *m* интенси́вный курс 2; **~station** *f Med* отделе́ние интенси́вных ме́тодов лече́ния
interessant интере́с|ный, -ен, занима́тел|ьный, -ен, -ьна
Interesse *n* интере́с 2 (an, für к *D*) | im ~ в интере́сах *G;* großes ~ für etw. zeigen прояв|ля́ть ⟨-и́ть 3⁺ -лю́⟩ большо́й интере́с к чему́-н.; das liegt in deinem ~ э́то в твои́х (ли́чных) интере́сах; von ~ sein представля́ть интере́с; lebenswichtige ~n кро́вные интере́сы
interesselos не име́ющий 11 интере́сов
Interesselosigkeit *f* отсу́тствие 5 вся́кого интере́са
Interessen|gegensatz *m* противополо́жность 9 интере́сов; **~gemeinschaft** *f* Zirkel круж|о́к, -ка́ 2
Interessent *m* жела́ющий *Subst* 11
interess|ieren *tr* интересова́ть 2; sich ≈ *refl* интересова́ться (für *I*) | j-n an etw. ≈ заинтерес|о́вывать ⟨-ова́ть 2⟩ кого́-н. чем-н.; **~iert** заинтересо́ванный (an в *P*) | sehr stark an etw. ≈ sein быть кро́вно заинтересо́ванным в чём-н.
Interessiertheit *f* заинтересо́ванность 9 (an в *P*)
Interferenz *f* интерфере́нция [тэ] 8
Interhotel *n* интерotéль [тэр, тэ] 1
Interieur *n* интерье́р [тэ] 2
Interjektion *f Gramm* междоме́тие 5
interkontinental межконтинента́льный | ~e ballistische Rakete межконтинента́льная баллисти́ческая раке́та
Intermezzo *n* интерме́ццо [тэ] *n idkl*
intern вну́тренний 11 | ~e Angelegenheiten вну́тренние дела́

Internat *n* Schul~ интернáт 2; Studentenheim общежи́тие 5
international междунарóдный | ~e Lage междунарóдное положéние; ~ anerkannt при́знанный во всём ми́ре
Internationale *f* Hymne Интернационáл [тэ] 2 | Kommunistische ~ Коммунисти́ческий Интернационáл, Коминтéрн 2; Sozialistische ~ Социалисти́ческий Интернационáл, Социнтéрн 2
internationalisieren *tr* интернационализи́ровать [тэ] *uv, v* 2
Internationalismus *m* интернационали́зм [тэ] 2 | proletarischer ~ пролетáрский интернационали́зм
Internatsschule *f* шкóла-интернáт 6-2
internieren *tr* интерни́ровать [тэ] *uv, v* 2
Internierung *f* интерни́рование [тэ] 5
Internierungslager *n* лáгерь для интерни́рованных (лиц)
Internist *m* терапéвт 2, врач 2е *G Pl* -éй по вну́тренним болéзням
interparlamentarisch межпарлáментский | Interparlamentarische Union Межпарлáментский Союз
Interpellation *f* интерпелля́ция [тэ] 8, запрóс 2
interpellieren *intr* интерпелли́ровать [тэ] *uv, v* 2
interplanetar межпланéтный | ~e Station межпланéтная стáнция
Interpolation *f* интерполя́ция [тэ] 8
interpolieren *tr* интерполи́ровать [тэ] *uv, v* 2
Interpretation *f* интерпретáция [тэ] 8, (ис)толковáние 5
interpretieren *tr* интерпрети́ровать [тэ] *uv, v* 2, (ис)толк|óвывать ⟨-овáть 2⟩
Interpunktion *f* пунктуáция 8
Interpunktionszeichen *n* знак препинáния
Interrogativpronomen *n* вопроси́тельное местоимéние
Intervall *n* интервáл 2
intervenieren *intr* вмéшиваться ⟨вмешáться⟩; *Pol* предпринимáть ⟨-|приня́ть*⟩ интервéнцию
Intervent *m* интервéнт 2; **~ion** *f* интервéнция 8; Einmischung вмешáтельство 4
Interventionstruppen *Pl* интервенциóнные войскá
Interview *n* интервью́ [тэ] *n idkl*
interviewen *tr* интервьюи́ровать [тэ] *uv, v* 2, брать* ⟨взять*⟩ интервью́ у *G*
Intervision *f* Интерви́дение [тэ] 5
intim инти́м|ный, -ен, бли́з|кий, -ок, -кá, -кo, бли́зки́ бли́же 11 | mit j-m ~ sein быть с кем-н. в бли́зких [дру́жеских] отношéниях
Intimität *f* инти́мность 9
intolerant нетерпи́м;ый (gegen к *D*)
Intoleranz *f* нетерпи́мость 9
Intonation *f* интонáция 8
intramuskulär внутримы́шечный
intransitiv непереxóдный
intravenös внутривéнный
intrigant интригáнский
Intrig|ant *m* интригáн 2; **~e** *f* интри́га 6; ~en *Pl* прóиски *Pl* 2
intrigieren *intr* интриговáть 2
Introduktion *f* интроду́кция 8
Intuition *f* интуи́ция 8
intuitiv интуити́в|ный, -ен
invalide инвали́дный | sein быть инвали́дом
Invalide *m* инвали́д 2
Invaliden|rente *f* пéнсия по инвали́дности; **~rentner** *m* пенсионéр-инвали́д 2-2; **~versicherung** *f* страховáние на слу́чай инвали́дности
invalidisieren *tr* при|знавáть* ⟨-знáть⟩ инвали́дом
Invalidität *f* инвали́дность 9
invariant инвариáнт|ный, -ен
Invarianz *f* инвариáнтность 9
Invasion *f Mil* вторжéние 5; Ansturm нашéствие 5
Inventar *n* инвентáрь 1е
inventarisieren *tr* инвентаризовáть *uv, v* 2 *A*, сост|авля́ть ⟨-áвить 3 -áвлю⟩ óпись *G*
Inventar|liste *f*, **~verzeichnis** *n* инвентáрная óпись 9
Inventur *f* учёт 2, инвентаризáция 8 | Geschäft wegen ~ geschlossen магази́н закры́т на учёт; ~ machen производи́ть 3⁺ -вожу́ ⟨-|вести́*⟩ учёт; **~ausverkauf** *m* распродáжа по переучёту
Inversion *f* инвéрсия 8
investieren *tr* вклáдывать ⟨вложи́ть 3⁺⟩ (капитáл), инвести́ровать *uv, v* 2 (в *A*)
Investition *f* капиталовложéние 8 (в *A*)
Investitionsgüter *Pl* срéдства *Pl* 4 произвóдства
inwendig **1.** *Adj* вну́тренний 11 **2.** *Adv* внутри́
inwie|fern, **~weit** *Adv* наскóлько, в какóй мéре | ~weit kann man diesem Menschen glauben? наскóлько мóжно вéрить э́тому человéку?
Inzucht *f* близкорóдственное разведéние 5; *Bot* инцу́хт 2
inzwischen *Adv* тем врéменем, мéжду тем
Ion *n* иóн 2; **~isation** *f* ионизáция 8
ionisch иони́ческий | Ionisches Meer Иони́ческое мóре
ionisieren *tr* ионизи́ровать *uv, v* 2
Ion|ium *n* иóни|й 1 *P* -и; **~osphäre** *f* ионосфéра 6
Irak *m* Ирáк 2; **~er** *m* жи́тель 1 Ирáка, ирáк|ец, -ца 2; **~erin** *f* жи́тельница 6 Ирáка
irakisch ирáкский

Iran *m* Ира́н 2; **~er** *m* ира́н|ец| -ца 2; **~erin** *f* ира́нка 6
iranisch ира́нский
irdisch земно́й
Ire *m* ирла́нд|ец| -ца 2
irgend *Adv* то́лько | wenn ~ möglich е́сли то́лько возмо́жно; **~etwas** Unbestimmtes что́-нибудь; Bestimmtes что́-то; ~ jemand Unbestimmtes кто́-нибудь; Bestimmtes кто́-то; **~ein(er)** *Pron unbest* како́й-нибудь; *best* како́й-то; **~wann** *Adv unbest* когда́-нибудь; *best* когда́-то; **~was** *Pron unbest* что́-нибудь; *best* что́-то; *einiges* ко́е-что; **~wie** *Adv unbest* ка́к-нибудь; *best* ка́к-то, ко́е-как; **~wo** *Adv unbest* где́-нибудь; *best* где́-то; **~woher** *Adv unbest* отку́да-нибудь; *best* отку́да-то; **~wohin** *Adv unbest* куда́-нибудь; *best* куда́-то
Iridium *n* ири́ди|й 1 *P* -и
Irin *f* ирла́ндка 6
Iris *f Anat* ра́дужная оболо́чка 6; Blume и́рис 2
irisch ирла́ндский
Irland Ирла́ндия 8
Ironie *f* иро́ния 8
ironisch ирони́ческий
irrational иррациона́л|ьный| -ен| -ьна *a. Math*
irre verrückt поме́шанный, сумасше́дший 11 | ich bin ganz ~ я совсе́м сбит с то́лку; an j-m ~ werden потеря́ть *v* дове́рие к кому́-н., ошиба́ться ⟨-|шиби́ться*⟩ в ком-н.
Irre *f:* in die ~ gehen заблу|жда́ться ⟨-ди́ться 3 -жу́сь⟩, сбива́ться ⟨-|би́ться*; собью́сь⟩ с пути́; j-n in die ~ führen вводи́ть 3⁺ ⟨-|вести́*⟩ кого́-н. в заблужде́ние
irreal нереа́л|ьный| -ен| -ьна
irre|führen *tr übertr* вводи́ть 3⁺ -вожу́ ⟨-|вести́*⟩ в заблужде́ние; **~gehen** *intr* sich verirren заблу|жда́ться ⟨-ди́ться 3⁺ -жу́сь⟩; umherirren блужда́ть; *übertr* sich irren ошиба́ться ⟨-|шиби́ться*⟩
irren *intr* umher~ блужда́ть; ziellos бро|ди́ть 3⁺ -жу́; sich ~ *refl* ошиба́ться ⟨-|шиби́ться*⟩ (in в *P*) | ich kann mich auch ~ мо́жет быть, я ошиба́юсь; Irren ist menschlich челове́ку сво́йственно ошиба́ться
Irrenhaus *n* сумасше́дший 11 дом *umg*
irrereden *intr* im Fieber бре́|дить 3⁺ -жу
Irr|fahrt *f* блужда́ние 5; in Sagen стра́нствование 5; **~garten** *m* лабири́нт 2
irrig оши́боч|ный| -ен, ло́ж|ный| -ен | eine ~e Meinung vertreten выска́зывать ⟨вы́с|казать*⟩ оши́бочное мне́ние
irritieren *tr* erregen раздраж|а́ть ⟨-и́ть 3⟩; irremachen сбива́ть ⟨с|бить*| собью⟩ с то́лку
Irr|lehre *f* лжеуче́ние 5; **~licht** *n* блужда́ющий огон|ёк| -ька́ 11-2; **~sinn** *m* безу́мие 5, сумасше́ствие 5; Unsinniges *umg* бессмы́слица 6
irrsinnig сумасше́дший 11, безу́м|ный| -ен | in einem ~en Tempo в бе́шеном те́мпе
Irrtum *m* оши́бка 6 | es liegt ein ~ vor произошла́ оши́бка; im ~ sein ошиба́ться
irrtümlich оши́боч|ный| -ен; **~erweise** *Adv* по оши́бке, оши́бочно
Irrweg *m* ло́жный путь
Ischias *f* и́шиас 2; **~nerv** *m* седа́лищный нерв
Islam *m* исла́м 2
islamisch исла́мский
Is|land Исла́ндия 8; **~länder** *m* исла́нд|ец| -ца 2; **~länderin** *f* исла́ндка 6
isländisch исла́ндский
Isobare *f* изоба́ра 6
Isolat|ion *f* изоля́ция 8 *a. Tech;* **~or** *m El* изоля́тор 2
Isolierband *n* изоляцио́нная ле́нта
isolieren *tr* изоли́ровать *uv, v* 2 *a. Tech;* sich ~ *refl* изоли́роваться
Isolier|schicht *f* изоляцио́нный [изоли́рующий 11] слой; **~stoff** *m* изоляцио́нный материа́л
Isolier|theit *f* изоли́рованность 9, обосо́бленность 9; **~ung** *f* Material изоля́ция 8; Tätigkeit изоли́рование 5
Iso|therme *f* изоте́рма [тэ] 6; **~top** *n* изото́п 2
Israel Изра́иль 1; **~i** *m* израильт|я́нин 2| *Pl* -я́не| -я́н; *f* израильтя́нка 6
israelisch изра́ильский
Istanbul Стамбу́л 2
Ist|bestand *m* нали́чный соста́в; **~stärke** *f* нали́чный соста́в; **~wert** *m* и́стинная [факти́ческая] величина́ 6c
Italien Ита́лия 8
Italiener *m* италья́н|ец| -ца 2; **~in** *f* италья́нка 6
italienisch италья́нский
I-Tüpfelchen *n:* bis aufs ~ до после́дней ме́лочи

J

ja 1. *Adv* Zustimmung да | ~, ich bin fertig да| я гото́в; ~| das waren glückliche Tage да| э́то бы́ли счастли́вые дни; zu allem ~ sagen со всем согла|ша́ться ⟨-си́ться 3 -шу́сь⟩; ~ und amen zu etw. sagen дава́ть* ⟨дать*⟩ своё по́лное согла́сие на что-н.; zur Überbrückung einer Sprechpause да, так | ~, was mache ich bloß? ах да| что же э́то тако́е я де́лаю?; ~, so war es да| так э́то бы́ло; na ~! пусть [э́то] так!; ну да!; ich glaube, ~. э́то так? – Ду́маю, что так. **2.** *Interj zur Verstärkung:* doch ведь, же; sogar да́же; unbedingt обяза́тельно | es regnet ~ ведь дождь идёт; es ist ~ einerlei э́то ведь безразли́чно; vergessen Sie es ~ nicht! то́лько не забу́дьте э́того!; tun Sie es ~ nicht! ни в ко́ем слу́чае не де́лайте э́того!; lassen Sie das ~ sein! оста́вьте [бро́сьте] э́то (де́ло)!; «Ja bitte» am Telefon слу́шаю; in Ausrufen: ~ doch! (на)ве́рно!, коне́чно!; ach, ~ bedauernd к сожале́нию, да

Ja *n* | mit ~ antworten выража́ть ⟨вы́ра|зить 3 -жу⟩ своё согла́сие; mit ~ stimmen für etw. голосова́ть 2 (про-) за что-н.

Jacht *f* я́хта 6 | mit der ~ на я́хте; **~klub** *m* яхт-клу́б 2

Jäckchen *n* ко́фточка 6

Jacke *f* Joppe ку́ртка 6; kurze Frauen~, Strick~ ко́фта 6, ко́фточка 6; Kostüm~, Woll~ жаке́т 2; Sakko пиджа́к 2e; Haus- oder Uniform~ тужу́рка 6 | ärmellose ~ безрука́вка 6

Jackenkleid *n* пла́тье-костю́м 5-2

Jackett *n* пиджа́к 2e

Jagd *f* охо́та 6 (auf на *A*); Hetz~ тра́вля 7; als Gewerbe (охо́тничий 12) про́мыс|ел, -ла 2; Verfolgung охо́та (auf j-n, etw. за кем-н., чем-н.); nach Verbrechern, Geld, Glück пого́ня 7 за *I* | auf die ~ gehen ходи́ть (*best* идти́, по|йти́* *v*) на охо́ту; auf (der) ~ sein быть на охо́те; ~ machen auf j-n охо́|титься 3 -чусь на кого́-н. *oder* за кем-н.; **~flieger** *m* лётчик-истреби́тель 2-1; **~flugzeug** *n* (самолёт-)истреби́тель (2-)1; **~gebiet** *f* охо́тничий 12 райо́н; **~geschwader** *n* истреби́тельный авиапо́лк 2e *P a.* -у́; **~gesellschaft** *f* (ме́стное) охо́тничье 12 о́бщество; **~gewehr** *n* охо́тничье 12 ружьё; **~horn** *n* охо́тничий 12 рог; **~hund** *m* охо́тничья 12 соба́ка; **~revier** *n* охо́тничий 12 уча́сток; **~schein** *m* охо́тничий 12 биле́т; **~springen** *n* охо́тничий 12 конку́р-иппи́к 2; **~staffel** *f* эскадри́лья истреби́телей; **~tasche** *f* ягдта́ш 2 *G Pl* -ей; **~waffen** *f Pl* охо́тничье 12 ору́жие; **~wurst** *f* охо́тничья 12 колбаса́; **~zeit** *f* охо́тничий сезо́н 12-2

jagen *tr* Wild охо́|титься 3 -чусь на *A oder* за *I;* mit Hunden трав|и́ть 3⁺ -лю́ (за-); treiben гнать* *best,* гоня́ть *unbest;* погна́ть *v;* vertreiben прогоня́ть ⟨-гна́ть⟩, выгоня́ть ⟨вы́гнать⟩; aus dem Lande изгоня́ть ⟨-гна́ть⟩; verfolgen гна́ться (по-) *best,* гоня́ться *unbest; intr* Jagd betreiben охо́титься (auf, nach на *A oder* за *I); übertr* гна́ться (по-) (nach etw. за чем-н.); Auto, Wolken мча́ться 3 (по-), но|си́ться 3⁺ -шу́сь, нести́сь*; schnell gehen торо-п|и́ться 3⁺ -лю́сь (по-), спеши́ть 3 | aus dem Hause ~ выгоня́ть ⟨вы́гнать⟩ и́з дому; nach einem Hirsch ~ охо́титься на оле́ня [за оле́нем]; nach Titeln [nach dem Glück] ~ гна́ться за ти́тулами [за сча́стьем]; nach Abenteuern ~ иска́ть* приключе́ний; die Ereignisse ~ sich собы́тия бы́стро сле́дуют одно́ за други́м; das Auto jagte durch die Straßen (авто)маши́на мча́лась по у́лицам

Jäger *m* охо́тник 2; *hist Mil* е́герь 1b *Pl* егеря́; *Flugw* (самолёт-)истреби́тель (2-)1; **~latein** *n übertr* охо́тничьи расска́зы 12-*Pl* 2, небыли́цы *Pl* 6; **~sprache** *f* охо́тничий жарго́н 12-2

Jaguar *m* ягуа́р 2

jäh plötzlich внеза́п|ный, -ен; abschüssig обры́вист:ый, крут:о́й, -á!

Jahr *n* год 2b; в году́, *Pl* го́ды *u.* года́, *G* годо́в, *nach Zahlen ab 5* лет | ein halbes ~ полго́да; ein ganzes ~ hindurch кру́глый год; von ~ zu ~ из го́да в год; ~ für ~ год за го́дом; voriges ~ в про́шлом году́; vor zwei ~en два го́да тому́ наза́д; pro ~, im ~ в год; im ~e 1959 в ты́сяча девятьсо́т пятьдеся́т девя́том году́; es war das ~ 1920 шёл 1920-ый год; in den zwanziger ~en в двадца́тых года́х; in den ~en des … в [за] го́ды …; während des ganzen ~es за це́лый год; im Verlaufe eines ~es за́ год; im nächsten ~ в бу́дущем году́, на сле́дующий год; in einem ~, übers ~ че́рез год; nach drei ~en че́рез три го́да; der Plan wurde in einem ~ erfüllt план был вы́полнен за (оди́н) год; fünf ~e lang в тече́ние пяти́ лет; seit ~ und Tag (уже́) мно́го лет, давны́м-давно́; er ist ein ~ alt ему́ год; er ist vier ~e alt ему́ четы́ре го́да, er ist fünf ~e alt ему́ пять лет; ich werde zwanzig ~e alt мне исполня́ется два́дцать лет; in die ~e kommen вхо|ди́ть 3⁺ -жу́ ⟨во|йти́*⟩ в года́, ста́риться 3 (со-); er ist schon bei ~en он уже́ в года́х, он уже́ пожило́й; in jungen ~en в молоды́х года́х; j-m ein gesundes neues ~ wünschen поздр|авля́ть ⟨-а́вить 3 -а́влю⟩ кого́-н. с Но́вым го́дом; j-m zum neuen ~ Glück wünschen пожела́ть *v* кому́-н. сча́стья в но́вом году́

jahraus *Adv:* ~, jahrein из го́да в год, год за го́дом

Jahrbuch *n* ежего́дник 2

jahrelang **1.** *Adj* многоле́тний 11 **2.** *Adv* мно́го лет, в тече́ние мно́гих лет

jähren, sich *refl:* es jährt sich, daß … (вот) уже́ год, как …; ein Ereignis jährt sich наступа́ет годовщи́на како́го-н. собы́тия; heute jährt sich sein Todestag сего́дня исполня́ется год со дня его́ сме́рти; der Hochzeitstag jährte sich zum

vierten Mal испóлнилось [прошлó] четы́ре гóда со дня свáдьбы
Jahres|abschluß *m Fin* годовóй балáнс 2; **~bericht** *m* годовóй отчёт; **~durchschnitt** *m:* im ≈ в срéднем за год; **~einkommen** *n* годовóй дохóд; **~endprämie** *f* прéмия по результáтам [итóгам] рабóты за год, годовáя прéмия; **~feier** *f* прáзднование [зн] годовщи́ны, юбилéй 1; **~frist** *f* годи́чный срок | in ≈ в течéние гóда, зá год; **~hauptversammlung** *f* отчётно-вы́борное собрáние; **~plan** *m* годовóй план, план нá год; **~produktion** *f* годовóе произвóдство; **~ring** *m Bot* годи́чное кольцó; **~schrift** *f* ежегóдник 2; **~tag** *m* годовщи́на 6 | am ≈ в годовщи́ну; der zehnte ≈ деся́тая годовщи́на 6, десятилéтие 5; **~umsatz** *m* годовóй оборóт; **~urlaub** *m* годовóй óтпуск; **~wechsel** *m* наступлéние 5 нóвого гóда | zum ≈ gratulieren поздр|авля́ть ⟨-áвить 3 -áвлю⟩ с Нóвым гóдом; Glückwünsche zum ≈ поздравлéние с Нóвым гóдом; **~zahl** *f* указáние 5 гóда, год 2b; **~zeit** *f* врéмя гóда
Jahr|gang *m* Zeitschrift годовóй комплéкт 2; Erscheinungsjahr von Zeitschrift год 2b издáния; *Mil* год призы́ва, призывнóй контингéнт 2 | er gehört demselben ≈ an wie ich он тогó же гóда рождéния, что и я; welcher ≈ sind Sie? каковó вы гóда (рождéния)?; der ≈ 1969 wurde einberufen был при́зван 1969-ый год [контингéнт 1969-ого гóда]; obere [untere] Jahrgänge Schule стáршие 11 [млáдшие 11] клáссы *Pl* 2; ≈ 1950 Wein винó урожáя 1980-ого гóда; **~hundert** *n* столéтие 5, век 2b; *Pl* -á | ein halbes ≈ полстолéтия, полвéка; im 20. ≈ в 20-ом вéке; von ≈ zu ≈ из вéка в век
Jahrhundertwende *f* наступлéние 5 нóвого вéка [столéтия] | um die ~ на рубежé двух векóв
jährlich 1. *Adj* ежегóдный | das ~e Einkommen годовóй дохóд, дохóд зá год 2. *Adv* ежегóдно | zweimal ~ два рáза в год
Jahr|markt *m* я́рмарка 6; **~tausend** *n* тысячелéтие 5; **~zehnt** *n* десятилéтие 5 | im letzten ≈ в послéднее 11 десятилéтие
jahrzehntelang *Adv* десятилéтиями, в течéние десятилéтий
Jähzorn *m* вспы́льчивость 9 | im ~ сгорячá
jähzornig вспы́льчив:ый | ~ werden вспыли́ть *v* 3
Jakarta Джакáрта 6
Jakut|e *m* якýт 2; **~in** *f* якýтка
jakutisch якýтский
Jalousie *f* жалюзи́ *n idkl*
Jalta Я́лта 6
Jamaika Ямáйка 6 | in ~ на Ямáйке
Jambus *m* ямб 2
Jammer *m* Klage (грóмкий) плач 2, вопль 1; Elend бéдствие 5, бедá 6c; Kummer гóре 3 | es ist ein ~, daß … до слёз жаль, что …; es ist ein ~ (zu sehen), wie … бóльно смотрéть, как …; **~geschrei** *f* вóпли *Pl* 1; **~gestalt** *f* жáлкая фигýра; **~lappen** *m* тря́пка 6
jämmerlich 1. *Adj* Blick, Geschrei жáлоб|ный, -ен; Mensch, Dasein, Bezahlung жáл|кий, -ок, -кá!; -ьче, ничтóж|ный, -ен 2. *Adv:* ~ aussehen имéть жáлкий вид
jammern *intr* wehklagen причитáть (um j-n по *P*), ныть* (um, über, wegen etw. из-за чегó-н.); klagen жáловаться 2 (по-) (über на *A oder mit Konj* что); *tr:* er jammert mich мне óчень жаль егó; es jammert mich, ihn so elend zu sehen мне бóльно смотрéть на егó нуждý
jammer|schade *Adv* до слёз, óчень жаль; **~voll** Leben жáл|кий, -ок, -кá!; Lage плачéв|ный, -ен; Stöhnen, Blick жáлост|ный, -ен
Januar *m* янвáрь 1e
Japan Япóния 8; **~er** *m* япóн|ец, -ца 2; **~erin** *f* япóнка 6
japanisch япóнский
Jargon *m* жаргóн 2
Jasmin *m* жасми́н 2
Jaspis *m* я́шма 6
Jastimme *f* гóлос «за»
jäten *tr u. intr* полóть* (вы́-); Unkraut a. выпáлывать ⟨вы́полоть⟩; Garten a. пропáлывать ⟨-полóть⟩
Jauche *f* (навóзная) жи́жа 6
Jauche[n]|faß *n* бóчка для жи́жи; **~grube** *f* я́ма для навóзной жи́жи; **~pumpe** *f* насóс для (откáчки) навóзной жи́жи; **~wagen** *m* телéга для навóзной жи́жи
jauchzen *intr:* hell ~ (грóмко) ликовáть 2; vor Freude ~ вскри́кивать от рáдости
jaulen *intr* выть*, завывáть
Java Я́ва 6 | auf ~ на Я́ве
Javaner *m* явáн|ец, -ца 2, жи́тель 1 Я́вы; **~in** *f* явáнка 6
javanisch явáнский
jawohl *Adv* совершéнно вéрно; *Mil* так тóчно
Jawort *n* соглáсие 5 (zu etw. с чем-н.) | sein ~ geben давáть ⟨дать⟩ своё соглáсие (zur Ehe на брак)
Jazz *m* джаз 2; **~band** *f* джаз 2, джаз-бáнд 2; **~musik** *f* джáзовая мýзыка; **~musiker** *m* джази́ст 2; **~orchester** *n* джаз-оркéстр 2, джáзовый ансáмбль 1
je 1. *Adv* jemals когдá-нибудь; *bei Verneinung* никогдá | wer hätte das ~ gedacht! кто бы мог (э́то когдá-нибудь) подýмать!; keiner wird es ~ begreifen никтó никогдá э́того не поймёт; wie eh und ~ как всегдá; von ~ и́здавна 2. *Präpos*

vor Zahlwörtern по *D (Num ab 2–A);* за *A;* с *G* | ~ ein [zwei, drei *usw.*] по одному́ [по́ два, по́ три]; ~ ein Buch по кни́ге; für ~ fünf Stück ... за ка́ждые пять штук ...; ... ~ Hektar ... с гекта́ра **2.** *Konj:* ~ nachdem смотря́ по (тому́); ~ eher, desto besser чем ра́ньше, тем лу́чше; ~ ..., desto ... чем ..., тем ...; ~ nachdem, was er sagen wird в зави́симости от того́, что он ска́жет

Jeans *Pl* джи́нсы *Pl;* **~jacke** *f* джи́нсовая ку́ртка

jedenfalls *Adv* во вся́ком слу́чае

jeder *Pron* ка́ждый; jeglicher вся́кий | ~ beliebige любо́й, пе́рвый встре́чный; ~ einzelne ка́ждый в отде́льности; hat ~ seinen Fahrschein? у всех есть биле́ты?; zu ~ (beliebigen) Zeit в любо́е вре́мя; um jeden Preis любо́й ценой; ohne jeden Zweifel без вся́кого сомне́ния; auf jeden Fall на вся́кий слу́чай; in jedem Fall во вся́ком слу́чае; jede Arbeit вся́кая рабо́та; jede Woche ка́ждую неде́лю; **~lei** *Adj* вся́кий | auf ≈ Art вся́чески, любы́м спо́собом; **~mann** *Pron* ка́ждый, вся́кий; **~zeit** *Adv* всегда́; zu jeder beliebigen Zeit в любо́е вре́мя

jedesmal *Adv* ка́ждый [вся́кий] раз

jedoch *Konj* одна́ко; же *nachgestellt* | ich reise ab, mein Freund jedoch bleibt я уезжа́ю, това́рищ же остаётся

Jeep *m* джип 2

jeher *Adv:* von ~ и́здавна, с да́вних пор

jemals *Adv* когда́-нибудь, когда́-либо; *bei Verneinung* никогда́

jemand *Pron* ganz gleich [einerlei] wer кто́-нибудь, кто́-либо; eine bestimmte, aber nicht bekannte Person, irgendein кто́-то, *buchspr a.* не́кто | hast du jemand(em) davon erzählt? ты кому́-нибудь об э́том рассказа́л?; frage doch ~ anders! спроси́ (у) кого́-нибудь друго́го!; auf ~es Kosten leben жить за че́й-нибудь счёт; ~ hat nach Ihnen gefragt кто́-то вас спра́шивал

Jemen Йе́мен [мэ] 2

Jemenit *m* йе́мен|ец [мэ], -ца 2, жи́тель 2 Йе́мена

jemenitisch йе́менский [мэ]

Jena Ие́на 6

jener (jene, jenes, jene) *Pron* тот 15 (*f* та, *n* то, *Pl* те) | dieser und ~ тот и друго́й; dies und jenes то да сё; er hat mit diesem und jenem gesprochen поговори́л ко́е с ке́м

Jenissej Енисе́й 1

jenseit|ig лежа́щий 11 по ту сто́рону; gegenüberliegend противополо́ж|ный, -ен; **~s 1.** *Adv* по ту сто́рону **2.** *Präpos* по ту сто́рону *G;* за *I* | ≈ des Flusses [der Grenze] по ту сто́рону реки́ [грани́цы], за реко́й [грани́цей]

Jenseits *n* потусторо́нний мир 11-2 | j-n ins ~ befördern отправля́ть ⟨отпра́в|ить 3 -лю⟩ кого́-н. на тот свет

Jerewan Ерева́н 2

Jersey *n* Wollstoff дже́рси, джерсе́ [сэ] *m oder n idkl;* Fußballhemd футбо́лка 6 | aus ~ из дже́рси

Jerusalem Иерусали́м 2

Jesuit *m* иезуи́т 2

Jesuitenorden *m* о́рден иезуи́тов, иезуи́тский о́рден

jetzig ны́нешний 11, тепе́решний 11 | in der ~en Zeit в на́ше [в настоя́щее] вре́мя

jetzt *Adv* тепе́рь; heutzutage a. ны́не | bis ~ до сих пор, до настоя́щего вре́мени; von ~ ab отны́не, с э́того моме́нта; ~ eben то́лько что; ~ gleich сейча́с же; ~ oder nie! тепе́рь и́ли никогда́!

jeweil|ig де́йствующий 11 (в да́нном слу́чае), тепе́решний 11; entsprechend соотве́тствующий 11 | nach den ≈en Normen по де́йствующим (в да́нных усло́виях, в соотве́тствующее вре́мя) но́рмам; in der ≈en Landeswährung в валю́те да́нной [соотве́тствующей] страны́; **~s** *Adv* ка́ждый раз, в ка́ждом слу́чае | nach den ≈ geltenden Bestimmungen в соотве́тствии с де́йствующими (в ка́ждом слу́чае) положе́ниями; die ≈ geltenden Preise де́йствующие 11 в да́нном слу́чае це́ны; das Abkommen kann ≈ um ein weiteres Jahr verlängert werden соглаше́ние мо́жет быть продлено́ на ка́ждый после́дующий год; ≈ Mittwoch ка́ждый раз в сре́ду

jiddisch 1. *Adj* евре́йский; *Lit* на языке́ и́диш | ~e Sprache и́диш **2.** *Adv* по-евре́йски; на и́диш(е)

Jiu-Jitsu *n* джи́у-джи́тсу *n idkl*

Joch *n* für Ochsen ярмо́ 4c; Bergsattel седлови́на 6; *übertr* ярмо́, и́го 4; Last бре́м|я *n G, D, P* -ени, *I* -енем, гнёт 2 | ein schweres ~ tragen нести́ тя́жкое бре́мя; **~bein** *n* скулова́я кость 9g

Jockei *m Sport* жоке́|й 1 *G Pl* -ев

Jod *n* йод [ёд] 2

jodeln *intr* петь* с перели́вами (на тиро́льский лад)

jodhaltig *Chem* йодосодержа́щий [ёд]; Lösung йо́дный

Jodler *m* Gesang пе́ние 5 с перели́вами, трель 9 на тиро́льский лад; Person пев|е́ц, -ца́ 2, исполня́ющий 11 пе́сни с перели́вами (на тиро́льский лад)

Jod|oform *n* йодофо́рм 2 [ёд]; **~präparat** *n* йо́дистый [ёд] препара́т; **~tinktur** *f* насто́йка йо́да [ёд]

Joghurt *m, n* йогу́рт 2

Johannis|beere *f* сморо́дина 6; einzelne я́года сморо́дины; **~beerstrauch** *m* куст сморо́дины; **~brot** *n* царегра́дский струч|о́к, -ка́ 2; **~käfer** *m* светля́к 2е

johlen *intr* ора́ть*, горла́нить 3

Joker *m* джо́кер 2

Jongleur *m* жонглёр 2

jonglieren *tr u. intr* жонгли́ровать 2 (mit *I*)

Joppe *f* ку́ртка 6

Jordanie|n Иорда́ния 8; **~r** *m* иорда́н|ец, -ца 2; **~rin** *f* иорда́нка 6

jordanisch иорда́нский

Jota *n* йо́та [ёт] 6 | kein ~ ни на йо́ту, ниско́лько

Joule *n El* джо́уль 1

Journal *n* журна́л 2; **~ist** *m* журнали́ст 2; **~istik** *f* журнали́стика 6

journalistisch журнали́стский

jovial leutselig (нарочи́то) приве́тлив:ый

Jovialität *f* (напускна́я) приве́тливость 9

Jubel *m* ликова́ние 5 | der ~ kannte keine Grenzen ликова́ние бы́ло безграни́чно; da ist ~, Trubel, Heiterkeit там цари́т бу́рное весе́лье

jubeln *intr* ликова́ть 2 (über etw. по слу́чаю чего́-н.); **~d 1.** *Adj* лику́ющий 11; Empfang восто́рженный **2.** *Adv* с ликова́нием

Jubilar *m* юбиля́р 2; **~in** *f* юбиля́р 2, юбиля́рша 6 *umg*

Jubiläum *n* юбиле́|й 1 *G Pl* -ев | zwanzigjähriges ~ двадцатиле́тний 11 юбиле́й; ein ~ feiern пра́здновать [зн] 2 (от-) юбиле́й

Jubiläums|feier *f* юбиле́йный пра́здник; ≈n юбиле́йные торжества́; **~feierlichkeiten** *f Pl* юбиле́йные торжества́

Juchten[leder] *n* юфть 9

jucken *intr* чеса́ться*, зуд|е́ть 3 -и́т | mir juckt die Nase у меня́ чё́шется нос; meine Hand juckt рука́ (у меня́) зуди́т; es juckt mich in den Fingern *übertr* у меня́ ру́ки чё́шутся

Juckreiz *m* зуд 2

Jude *m* евре́|й 1 *G Pl* -ев

Jüdin *f* евре́йка 6

jüdisch евре́йский

Judo *n Sport* дзюдо́ *n idkl;* **~ka** *m* дзюдои́ст 2; **~meisterschaften** *f Pl* чемпиона́т по дзюдо́; **~sportler** *m* = **Judoka**

Jugend *f* Alter мо́лодость 9, ю́ность 9; junge Menschen молодёжь 9, ю́ношество 4 | von ~ auf с ю́ности, с молоды́х [с ю́ных] лет; sie ist schon über ihre erste ~ hinaus она́ уже́ не пе́рвой мо́лодости; die ~ von heute ны́нешняя 11 [совреме́нная] молодёжь; **~alter** *n* ю́ношеский во́зраст; **~arbeit** *f* рабо́та с молодёжью; **~bewegung** *f* молодёжное движе́ние; **~brigade** *f* молодёжная брига́да; **~buch** *n* кни́га для молодёжи; **~chor** *m* молодёжный хор; **~erinnerungen** *f Pl* воспомина́ния *Pl* 5 ю́ности [мо́лодости]; **~erziehung** *f* воспита́ние молодёжи; **~förderung** *f* выдвиже́ние молодёжи; **~förderungsplan** *m* план созда́ния усло́вий для разви́тия и обуче́ния молодёжи; **~freund** *m* друг ю́ности; **~freundin** *f* подру́га ю́ности; **~funk** *m* радиовеща́ние 5 для молодёжи; **~fürsorge** *f* попече́ние о несовершеннолéтних; Behörde о́рган 2 социа́льной по́мощи несовершеннолéтним; **~gericht** *n* суд по дела́м несовершеннолéтних; **~gesetz** *n* зако́н о права́х молодёжи; **~herberge** *f* тури́стская ба́за [турба́за 6] для молодёжи; **~klasse** *f Sport* ю́ношеский разря́д; **~klub(haus)** *m (n)* клуб [дом] молодёжи; **~kriminalität** *f* престу́пность среди́ молодёжи [среди́ несовершеннолéтних]

jugendlich 1. *Adj* молодо́й, мо́лод, молода́!, моло́же; Eigenschaft сво́йствен:ный, -на мо́лодости, ю́ношеский; Kleidung молодёжный | ein ~er Täter несовершеннолéтний 11 престу́пник; ~e Erscheinung молодо́й [моложа́вый] вид; ~e Begeisterung молодо́й [ю́ношеский] энтузиа́зм **2.** *Adv* sich kleiden молодёжно, по-молодёжному | ~ aussehen вы́глядеть мо́лодо [моложа́во]

Jugendliche *f* bis ca. 16 Jahre подро́ст|ок, -ка 2; erwachsenes Mädchen де́вушка 6; **~r** *m* bis ca. 16 Jahre подро́ст|ок, -ка 2; Jüngling ю́ноша 6 | Jugendliche über sechzehn Jahre ... молодёжь ста́рше шестна́дцати лет ...; Jugendliche unter 16 Jahren haben keinen Zutritt де́ти до шестна́дцати лет не допуска́ются

Jugend|liebe *f* пе́рвая [ю́ношеская] любо́вь; **~literatur** *f* литерату́ра для молодёжи [ю́ношества]; **~mannschaft** *f Sport* ю́ношеская кома́нда; **~objekt** *n* молодёжная стро́йка 6; **~organisation** *f* молодёжная организа́ция; **~schriftsteller** *m* писа́тель, пи́шущий 11 для молодёжи; **~schutz** *m* охра́на (прав) молодёжи; **~schutzgesetz** *n* зако́н об охра́не молодёжи; **~streich** *m* ю́ношеская вы́ходка; **~stunde** *f* заня́тия *Pl* 5 по подгото́вке посвяще́ния в ю́ношество; **~treffen** *n* слёт молодёжи; **~verband** *m* сою́з молодёжи; **~weihe** *f* посвяще́ние в ю́ношество; **~werkhof** *m* исправи́тельно-трудова́я коло́ния 8 для несовершеннолéтних (престу́пников и трудновоспиту́емых); **~wohnheim** *n* молодёжное общежи́тие 5; **~zeit** *f* вре́мя [го́ды *Pl*] ю́ности | in meiner ≈ в (мое́й) мо́лодости

Jugoslaw|e *m* югосла́в 2; **~ien** Югосла́вия 8; **~in** *f* югосла́вка 6

jugoslawisch югосла́вский

Juice *m* (фруктóвый) сок 2 *G a.* -у¦ в сокý
Juli *m* иЮль 1
jung молодóй¦ мóлод¦ молодá!¦ молóже; Pionier, Techniker Юн:ый¦ -á!; frisch, neu свéж:ий 11¦ -á¦ -ó¦ свéжи́ I ~er Naturforscher Юный натурали́ст; ~es Gemüse свéжие óвощи; ~er Wein молодóе винó; ~ werden молодéть 1 (по-); von ~ auf с Юности, с молоды́х [с Юных] лет; ~ und alt стар и млад; ~ an Jahren молодóй годáми; in ~en Jahren в молоды́е [в Юные] гóды; (um) zwei Jahre jünger на два гóда молóже; die jüngere Generation млáдшее 11 поколéние; der jüngste in der Familie млáдший 11 в семьé; der Jüngere Namenszusatz млáдший; er hat ~ geheiratet он рáно жени́лся; sie sind ein ~es Ehepaar они́ молодожёны, они́ недáвно пожени́лись
Jungaktivist *m* молодóй передови́к 2е трудá
[1]**Junge** *m* мáльчик 2; *verächtl* мальчи́шка 6; junger Bursche пáр|ень¦ -ня 1 I ein dummer ~ глýпый мальчи́шка; ein fixer ~ молод|éц¦ -цá 2; alter ~! дружи́ще!; ~n und Mädchen пáрни и дéвушки
[2]**Junge** *n Zool* детёныш 2 *G Pl* -ей I das ~ der Katze [des Elefanten] *meist* котён|ок¦ -ка 2 *Pl* котя́та¦ -я́т¦ -я́там [слонён|ок¦ -ка *Pl* слон|я́та¦ -я́т¦ -я́там]
jungenhaft мальчи́шеский
Jungenstreich *m* мальчи́шеская вы́ходка
Jungfer *f alt* деви́ца 6 I alte ~ стáрая дéва 6
Jungfern|fahrt *f* пéрвый рейс 2, пéрвое плáвание 5; **~häutchen** *n* дéвственная плевá; **~schaft** *f* дéвственность 9
Jungfrau *f* дéвственница 6 I die ~ von Orleans Орлеáнская дéва
jungfräulich дéвствен:ный¦ -на I ~er Boden целинá 6
Junggeselle *m* холостя́к 2е
Junggesellendasein *n* холостя́цкая жизнь
Jüngling *m* Юнош|а *m* 6 *G Pl* -ей
Jünglingsalter *n* Юношеский вóзраст
jüngst 1. *Adj* (сáмый) млáдший 11; unlängst недáвний 11 I die ~en Ereignisse послéдние 11 собы́тия; in ~er Zeit недáвно, в послéднее врéмя; das Jüngste Gericht стрáшный суд **2.** *Adv* недáвно, в (сáмое) послéднее врéмя
jungverheiratet: sie sind ~ они́ недáвно пожени́лись; er ist ~ он недáвно жени́лся I die Jungverheirateten молодожёны *Pl* 2
Jungvieh *n* молодня́к 2е
Juni *m* иЮнь 1; **~abend** *m* иЮньский вéчер
junior Namenszusatz млáдший 11
Junior *m Sport* юниóр 2; *Wirtsch* молодóй шеф 2, млáдший 11 владéл|ец¦ -ьца 2
Junioren|mannschaft *f Sport* комáнда юниóров; **~meisterschaften** *f Pl* соревновáния на пéрвенство среди́ юниóров
Junker *m* Юнкер 2
Junta *f* хýнта 6
Jupiter *m Astr, Myth* Юпи́тер 2; **~lampe** *f* Юпи́тер 2
[1]**Jura** *n Pl Jur* правовéдение 5, прáво 4b I ~ studieren изучáть прáво
[2]**Jura** *m Geogr* Юрá 6; *Geol* Юрский пери́од 2, Юрá
Jurist *m* юри́ст 2, правовéд 2; Student юри́ст
juristisch юриди́ческий
Jurte *f* Юрта 6
Jury *f* жюри́ *n idkl*
justieren *tr* юсти́ровать *uv, v* 2 *a. Typ,* выверя́ть ⟨вы́верить 3⟩
Justierschraube *f* юстирóвочный винт
Justierung *f* юстирóвка 6, вы́верка 6
Justiz *f* юсти́ция 8, правосýдие 5; Behörde юсти́ция; **~behörden** *f Pl* судéбные влáсти; **~irrtum** *m* судéбная оши́бка; **~minister** *m* мини́стр юсти́ции; **~mord** *m* судéбное уби́йство
Jute *f* джут 2; **~pflanze** *f* джýтовое растéние
Jütland Ютлáндия 8
Juwel *m* драгоцéнный (огранённый) кáм|ень¦ -ня 1g; Kleinod драгоцéнность 9; *übertr* сокрóвище 4, жемчýжина 6
Juwelenschmuck *m* драгоцéнности *Pl* 9
Juwelier *m* ювели́р 2; **~geschäft** *n* ювели́рный магази́н; **~waren** *Pl* ювели́рные издéлия
Jux *m umg* шýтка 6 I etw. aus ~ tun дéлать (с-) что-н. в шýтку [для смéха]

K

Kabarett *n* теáтр 2 миниатЮр, теáтр эстрáды [сати́ры]; *hist* кабарé [рэ] *n idkl* I literarisches ~ эстрáдная прогрáмма 6 на литератýрные тéмы; politisches ~ теáтр полити́ческой сати́ры; **~ist** *m* арти́ст 2 теáтра миниатЮр [сати́ры], эстрáдный арти́ст; *hist a.* арти́ст кабарé [рэ]
Kabel *n El* кáбель 1; Trosse трос 2; *Mar* кáбельтов 2 *Pl* 13 -ы¦ -ых¦ -ым; **~fernsehen** *n* кáбельное телеви́дение
Kabeljau *m* трескá 6
Kabel|kran *m* кáбельный кран; **~länge** *f Mar* кáбельтов 2 *Pl* 13 -ы¦ -ых; **~leger** *m* кáбельное сýдно 4 *Pl* судá 2; **~leitung** *f* кáбельная проводка 6; Fernmeldetechnik кáбельная ли́ния (свя́зи)

kabeln *tr* телеграфи́ровать *uv, v* 2, пере|-дава́ть* ⟨переда́ть*⟩ по телегра́фу
Kabel|tau *n Mar* кана́т 2, трос 2; **~werk** *n* ка́бельный заво́д
Kabine *f* каби́на 6; Schiff каю́та 6; *Flugw* пассажи́рский сало́н 2; zum Anprobieren приме́рочная *Subst* 10; Kino кинопроекцио́нная *Subst* 10
Kabinett *n* Arbeitsraum кабине́т 2; Regierung кабине́т (мини́стров)
Kabinetts|bildung *f* формирова́ние кабине́та [прави́тельства]; **~krise** *f* прави́тельственный кри́зис; **~umbildung** *f* переформирова́ние 5 кабине́та (мини́стров)
Kabriolett *n* кабриоле́т 2
Kabul Кабу́л 2
Kachel *f* изразе́ц| -ца́ 2, ка́фель 1; **~ofen** *m* изразцо́вая [ка́фельная] печь
Kadaver *m* труп 2; Aas па́даль 9; **~gehorsam** *m* ра́бское [слепо́е] повинове́ние
Kadenz *f Mus* каде́нция 8
Kader *m Pl* ка́дры *Pl* 2 *a. Mil;* Fachkraft квалифици́рованный рабо́тник 2, специали́ст 2 | ~ der Partei парти́йный рабо́тник; die ~ der Partei парти́йные ка́дры; ~ der Wirtschaft рабо́тник наро́дного хозя́йства; wissenschaftliche ~ нау́чные ка́дры; leitende ~ руководя́щие 11 ка́дры; **~abteilung** *f* отде́л ка́дров; **~akte** *f* ли́чное де́ло; **~arbeit** *f* рабо́та с ка́драми; **~ausbildung** *f* подгото́вка ка́дров; **~gespräch** *n* бесе́да руково́дства с рабо́тником [с сотру́дником] о перспекти́вах его́ рабо́ты; **~leiter** *m* нача́льник отде́ла ка́дров; **~lenkung** *f* распределе́ние 5 ка́дров; **~politik** *f* поли́тика планоме́рной подгото́вки ка́дров
kaderpolitisch относя́щийся 11 к планоме́рной подгото́вке ка́дров [к ка́дровым вопро́сам]
Kadett *m* каде́т 2
Kadettenkorps *n* каде́тский ко́рпус 2
Kadmium *n* ка́дми|й 1 *P* -и
Käfer *m* жук 2e | ein hübscher ~ Mädchen хоро́шенькая девчо́нка 6
Kaff *n umg* elender Ort дыра́ 6c
Kaffee *m* ко́фе *m idkl* | zu einer Tasse ~ einladen пригла|ша́ть ⟨-си́ть 3 -шу́⟩ на (ча́шку) ко́фе; ~ komplett ко́фе с са́харом и сли́вками; **~baum** *m* кофе́йное де́рево; **~bohne** *f* кофе́йный боб; **~-Ersatz** *m* суррога́т ко́фе; **~filter** *m* фильтр для ко́фе; **~haus** *n* кафе́ *n idkl;* **~kanne** *f* кофе́йник 2; **~maschine** *f* кофева́рка; **~mühle** *f* кофе́йная ме́льница, кофемо́лка 6; **~sahne** *f* (конденси́рованные) сли́вки; **~satz** *m* кофе́йная гу́ща 6; **~service** *n* кофе́йный серви́з; **~tasse** *f* кофе́йная ча́шка; **~tisch** *m* стол, накры́тый для ко́фе | den ≈ decken накрыва́ть ⟨-кры́ть⟩ стол для ко́фе; **~trinker** *m* люби́тель 2 ко́фе; **~wärmer** *m* гре́лка 6 на кофе́йник
Käfig *m* кле́тка 6
Kaftan *m* кафта́н 2
kahl Feld, Felsen, Wand го́л:ый, -á!; Kopf лы́с:ый, -á!, облысе́лый; Baum го́лый, безли́ственный | ~e Stelle am Kopf плешь 9, лы́сина 6 | ~ werden лысе́ть (об-); Baum сбра́сывать ⟨сбро́сить 3⟩ листву́; **~köpfig** плеши́в:ый, лы́с:ый, -á!; kahlgeschoren обри́тый на́голо
kahlscheren *tr* стричь* (о-) на́голо
Kahlschlag *m* сплошна́я ру́бка 6; kahle Stelle сплошна́я лесосе́ка 6
Kahn *m* ло́дка 6; Last~ ба́ржа 6 *G Pl* барж *u.* барж|á 6 *G Pl* -е́й; **~fahrt** *f* прогу́лка 6 на ло́дке
Kai *m* Ufermauer на́бережная *Subst* 10; Anlegestelle прича́л 2; **~mauer** *f* сте́нка 6 на́бережной
Kairo Каи́р 2
Kaiser *m* императо́р 2; deutscher a. ка́йзер [зэ] 2 | sich um des ~s Bart streiten спо́рить из-за пустяко́в; **~in** *f* императри́ца 6
kaiserlich императо́рский
Kaiser|reich *n* импе́рия 8; **~schnitt** *m* ке́сарево 13 сече́ние; **~würde** *f* ти́тул 2 императо́ра
Kajak *m* байда́рка 6; **~-Einer** *m* байда́рка-одино́чка 6-6
Kajüte *f* каю́та 6
Kakadu *m* какаду́ *m idkl*
Kakao *m* кака́о *n idkl* | j-n durch den ~ ziehen разы́грывать ⟨разыгра́ть⟩ кого́-н.; **~baum** *m* кака́овое де́рево; **~bohne** *f* кака́овый боб; **~butter** *f* кака́овое ма́сло; **~pulver** *n* порошо́к кака́о
Kaktus *m* ка́ктус 2
Kalamität *f* тру́дности *Pl* 9, затрудни́тельное положе́ние 5 | finanzielle ~ фина́нсовое затрудне́ние 5
Kalauer *m* неуда́чная [по́шлая] остро́та; Wortspiel каламбу́р 2
Kalb *n* телён|ок, -ка 2 *Pl* теля́та 4
kalben *intr* тели́ться 3 (о-)
Kalbfleisch *n* теля́тина 6
Kalbs|braten *m* жарко́е из теля́тины, жа́реная теля́тина 6; **~brust** *f* теля́чья груди́нка 12-6; **~keule** *f* теля́чий 12 огу́з|ок, -ка 2; **~kopf** *m* теля́чья 12 голова́; **~leder** *n* опо́|ек, -йка 2; **~schnitzel** *n* теля́чий 12 шни́цель
Kaleidoskop *n* калейдоско́п 2
Kalender *m* календа́рь 1e | im ~ nachsehen в календаре́, по календарю́; etw. im ~ notieren записа́ть *v* что-н. в календа́рь; **~jahr** *n* календа́рный год
Kali *n* ка́ли|й 1 *P* -и; Dünger кали́йное удобре́ние 5
Kaliber *n* кали́бр 2 | von gleichem ~ оди-

нáкого [одногó] калúбра [тúпа], однокалúберный
Kali|bergbau *m* калúйная промы́шленность 9; Bergwerk калúйный рудни́к 2e; **~dünger** *m* калúйное удобрéние
Kalif *m* халúф 2, калúф 2
Kalifornien Калифóрния 8
Kaliindustrie *f* калúйная промы́шленность
Kalimantan Калимантáн 2
Kalium *n* кáли|й 1 *P* -и
Kalk *m* úзвесть 9 | gebrannter ~ жжёная úзвесть; gelöschter ~ гашёная úзвесть; **~anstrich** *m* известкóкая побéлка; **~brennerei** *f* завóд 2 по óбжигу úзвести; **~düngung** *m* известковáние 5 (пóчвы)
kalken *tr* Wände белúть 3 (по-) úзвестью; Landw удобря́ть ⟨-дóбрить 3⟩ úзвестью, известковáть *uv, v* 2
Kalk|erde *f* известкóвая пóчва; **~grube** *f* творúло 4 [я́ма] для гашéния úзвести
kalkhaltig, kalkig известкóвый, содержáщий 11 úзвесть
Kalk|mangel *m* im Boden недостáток úзвести [*Med* кáльция]; **~mörtel** *f* известкóвый раствóр 2; **~stein** *m* известня́к 2e
Kalkulation *f* калькуля́ция 2; Veranschlagung расчёт 2; Kostenanschlag смéта 6 | nach deiner ~ по твоúм расчётам
kalkulatorisch калькуляциóнный
kalkulieren *tr* калькулúровать 2 (с-), составля́ть ⟨состáв|ить 3 -лю⟩ смéту на что-н.; überschlagen дéлать (с-) расчёт(ы) чегó-н. | niedrig ~ калькулúровать по занúженным расчётам; falsch ~ просч|úтываться ⟨-итáться⟩
Kalkutta Калькýтта 6
Kalligraphie *f* каллигрáфия 8
Kalmus *m* áир 2
Kalorie *f* калóрия 8
kalorienarm малокалорú|йный, -ен, -йна
Kaloriengehalt *m* калорúйность 9
Kalorimeter *n* калорúметр 2
kalt 1. *Adj* холóдный, хóлоден, холоднá, хóлодно, хóлодны́ *a. übertr;* eisig kalt морóз|ный, -ен | am Abend essen wir ~ вéчером мы не едúм горя́чего; ~ sitzen сидéть в хóлоде; ~ schlafen спать в холóдном помещéнии; ~ werden остывáть ⟨-|сты́ть*⟩; Arm, Bein холодéть (по-); die Suppe wird ~ суп сты́нет; etw. nicht ~ werden lassen Gericht есть*, покá что-н. не осты́ло; ~ werden lassen охла|ждáть ⟨-дúть 3 -жý; -ждённый⟩, осту|жáть ⟨-дúть 3⁺ -жý⟩; ~ stellen z. B. Getränke стáв|ить 3 -лю (по-) на хóлод [на лёд]; mir ist ~ мне хóлодно; es ist grimmig ~ лю́тый морóз, áдски хóлодно; es wird mir heiß und ~ меня́ бросáет то в жар, то в хóлод; es wird ~ [kälter] Wetter станóвится хóлодно [холоднéе]; das läßt mich ~ э́то меня́ не трóгает [не волнýет] **2.** *Adv* хóлодно | es überläuft mich ~ меня́ морóз по кóже подирáет
kaltbleiben *itr* о|ставáться* ⟨-|стáться*⟩ равнодýшным [холóдным]
Kaltblüter *m Pl:* die ~ холоднокрóвные *Pl Subst* 10
kaltblütig *übertr* хладнокрóв|ный, -ен; *Zool* холоднокрóвный
Kaltblütigkeit *f* хладнокрóвие 5
Kälte *f* хóлод 2b *Pl* -á; anhaltende холодá; *übertr* хóлодность 9 | strenge ~ сúльный морóз; schneidende ~ трескýчий 11 [жгýчий 11] морóз; wir haben 20 Grad ~ у нас 20 грáдусов морóза; mit eisiger ~ empfangen с ледянóй хóлодностью, óчень хóлодно
kältebeständig Pflanze холодостó|йкий, -ек, -йка
Kälteeinbruch *Met* вторжéние 5 масс холóдного вóздуха | plötzlicher ~ внезáпное похолодáние 5
kälteempfindlich Pflanze неморозостó|йкий, -ек, -йка
Kälte|grad *m* … грáдусов морóза [нúже нуля́] | bei winterlichen ≈en von … при зúмних …-грáдусных морóзах; wir hatten bis heute keine ≈e до сегóдняшнего дня нé было морóза; **~periode** *f* перúод холодóв; **~technik** *f* холодúльная тéхника; **~welle** *f Met* волнá холóдного вóздуха
kaltherzig чёрств:ый, черствá!, с холóдным сéрдцем
kaltlassen *tr:* das läßt mich kalt э́то меня́ не трóгает [не волнýет]
Kalt|lufteinbruch *m* вторжéние холóдного вóздуха; **~luftzufuhr** *f* притóк 2 холóдного вóздуха; **~mamsell** *f* пóвар 2b *Pl* -á по холóдным закýскам; **~schale** *f* холóдный (фруктóвый) суп 2b
kaltstellen *tr übertr* лиш|áть ⟨-úть 3⟩ влия́ния, отстран|я́ть ⟨-úть 3⟩ от дел
Kalt|verpflegung *f* сухóй па|ёк, -йкá 2; **~welle** *f* холóдная [химúческая] завúвка 6
Kalzium *n* кáльци|й 1 *P* -и
Kambodscha Камбóджа 6; **~ner** *m* камбоджú|ец, -йца 2; **~nerin** *f* камбоджúйка 6
kamboschanisch камбоджúйский
Kambrium *n Geol* кéмбри|й 1 *P* -и
Kamel *n* верблю́д 2; *umg* дурáк 2e; **~führer** *m* погóнщик 2 верблю́дов
Kamel|haar *n* верблю́жья шерсть 12-9g; **~decke** *f* одея́ло (из) верблю́жьей шéрсти
Kamelie *f* камéлия 8
Kamera *f* кáмера 6; Film~ киносъёмочная кáмера | einen Film in die ~ einlegen заря|жáть ⟨-дúть 3 -жý⟩ кáмеру; **~assistent** *m* ассистéнт кинооперáтора

Kamerad *m* товáрищ 2; Freund, (Lebens-) Gefährte друг 2 *Pl* друз|ья́| -éй 1; **~schaft** *f* товáрищество 4, товáрищеские отношéния *Pl* 5 | gute ≈ halten быть* хорóшими друзья́ми

kameradschaftlich 1. *Adj* товáрищеский | ~ sein быть хорóшим товáрищем **2.** *Adv* по-товáрищески | mit j-m ~ verkehren быть* в товáрищеских отношéниях с кем-н.

Kameramann *m* Film кинооперáтор 2

Kamerun Камерýн 2; **~er** *m* камерýн|ец| -ца 2

Kamille *f* ромáшка 6

Kamillentee *m* отвáр 2 ромáшки

Kamin *m* камúн 2; Esse (дымовáя) трубá 6c; schmaler Felsspalt камúн, (вертикáльная) расщéлина 6

Kamm *m* расчёска 6, гребёнка 6; Gebirge; Welle; Hahn грéб|ень| -ня 1 *a. Tech;* ~stück шéйная часть 9g | weitzinkiger ~ рéдкий грéбень; sich mit dem ~ durchs Haar fahren проводúть 3 -вожý ⟨-|вестú*⟩ гребёнкой по волосáм; alles über einen ~ scheren стричь (об-) всё под однý гребёнку; ihm schwillt der ~ он надýлся как индю́к

kämmen *tr* frisieren причёсывать ⟨-|чесáть*⟩; durchkämmen расчёсывать ⟨-чесáть⟩; Wolle, Flachs чесáть; sich ~ *refl* причёсываться ⟨-чесáться⟩ | sich die Haare von j-m ~ lassen причёсываться у когó-н.

Kammer *f* kleines Zimmer кóмнатка 6, камóрка 6; Vorrats~ чулáн 2, кладовáя *Subst* 10; Parlament палáта 6; Gericht (судéбная) палáта; *Tech* кáмера 6; Herz желýдоч|ек| -ка 2; **~diener** *m* камердúнер 2; **~jäger** *m* морúльщик 2 насекóмых; **~musik** *f* кáмерная мýзыка; **~orchester** *n* кáмерный оркéстр; **~sänger** *m* кáмер-пев|éц| -цá 2; **~sängerin** *f* кáмер-певúца 6; **~spiele** *n Pl* кáмерный теáтр; **~ton** *m Mus* камертóн 2

Kammgarn *n* Garn камвóльная пря́жа; **~spinnerei** *f* камвóльная фáбрика 6; **~stoff** *m* камвóльная ткань

Kamm|griff *m Sport* хват снúзу; **~lage** *f:* bis in die ~en до грéбня гор; **~wanderung** *f* похóд 2 по гóрному хребтý; **~weg** *m* хребтóвая дорóга

Kampagne *f* кампáния 8 (für за *A*, gegen прóтив *G*) | eine breite ~ einleiten развёртывать ⟨-вернýть 4⟩ ширóкую кампáнию

Kampf *m* борьбá 6 (für, um за *A*, gegen с *I*, прóтив *G*, zwischen мéжду *I*); Schlacht, Gefecht бо|й 1b *P* в бою́ *G Pl* -ёв; Wettstreit состязáние 5, встрéча 6 (um за *A*) *a. Sport;* Ring~ борьбá; Wett~ соревновáние 5; Schach, Eishockey матч 2 | der ~ für den Frieden борьбá за мир; ~ ums Dasein борьбá за существовáние; der ~ um die Macht борьбá за власть ; zum ~ на борьбý, для борьбы́; den ~ aufgeben откáзываться ⟨-|казáться*⟩ от борьбы́; ~ auf Leben und Tod борьбá не на жизнь| а на смерть; **~ansage** *f* вы́зов 2 (на бой) (an j-n комý-н.)

kampfbereit готóв:ый к бою́ [к борьбé]; *Mil* находя́щийся 11 в боевóй готóвности

Kampf|bereitschaft *f Mil* боевáя готóвность; **~demonstration** *f* демонстрáция 8 протéста [борьбы́] (für за *A*, gegen прóтив *G*); **~einheit** *f Mil* строевóе подраздéление

kämpfen *itr* борóться* (für за *A*, gegen прóтив *G*, mit с *I*); *Mil a.* сражáться (für за *A*, mit с *I*); sich schlagen дрáться*| дралúсь (по-) | für den Frieden ~ борóться за мир; um die Stadt ~ сражáться за гóрод; wie ein Verzweifelter ~ отчáянно борóться; bis zur Erschöpfung ~ борóться до изнеможéния; um den Titel eines Weltmeisters ~ борóться за [оспáривать] звáние чемпиóна мúра

Kampfer *m* камфарá 6

Kämpfer *m* бор|éц| -цá 2; *Mil a.* бо|éц| -йцá 2

kämpferisch боевóй; streitbar воúнствующий 11

kampf|erprobt испы́танный в борьбé [*Mil* в боя́х]; **~fähig** боеспосóб|ный| -ен

Kampf|flugzeug *n* боевóй самолёт; **~gebiet** *n* райóн боевы́х дéйствий; **~gefährte** *m* сорáтник 2 (по борьбé); *Mil* боевóй сорáтник; **~geist** *m* боевóй дух; **~genosse** *m* товáрищ по борьбé; *Mil* боевóй товáрищ; **~gericht** *n Sport* судéйская коллéгия 8; **~getümmel** *n* неразберúха бóя; **~handlungen** *f Pl* боевы́е дéйствия; **~kraft** *f* боевáя сúла [мощь]; **~lied** *n* боевáя пéсня, пéсня борьбы́

kampflos без борьбы́ [*Mil* бóя]

kampflustig воúнствен:ный| -на; *übertr* воúнствующий 11

Kampf|maßnahmen *f Pl:* ~ ergreifen переходúть 3⁺ -хожý ⟨-|йтú*⟩ к боевы́м дéйствиям; **~mittel** *n* срéдство борьбы́; *Mil a.* боевóе срéдство; **~moral** *f* морáльно-боевóй дух; **~platz** *m* пóле 3b бóя; **~programm** *n* боевáя прогрáмма

Kampfrichter *m Sport* судья́ (соревновáний); **~turm** *m* судéйская вы́шка

Kampf|ruhe *f* переры́в 2 в боевы́х дéйствиях; **~schrift** *f* полемúческое произведéние 5 политúческого харáктера; **~sportart** *f* состязáтельный вид спóрта; **~stärke** *f Mil* боевóй состáв 2; **~stoff** *m* отравля́ющее 11 (боевóе) веществó

kampfunfähig небоеспосóб|ный| -ен | ~ werden выбывáть ⟨вы́|быть*⟩ из стрóя;

~ machen выво|дить 3⁺ -жу́ ⟨вы́|вести*⟩ из стро́я
Kampf|wagen *m Mil* боева́я маши́на 6; **~wille** *m* боево́й дух 2; **~zone** *f* зо́на боевы́х де́йствий
kampieren *intr* lagern распол|ага́ться ⟨-ожи́ться 3⁺⟩ (бива́ком); von Ausflüglern вре́менно (по-похо́дному) устр|а́иваться ⟨-о́иться 3⟩ (bei j-m у кого́-н.)
Kanada Кана́да 6
Kanadier *m* кана́д|ец| -ца 2, жи́тель 1 Кана́ды; *Sport* кана́дское каноэ *n idkl;* **~in** *f* кана́дка 6
kanadisch **1.** *Adv* кана́дский **2.** *Adv* по-кана́дски
Kanaille *f* кана́лья *m, f* 7, мерза́в|ец| -ца 2
Kanal *m* кана́л 2 *a. TV; Anat* кана́л, прото́к 2 | eine Fahrt auf dem ~ поéздка по кана́лу; auf ~ fünf *TV* по пя́тому кана́лу; über diplomatische Kanäle по диплома́тическим кана́лам; ich habe den ~ voll! *umg* с меня́ э́того хва́тит!, бо́льше не могу́!
Kanalisation *f* канализа́ция 8
Kanalisationssystem *n* канализацио́нная систе́ма
Kanapee *n* канапе́ [пэ] *n idkl*
Kanarienvogel *m* канаре́йка 6
Kanarische Inseln *Pl* Кана́рские острова́
Kandare *f* мундшту́к [нш] 2e | j-n an die ~ nehmen брать ⟨взять⟩ кого́-н. в оборо́т
Kandelaber *m* канделя́бр 2; bei Straßenbeleuchtung у́личный фона́рь 1e
Kandidat *m* кандида́т 2 (für etw. Posten на что-н., Organ во что-н.); Schachturnier претенде́нт 2; Prüfling экзамену́ющийся *Subst* 10; Student студе́нт-дипло́мник 2–2 | ~ der Partei кандида́т в чле́ны па́ртии; ~ für j-s Posten кандида́т на пост кого́-н.; ~ für die Volkskammer кандида́т в Наро́дную пала́ту; ~ der Wissenschaften *UdSSR* кандида́т нау́к; j-n als ~en aufstellen выставля́ть ⟨вы́став|ить 3 -лю⟩ кого́-н. кандида́том ⟨чью-н. кандидату́ру]; für die ~en stimmen голосова́ть 2 (про-) за кандида́тов; alle ~en haben (die Prüfung) bestanden экза́мен вы́держали все (экзаменова́вшиеся)
Kandidatenliste *f* спи́сок кандида́тов
Kandidatur *f* кандидату́ра 6 (für etw. Posten на что-н., Organ во что-н.) | von j-s ~ absehen снима́ть ⟨снять*⟩ чью-н. кандидату́ру; j-s ~ zurückziehen отво|ди́ть 3⁺ -жу́ ⟨от|вести́*⟩ чью-н. кандидату́ру
kandidieren *intr* выступа́ть ⟨вы́ступ|ить 3 -лю⟩ в ка́честве кандида́та; выставля́ть ⟨вы́став|ить 3 -лю⟩ свою́ кандидату́ру (für etw. Posten на что-н., Organ во что-н.)
kandieren *tr* заса́хар|ивать ⟨-ить 3⟩ | kandierte Früchte заса́харенные фру́кты, цука́ты *Pl* 2; kandierter Apfel глази́рованное я́блоко
Kandiszucker *m* крупнокристалли́ческий са́хар
Känguruh *n* кенгуру́ *m idkl*
Kanin *n* Fell кро́личий мех 12-2b| *P* на меху́, *Pl* -а́ | Mantel aus ~ пальто́ из кро́лика
Kaninchen *n* кро́лик 2; **~braten** *m* жарко́е из кро́лика; **~fleisch** *n* крольча́тина 6; **~halter** *m* содержа́щий *Subst* 11 кро́ликов; **~pelz** *m* кро́личья 12 шу́ба; **~stall** *m* крольча́тник 2; **~zucht** *f* кроликово́дство 4; **~züchter** *m* кроликово́д 2
Kanister *m* кани́стра 6
Kann-Bestimmung *f* пра́вило 4| предусма́тривающее 11 пра́во что-н. сде́лать
Kännchen *n* Kaffee-~ кофе́йнич|ек| -ка 2; Milch-~ моло́чник 2; Tee-~ ча́йнич|ек| -ка 2
Kanne *f* Milch-~ бидо́н 2; Kaffee-~ кофе́йник 2; Tee-~ ча́йник 2; Wasser-~ кувши́н 2
Kannibale *m* канниба́л 2
kannibalisch канниба́льский; *übertr* ди́к:ий| -а́!, свире́п:ый
Kanon *m* кано́н 2
Kanonade *f* канона́да 6
Kanone *f* пу́шка 6; *übertr* свети́ло 4 (in в *P*), ши́шка 6 *umg* | eine große ~ *übertr* больша́я [кру́пная] ши́шка; Fachmann кру́пный специали́ст 2; unter aller ~ *umg* ни́же вся́кой кри́тики
Kanonen|boot *n* кано́нерка 6 *umg;* **~donner** *m* канона́да 6, гром пу́шек; **~futter** *n* пу́шечное мя́со 4; **~ofen** *m* пе́чка-вре́мянка 6-6; **~rohr** *n* ство́л 2e пу́шки; **~schuß** *m* пу́шечный вы́стрел
Kanonier *m* канони́р 2
Kantate *f*канта́та 6
Kante *f* Schnittlinie von Flächen, Rand кра|й 1b *Pl* -я́| -ёв; schmale Einfassung, Bordüre кант 2; Randbesatz (am Kleid) ка|йма́ 6 *G Pl* -ём; Webe-~ кро́мка 6; *Tech,* geometr. Figur, Tisch u. ä. ребро́ 4c *Pl* рёб|ра| -ер | etw. auf die ~ stellen ста́вить (по-) что-н. на ребро́ [на край]; auf die hohe ~ legen откла́дывать ⟨-ложи́ть 3⁺⟩ на чёрный день
kanten *tr* кантова́ть 2; Ski, Kisten ста́в|ить 3 -лю ⟨по-⟩ на ребро́
Kanten *m* Brot горбу́шка 6 (хле́ба)
Kant|haken *m* Baumstämme, Fässer крюк 2e *Pl* -и́| -о́в | j-n beim ≈ nehmen *umg* схва|ти́ть *v* 3 -чу́ кого́-н. за ши́ворот; *übertr* брать ⟨взять⟩ кого́-н. в оборо́т; **~holz** *n* (деревя́нный) брус 2 *Pl* -ья| -ьев
kantig Stein с о́стрыми края́ми; facettiert гранёный; Bewegung, Gesicht углова́т:ый

Kantine *f* столо́вая *Subst* 10
Kanton *m* канто́н 2
Kantor *m* ка́нтор 2
Kanu *n Sport* кано́э *n idkl*
Kanüle *f* каню́ля 7
Kanuslalom *m* сла́лом на кано́э
Kanute *m Sport* канои́ст 2
Kanzel *f Kirche* (церко́вная) ка́федра 6; *Flugw* застеклённая [носова́я] каби́на 6
Kanzlei *f* канцеля́рия 8; **~stil** *m* канцеля́рский стиль
Kanzler *m* ка́нцлер 2
Kaolin *n* каоли́н 2
Kap *n* мыс 2 | ~ der Guten Hoffnung Мыс До́брой Наде́жды
Kapaun *m* каплу́н 2e
Kapazität *f* Aufnahmevermögen мо́щность 9; *El,* Kessel, Speicher ёмкость 9; Leistungsvermögen v. Maschine, Betrieb (произво́дственная) мо́щность; Durchlaßfähigkeit in Handel, Transport u. Verkehr пропускна́я спосо́бность 9; Person кру́пный специали́ст 2 | ein Kraftwerk mit einer ~ von 5 Millionen kW электроста́нция мо́щностью (в) пять миллио́нов килова́тт; ein Krankenhaus mit einer ~ von 100 Betten больни́ца на сто ко́ек [на сто мест]; er ist eine ~ auf seinem Gebiet он кру́пная величина́ в свое́й специа́льности
Kapazitätsauslastung *f* испо́льзование 5 (произво́дственных) мо́щностей [ёмкости]
Kapelle *f Kirche* часо́в|ня 7 *G Pl* -ен; *Mus* орке́стр 2; Tanz∼ анса́мбль 1
Kapellmeister *m* капельме́йстер 2
Kaper *f Bot* ка́перс 2
kapern *tr* Schiff захва́тывать ⟨-захвати́ть 3⁺ -хвачу́⟩; *übertr* подцеп|ля́ть ⟨-и́ть 3⁺ -лю́⟩ (себе́)
Kaperntunke *f* со́ус с ка́персами
kapieren *tr* смек|а́ть ⟨-ну́ть *mom* 4⟩ | er kapiert schnell он бы́стро сообража́ет; kapiert! (до меня́) дошло́!
Kapillare *f Anat* капилля́р 2
kapital капита́льный; vortrefflich отли́ч|ный, -ен; Fehler, Irrtum велича́йший 11 | ein ~er Hirsch кру́пный оле́нь
Kapital *n* капита́л 2; Gesundheit u. a. бога́тство 4 | fixes ~ основно́й капита́л; konstantes ~ постоя́нный капита́л; zirkulierendes ~ оборо́тный капита́л; geistiges ~ бага́ж 2e зна́ний; aus etw. ~ schlagen извлека́ть ⟨-|вле́чь*⟩ вы́году из чего́-н., нажива́ть ⟨нажи́ть*⟩ на чём-н. капита́л; **~abwanderung** *f* уте́чка 6 капита́ла; **~anhäufung** *f* накопле́ние капита́ла; **~anlage** *f* капиталовложе́ние 5, помеще́ние капита́ла; **~aufnahme** *f* заём, за́йма 2 капита́ла; **~bildung** *f* образова́ние капита́ла
Kapital|ismus *m* капитали́зм 2 | im ≈ при капитали́зме; **~ist** *m* капитали́ст 2
kapitalistisch капиталисти́ческий
Kapitän *m Mar, Sport* капита́н 2; Flugzeug команди́р 2 | ~ zur See капита́н пе́рвого ра́нга; **~leutnant** *m* капита́н-лейтена́нт 2-2
Kapitel *n* im Buch глава́ 6c | das ist ein ~ für sich э́то осо́бь статья́; das ist ein trauriges ~ э́то печа́льная исто́рия 8
Kapitell *n* капите́ль 9
Kapitulation *f* капитуля́ция 8 | zur ~ zwingen принужда́ть ⟨-ну́дить 3 -ну́жу, -нуждённый⟩ к капитуля́ции
kapitulieren *intr* капитули́ровать *uv, v* 2 (vor пе́ред *I*); sich ergeben; aufgeben с|дава́ться* ⟨-|да́ться*, -дали́сь⟩
Kaplan *m* капелла́н 2
Kappe *f* Mütze ша́пка 6; Bade∼ (купа́льная) ша́почка 6; Narren∼ (шутовско́й) колпа́к 2e; Mönchs∼ клобу́к 2e; Vorderteil des Schuhs нос|о́к, -ка́ 2; Fersen∼ за́дник 2; Verschluß∼ колпач|о́к, -ка́ 2 | etw. auf seine ~ nehmen взять *v* что-н. на свою́ отве́тственность
kappen *tr* Tau обруб|а́ть ⟨-и́ть 3⁺ -лю́⟩; Bäume подре́зывать ⟨-|ре́зать*⟩ (верху́шку) | einen Mast ~ руб|и́ть 3⁺ -лю ма́чту
Käppi *n* ша́почка 6; *Mil* пило́тка 6
Kapriole *f* прыж|о́к, -ка́ 2 (вверх); närrischer Einfall причу́да 6; Streich дура́цкая вы́ходка 6
kapriziös капри́з|ный, -ен
Kapsel *f* Behältnis футля́р 2; *Anat* коро́бка 6; *Bot* коро́бочка 6; für Medikament ка́псула 6; Raum∼ ка́псула, спуска́емый аппара́т 2
Kapstadt Ке́йптаун 2
kaputt *umg* entzwei; müde, erschöpft разби́т:ый; zerbrochen сло́ман:ный; außer Betrieb испо́рчен:ный; Kleider разо́рван:ный | der Stuhl ist ~ стул сло́ман; meine Uhr ist ~ у меня́ испо́ртились часы́; der Strumpf ist ~ чуло́к разо́рван [по́рван]; ich bin ganz ~ я стра́шно уста́л, я чу́вствую себя́ совсе́м разби́тым
kaputt|gehen *intr* zerschlagen werden разбива́ться ⟨-|би́ться*, -обьётся⟩; entzweigehen лома́ться (с-), по́ртиться 3 (ис-); Ehe, Gebäude разруша́ться ⟨-ру́шиться 3⟩; Tiere, Pflanzen погиба́ть ⟨-ги́бнуть 4a⟩; **~machen** *tr* лома́ть (с-), по́р|тить 3 -чу (ис-) | sich mit [bei] etw. ≈ надрыва́ться ⟨надо|рва́ться*, -рвали́сь⟩ от чего́-н.; **~schlagen** *tr* разбива́ть ⟨-|би́ть*, -обью́⟩
Kapuze *f* капюшо́н 2 | die ~ aufsetzen [zurückschlagen] на|де́ть* *v* [отки́нуть *v* 4] капюшо́н

Kapuziner *m Kirch* капуци́н 2; **~affe** *m* капуци́н 2; **~kresse** *f* насту́рция 8
Kapverden *:* die ~ *od* Kapverdischen Inseln Острова́ Зелёного Мы́са
Karabiner *m* караби́н 2; **~haken** *m* караби́н 2, крюк-караби́н 2
Karaffe *f* графи́н 2
Karakulschaf *n* кара́кульская овца́
Karambolage *f* столкнове́ние 5; Billard карамбо́ль 1
Karamel *m* караме́ль 9; **~bier** *n* солодо́вое пи́во; **~bonbons** *m, n Pl* караме́ль 9; ein Bonbon караме́лька 6; **~zucker** *m* жжёный са́хар
Karat *n* кара́т 2; **~e** *n Sport* карат**э́** *n idkl*
Karatschi Кара́чи *idkl*
Karausche *f* кара́сь 1e
Karawa|ne *f* карава́н 2; **~nenstraße** *f* карава́нный пут|ь *m* 9e *I* -ём
Karbid *n* карби́д 2; **~lampe** *f* карби́дная ла́мпа
Karbolsäure *f* карбо́ловая кислота́
Karbonat *n* карбона́т 2
Karbunkel *m* карбу́нкул 2
kardanisch: ~e Aufhängung карда́н 2
Kardanwelle *f* карда́нный вал
Kardätsche *f* щётка 6 для чи́стки лошаде́й
kardinal кардина́льный
Kardinal *m* кардина́л 2; **~fehler** *m* гла́вная [основна́я] оши́бка; **~zahl** *f* коли́чественное числи́тельное *Subst* 10
Kardiogramm *n* кардиогра́мма 6
Karelier *m* каре́л 2; **~in** *f* каре́лка 6
karelisch каре́льский
Karenzzeit *f* вре́мя [срок 2] ожида́ния
Karfreitag *m* страстна́я пя́тница | am ~ в страстну́ю пя́тницу
Karfunkel *m Min, Med* карбу́нкул 2
karg Kost, Lohn ску́д|ный, -ен, -на́!, Boden ску́дный, бе́д|ный, -ен, -на́, -но, бе́дны́; Nachricht, Aussage скуп:о́й, -а́!
kärglich Kost, Lohn ску́д|ный, -ен, -на́!; ärmlich ску́дный, убо́г:ий | in ~en Verhältnissen leben жить бе́дно [в ни́щенских усло́виях]
Karibik: die ~ Кари́бы *Pl*, Кари́бский райо́н 2
Karibisches Meer Кари́бское мо́ре
kariert клетча́тый, в кле́т(оч)ку
Karies *f* ка́риес 2
Karikatur *f* карикату́ра 6 (auf на *A*); harmlose Zeichnung шарж 2 *G Pl* -ей; **~ist** *m* карикатури́ст 2
karikieren *tr* предст|авля́ть ⟨-а́вить 3 -а́влю⟩ в карикату́рном ви́де
Karl-Marx-Stadt Карл-Маркс-Штадт 2
Karlsbader Salz *n* карлсба́дская соль
karminrot карми́нный
Karneol *m* карнео́л 2
Karneval *m* карнава́л 2 | zum ~ gehen идти́ ⟨пойти́⟩ на карнава́л
Karnevals(um)zug *m* карнава́льное ше́ствие
Karo *n* im Kartenspiel бу́б|ны *Pl* 6 -ён, -на́м; Viereck(muster) кле́тка 6, рису́н|ок, -ка 2 в ша́шку [в косу́ю кле́тку] | ~ spielen игра́ть ⟨сыгра́ть⟩ на бу́бнах; **~bube** *m* бубно́вый вале́т; **~muster** *n:* ein Kleid im ≈ пла́тье в кле́тку [в кле́точку]
Karosse *f* каре́та 6, экипа́ж 2 *G Pl* -ей
Karosserie *f* ку́зов 2b *Pl* -а́ | selbsttragende ~ несу́щий 11 ку́зов; **~bau** *m* кузовно́е произво́дство 4
Karotte *f* карот́ель 9
Karpaten *Pl:* die ~ Карпа́ты *Pl* 6
Karpfen *m* карп 2; Fluß~ саза́н 2; **~teich** *m* пруд для разведе́ния ка́рпов; **~zucht** *f* разведе́ние ка́рпов
Karre *f* Schub~ та́чка 6; kleiner Wagen теле́жка 6; altes Fahrzeug u. ä. колыма́га 6, рыдва́н 2 | die ~ aus dem Dreck ziehen *übertr* выправля́ть ⟨вы́прав|ить 3 -лю⟩ де́ло; die ~ laufen lassen пу|ска́ть ⟨-сти́ть 3⁺ -щу́⟩ де́ло на самотёк
karren *tr* везти́* *best* [*unbest* во|зи́ть 3⁺ -жу́] на, в теле́жке [mit Schubkarre на та́чке]
Karren *m* Pferdewagen теле́га 6; kleiner теле́жка 6; Elektro~ электрока́ра 6; zweirädriger Wagen двуко́лка 6 | sich nicht vor den ~ spannen lassen не дать* впрячь себя́ в како́е-н. де́ло
Karriere *f* карье́ра 6; Gangart des Pferdes карье́р 2 | ~ machen де́лать ⟨с-⟩ карье́ру
Karrierist *m* карьери́ст 2
Karst *m Geol* карст 2; **~landschaft** *f* ка́рстовый ландша́фт
Kartätsche *f* карте́чь 9
Karte *f* Post~ (почто́вая) ка́рточка 6; Ansichts~ откры́тка 6; Eintritts~, Fahr~ биле́т 2 (für на *A*, в *A*); Speise~ меню́ *n idkl;* Spiel~ (игра́льная) ка́рта 6; Land~ (географи́ческая) ка́рта; Visiten~ (визи́тная) ка́рточка | eine ~ nach Leipzig биле́т в Ле́йпциг [до Ле́йпцига]; eine ~ für den Zug биле́т на по́езд; eine ~ für die Oper [fürs Kino] биле́т в о́перу [в кино́]; eine ~ für das Konzert [Fußballspiel] биле́т на конце́рт [на футбо́льный матч]; es gibt keine ~n mehr биле́тов бо́льше нет; nach der ~ essen зака́зывать ⟨-|каза́ть*⟩ по меню́; französische ~n ка́рты; ~n spielen игра́ть ⟨сыгра́ть⟩ в ка́рты; ~n geben с|дава́ть* ⟨-|дать*⟩ ка́рты; die ~ sticht ка́рта берёт; ~n legen гада́ть (по-) на ка́ртах; nach der ~ wandern по ка́рте; auf ~n kaufen: Lebensmittel по ка́рточкам; alles auf eine ~ setzen ста́в|ить 3 -лю (по-) всё на (одну́) ка́рту; mit offenen ~n spielen де́йствовать 2 откры́то [в откры́тую]; sich nicht in die ~n gucken lassen не рас-

скрывáть ⟨-|крыть*⟩ своúх карт; *übertr* скрывáть ⟨-крыть⟩ своú намéрения

Kartei *f* картотéка 6 (über, zu *G*); **~karte** *f* картотéчная кáрточка, кáрточка картотéки; **~kasten** *m* ящик картотéки

Kartell *n Wirtsch* картéль [тэ] 9

Karten|bestellung *f* закáз на билéты | ≈en entgegennehmen принимáть ⟨принять⟩ предварúтельные закáзы на билéты; **~haus** *n:* wie ein ≈ einstürzen рýхнуть *v* 4 как кáрточный дóмик; **~kunde** *f* картогрáфия 8; **~künstler** *m* кáрточный манипулятор 2 [фóкусник 2]; **~kunststück** *n* кáрточный фóкус; **~legen** *n* гадáние 5 (на кáртах); **~legerin** *f* гадáлка 6 (на кáртах); **~spiel** *n* игрá в кáрты; ein Spiel Karten колóда 6 карт | er hat Glück im ≈ емý везёт в кáрты, **~spieler** *m* игрóк в кáрты | leidenschaftlicher ≈ завзятый игрóк в кáрты, картёжник 2 *umg;* **~tisch** *m* Kartenspiel лóмберный стол [стóлик 2]; **~verkauf** *m* продáжа билéтов; **~vorverkauf** *m* предварúтельная продáжа билéтов; **~zeichen** *n* картографúческий знак

Kartoffel *f* картóфель 1; ~n *Pl* картóфель, картóшка 6 *umg;* einzelne картóфелина 6 *umg,* картóшка *umg* | neue ~n молодóй картóфель; **~brei** *m* картóфельное пюрé [рэ]; **~chips** *Pl* жáреный [хрустящий 11] картóфель 1; **~dämpfer** *m Landw* запáрник 2 для картóфеля; **~ernte** *f* убóрка [Ertrag урожáй] картóфеля; **~erntemaschine** *f* картофелеубóрочная машúна; **~feld** *n* картóфельное пóле; **~horde** *f* ящик для хранéния картóфеля; **~käfer** *m* колорáдский жук; **~klöße** *m Pl* картóфельные кнéдли *Pl;* **~kombine** *f* картофелеубóрочный комбáйн; **~kraut** *n* картóфельная ботвá; **~legemaschine** *f* картофелесажáлка 6; **~mehl** *n* картóфельная мукá; **~miete** *f* картóфельный бурт 2; **~puffer** *m* лепёш|ка 6 *G Pl* -ек из тёртого сырóго картóфеля; **~rodemaschine** *f* картофелекопáтель 1; **~salat** *m* картóфельный салáт; **~schale** *f* шелухá картóфеля; **~schäler** *m* нож 2e *G Pl* -éй для чúстки картóфеля; **~schälmaschine** *f* картофелечúстка 6; **~sortiermaschine** *f* картофелесортирóвка 6; **~suppe** *f* картóфельный суп

Kartograph *m* картóграф 2; **~ie** *f* картогрáфия 8

kartographisch картографúческий

Karton *m* Pappe картóн 2; Schachtel картóнная корóбка, картóнка 6 *umg;* Schutz≈ für Bücher картóнный футляр 2, защúтный картóн; **~age** *f* картонáж 2 *G Pl* -éй; **~agenfabrik** *f* картонáжная фáбрика

kartonier|en *tr* переплетáть ⟨-|плестú*⟩ в картóн; **~t** в картóнном переплёте

Kartothek *f* картотéка 6

Karussell *n* карусéль 9 | ~ fahren катáться (по-) на карусéли

Karwoche *f:* in der ~ на страстнóй недéле

Karzinom *n* карцинóма 6

Kasach|e *m* казáх 2; **~in** *f* казáшка 6

kasachisch казáхский | Kasachische Sozialistische Sowjetrepublik Казáхская Совéтская Социалистúческая Респýблика 6

Kasachstan Казахстáн 2

Kasack *m* казакúн 2; **~kleid** *n* плáтье с казакúном

Kaschemme *f* притóн 2

kaschier|en *tr* verbergen скрывáть ⟨-|крыть*⟩; *Tech* кашúровать 2; mit Papier bekleben оклé|ивать ⟨-ить 3 -ю, -ишь⟩ бумáгой; **~t** *Theat* бутафóрный; Film кашетúрованный

Kaschmir *m Text* кашемúр 2; **~wolle** *f* кашемúровая шерсть

Käse *m* сыр 2b | Schweizer ~ швейцáрский сыр; erzähl doch keinen ~ не мелú чепухý; **~gebäck** *n* сы́рное печéнье, сы́рные пáлочки *Pl* 6; **~glocke** *f* колпáк для сы́ра, сы́рница 6 с кры́шкой

Kasein *n* казеúн 2

Kasematte *f* каземáт 2

Käserei *f* сыровáр|ня 7 *G Pl* -ен, сыродéльный завóд 2

Kaserne *f* казáрма 6

Kasernenhof *m* казáрменный двор

kasernieren *tr* переводúть 3⁺ ⟨-|вестú*⟩ на казáрменное положéние

käsig творóжист;ый; Belag бéлый | ~ aussehen быть* óчень блéдным

Kasino *n* für Glückspiele казинó *n idkl;* für Offiziere офицéрский клуб 2

Kaskade *f* каскáд 2

Kasperle *n, m* петрýшка 6; **~theater** *n* кýкольный теáтр

Kaspisches Meer Каспúйское мóре

Kassation *f Jur* кассáция 8

Kasse *f* кácca 6; Bargeld (налúчные) дéньги *Pl* 6 *G* дéнег, *D* деньгáм; Spar≈ сберкáсса 6; Kranken≈ страховáя кáсса | Geld an der ~ einzahlen пла|тúть 3⁺ -чý ⟨за-⟩ дéньги в кáссу; sie kauft an der ~ eine Karte онá покупáет билéт в кáссе; an die ~ gehen, an der ~ stehen в кáссу; an der ~ sitzen за кáссой; ~ machen abrechnen подсч|úтывать ⟨-итáть⟩ кáссу; *umg* krank geschrieben sein бюллетéнить 3 *iron;* bei ~ sein быть при деньгáх; schlecht bei ~ sein имéть мáло дéнег; die ~ führen вестú бюджéт; распоряжáться деньгáми; gegen ~ налúчными деньгáми; getrennte ~n führen жить* кáждый на свой срéдства; j-n zur

~ bitten требовáть (по-) от кóго-н. расплатúться; in der ~ sein быть члéном страховóй кáссы

Kassen|arzt *m* страховóй врач; **~bestand** *m* дéнежная налúчность (кáссы); **~bon** *m* (кáссовый) чек 2, талóн 2 из кáссы; **~buch** *n* кáссовая кнúга; **~schlager** *m* Film кáссовый фильм 2; *Theat* кáссовая пьéса 6; **~sturz** *m* ревúзия 8 кáссы | ≈ machen подсчúтывать ⟨-считáть⟩ свои финáнсовые возмóжности; **~zettel** *m* (кáссовый) чек 2

Kasserolle *f* сотéйник 2

Kassette *f* шкатýлка 6; Geld∸ желéзная шкатýлка 6; *Bauw* кессóн 2; *Foto,* Tonband кассéта 6; Schallplatten∸, Briefpapier набóр 2; mit Abbildungen, Reproduktionen пáпка 6 с *I*

Kassetten|decke *f* кессóнное перекрытие 5; **~recorder** *m* магнитофóн 2 с кассéтной зарядкой; *umg* кассéтный магнитофóн 2

kassieren *tr* принимáть ⟨принять*⟩ в кáссу; *Jur* Urteil кассúровать *uv, v* 2; *intr* получ|áть ⟨-úть 3⁺⟩ дéньги (für Gas, Strom за *A*) | Beiträge ~ собирáть ⟨-|брáть*⟩ взнóсы; j-n ~ получ|áть ⟨-úть⟩ (дéньги) с когó-н.; im Restaurant рассч|úтываться ⟨-итáться⟩ с кем-н.; etw. wird regelmäßig kassiert плáта за что-н. взимáется регулярно

Kassierer *m* кассúр 2; **~in** *f* кассúр 2, кассúрша 6 *umg*

Kassierung *f* расчёт 2 с покупáтелями; Beitrags∸ сбор 2 (члéнских) взнóсов; получéние 5 [взимáние 5] плáты (von Gas, Strom за *A*) | die ~ (von etw.) erfolgt ... плáта (за что-н.) взимáется ...

Kaßler *m* Fleisch копчёная присóленная свинúна 6

Kastagnetten *f Pl* кастаньéты *Pl* 6

Kastanie *f* каштáн 2; Roß∸ кóнский каштáн | für j-n die ~n aus dem Feuer holen таскáть для когó-н. каштáны из огня; sich die ~n aus dem Feuer holen lassen чужúми рукáми жар загребáть

Kastanien|allee *f* каштáновая аллéя; **~baum** *m* каштáн 2

kastanienbraun Haar каштáновый; von Augen a. кáрий 11

Kästchen *n* шкатýлка 6; kunstvoll gearbeitet лар|éц₁ -цá 2, лáрчик 2; Muster клéточка 6

Kaste *f* кáста 6

kasteien, sich *refl* истязáть свою плоть, бичевáть 2 себя

Kasten *m* ящик 2; Truhe ларь 1е, сундýк 2е; für Dias ящич|ек₁ -ка 2 (для диапозитúвов); kleine Schachtel корóбка 6; *Kfz* Aufbau кýзов 2b *Pl* -á; *Tech* Form опóка 6 | ein alter ~ стáрая развáлина 6; er hat viel [nicht viel] auf dem ~ у негó котелóк [не осóбенно] варит; **~brot** *n* формовóй хлеб; **~geist** *m* кáстовый дух; **~matratze** *f* пружúнный матрáц; **~wagen** *m* телéга 6; *Kfz* автофургóн 2

Kastrat *m* кастрáт 2, скоп|éц₁ -цá 2

kastrieren *tr* кастрúровать *uv, v* 2; Tiere a. холо|стúть 3 -щý (вы-)

Kasus *m Gramm* падéж 2е *G Pl* -éй | obliquer ~ *Gramm* кóсвенный падéж; einen ~ regieren управлять падежóм

Kata|falk *m* катафáлк 2; **~kombe** *f* катакóмба 6

Katalog *m* каталóг 2

katalogisieren *tr* каталогизúровать *uv, v* 2

Katalogisierung *f* каталогизáция 8

Katalograum *m* каталóжное помещéние

Kata|lysator *m* катализáтор; **~lyse** *f* катáлиз 2

Katapult *m, n Flugw* катапýльта 6 для взлёта | etw. mit einem ~ starten запус|кáть ⟨-стúть 3⁺ -щý⟩ что-н. с катапýльты

katapultieren *tr* катапультúровать *uv, v* 2

Katapult|sitz *m* катапультúруемое сидéнье; **~start** *m* взлёт [старт] с катапýльты

Katarrh *m* катáр 2

Kataster *m, n* кадáстр 2; **~amt** *n* кадáстровое управлéние

katastrophal катастрофúческий

Katastrophe *f* катастрóфа 6; Natur∸ (стихúйное) бéдствие 5

Katastrophen|gebiet *n* райóн катастрóфы; **~schutz** *m* защúта от катастрóф; **~warnung** *f* предупреждéние о катастрóфе

Kate *f* дóмик 2 | ärmliche ~ хúжина 6, хибáрка 6

Katechismus *m* катехúзис 2

Kategorie *f* категóрия 8; Klasse a. разряд 2

kategorisch категорúческий, категорúч|ный, -ен

Kater *m* кот 2е; junger кóтик 2 | der Gestiefelte ~ Кот в сапогáх; er hat einen ~ *übertr* у негó головá трещúт с похмéлья

Katheder *n* кáфедра 6; **~weisheit** *f* учёная премýдрость 9

Kathedrale *f* кафедрáльный собóр 2

Kathete *f* кáтет 2

Katheter *m* катéтер [тэтэ] 2

Kathode *f* катóд 2

Katholik *m* катóлик 2; **~in** *f* католúчка 6

katholisch католúческий

Katholizismus *m* католицúзм 2

Katmandu Катмандý *m idkl*

Kattun *m* (набивнóй) сúт|ец₁ -ца 2; **~kleid** *n* сúтцевое плáтье

katzbuckeln *intr* подхалúмничать (vor пéред *I*)

Kätzchen *n* кóшечка 6; Katzenjunges котён|ок₁ -ка 2 *Pl* котята 4; *Bot* серёжка 6

Katze *f* ко́шка 6; *Tech a.* кра́новая теле́жка 6 | mit j-m wie die ~ mit der Maus spielen игра́ть с кем-н. как ко́шка с мы́шью; das ist für die Katz э́то напра́сно, э́то впусту́ю; die ~ aus dem Sack lassen сде́лать та́йное я́вным; die ~ im Sack kaufen покупа́ть ⟨купи́ть⟩ кота́ в мешке́

Katzen|auge *n* Fahrrad катафо́т 2; *Min* коша́чий 12 глаз; **~jammer** *m* похме́лье 5; **~musik** *f* коша́чий конце́рт 12-2; **~sprung** *m:* es ist nur ein ≈ э́то руко́й пода́ть, э́то в двух шага́х

Kauderwelsch *n* unverständliches Gerede тараба́рщина 6 *umg* | ein ~ sprechen говори́ть на ло́маном [исковерканно́м] языке́

kauen *tr, intr* жева́ть* | Nägel ~ грызть* [куса́ть] но́гти; an etw. zu ~ haben тяжело́ пережива́ть что-н.

kauern *intr* си|де́ть 3 -жу́ на ко́рточках; sich ~ *refl* са|ди́ться 3 -жу́сь ⟨сесть*⟩ на ко́рточки

Kauf *m* поку́пка 6; Tätigkeit a. ку́пл|я 7 *G Pl* -ей | einen ~ tätigen соверш|а́ть ⟨-и́ть 3⟩ поку́пку [ку́плю]; ~ und Verkauf ку́пля-прода́жа; etw. zum ~ anbieten предлага́ть ⟨-ложи́ть⟩ что-н. на прода́жу; etw. in ~ nehmen мири́ться 3 (при-) с чем-н.

kaufen *tr* покупа́ть ⟨куп|и́ть 3⁺ -лю́⟩ | ich habe viele Bücher gekauft я накупи́л книг; dafür kann ich mir nichts ~ э́то не принесёт мне по́льзы, э́то мне ничего́ не даёт; den werd' ich mir ~! я его́ отде́лаю как сле́дует!, я возьму́сь за него́!

Käufer *m* покупа́тель 1; **~in** *f* покупа́тельница 6; **~kreis** *m* круг покупа́телей

Kauf|halle *f* универса́льный продово́льственный магази́н (самообслу́живания); *umg* универса́м 2; **~haus** *n* универса́льный магази́н, универма́г 2; **~kraft** *f* покупа́тельная спосо́бность 9 | die ≈ des Geldes покупа́тельная си́ла де́нег

käuflich 1. *Adj* Beamter, Liebe прода́ж|ный, -ен 2. *Adv:* ~ erwerben приобрета́ть ⟨-|обрести́*⟩ путём поку́пки, покупа́ть ⟨куп|и́ть 3⁺ -лю́⟩

Kauf|lust *f* жела́ние 5 купи́ть *A* | die ≈ wecken ожив|ля́ть ⟨-и́ть 3 -лю́⟩ спрос; **~mann** *m* Händler торго́в|ец, -ца 2, куп|е́ц, -ца́ 2 *alt;* Ladeninhaber владе́л|ец, -ьца 2 магази́на; Groß-, Wirtschaftskaufmann коммерса́нт 2; kaufmännischer Angestellter рабо́тник 2 торго́вли, специали́ст по эконо́мике торго́вли

kaufmännisch торго́вый, купе́ческий; комме́рческий | ~er Angestellter рабо́тник торго́вли, фина́нсовый рабо́тник 2 (по специа́льности); ~er Direktor замести́тель 1 дире́ктора по комме́рческим дела́м, комме́рческий дире́ктор; einen ~en Beruf lernen получ|а́ть ⟨-и́ть 3⁺⟩ специа́льность фина́нсового рабо́тника

Kauf|preis *m* покупна́я цена́ (für *G*); **~vertrag** *m* догово́р ку́пли-прода́жи

Kaugummi *m* жева́тельная рези́нка

Kaukasier *m* кавка́з|ец, -ца 2; **~in** *f* кавка́зка 6

kaukasisch кавка́зский

Kaukasus *m* Кавка́з 2 | im ~ на Кавка́зе; nach dem ~ fahren по|е́хать* *v* на Кавка́з

Kaul|barsch *m* ёрш, ерша́ 2e; **~quappe** *f* голова́стик 2

kaum 1. *Adv* fast nicht едва́, почти́ не, е́ле; eben gerade erst едва́ | er war ~ fünf Jahre alt ему́ едва́ [то́лько что] испо́лнилось пять лет; ich konnte ~ aufstehen я едва́ [наси́лу] встал; sie hört ~ etwas она́ почти́ не [едва́] слы́шит; ich kann es ~ erwarten, daß … я (про́сто) не могу́ дожда́ться, когда́ …; ich konnte mich ~ enthalten я наси́лу сдержа́лся; er war ~ fortgegangen als … не успе́л он уйти́, как …; ~ war er eingetreten, da … едва́ он вошёл, как …; es ist ~ zu glauben, daß … тру́дно пове́рить, что …; ~ jemand ма́ло кто; ~ einer почти́ никто́ 2. *Konj* schwerlich едва́ ли, вряд ли | er wird heute ~ kommen он едва́ ли [вря́д ли] сего́дня придёт

Kaumuskel *m* жева́тельная мы́шца

kausal причи́нный; *Phil a.* кауза́льный

Kausal|satz *m* прида́точное предложе́ние причи́ны; **~zusammenhang** *m* причи́нная связь

Kautabak *m* жева́тельный таба́к

Kaution *f* (иму́щественное) поручи́тельство 4, пору́ка 6 | gegen ~ под поручи́тельство, под зало́г

Kautschuk *m* каучу́к 2; **~baum** *m* геве́я 7, каучу́ковое де́рево

Kauz *m Zool* сыч 2e | komischer ~ чуда́к 2e

Käuzchen *n* сыч 2e (домо́вый)

Kavalier *m* кавале́р 2 | den ~ spielen игра́ть роль кавале́ра

Kavaliersdelikt *n* просту́пок, счита́ющийся 11 прости́тельным

Kavalkade *f* кавалька́да 6

Kavallerie *f* кавале́рия 8, ко́нница 6; **~regiment** *n* кавалери́йский полк

Kavallerist *m* кавалери́ст 2

Kavatine *f* savati̇́na — кавати́на 6

Kaverne *f* каве́рна 6

Kaviar *m* икра́ 6 | körniger ~ зерни́стая икра́; gepreßter ~ па́юсная икра́; roter ~ ке́товая икра́

keck mutig сме́л|ый, -а́!; dreist, frech де́рз|кий, -ок, -ка́! | ein ~es Hütchen коке́тливая шля́пка 6; ein ~es Näschen вздёрнутый но́сик 2; mit ~er Stirn де́рзко

Keckheit *f* смéлость 9; дéрзость 9
Kegel *m Sport* кéгл|я 7 *G Pl* -ей; *Math* кóнус 2; *Typ* кегль 1 | ~ schieben игрáть в кéгли
Kegelbahn *f* кегельбáн 2; im Freien плoщáдка 6 для игры́ в кéгли
kegelförmig конусообрáз|ный, -ен, кони́ческий
kegeln *intr* игрáть в кéгли
Kegeln *n* игрá 6с в кéгли
Kegel|schnitt *m* коническое сечéние; **~sport** *m* кéгл|и *Pl* 7 *G* -ей; **~stumpf** *m* усечённый кóнус 2
Kegler *m* игрóк 2е в кéгли
Kehle *f* гóрло 4; *Tech, Arch* вы́емка 6, паз 2b; в пазу́ | aus voller ~ во всё гóрло, грóмко; sich die ~ ausschreien охри́пнуть *v* 4a от кри́ка; etw. in die falsche ~ bekommen обижáться (оби|дéться 3 -жусь) на что-н.; mir ist die ~ wie zugeschnürt у меня́ перехвати́ло дух; j-m das Messer an die ~ setzen *übertr* при|перéть* *v* когó-н. к стéнке
Kehlkopf *m* гортáнь 9; **~entzündung** *f* ларинги́т 2; **~mikrophon** *n* ларингофóн 2
Kehllaut *m Phon* гортáнный звук
Kehr|aus *m*: den ~ machen кончáть (кóнчить 3); Gaststätte закрывáть (-|кры́ть*) (ресторáн); den ~ spielen игрáть (сыгрáть) послéдний тáнец; **~besen** *m* метлá 6с *Pl* мёт|лы, -ел
Kehre *f Sport* соскóк 2 с поворóтом; Straße изви́лина 6
[1]**kehren** *tr* wenden поворáчивать (-вернýть 4; -вёрнутый); Kleiderstoff usw. вывёртывать (вы́вернуть) наизнáнку; *intr u.* sich ~ *refl* поворáчивать(ся) *u.* повёртывать(ся) (-вернýть(ся)) | j-m den Rücken ~ повернýться к комý-н. спинóй; das Oberste zuunterst ~ перевёртывать (-вернýть) всё вверх днoм; alles zum besten ~ повернýть всё к лýчшему; in sich gekehrt погружённый [углублённый] в себя́; kehrt! *Mil* кругóм!; sich nicht an etw. ~ не обра|щáть (-ти́ть 3 -щý) внимáния на что-н.
[2]**kehren** *tr* fegen мести́*, подметáть (-мести́); Staub обметáть (-мести́); Schnee сметáть (-мести́) (von с *G*)
Kehricht *m* сор 2, мýсор 2; **~haufen** *m* кýча мýсора
Kehr|maschine *f* Straße подметáльно-убóрочная маши́на; Teppich прибóр 2 для чи́стки коврóв; **~reim** *m* рефрéн 2; **~schaufel** *f* сов|óк, -кá 2 для мýсора; **~seite** *f* Rückseite оборóтная [обрáтная] сторонá | j-m die ≈ zuwenden повернýться *v* 4 зáдом к комý-н.; ≈ der Medaille оборóтная сторонá медáли
kehrtmachen *intr Mil* поворáчиваться (-вернýться 4) кругóм; umkehren поворáчивать (-вернýть) назáд
Kehrtwendung *f Mil* поворóт кругóм
Kehrwert *m* обрáтная величинá 6с
keifen *intr* брани́ться 3 (визгли́во)
Keil *m* клин 2 *Pl* -ья, -ьев, -ьям; Schneiderei шпóнка 6 | einen ~ in etw. (hinein)treiben забивáть (-|би́ть*) клин во что-н., вгоня́ть (во|гнáть*, вгоню́) клин во что-н.; einen ~ zwischen Freunde treiben вбивáть (-бить) клин мéжду друзья́ми, поссóрить *v* 3 друзéй; **~absatz** *m* (каблýк-)танкéтка (2е-)6
Keiler *m* секáч 2е *G Pl* -éй
Keilerei *f* потасóвка 6, дрáка 6
keilförmig клинообрáз|ный, -ен, клиновúд|ный, -ен
Keil|hose *f* спорти́вные (заýженные кни́зу) брю́ки; **~kissen** *n* подголóвник 2; **~riemen** *m* кли́нчатый ремéнь; **~schrift** *f* кли́нопись 9
Keim *m* einer Pflanze рост|óк, -кá 2; Embryo зарóдыш 2 *G Pl* -ей; *Med* Erreger микрóб 2, микроорганúзм 2; *übertr* зарóдыш; von Krankheit, Liebe зачáт|ок, -ка 2 | im ~ ersticken подав|ля́ть (-и́ть 3⁺ -лю́; подáвленный) в зарóдыше; **~blatt** *n Bot* семядóл|я 7 *G Pl* -ей; *Biol* зарóдышевый лист|óк, -кá 2; **~drüse** *f* половáя желéза
keimen *intr Bot* пускáть (пу|сти́ть 3⁺ -щý) ростки́, прорастáть (-|расти́*); *übertr* заро|ждáться (-ди́ться 3); **~d** прорастáющий 11
keimfähig всхóжий 11
Keimfähigkeit *f* всхóжесть 9
keimfrei стерилизóванный | ~e Milch пастеризóванное [тэ] молокó; ~ machen стерилизовáть *uv, v* 2
Keim|ling *m Biol* зарóдыш 2 *G Pl* -ей; *Bot* рост|óк, -кá 2; **~ung** *f Biol* зарождéние 5; *Bot* прорастáние 5; **~zelle** *Biol* зарóдышевая клéтка; *übertr* (первúчная) ячéйка 6
kein *Präp* ни од|и́н, -ногó 15, никакóй; keiner никтó; не *a. in Verbindung mit Num; in Sätzen mit haben* нет | ~ Mensch никтó, ни оди́н человéк; das ist ~ Buch, sondern … э́то не кни́га, а …; er ist ~ Arzt он не врач; das ist ~ Vergnügen э́то не удовóльствие; ich habe ~e Zeit у меня́ нет врéмени; ich habe ~ Geld у меня́ нет дéнег; das kostet ~e fünf Mark э́то не стóит и пяти́ мáрок; es hat ~en Sinn нет (никакóго) смы́сла; ~ Schritt weiter ни шáгу дáльше; ~ Wölkchen … ни óблачка …; ~er war da никогó нé было; ~ anderer als … не кто инóй как …; auf ~en Fall ни в кóем слýчае; auf ~e Weise никáк, никóим óбразом
keiner|lei никакóй; **~seits** *Adv* ни с какóй сторонь́і
keines|falls *Adv* ни в кóем слýчае; **~wegs** *Adv* отню́дь не, вóвсе нет

keinmal *Adv* ни ра́зу | einmal ist ~ оди́н раз не в счёт
Keks *m* (сухо́е) пече́нье 5
Kelch *m* ку́б|ок₁ -ка 2, ча́ша 6; *Bot* ча́шечка 6 | den bitteren ~ leeren ис|пи́ть* *v*₁ изопью́ го́рькую ча́шу до дна; **~blatt** *Bot* чашели́стик 2; **~glas** *n* (стекля́нный) бока́л 2
Kelle *f* Löffel разлива́тельная ло́жка 6; Maurer~ ке́льма 6, лопа́т(оч)ка 6
Keller *m* подва́л 2; Vorrats~, Speisekammer *a.* по́греб 2b *Pl* -а́; Weinstube, -keller по́греб, погреб|о́к₁ -ка́ 2; **~fenster** *n* подва́льное окно́; **~gaststätte** *f* рестора́н в подва́ле; **~geschoß** *n* подва́льный эта́ж; **~treppe** *f* ле́стница в подва́л
Kellner *m* официа́нт 2; in westeuropäischen Ländern ке́льнер 2; **~in** *f* официа́нтка 6; ке́льнерша 6
Kelter *f* für Wein виногра́дный пресс 2; **~ei** *f* дави́л|ьня 7 *Pl* -ен₁ -ьням
keltern *tr* выда́вливать ⟨вы́дав|ить 3 -лю⟩ сок из виногра́да
Kenia Ке́ния 8; **~ner** *m* кени́|ец₁ -йца 2; **~nerin** *f* кени́йка 6
kenianisch кени́йский
kennen *tr* wissen знать; näher, persönlich быть знако́мым с *I* | ~ Sie ihn? знако́мы ли вы с ним?; ich kenne ihn schon lange я уже́ давно́ знако́м с ним, я давно́ его́ зна́ю; j-n am Schritt ~ у|знава́ть* ⟨-зна́ть⟩ кого́-н. по шага́м; nur dem Namen nach ~ знать то́лько по и́мени [по фами́лии]; da kennst du ihn aber schlecht пло́хо ты его́ зна́ешь; keine Rücksicht ~ не счита́ться ни с чем; sich vor Zorn nicht ~ быть* вне себя́ от гне́ва; etw. in- u. auswendig ~ знать что-н. вдоль и поперёк; das ~ wir! зна́ем мы э́то!; **~lernen** *tr* знако́м|иться 3 -люсь (по-) с *I* | wir haben uns vor einem Jahr kennengelernt мы познако́мились год тому́ наза́д; von einer ganz neuen Seite ≈ узна́ть *v* совсе́м с друго́й стороны́; Sie sollen mich noch ≈! вы ещё узна́ете меня́!
Kenner *m* знато́к 2c (von *G* *oder* в *P*); **~blick** *m:* etw. mit ≈ betrachten смотре́ть (по-) на что-н. взгля́дом знатока́
Kennmarke *f* ли́чный знак
kenntlich (хорошо́) ви́дим:ый | ~ machen обозн|ача́ть ⟨-а́чить 3⟩ (mit, durch чем-н.); besonders kennzeichnen выделя́ть ⟨вы́делить 3⟩ (mit чем-н.)
Kenntnis *f* Nachricht све́дения *Pl* 5; Wissen зна́ния *Pl* 5; ~se *Pl* зна́ния; auf einem bestimmten Gebiet позна́ния 5 (in *G,* по *D,* в *P*) | ~se besitzen облада́ть зна́ниями; von etw. ~ erhalten [haben] получ|а́ть ⟨-и́ть⟩ [име́ть] све́дения о чём-н.; zur ~ nehmen принима́ть ⟨приня́ть*⟩ к све́дению; das enzieht sich meiner ~ об э́том мне ничего́ не изве́стно; j-n in ~ setzen ста́в|ить 3 -лю (по-) кого́-н. в изве́стность (von etw. о чём-н.), дава́ть* ⟨дать*⟩ знать кому́-н. (von etw. о чём-н.); aus eigener ~ по со́бственному о́пыту; er hat gründliche ~se in Geschichte у него́ основа́тельные зна́ния по исто́рии [в о́бласти исто́рии]; **~nahme** *f* von etw. приня́тие 5 чего́-н. к све́дению, ознакомле́ние 5 с чем-н. | zur ≈ для ознакомле́ния
kenntnisreich 1. *Adj* о́чень све́дущ:ий 11, с больши́ми (по)зна́ниями **2.** *Adv* со зна́нием де́ла
Kenn|wort *n Mil,* Losung паро́ль 1; beim Ausgang про́пуск 2b *N Pl* -а́; Wettbewerb, Preisausschreiben деви́з 2, поме́тка 6; **~zeichen** *n* приме́та 6; *Mil* отличи́тельный знак; симпто́м 2, при́знак 2 | polizeiliches ≈ но́мерно́й знак 2
kennzeichnen *tr* markieren помеча́ть ⟨поме́|тить 3 -чу⟩, де́лать (с-) поме́тки; charakterisieren характеризова́ть *uv, v* 2; **~d** характе́р|ный₁ -ен, типи́ч|ный₁ -ен (für для *G*)
Kenn|zeichnung *f* поме́тка 6; характери́стика 6; **~ziffer** *f Wirtsch* показа́тель 1; *Math* характери́стика 6
kentern *intr* опроки́|дываться ⟨-нуться 4⟩ (ки́лем вверх) | das Boot ist gekentert ло́дка опроки́нулась [переверну́лась]
Keramik *f* кера́мика 6; Erzeugnis кера́мика, керами́ческое изде́лие 5
keramisch керами́ческий
Kerbe *f* засе́чка 6, зару́бка 6; als Zierat auf Metall насе́чка 6 | in dieselbe ~ hauen бить в одну́ то́чку
kerben *tr* де́лать (с-) засе́чки [зару́бки] | gekerbt с засе́чками, с зару́бками
Kerb|holz *n:* etw. auf dem ≈ haben име́ть что-н. на со́вести, име́ть за собо́й каку́ю-н. вину́; **~(loch)karte** *f* (перфо)ка́рта 6 с краевы́ми вы́резами; **~tier** *n* насеко́мое *Subst* 10
Kerker *m* тюр|ьма́ 6c *G Pl* -ем | in den ~ werfen броса́ть ⟨бро́сить⟩ в застéнок
Kerl *m umg* па́р|ень₁ -ня 1; *verächtl* субъе́кт 2, тип 2 | armer ~ бедня́га *m* 6; dummer ~ дура́к 2e; ganzer ~ молод|е́ц₁ -ца́ 2; guter ~ хоро́ший 11 челове́к 2
Kern *m* Steinobst ко́сточка 6; Apfel, Birne зёрныш|ко 4 *Pl* -ки₁ -ек; Kernobst се́меч|ко 4 *Pl* -ки₁ -ек; Nuß, Mandel, *Phys* ядро́ 4c *G Pl* я́дер *a. übertr;* Frage, Sache суть 9, су́щность 9 | ~ der Stadt центр 2 го́рода; in ihm steckt ein guter ~ у него́ хоро́шие усто́и; des Pudels ~ суть [су́щность] де́ла; **~beißer** *m Zool* дубоно́с 2
kernbetrieben на я́дерном то́пливе; U-Boot а́томный
Kern|energie *f* я́дерная эне́ргия; **~explosion** *f* я́дерный взрыв; **~forschung** *f*

я́дерные иссле́дования ~**forschungsinstitut** *n* институ́т я́дерных иссле́дований; ~**frage** *f* стержнево́й [гла́вный] вопро́с; ~**fusion** *f* я́дерный си́нтез [тэ], си́нтез я́дер; ~**gehäuse** *n* семенно́е гнездо́, *umg* сердцеви́на [рц] 6

kerngesund абсолю́тно [соверше́нно] здоро́в:ый, кре́пкого здоро́вья

Kernholz *n* ядро́вая древеси́на

kernig кре́п|кий| -ок| -ка́!| -че; Person, Rede ядрён:ый| -а | ~e Gesundheit ядрёное [кре́пкое] здоро́вье

Kern|kraftwerk *n* а́томная электроста́нция; ~**ladung** *f* заря́д ядра́; ~**obst** *n* се́мечковые плоды́; ~**physik** *f* я́дерная фи́зика; ~**physiker** *m* фи́зик-я́дерщик 2–2 фи́зик; ~**punkt** *m* основно́й пункт; ~**reaktion** *f* я́дерная реа́кция; ~**reaktor** *m* я́дерный реа́ктор; ~**schatten** *m* ядро́ 4c те́ни; ~**seife** *f* ядро́вое мы́ло; ~**spaltung** *f* расщепле́ние я́дер [ядра́]; ~**truppen** *f Pl* ка́дровые войска́; ~**umwandlung** *f* превраще́ние ядра́; ~**verschmelzung** *f* я́дерный си́нтез [тэ] 2; ~**waffe** *f* я́дерное ору́жие

kernwaffenfrei свобо́дный от я́дерного ору́жия

Kernwaffen|versuch *m* испыта́ние 5 я́дерного ору́жия; ~**verzicht** *m* отка́з от (примене́ния) я́дерного ору́жия

Kerosin *n* кероси́н 2

Kerze *f* свеч|а́ 6h *G Pl* -е́й *a. Kfz u. Sport; umg* све́чка 6 | eine ~ anzünden зажига́ть ⟨-|же́чь*⟩ свечу́

Kerzenbeleuchtung *f* освеще́ние свеча́ми | bei ~ при свече́ [свеча́х]

kerzengerade 1. *Adj* прямо́й (как свеча́) **2.** *Adv* sitzen о́чень пря́мо; aufsteigen: Rauch трубо́й

Kerzen|halter *m* подсве́чник [шн] 2; ~**leuchter** *m* подсве́чник [шн] 2; ~**licht** *n* свет (от) свечи́ | bei ≈ при свеча́х; ~**stummel** *m* ога́р|ок| -ка 2 (свечи́)

Kescher *m* сач|о́к| -ка́ 2

keß fesch шика́р|ный| -ен; dreist де́рз|кий| -о́к| -ка́!

Kessel *m* кот|ёл| -ла́ 2 *a. Tech;* kleiner котел|о́к| -ка́ 2; Tee~ ча́йник 2; *Geogr* котлови́на 6; *Mil* котёл, кольцо́ 4c окруже́ния; ~**haus** *n* коте́льная *Subst* 10; ~**pauke** *f* лита́вры *Pl* 6; ~**raum** *m* кочега́рка 6; ~**schmied** *m* коте́льщик 2; ~**stein** *m* (коте́льная) на́кипь 9; ~**treiben** *n Jagd* охо́та 6 котло́м; *übertr* тра́вля 7 | ein ≈ gegen j-n veranstalten организ|о́вывать ⟨-ова́ть 2⟩ тра́влю кого́-н.; ~**wagen** *m* цисте́рна 6; *Eisenb* ваго́н-цисте́рна 2-6

Kette *f* цеп|ь 9g| в| на цепи́; Tür~, Uhr~, Schmuck цепо́чка 6; aus Bernstein u. ä. ожере́лье 5, бу́сы *Pl* 6; aus unechten Perlen бу́сы; Gebirge цепь; von Ereignissen ряд 2| в ря́де; *Flugw* звено́ 4 *Pl* звён|я| -ев; *Text* осно́ва 6; *Mil* цепь; *Tech* Raupe гу́сеничная ле́нта 6 | in ~en legen зако́вывать ⟨-|кова́ть*⟩ в це́пи [в око́вы]; den Hund an die ~ legen сажа́ть ⟨поса|ди́ть 3⁺ -жу́⟩ соба́ку на цепь

ketten *tr* Tier привя́зывать ⟨-|вяза́ть*⟩ це́пью (an к *D*); sich ~ *refl* привя́зываться ⟨-вяза́ться⟩ (an к *D*) | an j-n gekettet sein быть (чем-н.) свя́занным с кем-н.; an etw. быть прико́ванным к чему́-н.

Ketten|antrieb *m* цепно́й приво́д; ~**armband** *n* брасле́т-цепо́чка 2-6; ~**brücke** *f* цепно́й мост; ~**fahrzeug** *n* маши́на 6 на гу́сеничном ходу́; ~**gebirge** *n* го́рная цепь 9g; ~**glied** *n* звено́ це́пи; ~**hund** *m* цепна́я соба́ка; ~**raucher** *m* зая́длый кури́льщик; ~**reaktion** *f* цепна́я реа́кция; ~**stich** *m* Schneiderei та́мбурный стежо́к

Ketzer *m* ерети́к 2e; ~**ei** *f* е́ресь 9

ketzerisch ерети́ческий

keuchen *intr* пых|те́ть 3 -чу́, задыха́ться ⟨-дохну́ться 4 *u.* 4a⟩; schwer тяжело́ дыша́ть 3⁺

Keuchhusten *m* коклю́ш 2 | er hat ~ у него́ коклю́ш

Keule *f Sport* булава́ 6; Waffe дуби́на 6, булава́; vom Tier костре́ц 2e

Keulenschwingen *n Sport* упражне́ние 5 с булава́ми

keusch целому́дрен:ный| -на, де́вствен:ный| -на

Keuschheit *f* целому́дрие 5, де́вственность 9

Khaki *m:* aus ~ цве́та ха́ки

Khan *m hist* хан 2

Khartum Харту́м

kichern *intr* хихи́к|ать ⟨-нуть *mom* 4⟩

Kickstarter *m* ножно́й ста́ртер

kidnappen *tr* похища́ть ⟨похи́|тить 3 -щу⟩ для получе́ния вы́купа

Kidnapper *m* похити́тель 1

Kiebitz *m Zool* чи́бис 2, пи́галица 6; beim Kartenspiel (надое́дливый) боле́льщик 2, подска́зчик 2

kiebitzen *intr* beim Kartenspiel наблюда́ть за игро́й, подгля́дывать ⟨подгля|де́ть 3 -жу́⟩

[1]**Kiefer** *f Bot* сосна́ 6c *G Pl* со́сен

[2]**Kiefer** *m Anat* че́люсть 9; ~**chirurgie** *f* челюстна́я хирурги́я; ~**höhle** *f* гаймо́рова 13 па́зуха; ~**knochen** *m* челюстна́я кость

Kiefern|holz *n* сосно́вая древеси́на; Brennholz сосно́вые дрова́; ~**nadel** *f* сосно́вая игла́, *Pl a.* сосно́вая хвоя́ 7; ~**wald** *m* сосно́вый лес, сосня́к 2e; ~**zapfen** *m* сосно́вая ши́шка

[1]**Kiel** *m* Feder~ стёрж|ень| -ня 1g; Schreib~ перо́ 4c *Pl* пе́рь|я| -ев 3; *Mar*

киль 1 | auf ~ legen закла́дывать ⟨-ло-жи́ть 3⁺⟩ су́дно

²Kiel Stadt Киль 1

kielholen *tr* килева́ть 2 (за-)

Kiel|legung *f* закла́дка 6 су́дна [корабля́] (на ста́пеле); **~linie** *f* кильва́терная [тэ] коло́нна 6; **~raum** *m* трюм 2; **~wasser** *n* кильва́тер [тэ] 2 | im ≈ eines Schiffes fahren идти́* в кильва́тере како́го-н. су́дна

Kieme *f* жа́бра 6

Kiemen|atmung *f* жа́берное дыха́ние; **~spalte** *f* жа́берная щель

Kien *m* Span сосно́вая лучи́на 6; **~apfel** *m* сосно́вая ши́шка 6; **~span** *m* сосно́вая лучи́на

Kies *m* гра́ви|й 1 *P* -и; Erz кольчеда́н 2 | grober ~ га́лька 6

Kiesel|erde *f* кремнезём 2; **~stein** *m* голы́ш 2e *G Pl* -ей́

Kies|grube *f* грави́йный карье́р 2; **~weg** *m* грави́йная доро́жка 6

Kiew Ки́ев 2

Kilo *n* кило́ *n idkl* | ein halbes ~ полкило́; **~gramm** *n* (*Abk* kg) килогра́мм 2 (*Abk* кг); **~hertz** *n* (*Abk* kHz) килоге́рц 2 (*Abk* кгц)

Kilometer *n* (*Abk* km) киломе́тр 2 (*Abk* км) | drei ~ entfernt von в трёх киломе́трах от *G;* **~fresser** *m umg* пожира́тель 1 киломе́тров; **~stand** *m* километра́ж 2; **~stein** *m* километро́вый столб 2e; **~zähler** *m Kfz* счётчик пробе́га

Kilo|pond *n* (*Abk* kp) килопо́нд 2 (*Abk* кгс); **~volt** *n* (*Abk* kV) килово́льт 2 (*Abk* кв)

Kilowatt *n* (*Abk* kW) килова́тт 2 (*Abk* квт); **~stunde** *f* (*Abk* kWh) килова́тт-ча́с *idkl*–2 (*Abk* квт-ч)

Kimme *f:* ~ und Korn про́резь 9 прице́ла и му́шка 6

Kimono *m* кимоно́ *n idkl;* **~ärmel** *m* рука́в кимоно́; **~bluse** *f* блу́зка фасо́на кимоно́

Kind *n* ребён|ок, -ка 2 *Pl* ребя́та 4 *u.* де́ти, дете́й, де́тям, детьми́, де́тях *a. übertr* | mein liebes ~! zärtlich ми́лое моё дитя́!; armes ~! бедня́жка!; von ~ auf с де́тства; sie ist noch ein richtiges ~ она́ ещё совсе́м ребёнок; ein ~ seiner Zeit дитя́ своего́ вре́мени; mit ~ und Kegel со все́ми ча́дами и домоча́дцами; sie hat ein ~ bekommen у неё роди́лся ребёнок; ein ~ erwarten ждать* [ожида́ть] ребёнка; sich bei j-m lieb ~ machen подли́зываться ⟨подлиза́ться, -лижу́сь, -ли́жешься⟩ к кому́-н.; das ~ mit dem Bade ausschütten вме́сте с водо́й вы́плеснуть *v* 4 и ребёнка

Kindbett *n* послеродово́й пери́од 2; **~fieber** *n* роди́льная горя́чка 6

Kinder|arzt *m* де́тский врач, педиа́тр 2; **~beihilfe** *f* посо́бие на ребёнка; **~bekleidung** *f* де́тская оде́жда; **~beratung(sstelle)** *f* де́тская консульта́ция; **~bett** *n* де́тская крова́ть; **~buch** *n* де́тская кни́га; **~ei** *f* ребя́чество 4; **~eisenbahn** *f* де́тская желе́зная доро́га; **~ferienaktion** *f* организа́ция 8 о́тдыха дете́й во вре́мя кани́кул; **~ferienlager** *n* де́тский ла́герь (для о́тдыха во вре́мя кани́кул); **~fernsehen** *n* телевизио́нные переда́чи *Pl* 6 для дете́й, телепрогра́мма 6 для дете́й; **~freund** *m:* er ist ein ≈ он лю́бит дете́й; **~funk** *m* (радио)переда́ча 6 [радиопрогра́мма 6] для дете́й; **~garten** *m* де́тский сад; **~gärtnerin** *f* воспита́тельница 6 (в де́тском саду́); **~geld** *n* де́нежное посо́бие на ребёнка, посо́бие 5 для многоде́тных семе́й; **~heim** *n* де́тский дом; Erholungsheim де́тский дом о́тдыха; **~hort** *m* гру́ппа 6 продлённого дня в шко́ле; **~jäckchen** *n* beim Kleinkind распашо́нка 6; **~kaufhaus** *n* де́тский универма́г; **~klapper** *f* де́тская погрему́шка 6; **~kleidung** *f* де́тская оде́жда; **~klinik** *f* де́тская кли́ника; **~krankheit** *f* де́тская боле́знь *a. übertr;* **~krippe** *f* де́тские я́сли; **~lähmung** *f* де́тский парали́ч, полиомиели́т [миэ] 2

kinder|leicht о́чень лёгкий [хк] | das ist ja ≈ э́то пустяко́вое де́ло, э́то о́чень про́сто; **~lieb** лю́бящий 11 дете́й; **~los** бezде́т|ный, -ен

Kinder|mädchen *n* ня́ня 7; **~mantel** *m* де́тское пальто́; **~mund** *m übertr* де́тский язы́к 2e

kinderreich многоде́т|ный, -ен

Kinder|schar *f* вата́га 6 дете́й; **~schriftsteller** *m* де́тский писа́тель; **~schuh** *m* де́тский боти́нок | ≈e де́тская о́бувь 9; den ≈en entwachsen выхо|ди́ть 3⁺ -жу́ ⟨вы́|йти*⟩ из де́тского во́зраста; noch in den ≈en stecken находи́ться 3⁺ в зача́точном состоя́нии; **~sendung** *f* де́тская переда́ча

Kinderspiel *n* де́тская игра́; *übertr* пустяко́вое [просто́е] де́ло; **~platz** *m* де́тская площа́дка (для игр)

Kinder|sprache *f* де́тская речь; **~station** *f* отделе́ние для дете́й (в больни́це); **~stube** *f:* er hat eine gute ≈ gehabt он хорошо́ воспи́тан; **~tagesstätte** *f* де́тский сад; **~- und Jugendspartakiade** *f* де́тская и ю́ношеская спартакиа́да; **~vorstellung** *f* представле́ние для дете́й, де́тский спекта́кль; Kino сеа́нс де́тских фи́льмов; **~wagen** *m* де́тская коля́ска 6; **~wochenkrippe** *f* круглосу́точные я́сли; **~zimmer** *n* де́тская ко́мната, де́тская *Subst* 10; **~zuschlag** *m* надба́вка к зарпла́те на ребёнка

Kindes|alter *n* де́тский во́зраст; **~beine**

Pl: von ≈n an с са́мого де́тства, с де́тских лет; **~kind** *n:* Kinder und ≈er всё пото́мство

Kindheit *f* де́тство 4 | von ~ an с де́тства, с ма́лых лет

kind|isch **1.** *Adj* несерьёз|ный, -ен, де́тский **2.** *Adv* по-ребя́чески, по-де́тски | sich ≈ benehmen вести́* себя́ по-де́тски; ≈ werden alte Leute впада́ть ⟨-|пасть*⟩ в де́тство; **~lich** **1.** *Adj* де́тский **2.** *Adv* по-де́тски | ≈ sein име́ть мно́го де́тского

Kindskopf *m:* er ist ein großer ~ *übertr* он ещё совсе́м ребёнок

Kinematik *f* кинема́тика 6

Kinematographie *f* кинематогра́фия 8

kinematographisch кинематографи́ческий

Kinetik *f* кине́тика [нэ] 6

kinetisch кинети́ческий [нэ]

Kinn *n* подборо́д|ок, -ка 2; **~haken** *m* *Sport* уда́р 2 в подборо́док | einen ≈ landen ударя́ть ⟨уда́рить 3⟩ в подборо́док; **~lade** *f* че́люсть 9

Kino *n* кино́ *n idkl;* Gebäude a. кинотеа́тр 2 | im ~, ins ~ в кино́; **~besucher** *m* кинозри́тель 1; **~gänger** *m* посети́тель 1 кино́ [кинотеа́тра]; **~karte** *f* биле́т в кино́; **~kasse** *f* ка́сса кинотеа́тра; **~reklame** *f* киноpекла́ма 6; **~saal** *m* кинозáл 2; **~vorstellung** *f* киносеа́нс 2; **~wagen** *m* кинопередви́жка 6

Kiosk *m* кио́ск 2, пала́тка 6 | am ~ kaufen в кио́ске, в пала́тке

Kippe *f* Müll~ му́сорная сва́лка 6; *Bergb* отва́л 2; *Sport* подъём 2 разги́бом; *umg* Zigarettenstummel оку́р|ок, -ка 2 | auf der ~ stehen быть* в неусто́йчивом положе́нии; es steht mit j-m, etw. auf der ~ ist unsicher чьё-н. положе́ние о́чень ша́тко

kippen *tr* um~ опроки́|дывать ⟨-нуть 4⟩; ab~, aus-: Transportgut высыпа́ть ⟨вы́|сыпать*⟩, сва́ливать ⟨-вали́ть 3⁺⟩; *intr Flugw* теря́ть (по-) равнове́сие; Boot опроки́|дываться ⟨-нуться⟩

Kipper *m Kfz* (грузови́к-)самосва́л (2e-)2

Kipp|lore *f* опроки́дывающаяся 11 ваго-не́тка 6, саморазгружа́ющийся 11 полу-ваго́н 2; **~schalter** *m* перекидно́й выключа́тель; **~vorrichtung** *f* опроки́дыватель 1, устро́йство 4 для опроки́дывания; **~wagen** *m* думпка́р 2

Kirche *f* це́рк|овь, -ви 9g, *I* -овью, *D Pl* -ва́м; evangelische ки́рка 6; katholische костёл 2; Gottesdienst богослуже́ние 5 | zur ~ gehen ходи́ть в це́рковь; aus der ~ austreten выхо|ди́ть 3⁺ -жу́ ⟨вы́|йти*⟩ из це́ркви

Kirchen|bann *m* отлуче́ние 5 от це́ркви; **~besucher** *m* посеща́ющий *Subst* 11 це́рковь; **~buch** *n* церко́вная кни́га; **~maus** *f:* arm wie eine ≈ бе́ден как церко́вная мышь; **~musik** *f* церко́вная му́зыка; **~schiff** *n* неф 2

kirchenslawisch церковнославя́нский

Kirchen|spaltung *f* схи́зма 6; *hist* раско́л 2; **~steuer** *f* церко́вный нало́г; **~tag** *m* церко́вный съезд 2; **~vorstand** *m* церко́вный сове́т 2

kirchlich церко́вный

Kirch|turm *m* церко́вная ба́шня; Glockenturm колоко́л|ьня 7 *G Pl* -ен

Kirgis|e *m* кирги́з 2; **~ien** Кирги́зия 8; **~in** *f* кирги́зка 6

kirgisisch *Adj* кирги́зский | Kirgisische Sozialistische Sowjetrepublik Кирги́зская Сове́тская Социалисти́ческая Респу́блика

Kirmes *f Rel* ки́рмес 2, пра́здник [зн] 2 освяще́ния це́ркви

kirre: ~ machen укро|ща́ть ⟨-ти́ть 3 -щу́⟩

Kirsch *m* вишнёвая во́дка 6

Kirschbaum *m* ви́ш|ня 7 *G Pl* -ен; Süßkirsche черéш|ня 7 *G Pl* -ен

Kirsche *f* ви́ш|ня 7 *G Pl* -ен; Süß~ чере́ш|ня 7 *G Pl* -ен | mit ihm ist nicht gut ~n essen с ним лу́чше де́ла не име́ть

Kirsch|kern *m* вишнёвая ко́сточка; **~kuchen** *m* пиро́г с ви́шнями; **~likör** *m* вишнёвка 6, вишнёвый ликёр

kirschrot вишнёвый, вишнёвого цве́та

Kirsch|saft *m* вишнёвый сок; **~wasser** *n* вишнёвая во́дка 6

Kissen *n* поду́шка 6; **~bezug** *m* на́волочка 6; **~platte** *f* декорати́вная на́волочка на дива́нную поду́шку

Kiste *f* я́щик 2; für Kleider, Wäsche a. сунду́к 2e, ларь 1e; altes Fahrzeug драндуле́т 2 | eine ~ Zigarren я́щик сига́р

Kitsch *m* безвку́сица 6

kitschig безвку́с|ный, -ен | ~er Film по́шлая кинокарти́на

Kitt *m* зама́зка 6; Spachtel~ шпаклёвка 6

Kittel *m* (рабо́чий) хала́т (11-)2; kurzer рабо́чая блу́за 11-6; **~schürze** *f* (дома́шний 11) рабо́чий 11 хала́т 2

kitten *tr* Fenster зама́зывать ⟨-|ма́зать*⟩; *übertr* скле́ивать ⟨скле́ить 3⟩

Kitz *n* детёныш 2 *G Pl* -ей; Reh~ косул|ёнок, -ёнка 2 *Pl* косул|я́та, -я́т; Ziege козлён|ок, -ка 2 *Pl* козл|я́та, -я́т

kitz[e]lig щекотли́в:ый *a. übertr* | ~ sein боя́ться 3 щеко́тки

kitzeln *tr* щекота́ть* (по-) *a. übertr;* es kitzelt mich мне щеко́тно

Kitzler *m* кли́тор 2

Kladde *f* черновáя тетра́дь 9; Kassenbuch черновáя кни́га 6

klaffen *intr* зия́ть 1; Tür непло́тно прилега́ть | zwischen Wort und Tat klafft ein Widerspruch сло́во расхо́дится с де́лом

kläffen *intr* тя́в|кать ⟨-кнуть *mom* 4⟩

klaffend Wunde зия́ющий 11

Kläffer *m* брехли́вая соба́ка 6
Klafter *m, n* Holzmaß са́же́нь 9 *Pl* са́же́ни| са́жен *u.* саже́не́й| саже́ня́м; **~holz** *n* дрова́| сло́женные в поле́нницы
Klage *f Jur* жа́лоба 6, иск 2; Beschwerde(schrift) жа́лоба, заявле́ние 5; Äußerung des Schmerzes стена́ние 5; Wehklagen плач 2, рыда́ние 5 | gegen j-n ~ erheben по|дава́ть* ⟨пода́ть*⟩ жа́лобу на кого́-н.; eine ~ anhängig machen возбу|жда́ть ⟨-ди́ть 3 -жу́⟩ иск про́тив кого́-н.; **~geschrei** *f* вопль 1, жа́лобные во́пли *Pl* 1
klagen *tr:* j-m sein Leid ~ жа́ловаться 2 кому́-н. на своё го́ре; *intr* жа́ловаться (по-) (über на *A*); wehklagen опла́кивать ⟨-|пла́кать*⟩ (um j-n кого́-н.); *Jur* по|дава́ть* ⟨пода́ть*⟩ в суд (gegen на *A*) | über Müdigkeit ~ жа́ловаться на уста́лость; auf Schadenersatz ~ предъяв|ля́ть ⟨-и́ть 3⁺ -лю́⟩ иск о возмеще́нии убы́тков; gegen j-n ~ жа́ловаться (по-) на кого́-н., подава́ть ⟨пода́ть⟩ жа́лобу на кого́-н. [иск к кому́-н.] в суд
Kläger *m Jur* ист|е́ц| -ца́ 2, жа́лобщик 2 | als ~ auftreten выступа́ть ⟨вы́ступить⟩ в ка́честве истца́; wo kein ~ ist, da ist auch kein Richter на нет и суда́ нет
Klage|schrift *f Jur* исково́е заявле́ние 5; **~weg** *m:* auf dem ≈ в исково́м поря́дке
kläglich жа́лоб|ный| -ен; bedauernswürdig жа́л|кий| -ок| -ка́!| жа́льче, плаче́в|ный| -ен; Leistung, Ergebnis жа́лкий, ничто́ж|ный| -ен | eine ~e Rolle spielen игра́ть жа́лкую [ничто́жную] роль; alle Versuche sind ~ gescheitert все попы́тки ко́нчились печа́льно [плаче́вно]
klamm vor Kälte окочене́вший 11, окочене́лый
Klamm *f Geogr* у́зкое, щелеподо́бное уще́лье 5
Klammer *f Tech* скоба́ 6h; *Bauw* пробо́|й 1 *G Pl* -ев; Büro∸ скре́пка 6; Wäsche∸ прище́пка 6; *Math, Typ, Med* ско́бка 6 | eckige ~n квадра́тные ско́бки; in ~n setzen ста́в|ить 3 -лю (по-) в ско́бки; in ~n stehen стоя́ть в ско́бках
klammern *tr* mit Wäscheklammern прищеп|ля́ть ⟨-и́ть 3 -лю́⟩; mit Büroklammer прикреп|ля́ть ⟨-и́ть 3 -лю́⟩ скре́пкой (an к *D*); *Tech* скреп|ля́ть ⟨-и́ть 3 -лю́⟩ скобо́й; sich ~ *refl* цепля́ться (an за *A*) *a. übertr* | etw. ~ *Med* накла́дывать ⟨-ложи́ть 3⁺⟩ ско́бки на что-н.
Klampfe *f* гита́ра 6 | die ~ schlagen игра́ть на гита́ре
Klang *m* звук 2; ~farbe: Gerät, Stimme, Orchester звуча́ние 5; Timbre тембр [тэ] 2; Glocken∸ звон 2 | der Flügel hat einen schönen ~ роя́ль облада́ет хоро́шим звуча́нием [зву́ком], роя́ль хорошо́ звучи́т; ihre Stimme hat einen guten ~ её го́лос зву́чит хорошо́; sein Name hat einen guten ~ он по́льзуется хоро́шей репута́цией; ohne Sang und ~ потихо́ньку; unter den Klängen von под зву́ки *G;* **~farbe** *f* тембр [тэ] 2, окра́ска 6 зву́ка; **~fülle** *f* зву́чность 9; **~körper** *m* орке́стр 2, музыка́льный анса́мбль 1
klanglos глух:о́й| -а́! | sang- und ~ бессла́вно, незаме́тно
Klangregler *m* регуля́тор зву́ка
klangvoll зву́ч|ный| -ен| -на́!; helltönend звон|кий| -ок| -ка́!| -че
klappbar откидно́й; zusammenklappbar складно́й
Klapp|bett *n* откидна́я крова́ть; Campingbett раскладу́шка 6 *umg;* **~deckel** *m* откидна́я кры́шка
Klappe *f* Maschine; Blasinstrument; Herz кла́пан 2; Ofen вью́шка 6, засло́нка 6; Pult, Briefkasten кры́шка 6; Lüftungs∸ фо́рточка 6; Fliegen∸ хлопу́шка 6 | eine große ~ haben *umg* моло́ть* языко́м, быть* хвастли́вым; halt die ~! *umg* заткни́сь!
[1]**klappen** *tr:* nach oben ~ Deckel открыва́ть ⟨-|кры́ть*⟩; Sitz, Kragen поднима́ть ⟨подня́ть*⟩, отки́дывать ⟨-ки́нуть 4⟩ кве́рху
[2]**klappen** *intr* ла́диться 3, идти́* ⟨по|йти́*⟩ на лад | es wird schon ~ де́ло пойдёт на лад; die Sache klappt nicht де́ло не кле́ится; etw. klappt nicht что-н. не получа́ется
Klappen|schrank *m* (телефо́нный) коммута́тор 2 с кла́панами; **~text** *m* текст на суперобло́жке кни́ги
Klapper *f* трещо́тка 6; Kinder∸ погрему́шка 6
klapp[e]rig ве́тх:ий| -а́!; Wagen громыха́ющий 11; Person дря́хл:ый| -а!
klappern *intr* стуча́ть ⟨сту́кнуть 4⟩; Mühle, Geschirr громых|а́ть ⟨-ну́ть *mom* 4⟩; mit den Zähnen, mit dem Schnabel щёлк|ать ⟨-нуть *mom* 4⟩; Storch треща́ть 3 | vor Kälte mit den Zähnen ~ стуча́ть 3 зуба́ми от хо́лода
Klappern *n* стук 2; громыха́нье 5; щёлканье 5
Klapper|schlange *f* грему́чая 11 змея́; **~storch** *m* а́ист (бе́лый)
Klapp|fahrrad *n* складно́й велосипе́д; **~fenster** *n* откидно́е окно́; **~sitz** *m* откидно́е сиде́нье; *Theat* откидно́е ме́сто; **~stuhl** *m* складно́й стул; **~tisch** *m* складно́й стол
Klaps *m:* j-m einen ~ geben дать *v* кому́-н. хлопо́к [шлепо́к]; er hat einen ~ *umg* у него́ не все до́ма, у него́ заско́к (в голове́)
klar 1. *Adj* Himmel, Augen, Begriff, Antwort я́с|ный| -ен| -на́| -но| я́сны́; Kristall,

Wasser, Luft прозра́ч|ный, -ен, чи́ст:ый, -а́, -о, чи́сты́; Tag, Verstand све́т|лый, -ел, -ла́!; feingemahlen ме́л|кий, -ок, -ка́; ме́льче; *Mar, Flugw* гото́в:ый к *D; Sport* Vorsprung я́в|ный, -ен I ~ werden Himmel выясня́ться ⟨вы́ясниться 3⟩; Flüssigkeit отст|а́иваться ⟨-оя́ться 3⟩; ~er Kopf све́тлая [я́сная] голова́; eine ~e Stimme чи́стый го́лос; ~er Sieg *Sport* по́лная побе́да; ein ~es Bild von etw. haben име́ть я́сное представле́ние о чём-н.; sich ~ werden über etw. разбира́ться ⟨разо|бра́ться*, -брали́сь⟩ в чём-н. **2.** *Adv:* sich über etw. im ~en sein я́сно понима́ть ⟨поня́ть*⟩ что-н.; es ist ~, daß ... я́сно [поня́тно], что ...; klipp und ~ пря́мо, без обиняко́в

Klär|anlage *f* осветли́тельная [очи́стная] устано́вка; ≈n *Pl* für Abwässer сооруже́ния *Pl* 5 для очи́стки сто́чных вод; **~becken** *n* осветли́тельный бассе́йн

klären *tr* reinigen: Luft очища́ть ⟨очи́|стить 3 -щу⟩; Flüssigkeit осветл|я́ть ⟨-и́ть 3⟩; *übertr* выясня́ть ⟨вы́яснить 3⟩; sich ~ *refl übertr* выясня́ться ⟨вы́ясниться⟩; Beziehungen, Lage определ|я́ться ⟨-и́ться 3⟩; Angelegenheit, Sachlage, Wetter проясн|я́ться ⟨-и́ться 3⟩; Flüssigkeit отст|а́иваться ⟨-оя́ться 3⟩

Klarheit *f* я́сность 9; Durchsichtigkeit прозра́чность 9 I in etw. ~ bringen вноси́ть 3⁺ -ношу́ ⟨-|нести́*⟩ я́сность во что-н.; ~ gewinnen über etw. уясн|я́ть ⟨-и́ть 3⟩ себе́ что-н.

Klarinett|e *f* кларне́т 2 I ≈ blasen игра́ть на кларне́те; **~ist** *m* кларнети́ст 2

klar|legen *tr* выясня́ть ⟨вы́яснить 3⟩, я́сно излага́ть ⟨-ложи́ть 3⁺; **~machen** *tr* по-, объясн|я́ть ⟨-и́ть 3⟩ I ein Schiff (zur Abreise) ≈ гото́в|ить 3 -лю (под-) су́дно к отплы́тию; die Rettungsboote ≈ подгото́вить спаса́тельные ло́дки к спу́ску на́ воду; sich etw. ≈ уясн|я́ть ⟨-и́ть 3⟩ себе́ что-н.; **~sehen** *intr* я́сно предст|авля́ть ⟨-а́вить 3 -а́влю⟩ себе́ (in что-н.) I ich sehe in dieser Angelegenheit noch nicht klar я себе́ э́то не совсе́м я́сно представля́ю

Klarsichtfolie *f* прозра́чная плёнка 6

klarstellen *tr* выясня́ть ⟨вы́яснить 3⟩ I etw. ~ дава́ть* ⟨дать*⟩ поясне́ние по чему́-н.

Klar|stellung *f* выясне́ние 5, поясне́ние 5; **~text** *m* незашифро́ванный текст

Klärung *f* Flüssigkeit осветле́ние 5, очи́стка 6; *übertr* выясне́ние 5

klarwerden *intr* станови́ться 3⁺ ⟨стать*⟩ я́сным [поня́тным] I sich über etw. ~ уясн|я́ть ⟨-и́ть 3⟩ себе́ что-н., понима́ть ⟨поня́ть*⟩ что-н.

Klasse *f* Schule, *Verk, Pol,* Wertgruppe класс 2; *Sport* катего́рия 8; Ziehung in Lotterie разря́д 2 I die unteren [oberen] ~n мла́дшие 11 [ста́ршие 11] кла́ссы; wir fahren erster [zweiter] ~ *Eisenb* мы е́дем в мя́гком [в жёстком] ваго́не; Schiff мы е́дем в пе́рвом [во второ́м] кла́ссе; er ist ein Geiger erster ~ он первокла́ссный скрипа́ч; Restaurant erster ~ рестора́н пе́рвой катего́рии

Klassenältester *m* ста́роста *m* 6 кла́сса

klassenbewußt созна́тел|ьный, -ен, -ьна

Klassen|bewußtsein *n* кла́ссовое созна́ние; **~buch** *n* кла́ссный журна́л; **~einteilung** *f Wiss* классифика́ция 8; **~feind** *m* кла́ссовый враг; **~gegensatz** *m* кла́ссовый антагони́зм 2; **~gesellschaft** *f* кла́ссовое о́бщество; **~herrschaft** *f* кла́ссовое госпо́дство; **~kamerad** *m* однокла́ссник 2; **~kampf** *m* кла́ссовая борьба́; **~lehrer** *m,* **~leiter** *m* кла́ссный руководи́тель

klassenlos бескла́ссовый

Klassen|standpunkt *m* кла́ссовая пози́ция; **~unterschied** *m* кла́ссовое разли́чие; **~ziel** *n:* das ≈ erreichen (успе́шно) зака́нчивать ⟨-ко́нчить 3⟩ уче́бный год; **~zimmer** *n* класс 2, кла́ссная ко́мната; **~zugehörigkeit** *f* кла́ссовая принадле́жность

Klassifikation *f* классифика́ция 8 (nach по *D*)

klassifizieren *tr* классифици́ровать *uv, v* 2 (nach по *D*)

Klassik *f* кла́ссика 6; **~er** *m* кла́ссик 2

Klassikerausgabe *f* изда́ние кла́ссиков

klassisch класси́ческий I

Klassizismus *m* классици́зм 2

klassizistisch классици́стский, пери́ода классици́зма

Klatsch *m* Geschwätz сплет|ня 7 *G Pl* -ен I ~ und Tratsch спле́тни и пересу́ды *Pl* 2; **~base** *f* спле́тница 6

klatschen *tr* Beifall хло́п|ать ⟨-нуть *mom* 4⟩; petzen выба́лтывать ⟨вы́болтать⟩; *intr* хло́п|ать ⟨-нуть 4⟩ (auf по *D*); Regen u. ä. хлеста́ть ⟨хлестну́ть 4⟩ (an, gegen, auf по *D*); Gerüchte verbreiten спле́тничать (на-) (über о *P*) I der Regen klatscht auf das Dach дождь стучи́т по кры́ше; in die Hände ~ хло́пать [бить*] в ладо́ши

klatschhaft лю́бящий 11 (по)спле́тничать, болтли́в:ый

Klatsch|maul *n* спле́тник 2; Frau спле́тница 6; **~mohn** *m* мак-самосе́йка 2-6

klatsch|naß мо́крый насквóзь, промо́кший 11; **~süchtig** лю́бящий 11 (по)спле́тничать

Klaue *f* Kralle ко́г|оть, -тя 1g; Pfote mit Krallen; Hand ла́па 6 (с когтя́ми); Huf копы́то 4 I eine furchtbare ~ Handschrift haben писа́ть* как ку́рица ла́пой; in j-s ~n geraten попада́ть ⟨-|па́сть*⟩ кому́-н. в ко́гти [в ла́пы]

klauen *tr umg* стянýть *v* 4⁺

Klause *f* Mönchszelle кéл|ья 7 *G Pl* -ий; Einsiedelei скит 2е¡ в скитý; Zimmer камóрка 6

Klausel *f* оговóрка 6; in Verträgen услóвие 5

Klausur *f* экзаменациóнная (клáссная) рабóта 6 | in ~ при закрытых дверя́х; **~arbeit** *f* = **Klausur**; **~tagung** *f* закры́тое заседáние

Klaviatur *f* клавиатýра 6

Klavier *n* пианúно *n idkl*, фортепья́но [тэ] *n idkl* | ~ spielen игрáть на пианúно [на фортепья́но]; sich ans ~ setzen сесть за пианúно [за фортепья́но]; **~abend** *m* фортепья́нный вéчер; **~auszug** *m* клавúр 2, клавúраусцуг 2; **~begleitung** *f*: mit ≈ под фортепья́нный [тэ] аккомпанемéнт; **~konzert** *n* Stück концéрт для фортепья́но [тэ]; Veranstaltung фортепья́нный концéрт; **~lehrer** *m* учúтель игры́ на фортепья́но; **~spieler** *m* пианúст 2; in (Tanz-) Lokalen тапёр 2; **~stimmer** *m* настрóйщик 2; **~stück** *n* пьéса для фортепья́но [тэ]; **~taste** *f* клáвиша 6

kleben *tr* клéить 3 (с-); *intr* fest haften лúпнуть 4а, прилипáть ⟨-лúпнуть⟩ (an к *D*) | der Leim klebt gut клей хорошó дéржит [клéит]; eine Marke auf den Brief ~ наклé|ивать ⟨-ить 3⟩ мáрку на письмó; das klebt wie Pech э́то пристаёт как смолá; an seinen Händen klebt Blut у негó рýки запя́тнаны крóвью; **~bleiben** *intr* прилипáть ⟨-лúпнуть 4а⟩ (an к *D*); *übertr umg* застревáть ⟨застря́ть*⟩

Kleb|folie *f* плёнка 6 для оклéивания; **~papier** *n* клéйкая бумáга; **~pflaster** *n* лúпкий плáстырь

klebrig лúп|кий, -ок, -кá!; Knospe клé|йкий, -ек, -йка

Kleb|stoff *m* клей 1 *G a.* клéю¡ в клею́, клéящее 11 веществó; **~streifen** *m* клéйкая [лúпкая] лéнта 6

kleckern *intr* beschmutzen заля́пывать ⟨-ля́пать⟩ (etw. auf etw. что-н. чем-н.); in einzelnen Tropfen кáпать* (auf etw. на что-н.); beim Essen пáчкаться (за едóй); sich beschmutzen кáпать на себя́

Klecks *m* кля́кся 6 | einen ~ machen сажáть ⟨поса|дúть 3⁺ -жý⟩ кля́ксу

klecksen *intr* сажáть ⟨поса|дúть 3⁺ -жý⟩ кля́ксы [пя́тна]; schlecht malen мáзать*; unsauber schreiben писáть* грязно

Kleckser *m* пачкýн 2е, мазúлка 6; **~ei** *f* мазня́ 7

Klee *m* клéвер 2 | j-n über den grünen ~ loben превозносúть 3⁺ -ношý ⟨-|нестú*⟩ когó-н. до небéс; **~blatt** *n* лист клéвера; *übertr* неразлýчная трóйка 6

Kleiber *m* пóполз|ень, -ня 1

Kleid *n* плáт|ье 5 *G Pl* -ьев; ~er *Pl* allgemein одéжда 6; *übertr* наря́д 2 | sie hat ein neues ~ an на ней нóвое плáтье, онá в нóвом плáтье; ich habe mir ein ~ machen lassen я отдалá шить [заказáла] себé плáтье; die Natur hat ihr schönstes ~ angelegt прирóда одéлась в сáмый красúвый наря́д; ~er machen Leute по одéжде встречáют, по умý провожáют

kleiden *intr* одевáть ⟨-|дéть*⟩; *übertr* облекáть ⟨облéчь*⟩ (in в *A*); sich ~ *refl* одевáться ⟨-дéться⟩ | gut gekleidet sein быть хорошó одéтым; in Grau gekleidet в сéром; sich nach der neusten Mode ~ одевáться по послéдней мóде; das kleidet dich э́то тебé к лицý, э́то тебé идёт; Gedanken in Worte ~ облекáть мы́сли в словá

Kleider|ablage *f* гардерóб 2, *umg* раздевáлка 6; **~bügel** *m* вéшалка 6, *umg* плéчики *Pl* 2 *umg*; **~bürste** *f* одёжная щётка; **~haken** *m* крюч|óк, -кá 2; **~motte** *f* платянáя моль; **~schrank** *m* платянóй шкаф, гардерóб 2; **~ständer** *m* вéшалка 6; **~stoff** *m* материáл [рья] 2 для плáтья; *Text* плáтельная ткань

kleidsam к лицý | ~ sein быть к лицý

Kleidung *f* одéжда 6; Oberkleidung a. плáт|ье 5 *G Pl* -ьев

Kleidungsstück *n* предмéт 2 одéжды; ~e *Pl* носúльное плáт|ье 5 *G Pl* -ьев, одéжда 6 | ein altes ~ стáрое плáтье

Kleie *f* óтруби *Pl* 9g

klein 1. *Adj* мáленький, мáл:ый, -á¡ мéньше¡ мéньший 11; nicht groß небольшóй; Kind мáленький, малолéтний 11; von Wuchs небольшóго [нúзкого] рóста, малорóсл:ый; Anzahl мáленький, немногочúсленный; Geld, Stücke, Wirtschaft, Schritte мéл|кий, -ок, -кá!¡ мéльче; unbedeutend, geringfügig незначúтел|ьный, -ен, -ьна | eine ~e Reise небольшáя [корóткая] поéздка; eine ~e Bitte небольшáя прóсьба; die Stiefel sind zu ~ сапогú малы́; einen Kopf ~er нá голову нúже; das ~ere Übel мéньшее из двух зол; groß und ~ стар и млад; sich wie ein ~es Kind benehmen вестú* себя́ как мáлое дитя́; die Kinder sind noch ~ дéти ещё мáленькие [малы́]; er wurde ganz ~ он сдéлался тúше воды́, нúже травы́ **2.** *Adv*: von ~ auf с мáлых лет; bis ins ~ste до мелочéй; ein ~ wenig немнóжко, чýточку; ~ anfangen начинáть ⟨начáть*⟩ с мáлого; ~ beigeben уступ|áть ⟨-úть 3⁺ -лю́⟩; ~(er) stellen Gas, elektr. Herd дéлать (с-) мáленький огóнь; im Kleinen wie im Großen как в мелочáх, так и в большúх делáх; ein Wort ~ schreiben писáть слóво со строчнóй бýквы

Kleinarbeit *f*: mühselige ~ кропотлúвая рабóта

Kleinasien Ма́лая А́зия 8
Klein|auto *n* = **Kleinwagen;** ~**bahn** *f* узкоколе́йная желе́зная доро́га 6, узкоколе́йка 6 *umg;* ~**bauer** *m* ме́лкий крестья́нин; ~**betrieb** *m* ме́лкое предприя́тие | bäuerlicher ≈ ме́лкое крестья́нское хозя́йство 4; ~**bildfilm** *m* малоформа́тная (фото)плёнка; ~**bildkamera** *f* малформа́тный фотоаппара́т 2; ~**buchstabe** *m* строчна́я бу́ква; ~**bürger** *m* ме́лкий буржуа́ *m idkl,* мещ|ани́н 2 *Pl* -а́не, -а́н, -а́нам; Spießer обыва́тель 1
kleinbürgerlich **1.** *Adj* мел|кобуржуа́зный, меща́нский **2.** *Adv* по-меща́нски
Kleinbürgertum *n* ме́лкая буржуази́я, меща́нство 4
Kleinbus *m* микроавто́бус 2
Kleine *f* Kind малы́шка 6; ~**r** *m* малы́ш 2e *G Pl* -е́й
Klein|flugzeug *n* авие́тка [иэ] 6; ~**garten** *m* (небольшо́й) садо́во-огоро́дный уча́ст|ок, -ка 2; ~**gärtner** *m* владе́л|ец, -ьца 2 [аренда́тор 2] небольшо́го садо́вого уча́стка; ~**geld** *m* ме́лочь 9g; ~**gewerbe** *n* куста́рное произво́дство
kleingläubig малове́р|ный, -ен
Klein|handel *m* ро́зничная [ме́лкая] торго́вля; ~**händler** *m* ро́зничный [ме́лкий] торго́вец; ~**hirn** *n* мозжеч|о́к, -ка́ 2; ~**holz** *n* ме́лкие дрова́
Kleinigkeit *f* ме́лочь 9g, пустя́к 2e | das ist keine ~! э́то не шу́тка!; eine ~ ein wenig немно́жко
Kleinigkeitskrämer *m* ме́лочный челове́к 2
Kleinkaliber|gewehr *n* мелкокали́берное ружьё; ~**schießen** *n* стрельба́ из мелкокали́берного ору́жия
kleinkariert Muster в ме́лкую кле́тку
Klein|kind *n* ма́ленький [малоле́тний] ребёнок; ~**kram** *m* ме́лочи *Pl* 9g; ~**krieg** *m übertr* ссо́ры *Pl* 6 из-за мелоче́й; ~**kunst** *f* иску́сство ма́лых форм; ~**kunstbühne** *f* кабаре́ [рэ] *n idkl*
klein|laut ро́б|кий, -ок, -ка́!; прити́хший 11 | ~ werden притиха́ть ⟨-ти́хнуть 4a⟩; ~**lich** ме́лоч|ный, -ен (in в *P*)
Klein|lichkeit *f* ме́лочность 9; ~**möbel** *n* малогабари́тная ме́бель
kleinmütig малоду́ш|ный, -ен
Klein|od *n* драгоце́нность 9; *übertr* сокро́вище 4, жемчу́жина 6; ~**omnibus** *m* микроавто́бус 2, маломе́стный авто́бус; ~**reparatur** *f* ме́лкий ремо́нт *G;* ~**schreibung** *f* написа́ние со строчно́й [*umg* с ма́ленькой] бу́квы; ~**staaterei** *f* раздроблённость 9 на ме́лкие госуда́рства; ~**stadt** *f* ма́ленький го́род; провинциа́льный город|о́к, -ка́ 2; ~**städter** *m* жи́тель 1 ма́ленького го́рода; провинциа́л 2
kleinstädtisch провинциа́л|ьный, -ен, -ьна
Kleinst|format *n* миниатю́рный форма́т; ~**kind** *n* ребёнок младе́нческого во́зраста; ~**packung** *f* миниатю́рная расфасо́вка 6; ~**wagen** *m* микролитра́жный автомоби́ль, *umg* микролитра́жка 6; ~**wert** *m* наиме́ньшее 11 значе́ние, ми́нимум 2; ~**wohnung** *f* малогабари́тная (однoко́мнатная) кварти́ра
Klein|tierzucht *f* разведе́ние ме́лких дома́шних живо́тных; ~**verbraucher** *m* ме́лкий потреби́тель; ~**vieh** *n* ме́лкие дома́шние 11 живо́тные *Pl Subst* 10; ~**wagen** *m* малолитра́жный автомоби́ль, *umg* малолитра́жка 6; ~**wohnung** *f* малометра́жная кварти́ра
Kleister *m* кле́йстер 2; Büro~ клей 1 *G a.* кле́ю; в клею́
kleistern *tr* кле́ить 3; zusammenleimen скле́|ивать ⟨-ить⟩
Klemme *f Tech, Med* зажи́м 2; *El* зажи́м, кле́мма 6; Haar~ зако́лка-невиди́мка 6-6; *übertr* затрудни́тельное положе́ние 5 | in der ~ sein быть в тиска́х [в затрудни́тельном положе́нии]
klemmen *tr* прищем|ля́ть ⟨-и́ть 3 -лю́⟩ (sich etw. in etw. что-н. чем-н.); *intr u.* sich ~ *refl* прищем|ля́ться ⟨-и́ться⟩ | unter den Arm ~ су́нуть *v* 4 под мы́шку; ich habe mich geklemmt меня́ прищеми́ло; die Tür klemmt дверь пло́хо [ту́го] открыва́ется и закрыва́ется; sich hinter etw. ~ усе́рдно бра́ться* ⟨взя́ться*⟩ за что-н.
Klemm|schraube *f* зажи́мный винт; ~**vorrichtung** *f* зажи́мное приспособле́ние
Klempner *m* Installateur сле́сарь-санте́хник 1-2, водопрово́дчик 2; Blechschmied жестя́нщик 2; ~**werkstatt** *f* мастерска́я сле́саря-санте́хника
Kleptomanie *f* клептома́ния 8
klerikal клерика́льный
Klerus *m* клир 2
Klette *f Bot* лопу́х 2e, репе́йник 2 | an j-m wie eine ~ hängen при|встава́ть* ⟨-|ста́ть*⟩ к кому́-н. как репе́й [как ба́нный лист]; er ist wie eine ~ от него́ не отде́лаешься
Klettergerüst *n* сооруже́ние 5 для ла́занья (на де́тских площа́дках)
klettern *intr* ла́зать *unbest,* ла́|зить 3 -жу *unbest,* лезть* *best* (auf на *A*); auf einen Berg, auf ein Dach a. взбира́ться ⟨взо|бра́ться*, взберу́сь, взобра́ли́сь⟩; mühevoll кара́бкаться (вс-) (auf на *A*); herunter~ слеза́ть ⟨-лезть⟩ (von с *G*); лезть, залеза́ть (unter под *A*) | er ist auf den Baum geklettert он поле́з [взобра́лся] на де́рево
Kletter|partie *f* экску́рсия в го́ры для заня́тия скалола́занием; ~**pflanze** *f* ползу́чее 11 [вью́щееся 11] расте́ние; ~**rose** *f* плети́стая ро́за; ~**schuh** *m* (высоко)го́рный боти́нок; ~**seil** *n* кана́т для ла́занья; ~**stange** *f* шест для ла́занья

Klient *m* клиéнт 2 | ~ des Verteidigers *Jur* подзащи́тный *Subst* 10; **~in** *f* клиéнтка 6
Klima *n* кли́мат 2 | gemäßigtes ~ умéренный кли́мат; ~ der Entspannung атмосфéра 6 разря́дки; **~anlage** *f* кондиционéр 2
klima|tisch климати́ческий; **~tisieren** *tr* кондициони́ровать *uv, v* 2, снаб|жáть (-ди́ть 3 -жу́) кондиционéром
Klimawechsel *m* перемéна кли́мата
Klimmzug *m* подтя́гивание 5 на рукáх
klimpern *intr* auf dem Klavier u. ä. бренчáть 3 (auf на *P*) | mit dem Geld in der Tasche ~ звенéть 3 деньгáми в кармáне
Klinge *f* Messer лéзвие 5; Degen клин|óк, -кá 2 | die ~n kreuzen скр|éщивать (-ести́ть 3 -ещу́) шпáги [клинки́]
Klingel *f* Tür звон|óк, -кá 2 a. Fahrrad; kleines Glöckchen колокóльчик 2; **~knopf** *m* кнóпка звонкá
klingeln *intr* звони́ть 3 (по-) | es klingelt! an Tür звоня́т!, звонóк!; bei j-m ~ звони́ть к комý-н.
Klingelzeichen *n* звон|óк, -кá 2
klingen *intr* klirren: Glas звенéть 3; tönen, schallen: Melodie, Stimme, Trompete звучáть 3 | das klingt so, als ob ... э́то звучи́т так, бýдто бы ...; das klingt seltsam э́то звучи́т стрáнно; das klingt wie ein Märchen э́то похóже на скáзку; **~d** звóн|кий, -ок, -кá!; -че | mit ~er Münze звóнкой монéтой
Klinik *f* кли́ника 6; **~er** *m* врач-клиници́ст 2е-2; Student студéнт 2, проходя́щий 11 клини́ческую прáктику
klinisch клини́ческий
Klinke *f* Tür рýчка 6; *Tech* Schalthebel защёлка 6; *Tel* гнездó 4c *Pl* гнёзда
klinken *intr* нажимáть (-|жáть[1*]) (на) двéрную рýчку
Klinker *m* кли́нкер 2, кли́нкерный кирпи́ч 2е *G Pl* -éй
klipp *Adv:* ~ und klar кóротко и я́сно, без обинякóв
Klippe *f* (крутóй) утёс 2, клипп 2; *übertr* препя́тствие 5
klippenreich утёсовый, скали́ст:ый
Klippfisch *m* вя́леная трескá 6
klirren *intr* Fenster дребезжáть 3; Ketten звенéть 3 | mit den Waffen ~ бряцáть орýжием; ~der Frost трескýчий 11 морóз
Klischee *n Typ* клишé *n idkl; übertr* штамп 2, клишé
Klistier *n* кли́зма 6; **~spritze** *f* спринцóвка 6
klitschig klebrig ли́п|кий, -ок, -кá!, клé|йкий, -ек, -йка; feucht сыр:óй, -á!
Kloake *f* клоáка 6, сток 2 для нечистóт
Kloben *m* Holz чурбáн 2; Haken крюк 2е; Schraubstock тиски́ *Pl* 2
klobig Gestalt, Möbelstücke, Schuhe неуклю́ж:ий 11; Stiefel, Hände грýб:ый, -á!; Person грýбый, неотёсан:ный, -а
klopfen *tr* Kissen, Kleider, Matratze выколáчивать (вы́коло|тить 3⁺ -чу́); Fleisch отбивáть (-|би́ть*, отобью́); Teppich выбивáть (вы́|бить*); Steine дроб|и́ть 3 -лю́; *intr* стучáть 3 (по-, стýкнуть *mom* 4) (an в *A*); auf die Schulter хлóп|ать (-нуть *mom* 4) | Staub aus etw. ~ выбивáть (вы́бить) пыль из чегó-н.; an die Tür ~ стучáть(ся) в дверь; an das Glas ~ стучáть по стакáну; der Motor klopft motóр стучи́т; das Herz klopft сéрдце бьётся; vor Schreck usw. сéрдце (рц) ёкает; es klopft *unpers* стучáт; j-m auf die Finger ~ дать* *v* комý-н. по рукáм
Klopfen *n* стук 2; des Herzens биéние 5; des Motors стук
Klopfer *m* Teppich~ выбивáлка 6; Tür~ колотýшка 6
klopffest *Kfz* антидетонациóнный
Klöppel *m* der Glocke язы́к 2е кóлокола; für Spitzen коклю́шка 6
klöppeln *intr* плести* (с-) на коклю́шках (кружевá)
Klöppelspitze *f* коклю́шечное крýжево
Klops *m* бит|óк, -кá 2 | ~e Gericht битки́
Klosett *n* клозéт 2, убóрная *Subst* 10; **~becken** *n* унитáз 2; **~brille** *f* унитáзное сидéнье 5; **~papier** *n* туалéтная бумáга
Klöße *m Pl* кнéдли *Pl* 1; Suppen~ клёцки *Pl* 6; aus Fleisch, Fisch фрикадéльки [дэ] *Pl* 6 | grüne ~ кнéдли из сырóго тёртого картóфеля
Klößchen *n Pl* клёцки *Pl* 6; aus Fleisch, Fisch фрикадéльки [дэ] *Pl* 6
Kloster *n* монасты́рь 1e | ins ~ gehen уходи́ть 3⁺ -хожý (-|йти́*) в монасты́рь; **~keller** *m* монасты́рский подвáл
Klotz *m* Holzblock колóда 6, чурбáн 2; *übertr* чурбáн, неотёсанный человéк 2 | einen ~ am Bein haben нести́* какýю-н. обýзу
klotzig 1. *Adj* klobig неуклю́ж:ий 11 | ~e Gelder бéшеные дéньги **2.** *Adv* óчень (мнóго) | ~ verdienen дéньги лопáтой грести́
Klub *m* клуб 2; **~abend** *m* вéчер в клýбе; **~gaststätte** *f* столóвая в [при] клýбе; **~haus** *n* клуб 2 | im ≈ в клýбе; ins ≈ gehen по|йти́* *v* в клуб; **~raum** *m* клуб 2, клýбное помещéние 5; **~sessel** *m* мя́гкое [хк] [кабинéтное] крéсло; **~tisch** *m* ни́зкий стóлик 2, журнáльный стóлик
Kluft Felsen~ рассéлина 6; Riß трéщина 6; *übertr* прóпасть 9
klug ýмный, ум|ён, -нá, ýмнó; verständig разýм|ный, -ен; weise мýдр:ый, -á! | ~er Rat ýмный [мýдрый] совéт; ~ urteilen разýмно [с умóм] суди́ть; nicht ~ werden aus j-m, etw. не понимáть (не поня́ть*) когó-н., что-н., чегó-н., не раз-

бирáться ⟨не разо|брáться*¡ -брали́сь⟩ в ком-н., в чём-н.; das war ~ von dir это было ýмно с твоéй стороны́

klügeln *intr* мудри́ть 3 (на-), мýдрствовать 2

klugerweise *Adv* ýмно, по-ýмному

Klugheit *f* ум 2e; Umsicht благоразýмие 5

Klümpchen *n* комóч|ек¡ -ка 2

klumpen *intr* Mehl u. ä. слёживаться ⟨слежáться 3⟩, свёртываться ⟨свернýться 4⟩ в кóмья [в комки́] | der Pudding klumpt в пýдинге образýются комóчки [комки́]

Klumpen *m* Erde, Granit глы́ба 6, ком 2 *Pl* кóмь|я¡ -ев 1; Metall, Butter кус|óк¡ -кá 2; in Speisen ком|óк¡ -кá 2; Erz u. ä. кабáн 2e | ~ Gold золотóй саморóд|ок¡ -ка 2

Klumpfuß *m:* er hat einen ~ у негó одностóронняя 11 косолáпость 9

klumpfüßig косолáп:ый

klumpig комковáт:ый; Speise с комкáми

Klüngel *m* кли́ка 6

knabbern *tr u. intr* грызть* (раз-) (an etw. что-н.); naschen лáком|иться 3 -люсь (по-) (etw. чем-н.)

Knabe *m* мáльчик 2 | ein ~ von zehn Jahren мáльчик десяти́ лет

Knaben|alter *n* óтрочество 4, óтроческий вóзраст; **~anzug** *m* костю́м для мáльчика, мáльчиковый костю́м; **~chor** *m* хор мáльчиков

knabenhaft 1. *Adj* мальчи́шеский **2.** *Adv* по-мальчи́шески

Knäckebrot *n* хрустя́щие хлéбцы *Pl* 11-2

knacken *tr* Nüsse колóть* (на-) щипцáми; mit Zähnen щёлк|ать ⟨-нуть *mom* 4⟩, грызть* (раз-); Flöhe u. a. дав|и́ть 3⁺ -лю́ (раз-); Geldschrank взлáмывать ⟨-ломáть⟩; *intr* Zweige, Möbel трещáть 3 ⟨трéснуть 4⟩; Radio, Schalter щёлк|ать ⟨-нуть⟩ | die Treppe knackt лéстница скрипи́т; harte Nüsse zu ~ geben *übertr* за|давáть* ⟨задáть*⟩ трýдные задáчи

Knack|laut *m Phon* кнáклаут 2; **~mandel** *f* миндáль в скорлупé

Knacks *m* Knall треск 2; Sprung, Riß трéщина 6 | seine Gesundheit hat einen ~ bekommen егó здорóвье ухýдшилось, он ужé не тот

Knackwurst *f* копчёная колбáска 6

Knall *m* Tür, Peitsche, Schuß, Platzen eines Reifens хлоп|óк¡ -кá 2; Peitsche a. щелч|óк¡ -кá 2, щёлканье 5; Explosion грóхот 2; Schlag, Schüsse a. хлóпанье 5 | ~ und Fall внезáпно, вдруг; **~bonbon** *n* хлопýшка 6; **~effekt** *m* трескýчий 11 эффéкт

knallen *intr* Tür, Peitsche, Schuß, Knallbonbon хлóп|ать ⟨-нуть *mom* 4⟩; Peitsche a. щёлк|ать ⟨-нуть *mom* 4⟩; mit Stiefeln стучáть 3; Schüsse a. трещáть 3 | er knallte mit den Türen он хлóпнул дверьми́; überall wird geknallt geschossen всю́ду (идёт) пальбá

Knall|erbse *f* пистóн-хлопýшка 2-6; **~gas** *n* гремýчий 11 газ

knallig *umg* рéз|кий¡ -ок¡ -кá! | ein ~grünes Kleid я́рко-зелёное плáтье

Knall|kapsel *f* петáрда 6; **~körper** *m* хлопýшка 6

knallrot я́рко-крáсный | ~ werden im Gesicht заливáться ⟨-|ли́ться*¡ -ли́ли́сь⟩ густóй крáской

knapp Kleider, Schuhe ýз|кий¡ -ок¡ -кá¡ -ко¡ узки́¡ ýже, тéс|ный¡ -ен¡ -нá¡ -но¡ тéсны́; Einkommen, Mahlzeit скýд|ный¡ -ен¡ -нá!; Stil сжáтый; Information, Antwort крáт|кий¡ -ок¡ -кá!¡ -че¡ -чáйший 11 | der Rock ist mir sehr ~ geworden ю́бка стáла мне óчень узкá; etw. ist ~ Lebensmittel чегó-н. не хватáет; ~e Stimmenmehrheit незначи́тельное большинствó голосóв; ein ~er Sieg *Sport* побéда с небольши́м [с незначи́тельным] преимýществом; das ist ~ ein Jahr her это бы́ло мéнее гóда томý назáд; ~e drei Wochen непóлные три недéли; ~ die Hälfte мéнее полови́ны; in ~ zwei Jahren мéнее¡ чем зá два гóда; meine Zeit ist ~ у меня́ врéмени мáло [в обрéз]; ~ bei Kasse sein имéть мáло дéнег; mit ~er Not с трудóм, едвá-едвá; mit ~en Worten крáтко, в нéскольких словáх

Knappe *m Bergb* горнорабóчий *Subst* 11

knapphalten *tr:* j-n ~ держáть 3⁺ когó-н. в чёрном тéле

Knappheit *f* Mangel недостáт|ок¡ -ка 2; an finanz. Mitteln ограни́ченность 9; Stil сжáтость 9

Knarre *f Mus* трещóтка 6; *umg* Gewehr винтóвка 6

knarren *intr* скрипéть 3 ⟨скри́пнуть *mom* 4⟩; **~d** скрипýчий 11

knattern *intr* Motorrad тарахтéть 3; Waffe трещáть 3; Maschinengewehr стр|очи́ть 3 -óчи́шь | die Fahne knattert im Wind флаг трéплется на ветрý

Knäuel *n* Garn, Wolle клуб|óк¡ -кá 2; von Menschen кýча 6, толпá 6c

Knauf *m* Degen головка 6 эфéса; *Arch* капитéль 9; am Stock набалдáшник 2

knauserig скуп:óй¡ -á!, скáред|ный¡ -ен | ~ sein mit etw. быть скупы́м на что-н.

knausern *intr:* mit etw. ~ скуп|и́ться 3 -лю́сь (по-) на что-н.

Knautschlackmantel *m* пальтó из жáтой лакирóванной кóжи

Knebel *m* Mundpfropf кляп 2; Paketträger (деревя́нная) рýчка 6 (для ношéния пакéтов); Brems~ кулáк 2e (тóрмоза)

knebeln *tr* Mund затыкáть ⟨-ткнýть 4⟩ рот кля́пом; Land, Presse си́лой подав|ля́ть ⟨-и́ть 3⁺⟩ | j-n ~ засýнуть *v* 4 комý-н. в рот кляп

Knebelung *f* затыка́ние 5 рта (кля́пом); Land, Presse подавле́ние 5
Knecht *m* Landarbeiter батра́к 2e, рабо́тник 2; *übertr* холо́п 2; Diener слуга́ *m* 6c
knecht|en *tr* порабо|ща́ть ⟨-ти́ть 3 -щу́⟩, закабал|я́ть ⟨-и́ть 3⟩; **~isch** раболе́п|ный, -ен, холо́пский
Knecht|schaft *f* ра́бство 4; Hörigkeit кабала́ 6; **~ung** *f* порабоще́ние 5, закабале́ние 5
kneifen *tr* щипа́ть* ⟨щипну́ть *mom* 4⟩; ущипну́ть *v* 4; *intr umg* ausweichen уви́ливать ⟨-вильну́ть 4⟩ (vor от *G*) I j-n in die Backe ~ щипа́ть ⟨ущипну́ть⟩ кого́-н. за щё(ч)ку
Kneif|er *m* пенсне́ [нэ] *n idkl;* **~zange** *f* острогу́бцы *Pl* 2, куса́ч|ки *Pl* 6 *G* -ек
Kneipe *f* Wirtshaus каба́к 2e; Bier~ пивна́я *Subst* 10; Steh~ пивна́я со сто́йками, *umg* забега́ловка 6
Kneippkur *f* водолече́ние 5 по ме́тоду до́ктора Кне́йппа
kneten *tr* ме|си́ть 3⁺ -шу́; formen леп|и́ть 3⁺ -лю́ (с-)
Knet|maschine *f* (тесто)меси́льная маши́на; **~masse** *f* пластили́н 2
Knick *m* eingeknickte Stelle, Bruchfalte сгиб 2, заги́б 2; Bruch тре́щина 6 I einen ~ machen Papier, Metall за|гиба́ть ⟨-гну́ть 4⟩ (лист); Straße де́лать (с-) изги́б
knicken *tr* Äste, Pflanzen лома́ть (с-); (leicht) anbrechen; entmutigen надла́мывать ⟨-ломи́ть 3⁺ -ломлю́⟩; Gelenk под|гиба́ть ⟨-огну́ть 4⟩; Papier сгиба́ть ⟨согну́ть 4⟩; (mehrmals) zusammenfalten скла́дывать ⟨сложи́ть 3⁺⟩; *intr* Zweige, Balken лома́ться (с-); einen Knick bekommen надла́мываться ⟨-ломи́ться⟩ I er knickt in die Knie у него́ подгиба́ются коле́ни; er ist ganz geknickt он соверше́нно пода́влен
Knickerbocker *Pl* брю́ки-гольф *Pl* 6 – *idkl*
knickerig скуп:о́й, -а́!, ска́ред|ный, -ен
Knicks *m* кни́ксен [сэ] 2; bei Erwachsenen a.ревера́нс 2
knicksen *intr* де́лать (с-) кни́ксен [сэ] [ревера́нс]
Knie *f Anat* коле́но 4 *Pl* 1; Krümmung, Biegung изги́б 2, Fluß a. лука́ 6c; *Tech* Rohr коле́н|о 4 *Pl* -ья, -ьев I bis zu den ~n Schlamm по коле́ни [коле́но]; Rock до коле́н; in die ~ sinken опу|сти́ться *v* 3⁺ -щу́сь на коле́ни; auf den ~n liegen стоя́ть на коле́нях; j-n in die ~ zwingen *übertr* поста́в|ить *v* 3 -лю кого́-н. на коле́ни; übers ~ brechen *umg* де́лать (с-) с кондачка́ [на́спех]; j-n übers ~ legen *umg* вы́|пороть* *v* кого́-н.; **~aufschwung** *m* подъём заве́сом; **~beuge** *f* приседа́ние 5 I in die ≈ gehen приседа́ть ⟨-|се́сть*⟩ **~fall** *m:* einen ≈ vor j-m tun у|па́сть* *v* на коле́ни пе́ред ке́м-н.
knie|fällig: j-n ≈ um etw. bitten проси́ть (по-) на коле́нях кого́-н. о чём-н.; **~frei** Rock до коле́н
Knie|gelenk *n* коле́нный суста́в; **~hebel** *m* коле́нчатый рыча́г
kniehoch высото́й по коле́ни [коле́но]
Knie|hose *f* брю́ки [штаны́] до коле́н; **~kehle** *f* подколе́нная впа́дина 6
knielang Rock до коле́н
knien *intr* стоя́ть 3 на коле́нях; hinknien um zu bitten станов|и́ться 3⁺ -лю́сь ⟨стать*⟩ на коле́ни; **~d** bitten (сто́я) на коле́нях; Schießsport с коле́на
Knie|rohr *n* коле́нчатая труба́; **~scheibe** *f* надколе́нник 2; **~schützer** *m* наколе́нник 2; **~stand** *m* сто́йка 6 на коле́нях; **~strumpf** *m* нос|о́к, -ка́ 2 до коле́на
knietief по коле́но [коле́ни]
Kniff *m* Papier сгиб 2, заги́б 2; Stoff, Kleid скла́дка 6; Kneifen щип|о́к, -ка́ 2; Trick хи́трость 9, фо́кус 2 I ~e anwenden хитри́ть 3 (с-); hinter j-s ~e kommen раску|си́ть *v* 3⁺ -шу́ кого́-н.
knifflig мудр|ёный, -ён, -ена́, хи́т|рый, -ёр, -ра́!; Frage u. ä. щекотли́в:ый
knipsen *tr Foto* снима́ть ⟨снять*⟩; Fahrkarten компости́ровать 2 (про-); *intr* am Lichtschalter drehen щёлк|ать ⟨-нуть 4⟩ I mit den Fingern ~ щёлк|ать ⟨-нуть⟩ па́льцами
Knirps *m* карапу́з 2; Schirm складно́й зо́нтик 2
knirschen *intr* Schnee, Sand хрусте́ть 3 ⟨хру́стнуть *mom* 4⟩, скрипе́ть 3 ⟨скри́пнуть *mom* 4⟩ I vor Wut mit den Zähnen ~ скрежета́ть* зуба́ми от я́рости
knistern *intr* trockene Äste хрусте́ть 3 ⟨хру́стнуть *mom* 4⟩; Holz, Feuer потре́скивать, треща́ть 3; Papier, Seide шелесте́ть 3
knitter|arm маломну́щийся 11, малосмина́емый; **~frei** немну́щийся 11, несмина́емый I der Stoff ist ≈ э́та мате́рия не мнётся; **~ig** измя́тый, мя́тый
knittern *tr* мять* (из|мя́ть*, -омну́); *intr* мя́ться
Knobelbecher *m* стака́н 2 для игра́льных косте́й
knobeln *intr* würfeln, durch Los bestimmen разы́грывать ⟨-ыгра́ть⟩; grübeln лома́ть го́лову
Knoblauch *m* чесно́к 2e; **~geruch** *m* чесно́чный за́пах; **~wurst** *f* колбаса́ с чесноко́м; **~zehe** *f* зу́бчик 2 чеснока́; **~zwiebel** *f* голо́вка 6 чеснока́
Knöchel *m* Fußgelenk лоды́жка 6, щи́колотка 6; Handgelenk сгиб 2 па́льцев
Knochen *m* кость 9g; kleiner ко́сточка 6 I sich alle ~ brechen перела́мывать ⟨-лома́ть⟩ себе́ все ко́сти; die alten Gewohnheiten stecken ihm noch tief in den ~ ста́рые привы́чки глубоко́ в нём сидя́т;

der Schreck ist ihm tief in die ~ gefahren страх пронизал его; bis in die ~ reaktionär sein u. ä. до мозга костей; **~bau** *m* строение костей; **~bruch** *m* перелом кости; **~erweichung** *f* размягчение [хч] костей, остеомаляция 8; **~fraß** *m* костоеда 6; **~gerüst** *n* костный скелет 2, костяк 2e; **~gewebe** *n* костная ткань

knochenhart твёрдый как камень

Knochen|haut *f* надкостница 6; **~leim** *m* костный клей; **~mark** *n* костный мозг; **~mehl** *n* костяная мука; **~splitter** *m* осколок кости; **~transplantation** *f* пересадка кости; **~tuberkulose** *f* костный туберкулёз

knöchern aus Knochen костяной

knochig костляв:ый | ~e Hand костистая рука

knockout: ~ schlagen нокаутировать *uv, v2*

Knockout *m* нокаут 2

Knödel *m Pl* кнедли *Pl 1*

Knolle *f*, **Knollen** *m Bot* клуб|ень$_1$ -ня 1; Klumpen ком 2 *Pl* ком|ья$_1$ -ев 1

Knollen|blätterpilz *m* (бледная) поганка 6; **~gewächs** *n* клубнеплод 2, клубненосное растение; **~nase** *f* нос 2b картошкой

knollig клубневидный | ~e Nase нос картошкой

Knopf *m* пуговица 6; an Manschette und Kragen запонка 6; *Tech* Druck~ z. B. einer Klingel кнопка 6 | der ~ ist abgegangen пуговица оторвалась

knöpfen *tr* заст|ёгивать ⟨-егнуть 4⟩ (на пуговицы) | die Bluse ist hinten zu ~ блузка застёгивается на спине; eine Bluse zum Knöpfen блузка на пуговицах

Knopf|loch *n* петля 7 *G Pl* петель | sich etw. ins ≈ stecken совать ⟨сунуть 4⟩ что-н. в петлицу; **~zelle** *f El* пуговичный элемент

Knorpel *m* хрящ 2e *G Pl* -ей

knorpelig aus Knorpel хрящевой

Knorren *m* Baumstumpf коряга 6; Auswuchs суч|ок$_1$ -ка 2

knorrig Baum, Stab суковат:ый; Ast, Hand узловат:ый

Knospe *f* почка 6; Blüten~ бутон 2; Blatt~ глаз|ок$_1$ -ка 2 | der Baum treibt ~n на дереве появляются почки [бутоны], дерево пускает почки

Knospenbildung *f* образование почек

Knötchen *n Med* узел|ок$_1$ -ка 2

knoten *tr* завязывать ⟨-|вязать*⟩ узлом; zusammen~ связывать ⟨-|вязать⟩

Knoten *m* Faden, Tau, *Bot, Mar* уз|ел$_1$ -ла 2e; *Med* узел, бугор|ок$_1$ -ка 2; im Drama завязка 6; Haar~ пуч|ок$_1$ -ка 2 | einen ~ machen делать (с-) узел; einen ~ knüpfen завязывать ⟨-|вязать*⟩ узел; ich werde einen ~ ins Taschentuch machen я завяжу узелок на носовом платке; **~punkt** *m Eisenb* узловая станция 8, уз|ел$_1$ -ла 2e; Verkehrsknotenpunkt узловой пункт

knotig узловат:ый; Holz суковат:ый

Know-how *n* «ноу-хау *n idkl*

knüllen *tr* мять* (из|мять$_1$ -омну); *intr* Stoff мяться

Knüller *m umg* Schlager, Film боевик 2e, шлягер 2; Höhepunkt, Glanzleistung гвоздь 1h; Verkaufsartikel модный [ходкий] товар 2; Mode~ последний 11 крик (моды) | ~ des Programms гвоздь программы; das Buch ist ein ~ книга имела потрясающий [колоссальный] успех

knüpfen *tr* Knoten, Schleife, Verbindungen завязывать ⟨-|вязать*⟩; связывать ⟨-|вязать⟩ (an с *I*) *a. übertr;* durch Knoten herstellen вязать (с-); Netze, Teppiche плести* | daran ~ sich schöne Erinnerungen с этим связаны прекрасные воспоминания; eine Bedingung an etw. ~ ста|вить 3 -лю ⟨по-⟩ что-н. в зависимость от определённого условия

Knüppel *m* Stock дубинка 6; Steuer~ ручка 6 управления | einen ~ zwischen die Beine werfen вставлять ⟨встав|ить 3 -лю⟩ палки в колёса; **~damm** *m* гать 9

Knüppelschaltung *f* рычажное переключение

knurren *intr* Hund ворчать 3; *übertr* бурчать 3, ворчать | der Magen knurrt ihm у него урчит в желудке

knurrig ворчлив:ый

knuspern *tr* грызть* (по-) | etw. zum Knuspern anbieten предлагать ⟨-ложить⟩ что-н. погрызть

knusprig Brötchen хрустящий 11; braun gebacken поджарист:ый; Mädchen аппетит|ный$_1$ -на

Knute *f* кнут 2e; *übertr a.* гнёт 2

Knüttelvers *m* дольник 2

Koalition *f* коалиция 8 | eine ~ eingehen вступ|ать ⟨-ить 3⁺ -лю⟩ в коалицию

Koalitions|partner *m* партнёр по коалиции; **~regierung** *f* коалиционное правительство

Kobalt *n* кобальт 2; **~bombe** *f* кобальтовая бомба; **~kanone** *f Med* кобальтовая пушка

Koben *m* Schweine~ свиной хлев 2b$_1$ в хлеву *Pl* -а 2b

Kobold *m* кобольд 2, домовой *Subst* 10

Kobra *f* кобра 6

Koch *m* повар 2b *Pl* -а; Schiffs~ кок 2 | viele Köche verderben den Brei у семи нянек дитя без глазу; **~buch** *n* поваренная книга

kochen *tr* варить 3⁺ (с-); Milch, Wasser, Wäsche кипя|тить 3 -чу (вс-, Wäsche про-); Speisen zubereiten готов|ить 3 -лю (при-); Tee заваривать ⟨-варить⟩;

intr вари́ться (с-); sieden кипе́ть 3 (вс-) | weich ~ вари́ть до мя́гкости; Eier weich ~ вари́ть я́йца всмя́тку; ~des Wasser кипят|о́к₁-ка́ 2; gekochte Kartoffeln отварно́й карто́фель; gekochtes Fleisch варёное мя́со; gut gekochtes Essen хорошо́ пригото́вленная еда́; in gekochtem Zustand в отварно́м ви́де; die Milch kocht schon молоко́ уже́ кипи́т; die Eier ~ zwei Minuten я́йца ва́рятся две мину́ты; gut ~ уме́ть хорошо́ гото́вить; er kocht vor Wut он кипи́т гне́вом [от бе́шенства]; es kocht in mir я возмущён

Kochen *n* Sieden, Abkochen ва́рка 6, кипяче́ние 5; Zubereitung von Speisen стряпня́ 7, приготовле́ние 5 пи́щи | sich aufs ~ verstehen уме́ть гото́вить

kochend кипя́щий 11; **~heiß** о́чень горя́чий 11

Kocher *m* Gas~ га́зовая пли́тка 6; Petroleum~ при́мус 2; mit Docht кероси́нка 6; Spiritus~ спирто́вка 6 | elektrischer ~ электри́ческая пли́тка, электропли́тка 6 *umg*

Köcher *m* колча́н 2

kochfertig: ~e Gerichte концентра́ты *Pl* 2 блюд, полуфабрика́ты *Pl* 2; ~e Suppe суп-концентра́т 2b–2, концентра́т су́па

Koch|fleisch *n* мя́со для ва́рки; **~gelegenheit** *f* возмо́жность 9 гото́вить (горя́чую пи́щу); **~geschirr** *n* ку́хонная посу́да; *Mil* (солда́тский) котел|о́к₁ -ка́ 2; **~herd** *m* плита́ 6c

Köchin *f* повари́ха 6 | sie ist eine gute ~ она́ хоро́ший по́вар, она́ хорошо́ гото́вит

Koch|käse *m* топлёный сыр; **~kessel** *m* кот|ёл₁ -ла́ 2 (для ва́рки); *Tech* ва́рочный котёл; **~kunst** *f* кулина́рия 8, кулина́рное иску́сство; **~künstler** *m* кулина́р 2; **~nische** *f* ни́ша для приготовле́ния пи́щи; **~platte** *f El* электронагрева́тельная пли́тка 6, *umg* электропли́тка 6; Herdring конфо́рка 6 | ein (Elektro-)Herd mit drei ≈n трёхконфо́рочная плита́, **~rezept** *n* кулина́рный реце́пт; **~salami** *f* полукопчёная колбаса́ 6; **~salz** *n* пова́ренная соль; **~stelle** *f* Elektroherd конфо́рка 6; **~topf** *m* aus Ton, Keramik горш|о́к₁ -ка́ 2; aus Metall кастрю́ля 7; **~wäsche** *f* бельё₁ приго́дное для кипяче́ния; **~zeit** *f* вре́мя ва́рки

Kockpit *n* ко́кпит 2

Kode *m* код 2

Kodein *n* кодеи́н [дэ] 2

Köder *m* прима́нка 6, нажи́вка 6

ködern *tr* прим|а́нивать ⟨-ани́ть 3⁺⟩ | Fische mit Regenwürmern ~ лов|и́ть 3⁺ -лю́ ры́бу на червяка́; er ließ sich nicht ~ он не попа́лся на у́дочку

Kodex *m Jur* ко́декс 2; alte Handschrift (дре́вняя 11) ру́копись 9; Handschriftensammlung сбо́рник 2

Kodierung *f* коди́рование 5

kodifizieren *tr* кодифици́ровать *uv, v* 2

Koedukation *f* совме́стное обуче́ние 5

Koeffizient *m* коэффицие́нт 2

Koexistenz сосуществова́ние 5

koexistieren *intr* сосуществова́ть 2

Koffein *n* кофеи́н 2

koffein|frei не содержа́щий 11 кофеи́на, без кофеи́на; **~haltig** содержа́щий 11 кофеи́н

Koffer *m* чемода́н 2 Hand~ (небольшо́й) чемода́н | die ~ packen *übertr* сма́тывать ⟨-мота́ть⟩ у́дочки; **~anhänger** *m* имення́я би́рка 6 (для чемода́на), ярлы́к 2e

Köfferchen *n* чемода́нчик 2

Koffer|gerät *n* (радио)приёмник 2 [телеви́зор 2] перено́сного ти́па; **~radio** *n* портати́вный [перено́сный] радиоприёмник; **~raum** *m Kfz* бага́жник 2

Kognak *m* конья́к 2e; **~bohnen** *f Pl* конфе́ты *Pl* 6 с коньяко́м; **~schwenker** *m* конья́чная рю́мка 6

Kohäsion *f* сцепле́ние 5

[1]**Kohl** *m Bot* капу́ста 6 | das macht den ~ nicht fett э́то ма́ло чему́ помо́жет

[2]**Kohl** *m übertr* вздор 2, чепуха́ 6 | ~ reden моло́ть* вздор

Kohldampf *m*: ~ haben проголода́ться *v*

Kohle *f* у́голь₁ угля́ 1 *Pl a.* 1g | mit ~ heizen топи́ть у́глем; mit ~ zeichnen рисова́ть у́глем; wie auf glühenden ~n sitzen сиде́ть как на у́гольях [на иго́лках]

kohlehaltig содержа́щий 11 у́голь, углено́сный

Kohlen|abbau *m* вы́емка 6 угля́; **~anzünder** *m* расто́пка 6; **~becken** *n* у́гольный бассе́йн; **~bergbau** *m* у́гольная промы́шленность 9; **~bergwerk** *n* у́гольная ша́хта 6; **~bunker** *m Mar* бу́нкер для угля́; **~dioxid** *n* двуо́кись 9 углеро́да; **~eimer** *m* ведро́ для угля́; **~feuerung** *f* у́гольная то́пка; **~flöz** *n* у́гольный пласт 2e; **~gewinnung** *f* добы́ча угля́; **~grube** *f* у́гольная ша́хта 6; **~halde** *f* откры́тый у́гольный склад, отва́л угля́; **~handel** *m* торго́вля у́глем; **~händler** *m* у́гольщик 2; **~handlung** *f* склад-торго́вое предприя́тие 5 по прода́же угля́; **~herd** *m* у́гольная плита́; **~hydrat** *n* углево́д 2; **~industrie** *f* углепромы́шленность 9; **~kasten** *m* я́щик для хране́ния угля́; **~keller** *m* подва́л для хране́ния угля́; **~lager** *n* у́гольные за́лежи *Pl;* im Handel склад угля́; **~meiler** *m* ку́ча 6 углежже́ния; **~oxid** *n* о́кись углеро́да; **~revier** *n* углено́сный райо́н; **~sack** *m* мешо́к для (перено́ски) угля́

kohlensauer углеки́слый

Kohlen|säure *f* углекислота́ 6; **~säurebad** *n* углеки́слая ва́нна; **~schaufel** *f* im Haushalt сов|о́к₁ -ка́ 2 для угля́

Kohlenstaub *m* у́гольная пыль; **~explosion** *f* взрыв у́гольной пы́ли
Kohlenstoff *m* углеро́д 2
kohlenstoffhaltig углеро́дистый
Kohlen|stoffverbindung *f* углеро́дистое соедине́ние; **~trimmer** *m* гру́зчик 2 у́гля; **~vorkommen** *n* за́лежи у́гля; **~vorräte** *m Pl Geol* запа́сы у́гля́; **~wasserstoff** *m* углеводоро́д 2; **~zange** *f* щипцы́ для у́гля́; **~zug** *m* по́езд гружённый у́глём
Kohle|ofen *m* у́гольная печь, печь на у́гле́; **~papier** *n* копирова́льная бума́га, *umg* копи́рка 6
Köhler *m* у́гольщик 2, углежо́г 2; **~ei** *f* Vorgang углежже́ние 5
Kohle|tabletten *f Pl* у́гольные табле́тки; **~verflüssigung** *f* гидрогениза́ция 8 у́гля́; **~versorgung** *f* углеснабже́ние 5; **~zeichnung** *f* рису́нок у́глём
Kohl|feld *n* капу́стное по́ле, капу́стник 2; **~kopf** *m* коча́н 2е капу́сты; **~meise** *f* сини́ца больша́я
kohlrabenschwarz Haar чёрный как смоль; Augen чёрный как у́гли
Kohl|rabi *m* кольра́би *f idkl;* **~roulade** *f* голуб|е́ц, -ца́ 2; **~rübe** *f* брю́ква 6
kohlschwarz = **kohlrabenschwarz**
Kohl|strunk *m* (капу́стная) кочеры́жка 6; **~suppe** *f* (капу́стные) щи *Pl* 2 *G* щей; **~weißling** *m* капу́стница 6
Koje *f Mar* ко́йка 6; Ausstellungs-, Verkaufsstand стенд [тэ] 2; auf Ausstellungen, Messen каби́на 6
Kokain *n* кокаи́н 2
Kokarde *f* кока́рда 6
Kokerei *f* Werk коксова́льный заво́д 2; Produktionsprozeß коксова́ние 5
kokett коке́тлив:ый
Koketterie *f* коке́тство 4
kokettieren *intr* коке́тничать (mit *I*)
Kokille *f* коки́ль 1, изло́жница 6
Kokon *m* ко́кон 2
Kokos|faser *f* волокно́ коко́совой па́льмы; **~fett** *n* (рафини́рованное) коко́совое ма́сло; **~flocken** коко́совые хло́пья; **~nuß** *f* коко́совый оре́х, коко́с 2; **~palme** *f* коко́совая па́льма, коко́с 2; **~raspel** *f* коко́совая стру́жка 6
Koks *m* кокс 2; **~erzeugung** *f* произво́дство ко́кса; **~ofen** *m* коксова́льная печь
Kola *f Bot* ко́ла 6
Kolben *m Tech* по́рш|ень, -ня 1; *Med, Chem* ко́лба 6; am Gewehr прикла́д 2; Schilf голо́вка 6; Mais поча́т|ок, -ка 2; **~dichtung** *f* уплотне́ние по́ршня; **~druck** *m* давле́ние на по́ршень; **~motor** *m* поршнево́й дви́гатель; **~ring** *m* поршнево́е кольцо́; **~stange** *f* поршнево́й шток 2
Kolchos *m* колхо́з 2 | im ~ в колхо́зе; **~bauer** *m* колхо́зник 2
Kolibri *m* коли́бри *m idkl*
Kolik *f* ко́лика 6
kollabieren *intr* ослаб|ева́ть ⟨-е́ть⟩
Kollaborateur *m* коллаборациони́ст 2
Kollaps *m* колла́пс 2
Kolleg *n* (академи́ческая) ле́кция (über по *D*) | im ~ на ле́кции; ein ~ halten чита́ть (про-) ле́кцию
Kollege *m* Arbeits~ това́рищ 2 (по рабо́те), сослужи́в|ец, -ца 2; Mitarbeiter einer Institution сотру́дник 2; Berufs~, Amts~, Studien~ von Wissenschaftlern, Ärzten, Lehrern u. ä. колле́га *m* 6 (по профе́ссии)
Kollegenkreis *m* круг колле́г [това́рищей, сослужи́вцев, сотру́дников]
Kollegheft *n* тетра́дь для за́писи ле́кций
kollegial 1. *Adj* това́рищеский | mit ~em Gruß! с това́рищеским приве́том! **2.** *Adv* по-това́рищески
Kollegialität *f* това́рищество 4, това́рищеские отноше́ния *Pl* 5
Kollegin *f* Arbeits~ това́рищ 2 (по рабо́те), сослужи́вица 6; Mitarbeiterin einer Institution сотру́дница 6; Berufs~, Amts~, Studien~ колле́га 6 (по профе́ссии)
Kollegium *n* Richter, Ärzte u. ä. колле́гия 8; Lehrer преподава́тельский соста́в 2; beratendes Organ, Ausschuß сове́т 2
Kollegmappe *f* портфе́ль 1; ohne Griff па́пка 6
Kollekte *f* сбор 2 поже́ртвований
Kollektion *f Hdl,* Mode колле́кция 8, von Kunstwerken a. собра́ние 5; *Hdl* Sortiment, Auswahl набо́р 2
kollektiv коллекти́вный
Kollektiv *n* коллекти́в 2 | ~ der sozialistischen Arbeit коллекти́в социалисти́ческого труда́; **~arbeit** *f* коллекти́вный труд, коллекти́вная [совме́стная] рабо́та; **~ausstellung** *f* коллекти́вная вы́ставка [экспози́ция 8]; **~bauer** *m* колхо́зник 2; **~eigentum** *n* коллекти́вная со́бственность; **~geist** *m* дух коллективи́зма
kollektivieren *tr* коллективизи́ровать *uv, v* 2, проводи́ть 3⁺ -вожу́ ⟨-|вести́*⟩ коллективиза́цию
Kollektivierung *f* коллективиза́ция 8 | durchgängige ~ сплошна́я коллективиза́ция
Kollektiv|schau *f* коллекти́вная вы́ставка [экспози́ция 8]; **~schuld** *f* коллекти́вная вина́
Kollektivum *n* собира́тельное и́мя существи́тельное
Kollektiv|vertrag *m* коллекти́вный догово́р; **~vertreter** *m* представи́тель на суде́бном проце́ссе от коллекти́ва, где рабо́тает обвиня́емый; **~wirtschaft** *f* коллекти́вное хозя́йство

Koller *m:* er bekam einen ~ *umg* он пришёл в исступле́ние
kollidieren *intr* ста́лкиваться ⟨столкну́ться 4⟩; zeitlich zusammenfallen совпада́ть ⟨-|па́сть*⟩ (по вре́мени)
Kollier *n* ожере́лье 5, колье́ *n idkl*
Kollision *f* столкнове́ние 5; mit Gesetz, Meinungen конфли́кт 2, колли́зия 8 | mit j-m in ~ geraten име́ть столкнове́ние с кем-н.
Kollodium *n* колло́ди|й 1 *P* -и
kolloidal коллоида́льный
Kolloquium *n* wissenschaftliches, internationales колло́квиум 2; Gespräch an Hochschulen консульта́ция 8
Köln Кёльн 2
Kölnischwasser *n* одеколо́н 2
kolonial колониа́льный
Kolonialismus *m* колониали́зм 2
Kolonialpolitik *f* колониа́льная поли́тика
Kolonie *f* коло́ния 8; Kleingärtner~ това́рищество 4
Kolonisa|tion *f* колониза́ция 8; **~tor** *m* колониза́тор 2
kolonisatorisch колониза́торский
kolonisieren *tr* колонизи́ровать *uv, v* 2, колонизова́ть *uv, v* 2
Kolonist *m* колони́ст 2
Kolonnade *f* колонна́да 6
Kolonne *f* Marsch~, *Bauw, Verk, Mil* коло́нна 6; Arbeits~ брига́да 6; *Typ* столб|е́ц, -ца́ 2, коло́нка 6
Kolonnenfahrt *f* движе́ние 5 коло́нной [в коло́нне]
Kolophonium *n* канифо́ль 9
Koloratur *f* колорату́ра 6; **~sängerin** *f* певи́ца с колорату́рным сопра́но; **~sopran** *m* колорату́рное сопра́но
kolorieren *tr* раскра́|шивать ⟨-сить 3 -шу⟩
Kolorit *n* колори́т 2
Koloß *m* коло́сс 2
kolossal 1. *Adj* колосса́л|ьный, -ен, -ьна, огро́мный, -ен; Hunger, Freude ужа́с|ный, -ен **2.** *Adv* ужа́сно
Kolportage *f Lit* бульва́рная литерату́ра 6, Verbreitung von Gerüchten распростране́ние 5 (слу́хов); **~roman** *m* бульва́рный рома́н
Kolumbianer *m* колумби́|ец, -йца 2; **~in** *f* колумби́йка 6
kolumbianisch колумби́йский
Kolumbien Колу́мбия 8
Kolumne *f* полос|а́ 6а *A a.* -у́, коло́нка 6
Kolumnentitel *m Typ* колонти́тул 2
Koma *n Med* ко́ма 6
Kombi *m* = **Kombiwagen**
Kombinat *n* комбина́т 2 | im ~ на комбина́те
Kombination *f* Kleidung, Sport, Verknüpfung комбина́ция 8; Zusammenstellung комбина́ция, сочета́ние 5; *Math* сочета́ние; Arbeitsanzug комбинезо́н 2 | nordische [alpine] ~ Skisport се́верное [лы́жное] двоебо́рье 5
Kombinations|gabe *f* комбинацио́нные спосо́бности *Pl* 9; **~spiel** *n* комбинацио́нная игра́; **~sprunglauf** *m* Skisport составно́й прыж|о́к, -ка́ 2
Kombine *f* комба́йн 2; **~fahrer** *m* комба́йнер 2
kombinier|en *tr* Schlüsse ziehen логи́чески рассужда́ть; zusammenstellen: Gegenstände, Farben комбини́ровать 2 (с-); verbinden, vereinigen соедин|я́ть ⟨-и́ть 3⟩, сочета́ть *uv, v;* **~t** комбини́рованный | der (Nordisch) Kombinierte лы́жник-двоебо́р|ец, -рца 2-2
Kombi|wagen *m* грузо-пассажи́рский автомоби́ль 1, автомоби́ль «Универса́л»; **~zange** *f* пассати́ж|и, -ей *Pl* 1
Kombüse *f* ка́мбуз 2
Komet *m* коме́та 6
Kometen|bahn *f* орби́та коме́ты; **~schweif** *m* хвост коме́ты
Komfort *m* комфо́рт 2 | mit allem ~ со все́ми удо́бствами
komfortabel 1. *Adj* комфорта́бел|ьный, -ен, -ьна **2.** *Adv* с комфо́ртом
Komfortwohnung *f* кварти́ра со все́ми удо́бствами
Komik *f* коми́зм 2; das Komische коми́чность 9; **~er** *m* ко́мик 2, комеди́йный актёр 2; Vortragskünstler эстра́дный арти́ст 2, выступа́ющий 11 с весёлыми номера́ми
komisch 1. *Adj* коми́ч|ный, -ен, смеш|но́й, -о́н, -на́; *Theat, Lit* коми́ческий | ~e Oper коми́ческая о́пера; ~er Kauz стра́нный ма́лый *Subst* 10 **2.** *Adv:* er sieht ~ aus он вы́глядит смешно́ [sonderbar стра́нно]; mir ist ~ zumute мне нехорошо́ [стра́нно]; das kommt mir ~ vor э́то мне ка́жется стра́нным
Komitee *n* комите́т 2 (für по *D*)
Komma *n* запята́я *Subst* 10 | ein ~ setzen ста́в|ить 3 -лю (по-) запяту́ю
Kommandant *m* коменда́нт 2; Flugzeug, Schiff, Panzer команди́р 2; **~ur** *f* комендату́ра 6
Kommandeur *m* команди́р 2
kommandieren *tr* кома́ндовать 2 (j-n *I*, над *I*); mit dienstlichem Auftrag команди́ровать *uv, v* 2; dienstlich zuteilen прикоманд|иро́вывать ⟨-и́ровать 2⟩ (zu к *D*) | ~der General команди́р 2 ко́рпуса
Kommanditgesellschaft *f* команди́тное това́рищество
Kommando *n* Befehl кома́нда 6; Befehlsgewalt кома́ндование 5 (über etw. чем-н.); *Mil* kleine Abteilung кома́нда 6, отря́д 2 | auf ~ по кома́нде; das ~ führen über кома́ндовать над *I*; das ~ übernehmen принима́ть ⟨приня́ть⟩ кома́ндование; **~brücke** *f* кома́ндный мо́стик 2;

~stelle *f* командный пост 2е; на посту́; **~ton** *m* командирский тон; **~turm** *m* *Mar* боевая рубка 6

kommen *intr* gehen идти́* (по|йти́*); fahren е́хать* (по-); hin-, ankommen: zu Fuß приходи́ть 3⁺ -хожу́ ⟨-|йти́*, приду́⟩; mit Fahrzeug приезжа́ть ⟨-|е́хать*⟩; Zug, Dampfer, Flugzeug прибыва́ть ⟨прибы́ть*⟩, приходи́ть ⟨-йти́⟩; gelangen доходи́ть ⟨-йти́⟩; доезжа́ть ⟨-е́хать⟩ (bis до *G*); Jahreszeiten наступ|а́ть ⟨-и́ть 3⁺⟩; Gewitter, Gezeiten прибл|ижа́ться ⟨-и́зиться 3⟩; folgen идти́, сле́довать 2; быть* (vor j-m пе́ред кем-н., nach j-m по́сле кого́-н.) | der Vater kommt оте́ц идёт; komm her! иди́ сюда́!; ich komme von zu Hause я иду́ и́з дому; ich komme morgen я приду́ [зайду́] за́втра; komm schnell! иди́ скоре́й!; der Zug [Bus] kommt um 9 Uhr по́езд [авто́бус] прихо́дит [прибыва́ет] в де́вять часо́в; wie kommt man zum Bahnhof? как пройти́ на вокза́л?; in die Schule ~ идти́ (пойти́) в шко́лу; kommst du mit mir ins Theater? ты пойдёшь со мной в теа́тр?; nach Berlin ~ приезжа́ть ⟨-е́хать⟩ [приле|та́ть ⟨-те́ть 3 -чу́⟩] в Берли́н; j-n ~ lassen зва́ть (по-) [Arzt вы́звать] кого́-н.; wir sind gekommen, dich abzuholen мы зашли́ за тобо́й; das Kleid ist völlig aus der Mode gekommen пла́тье совсе́м вы́шло из мо́ды; er kommt kaum aus dem Zimmer он почти́ не выхо́дит из ко́мнаты; es kommt der Tag, da ... насту́пит день, когда́ ...; dahin darf man es nicht ~ lassen э́того нельзя́ допусти́ть; es nicht zum äußersten ~ lassen не доводи́ть де́ла до кра́йности; wie konnte es dazu ~? как э́то могло́ случи́ться?; auf j-n nichts ~ lassen не дава́ть* в оби́ду кого́-н.; auf etw. ~ дога́дываться ⟨-гада́ться⟩; das durfte nicht ~ э́то не должно́ бы́ло случи́ться; das kommt daher, daß ... э́то объясня́ется тем, что ...; komme, was da wolle будь, что бу́дет; wie ~ Sie dazu? как вы сме́ете?, что вам взду́малось?; um etw. ~ лиш|а́ться ⟨-и́ться 3⟩ чего́-н.; so weit ~, daß ... дойти́ *v* до того́, что ...; zu nichts ~ ничего́ не до|би́ться*; zur Sprache ~ обсужда́ться; zu sich ~ приходи́ть ⟨прийти́⟩ в себя́, очну́ться *v* 4; ich bin nicht dazu gekommen у меня́ не хвати́ло для э́того вре́мени; das Gerücht kam ihm zu Ohren до него́ дошёл слух; wo kommt das Geld her? отку́да де́ньги беру́тся?

Kommen *n* прихо́д 2, прие́зд 2 | (ein ständiges) ~ und Gehen (непреры́вное) движе́ние 5 туда́ и сюда́

kommend бу́дущий 11; Zeiten, Generation гряду́щий 11; Festtag, Ereignis наступа́ющий 11 | der ~e Mann восходя́щая звезда́ 6c *Pl* звёзды; der ~e Tag гряду́щий день; in der ~en Woche на сле́дующей неде́ле

Kommentar *n* коммента́ри|й 1 *P* -и, *G Pl* -ев (zu к *D*) | ohne (jeden) ~ без коммента́риев

Kommentator *m* коммента́тор 2

kommentieren *tr* комменти́ровать *uv*, *v* 2 (*v a.* про-)

kommerziell комме́рческий

Kommilitone *m* това́рищ 2 по учёбе [по университе́ту]; Mitstudent соку́рсник 2

Kommiß *m* солда́тчина 6

Kommissar *m* комисса́р 2; **~iat** *n* комиссариа́т 2

kommissarisch исполня́ющий 11 обя́занности | ~er Leiter исполня́ющий обя́занности руководи́теля

Kommission *f* коми́ссия 8 (für по *D*) | in ~ geben Waren сдава́ть ⟨-дать⟩ на коми́ссию; **~är** *m* комиссионе́р 2

Kommissions|geschäft *n* комиссио́нный магази́н; **~handel** *m* комиссио́нная торго́вля; **~sitzung** *f* заседа́ние коми́ссии

Kommode *f* комо́д 2

kommunal коммуна́льный; (Selbst-) Verwaltung муниципа́льный

Kommunalwirtschaft *f* коммуна́льное хозя́йство

Kommune *f* комму́на 6 | die Pariser ~ Пари́жская комму́на

Kommunikation *f* коммуника́ция 8, обще́ние 5

Kommunikationsmittel *n* сре́дство коммуника́ции

Kommunion *f Rel* прича́стие 5

Kommuniqué *n* коммюнике́ *n idkl*

Kommun|ismus *m* коммуни́зм 2 | im ≈ при коммуни́зме; **~ist** *m* коммуни́ст 2; **~istin** *f* коммуни́стка 6

kommunistisch **1.** *Adj* коммунисти́ческий **2.** *Adv* по-коммунисти́чески

kommunizieren *intr Phys:* ~de Röhren сообща́ющиеся сосу́ды 11–2

Kommutator *m El* коммута́тор 2

Komödiant *m alt* комедиа́нт 2 *a. übertr;* **~in** *f alt* комедиа́нтка 6

Komödie *f* Lustspiel коме́дия 8; Theater теа́тр 2 коме́дии | ~ spielen разы́грывать ⟨-ыгра́ть⟩ коме́дию; die ~ durchschauen понима́ть ⟨поня́ть*⟩, что кто-н. притворя́ется

Komoren Комо́рские острова́ *Pl* 2b

Kompagnon *m Hdl* компаньо́н 2

kompakt пло́т|ный, -ен, -на́!; *Geol,* Eis, Masse a. компа́кт|ный, -ен

Kompanie *f Wirtsch* компа́ния 8; *Mil* ро́та 6; **~chef** *m* команди́р 2 ро́ты; **~stärke** *f:* in ≈ си́лой до ро́ты

Komparat|ion *f* сравне́ние 5, сте́пени *Pl*

9g сравне́ния; ~**iv** *m* сравни́тельная сте́пень 9g
Komparse *m* стати́ст 2
Kompaß *m* ко́мпас 2; ~**nadel** *f* ко́мпасная стре́лка 6
Kompendium *n* компе́ндиум 2, компе́нди|й 1 *P* -и
Kompensation *f* компенса́ция 8; *Jur, Fin a.* возмеще́ние 5; *Tech a.* ура́внивание 5
Kompensationsgeschäft *n* компенсацио́нная сде́лка 6; ~e *Pl* сде́лки на компенсацио́нной осно́ве
kompensieren *tr* компенси́ровать *uv, v* 2
kompetent компете́нт|ный, -ен (in в *P*)
Kompetenz *f* компете́нтность 9, компете́нция 8; Zuständigkeit полномо́чность 9; *Jur* подве́домственность 9 | in j-s ~ fallen входи́ть 3⁺ ⟨во|йти́*⟩ в чью-н. компете́нцию, быть* подве́домственным чему́-н.
Kompetenz|streit *m* спор о компете́нции [о полномо́чности]; ~**überschreitung** *f* превыше́ние 5 компете́нции [полномо́чий]
Kompilation *f* компиля́ция 8
Komplementär *m* im Betrieb mit staatl. Beteiligung комплемента́ри|й 1 *P* -и; in einer Kommanditgesellschaft компаньо́н 2 с неограни́ченной отве́тственностью
Komplementärfarbe *f* дополни́тельный цвет
Komplementwinkel *m* дополни́тельный у́гол
Komplet *n* анса́мбль 1, компле́кт 2
komplett компле́ктный; Frühstück, Sammlung, Industrieanlage по́л|ный, -он, -на́, по́лно́ | eine ~e Stereoanlage компле́кт 2 стереофони́ческого обору́дования; wir sind ~ eingerichtet кварти́ра у нас по́лностью обста́влена; ~ sein быть в по́лном соста́ве
komplettieren *tr* Industrieanlage комплектова́ть 2 ⟨у-⟩; ergänzen до-, пополня́ть ⟨-по́лнить 3⟩
komplex ко́мплексный
Komplex *m* ко́мплекс 2 *a. Psych* | er hat ~e у него́ ко́мплекс неполноце́нности; ~**mechanisierung** *f* ко́мплексная механиза́ция
Komplikation *f* осложне́ние 5 *a. Med*
Kompliment *n* комплиме́нт 2 | ~e machen говори́ть 3 комплиме́нты
Komplize *m* соо́бщник 2
komplizier|en *tr* о-, усложн|я́ть ⟨-и́ть 3⟩; ~**t** сло́ж|ный, -ен, -на́!; Charakter, Mensch, Erklärung мудр|ённый, -ён, -ена́ | ≈(er) werden осложн|я́ться ⟨-и́ться 3⟩
Kompliziertheit *f* сло́жность 9
Komplott *n* за́говор 2 | ein ~ schmieden подгот|овля́ть ⟨-о́вить 3 -о́влю⟩ за́говор
Komponente *f* компоне́нт 2; Bestandteil составна́я часть 9g
komponieren *tr* компонова́ть 2 ⟨с-⟩; *Mus* сочин|я́ть ⟨-и́ть 3⟩ (му́зыку) (zu к *D*)
Komponist *m* компози́тор
Komposition *f* компози́ция 8; *Mus a.* сочине́ние 5
Kompositionslehre *f* тео́рия компози́ции
Kompositum *n* сло́жное сло́во 4b
Kompost *m,* ~**erde** *f* компо́ст 2; ~**haufen** *m* компо́стная ку́ча
kompostieren *tr* Kompost herstellen компости́ровать *uv, v* 2
Kompott *n* компо́т 2; ~**schüssel** *f* ми́сочка 6 для компо́та
Kompres|se *f* компре́сс 2; ~**sion** *f* сжа́тие 5; ~**sor** *m* компре́ссор 2
komprimier|en *tr* сжима́ть ⟨-|жа́ть[1]*, сожму́⟩; ~**t** сжа́тый
Kompromiß *m* компроми́сс 2 | einen ~ schließen идти́* ⟨по|йти́*⟩ на компроми́сс [на взаи́мные усту́пки]
kompromißbereit гото́вый на компроми́сс
Kompromißbereitschaft *f* гото́вность (идти́) на компроми́сс
kompromißlos бескомпроми́ссный
kompromittieren *tr* компромети́ровать 2 (с-); sich ~ *refl* компромети́ровать (с-) себя́
Komsomol *m* комсомо́л 2
Komsomolz|e *m* комсомо́л|ец, -ьца 2; ~**in** *f* комсомо́лка 6
Kondensation *f* конденса́ция [дэ] 8, сгуще́ние 5
Kondensationspunkt *m* у́ров|ень, -ня 1 конденса́ции [дэ]
Kondensator *m* конденса́тор [дэ] 2
kondensieren *tr* конденси́ровать [дэ] *uv, v* 2; Milch, Säfte сгу|ща́ть ⟨-сти́ть 3 -щу́⟩ | kondensierte Milch сгущённое молоко́
Kondens|milch *f* сгущённое молоко́; ~**streifen** *m* инверсио́нный *oder* конденсационный [дэ] след 2b; ~**wasser** *n* во́дный конденса́т [дэ]
Kondition *f* Bedingung конди́ция 8, усло́вие 5; *Sport* (спорти́вная) фо́рма 6 | nicht in ~ sein быть не в фо́рме
Konditional *m* усло́вное наклоне́ние 5, кондициона́лис 2; ~**satz** *m* усло́вное (прида́точное) предложе́ние
Konditions|schwäche *f* сла́бая спорти́вная фо́рма 6; ~**training** *n* трениро́вка для приобрете́ния спорти́вной фо́рмы
Konditor *m* конди́тер 2
Konditorei *f* Feinbäckerei конди́терская *Subst* 10; Café кафе́ *idkl* конди́терская; ~**waren** *f Pl* конди́терские изде́лия
Kondolenz *f* соболе́знование 5
Kondolenz|besuch *m* визи́т для выраже́ния соболе́знования; ~**brief** *m* письмо́ с выраже́нием соболе́знования

kondolieren *intr* выражáть ⟨вы́ра|зить 3 -жу⟩ соболéзнование
Kondom *m, n* презервати́в 2
Kondor *m* кóндор 2
Konfekt *n* (шоколáдные) конфéты *Pl* 6 | eine Schachtel ~ корóбка конфéт
Konfektion *f* Industriezweig швéйное произвóдство 4; Herstellung мáссовое изготовлéние 5 готóвого плáтья; Fertigkleidung готóвое плáтье 5
Konfektions|anzug *m* готóвый костю́м; **~geschäft** *n* магази́н готóвого плáтья; **~industrie** *f* швéйная промы́шленность
Konferenz *f* конферéнция 8; Minister~, Wirtschafts~, Lehrer~ a. совещáние 5 | auf der ~ на конферéнции; eine ~ über etw. конферéнция [совещáние] по чемý-н.; **~dolmetscher** *m* перевóдчик на конферéнциях; **~raum** *m* помещéние конферéнции [совещáния]; **~saal** *m* конферéнц-зал 2; **~schaltung** *f* группова́я дву(х)сторóнняя связь 9, ли́ния 8 группово́й дву(х)сторóнней свя́зи; **~sprache** *f* (официáльный) язы́к конферéнции [совещáния]
konferieren *intr* совещáться (über по *D*)
Konfession *f* вероисповéдание 5
konfessionell вероисповéдный, конфессионáл|ьный, -ен, -ьна
Konfetti *n Pl* конфетти́ *n idkl*
Konfirma|nd *m* конфирмáнт 2; **~tion** *f* конфирмáция 8
Konfirmationsfeier *f* прáзднование [зн] конфирмáции
konfirmieren *tr* конфирмовáть *uv, v* 2 | sich ~ lassen конфирмовáться *uv, v*
konfiszieren *tr* конфисковáть *uv, v* 2
Konfiszierung *f* конфискáция 8
Konfitüre *f* варéнье 5
Konflikt *m* конфли́кт 2 | mit j-m in ~ geraten конфликтовáть 2 [вступ|áть ⟨-и́ть 3⁺ -лю́⟩ в конфли́кт] с кем-н.; es kommt zum ~ дéло дохóдит до конфли́кта; mit dem Gesetz in ~ kommen по|йти́* *v* прóтив закóна; **~kommission** *f* конфли́ктная коми́ссия
Konföderation *f* конфедерáция 8
konform *Adv* соответственно (mit *D*), в соотвéтствии (mit с *I*) | mit j-m ~ gehen при|йти́* *v* к соглашéнию с кем-н., стоя́ть 3 на тех же пози́циях с кем-н.
Konfrontation *f* конфронтáция 8; *Jur* óчная стáвка 6
konfrontieren *tr Jur* устр|áивать ⟨-óить 3⟩ (комý-н.) óчную стáвку | mit etw. konfrontiert werden стáлкиваться ⟨столкнýться 4⟩ с чем-н.
konfus verworren, unklar сби́вчив:ый, неяс|ный, -ен, -нá!; Person сконфýженный | ~ machen конфý|зить 3 -жу (с-), сбивáть ⟨-|бить*, собью́⟩ с тóлку; ~ werden конфýзиться (с-)
Konfusion *f* Verwirrung замешáтельство 4; Wirrwarr сумбýр 2
kongenial конгениáл|ьный, -ен, -ьна
Konglomerat *n* конгломерáт 2
Kongo Кóнго *n idkl;* **~lese** *m* конголéз|ец, -ца 2; **~lesin** *f* конголéзка 6
kongolesisch конголéзский
Kongreß *m* конгрéсс 2; *Pol, Wiss, Päd a.* съезд 2; **~halle** *f* дом 2b *Pl* домá [зал] конгрéссов [съéздов]; **~palast** *m* im Kreml Дворéц съéздов; **~teilnehmer** *m* учáстник конгрéсса [съéзда]
kongruent совпадáющий 11 *a. Math; Ling* согласóван:ный, -на
Kongruenz *f* совпадéние 5 *a. Math; Ling* согласовáние 5
kongruieren *intr Math* совпадáть; *Ling* согласóваться
Konifere *f* хвóйное дéрево 4f *Pl* дерéвь|я, -ев | ~en *Pl* хвóйные *Subst Pl* 10
König *m* корóль 1e, *übertr a.* царь 1e | der ~ der Tiere царь звeрéй; den ~ matt setzen Schach объяв|и́ть *v* 3⁺ королю́ мат; **~in** *f* королéва 6; *übertr* цари́ца 6; Kartenspiel дáма 6; Schach ферзь 1e *A* ферзя́; Biene (пчели́ная) мáтка 6
königlich **1.** *Adj* королéвский; Haltung, Gang цáрственный; im Märchen; Geschenk цáрский; Erscheinung вели́чествен:ный, -на **2.** *Adv* по-цáрски | sich ~ amüsieren весели́ться 3 (по-) по-цáрски
Königreich *n* королéвство 4; *Rel* цáрство 4
Königs|kerze *f Bot* коровя́к 2e; **~schloß** *n* королéвский зáмок; **~sohn** *m* королéвич 2 *G Pl* -ей; im Märchen a. царéвич 2; **~tiger** *m* инди́йский тигр; **~tochter** *f* королéвна 6; im Märchen a. царéвна 6; **~wasser** *n* цáрская вóдка 6
Königtum *n* королéвская власть 9g
konisch кони́ческий
Konjugation *f* спряжéние 5
konjugieren *tr* спрягáть (про-) | konjugiert werden спрягáться
Konjunktion *f Gramm* сою́з 2; *Astr* соединéние 5
Konjunktiv *m Gramm* конъюнкти́в 2, сослагáтельное наклонéние 5
konjunktivisch конъюнкти́вный
Konjunktur *f* конъюнктýра 6 (für на *A*); **~aufschwung** *m* подъём конъюнктýры
konkav вóгнут:ый
Konkavlinse *f* вóгнутая ли́нза
konkret конкрéт|ный, -ен
konkretisieren *tr* конкретизи́ровать *uv, v* 2
Konkretum *n Gramm* конкрéтное существи́тельное *Subst n* 10
Konkubine *f* любóвница 6, сожи́тельница 6
Konkurrent *m Wirtsch, Sport* конкурéнт 2; in Wettbewerb, Wettkampf сопéрник 2

Konkurrenz *f* конкуре́нция 8; *Sport* Wettkampf соревнова́ние 5; (Schönheits-) Wettbewerb ко́нкурс 2; ~unternehmen предприя́тие-конкуре́нт 5–2 | mit j-m in ~ stehen конкури́ровать 2 с кем-н.; j-m ~ machen де́лать (с-) кому́-н. конкуре́нцию; ohne ~ sein быть вне конкуре́нции; außer ~ teilnehmen уча́ствовать вне конкуре́нции [вне ко́нкурса]

konkurrenzfähig конкурентоспосо́б|ный, -ен

Konkurrenz|kampf *m* конкуре́нтная борьба́; **~unternehmen** *n* конкури́рующее 11 предприя́тие

konkurrieren *intr Wirtsch* конкури́ровать 2; im Wettstreit, Wettbewerb stehen cопе́рничать

Konkurs *m* банкро́тство 4; *Jur* ко́нкурс 2 | in ~ gehen обанкро́|титься *v* 3 -чусь; den ~ anmelden объяв|ля́ть ⟨-и́ть 3⁺ -лю⟩ о (свое́й) неплатёжеспосо́бности [о (своём) банкро́тстве]

können *tr* in der Lage sein мочь* (с-), быть* в состоя́нии; dürfen, möglich sein мочь (с-); verstehen уме́ть (с-); beherrschen, wissen знать | man kann мо́жно; man kann nicht нельзя́; er kann он мо́жет; ich kann nicht mehr я бо́льше не в состоя́нии [не в си́лах]; er kann gut tanzen он уме́ет хорошо́ танцева́ть; schlecht schwimmen ~ пло́хо пла́вать; ich kann nicht anders я не могу́ поступи́ть ина́че; ich kann nicht umhin zu … я не могу́ не …; er kann deutsch sprechen он мо́жет [уме́ет] говори́ть по-неме́цки; er kann Deutsch он зна́ет неме́цкий язы́к; er tut es, so gut er kann он де́лает э́то в ме́ру свои́х спосо́бностей [как мо́жет, как уме́ет]; er kann alles он ма́стер на все ру́ки; er kann etwas он зна́ет своё де́ло, он (о́чень) спосо́бный челове́к; lauf, was du kannst беги́ как мо́жно скоре́е; Sie können gehen! мо́жете идти́!; das kann sein э́то возмо́жно; es könnte wahr sein э́то, возмо́жно [вероя́тно], пра́вда; wie können Sie es wagen …? как вы осме́ливаетесь …?

Können *n* уме́ние 5; Wissen, Sprachkenntnisse зна́ние 5; Fähigkeit спосо́бность 9; hohe Kunst мастерство́ 4 | eine Probe seines ~s geben пока́зывать ⟨-|каза́ть*⟩ своё мастерство́ [уме́ние]

Könner *m* ма́стер 2b *Pl* -а́ своего́ де́ла; Kunst~, Sprach~ знато́к 2e

Konsekutiv|dolmetschen *n* после́довательный (у́стный) перево́д; **~satz** *m Gramm* прида́точное предложе́ние сле́дствия

konsequent **1.** *Adj* folgerichtig после́довател|ьный, -ен, -ьна; beharrlich упо́р|ный, -ен **2.** *Adv* логи́чески

Konsequenz *f* Folgerichtigkeit после́довательность 9; Schlußfolgerung вы́вод(ы) 2 (*Pl*); Folgen после́дствия *Pl* 5 | die ~en tragen отвеча́ть за после́дствия; die ~ aus etw. ziehen де́лать (с-) вы́воды из чего́-н.; bis zur letzten ~ kämpfen до конца́

konservativ консервати́в|ный, -ен

Konservativer *m Pol* консерва́тор 2

Konservator *m* специали́ст 2 по консерва́ции

Konservatorium *n* консервато́рия 8 | das ~ besuchen учи́ться 3⁺ в консервато́рии; am ~ в консервато́рии

Konserven *f Pl* консе́рвы *Pl* 2; **~büchse** *f* (жестяна́я) консе́рвная ба́нка; **~fabrik** *f* консе́рвный заво́д

konservieren *tr* консерви́ровать *uv, v* 2; bewahren сохран|я́ть (-и́ть 3)

Konservierung *f* консерви́рование 5; *Kunst* консерва́ция 8

Konservierungsmittel *n* консерви́рующее 11 сре́дство

Konsilium *n Med* конси́лиум 2

konsistent консисте́нтный

Konsistenz *f* консисте́нция 8

Konsole *f* консо́ль 9; *Tech a.* кронште́йн [тэ] 2

konsolidieren *tr* консолиди́ровать *uv, v* 2

Konsolidierung *f* консолида́ция 8

Konsonant *m* согла́сный *Subst* 10

Konsonantenwechsel *m* чередова́ние 5 согла́сных

konsonantisch консона́нтный

Konsorten *m Pl:* das sind ~! ну и компа́ния!

Konspekt *m* конспе́кт 2

Konspiration *f* конспира́ция 8; Verschwörung за́говор 2

konspirieren *intr* конспири́ровать 2

konstant постоя́нный

Konstante *f Math* конста́нта 6, постоя́нная величина́ 6

Konstellation *f Astr* констелля́ция 8, положе́ние 5 звёзд; *übertr* положе́ние дел

konsterniert : ~ sein быть поражённым

konstituieren (sich) *tr (refl)* учре|жда́ть(ся) ⟨-ди́ть(ся) 3⟩, конституи́ровать(ся) *uv, v* 2; **~d** учреди́тельный

Konstitution *f Med* телосложе́ние 5, конститу́ция 8; *Pol* конститу́ция; *Chem* строе́ние 5

konstitutionell конституцио́нный; физи́ческий

konstruier|en *tr Tech* конструи́ровать 2 (с-); künstlich erfinden соз|дава́ть* ⟨созда́ть*⟩; *Math, Ling* стро́ить 3 (по-), конструи́ровать (с-); **~t** иску́сственный, наду́манный

Konstrukt|eur *m* констру́ктор 2; **~ion** *f Tech* констру́кция 8; *Math* построе́ние 5

Konstruktions|büro *n* констру́кторское

бюро́; **~fehler** *m* конструкти́вный поро́к 2; **~zeichnung** *f* конструкти́вный чертёж
konstruktiv конструкти́вный
Konsul *m* ко́нсул 2
konsularisch ко́нсульский
Konsularvertrag *m* ко́нсульский догово́р
Konsulat *n* ко́нсульство 4
Konsultation *f* консульта́ция 8 (über, zu по *D*) | zur ~ gehen на консульта́цию
konsultieren *tr* консульти́роваться 2 (про-) с *I*, у *G*, сове́товаться 2 (по-) с *I* | j-n [sich mit j-m] ~ auf Regierungsebene встр|еча́ться ⟨-е́титься 3 -е́чусь⟩ для консульта́ции с кем-н.
Konsum *m* Verbrauch потребле́ние 5 (an, von *G*); Genossenschaft потреби́тельский кооперати́в 2; Verkaufsstelle магази́н 2 потреби́тельской коопера́ции; *umg* кооперати́в; auf dem Lande (магази́н) сельпо́ *idkl*
Konsument *m* потреби́тель 1
Konsum|genossenschaft *f* потреби́тельский кооперати́в; Genossenschaftswesen потреби́тельская коопера́ция; **~geschäft** *n* кооперати́вный магази́н, *umg* кооперати́в 2; auf dem Lande (магази́н) сельпо́ *idkl;* **~güter** *Pl* предме́ты *Pl* 2 [това́ры] (ма́ссового [широ́кого]) потребле́ния, потреби́тельские това́ры; **~güterindustrie** *f* промы́шленность потреби́тельских това́ров
konsumieren *tr* потреб|ля́ть ⟨-и́ть 3 -лю́⟩
Konsumkaufhaus *n* универма́г потреби́тельской коопера́ции, кооперати́вный универма́г
Konsumption *f* потребле́ние 5
Konsumptionsmittel *n Pl* сре́дства потребле́ния
Konsumverkaufsstelle *f* кооперати́вный магази́н, *umg* кооперати́в 2
Kontakt *m* конта́кт 2 *a. El* | ~ haben zu j-m име́ть конта́кт с кем-н.; ~ aufnehmen zu j-m вступ|а́ть ⟨-и́ть 3⁺ -лю́⟩ в конта́кт с кем-н.
kontaktarm инконта́ктный, некоммуника́бельный
Kontaktaufnahme *f* установле́ние 5 конта́кта
kontaktfreudig охо́тно вступа́ющий 11 в конта́кт с людьми́ [с окружа́ющим ми́ром], коммуника́бельный
Kontaktperson *f Med* лицо́| име́вшее 11 конта́кт с больны́м инфекцио́нной боле́знью
Kontemplation *f* созерца́тельность 9
kontemplativ созерца́тел|ьный| -ен| -ьна
Kontenführung *f* счетово́дство 4
Konter|admiral *m* контр-адмира́л 2; **~bande** *f* контраба́нда 6
Konterfei *n* портре́т 2
kontern *tr* пари́ровать *uv, v* 2 (*v. a.* от-); Boxen a. нанос́ить 3⁺ -ношу́ ⟨-|нести́*⟩ встре́чный уда́р *D; übertr* дава́ть* ⟨дать*⟩ (ре́зкий) отпо́р *D*
Konterrevolution *f* контрреволю́ция 8
konterrevolutionär контрреволюцио́нный
Kontext *m* конте́кст 2
Kontinent *m* контине́нт 2; матери́к 2e
kontinental континента́льный, материко́вый
Kontinentalklima *n* континента́льный кли́мат
Kontingent *n* континге́нт 2 (an *G*)
kontingentier|en *tr:* j-m etw. ≈ контингенти́ровать *uv, v* 2 кому́-н. что-н., назн|ача́ть ⟨-а́чить 3⟩ кому́-н. континге́нт чего́-н.; **~t** контингенти́рованный
kontinuierlich непреры́в|ный| -ен; Arbeit, Versorgung бесперебо́|йный| -ен| -йна; *Phys* незатуха́ющий 11
Kontinuität *f* непреры́вность 9; бесперебо́йность 9
Konto *n* счёт 2b *G a.* -у| на счету́| *Pl* счет|а́| -о́в | auf ein ~ überweisen переводи́ть 3⁺ -вожу́ ⟨-|вести́*⟩ на теку́щий счёт; auf dem ~ на (теку́щем) счёте; laufendes ~ теку́щий 11 счёт; ein ~ eröffnen открыва́ть ⟨-|кры́ть*⟩ счёт; das ~ überziehen де́лать (с-) перерасхо́д; **~auszug** *m* вы́писка 6 из счёта; **~eröffnung** *f* откры́тие счёта; **~inhaber** *m* владе́лец счёта; **~korrent** *n* контокорре́нт 2, контокорре́нтный счёт 2b; **~nummer** *f* но́мер счёта
Kontor *n* конто́ра 6 (für по *D*)
Kontorist *m* конто́рщик 2; **~in** *f* конто́рщица 6
Konto|stand *m* са́льдо *n idkl;* **~übertrag** *m* перено́с со счёта на счёт
kontra 1. *Präpos* про́тив *G* **2.** *Adv:* j-m ~ geben пари́ровать *uv, v* 2 кому́-н.; das Pro und ~ за и про́тив
Kontra|baß *m* контраба́с 2; **~bassist** *m* контрабаси́ст 2
Kontrahent *m* Vertragspartner контраге́нт 2; *Sport* проти́вник 2
Kontrakt *m* контра́кт 2
kontraktbrüchig: ~ werden наруша́ть ⟨-ру́шить 3⟩ контра́кт
Kontraktion *f* контра́кция 8; *Geol a.* сжа́тие 5; *Ling a.* стяже́ние 5
kontraktlich 1. *Adj* на основа́нии контра́кта, по контра́кту **2.** *Adv* verpflichten контра́ктом
Kontrapunkt *m* контрапу́нкт 2
konträr противополо́ж|ный| -ен
Kontrast *m* контра́ст 2; *TV* контра́стность 9 | einen ~ bilden предст|авля́ть ⟨-а́вить 3 -а́влю⟩ контра́ст; **~farbe** *f* контра́стный цвет
kontrastieren *intr* контрасти́ровать 2 (с-) (mit с *I*)

Kontrastmittel *n* контрáстное веществó 4
Kontroll|abschnitt *m* контрóльный талóн 2; *umg* кореш|óк, -ká 2; **~arbeit** *f* in der Schule контрóльная рабóта; **~ausschuß** *m* контрóльная комиссия
Kontrolle *f* контрóль 1, провéрка 6 (von *G*); von Teilnahme, Verbrauch контрóль (за *I*); Aufsicht контрóль (über над *I*) | ~ über etw. ausüben произ|водúть 3⁺ -вожý ⟨-|вестú*⟩ контрóль [провéрку] чегó-н.; unter ~ stehen нахо|дúться 3⁺ -жýсь под контрóлем; die ~ über etw. verlieren терять (по-) контрóль над чем-н. [Flugzeug a. управлéние чем-н.]
Kontrolleur *m* контролёр 2
Kontroll|gang *m* контрóльный обхóд 2; **~gerät** *n* контрóльный прибóр
kontrollieren *tr* проверять ⟨-вéрить 3⟩, контролúровать 2 (про-)
Kontroll|kommission *f* контрóльная комиссия; **~organ** *n* контрóльный óрган; **~pflicht** *f* обязанность контролúровать; **~punkt** *m* контрóльно-пропускнóй пункт; **~turm** *m Flugw* диспéтчерская вышка 6; **~ziffer** *f* контрóльная цúфра
Kontroverse *f* спор 2; Uneinigkeit разноглáсие 5
Kontur *f* кóнтур 2, очертáние 5
Konus *m* кóнус 2
Konvention *f Jur* конвéнция 8, соглашéние 5; Sitte услóвность 9, нóрмы *Pl* 6 поведéния; традúции *Pl* 8
Konventionalstrafe *f* (договóрная) неустóйка 6
konventionell традициóн|ный, -ен, -на | etw. bewegt sich im ~en Rahmen что-н. прохóдит в традициóнных [установлéнных] рáмках; sich ~ verhalten вестú* себя как общепрúнято
Konvergenz *f* конвергéнция 8; *Math* сходúмость 9
konvergieren *intr* сходúться 3⁺ ⟨со|йтúсь*⟩
Konversation *f* бесéда 6 | ~ machen mit j-m вестú* бесéду с кем-н.; in Russisch ~ treiben занимáться ⟨заняться*⟩ рýсской разговóрной прáктикой
Konver|sationslexikon *n* энциклопедúческий словáрь; **~ter** *m Tech, El* конвéртер [тэ] 2
konvertier|bar конвертúруемый | frei ≈ свобóдно конвертúруемый; nicht ≈ неконвертúруемый; **~en** *tr Fin* конвертúровать *uv, v* 2
Konvertit *m* перешéдший *Subst* 10 в другýю вéру
konvex вы́пуклый
Konvoi *m Mar* конвó|й 1 *G Pl* -ев; von Kraftfahrzeugen колóнна 6
Konvulsion *f* конвýльсия 8, сýдорога 6
konvulsivisch конвульсúв|ный, -ен, сýдорож|ный, -ен

Konzentrat *n* концентрáт 2; **~ion** *f* концентрáция 8 *a. Chem,* сосредоточéние 5
Konzentrations|fähigkeit *f* умéние сосредотóчиваться; **~lager** *n* концентрациóнный лáгерь
konzentrier|en *tr* сосредотóч|ивать (-ить 3), концентрúровать 2 (с-) (auf на *A*); *Chem* сгу|щáть ⟨-стúть 3 -щý⟩; sich ≈ *refl* сосредотóчи|ваться (-иться) (auf на *P*), концентрúровать (с-) всё (своё) внимáние (auf на *P*); **~t** aufmerksam, vertieft внимáтел|ьный, -ен, -ьна, сóбранный
konzentrisch концентрúческий
Konzept *n* план 2, набрóс|ок, -ка 2; noch nicht ins reine geschriebenes Manuskript черновóй набрóсок | ein ~ machen дéлать (с-) набрóсок [черновúк]; j-n aus dem ~ bringen сбивáть ⟨-|бить*, собью⟩ когó-н. с тóлку; aus dem ~ kommen терять (по-) нить (мы́сли); das paßt ihm nicht in sein ~ э́то емý не подхóдит; **~ion** *f* концéпция 8, зáмыс|ел, -ла 2; *Med* зачáтие 5
Konzern *m* концéрн 2
Konzert *n* концéрт 2 | ins ~ gehen идтú ⟨пойтú⟩ на концéрт; im ~ на концéрте; ein ~ für Geige und Orchester концéрт для скрúпки с оркéстром; **~besucher** *m* посетúтель концéртов; **~flügel** *m* концéртный рояль
konzertieren *intr* концертúровать 2
Konzert|meister *m* концертмéйстер 2; **~saal** *m* концéртный зал; **~sänger** *m* концéртный певéц; **~stück** *n* концéртная пьéса
Konzession *f* разрешéние 5 (für на *A*); *Wirtsch, Bauw* концéссия 8 (für на *A*) | ~en machen идтú* ⟨по|йтú*⟩ на устýпки; eine ~ erteilen предост|авлять ⟨-áвить 3 -áвлю⟩ концéссию
Konzessionsurkunde *f* патéнт 2 на концéссию
Konzessivsatz *m* уступúтельное придáточное предложéние
Konzil *n* собóр 2
konziliant обходúтел|ьный, -ен, -ьна
konzipieren *tr* entwerfen, planen составлять ⟨состáв|ить 3 -лю⟩ конспéкт [план] *G,* дéлать (с-) набрóсок; ein Konzept verfassen набрáсывать ⟨-бросáть⟩ черновúк *G*
Kooperation *f* коперáция 8
Kooperations|beziehungen *f Pl* отношéния *Pl* 5, склáдывающиеся в рáмках систéмы кооперúрования, кооперациóнные связи *Pl* 9; **~gemeinschaft** *f* кооперациóнное объединéние; *Landw* межкооперативное объединéние; **~partner** *m* Betrieb кооперúрующееся предприятие 11–5; Land партнёр по систéме кооперúрования

kooperativ 1. *Adj* кооперати́вный **2.** *Adv* совме́стно

kooperieren *intr* сотру́дничать; *Landw* коопери́роваться (mit с *I*) | kooperierende Betriebe коопери́рующие 11 предприя́тия

Koordinate *f* координа́та 6

Koordinaten|achse *f* ось координа́т; **~system** *n* систе́ма координа́т

koordinieren *tr* координи́ровать *uv, v* 2 соглас|о́вывать ⟨-ова́ть 2⟩

Koordinierung *f* координа́ция 8, согласова́ние 5

Kopeke *f* копе́|йка 6 *G Pl* -ек

Kopenhagen Копенга́ген 2

Köper *m Text* са́ржа 6, ки́пер 2

Kopf *m* голова́ 6a; Zeitungs~ ша́пка 6; Nagel, Schraube шля́пка 6; Stecknadel голо́вка 6; Kohl, Salat коча́н 2e; *übertr* глава́ 6c | mit bloßem ~ с непокры́той голово́й; den ~ heben [senken] подня́ть [опусти́ть] го́лову; ein Schlag vor den ~ уда́р по голове́; er hat eine Wunde am ~ у него́ ра́на на голове́; ein Tuch um den ~ binden повя́зывать ⟨-|вяза́ть*⟩ плато́к на́ голову; er setzte den Hut auf den ~ он наде́л (на го́лову) шля́пу; etw. über den ~ ziehen Kleid надева́ть ⟨-|де́ть*⟩ что-н. че́рез го́лову; den ~ hängen lassen па́дать ⟨пасть*⟩ ду́хом, уныва́ть; auf den ~ stellen переверну́ть *v* 4 вверх дном; j-m den ~ waschen зада́ть* *v* голово-мо́йку кому́-н.; намы́лить 3*v* го́лову кому́-н.; er ist nicht auf den ~ gefallen он неглу́п, он не лы́ком шит; er ist um einen ~ größer als ich он на́ голову вы́ше меня́; ~ an ~ stehen стоя́ть вплотну́ю друг к дру́гу; Hals über ~ сломя́ го́лову, стремгла́в; von ~ bis Fuß с головы́ до ног; kluger ~ у́мная голова́, я́сный ум; die besten Köpfe лу́чшие 11 умы́; sich den ~ zerbrechen über etw. лома́ть себе́ го́лову из-за чего́-н. [над чем-н.]; sich in den ~ setzen вбива́ть ⟨-|бить*⟩ себе́ в го́лову; aus dem ~ schlagen вы́бро|сить *v* 3 -шу из головы́; sich etw. durch den ~ gehen lassen обду́м|ывать ⟨-ать⟩ что-н.; den ~ aufs Spiel setzen рискова́ть 2 голово́й; (vor Freude) den ~ verlieren теря́ть (по-) го́лову (от ра́дости); ich weiß nicht, wo mir der ~ steht у меня́ голова́ идёт круго́м; eine Familie von fünf Köpfen семья́ из пяти́ челове́к [душ]; das kostet pro ~ eine Mark э́то сто́ит по ма́рке с челове́ка; auf den ~ der Bevölkerung на ду́шу населе́ния; mit dem ~ durch die Wand wollen идти́ напроло́м; **~arbeit** *f* у́мственная рабо́та; **~bahnhof** *m* тупико́вая железнодоро́жная ста́нция; **~ball** *m Sport* уда́р 2 голово́й; **~ballspiel** *n* игра́ голово́й; **~bedeckung** *f* головно́й убо́р 2 | ohne ≈ с непокры́той голово́й

Köpfchen *n* голо́вка 6 | er hat ~ у него́ голова́ ва́рит

Kopfdüngung *f* пове́рхностное удобре́ние

köpfen *tr* hinrichten обезгла́в|ливать ⟨-ить 3 -лю⟩; Fußball игра́ть голово́й; Rüben обреза́ть ⟨-|ре́зать*⟩ | den Ball ins Tor ~ забива́ть ⟨-|би́ть*⟩ мяч голово́й

Kopf|ende *n* Bett изголо́вье 5; **~hörer** *m Pl* нау́шники *Pl* 2

Kopfkissen *n* поду́шка 6; **~bezug** *m* на́волочка 6

Kopflehne *f* подголо́вник 2

kopflos 1. *Adj* unüberlegt поступа́ющий 11 безрассу́дно **2.** *Adv* безрассу́дно | ~ werden теря́ть (по-) го́лову [рассу́док]

Kopf|nicken *n* кив|о́к, -ка́ 2 голово́й; **~polster** *n* поду́шка 6 под го́лову, ду́мка 6; **~putz** *m* наря́дный головно́й убо́р; **~rechnen** *n* у́стный счёт; **~salat** *m* коча́нный сала́т

kopfscheu 1. *Adj* пугли́в:ый **2.** *Adv*: ~ machen сму|ща́ть ⟨-ти́ть 3 -щу́⟩; durch Drohungen запу́гивать ⟨-пуга́ть⟩

Kopf|schmerz *m* головна́я боль | ich habe ≈en у меня́ боли́т голова́; sich über etw. ≈en machen си́льно беспоко́иться 3 о чём-н.; **~schmerztablette** *f* табле́тка от головно́й бо́ли; **~schuppen** *f Pl* пе́рхоть 9; **~schuß** *m* вы́стрел в го́лову; **~schütteln** *n* пока́чивание 5 голово́й; **~sprung** *m* прыжо́к голово́й вниз; **~stand** *m Sport* сто́йка на голове́

kopfstehen *intr*: vor Freude möchte man ~ от ра́дости хо́чется на рука́х ходи́ть; es steht alles kopf всё идёт кувырко́м

Kopfstein *m* булы́жник 2; **~pflaster** *n* булы́жная мостова́я

Kopf|stimme *f* фальце́т 2; **~stütze** *f Kfz* подголо́вник 2; **~tuch** *n* головно́й плато́к; Dreiecktuch косы́нка 6

kopfüber *Adv*: ~, kopfunter кувырко́м; sich ~ in die Arbeit stürzen с голово́й уйти́ в рабо́ту, окун|а́ться ⟨-у́ться 4⟩ (с голово́й) в рабо́ту; sich ~ in ein Abenteuer stürzen очертя́ го́лову пусти́ться в каку́ю-н. авантю́ру

Kopf|verletzung *f* ране́ние головы́; **~wäsche** *f* мытьё 3 головы́; *übertr* головомо́йка 6; **~waschpulver** *n* порошо́к для мытья́ головы́; **~zahl** *f* число́ голо́в [Personen лиц]; **~zerbrechen** *n*: das macht mir ≈ э́то заставля́ет меня́ лома́ть го́лову

Kopie *f* ко́пия 8; *Foto* (фото)отпеча́т|ок, -ка 2 | eine ~ von etw. machen lassen снима́ть ⟨снять*⟩ ко́пию с чего́-н.

kopieren *tr* Manuskript, Gemälde де́лать ко́пию с чего́-н., копи́ровать 2 (с-); nachahmen подража́ть (j-n *D*)

Kopier|gerät *n* (свето)копирова́льный аппара́т; **~stift** *m* копирова́льный [*umg* хими́ческий] каранда́ш
Kopilot *m* второ́й пило́т 2
¹Koppel *f* Jagdhunde сво́ра 6; Weide огоро́женный вы́гон 2 | eine ~ Pferde ло́шади на одно́й при́вязи
²Koppel *n Mil* поясно́й рем|ёнь, -ня́ 1
koppeln *tr Tech* сцеп|ля́ть ⟨-и́ть 3⁺ -лю́⟩ (etw. an etw. что-н. с чем-н.); *El* свя́зывать ⟨-|вяза́ть*⟩; Raumfahrzeuge производи́ть 3⁺ -вожу́ ⟨-|вести́*⟩ стыко́вку (etw. an etw. чего́-н. с чем-н.); Pferde брать* ⟨взять*⟩ на одну́ при́вязь
Kopp[e]lung *f Tech* сцепле́ние 5; *El* свя́зывание 5; *Eisenb* сце́пка 6; Raumfahrzeuge стыко́вка 6; *Gramm* написа́ние 5 (слов) че́рез дефи́с
Kopplungsmanöver *n Kosm* стыко́вка 6 | das ~ ausführen осуществ|ля́ть ⟨-и́ть 3 -влю⟩ стыко́вку
Kopra *f* ко́пра 6
Koproduktion *f* совме́стное произво́дство | in ~ herstellen производи́ть 3⁺ -вожу́ ⟨-|вести́*⟩ совме́стно
Kopula *f Gramm* свя́зка 6; **~tion** *f* копуля́ция 8; Gartenbau копулиро́вка 6
kopulieren *tr* копули́ровать *uv, v* 2 a. Gartenbau
Koralle *f* кора́лл 2
Korallen|fischer *m* иска́тель 1 кора́ллов; **~kette** *f* кора́лловое ожере́лье; **~riff** *n* кора́лловый риф
Koran *m* кора́н 2
Korb *m* корзи́на 6 a. im Ballsport, корзи́нка 6; Trag~ ко́роб 2b *Pl* -а́; aus Bast *oder* Birkenrinde (плетёный) ку́зов 2b *Pl* -а́ | von j-m einen ~ bekommen получа́ть ⟨-и́ть 3⁺⟩ отка́з от кого́-н.; j-m einen ~ geben от|каза́ть* *v* кому́-н. в чём-н.; **~ball** *m* баскетбо́л 2; **~ballspieler** *m* баскетболи́ст 2; **~blütler** *m Pl* Familie сложноцве́тные *Subst* 10; **~flasche** *f* оплетённая буты́лка; groß буты́ль 9 (в плетёнке); **~macher** *m* корзи́нщик 2; **~sessel** *m* плетёное кре́сло; **~weide** *f* и́ва прутови́дная
Kord *m* корд 2; *umg* вельве́т 2; **~anzug** *m* ко́рдовый костю́м
Kordel *f* кручёный [плетёный] шнур 2e
Kordilleren *Pl* Кордилье́ры *Pl* 6
Kordon *m* кордо́н 2
Kordsamthose *f* вельве́товые брю́ки
Korea Коре́я 7; **~ner** *m* коре́|ец, -йца 2; **~nerin** *f* корея́нка 6
koreanisch коре́йский
Korinthen *f Pl* ме́лкий (кори́нфский) изю́м 2
korinthisch кори́нфский
Kork *m* Rinde; Stöpsel про́бка 6; **~eiche** *f* про́бковый дуб
Korken *m* про́бка 6; **~zieher** *m* што́пор 2
Kork|leine *f* про́бковая доро́жка 6; **~sohle** *f* про́бковая подо́шва
Kormoran *m* большо́й бакла́н 2
Korn *n* Getreide-, Samenkorn зерно́ 4c *G Pl* зёрен; (Brot-) Getreide зерно́, зерново́й хлеб 2; Roggen рожь, ржи 9, *I* ро́жью; am Gewehr му́шка 6; Kornbranntwein (хле́бная) во́дка 6 *Tech* гра́нула 6, зерно́ | ein doppelter ~ двойна́я по́рция 8 во́дки; den Hühnern ~ streuen сы́пать* (на-) ку́рам зерна́; aufs ~ nehmen брать ⟨взять⟩ на му́шку [на прице́л]; **~blume** *f* васил|ёк, -ька́ си́ний 2–11
kornblumenblau василько́вый
Kornbranntwein *m* хле́бная во́дка
Körnchen *n* Getreide зёрныш|ко 4 *Pl* -ки, -ек; Salz, Pfeffer u. ä. крупи́нка 6; Sand песчи́нка 6; Staub пыли́нка 6 | ein ~ Wahrheit крупи́ца 6 и́стины
körnen *tr Tech* гранули́ровать *uv, v* 2; zerkleinern дроб|и́ть 3 -лю́ (раз-); mit dem Körner bearbeiten намеча́ть ⟨-ме́тить 3 -ме́чу⟩ ке́рнером
Korn|ernte *f* убо́рка хле́ба; **~feld** *n* ни́ва 6
körnig зерни́ст:ый; graupig крупча́тый; Reis рассы́пчат:ый
Korn|kammer *f übertr* жи́тница 6; **~kasten** *m* за́кром 2b *Pl* -а́
Korn|schwinge *f* ве́ялка 6; **~silo** *n*, **~speicher** *m* зернохрани́лище 4, хле́бный амба́р
Korona *f Astr* коро́на 6
Körper *m* те́ло 4b *a. Math, Phys;* Rumpf ту́ловище 4, ко́рпус 2; Schiffs~ ко́рпус | am ganzen ~ zittern дрожа́ть всем те́лом; **~bau** *m* телосложе́ние 5, конститу́ция 8; *Anat* строе́ние те́ла; **~beherrschung** *f* владе́ние (свои́м) те́лом
körperbehindert с физи́ческим недоста́тком; durch Unfall, Schlaganfall u. ä. с уве́чьем
Körper|behinderter *m* челове́к с физи́ческим недоста́тком [с уве́чьем]; **~beschaffenheit** *f* телосложе́ние 5; **~bewegung** *f* телодвиже́ние 5; **~erziehung** *f* физи́ческое воспита́ние; Unterrichtsfach физкульту́ра 6; **~fülle** *f* полнота́ 6; **~größe** *f* рост 2; **~haltung** *f* оса́нка 6; **~hygiene** *f* гигие́на те́ла; **~kultur** *f* физи́ческая культу́ра, физкульту́ра 6
körper|lich физи́ческий; Schönheit теле́сный | ≈e Arbeit физи́ческий труд; ≈e Züchtigung теле́сное наказа́ние; ≈es Unbehagen физи́ческое недомога́ние 5; **~los** бестеле́с|ный, -ен, беспло́т|ный, -ен
Körper|pflege *f* ухо́д за те́лом; **~schaden** *m* физи́ческое поврежде́ние; **~schaft** *f* корпора́ция 8, о́рган 2 | ≈ des öffentlichen Rechts публи́чная корпора́ция; **~schwäche** *f* физи́ческая сла́бость;

~teil *m* часть тéла; **~temperatur** *f* температýра тéла
Korporal *m hist* капрáл 2
Korporation *f* корпорáция 8
Korps *n Mil* кóрпус 2b *Pl* -á. a. Diplomatie; (студéнческая) корпорáция 8
korpulent дорóд|ный, -ен
Korpulenz *f* дорóдность 9
Korpuskel *n* корпýскула 6, частúца 6
Korrefe|rat *n* содоклáд 2; **~rent** *m* содоклáдчик 2
korrekt коррéкт|ный, -ен; Benehmen безупрéч|ный, -ен; Aussprache прáвил|ьный, -ен, -ьна
Korrektheit *f* коррéктность 9; безупрéчность 9
Korrektor *m* коррéктор 2
Korrektur *f* исправлéние 5; *Typ* корректýра 6; berichtigende Eintragung исправлéние, поправка 6; *Kosm* коррéкция 8; **~abzug** *m* корректýрный óттиск; **~bogen** *m* (корректýрный) лист; **~fahne** *f* (корректýрная) грáнка; **~lesen** *n* чтéние корректýры; **~zeichen** *n Pl* корректýрные знáки *Pl*
Korrelation *f* соотношéние 5, корреля́ция 8
korrelativ соотносúтел|ьный, -ен, коррелятúв|ный, -ен
Korrespondent *m* корреспондéнт 2
Korrespondenz *f* перепúска 6, корреспондéнция 8 | mit j-m in ~ stehen быть* в перепúске с кем-н.
korrespondieren *intr* вестú* перепúску, перепúсываться; entsprechen соотвéтствовать 2 (mit *D*) | ~des Mitglied член-корреспондéнт 2–2
Korridor *m* коридóр 2 | im ~ в коридóре
korrigieren *tr* исправля́ть ⟨исправ|ить 3 -лю⟩; Hefte проверя́ть ⟨-вéрить 3⟩; Text вносúть 3⁺вношý ⟨-|нестú*⟩ поправки в *A;* Ansicht, Plan измен|я́ть ⟨-úть 3⁺⟩; Rakete осуществ|ля́ть ⟨-úть 3 -лю⟩ коррéкцию; sich ~ *refl* попр|авля́ться ⟨-áвиться 3 -áвлюсь⟩
Korrosion *f* коррóзия 8
korrosionsbeständig коррозионностóйкий
Korrosionsschutzmittel *n* антикоррозиóнное срéдство
korrumpieren *tr* подкупáть ⟨подкуп|úть 3⁺ -лю⟩ | sich nicht ~ lassen не давáть* ⟨дать*⟩ себя́ подкупúть [коррумпúровать]
korrupt продáж|ный, -ен
Korruption *f* Bestechlichkeit продáжность 9; Bestechung коррýпция 8, пóдкуп 2
Korsett *n* корсéт 2
Korsika Кóрсика 6
Korso *m* Umzug парáдное шéствие 5; von Autos кортéж [тэ] 2 автомобúлей
Korvette *f* корвéт 2
Korvettenkapitän *m* капитáн 2 трéтьего рáнга
Koryphäe *f* корифé|й 1 *G Pl* -ев
Kosak *m* казáк 2e *Pl a.* казáки
Kosaken|lieder *n Pl* казáчьи 12 пéсни; **~mütze** *f* кубáнка 6
kosen *intr* ласкáть (mit *A*); лáсково [нéжно] разговáривать [болтáть] (mit с *I*)
Kosename *m* ласкáтельное úмя
Kosinus *m* кóсинус 2
Kosmetik *f* космéтика 6 | zur ~ gehen идтú ⟨пойтú⟩ на косметúческий сеáнс [*umg* к косметúчке]; **~artikel** *m Pl* косметúческие товáры *Pl* 2, космéтика 6; **~erin** *f* космéтолог 2; *umg* косметúчка 6; **~salon** *m* косметúческий салóн; **~tasche** *f* сýмочка 6 для космéтики
kosmetisch косметúческий | ~e Industrie косметúческая промы́шленность
kosmisch космúческий | der ~e Raum космúческое прострáнство; das ~e Laboratorium космúческая лаборатóрия
Kosmo|drom *m* космодрóм 2; **~logie** *f* космолóгия 8; **~naut** *m* космонáвт 2; **~nautik** *f* космонáвтика 6; **~nautin** *f* жéнщина-космонáвт 6–2
kosmopolitisch космополитúческий
Kosmopolitismus *m* космополитúзм 2
Kosmos *m* кóсмос 2; **~flug** *m* космúческий полёт
Kost *f* пúща 6; Ernährung, Beköstigung стол 2e, питáние 5 | gesunde ~ разýмное питáние; freie ~ und Logis бесплáтное питáние и квартúра; bei j-m freie ~ haben питáться у когó-н. бесплáтно; bei j-m in ~ sein station столовáться 2 у когó-н.; j-n auf schmale ~ setzen плóхо корм|úть 3⁺ -лю́ когó-н.
Kostarika Кóста-Рúка 6
Kostarikaner *m* костарикáн|ец, -ца 2
kostarikanisch кóста-рикáнский
kostbar (драго)цéн|ный, -ен, -на; Kleider, Stoffe a. дорогóй, дóрог, -á!, дорóже | ~ gekleidet sein дóрого одéтый; die Zeit ist ~ врéмя дóрого
Kostbarkeit *f* Gegenstand (драго)цéнность 9; großer Wert цéнность 9
1**kosten** *tr* probieren прóбовать 2 (по-) | (von) etw. ~ прóбовать что-н. [чегó-н.]; j-m etw. zu ~ geben давáть ⟨дать⟩ комý-н. что-н. [чегó-н.] прóбовать; er hat alle Freuden des Lebens gekostet он вкусúл все рáдости жúзни
2**kosten** *tr* wert sein; erfordern стóить 3, обходúться 3⁺ | das kostete ihn fünf Mark э́то стóило емý пять мáрок, э́то обошлóсь емý в пять мáрок; was kostet dieser Tisch? скóлько стóит э́тот стол?; was kostet das? скóлько э́то стóит?; *umg* почём э́то?; was ~ die Gurken? почём продаю́тся огурцы́? *umg*; das hat mich schweres Geld gekostet э́то мне дóрого

обошлось; die Reparatur hat mich einen ganzen Tag gekostet на ремонт мне потребовался целый день; es kostete viel Mühe это стоило много труда; es koste, was es wolle! чего бы это ни стоило!

Kosten *Pl* расходы *Pl* 2; *Wirtsch* издержки *Pl* 6 | die ~ für die Reise расходы на путешествие; das geht auf meine ~ это идёт за мой счёт; auf seine ~ kommen получ|ать ⟨-ить 3⁺⟩ своё, оправдать свои расходы; ~ tragen нести* расходы; auf eigene ~ за свой счёт; auf fremde ~ за [на] чужой счёт; **~anschlag** *m* предварительная смета расходов [издержек]; **~aufwand** *m* (денежные) расходы [затраты] (für на *A*); **~erstattung** *f* возмещение 5 расходов [издержек]

kostenlos бесплат|ный, -ен

Kosten|punkt *m* вопрос 2 о расходах [о цене]; **~senkung** *f* снижение расходов [издержек]

Kostgeld *n* плата 6 за стол [за питание]

köstlich 1. *Adj* превосход|ный, -ен; erlesen изыскан:ный, -на; im Geschmack лаком:ый; spaßhaft прелест|ный, -ен, забав|ный, -ен | das war eine ~e Zeit это было чудесное время; das ist ~! это чудесно! [превосходно!] **2.** *Adv*: ich habe mich über ihn ~ amüsiert он здорово меня развеселил

Kostprobe *f* проба 6; *Mus,* Kunst образ|ец, -ца 2

kostspielig дорогой, дорог, -а!, дороже, дорогостоящий 11 | zu ~ sein быть слишком дорогим

Kostüm *n* костюм 2; Verkleidung маскарадный костюм; **~ball** *m* костюмированный бал; **~bildner** *m* костюмер 2; **~fest** *f* (бал-)маскарад 2, костюмированный бал

kostümier|en *tr* костюмировать *uv, v* 2; sich ≈ *refl* костюмироваться *uv, v* 2, надевать ⟨-|деть*⟩ маскарадный костюм; **~t** костюмированный, в костюме

Kostüm|jacke *f* жакет от костюма; **~probe** *f Theat* просмотр 2 гримов и костюмов на сцене; **~verleih** *m* прокат костюмов

Kot *m* Schmutz грязь 9, в грязи; Fäkalien кал 2; Tier помёт 2

Kotangens *m* котангенс 2

Kotelett *n* отбивная котлета 6; **~en** *Pl* бакенбарды *Pl* 6, баки *Pl* 6

Köter *m umg* пёс, пса 2

Kotflügel *m* грязезащитное крыло

kotig гряз|ный, -ен, -на, -но, грязны; *Med* каловый

kotzen *intr derb* бл|евать, -юю, -юёшь | es ist zum Kotzen *umg* от этого тошнит

Krabbe *f Zool* краб 2; kleines Kind карапуз 2

krabbeln *tr* kitzeln щекотать* (по-); *intr* kriechen ползать, *best* ползти*; jucken чесаться* | es krabbelt mich hinter dem Ohr у меня чешется за ухом

Krabbelstube *f* комната для ползунков

krach! *Interj* трах!

Krach *m* Gepolter грохот 2; Lärm шум 2; Streit скандал 2; *Wirtsch* банкротсво 4, крах 2 | ~ machen устр|аивать ⟨-оить 3⟩ скандал, поднимать ⟨поднять*⟩ шум; ~ haben mit j-m скандалить 3 (по-) с кем-н.

krachen *intr* Dielen, Eis трещать 3 ⟨треснуть 4⟩; donnernd грохот|ать* ⟨-нуть 4⟩; **~d** с грохотом

Krachmandel *f* миндаль в скорлупе

krächzen *intr* Vogel карк|ать ⟨-нуть *mom* 4⟩; ächzen крях|теть 3 -чу (про-); heiser sprechen говорить 3 ⟨с|казать*⟩ хрипучим голосом

Kradmelder *m* мотоциклист 2 связи

kraft *Präpos*: ~ des Gesetzes в силу закона; ~ seines Amtes по долгу службы

Kraft *f* сила 6; Arbeits~ работник 2; Arbeiter рабочий *Subst* 11; Fach~ специалист 2 | aus eigener ~ своими силами; nach Kräften в меру (своих) сил; mit aller ~ изо всех сил, что есть сил; das geht über seine Kräfte это выше его сил, это ему не под силу; seine Kräfte mit j-m messen мериться (по-) силами с кем-н.; wieder zu Kräften kommen набираться ⟨-|браться*, -брались⟩ сил; von Kräften kommen ослаб|евать ⟨-еть⟩; er ist [war] am Ende seiner Kräfte у него силы на исходе, он выбился из сил; alle Kräfte aufbieten прилагать ⟨-ложить 3⁺⟩ все силы; die treibende ~ sein быть движущей силой; in ~ sein Gültigkeit быть в силе; in ~ treten вступ|ать ⟨-ить 3⁺⟩ в силу; außer ~ treten терять (по-) силу; eine tüchtige ~ хороший [дельный] работник; qualifizierte Kräfte квалифицированные кадры *Pl* 2 [работники]; wissenschaftliche Kräfte научные кадры; **~anstrengung** *f* напряжение сил; **~aufwand** *m* затрата сил; **~ausdruck** *m* сильное напряжение; **~brühe** *f* (крепкий) бульон | ≈ mit Ei бульон с яйцом

Kräfte|ausgleich *m* компенсация сил; **~verfall** *m* упадок сил; **~verhältnis** *n* соотношение сил

Kraftfahrer *m* водитель 1 автомобиля [автомашины], шофёр 2

Kraftfahrzeug *n* безрельсовое транспортное средство 4; автомашина 6; **~bau** *m* автомобилестроение 5; **~brief** *m* паспорт 2b *Pl* -а на автомашину; **~elektriker** *m* автоэлектрик 2; **~halter** *m* владел|ец, -ьца 2 автомобиля; **~instandhaltung** *f* автосервис 2; **~instandsetzung** *f*,

~reparatur *f* ремо́нт автомоби́ля [автомаши́ны]; **~schlosser** *m* автосле́сарь, автомеха́ник 2; **~versicherung** *f* страхова́ние автомоби́ля; **~werk** *n* автомоби́льный заво́д; **~werkstatt** *f* авторемо́нтная мастерска́я, авторемо́нтная *Subst* 10; **~zulassung** *f* разреше́ние 5 на эксплуата́цию автомоби́ля

Kraft|feld *n Phys* силово́е по́ле; **~futter** *n* концентри́рованный корм

kräftig си́л|ьный, -ен *u.* силён, сильна́, си́льно, си́льны́; stark, gesund *a.* кре́п|кий, -ок, -ка́!; -че | ~e Speise пита́тельное [сы́тное] блю́до; ~e Suppe кре́пкий [нава́ристый] суп; ~e Sprache со́чный [гру́бый] язы́к; ~e Farben со́чные кра́ски | einen ~en Schluck tun де́лать (с-) большо́й глото́к; etw. Kräftiges essen есть (по-) чего́-н. кре́пкого [сы́тного]

kräftigen *tr* укреп|ля́ть ⟨-и́ть 3 -лю́⟩; sich ~ *refl* durch Speise, Trank, Schlaf подкреп|ля́ться ⟨-и́ться⟩; **~d** Arznei укрепля́ющий 11; Schlaf подкрепля́ющий 11

Kräftigungsmittel *n* укрепля́ющее 11 сре́дство

kraftlos слаб:ый, -а́!, без сил, бесси́л|ьный, -ен, -ьна | j-d fühlt sich ~ у кого́-н. нет сил

Kraft|losigkeit *f* сла́бость 9, бесси́лие 5; истоще́ние 5; **~maschine** *f* дви́гатель 1, энергомаши́на 6; **~mensch** *m* сила́ч 2e *G Pl* -е́й; **~messer** *m* силоме́р 2; **~nahrung** *f* Speisen калори́йная пи́ща; **~probe** *f* испыта́ние 5 [про́ба] си́лы; **~reserve** *f* запа́с сил [эне́ргии]

Kraftstoff *m* то́пливо 4, горю́чее *Subst* 11; **~behälter** *m* бак для горю́чего; **~messer** *m* измери́тель у́ровня то́плива, бензоме́р 2; **~verbrauch** *m* расхо́д то́плива [горю́чего]

kraftstrotzend по́лный сил [эне́ргии]

Kraft|übertragung *f* силова́я переда́ча; **~übung** *f* силово́е упражне́ние; **~vergeudung** *f* непроизводи́тельная тра́та сил; **~verkehr** *m* автомоби́льный тра́нспорт 2, автотра́нспорт 2

kraftvoll по́лный сил, энерги́ч|ный, -ен

Kraftwerk *n* электроста́нция 8; Wasser-~ *a.* гидроста́нция | im ~ на электроста́нции

Kragen *m* во́рот 2, воротни́к 2e; von Hemd, Bluse *a.* воротнич|о́к, -ка́ 2 | am ~ packen брать* ⟨взять*⟩ за ши́ворот; es geht ihm an den ~ де́ло принима́ет о́чень скве́рный для него́ оборо́т, дела́ его́ пло́хи; das kann ihn den ~ kosten э́то мо́жет сто́ить ему́ головы́; **~binde** *m Mil* подворотнич|о́к, -ка́ 2; **~knopf** *m* пу́говица во́рота [воротника́], за́понка 6; **~spiegel** *m* петли́ца 6; **~weite** *f* разме́р 2 воротника́ [воротничка́]

Krähe *f* воро́на 6 | eine ~ hackt der anderen kein Auge aus во́рон во́рону глаз не вы́клюет

krähen *intr* петь* (про-), кукаре́к|ать ⟨-нуть *mom* 4⟩ | es kräht kein Hahn (mehr) danach об э́том никто́ не забо́тится

Krähennest *n* воро́нье 12 гнездо́; *Mar* наблюда́тельный пост 2e на ма́чте

Krähwinkel *m* kleiner Ort захолу́стье 5

krakeelen *intr* Lärmen галде́ть 3; streiten сканда́лить 3 (по-)

Krakeeler *m* крику́н 2e; Radaumacher скандали́ст 2

Kralle *f* ко́г|оть, -тя 1g | die ~n einziehen пря́|тать, -чу, -чешь (с-) ко́гти; die ~n zeigen выпуска́ть ⟨вы́пу|стить 3 -щу⟩ ко́гти

krallen, sich *refl* вцеп|ля́ться ⟨-и́ться 3⁺ -лю́сь⟩ (an [in] etw. von Finger во что-н.); (mit etw.) an [in] etw. von Person (чем-н.) во что-н.

Kram *m* Trödel, Plunder хлам 2; Sache, Angelegenheit де́ло 4b, вещь 9g | alter ~ старьё 3; der private ~ ли́чные дела́; das paßt ihm nicht in seinen ~ э́то ему́ не подхо́дит, э́то его́ не устра́ивает

kramen *intr* ры́ться* (по-), копа́ться (по-) (in etw., nach etw. в чём-н., в по́исках чего́-н.)

Krämerseele *f* ме́лкая душо́нка 6

Kramladen *m* мелочна́я ла́вка

Krampe *f Tech* скоба́ 6h

Krampf *m* су́дорога 6, *Med a.* спа́зм(а) 2 (6); im Fuß сведе́ние 5 | er hat Krämpfe у него́ су́дороги; er hat einen ~ in der Wade у него́ сво́дит но́гу; **~ader** *f* расши́ренная ве́на

krampfhaft су́дорож|ный, -ен; *übertr* напряжён:ный, -на | ~er Husten ка́шель с надры́вом; er machte ~e Anstrengungen, um ... он де́лал су́дорожные уси́лия, что́бы ...; sich ~ bemühen лезть из ко́жи вон

Kran *m* (грузоподъёмный) кран 2; **~fahrer** *m* кранови́к 2e; **~fahrerin** *f* кранови́цa 6

Kranich *m* жура́вль 1e

krank больно́й, бо́лен, больна́, *n ungebr*, больны́ | ~ sein боле́ть, быть больны́м; ~ werden забол|ева́ть ⟨-е́ть⟩; er ist heute ~ он сего́дня нездоро́в [бо́лен]; ~ liegen быть* больны́м, соблюда́ть посте́льный режи́м; ~ machen брать* ⟨взять*⟩ (себе́) больни́чный лист; j-n ~ schreiben вы|дава́ть ⟨вы́|дать*⟩ кому́-н. больни́чный лист [*umg* бюллете́нь]; sich ~ schreiben lassen получ|а́ть ⟨-и́ть 3⁺⟩ (у врача́) больни́чный лист [бюллете́нь]; der Arzt hat ihn ~ geschrieben врач дал ему́ больни́чный лист [бюллете́нь]; ~ geschrieben sein быть на бюллете́не;

sich ~ melden заяв|ля́ть ⟨-и́ть 3⁺ -лю́⟩ о своей боле́зни; ~ sein nach j-m, etw. быть больны́м от тоски́ по кому́-н., чему́-н., vor etw. vor Heimweh, Sehnsucht от чего́-н.

Kranke *f* больна́я *Subst* 10, пацие́нтка 6

kränkeln *intr* хвора́ть, прихва́рывать

kranken *intr übertr* страда́ть (an от *G*)

kränken *tr* обижа́ть ⟨оби́|деть 3 -жу⟩; sich ~ *refl* обижа́ться ⟨оби́|деться 3 -жусь⟩ (über на *A*, wegen из-за *G*) | sich gekränkt fühlen быть* оби́женным; es kränkt mich, daß ... мне оби́дно, что ...; j-n in seiner Ehre ~ задева́ть ⟨-|де́ть*⟩ чью-н. честь

Kranken|bahre *f* (санита́рные) носи́лки *Pl* 6; **~bericht** *m* медици́нское заключе́ние (о больно́м); **~besuch** *m* посеще́ние больно́го; des Arztes визи́т 2; **~bett** *n* посте́ль больно́го | ans ≈ gefesselt sein быть прико́ванным к посте́ли

kränkend оби́д|ный, -ен | das ist ~ für mich э́то оби́дно для меня́, э́то меня́ обижа́ет

Kranken|geld *n* (де́нежное) посо́бие 5 по боле́зни [по нетрудоспосо́бности]; **~geschichte** *f* исто́рия боле́зни; **~gymnastik** *f* лече́бная гимна́стика; **~gymnastin** *f* (же́нщина-)инстру́ктор (6-)2 по лече́бной гимна́стике

Krankenhaus *n* больни́ца 6 | im ~ liegen лежа́ть в больни́це; ins ~ kommen попада́ть ⟨-|па́сть*⟩ в больни́цу; j-n ins ~ einweisen напр|авля́ть ⟨-а́вить 3 -а́влю⟩ кого́-н. в больни́цу; **~aufenthalt** *m* пребыва́ние в больни́це; **~behandlung** *f* больни́чное [стациона́рное] лече́ние; **~einweisung** *f* Unterbringung помеще́ние 5 в больни́цу, госпитализа́ция 8; Einweisungsschein направле́ние в больни́цу [на госпитализа́цию]

Kranken|kasse *f* больни́чная ка́сса; **~kost** *f* пита́ние больно́го [больны́х], больни́чная дие́та [иэ] 6; **~pflege** *f* ухо́д за больны́м(и); **~pfleger** *m* санита́р 2; **~pflegerin** *f* санита́рка 6; **~saal** *m* больни́чная пала́та 6; **~schein** *m* больни́чный лист|о́к, -ка́ 2 о нетрудоспосо́бности по боле́зни, больни́чный лист 2e, бюллете́нь 1 *umg;* **~schwester** *f* медици́нская сестра́, *umg* медсестра́ 6c *Pl* медсёстры, медсестёр, медсёстрам; **~stand** *m* заболева́емость 9; **~träger** *m* санита́р-носи́льщик 2-2; **~transport** *m* перево́зка больны́х; **~versicherung** *f* стахова́ние на слу́чай боле́зни; **~wache** *f* дежу́рство 4 у [посте́ли] больно́го; **~wagen** *m* санита́рная маши́на, ско́рая по́мощь 9; **~zimmer** *n* ко́мната больно́го; Krankenhaus (больни́чная) пала́та 6

Kranker *m* больно́й *Subst* 10, пацие́нт 2

krankhaft боле́знен|ный, -на

Krankheit *f* боле́знь 9; Leiden неду́г 2 | eine akute ~ о́строе заболева́ние 5; an einer ~ leiden страда́ть от како́й-н. боле́зни; eine schwere ~ haben быть* тяжело́ больны́м

Krankheits|bild *n* карти́на боле́зни; **~erreger** *m* возбуди́тель боле́зни; **~fall** *m:* im ≈ в слу́чае боле́зни; **~geschichte** *f* исто́рия боле́зни

krankheitshalber по боле́зни, по нездоро́вью

Krankheits|symptome *n Pl* симпто́мы боле́зни; **~ursache** *f* причи́на заболева́ния [боле́зни]; **~verhütung** *f* профила́ктика 6, предупрежде́ние 5 боле́зни; **~verlauf** *m* тече́ние боле́зни

kränklich боле́знен|ный, -на; gebrechlich хи́л|ый, -а́! | ~ sein прихва́рывать

Kränkung *f* оби́да | eine ~ zufügen на|нести́* *v* оби́ду

Kranz *m* вен|о́к, -ка́ 2; Haarfrisur коро́на 6, ве́нчик 2; kranzförmiger Kuchen венцеви́дный пиро́г 2e; kreisförmiges Gebilde, Kreis круг 2b; в кругу́; *Tech* вен|е́ц, -ца́ 2 | einen ~ von Blumen binden (с)плести́* вено́к из цвето́в; **~ader** *f Anat* вене́чная ве́на

Kränzchen *n* Damengesellschaft да́мское о́бщество 4

Kranz|delegation *f* делега́ция для возложе́ния венка́ [венко́в]; **~niederlegung** *f* возложе́ние 5 венка́ [венко́в]; **~schleife** *f* ле́нта 6 венка́; **~spende** *f* вен|о́к, -ка́ 2

kraß Unterschied, Gegensatz ре́з|кий, -ок, -ка́! | krasses Beispiel рази́тельный приме́р; krasser Widerspruch я́вное противоре́чие; krasser Egoismus я́рко выра́женный эгои́зм

Krater *m* кра́тер 2; **~landschaft** *f* кра́терный ландша́фт

Kratzbürste *f Tech* крацо́вка 6; *übertr* ёршик 2, ерши́стая девчо́нка 6

kratzbürstig ерши́ст|ый

Krätze *f Med* чесо́тка 6; *Tech* металли́ческий скрап 2

kratzen *tr* цара́п|ать (о-, ис-, по-); beim Jucken; aus Verlegenheit чеса́ть* (по-); (sauber)scheuern; mit den Nägeln, Krallen scharren скрести́*; *intr* цара́пать(ся); Feder цара́пать; im Halse перши́ть 3; Geräusch erzeugen скрести́* (по-) z. B. in Bratpfanne u. ä. (по *D*); скрести́сь (по-) (an в *A*); sich ~ *refl* чеса́ться (по-) | j-n an etw. ~ цара́пать (о-, по-) кому́-н. что-н.; die Katze hat ihn tüchtig gekratzt ко́шка его́ си́льно по-, исцара́пала; die Wolle kratzt шерсть куса́ется; der Hund kratzt an der Tür соба́ка скребла́сь [цара́пается] в дверь; sich wund ~ расчеса́ть *v* ко́жу до́ кро́ви; ich kratzte mich hinter dem Ohr я почеса́л себе́ за́ ухом

Kratzer *m* Schramme цара́пина 6
Kratzwunde *f* цара́пина 6
Kraul *m Sport* кроль 1
¹kraulen *intr Sport* пла́вать [*best* плыть*] сти́лем кроль [кро́лем]
²kraulen *tr* streicheln (слегка́ [хк]) щекота́ть* (по-)
Kraul|schwimmen *n* кроль 1, сти́ль 1 кроль; **~schwimmer** *m* кроли́ст 2
kraus Haar, Bart курча́в:ый, вью́щийся 11; Stirn намо́рщенный
Krause *f* Kragen воротни́к 2e с рю́шем; Haare зави́вка 6
Kräuselkrepp *m* ратини́рованный [жа́тый] креп
kräuseln *tr* Stoff сбо́рить 3 (со-); Haar завива́ть ⟨-|ви́ть*⟩; sich ~ *refl* Haar ви́ться*¡ ви́ли́сь, завива́ться ⟨-ви́ться⟩ | der Wind kräuselt das Wasser ве́тер подыма́ет бара́шки на воде́, ветер|о́к, -ка́ 2 ряби́т во́ду
kraushaarig курча́в:ый
Kraut *n* Heil~, Gewürz~ трава́ 6c; Suppen~ (пря́ная) зе́лень 9; bei Hackfrüchten ботва́ 6; Kohl капу́ста 6 | ins ~ schießen идти́* в ботву́ [в зе́лень]; *übertr* бы́стро разраста́ться; wie ~ und Rüben как попа́ло, всё впереме́шку; dagegen ist kein ~ gewachsen здесь ниче́м помо́чь нельзя́
Kräuter|aufguß *m* травяна́я насто́йка 6; **~buch** *n* кни́га с описа́нием лека́рственных трав; **~butter** *f* зелёное ма́сло; **~essig** *m* аромати́ческий у́ксус, насто́енный на тра́вах; **~käse** *m* зелёный сыр; **~likör** *m* ликёр из души́стых трав; **~schnaps** *m* (го́рькая) насто́йка 6, бальза́м 2; **~tee** *m* чай из (лека́рственных) трав
Krautsalat *m* сала́т из капу́сты
Krawall *m* Lärm шум 2, сканда́л 2; **~e** *Pl* Unruhen волне́ния *Pl* 5, беспоря́дки *Pl* 2; Aufruhr бунт 2 | ~ machen буя́нить 3, шум|е́ть 3 -лю́
Krawatte *f* га́лстук 2
Krawattennadel *f* була́вка для га́лстука
Kreation *f* моде́ль [дэ] 9; Mode творе́ние 5 мастеро́в мо́ды
kreativ тво́рческий; Mode a. но́вый
Kreatur *f* созда́ние 5, творе́ние 5; *verächtl* тварь 9
Krebs *m Zool, Med* рак 2; *Astr* созве́здие 5 Ра́ка
krebsartig *Zool* ракообра́з|ный, -ен; *Med* ра́ковый
Krebs|behandlung *f* лече́ние ра́ка; **~bekämpfung** *f* борьба́ 6 с ра́ком; **~forschung** *f* изуче́ние ра́ка, онколо́гия 8; **~geschwulst** *f* ра́ковая о́пухоль
krebskrank больно́й ра́ком
Krebskranker *m* ра́ковый больно́й
krebsrot кра́сный как рак
Krebs|schaden *m übertr* гла́вное [са́мое большо́е] зло 4; **~schere** *f* клешн|я́ 7 *G Pl* -е́й; **~suppe** *f* ра́ковый суп; **~verdacht** *m* подозре́ние на рак
Kredenz *f* серва́нт 2
kredenzen *tr* подноси́ть 3⁺ -ношу́ ⟨-|нести́*⟩
Kredit *m* креди́т 2 (für на *A*); *übertr* дове́рие 5 | j-m ~ gewähren предост|авля́ть ⟨-а́вить 3 -а́влю⟩ креди́т кому́-н., кредитова́ть *uv, v* 2 кого́-н.; ~ aufnehmen кредитова́ться *uv, v* 2; auf ~ kaufen покупа́ть ⟨купи́ть⟩ в креди́т; **~abkommen** *n* креди́тное соглаше́ние; **~anstalt** *f* креди́тное учрежде́ние; **~brief** *m* аккредити́в 2; **~fähigkeit** *f* кредитоспосо́бность 9; **~gewährung** *f* кредитова́ние 5
kreditieren *tr* кредитова́ть *uv, v* 2 (j-m *A*)
Kreide *f* мел 2¡ в мелу́
kreidebleich: er ist ~ у него́ ни крови́нки в лице́
Kreidefelsen *m* мелова́я скала́
kreideweiß бе́лый как мел
Kreidezeit *f Geol* мелово́й пери́од 2
kreieren *tr* соз|дава́ть* ⟨созда́ть*⟩
Kreis *m* круг 2b¡ в кругу́; Verwaltung райо́н 2; *Math* окру́жность 9; *El* цепь 9g; *Rad* ко́нтур 2; von Personen круг, круж|о́к, -ка́ 2 | im ~ stehen стоя́ть кру́гом [в кругу́]; sich im ~ bewegen дви́гаться по кру́гу; sich im ~ drehen кружи́ться 3 кру́жи́шься; *übertr* быть* не в состоя́нии доказа́ть что-н.; ~ heiterer Menschen компа́ния 8 весёлых люде́й; im ~e der Familie в семе́йном кругу́; in literarischen ~en verkehren быва́ть в о́бществе литера́торов; gut unterrichtete ~e хорошо́ осведомлённые круги́; breite ~e широ́кие круги́ [сло́и]; weite ~e ziehen *übertr* (всё бо́льше) распространя́ться; име́ть широ́кий резона́нс; **~abschnitt** *m Math* сегме́нт 2; **~arzt** *m* райо́нный врач; **~ausschnitt** *m Math* се́ктор 2; **~bahn** *f Astr* орби́та 6; **~bewegung** *f* враща́тельное движе́ние; **~bogen** *m Math* дуга́ 6c
kreischen *intr* визжа́ть 3; Tür, Räder скрежета́ть*; **~d** *Adj* визгли́в:ый; Tür, Räder скреже́щущий 11
Kreisebene: auf ~ в масшта́бах райо́на
Kreisel *m* волч|о́к, -ка́ 2, юла́ 6; *Tech* гироско́п 2; **~kompaß** *m* гироко́мпас 2; **~pumpe** *f* центробе́жный насо́с
kreisen *intr* кружи́ть(ся) 3 кру́жи́шь(ся); Gestirne, Gedanken враща́ться; Blut обраща́ться, циркули́ровать 2 | der Adler kreist орёл кру́жит
Kreisfläche *f* пло́щадь кру́га
kreis|förmig кругообра́з|ный, -ен, круго́вой; **~geleitet** райо́нного подчине́ния
Kreis|gericht *n* райо́нный суд; **~komitee**

n райо́нный комите́т; **~krankenhaus** *n* райо́нная больни́ца

Kreislauf *m* круговоро́т 2; von Kapital циркуля́ция 8; *Med* кровообраще́ние 5; *Tech* цикл 2 | der ~ der Dinge ход 2 веще́й; **~erkrankung** *f* серде́чно-сосу́дистое заболева́ние; **~kollaps** *m* сосу́дистый колла́пс; **~mittel** *n* серде́чно-сосу́дистое сре́дство; **~störung** *f* наруше́ние кровообраще́ния

Kreis|leitung *f* райо́нный комите́т 2, райко́м 2 *umg;* **~meisterschaft** *f* райо́нное пе́рвенство, райо́нные соревнова́ния *Pl* 5; **~säge** *f* ди́сковая пила́

kreißen *intr* лежа́ть 3 в ро́дах, рожа́ть

Kreißsaal *m* роди́льный зал

Kreis|stadt *f* райо́нный центр 2; **~tag** *m* кре́йстаг 2, райо́нное собра́ние 5 депута́тов; **~umfang** *m Math* длина́ 6 окру́жности; **~verkehr** *m* кругово́е [кольцево́е] движе́ние; **~vorstand** *m* райо́нное правле́ние

Krematorium *n* кремато́ри|й 1 *P* -и

Kreml *m* Кремль 1е; **~palast** *m* кремлёвский дворе́ц

Krempe *f* Hut поля́ *Pl* 3b

¹Krempel *m* wertloses Zeug хлам 2; unbrauchbare Kleidungsstücke барахло́ 4

²Krempel *m Text* (кардо)чеса́льная маши́на 6

Kremser *m* лине́йка 6

krepieren *intr* Tiere окол|ева́ть ⟨-е́ть⟩, издыха́ть ⟨-до́хнуть 4а⟩; Geschosse разрыва́ться ⟨разо|рва́ться*ᵢ -рвали́сь⟩

Krepp *m* креп 2

Kreppapier *n* кре́повая [гофриро́ванная] бума́га

Krepp|schuhe *m Pl* ту́фли на кре́повой подо́шве; **~sohle** *f* подо́шва из микропо́ристой рези́ны, кре́повая подо́шва

Kresse *f* клопо́вник 2

Kreta Крит 2 | auf ~ на Кри́те

kreuz *Adv:* ~ und quer вдоль и попере́к; durcheinander вперемéшку

Kreuz *n* крест 2е *a. übertr; Anat* поясни́ца 6; *Mus* дие́з [иэ] 2; *Kart* тре́фы *Pl* 6 | das Rote ~ Кра́сный Крест; ~ ist Trumpf! тре́фы ко́зыри!; zu ~e kriechen смир|я́ться ⟨-и́ться 3⟩; er hat Schmerzen im ~ у него́ бо́ли в поясни́це; er hat ein steifes ~ он не мо́жет согну́ться; sein ~ tragen нести́ свой крест; **~band** *n* банд́ероль 9; **~bein** *n* крест|е́цᵢ -ца́ 2; **~blütler** *m Pl* крестоцве́тные *Subst Pl* 10; **~bube** *m* тре́фовый вале́т

kreuzen *tr* скре́щивать ⟨скре|сти́ть 3 -щу́⟩ *a. Biol;* Weg пересека́ть; *intr* Schiffe крейси́ровать 2; sich auf Kreuzfahrt befinden пла́вать; sich ~ *refl* Wege пересека́ться 4; Blicke, Schicksal скр|е́щиваться ⟨-ести́ться⟩; Briefe размину́ться *v* 4

Kreuzer *m* Schiff кре́йсер 2; Münze кре́йцер 2

Kreuz|fahrer *m hist* крестоно́с|ецᵢ -ца 2; **~fahrt** *f* Schiffahrt круи́з 2; **~feuer** *n Mil* перекрёстный ого́нь *a. übertr;* **~gang** *m* кресто́вый ход; **~gewölbe** *n* кресто́вый свод

kreuzigen *tr* распина́ть ⟨распя́ть*⟩

Kreuzigung *f* распя́тие 5

Kreuz|otter *f* обыкнове́нная гадю́ка; **~ritter** *m hist* крестоно́с|ецᵢ -ца 2; **~schmerzen** *m Pl:* er hat ≈ у него́ бо́ли в поясни́це; **~schnabel** *m* клёст 2е; **~spinne** *f* пау́к-крестови́к 2е-2е; **~stich** *m* стежо́к кресто́м; **~stickerei** *f* вы́шивка кресто́м; **~ung** *f Biol* скре́щивание 5; Produkt гибри́д 2; Straße перекрёст|окᵢ -ка 2; Weg пересече́ние 5

kreuzungsfrei свобо́дный от пересече́ния, без перекрёстного движе́ния | ~er Verkehr движе́ние без пересече́ний

Kreuzungsverkehr *m* перекрёстное движе́ние

Kreuzverhör *n* перекрёстный допро́с | j-n ins ~ nehmen устр|а́ивать ⟨-о́ить 3⟩ кому́-н. перекрёстный допро́с

kreuzweise *Adv* крест-на́крест

Kreuz|worträtsel *n* кроссво́рд 2; **~zug** *m* кресто́вый похо́д 2

kribb[e]lig unruhig беспоко́|йныйᵢ -енᵢ -йна; gereizt нерво́з|ныйᵢ -ен | ~ machen беспоко́ить 3

kribbeln *intr* wimmeln копоши́ться 3; jukken зуде́ть 3 | es kribbelt und krabbelt кишмя́ киши́т; es kribbelt mir in der Nase у меня́ щеко́чет в носу́

Kricket *n Sport* кри́кет 2

kriechen *intr* по́лзать, *best* ползти́*, sich mühsam fortbewegen тащи́ться 3⁺; *übertr* пресмыка́ться, раболе́пствовать 2 | aus dem Ei ~ вылу́пливаться ⟨вы́лупиться 3⟩ из яйца́; auf allen vieren ~ по́лзать на четвере́ньках; unter etw. ~ подлеза́ть ⟨-|ле́зть*⟩ подо что-н.; aus etw. ~ выполза́ть ⟨вы́ползти⟩ из чего́-н.; in etw. ~ заполза́ть ⟨-ползти́⟩ во что-н.

Kriecher *m* подхали́м 2; **~ei** *f* подхали́мство 4

kriecherisch подхали́мский, лаке́йский

Kriechtiere *n Pl* пресмыка́ющиеся *Subst Pl* 11

Krieg *m* война́ 6с (mit с *I,* gegen про́тив *G*) | im ~ fallen на войне́; zeitlich во вре́мя войны́; in diesem ~ в э́той войне́, в э́ту войну́; den ~ erklären объяв|ля́ть ⟨-и́ть 3⁺ -лю́⟩ войну́; ~ führen вести́ войну́; in den ~ ziehen идти́* ⟨по|йти́*⟩ на войну́

kriegen *tr umg* получ|а́ть ⟨-и́ть 3⁺⟩ | Hunger ~ проголода́ться *v;* er kriegt Angst ему́ стано́вится стра́шно, он испуга́лся; wir ~ morgen Schnee за́втра бу́дет снег;

j-n klein ~ спрáв|иться *v* 3 -люсь с кем-н.

Krieger *m* вóин 2

kriegerisch воúнствен:ный, -на; Handlungen воéнный

kriegführend вою́ющий 11, веду́щий 11 войну́

Kriegführung *f* ведéние 5 войны́

Kriegs|beginn *m* начáло войны́ | bei ≈ … когдá началáсь войнá …; **~berichterstatter** *m* воéнный корреспондéнт 2; **~beschädigter** *m* инвалúд 2 войны́; **~brandstifter** *m* поджигáтель 1 войны́; **~ende** *n* окончáние войны́ | bei ≈ в концé войны́; **~entschädigung** *f* репарáции *Pl* 8, возмещéние 5 воéнных издéржек; **~erklärung** *f* объявлéние войны́ (an *D*); **~fall** *m:* im ≈ в слу́чае войны́; für den ≈ на слу́чай войны́; **~flagge** *f* Marine воéнно-морскóй флаг; **~fuß** *m:* mit j-m auf ≈ stehen враждовáть 2 с кем-н.; **~gefahr** *f* опáсность войны́; **~gefangenenlager** *n* лáгерь (для) военнопле́нных; **~gefangener** *m* военнопле́нный *Subst* 10; **~gefangenschaft** *f* воéнный плен; **~gericht** *n* воéнный суд; **~hafen** *m* воéнный порт; **~herd** *m* очáг войны́; **~hetze** *f* подстрекáтельство 4 к войнé; **~hetzer** *m* подстрекáтель 1 войны́; **~marine** *f* воéнно-морскóй флот 2; **~psychose** *f* воéнный психóз; **~recht** *n* прáво войны́; **~schauplatz** *m* теáтр 2 воéнных дéйствий; **~schiff** *n* воéнный корáбль; **~schuld** *f* ответственность 9 за развя́зывание войны́; ≈en *Pl* (воéнные) репарáции *Pl* 8; **~teilnehmer** *m* учáстник войны́; **~treiber** *m* поджигáтель 1 войны́; **~verbrechen** *n* воéнное преступлéние; **~verbrecher** *m* воéнный престу́пник; **~versehrter** *m* инвалúд 2 войны́; **~zustand** *m* Verordnung воéнное положéние | sich im ≈ befinden находúться в состоя́нии войны́

Krim Крым 2 | auf der ~ в Крыму́; auf die ~ fahren по|éхать* *v* в Крым

Kriminal|fall *m* уголóвное дéло 4b; **~film** *m* (кино)детектúв [дэтэ] 2

Kriminalist *m* Polizist слу́жащий *Subst* 11 уголóвной полúции; *Jur* криминалúст 2

Kriminalistik *f* криминалúстика 6

Kriminalität *f* престу́пность 9

Kriminal|kommissar *m* комиссáр уголóвной полúции; **~polizei** *f* уголóвная полúция; **~reißer** *m* Film детектúвный [дэтэ] кинобоевúк 2e; Buch детектúв-бестсéллер [дэтэ] 2-2; **~roman** *m* детектúвный [дэтэ] ромáн, детектúв [дэтэ] 2

kriminell уголóвный, престу́п|ный, -ен | ~ sein быть престу́пником

Krimineller *m* престу́пник 2

Kringel *n* Linie завиту́шка 6; Gebäck барáнка 6, бу́блик 2

Krippe *f* Futter~ я́сли *Pl* 9; Kinder~ (дéтские) я́сли

Krippenplatz *m* мéсто в (дéтских) я́слях

Krise *f* крúзис 2 | eine ~ durchmachen переживáть ⟨пережúть*⟩ крúзис

krisenfest бескрúзисный, не знáющий 11 крúзисов

Krisensituation *f* крúзисная ситуáция

[1]**Kristall** *m Min* кристáлл 2

[2]**Kristall** *n* Glas хрустáль 1e

kristallen хрустáльный

Kristallglas *n* хрустáль 1e

Kristallisation *f* кристаллизáция 8

kristallisieren *intr* кристаллизовáться *uv, v* 2 ⟨*a.* за-⟩

Kristall|schale *f* хрустáльная чáша; **~vase** *f* вáза баккарá 6-*n idkl;* **~zucker** *m* бéлый сáхар-пес|óк, -кá 2-2

Kriterium *n* критéри|й 1 *P* -и (für *G*); Radrennen велогóнка 6

Kritik *f* крúтика 6; Rezension рецéнзия 8, óтзыв 2 (zu, über на *A*) | ~ üben an j-m критиковáть когó-н.; der ~ unterziehen подвергáть ⟨-вéргнуть 4a *u.* 4⟩ крúтике; unter aller ~ нúже всякой крúтики; etw. hatte eine gute ~ что-н. бы́ло хорошó встрéчено крúтикой, бы́ли хорóшие óтзывы о чём-н.; **~aster** *m* критикáн 2; **~er** *m* крúтик 2

kritiklos **1.** *Adj* некритúческий **2.** *Adv* без крúтики | etw. ~ hinnehmen относúться 3⁺ -ношу́сь ⟨-|нестúсь*⟩ к чему́-н. некритúчески

kritisch **1.** *Adj* критúческий | der ~e Punkt *Sport* критúческий момéнт **2.** *Adv:* einer Sache ~ gegenüberstehen критúчески относúться 3⁺ -ношу́сь ⟨-|нестúсь*⟩ к чему́-н.; er ist ~ von Natur aus он критúчен по прирóде

kritisieren *tr* критиковáть 2 (wegen по пóводу *G,* за *A*)

kritteln *intr* придúрчиво и мéлочно критиковáть 2 (an j-m, etw. когó-н., что-н.)

Kritzelei *f* карáкули *Pl* 7

kritzeln *tr u. intr* писáть* (на-) карáкулями, царáпать (на-)

Kroat|e *m* хорвáт 2; **~ien** *f* Хорвáтия 8; **~in** *f* хорвáтка 6

kroatisch хорвáтский

Krokant *m* грилья́ж 2

Krokodil *n* крокодúл 2; **~leder** *n* крокодúловая кóжа

Krokodilstränen *f Pl:* ~ vergießen проливáть ⟨пролúть⟩ крокодúловы слёзы

Krokus *m* шафрáн 2

Krone *f* Würdezeichen корóна 6; Baum крóна 6, верху́шка 6; Zahn корóнка 6; Münze крóна | die ~ der Schöpfung венéц творéния; das setzt allem die ~ auf! э́то верх всегó!, э́то уж слúшком!

krönen *tr* коронóвать *uv, v* 2; *übertr* увéнчивать ⟨-венчáть⟩ (mit etw. чем-н.) | sich

~ lassen короноваться *uv, v;* von Erfolg gekrönt werden увенчаться успехом
Kron|korken *m* кроненкорка 6; **~leuchter** *m* люстра 6; **~prinz** *m* наследный принц
Krönung *f* коронование 5, коронация 8; Höhepunkt вен|ец₁ -ца 2
Kronzeuge *m* главный свидетель
Kropf *m* зоб 2b₁ в зобу
kröpfen *tr Tech* загибать ⟨-гнуть 4⟩ под углом | gekröpft Welle коленчатый
Kröte *f* жаба 6
Krücke *f* костыль 1e; Krückstock a. клюка 6 | an ~n gehen ходить на костылях
Krückstock *m* клюка 6 | am ~ gehen ходить с клюкой
Krug *m* für Milch, Wasser u. andere Flüssigkeiten кувшин 2; für Bier, Wein кружка 6
Krümchen *n* крошка 6
Krume *f* Brot (хлебный) мякиш 2; *Landw* пахотный слой 1b
krüm[e]lig крошащийся 11; mürbe рассыпчат:ый; Erde рыхл:ый₁ -á! | ~ sein крошиться 3⁺
krümeln *tr* крошить 3⁺; *intr* крошиться
krumm крив:óй₁ -á!; gebogen: Nagel, Draht изогнут:ый, согнут:ый; gebeugt: Gestalt, Haltung сутул:ый; Rückgrat искривлённый, кривой; bedenklich сомнител|ьный₁ -ен | ~ biegen изгибать ⟨изогнуть 4⟩, сгибать ⟨согнуть⟩; ~ sitzen сидеть согнувшись; einen ~en Rücken machen горб|ить 3 -лю (с-) спину; er ist ganz ~ geworden он совсем сгорбился; ~e Wege gehen *übertr* заниматься нечистыми делами; **~beinig** кривоног:ий
krümmen *tr* сгибать ⟨согнуть 4⟩; Rücken a. изгибать ⟨изогнуть⟩, горб|ить 3 -лю (с-); sich ~ *refl* сгибаться ⟨согнуться⟩, изгибаться ⟨изогнуться⟩; Rücken a. сутулиться 3 (с-) | der Wurm krümmt sich червь извивается; er krümmt sich vor Schmerzen он корчится [изгибается] от боли; j-m kein Haar ~ пальцем не тронуть кого-н.
krummnehmen *tr* обижаться ⟨оби|деться 3 -жусь⟩ (j-m etw. за что-н. на кого-н.)
Krümmung *f* Kurve поворот 2; Windung des Weges, Flusses извилина 6, изгиб 2; Erd~ кривизна 6 *a. Math; Med* искривление 5
Krüppel *m* калека *m* 6; durch Unfall a. увечный *Subst* 10 | j-n zum ~ machen делать (с-) кого-н. калекой; durch Unfall увечить 3 (из-) кого-н.
Kruste *f* Erde кора 6; Schmutz, Brot корка 6; Schorf струп 2 *Pl* -ья₁ -ьев 1; Zucker~ сахарная корочка 6
Kruzifix *n* распятие 5
Krypta *f* крипта 6
Kuala Lumpur Куала-Лумпур
Kuba Куба 6 | auf [in] ~ на Кубе
Kubaner *m* кубин|ец₁ -ца 2; **~in** *f* кубинка 6
kubanisch кубинский
Kübel *m* für Wasser бадья 7, кадка 6, чан 2; für Abfälle ведро 4c *Pl* вёдра; für Pflanzen кадка; **~pflanzen** *f Pl* растения 5 в кадках; **~wagen** *m Eisenb* вагон-чан 2-2
Kubik|meter *n* кубический метр, кубометр 2; **~wurzel** *f* кубический корень; **~zahl** *f* куб 2b (числа); **~zentimeter** *n* кубический сантиметр
kubisch имеющий 11 форму куба, кубический
Kubismus *m* кубизм 2
kubistisch кубистский
Küche *f* кух|ня 7 *G Pl* -онь; *übertr* кухня; Kost стол 2e | in der ~ на [в] кухне; kalte ~ холодные блюда *Pl* 4 [Imbiß закуски *Pl* 6]
Kuchen *m* Gebäck пирог 2e; aus süßem Butterteig, gewöhnlich in Stücken; kleiner Kuchen, Törtchen пирожное *Subst* 10; kleiner Kuchen, gewöhnlich mit Füllung, einzeln gebacken пирож|ок₁ -ка 2; Napf~ баб(к)а 6; Sand~ кекс 2 | ~ backen печь пироги
Küchenabfälle *m Pl* кухонные отбросы
Kuchenblech *n* против|ень₁ -ня 1, лист 2e
Küchen|büfett *n* кухонный буфет; **~gerät** *n* кухонный инструмент; großes *oder* elektrisches кухонный прибор; **~geschirr** *n* кухонная посуда; **~herd** *m* кухонная плита; **~hilfe** *f* помощница на кухне; **~kräuter** *n Pl* зелень 9; **~leiter** *m* шеф-повар *idkl*-2b *Pl* -á; **~meister** *m* дипломированный повар 2b *Pl* -á; **~möbel** *n* кухонная мебель; **~personal** *n* персонал кухни; **~waage** *f* кухонные весы; **~zettel** *m* меню *n idkl*
Kuckuck *m* кукушка 6 | der ~ ruft кукушка кукует; hol ihn der ~! черт его побери!, ну его!; das weiß der ~! чёрт его знает!
Kuckucks|ei *f* кукушечье 12 яйцо; **~uhr** *f* ходики *Pl* 2 с кукушкой
Kufe *f* Schlitten полоз 2 *Pl* полозь|я₁ -ев 1; Schlittschuh лезвие 5; Flugzeug лыжа 6
Küfer *m* Kellermeister заведующий *Subst* 11 винным погребом
Kugel *f* шар 2b *G bei Zahlen* 2,3,4 -á *a. Math;* Gewehr пуля 7; Kanone ядро 4c *G Pl* ядер *a. Sport;* Billard, Kegeln шар; Spielzeug, Roulett, Kügelchen шарик 2 | ~ stoßen толк|ать ⟨-нуть 4⟩ ядро; **~abschnitt** *m* шаровой сегмент; **~ausschnitt** *m* шаровой сектор; **~blitz** *m* шаровидная молния
kugelförmig шарообраз|ный₁ -ен₁ шаровид|ный₁ -ен
Kugel|gelenk *n Tech* шаровой шарнир;

Anat шарови́дный суста́в; **~hagel** *m:* im ≈ под гра́дом пуль; **~lager** *n* шарикоподши́пник 2
kugeln *tr unbest* ката́ть, *best* кати́ть 3⁺ качу́; *intr* ката́ться, кати́ться | sich vor Lachen ~ ката́ться со́ смеху
Kugelregen *m* град 2 пуль | im ~ под гра́дом пуль
kugelrund кру́глый как шар, шарообра́з|ный, -ен; dick кру́гленький
Kugelschreiber *m* ша́риковая ру́чка 6
kugelsicher пуленепробива́емый, пулесто́йкий
Kugelstoßen *n* толка́ние 5 ядра́
Kuh *f* коро́ва 6; **~euter** *n* коро́вье 12 вы́мя; **~fladen** *m* коро́вий блин 12-2; **~handel** *m übertr* закули́сный торг 2; закули́сные перегово́ры *Pl* 2; **~haut** *f:* das geht auf keine ≈ э́то ни в каки́е воро́та не ле́зет; **~hirt** *m* пасту́х 2е
kühl прохла́д|ный, -ен; све́ж:ий 11 -а́, -о́, све́жи́; *übertr* Begrüßung, Empfang, Kopf холо́дный, хо́лоден, холодна́, хо́лодно, хо́лодны́ | ~ aufbewahren bes. Lebensmittel храни́ть 3 на хо́лоде [в холо́дном, прохла́дном ме́сте]; ~er werden Wetter холода́ть (по-); es ist ~ hier прохла́дно здесь; ein ~er Rechner тре́звый [расчётливый] челове́к; einen ~en Kopf bewahren сохран|я́ть ⟨-и́ть⟩ холо́дную [тре́звую] го́лову
Kühl|anlage *f* холоди́льная устано́вка; **~auto** *n* автомоби́ль-рефрижера́тор 1-2; **~box** *f* небольшо́й холоди́льник 2; **~container** *m* рефрижера́торный конте́йнер [тэ] 2
Kühle *f* прохла́да 6; *übertr* хо́лодность 9
kühlen *tr* охла|жда́ть ⟨-ди́ть 3 -жу́, -ждённый⟩ | ~de Getränke прохлади́тельные напи́тки
Kühler *m Tech, Chem* холоди́льник 2; *Kfz* радиа́тор 2; für Getränke сосу́д 2 со льдом; **~haube** *f* облицо́вка 6 радиа́тора
Kühl|fach *n* холоди́льное отделе́ние; **~flüssigkeit** *f* охлажда́ющая 11 жи́дкость; **~haus** *n* холоди́льный склад 2, холоди́льник 2; **~mittel** *n* охлади́тель 1, охлажда́ющее вещество́ 11-4; **~raum** *m* холоди́льник 2, холоди́льная ка́мера 6; **~schiff** *n* рефрижера́торное су́дно, су́дно-рефрижера́тор 4-2; **~schrank** *m* холоди́льник 2; Industriekühlschrank холоди́льный шкаф; **~tasche** *f* су́мка-те́рмос 6-2, су́мка-холоди́льник 6-1; **~truhe** *f* охлажда́емый ларь 1е, холоди́льник 1 в фо́рме я́щика; im Geschäft холоди́льный прила́в|ок, -ка 2; **~ung** *f* охлажде́ние 5; Kühlvorrichtung охлади́тельное устро́йство 4; **~wagen** *n* ваго́н-холоди́льник 2-2, изотерми́ческий ваго́н; **~wasser** *n* охлажда́ющая 11 вода́
Kuh|milch *f* коро́вье 12 молоко́; **~mist** *m* коро́вий 12 наво́з
kühn сме́л:ый, -а́!; Mann, Tat a. отва́ж|ный, -ен
Kühnheit *f* сме́лость 9; отва́га 6
Kuhstall *m* коро́вник 2
kuhwarm: ~e Milch парно́е молоко́
Küken *n* цыпл|ёнок, -ка 2 *Pl* цыпля́та 4; junges Mädchen желторо́тая *Subst* 10
Kulak *m* кула́к 2е
kulant обходи́тел|ьный, -ен; Bedingung схо́д|ный, -ен, -на́!
Kuli *m* ку́ли *m idkl*
kulinarisch кулина́рный
Kulisse *f* кули́са 6; *übertr* маскиро́вка 6 | hinter die ~n sehen загл|я́дывать ⟨-яну́ть 4⁺⟩ за кули́сы; hinter den ~n за кули́сами *a. übertr*
Kulmination *f* кульмина́ция 8
Kulminationspunkt *m* кульминацио́нный пункт
kulminieren *intr* достига́ть ⟨-сти́гнуть 4а *u.* 4⟩ вы́сшей то́чки, явля́ться кульминацио́нным моме́нтом (in *G*)
Kult *m* культ 2 (um *G*) | mit j-m ~ treiben обожа́ть кого́-н., де́лать (с-) культ из кого́-н.
kultisch ку́льтовый
Kultivator *m* культива́тор 2
kultivier|en *tr Landw* культиви́ровать *a. übertr;* an-, bebauen возде́л|ывать ⟨-ать⟩; **~t** культу́рный; gepflegt хо́леный; erlesen изы́скан:ный, -на
Kultur *f* культу́ра 6; *Landw* культу́ра, возде́лывание 5 | ohne ~ sein быть некульту́рным (челове́ком); **~abkommen** *n* соглаше́ние о культу́рном сотру́дничестве [о культу́рном обме́не]; **~arbeit** *f* культу́рно-просвети́тельная рабо́та, культрабо́та 6; **~austausch** *m* культу́рный обме́н; **~beutel** *m* су́м(оч)ка 6 для туале́тных принадле́жностей, косме́тичка 6 *umg;* **~boden** *m Landw* культу́рная по́чва; **~bund** *m:* ≈ der DDR Культу́рбунд ГДР; **~denkmal** *n* па́мятник культу́ры
kulturell культу́рный | ~e Betreuung культу́рное обслу́живание 5, культу́рно-худо́жественные мероприя́тия *Pl* 5; ~e Einrichtung учрежде́ние культу́ры
Kultur|ensemble *n* худо́жественный анса́мбль; **~erbe** *n* культу́рно-худо́жественное насле́дие; **~film** *m* нау́чно-популя́рный фильм; **~fonds** *m* (де́нежный) фонд на культу́рные ну́жды, *umg* культфо́нд 2; **~funktionär** *m* рабо́тник культу́ры, *umg* культрабо́тник 2; **~geschichte** *f* исто́рия культу́ры; **~gruppe** *f* круж|о́к, -ка́ 2 худо́жественной самоде́ятельности; **~gut** *n* культу́рное достоя́ние; **~haus** *n* дом культу́ры; **~kommission** *f* культко-

ми́ссия 8; **~landschaft** *f* культу́рный ландша́фт; **~obmann** *m* отве́тственный *Subst* 10 за культу́рно-ма́ссовую рабо́ту (в профсою́зной гру́ппе); **~palast** *m* дворе́ц культу́ры; **~park** *m* парк культу́ры (и о́тдыха); **~pflanze** *f* культу́рное расте́ние; **~programm** *n* худо́жественная часть 9g z. B. nach einem Vortrag; bunte Veranstaltung, Estradenprogramm (эстра́дный) конце́рт 2; mit Laienkünstlern конце́рт худо́жественной самоде́ятельности; **~raum** *m* клу́бное помеще́ние; **~schaffende** *m Pl* де́ятели *Pl* 1 культу́ры, рабо́тники *Pl* 2 иску́сств; **~schätze** *m Pl* сокро́вища *Pl* 4 культу́ры; **~stufe** *f* ступе́нь разви́тия культу́ры; **~veranstaltung** *f* культу́рно-ма́ссовое мероприя́тие; (эстра́дный) конце́рт 2; **~zentrum** *n* культу́рный центр | das polnische ≈ Дом 2b по́льской культу́ры

Kümmel *m* тмин 2; alkoholisches Getränk тми́нная во́дка 6

Kummer *m* го́ре 3, печа́ль 9; Betrübnis огорче́ния *Pl* 5; Sorgen забо́ты *Pl* 6 | vor ~ от [с] го́ря; aus ~ über etw. от забо́т о чём-н.; ~ und Sorgen забо́ты и печа́ли; er hat großen ~ у него́ большо́е го́ре [больши́е огорче́ния]; was hast du für ~? что тебя́ огорча́ет?; ~ bereiten причин|я́ть ⟨-и́ть 3⟩ го́ре

kümmerlich жа́л|кий, -ок, -ка́!, жа́льче; armselig убо́г:ий; Auskommen, Lohn, Beleuchtung ску́д|ный, -ен, -на́! | ~ sein Leben fristen влачи́ть 3 жа́лкое существова́ние

kümmern *tr:* das kümmert mich nicht мне до э́того де́ла нет; was kümmert mich das alles! како́е мне де́ло до всего́ э́того!; sich ~ *refl* забо́|титься 3 -чусь (по-) (um о *P*); sich um nichts ~ не интересова́ться 2 ниче́м; sich nicht um j-n ~ не обра|ща́ть ⟨-ти́ть 3 -щу́⟩ на кого́-н. (никако́го) внима́ния

kummervoll traurig печа́л|ьный, -ен, -ьна

Kummet *n* = **Kumt**

Kumpel *m* Bergmann горня́к 2e; *übertr* прия́тель 1

Kumt *n* хому́т 2e | dem Pferd ein ~ anlegen надева́ть ⟨-|де́ть*⟩ ло́шади хому́т

Kumuluswolke *f* кучево́е о́блако

kündbar подлежа́щий 11 отме́не [отка́зу], расторжи́мый

[1]**Kunde** *f* Nachricht весть 9g | er hat ~ von ihm у него́ есть ве́сти о нём

[2]**Kunde** *m* покупа́тель 1; in Dienstleistungsbetrieb, einer Bank клие́нт [иэ] 2

künden *tr* опове|ща́ть ⟨-сти́ть 3 -щу́⟩ (j-m etw. кого́-н. о чём-н.)

Kunden|buch *n* кни́га жа́лоб и предложе́ний; **~dienst** *m* обслу́живание 5 покупа́телей [клие́нтов], се́рвис [сэ] 2; Bestelldienst стол 2e зака́зов; Büro im Kaufhaus, im Hotel u. ä. бюро́ *idkl* обслу́живания [услу́г]; **~kreis** *m* круг покупа́телей [клие́нтов], клиенту́ра 6

kundgeben *tr* объяв|ля́ть ⟨-и́ть 3⁺ -лю́⟩

Kundgebung *f* ми́тинг 2; mit Umzug демонстра́ция 8 | auf einer ~ sprechen выступа́ть ⟨вы́ступ|ить 3 -лю⟩ на ми́тинге

kundig све́дущ:ий 11 в *P;* erfahren о́пыт|ный, -ен в *P*

kündigen *tr* Vertrag расторга́ть ⟨-то́ргнуть 4a *u.* 4⟩; *intr* entlassen увольня́ть ⟨уво́лить⟩ (j-m *A*); rechtzeitig a. преду-пре|жда́ть ⟨-ди́ть 3 -жу́⟩ об увольне́нии; Arbeitsverhältnis aufgeben увольня́ться ⟨уво́литься⟩; mündlich заяв|ля́ть ⟨-и́ть 3⁺ -лю́⟩ об ухо́де (с рабо́ты); schriftlich по|дава́ть* ⟨пода́ть*⟩ заявле́ние об ухо́де (с рабо́ты) | er kündigte die Wohnung zum ersten August он предупреди́л, что отка́зывается от кварти́ры с пе́рвого а́вгуста; zum Monatsersten ~ einem Arbeitenden уво́лить [vom Arbeitenden заяви́ть *oder* пода́ть заявле́ние об ухо́де с рабо́ты *oder* со слу́жбы] с пе́рвого числа́ (сле́дующего ме́сяца); j-m die Freundschaft ~ от|каза́ть* *v* кому́-н. в дру́жбе

Kündigung *f* Vertrag расторже́ние 5; Entlassung увольне́ние 5; rechtzeitige предупрежде́ние 5 об увольне́нии; Aufgabe eines Arbeitsverhältnisses ухо́д 2 с рабо́ты, предупрежде́ние об ухо́де с рабо́ты [со слу́жбы] | monatliche [wöchentliche] ~ предупрежде́ние об увольне́нии, vom Arbeitenden об ухо́де с рабо́ты *oder* со слу́жбы за ме́сяц [за неде́лю]; ~ durch den Betrieb увольне́ние по инициати́ве предприя́тия; die ~ erhalten быть* уво́ленным; fristlose ~ увольне́ние с рабо́ты без предвари́тельного предупрежде́ния

Kündigungs|frist *f* Arbeitsverhältnis: Betrieb срок увольне́ния (с рабо́ты); Arbeitende срок для ухо́да с рабо́ты; Vertrag срок для расторже́ния | mit zweiwöchiger ≈ с предупрежде́нием за две неде́ли; **~schreiben** *n* Betrieb (пи́сьменное) уведомле́ние 5 об увольне́нии; Arbeitende (пи́сьменное) предупрежде́ние 5 об ухо́де (с рабо́ты); Vertrag уведомле́ние о расторже́нии

Kundin *f* покупа́тельница 6; in Dienstleistungsbetrieb, einer Bank клие́нт|ка [иэ] 6 *G Pl* -ок

Kundschaft *f* покупа́тели *Pl* 1; in Dienstleistungsbetrieb, einer Bank клиенту́ра 6 | viel ~ haben име́ть мно́го покупа́телей [клие́нтов]

Kundschafter *m Mil, Pol* разве́дчик 2

kund|tun *tr* объяв|ля́ть ⟨-и́ть 3⁺ -лю́⟩;

~werden *intr* станови́ться ⟨стать*⟩ изве́стным

künftig 1. *Adj* бу́дущий 11; Ereignis предстоя́щий 11 **2.** *Adv* впредь, в бу́дущем

Kunst *f* иску́сство 4; Meisterschaft, Können иску́сство, мастерство́ 4; Fertigkeit; Kunststück уме́ние 5; Kunstgegenstand произведе́ние 5 иску́сства | Akademie der Künste Акаде́мия худо́жеств; die schönen [bildenden] ~ изя́щные [изобрази́тельные] иску́сства; angewandte ~ прикладно́е иску́сство; das war keine ~ э́то не сто́ило большо́го труда́; die ganze ~ besteht darin, daß ... вся шту́ка состои́т в том, что́бы ...; **~ausstellung** *f* худо́жественная вы́ставка; **~darm** *m* синтети́ческая оболо́чка 6 (для колба́с)

Kunstdruck *m Typ* худо́жественная печа́ть; Kunstblatt (худо́жественная) репроду́кция 8; **~papier** *n* бума́га для худо́жественной печа́ти

Kunstdünger *m* минера́льное удобре́ние *meist Pl*

Kunsteis *n* иску́сственный лёд; **~bahn** *f* иску́сственный като́к

Kunst|erlebnis *n* худо́жественное собы́тие; **~erziehung** *f* худо́жественное воспита́ние; **~fahren** *n* фигу́рная езда́ 6; **~faser** *f* иску́сственное волокно́; **~fertigkeit** *f* иску́сность 9, мастерство́ 4; **~flieger** *m* ма́стер 2b *Pl* -а́ вы́сшего пилота́жа; **~flug** *m* вы́сший пилота́ж 11-2; **~gegenstand** *m* произведе́ние 5 иску́сства; **~genuß** *m* худо́жественное наслажде́ние

kunstgerecht по всем пра́вилам иску́сства

Kunst|geschichte *f* исто́рия иску́сства; **~gewerbe** *n* худо́жественный про́мысел; **~gewerbler** *m* рабо́тник 2 худо́жественного про́мысла; **~griff** *m* Kniff, Trick трюк 2, уло́вка 6; **~händler** *m* торго́вец произведе́ниями иску́сства; **~handlung** *f* худо́жественный магази́н 2; **~handwerk** *n* худо́жественное ремесло́; (декорати́вно-)прикладно́е иску́сство 4; **~harz** *n* синтети́ческая [тэ] смола́; **~historiker** *m* искусствове́д 2; **~hochschule** *f* вы́сшее 11 худо́жественное учи́лище; **~honig** *m* иску́сственный мёд; **~kenner** *m* знато́к иску́сства; **~kritiker** *m* кри́тик (в о́бласти иску́сств); **~leder** *n* иску́сственная ко́жа; *umg* кожзамени́тель 1

Künstler *m* худо́жник 2; Kunstschaffender a. де́ятель 1 [рабо́тник 2] иску́сства; Theater, Film, Zirkus арти́ст 2 | ein ~ in seinem Fach sein быть арти́стом [худо́жником] в своём де́ле; verdienter ~ заслу́женный де́ятель иску́сств; **~in** *f* худо́жница 6; арти́стка 6

künstlerisch худо́жествен:ный, -на | von hohem ~em Rang высокохудо́жественный; ~ begabt sein быть худо́жественно одарённым

Künstler|kollektiv *n* коллекти́в рабо́тников иску́сств [арти́стов]; **~kreis** *m:* in ≈en в худо́жественных круга́х; **~werkstatt** *f* мастерска́я худо́жника

künstlich 1. *Adj* иску́сственный; unnatürlich неесте́ствен:ный, -на, де́ланный *m Kurzf ungebr* **2.** *Adv* sich aufregen, Preise hochtreiben иску́сственно

Kunst|licht *n* Beleuchtung иску́сственное освеще́ние; **~liebhaber** *m* люби́тель иску́сства

kunstlos безыску́сный, безыску́ствен:ный, -на

Kunst|maler *m* живопи́с|ец, -ца 2; **~pause** *f:* eine ≈ machen де́лать (с-) коро́ткую [эмфати́ческую] па́узу; *iron* зап|ина́ться ⟨-ну́ться 4⟩; **~preisträger** *m* лауреа́т Худо́жественной пре́мии; **~radfahren** *n* фигу́рное ката́ние 5 на велосипе́де; **~radfahrer** *m* велофигури́ст 2; **~reiten** *n* вольтижиро́вка 6; **~reiter** *m* вольтижёр 2; (цирково́й) нае́здник 2; **~sachverständiger** *m* экспе́рт в о́бласти иску́сства; **~sammlung** *f* колле́кция [собра́ние] произведе́ний иску́сства; **~schaffender** *m* де́ятель 1 [рабо́тник 2] иску́сства; **~schätze** *Pl* выдаю́щиеся 11 произведе́ния *Pl* 5 иску́сства; **~schmied** *m* ма́стер 2b *Pl* -а́ худо́жественной ко́вки; **~schwimmen** *n* фигу́рное пла́вание; **~seide** *f* иску́сственный шёлк

kunstsinnig облада́ющий 11 худо́жественным чутьём, понима́ющий 11 иску́сство

Kunst|springen *n* Schwimmsport прыжки́ *Pl* 2 с (трёхметро́вого) трампли́на (в во́ду); **~stoff** *m* синтети́ческий [тэ] материа́л; plastischer Kunststoff пластма́сса 6; Plast пла́стик 2; **~stoffbehälter** *m* сосу́д из синтети́ческого материа́ла; aus Plast пластма́ссовый сосу́д; **~stoffolie** *f* синтети́ческая [тэ] плёнка 6; **~stoffplatte** *f* пластма́ссовая плита́; **~stopfen** *n* худо́жественная што́пка 6; **~stück** *n* von Person, Tier трюк 2; mit Karten фо́кус 2 (с ка́ртами) | das ist doch kein ≈! невелика́ прему́дрость!; **~tischler** *m* столя́р-краснодере́вщик 2e-2; **~turnen** *n* худо́жественная гимна́стика

kunstverständig: ~ sein понима́ть иску́сство

kunstvoll meisterhaft ausgeführt иску́с|ный, -ен; Frisur иску́сно сде́ланный | ~ (gestaltet) Tisch u. ä. иску́сно офо́рмленный; ~e Arbeit иску́сная рабо́та; ~e Stickerei худо́жественная вы́шивка

Kunst|werk *n* худо́жественное произведе́ние 5, произведе́ние иску́сства; **~wissenschaft** *f* искусствове́дение 5

kunterbunt 1. *Adj* пёстр:ый₁ пестр|а́₁ -о́ *u.* пёстро | ein ~es Durcheinander по́лный беспоря́док **2.** *Adv* как попа́ло; in Unordnung вперемéшку

Kupfer *n* медь 9 | in ~ Bild на ме́ду; **~bergwerk** *n* ме́дный рудни́к 2e; **~draht** *m* ме́дная про́волока

kupfer|farben ме́дного цве́та; **~haltig** медьсодержа́щий 11, ме́дистый

Kupfer|hütte *f* медеплави́льный заво́д; **~münze** *f* ме́дная моне́та, медя́к 2e

kupfern aus Kupfer ме́дный

Kupfer|schmied *m* ме́дник 2; **~stecher** *m* гравёр 2 по ме́ди; **~stich** *m* гравю́ра 6 на ме́ди; **~sulfat** *n* сульфа́т ме́ди

Kupon *m Wirtsch, Text* купо́н 2; Abschnitt тало́н 2 (für на *A*)

Kuppe *f* Berg окру́глая верши́на 6; Finger ко́нчик 2b *Pl* -а́; Nadel голо́вка 6; Nagel шля́пка 6

Kuppel *f* ку́пол 2; **~bau** *m* зда́ние 5 с ку́полом; **~dach** *n* ку́польная кры́ша

Kuppelei *f* сво́дничество 4 | ~ betreiben сво́дничать

kuppelförmig куполообра́з|ный₁ -ен

kuppeln *tr Eisenb* Waggon прицеп|ля́ть ⟨-и́ть 3⁺ -лю́⟩ (an к *D*); сцеп|ля́ть ⟨-и́ть⟩ (mit с *I*); *Tech* соедин|я́ть ⟨-и́ть 3⟩; *Kfz* ein~ включ|а́ть ⟨-и́ть 3⟩ сцепле́ние, aus~ выключа́ть ⟨вы́ключить 3⟩] сцепле́ние

Kuppler *m* сво́дник 2; **~in** *f* сво́дница 6

Kupplung *f* zum Anhängen сце́пка 6; *Kfz* сцепле́ние 5; *Tech* соедине́ние 5

Kupplungspedal *n Kfz* педа́ль сцепле́ния

Kur *f* Heilverfahren курс 2 лече́ния; im Sanatorium курс санато́рно-куро́ртного лече́ния | eine ~ mit Medikamenten курс лече́ния лека́рствами; eine ~ mit Mineralwasser лече́ние минера́льной водо́й; zur ~ fahren е́хать (по-) лечи́ться на куро́рт; eine ~ erhalten получ|а́ть ⟨-и́ть 3⁺⟩ санато́рную путёвку [*umg* путёвку на куро́рт]; er ist hier zur ~ он прохо́дит здесь курс (санато́рно-куро́ртного) лече́ния; *umg* он нахо́дится на куро́рте; die ~ war anstrengend лече́ние бы́ло [курс лече́ния был] утоми́тельным

Kür *f Sport* упражне́ния *Pl* 5 по произво́льной програ́мме | ~ laufen Eiskunstlauf выполня́ть ⟨вы́полнить 3⟩ упражне́ния в произво́льном ката́нии

Kurantrag *m* заявле́ние 5 о предоставле́нии лече́бной [санато́рной] путёвки

Kürassier *m hist* кираси́р 2

Kuratorium *n* попечи́тельский сове́т 2

Kuraufenthalt *m* пребыва́ние на куро́рте [в санато́рии]

Kurbel *f* Hand~ рукоя́тка 6; Maschinenbau кривоши́п 2

kurbeln *intr* враща́ть ру́чку [рукоя́тку]; *umg* Radrennfahrer кру|ти́ть 3⁺ -чу́ педа́ли

Kurbelwelle *f* коле́нчатый вал

Kurbetrieb *m* куро́ртная жизнь 9

Kürbis *m* ты́ква 6

Kurfürst *m* курфю́рст 2

Kur|gast *m* куро́ртник 2, отдыха́ющий *Subst* 11 (на куро́рте); **~haus** *n* курза́л 2; **~heim** *n* санато́ри|й 1 *P* -и *G Pl* -ев

Kurier *m* курье́р 2 | durch ~ с курье́ром

kurieren *tr* behandeln лечи́ть 3⁺; heilen выле́чивать ⟨вы́лечить 3⟩ (j-n von etw. кого́-н. от чего́-н.) | sich von j-m ~ lassen лечи́ться у кого́-н.; er ist von seinen Vorurteilen kuriert он излечи́лся от предрассу́дков

kurios Ding, Ereignis курьёз|ный₁ -ен; Person стра́н|ный₁ -ен₁ -на́!

Kuriosität *f* курьёзность 9; стра́нность 9

Kurkonzert *n* конце́рт на куро́рте

Kürlauf(en) *m (n)* произво́льное ката́ние 5

Kur|ort *m* куро́рт 2 | im ≈ на куро́рте; **~park** *m* куро́ртный парк; **~pfuscher** *m* зна́харь 1; **~promenade** *f* у́лица 6 (на куро́рте) для гуля́нья, бульва́р 2 куро́рта

Kurs *m Flug, Mar,* (Richtung) *Pol, Wirtsch* курс 2; *Sport* диста́нция 8; *Fin,* Wert курс; Umlauf обраще́ние 5; Lehrgang ку́рсы *Pl* | das Schiff hält ~ auf Gibraltar кора́бль берёт курс на Гибралта́р; das Flugzeug hält ~ auf Berlin самолёт де́ржит курс на Берли́н; einen neuen ~ einschlagen переходи́ть 3⁺ -хожу́ ⟨-|йти́*⟩ на но́вый курс; vom ~ abweichen отклони́ться 3⁺ *v* от ку́рса; im ~ sinken па́дать в ку́рсе; im ~ steigen повыша́ться в ку́рсе; die ~e fallen курс а́кций па́дает; außer ~ setzen Zahlungsmittel изыма́ть ⟨изъя́ть*⟩ из обраще́ния; **~abweichung** *f Wirtsch, Pol, Flug, Kosm, Mar* отклоне́ние от ку́рса; **~buch** *n* железнодоро́жный спра́вочник 2

Kurscheck *m* лече́бная [санато́рная] путёвка 6

Kürschner *m* скорня́к 2e; **~ei** *f* Handwerk скорня́жное де́ло 4; Werkstatt скорня́жная мастерска́я *Subst* 10

kursieren *intr* Geld быть* в обраще́нии; Fragebogen, Umlauf курси́ровать 2; Gerüchte ходи́ть 3⁺

kursiv *Adv* курси́вом

Kursivschrift *f* курси́в 2

Kurs|korrektur *f Kosm* корре́кция траекто́рии; **~schwankung** *f* колеба́ние ку́рса; **~sturz** *m* ре́зкое паде́ние ку́рса

Kursus *m* Lehrgang ку́рсы *Pl* 2 | einen ~ besuchen посеща́ть ку́рсы, занима́ться на ку́рсах; es laufen Kurse für Deutsch имéются кýрсы немéцкого языкá; **~teilnehmer** *m* слýшатель 1 кýрсов

Kurs|wagen *m* вагóн прямóго (беспересáдочного) сообщéния; **~wert** *m* курсовáя ценá

Kurtaxe *f* курóртные сбóры *Pl* 2

Kür|turnen *n* гимнасти́ческие упражнéния *Pl* 5 по произвóльной прогрáмме; **~übung** *f* упражнéние по произвóльной прогрáмме

Kurve *f Math, Phys,* Temperatur~ кривáя *Subst* 10; graphische Darstellung грáфик 2; *Straße* поворóт 2 (дорóги); *Eisenb* закруглéние 5 (пути́); Flugzeug, Fahrzeug кривáя, вирáж 2e *G Pl* -éй; ~en *Pl* Körperformen окрýглости *Pl* 9 | in der ~ на поворóте [виражé]; in die ~ gehen брать* ⟨взять*⟩ поворóт; eine ~ schneiden *Kfz* срезáть ⟨с|рéзать*⟩ поворóт; das Fahrzeug wurde aus der ~ getragen машíну занеслó на поворóте

Kurvenlineal *n* лекáло 4

kurvenreich Straße изви́лист:ый

Kurverwaltung *f* курóртное управлéние

kurz 1. *Adj* корóткий, кóрóток, короткá, кóрóткó; корóче; zeitlich корóткий, непродолжи́тел|ьный, -ен, -ьна; kurz dargelegt, knapp крáт|кий, -ок, -кá!; -че; -чáйший 11 *a. Gramm* | ~es Gras ни́зкая травá; ~e Strecke *Sport* корóткая дистáнция; ~er Blick бéглый взгляд; der kürzeste Weg кратчáйший 11 [ближáйший 11] путь; auf ~e Entfernung ist das gut zu erkennen на бли́зком расстоя́нии э́то хорошó ви́дно; in ~er Zeit bald в скóром врéмени; in dieser ~en Zeit hat er vieles erreicht за э́то корóткое врéмя он мнóгого дости́г; nach ~er Zeit вскóре; binnem ~em в течéние корóткого врéмени; vor ~em недáвно; seit ~er Zeit с недáвних пор; ~e Zeit vor etw. незадóлго до чегó-н.; ~e Zeit nach etw. вскóре пóсле чегó-н., спустя́ корóткое врéмя пóсле чегó-н.; kürzer machen дéлать (с-) корóче, укор|áчивать ⟨-оти́ть 3 -очý⟩; den kürzeren ziehen о|ставáться* ⟨-|стáться*⟩ в прóигрыше **2.** *Adv* кóротко; in wenigen Worten корóтко, крáтко; melden u. ä. a. вкрáтце | das Haar ~ tragen носи́ть вóлосы корóтко; sich die Haare ~ schneiden lassen подстригáть ⟨-|стри́чь*⟩ вóлосы; kann ich dich ~ sprechen? мóжно тебя́ на минýтку?; zu ~ kommen быть обойдённым; ~ entschlossen бы́стро, реши́тельно; не дóлго дýмая; sich ~ fassen говори́ть крáтко [сжáто], быть* крáтким; faß dich ~! говори́ корóче!; mach's ~! не тяни́!; ~ gesagt корóче говоря́; ~ und bündig кóротко и я́сно; über ~ oder lang рáно и́ли пóздно; ~ und gut одни́м слóвом; ~ nach vier Uhr в начáле пя́того (чáса); ~ und klein schlagen ра|зби́ть* вдрéбезги

Kurzarbeit *f:* zur ~ übergehen переходи́ть 3⁺ -хожý ⟨-|йти́*⟩ на непóлный рабóчий день [auf Woche bezogen на непóлную рабóчую недéлю]; **~er** *m* рабóтающий *Subst* 11 непóлный рабóчий день [непóлную рабóчую недéлю]

kurz|ärmlig с корóткими рукавáми; **~atmig** страдáющий 11 оды́шкой

Kürze *f* zeitlich крáткость 9 | in ~ bald вскóре; in den nächsten Tagen на днях; in aller ~ вкрáтце

Kürzel *n* знак 2 сокращéния

kürzen *tr* Kleidung укор|áчивать ⟨-оти́ть 3 -очý⟩; Ausgaben, Löhne, Text сокра|щáть ⟨-ти́ть 3 -щý⟩ *a. Math*

kurzerhand недóлго дýмая

Kurz|fassung *f* крáткое содержáние 5; **~film** *m* короткометрáжный фильм; **~form** *f Ling* крáткая фóрма

kurz|fristig краткосрóч|ный, -ен; vorübergehend (кратко)врéмен|ный, -ен, -на; **~gefaßt** крáт|кий, -ок, -кá!

Kurzgeschichte *f* корóткий расскáз

kurz|halten *tr* не давáть* ⟨дать*⟩ вóли [свобóды дéйствий] *D;* mit Geld u. ä. урéзывать ⟨-|рéзать*⟩ (когó-н. в чём-н.); **~lebig** недолговéч|ный, -ен

Kurzlehrgang *m* краткосрóчные кýрсы *Pl* 2

kürzlich *Adv* недáвно

Kurz|nachrichten *f Pl* крáткий вы́пуск 2 новостéй; **~parken** *Kfz* кратковрéменная стоя́нка 6 автомоби́лей; **~referat** *n* крáткий доклáд; **~schluß** *m El* корóткое замыкáние 5; **~schlußhandlung** *f* срыв 2; **~schrift** *f* стеногрáфия 8

kurzsichtig близорýк:ий; *übertr a.* недальнови́д|ный, -ен

Kurz|sichtigkeit *f* близорýкость 9; *übertr a.* недальнови́дность 9; **~streckenlauf** *m* бег на корóткую дистáнцию, спринт 2; **~streckenläufer** *m* бегýн на корóткие дистáнции, спри́нтер 2; **~streckenrakete** *f* ракéта бли́жнего дéйствия

kurztreten *intr umg:* bei der Arbeit ~ не перегружáть себя́ рабóтой

kurzum *Adv* одни́м слóвом

Kürzung *f* сокращéние 5

Kurz|urlaub *m* краткосрóчный óтпуск; **~versammlung** *f* корóткое собрáние, летýчка 6 *umg,* пятиминýтка 6 *umg*

Kurzwaren *f Pl* галантерéя 7, галантерéйные товáры *Pl* 2; **~geschäft** *n* галантерéйный магази́н

kurzweg *Adv* без обинякóв

Kurz|weil *f* развлечéние 5, забáва 6 | zur ≈ для развлечéния; **~welle** *f* корóткая волнá | auf ≈ на корóтких волнáх

Kurzwellen|amateur *m* (радиолюби́тель-) коротковолнови́к (1-)2e; **~behandlung**

f Med ультракоротковóлновая диатермúя 8; **~empfänger** *m* коротковóлновый приёмник; **~sender** *m* коротковóлновая радиостáнция; Sendegerät коротковóлновый передáтчик 2
Kurzwort *n* сокращённое слóво
kurzzeitig кратковрéмен|ный, -ен, -на
kuschen *intr* Hund ложúться 3 ⟨лечь*⟩ | kusch (dich)! кыш!
Kuß *m* поцелý|й 1 *G Pl* -ев | j-m einen ~ geben целовáть 2 (по-) когó-н.; mit tausend Küssen Brief тысяча поцелýев
kußecht: ~er Lippenstift несмывáемая губнáя помáда
küssen *tr* целовáть 2 (по-) | auf die Stirn ~ целовáть в лоб; er küßte ihr die Hand он поцеловáл ей рýку; sich ~ целовáться (по-)
Kußhand *f:* j-m eine ~ zuwerfen посылáть ⟨-|слáть*⟩ комý-н. воздýшный поцелýй
Küste *f* (морскóй) бéрег 2b; на берегý *Pl* -á; Küstenstreifen поберéжье 5, взмóрье 5 | an der bulgarischen ~ sein на морскóм поберéжье Болгáрии
Küsten|bewohner *m* жúтель поберéжья; **~fischerei** *f* прибрéжное рыболóвство; **~gebiet** *n* примóрье 5, прибрéжная зóна 6; **~klima** *n* береговóй клúмат; **~motorschiff** *n* каботáжный теплохóд; **~schiffahrt** *f* каботáжное судохóдство; **~schutz** *m* защúта берегóв; *Mil* береговáя охрáна; **~streifen** *m* береговáя [примóрская] полосá
Küster *m* дьяч|óк, -кá 2, пономáрь 1e
Kustos *m* хранúтель 1
Kutschbock *m* кóз|лы, -ел *Pl* 6
Kutsche *f* geschlossen карéта 6; kleine; mit Klappverdeck коля́ска 6
Kutscher *m* извóзчик 2, кýчер 2b *Pl* -á
Kutte *f* Mönchs~ ря́са 6; sportlicher Mantel спортúвный плащ 2e длинóй в три чéтверти (с капюшóном), спортúвная кýртка 6
Kutter *m* Küstenfahrzeug кáтер 2b *Pl* -á; Fisch~ кýттер 2
Kuvert *n* Umschlag конвéрт 2
Kuwait Кувéйт [вэ] 2
Kwaß *m* квас 2h
Kybernetik *f* кибернéтика 6
kybernetisch кибернетúческий
kyrillisch: ~e Schrift кирúллица 6

L

laben *tr* erfrischen освеж|áть ⟨-úть 3⟩; sich ~ *refl* sich erfrischen освеж|áться ⟨-úться⟩; genießen наслa|ждáться ⟨-дúться 3 -жýсь⟩ (an *I*)
labial *Phon* губнóй
Labial *m Phon* губнóй звук 2
labil неустóйчив:ый, лабúл|ьный, -ен, -ьна
Labilität *f* неустóйчивость 9, лабúльность 9
Labmagen *m* сычýг 2e
Labor *n* лаборатóрия 8; **~ant** *m* лаборáнт 2; **~antin** *f* лаборáнтка 6; **~atorium** *n* = **Labor;** **~versuch** *m* лабораторный óпыт
Labyrinth *n* лабирúнт 2
Lachanfall *m* прúступ смéха
[1]**Lache** *f* Pfütze лýжа 6
[2]**Lache** *f* Gelächter смех 2, хóхот 2
lächeln *intr* улыб|áться ⟨-нýться 4⟩
Lächeln *n* улы́бка 6 | hämisches ~ усмéшка 6
lachen *intr* сме|я́ться, -ю́сь, -ёшься, -ю́тся (über над *I*); laut хохотáть* | er hat nichts zu ~ емý не до смéха; sich krank ~ смея́ться до упáду, помирáть сó смеху; sie fing an zu ~ онá засмея́лась; da ~ ja die Hühner! (э́то) кýрам нá смех!; wer zuletzt lacht, lacht am besten хорошó смеётся тот, кто смеётся послéдним
Lachen *n* смех 2; lautes хóхот 2 | vor ~ сó смеху; das ist zum ~ э́то смешнó; j-n zum ~ bringen смешúть 3 (рас-) когó-н.; ich konnte mich vor ~ nicht mehr halten я не мог удержáться от смéха; da vergeht einem das ~ тут уж не до смéха
lächerlich смеш|нóй, -óн, -нá | j-n ~ machen осмéивать ⟨-|смея́ть*⟩ когó-н.; sich ~ machen станов|úться 3⁺ -лю́сь ⟨стать*⟩ посмéшищем; mach dich nicht ~! не будь смешны́м [смешóн]!
Lächerliche *n:* ins ~ ziehen поднимáть ⟨подня́ть*⟩ нá смех
lachhaft смеш|нóй, -óн, -нá, смехотвóр|ный, -ен
Lachkrampf *m* сýдорожный смех
Lachs *m* лóсось 1, сёмга 6; Lachsfleisch лососúна 6
Lachsalve *f* взрыв 2 хóхота
lachsfarben свéтло-рóзовый, розовáтый
Lack *m* лак 2; **~farbe** *f* лáковая крáска
lackieren *tr* лакировáть 2 (от-)
Lackier|en *n* лакирóвка 6; **~er** *m* лакирóвщик 2; **~erei** *f* Werkstatt лакирóвочная мастерскáя *Subst* 10
Lack|leder *n* лакирóванная кóжа; **~malerei** *f* Gebiet лáковая жúвопись 9; Kunstwerk лáковая миниатю́ра 6
Lackmuspapier *n* лáкмусовая бумáга
Lackschuh *m* лакирóванная тýфля
Lade|anzeiger *m El* указáтель 1 заря́дки; **~baum** *m Mar* грузовáя стрелá 6c; **~bühne** *f* погрýзочная платфóрма 6; **~fähigkeit** *f* грузоподъёмность 9; **~fläche** *f* грузовáя платфóрма 6; **~gerät** *n El* заря́дное устрóйство 4; **~hemmung** *f Mil* задéржка 6 при заря́дке; **~kontroll-**

leuchte *f Kfz* контрóльная лáмпочка зарядки (аккумулятора); **~kran** *m* погрýзочный кран; **~luke** *f* грузовóй люк

¹laden *tr* гру|зи́ть 3 -жý, грý|зишь, грýженный *u.* гружённый (по-); *El, Mil* заря|жáть ⟨-ди́ть 3 -жý⟩ I der Dampfer hat Südfrüchte geladen пароxóд нагрýжен ю́жными фрýктами; eine Verantwortung auf sich ~ брать* ⟨взять*⟩ *v* на себя́ отвéтственность; er hat schwer geladen *umg* он здóрово [основáтельно] вы́пил

²laden *tr Jur* вызывáть ⟨вы́|звать*⟩ (vor в *A*)

Laden *m* Geschäft магази́н 2; kleiner: лáвка 6; Fenster- стáв|ень, -ня 1, стáв|ня 7 *G Pl* -ен; **~dieb** *m* магази́нный вор; **~hüter** *m* лежáлый товáр 2; **~preis** *m* рóзничная ценá; **~schluß** *m* закры́тие 5 магази́на; **~straße** *f* пассáж 2; **~tisch** *m* прилáв|ок, -ка 2

Lade|platz *m* мéсто 4b погрýзки; **~rampe** *f* погрýзочная платфóрма; **~raum** *m Mar* трюм 2; LKW кýзов 2 *Pl* -á; **~streifen** *m Mil* (патрóнная) обóйма; **~strom** *m* заря́дный ток

lädieren *tr* повре|ждáть ⟨-ди́ть 3 -жý, -ждённый⟩

¹Ladung *f* Last груз 2; *El, Mil* заря́д 2

²Ladung *f Jur* вы́зов 2

Lafette *f* лафéт 2

Lage *f* Stellung положéние 5; *Geogr* (мéсто)положéние; allgemeine Situation положéние, обстанóвка 6; Schicht сло|й 1b *G Pl* -ёв I in der ~ sein быть в состоя́нии; die politische ~ полити́ческое положéние, полити́ческая обстанóвка; Herr der ~ sein быть хозя́ином положéния; nach ~ der Dinge по положéнию вещéй; j-n in eine peinliche ~ bringen стáв|ить 3 -лю (по-) когó-н. в нелóвкое положéние; versetze dich in meine ~ постáвь себя́ на моё мéсто; **~besprechung** *f* обсуждéние 5 положéния

Lager *n* Bett постéль 9; Nachtlager ночлéг 2; *Pol* лáгерь 1 *Pl* -и, -éй; *Mil,* Pionier- лáгерь 1b *Pl* -я́, -éй; ~raum склад 2; *Tech* подши́пник 2; *Geol* месторождéние 5, зáлежь 9; eines Tieres лóговище 4 I ein ~ aufschlagen разбивáть ⟨-|би́ть*⟩ лáгерь; das ~ abbrechen снимáться ⟨сня́ться*⟩ с лáгеря; auf ~ haben имéть на склáде; *übertr* имéть в запáсе; **~bestand** *m* нали́чность 9 товáра на склáде; ~bestände *Pl* склáдские запáсы; **~bier** *n* мáртовское [молодóе] пи́во; **~fähigkeit** *f* сохраня́емость 9; **~feuer** *n* кост|ёр, -рá 2; **~geld** *n* плáта 6 за хранéние (товáра); **~halle** *f* склад 2; **~haus** *n* пакгáуз 2; **~leben** *n* лáгерная жизнь; **~leiter** *m* начáльник лáгеря

lagern *tr* склáдывать ⟨сложи́ть 3⁺⟩, храни́ть 3 на склáде; ablagern вы́держивать ⟨вы́держать 3⟩; *intr Mil* располагáться ⟨-ложи́ться 3⁺⟩ лáгерем; Waren храни́ться на склáде; Bodenschätze залегáть; sich ~ располагáться ⟨-ложи́ться⟩

Lager|platz *m* für Waren склáдская плóщадка; Platz für ein Lager месторасположéние 5 лáгеря; **~raum** *m* склáдское помещéние, склад 2; **~stätte** *f Geol* месторождéние 5

Lagerung *f* Waren хранéние 5 (на склáде); *Tech* опóра, уклáдка 6; *Geol* залегáние 5; *Med* уклáдывание 5

Lagerverwalter *m* завéдующий *Subst* 11 склáдом

Lagune *f* лагýна 6

lahm хром:óй, -á!; Glieder онемéлый I ~ werden хромéть (о-)

lahmen *intr* хромáть

lähmen *tr* парализовáть *uv, v* 2 *a. übertr*

lahmlegen *tr* парализовáть *uv, v* 2

Lähmung *f Med* парали́ч 2e

Laib *m* бухáнка 6; rundes Brot каравá|й 1 *G Pl* -ев

Laich *m* икрá 6

laichen *intr* метáть* икрý

Laie *m* Nichtfachmann профáн 2; Liebhaber люби́тель 1; *Rel* миря́нин 2, Frau миря́нка 6 I darin ist er ein blutiger ~ в э́той óбласти он пóлный [абсолю́тный] профáн

Laien|bühne *f* люби́тельская сцéна; **~ensemble** *n* самодéятельный ансáмбль

laienhaft дилетáнтский

Laienkunst *f* худóжественная самодéятельность 9; **~gruppe** круж|óк, -кá 2 худóжественной самодéятельности

Laien|künstler *m* учáстник 2 худóжественной самодéятельности; **~spiel** *n* Stück пьéса для драмкружкá; Spielen драмати́ческая худóжественная самодéятельность 9; **~spieler** *m* учáстник 2 худóжественной самодéятельности; **~spielgruppe** *f* самодéятельный драмати́ческий круж|óк, -кá 2, драмкружóк

Lakai *m* лакé|й 1 *G Pl* -ев *a. übertr*

lakeienhaft **1.** *Adj* лакéйский **2.** *Adv* по-лакéйски

Lake *f* рассóл 2

Laken *n* простыня́ 7 *Pl* прóстыни, просты́нь, простыня́м

lakonisch лакони́ческий, лакони́ч|ный, -ен

Lakritze *f* лакри́ца 6

lallen *tr u. intr* лепетáть* I er lallt у негó язы́к заплетáется

¹Lama *n Zool* лáма 6

²Lama *m tibet. Priester* лáма *m* 6

Lamelle *f* пласти́нка 6

Lamellenpilz *m* пласти́нчатый гриб

lamentieren *intr* сéтовать 2 (по-) (über на *A*)

Lametta *n* silberner Baumschmuck серебряный [goldener золотой] дождь 1е

Lamm *n* ягнён|ок, -ка 2 *Pl* ягнята 4, барáш|ек, -ка 2 *umg*

lammen *intr* ягниться 3 (о-)

Lämmer|geier *m* ягнятник 2; **~wolken** *Pl* барашки *Pl* 2

Lammfell *n* мерлушка 6; **~mantel** *m* мерлушковая шуба 6

lammfromm крóт|кий, -ок, -кá! как овéчка

Lampe *f* лáмпа 6; Glühlampe лáмпочка 6

Lampen|fieber *n* волнéние 5 (пéред публи́чным выступлéнием) | er hat ≈ он волнуется (пéред выступлéнием); **~schirm** *m* абажур 2

Lampion *m, n* лампиóн 2

lancieren *tr* etw. пускáть ⟨пу|сти́ть 3⁺ -щу⟩ в ход | den Bericht in die Zeitung ~ напрáвить 3 *v* сообщéние в газéту

Land *n* Staat странá 6с; der BRD земля́ 7с *A* зéмлю, *G Pl* земéль a. Boden; Festland сýша 6; Gegensatz zur Stadt дерéвня 7 | auf dem ~ в дерéвне, на селé; aufs ~ gehen отправля́ться в дерéвню; an ~ gehen высáживаться ⟨вы́са|диться 3 -жусь⟩ (на бéрег), схо|ди́ть 3⁺ -жý ⟨со|йти́*⟩ на бéрег; zu Wasser und zu ~e на водé и на сýше; ein Stück ~ учáст|ок, -ка 2 земли́; außer ~es gehen покидáть ⟨-ки́нуть 4⟩ странý; ferne Länder далёкие края́; aus aller Herren Länder со всех концóв земли́; **~adel** *m* помéстное дворя́нство; **~ambulatorium** *n* сéльская амбулатóрия 8; **~arbeit** *f* полевáя рабóта; **~arbeiter** *m* сельскохозя́йственный рабóчий; beim Gutsbesitzer oder Großbauern батрáк 2е

landarm малоземéл|ьный, -ен, -ьна

Land|armee *f* сухопýтная áрмия; **~arzt** *m* сéльский врач; **~aufenthalt** *m* пребывáние в дерéвне; **~besitz** *m* землевладéние 5; **~bevölkerung** *f* сéльское населéние; **~bewohner** *m* сéльский жи́тель; **~brot** *n* крестья́нский хлеб

Lande|bahn *f* посáдочная полосá 6а; **~brücke** *f* при́стань 9; **~erlaubnis** *f* разрешéние на посáдку; **~feuer** *n Flugw* посáдочные огни́ *Pl;* **~geschwindigkeit** *f Flugw* посáдочная скóрость; **~kapsel** *f* Raumschiff спускáемый аппарáт 2, спускáемая кáпсула; **~klappe** *f* посáдочный закры́л|ок, -ка 2

landeinwärts *Adv* внутрь страны́

landen *intr Flugw* приземл|я́ться ⟨-и́ться 3⟩, сади́ться 2 сажýсь ⟨сесть*⟩; *Mar* причáл|ивать ⟨-ить 3⟩; an Land gehen высáживаться ⟨вы́садиться⟩; *übertr* am Ziel ankommen прибывáть ⟨-|бы́ть*⟩ на мéсто; *tr Mar* высáживать ⟨вы́садить⟩ | der Arbeiter landete auf der Straße *übertr* рабóчего вы́бросили на ýлицу; der Radfahrer landete im Straßengraben велосипеди́ст оказáлся [очути́лся] в канáве; weich ~ Raumschiff соверш|áть ⟨-и́ть 3⟩ мя́гкую посáдку

Landenge *f* перешé|ек, -йка 2 | ~ von Panama Панáмский перешéек

Länder|kampf *m* междунарóдное соревновáние 5; **~kunde** *f* странговéдение 5; **~spiel** *n Sport* междунарóдная встрéча 6, междунарóдный матч 2 *G Pl* -ей

Landes|durchschnitt *m:* im ≈ в срéднем по странé; **~farben** *f Pl* национáльные цветá; **~kunde** *f* страновéдение 5

landeskundlich страновéдческий

Landes|meister *m* чемпиóн страны́; **~meisterschaft** *f* пéрвенство страны́; **~regierung** *f BRD* прави́тельство земли́; **~rekord** *m* рекóрд страны́, национáльный рекóрд; **~sprache** *f* национáльный язы́к

landesüblich (обще)при́нят:ый в (дáнной) странé

Landes|verrat *m* измéна рóдине; **~verräter** *m* измéнник рóдины; **~verteidigung** *f* оборóна страны́; **~verweisung** *f* изгнáние 5 [вы́сылка 6] из страны́; **~währung** *f* национáльная валю́та

Land|film *m* кинопередви́жка 6; **~flucht** *f* бéгство из дерéвни; **~funk** *m* радиопередáча 6 для крестья́н; **~gut** *n* помéстье 5; **~haus** *n* дáча 6; **~jugend** *f* сéльская молодёжь; **~karte** *f* (географи́ческая) кáрта; **~kreis** *m* райóн 2

landläufig общепри́нят:ый

ländlich сéльский, деревéнский

landlos безземéльный

Land|maschine *f* сельскохозя́йственная маши́на; **~maschinenbau** *m* сельскохозя́йственное машинострóение; **~messer** *m* землемéр 2; **~plage** *f* всеóбщее бéдствие 11–5; **~rat** *m BRD* ландрáт 2; **~ratte** *f umg* сухопýтная кры́са; **~regen** *m* затяжнóй [обложнóй] дождь; **~rücken** *m* возвы́шенность 9; **~schaft** *f Geogr* ландшáфт 2; Anblick; Gemälde пейзáж 2 *G Pl* -ей

landschaftlich *Adv:* ~ schöne Gegend краси́вая мéстность

Landschafts|maler *m* пейзажи́ст 2; **~malerei** *f* пейзáжная жи́вопись; **~schutzgebiet** *n* зóна 6 охраня́емого ландшáфта, большóй зáповедник

Land|schildkröte *f* сухопýтная черепáха; **~schule** *f* сéльская шкóла; **~sitz** *m* помéстье 5

Lands|knecht *m* ландскнéхт 2; **~mann** *m* земля́к 2е, соотéчественник 2; **~männin** *f* земля́чка 6, соотéчественница 6

Land|spitze *f* мыс 2; **~straße** *f* шоссé *n idkl,* (шоссéйная) дорóга 6; **~streicher** *m* бродя́га *m* 6; **~streitkräfte** *Pl* сухопýтные войска́ *Pl* 4; **~strich** *m* ме́стность 9; **~tag** *m BRD* ландта́г 2

Landung *f Flugw* поса́дка 6, приземле́ние 5; *Mar* вы́садка 6; *Mil* деса́нт 2 | zur ~ ansetzen идти́* (по|йти́*) на поса́дку; auf dem Mond прилуне́ние 5

Landungs|boot *n* деса́нтный ка́тер 2b| *Pl* -á; **~brücke** *f* при́стань 9g, прича́л 2; **~platz** *m* für Schiffe при́стань 9g; *Mil* ме́сто вы́садки деса́нта; **~steg** *m* схо́дн|и| -ей *Pl* 7, дебаркаде́р [дэб, дэр] 2; **~truppen** *Pl Mil* деса́нтные войска́ *Pl* 4b, деса́нт 2

Landwarenhaus *n* се́льский универма́г

landwärts *Adv* к бе́регу | der Wind weht ~ ве́тер ду́ет с мо́ря

Land|weg *m:* auf dem ≈ по су́ше, сухопу́тной доро́гой; **~wehr** *f* ландве́р 2, ополче́ние 5; **~wind** *m* берегово́й ве́тер; **~wirt** *m* земледе́л|ец| -ьца 2; **~wirtschaft** *f* се́льское хозя́йство

landwirtschaftlich сельскохозя́йственный | ~e Produktionsgenossenschaft (LPG) сельскохозя́йственный произво́дственный кооперати́в; ~e Hochschule сельскохозя́йственный институ́т

Landwirtschafts|ausstellung *f* сельскохозя́йственная вы́ставка; **~schule** *f* сельскохозя́йственное учи́лище

Landzunge *f* коса́ 6c *A* ко́су

lang 1. *Adj* räumlich дли́н|ный| -ен| -на́| длинно́; zeitlich дли́нный| до́л|гий| -ог| -га́!| до́льше | das Zimmer ist vier Meter ~ длина́ ко́мнаты четы́ре ме́тра; ein vier Meter ~es Zimmer ко́мната длино́й (в) четы́ре ме́тра; ein ~es Leben до́лгая жизнь; an den ~en Winterabenden в до́лгие зи́мние вечера́; eine ~e Pause дли́нная [продолжи́тельная] па́уза; vor ~er Zeit давны́м-давно́; seit ~em (уже́) давно́; nach ~en Jahren мно́го лет спустя́; auf [für] ~e Zeit на до́лгое вре́мя; längere Zeit до́лгое вре́мя, подо́лгу; die Zeit wird mir ~ вре́мя тя́нется о́чень ме́дленно; auf die ~e Bank schieben от|кла́дывать ⟨-ложи́ть 3⁺⟩ в до́лгий я́щик; eine ~e Leitung haben *übertr* ту́го сообража́ть, быть* непоня́тливым; ~e Finger machen быть нечи́стым на́ руку; er machte ein ~es Gesicht у него́ вы́тянулось лицо́; länger machen удлин|я́ть ⟨-и́ть 3⟩ **2.** *Adv* до́лго | mein Leben ~ всю мою́ жизнь; ein Jahr ~ год; über kurz oder ~ ра́но и́ли по́здно; ~ und breit erklären обстоя́тельно [подро́бно] объясня́ть; **~ärmlig** с дли́нными рукава́ми; **~atmig** *übertr* ску́чный| -ен, многосло́в|ный| -ен; **~beinig** длинноно́гий

lange *Adv* до́лго; seit langer Zeit давно́ | schon ~ уже́ давно́; bleibe nicht so ~! не остава́йся так до́лго!; auf ~e (Zeit) wegfahren уезжа́ть ⟨-|е́хать*⟩ надо́лго; wie ~? ско́лько вре́мени?, как до́лго?; ~ vorher намно́го ра́ньше; ~ vor Abfahrt des Zuges задо́лго до отхо́да по́езда; ~ danach спустя́ мно́го вре́мени (по́сле э́того); ich habe so ~ gewartet, bis sie kam я ждал(а́) до тех пор, пока́ она́ не пришла́; das ist schon ~ her с тех пор прошло́ уже́ мно́го вре́мени; es ist noch nicht ~ her э́то случи́лось неда́вно; noch ~ nicht далеко́ не; was ~ währt, wird gut что зре́ет ме́дленно| даёт хоро́ший плод; da kannst du ~ warten! э́того придётся тебе́ до́лго ждать!; das ist noch ~ kein Beweis э́то ещё ничего́ не дока́зывает

Länge *f* длина́ 6; Dauer продолжи́тельность 9; eines Lautes долгота́ 6c; *Geogr* долгота́ | in die ~ ziehen затя́гивать ⟨-тяну́ть 4⁺⟩; sich in die ~ ziehen затя́гиваться ⟨-тяну́ться⟩; der ~ nach hinfallen растя́гиваться ⟨-тяну́ться⟩ во весь рост; 20 Grad östlicher ~ два́дцать гра́дусов восто́чной долготы́; der Roman hat ~n рома́н страда́ет не́которыми длинно́тами

langen *intr* ausreichen хва|та́ть ⟨-ти́ть 3⁺⟩ (etw. *G*, für на *A*) | das Geld langt nicht zum Leben де́нег не хвата́ет на жизнь; der Stoff langt für einen Anzug мате́рии доста́точно на костю́м; er langte nach einem Buch он потяну́л ру́ку за кни́гой

Längen|ausdehnung *f* протяжённость 9; **~grad** *m* гра́дус долготы́; **~kreis** *m* меридиа́н 2; **~maß** *n* ме́ра длины́

Langeweile *f* ску́ка 6 | aus [vor] ~ со [от] ску́ки; er hat ~ ему́ ску́чно, он скуча́ет

lang|fristig долгосро́ч|ный| -ен; **~gestreckt** вы́тянут:ый в длину́; **~gezogen** Sprache **1.** *Adj* протя́ж|ный| -ен **2.** *Adv* нараспе́в; **~haarig** длинноволо́с:ый; Tier длинношёрстный

Lang|holz *n* длинноме́рная древеси́на 6; **~holzwagen** *m* лесово́з 2

langjährig долголе́тний 11 | ~er Mitarbeiter ста́рый сотру́дник

Lang|lauf *m* Ski лы́жные го́н|ки *Pl* 6 -ок; **~läufer** *m* Ski лы́жник-го́нщик 2-2; **~laufskier** *m Pl* бего́вые лы́жи *Pl* 6

langlebig долгове́ч|ный| -ен | ~e Gebrauchsgüter потреби́тельские това́ры дли́тельного по́льзования

Langlebigkeit *f* долгове́чность 9

länglich продолгова́т:ый

Langmut *m* терпели́вость 9

langmütig терпели́в:ый

längs *Präpos* вдоль *G*

Längsachse *f* продо́льная ось

langsam ме́длен:ный| -на; Gang, Fahrt a. ти́х:ий| -á!| ти́ше; zögernd медли́тел|ьный| -ен| -ьна | ~ aber sicher ме́дленно| но ве́рно

Langsamkeit *f* мéдленность 9; медли́тельность 9
Lang|schläfer *m* сóня *m* 6; **~spielband** *n* Tonband тóнкая (магнитофóнная) плёнка; **~spielplatte** *f* долгоигрáющая 11 пласти́нка
Längsschnitt *m* продóльный разрéз, продóльное сечéние
längst *Adv* давнó | das weiß ich ~ э́то (ужé) давнó знáю; das ist noch ~ nicht erwiesen э́то далекó не докáзано; sie weiß ~ nicht so viel wie er онá знáет намнóго мéньше егó; schon ~ ужé давнó; ~ vergangen дáвний 11; **~ens** *Adv:* in ≈ einer Woche не пóзже, чем чéрез недéлю; es dauert ≈ zwei Stunden э́то продли́тся не бóльше двух часóв
langstielig *Bot* с дли́нным стéблем
Langstrecken|bomber *m* бомбардирóвщик дáльнего дéйствия; **~flug** *m* дáльний 11 полёт; **~flugzeug** *n* самолёт дáльнего дéйствия [сообщéния]; **~lauf** *m* бег на дли́нные дистáнции; **~läufer** *m* бегýн 2e на дли́нные дистáнции, стáйер 2; **~rakete** *f* ракéта дáльнего дéйствия; **~schwimmen** *n* дáльний заплы́в 11-2; **~schwimmer** *m* пловéц на дли́нные дистáнции, пловéц-стáйер 2-2
Languste *f* лангýст 2
langweil|en *tr* надоедáть ⟨-|éсть*⟩ *D,* наскýчить *v* 3 *D;* sich ≈ *refl* скучáть | er langweilte sich емý бы́ло скýчно; **~ig** скýч|ный, -ен, -нá, -но, скýчны́ | ≈er Mensch нýдный человéк; ≈e Gesellschaft скýчная компáния
Langwelle *f Rad* дли́нная волнá 6
langwierig дли́тел|ьный, -ен, -ьна; Krankheit, Krise затяжнóй
Langwierigkeit *f* дли́тельность 9
Langzeit|gedächtnis *n* долговрéменная пáмять; **~wirkung** *f Med* дли́тельное дéйствие | Tabletten mit ≈ таблéтки дли́тельного дéйствия
Lanze *f* копьё 3c *G Pl* кóпий, пи́ка 6 | für j-n eine ~ brechen вступ|áться ⟨-и́ться 3⁺ -люсь⟩ за когó-н.
Lanzette *f* ланцéт 2
Laos Лаóс 2
Laot|e *m* лаот|я́нин 2 *Pl* -я́не, -я́н; **~in** *f* лаотя́нка 6
laotisch лаóтский
La Paz Ла-Пáс 2
lapidar лапидáр|ный, -ен, сжáтый
Lappalie *f* пустя́к 2e
Lappe *m* лаплáнд|ец, -ца 2
Lappen *m* тря́пка 6; Fetzen лоскýт 2e *Pl a.* -ья, -ьев; *Anat, Bot* дóл|я 7g *G Pl* -éй | j-m durch die ~ gehen улизнýть *v* 4 от когó-н.
lappig schlaff вя́л:ый, дря́бл:ый, -á!
Lappin *f* лаплáндка 6
lappisch лаплáндский
läppisch нелéп:ый, пóшл:ый, -á!
Lappland Лаплáндия 8
Lappländer *m* = **Lappe**
lappländisch лаплáндский
Lapsus *m* ля́псус 2 | ~ linguae оговóрка 6
Lärche *f* ли́ственница 6
Largo *n* лáрго *n idkl*
Lärm *m* шум 2 | ~ machen шум|éть 3 -лю́, поднимáть ⟨поднять*⟩ шум; viel ~ um nichts мнóго шýму из ничегó; **~bekämpfung** *f* борьбá 6 с шýмом; **~belästigung** *f* врéдное воздéйствие 5 шýма
lärmen *intr* шум|éть 3 -лю́; **~d** шýм|ный, -ен, -нá!
Lärmschutz *m* шумозащи́та 6
Larve *f* мáска 6; *Zool* личи́нка 6
lasch вя́л:ый, слáб:ый, -á, -о, слáбы́
Lasche *f* Schuh языч|óк, -кá 2; *Tech* наклáдка 6
Laserstrahl *m* световóй луч лáзера
lassen *Vollverb* fort~, heran~, hinein~ пу|скáть ⟨-сти́ть 3⁺ -щý⟩; ~ Sie den Hund nicht in die Küche не пускáйте собáку в кýхню; Wasser in die Wanne ~ нап|ускáть ⟨-сти́ть⟩ воды́ в вáнну | hinter~, be~, übrig~ ост|авля́ть ⟨-áвить 3 -áвлю⟩; ich habe den Schirm zu Hause gelassen я остáвил зóнтик дóма; laß alles, wie es ist остáвь всё, как есть; laß ihn in Ruhe! остáвь егó в покóе!, wo hast du die Schlüssel gelassen? кудá ты дел ключи́?; j-n im Zweifel ~ ост|авля́ть ⟨-áвить⟩ когó-н. в сомнéнии; j-m die Wahl ~ предост|авля́ть ⟨-áвить 3 -áвлю⟩ комý-н. вы́бор; ~ wir es dabei (bewenden) остáвим э́то так; das muß man ihm ~ э́того у негó не отни́мешь [нельзя́ отня́ть] | in einem Zustand ~ ост|авля́ть ⟨-áвить⟩ *I;* das Fenster [die Frage] offen~ оставля́ть окнó [вопрóс] откры́тым; ihn [sie] allein ~ оставля́ть егó одногó [её однý] | unterlassen, aufgeben бросáть ⟨брó|сить 3 -шу⟩; das Rauchen ~ брóсить кури́ть; laß das Weinen! перестáнь плáкать!; laß das! брось!, перестáнь!; er läßt das Trinken nicht он не перестаёт пить; tu, was du nicht ~ kannst дéлай то, чегó не мóжешь не дéлать; *Hilfsverb* | gestatten разреш|áть ⟨-и́ть 3⟩; er ließ uns an der Konferenz teilnehmen он разреши́л нам приня́ть учáстие в конферéнции; die Eltern ließen die Kinder ins Kino gehen роди́тели пусти́ли детéй в кинó, роди́тели разреши́ли дéтям идти́ в кинó; ich lasse mir keine Vorschriften machen я не позвóлю собóй комáндовать; sich nichts sagen ~ не принимáть совéтов; das lasse ich mir nicht gefallen [bieten] я э́того не терплю́ | nicht hindern давáть* ⟨дать*⟩ *D;* ~ Sie mich ausreden дáйте мне договори́ть; laß ihn schlafen дай емý (по)спáть, пусть он

(по)спи́т; ich lasse dich den Brief lesen я дам тебе́ прочита́ть письмо́; sie ließ mich nicht zu Wort kommen она́ не дала́ мне говори́ть | veranlassen, zwingen заст|авля́ть ⟨-а́вить 3 -а́влю⟩ *A*, веле́ть *uv, v* 3 *D*, при|ка́зывать ⟨-каза́ть*⟩ *D;* der Lehrer ließ die Schüler lesen учи́тель заста́вил ученико́в чита́ть, учи́тель веле́л ученика́м чита́ть; nicht auf sich warten ~ не заста́вить себя́ ждать; der Arzt ließ den Patienten röntgen врач напра́вил пацие́нта на рентге́н | veranlassen, bitten про|си́ть 3⁺ -шу́ (по-); ich ließ mir den Termin sagen я попроси́л указа́ть мне вре́мя [срок]; der Direktor läßt Sie bitten вас про́сит дире́ктор | bei Dienstleistungen: nicht übersetzt: ich habe mir die Haare schneiden ~ я постри́гся; er läßt sich rasieren он бре́ется в парикма́херской; ich muß meine Uhr reparieren ~ мне ну́жно отда́ть в ремо́нт часы́; sich die Haare färben ~ кра́сить (по-) во́лосы; sich ärztlich behandeln ~ лечи́ться; er hat sich einen Anzug machen ~ он сшил себе́ костю́м | Aufforderung дава́й(те) *uv, Inf od. v 1. Pl;* laßt uns tanzen дава́йте танцева́ть [потанцу́ем] | sich ~ Möglichkeit мо́жно *Inf od. reflexives Verb;* das läßt sich erklären э́то мо́жно объясни́ть; der Schrank läßt sich nicht öffnen шкаф не открыва́ется, шкаф нельзя́ откры́ть; hier läßt es sich frei atmen здесь свобо́дно ды́шится; dort läßt es sich leben там не пло́хо живётся | Möglichkeit (bei Personen) дава́ть* ⟨дать*⟩ себя́ + *Inf;* sie ließ sich überreden она́ дала́ себя́ уговори́ть, её уговори́ли; er läßt mit sich reden он усту́пчив | laß dir das gesagt sein пусть э́то бу́дет тебе́ изве́стно; der Vorschlag läßt sich hören предложе́ние прие́млемо

lässig небре́ж|ный, -ен

Lässigkeit *f* небре́жность 9

Lasso *n* арка́н 2, лассо́ *n idkl*

Last *f* тя́жесть 9; Ladung груз 2; Trag~ но́ша 6; *übertr* бре́м|я *G D P* -ени, *I* -енем, тя́гость 9 | unter einer ~ zusammenbrechen у|па́сть* *v* под тя́жестью гру́за; drückende ~ тя́жкое бре́мя; j-m zur ~ fallen быть* кому́-н. в тя́гость; j-m etw. zur ~ legen ста́в|ить 3 -лю (по-) кому́-н. что-н. в вину́; zu ~en des Käufers за счёт покупа́теля

lasten *intr* лежа́ть 3 бре́менем (auf на *P*), тяготе́ть (auf над *I*) | auf dem Grundstück ~ Schulden земе́льный уча́сток обременён долга́ми; die Verantwortung lastet auf mir я несу́ отве́тственность

Lastenaufzug *m* грузоподъёмник 2

Laster *n* поро́к 2 | sich dem ~ ergeben пре|дава́ться* ⟨преда́ться*, -да́ли́сь⟩ поро́ку

lasterhaft поро́ч|ный, -ен, развра́т|ный, -ен

Laster|haftigkeit *f* поро́чность 9, развращённоть 9; **~höhle** *f* прито́н 2 развра́та

Lästermaul *n umg* клеветни́к 2e | er ist ein ~ у него́ злой язы́к

lästern *tr u. intr* кощу́нствовать 2 (über над *I*); klatschen клевета́ть* (о-) (über на *A*)

Lästerung *f* кощу́нство 4; клевета́ 6

lästig zudringlich надое́длив:ый; назо́йлив:ый; beschwerlich обремени́тель|ный, -ен, -ьна; unbequem неприя́т|ный, -ен | j-m ~ werden надоеда́ть ⟨-|есть*⟩ кому́-н.

Last|kahn *m* ба́ржа 6; **~kraftwagen** *m* (*Abk* LKW) грузови́к 2e, грузова́я (авто)маши́на 6; **~tier** *n* вью́чное живо́тное; **~träger** *m* носи́льщик 2

Lastzug *m* автопо́езд 2b *Pl* -а́

Lasur *f* лазу́рь 9; **~stein** *m* лазури́т 2, лазо́ревый ка́мень

Latein *n* латы́нь 9, лати́нский язы́к 2e | mit seinem ~ am Ende sein стать* *v* в тупи́к, не знать, что де́лать да́льше

Lateinamerika *n* Лати́нская Аме́рика

lateinamerikanisch латиноамерика́нский

Lateiner *m* латини́ст 2

lateinisch **1.** *Adj* лати́нский **2.** *Adv* по-латы́ни

latent скры́тый

lateral латера́льный

Laterne *f* фона́рь 1e | das kann man mit der ~ suchen э́то днём с огнём не сы́щешь

Laternen|beleuchtung *f* фона́рное освеще́ние; **~pfahl** *m* фона́рный столб

Latex *m* ла́текс 2; **~farbe** *f* ла́тексная кра́ска

Latifundien *n Pl* латифу́ндии *Pl* 8

latinisieren *tr* латинизи́ровать *uv, v* 2

Latrine *f* отхо́жее ме́сто 11-4b

Latsch *m* Hausschuh шлёпан|ец, -ца 2; ausgetretener Schuh сто́птанный башма́к 2e

latschen *intr umg* шлёп|ать ⟨-нуть 4 *mom*⟩ (ту́флями)

Latschenkiefer *f* го́рная сосна́ 6c

Latte *f* пла́нка 6, ре́|йка 6 *G Pl* -ек; Tor~ *Sport* перекла́дина 6 | lange ~ *übertr* верзи́ла *m, f* 6, каланча́ 6

Latten|rost *m* деревя́нная решётка 6; **~verschlag** *m* доща́тая перегоро́дка 6; **~zaun** *m* забо́р из штаке́тника, штаке́тник 2

Lattich *m* лату́к 2

Lätzchen *n* нагру́дник 2

lau теплова́т:ый; *übertr* равноду́ш|ный, -ен, безразли́ч|ный, -ен

Laub *n* листва́ 6 | das ~ verlieren теря́ть (по-) листву́; **~baum** *m* ли́ственное де́рево

Laube *f* бесе́дка 6, садо́вый до́мик 2
Lauben|gang *m* кры́тая алле́я 7; **~kolonie** *f* (при́городные) огоро́дные уча́стки *Pl* 2
Laub|fall *m* листопа́д 2; **~frosch** *m* обыкнове́нная ква́кша 6; **~hütte** *f* шала́ш 2e *G Pl* -е́й; **~säge** *f* ло́бзик 2; **~wald** *m* ли́ственный лес; **~werk** *n* листва́ 6
Lauch *m* лук 2
Lauer *f:* auf der ~ liegen подстерега́ть ⟨-|стере́чь*⟩ *A*
lauern *intr* подстерега́ть ⟨-|стере́чь*⟩ (auf *A*)
Lauf *m Sport* бег 2, на бегу́; von Mechanismen ход 2, на ходу́; Verlauf ход 2, в хо́де; Fluß тече́ние 5; *Astr* движе́ние 5; Schußwaffe ствол 2e; beim Wild нога́ 6a, ла́па 6; *Mus* пасса́ж 2 *G Pl* -ей | in vollem ~(e) во весь опо́р, со всего́ разбе́га; im ~(e) einer Woche в тече́ние [продолже́ние] неде́ли; im ~(e) der Zeit со вре́менем, с тече́нием вре́мени; im ~(e) der Verhandlungen в хо́де [во вре́мя] перегово́ров; seinen Gedanken [Gefühlen] freien ~ lassen дава́ть* ⟨дать*⟩ во́лю свои́м мы́слям [чу́вствам]; der ~ der Dinge ход веще́й; die Dinge [Ereignisse] nahmen ihren ~ собы́тия пошли́ свои́м чередо́м; das ist der ~ der Welt так (уж) устро́ен мир, так обы́чно быва́ет в жи́зни; **~bahn** *f Sport* бегова́я доро́жка; *übertr* карье́ра 6; **~brett** *n* мостки́ *Pl* 2; **~bursche** *m* ма́льчик 2 на побегу́шках
laufen *intr* бе́гать; *best* бежа́ть*; zu Fuß gehen идти́* (пешко́м); auslaufen течь*; Film идти́; *Tech* рабо́тать | über die Straße ~ перебега́ть ⟨-|бежа́ть*⟩ у́лицу; er ist 3000 Meter in 9 Minuten gelaufen он пробежа́л три ты́сячи ме́тров за де́вять мину́т; einen neuen Weltrekord ~ установ|и́ть 3 -лю́ *v* но́вый мирово́й реко́рд в бе́ге; täglich einige Runden ~ ежедне́вно пробега́ть не́сколько круго́в; Ski ~ хо|ди́ть 3⁺ -жу́ на лы́жах; um die Wette ~ бежа́ть наперегонки́; wir sind nicht gefahren, sondern gelaufen мы не е́хали, а шли; dem Kind läuft die Nase у ребёнка течёт из но́са; das Faß [der Füller] läuft бо́чка [автору́чка] течёт; es lief mir eiskalt über den Rücken у меня́ мура́шки пробежа́ли по спине́; der Vertrag läuft vier Jahre догово́р заключён на четы́ре го́да; der Film läuft schon die dritte Woche фильм идёт уже́ тре́тью неде́лю [уже́ три неде́ли]; Wasser in die Wanne ~ lassen напу|сти́ть 3 -щу́ *v* воды́ в ва́нну; lassen Sie ihn ~ отпусти́те его́; sich müde ~ набе́гаться *v;* sich die Füße wund ~ натира́ть ⟨-|тере́ть*⟩ себе́ но́ги; in den neuen Schuhen läuft es sich gut в но́вых ту́флях хорошо́ ходи́ть; das läuft ins Geld э́то бьёт по карма́ну, э́то влети́т в копе́ечку; das läuft auf eins hinaus всё сво́дится к одному́ и тому́ же
Laufen *n Sport* бег 2 | im ~ на бегу́; sich im ~ üben тренирова́ться 2 в бе́ге
laufend Monat, Jahr теку́щий 11; ständig постоя́нный | ~e Nummer поря́дковый но́мер; ~er Motor рабо́тающий 11 дви́гатель; der ~e Meter пого́нный метр; am ~en Band *Tech* по конве́йеру; *übertr* постоя́нно, непреры́вно; auf dem ~en sein быть* в ку́рсе де́ла [собы́тий]; j-n auf dem ~en halten держа́ть 3⁺ кого́-н. в ку́рсе де́ла [собы́тий]
Läufer *m* Leichtathletik бегу́н 2e; Fußball полузащи́тник 2; Teppich доро́жка 6; Schach слон 2e; *Tech* ро́тор 2
Lauferei *f* беготня́ 7
Lauf|feuer *n:* die Nachricht verbeitete sich wie ein ≈ изве́стие распространи́лось с быстрото́й мо́лнии; **~fläche** *f* Reifen проте́ктор 2; **~gitter** *n* де́тский мане́ж 2 *G Pl* -ей; **~graben** *m Mil* транше́я 7
läufig находя́щийся 11 в состоя́нии те́чки
Lauf|käfer *m* жу́желица 6; **~katze** *f Tech* кра́новая теле́жка 6; **~kran** *m* мостово́й кран; **~kundschaft** *f* случа́йные покупа́тели *Pl* 1; **~masche** *f* спусти́вшаяся 11 петля | ≈n aufnehmen поднима́ть ⟨подня́ть⟩ пе́тли; **~paß** *m:* j-m den ≈ geben дава́ть ⟨дать⟩ кому́-н. отста́вку; **~schiene** *f* ходово́й рельс; **~schrift** *f* бе́гущая све́топись 11-9; **~schritt** *m* бе́глый шаг | im ≈ бего́м; **~steg** *m* мостки́ *Pl* 6; für Modenschau помо́ст 2 для демонстра́ции моде́лей; **~vogel** *m* бе́гающая 11 пти́ца; **~werk** *n Tech* ходово́й механи́зм 2; **~zeit** *f* Vertrag, Kredit срок 2 де́йствия; **~zettel** *m* обходно́й лист 2e
Lauge *f* щёлок 2
Lauheit *f übertr* равноду́шие 5, безразли́чие 5
Laune *f* настрое́ние 5; wunderliche капри́з 2 | bei guter ~ sein быть в ду́хе [в хоро́шем настрое́нии]; ~n haben капри́зничать; j-n bei guter ~ halten подде́рживать в ком-н. хоро́шее настрое́ние; j-m die ~ verderben по́р|тить 3 -чу (ис-) кому́-н. настрое́ние; die ~n des Schicksals капри́зы судьбы́
launenhaft = **launisch**
Launenhaftigkeit *f* капри́з(ы) 2 (*Pl*)
launig весёлый, ве́сел, -а́!, заба́в|ный, -ен
launisch капри́з|ный, -ен, своенра́в|ный, -ен | ~ sein капри́зничать; ~er Mensch капри́зный челове́к, капри́зник 2 *umg*
Laus *f* вошь 9 вши, *I* во́шью | ihm ist eine ~ über die Leber gelaufen он не в ду́хе, его́ кака́я-то му́ха укуси́ла; j-m Läuse in den Pelz setzen *übertr* причин|я́ть ⟨-и́ть

3) кому́-н. неприя́тности; **~bube** *m* пострéл 2; **~bubenstreich** *m* мальчи́шеская продéлка 6

lauschen *intr* belauschen подслу́ш|ивать ⟨-ать⟩; zuhören прислу́шиваться к *D* | an der Tür ~ подслу́шивать разговóр под двéрью

Lauscher *m Jagd* у́хо 4g *Pl* у́ш|и, -éй

lauschig ти́х:ий, -á! | ~es Plätzchen укрóмное мéсто 4b

Lausejunge *m* = **Lausbube**

lausen *tr* иска́ть* вшей у *G*

lausig **1.** *Adj* прокля́тый **2.** *Adv* а́дски, чертóвски | es ist ~ kalt а́дски [чертóвски] хóлодно

Lausitz *f* Лáузиц 2

[1]**laut** **1.** *Adj* грóм|кий, -ок, -кá!, -че; lärmend шу́м|ный, -ен, -нá! **2.** *Adv* грóмко | ~ lesen читáть в слух; ~ werden станови́ться 3⁺ ⟨стать*⟩ извéстным; man darf nicht ~ davon sprechen нельзя́ вслух [откры́то] говори́ть об э́том

[2]**laut** *Präpos* соглáсно *D,* по *D* | ~ Gesetz по закóну

Laut *m* звук 2 | keinen ~ von sich geben не из|давáть* ⟨-|дáть*⟩ ни зву́ка

Laute *f* лю́т|ня 7 *G Pl* -ен

lauten *intr* offiziell глаcи́ть 3 | das Urteil lautet auf zwei Jahre Gefängnis приговóр предусмáтривает два гóда тюрéмного заключéния

läuten *tr u. intr* звони́ть 3 (по-) | die Glokken ~ колоколá звоня́т; es hat zum zweiten Mal geläutet был вторóй звонóк; Sturm ~ бить* в набáт

lauter **1.** *Adj* rein чи́ст:ый, -á, -о, чи́сты, чи́ще; ehrlich чéст|ный, -ен, -нá! **2.** *Adv* одни́, тóлько | ~ Dummheiten одни́ (тóлько) глу́пости; ~ Lügen сплошня́ ложь, однá (тóлько) ложь

Lauterkeit *f übertr* чéстность 9

läutern *tr* очищáть ⟨очи́|стить 3 -щу⟩; *übertr* облагор|áживать ⟨-óдить 3 -óжу⟩

Läuterung *f* очищéние 5; облагорáживание 5

Läutewerk *n Eisenb* звуковáя сигнализáция 8

Laut|gesetz *n* звуковóй закóн; **~lehre** *f* фонéтика 6

laut|lich звуковóй, фонети́ческий; **~los** беззву́ч|ный, -ен, бесшу́м|ный, -ен; schweigend безмóлв|ный, -ен; **~malend** звукоподражáтельный

Laut|malerei *f* звукоподражáние 5; **~-schrift** *f* фонети́ческая транскри́пция 8

Lautsprecher *m* громкоговори́тель 1; **~anschluß** *m* подключéние 5 громкоговори́теля; **~wagen** *m* (авто)маши́на с громкоговори́телем

Lautstärke *f* грóмкость 9; **~regler** *m* регуля́тор грóмкости

Lautverschiebung *f* изменéние 5 соглáсных

lauwarm теплoвáт:ый

Lava *f* лáва 6; **~strom** *m* потóк лáвы

Lavendel *m* лавáнда 6

lavieren *intr* лави́ровать 2

Lawine *f* лави́на 6

Lawinengefahr *f* опáсность обвáла

Layout *n* оригинáл-макéт 2-2, эски́з 2

Lazarett *n* (воéнный) гóспиталь 1; **~zug** *m* санитáрный пóезд, санпóезд 2b *Pl* -á

Lebemann *m* бонвивáн 2

leben *intr* жить*; einige Zeit irgendwo прожи́ть* | von seiner Hände Arbeit ~ жить свои́м трудóм; nichts zu ~ haben не имéть средств к существовáнию; er lebt nur seiner Wissenschaft он живёт тóлько рáди своéй нау́ки; nur in der Vergangenheit ~ жить тóлько прóшлым; in Saus und Braus ~ прожигáть жизнь; hier lebt es sich gut здесь хорошó живётся [жить]; er lebt noch он ещё жив [в живы́х]; mit j-m in Frieden ~ жить с кем-н. в ми́ре; lebe wohl! прощáй!; von der Hand in den Mund ~ éдвá своди́ть концы́ с концáми; man lebt nur einmal жизнь даётся лишь раз; es lebe ...! да здрáвствует [аст] ...!

Leben *n* жизнь 9 | ~ und Treiben житьё-бытьё 5-5; überall war ein reges ~ und Treiben повсю́ду жизнь би́ла ключóм; Zeit meines ~s всю мою́ жизнь; das nackte ~ retten спасти́ тóлько жизнь; sein ~ aufs Spiel setzen стáв|ить 3 -лю (по-) свою́ жизнь на кáрту, рисковáть 2 жи́знью; ein elendes ~ fristen влачи́ть 3 жáлкое существовáние; sich das ~ nehmen покóнчить *v* 3 жизнь самоуби́йством; j-m das ~ schwer machen отрав|ля́ть ⟨-и́ть 3⁺ -лю́⟩ кому́-н. жизнь; ~ in die Bude bringen *umg* вноси́ть 3 -ношу́ ⟨-|нести́*⟩ оживлéние в компáнию; am ~ bleiben о|стáться* *v* в живы́х, von Kranken a. выживáть ⟨вы́|жить*⟩; am ~ hängen люб|и́ть 3⁺ -лю́ свою́ жизнь; auf ~ und Tod (kämpfen) (борóться) не на жизнь, а на смерть; es geht auf ~ und Tod решáется вопрóс жи́зни и́ли смéрти; aus dem ~ gegriffen взя́тый [почéрпнутый] из жи́зни; sich durchs ~ schlagen с трудóм зарабáтывать себé на жизнь; fürs ganze ~ на всю жизнь; für mein ~ gern с удовóльствием; in meinem ganzen ~ за всю свою́ жизнь; etw. ins ~ rufen вы́|звать* *v* к жи́зни что-н., соз|давáть* ⟨создáть*⟩ что-н.; etw. mit dem ~ bezahlen плa|ти́ться 3⁺ -чу́сь (по-) своéй жи́знью за что-н.; mit dem ~ davonkommen о|стáться* *v* в живы́х, спасти́сь* *v;* ums ~ kommen по|гибáть ⟨-ги́бнуть 4a⟩; das ~ liegt noch vor dir всё ещё впереди́

lebend **1.** *Adj* живу́щий 11, жив:о́й, -а́! **2.** *Adv* живьём; **~gebärend** живоро-дя́щий 11
Lebendgewicht *n* живо́й вес
lebendig 1. *Adj* lebend жив:о́й, -а́!; lebensvoll живо́й, по́лный жи́зни **2.** *Adv* живьём, за́живо; жи́во | mehr tot als ~ sein быть полумёртвым
Lebendigkeit *f* жи́вость 9, оживлённость 9
Lebens|abend *m* зака́т 2 жи́зни; **~alter** *n* во́зраст; **~art** *f* о́браз жи́зни; **~aufgabe** *f* цель 9 [зада́ча] жи́зни; **~baum** *m Bot* ту́я 7; **~bedingungen** *Pl* усло́вия жи́зни
lebensbejahend жизнеутвержда́ющий 11
Lebens|beschreibung *f* биогра́фия 8; **~dauer** *f* продолжи́тельность жи́зни; *Tech* срок 2 слу́жбы; **~erfahrung** *f* жи́зненный [жите́йский] о́пыт; **~erwartung** *f*: durchschnittliche ≈ сре́дняя продолжи́тельность 11-9 жи́зни
lebensfähig жизнеспосо́б|ный, -ен
Lebens|fähigkeit *f* жизнеспосо́бность 9; **~frage** *f* жи́зненно ва́жный вопро́с
lebensfremd ото́рванный [далёкий] от жи́зни
Lebensfreude *f* жизнера́достность 9
lebensfroh жизнера́дост|ный, -ен
Lebensgefahr *f* опа́сность для жи́зни | in ~ schweben быть* при сме́рти; außer ~ sein быть вне опа́сности; unter ~ риску́я жи́знью
lebensgefährlich опа́сный для жи́зни
Lebens|gefährte *f* спу́тник жи́зни; **~gefährtin** *f* спу́тница жи́зни; **~gemeinschaft** *f* совме́стная жизнь; *Biol* симбио́з 2
lebensgroß в натура́льную величину́
Lebens|größe *f* натура́льная величи́на | in ≈ в натура́льную величину́; **~haltungskosten** *Pl* сто́имость 9 жи́зни; **~inhalt** *m* содержа́ние жи́зни; **~jahr** *n* год жи́зни; **~kraft** *f* жи́зненная си́ла; **~lage** *f*: sich in jeder ≈ zurechtfinden находи́ть 3⁺ -хожу́ ⟨-|йти́⟩ вы́ход из любо́го положе́ния
lebenslänglich пожи́зненный | er ist zu ~em Zuchthaus verurteilt worden его́ приговори́ли к пожи́зненному заключе́нию
Lebens|lauf *m* биогра́фия 8 | mein ≈ моя́ автобиогра́фия; **~lust** *f* = **Lebensfreude**
lebenslustig жизнера́дост|ный, -ен
Lebensmittel *Pl* пищевы́е проду́кты *Pl* 2, *umg* проду́кты; **~geschäft** *n* продово́льственный магази́н; **~industrie** *f* пищева́я промы́шленность; **~karte** *f* продово́льственная [продукто́вая] ка́рточка 6; **~knappheit** *f* недоста́т|ок, -ка 2 продово́льствия; **~preise** *m Pl* це́ны *Pl* 6 на пищевы́е проду́кты; **~rationierung** *f* нормирова́ние 5 распределе́ния (пищевы́х) проду́ктов; **~versorgung** *f* снабже́ние продово́льствием; **~vorräte** *Pl* запа́с продово́льствия; **~zuteilung** *f* продово́льственный па|ёк, -йка́ 2 (по ка́рточкам)
lebensmüde: er ist ~ он уста́л от жи́зни
Lebensmut *m* жи́зненная эне́ргия 8
lebens|nah свя́зан:ный с жи́знью; **~notwendig** жи́зненно необходи́м:ый
Lebens|retter *m* спаси́тель 1 (жи́зни); **~rettungsmedaille** *f* меда́ль за спасе́ние жи́зни; **~standard** *m* жи́зненный у́ров|ень, -ня 1; **~stellung** *f* пожи́зненная до́лжность; **~stil** *m* стиль [о́браз] жи́зни
lebenstüchtig жизнеде́ятел|ьный, -ен, -ьна
Lebens|unterhalt *m* сре́дства *Pl* 4 к жи́зни | seinen ≈ verdienen зараба́тывать на жизнь; **~verhältnisse** *Pl* усло́вия жи́зни; **~versicherung** *f* страхова́ние жи́зни
lebens|voll по́лный жи́зни, живо́й; **~wahr** правди́в:ый
Lebens|wandel *m* о́браз 2 жи́зни, поведе́ние 5; **~weg** *m* жи́зненный путь; **~weise** *f* о́браз 2 жи́зни; **~weisheit** *f* жите́йская му́дрость; **~werk** *n*: sein ≈ де́ло всей его́ жи́зни
lebenswichtig жи́зненно ва́жный
Lebens|wille *m* во́ля к жи́зни; **~zeichen** *n* при́знак жи́зни | wir haben lange kein ≈ von ihm bekommen мы до́лго не получа́ли от него́ изве́стий; kein ≈ von sich geben не по|дава́ть* ⟨пода́ть*⟩ при́знаков жи́зни; **~zeit** *f*: auf ≈ на всю жизнь, навсегда́; **~ziel** *n*, **~zweck** *m* цель жи́зни
Leber *f Anat* пе́чень 9; Speise печёнка 6 | frisch [frei] von der ~ weg *umg* напрями́к, без обиняко́в; **~blümchen** *n* переле́ска 6; **~entzündung** *f* воспале́ние пе́чени; **~fleck** *m* роди́мое пятно́; **~käse** *m* ли́верный паште́т 2
leberkrank: ~ sein страда́ть боле́знью пе́чени
Leber|krebs *m Med* рак пе́чени; **~pastete** *f* печёночный паште́т; **~schrumpfung** *f* смо́рщивание 5 [цирро́з 2] пе́чени; **~schwellung** *f* увеличе́ние 5 пе́чени; **~tran** *m* ры́бий жир 12-2; **~wurst** *f* ли́верная колбаса́
Lebe|wesen *n* живо́е существо́; **~wohl** *n*: j-m ≈ sagen про|ща́ться ⟨-сти́ться 3 -щу́сь⟩ с кем-н.
lebhaft 1. *Adj* живо́й; Kind живо́й, ре́зв:ый, -а́!; Straße, Unterhaltung, Tätigkeit оживлён|ный, -на | ~e Farbe я́ркая кра́ска **2.** *Adv*: sich ~ vorstellen жи́во предст|авля́ть ⟨-а́вить 3 -а́влю⟩ себе́; ich bedaure ~, daß … мне о́чень жаль, что …

Lebhaftigkeit *f* жи́вость 9; ре́звость 9; оживлённость 9
Lebkuchen *m* пря́ник 2, коври́жка 6
leblos безжи́знен:ный, -на
Leb|losigkeit *f* безжи́зненность 9; **~tag** *m:* mein ≈ за всю мою́ жизнь; **~zeiten** *Pl:* zu ≈ при жи́зни *G*
lechzen *intr übertr* жа́ждать* (nach *G*)
leck: ~ werden дава́ть* ⟨дать*⟩ течь; ein ~es Schiff су́дно с те́чью [с пробо́иной]
Leck *n* пробо́ина 6, течь 9
[1]**lecken** *tr* лиза́ть, лижу́, ли́жешь ⟨лизну́ть *mom* 4⟩; sich ~ *refl* Tiere обли́зываться ⟨-лиза́ться⟩ | sich die Lippen ~ обли́зываться ⟨-лизну́ться 4⟩
[2]**lecken** *intr* auslaufen течь*
lecker вку́с|ный, -ен, -на́, -но, вку́сны́
Lecker|bissen *m* ла́комство 4; **~maul** *n* ла́комка *m, f* 6, сластёна *m, f* 6
Leder *n* ко́жа 6 | das Buch ist in ~ gebunden кни́га в ко́жаном переплёте; die Tasche ist aus ~ су́мка ко́жаная; j-m das ~ gerben за|дава́ть* ⟨зада́ть*⟩ трёпку кому́-н.; gegen j-n vom ~ ziehen де́лать (с-) вы́пад(ы) про́тив кого́-н.; **~einband** *m* ко́жаный переплёт; **~fett** *n* мазь 9 для ко́жи; **~handschuh** *m* ко́жаная перча́тка
Leder|hose *f* ко́жаные брю́ки; **~industrie** *f* коже́венная промы́шленность; **~jacke** *f* ко́жаная ку́ртка; **~mantel** *m* ко́жаное пальто́
ledern aus Leder ко́жаный; zäh жёст|кий, -ок, жестка́!, жёстче; langweilig скучн|ный, -ен, -на́, -но, скучны́
Leder|riemen *m* ко́жаный ремéнь; **~schuh** *m* ко́жаный боти́нок; **~sohle** *f* ко́жаная подо́шва; **~waren** *Pl* изде́лия из ко́жи
ledig Mann холост:о́й; Frau незаму́жняя 11 | aller Sorgen ~ свобо́дный от вся́ких забо́т
Ledigenheim *n* общежи́тие 5 для одино́ких
lediglich *Adv* то́лько, лишь
Lee *f Mar* подве́тренная сторона́ 6a
leer 1. *Adj* nicht gefüllt пуст|о́й, -а́!; unbesetzt свобо́д|ный, -ен, неза́нятый | ~ stehen пустова́ть 2; ~ werden пусте́ть (о-); den Teller ~ essen съ|есть* всю таре́лку; das Glas ~ trinken вы́|пить* *v* стака́н до дна; eine Zeile ~ lassen пропу|ска́ть ⟨-сти́ть 3⁺ -щу́⟩ строку́, ост|авля́ть ⟨-а́вить 3 -а́влю⟩ пусту́ю строку́; mit ~en Händen kommen приходи́ть 3⁺ -хожу́ ⟨-|йти́*, приду́⟩ с пусты́ми рука́ми; vor ~en Bänken spielen выступа́ть ⟨вы́ступ|ить 3 -лю⟩ пе́ред пусты́м за́лом; ~e Worte пусты́е слова́; sie ist ~ ausgegangen ей ничего́ не доста́лось **2.** *Adv* ohne Ladung порожняко́м | ~ laufen Motor рабо́тать на холосто́м ходу́
Leere *f* пустота́ 6c
leeren *tr* опорожн|я́ть ⟨-и́ть 3⟩; Glas выпива́ть ⟨вы́|пить*⟩, осуш|а́ть ⟨-и́ть 3⟩; sich ~ *refl* Raum пусте́ть (о-) | den Briefkasten ~ вынима́ть ⟨вы́нуть 4⟩ пи́сьма из (почто́вого) я́щика
Leer|fahrt *f* пробе́г 2 без гру́за; **~gut** *n* та́ра 6; **~lauf** *m Tech* холосто́й ход | im ≈ на холосто́м ходу́
leer|laufen *intr* auslaufen опорожн|я́ться ⟨-и́ться 3⟩; **~stehend** пуст:о́й, -а́!, неза́нятый
Leerung *f* Briefkasten вы́емка 6 пи́сем
legal лега́л|ьный, -ен, -ьна, зако́н|ный, -ен, -на
legalisieren *tr* легализова́ть *uv, v* 2, узако́н|ивать ⟨-ить 3⟩
Legalisierung *f* легализа́ция 8, узаконе́ние 5
Legalität *f* лега́льность 9
Lege|henne *f* (ку́рица-)несу́шка (6-)6 | gute ≈ но́ская ку́рица; **~leistung** *f* von Hennen яйценоскость 9
legen *tr* класть* ⟨положи́ть 3⁺⟩; hinter etw. заложи́ть *v* за *A;* Wäsche скла́дывать ⟨сложи́ть⟩; Grundstein закла́дывать ⟨-ложи́ть⟩; Kartoffeln сажа́ть ⟨поса|ди́ть 3⁺ -жу́⟩; Kabel, Rohre, Schienen укла́дывать ⟨-ложи́ть⟩; Bretter, Fliesen стлать* [сл] (на-); sich ~ *refl* ложи́ться 3 ⟨лечь*⟩ | eine Decke auf den Tisch ~ постели́ть 3⁺ *v* [по|стла́ть* *v*] ска́терть на стол; ein Pflaster auf die Wunde ~ накла́дывать ⟨-ложи́ть⟩ на ра́ну пла́стырь; den Hund an die Kette ~ сажа́ть ⟨посади́ть⟩ соба́ку на цепь; Dielen ~ настила́ть ⟨-|стла́ть*⟩ пол; eine Telefonleitung ~ протя́гивать ⟨-тяну́ть 4⁺⟩ телефо́нную ли́нию; Eier ~ нести́ (с-) я́йца, нести́сь; den Grundstein zu etw. ~ класть ⟨положи́ть⟩ основа́ние чему́-н.; sich schlafen ~ ложи́ться ⟨лечь⟩ спать; die Aufregung legte sich волне́ние улегло́сь; sein Zorn legte sich его́ гнев прошёл; sich (tüchtig) ins Zeug ~ рья́но взя́ться* *v* за рабо́ту
legendär легенда́р|ный, -ен
Legende *f* леге́нда 6, преда́ние 5; auf Karten леге́нда
legieren *tr Tech* спл|авля́ть ⟨-а́вить 3 -а́влю⟩; Suppe запр|авля́ть ⟨-а́вить 3 -а́влю⟩
Legierung *f Tech* сплав 2
Legion *f* легио́н 2; **~är** *m* легионе́р 2
Legislative *f* законода́тельная власть 9
Legislaturperiode *f* легислату́ра 6
legitim зако́н|ный, -ен, -на
Legitimation *f Jur* легитима́ция 8 a. Ausweis
legitimieren *tr* узак|оня́ть ⟨-о́нить 3⟩; sich ~ *refl* удостов|еря́ть ⟨-е́рить 3⟩ свою́ ли́чность

Legitimität *f* зако́нность 9
Leguan *m* игуа́на 6
Leguminosen *f Pl Bot* бобо́вые *Subst Pl* 10
Lehen *n hist* лен 2
Lehm *m* гли́на 6; **~bau** *m* Haus глинобитная постро́йка; **~boden** *m* гли́нистая по́чва; sandiger: суглин|ок, -ка 2; **~grube** *f* гли́няный карье́р 2; **~hütte** *f* ма́занка 6
lehmig гли́нист:ый
Lehne *f* Rücken~ спи́нка 6; Seiten~ локотни́к 2е, подлоко́тник 2
lehnen *tr* прислон|я́ть ⟨-и́ть 3⟩ (an к *D*); *intr* опира́ться ⟨опере́ться*, оперли́сь⟩ (an на *A*); sich ~ *refl* прислон|я́ться ⟨-и́ться⟩ (an к *D*); sich stützen опира́ться ⟨опере́ться⟩ (auf на *A*) | sich aus dem Fenster ~ высо́вываться ⟨вы́сунуться 4⟩ из окна́
Lehnstuhl *m* кре́с|ло 4 *G Pl* -ел
Lehn|übersetzung *f* ка́л|ька 6 *G Pl* -ек; **~wort** *n* заи́мствованное сло́во
Lehr|abschnitt *m* im Lehrstoff разде́л 2; Semester семе́стр 2; **~amt** *n* до́лжность 9 учи́теля; **~anstalt** *f* уче́бное заведе́ние 5; **~auftrag** *m* нагру́зка 6 | Professor mit vollem ≈ профе́ссор с по́лной нагру́зкой; **~ausbilder** *m* ма́стер-преподава́тель 2-1, *Pl* мастера́-преподава́тели; **~beauftragter** *m* внешта́тный преподава́тель 1; **~befähigung** *f* пра́во 4 занима́ть до́лжность преподава́теля; **~berechtigung** *f* пра́во преподава́ния; **~brief** *m* методи́ческое письмо́; **~buch** *n* уче́бник 2
Lehre Anschauung уче́ние 5; Ausbildung учёба 6; Warnung уро́к 2; *Tech* Meßwerkzeug кали́бр 2, шабло́н 2 | bei j-m in der ~ sein быть ученико́м (у) кого́-н., учи́ться 3⁺ у кого́-н.; er kam zu einem Schlosser in die ~ он стал ученико́м сле́саря; das soll ihm eine ~ sein! пусть э́то бу́дет [послу́жит] ему́ уро́ком!; ~n aus etw. ziehen извлека́ть ⟨|вле́чь*⟩ уро́к из чего́-н.
lehren *tr* учи́ть 3⁺ (на-) (j-n etw. кого́-н. чему́-н. *od. Inf*); unterrichten препо|дава́ть* | die Kinder lesen ~ учи́ть дете́й чита́ть; das wird die Zukunft ~ вре́мя пока́жет
Lehrer *m* учи́тел|ь 1b *Pl* -я́, -е́й; an Hoch- und Fachschulen преподава́тель 1; **~bildungsinstitut** *n* педагоги́ческое учи́лище 4, педучи́лище 4; **~in** *f* учи́тельница 6; преподава́тельница 6; **~kollegium** *n* преподава́тельский соста́в 2; учи́тельский коллекти́в 2; **~konferenz** *f* учи́тельская конфере́нция; **~prüfung** *f* учи́тельский экза́мен; **~schaft** *f* учи́тельство 4, учителя́ *Pl* 1b; **~zimmer** *n* учи́тельская *Subst* 10
Lehr|film *m* уче́бный фильм; **~gang** *m* ку́рсы *Pl* 2 | es laufen ~gänge für Dolmetscher рабо́тают ку́рсы перево́дчиков; auf einen ≈ schicken посыла́ть ⟨-|сла́ть*⟩ на ку́рсы
Lehrgangsteilnehmer *m* слу́шатель 1 ку́рсов
Lehrgeld *n:* ~ zahlen учи́ться 3⁺ (на-) на го́рьком о́пыте, до́рого плати́ть (за-) за нау́ку
Lehr|jahr *n* год обуче́ния; **~kombinat** *n* уче́бный комбина́т; **~körper** *m* преподава́тельский соста́в 2; **~kraft** *f* преподава́тель 1, учи́тел|ь 1b *Pl* -я́, -е́й; **~ling** *m* учени́к 2е (получа́ющий 11 профессиона́льную подгото́вку); weiblicher учени́ца 6
Lehrlings|ausbildung *f* обуче́ние 5 ученико́в (на произво́дстве); **~wohnheim** *m* общежи́тие для ученико́в (при предприя́тии)
Lehrmeister *m* ма́стер в уче́бной мастерско́й; *übertr* учи́тел|ь 1 *Pl* -и
Lehrmittel *n* уче́бное посо́бие 5; **~freiheit** *f* беспла́тное обеспе́чение уче́бными посо́биями
Lehrplan *m* уче́бная програ́мма 6
lehrreich поучи́тел|ьный, -ен, -ьна
Lehr|satz *m Math* теоре́ма 6; **~stelle** *f* ме́сто произво́дственного обуче́ния; **~stoff** *m* уче́бный материа́л 2; **~stuhl** *m* ка́федра (für *G*); **~veranstaltung** *f* уче́бное заня́тие 5 | in den ≈ en на заня́тиях; **~werkstatt** *f* уче́бная мастерска́я; **~zeit** *f* вре́мя [го́ды *Pl* 2] учени́чества, вре́мя обуче́ния
Leib *m* Körper те́ло 4b; Bauch живо́т 2е; Mutter~ утро́ба 6 | am ganzen ~ zittern дрожа́ть 3 всем те́лом; am eigenen ~ verspüren [erfahren] испы́тывать ⟨-пыта́ть⟩ на себе́ [на со́бственной шку́ре, на со́бственном го́рьком о́пыте]; bei lebendigem ~e за́живо; mit ~ und Seele bei einer Sache sein всей душо́й быть пре́данным како́му-н. де́лу; sich j-n vom ~e halten отде́л|ываться ⟨-аться⟩ от кого́-н., не подпу|ска́ть ⟨-сти́ть 3⁺ -щу́⟩ кого́-н. к себе́; bleib mir vom ~e! отста́нь от меня́!, не пристава́й ко мне!; **~binde** *f* набрю́шник 2; **~chen** *n* ли́фчик 2
leibeigen крепостно́й
Leib|eigener *m* крепостно́й *Subst* 10; **~eigenschaft** *f* крепостно́е пра́во 4; Gesellschaftssystem крепостни́чество 4
leiben *intr:* das ist er, wie er leibt und lebt вот он тако́й, како́й он есть
Leibes|frucht *f* плод 2е; **~kraft** *f:* er schrie aus ~kräften он крича́л изо всех сил; **~übungen** *Pl* физи́ческие упражне́ния; **~visitation** *f* ли́чный о́быск 2
Leib|garde *f* лейб-гва́рдия 8; **~gericht** *n* люби́мое блю́до

leib|haftig живо́й | er sieht aus wie der ≈e Tod он похо́ж на смерть; **~lich** физи́ческий | der ≈e Bruder родно́й брат; für j-s ≈es Wohl sorgen забо́|титься 3 -чусь (по-) о благосостоя́нии кого́-н.

Leib|rente *f* пожи́зненная пе́нсия 8; **~schmerzen** *m Pl* боль 9 в животе́ | ich habe ≈ у меня́ боли́т живо́т; **~wache** *f* ли́чная охра́на; **~wäsche** *f* нате́льное бельё

Leiche *f* труп 2 | über ~n gehen шага́ть по тру́пам

Leichen|auto *n* похоро́нная маши́на, похоро́нный автомоби́ль; **~begängnis** *n* погребе́ние 5

leichenblaß бле́дный как смерть, мёртвенно-бле́д|ный, -ен, -на́!

Leichen|gift *n* тру́пный яд; **~halle** *f* морг 2; **~rede** *f* надгро́бная речь; **~schmaus** *m* поми́н|ки *Pl* 6 -ок; **~starre** *f* тру́пное окочене́ние 5; **~tuch** *n* са́ван 2; **~verbrennung** *f* крема́ция 8; **~wagen** *m* похоро́нная маши́на; **~zug** *m* похоро́нная проце́ссия 8

Leichnam *m* труп 2

leicht 1. *Adj* лёг|кий [хк], -ок, -легка́ [хк], легки́ *u.* лёгки; ле́гче; легча́йший 11 | das ist keine ~e Sache э́то де́ло нелёгкое; er hat einen ~en Schlaf у него́ лёгкий [чу́ткий] сон; ~en Herzens с лёгким се́рдцем; mit j-m ~es Spiel haben легко́ [без труда́] справля́ться ⟨спра́в|иться 3 -люсь⟩ с кем-н.; ihr ist alles ein ~es ей всё нипочём; er nimmt alles von der ~en Seite он легко́ [легкомы́сленно] ко всему́ отно́сится **2.** *Adv* легко́; unschwer нетру́дно; mühelos шутя́; ein wenig слегка́; sachte лего́нько | er ist ~ gekränkt он о́чень оби́дчив; ich bin ~ erkältet я слегка́ просту́жен [простуди́лся]; das ist ~ möglich э́то вполне́ возмо́жно; es kann ~ sein, daß ... о́чень возмо́жно, что ...; er hat es nicht ~ ему́ нелегко́; mir wurde ~er ums Herz у меня́ отлегло́ от се́рдца; das ist ~ gesagt легко́ сказа́ть

Leichtathlet *m* легкоатле́т 2; **~ik** *f* лёгкая атле́тика 6

Leicht|bauweise *f* строи́тельство 4 с примене́нием облегчённых констру́кций; **~benzin** *n* лёгкий бензи́н

leichtblütig жизнера́дост|ный, -ен, -на, весёлый, ве́сел, весела́!

Leichter *m Mar* ли́хтер 2

leicht|fallen *intr* легко́ дава́ться* ⟨да́ться*; дало́сь, дали́сь⟩; **~fertig** легкомы́слен:ный, -на; unüberlegt необду́ман:ный, -на

Leicht|fertigkeit *f* легкомы́слие 5; необду́манность 9; **~fuß** *m* пове́са *m* 6, ве́треник 2

leichtfüßig с лёгкой похо́дкой

Leichtgewicht *n Sport* лёгкий вес

leichtgläubig легкове́р|ный, -ен, дове́рчив:ый

Leichtgläubigkeit *f* легкове́рие 5, дове́рчивость 9

leichthin *Adv* про́сто так

Leicht|igkeit *f* лёгкость 9 | mit ≈ легко́, с лёгкостью; **~industrie** *f* лёгкая промы́шленность

leicht|lebig беззабо́т|ный, -ен; **~löslich** легкораствори́м:ый

Leicht|matrose *m* матро́с второ́го кла́сса; **~metall** *n* лёгкий мета́лл

leichtnehmen *tr* легко́ смотре́ть 3⁺ на *A*, легкомы́сленно относи́ться 3⁺ -ношу́сь ⟨-|нести́сь*⟩ к *D*

Leicht|öl *n* лёгкое ма́сло; **~sinn** *m* легкомы́слие 5, ве́треность 9

leicht|sinnig легкомы́слен:ный, -на, ве́трен:ый; **~verdaulich** удобовари́м:ый; *übertr* легко́ усва́иваем:ый; **~verderblich** скоропо́ртящийся 11; **~verständlich** (хорошо́) поня́т|ный, -ен, я́сный, -ен, -на́, -но, я́сны́

leid *Adv:* es tut mir ~ мне жаль; sie tut mir ~ мне жаль её (*G*)

Leid *n* го́ре 3 | j-s ~ teilen раздел|я́ть ⟨-и́ть 3⁺⟩ чьё-н. го́ре; j-m sein ~ klagen дели́ться (по-) с кем-н. свои́м го́рем; dir soll kein ~ geschehen тебя́ никто́ не оби́дит, с тобо́й ничего́ не случи́тся; j-m ein ~ antun причин|я́ть ⟨-и́ть 3⟩ кому́-н. го́ре

leiden *tr* erleiden страда́ть (по-) от *G; er*dulden терп|е́ть 3⁺ -лю́ (по-); zulassen допу|ска́ть ⟨-сти́ть 3⁺ -щу́⟩; *itr* krank sein страда́ть (an *I*) | an Kopfschmerzen ~ страда́ть головны́ми бо́лями; Hunger ~ испы́тывать ⟨-пыта́ть⟩ го́лод; die Arbeit leidet keinen Aufschub рабо́та не те́рпит отлага́тельства; j-n gut ~ können хорошо́ отно|си́ться 3⁺ -шу́сь к кому́-н., люб|и́ть 3⁺ -лю́ кого́-н.; ich kann ihn nicht ~ я его́ терпе́ть не могу́

Leiden *n* страда́ние 5; Krankheit боле́знь 9; **~schaft** *f* страсть 9g; Vorliebe пристра́стие 5 (für к *D*) | seinen ≈en frönen пре|дава́ться* ⟨преда́ться*; предали́сь⟩ свои́м страстя́м

leidenschaftlich стра́ст|ный, -ен, -на́!

leidenschaftslos бесстра́ст|ный, -ен

Leidens|gefährte *m,* **~gefährtin** *f* това́рищ по несча́стью; **~miene** *f* ско́рбная ми́на; **~weg** *m* хожде́ние 5 по му́кам

leider *Adv* к сожале́нию | ich kenne sie ~ nicht я её, к сожале́нию, не зна́ю

leidgeprüft многострада́л|ьный, -ен, -ьна

leid|ig неприя́т|ный, -ен, скве́р|ный, -ен, -на́! | das ≈e Geld злоча́стные де́ньги; **~lich** сно́с|ный, -ен | ≈ schönes Wetter сно́сная пого́да

Leid|tragender *m* скорбящий 11 родственник 2 (покойника); **~wesen** *n:* zu meinem (großen) ≈ к моему (великому) сожалению

Leier *f Mus* лира 6 | immer die alte ~! всё та же старая песня!

Leierkasten *m* шарманка 6; **~mann** *m* шарманщик 2

leiern *tr* drehen вер|теть 3⁺ -чу (рукоятку); eintönig lesen читать (про-) монотонно

Leihbibliothek *f* библиотека (с выдачей книг на дом)

leihen *tr* j-m одалживать ⟨одолжить 3⟩, давать* ⟨дать*⟩ взаймы; von j-m брать* ⟨взять*⟩ взаймы у *G*, занимать ⟨занять*⟩ у *G*

Leih|gebühr *f* плата за прокат; **~haus** *n* ломбард 2 | aufs ≈ bringen закладывать ⟨-ложить 3⁺⟩ в ломбард; **~verkehr** *m* zwischen Bibliotheken межбиблиотечный абонемент 2; **~wagen** *m* прокатная автомашина

leihweise *Adv* напрокат

Leim *m* кле|й 1ᵢ в -ю | j-m auf den ~ gehen попадаться ⟨-|пасться*⟩ на чью-н. удочку; aus dem ~ gehen раскле|иваться ⟨-иться 3⟩

leimen *tr* клеить 3 (с-), склеивать ⟨склеить⟩

Leim|farbe *f* клеевая краска; **~pinsel** *m* кисть 9 для клея; **~ring** *m* клеевое кольцо; **~rute** *f* прутик 2ᵢ обмазанный клеем (для ловли птиц)

Lein *m Bot* лёнᵢ льна 2

Leine *f* верёвка 6; Hunde~ повод|окᵢ -ка 2, привязь 9 | einen Hund an der ~ führen во|дить 3⁺ -жу [вести] собаку на поводке, держать 3⁺ собаку на привязи; ~ ziehen *übertr umg* сматывать ⟨смотать⟩ удочки

leinen льняной, полотняный

Leinen *n* пол|отно 4с *G Pl* -отен; handgewebtes холст 2е; leichtes холстинка 6; **~einband** *m* холщовый переплёт; **~gewebe** *n,* **~stoff** *m* пол|отно 4с *G Pl* -отен

Lein|öl *n* льняное масло; **~samen** *m* льняное семя; **~wand** *f* Stoff пол|отно 4с *G Pl* -отен; handgewebt холст 2е; Film экран 2

Leipzig Лейпциг 2; **~er** *Adj* лейпцигский | ≈er Messe Лейпцигская ярмарка

leise тих;ийᵢ -á!ᵢ тише | eine ~ Andeutung machen слегка намекнуть *v* 4; ein ~r Duft лёгкий [слабый] запах; ein ~r Regen небольшой [слабый] дождь; ein ~r Verdacht [Zweifel] некоторое [лёгкое] подозрение [сомнение]; er hat einen ~n Schlaf у него чуткий сон; auch nicht die ~ste Veranlassung haben не иметь ни малейшего повода [основания]; auf ~n Sohlen бесшумно; sei bitte ~ пожалуйстаᵢ не шуми

Leisetreter *m umg* тихон|я *m, f* 7 *G* -ей

Leiste *f* планка 6, рейка 6; *Anat* пах 2ᵢ в паху

leisten *tr* schaffen делать (с-), соверш|ать ⟨-ить 3⟩; Dienst, Hilfe, Widerstand оказывать ⟨-|казать*⟩ | die geleistete Arbeit проделанная [выполненная] работа; das kann ich mir nicht ~ я не могу себе этого позволить, это мне не по карману; da hast du dir ja was Nettes geleistet! *iron* ну, и натворил же ты дел!

Leisten *m* колодка 6 | Schuster, bleib bei deinem ~! всяк сверчок знай свой шесток; alle über einen ~ schlagen стричь* всех под одну гребёнку, мерить всё на одну мерку; **~bruch** *m* паховая грыжа 6; **~drüse** *f* паховая железа; **~gegend** *f* пах 2ᵢ в паху

Leistung *f* Geleistetes работа 6, труд 2е; Errungenschaft достижение 5; Erfolg успех 2; *Tech* производительность 9; *El* мощность 9; *Pl* ~en Schule, Studium успеваемость 9; *Fin* платёж 2е | eine schöpferische ~ творческое достижение; sportliche ~en спортивные достижения; er hat gute ~en in Russisch он успевает по русскому языку

Leistungs|anstieg *m* Schule, Studium повышение 5 успеваемости; **~aufnahme** *f El* потребление 5 мощности; **~durchschnitt** *m* Schule средняя успеваемость 11-9

leistungsfähig Mensch работоспособ|-ныйᵢ -ен; Maschine мощ|ныйᵢ -енᵢ -ná!, производител|ьныйᵢ -енᵢ -ьна

Leistungs|fähigkeit *f* Mensch работоспособность 9; *Tech* мощность 9, производительность 9; **~grenze** *f Tech* предел мощности; **~klasse** *f Sport* разряд 2; *Kfz* класс по мощности; **~kontrolle** *f* Schule проверка 6 [контроль 1] успеваемости; **~lohn** сдельная оплата (труда), сдельная зарплата | im ≈ stehen [arbeiten] работать сдельно; **~norm** *f* норма выработки; **~prämie** *f* премия за отличные показатели в работе; **~prinzip** *n Wirtsch* принцип оплаты по труду; **~schau** *f* смотр 2 достижений

leistungsschwach Schüler слабоуспевающий 11; *Tech* маломощ|ныйᵢ -ен

Leistungs|sport *m* большой спорт; **~sportler** *m* спортсмен-разрядник 2-2; **~stand** *m* Schule успеваемость 9, уро-в|еньᵢ -ня 1 знаний

leistungsstark Schüler хорошо успевающий 11; *Tech* мощ|ныйᵢ -енᵢ -ná!

Leistungs|steigerung *f* повышение производительности; Schule повышение успева́емости; **~stipendium** *n* повы́шенная стипе́ндия; **~zulage** *f*, **~zuschlag** *m* надба́вка 6 к зарпла́те; zum Stipendium надба́вка за хоро́шую успева́емость

Leit|artikel *m* передова́я статья́, передови́ца 6 *umg;* **~bild** *n* образ|е́ц$_{I}$ -ца́ 2, идеа́л 2

leiten führen руково|ди́ть 3 -жу́ *I;* als Dienststellung заве́довать 2 *I;* Delegation, Expedition, Kommission возгл|авля́ть ⟨-а́вить 3 -а́влю⟩; *Phys, El* проводи́ть 3⁺ | durch Rohre ~ (про)пу|ска́ть ⟨-сти́ть 3⁺ -щу́⟩ по тру́бам; Metall leitet Wärme мета́лл прово́дит тепло́; das Feuer ~ *Mil* управля́ть огнём; eine Versammlung ~ вести́* собра́ние, руководи́ть собра́нием; sich ~ lassen von etw. руково́дствоваться 2 чем-н.; **~d** руководя́щий 11; *El* проводя́щий 11

¹Leiter *m* заве́дующий *Subst* 11; Zirkel, Delegation, Kommission руководи́тель 1; Schule, Betrieb дире́ктор 2b *Pl* -а́; *El* проводни́к 2e

²Leiter *f* ле́стница 6, стремя́нка 6 | auf die ~ steigen поднима́ться ⟨подня́ться*$_{I}$ -няли́сь⟩ на ле́стницу; **~sprosse** *f* ступе́нька 6, перекла́дина 6; **~wagen** *m* теле́га 6

Leit|faden *m* Lehrbuch руково́дство 4 по *D;* **~fähigkeit** *f Phys* проводи́мость 9 | elektrische ≈ электри́ческая уде́льная проводи́мость 9; **~gedanke** *m* гла́вная [основна́я] мысль; **~hammel** *m* бара́н-вожа́к 2-2e; **~motiv** *n Mus* лейтмоти́в 2; **~satz** *m* руководя́щий при́нцип 11–2; **~stern** *m übertr* путево́дная звезда́; **~tier** *n* вожа́к 2e

Leitung *f* Tätigkeit руково́дство 4 *I,* управле́ние 5 *I; Tech* про́вод 2b *Pl* -а́; *El* (электро)прово́дка 6; Überland~, Telefon~ ли́ния 8 | die ~ übernehmen взять* *v* на себя́ руково́дство; er hat die ~ руково́дство в его́ рука́х; eine lange ~ haben ту́го сообража́ть

Leitungs|aktiv *n* руководя́щий 11 акти́в; **~draht** *m* электропро́вод 2b *Pl* -а́; **~kollektiv** *n* руководя́щий 11 коллекти́в; **~netz** *n El* электросе́ть 9g; für Wasser водопрово́дная сеть; **~rohr** *n* трубопрово́д 2b *Pl* -а́; **~tätigkeit** *f* руководя́щая 11 де́ятельность; **~wasser** *n* водопрово́дная вода́

Leit|währung *f* основна́я [веду́щая 11] валю́та; **~werk** *n Flugw* хвостово́е опере́ние 5

Lektion *f* уро́к 2 | j-m eine ~ erteilen де́лать (с-) кому́-н. вы́говор, проу́чивать ⟨-учи́ть 3⁺⟩ кого́-н.

Lektor *m* Hochschullehrer преподава́тель 1; Verlags~ (изда́тельский) реда́ктор 2

lektorieren *tr* редакти́роветь 2 (от-)

Lektüre *f* Tätigkeit чте́ние 5; Lesestoff литерату́ра 6 (для чте́ния)

Lende *f Anat* поясни́ца 6; Fleischart филе́ *n idkl*

Lenden|braten *m* жарко́е из филе́; **~stück** *n* говя́жье филе́ *n idkl*

Lenin-Friedenspreis *m* Ле́нинская пре́мия ми́ра; **~träger** *m* лауреа́т 2 Ле́нинской пре́мии ми́ра

Lenin|ismus *m* ленини́зм 2; **~ist** *m* ле́нин|ец$_{I}$ -ца 2

leninistisch ле́нинский

Leninorden *m* о́рден Ле́нина

lenkbar *Tech* управля́ем:ый; gehorsam послу́ш|ный$_{I}$ -ен, пода́тлив:ый

Lenkbarkeit *f Tech* управля́емость 9; *übertr* пода́тливость 9, послу́шание 5

lenken *tr* steuern управля́ть *I,* во|ди́ть 3⁺ -жу́, *best* вести́*; Pferde пра́в|ить 3 -лю *I;* irgendwohin напр|авля́ть ⟨-а́вить 3 -а́влю⟩; leiten руково|ди́ть 3 -жу́ *I* | das Gespräch auf etw. ~ наво|ди́ть 3⁺ -жу́ ⟨-|вести́*⟩ разгово́р на что-н.; j-s Aufmerksamkeit auf etw. ~ обра|ща́ть ⟨-ти́ть 3 -щу́⟩ чьё-н. внима́ние на что-н.; den Verdacht auf j-n ~ навлека́ть ⟨-|вле́чь*⟩ подозре́ние на кого́-н.; er ist schwer zu ~ *übertr* он ту́го поддаётся воспита́нию

Lenk|er *m* руль 1e; **~rad** *n* рулево́е колесо́, руль 1e, *umg* бара́нка 6 | am ≈ за рулём; **~stange** *f* Fahrrad руль 1e; **~ung** *f* управле́ние 5 *I*

Leopard *m* леопа́рд 2

Lepra *f* прока́за 6, ле́пра 6; **~kranker** *m* прокажённый *Subst* 10

Lerche *f* жа́ворон|ок$_{I}$ -ка 2

Lernaktiv *n* учени́ческий акти́в

lernbegierig любозна́тел|ьный$_{I}$ -ен$_{I}$ -ьна, жа́ждущий 11 зна́ний

Lerneifer *m* прилежа́ние 5 в учёбе

lernen *tr* учи́ться 3⁺ (на-) *D od. Inf;* Schulfach учи́ть; Lernstoff учи́ть (вы́-); Beruf учи́ться на *A; intr* учи́ться | er hat Bäcker gelernt он учи́лся на пе́каря; Vokabeln ~ учи́ть (вы́-) но́вые слова́; auswendig ~ учи́ть (вы́-) наизу́сть; das Gedicht lernt sich leicht стихотворе́ние легко́ запомина́ется; Klavier spielen ~ учи́ться игра́ть на роя́ле; wir haben viel von ihm gelernt мы мно́гому научи́лись у него́

Lernmittel *n* уче́бное посо́бие 5; **~freiheit** *f* беспла́тное обеспе́чение 5 (уча́щихся) уче́бными посо́биями

Lesart *f* вариа́нт 2 те́кста

lesbar разбо́рчив:ый | kaum ~ неудобочита́ем:ый

Lesbarkeit *f* разбо́рчивость 9

Lese|buch *n* кни́га для чте́ния; **~gerät** *n*

аппарáт 2 для чтéния микрофи́льмов; **~karte** *f* читáтельский билéт

¹lesen *tr u. intr* читáть (про-, про|чéсть*); Vorlesungen читáть | zwischen den Zeilen ~ читáть мéжду строк; dieser Roman liest sich sehr leicht э́тот ромáн читáется óчень легкó; Professor Müller liest Literaturgeschichte профéссор Мю́ллер читáет лéкции по истóрии литератýры, профéссор М. читáет истóрию литератýры *umg;* ich habe den Brief dreimal gelesen я перечитáл письмó три рáза

²lesen *tr* sammeln собирáть ⟨-|брáть*⟩; aus|lesen перебирáть ⟨-|брáть*ⅰ перéбранный⟩

lesenswert заслýживающий 11 прочтéния, интерéс|ный, -ен

Lese|probe *f* отры́в|ок, -ка 2 (из худóжественного произведéния); *Theat* чи́тка 6; **~pult** *n* пюпи́тр 2

Leser *m* читáтель 1

Leseratte *f* книголю́б 2, кни́жный червь 1g

Leserbrief *m* письмó читáтеля; **~redaktion** *f* отдéл 2 пи́сем

Leser|in *f* читáтельница 6; **~konferenz** *f* читáтельская конферéнция; **~kreis** *m* читáтели *Pl* 1

leserlich разбóрчив;ый

Leserschaft *f* читáтели *Pl* 1

Lese|saal *m* читáльный зал, читáл|ьня 7 *G Pl* -ен; **~stoff** *m* литератýра 6 для чтéния; **~zeichen** *n* заклáдка 6

Lesung *f* чтéние 5 | in zweiter ~ во вторóм чтéнии

letal *Med* смертéл|ьный, -ен, -ьна

Lethargie *f* летарги́я 8

Lette *m* латы́ш 2е *G Pl* -éй

Letter *f Typ* ли́тера 6

Lettin *f* латы́шка 6

lettisch латви́йский; Sprache, Literatur латы́шский | Lettische Sozialistische Sowjetrepublik Латви́йская Совéтская Социалисти́ческая Респýблика

Lettland Лáтвия 8

letzte послéдний 11 | ~ Woche на прóшлой недéле; am ~n Sonntag в прóшлое воскресéнье; bis aufs ~ до концá; ~n Endes в концé концóв; bis zum ~n Heller до послéдней копéйки; zum ~n Mal в послéдний раз; zum ~n Mittel greifen прибегáть ⟨-бéгнуть 4а *u.* 4⟩ к крáйнему срéдству; der ~ Schrei der Mode послéдний крик мóды; sein ~s Stündlein hat geschlagen прóбил его послéдний час; der ~ Wille завещáние 5, послéдняя вóля; das ~ Wort haben ост|авля́ть ⟨-áвить 3 -áвлю⟩ за собóй послéднее слóво; in der ~n Zeit за послéднее врéмя

Letzte *m, f, n* послéдн|ий, -яя, -ее *Subst* 11 | der ~ des Monats послéднее числó мéсяца; sein ~s hingeben от|давáть* ⟨отдáть*⟩ послéднее; es geht ums ~ на кáрту постáвлено всё; zu guter Letzt в концé концóв, напослéдок *umg*

letztens *Adv* в послéднее врéмя, недáвно

Letztere *m, f, n* послéдн|ий, -яя, -ее *Subst* 11

letztlich *Adv* в концé концóв

Leucht|boje *f Mar* светя́щийся 11 буй; **~bombe** *f* светя́щая авиабóмба 11–6; **~buchstabe** *m* светя́щаяся 11 бýква

Leuchte *f* лáмпа 6; *übertr* свети́ло 4

leuchten *intr* све|ти́ть 3⁺ -чý; schwach, z. B. Leuchtfarbe свети́ться; Sterne, Augen сия́ть a. Farbe

Leuchter *m* подсвéчник [шн] 2

Leucht|farbe *f* светя́щаяся 11 крáска; **~feuer** *n* мая́к 2е, сигнáльный огóнь; *Flugw* светомая́к 2е; **~gas** *n* свети́льный газ; **~käfer** *m* светля́к 2е, светляч|óк, -кá 2е; **~kraft** *f* си́ла свéта; **~kugel** *f* сигнáльная ракéта 6; **~pistole** *f* ракéтница 6; **~rakete** *f* сигнáльная ракéта; **~reklame** *f* световáя реклáма; **~schiff** *n* плавýчий мая́к 11-2е; **~schirm** *m* флуоресци́рующий экрáн 11-2; **~schrift** *f* светя́щаяся нáдпись 11-9; **~spurgeschoß** *n* трасси́рующий 11 снаря́д; **~stoffröhre** *f* люминесцéнтная трýбка; **~turm** *m* мая́к 2е; **~ziffern** *f Pl* светя́щиеся 11 ци́фры

leugnen *tr* отрицáть

Leukämie *f Med* лейкеми́я 8, белокрóвие 5

Leuko|plast *n* лейкоплáстырь 1; **~zyten** *Pl* лейкоци́ты *Pl* 2

Leumund *m* репутáция 8

Leute *Pl* лю́ди, людéй, лю́дям, людéй, людьми́, о лю́дях, нарóд 2 *G. a.* -у | unsere ~ нáши (лю́ди); er kennt seine ~ он знáет, с кем имéет дéло; wir sind geschiedene ~ мéжду нáми всё кóнчено; viele ~ мнóго нарóду; **~schinder** *m* живодёр 2 *umg*

Leutnant *m* лейтенáнт 2

leutselig привéтлив;ый

Leviten *Pl:* j-m die ~ lesen читáть (про-) комý-н. нотáцию, отчи́тывать ⟨-читáть⟩ когó-н.

Levkoje *f* левкó|й 1 *G Pl* -ев

Lexik *f* лéксика 6

lexikalisch лекси́ческий

Lexikograph *m* лексикóграф 2; **~ie** *f* лексикогрáфия 8

lexikographisch лексикографи́ческий

Lexikologie *f* лексиколóгия 8

Lexikon *n* энциклопéдия 8 | er ist ein wandelndes ~ он ходя́чая 11 энциклопéдия

Liane *f* лиа́на 6
Libanes|e *m* лива́н|ец| -ца 2; **~in** *f* лива́нка 6
libanesisch лива́нский
Libanon Лива́н 2
Libelle *f Zool* стрекоза́ 6c; *Tech* ватерпа́с [тэ] 2
liberal либера́л|ьный| -ен| -ьна | Liberal-Demokratische Partei Deutschlands (LDPD) Либера́льно-демократи́ческая па́ртия Герма́нии (*Abk* ЛДПГ)
Liberal|e *m* либера́л 2; **~ismus** *m* либерали́зм 2
Liberia Либе́рия 8; **~ner** *m* либери́|ец| -йца 2; **~nerin** *f* либери́|йка 6 *G Pl* -ек
liberianisch либери́йский
Librett|ist *m* либретти́ст 2, а́втор 2 либре́тто; **~o** *n* либре́тто *n idkl*
Liby|en Ли́вия 8; **~er** ливи́|ец| -йца 2; **~erin** *f* ливи́|йка 6 *G Pl* -ек
libysch ливи́йский
licht hell све́т|лый| -ел| -ла́!; nicht dicht ре́д|кий| -ок| -ка́!| ре́же | ~e Höhe [Weite] высота́ [ширина́] в свету́; die Reihen werden ~er ряды́ реде́ют
Licht *n* свет 2, ~er *Pl* огн|и́| -е́й 1e; Kerze свеч|а́ 6h *G Pl* -е́й | künstliches ~ иску́сственное освеще́ние; die ~er der Stadt огни́ го́рода; ~ machen включ|а́ть ⟨-и́ть 3⟩ [зажига́ть ⟨-|же́чь*⟩] свет; er brachte ~ in diese Angelegenheit он проли́л свет на э́то де́ло; das ~ der Welt erblicken роди́ться *v* 3, появи́ться *v* 3⁺ на свет; mir geht ein ~ auf меня́ осени́ло, тепе́рь я начина́ю понима́ть; er ist kein großes ~ он умо́м не бле́щет, он звёзд с не́ба не хвата́ет; etw. ans ~ bringen разоблач|а́ть ⟨-и́ть 3⟩ что-н., пре|дава́ть ⟨преда́ть*⟩ гла́сности что-н.; das hat ein günstiges ~ auf ihn geworfen благодаря́ э́тому он предста́л в благоприя́тном све́те; etw. gegen das ~ betrachten смотре́ть 3⁺ (по-) что-н. на свет; geh mir aus dem ~ не заслоня́й мне свет; j-n hinters ~ führen проводи́ть 3⁺ -вожу́ ⟨-|вести́*⟩ кого́-н.; etw. in falschem ~ darstellen предст|авля́ть ⟨-а́вить 3 -а́влю⟩ что-н. в ло́жном све́те; ins rechte ~ stellen [rükken] пра́вильно [ве́рно] осве|ща́ть ⟨-ти́ть 3 -щу́⟩; sich im besten ~ zeigen пока́зывать ⟨-|каза́ть*⟩ себя́ с лу́чшей стороны́; **~bad** *n* светова́я ва́нна; **~behandlung** *f Med* светолече́ние 5; **~bild** *n* фотогра́фия 8; **~bildervortrag** *m* ле́кция с пока́зом диапозити́вов; **~blick** *m* просве́т 2; **~bogen** *m* электри́ческая дуга́; **~bogenschweißen** *n* дугова́я сва́рка; **~brechung** *f* преломле́ние све́та
Lichtdruck *m Typ* фототи́пия 8
licht|echt светосто́|йкий| -ек| -йка | dieser Stoff ist ≈ э́та мате́рия не выгора́ет; **~empfindlich** светочувстви́тел|ьный| -ен| -ьна
Lichtempfindlichkeit *f Foto* светочувстви́тельность 9; *Med* светобоя́знь 9
¹lichten *tr* Wald разре|жа́ть ⟨-ди́ть 3 -жу́⟩; sich ~ *refl* реде́ть (по-)
²lichten *tr Mar:* den Anker ~ поднима́ть ⟨подня́ть*⟩ я́корь, снима́ться ⟨сня́ться*⟩ с я́коря
lichterloh *Adv:* ~ brennen горе́ть 3 я́рким пла́менем, полыха́ть
Lichtermeer *n* мо́ре огне́й
Licht|geschwindigkeit *f* ско́рость све́та; **~hof** *m Bauw* светово́й двор; *Astr* орео́л 2; **~hupe** *f Kfz* светово́й сигна́л 2; **~jahr** *n* светово́й год; **~kasten** *m Med* светова́я ва́нна 6; **~kegel** *m* ко́нус 2 светов́ых луче́й; **~leitung** *f* электри́ческая прово́дка 6; **~maschine** *f Kfz* генера́тор 2; **~pause** *f* светоко́пия 8; **~quelle** *f* исто́чник све́та; **~reklame** *f* светова́я рекла́ма; **~satz** *m Typ* фотонабо́р 2; **~schacht** *m Bauw* светова́я ша́хта; **~schalter** *m* выключа́тель 1; **~schein** *m* луч 2e *G Pl* -е́й све́та
lichtscheu *übertr* боя́щийся 11 све́та | ~es Gesindel тёмные ли́чности *Pl* 9
Licht|schranke *f* фотояче́йка 6, фотореле́йный барье́р; **~signal** *n* светово́й сигна́л; **~signalanlage** *f* светосигна́льная устано́вка; **~spieltheater** *n* кинотеа́тр 2; **~stärke** *f* си́ла све́та; eines Objektivs светоси́ла 6; **~strahl** *m* луч све́та *a. übertr*
Lichtung *f* прога́лина 6, поля́на 6
Lichtzeichen *n* светово́й сигна́л
Lid *n* ве́ко 4 *Pl* ве́ки
lieb teuer дорого́й| до́рог| -а́!| доро́же; liebenswürdig; sympathisch ми́л:ый| -а́| -о| ми́лы | am ~sten охо́тнее [прия́тнее] всего́; meine ~en Freunde! дороги́е друзья́!; unsere ~e Heimat на́ша люби́мая ро́дина; das ist ~ von dir э́то ми́ло с твое́й стороны́; es ist mir ~, daß … мне прия́тно| что …; seien Sie so ~, mir zu helfen бу́дьте добры́ [любе́зны]| помоги́те мне; das ist mir gar nicht ~ э́то мне неприя́тно; mein ~ster Freund мой (са́мый) люби́мый друг; den ~en langen Tag день-деньско́й; ach du ~e Zeit! бо́же мой!
liebäugeln *intr:* mit j-m ~ де́лать (с-) кому́-н. гла́зки, коке́тничать с кем-н.; mit einem Gedanken ~ носи́ться 3⁺ ношу́сь с мы́слью
Liebe *f* люб|о́вь| -ви́ 9 *I* -о́вью | die ~ zur Heimat любо́вь к ро́дине; für j-n ~ empfinden испы́тывать любо́вь к кому́-н.; seine ~ gestehen при|знава́ться* ⟨-зна́ться⟩ в любви́; sie ist seine alte ~ она́ его́ ста́рая любо́вь; alte ~ rostet

nicht ста́рая любо́вь не ржаве́ет; ~ macht blind любо́вь слепа́; j-m eine ~ tun де́лать (с-) кому́-н. одолже́ние; eine ~ ist der anderen wert услу́га за услу́гу, долг платежо́м кра́сен

liebebedürftig нужда́ющийся 11 в любви́

Liebediener *m* льстец 2e, подхали́м 2; **~ei** *f* лесть 9, подхали́мство 4

liebedien|erisch льсти́в:ый, подхали́мский; **~ern** *intr* подхали́мничать

Liebelei *f* флирт 2

lieben *tr* люб|и́ть 3⁺ -лю́ (wegen за *A*) | sie ~ sich они́ лю́бят друг дру́га

liebenswürdig любе́з|ный, -ен

Liebenswürdigkeit *f* любе́зность 9

lieber 1. *Adj* доро́же, миле́е | er ist mir ~ als sie он мне доро́же её **2.** *Adv* лу́чше, охо́тнее | ~ nicht лу́чше не на́до; sag das ~ nicht лу́чше не говори́ э́того; sie bliebe ~ hier она́ охо́тнее оста́лась бы здесь, она́ предпочла́ бы оста́ться здесь; es wäre mir ~, wenn er käme мне бы́ло бы прия́тнее, е́сли бы он пришёл; ich möchte ~, daß ... я бы предпочёл, что́бы ...

Liebes|abenteuer *n* любо́вное приключе́ние; **~brief** *m* любо́вное письмо́; **~dienst** *m* дру́жеская услу́га | j-m einen ≈ erweisen ока́зывать ⟨-|каза́ть*⟩ кому́-н. любе́зность [дру́жескую услу́гу]; **~erklärung** *f* объясне́ние в любви́; **~geschichte** *f* любо́вная исто́рия; **~heirat** *f* брак по любви́; **~kummer** *m* любо́вная тоска́ 6; **~müh** *f*: das ist verlorene ≈! напра́сный труд!; **~paar** *n* влюблённая па́ра; **~verhältnis** *n* любо́вная связь 9

liebevoll ла́сков:ый, не́ж|ный, -ен, -на́, -но, не́жны́

lieb|gewinnen *tr* полюб|и́ть *v* 3⁺ -лю́; **~haben** *tr* люб|и́ть 3⁺ -лю́

Liebhaber *m* Kenner люби́тель 1; Verehrer любо́вник 2 | er ist ein großer ~ moderner Kunst он большо́й люби́тель совреме́нного иску́сства; das Buch hat viele ~ gefunden на кни́гу нашло́сь мно́го охо́тников; **~bühne** *f* люби́тельский теа́тр 2; **~ei** *f* люби́мое заня́тие 5; **~in** *f* люби́тельница 6; **~preis** *m* цена́ для люби́телей [знатоко́в]

liebkosen *tr* ласка́ть

Liebkosung *f* ла́ска 6

lieblich милови́д|ный, -ен, хоро́шенький

Liebling *m* люби́м|ец, -ца 2; Frau люби́мица 6; Anrede ми́лый; ми́лая

Lieblings|beschäftigung *f* люби́мое заня́тие; **~schriftsteller** *m* люби́мый писа́тель

lieblos бессерде́ч|ный, -ен, чёрств:ый, черства́!

Lieblosigkeit *f* бессерде́чность 9, чёрствость 9

Lieb|reiz *m* пре́лесть 9; **~schaft** *f* любо́вная связь 9

Liebste *f* возлю́бленная *Subst* 11, *als Anrede* ми́лая, ми́лочка; **~r** *m* возлю́бленный *Subst* 10, *als Anrede* ми́лый, голу́бчик

Liebstöckel *n* любисто́к 2, зо́ря 7

liebst: am ~en *Adv* лу́чше всего́, охо́тнее всего́

Liechtenstein Ли́хтенштейн 2

Lied *n* пе́с|ня 7 *G Pl* -ен | davon kann ich ein ~ singen об э́том я мог(ла́) бы мно́го рассказа́ть; immer das alte ~ э́то всё ста́рая [та же] пе́сня; **~chen** *n* пе́сенка 6

Lieder|abend *m* ве́чер пе́сни; **~buch** *n* пе́сенник 2; **~dichter** *m* а́втор пе́сен, пе́сенник 2

Liederjahn *m* неря́ха *m, f* 6

Lieder|komponist *m* компози́тор-пе́сенник 2-2; **~kreis** *m* вока́льный цикл

liederlich безала́бер|ный, -ен, неря́шлив:ый; ausschweifend распу́т|ный, -ен

Liederlichkeit *f* безала́берность 9, неря́шливость 9; распу́тство 4

Lieder|macher *m* а́втор 2 пе́сен, пе́сенник 2; **~sammlung** *f* сбо́рник 2 пе́сен

Lieferant *m* поставщи́к 2e

lieferbar име́ющийся 11 в прода́же

Liefer|bedingungen *Pl* усло́вия *Pl* 5 поста́вки; **~frist** *f* срок поста́вки

liefern *tr* пост|авля́ть ⟨-а́вить 3 -а́влю⟩ (an *D*); anliefern, zustellen дост|авля́ть ⟨-а́вить⟩ | dieses Werk liefert Ersatzteile an uns э́тот заво́д поставля́ет нам запасны́е ча́сти; frei Haus ~ беспла́тно доставля́ть на́ дом; Strom ~ дава́ть* ток; Schafe ~ Wolle о́вцы даю́т шерсть; er ist geliefert *umg* он пропа́л

Liefer|schein *m* накладна́я *Subst* 10; **~schwierigkeiten** *Pl* затрудне́ния *Pl* 5 в поста́вках; **~termin** *m* срок поста́вки; ins Haus срок доста́вки; **~ung** *f* Vorgang поста́вка 6; Zustellung доста́вка 6; Sendung поставля́емый [доставля́емый] това́р; Heft, Folge вы́пуск 2 | das Wörterbuch erscheint in ~en слова́рь издаётся отде́льными вы́пусками

Liefer|vertrag *m* догово́р о поста́вке [на поста́вку]; **~wagen** *m* автофурго́н 2, автомоби́ль для разво́зки това́ров

Liege *f* тахта́ 6; **~geld** *n* пла́та 6 за просто́й; **~halle** *f* (санато́рная) вера́нда 6 для лежа́чих больны́х; **~kur** *f* лече́ние лежа́нием на во́здухе

liegen *intr* лежа́ть 3; gelegen sein быть* располо́женным; sich befinden нахо|ди́ться 3⁺ -жу́сь; vor Anker, Truppen стоя́ть 3; j-m passen подходи́ть 3⁺ | mein Zimmer liegt nach der Straße моя́ ко́мната выхо́дит о́кнами на у́лицу; der Schnee liegt einen Meter hoch толщина́ снéжного покрóва – оди́н метр; tiefe Stille liegt über dem Dorf в дерéвне цари́т глубóкая тишинá; der Tisch liegt voller Bücher стол завáлен кни́гами; weich ~ лежáть на мя́гком; er hat Geld auf der Bank ~ у негó дéньги в бáнке; das Dorf liegt am Fluß дерéвня располó-жена у реки́; die Stadt liegt im Gebirge гóрод располóжен в горáх; Nebel liegt über dem Fluß над рекóй стéлется ту-мáн; der Ton liegt auf der ersten Silbe ударéние на пéрвом слóге; das liegt noch in weiter Ferne э́то бу́дет ещё не скóро; das liegt noch ganz in der Zukunft э́то – дéло бу́дущего; im Bereich des Möglichen ~ находи́ться в предéлах возмóжного; das liegt in seinem Interesse э́то в егó интерéсе; darin liegt der Unterschied в э́том (состои́т) разли́чие; diese Arbeit liegt ihm nicht э́та рабóта емý не по душé; an wem liegt es? кто ви-новáт?, чья винá?; woran liegt es? в чём дéло?, за чем дéло стáло?; es liegt an dir э́то зави́сит от тебя́; an mir soll es nicht ~ за мнóй дéло не стáнет; das liegt nicht an mir э́то не моя́ винá, я тут не при чём; mir liegt viel daran, den Zug zu erreichen мне óчень вáжно успéть на пó-езд; es liegt mir nichts daran э́то мне со-вершéнно невáжно; was liegt dir daran? что тебé до э́того?; ~d freihändig schießen стреля́ть лёжа без упóра; **~bleiben** *intr* im Bett продолжáть лежáть; einige Zeit полежáть 3 *v;* Gegenstände о|ста-вáться* ⟨о|стáться*⟩; nicht gekauft werden залёживаться ⟨-лежáться 3⟩ | bleib noch ein Weilchen liegen полежи́ ещё немнóжко; die Zeitung blieb auf dem Tisch liegen газéта остáлась на столé; die Arbeit bleibt liegen рабóта стои́т; **~lassen** *tr* ост|авля́ть ⟨-áвить 3 -áвлю⟩; vergessen a. забывáть ⟨-|бы́ть*| забы́ла⟩ | j-n links ≈ игнори́ровать *uv, v* 2 когó-н., не обра|щáть ⟨-ти́ть 3 -щý⟩ внимáния на когó-н.; alles stehen- und ≈ остáв|ить *v* 3 -лю [брó|сить *v* 3 -шу] всё

Liegenschaften *f Pl* недви́жимость 9, не-дви́жимое имýщество 4

Liege|platz *m Eisenb* мéсто для лежáния; Schiff я́корная стоя́нка 6; **~sitz** *m* си-дéнье с откиднóй спи́нкой; **~stuhl** *m* шезлóнг 2; **~stütz** *m* упóр 2 лёжа; **~wagen** *m* вагóн с местáми для лежáния; **~wiese** *f* луг 2b| на лугý| *Pl* -á

Lift *m* лифт 2

Liga *f* ли́га 6 | ~ für Völkerfreundschaft Ли́га дрýжбы нарóдов

Ligatur *f* лигатýра 6

Liguster *m* бирючи́на 6

liieren *tr:* sie sind eng liiert они́ теснó свя́заны; er ist mit ihr liiert он имéет любóвную связь с ней

Likör *m* ликёр 2; **~glas** *n* ликёрная рю́мка

lila лилóвый

Lilie *f* ли́лия 8

Liliputaner *m* лилипýт 2; **~in** *f* лилипýтка 6

Limes *m Math* предéл 2; *hist* ли́мес 2

Limit *n* лими́т 2

Limonade *f* лимонáд 2

Limousine *f* лимузи́н 2

Linde *f* ли́па 6

Linden|blüte *f* ли́повый цвет; **~blütentee** *m* ли́повый чай

lindern *tr* облегч|áть ⟨-и́ть 3⟩; **~d** *Med* бо-леутоля́ющий 11

Linderung *f* облегчéние 5; *Med* утолéние 5

Lineal *n* линéйка 6

linear линéйный

Linguist *m* лингви́ст 2; **~ik** *f* лингви́стика 6

linguistisch лингвисти́ческий

Linie *f* ли́ния 8; Strich чертá 6; im Heft линéйка; Bahn, Metro ли́ния; Bus, Straßenbahn маршрýт 2 | eine ~ ziehen про-води́ть 3⁺ -вожý ⟨-|вести́*⟩ ли́нию; auf ~n schreiben писáть по линéйкам; ein Heft mit ~n тетрáдь в линéйку; auf dieser ~ verkehren die Busse alle Viertelstunden по э́тому маршрýту автóбус идёт кáждые пятнáдцать минýт; auf der ganzen ~ по всей ли́нии; in erster ~ в пéрвую óчередь; sich in einer ~ aufstellen стрóиться 3 (по-) по линéйке

Linien|blatt *n* транспарáнт 2; **~bus** *m* рéй-совый автóбус; **~richter** *m* судья́ на ли́нии; **~taxi** *n* маршрýтное такси́; **~verkehr** *m* маршрýтный трáн-спорт

linieren *tr* линовáть 2 (на-); senkrecht граф|и́ть 3 -лю́ (раз-) | liniertes Papier линóванная бумáга

Linierung *f* линóвка 6

link лéвый *a. Pol* | ~er Hand слéва, на лéвой сторонé; zwei ~e Hände haben быть* неуклю́жим; ~e Seite Stoff из-нáнка 6, лéвая сторонá; mit dem ~en Bein (zuerst) aufstehen *umg* встать* *v* с лéвой ноги́

Linke *f* Hand лéвая рукá 6a; *Pol* лéвые (пáртии) | zur ~n слéва

linkisch неуклю́ж:ий 11, нелóв|кий| -ок| -кá!

links *Adv* слéва; auf der linken Seite на лéвой сторонé | von ~ nach rechts слéва напрáво; nach ~ налéво; die erste Tür ~ пéрвая дверь налéво; ~ gehen! держи́-тесь лéвой стороны́!; ~ überholen об-гоня́ть ⟨обо|гнáть*⟩ слéва [с лéвой сто-роны́]; den Strumpf ~ anziehen надевáть ⟨-|дéть*⟩ чулóк наизнáнку

Links|abbieger *m* поворáчивающий *Subst*

11 налéво; **~außen** *m* Fußball лéвый крáйний 11 нападáющий *Subst* 11; **~drehung** *f* лéвое вращéние; **~extremist** *f* лéвый экстреми́ст, левáк 2e; **~gewinde** *n Tech* лéвая резьбá; **~händer** *m* левш|á *m, f* 6 *G Pl* -éй

linksherum *Adv* в лéвую стóрону

Links|kurve *f* поворóт влéво; **~partei** *f* лéвая пáртия

linksseitig левосторóнний 11

linksum! *Adv* налéво!

Linksverkehr *m* левосторóннее 11 движéние

Linol|eum *n* линóлеум 2; **~schnitt** *m* линогравю́ра 6

Linotype *f* линоти́п 2

Linse *f Anat* хрустáлик 2; *Bot* чечеви́ца 6; *Phys* ли́нза 6

Linsen|gericht *n,* **~suppe** *f* чечеви́чная похлёбка 6

Lippe *f* губá 6h | sich auf die ~n beißen кусáть себé гу́бы; er brachte kein Wort über die ~n он не проронил ни (одногó) слóва; kein Wort soll über meine ~n kommen я не скажу́ ни слóва

Lippen|bekenntnis *n* признáние (тóлько) на словáх; **~blütler** *Pl* губоцвéтные *Subst Pl* 10; **~laut** *m* губнóй звук; **~stift** *m* губнáя помáда 6

liquidieren *tr* ликвиди́ровать *uv, v* 2

Liquidierung *f* ликвидáция 8

Lira *f* ли́ра 6

lispeln *tr* mit der Zunge anstoßen шепеля́в|ить 3 -лю; flüstern шеп|тáть* ⟨-нýть *mom* 4⟩

Lissabon Лиссабóн 2

List *f* хи́трость 9 | zu einer ~ greifen прибегáть ⟨-бéгнуть 4a *u.* 4⟩ к хи́трости

Liste *f* спи́с|ок, -ка 2; exakte Aufstellung вéдомость 9g | eine ~ anlegen [aufstellen] сост|авля́ть ⟨-áвить 3 -áвлю⟩ спи́сок; auf die schwarze ~ kommen попадáть ⟨-|пáсть*⟩ в чёрный спи́сок

Listenwahl *f* голосовáние спи́ском

listig хи́т|рый, -ёр, -рá!, лукáв:ый | ~ sein хитри́ть 3 (с-)

Listigkeit *f* хи́трость 9, лукáвство 4

Litanei *f:* eine lange ~ надоéдливые жáлобы *Pl* 6, бесконéчная канитéль 9

Litau|en Литвá 6; **~er** *m* литóв|ец, -ца 2; **~erin** *f* литóвка 6

litauisch литóвский | Litauische Sozialistische Sowjetrepublik Литóвская Совéтская Социалисти́ческая Респу́блика

Liter *n, m* литр 2 | halbes ~ пол-ли́тра

Literarhistoriker *m* литературовéд 2

literarisch литерату́рный, -ен

Literatur *f* литерату́ра 6 | schöne ~ худóжественная литерату́ра; **~angaben** *Pl* спи́с|ок, -ка 2 испóльзованной литерату́ры; **~denkmal** *n* литерату́рный пáмятник 2; **~geschichte** *f* истóрия литерату́ры; **~kritik** *f* литерату́рная кри́тика; **~kritiker** *m* литерату́рный кри́тик; **~nachweis** *m* указáтель 1 литерату́ры; **~sprache** *f* литерату́рный язы́к; **~theorie** *f* теóрия литерату́ры; **~verzeichnis** *n* библиогрáфия 8; **~wissenschaft** *f* литературовéдение 5

Literflasche *f* литрóвая буты́лка

literweise *Adv* ли́трами

Litfaßsäule *f* столб для афи́ш и объявлéний

Lithium *n* ли́ти|й 1 *P* -и

Lithograph *m* литóграф 2; **~ie** *f* литогрáфия 8

lithographisch литографи́ческий

Liturgie *f* литурги́я 8

Litze *f* Borte галу́н 2e; *El* ги́бкий электропрóвод 2b *Pl* -á

Livesendung *f* прямáя передáча

Livree *f* ливрéя 7

Lizenz *f* лицéнзия 8 (für на *A*); **~ausgabe** *f* Buch кни́га 6, и́зданная по лицéнзии, лицензиóнное издáние; **~gebühren** *Pl* лицензиóнный сбор 2

Lob *n* похвалá 6 | er sparte nicht mit ~ он не скупи́лся на похвалы́; sie war des ~es voll über diese Sache онá былá в востóрге от э́того; über alles ~ erhaben sein быть вы́ше всех похвáл

Lobby *f* лóбби *n idkl*

loben *tr* хвали́ть 3^+ (по-) (für, wegen за *A*) | allzusehr ~ захв|áливать ⟨-али́ть⟩; sie wurde ~d erwähnt о ней отозвали́сь с похвалóй, её похвали́ли

lobenswert похвáл|ьный, -ен, -ьна

Lobhudelei *f* чрезмéрная похвалá 6, лесть 9

löblich похвáл|ьный, -ен, -ьна

Loblied *n:* auf j-n ein ~ singen петь комý-н. дифирáмбы

Lobrede *f* хвалéбная речь

Loch *n* дырá 6c; kleines ды́рка 6; Öffnung отвéрстие 5; im Schlauch прокóл 2; elende Wohnung норá 6c; Gefängnis *umg* кутýзка 6 | er pfeift auf dem letzten ~ он ды́шит на лáдан; saufen wie ein ~ пить* как бóчка; jetzt pfeift es aus einem anderen ~ (тепéрь) подýл другóй вéтер

lochen *tr* пробивáть ⟨-би́ть*⟩, перфори́ровать *uv, v* 2; Fahrkarte компости́ровать 2 (про-)

Locher *m* дырокóл 2; *Tech* перфорáтор 2; für Fahrkarten компóстер 2

löch(e)rig дыря́в:ый

Lochkarte *f* перфокáрта 6

lochkartengesteuert управля́емый перфокáртами

Loch|kartensteuerung *f* (прогрáммное) управлéние перфокáртами; **~streifen** *m* перфолéнта 6; **~streifensteuerung** *f* (прогрáммное) управлéние перфоле́нты; **~zange** *f* des Schaffners компо́стер 2

Locke *f* ло́кон 2, завит|о́к, -ка́ 2; ~n *Pl a.* ку́дри *Pl* 9g

¹locken *tr* an~ мани́ть 3⁺ (по-), зама́нивать ⟨-мани́ть⟩

²locken *tr* Haar завива́ть ⟨-|ви́ть*⟩; sich ~ *refl* кудря́виться 3

Locken|kopf *m* кудря́вая голова́; **~wickel** *m* бигуди́ *n idkl* | ≈ eindrehen накр|у́чивать ⟨-ути́ть 3⁺ -учу́⟩ бигуди́

locker porös, bröckelig ры́хл:ый, -а́!; lose, nicht fest сла́б:ый, -а́, -о, сла́бы́; wacklig шата́ющийся 11; *übertr* ausschweifend беспу́т|ный, -ен | bei mir ist ein Zahn ~ у меня́ шата́ется зуб; ein ~es Leben führen вести́* беспу́тную жизнь; ~e Sitten во́льные [испо́рченные] нра́вы; ~ werden Boden рыхле́ть (по-); **~lassen** *intr:* nicht ≈ не отступ|а́ть ⟨-и́ть 3⁺ -лю́⟩, наста́ивать ⟨-стоя́ть 3⟩ на своём

lockern *tr* ослабля́ть ⟨ослаб́|ить 3 -лю⟩; Pfosten u. ä. расша́тывать ⟨-шата́ть⟩; Glieder рассл|абля́ть ⟨-а́бить 3 -а́блю⟩; Boden рыхли́ть (вз-); sich ~ *refl* ослаб|ева́ть ⟨-е́ть⟩; расша́тываться ⟨-шата́ться⟩ | die Sitten ~ sich нра́вы по́ртятся

Lockerung *f* ослабле́ние 5; Boden (раз)рыхле́ние 5

Lockerungsübung *f Sport* упражне́ние на расслабле́ние мышц

lockig кудря́в:ый, курча́в:ый, Haar a. вью́щийся 11

Lock|mittel *n* прима́нка 6; **~speise** *f* нажи́вка 6, прима́нка 6; **~ung** *f* собла́зн 2; **~welle** *f* зави́вка 6 (ло́конами)

Loden *m* грубошёрстное сукно́ 4; **~mantel** *m* грубошёрстное (непроница́емое) пальто́

lodern *intr* пыла́ть

Löffel *m* ло́жка 6; Eier~ ло́жечка 6; Hase у́хо 4 *Pl* у́ш|и, -е́й, -а́м; **~bagger** *m* одноковшо́вый экскава́тор

löffeln *tr u. intr* есть ло́жкой, хлеба́ть *umg*

Löffelstiel *m* ру́чка 6 ло́жки

Log *n Mar* лаг 2

Logarithm|entafel *f* табли́ца логари́фмов; **~us** *m* логари́фм 2

Logbuch *n* ва́хтенный журна́л 2

Loge *f* ло́жа

Logenplatz *m* ме́сто в ло́же

Logger *m* ло́ггер 2

Loggia *f* ло́джия 8

logieren *intr* (вре́менно) жить*

Logik *f* ло́гика 6

logisch логи́ческий, логи́ч|ный, -ен

Lohe *f* Gerbrinde дуби́льная кора́ 6

lohen *intr* пыла́ть

Lohn *m* Arbeits~ за́работная пла́та 6, зарпла́та 6; Belohnung награ́да 6 (für за *A*) | gleicher ~ für gleiche Arbeit ра́вная опла́та за ра́вный труд; Löhne und Gehälter зарпла́та рабо́чих и слу́жащих; **~abbau** *m* сниже́ние за́работной пла́ты; **~abrechnung** *f* расчёт за́работной пла́ты; **~abschlag** *m* ава́нс 2 по за́работной пла́те; **~abzüge** *Pl* вы́четы из за́работной пла́ты; **~arbeit** *f* наёмный труд; **~arbeiter** *m* наёмный рабо́чий; **~ausfall** *m* поте́ри *Pl* 7 в зарпла́те; **~ausgleich** *m* компенса́ция поте́рь в за́работной пла́те (по вре́менной нетрудоспосо́бности); **~büro** *n* отде́л 2 за́работной пла́ты

lohnen *tr* плати́ть 3⁺ плачу́ (от-); sich ~ *refl* сто́ить 3 | j-m etw. mit Undank ~ плати́ть кому́-н. за что-н. неблагода́рностью; es lohnt sich, den Versuch zu machen сто́ит сде́лать попы́тку; es hat sich gelohnt э́то сто́ило; **~d** вы́годн|ый, -ен, сто́ящий 11; einträglich дохо́д|ный, -ен

Lohn|erhöhung *f* повыше́ние за́работной пла́ты; **~fonds** *m* фонд за́работной пла́ты; **~gruppe** *f* тари́фный разря́д 2; **~gruppenkatalog** *m* тари́фно-квалификацио́нный спра́вочник 2; **~kürzung** *f* = **Lohnabbau; ~kosten** *Pl* расхо́ды *Pl* 2 по за́работной пла́те; **~liste** *f* платёжная ве́домость; **~politik** *f* поли́тика в о́бласти за́работной пла́ты; **~senkung** *f* сниже́ние за́работной пла́ты; **~steuer** *f* подохо́дный нало́г, нало́г на за́работную пла́ту; **~steuerabzug** *m* удержа́ние 5 подохо́дного нало́га; **~stopp** *m* замора́живание 5 за́работной пла́ты; **~streifen** *m* ко́пия 8 расчёта за́работной пла́ты; **~tag** *m* день вы́платы за́работной пла́ты; **~tüte** *f* конве́рт 2 с за́работной пла́той; **~zuschlag** *m* надба́вка 6 к за́работной пла́те

lokal ме́стный

Lokal *n* Gaststätte рестора́н 2; kleines кафе́ *n idkl;* Raum помеще́ние 5; **~anästhesie** *f Med* ме́стная анестези́я, ме́стное обезбо́ливание 5

lokalisieren *tr* локализова́ть *uv, v* 2

Lokalisierung *f* локализа́ция 8

Lokal|kolorit *n* ме́стный колори́т; **~nachrichten** *Pl* in der Zeitung ме́стная хро́ника 6; **~patriotismus** *m* ме́стный патриоти́зм, ме́стничество 4; **~satz** *m Gramm* прида́точное предложе́ние ме́ста; **~termin** *m Jur* выездна́я се́ссия 8, вы́езд 2 суда́ для осмо́тра ме́ста преступле́ния

Lokativ *m* ме́стный паде́ж 2e

Loko|mobile *f* локомоби́ль 1; **~motive** *f* локомоти́в 2; Dampf~ парово́з 2; elektrische электрово́з 2; Diesel~ теплово́з 2

Lokomotiv|fabrik *f* für Diesellocks тепловостро́ительный заво́д; für Dampfloks паровозостро́ительный заво́д; für E-

Loks электровозостроительный завод; **~führer** *m* машинист 2 локомотива; **~schuppen** *m* локомотивное депо *n idkl;* für Dampfloks паровозное депо

Looping *f Flugw* мёртвая пет|ля 7 *G Pl* -ель

Lorbeer|en *Pl* лавры *Pl* 2 | auf seinen ≈ ausruhen поч|ить¡ -ию¡ -иешь *v* на лаврах; **~blatt** *n* лавровый лист; **~kranz** *m* лавровый вен|ок¡ -ка 2

Lore *f* Feldbahn вагонетка 6; Güterwagen вагон 2 открытого типа, гондола 6

los 1. *Adj:* der Knopf ist ~ пуговица оторвалась; der Hund ist (von der Kette) ~ собака сорвалась с цепи; diese Sorge [meinen Schnupfen] bin ich endlich ~ наконец я избавился от этой заботы [от своего насморка]; dort ist der Teufel ~ там чёрт знает что творится; was ist ~? что случилось?; dort ist immer etwas ~ там всегда что-нибудь происходит; was ist mit dir ~? что с тобой?; mit ihm ist nicht viel ~ толку от него мало; endlich bin ich ihn ~ наконец¡ я от него отделался; meine Uhr bin ich ~ мои часы пропали **2.** *Adv:* ~! давай!; | ~, gehen wir! пошли!

Los *n* жреби|й 1 *P* -и; Lotterie≈ лотерейный билет 2; Schicksal участь 9, судьба 6с *G Pl* судеб | das ~ werfen бросать ⟨бро|сить 3 -шу⟩ жребий; etw. durchs ~ entscheiden реш|ать ⟨-ить 3⟩ что-н. жребием; er hat das Große ~ gezogen он выиграл главный выигрыш, *übertr* ему очень [здорово] повезло

Los Angeles Лос-Анджелес 2

losarbeiten *intr* (энергично) браться*¡ брались ⟨взяться*¡ взялись⟩ за работу

lösbar *Chem* растворим:ый; Aufgabe разрешим:ый

los|binden *tr* отвязывать ⟨-|вязать*⟩; Befestigtes откреп|лять ⟨-ить 3 -лю⟩; **~brechen** *intr* Sturm разра|жаться ⟨-зиться 3⟩, подниматься ⟨подняться*¡ -нялся¡ -нялась⟩

Löschblatt *n* лист промокательной бумаги, *umg* промокашка 6

[1]**löschen** *tr* Feuer, Lampe га|сить 3⁺ -шу (по-), тушить 3⁺ (по-); mit Löschblatt промок|ать ⟨-нуть 4⟩; Tonband стирать ⟨с|тереть*¡ сотру⟩; annullieren аннулировать *uv, v* 2 | Kalk ~ гасить известь; den Durst ~ утол|ять ⟨-ить 3⟩ жажду; eine Hypothek ~ погасить ипотечную ссуду

[2]**löschen** *tr* entladen выгружать ⟨выгру|зить 3 -жу⟩

Löscher *m* Tinten≈ пресс-папье *n idkl*

Lösch|fahrzeug *n* пожарная машина 6; **~geräte** *Pl* пожарное оборудование 5; **~kalk** *m* гашёная известь; **~kopf** *m* Tonband стирающая 11 головка; **~mannschaft** *f* пожарная команда; **~papier** *n* промокательная бумага

[1]**Löschung** *f* Tilgung погашение 5; einer Tonaufnahme стирание 5

[2]**Löschung** *f* einer Ladung выгрузка 6

Löschwasser *n* вода для тушения пожара; **~becken** *n,* **~teich** *m* пожарный бассейн 2

lose unverpackt нерасфасованный; lokker слаб:ый¡ -а¡ -о¡ слабы | Milch in Flaschen und ~ молоко в бутылках и разливное; ~s Mehl мука на вес; ~e Blätter несшитые листы; er hat eine ~ Zunge у него длинный язык

Lösegeld *n* выкуп 2

losen *intr* бросать ⟨бро|сить 3 -шу⟩ жребий

lösen *tr* aufbinden развязывать ⟨-|вязать*⟩; Vertrag расторгать ⟨-торгнуть 4a *u.* 4⟩; Aufgabe реш|ать ⟨-ить 3⟩; Widerspruch, Konflikt разреш|ать ⟨-ить⟩; Rätsel разгадывать ⟨-гадать⟩; *Chem* раствор|ять ⟨-ить 3⟩; Fahrkarte покупать ⟨куп|ить 3⁺ -лю⟩, брать* ⟨взять*⟩; sich ~ *refl* Zugebundenes развязываться ⟨-вязаться⟩; *Chem* раствор|яться ⟨-иться⟩; abgehen от|ставать* ⟨-|стать*⟩; Geklebtes откле|иваться ⟨-иться 3⟩; sich freimachen освобо|ждаться ⟨-диться 3 -жусь⟩ | sich von der alten Umgebung ~ по|рвать* *v* с прежней средой; sich von j-m ~ рас|ставаться* ⟨-|статься*⟩ с кем-н.

los|gehen *intr* anfangen начинаться ⟨на|чаться*¡ начался¡ -чалась⟩; Schuß раз|даться*¡ -дались *v* | aufeinander ≈ бросаться ⟨броситься 3⟩ друг на друга; **~kaufen** *tr* выкупать ⟨выкуп|ить 3 -лю⟩; **~kommen** *intr* отдел|ываться ⟨-аться⟩ (von от *G*); **~lassen** *tr* отпу|скать ⟨-стить 3⁺ -щу⟩, пу|скать ⟨-стить⟩ | laß mich los! отпусти меня!; einen Hund von der Kette ≈ спу|скать ⟨-стить⟩ собаку с цепи

löslich *Chem* растворим:ый | leicht ~er Kaffee быстрорастворимый кофе

Löslichkeit *f* растворимость 9

los|lösen *tr* отдел|ять ⟨-ить 3⁺⟩; etw. Angeklebtes откле|ивать ⟨-ить 3⟩; sich ≈ *refl* от|ставать* ⟨-|стать*⟩; **~machen** *tr* = **losbinden;** sich ≈ *refl* освобо|ждаться ⟨-диться 3 -жусь⟩; **~reißen** *tr* отрывать ⟨ото|рвать*¡ оторванный⟩ (von от *G*); sich ≈ *refl* срываться ⟨со|рваться*¡ -рвались⟩; *übertr* отрываться ⟨ото|рваться*¡ -рвались⟩ (von от *G*); **~rennen** *intr* по|бежать* *v*

Löß *m Geol* лёсс 2

los|sagen, sich *refl* отрекаться ⟨-|речься*⟩ (von от *G*); **~schießen** *intr* losrennen бросаться ⟨бро|ситься 3 -шусь⟩ (auf на *A*) | schieß los! начинай!; **~schlagen** *tr* *umg* billig verkaufen сбыва́ть ⟨-|быть*⟩, про|дава́ть* ⟨-|да́ть*| про́данный⟩ по пони́женной цене́; *intr* бить* (auf *A*), нанос́ить ⟨-|нести́*⟩ уда́ры (auf *D*); *Mil* начина́ть ⟨нача́ть*⟩ наступле́ние; **~schrauben** *tr* от|ви́нчивать ⟨-винти́ть 3 -винчу́| -ви́нченный⟩; **~sprechen** *tr* освобо|жда́ть ⟨-ди́ть 3 -жу́| -ждённый⟩ | j-n von einer Schuld ≈ снима́ть ⟨снять*⟩ с кого́-н. вину́; **~stürzen** *intr* броса́ться ⟨бро́|ситься 3 -шусь⟩ (auf на *A*)

[1]**Losung** *f* ло́зунг 2; *Mil* паро́ль 1

[2]**Losung** *f* Wild помёт 2

Lösung *f* einer Aufgabe реше́ние 5; Widerspruch разреше́ние 5; Rätsel разга́дка; Ausgang развя́зка 6; *Chem* раство́р 2 | das wäre die beste ~ тако́е реше́ние бы́ло бы са́мым лу́чшим

Lösungsmittel *n* раствори́тель 1

loswerden *tr* отде́л|ываться ⟨-аться⟩ от *G;* Waren сбыва́ть ⟨-|быть*⟩ (с рук) | ihn wird man einfach nicht los от него́ не отвя́жешься

Lot *n Mar* лот 2; Senkblei отве́с 2; *Math* перпендикуля́р 2; Lötmetall припо́й 1 | im ~ sein быть в поря́дке

loten *tr* измеря́ть ⟨-ме́рить 3⟩ ло́том

löten пая́ть 1

Lotion *f* лосьо́н 2

Löt|kolben *m* пая́льник 2; **~lampe** *f* пая́льная ла́мпа

Lotosblume *f* ло́тос 2

lotrecht вертика́льный, перпендикуля́р|ный| -ен

Lotse *m* ло́цман 2

lotsen *tr* Schiff, Person проводи́ть 3^{+} -вожу́ ⟨-|вести́*⟩

Lotsenboot *n* ло́цманский бот

Lotterie *f* лотере́я 7; **~los** *n* лотере́йный биле́т 2

Lotterleben *n* распу́тная жизнь

Lotto *n* лото́ *n idkl*

Lötzinn *n* оловя́нный припо́й 1

Löwe *m* лев| льва 2

Löwen|anteil *m übertr* льви́ная до́ля; **~junges** *n* львён|ок| -ка 2 *Pl* львя́та 4; **~maul** *n Bot* льви́ный зев 2; **~zahn** *m Bot* одува́нчик 2

Löwin *f* льви́ца 6

loyal лоя́л|ьный| -ен| -ьна

Loyalität *f* лоя́льность 9

Luchs *m Zool* рысь 9 | er hat Augen wie ein ~ у него́ глаза́ как у ры́си

Lücke *f* leerer Raum пусто́е ме́сто 4b; im Text про́пуск 2; im Wissen; zwischen Wörtern пробе́л 2; im Zaun отве́рстие 5; *Mil* брешь 9 | eine ~ schließen восполня́ть ⟨-по́лнить 3⟩ пробе́л

Lückenbüßer *m* заты́чка 6 *umg*

lücken|haft непо́л|ный| -он| -на́!; Kenntnisse с пробе́лами; **~los** по́л|ный| -он| -на́| полно́, без пробе́лов

Luder *n* Schimpfwort сте́рва 6 | das arme ~! бедня́жка!

Luft *f* во́здух 2 | frische ~ schöpfen дыша́ть 3^{+} (по-) све́жим во́здухом; die ~ anhalten заде́рживать ⟨-держа́ть 3^{+}⟩ дыха́ние; an der frischen ~ на откры́том во́здухе; er ist für mich ~ он для меня́ пусто́е ме́сто, он для меня́ не существу́ет; seinem Herzen ~ machen отводи́ть 3^{+} -вожу́ ⟨-|вести́*⟩ (свою́) ду́шу; dicke ~! опа́сность!; die ~ ist rein мо́жно ничего́ не опаса́ться, круго́м всё споко́йно; das ist aus der ~ gegriffen э́то взя́то с потолка́; in die ~ fliegen explodieren взрыва́ться ⟨взо|рва́ться*| -рвали́сь⟩, взле|та́ть ⟨-те́ть 3⟩ на во́здух; in die ~ gehen *übertr* ло́пнуть *v* 4 от зло́сти; es liegt etw. in der ~ что-то но́сится в во́здухе, в во́здухе че́м-то па́хнет; **~abschluß** *m:* unter ≈ без до́ступа во́здуха; **~abwehr** *f* противовозду́шная оборо́на (*Abk* ПВО); **~abwehrrakete** *f* зени́тная раке́та; **~akrobat** *m* возду́шный акроба́т [гимна́ст 2]; **~alarm** *m* возду́шная трево́га; **~angriff** *m* возду́шный налёт, возду́шное нападе́ние; **~aufklärung** *f Mil* возду́шная разве́дка; **~aufnahme** *f* Bild аэро(фото)сни́м|ок| -ка 2; Tätigkeit аэро(фото)съёмка 6; **~bad** *n Med* возду́шная ва́нна; **~ballon** *m* аэроста́т 2, возду́шный шар a. Spielzeug

luftbereift на пневмати́ческих ши́нах

Luft|bild *n* аэро(фото)сни́м|ок| -ка 2; **~blase** *f Tech* ра́ковина 6; **~brücke** *f* возду́шный мост

Lüftchen *n* ветер|о́к| -ка́ 2

luftdicht воздухонепроница́емый

Luftdruck *m Met* атмосфе́рное давле́ние; *Tech* давле́ние во́здуха; **~bremse** *f* пневмати́ческий то́рмоз, пневмото́рмоз 2; **~prüfer** *m Kfz* (ручно́й) мано́метр 2

luftdurchlässig воздухопроница́емый

lüften *tr* прове́тр|ивать ⟨-ить 3⟩; Hut приподнима́ть ⟨-|подня́ть*⟩ | ein Geheimnis ~ открыва́ть ⟨-|кры́ть*⟩ та́йну

Lüfter *m* вентиля́тор 2

Luftfahrt *f* авиа́ция 8; **~gesellschaft** *f* авиацио́нная компа́ния 8, авиакомпа́ния 8; **~medizin** *f* авиацио́нная медици́на

Luft|feuchtigkeit *f* вла́жность во́здуха; **~filter** *m* Auto воздухоочисти́тель 1; **~flotte** *f* возду́шный флот; **~fracht** *f* авиацио́нный груз

luftge|kühlt с возду́шным охлажде́нием; **~trocknet** воздушносухо́й

Luft|gewehr *n* пневмати́ческое ружьё; **~herrschaft** *f Mil* госпо́дство в во́здухе

luftig Kleidung возду́ш|ный| -ен, лёг|кий [хк]| -ок| легка́| легки́ *u.* лёгки

Luftikus *m* ве́треник 2 *umg,* ветрого́н 2 *umg*

Luft|kampf *m* возду́шный бой; **~kissen** *n* Sitzkissen надувна́я поду́шка; *Tech* возду́шная поду́шка; **~kissenboot** *n* ка́тер 2b *Pl* -а́ на возду́шной поду́шке; **~koffer** *m* лёгкий чемода́н; **~korridor** *m Flugw* возду́шный коридо́р; **~krieg** *m* возду́шная война́; **~kühlung** *f* возду́шное охлажде́ние; **~kurort** *m* климати́ческий куро́рт; **~lage** *f Mil* возду́шная обстано́вка; **~landetruppen** *Pl* воздушнодеса́нтные войска́; **~landung** *f* деса́нти́рование 5

luftleer безвозду́шный | ~er Raum безвозду́шное простра́нство

Luft|linie *f* gedachte Linie пряма́я ли́ния (ме́жду двумя́ географи́ческими то́чками); **~loch** *n* Luftabzug отду́шина 6; *Flugw* возду́шная я́ма; **~mangel** *m* недоста́ток во́здуха; **~matratze** *f* надувно́й матра́ц; **~mine** *f* авиами́на 6; **~pirat** *m* возду́шный пира́т

Luftpost *f* авиапо́чта 6 | mit ~ а́виа(по́чтой); **~brief** авиапис|ьмо́ 4c *G Pl* -ем

Luft|pumpe *f* возду́шный насо́с; **~raum** *m* возду́шное простра́нство; **~röhre** *f Anat* дыха́тельное го́рло 4, трахе́я 7; **~schacht** *m* вентиляцио́нный коло́д|ец, -ца 2; **~schiff** *n* дирижа́бль 1; **~schifffahrt** *f* воздухопла́вание 5; **~schleuse** *f Kosm* шлюзово́й отсе́к 2; **~schlösser** *n Pl* возду́шные за́мки *Pl* 2; **~schraube** *f* возду́шный винт

Luftschutz *m* противовозду́шная оборо́на 6 (*Abk* ПВО); **~keller, ~raum** *m* бомбоубе́жище 4 (в подва́ле)

Luft|spiegelung *f* мира́ж 2 *G Pl* -ей; **~sprung** *m:* vor Freude einen ≈ machen пры́г|ать ⟨-нуть 4⟩ от ра́дости; **~strahltriebwerk** *n Flugw* возду́шно-реакти́вный дви́гатель; **~streitkräfte** *Pl* вое́нно-возду́шные си́лы *Pl* 6 (*Abk* ВВС); **~strom** *m* возду́шный пото́к; **~stützpunkt** *m* авиаба́за 6, авиацио́нная ба́за; **~taxi** *n* возду́шное такси́; **~temperatur** *f* температу́ра во́здуха; **~transport** *m* авиатра́нспорт, возду́шный тра́нспорт; **~trocknung** *f* возду́шная су́шка, су́шка на во́здухе; **~überlegenheit** *f Mil* превосхо́дство в во́здухе

Lüftung *f* вентиля́ция 8

Lüftungs|anlage *f* вентиляцио́нная устано́вка; **~klappe** *f* am Fenster фо́рточка 6

Luft|unterstützung *f Mil* авиацио́нная подде́ржка; **~veränderung** *f* переме́на кли́мата; **~verkehr** *m* возду́шное сообще́ние; **~verschmutzung** *f* загрязне́ние во́здуха; **~wechsel** *m* переме́на кли́мата; **~weg** *m:* auf dem ≈ по во́здуху; ≈e *Pl Anat* дыха́тельные пути́; **~widerstand** *m* сопротивле́ние во́здуха; **~zufuhr** *f* пода́ча 6 во́здуха; **~zug** *m* сквозня́к 2e

Lug *m:* es ist alles ~ und Trug всё э́то сплошно́й обма́н

Lüge *f* ложь, лжи 9 *I* ло́жью; Erfindung вы́думка 6 | eine faustdicke ~ гру́бая ложь; j-n ~n strafen изоблич|а́ть ⟨-и́ть 3⟩ кого́-н. во лжи; ~n haben kurze Beine на лжи далеко́ не уе́дешь

lügen *intr* лгать* (со-), врать* (со-) *umg* | ~ wie gedruckt врать как по пи́саному

lügenhaft лжи́в:ый

Lügner *m* лгун 2e, врун 2e *umg;* **~in** *f* лгу́нья 7, вру́н|ья 7 *G Pl* -ий *umg*

lügnerisch лжи́в:ый

Luke *f Mar* люк 2

lukrativ при́был|ьный, -ен, -ьна, дохо́д|ный, -ен

lukullisch: ein ~es Mahl луку́ллов 13 пир 2b, на пиру́

Lumineszenz *f* люминесце́нция 8

Lümmel *m* наха́л 2, неве́жа *m* 6; **~ei** *f* гру́бость 9, неотёсанность 9

lümmelhaft наха́л|ьный, -ен, -ьна, неотёсанный; grob гру́б:ый, -а́!

lümmeln, sich *refl* разва́ливаться ⟨-вали́ться 3⁺⟩

Lump *m* негодя́|й 1 *G Pl* -ев, подле́ц 2e

lumpen *intr:* sich nicht ~ lassen не скуп|и́ться 3⁺ -лю́сь (по-)

Lumpen *Pl* лохмо́ть|я, -ев *Pl* 1, тряпьё 3; **~gesindel** *n* сброд 2, сво́лочь 9g; **~proletariat** *n* лю́мпен-пролетариа́т 2; **~sammler** *m* старьёвщик 2

Lumperei *f* по́длость 9

lumpig erbärmlich жа́л|кий, -ок, -ка́!, -ьче; ничто́ж|ный, -ен; gemein по́дл:ый, -а́!

Lunge *f* лёгкое [хк] *Subst* 10 | eiserne ~ иску́сственные лёгкие *Pl Subst* 10; er hat es mit der ~ у него́ с лёгкими не в поря́дке; auf ~ rauchen кури́ть затя́гиваясь

Lungen|bläschen *n* лёгочный пузыр|ёк, -ька́ 2; **~blutung** *f* лёгочное кровотече́ние; **~entzündung** *f* воспале́ние лёгких; **~flügel** *m* лёгкое *Subst* 10; **~haschee** *n* гуля́ш 2e из лёгких; **~heilstätte** *f* туберкулёзный санато́рий

lungenkrank страда́ющий 11 лёгочным заболева́нием | er ist ~ у него́ больны́е лёгкие

Lungen|kranke *m* лёгочный больно́й *Subst* 10; **~krebs** *m* рак лёгких; **~spitze** *f* верху́шка 6 лёгкого; **~tuberkulose** *f* туберкулёз лёгких

Lunik *m* лу́нник 2

Lunte *f* фити́ль 1e; beim Fuchs хвост 2e | ~ riechen *umg* чу́ять* (по-) опа́сность

Lupe *f* лу́па 6 | etw. (scharf) unter die ~ nehmen тща́тельно проверя́ть ⟨-ве́рить 3⟩ что-н., при́стально присмотре́ться *v* 3⁺ к чему́-н.

Lupine *f* люпи́н 2

Lurch *m* земново́дное *Subst* 10, амфи́бия 8

Lust *f* Vergnügen удовóльствие 5; Verlangen охóта (zu к *D od. Inf*); sinnliche наслаждéние 5 | er tut seine Arbeit mit ~ und Liebe он с удовóльствием выполняéт своѓ рабóту; er ist mit ~ und Liebe bei der Sache он всей душóй отдаётся дéлу; ich habe ~ zu lesen мне хóчется читáть; da kann einem die ~ vergehen мóжно потеря́ть охóту; ~ zu etw. bekommen за|хотéть* *v mit Inf;* j-m die ~ nehmen отбивáть (-|бить*) охóту у когó-н.

Lüster *m* Kronleuchter люстра 6; Stoff люстри́н 2

lüstern sinnlich похотли́в:ый, сладострáст|ный, -ен

Lüsternheit *f* похотли́вость 9, сладострáстие 5

lustig 1. *Adj* весёлый, вéсел, -á!; belustigend забáв|ный, -ен | sich ~ machen über j-n сме|я́ться, -ю́сь, -ёшься над кем-н. **2.** *Adv:* da geht es ~ zu там óчень вéсело

Lustigkeit *f* весéлье 5, весёлость 9

Lüstling *m* сластолю́б|ец, -ца 2

lustlos 1. *Adj* безрáдост|ный, -ен **2.** *Adv* неохóтно

Lustmord *m* умы́шленное убийство (на пóчве половóго извращéния)

Lustspiel *n* комéдия 8

Lutheraner *m* лютер|áнин 2 *Pl* -áне, -áн

lutherisch лютерáнский

lutschen *tr u. intr* сосáть*

Lutscher *m* леден|éц, -цá 2 (на деревя́нной пáлочке)

Luv(seite) *f* навéтренная сторонá 6а

Lux *n Phys* люкс 2

Luxemburg Люксембу́рг 2; **~er** *m* люксембу́рж|ец, -ца 2; **~erin** *f* люксембу́ржка 6

luxemburgisch люксембу́ржский

luxuriös роскóш|ный, -ен

Luxus *m* рóскошь 9 | ~ treiben жить* роскóшно; diesen ~ kann ich mir nicht leisten я не могу́ позвóлить себé такóй рóскоши; **~artikel** *m* предмéт рóскоши; **~hotel** *n* гости́ница-люкс 6-*idkl;* **~villa** *f* роскóшная ви́лла 6; **~wohnung** *f* роскóшная кварти́ра

Luzerne *f* люцéрна 6

lymphatisch лимфати́ческий

Lymphdrüse *f* лимфати́ческая железá

Lymphe *f* ли́мфа 6

Lymph|gefäß *n* лимфати́ческий сосу́д; **~knoten** *m* лимфати́ческий у́зел

lynchen *tr* линчевáть *uv, v* 2

Lynchjustiz *f* суд 2е Ли́нча

Lyra *f Mus* ли́ра 6

Lyrik *f* ли́рика 6; **~er** *m* ли́рик 2

lyrisch лири́ческий

Lyzeum *n* лицé|й 1 *G Pl* -ев

M

Maat *m* маат 2

Machart *f* Anzug фасóн 2

machbar осуществи́м:ый

Mache *f* Vortäuschung притвóрство 4, обмáн 2 | etw. in der ~ haben *umg* рабóтать над чем-н., обрабáтывать что-н.; das ist nur ~ э́то сплошнóе надувáтельство

machen *tr* tun дéлать (с-); anfertigen дéлать (с-), изгот|овля́ть ⟨-óвить 3 -óвлю⟩; zubereiten пригот|овля́ть ⟨-óвить⟩; betragen сост|авля́ть ⟨-áвить 3 -áвлю⟩; Vergnügen дост|авля́ть ⟨-áвить 3 -áвлю⟩; Sorge, Kummer причин|я́ть ⟨-и́ть 3⟩ | das läßt sich ~ э́то мóжно сдéлать; da ist nichts zu ~ ничегó не подéлаешь, дéлать нéчего; das macht nichts (э́то) ничегó (не зна́чит); das macht uns nichts aus нам нипочём; das ist nicht zu ~ э́то невыполни́мо; mach's gut! будь здорóв!, покá!; um es kurz zu ~ чтóбы быть крáтким; mach, daß du fortkommst! убирáйся!, пошёл вон!; ich mache mir wenig daraus я не придаю́ э́тому большóго значéния; er hat sich (auf und) davon gemacht егó и след просты́л; es machte sich nötig оказáлось [стáло] необходи́мым; viel zu schaffen ~ надéлать мнóго хлопóт; sich einen Anzug ~ lassen закáзывать ⟨-|казáть*⟩ себé костю́м; Dummheiten ~ надéлать глу́постей; die Rechnung macht zwanzig Rubel счёт составля́ет двáдцать рублéй; Schulaufgaben ~ гот́ов|ить 3 -лю (под-) урóки

Machenschaften *f Pl* махинáции *Pl* 8

Macherlohn *m* плáта за изготовлéние

Macht *f* Kraft си́ла 6; *Pol* власть 9g *a. übertr;* Staat держáва 6 | mit aller ~ изо всéх сил; j-n seine ~ fühlen lassen давáть* ⟨дать*⟩ почу́вствовать кому́-н. свою́ власть; ich habe alles getan, was in meiner ~ stand я сдéлал всё, что бы́ло в моéй влáсти; an der ~ sein находи́ться 3⁺ -хожу́сь [быть] у влáсти; **~befugnis** *f* правомóчие 5; **~bereich** *m* сфéра влáсти; **~haber** *m* власти́тель 1

mächtig 1. *Adj* могу́ч:ий 11, могу́ществен:ный, -на; sehr stark си́льный, си́лен *u.* сил|ён, -ьнá, си́льно, си́льны́; riesig огрóм|ный, -ен, кру́п|ный, -ен, -нá!; *Bergb* мóщ|ный, -ен, -нá! | einer Sache ~ sein владéть чем-н. **2.** *Adv* весьмá, óчень

Machtkampf *m* борьбá за власть

macht|los бесси́л|ьный, -ен, -ьна | da ist

man ≈ тут ничего́ не поде́лаешь; **~voll** мо́щ|ный, -ен, -на́!
Machtwort *n:* ein ~ sprechen сказа́ть *v* реша́ющее сло́во
Machwerk *n* плоха́я [небре́жная) рабо́та 6, халту́ра 6 *umg*
Mada|gaskar Мадагаска́р 2; **~gasse** *m* мадагаси́|ец, -йца 2
madagassisch мадагаси́йский
Mädchen *n* де́вушка 6; im Kindesalter де́вочка 6 | schönes ~ краса́вица 6; ~ für alles прислу́га 6 за всё
mädchenhaft деви́чий 12
Mädchen|handel *m* торго́вля же́нщинами; **~name** *m* Vorname же́нское и́мя; Familienname де́вичья 12 фами́лия; **~schule** *f* же́нская шко́ла
Made *f* червяч|о́к, -ка́ 2, личи́нка 6 | wie die ~ im Speck leben как сыр в ма́сле ката́ться
madig черви́в:ый
Madonna *f* мадо́нна 6; orthodoxe Kirche богоро́дица 6, богома́терь 9
Madrid Мадри́д 2
Madrigal *n* мадрига́л 2
Magazin *n* Lager склад 2; bei Schußwaffen магази́н; Zeitschrift иллюстри́рованный журна́л; in Bibliothek книгохрани́лище 4; in Museum храни́лище 4
Magd *f* батра́чка 6
Magdeburg Ма́гдебург 2
Magen *m* желу́д|ок, -ка 2 | sich den ~ verderben по́р|тить 3 -чу (ис-) себе́ желу́док; der ~ knurrt в желу́дке урчи́т; das hat sich ihm auf den ~ gelegt *übertr* э́то испо́ртило ему́ настрое́ние; **~bitter** *m* го́рькая *Subst* 10; **~bluten** *n* желу́дочное кровотече́ние 5; **~drücken** *n* чу́вство 4 тя́жести в о́бласти желу́дка; **~gegend** *f* о́бласть желу́дка; **~geschwür** *n* я́зва желу́дка; **~katarrh** *m* ката́р желу́дка; **~krampf** *m* спа́зма желу́дка
magenkrank: ~ sein страда́ть заболева́нием желу́дка
Magen|krebs *m* рак желу́дка; **~leiden** *n* желу́дочное заболева́ние 5; **~saft** *m* желу́дочный сок; **~säure** *f* желу́дочная кислота́; **~schleimhautentzündung** *f* гастри́т 2; **~schmerzen** *Pl* бо́ли в желу́дке; **~verstimmung** *f* расстро́йство 4 желу́дка
mager hager худ:о́й, -á!, -óe, худоща́в:ый; dürftig ску́д|ный, -ен, -на́! | ~er Boden истощённая по́чва; ~es Fleisch по́стное мя́со
Mager|käse *m* то́щий 11 сыр; **~keit** *f* худоба́ 6; **~milch** *f* снято́е [обезжи́ренное] молоко́, обра́т 2
Mag|ie *f* ма́гия 8; **~ier** *m* маг 2
magisch маги́ческий | ~es Auge электроннооптúческий индика́тор 2 настро́йки
Magister *m* маги́стр 2
Magistrale *f* магистра́ль 9
Magistrat *m* магистра́т 2
Magma *n* ма́гма 6
Magnesium *n* ма́гни|й 1 *P* -и
Magnet *m* магни́т 2; **~band** *n* магни́тная ле́нта; **~feld** *n* магни́тное по́ле
magnetisch магни́тный
magnetisieren *tr* намагни́|чивать ⟨-тить 3 -чу⟩
Magnetismus *m* магнети́зм 2
Magnet|nadel *f* магни́тная стре́лка; **~pol** *m* магни́тный по́люс; **~tonband** *n* магнитофо́нная ле́нта; **~tongerät** *n* магнитофо́н 2
Magnolie *f* магно́лия 8
Mahagoni *n* кра́сное де́рево 4
Mahd *f* косьба́ 6; Heu~ сеноко́с 2; Getreide~ жа́тва 6
Mähdrescher *m* зерново́й комба́йн 2
mähen *tr* ко|си́ть 3⁺ -шу́ (с-); Getreide жать²* (с-, сожну́)
Mahl *n* еда́ 6
mahlen *tr* моло́ть* (с-)
Mahlzeit *f* еда́ 6 | ~! прия́тного аппети́та; Gruß здра́вствуйте [аст]!, до́брый день!; beim Fortgehen проща́йте!, пока́!
Mähmaschine *f* Getreide~ жа́тка 6; Gras~ коси́лка 6
Mahnbrief *m* пи́сьменное напомина́ние 5
Mähne *f* гри́ва 6; *umg* beim Menschen (дли́нные) во́лосы *Pl* 2g
mahnen *tr* erinnern напомина́ть ⟨-по́мнить 3⟩ (j-n wegen etw. кому́-н. о чём-н.); ermahnen призыва́ть ⟨-|зва́ть*⟩
Mahnmal *n* мемориа́л 2 (für j-n кому́-н.)
Mahnung *f* напомина́ние 5; Ermahnung призы́в 2
Mähre *f* кля́ча 6
mährisch мора́вский
Mai *m* май 1 | der Erste ~ Пе́рвое ма́я, Первома́й 1; **~demonstration** *f* первома́йская демонстра́ция; **~feier** *f* торже́ственное собра́ние по слу́чаю Пе́рвого ма́я; **~glöckchen** *n* ла́ндыш 2; **~käfer** *m* ма́йский хрущ 2
Mailand Мила́н 2
Mais *m* кукуру́за 6; **~aussaat** *f* посе́в кукуру́зы; **~ernte** *f* убо́рка (урожа́я) кукуру́зы; Ertrag урожа́й 1 кукуру́зы; **~kolben** *m* поча́ток кукуру́зы; **~mehl** *n* кукуру́зная мука́
Majestät *f* вели́чие 5; Anrede вели́чество
majestätisch вели́чествен:ный, -на, вели́чав:ый
Majolika *f* майо́лика 6
Major *m* майо́р 2
Majoran *m* майора́н 2
Majorität *f* большинство́ 4
Majuskel *f* *Typ* прописна́я бу́ква 6

Makel *m* moralisch (позо́рное) пятно́ 4c
mäk[e]lig привере́длив:ый
makellos безупре́ч|ный, -ен, безукори́знен:ный, -на
Makellosigkeit *f* безупре́чность 9, безукори́зненность 9
mäkeln *intr* am Essen привере́дничать (an в *P*); nörgeln придира́ться ⟨-|дра́ться*, -драли́сь⟩ (an к *D*)
Makkaroni *Pl* макаро́ны *Pl* 6
Makler *m* ма́клер 2
Makramee *n* плетёная бахрома́ 6
Makrele *f* ску́мбрия 8, макре́ль 9
Makrokosmos *m* макроко́смос 2
Makulatur *f* макулату́ра 6
makulieren *tr* с|дава́ть* ⟨-|да́ть*⟩ в макулату́ру
mal *Adv umg* zur Milderung eines Befehls -ка | zwei ~ zwei два́жды два; fünf ~ zwei пя́тью два; noch ~ ещё раз; komm ~ her! поди́-ка сюда́!; warten Sie ~! посто́йте-ка!; nun zeig doch ~! ну́-ка, покажи́!; das ist nun ~ so так оно́ и есть
¹Mal *n* Merkmal при́знак 2; *Med* роди́мое пят|но́ 4c *G Pl* -ен
²Mal *n* раз 2b *G Pl* раз | voriges ~ про́шлый раз; das erste ~ пе́рвый раз; zum ersten ~ (в) пе́рвый раз, впервы́е; (für) dieses ~ (на) э́тот раз; zum wievielten ~? в кото́рый раз?; mehrere [einige] ~e не́сколько раз; manches ~ ино́й раз, иногда́; ein anderes ~ друго́й раз; beim nächsten ~ в сле́дующий раз; mit einem ~ сра́зу; ein über das andere ~ раз за ра́зом; nicht ein einziges ~ ни ра́зу не
Malachit *m* малахи́т 2
Malai|e *m* мала́|ец, -йца 2; ~**in** *f* мала́йка 6
malaiisch мала́йский
Malaria *f* маляри́я 8
Mala|wi Мала́ви *f idkl;* ~**wier** *m* жи́тель 1 Мала́ви
Malay|sia Мала́йзия 8; ~**sier** *m* жи́тель 1 Мала́йзии
Malbuch *n* кни́жка 6 с карти́нками для раскра́шивания
malen *tr* рисова́ть 2 (на-), писа́ть* (на-) кра́сками; streichen кра́|сить 3 -шу (о-, по-) | in Öl ~ писа́ть ма́слом; sich (von einem Künstler) ~ lassen зака́зывать ⟨-|каза́ть*⟩ (худо́жнику) свой портре́т; nach einem Modell ~ рисова́ть [писа́ть] с моде́ли
Maler *m* Kunst- худо́жник 2, живопи́с|ец, -ца 2; Anstreicher маля́р 2e; ~**arbeiten** *f Pl* маля́рные рабо́ты; ~**ei** *f* жи́вопись 9
malerisch живопи́с|ный, -ен
Malheur *n* неприя́тность 9, неуда́ча 6 | ihm ist ein ~ passiert с ним случи́лась беда́
Mali Мали́ *n idkl;* ~**er** *m* мали́|ец, -йца 2; ~**erin** *f* мали́йка 6
maliziös злой, зол, зла, зло́б|ный, -ен
Malkasten *m* я́щик с кра́сками
malnehmen *tr* мно́жить 3 (по-, у-), умн|о-жа́ть ⟨-о́жить 3⟩
Malta Ма́льта 6
malträtieren *tr* ду́рно обраща́ться с *I*
Malve *f Bot* ма́льва 6
Malz *n* со́лод 2; ~**bier** *n* солодо́вое пи́во; ~**bonbon** *n* солодо́вый леден|е́ц, -ца́ 2
Malzeichen *n Math* знак умноже́ния
Malz|extrakt *m* солодо́вый экстра́кт; ~**kaffee** *m* солодо́вый ко́фе
Mama *f* ма́ма 6
Mammon *m* мамо́на 6
Mammut *n* ма́монт 2
man *Pron* | *3. Pers Pl wenn von anderen die Rede ist;* ~ sagt говоря́т; ~ erzählte davon расска́зывали об э́том | *2. Pers Sg (meist v) wenn sich der Sprechende selbst einschließt; auch in Sprichwörtern:* ~ weiß nicht, wie ~ mit ihm dran ist никогда́ не зна́ешь, что он вы́кинет; wenn ~ ihn ansieht когда́ посмо́тришь на него́; *nach «wenn» oft Inf:* wenn ~ bedenkt е́сли поду́мать, когда́ поду́маешь; wenn ~ berücksichtigt е́сли уче́сть | *mit Modalverben:* ~ *kann [darf] nicht* нельзя́; ~ soll сле́дует; ~ muß sagen, daß … сле́дует сказа́ть, что …; ~ nehme возьми́те
Manager *m* ме́неджер 2; ~**krankheit** *f* боле́знь руководи́телей
Managua Мана́гуа *m idkl*
manch|er *Pron* ино́й 10; dieser und jener ко́е-кто 15 | *substantivisch* ~es мно́гое; ~e sagen ины́е [не́которые, мно́гие] говоря́т; in ~em hatte er recht во мно́гом он был прав; so ~er wird dran glauben müssen э́то бу́дет ко́е-кому́ сто́ить жи́зни | *adjektivisch* ~e Leute ины́е [не́которые, мно́гие] лю́ди; so ~es Jahr мно́гие го́ды
mancherlei *Adv* ра́зный, разли́ч|ный, -ен | er sagte so ~ мно́го чего́ он говори́л
Manchester *m* Stoff манче́стер 2, вельве́т 2 (в ру́бчик)
manchmal *Adv* иногда́, поро́й
Mandant *m Jur* довери́тель 1
Mandarine *f* мандари́н 2
Mandat *n* манда́т 2
Mandel *f Bot* Kern минда́лина 6; ~*n Pl* Früchte минда́ль 1e; *Anat* минда́лина | gebrannte ~n жа́реный минда́ль; ~**baum** *m* минда́ль 1e, минда́льное де́рево; ~**entzündung** *f* воспале́ние минда́лин; ~**öl** *n* минда́льное ма́сло
Mandoline *f* мандоли́на 6
Mandolinenspieler *m* мандолини́ст 2
mandschurisch маньчжу́рский
Manege *f* мане́ж 2 *G Pl* -ей

Mangan *n* мáрган|ец₁ -ца 2; **~erz** *n* мáрганцевая рудá

¹**Mangel** *m* недостáт|ок₁ -ка 2 (an *G oder* в *P*), нехвáтка 6 (an *G oder* в *P*); Fehler недостáток, дефéкт [дэ] 2; Not нуждá 6 | Mängel bei der Arbeit недостáтки в рабóте; aus ~ an etw. за недостáтком чегó-н.; ~ leiden терп|éть 3⁺ -лю нуждý; ~ an Bescheidenheit отсýтствие 5 скрóмности

²**Mangel** *f* кат|óк₁ -кá 2 (для белья́)

mangelhaft недостáточ|ный₁ -ен; unbefriedigend неудовлетворúтел|ьный₁ -ен₁ -ьна

¹**mangeln** *intr* fehlen не хватáть (an *G*); an Erfahrung u. a. недо|ставáть* ⟨-|стáть*⟩ (an *G*) | es mangelt mir an nichts я ни в чём не нуждáюсь

²**mangeln** *tr* Wäsche катáть (про-)

mangels *Präpos* за недостáтком *G*, за неимéнием *G*

Mangelware *f* дефицúтный товáр

Mangold *m Bot* мáнгольд 2

Manie *f* мáния 8 | das kann zur ~ werden э́то мóжет превратúться в мáнию

Manier *f* манéра 6; ~en *Pl* Umgangsformen манéры *Pl* 6

manierlich благовоспúтан:ный₁ -на

Manifest *n* манифéст 2 | das Kommunistische ~ Коммунистúческий манифéст

manifestieren *tr* прояв|ля́ть ⟨-úть 3⁺ -лю⟩

Maniküre *f* маникю́р 2; Handpflegerin маникю́рша 6

maniküren *tr* дéлать (с-) маникю́р

Manila Манúла 6

Manipulation *f* манипуля́ция 8

manipulieren *tr* манипулúровать 2 *I*

Manipulierung *f* манипулúрование 5 *I*

Manko *n* Fehlbetrag недочёт 2, недостáча 6

Mann *m* мужчúна *m* 6; Ehe~ муж 2 *Pl* -ья́|₁ -éй₁ -ья́м, супрýг 2; *Mil* человéк 2 *Pl* лю́ди, *G Pl nach Zahlwörtern* человéк | junger ~ als Anrede молодóй человéк; alter ~ старúк 2е; fünf ~ пять человéк; bis auf den letzten ~ до послéднего (человéка); an den ~ bringen сбывáть ⟨-|быть*⟩ с рук; seinen ~ stehen мýжественно дéлать своё дéло; mit ~ und Maus все до одногó; ~ gegen ~ одúн на одúн; wie ein ~ как одúн человéк

mannbar возмужáл:ый | ~ werden возмужáть *v*

Mannbarkeit *f* возмужáлость 9

Männchen *n* Tier сам|éц₁ -цá 2 | ~ machen садúться 3 ⟨сесть*⟩ на зáдние лáпы, служúть 3⁺

Mannequin *n* манекéнщица 6

Männer|chor *m* мужскóй хор; **~treu** *f Bot* синеголóвник 2

Mannesalter *n* зрéлый вóзраст

mannhaft мýжествен:ный₁ -на

Mannhaftigkeit *f* мýжество 4

mannig|fach, ~faltig разнообрáз|ный₁ -ен

Mannigfaltigkeit *f* разнообрáзие 5

männlich мужскóй; *übertr* мýжествен:ный₁ -на

Mannschaft *f Sport* комáнда 6; Schiff, Flugzeug u. a. экипáж 2 *G Pl* -éй, комáнда; *Mil meist Pl* рядовóй состáв 2; Bedienungs~ расчёт 2

Mannschafts|geist *m* (коллектúвный) дух комáнды; **~kapitän** *m* капитáн комáнды; **~sieg** *m* побéда комáнды; **~wertung** *f* комáндный зачёт 2

manns|hoch (высотóй) в человéческий рост; **~toll:** ≈ sein страдáть нимфомáнией; eine ~e Frau нимфомáнка 6

Mannweib *n* мужеподóбная жéнщина

Manometer *n* манóметр 2

Manöver *n Mil* манёвры *Pl* 2; Trick манёвр 2, улóвка 6

manövrieren *intr* маневрúровать 2 (с-) *a. übertr*

Manövrierfähigkeit *f* манёвренность 9

manövrierunfähig потеря́вший 11 спосóбность маневрúровать

Mansarde *f* мансáрда 6

Mansarden|dach *n* мансáрдная кры́ша; **~wohnung** *f* мансáрдная квартúра

Manschette *f* манжéта 6

Manschettenknopf *m* зáпонка 6 (на манжéте)

Mantel *m* пальтó *n idkl;* Uniform~ шинéль 9; Regen~ плащ 2е *G Pl* -éй; weiter Damen~ мантó *n idkl; Tech* кожýх 2е; Geschoß оболóчка 6; Reifen покры́шка 6; *übertr* покрóв 2 | den ~ nach dem Wind hängen держáть 3⁺ нос пó ветру; **~kragen** *m* воротнúк пальтó; **~stoff** *m* матéрия на пальтó; **~tasche** *f* кармáн пальтó

manuell 1. *Adj* ручнóй, рукодéльный **2.** *Adv* вручнýю

Manufaktur *f* мануфактýра 6

Manuskript *n* (áвторская) рýкопись 9; in Maschinenschrift рýкопись машинописью; *Typ* оригинáл 2 | als ~ gedruckt печáтается на прáвах рукописи

Mappe *f* Pappdeckel пáпка 6; Aktentasche портфéль 1

Marabu *m* марабý *m idkl*

Marathon|lauf *m* марафóнский бег; **~läufer** *m* марафóн|ец₁ -ца 2

Märchen *n* скáзка 6; Lüge небылúца 6; **~buch** *n* кнúга скáзок; **~erzähler** *m* скáзочник 2; **~film** *m* фильм-скáзка 2-6

märchenhaft скáзоч|ный₁ -ен

Märchen|oper *f* óпера-скáзка 6-6; **~welt** *f* скáзочный мир

Marder *m* кунúца 6

Margarine *f* маргарúн 2; **~werk** *n* маргарúновый завóд

Margerite *f Bot* маргарúтка 6

Marginalien *n Pl* маргина́лии *Pl* 8, поме́тки *Pl* 6 на поля́х
Marienkäfer *m* бо́жья коро́вка 12-6
Marinade *f* марина́д 2
Marine *f* (морско́й) флот 2; **~infanterie** *f* морска́я пехо́та; **~offizier** *m* морско́й офице́р; **~stützpunkt** *m* вое́нно-морска́я ба́за 6
marinieren *tr* marinова́ть 2 (за-)
Marionette *f* марионе́тка 6 *a. übertr*
Marionetten|regierung *f* марионе́точное прави́тельство; **~theater** *n* теа́тр марионе́ток
maritim морско́й
[1]**Mark** *n* Knochen~ (ко́стный) мозг 2b *G a.* мо́згу¦ в мозгу́; *Bot* сердцеви́на 6 | bis ins ~ до мо́зга косте́й
[2]**Mark** *f, Kurzf für Währungsbezeichnung* ма́рка 6
[3]**Mark** *f hist* ма́рка 6
markant auffallend заме́т|ный¦ -ен, выдаю́щийся 11; Stil характе́р|ный¦ -ен
Marke *f* ма́рка 6; Brief~ почто́вая ма́рка; Fabrik~ (фабри́чная) ма́рка; auf Waren знак 2; Sorte сорт 2b *Pl* -á; Kontroll~ номер|óк¦ -кá 2; Wert~ тало́н 2
Markenartikel *m* фи́рменный това́р
markerschütternd душераздира́ющий 11
Marketender *m* маркита́нт 2; **~in** *f* маркита́нтка 6
markieren *tr* Weg обозн|ача́ть ⟨-а́чить 3⟩; kennzeichnen отмеча́ть ⟨-ме́тить 3 -ме́чу⟩; vorgeben притвор|я́ться ⟨-и́ться 3⟩ *I*
Markierung *f* маркиро́вка 6; обозначе́ние 5
Markierungs|linie *f* маркиро́вочная ли́ния; Volleyball раздели́тельная ли́ния; **~pfahl** *m* ве́ха 6
markig Worte реши́тел|ьный¦ -ен¦ -ьна
Markise *f* марки́за 6
Mark|knochen *m* мозгова́я кость; **~scheider** *m* маркше́йдер 2; **~stein** *m übertr* ве́ха 6; **~stück** *n* моне́та 6 в одну́ ма́рку
Markt *m* ры́н|ок¦ -ка 2, база́р 2; Absatz~ ры́нок; ~platz ры́ночнная пло́щадь | scharzer ~ чёрный ры́нок
marktbeherrschend госпо́дствующий 11 на ры́нке
Markt|bude *f* ры́ночная пала́тка 6; **~forschung** *f* изуче́ние ры́нка; **~halle** *f* кры́тый ры́н|ок¦ -ка 2; **~lage** *f* состоя́ние 5 [положе́ние] ры́нка; **~platz** *m* ры́ночная пло́щадь; **~preis** *m* ры́ночная цена́
marktschreierisch гро́мко реклами́рующий 11
Markt|tag *m* база́рный день; **~wirtschaft** *f* ры́ночная эконо́мика
Marmelade *f* джем 2; Mus пови́дло 4
Marmor *m* мра́мор 2
marmorn мра́морный
Marodeur *m* мародёр 2
Marokkaner *m* марокка́н|ец¦ -ца 2; **~in** *f* марокка́нка 6
marokkanisch марокка́нский
Marokko Маро́кко *n idkl*
Marone *f Bot* (съедо́бный) кашта́н 2; Pilz по́льский гриб 2
Marotte *f* причу́да 6, капри́з 2
[1]**Mars** *m Astr* Марс 2
[2]**Mars** *f Mar* марс 2
marsch! *Interj* марш!
[1]**Marsch** *m* похо́д 2, марш 2 *G Pl* -ей; *Mus* марш
[2]**Marsch** *f* ма́рш|и¦ -ей *Pl* 2
Marschall *m* ма́ршал 2; **~stab** *m* ма́ршальский жезл
Marsch|befehl *m* прика́з на марш; **~block** *m* (похо́дная) коло́нна 6; **~flugkörper** *m* крыла́тая ракéта 6
marschieren *intr* марширова́ть 2; gehen дви́гаться ⟨дви́нуться 4⟩, идти́*
Marsch|kolonne *f* похо́дная коло́нна; **~kompanie** *f* ма́ршевая ро́та; **~land** *n* = [2]**Marsch; ~musik** *f* ма́ршевая му́зыка; **~ordnung** *f* похо́дный строй [поря́док]; **~route** *f* маршру́т 2; **~säule** *f* похо́дная коло́нна; **~verpflegung** *f* сухо́й па|ёк¦ -йка́ 2
Marseillaise *f* марселье́за 6
Marseille Марсе́ль [сэ] 1
Marssonde *f* автомати́ческая ста́нция 8 для иссле́дования Ма́рса
Marter *f* му́ка 6, муче́ние 5
martern *tr* му́чить 3 (из-, за-), пыта́ть | j-n zu Tode ~ заму́чить кого́-н. на́смерть
Martin|ofen *m* марте́н [тэн] 2, марте́новская печь; **~stahl** *m* марте́новская сталь
Märtyrer *m* му́ченик 2
Märtyrertum *n* му́ченичество 4
Martyrium *n* муче́ние 5
Marx|ismus *m* маркси́зм 2 | ≈-Leninismus маркси́зм-ленини́зм 2-2; **~ist** *m* маркси́ст 2
marxistisch маркси́стский
März *m* март 2
Märzenbecher *m* белоцве́тник весе́ний 2-11
Marzipan *m* марципа́н 2
Masche *f* пе́т|ля 7 *G Pl* -ель; des Netzes яче́я 7 | eine ~ fallen lassen спу|ска́ть ⟨-сти́ть 3⁺ -щу́⟩ пе́тлю; eine ~ aufnehmen поднима́ть ⟨подня́ть*⟩ пе́тлю
Maschendraht *m* про́волочная се́тка 6
maschenfest: diese Strümpfe sind ~ э́ти чулки́ не пуска́ют пе́тли
Maschine *f* маши́на 6; Schreib~, Näh~ u. a. маши́нка 6 | an der ~ за маши́ной; die ~ läuft маши́на рабо́тает
maschinell 1. *Adj* маши́нный **2.** *Adv* с по́мощью маши́н

Maschinen|arbeit *f* маши́нная рабо́та; **~bau** *m* машинострое́ние 5; **~bauer** *m* машинострои́тель 1
maschinengeschrieben машинопи́сный
Maschinen|gewehr *n* пулемёт 2; **~haus** *n* маши́нное отделе́ние 5; **~meister** *m* машини́ст 2; **~öl** *n* маши́нное ма́сло; **~park** *m* маши́нный парк; **~pistole** *f* автома́т 2; **~raum** *m* маши́нное помеще́ние, маши́нный зал 2; **~satz** *m Typ* маши́нный набо́р; **~schaden** *m* поло́мка 6 маши́ны; **~schlosser** *m* сле́сарь по ремо́нту маши́н; **~schreiberin** *f* машини́стка 6; **~schrift** *f* маши́нопись 9 | in ≈ машинопи́сный; **~setzer** *m Typ* набо́рщик на набо́рной маши́не; **~teil** *m* дета́ль 9 маши́ны, маши́нная часть
Maschinerie *f* маши́нное обору́дование 5; *übertr* механи́зм 2
maschineschreiben *intr* печа́тать [писа́ть] на маши́нке
Maschinist *m* машини́ст 2
Masern *Pl* корь 9
Maserung *f* узо́рчатость 9 древеси́ны
Maske *f* ма́ска 6 | die ~ fallen lassen *übertr* сбра́сывать ⟨сбро́|сить 3 -шу⟩ ма́ску; j-m die ~ vom Gesicht reißen срыва́ть ⟨со|рва́ть*⟩ ма́ску с кого́-н.
Masken|ball *m* маскара́д 2, костюми́рованный бал; **~bildner** *m* гримёр 2
Maskerade *f* маскара́д 2
maskieren *tr* маскирова́ть 2 (за-) *a. übertr;* sich ~ *refl* маскирова́ться (за-), надева́ть ⟨-|де́ть*⟩ (на себя́) ма́ску
Maskierung *f* маскиро́вка 6
Maskulinum *n* мужско́й род 2
Maß *n* Maßeinheit ме́ра 6; Ausmaß, Größe разме́р 2; bei Kleidern ме́рка 6; Grad ме́ра, сте́пень 9 | zwei ~ Bier две кру́жки пи́ва; etw. mit zweierlei ~ messen подходи́ть 3⁺ -хожу́ ⟨подо|йти́*⟩ к чему́-н. с различными ме́рками; in höchstem ~e в вы́сшей сте́пени; in vollem ~e в по́лной ме́ре; in dem ~e, wie ... по ме́ре того́, как ...; in demselben ~e wie früher в той же ме́ре, что и ра́ньше; j-m ~ nehmen снима́ть ⟨снять*⟩ ме́рку с кого́-н.; alles mit ~en всё в ме́ру; ~ halten знать ме́ру; über alle ~en сверх ме́ры, чрезме́рно; das ~ ist voll ча́ша перепо́лнилась
Massage *f* масса́ж 2 *G Pl* -ей
Massaker *n* резня́ 7
massakrieren *tr* устр|а́ивать ⟨-о́ить 3⟩ резню́
Maß|anzug *m* костю́м на зака́з; **~arbeit** *f* (поши́вочная) рабо́та по зака́зу; gute Arbeit отли́чная рабо́та; **~atelier** *n* ателье́ индивидуа́льного поши́ва
Masse *f* ма́сса 6
Maßeinheit *f* едини́ца измере́ния
Massen|arbeit *f:* kulturelle ≈ культма́ссовая рабо́та; **~auflage** *f* ма́ссовый тира́ж; **~ausstoß** *m* ма́ссовый вы́пуск; **~bedarfsartikel** *m Pl* това́ры широ́кого потребле́ния; **~fabrikation** *f* ма́ссовое произво́дство; **~grab** *n* о́бщая 11 [бра́тская] моги́ла
massenhaft 1. *Adj* ма́ссовый **2.** *Adv* ма́ссами, в большо́м коли́честве
Massen|medien *n Pl* сре́дства 4 *Pl* ма́ссовой информа́ции; **~mord** *m* ма́ссовое уби́йство; **~organisation** *f* ма́ссовая организа́ция; **~produktion** *f* ма́ссовое произво́дство; **~sport** *m* ма́ссовый спорт; **~veranstaltung** *f* ма́ссовое мероприя́тие; **~vernichtungswaffen** *f Pl* ору́жие ма́ссового уничтоже́ния
massenweise *Adv* ма́ссами
Mass|eur *m* массажи́ст 2; **~euse** *f* массажи́стка 6
Maßgabe *f:* nach ~ по ме́ре *G,* в ме́ру *G*
maßgebend 1. *Adj* авторите́т|ный, -ен, компете́нт|ный, -ен **2.** *Adv* в значи́тельной сте́пени
maßhalten *intr* соблюда́ть [знать] ме́ру
[1]**massieren** *tr Med* Körperteil масси́ровать 2 *Prät a. v* | j-n ~ де́лать (с-) кому́-н. масса́ж
[2]**massieren** *tr Mil* масси́ровать *uv, v* 2, сосредото́ч|ивать ⟨-ить 3⟩
massig massiv масси́в|ный, -ен
mäßig 1. *Adj* уме́рен:ный, -на; bescheiden воздержан:ный, -на; mittelmäßig посре́дствен:ный, -на **2.** *Adv:* ~ leben жить скро́мно
mäßigen *tr* einschränken умеря́ть ⟨уме́рить 3⟩; zügeln сде́рживать ⟨сдержа́ть 3⁺⟩, обу́здывать ⟨обузда́ть⟩; mildern смягч|а́ть [хч] ⟨-и́ть 3⟩; sich ~ *refl* сде́рживаться ⟨сдержа́ться⟩
Mäßig|keit *f* уме́ренность 9; сде́ржанность 9; Mittelmäßigkeit посре́дственность 9; **~ung** *f* смягче́ние 5, воздержа́ние 5
massiv масси́в|ный, -ен
Massiv *n* масси́в 2
Maß|kleidung *f* оде́жда, сши́тая на зака́з; **~krug** *m* кру́жка 6; **~liebchen** *n Bot* маргари́тка 6
maßlos 1. *Adj* безме́р|ный, -ен, безграни́ч|ный, -ен; unmäßig неуме́рен:ный, -на | ~es Erstaunen кра́йнее 11 изумле́ние **2.** *Adv* кра́йне, безме́рно
maßregeln *tr* нака́зывать ⟨-|каза́ть*⟩
Maß|regelung *f* наказа́ние 5; **~schneider** *m* портно́й *Subst* 10 (в ателье́ индивидуа́льного поши́ва); **~schneiderei** *f* ателье́ [тэ] *n idkl* индивидуа́льного поши́ва; **~stab** *m* масшта́б 2 *a. übertr* | einen hohen ≈ an etw. anlegen предъявл|я́ть ⟨-и́ть 3⁺ -лю́⟩ высо́кие тре́бования к чему́-н.

maßstabgerecht стро́го соотве́тствующий 11 масшта́бу
maßvoll уме́рен:ный, -на, сде́ржан:ный, -на
[1]**Mast** *m* столб 2е; *Mar* ма́чта 6
[2]**Mast** *f* отко́рм 2
Mast|anstalt *f* отко́рмочный пункт 2; ~**darm** *m* пряма́я кишка́
mästen *tr* отка́рмливать ⟨откорм|и́ть 3⁺ -лю́⟩
Mast|futter *n* концентри́рованный корм; ~**korb** *m* платфо́рма 6 на ма́рсе; ~**schwein** *n* отко́рмочная свинья́
Match *n* матч 2
Material *n* материа́л [рья] 2
materialaufwendig материалоёмкий [рья]
Material|bedarf *m* потре́бность в материа́лах; ~**einsparung** *f* эконо́мия 8 материа́лов; ~**fehler** *m* недоста́ток материа́ла
materialintensiv = **materialaufwendig**
Material|ismus *m* материали́зм 2; ~**ist** *m* материали́ст 2
materialistisch материалисти́ческий
Material|ökonomie *f* эконо́мия сырья́ и материа́лов; ~**prüfung** *f* испыта́ние материа́ла; ~**sammlung** *f* подбо́рка 6 материа́лов; ~**schaden** *m* материа́льный уще́рб; ~**versorgung** *f* снабже́ние материа́лами
Materie *f Phil, Phys* мате́рия 8
materiell 1. *Adj* материа́льный | die ~e Welt материа́льный мир; die ~e Grundlage экономи́ческая осно́ва **2.** *Adv:* er steht sich ~ gut он материа́льно хорошо́ обеспе́чен
Mathematik *f* матема́тика 6; ~**aufgabe** *f* зада́ча по матема́тике
mathematisch математи́ческий
Matinee *f* у́тренник 2
Matjeshering *m* молода́я селёдка
Matratze *f* матра́с 2
Mätresse *f* метре́сса 6, фавори́тка 6
Matrize *f Typ* ма́трица 6
Matrose *m* матро́с 2, моря́к 2е
Matrosen|anzug *m* матро́сский костю́м; ~**bluse** *f* матро́ска 6; ~**mütze** *f* бескозы́рка 6
Matsch *m* сля́коть 9
matschig сля́котный
Matschwetter *n* сля́котная пого́да
matt schwach сла́б:ый, -а́, -о, сла́бы́; müde утомл|ённый, -ён, -ена́; nicht ausdrucksvoll бле́д|ный, -ен, -на́, -но, бле́дны́; glanzlos ма́товый, ту́скл:ый, -а́!; trübe ту́склый | ~ werden тускне́ть (по-), блёкнуть 4а (по-); j-n ~ setzen Schach объяв|ля́ть ⟨-и́ть 3⁺ -лю́⟩ кому́-н. мат
Matte *f* Abtreter цино́вка 6; *Sport* мат 2, ков|ёр, -ра́ 2
Mattgold *n* ма́товое зо́лото
Mattheit *f* сла́бость 9; Glanzlosigkeit ма́товость 9
mattier|en *tr* наноси́ть 3⁺ -ношу́ ⟨-|нести́*⟩ мат; ~**t** ма́товый
Mattigkeit *f* Schwäche сла́бость 9; Müdigkeit уста́лость 9
Mattscheibe *f Foto* ма́товое стекло́
Mauer *f* стена́ 6а; Umfassungs~ ка́менная огра́да 6; ~**blümchen** *n umg* де́вушка 6, кото́рую никто́ не приглаша́ет на та́нец
mauern *tr u. intr* производи́ть 3⁺ -вожу́ ⟨-|вести́*⟩ (ка́менную) кла́дку
Mauer|pfeffer *m* очи́т|ок, -ка 2; ~**schwalbe** *f,* ~**segler** *m* чёрный стриж 2е *G Pl* -е́й, каса́тка 6; ~**stein** *m* кирпи́ч 2е *G Pl* -е́й; ~**werk** *n* ка́менная кла́дка 6 [стена́ 6а]
Maul *n* мо́рда 6; Rachen пасть 9, рот, рта 2 | das ~ aufreißen ора́ть*; er hat ein loses ~ у него́ наха́льный [де́рзкий] язы́к; ~ halten молча́ть!, заткни́сь!; j-m das ~ stopfen зат|ыка́ть ⟨-кну́ть 4⟩ кому́-н. гло́тку, заставля́ть ⟨заста́в|ить 3 -лю⟩ замолча́ть; ~**affen** *Pl:* ≈ feilhalten ротозе́йничать, глазе́ть *umg* на *A;* ~**beerbaum** *m* ту́товое де́рево, шелкови́ца 6; ~**beere** *f* ту́товая я́года
maulen *intr* ворча́ть 3 (про-), ду́ться*
Maul|esel *m* лоша́к 2е; ~**korb** *m* намо́рдник 2; ~**schelle** *f* пощёчина 6, оплеу́ха 6; ~**tier** *n* мул 2; ~- **und Klauenseuche** *f* я́щур 2; ~**wurf** *m* крот 2е; ~**wurfshügel** *m* крото́вая на́сыпь
Maurer *m* ка́менщик 2; ~**arbeit** *f* рабо́та ка́менщика; ~**kelle** *f* ке́льма 6; ~**polier** *m* деся́тник 2
Mauretani|en Маврита́ния 8; ~**er** *m* маврита́н|ец, -ца 2; ~**erin** *f* маврита́нка 6
mauretanisch маврита́нский
Mauritius Маври́кий 1
Maus *f* мышь 9
mäuschenstill тихо́хонький *umg*
Mäusebussard *m* сары́ч 2е *G Pl* -е́й
Mause|falle *f* мышело́вка 6; ~**loch** *n* мыши́ная но́рка 6
mausen *tr umg* stehlen ста́скивать ⟨стащи́ть 3⁺⟩, стяну́ть *v* 4⁺; *intr* Katze лови́ть 3⁺ мыше́й
Mauser *f* ли́нька 6
mausern *intr u.* sich ~ *refl* линя́ть
mausetot *umg* совсе́м мёртвый
mausig: sich ~ machen ва́жничать
Mausoleum *n* мавзоле́|й 1 *G Pl* -ев
maximal максима́л|ьный, -ен, -ьна
Maximal|betrag *m* максима́льная су́мма; ~**profit** *m* сверхпри́быль 9
Maxime *f* ма́ксима 6
Maximum *n* ма́ксимум 2
Mayonnaise *f* майоне́з 2
Mazedonier *m* македо́н|ец, -ца 2; ~**in** *f* македо́нка 6

mazedonisch македо́нский
Mäzen *m* меценáт 2
Mazurka *f* мазу́рка 6
Mechanik *f* механика 6; **~er** *m* меха́ник 2
mechanisch механи́ческий; gedankenlos машинáл|ьный, -ен, -ьна
mechanisieren *tr* механизи́ровать *uv, v* 2
Mechanisierung *f* механизáция 8
Mechanismus *m* механи́зм 2
Meckerer *m umg* ны́тик 2
meckern *intr* Ziege бле́|ять, -ет; *übertr umg* брюзжáть 3 (über на *A*)
Mecklenburg Мéкленбург 2
Medaille *f* медáль 9
Medaillengewinner *m Sport* призёр 2
Medaillon *n* медальо́н 2
Medikament *n* лекáрство 4, медикамéнт 2
medikamentös медикаменто́зный, лекáрственный
Meditation *f* размышлéние 5, разду́мье 5
meditieren *intr* размышля́ть, пре|давáться* размышлéниям
Medium *n Phys* средá 6c; Okkultismus мéдиум 2
Medizin *f* медици́на 6; Arznei лекáрство 4, медикамéнт 2
Medizinalrat *m* медици́нский совéтник
Medizinball *m* медици́нбол 2
Mediziner *m* мéдик 2; **~in** *f* мéдик 2, *umg* меди́чка 6 umg
medizinisch медици́нский | ~e Akademie [Hochschule] медици́нский институ́т 2, мединститу́т 2; ~e Betreuung медици́нское обслу́живание
Medizinmann *m* знáхарь 1
Meduse *f Zool* меду́за 6
Meer *n* мо́ре 3b *a. übertr* | auf offenem ~ в откры́том мо́ре; ein ~ von Licht мо́ре свéта; **~busen** *m* (морско́й) зали́в 2; **~enge** *f* морско́й проли́в 2
Meeres|aquarium *n* океанáри|й 1 *Pl* -и, *G Pl* -ев; **~grund** *m* морско́е дно; **~kunde** *f* океаногрáфия 8; **~spiegel** *m* у́ровень мо́ря | über dem ≈ над у́ровнем мо́ря; **~strömung** *f* морско́е течéние
Meer|katze *f* марты́шка 6; **~rettich** *m* хрен 2; **~schweinchen** *n* морскáя сви́нка 6
Mega|hertz *n* мегагéрц 2; **~phon** *n* мегафо́н 2
Mehl *n* мукá 6; **~brei** *m* мучнáя кáша 6
mehlig мучни́ст|ый
Mehl|kloß *m* клёцка 6; **~sack** *m* мучно́й мешо́к; **~speise** *f* мучно́е блю́до, мучно́е *Subst* 10; Nachspeise пиро́жное *Subst* 10; **~suppe** *f* мучно́й суп; **~wurm** *m* мучно́й червя́к
mehr *Adv* бо́льше, бо́лее | tu das nicht ~ бо́льше не дéлай э́того; ~ als einmal не раз; nicht ~ und nicht weniger als ... не бо́льше и не мéньше, чем ...; ~ oder weniger бо́лее и́ли мéнее; noch ~ ещё бо́льше; um so ~ als тем бо́лее, что ...; um ~ als das Doppelte бо́лее чем вдво́е; um ~ als das Siebenfache бо́лее чем в семь раз; ~ als Zwanzig бо́лее двадцати́; dreimal ~ в три рáза бо́льше; ~ als genug бо́лее чем достáточно; ~ tot als lebendig ни жив ни мёртв; je ~, desto besser чем бо́льше, тем лу́чше; das darf nicht ~ vorkommen чтоб э́того бо́льше нé было; ~ als hundert Menschen свы́ше ста человéк; sie ist kein Kind ~ онá ужé не ребёнок; er ist ~ Praktiker als Theoretiker он скорéе прáктик, чем теорéтик
Mehr|arbeit *f* прибáвочный труд; Überstunden сверхуро́чная рабо́та; **~ausgabe** *f* перерасхо́д 2
mehrbändig многото́мный
Mehr|bedarf *m* возро́сший 11 спрос; **~belastung** *f* перегру́зка 6
mehrdeutig многознáч|ный, -ен
Mehreinnahmen *f Pl* дополни́тельные поступлéния *Pl* 5
mehren *tr* умн|ожáть ⟨-о́жить 3⟩, увели́ч|ивать ⟨-ить 3⟩
mehrere *Pron* einige нéкоторые, нéсколько; verschiedene различные
mehrfach **1.** *Adj* многокрáт|ный, -ен, неоднокрáтный **2.** *Adv* не раз, мно́го раз
Mehrfarbendruck *m* многокрáсочная печáть
mehr|farbig многоцвéт|ный, -ен, разноцвéт|ный, -ен; **~geschossig** многоэтáжный
Mehr|gewicht *n* добáвочный вес; **~heit** *f* большинство́ 4 | absolute ≈ абсолю́тное большинство́; beschlußfähige ≈ кво́рум 2; **~heitsbeschluß** *m* решéние большинствá
mehrjährig многолéтний 11
Mehrkampf *m Sport* многобо́рье 5
mehr|malig многокрáт|ный, -ен, неоднокрáтный; **~mals** *Adv* не раз, нéсколько раз
Mehr|phasenstrom *m* многофáзный ток; **~produkt** *n* прибáвочный проду́кт
mehr|silbig многосло́жный; **~sitzig** многомéстный; **~stellig** *Math* многознáч|ный, -ен; **~stimmig** многоголо́сый; **~stöckig** многоэтáжный
Mehrstufenrakete *f* многоступéнчатая ракéта
mehr|stufig многоступéнчатый; **~stündig** продолжáющийся 11 нéсколько часо́в; **~tägig** многоднéвный; **~teilig** состоя́щий 11 из нéскольких частéй; *Tech* составно́й; Film многосери́йный
Mehr|verbrauch *m* перерасхо́д 2; **~wert** *m* прибáвочная сто́имость
mehrwertig *Chem* многовалéнт|ный, -ен
Mehrwert|steuer *f* нало́г на добáвленную

сто́имость; **~theorie** *f* тео́рия приба́вочной сто́имости

Mehrzahl *f* большинство́ 4; *Gramm* мно́жественное число́

mehrzellig многокле́точный

meiden *tr* избега́ть ⟨-|бежа́ть*⟩ *G,* сторони́ться 3⁺ *G*

Meile *f* ми́ля 7

Meilenstein *m übertr* ве́ха 6

meilenweit *Adv* за не́сколько миль, за мно́го миль

Meiler *m* кост|ёр, -ра́ 2 для выжига́ния у́гля

mein 1. **(~e, ~, ~e)** *Poss Pron* мой 14 (моя́, моё, мои́), *refl a.* свой 14 | ich lese ~ Buch я чита́ю мою́ [свою́] кни́гу; ~e Herren господа́ **2.** *Pers Pron* erinnerst du dich ~er? по́мнишь ли ты меня́?

Meine *n:* das ~ моё *Subst* 14; die ~n мои́, мои́ родны́е *Subst Pl* 10, моя́ семья́ 7c

Meineid *m* ло́жная прися́га, лжеприся́га 6

meineidig: ~ werden наруша́ть ⟨-ру́шить 3⟩ кля́тву

meinen *tr u. intr* glauben, denken ду́мать, полага́ть; im Sinne haben име́ть в виду́ | wenn du meinst е́сли ду́маешь; was meinst du dazu? како́го ты об э́том мне́ния?; was hat er gemeint? что он сказа́л?; das will ich ~ само́ собо́й разуме́ется; so habe ich das nicht gemeint я не то хоте́л сказа́ть; ~ Sie? вы ду́маете?; man sollte ~, daß … на́до полага́ть, что …; das war nicht böse gemeint я не име́л дурно́го наме́рения; es ehrlich ~ име́ть че́стные наме́рения; es ernst ~ не шу|ти́ть 3⁺ -чу́, говори́ть 3 всерьёз; er meint es gut mit dir он хорошо́ отно́сится к тебе́, он жела́ет тебе́ добра́; ich meinte nur so я э́то сказа́л про́сто так; verstehst du, was ich meine? понима́ешь, что я хочу́ сказа́ть?

meinerseits *Adv* с мое́й стороны́

meinesgleichen *Pron* ра́вный [подо́бный] мне, тако́й как я

meinet|wegen *Adv* из-за [ра́ди] меня́ | ≈! пожа́луйста, мне всё равно́; ≈, abgemacht! ну ла́дно, договори́лись!; **~willen** *Adv:* um ≈ ра́ди меня́, из-за меня́

meinige *Poss Pron* = **mein**

Meinung *f* мне́ние 5, взгляд 2; Urteil сужде́ние 5 | meiner ~ nach по моему́, по моему́ мне́нию; seiner ~ nach по его́ мне́нию; die öffentliche ~ обще́ственное мне́ние; ich bin der ~, daß … я того́ мне́ния, что …; wir sind einer ~ мы одного́ и того́ же мне́ния; seine ~ sagen выска́зывать ⟨вы́с|казать*⟩ своё мне́ние, отзыва́ться ⟨ото|зва́ться*, отзову́сь, -звали́сь⟩; j-m (gründlich) die ~ sagen сказа́ть *v* кому́-н. пра́вду в глаза́; auf seiner ~ bestehen наста́ивать ⟨настоя́ть 3⟩ на своём (мне́нии); eine gute ~ von j-m haben быть* хоро́шего мне́ния о ком-н.

Meinungs|austausch *m* обме́н мне́ниями; **~bildung** *f* формирова́ние (обще́ственного) мне́ния; **~forschung** *f* изуче́ние 5 обще́ственного мне́ния; **~freiheit** *f* свобо́да сло́ва [мне́ний]; **~streit** *m* диску́ссия 8 | wissenschaftlicher ≈ нау́чный спор; **~umfrage** *f* опро́с населе́ния; **~unterschied** *m* расхожде́ние 5 во мне́ниях; **~verschiedenheit** *f* разногла́сие 5

Meise *f* сини́ца 6

Meißel *m Tech* зуби́ло 4, долото́ 4c; des Bildhauers рез|е́ц, -ца́ 2

meißeln *tr* высека́ть ⟨вы́|сечь*⟩, долб|и́ть 3 -лю́ (про-); Bildhauerkunst вая́ть (из-)

Meißner Porzellan *n* саксо́нский [ме́йсенский] фарфо́р

meist 1. *Adj* са́мый большо́й, наибо́льший 11 ‖ die ~e Zeit Бо́льшая часть вре́мени; die ~n большинство́ 4 (люде́й) **2.** *Adv* häufig ча́ще всего́ | am ~en бо́льше всего́, наибо́лее; sie weiß am ~en она́ зна́ет бо́льше всех

Meistbegünstigung *f* наибо́льшее 11 благоприя́тствование

meistbietend *Adv:* ~ verkaufen продава́ть ⟨прода́ть⟩ за наивы́сшую це́ну

meistens, meistenteils *Adv* бо́льшей ча́стью, ча́ще всего́

Meister *m* ма́стер 2b *Pl* -а́; *Sport* чемпио́н 2 | die alten ~ der Malerei ста́рые мастера́ жи́вописи; er ist ein ~ in seinem Fach он ма́стер [знато́к] своего́ де́ла; ~ des Sports ма́стер спо́рта; **~brief** *m* свиде́тельство 4 о получе́нии зва́ния ма́стера

meisterhaft 1. *Adj* мастерско́й, иску́с|ный, -ен **2.** *Adv* мастерски́, иску́сно

Meisterin *f* мастери́ца 6; *Sport* чемпио́нка 6

meistern *tr* овлад|ева́ть ⟨-е́ть⟩ *I;* beherrschen одол|ева́ть ⟨-е́ть⟩, осв|аивать ⟨-о́ить 3⟩; Aufgabe справля́ться ⟨спра́в|иться 3 -люсь⟩ с *I* | Schwierigkeiten ~ преодол|ева́ть ⟨-е́ть⟩ тру́дности

Meister|prüfung *f* экза́мен на зва́ние ма́стера; **~schaft** *f* мастерство́ 4; *Sport* пе́рвенство 4, чемпиона́т 2

Meisterschafts|kampf *m* чемпиона́т 2, соревнова́ние 5 на пе́рвенство; **~spiel** *n* игра́ на пе́рвенство

Meister|titel *m Sport* зва́ние 5 чемпио́на; **~werk** *n* шеде́вр [дэ] 2

Melanchol|ie *f* меланхо́лия 8; **~iker** *m* меланхо́лик 2

melancholisch меланхоли́ч|ный, -ен

Melasse *f Chem* мела́сса 6, (кормова́я) па́тока 6

Melbourne Ме́льбурн 2

Melde *f Bot* лебеда́ 6

Melde|amt *n* па́спортный стол 2е; **~dienst** *m* слу́жба свя́зи; **~gänger** *m* пе́ший связно́й 11-*Subst* 10

melden *tr u. intr* mitteilen сообщ|а́ть ⟨-и́ть 3⟩ о *P;* dienstlich докла́дывать ⟨-ложи́ть 3⁺⟩ о *P; Mil* рапортова́ть *v, uv* 2; sich ~ *refl* явля́ться ⟨яв|и́ться 3⁺ -лю́сь⟩ (bei к *D*); am Telefon отв|еча́ть ⟨-е́тить 3 -е́чу⟩; sich bereiterklären вызыва́ться ⟨вы́зваться⟩ (zu на *A*); von sich hören lassen дава́ть* ⟨дать*⟩ о себе́ знать; durch Handheben поднима́ть ⟨подня́ть*⟩ ру́ку | sich krank ~ заяв|ля́ть ⟨-и́ть 3⁺ -лю́⟩ о свое́й боле́зни; sich zu Wort ~ про|си́ть 3⁺ -шу́ (по-) сло́ва; sich bei der Polizei ~ пропи́сываться ⟨-|пи-са́ться*⟩ в поли́ции; sich zur Prüfung ~ по|дава́ть* ⟨пода́ть*⟩ заявле́ние о допу-ще́нии к экза́мену

Meldepflicht *f* polizeiliche обяза́тельная прописка 6 (в поли́ции); *Med* обяза́тельная регистра́ция 8

meldepflichtig подлежа́щий 11 регистра́ции; обя́занный прописа́ться

Melder *m* посы́льный *Subst* 10, связно́й *Subst* 10

Meldestelle *f* па́спортный стол 2е

Meldung *f* Mitteilung сообще́ние 5; dienstliche донесе́ние 5, ра́порт 2

Melioration *f* мелиора́ция 8

Melisse *f* мели́сса 6

Melkeimer *m* подо́йник 2

melken *tr* доить 3⁺ (по-), выда́ивать ⟨вы́доить⟩ | frisch gemolkene Milch парно́е молоко́; j-n tüchtig ~ *übertr* брать* ⟨взять*⟩ от кого́-н. всё| что то́лько возмо́жно

Melker *m* до́йльщик 2, доя́р 2; **~in** *f* до́йльщица 6, доя́рка 6

Melk|maschine *f* до́йльная маши́на; **~schemel** *m* скаме́йка 6 для дое́ния

Melodie *f* мело́дия 8

Melodik *f* мело́дика 6

melodisch мелоди́ч|ный| -ен, мелоди́ческий

Melodrama *n* мелодра́ма 6

Melone *f Bot* арбу́з 2; Zucker~ ды́ня 7; *umg* steifer Hut котел|о́к| -ка́ 2

Membrane *f* мембра́на 6

Memme *f* трус 2; Frau труси́ха 6

Memoiren *f Pl* мемуа́ры *Pl* 2, воспомина́ния *Pl* 5

Memorandum *n* мемора́ндум 2

Menagerie *f* пока́з 2 ди́ких живо́тных; Tierpark звери́н|ец, -ца 2

Menge *f* ма́сса 6; *Math* мно́жество 4; Menschen толпа́ 6с, ма́сса | eine ~ Pilze мно́жество грибо́в; das kostet eine ~ Geld э́то сто́ит у́йму де́нег; es gab eine ~ zu tun рабо́ты бы́ло мно́го; ich habe eine ~ zu tun у меня́ ма́сса рабо́ты

mengen *tr* сме́шивать ⟨-меша́ть⟩ (unter с *I*); sich ~ *refl* сме́шиваться ⟨-меша́ться⟩ (unter с *I*); sich einmischen вме́шиваться ⟨-меша́ться⟩ (in в *A*)

Mengenlehre *f* тео́рия 8 мно́жеств

Mennige *f* (свинцо́вый) су́рик 2

Mensa *f* студе́нческая столо́вая *Subst* 10

Mensch *m* челове́к 2 *Pl* лю́ди| люде́й| лю́дям| людьми́| о лю́дях| *G Pl* челове́к *nur mit Grundzahlwörtern* | viele ~en мно́го [ма́сса] наро́ду; jeder ~ любо́й (челове́к); das weiß kein ~ э́того никто́ не зна́ет; da ist kein ~ zu sehen там нет [не ви́дно] ни души́; ~, was machst du da? ты| что ты (там) де́лаешь?; unter ~en kommen враща́ться в о́бществе; von ~ zu ~ от челове́ка к челове́ку

Menschen|affe *m* человекообра́зная обезья́на; **~alter** *n* поколе́ние 5; Lebenszeit сре́дняя 11 продолжи́тельность 9 челове́ческой жи́зни; **~ansammlung** *f* скопле́ние [стече́ние] наро́да; **~feind** *m* мизантро́п 2, человеконенави́стник 2; **~fresser** *m* людое́д 2, канниба́л 2; **~freund** *m* человеколю́б|ец| -ца 2, филантро́п 2; **~führung** *f* руково́дство 4 людьми́; **~gedenken** *n:* seit ≈ с незапа́мятных времён, испоко́н веко́в; **~geschlecht** *n* челове́ческий род; **~gewühl** *n* да́вка 6, толкотня́ 7 | im ≈ в гу́ще толпы́; **~handel** *m* торго́вля людьми́; **~haß** *m* человеконенави́стничество 4, мизантро́пия 8; **~kenner** *m* знато́к люде́й; **~leben** *n* челове́ческая жизнь

menschenleer безлю́д|ный| -ен

Menschenmenge *f* толпа́ 6с

menschenmöglich: alles ~e tun де́лать (с-) всё| что в челове́ческих си́лах

Menschen|opfer *n Pl* челове́ческие же́ртвы; **~raub** *m* похище́ние люде́й; **~rechte** *n Pl* права́ челове́ка

menschenscheu нелюди́мый

Menschen|schinder *m* живодёр 2 *umg;* **~schlag** *m* поро́да 6 люде́й; **~seele** *f:* es war keine ≈ da там не бы́ло ни души́; **~strom** *m* людско́й пото́к

menschenunwürdig недосто́йный челове́ка

Menschen|verstand *m* челове́ческий ра́зум | der gesunde ≈ здра́вый смысл 2; **~würde** *f* челове́ческое досто́инство

menschenwürdig досто́йный челове́ка

Menschheit *f* челове́чество 4

menschlich 1. *Adj* челове́ческий; human гума́н|ный| -ен| -на, челове́чный | nach ~em Ermessen как подска́зывает челове́ческий ра́зум; das ist ja nicht mehr ~ э́то уже́ невозмо́жно вы́держать [вы́нести] **2.** *Adv* по-челове́чески

Menschlichkeit *f* гума́нность 9, челове́чность 9

Menstruation *f* менструа́ция 8, ме́сячные *Subst Pl* 10

menstruieren *intr* менструи́ровать 2
Mensur *f* Maß мензу́рка 6; Fechten диста́нция 8
Mentalität *f* склад 2 ума́
Mentor *m* наста́вник 2, ме́нтор 2
Menthol *n* менто́л 2
Menü *n* меню́ *n idkl*
Menuett *n* менуэ́т 2
Menüladen *m* магази́н полуфабрика́тов, магази́н «Кулина́рия»
Mergel *m Geol* ме́ргель 1
Meridian *m* меридиа́н 2; ~**kreis** *m* меридиа́нный круг
Merkantilismus *m* меркантили́зм 2
merkbar заме́т|ный, -ен
Merk|blatt *n* па́мятка 6; ~**buch** *n* записна́я кни́жка
merken *tr* замеча́ть ⟨-ме́тить 3 -ме́чу⟩; begreifen понима́ть ⟨поня́ть*⟩; sich ~ запомина́ть ⟨-по́мнить 3⟩ | j-n etw. ~ lassen дать* поня́ть кому́-н.; die Regel läßt sich leicht ~ пра́вило легко́ запомина́ется; ~ Sie sich, daß … име́йте в виду́, что …; не забыва́йте, что …; ich werde mir's ~ я э́то себе́ заме́чу, я э́того не забу́ду
merklich заме́т|ный, -ен; bedeutend значи́тел|ьный, -ен, -ьна
Merkmal *n* при́знак 2
Merkur *m Astr* Мерку́ри|й 1 *P* -и
merkwürdig стра́н|ный, -ен, -на́!; erstaunlich удиви́тел|ьный, -ен, -ьна; ~**erweise** *Adv* стра́нным о́бразом | ≈ war es richtig как ни стра́нно, э́то бы́ло пра́вильно
Merkzeichen *n* ме́тка 6, поме́т(к)а 6
meßbar измери́м:ый
Meßbarkeit *f* измери́мость 9
Meßbecher *m* ме́рная кру́жка
Messe *f* Handels~ (торго́вая) я́рмарка 6; Muster~ я́рмарка-вы́ставка 6-6; *Mar* кают-компа́ния 8; *Rel* Morgen~ ме́сса 6; Toten~ панихи́да 6 | die Leipziger ~ besuchen посе|ща́ть ⟨-ти́ть 3 -щу́⟩ Ле́йпцигскую я́рмарку; ~**amt** *n* дире́кция 8 я́рмарки; ~**ausweis** *m* про́пуск на я́рмарку; ~**besucher** *m*, ~**gast** *m* посети́тель 1 я́рмарки; ~**gelände** *n* террито́рия я́рмарки, я́рмарочная пло́щадь 9g; ~**gut** *n* я́рмарочные экспона́ты *Pl* 2; ~**halle** *f* я́рмарочный павильо́н 2; ~**haus** *n* вы́ставочное зда́ние 5
messen *tr* ме́рить 3, измеря́ть ⟨-ме́рить 3⟩; *übertr* сра́внивать ⟨-равни́ть 3⟩ (an с *I*); *intr:* er mißt einen Meter und sechzig Zentimeter он ро́стом в сто шестьдеся́т сантиме́тров; sich ~ *refl* ме́риться (по-) (mit с *I*); geistig равня́ться (mit с *I*)
Messer *n* нож 2e *G Pl* -е́й; von Maschinen рез|е́ц, -ца́ 2 | die Sache steht auf des ~s Schneide де́ло в крити́ческом положе́нии
Messer|griff *m* черено́к ножа́; ~**schneide** *f* ле́звие ножа́; ~**spitze** *f* ко́нчик [остриё] ножа́ | eine ≈ voll щепо́тка; ~**stecherei** *f* поножо́вщина 6 *umg;* ~**stich** *m* уда́р ножо́м; Wunde ножева́я ра́на 6
Messe|stadt *f* го́род я́рмарок; ~**stand** *m* я́рмарочный стенд [тэ] 2
Meßgerät *n Tech* измери́тельный прибо́р
Messing *n* лату́нь 9; ~**blech** *n* листова́я лату́нь 9
Meß|instrument *n* измери́тельный прибо́р; ~**latte** *f* ме́рная ре́йка; ~**tischblatt** *n* топографи́ческая ка́рта с масшта́бом 1:25000
Messung *f* измере́ние 5, обме́р 2
Meßwerkzeug *n* имери́тельный прибо́р
Mestize *f* мети́с 2
Met *m* медо́вый напи́т|ок, -ка 2, мёд 2b *G a.* -у; в меду́
Metall *n* мета́лл 2; ~**arbeiter** *m* металли́ст 2; ~**baukasten** *m* металлоконстру́ктор 2; ~**bearbeitung** *f* обрабо́тка мета́лла, металлообрабо́тка 6
metallen металли́ческий
Metall|erzeugnisse *n Pl* металли́ческие изде́лия; ~**geld** *n* металли́ческие де́ньги; ~**gießer** *m* лите́йщик 2
metallhaltig металлоно́с|ный, -ен
Metallindustrie *f* металлопромы́шленность 9
metallisch металли́ческий
Metall|kunde *f* металлове́дение 5; ~**span** *m* металли́ческая стру́жка 6
Metallurg *m* металлу́рг 2; ~**ie** *f* металлу́ргия 8
metallurgisch металлурги́ческий
metallverarbeitend металлообраба́тывающий 11
Metall|verarbeitung *f* обрабо́тка мета́ллов, металлообрабо́тка 6; ~**waren** *f Pl* металли́ческие изде́лия
Metamorphose *f* метаморфо́за 6; *Biol* метаморфо́з 2
Metapher *f* мета́фора 6
Metaphysik *f* метафи́зика 6
metaphysisch метафизи́ческий
Metastase *f* метаста́з 2
Meteor *m* метео́р 2; ~**it** *m* метеори́т 2
Meteorolog|e *m* метеоро́лог 2; ~**ie** *f* метеороло́гия 8
meteorologisch метеорологи́ческий
Meter *n* метр 2 | drei ~ lang sein быть три ме́тра длино́й; eine Mauer von vier ~n Höhe стена́ высото́й в четы́ре ме́тра; laufendes ~ пого́нный метр; ~**maß** *n* Lineal метр 2; Bandmaß руле́тка 6, сантиме́тр 2; ~**ware** *f* това́р, продава́емый на ме́тры
Methan *n* мета́н 2; ~**ol** *n* метано́л 2
Method|e *f* ме́тод 2; ~**ik** *f* мето́дика 6; ~**iker** *m* методи́ст 2

methodisch методи́ческий; durchdacht методи́ч|ный, -ен
Methyl *n* мети́л 2; **~alkohol** *m* мети́ловый спирт
Metrik *f* ме́трика 6
metrisch метри́ческий
Metro *f* метро́ *n idkl,* метрополите́н [тэн] 2
Metronom *n Mus* метроно́м 2
Metropol|e *f* столи́ца 6; Mittelpunkt центр 2; **~it** *m* митрополи́т 2
Mettwurst *f* италья́нская колбаса́
Metzelei *f* резня́ 7
Meuchel|mord *m* убийство из-за угла́; **~mörder** *m* уби́йца из-за угла́
meuchlings *Adv* злоде́йски
Meute *f* Hunde сво́ра 6; Bande ша́йка 6
Meuter|ei *f* бунт 2, мятéж 2е *G Pl* -е́й; **~er** *m* бунтовщи́к 2е, мяте́жник 2
meutern *intr* бунтова́ть 2 ⟨взбунтова́ться⟩
Mexikaner *m* мексика́н|ец, -ца 2; **~in** *f* мексика́нка 6
mexikanisch мексика́нский
Mexiko Land Ме́ксика 6; Stadt Ме́хико *n idkl*
miauen *intr* мяу́кать
mich *Pers Pron* меня́; *Refl Pron* себя́
Mieder *n* корса́ж 2 *G Pl* -е́й; **~waren** *f Pl* же́нская галантере́я 7
Miene *f* выраже́ние 5 (лица́), ми́на 6 | keine ~ verziehen не по|дава́ть* ⟨пода́ть*⟩ (и) ви́ду; gute ~ zum bösen Spiel machen де́лать хоро́шую ми́ну при плохо́й игре́
Mienenspiel *n* ми́мика 6
mies 1. *Adj umg* плох:о́й, -а́!; скве́р|ный, -ен, -на́! **2.** *Adv:* die Sache steht ~ де́ло дрянь
miesmachen *intr* ныть*
Miesmacher *m* ны́тик 2
¹Miete *f* пла́та 6 за наём; Wohnungs~ кварти́рная пла́та, квартпла́та 6
²Miete *f Landw* бурт 2
mieten *tr* снима́ть ⟨снять*⟩; sich ausleihen брать* ⟨взять*⟩ напрока́т, брать ⟨взять⟩ внаём; pachten нанима́ть ⟨наня́ть*⟩
Mieter *m* съёмщик 2, жил|е́ц, -ьца́ 2; **~in** *f* съёмщица 6, жили́ца 6
mietfrei беспла́тный | ich wohne ~ у меня́ беспла́тная кварти́ра
Mietshaus *n* многокварти́рный жило́й дом
Miet|vertrag *m* догово́р о на́йме; **~wohnung** *f* (сдава́емая внаём) кварти́ра
Mieze[katze] *f* ки́ска 6
Migräne *f* мигре́нь 9
Mikrobe *f* микро́б 2
Mikro|biologie *f* микробиоло́гия 8; **~dolmetscher** *m* синхро́нный перево́дчик; **~elektronik** *f* микроэлектро́ника 6; **~film** *m* микрофи́льм 2; **~fotografie** *f* микрофотогра́фия 8; **~kosmos** *m* микро́см 2; **~meter** *n* микро́метр 2
Mikrophon *n* микрофо́н 2; **~aufnahme** *f* микрофо́нная за́пись 9
Mikroprozessor *m* микропроце́ссор 2
Mikroskop *n* микроско́п 2
mikroskopisch микроскопи́ческий
Milbe *f* клещ 2е
Milch *f* молоко́ 4; der Fische моло́ки *Pl* 6 | saure ~ простоква́ша 6; kuhwarme ~ парно́е молоко́; geronnene ~ сверну́вшееся 11 молоко́; kondensierte ~ сгущённое молоко́; das Mädchen sieht aus wie ~ und Blut э́та де́вушка кровь с молоко́м; **~bar** *f* моло́чное кафе́ *n idkl;* **~bart** *m übertr* молокосо́с 2; **~brötchen** *n* сдо́бная бу́лочка, плю́шка 6; **~drüse** *f* моло́чная железа́; **~ertrag** *m* удо́|й 1 *G Pl* -ев; **~flasche** *f* буты́лка для молока́; für Säuglinge рож|о́к, -ка́ 6; **~geschäft** *n* моло́чный магази́н, моло́чная *Subst* 10; **~glas** *n* Mattglas моло́чное [ма́товое] стекло́; **~händler** *m* моло́чник 2; **~hof** *m* моло́чный заво́д 2
milchig моло́чный
Milch|kaffee *m* ко́фе с молоко́м; **~kännchen** *n* моло́чник 2; **~kanne** *f* бидо́н 2 для молока́; **~kuh** *f* до́йная коро́ва; **~mädchenrechnung** *f* опроме́тчивый расчёт; **~mixgetränk** *n* моло́чный кокте́йль [тэй] 1; **~produkte** *n Pl* моло́чные проду́кты; **~pulver** *n* моло́чный порошо́к; **~reis** *m* ри́совая ка́ша 6 на молоке́; **~säure** *f* моло́чная кислота́; **~speise** *f* моло́чное блю́до; **~straße** *f* Мле́чный Пут|ь *m* 9е *I* -ём; **~topf** *m* горшо́к [кастрю́ля] для молока́; **~verbrauch** *m* потребле́ние молока́; **~wirtschaft** *f* моло́чное хозя́йство; **~zahn** *m* моло́чный зуб
mild Blick мя́г|кий [хк], -ок, -ка́!, -че; Tabak сла́бый, -а́, -о, сла́бы́; Klima мя́гкий, уме́рен:ный, -на; Urteil, Licht мя́гкий
Milde *f* мя́гкость [хк] 9
mildern *tr* смягч|а́ть [-и́ть 3]; Schmerz утол|я́ть ⟨-и́ть 3⟩
Milderung *f* смягче́ние 5
Milderungsgrund *m* смягча́ющее 11 (вину́) обстоя́тельство 4
mildtätig благотвори́тел|ьный, -ен, -ьна, милосе́рд|ный, -ен
Mildtätigkeit *f* благотвори́тельность 9, милосе́рдие 5
Milieu *n* среда́ 6с
militant вои́нствующий 11
Militär *n* войска́ *Pl* 4b, военнослу́жащие *Subst Pl* 11, вое́нные *Subst Pl* 10 | beim ~ sein быть на вое́нной слу́жбе; **~akademie** *f* вое́нная акаде́мия; **~arzt** *m* вое́нный врач, военвра́ч 2е *G Pl* -е́й; **~attaché** *m* вое́нный атташе́; **~basis** *f* вое́нная ба́за; **~dienst** *m* вое́нная слу́жба

militärisch 1. *Adj* вое́нный; Haltung во́инский **2.** *Adv* по-вое́нному
militarisieren *tr* милитаризова́ть *uv, v* 2
Militar|isierung *f* милитариза́ция 8; **~ismus** *m* милитари́зм 2
militaristisch милитаристи́ческий, милитари́стский
Militär|junta *f* вое́нная ху́нта 6; **~musik** *f* вое́нная му́зыка; **~parade** *f* вое́нный пара́д; **~person** *f* военнослу́жащий *Subst* 11; **~pflicht** *f* во́инская обя́занность
militärpolitisch вое́нно-полити́ческий
Militär|putsch *m* вое́нный путч; **~stützpunkt** *m* вое́нная ба́за; **~transport** *m* вое́нный тра́нспорт; **~verwaltung** *f* вое́нная администра́ция
Miliz *f* мили́ция 8; **~ionär** *m* милиционе́р 2
Milliarde *f* миллиа́рд 2
Milligramm *n* миллигра́мм 2
Millimeter *n, m* миллиме́тр 2; **~papier** *n* миллиметро́вая бума́га, миллиметро́вка 6 *umg*
Million *f* миллио́н 2; **~enstadt** *f* го́род с многомиллио́нным населе́нием
Milz *f Anat* селезёнка 6; **~brand** *m Med* сиби́рская я́зва 6
mimen *tr übertr* разы́грывать ⟨-ыгра́ть⟩ *A*, притвор|я́ться ⟨-и́ться 3⟩ *I*
Mimik *f* ми́мика 6
mimisch мими́ческий
Mimose *f* мимо́за 6
Minarett *n* минаре́т 2
minder ме́нее | mehr oder ~ бо́лее и́ли ме́нее; **~bemittelt** малообеспе́ченный
Minderheit *f* меньшинство́ 4c | nationale ~en национа́льные меньши́нства
minderjährig несовершенноле́тний 11
Minderjährigkeit *f* несовершенноле́тие 5
minderwertig неполноце́н|ный, -ен, -на; Ware недоброка́чествен|ный, -на; *übertr* низкопро́б|ный, -ен
Minderwertigkeit *f* неполноце́нность 9; недоброка́чественность 9; *übertr* низкопро́бность 9
Minderwertigkeitsgefühl *n* чу́вство неполноце́нности
Minderzahl *f* меньшинство́ 4c | in der ~ в меньшинстве́
Mindestbetrag *m* наиме́ньшая 11 су́мма
mindeste минима́л|ьный, -ен, -ьна, наиме́ньший 11 | nicht im ~n ниско́лько, ничу́ть; das rührt mich nicht im ~n э́то меня́ ни в како́й ме́ре не тро́гает; sie hat nicht die ~ Aussicht у неё нет никаки́х перспекти́в; nicht das ~ von etw. verstehen не име́ть ни мале́йшего поня́тия [представле́ния] о чём-н.; **~ns** *Adv* по ме́ньшей [кра́йней] ме́ре, не ме́нее | ≈ drei Wochen не ме́нее трёх неде́ль, ми́нимум [по ме́ньшей ме́ре] три неде́ли
Mindest|lohn *m* минима́льная зарпла́та; **~maß** *n* ми́нимум 2 | auf ein ≈ reduzieren сво|ди́ть 3† -жу́ ⟨с|вести́*⟩ до ми́нимума; **~umtauschsatz** *m* von Zahlungsmitteln обяза́тельный ми́нимум обме́на валю́ты; **~urlaub** *m* минима́льный гаранти́рованный о́тпуск; **~wert** *m* минима́льная сто́имость; **~wortschatz** *m* лекси́ческий ми́нимум 2
Mine *f Mil* ми́на 6; Tret~ фуга́с 2; Bergwerk рудни́к 2e; Bleistift~ графи́т 2; Kugelschreiber~ сте́рж|ень, -ня 1 | ~n legen ста́в|ить 3 -лю (по-) ми́ны
Minen|feld *n* ми́нное по́ле; **~leger** *m* ми́нный загради́тель 1; **~räumboot** *n* ка́терный тра́льщик 2; **~sperre** *f* ми́нное загражде́ние; **~suchboot** *n*, **~sucher** *m* ка́терный тра́льщик 2
Mineral *n* минера́л 2; **~dünger** *m* минера́льное удобре́ние, тук 2
mineralisch минера́льный
Mineralog|e *m* минерало́г 2; **~ie** *f* минерало́гия 8
mineralogisch минералоги́ческий
Mineral|öl *n* минера́льное ма́сло; **~quelle** *f* минера́льный исто́чник; **~wasser** *n* минера́льная вода́
Miniatur *f* миниатю́ра 6; **~malerei** *f* миниатю́рная жи́вопись
Minigolf *m* миниго́льф 2; **~anlage** *f* площа́дка 6 для игры́ в миниго́льф
minimal минима́л|ьный, -ен, -ьна
Minimum *n* ми́нимум 2 | auf ein ~ zusammenschrumpfen сокра|ща́ться ⟨-ти́ться 3⟩ до ми́нимума
Minirock *m* ми́ни-ю́бка 6
Minister *m* мини́стр 2 | ~ ohne Geschäftsbereich мини́стр без портфе́ля
ministeriell министе́рский
Ministerium *n* министе́рство 4 (für *G*)
Minister|präsident *m* премье́р-мини́стр 2; **~rat** *m* сове́т мини́стров
Minnesänger *m* миннези́нгер 2
Minorität *f* меньшинство́ 4c
Minsk Минск 2
Minuend *m* уменьша́емое *Subst* 10
minus *Adv* ми́нус
Minus *n* Verlust дефици́т 2; Mangel недоста́т|ок, -ка 2; *Math* ми́нус 2
Minuskel *f* строчна́я бу́ква 6
Minus|pol *m El* отрица́тельный по́люс; **~zeichen** *n* ми́нус 2
Minute *f* мину́та 6 | eine halbe ~ полумину́ты; auf die ~ (genau) мину́та в мину́ту; fünf ~n nach zwölf пять мину́т пе́рвого; fünf ~n vor eins без пяти́ (мину́т) час; zwanzig ~n vor vier без двадцати́ четы́ре; fünf ~n von hier в пяти́ мину́тах отсю́да
minutenlang 1. *Adj* продолжа́ющийся 11 не́сколько мину́т **2.** *Adv* в продолже́ние [в тече́ние] не́скольких мину́т

Minutenzeiger *m* мину́тная стре́лка
minuziös педанти́ч|ный, -ен
Minze *f Bot* мя́та 6
mir *Pers Pron* мне | kommen Sie mit ~ идёмте со мной; komm ~ nicht damit! оста́вь меня́ (с э́тим) в поко́е!; von ~ aus! пожа́луй!, как хо́чешь [хоти́те]!; ~ nichts dir nichts ни с того́, ни с сего́; ~ kann keiner *umg* мне никто́ не стра́шен; wie du ~, so ich dir как аукнется, так и откли́кнется
Mirabelle *f* мирабе́ль 9
Misanthrop *m* мизантро́п 2
Misch|batterie *f* смеси́тельная армату́ра 6 (для воды́), смеси́тель 1; **~brot** *n* ржа́но-пшени́чный хлеб
mischen *tr* меша́ть, сме́шивать ⟨-меша́ть⟩; Spielkarten тасова́ть 2 (с-); sich ~ *refl* меша́ться (in в *A*), вме́шиваться ⟨-меша́ться⟩ (in в *A*) | Wasser unter den Wein ~ подлива́ть ⟨подли́ть*⟩ во́ду в вино́; sich in fremde Angelegenheiten ~ вме́шиваться в чужи́е дела́; sich unter die Menge ~ сме́шиваться ⟨-меша́ться⟩ с толпо́й
Misch|farbe *f* составно́й цвет; **~futter** *n* сме́шанный корм; **~ling** *m* мети́с 2; *Biol* гибри́д 2, по́месь 9; **~masch** *m* вся́кая вся́чина 6; **~sprache** *f* сме́шанный язы́к; **~ung** *f* смесь 9; **~wald** *m* сме́шанный лес
miserabel 1. *Adj* жа́л|кий, -ок, -ка́!, -ьче, **2.** *Adj* скве́рно, пло́хо | mir ist ~ (zumute) я чу́вствую себя́ скве́рно; er spricht ein miserables Deutsch он пло́хо говори́т по-неме́цки
Misere *f* беда́ 6с, бе́дственное положе́ние 5
Mispel *f* мушмула́ 6
mißachten *tr* не уважа́ть *G*, пренебрега́ть ⟨пренебре́чь*⟩ *I*
Mißachtung *f* неуваже́ние 5 к *D*, пренебреже́ние 5 к *D*
Miß|behagen *n* неприя́тное чу́вство 1, неудово́льствие 5 | voller ≈ по́лный неприя́тных чувств; **~bildung** *f* уро́дство 4
mißbilligen *tr* не одобря́ть ⟨одо́брить 3⟩ *G;* tadeln порица́ть **~d** неодобри́тел|ьный, -ен, -ьна, порица́тел|ьный, -ен, -ьна
Miß|billigung *f* неодобре́ние 5; порица́ние 5; **~brauch** *m* злоупотребле́ние 5 *I* | ≈ mit etw. treiben злоупотреб|ля́ть ⟨-и́ть 3 -лю⟩ чем-н.
miß|brauchen *tr* злоупотреб|ля́ть ⟨-и́ть 3 -лю⟩ *I;* **~deuten** *tr* ло́жно [непра́вильно] истолк|о́вывать ⟨-ова́ть 2⟩
Mißdeutung *f* ло́жное [непра́вильное] толкова́ние 5
missen *tr* обходи́ться 3⁺ -хожу́сь ⟨обо|йти́сь*⟩ без *G*
Miß|erfolg *m* неуда́ча 6; **~ernte** *f* неурожа́|й 1 *G Pl* -ев
Misse|tat *f* злодея́ние 5; **~täter** *m* злоде́|й 1 *G Pl* -ев
mißfallen *intr* не нра́в|иться 3 -люсь (по-)
Mißfallen *n* неудово́льствие 5 | ~ erregen вызыва́ть ⟨вы́|звать*⟩ неудово́льствие
mißfällig неодобри́тел|ьный, -ен, -ьна
Miß|geburt *f* уро́д 2; **~geschick** *n* несча́стье 5, неуда́ча 6 | er ist von einem ≈ betroffen worden его́ пости́гло несча́стье; **~gestalt** *f* уро́д 2
miß|gestaltet уро́длив:ый; **~gestimmt;** ≈ sein быть в дурно́м настрое́нии; **~glükken** *intr* не у|дава́ться* ⟨-|да́ться*, -дали́сь⟩; **~gönnen** *tr* зави́довать 2 (по-) (j-m etw. кому́-н. в чём-н.)
Miß|griff *m* оши́бка 6, про́мах 2; **~gunst** *f* недоброжела́тельство 4; Neid за́висть 9
mißgünstig недоброжела́тел|ьный, -ен, -ьна; neidisch зави́стлив:ый
mißhandeln *tr* жесто́ко обраща́ться с *I;* foltern истяза́ть
Miß|handlung *f* жесто́кое обраще́ние 5 с *I;* Folterung истяза́ние 5; **~helligkeit** *f* *(meist Pl)* недоразуме́ние 5; Uneinigkeit разногла́сие 5
Mission *f* ми́ссия 8; **~ar** *m* миссионе́р 2
Mississippi Миссиси́пи *f idkl*
Miß|klang *m* диссона́нс 2, дисгармо́ния 8; *übertr* разла́д 2, диссона́нс; **~kredit** *m* недове́рие 5 | in ≈ geraten теря́ть (по-) свою́ репута́цию; in ≈ bringen дискредити́ровать *uv, v* 2
mißlich heikel щекотли́в:ый; schwierig тяж|ёлый, -ёл, -ела́; unangenehm неприя́т|ный, -ен
mißliebig нелюби́м:ый
mißlingen *intr* не у|дава́ться ⟨-да́ться*, -дали́сь⟩ | mißlungene Versuche неуда́чные попы́тки
Mißmut *m* доса́да 6, недово́льство 4
mißmutig недово́л|ьный, -ен, -ьна, угрю́м:ый
mißraten *intr* не у|дава́ться* ⟨-|да́ться*, -дали́сь⟩
Miß|stand *m* неудовлетвори́тельное состоя́ние 5, непоря́д|ок, -ка 2; **~stimmung** *f* дурно́е настрое́ние; **~ton** *m* диссона́нс 2 *a. übertr* | einen ≈ in etw. bringen вноси́ть 3⁺ -ношу́ ⟨-|нести́*⟩ диссона́нс во что-н.
mißtrauen *intr* не дов|еря́ть ⟨-е́рить 3⟩
Mißtrauen *n* недове́рие 5
Mißtrauensvotum *n* во́тум недове́рия
mißtrauisch недове́рчив:ый | gegen j-n ~ sein относи́ться 3⁺ -ношу́сь ⟨-|нести́сь*⟩ к кому́-н. с недове́рием
Mißvergnügen *n* недово́льство 4
mißvergnügt недово́л|ьный, -ен, -ьна
Mißverhältnis *n* несоразме́рность 9, несоотве́тствие 5

Mißverständnis *n* недоразуме́ние 5 | das beruht auf einem ~ э́то произошло́ по недоразуме́нию
mißverstehen *tr* непра́вильно [не так] понима́ть ⟨поня́ть*⟩
Mißwirtschaft *f* бесхозя́йственность 9
Mist *m* наво́з 2; von Tieren помёт 2; *übertr* derb ерунда́ 6 *umg*, вздор 2 *umg* | eine Fuhre ~ воз наво́за; mit ~ düngen унаво́живать ⟨унаво́|зить 3 -жу⟩; **~beet** *n* парни́к 2е
Mistel *f Bot* оме́ла 6
Mist|gabel *f* наво́зные ви́лы; **~haufen** *m* наво́зная ку́ча; **~käfer** *m* наво́зный жук, наво́зник 2; **~wagen** *m* теле́га для перево́зки наво́за
mit 1. *Präpos* zusammen ~ с *I;* Tee ~ Zukker чай с са́харом; ~ j-m im Briefwechsel stehen перепи́сываться с кем-н. | Merkmal, Begleitumstand с *I;* ein Mann ~ Bart челове́к с бородо́й; ~ Vergnügen с удово́льствием; ~ Sachkenntnis со зна́нием де́ла; ~ Absicht наро́чно; ein Haus ~ vier Stockwerken дом в пять этаже́й; ~ hohen Absätzen на высо́ком каблуке́; ~ Reißverschluß [Gummizug] на мо́лнии [рези́нке] | Alter; ~ vier Jahren (в во́зрасте) четырёх лет, в четы́ре го́да | mit Hilfe von *I;* ~ dem Bleistift schreiben писа́ть* карандашо́м; die Tür ~ dem Schlüssel öffnen откры́ть* дверь ключо́м; ~ dem Fallschirm abspringen пры́гнуть с парашю́том; ~ der Maschine schreiben писа́ть на маши́нке | Verkehrsmittel на *P,* bei deklinierbaren öffentlichen a. *I;* ~ der Straßenbahn [dem Bus] fahren е́хать* на трамва́е [авто́бусе], е́хать* трамва́ем [авто́бусом]; ~ dem Taxi [der U-Bahn] fahren е́хать* на такси́ [на метро́]; ~ dem Rad [Auto] kommen прие́хать* на велосипе́де [маши́не]; ~ der Bahn по желе́зной доро́ге; ~ der Post schicken посыла́ть по по́чте [по́чтой]; ~ Luftpost авиапо́чтой | Zeit с *I;* ~ Einbruch der Dunkelheit с наступле́нием темноты́; ~ den Hühnern schlafen gehen ложи́ться с петуха́ми; ~ der Zeit со вре́менем | Dimension, Gewicht u. a. *I;* ~ einer Länge [Höhe] von 5 m длино́й [высото́й] (в) пять ме́тров; ~ zwei Metern Durchmesser диа́метром (в) два ме́тра; ein Aggregat ~ einer Kapazität von 20 t pro Tag агрега́т производи́тельностью (в) два́дцать тонн в су́тки; ein Motor ~ 40 PS дви́гатель в со́рок лошади́ных сил (*Abk* л/с); ~ einem Gewicht von etwa 2 t ве́сом о́коло двух тонн | vorgesehene Personenzahl на *A;* ein Saal ~ tausend Plätzen зал на ты́сячу мест [челове́к]; ein Hotel ~ 200 Betten гости́ница на две́сти мест | ~ ihm will ich nichts zu schaffen haben я не хочу́ име́ть с ним де́ла; ~ einem Wort одни́м сло́вом; ~ ihm steht es schlecht его́ дела́ пло́хи, его́ де́ло дрянь *umg* **2.** *Partikel* kommen Sie ~! идёмте со мной!, er war ~ dabei он то́же прису́тствовал; sie will ~ она́ хо́чет идти́ со мной [с на́ми]; ich habe alles ~ у меня́ всё с собо́й
Mitarbeit *f* сотру́дничество 4
mitarbeiten *intr* сотру́дничать (an в *P*)
Mitarbeiter *m* сотру́дник 2; **~in** *f* сотру́дница 6
Mitbesitzer *m* совладе́л|ец, -ьца 2
Mitbestimmung *f* уча́стие 5 в управле́нии
Mit|bestimmungsrecht *n* пра́во уча́ствовать в совме́стном реше́нии (in *G*); **~bewerber** *m* уча́стник ко́нкурса
mitbringen *tr* getragen приноси́ть 3⁺ -ношу́ ⟨-|нести́*⟩ с собо́й; gefahren привози́ть 3⁺ -вожу́ ⟨-|везти́*⟩ с собо́й; geführt приводи́ть 3⁺ -вожу́ ⟨-|вести́*⟩ с собо́й
Mit|bürger *m* согражда́нин 2 *Pl* сограж-д|ане, -ан; **~eigentümer** *m* совладе́л|ец, -ьца 2
miteinander *Adv* друг с дру́гом; gemeinsam вме́сте
mitessen *tr u. intr:* wollen Sie nicht ~? не хоти́те ли пое́сть с на́ми?
Mitesser *m Med* у́гр|орь, -ря́ 1е
mit|fahren *intr* е́хать* (по-) вме́сте с *I* | fahren Sie mit! поезжа́йте с на́ми!; **~fühlen** *intr* сочу́вствовать *D;* **~fühlend** сочу́вствующий 11, сочу́вствен:ный, -на
Mitgefühl *n* сочу́вствие 5
mitgehen *intr* идти́* вме́сте с *I* | geh mit! пойди́ со мной [с на́ми]!; er geht mit der Zeit он идёт в но́гу со вре́менем; etw. ~ lassen *umg* ста́скивать ⟨стащи́ть 3⁺⟩ что-н., стяну́ть *v* 3⁺ что-н.
mitgenommen потрёпан:ный, -а | hart ~ sein von etw. си́льно пострада́ть от чего́-н.
Mit|gift *f* прида́ное *Subst* 10; **~glied** *n* член 2; **~gliederversammlung** *f* о́бщее 11 собра́ние
Mitglieds|ausweis *m* чле́нский биле́т 2; **~beitrag** *m* чле́нский взнос; **~buch** *n* чле́нский биле́т, чле́нская кни́жка
Mitgliedschaft *f* чле́нство 4
Mitgliedsland *n* страна́-член 6-2
Mithilfe *f* соде́йствие 5, по́мощь 9 | unter ~ von j-m при соде́йствии [по́мощи] кого́-н.
mithin *Adv* сле́довательно, ита́к
mithören *tr u. intr* Telefon подслу́ш|ивать ⟨-ать⟩
Mit|inhaber *m* совладе́л|ец, -ьца 2; **~kämpfer** *m* сора́тник 2
mitkommen *intr* идти́* ⟨по|йти́*⟩ (mit с *I*); *übertr umg* успева́ть ⟨успе́ть⟩ | nicht ~

mit der Leistung от|ставáть* ⟨-|стáть*⟩; er kommt in allen Fächern gut mit он хорошó успевáет по всем предмéтам

Mit|läufer *m Pol* попýтчик 2; **~laut** *m* соглáсный *Subst* 10; **~leid** *n* сострадáние 5, жáлость 9 (mit к *D*) | aus ≈ из жáлости; ≈ haben mit j-m жалéть (по-) когó-н., сочýвствовать 2 (по-) комý-н.; **~leidenschaft** *f*: in ≈ ziehen beschädigen повре|ждáть ⟨-дúть 3 -жý¡ -ждённый⟩

mitleid|ig сострадáтел|ьный¦ -ен¦ -ьна, жáлостлив:ый; **~[s]los** безжáлост|ный¦ -ен

mitmachen *tr umg* teilnehmen учáствовать 2 в *P;* erleiden испы́тывать ⟨-пытáть⟩

Mitmensch *m* человéк 2

mit|nehmen *tr* брать* ⟨взять*⟩ с собóй | j-n im Auto ≈ подвозúть 3⁺ -вожý ⟨-|везтú*⟩ когó-н. на машúне; die Krankheit hat ihn tüchtig mitgenommen болéзнь изнурúла [ослáбила] егó, он сúльно пострадáл от болéзни; **~reden** *intr:* ich habe hier auch ein Wörtchen mitzureden в э́том вопрóсе я тóже имéю прáво вы́сказать своё мнéние

Mitreisender *m* спýтник 2, попýтник 2

mitreißen *tr übertr* увлекáть ⟨-|влéчь*⟩ за собóй

mitsamt *Präpos* вмéсте с *I*

mit|schneiden *tr* записывать ⟨-|писáть*⟩ (на магнúтную лéнту); **~schreiben** *tr* запúсывать ⟨-|писáть*⟩ (чьи-н. словá)

Mit|schuld *f* совинóвность 9; **~schuldiger** *m* совинóвник 2; **~schüler** *m* товáрищ 2 по шкóле, шкóльный товáрищ

mit|singen *intr* петь* вмéсте (mit с *I*); **~spielen** *tr u. intr* учáствовать 2 в игрé | j-m übel ≈ игрáть ⟨сыгрáть⟩ злýю шýтку с кем-н.

Mit|spieler *m* партнёр 2; **~spracherecht** *n* прáво учáствовать в совмéстном решéнии

Mittag *m* пóлдень¦ полýдня *oder* пóлдня 1 *Pl* пóлдни¦ полд|ён¦ -ня́м | zu ~ в пóлдень; zu ~ essen обéдать (по-); ~ machen дéлать (с-) обéденный переры́в; **~essen** *n* обéд 2 | zum ≈ на обéд; beim ≈ за обéдом

mittäglich полýденный

Mittags|hitze *f* полýденная жарá, полýденный зной; **~pause** *f* обéденный переры́в; **~ruhe** *f* послеобéденный óтдых; im Sanatorium мёртвый час 2b; **~schläfchen** *n* послеобéденный сон¦ сна 2 | ein ≈ machen спать* (по-) пóсле обéда; **~stunde** *f* обéденный час; **~tisch** *m* обéденный стол; **~zeit** *f* обéденное врéмя

Mittäter *m* соучáстник 2, соóбщник 2; **~schaft** *f* соучáстие 5, соóбщничество 4

Mitte *f* серединá 6; Mittelpunkt центр 2; | ~ September в серединé сентября́; die goldene ~ золотáя серединá; sie ist ~ Dreißig ей óколо тридцатú пятú лет; j-n in die ~ nehmen брать ⟨взять⟩ когó-н. в серединý; wir freuen uns, Sie in unserer ~ zu sehen мы рáды вúдеть вас в нáшей средé [в нáшем кругý]

mitteil|en *tr* сообщ|áть ⟨-úть 3⟩; übermitteln пере|давáть* ⟨передáть*⟩ | j-m seine Eindrücke ≈ делúться 3⁺ (по-) впечатлéниями с кем-н.; seine Ankunft ≈ сообщáть о своём приéзде; **~sam** общúтел|ьный¦ -ен¦ -ьна

Mitteilung *f* сообщéние 5 | laut ~ по сообщéнию

Mittel *n* срéдство 4; Geld срéдства *Pl; Med* срéдство (gegen от *G*); Mittelwert срéднее *Subst* 11 | mit allen ~n всéми срéдствами; ein ~ gegen Husten срéдство от кáшля; kein ~ unversucht lassen прóбовать 2 (ис-) все срéдства; jedes ~ war ihm recht он не брéзгал никакúми срéдствами, для негó все срéдства бы́ли хорошú; ~ und Wege finden für etw. находúть ⟨-йтú⟩ путú и срéдства для чегó-н.; über große ~ verfügen имéть в своём распоряжéнии большúе срéдства; das geht über meine ~ э́то мне не по кармáну; ~ für den Wohnungsbau срéдства на жилстроúтельство; **~alter** *n* срéдние векá *Pl* 11-2, средневекóвье 5

mittelalterlich средневекóвый

Mittelamerika Центрáльная Амéрика

mittelbar опосрéдствован:ный¦ -а

Mittelding *n* нéчто срéднее *Subst* 11, ни то ни сё

Mitteleuropa Центрáльная Еврóпа

mitteleuropäisch среднеевропéйский | ~e Zeit среднеевропéйское врéмя

Mittel|feld *n Sport* центр 2 пóля; **~finger** *m* срéдний 11 пáлец

mittelfristig среднесрóчный

Mittel|gebirge *n* гóры *Pl* 6а срéдней высоты́; **~gewicht** *n* Ringen срéдний 11 вес; Boxen вторóй срéдний вес

mittel|groß Person срéднего рóста; Ausdehnung срéдней величины́; **~hochdeutsch** *Ling* средневерхненемéцкий

Mittelländisches Meer *n* Средизéмное мóре

Mittel|läufer *m Sport* полузащúтник 2; **~linie** *f Math* медиáна 6; *Sport* срéдняя 11 лúния

mittellos неимýщий 11, без средств

Mittellosigkeit *f* отсýтствие 5 средств

mittelmäßig посрéдствен:ный¦ -на, срéдний 11

Mittelmäßigkeit *f* посрéдственность 9

Mittelohr *n* срéднее 11 ýхо; **~entzündung** *f* воспалéние срéднего ýха

Mittelpunkt *m* центр 2 | im ~ stehen стоя́ть [нахо|дúться 3⁺ -жýсь] в цéнтре внимáния

mittels *Präpos* при по́мощи *G*, с по́мощью *G*
Mittel|schulbildung *f* сре́днее 11 образова́ние; **~schule** *f* по́лная сре́дняя 11 шко́ла
mittelschwer сре́днего ве́са | ein ~er Text текст сре́дней тру́дности
Mittelsmann *m* посре́дник 2; Frau посре́дница 6
Mittelstand *m* сре́днее 11 сосло́вие
mittelständisch: ~er Unternehmer сре́дний 11 предпринима́тель
Mittelstrecken|flugzeug *n* самолёт сре́дней да́льности полёта; **~lauf** *m* бег на сре́дние диста́нции; **~läufer** *m* бегу́н на сре́дние диста́нции; **~rakete** *f* раке́та сре́дней да́льности
Mittel|stufe *f* Schule кла́ссы *Pl* 2 сре́дней ступе́ни; **~stürmer** *m* центра́льный напада́ющий *Subst* 11; **~weg** *m:* der goldene ≈ *übertr* золота́я середи́на 6; **~welle** *f Rad* сре́дняя 11 волна́; **~wert** *m Math* сре́днее 11 значе́ние
mitten *Adv* среди́ | ~ auf der Straße среди́ у́лицы; ~ im Zimmer в середи́не ко́мнаты; ~ in der Nacht среди́ но́чи; ~ im Gedränge в са́мой тесноте́; ~ in der Arbeit в (са́мый) разга́р рабо́ты; **~drin** *Adv* в (са́мой) середи́не; **~drunter** *Adv* (по)среди́, ме́жду; **~durch** *Adv* сквозь, че́рез (са́мую) середи́ну; schneiden, reißen попола́м
Mitternacht *f* по́лночь *G* полу́ночи *oder* по́лночи 9 | um ~ в по́лночь; gegen ~ о́коло полу́ночи; nach ~ по́сле полу́ночи
Mitternachtssonne *f* полу́ночное со́лнце
mitternächtlich полу́ночный
mittler сре́дний 11 | Mittlerer Osten Сре́дний Восто́к; von mittlerer Größe сре́днего во́зраста
Mittler *m* посре́дник 2
mittlerweile *Adv* тем вре́менем, ме́жду тем
Mittwoch *m* среда́ 6а | am ~ в сре́ду
mittwochs *Adv* по среда́м
mitunter *Adv* иногда́, поро́й
mitverantwortlich: ~ sein нести́* отве́тственность вме́сте с кем-н.
Mit|verantwortung *f* коллекти́вная отве́тственность; **~verfasser** *m* соа́втор 2; **~welt** *f* совреме́нники *Pl* 2
mitwirken *intr* уча́ствовать 2, принима́ть ⟨приня́ть*⟩ уча́стие (bei в *P*); beitragen zu де́йствовать 2
Mitwirkender *m* принима́ющий *Subst* 11 уча́стие, уча́стник 2
Mitwirkung *f* уча́стие 5 (an в *P*)
mixen *tr* сме́шивать ⟨смеша́ть⟩
Mixer *m* Gerät ми́ксер 2; Bar~ ба́рмен 2
Mixtur *f* миксту́ра 6
Mnemotechnik *f* мнемоте́хника 6
Mob *m* сброд 2
Möbel *n* ме́бель 9; **~fabrik** *f* ме́бельная фа́брика; **~garnitur** *f* ме́бельный гарниту́р, гарниту́р ме́бели; **~geschäft** *n* ме́бельный магази́н; **~stoff** *m* оби́вочная [ме́бельная] ткань; **~tischler** *m* ме́бельщик 2; **~transport** *m* перево́зка ме́бели; **~wagen** *m* маши́на 6 для перево́зки ме́бели
mobil подви́ж|ный, -ен, жив:о́й, -а́!; beweglich передвижно́й | er ist noch sehr ~ он ещё о́чень подви́жный [живо́й]
Mobiliar *n* ме́бель 9, дви́жимое иму́щество 4
mobilisieren *tr* мобилизова́ть *uv, v* 2
Mobilmachung *f* мобилиза́ция 8
möblieren *tr* меблирова́ть *uv, v* 2 | möbliertes Zimmer меблиро́ванная ко́мната; möbliert wohnen занима́ть ⟨заня́ть*⟩ меблиро́ванную ко́мнату
Moçambique Мозамби́к 2
Moçambiquer *m* мозамби́к|ец, -ца 2
moçambiquisch мозамби́кский
modal *Gramm* мода́льный
Mode *f* мо́да 6 | ~ werden входи́ть 3⁺ ⟨во|йти́*⟩ в мо́ду; ~ sein быть в мо́де; aus der ~ kommen выходи́ть ⟨вы́йти⟩ из мо́ды; jede ~ mitmachen сле|ди́ть 3 -жу́ за мо́дой; nach der neuesten ~ по после́дней мо́де; **~artikel** *m* мо́дный това́р 2
modefarben мо́дного цве́та
Modehaus *n* ателье́ [тэ] *n idkl* мод
Modell *n* моде́ль [дэ] 9; Vormuster маке́т 2 | ~ stehen пози́ровать 2; **~bau** *m* моделестрое́ние 5; **~bauer** *m* моде́льщик 2; **~eisenbahn** *f* миниатю́рная желе́зная доро́га; **~flugzeug** *n* моде́ль [дэ] 9 самолёта
Modellierbogen *m* разрезно́й лист 2е для скле́ивания моде́ли
modellieren *tr* модели́ровать *uv, v* 2, леп|и́ть 3⁺ -лю́ (с-)
Modellierkunst *f* лепно́е иску́сство
Modelltischler *m* моде́льщик [дэ] 2
Modenarr *m* мо́дник 2, франт 2
Moden|schau *f* пока́з 2 мод; **~zeitung** *f* журна́л 2 мод
Moder *m* гниль 9, за́тхлость 9
Moderator *m* модера́тор 2, веду́щий *Subst* 11
moderieren *tr* вести́* переда́чу, комменти́ровать *uv, v* 2
[1]**modern** *intr* гнить (с-), тлеть
[2]**modern** modisch мо́д|ный, -ен; neuzeitlich совреме́н|ный, -ен, -на | ~ste Technik са́мая совреме́нная те́хника
modernisieren *tr* модернизи́ровать [дэ] *uv, v* 2, модернизова́ть [дэ] *uv, v* 2
Modernisierung *f* модерниза́ция [дэ] 8 | technische ~ техни́ческая реконстру́кция 8

Modeschöpfer *m* модельéр 2
modifizieren *tr* модифицúровать *uv, v* 2, видоизмен|ять ⟨-úть 3⟩
Modifizierung *f* модификáция 8, видоизменéние 5
modisch 1. *Adj* мóд|ный, -ен **2.** *Adv* по мóде
Modistin *f* модúстка 6
modrig гнил:óй, -á!, зáтхлый
Modulation *f Mus* модуляция 8
modulieren *tr Mus* модулúровать 2
Modus *m* мóдус 2; *Gramm* наклонéние 5
mogeln *intr umg* надувáть ⟨-|дýть*⟩, плутовáть 2 (с-)
mögen *tr* gern haben люб|úть 3⁺ -лю́; gern wollen желáть, хотéть* | er mag keinen Käse он не лю́бит сы́ра; ich mag ihn nicht он мне не нрáвится | *als Hilfsverb zum Ausdruck* a) *eines Wunsches* ich möchte rauchen мне хóчется курúть; er möchte Arzt werden он хóчет стать врачóм; ich mag ihn nicht sehen я не хочý егó вúдеть; ich möchte (gern) wissen я хотéл бы знать, мне хотéлось бы знать; ich möchte am liebsten aufhören я бы охóтно кóнчил | b) *einer Aufforderung in indirekter Rede* sie wünscht, du möchtest warten онá желáет, чтóбы ты ждал; er sagte, ihr möchtet kommen он сказáл, чтóбы вы пришлú | c) *einer Aufforderung an Dritte* mag er kommen пусть [пускáй] (он) придёт; sie mögen sich noch einen Augenblick gedulden пусть онú подождýт ещё минýтку | d) *einer Möglichkeit, Wahrscheinlichkeit* es mag sein (э́то) мóжет быть, возмóжно; wer mag das sein? кто бы э́то мог быть?; woher mag er das erfahren haben? откýда он мог э́то узнáть?; das mag richtig sein возмóжно, что э́то прáвильно | *in Konzessivsätzen* was er auch sagen mag, ich werde ihm glauben что бы он ни сказáл, я емý повéрю; mag kommen, was da will! будь, что бýдет!; er mag sein, wie er will какóй бы он ни был
möglich возмóж|ный, -ен | alles ~e tun дéлать (с-) всё возмóжное; etw. ~ machen дéлать (с-) что-н. возмóжным; etw. für ~ halten нахо|дúть 3⁺ -жý что-н. возмóжным; ist es ~? неужéли (э́то возмóжно)?; es ist ~ мóжно; sobald wie ~ как мóжно скорéе; soweit ~ по мéре возмóжности; so gut wie ~ как мóжно лýчше
möglicherweise *Adv* быть мóжет, пожáлуй
Möglichkeit *f* возмóжность 9 | nach ~ по (мéре) возмóжности; es besteht die ~, daß … возмóжно, что …; ist das die ~! не мóжет быть!
Möglichkeitsform *f* сослагáтельное наклонéние 5, конъюнктúв 2
möglichst *Adv* по возмóжности | ~ bald как мóжно скорéе; in möglichst kurzer Zeit в кратчáйший срок
Mohair *m* мохéр 2
Mohammedaner *m* магомет|áнин 2 *Pl* -áне, -áн, мусульм|áнин 2 *Pl* -áне, -áн; **~in** *f* магометáнка 6, мусульмáнка 6
mohammedanisch магометáнский, мусульмáнский
Mohn *m* мак 2; **~blume** *f* мáковый цветóк; **~kapsel** *f* корóбочка 6 мáка; **~kuchen** *m* мáковник 2; **~zopf** *m* хáла 6 с мáком
Möhre(n) *f (Pl)* моркóвь 9
Mohrenkopf *m* Gebäck шоколáдное пирóжное *Subst* 10 с крéмом
Möhrensaft *m* моркóвный сок
Mokick *n* мопéд 2 с кикстáртером
mokieren, sich *refl* насмехáться (über над *I*), издевáться (über над *I*)
Mokka *m* мóкко *n idkl*
Molch *m* тритóн 2
Moldau|er *m* молдав|áнин 2 *Pl* -áне, -áн, -áнам; **~erin** *f* молдавáнка 6
moldauisch молдáвский | Moldauische Sozialistische Sowjetrepublik Молдáвская Совéтская Социалистúческая Респýблика
Mole *f* мол 2
Molekül *n* молéкула 6
Molekulargewicht *n* молекуля́рный вес
Molke *f* молóчная сы́воротка 6
Molkerei *f* Betrieb молóчный завóд 2; **~produkte** *n Pl* молóчные продýкты
Moll *n Mus* минóр 2
mollig warm тёплый, теплá, тёпло *u.* теплó; behaglich ую́т|ный, -ен; rundlich пóл|ный, -он, -нá, пóлнó; weich мя́г|кий [хк], -ок, -кá!, -че | eine ~e Wärme приятная теплотá
Molluske *f* моллю́ск 2
Molybdän *n* молибдéн [дэ] 2
[1]**Moment** *m* момéнт 2 | einen ~, bitte! одúн момéнт, пожáлуйста; warten Sie bitte einen ~! подождúте минýтку, пожáлуйста!
[2]**Moment** *n* Umstand, Ursache момéнт 2, обстоя́тельство 4
momentan 1. *Adj* мгновéн|ный, -ен, -на, моментáльный **2.** *Adv* сейчáс, в дáнный момéнт
Momentaufnahme *f* моментáльный снúмок
Monaco Монáко *idkl*
Monarch *m* монáрх 2; **~ie** *f* монáрхия 8
monarch|isch монархúческий; **~istisch** монархúстский
Monat *m* мéсяц 2 | dieses ~s сегó мéсяца; im ~ Januar в январé мéсяце; im nächsten ~ в слéдующем мéсяце; heute in zwei ~en рóвно чéрез два мéсяца; sie ist im siebenten ~ онá на седьмóм мéсяце;

~ für ~ мéсяц за мéсяцем, из мéсяца в мéсяц
monatelang *Adv* месяцáми, в течéние мéсяцев
... monatig: dreimonatiger Kursus трёхмéсячный курс
monatlich **1.** *Adj* ежемéсячный, помéсячный **2.** *Adv* кáждый мéсяц, ежемéсячно
Monats|abschluß *m* мéсячный балáнс 2; **~binde** *f* гигиенúческий пóяс 2b *Pl* -á; **~einkommen** *n* мéсячный дохóд; **~frist** *f*: binnen ≈ чéрез мéсяц; **~gehalt** *n* мéсячный зáработок 2; **~karte** *f* мéсячный билéт 2; **~schrift** *f* ежемéсячник 2, ежемéсячный журнáл
Mönch *m* монáх 2
Mönchs|kloster *n* мужскóй монастырь; **~kutte** *f* монáшеская рáса; **~orden** *m* монáшеский óрден
Mond *m* лунá 6c, мéсяц 2 | der abnehmende ~ мéсяц на ущéрбе; der zunehmende ~ молодóй мéсяц; die Sichel des ~es серп Луны́; sie ist hinterm ~ *umg* онá отстáла от жи́зни
mondän свéтский
Mond|aufgang *m* восхóд Луны́; **~finsternis** *f* лýнное затмéние
mond|förmig лунообрáз|ный, -ен; **~hell**: ≈e Nacht лýнная ночь
Mond|landschaft *f* лýнный ландшáфт; **~landung** *f* прилунéние 5; **~mobil** *n* лунохóд 2; **~nacht** *f* лýнная ночь; **~scheibe** *f* диск Луны́, лýнный диск; **~schein** *m* лýнный свет; **~sichel** *f* серп Луны́; **~sucht** *f* сомнамбули́зм 2, лунати́зм 2
mondsüchtig лунати́ческий
Mond|süchtige *f* лунати́чка 6; **~süchtiger** *m* лунáтик 2; **~untergang** *m* захóд Луны́; **~wechsel** *m* смéна Луны́
Mongol|e *m* монгóл 2; **~ei** Монгóлия 8; **~in** *f* монгóлка 6
mongolisch монгóльский
monieren *tr* beanstanden выскáзывать ⟨вы́с|казать*⟩ недовóльство *I*; *Hdl* реклами́ровать *uv, v* 2
Monitor *m* монитóр 2
Mono|gamie *f* моногáмия 8, единобрáчие 5; **~gramm** *n* монogрáмма 6; **~graphie** *f* моногрáфия 8
Monokel *n* монóкль 1
Monokultur *f* монокультýра 6
Mono|log *m* монолóг 2; **~pol** *n* монопóлия 8
monopolisieren *tr* монополизи́ровать *uv, v* 2
Monopol|isierung *f* монополизáция 8; **~kapital** *n* монополисти́ческий капитáл; **~kapitalismus** *m* монополисти́ческий капитали́зм; **~vereinigung** *f* монополисти́ческое объединéние
Monotheismus *m* монотеи́зм [тэ] 2
monoton монотóн|ный, -ен, -на
Monrovia Монрóвия 8
Monstrum *n* чудóвище 4
Monsun *m* *Met* муссóн 2
Montag *m* понедéльник 2 | am ~ в понедéльник; blauen ~ machen прогýливать ⟨-гулять⟩
Montage *f* монтáж 2e *G Pl* -éй, сбóрка 6; **~arbeiten** *f Pl* монтáжные рабóты; **~arbeiter** *m* монтáжник 2, монтёр 2; **~halle** *f* сбóрочный [монтáжный] цех 2; *Flugw* сбóрочный ангáр
montags *Adv* по понедéльникам
Montanindustrie *f* гóрно-металлурги́ческая промы́шленность
Montblanc Монблáн 2
Monteur *m* монтёр 2
Montevideo Монтевидéо [тэ; дэ] *m idkl*
montieren *tr* монти́ровать 2 (с-), собирáть ⟨-|брáть*⟩; aufstellen устан|áвливать ⟨-ови́ть 3⁺ -овлю́⟩
Monument *n* монумéнт 2 (für *A*), пáмятник 2 (für *D*)
monumental монументáл|ьный, -ен, -ьна
Moor *n* болóто 4; **~bad** *n* *Med* грязевáя вáнна, грязи *Pl* 9; **~boden** *m* болóтистая пóчва
moorig болóтист:ый, тóп|кий, -ок, -кá!
Moos *n* мох, мха *u.* мóха 2; во мхý, *Pl* мхи; **~beere** *f* клю́ква 6
moosig мши́ст:ый
Mop *m* бахрóмчатая метёлка 6
Moped *n* мопéд 2 | mit dem ~ fahren éхать на мопéде
Mops *m* *Zool* мопс 2, мóська 6 *umg*
Moral *f* морáль 9, нрáвственность 9 | die ~ der Geschichte морáль истóрии
moralisch **1.** *Adj* морáл|ьный, -ен, -ьна, нрáвствен:ный, -на | ~e Unterstützung морáльная поддéржка **2.** *Adv* в морáльном отношéнии
moralisieren *intr* морализи́ровать 2
Moralist *m* моралист 2
Moralpredigt *f* морáль 9, нравоучéние 5 | j-m eine ~ halten читáть комý-н. нравоучéние [морáль]
Moräne *f* *Geol* морéна 6
Morast *m* болóто 4, топь 9
morastig болóтный, тóп|кий, -ок, -кá!
morbid kränklich болéзнен:ный, -на; Gesellschaft гнил:óй, -á!
Morchel *f* *Bot* сморч|óк, -кá 2
Mord *m* убúйство 4; **~anschlag** *m* покушéние на убúйство (gegen *A*)
morden *tr u. intr* убивáть ⟨-|би́ть*⟩
Mörder *m* уби́йца *m* 6; **~in** *f* уби́йца 6
mörderisch уби́йствен:ный, -на; *übertr* ужáс|ный, -ен
Mords|geschrei *n* *umg* истóшные вóпли *Pl*; **~kerl** *m* *umg* молод|éц, -цá 2, сорвиг|оловá *m* 6 *Pl* -óловы, -олóв, -оловáм

mordsmäßig стра́ш|ный, -ен, -на́, -но, стра́шны́, ужа́с|ный, -ен
Mordsspektakel *m umg* а́дский [ужа́сный] шум
morgen *Adv* за́втра | ~ früh за́втра у́тром; bis ~ до [на] за́втра; j-n auf ~ vertrösten корм|и́ть 3⁺ -лю́ кого́-н. за́втраками *umg*
Morgen *m* у́тро 4; Feldmaß мо́рген 2 | am ~ у́тром; gegen ~ к утру́, под у́тро; eines schönen ~s в одно́ прекра́сное у́тро; am nächsten ~ на сле́дующее у́тро, у́тром сле́дующего дня; vom ~ bis zum Abend с утра́ до ве́чера; jeden ~ ка́ждое у́тро; guten ~! до́брое у́тро!, с до́брым у́тром!; **~ausgabe** *f* Zeitung у́тренний 11 вы́пуск; **~dämmerung** *f* рассве́т 2; **~grauen** *n* предрассве́тные су́мер|ки, -ек *Pl* 6, рассве́т 2 | im ≈ на рассве́те; **~land** *n* (Бли́жний) Восто́к (11-)2
morgenländisch (ближне)восто́чный
Morgen|luft *f:* ≈ wittern *übertr* чу́ять* переме́ны к лу́чшему; **~rock** *m* хала́т 2, капо́т 2; **~rot** *n*, **~röte** *f* (у́тренняя) заря́ (11-)7
morgens *Adv* у́тром; wiederholt по утра́м | um sieben Uhr ~ в семь часо́в утра́
Morgen|stunde *f* у́тренний 11 час; **~toilette** *f* у́тренний 11 туале́т
morgig за́втрашний 11
Morphium *n* мо́рфи|й 1 *P* -и
Morphologie *f* морфоло́гия 8
morphologisch морфологи́ческий
morsch гнил:о́й, -а́!, трухля́в:ый; baufällig ве́тх:ий, -а́!
Morse|alphabet *n* а́збука Мо́рзе [зэ]; **~apparat** *m* телегра́фный аппара́т Мо́рзе [зэ]
morsen *tr, intr* пере|дава́ть* ⟨переда́ть*⟩ зна́ками Мо́рзе [зэ]
Mörser *m* Gefäß сту́пка 6; *Mil* морти́ра 6 | im ~ zerstoßen толо́чь* в сту́пке
Morsezeichen *n* знак Мо́рзе [зэ] *idkl*
Mörtel *m* (строи́тельный) раство́р 2
Mosaik *f* моза́ика 6; **~arbeit** *f* мозаи́чная рабо́та, моза́ика 6
Moschee *f* мече́ть 9
Moschus *m* му́скус 2; **~geruch** *m* му́скусный за́пах; **~ochse** *m Zool* овцебы́к 2е
Moskau Москва́ 6 | bei ~ под Москво́й
Moskauer *m* **1.** *m* москви́ч 2е *G Pl* -е́й **2.** *Adj* моско́вский; in der Nähe von Moskau подмоско́вный | ~er Gebiet Моско́вская о́бласть
Moskauerin *f* москви́чка 6
Moskito моски́т 2; **~netz** *n* моски́тная се́тка
Moslem *m* мусульм|а́нин 2 *Pl* -а́не, -а́н, -а́нам
moslemisch мусульма́нский
Most *m* Saft (плодо́вый) сок 2; Apfel~ сидр 2; Weintrauben~ (виногра́дное) су́сло 4; junger ungegorener Wein муст 2, молодо́е вино́ 4с
mosten *intr* отжима́ть ⟨-|жа́ть[1*]⟩ сок [муст]
Motel *n* моте́ль [тэ] 1, гости́ница 6 для автотури́стов
Motette *f* моте́т 2
Motiv *n* Beweggrund моти́в 2, по́вод (für к *D*) 2; *Lit, Kunst* моти́в, те́ма 6, сюже́т 2; *Mus* моти́в, мело́дия 8; *Foto* сюже́т, объе́кт 2 | aus persönlichen ~en по ли́чным моти́вам
Motivation *f* мотива́ция 8
motivieren *tr* мотиви́ровать *uv, v* 2, обосн|о́вывать ⟨-ова́ть 2 -у́ю, -уёшь⟩
Motivierung *f* мотиви́рование 5, мотиви́ровка 6
Moto-Cross *n, m* мотокро́сс 2
Motor *m* дви́гатель 1 *a. übertr,* мото́р 2; **~boot** *n* мото́рная ло́дка, мотоло́дка 6 | mit dem ≈ fahren плыть* [ката́ться] на мотоло́дке
Motoren|bau *m* моторострое́ние 5; **~öl** *n* авто́л 2, мото́рное ма́сло; **~werk** *n* моторострои́тельный заво́д
Motor|fahrzeug *n* мото́рное тра́нспортное сре́дство; **~haube** *f* капо́т дви́гателя
motorisch мото́рный; *Physiol* дви́гательный, мото́рный
motorisier|en *tr* моторизова́ть *uv, v* 2; **~t** име́ющий 11 автомаши́ну [мотоци́кл] | ≈e Infanterie моторизо́ванная пехо́та, мотопехо́та 6; ich bin (heute) ~ я прие́хал на маши́не [на мотоци́кле]
Motorisierung *f* моториза́ция 8
Motorleistung *f* мо́щность дви́гателя
Motorrad *n* мотоци́кл 2, мотоцикле́т 2 | ~ fahren е́здить на мотоци́кле, води́ть мотоци́кл; **~fahrer** *m* мотоцикли́ст 2; **~rennen** *n* мотого́н|ки, -ок *Pl* 6; Langstreckenrennen мотопробе́г 2; **~sport** *m* мотоцикле́тный спорт, мотоспо́рт 2
Motor|rennboot *n* ску́тер 2; **~roller** *m* моторо́ллер 2 | mit dem ≈ fahren е́хать на моторо́ллере; **~säge** *f* мотопила́ 6с; **~schaden** *m* поврежде́ние дви́гателя; **~schiff** *n* теплохо́д 2 | mit dem ≈ на теплохо́де; **~schlitten** *m* автоса́н|и *Pl* 9g -е́й; **~sport** *m* мотоспо́рт 2; **~sportler** *m* мотоспортсме́н 2; **~touristik** *f* мототури́зм 2; **~wagen** *m Eisenb* мото́рный ваго́н, мотоваго́н 2
Mot.-Schütze *m* мотострел|о́к, -ка́ 2
Motte *f* моль 9
Motten|fraß *m* поврежде́ние 5 мо́лью; **~pulver** *n* порошо́к от мо́ли
Motto *n* Wahlspruch деви́з 2, ло́зунг 2; im Buch мо́тто *n idkl,* эпи́граф 2 | unter dem ~ stehen проходи́ть 3⁺ под ло́зунгом [под деви́зом]

mottensicher предохраня́ющий 11 от повреждéния мóлью
moussieren *intr* пéниться 3 (вс-), шип|éть 3 -лю́
Möwe *f* ча́йка 6
Mucke *f meist Pl* капри́зы *Pl* 2 | seine ~n haben имéть свои́ причу́ды [стрáнности], капри́зничать; die Sache hat ihre ~n э́то дéло не простóе
Mücke *f* комáр 2e | aus einer ~ einen Elefanten machen дéлать из му́хи слонá
Mücken|schwarm *m* рой комарóв; **~stich** *m* уку́с комарá, комари́ный уку́с
Mucks *m:* keinen ~ von sich geben *umg* не пи́кнуть *v* 4
müde устáлый (von от *G*), утомл|ённый, -ён, -енá (von *I*); schlafbedürftig сóнный; überdrüssig устáвший 11 от *G*, утомлённый *I* | ~ werden у|ставáть* ⟨-|стáть*⟩, утом|и́ться *v* 3 -лю́сь; ich bin sehr ~ я óчень устáл; er ist vom Ausflug ~ прогу́лка [экску́рсия] утоми́ла егó; einer Sache ~ werden устáть от чегó-н.; zum Umfallen ~ sein вали́ться 3⁺ (с-) с ног от устáлости; sich ~ laufen устáть от беготни́
Müdigkeit *f* устáлость 9 | vor ~ einschlafen засну́ть *v* 4 от устáлости; keine ~ vorschützen! никаки́х отговóрок!
Muff *m* му́фта 6
Muffe *f Tech* му́фта 6
muffig зáтхлый | es riecht (hier) ~ здесь пáхнет зáтхлым
Mühe *f* труд 2e; Sorgen, Scherereien хлóпоты *Pl* 6 хлопóт, хлóпотам (um над *I*, о *P*); Anstrengung уси́лия *Pl* 5 | mit großer ~ с больши́м трудóм; die Sache ist nicht der ~ wert э́то дéло не стóит трудá; sich große ~ geben um óчень старáться (по-) о *P*; das hat mich viel ~ gekostet э́то стóило мне большóго трудá [больши́х уси́лий]; sich die ~ machen брать* ⟨взять*⟩ на себя́ труд; keine ~ scheuen не боя́ться 3 хлопóт, не жалéть [не ща|ди́ть 3 -жу́] сил; es lohnt die ~ nicht э́то дéло не стóит трудá, дéло не стóит хлопóт
mühelos 1. *Adj* нетру́д|ный, -ен, -нá!, лёгкий [хк], лёгок, легк|á, -ó, легки́ *u.* лёгки **2.** *Adv* без трудá, без малéйшего напряжéния [уси́лия]
mühen, sich *refl* тру|ди́ться 3⁺ -жу́сь, старáться (по-) (mit над *I*)
mühevoll тру́д|ный, -ен, -нá, -но, тру́дны́, хлопотли́в:ый | eine ~e Arbeit трудоёмкая рабóта
Mühle *f* мéльница 6; Brettspiel мю́ле *n idkl* | ~ spielen игрáть в мю́ле
Mühl|rad *n* мéльничное колесó; **~stein** *m* мéльничный жёрнов 2b *Pl* жерновá
Mühsal *f* тя́гостный труд 2e
mühsam 1. *Adj* тру́д|ный, -ен, -нá, -но, тру́дны́; anstrengend утоми́тел|ьный, -ен, -ьна **2.** *Adv* с (больши́м) трудóм
Mulatt|e *m* мулáт 2; **~in** *f* мулáтка 6
Mulde *f* Bodensenke лощи́на 6
Mull *m* Verbandstoff мáрля 7; *Text* кисея́ 7 | aus ~ мáрлевый; кисéйный
Müll *m* му́сор 2, отбрóсы *Pl* 2 | in den ~ werfen выбрáсывать ⟨вы́бросить⟩ в му́сор; **~abfuhr** *f* вы́возка 6 му́сора; **~auto** *n* мусоровóз 2
Mullbinde *f* мáрлевый бинт
Müll|container *m* му́сорный контéйнер [тэ]; **~eimer** *m* ведрó для му́сора [для отбрóсов]
Müller *m* мéльник 2
Müll|grube *f* му́сорная я́ма, помóйка 6; **~kasten** *m* му́сорный я́щик; **~kippe** *f* свáлка 6 му́сора; **~schlucker** *m* мусоропровóд 2; **~tonne** *f* мусоросбóрник 2; **~verbrennung** *f* сжигáние 5 му́сора; **~verbrennungsanlage** *f* мусоросжигáтельная установка; **~wagen** *m* = **Müllauto**
mulmig: die Sache sieht ~ aus дéло дрань; mir ist ~ мне станóвится ду́рно
multilateral многосторóнний 11
Multiplik|and *m* мнóжимое *Subst* 10; **~ation** *f* умножéние 5; **~ationstabelle** *f* табли́ца умножéния; **~ator** *m* мнóжитель 1
multiplizieren *tr* мнóжить 3 (по-, у-) | mit etw. ~ умн|ожáть ⟨-óжить 3⟩ на что-н.; miteinander ~ перемн|ожáть ⟨-óжить 3⟩ мéжду собóй
Mumie *f* му́мия 8
Mummenschanz *m* Fest маскарáд 2
München Мю́нхен 2
Mund *m* рот, рта 2; изо ртá *u.* и́зо рту; во рту́ | im ~ во рту́; den großen ~ haben хвáстать(ся), вести́* себя́ нáгло; sie hat einen losen ~ у неё дéрзкий [нахáльный] язы́к; den ~ halten держáть 3⁺ язы́к за зубáми, молчáть 3; sich den ~ verbrennen обжигáться ⟨-|жéчься*, обожгу́сь, обожглáсь⟩; den ~ vollnehmen болтáть (языкóм); sie ist nicht auf den ~ gefallen онá за слóвом в кармáн не (по)лéзет; in aller ~e sein быть у всех на устáх; j-m die Antwort in den ~ legen подскáзывать ⟨-с|казáть*⟩ комý-н. ну́жный ответ; j-m über den ~ fahren рéзко обрывáть ⟨обо|рвáть*⟩ когó-н.; von ~ zu ~ gehen пере|давáться* из уст в устá; j-m nach dem ~ reden льсти́ть 3 льщу (по-) комý-н.; **~art** *f* нарéчие 5, диалéкт 2
mundartlich диалéктный | ~er Ausdruck диалекти́зм 2
Mundbrötchen *n* сдóбная бу́лочка, мáленькая крýглая бу́лочка
Mündel *n* опекáемый *Subst* 10
munden *intr* быть* по вкýсу | es sich ~ lassen есть* с удовóльствием

münden *intr* Fluß впадáть (in в *A*), вливáться (in в *A*) | diese Gasse mündet in die Hauptstraße этот переýлок выхóдит на глáвную ýлицу
mundfaul неразговóрчив:ый
mundgerecht приготóвленный по вкýсу, готóв|ый к употреблéнию | j-m etw. ~ machen *übertr* изобра|жáть ⟨-зи́ть 3 -жý⟩ комý-н. что-н. в вы́годном свéте
Mund|geruch *m* зáпах изо ртá; **~harmonika** *f* губнáя гармóника [гармóшка *umg*]; **~höhle** *f* пóлость рта
mündig совершеннолéтний 11 | ~ werden достигáть ⟨до|сти́чь*⟩ совершеннолéтия
Mündigkeit *f* совершеннолéтие 5
mündlich ýстный
Mund|pflege *f* ухóд за зубáми [за пóлостью рта]; **~raub** *m* крáжа небольшóго коли́чества съестнóго (для немéдленного употреблéния); **~stück** *n* мундштýк [нш] 2е *a. Mus;* des Zaumes удилá *Pl* 4 | Zigarette mit ≈ мундштýчная [нш] папирóса
mundtot: j-n ~ machen заст|авля́ть ⟨-áвить 3 -áвлю⟩ когó-н. замолчáть, зажимáть ⟨-|жáть¹*⟩ комý-н. рот
Mündung *f* Fluß ýсть|е 5 *G Pl* -ев; Feuerwaffe дýло 4; Geschütze жерлó 4с *G Pl* жерл; Straße кон|éц, -цá 2
Mund|vorrat *m* прови́зия 8, съестны́е припáсы; **~wasser** *n* зубнóй эликси́р 2; **~werk** *n:* ein böses ≈ haben быть* óстрым [дéрзким] на язы́к; er hat ein gutes ≈ у негó язы́к хорошó подвéшен; **~winkel** *m* уголóк рта
Mund-zu-Mund-Beatmung *f* искýсственное дыхáние 5 спóсобом «изо рта в рот»
Munition *f* боеприпáсы *Pl* 2
Munitions|lager *n* склад боеприпáсов; **~transport** *m* перевóзка 6 [подвóз 2] боеприпáсов
munkeln *intr:* es wird so allerlei gemunkelt! вся́кое болтáют!, мáло ли что говоря́т!
Münster *n* кафедрáльный собóр 2
munter бóдр|ый, -á, -о, бóдры; lebhaft жив:óй, -á!; heiter весёлый, вéсел, -á! | ~ sein [bleiben] бóдрствовать 2, не спать*; sie ist noch nicht ~ wach онá ещё не проснýлась; der Kaffee macht mich ~ кóфе меня́ бодри́т; bleiben Sie gesund und ~! бýдьте всегдá здорóвы и жизнерáдостны!
Münze *f* монéта 6; Münzprägestätte монéтный двор 2е | etw. für bare ~ nehmen принимáть ⟨приня́ть*⟩ что-н. за чи́стую монéту; j-m mit gleicher ~ heimzahlen от пла|ти́ть *v* 3⁺ -чý комý-н. той же монéтой
münzen *tr* чекáнить 3 (от-) | Gold ~ чекáнить золотýю монéту; das ist auf dich gemünzt э́то намёк на тебя́, э́то скáзано по твоемý áдресу
Münz|fernsprecher *m* телефóн-автомáт 2-2; **~sammlung** *f* коллéкция монéт и медáлей
mürbe Fleisch мя́г|кий [хк] -ок, -кá!, -че; Gebäck рассы́пчат:ый; Teig ры́хл:ый, -á!; Baum трухля́в:ый | j-n ~ machen уломáть *v* когó-н.
Mürbeteig *m* сдóбное песóчное тéсто
Murmansk Мýрманск 2
Murmel *f* кáмуш|ек, -ка 2 | ~n spielen игрáть в кáмушки
murmeln *tr* бормотáть* (про-); *intr* Bach журчáть 3
Murmeltier *n* сур|óк, -кá 2
murren *intr* unzufrieden sein роптáть* (über на *A*); Mißfallen äußern ворчáть 3 (über на *A*) | ohne zu ~ безрóпотно
mürrisch verdrießlich угрю́м:ый; brummig брюзгли́в:ый | ~er Mensch брюзгá *m, f* 6; er hat ein ~es Wesen у негó угрю́мый харáктер
Mus *n* пюрé [рэ] *n idkl*
Muschel *f Zool* рáковина 6 *a. Anat;* kleine ракýшка 6; *Tel* (телефóнная) трýбка 6; die ~n Tiere двустворчáтые моллю́ски *Pl* 2; Gericht ракýшки; **~schale** *f* ствóрка 6 рáковины, рáковина 6
Muse *f* мýза 6
Museum *n* музé|й 1 *G Pl* -ев (für etw. чегó-н.); ehem. Wohnung einer Persönlichkeit дом-музéй 2-1 | eine Führung durch das ~ экскýрсия по музéю
Museumsführer *m* экскурсовóд 2 (в музée); Handbuch путеводи́тель 1 (по музéю)
Musical *n* мю́зикл 2
Musik *f* мýзыка 6 | nach ~, zur ~ под мýзыку; einen Text in ~ setzen перекладывать ⟨-ложи́ть 3⁺⟩ текст на мýзыку
Musikalien *Pl* печáтные музыкáльные произведéния *Pl* 5; **~handlung** *f* нóтный магази́н
musikalisch музыкáл|ьный, -ен, -ьна | er ist sehr ~ он óчень музыкáлен
Musikalität *f* музыкáльность 9
Musikant *m* музыкáнт 2
Musik|begleitung *f* музыкáльное сопровождéние, аккомпанемéнт 2; **~bibliothek** *f* библиотéка музыкáльных произведéний; **~box** *f* проигрывáтель-автомáт 1-2, автомáт 2 для проигрывания грампласти́нок; **~drama** *n* музыкáльная дрáма
Musiker *m* музыкáнт 2; Spieler eines Musikinstruments инструментали́ст 2; Interpret музыкáнт-исполни́тель 2-1; Orchester~ оркестрáнт 2
Musik|erziehung *f* музыкáльное воспитáние; **~festspiele** *n Pl* музыкáльный фе-

стива́ль; ~**geschichte** *f* исто́рия му́зыки; ~**historiker** *m* специали́ст 2 по исто́рии му́зыки; ~**hochschule** *f* вы́сшее 11 музыка́льно-педагоги́ческое уче́бное заведе́ние; ~**instrument** *n* музыка́льный инструме́нт; ~**kapelle** *f* (небольшо́й) орке́стр 2; ~**kritiker** *m* музыка́льный кри́тик; ~**lehrer** *m* учи́тель [преподава́тель] му́зыки; ~**liebhaber** *m* люби́тель му́зыки; ~**pavillon** *m* ра́ковина 6, конце́ртная эстра́да 6; ~**schaffen** *n* музыка́льное тво́рчество; ~**schrank** *m* радио́ла 6; ~**schule** *f* музыка́льная шко́ла, музыка́льное учи́лище; ~**sendung** *f* музыка́льная переда́ча; ~**stück** *n* музыка́льная пье́са; ~**truhe** *f* = **Musikschrank**; ~**unterricht** *m* препода-ва́ние му́зыки; Lehrveranstaltungen уро́ки му́зыки; ~**werk** *n* музыка́льное произведе́ние; ~**wissenschaft** *f* музыкове́дение 5; ~**wissenschaftler** *m* музыкове́д 2

musisch худо́жественный, эстети́ческий | ~e Erziehung эстети́ческое воспита́ние; er ist ~ begabt у него́ худо́жественные спосо́бности

musizieren *intr* занима́ться му́зыкой, игра́ть; im Familienkreis музици́ровать 2

Muskatnuß *f* муска́тный оре́х

Muskel *m* мы́шца 6, му́скул 2; ~**kater** *m* мы́шечная боль 9 | er hat ≈ у него́ боля́т мы́шцы; ~**kraft** *f* мы́шечная си́ла; ~**riß** *m* разры́в мышц(ы); ~**zerrung** *f* растяже́ние мышц(ы)

Muskulatur *f* мускулату́ра 6

muskulös мускули́ст:ый

Muße *f* свобо́дное вре́мя, досу́г 2 | mit ~ etw. tun не спеша́, споко́йно, на досу́ге; Zeit und ~ zu etw. haben име́ть досу́г для чего́-н.

Musselin *m Text* мусли́н 2 | aus ~ мусли́новый

müssen *Hilfsverb zum Ausdruck* a) *der Notwendigkeit, des Zwanges* до́лжен, долж|на́, -но́, -ны́ *mit Inf*, кому́-н. на́до [ну́жно, придётся] *mit Inf*; er muß gehen он до́лжен идти́, ему́ на́до [придётся] идти́; sie mußte она́ должна́ была́, ей пришло́сь, ей на́до бы́ло; du wirst ~ ты до́лжен бу́дешь; man muß на́до, ну́жно, придётся (*wiederholt* прихо́дится), сле́дует, необходи́мо; ich muß arbeiten мне на́до [ну́жно] рабо́тать, я до́лжен рабо́тать; wir ~ uns beeilen нам ну́жно торопи́ться; man müßte es ihm sagen сле́довало бы [на́до бы́ло бы] ему́ сказа́ть э́то; ich muß ihm helfen! я до́лжен ему́ помо́чь! | b) *der Möglichkeit* du mußt nicht kommen (ты) мо́жешь и не приходи́ть | c) *der Aufforderung* du mußt nicht immer so zeitig kommen не приходи́ всегда́ так ра́но; Sie ~ nicht traurig sein не грусти́те; das hättest du sehen ~! тебе́ бы ви́деть э́то!; das ~ Sie nicht sagen! вам нельзя́ [вы не должны́] э́того говори́ть! | d) *der Vermutung* er muß hier gewesen sein он, наве́рное, был здесь; jemand muß es ihm gesagt haben кто-то, должно́ быть, ему́ сказа́л; er muß bald kommen он до́лжен ско́ро прийти́ | e) *des Ärgers* mußtest du heute kommen? и ну́жно [на́до] же тебе́ бы́ло прийти́ сего́дня?; da muß auch noch die Sohle abgehen! ну́жно [на́до] же бы́ло ещё отста́ть подо́шве! | f) *der Anerkennung* das muß man sagen, er gibt sich Mühe на́до призна́ть, (что) он стара́ется | g) *einer unwillkürlichen Handlung* plötzlich mußte er lachen вдруг он нево́льно засмея́лся

Mußestunde *f* досу́г 2 | in den ~n в часы́ досу́га, на досу́ге

müßig untätig пра́зд|ный, -ен, безде́ятел|ьный, -ен, -ьна; unnütz пра́здный, бесце́л|ьный, -ен, -ьна | ~e Zeit [Stunden] свобо́дное вре́мя, досу́г; es ist ~, darüber zu streiten не име́ет никако́го смы́сла спо́рить об э́том

Müßig|gang *m* пра́здность 9, безде́лье 5 | ≈ ist aller Laster Anfang лень–мать всех поро́ков; ~**gänger** *m* праздношата́ющийся *Subst* 11, безде́льник 2

Muster *n* Vorlage, Modell образ|е́ц, -ца́ 2, моде́ль [дэ] 9; (Vor-) Entwurf маке́т 2; Vorbild, Beispiel приме́р 2, образе́ц (an etw. чего́-н.); Waren~ образе́ц; Stoffprobe обра́зчик 2; auf Stickarbeiten, Stoffen u. ä. узо́р 2, рису́н|ок, -ка 2 | nach einem ~ по образцу́ [узо́ру]; ~ ohne Wert беспла́тный образе́ц; ~**beispiel** *n* показа́тельный приме́р, образ|е́ц, -ца́ 2; ~**betrieb** *m* образцо́вое предприя́тие

mustergültig образцо́вый, приме́р|ный, -ен

Muster|kollektion *f* колле́кция [собра́ние] образцо́в; ~**messe** *f* я́рмарка [вы́ставка 6] образцо́в

mustern *tr* betrachten осм|а́тривать ⟨-отре́ть 3⁺⟩, оки́дывать ⟨-ки́нуть 4⟩ взгля́дом; *Mil* свиде́тельствовать 2 (о-)

Muster|sammlung *f* = **Musterkollektion**; ~**schüler** *m* отли́чник 2, приме́рный учени́к; ~**ung** *f* das Mustern нанесе́ние 5 узо́ров (von etw. на что-н.); eines Stoffes usw. узо́р 2, рису́н|ок, -ка 2; *Mil* (предвари́тельное) освиде́тельствование 5 (призывнико́в)

Mut *m* му́жество 4, сме́лость 9 | den ~ verlieren па́дать ⟨у|па́сть*⟩ ду́хом, опу|ска́ть ⟨-сти́ть 3⁺ -щу́⟩ ру́ки; ~ fassen собира́ться ⟨-|бра́ться*, -брали́сь⟩ с ду́хом, приободр|я́ться ⟨-и́ться 3⟩; j-m ~ machen подбодр|я́ть ⟨-и́ть 3⟩ кого́-н.; guten

~es sein быть в хоро́шем [бо́дром] настрое́нии; nur ~! смеле́й!

Mutation *f Biol* мута́ция 8; Stimmwechsel ло́мка 6 го́лоса, мута́ция

mut|ig му́жествен:ный, -на, сме́л:ый, -а́! | ≈ sein быть му́жественным [сме́лым]; ~ handeln де́йствовать сме́ло; **~los** малоду́ш|ный, -ен; verzagt уны́л:ый

Mutlosigkeit *f* малоду́шие 5; уны́ние 5

mutmaß|en *tr* предпо|лага́ть ⟨-ложи́ть 3⁺⟩ *A,* дога́дываться о *P;* **~lich** предполага́емый, предположи́тел|ьный, -ен, -ьна | der ≈e Täter подозрева́емый престу́пник

Mutmaßung *f* предположе́ние 5

Mutter *f* мать, ма́тери 9g; *Tech* га́йка 6 | leibliche ~ родна́я мать; zu j-m wie eine ~ sein отно|си́ться 3⁺ -шу́сь к кому́-н. по-матери́нски; ~ Natur мать-приро́да

Mütterberatung *f* консульта́ция 8 для матере́й

Mütterberatungsstelle *f* де́тская консульта́ция 8, консультацио́нный пункт 2 для матере́й

Mutterboden *m* па́хотный слой 1b земли́

Mutter|korn *n Bot* спорынья́ 7; **~kuchen** *m Anat* плаце́нта 6; **~leib** *m* утро́ба ма́тери

mütterlich матери́нский; **~erseits** *Adv* с матери́нской стороны́, по ма́тери

Mutter|liebe *f* матери́нская любо́вь; **~mal** *n* роди́мое пятно́, ро́динка 6; **~milch** *f* матери́нское молоко́; **~sau** *f* свинома́тка 6; **~schaft** *f* матери́нство 4; **~schiff** *n* су́дно-ба́за 4-6 *Pl* суда-ба́зы 2b-6; **~schutz** *m* охра́на матери́нства

mutterseelenallein *Adv* оди́н-одинёшенек, оди́н как перст

Mutter|söhnchen *n* ма́менькин 13 сын|о́к, -ка́ 2; **~sprache** *f* родно́й язы́к; **~sprachler** *m* лицо́ 4c, для кото́рого да́нный язы́к явля́ется родны́м, носи́тель 1 языка́

muttersprachlich относя́щийся 11 к родно́му языку́; *nachgestellt* на родно́м языке́

Mutter|tier *n* ма́тка 6; **~witz** *m* приро́дный ум, приро́дное остроу́мие | ≈ haben быть* остроу́мным

Mutti *f* ма́ма 6, ма́мочка 6, мама́ша 6 *umg*

Mutwille *m* ре́звость 9, озорство́ 4 | aus reinem ~n из чи́стого озорства́

mutwillig 1. *Adj* übermütig ре́зв:ый, -а́!, озорно́й; absichtlich преднаме́рен:ный, -на **2.** *Adv* наро́чно [шн], преднаме́ренно

Mütze *f* ша́пка 6; Sport≈ ке́пка 6; Uniform≈ mit Schirm фура́жка 6; Schirm≈ карту́з 2e, ке́пка; ohne Schirm, Matrosen≈ бескозы́рка 6; mit Ohrenklappen уша́нка 6

Mützen|macher *m* ша́почник 2; **~rand** *m* око́лыш 2 *G Pl* -ей; **~schirm** *m* козы́р|ёк, -ька́ 2

Myokardschaden *m* поврежде́ние миока́рда

Myom *n* мио́ма 6

Myriaden *f Pl* мириа́ды *Pl* 6

Myrte *f* мирт 2

Myrtenkranz *m* ми́ртовый вено́к

mysteriös таи́нствен:ный, -на, зага́доч|ный, -ен

mystifizieren *tr* мистифици́ровать *uv, v* 2

Mystik *f* ми́стика 6; **~er** *m* ми́стик 2

mystisch мисти́ческий

mythisch мифи́ческий

Mythologie *f* мифоло́гия 8

mythologisch мифологи́ческий

Mythos *m* миф 2 (von о *P*)

N

na! *Interj umg* ну! | ~, und ob! ещё бы!; ~ also! ну, вот (ви́дите)!; ~, schön! ну хорошо́!; ~, dann mal los! ну, дава́й [дава́йте]!; ~, komm doch! ну, иди́ же!; ~, wird's bald? ну, до́лго там ещё?; ~, warte! ну, погоди́!

Nabe *f* Rad ступи́ца 6; *Tech* вту́лка 6

Nabel *m* пуп|о́к, -ка́ 2 | ~ der Welt пуп 2e земли́; **~bruch** *m* пупо́чная гры́жа; **~schnur** *f* пуповина 6

nach 1. *Adv:* mir ~ за мной; ~ und ~ постепе́нно, ма́ло-пома́лу; ~ wie vor по-пре́жнему **2.** *Präpos Ort* в *A;* ~ Kiew в Ки́ев; ~ Rumänien в Румы́нию; der Zug fährt von Leipzig ~ Dresden по́езд идёт из Ле́йпцига в Дре́зден; von rechts ~ links спра́ва нале́во; von oben ~ unten све́рху вниз | bei Verkehrsmitteln und -wegen на *A;* der Zug ~ Moskau по́езд на Москву́; das Flugzeug ~ Warschau самолёт на Варша́ву; die Autobahn ~ Rostock автостра́да на Ро́сток | *Zeit* по́сле *G;* ~ der Arbeit по́сле рабо́ты; zehn Minuten ~ acht де́сят мину́т девя́того; ~ zwei (Uhr) по́сле двух (часо́в), в тре́тьем часу́ | *nach Verbalsubstantiven a.* по *P;* ~ Abschluß der Schule по́сле оконча́ния [по оконча́нии] шко́лы; ~ Ankunft des Zuges по́сле прибы́тия [по прибы́тии] по́езда | nach Ablauf von че́рез *A;* er kam ~ zwei Tagen wieder он верну́лся че́рез два дня; drei Jahre ~ dem Krieg че́рез три го́да по́сле войны́ | Reihenfolge за *I;* er trank eine Flasche ~ der anderen он выпива́л одну́ буты́лку за друго́й; einer ~ dem anderen оди́н за други́м; ich bin ~ Ihnen dran моя́ о́чередь за ва́ми | entsprechend по *D;* ~ der Mode по мо́де; der Reihe ~ по поря́дку; ~ dieser Methode по э́тому ме́тоду; dem Wesen ~ по существу́; meiner Meinung ~ по-мо́ему, по моему́ мне́нию; dem Namen ~ по и́мени; ~ Noten [Gehör] spielen игра́ть по но́там [по слу́ху] | Ziel за *I;* ~ dem Arzt schicken посла́ть* *v* за врачо́м; in den Wald ~ Pilzen gehen идти́* в лес за гриба́ми [по грибы́]

nach|äffen *tr* сле́по подража́ть *D,* обезья́нничать *umg;* **~ahmen** *tr* подража́ть *D*

nachahmenswert досто́йный подража́ния; beispielhaft приме́р|ный, -ен

Nachahmung *f* подража́ние 5 (von *D*); Fälschung подде́лка 6

nacharbeiten *tr* nachholen нагоня́ть ⟨-|гна́ть*⟩, навёрстывать ⟨-верста́ть, -вёрстанный⟩; einen freien Tag a. отраб|а́тывать ⟨-о́тать⟩; *Tech* zusätzlich bearbeiten доде́л|ывать ⟨-ать⟩, обраб|а́тывать ⟨-о́тать⟩ на́чисто

Nachauflage *f* повто́рное изда́ние

Nachbar *m* сосе́д 2 *Pl* 1; **~dorf** *n* сосе́дняя 11 дере́вня; **~haus** *n* сосе́дний 11 дом; **~in** *f* сосе́дка 6

nachbarlich benachbart сосе́дний 11; unter Nachbarn üblich сосе́дский

Nachbarschaft *f* сосе́дство 4 | die ganze ~ все сосе́ди *Pl* 14-1; in der ~ wohnen жить по сосе́дству; in der (nächsten) ~ побли́зости; *umg* неподалёку (von от *G*); Politik der guten ~ поли́тика добрососе́дских отноше́ний

Nachbehandlung *f Med* после́дующее 11 [дополни́тельное] лече́ние, долечива́ние 5; *Tech* дополни́тельная обрабо́тка

nach|bessern *tr* вноси́ть 3⁺ -ношу́, ⟨-|нести́*⟩ дополни́тельные исправле́ния; **~bestellen** *tr* дополни́тельно зака́зывать ⟨-|каза́ть*⟩

Nachbestellung *f* дополни́тельный зака́з на *A*

nachbilden *tr* копи́ровать 2 (с-); nach Muster де́лать (с-) по образцу́ *G;* Skulptur воспроизводи́ть 3⁺ -вожу́ ⟨-|вести́*⟩

Nachbildung *f* Produkt ко́пия 8; Nachbilden nach Muster воспроизведе́ние 5 по образцу́ *G;* verkleinerte моде́ль [дэ] 9, маке́т 2

nach|blicken *intr* смотре́ть 3⁺ (по-) вслед; **~bluten** *intr:* die Wunde blutete noch lange nach ра́на ещё до́лго кровоточи́ла; **~datieren** *tr* помеча́ть ⟨-ме́тить 3 -ме́чу⟩ за́дним число́м

nachdem *Konj* по́сле того́ как, *als a.* когда́ | je ~ смотря́ по тому́ как; erst, ~ … то́лько по́сле того́, как …; ~ er den Brief gelesen hatte … прочита́в письмо́, он …

nachdenk|en *intr* размышля́ть (über о *P*), ду́мать (по-) (über о *P*); sinnen заду́м|ываться ⟨-аться⟩ (über над *I*) | denk mal (darüber) nach! поду́май (об э́том) хороше́нько!; **~lich** заду́мчив:ый | ≈ werden заду́м|ываться ⟨-аться⟩

Nachdichtung *f* von Versen свобо́дный стихотво́рный перево́д 2, стихи́ *Pl* 2 в свобо́дном переложе́нии

¹**Nachdruck** *m* Betonung ударе́ние 5; Tatkraft эне́ргия 8 | mit ~ подчёркнуто, энерги́чно; etw. mit ~ fordern энерги́чно [настоя́тельно] тре́бовать чего́-н.; ~ legen auf подчёркивать ⟨-черкну́ть 4⟩ значе́ние *G*

²**Nachdruck** *m Typ* перепеча́тка 6 | unveränderte Neuauflage переизда́ние 5 | ~ verboten перепеча́тка запрещена́

nach|drucken *tr* перепеча́т|ывать ⟨-ать⟩; unverändert переиз|дава́ть* ⟨пере|изда́ть*⟩; **~drücklich** насто́йчив:ый, настоя́тел|ьный, -ен, -ьна | ich bitte Sie ≈ darum я убеди́тельно прошу́ вас об э́том; **~dunkeln** *intr* темне́ть (по-) (от вре́мени); **~eifern** *intr* равня́ться (j-m in etw. на кого́-н. в чём-н.); **~einander** *Adv* друг за дру́гом, оди́н за други́м; abwechselnd по о́череди | es regnete drei Tage ≈ дождь шёл три дня подря́д; **~empfinden** *tr* сочу́вствовать 2 (j-m etw. кому́-н. в чём-н.); **~erzählen** *tr* переска́зывать ⟨-с|каза́ть*⟩

Nacherzählung *f* переска́з 2

nachfeiern *tr* пра́здновать 2 (от-) за́дним число́м

Nachfolge *f* im Amt прее́мство 4 | j-s ~ antreten стать* *v* чьим-н. прее́мником; **~einrichtung** *f* социа́льно-бытово́й объе́кт 2; **~kandidat** *m* кандида́т (избира́емый на слу́чай выбы́тия основно́го депута́та)

nachfolgen *intr* Nachfolger sein быть* прее́мником (j-m *G*); **~d** (по)сле́дующий 11

Nachfolger *m* im Amt прее́мник 2 | zu seinem ~ bestimmen назна́чить свои́м прее́мником; ~ werden стать прее́мником

nachforschen *intr* разу|знава́ть* ⟨-зна́ть⟩ *A;* ausfindig machen разы́скивать ⟨-|ыска́ть*⟩ *A*

Nach|forschung *f* расспро́сы *Pl* 2; Suchen ро́зыски *Pl* 2 | ≈en anstellen производи́ть 3⁺ -вожу́ ⟨-|вести́*⟩ ро́зыски; **~frage** *f* Erkundigung спра́вка 6, расспро́с 2 *meist Pl* (nach о *P*); *Wirtsch* спрос 2 (nach на *A*) | es herrscht eine große ≈ nach diesem Artikel э́то изде́лие по́льзуется больши́м спро́сом; es besteht keine ≈ nach (in) … нет спро́са на …

nach|fragen *tr* справля́ться ⟨спра́в|иться 3 -люсь⟩ (nach о *P*), расспр|а́шивать ⟨-оси́ть 3⁺ -ошу́⟩ (nach о *P*); sich erkundigen осведомля́ться ⟨осве́дом|иться 3

-люсь⟩ (nach о *P*); **~fühlen** *tr:* j-s Schmerz ≈ сочу́вствовать 2 чьему́-н. го́рю; **~füllen** *tr* hinzugießen долива́ть ⟨доли́ть*⟩; auffüllen пополня́ть ⟨-по́л|-нить 3⟩; **~geben** *intr* unter Druck под|дава́ться* ⟨-|да́ться*¡ -да́лся¡ -дали́сь⟩; *übertr* уступ|а́ть ⟨-и́ть 3⁺ -лю́⟩ (in в *P*), идти́* ⟨по|йти́*⟩ на усту́пки (in в *P*) | der Boden gibt nach по́чва ухо́дит из-под но́г; der Strick gibt nach верёвка ослабева́ет

Nach|gebühr *f* допла́та 6 (für за *A*); **~geburt** *f* после́д 2

nach|gehen *intr* сле́довать 2 (j-m за *I*), идти́* вслед (j-m за *I*); Uhr от|става́ть* ⟨-|ста́ть*⟩ (fünf Minuten на пять мину́т); einer Sache занима́ться ⟨заня́ться*¡ зан|ялся́¡ -яли́сь⟩ (einer Tätigkeit чем-н.; einem Gerücht, Hinweis выясне́нием чего́-н.) | seiner Arbeit [seinen Geschäften] ≈ занима́ться свое́й рабо́той [дела́ми]; seinem Beruf ≈ рабо́тать по про|-фе́ссии; seinen Vergnügungen ≈ пере|дава́ться* ⟨переда́ться*¡ -да́ли́сь⟩ развлече́ниям; **~gemacht** подде́льный; **~gerade** *Adv:* es wäre ≈ an der Zeit … пора́¡ в конце́ концо́в …

Nachgeschmack *m* при́вкус 2 | einen bitteren ~ hinterlassen *übertr* оста́вить *v* неприя́тный оса́док

nachgiebig elastisch ги́б|кий¡ -ок¡ -ка́!, упру́г:ий; *übertr* усту́пчив:ый, сгово́рчив:ый | gegenüber j-m ~ sein де́лать (с-) кому́-н. усту́пки, уступ|а́ть ⟨-и́ть 3⁺ -лю́⟩ кому́-н. (in в *P*)

Nachgiebigkeit *f* ги́бкость 9, упру́гость 9; усту́пчивость 9, сгово́рчивость 9

nach|gießen *tr* долива́ть ⟨доли́ть*⟩; **~grübeln** *intr* размышля́ть (über о *P*); Problem, Sache лома́ть себе́ го́лову (über над *I*)

nachhaltig продолжи́тел|ьный¡ -ен¡ -ьна; Wirkung дли́тел|ьный¡ -ен¡ -ьна; сто́|йкий¡ ск¡ -йка́! | ~er Eindruck глубо́кое впечатле́ние

nachhelfen *intr* помога́ть ⟨-|мо́чь*⟩ (in, bei в *P*)

nachher *Adv* пото́м, по́сле (э)того, зате́м | bis ~! пока́!, до ско́рого!

Nachhilfe *f* по́мощь 9, подде́ржка 6; **~stunden** *f Pl* дополни́тельные заня́тия *Pl* 5 (с отстаю́щими ученика́ми)

nachhinken *intr übertr* от|става́ть* ⟨-|ста́ть*⟩

Nachholebedarf *m* необходи́мость 9 наверста́ть упу́щенное

nachholen *tr* Versäumtes навёрстывать ⟨-верста́ть¡ -вёрстанный⟩

Nachhut *f Mil* арьерга́рд 2

nachjagen *intr* гна́ться* (по-) вслед (j-m, einer Sache за *I*); *übertr* гна́ться* (j-m за *I*)

Nach|klang *m übertr* о́тклик 2; **~komme** *m* пото́м|ок¡ -ка 2

nachkommen *intr* später kommen приходи́ть 3⁺ -хожу́ ⟨-|йти́*⟩ поздне́е; folgen сле́довать 2 (по-) за *I;* Verpflichtung, Befehl, Wunsch выполня́ть ⟨вы́полнить 3⟩, исполня́ть ⟨-по́лнить⟩ | ich komme mit Schreiben nicht nach я не успева́ю запи́сывать

Nach|kommenschaft *f* пото́мство 4; **~kriegszeit** *f* послевое́нное вре́мя; **~kur** *f* дополни́тельное лече́ние, доле́чивание 5; **~laß** *m* Ermäßigung ски́дка 6; *Jur* Hinterlassenschaft насле́дство 4; *Lit* насле́дие 5

nach|lassen *tr* lockern ослабля́ть ⟨осла́б|ить 3 -лю⟩; ermäßigen: Steuern снижа́ть ⟨сни́|зить 3 -жу⟩; Preis сбавля́ть ⟨сба́в|ить 3 -лю⟩ | keinen Pfennig ≈ не уступи́ть ни гроша́; *intr* Regen, Schmerz, Eifer ослаб|ева́ть ⟨-е́ть⟩ | die Hitze läßt nach жара́ спада́ет; das Gewitter läßt nach гроза́ утиха́ет; seine Kräfte lassen nach его́ си́лы слабе́ют; in der Arbeit ≈ с|дава́ть* ⟨-|да́ть*⟩ (в рабо́те), уменьша́ть ⟨уме́ньшить 3⟩ темп (рабо́ты); er ließ nicht nach, bis … он не успоко́ился¡ пока́ не …; **~lässig** небре́ж|-ный¡ -ен; Person, Kleidung a. неря́шлив:ый; in der Arbeit неаккура́т|ный¡ -ен, небради́в:ый

Nachlässigkeit *f* небре́жность 9; неря́шливость 9; неради́вость 9 | aus ~ по небре́жности

nachlaufen *intr* бежа́ть* вслед (за *I*); *umg* навя́зываться, набива́ться в друзья́ *D;* бе́гать (за *I*)

Nachlese *f* Getreide сбор 2 коло́сьев (по́сле жа́твы); Obst сбор оста́вшихся фру́ктов; Wein дополни́тельный сбор виногра́да; *Lit* собра́ние 5 не издава́вшихся ра́нее произведе́ний

nach|lesen *tr* Getreide собира́ть ⟨-|бра́ть*⟩ (коло́сья) по́сле жа́твы; Obst собира́ть (фру́кты) по́сле убо́рки основно́го урожа́я; im Buch спр|авля́ться ⟨-а́виться 3 -а́влюсь⟩ (о чём-н. по кни́ге); **~liefern** *tr* доставля́ть ⟨доста́в|ить 3 -лю⟩ дополни́тельно; Ware досыла́ть ⟨-|сла́ть*⟩

Nachlieferung *f* дополни́тельная доста́вка, допоста́вка 6

nachlösen *tr:* eine Fahrkarte ~ приобрета́ть ⟨-|обрести́*⟩ дополни́тельный биле́т, допл|а́чивать ⟨-ати́ть 3⁺ -ачу́⟩ за биле́т

nachmittag: heute ~ сего́дня по́сле обе́да

Nachmittag *m* послеобе́денное вре́мя, втора́я полови́на 6 дня | am ~ по́сле обе́да, во второ́й полови́не дня; spät am ~ под ве́чер, к ве́черу

nachmittags *Adv* по́сле обе́да; пополу́дни |

um vier Uhr ~ в четы́ре часа́ пополу́дни
Nachmittags|unterricht *m* заня́тия во второ́й полови́не дня; **~vorstellung** *f* дневно́е представле́ние; Kino дневно́й сеа́нс
Nachnahme *f:* mit [per] ~ нало́женным платежо́м; **~sendung** *f* посы́лка 6 [бандеро́ль 9] нало́женным платежо́м
Nach|nutzung *f* после́дующее 11 [повто́рное] (ис)по́льзование; **~porto** *n* дополни́тельный почто́вый сбор 2, почто́вая допла́та 6
nachprüfen *tr* проверя́ть ⟨-ве́рить 3⟩ повто́рно [дополни́тельно]
Nachprüfung *f* повто́рная [дополни́тельная] прове́рка 6; Schule переэкзамено́вка 6, повто́рный [дополни́тельный] экза́мен 2
nachrechnen *tr* пересчи́тывать ⟨-счита́ть⟩, проверя́ть ⟨-ве́рить 3⟩ счёт
Nachrede *f:* j-n in üble ~ bringen о|клевета́ть* *v* кого́-н.
nachreifen *intr* Früchte дозр|ева́ть ⟨-е́ть⟩
Nachricht *f* изве́стие 5; Mitteilung сообще́ние 5 | die neuesten [letzten] ~en после́дние 11 изве́стия; die Zeitung bringt die ~ газе́та пи́шет [сообща́ет]; ~en hören слу́шать переда́чу после́дних изве́стий (по ра́дио); j-m von sich ~ geben дава́ть ⟨дать⟩ кому́-н. знать о себе́; ich habe schon lange keine ~ (mehr) von ihm я уже́ давно́ не име́ю изве́стий [весте́й] от него́
Nachrichten|agentur *f* телегра́фное аге́нтство; **~büro** *n* информацио́нное бюро́; Nachrichtenagentur телегра́фное аге́нтство; **~dienst** *m* = **Nachrichtenagentur;** Rundfunksendung mit Nachrichten переда́ча 6 (после́дних) изве́стий (по ра́дио); Nachrichtenwesen слу́жба свя́зи; **~satellit** *m* спу́тник свя́зи; **~sendung** *f* переда́ча (после́дних) изве́стий (по ра́дио); **~sperre** *f* запреще́ние 5 переда́чи информа́ции; **~sprecher** *m* ди́ктор 2; **~sprecherin** *f* ди́ктор 2; **~technik** *f* те́хника свя́зи; **~truppen** *f Pl* войска́ свя́зи; **~übermittlung** *f* переда́ча 6 све́дений [информа́ции]; **~verbindung** *f* связь 9; **~wesen** *n* связь 9
Nachruf *m* некроло́г 2; am Grab надгро́бная речь 9g
nachsagen *tr:* man kann ihm nichts Schlechtes ~ о нём нельзя́ сказа́ть ничего́ плохо́го; es wird ihm nachgesagt, daß ... говоря́т, что он ...
Nachsaison *f* послесезо́нный пери́од 2
nachsalzen *tr* подса́ливать ⟨-соли́ть 3⁺⟩
Nachsatz *m Gramm* прида́точное предложе́ние, стоя́щее 11 по́сле гла́вного
nach|schicken *tr* посыла́ть ⟨-|сла́ть*⟩ вслед (j-m за *I*)
Nachschlag zusätzliche Portion Essen доба́вка 6
nachschlagen *tr u. intr* справля́ться ⟨спра́|иться 3 -люсь⟩ (etw. о чём-н., in etw. в чём-н.) | ich habe im Wörterbuch nachgeschlagen я спра́вился по словарю́
Nachschlagewerk *n* спра́вочник 2, спра́вочное посо́бие 5
Nachschlüssel *m* подо́бранный ключ; Dietrich отмы́чка 6
nachschreiben *tr* Vortrag запи́сывать ⟨-|писа́ть*⟩; nach Vorlage спи́сывать ⟨-писа́ть⟩
Nach|schrift *f* Nachtrag, Zusatz припи́ска 6; eines Vortrags за́пись 9; Nachschreiben запи́сывание 5; **~schub** *m* подво́з 2, снабже́ние 5; **~schubweg** *m* путь подво́за; **~schuß** *m Sport* повто́рный уда́р
nachsehen *tr* Rechnung, Maschine проверя́ть ⟨-ве́рить 3⟩; Wäsche, Strümpfe просм|а́тривать ⟨-отре́ть 3⁺⟩; nachschlagen, -lesen справля́ться ⟨спра́в|иться 3 -люсь⟩ (о чём-н. по кни́ге); hingehen lassen относи́ться 3⁺ -ношу́сь ⟨-|нести́сь*⟩ снисходи́тельно (j-m к *D*); *intr* nachblicken смотре́ть 3⁺ (по-) вслед (j-m *D*) | sieh mal nach, wo er steckt посмотри́, куда́ он дева́лся
Nachsehen *n:* das ~ haben о|става́ться* ⟨-|ста́ться*⟩ ни с чем [с но́сом]
nach|senden *tr* посыла́ть ⟨-|сла́ть*⟩ вслед (j-m за *I*, nach в *A*); **~setzen** *intr* гна́ться* (по-) (j-m за *I*), пуска́ться ⟨пу|сти́ться 3⁺ -щу́сь⟩ вдого́нку (j-m за *I*)
Nachsicht *f* снисхожде́ние 5 (mit j-m к кому́-н.) | mit j-m ~ haben относи́ться 3⁺ -ношу́сь ⟨-|нести́сь*⟩ снисходи́тельно к кому́-н.
nachsichtig снисходи́тел|ьный, -ен, -ьна (gegen к *D*) | er war sehr ~ gegen ihn он был к нему́ о́чень снисходи́телен
Nachsichtigkeit *f* снисходи́тельность 9 (gegen к *D*)
Nachsilbe *f Gramm* су́ффикс 2
nachsitzen *intr* о|става́ться* ⟨-|ста́ться*⟩ по́сле уро́ков (in der Schule в шко́ле)
Nach|sommer *m* ба́бье 12 ле́то; **~speise** *f* десе́рт 2, сла́дкое *Subst* 10 | als ≈ на тре́тье, на десе́рт; **~spiel** *n Theat* эпило́г 2; *übertr* после́дствия *Pl* 5 | die Sache wird noch ein ≈ haben э́то де́ло не оста́нется без после́дствий
nach|spionieren *intr:* j-m ≈ шпио́нить 3 за кем-н.; **~sprechen** *tr* повтор|я́ть ⟨-и́ть 3⟩ (j-m etw. что-н. за кем-н.); **~spüren** *intr* высле́живать ⟨вы́сле|дить 3 -жу⟩ (j-m *A*) | einem Geheimnis u. ä. разве́д|ывать ⟨-ать⟩ *A*
nächstbester пе́рвый попа́вшийся 11 [встре́чный]
nach|stehen *intr* уступ|а́ть ⟨-и́ть 3⁺ -лю́⟩ (j-m, einer Sache in etw. кому́-н., чему́-н.

в чём-н.); **~stehend 1.** *Adj* нижеслéдующий 11 **2.** *Adv* нúже, дáлее; **~stellen** *tr Tech* регулúровать 2 (от-); *intr* преслéдовать 2 (j-m когó-н.)

Nächstenliebe *f* любóвь к блúжнему

nächstens *Adv* bald в скóром врéмени; in den nächsten Tagen на днях

nächste|r 1. *Adj* ближáйший 11, блúжний 11; folgend слéдующий 11; Weg кратчáйший 11 | die ~n Verwandten ближáйшие рóдственники; am ~n Tag на слéдующий день; in den ~n Tagen в ближáйшие дни; ~s Jahr в слéдующем годý; ~n Jahres бýдущего гóда; das nächste Mal в слéдующий раз; bei ~r Gelegenheit при пéрвом удóбном слýчае; der nächste beste пéрвый встрéчный; der nächste, bitte слéдующий, пожáлуйста; wer ist der nächste кто слéдующий? **2.** *Adv:* am ~n блúже всегó; fürs nächste покá, прéжде всегó; fürs nächste ist gesorgt на ближáйшее врéмя всё обеспéчено; er steht mir am ~n он для меня сáмый блúзкий **3.** *Präpos:* nächst ihm вслед за ним, пóсле негó

Nächster *m* блúжний *Subst* 11

nachsuchen *intr* ходáтайствовать *Prät a. v* 2 (um о *P*) | um Entlassung ≈ по|давáть* ⟨подáть*⟩ в отстáвку

Nacht *f* ночь 9g, в ночú | bei ~ нóчью; in der ~ zum Montag в ночь на понедéльник; für die ~ нá ночь; diese ~ э́той нóчью; gute ~! спокóйной нóчи!; bis tief in die ~ hinein до глубóкой [пóздней] нóчи; die ~ über нóчью, всю ночь, в течéние нóчи; es wurde ~ наступúла ночь; über ~ bleiben нá ночь; über ~ bleiben о|ставáться* ⟨-|стáться*⟩ ночевáть; über ~ berühmt werden зá ночь стать знаменúтостью; ein Unterschied wie Tag und ~ э́то нéбо и землЯ́; bei ~ und Nebel во тьме ночнóй; **~arbeit** *f* ночнáя рабóта; **~aufnahme** *f* ночнóй снúмок; **~bar** *f* ночнóй бар; **~ausgabe** *f* ночнóй вы́пуск; **~blindheit** *f Med* курúная слепотá; **~dienst** *m* ночнáя смéна 6; *Med* ночнóе дежýрство | ≈ haben рабóтать [дежýрить 3] нóчью

Nachteil *m* вред 2; Verlust, Schaden убы́т|ок, -ка 2; Mangel недостáт|ок, -ка 2 | j-m zum ~ gereichen быть* во вред комý-н.; das hat den ~, daß ... э́то плóхо тем, что ...; э́то имéет тот недостáток, что ...; wir sind im ~ мы в невы́годном положéнии

nachteilig 1. *Adj* verlustbringend убы́точ|ный, -ен; ungünstig невы́год|ный, -ен; schädlich врéд|ный, -ен, -нá, -но, врéдны́ (für для *G*) **2.** *Adv* с убы́тком, невы́годно; sich äußern отрицáтельно, плóхо | für j-n ~ sein быть для когó-н. невы́годным

nächtelang по ночáм, (цéлыми) ночáми

Nacht|falter *m* ночнáя бáбочка 6; **~frost** *m* ночнóй moróз; leichter Frost зáморозки *Pl* 2; **~frostgefahr** *f:* es besteht ≈ нóчью возмóжны зáморозки; **~hemd** *n* ночнáя рубáшка

Nachtigall *f* солов|éй, -ья́ 1 *G Pl* -ьёв

Nachtigallenschlag *m* соловьúная трель 9

nächtigen *intr* ночевáть 2 (пере-) (in в *P*, bei у *G*)

Nachtisch *m* десéрт 2, слáдкое *Subst* 10 | zum ~ на десéрт, на слáдкое, на трéтье

Nacht|lager *m* ночлéг 2 | ein ≈ aufschlagen расположúться *v* 3⁺ на ночлéг; **~leben** *n* ночнáя жизнь, ночнóй óбраз 2 жúзни

nächtlich ночнóй

Nacht|lokal *n* ночнóй ресторáн; Animierlokal ночнóе заведéние 5; **~marsch** *m* ночнóй марш; **~pförtner** *m* ночнóй стóрож [вахтёр]; **~portier** *m* Hotel ночнóй портьé; **~quartier** *n* ночлéг 2

Nachtrag *m* добавлéние 5, дополнéние 5; zum Kursbuch приложéние 5 | als ~ в дополнéние, дополнúтельно

nach|tragen *tr* hinterhertragen но|сúть -шý ⟨нестú*⟩ (j-m за *I*); ergänzen вносúть ⟨-нестú⟩ дополнúтельно | j-m etw. ≈ не прощáть что-н. [чегó-н.] комý-н.; sie trug niemandem etwas nach онá не былá злопáмятной; **~tragend** злопáмят|ный, -ен; **~träglich 1.** *Adj* zusätzlich дополнúтел|ьный, -ен, -ьна; verspätet запоздáлый **2.** *Adv* дополнúтельно; später потóм; Glückwunsch, *Fin* зáдним числóм *nachgestellt;* **~trauern** *intr* оплáкивать ⟨-|плáкать*⟩ *A*, горевáть 2 о *P* | diesen Zeiten werden wir nicht ≈ об э́тих временáх мы плáкать не бýдем

Nachtruhe *f* ночнóй покóй [óтдых]

nachts нóчью; stets по ночáм | bis ein Uhr ~ до чáсу нóчи; um drei Uhr ~ в три часá нóчи; von früh [morgens] bis ~ с утрá до нóчи

Nachtschattengewächse *n Pl* паслёновые *Subst Pl* 10

Nacht|schicht *f* ночнáя смéна | zur ≈ gehen идтú в ночнýю смéну; **~schwärmer** *m* (ночнóй) гулЯ́ка *m* 6, полунóчник 2; **~schwester** *f* ночнáя (дежýрная) медсестрá; **~speicherofen** *m* электрообогревáтель 1 с ночны́м накоплéнием теплá; **~stunde** *f* ночнóй час | zu später ≈ пóздней нóчью; **~tankbox** *f* автоматúческая заправóчная стáнция 8 (для ночнóго обслýживания автомобúлей)

Nachttisch *m* ночнóй стóлик 2, тýмбочка 6; **~lampe** *f* ночнáя настóльная лáмпа

Nacht|topf *m* ночнóй горшóк; **~übung** *f Mil* ночнóе учéние 5; **~wache** *f* ночнóй караýл; bei Kranken ночнóе дежýрство

4; **~wächter** *m* ночно́й сто́рож; **~wandler** *m* луна́тик 2; **~zug** *m* ночно́й по́езд

Nach|untersuchung *f* обсле́дование [осмо́тр] по́сле боле́зни; *Jur* досле́дование; **~wahl** *f* дополни́тельные вы́боры, довы́боры *Pl* 2; **~wehen** *Pl Med* послеродовы́е бо́ли 9; **~weis** *m* доказа́тельство 4 (für *G*); Beleg удостовере́ние 5 | den ≈ für etw. erbringen приводи́ть 3⁺ -вожу́ ⟨-|вести́*⟩ доказа́тельство чего́-н.

nachweisbar 1. *Adj* доказу́емый **2.** *Adv* по достове́рным све́дениям, как дока́зано

nachweis|en *tr* beweisen дока́зывать ⟨-|каза́ть*⟩; Fehler, Diebstahl улич|а́ть ⟨-и́ть 3⟩ (j-m etw. кого́-н. в чём-н.) | j-m einen Arbeitsplatz [eine Wohnung] ≈ подыскивать ⟨-|ыска́ть*⟩ для кого́-н. рабо́ту [кварти́ру]; man konnte ihm nichts ≈ его́ ни в чём нельзя́ бы́ло уличи́ть; **~lich 1.** *Adj* доказу́емый **2.** *Adv* как дока́зано

Nachwelt *f* пото́мки *Pl* 2, бу́дущие 11 [гряду́щие 11] поколе́ния *Pl* 5

nachwiegen *tr* переве́шивать ⟨-ве́сить 3 -ве́шу⟩

Nachwinter *m* затяну́вшаяся 11 зима́

nachwirken *intr* продолжа́ть де́йствовать, ока́зывать ⟨-|каза́ть*⟩ де́йствие (в после́дствии)

Nach|wirkung *f* (после́дующее 11) де́йствие 5; *Pl* Folgen после́дствия *Pl* 5; *Med* последе́йствие 5; **~wort** *n* послесло́вие

Nachwuchs *m* подраста́ющее поколе́ние 11-5; junge Kader сме́на 6; Kinder де́ти *Pl* | den ~ heranbilden гото́в|ить 3 -лю сме́ну [молоды́е ка́дры]; **~bedarf** *m* потре́бность в молоды́х ка́драх [в сме́не]; **~förderung** *f* выдвиже́ние и поощре́ние молоды́х ка́дров; **~kader** *m Pl* молоды́е ка́дры *Pl* 2, молоды́е специали́сты *Pl* 2; **~kräfte** *f Pl* молоды́е ка́дры *Pl* 2, сме́на 6; **~plan** *m* план подгото́вки молоды́х ка́дров [специали́стов]; **~spieler** *m* молодо́й игро́к; **~talent** *n* молодо́й тала́нтливый арти́ст 2 [спортсме́н 2, эстра́дный пев|е́ц, -ца́ 2]

nach|zahlen *tr* опла́чивать ⟨-плати́ть 3⁺ -плачу́⟩; Zuschlag допла́чивать ⟨-|плати́ть⟩; **~zählen** *tr* пересчи́тывать ⟨-|счита́ть⟩

Nachzahlung *f* поздне́йшая 11 опла́та 6; nachgezahlte Summe допла́та 6

nach|zeichnen *tr* срис|о́вывать ⟨-ова́ть⟩ 2, копи́ровать 2 (с-); **~ziehen** *tr* schleppen тащи́ть 3⁺ за собо́й; Schraube подви́нчивать ⟨-винти́ть 3 -винчу́, -ви́нченный⟩; Konturen оттен|я́ть ⟨-и́ть 3⟩; Augenbrauen подводи́ть 3⁺ -вожу́ ⟨-|вести́*⟩

Nachzügler *m* Zurückbleibender отста́вший *Subst* 11; Kind после́дыш 2 *G Pl* -ей

Nacken *m* заты́л|ок, -ка 2 | einen steifen ~ haben не мочь* поверну́ть го́лову

nackt 1. *Adj* го́л|ый, -а́!; unbekleidet наг|о́й, -а́!; entblößt обнаж|ённый, -ён, -ена́ | ~e Bäume го́лые [обнажённые] дере́вья; ~e Wahrheit чи́стая пра́вда; er konnte nur das ~e Leben retten он спас то́лько свою́ жизнь **2.** *Adv* голышо́м, нагишо́м | er zog sich ~ aus он разде́лся догола́ [донага́]; ~ baden купа́ться го́лым [голышо́м]

Nackt|badestrand *m* пляж для купа́ния без купа́льных костю́мов, пляж нуди́стов; **~heit** *f* нагота́ 6; Seele обнажённость 9; **~kultur** *f* нуди́зм 2; **~tänzerin** *f* танцо́вщица, 11 выступа́ющая обнажённой

Nadel *f* игла́ 6c, иго́лка 6; Steck≈ була́вка 6; Haar≈ шпи́лька 6; Strick≈ спи́ца 6; Häkel≈ крюч|о́к, -ка́ 2; Kompaß≈ стре́лка 2; Brosche брошь 9; ~n von Bäumen хвоя́ 7 | die ~ einfädeln вдева́ть ⟨-|деть*⟩ ни́тку в уго́лку; wie auf ~n sitzen сиде́ть как на иго́лках; **~baum** *m* хво́йное де́рево; **~brief** *m* паке́т(ик) 2 иго́лок [була́вок]; **~hölzer** *n Pl* хво́йные *Subst Pl* 10; **~kissen** *n* иго́льник 2; **~öhr** *n* ушко́ иго́лки; **~stich** *m* уко́л иго́лкой; *übertr* була́вочный уко́л; **~wald** *m* хво́йный лес

Nagel *m* гвоздь 1h; kleiner гво́здик 2; *Tech* косты́ль 1e, на́гель 1; *Anat* но́г|оть, -тя 1g | den ~ auf den Kopf treffen попада́ть ⟨-|па́сть*⟩ в (са́мую) то́чку; seinen Beruf an den ~ hängen *umg* бро́|сить *v* 3 -шу свою́ профе́ссию; die Arbeit brennt ihm auf den Nägeln у него́ сро́чная рабо́та; **~bürste** *f* щётка для ногте́й; **~feile** *f* пи́л(оч)ка 6 для ногте́й; **~kopf** *m* шля́пка 6 гвоздя́

Nagellack *m* лак для ногте́й; **~entferner** *m* жи́дкость 9 для сня́тия ла́ка

nageln *tr* annageln прибива́ть ⟨-|би́ть*⟩ гвоздя́ми | an die Wand ~ прибива́ть к стене́

nagelneu новёхонький, с иго́лочки

Nagel|pflege *f* ухо́д за ногтя́ми; **~reiniger** *m* ногтечи́стка 6; **~schere** *f* но́жницы для ногте́й

nagen *intr* глода́ть* (an *A*) *a. übertr,* грызть* (an *A*) | am Knochen ~ грызть [глода́ть] кость; eine Krankheit nagt an seiner Gesundheit боле́знь подта́чивает его́ здоро́вье; am Hungertuch ~ голода́ть, бе́дствовать 2

Nagetier *n* грызу́н 2e

Näharbeit *f* шитьё 3, шве́йная рабо́та

Nah|aufnahme *f* съёмка с бли́зкого расстоя́ния; Film съёмка кру́пным пла́ном; **~brille** *f* очки́ для чте́ния вблизи́

nah[e] 1. *Adj* бли́з|кий, -ок, -ка́, -ко, бли́зки́, бли́же, ближа́йший 11; Wald,

Stadt a. бли́жний 11 | die nächste Stadt ближа́йший 11 го́род; ein ~er Verwandter бли́зкий ро́дственник; der Nahe Osten Бли́жний Восто́к **2.** *Adv* вблизи́, во́зле, о́коло (an, bei *G*); недалеко́ (an, bei от *G*) | der Frühling ist ~ весна́ бли́зится; ~ der Stadt близ го́рода; ~ bei etw. недалеко́ от чего́-н., бли́зко от чего́-н.; dem Tode ~ sein быть при́ смерти; ich war ~ daran ... ещё немно́го и я бы ...; komm mir nicht zu ~ не подходи́ ко мне (сли́шком) бли́зко; j-m zu ~ treten задева́ть ⟨-|де́ть*⟩ кого́-н.; von ~ und fern отовсю́ду; ~ herantreten подо|йти́* *v* бли́зко; er ist ~ mit mir verwandt он мой бли́зкий ро́дственник

Nähe *f* бли́зость 9; Nachbarschaft сосе́дство 4 | in der ~ von вблизи́ *G*, бли́зко от *G;* недалеко́ от *G;* in der ~ von Berlin недалеко́ от Берли́на, под Берли́ном; ganz in der ~ совсе́м бли́зко, ря́дом

nahebei совсе́м бли́зко, ря́дом

nahe|bringen *tr:* das hat sie einander nahegebracht э́то сбли́зило их; **~gehen** *intr:* das geht mir nahe я тяжело́ пережива́ю э́то, я э́то принима́ю бли́зко к се́рдцу; **~gelegen** близлежа́щий 11; **~kommen** *intr:* das kommt der Wahrheit nahe э́то недалеко́ от и́стины; **~legen** *tr* рекомендова́ть *uv, v* 2, настоя́тельно предлага́ть | man legte ihm nahe, das Haus zu verlassen ему́ да́ли поня́ть, что он до́лжен поки́нуть дом; **~liegen** *intr* Gedanke напра́шиваться | es lag nahe anzunehmen, daß ... бы́ли все основа́ния предполага́ть, что ...; es liegt nahe zu vermuten, daß ... весьма́ возмо́жно, что ...; aus ≈den Gründen по вполне́ поня́тным причи́нам

nahen *intr* прибл|ижа́ться ⟨-и́зиться 3 -и́жусь⟩ к *D;* Gefahr, Gewitter надвига́ться ⟨-дви́нуться 4⟩

nähen *tr* шить* (с-) | eine Wunde ~ накла́дывать ⟨-ложи́ть 3⁺⟩ шов на ра́ну; sich von j-m etw. ~ lassen шить (себе́) что-н. у кого́-н.

näher 1. *Adj* бо́лее бли́з|кий, -ок, -ка́, -ко, бли́зки́; ближа́йший 11; ausführlicher бо́лее подро́б|ный, -ен [дета́л|ьный, -ен, -ьна] | ich habe seine ~e Bekanntschaft gemacht я с ним бли́же познако́мился; bei ~er Betrachtung при ближа́йшем рассмотре́нии; die ~en Umstände конкре́тные обстоя́тельства, подро́бности *Pl* 9 **2.** *Adv* бли́же; бо́лее подро́бно [дета́льно] | ich kann darauf nicht ~ eingehen я не могу́ входи́ть в дета́ли; kennst du ihn ~? ты с ним бли́зко знако́м?

Näheres *n* подро́бности *Pl* 9

Naherholung *f* за́городный о́тдых 2, о́тдых за́ городом [в зелёной зо́не го́рода]

Naherholungsgebiet *n* при́городная зо́на 6 о́тдыха, зелёная зо́на (го́рода), ме́сто 4b о́тдыха за́ городом

Näherin *f* швея́ 7

näherkommen *intr* сближа́ться ⟨сбли́|зиться 3 -жусь⟩ с *I,* вступа́ть ⟨вступ|и́ть 3⁺ -лю́⟩ в (бо́лее те́сный) конта́кт с *I* | wir sind in letzter Zeit einander nähergekommen мы в после́днее вре́мя сбли́зились [лу́чше узна́ли друг дру́га]

nähern, sich *refl* прибл|ижа́ться ⟨-и́зиться 3 -и́жусь⟩ (j-m oder einer Sache к *D*); *übertr* сбл|ижа́ться ⟨-и́зиться⟩ (j-m с *I*), бли́же знако́м|иться 3 -люсь (по-) (j-m с *I*)

nahestehen *intr:* er steht mir nahe он мне бли́зок, он со мной в бли́зких отноше́ниях; **~d** бли́з|кий, -ок, -ка́, -ко, бли́зки́, хорошо́ знако́м:ый

nahetreten *intr* einer Sache бли́же знако́м|иться 3 -люсь (по-) с *I*

nahezu почти́

Nähgarn *n* шве́йные ни́тки

Nahkampf *m Mil* рукопа́шный бой

Näh|kasten *m* я́щик с принадле́жностями для шитья́; **~kurs** *m* круж|о́к, -ка́ 2 кро́йки и шитья́; **~maschine** *f* шве́йная маши́на; **~nadel** *f* иго́лка; Maschinennadel (шве́йная) игла́

Nährboden *m Biol* пита́тельная среда́ 6а; *übertr* (благоприя́тная) по́чва

nähren *tr* корм|и́ть 3⁺ -лю́ (на-, по-); *übertr* пита́ть; sich ~ *refl* корми́ться, пита́ться (von, mit, durch) *I*) | einen Verdacht gegen j-n ~ подозрева́ть кого́-н.; sich von seiner Hände Arbeit ~ жить* свои́м трудо́м; diese Speise nährt э́та пи́ща пита́тельна

nahrhaft пита́тел|ьный, -ен, -ьна

Nähr|hefe *f* пищевы́е дро́жжи; **~lösung** *f* пита́тельный раство́р; **~mittel** *n Pl* крупяны́е и макаро́нные изде́лия *Pl* 5; **~mittelindustrie** *f* крупяна́я и макаро́нная промы́шленность; **~stoff** *m* пита́тельное вещество́

Nahrung *f* пи́ща 6

Nahrungsmittel *n Pl* проду́кты *Pl* 2 пита́ния, пищевы́е проду́кты, продово́льствие 5; **~industrie** *f* пищева́я промы́шленность

Nährwert *m* пита́тельность 9

Nähseide *f* шве́йные шёлковые ни́тки *Pl* 6

Naht *f* шов, шва 2; *Tech* шов, стык 2

Nähtisch *m* сто́л(ик) для шитья́

nahtlos без шва; *Tech* бесшо́вный; *übertr* сплошно́й, непреры́вный | ~er Strumpf чуло́к без шва

Nahtstelle *f* шов, шва; *Mil* стык 2 *a. übertr* | an der ~ на сты́ке

Nahverkehr *m* ме́стное [при́городное] сообще́ние

Nahverkehrs|mittel *n* ме́стный [при́городный] тра́нспорт 2; **~zug** *m* по́езд ме́стного сообще́ния, при́городный по́езд
Nähzeug *n* шве́йные принадле́жности
Nahziel *n* ближа́йшая 11 цель
Nairobi Найро́би *m idkl*
naiv наи́в|ный, -ен | ~er Maler худо́жник-примитиви́ст 2-2
Naivität *f* наи́вность 9
Name *m* Vor~ и́мя *n G D P* и́мени, *I* и́менем, *Pl* имена́, имён, имена́м 4; Familien~ фами́лия 8; Bezeichnung назва́ние 5 *a. Geogr;* (guter) Ruf, Ruhm и́мя, сла́ва 6, репута́ция 8 | mein ~ ist Peter меня́ зову́т Пётр; unter falschem ~n под чужи́м и́менем; beim ~n nennen называ́ть ⟨-|зва́ть*⟩ по и́мени [фами́лии]; nur dem ~n nach то́лько по фами́лии; auf den ~n на и́мя; im ~n (von) от и́мени, feierlich во и́мя; im ~n der ganzen Gruppe от и́мени всей гру́ппы; im ~n des Gesetzes и́менем зако́на; sich einen ~n machen созда́ть* *v* себе́ и́мя [изве́стность], стать* *v* изве́стным [знамени́тым]; ein Gelehrter von [mit] ~n учёный с (больши́м) и́менем; sein ~ hat einen guten Klang он по́льзуется до́брой сла́вой; die Dinge beim rechten ~n nennen называ́ть ⟨-зва́ть⟩ ве́щи свои́ми имена́ми
Namen|gebung *f* присвое́ние 5 и́мени | Feier der sozialistischen ≈ пра́здник присвое́ния и́мени новорождённому; **~kunde** *f* онома́стика 6; **~liste** *f* поимённый спи́сок
namenlos безымя́нный, неизве́ст|ный, -ен; unsagbar невырази́м:ый
Namen|nennung *f* называ́ние (по) и́мени | ohne ≈ не называ́я имён; **~register** *n* именно́й указа́тель
namens mit Namen по и́мени; по фами́лии; im Namen от и́мени *G*
Namenschild *n* доще́чка 6 с фами́лией
Namens|tag *m* имени́ны *Pl* 6; **~vetter** *m* однофами́л|ец, -ьца 2; mit gleichem Vornamen тёзка *m, f* 6; **~zug** *m* по́дпись 9
namentlich **1.** *Adj* Abstimmung поимённый | ~er Aufruf перекли́чка 6 **2.** *Adv* по и́мени, поимённо; besonders осо́бенно
namhaft beträchtlich значи́тел|ьный, -ен, -ьна; bekannt изве́ст|ный, -ен; berühmt знамени́т:ый | ein ~er Gelehrter учёный с и́менем
Namibia Нами́бия 8
nämlich **1.** *Adv* und zwar а и́менно, то́ есть **2.** *Konj* потому́ что, так как | das ist ~ so де́ло в том, что э́то так и есть
nanu *Interj* как же!, что вы [ты]!; wirklich неуже́ли?
Napalmbombe *f* напа́лмовая бо́мба
Napf *m* Schüssel ми́ска 6; Schale ча́шка 6; Tontopf горш|о́к, -ка́ 2; **~kuchen** *m* ба́ба 6
Naphthalin *n* нафтали́н 2
Nappaleder *n* на́ппа-ко́жа 6
Narbe *f* шрам 2, руб|е́ц, -ца́ 2; *Bot* ры́л|ьце 4 *G Pl* -ец; Gras~ дёрн 2; *übertr* след 2b
Narkose *f* нарко́з 2; **~maske** *f* ма́ска для нарко́за
Narkotikum *n* наркоти́ческое сре́дство 4, нарко́тик 2
narkotisieren *tr* наркотизи́ровать *uv, v* 2; *übertr* усып|ля́ть ⟨-и́ть 3 -лю́⟩
Narr *m* Dummkopf дура́к 2e, глуп|е́ц, -ца́ 2; komische Gestalt чуда́к 2e; Spaßmacher шут 2e; zu Fasching уча́стник 2 карнава́ла | j-n zum ~en halten дура́чить (о-) кого́-н.; ein ausgemachter ~ наби́тый дура́к; einen ~en an j-m gefressen haben *umg* помеша́ться на ком-н., быть* без ума́ от кого́-н.
narren *tr* дура́чить (о-)
Narren|freiheit *f:* ≈ genießen по́льзоваться пра́вом говори́ть, но не де́йствовать; **~haus** *n:* hier geht es zu wie im ≈ здесь настоя́щий сумасше́дший дом [бедла́м]; **~kappe** *f* шутовско́й колпа́к; **~streich** *m* шутовска́я проде́лка [вы́ходка 6]
Narrheit *f* глу́пость 9, сумасбро́дство 4
Närrin *f* ду́ра 6, ду́рочка 6; komische Gestalt чуда́чка 6
närrisch Einfälle глу́п:ый, -а́!, дура́цкий; Streich шутовско́й | ein ~er Kauz чуда́к 2e; auf etw. ~ sein стра́стно жела́ть чего́-н.; sie war ~ vor Freude она́ сходи́ла с ума́ от ра́дости
Narzisse *f* нарци́сс 2
nasal носово́й
Nasallaut *m* носово́й звук
naschen *tr* ла́ком|иться 3 -люсь (по-) *I* | sie nascht gern она́ ла́комка
Näscherei *f* ла́комство 4; ~en *Pl* сла́сти *Pl* 9g, сла́дости *Pl* 9
Nasch|katze *f* ла́комка 6; **~werk** *n* ла́комства *Pl* 4, сла́сти *Pl* 9g
Nase *f* нос 2b; в, на носу́; Geruchs-, Spürsinn чутьё 3, обоня́ние 5; vorspringender Teil вы́ступ 2; *Tech* вы́ступ, шип 2e; *Mar* носова́я часть 9g, нос | sich die ~ putzen сморк|а́ться ⟨-ну́ться 4⟩; eine gute ~ haben име́ть то́нкое чутьё; an der ~ herumführen во|ди́ть 3⁺ -жу́ за́ нос; seine ~ in alles hineinstecken всю́ду сова́ть* свой нос; ich habe die ~ voll (э́то) мне надое́ло, с меня́ хва́тит; der Zug fuhr mir direkt vor der ~ weg по́езд уе́хал у меня́ из-под но́са; j-m die Tür vor der ~ zumachen захло́пнуть *v* 4 дверь пе́ред чьим-н. но́сом

näseln *intr* говори́ть 3 в нос, гнуса́в|ить 3 -лю; **~d** гнуса́в:ый | ≈e Aussprache произноше́ние в нос

Nasen|bein *n* носова́я кость 9g; **~bluten** *n* кровотече́ние 5 и́з носу; **~länge** *f*: j-m um eine ≈ voraus sein обо|гна́ть* *v* [быть* впереди́] кого́-н. на са́мую ма́лость; **~loch** *n* ноздря́ 7h *G Pl* ноздре́й; **~spitze** *f* ко́нчик 2 но́са; **~stüber** *m* щелч|о́к, -ка́ 2 [уда́р 2] по́ носу; *übertr* вы́говор 2; **~tropfen** *m/Pl* ка́пли от на́сморка

naseweis: ein ~es Kind всезна́йка *m, f* 6, вы́скочка *m, f* 6; sei nicht so ~! не выска́кивай, когда́ тебя́ не спра́шивают

nasführen *tr* во|ди́ть 3⁺ -жу́ (по-) за́ нос

Nashorn *n* носоро́г 2

naß мо́кр:ый, -á!; feucht сыр:о́й, -á!; Wetter a. дождли́в:ый; naßkalt промо́зглый | ein nasser Sommer сыро́е ле́то; durch und durch ~ werden промока́ть ⟨-мо́кнуть 4a⟩ насквó́зь; ~ machen нама́чивать ⟨-мочи́ть 3⁺⟩; bis auf die Haut ~ werden промо́кнуть до ни́тки

Nässe *f* сы́рость 9

nässen *intr* Wunde сочи́ться 3

naßkalt Wetter промо́зглый

Nation *f* на́ция 8

national национа́л|ьный, -ен, -ьна | ~e Minderheit национа́льное меньшинство́, нацменьшинство́ 4c *umg;* ~e Befreiungsbewegung национа́льно-освободи́тельное движе́ние; National-Demokratische Partei Deutschlands Национа́льно-демократи́ческая па́ртия Герма́нии; Nationale Front Национа́льный фронт

National|bewußtsein *n* национа́льное самосозна́ние 5; **~einkommen** *n* национа́льный дохо́д; **~feiertag** *m* национа́льный пра́здник; **~flagge** *f* национа́льный [госуда́рственный] флаг; **~gericht** *n* национа́льное блю́до; **~hymne** *f* национа́льный [госуда́рственный] гимн

nationalisieren *tr* национализи́ровать *uv, v* 2

National|isierung *f* национализа́ция 8; **~ismus** *m* национали́зм 2; **~ist** *m* национали́ст 2

nationalistisch националисти́ческий, национали́стский

Nationalität *f* национа́льность 9

Nationalitäten|frage *f* национа́льный вопро́с; **~sowjet** *m* Сове́т Национа́льностей; **~staat** *m* многонациона́льное госуда́рство

National|mannschaft *f* национа́льная сбо́рная кома́нда, сбо́рная кома́нда страны́; **~park** *m* национа́льный парк; **~preis** *m* национа́льная [госуда́рственная] пре́мия; **~preisträger** *m* лауреа́т 2 национа́льной [госуда́рственной] пре́мии; **~rat** *m* Organ Национа́льный сове́т; **~tracht** *f* национа́льный [наро́дный] костю́м

Natrium *n* на́три|й 2 *P* -и

Natron *n* двууглеки́слый на́три|й 1 *P* -и, Ätz~ е́дкий натр 2; **~lauge** *f* раство́р е́дкого на́тра

Natter *f Zool* Ringel~ уж 2e *G Pl* -е́й; *übertr* гадю́ка 6, змея́ 7c

Natur *f* Landschaft приро́да 6; Veranlagung нату́ра 6, хара́ктер 2 | in der freien ~ на ло́не приро́ды, vom Tier на во́ле; nach der ~ zeichnen рисова́ть (на-) с нату́ры; er hat eine gesunde ~ у него́ здоро́вая нату́ра; von ~ schüchtern sein быть засте́нчивым по нату́ре; Fragen allgemeiner ~ вопро́сы о́бщего хара́ктера; das liegt in der ~ der Dinge э́то в приро́де веще́й

Naturalien *Pl* Verpflegung проду́кты *Pl* 2 пита́ния | in ~ bezahlen плати́ть нату́рой

Naturalismus *m* натурали́зм 2

naturalistisch натуралисти́ческий

Natural|lohn *m* за́работная пла́та нату́рой; **~wirtschaft** *f* натура́льное хозя́йство

Natur|aufnahmen *f Pl* Film нату́рные съёмки; **~beschreibung** *f* описа́ние приро́ды

Naturell *n* хара́ктер 2, нрав 2; Anlage, Veranlagung склад 2 | sie hat ein fröhliches ~ она́ весёлая по нату́ре, у неё весёлый нрав

Natur|ereignis *n* явле́ние 5 приро́ды; **~faser** *f* натура́льное волокно́; **~forscher** *m* натурали́ст 2, естествоиспыта́тель 1 | junger ≈ ю́ный натурали́ст, *umg* юнна́т 2; **~freund** *m* друг [люби́тель] приро́ды

naturgemäß **1.** *Adj* есте́ственный **2.** *Adv* есте́ственно

Naturgesetz *n* зако́н приро́ды

naturgetreu **1.** *Adj* ве́рный (приро́де); Darstellung о́чень похо́ж:ий 11, ве́рный **2.** *Adv* ве́рно

Natur|gewalten *f Pl* си́лы приро́ды, стихи́и *Pl* 8; **~heilverfahren** *n* есте́ственный ме́тод 2 лече́ния; **~katastrophe** *f* стихи́йное бе́дствие 5, катаклизм 2; **~kunde** *f* естествозна́ние 5, природове́дение 5; **~landschaft** *f* есте́ственный [приро́дный] ландша́фт

natürlich **1.** *Adj* есте́ствен:ный, -на, приро́дный; echt настоя́щий 11, натура́л|ьный, -ен, -ьна | ~e Anmut прирождённая гра́ция [красота́ 6c]; ein ~es Wesen zeigen держа́ть 3⁺ себя́ про́сто [непринуждённо] **2.** *Adv* есте́ственно; selbstverständlich коне́чно [шн], разу-

ме́ется | ~ verlaufen протека́ть норма́льно
Natürlichkeit *f* есте́ственность 9; des Wesens безыску́сственность 9
Natur|mensch *m* дитя́ приро́ды; **~park** *m* приро́дный парк; großer национа́льный парк; **~produkt** *n* есте́ственный [приро́дный] проду́кт; **~recht** *n* есте́ственное пра́во; **~schätze** *m Pl* приро́дные бога́тства [ресу́рсы *Pl* 2]
Natur|schutz *m* охра́на приро́ды | unter ≈ stehen охраня́ться как запове́дник; Pflanzen, Tiere охраня́ться как ре́дкость [це́нность]; **~schützer** *m* сторо́нник 2 охра́ны приро́ды
Naturschutz|gebiet *n* (большо́й) запове́дник 2; **~park** *m* парк-запове́дник 2-2
Natur|seide *f* натура́льный шёлк; **~stein** *m* приро́дный ка́мень; **~talent** *n* самобы́тный [приро́дный] тала́нт; **~theater** *n* ле́тний 11 теа́тр, откры́тая сце́на 6 с испо́льзованием приро́дного ландша́фта; **~trieb** *m* инсти́нкт 2; **~wein** *m* натура́льное вино́; **~wissenschaft** *f* естествозна́ние 5; ≈en *Pl* есте́ственные нау́ки; **~wissenschaftler** *m* есте́ственник 2
naturwissenschaftlich естественнонау́чный; Fakultät естествове́дческий, есте́ственный
Nautik *f* навига́ция 8
nautisch навигацио́нный
Navigation *f* навига́ция 8
Navigationsfehler *m* навигацио́нная оши́бка
nazistisch наци́стский
Neapel Неа́поль 1
Nebel *m* тума́н 2; Dunst мгла 6 | im ~ в тума́не; das Tal ist in ~ gehüllt доли́на оку́тана тума́ном; der ~ wird dichter тума́н сгуща́ется; künstlicher ~ дымова́я заве́са 6; bei Nacht und ~ во тьме ночно́й; **~decke** *f* пел|ена́ 6 *G Pl* -ён тума́на; **~fleck** *m Astr* тума́нность 9; **~granate** *f* дымово́й снаря́д
neb[e]lig тума́н|ный, -ен, -на | heute ist es ~ сего́дня тума́н
Nebel|scheinwerfer *m Kfz* противотума́нная фа́ра; **~schleier** *m* пел|ена́ 6 *G Pl* -ён [заве́са 6] тума́на; **~wand** *f* стена́ тума́на
neben *Präpos wo?* во́зле *G*, у *G*, о́коло *G;* ~ der Tür у [во́зле, о́коло] две́ри; ~ dem Eingang при вхо́де | in einer Reihe mit ря́дом с *I*, во́зле *G;* er sitzt ~ mir он сиди́т ря́дом со мно́й [во́зле меня́] | *wohin?* во́зле *G*, ря́дом с *I;* setz dich ~ mich сядь во́зле меня́ [ря́дом со мно́й]; stell den Stuhl ~ das Bett поста́вь стул во́зле крова́ти [ря́дом с крова́тью] | außer наряду́ с *I*, кро́ме *G;* ~ Russisch studiert er auch Englisch наряду́ с ру́сским (языко́м) [кро́ме ру́сского] он изуча́ет та́кже англи́йский
nebenan *Adv* (ту́т же) ря́дом | er wohnt gleich ~ он живёт здесь ря́дом, он живёт здесь в двух шага́х; das Haus ~ сосе́дний 11 дом
Neben|anschluß *m* паралле́льный телефо́н 2; **~arbeit** *f* рабо́та по совмести́тельству, побо́чная рабо́та; **~ausgaben** *f Pl* побо́чные [дополни́тельные] расхо́ды; **~bedeutung** *f* побо́чное значе́ние
neben|bei *Adv* außerdem кро́ме того́; unter anderem ме́жду про́чим; beiläufig попу́тно | ≈ gesagt кста́ти (сказа́ть); etw. ≈ tun занима́ться чем-н. ме́жду де́лом; **~beruflich**: ≈e Beschäftigung побо́чное заня́тие | ≈ als Übersetzer arbeiten рабо́тать по совмести́тельству перево́дчиком
Nebenbuhler *m* сопе́рник 2
nebeneinander *Adv* друг о́коло [во́зле] дру́га, ря́дом; **~stellen** *tr* ста́в|ить 3 -лю (по-) ря́дом; *übertr* сопоставля́ть ⟨-ста́вить⟩
Neben|einnahmen *f Pl* побо́чные дохо́ды *Pl* 2; **~erwerb** *m* побо́чный за́работ|ок, -ка 2; **~fach** *n* Unterricht второстепе́нный (уче́бный) предме́т 2; Schrank боково́й я́щик 2, боково́е отделе́ние; **~fluß** *m* прито́к 2 (реки́); **~gebäude** *n* пристро́йка 6; angrenzendes Haus сосе́днее 11 зда́ние; **~geräusch** *n* посторо́нний 11 шум; *Rad* паразі́тный шум; **~gleis** *n* подъездно́й пут|ь 9e *I* -ём; **~handlung** *f Theat* побо́чное де́йствие; **~haus** *n* сосе́дний 11 дом
nebenher *Adv* beiläufig мимохо́дом; außerdem кро́ме того́, наряду́ с (э́тим); **~gehen** *intr* идти́ ря́дом
Neben|mann *m* in einer Reihe, im Glied сосе́д 2 *Pl* 1; **~niere** *f* надпо́чечник 2; **~produkt** *n* побо́чный проду́кт; **~rolle** *f Theat* второстепе́нная роль; **~sache** *f* второстепе́нное де́ло, ме́лочь 9g | das ist ≈ э́то нева́жно, э́то ме́лочь
nebensächlich второстепе́н|ный, -ен, -на, ме́нее ва́ж|ный, -ен, -на́!
Neben|satz *m* прида́точное предложе́ние; **~straße** *f* бокова́я у́лица; **~strecke** *f Eisenb* железнодоро́жная ве́тка 6; **~umstand** *m* побо́чное [привходя́щее 11] обстоя́тельство; **~verdienst** *m* побо́чный за́работок, при́работ|ок, -ка 2; **~winkel** *m Math* сме́жный у́гол; **~wirkung** *f* побо́чное де́йствие; **~zimmer** *n* сосе́дняя 11 ко́мната
neblig = **nebelig**
nebst *Präp* вме́сте с *I*
Necessaire *n* несессе́р 2 [нэсэсэ́р] 2
necken *tr* дразни́ть 3⁺ (mit *I*); ein wenig подтру́нивать ⟨-труни́ть 3⟩ над *I;* sich ~ *refl* дразни́ть друг дру́га

neckisch lustig забáв|ный, -ен; keck задóр|ный, -ен
Neffe *m* племя́нник 2
Negation *f* отрицáние 5
negativ отрицáтел|ьный, -ен, -ьна, негати́в|ный, -ен
Negativ *n Foto* негати́в 2
Neger *m* негр 2; **~bevölkerung** *f* негритя́нское населéние; **~in** *f* негритя́нка 6
negieren *tr* отрицáть; ablehnen отклон|я́ть ⟨-и́ть 3⁺, -ённый⟩
nehmen *tr* брать* ⟨взять*⟩; weg~ брать ⟨взять⟩, отнимáть ⟨отня́ть*⟩ (j-m etw. у когó-н. что-н.); (an)fassen схв|áтывать ⟨-ати́ть 3⁺ -ачу́⟩; sich (etw.) ~, sich etw. aneignen присв|áивать ⟨-óить 3⟩; Hindernis брать ⟨взять⟩, преодол|евáть ⟨-éть⟩; *Mil* брать ⟨взять⟩, овлад|евáть ⟨-éть⟩ *I*, захв|áтывать ⟨-ати́ть 3⁺ -ачу́⟩ | die Straßenbahn [den Bus] ~ по|éхать* *v* трамвáем [автóбусом]; die U-Bahn ~ поéхать на метрó; ein Taxi ~ взять такси́; etw. an sich ~ Verwahrung сохран|я́ть ⟨-и́ть 3⟩ что-н.; etw. auf sich ~ брать ⟨взять⟩ что-н. на себя́; etw. zu sich ~ essen, trinken есть*, пить* что-н.; das lasse ich mir nicht ~! от э́того я не откажу́сь!; wie man's nimmt как кто понимáет; j-n so ~, wie er ist принимáть когó-н. таки́м, какóй он есть; ~ wir den Fall (an), daß … допу́стим, что …, предполóжим, что …; j-n zu ~ wissen умéть обращáться [обходи́ться] с кем-н.; ein Ende ~ кончáться ⟨кóнчиться 3⟩; sie nimmt alles zu schwer онá сли́шком тяжелó всё воспринимáет
Neid *m* зáвисть 9 | voll ~ с зáвистью; vor ~ platzen лóпнуть от зáвисти
neiden *tr* зави́довать 2 (по-) (j-m etw. в чём-н. комý-н.)
Neider *m* зави́стник 2
neidisch зави́стлив|ый | ~ sein auf j-n, etw. зави́довать 2 (по-) комý-н., чемý-н.
neidlos лишённый чу́вства зáвисти, без зáвисти
Neige *f*: zur ~ gehen кончáться ⟨кóнчиться 3⟩; das Glas bis zur ~ leeren осуш|áть ⟨-и́ть 3⁺⟩ стакáн до дна; das Geld geht zur ~ дéньги на исхóде; der Tag geht zur ~ день клóнится к вéчеру
neigen *tr* наклон|я́ть ⟨-и́ть 3⁺⟩, склон|я́ть ⟨-и́ть⟩; *intr übertr* имéть склóнность (zu к *D*); sich ~ *refl* наклон|я́ться ⟨-и́ться⟩, склон|я́ться ⟨-и́ться⟩; Tag клони́ться 3⁺ | grüßend den Kopf ~ привéтствовать 2 кивкóм головы́; ich neige zu der Annahme, daß … я склóнен ду́мать [считáть], что …; er neigt zur Erkältung он предрасполóжен к простýде
Neigung *f* des Kopfes наклóн 2; des Geländes покáтость 9, склон 2, уклóн 2; Magnetnadel отклонéние 5; zu Krankheiten предрасположéние 5 к *D; Psych* расположéние 5, симпáтия 8 (zu к *D*) | ~ zu etw. haben имéть [чу́вствовать 2 (по-)] склóнность к чемý-н.
Neigungs|heirat *f* брак по любви́; **~winkel** *m Math* ýгол наклóна
nein *Adv* нет | ~ sagen говори́ть ⟨сказáть⟩ нет, откáзывать ⟨-|казáть*⟩ в *P;* er kann nicht ~ sagen он не умéет откáзывать; aber ~! да нет же!; ~ so etwas! да что ты [вы]!, неужéли?
Nein *n:* mit einem ~ antworten давáть* ⟨дать*⟩ отрицáтельный отвéт; mit ~ stimmen голосовáть 2 (про-) прóтив
Nekrolog *m* некролóг 2
Nektar *m* нектáр 2
Nelke *f Bot* гвозди́ка 6 *a. Gewürz*
Nelkenstrauß *m* букéт гвозди́к(и)
nennen *tr* назывáть ⟨-|звáть*⟩ (*I* oder *N*, nach по *D*); mit Namen a. звать (*I* oder *N*); benennen, einen Namen geben давáть* ⟨дать*⟩ и́мя *D;* aufzählen назывáть ⟨-звáть⟩ перечисля́ть ⟨-чи́слить 3⟩; sich ~ *refl* heißen назывáться ⟨-звáться, -звалáсь⟩ (*I* oder *N*); Dichter, Künstler назывáть ⟨-звáть⟩ себя́ *I* | j-n beim Namen ~ назывáть когó-н. по и́мени; er wurde nach dem Vater genannt егó назвáли по отцý; man nennt mich Sascha меня́ зовýт Сáша [Сáшей]; er nennt sich Künstler он назывáет себя́ худóжником; das Kind beim rechten Namen ~ назывáть вéщи свои́ми именáми; wie nennt man dies? как э́то назывáется?
nennenswert достóйный упоминáния
Nenner *m Math* знаменáтель 1 | auf einen (gemeinsamen) ~ bringen при|вести́* *v* к одномý (óбщему) знаменáтелю *a. übertr*
Nenn|form *f* инфинити́в 2, неопределённая фóрма (глагóла); **~leistung** *f* номинáльная мóщность [производи́тельность]
Nennung *f* назвáние 5; *Sport* заявка 6 | bei ~ des Namens при упоминáнии и́мени; ohne ~ des Namens не называ́я и́мени
Nennwert *m* Wertpapiere номинáльная стóимость; Ware, Aktie номинáл 2 | zum ~ по номинáлу
Neo|faschismus *m* неофаши́зм [нэ] 2; **~kolonialismus** *m* неоколониали́зм [нэ] 2
Neon *n* неóн 2; **~leuchtröhre** *f* неóновая трýбка; **~licht** *n* неóновый свет; **~reklame** *f* неóновая реклáма
Nepal Непáл 2; **~ese** *m* непáл|ец, -ьца 2; **~esin** *f* непáлка 6
nepal(es)isch непáльский
Nerv *m* нерв 2 | die ~en behalten сохран|я́ть ⟨-и́ть 3⟩ спокóйствие; die ~en verlieren теря́ть (по-) самооблада́ние;

das geht [fällt] mir auf die ~en э́то де́йствует мне на не́рвы

Nervenarzt *m* нервопато́лог 2

nervenaufreibend раздража́ющий 11 не́рвы

Nerven|beruhigungsmittel *n* сре́дство для успокое́ния не́рвов; **~bündel** *n:* er ist nur noch ein ≈ он сплошно́й комо́к не́рвов; **~heilanstalt** *f* лече́бница для нервнобольны́х, невропатологи́ческая лече́бница

nervenkrank нервнобольно́й

Nerven|krankheit *f* не́рвная боле́знь, невропа́тия 8; **~probe** *f* испыта́ние не́рвов; **~schmerzen** *m Pl* невралги́я 8

nerven|schwach неврастени́ческий; слабоне́рв|ный, -ен; **~stärkend** укрепля́ющий 11 не́рвы

Nerven|system *n* не́рвная систе́ма; **~zusammenbruch** *m* истоще́ние 5 не́рвной систе́мы

nervös не́рв|ный, -ен, нерво́з|ный, -ен | ~ sein не́рвничать; er ist sehr ~ он о́чень не́рвный; j-n ~ machen mit [durch] etw. раздража́ть кого́-н. чем-н.; der Lärm macht mich ~ шум де́йствует мне на не́рвы

Nervosität *f* не́рвность 9, нерво́зность 9

Nerz *m Zool* но́рка 6 *a. Pelz;* **~kragen** *m* но́рковый воротни́к

Nessel *f Bot* крапи́ва 6; *Text* бязь 9 | sich in die ~n setzen нажива́ть ⟨нажи́ть*⟩ себе́ неприя́тности (bei j-m от кого́-н.); **~fieber** *n* крапи́вная лихора́дка

Nest *n* гнездо́ 4c *Pl* гнёзда; entlegener Ort захолу́стье 5, дыра́ 6c; Schlupfwinkel, Versteck прито́н 2 | ein ~ bauen вить* (с-, совьёт) гнездо́; **~häkchen** *n übertr* после́дний 11 (избало́ванный) ребён|ок, -ка 2 *Pl* ребя́та, после́дыш 2 *G Pl* -ей

nett симпати́ч|ный, -ен, ми́л:ый, -á, -о, ми́лы́, сла́вный; freundlich любе́з|ный, -ен; gemütlich ую́т|ный, -ен; hübsch хоро́шенький; Abend, Gesellschaft прия́т|ный, -ен | das ist eine ~e Geschichte э́то хоро́шенькая исто́рия

netto *Adv* не́тто [нэ] | er verdient 600 Mark ~ он получа́ет чи́стыми [на́ руки] шестьсо́т ма́рок

Netto|ertrag *m* чи́стый дохо́д; **~gewicht** *n* чи́стый вес; **~lohn** *m* факти́ческая за́работная пла́та; **~preis** *m* цена́ без начисле́ний, цена́ не́тто; **~verdienst** *m* чи́стый за́работок

Netz *n* сеть 9g; в сети́; Fisch~ сеть; großes не́вод 2; Einkaufs~, Gepäck~, Haar~, Grad~ се́тка 6 *a. Sport; El, Eisenb,* Verkehrs~ сеть; *Anat* са́льник 2 | das Haus wurde ans ~ angeschlossen дом подключи́ли к се́ти; ins ~ gehen *übertr* по|па́сть* *v* в западню́; **~anschluß** *El* подключе́ние 5 к се́ти; **~anschlußgerät** *n* прибо́р с пита́нием от се́ти; **~ball** *m Sport* мяч в се́тке

netzförmig се́тчатый, в ви́де се́т(к)и

Netz|gerät *n* прибо́р, рабо́тающий 11 от се́ти; **~haut** *f* сетча́тка 6; **~hautentzündung** *f* воспале́ние сетча́тки; **~hemd** *n* (ма́йка-)се́тка (6-)6, се́тчатая руба́шка; **~magen** *m* се́тка 6; **~plantechnik** *f* сетева́я те́хника; **~spannung** *f* сетево́е напряже́ние, напряже́ние се́ти; **~werktechnik** *f* сетево́е плани́рование 5

neu 1. *Adj* но́в:ый, -á, -о, но́вы́; Wein, Gemüse молодо́й, мо́лод, -á!, моло́же; frisch свеж:ий 11 -á, -о́, све́жи́; modern но́вый; Gedanke оригина́л|ьный, -ен, -ьна | die ~esten Nachrichten *Rad* после́дние 11 изве́стия; in ~ester Zeit в (са́мое) после́днее вре́мя; ~e Kartoffeln молодо́й [но́вый] карто́фель; ganz ~ новёхонький; die ~este Mode са́мая после́дняя 11 [нове́йшая 11] мо́да; das ist mir ~ э́то для меня́ но́вость; er ist hier ~ он здесь неда́вно **2.** *Adv* за́ново | von ~em, aufs ~e сно́ва, опя́ть; das Werk wurde ~ bearbeitet кни́га была́ перерабо́тана за́ново; das Bett ~ beziehen смен|я́ть ⟨-и́ть 3⁺⟩ бельё на посте́ли; er mußte die Arbeit von ~em beginnen ему́ пришло́сь нача́ть рабо́ту сно́ва; ~ eröffnen Geschäft (сно́ва) открыва́ть ⟨-кры́ть⟩

Neuanschaffung *f* новоприобрете́ние 5 | ~ von Möbeln приобрете́ние 5 но́вой ме́бели

neuartig но́в:ый, -á, -о, но́вы́

Neu|auflage *f* но́вое изда́ние, переизда́ние 5; **~bau** *m* новостро́йка 6; im Bau befindl. Haus но́вое строи́тельство; **~baugebiet** *n* райо́н но́вой застро́йки, райо́н новостро́ек; **~bausiedlung** *f* микрорайо́н 2 но́вой застро́йки; **~bauviertel** *n* райо́н новостро́ек, но́вый райо́н; **~bauwohnung** *f* кварти́ра в но́вом до́ме; **~bearbeitung** *f* перерабо́тка 6; **~berechnung** *f* перерасчёт 2; **~besetzung** *f Theat* но́вый соста́в исполни́телей; **~bildung** *f* новообразова́ние 5; *Ling* неологи́зм 2

Neubrandenburg Нойбра́нденбург 2

Neu|druck *m* стереоти́пное изда́ние 5; **~eingang** *m* но́вое поступле́ние 5; **~einstellung** *f* приём 2 (но́вого рабо́тника) | viele ≈en vornehmen принима́ть ⟨приня́ть*⟩ на рабо́ту мно́го но́вых рабо́тников; **~entwicklung** *f* etw. neu Entwickeltes но́вый образ|е́ц, -ца́ 2, но́вая моде́ль [дэ] 9

neuerdings *Adv* неда́вно, в [за] после́днее вре́мя

Neuerer *m* нова́тор 2; **~bewegung** *f* движе́ние нова́торов; **~methode** *f* нова́-

торский [но́вый] ме́тод (рабо́ты); **~vorschlag** *m* нова́торское предложе́ние
neueröffnet неда́вно откры́тый
Neuerscheinung *f* Buch нови́нка 6
Neuerung *f* но́вшество 4, нововведе́ние 5
Neues *n* но́вое *Subst* 10; но́вость 9g | das Neueste vom Sport но́вости спо́рта; viel ≈ мно́го но́вого; was gibt's ~? что но́вого?; nichts ~ ничего́ но́вого; weißt du schon das Neueste? ты уже́ зна́ешь [слы́шал] после́днюю но́вость?
Neufundländer *m* Hund водола́з 2
neuge|backen *übertr* новоиспечённый; **~boren** новорождённый | ich fühle mich wie ≈ я чу́вствую себя́ соверше́нно обновлённым
Neu|gestaltung *f* преобразова́ние 5, перестро́йка 6; Schaufenster но́вое оформле́ние | ≈ des Stadtzentrums реконстру́кция 8 це́нтра го́рода; **~gier** *f* любопы́тство 4
neugierig 1. *Adj* любопы́т|ный, -ен | er ist ~ он любопы́тен; j-n ~ machen вызыва́ть ⟨вы́|звать*⟩ чьё-н. любопы́тство; ich bin ~, … мне любопы́тно, … **2.** *Adv* с любопы́тством
Neuguinea Но́вая Гвине́я 7
Neuheit *f* нови́нка 6 | die letzte ~ после́дняя 11 нови́нка, (после́дний) крик мо́ды; der Reiz der ~ пре́лесть новизны́
Neuigkeit *f* но́вость 9g
Neuinszenierung *f* но́вая постано́вка 6
Neujahr *n* Но́вый год | Prosit ~! с Но́вым го́дом!; zu ~ на Но́вый год
Neujahrs|gruß *m* нового́днее 11 поздравле́ние; **~karte** *f* нового́дняя 11 поздрави́тельная откры́тка; **~wunsch** *m* пожела́ние к Но́вому го́ду
Neukonstruktion *f* но́вая констру́кция
Neuland *n* (по́днятая) целина́ 6; *übertr* неиссле́дованная о́бласть 9g | ~ urbar machen поднима́ть ⟨подня́ть*⟩ целину́; ~ betreten идти́ но́выми путя́ми; **~gewinnung** *f* освое́ние 5 целины́
neulich *Adv* на днях, неда́вно
Neuling *m* нович|о́к, -ка́ 2
neumodisch 1. *Adj* (ново)мо́д|ный, -ен **2.** *Adv* по (но́вой) мо́де
Neumond *m* новолу́ние 5
neun *Num* де́вять 9e
Neun *f* число́ 4c де́вять, девя́тка 6; Straßenbahn девя́тка 6, девя́тый но́мер 2b; **~auge** *n Zool* (речна́я) мино́га 6
neun|fach 1. *Adj* девятикра́тный **2.** *Adv* (в) де́вять раз, вде́вятеро; **~hundert** *Num* девя|тьсо́т, -тисо́т, -тиста́м, -тьюста́ми, -тиста́х; **~jährig** девятиле́тний 11; **~mal** *Adv* де́вять раз; bei Vergleich в де́вять раз; **~tägig** девятидне́вный
Neuntel *n* девя́тая часть 9g, девя́тая *Subst* 10
neun|ter *Num* девя́тый; **~tens** *Adv* в-девя́тых; **~zehn** *Num* девятна́дцать 9; **~zehnter** *Num* девятна́дцатый; **~zig** *Num* девяно́|сто *G D I P* -ста
Neunziger *m* девяностоле́тний мужчи́на 11-6
neunzigjährig девяностоле́тний 11
neunzigster *Num* девяно́стый
Neu|ordnung *f* преобразова́ние 5; **~orientierung** *f* переориентиро́вка 6, но́вая ориента́ция; **~philologe** *m* специали́ст 2 по но́вым языка́м
Neuralgie *f* невралги́я 8
neuralgisch невралги́ческий | der ~e Punkt сла́бое ме́сто 4b
Neurasthenie *f* неврастени́я 8
Neuregelung *f* урегули́рование 5 на но́вой осно́ве; gesetzliche введе́ние 5 но́вых пра́вил [положе́ний]; реорганиза́ция 8
neureich бы́стро разбогате́вший 11
Neurologie *f* невроло́гия 8
Neurose *f* невро́з 2
neurotisch невроти́ческий
Neu|satz *m Typ* но́вый набо́р; **~schnee** *m* свежевы́павший 11 снег
Neuseeland Но́вая Зела́ндия 8
Neuseeländer *m* новозела́нд|ец, -ца 2; **~in** *f* новозела́ндка 6
neuseeländisch новозела́ндский
Neusilber *n* мельхио́р 2
neusprachlich: ~er Unterricht обуче́ние но́вым [совреме́нным, живы́м] (иностра́нным) языка́м; ~er Zweig Schule кла́ссы *Pl* 2 с уси́ленным преподава́нием но́вых языко́в
Neustadt *f* но́вый го́род, но́вая часть 9g го́рода
neutral нейтра́л|ьный, -ен, -ьна
neutralisieren *tr* нейтрализова́ть *uv, v* 2
Neutralität *f Pol* нейтралите́т 2; eines Menschen, Urteils нейтра́льность 9
Neutralitätserklärung *f* заявле́ние о нейтралите́те
Neutron *n* нейтро́н 2
Neutronen|bombe *f* нейтро́нная бо́мба; **~strahlen** *m Pl* нейтро́нное излуче́ние 5
Neutrum *n Gramm* сре́дний род 11-2; (и́мя) существи́тельное *Subst* 10 сре́днего ро́да
Neu|vermählte *Pl:* die ~n новобра́чные *Subst Pl* 10; **~wahl** *f* Wiederwahl переизбра́ние 5; перевы́боры *Pl* 2, но́вые вы́боры *Pl* 2; **~wert** *m* сто́имость но́вой ве́щи; *Wirtsch* но́вая сто́имость
neuwertig (как) но́вый, в хоро́шем состоя́нии
Neuzeit *f* но́вое вре́мя | die Geschichte der ~ но́вая исто́рия 8
neuzeitlich совреме́нн|ый, -ен, -на
Neuzugang *m* но́вое поступле́ние 5; *Med* но́вый пацие́нт 2; *Hdl* но́вая па́ртия 8

Newa Нева́ 6
New York Нью-Йо́рк 2
nicht *Adv* не; ohne Ergänzung нет | er ist ~ krank он не бо́лен; ~ wahr? не пра́вда ли?, пра́вда?; ~ im geringsten ни в ко́ей ме́ре, нисколько; das ist ~ möglich э́то невозмо́жно; ~ viel немно́го; ~ die geringste Ahnung ни мале́йшего поня́тия; gar ~ во́все не, ника́к, совсе́м не(т); ~ doch! да нет же!; warum ~? почему́ же нет?; ~ mehr als ... не бо́льше, чем ...; ich werde ihn ~ mehr sehen können мне бо́льше его́ не уви́деть; soll man fahren oder ~? е́хать ли?; er ist ~ da его́ нет; kommst du oder kommst du ~? придёшь и́ли нет?; ~ vor Abend не ра́нее ве́чера; ist das Bild ~ schön? ра́зве э́та карти́на не прекра́сна?
Nichtachtung *f* неуваже́ние 5, пренебреже́ние 5 (von j-m к кому́-н.)
nichtamtlich неофициа́л|ьный, -ен, -ьна
Nicht|anerkennung *f* непризна́ние 5; **~angriffspakt** *m* пакт о ненападе́нии
nichtarbeitend = **nichtberufstätig**
Nichtbeachtung *f* несоблюде́ние 5
nichtberufstätig нерабо́тающий 11, не за́нятый на слу́жбе [на произво́дстве] | ~e Bevölkerung нерабо́тающее населе́ние
Nichte *f* племя́нница 6
Nicht|einhaltung *f* eines Vertrages наруше́ние 5; **~einmischung** *f* невмеша́тельство 4; **~erfüllung** *f* невыполне́ние 5; *Jur* неисполне́ние 5; **~erscheinen** Buch невы́ход 2; vor Gericht нея́вка 6; **~fachmann** *m* неспециали́ст 2
nichtig unwesentlich ничто́ж|ный, -ен; Vorwand пустя́чный [шн]; *Jur* недействи́тел|ьный, -ен, -ьна | für (null und) ~ erklären объяв|ля́ть ⟨-и́ть⟩ недействи́тельным; das ist (null und) ~ э́то недействи́тельно
Nichtigkeit *f* Unwichtigkeit, Kleinigkeit ничто́жность 9; Nichtiges пустя́к 2e; *Jur* недействи́тельность 9
nichtkapitalistisch некапиталисти́ческий
Nicht|leiter *m El* непроводни́к 2e; **~metall** *n* немета́лл 2, металло́ид 2
nicht|öffentlich 1. *Adj* закры́т:ый для пу́блики **2.** *Adv Jur* при закры́тых дверя́х; **~organisiert** не явля́ющийся 11 чле́ном профсою́зной [парти́йной] организа́ции; неорганизо́ванный; **~paktgebunden:** ≈e Länder неприсоедини́вшиеся 11 стра́ны
Nichtraucher *m* некуря́щий *Subst* 11 | ich bin ~ я некуря́щий; **~abteil** *n* купе́ для некуря́щих; **~gaststätte** *f* рестора́н для некуря́щих
nichts *Pron* ничто́, ничего́ [во], ничему́, ниче́м, ни о чём | (das) macht ~ ничего́, э́то не беда́; ~ Neues ничего́ но́вого; gar ~ соверше́нно ничего́; so gut wie ~ почти́ ничего́; er ist mit ~ zufrieden он ниче́м не дово́лен; für ~ und wieder ~ ни за что́ ни про что́; das tut ~! (э́то) ничего́ (не зна́чит)!; ~als то́лько; ~ anderes als ... не что́ ино́е [друго́е], как ...; es läßt sich ~ machen ничего́ нельзя́ сде́лать, де́лать не́чего; (da ist) ~ zu machen ничего́ не поде́лаешь; ich mache mir ~ daraus мне э́то безразли́чно; ~ Gemeinsames haben mit etw. не име́ть ничего́ о́бщего с че́м-н.; ich habe ~ dagegen я ничего́ не име́ю про́тив; mir ~, dir ~ ни с того́ ни с сего́
Nichts *n:* er steht vor dem ~ впереди́ его́ ждёт разоре́ние; er ist ein ~ он (соверше́нное) ничто́жество
Nichtschwimmer *m* (челове́к 2), не уме́ющий 11 пла́вать | ich bin ~ я не уме́ю пла́вать; **~becken** *n* бассе́йн для не уме́ющих пла́вать
nichts|destoweniger *Adv* тем не ме́нее, несмотря́ на э́то; **~nutzig** нену́ж|ный, -ен, -на́!, него́д|ный, -ен, -на́!; charakterlos никчёмный *umg*
nichtsozialistisch несоциалисти́ческий
nichtssagend пуст:о́й, -а́!, ничего́ не говоря́щий 11
Nicht|stuer *m* безде́льник 2; **~tun** *n* безде́лье 5, пра́здность 9
nichtswürdig по́дл:ый, -а́!
Nicht|tänzer *m:* er ist ≈ он не танцу́ет, он не уме́ет танцева́ть; **~weiterverbreitung** *f:* Vertrag über die ≈ von Kernwaffen догово́р о нераспростране́нии я́дерного ору́жия; **~wissen** *n* незна́ние 5; **~zutreffendes** *n* неподходя́щее *Subst* 11 | ≈ bitte streichen нену́жное зачеркну́ть
Nickel *n* ни́кель 1; **~stahl** *m* ни́келевая сталь
nicken *intr* кив|а́ть ⟨-ну́ть *mom* 4⟩ | mit dem Kopf ~ кива́ть голово́й; zustimmend ~ кива́ть в знак согла́сия
nie *Adv* никогда́ | ~ mehr никогда́ бо́льше; ~ und nimmer! никогда́ (в жи́зни)!, auf keinen Fall ни за что!; wie noch ~ как никогда́; noch ~ никогда́ ещё
nieder *Adv* доло́й | ~ mit ihm! доло́й его́!
nieder|beugen, sich *refl* склон|я́ться ⟨-и́ться 3⁺⟩; **~brennen** *tr* сжига́ть ⟨с|жечь*, сожгу́, сожжёшь⟩ (дотла́), испепел|я́ть ⟨-и́ть 3⟩; *intr* сгор|а́ть ⟨-е́ть⟩ (дотла́); Kerze догор|а́ть ⟨-е́ть⟩; **~deutsch** нижненеме́цкий
Niederdruck *m* ни́зкое давле́ние
niederdrücken *tr* прида́вливать ⟨-дави́ть 3⁺ -давлю́⟩; von Hagel, Wind прибива́ть ⟨-|би́ть*⟩; *übertr* удруч|а́ть ⟨-и́ть 3⟩, подав|ля́ть ⟨-и́ть 3⁺ -лю́⟩; **~d** удруча́ющий 11, гнету́щий 11
Nieder|frequenz *f El* ни́зкая частота́;

~gang *m übertr* упа́д|ок, -ка 2; Untergang ги́бель 9
nieder|gehen *intr* Flugzeug идти́* [по|йти́* *v*] на поса́дку; Flugkörper спу|ска́ться ⟨-сти́ться 3⁺⟩; Lawine обру́ш|иваться ⟨-иться⟩; Gewitter разра|жа́ться ⟨-зи́ться 3⟩; **~geschlagen** Person па́вший 11 ду́хом, уби́тый (го́рем); Stimmung удручённый, пода́вленный
Niedergeschlagenheit *f* удручённое состоя́ние 5 (ду́ха); Verzagtheit уны́ние 5
nieder|halten *tr* unterdrücken подав|ля́ть ⟨-и́ть 3⁺⟩; **~hocken, sich** *refl* при|се́сть* *v* (на ко́рточки); **~kämpfen** *tr* Aufstand подав|ля́ть ⟨-и́ть 3⁺⟩; **~kommen** *intr* разреш|а́ться ⟨-и́ться 3⟩ (от бре́мени) | mit einem Jungen ≈ ро|ди́ть (*uv, v* 3 -жу́, *uv* роди́ла, *v* родила́) ма́льчика
Nieder|kunft *f* ро́ды *Pl* 2; **~lage** *f* пораже́ние 5 (gegen j-n от кого́-н.) *a. Sport, Mil;* Lager склад 2 | eine ≈ zufügen наноси́ть 3⁺ -ношу́ ⟨-|нести́*⟩ пораже́ние; eine ≈ erleiden потерп|е́ть *v* 3⁺ -лю́ пораже́ние
Nieder|lande *Pl* Нидерла́нды *Pl* 2; **~länder** *m* нидерла́нд|ец, -ца 2; **~länderin** *f* нидерла́ндка 6
niederländisch нидерла́ндский
niederlassen, sich *refl* sich setzen опу|ска́ться ⟨-сти́ться 3⁺ -щу́сь⟩, са|ди́ться 3 -жу́сь ⟨сесть*⟩; sich ansiedeln посел|я́ться ⟨-и́ться 3⟩ | sich als Arzt ~ открыва́ть ⟨-|кры́ть*⟩ враче́бную пра́ктику; sich häuslich ~ устро́иться *v* 3 по-дома́шнему
Niederlassung *f* Wohnsitz поселе́ние 5; Eröffnung einer Praxis откры́тие 5 ча́стной (враче́бной, адвока́тской) пра́ктики; *Hdl* отделе́ние 5, филиа́л 2
Niederlausitz Ни́жняя Лу́жица 11-6
nieder|legen *tr* класть* ⟨положи́ть 3⁺⟩; Amt, Funktion слага́ть ⟨сложи́ть⟩ (с себя́), отка́зываться ⟨-|каза́ться*⟩ (от до́лжности); schriftlich festhalten пи́сьменно излага́ть ⟨-ложи́ть⟩; Ansichten, Erkenntnisse нахо|ди́ть -жу́ ⟨на|йти́*⟩ (своё) отраже́ние; sich ≈ *refl* при|ле́чь* *v*, ложи́ться 3 ⟨лечь⟩ (спать) | einen Kranz am Denkmal [Grab] ≈ возлага́ть ⟨-ложи́ть 3⁺⟩ вено́к к па́мятнику [на моги́лу]; die Arbeit ≈ прекра|ща́ть ⟨-ти́ть 3 -щу́⟩ рабо́ту; die Waffen ≈ сложи́ть *v* 3⁺ ору́жие; **~metzeln** *tr* выреза́ть, ⟨вы́|резать*⟩ перебива́ть ⟨-|би́ть*⟩; **~reißen** *tr* Gebäude сноси́ть 3⁺ -ношу́ ⟨-|нести́*⟩, лома́ть (с-)
Niedersachsen Ни́жняя Саксо́ния 11-8
Niederschlag *m* (атмосфе́рные) оса́дки *Pl* 2; *Chem* оса́д|ок, -ка 2, конденса́т 2; *Sport* нокда́ун 2 | ... gab es keinen ~ ... не́ было оса́дков; seinen ~ in etw. finden находи́ть ⟨найти́⟩ своё выраже́ние [отраже́ние] в чём-н.
nieder|schlagen *tr* zu Boden schlagen сбива́ть ⟨-|би́ть*, собью́⟩ (с ног); durch Hagel u. ä. поби́ть *v*, прибива́ть ⟨-би́ть⟩; Aufstand подав|ля́ть ⟨-и́ть 3⁺ -лю́⟩; Augen опу|ска́ть ⟨-сти́ть 3⁺ -щу́⟩; Fieber снижа́ть ⟨сни|зить 3 -жу⟩; *Jur* приостан|а́вливать ⟨-ови́ть 3⁺ -овлю́⟩; sich ≈ *refl* Niederschlag bilden осажда́ться; zum Ausdruck kommen находи́ть 3⁺ ⟨на|йти́*⟩ своё отраже́ние [выраже́ние] (in в *P*) | die Feuchtigkeit hat sich auf den Scheiben niedergeschlagen стёкла запоте́ли (от вла́ги); **~schlagsfrei** без оса́дков | ... wird es ≈ sein ... не бу́дет оса́дков
Nieder|schlagsmenge *Met* коли́чество оса́дков; **~schlagung** *f* eines Aufstands подавле́ние 5; *Jur* приостановле́ние 5, прекраще́ние 5
nieder|schmetternd ошеломля́ющий 11, потряса́ющий 11; **~schreiben** *tr* запи́сывать ⟨-|писа́ть*⟩; verfassen писа́ть (на-)
Niederschrift *f* за́пись 9; Verfassen написа́ние 5
niedersetzen, sich *refl* sich setzen са|ди́ться 3 -жу́сь ⟨сесть*⟩
Niederspannung *f* ни́зкое напряже́ние
niederstrecken *tr* mit einem Schuß сра|жа́ть ⟨-зи́ть 3 -жу́⟩ (вы́стрелом)
Niedertracht *f* по́длость 9, ни́зость 9
niederträchtig по́дл:ый, -а́!, ни́з|кий, -ок, -ка́, -ко, низки́; ни́же; ни́зший 11
Niederträchtigkeit *f* по́длость 9, ни́зость 9
niedertreten *tr* Pflanzen зата́птывать ⟨-|топта́ть*⟩, мять* ⟨смять, сомну́⟩ (нога́ми)
Nieder|ung *f Geogr* ни́зменность 9, низи́на 6; Talsenke лощи́на 6; **~wald** *m* низкостволь́ный лес
niederwerfen *tr* Aufstand подав|ля́ть ⟨-и́ть 3⁺ -лю́⟩; sich ~ *refl* па́дать ⟨у|па́сть*⟩ [броса́ться ⟨ бро́|ситься 3 -шусь⟩] (на зе́млю) | die Krankheit warf ihn nieder боле́знь свали́ла его́; sich vor j-m ~ упа́сть пе́ред кем-н. на коле́ни
Niederwerfung *f* подавле́ние 5
niedlich милови́д|ный, -ен, хоро́шенький | das ist ja ~! хоро́шенькое де́ло!
Niednagel *m* заусе́ница 6
niedrig 1. *Adj* ни́з|кий, -ок, -ка́, -ко, низки́; ни́же; ни́зший 11, нижа́йший 11, небольшо́й; Ufer ни́зкий, ни́змен:ный, -на; Herkunft ни́зкий, незна́тный; Charakter ни́зкий, по́дл:ый, -а́! **2.** *Adv:* ~ liegen Dorf быть* располо́женым в низи́не; ~ handeln поступ|а́ть ⟨-и́ть⟩ ни́зко
Niedrigkeit *f übertr* по́длость 9, ни́зость 9
niemals *Adv* никогда́ | ich habe ihn ~ gesehen я никогда́ [ни ра́зу] его́ не ви́дел
niemand *Pron* ни|кто́, -кого́ [во], -кому́,

-ке́м| ни о ко́м | ~ anders никто́ ино́й; ~ anders als ... не кто ино́й [друго́й]| как ...; er ist mit ~(em) zufrieden он ни-ке́м не дово́лен; es ist ~ da нет никого́; es ist ~ zu Hause никого́ нет до́ма
Niemandsland *n* нейтра́льная полоса́ [зо́на]; an Frontниче́йная земля́
Niere *f* по́чка 6 | auf Herz und ~en prüfen подверга́ть ⟨-ве́ргнуть 4a *u.* 4⟩ серьёз-ному испыта́нию; das geht mir an die ~n меня́ раздража́ет
Nieren|becken *n* по́чечная лоха́нка; ~**braten** *m* жа́реные по́чки; ~**entzündung** *f* воспале́ние по́чек, нефри́т 2; ~**kolik** *f* по́чечная ко́лика 6
nierenkrank страда́ющий 11 заболева́-нием по́чек
Nierenstein *m* по́чечный ка́мень
nieseln *intr:* es nieselt мороси́т (до́ждик)
Nieselregen *m* морося́щий 11 дождь
niesen *intr* чих|а́ть ⟨-ну́ть 4⟩
Niespulver *n* чиха́тельный порошо́к
Niet *m* заклёпка 6
Niete *f* Lotterie пусто́й биле́т 2, пу-сты́шка 6 | eine ~ ziehen вы́тянуть *v* 4 пусты́шку; er ist eine ~ он – нуль [пу-сто́е ме́сто]
nieten *tr* клепа́ть, заклёпывать ⟨-кле-па́ть⟩ | genietet клёпаный
Niet|hose *f* джи́нс|ы *Pl* -ов, теха́сские брю́ки; ~**nagel** *m* заклёпка 6
Niger Ни́гер 2
Nigeria Ниге́рия 8; ~**ner** *m* нигери́|ец| -йца 6
nigerianisch нигери́йский
Nihilismus *m* нигили́зм 2
Nikaragua Никара́гуа *f idkl;* ~**ner** *m* ни-карагуа́н|ец| -ца 2; ~**nerin** *f* никарагу-а́нка 6
nikaraguanisch никарагуа́нский
Nikosia Никоси́я 8
Nikotin *n* никоти́н 2
nikotin|arm с ни́зким содержа́нием ни-коти́на; ~**frei** без никоти́на
Nikotinvergiftung *f* отравле́ние никоти́-ном
Nil Нил 2; ~**pferd** *n* бегемо́т 2, гиппопо-та́м 2
Nimbus *m übertr* орео́л 2, сла́ва 6
Nimmer|satt *m* ненасы́тный челове́к 2; ~**wiedersehen** *n:* auf ~! проща́й(те) на-всегда́!
Nippel *m* ни́ппел|ь 1b *Pl* -я́
nippen *intr* де́лать (с-) небольшо́й гло-то́к, пригу́б|ить *v* 3 -лю
Nippsachen *f Pl* изя́щные (фарфо́ровые) безделу́шки *Pl* 6
nirgends *Adv* нигде́ | das ist ~ zu bekommen э́того нигде́ не доста́нешь, э́то не́-где доста́ть; er konnte sich ~ verstecken он нигде́ не мог спря́таться, ему́ не́где бы́ло спря́таться
nirgend|wo *Adv* нигде́; ~**woher** *Adv* ниотку́да; ~**wohin** *Adv* никуда́
Nische *f* ни́ша 6
Nisse *f Zool* гни́да 6
nisten *intr* гнезди́ться 3
Nistkasten *m* я́щик 2 для гнездова́ния (птиц)
Nitrat *n* нитра́т 2
Nitro|glyzerin *n* нитроглицери́н 2; ~**lack** *m* нитрола́к 2
Niveau *n* у́ров|ень| -ня 1 *a. übertr* | das ~ haben быть* на у́ровне, отвеча́ть необ-ходи́мым тре́бованиям; das ~ in etw. halten идти́* в у́ровень с чем-н.; eine Veranstaltung mit ~ мероприя́тие на (высо́ком) у́ровне
niveau|los зауря́д|ный| -ен, на (са́мом) ни́зком у́ровне; ~**voll** (о́чень) незау-ря́д|ный| -ен, на высо́ком у́ровне
nivellieren *tr* нивели́ровать *uv, v* 2; ebnen выра́внивать ⟨вы́ровнять⟩
Nivellierung *f* нивелиро́вка 6, нивели́ро-вание 5; выра́внивание 5
Nixe *f* руса́лка 6
nobel vornehm благоро́д|ный| -ен; freigebig ще́др:ый| -а́!, с широ́кой нату́рой
Nobelpreis *m* Но́белевская пре́мия (für по *D*); ~**träger** *m* лауреа́т 2 Но́бе-левской пре́мии
noch 1. *Adv* ещё | immer ~ всё ещё; ~ nicht нет ещё, ещё нет; ~ einmal ещё раз; ~ einmal soviel ещё сто́лько же; ~ einmal so groß вдво́е бо́льше; eben ~ то́лько что; was willst du ~? чего́ ты ещё хо́чешь?; er erreichte den Zug gerade ~ он успе́л к по́езду в после́днюю мину́ту **2.** *Konj:* weder ... ~ ... ни ... ни ...; ~**malig** втори́чный, повто́рный; ~**mals** *Adv* ещё раз, втори́чно
Nockenwelle *f* кулачко́вый вал
Nomade *m* коче́вник 2
Nomaden|leben *n* кочево́й о́браз 2 жи́зни; ~**volk** *n* кочево́й наро́д, коче́в-ники *Pl* 2
nomadisch кочево́й
nomadisieren *intr* кочева́ть 2
Nomen *n Gramm* и́мя *G D P* и́мени| *I* и́ме-нем| *Pl* имена́| имён, 4| имена́м; ~**klatur** *f* номенклату́ра 6
Nominalwert *m* номина́льная сто́имость
Nominativ *m* имени́тельный паде́ж 2e
nominell номина́л|ьный| -ен| -ьна
nominieren *tr* Kandidaten выдвига́ть ⟨вы́двинуть 4⟩ | eine Mannschaft ~ *Sport* объяв|ля́ть ⟨-и́ть 3⁺ -лю́⟩ соста́в ко-ма́нды
Nominierung *f* выдвиже́ние 5; *Sport* объ-явле́ние 5
Nonne *f* мона́хиня 7
Nonnenkloster *n* же́нский монасты́рь
Nonsens *m* бессмы́слица 6, но́нсенс [сэ] 2

Nonstopflug *m* беспоса́дочный полёт [перелёт] | im ~ без поса́дки
Nord *m* Himmelsrichtung се́вер 2; Nordwind се́верный ве́т|ер, -ра 2, норд 2
Nordamerika Се́верная Аме́рика 6; **~ner** *m* североамерика́н|ец, -ца 2; **~nerin** *f* североамерика́нка 6
nordamerikanisch североамерика́нский
Nordatlantik *m* Се́верная Атла́нтика
norddeutsch северогерма́нский, северонеме́цкий
Norden *m* се́вер 2 | im ~ на се́вере; nach dem ~ на се́вер; aus dem ~ с се́вера; der hohe ~ Кра́йний 11 Се́вер
nordeuropäisch североевропе́йский
Nordirland Се́верная Ирла́ндия
nordisch се́верный; *Lit*, Sprache, Land скандина́вский
Nordländer *m* север|я́нин 2 *Pl* -я́не, -я́н, -я́нам
nördlich **1.** *Adj* се́верный | ~er Breite се́верной широты́; ~es Eismeer Се́верный Ледови́тый океа́н 2 **2.** *Adv* к се́веру, на се́вер | weiter ~ да́льше к се́веру, (ещё) се́вернее; ~ (von) Berlin к се́веру [на се́вер] от Берли́на, се́вернее Берли́на
Nord|licht *n* се́верное сия́ние 5; **~ost** *m* Wind норд-о́ст 2; Himmelsrichtung се́веро-восто́к 2; **~osten** *m* се́веро-восто́к 2
nordöstlich **1.** *Adj* се́веро-восто́чный **2.** *Adv* к се́веро-восто́ку (von от *G*), на се́веро-восто́к (von от *G*), се́веро-восто́чнее (von *G*)
Nordpol *m* Се́верный по́люс; **~expedition** *f* экспеди́ция на Се́верный по́люс
Nordrhein-Westfalen Се́верный Рейн-Вестфа́лия 8
Nord|see *f* Се́верное мо́ре 3; **~west** *m* Wind норд-ве́ст 2; Himmelsrichtung се́веро-за́пад 2; **~westen** *m* се́веро-за́пад 2
nordwestlich **1.** *Adj* се́веро-за́падный **2.** *Adv* к се́веро-за́паду (von от *G*) на се́веро-за́пад (von от *G*); се́веро-за́паднее (von *G*)
Nordwind *m* се́верный ве́тер
Nörgelei *f* приди́рки *Pl* 6; Charakterzug приди́рчивость 9
nörgeln *intr* придира́ться ⟨-|дра́ться*, -драли́сь⟩ (an к *D*)
Nörgler *m* приди́ра *m* 6
Norm *f* но́рма 6; Standard станда́рт 2 | j-m als ~ dienen служи́ть кому́-н. но́рмой; als ~ gelten быть* пра́вилом, счита́ться норма́льным; er kam nicht auf seine ~ он не дотяну́л до но́рмы, он не спра́вился со свое́й но́рмой
normal норма́л|ьный, -ен, -ьна | du bist wohl nicht ganz ~? ты, ви́дно, не в своём уме́?, ты что, ненорма́льный?; unter ~en Verhältnissen в норма́льных [обы́чных] усло́виях; **~erweise** *Adv* обы́чно
Normal|film *m* станда́ртная плёнка; **~gewicht** *n* норма́льный [сре́дний 11] вес; **~größe** *f* Kleidung норма́льный [станда́ртный] разме́р
normalisieren *tr* нормализова́ть *uv, v* 2
Normalisierung *f* нормализа́ция 8
Normal|spur *f Eisenb* норма́льная колея́; **~uhr** *f* у́личные (электри́ческие) часы́; **~verbraucher** *m* сре́дний 11 потреби́тель; **~zustand** *m* норма́льное [обы́чное] состоя́ние
normativ нормати́в|ный, -ен
Normativ *n* нормати́в 2
normen *tr* нормирова́ть *uv, v* 2, стандартизи́ровать *uv, v* 2 | genormt норми́рованный, стандартизи́рованный
Normer *m* специали́ст 2 по но́рмам и станда́ртам
Normerhöhung *f* повыше́ние норм
normgerecht соотве́тствующий 11 но́рме [но́рмам, станда́рту, станда́ртам]
normieren *tr* = **normen**
Normierung *f* = **Normung**
Normung *f* der Arbeit нормирова́ние 5, нормиро́вка 6; der Produktion стандартиза́ция 8
normwidrig не соотве́тствующий 11 но́рме [но́рмам, станда́рту, станда́ртам]
Norweg|en Норве́гия 8; **~er** *m* норве́ж|ец, -ца 2; **~erin** *f* норве́жка 6
norwegisch норве́жский
Nostalgie *f* ностальги́я 8
nostalgisch ностальги́ческий
not: es ist [tut] ~ ну́жно, необходи́мо, тре́буется; deine Hilfe tut ~ твоя́ по́мощь необходи́ма
Not *f* нужда́ 6c, необходи́мость 9; Armut, Elend нужда́; Notfall беда́ 6c; Unglück, schwierige Lage бе́дствие 5, бе́дственное положе́ние 5 | aus ~ по необходи́мости, по нужде́; zur ~ в кра́йнем слу́чае; mit knapper ~ е́ле-е́ле, с трудо́м; äußerste ~ кра́йняя 11 необходи́мость; ~ leiden терпе́ть нужду́, бе́дствовать 2; in ~ sein быть в нужде́; j-m in der ~ helfen помо́чь кому́-н. в беде́; die ~ drängt mich, Sie zu bitten необходи́мость заставля́ет меня́ проси́ть вас; damit hat es keine ~ в э́том нет осо́бой нужды́ [необходи́мости], es eilt nicht э́то не к спе́ху; seine liebe ~ mit etw. haben име́ть мно́го хлопо́т с чем-н.; ich habe meine liebe ~ mit dir му́ка мне с тобо́й
Notar *m* нота́риус 2; **~iat** *n* нотариа́льная конто́ра 6, нотариа́т 2
notariell нотариа́льный | etw. ~ beglaubigen lassen удостов|еря́ть ⟨-е́рить 3⟩ что-н. у нотариу́са
Not|ausgang *m* запасно́й вы́ход; **~behelf** *m* вре́менная ме́ра 6, вре́менное ре-

ше́ние 5; **~beleuchtung** *f* авари́йное освеще́ние; **~bremse** *f* *Eisenb* э́кстренный то́рмоз, стоп-кра́н 2; *Tech* авари́йный то́рмоз | die ≈ ziehen по́льзоваться 2 (вос-) э́кстренным то́рмозом; **~dienst** *m* обя́занности, выполня́емые в чрезвыча́йных обстоя́тельствах; авари́йная слу́жба; *Med* слу́жба ско́рой и неотло́жной по́мощи; **~durft** *f:* seine ≈ verrichten отпр|авля́ть ⟨-а́вить 3 -а́влю⟩ есте́ственную потре́бность

notdürftig 1. *Adj* ску́д|ный, -ен, -на́! | ~es Auskommen finden име́ть лишь са́мое необходи́мое **2.** *Adv* кое-ка́к | ~ bekleidet sein едва́ при|кры́ть* наготу́, быть едва́ [бе́дно] оде́тым; etw. ~ ausbessern лишь пове́рхностно испра́вить что-н., на́спех попра́вить что-н.

Note *f* Zensur отме́тка 6, оце́нка 6, балл 2; *Pol, Mus* но́та 6; *Fin* банкно́т 2; Gepräge, Nuance отте́н|ок, -ка 2, хара́ктер 2; тон 2 | j-m eine gute ~ geben ста́в|ить -лю (по-) кому́-н. хоро́шую отме́тку; er hat die Prüfung mit der ~ „gut" bestanden он сдал экза́мен на хорошо́ [с оце́нкой „хорошо́"]; ~en wechseln *Dipl* обменя́ться но́тами; nach ~en spielen игра́ть по но́там; ein Kleid mit einer sportlichen ~ пла́тье спорти́вного хара́ктера; die persönliche ~ отте́нок индивидуа́льности; einer Sache eine besondere ~ verleihen при|дава́ть* ⟨прида́ть*⟩ осо́бый [индивидуа́льный] отте́нок чему́-н.

Noten|bank *f* эмиссио́нный банк; **~blatt** *n* но́тный лист; **~linie** *f* ли́ния но́тного ста́на; **~papier** *n* но́тная бума́га; **~pult** *n* пюпи́тр для нот; **~schlüssel** *m* ключ 2e *G Pl* -е́й; **~umlauf** *m* обраще́ние банкно́т; **~wechsel** *m* обме́н 2 но́тами

Notfall *m:* im ~ в кра́йнем слу́чае, в слу́чае (кра́йней) необходи́мости; für den ~ на кра́йний слу́чай, zurücklegen на чёрный день

not|falls *Adv* в кра́йнем слу́чае, в слу́чае (кра́йней) необходи́мости; **~gedrungen** *Adv* понево́ле

Notgroschen *m* де́ньги, отло́женные на чёрный день

notieren *tr* запи́сывать ⟨-|писа́ть*⟩, де́лать (с-) заме́тки [за́писи]; *intr* Kurseноти́роваться *uv, v* 2

nötig необходи́м:ый, ну́ж|ный, -ен, -на́, -но, ну́жны́ | nicht ~ не на́до, не ну́жно, не́ к чему; etw. ~ haben нужда́ться в чём-н.

nötigen *tr* zwingen принужда́ть ⟨прину́|дить 3 -жу; -ждённый⟩ (zu к *D*); einladen насто́йчиво приглаша́ть | ich sehe mich genötigt, … я вы́нужден, …; zum Essen ~ упра́шивать пое́сть; er läßt sich nicht ~ он не заставля́ет себя́ упра́шивать; **~falls** *Adv* в слу́чае необходи́мости, е́сли ну́жно

Nötigung *f* Zwang принужде́ние 5 (zu к *D*); Aufforderung, Einladung насто́йчивое приглаше́ние 5 [dringende Bitte упра́шивание 5]

Notiz *f* заме́тка 6 a. kurze Nachricht | sich ~en machen де́лать (с-) заме́тки [за́писи]; keine ~ von etw. nehmen (наме́ренно) не замеча́ть ⟨заме́|тить 3 -чу⟩ что-н., не обра|ща́ть ⟨-ти́ть 3 -щу́⟩ внима́ния на что-н.; **~block** *m* блокно́т 2; **~buch** *n* записна́я кни́жка; **~zettel** *m* листо́к с за́писями

Notlage *f* затрудни́тельное положе́ние, затрудне́ния *Pl* 5; durch (Natur-) Katastrophe бе́дственное положе́ние

notlanden *intr* соверш|а́ть ⟨-и́ть 3⟩ вы́нужденную поса́дку

Notlandung *f* вы́нужденная поса́дка

notleidend бе́дствующий 11; терпя́щий 11 нужду́, находя́щийся 11 в бе́дственном положе́нии

Not|lösung *f* вре́менное [вы́нужденное] реше́ние; **~lüge** *f* вы́нужденная ложь

notorisch Trinker, Verbrecher закорене́лый

Notruf *m* (an) Polizei, Feuerwehr э́кстренный вы́зов 2; Rufnummer телефо́нный но́мер 2 для сро́чного вы́зова спецслу́жбы

notschlachten *tr* сро́чно прире́зывать ⟨-|ре́зать*⟩

Not|signal *n* авари́йный сигна́л; *Mar* сигна́л бе́дствия; **~sitz** *m* запасно́е сиде́нье; **~stand** *m* чрезвыча́йное [бе́дственное] положе́ние 5; **~unterkunft** *f* (нежило́е) помеще́ние 5, приспосо́бленное для жилья́; вре́менное жили́ще 4; **~verband** *m* предвари́тельная [вре́менная] повя́зка

notwassern *intr* соверш|а́ть ⟨-и́ть 3⟩ вы́нужденную поса́дку на́ воду

Notwehr *f* самооборо́на 6, самозащи́та 6 | in [aus] ~ handeln де́йствовать 2 в поря́дке самооборо́ны [самозащи́ты]

notwendig 1. *Adj* необходи́м:ый, ну́ж|ный, -ен, -на́, -но, ну́жны́ | ein ~es Übel неизбе́жное зло; für ~ halten счита́ть необходи́мым [ну́жным]; sich als ~ erweisen оказа́ться *v* необходи́мым **2.** *Adv* кра́йне; unbedingt обяза́тельно | ich brauche das ~ э́то мне кра́йне [о́чень] ну́жно

notwendigerweise *Adv* по необходи́мости; unvermeidlich неизбе́жно

Not|wendigkeit *f* необходи́мость 9; **~zucht** *f* изнаси́лование 5

notzüchtigen *tr* наси́ловать 2 (из-)

Nougat *n, m* нуга́ 6c | mit ~ gefüllt с начи́нкой из нуги́

Novell|e *f Lit* нове́лла 6, по́весть 9g; *Jur*

новéлла 6 | eine ≈ einbringen вноси́ть ⟨-нести́⟩ предложéние об изменéнии закóна; **~ist** *m* новелли́ст 2

November *m* ноя́брь 1e; **~revolution** *f* Ноя́брьская револю́ция

Nowosibirsk Новосиби́рск 2

Nu *m:* im ~ ми́гом, моментáльно, вмиг

Nuance *f* оттéн|ок| -ка 2, ню́анс 2

nuancieren *tr* нюанси́ровать *uv, v* 2, оттен|я́ть ⟨-и́ть 3⟩

nüchtern 1. *Adj* nicht betrunken трéзв:ый| -á!; mit leerem Magen ничегó [во] не éвший 11, натощáк; besonnen трéзвый, здравомы́слящий 11; zu sachlich сух:óй| -á! | ~ werden отрезв|ля́ться ⟨-и́ться 3⁺ -лю́сь⟩; auf ~en Magen на пустóй желýдок, натощáк **2.** *Adv* трéзво; натощáк, на пустóй желýдок; schreiben сýхо | ~ denken дýмать трéзво; ~ schmecken не имéть никакóго вкýса

Nüchternheit *f* трéзвость 9; Bericht сýхость 9; Ungemütlichkeit неую́тность 9

Nudelholz *n* скáлка 6 (для тéста)

Nudeln *f Pl* лапшá 6; Faden~ вермишéль 9

Nudelsuppe *f* лапшá 6, суп с лапшóй

nuklear я́дерный

Nuklearmacht *f* я́дерная держáва

null *Adv:* es ist ~ Grad ноль (грáдусов); eins zu ~ оди́н к нулю́; die Mannschaft gewann fünf zu ~ комáнда вы́играла со счётом пять-ноль; etw. für ~ und nichtig erklären объяв|ля́ть ⟨-и́ть 3⁺ -лю́⟩ недéйстви́тельным

Null *f* Zahl ноль 1e, нуль 1e; *übertr* нуль, ничтóжество 4 | das Ergebnis ist gleich ~ результáт рáвен нулю́; das Thermometer steht auf ~ термóметр стои́т на нулé; unter [über] ~ ни́же [вы́ше] нуля́; er ist eine absolute ~ он крýглый нуль; **~punkt** *m Phys* тóчка замерзáния; einer Skala нуль 1e (шкалы́) | die Stimmung sank auf den ≈ настроéние бы́ло как на пóхоронах, настроéние упáло; **~serie** *f* óпытная сéрия

Numerale *n* и́мя числи́тельное

numerieren *tr* нумеровáть 2 (про-) | laufend ~ нумеровáть по поря́дку

Numerierung *f* нумерáция 8

numerisch *Math* чи́сленный; Steuerung цифровóй | ~ gesteuert с числовы́м [цифровы́м, прогрáммным] управлéнием

Numerus *m Gramm* чис|лó 4c *G Pl* -ел

Numismatik *f* нумизмáтика 6

Nummer *f* нóмер 2b *Pl* -á; Schuh-, Kleidgröße размéр 2, нóмер; Programm, Zeitung, Zirkus нóмер | laufende ~ поря́дковый нóмер; ~ fünf пя́тый нóмер; eine ~ wählen *Tel* набирáть ⟨-|брáть*⟩ нóмер; hervorragende ~ Zirkus аттракциóн 2

Nummern|scheibe *f Tel* номеронабирáтель 1; **~schild** *n Kfz* щит|óк| -кá 2 с номерны́м знáком

nun 1. *Adv* тепéрь | von ~ an отны́не, впредь; ~ erst лишь тепéрь; ~ erst recht тепéрь подáвно, (тепéрь) тем бóлее **2.** *Interj* ну! | ~ endlich! ну| наконéц!, наконéц-то!; ~ gut ну хорошó; ~ also так вот; es ist ~ einmal nicht anders так уж онó и есть; **~mehr** *Adv* von nun an отны́не; jetzt тепéрь

Nuntius *m* нýнци|й 1 *P* -и, *G Pl* -ев

nur *Adv* тóлько, лишь | ich habe ~ noch 5 Mark у меня́ всегó [тóлько] пять мáрок; nicht ~ ..., sondern auch ... не тóлько ...| но и ...; laß doch ~! да остáвь же!; was hast du ~! да что с тобóй!; ~ einer fehlt одногó лишь нет; wenn er ~ käme! éсли бы он хоть [тóлько] пришёл!, лишь бы он пришёл!; ~ Mut! (да) смелéй (же)!

Nürnberg Ню́рнберг 2

Nuß *f* орéх 2 | das ist eine harte ~ *übertr* э́то твёрдый орéшек, э́то трýдная задáча; **~baum** *m* орéх грéцкий; **~knakker** *m* щипцы́ *Pl* 2 для орéхов; Märchen щелкýнчик 2; **~schale** *f* орéховая скорлупá; **~torte** *f* орéховый торт

Nüster *f* ноздр|я́ 7h *G Pl* -éй

Nut *f Tech* жёлоб 2b *Pl* желобá, канáвка 6, паз 2b| в пазý

Nutria *f* нýтрия 8 a. Fell; **~mantel** *m* нýтриевая шýба 6

Nutzanwendung *f* практи́ческое применéние [испóльзование 5]

nutzbar полéз|ный| -ен, пригóд|ный| -ен | ~ machen испóльзовать *uv, v* 2, утилизи́ровать *uv, v* 2; Land, Naturschätze a. осв|áивать ⟨-óить 3⟩

Nutzbarmachung *f* испóльзование 5, утилизáция 8; освоéние 5

nutzbringend 1. *Adj* полéз|ный| -ен; gewinnbringend вы́год|ный| -ен **2.** *Adv* с пóльзой, с вы́годой

Nutzeffekt *m* пóльза 6; *Tech* коэффициéнт 2 полéзного дéйствия | der ökonomische ~ экономи́ческий эффéкт, экономи́ческая эффекти́вность 9

nutzen, nützen *tr* ausnutzen испóльзовать *uv, v* 2, утилизи́ровать *uv, v* 2; Augenblick, Gelegenheit, Vorteil пóльзоваться 2 (вос-) *I; intr* Nutzen [Vorteil] bringen приноси́ть 3⁺ -ношý ⟨-|нести́*⟩ пóльзу *D*, пригоди́ться 3 *D*, быть* полéзным [вы́годным] для *G* | es nützt mir nichts э́то мне не помóжет, э́то мне ни к чемý; was nützt das? к чемý э́то?; wem nützt das? комý э́то нáдо [помóжет]?

Nutzen *m* пóльза 6; Vorteil вы́года 6; Profit при́быль 9 | zu j-s ~ комý-н. на пóльзу; aus etw. ~ ziehen извлекáть ⟨-|влéчь*⟩ пóльзу из чегó-н.; j-m von ~

sein быть полéзным комý-н., быть на пóльзу комý-н.; ~ bringen приноси́ть ⟨-нести́⟩ пóльзу; es wäre von allgemeinem ~, wenn … для всех бы́ло бы лýчше [полéзнее]ˌ éсли бы …; zum allgemeinen ~ всем на пóльзу, на óбщее благо

Nutz|fläche *f Landw* полéзная плóщадь | landwirtschaftliche ≈ сельскохозя́йственные угóд|ьяˌ -ий *Pl* 5; **~garten** *m* фруктóвый сад; Gemüsegarten огорóд 2; **~holz** *n* деловáя древеси́на, подéлочный лес(оматериáл); **~last** *f* полéзная нагрýзка 6; *Kfz* полéзный груз

nützlich полéз|ныйˌ -ен | gesellschaftlich ~e Arbeit общéственно полéзный труд; sich ~ machen быть* полéзным, помогáть ⟨-|мóчь*⟩; j-m zu [bei, in] etw. ~ sein быть комý-н. в чём-н. полéзным; kann ich Ihnen irgendwie ~ sein? могý ли я быть вам чем-н. полéзен?

Nützlichkeit *f* полéзность 9; вы́года 6

nutzlos 1. *Adj* бесполéз|ныйˌ -ен | ~e Anstrengung напрáсные уси́лия **2.** *Adv* без пóльзы

Nutz|losigkeit *f* бесполéзность 9; **~nießer** *m* (человéк 2ˌ) извлекáющий *Subst* 11 пóльзу [вы́году] (von etw. из чегó-н.); **~nießung** *f Jur* прáво 4b пóльзования; **~pflanze** *f* полéзное растéние; **~ung** *f* испóльзование 5 (von *G*); Benutzung пóльзование (von *I*); eines Raumes, der Rohstoffe эксплуатáция 8 | j-m … zur ≈ übergeben … в чьё-н. пóльзование [комý-н. в эксплуатáцию]

Nutzungsrecht *n* прáво пóльзования [эксплуáтации]

Nutzvieh *n* продукти́вный скот

Nylon *n* нейлóн 2; **~strumpf** *m* нейлóновый чулóк

Nymphe *f* ни́мфа 6

O

o! *Interj* o!, ах! | ~ weh! увы́!

Oase *f* оáзис 2

ob *Konj* ли | als ~ как бýдто, слóвно; na und ~! *umg* ещё бы!; und ~! а как же!; ob … oder ob … ли … ли …, и́ли … и́ли …; ~ ich gehe? не пойти́ ли мне?; er fragte, ~ sie schon da sei он спроси́лˌ здесь ли онá; er tut so, als ~ er müde wäre он дéлает видˌ бýдто устáл

Ob *m* Обь 9

Obacht *f* внимáние 5 | auf j-n ~ geben обра|щáть ⟨-ти́ть 3 -щý⟩ внимáние на когó-н.

Obdach *n* кров 2, прию́т 2 | kein ~ haben быть* бездóмным, о|стáться* *v* без крóва; j-m ~ gewähren дать* *v* прию́т комý-н.

obdachlos бездóм|ныйˌ -на, бесприю́т|-ныйˌ -ен | ~ sein не имéть крóва

Obdach|loser *m* бесприю́тный *Subst* 10, бездóмный *Subst* 10; **~losenasyl** *n* прию́т 2; zur Nacht ночлéжка 6 цбумг

Obduktion *f Med* вскры́тие 5

obduzieren *tr Med* вскрывáть ⟨-|кры́ть*⟩

O-Beine *n Pl* нóги колесóм, кривы́е нóги

o-beinig с ногáми колесóм, с кривы́ми ногáми

Obelisk *m* обели́ск 2

oben *Adv* наверхý, вверхý | bis ~ дóверху; nach ~ (hin) вверх, навéрх; von ~ herab свéрху вниз; j-n von ~ herab behandeln относи́ться 3⁺ -ношýсь ⟨-|нести́сь*⟩ к комý-н. свысокá; j-n von ~ bis unten messen смéрить *v* когó-н. (взгля́дом) с ног до головы́; von ~ bis unten свéрху дóнизу; **~an** *Adv* an der Spitze во главé; am Tisch, in der Reihe на пéрвом мéсте; **~auf** *Adv* свéрху, наверхý | er ist schon wieder ≈ он опрáвился от болéзни; **~drein** *Adv* сверз тогó, вдобáвок; **~erwähnt, ~genannt** вышеупомя́нутый, вышенáзванный; **~hin** *Adv* повéрхностно

Ober *m* Kellner официáнт 2; *Kart* дáма 6; **~arm** *m* плечó 4 *Pl* плéчиˌ плечˌ плечáм; **~arzt** *m* стáрший 11 врач; **~assistent** *m* стáрший 11 ассистéнт; **~aufsicht** *f* глáвный надзóр; **~bau** *m Eisenb* вéрхнее 11 строéние (пути́); **~befehl** *m* глáвное комáндование 5; **~befehlshaber** *m* главнокомáндующий *Subst* 11; **~begriff** *m* родовóе поня́тие; **~bekleidung** *f* вéрхняя 11 одéжда; **~bürgermeister** *m* óбер-бургоми́стр 2; **~deck** *n* вéрхняя 11 пáлуба

oberdeutsch южнонемéцкий

oberer вéрхний 11; Stand вы́сший 11; Schulklassen стáрший 11

Ober|feldwebel *m* óбер-фельдфéбель 1; **~fläche** *f* повéрхность 9; **~flächenhärtung** *f Tech* повéрхностная закáлка 6

oberflächlich повéрхност|ныйˌ -ен *a. übertr*

Ober|flächlichkeit *f* повéрхностность 9; **~gefreiter** *m* óбер-ефрéйтор 2; **~geschoß** *n* вéрхний 11 этáж; **~gewalt** *f* верхóвная власть

oberhalb 1. *Adv* повéрх, вы́ше **2.** *Präpos* повéрх *G*, вы́ше *G*; darüber над *I*

Ober|hand *f*: die ≈ über j-n gewinnen одéрживать ⟨одержáть 3⁺⟩ верх над кéм-н., взять* *v* верх над кéм-н.; **~haupt** *n* главá 6c; **~haus** *n* England палáта лóрдов; **~hemd** *n* вéрхняя 11 (мужскáя) рубáшка; **~hoheit** *f Pol* верховéнство 4; **~in** *f* Krankenhaus стáр-

шая 11 (медици́нская) сестра́ 6c; Kloster настоя́тельница 6; **~ingenieur** *m* ста́рший 11 инжене́р
oberirdisch надзе́мный
Ober|kellner *m* ста́рший 11 официа́нт; **~kiefer** *m* ве́рхняя 11 че́люсть; **~kommandierender** *m* главнокома́ндующий *Subst* 11; **~kommando** *n* гла́вное кома́ндование; **~körper** *m* ве́рхняя 11 часть 9g ту́ловища; **~lauf** *m* Fluß верхо́вь|е 5 *G Pl* -ев, ве́рхнее тече́ние 11-5; **~leder** *n* ве́рхняя 11 ко́жа; **~leitung** *f* гла́вное руково́дство; *El* возду́шный конта́ктный про́вод; **~leitungsomnibus** *m* тролле́йбус 2 | mit dem ≈ fahren е́хать на тролле́йбусе; **~leutnant** *m* ста́рший 11 лейтена́нт; **~licht** *n* ве́рхний 11 свет; **~lichtfenster** *n* окно́ ве́рхнего све́та; **~liga** *f* вы́сшая 11 ли́га; **~lippe** *f* ве́рхняя 11 губа́; **~schenkel** *m* бедро́ 4c *Pl* бёд|ра, -ер, -рам; **~schicht** *f* ве́рхний 11 слой; **~schule** *f* сре́дняя 11 шко́ла | die erweiterte ≈ расши́ренная общеобразова́тельная политехни́ческая по́лная сре́дняя шко́ла; allgemeinbildende polytechnische ≈ общеобразова́тельная политехни́ческая сре́дняя шко́ла; **~schüler** *m* учени́к сре́дней шко́лы; **~schwester** *f* ста́ршая 11 (медици́нская) сестра́
Oberst *m* полко́вник 2
Ober|staatsanwalt *m* ста́рший 11 прокуро́р; **~steiger** *m* ста́рший 11 ште́йгер
oberster Stufe, Klasse вы́сший 11; Institution верхо́вный | Oberster Gerichtshof Верхо́вный суд 2e; der Oberste Sowjet верхо́вный Сове́т; das Oberste zuunterst kehren переверну́ть *v* 4 всё вверх дном
Oberstleutnant *m* подполко́вник 2
Ober|stufe *f* Schule ста́ршие кла́ссы *Pl* 11-6; **~teil** *n* ве́рхняя 11 часть
Obervolta Ве́рхняя Во́льта 11-6
Oberwasser *n*: ~ bekommen брать* ⟨взять*⟩ верх
obgleich *Konj* хотя́, несмотря́ на то, что …
Obhut *f* Fürsorge попече́ние 5; Schutz покрови́тельство 4; Aufsicht присмо́тр 2 | j-n in seine ~ nehmen брать* ⟨взять*⟩ кого́-н. под своё покрови́тельство
obiger вышеупомя́нутый, вышеозна́ченный
Objekt *n* объе́кт 2; Gegenstand предме́т 2; *Gramm* дополне́ние 5, объе́кт
objektiv объекти́в|ный, -ен
Objektiv *n* объекти́в 2; **~ismus** *m* объективи́зм 2
objektivistisch объективи́стский
Objektivität *f* объекти́вность 9
Objekt|leiter *m* заве́дующий *Subst* 11 (магази́ном, рестора́ном); **~satz** *m* прида́точное дополни́тельное предложе́ние; **~träger** *m* Mikroskop предме́тное стекло́ 4c
Oblate *f Rel* обла́тка 6; Gebäck пре́сная ва́ф|ля 7 *G Pl* -ель
obliegen *intr* надлеж|а́ть, -и́т *D* | das obliegt mir э́то моя́ обя́занность
Obliegenheit *f* обя́занность 9
obligat обяза́тел|ьный, -ен, -ьна
Obligation *f* облига́ция 8
obligatorisch обяза́тел|ьный, -ен, -ьна
Obmann *m* ста́рший *Subst* 11
Obo|e *f* гобо́|й 1 *G Pl* -ев; **~ist** *m* гобои́ст 2
Obrigkeit *f* нача́льство 4
obschon *Konj* = **obgleich**
Observatorium *n* обсервато́рия 8
obskur тём|ный, -ен, темна́, темно́ *u.* тёмно; verdächtig подозри́тел|ьный, -ен, -ьна
Obskurant *m* мракобе́с 2, обскура́нт 2
Obst *n* фру́кты *Pl* 2, плоды́ *Pl* 2e; **~anbau** *m* плодово́дство 4; **~baum** *m* фрукто́вое [плодо́вое] де́рево; **~ernte** *f* сбор 2 фру́ктов [плодо́в]; **~fleck** *m* пятно́ от фру́ктов; **~garten** *m* фрукто́вый [плодо́вый] сад; **~horde** *f* по́лка 6 для фру́ктов; **~konserven** *f Pl* консерви́рованные фру́кты; **~kuchen** *m* пиро́г 2e с начи́нкой фру́ктов
Obstruktion *f* обстру́кция 8
Obst|salat *m* сала́т из све́жих фру́ктов; **~schale** *f* Gefäß ва́за для фру́ктов; **~wein** *m* фрукто́вое вино́
obszön непристо́|йный, -ен, -йна, скабрёз|ный, -ен
Obus *m* = **Oberleitungsomnibus**
obwaltend существу́ющий 11, госпо́дствующий 11
obwohl *Konj* = **obgleich**
Ochse *m* вол 2e; *übertr* derb болва́н 2
Ochsenschwanzsuppe *f* суп из бы́чьих хвосто́в
Ocker *m* о́хра 6
Ode *f* о́да 6
öde unbevölkert пусты́н|ный, -ен, -на, необита́ем:ый; *übertr* ску́ч|ный, -ен, -на́, -но, ску́чны, пуст:о́й, -а́!
Öde *f* глушь 9e, пусты́нная ме́стность 9; Leere пустота́ 6c
Ödem *n Med* отёк 2
oder *Konj* и́ли | entweder … ~ … и́ли … и́ли …, ли́бо … ли́бо …; so ~ so так и́ли ина́че, всё равно́; ~ (nicht)? ра́зве не так?; ~ aber и́ли же
Oder *f* О́дер [дэ] 2 | an der ~ на О́дере
Odessa Оде́сса 6
Ofen *m* печь 9g, в, на печи́, пе́чка 6; **~bank** *f* лежа́нка 6; **~klappe** *f* (печна́я) засло́нка 6; **~rohr** *n* печна́я [дымова́я] труба́; **~rost** *m* колоснико́вая решётка пе́чи; **~schirm** *m* заслóнка 6; **~setzer** *m* печни́к 2e

offen 1. *Adj* откры́тый; unbesetzt вака́нт|ный, -ен, неза́нятый; *übertr* откры́тый, открове́н|ный, -ен, -на; unverhohlen я́в|ный, -ен | auf ~er Straße на у́лице, публи́чно; ~e Wunde откры́тая ра́на; auf ~er See в откры́том мо́ре; ~e Frage откры́тый вопро́с; j-m ~ seine Meinung sagen сказа́ть кому́-н. своё открове́нное мне́ние **2.** *Adv:* ~ gesagt открове́нно говоря́

offenbar 1. *Adj* очеви́д|ный, -ен, я́в|ный, -ен **2.** *Adv* очеви́дно, по-ви́димому

offenbaren *tr* открыва́ть ⟨-|кры́ть*⟩

Offenbarung *f* открове́ние 5

Offenbarungseid *m* показа́ния *Pl* 5 должника́ в суде́ под прися́гой о своём иму́щественном положе́нии

offen|bleiben *intr* о|става́ться* ⟨-|ста́ться*⟩ откры́тым; **~halten** *tr* Fenster оставля́ть ⟨оста́в|ить 3 -лю⟩ откры́тым, держа́ть 3⁺ откры́тым

Offenheit *f* открове́нность 9, и́скренность 9

offenherzig чистосерде́ч|ный, -ен, открове́н|ный, -ен, -на

Offenherzigkeit *f* чистосерде́чность 9, открове́нность 9

offen|kundig, ~sichtlich 1. *Adj* очеви́д|ный, -ен, я́в|ный, -ен **2.** *Adv* ви́дно; **~siv** наступа́тельный

Offensive *f* наступле́ние 5 *a. übertr*

offenstehen *intr* быть* откры́тым | es steht ihr offen zu gehen oder zu bleiben она́ вольна́ уйти́ и́ли оста́ться

öffentlich 1. *Adj* Gebäude, Meinung обще́ственный; Vorlesung, Versteigerung публи́чный; Verhandlung гла́с|ный, -ен, откры́тый **2.** *Adv:* ~ bekanntmachen объяв|ля́ть ⟨-и́ть 3⁺ -лю⟩ публи́чно

Öffentlichkeit *f* обще́ственность 9; гла́сность 9 | in aller ~ откры́то, гла́сно; an die ~ kommen стать* *v* всем изве́стным; sich an die ~ wenden обра|ща́ться ⟨-ти́ться⟩ к обще́ственности; unter Ausschluß der ~ *Jur* при закры́тых дверя́х

Öffentlichkeitsarbeit *f* рекла́мно-информацио́нная де́ятельность 9; рабо́та с обще́ственностью

offerieren *tr* предлага́ть ⟨-ложи́ть 3⁺⟩

Offerte *f* предложе́ние 5

offiziell официа́л|ный, -ен, -ьна

Offizier *m* офице́р 2 | aktiver ~ ка́дровый офице́р

Offiziers|klub *m* офице́рский клуб; **~korps** *n* офице́рский ко́рпус; **~rang** *m* офице́рское зва́ние; **~schüler** *m* курса́нт 2 (офице́рского учи́лища)

offiziös официо́з|ный, -ен

öffnen *tr* от-, рас|крыва́ть ⟨-|кры́ть*⟩; Leiche, Brief вскрыва́ть ⟨-крыть⟩; Flasche отку́пор|ивать ⟨-ить 3⟩; sich ~ *refl* от-, раскрыва́ться ⟨-кры́ться⟩

Öffn|er *m* für Flaschen ключ 2e *G Pl* -е́й для отку́поривания буты́лок; für Konserven консе́рвный ключ; **~ung** *f* отве́рстие 5; Spalte сква́жина 6; *Med* вскры́тие 5

Öffnungszeiten *f Pl* часы́ рабо́ты

Offset|druck *m* офсе́т 2, офсе́тная печа́ть; **~maschine** *f* офсе́тная печа́тная маши́на

oft *Adv* ча́сто | so ~ так ча́сто; wie ~? как ча́сто?, ско́лько раз?

öfters *Adv* ча́сто

oftmals *Adv* ча́сто

oh! *Interj* о!, ах!

Ohm *n Phys* ом 2

ohne 1. *Präpos* без *G;* außer кро́ме *G* | ~ weiteres пря́мо, про́сто; das ist nicht so ~ э́то не без основа́ния, в э́том есть зерно́ и́стины; ~ Erlaubnis без разреше́ния; ~ Absicht не наме́ренно, нечая́нно; sechstausend Mann, ~ die Offiziere шесть ты́сяч челове́к, кро́ме офице́ров; sei nur ~ Sorge не беспоко́йся **2.** *Konj:* ~ zu sprechen ничего́ не говоря́; ~ ein Wort gesagt zu haben не сказа́в ни (еди́ного) сло́ва; ~ daß … без того́, что́бы …; **~dies** *Adv* и без того́ | ich hätte es ≈ getan я э́то и без того́ [всё равно́] бы сде́лал; **~gleichen** *Adj* бесподо́б|ный, -ен, несравне́н|ный, -ен; **~hin** *Adv* и без того́

Ohnmacht *f* бесси́лие 5; *Med* о́бморок 2 | in ~ fallen у|па́сть* *v* в о́бморок

ohnmächtig *Med* в о́бмороке, без созна́ния; machtlos бесси́л|ный, -ен, -ьна | ~ werden у|па́сть* *v* в о́бморок

Ohr *n* у́хо 4g *Pl* у́ш|и, -е́й; *übertr* слух 2 | bei den ~en nehmen взять *v* за́ уши; er ist ganz ~ он весь внима́ние, он весь обрати́лся в слух; die ~en spitzen навостри́ть *v* 3 у́ши, настор|а́живаться ⟨-ожи́ться 3⟩; ein feines ~ haben име́ть то́нкий слух; eins hinter die ~en geben дава́ть* ⟨дать*⟩ по́ уху; er ist noch nicht trocken hinter den ~en у него́ ещё молоко́ на губа́х не обсо́хло; sich etw. hinter die ~en schreiben заруб|и́ть *v* 3⁺ -лю́ себе́ что-н. на носу́; j-n übers ~ hauen надува́ть ⟨-|ду́ть*⟩ *v* кого́-н.; mit halbem ~ hören невнима́тельно слу́шать, слу́шать кра́ем у́ха; j-m mit etw. in den ~en liegen прожужжа́ть кому́-н. у́ши о чём-н.; j-m zu ~en kommen до|йти́* *v* до (све́дения) кого́-н.; bis über die ~en verliebt sein быть влюблённым по́ уши; sich aufs ~ legen при|ле́чь* *v,* вздремну́ть *v* 4

Öhr *n* ушко́ 4 *Pl* 2

Ohrenarzt *m* врач по ушны́м боле́зням, *umg* ушни́к 2e

ohrenbetäubend оглуши́тел|ный, -ен, -ьна

Ohren|sausen *n* шум 2 [звон 2] в ушáх | ich habe ≈ у меня́ шуми́т в ушáх; **~schmalz** *n* (ушнáя) сéра 6; **~schützer** *m* нау́шник 2
Ohrfeige *f* пощёчина 6, оплеу́ха 6
ohrfeigen *tr* дать* *v* пощёчину *D*
Ohr|läppchen *n* (ушнáя) мóчка 6; **~muschel** *f* ушнáя рáковина; **~ring** *m* сер|ьгá 6h *G Pl* -ёг
Okkultismus *m* оккульти́зм 2
Okkupation *f* оккупáция 8
okkupieren *tr* оккупи́ровать *uv, v* 2
Ökologie *f* экологи́я 8
ökologisch экологи́ческий
Ökonom *m* экономи́ст 2; **~ie** *f* эконóмика 6; Sparsamkeit экономия 8 | politische ≈ полити́ческая эконóмия
ökonomisch экономи́ческий; günstig, rentabel экономи́ч|ный₁ -ен; sparsam эконóм|ный₁ -ен
Oktan *n* октáн 2; **~zahl** *f* октáновое числó
Oktave *f* октáва 6
Oktavformat *n* формáт в одну́ восьму́ю (дóлю) листá
Oktober *m* октя́брь 1e; **~revolution** *f:* die Große Sozialistische ≈ Вели́кая Октя́брьская социалисти́ческая революция
Okular *n* окуля́р 2
okulieren *tr* окули́ровать *uv, v* 2
Okuliermesser *n* окулирóвочный нож
Ökumene *f* экумéна 6
Öl *n* Pflanzen~ мáс|ло 4b *G Pl* -ел; Maschinen~ (маши́нное) мáсло; Erd~ нефть 9; Heiz~ тóпочный мазу́т 2 | in ~ braten жáрить на мáсле; in ~ malen писáть* мáсляными крáсками [мáслом]; **~baum** *m* масли́на 6; **~behälter** *m* маслобáк 2, резервуáр для нéфти
ölbeheizt отáпливаемый жи́дким тóпливом [мазу́том]
Öldruck *m Tech* давлéние мáсла; *Typ* олеогрáфия 8; **~bremse** *f Kfz* гидравли́ческий (мáсляный) тóрмоз
Oldtimer *m* автоветерáн 2
Oleander *m* олеáндр 2
ölen *tr* смáзывать ⟨-|мáзать*⟩ (мáслом) | wie geölt как по мáслу
Öl|farbe *f* мáсляная крáска; **~feuerung** *f* отоплéние 5 тóпочным мазу́том, мазу́тная тóпка 6; **~fleck** *m* мáсляное пятнó; **~frucht** *f* мáсличная культу́ра; **~gemälde** *n* карти́на 6₁ написáнная мáсляными крáсками
ölhaltig маслосодержáщий 11
Ölheizung *f* отоплéние тóпочным мазу́том, мазу́тное отоплéние
ölig Lappen промáсленный, мáсляный; Flüssigkeit масляни́ст:ый
Oligarchie *f* олигáрхия 8
Ölindustrie *f* нефтянáя промы́шленность
Olive *f* Frucht масли́на 6
Oliven|baum *m* масли́на 6; **~öl** *n* оли́вковое мáсло
olivgrün оли́вковый, оли́вкого-зелёный
Öl|kanne *f* kleine маслёнка 6; **~leitung** *f* маслопровóд 2; Pipeline нефтепровóд 2; **~malerei** *f* жи́вопись мáслом; **~mühle** *f* маслобó|йня 7 *G Pl* -ен; **~palme** *f* масли́чная пáльма; **~papier** *n* промáсленная бумáга; **~pest** *f* заражéние 5 нéфтью, слой 1b мазу́та₁ загрязня́ющий 11 водоём у бéрега; **~pflanze** *f* масли́чное растéние; **~pumpe** *f* мáсляный насóс; **~presse** *f* маслоэкстракциóнный пресс; **~raffinerie** *f* нефтеперегóнный завóд 2; **~sardinen** *f Pl* сарди́ны в мáсле; **~tanker** *m* нефтянóй тáнкер; **~vorkommen** *n* месторождéние 5 нéфти; **~wechsel** *m Kfz* смéна мáсла
Olympiade *f* олимпиáда 6, *Sport a.* олимпи́йские и́гры *Pl* 6c
Olympia|mannschaft *f* олимпи́йская сбóрная *Subst f* 10 [комáнда]; **~qualifikation** *f* предолимпи́йские отбóрочные соревновáния *Pl* 5; **~sieger** *m* чемпиóн 2 олимпи́йских игр, победи́тель олимпиáды; **~teilnehmer** *m* учáстник олимпи́йских игр [олимпиáды]
Olympionike *m* = **Olympiateilnehmer**
olympisch олимпи́йский | ~es Dorf олимпи́йская дерéвня; Olympische Spiele Олимпи́йские и́гры, Олимпиáда 6; ~e Sommersportarten лéтние 11 олимпи́йские ви́ды спóрта
Öl|zeug *n Mar* непромокáемая одéжда 6; **~zweig** *m* оли́вковая ветвь
Oma *f* Kindersprache бáбушка 6
Oman Омáн 2
Omelett *n* омлéт 2
Omen *n* предзнаменовáние 5
Omnibus *m* автóбус 2 | mit dem ~ fahren éхать на автóбусе; in den ~ (ein)steigen сади́ться ⟨сесть⟩ на автóбус
Onanie *f* онани́зм 2
ondulieren *tr* завивáть ⟨-|ви́ть*⟩ (вóлосы) (j-n кому́-н.)
Onegasee Онéжское óзеро
Onkel *m* дя́д|я *m* 7 *G Pl* -ей *u.* -ьёв
Opa *m* Kindersprache дéдушка *m* 6
Opal *m Min* опáл 2
Oper *f Mus* óпера 6; Gebäude óпера, óперный теáтр 2 | in die ~ gehen ходи́ть [*best* идти́] в óперу; eine Karte für die ~ билéт в óперу
Operation *f Med, Mil, Wirtsch* оперáция 8
Operations|forschung *f Math* исслéдование оперáций; **~saal** *m* операциóнный зал, операциóнная *Subst* 10; **~schwester** *f* медици́нская сестрá операциóнной
operativ операти́вный
Operator *m EDV* оперáтор 2

Operette *f Mus* оперétта 6; Gebäude оперétта, теáтр 2 оперéтты
Operetten|konzert *n* концéрт оперéтты; **~sänger** *m* артист 2 оперéтты, оперéточный певéц; **~theater** *n* теáтр оперéтты
operieren *tr Med* оперировать *uv, v* 2, дéлать (с-) операцию *D; intr Mil* дéйствовать 2; mit Zahlen, Fremdwörtern оперировать *I* | ich muß mich am Magen ~ lassen мне нужнá оперáция желýдка
Opern|glas *n* (театрáльный) бинóкль 1; **~haus** *n* óперный теáтр 2, óпера 6; **~sänger** *m* óперный певéц
Opfer *n* жéртва 6; Spende пожéртвование 5 | j-m *oder* einer Sache zum ~ fallen стать* жéртвой когó-н. *oder* чегó-н.; j-m ein ~ bringen приносить 3⁺ -ношý ⟨-|нести*⟩ комý-н. жéртву; viele ~ sind zu beklagen имéется мнóго жертв; unter größten ~n ценóй больших жертв
opferbereit готóв:ый на жéртву
opfern *tr* жéртвовать 2 (по-) *I* (für для *G*); *Rel* приносить 3⁺ -ношý ⟨-|нести*⟩ в жéртву (j-m etw. комý-н. что-н.); sich ~ *refl* жéртвовать (по-) собóй (für рáди *G*) | er opferte sich für das Glück seiner Kinder он пожéртвовал собóй для счáстья своих детéй
Opium *n* óпи|й 1 *P* -и, óпиум 2
Opossum опóссум 2
opponieren *intr* оппонировать 2
Opportun|ismus *m* оппортунизм 2; **~ist** *m* оппортунист 2
opportunistisch оппортунистический
Opposition *f* оппозиция 8 | in ~ zu etw. stehen нахо|диться 3⁺ -жýсь в оппозиции к чемý-н.
Oppositionspartei *f* оппозициóнная пáртия
oppositionell оппозициóнный
Optik *f* óптика 6; **~er** *m* óптик 2
optimal оптимáл|ьный, -ен
optimieren *tr* оптимизировать *uv, v* 2
Optimierung *f* оптимизáция 8
Optim|ismus *m* оптимизм 2; **~ist** *m* оптимист 2
optimistisch оптимистический
Option *f Pol* оптáция 8; *Hdl* опциóн 2
optisch оптический | ~e Täuschung оптический обмáн
Opus *n Mus* óпус 2
Orakel *n* орáкул 2
orakeln *intr übertr* говорить 3 тумáнно [загáдками]
orange орáнжевый, орáнжевого цвéта
Orange *f* апельсин 2; **~ade** *f* напит|ок, -ка 2 из апельсинового сóка
orangefarben орáнжевый
Orangensaft *m* апельсиновый сок
Orangerie *f* оранжерéя 7
Orang-Utan *m* орангутáнг 2
Oratorium *n* оратóрия 8
Orbitalstation *f* орбитáльная стáнция
Orchester *n* оркéстр 2; **~musik** *f* оркестрóвая мýзыка; **~raum** *m Theat* оркéстр 2
Orchidee *f* орхидéя [дэ] 7
Orden *m* óрден 2b *Pl* -á (für за *A*); Organisation óрден 2 *Pl* -ы | j-n mit einem ~ auszeichnen награ|ждáть ⟨-дить 3 -жý⟩ когó-н. óрденом
Ordens|band *n* óрденская лéнточка 6; **~träger** *m* орденонóс|ец, -ца 2; **~verleihung** *f* награждéние óрденом
ordentlich **1.** *Adj* ordnungsliebend; in Ordnung аккурáтный, -ен; ehrlich; groß, kräftig z. B. Schluck порядоч|ный, -ен; Mitglied действительный, постоянный; Professor ординáрный, штáтный | ein ~es Leben führen вести порядочную жизнь; ~es Mitglied der Akademie der Wissenschaften действительный член акадéмии наýк **2.** *Adv* аккурáтно; richtig здóрово, как слéдует; sehr óчень, прямо-таки | ich bin ~ müde (geworden) я порядком устáл; lang ~ zu! не стесняйся!, угощáйся (без стеснéния)!
ordinär Benehmen вульгáр|ный, -ен, грýб:ый, -á!; Kleidung; Fall обыч|ный, -ен
Ordinarius *m* ординáрный профéссор 2b *Pl* -á
Ordinate *f* ординáта 6
Ordinatenachse *f* ось ординáт
ordnen *tr* приводить 3⁺ -вожý ⟨-|вести*⟩ в порядок; systematisch систематизировать *uv, v* 2; sich ~ *refl* zum Festzug стрóиться 3 (по-) | alphabetisch ~ располагáть по алфавиту; in geordneten Verhältnissen leben жить в нормáльных услóвиях
Ordner *m* für Akten (канцелярский) регистрáтор 2; Person ответственный *Subst* 10 за соблюдéние порядка, распорядитель 1
Ordnung *f* поряд|ок, -ка 2; festgesetzte распоряд|ок, -ка 2; das Ordnen, Regeln улáживание 5, упорядочение 5; *Biol* разряд 2; *Pol* (общéственный) стро|й 1 *G Pl* -ев; Satzung, Vorschrift устáв 2, прáвила *Pl* 4 | das finde ich ganz in ~ это я считáю в порядке вещéй; ~ schaffen наводить 3⁺ -вожý ⟨-|вести*⟩ порядок; etw. in ~ bringen приводить ⟨-вести⟩ что-н. в порядок; es ist alles in schönster ~ всё в наилýчшем порядке; das geht in ~! всё в порядке!, договорились!; eine Straße erster ~ дорóга пéрвой категóрии
ordnungs|gemäß **1.** *Adj* прáвил|ьный, -ен, -ьна, надлежáщий 11 **2.** *Adv* прáвильно; der Reihe nach по порядку; **~halber** *Adv* для [рáди] порядка; **~liebend** аккурáт|ный, -ен

Ordnungs|sinn *m* аккура́тность 9 | er hat keinen ≈ он челове́к неаккура́тный; **~strafe** *f* администрати́вное взыска́ние

ordnungswidrig наруша́ющий 11 поря́док; gesetzwidrig противозако́н|ный, -ен, -на

Ordnungszahl *f Gramm* поря́дковое числи́тельное

Organ *n Anat* о́рган 2; Zeitung о́рган (печа́ти); Stimme го́лос 2b *Pl* -á; Behörde (госуда́рственный) о́рган | ein staatliches ~ о́рган госуда́рственной вла́сти; die örtlichen ~e ме́стные о́рганы

Organisation *f* организа́ция 8 | die ~ der Vereinten Nationen (*Abk* UNO) Организа́ция Объединённых На́ций (*Abk* ООН)

Organisations|büro *n* организацио́нное бюро́; **~komitee** *n* организацио́нный комите́т; **~talent** *n* организа́торский тала́нт; **~wissenschaft** *f* нау́ка об организа́ции (произво́дства); Leitungswissenschaft нау́ка управле́ния

Organisator *m* организа́тор 2

organisatorisch Talent организа́торский; Maßnahme организацио́нный

organisch органи́ческий

organisier|en *tr* организ|о́вывать ⟨-ова́ть 2⟩; *umg* beschaffen до|става́ть* ⟨-|ста́ть*⟩; **~t** организо́ванный | gewerkschaftlich ≈ sein явля́ться чле́ном профсою́зной организа́ции

Organismus *m* органи́зм 2

Organist *m* органи́ст 2

Organverpflanzung *f* трансплента́ция 8 [переса́дка] о́ргана

Orgel *f* орга́н 2 | ~ spielen игра́ть ⟨сыгра́ть⟩ на орга́не; **~konzert** *n* конце́рт орга́нной му́зыки; **~musik** *f* орга́нная му́зыка; **~pfeife** *f* орга́нная труба́ 6с; **~spieler** *m* органи́ст 2

Orgie *f* о́ргия 8

Orient *m* Восто́к 2

orientalisch восто́чный

Orientalist *m* востокове́д 2; **~ik** *f* востокове́дение 5

orientieren *tr* ausrichten, konzentrieren ориенти́ровать *uv, v* 2, напр|авля́ть ⟨-а́вить 3 -а́влю⟩ (auf на *A*); informieren ориенти́ровать (über о *P*); sich ~ *refl* ориенти́роваться *uv, v* (über о *P*, nach по *D*) | gut orientiert sein быть* в ку́рсе де́ла

Orientierung *f* Sichorientieren ориенти́рование 5, ориентиро́вка 6; Tendenz, Einstellung ориента́ция 8 | die ~ im Gelände ориента́ция на ме́стности

Orientierungssinn *m:* einen guten ~ haben хорошо́ ориенти́роваться

original оригина́л|ьный, -ен, -ьна; echt a. по́длин|ный, -ен, -на | ~ übertragen *Rad, TV* трансли́ровать *uv, v* 2 непосре́дственно с ме́ста собы́тий

Original *n* оригина́л 2, по́длинник 2; eigentümlicher Mensch оригина́л | im ~ lesen чита́ть в по́длиннике; **~abfüllung** *f:* in ≈ оригина́льного розли́ва

originalgetreu **1.** *Adj* соотве́тствующий 11 оригина́лу **2.** *Adv* в соотве́тствии с оригина́лом

Originalität *f* оригина́льность 9

Original|packung *f* фи́рменная упако́вка; **~text** *m* по́длинный текст

originell оригина́л|ьный, -ен, -ьна

Orkan *m* урага́н 2

orkanartig урага́нный

Ornament *n* орна́мент 2

Ornat *m* Priester облаче́ние 5; Amtstracht ма́нтия 8

Ornitholog|e *m* орнито́лог 2; **~ie** *f* орнитоло́гия 8

¹Ort *m* Ortschaft населённый пункт 2; kleine Stadt город|о́к, -ка́ 2; Dorf дере́в|ня 7g *G Pl* -е́нь; Stelle, Platz ме́сто 4b | an ~ und Stelle wohin на ме́сто; wo на ме́сте; von ~ zu ~ с ме́ста на ме́сто

²Ort *n Bergb* забо́|й 1 *G Pl* -ев | vor ~ *Bergb* в забо́е

orten *tr* определ|я́ть ⟨-и́ть 3⟩ местонахожде́ние [местоположе́ние] *G*

orthodox strenggläubig правове́р|ный, -ен; griechisch-katholisch правосла́в|ный, -ен

Orthographie *f* орфогра́фия 8

orthographisch орфографи́ческий

Orthopäde *m* врач-ортопе́д 2е-2

Orthopädie *f* ортопе́дия 8

orthopädisch ортопеди́ческий

örtlich ме́стный *a. Med*

Ortsangabe *f* указа́ние ме́ста

ortsansässig ме́стный

Ortsbestimmung *Gramm* обстоя́тельство ме́ста

Ortschaft *f* населённый пункт 2; Siedlung посёл|ок, -ка 2

orts|eingesessen осе́длый | ~e Bevölkerung ме́стное населе́ние; **~fremd** нездешний 11

Orts|gespräch *n* ме́стный телефо́нный разгово́р; **~kenntnis** *f:* ohne ≈ sein не знать ме́стности

ortskundig зна́ющий 11 (да́нную) ме́стность

Orts|name *m* назва́ние 5 населённого пу́нкта; **~tafel** *f* указа́тель 1 наименова́ний (населённых пу́нктов); **~verkehr** *m* ме́стное сообще́ние; *Tel* ме́стная связь; **~wechsel** *m* переме́на ме́ста; **~zeit** *f* ме́стное вре́мя

Ortung *f* определе́ние 5 местоположе́ния [местонахожде́ния]

Öse *f* пе́т|ля 7 *G Pl* -ель; Nadel ушко́ 4 *Pl* 2

Oslo О́сло *m idkl*

Osmose *f* о́смос 2

Ost *m* Himmelsrichtung восто́к 2; Ostwind восто́чный ве́т|ер, -ра 2, ост 2 | in ~ und West на всём све́те, везде́ и всю́ду
Osten *m* восто́к 2 | im ~ на восто́ке; nach ~ на восто́к; aus dem ~ с восто́ка; der Ferne [Mittlere, Nahe] ~ Да́льний [Сре́дний 11, Бли́жний 11] Восто́к
ostentativ демонстрати́в|ный, -ен
Oster|ei *n* пасха́льное яйцо́; **~feiertag** *m:* erster ≈ пе́рвый день па́схи; **~montag** *m* второ́й день па́схи
Ostern *n* па́сха 6 | zu ~ на па́сху; vor ~ до па́схи
Österreich А́встрия 8; **~er** *m* австри́|ец, -йца 2; **~erin** *f* австри́йка 6
österreichisch австри́йский
osteuropäisch восточноевропе́йский
östlich 1. *Adj* восто́чный | ~er Länge восто́чной долготы́ **2.** *Adv* к восто́ку, восто́чнее; на восто́к (von от *G*)
Ostsee *f* Балти́йское мо́ре; **~länder** *Pl* прибалти́йские стра́ны, стра́ны райо́на Балти́йского мо́ря
ostwärts *Adv* на восто́к, к восто́ку
Ostwind *m* восто́чный ве́тер
Oszillation *f* колеба́ние 5
oszillieren *intr* колеба́ться* (по-)
Oszillograph *m* осцилло́граф 2
Ottawa Отта́ва 6
[1]**Otter** *m* Marder вы́дра 6
[2]**Otter** *f* Schlange гадю́ка 6
Ouvertüre *f* увертю́ра 6
oval ова́л|ьный, -ен, -ьна
Ovation *f* ова́ция 8 | j-m eine ~ darbringen устр|а́ивать ⟨-о́ить 3⟩ кому́-н. ова́цию
Overall *m* комбинезо́н 2
Oxid *n* о́кись 9
Oxydation *f* окисле́ние 5
oxydieren *tr u. intr* окисл|я́ть ⟨-и́ть 3⟩; Metall оксиди́ровать *uv, v* 2
Ozean *m* океа́н 2 | diesseits des ~s по э́ту сто́рону океа́на; über den ~ че́рез океа́н; **~dampfer** *m* океа́нский парохо́д
Ozeanien океа́ния 8
ozeanisch океа́нский
Ozeanographie *f* океаногра́фия 8
Ozon *n* озо́н 2

P

paar не́сколько | ein ~ Menschen два-три челове́ка, не́сколько челове́к; vor ein ~ Tagen не́сколько дней тому́ наза́д; nur ein ~ Worte! то́лько два сло́ва!, на па́ру слов!
Paar *n* па́ра 6; Ehe~ па́ра, чета́ 6 | ein ~ Stiefel па́ра сапо́г; als erstes ~ tanzen танцева́ть в пе́рвой па́ре; das junge ~ молода́я чета́
paaren *tr* соедин|я́ть ⟨-и́ть 3⟩ па́рами; Tiere спа́р|ивать ⟨-ить 3⟩; sich ~ *refl* соедин|я́ться ⟨-и́ться⟩; спа́р|иваться ⟨-иться⟩
Paarhufer *m Pl* парнокопы́тные *Subst Pl* 10
paarig па́рный
Paarlauf *m* па́рное фигу́рное ката́ние 5 (на конька́х)
paarmal *Adv:* ein ~ не́сколько раз
Paarung *f* сочета́ние 5; Begattung спа́ривание 5
paarweise *Adv* па́рами, попа́рно
Pacht *f* аре́нда 6; Entgelt аре́ндная пла́та 6 | in ~ geben с|дава́ть* ⟨-|дать*⟩ в аре́нду
pachten *tr* арендова́ть *uv, v* 2, брать* ⟨взять*⟩ в аре́нду
Pächter *m* аренда́тор 2
Pacht|geld *n* аре́ндная пла́та 6; **~ung** *f* взя́тие 5 в аре́нду; **~vertrag** *m* аре́ндный догово́р
Pack *n übertr* сброд 2, сво́лочь 9g
Päckchen *n* Tee, Zigaretten па́чка 6; Pfeffer паке́тик 2; Post посы́л(оч)ка 6, бандеро́ль 9
Packeis *n* па́ковый лёд
packen *tr* пакова́ть 2 (за-, у-); ergreifen хвата́ть ⟨схв|ати́ть 3⁺ -ачу́⟩, схв|а́тывать ⟨-ати́ть⟩; Tasche, Koffer укла́дывать ⟨-ложи́ть 3⁺⟩; *übertr* Angst охв|а́тывать ⟨-ати́ть⟩; Buch захв|а́тывать ⟨-ати́ть⟩ | pack dich! убира́йся!, прова́ливай!
Packen *m* большо́й паке́т 2; Stapel стопа́ 6c
Packer *m* упако́вщик 2
Pack|esel *m* вью́чный осёл; **~material** *n* упако́вочный материа́л; **~papier** *n* упако́вочная бума́га; **~raum** *m* упако́вочная *Subst* 10; **~ung** *f* упако́вка 6; Zigaretten па́чка 6; *Med* уку́тывание 5; **~wagen** *m* бага́жный ваго́н
Pädagog|e *m* педаго́г 2; **~ik** *f* педаго́гика 6
pädagogisch педагоги́ческий; erzieherisch педагоги́ч|ный, -ен | ~e Lehranstalt педагоги́ческое учи́лище
Paddel *n* двухло́пастное байда́рочное весло́ 4c *Pl* вёс|ла, -ел; **~boot** *n* байда́рка 6
paddeln *intr* ката́ться на байда́рке
Paddler *m* байда́рочник 2
paff! *Interj* паф!
paffen *intr umg* дым|и́ть 3 -лю́ (на-), пуска́ть дым
Page *m hist* паж 2e *G Pl* -е́й
paginieren *tr* нумерова́ть 2 (про-) страни́цы
Pagode *f* па́года 6

Paket *n* пакéт 2; Postsendung посы́лка 6; **~annahme** *f* приём посы́лок; **~ausgabe** *f* вы́дача посы́лок; **~karte** *f* бланк 2 на (почтóвую) посы́лку; **~post** *f* достáвка 6 почтóвых посы́лок; **~zustellung** *f* достáвка посы́лок
Pakistan Пакистáн 2; **~er** *m* пакистáн|ец| -ца 2; **~erin** *f* пакистáнка 6
pakistanisch пакистáнский
Pakt *m* пакт 2, (междунарóдный) договóр 2 | einen ~ mit j-m schließen заключ|áть ⟨-и́ть⟩ с кем-н. пакт [договóр]
paktieren *intr* gemeinsam handeln дéйствовать 2 заоднó
Palais *n* двор|éц| -цá 2
Palä|ographie *f* палеогрáфия 8; **~ontologie** *f* палеонтолóгия 8
Palast *m* двор|éц| -цá 2
Palästinenser *m* палести́н|ец| -ца 2
palatal палатáльный
Palatal|isierung *f* палатализáция 8; **~laut** *m* палатáльный звук
Palette *f* пали́тра 6; *Tech* поддóн 2; *übertr* большóе разнообрáзие 5
Palisade *f* палисáд 2
Palisanderholz *n* палисáндровое дéрево
Palme *f* пáльма 6
Palmöl *n* пáльмовое мáсло
Pamir Пами́р 2
Pampelmuse *f* грéйпфрут 2
Pamphlet *n* памфлéт 2; **~ist** *m* памфлети́ст 2
Panama Панáма 6; **~er** *m* панáм|ец| -ца 2
panamaisch панáмский
Panamakanal *m* Панáмский канáл
panchromatisch *Foto* панхромати́ческий
Paneel *n* панéль 9
Panier *n* вóинское знáм|я *n G D P* -ени| *I* -енем| *Pl* -ёна| -ён| -ёнам
panieren *tr* обвáливать ⟨обваля́ть⟩ в сухаря́х
Panik *f* пáника 6 | in ~ geraten впадáть ⟨-|пасть*⟩ в пáнику; **~mache** *f* паникёрство 4; **~macher** *m* паникёр 2
panisch пани́ческий
Panne *f* авáрия 8 (в пути́); in der Arbeit срыв 2, неудáча 6 | eine ~ haben застря́ть* *v* в пути́ из-за авáрии
Panorama *n* панорáма 6; **~film** *m* панорáмный кинофи́льм
panschen *tr* разбавля́ть ⟨-бáвить 3 -бáвлю⟩ водóй; *intr* im Wasser spielen плескáться* (в водé)
Pansen *m Anat* руб|éц| -цá 2
Pantheismus *m* пантеи́зм [тэ] 2
Panther *m* пантéра 6
Pantine *f* деревя́нный башмáк 2e
Pantoffel *m* домáшняя тýф|ля 11-7 *G Pl* -ель | unter dem ~ stehen быть* под башмакóм у жены́; **~held** *m* муж 2 *Pl* -ья́| -éй| -ья́м| находя́щийся 11 под башмакóм у жены́
Panto|graph *m* пантóграф 2; **~letten** *f Pl* пантолéты *Pl* 6; **~mime** *f* пантоми́ма 6
Panzer *m* Rüstung; der Schildkröte пáнцирь 1; *Mil* танк 2
Panzerabwehr *f* противотáнковая оборóна 6; **~kanone** *f* противотáнковая пýшка; **~rakete** *f* противотáнковая ракéта
Panzer|büchse *f* противотáнковый гранатомёт 2; **~faust** *f* фаустпатрóн 2; **~graben** *m* противотáнковый ров; **~kreuzer** *m* броненóсный крéйсер
panzern *tr* брони́ровать *uv, v* 2
Panzer|platte *f* броневáя плитá 6; **~schrank** *m* сейф 2; **~soldat** *m* танки́ст 2; **~spähwagen** *m* броневи́к 2e, бронеавтомоби́ль 1; **~sperre** *f* противотáнковое заграждéние; **~truppen** *f Pl* бронетáнковые войскá; **~ung** *f* брон|я́ 7 *G Pl* -éй; Tätigkeit брони́рование 5; **~zug** *m* бронепóезд 2b *Pl* -á
Päonie *f Bot* пиóн 2
Papa *m* пáпа *m* 6
Papagei *m* попугá|й 1 *G Pl* -ев
Paperback *n* кни́га 6 в мя́гком переплёте
Papier *n* бумáга 6; *meist Pl* Urkunde докумéнт 2; Ausweis удостоверéние 5 | zu ~ bringen излагáть ⟨-ложи́ть 3⁺⟩ пи́сьменно; **~fabrik** *f* бумáжная фáбрика; **~geld** *n* бумáжные дéньги; **~handlung** *f* писчебумáжный магази́н 2; **~korb** *m* корзи́на для бумáг; **~krieg** *m* бумáжная волоки́та 6; **~schlange** *f* серпанти́н 2; **~schnitzel** *n Pl* бумáжные обрéзки *Pl* 2
Papp|band *m* цельнокартóнный переплёт 2; **~becher** *m* бумáжный стакáнчик 2
Pappe *f* картóн 2 | das ist nicht von ~! *umg* э́то не пустя́к!
Pappel *f* тóпол|ь 1b *Pl* -я́
pappen *intr* лепи́ться 3⁺
Pappenstiel *m*: das ist doch kein ~! *umg* э́то не пустя́к!
Papp|schachtel *f* картóнка 6; **~schnee** *m* ли́пкий снег
Paprika *m* крáсный (стручкóвый) пéр|ец| -ца 2; **~schote** *f* стручóк крáсного пéрца
Papst *m* (ри́мский) пáпа *m* 6 | päpstlicher als der ~ sein быть бóлее катóликом| чем сам пáпа
päpstlich пáпский
Papsttum *n* пáпство 4
Papyrus *m* папи́рус 2
Parabel *f Math* парáбола 6; *Lit* при́тча 6
parabolisch иносказáтел|ьный| -ен| -ьна; *Math* параболи́ческий
Parabolspiegel *m* параболи́ческий рефлéктор 2
Parade *f* Truppenschau парáд 2; Fechten парáд; Torwart~ пари́рование 5; **~beispiel** *n* показáтельный примéр; **~marsch** *m* торжéственный марш

Paradeuniform *f* пара́дная фо́рма
Paradies *n* рай 1ⁱ в раю́
paradiesisch ра́йский
Paradiesvogel *m* ра́йская пти́ца
Paradigma *n Gramm* паради́гма 6
paradox парадокса́л|ьный, -ен, -ьна
Paraffin *n* парафи́н 2; **~kerze** *f* парафи́новая свеча́
Paragraph *m* пара́граф 2, стат|ья́ 7 *G Pl* -е́й
Paragraphenreiter *m* сухо́й педа́нт 2, бюрокра́т 2
Paraguay Парагва́й 1; **~er** *m* парагва́|ец, -йца 2; **~erin** *f* парагва́йка 6
paraguayisch парагва́йский
Parallaxe *f* паралла́кс 2
parallel паралле́л|ьный, -ен, -ьна
Parallel|e *f* паралле́ль 9; **~ität** *f* паралле́льность 9
parallellaufend паралле́л|ьный, -ен, -ьна
Parallel|ogramm *n Math* параллелогра́мм 2; **~schaltung** *f El* паралле́льное включе́ние
Paralyse *f* парали́ч 2е *G Pl* -е́й
paralysieren *tr* парализова́ть *uv, v* 2
Paralytiker *m Med* парали́тик 2
paralytisch паралити́ческий
Parameter *m Math* пара́метр 2
paramilitärisch военизи́рованный; Ausbildung полувое́нный
Paranuß *f* ю́жно-америка́нский оре́х
paraphieren *tr* парафи́ровать *uv, v* 2
Parasit *m* парази́т 2
parasitär *Biol* парази́тный, паразити́ческий; *übertr* паразита́р|ный, -ен
parat гото́в|ый
Paratyphus *m* парати́ф 2
Pärchen *n* па́рочка 6
Pardon *m* Verzeihung проще́ние 5; Gnade поща́да 6 | ~! прости́те!, винова́т!
Parenthese *f* Klammern ско́бки *Pl* 6 | in ~ setzen заключ|а́ть ⟨-и́ть 3⟩ в ско́бки
Parfüm *n* духи́ *Pl* 2; **~erie** *f* парфюме́рия 8, магази́н 2 парфюме́рных това́ров; **~flasche** *f* флако́н 2 из-под духо́в
parfümieren *tr* души́ть 3⁺ (на-); wohlriechend machen ароматизи́ровать *uv, v* 2; sich ~ *refl* души́ться (на-) (духа́ми)
¹**parieren** *tr Sport* пари́ровать *uv, v* 2 (*a.* от-)
²**parieren** *intr* gehorchen слу́шаться *G*, повинова́ться *uv Prät a. v* 2 *D*
Paris Пари́ж 2
Parität *f* парите́т 2
paritätisch парите́тный | auf ~er Grundlage на парите́тных нача́лах
Park *m* парк 2; **~anlage** *f* парк 2
parken *tr* ста́в|ить 3 -лю (по-) маши́ну; *intr* стоя́ть 3 на стоя́нке | Parken verboten! стоя́нка воспрещена́!
Parkett *n* парке́т 2; *Theat* парте́р [тэ] 2; **~fußboden** *m* парке́тный пол; **~platz** *m* ме́сто в парте́ре
Park|leuchte *f Kfz* стоя́ночный ого́нь; **~lücke** *f* свобо́дное ме́сто для парко́вки маши́ны; **~platz** *m* ме́сто стоя́нки маши́ны | bewachter ≈ (пла́тная) охраня́емая стоя́нка 6; **~uhr** *f* стоя́ночные часы́; **~verbot** *n* запреще́ние стоя́нки; **~zeituhr** *f* парко́метр 2
Parlament *n* парла́мент 2; der FDJ съезд 2; **~är** *m* парламентёр 2; **~arier** *m* парламента́ри|й 1 *P* -и *G Pl* -ев
parlamentarisch парла́ментский
Parlaments|ausschuß *m* парла́ментская коми́ссия 8; **~delegation** *f* парла́ментская делега́ция; **~fraktion** *f* парла́ментская фра́кция
Parodie *f* паро́дия 8 (auf на *A*)
parodieren *tr* пароди́ровать *uv, v* 2
Parodontose *f* паради́нти́т 2, альвеоля́рная пиорре́я 7
Parole *f Mil* паро́ль 1; *Pol* ло́зунг 2
Partei *f* па́ртия 8; *Jur* im Prozeß сторона́ 6а | die streitenden ~en тя́жущиеся 11 сто́роны; j-s ~ ergreifen стать* *v* на чью-н. сто́рону; für (gegen) j-n ~ nehmen выступа́ть ⟨вы́ступ|ить 3 -лю⟩ за (про́тив) кого́-н.; **~abzeichen** *n* парти́йный значо́к; **~aktiv** *n* партакти́в 2
parteiamtlich парти́йный
Partei|arbeit *f* парти́йная рабо́та, партрабо́та 6; **~auftrag** *m* парти́йное поруче́ние 5; **~beitrag** *m* парти́йный взнос, партвзно́с 2; **~buch** *n* парти́йный биле́т 2, партбиле́т 2; **~büro** *n* парти́йное бюро́, партбюро́ *n idkl;* **~funktionär** *m* парти́йный рабо́тник, партрабо́тник 2; **~gänger** *m* сторо́нник 2 па́ртии; **~gruppe** *f* парти́йная гру́ппа, партгру́ппа 6; **~gruppenorganisator** *m* парти́йный организа́тор, партгрупо́рг 2
parteiisch пристра́ст|ный, -ен
Partei|konferenz *f* парти́йная конфере́нция, партконфере́нция 8; **~lehrjahr** *n* парти́йная учёба 6, партучёба 6; **~leitung** *f* Leitungsorgan парти́йное руково́дство
parteilich парти́йный
Parteilichkeit *f* парти́йность 9
parteilos беспарти́йный
Partei|loser *m* беспарти́йный *Subst* 10; **~mitglied** *n* член па́ртии; **~organ** *n* Leitungsorgan парти́йный о́рган; Zeitung печа́тный о́рган па́ртии; **~organisation** *f* парти́йная организа́ция, парторганиза́ция 8
parteipolitisch каса́ющийся 11 поли́тики па́ртии
Partei|schule *f* парти́йная шко́ла, партшко́ла 6; **~schulung** *f* парти́йное просвеще́ние 5; **~sekretär** *m* секрета́рь парти́йной организа́ции; **~tag** *m* съезд 2

па́ртии, партсъе́зд 2; **~- und Regierungsdelegation** *f* парти́йно-прави́тельственная делега́ция; **~verfahren** *n* персона́льное де́ло 4b; **~versammlung** *f* парти́йное собра́ние, партсобра́ние 5; **~zugehörigkeit** *f* принадле́жность к па́ртии, парти́йность 9
Parterre *n* пе́рвый эта́ж 2e *G Pl* -е́й; *Theat* парте́р [тэ] 2; **~wohnung** *f* кварти́ра на пе́рвом этаже́
Partie *f Spiel, Mus* па́ртия 8; Teil часть 9g I sie hat eine gute ~ gemacht она́ сде́лала хоро́шую па́ртию, она́ вы́годно вы́шла за́муж
partiell части́ч|ный, -ен
Partikel *f* части́ца 6
Partikularismus *m* партикуляри́зм 2
Partisan *m* партиз|а́н 2 *G Pl* -а́н
Partisanenkrieg *m* партиза́нская война́
Partitur *f* партиту́ра 6
Partizip *n* прича́стие 5
Partner *m* партнёр 2; *Wirtsch* компаньо́н 2; **~in** *f* партнёрша 6; **~stadt** *f* го́род-побрати́м 2-2
Party *f* вечери́нка 6, ве́чер 2b *Pl* -а́
Parzelle *f* (ме́лкий) уча́ст|ок, -ка 2 земли́
parzellieren *tr* парцелли́ровать *uv, v* 2, разбива́ть ⟨-|би́ть*, -обью́⟩ на (ме́лкие) уча́стки
Pasch *m* дубле́т 2
Paspel *f* кант 2
paspelieren *tr* обшива́ть ⟨-|ши́ть*, -ошью́⟩ ка́нтом
Paß *m* перева́л 2, го́рный прохо́д 2; Ausweis па́спорт 2b *Pl* -а́; Sport пас 2
passabel сно́с|ный, -ен
Passage *f* пасса́ж 2 *G Pl* -ей *a. Mus,* прохо́д 2
Passagier *m* пассажи́р 2 I blinder ~ безбиле́тный пассажи́р, за́|яц, -йца 2
Passant *m* прохо́жий *Subst* 11
Passat *m* пасса́т 2
Paßbild *n* фотогра́фия 8 для па́спорта
passen *intr* geeignet sein подходи́ть 3⁺ ⟨-о|йти́*⟩; gut sitzen быть* впо́ру; kleiden быть* к лицу́, идти́*; beim Kartenspiel пасова́ть 2 (с-) I das paßt nicht hierher э́то сюда́ не подхо́дит; das paßt mir nicht э́то меня́ не устра́ивает; die Handschuhe ~ nicht перча́тки не по руке́; **~d** **1.** *Adj* geeignet подходя́щий 11; schicklich прили́ч|ный, -ен; Gelegenheit, Zeit удо́б|ный, -ен; angebracht уме́ст|ный, -ен; Kleidung впо́ру **2.** *Adv* надлежа́щим о́бразом I ≈ machen Kleid u. ä. подгоня́ть ⟨подо|гна́ть*, подгоню́, подо́гнанный⟩
Paßgang *m* и́ноходь 9
passierbar проходи́м:ый
passieren *tr* vorbeigehen an проходи́ть 3⁺ -хожу́ ⟨-|йти́*⟩ *A oder* че́рез *A;* vorbeifahren проезжа́ть ⟨-|е́хать*⟩ *A oder* че́рез *A;* überqueren пересека́ть ⟨-|се́чь*⟩; durch ein Sieb streichen протира́ть ⟨-|тере́ть*⟩ (че́рез си́то); *intr* sich ereignen случ|а́ться ⟨-и́ться 3⟩ I was ist hier passiert? что здесь случи́лось [произошло́]?; j-n ~ lassen пропу|ска́ть ⟨-сти́ть 3⁺ -щу́⟩ кого́-н.
Passierschein *m* про́пуск 2b *Pl* -а́
Passion *f* страсть 9g, увлече́ние 5 *I*
passioniert стра́ст|ный, -ен, -на!
passiv пасси́в|ный, -ен; *Gramm* страда́тельный
Passiv *n* страда́тельный зало́г 2; **~ität** *f* пасси́вность 9
Paß|kontrolle *f* контро́ль паспорто́в; **~stelle** *f* па́спортный отде́л 2
paß- und visafrei: ~er Reiseverkehr безви́зовое сообще́ние
Passus *m* im Text пункт 2
Paste *f* па́ста 6
Pastell *n* пасте́ль [тэ] 9; **~farben** *f Pl* пасте́льные кра́ски [тона́ 2b]; **~malerei** *f* пасте́льная [тэ] жи́вопись
Pastete *f* паште́т 2; mit einer Füllung пиро́г 2e, кулебя́ка 6; kleine пирож|о́к, -ка́ 2
Pastille *f* лепёшка 6, пасти́лка 6
Pastor *m* па́стор 2
Pate *m* крёстный *Subst* 10; Betrieb, Organisation шеф 2 *meist Pl*
Paten|betrieb *m* предприя́тие-шеф 5-2, ше́фствующее 11 (над кем-н.) предприя́тие; unter Patenschaft stehend подше́фное предприя́тие; **~brigade** *f* ше́фствующая 11 над кем-н. брига́да; **~kind** *n* Junge кре́стник 2, кре́стный сын 2 *Pl* сынов|ья́, -е́й, -ья́м; Mädchen кре́стница 6, крёстная дочь, до́чери 9g; **~klasse** *f* подше́фный класс; **~schaft** *f* ше́фство 4 I die ≈ über etw. ausüben ше́фствовать 2 над чем-н.; die ≈ über etw. übernehmen брать* ⟨взять*⟩ ше́фство над чем-н.
Paten|schaftsvertrag *m* догово́р о ше́фстве; **~schule** *f* подше́фная шко́ла
patent молодцева́т:ый; geschickt ло́в|кий, -ок, -ка́!, -че I ein ~er Kerl молод|е́ц, -ца́ 2
Patent *n* пате́нт 2; Urkunde свиде́тельство 4 на зва́ние *G;* **~amt** *n* пате́нтное ве́домство 4
patentieren *tr* патентова́ть 2 (за-)
Patent|inhaber *m* облада́тель 1 пате́нта; **~lösung** *f* гото́вое реве́ние **~schutz** *m* охра́на пате́нтных прав
Paternoster *m* патерно́стер 2
pathetisch патети́ческий [тэ]
Pathologie *f* патоло́гия 8
pathologisch патологи́ческий
Pathos *n* па́фос 2
Patient *m* пацие́нт 2, больно́й *Subst* 10
Patriarch *m* патриа́рх 2

patriarchalisch патриарха́л|ьный, -ен, -ьна
Patriot *m* патрио́т 2
patriotisch патриоти́ческий
Patriotismus *m* патриоти́зм 2
Patrizier *m* патри́ци|й 1 *Pl* -и, -ев
Patrone *f Mil, Tech* патро́н 2; Film кассе́та 6 | scharfe ~ боево́й патро́н
Patronen|gürtel *m* патронта́ш 2 *G Pl* -е́й; ~**hülse** *f* патро́нная ги́льза; ~**tasche** *f* подсу́м|ок, -ка 2
Patrouille *f Mil* патру́ль 1e, дозо́р 2; Streife разъе́зд 2
patroullieren *intr* патрули́ровать *uv, v* 2
patschen *intr* хло́п|ать ⟨-нуть 4⟩
Patte *f* Ärmelaufschlag отворо́т 2; an Tasche кла́пан 2
patzig надме́н|ный, -ен, -на, де́рз|кий, -ок, -ка́! | komm mir nicht so ~! сбавь тон!
Pauke *f* лита́вры *Pl* 6
pauken *intr* бить* в лита́вры; *übertr umg* зубри́ть 3 зу́бри́шь
Paukenschläger *m* литаври́ст 2
Pauker *m Mus* литаври́ст 2; *umg* учи́тель 1
pausbäckig толстощёк:ий
pauschal *Adv* целико́м, в о́бщем и це́лом
Pauschale *f,* **Pauschalsumme** *f* пау-ша́льная су́мма
[1]**Pause** *f* па́уза 6 *a. Mus;* Unterricht переры́в 2, переме́на 6; Theater, Konzert антра́кт 2 | in der ~ Schule в переры́ве, на переме́не
[2]**Pause** *f* Kopie ка́л|ька 6 *G Pl* -ек
pausen *tr* кальки́ровать *uv, v* 2
Pausengymnastik *f* произво́дственная гимна́стика
pausenlos **1.** *Adj* беспреры́в|ный, -ен **2.** *Adv* без передышки
Pausenzeichen *n Rad* позывны́е *Subst Pl* 10 (передава́емые во вре́мя па́узы)
pausieren *intr* де́лать (с-) па́узу; sich ausruhen отдыха́ть ⟨-дохну́ть 4⟩
Pauspapier *n* чертёжная ка́л|ька 6 *G Pl* -ек
Pavian *m* павиа́н 2
Pavillon *m* павильо́н 2
Pazifik Ти́хий океа́н 2
Pazif|ismus *m* пацифи́зм 2; ~**ist** *m* пацифи́ст 2
pazifistisch пацифи́стский
Pech *n* смола́ 6c; *übertr* неуда́ча 6 | er hat ~ ему́ не везёт; ~**blende** *f* ура́новая смоляна́я обма́нка; ~**draht** *m* дра́тва 6; ~**kohle** *f* смоли́стый у́голь; ~**nelke** *f Bot* смо́лка 6
pechschwarz чёрный как смоль
Pech|strähne *f* полоса́ 6 неуда́ч; ~**vogel** *m umg* неуда́чник 2 | er ist ein ≈ ему́ ве́чно не везёт
Pedal *n* педа́ль 9 | das ~ treten нажима́ть ⟨-|жа́ть[1]*⟩ на педа́ль
Pedant *m* педа́нт 2; ~**erie** *f* педанти́зм 2, педанти́чность 9
pedantisch педанти́ч|ный, -ен
Pediküre *f* педикю́р 2
pediküren *tr* де́лать (с-) педикю́р | sich ~ lassen де́лать (с-) себе́ педикю́р
Pegel *m* футшто́к 2, водоме́рная ре́йка 6
peilen *intr* пеленгова́ть (за-)
Peil|station *f* (радио)пеленга́торная ста́нция; ~**ung** *f* пеленга́ция 8, пе́ленг 2
Pein *f* муче́ние 5, му́ка 6
peinigen *tr* му́чить 3 (за-, из-), терза́ть
Peiniger *m* мучи́тель
peinlich unangenehm неприя́т|ный, -ен; bedrückend нело́в|кий, -ок, -ка́!; genau педанти́ч|ный, -ен
Peinlichkeit *f* unangenehmes Gefühl неприя́тность 9; unangenehme Lage нело́вкость 9
Peitsche *f* бич 2e *G Pl* -е́й, кнут 2e; Reit~ хлыст 2e
peitschen *tr* сечь*, бить* (кнуто́м), хлеста́ть* ⟨хлестну́ть *mom* 4⟩ | der Regen peitscht ans Fenster дождь бьёт [хле́щет] в окно́
Peking Пеки́н 2
pekuniär де́нежный
Pelargonie *f* пеларго́ния 8
Pelerine *f* пелери́на 6
Pelikan *m* пелика́н 2
Pelle *f* Kartoffel шелуха́ 6; Wurst ко́жица 6; шку́рка 6
pellen *tr* снима́ть ⟨снять*⟩ шелуху́, чи́|стить 3 -щу (о-)
Pellkartoffel *f* карто́фель 1 в мунди́ре
Pelz *m* мех 2b; на меху́; Balg шку́ра 6; Mantel шу́ба 6; ~**futter** *n* мехова́я подкла́дка 6; ~**kragen** *m* мехово́й воротни́к; ~**mantel** *m* шу́ба 6, мехово́е пальто́; ~**mütze** *f* мехова́я ша́пка; ~**stiefel** *m* у́нта 6
Pelztier *n* пушно́й зверь; ~**farm** *f* фе́рма 6 для разведе́ния пушны́х звере́й; ~**jäger** *m* охо́ник 2 на пушны́х звере́й; ~**zucht** *f* пушно́е зверово́дство 4
Pelzwerk *n* пушни́на 6, меха́ *Pl* 2b
Pendel *n* ма́ятник 2; ~**ausschlag** *m* амплиту́да 6 колеба́ний ма́ятника; ~**bewegung** *f* колеба́тельное движе́ние
pendeln *intr* кача́ться; Verkehrsmittel курси́ровать 2
Pendel|schwingung *f* колеба́ние ма́ятника; ~**tür** *f* дверь, открыва́ющаяся 11 в о́бе сто́роны; ~**uhr** *f* часы́ с ма́ятником; ~**verkehr** *m* курси́рование 5 тра́нспорта ме́жду двумя́ пу́нктами, челно́чное тра́нспортное сообще́ние
penetrant Geruch ре́з|кий, -ок, -ка́!
penibel педанти́ч|ный, -ен
Penicillin *n* пеницилли́н 2

Penis *m* мужско́й полово́й член 2
Pension *f* Ruhegehalt пе́нсия 8; Kost und Wohnung; kleines Hotel пансио́н | mit voller ~ с по́лным пансио́ном
pensionieren *tr* увольня́ть ⟨уво́лить 3⟩ кого́-н. на пе́нсию; sich ~ lassen у|йти́* на пе́нсию
Pensum *n* Aufgabe зада́ние 5; Arbeitsumfang програ́мма 6
per *Präpos* на *P*, по *D;* че́рез *A* | ~ Bahn по желе́зной доро́ге; ~ Post по́чтой, по по́чте; ~ Eilboten с на́рочным, че́рез на́рочного
perfekt 1. *Adj* соверше́н|ный, -ен, -на; abgeschlossen заключённый | in Stenografie ~ sein в соверше́нстве владе́ть стеногра́фией; das Abkommen ist ~ соглаше́ние заключено́ **2.** *Adv:* ~ deutsch sprechen отли́чно говори́ть по-неме́цки
Perfekt *n* перфе́кт 2
perfide кова́р|ный, -ен, по́дл:ый, -á!
Perfidie *f* кова́рство 4, по́длость 9
perforieren *tr* перфори́ровать *uv, v* 2
Pergament *n* перга́мент 2; **~papier** *n* перга́мент 2, перга́ментная бума́га; **~rolle** *f* перга́ментный сви́т|ок, -ка 2
Periode *f* пери́од 2; *Med* менструа́ция 8
Periodensystem *n* периоди́ческая систе́ма | ~ der Elemente периоди́ческая систе́ма элеме́нтов
periodisch периоди́ческий | ~e Schriften перио́дика 6, периоди́ческие изда́ния 5
Peripherie *f Math* Grenzgebiet перифе́рия 8; einer Stadt окра́ина 6
Periskop *n* periско́п 2
Perle *f* echte жемчу́жина 6 *a. übertr;* Glas~ би́серин(к)а 6, бу́син(к)а 6; ~n *Pl* же́мчуг 2b *Pl* -á; Glasperlen бу́сы *Pl* 6, би́сер 2 *Koll*
perlen *intr* Wein игра́ть, и́скриться 3; tropfen течь*, ка́п|ать 1 *u.* -лет ⟨-нуть *mom* 4⟩ | der Schweiß perlte auf seiner Stirn ка́пли по́та вы́ступили у него́ на лбу
Perlen|fischer *m* иска́тель 1 же́мчуга; **~kette** *f* жемчу́жное ожере́лье; **~schnur** *f* ни́тка 6 же́мчуга
Perl|graupe *f* перло́вая крупа́; **~huhn** *n* цеса́рка 6; **~muschel** *f* жемчу́жница 6; **~mutt** *n* перламу́тр 2
permanent Entwicklung перманéнт|ный, -ен, непреры́в|ный, -ен; Sorge постоя́нный
Perpendikel *m* Uhr ма́ятник 2
Perpetuum mobile *n* перпе́туум-мо́биле *n idkl*
perplex озада́ченный
Persianer *m* кара́куль 1; Mantel кара́кулевая шу́ба
persisch перси́дский
Person *f* челове́к 2; *Gramm, Jur* лицо́ 4c; bedeutende, hochgestellte ли́чность 9; Frau осо́ба *meist iron* 6; *Theat* де́йствующее 11 лицо́; Roman персона́ж 2 | Mittagessen für zehn ~en обе́д на де́сять челове́к; pro ~ за [на] челове́ка; die Familie besteht aus vier ~en семья́ состои́т из четырёх челове́к; ich für meine ~ что каса́ется меня́; in eigener ~ со́бственной персо́ной; sie ist die Liebenswürdigkeit in ~ она́ сама́ любе́зность
Personal *n* персона́л 2; **~abbau** *m* сокраще́ние 5 шта́тов; **~akte** *f* ли́чное де́ло 4b; **~ausweis** *m* па́спорт 2b Pl -á; **~bogen** *m* анке́та 6 ли́чности
Personalien *Pl* биографи́ческие да́нные *Subst Pl* 10
Personalpronomen *n* ли́чное местоиме́ние
Personen|beförderung *f* перево́зка пассажи́ров; **~beschreibung** *f* описа́ние ли́чности; **~kennzahl** *f* ли́чный но́мер 2b *Pl* -á; **~kraftwagen** *m* легково́й автомоби́ль, легкова́я (авто)маши́на; **~kult** *m* культ ли́чности; **~stand** *m* гражда́нское состоя́ние ли́чности; **~standsregister** *n* за́пись 9 а́ктов гражда́нского состоя́ния; **~verkehr** *m* пассажи́рское сообще́ние; **~wagen** *m* Eisenbahn пассажи́рский ваго́н; **~zug** *m* пассажи́рский по́езд
personifizieren *tr* олицетворя́ть ⟨-и́ть 3⟩, персонифици́ровать *uv, v* 2
Personifizierung *f* олицетворе́ние 5, персонифика́ция 8
persönlich ли́чный; eigen со́бственный | in ~er Angelegenheit по ли́чному де́лу; ~es Eigentum *Jur* ли́чная со́бственность; ~es Fürwort ли́чное местоиме́ние; ~e Meinung ли́чное мне́ние; j-n ~ kennen быть* ли́чно знако́мым с кем-н.
Persönlichkeit *f* ли́чность 9; Wesen индивидуа́льность 9 | führende ~en des Staates руководя́щие де́ятели 11-*Pl* 1 госуда́рства; eine ~ des öffentlichen Lebens обще́ственный де́ятель
Perspektive *f* перспекти́ва 6
perspektivisch перспекти́вный
Perspektiv|plan *m* перспекти́вный план; **~zeitraum** *m* перспекти́вный пери́од
Peru Пе́ру *n idkl;* **~aner** *m* перуа́н|ец, -ца 2; **~anerin** *f* перуа́нка 6
peruanisch перуа́нский
Perücke *f* пари́к 2e
pervers извращ|ённый, -ён, -ена́
Pessimis|mus *m* пессими́зм 2; **~t** *m* пессими́ст 2
pessimistisch пессимисти́ческий, пессимисти́ч|ный, -ен
Pest *f Med* чума́ 6; *übertr* зара́за 6 | j-n wie die ~ meiden бежа́ть* от кого́-н. как от чумы́; hier stinkt es wie die ~ здесь невыноси́мая вонь; **~beule** *f* чумно́й бубо́н 2

pestkrank больно́й чумо́й
Pestkranker *m* больно́й *Subst* 10 чумо́й
Petersilie *f* петру́шка 6
Petition *f* пети́ция 8
Petrolchemie *f* нефтехи́мия 8
Petroleum *n* кероси́н 2; ~**kocher** *m* кероси́нка 6; ~**lampe** *f* кероси́новая ла́мпа
Petschaft *f* печа́ть 9
Petunie *f* петýн|ья 7 *G Pl* -ий
petzen *intr umg* доноси́ть 3⁺ -ношу́ ⟨-|нести́*⟩
Pfad *m* тропа́ 6h; *übertr* пут|ь *m* 9e *I* -ём; ~**finder** *m* бойска́ут 2
Pfaffe *m umg* поп 2e
Pfahl *m* кол 2e *Pl* ко́ль|я| -ев 1; Stütze für Bauwerke сва́я 7, столб 2e; ~**bauten** *m Pl* сва́йные постро́йки *Pl* 6; ~**wurzel** *f* гла́вный [стержнево́й] ко́рень; ~**zaun** *m* частоко́л 2, тын 2
Pfand *n* зало́г 2; im Spiel фант 2 | etw. als [zum] ~ geben дать что-н. в ка́честве зало́га; etw. als ~ zurücklassen оставля́ть ⟨оста́в|ить 3 -лю⟩ что-н. в зало́г; etw. gegen ~ leihen дать что-н. под зало́г
pfändbar подлежа́щий 11 наложе́нию аре́ста
Pfandbrief *m* закладна́я *Subst* 10
pfänden *tr Jur* опи́сывать ⟨-|писа́ть*⟩ иму́щество | ~ lassen налага́ть ⟨-ложи́ть 3⁺⟩ аре́ст (на иму́щество)
Pfänderspiel *n* игра́ в фа́нты
Pfand|haus *n* ломба́рд 2; ~**leiher** *m* залогодержа́тель 1; ~**schein** *m* ломба́рдная квита́нция 8, зало́говое свиде́тельство 4
Pfändung *f* (суде́бная) о́пись 9 иму́щества
Pfändungsbefehl *m* прика́з о наложе́нии аре́ста; vollstreckbare Ausfertigung исполни́тельный лист 2e
Pfanne *f* Brat~ сковорода́ 6e *Pl* ско́вороды; *Tech* лите́йный ковш 2e *G Pl* -е́й | in der ~ braten жа́рить на сковороде́
Pfannkuchen *m* Eierkuchen бли́нчик 2; gefüllter по́нчик 2
Pfarr|ei *f* Pfarrhaus прихо́дский дом 2b *Pl* -á; protestantische дом па́стора; ~**er** *m* свяще́нник 2; protestantischer па́стор 2; ~**kirche** *f* прихо́дская це́рковь
Pfau *m* павли́н 2
Pfauenauge *n Zool* павлиногла́зка 6
Pfeffer *m* пе́р|ец| -ца 2 *G a.* -цу | ~ ins Essen tun добавля́ть ⟨доба́в|ить 3 -лю⟩ в еду́ пе́рцу; geh hin wo der ~ wächst убира́йся к чёрту на кули́чки; ~**kuchen** *m* пря́ник 2; ~**minze** *f* мя́та пе́речная
pfeffern *tr* пе́рчить 3 (на-)
Pfeife *f* Signal свист|о́к| -ка́ 2; Schalmei ду́дка 6; Tabaks~ тру́бка 6; Orgel~ труба́ 6c | nach j-s ~ tanzen пляса́ть под чью-н. ду́дку
pfeifen *tr u. intr* свиста́ть*, сви|сте́ть 3 -щу́ ⟨сви́стнуть *mom* 4⟩; vor sich hin насви́стывать; auf etw. плева́ть* (на-; плю́нуть *mom* 4) | er pfeift darauf ему́ наплева́ть на э́то
Pfeifer *m* свисту́н 2e
Pfeil *m* стрела́ 6c
Pfeiler *m* Brücke бык 2e, усто́|й 1 *G Pl* -ев; Stütze опо́ра; Säule столб 2e, коло́нна 6; Wand~ пиля́стра 6
pfeil|förmig стреловид|ный| -ен; ~**schnell** **1.** *Adj* бы́стрый как стрела́ **2.** *Adv* стрело́й
Pfennig *m* пфе́нниг 2 | er hat keinen ~ Geld у него́ нет ни гроша́; ~**fuchser** *m* скря́га *m, f* 6
Pferch *m* заго́н 2
pferchen *tr* загоня́ть ⟨-|гнать*⟩; *übertr* набива́ть ⟨-|би́ть*⟩ (битко́м)
Pferd *n* ло́шадь 9g *I Pl* -ми́; *Sport* (гимнасти́ческий) конь 1e *Pl* ко́ни | zu ~e верхо́м; sich aufs ~ schwingen вскочи́ть 3⁺ на ло́шадь; ~**chen** *n* лоша́дка 6, кон|ёк| -ька́ 2
Pferde|bahn *f* ко́нка 6; ~**decke** *f* попо́на 6; ~**dieb** *m* конокра́д 2; ~**fleisch** *n* кони́на 6; ~**fliege** *f* слеп|е́нь| -ня́ 1; ~**fuhrwerk** *n* ко́нная [гужева́я] пово́зка 6, подво́да 6; ~**futter** *n* фура́ж 2e; ~**geschirr** *n* сбру́я 7, у́пряжь 9; ~**herde** *f* табу́н 2e (лошаде́й); ~**kur** *f umg* лече́ние лошади́ными до́зами; ~**rennen** *n* бега́ *Pl* 2, ска́чки *Pl* 6; ~**schwanz** *m* лошади́ный хвост; Frisur ко́нский хвост; ~**stall** *m* коню́ш|ня 7 *G Pl* -ен; ~**stärke** *f* (*Abk* PS) лошади́ная си́ла (*Abk* лс); ~**wagen** *m* теле́га 6; ~**zucht** *f* конево́дство 4; von Rassepferden коннозаво́дство 4
Pfiff *m* свист 2, свист|о́к| -ка́ 2
Pfifferling *m* лиси́чка 6 | keinen ~ wert sein ло́маного гроша́ не сто́ить
pfiffig хи́т|рый| -ёр| -ра́!, ло́в|кий| -ок| -ка́!
Pfingsten *n* тро́ица 6
Pfingst|rose *f* пио́н 2; ~**sonntag** *m* тро́ицын день 13-1 дня
Pfirsich *m*, ~**baum** *m* пе́рсик 2
Pflanze *f* расте́ние 5
pflanzen *tr* сажа́ть ⟨поса|ди́ть 3⁺ -жу́⟩, сади́ть (по-)
Pflanzen|bau *m* растениево́дство 4; ~**faser** *f* расти́тельное волокно́; ~**fett** *n* расти́тельный жир; ~**fresser** *m* растительноя́дное живо́тное *Subst* 10; ~**kunde** *f* бота́ника 6; ~**öl** *n* расти́тельное ма́сло; ~**reich** *n* расти́тельный мир; ~**schädling** *m* вреди́тель 1 расте́ний
Pflanzenschutz *m* защи́та расте́ний; ~**mittel** *n Pl* ядохимика́ты *Pl* 2 (для защи́ты расте́ний)
Pflanzen|welt *f* расти́тельный мир; eines Gebietes расти́тельность 9; ~**wuchs** *m* вегета́ция 8

Pflanzholz *n* сажа́льный кол 2e ко́ль|я| -ев| -ям
pflanzlich расти́тельный
Pflanzung *f* Pflanzen поса́дка 6; Anlage планта́ция 8
Pflaster *n Med* пла́стырь 1; Straße мостова́я *Subst* 10 | diese Stadt ist ein teures ~ жизнь в э́том го́роде дорога́я
Pflasterer *m* мостовщи́к 2e
pflastern *tr* Straße мо|сти́ть 3 -щу́ (вы́-, за-)
Pflaster|stein *m* булы́жник 2; **~ung** *f* моще́ние 5
Pflaume *f* сли́ва 6
Pflaumen|baum *m* сли́ва 6; **~kern** *m* сли́вовая ко́сточка; **~kompott** *n* компо́т из слив; **~mus** *n* пови́дло 4 из слив
Pflege *f* ухо́д 2 за *I;* Beaufsichtigung присмо́тр 2; Fürsorge забо́та 6 о *P a. übertr,* попече́ние 5 | in ~ geben отда́ть* *v* на попече́ние
pflegebedürftig нужда́ющийся 11 в ухо́де
Pflege|eltern *Pl* приёмные роди́тели; **~heim** *n* дом (-интерна́т) 2(-2) для инвали́дов; **~kind** *n* приёмный ребёнок
pflegeleicht тре́бующий 11 ма́ло ухо́да, не тре́бующий осо́бого ухо́да
Pflegemutter *f* приёмная мать
pflegen *tr* уха́живать за *I;* sich kümmern um забо́|титься 3 -чусь о *P;* Fingernägel, Haut уха́живать за *I,* сле|ди́ть за *I; intr:* etw. zu tun ~ име́ть обыкнове́ние [привы́чку] де́лать что-н.; Kontakte ~ подде́рживать конта́кт
Pfleger *m Med* санита́р 2; **~in** *f* санита́рка 6, сиде́лка 6
Pflegevater *m* приёмный оте́ц
pfleglich стара́тел|ьный| -ен| -ьна, забо́тливый
Pflicht *f* долг 2b, обя́занность 9; Turnen обяза́тельное упражне́ние 5; Eislauf обяза́тельная програ́мма | es für seine ~ halten счита́ть ⟨счесть*⟩ свои́м до́лгом; zur ~ machen вмен|я́ть ⟨-и́ть 3⟩ в обя́занность; seiner ~ j-m gegenüber nachkommen исполня́ть ⟨-по́лнить 3⟩ свой долг пе́ред кем-н.; **~ablieferung** *f Landw* обяза́тельная поста́вка
pflicht|bewußt сознаю́щий 11 свой долг; **~eifrig** стара́тел|ьный| -ен| -ьна, о́чень усе́рд|ный| -ен
Pflicht|erfüllung *f* исполне́ние до́лга; **~fach** *n* обяза́тельный предме́т; **~gefühl** *n* чу́вство до́лга
pflicht|gemäß 1. *Adj* до́лжный **2.** *Adv* по до́лгу слу́жбы, по обя́занности; **~treu** ве́рный (своему́) до́лгу; **~ vergessen** забы́вший 11 (свой) долг
Pflock *m* ко́лыш|ек| -ка 2, кол 2e *Pl* ко́ль|я| -ев| -ям
pflücken *tr* рвать*, собира́ть ⟨-|бра́ть*⟩
Pflug *m* плуг 2b
pflügen *tr u. intr* паха́ть* (вс-)
Pflügen *n* па́хота 6, вспа́шка 6
Pflugschar *f* леме́х 2e *Pl* -а́
Pforte *f* воро́та *Pl* 4; Garten~ кали́тка 6
Pförtner *m* привра́тник 2
Pfosten *m* столб 2e; Tür~ кося́к 2e; *Sport* сто́йка 6 воро́т, бокова́я шта́нга 6
Pfötchen *n* ла́пка 6
Pfote *f* ла́па 6; schlechte Schrift *umg* скве́рный по́черк 2
Pfriem *m* ши́ло 4 *Pl* ши́ль|я| -ев
pfropfen *tr* Flasche заку́пор|ивать ⟨-ить 3⟩; *Bot* привива́ть ⟨-|ви́ть*⟩; vollstopfen набива́ть ⟨-|би́ть*⟩
Pfropfen *m* про́бка 6, вту́лка 6; Watte тампо́н 2, ва́тная про́бка
Pfropf|messer *n* приви́вочный [окулиро́вочный] нож; **~reis** *n* приво́й 1; **~ung** *f* приви́вка 6
Pfuhl *m* лу́жа 6, боло́то 4
Pfühl *m* пери́на 6, пухови́к 2e
Pfund *n* фунт 2 a. engl. Geld | ein ~ Sterling фунт сте́рлингов
pfundweise *Adv* фу́нтами
pfuschen *intr* пло́хо рабо́тать, халту́рить 3 | j-m ins Handwerk ~ *umg* по́р|тить 3 -чу (ис-) кому́-н. де́ло, вме́шиваться в чьи-н. дела́
Pfuscher *m* халту́рщик 2; **~ei** *f* халту́ра 6
Pfütze *f* лу́жа 6
Phänomen *n* фено́мен 2
Phantasie *f* фанта́зия 8, воображе́ние 5 | blühende ~ пы́лкое воображе́ние
phantasieren *intr* фантази́ровать 2; erdichten выду́мывать ⟨вы́думать⟩; träumen мечта́ть о *P; Med* бре́|дить 3 -жу
Phantast *m* мечта́тель 1, фанта́ст 2
phantastisch фантасти́ческий
Phantom *n* привиде́ние 5, фанто́м 2
Pharisäer *m* фарисе́|й 1 *G Pl* -ев *a. übertr*
Pharma|kologie *f* фармаколо́гия 8; **~zeut** *m* фармаце́вт 2; **~zie** *f* фармаце́втика 6
Phase *f* фа́за 6
Phenol *n* фено́л 2
Philantrop *m* филантро́п 2
philantropisch филантропи́ческий
Philatel|ie *f* филатели́я [тэ] 8; **~ist** *m* филатели́ст [тэ] 2
Philharmonie *f* филармо́ния 8
Philippin|en *Pl* Филиппи́нские острова́ *Pl* 2b; Staat Филиппи́ны *Pl* 6; **~er** *m* филиппи́н|ец| -ца 2; **~erin** *f* филиппи́нка 6
philippinisch филиппи́нский
Philister *m* фили́стер 2, обыва́тель 1
philisterhaft фили́стерский, обыва́тельский
Philolog|e *m* фило́лог 2; **~ie** *f* филоло́гия 8
philologisch филологи́ческий
Philosoph *m* фило́соф 2; **~ie** *f* филосо́фия 8

philosophieren *intr* филосо́фствовать 2
philosophisch филосо́фский
Phjòngjang Пхеньян 2
Phlegma *n* фле́гма 6, флегмати́чность 9
phlegmatisch флегмати́ческий, флегмати́ч|ный, -ен
Phlegmone *f* флегмо́на 6
Phon *n* фон 2
Phonetik *f* фоне́тика [нэ] 6
phonetisch фонети́ческий [нэ]
Phon|ologie *f* фоноло́гия 8; **~stärke** *f* у́ров|ень, -ня 1 гро́мкости
Phosphat *n* фосфа́т 2
Phosphor *m* фо́сфор 2; **~eszenz** *f* фосфоресце́нция 8
phosphoreszieren *intr* фосфоресци́ровать 2
Phosphorsäure *f* фо́сфорная кислота́
Phrase *f* фра́за 6 | ~n dreschen пустосло́в|ить 3 -лю
Phrasendrescher *m* фразёр 2
Phraseologie *f* фразеоло́гия 8
phraseologisch фразеологи́ческий
Physik *f* фи́зика 6
physikalisch физи́ческий
Physiker *m* фи́зик 2
Physio|gnomie *f* физионо́мия 8; **~logie** *f* физиоло́гия 8
physiologisch физиологи́ческий
physisch физи́ческий
Pianino *n* пиани́но *n idkl*
Pianist *m* пиани́ст 2
Piano *n*, **~forte** *n* фортепья́но [тэ] *n idkl*
Pickel *m* Hacke кирка́ 6, моты́га 6; *Med* прыщ 2e *G Pl* -е́й
pickelig прыща́в:ый
picken *tr u. intr* клева́ть* ⟨клю́нуть *mom* 4⟩
Picknick *n* пикни́к 2e
piekfein *umg* шика́р|ный, -ен, элега́нт|ный, -ен
Piepmatz *m* птен|е́ц, -ца́ 2
piep[s]en *intr* пища́ть 3 ⟨пи́скнуть *mom* 4⟩
Pier *m Mar* пирс 2
Pietät *f* пиете́т [тэ] 2, почте́ние 5
pietät|los непочти́тел|ьный, -ен, -ьна; **~voll** почти́тел|ьный, -ен, -ьна
Pietismus *m* пиети́зм [иэ] 2
Piezoelektrizität *f* пьезоэлектри́чество 4
Pigment *n Biol* пигме́нт 2
[1]**Pik** *n* Spielkarte пи́ки *Pl* 6 | ~ ist Trumpf пи́ки ко́зыри
[2]**Pik** *m* Bergspitze пик 2
[3]**Pik** *m:* einen ~ auf j-n haben затаи́ть *v* 3 зло́бу про́тив кого́-н., име́ть зуб на кого́-н.
pikant пика́нт|ный, -ен
Pike *f* пи́ка 6 | etw. von der ~ auf erlernen начина́ть ⟨нача́ть*⟩ слу́жбу с низо́в
Pikee *m* Stoff пике́ *n idkl*
pikieren *tr Bot* пики́ровать *uv, v* 2, выса́живать ⟨вы́са|дить 3 -жу⟩ се́янцы
Pikkolo *m* учени́к-ке́льнер 2e–2; **~flöte** *f* фле́йта-пи́кколо 6-*n idkl*
Pilaster *m Bauw* пиля́стра 6
Pilger *m* пало́мник 2
pilgern *intr* пало́мничать
Pille *f* пилю́ля 7 | die ~ nehmen принима́ть противозача́точную табле́тку
Pilot *m Flugw* пило́т 2; *Mar* шту́рман 2, ло́цман 2
Pils(ner) *n* пи́льзенское пи́во 4
Pilz *m* гриб 2e | ~e suchen хо|ди́ть 3⁺ -жу́ за гриба́ми [по грибы́]; **~sammler** *m* сбо́рщик грибо́в; **~vergiftung** *f* отравле́ние гриба́ми
Pinguin *m* пингви́н 2
Pinie *f* пи́ния 8, италья́нская сосна́ 6c *G Pl* со́сен
Pinne *f* Ruder~ ру́мпель 1; kleiner Nagel шпи́лька 6, гво́здик 2
Pinscher *m Zool* пи́нчер 2
Pinsel *m* кисть 9g | so ein (alberner) ~! *übertr* вот дура́к!
pinseln *tr u. intr* малева́ть 2
Pinselstrich *m* маз|о́к, -ка́ 2
Pinzette *f* пинце́т 2
Pionier *m* пионе́р 2; Mädchen пионе́рка 6; *Mil* сапёр 2; *Pl* инжене́рные войска́; *übertr* пионе́р | Junge ~e Ю́ные пионе́ры; **~arbeit** *f* in der Pionierorganisation пионе́рская рабо́та; Neuerertum пионе́рство 4; **~eisenbahn** *f* пионе́рская желе́зная доро́га; **~freundschaft** *f* пионе́рская дружи́на 6; **~gruppe** *f* пионе́рский отря́д 2, пионеротря́д 2; **~halstuch** *n* пионе́рский га́лстук; **~haus** *n* дом пионе́ров; **~lager** *n* пионе́рский ла́герь, пионерла́гер|ь 1b *Pl* -я́; **~leiter** *m* пионервожа́тый *Subst* 10; **~leiterin** *f* пионервожа́тая *Subst* 10; **~palast** *m* дворе́ц пионе́ров
Pipeline *f* трубопрово́д 2; Erdöl нефтепрово́д 2
Pipette *f* пипе́тка 6
Pirat *m* пира́т 2
Pirol *m Zool* и́волга 6
Pirouette *f* пируэ́т 2
Pirsch *f* охо́та 6 скра́дом
pirschen *intr* охо́|титься 3 -чусь; sich ans Wild anschleichen подкра́дываться ⟨-|кра́сться*⟩ к *D*
Pistazie *f Bot* фиста́шка 6
Piste *f Sport* тра́сса 6
Pistole *f* пистоле́т 2 | j-m die ~ auf die Brust setzen принужда́ть ⟨-ну́дить 3 -ну́жу⟩ кого́-н. си́лой к чему́-н.
Pistolentasche *f* пистоле́тная кобура́ 6
Pizza *f* пи́за 6
Plackerei *f umg* хло́поты, хлопо́т, хло́потам *Pl* 6
plädieren *intr Jur* произноси́ть 3⁺ -ношу́ ⟨-|нести́*⟩ речь (пе́ред судо́м); *übertr* выступа́ть ⟨вы́ступ|ить 3 -лю⟩ (für за *A*)

Plädoyer *n* речь 9g прокуро́ра пе́ред судо́м; речь защи́тника пе́ред судо́м
Plage *f* муче́ние 5, му́ка 6; Mühe хлопо́ты *Pl* 6; *übertr* бич 2e | wir haben unsere ~ mit ihm му́ка нам с ним; **~geist** *m* мучи́тель 1
plagen *tr* му́чить 3 (за-, из-); j-m lästig fallen надоеда́ть ⟨-|е́сть*⟩ *D;* sich ~ *refl* му́читься (за-, из-)
Plagiat *n* плагиа́т 2
Plakat *n* плака́т 2, афи́ша 6
plakatieren *tr* раскле́ивать ⟨-кле́ить 3⟩ плака́ты
Plakat|kunst *f* иску́сство плака́та; **~säule** *f* столб для объявле́ний [для афи́ш]
Plakette *f* Denkmünze (па́мятная) меда́ль 9; Abzeichen знач|о́к, -ка́ 2
Plan *m* план 2; Entwurf прое́кт [оэ] 2 | nach ~ arbeiten рабо́тать по пла́ну; über den ~ hinaus сверх пла́на; Pläne schmieden стро́ить 3 пла́ны; er trägt sich mit neuen Plänen он но́сится с но́выми пла́нами; **~aufgabe** *f* пла́новое зада́ние; **~disziplin** *f* пла́новая дисципли́на
Plane *f* брезе́нт 2; Überdachung наве́с 2 [тент [тэ] 2] из паруси́ны
planen *tr* плани́ровать 2 (за-), сост|авля́ть ⟨-а́вить 3 -а́влю⟩ план; Reise намеча́ть ⟨наме́|тить 3 -чу⟩, заду́м|ывать ⟨-ать⟩ | es wird geplant, die Sitzung am Abend durchzuführen предполага́ется устро́ить заседа́ние ве́чером
Planer *m* планови́к 2e
Planerfüllung *f* выполне́ние пла́на
Planet *m* плане́та 6
planetarisch плане́тный
Planetarium *n* планета́ри|й 1 *P* -и
Planeten|bahn *f* орби́та 6 плане́ты; **~system** *n* плане́тная систе́ма
plangleich в соотве́тствии с пла́ном
planieren *tr* выра́внивать ⟨вы́ровнять⟩
Planier|raupe *f* бульдо́зер 2; **~ung** *f* выра́внивание 5
Planimetrie *f* планиме́трия 8
Planke *f* то́лстая доска́ 6a; Dielenbrett полови́ца 6; Latte пла́нка 6
Plänkelei *f* перебра́нка 6, сты́чка 6; *Mil* перестре́лка 6, сты́чка
Plan|kennziffern *Pl* пла́новые показа́тели *Pl* 1; **~kommission** *f* пла́новая коми́ссия
plankonkav пло́ско-во́гнутый
Plankontrolle *f* контро́ль за выполне́нием пла́на
plankonvex пло́ско-вы́пуклый
Plankton *n* планкто́н 2
planlos **1.** *Adj* беспла́новый **2.** *Adv* без пла́на
Planlosigkeit *f* беспла́новость 9
planmäßig **1.** *Adj* планоме́р|ный, -ен **2.** *Adv* по пла́ну
Planmäßigkeit *f* планоме́рность 9, пла́новость 9
Planrückstand *m* отстава́ние 5 по пла́ну | den ~ aufholen ликвиди́ровать *uv, v* 2 отстава́ние по пла́ну
Planschbecken *n* де́тский бассе́йн
planschen *intr* плеска́ться*
Plan|soll *n* пла́новое зада́ние 5; **~stelle** *f* шта́тная едини́ца 6
Plantage *f* планта́ция 8
Planung *f* плани́рование 5
Planvorsprung *m* досро́чное выполне́ние 5 пла́на | einen ~ von sieben Tagen erreichen вы́полнить *v* 3 план на семь дней ра́ньше сро́ка
Plan|wagen *m* фурго́н 2; **~wirtschaft** *f* пла́новое хозя́йство; **~ziel** *n* предусмо́тренная пла́ном цель
plappern *intr* болта́ть, тарато́рить 3
plärren *intr* реве́ть*
Plasma *n* пла́зма 6
Plast *m* пластма́сса 6, пла́стик 2
Plastik *f* Kunstwerk скульпту́ра 6; **~folie** *f* плёнка 6 из пла́стика
Plastilin *n*, **Plastilina** *f* пластили́н 2
plastisch пласти́ческий; anschaulich нагля́д|ный, -ен
Plastizität *f* пласти́чность 9
Platane *f* плата́н 2
Plateau *n* плато́ *n idkl,* плоского́рье 5
Platin *n* пла́тина 6
platonisch платони́ческий
plätschern *intr* плеска́ть(ся)*
platt flach пло́с|кий, -ок, -ка́!, -че; seicht *übertr* по́шл:ый, -á!; Nase приплю́снут:ый
plattdeutsch нижненеме́цкий
Platte *f* Metall, Stein плита́ 6c, пласти́на 6; flacher Teller блю́до 4; Schall~, *Foto* пласти́нка 6; *umg* Glatze плешь 9 | kalte ~ холо́дные заку́ски *Pl* 6
plätten *tr* гла́|дить 3 -жу (вы́-), утю́жить 3 (вы́-, от-)
Platten|spieler *m* прои́грыватель 1; **~werk** *n* заво́д крупнопане́льных дета́лей
Platt|fische *m Pl* ка́мбаловые *Subst Pl* 10; **~form** *f* площа́дка 6; *Eisenb* платфо́рма 6 *a. Pol*
Plattfuß *m* пло́ская стопа́; **~einlage** *f* супина́тор 2 (для пло́ской стопы́)
Plattheit *f übertr* по́шлость 9
plattieren *tr Tech* плакирова́ть 2
Platz *m* ме́сто 4b; öffentlicher пло́щадь 9g; für Militärparaden u. ä. плац 2; на плацу́; *Sport* площа́дка 6 | der Rote ~ Кра́сная пло́щадь; ~ machen посторони́ться *v* 3⁺, дава́ть* ⟨дать*⟩ ме́сто; ~ einnehmen занима́ть ⟨заня́ть*⟩ ме́сто, са|ди́ться 3 -жу́сь ⟨сесть*⟩; ~ finden находи́ть ⟨найти́⟩ ме́сто; nehmen Sie bitte ~ сади́тесь, пожа́луйста; das ist hier nicht am ~ э́то здесь неуме́стно; auf die Plätze! на старт!; die Bücher stehen nicht

an ihrem ~ кни́ги стоя́т не на ме́сте; ~ gemacht! посторони́(те)сь!; **~angst** *f* боя́знь простра́нства, агорафо́бия 8; **~anweiser** *m* билетёр 2; **~anweiserin** *f* билетёрша 6 *umg*
Plätzchen *n* месте́ч|ко 4 *Pl* -ки, -ек; Gebäck пече́нье 5
platzen *intr* ло́паться ⟨ло́пнуть 4⟩ *a. übertr;* Glaskolben, Wand тре́скаться (по-), тре́снуть *v* 4; Bombe разрыва́ться ⟨разо|рва́ться* -рвали́сь⟩ | er ist vor Ärger [vor Neid] beinahe geplatzt он чуть не ло́пнул от зло́сти [от за́висти]
Platz|karte *f* плацка́рта 6; **~kartenwagen** *m* плацка́ртный ваго́н; **~mangel** *m* нехва́тка 6 мест; **~patrone** *f* холосто́й патро́н; **~regen** *m* ли́в|ень, -ня 1, проливно́й дождь
platzsparend эконо́мящий 11 ме́сто
Platzwart *m Sport* сто́рож 2b *Pl* -а́, -е́й спортплоща́дки
Plauderei *f* непринуждённая бесе́да 6
plaudern *intr* бесе́довать 2 (mit с *I*) | aus der Schule ~ разба́лтывать ⟨-болта́ть⟩ секре́т, разгла|ша́ть ⟨-си́ть 3 -шу́⟩ та́йну
Plauder|stündchen *n* лёгкая бесе́да 6; **~ton** *m* беззабо́тный тон
plausibel Grund основа́тел|ьный, -ен, -ьна, убеди́тел|ьный, -ен, -ьна; Erklärung приéмлем:ый | j-m etw. ~ machen разъясн|я́ть ⟨-и́ть 3⟩ кому́-н. что-н.
Plazenta *f* плаце́нта 6
plazieren *tr Sport* пласирова́ть *uv, v* 2; Platz anbieten разме|ща́ть ⟨-сти́ть 3 -щу́⟩; sich ~ *refl Sport* занима́ть ⟨заня́ть*⟩ (заме́тное) ме́сто
Plazierung *f Sport* ме́сто 4b, за́нятое в соревнова́нии
Plebejer *m hist* плебе́|й 1 *G Pl* -ев
plebejisch плебе́йский
pleite *umg:* ~ gehen обанкро́|титься *v* 3 -чусь, разор|я́ться ⟨-и́ться 3⟩; ~ sein сви|сте́ть 3 -щу́ в кула́к
Pleite *f umg* банкро́тство 4, крах 2 | das ist eine schöne ~! вот тебе́ и на!
Plenar|saal *m* зал плена́рных заседа́ний; **~sitzung** *f* плена́рное заседа́ние
Plenum *n* пле́нум 2
Pleonasmus *m* плеона́зм 2
Pleuelstange *f Tech* шату́н 2e
Plexiglas *n* плексигла́с 2
Plinse *f* блин 2e
Plissee *n* плиссе́ [сэ] *n idkl;* **~rock** *m* плиссиро́ванная ю́бка
plissieren *tr* плиссирова́ть 2
Plombe *f* пло́мба 6 *a. Med*
plombieren *tr* пломбирова́ть 2 (о-); Zahn пломбирова́ть (за-)
Plötze *f Zool* плотва́ 6
plötzlich 1. *Adj* внеза́п|ный, -ен; Tod скоропости́ж|ный, -ен **2.** *Adv* внеза́пно, вдруг
Plötzlichkeit *f* внеза́пность 9
plump неуклю́ж:ий 11, нело́в|кий, -ок, -ка́!; Schwindel гру́б:ый, -а́!
Plumpheit *f* неуклю́жесть 9, нело́вкость 9; гру́бость 9
Plumpsack *m* у́вал|ень, -ьня 1
plumpsen *intr* ins Wasser бултыха́ться ⟨бултыхну́ться 4⟩
Plunder *m* хлам 2, ру́хлядь 9
Plünderer *m* грабите́ль 1
plündern *tr* гра́б|ить 3 -лю (о-); Obstbaum снима́ть ⟨снять*⟩ плоды́
Plünderung *f* граб|ёж, -ежа́ 2e *G Pl* -еже́й, разграбле́ние 5
Plural *m* мно́жественное число́ 4
plus *Adv* плюс | zwei ~ drei ist fünf два плюс три – пять
Plus *n Math* плюс 2; *Wirtsch* Überschuß изли́ш|ек, -ка 2, при́быль 9; *übertr* преиму́щество 4
Plüsch *m* плюш 2; **~sofa** *n* плю́шевый дива́н
Plus|pol *m* положи́тельный по́люс; **~quamperfekt** *n* плюсквамперфе́кт 2
Plutonium *n* плуто́ни|й 1 *P* -и
[1]**Pneumatik** *m Tech* пневма́тик 2, пневмати́ческая ши́на 6
[2]**Pneumatik** *f Phys* пневма́тика 6
pneumatisch пневмати́ческий
Pneumothorax *m* пневмото́ракс 2
Pöbel *m* чернь 9
pöbelhaft хулига́нский
pochen *tr* Erz толо́чь* (ис-, рас-); *intr* стуча́ть 3 ⟨сту́кнуть 4⟩ (an в *A*); Herz би́ться*; *übertr* кичи́ться 3 (auf *I*)
Pocken *f Pl Med* о́спа 6; **~impfung** *f* оспоприви́вание 5; **~narbe** *f* о́спина 6, ряби́на 6
pockennarbig ряб:о́й, -а́! (от о́спы) | ~es Gesicht лицо́ в о́спинах [в о́спе]
Podest *n, m* erhöhter Tritt помо́ст 2; Treppenabsatz площа́дка 6
Podium *n* помо́ст 2
Poem *n* поэ́ма 6
Poesie *f* поэ́зия 8
Poet *m* поэ́т 2; **~ik** *f* поэ́тика 6
poetisch поэти́ческий
Pogrom *m* погро́м 2
Pointe *f* соль 9g
Pokal *m* бока́л 2; Preis, bes. im Sport ку́б|ок, -ка 2 | um den ~ kämpfen боро́ться за ку́бок; **~runde** *f* тур 2 игр на ку́бок; **~sieger** *m* победи́тель игр на ку́бок; **~spiel** *n Sport* игра́ на ку́бок
Pökelfleisch *n* солони́на 6
pökeln *tr* соли́ть 3 со́лишь; со́ленный (по-)
Pol *m* по́люс 2
polar поля́рный
Polar|eis *n* поля́рный лёд; **~expedition** *f* поля́рная экспеди́ция; **~forscher** *m* поля́рник 2; **~fuchs** *m* пес|е́ц, -ца́ 2; **~ge-**

gend *f* поля́рные стра́ны *Pl* 6c; **~hund** *m* ла́йка 6
Polarisation *f* поляриза́ция 8
polarisieren *tr Phys* поляризова́ть *uv, v* 2
Polarität *f Phys* поля́рность 9
Polar|kreis *m* поля́рный круг; **~licht** *n* поля́рное сия́ние 5; **~nacht** *f* поля́рная ночь; **~station** *f* поля́рная ста́нция; **~stern** *m* Поля́рная звезда́
Pole *m* поля́к 2
Polemik *f* поле́мика 6 (gegen с *I*)
polemisch полеми́ческий
polemisieren *intr* полемизи́ровать 2 (gegen с *I*)
polen *tr El* соедин|я́ть (-и́ть 3) с по́люсом
Polen По́льша 6
Polhöhe *f Astr* высота́ по́люса
Police *f* по́лис 2, страхово́е свиде́тельство 4
Polier *m* деся́тник 2
polieren *tr* полирова́ть 2 (на-, от-); *übertr* шлифова́ть 2 (от-)
Polier|er *m* поliро́вщик 2; **~ung** *f* полиро́вка 6
Poliklinik *f* поликли́ника 6
Polin *f* по́лька 6
Politbüro *n* политбюро́ *n idkl*
Politik *f* поли́тика 6 | ~ der Stärke поли́тика с пози́ции си́лы; die ~ der Nichteinmischung поли́тика невмеша́тельства
Politiker *m* поли́тик 2, полити́ческий де́ятель 1
politisch 1. *Adj* полити́ческий | ~er Gefangener политзаключённый *Subst* 10; die ~e Lage полити́ческое положе́ние **2.** *Adv* полити́чески | ~ tätig sein занима́ться полити́ческой де́ятельностью
politisch-ideologisch иде́йно-полити́ческий
politisieren *intr* рассужда́ть о поли́тике; kannegießern политика́нствовать 2
Politökonomie *f* политэконо́мия 8
Politur *f* Mittel политу́ра 6; Oberfläche полиро́вка 6
Polizei *f* поли́ция 8; **~aufgebot** *n* отря́д 2 поли́ции; **~aufsicht** *f*: unter ~ под надзо́ром поли́ции; **~behörde** *f* поли́ция 8
polizeilich 1. *Adj* полице́йский | ~e Meldepflicht обяза́тельная пропи́ска 6 в поли́ции **2.** *Adv* че́рез поли́цию | ~ gesucht werden разы́скиваться поли́цией
Polizei|präsidium *n* гла́вное полице́йское управле́ние 5; **~revier** *n* полице́йский уча́сток; **~streife** *f* полице́йский патру́ль; **~stunde** *f* полице́йский час; **~wache** *f* полице́йский уча́ст|ок, -ка 2
polizeiwidrig запрещённый поли́цией, противоре́чащий 11 предписа́ниям поли́ции
Polizist *m* полице́йский *Subst* 10; in der UdSSR милиционе́р 2
Polka *f* по́лька 6
Pollen *m Bot* пыльца́ 6
Pollution *f Med* поллю́ция 8
polnisch по́льский
Polo *n Sport* по́ло *n idkl;* **~hemd** *n* те́нниска [тэ] 6
Polonäse *f Mus* полоне́з [нэ] 2
Polonium *n Chem* поло́ни|й 1 *P* -и
Polster *n* поду́шка 6; Bezug мя́гкая оби́вка 6; **~er** *m* обо́йщик 2; **~möbel** *n Pl* мя́гкая ме́бель
polstern *tr* набива́ть ⟨-|бить*⟩; überziehen обива́ть ⟨-|оби́ть*, обобью́⟩
Polster|sessel *m* мя́гкое кре́сло; **~sitz** *m* мя́гкое сиде́нье; **~ung** *f* оби́вка 6, наби́вка 6
Polterabend *m* вечери́нка 6 накану́не сва́дьбы
poltern *intr* громыха́ть; schimpfen (гро́мко) руга́ться; am Polterabend весели́ться 3 накану́не сва́дьбы
Polyäthylen *n* полиэтиле́н 2
Poly|eder *n* многогра́нник 2; **~ester** *m* сло́жный полиэфи́р 2; **~gamie** *f* полига́мия 8, многобра́чие 5
polyglott многоязы́ч|ный, -ен
Poly|gon *n Math* многоуго́льник 2; **~graphie** *f* полиграфи́я 8
polygraphisch полиграфи́ческий
Poly|merisation *f* полимериза́ция 8; **~nom** *n Math* многочле́н 2
Polyp *m* поли́п 2
polyphon полифони́ческий
Polysemie *f Ling* полисеми́я 8, многозна́чность 9
Polystyrol *n* полистиро́л 2
polytechnisch политехни́ческий | ~er Unterricht политехни́ческое обуче́ние
Pomade *f* пома́да 6
pomadig *übertr umg* вя́л:ый, флегмати́ч|ный, -ен
Pomeranze *f Bot* помера́н|ец, -ца 2
Pomp *m* по́мпа 6, пы́шность 9
pomphaft, pompös пы́ш|ный, -ен, -на́!
Ponton *m* понто́н 2; **~brücke** *f* понто́нный мост
¹Pony *m, n Zool* по́ни *m idkl*
²Pony *m* Frisur чёлка 6
Popanz *m* чу́чело 4, пу́гало 4 *a. übertr*
Pope *m* поп 2e
Popeline *f* попли́н 2
Popmusik *f* поп-му́зыка 6
Popo *m umg* зад 2b, на, в заду́
populär популя́р|ный, -ен
popularisieren *tr* популяризова́ть *uv, v* 2
Popularität *f* популя́рность 9 | sich großer ~ erfreuen по́льзоваться 2 большо́й популя́рностью
populärwissenschaftlich нау́чно-популя́рный
Pore *f* по́ра 6
Pornographie *f* порногра́фия 8

pornographisch порнографи́ческий
Porokreppsohle *f* микропо́ристая подо́шва
porös по́рист¦ый; Boden ры́хл¦ый₁ -á!
Porosität *f* по́ристость 9
Porphyr *m* порфи́р 2
Porree *m* лук-поре́й 1
Portal *n* порта́л 2
Porte|feuille *n* портфе́ль 1; **~monnaie** *n* кошел|ёк₁ -ька́ 2
Porterbier *n* по́ртер 2
Portier *m* портье́ *m idkl,* швейца́р 2; **~loge** *f* швейца́рская *Subst* 10
Portion *f* по́рция 8 | er besitzt eine tüchtige ~ Frechheit он о́чень на́глый (челове́к)
portionsweise *Adv* по́рциями
Porto *n* почто́вый сбор 2
porto|frei не подлежа́щий 11 опла́те почто́вым сбо́ром; **~pflichtig** подлежа́щий 11 опла́те почто́вым сбо́ром
Porträt *n* портре́т 2
porträtieren *tr* писа́ть* (на-) портре́т с *G*
Porträtmaler *m* портрети́ст 2; **~ei** *f* портре́тная жи́вопись
Port Said Порт-Сайд 2
Portugal Португа́лия 8
Portugies|e *m* португа́л|ец₁ -ьца 2; **~in** *f* португа́лка 6
portugiesisch португа́льский
Portwein *m* портве́йн 2
Porzellan *n* фарфо́р 2; **~erde** *f* каоли́н 2; **~geschirr** *n* фарфо́ровая посу́да; **~malerei** *f* жи́вопись на фарфо́ре; **~schale** *f* фарфо́ровая ча́ша; **~service** *n* фарфо́ровый серви́з; **~vase** *f* фарфо́ровая ва́за; **~waren** *f Pl* фарфо́ровые изде́лия
Posaune *f* тромбо́н 2
Posaunist *m* тромбони́ст 2
Pose *f* по́за 6
Position *f* пози́ция 8; im Sport; Stelle ме́сто 4b; Stellung, Lage положе́ние 5; Einzelposten стат|ья́ 7 *G Pl* -е́й
Positionslichter *n Pl Flugw* аэронавигацио́нные огни́ *Pl* 1; *Mar* отличи́тельные *Subst Pl* 10, отличи́тельные зна́ки *Pl* 2
positiv позити́в|ный₁ -ен; Zahl, Elektrizität, Antwort положи́тел|ьный₁ -ен₁ -ьна
[1]**Positiv** *m Gramm* положи́тельная сте́пень 9g
[2]**Positiv** *n Foto* позити́в 2
Positron *n Phys* позитро́н 2
Positur *f* по́за 6 | sich in ~ setzen стать* *v* в по́зу, принима́ть ⟨приня́ть*⟩ по́зу
Posse *f Theat* фарс 2
possenhaft заба́в|ный₁ -ен
Possenreißer *m* балагу́р 2, шут 2е
Possessivpronomen *n* притяжа́тельное местоиме́ние
possierlich заба́в|ный₁ -ен, поте́ш|ный₁ -ен
Post *f* по́чта 6; Amt, Gebäude почта́мт 2 | mit der ~ по́чтой, по по́чте; auf die ~ gehen идти́* на по́чту
postalisch почто́вый
Postament *n* постаме́нт 2
Post|amt *n* почта́мт 2, почто́вое отделе́ние 5; **~angestellter** *m* почто́вый слу́жащий; **~anweisung** *f* почто́вый перево́д 2; **~bote** *m* почтальо́н 2, письмоно́с|ец₁ -ца 2
Posten *m* Anstellung пост 2е| на посту́; *Mil* часово́й *Subst* 10, пост; *Hdl* Ware па́ртия 8; Eintragung стат|ья́ 7 *G Pl* -е́й | ~ stehen стоя́ть на посту́; wieder auf dem ~ sein в|стать* *v* на́ ноги, попра́в|иться *v* 3 -люсь; einen ~ bekleiden занима́ть ⟨заня́ть*⟩ должность
Poster *n* по́стер 2, декорати́вный плака́т 2
Post|fach *n* почто́вый абонеме́нтный я́щик 2; **~gebühr** *f* почто́вый сбор 2; **~geheimnis** *n* та́йна перепи́ски
postgradual: ~es Studium послевýзовское обуче́ние 5
Post|karte *f* откры́тка 6; **~kutsche** *f* почто́вая каре́та
postlagernd *Adv* до востре́бования
Postleitzahl *f* почто́вый и́ндекс 2
Postpaket *n* почто́вая посы́лка
Postscheck *m* де́нежный чек 2 для предъявле́ния к опла́те в почто́вом отделе́нии; **~konto** *n* че́ковый теку́щий счёт при почто́вом отделе́нии
Post|schließfach *n* абонеме́нтный почто́вый я́щик 2; **~sendung** *f* почто́вое отправле́ние 5
Postskriptum *n* постскри́птум 2, припи́ска 6 к письму́
Post|sparbuch *n* почто́вая сберега́тельная кни́жка; **~sparkasse** *f* сберега́тельная ка́сса при почто́вом отделе́нии; **~stempel** *m* почто́вый ште́мпель
Postulat *n* постула́т 2
Post|versand *m* почто́вое отправле́ние 5; **~wagen** *m Eisenb* почто́вый ваго́н
postwendend *Adv* с обра́тной по́чтой
Post|wertzeichen *n Pl* почто́вые ма́рки *Pl* 6; **~zustellung** *f* доста́вка по́чты
Potential *n* потенциа́л [тэ] 2
potentiell потенциа́л|ьный [тэ]₁ -ен₁ -ьна
Potenz *f* поте́нция [тэ] 8; *Math* сте́пень 9g | die zweite ~ втора́я сте́пень, квадра́т 2; in höchster ~ *übertr* в вы́сшей сте́пени
potenzieren *tr* уси́л|ивать ⟨-ить 3⟩; *Math* возводи́ть 3⁺ -вожу́ ⟨-|вести́*⟩ в сте́пень
Potpourri *n* попурри́ *n idkl*
Potsdam По́тсдам 2
Pott|asche *f Chem* пота́ш 2е; **~wal** *m* кашало́т 2
poussieren *intr umg* флиртова́ть 2
Präambel *f* преа́мбула 6
Pracht *f* ро́скошь 9, великоле́пие 5 | das ist eine wahre ~! како́е великоле́пие!; in

aller ~ во всём великолéпии, во всём блéске; **~ausgabe** *f* роскóшное издáние; **~bau** *m* великолéпное здáние
prächtig роскóш|ный, -ен, великолéп|ный, -ен, пы́ш|ный, -ен, -нá!; Mensch замечáтел|ьный, -ен, -ьна
Pracht|kerl *m* чудéсный мáлый *Subst* 10, молод|éц, -цá 2; **~stück** *n* роскóшный экземпля́р 2
prachtvoll = **prächtig**
Prädestination *f* предназначéние 5, предопределéние 5
Prädikat *n Gramm* сказу́емое *Subst* 10; Zensur отмéтка 6; Bewertung оцéнка 6 | die Prüfung mit dem ~ «gut» ablegen с|дать* *v* экзáмен на «хорошó»
prädikativ предикати́в|ный, -ен
Präfekt *m* префéкт 2
präfigiert префиксáльный
Präfix *n* пристáвка 6, прéфикс 2
Prag Прáга 6
prägen *tr* Münzen чекáнить 3 (вы́-, от-); Begriff образ|óвывать ⟨-овáть 2⟩
Prägepresse *f* Münze чекáночный пресс
Pragmatismus *m* прагмати́зм 2
prägnant мéт|кий, -ок, -кá!, чёт|кий, -ок, четкá!
Prägnanz *f* мéткость 9, чёткость 9
Prägung *f* Münzen чекáнка 6; Muster тиснéние 5
prähistorisch доистори́ческий | ~e Siedlung городи́ще 4
prahlen *intr* хвали́ться 3⁺ (по-), хвáстаться (по-)
Prahlerei *f* хвастовствó 4
prahlerisch хвастли́в:ый
Prahlhans *m* хвасту́н 2е
Praktik|ant *m* практикáнт 2; **~en** *Pl* интри́ги *Pl* 6, улóвки *Pl* 6; **~er** *m* прáктик 2; **~um** *n* прáктика 6; beim Studium практи́ческие заня́тия *Pl* 5 (студéнтов)
praktisch 1. *Adj* практи́ческий; Mensch практи́ч|ный, -ен | ~er Arzt практику́ющий 11 врач **2.** *Adv* практи́чески, на прáктике
praktizieren *intr* практиковáть 2
Prälat *m* прелáт 2
Praline *f* шоколáд 2 начи́нкой, шоколáдная конфéта 6
prall туг:óй, -á! Segel (ту́го) натя́нут:ый; gefüllt (ту́го) наби́т:ый | in der ~en Sonne на я́рком сóлнце
prallen *intr* ударя́ться ⟨удáриться 3⟩ (gegen óбо что-н.), наскáкивать ⟨-скочи́ть 3⁺⟩ (gegen на *A*)
Präludium *n* прелю́дия 8
Prämie *f* прéмия 8 (für за *A*)
Prämien|fonds *m* премиáльный фонд; **~ordnung** *f* положéние 5 о преми́ровании, поря́док распределéния прéмий; **~zahlung** *f* вы́плата 6 прéмий
prämieren *tr* премировáть *uv, v* 2 (für за *A*)
Prämierung *f* премировáние 5
Prämisse *f* предпосы́лка 6
prangen *intr* красовáться 2
Pranger *m* позóрный столб 2е | j-n an den ~ stellen заклейм|и́ть *v* 3 -лю́ (позóром) когó-н.
Pranke *f* лáпа 6
Präparat *n* препарáт 2
präparieren *tr* vorbereiten пригот|áвливать ⟨-óвить 3 -óвлю⟩; *Anat* препари́ровать *uv, v* 2
Präposition *f* предлóг 2
Präpositiv *m* предлóжный падéж 2е *G Pl* -éй
Prärie *f* прéрия 8
Präsens *n* настоя́щее 11 врéмя
präsentieren *tr* Wechsel, Rechnung предъяв|ля́ть ⟨-и́ть 3⁺ -лю́⟩ | präsentiert das Gewehr! на карау́л!; das Gewehr ~ брать*⟨взять*⟩ винтóвку «на карау́л»
Präsentierteller *m:* auf dem ~ sitzen сидéть ⟨сесть⟩ у всех на виду́
Präsentkorb *m* подáрочная корзи́на
Präsenzbibliothek *f* библиотéка-читáльня 6-7 *G Pl* -ен (без вы́дачи книг нá дом)
Präsident *m* президéнт 2; Vorsitzender председáтель 1
Präsidentenwahl *f* президéнтские вы́боры; вы́боры председáтеля
Präsidentschaft *f* президéнтство 4; председáтельство 4
Präsidentschaftskandidat *m* кандидáт в президéнты
präsidieren *intr* председáтельствовать 2
Präsidium *n* прези́диум 2; einer Versammlung председáтельство 4 | ~ des Obersten Sowjets der UdSSR Прези́диум Верхóвного Совéта СССР
prasseln *intr* Feuer трещáть 3, потрéскивать | der Regen prasselt auf das Dach дождь барабáнит по кры́ше
prassen *intr* ку|ти́ть 3⁺ -чу́
Prätendent *m* претендéнт 2
Präteritum *n* претéрит 2, прошéдшее 11 врéмя
Präventiv|haft *f* предвари́тельное заключéние; **~krieg** *m* превенти́вная войнá; **~maßnahme** *f* предупреди́тельная мéра
Praxis *f* прáктика 6 *a. Med* | in der ~ на прáктике; in die ~ umsetzen примен|я́ть ⟨-и́ть 3⟩ на прáктике
praxisnah свя́занный с прáктикой
Präzedenzfall *m* прецедéнт 2
präzis[e] тóч|ный, -ен, -нá!
präzisieren *tr* уточн|я́ть ⟨-и́ть 3⟩
Präzision *f* тóчность 9
Präzisions|arbeit *f* тóчная рабóта; **~waage** *f* тóчные весы́
predigen *intr* пропове́довать 2 *a. übertr* | Moral ~ читáть морáль

Prediger *m* проповедник 2
Predigt *f* проповедь 9; *übertr* Belehrung проповедь, наставление 5 | eine ~ halten читать проповедь; *übertr* читать наставление
Preis *m* цена 6c; Belohnung награда 6; Prämie премия 8; bei Wettrennen usw. приз 2b | feste ~e твёрдые цены; zum ~e von drei Mark по цене в три марки; die Waren gehen im ~ zurück цены на товары падают; die Waren haben einen hohen ~ цены на товары высокие; etw. unter dem ~ verkaufen продавать ⟨продать⟩ что-н. ниже (своей) цены; der ~ der Maschinen цена на машины; einen ~ aussetzen назн|ачать ⟨-ачить 3⟩ приз; um jeden ~ *übertr* любой ценой, во что бы то ни стало; um keinen ~ *übertr* ни за что, ни за какие деньги; **~angabe** *f* обозначение цены; **~ausschreiben** *n* конкурс 2; **~bestimmung** *f* установление 5 цен; **~bildung** *f* образование цен, ценообразование 5
Preiselbeere *f* брусника 6
preisen *tr* восхвалять, превозносить 3⁺ -ношу ⟨-|нести*⟩
Preis|erhöhung *f* повышение цен; **~ermäßigung** *f* скидка 6 (с цены), снижение цен; **~gabe** *f* оставление 5 на произвол судьбы; eines Geheimnisses выдача 6
preisgeben *tr* оставлять ⟨остав|ить 3 -лю⟩ на произвол судьбы | ein Geheimnis ~ вы|дать* *v* тайну; j-n dem Gelächter ~ сделать *v* кого-н. посмешищем
preis|gekrönt премирован:ный, -а; **~günstig** по выгодной цене
Preis|kontrolle *f* контроль над ценами; **~lage** *f* уров|ень, -ня 1 цен | in den ≈n von … bis … по цене от … до …; in jeder ≈ любой стоимости, по любой цене; **~liste** *f* прейскурант 2; **politik** *f* политика цен; **~richter** *m* член 2 жюри; **~rückgang** *m* снижение 5 [падение 5] цен; **~schießen** *n* стрелковое состязание 5 (на приз), призовая стрельба; **~schild** *n* ярлык 2e с указанием цены, ценник 2; **~schraube** *f* взвинчивание 5 цен; **~schwankung** *f* колебание цен; **~steigerung** *f* повышение цен; **~stopp** *m* замораживание 5 цен; **~stufe** *f* Gaststätte категория 8 цен; Bahn зона 6; **~sturz** *m* резкое падение цен; **~träger** *m* лауреат 2; *Sport* призёр 2; **~treiberei** *f* взвинчивание 5 [вздувание 5] цен; **~überwachung** *f* контроль 1 над ценами; **~unterschied** *m* разница в цене
preiswert недорогой
prekär затруднител|ьный, -ен, -ьна; heikel щекотлив:ый
Prellbock *m* тупиковый упор 2
prellen *tr übertr* обманывать ⟨-мануть 4⁺⟩ (um на *A*), обсч|итывать ⟨-итать⟩ (um на *A*)
Prell|stein *m* тумба 6; **~ung** *f* ушиб 2, контузия 8
Premiere *f Theat* премьера 6
Premier[minister] *m* премьер 2, премьер-министр 2
Presse *f* Zeitung печать 9, пресса 6; *Tech* пресс 2; **~agentur** *f* агентство печати; **~amt** *n* пресс-бюро *n idkl,* отдел 2 печати; **~berichterstatter** *m* корреспондент 2; **~dienst** *m* служба печати; **~fotograf** *m* фоторепортёр 2; **~freiheit** *f* свобода печати; **~konferenz** *f* пресс-конференция 8; **~meldung** *f* сообщение печати
pressen *tr* прессовать 2 (с-); andrücken прижимать ⟨-|жать¹*⟩; Früchte выжимать ⟨выжать⟩; hineindrücken втис|кивать ⟨-нуть⟩
Presse|schau *f* обзор 2 печати; **~stelle** отдел 2 печати; **~vertreter** *m* представитель печати; **~zentrum** *n* пресс-центр 2
Preß|form *f* прессформа 6; **~glas** *n* прессованное стекло
Preßkopf *m* белый зельц 2
Preßluft *f* сжатый воздух; **~bohrer** *m* пневматический бур; **~hammer** *m* пневматический молот; **~tauchgerät** *n* акваланг 2
Prestige *n* престиж 2; **~frage** *f* вопрос [дело 2] престижа
Pretoria Претория 8
preußisch прусский
prickeln *intr* щипать*, щекотать* | es prikkelt in der Nase щиплет [щекочет] в носу; **~d** Reiz щекочущий 11
Priem *m* жевательный табак 2e
priemen *intr* жевать* табак
Priester *m* священник 2; heidnischer жрец 2e | zum ~ weihen посвя|тить *v* 3 -щу в сан священника; **~rock** *m* священническое облачение; orthodox ряса 6; **~würde** *f* сан священника
prima высшего качества, первого сорта | ~ Qualität высшее 11 качество; das ist ja ~! *umg* это великолепно!
Primadonna *f* примадонна 6
Primaner *m* ученик 2e старшего класса, старшеклассник 2
primär *Phil* первичный, основной | eine ~e Frage вопрос первостепенного значения
Prime *f Mus* прима 6
Primel *f* примула 6, первоцвет 2
primitiv ursprünglich первобытный; einfach примитив|ный, -ен, прост:ой, -а!
Primus *m* первый ученик 2e
Primzahl *f Math* простое число
Prinz *m* принц 2, im Märchen a. царевич 2 *G Pl* -ей

Prinzessin *f* принцécса 6, im Märchen a. царéвна 6
Prinzip *n* прúнцип 2 | etw. aus ~ tun дéлать (с-) что-н. из прúнципа; im ~ в прúнципе; nach dem ~ по прúнципу
Prinzipal *m* принципáл 2
prinzipiell 1. *Adj* принципиáл|ьный, -ен, -ьна **2.** *Adv* из прúнципа
Prinzipienreiter *m* ýзкий педáнт 2
Priorität *f* приоритéт 2
Prise *f* Salz u.ä. щепóтка 6; Schnupftabak понюшка 6
Prisma *n* прúзма 6
Prismen|fernrohr *n*, **~glas** *n* призматúческий бинóкль 1
Pritsche *f* нáры *Pl* 6; Schlagholz колотýшка 6, пáлка 6; Flachwagen платфóрма 6 (для грýза)
privat чáстный
Privat|angelegenheit *f* лúчное дéло; **~besitz** *m* чáстная сóбственность 9; **~betrieb** *m* чáстное предприя́тие; **~eigentum** *n Wirtsch* чáстная сóбственность
privatisieren *intr* жить* на процéнты с капитáла
Privat|klage *f Jur* чáстное обвинéние; **~klinik** *f* чáстная клúника; **~leben** *n* лúчная жизнь; **~person** *f* чáстное лицó; **~quartier** *n* чáстная квартúра; **~sache** *f* лúчное дéло; **~sekretär** *m* лúчный секретáрь; **~stunden** *f Pl* чáстные урóки | ≈ in etw. nehmen брать урóки чегó-н.; **~unternehmer** *m* чáстный предпринимáтель; **~wirtschaft** *f* чáстное [частновладéльческое] хозя́йство
Privileg *n* привилéгия 8
privilegiert привилегирóванный
pro 1. *Präpos* Personen на *A*, с *G*; ein Stück Torte ~ Person по кускý тóрта на кáждого; es kostet einen Rubel ~ Person стóит по рублю с кáждого | Sachen за *A*; с *G*; eine Mark ~ Stück bezahlen платúть по мáрке за штýку; zehn Seiten ~ Tag übersetzen переводúть по дéсять странúц в [за] день; 20 dt ~ Hektar двáдцать цéнтнеров с гектáра | **2. Adv:** ~ und kontra «за» и «прóтив»
probat испы́танный, надёж|ный, -ен
Probe *f* прóба 6; Muster образ|éц, -цá 2; Versuch óпыт 2; Prüfung испытáние 5; genaue Untersuchung провéрка 6; Chor~ спéвка 6; *Theat* репетúция 8 | auf ~ nehmen брать ⟨взять⟩ на испытáтельный срок; auf die ~ stellen испы́тывать ⟨-пытáть⟩; eine ~ nehmen брать ⟨взять⟩ прóбу; **~abzug** *m Typ* прóбный óттиск; **~fahrt** *f* Auto прóбный пробéг 2; Schiff ходовóе испытáние 5; **~flug** *m* испытáтельный полёт; **~jahr** *n* годúчный испытáтельный срок 2; **~lauf** *m Tech* прóбный пуск 2; **~lektion** *f* прóбный урóк
proben *tr Mus, Theat* репетúровать 2 (про-, с-)
Probenummer *f* образцóвый [прóбный] экземпля́р [зэ] 2
probeweise *Adv* для прóбы
Probezeit *f* испытáтельный срок 2
probieren *tr* etw. zu tun прóбовать 2 (по-); Speise прóбовать (по-), дегустúровать [дэ] *uv, v* 2
Probierglas *n Chem* пробúрка 6
Problem *n* проблéма 6
Problematik *f* проблемáтика 6
problem|atisch проблематúческий, проблематúч|ный, -ен; **~los** без проблéм
Produkt *n* продýкт 2; *Math* произведéние 5; **~ion** *f* произвóдство 4; Erzeugtes продýкция 8 | in der ≈ arbeiten рабóтать на произвóдстве; die ≈ erhöhen повышáть ⟨повы́сить⟩ продýкцию
Produktions|arbeiter *m* произвóдственник 2; **~auftrag** *m* произвóдственное задáние 5; **~ausstoß** *m* вы́пуск продýкции; **~beratung** *f* произвóдственное совещáние; **~betrieb** *m* произвóдственное предприя́тие; **~erfahrung** *f* произвóдственный óпыт; **~genossenschaft** *f* произвóдственный кооператúв | gärtnerische ≈ садовóдческий произвóдственный кооператúв; landwirtschaftliche ≈ сельскохозя́йственный произвóдственный кооператúв; ≈ des Handwerks ремéсленный произвóдственный кооператúв; **~instrumente** *n Pl* орýдия *Pl* 5 произвóдства; **~kapazität** *f* произвóдственная мóщность; **~kosten** *Pl* издéржки произвóдства; **~leiter** *m* завéдующий *Subst* 11 произвóдственным отдéлом; **~mittel** *n Pl* срéдства произвóдства; **~plan** *m* произвóдственный план; **~prozeß** *m* произвóдственный процéсс
produktionstechnisch произвóдственно-техни́ческий
Produktions|verhältnisse *n Pl* произвóдственные отношéния; **~weise** *f* спóсоб произвóдства; **~ziffern** *f Pl* произвóдственные покáзатели *Pl* 1; **~zweig** *m* óтрасль произвóдства
produktiv продуктúв|ный, -ен, производúтел|ьный, -ен, -ьна
Produktivität *f* продуктúвность 9, производúтельность 9
Produktivkräfte *f Pl* производúтельные сúлы
Produzent *m* производúтель 1; Film продю́сер 2
produzieren *tr* производúть 3^+ -вожý ⟨-|вестú*⟩
profan свéтский
professionell профессионáльный
Professor *m* профéссор 2b *Pl* -á | ~ mit

Lehrstuhl профе́ссор, заве́дующий 11 ка́федрой
Professur *f* профессу́ра 6
Profi *m Sport* профессиона́л 2
Profil *n* про́филь 1; Reifen~ рису́н|ок, -ка 2
profilieren *tr Tech* профили́ровать *uv, v* 2; sich ~ *refl* обрета́ть ⟨обрести́*⟩ *v* своё лицо́
Profilierung *f* профили́рование 5
Profilstahl *m* про́фильная [фасо́нная] сталь
Profit *m* при́быль 9; Vorteil вы́года 6
profitieren *intr* извлека́ть ⟨-|вле́чь*⟩ вы́году (von из *G*)
Profitrate *f* но́рма 6 при́были
profund глубо́к:ий, -а́, глубо́ко́
Prognose *f* прогно́з 2
prognostisch прогности́ческий
Programm *n* програ́мма 6 | buntes ~ разнообра́зная програ́мма
programmatisch програ́ммный
programm|gemäß в соотве́тдтвии с гра́ммой; **~gesteuert** с програ́ммным управле́нием
programmieren *tr* программи́ровать 2 (за-)
Programmier|er *m* программи́ст 2; **~ung** *f* программи́рование 5
Programm|steuerung *f* програ́ммное управле́ние; **~vorschau** *f* програ́мма 6 переда́ч (на ближа́йшее вре́мя)
progressiv прогресси́в|ный, -ен
Projekt *n* прое́кт [оэ] 2; Plan план 2 | ein machen сост|авля́ть ⟨-а́вить 3 -а́влю⟩ прое́кт
projektieren *tr* проекти́ровать 2 (за-, с-)
Projektierung *f* проектиро́вка 6, проекти́рование 5
Projektion *f Math* прое́кция [оэ] 8
Projektions|apparat *m* проекцио́нный аппара́т; **~ebene** *f* пло́скость прое́кции; **~lampe** *f* проекцио́нная ла́мпа; **~schirm** *m*, **~wand** *f* (проекцио́нный) экра́н
Projektor *m* прое́ктор [эк] 2
projizieren *tr* проекти́ровать 2; Foto проеци́ровать 2
Proklamation *f* проклама́ция 8
proklamieren *tr* прокламиро́вать *uv, v* 2; einen Staat провозгла|ша́ть ⟨-си́ть 3 -шу́⟩, торже́ственно объяв|ля́ть ⟨-и́ть 3⁺ -лю́⟩
Pro-Kopf-Verbrauch *m* потребле́ние на ду́шу населе́ния
Prokurist *m* дове́ренный *Subst* 10 фи́рмы, прокури́ст 2
Proletariat *n* пролетариа́т 2
Proletarier *m* пролета́ри|й 1 *P* -и, *G Pl* -ев | ~ aller Länder, vereinigt Euch! Пролета́рии всех стран, соединя́йтесь!
proletarisch пролета́рский
Prolog *m* проло́г 2
prolongieren *tr* Paß, Zahlung отсро́ч|ивать ⟨-ить 3⟩; Vertrag, Wechsel пролонги́ровать *uv, v* 2
Promenade *f* Spazierweg ме́сто 4b для прогу́лок, промена́да 6
Promenadendeck *n Mar* прогу́лочная па́луба
promenieren *intr* прогу́ливаться ⟨-гуля́ться⟩
prominent выдаю́щийся 11, ви́д|ный, -ен, -на́, -но, видны́
Promotion *f* Verleihung присужде́ние 5 учёной сте́пени до́ктора; Erwerb получе́ние 5 учёной сте́пени до́ктора
promovieren *intr* получ|а́ть ⟨-и́ть 3⁺⟩ учёную сте́пень до́ктора; in einem Fach защи|ща́ть ⟨-ти́ть 3 -щу́⟩ до́кторскую диссерта́цию
prompt Bedienung бы́стр:ый, -а́!, то́ч|ный, -ен, -на́!; Antwort неме́дленный, бы́стрый
Pronomen *n* местоиме́ние 5
Propaganda *f* пропага́нда 6 | für etw. ~ treiben пропаганди́ровать 2 что-н.; **~material** *n* пропаганди́стский материа́л; **~tätigkeit** *f* пропаганди́стская де́ятельность
Propagandist *m* пропаганди́ст 2
propagandistisch пропаганди́стский
propagieren *tr* пропаганди́ровать 2
Propangas *n* пропа́н 2
Propeller *m* пропе́ллер 2, возду́шный винт 2e; **~antrieb** *m* винтово́й дви́гатель 1; **~schlitten** *m* аэроса́ни *Pl* 9g; **~turbine** *f*, **~turbinentriebwerk** *n* турбовинтово́й дви́гатель 1
Prophet *m* проро́к 2
prophetisch проро́ческий
prophezeien *tr* проро́чить 3, предска́зывать ⟨-с|каза́ть*⟩
Prophezeiung *f* проро́чество 4, предсказа́ние 5
prophylaktisch профилакти́ческий
Prophylaxe *f* профила́ктика 6
Proportion *f* пропо́рция 8, соотноше́ние 5
proportional пропорциона́л|ьный, -ен, -ьна
proportioniert: wohl ~ хорошо́ слож|ённый, -ён, -ена́
Probst *m* ста́рший па́стор 11-2
Prorektor *m* проре́ктор 2
Prosa *f* про́за 6
Prosaiker *m Lit* проза́ик 2; prosaischer Mensch прозаи́чный челове́к 2
prosaisch *Lit* прозаи́ческий; alltäglich прозаи́ч|ный, -ен
prosit! *Interj* за здоро́вье! | ~ Neujahr! с Но́вым го́дом!
Prospekt *m* проспе́кт 2; Reise путеводи́тель 1

prosperieren *intr* процветáть ⟨-|цвести́*⟩
Prosperität *f* процветáние 5
prost! *Interj* = **prosit**
Prostitu|ierte *f* проститýтка 6; **~tion** *f* проститýция 8
Proszeniumsloge *f* лóжа 6 на авансцéне
protegieren *tr* протежи́ровать [тэ] 2 *D oder A*
Protein *n* протеи́н [тэ] 2
Protektion *f* протéкция 8
Protektionismus *m* протекциони́зм 2
Protektorat *n* протекторáт 2
Protest *m* протéст 2 (gegen прóтив *G*) | bei j-m ~ einlegen заявл|я́ть ⟨-и́ть 3⁺ -лю́⟩ протéст комý-н.; aus ~ в протéст
Protestaktion *f* акт 2 [демонстрáция 8] протéста
Protestant *m* протестáнт 2
protestantisch протестáнтский
Protestantismus *m* протестанти́зм 2, протестáнтство 4
Protesterklärung *f* заявлéние протéста, выступлéние 5 с протéстом
protestieren *intr* протестовáть *uv, v* 2
Protestkundgebung *f* демонстрáция [ми́тинг] протéста
Prothese *f* протéз [тэ] 2; Zahnersatz зубнóй протéз
Protokoll *n* протокóл 2 | zu ~ geben протоколи́ровать *uv, v* 2 (*a.* за-); ein ~ aufnehmen сост|авля́ть ⟨-áвить 3 -áвлю⟩ протокóл
protokollarisch протокóльный
Protokollführer *m* ведýщий *Subst* 11 протокóл
protokollieren *tr u. intr* протоколи́ровать *uv, v* 2 (*a.* за-)
Proton *n* протóн 2
Proto|plasma *n* протоплáзма 6; **~typ** *m* прототи́п 2; **~zoen** *n Pl Biol* простéйшие *Subst Pl* 11
Protuberanz *f Astr* протуберáн|ец| -ца 2
Protz *m* чвáнный [спеси́вый] человéк 2
protzen *intr* хвáстаться (по-) (mit *I*)
protzig Person хвастли́в|ый; Gegenstand пы́ш|ный| -ен| -нá!
Proviant *m* провиáнт 2, продовóльствие 5; **~lager** *n* продовóльственный склад
Provinz *f* прови́нция 8; **~ialismus** *m* провинциали́зм 2
provinziell провинциáл|ьный| -ен| -ьна
Provinzstadt *f* провинциáльный гóрод
Provision *f* комиссиóнные *Pl Subst* 10
provisorisch 1. *Adj* врéменный **2.** *Adv* на врéмя, покá
Provisorium *n* einstweiliger Zustand врéменное состоя́ние 5
Provoka|teur *m* провокáтор 2; **~tion** *f* провокáция 8
provokatorisch провокациóнный
provozieren *tr* провоци́ровать *uv, v* 2
Prozedur *f* процедýра 6
Prozent *n* процéнт 2; Alkoholgehalt грáдус 2 | zu 150% на 150%; den Plan um 20% übererfüllen перевы́полнить план на 20%; **~rechnung** *f* вычислéние 5 процéнтов; **~satz** *m* процéнт 2, процéнтная стáвка
prozentual 1. *Adj* процéнтный **2.** *Adv* в процéнтном отношéнии
Prozeß *m Chem, Tech, Jur* процéсс 2 | j-m den ~ machen возбу|ди́ть *v* 3 -жý процéсс [дéло] прóтив когó-н.; mit j-m kurzen ~ machen бы́стро распрáв|иться *v* 3 -люсь с кем-н.; er machte mit ihm kurzen ~ у негó былá с ним корóткая распрáва; **~akten** *f Pl* судéбные делá *Pl* 4b; **~führung** *f* ведéние судéбного процéсса
prozessieren *intr Jur* су|ди́ться 3⁺ -жýсь| -дя́сь (mit с *I*)
Prozession *f* процéссия 8
Prozeß|kosten *Pl* судéбные издéржки; **~recht** *n* процессуáльное прáво
prüde чóпор|ный| -ен
Prüderie *f* чóпорность 9
prüfen *tr* Eingabe проверя́ть ⟨-вéрить 3⟩; Motor, Bewerber проверя́ть ⟨-вéрить⟩, испы́тывать ⟨-пытáть⟩; examinieren экзаменовáть 2 (про-) (in по *D*) | etw. auf seine Richtigkeit ~ проверя́ть прáвильность чегó-н.; j-n auf Herz und Nieren ~ провéрить когó-н. основáтельно
Prüfer *m* испытáтель 1; im Examen экзаменáтор 2
Prüfgerät *n* испытáтельный прибóр
Prüfling *m* экзаменýющийся *Subst* 11
Prüf|stand *m Tech* испытáтельный стенд; **~stein** *m übertr* прóбный кáмень; **~ung** *f* провéрка 6; Schule экзáмен 2; Zwischen~ зачёт 2; Heimsuchung испытáние 5 | in der ≈ на экзáмене; eine ≈ ablegen с|давáть* ⟨-|дать*⟩ экзáмен; die ≈ mit «gut» bestehen сдать экзáмен на «хорошó»; die ≈en finden (gegenwärtig) statt экзáмены идýт
Prüfungs|arbeit *f* экзаменациóнная рабóта; **~ergebnis** *n* результáт 2 экзáмена; **~fach** *n* экзаменациóнный предмéт; **~kommission** *f* экзаменациóнная коми́ссия; **~ordnung** *f* положéние 5 о проведéнии экзáменов
Prügel *m* Stock пáлка 6; *Pl* Schläge побó|и *Pl* 1 -ев | ~ bekommen получи́ть *v* 3⁺ взбýчку; **~ei** *f* дрáка 6, потасóвка 6; **~knabe** *m übertr* коз|ёл| -лá 2 отпущéния
prügeln *tr* бить*, коло|ти́ть 3⁺ -чý (по-); sich ~ дрáться*| драли́сь
Prunk *m* рóскошь 9, блеск 2
prunken *intr* блистáть великолéпием; prahlen щеголя́ть ⟨щегольнýть *mom* 4⟩ (in в *P*, mit *I*)
Prunkstück *n übertr* роскóшная вещь 9g

prunkvoll пы́ш|ный, -ен, -на́!, роско́ш|ный, -ен, -на
Psalm *m* псало́м 2
Pseudonym *n* псевдони́м 2
Pseudowissenschaft *f* лженау́ка 6
pseudowissenschaftlich лженау́чный
pst! *Interj* тс!
Psyche *f* пси́хика 6
Psychiater психиа́тр 2
Psychiatrie *f* психиатри́я 8
psychisch психи́ческий
Psycho|analyse *f* психоана́лиз 2; **~loge** *m* психо́лог 2; **~logie** *f* психоло́гия 8
psychologisch психологи́ческий
Psycho|path *m* психопа́т 2; **~pharmaka** *Pl Med* психотро́пные сре́дства *Pl* 4
Psycho|se *f* психо́з 2; **~therapie** *f* психотерапи́я 8
Pubertät *f* полово́е созрева́ние 5
Pubertäts|alter *n* во́зраст полово́й зре́лости; **~zeit** *f* пери́од 2 полово́го созрева́ния
Publikation *f* Tätigkeit публика́ция 8, опубликова́ние 5; Erzeugnis публика́ция 8
Publikum *n* пу́блика 6
publizieren *tr* публикова́ть 2 (о-)
Publizist *m* публици́ст 2; **~ik** *f* публици́стика 6
Puck *m* Eishockey ша́йба 6
Pudding *m* пу́динг 2; **~pulver** *n* порошо́к для пу́динга
Pudel *m Zool* пу́дель 1 *u.* 1b *Pl* -и *u.* -я́; **~mütze** *f* вя́заная ша́пка 6
Puder *m* пу́дра 6; **~dose** *f* пу́дреница 6
pudern *tr* пу́дрить 3 (на-, по-); sich ~ *refl* пу́дриться (на-, по-)
Puderquaste *f* пухо́вка 6; **~zucker** *m* са́харная пу́дра 6
Puff *m* Stoß толч|о́к, -ка́ 2; **~ärmel** *m* рука́в с бу́фами
puffen *tr* stoßen дава́ть* ⟨дать*⟩ тычо́к
Puffer *m* Eisenbahn бу́фер 2b *Pl* -а́; *Tech* амортиза́тор 2; **~staat** *m* бу́ферное госуда́рство
Puffreis *m* возду́шный рис
Pullover *m* пуло́вер 2; mit Rollkragen сви́тер 2
Puls *m* пульс 2 | j-m den ~ fühlen щу́пать у кого́-н. пульс; **~ader** *f* арте́рия 8
Pulsar *m Astr* пульса́р 2
pulsieren *intr* пульси́ровать 2; *übertr* бить* ключо́м
Puls|schlag *m* бие́ние 5 пу́льса; **~wärmer** *m* напу́льсник 2
Pult *n* пульт 2, пюпи́тр 2; Redner~, Lehrer~ ка́федра 6
Pulver *n* порош|о́к, -ка́ 2; Schieß~ по́рох 2b *G a.* -у, *Pl* -а́ | keinen Schuß ~ wert sein не сто́ить 3 ни гроша́; **~faß** *n* бо́чка с по́рохом
pulverförmig, pulverig порошкообра́з|ный, -ен
pulverisier|en *tr* растира́ть ⟨-|тере́ть*, разотру́, -тёрши *oder* -тере́в⟩ в порошо́к; **~t** в порошке́
Pulver|kaffee *m* раствори́мый ко́фе; **~kammer** *f* порохово́й по́греб 2b *Pl* -а́; **~schnee** *m* ры́хлый снег; **~turm** *m* порохова́я ба́шня
Puma *m* пу́ма 6
Pump *m umg:* auf ~ leben жить в долг
Pumpe *f* насо́с 2
pumpen *tr* кача́ть (насо́сом); *umg* sich borgen брать* ⟨взять*⟩ взаймы́ (bei, von у *G*); verleihen дава́ть* ⟨дать*⟩ взаймы́
Pumpen|anlage *f* насо́сная устано́вка; **~haus** *n* водока́чка 6; **~schwengel** *m* коромы́сло 4 насо́са
Pumpernickel *m* ржано́й хлеб 2
Pumphose *f* шарова́ры *Pl* 6, пы́шные брю́ки
Pumps *Pl* ло́дочки *Pl* 6
Pump|speicherwerk *n* насо́сно-аккумули́рующая электроста́нция 11-8; **~station** *f* насо́сная ста́нция
Punkt *m* Satzzeichen то́чка 6 *a. Geogr;* Paragraph пункт 2, стат|ья́ 7 *G Pl* -е́й; Stelle, Platz пункт *a. Typ;* Wertung очк|о́ 4 *Pl* -и́, -о́в | einen ~ setzen ста́в|ить 3 -лю (по-) то́чку; die Tagesordnung hat fünf ~e на пове́стке дня пять пу́нктов; von ~ zu ~, ~ für ~ по пу́нктам; der wunde ~ больно́е ме́сто 4b; ein schwacher ~ сла́бое ме́сто; j-n nach ~en schlagen *Sport* победи́ть *v* 3 кого́-н. [вы́играть *v* у кого́-н.] по очка́м; wir sind auf dem toten ~ angekommen мы стои́м на мёртвой то́чке; ~ drei Uhr ро́вно (в) три часа́; der springende ~ суть 9 де́ла, гла́вное *Subst* 10
Punktalglas *n* пункта́льное стекло́
Punkthaus *n* дом то́чечного ти́па
punktieren *tr* отмеча́ть ⟨отме́|тить 3 -чу⟩ пункти́ром | punktierte Linie пункти́р 2
pünktlich 1. *Adj* то́ч|ный, -ен, -на́!, аккура́т|ный, -ен **2.** *Adv* во́время, то́чно
Pünktlichkeit *f* то́чность 9, аккура́тность 9
Punkt|richter *m* судья́, даю́щий 11 оце́нку по очка́м; **~sieg** *m Sport* побе́да по очка́м; **~spiel** *n Sport* игра́ на очки́; **~zahl** *f Sport* коли́чество 4 очко́в
Punsch *m* пунш 2 *G Pl* -ей
Pupille *f* зрач|о́к, -ка́ 2
Püppchen *n* ку́колка 6
Puppe *f* ку́к|ла 6 *G Pl* -ол; *Zool* ку́колка 6; Draht~ марионе́тка 6 *a. Pol;* Schneider~ манеке́н 2; aus Garben коп|на́ 6h *G Pl* -ён
Puppen|film *m* ку́кольный фильм; **~haus** *n* ку́кольный дом; **~spieler** *m* актёр 2 ку́кольного теа́тра, актёр-куклово́д 2-2;

~theater *n* кýкольный теáтр; **~wagen** *m* колясочка 6 для кýклы
pur чи́ст:ый¡ -á!¡ чи́ще I ~es Gold чи́стое зóлото; aus ~er Neugier из чи́стого любопы́тства
Püree *n* пюрé [рэ] *n idkl*
purgierend *Med* слаби́тельный
Purismus *m* пури́зм 2
Puritaner *m* пурит|áнин 2 *Pl* -áне¡ -áн
Puritanismus *m* пуритáнство 4
Purpur *m* пýрпур 2
purpur|farben пурпýровый, пурпýрный; **~rot** Gesicht, Himmel багрóв:ый
Purzelbaum *m:* einen ~ schlagen кувырк|áться ⟨-нýться *mom* 4⟩
purzeln *intr* ле|тéть 3 -чý кувыркóм
Puste *f umg* дыхáние 5 I mir geht die ~ aus я задыхáюсь; ihm ging die ~ aus *übertr* емý не хватáет сил
Pustel *f* пýстула 6
pusten *intr* дуть* (по-); schwer atmen тяжелó дышáть 3; ins Feuer дуть ⟨дýнуть *mom* 4⟩ на *A*
Pute *f Zool* индéйка 6; **~r** *m Zool* индю́к 2e
puterrot багрóв:ый
Putsch *m* путч 2
Putz *m* schmucke Kleidung наря́д 2; *Arch* штукатýрка 6; **~arbeiten** *f Pl* штукатýрные рабóты
putzen *tr* reinigen чи́|стить 3 -щу (по-); Fenster мыть* (по-); Brille протирáть ⟨-|терéть*⟩; Gemüse чи́стить (по-); Mauer штукатýрить 3; schön anziehen наряжáть ⟨-ряди́ть 3⁺ -ряжý¡ -ря́женный⟩; Nase сморкáться (вы́-); sich ~ *refl* наря|жáться ⟨-ди́ться⟩
Putzfrau *f* убóрщица 6
putzig забáв|ный¡ -ен, смеш|нóй¡ -óн¡ -нá
Putz|lappen *m* тря́пка (для чи́стки); **~macherin** *f* моди́стка 6; **~sucht** *f* франтовствó 4; **~wolle** *f* вéтошь 9 для чи́стки, обти́рочные кóнцы *Pl* 2
Puzzlespiel *n* игрá-головолóмка 6c-6
Pygmäe *m* пигмé|й 1 *G Pl* -ев
Pyjama *m, n* пижáма 6
Pyramide *f* пирами́да 6
pyramidenförmig пирамидáл|ьный¡ -ен¡ -ьна
Pyrenäen *Pl* Пиренé|и *Pl* 1 *G* -ев
Pyrotechnik *f* пиротéхника 6
Pyrrhussieg *m* пи́ррова 13 побéда
pythagoreisch: ~er Lehrsatz теорéма Пифагóра

Q

Quacksalber *m* шарлатáн 2
quacksalbern *intr* шарлатáнить 3, занимáться ⟨заня́ться*¡ -ялся́¡ -ялáсь⟩ шарлатáнством
Quaddel *f* волды́рь 1e
Quader(stein) *m* квадр 2, тёсаный кáмень
Quadrant *m* квадрáнт 2
Quadrat *n* квадрáт 2 I eine Zahl ins ~ erheben возводи́ть 3⁺ -вожý ⟨-|вести́*⟩ числó в квадрáт
quadratisch квадрáтный; in der zweiten Potenz квадрати́ческий, квадрати́чный
Quadrat|kilometer *n* квадрáтный киломéтр; **~meter** *n* квадрáтный метр
Quadratur *f:* ~ des Kreises квадратýра 6 крýга
Quadratwurzel *f* квадрáтный кóрень
quaken *intr* квáк|ать ⟨-нуть *mom* 4⟩; Ente кря́к|ать ⟨-нуть *mom* 4⟩
Quäker *m* квáкер 2
Qual *f* мýка 6, мучéние 5 I die ~ der Wahl мýки вы́бора
quälen *intr* peinigen; belästigen мýчить 3 (за-, из-); seelisch a. терзáть; sich ~ *refl* leiden мýчиться (за-, из-) (mit etw. чем-н.); seelisch a. терзáться (mit etw. чем-н.); sich abquälen мýчиться (про-) (mit j-m с кем-н., mit etw. с [над] чем-н., z. B. Aufsatz) I zu Tode ~ замýчить *v* дó смерти; **~d** мучи́тел|ьный¡ -ен¡ -ьна; ermüdend, drückend томи́тел|ьный¡ -ен¡ -ьна
Quäl|erei *f* мучéние 5; **~geist** *m* мучи́тель 1; weiblich мучи́тельница 6
Qualifikation *f* квалификáция 8; Eignung приróдность 9 (für для *G*); *Sport* отбóрочное соревновáние 5
Qualifikations|spiel *n* отбóрочный матч; **~stand** *m* ýровень квалификáции
qualifizier|en *tr* weiterbilden повышáть ⟨повы́|сить 3 -шу⟩ чью-н. квалификáцию; bestimmen, bewerten квалифици́ровать *uv, v* 2; sich ≈ *refl* повышáть ⟨повы́сить⟩ свою́ квалификáцию; sich ausbilden приобретáть ⟨-|обрести́*⟩ квалификáцию [специáльность] (zu *G*) I er hat sich zum Schlosser qualifiziert он приобрёл [получи́л] квалификáцию слéсаря; sich für die Endrunde ≈ *Sport* выхо|ди́ть 3⁺ -жý ⟨вы́|йти*⟩ в финáл; **~t** квалифици́рован:ный¡ -на I ≈ sein für etw. имéть достáточную квалификáцию для чегó-н.
Qualifizierung *f* повышéние 5 [приобретéние 5] квалификáции (zu *G*); Qualifizieren квалификáция 8
Qualifizierungslehrgang *m* кýрс(ы) повышéния квалификáции
Qualität *f* кáчество 4; Güte (вы́сшее 11)

ка́чество; *Hdl* (вы́сший 11) сорт 2b *Pl* -а́; *übertr* досто́инство 4 | schlechte ~ недоброка́чественность 9; ausgezeichnete ~ отли́чное ка́чество; von guter ~ доброка́чествен:ный, -на; diese Ware ist ~ э́тот това́р вы́сшего ка́чества

qualitativ 1. *Adj* ка́чественный **2.** *Adv* по ка́честву, в ка́чественном отноше́нии

Qualitäts|arbeit *f* отли́чная рабо́та | ≈ leisten рабо́тать отли́чно; **~erzeugnis** *n* изде́лие высо́кого [отли́чного] ка́чества; **~verbesserung** *f* повыше́ние 5 [улучше́ние] ка́чества; **~ware** *f* ка́чественный това́р, това́р высо́кого [отли́чного] ка́чества; **~zeichen** *n* знак ка́чества

Qualle *f* меду́за 6

Qualm *m* (густо́й) дым 2; stickiger чад 2, в чаду́

qualmen *intr* дым|и́ть 3 -лю́ (на-); stickigen Qualm ausstoßen чад|и́ть 3 -жу́ (на-) | wie ein Schlot ~ rauchen дыми́ть как парово́з

qualmig ды́мный

qualvoll мучи́тел|ьный, -ен, -льна

Quantentheorie *f* ква́нтовая тео́рия

Quantität *f* коли́чество 4 | das Umschlagen von ~ in Qualität перехо́д 2 коли́чества в ка́чество

quantitativ 1. *Adj* коли́чественный **2.** *Adv* по коли́честву, в коли́чественном отноше́нии

Quantum *n* коли́чество 4

Quarantäne *f* каранти́н 2 | in ~ liegen нахо|ди́ться 3⁺ -жу́сь под каранти́ном; in ~ legen подверга́ть ⟨-ве́ргнуть 4a *u.* 4⟩ каранти́ну

Quark *m* творо́г 2e *u.* тво́рог 2; *übertr* чепуха́ 6 | sich um jeden ~ kümmern обраща́ть внима́ние на вся́кую ерунду́; **~kuchen** *m* пиро́г 2e с творого́м, ватру́шка 6; **~torte** *f* творо́жный торт

Quartband *m* том в че́тверть [в четвёртую до́лю] листа́

Quartal *n* кварта́л 2 | einmal im ~ раз в кварта́л

Quartals|abschluß *m* кварта́льный отчёт 2, подведе́ние 5 ито́гов за кварта́л; **~plan** *m* кварта́льный план

quartal[s]weise *Adv* покварта́льно

Quartär *n* четверти́чный пери́од 2

Quarte *f Mus* ква́рта 6

Quartett *n* кварте́т 2 | ~ spielen *Kart* игра́ть ⟨сыгра́ть⟩ в кварте́т; *Mus* игра́ть в кварте́те

Quartformat *n* форма́т в че́тверть листа́ [в четвёртку]

Quartier *n* кварти́ра 6 | bei j-m ~ beziehen снима́ть ⟨снять*⟩ у кого́-н. кварти́ру [ко́мнату]; in Hotel остан|а́вливаться ⟨-ови́ться 3⁺ -овлю́сь⟩ на кварти́ре у кого́-н.; bei j-m in ~ liegen стоя́ть 3 на кварти́ре у кого́-н.; für j-n ~ machen расквартир|о́вывать ⟨-ова́ть 2⟩ кого́-н.

Quarz *m* кварц 2; **~uhr** *f* ква́рцевые часы́

quasi *Adv* как бу́дто, так сказа́ть

quasseln *intr umg* болта́ть; schnell треща́ть 3, тарато́рить 3

Quaste *f* кисть 9g; kleine ки́сточка 6

Quatsch *m umg* вздор 2, чепуха́ 6; sinnloses Geschwätz болтовня́ 7 | ~! вздор!, ерунда́!

quatschen *intr umg* болта́ть; töricht reden нести́* ерунду́, болта́ть вздор | über j-n ~ разба́лтывать ⟨-болта́ть⟩ о ком-н. [про кого́-н.]

Quatschkopf *m umg* болту́н 2e

Quecke *f* пыре́|й 1 *G Pl* -ев

Quecksilber *n* ртуть 9; *übertr* жи́вчик 2; **~säule** *f* сто́лб(ик 2) рту́ти, рту́тный сто́лб(ик)

Quelle *f* исто́чник 2, ключ 2e *G Pl* -е́й; *übertr* исто́чник | aus erster ~ из первоисто́чника; etw. aus sicherer ~ erfahren узнава́ть ⟨-зна́ть⟩ что-н. из достове́рных исто́чников

quellen *tr* Hülsenfrüchte, Samen мочи́ть 3⁺ (за-, на-), разма́чивать ⟨-мочи́ть⟩; *intr* Wasser, Blut течь* (по-), вытека́ть ⟨вы́|течь*⟩; Hülsenfrüchte, Holz на-, разбуха́ть ⟨-бу́хнуть 4a⟩ | das Blut quillt aus der Wunde кровь бьёт фонта́ном из ра́ны; Tränen quollen ihr aus den Augen слёзы лью́тся у неё из глаз

Quellen|angabe *f* указа́ние (перво)исто́чника; **~forschung** *f* иссле́дование (перво)исто́чника; **~material** *n* (перво)исто́чники *Pl* 2, исто́чник описа́ния; **~studium** *n* изуче́ние (перво)исто́чников

Quellwasser *n* ключева́я вода́

Quengelei *f* нытьё 3

quengeln *intr* ныть* жа́ловаться 2 ⟨по-⟩; nörgeln брюзжа́ть 3, придира́ться ⟨-|дра́ться*, -драли́сь⟩ (an к *D*)

quer *Adv* попере́к | ~ über [durch] etw. попере́к чего́-н.; ~ über die Straße gehen переходи́ть 3⁺ -хожу́ ⟨-|йти́*⟩ (че́рез) у́лицу

Querbalken *m* попере́чная ба́лка, попере́чина 6

Quere *f*: in die ~ попере́к; j-m in die ~ kommen станов|и́ться 3⁺ -лю́сь ⟨стать*⟩ кому́-н. попере́к доро́ги

querfeldein *Adv* напрями́к

Querfeldein|lauf *m* кросс 2; **~rennen** *n* мотокро́сс 2; Radsport велокро́сс 2

quergestreift в попере́чную поло́ску

Quer|kopf *m* упря́м|ец, -ца 2, упря́мая голова́; **~latte** *f* Fußball ве́рхняя 11 перекла́дина; **~pfeife** *f* попере́чная фле́йта 6; **~rinne** *f* (небольша́я) кана́ва; *Verk* неро́вная доро́га 6; **~schläger** *m Mil* рикоше́т 2; **~schnitt** *m* попере́чный разре́з;

Tech прóфиль 1, поперéчное сечéние; Überblick обзóр 2 (durch *G*); Auswahl вы́борка 6
Querschnittslähmung *f* поперéчный миелúт 2
Quer|straße *f* поперéчная у́лица; kreuzende пересекáющая 11 дорóга; **~streifen** *m* поперéчная полосá; **~strich** *m* горизонтáльная чертá; **~summe** *f* сýмма цифр числá; **~treiber** *m* интригáн 2; **~treiberei** *f* интрúги *Pl* 6, прóиски *Pl* 2
querüber *Adv* нáискось
Querulant *m* сутя́жник 2, сутя́га *m, f* 6
Quer|verbindung *f* связь 9; *Tech* поперéчное соединéние; *Tel* прямáя связь; *Mil* связь по фрóнту
quetschen *tr* Früchte разминáть ⟨-|мять*ǀ -омнý⟩ǀ entsaften выжимáть ⟨вы́|жать¹*⟩; Finger, Fuß прищем|ля́ть ⟨-úть 3 -лю́⟩, от-, придáвливать ⟨-давúть 3⁺ -давлю́⟩ | sich den Finger ~ прищемúть пáлец; die Nase an etw. ~ прижимáть ⟨-|жáть¹⟩ лицó к чемý-н.
Quetsch|ung *f* уши́б 2; innerliche контýзия 8; **~wunde** *f* рáна от уши́ба
Queue *n* Billardstock кий 1e *P* кийǀ *G Pl* киёв
quicklebendig óчень живóй
quieken *intr* пищáть 3 ⟨пúскнуть *mom* 4⟩, визжáть 3
quietsch|en *intr* Tür, Rad скрипéть 3 ⟨скрúпнуть *mom* 4⟩; **~vergnügt**: *umg* ≈ sein сия́ть от рáдости
Quinte *f Mus* квúнта 6
Quintessenz *f* квинтэссéнция 8, сýщность 9
Quintett *n* квинтéт 2
Quirl *m* Gerät мутóвка 6, мешáлка 6
quirlen *tr* смéшивать ⟨-мешáть⟩ (мутóвкой); schaumig взбивáть ⟨-|бить*ǀ взобью́⟩
quirlig жив:óйǀ -á!
Quito Кúто *m idkl*
quitt *Adv* квúт(ы) | mit j-m ~ werden расквитáться *v* с кем-н.; wir sind ~ мы квúты, мы в расчёте
quittegelb цвéта айвы́
Quitte *f* айвá 6
quittieren *tr* den Empfang bestätigen распúсываться ⟨-|писáться*⟩ (в получéнии *G*) | eine Rechnung ~ подпúсывать ⟨-|писáть*⟩ счёт; den Dienst ~ увольня́ться ⟨увóлиться 3⟩ (со слýжбы)
Quittung *f* квитáнция 8 [распúска 6] (в получéнии *G*) | gegen ~ под распúску
Quiz *n* викторúна 6; **~master** *m* ведýщий *Subst* 11 викторúну; **~sendung** *f* (теле)викторúна 6, (радио)викторúна 6; mit unterhaltendem Wissenstest викторúна-загáдка 6-6
Quote *f* квóта 6, дóля 7g *G Pl* долéй
Quotient *m* чáстное *Subst* 10

R

Rabat Рабáт 2
Rabatt *m* скúдка 6
Rabbiner *m* раввúн 2
Rabe *m* вóрон 2
rabenschwarz Haar úссиня-чёрный *idkl*-10; Pferd воронóй
rabiat свирéп:ыйǀ грýб:ыйǀ -á!
Rache *f* месть 9, (от)мщéние 5 | aus ~ из мéсти; aus ~ für etw. в отмéстку за что-н.; ~ schwören кля́сться* (по-) отомстúть; ~ nehmen an j-m мстить 3 мщу (ото-) комý-н.; **~akt** *m* акт возмéздия
rachedurstig жáждущий 11 мéсти
Rachen *m Anat* зев 2; beim Tier пасть 9
rächen *tr u.* sich ~ мстить 3 мщу (ото-) (sich an j-m für etw. комý-н. за что-н.) | das rächt sich bitter э́то тяжелó скáзывается; seine Unvorsichtigkeit hat sich an ihm bitter gerächt емý пришлóсь дóрого поплатúться за свою́ неосторóжность
Rachen|höhle *f* зев 2; **~mandel** *f* глóточная миндáлина
Rächer *m* мстúтель 1
Rachitis *f* рахúт 2
rachitisch рахитúч|ныйǀ -ен
Rachsucht *f* мстúтельность 9
rachsüchtig мстúтел|ьныйǀ -енǀ -ьна
Rad *n* колесó 4c *Pl* колёса; Fahr~ велосипéд 2 | mit dem ~ fahren éхать на велосипéде; ein ~ schlagen *Sport* дéлать (с-) колесó; der Pfau schlägt ein ~ павлúн распустúл хвост; das fünfte ~ am Wagen sein быть пя́тым колесóм в телéге; das ~ der Geschichte zurückdrehen повернýть *v* 4 вспять колесó истóрии
Radar *m* радиолокáция 8; Gerät радáр 2, радиолокáтор 2; **~anlage** *f* радиолокациóнная установка; **~antenne** *f* антéнна радиолокациóнной стáнции; **~aufklärung** *f* радиолокациóнная развéдка; **~bild** *n* изображéние 5 на экрáне радиолокáтора; **~gerät** *n* радиолокáтор 2, радáр 2; **~netz** *n* радиолокациóнная сеть; **~schirm** *m* экрáн радиолокáтора [индикáтора]; **~station** *f* радиолокациóнная стáнция
Radau *m* шум 2, галдёж 2e | ~ machen шум|éть 3 -лю́, скандáлить 3; **~bruder** *m* буя́н 2, скандалúст 2
Rad|ball *m* велобóл 2; **~dampfer** *m* колёсный парохóд
radebrechen *tr:* deutsch ~ говорúть на лóманом немéцком языкé
Rädelsführer *m* зачúнщик 2
rädern *tr hist* колесовáть *uv, v* 2 | ich bin wie gerädert я совершéнно разбúт
Räderwerk *n* шестерёнчатый механúзм

radfahren *intr best* éхать* [*unbest* éздить 3 éзжу] на велосипéде | er kann ~ он éздит на велосипéде

Radfahr|er *m* велосипедúст 2; **~weg** *m* велосипéдная дорóжка 6

Radfernfahrt *f* велопробéг 2, велогóнка 2

Radialreifen *m* радиáльная шúна

Radiator *m* радиáтор 2

radieren *intr* стирáть ⟨с|терéть*, сотрý⟩ резúнкой; *tr Kunst* гравировáть 2 (вы́-)

Radier|er *m* Künstler гравёр 2; **~gummi** *m* резúнка 6; **~nadel** *f* гравировáльная иглá; **~ung** *f* гравю́ра 6

Radieschen *n* редúска 6, редúс 2; **~salat** *m* салáт из редúски

radikal радикáл|ьный, -ен, -ьна

Radikal *n Chem, Math* радикáл 2; **~er** *m Pol* радикáл 2

Radikalismus *m* радикалúзм 2

Radio *n* рáдио *n idkl;* Apparat (радио)приёмник 2, рáдио; mit Plattenspieler радиóла 6; mit Tonbandgerät магнитóла 6 | ~ hören слýшать рáдио; ein Konzert im ~ hören слýшать концéрт по рáдио; das ~ leiser stellen дéлать (с-) рáдио тúше

radioaktiv радиоактúв|ный, -ен

Radio|aktivität *f* радиоактúвность 9; **~apparat** *m* радиоприёмник 2, рáдио *n idkl;* **~bastler** *m* радиолюбúтель 1; **~hörer** *m* радиослýшатель 1; **~loge** *m* радиóлог 2; **~recorder** *m* кассéтный радиоприёмник 2; **~röhre** *f* радиолáмпа 6; **~sonde** *f* радиозóнд 2; **~therapie** *f* радиотерапúя 8; **~wellen** *Pl* радиовóлны *Pl* 6; **~zeit** *f* тóчное врéмя по радиосигнáлу | die Uhr nach ≈ stellen стáв|ить 3 -лю (по-) часы́ по рáдио

Radium *n* рáди|й 1 *P* -и

radiumhaltig содержáщий 11 рáдий

Radius *m* рáдиус 2

radizieren *tr* извлекáть ⟨-|влéчь*⟩ кóрень (из *G*)

Rad|kappe *f* колпáк 2е; **~kranz** *m* óбод 2 (колесá); **~meisterschaft** *f* пéрвенство 4 по велосипéдному спóрту; **~nabe** *f* ступúца 6; **~reifen** *m Tech* бандáж 2е *G Pl* -éй; **~rennbahn** *f* велодрóм 2, велотрéк 2; **~rennen** *n* Sportart велогóнка 6 *meist Pl;* Wettrennen велопробéг 2; **~rennfahrer** *m* велогóнщик 2

radschlagen *intr Sport* хо|дúть 3⁺ -жý колесóм

Rad|schlepper *m* колёсный трáктор; **~speiche** *f* спúца (колесá); **~sport** *m* велоспóрт 2; **~spur** *f* колея́ 7, след 2е колёс; **~stand** *f* Auto бáза 6; **~sturz** *m* Auto развáл 2 колёс; **~tour** *f* экскýрсия 8 на велосипéде; **~wechsel** *m* смéна колесá; **~weg** *m* велосипéдная дорóжка 6, велодорóжка 6; **~weltmeisterschaften** *Pl* пéрвенство мúра по велоспóрту

raffen *tr* Kleid подбирáть ⟨подо|брáть*, подберý, подóбранный⟩; kürzen сокра|щáть ⟨-тúть 3 -щý⟩; an sich ~ *umg* захв|áтывать ⟨-атúть 3 -ачý⟩, присв|áивать ⟨-óить 3⟩ (себé)

Raffgier *f* жáдность 9, рвáчество 4

raffgierig жáд|ный, -ен, -нá!, рвáческий

Raffin|erie *f* рафинáдный завóд 2; für Erdöl нефтеперегóнный завóд 2; **~esse** *f* Schläue хúтрость 9; Auserlesenheit, Feinheit изы́сканность 9, утончённость 9

raffiniert durchtrieben хúтр:ый, -á!; auserlesen, verfeinert изы́скан:ный, -на, утончён:ный, -на | ~er Luxus изощрённая рóскошь

Raglan|ärmel *m* рукáв реглáн; **~mantel** *m* пальтó реглáн

Ragout *n* рагý *n idkl*

Rahe *f Mar* рéя 7

Rahm *m* слúв|ки *Pl* 6 *G* -ок | den ~ abschöpfen снимáть ⟨снять*⟩ пéнки

rahmen *tr* Bild вст|авля́ть ⟨-áвить 3 -áвлю⟩ в рáму

Rahmen *m* Bild рáм(к)а 6; Fenster, Tür, Fahrrad рáма 6; Werkbank рáма, станúна 6; Schuh~ рант 2; *übertr* предéл 2, рáмки *Pl* 6 | im ~ des Planes в рáмках плáна; aus dem ~ fallen не уклáдываться ни в какúе рáмки; **~antenne** *f* рáмочная антéнна; **~bestimmung** *f* óбщее 11 распоряжéние 5; **~erzählung** *f* обрамля́ющее 11 повествовáние; **~kollektivvertrag** *m* типовóй коллектúвный договóр; **~plan** *m* типовóй [óбщий 11] план; **~sucher** *m Foto* рáмочный видоискáтель

Rahmkäse *m* слúвочный сыр

Rain *m* межá 6h

Rakete *f* ракéта 6 | eine ~ abschießen запускáть ⟨запу|стúть 3⁺ -щý⟩ ракéту; mehrstufige ~ многоступéнчатая ракéта; mit ~n bestückt ракетонóсный

Raketen|abschußbasis *f* ракéтная бáза; **~abwehr** *f* противоракéтная оборóна; **~abwehrsystem** *n* систéма противоракéтной оборóны; **~antrieb** *m* ракéтный двúгатель; **~artillerie** *f* ракéтная [реактúвная] артиллéрия; **~bau** *m* ракетостроéние 5; **~geschoß** *n* реактúвный снаря́д; **~schiff** *n* корáбль-ракетонóс|ец, -ца 1е-2; **~startgelände** *n* ракетодрóм 2; **~startrampe** *f* пусковáя (ракéтная) установка; **~träger** *m* ракетонóс|ец, -ца 2; **~truppen** *Pl* ракéтные войскá; **~versuchsgelände** *f* ракéтный полигóн 2; **~waffe** *f* ракéтное [реактúвное] орýжие; **~werfer** *m* реактúвный миномёт 2

Ralley *f* (авто)рáлли *n idkl;* **~teilnehmer** *m* (авто)раллúст 2

Rammbär *m* бáба 6 копрá

Ramme *f* коп|ёр, -рá 2е, трамбóвка 6

rammen *tr* забивáть ⟨-|бúть*⟩ (etw. in etw. что-н. во что-н.); Fahrzeug наезжáть ⟨-|éхать*⟩ на *A; Mil* тарáнить 3 (про-)
Rampe *f* Auffahrt подъéзд 2; *Arch* пáндус 2; Verlade~ (грузовáя) платфóрма 6; *Theat* рáмпа 6
Rampenlicht *n* свет рáмпы | im ~ на сцéне
ramponier|en *tr* повре|ждáть ⟨-дúть 3 -жу¦ -ждённый⟩; **~t** Ansehen потрёпанный
Ramsch *m* хлам 2, барахлó 4, брак 2; **~laden** *m* лáвка, где продаётся всякое барахлó
Rand *m* Tisch; Abgrund кра|й 1b, на краю, *Pl* -я, -ёв; Schuh рант 2; на рантý; Stoff ка|йма́ 6 *G Pl* -ём; Hut, Buchseite поля́ *Pl* 3b; Stadt окрáина 6 | das Glas bis zum ~ füllen наполня́ть ⟨-пóлнить 3⟩ стакáн до краёв; am ~e bemerkt к слóву сказáть; etw. nur am ~e miterleben не быть непосрéдственным учáстником чегó-н.; an den ~ der Verzweiflung bringen до|водúть 3⁺ -вожý ⟨-|вестú*⟩ до пóлного отчáяния; Politik am ~e des Krieges полúтика на грáни войны́; mit etw. zu ~e kommen справля́ться ⟨спрá-в|иться 3 -люсь⟩ с чем-н.; außer ~ und Band sein быть* вне себя́; **~bemerkung** *f* замéтка на поля́х; Äußerung рéплика 6; **~gebiet** *n* перифери́я 8; *Wiss* пограни́чная óбласть; einer Stadt окрáина 6; **~siedlung** *f* окрáинный [при́городный] посёлок
Rang *m Mil* звáние 5; *Dipl* ранг 2b; *hist* чин 2; *Theat* я́рус 2; *Sport* мéсто 4b | den gleichen ~ haben быть* в однóм звáнии; j-m den ~ streitig machen сопéрничать с кем-н.; ein Gelehrter von ~ учёный с и́менем; ein sportliches Ereignis ersten ~es важнéйшее 11 спорти́вное собы́тие; ein Kunstwerk ersten ~es первоклáссное худóжественное произведéние; **~abzeichen** *n* знак различия; **~erhöhung** *f* повышéние в звáнии [в чи́не]
Rangierbahnhof *m* сортирóвочная стáнция
rangieren *intr Eisenb* маневри́ровать 2 | an dritter Stelle ~ занимáть ⟨заня́ть*⟩ трéтье мéсто
Rangier|er *m* состави́тель 1 поездóв, сцéпщик 2; **~gleis** *n* маневрóвый [сортирóвочный] путь; **~lokomotive** *f* маневрóвый локомоти́в
Rang|liste *f Mil* спи́сок; *Sport* тáбель 1 о рáнгах; **~ordnung** *f* иерáрхия 8
Rangun Рангýн 2
Ranke *f Bot* ýсик 2
Ränke *m Pl* интри́ги *Pl* 6, прóиски *Pl* 2 | ~ schmieden интригова́ть 2
ranken *intr* пу|скáть ⟨-сти́ть 3⁺⟩ ýсики; sich ~ *refl* ви́ться¦ ви́ли́сь, обвивáться ⟨-ви́ться, обовьётся¦ -ви́ли́сь⟩ (um вокрýг *G*)
Rankengewächs *n* вьющееся 11 растéние
Ranzen *m* Schul~ рáн|ец, -ца 2 для книг, шкóльный рáнец
ranzig прогóрклый | ~ werden гóркнуть 4 (про-)
rapid быстр:ый, -á!, стреми́тел|ьный, -ен, -ьна
Rapier *n* рапи́ра 6
Rappe *m* воронóй *Subst* 10, лóшадь 9g *I Pl* -ми́ воронóй мáсти
Rapport *m Mil* рáпорт 2, отчёт 2
Raps *m* рапс 2; **~öl** *n* рáпсовое мáсло
Rapünzchen *n* валерианéлла 6
rar рéд|кий, -ок, -кá!, рéже¦ редчáйший 11 | sich ~ machen рéдко покáзываться
Rarität *f* рéдкость 9
rasant бýр|ный, -ен, -нá! | ein ~es Tempo бéшеный темп
rasch быстр:ый, -á!; behend провóр|ный, -ен, расторóп|ный, -ен | in ~er Folge стреми́тельно
rascheln *intr* шелестéть 3, шуршáть 3
rasen *intr* wüten неи́стовствовать 2, бушевáть 2; sich schnell bewegen (бéшено) мчáться 3 (по-)
Rasen *m* газóн 2
rasend бéшеный, неи́стов:ый | ~e Schmerzen ужáсные бóли; ~e Geschwindigkeit головокружи́тельная быстротá; in ~er Fahrt на огрóмной скóрости; man könnte ~ werden с умá мóжно сойти́
Rasen|mäher *m* газонокоси́|лка 6 *G Pl* -лок; **~platz** *m* газóн 2; **~sprenger** *m* дождевáльная установка 6 (для поли́вки газóнов)
Raserei *f* неи́стовство 4, бéшенство 4; schnelles Fahren лихáчество 4 | das kann einen zur ~ bringen! от э́того с умá мóжно сойти́!
Rasier|apparat *m* безопáсная бри́тва 6 | elektrischer ~ электробри́тва 6; **~creme** *f* крем для бритья́
rasieren *tr* брить* (по-); sich ~ *refl* бри́ться (по-) | sich ~ lassen бри́ться в парикмáхерской
Rasier|klinge *f* лéзвие 5 (безопáсной бри́твы); **~messer** *n* бри́тва 6; **~pinsel** *m* помаз|óк, -кá 2 для бритья́; **~seife** *f* мы́ло для бритья́; **~zeug** *n* бри́твенный прибóр 2
Räson *f:* j-n zur ~ bringen образýм|ить *v* 3 -лю когó-н.
Raspel *f Tech* рáшпиль 1; Küchengerät тёрка 6
raspeln *tr Tech* обраб|áтывать ⟨-óтать⟩ рáшпилем; reiben натирáть ⟨-|терéть*⟩ (на тёрке); Kohl шинковáть 2
Rasse *f* Menschen~ рáса 6; Tier~ порóда 6; **~hund** *m* порóдистая собáка

Rassel *f Mus* трещóтка 6
rasseln *intr* klingeln трещáть 3; klirren звенéть 3; Telefon звонúть 3 (по-); Kettenfahrzeug двúгаться* ⟨двúнуться 4⟩ с грóхотом | mit den Schlüsseln ~ грем|éть 3 -лю́ (про-) ключáми
Rassen|diskriminierung *f* рáсовая дискриминáция; ~**hetze** *f* расúстская пропагáнда; ~**merkmal** *n* рáсовый прúзнак; ~**trennung** *f* сегрегáция 8; ~**wahn** *m* (оголтéлый) расúзм
rasserein Tier чúстой порóды, чистокрóвный
Rassevieh *n* порóдистый скот
rassig порóдист:ый; Frau, Sportwagen шикáр|ный, -ен
Rassist *m* расúст
rassistisch расúстский
Rast *f* óтдых 2, переды́шка 6; *Mil* привáл 2 | ~ machen дéлать (с-) привáл
rasten *intr* дéлать (с-) переды́шку [*Mil* привáл], отдыхáть ⟨-дохнýть 4⟩
Raster *m Typ, Tel, TV* растр 2
Rasthaus *n* ресторáн 2 (для турúстов); mit Übernachtung гостúница 6, (небольшóй) мотéль [тэ] 1
rastlos 1. *Adj* неутомúм:ый **2.** *Adv* без óтдыха
Rast|platz *m* привáл 2; an der Straße площáдка óтдыха; ~**stätte** *f* ресторáн (при автострáде), автостóянка 6 с ресторáном и заправочной стáнцией (при автострáде)
Rat *m* Ratschlag; polit. Institution, Gremium совéт 2; Titel совéтник 2 | der ~ der Volkskommissare Совéт Нарóдных Комиссáров; ~ des Kreises [Bezirkes] райóнный [окружнóй] совéт; j-n um ~ fragen про|сúть 3⁺ -шý (по-) у когó-н. совéта, совéтоваться 2 (по-) с кем-н.; einen ~ geben давáть* ⟨дать*⟩ совéт; mit ~ und Tat слóвом и дéлом; auf seinen ~ hin по егó совéту; da ist guter ~ teuer неизвéстно, что делáть; auf seinen ~ hören слýшаться егó совéта; keinen ~ mehr wissen не знать, как быть
Rate *f* Teilzahlung взнос 2; *Wirtsch* нóрма 6 | auf [in] ~n в рассрóчку; zahlbar in 10 ~n с вы́платой в рассрóчку десятью взнóсами
raten *tr* Rätsel отгáдывать ⟨-гадáть⟩; empfehlen совéтовать 2 (по-) *mit Inf,* рекомендовáть 2 (по-) | ich rate dir zu diesem Mittel рекомендýю тебé э́то срéдство; wozu rätst du mir? что ты мне посовéтуешь?; j-m gut ~ давáть* ⟨дать*⟩ комý-н. хорóший совéт; ~**weise** *Adv* в рассрóчку
Ratenzahlung *f* уплáта в рассрóчку | eine ~ leisten пла|тúть 3⁺ -чý (у-) взнос
Rat|geber *m* совéтчик 2; *Buch* руковóдство 4 (für по *D*); ~**haus** *n* рáтуша 6 | auf dem [im] ≈ в рáтуше; ~**hausuhr** *f* часы́ на рáтуше
Ratifikation *f* ратификáция 8
Ratifikationsurkunde *f* ратификациóнная грáмота
ratifizieren *tr* ратифицúровать *uv, v* 2
Ration *f* па|ёк, -йкá 2, рациóн 2; Futter~ дáча 6 | eiserne ~ неприкосновéнный запáс 2
rational рационáл|ьный, -ен, -ьна
Rationalisatorenbewegung *f* движéние рационализáторов
rationalisieren *tr* рационализúровать *uv, v* 2
Rationalisierung *f* рационализáция 8
Rationalisierungs|konzeption *f* концéпция рационализáции (произвóдства); ~**vorschlag** *m* рационализáторское предложéние
rationell рационáл|ьный, -ен, -ьна | ~ arbeiten рабóтать рационáльно
rationieren *tr* устан|áвливать ⟨-овúть 3⁺ -овлю́⟩ рациóн [нóрму вы́дачи] *G;* Lebensmittel вводúть 3⁺ -вожý ⟨-|вестú*⟩ кáрточки на *A;* Treibstoff нормировáть *uv, v* 2
Rationierung *f* установлéние 5 рациóна [нóрмы вы́дачи *G*]; введéние 5 кáрточной систéмы на *A;* нормировáние 5 *G*
ratlos растéрян:ный, -на | ich bin ganz ~ я совершéнно не знáю, как мне поступúть
Ratlosigkeit *f* растéрянность 9
ratsam целесообрáз|ный, -ен | ich halte das nicht für ~ я э́то считáю нецелесообрáзным, я бы э́того не посовéтовал
Ratschlag *m* совéт 2
Rätsel *n* загáдка 6 | ein ~ lösen отгáдывать ⟨-гадáть⟩ загáдку; in ~n sprechen говорúть загáдками; das ist mir ein ~ э́то для меня́ загáдка; diese Erscheinung gibt den Wissenschaftlern viele ~ auf э́то явлéние содéржит в себé мнóго загáдочного для учёных
rätselhaft загáдоч|ный, -ен | das ist mir ~ э́то для меня́ загáдка
Rats|herr *m* член 2 городскóго совéта [in bürgerl. Ländern a. муниципалитéта]; ~**keller** *m* погреб|óк, -кá 2 (при рáтуше); ~**sitzung** *f* заседáние совéта [члéнов муниципалитéта]
Ratte *f* кры́са 6
Ratten|bekämpfung *f* борьбá 6 с кры́сами; ~**falle** *f* крысолóвка 6; ~**gift** *n* крысúный яд
rattern *intr* Wagen грохотáть*; Maschinengewehr строчúть 3
Raub *m* граб|ёж 2е -ежá *G Pl* -ежéй; heimlicher похищéние 5; gewaltsamer разбóй 1 | ein ~ der Flammen добы́ча 6 огня́; ~**bau** *m Bergb* хúщническая раз-

рабо́тка 6; *Landw* хи́щническая обрабо́тка 6 | an etw. ≈ treiben хи́щнически эксплуати́ровать 2 что-н.; ≈ an der Gesundheit ва́рварское отноше́ние 5 к здоро́вью

rauben *tr* похища́ть ⟨-хи́тить 3 -хищу́⟩; Ruhe, Hoffnung лиш|а́ть ⟨-и́ть 3⟩ *G* | j-m Geld ~ отнима́ть ⟨отня́ть*⟩ де́ньги у кого́-н.; *intr* гра́бить, разбо́йничать

Räuber *m* разбо́йник 2, граби́тель 1; **~bande** *f* ша́йка разбо́йников; **~geschichte** *f* небыли́ца 6; **~höhle** *f* (разбо́йничий) прито́н (12-)2

räuberisch разбо́йнический; Tier хи́щнический

raubgierig хи́щ|ный, -ен

Raub|krieg *m* захва́тническая война́; **~mord** *m* уби́йство с це́лью ограбле́ния; **~ritter** *m hist* ры́царь-разбо́йник 1-2; **~tier** *n* хи́щный зверь, хи́щник 2; **~vogel** *m* хи́щная пти́ца; **~zug** *m* разбо́йнический набе́г 12-2

Rauch *m* дым 2 | im ~ ersticken задыха́ться (-дохну́ться 4) в дыму́; **~abzug** *m* дымохо́д 2; **~bildung** *f* дымообразова́ние 5

rauchen *tr* кури́ть 3^+ (по-); bis zu Ende выку́ривать ⟨вы́курить⟩ | aufhören zu ~ прекра|ща́ть ⟨-ти́ть 3 -щу́⟩ куре́ние, броса́ть ⟨бро́|сить 3 -шу⟩ кури́ть; er raucht stark он мно́го ку́рит; *intr* дыми́ть(ся) 3 | der Ofen raucht печь дыми́т; der Vulkan raucht вулка́н дыми́тся [кури́тся]

Rauchen *n* куре́ние 5 | ~ verboten! кури́ть воспреща́ется!; sich das ~ abgewöhnen отвыка́ть ⟨-вы́кнуть 4⟩ от куре́ния; das ~ aufgeben броса́ть ⟨бро́|сить 3 -шу⟩ кури́ть

Raucher *m* кури́льщик 2, куря́щий *Subst* 11 | ein starker ~ стра́стный кури́льщик; **~abteil** *n* купе́ *n idkl* для куря́щих

Räucher|fisch *m* копчёная ры́ба; **~hering** *m* копчёная сельдь; **~kerze** *f* кури́тельная све́чка

räuchern *tr* коп|ти́ть 3 -чу́ (за-); desinfizieren оку́ривать ⟨-кури́ть 3⟩

Räucherware *f* копчёности *Pl* 9

Rauch|fahne *f* столб 2e ды́ма; **~fang** *m* дымохо́д 2; **~fleisch** *n* копчёное мя́со; **~gas** *n* дымово́й газ; **~glas** *n* ды́мчатое стекло́

rauchig ды́мный

Rauch|pause *f* переку́р 2; **~schleier** *m* дымова́я заве́са; **~tisch** *m* кури́тельный сто́лик; **~verbot** *n* запреще́ние кури́ть; **~vergiftung** *f* отравле́ние ды́мом; **~verzehrer** *m* дымопоглоти́тель 1; **~vorhang** *m* дымова́я заве́са; **~waren** *Pl* Pelzwerk пушно́й това́р, пушни́на 6, меха́ *Pl* 2b; **~warenindustrie** *f* мехово́е произво́дство; **~wolke** *f* клу́бы *Pl* 2b ды́ма; **~zimmer** *n* кури́тельная ко́мната, кури́лка *umg*

Räude *f* чесо́тка 6

räudig парши́в:ый, шелуди́в:ый | ein ~es Schaf steckt die ganze Herde an парши́вая овца́ всё ста́до по́ртит

Raufbold *m* буя́н 2, забия́ка *m, f* 6

Raufe *f* корму́шка 6, я́сли *Pl* 9

raufen *tr* Flachs тереб|и́ть 3 -лю́ (вы́-); *intr* дра́ться*, драли́сь (sich mit j-m um etw. с кем-н. за что-н. [из-за чего́-н.]) | sich die Haare ~ рвать на себе́ во́лосы

Rauferei *f* дра́ка 6, потасо́вка 6

rauflustig драчли́в:ый

rauh Haut, Papier, Stoff шерша́в:ый, шерохова́т:ый; uneben неро́в|ный, -ен, -на́!; Stimme хри́пл:ый, -а́!; Klima, Jahreszeit суро́в:ый; Wesensart, Sitten суро́вый, гру́б:ый, -а́!; Tuch ворси́ст:ый | ich habe einen ~n Hals у меня́ хрипи́т в го́рле; in ~n Mengen в огро́мном коли́честве

Rauheit *f* шерша́вость 9, шерохова́тость 9; суро́вость 9, гру́бость 9

rauhen *tr* Tuch ворсова́ть 2 (на-); Oberfläche де́лать (с-) шерохова́тым

Rauh|futter *n* гру́бый корм *Pl* -а́; **~putz** *m* обма́зка 6, набро́ска 6; **~reif** *m* и́зморось 9, и́ней 1

Raum *m* простра́нство 4; Platz ме́сто 4b; Zimmer помеще́ние 5; *Geogr* райо́н 2, зо́на 6; *Mil* простра́нство, райо́н; Welt~ ко́смос 2, косми́ческое простра́нство | im ~ (von) Berlin в райо́не Берли́на; die Wohnung besteht aus drei Räumen кварти́ра состои́т из трёх ко́мнат; genügend ~ lassen оста́вить *v* доста́точно ме́ста

Raum|anzug *m* косми́ческий скафа́ндр 2 [костю́м]; **~bild** *n* стереосни́м|ок, -ка 2, стереоскопи́ческое изображе́ние

räumen *tr* Wohnung освобо|жда́ть ⟨-ди́ть 3 -жу́; -ждённый⟩; evakuieren эвакуи́ровать *uv, v* 2; Seeminen тра́лить 3 (про-); Stadt уходи́ть 3^+ -хожу́ ⟨-|йти́*⟩ (из го́рода) | Hindernisse aus dem Weg ~ устран|я́ть ⟨-и́ть 3⟩ препя́тствия с пути́; das Geschirr vom Tisch ~ убира́ть ⟨-|бра́ть*⟩ посу́ду со стола́

Raum|ersparnis *f*: zwecks ≈ в це́лях эконо́мии ме́ста; **~fahrer** *m* космона́вт 2; **~fähre** *f* грузова́я косми́ческая раке́та; **~fahrt** *f* космона́втика 6; *Flugw* косми́ческий полёт; **~fahrttechnik** *f* косми́ческая те́хника; **~flug** *m* косми́ческий полёт; **~flugzentrum** *n* косми́ческий центр, космоце́нтр 2; **~gestaltung** *f* оформле́ние 5 помеще́ния; Wohnung обстано́вка 6 кварти́ры; **~inhalt** *m* ёмкость 9; **~kapsel** *f* каби́на 6 косми́ческого корабля́; **~kunst** *f* иску́сство вну́треннего оформле́ния, оформле́ние 5 помеще́ния

räumlich простра́нственный; Sehen стереоскопи́ческий | ~ beengt sein жить* в тесноте́
Räumlichkeiten *f Pl* Räume помеще́ния *Pl* 5
Raum|mangel *m* недоста́ток ме́ста; **~maß** *n* ме́ра объёма; **~meter** *n* скла́дочный куби́ческий метр; **~pflegerin** *f* убо́рщица 6, техни́чка 6; **~schiff** *n* косми́ческий кора́бль; **~sonde** *f* автомати́ческая косми́ческая [межплане́тная] ста́нция
raumsparend эконо́мящий 11 ме́сто | ~e Bauweise компа́ктная констру́кция
Raum|station *f* косми́ческая ста́нция; **~strahler** *m* электрокамин 2; **~teiler** *m* перегоро́дка 6; **~ton** *m* стереофони́ческий звук, стереозву́к 2
Räumung *f* Säuberung убо́рка 6; Wohnung освобожде́ние 5; zwangsweise выселе́ние 5; Minen тра́ление 5 | ~ einer Stadt *Mil* оставле́ние 5 [эвакуа́ция 8] го́рода
Raum|verteilung *f* (раз)деле́ние 5 помеще́ний; **~wirkung** *f* стереоэффе́кт 2; стереоскопи́ческий [стереоаккусти́ческий] эффе́кт
Raumzelle *f Bauw* блок-ко́мната 6, объёмный блок 2 [элеме́нт]
raunen *tr u. intr* шепта́ть* ⟨шепну́ть *mom* 4⟩
Raupe *f Zool, Tech* гу́сеница 6
Raupen|antrieb *m* гу́сеничный ход 2; **~bagger** *m* экскава́тор на гу́сеничном ходу́; **~fahrzeug** *n* гу́сеничная маши́на 6; **~schlepper** *m* гу́сеничный тра́ктор
Rausch *m* опьяне́ние 5; *übertr* упое́ние 5 | er hat einen ~ он под хмелько́м; im ~ во хмелю́; im ~ der Begeisterung в поры́ве восто́рга
rauschen *intr* Wasser, Wald шуме́ть 3; Laub шелесте́ть 3; Seide шурша́ть 3; Bach журча́ть 3
Rauschen *n* шум *a. Rad;* Laub ше́лест 2; Bach журча́ние 5
Rauschgift *n* нарко́тик 2; **~handel** *m* торго́вля нарко́тиками; **~sucht** *f* нарكома́ния 8
rauschgiftsüchtig страда́ющий 11 наркома́нией | ~ sein быть наркома́ном
Rauschgiftsüchtige *f* наркома́нка 6; **~r** *m* наркома́н 2
raushalten, sich *refl* держа́ться 3⁺ в стороне́ от *G*, не встрева́ть в *A*
räuspern, sich *refl* отка́шл|иваться ⟨-яться⟩
Raute *f Bot* ру́та 6; *Math* ромб 2
rautenförmig ромбови́д|ный₁ -ен
Razzia *f* обла́ва 6 | eine ~ veranstalten производи́ть 3⁺ -вожу́ ⟨-|вести́*⟩ обла́ву
Reagens *n* реакти́в 2
Reagenzglas *n* проби́рка 6
reagieren *intr* реаги́ровать 2 (про-) (auf на *A*)
Reaktion *f* реа́кция 8
reaktionär реакцио́н|ный₁ -ен₁ -на
Reaktionär *m* реакционе́р 2
Reaktionsfähigkeit *f* спосо́бность к реа́кции
reaktionsschnell облада́ющий 11 бы́строй реа́кцией, бы́стро реаги́рующий 11
Reaktor *m* (я́дерный) реа́ктор 2
real реа́ль|ный₁ -ен₁ -ьна; tatsächlich факти́ческий, действи́тел|ьный₁ -ен₁ -ьна
Realeinkommen *n* реа́льный дохо́д
realisier|bar осуществи́м:ый; *Wirtsch* реализу́емый | ein ≈er Plan осуществи́мый [реа́льный] план; **~en** *tr* реализова́ть *uv, v* 2 *a. Wirtsch*
Realis|ierung *f* реализа́ция 8; **~mus** *m* реали́зм 2
realistisch реалисти́ческий; Plan, Projekt реалисти́ч|ный₁ -ен
Realität *f* реа́льность 9 | den ~en Rechnung tragen счита́ться с реа́льными усло́виями
Reallohn *m* реа́льная за́работная пла́та
Rebe *f* Pflanze виногра́д 2; Ranke (виногра́дная) лоза́ 6с
Rebell *m* мяте́жник 2, бунтовщи́к 2е
rebellieren *intr* бунтова́ть 2 ⟨взбунтова́ться⟩ (gegen про́тив *G*)
Rebellion *f* бунт 2, мяте́ж 2е *G Pl* -е́й
rebellisch мяте́жный, бунта́рский
Reb|huhn *n* куропа́тка 6; **~laus** *f* виногра́дная филлоксе́ра 6
Rechen *m* гра́б|ли *Pl* 7 *G* -ель *u.* -лей
Rechen|aufgabe *f* арифмети́ческая зада́ча; **~automat** *m* вычисли́тельный автома́т, компью́тер 2; **~brett** *n* счётная доска́, счёты *Pl* 2; **~buch** *n* уче́бник 2 арифме́тики; **~fehler** *m* оши́бка в подсчёте, просчёт 2; **~heft** *n* тетра́дь 9 по матема́тике; **~maschine** *f* счётная маши́на; mechanische арифмо́метр 2; elektronische электро́нная вычисли́тельная маши́на; **~regel** *n* пра́вило вычисле́ния; **~schaft** *f* отчёт 2 | ≈ über etw. ablegen отчи́тываться ⟨-чита́ться⟩ в чём-н., дава́ть* ⟨дать*⟩ отчёт в чём-н.; für etw. zur ≈ ziehen привлека́ть ⟨-|вле́чь*⟩ к отве́тственности за что-н.; von j-m ≈ fordern тре́бовать отчёта у кого́-н.
Rechenschafts|bericht *m* отчётный докла́д, отчёт 2; **~legung** *f* отчёт 2; Berichterstattung отчётность 9
rechenschaftspflichtig подотчёт|ный₁ -ен
Rechen|schieber *m* счётная [логарифми́ческая] лине́йка 6 | mit dem ≈ arbeiten по́льзоваться 2 счётной лине́йкой; **~technik** *f* вычисли́тельная те́хника; **~techniker** *m* специали́ст 2 по вычис-

Redner|pult *n* ка́федра 6; **~tribüne** *f* трибу́на 6 (ора́тора)
redselig словоохо́тлив:ый, разгово́рчив:ый
Redseligkeit *f* словоохо́тливость 9, разгово́рчивость 9
Reduktion *f Biol, Ling* реду́кция 8; *Math* сокраще́ние 5; *Chem* восстановле́ние 5
redundant избы́точный
reduzieren *tr* verringern сокра|ща́ть ⟨-ти́ть 3 -щу́⟩ *a. Math; Chem* восстан|а́вливать ⟨-ови́ть 3⁺ -овлю́⟩
Reduzierung *f* сокраще́ние 5; восстановле́ние 5
Reede *f* рейд 2 | auf ~ liegen стоя́ть 3 на ре́йде
Reeder *m* судовладе́л|ец, -ьца 2; **~ei** *f* пароходство 4
reell ehrlich че́ст|ный, -ен, -на́!; *Hdl* соли́д|ный, -ен | ~e Zahlen *Math* веще́ственные чи́сла
Refer|at *n* докла́д 2; Kurzbericht рефера́т 2; Abteilung отде́л 2, се́ктор 2; **~ent** *m* докла́дчик 2; Sachbearbeiter рефере́нт 2 (für по *D*); **~enz** *f* Empfehlung рекоменда́ция 8
referieren *intr* до|кла́дывать ⟨-ложи́ть 3⁺⟩ (über о *P*)
reffen *tr* брать* ⟨взять*⟩ ри́фы
reflektieren *tr Phys* отра|жа́ть ⟨-зи́ть 3 -жу́; -жённый⟩; *intr* рассчи́тывать (auf на *A*), претендова́ть 2 (auf на *A*)
Reflektor *m* рефле́ктор 2; Spiegelteleskop зерка́льный телеско́п 2
reflektorisch рефлекто́рный
Reflex *m* рефле́кс 2; отраже́ние 5; *Physiol* | bedingter ~ усло́вный рефле́кс; **~bewegung** *f* рефлекто́рное движе́ние
Reflexion *f* отраже́ние 5; Nachdenken размышле́ние 5 (über о *P*)
reflexiv возвра́тный
Reflexivpronomen *n* возвра́тное местоиме́ние
Reform *f* рефо́рма 6, преобразова́ние 5
Reformat|ion *f hist* Реформа́ция 8; **~or** *m* реформа́тор 2
reformbedürftig: ~ sein нужда́ться в рефо́рмах [преобразова́ниях]
Reformhaus *n* магази́н 2 лека́рственных трав и диети́ческих [иэ] проду́ктов
reformieren *tr* преобраз|о́вывать ⟨-ова́ть 2⟩, реорганизова́ть *uv, v* 2
reformistisch реформи́стский
Refrain *m* припе́в 2, рефре́н 2
Regal *n* по́лка 6; niedriges этаже́рка 6; hohes стелла́ж 2e *Pl* -е́й; *Typ* реа́л 2 | ein Buch ins ~ stellen ста́в|ить 3 -лю (по-) кни́гу на по́лку; **~wand** *f* сбо́рная сте́нка из по́лок
Regatta *f* го́нки *Pl* 6, рега́та 6
rege оживлён:ный, -на; Geist, Interesse жив:о́й, -а́!; aktiv де́ятел|ьный, -ен, -ьна | er ist noch sehr ~ он ещё о́чень бодр; in den Straßen herrscht ~s Leben на у́лицах большо́е оживле́ние
Regel *f* пра́вило 4; *Med* менструа́ция 8 | in der ~ как пра́вило; nach allen ~n der Kunst по всем пра́вилам иску́сства; keine ~ ohne Ausnahme нет пра́вила без исключе́ния; sich etw. zur ~ machen брать* ⟨взять*⟩ себе́ за пра́вило; die ~ bleibt aus нет ме́сячных *umg*
regelbar регули́руемый | stufenlos ~ с пла́вной регулиро́вкой
Regelgröße *f* регули́руемая величина́ 6c
regel|los нерегуля́р|ный, -ен, беспоря́доч|ный, -ен; **~mäßig** пра́вил|ьный, -ен, -ьна *a. Gramm;* in gegebenen Abständen регуля́р|ный, -ен
Regelmäßigkeit *f* пра́вильность 9; регуля́рность 9
regeln *tr Pol* регули́ровать 2 (у-); Angelegenheiten a. ула́|живать ⟨-дить 2 -жу⟩; *Tech, EDV,* Verkehr, Preise регули́ровать 2 (от-) | das regelt sich von selbst э́то урегули́руется само́ собо́й
regelrecht 1. *Adj* tatsächlich, wirklich настоя́щий 11; normal норма́л|ьный, -ен, -ьна **2.** *Adv* по-настоя́щему | ~ versagen де́лать (с-) про́мах
Regel|relais *n* реле́-регуля́тор 2; **~technik** *f* те́хника (автомати́ческого) регули́рования
Regelung *f Pol* урегули́рование; Angelegenheiten a. ула́живание; *Tech, EDV,* Verkehr, Preise регули́рование | auf Grund einer neuen ~ по [согла́сно] но́вому положе́нию [распоряже́нию]
Regel|verstoß *m* наруше́ние пра́вил; **~widerstand** *m* реоста́т 2
regelwidrig непра́вил|ьный, -ен, -ьна, противоре́чащий 11 пра́вилам
regen *tr* шев|ели́ть 3 -е́ли́шь (по-); sich ~ *refl* sich bewegen шевели́ться (по-) a. Glied, Ast | sein Gewissen regte sich у него́ заговори́ла со́весть; nichts regte sich in … ничто́ не шелохну́лось в …
Regen *m* дождь 1e | leichter ~ до́ждик 2, небольшо́й дождь; heftiger ~ ли́в|ень, -ня 1; saurer ~ кисло́тные дожди́; im ~ под дождём, в дождь; vom ~ in die Traufe из огня́ да в по́лымя
Regenbogen *m* ра́дуга 6; **~farben** *Pl:* in allen ≈ schillernd отлива́ющий 11 все́ми цвета́ми ра́дуги; **~haut** *f* ра́дужная оболо́чка
Regen|cape *n* наки́дка (от дождя́); **~dach** *n* наве́с 2
Regeneration *f* регенера́ция 8
regenerieren *tr* регенери́ровать *uv, v* 2
Regenerierung *f* регенери́рование 5, регенера́ция 8
Regen|guß *m* ли́в|ень, -ня 1; **~mantel** *m* (непромока́емый) плащ 2e *G Pl* -е́й;

~messer *m* дождемéр 2; **~pfeifer** *m* зу|ёк| -йкá 2; **~schauer** *m* кратковрéменный дождь 1е; **~schirm** *m* (дождевóй) зóнтик
Regent *m* рéгент 2
Regen|tag *m* дождлúвый день; **~tropfen** *m* дождевáя кáпля
Regentschaft *f* рéгентство 4
Regen|umhang *m* накúдка 6 от дождя́; **~wasser** *n* дождевáя водá; **~wetter** *n* дождлúвая [ненáстная] погóда; **~wolke** *f* дождевáя тýча; **~wurm** *m Zool* дождевóй червь; **~zeit** *f* перúод 2 дождéй
Regie *f Theat, Film* режиссýра 6, Inszenierung постанóвка 6 | ~ führen быть* режиссёром, руково|дúть 3 -жý постанóвкой; **~assistent** *m* ассистéнт 2 [помóщник 2] режиссёра
regieren *tr* прáв|ить 3 -лю *I,* управля́ть *I a. Gramm; intr* Herrscher цáрствовать 2, прáвить; Volk, Klasse быть* у влáсти
Regierung *f* правúтельство 4 | provisorische ~ врéменное правúтельство; die ~ bilden образ|óвывать ⟨-овáть 2⟩ правúтельство; die ~ stürzen свергáть ⟨свéргнуть 4а *u.* 4⟩ правúтельство
Regierungs|abkommen *n* межправúтельственное соглашéние; **~antritt** *m* вступлéние в управлéние госудáрством; bei Fürsten вступлéние на престóл; **~chef** *m* главá 6с правúтельства; **~bildung** *f* образовáние [сформировáние] правúтельства; **~delegation** *f* правúтельственная делегáция; **~ebene** *f:* auf ≈ на ýровне правúтельств; **~erklärung** *f* правúтельственная декларáция
regierungsfeindlich антиправúтельственный
Regierungs|form *f* фóрма [óбраз] правúтельства; **~krise** *f* правúтельственный крúзис; **~partei** *f* прáвящая 11 пáртия; **~sprecher** *m* представúтель 1 правúтельства; **~system** *n* фóрма 6 правлéния; **~verordnung** *f* правúтельственное постановлéние; **~wechsel** *m* смéна правúтельства
Regime *n* режúм 2 *a. Tech*
Regiment *n Mil* полк 2е| в полкý; Herrschaft правлéние 5, власть 9g | beim ~ в полкý; das ~ führen *übertr* комáндовать 2, распоряжáться; ein strenges ~ über etw. führen стрóго управля́ть чем-н.
Regimentskommandeur *m Mil* командúр полкá
Region *f* óбласть 9g; Zone зóна 6; Sphäre сфéра 6; Verwaltungsbez. in der UdSSR кра|й 1b *Pl* -я́| -ёв | in höheren ~en schweben витáть в облакáх
regional регионáльный; Wort областнóй
Regisseur *m* режиссёр 2, *Theat a.* постанóвщик 2
Register *n* реéстр 2, регúстр 2 *a. EDV, Mus;* Liste спúс|ок| -ка 2; in Büchern указáтель 1; *Typ* привóдка 6 | alle ~ ziehen *übertr* на|жáть¹* *v* на все кнóпки; **~tonne** *f Mar* регúстровая тóнна
Registratur *f* Amt регистратýра 6
registrieren *tr* регистрúровать 2 (за-) | sich ~ lassen регистрúроваться (за-)
Registrier|gerät *n* регистрúрующий 11 прибóр, самопúс|ец| -ца 2; **~karte** *f* регистрациóнная кáрточка; **~kasse** *f* кáссовый аппарáт 2, регистрúрующая 11 кáсса
Registrierung *f* регистрáция 8
Reglement *n* реглáмент 2
Regler *m Tech, EDV* регуля́тор 2; **~bügeleisen** *n* (электро)утю́г 2е (с терморегуля́тором)
reglos неподвúж|ный| -ен
regnen *intr:* es regnet идёт дождь; es regnete in Strömen шёл проливнóй дождь; es regnet leise [stark] идёт небольшóй [сúльный] дождь; es begann zu ~ начался́ [пошёл] дождь; es hört auf zu ~ дождь кончáется
Regner *m Landw* дождевáтель 1
regnerisch дождлúв|ый
regreßpflichtig обя́зан|ный возместúть убы́тки
regsam дéятел|ьный| -ен| -ьна актúв|ный| -ен
regulär регуля́р|ный| -ен; Entwicklung, Preis нормáл|ьный| -ен| -ьна | ~e Tagung очереднáя сéссия
regulieren *tr* регулúровать 2 (у-); Fluß a. испр|авля́ть ⟨-áвить 3 -áвлю⟩ рýсло; Uhr регулúровать (от-)
Regulierung *f* регулúрование 5; Fluß a. исправлéние 5 рýсла (рекú); Uhr регулúрование 5
Regung *f* Aufwallung поры́в 2; innerer Antrieb побуждéние 5; Gefühl (зарождáющееся 11) чýвство 4 | eine ~ des Mitleids чýвство сострадáния
regungslos неподвúж|ный| -ен
Reh *n* косýля 7 | junges ~ косулён|ок| -ка 2 *Pl* косул|я́та, -я́т; sie ist scheu wie ein ~ онá пуглúва как сéрна
Rehabilitation *f Jur* реабилитáция 8; *Med* восстановлéние 5 работоспосóбности
Rehabilitationszentrum *n Med* центр реабилитáции
rehabilitieren *tr* реабилитúровать *uv, v* 2; sich ~ *refl* реабилитúровать себя́
Reh|bock *m* сам|éц| -цá 2 косýли; **~braten** *m* жаркóе из косýли; **~keule** *f* óкорок 2b *Pl* -á косýли; **~kitz** *n* молодáя косýля, косулён|ок| -ка 2 *Pl* косул|я́та| -я́т
Reibeisen *n* тёрка 6
Reibe|käse *m* тёртый сыр; **~laut** *m Ling* фрикатúвный звук, спирáнт 2
reiben *tr* терéть* (по-); auf Reibeisen терéть на тёрке; Käse натирáть ⟨-терéть⟩;

intr терéть, натирáть ⟨-терéть⟩; sich ~ *refl* терéться (an etw. о что-н.) | sich den Schlaf aus den Augen ~ терéть глазá спросóнья; j-m etw. unter die Nase ~ давáть* ⟨дать*⟩ комý-н. я́сно поня́ть что-н.; sich die Füße wund ~ натерéть *v* нóги; sich die Hände ~ потирáть ⟨-терéть⟩ (себé) рýки; der Kragen reibt воротни́к трёт

Reibereien *f Pl* трéния *Pl* 5, разноглáсия *Pl* 5

Reib|fläche *f* повéрхность 9 трéния; **~ung** *f Phys* трéние 5; **~ungselektrizität** *f* электри́чество трéния; **~ungskupplung** *f* фрикциóнное сцеплéние

reibungslos 1. *Adj Tech* без трéния; *übertr* беспрепя́тственный **2.** *Adv* без трéния, глáдко

Reibungswiderstand *m* сопротивлéние трéния

reich богáт:ый, богáче *a. übertr;* üppig оби́л|ьный, -ен, -ьна | ~ an Erfahrungen богáтый óпытом; ~ werden богатéть (раз-)

Reich *n hist* импéрия 8; *übertr* цáрство 4, мир 2b; Pflanzen, Tiere мир

reichen *tr* по|давáть* ⟨подáть*⟩; Hand, Blumenstrauß протя́гивать ⟨-тянýть 4⁺⟩; *intr* sich erstrecken простирáться ⟨-|терéться*⟩; ausreichen хват|áть ⟨-и́ть 3⁺⟩ *G*, быть* достáточным; Wasser доходи́ть 3⁺ ⟨-|йти́*⟩ (bis до *G*) | seine Kraft reicht aus емý хватáет си́лы; die Hand zum Gruß ~ здорóваться (по-) с кем-н. зá руку; das Brot muß ~ хлéба должнó хвати́ть; soweit das Auge reicht наскóлько хватáет глаз; er reicht mir bis an die Schulter он достаёт мне до плечá, он мне по плечó; die Wörterbücher ~ für alle словарéй хвáтит на всех; etw. reicht nicht чегó-н. не хватáет; mir reicht's *umg* с меня́ хвáтит

Reicher *m* богáч 2e *G Pl* -éй, *f* богáчка 6

reichhaltig богáт:ый; Essen оби́л|ьный, -ен, -ьна

Reichhaltigkeit *f* богáтство 4; оби́лие 5

reichlich 1. *Adj* оби́л|ьный, -ен, -ьна; Geschenk щéдр:ый, -á! | ich habe mein ~es Auskommen я вполнé обеспéчен **2.** *Adv* вдóволь, с избы́тком | ~ wiegen взвéшивать ⟨-вéсить 3 -вéшу⟩ с похóдом [с избы́тком]; es ist ~ Platz мéста достáточно; das Kleid ist ~ kurz плáтье óчень корóткое; ~ beschenken щéдро одáривать ⟨одари́ть 3⁺⟩; ~ die Hälfte дóбрая полови́на; das ist ~ gerechnet э́то подсчи́тано с избы́тком; ~ viel [spät] довóльно мнóго [пóздно]

Reichsbahn *f: DDR* Deutsche ~ Государственные желéзные дорóги ГДР; **~ausbesserungswerk** *n* железнодорóжные ремóнтные мастерски́е *Pl Subst* 10

Reichs|tag *m hist* рейхстáг [рэ] 2

Reich|tum *m* богáтство 4 (an *I*), изоби́лие 5 (an *G*); **~weite** *f* дáльность 9 [рáдиус 2] дéйствия | außer ≈ вне предéлов досягáемости, вне дáльности дéйствия

reif спéл:ый, -á!, зрéл:ый, -á! *a. übertr;* Geschwür созрéвший 11 | das Getreide ist ~ хлебá созрéли; in ~eren Jahren в зрéлом вóзрасте; die ~ere Jugend лю́ди не пéрвой мóлодости; ~(er) werden Person созревáть ⟨-зрéть⟩

¹Reif *m* Ring кольцó 4c *G Pl* колéц; Stirnband диадéма [дэ] 6

²Reif *m* Rauh~ и́ней 1

Reife *f* спéлость 9, зрéлость 9 *a. übertr;* **~grad** *m Landw* стáдия 8 спéлости

¹reifen *intr* спеть, поспевáть ⟨-спéть⟩, созревáть ⟨-зрéть⟩, зреть (со-); *übertr* созревáть ⟨-зрéть⟩ | eine Idee ~ lassen дать* *v* созрéть идéе

²reifen *unpers:* es hat gereift вы́пал и́ней

¹Reifen *m* Eisenbeschlag um Fässer und Räder óбод 2f *Pl* ободь|я́, -ев; Faß, Armreif, Spielzeug, Sportgerät óбруч 2g *G Pl* -éй; Auto~ ши́на 6 | schlauchloser ~ бескáмерная ши́на

²Reifen *n* созревáние 5 *a. übertr*

Reifen|druck *m* давлéние в ши́не [ши́нах]; **~druckprüfer** *m* ши́нный манóметр 2; **~panne** *f* повреждéние 5, [прокóл 2] ши́ны | ich habe eine ≈ у меня́ лóпнула ши́на; **~profil** *n* рисýн|ок 2 -ка протéктора ши́ны; **~wechsel** *m Kfz* смéна ши́ны | einen ≈ vornehmen смен|я́ть ⟨-и́ть 3⁺⟩ ши́ну; **~werk** *n* ши́нный завóд

Reife|prüfung *f* экзáмен на аттестáт зрéлости; **~zeit** *f* врéмя созревáния; **~zeugnis** *n* аттестáт зрéлости

reiflich 1. *Adj:* nach ~er Überlegung по зрéлом размышлéнии **2.** *Adv:* sich ~ überlegen основáтельно обдýм|ывать ⟨-ать⟩

Reigen *m* хоровóд 2 | einen ~ tanzen во|ди́ть 3⁺ -жý хоровóд

Reihe *f* ряд 2b, nach den Zahlen 2–4 рядá; *a.* в ря́дý; von Menschen óчередь 9g; *Mil* шерéн|га 6 *G Pl* -ог, ряд; *Math* прогрéссия 8, ряд; Produktion сéрия 8 | eine ~ von vier Mann ряд в четы́ре человéка; in ~n zu sechs ряд́ами по шесть человéк; in der dritten ~ в трéтьем рядý; in Reih und Glied в строю́, в шерéнге; in der ~ stehen стоя́ть в óчереди; außer der ~ вне óчереди; an der ~ sein быть на óчереди; der ~ nach по óчереди; по поря́дку; jetzt bin ich an der ~ тепéрь моя́ óчередь; die ~n lichten sich ряды́ редéют; aus der ~ tanzen не хотéть идти́ в нóгу, *übertr* идти́* вразрéз с мнéнием большинствá; in einer ~ von Fällen в ря́де слýчаев; die ~n schließen сомкнýть *v* 4 ряды́

reihen *tr* ста́в|ить 3 -лю (по-) в ряд; Perlen нани́зывать ⟨-|низа́ть*⟩; sich ~ *refl* Ereignisse непосре́дственно сле́довать 2 (an за *I*)

Reihen|abstand *m Landw* междуря́дье 3; **~dorf** *n* дере́вня [село́] с продо́льным расположе́нием домо́в; **~folge** *f* после́довательность 9, очерёдность 9 | alphabetische ≈ алфави́тный поря́д|ок, -ка 2; **~garage** *f* гара́ж рядово́й застро́йки; **~haus** *n* дом рядово́й застро́йки; **~schaltung** *f El* после́довательное соедине́ние 5; **~untersuchung** *f* ма́ссовое (медици́нское) обсле́дование, ма́ссовый (медици́нский) осмо́тр

reihenweise *Adv* ряда́ми

Reiher *m* ца́п|ля 7 *G Pl* -ель

reihum *Adv* der Reihe nach по о́череди | etw. ~ gehen lassen пу|ска́ть ⟨-сти́ть 3⁺ -щу́⟩ что-н. по кру́гу

Reim *m* ри́фма 6 | ~e Gedichte стихи́ *Pl* 2e

reimen *tr* рифмова́ть 2; sich ~ *refl* рифмова́ть(ся) | diese Wörter reimen sich э́ти слова́ рифму́ют ме́жду собо́й; wie reimt sich das zusammen? как э́то согласова́ть?, как э́то связа́ть?

reimlos: ~er Vers бе́лый стих

rein 1. *Adj* чи́ст:ый, -á, -о, чи́сты́; чи́ще; Aussprache пра́вил|ьный, -ен, -ьна, чи́стый; unvermischt чи́стый, без при́меси; *übertr* чи́стый, че́ст|ный, -ен, -на́! | ~ halten (со)держа́ть 3⁺ в чистоте́; ein ~er Zufall чи́стая случа́йность; ~er Unsinn су́щий 11 вздор; das ist ein ~es Wunder э́то настоя́щее чу́до; ins ~e schreiben писа́ть на́чисто [на́бело]; ins ~ bringen выясня́ть ⟨вы́яснить 3⟩; ~en Tisch machen mit etw. поко́нчить *v* 3 с чем-н.; mit j-m ins ~e kommen приходи́ть 3⁺ -хожу́ ⟨-|йти́*⟩ к соглаше́нию с кем-н. **2.** *Adv* чи́сто; gänzlich соверше́нно | das ist eine ~ persönliche Sache э́то соверше́нно ли́чное де́ло; ~ gar nichts ро́вно [соверше́нно] ничего́

Reinemachen *n* убо́рка 6

Rein|erlös *m* чи́стая вы́ручка; **~ertrag** *n* чи́стый дохо́д; **~fall** *m* про́мах 2, неуда́ча 6; **~gewinn** *m* чи́стая при́быль; **~haltung** *f:* ≈ der Gewässer санита́рная охра́на 6 водоёмов; ≈ der Luft предотвраще́ние 5 загрязне́ния атмосфе́рного во́здуха; **~heit** *f* чистота́ 6

reinigen *tr* Kleidung, Gerät чи́|стить 3 -щу (вы-, по-); Straße, Zimmer убира́ть ⟨-|бра́ть*⟩; von Beimischungen очища́ть ⟨очи́стить⟩ *a. übertr;* sich ~ *refl* очища́ться ⟨очи́ститься⟩ (von от *G*) | die Kleider chemisch ~ lassen от|дава́ть* ⟨отда́ть*⟩ оде́жду в хими́ческую чи́стку [химчи́стку]

Reinigung *f* чи́стка 6, очи́стка 6; von Blut очище́ние 5; Raum убо́рка 6 | chemische ~ химчи́стка 6

Reinigungs|anlage *f* für Abwässer очистна́я ста́нция 8; **~grad** *m* сте́пень 9 очи́стки; **~kraft** *f* Fluß самоочища́ющая спосо́бность 11–9; Raumpflegerin убо́рщица 6; **~milch** *f* космети́ческое молочко́ 4; **~mittel** *n* сре́дство для (о)чи́стки

Reinkultur *f Biol* чи́стая культу́ра | das ist Kitsch in ~ э́то безвку́сица чисте́йшей воды́

reinlich опря́т|ный, -ен, чи́ст:ый, -á, -о, чи́сты́; für Sauberkeit sorgend чистопло́т|ный, -ен

Reinlichkeit *f* опря́тность 9, чистота́ 6

reinrassig Tier чистокро́вный, поро́дист:ый

Reinschrift *f* Tätigkeit перепи́ска 6 на́бело; Ergebnis белови́к 2e, чистови́к 2e

reinseiden из натура́льного [из чи́стого] шёлка

¹Reis *n* отро́ст|ок, -ка 2, побе́г 2; Pfropf~ приво́й 1; рост|о́к, -ка́ 2; kleiner Zweig ве́точка 6

²Reis *m* рис 2; **~anbau** *m* культу́ра 6 ри́са, рисово́дство 4; **~brei** *m* ри́совая ка́ша

Reise *f* пое́здка 6; durch Reisebüro vermittelt путёвка 6; größere ~, Forschungs~ путеше́ствие 5 | eine ~ machen соверш|а́ть ⟨-и́ть 3⟩ пое́здку [путеше́ствие]; auf der ~ в пути́; glückliche ~! счастли́вого пути́!; auf der ~ sein быть в пое́здке [путеше́ствии]; auf ~en sein путеше́ствовать 2; ich habe eine ~ vor я собира́юсь соверши́ть пое́здку [путеше́ствие]; er ist dauernd auf ~n он постоя́нно путеше́ствует [в разъе́здах]; wohin geht die ~? куда́ е́дешь [отправля́ешься]?; **~andenken** *n* сувени́р 2; **~bericht** *m* отчёт о пое́здке [командиро́вке]; **~beschreibung** *f* описа́ние пое́здки [путеше́ствия]; Buch путевы́е заме́тки *Pl* 6; **~büro** *n* бюро́ путе́шествий, тури́стско-экскурсио́нное бюро́; **~bus** *m* тури́стский авто́бус; **~decke** *f* плед 2

reisefertig гото́вый в путь | sich ~ machen собира́ться ⟨-|бра́ться*; -бра́ли́сь⟩ (в путь)

Reise|fieber *n* чемода́нное настрое́ние 5; **~führer** *m* экскурсово́д 2; Buch путеводи́тель 1 (durch по *D*); **~gefährte** *m* спу́тник 2; **~gepäck** *n* бага́ж 2e; **~geschwindigkeit** *f Flugw, Mar* кре́йсерская ско́рость; **~gruppe** тури́стская гру́ппа; **~kosten** *Pl* путевы́е расхо́ды; **~land** *n* страна́, привлека́ющая 11 тури́стов, страна́ тури́зма; **~leiter** *m* гид 2, руководи́тель тури́стской гру́ппы; für Ausländer гид-перево́дчик 2-2

reisen *intr* е́здить 3 е́зжу, *best* е́хать* (nach

в *A,* zu к *D*); abreisen уезжа́ть ⟨-е́хать⟩; eine weite Reise machen путеше́ствовать 2 | an die See ~ е́здить на мо́ре; sie reisten über Leipzig nach Berlin они́ е́хали че́рез Ле́йпциг в Берли́н; durch das Land ~ путеше́ствовать [е́здить] по стране́; mit dem Schiff ~ путеше́ствовать [пла́вать] на парохо́де

Reisende *f* путеше́ственница 6, пассажи́рка 6; **~r** *m* путеше́ственник 2, пассажи́р 2; Handlungs~ коммивояжёр 2 (in по *D*)

Reise|onkel *m* люби́тель 1 путеше́ствовать; **~paß** *m* загранични́ый па́спорт; **~plan** *m* план пое́здки [путеше́ствия] | ~pläne machen стро́ить пла́ны предстоя́щей пое́здки; **~prospekt** *m* тури́стский проспе́кт; **~route** *f* маршру́т (пое́здки); **~scheck** *m* тури́стская [туристи́ческая] путёвка 6; **~schreibmaschine** *f* доро́жная [портати́вная] пи́шущая 11 маши́нка; **~spesen** *Pl* путевы́е расхо́ды; **~tasche** *f* доро́жная су́мка; mit Schloß саквоя́ж 2; **~verkehr** *m* пассажи́рское движе́ние | internationaler ≈ междунаро́дный тури́зм; **~vorbereitungen** *f Pl:* ~treffen гото́в|иться 3 -люсь (под-) в путь [в доро́гу]; **~wecker** *m* доро́жный буди́льник; **~zeit** *f* тури́стский сезо́н 2; **~ziel** *n:* unser ≈ war Berlin мы е́хали в Берли́н; **~zug** *m* тури́стский [пассажи́рский] по́езд

Reisfeld *n* ри́совое по́ле

Reisig *n* хво́рост 2; **~besen** *m* ве́ник 2 из хво́роста; **~bündel** *n* вяза́нка хво́роста

Reis|mehl *n* ри́совая мука́; **~schleim** *m* ри́совый отва́р 2

Reißbrett *n* чертёжная доска́

reißen *tr* рвать*; abreißen отрыва́ть ⟨оторва́ть| ото́рванный⟩; zerreißen разрыва́ть ⟨разорва́ть| разо́рванный⟩; herunterreißen срыва́ть ⟨сорва́ть⟩; Gewichtheben поднима́ть ⟨подня́ть*⟩ рывко́м; *intr* Stoff рва́ться| рвали́сь, разрыва́ться ⟨разорва́ться⟩ | Ich habe mir ein Loch in den Mantel gerissen я порва́л [разорва́л] (себе́) пальто́; er hat sich an einem Nagel gerissen он напоро́лся на гвоздь; j-n aus seinen Gedanken ~ прерыва́ть ⟨-рва́ть⟩ чьи-н. размышле́ния; die Macht an sich ~ захва|ти́ть *v* 3⁺ -чу́ власть; der Stoff reißt материа́л разрыва́ется; mir reißt die Geduld моё терпе́ние ло́пнуло; sich um die Waren ~ раскуп|а́ть ⟨-и́ть 3⁺ -лю́⟩ това́ры нарасхва́т [с бо́я]; j-m etw. aus den Händen ~ вырыва́ть ⟨вы́|рвать*⟩ что-н. у кого́-н. из рук

Reißen *n Med* ломо́та 6; Gewichtheben рыв|о́к| -ка́ 2 | beidarmiges ~ рыво́к двумя́ рука́ми; einarmiges ~ рыво́к одно́й руко́й

reißend Strömung бу́р|ный| -ен| -на́!; Raubtiere хи́щ|ный| -ен | die Ware findet ~en Absatz това́р раскупа́ется нарасхва́т

Reißer *m* Film боеви́к 2е | das Buch ist ein ~ кни́га ста́ла бестсе́ллером [сэ]

Reiß|feder *f* рейсфе́дер [рэ, дэ] 2; **~festigkeit** *f* про́чность на разры́в; **~schiene** *f* рейши́на 6

Reissuppe *f* ри́совый суп

Reiß|verschluß *m* (застёжка-)мо́лния (6-)8 | mit ≈ на мо́лнии; **~wolf** *m Text* щипа́льная маши́на 6; **~wolle** *f* регенери́рованная шерсть; **~zeug** *n* готова́л|ьня 7 *G Pl* -ен; **~zwecke** *f* кно́пка 6

Reitbahn *f* мане́ж 2 *G Pl* -ей

reiten *tr u. intr* е́здить 3 е́зжу верхо́м, *best* е́хать* верхо́м | Galopp [Trab] ~ е́хать* гало́пом [ры́сью]; auf einem Pferd [ein Pferd] ~ е́здить (верхо́м) на ло́шади; in die Stadt ~ е́хать (по-) верхо́м в го́род; das Kind auf dem Rücken ~ lassen ката́ть ребёнка на спине́; ein Pferd zuschanden ~ зае́здить *v* [за|гна́ть* *v*] ло́шадь

Reiten *n* верхова́я езда́ 6; *Sport* ко́нный спорт 2

Reiter *m* вса́дник 2 *a. Sport;* Kunst~ нае́здник 2 *a. Sport; Mil* кавалери́ст 2 | spanischer ~ рога́тка 6; Karten~ ре́йтер 2; **~armee** *f* ко́нная а́рмия

Reiterei *f* ко́нница 6

Reiterstandbild *n* ко́нная ста́туя

Reit|hose *f* бри́дж|и *Pl* 6 *G* -ей, рейту́зы *Pl* 2 *G* рейту́з; **~peitsche** *f* хлыст 2е; **~pferd** *n* верхова́я ло́шадь; **~sport** *m* ко́нный спорт; **~stiefel** *m* сапо́г 2е для верхово́й езды́; **~turnier** *n* соревнова́ние 5 по ко́нному спо́рту; für Springreiter конку́р-иппи́к 2; **~weg** *m* доро́жка для верхово́й езды́

Reiz *m* раздраже́ние 5; Anmut пре́лесть 9; Anziehungskraft привлека́тельность 9, зама́нчивость 9 | ~ der Neuheit пре́лесть новизны́; das hat keinen ~ für mich э́то меня́ не привлека́ет; sie ließ alle ihre ~e spielen она́ пусти́ла в ход свои́ ча́ры; der ~ des Verbotenen сла́дость 9 запре́тного плода́

reizbar раздражи́тел|ьный| -ен| -ьна; leicht beleidigt оби́дчив:ый

Reizbarkeit *f* раздражи́тельность 9; оби́дчивость 9

reizen *tr* раздраж|а́ть ⟨-и́ть 3⟩; erregen возбу|жда́ть ⟨-ди́ть 3 -жу́| -ждённый⟩; necken дразни́ть 3⁺; anziehen привлека́ть ⟨-|вле́чь*⟩; Kartenspiel торгова́ться 2 (bis zu до *G*) | zum Widerspruch ~ вызыва́ть ⟨вы́|звать*⟩ дух противоре́чия; das Neue reizt новизна́ привлека́ет; **~d** преле́ст|ный| -ен, очарова́тел|ьный| -ен| -ьна; *iron* хоро́шенький; das ist ja ≈! *iron* вот э́то сюрпри́з!

Reizker *m* Pilz ры́жик 2
Reizklima *n* кли́мат с раздража́ющими фа́кторами
reizlos непривлека́тел|ьный| -ен| -ьна; Kost нео́стрый
Reiz|mittel *n* возбужда́ющее 11 сре́дство; **~ung** *f* раздраже́ние 5, возбужде́ние 5
reizvoll привлека́тел|ьный| -ен| -ьна, преле́ст|ный| -ен; Aufgabe увлека́тел|ьный| -ен| -ьна
Reizwäsche *f* элега́нтное да́мское бельё (с кружева́ми)
rekapitulieren *tr* повтор|я́ть ⟨-и́ть 3⟩
rekeln, sich *refl* потя́гиваться ⟨-тяну́ться 4⁺⟩; sich breitmachen си|де́ть 3 -жу́ развали́вшись
Reklamation *f* рекламáция 8; bei Post, Amt прете́нзия 8
Reklame *f* рекла́ма 6 | ~machen für etw. де́лать (с-) рекла́му чему́-н., реклами́ровать *uv, v* 2 что-н.; **~fachmann** *m* реклами́ст 2; **~feldzug** *m* рекла́мная кампа́ния; **~rummel** *m* рекла́мная шуми́ха 6
reklamieren *tr* заяв|ля́ть ⟨-и́ть 3⁺ -лю́⟩ реклама́цию на *A*, реклами́ровать *uv, v*; bei Post, Amt заяв|ля́ть ⟨-и́ть⟩ прете́нзию на *A*
rekonstruieren *tr* реконструи́ровать *uv, v 2*
Rekonstruktion *f* реконстру́кция 8
Rekonvaleszent *m* выздора́вливающий *Subst* 11
Rekord *m* реко́рд 2 | einen ~ aufstellen устан|а́вливать ⟨-ови́ть 3⁺ -овлю́⟩ реко́рд; einen ~ brechen бить* (по-) реко́рд; einen ~ einstellen повтор|я́ть ⟨-и́ть 3⟩ реко́рд; einen ~ überbieten улучша́ть ⟨улу́чшить 3⟩ реко́рд; **~ernte** *f* реко́рдный урожа́й; **~halter** *m* *Sport* рекордсме́н 2 (in по *D*); **~versuch** *m* попы́тка 6 установи́ть реко́рд; **~zeit** *f* реко́рдное вре́мя
Rekrut *m* новобра́н|ец| -ца 2
rekrutieren, sich *refl* состоя́ть 3 (aus из *G*), формирова́ться 2 (aus из числа́ *G*)
rektal *Adv* ректа́льно
Rektion *f* управле́ние 5
Rektor *m* ре́ктор 2; *BRD* Schule дире́ктор 2b *Pl* -а́
Rektorat *n* Dienststelle ректора́т 2; Amtszeit ре́кторство 4
Rekultivierung *f* рекультива́ция 8
Relais *n* реле́ [рэ] *n idkl;* **~station** *f* радиореле́йная ста́нция
Relation *f* соотноше́ние 5 | etw. in ~ zu etw. bringen устан|а́вливать ⟨-ови́ть 3⁺ -овлю́⟩ соотноше́ние ме́жду чем-н. и чем-н.
relativ 1. *Adj* относи́тел|ьный| -ен| -ьна **2.** *Adv* относи́тельно, сравни́тельно
Relativität *f* относи́тельность 9
Relativitätstheorie *f* тео́рия относи́тельности
Relativ|pronomen *n* относи́тельное местоиме́ние; **~satz** *m* относи́тельное прида́точное предложе́ние
relevant ва́ж|ный| -ен| -на́!, суще́ствен:ный| -на; *Ling* релева́нтный
Relief *n* релье́ф 2; **~druck** *m* релье́фное тисне́ние 5; **~karte** *f* релье́фная ка́рта
Religion *f* рели́гия 8
Religions|ausübung *f* отправле́ние 5 ку́льта; **~freiheit** *f* свобо́да вероиспове́дания; **~unterricht** преподава́ние зако́на бо́жьего; **~wissenschaft** *f* религиове́дение 5, нау́ка о рели́гии
religionslos без рели́гии, неве́рующий 11
religiös религио́з|ный| -ен; Mensch a. на́бож|ный| -ен
Religiosität *f* религио́зность 9; на́божность 9
Relikt *n* рели́кт 2
Reling *f* по́ручни *Pl* 1
Reliquie *f* рели́квия 8; ~n *Pl* мо́щи *Pl* 9g
remilitarisieren *vt* ремилитаризи́ровать *uv, v* 2
Remilitarisierung *f* ремилитариза́ция 8
remis *Adv* вничью́ | sich ~ trennen игра́ть ⟨сыгра́ть⟩ вничью́
Remis *n* ничья́ *Subst f* 12
Remoulade *f* ремула́дный со́ус 2
Ren *n Zool* (се́верный) оле́нь 1
Renaissance *f hist* эпо́ха 6 Возрожде́ния, Ренесса́нс [нэ] 2; **~stil** *m* Ренесса́нс [нэ] 2 | im ≈ в сти́ле Возрожде́ния [Ренесса́нса]
Rendezvous *n* свида́ние 5; *Kosm* встре́ча 6 (на орби́те)
Renegat *m* ренега́т 2
Reneklode *f* ренкло́д 2
Renette *f* Apfel ране́т 2
Renn|bahn *f* Pferderennen ипподро́м 2; Radrennen велодро́м 2, трек 2; Motorradrennen (го́ночный) трек; **~boot** *n* го́ночная ло́дка; mit Motor ску́тер [тэ] 2; **~einer** *m* Boot скиф 2, одино́чка 6
rennen *intr* бе́гать, *best* бежа́ть*, мча́ться 3; Pferdesport скака́ть* | um die Wette ~ бежа́ть наперего́нки; gegen einen Menschen ~ наск|а́кивать ⟨-очи́ть 3⁺⟩ на челове́ка; j-n über den Haufen ~ с|бить* *v* кого́-н. с но́г
Rennen *n Pl* 2, ска́чки *Pl* 6; Trab~ бег|а́| -о́в *Pl* 2; Boots~, Auto~ го́нки *Pl* 6; Einzel~ заéзд 2 | das ~ machen *übertr* вы́|йти* *v* победи́телем
Renn|fahrer *m* го́нщик 2; Auto~, Motorradsport a. мотого́нщик 2; Radsport велого́нщик 2; **~jacht** *f* го́ночная я́хта; **~maschine** *f* Kraftrad го́ночный мотоци́кл 2; **~pferd** *n* скакова́я [für Traber бегова́я] ло́шадь, скаку́н 2e; **~rad** *n* го-

ночный велосипе́д; **~rodeln** *n* са́нный спорт; **~rodler** *m* са́ночник 2; **~schlitten** *m* го́ночные са́нки; **~schlittschuhe** *m Pl* бегово́е коньки́; **~schuhe** *m Pl* бегово́ые ту́фли, ту́фли с шипа́ми; **~stall** *m* коню́шня беговы́х [скаковы́х] лошаде́й; **~strecke** *f* диста́нция 8 го́нок [ска́чек, бего́в]; **~wagen** *m* го́ночный автомо́биль; **~zweier** *m* Rudern го́ночная дво́йка

Renommee *m* репута́ция 8

renommiert по́льзующийся 11 хоро́шей репута́цией

renovieren *tr* ремонти́ровать *uv, v* 2

Renovierung *f* ремо́нт 2 (von *G*) | wegen ~ geschlossen закры́т(о) на ремо́нт

rentabel рента́бел|ьный| -ен| -ьна; kapitalistisch при́был|ьный| -ен| -ьна

Rentabilität *f* (экономи́ческая) рента́бельность 9; при́быльность 9

Rente *f* пе́нсия 8; *Wirtsch* ре́нта 6 | in ~ gehen ухо|ди́ть 3⁺ -жу́ ⟨у|йти́*⟩ на пе́нсию

Renten|alter *n* пенсио́нный во́зраст | im ≈ в пенсио́нном во́зрасте, пенсио́нного во́зраста; **~ausweis** *m* пенсио́нная кни́жка 6; **~empfänger** *m* получа́ющий *Subst* 11 пе́нсию; **~versicherung** *f* пенсио́нное страхова́ние

Rentier *n* (се́верный) оле́нь 1

rentieren, sich *refl* быть* рента́бельным; sich auszahlen окуп|а́ться ⟨-и́ться 3⁺⟩ | das rentiert sich nicht э́то не вы́годно

Rentier|zucht *f* оленево́дство 4; **~züchter** *m* оленево́д 2

Rentner *m* пенсионе́р 2; **~in** *f* пенсионе́рка 6; **~wohnheim** *n* общежи́тие для пенсионе́ров, дом ветера́нов труда́

Reorganisation *f* реорганиза́ция 8

reorganisieren *tr* реорганизова́ть *uv, v* 2 *Prät nur v*

Reparationen *Pl* репара́ции 8 *Pl*

Reparationszahlungen *f Pl* репарацио́нные платежи́

Reparatur *f* ремо́нт 2; Kleidung, Uhr, Schuhe *a.* почи́нка 6 | zur ~ bringen от|дава́ть* ⟨отда́ть*⟩ в ремо́нт [kleineren Gegenstand почини́ть]

reparaturbedürftig нужда́ющийся 11 в ремо́нте ⟨почи́нке⟩

Reparatur|betrieb *m* ремо́нтный заво́д; Werkstatt ремо́нтная мастерска́я *Subst* 10; **~kosten** *Pl* сто́имость 9 ремо́нта; **~werft** *f* судоремо́нтная верфь; **~werkstatt** *f* ремо́нтная мастерска́я

reparieren *tr* ремонти́ровать *uv* 2 (от-); Kleidung, Uhr, Schuhe чини́ть 3⁺ (по-); Folgen испр|авля́ть ⟨-а́вить 3 -а́влю⟩ | meine Uhr muß repariert werden мне ну́жно отремонти́ровать часы́

Repertoire *n* репертуа́р 2

Repetitor *m* репети́тор 2

Report|age *f* репорта́ж 2 *G Pl* -ей (über *o P*) | eine ≈ bringen дава́ть* ⟨дать*⟩ репорта́ж; **~er** *m* репортёр 2

Repräsentant *m* представи́тель 1

Repräsentantenhaus *n* USA пала́та 6 представи́телей

Repräsentation *f* представи́тельство 4

Repräsentations|gelder *Pl* де́ньги на представи́тельские расхо́ды; **~zweck** *m:* zu ≈en для це́лей представи́тельства, для репрезентати́вных це́лей

repräsentativ представи́тел|ьный| -ен| -ьна, репрезентати́в|ный| -ен

repräsentieren *tr* предст|авля́ть ⟨-а́вить 3 -а́влю⟩ собо́й *A;* würdig auftreten представи́тельствовать 2

Repressalie *f* репре́ссия 8 | gegen j-n ~n ergreifen примен|я́ть ⟨-и́ть 3⁺⟩ репре́ссии к *D;* ~n ausgesetzt sein подверга́ться репре́ссиям

reprivatisieren *vt* денационализи́ровать [дэ] *uv, v* 2

Reprivatisierung *f* денационализа́ция [дэ] 8

Reproduktion *f Wirtsch* воспроизво́дство 4; von Bildern репроду́кция 8

Reproduktionsprozeß *m* проце́сс воспроизво́дства

reproduzieren *tr* воспроизводи́ть 3⁺ -вожу́ ⟨-|вести́*⟩; *Foto a.* репродуци́ровать *uv, v* 2

Reptil *n* пресмыка́ющееся *Subst* 11, репти́лия 8

Republik *f* респу́блика 6; **~aner** *m* республика́н|ец| -ца 2

republikanisch республика́нский

Requiem *n* ре́квием 2

requirieren *tr* реквизи́ровать *uv, v* 2

Requisiten *n Pl Theat* реквизи́т 2; **~kammer** *f* склад 2 реквизи́та

Reseda *f Bot* резеда́ 6

Reservat *n* Naturschutzgebiet резерва́т 2; für Bevölkerungsgruppe резерва́ция 8

Reserve *f* резе́рв 2; Vorrat запа́с 2 *a. Mil;* reservierte Haltung сде́ржанность 9 | innere ~n вну́тренние 11 резе́рвы; in ~ haben име́ть в запа́се [в резе́рве]; ~n aufdecken вскрыва́ть ⟨-|кры́ть*⟩ резе́рвы; j-n aus seiner ~ locken расшев|е́ливать ⟨-ели́ть 3⟩ кого́-н.; **~armee** *f:* industrielle ≈ промы́шленная резе́рвная а́рмия; **~fonds** *m* резе́рвный фонд; **~mannschaft** *f Sport* запасна́я кома́нда, второ́й соста́в 2; **~offizier** *m* офице́р запа́са; **~rad** *n* запасно́е колесо́; **~reifen** *m* запасна́я ши́на; **~truppen** *f Pl* резе́рвы *Pl* 2

reservier|en *tr* Plätze im Flugzeug, Zug, Fahrkarten брони́ровать 2 (за-); Hotelzimmer, Tisch зака́зывать ⟨-|заказа́ть*⟩; **~t 1.** *Adj* zurückhaltend сде́ржан|ный|

-на **2.** *Adv:* sich ≈ verhalten быть сдéржанным
Reservist *m* резерви́ст 2, запаснóй *Subst* 10
Reservistenausbildung *f* подготóвка резерви́стов
Reservoir *n* резервуáр 2
Residenz *f* резидéнция 8; **~stadt** *f* резидéнция; Hauptstadt столи́ца 6
residieren *intr* имéть резидéнцию
Resignation *f* равнодýшие 5; Abfinden безрóпотное смирéние 5
resignier|en *intr* с-, примир|я́ться ⟨-и́ться 3⟩, покор|я́ться ⟨-и́ться 3⟩ (судьбé); **~t** равнодýш|ный, -ен
resistent *Biol* вынóслив:ый | ~ gegen Frost морозостóйкий
resolut реши́тел|ьный, -ен, -ьна
Resolution *f* резолю́ция 8
Resonanz *f* резонáнс 2; *übertr* óтклик 2
Respekt *m* уважéние, почтéние 5 (vor к *D*) | sich ~ verschaffen застáв|ить *v* 3 -лю уважáть себя́; vor j-m ~ haben имéть уважéние к комý-н.; ohne den nötigen ~ без дóлжного уважéния; ohne ~ неуважи́тельно, непочти́тельно
respekt|ieren *tr* Menschen уважáть *A*, относи́ться 3⁺ -ношýсь ⟨-|нести́сь*⟩ с уважéнием к *D*; Beschlüsse соблюдáть ⟨соблюсти́*⟩, уважáть; Tatsache считáться (по-) с *I*; **~los** непочти́тел|ьный, -ен, -ьна
Respektlosigkeit *f* непочти́тельность 9
Respektsperson *f* вáжное [авторитéтное] лицó
respektvoll почти́тел|ьный, -ен, -ьна
Ressort *n* вéдомство 4; Aufgabenbereich круг 2b дéятельности | das ist mein ~ э́то по моéй компетéнции [специáльности]; **~geist** *m* узковéдомственный подхóд 2
Ressourcen *Pl* ресýрсы *Pl* 2
Rest *m* остáт|ок, -ка 2 (von *G*); Geld сдáча 6 | der ~ des Tages остальнáя часть 9g дня; das gab ihm den ~ э́то егó доконáло
Restaura|nt *n* ресторáн 2; **~tion** *f Pol,* Gemälde реставрáция
Restaurationsarbeiten *f Pl* реставрациóнные рабóты
Restaurator *m* реставрáтор 2
restaurieren *tr* реставри́ровать *uv, v* 2
Restaurierung *f* реставри́рование 5; z. B. Gemälde реставрáция 8
Rest|bestand *m* остáт|ок, -ка 2; **~betrag** *m* остáточная сýмма, остáт|ок, -ка 2; herauszugebender сдáча 6
rest|lich остаю́щийся 11; **~los 1.** *Adj* пóл|ный, -он, -нá, пóлно **2.** *Adv* пóлностью, вполнé, целикóм
Result|ante *f Math* равнодéйствующая *Subst* 11; **~at** *n* результáт 2

Resümee *n* резюмé *n idkl*
resümieren *vt* резюми́ровать *uv, v* 2, крáтко из|лагáть ⟨-ложи́ть 3⁺⟩
Retorte *f* ретóрта 6
Retrospektive *f* взгляд 2 в прóшлое; Kino ретроспекти́ва 6, демонстрáция 8 стáрых фи́льмов
retten *tr* спасáть ⟨с|пасти́*⟩(vor от *G*); sich ~ *refl* спасáться ⟨спасти́сь⟩ | vor einer Gefahr ~ избавля́ть ⟨-бáвить 3 -бáвлю⟩ от опáсности; bist du noch zu ~? ты в своём умé?; sich vor etw. nicht zu ~ wissen не знать, кудá девáться от чегó-н; rette sich, wer kann! спасáйся, кто мóжет!; **~d** спаси́тел|ьный, -ен, -ьна
Retter *m* спаси́тель 1
Rettich *m* рéдька 6
Rettung *f* спасéние 5 | hier gibt es keine ~ здесь нет спасéния
Rettungs|arbeiten *f Pl* спасáтельные рабóты; **~boot** *n* спасáтельная шлю́пка [лóдка]; **~floß** *n* спасáтельный плот; **~gürtel** *m Mar* спасáтельный пóяс
rettungslos *Adv* безнадёжно | ~ verloren поги́бший 11, безвозврáтно потéрянный
Rettungs|mannschaft *f* спасáтельная комáнда; **~medaille** *f* медáль за спасéние утопáющих; **~ring** *m* спасáтельный круг; **~schwimmen** *n* искýсство 4 спасéния утопáющих; **~schwimmer** *m* пловéц-спасáтель 2-1, пловцá-спасáтеля; **~station, ~stelle** *f* пункт 2 пéрвой [скóрой] пóмощи; *Bergb* горноспасáтельная стáнция; **~versuch** *m* попы́тка спасéния | der ≈ scheiterte с|пасти́* *v* погибáющих не удалóсь; **~wagen** *m* маши́на скóрой пóмощи
Retusche *f* рéтушь 9
retuschieren *tr* ретуши́ровать *uv, v* 2
Reue *f* раскáяние 5 (über в *P*) | ~ empfinden чýвствовать 2 (по-) раскáяние
reuen *intr:* es reut mich, daß ..., я раскáиваюсь в том, что ...
reuevoll 1. *Adj* пóлный раскáяния **2.** *Adv* с раскáянием
reu|ig, ~mütig раскáивающийся 11, пóлный раскáяния
Reuse *f* вéрша 6
Revanche *f* ревáнш 2 | ~ nehmen брать* ⟨взять*⟩ ревáнш (in в *P*)
revanchieren, sich *refl* отпл|áчивать ⟨-ати́ть 3⁺ -ачý⟩ (für за *A*); aus Dankbarkeit отблагодари́ть *v* 3 (für за *A*); *Sport* брать* ⟨взять*⟩ ревáнш
Revanchist *m* реванши́ст 2
revanchistisch реванши́стский
Revers *n* Aufschlag лáцкан 2, отворóт 2
revidieren *tr* ревизовáть *uv, v* 2; ändern пересм|áтривать ⟨-отрéть 3⁺⟩
Revier *n* Polizei полицéйское отделéние 5, полицéйский учáст|ок, -ка 2; *Geol*

бассе́йн 2; *Bergb* райо́н 2; ~**förster** *m* (уча́стко́вый) лесни́чий
Revision *f* реви́зия 8, прове́рка 6; Abänderung пересмо́тр 2; *Jur* ревизио́нное обсле́дование 5; Anfechtung eines Urteils кассацио́нная жа́лоба 6; ~**ismus** *m* ревизиони́зм 2; ~**ist** *m* ревизиони́ст 2
revisionistisch ревизиони́стский
Revisionskommission *f* ревизио́нная коми́ссия
Revisor *m* ревизо́р 2
Revolte *f* бунт 2, мяте́ж 2e *G Pl* -е́й
revoltieren *itr* бунтова́ть 2 ⟨взбунтова́ться⟩ (gegen про́тив *G*)
Revolution *f* револю́ция 8 | wissenschaftlich-technische ~ нау́чно-техни́ческая револю́ция
revolutionär революцио́нный
Revolutionär *m* революционе́р 2
revolutionieren *tr* революционизи́ровать *uv, v* 2
Revolver *m* револьве́р 2; ~**drehbank** *f* револьве́рный (тока́рный) стано́к; ~**tasche** *f* кобура́ 6 (для револьве́ра)
Revue *f Theat* ревю́ *n idkl*; ~**film** *m* фильм-ревю́ 2-*idkl*; ~**girl** *n* танцо́вщица 6 из [в] ревю́; ~**theater** *n* эстра́дный теа́тр
Reykjavik Рейкья́вик 2
Rezensent *n* рецензе́нт 2
rezensieren *tr* рецензи́ровать 2 (про-)
Rezension *f* реце́нзия 8 (zu etw. на что-н.)
Rezept *n Med* реце́пт 2 *a. übertr* (auf по *D*); Speise~ реце́пт
Rezeption *f* im Hotel администра́ция 8, администра́тор 2
rezeptiv рецепти́вный
rezeptpflichtig: die Arznei ist ~ лека́рство отпуска́ется по реце́пту
reziprok взаи́м|ный, -ен | ~er Wert *Math* обра́тная величина́ 6c
Rezita|tion *f* деклама́ция 8; ~**tiv** *n Mus* речитати́в 2; ~**tor** *m* деклама́тор 2
rezitieren *tr* деклами́ровать 2 (про-)
RGW-Land *n* страна́–член 2 СЭВ
Rhabarber *m* реве́нь 1e
Rhapsodie *f* рапсо́дия 8
Rhein *m* Рейн 2
rheinisch ре́йнский
Rhein|land *n* Ре́йнская о́бласть 9; ~**länder** *m* Bewohner жи́тель 1 Ре́йнской о́бласти; Tanz „ре́йнлендер" | er ist ein ≈ он (ро́дом) с Ре́йна
Rheinland-Pfalz Ре́йнланд-Пфа́льц 2
Rheinwein *m* рейнве́йн 2
Rhesus|affe *m* (мака́ка-)ре́зус (6-)2; ~**faktor** *m* ре́зус-фа́ктор 2
Rhetorik *f* рито́рика 6
rhetorisch ритори́ческий
Rheumabad *n* куро́рт для ревма́тиков
rheumakrank больно́й ревмати́змом
Rheumakur *f* лече́ние от ревмати́зма
Rheumatiker *m* ревма́тик 2
rheumatisch ревмати́ческий
Rheumatismus *m* ревмати́зм 2
Rhododendron *n* рододе́ндрон [дэ] 2
Rhodos Ро́дос 2
Rhom|boid *m* ромбо́ид 2; ~**bus** *m* ромб 2
Rhön *f* Рён 2; ~**rad** *n Sport* ре́нское колесо́
rhythmisch ритми́ческий, ритми́ч|ный, -ен
Rhythmus *m* ритм 2 | freie Rhythmen свобо́дные стихи́ *Pl* 2e
Richtantenne *f* напра́вленная анте́нна
richten *tr* adressieren, wenden; Antenne, Fernglas напр|авля́ть ⟨-а́вить 3 -а́влю⟩; Geschütz наводи́ть 3⁺ -вожу́ ⟨-|вести́*⟩; Brief, Antwort a. адресова́ть *uv, v* 2 (an *D*); Aufmerksamkeit, Frage, Blick обра|ща́ть ⟨-ти́ть 3 -щу́⟩ (auf на *A*); *Tech* Mechanismus выверя́ть ⟨вы́верить 3⟩; Maschine нала́|живать ⟨-дить 3 -жу⟩; Kompaß регули́ровать 2 (от-); *intr Jur* су|ди́ть 3⁺ -жу́ (über о *P*); sich ~ *refl* Schreiben быть* напра́вленным (an *D*); руково́дствоваться 2 (nach *I*); *Mil* равня́ться | den Angriff auf j-n ~ атакова́ть *uv, v* 2 кого́-н.; zugrunde ~ загуб|и́ть *v* 3⁺ -лю́; ich werde mich ganz nach Ihnen ~ я бу́ду во всём сообразо́вываться с ва́шими жела́ниями; sich nach den anderen ~ равня́ться по други́м; richt' euch! *Mil* равня́йсь!
Richter *m* суд|ья́ *m* 7c *G Pl* -е́й | sich zum ~ aufwerfen брать* ⟨взять*⟩ на себя́ роль судьи́
richterlich суде́йский
Richterstuhl *m*: vor den ~ treten пред|ста-ва́ть* ⟨-|стать*⟩ пе́ред судо́м
Richt|fest *n* пра́здник по слу́чаю подведе́ния до́ма под кры́шу; ~**funk** радиореле́йная связь
richtig 1. *Adj* пра́вил|ьный, -ен, -ьна; wahr ве́р|ный, -ен, -на́, -но, ве́рны́; passend подходя́щий 11 (für для *G*); echt, wirklich настоя́щий 11 | der ~e Zeitpunkt подходя́щий 11 моме́нт; ein ~er Jäger и́стый [ре́вностный] охо́тник; du hast das Richtige getroffen ты попа́л в то́чку, bei Geschenken ты предугада́л моё жела́ние; Sie haben mich nicht ~ verstanden вы меня́ непра́вильно по́няли; das ist das Richtige э́то то (что ну́жно); der ist ~! он па́рень что на́до!; bei uns zu Hause ist ein ~es Durcheinander у нас до́ма настоя́щее столпотворе́ние **2.** *Adv* по-настоя́щему | ganz ~! соверше́нно ве́рно!; ~! пра́вильно!; meine Uhr geht ~ мои́ часы́ иду́т пра́вильно [то́чно]; hier ist etwas nicht ~ тут что-то нела́дно [нечи́сто]; du mußt dich mal ~ erholen ты до́лжен по-настоя́щему от-

дохну́ть; ~**gehend 1.** *Adj* то́ч|ный₁ -ен₁ -на!; ausgesprochen настоя́щий 11 **2.** *Adv* по-настоя́щему

Richtigkeit *f* пра́вильность 9; Abschrift, Urkunde ве́рность 9 | die ~ der Abschrift по́длинность 9 ко́пии; alles hat seine ~ всё в поря́дке, всё идёт свои́м чередо́м

richtigstellen *tr* испр|авля́ть ⟨-а́вить 3 -а́влю⟩

Richtigstellung *f* исправле́ние 5

Richt|kanonier *m* наво́дчик 2; ~**linie** *f* директи́ва 6; ~**preis** *m* ориентиро́вочная цена́; ~**schnur** *f Tech* отве́с 2; *übertr* руководя́щее нача́ло 11-4 | als ≈ dienen служи́ть 3⁺ путево́дной ни́тью; ~**strahlantenne** *f*, ~**strahler** *m* напра́вленная анте́нна; ~**ung** *f* направле́ние 5; *übertr* направле́ние, отноше́ние 5; *Kunst, Lit* направле́ние, тече́ние 5 | der Zug in ≈ Berlin по́езд на Берли́н [до Берли́на]; in ≈ auf etw. по направле́нию к чему́-н.; in alle ≈en во всех направле́ниях, во все сто́роны; die ≈ einschlagen взять* *v* [вы́|брать* *v*] направле́ние

richtunggebend руководя́щий 11

Richtungs|anzeiger *m* указа́тель 1 (направле́ния); ~**wechsel** *m* переме́на направле́ния

richtungsweisend директи́вный, руководя́щий 11

Ricke *f Zool* косу́ля 7

riechen *tr* ню́хать (по-) обоня́ть; *übertr* чу́ять*; *intr* ню́хать (an *A*); па́хнуть 4 (nach *I*) | an einer Blume ~ ню́хать цвето́к; er riecht aus dem Mund у него́ па́хнет изо рта́; ich rieche nichts я не чу́вствую никако́го за́паха; er riecht nach Knoblauch от него́ несёт [рази́т] чесноко́м; das konnte ich wirklich nicht ~ ведь э́того я ника́к не мог знать [предви́деть]

Riech|nerv *m* обоня́тельный нерв; ~**salz** *n* ню́хательная соль; ~**stoff** *m* аромати́чное вещество́

Ried *n* Schilf камы́ш 2e *G Pl* -е́й; ~**gras** *n* осо́ка 6

Riefe *f Tech* жёлоб 2b *Pl* желоба́; Kehle паз 2b₁ в₁ на пазу́; Einschnitt вы́емка 6

Riege *f* Turnen кома́нда 6 [гру́ппа 6] гимна́стов

Riegel *m* задви́жка 6, засо́в 2; Seife брус|о́к₁ -ка́ 2; Schokolade пли́т(оч)ка 6, бато́н 2 | hinter Schloß und ~ под замко́м; einer Sache einen ~ vorschieben препя́тствовать 2 (вос-) чему́-н., положи́ть 3⁺ *v* коне́ц чему́-н.; ~**stellung** *f Mil* отсе́чная пози́ция

Riemen *m* рем|е́нь₁ -ня́ 1; Ruder весло́ 4c *Pl* вёс|ла₁ -ел | sich am ~ reißen взять* *v* себя́ в ру́ки; ~**antrieb** *m* ремённая переда́ча 6; ~**bindung** *f* ремённое крепле́ние

Ries *n* стопа́ 6c

Riese *m* велика́н 2, исполи́н 2; Hochhaus, Tanker гига́нт 2

Rieselfeld *n* по́ле для слива́ния канализацио́нных отхо́дов

rieseln *intr* Bach журча́ть 3; Sand, Wasser струи́ться 3; Regen мороси́ть 3; Schnee сы́паться* | es rieselt mir kalt über den Rücken меня́ моро́з по ко́же подира́ет

Riesen|arbeit *f* колосса́льная рабо́та; ~**betrieb** *m* заво́д-гига́нт 2-2; Ansammlung von Menschen ма́сса 6 наро́да; ~**erfolg** *m* колосса́льный [огро́мный] успе́х; ~**felge** *f Sport* большо́й оборо́т; ~**gebirge** *n* Исполи́новы го́ры *Pl* 13-6a, Крко́ноше *idkl;* ~**gestalt** *m* исполи́нская фигу́ра

riesen|groß, ~**haft** колосса́л|ьный₁ -ен₁ -ьна, огро́м|ный ₁ -ен

Riesen|kraft *f* богаты́рская си́ла; ~**land** *n* огро́мная страна́; ~**rad** *n* колесо́ обозре́ния, чёртово 13 колесо́ *umg;* ~**schlange** *f* уда́в 2; ~**schritt** *m:* mit ≈en гига́нтскими шага́ми; ~**slalom** *m* гига́нтский сла́лом; ~**stadt** *f* го́род-гига́нт 2b-2 *Pl* города́-гига́нты; ~**wuchs** *m Med* гиганти́зм 2

riesig 1. *Adj* гига́нтский, колосса́л|ьный₁ -ен₁ -ьна; sehr groß огро́м|ный₁ -ен **2.** *Adv* о́чень, чрезвыча́йно, ужа́сно

Riesling *m* ри́слинг 2

Riff *n* риф 2

riffeln *tr Tech* выда́лбливать ⟨вы́долб|ить 3 -лю⟩, де́лать (с-) рифле́ние на *A*

Riga Ри́га

rigoros стро́г:ий₁ -а́!, непрекло́н|ный₁ -ен₁ -на

Rille *f* кана́вка 6, желоб|о́к₁ -ка́ 2; *Landw* борозда́ 6a *A* борозду́

Rind *n* Bulle бык 2e; Ochse вол 2e; Kuh коро́ва 6; Färse тёлка 6; ~er *Pl* кру́пный рога́тый скот 2e; Fleisch говя́дина 6

Rindbox *n* хро́мовая я́ловичная ко́жа 6

Rinde *f* кора́ 6; Brot~ ко́рка 6

Rinder *n Pl* кру́пный рога́тый скот 2e; ~**bestand** *m* поголо́вье 5 кру́пного рога́того скота́; ~**braten** *m* жарко́е из говя́дины; ~**herde** *m* ста́до кру́пного рога́того скота́; ~**mast** *f* отко́рм кру́пного рога́того скота́; ~**mastanlage** *f* скотово́дческий ко́мплекс 2; ~**pest** *f* чума́ кру́пного рога́того скота́; ~**stall** *m* ско́тный двор 2e; ~**talg** *m* говя́жье 12 са́ло; ~**zucht** *f* разведе́ние кру́пного рога́того скота́; ~**zunge** *f* говя́жий 12 язы́к

Rindfleisch *n* говя́дина 6

Rinds|leder *n* воло́вья ко́жа 12-6; ~**lende** *f* говя́жье филе́

Rindvieh *n* кру́пный рога́тый скот 2e; Schimpfwort скоти́на 6

Ring *m* кольцо́ 4c *G Pl* коле́ц a. Straße; mit Edelstein пе́рст|ень, -ня 1; Faß о́бруч 2g *G Pl* -е́й; Kreis круг 2b; Box~ ринг 2; ~e *Pl* Turngerät (гимнасти́ческие) ко́льца; **~bahn** *f* окружна́я [кольцева́я] желе́зная доро́га
Ringel *m* коле́ч|ко 4 *Pl* -ки, -ек, -кам; Locke завит|о́к, -ка́ 2; **~blume** *f* ноготки́ *Pl* 2
ringeln *tr* Haar завива́ть ⟨-|ви́ть*⟩ ко́льцами; sich ~ *refl* ви́ться, ви́ли́сь, завива́ться ⟨-ви́ться⟩
Ringelnatter *f* уж обыкнове́нный
ringen *tr:* die Hände ~ лома́ть ру́ки; *intr* боро́ться* | nach Atem ~ жа́дно глота́ть во́здух; er rang mit einem Entschluß он стара́лся прийти́ к како́му-н. реше́нию
Ringer *m Sport* бор|е́ц, -ца́ 2
Ringfinger *m* безымя́нный па́лец
ringförmig кольцеобра́з|ный, -ен
Ring|kampf *m* борьба́ 6; **~richter** *m* судья́ на ри́нге, рефери́ *m idkl*
rings[herum] *Adv* вокру́г, круго́м
Ringstraße *f* кольцева́я у́лица
ringsum *Adv* вокру́г, круго́м
Ringtausch *m* кругово́й обме́н
Rinne *f* жёлоб 2b *Pl* желоба́; kleine жело-б|о́к, -ка́ 2; kleiner Graben кана́в(к)а 6
rinnen *itr* fließen течь*, струи́ться 3
Rinn|sal *n* руч|еёк, -ейка́ 2; **~stein** *m* сто́чная кана́ва 6
Rio de Janeiro Ри́о-де-Жане́йро *m idkl*
Rippchen *n Pl* рёбрыш|ки *Pl* 4 -ек, -кам
Rippe *f Anat* ребро́ 4c *Pl* рёб|ра, -ер, -рам; *Bot* жи́лка 6; *Flugw* нервю́ра 6; Heizkörper се́кция 8 (радиа́тора) | das kann ich mir doch nicht aus den ~n schneiden не могу́ же я э́то роди́ть
Rippenfell *n* плёвра 6; **~entzündung** *f* плеври́т 2
Rippen|stoß *m* толчо́к в бок; **~stück** *n* коре́йка 6
Rips *m Text* репс 2
Risiko *n* риск 2 | ein ~ eingehen идти́ ⟨по|йти́*⟩ на риск; auf eigenes ~ на свой (страх и) риск
riskant риско́ван:ный, -на
riskieren *tr* рискова́ть 2 *I oder mit Inf*
Rispe *f* метёлка 6
Riß *m* тре́щина 6, щель 9g; in Papier разры́в 2, дыра́ 6c; im Stoff проре́ха 6; *übertr* разла́д 2, разры́в | einen ~ bekommen тре́снуть *v* 4; ihre Freundschaft hat einen ~ bekommen их дру́жба дала́ тре́щину
rissig растре́скавшийся 11; Tür щели́ст:ый; Papier, Stoff рва́ный
Rißwunde *f* рва́ная ра́на
Rist *m* Fuß подъём 2; Hand запя́стье 5
Ritt *m* пое́здка 6 [прогу́лка 6] верхо́м | auf einen ~ одни́м ма́хом, за оди́н присе́ст
Ritter *m hist* ры́царь 1; Ordensträger кавале́р 2 (о́рдена); **~gut** *n* (дворя́нское) поме́стье 5
ritterlich **1.** *Adj* ры́царский **2.** *Adv* по-ры́царски; как кавале́р
Ritter|lichkeit *f* ры́царское поведе́ние 5; **~orden** *m hist* ры́царский о́рден; **~sporn** *m* живо́кость 9; **~tum** *n hist* ры́царство 4
rittlings *Adv* верхо́м
Rittmeister *m* ро́тмистр 2
Ritual *n* ритуа́л 2
rituell ритуа́льный
Ritus *m* религио́зный обря́д 2
Ritze *f* щель 9g
Ritzel *n* шестерня́ 7
ritzen *tr* verletzen цара́пать (по-); einritzen вы́реза́ть ⟨вы́|резать*⟩ (etw. in etw. что-н. на чём-н.)
Rivale *m* сопе́рник 2
rivalisieren *itr* сопе́рничать (mit j-m um etw. с кем-н. в чём-н.)
Rivalität *f* сопе́рничество 4
Rizinusöl *n* касто́ровое ма́сло, касто́рка 6 *umg*
Roastbeef *n* ро́стбиф 2
Robbe *f* тюле́нь 1
Robbenfang *m* тюле́ний 12 про́мыс|ел, -ла 2
Robe *f* Amtstracht ма́нтия 8
Roboter *m* ро́бот 2
robust кре́п|кий, -ок, -ка́!, -че, -ча́йший 11, здоро́в:ый
Rochade *f* Schach рокиро́вка 6
röcheln *itr* хрип|е́ть 3 -лю́
Rochen *m* скат 2
Rock *m* Frauen~ ю́бка 6; Jackett, Jacke пиджа́к 2e; *Mus* рок 2; **~schoß** *m* пола́ 6c; **~zipfel** *m* подо́л 2 (ю́бки) | der Mutter am ≈ hängen *übtr* держа́ться 3⁺ за ма́менькину ю́бку
Rodelbahn *f* доро́жка 6 [kleiner Hügel го́рка 6] для ката́ния на сала́зках [на са́нках]
rodeln *itr* ката́ться на сала́зках [на са́нках]
Rodeln *n* ката́ние 5 на сала́зках [на са́нках]; Renn~ са́нный спорт 2
Rodel|schlitten *m* сала́з|ки *Pl* 6 -ок, са́н|ки *Pl* 6 -ок; **~sport** *m* = **Rodeln**
Rodemaschine *f* корчева́льная маши́на, корчева́тель 1
roden *tr* Wald корчева́ть 2 (рас-); Hackfrüchte копа́ть ⟨вы́-⟩, убира́ть ⟨-|бра́ть*⟩
Rodler *m* катя́ющийся *Subst* 11 на сала́зках [на са́нках]; Renn~ са́ночник 2
Rodung *f* Tätigkeit корчева́ние 5; gerodetes Land (рас)корчёванный уча́ст|ок, -ка 2
Rogen *m* (ры́бья) икра́ (12-)6
Roggen *m* рожь, ржи 9 *I* ро́жью; **~brot** *n* ржано́й хлеб; **~feld** *n* по́ле под ро́жью; **~mehl** *n* ржана́я мука́

roh ungekocht сыр|óй, -á!; *Tech* необрабóтанный; grob грýб|ый, -á! | ~es Fleisch живóе мя́со; das Obst ~ essen есть фрýкты в сырóм ви́де; j-n wie ein ~es Ei behandeln (слишком) бéрежно обращáться с кем-н.

Roh|bau *m* неотдéланная [неоштукатýренная] пострóйка | das Haus ist im ≈ fertig дом тóлько возведён, но ещё не отдéлан; **~baumwolle** *f* хлóпок-сырéц 2-2 *G* хлóпка-сырцá; **~eisen** *n* чугýн 2e

Roheit *f* грýбость 9

Roh|kohle *f* рядовóй ýголь; **~kost** *f* сырáя (растительная) пи́ща; 6; **~köstler** *m* человéк 2, питáющийся 11 сырóй пи́щей; **~kostsalat** *m* салáт из сыры́х [свéжих] овощéй; **~ling** *m* грýбый человéк 2; *Tech* заготóвка 6, отли́вка 6; **~material** *n* сырьё 3, сырьевóй материáл; **~öl** *n* неочи́щенная нефть

Rohr *n* трубá 6c; *Bot* тростни́к 2e; *Mil* ствол 2e; **~bruch** *m* разры́в 2 трубопровóда | der Frost hat einen ≈ verursacht от морóза лóпнула трубá

Röhre *f* Ofen трубá 6; Elektronik трýбка 6; *Rad* (электрóнная) лáмпа 6; *TV* трýбка; Back~ духóвка 6 | in die ~ gukken о|ставáться* ⟨-|стáться*⟩ ни с чем; fernsehen смотрéть (по-) телеви́зор

röhren *itr* Hirsch труб|и́ть 3 -лю́

röhrenförmig трýбчатый

Röhrenknochen *m* трýбчатая кость

Rohr|geflecht *n* плетéние из тростникá; **~gelenk** *n Tech* трýбчатый шарни́р

Röhricht *n* зáросли *Pl* 9 тростникá

Rohr|kolben *m Bot* рогóз 2; **~leger** *m* проклáдчик 2 труб; **~legerkran** *m* трубоуклáдчик 2; **~leitung** *f* трубопровóд 2; **~leitungsbau** *m* строи́тельство трубопровóдов; **~post** *f* пневмати́ческая пóчта; **~spatz** *m*: wie ein ≈ schimpfen *umg* ругáться как извóзчик, неприли́чно ругáться; **~stock** *m* тростникóвая трость 9g; **~stuhl** *m* плетёный стул; **~verbindung** *f Tech* трýбное соединéние; **~zange** *f* трýбный ключ 2e; **~zucker** *m* тростникóвый сáхар

Rohseide *f* шёлк-сыр|éц 2b-2 -цá

Rohstoff *m* сырьё 3; **~basis** *f* сырьевáя бáза; **~mangel** *m* недостáток сырья́; **~quelle** *f* istóчник сырья́

Roh|übersetzung *f* черновóй перевóд; **~zucker** *m* сáхар-сыр|éц 2-2 -цá

Rokoko *n* рококó *n idkl*; **~möbel** *Pl* мéбель в сти́ле рококó

Rolladen *m* жалюзи́ *n idkl*

Rollbahn *m* стáртовая [взлётная] дорóжка 6

Rolle *f* Bedeutung роль 9; *Tech* рóлик; Spule катýшка 6; Teig~ скáлка 6; Wäsche~ кат|óк, -кá 2; gerolltes Paket рулóн 2, (крýглый) свёрт|ок, -ка 2; *Theat* роль 9g; Rollentyp амплуá *n idkl*; Turnen кувыр|óк, -кá 2 | eine ~ spielen исполня́ть ⟨-пóлнить 3⟩ роль, игрáть (сыгрáть) роль; aus der ~ fallen с|би́ться* *v* с тóна; das spielt keine ~ э́то не игрáет рóли; er hat seine ~ ausgespielt он сошёл со сцéны; eine untergeordnete ~ spielen игрáть второстéпенную роль; die ~n vertauschen поменя́ться *v* роля́ми

rollen *tr* катáть, *best* ка|ти́ть 3⁺ -чý; Teig рас|кáтывать ⟨-катáть⟩; Wäsche катáть (вы́-), прокáтывать ⟨-катáть⟩; Papier свёртывать ⟨-вернýть 4⟩; *intr* катáться, *best* кати́ться; Donner грохотáть*; sich ~ *refl* sich wälzen кати́ться (по-); sich umbiegen свёртываться ⟨-вернýться⟩ | der Ball ist ins Tor gerollt мяч закати́лся в ворóта

Rollen *n*: die Sache kam ins ~ дéло дви́нулось с мéста

rollend: das ~e Material der Eisenbahn подвижнóй состáв 2 железнóй дорóги

Rollen|lager *n Tech* рóликовый подши́пник; **~offsetdruck** *m* ролевáя офсéтная печáть

Rol|ler *m* Kinder~ самокáт 2; Motor~ морóллер 2 | mit dem ~ fahren катáться (по-) на самокáте [на морóллере]

Rollfeld *n* взлётная плóщадка 6, лётное пóле; **~film** *m Foto* катýшечная плёнка; **~kragen** *m* высóкий вóрот, вя́заный вортни́к-стóйка 2e-6; **~kragenpullover** *m* сви́тер [тэ] 2 с высóким вóротом [воротникóм]; **~mops** *m* маринóванная селёдка 6, рольмóпс 2

Rollo *n* штóра 6

Roll-on-Roll-off-Schiff *n* контрéйлерное сýдно

Roll|schinken *m* рулéт 2; **~schrank** *m* канцеля́рский шкаф с жалюзи́; **~schuh** *m Pl* рóлики *Pl* 2, рóликовые коньки́ *Pl* 2 | ≈laufen катáться (по-) на рóликах; **~schuhlaufen** *n* катáние 5 на рóликах; **~stuhl** *m* крéс|ло 4 *G Pl* -ел на колёсах; **~treppe** *f* эскалáтор 2 | die ≈ hinauffahren поднимáться ⟨подня́ться⟩ по эскалáтору

Rom Рим 2

Roman *m* ромáн 2

romanisch ромáнский

Romanist *m* романи́ст 2; **~ik** *f* романи́стика 6

Romanschriftsteller *m* романи́ст 2

Romantik *f* ромáнтика 6; *Lit* романти́зм 2; **~er** *m* ромáнтик 2

romantisch романти́ческий

Romanze *f* ромáнс 2

Römer *m hist* рим|ля́нин 2 *Pl* -ля́не, -ля́н; Glas бокáл 2; **~braten** *m* мяснóй хлеб 2

römisch ри́мский

Rondell *n* Platz кру́глая площа́дка 6; Gebäude рото́нка 6; Beet кру́глая клу́мба 6
Rondo *n* ро́ндо *n idkl*
röntgen *tr* де́лать (с-) рентге́н *D*
Röntgen *n* рентге́н 2 | zum ~ gehen идти́* ⟨по|йти́*⟩ на рентге́н
Röntgen|apparat *m* рентге́новский аппара́т; **~assistentin** *f* те́хник-рентгено́лог 2-2; **~aufnahme** *f* Verfahren рентгеногра́фия 8; Bild рентгеногра́мма 6, рентге́новский сни́мок; **~befund** *m* результа́т 2 рентге́новского обсле́дования; **~bestrahlung** *f* облуче́ние рентге́новскими луча́ми; **~ologe** *m* рентгено́лог; **~raum** *m* рентге́новский кабине́т; **~strahlen** *m Pl* рентге́новские лучи́; **~therapie** *f* рентгенотерапи́я 8; **~untersuchung** *f* рентге́новское иссле́дование, Durchleuchtung просве́чивание 5
rosa ро́зовый
Rosarium *n* роза́ри|й 1 *P* -и͵ *G Pl* -ев
Rose *f Bot* ро́за 6; *Med* ро́жа 6; am Kompaß карту́шка 6 | er ist nicht auf ~n gebettet ему́ несла́дко живётся
Rosen|garten *m* роза́ри|й 1 *P* -и͵ *G Pl* -ев; **~kohl** *m* брю́ссельская капу́ста; **~kranz** *m Rel* чёт|ки͵ -ок *Pl* 6; **~montag** *m* после́дний понеде́льник 2 ма́сленицы, день 1 карнава́льного ше́ствия; **~öl** *n* ро́зовое ма́сло; **~stock** *m* ро́зовый куст; **~strauß** *m* буке́т (из) роз
Rosette *f* розе́тка 6; Schleife ба́нт(ик) 2
rosig Farbe ро́зовый; Gesicht румя́ный; *übertr* ро́зовый, ра́дужный | die Lage ist nicht ~ положе́ние не блестя́щее
Rosine *f* изю́минка 6; *~n Pl* изю́м 2 | große ~n im Kopf haben *umg* но|си́ться 3⁺ -шу́сь с (грандио́зными) пла́нами; sich die ~n aus dem Kuchen picken [klauben] *übertr* снима́ть сли́вки, урыва́ть себе́ лу́чшие куски́
Rosinenkuchen *m* пиро́г [кекс 2] с изю́мом
Rosmarin *m* розмари́н 2
Roß *n* конь 1 *e Pl* ко́ни | auf dem hohen ~ sitzen смотре́ть 3⁺ на всех свысока́
Rösselsprung *m* Schach ход 2 коня́
Roßhaar *n* ко́нский во́лос; **~matratze** *f* матра́с из ко́нского во́лоса
Roßkastanie *f* ко́нский кашта́н
[1]**Rost** *m* an Metall ржа́вчина 6 | vor ~ schützen предохран|я́ть ⟨-и́ть⟩ от ржа́вчины
[2]**Rost** *m* Gitter решётка 6; Ofen~ колосники́ *Pl* 2e; Brat~ ра́шпер 2 | auf dem ~ braten жа́рить (по-) на ра́шпере
rostbeständig коррозионносто́йкий
Rost|braten *m* ро́стбиф 2; **~bratwurst** *f* колбаса́͵ поджа́ренная на ра́шпере
Röstbrot *n* гренки́ *Pl* 2, тост 2
rostempfindlich ржа́веющий 11
rosten *intr* ржа́веть (за-)
rösten *tr* Fleisch, Kartoffeln жа́рить 3 (за-), поджа́р|ивать ⟨-ить⟩ на ра́шпере; Brot поджа́р|ивать ⟨-ить⟩; Kaffee обжа́р|ивать ⟨-ить⟩; Flachs мочи́ть 3⁺ (за-) | gerösteter Kaffee жа́реный ко́фе
Rösten *n* Kaffee обжа́рка 6
rostfarben цве́та ржа́вчины, ржа́во-кра́сный
Rostfleck *m* ржа́вое пятно́
rostfrei нержаве́ющий 11
rostig ржа́вый
Röstkartoffeln *f Pl* жа́реный карто́фель
Rostock Ро́сток 2
Rostschutz|anstrich *m* антикоррозио́нная окра́ска; **~farbe** *f* антикоррозио́нная кра́ска
rot **1.** *Adj* кра́сный; blut~ а́лый; Pelz, Haar ры́жий 11; Wangen румя́ный | ~ werden красне́ть (по-); Rotes Kreuz О́бщество 4 Кра́сного Креста́, Кра́сный Крест; Rotes Meer Кра́сное мо́ре; sich wie ein ~er Faden durch etw. ziehen проходи́ть 3⁺ кра́сной ни́тью че́рез что-н.; das wirkt auf ihn wie ein ~es Tuch э́то приво́дит его́ я́рость **2.** *Adv:* etw. ~ anstreichen mit Farbe кра́|сить 3 -шу (по-) в кра́сный цвет; mit Stift отмеча́ть ⟨-ме́тить⟩ кра́сным карандашо́м; sich ~ schminken румя́ниться 3 (на-); ~ sehen выхо|ди́ть 3⁺ -жу́ ⟨вы́|йти*⟩ из себя́
Rot *n* кра́сный цвет 2; румя́н|ец͵ -ца 2; Schminke румя́на *Pl* 4; Kartenspiel кра́сная масть 9g; **~armist** *m* красноарме́|ец͵ -йца 2
Rotation *f Tech* враще́ние 5
Rotations|druck *m* ротацио́нная печа́ть; **~maschine** *f* ротацио́нная (печа́тная) маши́на
rot|bäckig краснощёк:ий; Apfel румя́ный; **~blond** све́тло-ры́жий; **~braun** кра́сно-бу́рый; Haar тёмно-ры́жий 11; Pferd гнедо́й
Rot|buche *f* кра́сный бук 2; **~dorn** *m* боя́рышник 2
Röte *f* краснота́ 6; Gesicht румя́н|ец͵ -ца 2; am Himmel за́рево 4 | die ~ stieg mir ins Gesicht кра́ска зали́ла мне лицо́
Röteln *Pl* красну́ха 6
röten, sich красне́ть (по-); Gesicht a. покрыва́ться ⟨-|кры́ться*⟩ румя́нцем
Rot|fuchs *m* кра́сно-бу́рая лиси́ца; **~gardist** *m* красногварде́|ец͵ -йца 2
rot|glühend *Tech* раскалённый до́красна; **~haarig** рыжеволо́сый, ры́жий
Rothirsch *m* (благоро́дный) оле́нь
rotieren *intr* враща́ться | ~de Bewegung враща́тельное движе́ние
Rot|käppchen *n* Märchen Кра́сная Ша́почка 6; **~kehlchen** *n* мали́новка 6, заря́нка 6; **~kohl** *m*, **~kraut** *n* краснокоча́нная капу́ста; **~lauf** *m Vet* ро́жа 6 (свине́й)

rötlich *Adj* красновáтый; Haar рыжевáтый
Rotlicht|bestrahlung *f* лечéние 5 [облучéние] крáсным свéтом; **~lampe** *f* лáмпа крáсного свéта
Rotor *m Tech* рóтор 2
Rot|schwänzchen *n* горихвóстка 6; **~stift** *m* крáсный карандáш
Rotterdam Роттердáм [тэ] 2
Rotunde *f Bauw* ротóнда 6
Rötung *f* покраснéние 5
rotwangig краснощёкий
Rot|wein *m* крáсное винó; **~welsch** *n* воровскóй жаргóн 2; **~wild** *n* крáсная дичь; **~wurst** *f* кровянáя колбасá
Rotz *m Vet* сап 2
Roulade *f* рулéт 2; Kraut~ голуб|éц$_1$ -цá 2; auf der Speisekarte зрáзы *Pl* 6
Rouleau *n* штóра 6
Roulett *n* рулéтка 6
Route *f* маршрýт 2
Routine *f* нáвык 2, снорóвка 6; Erfahrung óпыт 2; **~angelegenheit** *f* обы́чное дéло
routinemäßig **1.** *Adj* обы́ч|ный$_1$ -ен **2.** *Adv* регулярно, по устанóвленному порядку
Routineuntersuchung *f* обы́чное [очереднóе] обслéдование
routiniert óпыт|ный$_1$ -ен
Rowdy *m* хулигáн 2; **~tum** *n* хулигáнство 4
Rübe *f Bot* свёкла 6; Kohl~ брю́ква 6 | rote ~ (столóвая) свёкла
Rubel *m* рубль 1e
Rüben|kombine *f* свеклокомбáйн 2; **~kraut** *n* свекóльная ботвá; **~saft** *m* свекóльный сок; **~schnitzel** *Pl* свеклови́чные стрýжки *Pl* 6, свеклови́чный жом 2; **~zucker** *m* свеклови́чный сáхар
Rubin *m Min* руби́н 2; Uhr кáм|ень$_1$ -ня 1g
rubinrot руби́новый
Rubrik *f* рýбрика 6, графá 6 | in eine ~ eintragen в рýбрику; in verschiedene ~en по рýбрикам; in [unter] der ~ под рýбрикой
ruch|bar: ≈ werden получи́ть *v* 3⁺ оглáску, стать* *v* извéстным; **~los** гнýс|ный$_1$ -ен$_1$ -нá!, бессóвест|ный$_1$ -ен
Ruck *m* толч|óк$_1$ -кá 2 | mit einem ~ одним махом, рáзом; er gab sich einen ~ *übertr* он взял себя́ в рýки
Rück|ansicht *f* вид 2 сзáди (von на *A*); **~antwortkarte** *f* открытка с оплáченным отвéтом
ruckartig **1.** *Adj* рéз|кий$_1$ -ок$_1$ -кá! **2.** *Adv* толчкóм, рывкóм
rückbezüglich возврáтный
Rück|blende *f Lit* возвращéние к прóшлому; **~blick** *m* ретроспекти́вный взгляд (auf на *A*); Übersicht обзóр 2 (auf *G*)
rücken *tr* дви́|гать 1 ⟨-нуть 4⟩; ein wenig подв|игáть ⟨-и́нуть⟩; ver~ передв|игáть ⟨-и́нуть⟩; *intr* sich bewegen дви́|гаться ⟨-нуться⟩, передв|игáться ⟨-и́нуться⟩ | mit den Stühlen ~ дви́гать стýльями; zur Seite ~ отодв|игáть ⟨-и́нуть⟩ в стóрону; an die Wand ~ придв|игáть ⟨-и́нуть⟩ к стенé; die Truppen rückten an die Front войскá дви́|гались ⟨-нулись⟩ на фронт
Rücken *m Anat* спинá 6c *A* спи́ну; *Mil* тыл 2b$_1$ в тылý; *Geogr* хреб|éт$_1$ -тá 2; Buch~ кореш|óк$_1$ -кá 2 | im ~ сзáди, с ты́лу; hinter sich в тылý, за спинóй; hinter j-s ~ за чьей-н. спинóй, тайкóм от когó-н.; im ~ des Feindes в тылý врагá; sich auf den ~ legen ложи́ться ⟨лечь⟩ нá спину; auf den ~ fallen пáдать ⟨упáсть⟩ нá спину [нáвзничь]; j-m den ~ stärken поддéрживать ⟨-держáть 3⁺⟩ когó-н.; hinter dem ~ *übertr* за спинóй, за глазá; j-m in den ~ fallen *Mil* на|пáсть* *v* на когó-н. с ты́ла; *übertr* на|нести́* *v* комý-н. удáр в спи́ну; **~deckung** *f Mil* прикры́тие 5 с ты́ла | sich ≈ verschaffen *übertr* страховáть 2 (за-) себя́; **~flosse** *f* спиннóй плавни́к 2e; **~lage** *f Sport* положéние лёжа на спинé; **~lehne** *f* спи́нка 6; **~mark** *n* спиннóй мозг; **~nummer** *f Sport* нóмер на спинé; **~schmerzen** *Pl* боль в спинé; **~schwimmen** *n* плáвание на спинé; **~wind** *m* попýтный вéтер
rückerstatten *tr* Auslagen возме|щáть ⟨-сти́ть 3 -щý⟩; Geld возвра|щáть ⟨-ти́ть 3 -щý⟩
Rück|erstattung *f* возмещéние 5; возврáт 2, возвращéние 5; **~fahrkarte** *f* обрáтный билéт; **~fahrscheinwerfer** *m Kfz* зáдняя 11 фáра; **~fahrt** *f* обрáтный пут|ь 9e *I* -ём | auf der ≈ на обрáтном пути́; Hin- und ≈ проéзд 2 тудá и обрáтно; **~fall** *m Jur, Med* рециди́в 2 | ≈ der Krankheit возврáт 2 болéзни; **~falldiebstahl** *m* повтóрная крáжа
rückfällig повтóрный; *Jur* рециди́вный; *Med* рециди́вный, возврáтный | ~ werden повтóрно соверши́ть *v* преступлéние
Rück|falltäter *m Jur* рециди́вист 2; **~flug** *m* обрáтный полёт; **~fracht** *f* обрáтный груз; **~frage** *f* запрóс 2 | eine ~ stellen запрáшивать ⟨-проси́ть 3⁺ -прошý⟩
rückfragen *intr* запрáшивать ⟨-проси́ть 3⁺ -прошý⟩
Rück|führung *f* возвращéние 5; *Pol* репатриáция 8; **~gabe** *f* возврáт 2, возвращéние 5; **~gang** *m* Verringerung уменьшéние 5, сокращéние 5; Hochwasser спад 2; Bestände снижéние 5 | ≈ der Produktion спад [сокращéние] произвóдства
rückgängig: ~ machen отмен|я́ть ⟨-и́ть 3⁺⟩; Vertrag аннули́ровать *uv, v* 2

Rückgrat *n* (спинно́й) хреб|е́т| -та́ 2, позвоно́чник 2 | er hat kein ~ он безво́льный челове́к; **~verkrümmung** *f* искривле́ние 5 позвоно́чника
Rückhalt *m* подде́ржка 6, опо́ра 6 | einen ~ haben име́ть опо́ру
Rückhaltebecken *n* заде́рживающее водохрани́лище 11–4
rückhaltlos 1. *Adj* открове́н|ный| -ен| -на **2.** *Adv* напрями́к, без стесне́ний
Rück|hand *f* Tennis уда́р 2 сле́ва; **~kauf** *m* вы́куп 2; **~kehr** *f* возвраще́ние 5 | nach der ~ по возвраще́нии; **~kehrer** *m* репатриа́нт 2
rückkoppeln *tr* устан|а́вливать ⟨-ови́ть 3⁺ -лю́⟩ обра́тную связь (ме́жду *I*)
Rück|kopplung *f* обра́тная связь 9; **~lage** *f* сбереже́ния *Pl* 5, накопле́ния *Pl* 5; ~n *Pl Wirtsch* де́нежный резе́рв 2; **~lauf** *m* обра́тное движе́ние 5 [тече́ние 5]; *Tech* Rückwärtsbewegung обра́тный ход 2; Tonband (уско́ренная) перемо́тка наза́д
rückläufig обра́тный, регресси́в|ный| -ен; Einwohnerzahl, Konsum снижа́ющийся 11, сокраща́ющийся 11 | die Stahlproduktion ist ~ вы́плавка ста́ли сокраща́ется; ~es Wörterbuch обра́тный слова́рь; ~e Tendenz тенде́нция к сокраще́нию; ~e Entwicklung сниже́ние 5, регре́сс 2
Rücklicht *n Kfz* за́дний свет 11-2
rücklings *Adv* на́взничь, наза́д; von hinten сза́ди
Rück|marsch *m* обра́тный пут|ь 9е *I* -ём; *Mil* отступле́ние 5; **~porto** *n* опла́та 6 отве́та | dem Brief ≈ beilegen прилага́ть ⟨-ложи́ть 3⁺⟩ к письму́ ма́рку для отве́та; **~reise** *f* обра́тный пут|ь 9е *I* -ём, возвраще́ние 5
Rucksack *m* рюкза́к 2е | ~ mit Traggestell станко́вый рюкза́к
Rückschau: ≈ halten броса́ть ⟨бро́|сить 3 -шу⟩ взгляд на проше́дшее; schlußfolgern подытож|ивать ⟨-ить 3⟩ про́йденный путь
rückschauend 1. *Adj* ретроспекти́вный **2.** *Adv*: ~ auf etw. огля́дываясь наза́д на что-н.
Rück|schlag *m* am Gewehr отда́ча 6; Mißerfolg неуда́ча 6, неуспе́х 2; *Wirtsch* кри́зис 2, спад 2 | einen ≈ erleiden терпе́ть (по-) неуда́чу [неуспе́х]; **~schluß** *m* вы́вод 2, заключе́ние 5 | aus etw. ~schlüsse auf etw. ziehen су|ди́ть 3⁺ -жу́ на основа́нии чего́-н. о чём-н.; ~schlüsse ziehen aus etw. де́лать (с-) вы́воды [заключе́ния] из чего́-н.; **~schritt** *m* регре́сс 2; *Pol* реа́кция 8
rückschrittlich реакцио́н|ный| -ен| -на
Rück|seite *f* оборо́тная [за́дняя 11] сторона́; **~sendung** *f* отсы́лка наза́д, возвраще́ние; **~sicht** *f* внима́ние 5, уваже́ние 5 (auf к *D*) | mit ≈ auf etw. из-за чего́-н., принима́я во внима́ние что-н; keine ≈ nehmen auf etw. не счита́ться ни с чем-н.; ohne ≈ auf Verluste не счита́ясь ни с чем; ohne ≈ auf die Person невзира́я на ли́ца; **~sichtnahme** *f* внима́тельное отноше́ние 5 | gegenseitige ≈ im Straßenverkehr взаи́мное внима́ние 5 в у́личном движе́нии
rücksichts|los 1. *Adj* бесцеремо́н|ный| -ен| -на; schonungslos беспоща́д|ный| -ен | ≈ sein ни на что не обраща́ть внима́ния **2.** *Adv* несмотря́ ни на что, ни с чем не счита́ясь; **~voll** предупреди́тел|ьный| -ен -ьна, (j-m gegenüber по отноше́нию к кому́-н.)
Rück|sitz *m* за́днее ме́сто 11-2b, за́днее сиде́нье; **~spiegel** *m* зе́ркало за́днего [обра́тного] ви́да; **~spiel** *n Sport* отве́тная встре́ча 6 [игра́]; **~sprache** *f*: mit j-m ≈ nehmen пере-, поговори́ть v 3 [посове́товаться *v* 4] с кем-н.; nach ≈ mit j-m переговори́в [поговори́в, посове́товавшись] с кем-н.
rückspulen *tr* перема́тывать ⟨-мота́ть⟩ обра́тно
Rückstand *m* Rest оста́т|ок| -ка 2; bei Steuern u. ä. недои́мка 6; bei der Arbeit отстава́ние 5 (bei, in, mit в *P*), Produktion a. недовыполне́ние 5 *G; Chem* оса́|д|ок| -ка 2; bei Verbrennung нага́р 2 | im ~ sein от|острава́ть* ⟨-|стать*⟩ (mit в *P*); finanziell име́ть задо́лженность; den ~ aufholen ликвиди́ровать *uv, v* 2 отстава́ние [задо́лженность]; bei der Arbeit im ~ sein отстава́ть ⟨-стать⟩ в рабо́те; mit den Zahlungen in ~ sein име́ть задо́лженность по платежа́м; im ~ liegen *Sport* от|става́ть* ⟨-|стать*⟩
rückständig *Fin* неупла́ченный; zurückgeblieben отста́лый
Rückständigkeit *f* отста́лость 9
Rück|stau *m* обра́тный подпо́р 2; Autoverkehr скопле́ние 5, зато́р 2; **~stoß** *m* отда́ча 6; **~stoßantrieb** *m* реакти́вный дви́гатель; **~strahler** *m* катафо́т 2, отража́тель 1; **~strom** *m El* обра́тный то́к 2; **~transport** *m* обра́тная доста́вка 6; *Foto* обра́тная перемо́тка 6; **~tritt** *m* von Regierung отста́вка 6; von einem Amt ухо́д 2 с до́лжности; vom Vertrag (односторо́нний 11) отка́з 2 (von от *G*) | seinen ≈ erklären по|дава́ть* ⟨пода́ть*⟩ в отста́вку; **~trittbremse** *f* ножно́й то́рмоз
Rücktrittserklärung *f* Amt заявле́ние 5 об ухо́де с до́лжности [об отста́вке]; Vertrag заявле́ние об отка́зе
rückübersetzen *tr* де́лать (с-) обра́тный перево́д *G*, пере|води́ть 3⁺ -жу́ ⟨-|вести́*⟩ обра́тно на язы́к оригина́ла
Rück|übersetzung *f* обра́тный перево́д; **~versicherung** *f* перестрахо́вка 6, пере-

страхова́ние 5; **~wand** *f* за́дняя стена́ 11-6а; **~wanderer** *m* репатриа́нт 2; **~wanderung** *f* реэмигра́ция 8

rück|wärtig за́дний 11; *Mil* тылово́й; **~wärts** *Adv* наза́д; mit dem Rücken zuerst за́дом | ≈ gehen пя́|титься 3 -чусь (по-) (за́дом); ≈ fahren mit Fahrzeug дви́|гаться ⟨-нуться 4⟩ за́дним хо́дом; im Fahrzeug е́хать спино́ю к передку́

Rück|wärtsgang *m* Auto за́дний ход 11-2; **~weg** m обра́тный путь | auf dem ≈ на обра́тном пути́

ruckweise *Adv* рывка́ми, толчка́ми

rück|wirkend **1.** *Adj* обра́тно де́йствующий 11 | ≈e Kraft *Jur* обра́тная си́ла **2.** *Adv* за́дним число́м; **~zahlbar** подлежа́щий 11 возвра́ту

Rück|zahlung *f* возвра́т 2 де́нег; **~zieher** *m*: einen ≈ machen идти́* ⟨по|йти́*⟩ на попя́тный; **~zug** *m* отступле́ние 5, отхо́д 2 | zum ≈ blasen *übertr* бить* отбо́й; den ≈ antreten начина́ть ⟨нача́ть⟩ отступле́ние

Rüde *m* кобе́ль 1е

Rudel *m* ста́до 4b; Wölfe ста́я 7

Ruder *n Sport* весло́ 4c *Pl* вёс|ла, -ел; Steuer руль 1e | am ~ sein *übertr* нахо|ди́ться 3⁺ -жу́сь у вла́сти; ans ~ kommen при|ходи́ть 3⁺ ⟨-|йти́*⟩ к вла́сти; **~blatt** *n* ло́пасть весла́; **~boot** *n* гребна́я шлю́пка 6 [ло́дка]; **~er** *m*, **~in** *f* греб|е́ц, -ца́ 2; **~gast** *m Mar* рулев|о́й, -о́го *Subst* 10; **~mannschaft** *f* кома́нда гребцо́в

rudern *intr* грести́*, идти́* на вёслах; zum Vergnügen ката́ться на ло́дке; *tr* во|ди́ть 3⁺ -жу́, *unbest* вести́* на вёслах | das Boot ans andere Ufer ~ пере|вести́* *v* ло́дку на друго́й бе́рег

Rudern *n* гре́бля 7

Ruder|pinne *f Mar* ру́мпель 1; **~regatta** *f* гребны́е го́нки *Pl* 6, (гребна́я) рега́та 6; **~sport** *m* гребно́й спорт

Rudiment *n* рудиме́нт 2

rudimentär рудимента́рный

Ruf *m* Schrei крик 2; An-, Zuruf о́клик 2, о́крик 2; feierlicher клич 2 *G Pl* -ей; Aufruf призы́в 2, зов 2; *übertr* репута́ция 8, сла́ва 6 | er erhielt einen ~ an die Universität его́ пригласи́ли [он получи́л приглаше́ние] чита́ть ле́кции в университе́те; ein Gelehrter von ~ учёный с и́менем; in gutem ~ stehen по́льзоваться 2 хоро́шей репута́цией; in üblen ~ kommen приобрета́ть ⟨-|обрести́*⟩ дурну́ю сла́ву

rufen *tr* звать* (по-); aufrufen призыва́ть ⟨-|зва́ть⟩; herbeirufen кли́|кать, -чу, -чешь ⟨кли́кнуть *mom* 4⟩ *umg;* Arzt пригла|ша́ть ⟨-си́ть 3 -шу́⟩, зва́ть (по-); *intr* крича́ть 3 ⟨кри́кнуть *mom* 4⟩; звать (по-) (nach *A*) | das Kind ruft nach der Mutter ребёнок зовёт мать; j-n ~ lassen про|си́ть 3⁺ -шу́ (по-) позва́ть кого́-н.; um Hilfe ~ звать на по́мощь; zur Ordnung ~ призва́ть *v* к поря́дку; j-m etw. ins Gedächtnis ~ напомина́ть ⟨-по́мнить 3⟩ кому́-н. о чём-н.; Sie kommen wie gerufen вы пришли́ кста́ти

Rüffel *m umg* головомо́йка 6, нагоня́|й 1 *G Pl* -ев | einen ~ erteilen дава́ть* ⟨дать*⟩ нагоня́й

Ruf|mord *m* злонаме́ренная клевета́ 6; **~name** *m* и́мя *n G D P* и́мени, *I* и́менем, *Pl* имена́, имён, имена́м 4; **~nummer** *f* но́мер (телефо́на); **~weite** *f* расстоя́ние 5 слы́шимости; **~zeichen** *n* позывно́й сигна́л

Rugby *n* ре́гби [рэ] *n idkl*; **~spieler** *m* регби́ст 2

Rüge *f* вы́говор 2, порица́ние 5 (für, wegen за *A*) | eine ~ erteilen де́лать (с-) вы́говор

rügen *tr* де́лать (с-) вы́говор (j-n für [wegen] etw. кому́-н. за что-н.), порица́ть (etw. an j-m кого́-н. за что-н.)

Rügen Insel Рю́ген 2

Ruhe *f* поко́й 1; Erholung о́тдых 2; Gelassenheit споко́йствие 5; Untätigkeit безде́йствие 5; Stille тишина́ 6 | in ~ arbeiten споко́йно; sich keine ~ gönnen не дава́ть* себе́ поко́я; zur ~ kommen успок|а́иваться ⟨-о́иться 3⟩; sich zur ~ begeben ложи́ться 3 ⟨лечь*⟩ спать; ~ vor dem Sturm зати́шье 5 пе́ред бу́рей; ~ чалтен! споко́йно!, ти́хо!; ich bitte um ~! прошу́ поти́ше!; Störung der öffentlichen ~ наруше́ние обще́ственного поря́дка; lassen Sie mich in ~! оста́вьте меня́ в поко́е!; sich nicht aus der ~ bringen lassen сохран|я́ть ⟨-и́ть 3⟩ споко́йствие; er ist die ~ selbst он само́ споко́йствие; j-m keine ~ lassen не дава́ть* поко́я кому́-н.; immer mit der ~ споко́йно!, без спе́шки! angenehme ~! прия́тного поко́я!;

ruhebedürftig нужда́ющийся 11 в поко́е [в о́тдыхе]

Ruhe|geld *n* пенсио́нные *Pl Subst* 10; **~lage** *f* положе́ние поко́я

ruhelos **1.** *Adj* беспоко́|йный, -ен, -йна **2.** *Adv* без о́тдыха, не зна́я поко́я

ruhen *itr* от|дыха́ть ⟨-дохну́ть 4⟩; zum Stillstand gekommen sein стоя́ть 3 (про-), безде́йствовать 2; Maschine, Betrieb не рабо́тать; fußen поко́иться (auf на *P*); lasten лежа́ть 3 (auf на *P*) | die Brücke ruht auf Pfeilern мост опира́ется на столбы́; die Waffen ~ ору́дия молча́т; die Verhandlungen ~ перегово́ры приостано́влены; ich ruhe nicht eher, als bis … я не успоко́юсь до тех пор, пока́ не …; die Arbeit ruht рабо́та стои́т; der Blick ruht auf … взор поко́ится на …;

die ganze Verantwortung ruht auf ihm вся отве́тственность лежи́т на нём

Ruhe|pause *f* переры́в 2, переды́шка 6; **~platz** *m* ме́сто о́тдыха; **~stand** *m* отста́вка 6 | im ≈ sein быть в отста́вке; in den ≈ treten вы́|йти* *v* в отста́вку; **~stätte** *f* Ruhelager ло́же 4; Grab моги́ла 6 | die letzte ≈ после́днее приста́нище 11-4; **~störung** *f* наруше́ние тишины́; **~stunde** *f* час о́тдыха; nach dem Mittagessen мёртвый час; **~tag** *m* день о́тдыха; Dienststelle, Geschäft выходно́й [нерабо́чий 11] день; *Mil* днёвка 6; **~zustand** *m* состоя́ние поко́я

ruhig 1. *Adj* споко́|йный, -ен, -йна; Gegend, Nachbar ти́х:ий, -а! | ~ werden успок|а́иваться ⟨-о́иться 3⟩; Geräusch утиха́ть ⟨ути́хнуть 4a⟩; ~! споко́йно!, ти́хо!, ти́ше!; du kannst ~ ... ты вполне́ мо́жешь ...; sich ~ verhalten вести́* себя́ сми́рно; ~er Schlaf безмяте́жный сон; sei endlich ~! успоко́йся наконе́ц!; ein ~es Leben führen вести́* споко́йный о́браз жи́зни; er hat einen ~en Posten он устро́ился на ти́хое местéчко; einen ~en Schlaf haben спать* споко́йно **2.** *Adv* споко́йно | das kannst du ~ wagen ты сме́ло мо́жешь идти́ на э́то; du kannst ~ mitkommen ты вполне́ мо́жешь идти́ с на́ми

Ruhm *m* сла́ва 6 | ~ erwerben стяжа́ть *v* сла́ву; er ist auf dem Gipfel seines ~es angelangt он дости́г верши́ны свое́й сла́вы

rühmen *tr* хвали́ть 3⁺ (по-), просл|авля́ть ⟨-а́вить 3 -а́влю⟩; sich ~ *refl* хвали́ться *I*, хва́статься *I*

Ruhmesblatt *n*: das ist kein ~ für ihn э́то не де́лает ему́ че́сти

rühmlich похва́л|ьный, -ен, -ьна | eine ~e Ausnahme bilden быть прия́тным исключе́нием

ruhm|los беcсла́в|ный, -ен; **~reich** сла́в|ный, -ен, -на́!

Ruhmsucht *f* жа́жда сла́вы

ruhm|süchtig жа́ждущий 11 сла́вы; **~voll** = **ruhmreich**

Ruhr *f Med* дизентери́я 8

Rührei *n* яи́чница-болту́нья 6-7

rühren *tr* um~ меша́ть (по-); Teig ме|си́ть 3⁺ -шу́ (по-); *übertr* растро́гать *v* (zu Tränen до слёз); *intr* be~ каса́ться ⟨косну́ться 4⟩ (an *G*); sich ~ *refl* дви́|гаться* ⟨-нуться 4⟩, шевели́ться 3 (по-) | er rührte keinen Finger für mich он (и) па́льцем не пошевельну́л для меня́; rühr dich nicht von der Stelle! ни с ме́ста!; es hat sich nichts gerührt всё бы́ло ти́хо; gerührt sein von etw. быть* растро́ганным чем-н.; an eine wunde Stelle ~ дотр|а́гиваться ⟨-тро́нуться 4⟩ до бо́льного ме́ста; das rührt daher, daß ... э́то происхо́дит от того́, что ...; rührt euch! *Mil* во́льно!; **~d** тро́гател|ьный, -ен, -ьна

Ruhrgebiet *n* Ру́рская о́бласть

rührig unternehmend предприи́мчив:ый; flink подви́ж|ный, -ен | er ist bis ins hohe Alter ~ geblieben он сохрани́л подви́жность [эне́ргию] до глубо́кой ста́рости

Rührkelle *f* ло́жка для разме́шивания, меша́лка 6

rührselig сентимента́л|ьный [сэ], -ен, -ьна

Rührung *f* растро́ганность 9, умиле́ние 5

Ruin *m* Verarmung разоре́ние 5; Bankrott банкро́тство 4; Untergang ги́бель 9; *Wirtsch* разру́ха 6 | dem ~ entgegengehen разоря́ться

Ruine *f* разва́лины *meist Pl* 6, руи́ны *meist Pl* 6; Mensch разва́лина

ruinieren *tr* разор|я́ть ⟨-и́ть 3⟩; sich ~ *refl* разор|я́ться ⟨-и́ться 3⟩ (durch на *P*) | sich seine Gesundheit ~ подрыва́ть ⟨подо|рва́ть*⟩ своё здоро́вье

rülpsen *itr* (гро́мко) рыг|а́ть ⟨-ну́ть 4⟩

Rum *m* ром 2

Rumän|e *m* румы́н 2 *G Pl* румы́н; **~ien** *n* Румы́ния 8; **~in** *f* румы́нка 6

rumänisch румы́нский

Rummel *m* сумато́ха 6, шуми́ха 6; Jahrmarkt я́рмарка 6 | einen ~ um etw. machen поднима́ть ⟨подня́ть*⟩ шум [шуми́ху] из-за чего́-н.; **~platz** *m* площа́дка с аттракцио́нами, я́рмарочная пло́щадь, ме́сто гуля́ний

rumoren *intr* шум|е́ть 3 -лю́

Rumpelkammer *f* чула́н 2, кладо́вка 6

rumpeln *itr* громыха́ть (про-)

Rumpf *m Anat* ту́ловище 4; Schiff ко́рпус 2b *Pl* -а́, -о́в; *Flugw* фюзеля́ж 2 *G Pl* -ей

rümpfen *tr*: die Nase ~ презри́тельно мо́рщиться 3 (по-) [мо́рщить (с-) нос]

Rumpsteak *n* ромште́кс 2

Rum|topf *m* фру́кты *Pl* 2, консерви́рованные в ро́ме; **~verschnitt** *m* купа́ж 2, *I* -ем ро́ма

rund 1. *Adj* кру́глый, -а́!; Zahl округлённый | ~e Backen по́лные щёки **2.** *Adv* etwa приме́рно, приблизи́тельно, о́коло *G* | ~ gerechnet кру́глым счётом; ~ um die Uhr кру́глые су́тки; ~ um die Welt вокру́г све́та

Rund|bau *m* кру́глое сооруже́ние; **~bild** *n* панора́ма 6; **~blick** *m*: vom Berg hat man einen schönen ≈ с горы́ открыва́ется краси́вая панора́ма; **~bogen** *m* (полуциркуля́рная) а́рка

Runde *f Sport* круг 2b; Boxen ра́унд 2; Schach, Kartenspiel тур 2; Gesellschaft о́бщество 4 | zwei ~n laufen [fahren] про|бежа́ть* *v* [про|е́хать* *v*] два круга́; eine ~ zahlen плати́ть (за-) за всех [за всю компа́нию; er bestellte eine ~ Bier он за-

казáл всем по крýжке пи́ва; der Wächter macht die ~ стóрож дéлает обхóд; (gut) über die ~n kommen спр|авля́ться ⟨-áвиться 3 -áвлюсь⟩ со своими делáми
runden, sich *refl*: das Bild rundet sich карти́на становится яснéе; die Teile runden sich zum Ganzen чáсти слагáются в еди́ное цéлое
runderneuern: einen Reifen ~ восста-н|áвливать ⟨-ови́ть 3⁺ -овлю́⟩ протéктор (ши́ны)
Rund|erneuerung *f Kfz* восстановлéние протéктора (ши́ны); **~fahrt** *f* поéздка (по кругово́му маршрýту), (автóбусная) экскýрсия (durch Moskau по Москвé); **~flug** *m* круговóй полёт; **~frage** *f* опрóс 2, анкéта 6
Rundfunk *m* рáдио *n idkl*, радиовещáние 5 | ~ hören слýшать рáдио; im ~ hören слы́шать 3 (у-) по рáдио; er spricht im ~ он выступáет по рáдио; er arbeitet beim ~ он рабóтает на рáдио; **~empfang** *m* радиоприём; **~gebühr** *f* абонемéнтная плáта за рáдио; **~gerät** *n* радиоприёмник 2; **~hörer** *m* радиослýшатель 1; **~kommentator** *m* радиокомментáтор 2; **~mechaniker** *m* тéхник 2 по рáдио, радиомехáник 2; **~röhre** *f* радиолáмпа 6; **~sender** *m* радиопередáтчик 2, радиостáнция 8; **~sendung** *f* радиопередáча 6; **~sprecher** *m* ди́ктор (рáдио); **~station** *f* радиостáнция 8; **~übertragung** *f* передáча по рáдио, радиотрансля́ция 8; **~zeitung** *f* радиогазéта 6
Rund|gang *m* обхóд (durch *G*) | einen ~ machen durch etw. обходи́ть 3⁺ -хожý ⟨-о|йти́*⟩ что-н.
rundgestrickt свя́занный вкруговýю
rund|heraus откровéнно; **~herum** вокрýг, кругóм
Rund|holz *n* крýглый лесоматериáл, кругля́к 2е; **~lauf** *m Sport* гигáнтские шаги́ *Pl* 2b
rundlich круглова́т:ый, окрýгл:ый; von Menschen пóл|ный, -он, -нá, пóлнó, тóлстенький
Rund|ling *m* Dorf дерéвня с круговы́м расположéнием дворóв; **~reise** *f* круговáя поéздка; mit Schiff круи́з 2; **~schau** *f* обозрéние 5, обзóр 2; **~schreiben** *n* циркуля́р 2, циркуля́рное письмó; **~schrift** *f* Handschrift шрифт рондó 2-*n idkl*; **~strickmaschine** *f* кругловязáльная маши́на; **~strickware** *f* круглов́язаное издéлие 5, круглов́язаный трикотáж 2; **~tischgespräch** *n* бесéда за крýглым столóм
rundum вокрýг, кругóм
Rundung *f* окрýглость 9
rundweg: ~ablehnen категори́чески отклон|я́ть ⟨-и́ть⟩
Rune *f* рýна 6 *meist Pl*
Runenschrift *f* руни́ческое письмó, рýны *Pl* 6
Rungenwagen *m Eisenb* платфóрма со стóйками
Runkelrübe *f* кормовáя свёкла
Runzel *f* морщи́на 6
runz[e]lig *Adj* морщи́нист:ый, смóрщенный | ~ werden мóрщиться 3 (с-)
runzeln *tr* Stirn мóрщить 3 (с-); Brauen хмýрить 3 (на-); sich ~ *refl* von Stirn мóрщиться (на-, с-) | die Stirn ~ мóрщить лоб
Rüpel *m* грубия́н 2, невéжа *m, f* 6
rüpelhaft грýб:ый, -á!
rupfen *tr* щипáть* (о-, об-) | er hat mich gerupft *umg* он меня́ обобрáл; mit j-m ein Hühnchen ~ с|вести́* *v* счёты с кем-н.
ruppig Benehmen нахáл|ьный, -ен, -ьна; Aussehen обóрван:ный, -на, потёрт:ый | ein ~er Hund облéзлая собáка; sich ~ benehmen вести́* себя́ грýбо [по-хáмски]
Rüsche *f* рюш 2 *G Pl* -ей | mit ~n besetzt с обóркой
Ruß *m* сáжа 6; Lampenglas, Wand кóпоть 9 | nicht viel ~ machen *umg* не церемóниться 3
Russe *m* рýсский *Subst* 10
Rüssel *m* Elefant хóбот 2; Insekten хобот|óк, -кá 2; Schwein ры́ло 4; **~käfer** *m* долгонóсик 2; **~tiere** *n Pl* хоботны́е *Subst Pl* 10
rußen *itr* копти́ть 3
Russenbluse *f* рýсская рубáшка 6
rußig покры́тый сáжей, закоптéлый
Russin *f* рýсская *Subst* 10
russisch 1. *Adj* рýсский | Russische Sozialistische Föderative Sowjetrepublik Росси́йская Совéтская Федерати́вная Социалисти́ческая Респýблика **2.** *Adv* по-рýсски | ~ sprechen говори́ть по-рýсски
Russisch *n* рýсский язы́к 2е | er spricht ein gutes ~ он говори́т на хорóшем рýсском языкé; **~lehrer** *m* преподавáтель [учи́тель] рýсского языкá; **~prüfung** *f* экзáмен по рýсскому языкý; **~stunde** *f* урóк рýсского языкá; **~unterricht** *m* преподавáние рýсского языкá, обучéние рýсскому языкý
Russist *m* руси́ст 2; **~ik** *f* руси́стика 6
Rußland Росси́я 8
rüsten *itr Mil* вооруж|áться ⟨-и́ться 3⟩ | sich zu etw. [für etw.] готóв|иться 3 -люсь к чемý
Rüster *f Bot* вяз 2
rüstig бóдр:ый, -á, -о; бóдры́; kräftig крéп|кий, -ок, -кá!, -че
Rüstkammer *m* оружéйная палáта
Rüstung *f* Ritter доспéхи *Pl* 2; Bewaffnung вооружéние 5

Rüstungs|ausgaben *Pl* вое́нные расхо́ды 2; **~begrenzung** *f* ограниче́ние вооруже́ний; **~betrieb** *m* вое́нный заво́д; **~industrie** *f* вое́нная промы́шленность; **~kontrolle** *f* контро́ль над [за] вооруже́нием

Rüstzeug *n* арсена́л 2, ору́жие 5 | das ideologische ~ идеологи́ческий арсена́л

Rute *f* прут 2 *G a.* -а́ *Pl* -ья, -ьев 1; zum Züchtigen ро́зга 6 *G Pl* ро́зог; *Jagd* хвост 2e

Rutsch *m* Erd~ о́полз|ень, -ня 1 | einen guten ~ ins Neue Jahr! с Но́вым го́дом (, с но́вым сча́стьем)!; **~bahn** *f* auf Spielplatz го́рка 6

Rutsche *f Bauw* спускно́й жёлоб 2b *Pl* желоба́; Holz лесоспу́ск 2

rutsch|en *itr* сколь|зи́ть 3 -жу́ ⟨скользну́ть *mom* 4⟩; Erdboden ополза́ть ⟨-|полз-ти́*⟩, ползти́; verrutschen съ|е́хать* *v;* von Rädern буксова́ть 2

Rutschgefahr *f* Auto опа́сность буксова́ния [Fußgänger скольже́ния]

rutschig ско́льз|кий, -ок, -ка́!

rütteln *tr* трясти́*, встр|я́хивать ⟨-яхну́ть 4⟩; Mast шата́ть ⟨шатну́ть *mom* 4⟩; *itr* трясти́ (an *A*) | j-n aus dem Schlaf ~ разбу|ди́ть 3⁺ -жу́ *v* кого́-н.; daran ist nicht zu ~ э́то не подлежи́т никаки́м измене́ниям

Rwanda Руа́нда 6; **~er** *m* руанди́|ец, -йца

rwandaisch руанди́йский

S

Saal *m* зал (für 500 Zuschauer на пятьсо́т зри́телей) | in den ~ gehen идти́ в зал

Saar|brücken Саарбрю́ккен 2; **~land** Саа́р 2; Gebiet Саа́рская о́бласть 9g

Saat *f* Tätigkeit (по)се́в 2; Saatgut семена́ *Pl* 4 семя́н, семена́м; Gesätes посе́вы *Pl*; junge ~ всхо́ды *Pl* 2 | wie die ~, so die Ernte что посе́ешь, то и пожнёшь; **~getreide** *n* зерно́ для посе́ва; **~gut** *n* семена́ *Pl* 4 семя́н, семена́м; **~kartoffeln** *f Pl* семенно́й [поса́дочный] карто́фель; **~krähe** *f* грач 2e *G Pl* -е́й; **~zucht** *f* семено-во́дство 4; **~zuchtbetrieb** *m* семено-во́дческое хозя́йство 4

Sabbat *m* ша́баш 2 *G Pl* -ей

Säbel *m* са́б|ля 7 *G Pl* -ель; Kavallerie~ ша́шка 6; Fechten эспадро́н 2 | den ~ ziehen обнаж|а́ть ⟨-и́ть 3⟩ са́блю; mit dem ~ rasseln *übtr* бряца́ть ору́жием; **~fechten** *n Sport* фехтова́ние на са́блях [на эспадро́нах]; **~hieb** *m* са́бельный уда́р 2, уда́р са́блей; **~tanz** *m* та́нец с са́блями

Sabot|age *f* сабота́ж 2 (an *G*) | ~ treiben сабота́жничать *umg*; **~ageakt** *m* акт сабота́жа; **~eur** *m* сабота́жник 2

sabotieren *tr* саботи́ровать *uv, v* 2

Sachalin Сахали́н 2

Sacharin *n* сахари́н 2

Sach|bearbeiter *m* делопроизводи́тель 1 (für по *D*); **~beschädigung** *f* поврежде́ние иму́щества; **~buch** *n* специа́льная [нау́чно-популя́рная] кни́га

sachdienlich соотве́тствующий 11, поле́з|ный, -ен

Sache *f* Gegenstand вещь 9g; 2; Angelegenheit де́ло 4b; ~n *Pl* Kleidung und Handgepäck ве́щи, пожи́тки *Pl* 2, мана́т|ки *Pl* 6 -ок | seine (sieben) ~n zusammenpacken собира́ть ⟨-|бра́ть*⟩ свои́ ве́щи [пожи́тки, мана́тки]; j-m in die ~n helfen помога́ть ⟨-мо́чь⟩ кому́-н. оде́ться; eine wichtige ~ ва́жное де́ло; das ist eine andere ~ э́то друго́е де́ло; das ist nicht jedermanns ~ э́то не вся́кий мо́жет; eine dumme ~ глу́пая исто́рия; mit j-m gemeinsame ~ machen де́лать о́бщее де́ло с кем-н.; das ist eine ~ für sich э́то осо́бь статья́, э́то де́ло осо́бое; das ist nicht meine ~ э́то не моё де́ло; seiner ~ gewiß sein быть уве́ренным в свое́й правоте́, быть уве́ренным в успе́хе своего́ де́ла; seine ~ verstehen знать своё де́ло; eine ~ deichseln повёртывать ⟨-верну́ть 4⟩ де́ло; einer ~ auf den Grund gehen глубоко́ изуч|а́ть ⟨-и́ть 3⁺⟩ вопро́с; die ~ klappt де́ло идёт на лад; mach keine ~n! не де́лай глу́постей!; seine ~ gut machen хорошо́ справля́ться ⟨спра́в|иться 3 -люсь⟩ со свое́й рабо́той; die ~ steht gut де́ло в шля́пе; die ~ steht schlecht де́ло дрянь; ~n gibt's, die gibt's gar nicht! ну и чудеса́!; bei der ~ bleiben не отклоня́ться от те́мы; bei der ~ sein быть внима́тельным, у|йти́* *v* в рабо́ту; nicht bei der ~ sein быть рассе́янным [невнима́тельным]; in ~n *G Jur* по де́лу *G*; zur ~! к де́лу!; zur ~ kommen переходи́ть 3⁺ -хожу́ ⟨-|йти́*⟩ к де́лу [к те́ме]; das tut nichts zur ~ э́то ничего́ не зна́чит, э́то не меня́ет де́ла

Sachgebiet Wissensgebiet о́бласть 9; Ressort ве́домство 4 | nach ~en geordnet располо́женный по разде́лам

sachgemäß 1. *Adj* соотве́тствующий 11, надлежа́щий 11 **2.** *Adv* надлежа́щим о́бразом

Sach|gewinn *m* вещево́й вы́игрыш; **~katalog** *m* предме́тный катало́г; **~kenner** *m* знато́к де́ла; **~kenntnis** *f* зна́ние де́ла, осведомлённость 9

sachkundig 1. *Adj* све́дущ:ий 11, зна́ющий 11 де́ло **2.** *Adv* со зна́нием де́ла

Sachlage *f* положе́ние веще́й [дел]
sachlich 1. *Adj* die Sache betreffend делово́й, делови́т:ый; objektiv объекти́в|ный, -ен | eine ~e Behandlung делово́й [объекти́вный] подхо́д; das ist ~ richtig э́то по существу́ ве́рно [пра́вильно] **2.** *Adv* по-делово́му, объекти́вно | er bleibt immer ~ он всегда́ сохраня́ет объекти́вность; ~ zu einer Frage Stellung nehmen по-делово́му [объекти́вно] отно|си́ться 3⁺ -ношу́сь ⟨-|нести́сь*⟩ к вопро́су
sächlich: ~es Geschlecht *Gramm* сре́дний 11 род
Sach|lichkeit *f* делови́тость 9; объекти́вность 9; **~prämie** *f* вещева́я пре́мия, це́нный пода́р|ок, -ка 2 в ви́де пре́мии; **~register** *n* предме́тный указа́тель; **~schaden** *m* материа́льный уще́рб
Sachse *m* саксо́н|ец, -ца 2; **~n** Саксо́ния 8
Sächsin *f* саксо́нка 6
sächsisch саксо́нский | Sächsische Schweiz Саксо́нская Швейца́рия
sacht 1. *Adj* leise ти́х:ий, -а́!, ти́ше; langsam ме́длен:ный, -на; vorsichtig осторо́ж|-ный, -ен **2.** *Adv*: immer ~e! споко́йно!, ти́хо!, осторо́жно!; eine ~ ansteigende Straße у́лица с небольши́м подъёмом
Sachverhalt *m* положе́ние 5 веще́й | den wahren ~ kennen знать и́стинное положе́ние веще́й; den ~ aufklären разъясн|я́ть ⟨-и́ть⟩ обстоя́тельства де́ла
sachverständig 1. *Adj* све́дущ:ий 11, компете́нт|ный, -ен, зна́ющий 11 де́ло **2.** *Adv* со зна́нием де́ла
Sachverständiger *m* экспе́рт 2
Sachwert *m* реа́льная це́нность; Sache вещь 9g; **~e** *Pl* Wertsachen це́нные ве́щи; **~lotterie** *f* вещева́я лотере́я
Sack *m* меш|о́к, -ка́ 2 | ein ~ Kartoffeln мешо́к карто́феля; mit ~ und Pack со всем ска́рбом, со все́ми пожи́тками; die Katze im ~ kaufen купи́ть кота́ в мешке́; **~bahnhof** *m* тупико́вая ста́нция; **~gasse** *f* тупи́к 2e | in eine ≈ geraten за|йти́* *v* [по|па́сть* *v*] в тупи́к; **~hüpfen** *n* прыжк|и́, -о́в *Pl* 2 в мешке́; **~leinwand** *f* мешкови́на 6
Sad|ismus *m* сади́зм 2; **~ist** *m* сади́ст 2
sadistisch сади́стский
säen *tr* се́|ять, -ю, -ешь (по-) *uv a. übertr* | solche Fachleute sind sehr dünn gesät таки́х специали́стов о́чень ма́ло; was der Mensch sät, das wird er ernten что посе́ешь, то и пожнёшь
Safe *m* сейф 2
Saffian *m* сафья́н 2
Safran *m* шафра́н 2
Saft *m* сок 2 *G a.* -у, в соку́ | die Bäume stehen im vollen ~ дере́вья стоя́т в по́лном соку́; im eigenen ~ schmoren *übertr* вари́ться 3⁺ в со́бственном соку́
saftig со́ч|ный, -ен, -на́! | ein ~es Grün я́рко-зелёный цвет
saftlos без со́ка, сух:о́й, -а́!, су́ше
Saft|presse *f* соковыжима́лка 6; **~tag** *m Med* разгру́зочный день
Sage *f* сказа́ние 5, преда́ние 5; russische Helden≈ были́на 6; nordische са́га 6
Säge *f* пила́ 6c; **~blatt** *n* пи́льное полотно́; **~bock** *m* ко́зл|ы, -ел *Pl* 6; **~holz** *n* пиломатериа́л 2; **~mehl** *n* опи́л|ки *Pl* 6 *G* -ок
sagen *tr* говори́ть 3 ⟨с|каза́ть*⟩; bedeuten означа́ть, зна́чить 3 | das hat nichts zu ~ э́то ничего́ не зна́чит; das will schon etwas ~ э́то кое-что́ зна́чит; offen gesagt откры́то говоря́; unter uns gesagt ме́жду на́ми говоря́; das ist leichter gesagt als getan э́то ле́гче сказа́ть, чем сде́лать; gesagt – getan ска́зано – сде́лано; seine Meinung ~ выска́зывать ⟨вы́сказать*⟩ своё мне́ние; guten Morgen ~ жела́ть (по-) до́брого утра́; er hat hier nichts zu ~ ему́ тут не́чего распоряжа́ться; er hat mir nichts zu ~ он мне не ука́з [авторите́т]; wenn man so ~ darf е́сли так мо́жно вы́разиться; das muß man ~ э́то на́до призна́ть; das kann man wohl ~ э́то, пожа́луй, мо́жно сказа́ть; laß dir das gesagt sein! име́й э́то в виду́!, предупрежда́ю тебя́!; sich nichts ~ lassen никого́ не слу́шаться, не слу́шаться сове́тов; das mußte einmal gesagt werden э́то на́до бы́ло сказа́ть; was ich noch ~ wollte впро́чем, я ещё хочу́ сказа́ть; was willst du damit ~? что (ты) э́тим хо́чешь сказа́ть?; er sagte nichts dazu он на э́то ничего́ не сказа́л
sägen *tr* пили́ть 3⁺
sagenhaft ска́зоч|ный, -ен, леге́нда́р|ный, -ен | das ist ja ~! э́то про́сто потряса́юще!
Säge|späne *m Pl* опи́л|ки *Pl* 6 *G* -ок; **~werk** *n* лесопи́льный заво́д | im ≈ на лесопи́льном заво́де
Sago *m* са́го *n idkl*
Sahara *f* Caxа́ра 6
Sahne *f* süße сли́в|ки *Pl* 6 -ок; saure смета́на 6 | mit ~ Eis со взби́тыми сли́вками; ~ schlagen взбива́ть ⟨-|бить*, взобью́⟩ сли́вки; **~bonbon** *n* сли́вочная караме́ль 9 [тяну́чка 6]; **~eis** *n* сли́вочное моро́женое; **~kännchen** *n* сли́вочник 2; **~käse** *m* сли́вочный сыр; **~quark** *m* жи́рный тво́рог; **~rolle** *f* тру́бочка с кре́мом; **~torte** *f* сли́вочный торт
sahnig сли́вочный; Milch жи́р|ный, -ен, -на́!
Saison *f* сезо́н 2 (für на *A*) | während der ~ в сезо́н; außerhalb der ~ не в сезо́н;

~**arbeit** *f* сезо́нная рабо́та; ~**arbeiter** *m* сезо́нный рабо́чий, сезо́нник 2
saisonbedingt сезо́нный, обусло́вленный сезо́ном
Saite *f* струна́ 6c | andere ~n aufziehen перемен|я́ть ⟨-и́ть 3⁺⟩ тон, заговори́ть *v* 3 други́м то́ном
Saiteninstrument *n* стру́нный инструме́нт
Sakko *m, n* пиджа́к 2e
sakral ку́льтовый, сакра́льный
Sakralbau *m* ку́льтовое сооруже́ние
Sakrament *n* та́инство 4
Sakristei *f* ри́зница 6
säkularisieren *tr* секуляризи́ровать *uv, v* 2
Salamander *m* салама́ндра 6
Salami, ~**wurst** *f* саля́ми *f idkl,* колбаса́ саля́ми
Salat *m* сала́т 2 | gemischter ~ сала́тное ассорти́ *idkl*; da hast du den ~! *umg* вот тебе́ (и) на!; ~**gabel** *f* ви́лка для сала́та; ~**schüssel** *f* сала́тница 6
Salbe *f* мазь 9
Salbei *m, f* шалфе́й 1; ~**tee** *m* чай из шалфе́я
salben *tr* ма́зать* (на-); Haut, Haar натира́ть ⟨-|тере́ть*⟩ ма́зью; *Rel* пома́зывать ⟨-ма́зать⟩
salbungsvoll еле́йный
Saldo *m* са́льдо *n idkl*
Saline *f* солева́р|ня 7 *G Pl* -ен
Salizylsäure *f* салици́ловая кислота́
Salm *m Zool* сёмга 6
Salmiak *m* нашаты́рь 2e; ~**geist** *m* нашаты́рный спирт 2
Salomoninseln *f Pl* Соломо́новы 13 острова́
salomonisch: ~es Urteil соломо́ново 13 реше́ние
Salon *n* сало́н 2
salonfähig прили́ч|ный, -ен | nicht ~ неприли́ч|ный, -ен
Salonwagen *m* ваго́н люкс 2-*idkl*, сало́н-ваго́н 2-2
salopp Benehmen развя́з|ный, -ен; Kleidung свобо́дного покро́я | ~e Ausdrucksweise развя́зная мане́ра 6 говори́ть
Salpeter *m* сели́тра 6; ~**säure** *f* азо́тная кислота́
Salto *m* са́льто *n idkl* | ~ mortale са́льто-морта́ле *n idkl*
Salut *m* салю́т 2 | ~ schießen салютова́ть *uv, v* 2 (*a.* от-)
salutieren *itr* от|дава́ть* ⟨отда́ть*⟩ честь *D*
Salvadorianer *m* жи́тель 1 Сальвадо́ра; 2; ~**in** *f* жи́тельница 6 Сальвадо́ра
Salve *f* залп 2 | eine ~ abfeuern auf дава́ть* ⟨дать*⟩ залп по *D*
Salweide *f* ко́зья и́ва 12-6
Salz *n* соль 9g | ~ und Brot хлеб-соль 2-9
salzarm с ма́лым содержа́нием со́ли
Salz|bergbau *m* разрабо́тка соляны́х месторожде́ний; ~**bergwerk** *n* соляна́я копь, соляно́й рудни́к; ~**brezel** *f* солёный кре́ндел|ёк, -ька́ 2
salzen *tr* соли́ть 3 со́ли́шь (по-) | zu wenig ~ недосали́вать ⟨-соли́ть⟩; zu stark ~ переса́ливать ⟨-соли́ть⟩; kaum gesalzen почти́ несолёный
salzfrei свобо́дный от со́ли, без со́ли
Salz|gebäck *n* солёное пече́нье; ~**gefäß** *n* соло́нка 6; ~**gehalt** *m* содержа́ние со́ли; Meerwasser солёность 9; ~**gewinnung** *f* добы́ча со́ли; ~**gurke** *f* солёный огуре́ц
salzhaltig содержа́щий 11 соль
Salzhering *m* солёная селёдка [сельдь]
salzig солёный, со́лон, -а́!
Salz|kartoffeln *f Pl* отварно́й карто́фель; ~**lake** *f* рассо́л 2
salzlos без со́ли
Salz|lösung *f* солево́й раство́р; ~**näpfchen** *n* соло́нка 6; ~**säure** *f* соля́ная кислота́; ~**see** *m* соляно́е о́зеро; ~**stange** *f* солёная па́лочка (с тми́ном); ~**streuer** *m* соло́нка 6; ~**wasser** *n* солёная вода́
Samarkand Самарка́нд 2
Sämaschine *m* се́ялка 6
Sambesi *m* Замбе́зи *f idkl*
Samb|ia За́мбия 8; ~**ier** *m* замби́|ец, -йца; ~**ierin** *f* замби́|йка 6 *G Pl* -ек
sambisch замби́йский
Samen *m* се́м|я *n G D P* -ени, *I* -енем, *übertr meist Pl* -ена́, -я́н, -ена́м 4; ~**drüse** *f* семенна́я железа́; ~**erguß** *m* семяизверже́ние 5; ~**handlung** *m* семенно́й магази́н 2; ~**kapsel** *f* семенна́я коро́бочка 6; ~**korn** *n* зерно́ 4c *Pl* зёрна, зёрен, зёрныш|ко 4 *Pl* -ки, -ек, -кам; ~**leiter** *m* семяпроводя́щий прото́к 11–2; ~**zucht** *f* семеново́дство 4
Sämerei *f* сем|ена́ *Pl* -я́н, -ена́м; ~en *Pl* Samenhandlung магази́н 2 семя́н
sämig густ|о́й, -а́, -о, гу́сты́; гу́ще
Sämling *m* се́ян|ец, -ца 2
Sammel|aktion *f* von Mitteln сбор 2 средств; ~**band** *m* сбо́рник 2; ~**bestellung** *f* коллекти́вный зака́з; ~**büchse** *f* кру́жка для сбо́ра поже́ртвований; ~**fahrschein** *m* группово́й биле́т; ~**leidenschaft** *f* страсть к коллекциони́рованию; ~**liste** *f* подписно́й лист
sammeln *tr* собира́ть ⟨-|бра́ть*⟩ (für в по́льзу *G*); eine Sammlung anlegen собира́ть ⟨-бра́ть⟩, коллекциони́ровать 2; sich ~ *refl* собира́ться ⟨-бра́ться, -брала́сь, -бра́ли́сь⟩; sich konzentrieren сосредото́ч|иваться ⟨-иться 3⟩ | Unterschriften [Geld] ~ собира́ть по́дписи [де́ньги]; Erfahrungen ~ нака́пливать ⟨накоп|и́ть 3⁺ -лю⟩ о́пыт; ich muß meine Gedanken ~ мне ну́жно собра́ться с мы́слями

Sammeln *n* сбор 2; собира́ние 5; коллекциони́рование 5
Sammel|nummer *f* о́бщий коммута́тор 11-2, но́мер коммута́тора с не́сколькими соедини́тельными ли́ниями; **~platz** *m* ме́сто 4b сбо́ра; **~stelle** *f* сбо́рный пункт 2; **~surium** *n* вся́кая вся́чина 6; **~visum** *n* группова́я [сбо́рная] ви́за; **~werk** *n* сбо́рник 2
Sammler *m* собира́тель 1; Kunst~, Münzen~ *a.* коллекционе́р 2; Akku аккумуля́тор 2; **~wert** *m* коллекцио́нная сто́имость
Sammlung *f* Kollektion собра́ние 5, колле́кция 8; Geld, Unterschriften сбор 2; Wortgut собира́ние 5; Konzentration сосредото́ченность 9; Buch сбо́рник 2
Samoa *n* Само́а *idkl*
Samowar *m* самова́р 2
Samstag *m* суббо́та 6 | am ~ в суббо́ту
samstags *Adv* по суббо́там
samt 1. *Adv:* ~ und sonders все вме́сте, все без исключе́ния **2.** *Präpos* вме́сте с *I* | er hat das Portemonnaie ~ dem Geld verloren он потеря́л кошелёк вме́сте с деньга́ми
Samt *m* ба́рхат 2; **~handschuh** *m:* | j-n mit ≈en anfassen обраща́ться осторо́жно с кем-н.
samtig бархати́ст:ый
Samtkleid *n* ба́рхатное пла́тье
sämtlich 1. *Adj* все *Pl* 14 всех, всем, всех (все), всеми, о всех | ~e Teilnehmer все уча́стники; Goethes ~e Werke по́лное собра́ние сочине́ний Гёте **2.** *Adv:* sie waren ~ da они́ яви́лись все (без исключе́ния)
Sanatorium *n* санато́ри|й 1 *P* -и *G Pl* -ев
Sand *m* пес|о́к, -ка́ 2 | feiner ~ ме́лкий песо́к; wie ~ am Meer как песку́ морско́го; die Sache ist im ~ verlaufen де́ло око́нчилось ниче́м; auf ~ bauen стро́ить (по-) на песке́; j-m ~ in die Augen streuen пу|ска́ть ⟨-сти́ть 3⁺ -щу́⟩ кому́-н. пыль в глаза́
Sandal|en *f Pl* санда́лии *Pl* 8; **~etten** *f Pl* сандале́ты *Pl* 6; für Damen *a.* босоно́|жки *Pl* 6 *G* -жек
Sandbahnrennen *n* мотого́нка по земляно́му тре́ку
Sand|bank *f* мель 9; на мели́; in Flüssen перека́т 2; **~boden** *m* песча́ная [ща́] по́чва; **~dorn** *m* облепи́ха 6; **~form** *f* Spielzeug фо́рмочка 6 для песка́; **~grube** *f* песча́ный [ща] карье́р; *Sport* я́ма с песко́м; **~haufen** *m* ку́ча песка́
sandig песча́ный [ща]; Boden супесча́ный
Sand|kasten *m* песо́чница 6; **~korn** *n* песчи́нка [щи] 6; **~kuchen** *m* песо́чное пиро́жное; **~männchen** *n* Sendung für Kinder «Споко́йной но́чи, малыши́!»; **~papier** *n* нажда́чная бума́га, шку́рка 6; **~sack** *m* мешо́к с песко́м; als Ballast балла́стный мешо́к; **~stein** *m* песча́ник [ща] 2; **~strahlgebläse** *n* пескостру́йный аппара́т 2; **~strand** *m* песча́ный [ща] пляж; **~sturm** *m* песча́ная [ща] бу́ря; **~uhr** *f* песо́чные часы́; **~wüste** *f* песча́ная [ща] пусты́ня
San Francisco Сан-Франци́ско *m idkl*
sanft *Adj* sanftmütig кро́т|кий, -ок, -ка́!; friedlich ти́х:ий, -а́!; ти́ше; zart мя́г|кий [хк], -ок, -ка́!; -че, не́ж|ный, -ен, -на́, -но, не́жны́; ansteigend поло́гий, поло́же | ein ~es Lüftchen лёгкий [мя́гкий] ветеро́к
Sänfte *f* носи́лки *Pl* 6; in Asien паланки́н 2
Sanftmut *f* кро́тость 9
sanftmütig кро́т|кий, -ок, -ка́!; -че
Sang *m:* mit ~ und Klang под зву́ки пе́сен и му́зыки; *übertr* с шу́мом и тре́ском, с по́мпой
Sänger *m* пев|е́ц, -ца́ 2; **~in** *f* певи́ца 6
sanglos: sang- und klanglos незаме́тно
Sanguiniker *m* сангви́ник 2
sanguninisch сангвини́ческий
sanieren *tr Bauw, Wirtsch* сани́ровать *uv,v* 2 (*Wirtsch* про-); Arbeits-, Lebensverhältnisse оздоров|ля́ть ⟨-и́ть 3 -лю́⟩; *Med* лечи́ть 3⁺ (вы́-)
Sanierung *f* сани́рование 5, сана́ция 8; оздоровле́ние; (из)лече́ние 5
sanitär санита́рный
Sanitär|technik *f* санте́хника 6; **~zelle** *f* сану́з|ел, -ла́ 2е
Sanitäter *m* санита́р 2
Sanitäts|dienst *m* санита́рно-медици́нская слу́жба; **~hund** *m* санита́рная соба́ка; **~kraftwagen** *m* санита́рная маши́на 6; **~stelle** *f* санпу́нкт 2, санита́рный пункт 2; **~wesen** *n* (медико-)санита́рная слу́жба 6
San José Сан-Хосе́ *m idkl*
Sanktion *f* са́нкция 8 | ~en verhängen примен|я́ть ⟨-и́ть 3⁺⟩ са́нкции
sanktionieren *tr* санкциони́ровать *uv, v* 2
Sanktionierung *f* санкциони́рование 5
San Salvador Сан-Сальвадо́р 2
Sanskrit *n* санскри́т 2
Santiago (de Chile) Сантья́го *m idkl*
Santo Domingo Са́нто-Доми́нго *m idkl*
Sao Tomé und Principe Сан-Томе́ *idkl* и При́нсипи *idkl*
Saphir *m* сапфи́р 2; **~nadel** *f* сапфи́ровая игла́
Sardelle *f* хамса́ 6; ~n *Pl a.* анчо́усы *Pl* 2
Sardine *f* сарди́на 6
Sardinenbüchse *f* ба́нка сарди́н

Sardinien *n* Сарди́ния 8
Sarg *m* гроб 2b$_{|}$ в гробу́ | das ist ein Nagel zu meinem ~ э́то вго́нит меня́ в гроб, э́то сведёт меня́ в моги́лу; **~deckel** *m* кры́шка гро́ба
Sarkasmus *m* сарка́зм 2
sarkastisch саркасти́ческий
Sarkom *m* сарко́ма 6
Sarkophag *m* саркофа́г 2
Satan *m* сатана́ *m* 6
satanisch дья́вольский
Satanspilz *m* сатани́нский гриб
Satellit *m* сателли́т 2; *Kosm* спу́тник 2 | eine Übertragung über ~en переда́ча с по́мощью (иску́сственного) спу́тника
Satelliten|aufnahme *f* сни́мок со спу́тника; **~beobachtungsstation** *f* ста́нция наблюде́ния за (иску́сственными) спу́тниками; **~staat** *m* страна́-сателли́т 6c-2; **~stadt** *f* го́род-спу́тник 2-2 *Pl* города́-спу́тники; **~übertragung** *f TV* телепереда́ча 6 че́рез спу́тник свя́зи; **~umlaufbahn** *f* орби́та 6 спу́тника
Satin *m* сати́н 2
satinieren *tr* сатини́ровать *uv, v* 2
Satir|e *f* сати́ра 6 (auf на *A*); **~iker** *m* сати́рик 2
satirisch сатири́ческий
satt сыт:ый$_{|}$ -á!; Farbe со́ч|ный$_{|}$ -ен$_{|}$ -нá!, насы́щенный | ~ werden von etw. насыща́ться ⟨насы́|титься 3 -щусь⟩ чем-н.; ich bin ~ я сыт; nicht ~ sein быть несы́тым; ~ machen быть* сы́тным; das macht ~ э́то сы́тно; sich ~ essen an etw. наеда́ться ⟨-|е́сться*⟩ чем-н. (до́сыта) *oder* чего́-н.; sich ~ sehen an etw. нагля|де́ться *v* 3 -жу́сь (вдо́воль) на что-н.; sich ~ trinken an etw. напива́ться ⟨-|пи́ться*⟩ (до́сыта) чего́-н.; ich habe es ~ мне э́то надое́ло
Sattel *m* седло́ 4c *Pl* сёд|ла$_{|}$ -ел; Berg седлови́на 6 | sich in den ~ schwingen вс|ка́кивать ⟨-кочи́ть 3⁺⟩ в седло́ [Fahrrad на велосипе́д]; fest im ~ sitzen *übertr* занима́ть про́чное положе́ние, кре́пко си|де́ть 3 -жу́ на своём посту́; j-n aus dem ~ heben выбива́ть ⟨вы́|бить*⟩ кого́ н. из седла́
Sattel|anhänger *m* полуприце́п 2; **~dach** *n* двуска́тная кры́ша
sattelfest: ~ in etw. sein *übertr* твёрдо знать что-н., хорошо́ разбира́ться в (своём) де́ле; Schüler име́ть про́чные зна́ния по чему́-н.
Sattelgurt *m* седе́льная подпру́га 6
satteln *tr* седла́ть (о-; осёдланный)
Sattel|schlepper *m* седе́льный тяга́ч; **~zeug** *n* седе́льная сбру́я 7
Sattheit *f* сы́тость 9; Farbe насы́щенность 9
sättigen *tr* корм|и́ть 3⁺ -лю́ (на-) до́сыта, насыща́ть ⟨-сы́тить 3 -сы́щу⟩; *Chem* насыща́ть ⟨-сы́тить⟩ *a. übertr*; sich ~ *refl* наеда́ться ⟨-|е́сться*⟩, насыща́ться ⟨-сы́титься⟩ | dieses Essen sättigt э́та пи́ща сы́тная; ~d sein быть сы́тным
Sättigung *f* насыще́ние 5; mit Speise чу́вство 4 сы́тости
Sattler *m* шо́рник 2; **~arbeit** *f* шо́рная рабо́та; **~ei** *f* шо́рная мастерска́я *Subst* 10
Saturn *m* Сату́рн 2
Satz *m Gramm* предложе́ние 5; Lehr~ те́зис [тэ] 2; zusammengehörige Gegenstände, Garnitur набо́р 2, компле́кт 2; Briefmarken се́рия 8; *Sport* па́ртия 8; Tennis сет 2; *Typ* набо́р; Boden~ оса́д|ок$_{|}$ -ка 2; Sprung прыж|о́к$_{|}$ -ка́ 2, ска|ч|о́к$_{|}$ -ка́ 2; Norm но́рма 6; *Mus* Bearbeitung обрабо́тка 6; Teil eines Musikwerkes часть 9*g* | das Buch ist im ~ кни́га в набо́ре; er machte einen ~ über den Graben он перепры́гнул че́рез ров; zusammengesetzter ~ сло́жное предложе́ние; **~aussage** *f* сказу́емое *Subst* 10; **~bildung** *f* строе́ние 5 предложе́ния; **~gefüge** *n* сложноподчинённое предложе́ние 5; **~gegenstand** *m* подлежа́щее *Subst* 11; **~glied** *n* член предложе́ния; **~lehre** *f* си́нтаксис 2; **~spiegel** *m Typ* зе́ркало 4b набо́ра; **~ung** *f* уста́в 2; **~zeichen** *n* знак препина́ния
Sau *f* свинья́ 7c *G Pl* свине́й
sauber **1.** *Adj* чи́ст:ый: -á$_{|}$ -о$_{|}$ чи́сты́$_{|}$ чи́ще; reinlich чистопло́т|ный$_{|}$ -ен; ordentlich опря́т|ный$_{|}$ -ен; anständig че́ст|ный$_{|}$ -ен$_{|}$ -нá! | ein ~es Mädchen смазли́вая [хоро́шенькая] де́вушка *umg*; ein ~er Bursche! *iron* хоро́ш моло́дчик!, хоро́ш гусь!; eine ~e Arbeit аккура́тная рабо́та **2.** *Adv* abschreiben на́бело, на́чисто
sauberhalten *tr* (со)держа́ть 3⁺ в чистоте́ [чи́сто, опря́тно]
Sauberkeit *f* чистота́ 6; eines Menschen чистопло́тность 9, опря́тность 9; einer Arbeit аккура́тность 9
säuberlich *Adv* чи́сто, аккура́тно | fein чи́стенько
saubermachen *tr* чи́|стить 3 -щу (вы́-); Zimmer in Ordnung bringen убира́ть ⟨-|бра́ть*⟩
säubern *tr* чи́|стить 3 -щу (вы́-, по-) (von от *G*); *übertr* очища́ть ⟨очи́стить⟩; *Pol a.* проводи́ть 3⁺ -вожу́ ⟨-|вести́*⟩ чи́стку
Säuberung *f* очи́стка 6, расчи́стка 6 (von от *G*); *übertr* очище́ние 5; чи́стка 6
Saubohnen *f Pl* бобы́ *Pl* 2e
Sauciere *f* со́усник 2
Saudi-Arabien *n* Сау́довская Ара́вия
saudiarabisch Сау́довской Ара́вии *nachgestellt*
sauer кис|лый$_{|}$ -ел$_{|}$ -лá!; *übertr* schwierig тяжёл:ый$_{|}$ тяжела́, тру́д|ный$_{|}$ -ен$_{|}$ -нá$_{|}$ -но$_{|}$ тру́дны́; *Chem* кисло́тный | ~ wer-

den скисáть ⟨скúснуть 4a⟩, кúснуть (про-); *übertr* von Menschen обижáться ⟨обú|деться 3 -жусь⟩; saure Milch простоквáша 6; saure Gurke солёный огурéц; ~ schmecken имéть кúслый вкус; auf etw. ~ reagieren дéлать (с-) кúслое лицó по пóводу чегó-н.; j-m das Leben ~ machen отрав|лять ⟨-úть 3⁺ -лю⟩ комý-н. жизнь

Sauer|ampfer *m* щавéль 1e; **~braten** *m* жаркóе из говядины, тушёное с ýксусом; **~brunnen** *m* углекúслый (минерáльный) истóчник; **~kirsche** *f* вúш|ня 7 *G Pl* -ен; **~kraut** *n* кúслая [квáшеная] капýста

säuerlich кисловáт:ый, тéрп|кий, -ок, -кá! | ~ schmecken имéть кисловáтый вкус

Sauermilch *f* простоквáша 6, кúслое молокó; **~käse** *m* молочнокúслый сыр

säuern *tr* квá|сить 3 -шу (за-); Fisch замáчивать ⟨-мочúть 3⁺⟩; *intr* Kraut квáситься; Milch кúснуть 4a (про-), скисáть ⟨скúснуть⟩

Sauerstoff *m* кислорóд 2; **~flasche** *f* кислорóдный баллóн 2; **~gerät** *n* кислорóдный (дыхáтельный) прибóр; für Taucher аквалáнг 2; **~mangel** *m* недостáток кислорóда; **~verbindung** *f* кислорóдное соединéние; **~zufuhr** *f* снабжéние кислорóдом

sauersüß кисло-слáдкий

Sauerteig *m* заквáска 6

Saufbold *m umg* гóрький пьяница 6

saufen *tr u. intr* Tiere пить* (вы́-); Alkoholmißbrauch treiben пьянствовать 2, пить | sich zu Tode ~ напивáться ⟨-|пúться*⟩ дó смерти

Säufer *m* (гóрький) пьяница *m* 6; **~wahnsinn** *m* бéлая горячка 6

Saufgelage *n* попóйка 6

Saugbagger *m* землесóс 2

saugen *tr u. intr* сосáть* (an *A*); Teppich пылесóсить 3 (про-) | den Saft aus einer Frucht ~ высáсывать ⟨вы́сос|ать, -у, -ешь⟩ сок из плодá; die Wurzeln ~ die Feuchtigkeit aus dem Boden кóрни впитывают [всáсывают] влáгу из пóчвы; sich etw. aus den Fingern ~ высáсывать из пáльца что-н.

säugen *tr* корм|úть 3⁺ -лю (на-) (грýдью)

Sauger *m* Gummi~ сóска 6 *G Pl* сóсок

Säugetier *m* млекопитáющее *Subst n* 11

saugfähig всáсывающий 11

Saug|fähigkeit *f* всáсывающая 11 [поглощáющая 11] спосóбность; **~flasche** *f* рож|óк, -кá 2; **~heber** *m* сифóн 2

Säugling *m* груднóй ребён|ок, -ка 2 *Pl* дéти, детéй, дéтям, детьмú, дéтях, младéн|ец, -ца 2

Säuglings|alter *n* младéнческий вóзраст; **~fürsorge** *f* охрáна 6 младéнцев; **~heim** *n* дом для грудны́х детéй; **~pflege** *f* ухóд за грудны́м ребёнком; **~schwester** *f* сестрá по ухóду за грудны́ми детьмú; **~sterblichkeit** *f* смéртность грудны́х детéй

Saug|lüfter *m* вытяжнóй вентилятор; **~pumpe** *f* всáсывающий 11 насóс; **~rohr** *n* отсáсывающая 11 трубá; **~rüssel** *m* сосýщий 11 хоботóк

Säule *f* колóнна 6 a. Marsch~; Wasser~, столб 2e; Lautsprecher~ колóнка 6: *übertr* столп 2e

säulenförmig колоннообрáз|ный, -ен

Säulen|gang *m* колоннáда 6; **~halle** *f* пóртик 2, колóнный зал; **~portal** *n* портáл с колóннами

Saum *m* Einfassung каймá 6 *G Pl* каём; Gardine, Decke загúб 2; genähter руб|éц, -цá 2; Kleid подóл 2 | den ~ eines Kleides nähen подшивáть ⟨-|шúть*, подошью⟩ плáтье

[1]**säumen** *tr* einfassen дéлать (с-) каймý на *P*; окайм|лять ⟨-úть 3 -лю⟩; Stoff подруб|áть ⟨-úть 3⁺ -лю⟩, подшивáть ⟨-|шúть*, подошью⟩ | die Straße war von Menschen gesäumt вдоль ýлицы стояли люди

[2]**säumen** *itr* zögern мéдлить 3 с *I* | ohne zu ~ не мéдля

säumig за-, опáздывающий 11; Zahler a. неисправ|ный, -ен | ~ sein mit etw. запáздывать ⟨-оздáть⟩ с чем-н.

Sauna *f* (фúнская) бáня 7, сáуна 6

Säure *f* кислотá 6c *a. Chem*

säurebeständig *Chem* кислотоупóрный

Säuregehalt *m* кислóтность 9 *G*

Sauregurkenzeit *f* мёртвый сезóн 2

säurehaltig кислóтный

Saurier *m* ящер 2

Saus *m*: in ~ und Braus leben жить припевáючи, прожигáть жизнь

säuseln *itr* шелестéть 3 | der Wind säuselt in den Blättern вéтер шелестúт листьями

sausen *itr* Geräusch шумéть 3, свистéть 3; *umg* dahinjagen мчáться 3 (по-), нестúсь* (по-) | die Peitsche sauste durch die Luft просвистéл кнут; es saust mir in den Ohren у меня шум в ушáх

Sau|stall *m:* so ein ≈ hier! *übertr umg* какóй тут непорядок [свинáрник]; **~wetter** *n umg* собáчья 12 погóда

Savanne *f* савáнна 6

Saxophon *n* саксофóн 2

S-Bahn *f* городскáя электрúческая желéзная дорóга 6, электрúчка 6 *umg* | mit der ~ электрúчкой, на электрúчке; **~station** *f* стáнция (городскóй) электрúчки

Schabe *f Zool* таракáн 2, прусáк 2e

Schabefleisch *n* говяжий фарш 12-2

Schabeisen *n* скреб|óк, -кá 2

schaben *tr* скрестú*, скоблúть 3 скóбли́шь| ско́бленный; scheuern тере́ть* (по-) (an o *A*) | geschabte Möhren тёртая морко́вь; Möhren ~ чи́|стить 3 -щу морко́вь

Schabernack *m* (зла́я) шу́тка 6, прока́за 6 | ~ treiben прока́зничать

schäbig abgetragen поно́шен:ный| -а, потёрт:ый; erbärmlich жа́л|кий| -ок| -ка́!| -ьче; niedrig по́дл:ый| -а́!, ни́з|кий| -ок| -ка́| -ко| ни́зки | der ~e Rest жа́лкий оста́ток

Schablone *f* шабло́н 2 *a. übertr;* Zeichen~; für den Maler трафаре́т 2 | nach einer ~ arbeiten, urteilen по шабло́ну, шабло́нно

schablonenhaft шабло́н|ный| -ен, трафаре́тный

Schach *n* ша́хматы *Pl 6;* im Schachspiel шах 2 | ~ spielen игра́ть (сыгра́ть) в ша́хматы; ~ bieten объ|явля́ть ⟨-яви́ть 3⁺ -явлю́⟩ шах (королю́); j-n in ~ halten держа́ть кого́-н. под угро́зой; **~aufgabe** *f* ша́хматная зада́ча; **~brett** *n* ша́хматная доска́

schachbrettförmig в ша́хматном поря́дке

Schacher *m* спекуля́ция 8

Schachfigur *f* ша́хматная фигу́ра

schachmatt: er ist ~ он получи́л мат; *übertr* он кра́йне утомлённый

Schach|meister *m* чемпио́н 2 по ша́хматам; **~meisterschaft** *f* пе́рвенство 4 [чемпиона́т 2] по ша́хматам; **~partie** *f* па́ртия в ша́хматы; **~spiel** *n* ша́хматная игра́, ша́хматы *Pl* 6; **~spieler** *m* шахмати́ст 2

Schacht *m* Aufzugs~, Licht~ ша́хта 6; *Bergb* Grube ша́хта; Schachtröhre ствол 2е ша́хты; von Brunnen ствол

Schachtel *f* коро́бка 6; Zigaretten, Tee па́чка 6 | eine ~ Streichhölzer коро́бка спи́чек; alte ~ *übertr* ста́рая карга́; **~halm** *m* хвощ 2е *G Pl* -е́й

schachten *tr*: einen Graben ~ рыть* [прокла́дывать] ров

Schachtofen *m* ша́хтная печь

Schach|turnier *n* ша́хматный турни́р; **~uhr** *f* ша́хматные часы́; **~weltmeister** *m* чемпио́н ми́ра по ша́хматам; **~zirkel** *m* кружо́к шахмати́стов; **~zug** *m* (ша́хматный) ход; *übertr* ход, манёвр 2 | ein geschickter ≈ *übertr* ло́вкий ход

schade *Interj* жаль (um *G*, Personen *A*) | ist das nicht ~? не жа́лко ли?; ~ um das Mädchen! жаль де́вушку!; ~! жаль!; es ist ~, daß . . . жаль [жа́лко]| что . . .

Schädel *m* че́реп 2b *Pl* -а́ | er hat einen harten ~ он упря́м, он упря́мая голова́, у него́ кре́пкая башка́ *umg*; sich den ~ einrennen сверну́ть *v* 4 себе́ ше́ю, жесто́ко попла|ти́ться *v* 3⁺ -чу́сь за своё упря́мство; **~basisbruch** *m* перело́м основа́ния че́репа; **~bruch** *m* перело́м 2 че́репа; **~decke** *f* черепно́й свод 2

schaden *intr* вре|ди́ть 3 -жу́ (по-) | das schadet dir э́то (идёт) тебе́ во вред; du schadest dir selbst am meisten damit э́тим ты бо́льше всего́ вреди́шь самому́ себе́; das schadet nichts э́то не беда́; wem schadet das? кто от э́того пострада́ет?, кому́ э́то (по)меша́ет?

Schaden *m* вред 2е; materieller Verlust уще́рб 2; убы́т|ок| -ка; Nachteil; körperlicher ~ поврежде́ние 5; Beschädigung поврежде́ние 6, поло́мка 6 | empfindlicher ~ чувстви́тельный вред; nicht wieder gutzumachender ~ непоправи́мый вред; zu ~ kommen (durch) терп|е́ть 3⁺ -лю́ (по-) уще́рб [убы́ток] от *G*, страда́ть (по-) от *G;* ~ bringen приноси́ть 3⁺ ⟨-|нести́*⟩ вред; ~ anrichten причин|я́ть ⟨-и́ть 3⟩ вред [уще́рб]; zum ~ der Gesundheit в уще́рб здоро́вью; der ~ beträgt fünfzig Mark убы́ток составля́ет пятьдеся́т ма́рок, убы́ток исчисля́ется в пятьдеся́т ма́рок; den ~ ersetzen возме|ща́ть ⟨-сти́ть 3 -щу́⟩ убы́ток; innerer ~ вну́тренее 11 поврежде́ние; den ~ beheben устран|я́ть ⟨-и́ть 3⟩ поврежде́ние [дефе́кт], испр|авля́ть ⟨-а́вить 3 -а́влю⟩ дефе́кт; durch ~ wird man klug на оши́бках у́чатся, убы́тки ум даю́т; wer den ~ hat, braucht für den Spott nicht zu sorgen свали́сь то́лько с ног| а за ты́чками де́ло не ста́нет

Schadenersatz *m* возмеще́ние 5 уще́рба [убы́тков] | ~ leisten возме|ща́ть ⟨-сти́ть 3 -щу́⟩ уще́рб [убы́тки]; **~anspruch** *m* притяза́ние 5 на возмеще́ние уще́рба [убы́тков]

Schadenfreude *f* злора́дство 4

schadenfroh злора́д|ный | -ен

schadhaft поврежд|ённый| -ён| -ена́, испо́рченный, неспра́в|ный| -ен

schädigen *tr* вре|ди́ть 3 -жу́ (по-) *D*, причин|я́ть ⟨-и́ть 3⟩ уще́рб [убы́ток] *D*

Schädigung *f* поврежде́ние 5, уще́рб 2

schädlich вре́д|ный| -ен| -на́| -но| вре́дны́ (für для *G*); ungesund вре́дный, нездоро́в:ый | ~ sein für j-n быть кому́-н. во вред [в уще́рб]

Schädlichkeit *f* вре́дность 9

Schädling *m* вреди́тель 1

Schädlings|bekämpfung *f* борьба́ 6 с вреди́телями; **~bekämpfungsmittel** *n* ядохимика́т 2

schadlos: sich an j-m ~ halten возме|ща́ть ⟨-сти́ть 3 -щу́⟩ свои́ убы́тки за счёт кого́-н.

Schadstoff *m* вре́дное вещество́

Schaf *n* овца́ 6с *G Pl* ове́ц | das schwarze ~ *übertr* бе́лая воро́на; **~bock** *m* бара́н 2

Schäfchen *n* ове́чка 6 | sein ~ ins Trokkene bringen устр|а́ивать ⟨-о́ить 3⟩ свой делишки, нагревать ⟨-греть⟩ (себе) руки; ~**wolken** *f Pl* барашки *Pl* 2

Schäfer *m* пастух 2е, чабан 2е; ~**dichtung** *f* пасторальная поэзия; ~**ei** *f* овчар|ня 7 *G Pl* -ен; ~**hund** *m* овчар|ка 6 *G Pl* -ок

Schaffell *n* bearbeitetes овчина 6; ~**mantel** *m* бараний тулуп 12-2

schaffen *tr* hervorbringen, ins Leben rufen, gründen соз|давать* ⟨создать*⟩; *Rel* Menschen творить 3 (со-); bilden, gründen a. образ|овывать ⟨-овать 2⟩; einrichten устр|аивать ⟨-оить 3⟩; fertigbringen сделать *v*, справляться ⟨справ|иться 3 -люсь⟩ с *I*; hinbringen, befördern дост|авлять ⟨-авить 3 -авлю⟩; *intr* работать (по-), тру|диться 3⁺ -жусь (по-) | Ordnung ~ наводить 3⁺ -вожу ⟨-|вести*⟩ порядок; er hat viel geschafft он много сделал; wir werden es schon ~ мы (с этим) справимся; was hast du hier zu ~? что ты здесь делаешь?; ich möchte mit ihm nichts mehr zu ~ haben я не хочу больше иметь с ним никаких дел; ich habe damit nichts zu ~ это меня не касается; j-m viel zu ~ machen дост|авлять ⟨-авить 3 -авлю⟩ кому-н. много хлопот; er schafft tüchtig он хорошо работает; sie machte sich in der Küche zu ~ она возилась на кухне; sich j-n vom Halse ~ отделаться *v* от кого-н.; er hat mich geschafft он положил меня на обе лопатки; das hätten wir geschafft вот и всё!, готово!

Schaffen *n* работа 6, труд 2е; eines Künstlers творчество 4

Schaffens|drang *m* vom Künstler жажда 6 творчества, трудовой подъём 2, энтузиазм 2; творческий подъём; ~**kraft** *f* schöpferisch творческая сила

Schaffner *m* кондуктор 2; Schlafwagen~ проводник 2е; ~**in** *f* кондуктор 2, кондукторша 6 *umg*; Schlafwagen~ проводница 6

schaffnerlos без кондуктора

Schaf|garbe *f* тысячелистник 2; ~**herde** *f* стадо овец; ~**hirt** *m* пастух 2е; ~**käse** *m* брынза 6, овечий 12 сыр; ~**milch** *f* овечье 12 молоко

Schafott *n* эшафот 2

Schafpelz *m* овчина 6; Mantel овчинный тулуп 2

Schafskopf *m* Schimpfwort болван 2, дурак 2е; Kartenspiel коз|ёл| -ла 2

Schafstall *m* овчар|ня 7 *G Pl* -ен

Schaft *m* Stiefel голенище 4; Werkzeug ручка 6; *Tech* рукоятка 6; Säule ствол 2е; Bohrer, Fräser стерж|ень| -ня 1; Gewehr ложа 6; Fahne, Lanze древ|ко 4 *Pl* -ки| -ков, шест 2е; ~**stiefel** *m Pl* (высокие) сапоги *Pl* 2е *G* сапог

Schaf|wolle *f* овечья 12 шерсть; ~**zucht** *f* овцеводство 4

Schah *m* шах 2

Schakal *m* шакал 2

Schäkerei *f* шутки *Pl* 2, балагурство 4; Flirt заигрывание 5

schäkern *intr* шу|тить 3⁺ -чу, балагурить 3; заигрывать

schal безвкус|ный| -ен; Bier выдохшийся 11; Geschmack прес|ный| -ен| -на!

Schal *m* шарф 2; für Herren a. кашне [нэ] *n idkl*; Umschlagetuch, Stola шаль 9

[1]**Schale** *f* Nuß, Ei скорлупа 6c; Kartoffel кожура 6, шелуха 6; Apfelsine u. a. кожура, корка 6; Wurst, Apfel кожица 6; Samen~ шелуха 6

[2]**Schale** *f* Gefäß чаш(к)а 6; für Blumen, Obst ваза 6; Trink~ пиала 6; flache Schüssel мелкая миска 6; Waage чаша; *Foto, Med* кюветка 6

schälen *tr* Kartoffeln, Gemüse чи|стить 3 -щу (о-); Erbsen u. ä. лущить 3 (об-); sich ~ *refl* Haut шелушиться 3, лупиться 3⁺ | ein Ei ~ снимать ⟨снять*⟩ скорлупу с яйца, луп|ить 3⁺ -лю (об-) яйцо; die Rinde vom Baum ~ снимать ⟨снять*⟩ кору с дерева

Schälfurche *f* лущение 5

Schalk *m* плут 2е; Kind a. проказник 2

schalkhaft плутовской, плутоватый

Schalkragen *m* воротник шалью

Schall *m* звук 2 | ~ und Rauch пустой звук; ~**barriere** *f* звуковой барьер; ~**dämmung** *f* звукоизоляция 8

schalldämpfend звукоизоляционный

Schalldämpfer *m Kfz* (шумо)глушитель 1

schalldicht звуконепроницаемый | ~ machen делать (с-) звуконепроницаемым, звукоизолировать *uv, v* 2

schallen *intr* звучать 3 (про-), раз|даваться* ⟨-|даться*| -дались⟩

schallend гром|кий| -ок| -ка!| -че, звон|кий| -ок| -ка!| -че | ~es Gelächter громкий хохот

Schall|geschwindigkeit *f* скорость звука; ~**isolierung** *f* звукоизоляция; ~**mauer** *f* звуковой барьер (durchbrechen пробивать ⟨-бить⟩)

schallnah: ~e Geschwindigkeit околозвуковая скорость

Schall|platte *f* (грамофонная) пластинка 6, (грам)пластинка 6; ~**plattenbar** *f* прилав|ок| -ка 2 с наушниками для прослушивания грампластинок; ~**plattenkonzert** *n* концерт (в) грамзаписи; ~**plattenmusik** *f* музыка с грампластинок; ~**quelle** источник звука

schall|schluckend звукопоглощающий 11; ~**tot** не отражающий 11 звука

Schalltrichter *m* рупор 2

Schallwelle *f* звуковая волна

Schalmei *f* свирель 9; Blechblasinstrument шалмей 1

Schalmeienmusik *f* музыка шалмея

Schalt|anlage *f* распределительное устройство; **~bild** *n* схема 6 (соединений), (электрическая) схема; **~brett** *n* распределительный щит; Steueranlage управляющий 11 щит

schalten *tr* ein~ включ|ать ⟨-ить3⟩; aus~ выключать ⟨выключить⟩; *intr* begreifen сообра|жать ⟨-зить 3 -жу⟩; *Kfz* включ|ать ⟨-ить⟩ скорость, переключ|ать ⟨-ить⟩; Gerät, Ampel переключ|аться ⟨-иться⟩ | an das Netz ~ подключ|ать ⟨-ить⟩ к сети; vom zweiten auf den dritten Gang ~ переключать со второй скорости на третью; parallel [in Reihe] ~ *El* включ|ать ⟨-ить⟩ параллельно [последовательно]; ~ und walten распоряжаться, хозяйничать; j-n ~ und walten lassen давать* ⟨дать*⟩ кому-н. полную свободу действий

Schalter *m* Kunden~ (задвижное) окош(еч|ко 4 *Pl* -ки, -ек, -кам; Kassen~ окно 4c, окош|ко 4 *Pl* -ки, -ек, -кам; Fahrkarten~ касса 6; *El* выключатель 1; Um~ переключатель 1 | am ~stehen у окошка, у окна; kaufen в окошке, в окне; **~dienst** *m* обслуживание 5 через окно; **~halle** *f* Bahnhof кассовый зал; Post операционный зал; **~raum** *m* кассовый [операционный] зал 2; **~stunden** *f Pl* рабочее 11 время, часы работы кассы

Schalt|getriebe *n Kfz* коробка передач; **~hebel** *m Kfz* рычаг переключения передач | an den ≈n der Wirtschaft sitzen управлять народным хозяйством; **~jahr** *n* високосный год; **~pult** *n* пульт управления; **~relais** *n* коммутационное реле; **~satz** *m* вводное предложение; **~tafel** *f* распределительный щит 2e; **~tag** *m* добавочный день високосного года; **~ung** *f El* включение 5; Schaltbild схема 6 включения; Schema (монтажная) схема; *Tech* управление 5; *Kfz* переключение передач | gedruckte ≈ *Rad* печатная схема; integrierte ≈ микросхема 6; **~wort** *n* вводное слово

Schalung *f Bauw* опалубка 6

Schaluppe *f* шлюпка 6

Scham *f* стыд 2e; Geschlechtsorgane срам 2, срамная область 9g | vor ~ от стыда; vor ~ vergehen не знать, куда деться со стыда; **~bein** *n* лобковая кость 9g

schämen, sich *refl* сты|диться 3 -жусь *G* (vor j-m перед кем-н.) | ich schäme mich мне стыдно; du solltest dich ~! как тебе не стыдно!; er schämte sich zu Tode [in Grund und Boden] со стыда он готов был сквозь землю провалиться

Schamgefühl *n* чувство стыда, стыдливость 9

schamhaft стыдлив:ый

Schamlippen *f Pl* срамные губы

schamlos бессты́д|ный, -ен, потерявший 11 всякий стыд; unanständig непристо|йный, -ен, -йна

Schamlosigkeit *f* бесстыдство 4

Schamotte *f* шамот 2; **~stein** *m* шамотный [огнеупорный] кирпич 2e

Schampun *n* шампунь 1

schamrot: ~ werden краснеть (по-) от стыда

Schamröte *f* краска 6 стыда | j-m die ~ ins Gesicht treiben вгонять ⟨во|гнать*, вгоню⟩ в краску кого-н.

Schande *f* стыд 2e; Schimpf позор 2, срам 2 | j-m ~ machen позорить 3 (о-) кого-н., срам|ить 3 -лю (о-) кого-н.; es ist eine ~, daß … стыдно, что …; zu meiner ~ muß ich gestehen … к стыду своему (я) должен сказать …

schänden *f* позорить 3 (о-), срам|ить 3 -лю (о-); Frau бесче|стить 3 -щу (о-); Heiligtum, Grab оскверн|ять ⟨-ить 3⟩

Schandfleck *m* пятно 4c; *übertr* позорное пятно

schändlich Schande bereitend позор|ный, -ен, посты́д|ный, -ен; abscheulich гнус|ный, -ен, -на!, мерз|кий, -ок, -ка!, -че; мерзее *u.* мерзче

Schändlichkeit *f* гнусность 9, мерзость 9

Schand|mal *n* позорное клеймо 4c; **~tat** *f* гнусный [бесчестный] поступок

Schändung *f* осквернение 5; geschlechtlich обесчещение 5

Schandurteil *n* позорный приговор

Schanghai Шанхай 1

Schanker *m* шанкр 2

Schanktisch *m* стойка 6, буфет 2

Schanze *f* Sprung~ (лыжный) трамплин 2

schanzen *intr Mil* копать 1 шанцы

Schanzen|rekord *m* рекорд, установленный на данном трамплине; **~tisch** *m* стол отрыва

Schar *f* Menschen толпа 6c; Vögel стая 7; Pflug~ лемех 2 *oder* лемех 2c *Pl* -а | in ~en толпами; in hellen ~en herbeiströmen валить 3 валом; eine ~ von Kindern ватага 6 ребятишек

scharen, sich: sich um j-n ~ сплачиваться ⟨сплотиться 3⟩ вокруг кого-н.

Schären *f Pl Geogr* шхеры *Pl* 6

scharenweise *Adv* толпами; Vögel стаями

scharf 1. *Adj* остр:ый, -á!; schroff, ausgeprägt рез|кий, -ок, -ка!, -че; durchdringend пронзител|ьный, -ен, -ьна; beißend ед|кий, -ок, -ка!, -че; Tempo быстр:ый, -á!; Kritik, Arrest, Verweis строг:ий, -á!, строже, строжайший 11; heftig сил|ьный, -ен *u.* силён, сильна, сильно, сильны; gewürzt пряный; radikal радикал|ьный, -ен, -ьна; *Foto* чёт-

|кий| -ок| чeткá!| -че a. Fernsehbild | ~e Bügelfalte хорошó отутюженная склáдка (брюк); ~er Verstand проницáтельный [изощрённый] ум; er hat eine ~e Zunge у негó óстрый язы́к; ein ~er Hund злáя собáка; ~e Sachen Getränke крéпкие напи́тки *Pl* 2; ein ~es Auge зóркий [óстрый] глаз; ein ~es Gehör óстрый [тóнкий] слух; ~e Kurve рéзкий [крутóй] поворóт; ~er Wind прони́зывающий 11 [рéзкий] вéтер; ~e Konturen отчётливые кóнтуры; ~er Protest реши́тельный [рéзкий] протéст; ~e Patrone *Mil* боевóй патрóн **2.** *Adv*: ~ entgegnen рéзко отвé|тить *v* 3 -чу; j-n ~ zurechtweisen дéлать (с-) комý-н. стрóгий вы́говор; j-n ~ anfassen стрóго [крýто] обращáться с кем-н.; ~ durchgreifen принимáть ⟨приня́ть*⟩ радикáльные мéры; auf etw. ~ sein Geld, Erfolg быть пáдким на что-н., *umg* зáриться 3 на что-н.; ~ hinter etw. her sein всéми си́лами стрем|и́ться 3 -лю́сь достáть что-н.; ~ schießen стреля́ть боевы́ми патрóнами

Scharfblick *m* зóркость 9, проницáтельность 9

Schärfe *f* остротá 6; рéзкость 9; éдкость 9; стрóгость 9; радикáльность 9; чёткость 9 | seine Artikel haben an ~ verloren егó статьи́ стáли мéнее рéзкими; jede ~ vermeiden избегáть рéзкостей

schärfen *tr* точи́ть 3⁺ (на-); *übertr* обостр|я́ть ⟨-и́ть 3⟩, изощр|я́ть ⟨-и́ть 3⟩ | ein Rasiermesser ~ точи́ть [прáв|ить 3 -лю] бри́тву

Schärfen|einstellung *f Foto* навóдка 6 на рéзкость

scharfkantig с óстрыми края́ми

scharfmachen *tr übertr* подстрек|áть ⟨-нýть 4⟩

Scharfmacher *m* подстрекáтель 2

Scharf|schießen *n* боевáя стрельбá; **~schütze** *m* снáйпер 2

Scharfsinn *m* остроýмие 5, проницáтельность 9

scharfsinnig остроýм|ный| -ен, проницáтел|ьный| -ен| -ьна

Scharlach *m Med* скарлати́на 6

scharlachrot багрóвый, багрóвого цвéта

Scharlatan *m* шарлатáн 2

Scharnier *n* шарни́р 2

Schärpe *f* ширóкая лéнта 6, шарф 2; an Uniform пéревязь 9

scharren *tr* graben рыть*; *intr* скрести́(сь)*; mit Hufen бить* копы́тами (по земле́) | mit den Füßen ~ шáрк|ать ⟨-нуть *mom* 4⟩ ногáми; der Hund scharrt an der Tür собáка скребётся в дверь

Scharte *f* зазýбрина 6; Schieß~ бойни́ца 6 | die ~ auswetzen *übertr* испр|авля́ть ⟨-áвить 3 -áвлю⟩ оши́бку

schartig зазýбренный | ~ machen зубри́ть 3 (за-)

scharwenzeln *intr* увивáться (um вокрýг *G*, óколо *G*)

Schaschlyk *m* шашлы́к 2e

Schatten *m* тень 9g | im ~ в тени́; ~ spenden давáть* ⟨дать*⟩ тень; er ist nur noch ein ~ однá тень остáлась от негó; j-n in den ~ stellen затм|евáть ⟨-и́ть3⟩ когó-н.; man kann nicht über den eigenen ~ springen вы́ше головы́ не пры́гнешь, себя́ не переплю́нешь; seinen ~ vorauswerfen *übertr* давáть* ⟨дать*⟩ знать о своём приближéнии; **~bild** *n* тенево́й прóфиль 1, силуэ́т 2; **~dasein** *n*: ein ≈ führen о|ставáться* ⟨-|стáться*⟩ в тéни; **~morelle** *f* ки́слая ви́ш|ня 7 *G Pl* -ен; **~seite** *f* теневáя сторонá *a. übertr* | das hat seine Licht- und ≈n э́то имéет положи́тельные и отрицáтельные стóроны; **~spiel** *n* китáйские тéни *Pl* 9 *g*, тенево́й теáтр

schattieren *tr* оттен|я́ть ⟨-и́ть 3⟩, тушевáть 2 (за-); mit Strichen штриховáть 2 (за-)

Schattierung *f* оттéн|ок| -ка 2; Zeichnung тушёвка 6

schattig тени́ст:ый

Schatulle *f* шкатýлка 6

Schatz *m* Kostbarkeit сокрóвище 3; Reichtum богáтство 4; vergrabener клад 2 *a. übertr* | die Schätze des Landes богáтства страны́; ein reicher ~ von Erfahrungen богáтый óпыт; mein ~! зóлото моё!; сокрóвище моё!; ihr ~ её ми́лый, её возлю́бленный

schätzen *tr* Preis цени́ть 3⁺, оцéнивать ⟨-цени́ть⟩ (auf в *A*); Person цени́ть, уважáть (wegen за *A*); ungefähr bestimmen приблизи́тельно определ|я́ть ⟨-и́ть 3⟩; meinen считáть ⟨счесть*⟩ | eine Entfernung ~ определя́ть расстоя́ние на глаз; ich weiß ihr Entgegenkommen zu ~ я óчень ценю́ вáшу любéзность; der Schaden wurde auf tausend Mark geschätzt убы́ток был оценён в ты́сячу мáрок; sich glücklich ~ считáть себя́ счастли́вым; ich schätze ihn auf dreißig [für älter] я полагáю| что емý лет три́дцать [что он стáрше]; ich schätze, es wird nicht lange dauern я считáю [полагáю]| что э́то продли́тся недóлго

Schatz|gräber *m* кладоискáтель 1; **~kammer** *f* сокрóвищница 2 *a. übertr;* **~meister** *m* казначé|й 1 *G Pl* -ев

Schätzpreis *m*: zum ~ по такси́рованной цéне

Schätzung *f* оцéнка 6; ungefähre Bestimmung приблизи́тельное определéние 5; nach ungefährer ~ по приблизи́тельной оцéнке; nach vorläufigen ~en по предвари́тельным подсчётам [дáнным]

schätzungsweise *Adv* приблизи́тельно, приме́рно
Schau *f* Ausstellung вы́ставка 6; Moden~, Vorführung пока́з 2; Gesichtspunkt то́чка 6 зре́ния; Leistungs~, Heer~ смотр 2; Revue музыка́льное обозре́ние 5; Show шоу *n idkl* | zur ~ stellen выставля́ть ⟨вы́став|ить 3 -лю⟩ напока́з, афиши́ровать *uv, v* 2; das ist eine ~! *umg* вот э́то здо́рово!; eine ~ abziehen устр|а́ивать ⟨-о́ить 3⟩ шо́у [зре́лище]
Schauder *m* Zittern дрожь 9; Entsetzen у́жас 2 (vor от *G*) | ein ~ ergriff ihn его́ охвати́л у́жас
schauderhaft ужа́с|ный, -ен, стра́ш|ный, -ен, -на́, -но, стра́шны́
schaudern *intr* zittern дрожа́ть 3 (vor от *G*); entsetzt sein ужас|а́ться ⟨-ну́ться 4⟩, содрог|а́ться ⟨-ну́ться 4⟩ | mich schaudert bei dem Gedanken меня́ охва́тывает у́жас при мы́сли
schauen *intr* смотре́ть 3⁺ (по-) (auf на *A*), гля|де́ть 3 -жу́ (по-) (auf на *A*) | um sich ~ огля́дываться ⟨огляде́ться⟩ (вокру́г); aus dem Fenster ~ смотре́ть из окна́; nach j-m ~ смотре́ть [присма́тривать] за кем-н; da schau an! скажи́те, пожа́луйста!
Schauer *m* heftiger Regen ли́в|ень, -ня 1; Zittern дрожь 9 | mich überläuft ein ~ меня́ броса́ет в дрожь
schauerlich ужа́с|ный, -ен, стра́ш|ный, -ен, -на́, -но, стра́шны́
Schauermann *m* гру́зчик 2, порто́вый рабо́чий *Subst* 11
Schauermärchen *n* жу́ткая исто́рия 8
schauern *intr*: mich schauert меня́ дрожь пробира́ет, мне стра́шно; er schauert vor Kälte [vor Entsetzen] он дрожи́т от хо́лода [от у́жаса]
Schaufel *f* лопа́та 6; im Haushalt со|во́к, -ка́ 2; Bagger; Geweih ло́пасть 9g; Turbine лопа́тка 6; **~bagger** *m* ковшо́вый экскава́тор
schaufeln *tr u. intr* Ladegut, Sand auf etw. броса́ть (на-) [гр|узи́ть 3 -ужу́, -у́зишь] лопа́той; zusammen~, hinunter~ сгреба́ть ⟨-|грести́*⟩ (лопа́той); ausheben, graben копа́ть (вы́-), рыть* (вы́-) | er hat sich damit sein eigenes Grab geschaufelt э́тим он сам себе́ вы́рыл моги́лу
Schaufel|rad *n Mar* ло́пастное кол|есо́ 4c *Pl* -ёса; Turbine рабо́чее колесо́; **~radbagger** *m* ро́торный экскава́тор; **~stiel** *m* рукоя́тка лопа́ты
Schaufenster *n* витри́на 6 | im ~ на [в] витри́не; **~bummel** *m* прогу́лка по го́роду с разгля́дыванием витри́н; **~dekorateur** *m* оформи́тель 1 витри́н; **~dekoration** *f* оформле́ние 5 витри́ны; **~puppe** *f* манеке́н 2; **~scheibe** *f* витри́на 6; **~werbung** *f* витри́нная рекла́ма; **~wettbewerb** *m* соревнова́ние на лу́чшее 11 оформле́ние 5 витри́ны
Schaukasten *m* витри́на 6
Schaukel *f* каче́ли *Pl* 9 | auf der ~ на каче́лях; auf die ~ на каче́ли
schaukeln *tr* кач|а́ть (по-) ⟨-ну́ть *mom* 4⟩; stark раска́чивать ⟨-кача́ть⟩; *intr* кач|а́ться (по-) ⟨-ну́ться *mom* 4⟩ на каче́лях, раска́чиваться ⟨-кача́ться⟩ | mit dem Stuhl ~ кача́ться на сту́ле; wir werden das Kind schon (richtig) ~ *umg* мы обде́лаем э́то (де́льце)
Schaukel|pferd *n* ло́шадь-кача́лка 9g-6 *G Pl* лошаде́й-кача́лок; **~stuhl** *m* кача́лка 6 | mit dem ≈, im ≈ на кача́лке
Schau|laufen *n Sport* показа́тельные выступле́ния *Pl* 5; **~lustiger** *m* любопы́тный *Subst* 10, пра́здный зри́тель 1
Schaum *m* пе́на 6; auf kochenden Flüssigkeiten пе́на, на́кипь 9 | dem Pferd stand der ~ vorm Maul ло́шадь была́ взмы́лена; etw. zu ~ schlagen взбива́ть ⟨-|бить*, взобью⟩ что-н.; ~ schlagen *übertr* разводи́ть 3⁺ туру́сы на колёсах, говори́ть 3 пусты́е слова́; **~bad** *n* мыльнопе́нистая ва́нна; **~beton** *m* пенобето́н 2
schäumen *intr* пе́ниться 3 (вс-); Sekt a. и́скри́ться 3; Seife a. дава́ть* ⟨дать*⟩ пе́ну | er schäumte vor Wut всё в нём кипе́ло от я́рости; **~d** *Adj* пе́нящийся 11, пе́нист:ый; Brause, Sekt a. шипу́ч:ий 11
Schaum|gold *n* суса́льное зо́лото; **~gummi** *m* гу́бчатая [пе́нистая] рези́на, пенорези́на 6; **~gummikissen** *n* пенорези́новая поду́шка; **~gummimatratze** *f* матра́ц из пенорези́ны
schaumig пе́нист:ый
Schaum|kronen *f Pl* von Wellen бара́шки *Pl* 2; **~leder** *n* по́ристая (иску́сственная) ко́жа; **~löffel** *m* шумо́вка 6; **~löscher** *m* пе́нный огнетуши́тель 1; **~reiniger** *m* си́льно вспе́нивающееся 11 сре́дство (для очи́стки ковро́в и мя́гкой ме́бели); **~schläger** *m* Schneebesen сбива́лка 6; *übertr* очковтира́тель 1; **~stoff** *m* пенопла́ст 2; **~wein** *m* шипу́чее 11 [игри́стое] вино́
Schau|packung *f* бутафо́рия 8 (в витри́нах); **~platz** *m* аре́на 6 | der ≈ der Handlung ме́сто де́йствия; **~prozeß** *m* показа́тельный (суде́бный) проце́сс
schaurig жу́т|кий, -ок, -ка́!, -че
Schauspiel *n* Theaterstück пье́са 6; *übertr* зре́лище 4
Schauspieler *m* актёр 2; Heuchler арти́ст 2; **~in** *f* актри́са 6; арти́стка 6
schauspielerisch *n* актёрский
Schauspiel|haus *n* (драмати́ческий) теа́тр; **~kunst** *f* драмати́ческое иску́сство, теа́тр; **~studio** *n* театра́льная сту́дия

Schauturnen *n* показа́тельные выступле́ния *Pl* 5 гимна́стов
Scheck *m* чек 2; Gutschein тало́н 2 | einen ~ ausschreiben выпи́сывать ⟨вы́|писать*⟩ чек; **~heft** *n* че́ковая кни́жка
scheckig Pferd пе́г:ий; Kuh, Hund пятни́ст:ый; Fell, Stoff пёстр:ый, -а́, -о́ *oder* пёстро
scheel кос:о́й, -а́!; neidisch зави́стлив:ый | j-n ~ ansehen ко|си́ться 3 -шу́сь (по-) на кого́-н.
scheffeln *tr.* Geld ~ *übertr* загреба́ть де́ньги
Scheibe *f* Glas стекло́ 4c *Pl* стёк|ла, -ол; flache диск 2; круг 2b *Tech;* Brot, Wurst, Käse кус|о́к, -ка́ 2, ло́мтик 2, große лом|о́ть, -тя́ 1e; Schießen мише́нь 9; Eishockey ша́йба 6; Antriebs~, Schwung~ шкив 2; Unterleg~ ша́йба | Wurst in ~n schneiden нареза́ть ⟨-|ре́зать*⟩ колбасу́ ло́мтиками; eine ~ Brot abschneiden от|реза́ть ⟨-|ре́зать*⟩ кусо́к [ломо́ть] хле́ба; da kann man sich eine ~ (davon) abschneiden тут есть чему́ поучи́ться
Scheiben|bremse *f* ди́сковый то́рмоз; **~egge** *f* ди́сковая борона́
scheibenförmig дискообра́з|ный, -ен
Scheiben|gardine *f* занаве́ска 6; **~schießen** *n* стрельба́ по мише́ни; **~waschanlage** *f* Auto стеклоомыва́тель 1; **~wischer** *m* Auto стеклоочисти́тель 1
Scheich *m* шейх 2
Scheide *f* но́ж|ны, -ен *Pl* 6 *u.* нож|ны́, -о́н *Pl* 6; *Anat* влага́лище 4; **~linie** *f* разграни́чивающая 11 ли́ния
scheiden *tr* раздел|я́ть ⟨-и́ть 3⁺⟩; *Tech* отдел|я́ть ⟨-и́ть⟩; Eheleute разводи́ть 3⁺ -вожу́ ⟨-|вести́*⟩; *intr* verlassen уходи́ть 3⁺ -хожу́ ⟨-|йти́*⟩; sich trennen рас|става́ться* ⟨-|ста́ться*⟩ | die Spreu vom Weizen ~ *übertr* отделя́ть пле́велы от пшени́цы; eine Ehe ~ расторга́ть ⟨-то́ргнуть 4 а *u.* 4⟩ брак; sich von j-m ~ lassen разводи́ться ⟨-вести́сь⟩ с кем-н.; aus dem Dienst ~ уходи́ть со слу́жбы; hier ~ sich unsere Wege здесь на́ши пути́ расхо́дятся
Scheide|wand *f* перегоро́дка 6; **~weg** *m* распу́тье 5 | am ≈ stehen быть* на распу́тье
Scheidung *f* разделе́ние 5; Ehe разво́д 2 | in ~ liegen разво|ди́ться 3⁺ -жу́сь, быть* в разво́де; die ~ beantragen подава́ть* ⟨пода́ть*⟩ (в суд) заявле́ние о разво́де; in die ~ einwilligen согла|ша́ться ⟨-си́ться 3 -шу́сь⟩ на разво́д
Scheidungs|grund *m* причи́на для разво́да; **~prozeß** *m* бракоразво́дный проце́сс
Schein *m* Licht свет 2; Leuchten сия́ние 5; Glanz блеск 2; Anschein ви́димость 9; Aussehen вне́шний вид 11-2, вне́шность 9; Urkunde, Zeugnis свиде́тельство 4; Quittung распи́ска 6; Geld банкно́т 2 | beim ~ einer Lampe при све́те ла́мпы; ~ der Sterne мерца́ние 5 звёзд; zum ~ для ви́да; den ~ wahren соблюда́ть вне́шние прили́чия; sich durch den ~ täuschen lassen дава́ть* ⟨дать*⟩ себя́ обману́ть вне́шним ви́дом; der ~ trügt вне́шность обма́нчива; etwas zum (bloßen) ~ tun де́лать ⟨с-⟩ что-н. то́лько для ви́да; **~angriff** *m* ло́жная ата́ка
scheinbar 1. *Adj* мни́мый, ка́жущийся 11; ви́дим:ый **2.** *Adv* по-ви́димому, ви́димо
Schein|beschäftigung *f* фикти́вное заня́тие; **~blüte** *f übertr* при́зрачный [ка́жущийся 11] расцве́т
scheinen *intr* leuchten свети́ть 3⁺; Sterne сия́ть; den Anschein haben каза́ться* (по-) | er schien krank zu sein он каза́лся больны́м; er scheint uns zu sehen он, ка́жется, нас ви́дит; mir scheint мне ка́жется, я ду́маю; er scheint zu kommen он, как бу́дто, придёт; er scheint einverstanden zu sein он, ка́жется, согла́сен; er scheint uns nicht bemerkt zu haben он, ка́жется, нас не заме́тил
Scheinerfolg *m* мни́мый [ка́жущийся 11] успе́х
scheinheilig лицеме́р|ный, -ен, ха́нжеский
Scheinheilig|er *m* ханж|а́ *m* 6 *G Pl* -е́й, свято́ша *m* 6; **~keit** *f* лицеме́рие 5, ха́нжество́ 4
Scheintod *m* мни́мая смерть, летарги́ческий сон 2
scheintot: ~ sein находи́ться 3⁺ в летарги́ческом сне
Scheinwerfer *m* проже́ктор 2 *Pl a.* -а́ 2b; Auto фа́ра 6
Scheit *n* поле́н|о 4 *Pl* -ья, -ьев, -ьям
Scheitel *m* oberster Teil des Kopfes те́м|я *n G D P* -ени, *I* -енем, маку́шка 6; Haar пробо́р 2; *Math* верши́на 6 | vom ~ bis zur Sohle с головы́ до ног; einen ~ ziehen де́лать (с-) пробо́р; er trägt den ~ links у него́ пробо́р с ле́вой стороны́; **~bein** *n* теменна́я кость 9g
scheiteln *tr:* das Haar ~ де́лать (с-) пробо́р
Scheitel|punkt *m Math* верши́на 6; *Astr* кульминацио́нный пункт, зени́т 2
Scheiterhaufen *m* кост|ёр, -ра́ 2
scheitern *intr übertr* терп|е́ть 3⁺ -лю́ (по-) прова́л [фиа́ско], прова́ливаться ⟨-вали́ться 3⁺⟩, не у|дава́ться* ⟨-|да́ться*; -дали́сь⟩ | alle Bemühungen scheiterten an seiner Hartnäckigkeit все стара́ния разби́лись об его́ упря́мство
Scheitern *n* прова́л 2, неуда́ча 6 | diese Versuche sind zum ~ verurteilt э́ти по-

пы́тки обречены́ на прова́л; zum ~ bringen срыва́ть ⟨со|рва́ть*⟩, расстра́ивать ⟨-стро́ить 3⟩

Schelle *f* Ohrfeige пощёчина 6; Glöckchen бубе́нчик 2, колоко́льчик 2; ~n *Pl* Kartenspiel бу́б|ны *Pl* 6 -ён, -на́м

Schellentrommel *f* бу́б|ен, -на 2

Schellfisch *m* пи́кш|а 6 *G Pl* -ей

Schelm *m* плут 2e, шалу́н 2e, прока́зник 2; Frau плуто́вка 6 *umg*, шалу́н|ья 7 *G Pl* -ий, прока́зница 6 | kleiner ~ плути́шка *m* 6, шалуни́шка *m* 6 *umg*; er hat den ~ im Nacken sitzen он большо́й плут

Schelmenstreich *m* плутовство́ 4

Schelmerei *f* плутовство́ 4, ша́лость 9

schelmisch плутовско́й, шаловли́в:ый

Schelte *f* вы́говор 2, головомо́йка 6 *umg*

schelten *tr* брани́ть 3 (вы́-) (wegen за *A*); *intr* брани́ться 3

Schema *n* схе́ма 6; Schablone шабло́н 2, трафаре́т 2 | alles geht nach ~ F всё идёт по шабло́ну

schematisch 1. *Adj* схемати́ческий; schablonenhaft схемати́ческий, схемати́чный, -ен, трафаре́т|ный, -ен **2.** *Adv* схемати́чно, по трафаре́ту, по шабло́ну

schematisieren *tr* схематизи́ровать *uv, v* 2

Schematis|ierung *f* схематиза́ция 8; **~mus** *m* схемати́зм 2

Schemel *m* табуре́тка 6, табуре́т 2

Schenke *f* каба́к 2e, тракти́р 2

Schenkel *m* Ober~ бедро́ 4c *Pl* бёд|ра, -ер, -рам; Unter~ голе́нь 9; Zirkel но́жка 6; *Math* сторона́ 6a; *Tech* коле́н|о 4 *Pl* -ья, -ьев; Reiten ше́нкел|ь 1b *Pl* -я́; **~bruch** *m* перело́м бедра́; **~hals** *m* ше́йка 6 бедра́

schenken *tr* дари́ть 3⁺ (по-); gewähren удел|я́ть ⟨-и́ть 3⟩; erlassen снима́ть ⟨снять*⟩ с *G* | etw. geschenkt bekommen получ|а́ть ⟨-и́ть 3⁺⟩ в пода́рок; das würde ich nicht geschenkt nehmen я э́того и да́ром не возьму́; j-m Vertrauen ~ доверя́ть кому́-н.; etw. Beachtung ~ удели́ть внима́ние чему́-н.; die Strafe wurde ihm geschenkt с него́ сня́ли наказа́ние, его́ прости́ли; es wird ihm nichts geschenkt всё ложи́тся на его́ пле́чи, все ши́шки на него́ ва́лятся; das kannst du dir ~ мо́жешь не де́лать э́того

Schenkung *f* дар 2b, дарова́ние 5

Schenkungsurkunde *f* да́рственная за́пись 6

Scherbe *f* череп|о́к, -ка́ 2, обло́м|ок, -ка 2 | in ~n schlagen разбива́ть ⟨-|би́ть*, разобью́⟩ вдре́безги; in ~n gehen разбива́ться ⟨-|би́ться*⟩ вдре́безги [на ме́лкие кусо́чки]; ~n bringen Glück посу́да бьётся к сча́стью

Schere *f* но́жницы *Pl* 6 *a. Sport*; Krebs клешн|я́ 7 *G Pl* -е́й

¹scheren *tr* стричь* (об-, о-), постри́чь *v*; beschneiden подстрига́ть ⟨-стри́чь⟩ **a.** Sträucher | er hat sich das Haar kurz ~ lassen он подстри́гся [постри́гволосы] ко́ротко; er hat sich den Kopf kahl ~ lassen он (п)остри́г го́лову на́голо

²scheren *tr* kümmern беспоко́ить 3 (о-); sich ~ *refl* забо́|титься 3 -чусь, беспоко́иться (о-) (um о *P*); sich davonmachen убира́ться ⟨-|бра́ться*, -брали́сь⟩ | das schert mich nicht im geringsten э́то меня́ совсе́м не тро́гает, э́то меня́ нисколько не беспоко́ит; ich schere mich den Teufel darum мне наплева́ть на э́то; scher dich weg! убира́йся!, прова́ливай!

Scheren|fernrohr *n* стереотруба́ 6c; **~schleifer** *m* точи́льщик 2; **~schnitt** *m* резно́й силуэ́т 2; **~sprung** *m Sport* прыжо́к наза́д но́ги врозь

Schererei *f* хло́п|оты *Pl* 6 -о́т, -отам, возня́ 7 | j-m ~en machen наде́лать *v* кому́-н. хлопо́т; ich hatte seinetwegen große ~en у меня́ бы́ло мно́го возни́ [хлопо́т] из-за него́

Scherflein *n* ле́пта 6 | sein ~ beitragen zu etw. вноси́ть 3⁺ -ношу́ ⟨-|нести́*⟩ свою́ ле́пту во что-н.

Scherge *m* Büttel сы́щик 2

Scherz *m* шу́тка 6 | einen ~ verstehen понима́ть шу́тку, не обижа́ться на шу́тку; im ~ в шу́тку; ~ beiseite! шу́тки в сто́рону!; sich einen ~ mit j-m erlauben отпу|ска́ть ⟨-сти́ть 3⁺ -щу⟩ шу́тку по а́дресу кого́-н.; etw. zum ~ sagen шутли́во сказа́ть что-н.; **~artikel** *m* шу́точная безделу́шка 6

scherzen *intr* шу|ти́ть 3⁺ -чу́ (по-), балагу́рить 3 *umg*

Scherz|frage *f* шу́точный вопро́с; **~gedicht** *n* шу́точное стихотворе́ние

scherzhaft 1. *Adj* шутли́в:ый **2.** *Adv* в шу́тку, шутя́

Scherzwort *n* шу́тка 6

scheu Tiere пугли́в:ый; schüchtern ро́б|кий, -ок, -ка́!, -че, засте́нчив:ый, ди́к:ий, -а́!, боязли́в:ый

Scheu *f* пугли́вость 9; Zurückhaltung ро́бость 9, засте́нчивость 9 | ohne ~ an etw. herangehen сме́ло бра́ться*, бра́ли́сь ⟨взя́ться*, взяли́сь⟩ за что-н.

Scheuche *f* пу́гало 4, чу́чело 4

scheuchen *tr* с-, отпу́гивать ⟨-пугну́ть 4⟩

scheuen *tr* боя́ться 3 *G*, пуга́ться *G*, опаса́ться *G*, sich fernhalten чужда́ться *G*; *intr* пуга́ться ⟨ис-⟩ (vor *G*); sich ~ *refl* боя́ться (vor *G*) | keine Mühe [Kosten] ~ не жале́ть труда́ [средств]; das Pferd scheute vor dem Lastwagen ло́шадь испуга́лась грузовика́; die Pferde scheuten ло́шади понесли́; er scheut sich, das zu tun он не реша́ется э́то де́лать

Scheuer|besen *m* шва́бра 6, полова́я щётка 6; **~bürste** *f* щётка 6; **~lappen** *m* полова́я тря́пка; **~leiste** *f* пли́нтус 2
scheuern *tr u. intr* Fußboden мыть* (вы́-); reiben тере́ть*, натира́ть ⟨-тере́ть⟩ | der Schuh hat den Fuß wund gescheuert башма́к натёр но́гу
Scheuer|sand *m* ме́лкий песо́к (для чи́стки посу́ды); **~tuch** *n* полова́я тря́пка
Scheuklappe *f* Pferd нагла́зник 2; ~n *Pl* шо́ры *Pl* 6 | ~n haben *übertr* быть* в шо́рах
Scheune *f* сара́|й 1 *G Pl* -ев
Scheusal *n* чудо́вище 4, и́зверг 2
scheußlich отврати́тел|ьный₁ -ен₁ -ьна, проти́в|ный₁ -ен
Scheußlichkeit *f* чудо́вищность 9, ме́рзость 9
Schi *m* = **Ski**
Schicht *f* Lage, *Geol* сло|й 1b *G Pl* -ёв, пласт 2e; *übertr* слой, просло́йка 6; Arbeits~ сме́на 6 | die untersten ~en der Bevölkerung ни́зшие сло́и населе́ния; die Intelligenz ist keine Klasse, sondern eine ~ интеллиге́нция явля́ется не кла́ссом, а просло́йкой; in drei ~n arbeiten рабо́тать в три сме́ны; in der zweiten ~ arbeiten рабо́тать во второ́й сме́не; **~arbeit** *f* сме́нная рабо́та; **~arbeiter** *m* рабо́чий *Subst* 11 сме́ны, сме́нщик 2
schichten *tr* stapeln скла́дывать ⟨-ложи́ть 3⁺⟩ в штабеля́
Schicht|seite *f Foto* эмульсио́нная сторона́; Tonband рабо́чая 11 сторона́; **~schluß** *m* коне́ц сме́ны; **~ung** *f* расслое́ние 5; наслое́ние 5; сло|й 1b *G Pl* -ёв; *übertr* расслое́ние; **~wechsel** *m* пересме́н|ок₁ -ка 2
schichtweise *Adv* сло́ями, послóйно, пласта́ми
Schichtwolken *f Pl* слои́стые облака́
schick элега́нт|ный₁ -ен; Kleidung шика́р|ный₁ -ен *umg*
schicken *tr* abschicken посыла́ть ⟨-|сла́ть*⟩, отпр|авля́ть ⟨-а́вить 3 -а́влю⟩; herschicken слать* (по-), присыла́ть ⟨-сла́ть⟩; *intr* посыла́ть ⟨-сла́ть⟩ (nach за *I*); sich ~ *refl* sich abfinden смир|я́ться ⟨-и́ться 3⟩ (in с *I*), покор|я́ться ⟨-и́ться 3⟩ (in *D*) | j-n nach dem Arzt ~ посыла́ть ⟨-|сла́ть*⟩ кого́-н. за врачо́м; etw. ins Haus ~ дост|авля́ть ⟨-а́вить 3 -а́влю⟩ что-н. на́ дом; schicken Sie mir … пошли́те [пришли́те] мне …; sich in alles ~ смиря́ться со все́ми обстоя́тельствами, приспоса́бливаться ко всем обстоя́тельствам; das schickt sich nicht э́то неприли́чно
schicklich прили́ч|ный₁ -ен, присто́|йный; -ен₁ -йна; angebracht уме́ст|ный₁ -ен
Schicksal *n* судьба́ 6с G *Pl* су́деб; Los у́часть 9 | sein ~ ist besiegelt его́ судьба́ решена́; sich in sein ~ finden примир|я́ться ⟨-и́ться 3⟩ со свое́й судьбо́й; mit seinem ~ hadern ропта́ть* на свою́ судьбу́; seinem ~ überlassen броса́ть ⟨бро́|сить 3 -шу⟩ на произво́л судьбы́; sie wird ihrem ~ nicht entgehen она́ не уйдёт от свое́й судьбы́; dem ~ in die Speichen greifen брать* ⟨взять*⟩ судьбу́ за ши́ворот
Schicksalsschlag *m* уда́р судьбы́
Schiebe|bühne *f Eisenb* передвижна́я платфо́рма 6; **~dach** *n Auto* раздвижна́я кры́ша 6; **~fenster** *n* nach oben подъёмное окно́; nach der Seite раздвижно́е окно́
schieben *tr* дви́|гать ⟨-нуть 4⟩; Fahrzeuge ката́ть, *best* ка|ти́ть 3⁺ -чу́; hinein~ сова́ть* ⟨су́нуть 4⟩; *intr* спекули́ровать (mit *I*) | beiseite ~ отодв|ига́ть ⟨-и́нуть⟩ в сто́рону, подв|ига́ть ⟨-и́нуть⟩ в сто́рону; schiebe den Stuhl an den Tisch придви́нь стул к столу́; das Brot in den Ofen ~ сажа́ть ⟨поса|ди́ть 3⁺ -жу́⟩ хлеб в печь; er muß immer geschoben werden *übertr* его́ всегда́ на́до подта́лкивать
Schieber *m Tech* vor Öffnung заслóнка 6, задви́жка 6; an Dampfmaschinen золотни́к 2e; *Med* подкладно́е су́д|но 4 *G Pl* -ен; *übertr* спекуля́нт 2
Schiebe|tür *f* раздвижна́я дверь; **~wand** *f* раздвижна́я перегоро́дка
Schiebung *f* обма́н, нече́стный посту́п|ок₁ -ка 2
Schieds|gericht *n* трете́йский суд | internationales ≈ междунаро́дный арбитра́ж 2; **~kommmission** *f* конфли́ктная коми́ссия; in Wohnbereichen това́рищеский суд 2e (в жило́м райо́не); *Hdl* арбитра́жная коми́ссия; **~richter** *m* трете́йский судья́, арби́тр 2; *Sport* судья́, арби́тр; **~spruch** *m* реше́ние трете́йского суда́
schief **1.** *Adj* geneigt кос|о́й₁ -а́!, накло́нный; nicht gerade крив|о́й₁ -а́!, косо́й; *übertr* непра́вил|ьный₁ -ен₁ -ьна; ло́ж|ный₁ -ен | ~e Ebene накло́нная пло́скость; etw. in einem ~en Licht sehen ви́деть что-н. в непра́вильном све́те; j-n in eine ~e Lage bringen ста́в|ить 3 -лю (по-) кого́-н. в нело́вкое положе́ние; ~er Vergleich неуда́чное сравне́ние; ~es Gesicht ziehen де́лать (с-) недово́льное лицо́; auf die ~e Bahn geraten по|йти́* *v* [пока|ти́ться *v* 3⁺ -чу́сь] по накло́нной пло́скости **2.** *Adv.* der Stuhl steht ~ стул стои́т кри́во; den Hut ~ aufsetzen надева́ть ⟨на|де́ть*⟩ шля́пу набекре́нь; ~ werden кос|и́ться 3 (по-); sich ~ lachen пока́тываться ⟨-кати́ться⟩

со́ смеху; ~ und krumm вкривь и вкось; j-n ~ ansehen погля́дывать на кого́-н. и́скоса

Schiefer *m Geol* сла́н|ец, -ца 2; als Material ши́фер 2; **~bruch** *m* сла́нцевый карье́р; **~dach** *n* ши́ферная кро́вля [кры́ша]; **~gebirge** *m* сла́нцевые го́ры; **~tafel** *f* а́спидная доска́

schief|gehen *intr* не у|дава́ться* ⟨-|да́ться*, -дали́сь⟩, прова́ливаться ⟨-вали́ться 3⁺⟩ | die Sache wird ≈ де́ло пло́хо ко́нчится, де́ло сорвётся; **~liegen** *übertr* ошиба́ться, стоя́ть 3 на непра́вильной то́чке зре́ния; **~treten** *tr:* die Absätze ≈ с|та́птывать ⟨-|стопта́ть⟩ каблуки́

schieläugig косогла́з;ый

schielen *intr* ко|си́ть 3 -шу́ глаза́ми, коси́ться (по-) (nach на *A*); *übertr* коси́ться | auf dem linken Auge ~ коси́ть ле́вым гла́зом

Schienbein *n* го́лень 9; *Anat* большеберцо́вая кость 9g | j-n gegen das ~ treten ударя́ть ⟨уда́рить 3⟩ кого́-н. (ного́й) в го́лень

Schiene *f* рельс 2; *Med* луб|о́к, -ка́ 2, ши́на 6 | ~n legen укла́дывать ⟨-ложи́ть 3⁺⟩ ре́льсы

schienen *tr Med* накла́дывать ⟨-ложи́ть 3⁺⟩ ши́ну на *A*, класть* ⟨положи́ть⟩ в лубо́к *A*

Schienen|bruch *m* изло́м ре́льса; **~bus** *m* автомотри́са 6; **~ersatzverkehr** *m* перево́зка 6 нере́льсовым тра́нспортом; **~fahrzeug** *m* сре́дство 4 ре́льсового тра́нспорта

schienengebunden ре́льсовый

Schienen|netz *n* сеть 9 ре́льсовых доро́г; **~stoß** *m* ре́льсовый стык; **~strang** *m* ре́льсовый путь; **~verkehr** *m* железнодоро́жный тра́нспорт

Schierling *m* болиголо́в 2

Schieß|ausbildung *f* стрелко́вая подгото́вка; **~befehl** *m* прика́з на откры́тие огня́ | ≈ geben при|ка́зывать ⟨-|каза́ть*⟩ стреля́ть; **~bude** *f* тир 2

schießen *tr* стреля́ть ⟨вы́стрелить 3⟩; *Sport* Tor забива́ть ⟨-|би́ть*⟩; *intr* стре|ля́ть ⟨-льну́ть *mom* 4⟩ (auf в *A*, nach по *D*); Pflanzen бы́стро расти́* (вы́-) | mit dem Gewehr ~ стреля́ть из ружья́; das Gewehr schießt zu weit винто́вка даёт перелёт; einen Hasen ~ стреля́ть за́йца; ins Schwarze ~ стреля́ть в я́блочко; in Grund und Boden ~ ровня́ть (с-) с землёй; aufs Tor ~ бить* по воро́там, ударя́ть ⟨уда́рить 3⟩ по воро́там; ein Gedanke schoß mir durch den Kopf мысль промелькну́ла у меня́ в голове́; das Blut schoß ihm ins Gesicht кровь бро́силась ему́ в лицо́, он покрасне́л; wie Pilze aus der Erde ~ расти́* (вы́-) как грибы́; in die Ähren ~ колоси́ться 3 (вы́-)

Schießen *n* стрельба́ 6c | das ist zum ~! э́то умо́ра!

Schießerei *f* стрельба́ 6c, перестре́лка 6 | es kam zu einer ~ развяза́лась перестре́лка

Schieß|hund *m*: aufpassen wie ein ≈ быть* начеку́, смотре́ть 3⁺ во все глаза́; **~platz** *m* стре́льбище 4; großes Übungsgelände *n* полиго́н 2; **~pulver** *n* по́рох 2b; **~scharte** *f* бойни́ца 6, амбразу́ра 6; **~scheibe** *f* мише́нь 9; **~sport** *m* стрелко́вый спорт; **~stand** *m* тир 2 | auf dem ≈ в ти́ре; **~übung** *f* уче́бная стрельба́ 6c

Schiff *n* суд|но 4 *Pl* суд|а́, -о́в 2b; *Mil,* größeres Segelschiff кора́бль 1e; Passagier~, Dampf~ парохо́д 2; Motor~ теплохо́д 2; Kirche неф 2 | mit dem ~ reisen пла́вать [путеше́ствовать, е́хать] на парохо́де [на корабле́]

Schiffahrt *f* судохо́дство 4

Schiffahrts|gesellschaft *f* судохо́дная компа́ния; **~linie** *f* судохо́дная [пароxо́дная] ли́ния; **~weg** *m* морско́й [судохо́дный] путь

schiffbar судохо́д|ный, -ен

Schiff|bau *m* судострое́ние 5, кораблестрое́ние; **~bauer** *m* судострои́тель 1, корабе́л 2 *umg*; **~bruch** *m* кораблекруше́ние 5 | ≈ erleiden потерпе́ть 3⁺ *v* кораблекруше́ние; mit seinem Plan hat er ≈ erlitten его́ план потерпе́л крах

Schiffbrüchiger *m* потерпе́вший *Subst* 11 кораблекруше́ние

Schiffbrücke *f* понто́нный мост

Schiffchen *n* Weber~ челно́к 2e

Schiffer *m* шки́пер 2 **~klavier** *n* аккордео́н 2

Schiffs|arzt *m* судово́й врач; **~besatzung** *f* экипа́ж 2 су́дна [корабля́]; **~eigner** *m* судовладе́л|ец, -ьца 2; **~hebewerk** *n* судоподъёмник 2; **~junge** *m* ю́нга *m* 6; **~katastrophe** *f* бе́дствие 5 су́дна на́ море; **~koch** *m* кок 2; **~kollision** *f* столкнове́ние судо́в [корабле́й]; **~küche** *f* ка́мбуз 2; **~ladung** *f* судово́й груз

Schiffs|modell *n* моде́ль су́дна [корабля́]; **~bau** *m* судомодели́зм 2; **~bauer** *m* судомодели́ст 2

Schiffs|papiere *Pl* судовы́е докуме́нты; **~raum** *m* трюм 2; **~reise** *f* пое́здка [путеше́ствие] на парохо́де [на су́дне]; **~rumpf** *m* ко́рпус су́дна; **~schraube** *f* гребно́й винт; **~tagebuch** *n* судово́й журна́л; **~taufe** *f* освяще́ние су́дна; **~verkehr** *m* судохо́дство 4, судохо́дное сообще́ние; **~werft** *f* судове́рфь 9, (судострои́тельная) верфь

Schikane *f* приди́рка 6 | das Auto ist mit

allen ~n ausgerüstet маши́на постро́ена по после́днему сло́ву те́хники
schikanieren *tr* придира́ться ⟨-|дра́ться*| -драли́сь⟩ к *D*, причин|я́ть ⟨-и́ть 3⟩ кому́-н. неприя́тности
[1]**Schild** *m* Schutz щит 2e | etw. im ~e führen замышля́ть ⟨-мы́слить 3⟩ что-н. (недо́брое)
[2]**Schild** *n* Aufschrift, Firmen~ вы́веска 6; Tür~ табли́чка 6; Nummern~ щит|о́к| -ка́ 2; an der Mütze козы|рёк| -рька́ 2; an der Mütze des Gepäckträgers бля́ха 6; an Koffer, Preis~ ярлы́к 2e
Schild|bürgerstreich *m* глу́пый посту́п|ок| -ка 2, головотя́пство 4; **~drüse** *f* щитови́дная железа́
Schilderhaus *n Mil* постова́я [карау́льная] бу́дка 6
schildern *tr* опи́сывать ⟨-|писа́ть*⟩, изобра|жа́ть ⟨-зи́ть 3 -жу́⟩; charakterisieren характеризова́ть 2 (о-)
Schilderung *f* описа́ние 5, изображе́ние 5; характери́стика 6
Schild|kröte *f* черепа́ха 6; **~krötensuppe** *f* черепа́ховый суп; **~patt** *n* черепа́ха 6 | aus ≈ черепа́ховый
Schilf *n* камы́ш 2e *G Pl* -е́й, тростни́к 2e; **~rohr** *n* тростни́к 2e
schillern *intr* отлива́ть, перелива́ться | in allen Regenbogenfarben ~ перелива́ться все́ми цвета́ми ра́дуги; **~d** с отли́вом, с перели́вами, перели́вчат:ый
Schilling *m* ши́ллинг 2
Schimmel *m* Pferd бе́лая ло́шадь 9g; grauer си́вая ло́щадь; *Bot* пле́сень 9
schimm[e]lig запле́сневелый, покры́т:ый пле́сенью
schimmeln *intr* пле́сневеть (за-), покрыва́ться ⟨-|кры́ться*⟩ пле́сенью
Schimmelpilz *m* плеснево́й грибо́к
Schimmer *m* сла́бый свет 2; Stern мерца́ние 5; Glanz блеск 2; Ahnung про́блеск 2 | beim ~ der Lampe при сла́бом све́те ла́мпы; der ~ einer Hoffnung про́блески наде́жды; keinen blassen ~ von etw. haben не име́ть ни мале́йшего поня́тия [представле́ния] о чём-н.
schimmern *intr* Lampe сла́бо свети́ть 3⁺; in der Ferne мелька́ть; Sterne мерца́ть; Edelsteine игра́ть, блесте́ть 3 ⟨блесну́ть *mom* 4⟩ | golden ~ отлива́ть(ся) золоты́м цве́том
Schimpanse *m* шимпанзе́ [зэ] *m idkl*
Schimpf *m*: mit ~ und Schande davonjagen с позо́ром выгоня́ть ⟨вы́|гнать*⟩
schimpfen *intr* руг|а́ться (по-, вы-), брани́ться 3; руга́ть (об-) (auf *A*), брани́ть (вы-) (auf *A*); *tr.* er hat mich einen Dummkopf geschimpft он обозва́л меня́ дурако́м
schimpflich позо́р|ный| -ен, посты́д|ный| -ен; Tat a. гну́с|ный| -ен| -на́!
Schimpfwort *n* руга́тельство 4
Schindeldach *n* гонтова́я кро́вля
Schindeln *f Pl* гонт 2
schinden *tr* quälen му́чить 3 (из-, за-), терза́ть | Eindruck ~ бить* на эффе́кт; sich ~ *refl* надрыва́ться, му́читься (из-, за-)
Schind|erei *f* муче́ние 5; Ausbeutung живодёрство 4 *umg*; **~luder** *n* mit j-m ≈ treiben издева́ться над кем-н., осм|е́ивать ⟨-ея́ть, -ею́, -еёшь⟩ кого́-н.
Schinken *m* ветчина́ 6c; Hinterkeule о́корок 2b *Pl* -а́ | gekochter [geräucherter] ~ варёная [копчёная] ветчина́; Rührei mit ~ я́ичница с ветчино́й; mit dem ~ nach der Wurst werfen поменя́ть *v* це́нную вещь на бесце́нную
Schippe *f* лопа́та 6 | j-n auf die ~ nehmen поднима́ть ⟨подня́ть*⟩ на смех кого́-н.
schippen *intr* сгреба́ть ⟨-|грести́*⟩ лопа́той
Schirm *m* зо́нтник 2, зонт 2e; Mützen~ козыр|ёк| -ька́ 2; Wand~ ши́рма 6; Radar~, Röntgen~, Bild~ экра́н 2; Lampen~ абажу́р 2 | den ~ aufspannen раскрыва́ть ⟨-|кры́ть*⟩ зо́нтик
Schirmbild|aufnahme *f* рентге́новский сни́мок; **~stelle** *f* рентге́новский пункт 2 [отде́л 2]
Schirm|herr *m* покрови́тель 1; **~herrschaft** *f* покрови́тельство 4; **~mütze** *f* карту́з 2e, ке́пи *n idkl*, ке́пка 6; Uniform~ фура́жка 6; **~pilz** *m* гриб-зо́нтик 2e-2; **~ständer** *m* сто́йка для зо́нтиков
schirren *tr* запряга́ть ⟨-|пря́чь* [ре]⟩
Schizophrenie *f* шизофрени́я 8
Schlacht *f* би́тва 6, сраже́ние 5 | die ~ bei Austerlitz сраже́ние при А́устерлице; die ~ bei Poltawa би́тва под Полта́вой; die ~ an der Wolga би́тва на Во́лге; eine ~ liefern дава́ть* ⟨дать*⟩ сраже́ние; **~bank** *f*: zur ≈ führen гнать* (по-) на бо́йню
schlachten *tr* ре́зать* (за-), коло́ть* (за-)
Schlachten *n* убо́й 1
Schlachtenbummler *m Sport* боле́льщик 2
Schlacht|feld *n* по́ле сраже́ния [би́твы]; **~fest** *n* пра́здник по слу́чаю убо́я свине́й; **~gewicht** *n* убо́йный вес; **~hof** *m* (ското)бо́|йня 7 *G Pl* -ен; **~ordnung** *f* боево́й поря́док; **~platte** *f* ассорти́ *n idkl* из дома́шних свины́х колба́с
schlachtreif приго́дный для убо́я, го́дный на убо́й
Schlacht|schiff *n* лине́йный кора́бль; **~vieh** *n* убо́йный скот
Schlacke *f* шлак 2
Schlaf *m* сон| сна 2 | im ~ во сне́; einen leisen [festen] ~ haben чу́тко [кре́пко] спать*; sich den ~ aus den Augen reiben протира́ть ⟨-|тере́ть*⟩ глаза́ (по́сле сна);

in einen tiefen ~ sinken погр|ужа́ться ⟨-узи́ться 3 -ужу́сь, -у́ли́шься⟩ в глубо́кий сон; der ~ übermannte mich сон одоле́л меня́; das fällt mir nicht im ~ ein об э́том и не ду́маю; **~anzug** *m* пижа́ма 6; **~bedürfnis** *n* потре́бность в сне

Schläfchen *n* коро́ткий сон, сна 2 | ein ~ machen вздремну́ть *v* 4

Schlaf|couch *f* дива́н-крова́ть 2-9, спа́льный дива́н; **~decke** *f* одея́ло 4

Schläfe *f* вис|о́к, -ка́ 2

schlafen *intr* спать* | ein bißchen ~ поспа́ть *v*; ~ gehen идти́ спать; sich ~ legen ложи́ться 3 ⟨лечь*⟩ спать; wie ein Murmeltier ~ спать как суро́к; ~ Sie wohl! прия́тного сна!; diese Sache läßt mich nicht ~ э́то (де́ло) не даёт мне спать

Schläfenbein *n* висо́чная кость 9*g*

Schlafengehen *n*: vor dem ~ пе́ред сном

Schläfer *m* спя́щий *Subst* 11

schlaff Haut дря́бл:ый, -á!; Glieder вя́л:ый; träge вя́лый, сла́б:ый, -á, -о, сла́бы́; kraftlos бесси́л|ьный, -ен, -ьна | die Arme hingen ~ herab ру́ки бесси́льно пови́сли

Schlaffheit *f* дря́блость 9; вя́лость 9; сла́бость 9; бесси́лие 5

Schlaf|gelegenheit *f* посте́ль 9; Übernachtungsmöglichkeit ночле́г 2; **~krankheit** *f* со́нная боле́знь

schlaflos **1.** *Adj* бессо́нный **2.** *Adv*: ~ liegen лежа́ть без сна

Schlaf|losigkeit *f* бессо́нница 6; **~mangel** *m* недосыпа́ние 5; **~mittel** *n* снотво́рное сре́дство; **~mütze** *f übertr* со́ня *m, f* 7

schläfrig сонли́в:ый, со́нный | ich bin ~ мне хо́чется спать; ~ machen усыпля́ть

Schläfrigkeit *f* сонли́вость 9

Schlaf|rock *m* (дома́шний 11) хала́т 2; Würstchen im ≈ запечённые соси́с|ки, -ок; **~saal** *m* (о́бщая 11) спа́л|ьня 7 *G Pl* -ен; **~sack** *m* спа́льный мешо́к; **~stelle** *f* ко́йка 6, посте́ль 9; **~störung** *f* расстро́йство сна; **~tablette** *f* снотво́рная табле́тка; **~therapie** *f* лече́ние 5 сном, со́нная терапи́я

schlaftrunken за́спан:ный, сонли́в:ый

Schlafwagen *m* спа́льный ваго́н; **~abteil** *n* спа́льное купе́; **~platz** *m* ме́сто 4h в спа́льном ваго́не; **~schaffner** *m* проводни́к 2e (спа́льного ваго́на); **~schaffnerin** *f* проводни́ца 6 (спа́льного ваго́на)

schlafwandeln *intr* хо|ди́ть 3⁺ -жу́ во сне́

Schlaf|wandeln *n* лунати́зм 2; **~wandler** *m* луна́тик 2; **~zimmer** *n* спа́л|ьня 7 *G Pl* -ен

Schlag *m* уда́р 2 *a. Sport*; Uhr, Trommel бой 1; *Med* апоплекси́ческий уда́р; Puls, Herz бие́ние 5; Nachtigall щёлканье 5; Waldrevier деля́нка 6; лесосе́ка 6; Feldstück уча́ст|ок, -ка 2; Menschen~ склад 2; тип 2, хара́ктер 2; Ruder~ гре́б|о́к, -ка́ 2 | einen elektrischen ~ bekommen получи́ть *v* 3⁺ уда́р то́ком; ein harter ~ des Schicksals жесто́кий уда́р судьбы́; er hat Schläge bekommen его́ поби́ли; einen ~ versetzen наноси́ть 3⁺ -ношу́ ⟨-|нести́*⟩ уда́р, ударя́ть ⟨уда́рить 3⟩; einen vernichtenden ~ führen gegen j-n наноси́ть ⟨-нести́⟩ кому́-н. уничтожа́ющий уда́р; ~ auf ~ уда́р за уда́ром; ein ~ ins Kontor неприя́тный сюрпри́з; mit einem ~e одни́м уда́ром; *übertr* сра́зу; zum ~ ausholen зама́хиваться ⟨-махну́ться 4⟩; ~ drei ро́вно в три; Menschen von besonderem ~e лю́ди осо́бого скла́да; **~ader** *f* арте́рия 8; **~anfall** *m* апоплекси́ческий уда́р 2, апоплекси́я 8

schlagartig внеза́пный, молниено́с|ный, -ен

Schlag|ball *m* мяч для игры́ в лапту́; Spiel лапта́ 6; **~baum** *m* шлагба́ум 2; **~bolzen** *m* уда́рник 2, бо|ёк, -йка́ 2

schlagen *tr* бить* (по-); einen Schlag versetzen ударя́ть ⟨уда́рить 3⟩; besiegen бить (по-), побе|жда́ть ⟨-ди́ть 3, *1. Pers Sg ungebr*, -ждённый⟩; im Wettkampf поби́ть *v*; im Spiel обы́грывать ⟨-ыгра́ть⟩; heraus~ выбива́ть ⟨вы́бить⟩ (aus из *G*); zu Schaum взбива́ть ⟨взбить, взобью́⟩; *intr* ударя́ть ⟨уда́рить 3⟩, бить; gegen etw. stoßen ударя́ться ⟨уда́риться 3⟩ о *A*, би́ться о *A;* Herz, Puls би́ться; Uhr бить (про-; проби́л); Nachtigall щёлк|ать ⟨-нуть *mom* 4⟩; Schachspiel брать* ⟨взять*⟩; sich ~ *refl* raufen дра́ться*; дра́ли́сь (по-), би́ться; kämpfen сража́ться | j-n ins Gesicht ~ бить кого́-н. по лицу́; j-n blutig ~ избива́ть ⟨-|би́ть*, изобью́⟩ кого́-н. до кро́ви; einen Nagel in die Wand ~ вбива́ть ⟨вбить, вобью́⟩ гвоздь в сте́ну; eine Brücke ~ наводи́ть 3⁺ -вожу́ ⟨-|вести́*⟩ мост; Lärm ~ поднима́ть ⟨подня́ть*⟩ шум; sich die Nacht um die Ohren ~ не спать* всю ночь; die Trommel ~ бить в бараба́н; j-n zu Boden ~ вали́ть 3⁺ (по-) кого́-н. на зе́млю; alles kurz und klein ~ перебива́ть ⟨-би́ть⟩ всё (вдре́безги); ich war wie vor den Kopf geschlagen меня́ как [то́чно] о́бухом по голове́ уда́рило; der Blitz hat in den Baum geschlagen мо́лния уда́рила в де́рево; der Vogel schlug mit den Flügeln пти́ца махну́ла кры́льями; nach j-m ~ бить по кому́-н.; um sich ~ бить вокру́г себя́; die Wellen ~ ans Ufer во́лны ударя́ются о бе́рег; es hat drei geschlagen про́би́ло три часа́; dem Glücklichen schlägt keine Stunde счастли́вые часо́в не наблюда́ют; eine geschlagene Stunde warten ждать би́тый час; seine letzte Stunde hat geschlagen проби́л его́ час; die Flammen ~ aus dem Fenster пла́мя [огóнь] выбивáется из окнá; das schlägt nicht in mein Fach э́то не по моéй специáльности; sich an die Brust ~ ударя́ть ⟨-дáрить 3⟩ себя́ в грудь; sich auf j-s Seite ~ переходи́ть 3⁺ -хожу́ ⟨-|йти́*⟩ на чью-н. стóрону; **~d** treffend мéт|кий, -ок, -кá!, -че; überzeugend убеди́тел|ьный, -ен, -ьна | ≈e Wetter *Bergb* гремýчий 11 [рудни́чный] газ 2

Schlager *m* Spitzenleistung гвоздь 1e *Pl* гвóзди (сезóна); *Mus* (мóдная) эстрáдная пéсенка 6 [пéс|ня 7 *G Pl* -ен], шля́гер 2; Ware (мóдный) ходовóй [хóдкий] товáр 2

Schläger *m* Raufbold драчýн 2e; Fechten рапи́ра 6; Tennis ракéтка 6; Hockey клю́шка 6; Schlagball битá 6; **~ei** *f* дрáка 6 | es kam zu einer ≈ завязáлась дрáка

Schlager|festival *n* фестивáль 1 эстрáдной пéсни; **~sänger** *m* эстрáдный певéц, исполни́тель шля́геров; **~sängerin** *f* эстрáдная певи́ца, исполни́тельница 6 шля́геров; **~sendung** *f* эстрáдный концéрт 2 (по рáдио; *TV* по телеви́дению)

schlagfertig находчи́в:ый; Antwort мéт|кий, -ок, -кá, -че

Schlagfertigkeit *f* нахóдчивость 9; мéткость 9

schlagfest прóчный на удáр

Schlag|gitarre *f* джáзовая гитáра; **~holz** *n* bei Spielen лаптá 6, битá 6; **~instrument** *n* удáрный инструмéнт; **~kraft** *f* удáрная си́ла; **~licht** *n*: ein ≈ werfen auf бросáть ⟨брóсить⟩ я́ркий свет на *A*; **~loch** *n* вы́боина 6; **~mann** *m* Rudern загребнóй *Subst* 10; **~ring** *m* кастéт 2; **~sahne** *f* сли́вки для сбивáния; geschlagen сби́тые сли́вки; **~seite** *f Mar* крен 2 | ≈ bekommen крени́ться 3 (на-) (нáбок); ≈ haben нетвёрдо держáться на ногáх; **~werk** *n* in Uhren механи́зм 2 бóя | eine Standuhr mit ≈ часы́ с бóем; **~wort** *n* Losung лóзунг 2; Phrase, Gemeinplatz óбщая 11 [банáльная] фрáза 6, клишé *n idkl* | mit ≈en um sich werfen говори́ть 3 лóзунгами, говори́ть [óбщими] фрáзами; **~wortregister** *n* предмéтный указáтель; **~zeile** *n* крýпный заголóв|ок, -ка 2 | ≈n machen стать* *v* газéтной сенсáцией; **~zeug** *n* удáрные инструмéнты *Pl* 2; **~zeuger** *m* удáрник 2

Schlamm *m* in Gewässern ил 2; Algen- ти́на 6; auf Wegen грязь 9; в грязи́; **~bad** *n* грязевáя вáнна; **~boden** *m* и́листая пóчва

schlammig Gewässer и́лист:ый; Boden вя́з|кий, -ок, -кá!, -че; Weg гря́з|ный, -ен, -нá, -но, гря́зны

Schlämmkreide *f* отмýченный мел

Schlammpackung *f* грязевóе укýтывание

Schlamperei *f* неря́шливость 9; Nachlässigkeit небрéжность 9

schlampig неря́шлив:ый; небрéж|ный, -ен

Schlange *f* змея́ 7c; Reihe óчередь 9g, хвост 2e *umg* | (in der) ~ stehen стоя́ть в óчереди (nach за *I*)

schlängeln, sich *refl* Weg изви́ваться ⟨-ви́ться*, -вилáсь⟩

Schlangen|beschwörer *m* заклинáтель 1 змей; **~biß** *m* змеи́ный укýс

schlangenförmig змееви́д|ный, -ен

Schlangen|gift *n* змеи́ный яд; **~leder** *n* змеи́ная кóжа; **~linie** *f* изви́листая ли́ния; **~mensch** *m* Akrobat «гуттапéрчевый» человéк

schlank стрó|йный, -ен, -йна!; Glieder; Gegenstände тóн|кий, -ок, -кá!, -ьше

Schlankheit *f* стрóйность 9

Schlankheits|diät *f* диéта для похудéния; **~kur** *f* лечéние от ожирéния

schlankweg *Adv* нарями́к, без обинякóв; ablehnen наотрéз

schlapp вя́л:ый, слáб:ый, -á, -о, слáбы́ | ich bin ~ *umg* я вы́дохся, я бóльше не могý

Schlappe *f* неудáча 6 | eine ~ erleiden терп|éть 3⁺ -лю́ (по-) неудáчу [поражéние]

Schlappheit *f* вя́лость 9, слáбость 9

schlappmachen *intr umg* выбивáться ⟨вы́|биться*⟩ из сил, выдыхáться ⟨вы́дохнуться 4a⟩ | du darfst jetzt nicht ~! сейчáс нельзя́ сдавáться!

Schlappschwanz *m* тря́пка 6, шля́па *m* 6

Schlaraffenland *n* странá с молóчными рекáми и кисéльными берегáми

schlau хи́трый, хит|ёр, -рá!, лукáв:ый; durchtrieben продувнóй | ein ~er Fuchs хитрéц 2e; ~ sein хитри́ть 3(с-); aus ihm wird man nicht ~ егó не поймёшь, в нём не разберёшься

Schlauberger *m* хитрéц 2e

Schlauch *m* шланг 2, рукáв 2e *Pl* -á, -óв; Auto, Fahrrad кáмера 6; **~boot** *n* надувнáя лóдка

schlauchlos: ~er Reifen бескáмерная ши́на

schlauerweise *Adv* хи́тро, с хи́тростью

Schlaufe *f* пéт|ля 7 *G Pl* -ель

Schlauheit *f* хи́трость 9, лукáвство 4

Schlaumeier *m* хитрéц 2e

schlecht 1. *Adj* плох:óй, -á!, хýже, дурнóй, дýр|ен, -нá, -но, дýрны́, a. Geschmack, Geruch; Gedächtnis, Ernte плохóй | ~es Wetter плохáя [сквéрная] погóда; ~e Angwohnheiten дурны́е привы́чки; ~er Mensch плохóй [сквéрный] человéк; das ist ~ э́то нехорошó; ~ werden пóртиться 3 (ис-); es wurde ihm ~ емý сдéлалось хýдо [плóхо] **2.** *Adv*: er fühlt sich sehr ~ ему́ óчень плóхо; er hört ~ он хýдо слы́шит; es geht ihm ~ егó делá плóхи, ему́ трýдно живётся; das wird dir ~ bekommen от э́того тебé добрá не бýдет; er staunte nicht ~ он немáло удиви́лся; es steht ~ um dich твои́ делá плóхи; твоё дéло дрянь *umg*; ~ wegkommen bei etw. о|ставáться* ⟨-|стáться*⟩ в убы́тке при чём-н.; sich ~ und recht durchs Leben schlagen жить* скрóмно и чéстно; кое--кáк [с грехóм пополáм] пробивáться ⟨-би́ться⟩; bei j-m ~ angeschrieben sein быть у когó-н. на плохóм счетý

schlecht|gelaunt не в дýхе, в плохóм настроéнии; **~hin** *Adv* прóсто

Schlechtigkeit *f* ни́зость 9, пóдлость 9 | eine ~ begehen соверш|áть ⟨-и́ть 3⟩ пóдлость [дурны́е постýпки *Pl* 2]

schlechtmachen *tr* черни́ть 3 (о-), поно|си́ть 3⁺ -шý; verleumden клеветáть* (на-) на *A*

Schlechtwetterperiode *f* полосá 6 плохóй погóды

Schlegel *m* Hammer колотýшка 6; Trommelstock пáлочка 6 барабáна

Schlehdorn *m* тёрн 2, тернóвник 2

schleichen *intr* langsam gehen ползти́* (по-); leise gehen крáсться* (про-) | der Fuchs schleicht nach Beute лиси́ца крадётся за добы́чей; die Zeit schleicht врéмя ползёт; sich in j-s Vertrauen ~ вкрáдываться ⟨-крáсться⟩ в чьё-н. довéрие; **~d** leise gehend крáдущийся 11; Gang тяжёлый; Krise затяжнóй; langsam wirkend мéдленно дéйствующий 11 | ≈e Diskussion затянýвшаяся 11 дискýссия; ≈es Fieber изнури́тельная лихорáдка; ≈e Inflation ползýчая 11 инфля́ция

Schleich|handel *m* торгóвля из-под полы́; **~weg** *m*: auf ≈en vorgehen идти́* [дéйствовать 2] окóльными путя́ми [ти́хой сáпой]

Schleie *f* линь 1e

Schleier *m* вуáль 9; Braut~ фатá 6 | den ~ von etw. lüften снимáть ⟨снять*⟩ покрóв с чегó-н., приподнимáть ⟨-|подня́ть*⟩ завéсу над чем-н.; unter dem ~ der Nacht под покрóвом нóчи; **~eule** *f* сипýха 6

schleierhaft тумáн|ный, -ен, -на, таинствен:ный, -на | das ist mir ~ э́то для меня́ загáдка

Schleife *f* Schlinge, Windung пéт|ля 7 *G Pl* -ель; Band бант 2 | eine ~ binden завя́зывать ⟨-|вязáть*⟩ бант; das Band zu einer ~ binden завя́зывать ⟨-вязáть⟩ лéнту бáнтом

¹schleifen *tr* über den Boden ziehen, schleppen таскáть, *best* тащи́ть 3⁺ (по землé), волочи́ть 3⁺ *umg;* Festung срывáть ⟨-|рыть*⟩; *intr* Kleid волочи́ться, тащи́ться (по землé)

²schleifen *tr* schärfen точи́ть 3⁺ (на-); glätten шлифовáть 2 (от-); Edelsteine грани́ть 3; Kupplung проскáльзывать

Schleifer *m* Scheren~ точи́льщик 2; Werkzeug~ шлифóвщик 2; (Edel-)Stein~ грани́льщик 2; **~ei** *f* точи́л|ьня 7 *G Pl* -ен; грани́л|ьня 7 *G Pl* -ен

Schleif|lack *m* шлифовáльный лак; **~lackmöbel** *Pl* лакирóванная мéбель; **~leitung** *f El* контáктный прóвод; **~maschine** *f* шлифовáльный стан|óк, -кá 2; **~mittel** *m* абрази́в 2; **~papier** *n* абрази́вная бумáга; **~scheibe** *f* шлифовáльный круг; **~stein** *m* точи́льный кáмень, точи́ло 4

Schleim *m* слизь 9; *Med* мокрóта 6; Brei (сли́зистый) отвáр 2

schleimen *intr* выделя́ть ⟨вы́делить 3⟩ слизь

Schleimhaut *f* сли́зистая оболóчка

schleim|ig сли́зист:ый; **~lösend** растворя́ющий 11 слизь

Schleimsuppe *f* сли́зистый суп

schleißen *tr* Federn щипáть* (о-)

schlemmen *intr* ку|ти́ть 3⁺ -чý, пировáть 2 (по-)

Schlemmer *m* кути́ла *m* 6 | ein ~ sein люб|и́ть 3⁺-лю́ попировáть

schlendern *intr* (не спешá) бро|ди́ть 3⁺ -жý, *best* брести́, плести́сь*

Schlendrian *m* bürokratischer волоки́та 6 *umg*; Schlamperei халáтность 9 | am alten ~ festhalten слéдовать 2 рути́не, слéдовать раз заведённому поря́дку

schlenkern *intr* mit den Beinen болтáть *I*; mit den Armen размáхивать *I*

Schleppdampfer *m* букси́р 2, букси́рный парохóд

Schleppe *f* am Kleid шлейф 2

schleppen *tr* тащи́ть 3⁺ (о-), *unbest* таскáть, волочи́ть 3⁺ *umg*; im Schlepptau букси́ровать 2 a. Kraftfahrzeuge; *intr* волочи́ться; sich ~ *refl* тащи́ться, плести́сь* | das Kleid schleppt плáтье волóчится пó полу; sich mit Gepäck ~ мýчиться 3 с багажóм; ich konnte mich kaum ~ я едвá тащи́лся; **~d** zögernd медли́тел|ьный, -ен, -ьна; Abfertigung мéдленный; Unterhaltung вя́л:ый; Gang тяж|ёлый, -ёл, -елá

Schlepper *m* тягáч 2е, трáктор 2; Schleppdampfer букси́р 2, букси́рный парохóд 2

Schlepp|kahn *m* бáржа 6 *G Pl* барж, барж|á 6 *G Pl* -éй; **~lift** *m* Ski букси́рóвочная канáтная дорóга 6; **~netz** *n* трал 2 | mit dem ≈ fischen трáлить 3; **~netzfischerei** *f* трáлов|ый лов; **~start** *m* *Flugw* взлёт на букси́ре; **~tau** *n* букси́рный канáт [трос] | j-n ins ≈ nehmen брать* ⟨взять*⟩ кого́-н. на букси́р; **~zug** *m Mar* букси́рный карава́н 2

Schlesien Силе́зия 8

Schleswig-Holstein Шле́звиг-Го́льштейн 2

Schleuder *f hist* Hand~ праща́ 6; Wurfgerät катапу́льта 6; Kinder~ рога́тка 6; *Tech* центрифу́га 6; Wäsche~ центробе́жная суши́лка 6 для белья́; **~ball** *m* мяч с пе́тлей; **~brett** *n* подкидна́я доска́, трампли́н 2; **~gefahr** *f Kfz* опа́сность зано́са; **~honig** *m* очи́щенный мёд

schleudern *tr* (с си́лой) броса́ть ⟨бро́|сить 3 -шу⟩, кида́ть ⟨ки́нуть 4⟩; *Tech* центрифуги́ровать *uv, v* 2; Wäsche выжима́ть ⟨вы́|жать¹*⟩ бельё в центрифу́ге; Honig очища́ть ⟨очи́|стить 3 -щу⟩; *intr Kfz* заноси́ть 3⁺ ⟨-|нести́*⟩ | der Wagen schleuderte маши́ну занесло́ [заноси́ло]

Schleudern *n Kfz* зано́с 2 | das Auto geriet ins ~ маши́ну занесло́

Schleuder|preis *m* бро́совая *oder* де́мпинговая [дэ] цена́ | zu ≈en verkaufen про|дава́ть* ⟨про|да́ть*⟩ за бесце́нок [по бро́совым це́нам]; **~sitz** *m Flugw* катапульти́руемое сиде́нье

schleunigst *Adv* как мо́жно скоре́е, неме́дленно

Schleuse *f* шлюз 2; für Abwässer водоотво́дный кана́л 2, водосто́к 2

Schleusen|kammer *f* шлю́зная ка́мера; **~tor** *n* шлю́зные [шлюзовы́е] воро́та

Schliche *m Pl*: alle ~e kennen знать все уло́вки; j-m hinter die ~e kommen раскрыва́ть ⟨-|кры́ть*⟩ чьи-н. за́мыслы [интри́ги]

schlicht прост:о́йˌ -а́ˌ -оˌ про́сты́ˌ про́ще; bescheiden скро́м|ныйˌ -енˌ -на́!; Frisur гла́д|кийˌ -окˌ -ка́!

schlichten *tr* Streit ула́|живать ⟨-дить 3 -жу⟩; Gewebe сгла́|живать ⟨-дить 3 -жу⟩; *Tech* шлихтова́ть 2; Metall a. обта́чивать ⟨-точи́ть 3⁺⟩

Schlicht|heit *f* простота́ 6; Bescheidenheit скро́мность 9; **~hobel** *m* фуга́н|окˌ -ка 2, шли́фтик 2; **~ung** *f* ула́живание 5

Schlichtungs|ausschuß *m* трете́йская коми́ссия; **~kommission** *f* согласи́тельная коми́ссия; **~verfahren** *n* трете́йское разбира́тельство 4, согласи́тельная процеду́ра 6

Schlick *m* вя́зкий ил 2, ти́на 6

schließen *tr* закрыва́ть ⟨-|кры́ть*⟩; geräuschvoll захло́пнуть *v* 4; zuschließen запира́ть ⟨запере́ть*⟩; *El* Kontakt зам|ыка́ть ⟨-кну́ть 4⟩; Geschäfte, Post закрыва́ть ⟨-кры́ть⟩; beenden конча́ть ⟨ко́нчить 3⟩, зака́нчивать ⟨-ко́нчить⟩; Bündnis, Ehe, Vertrag заключ|а́ть ⟨-и́ть 3⟩; Reihen смыка́ть ⟨сомкну́ть 4⟩; *intr* Geschäft, Ausstellung закрыва́ться ⟨-кры́ться⟩; zu Ende sein конча́ться ⟨ко́нчиться⟩; folgern де́лать ⟨с-⟩ вы́вод [заключе́ние], заключ|а́ть ⟨-и́ть⟩ (aus из *G*); sich ~ *refl* закрыва́ться ⟨-кры́ться⟩; *El* зам|ыка́ться ⟨-кну́ться⟩ | eine Ehe ~ вступ|а́ть ⟨-и́ть 3⁺ -лю́⟩ в брак; die Tür schließt von selbst дверь закрыва́ется сама́; von sich auf andere ~ су|ди́ть 3⁺ -жу́ по себе́ о други́х; Freundschaft ~ подружи́ться *v* 3; in die Arme ~ заключ|а́ть ⟨-и́ть⟩ в объя́тия; an den Vortrag schloß sich eine Aussprache по́сле докла́да состоя́лись пре́ния

Schließfach *n* Post абонеме́нтный (почто́вый) я́щик 2; Bank абонеме́нтный сейф 2

schließlich *Adv* наконе́ц, в конце́ концо́в

Schließ|muskel *m* сфи́нктер 2; **~ung** *f* закры́тие 5; Vertrag, Ehe заключе́ние 5

Schliff *m* Glas шлифо́вка 6 *a. übertr;* Messer то́чка 6; Edelstein огра́нка 6; in Gebackenem зака́л 2; Anstand хоро́шие мане́ры *Pl* 11–6 | einer Sache den letzten ~ geben наводи́ть 3⁺ -вожу́ ⟨-|вести́*⟩ после́дний лоск на что-н.; damit wirst du ~ backen э́то де́ло пропа́щее

schlimm 1. *Adj* плох:о́йˌ -а́!ˌ ху́жеˌ наиху́дший 11; Folgen, Angewohnheit дурно́йˌ ду́р|енˌ -на́ˌ -ноˌ ду́рны́; Krankheit больно́йˌ бо́ленˌ больна́ˌ больны́ | ~e Verhältnisse плохи́е [тяжёлые] усло́вия; er hat einen ~en Finger у него́ боли́т па́лец; der ~ste Feind зле́йший 11 враг **2.** *Adv* пло́хо | seine Sache steht ~ его́ де́ло обсто́ит пло́хо, его́ де́ло дрянь *umg*; das ist nicht so ~ э́то не беда́; das ist gerade das Schlimme! вот э́то и пло́хо!

schlimmstenfalls *Adv* в ху́дшем [кра́йнем] слу́чае

Schlinge *f* пе́т|ля 7 *G Pl* -ель; *Med* пе́ревязь 9; Fang~ сил|о́кˌ -ка́ 2 | den Arm in der ~ tragen носи́ть ру́ку на пе́ревязи; ~n legen ста́в|ить 3 -лю ⟨по-⟩ силки́; sich aus der ~ ziehen вывёртываться ⟨вы́вернуться 4⟩ (из затрудни́тельного положе́ния), выпу́тываться ⟨вы́путаться⟩ из беды́

Schlingel *m* сорван|е́цˌ -ца́ 2, озорни́к 2e

¹schlingen *tr* обвива́ть ⟨-|ви́ть*, обовью́⟩ (um *I*); umbinden обвя́зывать ⟨-|вяза́ть*⟩; sich ~ *refl* ви́ться; ви́лись (um вокру́г *G*) | sie schlang die Arme um seinen Hals она́ обвила́ его́ ше́ю; die Bohnen ~ sich um die Stangen бобы́ вью́тся вокру́г па́лок

²schlingen *tr u. intr* gierig schlucken жа́дно глот|а́ть ⟨-ну́ть *mom* 4⟩

Schlingpflanze *f* выю́щееся 11 расте́ние

schlingern *intr Mar* испы́тывать ⟨-пыта́ть⟩ бокову́ю [бортову́ю] ка́чку

Schlips *m* га́лстук 2

Schlitten *m* Pferde~ сáн|и, -éй *Pl* 1g; Renn~, Rodel~ сáн|ки, -ок *Pl* 6; kleiner Hand~ салáз|ки, -ок *Pl* 6; Hunde- oder Rentier~ нáрты *Pl* 6; *Tech* сýппорт 2, салáзки | mit dem ~ fahren éхать в [на] санях [сáнках]; ~ fahren катáться на сáнках [санях, салáзках]; unter den ~ kommen опу|скáться ⟨-сти́ться 3⁺ -щýсь⟩ (на дно); **~fahrt** *f* ездá [катáние 5] на санях [сáнках]; **~kufe** *f* (сáнный) пóлоз; **~partie** *f* катáние 5 [прогýлка 6] на санях [сáнках]

Schlittschuh *m* кон|ёк, -ькá 2 | ~ laufen катáться (по-) на конькáх; **~laufen** *n* катáние 5 на конькáх; **~läufer** *m* конькобéж|ец, -ца 2; **~läuferin** *f* конькобéжка 6; **~sport** *m* конькобéжный спорт

Schlitz *m* Kleidung разрéз 2, прорéз 2; Hose прорéха 6; Brief-, Geldeinwurf отвéрстие 5, шель 9g; Spalt bei Fenster, Tür щель; **~auge** *n* раскóсый глаз

schlitzäugig с косы́м разрéзом глаз

schlitzen *tr* прорéзывать ⟨-|рéзать*⟩, разрезáть ⟨-рéзать⟩

Schlitzverschluß *m Foto* щелевóй затвóр

schlohweiß белоснéжный, бéлый как лунь

Schloß *n* Burg зáм|ок, -ка 2; Palast двор|éц, -цá 2; Tür~ зам|óк, -кá 2; Gewehr~ затвóр 2 | die Tür fiel ins ~ дверь захлóпнулась; hinter ~ und Riegel sitzen сидéть за решёткой; hinter ~ und Riegel halten держáть под замкóм

Schlößchen *n* Gebäude мáленький зáм|ок, -ка 2

Schlosser *m* слéсар|ь 1 *Pl a.* -я́ 1b; **~ei** *f* слесáрная *Subst* 10; **~handwerk** *n* слесáрное ремеслó; **~werkstatt** *f* слесáрная мастерскáя

Schloß|hof *m* двор зáмка [дворцá]; **~park** *m* дворцóвый парк; **~platz** дворцóвая плóщадь

Schlot *m* дымовáя трубá 6c | rauchen wie ein ~ дым|и́ть 3 -лю́ как (фабри́чная) трубá; **~baron** *m* промы́шленный магнáт 2

schlott[e]rig Kleidung неря́шлив;ый, небрéж|ный, -ен

schlottern *intr* трясти́сь*, дрожáть 3 (vor от *G*)

Schlucht *f* schmales Tal бáлка 6; Gebirgs~ ущéлье 5

schluchzen *intr* рыдáть; verhalten всхли́пывать | laut ~ плáкать навзры́д

Schluchzen *n* рыдáние 5; всхли́пывание 5

Schluck *m* глот|óк, -кá 2 | einen kräftigen ~ tun дéлать (с-) большóй глотóк; **~auf** *m Med* икóта 6; **~beschwerden** *f Pl* затруднéние глотáния | ich habe ≈ мне трýдно глотáть

schlucken *tr u. intr* глот|áть ⟨-нýть *mom* 4⟩ | ich mußte viel ~ *übertr* мне пришлóсь мнóгое проглоти́ть; beim Schwimmen Wasser ~ наглотáться *v* воды́ при плáвании

Schlucken *m* икóта 6 | den ~ haben ик|áть ⟨-нýть *mom* 4⟩

Schlucker *m*: ein armer ~ бедня́к 2e

Schluckimpfung *f* перорáльная вакцинáция 8

schluckweise *Adv:* ~ trinken пить (вы́-) глоткáми

Schluderarbeit *f* небрéжная рабóта, халтýра 6 *umg*

schlud[e]rig небрéж|ный, -ен; unordentlich неря́шлив:ый

schludern *intr* небрéжно [неря́шливо] рабóтать, халтýрить 3 *umg*

Schlummer *m* дремóта 6; Halbschlaf полу|сóн, -снá 2 | in leichtem ~ liegen дремáть*; **~lied** *n* колыбéльная пéсня

schlummern *intr* дремáть*

Schlund *m Anat* глóтка 6; Abgrund прóпасть 9, бéздна 6; Kanone; Krater жерлó 4c *G Pl* жерл

schlüpfen *intr* hineinschlüpfen шмы́гать ⟨шмыгнýть *mom* 4⟩ *umg*, скользнýть *v* 4 (in в *A*); hinausschlüpfen выскáльзывать ⟨вы́скользнуть 4⟩ (aus из *G*); in Kleidungsstücke бы́стро надевáть ⟨-|дéть*⟩ *A*; entgleiten ускáльзывать ⟨ускользнýть 4⟩ | aus dem Ei ~ вылýпливаться ⟨вы́лупиться 3⟩ (из яйцá); durch die Maschen des Gesetzes ~ ускользнýть от правосýдия

Schlüpfer *m* трусы́ *Pl* 2, жéнские трýсики *Pl* 2 *umg*, дáмское трикó *n idkl*

Schlupfloch *n* лазéйка 6, укры́тие 5

schlüpfrig скóльзкий, -ок, -кá!; *übertr a.* сáл|ьный, -ен, -ьна, скабрёз|ный, -ен

Schlupfwinkel *m* убéжище 4, укры́тие 5

schlurfen *intr*: mit den Füßen ~ шáркать ногáми

schlürfen *tr u. intr* (грóмко) хлеб|áть ⟨-нýть *mom* 4⟩; genüßlich trinken потя́гивать

Schluß *m* кон|éц, -цá 2, окончáние 5; Folgerung вы́вод 2, заключéние 5 | gegen, am ~ в концé, к концý; zum ~ abschließend в заключéние; er war am ~ seiner Rede angelangt он закáнчивал свою́ речь; wir machen jetzt ~ мы сейчáс кончáем рабóту; im Geschäft u. ä. мы сейчáс закрывáем; ~ für heute! на сегóдня довóльно [хвáтит]!; ~ machen mit etw. покóнчить *v* 3 с чем-н., закáнчивать ⟨-кóнчить 3⟩ что-н.; mit schlechter Gewohnheit бросáть ⟨брó|сить 3 -шу⟩ что-н.; nach ~ des Unterrichts пóсле урóков; Schlüsse ziehen aus etw. дéлать (с-) вы́воды из чегó-н.; zu dem ~ kommen приходи́ть 3 -хожý ⟨-|йти́*⟩ к вы́воду; **~akte** *f* заключи́тельный акт;

~bemerkung *f* заключи́тельное замеча́ние
Schlüssel *m* ключ 2e *G Pl* -е́й *a. übertr,* Geheim~ шифр 2, код 2 | der ~ zu dieser Tür ключ от э́той две́ри; **~bart** *m* боро́дка ключа́; **~bein** *m* ключи́ца 6; **~blume** *f* при́мула 6, первоцве́т 2; **~bund** *n,m* свя́зка ключе́й
schlüsselfertig: die Wohnungen werden ~ übergeben кварти́ры сдаю́тся гото́выми к заселе́нию
Schlüssel|industrie *f* ключева́я о́трасль 9 промы́шленности; **~loch** *n* замо́чная сква́жина 6 | durchs ≈ sehen смотре́ть 3⁺ в сква́жину; **~ring** *m* кольцо́ для ключе́й; **~stellung** *f* ключева́я пози́ция; **~tasche** *f* футля́р 2 для (свя́зки) ключе́й; **~wort** *n* vereinbartes Wort ко́довое сло́во, ключ 2e ши́фра
schlußfolgern *intr* де́лать (с-) вы́вод [заключе́ние], заключ|а́ть ⟨-и́ть 3⟩ (aus из *G*)
Schlußfolgerung *f* вы́вод 2, заключе́ние 5 (aus из *G*)
schlüssig: sich ~ werden über etw. приня́ть* *v* оконча́тельное реше́ние относи́тельно чего́-н., реш|а́ться ⟨-и́ться 3⟩ на что-н.; sich nicht ~ sein колеба́ться*
Schluß|licht *n Eisenb* сигна́льный фона́рь 1e хвоста́ по́езда; Auto, Motorrad за́дний 11 фона́рь | das ≈ machen быть* после́дним [*Sport* замыка́ющим]; **~mann** *m Sport* замыка́ющий *Subst* 11; **~pfiff** *m Sport* заключи́тельный свисто́к (судьи́); **~runde** *f Sport* фина́л 2; **~stein** *m Bauw* ключево́й ка́мень сво́да; **~strich** *m*: den ≈ unter eine Sache ziehen под|вести́* *v* ито́г како́му-н. де́лу, подвести́ черту́ под каки́м-н. де́лом [счётом]; **~szene** *f Theat* заключи́тельная сце́на; **~verkauf** *m* сезо́нная распрода́жа 6; **~wort** *n* заключи́тельное сло́во
Schmach *f* позо́р 2, стыд 2e | ~ und Schande! стыд и позо́р [срам]!; j-m eine ~ antun позо́рить 3 (о-) кого́-н., срам|и́ть 3 -лю́ (о-) кого́-н.
schmachten *intr* Leid ertragen том|и́ться 3 -лю́сь (im Kerker в тюрьме́); sich sehnen тоскова́ть 2 (nach по *P u. D*); dürsten жа́ждать* (nach *G*)
schmachtend Blick то́м|ный, -ен, -на́!
schmächtig щу́пл:ый, -а́!, худ:о́й, -а́!; худе́е, худоща́в:ый
schmachvoll позо́р|ный, -ен, посты́д|ный, -ен
schmackhaft вку́с|ный, -ен, -на́, -но, вку́сны́ | j-m etw. ~ machen де́лать (с-) что-н. приє́млемым для кого́-н.; das Essen ist ~ zubereitet еда́ вку́сно пригото́влена
schmähen *tr* поно|си́ть 3⁺ -шу́
schmählich позо́р|ный, -ен, посты́д|ный, -ен
Schmäh|schrift *f* памфле́т 2, па́сквиль 1; **~ung** *f* оскорбле́ние 5, поноше́ние 5;
schmal у́з|кий, -ок, -ка́, -ко, у́зки́; у́же; dünn то́н|кий, -ок, -ка́!; то́ньше; *übertr* ску́д|ный, -ен, -на́!
schmälern *tr* Einkünfte, Ration, Genuß уменьша́ть ⟨-ме́ньши́ть 3⟩; Rechte, Interessen ущем|ля́ть ⟨-и́ть 3⟩ -лю́ | j-s Verdienste ~ умал|я́ть ⟨-и́ть 3⟩ чьи-н. заслу́ги; j-s Rechte уре́зывать ⟨-|ре́зать*⟩ чьи-н. права́
Schmälerung *f* Verdienste умале́ние 5; Rechte, Interessen ущемле́ние 5
Schmalfilm *m* узкоплёночный фильм; **~kamera** *f* узкоплёночная (кино)ка́мера
Schmalhans *m*: dort ist ~ Küchenmeister там живу́т впро́голодь
Schmalspur *f* у́зкая колея́ 7; **~bahn** *f* узкоколе́йная желе́зная доро́га 6, узкоколе́йка 6 *umg*
schmalspurig узкоколе́йный
[1]**Schmalz** *n* топлёное са́ло 4, сма́л|ец, -ьца 2
[2]**Schmalz** *m* сверхсентимента́льность [сэ] 9 | ein Lied mit ~ (сверх)сентимента́льная пе́сня
Schmalzfleisch *n* консерви́рованная тушёнка (с жи́ром)
schmalzig са́льный; *übertr* (сверх)сентимента́льный [сэ]; Stimme слаща́в:ый
schmarotzen *intr* жить* на чужо́й счёт, дармое́дничать *umg; Biol* паразити́ровать 2
Schmarotzer *m* паразі́т 2, дармое́д 2 *umg; Biol* паразі́т 2
schmarotzerhaft паразити́ческий; *Biol a.* паразі́тный, паразити́рующий 11
Schmarotzertum *n* паразити́зм 2, дармое́дство 4
Schmarre *f* шрам 2, руб|е́ц, -ца́ 2; **~n** *m*: das geht dich einen ≈ an э́то не твоё де́ло
schmatzen *intr* beim Küssen чмо́к|ать ⟨-нуть *mom* 4⟩; beim Essen ча́вк|ать ⟨-нуть *mom* 4⟩
Schmaus *m* пир 2b, в, на пиру́
schmausen *intr* пирова́ть 2
schmecken *tr* про́бовать 2 (по-), отве́д|ывать ⟨-ать⟩; *intr* от|дава́ть* (nach *I*), име́ть вкус *G*; j-m нра́виться 3 *D* | die Suppe schmeckt mir nicht суп мне не нра́вится; in diesem Kuchen schmeckt man die Eier заме́тно, что в э́том пироге́ есть я́йца; der Tee schmeckt nach Fisch чай отдаёт [отзыва́ет] ры́бой; das schmeckt nach mehr э́то так вку́сно, что хо́чется ещё, э́то хо́чется повтори́ть; das schmeckt gut э́то вку́сно; das

schmeckt süß э́то име́ет сла́дкий вкус; das schmeckt nicht [nach nichts] э́то невку́сно; diese Arbeit schmeckt ihr nicht э́та рабо́та ей не по вку́су; sich's gut ~lassen есть* с больши́м аппети́том, уго|-ща́ться ⟨-сти́ться 3 -щу́сь⟩ (на сла́ву)
Schmeichelei *f* лесть 9 | j-m ~en sagen ль|сти́ть 3 -щу (по-) кому́-н.
schmeichelhaft ле́ст|ный, -ен
schmeicheln *intr* ль|сти́ть 3 -щу (по-) | sie war sehr geschmeichelt она́ была́ о́чень польщена́; es schmeichelte ihm э́то ему́ льсти́ло
Schmeichler *m* льсте́ц 2e; **~in** *f* льсти́ца 6
schmeichlerisch льсти́в:ый, вкра́дчив:ый, уго́длив:ый
schmeißen *tr umg* броса́ть ⟨бро́|сить 3 -шу⟩, швыр|я́ть ⟨-ну́ть *mom* 4⟩
Schmeißfliege *f* наво́зная му́ха
Schmelz *m* эма́ль 9; Zahn эма́ль; Glanz блеск 2 | eine Stimme von wunderbarem ~ го́лос чуде́сного те́мбра
schmelzbar пла́в|кий, -ок, -ка
Schmelzbutter *f* топлёное ма́сло
schmelzen *tr* Metall, Glas пла́в|ить 3 -лю (рас-); zerlassen топ|и́ть 3⁺ -лю́ (рас-); *intr* пла́виться (рас-); tauen та́|ять, -ет (рас-); zergehen топи́ться (рас-) | der Schnee schmilzt unter der Sonne снег та́ет под луча́ми со́лнца; **~d** *Mus* мелоди́ч|ный, -ен
Schmelzer *m* плави́льщик 2
Schmelz|hütte *f* (чугуно)плави́льный заво́д 2; **~käse** *m* пла́вленый сыр; **~ofen** *m* плави́льная печь; **~punkt** *m* то́чка плавле́ния; **~temperatur** *f* температу́ра плавле́ния; **~wasser** *n* та́лая вода́
Schmer *m, n* свино́е са́ло 4; **~bauch** *m* пу́зо 4 *umg*, брюшк|о́ 4 *Pl* -и́ 2 *umg*; Person челове́к с брюшко́м
Schmerz *m* körperlicher боль 9; seelischer боль, го́ре 3, скорбь 9*g*, страда́ние 5 | vor ~ от бо́ли; j-n mit ~en erwarten всей душо́й ждать* кого́-н.; sich dem ~ hingeben пре|дава́ться* ⟨преда́ться*, пред|а́лся, -але́сь⟩ го́рю [страда́ниям]; ~ empfinden испы́тывать ⟨-пыта́ть⟩ боль; wo haben Sie ~en? что у вас боли́т?; in tiefstem ~ vor dem Grab oder Toten stehend в глубо́кой ско́рби
schmerz|arm: ≈e Geburt обезбо́ленные ро́ды; **~betäubend** обезбо́ливающий 11
schmerzen *intr* боле́ть 3; dumpf ныть* | mir ~ die Zähne у меня́ боля́т зу́бы; es schmerzt mich, daß ... меня́ огорча́ет [мне бо́льно], что ...
Schmerzens|geld *n* (де́нежное) возмеще́ние 5 за причинённое теле́сное поврежде́ние [за нематериа́льный] вред; **~kind** *n übertr* предме́т 2 постоя́нных забо́т
Schmerzgefühl *n* чу́вство бо́ли
schmerz|haft **1.** *Adj* боле́знен:ный, -на **2.** *Adv* бо́льно; **~lich** мучи́тел|ьный, -ен, -ьна *a. übertr* | ein ≈er Verlust чувстви́тельная поте́ря; von etw. ≈ berührt sein быть бо́льно заде́тым чем-н.; **~lindernd** болеутоля́ющий 11; **~los** безболе́знен:ный, -на | kurz und ≈ без церемо́ний, бы́стренько
Schmerzlosigkeit *f* безболе́зненность 9
schmerzstillend болеутоля́ющий 11
Schmerztablette *f* болеутоля́ющая 11 табле́тка
Schmetter|ball *m Sport* смэш 2; **~ling** *m* ба́бочка 6, мотыл|ёк, -ька́ 2; *Sport* баттерфля́й 1
Schmetterlingsschwimmen *n* пла́вание сти́лем баттерфля́й
schmettern *tr* с си́лой броса́ть ⟨бро́|сить 3 -шу⟩, швыр|я́ть ⟨-ну́ть *mom* 4⟩ *umg;* Lied петь* (с-); *intr* Trompete греме́ть 3, оглуши́тельно звуча́ть 3; Tischtennis ударя́ть ⟨уда́рить 3⟩ си́льным смэ́шем | j-n zu Boden ~ швыря́ть кого́-н. на зе́млю, сра|жа́ть ⟨-зи́ть 3 -жу́⟩ кого́-н.
Schmied *m* кузне́ц 2e
schmiedbar ко́в|кий, -ок, -ка́!
Schmiede *f* Handwerksbetrieb ку́зница 6 *a. übertr*; eines Betriebes кузне́чный цех 2, *a.* в цеху́; **~eisen** *n* ко́вкое желе́зо
schmiedeeisern ко́ваного желе́за
Schmiedehammer *m* кузне́чный мо́лот
schmieden кова́ть* *a. übertr* | Pläne [Ränke] ~ стро́ить пла́ны [ко́зни]; Verse ~ плести́ (с-) ри́фмы; man muß das Eisen ~, solange es heiß ist куй желе́зо, пока́ горячо́
Schmiege *f* Zollstock складно́й метр 2
schmiegen, sich *refl* прижима́ться ⟨-|жа́ться¹*⟩ (an к *D*); eng anliegen облега́ть (an, um к *D*)
schmiegsam ги́б|кий, -ок, -ка́!; Charakter пода́тлив:ый
Schmiere *f* Schmiermittel мазь 9, сма́зка 6; Schlamm гряз|ь 9 *P a.* -и́ | ~ stehen стоя́ть на стрёме
schmieren *tr* ма́зать* (на-, по-); ölen сма́зывать ⟨-ма́зать⟩; bestechen подма́зывать ⟨-ма́зать⟩ *A*, дава́ть* ⟨дать*⟩ взя́тку *D*; *intr* klecksen па́чкать; schlecht schreiben мара́ть (на-) *umg* | Salbe auf die Wunde ~ ма́зать ра́ну ма́зью; Butter aufs Brot ~ нама́зывать ⟨-ма́зать⟩ ма́сло на хлеб, ма́зать хлеб ма́слом; Lehm in die Fugen ~ прома́зать ще́ли гли́ной; j-m eine ~ влепля́ть ⟨влеп|и́ть 3⁺ -лю́⟩ кому́-н. оплеу́ху; es geht wie geschmiert де́ло идёт как по ма́слу
Schmierer *m* minderwertiger Schriftsteller писа́ка *m* 6; **~ei** *f* мазня́ 7
Schmier|fett *n* таво́тная [густа́я] сма́зка 6; **~fink** *m* Mensch mit schlechter

Schrift пачку́н 2е *umg,* пачку́нья 7; schlechter Schriftsteller писа́ка *m* 6; **~geld** *n* взя́тка 6

schmierig schmutzig гря́з|ный, -ен, -на́, -но, грязны́; Mensch a. неопря́т|ный, -ен, нечистопло́т|ный, -ен; ölbeschmiert заса́ленный; Hände са́л|ьный, -ен, -ьна; *übertr* мéрз|кий, -ок, -ка́!

Schmier|käse *m* мя́гкий сыр для нама́зывания; **~öl** *n* сма́зочное ма́сло; **~seife** *f* жи́дкое [зелёное] мы́ло; **~stoff** *m* сма́зочный материа́л, сма́зочное ма́сло 4b *G Pl* ма́сел, сма́зка 6; **~ung** *f* сма́зка 6, сма́зывание 5; **~zettel** *m* бума́жка для чернов́ой за́писи

schmierungsfrei не тре́бующий 11 сма́зки

Schminke *f* (декорати́вная) косме́тика 6; *Theat* грим 2; rote румя́на *Pl* 4

schminken *tr* кра́|сить 3 -шу (на-); ein wenig подкра́|шивать ⟨-сить⟩; mit roter Schminke румя́нить 3 (на-); *Theat* гримирова́ть 2 (на-); sich ~ *refl* кра́ситься (на-), подкра́|шиваться ⟨-ситься⟩; румя́ниться (на-)

Schminktisch *m* гримирова́льный стол

Schmirgel *m* нажда́к 2e

schmirgeln *tr* шлифова́ть 2 (от-) наждако́м

Schmirgelpapier *n* нажда́чная бума́га

Schmiß *m* руб|е́ц, -ца́ 2, шрам 2; Schwung поры́в 2 | da steckt ~ drin в э́том де́ле есть разма́х

schmissig: ~e Musik задо́рная [лиха́я] му́зыка

schmökern *intr umg* viel lesen глота́ть кни́ги, чита́ть запо́ем; Unterhaltungsliteratur почи́тывать развлека́тельные кни́жки

schmollen *intr* ду́ться* (mit на *A*); beleidigt tun надува́ть ⟨-ду́ть⟩ гу́бы

Schmorbraten *m* тушёное мя́со 4

schmoren *tr* туши́ть 3⁺ (с-); *intr* туши́ться (с-), жа́риться 3 | in der Hitze ~ изнемога́ть от жары́

schmuck наря́д|ный, -ен, краси́в:ый

Schmuck *m* Zierde украше́ние 5; Schmucksachen драгоце́нности *Pl* 9; **~blattelegramm** *n* телегра́мма на худо́жественном бла́нке

schmücken *tr* укр|аша́ть ⟨-а́сить 3 -а́шу⟩; mit Schmuck zieren наря|жа́ть ⟨-ди́ть 3⁺ -жу́⟩; sich ~ *refl* наря|жа́ться ⟨-ди́ться⟩ | die Straßen festlich ~ оде́ть у́лицы в пра́здничный наря́д

Schmuckkästchen *n* шкату́лка 6 для драгоце́нностей

schmucklos без украше́ний; einfach прост:о́й, -á, про́сто, про́сты́, про́ще

Schmuck|sachen *f Pl* украше́ния *Pl* 5, драгоце́нности; **~stück** *n* драгоце́нность *Pl* 9; Zierde украше́ние 5; **~waren** *f Pl* ювели́рные изде́лия, украше́ния *Pl* 5; **~warengeschäft** *n* ювели́рный магази́н

Schmuggel *m* контраба́нда 6

schmuggeln *tr* провози́ть 3⁺ -вожу́ ⟨-|везти́*⟩ контраба́ндой; *intr* занима́ться контраба́ндой

Schmuggelware *f* контраба́нда 6, контраба́ндный това́р

Schmuggler *m* контрабанди́ст 2; **~bande** *f* ша́йка контрабанди́стов

schmunzeln *intr* улыба́ться *ohne Objekt*; ухмы|ля́ться ⟨-льну́ться 4⟩ *umg* (über над *I*)

Schmus *m* Geschwätz болтовня́ 7; Schmeichelei лесть 9

schmusen *intr* ласка́ться (mit к *D*) | sie ~ miteinander они́ ласка́ются друг к дру́гу

Schmutz *m* грязь 9; в грязи́; Kehrricht сор 2, му́сор 2 | ~ und Schund амора́льность [грязь 9] (в литерату́ре и иску́сстве); j-n mit ~ bewerfen *übertr* забра́сывать ⟨-броса́ть⟩ кого́-н. гря́зью, черни́ть 3 (о-) кого́-н.; in den ~ treten вта́птывать ⟨-|топта́ть*⟩ в грязь; in den ~ ziehen сме́шивать ⟨смеша́ть⟩ с гря́зью

schmutzabweisend усто́йчив:ый к загрязне́нию; Material непа́чкающийся 11

schmutzen *intr* schmutzig werden грязни́ться 3 (за-), па́чкаться (за-, ис-) | etw. schmutzt leicht что-н. легко́ па́чкается; leicht ~d (о́чень) ма́р|кий, -ок, -ка

Schmutz|fink *m* грязну́ля *m, f* 7, неря́ха *m, f* 6 *umg*; **~fleck** *m* (гря́зное) пятно́

schmutzig гря́з|ный, -ен, -на́, -но, грязны́; unsauber нечи́ст:ый, -á!; *übertr* по́дл:ый, -á!, нече́ст|ный, -ен | ~ machen грязни́ть 3 (за-), па́чкать (за-, ис-); ~ werden грязни́ться 3 (за-), па́чкаться (за-, ис-); ~es Geld нечи́стые де́ньги

Schmutz|literatur *f* порнографи́ческая литерату́ра; **~titel** *m Typ* шмуцти́тул 2; **~zulage** *f* надба́вка 6 за гря́зную рабо́ту

Schnabel *m Zool* клюв 2, нос 2; eines Gefäßes но́сик 2 | den ~ halten держа́ть 3⁺ язы́к за зуба́ми; rede doch, wie dir der ~ gewachsen ist! ну говори́ же, как уме́ешь!; **~tasse** *f* пои́лка 6; **~tier** *n* утко́но́с 2

Schnake *f* долгоно́жка 6

Schnalle *f* пря́жка 6; an Kleidungsstükken застёжка 6

schnallen *tr* прикреп|ля́ть ⟨-и́ть 3 -лю́⟩ ремня́ми (an к *D*); mit Schnalle заст|ёгивать ⟨-егну́ть 4⟩ (пря́жку) | den Riemen enger ~ подтяну́ть *v* 4⁺ поту́же по́яс; sich an den Sitz ~ im Auto, Flugzeug заст|ёгивать ⟨-егну́ть⟩ пристежны́е ремни́

Schnallenschuh *m* ту́фля с пря́жкой

schnalzen *intr* щёлк|ать ⟨-нуть *mom* 4⟩, прищёлк|ивать ⟨-нуть⟩

schnappen *tr* ergreifen хвата́ть ⟨схва|ти́ть 3⁺ -чу́⟩; *intr* sich schließen защёлк|иваться ⟨-нуться 4⟩; Hund хвата́ть ⟨схвати́ть⟩ (nach *A*) | man hat ihn geschnappt его́ сца́пали *umg*; die Tür schnappte ins Schloß дверь защёлкнулась (на замо́к); der Fisch schnappt nach Luft ры́ба глота́ет во́здух; frische Luft ~ подыша́ть *v* 3⁺ све́жим во́здухом

Schnapper *m* am Schloß защёлка 6

Schnapp|rollo *n* автомати́ческая што́ра; **~schloß** *n* пружи́нный замо́к, замо́к с защёлкой; **~schuß** *m* *Foto* момента́льный сни́м|ок, -ка 2

Schnaps *m* кре́пкий спиртно́й напи́т|ок, -ка 2, шнапс 2 | er hat drei Schnäpse getrunken он вы́пил три рю́мки шна́пса; **~brennerei** *f* во́дочный [виноку́ренный] заво́д 2

Schnäpschen *n* рю́мочка 6 кре́пкого [шна́пса], во́дочка 6

Schnaps|glas *n* рю́мка 6, рю́мочка 6; **~idee** *f* ди́кая иде́я; **~nase** *f* кра́сный нос

schnarchen *intr* храп|е́ть 3 -лю́

Schnarch|en *n* храпе́ние 5, храп 2; **~er** *m* храпу́н 2e

schnarren *intr* треща́ть 3 | der Specht schnarrt дя́тель трещи́т; eine ~de Stimme дребезжа́щий 11 го́лос

Schnatterliese *f* болту́нья 7

schnattern *intr* Gänse гог|ота́ть, -о́чет; Enten кря́к|ать ⟨-нуть *mom* 4⟩; plappern треща́ть 3, болта́ть

schnauben *intr* Pferd фы́рк|ать ⟨-нуть *mom* 4⟩; Person, Zug пых|те́ть 3 -чу́ | vor Wut ~ быть* вне себя́ от я́рости; (sich) die Nase ~ смо́рка́ться ⟨вы́-⟩

schnaufen *intr* Person, Zug пых|те́ть 3 -чу́; von Tieren храпе́ть 3 | vor Anstrengung ~ пыхте́ть от напряже́ния

Schnauzbart *m* усы́ *Pl* 2

Schnauze *f* мо́рда 6; Igel, Schwein ры́ло 4; an Gefäßen но́сик 2 | halt die ~! *derb* заткни́ гло́тку!

schnauzen *intr* гро́мко брани́ться 3, ора́ть*

Schnecke *f* ули́тка 6 *a. Anat*; Frisur ба́ра́нка 6; *Tech* червя́к 2e; Förder~ шнек 2 | wie eine ~ kriechen ползти́ как черепа́ха

schneckenförmig улиткообра́зный

Schnecken|gehäuse *n* ра́ковина 6 ули́тки; **~getriebe** *n* червя́чная переда́ча; **~haus** *n* ра́ковина 6 ули́тки; **~tempo** *n* черепа́ший шаг 12-2 | im ≈ черепа́шьим ша́гом

Schnee *m* снег 2b *G a.* -у; снегу́, *Pl* -а́; geschlagenes Eiweiß взби́тые белки́ *Pl* 2 | viel ~ мно́го сне́га [сне́гу], auf Feldern u. ä. снега́ *Pl*

Schneeball *m* снеж|о́к, -ка́ 2, сне́жный ком|о́к, -ка́; *Bot* кали́на 6; **~schlacht** *f* игра́ 6c в снежки́ | eine ≈ machen игра́ть в снежки́

schnee|bedeckt покры́тый [занесённый] сне́гом; **~blind** ослеплённый бле́ском сне́га

Schnee|decke *f* сне́жный покро́в; **~fall** *m* снегопа́д 2; **~flocke** *f* снежи́нка 6; **~fräse** *f* [(шне́ко-)ро́торный] снегоочисти́тель 1

schneefrei бессне́жный, свобо́дный от сне́га

Schnee|gestöber *n* мете́ль 9, вью́га 6; starkes пурга́ 6; **~glöckchen** *n* подсне́жник 2; **~grenze** *f* снегова́я ли́ния 8; **~hase** *m* беля́к 2e; **~höhe** *f* толщина́ 6 снегово́го покро́ва; **~huhn** *n* бе́лая куропа́тка 6; **~hütte** *f* до́мик 2 из сне́га; der Eskimos и́глу *n idkl*

schneeig покры́т:ый сне́гом, засне́женный

Schnee|kette *f* Auto цепь 9 про́тив скольже́ния; **~könig** *m*: er freut sich wie ein ≈ он не по́мнит себя́ от ра́дости; **~lader** *m* снегопогру́зчик 2; **~mann** *m* сне́жная ба́ба 6 | einen ≈ bauen леп|и́ть 3⁺ -лю́ (с-) сне́жную ба́бу; **~matsch** *m* сля́коть 9, снежура́ 6 **~pflug** *m* снегоубо́рочный плуг, (плу́жный) счегоочисти́тель 1; Skilauf спуск 2 плу́гом; **~schippe** *f* (деревя́нная) лопа́та для убо́рки сне́га; **~schläger** *m* муто́вка 6 (для взбива́ния белко́в), сбива́лка 6;**~schmelze** *f* та́яние 5 сне́га;**~schuh** *m* лы́жа 6

schneesicher: eine ~e Gegend ме́стность, где снег лежи́т всю зи́му

Schnee|sturm *m* мете́ль 9, сне́жная бу́ря 7, бура́н 2; **~treiben** *n* вью́га 6; **~verhältnisse** *n Pl* снегов́ые усло́вия *Pl* 5; **~verwehung** *f* сне́жный зано́с 2 [зава́л 2] | meterhohe ≈en метро́вые сугро́бы *Pl* 2; **~wasser** *n* та́лый снег; **~wehe** *f* (сне́жный) сугро́б 2

schneeweiß белосне́ж|ный, -ен | ~es Haar седы́е как снег во́лосы

Schnee|wittchen *n* Снегу́рочка 6; **~zaun** *m* снегозаде́рживающие щиты́ *Pl* 11–2e

Schneid *m* молодцева́тость 9; Draufgängertum у́даль 9 | ~ haben быть* молодцева́тым [энерги́чным]; keinen ~ haben быть вя́лым [неэнерги́чным]; **~brenner** *m* реза́к 2e

Schneide *f* ле́звие 5, остри|ё 3 *G Pl* -ёв; Fräser ре́жущая кро́мка 11-6

schneiden *tr* ре́зать* (раз-); eine best. Menge, in Teile нареза́ть ⟨-ре́зать⟩ *a. Tech*; Haare, Nägel стричь* (о-, об-); Rasen, Bäume, Haare подстрига́ть ⟨-стри́чь⟩; *Math* пересека́ть; *Sport* ре́зать (с-); *Med* ре́зать, вскрыва́ть ⟨-|кры́ть*⟩; опери́ровать *uv, v* 2; *übertr* умы́шленно игнори́ровать *uv, v* 2; *intr* ре́зать; sich ~

refl порéзаться *v* (an o *A*); обрезáться ⟨-рéзаться⟩; sich kreuzen пересекáться, перекрéщиваться | Grimassen ~ кóрчить 3 рóжи [гримáсы]; in Stücke ~ разрезáть ⟨-рéзать⟩ на кускú; das Messer schneidet nicht нож не рéжет; sich in den Finger ~ порéзать [обрéзать] (себé) пáлец; sich ins eigene Fleisch ~ на|кáзывать ⟨-|казáть*⟩ самогó себя́; eine Kurve ~ *Kfz* рéзать (с-) поворóт; **~d** Hohn óст|рый, -ёр, -рá; Kälte, Wind пронúзывающий 11, рéз|кий, -ок, -кá!, -че | ~er Schmerz óстрая [рéжущая 11] боль, резь 9; ≈e Kälte трескýчий 11 морóз

Schneider *m* портнóй *Subst* 10 | frieren wie ein ~ сúльно зя́бнуть 4; **~ei** *f* пошúвочная мастерскáя *Subst* 10; **~handwerk** *n* портнóвское ремеслó; **~in** *f* портнúха 6; **~meister** *m* портнóй *Subst* 10

schneidern *tr* шить* (с-); *intr* шить

Schneider|puppe *f* манекéн 2; **~sitz** *m* *Sport* сед 2 скрестúв нóги; **~werkstatt** *f* пошúвочная мастерскáя

Schneide|tisch *m* Film, Funk монтáжный стол 2e; **~zahn** *m* рез|éц, -цá 2

schneidig молодцевáт:ый, удалóй, удáл, -á!; gut aussehend элегáнт|ный, -ен

Schneid|stahl *m* рез|éц, -цá 2; **~werkzeug** *n* рéжущий 11 инструмéнт

schneien *unpers* es schneit снег идёт; es begann zu ~ пошёл снег; es hat geschneit вы́пал снег; es schneit in dichten Flocken снег пáдает большúми [крýпными] хлóпьями

Schneise *f* прóсека 6

schnell **1.** *Adj* быстр:ый, -á!; Fahrzeug быстрохóд|ный, -ен; flink провóр|ный, -ен; rasch, baldig скóр:ый, -á!; eilig поспéш|ный, -ен **2.** *Adv*: so ~ wie möglich как мóжно скорée [быстрée]; ~ entschlossen не дóлго дýмая; der Puls geht ~ пульс бьётся чáсто; auf die Schnelle на скóрую рýку; mach ~! бы́стро!, скорée!

schnelläufig *Tech* быстрохóдный

Schnell|aufzug *m* скоростнóй лифт; *Foto* рычáжный взвод 2 затвóра и перемóтки плёнки; **~bahn** *f* электрúчка 6, городскáя электрúческая желéзная дорóга; **~bauweise** *f* скоростнóе строúтельство; **~boot** *n* быстрохóдный [*Mar* торпéдный] кáтер 2b *Pl* -á; **~bus** *m* автóбус-экспрéсс 2, скоростнóй автóбус; **~dampfer** *m* быстрохóдный парохóд; **~dienst** *m* срóчное обслýживание 6

schnellebig Zeit быстротéч|ный, -ен

schnellen *intr* in die Höhe вскáкивать ⟨вскочúть 3⁺⟩; Feder подпры́г|ивать ⟨-нуть 4⟩ (вверх), пружúниться 3 | etw. ~ lassen отпускáть ⟨-пустúть 3⁺ -пущý⟩ что-н.

Schnell|feuer *n* *Mil* чáстый огóнь; **~feuerwaffe** *f* скорострéльное орýжие; **~feuergewehr** *n* автоматúческая винтóвка; **~gaststätte** *f* закýсочная *Subst* 10; Selbstbedienungsgaststätte закýсочная-автомáт *Subst* 10-2, столóвая *Subst* 10 самообслýживания; **~gericht** *n* блю́до бы́строго приготовлéния; **~hefter** *m* скоросшивáтель 1

Schnelligkeit *f* скóрость 9g, быстротá 6 | mit großer ~ с большóй скóростью

Schnell|imbiß *m* закýсочная *Subst* 10 (самообслýживания), буфéт 2; **~kochtopf** *m* скоровáрка 6; **~kursus** *m* ускóренный (учéбный) курс; **~reinigung** *f* срóчная химчúстка 6; **~reparatur** *f* срóчный ремóнт

schnellstens óчень бы́стро, как мóжно скорée

Schnell|straße *f* скоростнáя (авто)магистрáль 9 [трáсса 6], **~triebwagen** *m* скоростнóй моторвагóн, быстрохóдная автомотрúса 6; **~verfahren** *n* *Tech* скоростнóй режúм 2; *Jur* ускóренное судопроизвóдство 4; **~verkehr** *m* *Eisenb* скоростнóе сообщéние; **~waschmittel** *n* синтетúческое быстростирáющее 11 срéдство

schnellwirkend быстродéйствующий 11

Schnell|zeichner *m* худóжник-моменталúст 2-2; **~zug** *m* скóрый пóезд; **~zugzuschlag** *m* доплáта за скóрость

Schnepfe *f* бекáс 2

schneuzen, sich *refl* сморкáться ⟨вы́сморкаться⟩ | sich die Nase ~ сморкáть (вы́-) нос

schniegeln *tr* нар|яжáть ⟨-ядúть 3⁺ -яжý⟩

Schnippchen *n*: j-m ein ~ schlagen сыгрáть *v* шýтку с кем-н., про|вестú* *v* когó-н.

schnippisch задóр|ный, -ен, дéрз|кий, -ок, -кá!

Schnipsel *m, n* обрéз|ок, -ка 2, кусóч|ек, -ка 2

Schnitt *m* разрéз 2, рéзание 5; Bäume подрéзка 6; Wunde порéз 2; Kerbe зарýбка 6; *Tech, Arch* разрéз; eines Kleides покрóй 1, фасóн 2; ~muster вы́кройка 6; *Math* сечéние; Film монтáж 2e; Buch обрéз 2; Landw укóс; Haar~ стрúжка 6 | ein Kleid nach neuestem ~ плáтье по послéдней мóде; der Goldene ~ золотóе сечéние; **~blumen** *Pl* срéзанные цветы́, цветы́ для срéзки; **~bohnen** *Pl* (стручкóвая) фасóль

Schnitte *f* лом|óть, -тя́ 1, кус|óк, -кá 2 | eine belegte ~ бутербрóд [тэ] 2

Schnitter *m* косáрь 1e, жнец 2e

schnittfest легкó рéжущийся 11, прóчный на разрéз

Schnitt|fläche *f* повéрхность срéза [раз-

ре́за]; **~holz** *n* пилёный лесоматериа́л 2, пиломатериа́лы *Pl*
schnittig краси́вого фасо́на, краси́вой фо́рмы; Kleidung элега́нт|ный, -ен; Auto обтека́емый, шика́р|ный, -ен
Schnitt|lauch *m* лук-ре́зан|ец, -ца 2; **~meister** *m* Film монтажёр 2; **~meisterin** *f* монта́жница 6; **~muster** *n* вы́кройка 6; **~musterbogen** *m* лист вы́кроек; **~punkt** *m Math* то́чка пересече́ния
schnittreif Getreide созре́вший 11 (для жа́твы)
Schnittwunde *f* ре́заная ра́на, поре́з 2
Schnitzarbeit *f* резна́я рабо́та
Schnitzel *n* Papier, Holz обре́з|ок, -ка 2; Fleisch отбивно́й шни́цель 1 | Wiener ~ шни́цель по-ве́нски; Rüben~ (свеклови́чная) стру́жка 6, ausgelaugt жом 2; **~eisen** *n* шинко́вка 6
schnitzen *tr* выре́зывать ⟨вы́|резать*⟩, выреза́ть ⟨вы́резать⟩, ре́зать* (in Holz по де́реву, in Metall по мета́ллу) | er ist aus hartem Holz geschnitzt у него́ си́льная во́ля [твёрдый хара́ктер]
Schnitzer *m* Holz~ ре́зчик 2; Fehler оши́бка 6 | einen ~ machen де́лать (с-) оши́бку [ля́псус]; **~ei** *f* резьба́ 6; Schnitzwerk резна́я рабо́та 6
schnöde geringschätzig пренебрежи́тел|ьный, -ен, -ьна; verachtenswert гну́с|ный, -ен, -на́!, презре́н|ный, -на | ~r Undank чёрная неблагода́рность; ~r Verrat по́длая изме́на
Schnorchel *m Mar* шно́ркель 1; Taucher дыха́тельная тру́бка 6
Schnörkel *m* Schrift завит|о́к, -ка́ 2, завиту́шка 6 *umg;* der Unterschrift ро́счерк 2; *Bauw* завито́к
schnörkelig с завитка́ми, с завиту́шками
schnüffeln *intr* ню́хать, обню́х|ивать ⟨-ать⟩ (an *A*); *übertr* шпио́нить 3, вы́ню́хивать ⟨вы́нюхать⟩
Schnüffler *m* шпио́н 2, шпик 2e
Schnuller *m* со́ска 6
Schnulze *f* слаща́вая (сверх)сентимента́льная пе́сня 7; Film по́шлый фильм 2; Theaterstück по́шлая пье́са 6
Schnupfen *m* на́сморк 2 | ich habe ~ у меня́ на́сморк; sich einen ~ holen схва́тывать ⟨схва|ти́ть 3⁺ -чу́⟩ на́сморк
schnuppe: das ist mir ~! *umg* мне э́то безразли́чно!
schnuppern *intr* обню́х|ивать ⟨-ать⟩ (an *A*)
Schnur *f* верёвка 6; Bindfaden a. шпага́т 2; *El* Telefon~ шнур 2e; dünne шнур|о́к, -ка́ 2e, бечёвка 6; für Perlen ни́тка 6
Schnürchen *n*: es geht alles wie am ~ всё идёт как по ма́слу, всё идёт без сучка́ и задо́ринки
schnüren *tr* перевя́зывать ⟨-|вяза́ть*⟩, стя́гивать ⟨стяну́ть 4⁺⟩; Schuhe шнурова́ть 2 (за-); sich ~ *refl* затя́гиваться ⟨-тяну́ться⟩, шнурова́ться (за-) | einen Riemen um den Koffer ~ стя́гивать чемода́н ремнём
schnurgerade соверше́нно прямо́й, прямо́й как стрела́
Schnurrbart *m* усы́ *Pl* 2b; kleiner у́сики *Pl* 2
schnurrbärtig уса́тый, с уса́ми
schnurren *intr* жужжа́ть 3; Katze мурлы́|кать, -чет
schnurrig заба́в|ный, -ен, поте́ш|ный, -ен
Schnür|schuh *m* боти́нок на шнуро́вке; **~senkel** *m* шнур|о́к, -ка́ 2 (для боти́нок); **~stiefel** *m* высо́кий боти́н|ок, -ка *G Pl* -ок на шнуро́вке
schnurstracks *Adv* örtlich пря́мо, прямико́м *umg*; zeitlich то́тчас же, неме́дленно
Schober *m* Heu стог 2b, в стогу́, *Pl* -а́; Getreide скирд 2e, скирда́ 6h
[1]**Schock** *m Med* шок 2 | elektrischer ~ электрошо́к 2; einen ~ erleiden переноси́ть 3⁺ -ношу́ ⟨-|нести́*⟩ шок
[2]**Schock** *n* шестьдеся́т штук, копа́ 6c *A* ко́пу
Schockbehandlung *f* лече́ние шо́ком, шокотерапи́я 8
schocken *tr Med* вызыва́ть ⟨вы́|звать*⟩ шок; *übertr* lähmen шоки́ровать 2
schockieren *tr* шоки́ровать 2 | von etw. schockiert sein быть шоки́рованным чем-н.
Schocktherapie *f* шокотерапи́я 8, лече́ние 5 шо́ком
schofel gemein ме́рз|кий, -ок, -ка́!, по́дл|ый, -а́!
Schöffe *m* (суде́бный) заседа́тель 1; *DDR* наро́дный заседа́тель
Schokolade *f* шокола́д 2 | eine Tafel ~ пли́тка шокола́да; gefüllte ~ шокола́д с начи́нкой
schokoladenbraun шокола́дного цве́та
Schokoladen|eis *n* шокола́дное моро́женое; **~fabrik** *f* шокола́дная фа́брика; **~pudding** *m* шокола́дный пу́динг; **~stange** *f* шокола́дный бато́н; **~tafel** *f* пли́тка шокола́да; **~torte** *f* шокола́дный торт; **~überzug** *m* шокола́дная глазу́рь 9
Scholastik *f* схола́стика 6
scholastisch схоласти́ческий
Scholle *f* Fisch ка́мбала 6; Erd~ глы́ба 6; Eis~ льди́на 6 | auf eigener ~ на своём клочке́ земли́; an der ~ kleben держа́ться 3⁺ за клочо́к земли́
Schöllkraut *n* чистоте́л 2
schon *Adv* уже́; lange zurückliegend ещё | ~ längst уже́ давно́; ~ der Gedanke allein уже́ одна́ мысль; ich bin ~ fertig я уже́ гото́в; ~ das dritte Mal уже́ тре́тий

раз; ~ als Kind ещё ребёнком; ~ in der Jugend ещё в мо́лодости; ~ vor neunzehnhundert ещё до ты́сяча девятисо́того го́да; ~ von weitem уже́ [ещё] издалека́; ~ vor einer Woche ещё неде́лю (тому́) наза́д; das ~, aber ... э́то ве́рно, но ...; das ist ~ wahr, aber ... всё э́то ве́рно [пра́вда], но ...; хотя́ э́то и ве́рно [пра́вда], но ...; das ~ gar nicht! э́то ни в ко́ем слу́чае!; ~ gut! ну, ла́дно [хорошо́]!; na mach ~! потора́пливайся!; nun rede (doch) ~! ну говори́ же, наконе́ц!; ich werde dir's ~ noch sagen я тебе́ ещё скажу́; wenn ~, dann ... е́сли уж, то ...; und wenn ~! ну, хотя́ бы!; wenn ~, denn ~ де́лать, так де́лать; ~ wieder опя́ть, сно́ва; ~ deshalb хотя́ бы потому́; er wird ~ kommen! он наве́рно придёт; es wird ~ gehen! спра́вимся!; was ist er denn ~ für ein Künstler? како́й уж он худо́жник?

schön **1.** *Adj* hübsch краси́в:ый; herrlich прекра́с|ный, -ен; geschmackvoll изя́щ|ный, -ен; Wetter, Zeiten хоро́ш:ий 11 -á; лу́чше, (наи)лу́чший 11, прекра́с|ный, -ен | ~en Dank! большо́е спаси́бо!; das ~e Geschlecht прекра́сный пол; ~e Grüße! серде́чный приве́т!; die ~en Künste изя́щные иску́сства; die ~e Literatur худо́жественная литерату́ра, беллетри́стика 6; alles war in ~ster Ordnung всё бы́ло отли́чно; eines ~en Tages в оди́н прекра́сный день; ~e Worte machen ль|сти́ть 3 -щу; das ist kein ~er Zug von ihm э́то нехорошо́ с его́ стороны́; das ist ~ von dir э́то о́чень ми́ло с твое́й стороны́ **2.** *Adv:* ~! ла́дно!; er wird sich ~ wundern, wenn er das erfährt ну и удиви́тся же он, е́сли э́то узна́ет; sie wird ~ schimpfen она́ бу́дет здо́рово руга́ться; bleib ~ ruhig! споко́йно!; bleib gesund! не боле́й!; bitte ~! пожа́луйста!, прошу́!; er wird ~ gucken то́-то он удиви́тся!

Schonbezug *m* чех|о́л, -ла́ 2

Schöne *f* краса́вица 6

schonen *tr* бере́чь* (по-); verschonen ща|ди́ть 3 -жу́ (по-); sich ~ *refl* бере́чься (по-), бере́чь (по-) себя́ | ~de Behandlung бе́режное отноше́ние 5 [обраще́ние 5]; j-n ~d auf etw. vorbereiten делика́тно подгот|а́вливать ⟨-о́вить 3 -о́влю⟩ кого́-н. к чему́-н.; dieses Waschpulver schont die Wäsche э́тот стира́льный порошо́к не по́ртит белья́

Schoner *m Mar* шху́на 6

Schönes *n* прекра́сное *Subst* 10, краси́вое *Subst* 10 | da habt ihr was ~ angerichtet! ну и натвори́ли же вы дел!

Schönfärberei *f* приукра́шивание 5 (действи́тельности) | ~ treiben приукра́шивать действи́тельность

schöngeistig: ~e Literatur худо́жественная литерату́ра

Schönheit *f* красота́ 6c; schöne Frau краса́вица 6 | die ~en der Landschaft красоты́ *Pl* [краси́вые места́ *Pl* 4b] ландша́фта

Schönheits|fehler *m* дефе́кт [дэ] вне́шнего ви́да, небольшо́й (вне́шний 11) недоста́ток; **~königin** *f* короле́ва красоты́; **~mittel** *n* космети́ческое сре́дство; **~pflege** *f* косме́тика 6; **~salon** *m* космети́ческий сало́н; **~sinn** *m* чу́вство 4 красоты́; **~wettbewerb** *m* ко́нкурс красоты́

Schonkost *f* щадя́щая дие́та [иэ] 11–6

schönmachen *tr* украша́ть ⟨укра́|сить 3 -шу⟩; sich ~ *refl* наря|жа́ться ⟨-ди́ться 3⁺ -жу́сь⟩

Schonplatz *m* вре́менная бо́лее лёгкая рабо́та, предоставля́емая рабо́тнику по состоя́нию здоро́вья

Schön|rednerei *f* лесть 9, льсти́вые слова́ *Pl* 4b; **~schreiben** *n* каллигра́фия 8, чистописа́ние 5; **~schrift** *f* Zierschrift каллиграфи́ческий по́черк 2; in Schule чистописа́ние 5

schönstens наилу́чшим о́бразом

schöntun *intr:* mit j-m ~ подла́живаться к кому́-н., любе́зничать с кем-н.

Schöntuerei *f* лесть 9, подхали́мство 4

Schonung *f* Nachsicht бе́режное отноше́ние 5 (von, gegenüber к *D*); Gnade поща́да 6; *Med* щаже́ние 5; Anpflanzung молодня́к 2e (лесно́й) запове́дник 2 | um ~ bitten проси́ть поща́ды; ohne ~ vorgehen не дава́ть* поща́ды

schonungsbedürftig нужда́ющийся 11 в бе́режном отноше́нии [обраще́нии]

schonungslos беспоща́д|ный, -ен, безжа́лост|ный, -ен

Schonungslosigkeit *f* беспоща́дность 9, безжа́лостность 9

Schönwetterperiode *f* пери́од хоро́шей пого́ды

Schonzeit *f Jagd* запре́тное (для охо́ты) вре́мя

Schopf *m* Kopfhaar шевелю́ра 6; Haarbüschel чуб 2b, хох|о́л, -ла́ 2; Federbüschel хохо́л | j-n beim ~ nehmen схва|ти́ть *v* 3⁺ -чу́ кого́-н. за чуб; die Gelegenheit beim ~ fassen по́льзоваться 2 (вос-) слу́чаем, не упус|ка́ть ⟨-сти́ть 3⁺ -щу́⟩ слу́чая

Schöpf|brunnen *m* коло́д|ец, -ца 2; **~eimer** *m* коло́дезное ведро́

schöpfen *tr* че́рпать ⟨черпну́ть *mom* 4⟩ (Wasser aus dem Fluß во́ду из реки́); herausschöpfen выче́рпывать ⟨вы́черпать⟩ | aus dem vollen ~ име́ть всего́ в изоби́лии; Atem ~ пере|вести́* *v* дух [дыха́ние]; Mut ~ приободр|я́ться ⟨-и́ться 3⟩; neue Hoffnung ~ вновь обре-

та́ть ⟨обрести́*⟩ наде́жду; Kenntnisse aus den Büchern ~ черпа́ть ⟨почерпну́ть⟩ зна́ния из книг
Schöpfer *m* Urheber; Gott созда́тель 1, твор|е́ц| -ца́ 2
schöpferisch **1.** *Adj* тво́рческий, созида́тел|ьный| -ен| -ьна **2.** *Adv* тво́рчески | er ist ~ tätig он занима́ется тво́рческим трудо́м
Schöpferkraft *f* тво́рческая си́ла
Schöpf|kelle *f* черпа́к 2e, черпа́лка 6; Suppenkelle (больша́я) разлива́тельная ло́жка 6, поло́вник 2; **~löffel** *m* (больша́я) разлива́тельная ло́жка, поло́вник 2
Schöpfung *f* творе́ние 5, произведе́ние 5; *Kunst* созда́ние 5; *Rel* сотворе́ние 5
Schoppen *m*: ~ Bier кру́жка 6 пи́ва; ~ Wein бока́л 2 вина́ | beim ~ sitzen сиде́ть за кру́жкой пи́ва [за бока́лом вина́]
Schorf *m Med* струп 2 *Pl* -ья| -ьев
schorfig покры́т:ый стру́пьями; Pflanze парши́в:ый
Schornstein *m* (дымова́я) труба́ 6c | das kannst du in den ~ schreiben! пиши́ пропа́ло!; **~feger** *m* трубочи́ст 2
Schoß *m* Rock пола́ 6c; am Kleid подо́л 2; der Erde не́дра *Pl* 4 | ein Kind auf den ~ nehmen брать ⟨взять⟩ ребёнка на коле́ни; auf dem ~ sitzen сиде́ть на коле́нях; die Hände in den ~ legen сиде́ть сложа́ ру́ки; das ist mir in den ~ gefallen э́то мне с не́ба свали́лось; im ~e der Natur на ло́не приро́ды; **~hund** *m* ко́мнатная соба́чка 6
Schößling *m Bot* рост|о́к| -ка́ 2, побе́г 2
Schote *f Bot* струч|о́к| -ка́ 2; ~n *Pl* зелёный горо́ш|ек| -ка 2
Schott *n Mar* перебо́рка 6 | ~en dicht! задра́ить 3 перебо́рки!
Schotte *m* шотла́нд|ец| -ца 2
Schottenstoff *m* шотла́ндка 6
Schotter *m Eisenb* щёб|ень| -ня 1; Steine га́лька 6, гра́ви|й 1 *P* -и; **~ung** *f* засы́пка 6 [*Eisenb* балластиро́вка 6] щё6нем
Schottin *f* шотла́ндка 6
schottisch шотла́ндский
Schottland Шотла́ндия 8
schraffieren *tr* штрихова́ть 2 ⟨за-⟩
Schraffierung *f* штрихо́вка 6
schräg **1.** *Adj* кос:о́й| -а́!; geneigt накло́нный | in ~er Richtung на́искось **2.** *Adv* вкось, на́искось, наискосо́к | ~ gegenüber на́искось, наискосо́к; ~ schreiben писа́ть* с накло́ном; etw. ~ stellen ста́вить (по-) что-н. на́искось [накло́нно]
Schräge *f* des Daches пока́тость 9; schräge Fläche накло́н 2
Schräg|lage *f* косо́е положе́ние; **~schrift** *f* косо́й по́черк; **~strich** косо́й штрих; *Typ* коса́я черта́
Schramme *f* Haut цара́пина 6; Narbe руб|е́ц| -ца́ 2, шрам 2
Schrank *m* шкаф 2b| в| на шкафу́
Schranke *f* барье́р 2; *Eisenb* шлагба́ум 2; Hindernis прегра́да 6; *übertr* грани́ца 6, преде́л 2 | die ~n niederreißen снос́ить 3⁺ -ношу́ ⟨-|нести́*⟩ все прегра́ды; die letzten ~n fielen па́ли после́дние прегра́ды; ~n setzen ста́в|ить 3 -лю (по-) грани́цы; sich in ~n halten не выхо|ди́ть 3⁺ -жу́ ⟨вы́|йти*⟩ за преде́лы [за ра́мки], быть сде́ржанным; j-n in die ~n weisen призыва́ть ⟨-|зва́ть*⟩ кого́-н. к поря́дку, ста́вить (по-) кого́-н. на ме́сто; keine ~n kennen не знать грани́ц
schränken *tr* Säge раз|води́ть 3⁺ -вожу́ ⟨-|вести́*⟩ (пилу́)
schrankenlos безграни́ч|ный| -ен, беспреде́л|ьный| -ен| -ьна
Schrankenwärter *m* дежу́рный *Subst* 10 по (железнодоро́жному) перее́зду
schrankfertig: ~e Wäsche сухо́е и гла́женое бельё
Schrank|tür *f* дверь 9g шка́фа; **~wand** *f* сте́нка 6, шкаф-сте́нка 2b-6
Schrapnell *n Mil* шрапне́ль 9
Schraubdeckel *m* нави́нчивающаяся 11 кры́шка
Schraube *f* винт 2e; Bolzen болт 2e; Holz~ шуру́п 2; *Flugw, Mar* винт; Kunstspringen прыж|о́к| -ка́ винто́м (в во́ду) | eine ~ anziehen за|тя́гивать ⟨-тяну́ть 4⁺⟩ винт; eine ~ ohne Ende э́тому конца́ не ви́дно; bei ihm ist eine ~ locker *umg* у него́ ви́нтика не хвата́ет
schrauben *tr u. intr* вин|ти́ть 3 -чу́ | etw. an etw. ~ приви́нчивать ⟨-винти́ть⟩ что-н. к чему́-н.; die Preise in die Höhe ~ взви́нчивать ⟨-винти́ть 3 -винчу́⟩ це́ны, вздува́ть ⟨-|ду́ть*⟩ це́ны; das Flugzeug schraubt sich in die Höhe самолёт кру́то набира́ет высоту́
Schrauben|dampfer *m* винтово́й парохо́д; **~flügel** *m Flugw, Mar* ло́пасть 9g винта́
schraubenförmig спира́льный, винтообра́зный
Schrauben|gewinde *n* винтова́я резьба́ [наре́зка]; **~mutter** *f* га́йка *G Pl* га́ек; **~schlüssel** *m* га́ечный ключ | verstellbarer ≈ разводно́й ключ; **~zieher** *m* отвёртка 6
Schraub|glas *n* стекля́нная ба́нка 6 с нави́нчивающейся кры́шкой; **~stock** *m* тиск|и́| -о́в *Pl* 2; **~verschluß** *m* нави́нчивающаяся кры́шка 11-6; **~zwinge** *f* струбци́на 6
Schrebergarten *m* небольшо́й садо́во-огоро́дный уча́ст|ок| -ка 2
Schreck *m* испу́г 2; Angst страх 2 | vor ~ с испу́гу, от стра́ха; die ~en des Krieges у́жасы войны́; vor ~ zittern дрожа́ть от

стра́ха; einen ~ bekommen испуга́ться *v;* j-m einen ~ einjagen пуга́ть (на-) кого́-н., нагоня́ть ⟨-|гна́ть*⟩ стра́ху [у́жас] на кого́-н; der ~ sitzt ihm in den Gliedern страх скова́л его́ чле́ны, он онеме́л от испу́га [у́жаса]; mit dem ~en davonkommen отде́латься *v* испу́гом; Angst und ~en verbreiten се́|ять₁ -ю₁ -ешь вогкру́г себя́ страх и у́жас

schrecken *tr* пуга́ть (ис-, на-)

schreckenerregend вызыва́ющий 11 страх | eine ~e Tat ужаса́ющий 11 посту́пок

schreckensbleich бле́дный от у́жаса

Schreckens|herrschaft *f* терро́р 2; **~nachricht** *f* стра́шное [ужа́сное] изве́стие

Schreckgespenst *n* ужа́сный при́зрак 2, страши́лище 4 *umg*

schreckhaft пугли́в:ый

schrecklich 1. *Adj* ужа́с|ный₁ -ен, стра́ш|ный₁ -ен₁ -на́₁ -но₁ страшны́ **2.** *Adv:* es ist ~ kalt у́жас [страх] как хо́лодно *umg;* ich bade ~ gern страх [у́жас] как люблю́ купа́ться *umg;* er spielt ~ он ужа́сно игра́ет; das ist ja ~! (э́то) у́жасно!

Schreck|schuß *m* предупреди́тельный вы́стрел; *übertr* ло́жная трево́га 6; **~schußpistole** *f* пуга́ч 2e *G Pl* -е́й; **~sekunde** *f* моме́нт 2 испу́га

Schrei *m* крик 2 | der letzte ~ der Mode после́дний 11 крик мо́ды; einen ~ ausstoßen вскри́кнуть *v* 4, изда́ть* *v* крик

Schreib|arbeiten *Pl* пи́сьменные рабо́ты *Pl* 6; **~block** *m* блокно́т 2; **~büro** *n* машинопи́сное бюро́, машбюро́ *n idkl*

schreiben *tr* писа́ть* (на-); mit Schreibmaschine a. печа́тать (на-) | an die Tafel ~ писа́ть на доске́; ins Heft ~ писа́ть в тетра́ди; sie schreibt Maschine она́ пи́шет на маши́нке; an etw. ~ рабо́тать над чем-н.; ins reine ~ писа́ть на́чисто; man schrieb das Jahr 1920 был 1920-ый год; er hat mir lange nicht geschrieben он мне давно́ не писа́л; der Junge kann schon ~ ма́льчик уже́ пи́шет; sie ~ sich они́ перепи́сываются; wie schreibt man dieses Wort? как пи́шется э́то сло́во?; sich krank ~ lassen брать* ⟨взять*⟩ больни́чный лист; sich gesund ~ lassen вы́писаться на рабо́ту; ~der Arbeiter рабо́чий-писа́тель *Subst* 11-1

Schreiben *n* Tätigkeit письмо́ 4c *G Pl* пи́сем, писа́ние 5; Schriftstück (официа́льное) письмо́; *Dipl* посла́ние 5 | ein ~ an j-n richten напр|авля́ть ⟨-а́вить 3 -а́влю⟩ кому́-н. письмо́ [посла́ние]

Schreiber *m* пи́шущий *Subst* 11; Verfasser; а́втор 2; Beruf писа́р|ь 1b *Pl* -я́; *Tech* Gerät самопи́с|ец₁ -ца 2 | der ~ dieser Zeilen а́втор э́тих строк

Schreiberling *m* писа́ка *m* 6

schreibfaul: ~ sein лени́ться 3⁺ писа́ть, неохо́тно писа́ть* пи́сьма

Schreib|fehler *m* опи́ска 6; **~heft** *n* тетра́дь 9; **~kraft** *m* машини́стка 6; **~krampf** *m* пи́счая 11 су́дорога; **~maschine** *f* (пи́шущая 11) маши́нка | ≈ schreiben печа́тать [писа́ть] на маши́нке

Schreibmaschinen|manuskript *n* машинопи́сная ру́копись; **~papier** *n* машинопи́сная бума́га; **~schrift** *f* машинопи́сный шрифт

Schreib|papier *n* пи́счая 11 бума́га; **~pult** *n* бюро́ *n idkl*, конто́рка 6; **~schrank** *m* (шкаф-) секрете́р [тэ] (2b-) 2; **~schrift** *f* рукопи́сный шрифт; **~stube** *f Mil* канцеля́рия 8; **~tisch** *m* пи́сьменный стол; **~tischlampe** *f* насто́льная ла́мпа (для пи́сьменного стола́); **~übungen** *f Pl* пи́сьменные заня́тия; **~ung** *f* написа́ние 5; **~unterlage** *f* mit Löschpapier бюва́р 2; **~utensilien** *Pl* пи́сьменные [канцеля́рские] принадле́жности; **~vorlage** *f* про́пись 9 *meist Pl*

Schreibwaren *Pl* канцеля́рские принадле́жности *Pl* 9 [това́ры *Pl* 2]; **~handlung** *f* писчебума́жный магази́н, магази́н канцеля́рских това́ров [принадле́жностей]

Schreib|weise *f* Stil стиль 1; eines Wortes написа́ние 5, спо́соб 2 написа́ния; von Buchstaben начерта́ние 5; **~zeug** *n* Schreibmaterial пи́сьменные [канцеля́рские] принадле́жности **~zimmer** *n* ко́мната для письма́ [где мо́жно писа́ть пи́сьма]

schreien *intr* крича́ть 3 ⟨кри́кнуть *mom* 4⟩ | sich heiser ~ крича́ть до хрипоты́; ~ wie am Spieß крича́ть как ре́заный поросёнок; um Hilfe ~ звать* (по-) на по́мощь, взыва́ть о по́мощи; ach und weh ~ воп|и́ть 3 -лю́; **~d:** ~e Ungerechtigkeit вопию́щая 11 несправедли́вость; ~e Farben ре́зкие [крича́щие 11] кра́ски

Schreihals *m* крику́н 2e; Frau крику́н|ья 7 *G Pl* -ий

Schreitbagger *m* шага́ющий 11 экскава́тор

schreiten *intr* шага́ть, ше́ствовать 2; идти́*, по|йти́* *v* (über по *D*, че́рез *A*); beginnen присту́п|а́ть ⟨-и́ть 3⁺ -лю́⟩ (zu к *D*) | über die Schwelle ~ переша́гивать ⟨-шагну́ть 4⟩ че́рез поро́г; zur Abstimmung ~ приступи́ть *v* к голосова́нию

Schrift *f* пис|ьмо́ 4c *G Pl* -ем; *Typ* шрифт 2; Hand~ по́черк 2; ~en *meist Pl* Werk сочине́ние 5, труд 2e | lateinische ~ лати́нский шрифт; große ~ кру́пный шрифт; gesammelte ~en по́лное собра́ние сочине́ний; die Heilige ~ свяще́нное писа́ние 5; **~art** *f Typ* род шри́фта; **~bild** *n Typ* очко́ шри́фта; **~führer** *m* делопроизводи́тель 1; Protokollant секретáрь 1e; ~**gießer** *m* словоли́тчик 2; ~**grad** *m Typ* кегль 1 шри́фта; ~**leitung** *f* редáкция 8

schriftlich 1. *Adj* пи́сьменный **2.** *Adv*: das kann ich dir ~ geben в э́том я готóв расписáться, за э́то могу́ тебé поручи́ться; etw. ~ niederlegen из|лагáть ⟨-ложи́ть 3⁺⟩ что-н. пи́сьменно [в пи́сьменном ви́де]

Schrift|probe *f* образéц пóчерка; ~**setzer** *m* набóрщик 2; ~**sprache** *f* литерату́рный язы́к

Schriftsteller *m* писáтель 1; ~**ei** *f* писáтельский труд 2e; ~**in** *f* писáтельница 6

schriftstellerisch писáтельский | ~ tätig sein занимáться литерату́рным трудóм

Schriftstellerverband *m* сою́з писáтелей

Schrift|stück *n* докумéнт 2, (официáльная) бумáга 6; ~**tum** *n* пи́сьменность 9; литерату́ра 6; ~**verkehr** *m* (служéбная) перепи́ска 6; ~**wechsel** *m* перепи́ска 6, корреспондéнция 8; ~**zeichen** *n Pl* пи́сьменные знáки; *Typ* шрифтовóй знак; alte письм|енá₁ -ён₁ -енáм *Pl* 4; ~**zug** *m* пóчерк 2

schrill рéз|кий₁ -ок₁ -кá!₁ -че, пронзи́тел|ьный₁ -ен₁ -ьна

schrillen рéзко звучáть 3

Schritt *m* шаг 2b *G nach den Zahlen* 2, 3, 4 -á₁ на₁ в шагу́ | im ~ gehen идти́ шáгом; in zehn ~ Entfernung в десяти́ шагáх; keinen ~ weiter ни шáгу дáльше; mit der Zeit ~ halten идти́ в нóгу со врéменем [с эпóхой]; j-m auf ~ und Tritt folgen идти́ за кем-н. по пятáм; auf ~ und Tritt на кáждом шагу́; ~ für ~ шаг за шáгом; den ~ beschleunigen прибавля́ть ⟨-бáвить 3 -бáвлю⟩ шáгу; ~e unternehmen предпринимáть ⟨-|приня́ть*⟩ шаги́; sich weitere ~e vorbehalten оставля́ть ⟨остáв|ить 3 -лю⟩ за собóй прáво предприня́ть все необходи́мые мéры; die Hose ist eng im ~ брю́ки узки́ в шагу́; ~**geschwindigkeit** *f* скóрость пешехóда; ~**macher** *m Sport* ли́дер 2; Produktion передови́к 2e; Herz~ электростимуля́тор (сéрдца); ~**messer** *m* шагомéр 2; ~**wechsel** *m* перемéна шáга

schrittweise *Adv* шаг за шáгом, постепéнно

schroff 1. *Adj* крут|óй₁ -á!₁ кру́че, обры́вист:ый; *übertr* рéз|кий₁ -ок₁ -кá!₁ -че, жёст|кий₁ -ок₁ жесткá!₁ жёстче **2.** *Adv* рéзко | j-n ~ behandeln обращáться с кем-н. жёстко [рéзко]

Schroffheit *f* рéзкость 9, жёсткость 9

schröpfen *tr Med* стáв|ить 3 -лю (по-) кровосóсные бáнки, пу|скáть ⟨-сти́ть 3⁺ -щу́⟩ кровь при пóмощи бáнок; *übertr* сдирáть ⟨со|дрáть*₁ сдеру́⟩ шку́ру с *G*

Schrot *n, m* Munition дробь 9; Mehl мукá 6 гру́бого помóла | Korn zu ~ mahlen молóть (с-) зернó гру́бым помóлом; ein Mann von echtem ~ und Korn человéк настоя́щей закáлки; ~**büchse** *f* дробови́к 2e

schroten *tr* кру́пно молóть* (с-) дроб|и́ть 3 -лю́ (раз-)

Schrot|mehl *n* мукá гру́бого помóла; ~**mühle** *f* зернодроби́лка 6; ~**säge** *f* поперéчная пилá (с двумя́ рукоя́тками)

Schrott *m* металлолóм 2, скрап 2; ~**händler** *m* ску́пщик 2 металлолóма [скрáпа]; ~**platz** *m* скрáпный двор 2e; ~**sammlung** *f* сбор металлолóма; ~**verwertung** *f* утилизáция металлолóма [скрáпа]; ~**wert** *m*: etw. hat nur noch ≈ что-н. порá вы́бросить на свáлку

schrubben *tr* чи́|стить 3 -щу (вы́-) [терéть* (про-)] щёткой; Körperteile мыть* (по-) щёткой

Schrubber *m* щётка 2 для мытья́ пóла

Schrulle *f* причу́да 6, при́хоть 9 | er hat den Kopf voller ~n он пóлон причу́д; alte ~ *verächtl* стáрая каргá 6

schrullenhaft, schrullig причу́длив:ый, с причу́дами

schrumpfen *intr* смóрщ|иваться ⟨-иться 3⟩; Gewebe сади́ться 3 ⟨сесть*⟩; Vermögen уменьшáться ⟨-мéньшиться 3⟩, сокра|щáться ⟨-ти́ться 3⟩

Schrumpfniere *f* смóрщенная пóчка

Schrumpfung *f* смóрщивание 5; Gewebe усáдка 6; *Med* циррóз 2; *Wirtsch* сокращéние 5

schruppen *tr Tech* обраб|áтывать ⟨-óтать⟩ нáчерно [гру́бо]

Schub *m* Stoß толч|óк₁ -кá 2; *Phys* тя́га 6; *Tech* сдвиг 2; *Arch* распóр 2 | mit dem ersten ~ в пéрвой пáртии

Schub|fach *n* выдвижнóй я́щик; ~**karre** *f*, ~**karren** *m* тáчка 6; ~**kraft** *f Tech* си́ла тя́ги, срéзывающее уси́лие 11-5; ~**lade** *f* выдвижнóй я́щик; ~**lehre** *f* раздвижнóй кали́бр 2; ~**prahm** *m* толкáемая бáржа 6

Schubs *m* толч|óк₁ -кá 2, пин|óк₁ -кá 2 | j-m einen ~ geben толк|áть ⟨-ну́ть 4⟩ когó-н.

Schubschiff *n* (букси́р-)толкáч (2-)2e

schubsen *tr* толк|áть ⟨-ну́ть 4⟩

Schubverband *m* Schiffe толкáемый состáв 2

schubweise *Adv* пáртиями

schüchtern рóб|кий₁ -ок₁ -кá!₁ -че, застéнчив:ый | ~er Versuch рóбкая [нереши́тельная] попы́тка

Schüchternheit *f* рóбость 9, застéнчивость 9

Schuft *m* подлéц 2e, негодя́|й 1 *G Pl* -ев

schuften *intr* тяжелó рабóтать, надрывáться ⟨надо|рвáться*₁ -рвали́сь⟩ на рабóте

Schufterei *f* Schuften тяжёлый труд 2e, тяжёлая рабо́та 6

schuftig по́дл|ый, -á!, ни́з|кий, -ок, -кá!; ни́же

Schuh *m* ту́ф|ля 7 *G Pl* -ель; Knöchel~ башма́к 2e; Halb~ полуботи́н|ок, -ка 2 *G Pl* -ок; hoher ~ боти́н|ок, -ка 2; ~e *Pl* о́бувь 9 | ~e anziehen наде́ть ту́фли [боти́нки], обува́ться ⟨обу́ться*⟩; wissen, wo j-n der ~ drückt знать чьё-н. сла́бое ме́сто; **~abteilung** *f* отде́л о́буви; **~anzieher** *m* рож|о́к, -кá 2 (для о́буви); **~bürste** *f* сапо́жная щётка; **~creme** *f* крем для о́буви; **~einlage** *f* супина́тор 2; **~fabrik** *f* обувна́я фа́брика; **~geschäft** *n* обувно́й магази́н; **~größe** *f* разме́р о́буви; **~industrie** *f* обувна́я промы́шленность; **~macher** *m* сапо́жник 2; **~macherei** *f*, **~macherwerkstatt** *f* обувна́я мастерска́я *Subst* 10, обувно́е ателье́ [тэ] *n idkl*; **~pflege** *f* ухо́д за о́бувью; **~putzer** *m* чи́стильщик (о́буви); **~putzzeug** *n* принадле́жности для чи́стки о́буви; **~reparatur** *f* ремо́нт [почи́нка] о́буви; **~sohle** *f* подо́шва 6 | sich die ≈n ablaufen nach etw. с|би́ться* *v* с ног в по́исках чего́-н.; **~spanner** *m* распра́вочная обувна́я коло́дка 6; **~werk** *n* о́бувь 9; **~wichse** *f* гутали́н 2; schwarze ва́кса 6

Schuko|steckdose *f* розе́тка 6 с защи́тным конта́ктом; **~stecker** *m* ште́псельная [тэ] ви́лка с защи́тным конта́ктом

Schul|abgänger *m* выпускни́к 2e (шко́лы); **~alter** *n* шко́льный во́зраст; **~anfang** *m* нача́ло уче́бного го́да в шко́ле; **~arbeit** *f* уро́к 2 (на́ дом); vom Lehrer уче́бная де́ятельность 9 | ≈en machen гото́в|ить 3 -лю уро́ки

schulärztlich: ~e Untersuchung враче́бный осмо́тр шко́льников; ~e Betreuung враче́бное обслу́живание в шко́ле

Schul|aufgabe *f* уро́к 2 (на́ дом); дома́шнее 11 зада́ние | ≈n erledigen де́лать (с-) дома́шние зада́ния; **~bank** *f* па́рта 6, шко́льная скамья́ | auf der ≈ sitzen сиде́ть за па́ртой; **~beispiel** *n* нагля́дный приме́р (für *G*); **~besuch** *m* посеще́ние шко́лы; **~bildung** *f* шко́льное образова́ние | abgeschlossene höhere ≈ зако́нченное сре́днее 11 образова́ние; **~buch** *n* шко́льный уче́бник 2

schuld: ~ sein an etw. быть винова́тым в чём-н.; j-m ~ geben вини́ть 3 [счита́ть вино́вным] кого́-н.; du bist an allem ~ ты во всём винова́т

Schuld *f* Verpflichtung долг 2b; Verschulden вина́ 6 | eine ~ tilgen упл|а́чивать ⟨-ати́ть 3⁺ -ачу́⟩ долг; ~en machen де́лать (с-) долги́, наде́лать *v* долго́в; tief in ~en stecken си|де́ть 3 -жу́ по́ уши в долга́х; in j-s ~ stehen о|ста́ться* *v* в долгу́ пе́ред кем-н.; ohne meine ~ не по мое́й вине́; ich bin mir keiner ~ bewußt я не счита́ю себя́ вино́вным [винова́тым], я не чу́вствую за собо́й вины́; die ~ auf sich nehmen принима́ть ⟨приня́ть*⟩ на себя́ вину́; die ~ auf j-n abwälzen сва́ливать ⟨-вали́ть 3⁺⟩ вину́ на кого́-н.; die ~ liegt bei ihm э́то его́ вина́; das war meine ~ э́то моя́ вина́; seine ~ ist erwiesen вино́вность его́ устано́влена; **~bekenntnis** *n* призна́ние свое́й вины́; **~beweis** *m* доказа́тельство вины́

schuldbewußt сознаю́щий 11 свою́ вину́; Miene винова́т:ый

Schuldbewußtsein *n* созна́ние свое́й вино́вности

schulden *tr.* ich schulde Ihnen zehn Mark я вам до́лжен де́сять ма́рок; ich schulde dir Dank (dafür) я тебе́ обя́зан (э́тим); **~frei** без долго́в, свобо́дный от долго́в

Schulden|last *f* бре́мя долго́в; **~tilgung** *f* упла́та [погаше́ние] долго́в

Schuld|frage *f* вопро́с о вино́вности [о вине́] | die ≈ muß noch geklärt werden вопро́с о вино́вности ещё до́лжен быть вы́яснен; **~gefühl** *n* чу́вство [ус] вины́; **~geständnis** *n* пови́нная *Subst* 10 | ein ≈ ablegen приноси́ть 3⁺ -ношу́ ⟨-|нести́*⟩ пови́нную, при|знава́ть* ⟨-зна́ть⟩ вину́

Schuldienst *m* рабо́та 6 (учи́теля) в шко́ле | im ~ tätig sein рабо́тать в шко́ле

schuldig schuld вино́в|ный, -ен, винова́т:ый; gebührend до́лжный, надлежа́щий 11; *prädikativ* verpflichtet sein до́лж|ен, -на, обя́зан, -а | der ~e Teil вино́вная сторона́; sich ~ fühlen чу́вствовать себя́ вино́вным [винова́тым]; ~ sprechen признава́ть вино́вным; was bin ich ~? ско́лько я до́лжен?, ско́лько с меня́?; ich bleibe Ihnen fünf Mark ~ за мной остаётся пять ма́рок; j-m Rechenschaft ~ sein быть обя́занным дать кому́-н. отчёт; sie bleibt niemandem eine Antwort ~ она́ за сло́вом в карма́н не ле́зет; darauf blieb sie mir die Antwort ~ на э́то она́ ничего́ не отве́тила

Schuldige: die ~ вино́вница 6; der ~ вино́вник 2

Schuldigkeit *f* долг 2b, обя́занность 9 | er hat seine ~ getan он вы́полнил [испо́лнил] свой долг

Schuldirektor *m* дире́ктор шко́лы

schuldlos неви́н|ный, -ен, -на, невино́в|ный, -ен | sich ~ fühlen не чу́вствовать за собо́й вины́; j-n ~ verurteilen осу|жда́ть ⟨-ди́ть 3⁺ -жу́⟩ неви́нного

Schuldlosigkeit *f* неви́нность 9, невино́вность 9

Schuldner *m* должни́к 2e; *Hdl* дебито́р 2

Schuld|schein *m* заёмное пис|ьмо́ 4c *G Pl*

-ем, долговóе обязáтельство 4; **~spruch** *m* обвинúтельный пригово́р

Schule *f* шкóла 6; Fachschule a. учи́лище 4; Unterricht занятия *Pl* 5, урóки *Pl* 2 | die ~ besuchen посещáть шкóлу, хо|дить 3⁺ -жý в шкóлу, учи́ться 3⁺ в шкóле; heute ist keine ~ сегóдня заня́тий (в шкóле) нет; die ~ ist um ein Uhr aus урóки кончáются в час; wann habt ihr wieder ~? когдá у вас снóва начнýтся [начинáются] урóки?; die ~ schwänzen прогу́ливать ⟨-гуля́ть⟩ урóки; er hat eine gute ~ durchgemacht он прошёл хорóшую шкóлу; dieses Beispiel wird ~ machen э́тот примéр найдёт мнóго подражáтелей; aus der ~ plaudern разгла|шáть ⟨-сить 3 -шý⟩ тáйну, выбáлтывать ⟨вы́болтать⟩ тáйну; die Hohe ~ reiten быть* наéздником вы́сшего клáсса

schulen *tr* ausbilden подготовля́ть ⟨подготóв|ить 3 -лю⟩ (für для *G*), обуч|áть ⟨-и́ть 3⁺⟩; trainieren тренировáть 2 (на-) | ein geschultes Gehör тренирóванный слух; ein geschultes Auge тренирóванное зрéние 5; geschultes Personal подготóвленный [квалифици́рованный] персонáл

schulentlassen окóнчивший 11 шкóлу

Schüler *m* учени́к 2e, учáщийся *Subst* 11; Schulkind шкóльник 2; einer Abendschule вечéрник 2 *umg* | ausgezeichneter ~ отли́чник 2; ein ~ Tolstois учени́к Толстóго; **~arbeit** *f* учени́ческая рабóта

schülerhaft **1.** *Adj* учени́ческий, шкóльнический **2.** *Adv* по-учени́чески, по-школя́рски

Schüler|in *f* учени́ца 6, учáщаяся *Subst* 11; Schulkind шкóльница 6; einer Abendschule вечéрница 6 *umg*; **~lotse** *m* дежу́рный старшеклáссник 2, помогáющий 11 млáдшим шкóльникам перейти́ (чéрез) у́лицу; **~zahl** *f* числó [коли́чество 4] ученикóв

Schul|feier *f* шкóльный прáздник; **~ferien** *Pl* шкóльные кани́кулы; **~fernsehen** *n* телевизиóнная передáча 6 для шкóльников; **~flugzeug** *n* учéбный самолёт

schulfrei свобóдный от шкóльных заня́тий | wir haben ~ у нас нет заня́тий

Schul|freund *m* шкóльный товáрищ; **~funk** *m* (радио)передáча 6 для шкóльников; **~funkanlage** *f* шкóльный радиоу́з|ел, -лá 2e; **~garten** *m* пришкóльный óпытный учáст|ок, -ка 2; **~gebäude** *n* шкóльное здáние

Schulgeld *n* плáта 6 за обучéние; **~freiheit** *f* бесплáтное обучéние 5 в шкóле

Schul|hort *m* помещéние 5 для групп продлённого дня; **~impfung** *f* привúвка, проводи́мая в шкóле

schulisch шкóльный; Arbeit учéбный

Schul|jahr *n* учéбный год | im ersten ≈ в пéрвом клáссе; **~jugend** *f* молодёжь шкóльного вóзраста; **~junge** *m* шкóльник 2; **~kamerad** *m* шкóльный товáрищ 2; **~kenntnisse** *Pl* шкóльные знáния; **~kind** *n* шкóльник 2; Mädchen шкóльница 6; **~klasse** *f* класс 2; **~leiter** *m* дирéктор шкóлы; **~mappe** *f* (учени́ческий) портфéль 1

schulmäßig соответ́ствующий 11 трéбованиям шкóлы

schulmeistern *intr* поучáть

Schulpflicht *f* обязáтельное обучéние 5 | allgemeine ~ всеóбщее 11 (обязáтельное) обучéние 5, всеóбуч 2

schulpflichtig: ~es Kind ребёнок шкóльного вóзраста; ~es Alter шкóльный вóзраст

Schul|praktikum *n* der Studenten педпрáктика; **~programm** *n* шкóльная прогрáмма; **~ranzen** *m* шкóльный рáнец; **~rat** *m* завéдующий *Subst* 11 отдéлом нарóдного образовáния райóна [des Bezirks óкруга]; **~reform** *f* шкóльная реформа; **~schießen** *n* учéбная стрельбá; **~schiff** *n* учéбный корáбль; **~speisung** *f* шкóльное питáние 5, питáние шкóльников; **~stunde** *f* урóк 2; **~tag** *m* день в шкóле; **~tasche** *f* шкóльная су́мка

Schulter *f Anat* плечó 4 *Pl* плéчи, плеч, плечáм | er reicht mir bis zur ~ он мне по плечó; ~ an ~ плечó к плечу́; j-m (wohlwollend) auf die ~ klopfen (благосклóнно) хлóп|ать ⟨-нуть 4⟩ когó-н. по плечу́; j-m die kalte ~ zeigen от|ши́ть* *v*, отошью́ когó-н. *umg*, относи́ться 3⁺ -ношу́сь ⟨-|нести́сь*⟩ хóлодно к комý-н.; etw. auf die leichte ~ nehmen легкомы́сленно [несерьёзно] относи́ться к комý-н.; mit den ~n zucken по|жáть[1]* *v* плечáми; **~blatt** *n* лопáтка 6

schulterfrei: ~es Kleid плáтье с обнажёнными плечáми

Schulter|gelenk *n* плечевóй сустáв; **~höhe** *f*: in ≈ на у́ровне плеч; **~klappe** *f* погóн 2 *G Pl* погóн

schulterlang Haar (дли́нный) до плеч

schultern *tr* брать* ⟨взять*⟩ на плечó

Schulter|riemen *m* плечевóй ремéнь; **~sieg** *m* чи́стая побéда; **~stück** *n* погóн 2 *G Pl* погóн; **~tasche** *f* су́мка с ремнём чéрез плечó

Schultüte *f* кулёк со слáдостями в подáрок первоклáсснику

Schulung *f* подготóвка 6, обучéние 5; fachliche повышéние 5 квалификáции; in Form eines Kurses ку́рсы *Pl* 2 | politische ~ полити́ческая учёба 6, политучёба 6

Schulungskurs *m* кýрсы *Pl* повышéния квалификáции
Schul|unterricht *m* занятия в шкóле; allgemein шкóльное обучéние; **~weg** *m* дорóга в шкóлу; **~weisheit** *f* шкóльная премýдрость 9; **~wesen** *n* шкóльное дéло | sozialistisches ≈ социалистическая шкóльная систéма 6; **~wissen** *n* шкóльные знáния; **~zeit** *f* гóды *Pl* 2b обучéния [учёбы]; Lebensabschnitt шкóльные гóды | nach der ≈ пóсле (окончáния) шкóлы
Schund *m* Ware дрянь 9; Ausschuß брак 2; Literatur, Bild u. a. халтýра 6, **literatur** *f* бульвáрная литератýра; **~roman** *m* бульвáрный ромáн
schunkeln *intr* раскáчиваться в ритм
Schuppe *f* Fisch (einzelne) чешýйка 6; ~n Pl чешуя́ 7; *Med* пéрхоть 9 | es fiel mir wie ~n von den Augen у меня́ слóвно [как бýдто] пеленá с глаз упáла
schuppen *tr* Fische чи́|стить 3 -щу (о-) от чешуи́; sich ~ *refl* Haut шелуши́ться 3
Schuppen *m* сарáй 1; offener навéс 2
schuppig чешýйчат:ый
[1]**Schur** *f* von Schafen, von Grasland стри́жка 6
[2]**Schur** *m*: zum ~ назлó
Schüreisen *n* кочер|гá 6 *G Pl* -ёг
schüren *tr* Feuer раздувáть ⟨-|дýть*⟩, мешáть ýгли; *übertr* Argwohn возбу|ждáть ⟨-ди́ть 3 -жý⟩; Haß, Streit, Krieg разжигáть ⟨-|жéчь*⟩
schürfen *intr* *Geol* вести́* развéдку, шурфовáть 2 | nach Erz ~ вести́ развéдку железорýдных месторождéний
Schürf|ung *f* *Geol* развéдка 6; **~wunde** *f* ссáдина 6
schurigeln *tr* *umg* донимáть ⟨доня́ть*⟩
Schurke *m* негодя́й 1; Betrüger мошéнник 2
Schurkenstreich *m* пóдлый постýп|ок, -ка 2
Schurkerei *f* Betrügerei мошéнничество 4
schurkisch пóдл:ый, -á!; betrügerisch мошéннический
Schurwolle *f* натурáльная [стри́женая] шерсть
Schürze *f* фáртук 2, перéдник 2; Kleider~ халáт(ик) 2 | sich eine ~ umbinden повя́зываться ⟨-|вязáться*⟩ фáртуком [перéдником]; er läuft jeder ~ nach *umg* он бéгает за кáждой ю́бкой
schürzen *tr* Knoten завя́зывать ⟨-|вязáть*⟩; Kleid под|бирáть ⟨-о|брáть*; -óбранный⟩
Schürzen|band *n* завя́зка фáртука [перéдника]; **~jäger** *m* бáбник 2, юбóчник 2 | er ist ein ≈ он бéгает за кáждой ю́бкой; **~kleid** *n* плáтье-халáт 5-2

Schuß *m* вы́стрел 2; *Sport* удáр 2 | es fiel ein ~ раздáлся вы́стрел; einen ~ abfeuern вы́стрелить *v* 3; weit ab vom ~ подáльше от [вне] опáсности; ein ~ ins Tor гол 2b, удáр по ворóтам; ein ~ Rum im Tee немнóго [кáпелька 6] рóма в чáе; keinen ~ Pulver wert sein лóманого грошá не стóить 3; der ~ ging nach hinten los *übertr* дéло обернýлось прóтив негó [неё, них] же; etw. in ~ bringen reparieren налá|живать ⟨-дить 3 -жу⟩; **~bereich** *m* зóна обстрéла
schußbereit готóвый к стрельбé | die Waffe ~ halten держáть орýжие наготóве
Schüssel *f* Schale блю́до 4; Suppen~ ми́ска 6; Wasch~ таз 2b; в тазý
Schuß|fahrt *f* Ski скоростнóй спуск; **~feld** *n* пóле [сéктор 2] обстрéла; **~linie** *f*: in die ≈ geraten попадáть ⟨-|пáсть*⟩ в передéлку [под огóнь кри́тики]; **~waffe** *f* огнестрéльное орýжие; **~weite** *f* дáльность вы́стрела [стрельбы́] | auf ≈ на вы́стрел, на расстоя́ние вы́стрела; **~wunde** *f* огнестрéльная рáна
Schuster *m* сапóжник 2 | auf ~s Rappen пешкóм, на свои́х на двои́х; ~, bleib bei deinem Leisten всяк сверчóк знай свой шестóк
Schutt *m* мýсор 2; Stein~ щéб|ень, -ня 1 | in ~ und Asche legen испепел|я́ть ⟨-и́ть 3⟩; in ~ und Asche liegen лежáть 3 в развáлинах; **~abladeplatz** *m* свáлка 6
Schüttelfrost *m* ознóб 2 | er hat ~ у негó ознóб, егó знобúт
schütteln *tr* трясти́* (по-) ⟨тряхнýть *mom* 4⟩; von etw. Staub, Schnee стря́хивать ⟨стряхнýть 4⟩ с *G*; *intr* vom Fahrzeug трясти́сь; sich ~ *refl* Vögel, Tiere отр|я́хиваться ⟨-яхнýться 4⟩, встряхнýться *v* 4 | j-m die Hand ~ пожимáть ⟨-|жáть[1]*⟩ комý-н. рýку, трясти́ комý-н. рýку; den Kopf ~ качáть 2 головóй; etw. aus dem Ärmel ~ дéлать (с-) что-н. без малéйшего напряжéния; das Fieber schüttelt mich меня́ трясёт лихорáдка, меня́ знобúт; vor (dem) Gebrauch ~! пéред употреблéнием взбáлтывать!; sich vor Lachen ~ трясти́сь от смéха; wenn ich das sehe, schüttelt es mich когдá я э́то ви́жу, меня́ трясёт [я содрогáюсь]
Schüttel|reim *m* стих 2e с акрофони́ческой перестанóвкой; **~rinne** *f*, **~rutsche** *f* качáющийся 11 жёлоб
schütteln *tr* Flüssigkeit лить*, наливáть ⟨нали́ть*⟩; Korn сы́пать*, насыпáть ⟨-сы́пать⟩ | etw. aus etw. in etw. ~ перелúвать ⟨-ли́ть⟩ [пересыпáть ⟨-сы́пать⟩] что-н. из чегó-н. во что-н.; es schüttet *umg* дождь льёт (как из ведрá)
schütter рéд|кий, -ок, -кá!; рéже; редчáйший 11

Schüttgut *n* насыпнóй груз, сыпýчий материáл 11-2
Schutt|halde *f* aufgehäufter Schutt свáлка 6; *Geol* óсыпь 9; **~haufen** *m* кýча мýсора, свáлка 6
Schutz *m* защи́та 6 (vor от *G*); staatliche Schutzmaßnahmen охрáна 6 *G*; Zufluchtsort убéжище 5; Obdach приют 2 | zum ~ для защи́ты; sich in j-s ~ begeben в|стать* *v* под чью-н. защи́ту; ~ finden находи́ть 3⁺ -хожý ⟨-|йти́*⟩ защи́ту; bei j-m ~ suchen искáть защи́ты [убéжища] у когó-н.; j-n unter seinen ~ nehmen взять* *v* когó-н. под (свою) защи́ту, взять когó-н. под своё покрови́тельство; unter dem ~ der Familie под опéкой семьи́; unter dem ~ der Polizei под охрáной поли́ции; unter dem ~ der Nacht [Dunkelheit] под покрóвом нóчи [темноты́]
Schütz *n El* контáктор 2; Schleuse затвóр 2, щит 2е
Schutz|anstrich *m* защи́тная окрáска; **~anzug** *m* спецодéжда 6, защи́тный комбинезóн 2; Taucher, Kosmonaut скафáндр 2; **~ärmel** *m* нарукáвник 2; **~blech** *n* Fahrrad, Auto брызгови́к 2е; **~brille** *f* защи́тные очки́, консéрвы *Pl* 2; **~dach** *n* навéс 2; Zeltplane тент [тэ] 2
Schütze *m* стрел|óк, -кá 2; *Astr* Стрел|éц, -ьцá 2
schützen *tr* защи|щáть ⟨-ти́ть 3 -щý⟩ (vor от *G*); vor Gefahr, Schaden оберегáть ⟨-|берéчь*⟩ от *G*; bewachen; Grenze, Tiere, Familie охран|я́ть ⟨-и́ть 3⟩; verteidigen оборон|я́ть ⟨-и́ть 3⟩; Rechte отст|аивать ⟨-оя́ть 3⟩; vor Ansteckung предохран|я́ть ⟨-и́ть 3⟩ (vor от *G*); sich ~ *refl* защищáться ⟨-ти́ться⟩ (vor от *G*), защи|щáть ⟨-ти́ть⟩ себя́ (vor от *G*); etw. ist gesetzlich geschützt что-н. нахóдится под охрáной закóна; sich ~d vor j-n stellen заступáться ⟨заступ|и́ться 3⁺-люсь⟩ за когó-н.
Schützenbataillon *n* стрелкóвый батальóн [льё]
Schutzengel *m* áнгел-храни́тель 2-1
Schützen|graben *m Mil* окóп 2; langer, tiefer Graben траншéя 7; **~kette** *f* стрелкóвая цепь; **~panzerwagen** *m* бронетранспортёр 2
Schutz|farbe *f* защи́тная крáска; der Tiere защи́тная окрáска; **~gitter** *n* предохрани́тельная решётка; **~haft** *f* охрáнный арéст 2 | j-n in ≈ nehmen арестовáть *uv, v* 2 когó-н.; **~heiliger** *m* патрóн 2; *Rel* святóй-застýпник *Subst* 10-2; **~helm** *m* защи́тный шлем; **~hülle** *f* предохрани́тельная оболóчка; Möbel чехóл, -лá 2; Bücher обёртка 6; **~hütte** *f* приют; **~impfung** *f* предохрани́тельная приви́вка; **~kleidung** *f* защи́тная одéжда; **~kontakt** *m El* защи́тный [заземля́ющий 11] контáкт
Schützling *m* подопéчный *Subst* 10; Günstling протежé [тэ] *m, f idkl*
schutzlos беззащи́т|ный, -ен
Schutz|mann *m alt* полицéйский *Subst* 10; **~marke** *f* фабри́чное клеймó; **~maßnahme** *f* мероприя́тие 5 по защи́те [по охрáне] (für *G*); vorbeugende профилакти́ческое [*Wirtsch* покрови́тельственное] мероприя́тие; **~mittel** *n* предохрани́тельное срéдство; **~schicht** *f* защи́тный слой; **~stoff** *m Med* профилакти́ческое срéдство 4; **~überzug** *m* защи́тное покры́тие; **~umschlag** *m* Buch супероблóжка 6; **~vorrichtung** *f* предохрани́тельное приспособлéние; **~wald(anpflanzung)** *m (f)* лесозащи́тное насаждéние 5; **~wall** *m übertr* защи́тный вал; **~zoll** *m* покрови́тельственная [предохрани́тельная] пóшлина
schwabb[e]lig Masse студени́ст:ый
Schwabe *m* шваб 2; **~n** Швáбия 8
Schwäbin *f* швáбка 6
schwäbisch швáбский
schwach слáб|ый, -á, -о, слáбы́; kraftlos бесси́л|ьный, -ен, -ьна; Wein, Kaffee, Tabak слáбый, некрéп|кий, -ок, -кá! | das ist seine ~e Seite э́то егó слáбая сторонá; er ist sehr ~ von Gesundheit он óчень плох; sehr ~ werden physisch ослаб|евáть ⟨-éть⟩; durch seine ewigen Fragen hat er mich ganz ~ gemacht свои́ми бесконéчными вопрóсами он меня́ совсéм доконáл; bei etw. ~ werden не мочь* (с-) устоя́ть прóтив чегó-н.
Schwäche *f* слáбость 9; Leidenschaft пристрáстие 5 (für к *D*); schwache Seite слáбая сторонá 6а | er hat eine ~ für Musik мýзыка – егó слáбость; eine ~ für j-n [etw.] haben питáть слáбость к комý-н. [к чемý-н.]; jeder Mensch hat seine ~n у кáждого свои́ недостáтки; nur keine ~ zeigen! крепи́сь!; **~anfall** *m* при́ступ слáбости; **~gefühl** *n* чýвство [ус] слáбости
schwächen *tr* осл|абля́ть ⟨áбить 3 -áблю⟩ | geschwächt *a.* обесси́ленный
Schwach|heit *f* слáбость 9 | bilde dir keine ≈en ein! *umg* не обольщáй себя́ надéждами!; **~kopf** *m* тупи́ца *m, f* 6
schwächlich слáб:ый, -á, -о, слáбы́, слабоси́л|ьный, -ен, -ьна; kränklich хи́л:ый, -á!
Schwächling *m* слáбый человéк 2; mit schwachem Willen слабовóльный [слабохарáктерный] человéк
schwachsichtig со слáбым зрéнием
Schwachsinn *m* слабоýмие 5
schwachsinnig слабоýм|ный, -ен
Schwachstrom *m* ток ни́зкого на-

пряжения, слабый ток; **~technik** *f* слаботочная техника

Schwächung *f* ослабление 5; Gesundheit a. подрыв 2

¹Schwad(en) *m Landw* вал|ок, -ка 2 | auf ~en legen ко|сить 3⁺ -шу (с-) в валки

²Schwaden *m* Rauch, Dampf клуб 2b, чад 2¡ в чаду; *Bergb* удушливый газ 2

Schwadron *f* эскадрон 2

schwafeln *intr* болтать вздор

Schwager *m* Bruder des Ehemanns девер|ь 1b *Pl* -ья, -ей; Bruder der Ehefrau шурин 2; Mann der Schwester der Ehefrau свояк 2e; Mann der Schwester зять 1b *Pl* -я, -ёв

Schwägerin *f* Schwester des Ehemannes золовка 6; Schwester der Ehefrau свояченица 6; Ehefrau des Bruders невестка 6

Schwalbe *f* ласточка 6 | eine ~ macht noch keinen Sommer одна ласточка ещё не делает весны

Schwalben|nest *m* ласточкино 13 гнездо; **~schwanz** *m Tech* ласточкин 13 хвост

Schwall *m* поток | ein ~ von Worten поток слов

Schwamm *m* Bade~ губка 6 *a. Zool*; Haus~ домовой гриб 2e | ~ d[a]rüber! *umg* оставим это!; забудем об этом!; **~gummi** *m* губчатая резина

schwammig porig ноздреват;ый; Gesicht обрюзглый, пористый

Schwammtuch *n* хозяйственная тряпка 6 из целлюлозы

Schwan *m* лебедь 1g

schwanen *unpers*: mir schwant у меня предчувствие

Schwanengesang *m* лебединая песня

schwanger беремен|ная, -на | ~ werden беременеть (за-); ~ sein быть беременной (von от *G*); im vierten Monat ~ sein быть на четвёртом месяце беременности

Schwangere *f* беременная *Subst* 10

Schwangeren|beratung *f* женская консультация, консультация для беременных; **~erholungsheim** дом отдыха для беременных (женщин)

schwängern *tr* делать (с-) беременной; *Med* оплодотвор|ять (-ить 3); *Chem* насыщать (насы|тить 3 -щу)

Schwangerschaft *f* беременность 9

Schwangerschafts|unterbrechung *f* прерывание беременности, (разрешённый) аборт 2; **~urlaub** *m* отпуск по беременности, декретный отпуск *umg*; **~verhütungsmittel** *n* противозачаточное средство

Schwank *m* (забавный) случа|й 1 *G Pl* -ев, шутка 6; *Theat* фарс 2; *Lit* шванк 2

schwanken *intr* Ast, Brücke, Mast, Boot кач|аться (-нуться *mom* 4); Erde, Boden, Haus колебаться* (за-, по) (колебнуться 4); Vase, Tisch; vor Müdigkeit шат|аться (-нуться *mom* 4); Preis, Temperatur колебаться; zögern колебаться (за-, по-) | der Boden schwankte unter seinen Füßen почва колебалась у него под ногами; sie schwankte zwischen zwei Entschlüssen она колебалась в выборе решения

Schwanken *n* колебание 5 | ins ~ geraten за-, поколебаться *v*

schwankend wackelig шат|кий, -ок, вал|кий, -ок, -ка!; Boden, Preis, Temperatur колеблющийся 11; Stimmung меняющийся 11; zögernd нерешител|ьный, -ен, -ьна, колеблющийся 11 | ein ~er Gang нетвёрдая походка; mit ~en Schritten пошатываясь

Schwankung *f meist Pl* колебание 5

Schwanz *m* хвост 2e | den ~ einziehen под|жимать (-|жать¹*, -ожму) хвост

schwänzeln *intr* вил|ять (-ьнуть *mom* 4) хвостом; *übertr* жеманно выступать (выступ|ить 3 -лю); liebedienern ль|стить 3 -щу (по-) (vor *D*)

schwänzen *tr umg* прогуливать (-гулять) | die Schule ~ прогуливать уроки

Schwanz|feder *f* хвостовое перо; **~flosse** *f* Fisch хвостовой плавник; *Flugw* стабилизатор 2; **~stück** *n* Rind огуз|ок, -ка 2; Fisch хвост 2e

schwappen *intr* Wasser in Bewegung плескать(ся)*; überlaufen переливаться (-|литься*¡ -лились)

schwären *intr Med* нарывать (-|рвать*)

Schwarm *m* Menschen толпа 6c; Bienen ро|й 1b *G Pl* -ёв; Fische, Vögel стая 7; *übertr* увлечение 5 | sie ist sein ~ она его любовь [пассия]

schwärmen *intr* Insekten роиться 3; *übertr* мечтать (von о *P*); увлекаться (-|влечься*) (für *I*) | er schwärmt für Musik он увлекается музыкой, он обожает музыку; alle ~ für diesen Sänger все в восторге от этого певца

Schwärmer *m* Phantast мечтатель 1; энтузиаст 2; Feuerwerk ракета 6; *Zool* ночная бабочка 6; **~ei** *f* увлечение 5 (für *I*), энтузиазм 2; romantische Träumerei мечты *Pl* 6

schwärmerisch träumerisch мечтател|ьный, -ен, -ьна

Schwarte *f* dicke Haut толстая кожа 6; zerlesenes Buch старая книга 6, старый зачитанный бульварный роман 2; minderwertiges Buch пустая книга

schwarz **1.** *Adj* чёр|ный, -ен, черна, черны *u.* чёрны; von Pferden вороной; Gedanke; Nacht тём|ный, -ен, -на | ~ auf weiß чёрным по белому; auf die ~e Liste setzen за|носить 3⁺ (-нести*) в чёрный список; ~e Nägel чёрные

[грязные] ногти; ein ~er Tag несчастный день; mir wurde es ~ vor den Augen у меня в глазах потемнело; Schwarzes Meer Чёрное море **2.** *Adv*: sich ~ ärgern страшно сер|диться 3⁺ -жусь (рас-); ~ färben чернить 3 (за-, на-); ~ kaufen купить на чёрном рынке
Schwarz *n* Farbe чёрный цвет 2 | in ~ gekleidet одетый в чёрное (платье) [в траур]; **~arbeit** *f* нелегальный заработ|ок, -ка 2, работа налево
schwarzarbeiten *intr umg* работать налево
schwarz|äugig черноглазый; **~braun** чернобурый; Haut смугл:ый, -á! до черноты
Schwarz|brot *n* чёрный [ржаной] хлеб; **~drossel** *f* чёрный дрозд
Schwarze *n* | ins ~ treffen *übertr* по|пасть* *v* в точку
Schwärze *f* чернота 6
schwärzen *tr* чернить 3 (по-); mit Ruß коп|тить 3 -чу (за-)
Schwarzerde *f* чернозём 2
schwarzfahren *intr* ехать*, *unbest* éз|дить 3 -жу зайцем [без билета]
Schwarzfahrer *m* безбилетный пассажир 2, зá|яц, -йца 2 *umg*
Schwarzfahrt *f* езда зайцем [без билета]; ohne Fahrerlaubnis езда без прав (водителя)
schwarzhaarig черноволосый
Schwarz|handel *m* торговля на чёрном рынке | ≈ treiben торговать 2 из-под полы, про|давать* на чёрном рынке; **~hörer** *m Rad* радиозá|яц, -йца 2 *umg*; **~malerei** *f* пессимизм 2; пессимистическое изображение 5; **~markt** *m* чёрный рынок; **~marktpreis** *m* спекулятивная цена; **~pappel** *f* осокорь 1, чёрный тополь
schwarzrotgold чёрно-красно-золотой
schwarzsehen *intr* ви|деть 3 -жу всё в мрачном свете, быть* пессимистом; *TV* быть* телезайцем
Schwarz|seher *m* пессимист 2; *TV* телезá|яц, -йца 2; **~wald** *m* Шварцвальд 2; **~weißfernseher** *m* чёрно-белый телевизионный приёмник; **~weißfilm** *m Foto* чёрно-белая плёнка; Kino чёрно-белый фильм; **~weißfoto** *n* чёрно-белый снимок; **~wild** *n* кабаны *Pl* 2e, чёрная дичь; **~wurzel** *f* козел|éц, -ьцá 2
schwatzen *intr* болтать, трещать 3
Schwätzer *m* болтун 2e, трещотка *m 6*
schwatzhaft болтлив:ый
Schwatzhaftigkeit *f* болтливость 9
Schwebe *f*: in der ~ на весу; sich in der ~ halten ви|сеть 3 -шу в воздухе; das bleibt in der ~ это остаётся нерешённым [неопределённым]; **~bahn** *f* подвесная дорога 6; **~balken** *m Sport* бревно 4c *Pl* брёвна
schweben *intr* gleiten парить 3; Vogel, Ballon, Hubschrauber висеть 3 в воздухе; im Kosmos парить в (условиях) невесомости; *übertr* витать | die Sache schwebt noch дело ещё не решено [не улажено]; in Lebensgefahr ~ нахо|диться 3⁺ -жусь в смертельной опасности; in höheren Regionen ~ витать в облаках; **~d** висящий 11 в воздухе; gleitend парящий 11; Streitfrage нерешённый; Prozeß незаконченный | ≈er Gang плавная [лёгкая] походка
Schwed|e *m* швед 2 | alter ~! старина *m* 6!; **~en** Швеция 8; **~in** *f* шведка 6
schwedisch шведский | hinter ~en Gardinen sitzen за решёткой
Schwefel *m* сера 6 | sie halten zusammen wie Pech und ~ *übertr* их водой не разольёшь; **~bad** *n* серная ванна; Kurort серные воды; **~grube** *f* серный рудник
schwefel|haltig содержащий 11 серу, сернист:ый; **~ig** сернист:ый
schwefeln *tr* обраб|áтывать ⟨-óтать⟩ серой
Schwefelquelle *f* серный источник
schwefelsauer сернокислый
Schwefel|säure *f* серная кислота; **~wasserstoff** *m* сероводород 2
Schweif *m* хвост 2e
schweifen *intr* umherstreifen блуждать [бро|дить 3⁺ -жу] по *D* | er ließ seine Gedanken in die Zukunft ~ он отдался мыслям о будущем; über etw. den Blick ~ lassen обводить 3⁺ -вожу ⟨-|вести*⟩ что-н. взглядом
Schweige|marsch *m* марш молчания; **~minute** *f* минута молчания
schweigen *intr* молчать 3 | über etw. ~ молчать (про-) о чём-н.; er schwieg zu meiner Bemerkung он промолчал на моё замечание; er schweigt wie das Grab он нем как могила; die Waffen ~ военные действия прекратились
Schweigen *n* молчание 5 | j-n zum ~ bringen заст|авлять ⟨-áвить 3 -áвлю⟩ кого-н. замолчать, зажимать ⟨-|жать[1]⟩ рот кому-н.; sich in ~ hüllen хранить молчание
schweigend 1. *Adj* безмолв:ный, -ен; Zustimmung молчалив:ый **2.** *Adv* молча
Schweigepflicht *f*: ärztliche ~ врачебная тайна 6
schweigsam молчалив:ый, неразговорчив:ый
Schwein *n* свин|ья 7c *G Pl* -éй a. Person | er hat ~ *umg* ему здорово везёт
Schweine|bauch *m* свиная грудинка 6; **~braten** *n* жареная свинина 6; **~farm** *f* свиноферма 6; **~fett** *n* свиное сало; **~fleisch** *n* свинина 6; **~futter** *n* корм для свиней; **~geld** *n*: ein ≈ verdienen зараб|áтывать ⟨-óтать⟩ бешеные деньги;

~**hund** *m* Schimpfwort свинья́ 7c, подле́ц 2e; ~**hütte** *f* наве́с 2 для свине́й; ~**kopf** *m* Teil v. Schwein свина́я голова́; ~**kotelett** *n* свина́я отбивна́я котле́та; ~**mast** *f* отко́рм свине́й; ~**mästerei** *f* свиноотко́рмочный пункт; ~**meister** *m* ста́рший свина́рь 11-1e; ~**pest** *f* чума́ свине́й; ~**rei** *f* сви́нство; Zote поха́бщина 6; ~**schmalz** *n* (топлёное) свино́е са́ло; ~**schnitzel** *n* отбивно́й шни́цель из свини́ны; ~**stall** *m* свина́рник 2; ~**trog** *m* свина́я корму́шка; ~**zucht** *f* свиново́дство; ~**züchter** *m* свиново́д 2

Schweinigel *m* свинья́ 6c, поха́бник 2

schweinisch сви́нский; unanständig поха́б|ный, -ен

Schweins|borste *f* (свина́я) щети́на 6; ~**brust** *f* коре́йка 6; ~**keule** *f* о́корок 2b *Pl* -а́; ~**leder** *n* свина́я ко́жа

schweinsledern из свино́й ко́жи

Schweiß *m* пот 2b *G a.* -у в поту́; Blut des Wildes кровь 9 | in ~ gebadet весь в поту́; im ~e seines Angesichts в по́те лица́ своего́; in ~ geraten поте́ть (вс-); der ~ rinnt in Strömen пот льёт гра́дом; das hat viel ~ gekostet э́то сто́ило мно́го труда́; ~**blatt** *n* подмы́шник 2; ~**brenner** *m* сва́рочная горе́лка; ~**drüse** *f* потова́я железа́

schweißen *tr Tech* сва́ривать ⟨свари́ть 3⁺⟩; *intr* Wild истека́ть ⟨-|те́чь*⟩ кро́вью

Schweiß|en *n Tech* сва́рка 6; ~**er** *m* сва́рщик 2; ~**füße** *Pl* потли́вые но́ги | er hat ≈ у него́ поте́ют но́ги

schweißgebadet весь в поту́, покры́т:ый по́том

Schweiß|gerät *n* сва́рочный аппара́т; ~**geruch** *m* за́пах по́та; ~**hund** *m* (соба́ка-)ище́йка (6-)6

schweißig по́т|ный, -ен, -на́!

Schweiß|leder *m* im Hut ко́жаная поло́ска 6 внутри́ шля́пы; ~**mittel** *n Med* потого́нное сре́дство; ~**naht** *f* сварно́й шов; ~**stelle** *f* ме́сто сва́рки; ~**technik** *f* сва́рочная те́хника

schweiß|treibend потого́нный; ~**triefend** весь в поту́

Schweißtropfen *m* ка́пля по́та

Schweiz *f* Швейца́рия 8

Schweizer *m* швейца́р|ец, -ца 2 | ~ Käse швейца́рский сыр; ~**deutsch** *n* неме́цкий язы́к 2c Швейца́рии; ~**in** *f* швейца́рка 6

schweizerisch швейца́рский

Schwelbrand *m* тле́ющий 11 ог|о́нь, -ня́ 1

schwelen *tr* entgasen швелева́ть; *intr* Feuer тлеть *a. übertr*

schwelgen *intr* насла|жда́ться ⟨-ди́ться 3 -жу́сь⟩ (in *I*), (стра́стно) от|дава́ться* ⟨-|да́ться*⟩ (im *D*) | im Überfluß ~ утопа́ть в ро́скоши, роско́шествовать 2; in Erinnerungen ~ пре|дава́ться* прия́тным воспомина́ниям

Schwelle *f* Tür поро́г 2 *a. übertr; Eisenb* шпа́ла 6 | an der ~ von etw. на поро́ге чего́-н.

schwellen *tr* на-, раздува́ть ⟨-|ду́ть*⟩; *intr Med* о|тека́ть ⟨-|те́чь*⟩, пу́хнуть 4 *u.* 4a (рас-), вздува́ться ⟨-|ду́ться*⟩; Fluß прибыва́ть ⟨прибы́ть*⟩; Knospen наб|уха́ть ⟨-у́хнуть 4a⟩ | ihm schwillt der Kamm *umg* он петуши́тся; dick geschwollen си́льно распу́хший 11, Mandeln, Leber увели́ченный

Schwellung *f Med* о-, распуха́ние 5, взду́тие 5; leichte припу́хлость 9; Geschwulst о́пухоль 9; Leber увеличе́ние 5

Schwemme *f* Pferde~ ме́сто 4b для купа́ния лошаде́й; *umg* Überangebot оби́лие 5 (an *G*)

schwemmen *tr* Pferde купа́ть (ис-) | an Land ~ выно|си́ть 3⁺ -шу́ ⟨вы́|нести*⟩ на бе́рег

Schwemm|land *n* нано́сная земля́, нано́с 2; ~**sand** *m* нано́сный песо́к

Schwengel *m* Glocke язы́к 2e; Pumpe коромы́сло 4; Brunnen жура́вль 1e

Schwenk *m* Film панорами́рование 5; ~**arm** *m Tech* поворо́тная уко́сина 6; Kran поворо́тная стрела́ 6c; Wasserhahn поворо́тная тру́бка 6; ~**bagger** *m* (полно)поворо́тный экскава́тор

schwenkbar поворо́тный

Schwenkbereich *m* eines Kranes подкра́новое по́ле 3b

schwenken *tr* маха́ть* ⟨махну́ть 4⟩ *I*, hin u. her разма́хивать *I*; *intr* повора́чивать ⟨-верну́ть 4⟩, измен|я́ть -и́ть 3⁺ направле́ние | die Kamera ~ панорами́ровать 2; rechts schwenkt, marsch! *Mil* ле́вое плечо́ вперёд, шаго́м марш!

Schwenker *m* (коньячная) рю́мка 6

Schwenk|flügelflugzeug *n* самолёт с поворо́тными кры́льями; ~**hahn** *m* поворо́тная стрела́ 6c; ~**kran** *m* де́ррик [дэ] 2; ~**lader** *m* поворо́тный погру́зчик

Schwenkung *f* Wendung поворо́т 2, переме́на 6 направле́ния *a. übertr; Mil* захожде́ние 5 плечо́м | eine ~ nach links поворо́т нале́во

schwer 1. *Adj* тяж|ёлый, -ёл, -ела́; an Gewicht, schwerfällig гру́з|ный, -ен, -на́, -но, грузны́; mühsam, ernst тя́ж|кий, -ек, -ка́!; schwierig тру́д|ный, -ен, -на́, -но, трудны́; Winter суро́в:ый; Tabakwaren, Getränke кре́п|кий, -ок, -ка́! | zwei Kilogramm ~ ве́сом в два килогра́мма; ~ werden тяжеле́ть (о-, по-); ~er Sturm стра́шная бу́ря; ~e See бу́рное мо́ре; ~e Artillerie тяжёлая артилле́рия; ~es Verbrechen тя́жкое преступле́ние; j-m das Herz ~ machen огорч|а́ть ⟨-и́ть 3⟩ кого́-н.; er hat Schweres durchgemacht

жизнь у него́ была́ нелёгкая **2.** *Adv* тяжело́; тру́дно; mit Mühe с трудо́м | es fällt mir ~ мне тру́дно; er hört ~ он туг на́ ухо; das ist ~ zu sagen э́то тру́дно сказа́ть; er ist ~ krank он тяжело́ бо́лен
Schwer|arbeiter *m* рабо́чий, за́нятый на тяжёлой рабо́те; **~athlet** *m* тяжелоатле́т 2; **~athletik** *f* тяжёлая атле́тика
schwer|beladen тяжело́нагру́женный; **~beschädigt**: er ist zu 75% ≈ он на се́мьдесят пять проце́нтов инвали́д [нетрудоспосо́бен]
Schwerbeschädigte(r) *f (m)* инвали́д 2
schwerbewaffnet Posten вооружённый с головы́ до ног
Schwere *f* тя́жесть 9 *a. übertr*; Aufgabe a. тру́дность 9; *Phys* си́ла 6 тя́жести, тяготе́ние 5 | die ~ des Verbrechens тя́жесть преступле́ния
schwerelos *Phys* невесо́мый | der ~e Zustand состоя́ние невесо́мости
Schwere|losigkeit *f* невесо́мость 9; **~nöter** *m* сердцее́д [рц] 2
schwer|erziehbar трудновоспиту́ем:ый; **~fallen** *intr* Lernen, Lesen дава́ться* с трудо́м | es fällt mir schwer, ... мне тру́дно ...; **~fällig** неповоро́тлив:ый; ungeschickt неуклю́ж:ий 11; Stil тяж|ёлый, -ёл -ела́; Rede, Ausdruck тяжелове́с|ный, -ен | ≈ sein быть тяжёлым над подъём *umg*
Schwerfälligkeit *f* неповоро́тливость 9; неуклю́жесть 9
Schwergewicht *n* тяжёлый вес | das ~ auf etw. legen удел|я́ть ⟨-и́ть 3⁺⟩ чему́-н. основно́е внима́ние; **~ler** *m* тяжелове́с 2; Boxer a. боксёр 2 тяжёлого ве́са
Schwergewichts|klasse *f* катего́рия тяжёлого ве́са; **~meister** *m* чемпио́н в тяжёлом ве́се
schwerhörig туг:о́й, -а́! на́ ухо, глухова́т:ый
Schwerin Шве́рин 2
Schwer|hörigkeit *f* тугоу́хость 9; **~industrie** *f* тяжёлая промы́шленность; **~kraft** *f* тяготе́ние 5, си́ла тя́жести
schwerkrank тяжелобольно́й (тяжело́ бол|ен, -ьна́)
Schwerlast|anhänger *m Kfz* прице́п-тяжелово́з 2-2; **~zug** *m Eisenb* тяжелове́сный (това́рный) соста́в [по́езд]; *Kfz* грузово́й автомоби́ль 1 большо́й грузоподъёмности с прице́пом
schwerlich *Adv* вряд ли, едва́ ли
Schwer|maschinenbau *m* тяжёлое машинострое́ние; **~metall** *n* тяжёлый мета́лл; **~mut** *f* тоска́ 6, мра́чное настрое́ние 5
schwermütig тоскли́в:ый, мра́ч|ный, -ен, -на́!
schwernehmen *tr* принима́ть ⟨приня́ть*⟩ что-н. бли́зко к се́рдцу, тяжело́ [боле́зненно] реаги́ровать 2 на что-н.
Schweröl *n* тяжёлое то́пливо, мазу́т 2
Schwerpunkt *m Phys* центр 2 тя́жести; *Wirtsch* важне́йшая 11 [основна́я] о́трасль 9 | den ≈ auf etw. legen де́лать (с-) основно́й упо́р на что-н.; hier liegt der ~ der Frage э́то су́щность вопро́са; **~aufgabe** *f* важне́йшая 11 [гла́вная] зада́ча; **~betrieb** *m* предприя́тие 5 [заво́д 2] первостепе́нного значе́ния [важне́йшей о́трасли промы́шленности]
Schwert *n* меч 2е *G Pl* -е́й; **~boot** *n* швербо́т 2; **~fisch** *m* меч-ры́ба 6; **~lilie** *f* каса́тик 2; **~streich** *m* уда́р мечо́м | ohne (einen) ≈ без бо́я
Schwerverbrecher *m* уголо́вный престу́пник
schwer|verdaulich неудобовари́м:ый; **~verletzt** тяжелора́неный (тяжело́ ра́нен); **~verständlich** малопоня́тный (ма́ло поня́тен); **~verträglich** Mensch неужи́вчив:ый; **~verwundet = schwerverletzt; ~wiegend** ве́с|кий, -ок, серьёзный, -ен
Schwester *f* сестра́ 6с *Pl* сёстры, сестёр, сёстрам; Kranken~ (медици́нская) сестра́, медсестра́; **~betrieb** *m* одноти́пное предприя́тие
schwesterlich *Adv* по-се́стрински, как сестра́
Schwestern|haube *f* косы́нка 6 (мед)сестры́, че́пчик 2; **~schule** *f* шко́ла медици́нских сестёр; **~tracht** *f* фо́рменная оде́жда медици́нской сестры́
Schwesterschiff *n* одноти́пное су́дно
Schwieger|eltern *Pl* роди́тели жены́ [v. Frau му́жа]; **~mutter** *f* Mutter der Ehefrau тёща 6; Mutter des Ehemannes свекро́вь 9; **~sohn** *m* зять 1b *Pl* -я́, -ёв; **~tochter** *f* неве́стка 6; eines Mannes сноха́ 6с; **~vater** *m* Vater der Ehefrau тесть 1; Vater des Ehemannes свёк|ор, -ра 2
Schwiele *f* мозо́ль 9
schwielig мозо́лист:ый
schwierig тру́д|ный, -ен, -на́, -но, тру́дны, затрудни́тел|ьный, -ен, -ьна; Charakter тяжёл:ый, тяжела́; kompliziert сло́ж|ный, -ен, -на́!; heikel щекотли́в:ый | das ist eine ~e Frage э́то тру́дный вопро́с; etw. ~ finden счита́ть ⟨счесть*⟩ что-н. тру́дным; er ist ein ~er Mensch он тяжёлый челове́к
Schwierigkeit *f* тру́дность 9, затрудне́ние 5 | finanzielle ~en фина́нсовые затрудне́ния; auf ~en stoßen ната́лкиваться ⟨-толкну́ться 4⟩ на тру́дности; ~en aus dem Wege räumen преодол|ева́ть ⟨-е́ть⟩ тру́дности; j-m ~en machen соз|дава́ть* ⟨созда́ть*⟩ кому́-н. тру́дности

Schwierigkeitsgrad *m* сте́пень тру́дности [сло́жности]
Schwimm|bad *n* откры́тый ле́тний 11 бассе́йн; Hallenbad зи́мний 11 бассе́йн; **~bagger** *m* плаву́чая землечерпа́лка 11-6; **~becken** *n* бассе́йн для пла́вания; **~blase** *f* пла́вательный пузы́рь; **~dock** *n* плаву́чий 11 док
schwimmen *intr* пла́вать, *best* плыть*; best. Strecke проплыва́ть ⟨-плы́ть⟩; *übertr* пла́вать | ich bin über den Fluß geschwommen я переплы́л ре́ку [че́рез ре́ку]; er schwamm ans Ufer он плыл [подплы́л] к бе́регу; mit dem Strom [gegen den Strom] ~ плыть по тече́нию [про́тив тече́ния] *a. übertr;* es schwimmt mir vor den Augen у меня́ темне́ет в глаза́х, у меня́ всё слива́ется пе́ред глаза́ми; er schwimmt im Geld у него́ у́йма де́нег; in der Prüfung ~ пла́вать на экза́мене
Schwimmen *n* пла́вание 5
schwimmend **1.** *Adj* плаву́чий 11 **2.** *Adv* übersetzen вплавь
Schwimmer *m* плов|е́ц, -ца́ 2; Gerät поплав|о́к, -ка́ 2; **~in** *f* пловчи́ха 6
schwimmfähig спосо́бный пла́вать, плаву́чий 11
Schwimm|flosse *f* Fisch плавни́к 2e; ≈en *Pl* künstliche ла́сты *Pl* 2; **~gürtel** *m* спаса́тельный по́яс; **~halle** *f* закры́тый бассе́йн; **~haut** *f* пла́вательная перепо́нка; **~kran** *m* плаву́чий 11 кран, *umg* плавкра́н 2; **~lehrer** *m* инстру́ктор 2 по пла́ванию; **~panzer** *m* пла́вающий 11 танк; **~ring** *m* надувно́й круг (для пла́вания); **~sport** *m* пла́вание 5; **~stadion** *n* во́дный стадио́н; **~unterricht** *m* обуче́ние пла́ванию; Unterrichtstunde уро́к [уро́ки] пла́вания; **~vogel** *m* водопла́вающая 11 пти́ца; **~weste** *f* спаса́тельный (надувно́й) жиле́т; **~wettkämpfe** *m Pl* состяза́ния по пла́ванию
Schwindel *m Med* головокруже́ние 5; Betrug надува́тельство 4, обма́н 2 | ausgemachter ~ я́вное [чисте́йшее 11] надува́тельство; den ganzen ~ kennen знать все э́ти фо́кусы; **~anfall** *m* при́ступ головокруже́ния; **~ei** *f* надува́тельство 4, обма́н 2
schwindel|erregend головокружи́тел|ьный, -ен, -ьна; **~frei** не подве́рженный головокруже́нию
schwind[e]lig: mir wurde ~ у меня́ закружи́лась голова́; mir ist ~ у меня́ кру́жится голова́
schwindeln *intr* lügen врать* (на-, со-); betrügen обма́нывать ⟨-мануть 4⁺⟩, моше́нничать (с-) | mir schwindelt у меня́ кру́жится голова́; mir schwindelt bei diesem Gedanken от э́той мы́сли у меня́ голова́ идёт кру́гом
schwinden *intr* abnehmen убыва́ть ⟨убы́ть*⟩, уменьша́ться ⟨-ме́ньшиться 3⟩; ver~ исчеза́ть ⟨-че́знуть 4a⟩; Kräfte слабе́ть (о-) | mir ~ die Sinne я теря́ю созна́ние; j-s Hoffnung schwindet кто-н. (постепе́нно) теря́ет наде́жду
Schwindler *m* моше́нник 2, обма́нщик 2; Hochstapler афери́ст 2
Schwindsucht *f* чахо́тка 6 | galoppierende ~ скороте́чная чахо́тка
Schwingachse *f Tech* ось с незави́симой подве́ской колёс
schwingen *tr* маха́ть* ⟨махну́ть 4⟩ *I,* разма́хивать *I; intr* schaukeln раска́чиваться ⟨-кача́ться⟩; Pendel кач|а́ться ⟨-ну́ться *mom* 4⟩, колеба́ться* (по-) | sich in die Luft ~ Vogel поднима́ться ⟨подня́ться*⟩ (в во́здух), взвива́ться ⟨-|ви́ться*, взовьётся⟩; sich in den Sattel ~ вска́кивать ⟨вскочи́ть 3⁺⟩ в седло́; sich aufs Fahrrad ~ вскочи́ть на велосипе́д; große Reden ~ произноси́ть 3⁺ -ношу́ гро́мкие слова́
Schwing|kreis *m Rad* (колеба́тельный) ко́нтур 2; **~ung** *f* раска́чивание 5, кача́ние 5; *Phys* вибра́ция 8, колеба́ние 5
Schwingungs|dauer *f* пери́од 2 колеба́ний; **~zahl** *f* частота́ 6c колеба́ний
Schwips *m* лёгкое [хк] опьяне́ние 5 | einen ~ haben быть* под хмельком [под му́хой]
schwirren *intr* Insekten жужжа́ть 3; Geschoß, Pfeil сви|сте́ть 3 -щу́ (про-) | mir schwirrt der Kopf (von) у меня́ голова́ идёт кру́гом (от *G*)
Schwitzbad *n* парова́я ба́ня [ва́нна]
schwitzen *intr* поте́ть (вс-); (über Aufgabe над *I,* vor Angst от *G*); Fenster поте́ть (за-) | j-n ~ machen вгоня́ть ⟨во|гна́ть*, вгоню́⟩ кого́-н. в пот
Schwitz|kur *f* потого́нное лече́ние; **~packung** *f* уку́тывание всего́ те́ла для поте́ния; **~wasser** *n* конденса́т [дэ] 2
schwören *tr* кля́сться* (по-) (etw. в чём-н.); einen Eid leisten присяг|а́ть ⟨-ну́ть 4⟩; *intr* bürgen руча́ться (auf за *A*) | Treue ~ кля́сться в ве́рности, присяга́ть на ве́рность; j-m Rache ~ покля́сться *v* отомсти́ть кому́-н.; wir ~ auf ihn мы за него́ руча́емся, мы убеждены́ в его́ правоте́ [в пра́вильности его́ слов]
schwül ду́ш:ный, -ен, -на́!; drückend heiß зно́|йный, -ен, -йна | heute ist es ~ сего́дня ду́шно
Schwüle *f* духота́ 6; зной 1
schwülstig высокопа́р|ный, -ен, напы́щен:ный, -на
Schwund *m* Kaufkraft паде́ние 5; Mengen~; Interesse поте́ря 7; Verminderung, Abnahme уменьше́ние 5; Schrumpfung уса́дка 6; Gewichtsverlust

durch Trocknen усу́шка 6; *Med* атрофи́я 8; *Rad* фе́динг 2, замира́ние 5
Schwung *m* schnelle Bewegung (вз)мах 2; Anlauf, Wucht, weites Ausholen разма́х 2; *Sport* мах; Ski вороро́т 2; *übertr* воодушевле́ние 5, подъём 2, поры́в 2 | mit ~ с разма́ху; in ~ kommen приобрета́ть ⟨-|обрести́*⟩ широ́кий разма́х; j-n auf ~ bringen раскача́ть *v* кого́-н.; etw. in ~ bringen vorantreiben вноси́ть 3⁺ -ношу́ ⟨-|внести́*⟩ во что-н. живу́ю струю́; **~feder** *f* махово́е перо́
schwunghaft Handel оживлён:ный, -на, бо́:йкий, -ек, -йка́! | einen ~en Handel treiben бо́йко торгова́ть
Schwung|kraft *f* *Phys* центробе́жная си́ла; *übertr* эне́ргия 8; **~rad** *n* махови́к 2e, махово́е колесо́; **~radantrieb** *m* махови́ковый (электро)приво́д
schwungvoll сде́ланный с больши́м подъёмом [энтузиа́змом]; Worte, Rede стра́ст|ный, -ен, -на́!, пла́менный; Schritt разма́шист:ый, энерги́ч|ный, -ен
Schwur *m* кля́тва 6; Eid прися́га 6 | einen ~ ablegen дава́ть* ⟨дать*⟩ кля́тву; **~gericht** *n* суд прися́жных
Seal *m* Fell ко́тик 2; **~mantel** *m* ко́тиковое пальто́
sechs *Num* шесть 9e | wir waren ~ нас бы́ло ше́стеро; es geht auf ~ (Uhr) шесто́й час; nach ~ (Uhr) в седьмо́м часу́
Sechs *f* число́ 4c шесть, шестёрка 6; Straßenbahn шестёрка, шесто́й но́мер 2b; **~eck** *n* шестиуго́льник 2
sechs|eckig шестиуго́льный; **~einhalb** *Num* шесть с полови́ной; **~erlei** шести́ сорто́в [родо́в, ви́дов]; **~fach** **1.** *Adj* шестикра́тный **2.** *Adv* шесть раз, вше́стеро; **~füßig** шестино́гий; Vers шестисто́пный; **~geschossig** шестиэта́жный; **~hundert** *Num* шест|сот, -исо́т, -иста́м, -ьюста́ми, -иста́х; **~jährig** шестиле́тний 11; **~mal** *Adv* шесть раз; bei Vergleich в шесть раз, вше́стеро | ≈ so viel в шесть раз бо́льше; **~malig** шестикра́тный; **~monatig** шестиме́сячный; **~seitig** шестисторо́нний 11 | ≈er Artikel статья́ в шесть страни́ц; **~sitzig** шестиме́стный; **~stellig** шестизна́чный; **~stöckig** шестиэта́жный, in der UdSSR entsprechend семиэта́жный; **~stündig** шестичасово́й
sechst: zu ~ вшестеро́м
Sechstagerennen *n* шестидне́вные (вело-)го́нки
sechstausend *Num* шесть 9e ты́сяч
sechster *Num* шесто́й
Sechstel *n* шеста́я часть 9g
sechstens *Adv* в-шесты́х
sechzehn *Num* шестна́дцать 9; **~jährig** шестнадцатиле́тний 11
Sechzehntelnote *f* шестна́дцатая но́та
sechzehnter *Num* шестна́дцатый
sechzig *Num* шест|ьдеся́т *G D P* -и́десяти, *I* -ью́десятью
Sechziger *m* Mann шестидесятиле́тний мужчи́на 11-6
sechzig|jährig шестидесятиле́тний 11; **~ster** *Num* шестидеся́тый
Sediment *n* оса́д|ок, -ка 2; **~gestein** *n* оса́дочная поро́да
[1]**See** *m* о́зеро 4f *Pl* озёра | am ~ у о́зера; auf einem ~ Boot fahren ката́ться по о́зеру на ло́дке
[2]**See** *f* мо́ре 3 | schwere ~ бу́рное мо́ре; auf hoher ~ в откры́том мо́ре; an der ~ на берегу́ мо́ря, у мо́ря; in ~ stechen уходи́ть 3⁺ -хожу́ ⟨-|йти́*⟩ в мо́ре; an die ~ fahren е́хать (по-) на мо́ре [к мо́рю]; zur ~ fahren пла́вать на корабле́, быть* моряко́м; **~bad** *n* Kurort морско́й [примо́рский] куро́рт; Heilbad морска́я ва́нна; **~bär** *m* *Zool* морско́й ко́тик; Matrose быва́лый моря́к 2e; **~beben** *n* морско́е землетрясе́ние; **~fahrer** *m* морепла́ватель 1; *alt* мореход 2; **~fahrt** *f* морепла́вание 5, морско́е судохо́дство 4; Reise путеше́ствие [пое́здка] мо́рем [по мо́рю], морско́е путеше́ствие
seefest не подве́ржен:ный морско́й боле́зни; seetüchtig с хоро́шими морехо́дными ка́чествами
See|fisch *m* морска́я ры́ба; **~fischerei** *f* морско́е рыболо́вство; **~fracht** *f* морско́й груз; **~gang** *m* волне́ние 5 на́ море | schwerer ≈ си́льное волне́ние; **~gefecht** *n* морско́й бой; **~gras** *n* морска́я трава́; **~hafen** *m* морско́й порт; **~herrschaft** *f* госпо́дство на мо́ре; **~hund** *m* тюле́нь 1; **~hund(s)fett** *n* шку́ра тюле́ня; **~igel** *m* морско́й ёж; **~karte** *f* морска́я [навигацио́нная] ка́рта
seeklar *Mar* гото́в:ый к вы́ходу в мо́ре
Seeklima *n* морско́й кли́мат
seekrank страда́ющий 11 морско́й боле́знью | er wurde ~ его́ укача́ло
See|krankheit *f* морска́я боле́знь; **~krieg** *m* война́ на мо́ре; **~kuh** *f* сире́на 6, морска́я коро́ва; **~lachs** *m* са́йда 6
Seele *f* душа́ 6c *A* ду́шу; *Mil* кана́л 2 ствола́; *Mus* ду́шка 6 | er ist mit Leib und ~ bei der Arbeit он весь поглощён рабо́той; er war die ~ des Unternehmens он был душо́й всего́ (э́того) предприя́тия; sie sind ein Herz und eine ~ они́ живу́т душа́ в ду́шу; eine ~ von einem Menschen душа́-челове́к; es tut einem in der ~ weh, wenn man sieht ... душа́ боли́т, когда́ посмо́тришь ...; j-m aus der ~ sprechen выска́зывать ⟨вы́|сказать*⟩ то, что у друго́го на душе́
Seelen|angst *f* си́льный страх; **~frieden** *m* душе́вное споко́йствие; **~größe** *f* ве-

ли́чие души́; **~qual** *f* пы́тка 6; **~ruhe** *f* душе́вный поко́й
seelenruhig соверше́нно споко́йно
seelensgut о́чень до́брый
seelenvoll с душо́й, с чу́вством; Blick вырази́тел|ьный, -ен, -ьна
Seelenwanderung *f* переселе́ние 5 душ
Seeleute *Pl* моряки́ *Pl* 2e
seelisch душе́вный; Schock психи́ческий
See|löwe *m* морско́й лев; **~luft** *f* морско́й во́здух; **~macht** *f* морска́я держа́ва; **~mann** *m* моря́к 2e
seemännisch морско́й, моря́цкий
Seemeile *f* морска́я ми́ля
Seenot *f* бе́дствие 5 на мо́ре; Havarie круше́ние 5 (на мо́ре) | in ≈ geraten терпе́ть 3⁺ (по-) бе́дствие на мо́ре; **~dienst** *m* морска́я авари́йно-спаса́тельная слу́жба
Seenplatte *f* озёрный край 1b *Pl* кра|я́, -ёв
See|offizier *m* морско́й офице́р; **~pferdchen** *n* морско́й конёк; **~räuber** *m* пира́т 2; **~räuberei** *f* пира́тство 4; **~recht** *n* морско́е пра́во; **~reise** *f* морско́е путеше́ствие, морска́я пое́здка; **~rose** *f* Wasserrose кувши́нка 6; **~sack** *m* (матро́сский) вещево́й мешо́к; **~salz** *n* морска́я соль; **~schiff** *n* морско́е су́дно; **~schiffahrt** *f* морско́е судохо́дство; **~schlacht** *f* морско́е сраже́ние; **~schlange** *f* морска́я змея́; **~stadt** *f* примо́рский го́род; **~stern** *m* морска́я звезда́; **~streitkräfte** *Pl* (вое́нно-)морски́е си́лы; **~tang** *m* фу́кус 2
seetüchtig Schiff морехо́дный
See|verkehr *m* морско́й тра́нспорт; **~wasser** *n* морска́я вода́; **~weg** *m* морско́й путь | auf dem ≈ мо́рем, морски́м путём; **~wind** *m* морско́й ве́тер; **~zeichen** *n* (морско́й) навигацио́нный знак
Segel *n* па́рус 2b *Pl* -а́ | mit vollen ~n fahren идти́* на всех паруса́х *a. übertr;* j-m den Wind aus den ~n nehmen *übertr* лиш|а́ть ⟨-и́ть 3⟩ кого́-н. возмо́жности де́йствовать; die ~ setzen поднима́ть ⟨подня́ть*⟩ паруса́; **~boot** *n* па́русная ло́дка; **~fliegen** *n* = **~flugsport**; **~flieger** *m* планери́ст 2; **~flug** *m* плани́рующий 11 полёт; **~flugplatz** *m* планеродро́м 2; **~flugsport** *m* планёрный спорт, планери́зм 2; **~flugzeug** планёр 2; **~jacht** *f* (па́русная) я́хта; **~klub** *m* яхт-клу́б 2
segeln *intr* пла́вать, *best* плыть* [идти́*] под паруса́ми; Vögel пари́ть 3; Wolken плыть
Segeln *n* пла́вание 5 под паруса́ми; Segelsport па́русный спорт 2
Segel|regatta *f* па́русная рега́тта; **~schiff** *n* па́русное су́дно, па́русник 2; **~schlitten** *m* бу́ер 2b *Pl* -а́; **~sport** *m* па́русный спорт | ≈ betreiben занима́ться па́русным спо́ртом; **~sportler** *m* яхтсме́н 2; **~tuch** *n* паруси́на 6; **~tuchschuh** *m* паруси́новая ту́фля
Segen *m Rel* благослове́ние 5; Glück сча́стье 5 | Gottes ~ благода́ть бо́жья 9-12; seinen ~ zu etw. geben дава́ть ⟨дать⟩ своё согла́сие на что-н.; es ist ein wahrer ~, daß … про́сто благода́ть, что …
segensreich 1. *Adj* поле́з|ный, -ен **2.** *Adv* wirken на бла́го *G*
Segler *m* Schiff па́русник 2; Sportler яхтсме́н 2
Segment *n* сегме́нт 2
segnen *tr Rel* благослов|ля́ть ⟨-и́ть 3 -лю́⟩ | mit Kindern gesegnet sein име́ть мно́го дете́й
sehbehindert с повреждённым зре́нием, с пораже́нием зре́ния | der Sehbehinderte челове́к 2 с поврежде́нием [пораже́нием] зре́ния
sehen *tr* ви́|деть 3 -жу (у-); *intr* смотре́ть 3⁺ (по-), гля|де́ть 3 -жу́; гля́дя (по-) | sieh! смотри́!; siehst du! ви́дишь ли!, вот ви́дишь!; sieh da! вот, вот!; sehe ich recht? кого́ я ви́жу?, что я ви́жу?; ich freue mich, Sie zu ~ я рад вас ви́деть; es gern ~ люб|и́ть 3⁺ -лю́; in den Spiegel ~ смотре́ть в зе́ркало; ich habe den neuen Film gesehen я смотре́л но́вый кинофи́льм; es gibt dort nichts zu ~ там не́чего смотре́ть; er kann sich ~ lassen он не уда́рит лицо́м в грязь; das kann sich ~ lassen (э́то) лю́бо-до́рого смотре́ть; nach j-m ~ иска́ть* кого́-н.; er kann gut ~ у него́ о́строе зре́ние; das sieht ihm ähnlich э́то на него́ похо́же; j-m ähnlich ~ быть* похо́жим на кого́-н.; j-m auf die Finger ~ присм|а́тривать ⟨-отре́ть 3⁺⟩ за кем-н.; ich habe ihn kommen ~ я ви́дел, как он пришёл; sich satt an etw. ~ нагля|де́ться *v* 3 -жу́сь на что-н.; ich sehe alles doppelt у меня́ двои́тся в глаза́х; wann ~ wir uns? когда́ мы уви́димся [встре́тимся]?; er sah sich gezwungen, dies zu tun он был вы́нужден э́то сде́лать
Sehen *n:* j-n (nur) vom ~ kennen знать кого́-н. (то́лько) в лицо́; vom ~ wird man nicht satt с погля́денья сыт не бу́дешь
sehens|wert, ~würdig достопримеча́тел|ьный, -ен, -ьна
Sehenswürdigkeit *f* достопримеча́тельность 9
Seh|fehler *m* недоста́ток зре́ния, плохо́е зре́ние 5; **~feld** *n* по́ле зре́ния; **~kraft** *f* зре́ние 5
Sehne *f Anat* сухожи́лие 5; *Math* хо́рда 6; Bogen~ тетива́ 6

sehnen, sich *refl* тосковáть 2 (nach по *P oder* по *D*); erstreben стрем|и́ться 3 -лю́сь к *D* | sich nach der Heimat sehnen тосковáть по рóдине; ein sehnendes Verlangen тоскá 6
Sehnen|scheide *f* сухожи́льное влагáлище; **~scheidenentzündung** *f* тендоваги́нит 2; **~zerrung** *f* растяжéние сухожи́лий
Sehnerv *m* зри́тельный нерв
sehnig жи́лист:ый
sehnlich 1. *Adj* завéтный, стрáст|ный, -ен, -нá! | sein ~ster Wunsch егó завéтная мечтá; ~st с огрóмным нетерпéнием **2.** *Adv* с нетерпéнием, стрáстно
Sehnsucht *f* тоскá 6 (nach по *P oder* по *D*); Streben стрáстное желáние 5 (nach *G*), стремлéние 5 (nach к *D*) | ~ haben nach j-m тосковáть 2 по комý-н., соскýчиться *v* 3 по комý-н. [по ком-н.]; er vergeht vor ~ егó мýчит тоскá
sehnsüchtig стрáст|ный, -ен, -нá!; Brief пóлный тоски́, пóлный стрáстного ожидáния | j-n ~ erwarten стрáстно желáть встрéчи с кем-н.
sehr *Adv* óчень, весьмá | wie ~ auch … скóлько (бы) ни …; zu ~ сли́шком, чересчýр; so ~, daß … настóлько [до такóй стéпени, до тогó], что …; so ~ du dich auch sträubst … как бы си́льно ты ни проти́вился …; bitte ~! пожáлуйста!, прошý!; danke ~! большóе спаси́бо!; ~ schön! прекрáсно!; draußen regnete es ~ на ýлице шёл си́льный дождь
Seh|rohr *n Mil, Mar* перискóп 2; **~schärfe** *f* остротá зрéния
sehschwach со слáбым зрéнием
Seh|schwäche *f* слáбость зрéния; **~störung** *f* расстрóйство зрéния; **~vermögen** *n* зрéние 5; **~weite** *f* пóле 3b [предéл 2] зрéния
seicht Wasser мéл|кий, -ок, -кá!, -ьче; Fluß a. мелковóд|ный, -ен; *übertr* повéрхност|ный, -ен, пуст|óй, -á! | ~ werden мелéть (об-)
Seide *f* шёлк 2b *G a.* -у; на, в шелкý, *Pl* шелкá | mit ~ gefüttert на шелкý
Seidel *n* крýжка 6 | ein ~ Bier крýжка пи́ва
seiden шёлковый; seidig шелкови́ст:ый
Seiden|bau *m* шелковóдство 4; **~faden** *m* шелкови́на 6; **~gewebe** *n* шёлковая ткань; **~glanz** *m* шелкови́стый блеск; **~kleid** *n* шёлковое плáтье; **~papier** *n* шёлковая бумáга; **~raupe** *f* шелкови́чный червь; **~raupenzucht** *f* разведéние гýсеницы шелкови́чного червя́; **~spinnerei** *f* шёлкопрядéние 5; Betrieb шёлкопряди́льная фáбрика 6; **~stickerei** *f* вышивáние 5 шёлком; Gesticktes шёлковая вы́шивка; **~stoff** *m* шёлковая матéрия [ткань]; **~strumpf** *m* шёлковый чулóк; **~weberei** *f* шёлкоткáчество; Betrieb шёлкоткáцкая фáбрика
seidenweich мя́гкий [хк] как шёлк
Seidenzucht *f* шелковóдство 4
seidig шелкови́ст:ый
Seife *f* мы́ло 4b
seifen *tr* мы́лить 3 (на-), намы́л|ивать ⟨-ить⟩
Seifen|bad *n* мы́льная вáнна; **~blase** *f* мы́льный пузы́рь *a. übertr* | ≈n machen пускáть мы́льные пузыри́; **~dose** *f* мы́льница 6; **~fabrik** *f* мыловáренный завóд; **~flocken** *Pl* мы́льная стрýжка 6; **~lauge** *f* мы́льный щёлок; **~pulver** *n* мы́льный порошóк; **~schale** *f* мы́льница 6; **~schaum** *m* мы́льная пéна; **~sieder** *m* мыловáр 2 | jetzt geht mir ein ≈ auf *umg* тепéрь для меня́ всё я́сно [поня́тно]; **~wasser** *n* мы́льная водá
seifig мы́льный
seihen *tr* це|ди́ть 3⁺ -жý (про-), процéживать ⟨-цеди́ть⟩
Seihtuch *n* ткань 9 для процéживания
Seil *n* канáт 2; dünnes верёвка 6; *Mar, Flugw* трос 2; **~bahn** *f* канáтная (подвеснáя) дорóга 6; Standseilbahn фуникулёр 2
Seiler *m* канáтчик 2; **~ei** *f* Tätigkeit канáтное произвóдство 4; Werkstatt канáтная мастерскáя *Subst* 10
Seil|fähre *f* канáтный парóм; **~schaft** *f* Bergsteigen свя́зка 6; **~springen** *n* скакáние 5 [пры́гание 5] чéрез верёвку; **~tänzer** *m* канатохóд|ец, -ца 2; **~trommel** *f* канáтный барабáн; **~winde** *f* лебёдка 6; **~zug** *m* канáтная тя́га
[1]**sein** *intr* быть*; existieren, vorhanden sein существовáть 2; weilen побывáть *f;* zu sein pflegen бывáть; geschehen, sich ereignen происходи́ть 3⁺ ⟨произо|йти́*⟩, случ|áться ⟨-и́ться 3⟩ | er ist Lehrer он учи́тель; das Fenster ist geöffnet окнó закры́то; er ist hier он здесь; es ist vorhanden есть; es ist nicht vorhanden нет *mit G,* kann ~, mag ~ мóжет быть; das kann doch nicht ~! э́то невозмóжно!; laß das ~! остáвь э́то!; wie dem auch sei как бы то ни́ бы́ло; wer du auch ~ magst кто бы ты ни́ был; muß das ~? действи́тельно [неужéли] э́то необходи́мо?; abends bin ich (gewöhnlich) zu Hause по вечерáм я бывáю дóма; Vertreter von etw. ~ являться представи́телем чегó-н.; das war die Ursache seiner Krankheit э́то яви́лось причи́ной егó болéзни; es wäre gut, wenn … бы́ло бы хорошó, éсли бы …
[2]**sein 1.** *Pers Pron* егó **2.** *Poss Pron* егó; *refl* свой 14 | ~e Schwester егó сестрá; er nahm ~ Buch он взял свою́ кни́гу; alles zu ~er Zeit всё в своё врéмя; er war bei

den Seinen он был у своих; jedem das Seine каждому своё
Sein *n* бытиé 5 *I* -ём, существование 5 | das ~ bestimmt das Bewußtsein бытиé определяет сознание
seiner|seits *Adv* с его стороны; *refl* со своей стороны; **~zeit** *Adv* в своё время
seinesgleichen *Pron* равный [подобный] ему | er hat nicht ~ нет ему равных
seinetwegen *Adv* ради [из-за] него
seismisch сейсмический
Seismograph *m* сейсмограф 2
Seismologie *f* сейсмология 8
seit 1. *Präpos* Zeitpunkt с *G;* ~ Montag с понедельника; ~ September с сентября; ~ wann? с каких пор?; ~ gestern со вчерашнего дня; ~ kurzem с недавних пор, недавно; ~ langem (уже) давно; ~ undenklichen Zeiten с незапамятных времён | mit Substantiv, das keine Zeitbezeichnung ist со времён *G;* с момента *G;* ~ Bach со времён Баха; ~ dem Erscheinen des Buches с момента выхода книги; ~ seiner Abreise со дня [с момента] его отъезда | Zeitdauer уже (,как); ~ zwei Jahren wohnt er in Magdeburg (вот) уже два года (,как) он живёт в Магдебурге; ~ Jahren уже несколько лет; zum ersten Mal ~ Jahren впервые за много лет; ~ vier Uhr warte ich auf dich я тебя жду с четырёх часов **2.** *Konj* с тех пор как; es ist lange her, ~ wir uns das letzte Mal gesehen haben прошло много времени с тех пор, как мы виделись в последний раз; **~dem 1.** *Adv* с тех пор, с того времени | ≈ sind Jahre vergangen с тех пор прошли годы **2.** *Konj* с тех пор как
Seite *f* сторона 6а; Körper бок 2b, на боку, *Pl* -á; Buch~ страница 6 | rechte ~ des Stoffes лицевая сторона материи; ~ an ~ бок о бок; j-m zur ~ stehen помогать ⟨-|мочь*⟩ кому-н.; auf j-s ~ sein быть на чьей-н. стороне; auf die ~ schaffen [bringen] присв|аивать ⟨-оить⟩, стаскивать ⟨стащить 3⁺⟩; er ging mir nicht von der ~ он не отходил от меня; nach allen ~n на все стороны; von allen ~n со всех сторон [концов]; an j-s ~ gehen идти рядом с кем-н.; von der ~ (her) сбоку; zur ~ gehen отходить 3⁺ -хожу ⟨ото|йти*⟩ в сторону; sie sah ihn von der ~ an она искоса поглядела на него; wir kennen seine guten ~n мы знаем его сильные [положительные] стороны; j-n von der besten ~ kennen знать кого-н. с лучшей стороны; alles hat zwei ~n всё (в жизни) имеет две стороны; von gut unterrichteter ~ из достоверных [хорошо информированных] источников; ein Buch von hundert ~n книга в сто страниц; vertragschließende ~n договаривающиеся 11 стороны
Seiten|ansicht *f* вид сбоку (von *G*), профиль 1 (von *G*); **~ausgang** *m* боковой выход; **~blick** *m* взгляд искоса; **~eingang** *m* боковой вход; **~flügel** *m Bauw* флигел|ь 1b *Pl* -я́; **~gang** *m* (боковой) коридор im D-Zug-Wagen; **~gasse** *f* переул|ок, -ка 2; **~gewehr** *n* штык 2e | das ≈ aufpflanzen примкнуть *v* 4 штык; **~hieb** *m* удар в бок; bissige Bemerkung едкое замечание 5; Anspielung намёк 2; **~lage** *f Med* боковое положение
seitenlang 1. *Adj* длин|ный, -ен, -нá, длинно, в несколько страниц **2.** *Adv* (целые) страницы
Seiten|lehne *f* подлокотник 2e; **~leitwerk** *n* вертикальное оперение; **~linie** *f* Familie ветвь 9g, боковая линия a. Fußball; *Eisenb* боковой путь 9e
seitenrichtig незеркальный
Seitenruder *n* руль поворота
seitens *Präpos* со стороны *G*
Seiten|schiff *n Bauw* боковой (продольный) неф; **~schwimmen** *n* плавание 5 на боку; **~sprung** *m:* ~sprünge machen заводить 3⁺ -вожу ⟨-|вести*⟩ на стороне любовные интрижки; **~stechen** *n Med* колотье 5 в боку; **~straße** *f* боковая улица; **~tal** *n* боковая долина; **~tasche** *f* карман сбоку; **~teil** *m* боковина 6; **~tür** *f* боковая дверь
seitenverkehrt зеркальный
Seiten|wagen *m Kfz* коляска 6; **~wahl** *f Sport* выбор сторон; **~wand** *f* боковая стенка; **~wechsel** *m Sport* перемена сторон; **~weg** *m* боковая дорога; **~wind** *m* боковой ветер; **~zahl** *f* число страниц; *Typ* колонцифра 6
seither *Adv* с тех пор, с того времени
seit|lich 1. *Adv* боковой **2.** *Adv* сбоку; **~wärts** *Adv* в стороне, сбоку; zur Seite в сторону; auf die Seite набок | ≈ zu etw. stehen боком к чему-н.
Sekante *f* секущая *Subst* 11
Sekret *n* секрет 2
Sekret|är *m* секретарь 1e; **~ariat** *n* секретариат 2; **~ärin** *f* (женщина-)секретарь (6-)1e, секретарша 6 *umg*
Sekt *m* шампанское *Subst* 10
Sekte *f* секта 6
Sekt|flasche *f* бутылка шампанского [leer из-под шампанского]; **~frühstück** *n* завтрак с шампанским; **~glas** *n* бокал 2 (для шампанского)
Sektierer *m* сектант 2
sektiererisch сектантский
Sektierertum *n* сектантство 4
Sektion *f* Abteilung; an Hochschulen секция 8 *a. Sport; Med* вскрытие 5 (трупа)
Sektionsbefund *m* данные судебно-медицинского вскрытия трупа

Sekt|kellerei *f* заво́д 2 по произво́дству шампа́нских вин; **~kühler** *m* ведёрко 4 со льдом для охлажде́ния шампа́нского

Sektor *m* се́ктор 2 *Pl a.* -á; Fachgebiet о́бласть 9g

Sekundant *m* секунда́нт 2

sekundär втори́чный; zweitrangig второстепе́н|ный| -ен| -на

Sekundär|literatur *f* литерату́ра о предме́те; **~rohstoffe** *Pl* втори́чное сырьё; **~strom** *m* втори́чный ток

Sekunde *f* секу́нда 6 *a. Mus* | alle drei ~n ка́ждые три секу́нды; zehn Meter in einer ~ fahren де́сять ме́тров в [за] секу́нду; eine ~, bitte! (одну́) секу́нду| пожа́луйста !

Sekundenzeiger *m* секу́ндная стре́лка

sekundieren *intr* Duell быть* секунда́нтом у *G*

selb *Adj:* zur ~en Stunde в тот (же) са́мый час

selbst 1. *Pron* сам| -ого́ 15; *f* сам|á| *A* -оё *u. umg* -у́| *n* само́; *Pl* са́м|и| -и́х | das versteht sich von ~ э́то само́ собо́й разуме́ется; du mußt es ~ wissen ты сам до́лжен знать э́то **2.** *Adv* да́же | ~ er hat sich geirrt да́же он оши́бся

Selbst|abholer *m* адреса́т 2| сам забира́ющий 11 почто́вые отправле́ния; **~achtung** *f* самоуваже́ние 5, уваже́ние к самому́ себе́

selbständig самостоя́тел|ьный| -ен| -ьна; *Wirtsch, Pol* незави́сим:ый | ~ sein *Wirtsch* име́ть со́бственное де́ло [предприя́тие]; sich ~ machen заводи́ть 3⁺ -вожу́ ⟨-|вести́*⟩ своё де́ло; vom Handwerker a. открыва́ть ⟨-|кры́ть*⟩ со́бственную мастерску́ю

Selbständigkeit *f* самостоя́тельность 9; незави́симость 9

Selbst|aufopferung *f* Hingabe самопоже́ртвование 6; **~auslöser** *m Foto* автоспу́ск 2, самоспу́ск; **~bedienung** *f* самообслу́живание 5

Selbstbedienungs|gaststätte *f* столо́вая (самообслу́живания); **~laden** *m* магази́н самообслу́живания; **~postamt** *n* почто́вое отделе́ние 5 самообслу́живания

Selbst|befriedigung *f* онани́зм 2; **~befruchtung** *f* самооплодотворе́ние 5; **~behauptung** *f* самоутвержде́ние 5; **~beherrschung** *f* самооблада́ние 5; Beherrschtheit сде́ржанность 9; **~beköstigung** *f* пита́ние 5 за свой стол, со́бственный стол; **~bestimmung** *f* самоопределе́ние 5; **~bestimmungsrecht** *n* пра́во на самоопределе́ние; **~betrug** *m* самообма́н 2

selbstbewußt уве́рен:ный| -на в себе́; arrogant надме́н|ный| -ен| -на

Selbst|bewußtsein *n* Selbstvertrauen уве́ренность 9 в себе́; **~bildnis** *n* автопортре́т 2; **~binder** *m Landw* сноповяза́лка 6; **~biographie** *f* автобиогра́фия 8; **~disziplin** *f* самодисципли́на 6; **~einschätzung** *f* самооце́нка; **~entzündung** *f* самовозгора́ние 5; **~erhaltungstrieb** *m* инсти́нкт самосохране́ния; **~erkenntnis** *f* самопозна́ние 5; **~erziehung** *f* самовоспита́ние 5; **~fahrlafette** *f* самохо́дная артиллери́йская устано́вка 6

selbst|gebacken: ~er Kuchen дома́шний 11 пиро́г; **~gefällig** самодово́л|ьный| -ен| -ьна

Selbst|gefälligkeit *f* самодово́льство 4; **~gefühl** *n* самолю́бие 5

selbst|gemacht самоде́л|ьный| -ен| -ьна; Speise со́бственного приготовле́ния; **~geschrieben** напи́санный сами́м [со́бственной руко́й]

Selbstgespräch *n:* ~e führen разгова́ривать с сами́м собо́й

selbst|gestrickt со́бственной вя́зки; **~herrlich** сомовла́ст|ный| -ен

Selbst|herrschaft *f* самодержа́вие 5; **~hilfe** *f* самопо́мощь 9 | zur ≈ greifen помога́ть ⟨-|мо́чь*⟩ себе́ самому́; **~induktion** *f* самоинду́кция 8; **~klebefolie** *f* самоприкле́ивающаяся плёнка 11–6; **~kontrolle** *f* самоконтро́ль 1; **~kosten** *Pl* себесто́имость 9; **~kostenpreis** *m* цена́ по себесто́имости; **~kostensenkung** *f* сниже́ние себесто́имости; **~kritik** *f* самокри́тика 6

selbstkritisch самокрити́ч|ный| -ен

Selbst|ladegewehr *n* самозаря́дная винто́вка; **~lauf** *m:* er hat es dem ≈ überlassen он пусти́л э́то на самотёк; **~laut** *m* гла́сный *Subst* 10

selbstleuchtend самосветя́щийся 11

selbstlos самоотве́ржен:ный| -на; Liebe беззаве́т|ный| -ен; uneigennützig бескоры́ст|ный| -ен

Selbst|losigkeit *f* самоотве́рженность 9; бескоры́стие 5; **~mord** *m* самоуби́йство 4 | ≈ begehen поко́нчить *v* 3 жизнь самоуби́йством, поко́нчить с собо́й; **~mörder** *m* самоуби́йца *m* 6

selbstmörderisch самоуби́йственный

Selbstmordversuch *m* покуше́ние 5 на самоуби́йство

selbstredend *Adv* коне́чно [шн]

Selbst|reinigung *f* Wasser самоочище́ние 5; **~schmierung** *f* автомати́ческая сма́зка; **~schutz** *m* самозащи́та 6

selbstsicher уве́рен:ный| -на в себе́; im negativen Sinn самоуве́рен:ный| -на

Selbst|sicherheit *f* уве́ренность 9 в себе́; самоуве́ренность 9; **~steuerung** *f* автомати́ческое управле́ние; **~studium** *n* самостоя́тельная учёба 6, самостоя́тельное изуче́ние (*G*); selbständige Beschäf-

tigung самостоя́тельные заня́тия *Pl* 5 | im ≈ durcharbeiten самостоя́тельно прораб|а́тывать ⟨-о́тать⟩; Wissen im ≈ erwerben при|обрести́* *v* каки́е-н. зна́ния путём самостоя́тельных заня́тий; **~sucht** *f* эгои́зм 2
selbst|süchtig эгоисти́ч|ный, -ен, себялюби́в:ый; **~tätig** самоде́ятел|ьный, -ен, -ьна, проявля́ющий 11 инициати́ву; *Tech* автомати́ческий
Selbst|täuschung *f* самообма́н 2, самообольще́ние 5; **~tor** *n Sport* гол в свои́ воро́та; **~tränke** *f* автопои́лка 6; **~überschätzung** *f* переоце́нка свои́х сил [спосо́бностей]; **~überwindung** *f* большо́е уси́лие 5 над сами́м собо́й; **~unterricht** *m* самообразова́ние 5 | Lehrbuch für den ≈ самоучи́тель 1
selbstvergessen самозабве́нный
Selbst|verleugnung *f* самоотрече́ние 5, самоотве́рженность 9; **~verpflichtung** *f* ли́чное обяза́тельство, индивидуа́льное (социалисти́ческое) обяза́тельство | eine ≈ übernehmen брать* ⟨взять*⟩ на себя́ обяза́тельство; **~versorger** *m* самоснабже́н|ец, -ца 2; **~versorgung** *f* самоснабже́ние 5, самообеспе́чение 5
selbstverständlich 1. *Adj* само́ собо́й разуме́ющийся 11, есте́ствен:ный, -на **2.** *Adv* само́ собо́й разуме́ется
Selbst|verständlichkeit *f:* das ist doch eine ≈ э́то само́ собо́й разуме́ется; **~verstümmelung** *f* членовреди́тельство 4; **~verteidigung** *f* самозащи́та 6; *Mil* самооборо́на 6; **~vertrauen** *n* уве́ренность в свои́х си́лах [в себе́]; **~verwaltung** *f* самоуправле́ние 5; **~wählfernverkehr** *m* да́льняя 11 [междугоро́дная] автомати́ческая (телефо́нная) связь; **~zucht** *f* самодисципли́на 6
selbstzufrieden самодово́л|ьный, -ен, -ьна
Selbstzufriedenheit *f* самодово́льство 4
selbstzündend самовоспламеня́ющийся 11
Selbstzweck *m* самоце́ль 9
Selektion *f* отбо́р 2, селе́кция 8
Selektivität *f* избира́тельность 9, селекти́вность 9
Selen *n* селе́н 2; **~zelle** *f* селе́новый фотоэлеме́нт 2
selig счастли́в:ый, ра́дост|ный, -ен; *Rel* блаже́н:ный, -на; gestorben поко́|йный, -ен, -йна, уме́рший 11
Seligkeit *f* блаже́нство 4 *a. Rel,* вы́сшее сча́стье 11-5
Sellerie *m* сельдере́й 1; **~salat** *m* сала́т из сельдере́я
selten 1. *Adj* ре́д|кий, -ок, -ка́!; ре́же **2.** *Adv* ре́дко; ungewöhnlich, sehr на ре́дкость, о́чень | nicht ~ нере́дко; ~ gut о́чень [на ре́дкость] хорошо́; ein Bild von ~er Schönheit на ре́дкость краси́вая карти́на
Seltenheit *f* ре́дкость 9 | es ist keine ~ не ре́дкость
Seltenheitswert *m:* das hat ~ э́та вещь ре́дкая
Selterswasser *n* се́льтерская вода́
seltsam стра́н|ный, -ен, -на́!; ungewöhnlich необы́чá|йный, -ен, -йна; wunderlich причу́длив:ый | es ist ~, ... стра́нно, ...
seltsamerweise *Adv* стра́нно, стра́нным о́бразом
Semantik *f* сема́нтика 6
semantisch семанти́ческий
Semester *n* семе́стр 2 | im zweiten ~ на второ́м семе́стре [ку́рсе]; **~ferien** *Pl* кани́кулы (студе́нческие)
Semifinale *n* полуфина́л 2
Semikolon *n* то́чка 6 с запято́й
Seminar *n* семина́рное заня́тие 5, семина́р 2 (in по *D*); Lehranstalt семина́рия 8 | im ~ на семина́ре; **~gruppe** *f* (студе́нческая, уче́бная) гру́ппа
seminaristisch семина́рский
Seminarraum *m* помеще́ние для семина́рских заня́тий
Semiotik *f* семио́тика 6
Semit[e] *m* семи́т 2
semitisch семи́тский, семити́ческий
Semmel *f* бу́лочка 6 | die Ware geht ab wie warme ~n това́р продаётся нарасхва́т
Semmelbrösel *Pl* паниро́вочные сухари́, -е́й *Pl* 1
Senat *m* сена́т 2; Universität учёный сове́т 2; **~or** *m* сена́тор 2
Sendbote *m* посла́н|ец, -ца 2
Sende|anlage *f* передаю́щая 11 устано́вка; **~folge** *f* цикл 2 [се́рия 8] (радио)переда́ч; **~mast** *m* радиома́чта 6
senden *tr u. intr* по-, присыла́ть ⟨-|сла́ть*⟩; Brief отпр|авля́ть ⟨-а́вить 3 -а́влю⟩; *Rad* пере|дава́ть* ⟨переда́ть*⟩ (по ра́дио); in Direktübertragung трансли́ровать *uv, v* 2
Sendepause *f Rad* переры́в в переда́че [ме́жду радиопереда́чами]
Sender *m* переда́тчик 2; Rundfunk~ радиоста́нция 8
Sende|raum *m Rad* (радио)сту́дия 8; Fernsehen телесту́дия; **~reihe** *f* цикл 2 [се́рия] (радио)переда́ч; **~schluß** *m* коне́ц (радио)переда́чи; **~zeit** *f* вре́мя (радио)переда́ч
Sendung *f* Paket посы́лка 6; das Abgesandte почто́вое отправле́ние 5; Geld~ перево́д 2; *Rad* (радио)переда́ча 6; Direkt~ трансля́ция 8; *übertr* ми́ссия 8 | eine ~ Waren па́ртия 8 това́ра
Senegal Сенега́л; **~ese** сенега́л|ец, -ьца 2; **~esin** *f* сенега́лка 6

senegalesisch сенега́льский
Senf *m* горчи́ца 6 | seinen ~ dazugeben *umg* вст|авля́ть ⟨-а́вить 3 -а́влю⟩ (о́строе) слове́чко; **~gurke** *f* очи́щенный, консерви́рованный с горчи́чным се́менем огуре́ц; **~korn** *n* горчи́чное се́мя; **~pflaster** *n* горчи́чник [шн] 2; **~soße** *f* со́ус из горчи́цы
sengen *tr u. intr* пали́ть 3, жечь* | ~de Hitze паля́щий 11 зной
senil ста́рческий
senior ста́рший 11 | Schmidt ~ Шмидт ста́рший
Senior *m* старе́йшина *m* 6; einer Firma ста́рший компаньо́н 2; *Sport* наибо́лее о́пытный спортсме́н 2; älterer Sportler спортсме́н ста́ршего во́зраста
Senkblei *m Mar* лот 2; an der Angel u. ä. грузи́ло 4; *Bauw* отве́с 2
Senke *f* низи́на 6; Vertiefung впа́дина 6
Senkel *m* шнур|о́к, -ка́ 2
senken *tr* опу|ска́ть ⟨-сти́ть 3⁺ -щу́⟩; Kopf наклон|я́ть ⟨-и́ть 3⁺⟩, потупля́ть ⟨-ту́пить 3 -ту́плю⟩; Fahne склон|я́ть ⟨-и́ть 3⁺⟩; Preis, Ton по-, снижа́ть ⟨по-, сни́|-зить 3 -жу⟩; Stimme понижа́ть ⟨-ни́зить 3 -ни́жу⟩; sich ~ *refl* Nebel, Straße спус|ка́ться ⟨-ти́ться⟩; Mauer оседа́ть ⟨-|се́сть*⟩; Wasserspiegel понижа́ться ⟨-ни́зиться⟩; *übertr* Nacht опус|ка́ться ⟨-ти́ться⟩ | einen Sarg ins Grab ~ опусти́ть гроб в моги́лу
Senker *m Bot* отво́д|ок, -ка 2
Senk|fuß *m* плоскосто́пие 5; **~grube** *f* помо́йная [выгребна́я, сто́чная] я́ма
senkrecht вертика́льный; Fels отве́с|ный, -ен; *Math* перпендикуля́р|ный, -ен
Senkrechte *f* перпендикуля́р 2
Senkrecht|start *m* Flugzeug вертика́льный взлёт; Rakete вертика́льный старт; **~starter** *m* Flugzeug вертика́льно взлета́ющий 11 самолёт 2
Senkung *f* Mauer оса́дка 6, оседа́ние 5; Preise, Kosten пониже́ние 5, сниже́ние 5; *Med* des Magens u. ä. опуще́ние 5; Blut~ ана́лиз 2 кро́ви; Fieber, Blutdruck пониже́ние
Senner *m* альпи́йский пасту́х 2е; **~in** *f* альпи́йская пасту́шка 6
Sennesblätter *Pl* александри́йские ли́стья
Sennhütte *f* шала́ш альпи́йского пастуха́
Sensation *f* сенса́ция 8
sensationell сенсацио́н|ный, -ен, -на
Sensationshascherei *f* пого́ня 7 за сенса́цией
sensationslüstern па́д|кий, -ок, -ка на сенса́ции
Sensationsmeldung *f* сенсацио́нное изве́стие 5 [сообще́ние]
Sense *f* коса́ 6с *A* ко́су
sensibel чувстви́тел|ьный, -ен, -ьна; empfänglich впечатли́тел|ьный, -ен, -ьна
Sensibilität *f* чувстви́тельность 9; впечатли́тельность 9
Sensor *m Tech* чувстви́тельный элеме́нт 2; *Kosm* да́тчик 2
Sensualismus *m* сенсуали́зм 2
Sentenz *f* сенте́нция [сэ, тэ] 8, изрече́ние 5
sentimental сентимента́л|ьный [сэ], -ен, -ьна, чувстви́тел|ьный, -ен, -ьна
Sentimentalität *f* сентимента́льность [сэ] 9, чувстви́тельность 9
separat отде́льный, сепара́тный
Separatfrieden *m* сепара́тный мир
Separat|ismus *m* сепарати́зм 2; **~ist** *m* сепарати́ст 2
separatistisch сепарати́стский
Separator *m* сепара́тор 2
Sepia *f* Farbe се́пия [сэ] 8
Sepsis *f* се́псис [сэ] 2
September *m* сентя́брь 1е
Septett *n* септе́т [сэ, тэ] 2
Septime *f Mus* се́птима [сэ] 6
septisch септи́ческий [сэ]
Serb|e *m* серб 2; **~ien** Се́рбия 8; **~in** *f* се́рбка 6
serbisch се́рбский
serbokroatisch сербскохорва́тский
Serenade *f* серена́да 6
Sergeant *m* сержа́нт 2
Serie *f* се́рия 8 | in ~ gehen поступ|а́ть ⟨-и́ть 3⁺⟩ на сери́йное произво́дство
Serien|fertigung *f* сери́йное произво́дство; **~möbel** *Pl* ме́бель сери́йного произво́дства; **~produktion** *f* сери́йное произво́дство; Ausstoß сери́йный вы́пуск 2 | die ≈ von etw. aufnehmen начина́ть ⟨нача́ть⟩ сери́йное произво́дство чего́-н.; **~schaltung** *f El* после́довательное соедине́ние 5 [включе́ние 5]
serienweise **1.** *Adj* сери́йный **2.** *Adv* сери́йно, се́риями
seriös серьёз|ный, -ен
Serpentine *f* серпенти́н 2; Weg изви́листая (го́рная) доро́га 6
Serum *n* сы́воротка 6
[1]**Service** *n* Geschirr серви́з 2 | ein ~ für zwölf Personen серви́з на двена́дцать персо́н
[2]**Service** *m* Kundendienst се́рвис [сэ] 2; im Hotel бюро́ *n idkl* обслу́живания; Autodienst *f Kfz* ста́нция техобслу́живания
servieren *tr* auftragen сервирова́ть *uv, v* 2, по|дава́ть* ⟨пода́ть*⟩ (на стол); *intr* bedienen обслу́живать (j-m кого́-н.) | an diesem Tisch wird nicht serviert э́тот стол не обслу́живается
Serviererin *f* официа́нтка 6
Servier|tisch *m* сервиро́вочный сто́лик 2, серва́нт 2; **~wagen** *m* сервиро́вочный сто́лик 2 (на колёсах)
Serviette *f* салфе́тка 6
Serviettenring *m* кольцо́ для салфе́тки

servil подхали́мский, лаке́йский
Servus! *Interj* Begrüßung приве́т!, здра́вствуй!; Abschied проща́й!, пока́!
Sessel *m* кре́с|ло 4 *G Pl* -ел | ausziehbarer ~ кре́сло-крова́ть 4-9; **~lift** *m* кре́сельный кана́тный подъёмник 2
seßhaft осе́длый | sich ~ machen посел|я́ться ⟨-и́ться 3⟩ на постоя́нное прожива́ние; *umg* оседа́ть ⟨-|се́сть*⟩
Session *f* се́ссия 8
Set *n* Gegenstände набо́р 2; Werkzeuge компле́кт 2; Tennis сэт 2
Setzei *n* яи́чница-глазу́нья 6-7
setzen *tr* hinsetzen, hinstellen ста́в|ить 3 -лю (по-), класть* ⟨положи́ть 3⁺⟩; an etw. прист|авля́ть ⟨-а́вить 3 -а́влю⟩; j-n placieren сажа́ть ⟨поса|ди́ть 3⁺ -жу́⟩, уса́живать ⟨-сади́ть⟩; Pflanzen сажа́ть ⟨посади́ть⟩; in den Käfig; an einen best. Posten сажа́ть ⟨посади́ть⟩; wetten де́лать (с-) ста́вку на *A; Typ* набира́ть ⟨-|бра́ть*⟩; Ofen класть ⟨сложи́ть 3⁺⟩; *intr* springen перепры́г|ивать ⟨-нуть 4⟩ (über че́рез *A*); über einen Fluß переп|авля́ться ⟨-а́виться 3 -а́влюсь⟩ че́рез *A; sich* ~ *refl* са|ди́ться 3 -жу́сь ⟨сесть*⟩; sich abscheiden оседа́ть ⟨-се́сть⟩, осажда́ться | auf das As ~ ста́вить на туза́; die Henne zum Brüten auf die Eier ~ сажа́ть ку́рицу на я́йца; eine Anzeige in die Zeitung ~ поме|ща́ть ⟨-сти́ть 3 -щу́⟩ объявле́ние в газе́ту; ein Denkmal ~ поста́вить [воздви́гнуть] па́мятник; seinen Namen unter ein Schriftstück ~ поста́вить своё и́мя под докуме́нтом; sich ein Ziel ~ поста́вить пе́ред собо́й цель; er setzte große Hoffnungen darauf он возложи́л больши́е наде́жды на э́то; etw. aufs Spiel ~ рискова́ть 2 чем-н.; alles auf eine Karte ~ поста́вить всё на ка́рту; in Bewegung ~ приводи́ть 3⁺ -вожу́ ⟨-|вести́*⟩ в движе́ние; außer Kraft ~ отмен|я́ть ⟨-и́ть 3⁺⟩; sie setzten über den Fluß они́ перепра́вились че́рез ре́ку; bitte ~ Sie sich! сади́тесь, пожа́луйста!; sich in Verbindung ~ свя́зываться ⟨-|вяза́ться*⟩; sich zur Wehr ~ защища́ться
Setzer *m Typ* набо́рщик 2; **~ei** *f Typ* набо́рная *Subst* 10, набо́рный цех 2 *Pl a.* -а́ 2b
Setz|kasten *m Typ* набо́рная ка́сса 6; **~ling** *m Bot* са́жен|ец, -ца 2; ≈e *Pl Bot* расса́да 6; Fische ры́бья мо́лодь 12-9; **~maschine** *f Typ* набо́рная маши́на
Seuche *f* эпиде́мия 8; Tier~ эпизоо́тия 8 | das ist die reinste ~! э́то настоя́щая зара́за!
Seuchen|bekämpfung *f* противоэпидеми́ческие мероприя́тия *Pl* 5; **~gefahr** *f* опа́сность эпиде́мии; **~herd** *m* оча́г эпиде́мии
seufzen *intr* вздыха́ть ⟨вздохну́ть *mom* 4⟩ (über о *P*)
Seufzer *m* вздох 2 | einen ~ der Erleichterung ausstoßen облегчённо вздохну́ть
Sewastopol Севасто́поль 1
Sex секс 2; **~-Appeal** *m* привлека́тельность 9, секс-эпи́л 2; **~bombe** *f* секс-бо́мба 6
Sextant *m* секста́нт 2
Sextett *n* сексте́т [сэ, тэ] 2
Sexualität *f* сексуа́льность 9
Sexual|leben *n* полова́я жизнь; **~pädagogik** *f* полово́е воспита́ние; **~verbrechen** *n* полово́е преступле́ние
sexuell полово́й, сексуа́л|ьный, -ен, -ьна
sexy сексуа́льно привлека́тел|ьный, -ьна
Seychellen: die ~ Сейше́льские острова́ *Pl* 2b
sezieren *tr Med* рассека́ть ⟨-|се́чь*⟩, разреза́ть ⟨-|ре́зать*⟩; Leiche вскрыва́ть ⟨-|кры́ть*⟩
Seziermesser *n* анатоми́ческий ска́льпель 1
Shampoon *n* = **Schampun**
Shanghai Шанха́й 1
Shorts *Pl* Hose шо́рт|ы, -ов; Socken коро́ткие мужски́е носк|и́, -о́в *Pl* 2
Show *f* обозре́ние 5, ревю́ *n idkl;* in bürgerl. Ländern шо́у *idkl;* **~geschäft** *n* комме́рция 8 зре́лищных мероприя́тий
siamesisch: ~e Zwillinge сиа́мские близнецы́
Sibirie|n Сиби́рь 9; **~r** *m* сибиря́к 2e; **~rin** *f* сибиря́чка 6
sibirisch сиби́рский
sich *Refl Pron G u. A* себя́, *D* себе́, *I* собо́й *u.* собо́ю, *P* о себе́ | ~ etw. kaufen покупа́ть ⟨купи́ть⟩ себе́ что-н.; sie sah sich im Spiegel она́ уви́дела себя́ в зе́ркале; nur an ~ denken ду́мать то́лько о себе́; aus ~ herausgehen станови́ться 3⁺ ⟨стать*⟩ обще́ственным, раскрыва́ться; etw. von ~ aus tun де́лать (с-) что-н. по со́бственной инициати́ве; es hat nichts auf ~ э́то ничего́ не зна́чит; an (und für) ~ сам по себе́; etw. bei ~ haben име́ть при себе́ что-н.; es wird ~ finden там ви́дно бу́дет; etw. vor ~ haben что-н. предстои́т кому́-н.; sie kennen ~ они́ зна́ют друг дру́га
Sichel *f* серп 2e | Hammer und ~ серп и мо́лот; die ~ des Mondes лу́нный серп
sichelförmig серпови́д|ный, -ен
sicheln *tr* жать²* (с-) серпо́м; Gras среза́ть ⟨-|ре́зать*⟩
sicher 1. *Adj* gefahrlos безопа́с|ный, -ен; zuverlässig надёж|ный, -ен; unvermeidlich ве́р|ный, -ен, -на́, -но, ве́рны́, неизбе́ж|ный, -ен | ~e Hand уве́ренная рука́; einer Sache ~ sein быть уве́ренным в чём-н.; er ist sich seiner Sache völlig ~ он по́лностью уве́рен в успе́хе своего́

де́ла; aus ~er Quelle из надёжного [ве́рного] исто́чника; ich bin ~, daß ... я уве́рен, что ...; ~ ist ~! к чему́ рискова́ть!; er ist seines Lebens nicht ~ его́ жизнь в опа́сности [под угро́зой] **2.** *Adv* наве́рно, наверняка́; bestimmt коне́чно [шн], разуме́ется | du hast das ~ gesehen ты наве́рное [коне́чно] э́то ви́дел; er weiß es ~ он э́то твёрдо зна́ет; ~ auftreten де́йствовать 2 ⟨вести́* себя́⟩ уве́ренно; langsam, aber ~ ме́дленно, но ве́рно; das hat er ~ nicht gewollt разуме́ется, он э́того не хоте́л

sichergehen *intr* де́йствовать 2 наверняка́

Sicherheit *f* безопа́сность 9; Zuverlässigkeit надёжность 9; Gewißheit уве́ренность 9; *Wirtsch* Garantie гара́нтия 8 | die soziale ~ социа́льное обеспе́чение 5, социа́льная устро́енность 9; die persönliche ~ ли́чная безопа́сность; die materielle ~ материа́льная обеспе́ченность 9; sich in ~ wiegen счита́ть ⟨счесть*⟩ себя́ в безопа́сности; in ~ sein быть в безопа́сности; j-n in ~ bringen доставля́ть ⟨доста́в|ить 3 -лю⟩ кого́-н. в безопа́сное ме́сто; das läßt sich noch nicht mit ~ sagen об э́том ещё нельзя́ с уве́ренностью говори́ть

Sicherheits|abstand *m Kfz* диста́нция (безопа́сности) | ≈ einhalten соблюда́ть диста́нцию; **~bestimmungen** *Pl* пра́вила *Pl* 4 те́хники безопа́сности; **~faktor** *m Tech* коэффицие́нт надёжности; **~frage** *f* вопро́с безопа́сности; **~glas** *n* безоско́лочное стекло́; **~gründe** *m Pl:* aus ≈n ра́ди [по соображе́ниям] безопа́сности; **~gurt** *m Kfz* рем|е́нь, -ня́ 2e безопа́сности, страхо́вочный реме́нь; v. Elektromonteur предохрани́тельный по́яс 2b *Pl* -а́

sicherheitshalber *Adv* ра́ди безопа́сности, на вся́кий слу́чай

Sicherheits|inspektor *m* инспе́ктор (на кру́пном предприя́тии) по те́хнике безопа́сности; **~lampe** *f Bergb* предохрани́тельная ла́мпа; **~maßnahme** *f* ме́ра предосторо́жности; **~nadel** *f* безопа́сная [англи́йская] була́вка; **~organe** *n Pl* о́рганы безопа́сности (госуда́рства); **~rat** *m* UNO Сове́т Безопа́сности; **~schloß** *n* автомати́ческий [цили́ндровый] замо́к; **~system** *n* систе́ма безопа́сности; **~technik** *f* те́хника безопа́сности; **~ventil** *n* предохрани́тельный кла́пан; **~vorrichtung** *f* предохрани́тельное приспособле́ние; **~vorschriften** *f Pl* пра́вила *Pl* 4 (те́хники) безопа́сности

sicherlich *Adv* наве́рно, ве́рно; zweifellos несомне́нно

sichern *tr* gewährleisten обеспе́ч|ивать ⟨-ить 3⟩, гаранти́ровать *uv, v* 2; Gewehr ста́вить (по-) на предохрани́тель; schützen защи|ща́ть ⟨-ти́ть 3 -щу́⟩, предохран|я́ть ⟨-и́ть 3⟩ (vor, gegen от *G*); Grenze охран|я́ть ⟨-и́ть⟩ (vor, gegen от *G*); sich ~ *refl* заруч|а́ться ⟨-и́ться 3⟩ *I*, огра|жда́ть ⟨-ди́ть 3 -жу́⟩ себя́, страхова́ться 2 (за-) (gegen, vor от *G*); sich etw. sichern | sich j-s Beistand ~ заручи́ться подде́ржкой кого́-н.; sich durch ein Seil ~ Bergsteigen страхова́ться кана́том; sich vor Verlust ~ страхова́ться 2 (за-) от убы́тков

sicherstellen vor Gefahr обеспе́ч|ивать ⟨-ить 3⟩ сохра́нность *G;* beschlagnahmen конфискова́ть *uv, v* 2; gewährleisten обеспе́ч|ивать ⟨-ить⟩

Sicherung *f* обеспе́чение 5; гара́нтия 8; *Tech, El* предохрани́тель 1; *Mil* обеспе́чение 5, охране́ние 5; am Gewehr предохрани́тель; Schutz: der Grenzen u. ä. охра́на 6 (vor от *G*) | die ~ des Friedens обеспе́чение ми́ра; die ~ ist durchgebrannt про́бка перегоре́ла

Sicherungs|splint *m* предохрани́тельный шпли́нт; **~vorkehrungen** *Pl* ме́ры предосторо́жности

Sicht *f* ви́димость 9; Gesichtsfeld вид 2; im Straßenverkehr ви́димость, обзо́рность 9 | in ~ bleiben на виду́, в преде́лах ви́димости; von hier aus haben wir gute ~ отсю́да хорошо́ ви́дно; in ~ kommen пока́зываться ⟨-|каза́ться*⟩; вдали́; kein Mensch war in ~ не ви́дно бы́ло ни (одно́й) души́; auf lange [weite] ~ на далёкое бу́дущее, на дли́тельный пери́од вре́мени, надо́лго; aus (pädagogischer) ~ с то́чки зре́ния (педаго́гики)

sichtbar wahrnehmbar ви́дим:ый, ви́д|ный, -ен, -на́, -но, ви́дны́; offensichtlich я́в|ный, -ен, очеви́д|ный, -ен | ~ werden пока́зываться ⟨-|каза́ться*⟩; in der Ferne waren Berge ~ вдали́ видне́лись го́ры

Sicht|barkeit *f* ви́димость 9; очеви́дность 9; **~behinderung** *f* ограни́ченная ви́димость 9

sichten *tr* wahrnehmen (внеза́пно) уви́|деть *v* 3 -жу; ordnen, durchsehen просм|а́тривать ⟨-отре́ть 3⁺⟩; auswählen, sortieren перебира́ть ⟨-|бра́ть*⟩

sichtlich offenbar я́в|ный, -ен | er war ~ erfreut он был я́вно обра́дован; der Kranke magert ~ ab больно́й заме́тно худе́ет

Sicht|ung *f* Prüfung просмо́тр 2, прове́рка 6; Sortieren перебо́рка 6; сортиро́вка 6; **~verhältnisse** *n Pl* ви́димость 9; **~vermerk** *m* ви́за 6, печа́ть 9 о въе́зде [вы́езде]; **~weite** *f* да́льность 9 ви́димости; **~werbung** *f* рекла́ма 6 (при по́мощи плака́тов), визуа́льная рекла́ма; *Pol* (агит)плака́т 2, нагля́дная агита́ция 8

sickern *intr* сочи́ться 3 (aus из *G*), стека́ть ⟨-|течь*⟩ ка́плями
Sickerwasser *n* проса́чивающаяся 11 вода́
sie *Pers Pron* она́, её, ей, её, е́ю *u.* ей, о ней, *Pl* они́, их, им, их, и́ми, о них | ~ ist nicht zu Hause её нет до́ма; ~ ist mit ihr zufrieden она́ дово́льна е́ю; ich denke oft an ~ я ча́сто о ней ду́маю
Sie *Pers Pron* Anrede вы, вас, вам, вас, ва́ми, о вас; in Briefen Вы | nehmen ~ Platz! сади́тесь!
Sieb *n* си́то 4; für Getreide решето́ 4c *Pl* решёта; für Kaffee, Tee си́течк|о 4 *N Pl* -и; *Tech* гро́хот 2 | ein Gedächtnis wie ein ~ па́мять, как решето́
Siebdruck *m Typ* трафаре́тная печа́ть
[1]**sieben** *tr u. intr* просе́ивать ⟨-се́ять, -се́ю, -се́ешь⟩ (че́рез си́то); mit Rüttelsieb грохоти́ть 3; *übertr* просе́|ивать ⟨-ять⟩, фильтрова́ть 2 (про-); Bewerber отбира́ть ⟨ото|бра́ть*, отберу́; ото́бранный⟩
[2]**sieben** *Num* семь 9e | wir waren (unser) ~ нас бы́ло се́меро; es geht auf ~ седьмо́й час; nach ~ в восьмо́м часу́
Sieben *f* число́ 4b семь, семёрка 6; Straßenbahn семёрка, седьмо́й но́мер 2c
sieben|eckig семиуго́льный; **~fach 1.** *Adj* семикра́тный **2.** *Adv* в семь раз, все́меро
Siebengestirn *n Astr* Плея́ды *Pl* 6
sieben|hundert *Num* сем|ьсо́т, -исо́т, -иста́м, -ьсо́т, -ьюста́ми, -иста́х; **~jährig** семиле́тний 11
siebenmal *Adv* семь раз; bei Vergleich в семь раз; **~ig** *Adj* семикра́тный
Sieben|meilenstiefel *m Pl:* mit ≈n семими́льными шага́ми; **~monatskind** *n* семиме́сячный ребёнок; **~sachen** *f Pl* (все) пожи́тки *Pl* 2 | seine ≈ packen со|бра́ть* *v* (все) свои́ пожи́тки; **~schläfer** *m Zool* со́ня 7; **~stundentag** *m* семичасово́й рабо́чий 11 день
sieben|tägig семидне́вный; **~tausend** *Num* семь 9e ты́сяч
Siebentel *n* седьма́я часть 9g
siebentens *Adv* в-седьмы́х
siebente|r *Num* седьмо́й | im ~n Himmel на седьмо́м не́бе
Siebkohle *f* грохочённый у́голь
sieb|zehn *Num* семна́дцать 9; **~zehnter** *Num* семна́дцатый; **~zig** *Num* се́м|ьдесят, -и́десяти 9, *I* -ью́десятью *oder* -и́десятью
siebziger: die ~ Jahre семидеся́тые го́ды
Siebziger *m* Mann семдесятиле́тний мужчи́на 11-6
siebzig|jährig семдесятиле́тний 11; **~ster** *Num* семдеся́тый
Siechtum *n* дли́тельная боле́знь 9, хво́рь 9, хи́лость 9
Siedehitze *f* температу́ра 6 кипе́ния
siedeln *intr* посел|я́ться ⟨-и́ться 3⟩
sieden *tr* in Wasser вари́ть 3⁺ (с-); Salz выва́ривать ⟨вы́варить⟩; *intr* кипе́ть 3 (вс-), вари́ться (с-) | zum Sieden bringen кипя|ти́ть 3 -чу́ (вс-); **~d** кипя́щий 11
siedendheiß (о́чень) горя́чий 11 | ~es Wasser кипят|о́к, -ка́ 2
Siede|punkt *m* то́чка кипе́ния | die Stimmung war auf dem ≈ атмосфе́ра накали́лась до преде́ла; **~salz** *n* вы́варочная соль
Siedl|er *m* поселе́н|ец, -ца 2; **~ung** *f* Ortschaft, Ansiedlung населённый пункт; stadtartige посёл|ок, -ка 2
Siedlungs|gebiet *n* террито́рия 8, заселённая кем-н.; **~haus** *n* поселко́вый дом, дом в посёлке
Sieg *m* побе́да 6 (über над *I*) | den ~ erringen оде́рживать ⟨одержа́ть 3⁺⟩ побе́ду; der Wahrheit zum ~ verhelfen до|би́ться* *v* торжества́ пра́вды; an den ~ glauben ве́рить в побе́ду
Siegel *n* печа́ть 9 | ein ~ auf etw. aufdrükken ста́в|ить 3 -лю (по-) печа́ть на что-н.; ein Buch mit sieben ~n кни́га за семью́ печа́тями; **~lack** *m* сургу́ч 2e
siegeln *tr* Brief запеча́т|ывать ⟨-ать⟩
Siegelring *m* пе́рстень 1 с печа́тью
siegen *intr* побе|жда́ть ⟨-ди́ть 3, -ждённый⟩ (über *A*) | in einem Kampf [in einem Wettbewerb] ~ победи́ть в борьбе́ [в соревнова́нии]; in einem Wettkampf ~ *Sport* победи́ть [вы́играть] на соревнова́ниях; mit 2:1 ~ *Sport* победи́ть со счётом 2:1 [два-оди́н]; ~ nach Punkten побе|жда́ть ⟨-ди́ть⟩ по очка́м; die Wahrheit siegt пра́вда победи́т
Sieger *m* победи́тель 1 (über над *I*) | als ~ hervorgehen вы́|йти* *v* победи́телем; ~ werden стать* победи́телем; **~betrieb** *m* заво́д-победи́тель 2-1; **~ehrung** *f Sport* церемо́ния 8 награжде́ния, (торже́ственное) награжде́ние 5 победи́телей; **~in** *f* победи́тельница 6; **~mannschaft** *f* кома́нда-победи́тельница 6-6; **~podest** *n* пьедеста́л 2 почёта; **~staat** *m* держа́ва-победи́тельница 6-6
siegesbewußt уве́ренный в побе́де
siegessicher 1. *Adj* убеждённый в (свое́й) побе́де **2.** *Adv* с твёрдой убеждённостью в (свое́й) побе́де
Sieges|feier *f* пра́зднование [зн] побе́ды; **~lauf** *m* триумфа́льное [побе́дное] ше́ствие 5; **~nachricht** *f* изве́стие об оде́ржанной побе́де
Siegestor *n* побе́дный гол; Fuß-, Handball a. побе́дный мяч 2e *G Pl* -е́й
siegestrunken опьянён:ный успе́хом [побе́дой]
Sieges|zug *m übertr* триумфа́льное [побе́дное] ше́ствие; **~zuversicht** *f* уве́ренность в побе́де
sieg|gewohnt привы́кший 11 к побе́дам;

~reich победоно́с|ный, -ен | ≈sein побе|жда́ть ⟨-ди́ть 3; -ждённый⟩; die ≈e Laufbahn eines Sportlers бога́тый побе́дами спорти́вный путь; der ≈e Vormarsch Armee побе́дный путь
Siemens-Martin-|Ofen *m* марте́новская [тэн] печь, марте́н [тэн] 2; **~Stahl** *m* марте́новская [тэн] сталь
Sierra Leone Сье́рра-Лео́не [нэ] *idkl*
Sierraleoner *m* сьерралео́н|ец, -ца 2
sierraleonisch сьерралео́нский
siezen *tr* обра|ща́ться ⟨-ти́ться 3 -щу́сь⟩ на «вы» к *D* | sich ~ быть* на «вы» (mit j-m с кем-н.); wir ~ uns мы на «вы» друг с дру́гом
Signal *n* сигна́л 2; *Eisenb* семафо́р 2; als Zeichen a. знак 2; **~anlage** *f El* сигнализацио́нная устано́вка; *Eisenb* сигна́льное устро́йство; **~flagge** *f* сигна́льный флажо́к; **~gast** *m Mar* матро́с-сигна́льщик 2-2; **~horn** *n* сигна́льный рожо́к; *Mar* реву́н 2e
signalisieren *tr* сигнализи́ровать *uv, v* 2 (*a.* про-) (j-m etw. кому́-н. о чём-н.)
Signalisierung *f* сигнализа́ция 8
Signal|licht *n Mar* сигна́льный ого́нь; **~pfeife** *f* сигна́льный свисто́к
Signatarmacht *f* держа́ва, подписа́вшая 11 догово́р [Abkommen соглаше́ние]
Signatur *f Typ* сигнату́ра 6; von Büchern шифр 2
Signet *n* фи́рменный знак 2, ма́рка 6
signieren *tr* Bücher (Autor) ста́в|ить 3 -лю (по-) авто́граф [Bibliothekar шифр] на *P;* unterschreiben (Abkommen) подпи́сывать ⟨-|писа́ть*⟩
Signum *n* (сокращённая) по́дпись 9; eines Künstlers моногра́мма 6
Silage *f* си́лос 2
Silastik *n* эла́стик 2, эласти́чная ткань 9; **~strümpfe** *Pl* безразме́рные чулки́, чулки́ из эла́стика
Silbe *f* слог 2g | keine ~ ни зву́ка; mit keiner ~ ни еди́ным сло́вом, ни ра́зу
Silbentrennung *f* перено́с 2 сло́ва по слога́м
Silber *n* серебро́ 4 | etw. mit ~ überziehen покрыва́ть ⟨-кры́ть⟩ что-н. серебро́м; **~barren** *m* сли́ток серебра́; **~besteck** *n* серебряный прибо́р; **~blick** *m* коси́нка 6, небольшо́е косогла́зие 5 | einen ≈ haben быть* косогла́зым; **~erz** *n* сере́бряная руда́; **~fischchen** *n* Insekt чешу́йница 6; **~fuchs** *m Zool* серебри́стая [чёрно-бу́рая] лиса́; **~geschirr** *n* сере́бряная посу́да
silber|haltig содержа́щий 11 серебро́
Silber|legierung *f* сере́бряный сплав; **~medaille** *f* сере́бряная меда́ль; **~münze** *f* сере́бряная моне́та
silbern сере́бряный | ~e Hochzeit сере́бряная сва́дьба
Silber|papier *n* стание́ль 1; **~pappel** *f* бе́лый то́поль; **~streifen** *m:* ein ≈ am Horizont *übertr* про́блеск 2 наде́жды; **~tanne** *f* пи́хта одноцве́тная; **~zeug** *n* сере́бряные изде́лия *Pl* 5, серебро́ 4; Silberbestecke (столо́вое) серебро́ 4
silbrig серебри́ст:ый; Farbe a. с серебри́стым бле́ском
Silhouette *f* силуэ́т 2
silieren *tr Landw* силосова́ть *uv, v* 2
Silikat *n* силика́т 2
Silikose *f* силико́з 2
Silizium *n* кре́мни|й 1 *P* -и
Silo *m Landw* си́лос 2; ~turm a. си́лосная ба́ш|ня 7 *G Pl* -ен; für Getreide a. зернохрани́лище 4; **~futter** *n* си́лос 2, силосо́ванный корм; **~mais** *m* кукуру́за на си́лос; Futter кукуру́зный си́лос 2
Silvester *n* после́дний 11 день, дня 1 го́да; ~abend нового́дний ве́чер 11-2 | ~ feieren встреча́ть ⟨встре́|тить 3 -чу⟩ Но́вый год; zu ~ в кану́н Но́вого го́да, под Но́вый год; **~abend** *m* нового́дний ве́чер 11-2, кану́н 2 Но́вого го́да | am ≈ накану́не Но́вого го́да; **~feier** *f* пра́зднование [зн] Но́вого го́да; **~nacht** *f* нового́дняя 11 ночь, ночь под Но́вый год
Simbabwe Зимба́бве *f idkl*
simpel 1. *Adj* прост:о́й, -а́, -о, про́сты́; einfältig простова́т:ый **2.** *Adv* по просто́му, про́сто
Simplex *n Ling* непроизво́дное [просто́е] сло́во 4b
Sims *m* карни́з 2; Kamin вы́ступ 2
Simul|ant *m* симуля́нт 2, притво́рщик 2; **~ator** *m Tech* тренажёр 2 | im ≈ на тренажёре
simulieren *tr* симули́ровать *uv, v* 2; sich verstellen a. притвор|я́ться ⟨-и́ться 3⟩ *I; Phys, Tech, Biol* моделирова́ть *uv, v* 2; *Kosm, EDV* имити́ровать 2 ⟨сымити́ровать⟩
simultan одновре́ме́нный; Übersetzung синхро́нный
Simultan|bühne *f* симульта́нная декора́ция 8; **~dolmetschen** *n* синхро́нный перево́д 2; **~dolmetscher** *m* синхро́нный перево́дчик, перево́дчик-синхрони́ст 2-2; **~spiel** *n* Schach сеа́нс 2 одновре́ме́нной игры́; **~übersetzung** *f* синхро́нный перево́д
Sinfonie *f* симфо́ния 8; **~konzert** *n* симфони́ческий конце́рт; **~orchester** *n* симфони́ческий орке́стр
Sinfoniker *m* член симфони́ческого орке́стра; Komponist компози́тор-симфони́ст 2-2
sinfonisch симфони́ческий
Singapur Сингапу́р 2
Singe|gruppe *f* Volkskunst пе́вческая [вока́льная] гру́ппа; **~klub** *m* клуб пе́сенного тво́рчества

singen *tr u. intr* петь* (про-, с-) | ein Liedchen vor sich hin ~ напевать песенку; zweistimmig ~ петь в два голоса; vom Blatt ~ петь с листа; zur Gitarre ~ петь под аккомпанемент гитары; sich heiser ~ петь до хрипоты; in den Schlaf ~ убаюк|ивать ⟨-ать⟩; davon kann ich ein Lied ~ это мне самому достаточно (хорошо) знакомо

Singsang *m* монотонное пение 5

Sing|spiel *n* зингшпиль 1, (немецкая) комическая опера 6; **~stimme** *f* певческий [певучий 11] голос

Singular *m* единственное число 4

Singularetantum *n* имя существительное, не имеющее 11 множественного числа

Singvogel *m* певчая 11 птица

sinken *intr* падать ⟨у|пасть*⟩, опу|скаться ⟨-ститься 3⁺ -щусь⟩; Barometer, Lebensstandard, Preise понижаться ⟨-низиться 3⟩; Wasser убывать ⟨убыть*⟩; Ballon спус|каться ⟨-титься⟩; untergehen: Schiff тонуть 4⁺ (за-, по-), идти* ⟨по|йти*⟩ ко дну | der Boden hat sich gesenkt почва опустилась; im Preis ~ падать в цене; in j-s Arme ~ бросаться ⟨бро|ситься 3 -шусь⟩ кому-н. в объятия; den Mut ~ lassen падать ⟨пасть*⟩ духом; er ist in meiner Achtung gesunken он упал в моих глазах; die Hoffnung nicht ~ lassen не терять надежды; die Sonne sinkt солнце заходит

Sinn *m* Bedeutung смысл 2, значение 5; ~e *Pl* органы *Pl* 2 чувств | im engeren ~ в узком смысле; im eigentlichen ~ в прямом значении; dem ~ nach по смыслу; das hat keinen ~ это не имеет смысла; im wahren ~e des Wortes в полном смысле слова; etw. im ~ haben намереваться сделать что-н.; seine fünf ~e beisammen haben быть* в здравом уме и твёрдой памяти; in den ~ kommen приходить 3⁺ ⟨-|йти*⟩ на ум; bei ~en sein быть в своём [в здравом] уме; ist er bei ~en? в уме ли он?; er ist von ~en он вне себя; er hat ~ für Humor он имеет чувство юмора; aus den Augen, aus dem ~ с глаз долой – из сердца вон; das geht mir nicht aus dem ~ это не выходит у меня из головы; ohne ~ und Verstand без толку; **~bild** *n* символ 2; аллегория 8

sinnbildlich символический; аллегорический

sinnen *intr* думать (по-) (über о *P*), размышлять (über о *P*) | auf Rache ~ замышлять ⟨-мыслить 3⟩ месть; ich bin nicht gesonnen nachzugeben я не думаю [склонен] уступить

Sinnen *n* размышления *Pl* 5 | ~ und Trachten помыслы *Pl* 2; **~lust** *f* чувственное наслаждение 5; **~reiz** *m* чувственное раздражение

sinnentstellend **1.** *Adj* Fehler искажающий 11 смысл **2.** *Adv* превратно

Sinnes|änderung *f* перемена образа мыслей; **~art** *f* образ 2 мыслей; **~organ** *n* орган чувств; **~täuschung** *f* обман чувств; **~wahrnehmung** *f* восприятие органом [органами] чувств

sinn|fällig яс|ный, -ен, -на, -но, ясны, очевид|ный, -ен; **~gemäß** по смыслу | ≈ sagte er folgendes … он сказал примерно [приблизительно] следующее …; **~ig** продуманный; nachdenklich задумчив:ый | ≈es Geschenk заботливо выбранный подарок; **~lich** чувствен:ный, -на | ~ Begierde вожделение 5

Sinnlichkeit *f* чувственность 9

sinnlos бессмыслен|ный, -на; Wut безум|ный, -ен, безрассуд|ный, -ен | ~ betrunken sein быть ужасно пьяным

Sinnlosigkeit *f* бессмысленность 9

Sinnspruch *m* сентенция [сэ, тэ] 8

sinn|verwandt близкий по смыслу; **~voll** осмыслен|ный, -на; vernünftig толков:ый | das wäre ≈er это было бы рациональнее, это имело бы больше смысла; etw. ≈ planen хорошо [продуманно] планировать (за-) что-н.; **~widrig** противный здравому смыслу, абсурдный

Sinolog|e *m* синолог 2, китаист 2; **~ie** *f* синология 8, китаистика 6

sintern *tr Tech* спекать ⟨-|печь*⟩; Metall a. агломерировать *uv, v* 2

Sintflut *f* потоп 2 | nach uns die ~! после нас хоть потоп!

Sinus *m* синус 2

Siphon *m* сифон 2

Sipp|e *f* род 2b; *Biol* семейство 4; **~schaft** *f* клика 6; Verwandschaft родня 7 | das ist ja eine feine ≈! ну и сброд!

Sirene *f Myth* сирена 6; *Tech* сирена 6, гуд|ок, -ка 2

Sirup *m* сироп 2; Rübensaft патока 6

Sitte *f* обыча|й 1 *G Pl* -ев, *im Pl a.* нравы *Pl* 2 | ~n und Gebräuche обычаи и нравы; das ist bei uns so ~ так у нас водится [принято]; gute ~n Anstand хороший тон 11–2, хорошие манеры *Pl* 6

Sitten|bild *n Lit* описание 5 обычаев и нравов; Genrebild жанровая картина 6; **~lehre** *f* этика 6

sittenlos безнравствен:ный, -на

Sitten|losigkeit *f* безнравственность 9; **~roman** *m* роман нравов, бытовой роман

sittenstreng высоконравственный, строгих правил

Sittenverfall *m* упадок нравственности, испорченность 9 нравов

sittlich нра́вствен:ный| -на, мора́л|ьный| -ен| -ьна
Sittlichkeit *f* нра́вственность 9, мора́ль 9
Sittlichkeits|verbrechen *n* полово́е преступле́ние; **~verbrecher** *m* лицо́ 4c| соверши́вшее 11 полово́е преступле́ние
sittsam zurückhaltend скро́м|ный| -ен| -на́!; keusch целому́дрен:ный| -на; artig благонра́в|ный| -ен
Sittsamkeit *f* скро́мность 9; целому́дрие 5; благонра́вие 5
Situation *f* ситуа́ция 8, положе́ние 5; Umstände обстано́вка 6 | er war der ~ gewachsen он был на высоте́ положе́ния; sie erfaßte die ~ она́ уясни́ла себе́ положе́ние
Situationskomik *f* коми́зм положе́ния [ситуа́ции]
Sitz *m* ~fläche сиде́нье 5; ~platz; Parlament ме́сто 4b; Behörde, Dienststelle, Komitee, Organisation местонахожде́ние 5; Wohn~ местожи́тельство 4; Geschäfts~ местопребыва́ние 5; Regierung резиде́нция 8 | einen guten ~ haben Kleidung хорошо́ сиде́ть 3; **~bad** *n* сидя́чая 11 ва́нна; **~badewanne** *f* поясна́я [сидя́чая 11] ва́нна; **~ecke** *f* угол|о́к| -ка́ 2 для сиде́нья, дива́нный у́гол
sitzen *intr* си|де́ть 3 -жу́| си́дя | am Tisch ~ сиде́ть за столо́м; am Steuer ~ сиде́ть за рулём; an etw. ~ arbeiten сиде́ть над чем-н.; ~ bleiben nicht aufstehen о|става́ться* ⟨-|ста́ться*⟩ сиде́ть; er sitzt über den Büchern он сиди́т за кни́гами; hier sitzt es sich gut здесь удо́бно сиде́ть; er sitzt fest im Sattel он про́чно сиди́т на своём посту́; der Hieb sitzt уда́р попа́л в цель; er läßt die Beleidigung nicht auf sich ~ он не проглоти́т оскорбле́ние; die Bluse sitzt gut блу́зка хорошо́ сиди́т; der Anzug sitzt wie angegossen костю́м сиди́т как влито́й; der Text sitzt текст (твёрдо) усво́ен; er sitzt (wegen Diebstahls) он сиди́т (за кра́жу); das hat gesessen! *umg* э́то попа́ло в то́чку!
sitzenbleiben *intr* Schule остава́ться ⟨-ста́ться⟩ на второ́й год; nicht heiraten Frau оста́ться ста́рой де́вой | er blieb auf seiner Ware sitzen он не нашёл покупа́теля (auf на *A*), он оста́лся с непро́данным това́ром
Sitzenbleiber *m* второго́дник 2
sitzend сидя́чий 11 | ~e Lebensweise сидя́чий 11 о́браз жи́зни
sitzenlassen *tr* im Stich lassen покида́ть ⟨-ки́нуть 4⟩, броса́ть ⟨бро́|сить 3 -шу⟩; nicht kommen пообеща́ть и не при|йти́* | ein Mädchen ~ не жени́тся 3⁺ на де́вушке (вопреки́ обеща́нию)
Sitz|fleisch *n*: er hat kein ≈ он непосе́да, ему́ (всё) не сиди́тся; **~gelegenheit** *f* сиде́нье 5; **~platz** *m* сидя́чее 11 ме́сто; *Eisenb* ме́сто для сиде́ния; **~stange** *f* Hühner насе́ст 2; **~streik** *m* сидя́чая 11 забасто́вка; **~ung** *f* Versammlung, Tagung заседа́ние 5 (in на *P*) | eine ≈ leiten вести́* заседа́ние
Sitzungs|bericht *m* отчёт о заседа́нии; **~periode** *f* се́ссия 8; **~saal** *m* зал заседа́ний
Sizilianer *m* сицилиа́н|ец| -ца 2, сицили́|ец| -йца 2; **~in** *f* сицилиа́нка 6, сицили́йка 6
sizilianisch сицилиа́нский, сицили́йский
Sizilien Сици́лия 8
Skala *f* шкала́ 6c; *übertr, Mus* га́мма 6 a. v. Farben
Skalenbeleuchtung *f Rad* освеще́ние шкалы́
Skalp *m* скальп 2
Skalpell *n* ска́льпель 1
skalpieren *tr* скальпи́ровать *uv, v* 2 (*a.* о-), снима́ть ⟨снять*⟩ скальп
Skandal *m* сканда́л 2 | j-m einen ~ machen устр|а́ивать ⟨-о́ить 3⟩ кому́-н. сканда́л
skandalös сканда́л|ьный| -ен| -ьна
Skandalpresse *f* бульва́рная пре́сса
skandieren *tr* сканди́ровать *uv, v* 2 (*a.* про-)
Skandinavi|en Скандина́вия 8; **~er** *m* скандина́в|ец| -ца 2; **~erin** *f* скандина́вка 6
skandinavisch скандина́вский
Skaphander *m* für Taucher скафа́ндр 2 *a. Kosm*
Skat *m* скат 2 | ~ spielen игра́ть ⟨сыгра́ть⟩ в скат; **~spieler** *m* игра́ющий *Subst* 11 [игро́к] в скат
Skeleton *m Sport* ске́летон 2
Skelett *n* скеле́т 2; *Bauw* карка́с 2; **~bauweise** *f* карка́сное строи́тельство 4
Skep|sis *f* скептици́зм 2, сомне́ние 5 | mit ≈ со скептици́змом; **~tiker** *m* ске́птик 2
skeptisch скепти́ческий
Skeptizismus *m* скептици́зм 2
Sketch *m* скетч 2 *G Pl* -ей
Ski *m* лы́жа 6 | ~ laufen хо|ди́ть 3⁺ -жу́ [ката́ться] на лы́жах; **~anzug** *m* лы́жный костю́м 2; **~ausleihstation** *f* ста́нция прока́та лыж, лы́жно-прока́тный пункт 2; **~ausrüstung** *f* лы́жное снаряже́ние; **~bindung** *f* лы́жное крепле́ние; **~fliegen** *n* полёт 2 [прыж|ки́| -о́в *Pl* 2] на лы́жах (с большо́го трампли́на); **~gelände** *n* ме́стность| приго́дная для лы́жного спо́рта; **~hose** *f* лы́жные брю́ки; **~hütte** *f* котте́дж [тэ] 2 лы́жной ба́зы; **~langlauf** *m* бег (на лы́жах) на дли́нные диста́нции; **~langläufer** *m* лы́жник-ста́йер 2-2; **~lauf** *m* ходьба́ на лы́жах; **~läufer** *m* лы́жник 6; **~lehrer** *m* инстру́ктор 2 по ходьбе́ на

лы́жах; **~lift** *m* кана́тный подъёмник 2 (для лы́жников); **~sport** *m* лы́жный спорт; **~springen** *n* прыжки́ *Pl* 2 на лы́жах с трампли́на; **~springer** *m* лы́жник-прыгу́н 2-2е; **~spur** *f* лыжн|я́ 7 *G Pl* -е́й; **~stiefel** *m* лы́жный боти́н|ок, -ка *G Pl* -ок; **~stock** *m* лы́жная па́лка; **~tour** *f* лы́жная вы́лазка 6; **~wachs** *n* лы́жная мазь 9; **~wanderung** *f* лы́жный похо́д

Skizze *f* эски́з 2, набро́с|ок, -ка 2; *Lit* о́черк 2; Faust~ бе́глый [о́бщий 11] набро́сок

skizzenhaft на́скоро набро́сан:ный, эски́з|ный, -ен

Skizzenheft *n* альбо́м 2 для эски́зов

skizzieren *tr* набр|а́сывать ⟨-оса́ть⟩ *A*, де́лать (с-) эски́з [набро́сок] *G*

Sklave *m* раб 2е; *gehoben* нево́льник 2

Sklaven|arbeit *f* ра́бский труд; **~aufstand** *m* восста́ние рабо́в

Sklavenhalter *m* рабовладе́л|ец, -ьца 2; **~gesellschaft** *f* рабовладе́льческое о́бщество; **~ordnung** *f* рабовладе́льческий строй

Sklaven|handel *m* работорго́вля 7, торго́вля нево́льниками; **~händler** *m* работорго́в|ец, -ца 2, торго́вец нево́льниками

Sklaverei *f* ра́бство 4; *gehoben* нево́ля 7; Sklavenhalterordnung рабовладе́льческий строй 1

Sklavin *f* рабы́ня 7; *gehoben* нево́льница 6

sklavisch ра́бский; kriecherisch раболе́п|ный, -ен | ~e Nachahmung ра́бское подража́ние

Sklerose *m* склеро́з 2

Skorbut *m* цинга́ 6

Skorpion *m Zool* скорпио́н 2; *Astr* Скорпио́н

skrofulös *Med* золоту́ш|ный, -ен

Skrofulose *f* золоту́ха 6

Skrupel *m* сомне́ние 5 | ohne (jegliche) ~ und Zweifel без зазре́ния со́вести

skrupellos 1. *Adj* бессо́вест|ный, -ен, безсте́нчив:ый **2.** *Adv* без вся́кого стесне́ния, без зазре́ния со́вести

Skull *n Sport* па́рное весло́ 4с *Pl* вёс|ла, -ел; **~boot** *n* академи́ческая ло́дка

Skulptur *f* скульпту́ра 6

Skunk *m Zool* скунс 2; **~s** *m* Pelz скунс 2

skurril стра́н|ный, -ен, -на́! | ein ~er Mensch чуда́к 2е

S-Kurve *f* S-обра́зный изги́б 2, двойно́й поворо́т

Slalom *m* сла́лом 2; **~läufer** *m* слаломи́ст 2

Slaw|e *m* слав|яни́н 2 *Pl* -я́не, -я́н | die ~en *Koll* славя́нство 4; **~in** *f* славя́нка 6

slawisch славя́нский

Slawist *m* слави́ст 2; **~ik** *f* слави́стика 6

Slip *m* (коро́ткие) тру́сики *Pl* 2; für Herren пла́вки *Pl* 6

Slogan *m* рекла́мный деви́з 2

Slowak|e *m* слова́к 2; **~ei** *f* Слова́кия 8; **~in** *f* слова́чка 6

slowakisch слова́цкий

Slowen|e *m* слове́н|ец, -ца 2; **~ien** Слове́ния 8; **~in** *f* слове́нка 6

slowenisch слове́нский

Smaragd *m* изумру́д 2

smaragdfarben изумру́дный

Smog *m* смог 2

Smoking *m* смо́кинг 2

so *Adv* так, таки́м о́бразом | ach ~! вот как!; ~ sehr так (си́льно); ~ ein тако́й; ~ ein interessantes Buch така́я интере́сная кни́га; ~ lange, bis … до тех пор, пока́ не …; ist das (wirklich) ~? так ли э́то (на са́мом де́ле)?; ~ ist es! (де́ло обсто́ит) и́менно так!; ~ siehst du aus! как бы не так!; bald ~, bald ~ то так, то (э́)так; ~ oder ~ так и́ли ина́че; ~ und ~ так и так; wenn es ~ ist когда́ так, е́сли так; ~ meinte ich es nicht я не то́ хоте́л сказа́ть; ~ sind sie! таковы́ они́!; ~ etwas habe ich noch nicht gesehen ничего́ подо́бного я ещё не ви́дел; ~ groß wie er тако́й большо́й, как он; ~ gut wie nichts почти́ что ничего́; mag die Schuld noch ~ groß sein … как бы ни́ была́ велика́ вина́ …; gut ~ так и быть; ist es nicht ~? не так ли?; ~ … wie так …, как; ~ …, daß … так …, что …; **~bald** *Konj* как [лишь] то́лько, едва́

Söckchen *n Pl* носо́чки *Pl* 2

Socke *f* нос|о́к, -ка́ 2

Sockel *m* цо́коль 1; Denkmal пьедеста́л 2

Sockenhalter *m* рези́нка 6 для носко́в

Soda *f, n* со́да 6

sodann *Adv* danach зате́м, пото́м; außerdem кро́ме того́

Sodawasser *n* со́довая вода́

Sodbrennen *n* изжо́га 6 | ~ haben страда́ть изжо́гой

soeben *Adv* то́лько что | ~ erschienen Buch после́дняя нови́нка 11-6; ~ schlägt es zwölf часы́ как раз бьют двена́дцать

Sofa *n* дива́н 2; mit niedriger Rückenlehne софа́ 6с

sofern *Konj* поско́льку, е́сли

Sofia Софи́я 8

Sofitte *f Theat* софи́т 2

Sofittenlampe *f* софи́тная [*El* тру́бчатая] ла́мпа

sofort *Adv* сейча́с; unverzüglich a. неме́дленно | er hat ~ begriffen он сра́зу по́нял

Soforthilfe *f* неотло́жная по́мощь | ärztliche ~ сро́чная медици́нская по́мощь

sofortig неме́дленный

Sofort|maßnahmen *f Pl* сро́чные ме́ры;

~**programm** *n* програ́мма неме́дленных де́йствий
Softeis *n* мя́гкое моро́женое
Sog *m* подса́сывание 5; Absaugen отса́сывание 5; *Mar* кильва́терная струя́ 7; *übertr* круговоро́т 2
sogar *Adv* да́же
sogenannt так называ́емый
sogleich *Adv* = **sofort**
Sohle *f* Fuß подо́шва 6 *G Pl* подо́шв, ступня́ 7; Schuh подо́шва, подмётка 6; Fluß, Tal дно 4; *Bergb* эта́ж 2e; Stollen по́чва 6
Sohlenleder *n* подо́швенная ко́жа
Sohn *m* сын 2 *Pl* сынов|ья́, -е́й, -ья́м 1; *übertr* сын 2 *Pl* -ы́ 2b | die besten Söhne des Volkes лу́чшие сыны́ наро́да
Söhnchen *n* сын|о́к, -ка́ 2
Soja|bohne *f* со́я 7; ~**mehl** *n* со́евая мука́
solange *Konj* пока́, в то вре́мя как | ~, bis пока́ не
Solarium *n* соля́ри|й 1 *P* -и *G Pl* -ев
Solbad *n* соляна́я ва́нна; Kurort соляны́е во́ды
solch *Pron* тако́й, подо́бный | als ~er как таково́й; auf ~e Weise таки́м о́бразом; er hat ~en Hunger! ему́ так хо́чется есть!; bei ~ einem Wetter в таку́ю пого́ду
solcher|art, ~lei тако́й, тако́го ро́да; ~**maßen** *Adv* таки́м о́бразом
Sold *m Mil* де́нежное дово́льствие 5 [содержа́ние 5]
Soldat *m* солда́т 2 *G Pl* солда́т; Militärperson a. вое́нный *Subst* 10; einfacher рядово́й *Subst* 10 | ~ werden стать солда́том, по|йти́* *v* служи́ть в а́рмии
Soldaten|friedhof *m* во́инское кла́дбище; ~**lied** *n* солда́тская пе́сня
Soldateska *f* солдатня́ 7
soldatisch **1.** *Adj* солда́тский **2.** *Adv* по-солда́тски
Söldner *m* наёмник 2; ~**truppen** *f Pl* наёмные войска́
Sole *f* рассо́л 2; Quelle соляно́й исто́чник 2
Solei *n* яйцо́ 4c, законсерви́рованное в соляно́м раство́ре
solid Geschäft, Aussehen соли́д|ный, -ен, надёж|ный, -ен; Ware, Bau, Wissen соли́дный, про́ч|ный, -ен, -на́, -но, про́чны́; Charakter соли́дный, делови́т:ый | ~e Arbeit добро́тная [хоро́шая 11] рабо́та; ~e Methoden серьёзные ме́тоды
solidarisch солида́р|ный, -ен, -на | sich mit j-m ~ erklären заяв|ля́ть ⟨-и́ть 3⁺ -лю́⟩ о свое́й солида́рности с кем-н.
solidarisieren, sich *refl* заяв|ля́ть ⟨-и́ть 3⁺ -лю́⟩ о свое́й солида́рности (mit с *I*), солидаризи́роваться *uv*, *v* 2 (mit с *I*)
Solidarität *f* солида́рность 9
Solidaritäts|aktion *f* мероприя́тие 5, проводи́мое в знак солида́рности (für с *I*); Demonstration демонстра́ция 8 солида́рности; ~**basar** *m* база́р солида́рности; ~**konzert** *n* конце́рт по зая́вкам слу́шателей, сде́лавших взнос в фонд солида́рности; ~**kundgebung** *f* демонстра́ция [ми́тинг] солида́рности; ~**spende** *f* взнос 2 [поже́ртвование 5] в фонд солида́рности; ~**streik** *n* забасто́вка (в знак) солида́рности (für с *I*)
Solist *m* соли́ст 2; ~**in** *f* соли́стка 6
Soll *n Fin* де́бет [бэ] 2; *Wirtsch* пла́новое зада́ние 5; Norm a. но́рма 6 | ~ und Haben де́бет и креди́т
sollen *Modalverb* до́лж|ен, -на́, -ны́; sie soll(te) zu Hause bleiben она́ должна́ (была́) оста́ться до́ма | verneint не до́лжен, нельзя́ *D* + *uv Inf;* Sie ~ ihm nichts davon sagen вам нельзя́ говори́ть ему́ об э́том; du sollst es nicht tun тебе́ нельзя́ [ты не до́лжен] э́того де́лать | den Auftrag haben: ich soll Grüße von Nina ausrichten мне пору́чено переда́ть приве́т от Ни́ны | Empfehlung сле́дует; das sollte man nie tun никогда́ не сле́дует э́того де́лать; wir hätten eher daran denken ~ нам сле́довало бы [мы должны́ бы́ли бы] ра́ньше об э́том поду́мать; jeder sollte das Buch gelesen haben ка́ждому сле́довало бы прочита́ть э́ту кни́гу | Frage: *Inf (mit D der Person);* was soll ich ihm antworten? что (мне) отве́тить ему́?; ~ wir das Fenster aufmachen? откры́ть окно́?; was soll ich hier? что мне здесь де́лать?; sie wußte nicht, ob sie lachen oder weinen sollte она́ не зна́ла, смея́ться ли ей и́ли пла́кать | Aufforderung *in der 3. Person* пусть; soll er kommen! пусть придёт!; ~ sie warten! пусть подожду́т! | in Objektnebensätzen der Aufforderung что́бы *mit Konjunktiv;* er schreibt, ich solle [solle nicht] kommen он пи́шет, что́бы я прие́хал [не приезжа́л] | Geplantes: *Futur;* hier soll eine Schule gebaut werden здесь бу́дет постро́ена шко́ла, здесь постро́ят шко́лу; deine Bitte soll dir erfüllt werden твоя́ про́сьба бу́дет испо́лнена; es soll mich freuen, wenn … я бу́ду рад, е́сли … | Möglichkeit: sollte der Fall eintreten, daß … е́сли случи́тся, что …; sollte er doch noch kommen е́сли он всё-таки придёт | in zweifelnden Fragen: warum sollte ich Angst haben? почему́ бы мне боя́ться?, wie hätte ich das ahnen ~? ра́зве я мог подозрева́ть об э́том?; wie soll das bloß enden? чем же э́то ко́нчится?; was soll das? что э́то зна́чит?; ich sollte das gesagt haben? что́бы я э́то сказа́л?; was soll dieser Streit? к чему́ э́тот спор? | man sagt говоря́т, что; er

soll krank sein говоря́т, что он бо́лен | Schicksal: es hat nicht sein ~ э́тому не суждено́ бы́ло сбы́ться; er sollte seinen Freund nicht wiedersehen ему́ не́ было суждено́ уви́деть своего́ дру́га; das sollte sich als Fehler erweisen э́то оказа́лось оши́бкой
Soll|-Größe *f* за́данная величина́; **~-Stärke** *f Mil* шта́тный соста́в 2; **~-Wert** *m* за́данное значе́ние
solo singen, tanzen со́ло; kommen оди́н
Solo *n* со́ло *n idkl* | mit einem ~ auftreten исполня́ть ⟨-по́лнить 3⟩ со́ло; **~gesang** *m* со́льное пе́ние; **~part** *m Mus* со́льная па́ртия 8; **~sänger** *m* соли́ст 2; **~stimme** *f* соли́рующий 11 го́лос; **~tanz** *m* со́льный та́нец; **~tänzer** *m* танцо́р-соли́ст 2-2; **~tänzerin** *f* танцо́рка-соли́стка 6-6
Solquelle *f* соляно́й исто́чник
Somali|a Сомали́ *f idkl;* **~er** *m* сомали́|ец, -йца 2; **~erin** *f* сомали́|йка *G Pl* -ек
somalisch сомали́йский
somit *Adv* таки́м о́бразом, ита́к | ~ wäre die Frage geklärt ита́к, вопро́с вы́яснен
Sommer *m* ле́то 4b | im ~ ле́том; den ~ über в тече́ние ле́та; für den ~ на ле́то; **~anfang** *m* нача́ло ле́та; **~fahrplan** *m* ле́тнее 11 расписа́ние движе́ния поездо́в; **~ferien** *Pl* ле́тние 11 кани́кулы | in den ≈ на ле́тних кани́кулах; **~frische** *f* ле́тний о́тдых 11-2; Erholungsort ме́сто 4b ле́тнего пребыва́ния, да́чное ме́сто | in der ≈ за го́родом, на да́че; **~frischler** *m,* **~gast** *m* отдыха́ющий *Subst* 11; да́чник 2; **~getreide** *n* яровы́е хлеба́; **~halbjahr** *n:* im ~ в тече́ние ле́тнего пери́ода; **~haus** *n* да́ча 6 | im ≈ на да́че; **~hitze** *f* ле́тняя 11 жара́; **~kleid** *n* ле́тнее 11 пла́тье
sommerlich **1.** *Adj* ле́тний 11 **2.** *Adv* по-ле́тнему
Sommer|mantel *m* ле́тнее 11 пальто́; **~mode** *f* ле́тняя мо́да 11-6; **~pause** *f Theat* ле́тние кани́кулы 11-*Pl* 6 a. Parlament; **~nacht** *f* ле́тняя 11 ночь; **~roggen** *m* ярова́я рожь; **~sachen** *f Pl* ле́тняя оде́жда 11-6
Sommer|schlußverkauf *m* распрода́жа 6 това́ров ле́тнего сезо́на, осе́нняя 11 распрода́жа; **~sonnenwende** *f* ле́тнее 11 солнцестоя́ние; **~spiele:** Olympische ≈ ле́тние 11 олимпи́йские и́гры; **~sprosse** *f* весну́шка 6
sommersprossig весну́шчатый, с весну́шками
Sommer|tag *m* ле́тний 11 день; **~weizen** *m* ярова́я пшени́ца; **~wohnung** *f* да́ча 6; **~zeit** *f* ле́тнее 11 вре́мя [расписа́ние 5] | zur ≈ übergehen переходи́ть ⟨-йти⟩ на ле́тнее расписа́ние
sonach *Adv* ита́к, таки́м о́бразом
Sonat|e *f* сона́та 6; **~ine** *f* сонати́на 6
Sonde *f Med* зонд 2; *Kosm* автомати́ческая межплане́тная ста́нция 8, зонд 2; *Bergb* бур 2, щуп 2
Sonder|abdruck *m* отде́льный о́ттиск; **~abteil** *n* специа́льное купе́ [э]; **~anfertigung** *f* изготовле́ние по специа́льному зака́зу; **~angebot** *n* специа́льное предложе́ние; preisgünstiges распрода́жа 6 това́ров по сни́женным це́нам; **~ausgabe** *f* специа́льный вы́пуск; Buch специа́льное изда́ние; **~ausweis** *m* специа́льное удостовере́ние
sonderbar стра́н|ный, -ен, -на́!
sonderbarerweise *Adv* стра́нным о́бразом, как ни стра́нно
Sonder|beauftragter *m* специа́льный уполномо́ченный; **~bestellung** *f:* auf ≈ по осо́бому зака́зу; **~botschafter** *m* специа́льный посла́нник 2; **~bus** *m* заказно́й авто́бус; **~druck** *m Typ* специа́льное изда́ние 5, специа́льный вы́пуск 2; **~einsatz** *m* специа́льное зада́ние 5; **~fahrt** *f* пое́здка со специа́льной це́лью, внепла́новая пое́здка; Aufschrift auf Bussen заказно́й; Schiff специа́льный рейс; **~fall** *m* осо́бый слу́чай; **~flug** *m* специа́льный рейс | während der Messe werden ≈flüge durchgeführt во вре́мя я́рмарки курси́руют дополни́тельные самолёты; **~genehmigung** *f* специа́льное разреше́ние
sondergleichen: das ist eine Frechheit ~ э́то бесприме́рная на́глость
Sonder|heft *n* специа́льный вы́пуск 2 (журна́ла); **~klasse** *f* Schule спецкла́сс 2; Qualität вы́сший сорт 11-2b *Pl* -á, э́кстра *idkl;* Gaststätte вы́сшая катего́рия 11-8; **~korrespondent** *m* специа́льный корреспонде́нт
sonderlich **1.** *Adj* осо́бенный | ohne ~en Schaden без больши́х потре́рь; ohne ~e Lust без осо́бой охо́ты **2.** *Adv:* nicht ~ не о́чень
Sonder|ling *m* чуда́к 2e; **~marke** *f* ма́рка специа́льного вы́пуска; **~maschine** *f Flugw* дополни́тельный самолёт 2
sondern **1.** *tr* trennen отдел|я́ть ⟨-и́ть 3⁺⟩ (von от *G*) **2.** *Konj* но, а | nicht nur ..., ~ auch не то́лько ..., но и ...; ich besuche Sie nicht morgen, ~ übermorgen я приду́ вас навести́ть не за́втра, а послеза́втра; er trinkt nicht Bier, ~ Wein он пьёт не пи́во, а вино́
Sonder|nummer *f* специа́льный [э́кстренный] вы́пуск 2; **~recht** *n* преиму́щественное пра́во, привиле́гия 8; **~regelung** *f* специа́льное реше́ние 5
sonders *Adv:* samt und ~ все вме́сте, все без исключе́ния
Sonder|schau *f* специа́льная вы́ставка; **~schicht** *f* дополни́тельная сме́на; aus

bes. Anlaß (специа́льная) ва́хта 6 в честь *G;* **~schule** *f* специа́льная шко́ла, спецшко́ла 6; **~sitzung** *f* внеочередно́е [чрезвыча́йное] заседа́ние; **~stellung** *f* осо́бое положе́ние; **~stempel** *m* Post специа́льный почто́вый ште́мпель; **~urlaub** *m* внеочередно́й о́тпуск; **~verkauf** *m* э́кстренная [сезо́нная] прода́жа; **~vollmacht** *f* als Urkunde специа́льная дове́ренность; ≈en *Pl* осо́бые [чрезвыча́йные] полномо́чия; **~vorstellung** *f* Kino доба́вочный [специа́льный] сеа́нс; *Theat* доба́вочный спекта́кль; **~wagen** *m* специа́льный ваго́н; **~zug** *m* по́езд осо́бого назначе́ния; zusätzlich zum Fahrplan дополни́тельный по́езд; **~zuteilung** *f* специа́льный [дополни́тельный] паёк

sondieren *tr Med, Tech* зонди́ровать 2 (про-), иссле́довать *uv, v* 2 (зо́ндом); *übertr* нащу́п|ывать ⟨-ать⟩, зонди́ровать (по-)

Sonett *n* соне́т 2

Sonnabend *m* суббо́та 6 | am ~ в суббо́ту; **~abend** *m* суббо́тний 11 ве́чер | am ≈ в суббо́ту ве́чером

sonnabends *Adv* по суббо́там

Sonne *f* со́лнце [он] 4 | in der ~ liegen лежа́ть на со́лнце; in der prallen ~ sitzen сиде́ть на солнцепёке; die ~ meint es heute gut сего́дня жа́ркое со́лнце; die ~ scheint со́лнце све́тит

sonnen, sich *refl* гре́ться [лежа́ть 3] на со́лнце | sich in seinem Ruhm ~ гре́ться в луча́х свое́й сла́вы

Sonnen|aufgang *m* восхо́д со́лнца | vor ≈ до со́лнца; **~bad** *n* со́лнечная ва́нна | ein ≈ nehmen принима́ть ⟨приня́ть*⟩ со́лнечную ва́нну; **~bahn** *f* орби́та со́лнца; **~batterie** *f* со́лнечная батаре́я; **~bestrahlung** *f* инсоля́ция 8; **~blende** *f Foto* со́лнечная засло́нка 6; Auto противосо́лнечный козыр|ёк, -ька́; **~blume** *f* подсо́лнечник 2; **~blumenkern** *m* се́мечко подсо́лнечника; **~blumenöl** *n* подсо́лнечное ма́сло; **~brand** *m Med* ожо́г 2 от со́лнца | sich einen ≈ holen получ|а́ть ⟨-и́ть 3⁺⟩ со́лнечный ожо́г; **~bräune** *f* зага́р 2; **~brille** *f* тёмные [защи́тные] очк|и́; **~dach** *n* марки́за 6, тент [тэ] 2; **~deck** *n* со́лнечная па́луба; **~energie** *f* со́лнечная эне́ргия; **~ferne** *f Astr* афе́лий 1; **~finsternis** *f* со́лнечное затме́ние; **~fleck** *m* со́лнечное пятно́

sonnengebräunt загоре́лый

Sonnenglut *f* зной 1

sonnenklar я́сный как день, соверше́нно очеви́дный | es ist ~, daß ... ясне́е я́сного, что ...

Sonnen|korona *f* со́лнечная коро́на; **~kraftwerk** *n* гелио(электро)ста́нция 8; **~licht** *n* со́лнечный свет, со́лнце [он] 4; **~nähe** *f* периге́лий 1; **~öl** *n* = **Sonnenschutzöl;** **~schein** *m* со́лнечный свет | bei strahlendem ≈ при прекра́снейшей (со́лнечной) пого́де; **~schirm** *m* зо́нтик 2 от со́лнца; **~schutz** *m* наве́с 2 от со́лнца; am Fenster марки́за 6; **~schutzöl** *n* ма́сло (для защи́ты) от со́лнечных ожо́гов; **~seite** *f* со́лнечная сторона́; **~stich** *m* со́лнечный уда́р | einen ≈ bekommen получ|а́ть ⟨-и́ть⟩ со́лнечный уда́р; **~strahl** *m* со́лнечный луч; **~strahlung** *f* со́лнечная радиа́ция; **~system** *n* со́лнечная систе́ма; **~tau** *m Bot* рося́нка 6; **~uhr** *f* со́лнечные часы́; **~untergang** *m* зака́т 2, захо́д 2 со́лнца | bei ≈ на зака́те; vor ≈ до зака́та

sonnenverbrannt (о́чень) загоре́лый

Sonnenwende *f* солнцестоя́ние [он] 5

sonnig со́лнечный | er hat ein ~es Gemüt у него́ со́лнечный [ра́достный] хара́ктер

Sonntag *m* воскресе́нье 5 | am ~ в воскресе́нье; alle Tage ist kein ~ не всё коту́ ма́сленица, придёт и вели́кий пост; **~abend** *m* воскре́сный ве́чер; am ≈ в воскресе́нье ве́чером

sonntäglich воскре́сный; Kleidung пра́здничный

sonntags *Adv* по воскресе́ньям | sonn- und feiertags в воскре́сные и пра́здничные дни

Sonntags|anzug *m* пра́здничный костю́м; **~beilage** *f* Zeitung воскре́сное приложе́ние (von к *D*); **~dienst** *m* Arzt, Apotheke воскре́сное дежу́рство | ≈ haben дежу́рить в воскресе́нье; **~fahrer** *m umg* го́ре-води́тель 1; **~jäger** *m* го́ре-охо́тник 2; **~kind** *n* счастли́в|ец, -ца 2 | sie ist ein ≈ она́ родила́сь в соро́чке; **~rückfahrkarte** *f* обра́тный биле́т по льго́тному тари́фу; **~ruhe** *f* воскре́сный о́тдых; **~spaziergang** *m* воскре́сная прогу́лка; **~staat** *m* пра́здничный наря́д 2

sonor зво́н|кий, -ок, -ка́!, -че

sonst *Adv* außerdem кро́ме того́, ещё; andernfalls ина́че, а то, в проти́вном слу́чае; im übrigen впро́чем; gewöhnlich обыкнове́нно, обы́чно | ~ noch etwas? ещё что́-нибудь?; ~ nichts бо́льше ничего́; wer ~ als er кто же кро́ме него́; mehr als ~ бо́лее обыкнове́нного; er denkt, er ist ~ wer он ду́мает, что он не́весть кто; es ist alles wie ~ всё как обы́чно [как пре́жде]

sonstig anders(artig) друго́й; übrig про́чий 11

sonst|wie *Adv* как уго́дно, (ка́к-нибудь) ина́че; **~wo** *Adv* (где́-нибудь) в друго́м ме́сте; **~wohin** *Adv* (куда́-нибудь) в друго́е ме́сто

sooft *Konj* вся́кий раз как | ~ ich Heine lese вся́кий раз, когда́ я чита́ю Ге́йне

Sophist *m* софи́ст 2; **~ik** *f* софи́стика 6
sophistisch софи́стский
Sopran *m* сопра́но *n idkl;* **~istin** *f* сопра́но *f idkl*
Sorb|e *m* лужич|а́нин *Pl* -а́не, -а́н; **~in** *f* лужича́нка 6
sorbisch (сербо)лу́жицкий
Sorge *f* Kummer беспоко́йство 4; Für~ забо́та 6 (für, um о *P*); **~n** *Pl* Mühen хло́п|оты, -о́т, -отам *Pl* 6 | ~ um den schaffenden Menschen забо́та о трудя́щемся; ~ tragen für etw. забо́|титься 3 -чусь (по-) о чём-н.; sich ~n machen (um) беспоко́иться 3 (по-) (о *P*); j-m ~n machen дост|авля́ть ⟨-а́вить 3 -а́влю⟩ мно́го хлопо́т кому́-н.; das laß meine ~ sein! э́то моё де́ло!, об э́том я позабо́чусь!; das ist meine geringste ~ э́то меня́ ме́ньше всего́ беспоко́ит; er kommt aus den ~n nicht heraus у него́ ве́чно забо́ты; er weiß vor ~n nicht ein noch aus он задыха́ется от забо́т
sorgen *intr* забо́|титься 3 -чусь (по-) (für о *P*); sich ~ *refl* забо́титься (по-)(um о *P*), беспоко́иться (um о *P*) | dafür ist gesorgt э́то (уже́) устро́ено [ула́жено]; dafür ~, daß … забо́титься (по-) о том, что́бы …; **~frei** беззабо́т|ный, -ен, без забо́т, не зна́ющий 11 забо́т
Sorgenkind *n:* er ist mein ~ он моё го́ре
sorgenvoll Gesicht озабо́чен|ный, -на
Sorgfalt *f* тща́тельность 9; Gewissenhaftigkeit добросо́вестность 9; Fürsorglichkeit забо́тливость 9 | mit großer ~ о́чень тща́тельно
sorg|fältig тща́тел:ьный, -ен, -ьна; добросо́вест|ный, -ен; забо́тлив:ый; **~los** беззабо́т|ный, -ен, беспе́ч|ный, -ен
Sorglosigkeit *f* беззабо́тность 9, беспе́чность 9
sorgsam тща́тел|ьный, -ен, -ьна; fürsorglich забо́тлив:ый
Sorte *f* сорт 2b *Pl* -а́; Art род 2, тип 2 | in allen ~n всех сорто́в; mit dieser ~ Menschen will ich nichts zu tun haben я не жела́ю зна́ться с подо́бными людьми́
sortieren *tr* сортирова́ть 2 (рас-) (nach по *D*), разбира́ть ⟨разо|бра́ть*, разберу́; разо́бранный⟩ по сорта́м
Sortier|er *m* сортиро́вщик 2; **~maschine** *f* сортиро́вка 6, сортиро́вочная маши́на
Sortiment *n* Warenangebot (ас)сортиме́нт 2 (an *G*)
Sortiments|buchhandel *m* ро́зничная торго́вля кни́гами; **~buchhändler** *m* книготорго́в|ец, -ца 2
sosehr *Konj* как бы ни, хотя́ и | ~ ich mich freue, daß … как бы я ни ра́довался, что …
soso 1. *Adv* так себе́ **2.** *Interj* ну ла́дно
SOS-Ruf *m* сигна́л 2 СОС, сигна́л бе́дствия
Soße *f* со́ус 2
Soßen|löffel *m* ло́жка для со́уса; **~schüssel** *f* со́усник 2
Sotschi Со́чи *m idkl*
Soubrette *f* субре́тка 6
Souffleur *m Theat* суфлёр 2; **~kasten** *m* суфлёрская бу́дка 6
Souffleuse *f* суфлёр 2
soufflieren *intr* суфли́ровать 2
Söul Сеу́л 2
soundso: ~ lang тако́й-то длины́; ~ viel сто́лько-то; Paragraph ~ тако́й-то пара́граф; **~vielte** тако́й-то | am ~n des Monats тако́го-то сего́ [э́того] ме́сяца
Souterrain *n* (полу)подва́л 2, подва́льный эта́ж 2e *G Pl* -е́й
Souvenir *n* сувени́р 2
souverän суве́ренный; *Sport* siegen с больши́м преиму́ществом | eine ~e Haltung zeigen вести́* (по-) себя́ уве́ренно
Souveränität *f* суверените́т 2
soviel 1. *Adv* сто́лько | ~ für heute на сего́дня дово́льно; noch einmal ~ ещё сто́лько; ~ wie möglich как мо́жно бо́льше; doppelt ~ вдво́е бо́льше **2.** *Konj* (на)ско́лько | ~ ich weiß наско́лько мне изве́стно
sovielmal *Konj* ско́лько бы раз | ~ ich dorthin ging … ско́лько бы раз я туда́ ни ходи́л …
Sowchos *m* совхо́з 2
soweit 1. *Adv* в изве́стной ме́ре, в о́бщем (и це́лом) | es geht mir ~ gut мне в о́бщем живётся хорошо́; das ist ~ richtig э́то в изве́стной ме́ре ве́рно; es ist ~ пора́, пришло́ вре́мя; es ist noch nicht ~ вре́мя ещё не пришло́ **2.** *Konj* наско́лько | ~ mir bekannt ist наско́лько мне изве́стно
sowenig 1. *Adv* так же ма́ло, как … | ~ wie möglich как мо́жно ме́ньше; ich kann es ~ wie du я так же не в си́лах э́то сде́лать, как и ты **2.** *Konj:* ~ ich davon verstehe … как ни ма́ло я в э́том понима́ю …
sowie 1. *Adv* und auch а та́кже **2.** *Konj* sobald как то́лько | ~ ich kann как то́лько смогу́; **~so** *Adv* всё равно́, и без того́
Sowjet *m* сове́т 2 | der Oberste ~ der UdSSR Верхо́вный Сове́т СССР; **~armee** *f* Сове́тская А́рмия; **~bürger** *m* сове́тский граждани́н
sowjetisch сове́тский
Sowjet|macht *f* сове́тская власть; **~mensch** *m* сове́тский челове́к; **~republik** *f* Сове́тская респу́блика; **~stern** *m* пятиконе́чная звезда́; **~union** *f* Сове́тский Сою́з; **~volk** *n* сове́тский наро́д
sowohl *Konj:* … als auch … и … и …, как … так и …
sozial социа́льный | ~e Sicherheit со-

циа́льное обеспе́чение 5, уве́ренность 9 в за́втрашнем дне
Sozial|bevollmächtigter *m* отве́тственный *Subst* 10 за социа́льное обеспе́чение; **~demokrat** *m Pol* социа́л-демокра́т 2; **~demokratie** *f* социа́л-демокра́тия 8
sozialdemokratisch социа́л-демократи́ческий
Sozial|einrichtung *f* социа́льно-бытово́е учрежде́ние; **~fürsorge** *f* социа́льное обеспе́чение; **~gebäude** *n* im Betrieb бытово́й ко́рпус 2b *Pl* -á| -о́в; **~gesetzgebung** *f* социа́льное законода́тельство; **~hygiene** *f* социа́льная гигие́на
sozialisieren *tr* социализи́ровать *uv, v* 2
Sozialisierung *f* социализа́ция 8
Sozialismus *m* социали́зм 2 | im ~ при социали́зме
Sozialist *m* социали́ст 2
sozialistisch социалисти́ческий | ~e Gesellschaftsordnung социалисти́ческий строй;
sozialkritisch социа́льно-крити́ческий
Sozialleistung *f* платёж 2e на социа́льные ну́жды
Sozialökonomie *f* полити́ческая эконо́мия
sozialökonomisch социа́льно-экономи́ческий
Sozialpolitik *f* социа́льная поли́тика
sozialpolitisch социа́льно-полити́ческий
Sozial|produkt *f* (совоку́пный) обще́ственный проду́кт; **~programm** *n* програ́мма социа́льных мероприя́тий; **~unterstützung** *f* посо́бие по социа́льному страхова́нию; **~versicherung** *f* социа́льное страхова́ние, соцстра́х 2; **~versicherungsbeiträge** *Pl* отчисле́ния *Pl* 5 на социа́льное страхова́ние, чле́нские взно́сы по социа́льному страхова́нию
Sozietät *f* о́бщество
Soziolog|e *m* социо́лог 2; **~ie** *f* социоло́гия 8
soziologisch социологи́ческий
Sozius *m* Beifahrer за́дний седо́к 11-2e; Sitz за́днее сиде́нье 11-5; **~fahrer** *m* за́дний седо́к 11-2e; **~sitz** *m* за́днее 11 сиде́нье
sozusagen *Adv* так сказа́ть
Spachtel *m, f* лопа́точка 6; *Med* шпа́тель [тэ] 1; **~masse** *f* шпаклёвка, шпаклёвочная ма́сса
spachteln *tr* шпаклева́ть 2 (за-)
Spagat *m, n* шпага́т 2 *a. Sport* | ~ machen де́лать (с-) шпага́т
Spaghetti *Pl* спаге́тти *Pl idkl*
spähen *intr* высма́тривать ⟨вы́смотреть 3⟩ (nach *A*), иска́ть* (глаза́ми) (nach *A*)
Späher *m* дозо́рный *Subst* 10; *Mil a.* разве́дчик 2
Spähtrupp *m Mil* дозо́р 2
Spalier *n* шпале́ры *Pl* 6 | ~ stehen стоя́ть шпале́рами; **~obst** *n* Bäume шпале́рные плодо́вые дере́вь|я| -ев| -ям
Spalt *m* schmale Öffnung, Schlitz щель 9g; Eis, Holz, Mauer тре́щина 6 *a. übertr; Med, Biol,* Fels рассе́лина 6 | die Tür einen ~ offen lassen непло́тно закры́ть дверь, оста́в|ить *v* 3 -лю щель (в две́ри)
spaltbar раска́лывающийся 11; leicht ко́л|кий| -ок| -ка́!; Atomkern расщепля́емый
Spaltbarkeit *f Phys* расщепля́емость 9
Spalte *f* Eis, Holz, Mauer тре́щина 6; Fels рассе́лина; *Typ* столб|е́ц| -ца́ 2 | in der zweiten ~ der Zeitung во второ́й коло́нке [во второ́м столбце́] газе́ты
spalten *tr* Holz коло́ть (рас-); *Chem, Phys* расщеп|ля́ть ⟨-и́ть 3 -лю́⟩; *übertr* раска́лывать ⟨-коло́ть⟩; sich ~ *refl* коло́ться, раска́лываться ⟨-коло́ться⟩; *Phys* расщеп|ля́ться ⟨-и́ться⟩ a. Bewußtsein; *übertr* раска́лываться ⟨-коло́ться⟩ (in на *A*)
Spalt|keil *m* клин 2 *Pl* кли́нь|я| -ев; **~leder** *n* спи́л|ок| -ка 2; **~material** *n Phys* де́лящееся вещество́ 11-4; **~pilz** *m Biol* гриб|о́к| -ка́ 2 -шизомице́т 2; **~produkt** *n Phys* проду́кт расщепле́ния [деле́ния]; **~ung** *f Pol* раско́л 2; Zwietracht раздо́р 2; *Phys* расщепле́ние 5, деле́ние 5
Span *m* Holz ще́пка 6, щепа́ 6h; Metall стру́жка 6; Kleinholz лучи́на 6 | wo gehobelt wird, da fallen Späne лес ру́бят – ще́пки летя́т; **~ferkel** *n* моло́чный поросёнок
Spange *f* Haar~ зако́лка 6 (для воло́с); Schnalle пря́жка 6
Spangenschuh *m* боти́нок [ту́фля] с пря́жкой
Spani|en Испа́ния 8; **~er** *m* испа́н|ец| -ца 2; **~erin** *f* испа́нка 6
spanisch испа́нский | ~e Wand ши́рма 6; ~er Reiter *Mil* рога́тка 6; das kommt mir ~ vor э́то мне ка́жется непоня́тным [стра́нным]
Spankorb *m* корзи́на из древесностру́жечной ле́нты
Spann *m Anat* подъём 2 | am ~ в подъёме
Spannbeton *m* предвари́тельно напряжённый бето́н; **~konstruktion** *f* предвари́тельно напряжённая констру́кция
Spanne *f* Maß 9g; Zeit~ промежу́т|ок| -ка 2; *Hdl* ра́зница 6 | eine kurze ~ Zeit не́которое вре́мя
spannen *tr* Bogen, Seil натя́гивать ⟨-тяну́ть 4⁺⟩; Stoff распя́л|ивать ⟨-ить 3⟩; *Foto* Verschluß заводи́ть 3⁺ -вожу́ ⟨-|вести́*⟩; auf den Stickrahmen напя́л|ивать ⟨-ить 3⟩; Hahn взводи́ть 3⁺ -вожу́ ⟨-|вести́*⟩ ку́рок; Muskeln напряга́ть ⟨-|пря́чь*⟩; *intr* тяну́ть | die Brücke spannt sich über den Fluß че́рез ре́ку переки́нут

мост; das Kleid spannt unter den Armen пла́тье тя́нет [узкова́то] под мы́шками; j-n auf die Folter ~ пыта́ть кого́-н., подверга́ть ⟨-ве́ргнуть⟩ 4a *u.* 4 пы́ткам; seine Erwartungen zu hoch ~ ждать* от бу́дущего сли́шком мно́гого; auf etw. gespannt sein с любопы́тством ожида́ть чего́-н.; ich bin gespannt, was noch wird о́чень любопы́тно| что бу́дет да́льше; **~d** увлека́тельный| -ен| -ьна; Moment напряжён|ный| -на

Spanner *m* натяжно́е приспособле́ние 5; für Hosen брюкодержа́тель 1; *Zool* пяде́ница 6

Spann|feder *f Tech* натяжна́я пружи́на 6; **~kraft** *f Phys* упру́гость 9, эласти́чность 9; Muskel напряже́ние 5; Lebenskraft эне́ргия 8, жи́вость 9; **~leine** *f* растя́жка 6; **~teppich** *m* ковёр пли́нтус 2; **~ung** *f* напряже́ние *a. El u. Phys;* Seil, Saite натяже́ние 5; Aufmerksamkeit напряжённое внима́ние 5; *Pol* напряжённость 9; zwischen Menschen натя́нутые отноше́ния *Pl* 5 | j-n mit ≈ erwarten ожида́ть кого́-н. с больши́м нетерпе́нием; mit großer ≈ напряжённо; Verminderung internationaler ≈en ослабле́ние междунаро́дной напряжённости

Spannungs|herd *m Pol* оча́г напряжённости; **~messer** *m El* вольтме́тр 2; **~regler** *m* стабилиза́тор 2 напряже́ния; **~verlust** *m El* потеря́ напряже́ния; **~zustand** *m* состоя́ние напряже́ния

Spann|vorrichtung *f Tech* натяжно́е приспособле́ние; **~weite** *f Flugw* разма́х 2; Brücke пролёт 2

Spanplatte *f* древе́сно-стру́жечная плита́ 6c

Spant *n Flugw, Mar* шпанго́ут 2

Spar|buch *n* сберега́тельная кни́жка, сберкни́жка; **~büchse** *f* копи́лка 6; **~einlage** *f* вклад 2 (в сберка́ссу)

sparen *tr u. intr* Geld, Kraft, Zeit сберега́ть ⟨-|бере́чь*⟩; Geld a. коп|и́ть 3⁺ -лю́ (на-) (für на *A*); haushalten бере́чь, эконо́м|ить 3 -лю (с-) (an, mit на *P*) | du kannst dir deine Ratschläge ~ оста́вь свои́ сове́ты при себе́; die Mühe hättest du dir ~ können э́то был ли́шний труд; weder Mühe noch Geld ~ не жале́ть ни труда́| ни де́нег

Sparer *m* вкла́дчик 2 (сберега́тельной ка́ссы)

Sparflamme *f:* auf ~ на ма́леньком огне́

Spargel *m Bot* спа́ржа 6 | ~ stechen ре́зать* спа́ржу

Spargeld *n* сбережённые де́ньги; ~er *a.* сбереже́ния *Pl* 5

Spargel|stange *f* побе́г 2 спа́ржи; **~suppe** *f* суп-пюре́ [рэ] *n idkl* из спа́ржи

Spar|girokonto *n* сбержиросчёт 2b; **~kasse** *f* сберега́тельная ка́сса, сберка́сса 6; **~kassenbuch** *n* сберега́тельная кни́жка, сберкни́жка 6; **~konto** *n* лицево́й счёт в сберега́тельной ка́ссе, сберсчёт 2b

spärlich ску́д|ный| -ен| -на́!, бе́д|ный| -ен| -на́| -но| бедны́; Haare ре́д|кий| -ок| -ка́!| ре́же

Sparmaßnahme *f* мероприя́тие в це́лях эконо́мии

Sparren *m* Dach стропи́ло 4

sparsam **1.** *Adj* бережли́в:ый, эконо́м|ный| -ен; Lob небольшо́й **2.** *Adv:* ~ wirtschaften эконо́мно вести́ хозя́йство

Sparsamkeit *f* бережли́вость 9, эконо́мность 9

Sparsamkeits|regime *n* режи́м эконо́мии; **~programm** *n* програ́мма режи́ма эконо́мии

Spartakiade *f* спартакиа́да 6

Sparte *f* Fachgebiet о́бласть 9g *a. Wiss;* der Kleingärtner се́кция 8 *a. Sport*

Spaß *m* Scherz шу́тка 6; Belustigung поте́ха 6; Vergnügen заба́ва 6, удово́льствие 5 | zum ~ в шу́тку, шутя́; ~ machen шу|ти́ть 3 -чу́; sich mit j-m einen ~ erlauben позв|оля́ть ⟨-о́лить 3⟩ себе́ сыгра́ть *v* шу́тку с кем-н.; ~ beiseite! шу́тки в сто́рону; er versteht keinen ~ он не понима́ет шу́ток; ~ muß sein нельзя́ без шу́ток; allen zum ~ на поте́ху всем; j-m den ~ verderben испо́ртить кому́-н. удово́льствие; viel ~! жела́ю хорошо́ повесели́ться!

spaßen *intr* шу|ти́ть 3⁺ -чу́ (по-) | mit ihm ist nicht zu ~ с ним шу́тки пло́хи, с ним шути́ть нельзя́; ohne zu ~ не шутя́

spaßeshalber *Adv* в шу́тку, ра́ди шу́тки

spaß|haft, ~ig witzig, lustig шутли́в:ый; belustigend заба́в|ный| -ен, смеш|но́й| -о́н| -на́

Spaß|macher *m* шутни́к 2e; **~verderber** *m:* sei doch kein ≈! не порть настрое́ния!; **~vogel** *m* шутни́к 2e

Spat *m Min* шпат 2

spät **1.** *Adj* по́здн|ий 11| -ее *oder* по́зже; Glück, Gast запозда́лый | zu ~er Stunde в по́здний час; am ~en Abend по́здно [по́здним] ве́чером; wie ~ ist es? кото́рый час? **2.** *Adv* по́здно | ~ nachts по́здно но́чью; ~ am Tage к концу́ дня; zu ~ kommen приходи́ть ⟨-йти́⟩ сли́шком по́здно, sich verspäten опа́здывать ⟨опозда́ть⟩; ich komme etwas ~er я приду́ немно́го по́зже [позднée]

spätabends *Adv* по́здно [по́здним] ве́чером

Spatel *m,f* = **Spachtel**

Spaten *m* за́ступ 2, лопа́та 6; **~stich** *m:* der erste ≈ пе́рвая лопа́та 6; einen ≈ tief umgraben рыть* (вы́-) на глубину́ в оди́н штык

später 1. *Adj* по́здний 11, позднéйший 11 **2.** *Adv* позднéе, по́зже; nach Ablauf von спустя́ *A;* ein paar Tage ~ спустя́ нéсколько дней; zwei Tage ~ чéрез два дня; nicht ~er als не позднéе чем; um zwei Tage ~ двумя́ днями по́зже; früher oder ~ ра́но или по́здно; ~e Generationen послéдующие 11 [бу́дущие 11] поколéния

spätestens *Adv* са́мое по́зднее, не позднéе [не по́зже]ı чем ...

Spät|geschäft *n* дежу́рный магази́н; **~gotik** *f* по́здняя 11 го́тика; **~herbst** *m* по́здняя 11 о́сень; **~kartoffel** *f* по́здний 11 карто́фель; **~lese** *f* Weinlese поздни́й 11 сбор 2 виногра́да; **~nachrichten** *f Pl* ночно́й вы́пуск 2 послéдних извéстий; **~schicht** *f* по́здняя 11 [вечéрняя 11] смéна; **~sommer** *m* кон|éцı -ца́ 2 лéта; **~sprechstunde** *f* вечéрние 11 часы́ приёма; **~verkaufsstelle** *f* = **Spätgeschäft**

Spatz *m* вороб|éйı -ья́ 1 *G Pl* -ьёв | die ~en pfeifen es von den Dächern об э́том все говоря́т [все зна́ют]

Spatzennest *n* воробьи́ное гнездо́

Spätzündung *f* Motor по́зднее 11 зажига́ние; *übertr* запозда́лая реа́кция 8, замéдленное понима́ние 5

spazieren *intr* проха́живаться ⟨-|йти́сь*⟩, прогу́ливаться ⟨-гуля́ться⟩, гуля́ть (по-); **~fahren** *intr* ката́ться; ein wenig поката́ться; eine best. Zeit проката́ться; *tr* ката́ть ⟨прока|ти́ть 3⁺ -чу́⟩ | mit dem Fahrrad ≈ ката́ться на велосипéде; **~führen** *tr* вести́* (по-), *unbest* во|ди́ть 3⁺ -жу́ гуля́ть; **~gehen** *intr* идти́* ⟨по|йти́*⟩, *unbest* хо|ди́ть 3⁺ -жу́, гуля́ть (по-)

Spazier|fahrt *f* прогу́лка 6 (auf на *P*) | eine ~ machen соверш|а́ть ⟨-и́ть 3⟩ прогу́лку; **~gang** *m* прогу́лка 6; **~gänger** *m* гуля́ющий *Subst* 11; **~ritt** *m* прогу́лка 6 верхо́м; **~stock** *m* трость 9g; **~weg** *m* доро́га для прогу́лки

Specht *m* дя́т|елı -ла 2

Speck *m* (свино́е) са́ло 4; Schweine~ a. шпик 2 | ~ ansetzen жирéть (о-), обраста́ть ⟨-|расти́*⟩ жи́ром; **~grieben** *f Pl* шква́р|киı -ок *Pl* 6

speckig schmierig са́л|ьныйı -енı -ьна; fettig жи́р|ныйı -енı -на́!, лосня́щийся 11

Speck|schwarte *f* шку́рка 6 о́корока; **~seite** *f* лом|о́тьı -тя́ 1 шпи́ка; **~soße** *f* со́ус со шпи́ком

Spedit|eur *m* экспеди́тор 2; **~ion** *f* Versand экспеди́ция 8; Betriebe тра́нспортно-экспедицио́нное агéнтство 4

Speditionsbetrieb *m* тра́нспортно-экспедицио́нное агéнтство 4, экспедицио́нная конто́ра 6

Speer *m* копьё 3c *G Pl* ко́пий; **~werfen** *n* мета́ние 5 копья́; **~werfer** *m* мета́тель 1 копья́, копьемета́тель 1

Speiche *f Tech* спи́ца 6; *Anat* лучева́я кость 9g

Speichel *m* слюна́ 6; **~absonderung** *f* отделéние слюны́; **~drüse** *f* слю́нная железа́; **~fluß** *m Med* слюнотечéние 5; **~lecker** *m* подхали́м 2, подли́за 6; **~lekkerei** *f* подхали́мство 4

Speicher *m* Lager склад 2; Getreide~ амба́р 2; *EDV* па́мять 9, запомина́ющее устро́йство 11-4; **~becken** *n* аккумули́рующий 11 бассéйн; **~kapazität** *f EDV* объём 2 [ёмкость 9] па́мяти

speichern *tr* Waren храни́ть 3 (на скла́де); Getreide скла́дывать ⟨сложи́ть 3⁺⟩ (в амба́р); anhäufen накоп|ля́ть ⟨-и́ть 3⁺ -лю́⟩ *a. übertr; El* аккумули́ровать 2; *EDV* запомина́ть ⟨-по́мнить 3⟩ нака́пливать ⟨-копи́ть⟩

speien *tr* плева́ть* ⟨плю́нуть *mom* 4⟩; Blut ха́рк|ать ⟨-нуть *mom* 4⟩ *I;* Vulkan изверга́ть ⟨-вéргнуть 4a *u.* 4⟩; *intr* плева́ть (на-)

Speise *f* пи́ща 6, еда́ 6; Gericht блю́до 4, ку́шанье 5 | ~ und Trank еда́ и питьё; **~eis** *n* моро́женое *Subst* 10; mit ganzen Früchten пломби́р 2; **~fett** *n* пищево́й жир; **~gaststätte** *f* столо́вая *Subst* 10; **~kammer** *f* кладова́я *Subst* 10; **~karte** *f* меню́ *n idkl;* **~kartoffeln** *f Pl* столо́вый карто́фель

speisen *tr* корм|и́ть 3⁺ -лю́ (про-), пита́ть (на-); *Tech* пита́ть, снаб|жа́ть ⟨-ди́ть 3 -жу́⟩; *intr* есть* (по-), ку́шать (по-); in Kost sein пита́ться, обéдать

Speisen|aufzug *m* лифт для пода́чи блюд; **~folge** *f* меню́ *n idkl,* послéдовательность блюд

Speise|öl *n* пищево́е расти́тельное ма́сло; **~pilz** *m* съедо́бный гриб; **~raum** *m* столо́вая *Subst* 10; **~röhre** *f Anat* пищево́д 2; **~saal** *m* столо́вая *Subst* 10; **~schrank** *m* буфéт 2; **~service** *n* обéденный серви́з; **~wagen** *m* ваго́н-рестора́н 2-2; **~zimmer** *n* столо́вая *Subst* 10

Speisung *f* пита́ние 5; *Tech* пита́ние, снабжéние 5

Spektakel *m* шум 2, гам 2 | einen großen ~ machen надéлать *v* мно́го шу́му

spektakulär сенсацио́нный, нашумéвший 11

Spektral|analyse *f* спектра́льный ана́лиз; **~farbe** *f* цвет спéктра, спектра́льный цвет

Spektro|graph *m* спектро́граф 2; **~skop** *n* спектроско́п 2; **~skopie** *f* спектроскопи́я 8

Spektrum *n* спектр 2

Spekulant *m* спекуля́нт 2

Spekulation *f* спекуля́ция (mit *I*) 8; *Phil*

умозре́ние 5; ~en *Pl* спекуляти́вные махина́ции *Pl* 8; *Phil* умозри́тельные рассужде́ния *Pl* 5

Spekulationsgeschäft *n* спекуляти́вная сде́лка

spekulativ спекуляти́вный; *Phil* умозри́тел|ьный, -ен, -ьна

spekulieren *intr* спекули́ровать 2 (mit *I*) | auf etw. ~ рассчи́тывать на что-н.

Spelunke *f* Kneipe прито́н 2

Spelze *f* поло́ва 6, мяки́на 6

spendabel ще́др|ый, -á!

Spende *f* поже́ртвование 5 | für wohltätige Zwecke взнос 2 [поже́ртвование] на благотвори́тельные це́ли

spenden *tr* же́ртвовать 2 (по-) (für на *A*), приноси́ть 3⁺ -ношу́ ⟨-|нести́*⟩ в дар; Almosen по|дава́ть* ⟨пода́ть*⟩ | Blut ~ дава́ть* ⟨дать*⟩ кровь; j-m Trost ~ утеша́ть ⟨-те́шить 3⟩ кого́-н.

Spenden|konto *n* счёт в ба́нке, на кото́рый вно́сятся поже́ртвования; **~liste** *f* спи́сок поже́ртвований

Spender *m* же́ртвующий *Subst* 11, же́ртвователь (für на *A*); Blut~ до́нор 2

spendieren *tr* einladen пригла|ша́ть ⟨-си́ть 3 -шу́⟩ (j-m etw. кого́-н. на что-н.); einen ausgeben уго|ща́ть ⟨-сти́ть 3 -щу́⟩ (j-m etw. кого́-н. чем-н.), пла|ти́ть 3⁺ -чу́ (за-) за *A* | ich spendiere eine Flasche Wein я плачу́ за буты́лку вина́, я ста́влю буты́лку вина́

Sperber *m Zool* я́стреб-перепеля́тник 2-2

Sperenzchen *n Pl:* machen Sie keine ~! пожа́луйста, без церемо́ний!

Sperling *m* вороб|е́й, -ья́ 1 *G Pl* -ьёв

Sperma *n* спе́рма 6

sperrangelweit *Adv* на́стежь

Sperrdruck *m Typ* разря́дка 6

Sperre *f* загражде́ние 5, прегра́да 6; aus Bäumen зава́л 2; Handels~ эмба́рго *n idkl; Mil* блока́да 6; Ballon~ барра́ж 2 *G Pl* -ей; *Tech* сто́пор 2, аррети́р 2; *Sport* дисквалифика́ция 8

sperren *tr* загор|а́живать ⟨-одить 3 -ожу́, -о́дишь⟩; Zugang закрыва́ть ⟨-|кры́ть*⟩; Ausfuhr налага́ть ⟨-ложи́ть 3⁺⟩ эмба́рго; Konto прекра|ща́ть ⟨-ти́ть 3 -щу́⟩ вы́плату, блоки́ровать *uv, v* 2; *Mil* блоки́ровать; *Sport* Spieler дисквалифици́ровать *uv, v* 2; *Typ* набира́ть ⟨-|бра́ть*⟩ в разря́дку; verbieten запре|ща́ть ⟨-ти́ть 3 -щу́⟩; *intr:* die Tür sperrt дверь застрева́ет, дверь не закрыва́ется пло́тно; sich ~ *refl* проти́в|иться 3 -люсь (вос-) (gegen *D*), упира́ться ⟨-|пере́ться*⟩

Sperr|feuer *n Mil* загради́тельный ого́нь; **~gebiet** *n* запре́тная зо́на 6; **~gut** *n* громо́здкий груз; **~hebel** *m* сто́порный рыча́г; **~holz** *n* (клеёная) фане́ра 6; **~holzplatte** *f* лист 2e фане́ры

sperrig громо́зд|кий, -ок

Sperr|kette *f* Polizei загради́тельная цепь; **~kontakt** *m* блокиро́вочный конта́кт; **~konto** *n* блоки́рованный счёт; **~kreis** *m Rad* загради́тельный ко́нтур 2, загражда́ющий фильтр 11-2; **~mauer** *f* плоти́на 6; **~müll** *m* крупногабари́тный му́сор; **~sitz** *m Theat* отде́льное ме́сто, места́ *Pl* в пе́рвых ряда́х парте́ра; **~schieber** *m Tech* запо́рная задви́жка; **~tag** *m* неприёмный день; **~ung** *f* закры́тие 5; Verbot наложе́ние 5 запре́та; *Typ* разря́дка 6; Strom отключе́ние 5; **~zoll** *m* запрети́тельная по́шлина; **~zone** *f* запре́тная зо́на

Spesen *f Pl* издéржки *Pl* 6, накладны́е расхо́ды *Pl* 2

spesenfrei без изде́ржек

Spesenvergütung *f* возмеще́ние изде́ржек

Spezial|abteilung *f* специа́льный отде́л, спецотде́л 2; **~ausbildung** *f* специа́льная подгото́вка; **~fach** *n* специа́льность 9; **~fahrzeug** *n* автомоби́ль специа́льного назначе́ния, специа́льный автомоби́ль; **~gebiet** *n* специа́льность 9; **~geschäft** *n* специализи́рованный магази́н

spezialisieren *tr* специализи́ровать *uv, v* 2; sich ~ *refl* специализи́роваться *uv, v* 2 (auf на, в *P u.* по *D*)

Spezial|isierung *f* специализа́ция 8 (auf на, в *P u.* по *D*); **~ist** *m* специали́ст 2 (für в *P*, по *D*); **~ität** *f* Besonderheit осо́бенность 9; Liebhaberei люби́мое заня́тие 5; Spezialgericht фи́рменное блю́до 4; Leibgericht люби́мое блю́до; **~seminar** *n* специа́льный семина́р, спецсемина́р 2; **~sprunglauf** *m* прыжки́ *Pl* 2 на лы́жах с трампли́на; **~verkaufsstelle** *f* специализи́рованный магази́н; **~wissen** *n* специа́льные (по)зна́ния *Pl*

speziell 1. *Adj* специа́л|ьный, -ен, -ьна; ungewöhnlich, besonders осо́бенный; Wünsche, Vergnügen, Fall осо́бый; Fall a. ча́стный **2.** *Adv* осо́бенно, в осо́бенности; gerade и́менно

Spezifikation *f* спецификáция 8

spezifisch специфи́ческий, специфи́ч|ный, -ен | ~es Gewicht уде́льный вес

spezifizieren *tr* специфици́ровать *uv, v* 2, ука́зывать ⟨-|каза́ть*⟩ по отде́льности

Sphäre *f* сфе́ра 6; *übertr* сфе́ра, круг 2b де́ятельности

sphärisch сфери́ческий

Sphinx *f* сфинкс 2

spicken *tr* Braten шпигова́ть 2 (на-); bestechen подма́зывать ⟨-|ма́зать*⟩, дава́ть* ⟨дать*⟩ взя́тку; *intr umg* in der Schule по́льзоваться 2 (вос-) шпарга́лкой; abschreiben спи́сывать ⟨-|писа́ть*⟩

Spickzettel *m* шпарга́лка 6

Spiegel *m* зе́ркало 4b *a. übertr;* Hohl~ рефле́ктор 2; Wasser~ у́ров|ень₁ -ня 1, пове́рхность 9; *Mil* Kragen~ петли́ца 6 | dreiteiliger ~ трелья́ж 2 *G Pl* -ей; sich im ~ besehen смотре́ться 3⁺ (по-) в зе́ркало; j-m den ~ vorhalten пока́зывать ⟨-|каза́ть*⟩ кому́-н. его́ настоя́щее лицо́, ука́зывать ⟨-каза́ть⟩ кому́-н. на его́ недоста́тки; **~bild** *n* отраже́ние 5; seitenverkehrtes Bild обра́тное изображе́ние

spiegel|bildlich зерка́льно обращён:ный, зерка́льный; **~blank** зерка́льно чи́стый, блестя́щий 11 как зе́ркало

Spiegel|ei *n* (яи́чница-)глазу́нья (6-)7; **~fechterei** *f übertr* очковтира́тельство 4, показу́ха 6; **~fläche** *f* зерка́льная пове́рхность; **~glanz** *m* einer Oberfläche зерка́льный блеск; **~glas** *n* зерка́льное стекло́

spiegelglatt зерка́льный, гла́дкий как зе́ркало

Spiegelkarpfen *m* зерка́льный карп

spiegeln *tr* отра|жа́ть ⟨-зи́ть 3 -жу́⟩; *intr* блесте́ть* ⟨блесну́ть 4⟩, сверк|а́ть ⟨-ну́ть 4⟩; sich ~ *refl* отра|жа́ться ⟨-зи́ться⟩ (in в *P*)

Spiegel|reflexkamera *f* зерка́льный фотоаппара́т, зерка́лка *umg* | einäugige ≈ зерка́льная ка́мера с одни́м объекти́вом; **~schrift** *f* зерка́льное изображе́ние 5 письма́; **~teleskop** *n* зерка́льный телеско́п; **~tisch** *m* подзерка́льник 2, сто́лик 2 под зе́ркалом; **~ung** *f* (зерка́льное) отраже́ние 5

Spiel *n* игра́ 6c; sportlicher Wettkampf a. матч 2; Partie Karten, Schach па́ртия 8; Tennis гейм2 ; *Tech* зазо́р 2 | beim ~ за игро́й; ein ~ Karten коло́да 6 карт; ein ~ Stricknadeln компле́кт 2 спиц для вяза́ния; er macht das ~ он игра́ет, он назнача́ет игру́; alles aufs ~ setzen beim Kartenspiel игра́ть ва-ба́нк; das ~ steht 3:2 счёт в игре́ три–два; er setzte alles aufs ~ *übertr* он всё поста́вил на ка́рту; sein Leben steht auf dem ~ его́ жизнь поста́влена на ка́рту, его́ жизнь в опа́сности; ich durchschaue sein ~ я ви́жу₁ чего́ он хо́чет; laß mich aus dem ~ оста́вь меня́ (с э́тим де́лом) в поко́е, не впу́тывай меня́ (в э́то де́ло); die Hand im ~ haben быть* прича́стным к чему́-н., быть заме́шанным в чём-н.; (ein) leichtes ~ mit j-m haben легко́ справля́ться ⟨спра́в|иться 3 -люсь⟩ с кем-н.; **~art** *f* спо́соб 2 [мане́ра 6] игры́; *Biol* разнови́дность 9; **~ball** *m übertr* игру́шка 6; **~bank** *f* казино́ *n idkl;* **~beginn** *m* нача́ло игры́ [встре́чи, ма́тча]; **~dauer** *f Sport* продолжи́тельность 9 игры́; Film, Schauspiel продолжи́тельность фи́льма [спекта́кля]; **~dose** *f* музыка́льная шкату́лка 6; **~ecke** *f* у́гол для игры́, де́тский угол|о́к₁ -ка́ 2; **~einsatz** *m* ста́вка 6

spielen *tr* игра́ть ⟨сыгра́ть⟩ (Spiel в *A;* Instrument на *P*); *Theat* исполня́ть ⟨-по́лнить 3⟩ роль; *intr* игра́ть a. Kinder; eine Zeitlang поигра́ть; Glücksspiel игра́ть (um на *A*) | Tennis ~ игра́ть в те́ннис; Geige ~ игра́ть на скри́пке; eine Partie Schach ~ игра́ть па́ртию в ша́хматы; um Geld ~ игра́ть на де́ньги; mit dem Feuer ~ игра́ть с огнём; das spielt keine Rolle э́то не игра́ет ро́ли; was wird heute im Theater gespielt? что сего́дня идёт в теа́тре?; er spielte den großen Herrn он ко́рчил из себя́ (ва́жного) ба́рина; den Beleidigten ~ разы́грывать оби́женного; die Handlung spielt in Berlin де́йствие происхо́дит в Берли́не; seine Beziehungen ~ lassen пуска́ть ⟨пусти́ть 3⁺ пущу́⟩ в ход все свои́ свя́зи; in allen Farben ~ игра́ть [перелива́ться] всеми́ цвета́ми ра́дуги; **~d** *Adv* игра́я; leicht игра́ючи, легко́ [хк], шутя́ | ≈ lernen учи́ться (на-) без осо́бого труда́

Spieler *m* игро́к 2e; *Mus* (музыка́нт-)исполни́тель (2-) 1; **~ei** *f* Zeitvertreib пусто́е баловство́ 4, пуста́я заба́ва 6; *übertr* пустя́к 2e

spielerisch leicht легко́ [хк], шутя́; *Sport* в игрово́м отноше́нии; ohne Ernst несерьёзный

Spiel|feld *n Sport* по́ле для игры́, спорти́вное по́ле; **~film** *m* худо́жественный фильм, (худо́жественная) карти́на 6; **~fläche** *f* (игрова́я) площа́дка 6

spielfrei *Sport* свобо́дный от игры́ | das Kino hat heute ~en Tag кино́ сего́дня не рабо́тает

Spiel|gefährte *m* друг [това́рищ] де́тства; **~geld** *n* bei Kinderspielen игру́шечные де́ньги; **~hölle** *f* иго́рный дом 2b *Pl* дома́, иго́рный прито́н 2; **~kamerad** *m* това́рищ де́тства [де́тских игр]; **~karte** *f* (игра́льная) ка́рта; **~leiter** *m Theat* режиссёр 2; Spielmeister веду́щий *Subst* 11 виктори́ну; **~mann** *m* музыка́нт 2; *hist* менестре́ль 1, скоморо́х 2; **~mannszug** *m* взвод бараба́нщиков и фанфари́стов, орке́стр 2; **~marke** *f* фи́шка 6, ма́рка 6; **~meister** *m* ди́ктор 2₁ веду́щий 11 игрову́ю переда́чу; *TV* веду́щий *Subst* переда́чу, зате́йник 2; **~plan** *m* Repertoire репертуа́р 2; Programm програ́мма 6 теа́тров; **~platz** *m* площа́дка для игр, де́тская площа́дка; **~raum** *m Tech* зазо́р 2; *übertr* просто́р 2, возмо́жности *Pl* 9, свобо́да 6 де́йствий; **~regel** *f* пра́вило игры́; **~straße** *f* у́лица₁ закры́тая для прое́зда тра́нспорта и предназна́ченная для игр дете́й; **~tisch** *m* ка́рточный [ло́мберный] стол; **~uhr** *f* часы́ с му́зыкой; **~unterbrechung** *f Sport* остано́вка игры́; **~verderber** *m* некомпане́йский челове́к; **~verlängerung** *f Sport* дополни́тельное вре́мя; **~verlauf** *m* ход игры́

Spielwaren *f Pl* игру́шки *Pl* 6; **~abteilung** *f* отде́л игру́шек; **~handlung** *f* магази́н игру́шек

Spiel|weise *f* мане́ра игры́; **~wiese** *f* де́тская площа́дка 6, лужа́йка 6 для игр; **~zeit** *f Sport* вре́мя игры́; Saison *Theat* театра́льный сезо́н 2; Fußball футбо́льный сезо́н; **~zeug** *n* игру́шка 6; **~zeugauto** *n* игру́шечный автомоби́ль [автомоби́льчик 2]; **~zeugfabrik** *f* фа́брика игру́шек

Spieß *m* Waffe копьё 3c *G Pl* ко́пий, пи́ка 6; Brat~ ве́ртел 2b *Pl* -á; *Typ* мара́шка 6; *Mil* Feldwebel старшина́ *m* 6 | er drehte den ~ um он перемени́л та́ктику, он перешёл в наступле́ние; **~bürger** *m* обыва́тель 1, мещ|ани́н 2 *Pl* -áне, -áн

spießbürgerlich обыва́тельский, меща́нский

Spießbürgertum *n* меща́нство 4

Spießer *m* обыва́тель 1, мещ|ани́н 2 *Pl* -áне, -áн

Spießgeselle *m* сообщник 2

spießig = **spießbürgerlich**

Spießruten *Pl:* j-n ~ laufen lassen *hist* прогоня́ть ⟨-|гна́ть*⟩ кого́-н. сквозь строй

Spießrutenlaufen *n:* das war für ihn ein ~ э́то для него́ была́ про́сто му́ка [наказа́ние]

Spikes *Pl Sport* ту́ф|ли *Pl* 7 -ель с шипа́ми, шипо́в|ки, -ок *umg;* **~reifen** *m Pl* автомоби́льная ши́на с шипа́ми

Spill *n Mar* шпиль 1

spinal: ~e Kinderlähmung полиомиели́т [иэ] 2

Spinat *m* шпина́т 2

Spind *m* (у́зкий) шкаф 2b; в, на шкафу́

Spindel *f* Spinnrad верет|ено́ 4c *Pl* -ёна; *Tech* шпи́ндель 1

spindeldürr худо́й как ще́пка [спи́чка]

Spinne *f* пау́к 2e

spinnefeind: j-m ~ sein смерте́льно ненави́|деть 3 -жу кого́-н.

spinnen *tr Tech* прясть* (с-); *umg* Intrigen плести́* (с-); *intr umg* erdichten выду́мывать ⟨вы́думать⟩ | du spinnst wohl! ты не в своём уме́!

Spinner *m* Arbeiter пряди́льщик 2; *Zool* Seiden~ шелкопря́д 2; *übertr* фантазёр 2; **~ei** *f* пряди́л|ьня 7 *G Pl* -ен, пряди́льная фа́брика 6; **~in** *f* пряди́льщица 6

Spinn|gewebe *n* паути́на 6; **~maschine** *f* пряди́льная маши́на; **~rad** *n* пря́лка 6

Spion *m* шпио́н 2; Guckloch глаз|о́к, -ка́ 2

Spionage *f* шпиона́ж 2; **~abwehr** *f* контрразве́дка 6; **~netz** *n* шпио́нская сеть

spionieren *intr* Spionage treiben занима́ться ⟨заня́ться*; -ялся́, -яли́сь⟩ шпиона́жем; *übertr* шпио́нить 3

Spiral|bohrer *m* спира́льное сверло́; **~draht** *m* спира́лька 6, спира́льная про́волока

Spirale *f* спира́ль 9

Spiralfeder *f* спира́льная пружи́на; Uhr спира́ль 9

spiralförmig спира́льный, в ви́де спира́ли

Spiralnebel *m Astr* спира́льная тума́нность 9

Spirant *m Phon* спира́нт 2

Spirit|ismus *m* спирити́зм 2; **~ist** *m* спири́т 2, спирити́ст 2

spiritistisch спирити́ческий

Spirituosen *Pl* спиртны́е напи́тки *Pl* 2

Spiritus *m* спирт 2b *G a.* -у | auf [mit] ~ kochen вари́ть (с-) на спирто́вке [на спирту́]; **~kocher** *m* спирто́вка 6; **~lampe** *f* спиртова́я ла́мпа

spitz о́стрый, остр, -á!; Turm, Dach, Felsen остроконе́ч|ный, -ен; *übertr* о́стрый, остёр, остра́, ко́л|кий, -ок, -ка́!, язви́тел|ьный, -ен, -ьна | ~ werden заостр|я́ться ⟨-и́ться 3⟩; ~ Ausschnitt Kleid треуго́льный вы́рез

Spitz *m* Hund шпиц 2; **~bart** *m* эспаньо́лка 6; **~beine** *n Pl Kochk* свины́е но́жки *Pl;* **~bogen** *m Arch* стре́льчатый свод; **~bube** *m* Schurke моше́нник 2, плут 2e

spitzbübisch лука́в:ый, плутовско́й

Spitze *f* остри|ё 3 *G Pl* -ёв, ко́нчик 2; Baum верху́шка 6; von Türmen шпиль 1; Gipfel верши́на 6, пик 2; Schuh~, Schi~ нос|о́к, -ка́ 2; Gewebe кру́жево 4b *G Pl* кру́жев; *Mil* голова́ 6a; Marschkolonne; einer sozialen Gruppe верху́шка; Leistungs~ пик | an der ~ во главе́; vorn впереди́ | an der ~ einer Delegation stehen возглавля́ть делега́цию; sich an die ~ stellen стать* *v* во главе́; einer Sache die ~ abbrechen осл|абля́ть ⟨-а́бить 3 -аблю⟩ [смягч|а́ть ⟨-и́ть⟩] де́йствие чего́-н.; etw. auf die ~ treiben доводи́ть 3⁺ -вожу́ ⟨-|вести́*⟩ что-н. до кра́йности; die Brigade S. liegt an der ~ брига́да С. идёт впереди́ [сто́ит на пе́рвом ме́сте]

Spitzel *m* шпик 2e, шпио́н 2

Spitzeldienst *m:* ~e leisten шпио́нить 3

spitzen *tr* заостр|я́ть ⟨-и́ть 3⟩; Bleistift a. чини́ть 3⁺ (о-) | die Ohren ~ навостри́ть *v* 3 у́ши

Spitzen|belastung *f* пи́ковая нагру́зка, пик 2; **~belastungszeit** *f* вре́мя максима́льной нагру́зки, часы́ *Pl* 2 пик; **~darsteller** *m* ве́дущий актёр 11-2, первокла́ссный исполни́тель ро́ли; **~erzeugnis** *n* изде́лие вы́сшего ка́чества; im Weltmaßstab изде́лие на у́ровне мировы́х стандáртов; **~film** *m* лýчший 11 [первоклáссный] фильм; **~funktionär** *m* ответственный [руководя́щий 11] рабóтник; **~geschwindigkeit** *f* максимáльная скóрость; **~gruppe** *f* Rennen головнáя [ведýщая 11] грýппа; **~kandidat** *m* пéрвый кандидáт; **~klasse** *f* вы́сший 11 класс, вы́сшее кáчество 11-4; *Sport* экстраклáсс 2; **~klöpplerin** *f* кружевни́ца 6; **~kraft** *f* отли́чный [первоклáссный] рабóтник 2, специали́ст 2; **~kragen** *m* кружевнóй воротни́к; **~leistung** *f Tech* einer Maschine, eines Betriebes максимáльная производи́тельность [мóщность]; *Sport* рекóрд 2, вы́сшее 11 [выдаю́щееся 11] достижéние | ≈en in der Technik Erzeugnisse рекóрдные издéлия *Pl* 5 тéхники; **~reiter** *m* *Sport* ли́дер 2; Mannschaft ведýщая 11 [лýчшая 11] комáнда 6; **~sportler** *m* спортсмéн вы́сшего клáсса [экстраклáсса], лýчший 11 спортсмéн; **~tanz** *m* тáнец на пуáнтах; **~zeit** *f* Verkehr часы́ *Pl* 2 пик; *Sport* лýчшее 11 [рекóрдное] врéмя

Spitzer *m* Bleistift чи́нка 6

spitzfindig хитроýм|ный, -ен

Spitz|findigkeit *f* хитроýмие 5; **~hacke** *f* киркá 6c *G Pl* ки́рок; **~maschine** *f* точи́лка, маши́на для чи́нки карандашéй; **~maus** *f* землерóйка 6; **~name** *m* прóзвище 4, кли́чка 6; **~pocken** *f Pl* вéтряная óспа; **~wegerich** *m* ланцéтный подорóжник

spitzwink(e)lig остроугóл|ьный, -ен, -ьна

Spleen *m* причýда 6, капри́з 2

spleenig с причýдами, с капри́зами

Splint *m Tech* шплинт 2; Splintholz зáболонь 9; **~sicherung** *f* стóпорение 5 шпли́нтом

Splitt *m* (мéлкий) щéб|ень, -ня 1

Splitter *m* Granate оскóл|ок, -ка 2; Holz≈ занóза 6 | sich einen ~ in den Finger einziehen зано|си́ть *v* 3 -шý себé пáлец; **~bombe** *f* оскóлочная бóмба; **~bruch** *m Med* оскольчáтый перелóм

splitter|frei безоскóлочный

splittern *intr* откáлываться ⟨-|колóться*⟩; Holz a. отщеп|ля́ться ⟨-и́ться 3⟩; zersplittern раскáлываться ⟨-колóться⟩; in kleine Splitter разлет|áться ⟨-éться 3⟩ вдрéбезги

splitternackt 1. *Adj* совершéнно гóлый **2.** *Adv* доголá, нагишóм

Splitterwirkung *f* оскóлочное дéйствие

Spondylose *f* спондилóз 2

spontan 1. *Adj* Protest, Vorgehen, Entschluß стихи́|йный, -ен, -йна; Beifall спонтáнный; Geste, Trieb; von selbst самопроизвóл|ьный, -ен, -ьна **2.** *Adv* без дóлгих размышлéний

Spontaneität *f* стихи́йность 9; спонтáнность 9; самопроизвóльность 9

sporadisch споради́ческий, едини́чный

Spore *f Bot* спóра 6

Sporn *m* Reiten; *Zool* шпóра 6 | dem Pferd die Sporen geben давáть ⟨дать⟩ шпóры коню́; sich die Sporen verdienen заслýживать ⟨-служи́ть 3⁺⟩ признáние

spornstreichs *Adv* во весь опóр, во всю прыть; sofort немéдленно

Sport *m* спорт 2; Körperkultur, Unterrichtsfach физкультýра 6 | ~ treiben занимáться спóртом; **~abzeichen** *n* спорти́вный значóк; **~angeln** *n* спорти́вная лóв|ля 7 *G Pl* -ель рыб; **~anhänger** *m* болéльщик 2; **~anlage** *f* спорти́вное сооружéние; **~anzug** *m* спорти́вный костю́м; für Sport спорти́вная фóрма 6; **~art** *f* вид спóрта; **~artikel** *m Pl* спорти́вные товáры; **~arzt** *m* спорти́вный [физкультýрный] врач

sportärztlich спорти́вно-медици́нский | ~e Untersuchung спорти́вно-медици́нское освидéтельствование

Sportausrüstung *f* спорти́вное оборýдование; für Sportler снаряжéние спортсмéна

sportbegeistert увлекáющийся 11 спóртом

Sport|bericht *m* спорти́вное сообщéние; **~berichterstatter** = **Sportreporter;** **~fan** *m* Zuschauer болéльщик 2; **~fest** *n* спорти́вный [физкультýрный] прáздник; **~flieger** *m* лётчик-спортсмéн 2-2; **~flugzeug** *n* спорти́вный самолёт; **~forum** *n* спорти́вный город|óк, -кá 2, кóмплекс 2 спорти́вных сооружéний; **~freund** *m* товáрищ по клýбу; **~funktionär** *m* физкультýрный организáтор 2, спорти́вный руководи́тель 1; **~gemeinschaft** *f* спорти́вное óбщество; **~gerät** *n* спорти́вный снаря́д; ≈e *Pl* спортинвентáрь 1e; **~geschäft** *n* магази́н спорттовáров; **~geschehen** *n* нóвости *Pl* 9 спóрта; **~halle** *f* спорти́вный зал; **~hemd** *n* мáйка 6; Hemd mit kurzen Ärmeln рубáшка спорти́вного покрóя с корóтким рукавóм; **~hose** *f* трусы́ *Pl* 2; **~kleidung** *f* спорти́вная одéжда; **~klub** *m* спорти́вный клуб; **~lehrer** *m* учи́тель [преподавáтель] физкультýры; *umg* физкультýрник 2; **~leistungsabzeichen** *n* значóк спортсмéна-разря́дника

Sportler *m* физкультýрник 2, Leistungs≈ спортсмéн 2; **~in** *f* физкультýрница 6; спортсмéнка 6

sportlich *Adj* спорти́вный | ~er Wettkampf спорти́вное состязáние; ~e Kleidung одéжда спорти́вного покрóя

Sport|medizin *f* спорти́вная медици́на; **~mütze** *f* кéпка 6; **~nachrichten** *f Pl* нóвости *Pl* 9g спóрта; **~platz** *m* спорти́вная площáдка, спортплощáдка 6; **~reporter** *m* спорти́вный корреспондéнт [*Rad, TV a.* комментáтор]; **~schie-**

ßen *n* спорти́вная стрельба́; **~schuh** *m* ту́фли *Pl* 7 спорти́вного сти́ля [на ни́зком каблуке́]; **~schule** *f* спорти́вная шко́ла; **~sendung** *f* спорти́вная переда́ча

sportsmäßig 1. *Adj* спорти́вный **2.** *Adv* по-спорти́вному

Sport|stätte *f* ко́мплекс 2 спорти́вных сооруже́ний; **~student** *m* студе́нт физкульту́рного институ́та

Sporttauch|en *n* подво́дное пла́вание 5 (с аквала́нгом), акваланги́зм 2; **~er** *m* спортсме́н 2 подво́дного пла́вания, аквалангист 2; **~gerät** *n* аквала́нг 2

Sportteil *m* Zeitung спорти́вный разде́л 2

Sport-Toto *m* спорти́вный тотализа́тор 2

sporttreibend акти́вно занима́ющийся 11 спо́ртом

Sport|unterricht *m* преподава́ние физкульту́ры; in der Schule уро́к физкульту́ры; **~veranstaltung** *f* спорти́вное мероприя́тие; **~verein** *m* спорти́вное о́бщество; **~verkehr** *m* спорти́вный обме́н 2; **~verletzung** *f* спорти́вная тра́вма; **~wagen** *m* Auto спорти́вная маши́на, спорти́вный автомоби́ль; Kinderwagen лёгкая де́тская коля́ска 6; **~wettkampf** *m* спорти́вное соревнова́ние [состяза́ние]; **~zeitung** *f* спорти́вная газе́та; **~zentrum** *n* спорти́вный центр

Spott *m* насме́шка 6; Hohn издева́тельство 4 | zum ~ в насме́шку; ~ treiben mit j-m издева́ться над кем-н.; zur Zielscheibe des ~es werden стать* *v* посме́шищем; j-n dem ~ preisgeben сде́лать *v* кого́-н. посме́шищем

spottbillig 1. *Adj* о́чень дешёвый **2.** *Adv* о́чень [баснословно] дёшево, за бесце́нок

Spöttelei *f* насме́шки *Pl* 6

spötteln *intr* подсме́иваться (über над *I*), подтр|у́нивать ⟨-уни́ть 3⟩ (über над *I*)

spotten *intr* насмеха́ться (über над *I*); boshaft auslachen издева́ться (über над *I*), высме́ивать ⟨вы́см|еять, -ею, -еешь⟩ (über *A*) | das spottet jeder Beschreibung э́то не поддаётся описа́нию, э́то неопису́емо

Spötter *m* насме́шник 2; **~ei** *f* насме́шки *Pl* 6

Spottgedicht *n* сатири́ческое стихотворе́ние

spöttisch 1. *Adj* насме́шлив:ый; böswillig издева́тельский **2.** *Adv:* ~ lächeln насме́шливо [ирони́чески] улыбну́ться

Spott|lied *n* сатири́ческая пе́сня; **~lust** *f* насме́шливость 9; **~preis** *m* о́чень ни́зкая [ничто́жно ма́лая] цена́ | für einen ≈ за бесце́нок

Sprachatlas *m* лингвисти́ческий а́тлас

sprachbegabt спосо́бный к языка́м [к изуче́нию языко́в]

Sprach|begabung *f* спосо́бности *Pl* 9 к изуче́нию языко́в; **~beherrschung** *f* владе́ние языко́м; **~denkmal** *n* (пи́сьменный) па́мятник языка́

Sprache *f* язы́к 2е; Sprachstil язы́к, речь 9g | er spricht zwei ~n он говори́т на двух языка́х; geschriebene [mündliche] ~ пи́сьменная [у́стная] речь; er ist ein Meister der ~ он – ма́стер сло́ва; diese Zahlen sprechen eine deutliche ~ э́ти ци́фры говоря́т са́ми за себя́; etw. zur ~ bringen заводи́ть 3 -вожу́ ⟨-|вести́*⟩ речь о чём-н., поста́в|ить *v* 3 -лю что-н. на обсужде́ние; alles kam zur ~ мы говори́ли обо всём; mit der ~ nicht herauswollen не жела́ть вы́сказаться; heraus mit der ~! да говори́(те) же!; er hat die ~ verloren durch einen Schlaganfall он потеря́л дар ре́чи; vor Schreck он онеме́л (от стра́ха)

Sprach|eigentümlichtkeit *f* осо́бенность языка́ | eine deutsche ≈ германи́зм; **~entwicklung** *f* разви́тие языка́; **~familie** *f* семья́ языко́в; **~fehler** *m* *Med* дефе́кт 2 ре́чи; **~forscher** *m* языкове́д 2, лингви́ст 2; **~forschung** *f* языкозна́ние 5, лингви́стика 6; **~führer** *m* разгово́рник 2; **~gebiet** *n* языкова́я террито́рия | das deutsche ≈ о́бласть распростране́ния неме́цкого языка́; **~gebrauch** *m* (языково́й) обихо́д 2; **~gefühl** *n* языково́е чутьё 3; **~gemeinschaft** *f* языкова́я о́бщность; **~geographie** *f* лингвисти́ческая геогра́фия; **~geschichte** *f* исто́рия языка́

sprachgewandt красноречи́в:ый, облада́ющий 11 да́ром сло́ва [ре́чи]

Sprach|gewandtheit *f* дар 2 сло́ва, красноре́чие 5; **~heilpädagogik** *f* логопе́дия 8; **~kabinett** *n* лингафо́нный [языково́й] кабине́т; **~kenntnisse** *f Pl* зна́ние языка́ [языко́в] | mit deutschen ≈n со зна́нием неме́цкого языка́

sprachkundig зна́ющий 11 язы́к [языки́]

Sprach|kurse *Pl* ку́рсы 2 (иностра́нных) языко́в; **~labor** *n* лингафо́нный кабине́т 2; **~lehre** *f* грамма́тика 6; Handbuch уче́бник грамма́тики; **~lehrer** *m* преподава́тель [учи́тель] языка́

sprach|lich 1. *Adj* языково́й **2.** *Adv* в отноше́нии языка́, в языково́м отноше́нии; **~los** verblüfft онеме́вший 11, потеря́вший 11 дар ре́чи | da bin ich (einfach) ≈! я (про́сто) не нахожу́ слов!

Sprach|melodie *f* интона́ция 8 (ре́чи); **~mittler** *m* перево́дчик; **~pflege** *f* культу́ра 6 ре́чи; **~praxis** *f* разгово́рная пра́ктика; **~rohr** *n* ру́пор 2 *a. übertr;* **~schatz** *m* бога́тство языка́; **~schnitzer** *m* (гру́бая) языкова́я оши́бка

sprachschöpferisch языкотво́рческий

Sprach|störung *f* расстро́йство [дефе́кт]

ре́чи; ~**studium** *n* изуче́ние языка́ [языко́в]; ~**unterricht** *m* преподава́ние языка́ [языко́в]; Stunde an Schule уро́ки *Pl* 2 языка́; ~**verwandtschaft** *f* родство́ языко́в

Sprachwissenschaft *f* языкове́дение 5, языкозна́ние 5; ~**ler** *m* языкове́д 5

sprachwissenschaftlich языкове́дческий

Sprachzentrum *n* центр ре́чи

Spray *n* аэрозо́ль 9 | ein desodorierendes ~ дезодора́тор [дэ] 2; ~**dose** *f* аэрозо́льный балло́н 2

Sprech|anlage *f* переговóрное устро́йство; ~**chor** *m* хорова́я деклама́ция 8; Ensemble анса́мбль 1 хорово́й деклама́ции | im ≈ vortragen сканди́ровать 2 хо́ром

sprechen *tr* говори́ть 3 ⟨с|каза́ть*⟩; *intr* говори́ть, разгова́ривать (über, von о *P*); eine Zeitlang поговори́ть; öffentlich auftreten выступа́ть ⟨вы́ступ|ить 3 -лю⟩ | ein gutes Deutsch ~ говори́ть на хоро́шем [чи́стом] неме́цком языке́; mit j-m ~ говори́ть (по-) с ке́м-н.; Recht ~ выно|си́ть 3⁺ -шу́ ⟨вы́|нести*⟩ реше́ние по де́лу; kein Wort ~ не говори́ть ни сло́ва; er spricht fließend Russisch он свобо́дно говори́т по-ру́сски; kann ich Sie ~? могу́ ли я поговори́ть с ва́ми?; wir ~ uns noch! мы ещё поговори́м!; ich bin für ihn heute nicht zu ~ я не приму́ [не могу́ приня́ть] его́ сего́дня; auf j-n gut zu ~ sein хорошо́ отзыва́ться ⟨ото|зва́ться*, отзову́сь⟩ о ком-н., быть хоро́шего мне́ния о ком-н.; auf j-n schlecht zu ~ sein быть настро́енным про́тив кого́-н., быть плохо́го мне́ния о ком-н.; das spricht für sich э́то говори́т само́ за себя́; das spricht für ihn э́то говори́т в его́ по́льзу

Sprecher *m* Redner выступа́ющий *Subst* 11, ора́тор 2; Referent докла́дчик 2; Regierungs- официа́льное лицо́ 4с; v. Organisation, Partei представи́тель 1, выступа́ющий 11 от и́мени … *G; Rad, TV* ди́ктор 2; in synchronisiertem Film арти́ст 2, дубли́рующий 11 роль (в фи́льме) | als ~ wirkten mit … ро́ли дубли́ровали …; ~**in** *f Rad, TV* ди́ктор 2; *umg* ди́кторша 6

Sprech|erziehung *f* разви́тие 5 (вырази́тельной) ре́чи, практи́ческая фоне́тика 6; ~**fertigkeit** *f* на́выки *Pl* 2 у́стной ре́чи; ~**funk** *m* радиотелефони́я 8; ~**funkgerät** *n* радиотелефо́н 2; ~**modell** *n* речева́я моде́ль; ~**platte** *f* (грам)пласти́нка с за́писью ре́чи [те́кста]; ~**stunde** *f* вре́мя приёма; ~(n) *Pl* приёмные часы́ | wann hat der Arzt ≈? когда́ врач принима́ет?; heute ist keine ≈ сего́дня приёма нет; ~**stundenhilfe** *f* помо́щница 6 [ассисте́нт 2] врача́, (мед)сестра́ 6с *Pl* (мед)сёстры, (мед)сестёр, (мед)сёстрам; ~**tag** *m* приёмный день; ~**tempo** *n* темп [тэ] ре́чи; ~**verbot** *n* запреще́ние выступа́ть; ~**weise** *f* мане́ра говори́ть; ~**werkzeuge** *Pl* о́рганы 2 *Pl* ре́чи; ~**zimmer** *n* кабине́т 2, приёмная *Subst* 10; Arzt (враче́бный) кабине́т

spreizen *tr* растопы́р|ивать ⟨-ить 3⟩; Beine (широко́) расст|авля́ть ⟨-а́вить 3 -а́влю⟩; sich ~ *refl* sich sträuben жема́ниться 3; sich aufspielen ва́жничать

Spreizfuß *m Med* стопа́ 6 с пло́ским попере́чным сво́дом

Spreng|arbeit(en) *f (Pl)* взрывны́е рабо́ты; ~**bombe** *f* фуга́сная (авиа)бо́мба

sprengen *tr* aufbrechen вз|ла́мывать ⟨-лома́ть⟩; durch Sprengmittel взрыва́ть ⟨взо|рва́ть*⟩, подрыва́ть ⟨подо|рва́ть*, подо́рванный⟩; Ketten, Fesseln; Eis разрыва́ть ⟨разорва́ть, разо́рванный⟩ *a. übertr;* Versammlung, Bank срыва́ть ⟨сорва́ть⟩; Menschenmenge разгоня́ть ⟨-о|гна́ть*, -гоню́⟩; mit Wasser полива́ть ⟨поли́ть*⟩; Wäsche спры́с|кивать ⟨-нуть 4⟩; *intr* reiten скака́ть*

Sprenger *m* Gartenbau дождева́тель 1

Spreng|granate *f* фуга́сный снаря́д; ~**kammer** *f* заря́дная ка́мера; ~**kapsel** *f* ка́псюль-детона́тор 2; ~**kommando** *n* кома́нда подрывнико́в; ~**kopf** *m* боего-ло́вка 6; ~**körper** *m* подрывна́я ша́шка 6; ~**kraft** *f* си́ла взры́ва; ~**ladung** *f* подрывно́й заря́д; ~**meister** *m Bergb* ма́стер-взрывни́к; ~**patrone** *f* подрывно́й патро́н; ~**stoff** *m Mil* взры́вчатое вещество́; ~**stoffanschlag** *m* покуше́ние с примене́нием взры́вчатого вещества́; ~**ung** *f* взрыв 2, подры́в 2; *übertr* срыв 2; ~**wagen** *m* поли́вочная маши́на; ~**wirkung** *f* фуга́сное де́йствие

sprenkeln *tr* бры́з|гать ⟨-нуть *mom* 4⟩; Farbe auftragen вкрапля́ть ⟨вкра́п|ить 3 -лю⟩

Spreu *f* мяки́на 6, поло́ва 6 | die ~ vom Weizen sondern отдел|я́ть ⟨-и́ть 3⁺⟩ мяки́ну от пшени́цы; *übertr* отдели́ть пле́велы от пшени́цы

Sprichwort *n* посло́вица 6

sprichwörtlich: ~e Redensart поговóрка 6; ~ werden во|йти́* *v* в поговóрку [в посло́вицу]

sprießen *intr* пуска́ть ростки́, всходи́ть 3⁺ ⟨взо|йти́*⟩; Knospen распу|ска́ться ⟨-сти́ться 3⁺⟩

Spring|blende *f Foto* автомати́ческая диафра́гма; ~**brunnen** *m* фонта́н 2

springen *intr* пры́г|ать ⟨-нуть *mom* 4⟩, скака́ть* ⟨скакну́ть *mom* 4⟩; bersten, platzen ло́п|аться ⟨-нуть 4⟩, тре́снуть *v* 4, тре́скаться (по-) | in den Sattel ~ вскочи́ть *v* 3⁺ в седло́; er ließ zehn Mark ~

umg он раскошéлился на дéсять мáрок; ~**d:** der ≈e Punkt основнóй вопрóс 2

Springer *m Sport* прыгýн 2e; Schachfigur конь 1e *Pl* кóни; ~**in** *f Sport* прыгýнья 7

Spring|flut *f* сизигúйный прилúв 2; ~**form** *f* zum Backen разъёмная фóрма; ~**kraut** *n* недотрóга 6; ~**maus** *f* тушкáнчик 2; ~**seil** *n* скакáлка 6

Sprint *m* спринт 2, бег 2b на корóткие дистáнции

sprinten *intr* бéгать [*best* бежáть*] на корóткие дистáнции

Sprinter *m* спрúнтер 2

Sprit *m* спирт 2; Treibstoff горючее *Subst* 11, бензúн 2

Spritze *f Med* Instrument шприц 2; Injektion впрыскивание 5, укóл 2; Feuerwehr брандспóйт 2, пожáрный насóс 2 | j-m eine ~ geben дéлать (с-) комý-н. укóл

Spritzeisbahn *f* искýсственный [наливнóй] катóк

spritzen *tr* брыз|гать ⟨-нуть *mom* 4⟩ (etw. auf etw. чем-н. на что-н.); mit Schlauch по|ливáть ⟨отлúть*⟩ (шлáнгом); Plast, Metall отливáть ⟨-лúть*⟩ под давлéнием; mit Farbe на|носúть 3⁺ -ношý ⟨-нестú*⟩ крáску (на *A*); *Med* дéлать (с-) впрыскивание [укóл]; *intr* брызгать* ⟨брызнуть *mom* 4⟩

Spritzenhaus *n* пожáрное депó *n idkl*

Spritzer *m* брызги *Pl* 6; Farbe, Schmutz пят|нó 4c *G Pl* -ен

Spritz|fahrt *f umg* непродолжúтельная экскýрсия 8 [прогýлка 6]; ~**gerät** *n* опрыскиватель 1; ~**guß** *m Tech* литьё под давлéнием

spritzig: geistreich остроýм|ный, -ен | ~er Wein шипýчее 11 винó

Spritz|kuchen *m* пóнчик 2, олáд|ья *G Pl* -ий; ~**malerei** *f* окрáска краскопýльтами; ~**pistole** *f* краскопýльт 2, (пистолéт-)распылúтель (2-)1; ~**putz** *m* штукатýрка набрызгом; ~**schutz** *m* брызговúк 2e; ~**tour** *f* непродолжúтельная [корóткая] экскýрсия 8; ~**ung** *f Landw* опрыскивание 5

spröde Glas хрýп|кий, -ок, -кá!; -че; Metall лóм|кий, -ок, -кá!; *übertr* Mädchen чóпор|ный, -ен, недостýп|ный, -ен

Sprödigkeit *f* хрýпкость 9; лóмкость 9; чóпорность 9, недостýпность 9

Sproß *m Bot* побéг 2; an Geweih отрóст|ок, -ка 2; *übertr* óтпрыск 2, потóм|ок, -ка 2

Sprosse *f* an Leiter переклáдина 6; an Geweih отрóст|ок, -ка 2

Sprossenwand *f* гимнастúческая [швéдская] стéнка

Sprößling *m* óтпрыск 2

Sprotte *f* шпрóта 6

Spruch *m* изречéние 5, сентéнция [сэ], [тэ] 8; *Jur* приговóр 2, решéние 5; ~**band** *n* полóтнище 4 с лóзунгом, транспарáнт 2

spruchreif: die Frage ist ~ вопрóс назрéл [актуáлен]; etw. ist noch nicht ~ что-н. ещё рáно выносúть на обсуждéние

Sprudel *m* минерáльная газирóванная водá 6 *A* вóду

sprudeln *intr* бить* ключóм; v. kochendem Wasser клок|отáть, -óчет, бурлúть 3; Worte бы́стро [горячó] говорúть 3 | das Leben sprudelt жизнь бьёт ключóм

sprühen *intr* Funken разлет|áться ⟨-éться 3⟩; spritzen брызгать* ⟨брызгнуть *mom* 4⟩, Regen моросúть 3; Diamant; Geist úскриться 3, блестéть* ⟨блеснýть *mom* 4⟩ | es sprüht моросúт (дождь)

Sprühregen *m* мéлкий дождь; bei Frostwetter úзморось 9

Sprung *m* прыж|óк, -кá 2, скач|óк, -кá 2; Riß трéщина 6 | mit einem ~ однúм прыжкóм; ich besuchte ihn auf einen ~ я зашёл к немý на минýтку; er kann keine großen Sprünge machen он не мóжет развернýться, он не мóжет позвóлить себé большúх затрáт; das Glas hat einen ~ bekommen стакáн трéснул; ihre Freundschaft hat einen ~ bekommen их дрýжба далá трéщину; der qualitative ~ кáчественный скачóк; er war auf dem ~ wegzugehen он сорвáлся уйтú; ~**bein** *n* опóрная ногá

sprungbereit готóв:ый к прыжкý

Sprung|brett *n Sport* трамплúн 2 *a. übertr;* ~**deckeluhr** *f* кармáнные часы́ с кры́шкой

Sprungfeder *f* пружúна 6; ~**matratze** *f* пружúнный матрáц

Sprung|gelenk *n Anat* голеностóпный сустáв; ~**grube** *f* я́ма для прыжкóв

sprunghaft 1. *Adj* Entwicklung скачкообрáз|ный, -ен; *übertr* Wesen неуравновéшен|ный, -на **2.** *Adv* скачкáми

Sprung|lauf *m* прыжкú *Pl* 2 на лы́жах (с трамплúна); ~**schanze** *f Sport* лы́жный трамплúн 2; ~**seil** *n* скакáлка 6; ~**ständer** *m* стóйка для прыжкóв; ~**tuch** *n* спасáтельное пол|отнó 4c *G Pl* -óтен; ~**turm** *m Sport* вы́шка 6 (для прыжкóв в вóду)

sprungweise *Adv* скачкáми, прыжкáми; *Mil* перебéжками

Sprungweite *f* длинá прыжкá

Spucke *f* слюнá 6 | da bleibt mir die ~ weg! *umg* э́то сногсшибáтельно!, э́то поразúтельно!

spucken *tr* Blut хáрк|ать ⟨-нуть *mom* 4⟩; *intr* плевáть* ⟨на-, плю́нуть *mom* 4⟩

Spucknapf *m* плевáтельница 6

Spuk *m* привидéние 5; Schreckbild прúзрак 2

spuken *intr:* hier spukt es здесь привидéния; es spukt bei ihm *umg* он рехнýлся

Spukgeschichte *f* расска́з о привиде́ниях
Spülbecken *n* мо́йка 6 (для посу́ды)
Spule *f* кату́шка 6, шпу́лька 6; Tonband~ кату́шка 6
Spüle *f* мо́йка 6
spulen *tr* нама́тывать ⟨-мота́ть⟩ на кату́шку [на шпу́льку]
spülen *tr* полоска́ть* (про-); Gläser мыть* (вы́-); *Med* промыва́ть ⟨-мы́ть⟩ | an Land ~ выбра́сывать ⟨вы́бросить 3⟩ на бе́рег
Spül|gang *m* полоска́ние 5 (в стира́тельной маши́не); **~kasten** *m* Toilette промывно́й бач|о́к, -ка́ 2
Spül|maschine *f* (посудо)мо́ечная маши́на; **~mittel** *n* für Wäsche сре́дство для полоска́ния
Spülung *f* полоска́ние 5; *Med* промыва́ние 5; *Tech* промы́вка 6; Vorrichtung смывно́е устро́йство 4
Spülwasser *n* Spülicht помо́|и *Pl* 1 -ев; für Wäsche вода́ для полоска́ния белья́ [für Geschirr посу́ды]
Spulwurm *m* аскари́да 6
Spund *m* Faß заты́чка 6, вту́лка 6; *Tech* шпунт 2
spunden *tr* затыка́ть ⟨-ткну́ть 4⟩; *Tech* шпунтова́ть 2
Spundloch *n* отве́рстие 5 для вту́лки
Spur *f* Fährte след 2b *D* сле́ду, в, на следу́; von Rädern колея́ 7; breite *Eisenb* колея́ 7; Schi~ лыжн|я́ 7 *G Pl* -е́й; Tonband~ доро́жка 6; winzige Menge немно́жко; v. Gewürzen meist чу́точку; Fahr~ ряд 2b, полоса́ 6 по́лосы, поло́с, полоса́м; *übertr* Anzeichen следы́ *Pl* 2b, при́знаки *Pl* 2 | sich in die linke ~ einordnen *Kfz* занима́ть ⟨заня́ть*⟩ ле́вый ряд; j-m auf die ~ kommen *übertr* на|па́сть* *v* на чей-н. след, высле́живать ⟨высле|дить 3 -жу⟩ кого́-н.; die ~en einer alten Kultur следы́ дре́вней культу́ры; von ihm fehlt jede ~ о нём ничего́ не изве́стно, его́ и след просты́л; keine ~! ничего́ подо́бного!, ничу́ть!; die ~en verwischen замета́ть ⟨-|мести́*⟩ следы́; keine ~en hinterlassen не ост|авля́ть ⟨-а́вить 3 -а́влю⟩ следо́в; er hat keine ~ Humor у него́ нет ни те́ни [ни ка́пли] ю́мора
spürbar заме́т|ный, -ен, ощути́м:ый
spüren *tr* чу́вствовать 2 (по-), ощуща́ть ⟨-ти́ть 3 -щу́⟩; wittern чу́five ять* (по-); *intr* nach Wild идти́* по следа́м
Spuren|elemente *Pl* микроэлеме́нты *Pl* 2; **~sicherung** *f* закрепле́ние 5 следо́в
Spürhund *m Jagd* ище́йка 6
spurlos бессле́д|ный, -ен | er ist ~ verschwunden его́ и след просты́л
Spürsinn *m* чутьё 3 [*umg* нюх 2] на *A*
Spurt *m Sport* рыв|о́к, -ка́ 2, спурт 2 | im ~ siegen побе|жда́ть ⟨-ди́ть 3⟩ рывко́м [спу́ртом]
spurten *intr* де́лать (с-) рыво́к, спуртова́ть *uv, v* 2
Spurtsieger *m* победи́тель рывко́м на фи́нише
Spur|wechsel *m Kfz* сме́на 6 полосы́ движе́ния, перехо́д в друго́й ряд; *Eisenb* измене́ние ширины́ коле́й; **~weite** *f* ширина́ 6 коле́й
Sputnik *m* (иску́сственный) спу́тник 2
Sri Lanka Шри Ла́нка 6
Srilanker *m* жи́тель 1 Шри Ла́нки
srilankisch ланки́йский
Staat *m* госуда́рство 4; Bundes~ штат 2; Toilette наря́д 2, туале́т 2; Anzug пара́дный костю́м 2 | in vollem ~ erscheinen (по)явля́ться ⟨(по)яв|и́ться 3⁺ -лю́сь⟩ в по́лном пара́де; mit etw. ~ machen щего|ля́ть ⟨-льну́ть *mom* 4⟩ чем-н.
Staaten|bund *m* сою́з 2 госуда́рств; **~gemeinschaft** *f:* die sozialistische ≈ социалисти́ческое содру́жество 4 госуда́рств
staatenlos не име́ющий 11 гражда́нства
staatlich 1. *Adj* госуда́рственный **2.** *Adv* со стороны́ госуда́рства
Staats|akt *m* Veranstaltung торже́ственное заседа́ние 5, госуда́рственный акт; **~aktion** *f:* aus etw. eine ≈ machen разду|ва́ть ⟨-|ду́ть*⟩ незначи́тельное де́ло; **~angehöriger** *m* граждани́н 2 *Pl* гра́жд|ане, -ан; **~angehörigkeit** *f* гражда́нство 4 | j-m die ≈ aberkennen лиш|а́ть ⟨-и́ть 3⟩ кого́-н. гражда́нства; **~anleihe** *f* госуда́рственный заём; **~anwalt** *m* прокуро́р 2; **~anwaltschaft** *f* прокурату́ра 6; **~apparat** *m* госуда́рственный аппара́т | Mitarbeiter im ≈ рабо́тник госаппара́та; **~aufbau** *m* госуда́рственное устро́йство; **~bahn** *f* госуда́рственные желе́зные доро́ги *Pl* 6; **~beamter** *m* госуда́рственный слу́жащий *Subst* 11; **~begräbnis** *n* торже́ственные по́хороны; **~besuch** *m* официа́льный визи́т главы́ госуда́рства [прави́тельства]; **~bewußtsein** *n* госуда́рственная созна́тельность, гражда́нственность 9; **~bibliothek** *f* госуда́рственная библиоте́ка; **~bürger** *m* = **Staatsangehöriger;** **~bürgerkunde** *f* обществове́дение 5, государствове́дение 5
staatsbürgerlich гражда́нский
Staatsbürger|rechte *n Pl* гражда́нские права́; **~schaft** *f* гражда́нство 4
Staats|dienst *m* госуда́рственная слу́жба | im ≈ tätig sein состоя́ть 3 на госуда́рственной слу́жбе; **~eigentum** *n* госуда́рственная со́бственность; **~einnahmen** *f Pl* госуда́рственные дохо́ды; **~empfang** *m* официа́льный [дипломати́ческий] приём; **~examen** *n* госуда́рственный экза́мен; **~feind** *m* враг госуда́рства
staatsfeindlich антигосуда́рственный

Staats|flagge *f* госуда́рственный флаг; **~form** *f* госуда́рственная фо́рма; **~gefährdung** *f* антигосуда́рственная де́ятельность 9; **~geheimnis** *n* госуда́рственная та́йна; **~gewalt** *f*: Widerstand gegen die ≈ сопротивле́ние (госуда́рственной) вла́сти; **~grenze** *f* госуда́рственная грани́ца; **~gut** *n* in einigen sozialist. Ländern госуда́рственное хозя́йство 4, госхо́з 2; UdSSR совхо́з 2; DDR наро́дное име́ние; **~haushalt** *m* госуда́рственный бюдже́т; **~hoheit** *f* госуда́рственный суверените́т 2; **~kasse** *f* казна́ 6; **~kosten** *Pl.* auf ≈ на госуда́рственный счёт; **~macht** *f* госуда́рственная власть; **~mann** *m* госуда́рственный де́ятель 1

staatsmännisch госуда́рственный

staatsmonopolistisch госуда́рственно-монополисти́ческий

Staats|oberhaupt *n* глава́ госуда́рства; **~organ** *n* о́рган госуда́рственной вла́сти; **~präsident** *m* президе́нт госуда́рства; **~rat** *m* госуда́рственный сове́т; *DDR* Госуда́рственный Сове́т | der Vorsitzende des ≈s председа́тель Госуда́рственного Сове́та; **~recht** *n* госуда́рственное пра́во

staatsrechtlich госуда́рственно-правово́й

Staats|sekretär *m* госуда́рственный секрета́рь; *DDR* статс-секрета́рь 1е; **~sicherheit** *f* госуда́рственная безопа́сность; **~sprache** *f* госуда́рственный язы́к; **~streich** *m* госуда́рственный переворо́т 2 | durch einen ≈ путём госуда́рственного переворо́та; **~trauer** *f* национа́льный тра́ур; **~verbrechen** *n* полити́ческое [госуда́рственное] преступле́ние; **~verlag** *m* госуда́рственное изда́тельство, госизда́т 2; **~vertrag** *m* госуда́рственный догово́р, догово́р ме́жду госуда́рствами; **~wappen** *n* госуда́рственный герб; **~wissenschaften** *f Pl* тео́рия 8 госуда́рства

Stab *m* Stock, Stange па́лка 6; langer по́сох 2; Bischofs~, Marschall~ u. a. жезл 2е; am Gitter (желе́зный) прут 2 *Pl* -ья, -ьев; von Mitarbeitern; *Mil* штаб 2b; Dirigenten~; Staffellauf па́лочка 6; Stabhochsprung шест 2е; *Tech* сте́рж|ень, -ня 1g; **~antenne** *f* штырева́я (радио)анте́нна [тэ]; **~batterie** *f* цилиндри́ческая батаре́йка

Stäbchen *n* па́лочка 6 *a. Med;* Zigarette гво́здик 2 | mit ~ essen есть па́лочками

Stab|eisen *n Tech* сорто́вая сталь; **~führung** *f*: unter der ≈ von ... под управле́нием ...; **~hochspringer** *m* шестови́к 2е; **~hochsprung** *m* прыжки́ с шесто́м

stabil усто́йчив|ый, стаби́л|ьный, -ен, -ьна; Gesundheit кре́п|кий, -ок, -ка́!

Stabilbaukasten *m* металли́ческий констру́ктор 2

stabilisieren *tr* стабилизи́ровать *uv, v* 2; sich ~ *refl* стабилизи́роваться *uv, v*

Stabilisierung *f* стабилиза́ция 8; *Tech* укрепле́ние 5

Stabilisierungsflächen *f Pl* стабилиза́торы *Pl* 2

Stabilität *f* усто́йчивость 9, стаби́льность 9

Stabreim *m* аллитера́ция 8

Stabs|arzt *m* капита́н 2 медици́нской слу́жбы; **~chef** *m* нача́льник шта́ба; **~offizier** *m* ста́рший 11 офице́р; Mitarbeiter eines Stabes штаб-офице́р 2, штаби́ст 2

Stab|taschenlampe *f* карма́нный фона́рь 1е цилиндри́ческой фо́рмы; **~wechsel** *m* переда́ча эстафе́ты

Stachel *m* Insekt жа́ло 4; Dorn шип 2е, колю́чка 6; Igel игла́ 6с; **~beere** *f* крыжо́вник 2; einzelne я́года крыжо́вника; **~beerstrauch** *m* крыжо́вник

Stacheldraht *m* колю́чая 11 про́волока; **~verhau** *m, n* про́волочное загражде́ние; **~zaun** *m* забо́р из колю́чей про́волоки

Stachelhäuter *m Pl Zool* иглоко́жие *Subst Pl* 11

stach[e]lig колю́ч:ий 11; *übertr* ко́л|кий, -ок, -ка́!, язви́тел|ьный, -ен, -ьна

stacheln *tr* Nadel коло́ть* ⟨кольну́ть *mom* 4⟩; *übertr* язв|и́ть 3 -лю́ (съ-), дразни́ть 3⁺; *intr* коло́ться, быть* колю́чим

Stachelschwein *n* дикобра́з 2

Stadi|on *n* стадио́н 2 | im ≈ на стадио́не; ins ≈ gehen на стадио́н; **≈um** *n* ста́дия 8

Stadt *f* го́род 2b *Pl* -а́ | außerhalb der ~ за́ городом; ~ und Land го́род и дере́вня; **~auswahl** *f Sport* сбо́рная кома́нда го́рода; **~bahn** *f* городска́я электри́ческая желе́зная доро́га, электри́чка 6 *umg*

stadtbekannt изве́стный всему́ го́роду, общеизве́ст|ный, -ен

Stadt|bevölkerung *f* городско́е населе́ние, населе́ние го́рода; **~bewohner** *m* жи́тель го́рода; **~bezirk** *m* (городско́й) райо́н; **~bild** *n* (о́бщий 11) вид 2 го́рода; **~bummel** *m* прогу́лка по го́роду

Städtchen *n* город|о́к, -ка́ 2

Städtebau градострои́тельство 4; **~er** *m* градострои́тель 1

städtebaulich градострои́тельный | die ~e Gestaltung der Straße архитекту́рное оформле́ние у́лицы

Stadtentwässerung *f* городска́я канализа́ция 8

Städteplanung *f* планиро́вка городо́в

Städter *m* горож|а́нин 2 *Pl* -а́не, -а́н, городско́й жи́тель 1

Städteschnellverkehr *m* междугоро́дное скоростно́е сообще́ние

Stadt|führer *m* Buch путеводи́тель по го́роду; **~funk** *m* городска́я радиотрансляцио́нная сеть 9g; Sendung радиопереда́ча на у́лицах го́рода; **~gas** *n* городско́й газ; **~gebiet** *n* террито́рия го́рода; **~gespräch** *n:* zum ≈ werden сде́латься *v* предме́том городски́х сплётен, быть* у всех на уста́х; **~grenze** *f:* innerhalb der ≈ в черте́ го́рода; **~haus** *n* für Verwaltungsbehörden дом городско́го управле́ния

städtisch городско́й

Stadt|kern *m* центр 2 го́рода; **~kreis** *m* го́род~I~ образу́ющий 11 самостоя́тельный райо́н; **~mauer** *f* городска́я стена́; **~mitte** *f* центр го́рода

stadtnah при́городный

Stadt|park *m* городско́й парк; **~plan** *m* план [схе́ма 2] го́рода; **~planung** *f* плани́рование города; **~rand** *m:* am ≈ на окра́ине го́рода; **~randsiedlung** *f* при́городный посёлок; **~rat** *m* Körperschaft городско́е управле́ние 5, муниципалите́т 2; Person член 2 городско́го сове́та in sozialist. Ländern; **~reinigung** *f* предприя́тие 5 по убо́рке террито́рии го́рода; **~rundfahrt** *f* (авто́бусная) экску́рсия по го́роду; **~schule** *f* городска́я шко́ла, городско́е учи́лище; **~sparkasse** *f* городска́я сберега́тельная ка́сса; **~staat** *m* го́род-госуда́рство 2-4 *Pl* города́-госуда́рства; **~teil** *m* райо́н 2 [часть] го́рода; **~tor** *n* городски́е воро́та *Pl* 4, заста́ва 6; **~verkehr** *m* городско́й тра́нспорт; Straßenverkehr городско́е (у́личное) движе́ние; **~verkehrsmittel** *n* сре́дство городско́го тра́нспорта; **~verordneter** *m* депута́т 2 городско́го представи́тельства; **~verordnetenversammlung** *f* (городско́е) собра́ние депута́тов; **~verwaltung** *f* городско́е самоуправле́ние 5; **~viertel** *n* кварта́л 2 (го́рода), городско́й кварта́л; **~wappen** *n* герб го́рода; **~zentrum** *n* центр го́рода

Stafette *f* эстафе́та 2; Staffel эско́рт 2

Staffage *f* стаффа́ж 2e; in Gemälden оживля́ющие фигу́ры *Pl* 11-6

Staffel *f Sport* эстафе́та 6; von Motorradfahrern отря́д 2; *Flugw* эскадри́л|ья 7 *G Pl* -ий; *Mil* эшело́н 2; **~ei** *f* мольбе́рт 2; **~lauf** *m* эстафе́тный бег, эстафе́та 6

staffeln *tr* дифференци́ровать *uv, v* 2, распол|ага́ть ⟨-ожи́ть 3⁺⟩ усту́пами; *Mil* эшелони́ровать *uv, v* 2 | gestaffelte Bauweise спо́соб застро́йки усту́пами

Staffelung *f* дифференциа́ция 8; расположе́ние 5 усту́пами; *Mil* эшелони́рование 5

Stagnation *f* засто́й 1, стагна́ция 8

stagnieren *intr* находи́ться 3⁺ в состоя́нии засто́я [стагна́ции]

Stahl *m* сталь 9 | ein Messer aus ~ стально́й нож; Nerven wie ~ желе́зные не́рвы; **~arbeiter** *m* сталелите́йщик 2; **~bau** *m* стальна́я констру́кция 8; **~beton** *m* железобето́н 2; **~betonbau** *m* *Tech* строи́тельство железобето́нных сооруже́ний; Bauwerk железобето́нное сооруже́ние

stahlblau синева́то-стально́го цве́та

Stahlblech *n* листова́я сталь 9

stählen *tr* закал|я́ть ⟨-и́ть 3⟩ *a. übertr;* sich ~ *refl* закал|я́ться ⟨-и́ться⟩

stählern стально́й

Stahl|erzeugung *f* произво́дство ста́ли; **~feder** *f* zum Schreiben стально́е перо́; Sprungfeder стальна́я пружи́на; **~gerüst** *n* стально́й карка́с 2; **~gießer** *m* сталелите́йщик 2; **~gießerei** *f* сталелите́йный заво́д 2

stahlhart твёрдый как сталь

Stahl|helm *m* стально́й шлем, стальна́я ка́ска; **~industrie** *f* сталелите́йная промы́шленность; **~kammer** *f* сейф 2; **~konstruktion** *f* стальна́я констру́кция; **~mantel** *m* Kessel стально́й кожу́х; **~saite** *f* стальна́я струна́; **~seil** *n* стально́й кана́т [трос]

Stahlskelett *n* стально́й карка́с 2; **~bau** *m* Bauwerk сооруже́ние со стальны́м карка́сом

Stahl|stich *m* гравю́ра на ста́ли; **~träger** *m* стальна́я ба́лка

Stahlwerk *n* сталеплави́льный заво́д; **~er** *m* сталева́р 2

Staketenzaun *m* штаке́тник 2, забо́р из штаке́тника

Stalagmit *m* сталагми́т 2

Stalaktit *m* сталакти́т 2

Stall *m* хлев 2b *a.* в~I~ на хлеву́ *Pl* -á; für Rinder a. коро́вник 2; für Schweine a. свина́рник 2; für Schafe a. овча́р|ня 7 *G Pl* -ен; Pferde~ коню́ш|ня 7 *G Pl* -ен; **~fütterung** *f* сто́йловое кормле́ние; **~haltung** *f* сто́йловое содержа́ние (скота́); **~mist** *m* сто́йловый наво́з; **~ung** *f* животново́дческое помеще́ние 5

Stamm *m Bot* ствол 2e; Geschlecht род 2b; Volks~ пле́м|я *n G D P* -ени~I~ *I* -енем~I~ *Pl* -спа́~I~ -ён~I~ -ена́м; *Gramm* осно́ва 6; an Menschen постоя́нный соста́в 2; *Mil* основно́й [ка́дровый] соста́в

Stammannschaft *f Sport* основно́й соста́в кома́нды

Stammbaum *m* родосло́вная *Subst* 10, родосло́вное де́рево

Stammbelegschaft *f* постоя́нный соста́в (рабо́чих и слу́жащих)

stammeln *tr* лепета́ть* (про-); *intr* stottern заик|а́ться ⟨-ну́ться 4⟩, зап|ина́ться ⟨-ну́ться 4⟩ | eine Entschuldigung ~ про|бормота́ть* *v* извине́ние

stammen *intr* происхо|ди́ть 3⁺ -жу́ ⟨про-изо|йти́*⟩ (aus из *G*), быть* ро́дом (aus из *G*) | das Wort stammt aus dem Griechischen сло́во гре́ческого происхожде́ния; das Gedicht stammt von Goethe э́то стихотворе́ние (принадлежи́т перу́) Гёте; er stammt aus einer Arbeiterfamilie он из рабо́чей семьи́; er stammt aus Moskau он ро́дом москви́ч [из Москвы́]

Stammeszugehörigkeit *f* принадле́жность к (како́му-н.) пле́мени

Stamm|gast *m* постоя́нный гость; *umg* завсегда́та|й 1 *G Pl* -ев; **~halter** *m* продолжа́тель 1 ро́да, насле́дник 2

stämmig пло́т|ный, -ен, -на́!; klein u. stämmig корена́ст:ый

Stamm|kapital *n Wirtsch* основно́й капита́л; **~kunde** *m* постоя́нный покупа́тель; **~kundschaft** *f* постоя́нные покупа́тели *Pl* 1; **~lokal** *n* постоя́нный рестора́н, постоя́нно посеща́емый рестора́н; **~personal** *n* постоя́нный [ка́дровый] соста́в; **~publikum** *n* постоя́нные посети́тели *Pl* 1; **~rolle** *f Mil* спи́с|ок, -ка 2 ли́чного соста́ва ча́сти; **~silbe** *f Gramm* корнево́й слог; **~sitz** *m* Stammhaus основно́е зда́ние 5 фи́рмы; im Theater постоя́нное ме́сто; **~spieler** *m Sport* игро́к основно́го соста́ва кома́нды; **~tisch** *m* стол для завсегда́таев; **~vater** *m* родонача́льник 2

Stampfbeton *m* трамбо́ванный бето́н

stampfen *tr* zerstoßen толо́чь* (ис-, рас-); Kartoffeln мять* (раз-); feststampfen трамбова́ть 2 (у-); *intr* mit den Füßen то́п|ать ⟨-нуть *mom* 4⟩; Schiff испы́тывать ⟨-пыта́ть⟩ килеву́ю ка́чку | aus dem Boden ~ соз|дава́ть* ⟨-|да́ть*⟩ сло́вно по манове́нию волше́бного жезла́

Stampfer *m* Werkzeug трамбо́вка 6; Küchengerät пест 2е

Stampfmaschine *f* трамбо́вочная маши́на

Stand *m* Standort (место)положе́ние 5, ме́сто 4b; Zustand состоя́ние 5; Verkaufs~ пала́тка 6, кио́ск 2, лар|ёк, -ька́ 2; Messe~ стенд [тэ] 2; des Wassers у́ров|ень, -ня 1 *a. übertr; hist* сосло́вие 5 | ein Sprung aus dem ~ *Sport* прыжо́к с ме́ста; einen hohen ~ erreichen подня́ться* *v*, подн|я́лся́, -яла́сь на высо́кий у́ровень; auf dem neuesten ~ на нове́йшем у́ровне; auf dem ~ des Jahres 1970 на у́ровне 1970 го́да; über dem ~ des vorigen Jahres liegen пре|выша́ть ⟨-вы́сить 3⟩ у́ровень про́шлого го́да; einen guten ~ bei j-m haben быть* на хоро́шем счету́ у кого́-н.; er hat einen schweren ~ он в тяжёлом [затрудни́тельном] положе́нии

Standard *m* станда́рт 2 (für на *A*); **~ausführung** *f* станда́ртное исполне́ние

standardisieren *tr* стандартизи́ровать *uv, v* 2

Standardisierung *f* стандартиза́ция 8

Standarte *f* штанда́рт 2; *Jagd* хвост 2е

Stand|bein *n* опо́рная нога́; **~bild** *n* ста́туя 7

Ständchen *n Theat* серена́да 6 | ein ~ (dar)bringen исполня́ть ⟨-по́лнить 3⟩ музыка́льное произведе́ние в честь кого́-н. [по слу́чаю чего́-н.]

Ständer *m* Fahrräder, Akten сто́йка 6 *a. Bauw;* Hüte, Bücher по́лка 6; Blumen подста́вка 6; Noten~ пюпи́тр 2 (для нот); Kleider~ ве́шалка 6; *Tech* ста́тор 2

Standes|amt *n* бюро́ за́писи а́ктов гражда́нского состоя́ния, загс 2 | auf dem ≈ heiraten регистри́роваться (за-) 2 в за́гсе

standesamtlich: ~e Trauung регистра́ция 8 бра́ка в бюро́ за́писи а́ктов гражда́нского состоя́ния [в за́гсе]

Standes|beamter *m* слу́жащий *Subst* 11 за́гса; **~dünkel** *m* сосло́вное высокоме́рие 5 [чва́нство]

standesgemäß соотве́тствующий 11 обще́ственному [социа́льному] положе́нию

Standesvorurteile *n Pl* социа́льные [сосло́вные] предрассу́дки

standfest Getreide усто́йчив:ый к полега́нию | ~ sein Schrank стоя́ть 3 про́чно

Stand|geld *m* Marktstand пла́та 6 за ме́сто на ры́нке; Messestand пла́та за стенд [тэ]; *Eisenb* пла́та за просто́й; **~gerät** *n* стациона́рный телеви́зор 2; **~gericht** *n* вое́нно-полево́й суд

standhaft сто́|йкий, -ек, -йка́! | ~e Weigerung реши́тельный отка́з

Standhaftigkeit *f* сто́йкость 9

standhalten *intr* сто́йко держа́ться 3⁺, выде́рживать ⟨вы́держать 3⟩; Gegner, Versuchung устоя́ть *v* 3 пе́ред *I*

ständig 1. *Adj* постоя́нный **2.** *Adv* wohnen безвы́ездно | er sitzt ~ im Zimmer он всё вре́мя сиди́т в ко́мнате

Stand|licht *n Kfz* стоя́ночный свет; **~nummer** *f* Buch шифр 2; **~ort** *m* ме́сто 4b, местонахожде́ние 5; (Ortslage) местоположе́ние 5; Unterbringungsort ме́сто 4b расположе́ния; *Mil* гарнизо́н 2; v. Pflanzen ме́сто произраста́ния

standortgebunden свя́зан:ный с определённой террито́рией

Standort|verteilung *f Wirtsch* размеще́ние 5; **~wahl** *f* für Betriebe вы́бор ме́ста

Stand|pauke *f übertr* нагоня́|й 1 *G Pl* -ев; j-m eine ≈ halten дать* *v* кому́-н. нагоня́й; **~punkt** *m übertr* то́чка зре́ния | vom ≈ der Wissenschaft aus с то́чки зре́ния нау́ки; auf dem ≈ stehen, daß … быть* того́ мне́ния, что …; einen ≈ vertreten держа́ться 3⁺ како́го-н. мне́ния;

er ist von seinem ≈ nicht abzubringen его́ невозмо́жно переубеди́ть; ~**quartier** *n Mil* (постоя́нная) стоя́нка; ~**recht** *n* зако́ны *Pl* вое́нного вре́мени; Ausnahmezustand чрезвыча́йное положе́ние

standrechtlich по зако́нам вое́нного вре́мени

Standseilbahn *f* фуникулёр 2

standsicher усто́йчив:ый

Stand|uhr *f* стоя́чие 11 часы́; ~**vogel** *m* осе́длая пти́ца; ~**waage** *f* Gymnastik «ла́сточка»; Eislauf «аэропла́н»; ~**zeit** *f* Waggon, Maschine просто́й 1

Stange *f* шест 2e; lange, dünne жердь 9g; Hühner, Vögel насе́ст 2; Eisen~ сте́рж|ень, -ня 1; Fahne дре́вко 4 *Pl* 2; Schokolade, Zimt, Siegellack па́лочка 6; *Sport* (Gewichtheben); *Tech* шта́нга 6 | bei der ~ bleiben *umg* прояв|ля́ть ⟨-и́ть 3⁺ -лю́⟩ вы́держку до конца́; einen Anzug von der ~ kaufen покупа́ть ⟨купи́ть⟩ гото́вый костю́м; das kostet eine ~ Geld *umg* э́то сто́ит у́йму де́нег; j-n bei der ~ halten подде́рживать ⟨-держа́ть 3⁺⟩ в ком-н. интере́с к де́лу

Stangen|bohne *f* колова́я фасо́ль; ~**holz** *n* кру́пный жердня́к 2e

Stänker *m umg* склО́чник 2; ~**ei** *f umg* склО́ка 6

stänkern *intr umg* воня́ть; *übertr* затева́ть ⟨-те́ять, -те́ю, -те́ешь⟩ скло́ку (gegen про́тив *G*)

Stanniol *n* станио́ль 1; ~**papier** *n* станио́левая бума́га

Stanzautomat *m* штампо́вочный автома́т

¹**Stanze** *f Metr* станс 2

²**Stanze** *f Tech* Stempel штамп 2; Maschine штампо́вочный стан|о́к, -ка́ 2

stanzen *tr Tech* штампова́ть 2 (от-); Löcher пробива́ть ⟨-|бить*⟩

Stapel *m* Bücher, Kisten, Pakete стопа́ 6c; Holz шта́бел|ь 1b *Pl* -я́; Platten паке́т 2; Wäsche сто́пка 6; *Mar* ста́пел|ь 1b *Pl* -я́ | ein Schiff vom ~ laufen lassen спу|ска́ть ⟨-сти́ть 3⁺ -щу́⟩ су́дно на́ воду; ~**faser** *f* шта́пельное волокно́; ~**holz** *n* уло́женные в поле́нницу дрова́; ~**lauf** *m Mar* спуск 2 со ста́пеля (на́ воду)

stapeln *tr* Kohlen, Baumaterialien укла́дывать ⟨-ложи́ть 3⁺⟩ шта́белем [штабеля́ми]; Bücher, Kisten, Wäsche скла́дывать ⟨сложи́ть 3⁺⟩ в стопу́ [в сто́пы; klein в сто́пки]; Holz скла́дывать в штабеля́

Stapelplatz *m* (шта́бельный) склад 2

stapfen *intr* тяжело́ ступа́ть

Stapler *m Tech* (авто)погру́зчик 2, штабелеукла́дчик 2

¹**Star** *m Zool* скворе́|ц, -ца́ 2

²**Star** *m Film, Theat* звезда́ 6c *Pl* звёзды

³**Star** *m Med* grauer катара́кта 6; grüner глауко́ма 6

Starallüren *Pl* зама́ш|ки, -ек *Pl* 6 (кино)звезды́

stark 1. *Adj* си́льный, си́лен *u.* силён, сильна́, си́льно, си́льны́; fest, kräftig кре́п|кий, -ок, -ка́!; -че, -ча́йший; robust дю́ж:ий 11 -а́!; beleibt то́лст|ый, -а́, -о, то́лсты́; то́лще, по́л|ный, -он, -на́!; Nachfrage большо́й; Fieber высо́к:ий, -а́; Verkehr оживлённый | Kleider für stärkere Damen пла́тья для по́лных же́нщин; ~e Begabung я́ркий тала́нт; ~e Erkältung си́льная просту́да; ~er Schüler си́льный учени́к; ~e alkoholische Getränke кре́пкие напи́тки; ~e Nachfrage большо́й спрос; ~er Wille твёрдая во́ля; ~er Nebel си́льный [густо́й] тума́н; ~e Nerven кре́пкие не́рвы; er ist ein ~er Raucher он мно́го ку́рит; das ist seine ~e Seite в э́том он силён; ~er Tee [Tabak] кре́пкий чай [таба́к]; ~es Verb си́льный глаго́л; das ist ein ~es Stück! э́то на́глость! **2.** *Adv* си́льно, о́чень | er ist ~ beschäftigt он о́чень за́нят; es regnet ~ идёт си́льный дождь; er ist ~ verschuldet у него́ больши́е долги́; er ist ~ in den Fünfzigern ему́ далеко́ за пятьдеся́т, ему́ под шестьдеся́т; ~ besucht по́лный

Starkasten *m* скворе́чник [шн] 2

Starkbier *n* кре́пкое [высокогра́дусное] пи́во

Stärke *f* Kraft, Heftigkeit си́ла 6; Dicke толщина́ 6; Anzahl чи́сленность 9; Wäsche~ крахма́л 2; *Chem* концентра́ция 8; von Genußmitteln кре́пость 9; *übertr* starke Seite си́льная сторона́ 6a | das Gewitter hat an ~ nachgelassen гроза́ утиха́ет; Mathematik ist seine ~ в матема́тике он силён; ~**gehalt** *m* крахма́листость 9, содержа́ние крахма́ла

stärkehaltig крахма́лист:ый

Stärkemehl *n* крахма́л 2

stärken *tr* под-, укреп|ля́ть ⟨-и́ть 3 -лю́⟩; Wäsche крахма́лить 3 (на-); sich ~ *refl* подкреп|ля́ться ⟨-и́ться⟩ | er stärkte sich mit einem Glas Milch он подкрепи́лся стака́ном молока́; gestärkte Wäsche крахма́льное бельё

Stärke|sirup *m* крахма́льная па́тока; ~**zucker** *m* виногра́дный са́хар

stark|knochig кря́жист:ый; ~**leibig** доро́д|ный, -ен

Starkstrom *m* ток высо́кого напряже́ния, си́льный ток; ~**kabel** *n* силово́й ка́бель; ~**leitung** *f* (возду́шная) ли́ния си́льного то́ка, сильното́чная [силова́я] ли́ния; ~**technik** *f* сильното́чная (электро)те́хника

Stärkung *f* укрепле́ние 5; der Kräfte подкрепле́ние 5; Essen заку́ска 6

Stärkungsmittel *n* укрепля́ющее 11 сре́дство

starr Körperteil; Blick неподви́ж|ный, -ен, при́стал|ьный, -ен, -ьна; vor Kälte окоченéвший 11, окоченéлый; eigensinnig упря́м:ый; fest твёрд|ый, тверда́, твёрдо; *Tech* Konstruktion жёст|кий, -ок, -ка́! | sie war ~ vor Schreck она́ остолбенéла от испу́га

[1]**starren** *intr* неподви́жно [ins Gesicht при́стально] смотрéть 3⁺ (auf на *A*), устáв|иться *v* 3 -люсь (auf на *A*) | ins Leere ~ устáвиться (неви́дящим взгля́дом) в пустоту́

[2]**starren** *intr* быть* покры́тым (vor, von *I*) | seine Hose starrt vor Schmutz его́ брю́ки все пропи́таны гря́зью

Starr|heit *f* неподви́жность 9; Blick при́стальность; Glieder vor Kälte окоченéлость 9; Charakter упря́мство 4; **~kopf** *m* упря́м|ец, -ца 2, упря́мая голова́

starrköpfig упря́м:ый

Starr|krampf *m* столбня́к 2e; **~sinn** *m* упря́мство 4

starrsinnig = **starrköpfig**

Start *m Sport* старт 2; *Flugw* старт, взлёт 2; Rakete зáпуск 2; *übertr* начáло 4; **~bahn** *f Flugw* взлётная полосá, стáртовая доро́жка

startbereit гото́в:ый к стáрту [Rakete к пу́ску] | ~ sein быть* гото́вым к отхо́ду [к отъéзду]

Startblock *m* Schwimmen стáртовая ту́мбочка 6; Leichtathletik стáртовая коло́дка 6

starten *tr* Aktion, Kampagne начинáть ⟨начáть*⟩; Motor, Rakete запу|скáть ⟨-сти́ть 3⁺ -щу́⟩; Motor a. заводи́ть 3⁺ -вожу́ ⟨-|вести́*⟩; *intr Sport* стартовáть *uv*, *v* 2; *Flugw* стартовáть a. Rakete, взле|тáть ⟨-тéть 3⟩; abfliegen вылетáть ⟨вы́лететь 3⟩

Starter *m* стáртер 2; Wettkämpfer учáстник 2

Start|erlaubnis *f Flugw* разрешéние на старт [взлёт]; *Sport* разрешéние на учáстие в соревновáниях; **~flagge** *f* стáртовый флаг; **~gewicht** *n Flugw* взлётный вес; **~knopf** *m* пусковáя кно́пка; **~linie** *f* ли́ния стáрта; **~nummer** *f* но́мер на стáрте; **~pistole** *f* стáртовый пистолéт; **~rakete** *f* стáртовая ракéта; **~rampe** *f* пусковáя устано́вка; **~schuß** *m Sport* стáртовый вы́стрел; **~sprung** *m* стáртовый прыжо́к; **~stufe** *f* Rakete стáртовая ступéнь; **~verbot** *n Flugw* запрещéние вы́лета; *Sport* запрещéние учáствовать в соревновáниях; **~zeichen** *n Sport* сигнáл к стáрту [для стáрта]; *Flugw* сигнáл на старт | das ≈ geben дать старт

Statik *f* стáтика 6; **~er** *m* специали́ст 2 в о́бласти стáтики

Station *f* стáнция 8; *Med* отделéние 5 | auf der ~ на стáнции | ~ machen остан|áвливать ⟨-ови́ться 3⁺⟩; die einzelnen ~en seines Lebens отдéльные этáпы его́ жи́зненного пути́

stationär стационáрный | ein Kranker in ~er Behandlung лежáчий 11 [стационáрный] больно́й; in ~er Behandlung sein проходи́ть 3⁺ -хожу́ ⟨-|йти́*⟩ стационáрное лечéние, нахо|ди́ться 3⁺ -жу́сь на стационáрном лечéнии

stationieren *tr* распол|агáть ⟨-ожи́ть 3⁺⟩, разме|щáть ⟨-сти́ть 3 -щу́⟩ | stationiert sein *Mil a.* бази́роваться 2

Stations|arzt *m* врач-завéдующий отделéнием 2e-*Subst* 11; **~schwester** *f* медсестрá отделéния; **~vorsteher** *m Eisenb* начáльник 2 стáнции

statisch стати́ческий

Statist *m Theat* стати́ст 2; **~ik** *f* стати́стика 6; **~iker** *m* стати́стик 2; **~in** *f Theat* стати́стка 6

statistisch статисти́ческий

Stativ *n* штати́в 2; **~aufnahme** *f* съёмка со штати́ва

statt 1. *Präpos* вмéсто *G* **2.** *Konj* вмéсто того́ что́бы ~ zu arbeiten, unterhält er sich вмéсто того́ что́бы рабо́тать, он разговáривает; ~ nach links fuhr er nach rechts вмéсто того́ что́бы поéхать налéво, он поéхал напрáво

Statt *f:* j-n an Kindes ~ annehmen Jungen u. Mädchen усынов|ля́ть ⟨-и́ть 3 -лю́⟩ кого́-н.; nur Mädchen удочер|я́ть ⟨-и́ть 3⟩

Stätte *f* мéсто 4b; Zentrum очáг 2e

statt|finden *intr* состоя́ться *v* 3, имéть мéсто, быть* | die Wahlen in ... werden morgen ≈ зáвтра бу́дут вы́боры в ...; **~geben** *intr* einer Bitte удовлетвор|я́ть ⟨-и́ть 3⟩ *A;* einem Antrag принимáть ⟨приня́ть*⟩ *A*; **~haft** допусти́м:ый, приéмлем:ый

Statthalter *m* намéстник 2

stattlich стáт|ный, -ен, -нá!; Erscheinung представи́тел|ьный, -ен, -ьна; beträchtlich значи́тел|ьный, -ен, -ьна

Statue *f* стáтуя 7

Statuette *f* статуэ́тка 6

statuieren *tr:* ein Exempel ~ примéрно на|казáть* *v* кого́-н. в назидáние други́м

Statur *f* телосложéние 5, фигу́ра 6, рост 2 | ein Mann von mittlerer ~ мужчи́на срéднего ро́ста

Status *m* положéние 5; *Med* состоя́ние 5 | ~ quo стáтус-кво́ *m idkl*

Statut *n* устáв 2

Stau *m* Wasser, Blut накоплéние 5, скоплéние 5; *Verk* про́бка 6, скоплéние 5 трáнспорта на у́лице; **~anlage** *f* (водо)подпо́рное сооружéние

Staub *m* пыль 9; в пыли́ | den ~ von etw. abwischen сметáть ⟨-|мести́*⟩ пыль с

чегó-н.; diese Sache hat viel ~ aufgewirbelt э́то дéло надéлало мнóго шýму; sich aus dem ~ machen скрывáться ⟨-|крь́ıться*⟩, удирáть ⟨-|дрáть*⟩
staub|abweisend пылеоттáлкивающий 11; **~bedeckt** покры́т:ый пы́лью
Staub|bekämpfung *f* борьбá 6 с пы́лью; **~besen** *m* метёлка 6; **~beutel** *m Bot* пы́льник 2; im Staubsauger меш|óк, -кá 2-пылесбóрник 2; **~blüte** *f* мужскóй цветóк
Stäubchen *n* пыли́нка 6
staubdicht пыленепроницáемый
Staubecken *n* водоём 2, водохрани́лище 4
stauben *intr* пыли́ть 3 (на-) | es staubt пы́льно, пыли́т
stäuben *tr* streuen посыпáть ⟨-|сы́пать*⟩ (etw. auf etw. что-н. чем-н.); *intr* Flüssigkeit разбры́згиваться ⟨-|бры́згаться*⟩
Staub|explosion *f* взрыв пы́ли; **~faden** *m Bot* тычи́ночная нить; **~fänger** *m* легкó пыля́щийся 11 предмéт 2; **~filter** *m* пылеулáвливающий 11 фильтр, пылефи́льтр 2
staubfrei без пы́ли
Staub|gefäß *n Bot* тычи́нка 6; **~gehalt** *m* содержáние пы́ли, запылённость 9
staubgeschützt пылезащищённый
staubig пы́л|ьный, -ен, -ьнá! | ~ werden пыли́ться 3 (за-); die Kleider sind ganz ~ одéжда совсéм запыли́лась
Staub|korn *n* сори́нка 6, пыли́нка 6; **~lappen** *m* пы́льная тря́пка; **~lunge** *f* силикóз 2; **~regen** *m* мéлкий дождь; **~sauger** *m* пылесóс 2; **~wedel** *m* метёлка 6; **~wolke** *f* óблако пы́ли; **~zukker** *m* сáхарная пýдра 6
stauchen *tr u. intr* толк|áть ⟨-нýть 4⟩; tadeln грýбо отчи́тывать ⟨-читáть⟩, дéлать (с-) вы́говор *D* | sich den Fuß ~ си́льно ушибáть ⟨-|шиби́ть*⟩ (себé) нóгу
Staudamm *m* водоподъёмная плоти́на 6
Staude *f Bot* кýстик 2, многолéтнее растéние 11-5; Salat коч|áн, -анá 2e *oder* -нá 2
stauen *tr* Wasser запр|ýживать ⟨-уди́ть 3 -ужý, -ýди́шь⟩; sich ~ *refl* заст|áиваться ⟨-оя́ться 3⟩, накоп|ля́ться ⟨-и́ться 3⁺⟩; Waren, Menschen скáпливаться ⟨скопи́ться 3⁺⟩
Staudruck *m* Wasser скоростнóй напóр
Staufferfett *n* солидóл 2
Stau|höhe *f* Wasser напóрная высотá; **~mauer** *f* плоти́на 6 (из клáдки)
staunen *intr* удив|ля́ться ⟨-и́ться 3 -лю́сь⟩ (über *D*), порa|жáться ⟨-зи́ться 3 -жýсь⟩ (über *D*) | da staunst du! э́того ты не ожидáл!
Staunen *n* удивлéние 5 | er kam aus dem ~ nicht heraus он не переставáл удивля́ться
staunenswert удиви́тел|ьный, -ен, -ьна
Staupe *f* Hunde чумá 6
Stau|raum *m* Wehrstauraum объём 2 водохрани́лища; im Verkehr зóна сосредотóчения; **~see** *m* (большóе) водохрани́лище 4; **~ung** *f* Verkehr затóр 2, прóбка; Wasser подпóр 2 воды́; *Med* застóй 1
Steak *n* кус|óк, -кá 2 жаркóго, эскалóп 2
Stearin *n* стеари́н 2; **~kerze** *f* стеари́новая свечá
stechen *tr* колóть* ⟨кольнýть *mom* 4⟩, прок|áлывать ⟨-олóть⟩; Schwein рéзать* (за-), колóть (за-); Rasen, Torf, Spargel рéзать; Biene жáлить 3 (у-); Mücke кусáть, укуси́ть *v* 3⁺; Karte бить*; *intr* Sonne печь* | seine Karte ist gestochen егó кáрта би́та; in die Augen ~ *übertr* бросáться ⟨брóситься 3⟩ в глазá; in See ~ вы́|йти* *v* в (откры́тое) мóре; die Sonne sticht сóлнце печёт [жжёт]; es sticht mich im Rücken у меня́ кóлет спи́ну [в спинé]; ihn sticht der Hafer *übertr* он с жи́ру бéсится; ich habe mich in den Finger gestochen я укололóл себé пáлец; ich habe mich mit einer Nadel gestochen я укололóлся игóлкой [об игóлку]; **~d:** ~er Schmerz кóлотье 5, колотьё 3
Stech|fliege *f* жигáлка 6; **~mücke** *f* комáр 2e; **~paddel** *n* односторóннее 11 вeслó; **~palme** *f* пáдуб 2, остроли́ст 2; **~uhr** *f* контрóльные часы́; **~zirkel** *m* измери́тельный ци́ркуль
Steck|album *n* für Briefmarken кля́ссер 2; **~brief** *m* объявлéние 5 о рóзыске (престýпника)
steckbrieflich *Adv:* j-n ~ verfolgen из|дáть* *v* прикáз об арéсте разы́скиваемого престýпника
Steckdose *f* (штéпсельная) [тэ] розéтка 6
stecken *tr* in ein Nadelkissen u. ä. втыкáть ⟨воткнýть 4⟩; in die Tasche, hinter Schrank u. ä. совáть* ⟨сýнуть 4⟩, засóвывать ⟨-сýнуть⟩; *intr* находи́ться 3⁺, быть*, торчáть 3 | er steckte die Hände in die Taschen он (за)сýнул рýки в кармáны; ich steckte mir eine Brosche an die Bluse я приколóла себé на блýзку брóшку; sie steckte den Ring an den Finger онá надéла кольцó на пáлец; seine Nase in alles ~ *übertr* всю́ду совáть свой нос; in Brand ~ поджигáть ⟨-|жéчь*, подожгý⟩; Geld in einen Betrieb ~ вклáдывать ⟨вложи́ть 3⁺⟩ дéньги в предприя́тие; Pflanzen ~ сажáть ⟨поса|ди́ть 3⁺ -жý⟩ растéния; der Schlüssel steckte im Schlüsselloch ключ торчáл в замóчной сквáжине; es steckt etw. dahinter за э́тим что-то крóется; mit j-m unter einer Decke ~ быть* с кем-н. заоднó; in dieser Arbeit steckt viel Fleiß в э́ту рабóту влóжено мнóго трудá

Stecken *m* палка 6 | er hat Dreck am ~ у него́ ры́льце в пушку́

stecken|bleiben *intr* застрева́ть ⟨застря́ть*⟩ (in в *P*); übertr im Vortrag запи|на́ться ⟨-ну́ться 4⟩; **~lassen** Schlüssel оставля́ть ⟨оста́в|ить 3 -лю⟩ (в замке́)

Steckenpferd *n übertr* хо́бби *n idkl,* кон|ёк| -ька́ 2 | sein ~ reiten сесть* *v* на своего́ конька́

Stecker *m* ште́псел|ь [тэ] 1b *Pl* -я́, ште́псельная [тэ] ви́лка 6

Steck|kissen *n* конве́рт 2; **~kontakt** *m* ште́псельный [тэ] конта́кт; **~ling** *m* черен|о́к| -ка́ 2; **~nadel** *f* була́вка 6 | es war so still, daß man eine ≈ hätte fallen hören бы́ло так ти́хо| что слы́шно бы́ло| как му́ха пролети́т; **~rübe** *f* брю́ква 6; **~schlüssel** *m* торцо́вый ключ; **~verbindung** *f* ште́псельный разъём 2; **~zwiebel** *f* лук-сево́к| *G* лу́ка-севка́

Steg *m* Pfad тропи́нка 6; Brücke мо́стик 2; Landungs~ прича́л 2, схо́дн|и| -ей *Pl* 7; an der Hose штри́пка 6; **~hose** *f* спорти́вные брю́ки *Pl* 6 со штри́пкой

Stegreif *m:* aus dem ~ reden говори́ть экспро́мтом, импровизи́ровать *uv, v* 2; **~dichter** *m* поэ́т-импровиза́тор 2-2

Steh|aufmännchen *n* ва́нька-вста́нька *m* 6-6; **~bierhalle** *f* пивна́я *Subst* 10, забега́ловка 6 *umg*

stehen *intr* стоя́ть 3; eine Zeitlang постоя́ть; eine bestimmte Zeit простоя́ть; passen идти́*, быть* к лицу́ | die Uhr steht часы́ стоя́т [останови́лись]; das Kleid steht ihr (gut) пла́тье ей к лицу́ [ей идёт]; der Hut steht ihr шля́па ей идёт; Tränen standen ihr in den Augen на её глаза́х вы́ступили слёзы; das Haus steht in Flammen дом объя́т пла́менем; zur Wahl ~ име́ться на вы́бор; die Wohnung steht leer кварти́ра пусту́ет; j-m im Wege ~ стоя́ть кому́-н. попере́к доро́ги; ich weiß nicht, wo mir der Kopf steht у меня́ голова́ идёт кру́гом; j-m Rede und Antwort ~ держа́ть 3⁺ отве́т пе́ред кем-н.; hier steht es sich besser здесь стоя́ть лу́чше; seinen Mann ~ постоя́ть *v* 3 за себя́; das wird ihn teuer zu ~ kommen э́то обойдётся ему́ до́рого; zur Debatte ~ подлежа́ть 3 обсужде́нию; sich gut ~ име́ть хоро́ший за́работок; sich mit j-m gut ~ быть* с кем-н. в хоро́ших отноше́ниях; wie steht es mit … как обстои́т де́ло с…; wie geht's, wie steht's? как дела́?; das Spiel steht 3:2 счёт игры́ 3:2

Stehen *n* стоя́ние 5 | zum ~bringen остан|а́вливать ⟨-ови́ть 3⁺ -овлю́⟩; das ~ fällt mir schwer мне тяжело́ (до́лго) стоя́ть

stehenbleiben *intr* остан|а́вливаться ⟨-ови́ться 3⁺ -лю́сь⟩; Vergessenes; Essen о|става́ться* ⟨-|ста́ться*⟩ | die Uhr ist stehengeblieben часы́ стоя́т

stehend стоя́чий 11 | ~es Heer постоя́нная а́рмия 8; ~e Redewendung усто́йчивое выраже́ние; ~en Fußes неме́дленно, то́тчас же

stehenlassen *tr* оставля́ть ⟨оста́в|ить 3 -лю⟩; Speisen не притр|а́гиваться ⟨-о́нуться 4⟩ к *D* | den Schirm im Bus ≈ забыва́ть ⟨-|бы́ть*| -была́⟩ [оставля́ть ⟨-ста́вить⟩] зо́нтик в авто́бусе; den Bart ~ отпу|ска́ть ⟨-сти́ть 3⁺ -щу́⟩ бо́роду; j-n ~ удал|я́ться ⟨-и́ться 3⟩| не сказа́в кому́-н. ни сло́ва [не попроща́вшись]; sie ließen alles stehen und liegen они́ бро́сили всё

Steher *m* Radsport ста́йер 2; **~rennen** *n* Radsport го́нка за ли́дером

Steh|kragen *m* стоя́чий 11 воротни́к; **~lampe** *f* торше́р 2

stehlen *tr* красть* (у-) (j-m у *G*); im Warenhaus u. ä. похища́ть ⟨-хити́ть 3 -хищу́⟩; sich ~ *refl* кра́сться, крадя́сь *u.* краду́чись, прокра́дываться ⟨-кра́сться⟩ | j-m die Zeit ~ отнима́ть ⟨отня́ть*⟩ вре́мя у кого́-н.; er kann mir gestohlen bleiben он меня́ не интересу́ет, я его́ и знать не хочу́; er stahl sich aus dem Haus он укра́дкой [незаме́тно] ушёл и́з дому

Steh|platz *m* стоя́чее 11 ме́сто; **~pult** *n* конто́рка 6

Steiermark *f* Шти́рия 8

steif 1. *Adj* nicht biegsam жёст|кий| -ок| -ка́!| -че; Papier твёрд|ый| -а́!| твёрже; vor Kälte окочене́лый; Glieder неподви́ж|ный| -ен; durch langes Sitzen одеревене́лый; vor Kälte окочене́лый; gezwungen натя́нут|ый, принуждённый, чо́пор|ный| -ен | ~ werden von Gliedern затека́ть ⟨-|те́чь*⟩, кочене́ть (за-, о-); ein ~er Kragen накрахма́ленный [крахма́льный] воротни́к; ein ~er Brei крута́я ка́ша; ein ~er Grog кре́пкий грог **2.** *Adv:* ~ und fest behaupten категори́чески утвержда́ть что-н., твёрдо стоя́ть 3 на чём-н.

Steife *f* жёсткость 9; Stärke крахма́л 2; *Bauw* распо́рка 6

steifen *tr* при|дава́ть* ⟨прида́ть*⟩ жёсткость *D;* Wäsche крахма́лить 3 (на-)

steifhalten *tr:* die Ohren ~ держа́ть 3⁺ у́хо востро́

Steifheit *f* Gliedmaßen неподви́жность 9; одеревене́лость 9; Benehmen натя́нутость 9, сде́ржанность 9

Steifleinen *n* борто́вка 6

Steig *m* у́зкая крута́я тропи́нка 6; **~bügel** *m* стре́м|я *n G D P* -ени| *I* -енем| *Pl* -ена́| -ян| -ена́м 4; **~eisen** *n* an Schuh ко́гти *Pl* 1g, ко́ш|ки *Pl* 6 *G* -ек

steigen *intr* поднима́ться ⟨подня́ться*| -ня́лся́| -няла́сь⟩; Temperatur, Preis повыша́ться ⟨-вы́ситься 3⟩ (auf до *G;* um на *A*), под|нима́ться ⟨-ня́ться⟩; Druck; im Ansehen; Interesse повыша́ться ⟨-вы́ситься⟩ | über etw. ~ перелеза́ть ⟨-|ле́зть*⟩ *A;* auf etw. ~ влеза́ть ⟨-|лезть*⟩ на что-н.; das Wasser steigt вода́ прибыва́ет, вода́ идёт на при́быль; das Blut stieg ihm in den Kopf кровь бро́силась ему́ в го́лову; die Haare stiegen ihm zu Berge у него́ во́лосы вста́ли ды́бом; einen Drachen ~ lassen запус|ка́ть ⟨-сти́ть 3⁺ -щу́⟩ змея́; vom Pferd ~ схо|ди́ть 3⁺ -ожу́ ⟨со|йти́*⟩ с ло́шади; wir wollen über den Zaun ~ мы хоти́м переле́зть че́рез забо́р; **~d** повыша́ющийся 11, расту́щий 11 | ≈e Preise расту́щие 11 це́ны; in ~em Maße во всё бо́льшей сте́пени

Steiger *m Bergb* го́рный ма́стер 2b *Pl* -а́, ште́йгер [тэ] 2

steigern *tr* erhöhen повыша́ть ⟨-вы́сить 3 -вы́шу⟩ (um на *A;* auf до *G*); Produktion, Leistung a. увели́ч|ивать ⟨-ить 3⟩; verstärken уси́л|ивать ⟨-ить 3⟩; *Gramm* образова́ть *v im Präs a. uv* 2 сравни́тельную и превосхо́дную сте́пень; sich ~ *refl* повыша́ться ⟨-вы́ситься⟩, расти́*, увели́ч|иваться ⟨-иться⟩; Schmerz, Angst уси́л|иваться ⟨-иться⟩

Steigerung *f* повыше́ние 5; увеличе́ние 5; *Gramm* образова́ние 5 степене́й сравне́ния | ~ der Arbeitsproduktivität повыше́ние производи́тельности труда́

Steigerungsstufe *f Gramm* сте́пень сравне́ния

Steig|höhe *f Flugw* высота́ подъёма; **~leiter** *f* стремя́нка (из скоб); **~leitung** *f* стоя́к 2e; Wasser, Gas восходя́щий трубопрово́д 11-2; **~rohr** *n* восходя́щая 11 труба́; **~ung** *f* подъём 2

steil крут|о́й₁ -а́!₁ кру́че; abfallend обры́вист:ый, отве́с|ный₁ -ен

Steil|hang обры́вистый [круто́й] склон; **~heit** *f* крутизна́ 6; **~küste** *f* круто́й [отве́сный] бе́рег (мо́ря); **~paß** *m* высо́кий пас; **~ufer** *n* круто́й [отве́сный] бе́рег

Stein *m* ка́м|ень₁ -ня 1g; Brettspiel ша́шка 6; *Bot* ко́сточка 6; ~e *Pl Med* ка́м|ни *Pl* 1g *G* -не́й | den ~ ins Rollen bringen *übertr* сдвига́ть ⟨сдви́нуть 4⟩ де́ло с мёртвой то́чки; ~ des Anstoßes ка́мень преткнове́ния; ~ der Weisen филосо́фский ка́мень; mir fiel ein ~ vom Herzen у меня́ ка́мень с души́ свали́лся; j-m ~e in den Weg legen вставля́ть ⟨вста́в|ить 3 -лю⟩ кому́-н. па́лки в колёса; keinen ~ auf dem anderen lassen ка́мня на ка́мне не оста́вить; das ist ein Tropfen auf den heißen ~ э́то ка́пля в мо́ре; er hat bei mir einen ~ im Brett он у меня́ на хоро́шем счету́; **~adler** *m* бе́ркут 2

steinalt о́чень ста́рый

Stein|block *m* ка́менная глы́ба; **~bock** *m Zool* го́рный козёл; *Astr* Козеро́г 2; **~boden** *m* камени́стая по́чва; Fußboden ка́менный пол; **~bohrer** *m* поро́дный бур; **~brech** *m Bot* камнело́мка 6; **~bruch** *m* каменоло́м|ня 7 *G Pl* -ен, ка́менный карье́р 2; **~butt** *m* тюрбо́ *n idkl;* **~druck** *m* литогра́фия 8

steinern ка́менный

Stein|frucht *f* ко́сточковый плод; **~garten** *m* альпина́рий 1; **~gut** *n* фая́нс 2; **~hagel** *m* град камне́й

steinhart твёрдый как ка́мень

Steinhaufen *m* ку́ча камне́й

steinig камени́ст:ый

steinigen *tr* забр|а́сывать ⟨-оса́ть⟩ камня́ми

Steinigung *f* побива́ние 5 камня́ми

Steinkohle *f* ка́менный у́голь

Steinkohlen|bergbau *m* каменноуго́льная промы́шленность 9; **~bergwerk** *n* каменноуго́льная ша́хта 6; **~lager** *n* зале́ж|и₁ -ей ка́менного у́гля; **~revier** *n* каменноуго́льный бассе́йн

Stein|krug *m* ка́менный кувши́н; **~metz** *m* каменотёс 2; **~obst** *n* ко́сточковый плод; **~pflaster** *n* булы́жная мостова́я; **~pilz** *m* борови́к 2e, бе́лый гриб

steinreich камени́ст:ый; *übertr* о́чень бога́тый

Stein|salz *n* ка́менная соль; **~schlag** *m* im Gebirge камнепа́д 2; Schotter щё́б|ень₁ -ня 1; **~schleifer** *m* грани́льщик 2; **~setzer** *m* мостовщи́к 2e; **~staub** *m* поро́дная пыль; **~terrasse** *f* терра́са из ка́мня; **~zeit** *f* ка́менный век 2

Steiß *m* зад 2b *G a.* -у₁ на₁ в заду́; eines Vogels гу́зка 6; **~bein** *n* ко́пчик 2

Stele *f* сте́ла [тэ] 6

Stelle *f* ме́сто 4b; Anstellung a. до́лжность 9g, рабо́та 6, ме́сто; im Buch отры́в|ок₁ -ка 2, ме́сто; eines Musikstücks пасса́ж 2 *G Pl* -ей, ме́сто; Plan~ шта́тная до́лжность; Instanz инста́нция 8 | offene ~ вака́нтное ме́сто; an ~ von etw. вме́сто чего́-н.; auf der ~ сейча́с, неме́дленно; an Ort und ~ sein быть на ме́сте; zur ~ sein быть нали́цо́ [на ме́сте]; nicht von der ~ kommen не сдвига́ться ⟨сдви́нуться 4⟩ с ме́ста, an j-s ~ treten занима́ть ⟨заня́ть*⟩ чьё-н. ме́сто, стать* *v* на чьё-н. ме́сто; auf der ~ treten шага́ть на ме́сте; *übertr* топта́ть* на ме́сте; sich nicht von der ~ rühren не тро́гаться с ме́ста; sich um eine ~ bewerben добива́ться ме́ста; etw. an die erste ~ setzen выдвига́ть ⟨вы́двинуть 4⟩ что-н. на пе́рвый план

stellen *tr* ста́в|ить 3 -лю (по-); dicht an etw. ~ прист|авля́ть ⟨-а́вить⟩; Verbrecher заде́рживать ⟨-держа́ть 3⁺⟩; Leute, Kontingent выделя́ть ⟨вы́делить 3⟩; sich

~ *refl* станов|и́ться 3⁺ -лю́сь ⟨стать*⟩; *Jur* явля́ться ⟨яв|и́ться 3⁺ -лю́сь⟩; sich verstellen прики́|дываться ⟨-нуться 4⟩ *I*, притвор|я́ться ⟨-и́ться 3⟩ *I* | sich auf die Zehenspitzen ~ стать на цы́почки; stell dich hierher стань сюда́; die Uhr ~ поста́вить часы́; eine Frage ~ задава́ть* ⟨зада́ть*⟩ вопро́с; einen Antrag ~ вноси́ть 3⁺ -ношу́ ⟨-|нести́*⟩ предложе́ние; eine Forderung ~ выдвига́ть ⟨вы́двинуть 4⟩ тре́бование; etw. in Frage ~ ста́вить что-н. под вопро́с; eine Bedingung ~ ста́вить усло́вие; zur Rede ~ тре́бовать 2 (по-) к отве́ту; sich j-m in den Weg ~ стать кому́-н. поперёк доро́ги; sich krank ~ прики́дываться больны́м; sich hinter die Partei ~ подде́рживать ⟨-держа́ть 3⁺⟩ па́ртию

Stellen|angebot *n* предложе́ние рабо́чих мест; **~gesuch** *n* заявле́ние о предоставле́нии рабо́ты; **~plan** *m* шта́ты *Pl* 2, шта́тное расписа́ние 5; **~vermittlung** *f* бюро́ *n idkl* по трудоустро́йству, би́ржа 6 труда́

stellenweise *Adv* места́ми

Stellenwert *m Math* разря́дное значе́ние; Bedeutung значе́ние 5, зна́чимость 9 | einen unterschiedlichen ~ haben име́ть разли́чное значе́ние

Stell|macher *m* колёсный ма́стер 2b *Pl* -á, каре́тник 2; **~platz** *m* ме́сто сбо́ра, сбо́рный пункт; **~schraube** *f* устано́вочный винт

Stellung *f* Körperhaltung; Zeiger положе́ние 5; Haltung по́за 6; Anstellung до́лжность 9g, ме́сто 4b (рабо́ты); Sternbild расположе́ние 5; *Mil* расположе́ние, пози́ция 8 | ~ nehmen выска́зывать ⟨вы́с|казать*⟩ своё мне́ние [свою́ то́чку зре́ния]; eine ~ beziehen занима́ть ⟨заня́ть*⟩ пози́цию; **~nahme** *f* выска́зывание 5 со́бственного мне́ния; Gutachten о́тзыв 2, заключе́ние 5 | sich jeder ≈ enthalten возде́рживаться ⟨-держа́ться 3⁺⟩ от выска́зывания свое́й то́чки зре́ния

Stellungskrieg *m* позицио́нная война́

stellungslos безрабо́тный

Stellungswechsel *m Mil* сме́на пози́ции

stellvertretend замеща́ющий 11 *A*, вре́менно исполня́ющий 11 обя́занности *G* | ~er Minister замести́тель мини́стра; ~er Leiter замести́тель нача́льника

Stell|vertreter *m* замести́тель 1; **~vorrichtung** *f Tech* устано́вочное приспособле́ние; **~werk** *n Eisenb* централизацио́нный пост 2e~i~ на посту́; **~zeit** *f* вре́мя сбо́ра

Stelze *f* ходу́ля 7 *meist Pl* | auf ~n gehen хо|ди́ть 3⁺ -жу́ на ходу́лях

stelzen *intr* хо|ди́ть 3⁺ -жу́ на ходу́лях

Stemm|bogen *m Ski* поворо́т 2 в упо́ре; **~eisen** *n* стаме́ска 6

stemmen *tr* in die Höhe heben поднима́ть ⟨подня́ть*⟩; Gewichte выжима́ть ⟨вы́|жать¹*⟩; *Tech* выда́лбливать ⟨вы́долб|ить 3 -лю⟩ (стаме́ской *oder* долото́м); sich ~ *refl* упира́ться ⟨-|пере́ться*⟩ (gegen в *A oder* про́тив *G*); Widerstand leisten проти́в|иться 3 -люсь (вос-) (gegen *D*) | die Arme in die Seite ~ подбоче́н|иваться ⟨-иться 3⟩; die Beine gegen den Boden ~ упира́ться нога́ми в зе́млю

Stempel *m* ште́мпел|ь [тэ] 1b *Pl* -я́; Siegel печа́ть 9 *u. übertr;* Firmen~, Dienst~ штамп 2; Brandmal клеймо́ 4c; *Bot* пе́стик 2; *Bergb* сто́йка 6; *Tech* штамп 2; **~farbe** *f* черни́ла *Pl* 4 для ште́мпельных поду́шек; **~gebühr** *f* ге́рбовый сбор; **~kissen** *n* ште́мпельная [тэ] поду́шка

stempeln *tr* ста́в|ить 3 -лю (по-) печа́ть (на *A*), штемпелева́ть [тэ] 2 (за-); Briefmarken погаша́ть ⟨пога|си́ть 3⁺ -шу́⟩; Waren ста́вить клеймо́ (на *A*) | j-n zum Verräter ~ клейм|и́ть 3 -лю́ (за-) кого́-н. изме́нником; ~ gehen быть* безрабо́тным

Stengel *m* сте́бл|ель~I~ -ля 1g

Steno|block *m* блокно́т 2 стенографи́ста [для стенографи́рования]; **~graf** *m* стенографи́ст 2; **~grafie** *f* стеногра́фия 8

stenografieren *tr u. intr* стенографи́ровать 2 (за-)

Stenografin *f* стенографи́стка 6

stenografisch стенографи́ческий

Steno|gramm *n* стеногра́мма 6, стенографи́ческая за́пись 9; **~stift** *m* мя́гкий каранда́ш для стенографи́рования; **~typistin** *f* машини́стка-стенографи́стка 6-6

Steppdecke *f* стёганое одея́ло

Steppe *f* степь 9g~i~ в степи́

[1]**steppen** *tr* nähen стега́ть (вы́-, про-), строчи́ть 3 -о́чи́шь (вы́-, про-)

[2]**steppen** *intr* отбива́ть чечётку, танцева́ть 2 степ

Steppen|bewohner *m* жи́тель степе́й; **~gebiet** *n* степно́й райо́н; **~gras** *n* ковы́ль 1e; **~wind** *m* степно́й ве́тер, сухове́|й 1 *G Pl* -ев

Stepperin *f Text* стега́льщица 6

Stepp|naht *f* стро́чка 6, стёжка 6; **~stich** *m* стеж|о́к~I~ -ка́ 2

Step|tanz *m* чечётка 6, степ 2, ритми́ческий та́н|ец~I~ -ца 2; **~tänzer** *m* исполни́тель 1 чечётки [ритми́ческих та́нцев]

Sterbe|bett *n* сме́ртное ло́же; **~fall** *m* слу́чай сме́рти; **~geld** *n* посо́бие 5 на по́хороны

sterben *intr* умира́ть ⟨-|мере́ть*⟩, сконча́ться *v* | er starb eines natürlichen Todes он у́мер свое́й [есте́ственной] сме́ртью; jung ~ умере́ть молоды́м; an

Krebs ~ умере́ть от ра́ка; vor Langeweile ~ умира́ть со [от] ску́ки
Sterben *n* умира́ние 5 | im ~ liegen быть* при́ смерти, умира́ть
sterbens|krank смерте́льно больно́й; **~langweilig** смерте́льно ску́чный
Sterbenswörtchen *n:* kein ~ ни сло́ва
sterblich сме́рт|ный, -ен | die ~en Überreste бре́нные оста́нки *Pl* 2
Sterbliche|r *m* сме́ртный *Subst* 10 | der gewöhnliche ~ просто́й сме́ртный
Sterblichkeit *f* сме́ртность 9
Stereo|anlage *f* стереоустано́вка 6, стереофони́ческая устано́вка; **~aufnahme** *f* стереоза́пись 9; *Foto* стерео(фото)съёмка 6; **~effekt** *m* Bild стереоскопи́ческий [Ton стереофони́ческий] эффе́кт; **~film** *m* стереофи́льм 2; **~gerät** *n* стереофони́ческий аппара́т; **~kamera** *f* стереоскопи́ческая ка́мера, стереока́мера 6; **~lautsprecher** *m* стереофони́ческий громкоговори́тель; **~metrie** *f* стереоме́трия 8; **~phonie** *f* стереофони́я 8; **~platte** *f* стереопласти́нка 6; **~sendung** *f* стереопереда́ча 6; **~skop** стереоско́п 2; **~ton** *m* стереозву́к 2
stereotyp стереоти́пный
Stereotypie *f* стереоти́пия 8
steril *Med* стери́л|ьный, -ен, -ьна, обеззара́жен|ный, -а; unfruchtbar беспло́д|ный, -ен
Sterilisation *f* стерилиза́ция 8, обеззара́живание 5; Unfruchtbarmachung стерилиза́ция
sterilisieren *tr* стерилизова́ть *uv, v* 2, обеззара́|живать ⟨-зить 3 -жу⟩; unfruchtbar machen стерилизова́ть
Sterilität *f* стери́льность 9, обеззара́женность 9
Stern *m* звезда́ 6c *Pl* звёзды; *Mil* Dienstgradabzeichen звёздочка 6 | sie ist unter einem glücklichen ~ geboren она́ родила́сь под счастли́вой звездо́й; **~bild** *n* созве́здие 5; **~chen** *n Typ* звёздочка 6; **~deuter** *m* астро́лог 2
Sternenbanner *n* звёздный флаг 2
Sternfahrt *f Sport* звёздный пробе́г 2
stern|förmig звездообра́з|ный, -ен; **~hagelvoll** *umg* пья́ный в сте́льку; **~hell:** ≈e Nacht звёздная ночь
Stern|haufen *m* звёздное скопле́ние; **~himmel** *m* звёздное не́бо; **~karte** *f* ка́рта звёздного не́ба
sternklar звёздный | ~er Himmel звёздное не́бо
Sternkunde *f* астроно́мия 8
sternlos беззвёзд|ный, -ен
Stern|motor *m* звездообра́зный дви́гатель; **~schnuppe** *f* па́дающая 11 звезда́ 6c *Pl* звёзды
Stern|wanderung *f* звёздный пробе́г; **~warte** *f* обсервато́рия 8
Sterz *m Landw* рукоя́тка 6 (плу́га)
Stethoskop *n* стетоско́п [тэ] 2
stetig постоя́нный; Wachstum неуклон|ный, -ен, -на | ~ steigen постоя́нно [непреры́вно] возраста́ть [расти́*]
Stetigkeit *f* постоя́нство 4
stets *Adv* всегда́, постоя́нно | er bleibt sich ~ gleich он всё тако́й же
[1]**Steuer** *n Mar* руль 1e | sich ans ~ setzen сади́ться ⟨сесть⟩ за руль
[2]**Steuer** *f* нало́г 2 | ~n erheben взима́ть нало́ги; **~amt** *n* нало́говое управле́ние
steuerbar управля́ем:ый
Steuer|befreiung *f* освобожде́ние от нало́гов; **~bescheid** *m* платёжное извеще́ние 5 нало́гового о́ргана; **~bord** *n* пра́вый борт; **~einnahmen** *f Pl* дохо́ды *Pl* 2 от нало́гов; **~einnehmer** *m* сбо́рщик нало́гов; **~einrichtung** *f Tech* устро́йство управле́ния; **~erklärung** *f* нало́говая деклара́ция; **~ermäßigung** *f* сокраще́ние 5 [уменьше́ние 5] нало́га; **~erstattung** *f* возвра́т 2 нало́гов
steuerfrei освобождённый от нало́гов, необлага́емый нало́гом | ~er Betrag необлага́емый ми́нимум 2
Steuer|hinterziehung *f* уклоне́ние 5 от упла́ты нало́гов; **~klasse** *f* катего́рия налогообложе́ния; **~knüppel** *m* ру́чка управле́ния; **~last** *f* нало́говое бре́мя; **~mann** *m Mar* шту́рман 2, рулево́й *Subst* 10; *Sport* рулево́й
steuern *tr* lenken пра́в|ить 3 -лю *I*, управля́ть *I;* Schiff вести́* *A*, управля́ть *I; intr* напр|авля́ться ⟨-а́виться 3 -а́влюсь⟩, держа́ть 3⁺ путь | ein Schiff in den Hafen ~ напр|авля́ть ⟨-а́вить 3 -а́влю⟩ [вести́] су́дно в га́вань; einen best. Kurs ~ идти́* ⟨по|йти́*⟩ каки́м-н. ку́рсом; elektronisch gesteuert с электро́нным управле́нием
steuerpflichtig подлежа́щий 11 обложе́нию нало́гом; Person платя́щий 11 нало́г(и)
Steuer|pult *n* пульт управле́ния; **~rad** *n Mar* штурва́л 2; *Kfz* руль 1e; **~rückerstattung** *f* возвра́т нало́гов; **~rückstand** *m* задо́лженность по упла́те нало́гов, нало́говые недо́имки *Pl* 6; **~schraube** *f:* die ≈ anziehen увели́ч|ивать ⟨-ить⟩ бре́мя нало́гов; **~signal** *n* управля́ющий 11 сигна́л; **~ und Regeltechnik** *f* те́хника (автомати́ческого) управле́ния и регули́рования; **~ung** *f* управле́ние 5 (von *I*); *Tech* управля́ющее устро́йство 11-4 | elektronische ≈ электро́нное управле́ние; **~ungstechnik** *f* те́хника автомати́ческого управле́ния; **~vergünstigungen** *Pl:* ≈ erhalten по́льзоваться 3 нало́говыми льго́тами; **~zahler** *m* налогоплате́льщик 2

Steward *m* стю́ард 2, судово́й официа́нт 2; *Flugw* бортпроводни́к 2e; **~eß** *f* стюарде́сса [дэ] 6; *Flugw* бортпроводни́ца 6

Stich *m* Nadel~ уко́л 2; Insekten~ уку́с 2; Bajonett~ уда́р 2; *Med* колотьё 3; beim Nähen стеж|о́к, -ка́ 2; *Kunst* гравю́ра 6; Kartenspiel взя́тка 6 | mit einem ~ ins Graue с се́рым отте́нком; j-n im ~ lassen броса́ть ⟨бро́|сить 3 -шу⟩ кого́-н. на произво́л судьбы́; die Milch hat einen ~ молоко́ начина́ет по́ртиться, молоко́ с кисли́нкой; er hat einen ~ *umg* он спя́тил

Stichel *m* рез|е́ц, -ца́ 2, шти́хель 1; **~ei** *f* Anspielung ко́лкости *Pl* 9, шпи́льки *Pl* 6

sticheln *intr* spotten язв|и́ть 3 -лю́ (съ-), говори́ть 3 ко́лкости кому́-н.

stichfest: hieb- und ~ соверше́нно неуязви́м:ый

Stichflamme *f* остроконе́чное пла́мя

stichhaltig обосно́ван|ный, -на, основа́тел|ьный, -ен, -ьна | nicht ~ необосно́ванный

Stichkampf *m Sport* перебо́|й 1 *G Pl* -ев; Springreiten a. перепры́жка 6 | im ~ в перебо́е; в перепры́жке

Stichling *m* ко́люшка 6 трёхи́глая

Stich|probe *f* вы́борочный контро́ль 1, вы́борочная прове́рка | eine ≈ machen пров|еря́ть ⟨-е́рить 3⟩ что-н. вы́борочно [на вы́борку]; **~tag** *m* Zahlung срок 2; Lieferung день поста́вки | ≈ für etw. срок [день] выполне́ния чего́-н.; **~waffe** *f* ко́лющее 11 ору́жие; **~wahl** *f* перебаллотиро́вка 6; **~wort** *n* Lexikon чёрное [загла́вное] сло́во; Wörterbuch сло́во; *Theat* ре́плика 6; zu einem Vortrag пункт, ключево́е сло́во 4c; **~wortverzeichnis** *n* im Buch предме́тный указа́тель 1; **~wunde** *f* ко́лотая ра́на

sticken *tr u. intr* вышива́ть ⟨вы́|шить*⟩ | in Seide ~ вышива́ть на шелку́ [на шёлке]; eine gestickte Bluse вы́шитая блу́зка

Sticker|ei *f* вы́шивка 6; Tätigkeit вышива́ние 5; **~in** *f* вышива́льщица 6

Stick|garn *n* ни́тки для вышива́ния; **~gas** *n* удýшливый газ

stickig ду́ш|ный, -ен, -на́!, удýшлив:ый; Luft спёрт:ый; abgestanden за́тхлый

Stick|maschine *f* вышива́льная маши́на; **~muster** *n* узо́р для вышива́ния; **~nadel** *f* вышива́льная игла́; **~rahmen** *m* пя́л|ьцы *Pl* 6 *G* -ец

Stickstoff *m* азо́т 2; **~dünger** *m* азо́тистное удобре́ние

stickstoffhaltig азо́тистый

Stickstoffverbindung *f* азо́тистое соедине́ние

stieben *intr* Funken, Tropfen разле|та́ться ⟨-те́ться 3⟩; Staub, Mehl клуби́ться 3; Schnee, Sand разноси́ться 3⁺ ⟨-|нести́сь*⟩

Stiefbruder *m* сво́дный брат

Stiefel *m* сапо́г 2e *G Pl* сапо́г; Damen~ *Pl* сапо́ж|ки, -ек | pelzgefütterte ~ сапоги́ [сапо́жки] на меху́; **~absatz** *m* каблу́к 2e; **~bürste** *f* сапо́жная щётка

Stiefelette *f* боти́н|ок, -ка 2; für Damen a. полусапож|о́к, -ка́ 2 *Pl* -ки́, -ко́в, -ка́м

Stiefel|hose *f* брю́ки *Pl* 6, заправля́емые в сапоги́; **~knecht** *m* съёмник 2; **~putzer** *m* чи́стильщик 2 (сапо́г); **~schaft** *m* голени́ще 4 (сапога́)

Stiefeltern *Pl* о́тчим и ма́чеха 2-6

Stiefelwichse *f* сапо́жная ва́кса

Stief|geschwister *Pl* сво́дные бра́тья и сёстры; **~kind** *n* Junge па́сын|ок, -ка 2; Mädchen па́дчерица 6 | ein ≈ des Glücks sein быть па́сынком судьбы́; **~mutter** *f* ма́чеха 6; **~mütterchen** *n* аню́тины гла́зки 13-*Pl* 2

stiefmütterlich нела́сковый, недо́бр:ый, -а́! | j-n ~ behandeln обраща́ться с кем-н. несправедли́во [пло́хо]; nicht beachten удел|я́ть ⟨-и́ть 3⟩ ма́ло внима́ния кому́-н.

Stief|schwester *f* сво́дная сестра́; **~sohn** *m* па́сын|ок, -ка 2; **~tochter** *f* па́дчерица 6; **~vater** *m* о́тчим 2

Stiege *f* Treppe у́зкая крута́я ле́стница 6; Lattenkiste я́щик 2 (из пла́нок)

Stieglitz *m* щег|о́л, -ла́ 2

Stiel *m* Hammer~ рукоя́тка 6; Messer~ черен|о́к, -ка́ 2; Besen~ па́лка 6; Griff ру́чка 6; Pilz, Glas но́жка 6; *Bot* сте́б|ель, -ля 1g; am Obst плодоно́жка 6 | Eis am ~ эскимо́ *n idkl;* **~augen** *n Pl:* ≈ machen *umg* смотре́ть 3⁺ жа́дными глаза́ми; **~bonbon** *m* леден|е́ц, -ца́ 2 на па́лочке; **~handgranate** *f* ручна́я грана́та с рукоя́ткой; **~kamm** *m* расчёска с ру́чкой; **~pfanne** *f* сковородка́ 6 с ру́чкой

Stier *m Zool* бык 2e; *Astr* Тел|е́ц, -ьца́ 2 | den ~ bei den Hörnern packen брать* ⟨взять*⟩ быка́ за рога́

stieren *intr* уста́в|иться *v* 3 -лю́сь (auf на *A*), пу́чить 3 (вы-) глаза́

Stier|kampf *m* бой быко́в; **~kämpfer** *m* тореадо́р 2

stiernackig с бы́чьей ше́ей

[1]**Stift** *m Tech* штифт 2e, шпен|ёк, -ька́ 2; Blei~ каранда́ш 2e *G Pl* -е́й

[2]**Stift** *n* Altersheim дом 2b *Pl* дома́ для престаре́лых; *Rel* монасты́рь 1e

stiften *tr* Preis учре|жда́ть ⟨-ди́ть 3 -жу́, -ждённый⟩; Verein, Institution осн|о́вывать ⟨-ова́ть 2 -ую́, -уёшь⟩; schaffen: Gutes твори́ть 3 (со-), де́лать (с-); verursachen: Böses причин|я́ть ⟨-и́ть 3⟩, натвори́ть *v* 3; opfern, spenden же́ртвовать 2 (по-) | Frieden ~ устан|а́вливать ⟨-ови́ть 3⁺ -овлю́⟩ мир, умиротворя́ть ⟨-и́ть 3⟩

Stift|er *m* основáтель 1; Preis учреди́тель 1; **~ung** *f* основáние 5; Preis учреждé-ние 5
Stiftungsurkunde *f* грáмота об основá-нии [Preis учреждéнии] (über etw. чегó-н.)
Stiftzahn *m* штифтовóй зуб
Stil *m* стиль 1; Schreib~ a. язы́к 2e, слог 2 | ein flüssiger ~ лёгкий слог; er schreibt einen guten ~ он пи́шет хорó-шим слóгом [сти́лем]; eine Aktion gro-ßen ~s дéйствие 5 большóго размáха; der Kalender alten ~s календáрь стáрого сти́ля; **~blüte** *f* перл 2; **~bruch** *m* нару-шéние сти́ля
Stilett *n* стилéт 2
stilgerecht сти́л|ьный$_{\mathrm{I}}$ -ен$_{\mathrm{I}}$ -ьна
stilisieren *tr* стилизовáть *uv, v* 2
Stilisierung *f* стилизáция 8
Stilist *m* стили́ст 2; **~ik** *f* стили́стика 6
stilistisch стилисти́ческий
still спокó|йный$_{\mathrm{I}}$ -ен$_{\mathrm{I}}$ -йна; geräuschlos ти́х|ий$_{\mathrm{I}}$ -á!$_{\mathrm{I}}$ ти́ше; schweigend без-мóлв|ный$_{\mathrm{I}}$ -ен; wenig lebhaft сми́р|ный$_{\mathrm{I}}$ -ен *u.* -ён$_{\mathrm{I}}$ -нá!; schweigsam молча-ли́в:ый | im ~en тайкóм; hoffen втáйне; ~ sein молчáть 3; ~werden затихáть ⟨-ти́хнуть 4a⟩; ein ~es Kind спокóйный [сми́рный] ребёнок; Stiller Ozean Ти́хий океáн; ~e Reserven скры́тые резéрвы; ~! ти́ше!, молчáть!; ~e Wasser sind tief в ти́хом óмуте чéрти вóдятся; **~bleiben** *intr* оставáться* ⟨-|стáться*⟩ спокóйным [ти́хим]
Stille *f* Ruhe тишинá 6; Schweigen без-мóлвие 5, молчáние 5 | in der ~ в тиши́; in aller ~ втихомóлку, ти́хо, тайкóм; ~ vor dem Sturm зати́шье пéред бýрей
Stilleben *n* натюрмóрт 2
stillegen *tr* Betrieb свёртывать, закрывáть ⟨-|кры́ть*⟩; vorübergehend консерви́ро-вать 2 (за-), (врéменно) приостан|áвли-вать ⟨-ови́ть 3^{+} -овлю́⟩ | eine stillgelegte Kleinbahn закры́тая для движéния узкоколéйная желéзная дорóга
Stillegung *f* Betrieb свёртывание 5, за-кры́тие 5; vorübergehend консервáция 8
stillen *tr* Durst, Hunger утол|я́ть ⟨-и́ть 3⟩; Schmerz успок|áивать ⟨-óить 3⟩; Kind корм|и́ть 3^{+} -лю́ (на-) грýдью | das Blut ~ остан|áвливать ⟨-ови́ть 3^{+} -овлю́⟩ кро-вотечéние
Stillgeld *n* посóбие 5 кормя́щей мáтери
stillhalten *intr* вести́* себя́ спокóйно
stilliegen *intr* nicht in Betrieb sein не ра-бóтать
stillschweigen *intr* молчáть 3 (про-)
Stillschweigen *n* молчáние 5 | etw. mit ~ übergehen обо|йти́* *v* что-н. молчáнием
stillschweigend **1.** *Adj* молчали́в:ый **2.** *Adv* мóлча, ти́хо, втихомóлку
stillsitzen *intr* си|дéть 3 -жý (по-) спо-кóйно
Stillstand *m* состоя́ние 5 покóя; Stagna-tion застóй 1; Arbeit, Maschine простóй 1 | zum ~ kommen остан|áвливаться ⟨-ови́ться 3^{+} -овлю́сь⟩
still|stehen *intr* остан|áвливаться ⟨-ови́ться 3^{+} -овлю́сь⟩, прекра|щáть ⟨-ти́ть 3 -щý⟩ (про)движéние; Betrieb, Maschine стоя́ть 3, не рабóтать | stillge-standen! *Mil* сми́рно!; **~vergnügt** рáдую-щийся 11 про себя́ [втихомóлку]
Stilmöbel *n* сти́льная мéбель
stilvoll сти́л|ьный$_{\mathrm{I}}$ -ен$_{\mathrm{I}}$ -ьна, со вкýсом
Stimm|abgabe *f* голосовáние 5; **~bänder** *n Pl* голосовы́е свя́зки
stimmberechtigt имéющий 11 прáво гó-лоса
Stimmbruch *m* лóмка гóлоса | der Junge hat ~ у мáльчика ломáется гóлос
Stimme *f* гóлос 2b *Pl* -á | seine ~ abgeben голосовáть 2 (про-) (für за *A*); sich der ~ enthalten воздéрживаться ⟨-держáться 3^{+}⟩ от голосовáния; erste ~ *Mus* пéрвый гóлос, при́ма 6; zweite ~ вторóй гóлос, втóра 6; mit voller ~ пóлным гóлосом; mit halber ~ вполгóлоса; mit beratender ~ с прáвом совещáтельного гóлоса; die ~ heben повышáть ⟨повы́|сить 3 -шу⟩ гóлос; bei ~ sein быть в гóлосе; Sitz und ~ haben пóльзоваться 2 прáвом гóлоса
stimmen *tr Mus* настр|áивать ⟨-óить 3⟩ *a. übertr; intr* richtig sein соответствовать 2 и́стине, быть* вéрным; seine Stimme abgeben голосовáть 2 (про-), по|давáть* ⟨подáть*⟩ гóлос (für за *A*, gegen прóтив *G*) | für den Kandidaten ~ голосовáть за кандидáта; j-n günstig ~ für etw. распо-л|агáть ⟨-ожи́ть 3^{+}⟩ когó-н. в пóльзу чегó-н.; er ist schlecht gestimmt он в дур-нóм настроéнии, он плóхо настрóен; das stimmt auffallend абсóлютно вéрно, совершéнно прáвильно; das stimmt! (э́то) вéрно!; da stimmt etwas nicht! тут чтó-то нелáдно! [не в поря́дке!]; die Rechnung stimmt [stimmt nicht] счёт вé-рен [невéрен]; die Kasse stimmt кáсса в поря́дке, кáсса схóдится
Stimmen|fang *m* охóта 6 за голосáми (из-бирáтелей); **~gewinn** *n* увеличéние числá полýченных голосóв; **~gleichheit** *f* рáвное числó 4c голосóв (при голосо-вáнии); **~mehrheit** *f* большинствó голо-сóв | mit ≈ большинствóм голосóв
Stimmenthaltung *f:* bei zwei ~en при двух воздержáвшихся
Stimm|er *m Mus* настрóйщик 2; **~füh-rung** *f* голосоведéние 5; **~gabel** *f* камер-тóн 2
stimmgewaltig с мóщным гóлосом
stimmhaft *Phon* звóнкий
Stimmlage *f Mus* реги́стр 2

stimm|lich голосово́й; ~**los** *Phon* глух|о́й, -а́!
Stimm|recht *n* пра́во го́лоса; ~**ritze** *f Anat* голосова́я щель; ~**umfang** *m* диапазо́н 2 [объём] го́лоса
Stimmung *f Mus* настро́йка 6; *übertr* настрое́ние 5 | in gehobener ~ в припо́днятом настрое́нии; in guter ~ sein быть в хоро́шем настрое́нии; in ~ kommen приходи́ть ⟨-|йти́*⟩ в хоро́шее настрое́ние; er ist nicht in ≈ у него́ плохо́е настрое́ние; ~ machen für j-n настр|а́ивать ⟨-о́ить 3⟩ за кого́-н.; hier ist ~! здесь ве́село!
Stimmungsbarometer *n* баро́метр настрое́ния
stimmungsvoll с настрое́нием; Abend в хоро́шей атмосфе́ре
Stimmungswechsel *m* измене́ние [переме́на] настрое́ния
Stimm|wechsel *m* ло́мка 6 го́лоса; ~**zettel** *m* избира́тельный бюллете́нь 1
Stimulans *n Med* стимули́рующее 11 сре́дство
stimulieren *tr* стимули́ровать *uv, v* 2
Stimulus *m* сти́мул 2
stinken *intr* воня́ть (nach *I*); ~**d** *Adj* воню́ч:ий 11 | ≈ faul sein быть закорене́лым лентя́ем
stink|faul неисправи́мо [до кра́йности] лени́вый; ~**ig** воню́ч:ий 11
Stink|laune *f* отврати́тельное настрое́ние; ~**morchel** *f* весёлка 6 обыкнове́нная; ~**tier** *n Zool* скунс 2; ~**wut** *f* неи́стовая я́рость
Stint *m Zool* ко́рюшка 6
Stipend|iat *m* стипендиа́т 2; ~**ium** *n* стипе́ндия 8
Stippvisite *f* непродолжи́тельное посеще́ние, коро́ткий визи́т
Stirn *f* лоб, лба 2; во, на лбу | die ~ runzeln мо́рщить 3 (на-) лоб, хму́рить 3 (на-) лоб | an der ~ на лбу; j-m die ~ bieten проти́виться 3 (вос-) кому́-н., дава́ть* ⟨дать*⟩ отпо́р кому́-н.; ~**band** *n* ле́нта для воло́с; *hist* нало́бник 2; ~**bein** *n* ло́бная кость 9g; ~**höhle** *f* ло́бная па́зуха; ~**höhlenkatarrh** *m* катара́льный фронти́т 2; ~**seite** *f* лицева́я сторона́; ~**spiegel** *m* ло́бный рефле́ктор 2; ~**wand** *f* лобова́я сте́нка
stöbern *intr* ры́ться*, ша́рить 3 ⟨по-⟩ | es stöbert (на дворе́) метёт
stochern *intr* im Feuer разгреба́ть ⟨-|грести́*⟩ *A;* in den Zähnen ковыр|я́ть ⟨-ну́ть 4⟩ в *P*
Stock *m* па́лка 6; Spazier∻ па́лка, трость 9g; dünner тро́сточка 6; Wein∻, Rosen∻ куст 2e; Baumstumpf пень, пня 1; Druck∻ клише́ *n idkl;* Etage эта́ж 2e *G Pl* -е́й | im ersten ~ на пе́рвом этаже́, in der UdSSR entsprechend на второ́м этаже́; am ~ gehen идти́ с па́лкой, идти́, опира́ясь на па́лку; über ~ und Stein сломя́ го́лову, о́прометью
stockblind совсе́м слепо́й
Stöckchen *n* па́лочка 6; Rohr∻, Spazier∻ тро́сточка 6
stock|dumm глу́пый как пень [про́бка]; ~**dunkel** соверше́нно тёмный
Stöckelschuh *m* да́мская ту́фля на высо́ком то́нком каблуке́ [mit Pfennigabsatz на гво́здиках, на шпи́льках]
stocken *intr* Arbeit остан|а́вливаться ⟨-ови́ться 3⁺ -овлю́сь⟩; Verkehr приостан|а́вливаться ⟨-ови́ться⟩; Verhandlung приостан|а́вливаться ⟨-ови́ться⟩, прекра|ща́ть ⟨-ти́ть 3 -щу́⟩; Zufuhr затормози́ться *v* 3; in der Rede зап|ина́ться ⟨-ну́ться 4⟩; Blut заст|а́иваться ⟨-оя́ться 3⟩; muffig werden покрыва́ться ⟨-|кры́ться*⟩ пле́сенью, по́ртиться 3 (ис-) | das Gespräch stockte произошла́ зами́нка в разгово́ре; der Verkehr stockt образу́ется про́бка (в у́личном движе́нии); das Blut stockt in den Adern кровь сты́нет в жи́лах
stockfinster соверше́нно тёмный | es ist ~ ни зги не вида́ть [не ви́дно]
Stock|fisch *m* вя́леная треска́ 6; ~**fleck** *m* пятно́ от сы́рости [пле́сени]
Stockholm Стокго́льм 2
stockig stockfleckig в пя́тнах от сы́рости [пле́сени], запле́сневелый; muffig за́тхлый
Stockschnupfen *m* хрони́ческий на́сморк
stock|steif прямо́й как па́лка; ~**taub** соверше́нно глухо́й
Stockung *f* Unterhaltung зами́нка 6; Verkehr зато́р 2, про́бка 6; Arbeit, Versorgung перебо́|й 1 *G Pl* -ев; Verhandlung заде́ржка 6; *Med* засто́й 1
Stockwerk *n* эта́ж 2e *G Pl* -е́й | ein Haus mit drei ~en дом в четы́ре этажа́; das Haus hat zwei ~e в до́ме два этажа́ [*UdSSR* три этажа́]
Stoff *m Phil* мате́рия 8, вещество́ 4; *Lit* сюже́т 2; *Phys, Chem* вещество́; *Text* мате́рия, ткань 9; *Wiss, Kunst,* Lehrstoff материа́л [рья] 2; Rauschgift нарко́тики *Pl* 2 | ein einfarbiger [buntgemusterter] ~ одното́нная [пёстрая] мате́рия; ein gemusterter [karierter, gestreifter] ~ мате́рия с рису́нком [в кле́тку, в поло́ску]; der ~ liegt doppelt breit мате́рия двойно́й ширины́; ~ von einfacher Breite одина́рная мате́рия; ~**ballen** *m* руло́н мате́рии [тка́ни, сукна́]
stofflich den Inhalt betreffend в отноше́нии материа́ла, что каса́ется содержа́ния; *Phil* материа́л|ьный [рья], -ен, -ьна, веще́ственный *a. Chem, Phys*
Stoff|muster *n* рису́н|ок, -ка 2; ~**probe** обра́з|е́ц, -ца́ 2 тка́ни; ~**rest** *m* оста́ток

тка́ни; **~stück** *n* кусо́к (сукна́) | aufgenähtes ≈ наши́вка 6; **~tier** *n* мя́гкая [хк] (де́тская) игру́шка 6
Stoffwechsel *m* обме́н 2 веще́ств; **~krankheit** *f* забо́левание, вы́званное наруше́нием обме́на веще́ств
stöhnen *intr* стона́ть* (про-); laut seufzen вздыха́ть ⟨вздохну́ть *mom* 4⟩ | vor Schmerz ~ стона́ть от бо́ли; unter einer Last ~ стона́ть под бре́менем
Stöhnen *n* стон 2
Stoiker *m* сто́ик 2
stoisch стои́ческий
Stola *f* шаль 9, широ́кий шарф 2; *Rel* епитрахи́ль 9; *hist* сто́ла 6
¹Stollen *m* Gebäck рожде́ственский кекс 2, рожде́ственская коври́жка 6
²Stollen *Bergb* што́л|ьня 7 *G Pl* -ен; Hufeisen шип 2е
stolpern *intr* споты|ка́ться ⟨-кну́ться 4⟩ (über *A*) | er stolperte über dieses Wort он сби́лся [запну́лся] на э́том сло́ве
stolz 1. *Adj* го́рд:ый, -а́, -о, го́рды́ (auf *I*); hochmütig высокоме́р|ный, -ен | auf etw. ~ sein гор|ди́ться 3 -жу́сь чем-н. **2.** *Adv* го́рдо; mit Stolz с го́рдостью
Stolz *m* го́рдость 9 (auf за *A*); Hochmut высокоме́рие 5 | mit ~ с го́рдостью; aus falschem ~ hat er es abgelehnt он отказа́лся от э́того из ло́жной го́рдости
stolzieren *intr* го́рдо шага́ть, выступа́ть го́голем
Stomatolog|e *f* стомато́лог 2; **~ie** *f* стоматоло́гия 8
stomatologisch стоматологи́ческий
stopfen *intr* Strümpfe, Wäsche што́пать (за-); Pfeife набива́ть ⟨-|би́ть*⟩; *intr Med* крепи́ть 3 | j-m den Mund ~ *übertr* заткну́ть *v* 4 рот кому́-н.
Stopf|garn *m* што́пка 6, што́пальная ни́тка; **~nadel** *f* што́пальная игла́; **~pilz** *m* (деревя́нный) гриб|о́к, -ка́ 2 для што́пки
Stoppel *f Landw* жнивьё 3; ~n *Pl* Bart щети́на 6; **~feld** *n* жнивьё 3
stoppelig щети́нист:ый
stoppeln *tr u. intr* собира́ть ⟨-|бра́ть*⟩ | Kartoffeln ~ собира́ть карто́шку, оста́вшуюся 11 на по́ле по́сле убо́рки
stoppen *tr* Fahrzeug остан|а́вливать ⟨-ови́ть 3⁺ -овлю́⟩; Motor сто́порить 3 (за-); Zahlungen, Lieferungen прекра|ща́ть ⟨-ти́ть 3 -щу́⟩; *intr* остан|а́вливаться ⟨-ови́ться⟩ | die Zeit ~ засека́ть ⟨-|се́чь*⟩ вре́мя (секундоме́ром)
Stopper *m* Fußball центра́льный защи́тник 2, сто́пер 2
Stopp|licht *n* светово́й стоп-сигна́л 2; **~schild** *n* знак 2 обяза́тельной остано́вки, знак «стоп»; **~straße** *f* у́лица с сигна́лом стоп; **~uhr** *f* секундоме́р 2
Stöpsel *m* Verschluß про́бка 6; *El* ште́псел|ь [тэ] 1b *Pl* -я́
stöpseln *tr* затыка́ть ⟨-ткну́ть 4⟩ (про́бкой); *El* вставля́ть ⟨-ста́вить 3 -ста́влю⟩ ште́псельную [тэ] ви́лку
Stör *m* осётр 2е
störanfällig подве́рженный поврежде́ниям; *Rad* чувстви́тел|ьный, -ен, -ьна к поме́хам | ~ sein подверга́ться ⟨-ве́ргнуться 4а *u.* 4⟩ поврежде́ниям
Störanfälligkeit *f Tech* поврежда́емость 9; *Rad* чувстви́тельность 9 к поме́хам
Storch *m* а́ист 2
Storchennest *n* гнездо́ а́иста, а́истовое гнездо́
Storchschnabel *m Bot* гера́нь 9; *Tech* панто́граф 2
Store *m* Vorhang што́ра 6
stören *tr* Ruhe, Ordnung, Pläne нар|уша́ть ⟨-у́шить 3⟩; behindern меша́ть (по-) *D;* beunruhigen беспоко́ить 3 | j-n bei der Arbeit ~ меша́ть кому́-н. в рабо́те [рабо́тать]; j-n in seiner Ruhe [im Schlaf] ~ нару́шить чей-н. поко́й [сон]; darf ich ~? я не помеша́ю?, разреши́те (войти́)?; lassen Sie sich nicht ~! не беспоко́йтесь, пожа́луйста!; gestört нару́шенный; Motor, Telefon неиспра́в|ный, -ен; der Rundfunkempfang ist heute gestört сего́дня (в эфи́ре) мно́го поме́х; das Telefon ist gestört телефо́н испо́рчен
Störenfried *m* наруши́тель 1 споко́йствия [поко́я]
Stör|faktor *m* меша́ющий 11 фа́ктор; **~geräusch** *n* шумово́й фон 2; **~manöver** *n* меша́ющий 11 мане́вр
stornieren *tr* сторни́ровать *uv, v* 2
störrisch упря́м:ый | ein ~es Pferd норови́стая ло́шадь
Störsender *m* меща́ющий переда́тчик 11-2
Störung *f* der Ruhe, der Ordnung наруше́ние 5; durch Besuch беспоко́йство 4; *Med* расстро́йство 4; Betriebs~, bei der Arbeit поме́ха 6, непола́дки *Pl* 6; *Tech* поврежде́ние 5; des Verkehrs зато́р 2, заде́ржка 6 (движе́ния); *Rad* (атмосфе́рные) поме́хи 6; *Met* возмуще́ние 5 | betriebliche ~en техни́ческая неиспра́вность 9; geistige ~ психи́ческое расстро́йство
störungsfrei безавари́йный, бесперебо́|йный, -ен; *Rad* (рабо́тающий 11) без поме́х | der Motor arbeitet ~ дви́гатель рабо́тает бесперебо́йно
störungslos бесперебо́|йный, -ен | ~er Arbeitsablauf бесперебо́йная рабо́та
Störungsstelle *f El* авари́йный отде́л 2; *Tel* бюро́ *n idkl* поврежде́ний
Störversuch *m* попы́тка помеша́ть чему́-н.
Stoß *m* Aufprall, heftige Bewegung тол-

ч|ок| -ка́ 2; mit dem Fuß пин|о́к| -ка́ 2; mit der Faust, einem Werkzeug, einer Waffe уда́р 2; Erdbeben∼ толчо́к; Wind∼ поры́в 2; Aufgehäuftes ку́ча 6; Akten∼, Bücher∼ ки́па 6, стопа́ 6c; *Tech* Verbindungsstelle стык 2; *Sport* уда́р 2 | j-m einen ∼ geben толк|а́ть ⟨-ну́ть 4⟩ кого́-н., ударя́ть ⟨уда́рить 3⟩ кого́-н.; ∼**arbeit** *f* dringende Terminarbeit авра́льная рабо́та, штурмовщи́на 6 *umg;* ∼**dämpfer** *m* амортиза́тор 2

Stößel *m* Werkzeug zum Stoßen, Zerkleinern пест 2e, пе́стик 2; eines Ventils толка́тель 1; Stoßmaschine долбя́к 2e

stoßen *tr* einen Stoß geben толк|а́ть ⟨-ну́ть 4⟩; kräftig ударя́ть ⟨уда́рить 3⟩; mit dem Fuß пина́ть ⟨пнуть| пну| пнёшь⟩; verletzen ушиба́ть ⟨-|шиби́ть*⟩; Dolch, Messer u. a. вон|за́ть ⟨-зи́ть 3 -жу́| -зённый⟩ (in в *A*); im Mörser толо́чь* (ис-, рас-); mit den Hörnern бода́ть (за-); *intr* Wagen трясти́*; entdekken ната́лкиваться ⟨-толкну́ться 4⟩ (auf на *A*); mit den Hörnern zustoßen бода́ться; angrenzen прим|ыка́ть ⟨-кну́ть 4⟩ (an к *D*); sich vereinigen присоедин|я́ться ⟨-и́ться 3⟩ (zu к *D*); sich ∼ *refl* толк|а́ться ⟨-ну́ться⟩; anprallen ударя́ться ⟨уда́риться 3⟩ (an, gegen о *A*); sich verletzen ушиб|а́ться ⟨-и́ться⟩ (an о *A*); *übertr* Ärgernis nehmen быть* шоки́рованным (an *I*) | stoß dich nicht! не толка́йся!; der Ziegenbock stößt козёл бода́ется; ich bin heute zufällig auf ihn gestoßen я сего́дня случа́йно натолкну́лся [наткну́лся] на него́

Stoß|kraft *f Phys* си́ла уда́ра; *Mil* уда́рная си́ла; ∼**seufzer** *m* тяжёлый вздох; ∼**stange** *f* Auto ба́мпер 2; ∼**therapie** *f* уда́рное лече́ние 5; ∼**trupp** *m* штурмова́я [уда́рная] гру́ппа; ∼**waffe** *f* ко́лющее 11 ору́жие

stoßweise 1. *Adj* преры́вист:ый; **2.** *Adv* in Stapeln сто́пами, ки́пами

Stoß|zahn *m* би́в|ень| -ня 1; ∼**zeit** *f* часы́ пик

Stotterer *m* заи́ка *m, f* 6

stottern *intr* заик|а́ться ⟨-ну́ться 4⟩ | eine Entschuldigung ∼ лепета́ть* (про-) извине́ние

Stottern *n* заика́ние 5 | auf ∼ kaufen *umg* покупа́ть ⟨куп|и́ть 3 -лю́⟩ в рассро́чку [в креди́т]

stracks *Adv* räumlich пря́мо; zeitlich то́тчас, неме́дленно, сейча́с же

Straf|androhung *f* угро́за наказа́ния; ∼**anstalt** *f* ме́сто 4b заключе́ния, тюр|ьма́ 6c *G Pl* -ем; ∼**antrag** *m* vom Staatsanwalt предложе́ние о примене́нии наказа́ния; ∼**anzeige** *f* заявле́ние 5 о совершённом преступле́нии; ∼**aufschub** *m* отсро́чка наказа́ния; ∼**bank** *f* Eishockey штрафна́я скамья́, скамья́ (для) оштрафо́ванных

strafbar наказу́ем:ый | sich ∼ machen нар|уша́ть ⟨-у́шить 3⟩ зако́н; *Sport* прошта́ф|иться *v* 3 -люсь

Straf|barkeit *f* наказу́емость 9; ∼**bescheid** *m* уведомле́ние 5 о наложе́нии штра́фа

Strafe *f* Erziehungs∼, Freiheits∼ наказа́ние 5; *gehoben* ка́ра 6; Geld∼ штраф 2; Disziplinar∼, Ordnungs∼ взыска́ние 5; Konventional∼ неусто́йка 6 | über j-n eine ∼ verhängen прису|жда́ть ⟨-ди́ть 3⁺ -жу́⟩ кого́-н. к наказа́нию; das ist bei ∼ verboten э́то запрещено́ под угро́зой наказа́ния; zur ∼ в наказа́ние

strafen *tr* нака́зывать ⟨-|каза́ть*⟩ (für, wegen за *A*); *gehoben* кара́ть (по-) (für, wegen за *A*) | j-n Lügen ∼ улич|а́ть ⟨-и́ть 3⟩ кого́-н. во лжи; ein ∼der Blick уничтожа́ющий 11 взгляд

Straferlaß *m* освобожде́ние 5 от наказа́ния, амни́стия 8

straff Seil туг:о́й| -а́!| ту́же, ту́го натя́нут:ый; stramm, diszipliniert подтя́нут:ый; streng: Leitung, Disziplin стро́г:ий| -а́!| стро́же; Komposition, Stil сжа́тый | ∼es Haar гла́дкие во́лосы; ein ∼es Regiment führen вести́* стро́гий режи́м, быть* стро́гим руководи́телем [нача́льником]; eine ∼e Organisation чёткая организа́ция

straffällig заслу́живающий 11 наказа́ния | ∼ werden соверши́ть *v* 3 наказу́емое де́яние

straffen *tr* натя́гивать ⟨-тяну́ть 4⁺⟩; Lehrplan, Inhalt ограни́ч|ивать ⟨-ить 3⟩; Darlegungen сокра|ща́ть ⟨-ти́ть 3 -щу́⟩; sich ∼ *refl* натя́гиваться ⟨-тяну́ться⟩; sich aufrichten выпрямля́ться ⟨вы́прям|иться 3 -люсь⟩

Straffheit *f* Seil натяже́ние 5; Haut гла́дкость 9; Planung стро́гость 9

straffrei безнака́зан:ный| -на | er ging ∼ aus он оста́лся безнака́занным

Straffreiheit безнака́занность 9

straffziehen *tr* Gürtel подтя́гивать ⟨-тяну́ть 4⁺⟩; Tischtuch попр|авля́ть ⟨-а́вить 3 -а́влю⟩; Seil натя́гивать ⟨-тяну́ть⟩

Straf|gefangener *m* заключённый *Subst* 10; ∼**gericht** *n* уголо́вный суд; ∼**gesetzbuch** *n* уголо́вный ко́декс 2; ∼**kammer** *f* уголо́вная пала́та; ∼**lager** *n* исправи́тельный ла́герь

sträflich непрости́тел|ьный| -ен; tadelnswert досто́йный порица́ния; unzulässig недопусти́м:ый | ∼er Leichtsinn престу́пное легкомы́слие

Sträfling *m* заключённый *Subst* 10, аре-ста́нт 2

straflos безнака́зан:ный| -на

Straf|losigkeit *f* безнака́занность 9; **~maß** *n* ме́ра наказа́ния; **~milderung** *f* смягче́ние [хч] наказа́ния; **~porto** *n* почто́вая допла́та 6; **~predigt** *f* головомо́йка 6 | j-m eine ≈ halten чита́ть (про-) нота́цию кому́-н.
Strafprozeß *m* уголо́вный проце́сс; **~ordnung** *f* уголо́вно-процессуа́льный ко́декс
Straf|raum *m* Fußball штрафна́я площа́дка 6; **~recht** *n* уголо́вное пра́во
strafrechtlich уголо́вно-правово́й | ~ verfolgen подверга́ть ⟨-ве́ргнуть 4a *u.* 4⟩ уголо́вному пресле́дованию
Straf|sache *f* уголо́вное де́ло; **~stoß** *m* *Sport* пена́льти *f, m idkl,* одиннадцатиметро́вый (штрафно́й) уда́р; **~tat** *f* Verbrechen преступле́ние 5; **~verfahren** *n* Gerichts~ уголо́вное судопроизво́дство 4; Strafsache уголо́вное де́ло
strafversetzen *tr* переводи́ть 3⁺ -вожу́ ⟨-|вести́*⟩ (на другу́ю рабо́ту) в поря́дке администрати́вного взыска́ния [в ви́де наказа́ния]
Straf|vollstreckung *f* приведе́ние 5 пригово́ра в исполне́ние; **~vollzug** *m* Bestrafung исполне́ние наказа́ния
Strafvollzugsanstalt *f* ме́сто 4b отбыва́ния наказа́ния
Strafwurf *m* *Sport* штрафно́й бросо́к
Strahl *m* луч 2e *G Pl* -е́й; Wasser, Gas струя́ 7c; **~antrieb** реакти́вная тя́га 6, реакти́вный приво́д; **~bohrer** *m* термобу́р 2
strahlen *intr* сия́ть (за-); Scheinwerfer свети́ть 3⁺; Augen лучи́ться 3, сия́ть (за-); Edelstein блесте́ть*; *Phys* излуч|а́ть ⟨-и́ть 3⟩ | sein Gesicht strahlte vor Freude его́ лицо́ сия́ло от ра́дости
Strahlen|brechung *f* преломле́ние 5 луче́й, лучепреломле́ние 5; **~bündel** *n* пучо́к луче́й
strahlend сия́ющий 11; Morgen со́лнеч|ный, -ен | bei ~em Sonnenschein в прекрасне́йшую [со́лнечную] пого́ду
strahlenförmig лучеви́д|ный, -ен
Strahlen|krankheit *f* лучева́я боле́знь; **~schutz** *m* защи́та от излуче́ний [*Med* от облуче́ния]; **~schutzanzug** *m* пневмокостю́м 2, (противоа́томный) защи́тный костю́м [комбинезо́н 2]; **~therapie** *f* лучева́я терапи́я
Strahltriebwerk *n* реакти́вный дви́гатель
Strahlung *f* излуче́ние 5; *Phys* радиа́ция 8 | radioaktive ~ радиа́ция, радиоакти́вное излуче́ние
Strahlungs|energie *f* лучева́я эне́ргия; **~gürtel** *m* по́яс радиа́ции; **~wärme** *f* теплота́ излуче́ния
Strähne *f* прядь 9; Garn мот|о́к, -ка́ 2 | es regnet in dünnen ~n дождь идёт у́зкими полоса́ми
stramm 1. *Adj* kräftig gebaut кре́п|кий, -ок, -ка́!; кре́пче, здоро́в:ый; straff, gespannt натя́нутый, туг:о́й, -а!; ту́же | eine ~e Haltung молодцева́тая вы́правка, подтя́нутый вид **2.** *Adv* ту́го, пло́тно | die Hose sitzt (zu) ~ брю́ки пло́тно облега́ют фигу́ру; **~stehen** *intr* стоя́ть 3 навы́тяжку (vor пе́ред *I*)
Strampelhöschen *n* ползунки́ *Pl* 2
strampeln *intr* болта́ть нога́ми (и рука́ми), бара́хтаться
Strand *m* Küste морско́й бе́рег 2; на берегу́; Bade~ пляж 2 *G Pl* -ей | am ~ на пля́же; **~anzug** *m* пля́жный костю́м; **~bad** *n* пляж 2 *G Pl* -ей | im ≈ на пля́же; **~café** *n* кафе́ [фэ] на пля́же
stranden *intr* сади́ться 3 ⟨сесть*⟩ на мель, быть* вы́брошенным на бе́рег; *übertr* потерп|е́ть 3⁺ -лю́ круше́ние [неуда́чу]
Strand|gut *n* предме́ты *Pl* 2, вы́брошенные мо́рем (на бе́рег); **~hafer** пескolю́б 2; **~hut** *m* пля́жная шля́па, шля́па для пля́жа; **~kleid** *n* пля́жное [со́лнечное] пла́тье; **~kombination** *f* пля́жный костю́м 2; **~korb** *m* плетёное кре́сло с те́нтом [тэ] (на пля́же); **~promenade** *f* на́бережная *Subst* 10; **~schuhe** *m Pl* ту́фли *Pl* 6 для пля́жа, пля́жные босоно́ж|ки *Pl* 6 -ек; **~wache** *f* берегова́я охра́на 6
Strang *m* Strick верёвка 6; Pferdegeschirr постро́мка 6; Eisenbahn (железнодоро́жный) пут|ь 9e *I* -ём, (ре́льсовая) ни́тка 6; Rohrleitung ветвь 9g | zum Tode durch den ~ verurteilen приговори́ть *v* 3 к сме́ртной ка́зни че́рез пове́шение; wenn alle Stränge reißen на худо́й коне́ц; an einem ~ ziehen де́лать (с-) о́бщее де́ло; über die Stränge schlagen выхо|ди́ть 3⁺ -жу́ ⟨вы́|йти*⟩ из ра́мок дозво́ленного
strangulieren *tr* erdrosseln души́ть 3⁺ (за-), дав|и́ть 3⁺ -лю́ (у-)
Strapaze *f* (große) Anstrengung (большо́е) напряже́ние 5; ~n тру́дности *Pl* 9, тя́готы *Pl* 6 | er war den ~n der Reise nicht gewachsen тру́дности пути́ бы́ли для него́ непоси́льны
strapazieren *tr* sehr anstrengen о́чень утом|ля́ть ⟨-и́ть 3 -лю́⟩; *übertr* подверга́ть ⟨-ве́ргнуть 4a *u.* 4⟩ неприя́тностям [нагру́зкам] | einen Anzug ~ трепа́ть* (ис-, по-) костю́м, но|си́ть 3⁺ -шу́ костю́м не снима́я
strapazier|fähig про́ч|ный, -ен, -на́!; Kleidung a. но́с|кий, -ок, -ка; **~t** истрёпанный; abgedroschen изби́тый
strapaziös утоми́тел|ьный, -ен, -ьна
Strasbourg Страсбу́р 2
Straße *f* у́лица 6; Land~ доро́га 6; Meeres~ проли́в 2 | auf der ~ gehen идти́ по у́лице; über die ~ gehen переходи́ть 3⁺

-хожу́ ⟨-|йти́*⟩ (че́рез) у́лицу; er wohnt in dieser ~ он живёт на э́той у́лице; ist das die ~ nach Berlin? э́то доро́га на Берли́н?; Bier über die ~ verkaufen продава́ть пи́во навы́нос; j-n auf die ~ werfen *übertr* выбра́сывать ⟨вы́бро|сить 3 -шу⟩ кого́-н. на у́лицу

Straßen|anzug (мужско́й) повседне́вный костю́м 2, костю́м на ка́ждый день; **~arbeiter** *m* доро́жный рабо́чий

Straßenbahn *f* трамва́|й 1 *G Pl* -ев | mit der ~ fahren е́хать (по-) на трамва́е [трамва́ем]; **~anhänger** *m* прице́п 2 [прицепно́й ваго́н 2] трамва́я; **~er** *m* трамва́йщик 2; **~fahrer** *m* вагоновожа́тый *Subst* 10; **~fahrt** *f* прое́зд 2 на трамва́е; **~haltestelle** *f* трамва́йная остано́вка; **~hof** *m* трамва́йный парк 2; **~verkehr** *m* трамва́йное сообще́ние; **~wagen** *m* трамва́йный ваго́н

Straßen|bau *m* доро́жное строи́тельство; **~beleuchtung** *f* у́личное освеще́ние; **~bild** *n* о́блик 2 [вид 2] у́лицы; **~decke** *f* доро́жное покры́тие; **~ecke** *f* у́гол у́лицы; **~fahrer** *m* Radsport го́нщик 2 по шоссе́, шоссе́йник 2; **~front** *f* фаса́д 2 до́ма, выходя́щий 11 на у́лицу; **~graben** *m* доро́жный кюве́т, придоро́жная кана́ва; **~händler** *m* *úlihnüî torgówez, lótohnik [qn] 2;* **~junge** *f* у́личный мальчи́шка; **~kampf** у́личный бой; **~kehrer** *m* подмета́льщик 2 у́лиц; **~kehrmaschine** *f* подмета́льно-убо́рочная маши́на; **~kreuzung** *f* перекрёст|ок, -ка 2; **~lage** *f Kfz* усто́йчивость 9 (маши́ны) в движе́нии; **~laterne** *f* у́личный фона́рь; **~name** *m* назва́ние у́лицы; **~netz** *n* доро́жная сеть; **~pflaster** *n* мостова́я *Subst* 10; **~reinigung** *f* очи́стка у́лиц; städtische Behörde слу́жба 6 очи́стки у́лиц; **~rennen** *n Sport* шоссе́йные го́нки; **~schild** *n* табли́чка 6 с назва́нием у́лицы; **~sperre** *f* загражде́ние на доро́ге; **~sperrung** *f* перекры́тие 5 доро́ги [движе́ния по доро́ге]; **~tunnel** *m* доро́жный тунне́ль [нэ]; **~verengung** *f* су́женный уча́сток у́лицы [доро́ги]; **~verkauf** *m* у́личная торго́вля 7, прода́жа с лотко́в; **~verkehr** *m* движе́ние автотра́нспорта; in der Stadt у́личное движе́ние; **~verkehrsordnung** *f* пра́вила *Pl* 4 у́личного движе́ния; **~zustand** *m* состоя́ние доро́г; **~zustandsbericht** *m* сво́дка о состоя́нии доро́г

Strateg|e *m* страте́г 2; **~ie** *f* страте́гия 8

strategisch стратеги́ческий

Stratosphäre *f* стратосфе́ра 6

Stratosphären|ballon *m* стратоста́т 2; **~flug** *m* полёт в стратосфе́ру

sträuben *tr* Fell, Gefieder щети́нить 3 (о-); sich ~ *refl* щети́ниться (о-); Haare еро́шиться 3; *übertr* проти́в|иться 3 -люсь (вос-) (gegen *D*) | dem Hahn sträubten sich die Federn пету́х распуши́л свои́ пе́рья; sich mit Händen und Füßen ~ упира́ться рука́ми и нога́ми

Strauch *m* куст 2е, куста́рник 2

straucheln *intr* спот|ыка́ться ⟨-кну́ться 4⟩; danebentreten оступ|а́ться ⟨-и́ться 3⁺ -лю́сь⟩ *a. übertr*

Strauchwerk *n* куста́рник 2

[1]**Strauß** *m Zool* стра́ус 2

[2]**Strauß** *m* Blumen~ буке́т 2 | Blumen zu einem ~ binden составля́ть ⟨соста́в|ить 3⟩ -лю буке́т из цвето́в

Straußen|ei *n* стра́усовое яйцо́; **~feder** *f* стра́усовое перо́

Strebe *f Bauw* подко́с 2; Fachwerk раско́с 2; *Tech* распо́рка 6; **~balken** *m* подко́с 2; **~bogen** *m* аркбута́н 2, а́рочный контрфо́рс 2

streben *intr* стрем|и́ться -лю́сь (nach к *D*), добива́ться ⟨-|би́ться*⟩ (nach *G*) | nach vorwärts [zum Licht] ~ устрем|ля́ться ⟨-и́ться⟩ вперёд [к све́ту]

Streben *n* стремле́ние 5

Strebepfeiler *m* контрфо́рс 2

Streber *m* карьери́ст 2; **~tum** *n* карьери́зм 2

strebsam усе́р|дный, -ен, стара́тел|ьный, -ен, -ьна; zielbewußt целеустремлён:ный, -на

Strebsamkeit *f* усе́рдие 5, стара́ние 5; целеустремлённость 9

streckbar растяжи́м:ый

Streckbett *n Med* выпрямля́ющий аппара́т 11-2

Strecke *f* Entfernung расстоя́ние 5; Ausdehnung протяже́ние 5; Straßenabschnitt уча́ст|ок, -ка 2 доро́ги, тра́сса 6; Flug, Reise маршру́т 2; *Eisenb* ли́ния 8, уча́ст|ок, -ка 2, zwischen zwei Stationen перего́н 2; *Math* отре́зок; *Bergb* штрек 2; Verkehr диста́нция 8 *a. Sport* | die ~ ist frei путь свобо́ден, доро́га [ли́ния] свобо́дна; auf freier ~ halten останови́ться *v* на перего́не; zur ~ bringen *Jagd* у|би́ть* *v*, укла́дывать ⟨-ложи́ть 3⁺⟩

strecken *tr* вытя́гивать ⟨вы́тянуть 4⟩, растя́гивать ⟨-тяну́ть 4⁺⟩; Rationen, Vorräte растя́гивать ⟨-тяну́ть⟩, эконо́м|ить 3 -лю (с-); Sauce подме́шивать ⟨-меша́ть⟩; Metalle плю́щить (с-); sich ~ *refl* sich dehnen потя́гиваться ⟨-тяну́ться⟩; sich ausgestreckt hinlegen растя́гиваться ⟨-тяну́ться⟩; wachsen вытя́гиваться ⟨вы́тянуться⟩ | die Waffen ~ сложи́ть 3⁺ ору́дие; j-n zu Boden ~ вали́ть 3⁺ (по-) кого́-н. на зе́млю; sich ins Gras ~ растя́гиваться ⟨-тяну́ться⟩ на траве́; sich nach der Decke ~ *übertr* по одёжке протя́гивать но́жки

Strecken|arbeiter *m* рабо́чий на постро́йке желе́зной доро́ги; **~wärter** *m* путево́й сто́рож

streckenweise по уча́сткам

Streck|muskel *m* разгиба́ющая 11 мы́шца; **~sitz** *Sport* сед 2 с вы́прямленными нога́ми; **~ung** *f* вытя́гивание 5; Längen растя́гивание 5; **~verband** *m* перевя́зка с постоя́нным натяже́нием, вытя́гивающая 11 повя́зка

Streich *m* Possen шу́тка 6; *übertr* вы́ходка 6, проде́лка 6 | loser, lustiger ~ ша́лость 9; j-m einen ~ spielen игра́ть (сыгра́ть) с кем-н. шу́тку

streicheln *tr* гла́|дить 3 -жу (по-) (über по *D*)

streichen *tr* bestreichen нама́зывать ⟨-|ма́зать*⟩; anstreichen кра́|сить 3 -шу (по-); ausstreichen вычёркивать ⟨вы́черкнуть 4⟩; von der Tagesordnung снима́ть ⟨снять*⟩; Segel спус|ка́ть ⟨-сти́ть 3⁺ -щу́⟩; *intr* umherstreifen бро|ди́ть 3⁺ -жу́, хо|ди́ть 3⁺ -жу́; mit der Hand гла́|дить 3 -жу (по-) (über *A oder* по *D*) | frisch gestrichen! (осторо́жно) окра́шено!; gestrichen voll по́лный до краёв

Streicher *m Pl* игра́ющие *Subst* 11 на стру́нных инструме́нтах

Streichholz *n* спи́чка 6 | ein ~ anzünden заже́чь *v* спи́чку; **~fabrik** *f* спи́чечная фа́брика; **~schachtel** *f* спи́чечная коро́бка

Streich|instrument *n* стру́нный (смычко́вый) инструме́нт; **~musik** *f* стру́нная му́зыка; **~orchester** *n* орке́стр стру́нных инструме́нтов; **~quartett** *n* стру́нный кварте́т; **~riemen** *m*точи́льный реме́нь; **~ung** *f* Durchstreichen зачёркивание 5; Tilgen вычёркивание 5; Schuld погаше́ние 5; **~wurst** *f* (мя́гкая) колбаса́, нама́зываемая на хлеб

Streifband *n* бандеро́ль 9

Streife *f* патру́ль 1 | auf ~ sein нести́* патру́льную слу́жбу

streifen *tr* berühren задева́ть ⟨-|де́ть*⟩ *A*, за *A*, каса́ться ⟨косну́ться 4⟩ *G*; erwähnen каса́ться ⟨косну́ться⟩; *intr* umherstreifen бро|ди́ть 3⁺ -жу́, блужда́ть | die Kugel streifte ihn nur пу́ля лишь заде́ла [оцара́пала] его́; sein Blick streifte mich (kurz) его́ взгляд скользну́л по мне; die Sache kann nur kurz gestreift werden вопро́са мо́жно косну́ться то́лько слегка́; den Ring vom Finger ~ снима́ть ⟨снять*⟩ кольцо́ с па́льца

Streifen *m* полоса́ 6 *Pl* по́лосы, поло́с, полоса́м; Biese лампа́с 2; Film карти́на 6, ле́нта 6; **~hyäne** *f* гие́на полоса́тая; **~wagen** *m* патру́льная (полице́йская) маши́на

streifenweise полоса́ми

streifig полоса́т:ый

Streif|licht *n* скользя́щий 11 свет | ein ≈ auf etw. werfen броса́ть ⟨бро́сить⟩ не́который свет на что-н.; **~schuß** *m* лёгкое ране́ние 5, каса́тельное огнестре́льное ране́ние; **~zug** *m Mil* рейд 2; Wanderung экску́рсия 8

Streik *m* забасто́вка 6, ста́чка 6 | den ~ ausrufen объяв|ля́ть ⟨-и́ть 3⁺ -лю́⟩ забасто́вку; in den ~ treten забастова́ть *v* 2; **~aufruf** *m* призы́в к забасто́вке; **~bewegung** *f* забасто́вочное [ста́чечное] движе́ние; **~brecher** *m* штрейкбре́хер 2

streiken *intr* бастова́ть 2 (за-) (für за *A*); *übertr* отка́зываться ⟨-|каза́ться*⟩ (принима́ть уча́стие в чём-н.); Motor не рабо́тать

Streikender *m* забасто́вщик 2, басту́ющий *Subst* 11

Streik|komitee *n* забасто́вочный [ста́чечный] комите́т; **~posten** *m* пике́т 2 басту́ющих [забасто́вщиков]; **~recht** *n* пра́во на забасто́вку; **~welle** *f* волна́ забасто́вок [ста́чек]

Streit *m* спор 2; Zank ссо́ра 6; meist um Nichtigkeiten препира́ние 5; wissenschaftlicher ди́спут 2; Verhandlungssache де́ло 4b, проце́сс 2 | einen ~ vom Zaune brechen затева́ть ⟨зате́|ять, -ю, -ешь⟩ спор [ссо́ру]

streitbar zum Streit geneigt скло́н|ный, -ен, -на́! к ссо́рам, сварли́в:ый; *übertr* боево́й, во́инствен:ный, -на; Dichter вои́нствующий 11

streiten *intr* спо́рить 3 (по-) (über о *P*, за *A*, из-за *G*); zanken ссо́риться 3 (по-) (um, wegen из-за *G*); meist um Nichtigkeiten препира́ться | darüber läßt sich ~! э́то вопро́с спо́рный!

Streiter *m übertr* бор|е́ц, -ца́ 2

Streit|frage *f* спо́рный вопро́с; **~hammel** *m umg* зади́ра *m* 6, забия́ка *m* 6

streitig спо́р|ный, -ен, оспа́риваемый | j-m etw. ~ machen осп|а́ривать ⟨-о́рить 3⟩ что-н. у кого́-н.

Streitigkeit *f meist Pl* ссо́ры *Pl* 6, препира́ния *Pl* 5

Streit|kräfte *f Pl* вооружённые си́лы; **~objekt** *n* предме́т спо́ра; **~punkt** *m* спо́рный пункт; **~schrift** *f* полеми́ческое сочине́ние; **~sucht** *f* сварли́вость 9

streitsüchtig лю́бящий 11 спо́рить [ссо́риться], сварли́в:ый

streng 1. *Adj* стро́г:ий, -а́!; стро́же; rauh, hart суро́в:ый; Geruch ре́з|кий, -ок, -ка́! | ~er Frost си́льный моро́з; ~es Klima суро́вый кли́мат; im ~sten Sinne des Wortes в буква́льном смы́сле сло́ва; mit j-m ~ sein быть стро́гим к кому́-н.; j-n ~ halten держа́ть кого́-н. в ежо́вых рукави́цах **2.** *Adv:* sie ist ~ nach der Mode gekleidet онá одéта стрóго по мóде; auf das ~ste строжáйшим óбразом; ~stens verboten категори́чески воспрещáется; ~ geheim совершéнно секрéтно

Strenge *f* стрóгость 9; Rauheit сурóвость 9 | mit äußerster ~ со всей стрóгостью

streng|genommen *Adv* стрóго [сóбственно] говоря́, в сýщности; ~**gläubig** правовéр|ный, -ен

Streß *m* стресс [рэ] 2

Streu *f* Lager подсти́лка 6; ~**büchse** *f* für Salz солóнка 6; für Pfeffer пéречница 6; für Zucker сáхарница 6

streuen *tr* сы́пать* (по-), рассыпáть ⟨-сы́пать⟩ (auf на *A*, по *D*), auf größere Fläche разбрáсывать ⟨-бросáть⟩; bestreuen посыпáть ⟨-сы́пать⟩; *intr* Gewehr бить* с рассéиванием | Sand (auf die Straße) ~ посыпáть (ýлицу) пескóм; Dünger ~ разбр|áсывать ⟨-осáть⟩ удобрéние; Blumen (auf den Weg) ~ усыпáть (путь) цветáми

Streu|pflicht *f* обя́занность посыпáть ⟨-сы́пать*⟩ ýлицу пескóм (при гололёде); ~**selkuchen** *m* пирóг [пирóжное] с посы́пкой из мукú, мáсла и сáхара; ~**ung** *f* von Waren распределéние 5; *Phys, Med* рассéивание 5; *El* утéчка 6; ~**zucker** *m* сáхарный пес|óк, -кá 2

Strich *m* чертá 6; dünner штрих 2е; Linie ли́ния 8; Binde~ чёрточка 6; Gebiet, Streifen полосá 6 *Pl* пóлосы, полóс, полосáм; Fell, Gewebe, Tuch ворс 2; *Mus* удáр 2 смычкá | mit wenigen ~en нéсколькими штрихáми; das macht mir einen ~ durch die Rechnung э́то расстрáивает мои́ плáны; gegen den ~ Fell прóтив шéрсти; Stoff прóтив вóрса; das geht mir gegen den ~ э́то меня́ не устрáивает, э́то мне не по нутрý; einen ~ machen unter *übertr* подводи́ть 3⁺ -вожý ⟨-|вести́*⟩ чертý под чем-н.; nach ~ und Faden основáтельно, по всем прáвилам; ~**ätzung** *f Typ* штриховóе клишé *n idkl*

stricheln *tr* дéлать (с-) штриховóй рисýнок; schraffieren штриховáть 2 (за-) | gestrichelte Linie штриховáя ли́ния

Strichregen *m* дождь, идýщий 11 полосóй

strichweise *Adv* полосáми, местáми

Strichzeichnung *f* штриховóй рисýнок

Strick *m* верёвка 6; Tau канáт 2; *umg* Schlingel, Schelm сорвáн|ец, -цá 2, плути́шка *m* 6 | wenn alle ~e reißen *umg* на худóй конéц; j-m einen ~ drehen *umg* подводи́ть 3⁺ -вожý ⟨-|вести́*⟩ когó-н., спосóбствовать 2 чьей-н. неудáче [ги́бели]

stricken *tr u. intr* вязáть* (с-) (на спи́цах) | an etw. ~ вязáть что-н. (на спи́цах)

Stricker|ei *f* Gegenstand вязáнье 5; ~**in** *f* вязáльщица 6

Strick|garn *n* пря́жа для вязáния; ~**handschuh** *m* вя́заная рукави́ца; ~**jacke** *f* вя́заная кóфта; ~**kleid** *n* вя́заное [трикотáжное] плáтье; ~**leiter** *f* верёвочная лéстница; ~**muster** *n* узóр для вязáния; ~**nadel** *f* (вязáльная) спи́ца 6; ~**waren** *f Pl* вя́заные издéлия; ~**zeug** *n* вязáнье 5 (на спи́цах); Nadeln und Wolle пря́жа 6 и спи́цы *Pl* 6 для вязáния

Striegel *m* скребни́ца 6

striegeln *tr Pferd* чи́|стить 3 -щу (вы́-) скребни́цей

Striemen *m* полосá 6 *Pl* пóлосы, полóс, полосáм, руб|éц, -цá 2

striemig исполосóван|ный, -а

strikt 1. *Adj* genau тóч|ный, -ен, -нá!; unbedingt определён|ный, -ен, -на | ~er Befehl категори́ческий прикáз **2.** *Adv* тóчно, пунктуáльно | etw. ~ ablehnen категори́чески отклони́ть *v* 3⁺ что-н., от|казáть* *v* наотрéз

Strippe *f umg* Bindfaden, Schnur бечёвка | er hängt an der ~ *umg* он виси́т на телефóне

Striptease *n* стрипти́з 2

strittig спóр|ный, -ен

Stroh *n* солóма 6 | leeres ~ dreschen переливáть из пустóго в порóжнее; ~**ballen** *m* тюк из солóмы; ~**blume** *f* сухоцвéт 2; ~**bund** *n* вязáнка солóмы; ~**dach** *n* солóменная кры́ша; ~**feuer** *n übertr* мимолётный успéх

strohgelb солóменно-жёлтый

Stroh|halm *m* солóминка 6 | nach dem rettenden ≈ greifen хватáться за солóминку; ~**hut** *m* солóменная шля́па; ~**hütte** *f* хи́жина 6, кры́тая солóмой; ~**kopf** *m umg* наби́тый дурáк 2е; ~**mann** *m übertr* подставнóе лицó 4с; ~**matte** *f* солóменная рогóжа; ~**presse** *f* пресс для солóмы, соломопрéсс 2; ~**sack** *m* сóломенный тюфя́к 2е; ~**schneidemaschine** *f* соломорéзка 6; ~**witwer** *m* солóменный вдовéц

Strolch *m* бродя́га *m* 6 | ein kleiner ~ озорни́к 2е

Strom *m* großer Fluß многовóдная рекá 6; Strömung течéние 5; *El* ток 2; *übertr* потóк 2 | es regnet in Strömen дождь льёт как из ведрá; gegen den ~ schwimmen плыть прóтив течéния; die Tränen fließen in Strömen слёзы льóтся ручьём [потóком]; ~**abnehmer** *m* потреби́тель 1 электроэнéргии; *Tech* токоприёмник 2; ~**abschaltung** *f* (врéменное) отключéние 5 тóка

stromabwärts *Adv* вниз по течéнию [по рекé]

Stromart *f* род тóка

stromaufwärts *Adv* вверх по течéнию [по рекé], прóтив течéния

Strombett *n* лóже [рýсло] реки́

strömen *intr* Wasser, Blut течь* (по-); Regen, Licht, Duft ли́ться*ı ли́ли́сь (по-); Gas стру́иться 3; *übertr* Menschen устрем|ля́ться ⟨-и́ться 3⟩, повали́ть *v* 3⁺ | ~der Regen проливно́й дождь
Stromentnahme *f* отбо́р 2 то́ка
Stromer *m umg* бродя́га *m* 6
Strom|erzeuger *m* генера́тор 2; **~erzeugung** *f* вы́работка 6 электроэне́ргии, генери́рование 5 то́ка; **~gebiet** *n* бассе́йн 2 реки́
stromintensiv энергоёмкий
Strom|kreis *m* электри́ческая цепь, цепь то́ка; **~leiter** *m* проводни́к 2e; **~leitung** *f* электропрово́дка 6; **~linienform** *f* обтека́емая фо́рма
stromlinienförmig обтека́ем:ый, обтека́емой фо́рмы
Strom|netz *n* электросе́ть 9g; **~quelle** *f* исто́чник то́ка; **~schnelle** *f* поро́ги *Pl* 2, быстрина́ 6c; **~schwankung** *f* колеба́ние си́лы то́ка; **~spannung** *f* напряже́ние то́ка; **~sperre** *f* (вре́менное) прекраще́ние 5 пода́чи то́ка; **~stärke** *f* си́ла то́ка
Strömung *f* тече́ние 5; *übertr* тече́ние, направле́ние 5; in Mode тенде́нция [тэ; дэ] 8
Strom|verbrauch *m* потребле́ние 5 то́ка [электри́ческой эне́ргии]; **~versorgung** *f* электроснабже́ние 5; **~zähler** *m* электри́ческий счётчик
Strontium *n* стро́нций 1
Strophantin *n* строфанти́н 2
Strophe *f* строфа́ 6h
strotzen *intr* быть* по́лным (vor, von *G*) | er strotzt von Gesundheit он пы́шет здоро́вьем; er strotzt von Kraft он по́лон сил
strubbelig растрёпан:ныйı -а; Haar *a.* взъеро́шен:ныйı -а
Strubbelkopf *m* Person растрёпа *m, f* 6
Strudel *m* водоворо́т 2
Struktur *f* структу́ра 6; Gefüge, (Auf-) Bau строе́ние 5 *a. Text; Min,* Kristallkunde тексту́ра 6
Strukturalismus *m* структурали́зм 2
strukturell 1. *Adj* структу́рный 2. *Adv* по структу́ре
Struktur|gewebe *n* структу́рная мате́рия 8; **~plan** *m* структу́рный план
Strumpf *m* чул|о́кı -ка́ 2 *G Pl* -о́к; **~band** *n* подвя́зка 6 для чуло́к; **~fabrik** *f* чуло́чная фа́брика
Strumpfhalter *m* (да́мская) подвя́зка (для чуло́к); **~gürtel** *m* (да́мский) по́яс с подвя́зками для чуло́к
Strumpf|hose *f* колго́т|киı -ок *Pl* 6; **~socke** *f* дли́нный носо́к; **~waren** *f Pl* чуло́чно-носо́чные изде́лия *Pl* 5; **~wirker** *m* чуло́чник 2
Strunk *m* Kohl кочеры́жка 6; Salat сте́б|ельı -ля 1g
struppig растрёпан:ныйı -а, взъеро́шен:ныйı -а; Fell лохма́т:ый
Struw[w]elpeter *m* Стёпка-растрёпка 6-6
Strychnin *n* стрихни́н 2
Stube *f* ко́мната 6 | die gute ~ гости́ная *Subst* 10
Stuben|arrest *m* дома́шний 11 аре́ст; **~dienst** *m* дежу́рство по убо́рке помеще́ния; **~gelehrter** *m* кабине́тный учёный; **~hocker** *m* домосе́д 2; **~mädchen** *n* го́рничная *Subst* 10
stubenrein чи́ст:ыйı -а́ı -о, чи́сты́, не па́чкающий 11 в ко́мнате
Stuck *m Arch* штукату́рка 6 | mit ~ bewerfen штукату́рить 3 ⟨от-⟩
Stück *n* Brot, Zucker, Seife кус|о́кı -ка́ 2; ein kleines *a.* кусо́ч|екı -ка 2; Butter, Margarine па́чка 6; Teil часть 9g; abgesprungenes обло́м|окı -ка 2; Eier, Ware, Gepäck шту́ка 6; Vieh голова́ 6a; Fragment, Auszug отры́в|окı -ка 2; *Theat* пье́са 6; im Konzert, Zirkus но́мер 2b *Pl* -а́ | ein abgehauenes ~ обру́б|окı -ка 2; ein angesetztes ~ наста́вка 6; an die zehn ~ штук де́сять; ein ~ Land уча́сток земли́; aus einem ~ из одного́ куска́; in ~e gehen разбива́ться ⟨-|би́ться*ı -обьётся⟩ на кусо́чки; aus freien ~en доброво́льно, по со́бственному почи́ну; er hat ein gutes ~ Arbeit geleistet он нема́ло [изря́дно] потруди́лся; große ~e auf j-n halten быть* о́чень высо́кого мне́ния о ком-н.; возлага́ть ⟨-ложи́ть 3⁺⟩ больши́е наде́жды на кого́-н.; das ist ein starkes ~! э́то уж сли́шком!; **~chen** *n* кусо́ч|екı -ка 2 | ein ≈ немно́жко
stückeln *tr* zusammenflicken, -setzen сшива́ть ⟨-|шить*ı сошью⟩ из ме́лких куско́в
Stück|gut *n Eisenb* шту́чный груз; **~kohle** *f* (крупно)кусково́й у́голь; **~lohn** *m* сде́льная [пошту́чная] опла́та; **~preis** *m* пошту́чная цена́; **~ware** *f* шту́чный това́р
stückweise пошту́чно; in Stücken куска́ми
Stück|werk *n* незако́нченная [неце́льная] рабо́та | diese Arbeit ist nur ≈ э́та рабо́та лишена́ це́льности; **~zahl** *f* коли́чество экземпля́ров [штук, куско́в] | in geringer [großer] ≈ herstellen изгот|овля́ть ⟨-о́вить⟩ ме́лкими [кру́пными] се́риями; **~zucker** *m* са́хар-рафина́д 2-2
Student *m* студе́нт 2 | ~ der Medizin студе́нт медици́нского факульте́та; *umg* студе́нт-ме́дик 2-2; ~ des ersten Studienjahres студе́нт пе́рвого ку́рса, первоку́рсник 2
Studenten|austausch *m* обме́н студе́нтами; **~ausweis** *m* студе́нческий биле́т; **~blume** *f Bot* ба́рхатцы *Pl* 2; **~futter** *n* смесь 9 изю́ма, минда́ля, гре́цкого и

земляно́го оре́хов; **~schaft** *f* студе́нчество 4; **~weltmeister** *m* чемпио́н ми́ра среди́ студе́нтов; **~wohnheim** *n* студе́нческое общежи́тие; **~zeit** *f* студе́нческие времена́

Studentin *f* студе́нтка 6

studentisch 1. *Adj* студе́нческий **2.** *Adv* по-студе́нчески

Studie *f Kunst* эски́з 2; Malerei, Literatur a. этю́д 2; für eine wissenschaftliche Arbeit иссле́дование 5; wissenschaftliche Untersuchung нау́чный тракта́т 2

Studien|aufhalt *m* (нау́чная) стажиро́вка 6, (нау́чная) командиро́вка 6; **~buch** *n* зачётная кни́жка; **~dauer** *f* срок обуче́ния (в ву́зе); **~fach** *n* уче́бный предме́т; **~gebühr** *f* пла́та за обуче́ние (в ву́зе); **~gruppe** *f* уче́бная гру́ппа (в ву́зе); Arbeitskreis кружо́к 2

studienhalber *Adv* с уче́бной це́лью

Studien|jahr *n* уче́бный год; an Fach- und Hochschulen a. курс 2 | im ersten ~ на пе́рвом ку́рсе; Student des gleichen ≈es одноку́рсник 2; **~plan** уче́бный план; **~platz** *m* ме́сто в вы́сшем уче́бном заведе́нии; **~reise** *f* нау́чная [тво́рческая] командиро́вка; **~tag** *m* день самостоя́тельной рабо́ты (студе́нта); тво́рческий день; **~urlaub** *m* о́тпуск, предоставля́емый для учёбы [для изуче́ния чего́-н.], тво́рческий о́тпуск; **~ziel** *n* цель обуче́ния; best. Fach специа́льность 9

studieren *tr* изуч|а́ть ⟨-и́ть 3⁺; *intr* Student sein учи́ться 3⁺, быть* студе́нтом | er studiert Medizin он изуча́ет медици́ну; an einer Hochschule ~ учи́ться в ву́зе, быть студе́нтом ву́за; an welcher Hochschule studiert er? в како́м ву́зе [институ́те] он у́чится?; im ersten Studienjahr ~ учи́ться на пе́рвом ку́рсе

Studierender *m* студе́нт 2

Studierzimmer *n* (рабо́чий) кабине́т (11-)2

Studi|o *n* сту́дия 8; Film, Fernsehen a. ателье́ [тэ] *n idkl,* павильо́н 2 | im ≈ в [на] сту́дии; **~um** *n* учёба 6, заня́тия *Pl* 5; Studieren изуче́ние 5 *G* | postgraduales ≈ послеву́зовское обуче́ние 5; das ≈ an einer Universität aufnehmen поступ|а́ть ⟨-и́ть 3⁺ -лю́⟩ в университе́т

Stufe *f* Abschnitt, Rang∸, Raketen∸ ступе́нь 9; Treppe ступе́нька 6; Abstufung усту́п 2; Grad сте́пень 9g | von ~ zu ~ со ступе́ньки на ступе́ньку; die ~n hinabschreiten спуска́ться по ступе́нькам; auf niedriger ~ на ни́зком у́ровне; j-n mit j-m auf die gleiche ~ stellen ста́вить (по-) на одну́ до́ску кого́-н. с кем-н.

Stufen|barren *m* разновысо́кие бру́сья; **~folge** *f* после́довательность 9, постепе́нное разви́тие 5

stufenförmig *m* ступе́нчатый

Stufen|leiter *f* ле́стница-стремя́нка 6-6; *übertr* иера́рхия 8; **~rakete** *f* составна́я [многоступе́нчатая] ракéта

stufenweise 1. *Adj* постепе́нный **2.** *Adv* постепе́нно, после́довательно; allmählich ма́ло-пома́лу

Stuhl *m* стул 2 *Pl* -ья, -ьев 1; *Med* стул 2; *Tech* Gestell стани́на 6, ра́ма 6; Werkbank, Web∸ стан|о́к, -ка́ 2 | der Heilige ~ па́пский престо́л 2; sich auf einen ~ setzen сади́ться ⟨сесть⟩ на стул; j-m den ~ vor die Tür setzen выпрова́живать ⟨вы́прово|дить 3 -жу⟩ кого́-н.; sich zwischen zwei Stühle setzen ока|за́ться* *v* ме́жду двух сту́льев; **~bein** *n* но́жка сту́ла; **~gang** *m Med* стул 2 | keinen ≈ haben страда́ть запо́ром, не име́ть сту́ла; **~lehne** *f* спи́нка сту́ла

Stukkat|eur *m* штукату́р 2 (по лепны́м рабо́там); **~ur** *f* штукату́рная [лепна́я] рабо́та 6

Stulle *f* бутербро́д [тэр] 2

Stulpe *f* Ärmel, Stiefel отворо́т 2

stülpen *tr* (darauf)setzen накрыва́ть ⟨-|кры́ть*⟩ (etw. über etw. что-н. чем-н.) | den Hut auf den Kopf ~ нахлобу́чить *v* 3 шля́пу (на го́лову)

Stulpenstiefel *m* сапо́г с отворо́том

stumm нем:о́й, -а́!; laut-, wortlos безмо́лв|ный, -ен | er blieb ~ wie ein Fisch он молча́л как ры́ба

Stummel *m* Zigaretten∸ оку́р|ок, -ка 2; Kerzen∸ ога́р|ок, -ка 2; *Med* культя́ 7

Stummer *m* немо́й *Subst* 10

Stummfilm *m* немо́й фильм

Stümper *m* Pfuscher халту́рщик 2; **~ei** *f* халту́ра 6

stümperhaft халту́р|ный, -ен

stümpern *intr* халту́рить 3 (с-)

stumpf туп:о́й, -а! *a. übertr;* glanzlos ма́товый, без бле́ска; *Math* Kegel усеч|ённый, -ён, -ена́; Winkel тупо́й | ~er Blick тупо́й взгляд; ~ machen туп|и́ть 3⁺ -лю́ (за-, ис-); ein wenig притуп|ля́ть ⟨-и́ть 3⁺ -лю́⟩; ~ werden тупе́ть (о-), притуп|ля́ться ⟨-и́ться⟩ *a. übertr*

Stumpf *m* Rest(stück), Ende оста́т|ок, -ка 2, ко́нчик 2; Baum∸ пень, пня 1 | mit ~ und Stiel ausrotten вырыва́ть ⟨вы́|рвать*⟩ с ко́рнем; **~heit** *f* ту́пость 9; **~sinn** *m* тупоу́мие 5, ту́пость 9

stumpf|sinnig туп:о́й, -а́!, тупоу́м|ный, -ен; **~wink[e]lig** тупоуго́льный

Stunde *f* час 2b nach den Zahlen 2, 3, 4 *G* часа́; в ча́се *u.* в часу́; Unterricht уро́к 2; Zeit(spanne) час, вре́мя; Augenblick моме́нт 2 | eine halbe ~ полча́са, получа́са 2; eine (halbe) ~ eher (полу)ча́сом ра́ньше; in einer ~ че́рез час; von ~ zu ~ с ча́су на час, час о́т часу; ~ um ~ час за ча́сом; zur ~ тепе́рь, сейча́с; in der ach-

ten ~ в восьмóм часý; zur bestimmten ~ в определённый час; zur ~ ist noch nichts entschieden до настоя́щего момéнта ещё ничегó не решенó; seine (letzte) ~ hat geschlagen егó (послéдний) час прóбил; sie nimmt ~n онá берёт урóки; in der ~ на урóке; dem Glücklichen schlägt keine ~ счастли́вые часóв не наблюдáют
stunden *tr* отсрóч|ивать ⟨-ить 3⟩
Stunden|geschwindigkeit *f* скóрость в час; **~kilometer** *n* киломéтр(ов) в час
stundenlang 1. *Adj* длящийся 11 часáми; *übertr* бесконéчный **2.** *Adv* часáми, по цéлым часáм
Stunden|lohn *m* почасовáя оплáта трудá; **~plan** *m* расписáние 5 урóков; **~schlag** *m* бой часóв
stundenweise *Adv* по часáм
Stundenzeiger *m* часовáя стрéлка
stündlich 1. *Adj* ежечáсный **2.** *Adv* ежечáсно, кáждый час; с чáсу на час ‖ die Züge verkehren ~ поездá хóдят кáждый час; ich erwarte ~ eine Antwort с чáсу на час я жду отвéта
Stundung *f* отсрóчка 6
stupid[e] туп:óй, -á!, тупоýм|ный, -ен
Stups *m* толч|óк, -кá 2; **~nase** *f* курнóсый [вздёрнутый] нос
stupsnasig курнóс:ый
stur *umg* упрям:ый | ~er Gehorsam тупóе [слепóе] повиновéние
Sturheit *f* упрямство 4
Sturm *m* бýря 7 *a. übertr;* auf See штóрм 2; *Mil* штурм 2 (auf *G*); *Sport* нападéние 5 | ~ und Drang *Lit* Бýря и нáтиск 2; im ~ nehmen брать ⟨взять⟩ штýрмом [при́ступом]; ~ laufen gegen etw. стрáстно протестовáть *uv, v* 2 прóтив чегó-н., я́ростно выступáть ⟨вы́ступ|ить 3 -лю⟩ прóтив чегó-н.; ~ läuten бить* в набáт; ~ haben *umg* быть* вне себя́ (от я́рости)
stürmen *tr Mil* атаковáть *v, uv* 2, штурмовáть 2, брать* ⟨взять*⟩ при́ступом; *intr Sport* атаковáть | es stürmt бушýет бýря; alles stürmte auf den Platz все устреми́лись на плóщадь; ein Haus [ins Zimmer] ~ врывáться ⟨во|рвáться*, -рвали́сь⟩ в дом [в кóмнату]
Stürmer *m Sport* нападáющий *Subst* 11; **~reihe** *f* ли́ния 8 нападéния
Sturmflut *f* штормовóй прили́в
sturmfrei: eine ~e Bude отдéльная кóмната 6 для любóвных встреч
Sturm|geschütz *n* штурмовóе орýдие; **~glocke** набáтный кóлокол | die ≈ läuten бить* в набáт
stürmisch бýр|ный, -ен, -нá! *a. übertr*
Sturmleiter *m hist* штурмовáя лéстница; *Mar* штóрм-трáп 2
sturmreif подготóвленный (артиллери́йским огнём) для штýрма
Sturm|schaden *m* поврежде́ние, причинённое вéтром; **~signal** *n* сигнáл штормовóго предупреждéния; **~trupp** *m* штурмовáя грýппа; **~vogel** *m* буревéстник 2; **~warnung** *f* штормовóе предупреждéние; **~wetter** *n* штормовáя погóда; **~wind** *m* штормовóй вéтер, шторм 2
Sturz *m* падéние 5; *übertr, Pol* свержéние 5; **~acker** *m* пóле, вспáханное пóсле пáра; **~bach** *m* водопáд 2
Stürze *f* Deckel кры́шка 6; *Mus* растрýб 2
stürzen *tr* стáлкивать ⟨столкнýть 4⟩; Gefäß опроки́|дывать ⟨-нуть 4⟩; Regierung свергáть ⟨свéргнуть 4а *u.* 4⟩; *intr* fallen вали́ться 3⁺ (по-, с-) пáдать ⟨у|пáсть*⟩; eilen ри́нуться *v* 4; sich ~ *refl* бросáться ⟨брó|ситься 3 -шусь⟩ (auf на *A*) | j-n ins Wasser ~ столкнýть когó-н. в вóду; auf der Straße ~ упáсть на ýлице; von der Leiter ~ свали́ться [упáсть] с лéстницы; ich stürzte mich ins Wasser я брóсился в вóду; sich aus dem Fenster ~ вы́броситься из окнá; er stürzte ins Zimmer он ри́нулся [брóсился] в кóмнату; j-n ins Verderben ~ губ|и́ть 3⁺ -лю́ (по-) когó-н.; sich in Schulden ~ залезáть ⟨-|лезть*⟩ в долги́; er stürzte sich in Abenteuer он пусти́лся на авантю́ры; nicht ~! не кантовáть!
Sturz|flug *m* пики́рующий 11 полёт, пики́рование 5 | im ≈ niedergehen пики́ровать *uv, v* 2; **~helm** *m* (защи́тный) шлем; *Kfz* мотошлéм 2; **~kampfflugzeug** *n* пики́рующий 11 бомбардирóвщик 11-2; **~regen** *m* ли́в|ень, -ня 1; **~see** *f* волнá 6с *oder* 6h *G Pl* волн с опроки́дывающимся грéбнем; **~welle** *f* бурýн 2е
Stute *f* кобы́ла 6
Stuten|fohlen *n* молодáя кобы́ла 6, кобы́лка 6; **~milch** *f* кобы́лье 12 молокó, кумы́с 2
Stuttgart Штýтгарт 2
Stützbalken *m* поддéрживающий прогóн 11-2, опóрная бáлка
Stutzbart *m* корóткая борóдка
Stütze *f Tech* подпóрка 6; *Bauw* стóйка 6, столб 2е; *übertr* опóра 6 | die ~n der Gesellschaft столпы́ *Pl* 2е óбщества
stutzen *tr* подрéзывать *u.* подрезáть ⟨-|рéзать*⟩, подстригáть ⟨-|стри́чь*⟩; *intr* изум|ля́ться ⟨-и́ться 3 -лю́сь⟩, настор|áживаться ⟨-ожи́ться 3⟩
stützen *tr* подпирáть ⟨подперéть*⟩; Person поддéрживать ⟨-держáть 3⁺⟩; sich ~ *refl* опирáться ⟨оперéться*⟩ (auf на *A*); *übertr* оснóвываться (auf на *P*); mit den Ellbogen облок|áчиваться ⟨-оти́ться 3 -очýсь, -óти́шься⟩
Stutzer *m* франт 2, щёголь 1
stutzerhaft щегольскóй

Stutzflügel *m Mus* кабинéтный роя́ль
stutzig изумлённый, настороже́нный | das machte ihn ~ э́то его́ озада́чило [поста́вило в тупи́к]; ~ werden изум|ля́ться ⟨-и́ться 3 -лю́сь⟩
Stütz|pfeiler *m Bauw* контрфо́рс 2; **~punkt** *m Phys* то́чка опо́ры; *Mil* опо́рный пункт; *übertr* ба́за 6
Stützung *f* субсиди́рование 5
subaltern подчин|ённый, -ён, -ена́
Subbotnik *m* суббо́тник 2
Subjekt *n Gramm* подлежа́щее *Subst* 11; *übertr* субъе́кт
subjektiv субъекти́в|ный, -ен
Subjekt|ivität *f* субъекти́вность 9; **~satz** *Gramm* прида́точное предложе́ние-подлежа́щее
Sub|kontinent *m* субконтине́нт 2; **~mission** *f Hdl* контра́ктовая я́рмарка 6, вы́ставка 6 образцо́в; **~ordination** *f* субордина́ция 8; *Ling* подчине́ние 5
subordinieren *tr* подчин|я́ть ⟨-и́ть 3⟩
Subsidien *Pl Fin* субси́дии *Pl* 8 (auf на *A*)
Subskribent *m* подпи́счик 2
subskribieren *intr* подпи́сываться ⟨-|писа́ться*⟩ (auf на *A*)
Subskription *f* подпи́ска 6
Subskriptionspreis *m* подписна́я цена́
Substantiv *n* и́мя существи́тельное
Substantivierung *f* субстантива́ция 8
substantivisch субстанти́вный
Substanz *f* субста́нция 8; *Chem* вещество́ 4; Inhalt содержа́ние 5
Substitution *f* субститу́ция 8
Substrat *n* субстра́т 2
subtil то́н|кий, -ок, -ка́!, то́ньше, делика́т|ный, -ен; spitzfindig хитроу́м|ный, -ен
Subtrahend *n* вычита́емое *Subst* 10
subtrahieren *tr* вычита́ть ⟨вы́|честь*⟩ (von из *G*)
Subtraktion *f* вычита́ние 5
subtropisch субтропи́ческий
Subvention *f* субве́нция 8, субси́дия 8, дота́ция 8
subventionieren *tr* субсиди́ровать *uv, v* 2
Suche *f* по́иски *Pl* 2, разы́скивание 5 | auf der ~ nach etw. в по́исках чего́-н.; auf die ~ gehen отпр|авля́ться ⟨-а́виться 3 -а́влюсь⟩ на ро́зыски
suchen *tr* иска́ть *(A, G)*; Beeren, Pilze собира́ть ⟨-|бра́ть*⟩, иска́ть; *intr* иска́ть (nach *A, G*) | ein Buch ~ иска́ть кни́гу; was hast du hier zu ~? что тебе́ здесь на́до?; hier hast du nichts zu ~! тебе́ здесь не́чего де́лать!; er sucht sich zu rechtfertigen он стара́ется оправда́ться; Hilfe ~ иска́ть по́мощи; den Tod ~ иска́ть сме́рти
Sucher *m* иска́тель 1; *Foto* видоиска́тель 1
Sucht *f* страсть 9g (nach к *D*), ма́ния 8 *a. Med;* starkes Verlangen, Begierde жа́жда 6 (nach *G*); Rauschgift~ наркома́ния 8 | die ~ nach Vergnügen жа́жда наслажде́ний
süchtig больно́й; nach Rauschgift, Alkohol одержи́мый боле́зненной стра́стью к *D* | ~ sein nach Rauschgift быть наркома́ном
Süchtiger *m* наркома́н 2
Süd *m* Himmelsrichtung юг 2; Südwind ю́жный ве́т|ер, -ра 2, зюйд 2
Südafrika: Republik ~ Ю́жно-Африка́нская Респу́блика; **~ner** *m* южноафрика́н|ец, -ца 2; **~nerin** *f* южноафрика́нка 6
südafrikanisch южноафрика́нский
Südamerika Ю́жная Аме́рика 6; **~ner** *m* южноамерика́н|ец, -ца 2; **~nerin** *f* южноамерика́нка 6
südamerikanisch южноамерика́нский
Sudan Суда́н 2
Sudanes|e *m* суда́н|ец, -ца 2; **~in** *f* суда́нка 6
sudan|esisch, ~isch суда́нский
süddeutsch южнонеме́цкий
Sudelei *f* пачкотня́ 7, мазня́ 7
sudeln *tr u. intr* Schreiben, Malen па́чкать (на-), мара́ть (на-)
Süden *m* юг 2 | im ~ на ю́ге; nach ~ на юг; aus dem ~ с ю́га
südeuropäisch южноевропе́йский
Süd|früchte *f Pl* (суб)тропи́ческие плодо́вые культу́ры *Pl* 6, ю́жные плоды́ *Pl* 2e; **~länder** *m* юж|а́нин 2 *Pl* -а́не, -а́н; **~länderin** *f* южа́нка 6
südlich **1.** *Adj* ю́жный **2.** *Adv* к ю́гу, южне́е; на юг | ~ von Berlin к ю́гу от Берли́на
Südost Wind зюйд-о́ст 2; Himmelsrichtung юго-восто́к 2; **~en** *m* юго-восто́к 2
südöstlich **1.** *Adj* юго-восто́чный **2.** *Adv* к ю́го-восто́ку (von от *G*), на ю́го-восто́к (von от *G*), ю́го-восто́чнее (von *G*)
Süd|pol *m* Ю́жный по́люс; **~seite** *f* ю́жная сторона́
südwärts *Adv* к ю́гу, на юг
Südwest *m* Wind зюйд-ве́ст 2; Himmelsrichtung юго-за́пад 2; **~en** *m* юго-за́пад 2
südwestlich **1.** *Adj* юго-за́падный **2.** *Adv* к ю́го-за́паду (von от *G*), на ю́го-за́пад (von от *G*), ю́го-за́паднее (von *G*)
Südwind *m* ю́жный ве́тер
Suezkanal Суэ́цкий кана́л
Suff *m derb* пья́нство 4
süffig прия́т|ный, -ен, вку́с|ный, -ен, -на́!
suffigieren *tr Gramm* присоедин|я́ть ⟨-и́ть 3⟩ су́ффикс
Suffix *n Gramm* су́ффикс 2
suggerieren *tr* внуш|а́ть ⟨-и́ть 3⟩
Suggestion *f* внуше́ние 5
suggestiv внуша́ющий 11
Suggestivfrage *f* наводя́щий 11 вопро́с

Suhl Зуль 1
suhlen *itr u.* sich ~ *refl* валя́ться в грязи́ [в лу́же]
Sühne *f* искупле́ние 5; **~maßnahme** *f* кара́тельная ме́ра, наказа́ние 5
sühnen *tr* искуп|а́ть ⟨-и́ть 3⁺ -лю́⟩
Suite *f Mus* сюи́та 6
Sujet *n Lit* сюже́т 2
sukzessiv[e] *Adv* постепе́нно; nach und nach ма́ло-пома́лу, понемно́гу
Sulfat *n* сульфа́т 2
Sulfid *n* сульфи́д 2
Sulfonamid *n* сульфонами́д 2
Sultan *m* султа́н 2; **~at** *n* султана́т 2
Sultanine *f* кишми́ш 2е
Sülze *f* сту́д|ень, -ня 1
Summand *m* слага́емое *Subst* 10
Summe *f* су́мма 6; Ergebnis ито́г 2
summen *tr* напева́ть ⟨-|пе́ть*⟩ (вполго́лоса); *intr* Biene жужжа́ть 3; Motor гу|де́ть 3 -жу́ | es summt mir in den Ohren у меня́ в уша́х звени́т
summieren *tr* сумми́ровать *uv, v* 2, сосч|и́тывать ⟨-ита́ть⟩, подытож|ивать ⟨-ить 3⟩; sich ~ Beträge накоп|ля́ться ⟨-и́ться 3⁺⟩ | etw. summiert sich что-н. накопля́ется
Sumpf *m* боло́то 4 *a. übertr;* mit Gras und Moos bewachsen трясина 6; morastige Stelle топь 9; **~biber** *m* ну́трия 8; **~boden** *m* боло́тистая [заболо́ченная] по́чва; **~dotterblume** *f* боло́тная калу́жница 6; **~fieber** *n* боло́тная лихора́дка; **~gegend** *f* боло́тистая ме́стность
sumpfig боло́тист:ый, то́п|кий, -ок, -ка́!
Sumpfpflanze *f* боло́тное расте́ние
Sünde *f* грех 2
Sünden|bock *m:* j-n zum ≈ machen сде́лать *v* кого́-н. козло́м отпуще́ния; **~fall** *m* грехопаде́ние 5; **~register** *n* грехи́ *Pl* 2е, просту́пки *Pl* 2 | das kommt auf sein ≈ э́то отнесу́т на [за] его́ счёт; **~vergebung** *f Rel* отпуще́ние 5 грехо́в
Sünder *m* гре́шник 2; **~in** *f* гре́шница 6
sündhaft 1. *Adj* гре́ш|ный, -ен, -на́, -но, гре́шны́ **2.** *Adv:* das ist ~ teuer э́то безбо́жно [о́чень] до́рого
sündigen *intr* греши́ть 3 (со-)
Super *Rad* супергетероди́н 2
Superintendent *m* суперинтенде́нт 2
superklug сли́шком у́мный
Superlativ *m* превосхо́дная сте́пень 9 | in ~en reden си́льно преувели́чивать
Supermarkt *m* суперма́ркет 2
supermodern супермо́дный, ультрасовреме́нный
Super|oxyd *n* пе́рекись 9; **~phosphat** *n* суперфосфа́т 2
Suppe *f* суп 2b; Kartoffel~, Grütz~ похлёбка 6 | legierte ~ суп, запра́вленный желтко́м; ~ mit Einlage суп с засы́пкой; die ~ auslöffeln расхлёбывать ⟨-хлеба́ть⟩ ка́шу; eine ~ einbrokken зава́ривать ⟨-вари́ть 3⁺⟩ ка́шу; j-m die ~ versalzen насоли́ть *v* 3 -со́ли́шь кому́-н.
Suppen|fleisch *n* отварно́е мя́со; **~grün** *n* коре́нь|я *Pl* 1 -ев; **~kelle** *f* (больша́я) разлива́тельная ло́жка; **~löffel** *m* столо́вая ло́жка; **~schüssel** *f* (супова́я) ми́ска 6; **~teller** *m* глубо́кая таре́лка; **~würfel** *m* бульо́нный ку́бик
suppig супообра́з|ный, -ен
Supplement *n* дополне́ние 5; **~band** *m* дополни́тельный том
Surfing *n Sport* сёрфинг 2
Surrealismus *m* сюрреали́зм 2
surrealistisch сюрреалисти́ческий
surren *intr* Maschine гу|де́ть 3 -жу́; Käfer жужжа́ть 3
Surrogat *n* замени́тель 1; *übertr* суррога́т 2
suspendieren *tr* вре́менно освобо|жда́ть ⟨-ди́ть 3 -жу́, -ждённый⟩, вре́менно отстран|я́ть ⟨-и́ть 3⟩
Suspension *f* вре́менное освобожде́ние 5; *Chem* суспе́нзия 8
süß сла́д|кий, -ок, -ка́!, сла́ще, сладча́йший 11 *a. übertr;* niedlich ми́л:ый, -а́! | das schmeckt ~ э́то сла́дко, э́то име́ет сла́дкий вкус; mir ist es nicht ~ genug von Speisen мне не сла́дко
Süße *f* Geschmack сла́дость 9
süßen *tr* сла|сти́ть 3 -щу́ (по-); zusätzlich подсл|а́щивать ⟨-асти́ть 3 -ащу́⟩
Süßholz *n* соло́дка 6 | ~ raspeln *übertr* любе́зничать, рассыпа́ться в комплиме́нтах
Süßigkeiten *f Pl* сла́дости *Pl* 9, сла́сти *Pl* 9g
Süßkirsche *f* чере́ш|ня 7 *G Pl* -ен
süßlich сладкова́т:ый; widerlich süß сласла́в:ый *a. übertr*
Süß|maul *m* ла́комка *m, f* 6; **~most** *m* чи́стый фрукто́вый сок 2, подслащённый плодо́во-я́годный сок
süßsauer ки́сло-сла́дкий
Süß|speise *f* сла́дкий десе́рт 2, сла́дкое *Subst* 10; **~stoff** *m* сахари́н 2; **~waren** *f Pl* конди́терские изде́лия *Pl* 5, сла́дости *Pl* 9
Süßwasser *n* пре́сная вода́; **~fisch** *m* пресново́дная ры́ба; **~gehalt** *m* пресново́дность 9
Swahili *n* кисуахи́ли *m idkl*
Swasiland Сва́зиленд 2
Sweater *m* сви́тер [тэ] 2
Swimmingpool *m* небольшо́й откры́тый пла́вательный бассе́йн 2
Swing *m* Tanz, *Fin* свинг 2
Symbiose *f* симбио́з 2
Symbol *n* си́мвол 2; **~ik** *f* симво́лика 6
symbolisch символи́ческий (für для *G*)
symbolisieren *tr* символизи́ровать *uv, v* 2

Symmetrie *f* симметрия 8
symmetrisch симметрич|ный, -ен, симметрический
Sympathie *f* симпатия 8 | ~ für j-n haben чувствовать 2 (по-) симпатию к кому-н.; **~bezeugung** *f* проявление 5 симпатии; **~kundgebung** *f* демонстрация [митинг] солидарности
Sympathikus *m Med* симпатический нерв 2
Sympathisant *m* сочувствующий *Subst* 11
sympathisch симпатич|ный, -ен
sympathisieren *itr* сочувствовать 2 (mit *D*), испытывать ⟨-пытать⟩ симпатию (mit к *D*) | miteinander ~ симпатизировать 2 друг другу
Symphonie *f* симфония 8
symphonisch симфонический
Symposium *n* симпозиум 2
Symptom *n* симптом 2, признак 2
symptomatisch симптоматический, симптоматич|ный, -ен
Synagoge *f* синагога 6
synchron синхронный
Synchronisation *f Tech* синхронизация 8; Film дублирование 5
synchronisieren *tr Tech* синхронизировать *uv, v* 2; Film дублировать 2
Synchrophasotron *n* синхрофазотрон 2
Syndikat *n* синдикат 2
Synkope *f* синкопа 6
synodal синодальный
Synode *f* синод 2
synonym *Ling* синонимический, синонимич|ный, -ен
Synonym *n Ling* синоним 2
synoptisch синоптический
syntaktisch *Ling* синтаксический
Syntax *f* синтаксис 2
Synthese *f* синтез [тэ] 2
synthetisch синтетический [тэ]
Syphilis *f* сифилис 2
Syphilitiker *m* сифилитик 2
syphilitisch сифилитический
Syrie|n Сирия 8; **~r** *m* сири|ец, -йца 2; **~rin** *f* сирийка 6
syrisch сирийский
System *n* система 6; *Pol* система, стро|й 1 *G Pl* -ев; **~atik** *f* систематика 6
systematisch систематический, систематич|ный, -ен
systematisieren *tr* систематизировать *uv, v* 2
Szene *f Theat, Film* сцена 6; Auftritt сцена, явление 5; Streit сцена | etw. in ~ setzen *a. übertr* инсценировать *uv, v* 2 что-н.; j-m eine ~ machen устроить *v* 3 кому-н. сцену; **~rie** *f Theat* декорация 8
szenisch сценич|ный, -ен; Effekte сценический

T

Tabak *m* табак 2е *G a.* -у; **~bau** *m* табаководство 4; **~beutel** *m* кисет 2; **~dose** *f* табакерка 6; **~pfeife** *f* трубка 6; **~rauch** *m* табачный дым; **~waren** *f Pl* табачные изделия *Pl* 5
tabellarisch **1.** *Adj* табличный **2.** *Adv* (представленный) в виде таблицы
Tabelle *f* таблица 6
Tabellen|führer *m Sport* лидер 2 соревнования; **~spitze** *f*: an der ≈ liegen *Sport* возгл|авлять ⟨-авить 3 -авлю⟩ таблицу
Tablett *n* поднос 2; **~e** *f* таблетка 6
tabu запрещ|ённый, -ён, -ена | das ist ~ этого нельзя касаться
Tabulator *m Tech* табулятор 2
Tachometer *n* тахометр 2; Auto спидометр 2
Tadel *m* порицание 5, осуждение 5; Verweis выговор 2; Vorwurf упрёк 2
tadellos безупреч|ный, -ен, безукоризнен|ный, -на
tadeln *tr* порицать, осу|ждать ⟨-дить 3⁺ -жу, -ждённый⟩
tadelnswert достойный порицания
Tadshik|e *m* таджик 2; **~in** *f* таджичка 6
tadshikisch таджикский | Tadshikische Sozialistische Sowjetrepublik Таджикская Советская Социалистическая Республика
Tadshikistan Таджикистан 2
Tafel *f* доска 6а *G Pl* досок; Stein; Metall плита 6с; Tafelwerk панель 9; Ausstellungs~ щит 2е; Schokolade плитка 6; Tabelle таблица 6; Tisch (накрытый) стол 2е | an die ~ schreiben писать на доске; **~berge** *m Pl Geogr* столовые горы; **~besteck** *n* столовый прибор; **~butter** *f* столовое сливочное масло
tafelförmig плиточный
Tafelgeschirr *n* столовая посуда, столовый сервиз 2
tafeln *intr* си|деть 3 -жу за праздничным столом, пировать 2
täfeln *tr* Wand обшивать ⟨-|шить*, обошью⟩ панелью
Tafel|obst *n* десертные фрукты; **~öl** *n* столовое растительное масло; **~runde** *f* компания 8 (сидящая 11) за столом
Täfelung *f* стенная обшивка 6, панель 9
Taft *m* тафта 6
Tag *m* день, дня 1; 24 Stunden сутки *Pl* 6 | guten ~ здравствуй(те) [ст]!, добрый день!; am ~e днём; am hellichten ~e средь бела [белого] дня; während des ganzen ~es, den lieben langen ~ день-деньской; ~ und Nacht geöffnet открыто круглые сутки; ~ für ~ день за днём, изо дня в день; alle ~e каждый день; alle fünf ~e каждые пять дней;

eines ~es однажды; eines schönen ~es в один прекрасный день; in diesen ~en на днях; am nächsten ~ на следующий день; in den nächsten ~en в ближайшие дни; an welchem ~? в какой день?; in acht ~en, über acht ~e через неделю; in vierzehn ~en через две недели; einen ~ früher на день раньше; von einem ~ auf den anderen со дня на день; mit jedem neuen ~ день ото дня; es wird ~ светает; über ~e *Bergb* на поверхности; die ~e werden kürzer дни становятся короче; für einige ~e verreisen уехать *v* на несколько дней; an den ~ bringen вскрывать ⟨-|крыть*⟩; sich einen guten ~ machen проводить 3⁺ -вожу ⟨-|вести*⟩ день в своё удовольствие

tagaus *Adv:* ~, tagein изо дня в день

Tage|bau *m* Methode разработка 6 открытым способом; Betrieb карьер 2, открытая горная разработка 6; **~buch** *n* дневник 2e; **~dieb** *m* лентя|й 1 *G Pl* -ев, лодырь 1; **~gelder** *n (Pl)* суточные *Subst Pl* 10

tagelang *Adv* целыми днями

Tagelöhner *m* подёнщик 2 | als ~ arbeiten работать подёнщиком

tagen *intr* Versammlung abhalten заседать; Tag werden светать, рассветать ⟨рассве|сти -тёт -ло⟩ | es tagt (рас)светает, заря занимается

Tagereise *f* однодневное путешествие | eine ~ von uns entfernt на расстоянии одного дня пути [езды] от нас

Tages|anbruch *m* рассвет 2, наступление 5 дня | bei ≈ на рассвете, чуть свет; **~befehl** *m Mil* праздничный приказ; **~förderung** *f Bergb* суточная добыча; **~gerichte** *n Pl* auf Speisekarten дежурные блюда; **~gespräch** *n* злободневный разговор | das ist heute das ≈ об этом сегодня все говорят; **~höchsttemperatur** *f* максимальная температура за день; **~kasse** *f* касса; **~kino** *n* кинотеатр с непрерывными сеансами; **~leistung** *f* дневная выработка, суточная производительность; **~licht** *n* дневной свет; **~lichtfilm** *m* плёнка для дневного света; **~marsch** *m Mil* суточный переход | zwei Tagesmärsche von der Stadt entfernt на расстоянии двух переходов от города; **~ordnung** *f* повестка дня | auf der ≈ stehen стоять на повестке дня; auf die ≈ setzen постав|ить *v* 3 -лю на повестку дня; **~ration** *f* суточный рацион; **~soll** *n* дневное (плановое) задание, дневная норма; **~temperatur** *f* температура днём; **~zeit** *f* время дня | zu jeder ≈ в любое время дня; **~zeitung** *f* (дневная) газета

tageweise *Adv* по дням

Tagewerk *n* ежедневная работа

taghell ясный как день | es ist ~ светло как днём

täglich 1. *Adj* ежедневный, повседневный | ~e Besuche ежедневные посещения; ~e Arbeit повседневная работа 2. *Adv* ежедневно; с каждым днём | zweimal ~ два раза в день

tags *Adv* днём | ~ darauf на следующий день; ~ zuvor накануне

Tagschicht *f* дневная смена

tagsüber в течение дня, за день

tagtäglich *Adv* ежедневно, изо дня в день

Tagundnachtgleiche *f* равноденствие 5

Tagung *f* съезд 2; Sitzung заседание 5, съезд; Tagungsperiode сессия 8 | wissenschaftliche ~ научное заседание; die ~ des ZK пленум ЦК

Tahiti Таити *m idkl*

Taifun *m Met* тайфун 2

Taiga *f* тайга 6

Taille *f* талия 8 | verlängerte ~ удлинённый лиф 2; ein Kleid auf ~ arbeiten шить (с-| сошью) платье в талию

Taillenweite *f* объём 2 талии

Taiwan Тайвань 1

Takelage *f* такелаж 2, оснастка 6

takeln *tr Mar* оснащать ⟨-стить 3 -щу⟩ такелажем

Takelwerk *n* = **Takelage**

Takt *m Mus* такт 2; Feingefühl такт, чувство 4 такта | im ~ в такт, ритмично; den ~ schlagen отбивать ⟨-|бить*| -обью⟩ такт; aus dem ~ kommen сбиваться ⟨-биться| собьюсь⟩ с такта; ~ haben обладать тактом [чувством такта]

taktfest *Mus* соблюдающий 11 такт

Taktgefühl *n* Feingefühl тактичность 9, чувство такта

Taktik *f* тактика 6; **~er** *m* тактик 2

takt|isch тактический; **~los** бестакт|ный| -ен, нетактич|ный| -ен

Takt|losigkeit *f* бестактность 9, нетактичность 9; **~stock** *m* дирижёрская палочка 6; **~straße** *f* поточная [автоматическая] линия 8; **~strich** *m* тактовая черта

taktvoll тактич|ный| -ен

Tal *n* долина 6

talabwärts *Adv* вниз по долине

Talar *m* eines Richters мантия 8; eines Priesters ряса 6, риза 6

talaufwärts *Adv* вверх по долине

Talent *n* талант 2, дарование 5 | angeborenes ~ природное дарование; urwüchsiges ~ самород|ок| -ка 2

talentiert талантлив:ый, даровит:ый

talent|los бездар|ный| -ен; **~voll** = **talentiert**

Talg *m* сало 4; **~drüse** *f Anat* сальная железа

Talisman *m* талисман 2

Talkessel *m* котловина 6

Talkum *n Min* тальк 2
Tallinn Таллин 2
Talon *m* талóн 2
Tal|sohle *f* дно долúны; ~**sperre** *f* Sperrmauer запрýда 6, плотúна 6; Staubekken водохранúлище 4; ~**station** *f* Seilbahn нúжняя 11 стáнция
talwärts *Adv* вниз в долúну
Tamburin *n Mus* тамбурúн 2, бýб|ен, -на 2
Tampon *m Med* тампóн 2
tamponieren *tr Med* тампонúровать *uv, v* 2, вст|авлять ⟨-áвить 3 -áвлю⟩ тампóн в *A*
Tamtam *n* шумúха 6 | mit viel ~ с большúм шýмом; prunkvoll с большóй пóмпой
Tand *m* мишурá 6; billiger Schmuck безделýшки *Pl* 6
Tändelei *f* шáлости *Pl* 9; Liebelei флирт 2, кокéтничание 5
tändeln *intr* баловáться 2; флиртовáть 2, кокéтничать
Tandem *n* тáндем [дэм] 2
Tang *m* морскáя вóдоросль 9
Tangen|s *m* тáнгенс 2; ~**te** *f* касáтельная *Subst* 10
Tango *m* тáнго *n idkl*
Tank *m* Großbehälter танк 2; *Kfz* бензобак 2
tanken *tr* запр|авлять ⟨-áвить 3 -áвлю⟩ машúну *I*; *intr* запр|авляться ⟨-áвить(ся) 3 -áвлю(сь)⟩ горючим
Tanker *m* тáнкер 2
Tank|säule *f* бензоколóнка 6; ~**stelle** *f* (бензо)запрáвочная стáнция 8, бензоколóнка 6; ~**verschluß** *m* крышка 6 (бензо)бáка; ~**wagen** *m Kfz* автоцистéрна 6; *Eisenb* вагóн-цистéрна 2-6
Tanne *f* пúхта 6
Tannen|baum *m* ёлка 6; ~**nadel** *f* пúхтовая иглá; ~**wald** *m* пúхтовый лес, пихтáрник 2; ~**zapfen** *m* пúхтовая шúшка
Tansani|a Танзáния 8; ~**er** *m* танзанú|ец, -йца 2; ~**erin** *f* танзанúйка 6
tansanisch танзанúйский
Tante *f* тётя 7 *G Pl* тётей, тётка 6
Tantieme *f* тантьéма 6
Tanz *m* тáн|ец, -ца 2; Volks~ плясќа 6, пляс 2 | zum ~ gehen идтú на тáнец; zum ~ auffordern пригла|шáть ⟨-сúть 3 -шý⟩ танцевáть; ~**abend** *m* танцевáльный вéчер, вечерúнка 6 (с тáнцами); ~**bar** *f* танцевáльный бар, ночнóй бар (с танцплощáдкой); ~**bein** *n*: das ≈ schwingen танцевáть 2, пу|скáться ⟨-стúться 3⁺ -щýсь⟩ в пляс; ~**diele** *f* танцплощáдка 6
tänzeln *intr* приплясывать
tanzen *intr* танцевáть 2 (с-); Volkstänze meist плясáть* (с-)
Tänzer *m* танцóр 2; von Volkstänzen meist плясýн 2; im Ballett танцóвщик 2; ~**in** *f* танцóрка 6; плясýн|ья 7 *G Pl* -ий; танцóвщица 6
Tanzfläche *f* танцплощáдка 6
tanzfreudig лю́бящий 11 (по)танцевáть
Tanz|gruppe *f* танцевáльный ансáмбль 1, танцевáльная грýппа; ~**kapelle** *f* танцевáльный оркéстр; ~**kunst** *f* танцевáльное искýсство; ~**lehrer** *m* учúтель тáнцев; ~**lied** *n* плясовáя *Subst* 10; ~**lokal** *n* ресторáн с танцплощáдкой; ~**musik** *f* танцевáльная мýзыка; ~**orchester** *n* = ~**kapelle**; ~**saal** *m* танцевáльный зал, танцзáл 2; ~**schuh** *m* бáльная тýфля; ~**schule** *f* шкóла тáнцев; ~**stunde** *f* урóк тáнцев; ~**turnier** *n* кóнкурс 2 на лýчшее исполнéние тáнцев; ~**veranstaltung** *f* вéчер 2b *Pl* -á тáнцев
Tapet *n*: etw. aufs ~ bringen поднимáть ⟨поднять*⟩ какóй-н. вопрóс
Tapete *f* обó|и, -ев *Pl* 1
Tapetentür *f* потайнáя дверь, оклéенная обóями
tapezieren *tr* окл|éивать ⟨-éить 3⟩ обóями
Tapezierer *m* обóйщик 2
Tapezier(er)werkstatt *f* обóйная мастерскáя
tapfer хрáбр:ый, -á!, смéл:ый, -á!
Tapferkeit *f* хрáбрость 9, смéлость 9
Tapir *m Zool* тапúр 2
tappen *intr* тяжелó ступáть, идтú* неувéренным [нетвёрдым] шáгом; tasten идтú óщупью | im finstern ~ блуждáть в потёмках
täppisch неуклю́ж:ий 11, нелóв|кий, -ок, -кá!
Tara *f Hdl* тáра 6, упакóвка 6
Tarantel *f Zool* тарáнтул 2 | wie von der ~ gestochen как ужáленный
Tarantella *f* тарантéлла [тэ] 6
Tarif *m* тарúф 2
tariflich 1. *Adj* тарúфный 2. *Adv* по тарúфу
Tarif|lohn *m* (минимáльная) зарплáта по тарúфу; ~**ordnung** *f* положéние 5 о тарúфах; ~**partner** *m* сторонá 6а в коллектúвном договóре; ~**satz** *m* тарúфная стáвка; ~**vertrag** *m* коллектúвный тарúфный договóр; ~**zone** *f* тарúфный пóяс
tarnen *tr* маскировáть 2 (за-); sich ~ *refl* маскировáться (за-), скрывáться ⟨-|крыться*⟩
Tarn|kappe *f* шáпка-невидúмка 6-6; ~**ung** *f* маскирóвка 6
Tartanbahn *f Sport* тартáновая дорóжка
Täschchen *n* сýмочка 6
Tasche *f* in Kleidungsstücken кармáн 2; Hand~ сýмка 6; Akten~ портфéль 1 | die Hände in die ~en stecken сýнуть рýки в кармáны, *übertr* бездéльничать, лóдырничать; sich die ~n füllen набивáть

⟨-|би́ть*⟩ себе́ карма́ны; j-n in die ~ stekken *übertr* заткну́ть *v* 4 кого́-н. за по́яс; j-m auf der ~ liegen жить* на чей-н. счёт
Taschen|buch *n* кни́жка карма́нного форма́та; Handbuch спра́вочник 2; **~dieb** *m* карма́нный вор, карма́нник 2; **~geld** *n* карма́нные де́ньги; **~kalender** *m* карма́нный календа́рь; **~lampe** *f* (электри́ческий) карма́нный фона́рик 2; **~messer** *n* перочи́нный но́ж(ик); **~rechner** *m* микрокалькуля́тор 2; **~schirm** *m* складно́й зо́нтик; **~spiegel** *m* карма́нное зе́ркальце 4; **~spieler** *m* фо́кусник 2; **~tuch** *n* носово́й плато́к; **~uhr** *f* карма́нные часы́; **~wörterbuch** *n* карма́нный слова́рь
Tasse *f* ча́шка 6
Tastatur *f* клавиату́ра 6
Taste *f Mus, Tech* кла́виша 6; Telegraf телегра́фный ключ 2е *G Pl* -е́й; an Radio u. a. кно́пка 6
Tastempfindung *f* осяза́ние 5
tasten *intr* ощу́п|ывать ⟨-ать⟩ рука́ми; Telegraf пере|дава́ть* ⟨-да́ть*⟩ (телегра́фным) ключо́м | sich nach der Tür ~ иска́ть* о́щупью дверь
Tasteninstrument *n* кла́вишный инструме́нт
Taster *m Tech* кла́вишный выключа́тель 1; Telegraf ключ 2е *G Pl* -е́й
Tastsinn *m* осяза́ние 5
Tat *f* посту́п|ок, -ка 2; Handlung де́йствие 5, де́ло 4; Groß⁓ по́двиг 2 | in der ~ действи́тельно, в са́мом де́ле; ein Mann der ~ челове́к 2 де́ла; auf frischer ~ ertappen пойма́ть на ме́сте преступле́ния, пойма́ть с поли́чным; in die ~ umsetzen претвор|я́ть ⟨-и́ть 3⟩ в жизнь; zu seinen ~en stehen не отрека́ться ⟨-|ре́чься*⟩ от свои́х посту́пков
Tatar *m* тата́р|ин 2 *Pl* -ы, *G* тата́р, *D* -ам; **~in** *f* тата́рка 6
tatarisch тата́рский
Tatbestand *m* соста́в 2 преступле́ния | den ~ aufnehmen составля́ть ⟨-а́вить 3 -а́влю⟩ протоко́л происше́ствия
Tatendrang *m* стремле́ние 5 к де́ятельности
tatenlos безде́ятел|ьный, -ен, -ьна, пра́зд|ный, -ен | ~ zusehen не вме́шиваться
Täter *m* вино́вник 2, престу́пник 2; **~schaft** *f Jur* вино́вность 9
tätig де́ятел|ьный, -ен, -ьна, акти́в|ный, -ен | ~en Anteil an etw. nehmen принима́ть ⟨приня́ть*⟩ де́ятельное уча́стие в чём-н.; er ist als Arzt ~ он рабо́тает в ка́честве врача́
tätigen *tr* осуществ|ля́ть ⟨-и́ть 3 -лю́⟩ | einen (Vertrags-) Abschluß ~ заключ|а́ть ⟨-и́ть 3⟩ сде́лку, соверш|а́ть ⟨-и́ть 3⟩ сде́лку
Tätigkeit *f* де́ятельность 9
Tätigkeits|bereich *m* сфе́ра де́ятельности; **~drang** *m* жа́жда 6 де́ятельности
Tatkraft *f* эне́ргия 8, акти́вность 9
tatkräftig энерги́ч|ный, -ен, де́ятел|ный, -ен, -ьна
tätlich: gegen j-n ~ werden оскорб|ля́ть ⟨-и́ть 3 -лю́⟩ кого́-н. де́йствием
Tätlichkeiten *f Pl* наси́льственные де́йствия | es kam zu ~ дошло́ до дра́ки
Tatort *m* ме́сто (соверше́ния) преступле́ния
tätowieren *tr* тату́ировать *uv, v* 2
Tätowierung *f* татуиро́вка 6
Tatsache *f* факт 2 | das ist ~! э́то факт!; es ist eine ~, daß ... факт, что ...; der ~ Rechnung tragen счита́ться (по-) с фа́ктом; an Hand von ~n beweisen дока́зывать ⟨-|каза́ть*⟩ на фа́ктах; j-n vor eine vollendete ~ stellen ста́вить (по-) кого́-н. пе́ред соверши́вшимся фа́ктом
Tatsachen|bericht *m* сообще́ние на осно́ве факти́ческих да́нных; **~material** *n* факти́ческий материа́л
tatsächlich 1. *Adj* факти́ческий, действи́тел|ьный, -ен, -ьна **2.** *Adv* факти́чески, в са́мом де́ле
tätscheln *tr* ла́сково похло́пывать [трепа́ть (по-)]
Tatze *f* ла́па 6
[1]**Tau** *m* роса́ 6с | vor ~ und Tag чуть свет, ни свет ни заря́
[2]**Tau** *n* кана́т 2, трос 2
taub Gehör глух:о́й, -а́!, глу́ше *a. übertr;* Ähre, Gestein пуст:о́й, -а́! | ~e Blüte пустоцве́т 2; ~es Gestein пуста́я поро́да 6; auf beiden Ohren ~ sein быть глухи́м на о́ба у́ха; ~ gegen alle Bitten глух ко всем про́сьбам
Taube *f* го́лубь 1g; weibliche голу́бка 6
Tauben|schlag *m* голубя́т|ня 7 *G Pl* -ен | hier geht es zu wie in einem ≈ э́то не дом, а проходно́й двор; **~zucht** *f* голубево́дство 4
Tauber *m*, **Täuberich** *m* го́лубь-саме́ц 1g-2е *G* самца́
Taubheit *f* Gehör глухота́ 6; Glieder оне́мелость 9
Täubling *m Bot* сыроéжка 6
Taubnessel *f* ясно́тка 6
taubstumm глухонемо́й
Tauchboot *n* батиска́ф 2
tauchen *tr* погр|ужа́ть ⟨-узи́ть 3 -ужу́, -у́зишь⟩; Körperteil окун|а́ть ⟨-у́ть 4⟩; *intr* ныр|я́ть ⟨-ну́ть *mom* 4⟩, beim Baden окун|а́ться ⟨-у́ться⟩; versinken погру|жа́ться ⟨-зи́ться⟩
Tauchente *f* ныр|о́к, -ка́ 2
Taucher *m* водола́з 2; Sport⁓ аквалангист 2; **~anzug** *m* водола́зный костю́м, скафа́ндр 2; **~brille** *f* водола́зные очки́; **~glocke** *f* водола́зный ко́локол

Tauchsieder *m* (погружно́й) электронагрева́тель 1
tauen *intr* та́|ять, -ет (рас-)
Taufbecken *n* купе́ль 9
Taufe *f Rel* креще́ние 5; Feier крести́ны *Pl* 6; Schiff освяще́ние 5
taufen *tr* кре|сти́ть *uv, v* 3⁺ -щу́ (*a.* о-); Schiff освя|ща́ть ⟨-ти́ть 3 -щу́⟩ | sich ~ lassen крести́ться *uv, v* (*a.* о-)
Tauf|name *m* и́мя, да́нное при креще́нии; **~pate** *m* крёстный от|е́ц, -ца 2; **~patin** *f* крёстная мать, ма́тери 9g
taufrisch све́жий от росы́, роси́ст:ый
Tauf|schein *m* свиде́тельство о креще́нии; **~stein** *m* купе́ль 9
taugen *intr* годи́ться 3, быть* (при)го́дным (zu к *D*) | nichts ~ никуда́ не годи́ться; das taugt zu nichts э́то ни на что не годи́тся
Taugenichts *m* безде́льник 2
tauglich приго́д|ный, -ен, го́д|ный, -ен, -на́, -но, го́дны́ (zu, für к *D*); *Mil* го́дный (к вое́нной слу́жбе)
Tauglichkeit *f* (при)го́дность 9
Taumel *m* Schwindelgefühl головокруже́ние 5; *übertr* упое́ние 5, восто́рг 2 | im ~ der Begeisterung в пылу́ восто́рга [энтузиа́зма]
taumelig шата́ющийся 11
taumeln *intr* шат|а́ться ⟨-ну́ться *mom* 4⟩, пло́хо держа́ться 3⁺ на нога́х | er taumelte vor Freude у него́ голова́ закружи́лась от ра́дости, он опьяне́л от ра́дости
Tausch *m* обме́н 2, ме́на 6
tauschen *tr* меня́ть (об-) (gegen на *A*); меня́ться (об-, по-) (etw. mit j-m чем-н. с кем-н.) | die Wohnung mit j-m ~ меня́ться с кем-н. кварти́рой; die Rollen ~ меня́ться роля́ми; ich möchte nicht mit ihm ~ я не хоте́л бы быть на его́ ме́сте
täuschen *tr u. intr* обма́нывать ⟨-ману́ть 4⁺⟩, вводи́ть 3⁺ -вожу́ ⟨-|вести́*⟩ в заблужде́ние (j-n durch etw. кого́-н. чем-н.); sich ~ *refl* обма́нываться ⟨-ману́ться⟩, ошиба́ться ⟨-|шиби́ться*⟩ (in j-m в ком-н.); sich irren заблужда́ться | sich nicht ~ lassen не да́ться* *v* в обма́н; **~d** обма́нчив:ый | ≈ ähnlich порази́тельно похо́жий; ~e Ähnlichkeit порази́тельное схо́дство
Tausch|handel *m* менова́я торго́вля; **~objekt** *n* предме́т обме́на; **~partner** *m* партнёр по обме́ну
Täuschung *f* обма́н 2; Einbildung иллю́зия 8; Irrtum заблужде́ние 5
Tausch|wert *m* менова́я сто́имость; **~wohnung** *f* кварти́ра, предлага́емая в обме́н
tausend ты́сяч|а 6 *I* -ей *u.* -ью
Tausend *n* ты́сяч|а 6 *I* -ей *u.* -ью | viele ~ мно́го ты́сяч; zu ~en ты́сячами; ~e von Menschen ты́сячи люде́й; ~e und aber ~e ты́сячи и ты́сячи
Tausender *m* ты́сяч|а 6 *I* -ей *u.* -ью
tausendfach **1.** *Adj* тысячекра́тный, ты́сячный **2.** *Adv* в ты́сячу раз
Tausend|füßler *m* многоно́жка 6; **~güldenkraut** *n* золототы́сячник 2; **~jahrfeier** *f* тысячеле́тие 5
tausendjährig тысячеле́тний 11
Tausendkünstler *m* ма́стер 2b *Pl* -а́ на все ру́ки, иску́сник 2
tausendmal *Adv* ты́сячу раз | ~ besser в ты́сячу раз лу́чше
Tausend|sassa *m* бедо́вый па́р|ень, -ня 1; **~schönchen** *n Bot* маргари́тка 6, стоцве́т 2
tausendster ты́сячный
Tausendstel *n* ты́сячная часть 9g, ты́сячная до́ля 7g
Tautologie *f* тавтоло́гия 8
Tauwetter *n* о́ттепель 9
Tauziehen *n Sport* перетя́гивание 5 кана́та; *übertr* возня́ 7
Taxa|meter *m* Uhr таксо́метр 2, счётчик 2 такси́; **~tor** *m* такса́тор 2, оце́нщик 2
Taxe *f* та́кса 6
taxen *tr* = **taxieren**
Taxi *n* такси́ *n idkl*
taxieren *tr* оце́нивать ⟨оцени́ть 3⁺⟩, такси́ровать *uv, v* 2
Taxi|fahrer *m,* **~fahrerin** *f* води́тель такси́; **~stand** *m* стоя́нка 6 такси́
Taxus *m Bot* тис 2
Taxwert *m* сто́имость по та́ксе
Tbc-krank больно́й туберкулёзом
Tbc-Kranker *m* больно́й *Subst* 10 туберкулёзом, туберкулёзник 2 *umg*
Tbilissi Тбили́си *m idkl*
Team *n* (спорти́вная) кома́нда 6; bei der Arbeit коллекти́в 2
Technik *f* те́хника 6; **~er** *m* те́хник 2; im Spiel владе́ющий *Subst* 11 те́хникой
Technikum *n* те́хникум 2
technisch техни́ческий | Technische Universität (*Abk* TU) вы́сшее 11 техни́ческое учёбное заведе́ние 5, втуз 2; ~er Leiter техни́ческий руководи́тель, техно́ру́к 2
technisieren *tr* внедр|я́ть ⟨-и́ть 3⟩ те́хнику в *A*
Technisierung *f* внедре́ние 5 те́хники в *A*
Technolog|e *m* техно́лог 2; **~ie** *f* техноло́гия 8
technologisch технологи́ческий
Techtelmechtel *n umg* шу́ры-му́ры *nur N u. A Pl*
Teckel *m Zool* та́кса 6
Teddybär *m* медвеж|о́нок, -о́нка 2 *Pl* -а́та, -а́т, -а́там, ми́шка *m* 6
Tee *m* чай 1b *G a.* ча́|ю, *G Pl* -ёв | ein Glas ~ стака́н ча́ю; **~anbau** *m* чаево́дство 4; **~beutel** *m* паке́тик 2 с ча́ем; **~gebäck** *n*

печéнье к чáю, чáйное печéнье; **~haus** *n* чáйная *Subst* 10; **~kanne** *f* чáйник 2; **~kessel** *m* чáйник 2; **~löffel** *m* чáйная лóжка | dreimal täglich einen ≈ три рáза в день по чáйной лóжке

Teenager *m* подрóст|ок, -ка 2

Teer *m* смолá 6c, дёг|оть, -тя 1; **~brennerei** *f* смолокýренный завóд 2

teeren *tr* смолúть 3 ⟨вы́-⟩; Straße гудронúровать *uv, v* 2

teerig смолянóй

Teerose *f* чáйная рóза

Teerpappe *f* толь 1

Tee|service *n* чáйный сервúз; **~sieb** *n* чáйное сúтеч|ко 4 *Pl* -ки, -ек; **~strauch** *m* чáйный куст; **~stube** *f* чáйная *Subst* 10; **~tasse** *f* чáйная чáшка; **~trinker** *m* чаёвник 2, любúтель 1 пить чай; **~wagen** *m* телéжка-поднóс 6-2; **~wasser** *n* кипят|óк, -кá 2 для чáя; **~wurst** *f* чáйная колбасá

Teheran Тегерáн 2

Teich *m* пруд 2e; в, на прудý; **~rose** *f* кувшúнка 6

Teig *m* тéсто 4

teigig тестообрáз|ный, -ен

Teigwaren *f Pl* макарóнные издéлия *Pl* 5

Teil *m, n* часть 9g; Anteil дóля 7g *G Pl* долéй, па|й 1b *G Pl* -ёв; Portion пóрция 8; *Jur* сторонá 6a | zum ~ частúчно, отчáсти; zum großen ~ в значúтельной стéпени; zum größten ~ бóльшей чáстью; ein Roman in drei ~en ромáн в трёх частя́х; in ~e zerlegen членúть 3 ⟨рас-⟩; ich für mein ~ что касáется меня́, я со своéй стороны́; zu gleichen ~en beteiligt sein учáствовать на рáвных начáлах; **~automatisierung** *f* частúчная автоматизáция

teilbar делúмый | zehn ist durch fünf ~ дéсять дéлится на пять

Teil|barkeit *f* делúмость 9; **~chen** *n* частúца 6

teilen *tr* делúть 3⁺ ⟨по-, раз-⟩; Ansichten раздел|я́ть ⟨-úть⟩; sich ~ *refl* Meinungen раздел|я́ться ⟨-úться⟩; sich gabeln разветв|ля́ться ⟨-úться 3⟩ | mit j-m ein Stück Brot ~ делúться ⟨по-⟩ с кем-н. кускóм хлéба; mit j-m Freud und Leid ~ делúть с кем-н. гóре и рáдость

Teilerfolg *m* частúчный успéх

teilhaben *intr* учáствовать 2 (an в *P*), принимáть ⟨приня́ть*⟩ учáстие (an в *P*);

Teilhaber *m* компаньóн 2; durch Aktien пáйщик 2; **~schaft** *f* учáстие 5 в *A*

Teilnahme *f* учáстие 5 (an в *P*); Mitgefühl сочýвствие 5, сострадáние 5 | j-m seine ~ aussprechen выражáть ⟨вы́ра|зить 3 -жу⟩ соболéзнование комý-н.; **~berechtigung** *f Sport* прáво 4 на учáстие (в соревновáниях)

teilnahmslos безучáст|ный, -ен, равнодý|ш|ный, -ен

Teilnahmslosigkeit *f* безучáстность 9, равнодýшие 5

teilnahmsvoll учáстлив:ый, сочýвствен:ный, -на

teilnehmen *intr* учáствовать 2 (an в *P*), принимáть ⟨приня́ть*⟩ учáстие (an в *P*); mitfühlen сочýвствовать 2 *D*; **~d** mitfühlend сочýвствен:ный, -на

Teilnehmer *m* учáстник 2 (an в *P*); *Tel* абонéнт 2; **~land** *n* странá-учáстница 6c-6; **~zahl** *f* числó учáстников

teils *Adv* частúчно, отчáсти | ~ ..., ~ ... то ..., то..., и ..., и ...

Teil|strecke *f* учáсток пути́; **~strich** *m* делéние 5 шкалы́; **~ung** *f Biol* делéние 5; der Arbeit разделéние 5; Verteilung делёж 2e; von Vermögen раздéл 2 | die ≈ Polens *hist* раздéл Пóльши

teilweise *Adv* отчáсти, частúчно

Teil|zahlung *f* Abzahlung уплáта 6 в рассрóчку [по частя́м]; Beitrag частúчный взнос 2; **~zeitarbeit** *f* рабóта с непóлным рабóчим днём

Teint *m* цвет 2 лицá

T-Eisen *n* таврóвое желéзо

Tel Aviv Тель-Авúв [тэ] 2

Telefon *n* телефóн 2, телефóнный аппарáт 2; **~automat** *m* таксофóн 2, телефóн-автомáт 2–2; **~buch** *n* телефóнная кни́га, телефóнный спрáвочник; **~gespräch** *n* разговóр по телефóну, телефóнный разговóр; **~hörer** *m* телефóнная трýбка

telefon|ieren *intr* звонúть 3 ⟨по-⟩ [говорúть 3] по телефóну; **~isch 1.** *Adj* телефóнный **2.** *Adv* по телефóну | j-n ≈ erreichen дозвонúться *v* 3 до когó-н.; ist er ≈ zu erreichen? есть ли у негó телефóн?

Telefonist *m* телефонúст 2; **~in** *f* телефонúстка 6

Telefon|leitung *f* телефóнная лúния; **~netz** *n* телефóнная сеть; **~nummer** *f* нóмер телефóна; **~verbindung** *f* телефóнная связь; **~zelle** *f* телефóнная бýдка 6; im Gebäude телефóнная кабúна; **~zentrale** *f* einer Behörde телефóнный коммутáтор 2

Telegraf *m* телегрáф 2

Telegrafen|amt *n* телегрáф 2; **~mast** *m* телегрáфный столб

Telegrafie *f* телегрáфия 8

telegraf|ieren *intr* телеграфúровать *uv, v* 2, уведомля́ть ⟨увéдом|ить 3 -лю⟩ по телегрáфу (j-m *A*); **~isch 1.** *Adj* телегрáфный **2.** *Adv* по телегрáфу

Telegramm *n* телегрáмма 6; **~adresse** *f* телегрáфный áдрес; **~formular** *n* телегрáфный бланк; **~stil** *m* телегрáммный стиль

Telemark *m Sport* поворо́т 2
Tele|objektiv *n* телеобъекти́в 2; ~**pathie** *f* телепа́тия 8
Teleskop *n* телеско́п 2
Telex те́лекс 2
Teller *m* таре́лка 6 | flacher ~ ме́лкая таре́лка; tiefer ~ глубо́кая таре́лка; ~**eisen** *n* капка́н 2; ~**mine** *f* ди́сковая ми́на 6
Tempel *m* храм 2, святи́лище 4 *a. übertr;* ~**herr** *m hist* тамплие́р [иэ] 2
Tempera *f,* ~**farbe** *f* Kunst те́мпера [тэ] 6; ~**malerei** *f* жи́вопись те́мперой [тэ]
Temperament *n* темпера́мент 2
temperamentvoll темпера́мент|ный, -ен
Temperatur *f* температу́ра 2 *a. Med* | erhöhte ~ повы́шенная температу́ра; ~**anstieg** *m* повыше́ние температу́ры; *Met* потепле́ние 5; ~**rückgang** *m* пониже́ние 5 температу́ры; *Met* похолода́ние 5; ~**sturz** *m* ре́зкое паде́ние температу́ры; ~**unterschied** *m* ра́зность температу́р
temperieren *tr Tech* подде́рживать ⟨-держа́ть 3⁺⟩ равноме́рную температу́ру; mäßigen умеря́ть ⟨уме́рить 3⟩
Tempo *n* темп [тэ] 2 | ~! быстре́е, быстре́е!, быстре́й, быстре́й!
Temporalsatz *m* прида́точное предложе́ние вре́мени
temporär вре́менный
Tempus *n Gramm* вре́м|я *n G D P* -ени, *I* -енем, *Pl* -ена́, -ён, -ена́м
Tendenz *f* тенде́нция [тэндэ] 8 (zu к *D*)
tendenziös тенденцио́з|ный [тэндэ], -ен
Tendenzstück *n* тенденцио́зная [тэндэ] пье́са
Tender *m* те́ндер [тэндэ] 2; ~**lokomotive** *f* танк-паро́воз 2
tendieren *intr* быть* скло́нным (nach, zu к *D*)
Tenne *f* ток 2b; на току́ *Pl* -а́, гумно́ 4c *G Pl* гу́мен *u.* гумён
Tennis *n* те́ннис [тэ] 2 | ~ spielen игра́ть в те́ннис; ~**ball** *m* те́ннисный [тэ] мяч; ~**platz** *m* корт 2, те́ннисная [тэ] пло́щадка; ~**schläger** *m* (те́ннисная) [тэ] раке́тка 6; ~**spieler** *m* теннеси́ст [тэ] 2; ~**turnier** *n* соревнова́ния *Pl* 5 по те́ннису [тэ]
¹**Tenor** *m* те́нор 2b *Pl* -а́; ~**stimme** *f* те́нор 2b *Pl* -а́
²**Tenor** *m* гла́вное содержа́ние 5
Teppich *m* ковёр, -ра́ 2; ~**kehrmaschine** *f* механи́ческая щётка 6 для ковра́; ~**klopfer** *m* выбива́лка 6; ~**weber** *m* ковро́вщик 2
Termin *m* срок 2; *Jur* заседа́ние 5 суда́; Vorladung вы́зов 2 в суд | letzter ~ кра́йний 11 срок; den ~ einhalten соблюда́ть ⟨соблюсти́*⟩ срок; ~**arbeit** *f* сро́чная рабо́та
termingemäß (вы́полненный) в ука́занный [обусло́вленный] срок, своевре́мен|ный, -ен, -на
Terminkalender *m* календа́рь-па́мятка 1е-6
Terminologie *f* терминоло́гия 8
Terminplan *m* календа́рный план
Terminus *m* те́рмин 2
Termin|verlängerung *f* продле́ние сро́ка; ~**verschiebung** *f* отсро́чка 6
Termite *f* терми́т 2
Terpentin *n* терпенти́н 2, скипида́р 2; ~**öl** *n* терпенти́нное [скипида́рное] ма́сло
Terrain *n* ме́стность 9; Grundstück уча́ст|ок, -ка 2
Terrakotta *f* террако́та [тэ] 6
Terrarium *n* терра́ри|й [тэ] 1 *P* -и *G Pl* -ев
Terrasse *f* терра́са 6
terrassenförmig террасови́д|ный, -ен
Terrier *m Zool* терье́р [тэ] 2
Terrine *f* (супова́я) ми́ска 6
territorial территориа́льный
Territorialgewässer *Pl* территориа́льные во́ды
Territorium *n* террито́рия 8
Terror *m* терро́р [тэ] 2 (gegen про́тив *G*); ~**akt** *m* террористи́ческий [тэ] акт
terrorisieren *tr* терроризи́ровать [тэ] *uv, v* 2, терроризова́ть *uv, v* 2
Terrorist *m* террори́ст [тэ] 2
terroristisch террористи́ческий
Tertiär *n* трети́чный пери́од 2
Terz *f Mus* те́рция [тэ] 8
Terz|ett *n* терце́т [тэ] 2, три́о *n idkl;* ~**ine** *f Lit* терци́на [тэ] 6
Test *m* тест [тэ] 2; *Tech* испыта́ние 5
Testament *n* завеща́ние 5; *Rel* заве́т 2 | das Alte ~ Ве́тхий заве́т; sein ~ machen сде́лать *v* завеща́ние
testamentarisch завеща́тельный | ~ hinterlassen завеща́ть *uv, v*
Testamentsvollstrecker *m* исполни́тель 1 завеща́ния
Testat *n* свиде́тельство 4, удостовере́ние 5; im Studium зачёт 2
testen *tr* подверга́ть ⟨-ве́ргнуть 4а *u.* 4⟩ испыта́нию [прове́рке]
Testflug *m* испыта́тельный полёт
testieren *tr* durch Unterschrift bestätigen подпи́сывать ⟨-|писа́ть*⟩; bescheinigen свиде́тельствовать 2 (за-) посеще́ние; Testament machen завеща́ть *uv, v*
Testpilot *m* лётчик-испыта́тель 2-1
teuer дорого́й, до́рог, дорога́!, доро́же | wie ~ ist ...? ско́лько сто́ит ...?; wie ~ sind die Gurken? почём огурцы́?; es ist ~ до́рого сто́ит; teurer werden дорожа́ть (вз-, по-); ein ~ erkaufter Sieg побе́да, доста́вшаяся дорого́й цено́й; das soll ihn ~ zu stehen kommen э́то ему́ до́рого обойдётся, он попла́тится за э́то

Teuerung *f* вздорожа́ние 5, дороговизна 6
Teuerungszulage *f* надба́вка 6 в связи́ с ро́стом дороговизны
Teufel *m* чёрт 2 *Pl* че́рти 1g; böser Geist дья́вол 2, бес 2 | armer ~ бедня́га *m, f* 6; pfui ~! тьфу, про́пасть!; weiß der ~ was …! чёрт зна́ет что …!; чёрт-те что …!; den ~ an die Wand malen рисова́ть (на-) вся́кие у́жасы; hol's der ~! чёрт возьми́!, чёрт побери́!; mag er sich zum ~ scheren! чёрт с ним!; scher dich zum ~! пошёл к чёрту!, убира́йся!; **~ei** *f* чертовщи́на 6, дья́вольщина 6
Teufels|brut *f* чёртово отро́дье 13-5; **~kerl** *m* бедо́вый па́рень, молод|е́ц, -ца́ 2; **~werk** *n* дья́вольщина 6
teuflisch черто́вский, дья́вольский
Text *m* текст 2; Lieder~ слова́ *Pl* 4b; Opern~ либре́тто *n idkl* | weiter im ~! продолжа́й(те)!; **~buch** *n* либре́тто *n idkl;* **~dichter** *m* а́втор 2 те́кста
Textilarbeiterin *f* тексти́льщица 6
Textilien *Pl* тексти́ль 1, тексти́льные това́ры *Pl* 2
Textil|industrie *f* тексти́льная промы́шленность; **~waren** *f Pl* = **Textilien**
Textkritik *f Lit* текстоло́гия 8
textlich текстово́й
Thailand Таила́нд 2; **~länder** *m* таила́нд|ец, -ца 2; **~länderin** *f* таила́ндка 6
thailändisch таила́ндский
Theater *n* теа́тр 2 | was wird heute im ~ gegeben? что идёт сего́дня в теа́тре?; mach kein ~! не притворя́йся!; **~anrecht** *n* театра́льный абонеме́нт; **~aufführung** *f* спекта́кль 1; Inszenierung постано́вка 6; **~besuch** *m* посеще́ние теа́тра | gemeinsamer ≈ коллекти́вное посеще́ние теа́тра; **~besucher** *m* театра́льный зри́тель 1; **~dichter** *m* драмату́рг 2; **~glas** *n* театра́льный бино́кль 1; **~hochschule** *f* театра́льный институ́т 2; **~karte** *f* биле́т в теа́тр; **~kasse** *f* театра́льная [биле́тная] ка́сса; **~liebhaber** *m* театра́л 2; **~stück** *n* пье́са 6; **~vorstellung** *f* театра́льное представле́ние; **~wissenschaft** *f* театрове́дение 5; **~zeitschrift** *f* театра́льный журна́л
theatralisch театра́л|ьный, -ен, -ьна *a. übertr*
Theke *f* im Gasthaus (буфе́тная) сто́йка 6
Thema *n* те́ма 6 *a. Mus* | über dieses ~, zu diesem ~ на э́ту те́му; zu einem anderen ~ übergehen переходи́ть ⟨-йти́⟩ к друго́й те́ме; vom ~ abweichen отклон|я́ться ⟨-и́ться⟩ от те́мы; **~tik** *f* тема́тика 6
thematisch темати́ческий
Themen|plan *m* темати́ческий план; **~stellung** *f* постано́вка 6 те́мы
Themse Те́мза 6
Theodolit *m* теодоли́т 2
Theolog|e *m* тео́лог [тэ] 2, богосло́в 2; **~ie** *f* теоло́гия [тэ] 8, богосло́вие 5
theologisch теологи́ческий [тэ], богосло́вский
Theorem *n* теоре́ма 6
Theoretiker *m* теоре́тик 2
theoretisch теорети́ческий, теорети́ч|ный, -ен
theoretisieren *intr* теоретизи́ровать 2
Theorie *f* тео́рия 8
Therapeutik *f Med* терапе́втика 6
therapeutisch терапевти́ческий
Therapie *f* терапи́я 8
Thermal|bad *n* куро́рт с горя́чими исто́чниками; **~quelle** *f* горя́чий исто́чник
thermisch терми́ческий, теплово́й
Thermo|dynamik *f* термодина́мика 6; **~elektrizität** *f* термоэлектри́чество 4; **~meter** *n* термо́метр 2; *Med* гра́дусник 2
thermonuklear термоя́дерный
Thermosflasche *f* те́рмос [тэ] 2
Thermostat *m* термоста́т [тэ] 2
These *f* те́зис [тэ] 2, положе́ние 5
Thomas|birne *f Bergb* тома́совский конве́ртер 2; **~stahl** *m* тома́совская сталь; **~verfahren** *n* тома́совский проце́сс
Thrombose *f* тромбо́з 2
Thron *m* престо́л 2, трон 2 | den ~ besteigen вступ|а́ть ⟨-и́ть 3⁺ -лю́⟩ на престо́л; **~besteigung** *f* вступле́ние 5 на престо́л
thronen *intr* восседа́ть (на тро́не); *übertr* возвыша́ться ⟨возвы́|ситься 3 -шусь⟩
Thron|folge *f* престолонасле́дие 5; **~folger** *m* престолонасле́дник 2; **~rede** *f* тро́нная речь
Thunfisch *m* тун|е́ц, -ца́ 2
Thüringen Тюри́нгия 8
Thüringer Wald Тюри́нгенский лес
Thymian *m* тимья́н 2
Tibet Тибе́т 2
Tibeter *m* тибе́т|ец, -ца 2; **~in** *f* тибе́тка 6
tibetisch тибе́тский
ticken *intr* ти́кать
tief 1. *Adj* глуб|о́кий, -о́к, -ока́, -о́ко́; глу́бже; глубоча́йший 11; Ton, Stimme, Temperatur ни́з|кий, -ок, -ка́, -ко, ни́зки́; ни́же; ни́зший 11, нижа́йший 11; Farbton тём|ный, -ен, -на́, темно́ *u.* тёмно | drei Meter ~ глубино́й в три ме́тра; ~er machen углуб|ля́ть ⟨-и́ть 3 -лю́⟩; ~e Verbeugung ни́зкий покло́н; aus ~ster Seele из глубины́ души́ **2.** *Adv:* den Hut ~ ins Gesicht drücken нахлобу́ч|ивать ⟨-ить 3⟩ шля́пу; das läßt ~ blikken э́то наво́дит на размышле́ния; er war aufs ~ste erschüttert он был потрясён до глубины́ души́; wie ~ er gesunken ist как ни́зко он пал; stille Wasser sind ~ в ти́хом о́муте че́рти во́дятся
Tief *n Met* о́бласть 9g ни́зкого давле́ния;

Fahrrinne глубоково́дный путь| -ём, фарва́тер [тэ] 2; **~angriff** *m Mil* ата́ка с бре́ющего полёта; **~bau** *m* строи́тельство подзе́мных сооруже́ний
tief|bewegt глубоко́ тро́нутый [взволно́ванный]; **~blau** тёмно-си́ний 11
Tiefdruck *m Typ* глубо́кая печа́ть; **~gebiet** *n* = **Tief**
Tiefe *f* глубина́ 6c, глубь 9; Empfindung глубина́, си́ла 6; Hintergrund глубина́, даль 9; Kluft, Abgrund бе́здна 6, про́пасть 9 | in einer ~ von fünf Metern на глубине́ в пять ме́тров
Tiefebene *f* ни́зменность 9
tiefempfunden глубоко́ прочу́вствованный | seinen ~en Dank aussprechen выража́ть ⟨вы́разить 3 -жу⟩ свою́ глубоча́йшую благода́рность
Tiefen|schärfe *f Foto* глубина́ 6 ре́зкости; **~wirkung** *f* де́йствие 5 в глубину́
tief|ernst о́чень серьёзный; **~erschüttert** потрясённый до глубины́ души́
Tief|flieger *m* лётчик-штурмови́к 2-2e; Flugzeug низколетя́щий самолёт 2 **~flug** *m* бре́ющий 11 полёт; **~gang** *m Mar* оса́дка 6
tief|gehend глуб|о́кий, -о́к, -ока́, -о́ко́; **~gekühlt**: ≈e Milch си́льно охлаждённое молоко́; **~greifend** глуб|о́кий, -о́к, -ока́, -о́ко́; **~gründig** глуб|о́кий, -о́к, -ока́, -о́ко́
Tiefkühl|fach *n* замора́живатель 1; **~truhe** *f* шкаф-морози́льник 2-2
Tiefland *n* ни́зменность 9
tiefliegend Land ни́зменный; Augen глубоко́ сидя́щий 11
Tief|punkt *m übertr* наибо́лее ни́зкая то́чка; **~schlag** *n* Boxen уда́р ни́же по́яса
tiefschürfend *übertr* углубл|ённый, -ён, -ена́, глуб|о́кий, -о́к, -ока́, -о́ко́
Tiefsee|forschung *f* иссле́дование морски́х [океа́нских] глуби́н; **~kabel** *n* глубоково́дный ка́бель
tiefsinnig глубокомы́слен:ный, -на; nachdenklich заду́мчив:ый; schwermütig меланхоли́ческий
Tiefstand *m* наибо́лее ни́зкий у́ровень
Tiegel *m* (ни́зкий) горш|о́к, -ка 2; Stielpfanne сковорода́ 6e *Pl* ско́вороды с ру́чкой; *Tech* ти́г|ель, -ля 1
Tier *n* живо́тное *Subst* 10; wildes зверь 1g | ein großes ~ *umg* ва́жная пти́ца 6
tierähnlich зверopодо́б|ный, -ен
Tierarzt *m* ветвра́ч 2e, ветерина́рный врач
tierärztlich ветерина́рный
Tier|bändiger *m* укроти́тель 1 звере́й; **~farm** *f* животново́дческая фе́рма; **~freund** *m* друг живо́тных; **~garten** *m* зоопа́рк 2, зоологи́ческий сад; **~heilkunde** *f* ветерина́рия 8
tierisch живо́тный; grausam звéрский
Tier|junges *n* детёныш 2 *G Pl* -ей; **~klinik** *f* ветерина́рная кли́ника; **~kreis** *m Astr* зодиа́к 2; **~kreiszeichen** *n* знак зодиа́ка; **~kunde** *f* зооло́гия 8; **~maler** *m* худо́жник-анимали́ст 2–2; **~park** *m* зоопа́рк 2; **~pfleger** *m* животново́д 2; **~quälerei** *f* жесто́кое обраще́ние 5 с живо́тными; **~reich** *n* живо́тный мир, фа́уна 6; **~schutz** *m* охра́на живо́тных; **~seuche** *f* эпизоо́тия [зоо] 8; **~welt** *f* живо́тный мир, фа́уна 6; **~zucht** *f* животново́дство 4
Tiger *m* тигр 2; **~fell** *n* тигро́вая шку́ра; **~in** *f* тигри́ца 6
Tilde *f* ти́льда 6
tilgen *tr* устран|я́ть ⟨-и́ть 3⟩; Schulden пога|ша́ть ⟨-си́ть 3⁺ -шу́⟩, упл|а́чивать ⟨-ати́ть 3⁺ -ачу́⟩
Tilgung *f* устране́ние 5; погаше́ние 5, упла́та 6
Timbre *n* тембр [тэ] 2
Tinktur *f* тинкту́ра 6, насто́|й 1 *G Pl* -ев
Tinte *f* черни́ла *Pl* 4 | er sitzt in der ~ *umg* он сиди́т в лу́же
Tinten|faß *n* черни́льница 6; **~fisch** *m* карака́тица 6; **~fleck** *m* черни́льное пятно́; **~klecks** *m* кля́кса
Tip *m* Hinweis указа́ние; Rat сове́т 2
[1]**tippen** *tr* Brief печа́тать на (пи́шущей) маши́нке
[2]**tippen** *intr* leicht berühren слегка́ каса́ться ⟨косну́ться 4⟩ (an *G*); auf eine Sache setzen, wetten ста́в|ить 3 -лю (по-) (auf на *A*); Lotterie уча́ствовать 2 в лотере́е; Lotto уга́дывать ⟨-гада́ть⟩; vermuten счита́ть
Tippfehler *m* опеча́тка 6
tipptopp *Adv umg* безупре́чно
Tirade *f* тира́да 6
Tirana Тира́на 6
Tirol Тиро́ль 1
Tisch *m* стол 2e | sich an den [zu] ~ setzen сади́ться ⟨сесть⟩ за стол; bei ~ за столо́м; j-n zu ~ bitten про́сить (по-) кого́-н. к столу́; wir hatten Gäste zu ~ у нас бы́ли го́сти к обе́ду; den ~ decken накрыва́ть ⟨-|кры́ть*⟩ на стол; etw. unter den ~ fallen lassen не принима́ть ⟨приня́ть*⟩ чего́-н. во внима́ние, игнори́ровать 2 что-н.; reinen ~ mit etw. machen поко́нчить *v* 3 с чем-н.; **~bein** *n* но́жка стола́; **~besteck** *n* столо́вый прибо́р; **~decke** *f* ска́терть 9g; **~gesellschaft** *f* о́бщество [компа́ния] за обе́денным столо́м; **~kasten** *m* я́щик стола́; **~lampe** *f* насто́льная ла́мпа
Tischleindeckdich *n* ска́терть-самобра́нка 9g-6
Tischler *m* столя́р 2e; **~arbeit** *f* столя́рная рабо́та
Tischlerei *f* Werkstatt столя́рная ма-

стерская́ *Subst* 10; als Handwerk столя́рное ремесло́ 4
tischlern *tr* столя́рничать
Tisch|platte *f* доска́ стола́; **~rede** *f* засто́льная речь
Tischtennis *n* насто́льный те́ннис; **~spieler** *m* игро́к в насто́льный те́ннис
Tisch|tuch *n* ска́терть 9; **~wäsche** *f* столо́вое бельё; **~zeit** *f* обе́денное вре́мя
Titan *n Chem* тита́н 2
titanisch титани́ческий
Titel *m* Anrede зва́ние 5; Buch~ ти́тул 2, загла́вие 5; **~bild** *n* фронтиспи́с 2; **~blatt** *n* ти́тульный лист; **~kampf** *m Sport* соревнова́ние 5 на пе́рвенство; **~seite** *f* ти́тульная страни́ца; **~verteidiger** *m* чемпио́н 2, защища́ющий 11 своё зва́ние
titulieren *tr* титулова́ть *uv, v* 2
Toast *m* грен|о́к, -ка́ *meist Pl:* Trinkspruch тост 2 (auf на *A*)
Toaster *m* то́стер 2
toben *intr* Sturm бушева́ть 2, неи́стовствовать 2; vor Wut бу́йствовать 2, свире́пствовать 2; lärmen шум|е́ть 3 -лю́
Tobsucht *f* бу́йное помеша́тельство 4
tobsüchtig буйнопоме́шанный, бе́шеный
Tochter *f* дочь, до́чери 9g *I Pl* дочер|ьми́ *u.* -я́ми, до́чка 6; **~gesellschaft** *f* доче́рнее 11 о́бщество
Tod *m* смерть 9g | gewaltsamer ~ наси́льственная смерть; plötzlicher ~ скоропости́жная смерть; bis in den ~ до сме́рти; zu ~e betrübt глубоко́ [смерте́льно] опеча́ленный; zu ~e erschrokken испу́ганный до́ смерти; den ~ finden погиба́ть ⟨-ги́бнуть 4a⟩; in den ~ gehen идти́ на смерть; ein Kind des ~es sein быть обречённым на смерть; eines natürlichen ~es sterben умере́ть свое́й сме́ртью; j-n zum ~e verurteilen приговори́ть *v* 3 кого́-н. к сме́ртной ка́зни
tod|bringend смертоно́с|ный, -ен; **~ernst** чрезвыча́йно серьёзный | ≈ sein быть о́чень серьёзным
Todes|angst *f* смерте́льный страх; **~anzeige** *f* объявле́ние о сме́рти; **~fall** *m* сме́ртный слу́чай | im ≈ в слу́чае сме́рти; **~gefahr** *f* смерте́льная опа́сность; **~kampf** *m* аго́ния 8; **~kandidat** *m:* er ist ein ≈ он не жиле́ц на бе́лом све́те
todesmutig презира́ющий 11 смерть
Todes|nachricht *f* изве́стие о сме́рти; **~qual** *f* смерте́льные му́ки *Pl* 6; **~stoß** *m* смерте́льный уда́р; **~strafe** *f* сме́ртная казнь | bei ≈ под стра́хом сме́ртной ка́зни; **~tag** *m* день сме́рти; **~urteil** *n* сме́ртный пригово́р; **~verachtung** *f* презре́ние к сме́рти
Todfeind *m* смерте́льный враг
todkrank смерте́льно больно́й
tödlich смерте́л|ьный, -ен, -ьна; todbringend смертоно́с|ный, -ен | ~ verwundet смерте́льно ра́ненный; ~er Ausgang смерте́льный исхо́д
tod|müde смерте́льно уста́лый | ≈ werden у|ста́ть* *v* до сме́рти; **~schick** сверхэлега́нт|ный, -ен; **~sicher** *Adv* наверняка́
Todsünde *f* сме́ртный грех
Togo То́го *n idkl;* **~lese** *m* тоголе́з|ец, -ца 2; **~lesin** *f* тоголе́зка 6
togolesisch тоголе́зский
Toilette *f* Kleidung; Frisiertisch туале́т 2; Abort убо́рная *Subst* 10, туале́т | auf die ~ gehen идти́ в убо́рную
Toiletten|papier *n* туале́тная бума́га; **~seife** *f* туале́тное мы́ло; **~tisch** *m* туале́тный сто́лик 2
Tokio То́кио *m idkl*
tolerant терпи́м:ый (gegen к *D*)
Toleranz *f* терпи́мость 9 (gegen к *D*); *Tech* до́пуск 2
tolerieren *tr* терп|е́ть 3⁺ -лю́
toll Hund бе́шеный; Mensch сумасше́дший 11, безу́м|ный, -ен; Einfall usw. сумасбро́д|ный, -ен, ди́к:ий, -á! | das ist eine ~e Wirtschaft! здесь чудо́вищный беспоря́док!; ~er Lärm сумасше́дший шум; das ist doch zu ~! э́то уж сли́шком!
tollen *intr* бе|си́ться 3⁺ -шу́сь (вз-), бу́йствовать 2
Toll|heit *f* безу́мство 4; Torheit сумасбро́дство 4; **~kirsche** *f* беллadóнна 6, краса́вка 6
tollkühn отва́ж|ный, -ен, отча́ян:ный, -на
Toll|kühnheit *f* отва́га 6, безрассу́дная сме́лость; **~wut** *f Med* водобоя́знь 9, бе́шенство 4 | an ≈ erkranken бе|си́ться 3⁺ -шу́сь (вз-)
tollwütig бе́шеный
Tolpatsch *m,* **Tölpel** *m* остоло́п 2, у́вал|ень, -ьня 1
Tölpelei *f* глу́пость 9, бестолко́вость 9; Plumpheit неуклю́жесть 9
tölpelhaft ungeschickt неуклю́ж:ий 11, нело́в|кий, -ок, -ка́!; stupid бестолко́в:ый
Tomate *f* помидо́р 2, тома́т 2
Tomaten|mark *n* тома́тная па́ста 6; **~saft** *m* тома́тный сок; **~salat** *m* сала́т из (све́жих) помидо́ров; **~soße** *f* тома́тный со́ус
Tombola *f* вещева́я лотере́я 7
[1]**Ton** *m Mus* тон 2b *Pl* -á *u.* -ы, звук 2; Redeweise тон; Tönen звуча́ние 5; Betonung ударе́ние 5; Farb~ тон *Pl nur* -á, отте́н|ок, -ка 2 (кра́ски) | den ~ angeben *übertr* ⟨за|дава́ть*⟩ ⟨зада́ть*⟩ тон; einen anderen ~ anschlagen *übertr* заговори́ть *v* 3 други́м то́ном; der gute ~ хоро́ший тон

²Ton *m Min* гли́на 6
Tonabnehmer *m Rad* звукоснима́тель 1, ада́птер [тэ] 2
tonangebend задаю́щий 11 тон
Ton|art *f* тона́льность 9, тон 2b *Pl* -á *u.* -ы, лад 2b *a. übertr;* **~aufnahme** *f* звукоза́пись 9
Tonband *n* магнитофо́нная ле́нта; **~aufnahme** *f* за́пись на ле́нту; **~gerät** *n* магнитофо́н 2
tönen *tr* при|дава́ть* ⟨прида́ть*⟩ чему́-н. определённый отте́нок; *intr* звуча́ть 3, из|дава́ть* ⟨изда́ть*⟩ звук
Tonerde *f* глинозём 2
tönern гли́няный
Ton|fall *m* интона́ция 8; **~film** *m* звуково́й фильм; **~fülle** *f* полнота́ звуча́ния
Tonic *n* то́ник 2
tonig гли́нист:ый
Tonika *f Mus* то́ника 6
Toningenieur *m* звукоопера́тор 2
tonisch тони́ческий
Ton|kopf *m Rad* голо́вка звукоснима́теля; **~kunst** *f* му́зыка 6, музыка́льное иску́сство; **~leiter** *f Mus* га́мма 6
tonlos беззву́ч|ный₁ -ен
Tonmeister *m Film* звукоопера́тор 2
Tonnage *f* тонна́ж 2
Tonne *f* Faß бо́чка 6; Gewicht то́нна 6
Ton|pfeife *f* гли́няная тру́бка; **~säule** *f Rad* звукова́я коло́нка; **~silbe** *f* уда́ренный слог; **~stück** *n* музыка́льная пье́са; **~stufe** *f* тон 2b *N Pl* -á *u.* -ы
Tonsur *f* тонзу́ра 6
Tönung *f* отте́н|ок₁ -ка 2
Ton|waren *f Pl* гли́няные [гонча́рные] изде́лия *Pl* 5; **~wiedergabe** *f* звуковоспроизведе́ние 5
Topas *m* топа́з 2
Topf *m* горш|о́к₁ -ка́ 2; aus Metall кастрю́ля 7 | alles in einen ~ werfen вали́ть 3⁺ всё в одну́ ку́чу
Töpfer *m* гонча́р 2е, горше́чник 2; **~ei** *f* гонча́рное произво́дство 4; Werkstatt гонча́рня 7; **~waren** *f Pl* гонча́рные изде́лия *Pl* 5
Topf|lappen *m* ку́хонная тря́пка; **~pflanze** *f* горше́чное расте́ние
Topograph *m* топо́граф 2; **~ie** *f* топогра́фия 8
topographisch топографи́ческий
topp! *Interj* идёт!, ла́дно!
Toppsegel *n Mar* то́псель 1, ве́рхний 11 па́рус
¹Tor *n* воро́та *Pl* 4; *Sport* гол 2b | aufs ~ schießen бить* по воро́там; ein ~ schießen заби́ть *v* гол [мяч]
²Tor *m* törichter Mensch глуп|е́ц₁ -ца́ 2, безу́м|ец₁ -ца 2; **~bogen** *m* а́рка воро́т
Torf *m* торф 2 | ~ stechen ре́зать* торф; **~bruch** *m* торфоразрабо́т|ки *Pl* 6 *G* -ок; **~lager** *n* торфяна́я за́лежь; **~moor** *n* торфяно́е боло́то, торфяни́к 2е; **~mull** *m* крошкообра́зный торф; **~stecher** *m* торфяни́к 2е; **~stich** *m* добы́ча 6 то́рфа
Torheit *f* сумасбро́дство 4, глу́пость 9 | eine ~ begehen соверш|а́ть ⟨-и́ть 3⟩ глу́пость
Torhüter *m* врата́рь 1е
töricht безрассу́д|ный₁ -ен, глу́п:ый₁ -á!
törichterweise *Adv* безрассу́дно
torkeln *intr* шата́ться, нетвёрдо держа́ться 3⁺ на нога́х
Tor|lauf *m Sport* сла́лом 2; **~linie** *f Sport* ли́ния воро́т; **~mann** *m* врата́рь 1е
Tornado *m* торна́до *n idkl*
Tornister *m* ра́н|ец₁ -ца 2
torpedieren *tr Mil* торпеди́ровать *uv, v* 2; *übertr* срыва́ть ⟨со|рва́ть*⟩
Torpedo *m* торпе́да 6; **~boot** *n* миноно́с|ец₁ -ца 2; **~flugzeug** *n* самолёт-торпедоно́с|ец₁ -ца 2-2
Tor|raum *m Sport* врата́рская площа́дка 6; **~reigen** *m Sport:* den ≈ eröffnen от|кры́ть* *v* счёт; **~schluß** *m:* kurz vor ≈ kommen прийти́ в после́днюю мину́ту; **~schütze** *m* игро́к 2е₁ заби́вший 11 гол
Torso *m* торс 2, ту́ловище 4
Torte *f* торт 2
Tortenheber *m* лопа́точка 6 для то́рта
Tortur *f* пы́тка 6, муче́ние 5
Tor|verhältnis *n Sport* соотноше́ние заби́тых и пропу́щенных мяче́й; **~wart** *m* врата́рь 1е
tosen *intr* бушева́ть 2, реве́ть*, шуме́ть 3; **~d** бушу́ющий 11, шумя́щий 11 | ≈er Beifall бу́рные аплодисме́нты
tot мёртв:ый₁ -а₁ мёртво, *übertr* мертво́, неживо́й; leblos безжи́знен:ный₁ -на | ~es Gleis запа́сный [тупико́вый] путь; ~e Sprache мёртвый язы́к; ~er Winkel мёртвое простра́нство 4; die Sache ist auf dem ~en Punkt angelangt де́ло застря́ло на мёртвой то́чке; er war mehr ~ als lebendig он был ни жив ни мёртв
total 1. *Adj* тота́льный, всео́бщий 11; völlig по́л|ный₁ -он₁ -на́₁ по́лно́, соверше́н|ный₁ -ен₁ -на **2.** *Adv* совсе́м, соверше́нно
Total|ansicht *f* о́бщий 1 вид; **~isator** *m* тотализа́тор 2
totalitär тоталита́рный
Totalschaden *m* вы́ход 2 из стро́я
totarbeiten, sich *refl umg* изму́чить *v* 3 себя́ рабо́той
Tote *f* поко́йница 6
töten *tr* убива́ть ⟨-|би́ть*⟩ | einen Nerv ~ *Med* умер|щвля́ть ⟨-тви́ть 3 -щвлю́⟩ нерв
Toten|bahre *f* катафа́лк 2; **~bett** *n* сме́ртный одр 2е
totenblaß смерте́льно бле́дный
Totenblässe *f* смерте́льная бле́дность
totenbleich = **totenblaß**

Toten|feier *f* панихи́да 6; **~geläute** *n* похоро́нный звон; **~gräber** *m* моги́льщик 2; **~hemd** *n* са́ван 2; **~kammer** *f* мертве́цкая *Subst* 10; **~kopf** *m* че́реп 2b *Pl* -а́; **~maske** *f* посме́ртная ма́ска; **~messe** *f* панихи́да 6; **~schein** *m* свиде́тельство о сме́рти; **~sonntag** *m* помина́льное воскресе́нье; **~starre** *f* тру́пное окочене́ние 5; **~stille** *f* мёртвая тишина́; **~wache** *f* почётный карау́л (у гро́ба)

Toter *m* поко́йник 2

totfahren *tr* пере|е́хать* *v* кого́-н. на́смерть

totgeboren мертворождённый

Totgeburt *f Med* рожде́ние мёртвого ребёнка; Kind мертворождённый ребё-н|ок, -ка 2

totlachen, sich *refl* смея́ться* до упа́ду, помира́ть со́ смеху

Totlachen *n:* das ist zum ~! мо́жно умере́ть со́ смеху!

Toto *n umg* тотализа́тор 2

tot|quetschen *tr* дав|и́ть 3⁺ -лю́ (раз-) (на́смерть); **~schießen** *tr* застрели́ть *v* 3⁺

Totschlag *m Jur* уби́йство 4

totschlagen *tr* убива́ть ⟨-|би́ть*⟩ | die Zeit ~ убива́ть вре́мя

tot|schweigen *tr* зама́лчивать ⟨-молча́ть 3⟩; **~stellen, sich** *refl* притвор|я́ться ⟨-и́ться 3⟩ мёртвым

Tötung *f* уби́йство 4, умерщвле́ние 5

Tour *f* пое́здка 6, путеше́ствие 5; Ausflug прогу́лка 6; Tanz тур 2; *Tech* оборо́т 2 | auf vollen ~en *a. übertr* по́лным хо́дом; in einer ~ reden *umg* говори́ть без у́молку

Touren|rad *n* доро́жный велосипе́д; **~zahl** *f Tech* число́ оборо́тов

Tourismus *m* тури́зм 2

Tourist *m* тури́ст 2; **~enhotel** *n* гости́ница для тури́стов; **~ik** *f* тури́зм 2; **~in** *f* тури́стка 6

Tournee *f* турне́ [нэ] *n idkl*

toxisch ядови́тый, токси́ческий

Trab *m* рысь 9; на рыси́; leichter рысца́ 6 | im ~ ры́сью; im ~ fahren е́хать на рыся́х; die Pferde liefen in leichtem ~ ло́шади бежа́ли рысцо́й; j-n auf ~ bringen *umg* расшев|е́ливать ⟨-ели́ть 3⟩ кого́-н.

Trabant *m Astr* спу́тник 2

traben *intr* бежа́ть* ры́сью

Traber *m Sport* рыса́к 2е, рыси́стая ло́шадь 9 *I Pl* -мі́

Trab|rennbahn *f* ипподро́м 2; **~rennen** *n* рыси́стые бега́ *Pl* 2

Tracht *f* оде́жда 6, костю́м 2 | j-m eine ~ Prügel verabreichen всыпа́ть ⟨в|сыпать*⟩ кому́-н., зада́ть* *v* кому́-н. трёпку

trachten *intr* стрем|и́ться 3 -лю́сь (nach к *D*), добива́ться (nach *G*) | j-m nach dem Leben ~ посяг|а́ть ⟨-ну́ть 4⟩ на чью-н. жизнь

trächtig Tiere бере́мен|ная, -на; Stute жерёбая; Kuh сте́льная; Sau супоро́с(н)|ая, -а; Schaf суя́гная; Hündin щённая; Katze суко́тная

Tradition *f* тради́ция 8

traditionell традицио́н|ный, -ен, -на

traditionsgemäß по [согла́сно] тради́ции

Trafo *m* = **Transformator**

Trag|bahre *f*носи́л|ки *Pl* 6 *G* -ок; **~balken** *m* опо́рная ба́лка

tragbar портати́в|ный, -ен, переносный; Schuhe го́дный для но́ски; Kosten поси́л|ьный, -ен, -ьна | die Kosten sind nicht ~ расхо́ды непоси́льные

Trage *f* носи́л|ки *Pl* 6 *G* -ок

träge лени́в:ый, медли́тел|ьный, -ен, -ьна; *Phys* ине́рт|ный, -ен

tragen *tr* но|си́ть 3⁺ -шу́, *best* нести́*; Kleidung, Namen носи́ть; stützen нести́, держа́ть 3⁺; erdulden терп|е́ть 3⁺ -лю́; *intr* Obstbaum принос́ить ⟨-нести́⟩ (плоды́); Acker дава́ть* ⟨дать*⟩ (урожа́й); vom Eis держа́ть; sich ~ *refl* Stoff носи́ться | das Haar gescheitelt ~ причёсываться на пробо́р; einen Bart ~ носи́ть бо́роду; einen Titel ~ носи́ть зва́ние; das Geld trägt Zinsen де́ньги прино́сят [даю́т] проце́нты; sie trägt immer Schwarz она́ (хо́дит) всегда́ в чёрном; den Verhältnissen Rechnung ~ учи́тывать ⟨-|че́сть*⟩ усло́вия; bei sich ~ име́ть при себе́; den Kopf hoch ~ быть* го́рдым

Träger *m* носи́льщик 2; *Text* брете́ль 9; *Tech* ба́лка 6, фе́рма 6; *übertr* носи́тель 1; **~höschen** *Pl* штани́шки с помоча́ми, брю́чки *Pl* 2 на брете́лях; **~rakete** *f* раке́та-носи́тель 6-1; **~rock** *m* ю́бка 6 на брете́лях

tragfähig спосо́бный нести́ нагру́зку

Trag|fähigkeit *f* несу́щая 11 спосо́бность; **~fläche** *f Flugw* несу́щая 11 пове́рхность; **~flächenboot** *n* су́дно 4 *Pl* суда́ 2b на подво́дных кры́льях

Trägheit *f* вя́лость 9, медли́тельность 9; *Phys* ине́рция 8

Trägheitsmoment *n* моме́нт ине́рции

Tragik *f* траги́зм 2

tragikomisch трагикоми́ческий

Tragikomödie *f* трагикоме́дия 8

tragisch траги́ческий | etw. ~ nehmen траги́чески воспринима́ть ⟨-|приня́ть*⟩ что-н.

Trag|kraft *f* подъёмная си́ла, грузоподъёмность 9; **~lufthalle** *f* надувно́й павильо́н 2

Tragöd|e *m* тра́гик 2; **~ie** *f* траге́дия 8; **~in** *f* траги́ческая актри́са 6

Trag|riemen *m* ля́мка 6; **~weite** *f übertr* значе́ние 5, ва́жность 9

Trainer *m* тре́нер 2
trainieren *tr* тренирова́ть 2 (на-); *intr* тренирова́ться (на-) | er trainiert jeden Morgen eine Stunde (lang) ка́ждое у́тро он трениру́ется в тече́ние ча́са
Training *n* трениро́вка 6
Trainings|anzug *m* трениро́вочный костю́м; ~**lager** *n* трениро́вочный сбор 2 [ла́герь]; ~**methode** *f* ме́тод трениро́вок; ~**spiel** *n* трениро́вочная встре́ча 6
Trakt *m* ко́рпус 2; ~**at** *m* тракта́т 2
traktieren *tr* (пло́хо) обраща́ться с кем-н.
Traktor *m* тра́ктор 2
Traktoren|bau *m* тракторострое́ние 5; ~**werk** *n* тра́кторный заво́д
Traktorist *m* трактори́ст 2; ~**in** *f* трактори́стка 6
trällern *tr, intr* напева́ть
Trampel *m* у́вал|ень| -ьня 1
trampeln *intr* то́пать ⟨то́пнуть *mom* 4⟩ (нога́ми)
Trampeltier *n Zool* двугóрбый верблю́д 2
trampen *intr* путеше́ствовать 2 «автосто́пом»
Trampolin *n* трампли́н 2
Tran *m* Wal~ во́рвань 9; Leber~ ры́бий жир 12-2
Träne *f* слеза́ 6h *Pl* слёзы | unter ~n со слеза́ми, в слеза́х; zu ~n gerührt растро́ганный до слёз; j-m keine ~ nachweinen не проли́ть* *v* по ком-н. ни одно́й слезы́; ~n lachen смея́ться до слёз
tränen *intr* слези́ться 3; an Tränenfluß leiden слезоточи́ть 3
Tränen|absonderung *f* слезоотделе́ние 5; ~**drüse** *f* слёзная железа́; ~**gas** *n* слезоточи́вый газ; ~**sack** *m* слёзный мешо́к, слезни́к 2e
tränenüberströmt (весь) в слеза́х
Trank *m* напи́т|ок| -ка 2, питьё 3
Tränke *f* водопо́|й 1 *G Pl* -ев
tränken *tr* Vieh пои́ть 3 по́ишь (на-); Stoffe u. a. пропи́тывать ⟨-пита́ть⟩
Transaktion *f* трансáкция 8
transatlantisch трансатланти́ческий
Transfer *m Fin* трансфе́рт 2, перево́д 2 [перечисле́ние 5] в иностра́нной валю́те
transferabel переводи́мый
transferieren *tr* переводи́ть 3⁺ -вожу́ ⟨-|вести́*⟩ [перечисля́ть ⟨-чи́слить 5⟩] в иностра́нной валю́те
Transforma|tion *f El* трансформа́ция 8; ~**tor** *m* трансформа́тор 2
Transformatorenhäuschen *n* трансформа́торная бу́дка 6
transformieren *tr El* преобраз|о́вывать ⟨-ова́ть 2⟩, трансформи́ровать *uv, v* 2
Transfusion *f* перелива́ние 5 (кро́ви)
Transistor *m* транзи́стор 2; ~**radio** *n* транзи́сторный (радио)приёмник
Transit *m* транзи́т 2; ~**handel** *m* транзи́тная торго́вля
transitiv перехо́дный
Transit|raum *m* зал 2 ожида́ния для транзи́тных пассажи́ров; ~**verkehr** *m* транзи́тное сообще́ние
Transkaukasien Закавка́зье 5
transkaukasisch закавка́зский
transkribieren *tr* транскриби́ровать *uv, v* 2
Transkription *f* транскри́пция 8
Trans|literation *f* транслитера́ция 8; ~**mission** *f* переда́ча 6, трансми́ссия 8
transparent прозра́ч|ный| -ен, просве́чивающийся 11
Transparent *n* транспара́нт 2; ~**papier** *n* ка́лька 6 (для чертеже́й)
transpirieren *intr* поте́ть (вс-)
Transplantation *f Med* транспланта́ция 8, переса́дка 6 тка́ней
transponieren *tr Mus* транспони́ровать *uv, v* 2
Transport *m* тра́нспорт 2, перево́зка 6
transportabel транспорта́бел|ьный| -ен| -ьна, перено́сный | transportable Garage сбо́рный гара́ж
Transport|arbeiter *m* тра́нспортный рабо́чий, тра́нспортник 2; ~**band** *n Tech* ле́нта конве́йера; ~**er** *m* тра́нспортная маши́на 6; ~**eur** *m Math* транспорти́р 2, угломе́р 2; ~**flugzeug** *n* тра́нспортный самолёт
transportieren *tr* транспорти́ровать *uv, v* 2, перевози́ть 3⁺ -вожу́ ⟨-|везти́*⟩
Transport|kosten *Pl* тра́нспортные расхо́ды, сто́имость 9 перево́зки; ~**mittel** *n* перево́зочное сре́дство; ~**möglichkeiten** *Pl* тра́нспортные возмо́жности *Pl* 9; ~**polizei** *f* железнодоро́жная поли́ция; ~**wesen** *n* тра́нспортное де́ло
transsibirisch транссиби́рский | ~e Eisenbahn транссиби́рская желе́зная доро́га
transzendent *Phil* трансценде́нт|ный| -ен; ~**al** *Phil* трансцендента́л|ьный| -ен| -ьна
Trapez *n Math, Sport* трапе́ция 8
trapezförmig трапециеви́д|ный| -ен
Trapezkünstler *m* акроба́т 2| рабо́тающий 11 на трапе́ции
Trasse *f* тра́сса 6 | eine ~ abstecken трасси́ровать *uv, v* 2
Tratsch *m umg* болтовня́ 7
tratschen *tr u. intr umg* болта́ть, сплётничать (на-)
Traube *f* кисть 9g, гроздь 9g *Pl* гро́зд|и| -е́й *oder* гро́здь|я| -ев; ~n *Pl* Wein виногра́д 2
traubenförmig гроздеви́дный; Blüte кистеви́дный
Trauben|saft *m* виногра́дный сок; ~**zukker** *m* виногра́дный са́хар, глюко́за 6
trauen *tr* венча́ть| ве́нчанный (об-, по-); *intr* ве́рить 3 (по-), доверя́ть ⟨-ве́рить⟩; sich ~ *refl* осме́л|иваться ⟨-иться 3⟩, рис-

ковáть 2 | j-m nicht über den Weg ~ не доверя́ть кому́-н. ни на грош; ich traute meinen Augen nicht я глазáм свои́м не повéрил; sich nicht ~, etw. zu tun боя́ться 3 [стесня́ться] что-н. сдéлать; sich standesamtlich ~ lassen регистри́ровать 2 (за-) (свой) брак; sich kirchlich ~ lassen венчáться (об-, по-)

Trauer *f* печáль 9, скорбь 9g; Kleidung трáур 2 | in ~ gehen но|си́ть 3⁺ -шу́ трáур; sie hat ~ онá в трáуре; **~birke** *f* плаку́чая 11 берёза; **~botschaft** *f* печáльная весть; **~fall** *m* слу́чай смéрти; **~feier** *f* пóхор|оны *Pl* 6 -óн, -онáм; **~flor** *m* креп 2, трáурная повя́зка 6; **~kleidung** *f* трáур 2; **~marsch** *m* похорóнный [трáурный] марш; **~musik** *f* похорóнная [трáурная] му́зыка

trauern *intr* печáлиться 3 (о-) (um о *P*), скорб|éть 3 -лю́ (um о *P*); j-n beweinen оплáкивать ⟨-|плáкать*⟩ | sie trauert um ihren Vater онá в трáуре по отцу́

Trauer|rede *f* надгрóбная речь; **~spiel** *n Theat* трагéдия *a. übertr;* **~weide** *f* плаку́чая 11 и́ва; **~zug** *m* погребáльное шéствие, похорóнная процéссия

Traufe *f* водостóчный жёлоб 2b *Pl* желобá

träufeln *tr* кáпать ⟨кáпнуть *mom* 4⟩

traulich gemütlich ую́т|ный, -ен; intim задушéв|ный, -ен, инти́м|ный, -ен

Traum *m* сон, сна 2; во сне; Wunsch- мечтá 6 *G Pl* мечтáний, грёза 6 | einen ~ haben ви́|деть 3 -жу сон; ich sah mich im ~ als Kind мне сни́лось моё дéтство; ich habe schreckliche Träume мне сня́тся стрáшные сны; das fällt mir nicht im ~ ein я об э́том и не ду́маю, мне э́то и не сни́тся; der ~ ist aus конéц мечтáм; **~bild** *n* сновидéние 5

träumen *tr u. intr* ви́|деть 3 -жу во сне (von *A*); schwärmen мечтáть (von о *P oder* mit *Inf*), грé|зить 3 -жу | ich habe von dir geträumt я ви́дел тебя́ во сне, ты мне сни́лся; träume süß! спи слáдко!, прия́тных сновидéний!; das hätte ich mir nicht ~ lassen э́то мне и во сне не сни́лось

Träumer *m* мечтáтель 1; **~ei** *f* мечты́ *Pl* 6, грёзы *Pl* 6, мечтáния *Pl* 5

träumerisch мечтáтел|ьный, -ен, -ьна

traum|haft скáзоч|ный, -ен, упои́тел|ьный, -ен, -ьна; **~verloren** мечтáтел|ьный, -ен, -ьна

Traumwelt *f* мир фантáзии

traurig печáл|ьный, -ен, -ьна, гру́ст|ный, -ен, -нá, -но, гру́стны́; bedauernswert, jämmerlich жáл|кий, -ок, -кá!; -ьче | ~ sein über etw. гру|сти́ть 3 -щу́ о чём-н.; ~ machen печáлить 3 (о-); eine ~e Rolle spielen игрáть жáлкую роль; ~, aber wahr печáльно, но факт

Traurigkeit *f* печáль 9, грусть 9

Trau|ring *m* обручáльное кольцó; **~schein** *m* свидéтельство о брáке

Trauung *f* бракосочетáние 5; kirchlich венчáние 5

Traverse *f Arch* трáверса 6, поперéчина 6

Trawler *m Mar* трáулер 2

Treber *Pl* бардá 6

Trecker *m* тягáч 2e *G Pl* -éй

Treff *n* Spielkarte трéфы *Pl* 6

treffen *tr* попадáть ⟨-|пáсть*⟩ в *A;* begegnen встречáть ⟨встрé|тить 3 -чу⟩, ви́|деть 3 -жу (у-); sich ~ *refl* встр|ечáться ⟨-éтиться⟩, ви́деться (с-, у-); *unpers* случ|áться ⟨-и́ться 3⁺⟩; sich ergeben получ|áться ⟨-и́ться 3⁺⟩ | Maßnahmen ~ принимáть ⟨приня́ть*⟩ мéры; ins Schwarze ~ *übertr* попáсть в (сáмую) тóчку; ihn trifft keine Schuld он не виновáт; das Bild ist gut getroffen фотогрáфия óчень удáчна; sich getroffen fühlen чу́вствовать себя́ оскорблённым [задéтым]; er hat eine gute Wahl getroffen он сдéлал хорóший [удáчный] вы́бор; es traf sich, daß ... случи́лось, что ...; es trifft sich gut óчень кстáти

Treffen *n* Begegnung встрéча 6; Zusammenkunft; Kongreß слёт 2; *Mil* сты́чка 6, сражéние 5

treffend мéт|кий, -ок, -кá!, вéр|ный, -ен, -нá, -но, вéрны́

Treffer *m Mil* попадáние 5; Lotterie вы́игрыш 2 *G Pl* -éй; *Sport* гол 2b, заби́тый мяч 2e | sie erzielten drei ~ они́ заби́ли три гóла

trefflich прекрáс|ный, -ен, превосхóд|ный, -ен

Treffpunkt *m* мéсто 4b встрéчи, мéсто свидáния; illegaler я́вка 6

treffsicher мéт|кий, -ок, -кá! *a. übertr*

Treffsicherheit *f* мéткость 9

Treibeis *n* дрейфу́ющий 11 лёд

treiben *tr* гнать*; drängen пон|уждáть ⟨-у́дить 3 -у́жу⟩; bewegen приводи́ть 3⁺ -вожу́ ⟨-|вести́*⟩ в движéние; Metall чекáнить 3 (вы-); sich beschäftigen занимáться ⟨заня́ться*; зан|ялся́, -яли́сь⟩; *Bot* пускáть ⟨пу|сти́ть 3⁺ -щу́⟩; *intr* уноси́ться 3⁺ -ношу́сь ⟨-|нести́сь*⟩; driften дрейфовáть 2 | an Land ~ относи́ть ⟨-нести́⟩ к бéрегу; die Blume treibt Knospen цветóк пускáет пóчки; er treibt es zu weit он сли́шком далекó захóдит, он перехóдит вся́кие грани́цы

Treiben *n* поведéние 5, посту́пки *Pl* 2

Treiber *m* von Tieren погóнщик 2; Jagd загóнщик 2

Treibhaus *n* тепли́ца 6, оранжерéя 7; **~gurken** *f Pl* парникóвые огурцы́; **~pflanze** *f* тепли́чное растéние

Treib|holz *n* сплавнóй лес; **~jagd** *f* охóта облáвой, облáва 6; **~mine** *f* дрейфу́ю-

щая 11 мина; ~**netzfischerei** *f* рыбная ловля неводом-загоном; ~**riemen** *m* приводной ремень; ~**sand** *m* подвижный песок
Treibstoff *m* горючее *Subst* 11; ~**verbrauch** *m* расход горючего [топлива]
treideln *tr* тянуть 4⁺ (судно) бечевой
Treidelpfad *m* бечевник 2e
Treidler *m* бурлак 2e
tremolieren *intr Mus* тремолировать 2
Tremolo *n Mus* тремоло [рэ] *n idkl*
Trend *m* направление 5, тенденция 8
trennbar отделяемый; teilbar раздели́м:ый
trennen *tr* loslösen отдел|ять ⟨-ить 3⁺⟩ (von от *G*); *Tel* разъедин|ять ⟨-ить 3⟩, разлуч|ать ⟨-ить 3⟩; Genähtes пороть* (рас-); sich ~ *refl* рас|ставаться* ⟨-|статься*⟩ (von с *I*); Eheleute разводиться 3⁺ -вожусь ⟨-|вестись*⟩ | die Streitenden ~ разнимать ⟨разнять*⟩ спорящих; nichts kann uns ~ ничто не может разлучить нас; man hat uns getrennt *Tel* нас разъединили; ich kann mich von einem interessanten Buch nicht ~ я не могу оторваться от интересной книги
Trenn|schalter *m El* разъединитель 1; ~**schärfe** *f Rad* избирательность 9, острота настройки; ~**ung** *f* отделение 5; *Tel* разъединение 5; Abschied разлука 6, расставание 5; von Worten разделение 5; von Raumschiffen расстыковка 6
Trennungs|linie *f* разделительная линия; ~**strich** *m* дефис 2
Trennwand *f* перегородка 6
Trense *f* трензель 1
trepp|ab *Adv* вниз по лестнице; ~**auf** *Adv* вверх по лестнице
Treppe *f* лестница 6 | die ~ hinaufsteigen подниматься ⟨подняться*₁ подн|ялся́₁ -ялись⟩ по лестнице; drei ~n hoch wohnen жить на третьем (*in der UdSSR entsprechend* четвёртом) этаже
Treppen|absatz *m* лестничная площадка; ~**beleuchtung** *f* освещение лестничной клетки; ~**geländer** *n* перила лестницы; ~**haus** *n* лестничная клетка 6; ~**stufe** *f* лестничная ступень; ~**witz** *m umg* запоздалая острота
Tresor *m* сейф 2, несгораемый шкаф 2b₁ в₁ на шкафу
Tresse *f* галун 2e
treten *tr* mit Füßen топтать* (по-); Pedal нажимать ⟨на|жать¹*⟩ (на педаль); *intr* наступ|ать ⟨-ить⟩ (auf на *A*); sich stellen станов|иться 3⁺ -люсь ⟨стать*⟩ | j-m zu nahe ~ задевать ⟨-|деть*⟩ кого-н., обижать ⟨оби|деть 3 -жу⟩ кого-н.
Tretmine *f* контактный фугас
treu zuverlässig вер|ный₁ -ен₁ -на́₁ -но₁ верны́; ergeben предан:ный₁ -на | zu ~en Händen в надёжные руки
Treubruch *m* вероломство 4
treubrüchig веролом|ный₁ -ен
Treue *f* верность 9, преданность 9 | die ~ halten о|ставаться* ⟨-|статься*⟩ верным; ~ schwören присяг|ать ⟨-нуть 4⟩ на верность; j-m die ~ brechen нар|ушать ⟨-ушить 3⟩ кому-н. верность; etw. auf Treu und Glauben hinnehmen брать* что-н. на веру
Treueid *m* присяга в верности | den ~ leisten присяг|ать ⟨-нуть 4⟩ (в верности)
Treueprämie *f* премия за долголетнюю непрерывную работу
Treu|händer *m* управляющий *Subst* 11 секвестрованным предприятием; ~**handverwaltung** *f* опекунское управление
treu|herzig чистосердеч|ный₁ -ен, простодуш|ный₁ -ен; ~**los** невер|ный₁ -ен₁ -на́!, веролом|ный₁ -ен
Treulosigkeit *f* вероломство 4
Triangel *m Mus* треугольник 2
Tribunal *n* трибунал 2
Tribüne *f* трибуна 6
Tribut *m* дань 9
tributpflichtig платящий 11 дань
Trichine *f* трихина 6
Trichter *m* воронка 6; trichterförmige Öffnung; Schall~ раструб 2; Bomben~ воронка 6; ~**feld** *n Mil* местность 9₁ изрытая воронками
trichterförmig воронкообраз|ный₁ -ен
Trick *m* трюк 2; ~**film** *m* трюковый фильм
Trieb *m* склонность 9 (zu к *D*), стремление 5 (zu к *D*); innerer порыв 2, побуждение 5, импульс 2; Natur~ инстинкт 2; *Bot* побег 2; ~**feder** *f übertr* движущая сила 11-6; ~**kraft** *f* движущая 11 сила *a. übertr;* ~**rad** *n Tech* ведущее 11 колесо; ~**wagen** *m* моторный вагон; *Eisenb* автомотриса 6; ~**werk** *n Tech* приводной механизм 2, движитель 1; *Flugw* двигатель 1
triefen *intr* капать*, течь* | der Mantel trieft vor Nässe пальто насквозь промокло; seine Hände ~ von Blut его руки обагрены кровью
triftig Grund уважител|ьный₁ -ен₁ -ьна; Beweis убедител|ьный₁ -ен₁ -ьна
Trigonometrie *f* тригонометрия 8
trigonometrisch тригонометрический
Trikot *n* трико *n idkl;* Hemd майка 6; ~**agen** *f Pl* трикотаж 2, трикотажные изделия *Pl* 5; ~**hemd** *n* майка 6
Triller *m* трель 9
trillern *intr* пускать [выво|дить 3⁺ -жу́] трели
Trillerpfeife *f* пронзительный свисток
Trilogie *f* трилогия 8
trinkbar год|ный₁-ен₁ -на́! для питья
Trinkbecher *m* бокал 2

trinken *tr* пить* (вы́-); *intr* пить, пья́нствовать 2 | ich trinke gern Bier я люблю́ пи́во; das Glas leer ~ вы́пить стака́н до дна; einen über den Durst ~ хва|ти́ть 3⁺ -чу́ ли́шнего, напива́ться ⟨-пи́ться⟩; sich satt ~ напива́ться ⟨-пи́ться⟩

Trinker *m* пья́ница *m* 6

trinkfest непьяне́ющий 11

Trink|gelage *n* пья́нка 6, попо́йка 6; **~geld** *n* чаевы́е *Subst Pl* 10 | ≈ geben дава́ть ⟨дать⟩ на чай; **~glas** *n* стака́н 2; **~kur** *f Med* лече́ние минера́льными во́дами; **~lied** *n* засто́льная пе́сня; **~röhrchen** *n* соло́минка 6; **~spruch** *m* тост 2, здра́вица 6; **~wasser** *n* питьева́я вода́ | kein ≈ вода́ не для питья́

Trio *n Mus* три́о *n idkl;* **~le** *f Mus* трио́ль 9

Tripolis Три́поли *n idkl*

trippeln *intr* семени́ть 3

Tripper *m Med* три́ппер 2

Tritt *m* шаг 2b; Fuß~ пин|о́к, -ка́ 2; Stufe ступе́нька 6, подно́жка 6 | j-m einen ~ geben дава́ть ⟨дать⟩ кому́-н. пинка́; **~brett** *n* подно́жка 6, ступе́нька 6

Triumph *m* триу́мф 2, торжество́ 4

triumphal триумфа́льный

Triumphbogen *m* триумфа́льная а́рка

triumphieren *intr* торжествова́ть 2 (вос-) (über над *I*)

Triumphzug *m* триумфа́льное ше́ствие

trivial тривиа́л|ьный, -ен, -ьна

Trivialität *f* тривиа́льность 9

Trochäus *m Lit* трохе́|й 1 *G Pl* -ев

trocken сух:о́й, -á!; су́ше *a. übertr* | das Hemd ist noch nicht ~ руба́шка ещё не вы́сохла; auf dem ~en sitzen *übertr* сиде́ть на мели́; ~ werden со́хнуть 4a *u.* 4 (вы́-); ich habe eine (ganz) ~e Kehle (у меня́) в го́рле пересо́хло

Trocken|anlage *f* суши́льная устано́вка; **~boden** *m* черда́к 2e для су́шки белья́; **~dock** *n* сухо́й док; **~element** *n* сухо́й гальвани́ческий элеме́нт; **~futter** *n* сухо́й корм; **~gemüse** *n* сушёные о́вощи; **~heit** *f* су́хость 9

trockenlegen *tr* осуш|а́ть ⟨-и́ть 3⁺⟩ | ein Kind ~ перепелена́ть *v* ребёнка

Trocken|legung *f* осуше́ние 5; **~milch** *f* сухо́е молоко́; **~platz** *m* ме́сто для су́шки (белья́), суши́л|ьня 7 *G Pl* -ен; **~rasierer** *m* электробри́тва 6; **~raum** *m* суши́лка 6; **~substanz** *f* сухо́е вещество́

trocknen *tr* суши́ть 3⁺ (вы́-); Tränen осуш|а́ть ⟨-и́ть⟩; Hände вытира́ть ⟨вы|тереть*⟩; *intr* со́хнуть 4a *u.* 4 (вы́-); суши́ться (вы́-) | die Wäsche trocknet draußen бельё су́шится на дворе́; sich nach dem Regen am Lagerfeuer ~ суши́ться у костра́ по́сле дождя́

Troddel *f* кисть 9g

Trödel *m* ве́тошь 9, хлам 2; **~bude** *f* ве́тошная ла́вка 6; **~markt** *m* толку́чка 6

trödeln *intr* ме́длить 3 с *I,* ме́шкать с *I*

Trödler *m* вето́шник 2, старьёвщик 2

Trog *m* коры́то 4

trollen, sich *refl umg* убира́ться ⟨-|бра́ться*; убрали́сь⟩

Trolleybus *m* = **Oberleitungsomnibus**

Trommel *f* бараба́н 2 | die ~ rühren бить* в бараба́н; **~bremse** *f* бараба́нный то́рмоз; **~fell** *n* бараба́нная ко́жа 6; *Anat* бараба́нная перепо́нка 6; **~feuer** *n Mil* урага́нный ого́нь

trommeln *intr* бараба́нить 3, бить* в бараба́н

Trommel|schlag *m* бараба́нный бой; **~schlegel** *m* бараба́нная па́лка 6 [па́лочка]; **~wirbel** *m* бараба́нная дробь

Trommler *m* бараба́нщик 2

Trompete *f Mus* труба́ 6c | ~ blasen труби́ть 3 -лю́; mit Pauken und ~n с больши́м шу́мом

trompeten *intr* труб|и́ть 3 -лю́; eine Zeitlang потруби́ть *v*

Trompeter *m* труба́ч 2e *G Pl* -е́й

Tropen *Pl Geogr* тро́пики *Pl* 2

tropenfest тропикосто́йкий

Tropen|fieber *n* тропи́ческая лихора́дка; **~helm** *m* тропи́ческий шлем; **~hitze** *f* тропи́ческая жара́; **~koller** *m Med* тропи́ческое бе́шенство 4

Tropf *m* проста́к 2e, простофи́ля *m* 7 *umg* | armer ~ бедня́га *m* 6, горемы́ка *m* 6; am ~ hängen *Med* лежа́ть 3 с ка́пельницей

tröpfeln *intr* ка́пать* ⟨ка́пнуть *mom* 4⟩, накра́пывать | es fängt an zu ~ начина́ет накра́пывать дождь

tropfen *intr* ка́пать* ⟨ка́пнуть *mom* 4⟩ | die Nase tropft течёт и́з носу [из но́са]

Tropfen *m* ка́п|ля 7 *G Pl* -ель; Arznei ка́пли *Pl* | alles bis auf den letzten ~ austrinken вы́пить *v* всё до ка́пли; steter ~ höhlt den Stein ка́пля (по ка́пле) и ка́мень долби́т; das ist nur ein ~ auf den heißen Stein э́то лишь ка́пля в мо́ре

tropfenweise *Adv* ка́плями, по ка́пле

Tropfenzähler *m* ка́пельница 6

Tropfstein *m Min* сталакти́т 2; сталагми́т 2; **~höhle** *f* сталакти́товая пеще́ра

Trophäe *f* трофе́|й 1 *G Pl* -ев

tropisch тропи́ческий

Troposphäre *f Met* тропосфе́ра 6

Troß *m Mil* обо́з 2

Trost *m* утеше́ние 5 | ~ finden находи́ть ⟨-йти́⟩ утеше́ние; du bist wohl nicht bei ~? с ума́ ты сошёл, что ли?

trostbringend утеши́тел|ьный, -ен, -ьна

trösten *tr* утеша́ть ⟨уте́шить 3⟩; sich ~ *refl* утеша́ться ⟨уте́шиться⟩ (mit *I*)

tröstlich утеши́тел|ьный, -ен, -ьна

trostlos 1. *Adj* Person безуте́ш|ный, -ен; Fall; Gegend безотра́д|ный, -ен **2.** *Adv* уны́ло

Trostlosigkeit *f* безуте́шное го́ре 3; безотра́дность 9
Trostpreis *m* поощри́тельная пре́мия 8; *Sport* утеши́тельный приз
trostreich отра́д|ный, -ен, по́лный утеше́ния
Tröstung *f* утеше́ние 5
Trostwort *n* сло́во утеше́ния
Trott *m* рысь 9; на рыси́ | es geht alles den alten ~ всё идёт по-ста́рому
Trottel *m* дура́к 2е, простофи́ля 7
trotten *intr* плести́сь* (по-)
Trottoir *n* тротуа́р 2
trotz *Präpos* несмотря́ на *A*, вопреки *D* | ~ alledem несмотря́ ни на что́, вопреки́ всему́; ~ seines Befehls вопреки́ его́ прика́зу
Trotz *m* упря́мство 4, упо́рство 4 | zum ~ назло́ *D*, в пи́ку *D*; allen Wünschen zum ~ наперекóр всем жела́ниям
trotzdem *Konj* несмотря́ на то, что ...; несмотря́ на э́то, всё-таки, всё же | ~ hat er sein Einverständnis erklärt он всё же согласи́лся
trotzen *intr* упо́рствовать 2, упря́м|иться 3 -люсь | dem Gegner ~ сопротивля́ться проти́внику; der Gefahr ~ не боя́ться 3 опа́сности, пренебрега́ть ⟨пренебре́чь*⟩ опа́сностью
trotzig упря́м:ый, упо́р|ный, -ен
Trotzkopf *m* упря́м|ец, -ца 2
Troubadour *m* трубаду́р 2
trübe Wetter па́смур|ный, -ен, су́мрач|ный, -ен; Wasser му́т|ный, -ен, -на́!; Licht, Glas ту́скл:ый, -а́!; Stimmung, Gedanken мра́чный, -ен, -на́! | wir haben ~ Erfahrungen damit gemacht у нас с э́тим был печа́льный о́пыт; im ~n fischen лови́ть ры́бу в му́тной воде́
Trubel *m* переполо́х 2, сумато́ха 6
trüben *tr* Wasser му|ти́ть 3 -чу́ (за-); Freude омрач|а́ть ⟨-и́ть 3⟩; sich ~ *refl* мути́ться (за-); Himmel хму́риться 3 (на-) | er sieht aus, als könne er kein Wässerchen ~ на вид он тако́й, что и воды́ не замути́т
Trübsal *f* печа́ль 9, го́ре 3, скорбь 9g 5 | ~ blasen *umg* хандри́ть 3
trübselig печа́л|ьный, -ен, -ьна, уны́л:ый; Stimmung гру́ст|ный, -ен, -на́, -но, гру́стны́
Trübsinn *m* уны́ние 5, меланхо́лия 8
trübsinnig уны́л:ый, меланхоли́ч|ный, -ен
Trübung *f* помутне́ние 5
trudeln *intr Flugw* што́порить 3
Trüffel *f Bot* трю́фель 1
Trug *m* обма́н 2, надува́тельство 4; **~bild** *n* при́зрак 2, фанто́м 2; Wunschbild грёза 6, мира́ж 2 *G Pl* -ей
trügen *tr* обма́нывать ⟨-ману́ть 4⁺⟩ | der Schein trügt вне́шность обма́нчива
trügerisch обма́нчивый
Trugschluß *m* ло́жный вы́вод, ло́жное заключе́ние
Truhe *f* ларь 1е, сунду́к 2е
Trümmer *Pl* обло́мки *Pl* 2; Ruinen разва́лины *Pl* 6 | die Stadt sank in ~ го́род преврати́лся в разва́лины; **~haufen** *m* гру́да разва́лин
Trumpf *m* ко́зырь 1g | was ist ~? что (у нас) ко́зыри?; einen ~ ausspielen хо|ди́ть 3⁺ -жу́ с ко́зыри; alle Trümpfe in der Hand haben име́ть все ша́нсы на успе́х
Trunk *m* напи́т|ок, -ка 2 | sich dem ~ ergeben за|пи́ть* *v*; за́пил, -а́!, пья́нствовать 2
trunken пья́н:ый, -а; *übertr* опьян|ённый, -ён, -ена́ (vor *I*) | ~ werden пьяне́ть (за-, о-); ~ vor Freude вне себя́ от ра́дости
Trunken|bold *m* пья́ница *m, f* 6; **~heit** *f* опьяне́ние 5, хмель 1; во хмелю́ | ≈ am Steuer нетре́звое состоя́ние 5 води́теля маши́ны
Trunksucht *f* пья́нство 4; periodisch запо́й 1 | er ist der ~ verfallen он за́пил
trunksüchtig пья́нствующий 11, пью́щий 11 запо́ем
Trupp *m* гру́ппа 6; *Mil* кома́нда 6, звено́ 4c *Pl* звéнь|я, -ев; **~e** *f* von Schauspielern тру́ппа 6; *Mil* во́инская [войскова́я] часть 9g, отря́д 2; ≈n *Pl* войска́ *Pl* 4
Truppen|bewegung *f* передвиже́ние 5 войск; **~gattung** *f* род войск; **~schau** *f* смотр войска́м; **~teil** *m* во́инская [войскова́я] часть; **~transporter** *m* войсково́й тра́нспорт 2; **~übungsplatz** *m* уче́бное по́ле 3b; Artillerie полиго́н 2; **~verbandplatz** *m* батальо́нный медици́нский пункт; **~verschiebung** *f* передвиже́ние войск
truppweise *Adv* гру́ппами; *Mil* (отде́льными) кома́ндами, отря́дами
Trust *m Wirtsch* трест 2
Trut|hahn *m* индю́к 2е; **~henne** *f* инде́йка 6
Tschad Чад 2
Tschako *m* ки́вер 2b *Pl* -а́
Tschech|e *m* чех 2; **~in** *f* че́шка 6
tschechisch че́шский
Tschechoslowakei Чехослова́кия 8
tschechoslowakisch чехослова́цкий
Tsetsefliege *f Zool* му́ха цеце́
Tuba *f Mus* ту́ба 6
Tube *f* тю́бик 2
Tuberkel *m Med* тубе́ркула 6; **~bazillus** *m* па́лочка 6 Ко́ха
tuberkulös туберкулёзный
Tuberkulose *f* туберкулёз 2; **~bekämpfung** *f* борьба́ с туберкулёзом
tuberkulosekrank больно́й туберкулёзом
Tuch *n* Kleidungsstück плат|о́к, -ка́ 2; dreieckiges Kopftuch косы́нка 6; Stoff-

art сук|нó 4c *G Pl* -он | wie ein rotes ~ auf j-n wirken дéйствонать 2 на когó-н. как крáсный цвет на быкá; **~ballen** *m* тюк сукнá; **~fühlung** *f* тéсная связь

tüchtig 1. *Adj* fähig, geschickt дéльный, спосóб|ный, -ен; gehörig, bedeutend, groß порядоч|ный, -ен, изряд|ный, -ен | er ist in seinem Fach sehr ~ он хорóший специалúст, он хорошó знáет своё дéло **2.** *Adv:* wir arbeiten ~ рабóтаем энергúчно

Tüchtigkeit *f* дéльность 9, трудолю́бие 5

Tücke *f* ковáрство 4 | List und ~ кóзни 9

tückisch ковáр|ный, -ен

Tugend *f* добродéтель 9

tugendhaft добродéтел|ьный, -ен, -ьна

Tüll *m* тюль 1; **~kleid** *n* тю́левое плáтье

Tulpe *f* тюльпáн 2

tummeln, sich *refl* tollen резв|úться 3 -лю́сь; sich beeilen спешúть 3

Tummelplatz *m* площáдка для дéтских игр; *übertr* мéсто дéйствия

Tümmler *m Zool* морскáя свин|ья́ 7c *G Pl* -éй

Tumor *m Med* тýмор 2

Tümpel *m* небольшóй пруд 2e; в, на прудý

Tumult *m* шум 2, суматóха 6; Aufruhr волнéние 5

tumultuarisch шýм|ный, -ен, -нá!, суматóш|ный, -ен

tun *tr* дéлать (с-); Pflicht выполня́ть ⟨вы́полнить 3⟩, исполня́ть ⟨-пóлнить⟩; hinlegen класть* ⟨положúть 3⁺⟩; *intr* handeln поступ|áть ⟨-úть 3⁺ -лю́⟩ | zu ~ haben быть* зáнятым; nichts ~ ничегó не дéлать; mit j-m etw. zu ~ haben имéть дéло с кем-н.; ich habe damit nichts zu ~ я тут ни при чём; das hat damit nichts zu ~ э́то не имéет никакóго отношéния к дéлу; damit ist es nicht getan э́того недостáточно; was ist zu ~? что дéлать?; sein möglichstes ~ сдéлать всё возмóжное; das tut nichts (э́то) ничегó (не знáчит); etw. beiseite ~ отложúть *v* 3⁺ что-н. в стóрону; tu nicht so beleidigt не разы́грывай из себя́ обúженного; er tut, als ob er taub wäre он притворя́ется глухúм, он (тóлько) дéлает вид, что не слы́шит э́того; sie bekam es mit der Angst zu ~ её охватúл страх; j-m Böses ~ причин|я́ть ⟨-úть 3⟩ комý-н. зло; es ist mir nicht um das Geld zu ~ дéло для меня́ не в деньгáх, не дéньги меня́ интересýют; ~ Sie, als ob Sie zu Hause wären бýдьте как дóма; der Hund tut dir nichts собáка тебя́ не трóнет

Tun *n* óбраз 2 дéйствий, поведéние 5

Tünche *f* известкóвый раствóр для побéлки, клеевáя крáска 6; *übertr* внéшний лоск 11–2

tünchen *tr* белúть 3 (по-), крá|сить 3 -шу (о-, по-)

Tundra *f* тýндра 6

Tuner *m Rad* тю́нер 2

Tunesi|en Тунúс 2; **~er** *m* тунúс|ец, -ца 2; **~erin** *f* тунúска 6

tunesisch тунúсский

Tunichtgut *m* негóдник 2, безде́льник 2

Tunis Тунúс 11–2

Tunke *f* сóус 2, подлúвка 6

tunken *tr* мак|áть ⟨-нýть *mom* 4⟩

tunlichst *Adv* по возмóжности

Tunnel *m* туннéль [нэ] 1

Tüpfel *m* крáпин(к)а 6; **~chen** *n* тóчка 6, крáпин(к)а 6 | das ≈ aufs i setzen стáв|ить 3 -лю (по-) тóчку над i

tupfen *tr* berühren слегкá трó|гать ⟨-нуть 4⟩; mit Tupfen versehen покрывáть ⟨-|кры́ть*⟩ крáпинками

Tupfer *m Med* тампóн 2

Tür *f* дверь 9g; в двери́, на двéри; *I Pl* двер|я́ми *u.* -ьмú | j-m die ~ weisen укáзывать ⟨-|казáть*⟩ комý-н. на дверь; offene ~en einrennen лом|úться 3⁺ -лю́сь в откры́тую дверь; hinter verschlossenen ~en при закры́тых дверя́х; **~angel** *f* дверная пéтля

Turban *m* тюрбáн 2, чалмá 6

Turbine *f* турбúна 6

Turbo|generator *m El* турбогенерáтор 2; **~propflugzeug** *n* турбовинтовóй самолёт

turbulent бýр|ный, -ен, -нá!, бý|йный, -ен, буйнá!

Tür|flügel *m* дверная створка 6; **~füllung** *f* дверная филёнка 6

Türk|e *m* тýр|ок, -ка 2 *G Pl* тýрок; **~ei** *f* Тýрция 8; **~in** *f* турчáнка 6

Türkis *m Min* бирюзá 6

türkisch турéцкий

Türklinke *f* (нажúмная) рýчка двéри

Turkmen|ien Туркмéния 8; **~e** *m* туркмéн 2; **~in** *f* туркмéнка 6

turkmenisch туркмéнский | Turkmenische Sozialistische Sowjetrepublik Туркмéнская Совéтская Социалистúческая Респýблика

Turm *m* бáш|ня 7 *G Pl* -ен; Kirch~, Glokken~ колокóл|ьня 7 *G Pl* -ен; Schach ладья́ 7, турá 6

Turmalin *m Min* турмалúн 2

Turmdrehkran *m* бáшенный полноповорóтный кран

türmen *tr* громоз|дúть 3 -жý (на-); sich ~ *refl* громоздúться

Turmfalke *m* пустельгá 6

turmhoch 1. *Adj* óчень высóкий, высотóй [вышинóй] с бáшню **2.** *Adv* неизмерúмо вы́ше | j-m ~ überlegen sein быть нá голову вы́ше когó-н.

Turmspitze *f* шпиль 1 на бáшне; **~springen** *n Sport* прыжкú в вóду; **~uhr** *f* бá-

шенные часы́; mit Glockenspiel кура́нты *Pl* 2
Turnanzug *m* гимнасти́ческий [трениро́вочный] костю́м
turnen *intr* занима́ться гимна́стикой [физкульту́рой]
Turnen *n* гимна́стика 6
Turner *m* гимна́ст 2
turnerisch гимнасти́ческий
Turn|fest *n* физкульту́рный пра́здник; **~gerät** *n* гимнасти́ческий снаря́д; **~halle** *f* гимнасти́ческий зал; **~hemd** *n* (спорти́вная) ма́йка 6; **~hose** *f* спорти́вные трусы́ *Pl* 2, тру́сики *Pl* 2
Turnier *n* турни́р 2
Turn|lehrer *m* преподава́тель гимна́стики [физкульту́ры]; **~platz** *m* площа́дка для физкульту́рных упражне́ний; **~schuhe** *m Pl* спорти́вные та́почки; **~stunde** *f* уро́к физкульту́ры; **~übung** *f* гимнасти́ческое упражне́ние
Turnus *m* цикл 2
Turnverein *m* гимнасти́ческое о́бщество
Tür|pfosten *m* дверно́й кося́к; **~schloß** *n* дверно́й замо́к; **~schlüssel** *m* ключ от две́ри; **~schwelle** *f* поро́г 2 две́ри
turteln *intr* вести́* себя как влюблённые
Turteltaube *f Zool* го́рлица 6, го́рлинка 6
Tusch *m Mus* туш 2 *G Pl* -ей | einen ~ blasen игра́ть туш
Tusche *f* тушь 9
tuscheln *intr* шушу́каться, шепта́ться*
tuschen *tr* тушева́ть 2 (за-), расту|шёвызать ⟨-eва́ть⟩
Tuschkasten *m* коро́бка 6 кра́сок
Tute *f* гуд|о́к, -ка́ 2
Tüte *f* паке́тик 2, кул|ёк, -ька́ 2
tuten *tr u. intr umg* труб|и́ть 3 -лю́
Twist *m* хлопчатобума́жная осно́вная пря́жа 6
twisten *intr* твистова́ть 2
Typ *m* тип 2; *Tech* тип, образ|е́ц, -ца́ 2 | sie ist sein ~ она́ в его́ вку́се
Type *f Typ* ли́тера 6
Typenhaus *n* типово́й дом
Typhus *m Med* тиф 2 | er ist an ~ erkrankt он заболе́л ти́фом
typisch типи́ч|ный, -ен (für для *G*); in der Form типи́ческий
typisieren *tr* типизи́ровать *uv, v* 2
Typisierung *f* типиза́ция 8
Typograph *m* типо́граф 2; **~ie** *f* книгопеча́тание 5
typographisch типогра́фский | ~e Gestaltung полиграфи́ческое исполне́ние
Typus *m* = **Typ**
Tyrann *m* тира́н 2, де́спот 2; **~ei** *f* тирани́я 8, деспоти́зм 2
tyrannisch тирани́ческий
tyrannisieren *tr* тира́нить 3

U

U-Bahn *f* = **Untergrundbahn** | mit der ~ fahren е́хать на [в] метро́
übel 1. *Adj* дурно́й, ду́р|ен, -на́ -но, ду́рны́, плох:о́й, -а́! 2. *Adv:* mir ist ~ мне ду́рно, меня́ тошни́т; das klingt nicht ~ э́то звучи́т неду́рно; ich hätte nicht ~ Lust, … я (совсе́м) не прочь …, я охо́тно …; er ist ~ d(a)ran ему́ прихо́дится ту́го, его́ дела́ пло́хи; das kann ihm ~ bekommen ему́ из-за э́того мо́жет не поздоро́виться; das wurde ihm ~ vermerkt ему́ э́то припо́мнили; wohl oder ~ во́лей-нево́лей
Übel *n* зло 4 *Pl nur G* зол; Elend беда́ 6c; *Med* неду́г 2, боле́знь 9 | einem ~ abhelfen помога́ть ⟨по|мо́чь*⟩ в беде́; das kleinere ~ ме́ньшее из двух зол; ein notwendiges ~ неизбе́жное зло
übel|gelaunt ду́рно настро́енный, в дурно́м настрое́нии, не в ду́хе; **~gesinnt** вражде́бно настро́енный, злонаме́ренный
Übelkeit *f* тошнота́ 6
übelnehmen *tr* обижа́ться ⟨оби́|деться 3 -жусь⟩ (j-m etw. на кого́-н. за что-н.) | nehmen Sie es mir nicht übel, aber … не обижа́йтесь на меня́, но …
übel|nehmerisch оби́дчив:ый; **~riechend** злово́н|ный, -ен, -на
Übel|stand *m* недоста́т|ок, -ка 2; unordentlicher Zustand беспоря́д|ок, -ка 2, зло 4; **~tat** *f* злодея́ние 5; **~täter** *m* злоде́|й 1 *G Pl* -ев, престу́пник 2
übelwollen *intr* быть* недоброжела́тельным (j-m к *D)*
üben *tr* упражня́ть, тренирова́ть 2 (на-); *Mus* auf einem Instrument игра́я разучи́вать ⟨-учи́ть 3⁺⟩; sich ~ *refl* упражня́ться (in в *P);* trainieren тренирова́ться (на-) (in в *P)* | auf dem Klavier [auf der Geige] ~ упражня́ться на роя́ле [на скри́пке]; am Barren ~ тренирова́ться на бру́сьях; sich im Lesen ~ упражня́ться в чте́нии; früh übt sich, was ein Meister werden will на́вык ма́стера ста́вит
über 1. *Adv* Gewehr ~! (ружьё) на плечо́!; die Nacht ~ всю ночь (напролёт); den Winter ~ всю зи́му; das ist mir schon ~ э́то мне уже́ надое́ло; er war ~ und ~ mit Schmutz bedeckt он был весь покры́т гря́зью; er steckt ~ und ~ in Schulden он в долгу́ как в шелку́ 2. *Präpos* oberhalb над *I;* die Lampe hängt ~ dem Tisch ла́мпа виси́т над столо́м; er hängt die Lampe ~ den Tisch он ве́шает ла́мпу над столо́м; er wohnt ~ mir он живёт на́до мно́й; einen Arbeitskittel ~ den Anzug ziehen на|де́ть* *v* рабо́чий ха-

ла́т пове́рх костю́ма; ~ die Stadt fliegen лете́ть над го́родом; ~ den Büchern sitzen сиде́ть над кни́гами | über ... hinweg че́рез *A*; ~ den Graben springen перепры́гнуть че́рез ров; ~ den Zaun klettern пере|ле́зть* *v* че́рез забо́р; ~ die Straße gehen пере|йти́* *v* (че́рез) у́лицу; ~ die Stadtgrenze hinaus за преде́лы го́рода | an der Oberfläche по *D*; ~ den Hof gehen идти́* по двору́; die Bücher sind ~ den Tisch verstreut кни́ги разбро́саны по столу́; ~s Haar streichen гла́дить по волоса́м; ~s ganze Gesicht lächeln улыба́ться во всё лицо́ | betreffend о *P*; ~ j-n sprechen [schreiben, urteilen] говори́ть [писа́ть, суди́ть] о ком-н.; ein Buch ~ Malerei кни́га о жи́вописи | *Zeit* heute ~ ein Jahr че́рез год; ~ die Feiertage на пра́здники; ~s Wochenende kommen прие́хать на суббо́ту и воскресе́нье; ~ Nacht но́чью; ~ kurz oder lang ра́но и́ли по́здно | mehr als бо́лее *G*, свы́ше *G*; ~ zehn Meter бо́лее десяти́ ме́тров; ~ 30 Mann бо́лее [свы́ше] тридцати́ челове́к; seit ~ einem Jahr (вот) уже́ бо́лее го́да; vor ~ hundert Jahren бо́лее ста лет (тому́) наза́д; in ~20 Ländern бо́лее чем в двадцати́ стра́нах; zwei Grad ~ Null два гра́дуса вы́ше нуля́; bis ~ die Knie im Schnee в снегу́ вы́ше коле́н | Alter: sie ist ~ vierzig ей за со́рок; Kinder ~ sechs Jahre де́ти ста́рше шести́ лет | während за *I*; ~ der Arbeit habe ich das vergessen за рабо́той я э́то забы́л; ~ dem Lesen einschlafen засну́ть за чте́нием | über ... hinaus сверх *G*; zwei Tonnen ~ den Plan две то́нны сверх пла́на; ~ seine Kräfte arbeiten рабо́тать сверх сил [вы́ше свои́х сил]; das geht ~ mein Verständnis э́то вы́ше моего́ понима́ния | Häufung (mit Wiederholung des Substantivs) за *I*; Briefe ~ Briefe bekommen получа́ть письмо́ за письмо́м; Fehler ~ Fehler machen де́лать оши́бку за оши́бкой | technisches Mittel по *D*; ~ Funk [Fernschreiber] по ра́дио [телета́йпу] | der Sieg ~ Napoleon побе́да над Наполео́ном

überall *Adv* везде́, (по)всю́ду; allerorts повсеме́стно | ~ und nirgends везде́ и нигде́; er ist ~ bekannt его́ везде́ зна́ют; **~her** *Adv*: von ≈ отовсю́ду, со всех сторо́н; **~hin** *Adv* во все концы́, во всех направле́ниях

überaltert сли́шком ста́рый; Maschinenpark u.a. устаре́лый, устаре́вший 11 | ~ sein устар|ева́ть ⟨-е́ть⟩

Überangebot *n* превыше́ние 5 предложе́ния над спро́сом

überanstrengen *tr* переутом|ля́ть ⟨-и́ть 3 -лю́⟩ (mit в *P*); sich ~ *refl* переутом|ля́ться ⟨-и́ться⟩, надрыва́ться ⟨надо|рва́ться*¡ -рвали́сь⟩ (mit в *P*)

Überanstrengung *f* переутомле́ние 5, перенапряже́ние 5

über|antworten *tr* пере|дава́ть* ⟨переда́ть*⟩, напр|авля́ть ⟨-а́вить 3 -а́влю⟩ (в *A*) | j-n dem Gericht ≈ отдава́ть ⟨отда́ть*⟩ кого́-н. под суд; **~arbeiten** *tr* переде́л|ывать ⟨-ать⟩, перераб|а́тывать ⟨-о́тать⟩; sich ≈ *refl* переутом|ля́ться ⟨-и́ться 3 -лю́сь⟩ | er ist überarbeitet он переутомлён

Überarbeitung *f* переде́лка 6, перерабо́тка 6; eines Textes обрабо́тка 6; Übermüdung переутомле́ние 5

überaus *Adv* чрезвыча́йно, в вы́сшей сте́пени, кра́йне

überbacken *tr* за|пека́ть ⟨-|пе́чь*⟩

Überbau *m Bauw, Phil* надстро́йка 6

überbauen *tr* надстр|а́ивать ⟨-о́ить 3⟩

überbeanspruchen *tr* перегр|ужа́ть ⟨-узи́ть 3⁺ -ужу́¡ -у́зишь¡ -у́женный⟩

Überbein *n* га́нгли|й 1 *P* -и, *G Pl* -ев

Überbelastung *f* перегру́зка 6

überbelegt битко́м наби́тый (людьми́) | die Wohnung ist ~ кварти́ра перенаселена́

Überbelegung *f* Wohnung перенаселённость 9

überbelichten *tr* переде́рживать ⟨-держа́ть 3⁺⟩

Überbelichtung *f* переде́ржка 6

über|betonen *tr* чрезме́рно подчёркивать ⟨-черкну́ть 4¡ -чёркнутый⟩; **~betrieblich** межзаводско́й | ≈er Wettbewerb соревнова́ние ме́жду отде́льными предприя́тиями

Überbevölkerung *f* перенаселе́ние 5

überbewerten *tr* переоц|е́нивать ⟨-ени́ть 3⁺⟩

Überbewertung *f* переоце́нка 6

überbezahlen *tr* перепл|а́чивать ⟨-ати́ть 3⁺ -ачу́⟩

überbieten *tr* предлага́ть ⟨-ложи́ть 3⁺⟩ бо́лее высо́кую це́ну; übertreffen превосхо|ди́ть 3⁺ -жу́ ⟨превзо|йти́*⟩; Norm, Rekord превыша́ть ⟨-вы́сить 3 -вы́шу⟩, перекрыва́ть ⟨-|кры́ть*⟩; Plan, Norm перевыполня́ть ⟨-вы́полнить 3⟩; sich ~ *refl* превзойти́ самого́ себя́ | j-n um hundert Mark ~ дать* *v* на сто ма́рок бо́льше, чем кто-н.

Überbleibsel *n* оста́т|ок¡ -ка 2; der Mahlzeit объе́дки *Pl* 2, оста́тки *Pl* 2 еды́; *übertr* пережи́т|ок¡ -ка 2

überblenden *tr* Film дава́ть* ⟨дать*⟩ наплы́в

Über|blendung *f* Film наплы́в 2; **~blick** *m* вид 2 (über на *A*); *übertr* обзо́р 2, обозре́ние 5 | ein kurzer ≈ кра́ткое обозре́ние [резюме́ *n idkl*]; einen ≈ über etw. haben име́ть о́бщее поня́тие [представле́ние] о

чём-н.; einen ≈ über etw. geben дать *v* обзо́р чего́-н.; Literaturgeschichte im ≈ (кра́ткие) о́черки *Pl* 2 по исто́рии литерату́ры
über|blicken *tr* оки́|дывать ⟨-нуть 4⟩ взгля́дом; Lage обозр|ева́ть ⟨-е́ть⟩; **~bringen** *tr* пере|дава́ть* ⟨переда́ть*⟩, дост|авля́ть ⟨-а́вить 3 - а́влю⟩
Überbringer *m* предъяви́тель 1
überbrücken *tr* наводи́ть 3⁺ -вожу́ ⟨-|вести́*⟩ мост (че́рез *A*); Schwierigkeiten преодол|ева́ть ⟨-е́ть⟩; Widersprüche сгла́|живать ⟨-дить 3 -жу⟩
Überbrückung *f* наво́дка 6 (моста́); преодоле́ние 5; сгла́живание 5
über|dachen *tr* покрыва́ть ⟨-|кры́ть*⟩ кры́шей [наве́сом]; **~dauern** *tr* пережи́ть* *v* | Jahrhunderte ≈ о|ста́ться* *v* жить в века́х; **~decken** *tr* покрыва́ть ⟨-|кры́ть*⟩; **~denken** *tr* проду́м|ывать ⟨-ать⟩ | etw. in Ruhe ≈ споко́йно обду́мать что-н.
überdies *Adv* кро́ме [сверх] того́, вдоба́вок
überdimensional огро́м|ный, ен, сверхме́р|ный, -ен
Überdosis *f* до́за, превыша́ющая 11 норма́льную, сверхдо́за 6
über|dosieren *tr* передози́ровать *uv, v* 2⟩; **~drehen** *tr* Schraube перекр|у́чивать ⟨-ути́ть 3⁺ -учу́⟩; Gewinde срыва́ть ⟨со|рва́ть*⟩ наре́зку
Über|druck *m Tech* избы́точное давле́ние; **~druckkabine** *f* гермети́ческая каби́на; **~druckventil** *n* предохрани́тельный кла́пан; **~druß** *m* ску́ка 6, пресыще́ние 5; Widerwillen отвраще́ние 5 | das habe ich schon bis zum ≈ gehört я э́того уже́ слы́шать не могу́
überdrüssig: ~ werden надоеда́ть ⟨надо|е́сть*⟩; ich bin dessen ~ мне э́то надое́ло
überdurchschnittlich **1.** *Adj* недю́жинный; Fähigkeiten a. незауря́д|ный, -ен **2.** *Adv* вы́ше сре́днего
Übereifer *m* чрезме́рное усе́рдие [рве́ние]
übereifrig чересчу́р усе́рд|ный, -ен [рья́н:ый]
übereignen *tr* пере|дава́ть* ⟨переда́ть*⟩ в со́бственность *G*
Übereignung *f* переда́ча 6 (в чью-н.) со́бственность
über|eilen *tr* поступ|а́ть ⟨-и́ть 3⁺ -лю́⟩ опроме́тчиво [необду́манно] | ≈ Sie nichts! не бу́дьте опроме́тчивы!, не торопи́тесь!; **~eilt** опроме́тчив:ый, необду́ман:ный, -на | ≈ handeln = übereilen
Übereilung *f* опроме́тчивость 9
übereinander *Adv* stehen, liegen одно́ над други́м, друг над дру́гом; herfallen друг на дру́га
übereinkommen *intr* догов|а́риваться ⟨-ори́ться 3⟩ (über о *P*), соглас|о́вывать ⟨-ова́ть 2⟩ *A* | wir kamen überein, gemeinsam abzureisen мы согласи́лись уе́хать вме́сте
Überein|kommen *n* соглаше́ние 5, догово́р 2 (mit с *I*) | mit j-m ein ≈ treffen при|йти́* *v* к соглаше́нию с ке́м-н.; **~kunft** *f* = **Übereinkommen**
übereinstimmen *intr* Meinungen совпада́ть ⟨сов|па́сть*⟩ (mit с *I*); Handlungen соглас|о́вываться ⟨-ова́ться 2⟩ (mit с *I*); Angebot, Nachfrage соотве́тствовать 2 (mit *D*) | ich stimme mit Ihnen vollkommen überein я с ва́ми вполне́ согла́сен; **~d** согла́с|ный, -ен, согласо́ван:ный, -на
Übereinstimmung *f* das Entsprechen соотве́тствие 5; Abstimmung согласова́ние 5 *a. Gramm;* Ansichten согла́сие 5, соглаше́ние 5 (mit с *I*) | in ~ mit etw. в соотве́тствии с чем-н.; in ~ handeln де́йствовать согласо́ванно; etw. mit etw. in ~ bringen соглас|о́вывать ⟨-ова́ть 2⟩ что-н. с чем-н.; eine beiderseitige ~ herbeiführen дости́гнуть *v* 4a *u.* 4 обою́дного соглаше́ния
überempfindlich сли́шком чувстви́тел|ьный, -ен, -ьна
Überempfindlichkeit *f Med* повы́шенная чувстви́тельность
übererfüllen *tr* перевыполня́ть ⟨-вы́полнить 3⟩ (um 10% на де́сять проце́нтов)
Übererfüllung *f* перевыполне́ние 5
über|essen, sich *refl* объеда́ться ⟨объ|е́сться*⟩ (an *I*) | sich eine Speise ≈ перее́сть *v* чего́-н.; **~fahren** *tr* ['----] Fähre перевози́ть 3⁺ -вожу́ ⟨-|везти́*⟩, перепра|вля́ть ⟨-а́вить 3 -а́влю⟩; *intr* перепр|авля́ться ⟨-а́виться⟩; [--'--] Person пере|е́хать* *v*; Signal прое́хать *v*
Über|fahrt *f* перее́зд 2; Fluß перепра́ва 6 (über че́рез *A*); **~fall** *m* нападе́ние 5, налёт 2 (auf на *A*)
überfallen *tr* напада́ть ⟨-|па́сть*⟩ на *A*; unerwartet besuchen нагря́нуть *v* 4 к *D* | ich wurde mit tausend Fragen ~ на меня́ посы́палась ты́сяча вопро́сов; der Schlaf überfiel ihn его́ одоле́л сон
überfällig Flugzeug, Zug запозда́вший 11; Wechsel (давно́) просро́ченный; Maßnahme (давно́) назре́вший 11
Überfall|kommando *n* выездна́я полице́йская кома́нда; **~wagen** *m* автомаши́на выездно́й полице́йской кома́нды
über|fliegen *tr* Ozean переле|та́ть ⟨-те́ть 3 -чу́⟩ (че́рез *A*), соверш|а́ть ⟨-и́ть 3⟩ перелёт (че́рез *A*); Stadt проле|та́ть ⟨-те́ть⟩ над *I;* Brief пробега́ть ⟨-|бежа́ть*⟩ (глаза́ми); **~fließen** *intr* über den Rand перелива́ться ⟨-|ли́ться*, -ли́ли́сь⟩ (че́рез край) | von Lob ≈ рассыпа́ться ⟨-|сы́паться*⟩ в похвала́х; **~flügeln** *tr*

превосхо|ди́ть 3⁺ -жу́ ⟨превзо|йти́*⟩, опе|ре|жа́ть ⟨-ди́ть 3 -жу́⟩
Überfluß *m* изоби́лие 5 (an *G*), избы́т|ок, -ка 2 (an *G*) | alles im ~ haben име́ть всё в избы́тке; im ~ vorhanden sein име́ться в изоби́лии [в избы́тке]; zum ~, zu allem ~ сверх того́ [ме́ры], чересчу́р
überflüssig изли́ш|ний 11, -ен, -ня, ли́шний 11, ненуж|ный, -ен, -на́!
überflüssigerweise *Adv* изли́шне
überfluten *tr* затоп|ля́ть ⟨-и́ть 3⁺ -лю́⟩, залива́ть ⟨зали́ть*⟩; mit Waren наводн|я́ть ⟨-и́ть 3⟩ *a. übertr*
Überflutung *f* затопле́ние 5, залива́ние 5; Hochwasser наводне́ние 5
überfordern *tr* предъяв|ля́ть ⟨-и́ть 3⁺ -лю⟩ чрезме́рные [повы́шенные] тре́бования (к *D*)
Überfracht *f* переве́с 2, изли́ш|ек, -ка 2 ве́са [гру́за]
über|fragen: da bin ich überfragt (на э́тот вопро́с) я не могу́ отве́тить; **~fremden** *tr* mit fremden Einflüssen durchsetzen подчин|я́ть ⟨-и́ть 3⟩ иностра́нному влия́нию; *Wirtsch* допу|ска́ть ⟨-сти́ть 3⁺ -щу́⟩ (уси́ленный) прито́к иностра́нного капита́ла
Überfremdung *f Wirtsch* преоблада́ние 5 [проникнове́ние 5] иностра́нного капита́ла; das Überfremden усиле́ние 5 иностра́нного влия́ния, иностра́нное заси́лие 5
überführen *tr* [ˈ----] перевози́ть 3⁺ -вожу́ ⟨-|везти́*⟩ (in, nach в *A*); *übertr* переводи́ть 3⁺ -вожу́ ⟨-|вести́*⟩; [--ˈ--] *Jur* улич|а́ть ⟨-и́ть 3⟩ (einer Sache в *P*); изоблич|а́ть ⟨-и́ть 3⟩ (einer Sache в *P*) | in Volkseigentum ~ пере|дава́ть* ⟨переда́ть*⟩ в со́бственность наро́да [в госуда́рственную со́бственность]
Über|führung *f* Leiche, Kranken перево́з 2; *übertr* перево́д 2; Übergabe переда́ча 6; Straße путепрово́д 2, Talbrücke a. виаду́к 2; Auto перего́н 2; *Jur* изобличе́ние 5; **~fülle** *f* изоби́лие 5 (an *G*)
überfüllen *tr* переполня́ть ⟨-по́лнить 3⟩ | der Bus [Saal] war überfüllt авто́бус [зал] был перепо́лнен
Überfüllung *f* перепо́лненность 9
Überfunktion *f* Drüse гиперфу́нкция 8
überfüttern *tr* за-, перека́рмливать ⟨-корми́ть 3⁺ -кормлю́⟩
Über|gabe *f* переда́ча 6; *Mil* сда́ча 6 **~gabeprotokoll** *n* приёмосда́точный акт 2; **~gang** *m* перехо́д 2 (in, zu в *A*) *a. übertr;* Fluß перепра́ва 6 | den ≈ über einen Fluß erzwingen *Mil* форси́ровать *uv, v* 2 реку́; der ≈ vom Sozialismus zum Kommunismus перехо́д от социали́зма к коммуни́зму
Übergangs|erscheinung *f* перехо́дное явле́ние; **~mantel** *m* демисезо́нное пальто́; **~periode** *f* перехо́дный пери́од; **~zeit** *f* перехо́дная эпо́ха 6; *Met* перехо́дный сезо́н 2
Übergardine *f* портье́ра 6
über|geben *tr* пере|дава́ть* ⟨переда́ть*⟩; *Mil* сдава́ть ⟨-|да́ть*⟩ | die neue Strecke wurde dem Verkehr ≈ но́вая ли́ния была́ сдана́ в эксплуата́цию [была́ откры́та]; dem Gericht ≈ пре|дава́ть* ⟨преда́ть*⟩ суду́; der Öffentlichkeit ≈ передава́ть гла́сности; der Kranke übergibt sich больно́го рвёт; er hat sich ≈ его́ вы́рвало, его́ стошни́ло; **~gehen** *tr* [--ˈ--] nicht beachten проходи́ть 3⁺ -хожу ⟨-|йти́*⟩ ми́мо, пропу|ска́ть ⟨-сти́ть 3⁺ -щу́⟩; umgehen (ein Gesetz u. ä.) обходи́ть ⟨-обойти́⟩; *intr* [ˈ----] переходи́ть ⟨-йти́⟩ (etw. an что-н. *D*, что-н. в чьи-н. ру́ки, zu к *D*) | in Volkseigentum ≈ перейти́ в со́бственность наро́да; zur Tagesordnung ≈ переходи́ть к пове́стке дня; auf Diät ≈ перейти́ *v* на дие́ту [иэ]; die Augen gingen ihm über у него́ глаза́ вы́лезли на лоб (от изумле́ния)
über|genug *Adv* бо́лее чем доста́точно, с изли́шком | genug und ≈ сверх (вся́кой) ме́ры; **~geordnet** Organ вышестоя́щий 11; Stelle вы́сший 11
Überge|päck *n* изли́шний (пассажи́рский) бага́ж 11–(10–)2е; **~gewicht** *n* Paket ли́шний 11 вес; eines Menschen избы́точный вес, вес вы́ше но́рмы; *übertr* переве́с 2, превосхо́дство 4 | das ≈ bekommen получи́ть *v* переве́с (über над *I*)
übergießen *tr* mit Wasser, Fett залива́ть ⟨зали́ть*⟩, облива́ть ⟨обли́ть*⟩
überglücklich о́чень счастли́вый | er ist ~ он вне себя́ от сча́стья [от ра́дости]
übergreifen *intr* распростран|я́ться ⟨-и́ться 3⟩ (auf на *A*), охв|а́тывать ⟨-ати́ть 3⁺⟩ (auf *A*)
Übergriff *m* превыше́ние 5 вла́сти [полномо́чий]; Mißbrauch злоупотребле́ние 5 (вла́стью)
übergroß сли́шком [чрезме́рно, о́чень] большо́й | ~e Mehrheit огро́мное большинство́
Übergröße *f* Kleidung большо́й (нестанда́ртный) разме́р; *Tech* негабари́т 2
überhaben *tr:* er hat es über *umg* э́то ему́ надое́ло
überhandnehmen *intr* возраста́ть ⟨-|расти́*⟩, уси́л|иваться ⟨-иться 3⟩ | hier nehmen die Füchse überhand здесь лис стано́вится всё бо́льше и бо́льше
Überhang *m Bauw* консо́льная [нависа́ющая 11] часть 9g, свес 2; Felsen вы́ступ *a. Bauw* 2; *Fin, Wirtsch* переве́с 2; Import~ превыше́ние 5; Waren избы́т|ок, -ка 2

über|hängen *tr* umhängen наки́|дывать ⟨-нуть 4⟩, набр|а́сывать ⟨-о́сить 3 -о́шу⟩ | sich das Gewehr ≈ пове́|сить *v* 3 -шу ружьё че́рез плечо́; *intr* Felsen высту-па́ть ⟨вы́ступить 3⟩; ungleichmäßig lang hängen свиса́ть ⟨сви́снуть 4⟩; **~häufen** *tr* mit Geschenken u. ä. зава́ливать ⟨-ва-ли́ть 3⁺⟩; mit Arbeit зава́ливать ⟨-ва-ли́ть⟩, перегр|ужа́ть ⟨-узи́ть 3 -ужу́, -у́зи́шь⟩ *I;* mit (An-) Fragen засыпа́ть ⟨-|сы́пать*⟩ *I;* mit Ehrungen, Vorwürfen осыпа́ть ⟨-сы́пать⟩ *I*

überhaupt *Adv* вообще́ | ~ nicht ... совсе́м [вообще́] не(т) ...; ≈ nicht nötig совсе́м не ну́жно; ich habe ~ keine Zeit у меня́ вообще́ нет вре́мени; wenn das Kind weint, kann ich ~ nicht schlafen когда́ ребёнок пла́чет, я во́все не сплю

überheb|en, sich *refl* sich einen körperl. Schaden holen надрыва́ться ⟨надо-|рва́ться*; -рвали́сь⟩; **~lich** надме́н|ный, ен, -на, зано́счив:ый | ≈ werden за|зна-ва́ться* ⟨-зна́ться⟩

Überheblichkeit *f* надме́нность 9, зано́с-чивость 9

über|heizen *tr* сли́шком жа́рко топ|и́ть 3⁺ -лю́; **~hitzen** *tr* перегр|ева́ть ⟨-е́ть⟩; **~höhen** *tr* чрезме́рно повыша́ть ⟨по-вы́|сить 3 -шу⟩ [увели́ч|ивать ⟨-ить 3⟩; Damm надстр|а́ивать ⟨-о́ить 3⟩

überhöht Geschwindigkeit превы́шенный

überholen *tr* опере|жа́ть ⟨-ди́ть 3 -жу́⟩ *a. übertr;* Verkehr обгоня́ть ⟨обо|гна́ть*, об-гоню́; обо́гнанный⟩; *übertr* перегоня́ть ⟨-гна́ть⟩; *Tech* Maschine ремонти́ровать *uv, v* 2 (*a.* от-); Motor перебира́ть ⟨-|бра́ть*; перебранный⟩; instand setzen lassen от|дава́ть* ⟨отда́ть*⟩ в ремо́нт | er hat ihn in der 3. Runde überholt он обошёл [перегна́л] его́ на тре́тьем кру́ге

Überhol|en *n Kfz* обго́н 2; **~manöver** *n Kfz* обго́н 2, обго́нный манёвр; **~spur** *f* полоса́ 6а обго́на

überholt устаре́вший 11

Überhol|ung *f* Ausbesserung теку́щий 11 [капита́льный] ремо́нт 2, перебо́рка 6 механи́зма; **~verbot** *n Kfz* запреще́ние обго́на

überhören *tr* недослы́шать *v* 3; absichtlich пропу|ска́ть ⟨-сти́ть 3⁺ -щу́⟩ ми́мо уше́й | er hat das Klingeln überhört он не слы́шал звонка́

überirdisch неземно́й

über|kleben *tr* закле́|ивать ⟨-ить 3⟩ (mit *I*), накле́|ивать ⟨-ить 3⟩ (пове́рх *G*); **~klug** *iron* мня́щий 11 о себе́, кича́-щийся 11 свои́м умо́м; **~kochen** *intr* бе-жа́ть*, у|йти́* *v* | die Milch ist übergekocht молоко́ убежа́ло [ушло́]; **~kommen** *tr* охва́тывать ⟨охва|ти́ть 3⁺ -чу́⟩, овлад|ева́ть ⟨-е́ть⟩ *I;* überliefert sein на-сле́довать *uv, v* 2 (*a.* у-); **~laden 1.** *tr* пе-регр|ужа́ть ⟨-узи́ть 3 -ужу́, -у́зи́шь⟩, чрезме́рно нагр|ужа́ть ⟨-узи́ть⟩ **2.** *Adj* перегру́жен:ный, -на (mit *I*); Kunst вы́чур|ный; -ен; Stil тяжёл:лый, сли́-шком насы́щен:ный; mit Arbeit зава́-ленный *I*; **~lagern** *tr Geol* напласт|о́вы-вать ⟨-ова́ть 2⟩; *El* накла́дывать; *Rad* ге-теродини́ровать 2; **~lagert** Ware зале-жа́лый

Überlagerung *f Geol* напластова́ние 5; *El* наложе́ние 5; *Rad* гетеродини́рование 5

Überlandleitung *f* ли́ния электропере-да́чи

überlang сли́шком [чрезме́рно] дли́н|ный, -ен, -на́!

über|lassen *tr* abtreten уступ|а́ть ⟨-и́ть 3⁺ -лю́⟩, от|дава́ть* ⟨отда́ть*⟩); etw. j-m anvertrauen передава́ть ⟨переда́ть*⟩, до-веря́ть ⟨-ве́рить 3⟩; anheimstellen предо-ст|авля́ть ⟨-а́вить 3 -а́влю⟩ | sich selbst ≈ sein быть предоста́вленным самому́ себе́; j-n seinem Schicksal ≈ броса́ть ⟨бро́|сить 3 -шу⟩ кого́-н. на произво́л судьбы́; **~lasten** *tr* перегр|ужа́ть ⟨-узи́ть 3 - ужу́, -у́зи́шь⟩ (mit, durch *I*); *übertr* пе-регру|жа́ть ⟨-узи́ть⟩, зава́ливать ⟨-вали́ть 3⁺⟩

Überlastung *f* перегру́зка 6 (mit, durch *I*)

Überlauf *m* Badewanne перели́в 2; Talsperre водосбро́с 2, водосли́в 2

überlaufen *intr* ['----] Flüssigkeit перели-ва́ться ⟨-|ли́ться*; -лили́сь⟩ (че́рез край) *a. übertr; Mil* перебега́ть ⟨-|бежа́ть*⟩ (zu к *D*) | die Milch ist übergelaufen молоко́ ушло́ [убежа́ло]; die Wanne ist übergelaufen вода́ из ва́нны перелила́сь че́рез край; *tr* [--'--] Arzt, Seebad, Laden пере-полня́ть ⟨-по́лнить 3⟩ | der Arzt ist sehr ~ у э́того врача́ о́чень мно́го пацие́н-тов; es überläuft mich kalt у меня́ мура́шки бе́гают по спине́; es überläuft mich heiß und kalt меня́ броса́ет то в жар, то в хо́лод

Überläufer *m* перебе́жчик 2

überlaut сли́шком гро́мкий

überleben *tr* пережива́ть ⟨пережи́ть*⟩; sich ~ *refl* отжива́ть ⟨отжи́ть*⟩ | der Kranke wird diese Nacht nicht ~ больно́й не доживёт до утра́; das hat sich überlebt э́то о́тжило свой век

Überlebender *m* оста́вшийся *Subst* 11 в живы́х

über|lebensgroß бо́льше натура́льной ве-личины́; **~lebt** отжи́вший 11, устаре́в-ший 11

überlegen 1. *tr* ['----] darüberlegen класть* ⟨положи́ть 3⁺⟩ пове́рх *G;* [--'--] durchdenken обду́м|ывать ⟨-ать⟩; sich ~ *refl* обду́м|ывать ⟨-ать⟩ | etw. reiflich ~ основа́тельно взве́|шивать ⟨-сить 3 -шу⟩ что--н.; gut überlegt хорошо́ проду́мано;

ich will es mir ~ я поду́маю **2.** *Adj* превосходя́щий 11; Miene высокоме́р|ный, -ен | j-m ~ sein превосхо|ди́ть 3⁺ -жу́ ⟨превзо|йти́*⟩ кого́-н.; zahlenmäßig ~ sein превосходи́ть чи́сленностью **3.** *Adv:* ~ in Führung sein Fußball u. a. вести́* игру́ с больши́м преиму́ществом

Überleg|enheit *f* превосхо́дство 4 (an, über в *P*, над *I*); **~ung** *f* размышле́ние 5; Schlußfolgerung, Erwägung рассужде́ние 5, соображе́ние 5 | mit ≈ обду́манно, с умо́м; nach reiflicher ≈ по зре́лом размышле́нии

überleiten *tr* переводи́ть 3⁺ -вожу́ ⟨-|вести́*⟩, переноси́ть 3⁺ -ношу́ ⟨-|нести́*⟩; zum nächsten Thema, Abschnitt переходи́ть 3⁺ -хожу́ ⟨-|йти́*⟩ к *D; Wirtsch* внедр|я́ть ⟨-и́ть 3⟩ (in в *A*)

Überleitung *f* перево́д 2; перехо́д 2 (zu к *D*); *Wirtsch* освое́ние 5 произво́дства но́вой проду́кции | ~ in die Produktion внедре́ние 5 в произво́дство

über|lesen *tr* flüchtig бе́гло про|чи́тывать ⟨-чита́ть⟩; übersehen пропу|ска́ть ⟨-сти́ть 3⁺ -щу́⟩; **~liefern** *tr* пере|дава́ть* ⟨переда́ть*⟩; **~liefert** традицио́н|ный, -ен, -на

Überlieferung *f* преда́ние 5; тради́ция 8 | nach der ~ по преда́нию

überlisten *tr* перехитри́ть *v* 3, проводи́ть 3⁺ -вожу́ ⟨-|вести́*⟩

Übermacht *f* превосхо́дство 4 (в си́лах), переве́с 2 | erdrückende ~ подавля́ющее 11 превосхо́дство; sie erlagen der ~ des Feindes они́ бы́ли побежде́ны превосходя́щими си́лами проти́вника

übermächtig 1. *Adj* могу́ществен:ный, -на **2.** *Adv* весьма́, кра́йне чрезвыча́йно

über|malen *tr* закра́|шивать ⟨-сить 3 -шу⟩, зама́зывать ⟨-|ма́зать*⟩; **~mannen** *tr* одол|ева́ть ⟨-е́ть⟩ | der Schlaf übermannte ihn сон одоле́л его́; **~mannshoch** вы́ше челове́ческого ро́ста

Übermaß *n* избы́т|ок, -ка 2, изли́ш|ек, -ка 2 | bis zum ~ beschäftigt sein быть перегру́женным (рабо́той); alles im ~ haben име́ть всё в избы́тке

über|mäßig 1. *Adj* чрезме́р|ный, -ен, непоме́р|ный, -ен **2.** *Adv* сли́шком; **~menschlich** сверхчелове́ческий, нечелове́ческий

übermitteln *tr* пере|дава́ть* ⟨переда́ть*⟩, пересыла́ть ⟨-|сла́ть*⟩

Übermittlung *f* переда́ча 6, пересы́лка 6

über|morgen *Adv* послеза́втра 6; **~müdet** переутомлён:ный

Über|müdung *f* переутомле́ние 5; **~mut** *m* Herausforderung задо́р 2; Ausgelassenheit ша́лость 9, озорство́ 4; Anmaßung зано́счивость 9 | aus ≈ из ша́лости, из озорства́

übermütig herausfordernd задо́р|ный, -ен; ausgelassen шаловли́в:ый, озорно́й; anmaßend зано́счив:ый | werde nicht ~! не зазнава́йся!

übernächst второ́й | am ≈en Tag че́рез день; an der ≈en Haltestelle че́рез остано́вку

über|nachten *intr* ночева́ть 2 (пере-) (bei у *G*, in в *R*); **~nächtig** бле́дный [утомлённый] от бессо́нной но́чи

Über|nachtung *f* ночёвка 6; **~nahme** *f* Güter; Auftrag; Geschäft, Neubau приём 2, приёмка 6; Verpflichtung, Verantwortung приня́тие 5, взя́тие 5 (на себя́); **~nahmeprotokoll** *n* приёмо-сда́точный акт 2

über|national наднациона́льный; **~natürlich** сверхъесте́ствен:ный, -на

über|nehmen *tr* Güter; Auftrag; Geschäft, Neubau принима́ть ⟨приня́ть*⟩; Verpflichtung, Verantwortung, Kosten брать* ⟨взять*⟩ на себя́; Erfahrung, Manieren перенима́ть ⟨переня́ть*⟩; Grundstück вступ|а́ть ⟨-и́ть 3⁺ -лю́⟩ во владе́ние; sich ≈ *refl* не знать ме́ры (in в *P*) | sich bei der Arbeit ≈ надрыва́ться ⟨надо|рва́ться*; -рвали́сь⟩ на рабо́те; **~ordnen** *tr* ста́в|ить 3 -лю (по-) вы́ше друго́го | er ist mir übergeordnet он мой нача́льник

überparteilich внепарти́йный

Überplanbestand *m meist Pl* сверхпла́новые запа́сы *Pl* 2 [изли́шки *Pl* 2], сверхпла́новая нали́чность

überplanmäßig сверхпла́новый, сверх пла́на

Über|preis *m* завы́шенная цена́; **~produktion** *f* перепроизво́дство 4; **~profit** *m* сверхпри́быль 9

überprüfen *tr* проверя́ть ⟨-ве́рить 3⟩, пересм|а́тривать ⟨-отре́ть 3⁺⟩

Überprüfung *f* прове́рка 6, пересмо́тр 2 | technische ~ *Kfz* техни́ческий осмо́тр 2, техосмо́тр 2

über|queren *tr* пересека́ть ⟨-|се́чь*⟩; Straße a. переходи́ть 3⁺ -хожу́ ⟨-|йти́*⟩; Fluß a. переплыва́ть ⟨-|плы́ть*⟩; **~ragen** *tr* [-‐'‐-] Berg, Turm возвыша́ться над *I*, госпо́дствовать 2 над *I*; j-n übertreffen превосхо|ди́ть 3⁺ -жу́ ⟨превзо|йти́*⟩; *intr* ['‐---] Brett, Balken выступа́ть; **~raschen** *tr* пора|жа́ть ⟨-зи́ть 3 -жу́⟩, удив|ля́ть ⟨-и́ть 3 -лю́⟩ (j-n mit кого́-н. чем-н.); beim Einbruch захв|а́тывать ⟨-ати́ть 3⁺ -ачу́⟩ врасплóх | j-n mit einer Nachricht ≈ порази́ть кого́-н. неожи́данным изве́стием; ich lasse mich gern ≈ я люблю́ сюрпри́зы; nun, lassen wir uns ≈ ну, уви́дим; wir wurden vom Sturm überrascht нас засти́гла бу́ря; **~raschend** Erfolg порази́тел|ьный, -ен, -ьна; Wendung неожи́дан:ный, -на

Überraschung *f* неожи́данность 9; unerwartetes Geschenk u. a. сюрпри́з 2 | zu meiner größten ~ к моему́ вели́кому удивле́нию; ich habe eine kleine ~ für dich у меня́ есть для тебя́ небольшо́й сюрпри́з [пода́рок]; j-m eine ~ bereiten гото́вить сюрпри́з кому́-н.

Überraschungs|angriff *m* внеза́пное нападе́ние; **~moment** *m* фа́ктор внеза́пности; **~tor** *n* неожи́данный гол

überreden *tr* угов|а́ривать ⟨-ори́ть 3⟩, убе|жда́ть ⟨-ди́ть 3ı *1. Pers Sg ungebr*ı -ждённый⟩ | sich ~ lassen дать себя́ уговори́ть; er ist leicht zu ~ его́ легко́ уговори́ть

Über|redung *f* угово́ры *Pl 2,* убежде́ние 5; **~redungskunst** *f* иску́сство [уме́ние 5] убежда́ть

über|regional надрегиона́льный; **~reich** чрезвыча́йно бога́тый (an *I*)

überreich|en *tr* пере|дава́ть* ⟨переда́ть*⟩, вруч|а́ть ⟨-и́ть⟩; Geschenk, Blumen (пре)подноси́ть 3⁺ -ношу́ ⟨-|нести́*⟩; **~lich** (из)оби́л|ьный, -енı -ьна

Überreichung *f* вруче́ние 5; подноше́ние 5

überreif перезре́лый | ~ werden von Früchten перезр|ева́ть ⟨-е́ть⟩

überreizen *tr* чрезме́рно раздраж|а́ть ⟨-и́ть 3⟩

Überrest *m meist Pl* оста́тки *Pl* 2; *übertr a.* пережи́тки *Pl* 2 Trümmer, Ruinen обло́мки *Pl* 2 | die sterblichen ≈e бре́нные оста́нки *Pl* 2

überrumpeln *tr* захв|а́тывать ⟨-ати́ть 3⁺ -ачу́⟩ врасплóх; unerwartet angreifen напада́ть ⟨-|па́сть*⟩ враспло́х | sie haben uns mit ihrem Besuch überrumpelt они́ (неожи́данно) нагря́нули к нам в го́сти

Überrumpelung *f* нападе́ние 5 враспло́х

über|runden *tr Sport* обо|гна́ть* *v*ı обгоню́ на (оди́н) круг; *übertr* обгоня́ть ⟨обогна́тьı обгоню́ı обо́гнанный (in в *P*); **~sät** усе́янный *I*

über|satt сы́тый по го́рло, пресы́щенный *I a. übertr;* **~sättigt** пресы́щенный

Überschall|flugzeug *n* сверхзвуково́й самолёт; **~geschwindigkeit** *f* сверхзвукова́я ско́рость

über|schatten *tr* затен|я́ть ⟨-и́ть 3⟩; *übertr* j-s Ruhm затмева́ть ⟨затми́ть 3⟩; von Krankheit, Unglück омрач|а́ть ⟨-и́ть 3⟩ | das Gesicht ist von Trauer überschattet на лице́ лежи́т тень ско́рби; **~schätzen** *tr* переоц|е́нивать ⟨-ени́ть 3⁺⟩

Überschätzung *f* переоце́нка 6

über|schauen *tr* обозр|ева́ть ⟨-е́ть 3⟩ *a. übertr;* **~schäumen** *intr* пеня́сь перелива́ться ⟨-|ли́ться*ı -ли́ли́сь⟩ че́рез край | ≈des Temperament горя́чий 11 темпера́мент; **~schlafen** *vt:* (eine Entscheidung) пере|жда́ть* *v* (с реше́нием) до утра́

Überschlag *m Fin* (ориентиро́вочная) сме́та 6, приме́рный расчёт 2; *Sport* переворо́т 2

überschlagen 1. *tr* ['----] Beine класть* ⟨положи́ть 3⁺⟩ но́гу на́ ногу; [--'--] Kosten сост|авля́ть ⟨-а́вить 3 -а́влю⟩ сме́ту на *A*, де́лать (с-) приблизи́тельный расчёт *G*; ein Kapitel, ein paar Seiten пропу|ска́ть ⟨-сти́ть 3⁺ щу́⟩; *intr* ['----] Funke проск|а́кивать ⟨|-очи́ть 3⁺⟩; sich ~ *refl* [--'--] Auto, Wagen u. a. перевёртываться ⟨-верну́ться 4⟩, опроки́|дываться ⟨-нуться 4⟩; Purzelbaum, Salto перекув|ы́ркиваться ⟨-ырну́ться 4⟩; *Flugw* капоти́ровать(ся) 2; *übertr* рассыпа́ться (vor в *P*) | er überschlug sich fast vor Liebenswürdigkeit он рассыпа́лся в любе́зностях; seine Stimme überschlug sich он говори́л захлёбывающимся го́лосом **2.** *Adj* тепловáтый

Überschlaglaken *n* пододея́льник 2

über|schnappen *intr umg* спя́т|ить *v* 3 -чу (с ума́) | er ist übergeschnappt у него́ заско́к в голове́; **~schneiden, sich** *refl* пересека́ться ⟨-|се́чься*ı -секла́сьı -секли́сь⟩; **~schreiben** *tr* mit einer Überschrift versehen надпи́сывать ⟨-|писа́ть*⟩ *A*, де́лать (с-) на́дпись на *P; Jur* перепи́сывать ⟨-писа́ть⟩ (на чьё-н. и́мя); **~schreiten** *tr* gehen über переходи́ть 3⁺ -хожу́ ⟨-|йти́*⟩, переша́гивать ⟨-шагну́ть 4⟩; Gebirgspaß перева́ливать ⟨-вали́ть 3⁺⟩; Rechte, Macht, Umfang; превыша́ть ⟨-вы́сить 3 -вы́шу⟩; Termin, Frist просро́ч|ивать ⟨-ить 3⟩; Gesetz наруша́ть ⟨-ру́шить 3⟩; Norm перевыполня́ть ⟨-вы́полнить 3⟩ | den Urlaub ≈ просро́чить о́тпуск

Über|schrift *f* Aufschrift на́дпись 9; Aufsatz, Buch загла́вие 5, заголо́в|окı -ка 2; **~schuh** *m* гало́ша 6; hoher бо́тик 2; **~schuß** *m* Waren изли́ш|екı -ка 2 (an *G*); Kräfte, Waren избы́т|окı -ка 2 (an *G*); erwirtschafteter Gewinn чи́стая при́быль 9; Steigerung увеличе́ние 5, рост 2; Einnahmen превыше́ние 5 | ≈ an Geburten verglichen mit … рост рожда́емости по сравне́нию с …

überschüssig überflüssig (из)ли́шний 11; zu reichlich vorhanden избы́точ|ныйı-ен

über|schütten *tr* засыпа́ть ⟨-|сы́пать*⟩, забр|а́сывать ⟨-оса́ть⟩ (mit *I*); *übertr* осыпа́ть ⟨-сы́пать⟩ (mit *I*)

Überschwang *m*: im ~ der Gefühle в избы́тке чувств; im ~ der Freude в поры́ве ра́дости

überschwemmen *tr* залива́ть ⟨зали́ть*⟩, затоп|ля́ть ⟨-и́ть 3⁺ -лю́⟩; *übertr* mit Waren наводн|я́ть ⟨-и́ть 3⟩ *I*

Überschwemmung *f* наводне́ние 5; der Wiesen затопле́ние 5; im Frühjahr полово́дье 5, разли́в 2

Überschwemmungs|gebiet *n* затопля́емая террито́рия; **~gefahr** *f* опа́сность затопле́ния

überschwenglich чрезме́р|ный, -ен, безме́р|ный, -ен; Worte экзальтиро́ван:ный, -на

Übersee *f* заокеа́нские [трансатланти́ческие] стра́ны 6с | aus ~ из-за океа́на; in ~ за океа́ном; nach ~ за океа́н; Waren aus ~ заокеа́нские това́ры; **~dampfer** *m* океа́нский [трансатланти́ческий] парохо́д; **~hafen** *m* океа́нский порт; **~handel** *m* заокеа́нская [замо́рская] торго́вля

überseeisch заокеа́нский, трансатланти́ческий, замо́рский

Überseeverkehr *m* трансатланти́ческое сообще́ние

übersehbar обозри́м:ый

über|sehen *tr* überblicken обозр|ева́ть ⟨-е́ть 3⟩; nicht beachten недосм|а́тривать ⟨-отре́ть 3⁺⟩, пропу|ска́ть ⟨-сти́ть 3⁺ -щу́⟩; nicht bemerken не зам|еча́ть ⟨-е́тить 3 -е́чу⟩; Mängel смотре́ть 3⁺ сквозь па́льцы на *A* | es ist noch nicht zu ≈ … ещё нея́сно, …, нельзя́ сказа́ть, …; bei dir übersieht er alles тво́их недочётов он никогда́ не замеча́ет; **~senden** *tr* пересыла́ть ⟨-|сла́ть*⟩; **~setzbar** переводи́мый (на друго́й язы́к); **~setzen** *tr* [--ˈ--] переводи́ть 3⁺ -вожу́ ⟨-|вести́*⟩ (etw. что-н., aus с *G*, in на *A*); [ˈ----] перепр|авля́ть ⟨-а́вить 3 -а́влю⟩, перевози́ть 3⁺ -вожу́ ⟨-|везти́*⟩ (j-n über кого́-н. че́рез *A*); *intr* перепр|авля́ться ⟨-а́виться⟩ (че́рез *A*) | aus dem Deutschen ins Russische ≈ переводи́ть с неме́цкого языка́ на ру́сский

Übersetz|er *m* перево́дчик 2; **~erin** *f* перево́дчица 6; **~ung** *f* перево́д 2 (aus с *G*, in на *A*); *Tech* переда́ча 6 | in der ≈ lesen чита́ть в перево́де; maschinelle ≈ маши́нный перево́д

Übersetzungs|büro *n* бюро́ перево́дов; **~fehler** *m* оши́бка в перево́де; **~literatur** *f* перево́дная литерату́ра

Übersicht *f* обзо́р 2 (über *G*), обозре́ние 5 (über *G*) | eine ~ über etw. geben дава́ть ⟨дать⟩ обзо́р чего́-н.; eine gewisse ~ haben облада́ть дово́льно широ́ким кругозо́ром; die ~ verlieren теря́ть (по-) ориента́цию; sich eine ~ verschaffen (über) составля́ть ⟨соста́в|ить 3 -лю⟩ себе́ (общее) представле́ние (о чём-н.)

übersichtlich обозри́м:ый; klar gegliedert нагля́д|ный, -ен, я́с|ный, -ен, -на́, -но, я́сны́

Übersichtlichkeit *f* обозри́мость 9; нагля́дность 9, я́сность 9

Übersichtstafel *f* сво́дная [обзо́рная] табли́ца, схе́ма 6

übersiedeln *intr* пересел|я́ться ⟨-и́ться 3⟩ (nach в, на *A*); umziehen переезжа́ть ⟨-|е́хать*⟩ (nach в, на *A*)

Übersiedlung *f* переселе́ние 5; Umzug перее́зд 2

übersinnlich сверхчу́вствен:ный, -на, трансценде́нт|ный, -ен

überspann|en *tr* mit Stoff обтя́гивать ⟨-тяну́ть 4⁺⟩; Saite сли́шком си́льно натя́гивать ⟨-тяну́ть⟩ | den Bogen ≈ *übertr* перегну́ть *v* 4 па́лку; **~t** сли́шком си́льно натя́нутый; *übertr* экстравага́нт|ный, -ен, эксцентри́ч|ный, -ен

Über|spanntheit *f* экстравага́нтность 9, эксцентри́чность 9

über|spielen *tr Sport* переи́грывать ⟨-игра́ть⟩; *Tech, Rad, Film* перезапи́сывать ⟨-|писа́ть*⟩, снима́ть ⟨снять*⟩ ко́пию звукоза́писи | von einer (Schall-) Platte auf Band ≈ перепи́сывать ⟨-писа́ть⟩ с пласти́нки на плёнку; seine Unsicherheit ≈ скрыва́ть ⟨-|кры́ть*⟩ свою́ неуве́ренность; **~spitzt** *übertr* сли́шком заостр|ённый, -ён, -ена́, преувели́ченный, утри́рован:ный; **~springen** *tr* перепры́г|ивать ⟨-нуть 4⟩; beim Lesen пропу|ска́ть ⟨-сти́ть 3⁺ -щу́⟩; [ˈ----] *El* проск|а́кивать ⟨-очи́ть 3⁺⟩; **~spülen** *vt* залива́ть ⟨-|ли́ть*⟩ (волна́ми)

überstaatlich надгосуда́рственный

über|stehen *tr* [--ˈ--] Anstrengungen, Prüfungen выде́рживать ⟨вы́держать 3⟩; Schwierigkeiten преодол|ева́ть ⟨-е́ть⟩; Krankheit переноси́ть 3⁺ -ношу́ ⟨-|нести́*⟩; eine schwere Zeit, Unglück u. ä. пережива́ть ⟨пережи́ть*⟩ | eine Gefahr ≈ устоя́ть *v* 3 пе́ред лицо́м опа́сности; er wird die Krankheit nicht ≈ он не вы́живет; das ist überstanden ну, э́то позади́; *intr* [ˈ----] hinausragen выступа́ть, вы|дава́ться*; **~steigen** *tr* Mauer, Berg переходи́ть 3⁺ -хожу́ ⟨-|йти́*⟩ че́рез *A*; *übertr* Erwartungen превосходи́ть 3⁺ ⟨превзо|йти́*⟩; Norm, Ausgaben, Kräfte превыша́ть ⟨превы́|сить 3 -шу⟩ | das übersteigt meine Kräfte э́то вы́ше мои́х сил; *intr* [ˈ----] hinübersteigen перелеза́ть ⟨-|ле́зть*⟩ че́рез *A*; **~steigern** *tr* преувели́ч|ивать ⟨-ить 3⟩; **~steigert** чрезме́рно высо́кий, завы́шенный; **~stimmen** *tr Pol* побе|жда́ть ⟨-ди́ть 3; -ждённый⟩ большинство́м голосо́в | er wurde überstimmt его́ провали́ли (большинство́м голосо́в); Vorschlag прова́ливать ⟨-вали́ть 3⁺⟩; **~strahlen** *tr* осве|ща́ть ⟨-ти́ть 3 -щу́⟩, озар|я́ть ⟨-и́ть 3⟩ (я́ркими луча́ми); *übertr* затм|ева́ть ⟨-и́ть 3⟩; **~streichen** *tr* покрыва́ть ⟨-|кры́ть*⟩ кра́ской, закра́|шивать ⟨-сить 3 -шу⟩; **~streifen** *tr* Strümpfe, Handschuhe надева́ть ⟨-|де́ть*⟩; **~strömen** *intr* [ˈ----] Fluß разлива́ться ⟨-|ли́ться*; -лили́сь⟩, выходи́ть 3⁺ ⟨вы́|йти*⟩ из берего́в

Überstunden *f* сверхуро́чные часы́, сверхуро́чная рабо́та 6 | ~ machen рабо́тать сверхуро́чно

überstürz|en *tr* сли́шком тороп|и́ться 3⁺ -лю́сь (по-) с *I*, поступ|а́ть ⟨-и́ть 3⁺ -лю́⟩ опроме́чиво с *I;* sich ≈ *refl* де́йствовать 2 опроме́тчиво | die Ereignisse ≈ sich собы́тия развива́ются бы́стро; überstürze dich nicht! не торопи́сь!, не спеши́!, будь осмотри́тельным!; **~t** *Adv* сли́шком торопли́во, поспе́шно; unbesonnen необду́манно

Überstürzung *f* изли́шняя 11 торопли́вость 9 | nur keine ~! то́лько без изли́шней спе́шки!, то́лько не торопи́ться!

Übertagearbeiten *f Pl Bergb* откры́тые рабо́ты

über|täuben *tr* заглуш|а́ть ⟨-и́ть 3⟩; **~teuern** *tr* завыша́ть ⟨завы́|сить 3 -шу⟩ це́ну на *A;* **~tölpeln** *tr* одура́ч|ивать ⟨-ить 3⟩, перехитри́ть *v* 3; **~tönen** *tr* заглуш|а́ть ⟨-и́ть 3⟩

Übertrag *m* перено́с 2

übertragbar переноси́м:ый; *Med* зара́з|ный₁ -ен | nicht ~ без пра́ва переда́чи

übertragen 1. *tr* переноси́ть 3⁺ -ношу́ ⟨-|нести́*⟩ (auf на *A*) *a. Fin; Rad* пере|дава́ть* ⟨переда́ть*⟩, трансли́ровать *uv, v* 2; Zeichnung переводи́ть 3⁺ -вожу́ ⟨-|вести́*⟩; *Med* переноси́ть ⟨-нести́⟩ (auf на *A*); Blut перелива́ть ⟨-|ли́ть*⟩ кровь; beauftragen, auferlegen поруч|а́ть ⟨-и́ть 3⁺⟩ (j-m etw. что-н. кому́-н.), возлага́ть ⟨-ложи́ть 3⁺⟩ (j-m etw. что-н. на кого́-н.); in eine andere Sprache переводи́ть 3⁺ -вожу́ ⟨-|вести́*⟩ (in на *A*); in eine andere Form перелага́ть ⟨-ложи́ть 3⁺⟩ | j-m die Verantwortung ~ возложи́ть отве́тственность на кого́-н.; j-m eine Aufgabe ~ поручи́ть кому́-н. зада́ние; die Rede ist von allen Sendern übertragen worden речь передава́лась [трансли́ровалась] все́ми радиоста́нциями; die Begeisterung übertrug sich auf alle воодушевле́ние передало́сь всем **2.** *Adj* Sinn перено́сный, фигура́л|ьный₁ -ен₁ -ьна

Überträger *m* von Krankheiten перено́счик 2

Übertragung *f Fin, Med* перено́с, перенесе́ние 5 a. von Rechten; Auftrag возложе́ние 5; *Rad* переда́ча 6, трансля́ция 8; Aufgaben переда́ча 6 *a. Jur;* Übersetzung перево́д 2 (aus с *G,* in на *A*); in eine andere Form переложе́ние 5; *Tech* переда́ча 6

Übertragungs|satellit *m* спу́тник-ретрансля́тор 2-2; **~wagen** *m* автомоби́ль с радиотрансляцио́нной устано́вкой, радиопередви́жка 6

über|treffen *tr* превосхо|ди́ть 3⁺ -жу́ ⟨превзо|йти́*⟩ (an в *P*, in по *D*), превыша́ть ⟨превы́|сить 3 -шу⟩ *A* | er hat sich selbst übertroffen он превзошёл самого́ себя́; **~treiben** *tr* преувели́ч|ивать ⟨-ить 3⟩, утри́ровать *uv, v* 2; beim Erzählen прикра́|шивать ⟨-сить 3 -шу⟩

Übertreibung *f* преувеличе́ние 5, утриро́вка 6

übertreten *tr* [--ˈ--] Anstandsregeln пересту́п|а́ть ⟨-и́ть 3⁺ -лю́⟩; die Grenzen des Erlaubten переша́гивать ⟨-шагну́ть 4⟩; *Jur* Gesetz, Anordnung наруша́ть ⟨-ру́шить 3⟩; *intr* [ˈ----] Fluß выходи́ть 3⁺ ⟨вы́|йти*⟩ из берего́в; Partei переходи́ть 3⁺ -хожу́ ⟨-|йти́*⟩ (zu в *A*, на *A*); Hochsprung, Kugelstoßen переша́гивать ⟨-шагну́ть⟩ за ли́нию | zu einem anderen Glauben ~ перейти́ в другу́ю ве́ру

Übertretung *f Jur* наруше́ние 5; Verstoß просту́п|ок₁ -ка 2

übertrieben преувели́ченный, утри́рованный; aufgebauscht ду́тый | aus ~em Eifer от чрезме́рного усе́рдия

Übertritt *m* перехо́д 2 (zu в *A*, на *A*)

über|trumpfen *tr* перещеголя́ть *v umg;* Kartenspiel покрыва́ть ⟨-|кры́ть*⟩ ста́ршим ко́зырем; **~tünchen** *tr* за́ново бели́ть 3⁺ (по-), закра́|шивать ⟨-сить 3 -шу⟩; *übertr* прикра́|шивать ⟨-сить⟩; Mängel зама́зывать ⟨-|ма́зать*⟩

übervölkert перенасел|ённый₁ -ён₁ -ена́

Übervölkerung *f* перенаселе́ние 5, перенаселённость 9

übervoll перепо́лненный *a. übertr*

übervorteilen *tr* beim Berechnen обсчи́тывать ⟨-счита́ть⟩; betrügen обма́нывать ⟨-ману́ть 4⁺⟩; beim Wiegen обве́|шивать ⟨-сить 3 -шу⟩; bei Teilung, Ausgabe обдел|я́ть ⟨-и́ть 3⁺⟩

Übervorteilung *f* обсчёт 2, обма́н 2; beim Wiegen обве́с 2

überwachen *tr* сле|ди́ть 3 -жу́ за *I,* наблюда́ть за *I;* kontrollieren контроли́ровать 2 (про-), следи́ть (за выполне́нием) чего́-н.

Überwachung *f* наблюде́ние 5, надзо́р 2; контро́ль 1

überwältigen *tr* преодол|ева́ть ⟨-е́ть⟩, переси́л|ивать ⟨-ить 3⟩, брать* ⟨взять*⟩ верх над *I;* Müdigkeit, Schlaf одол|ева́ть ⟨-е́ть⟩; *übertr* Anblick потряса́ть ⟨-|трясти́*⟩; Gefühl охв|а́тывать ⟨-ати́ть 3⁺ -ачу́⟩; Schauspiel, Konzert захв|а́тывать ⟨-ати́ть⟩, потряса́ть ⟨-|трясти́*⟩; **~d** Mehrheit подавля́ющий 11; Eindruck захва́тывающий 11; großartig грандио́з|ный₁ -ен; Erlebnis, Konzert потряса́ющий 11

überweisen *tr* Geld переводи́ть 3⁺ -вожу́ ⟨-|вести́*⟩ (an *D*); Patienten напр|авля́ть ⟨-а́вить 3 -а́влю⟩ (zu к *D*, in в *A*); Antrag пере|дава́ть* ⟨переда́ть*⟩

Überweisung *f* перево́д 2; направле́ние 5; переда́ча 6

über|werfen *tr* ['----] Mantel наки́|дывать ⟨-нуть 4⟩; Tuch, Schal перебр|а́сывать ⟨-о́сить 3 -о́шу⟩; sich ≈ *refl* [--'--] поссо́риться *v* 3 (mit с *I*); **~wiegen** *intr* übertreffen, stärker sein преоблада́ть над *I;* **~wiegend** преоблада́ющий 11; Mehrheit подавля́ющий 11; vorwiegend гла́вным о́бразом, преиму́щественно; **~winden** *tr* Schwierigkeiten преодол|ева́ть ⟨-е́ть⟩; Person, Gefühl, Bedenken побе|жда́ть ⟨-ди́ть 3⟩; Krankheit, Angst по|боро́ть* *v* | veraltete Vorstellungen ≈ преодолева́ть [лома́ть] устаре́вшие представле́ния; sie konnte sich nicht ≈, das zu tun она́ не (с)могла́ заста́вить себя́ сде́лать э́то

Überwindung *f* преодоле́ние 5 | es kostete ihn große ~ э́то сто́ило ему́ больши́х уси́лий

überwintern *intr* зимова́ть 2 (пере-), зазимова́ть *v*

Überwinterung *f* зимо́вка 6

Überwinterungsstation *f* зимо́вка 6, зимо́вье 5

überwuchern *tr* разраста́ться ⟨-|расти́сь*⟩ по *D,* покрыва́ть ⟨-|кры́ть*⟩ разраста́ясь; Unkraut заглуш|а́ть ⟨-и́ть 3⟩

Über|wurf *m* Umhang, Pelerine наки́дка 6; **~zahl** *f* чи́сленное превосхо́дство 4 | wir befinden uns in der ≈ нас бо́льше, чи́сленное превосхо́дство на на́шей стороне́

über|zahlen *tr* перепл|а́чивать ⟨-ати́ть 3⁺ -ачу́⟩; **~zählig** (из)ли́шний 11, сверхкомпле́ктный; **~zeichnen** *tr* Anleihe превыша́ть ⟨превы́|сить 3 -шу⟩ су́мму подпи́ски

überzeugen *tr* убе|жда́ть ⟨-ди́ть 3, *1. Pers Sg ungebr*| -ждённый⟩ (von в *P*); umstimmen переубе|жда́ть ⟨-ди́ть⟩; sich ~ *refl* убе|жда́ться ⟨-ди́ться⟩ (von в *P*) | er ist ein überzeugter Kommunist он убеждённый коммуни́ст; ich bin von seiner Unschuld überzeugt я уве́рен в его́ невино́вности; **~d** убеди́тел|ьный| -ен| -ьна

Überzeugung *f* убежде́ние 5 | die ~ gewinnen убе|жда́ться ⟨-ди́ться 3⟩; nach meiner ~ по моему́ убежде́нию; aus ~ по убежде́нию; ich kam zu der ~, daß … я пришёл к убежде́нию| что …

Überzeugungs|arbeit *f* разъясни́тельная рабо́та, возде́йствие 5 путём убежде́ния; агита́ция 8; **~kraft** *f* си́ла убежде́ния

überziehen *tr* [--'--] mit Stoff обтя́гивать ⟨-тяну́ть 4⁺⟩; mit Gold, Kupfer u. a.; mit Wolken покрыва́ть ⟨-|кры́ть*⟩ *I;* mit Zukkerguß, Glasur u. a. залива́ть ⟨зали́ть*⟩, облива́ть ⟨обли́ть*⟩; Kredit, Konto превыша́ть ⟨превы́|сить 3 -шу⟩; ['----] Jakkett надева́ть ⟨-|де́ть*⟩; sich ~ *refl* [--'--] mit Wolken, Rost u. ä. покрыва́ться ⟨-кры́ться⟩ (mit *I*) | das Konto ~ снима́ть ⟨снять*⟩ су́мму| превыша́ющую счёт; das Bett frisch ~ ст|ели́ть| -елю́| -е́лешь (по-) све́жее [чи́стое] бельё; mit Rost überzogen покры́тый ржа́вчиной

überzüchtet осла́бленный односторо́нней селе́кцией

überzuckern *tr* обса́хар|ивать ⟨-ить 3⟩; mit Zuckerkruste bedecken покрыва́ть ⟨-|кры́ть*⟩ глазу́рью

Überzug *m* für Möbel u. a. чех|о́л| -ла́ 2; Kissen на́воло(ч)ка 6; Bettdecke покрыва́ло 4 на посте́ль; *Tech* покры́шка 6 | mit einem ~ versehen чехли́ть 3 (за-)

üblich обы́ч|ный| -ен, обыкнове́н|ный| -ен| -на; allgemein ~ общепри́нят:ый | so ist es ~ так во́дится, так при́нято; wie ~ по обыкнове́нию

U-Boot *n* = **Unterseeboot** | kernkraftgetriebenes ~ подво́дный атомохо́д 2; **~besatzung** *f* экипа́ж подво́дной ло́дки

übrig остально́й | alles ~e всё остально́е; die ~en про́чие, други́е; ich habe nichts mehr ~ у меня́ ничего́ бо́льше не оста́лось; ein ~es tun де́лать (с-) бо́льше (чем тре́буется); ich habe nicht viel für ihn ~ он мне не о́чень симпати́чен; im ~en впро́чем

übrigbleiben *intr* о|става́ться* ⟨-|ста́ться*⟩ | ihm blieb nichts anderes übrig als zuzustimmen ему́ оста́лось то́лько согласи́ться

übrigens *Adv* впро́чем

übriglassen *tr* оставля́ть ⟨оста́в|ить 3 -лю⟩

Übung *f* Übungsstück упражне́ние 5 *a. Mus;* Seminar~ семина́р 2, семина́рские заня́тия *Pl* 5; Schule упражне́ние, заня́тие 5; *Sport* упражне́ние, трениро́вка 6; *Mil* уче́ние 5, манёвры *Pl* 2; *Mus* этю́д 2; Fertigkeit на́вык *meist Pl* | einige ~ haben in etw. облада́ть не́которым на́выком в чём-н.; aus der ~ kommen отвыка́ть ⟨-вы́кнуть 4a⟩, разу́чиваться ⟨-учи́ться 3⁺⟩; es fehlt ihm an ~ ему́ не хвата́ет на́выка; ~ macht den Meister на́вык ма́стера ста́вит

Übungs|aufgabe *f* трениро́вочное зада́ние; **~buch** *n* сбо́рник 2 упражне́ний; **~flug** *m* трениро́вочный полёт; **~hang** *m* уче́бный склон; **~leiter** *m Sport* тре́нер-обще́ственник 2-2 (für по *D*); **~platz** *m Mil* уче́бный плац; **~raum** *m* помеще́ние для проведе́ния семина́ров; **~schießen** *n* уче́бная стрельба́; **~stück** *n* Text für Schüler упражне́ние 4; *Mus* этю́д 2; **~zweck** *m:* zu ≈en с це́лью трениро́вки

UdSSR *f* СССР [эсэсэсэ́р]

Ufer *n* бéрег 2б; на берегý, *Pl* берегá; Küste побережье 5 | am ~ на берегý; ans ~ на бéрег; к бéрегу; an den ~n на берегáх; am ~ gelegen прибрéжный; am ~ entlang вдоль бéрега; vom ~ abstoßen отчáл|ивать ⟨-ить 3⟩ (от бéрега); **~befestigung** *f* укреплéние бéрега
uferlos безбрéж|ный, -ен | sich ins Uferlose verlieren простра́нно говорúть 3, отвлекáть от тéмы
Uferstraße *f* нáбережная *Subst* 10
Ugand|a Угáнда 6; **~er** *m* угандú|ец, -йца 2; **~erin** *f* угандúйка 6
ugandisch угáндский, угандúйский
Uhr *f* часы́; *bei Angabe der Uhrzeit* час 2b *mit den Zahlen* 2,3,4 *G* часá | an der ~ на часáх; ein ~ nachts час нóчи; zwei ~ mittags два часá дня; wieviel ~ ist es? котóрый час?; Punkt drei ~ рóвно (в) три часá; die ~ geht genau часы́ идýт тóчно; meine ~ geht nicht richtig (мои́) часы́ плóхо хóдят [идýт невéрно]; die ~ geht vor (nach) часы́ спешáт [отстаю́т]; nach meiner ~ ist es neun на мои́х часáх дéвять; rund um die ~ круглосýточно, крýглые сýтки; ~ mit Schlagwerk часы́ с бóем
Uhren|armband *n* браслéт 2; aus Leder u. a. ремеш|óк, -кá 2 [лéнта 6] для нарýчных часóв; **~geschäft** *n* часовóй магази́н; **~vergleich** *m* свéрка 6 часóв
Uhr|kette *f* цепóчка 6 для часóв; **~macher** *m* часовщи́к 2e; **~macherwerkstatt** *f* часовáя мастерскáя; **~werk** *n* часовóй механи́зм; **~zeiger** *m* часовáя стрéлка; **~zeigerrichtung** *f* направлéние 5 движéния часовóй стрéлки; **~zeigersinn** *m:* im ≈ по часовóй стрéлке; entgegen dem ≈ прóтив часовóй стрéлки
Uhu *m* фи́лин 2
Ukraine *f* Украи́на 6 | in der ~ на Украи́не; **~r** *m* украи́н|ец, -ца 2; **~rin** *f* украи́нка 6
ukrainisch украи́нский | Ukrainische Sozialistische Sowjetrepublik Украи́нская Совéтская Социалисти́ческая Респýблика
UKW-Antenne *f* УКВ-антéнна 6
Ulan-Bator Улан-Бáтор 2
Ulk *m* потéха 6, шýтка 6, прокáза 6
ulken *intr* шу|ти́ть 3⁺ -чý (по-), дурáчиться 3
ulkig потéш|ный, -ен
Ulme *f* вяз 2
Ulster *m* мужскóе зи́мнее 11 [демисезóнное] пальтó *n idkl*
Ultimatum *n* ультимáтум 2 | ein ~ stellen предъяв|ля́ть ⟨-и́ть 3⁺ -лю́⟩ ультимáтум
Ultra *m Pol* ýльтра *m idkl*
Ultrakurz|welle *f* (*Abk* UKW) ультракорóткая волнá (*Abk* УКВ); **~wellensender** *m* ультракоротковóлновый передáтчик
Ultramarin *n* ультрамари́н 2
ultrarot инфракрáсный
Ultraschall *m* ультразвýк 2; **~behandlung** *f* лечéние ультразвýком; **~welle** *f* ультразвуковáя волнá
Ultrastrahlung *f* косми́ческое излучéние
ultraviolett ультрафиолéтовый
um 1. *Adv:* rechts ~! напрáво!; die Zeit ist ~ врéмя истеклó [кóнчилось]; Vergleich ~ so besser тем лýчше; ~ so mehr тем бóлее, подáвно **2.** *Präpos Ort* вокрýг *G;* eine Reise ~ die Welt путешéствие вокрýг свéта; ~ den Tisch (herum) вокрýг столá; er war dauernd ~ uns herum он постоя́нно был óколо нас; ~ die Ecke biegen завернýть *v* ýгол; ~ die Ecke wohnen жить за углóм | (genaue) Uhrzeit в *A;* ~ zehn (Uhr) в дéсять часóв; ~ diese Zeit в э́то врéмя | ungefähr óколо *G;* ~ Neujahr óколо Нóвого гóда; ~ das Jahr 1900 óколо ты́сяча девятисóтого гóда; ~ die hundert Mark óколо ста мáрок | Vergleich на *A;* sich ~ fünf Minuten verspäten опоздáть на пять минýт; Steigerung ~ 10% повышéние на дéсять процéнтов; ~ das Doppelte в два рáза, в двóе | Wiederholung за *I;* Woche ~ Woche недéлю за недéлей | ~ Geld spielen игрáть на дéньги; ~ keinen Preis ни за что, ни за каки́е дéньги; ~ deinetwillen рáди тебя́; ~ den Frieden kämpfen борóться за мир; ich weiß ~ die Sache я знáю об э́том дéле; wie steht es ~ ihn? как егó здорóвье?; mir ist leicht ~s Herz у меня́ легкó на душé **3.** *Konj:* ~ zu (для тогó) чтóбы; er kommt, ~ es mitzuteilen он пришёл сюдá, чтóбы сообщи́ть об э́том
um|ändern *tr* измен|я́ть ⟨-и́ть 3⁺⟩; Kleid передéл|ывать ⟨-ать⟩; **~arbeiten** *tr* перерабáтывать ⟨-óтать⟩, передéл|ывать ⟨-ать⟩ a. Kleid
Umarbeitung *f* перерáботка, передéлка 6
umarmen *tr* обнимáть ⟨обня́ть*⟩; sich ≈ *refl* обнимáться ⟨обня́ться, -я́лся́, -я́ли́сь⟩
Umarmung *f* объя́тие 5
Umbau *m* перестрóйка 6; *Theat* перемéна 6 (декорáций)
um|bauen *tr* перестр|áивать ⟨-óить 3⟩; **~behalten** *tr* Umhang не снимáть ⟨не снять*⟩, о|ставáться* ⟨-|стáться*⟩ в *P;* **~benennen** *tr* переимен|óвывать ⟨-овáть 2⟩; **~besetzen** *tr:* eine Rolle ≈ *Theat* замен|я́ть ⟨-и́ть 3⁺⟩ исполни́теля; eine Stelle ≈ назн|ачáть ⟨-áчить 3⟩ на дóлжность другóго (человéка); **~betten** *tr* перекладывать ⟨-ложи́ть 3⁺⟩ на другýю постéль [кровáть]; **~biegen** *tr* сгибáть ⟨согнýть 4⟩; Seite загибáть ⟨-гнýть⟩; **~bilden** *tr* преобраз|óвывать ⟨-овáть 2⟩

Umbildung *f* преобразова́ние 5
umbinden *tr* Kopftuch об-, повя́зывать ⟨-|вяза́ть*⟩ (го́лову платко́м); Uhr, Schürze, Krawatte надева́ть ⟨-|де́ть*⟩; | sich ein Tuch ≈ об-, повяза́ться платко́м; **~blättern** *tr* перели́стывать ⟨-листа́ть⟩; **~brechen** *tr* перелома́ть *v;* [-ˈ--] *Typ* верста́ть (с-); **~bringen** *tr* убива́ть ⟨-|би́ть*⟩, губ|и́ть 3⁺ -лю́ (по-); sich ≈ *refl* поко́нчить *v* 3 с собо́й; sich vor Eifer fast ≈ из ко́жи вон лезть*
Umbruch *m* перело́м 2; *Typ* вёрстка 6
um|buchen *tr Hdl* переноси́ть 3⁺ -ношу́ ⟨-|нести́*⟩; **~drehen** *tr* повёртывать *u.* повора́чивать ⟨-верну́ть 4| -вёрнутый⟩; sich ≈ *refl* повёртываться *u.* повора́чиваться ⟨-верну́ться⟩ | j-m den Hals ≈ сверну́ть *v* ше́ю кому́-н.
Umdrehung *f* Rotation враще́ние 5; *Tech* оборо́т 2; Bahnumlauf вит|о́к| -ка́ 2 | hundert ~en in der Minute сто оборо́тов в мину́ту
Umdrehungs|geschwindigkeit *f* ско́рость враще́ния; **~zahl** *f* число́ оборо́тов
umerziehen *tr* перевосп|и́тывать ⟨-ита́ть⟩
Umerziehung *f* перевоспита́ние 5
umfahren *tr* [ˈ---] наезжа́ть ⟨-|е́хать*⟩ на *A,* сшиба́ть ⟨-|шиби́ть*⟩ с ног; [-ˈ--] объезжа́ть ⟨-е́хать⟩, огиба́ть ⟨обогну́ть 4⟩; **~fallen** *intr* па́дать ⟨у|па́сть*⟩, опроки́|дываться ⟨-нуться 4⟩; *übertr umg* отка́зываться ⟨-|каза́ться*⟩ от свои́х взгля́дов
Umfallen *n:* zum ~ müde sein вали́ться 3⁺ (с-) с ног от уста́лости
Umfang *m* Ausdehnung объём 2, разме́р 2; Buch, Arbeit объём; *Math* окру́жность 9; Baum обхва́т 2; *Mus* диапазо́н 2, объём 2 | diese Frau hat einen ganz schönen ~ *umg* э́та же́нщина соли́дных разме́ров; in vollem ~ в по́лной ме́ре, по́лностью
umfangreich groß большо́й; ausgedehnt обши́р|ный| -ен; Buch объёмист:ый; Programm, Vorbereitungen широ́к:ий| -á| широ́ко́
umfärben *tr* перекр|а́шивать ⟨-а́сить 3 -а́шу⟩
umfassen *tr* mit ausgebreiteten Armen обхв|а́тывать ⟨-ати́ть 3⁺ -ачу́⟩; *übertr* enthalten охв|а́тывать ⟨-ати́ть⟩, содержа́ть 3⁺ (в себе́); *Mil* охв|а́тывать ⟨-ати́ть⟩; **~d** обши́р|ный| -ен, широ́кий| шир|о́к| -ока́| -о́ко́ | ≈es Programm широ́кая [по́лная, всеобъе́млющая 11] програ́мма
Umfassung *f* огра́да 6; *Mil* охва́т 2
Umfassungsmauer *f* опоя́сывающая 11 [обво́дная] стена́
um|flechten *tr* оплета́ть ⟨-|плести́*⟩; **~formen** *tr* переде́л|ывать ⟨-ать⟩, де́лать (с-) други́м; Hut, Werkstoff придава́ть ⟨прида́ть*⟩ другу́ю фо́рму; *El* трансформи́ровать *uv, v* 2, преобраз|о́вывать ⟨-ова́ть 2⟩
Umform|er *m El* преобразова́тель 1; **~ung** *f El* трансформа́ция 8, преобразова́ние 5
Umfrage *f* опро́с 2 | eine ~ veranstalten проводи́ть 3⁺ -вожу́ ⟨-|вести́*⟩ опро́с; eine ~ halten опр|а́шивать ⟨-оси́ть 3⁺ -ошу́⟩
umfrieden *tr* огор|а́живать ⟨-оди́ть 3 -ожу́| -оди́шь⟩
Umfriedung *f* огра́да 6, и́згородь 9
um|füllen *tr* перелива́ть ⟨-|ли́ть*⟩; **~funktionieren** *tr* при|дава́ть* ⟨прида́ть*⟩ другу́ю фу́нкцию *D* | etw. zu etw. ≈ испо́льзовать 2 что-н. в ка́честве чего́-н.
Umgang *m* Verkehr обще́ние 5, знако́мство 4 (mit с *I*) | ~ mit Menschen [Tieren] обще́ние с людьми́ [с живо́тными]; im ~ mit Ausländern в обще́нии с инostра́нцами; mit j-m ~ pflegen подде́рживать знако́мство [связь] с кем-н.; ~ mit Künstlern haben враща́ться в кругу́ худо́жников; schlechen ~ haben враща́ться в дурно́м о́бществе [в дурно́й компа́нии]; das ist kein ~ für dich э́то для тебя́ неподходя́щая компа́ния [неподходя́щее о́бщество]
umgänglich freundlich, verträglich обходи́тел|ьный| -ен| -ьна, ужи́вчив:ый; gesellig общи́тел|ьный| -ен| -ьна
Umgangs|formen *f Pl* мане́ры *Pl* 6 | gute ≈en haben уме́ть держа́ть себя́ в о́бществе; **~sprache** *f* разгово́рная речь, разгово́рный язы́к
umgangssprachlich разгово́рный
um|garnen *tr übertr* опу́т|ывать ⟨-ать⟩ (сетя́ми), пойма́ть *v* в свои́ се́ти; **~geben** *tr* окруж|а́ть ⟨-и́ть 3⟩ (mit *I*); einzäunen обноси́ть 3⁺ -ношу́ ⟨-|нести́*⟩ | von Freunden ≈ окружённый друзья́ми
Umgebung *f* окре́стность 9; *übertr* Gesellschaft окруже́ние 5; Milieu среда́ 6c | die ~ von Berlin окре́стность Берли́на
umgehen *tr* [-ˈ--] Hindernis обходи́ть 3⁺ -хожу́ ⟨-о|йти́*⟩ *a. Mil;* Vorschrift обходи́ть ⟨-ойти́⟩; Antwort избега́ть *G; intr* [ˈ---] verkehren обща́ться, враща́ться; behandeln обраща́ться, обходи́ться ⟨-ойти́сь⟩; Gerüchte циркули́ровать 2, ходи́ть 3⁺ | mit einem Gedanken ~ но|си́ться 3⁺ -шу́сь с мы́слью; **~d 1.** *Adj* сро́ч|ный| -ен| -на́! **2.** *Adv* сро́чно, неме́дленно; postwendend с обра́тной по́чтой
Umgehungsstraße *f* объездна́я доро́га, объе́зд 2
umgekehrt 1. *Adj* обра́тный | im ~en Falle в проти́вном слу́чае **2.** *Adv* наоборо́т, напро́тив | es ist gerade ~! как раз наоборо́т!; ~ proportional обра́тно пропорциона́л|ьный| -ен; ~ wird ein Schuh daraus наоборо́т бу́дет пра́вильно

umgestalten *tr* преобраз|о́вывать ⟨-ова́ть 2⟩; реорганизова́ть *uv, v* 2; modernisieren реконструи́ровать *uv, v* 2 | der Platz ist umgestaltet worden пло́щадь перепланировали

Umgestaltung *f* преобразова́ние 5; реорганиза́ция 8; z. B. eines Verkaufsraumes перепланиро́вка 6; *Tech* реконстру́кция 8

um|gewöhnen, sich *refl* измен|я́ть ⟨-и́ть 3^+⟩ свои́ привы́чки; **~gießen** *tr* перелива́ть ⟨-|ли́ть*⟩; **~graben** *tr* [ˈ---] перека́пывать ⟨-копа́ть⟩; **~grenzen** *tr* Stadt, Wiese окружа́ть, окайм|ля́ть ⟨-и́ть 3 -лю́⟩; **~gruppieren** *tr* перегруппир|о́вывать ⟨-ова́ть 2⟩; anders stellen перераспредел|я́ть ⟨-и́ть 3⟩

Umgruppierung *f* перегруппиро́вка 6; перераспределе́ние 5

um|gucken, sich *refl umg* = **sich umsehen:** du wirst dich noch ≈ ты то́лько бу́дешь ди́ву дава́ться; **~haben** *tr* быть* оде́тым в *A*, име́ть на себе́ *A*

Umhang *m* наки́дка 6, плащ 2e *G Pl* -е́й

umhängen *tr* Bild переве́|шивать ⟨-сить 3 -шу⟩; Mantel наки́|дывать ⟨-нуть 4⟩

Umhängetasche *f* су́мка че́рез плечо́

umher *Adv* круго́м, вокру́г; **~blicken** *intr* огля́дываться ⟨-гляну́ться 4^+⟩ (по сторона́м, вокру́г); **~flattern** *intr* порха́ть круго́м; лета́ть вокру́г; **~fliegen** *intr* лета́ть круго́м [взад и вперёд]; **~gehen** *intr* хо|ди́ть 3^+ -жу́ взад и вперёд, расха́живать; **~laufen** *intr* но|си́ться 3^+ -шу́сь туда́ и сюда́, бе́гать взад и вперёд; **~liegen** *intr* в беспоря́дке лежа́ть вокру́г, быть* разбро́санным в ра́зных места́х; **~schweifen** *intr* бро|ди́ть 3^+ -жу́, блужда́ть | seine Blicke ≈ lassen смотре́ть 3^+ (по-) блужда́ющим взо́ром; **~streifen** *intr* бро|ди́ть 3^+ -жу́, бродя́жничать; **~werfen** *tr* (беспоря́дочно) разбр|а́сывать ⟨-оса́ть⟩, раски́дывать ⟨-кида́ть⟩; **~ziehen** *intr* бро|ди́ть 3^+ -жу́; nomadisieren кочева́ть 2

umhinkönnen *intr:* ich kann nicht umhin zu bemerken … я не могу́ не заме́тить …, я не могу́ обойти́ молча́нием …

umhüllen *tr* заку|тывать ⟨-ать⟩

umkämpfen *vt* вести́* борьбу́ [бой] за *A* | eine hart umkämpfte Stadt го́род, за кото́рый шли [вели́сь] тяжёлые бои́

Umkehr *f* поворо́т 2 (наза́д), возвраще́ние 5 | sich zur ~ entschließen реши́ться поверну́ть наза́д

umkehrbar обрати́м|ый

umkehren *tr* перевора́чивать *u.* перевёртывать ⟨-верну́ть 4; -вёрнутый⟩; *intr* zurückkehren повёртывать ⟨-верну́ть 4⟩ обра́тно [наза́д] | das ganze Haus ~ переверну́ть в до́ме всё вверх дном

Umkehr|film *m* обрати́мая плёнка; **~ung** *f Mus* обраще́ние 5 (интерва́ла); *Ling* инве́рсия 8

um|kippen *tr* опроки́|дывать ⟨-нуть 4⟩; *intr* опроки́|дываться ⟨-нуться⟩; *umg* seine Meinung ändern внеза́пно измени́ть *v* 3^+ свою́ то́чку зре́ния; **~klammern** *tr* (су́дорожно) схва́тывать ⟨схва|ти́ть 3^+ -чу́⟩, обхв|а́тывать ⟨-ати́ть 3^+ -ачу́⟩; **~kleiden** *tr* [-ˈ--] mit Tuch обива́ть ⟨-|би́ть*, обобью́⟩; mit Furnier, Brettern обшива́ть ⟨-|ши́ть*, обошью́⟩; [ˈ---] переодева́ть ⟨-|де́ть*⟩; sich ≈ *refl* переод|ева́ться ⟨-е́ться⟩

Umkleide|kabine *f* каби́на для переодева́ния; im Geschäft приме́рочная *Subst* 10; **~raum** *m* помеще́ние для переодева́ния, раздева́лка 6

um|knicken *tr* над-, подла́мывать ⟨-ломи́ть 3^+ -ломлю́⟩ | er ist (mit dem Fuß) umgeknickt у него́ подверну́лась нога́; **~kommen** *intr* погиба́ть ⟨-ги́бнуть 4a⟩, ги́бнуть 4 *u.* 4a ⟨поги́бнуть 4a⟩; vor Hitze, Langeweile изне|мога́ть ⟨-|мо́чь*⟩ от *G*, погиба́ть ⟨-ги́бнуть⟩ от *G*

Umkreis *m* окру́жность 9; окре́стность 9 | hundert Meter im ~ сто ме́тров в окру́жности; im ~ von 10 km на 10 киломе́тров в окру́жности; er ist bekannt im ganzen ~ его́ зна́ет вся окру́га; im ~ von drei Meilen на три ми́ли вокру́г

um|kreisen *tr* лета́ть вокру́г; *Flugw* кружи́ть 3 кружи́шь над *I; Astr,* Satellit враща́ться вокру́г *G*; **~krempeln** *tr* umschlagen засу́чивать ⟨-сучи́ть 3^+⟩; von innen nach außen kehren вывора́чивать ⟨вы́вернуть 4⟩ наизна́нку; vollständig ändern переде́лывать ⟨-де́лать⟩

Umladebahnhof *m* перегру́зочная (железнодоро́жная) ста́нция

umladen *tr* перегр|ужа́ть ⟨-узи́ть 3 -ужу́, -у́зишь⟩

Umladung *f* перегру́зка 6

umlagern *tr* [-ˈ--] окруж|а́ть ⟨-и́ть 3⟩, оса|жда́ть ⟨-ди́ть 3^+ -жу́; -ждённый⟩; [ˈ---] перекла́дывать ⟨-ложи́ть 3^+⟩; in ein anderes Lager переводи́ть 3^+ -вожу́ ⟨-|вести́*⟩ на друго́й склад

Umlauf *m Astr* обраще́ние 5; Geld~ обраще́ние, циркуля́ция 8; Rundschreiben циркуля́р 2 | im ~ sein находи́ться 3^+ в обраще́нии, быть в ходу́; in ~ setzen пу|ска́ть ⟨-сти́ть 3^+ -щу́⟩ в обраще́ние [в оборо́т]; Gerüchte распростран|я́ть ⟨-и́ть 3⟩; **~bahn** *f Astr* орби́та 6 | auf eine ≈ bringen выво|ди́ть 3^+ -жу́ ⟨вы́|вести*⟩ на орби́ту

umlaufen *intr* [ˈ---] Geld находи́ться 3^+ в обраще́нии, ходи́ть 3^+; zirkulieren циркули́ровать 2 z. B. Blut; *tr* [-ˈ--] um etw. herumlaufen обега́ть ⟨-|бежа́ть*⟩; *Astr,* Satellit враща́ться (вокру́г *G*) | ein Gerücht läuft um хо́дит слух

Umlauf|geschwindigkeit *f* скóрость обращéния; Satellit орбитáльная скóрость I≈ des Geldes скóрость оборóта дéнег; **~mittel** *n Pl Fin* оборóтные срéдства

Umlaufzeit *f* врéмя обращéния; Planet врéмя облёта I ~ um die Erde Satellit врéмя одногó пóлного оборóта вокрýг Землú

Umlaut *m Ling* умлáут 2

Umlege|kalender *m* перекиднóй календáрь; **~kragen** *m* отложнóй воротнúк

um|legen *tr* ['---] Kabel, elektr. Leitung переклáдывать ⟨-ложúть 3⁺⟩; umkippen опрокú|дывать ⟨-нуть 4⟩; Mantel надевáть ⟨-|дéть*⟩, накú|дывать ⟨-нуть 4⟩; Kette надевáть ⟨-дéть⟩; Kosten распредел|ять ⟨-úть 3⟩; *umg* erschießen убивáть ⟨-|бúть*⟩; [-'--] оклáдывать ⟨-ложúть 3⁺⟩ (mit *I*); garnieren класть* ⟨положúть 3⁺⟩ вокрýг *G;* **~leiten** *tr* Fluß u.a. измен|ять ⟨-úть 3⁺⟩ направлéние *G;* Verkehr напр|авлять ⟨-áвить 3⟩ в объéзд [в обхóд] I den Straßenverkehr ≈ направлять ýличное движéние по нóвому маршрýту

Umleitung *f* изменéние 5 направлéния; Verkehrsschild объéзд 2; für Fußgänger обхóд 2; Umleitungsstrecke объезднáя дорóга 6

um|lenken *tr* повёртывать ⟨-вернýть 4¡ -вёрнутый⟩; *intr* сворáчивать ⟨-вернýть 4⟩; **~liegend** окрéстный; **~modeln** *tr* передéл|ывать ⟨-ать⟩

Umnachtung *f:* geistige ~ помрачéние 5 рáзума

um|ordnen *tr* измен|ять ⟨-úть 3⁺⟩ порядок [расположéние] *G,* перест|авлять ⟨-áвить 3 -áвлю⟩ *A;* **~organisieren** *tr* перестр|áивать ⟨-óить 3⟩ z. B. die Produktion; реорганизовáть *uv, v* 2, измен|ять ⟨-úть 3⁺⟩ структýру *G;* **~packen** *tr* зáново паковáть 2 (у-); im Koffer переклáдывать ⟨-ложúть 3⁺⟩; **~pflanzen** *tr* пересáживать ⟨-садúть 3⁺ -сажý⟩; **~pflügen** *tr* перепáхивать ⟨-|пахáть*⟩; **~polen** *tr El* переключ|áть ⟨-úть 3⟩ пóлюс; **~programmieren** *tr* перепрограммúровать *v* 2; **~quartieren** *tr* пересел|ять ⟨-úть 3⟩, переводúть 3⁺ -вожý ⟨-|вестú*⟩ (на другýю квартúру); **~rahmen** *tr* вст|авлять ⟨-áвить 3 -áвлю⟩ в рáмку; *übertr* обр|амлять ⟨-áмить 3 -áмлю⟩ I die Vorträge wurden von musikalischen Darbietungen umrahmt доклáды сопровождáлись музыкáльными выступлéниями

Umrahmung *f* обрамлéние 5 I die kulturelle ~ einer Feier худóжественное оформлéние торжествá

um|ranken *tr* вúться*¡ вилúсь вокрýг *G,* обвивáть ⟨-вúть₁ обовьёт⟩ *A;* **~räumen** *tr* переме|щáть ⟨-стúть 3 -щý⟩, перест|авлять ⟨-áвить 3 -áвлю⟩; **~rechnen** *tr* пересч|úтывать ⟨-итáть⟩; in eine andere Währung производúть 3⁺ -вожý ⟨-|вестú*⟩ перерасчёт *G* I umgerechnet in … auf … в пересчёте на … *A*

Umrechnungskurs *m Wirtsch* перерасчётный курс

um|reißen *tr* ['---] umwerfen валúть 3⁺ (по-), опрокú|дывать ⟨-нуть 4⟩; [-'--] andeuten, schildern очéрчивать ⟨очер|тúть 3⁺ -чý⟩, обрис|óвывать ⟨-овáть 2⟩; **~rennen** *tr* валúть 3⁺ (по-) [опрокú|дывать ⟨-нуть 4⟩ на бегý; **~ringen** *tr* окруж|áть ⟨-úть⟩ (кольцóм), обст|упáть ⟨-упúть 3⟩

Umriß *m* очертáние 5, кóнтур 2; *Lit* óчерк 2 I in groben Umrissen в óбщих чертáх; **~karte** *f* кóнтурная кáрта

um|rühren *tr* мешáть (по-), перемéшивать ⟨-мешáть⟩; **~runden** *tr Flugw, Kosm* соверш|áть ⟨-úть 3⟩ облёт; **~satteln** *intr übertr* менять профéссию, переменúть *v* 3⁺ род занятий

Umsatz *m Wirtsch* оборóт 2; **~steuer** *f* налóг с оборóта

umschalten *tr* переключ|áть ⟨-úть 3⟩; *intr* (мы́сленно) переключáться ⟨-úться⟩ на другýю тéму

Umschalt|er *m* переключáтель 1; **~ung** *f* переключéние 5

umschatten *tr* затен|ять ⟨-úть 3⟩ I seine Augen waren tief umschattet под глазáми у негó залеглú густы́е тéни

Umschau *f:* ~ halten осмáтривать(ся) ⟨осмотрéть(ся) 3⁺⟩

umschauen, sich *refl* оглядываться ⟨огля|дéться 3 -жýсь⟩ (nach на *A*)

umschicht|en *tr* перераспредел|ять ⟨-úть 3⟩; **~ig** посмéнно, поперемéнно

Um|schichtung *f* перераспределéние 5; **~schlag** *m* um ein Buch oder Heft облóжка 6, обёртка 6; Schutz~ супероблóжка 6; Brief конвéрт 2; Schneiderei отворóт 2, обшлáг 2e *Pl* -á; Wetter, Stimmung (внезáпная) перемéна 6, перелóм 2; *Wirtsch* оборóт 2; *Med* компрéсс 2; heißer припáрка 6; *Mar* перегрýзка 6, перевáлка 6

Umschlagbahnhof *m* перевáлочная стáнция

umschlagen *tr* Baum сруб|áть ⟨-úть 3⁺ -лю́⟩; Tuch надевáть ⟨-|дéть*⟩, накú|дывать ⟨-нуть 4⟩; Ärmel отгибáть ⟨отогнýть 4⟩, заворáчивать ⟨-вернýть 4¡ -вёрнутый⟩; Hosen загибáть ⟨-гнýть 4⟩; Seite перевoрáчивать ⟨-вернýть⟩; Güter, Ware перегр|ужáть ⟨-узúть 3 -ужý₁ -ýзишь⟩; *intr* Wetter, Stimmung рéзко меняться; Boot опрокú|дываться ⟨-нуться 4⟩ I die Stimmung schlug um настроéние изменúлось

Umschlag|hafen *m* перегрýзочный порт; **~platz** *m* перевáлочный пункт 2, мéсто перегрýзки; **~tuch** *n* большáя шаль 9

um|schließen *tr* окруж|áть ⟨-и́ть 3⟩; Zeitraum охв|áтывать ⟨-ати́ть 3⁺ -ачу́⟩; mit beiden Armen обнимáть ⟨обня́ть*⟩; **~schlingen** *tr* обвивáть ⟨-|ви́ть*ǀ обовью́⟩; umarmen обнимáть ⟨обня́ть*⟩, обвивáть ⟨-ви́ть⟩; **~schmeißen** *tr umg* опроки́|дывать ⟨-нуть 4⟩; **~schmelzen** *tr Tech* перепл|авля́ть ⟨-áвить 3 -áвлю⟩; **~schnallen** *tr* заст|ёгивать ⟨-егну́ть 4ǀ -ёгнутый⟩; **~schreiben** *tr* ['---] Aufsatz; Grundstück перепи́сывать ⟨-|писáть*⟩; [-'--] Rechte, Pflichten опи́сывать ⟨-писáть⟩ *a. Math; übertr* перефрази́ровать *uv, v* 2, излагáть ⟨-ложи́ть 3⁺⟩ други́ми словáми

Um|schreibung *f* описáние 5; *Ling* перифрáза 6; **~schrift** *f Phon* транскри́пция 8

umschulen *tr* beruflich переквалифици́ровать *uv, v* 2, переобуч|áть ⟨-и́ть 3⁺⟩; Schule wechseln переводи́ть 3⁺ -вожу́ ⟨-|вести́*⟩ в другу́ю шкóлу

Umschulung *f* переквалификáция 8, переобучéние 5

Umschulungskurse *m Pl* ку́рсы *Pl* 2 переквалификáции

umschütten *tr* in ein anderes Gefäß пересыпáть ⟨-|сы́пать*⟩, переливáть ⟨-|ли́ть*⟩; verschütten просыпáть ⟨-сы́пать⟩, проливáть ⟨проли́ть*⟩

Um|schweife *Pl:* etw. ohne ≈ sagen сказáть *v* что-н. без обиняко́в [напрями́к]; **~schwung** *m Sport* (большóй) оборóт 2; *übertr* перелóм 2; Stimmung смéна 6; Umwälzung переворóт 2

umsehen, sich *refl* огля́дываться ⟨огля|дéться 3 -жу́сь *u.* огляну́ться 4⁺⟩; suchend искáть* (глазáми), высмáтривать ⟨вы́смотреть 3⟩ ǀ ohne sich umzusehen без огля́дки, не огля́дываясь; sich nach Arbeit umsehen искáть рабóту

umsetzen *tr* Pflanzen, Schüler пересáживать ⟨-сади́ть 3⁺ -сажу́⟩; Ofen перекладывать ⟨-ложи́ть 3⁺⟩ *a. Mus; Wirtsch* пу|скáть ⟨-сти́ть 3⁺ -щу́⟩ в оборóт [в продáжу] ǀ in die Tat ~ претвор|я́ть ⟨-и́ть 3⟩ в жизнь, осуществ|ля́ть ⟨-и́ть 3 -лю́⟩; in Geld ~ превра|щáть ⟨-ти́ть 3 -щу́⟩ в дéньги

Umsichgreifen *n* распространéние 5

Umsicht *f* осмотри́тельность 9, осторóжность 9 ǀ mit großer ~ handeln дéйствовать весьмá осмотри́тельно

umsichtig осмотри́тель|ныйǀ -енǀ -ьна, осторóж|ныйǀ -ен

umsiedeln *tr* пересел|я́ть ⟨-и́ть 3⟩; *intr* пересел|я́ться ⟨-и́ться⟩

Umsiedl|er *m* переселéн|ецǀ -ца 2; **~ung** *f* переселéние 5

umsonst *Adv* unentgeltlich дáром, бесплáтно; vergeblich напрáсно, зря, дáром

umspannen *tr* ['---] Pferde перепрягáть ⟨-|пря́чь*⟩; *El* трансформи́ровать *uv, v* 2; [-'--] räumlich, zeitlich охв|áтывать ⟨-ати́ть 3⁺ -ачу́⟩

Umspann|er *m El* трансформáтор 2; **~werk** *n* трансформáторная подстáнция 8

um|spielen *tr* игрáть (вокру́г *G*); *Sport* обводи́ть 3⁺ -вожу́ ⟨-|вести́*⟩ ǀ ein Lächeln umspielte seine Lippen улы́бка игрáла на егó губáх; **~springen** *intr* Wind внезáпно меня́ться ǀ mit j-m rücksichtslos ≈ бесцеремóнно обращáться с кéм-н.; **~spulen** *tr* перемáтывать ⟨-мотáть⟩; **~spülen** *tr* Insel омывáть

Umstand *m* обстоя́тельство 4 ǀ unter keinen Umständen ни при каки́х обстоя́тельствах [услóвиях], ни под каки́м ви́дом; den Umständen Rechnung tragen считáться (по-) с обстоя́тельствами; mildernde Umstände смягчáющие 11 (вину́) обстоя́тельства; Umstände machen церемóниться 3; machen Sie keine Umstände! не беспокóйтесь!, не причиня́йте себé хлопóт!; ohne Umstände без церемóний, зáпросто; unter den gegenwärtigen Umständen в ны́нешних услóвиях; in anderen Umständen sein быть в (интерéсном) положéнии

umständehalber *Adv* ввиду́ (осóбых) обстоя́тельств

umständlich schwierig, mühevoll хлопóт|ныйǀ -ен, затрудни́тел|ьныйǀ -енǀ -ьна; allzu ausführlich подрóб|ныйǀ -ен, растя́нутый; kompliziert слóж|ныйǀ -енǀ -нá!; zu förmlich церемóн|ныйǀ -енǀ -на

Umstands|kleid *n* плáтье для берéменных (жéнщин); **~satz** *m* обстоя́тельственное придáточное предложéние; **~wort** *n* нарéчие 5

um|stecken *tr* Saum под-, перекáлывать ⟨-|колóть*⟩; **~stehend** *Adv* на оборóте (страни́цы)

Umstehende *f:* die ~n окружáющие *Subst Pl* 11

Umsteige|bahnhof *m* пересáдочная (железнодорóжная) стáнция; **~karte** *f* пересáдочный билéт

um|steigen *intr* пересáживаться ⟨-|сéсть*⟩; ohne Angabe wohin дéлать ⟨с-⟩ пересáдку ǀ ich bin in einen anderen Zug [Wagen] umgestiegen я пересéл на другóй пóезд [в другóй вагóн]; **~stellen** *tr* ['---] anders stellen перест|авля́ть ⟨-áвить 3 -áвлю⟩; ändern перестр|áивать -óить 3⟩, переключ|áть ⟨-и́ть 3⟩, переводи́ть 3⁺ -вожу́ ⟨-|вести́*⟩ (auf на *A*); [-'--] Dieb, Feind оцеп|ля́ть ⟨-и́ть 3⁺ -лю́⟩, окруж|áть ⟨-и́ть 3⟩; sich ≈ *refl* ['---] перестр|áиваться ⟨-óиться⟩, переключ|áться ⟨-и́ться⟩ (auf на *A*)

Umstellung *f* перестанóвка 6, пере-

стро́йка 6, перево́д 2 (auf на *A*); перехо́д 2 на но́вый вид произво́дства [техноло́гии]; auf neue Verhältnisse адапта́ция 8
um|stimmen *tr Mus* настр|а́ивать ⟨-о́ить 3⟩ (на друго́й тон [лад]); Person переубе|жда́ть ⟨-ди́ть 3⟩; **~stoßen** *tr* опроки́|дывать ⟨-нуть 4⟩, сшиба́ть ⟨-|шиби́ть*⟩; Gesetz, Urteil, Beschluß отмен|я́ть ⟨-и́ть 3⁺⟩, аннули́ровать *uv, v* 2; Plan перевора́чивать ⟨-верну́ть 4⟩ | ein Testament ≈ призна́ть *v* завеща́ние недействи́тельным; **~stritten** спо́р|ный, -ен, оспа́риваемый; **~strukturieren** *tr* измен|я́ть ⟨-и́ть 3⁺⟩ структу́ру *G*, осуществ|ля́ть ⟨-и́ть 3 -лю́⟩ структу́рные измене́ния
Umsturz *m* Umwälzung переворо́т 2; *Pol* сверже́ние 5, ниспроверже́ние 5
umstürzen *tr* опроки́|дывать ⟨-нуть 4⟩; *Pol* сверга́ть ⟨-ве́ргнуть 4a *u.* 4⟩, ниспроверга́ть ⟨-ве́ргнуть⟩; *intr* па́дать ⟨у|па́сть*⟩, вали́ться 3⁺ (по-); Mauer ру́шиться *uv, v* 3 (*a.* об-)
Umstürzler *m* уча́стник 2 [сторо́нник 2] переворо́та
umstürzlerisch *Pol* подрывно́й
Umtausch *m* обме́н 2 (gegen на *A*) | vom ~ ausgeschlossen това́р не обме́нивается, обме́ну не подлежи́т
umtauschen *tr* обме́нивать ⟨-меня́ть⟩ (gegen на *A*); Geld a. меня́ть (по-)
Umtriebe про́иски *Pl* 2, интри́ги *Pl* 6
um|tun *tr umg* наки́|дывать ⟨-нуть 4⟩ (j-m на *A*); sich ≈ *refl:* sich nach etw. ≈ осма́триваться в по́исках чего́-н.; **~wälzen** *tr* перека́тывать ⟨-кати́ть 3⁺ -качу́⟩; von Grund aus verändern производи́ть 3⁺ -вожу́ ⟨-|вести́*⟩ переворо́т в *P*
Um|verteilung *f* перераспределе́ние 5; **~wälzung** *f übertr* переворо́т 2
umwandeln *tr* превра|ща́ть ⟨-ти́ть 3 -щу́⟩, преобраз|о́вывать ⟨-ова́ть 2⟩ (in в *A*); *El* трансформи́ровать *uv, v* 2 | er war wie umgewandelt он сло́вно преобрази́лся
Umwandlung *f* превраще́ние 5, преобразова́ние 5 (in в *A*)
umwechseln *tr Fin* разме́нивать ⟨-меня́ть⟩ (in на *A*)
Um|weg *m* око́льный [обхо́дный] пут|ь 9e *I* -ём, обхо́д 2 | großer ≈ большо́й крюк; einen ≈ machen сде́лать *v* крюк; auf ≈en *übertr* око́льными путя́ми; etw. auf ≈en erfahren вы́ведать что-н. око́льным путём; **~welt** *f* окружа́ющий мир 11–2, окруже́ние 5; (окружа́ющая) среда́ 6c; **~bedingungen** *f Pl* усло́вия *Pl* 5 окружа́ющей среды́
umweltfreundlich не нося́щий 11 уще́рба окружа́ющей среде́, безвре́дный для среды́, благоприя́тный для окружа́ющей среды́
Umweltschäden *m Pl* вред 2e, причинённый окружа́ющей среде́
umweltschädlich вре́дный для среды́
Umwelt|schutz *m* охра́на окружа́ющей среды́; **~verschmutzung** *f* загрязне́ние 5 окружа́ющей среды́
um|wenden *tr* перевёртывать *u.* перевора́чивать ⟨-верну́ть 4, -вёрнутый⟩; Seite перели́стывать ⟨-листа́ть⟩; Kran, Auto повора́чивать ⟨-верну́ть⟩; *intr* повора́чивать ⟨-верну́ть⟩; sich ≈ *refl* обора́чиваться ⟨оберну́ться 4⟩; огля́дываться ⟨огля|де́ться 3 -жу́сь⟩ (nach на *A*); **~werben** *tr* уха́живать за *I*; **~werfen** *tr* опроки́|дывать ⟨-нуть 4⟩, сшиба́ть ⟨-|шиби́ть*⟩, сва́ливать ⟨-вали́ть 3⁺⟩; Boot обёртывать ⟨оберну́ть 4⟩; Mantel наки́|дывать ⟨-нуть 4⟩; Plan, Vorhaben срыва́ть ⟨со|рва́ть*⟩ | die Nachricht wird ihn nicht ≈ *umg* э́то изве́стие его́ не потрясёт; **~werfend** verblüffend сногсшиба́тел|ьный, -ен, -ьна *umg;* **~werten** *tr* переоц|е́нивать ⟨-ени́ть 3⁺⟩
Umwertung *f* переоце́нка 6
um|wickeln *tr* обма́тывать ⟨-мота́ть⟩, об(в)ёртывать ⟨об(в)ерну́ть 4⟩; mit einem Tuch оку́т|ывать ⟨-ать⟩; **~winden** *tr* обвива́ть ⟨-|ви́ть*, обовью́⟩; **~wölken, sich** *refl Met* заволა́киваться ⟨-|воло́чься*⟩ ту́чами | seine Stirn umwölkte sich его́ лицо́ помрачне́ло; **~wühlen** *tr* in Unordnung bringen перерыва́ть ⟨-|ры́ть*⟩, обша́р|ивать ⟨-ить 3⟩; **~zäunen** *tr* огор|а́живать ⟨-оди́ть 3 -ожу́, -о́ди́шь⟩, обноси́ть 3⁺ -ношу́ ⟨-|нести́*⟩ забо́ром
Umzäunung *f* забо́р 2, и́згородь 9, огра́да 6
um|zeichnen *tr* перерис|о́вывать ⟨-ова́ть 2⟩; *Tech* перече́рчивать ⟨-черти́ть 3⁺ -черчу́⟩; **~ziehen** *tr* переодева́ть ⟨-о|де́ть*⟩; *intr* пересел|я́ться ⟨-и́ться 3⟩, переезжа́ть ⟨-|е́хать*⟩ (von … nach … с *G* … в *A* …); sich ≈ *refl* переод|ева́ться ⟨-е́ться⟩; [-ˈ--] *Met* затя́гиваться ⟨-тяну́ться 4⁺ | der Himmel hat sich umzogen не́бо затяну́лось ту́чами; **~zingeln** *tr* окруж|а́ть ⟨-и́ть 3⟩, оцеп|ля́ть ⟨-и́ть 3⁺⟩
Umzug *m* Wohnungswechsel переселе́ние 5, перее́зд 2 (на другу́ю кварти́ру); Demonstrationszug демонстра́ция 8, ше́ствие 5
Umzugskosten *Pl* подъёмные *Subst* 10 (де́ньги), затра́ты *Pl* 2 по перее́зду
unab|änderlich неизме́н|ный, -ен, -на; **~hängig** незави́сим|ый (von от *G*)
Unabhängigkeit *f* незави́симость 9 (von от *G*)
Unabhängigkeitserklärung *f* деклара́ция незави́симости
un|abkömmlich: er ist ≈ он незамени́м, без него́ не мо́гут обойти́сь; **~ablässig** беспреста́н|ный, -ен, -на, бес-

прерыв|ный, -ен; **~absehbar** необозри́м:ый, беспреде́л|ьный, -ен, -ьна, огро́м|ный, -ен; Folgen непредви́денный, серьёз|ный, -ен; **~absichtlich** неумы́шлен:ный, -на; **~achtsam** невнима́тел|ьный, -ен, -ьна, неосторо́ж|ный, -ен; nachlässig небре́ж|ный, -ен
Unachtsamkeit *f* невнима́тельность 9; неосторо́жность 9; небре́жность 9 | aus ~ по невнима́нию
unähnlich непохо́ж:ий на *A*
unan|fechtbar неоспори́м:ый, беспо́р|ный, -ен; **~gebracht** неуме́ст|ный, -ен, изли́ш|ний 11 -ен, -ня; **~gefochten** **1.** *Adj* неприкоснове́н|ный, -ен, -на, не оспа́риваемый **2.** *Adv* споко́йно, безопа́сно; **~gemeldet 1.** *Adj* nicht (behördlich) angemeldet не пропи́санный; ohne vorherige Ankündigung не запи́санный | ≈er Gast неожи́данный гость **2.** *Adv* без пропи́ски; без (предвари́тельной) за́писи; без предупрежде́ния; **~gemessen** непоме́р|ный, -ен; Verhalten неуме́ст|ный, -ен; Bezahlung несоотве́тствующий 11; **~genehm** неприя́т|ный, -ен; ärgerlich доса́д|ный, -ен; **~nehmbar** неприе́млем:ый
Unannehmlichkeit *f* неприя́тность 9; Verdruß огорче́ние 5 | ~en bereiten причин|я́ть ⟨-и́ть 3⟩ неприя́тности
unan|sehnlich невзра́ч|ный, -ен, незаме́т|ный, -ен; **~ständig** неприли́ч|ный, -ен, непристо́|йный, -ен, -йна
Unanständigkeit *f* неприли́чие 5, непристо́йность 9
unantastbar неприкоснове́н|ный, -ен, -на; Person (стоя́щий 11) вы́ше вся́ких подозре́ний
Unantastbarkeit *f* неприкоснове́нность 9
unappetitlich неаппети́т|ный, -ен; unsauber чума́з:ый *umg*
Unart *f* дурна́я привы́чка 6, неприя́тность 9; kindliche ша́лость 9, озорство́ 4
unartig озорно́й, невоспи́тан:ный, -на | sich ≈ aufführen вести́ себя́ непослу́шно [Benehmen неприли́чно]
un|artikuliert нечленоразде́л|ьный, -ен, -ьна; **~ästhetisch** неэстети́ч|ный, -ен, некраси́в:ый
unauf|fällig незаме́т|ный, -ен; Kleidung скро́м|ный, -ен, -на́!; **~ gefordert** *Adv* freiwillig доброво́льно; ohne Einladung без приглаше́ния; ohne Vorladung *Jur* без вы́зова; **~haltsam** неудержи́м:ый; ungehemmt, ungestüm безуде́рж|ный, -ен; **~hörlich 1.** *Adj* беспреры́в|ный, -ен, беспреста́н|ный, -ен, -на **2.** *Adv* то и де́ло; без у́стали; **~löslich** нераствори́м:ый; *übertr* неразры́в|ный, -ен; **~merksam** невнима́тел|ьный, -ен, -ьна
Unaufmerksamkeit *f* невнима́ние 5 | aus ~ по невнима́нию
unaufrichtig нейскрен|ний 11 -ен, -на
Unaufrichtigkeit *f* нейскренность 9
unaufschiebbar неотло́ж|ный, -ен
unaus|bleiblich непреме́н|ный, -ен, -на, неизбе́ж|ный, -ен; **~führbar** неосуществи́м:ый; Auftrag невыполни́мый; **~geglichen** неуравнове́шен:ный, -на; **~gesetzt** беспреры́в|ный, -ен, беспреста́н|ный, -ен, -на; **~löschlich** неизглади́м:ый; **~sprechlich** невырази́м:ый | ~e Freude несказа́нная ра́дость; **~stehlich** невыноси́м:ый, несно́с|ный, -ен | er ist mir ≈ я его́ не выношу́, я его́ терпе́ть не могу́; **~weichlich** неизбе́ж|ный, -ен
un|bändig неукроти́м:ый, необу́здан:ный, -на; Freude чрезвыча́|йный, -ен, -йна; **~barmherzig** немилосе́рд|ный, -ен, безжа́лост|ный, -ен
Unbarmherzigkeit *f* немилосе́рдность 9, безжа́лостность 9
unbe|absichtigt 1. *Adj* неумы́шлен:ный, -на **2.** *Adv* без у́мысла, неумы́шленно; **~achtet** незаме́ченный; Fakten не при́нятый в расчёт | etw. ≈ lassen оста́в|ить *v* 3 -лю что-н. незаме́ченным [без внима́ния]; **~antwortet** оста́вленный без отве́та; **~arbeitet** необрабо́тан:ный, -а; Lederневы́деланный; Stein необде́лан:ный, -а; **~aufsichtigt 1.** *Adj* безнадзо́рный **2.** *Adv* без надзо́ра, без присмо́тра; **~baut** Land невозде́ланный; Grundstück незастро́енный; **~dacht** необду́ман:ный, -на; übereilt опроме́тчив:ый; **~denklich 1.** *Adj* не вызыва́ющий 11 сомне́ния [опасе́ний] **2.** *Adv* ohne Bedenken не заду́мываясь
unbe|deutend незначи́тел|ьный, -ен, -ьна; Persönlichkeit, Einfluß ничто́ж|ный, -ен; Vergehen малова́жный, -ен; **~dingt 1.** *Adj* безусло́в|ный, -ен **2.** *Adv* безусло́вно, непреме́нно | er kommt ≈ он непреме́нно придёт; ich werde ≈ kommen обяза́тельно приду́; **~fangen** Wesen непринуждён:ный, -на; Meinung непредвзя́тый; Person беспристра́ст|ный, -ен, объекти́в|ный, -ен
Unbefangenheit *f* непринуждённость 9; беспристра́стие 5, объекти́вность 9
unbe|festigt: ~e Straße грунтова́я доро́га; **~friedigend** неудовлетвори́тел|ьный, -ен, -ьна; Ergebnis неудовлетворя́ющий 11; **~friedigt** неудовлетворён:ный, -на (von *I*); **~fristet** бессро́ч|ный, -ен; **~fugt** некомпете́нт|ный, -ен, неправомо́ч|ный, -ен | Unbefugten ist der Zutritt verboten посторо́нним вход воспрещён
unbe|gabt безда́р|ный, -ен; für best. Arbeit неспосо́б|ный, -ен к *D*; **~greiflich** непоня́т|ный, -ен, непостижи́м:ый (j-m кому́-н.); **~grenzt** неограни́чен:ный, -на; **~gründet** необосно́ван:ный, -на; Beschuldigung голосло́в|ный -ен

Unbehagen *n* неприя́тное чу́вство 4 [ощуще́ние 5]

unbe|haglich Raum неую́т|ный, -ен, неудо́б|ный, -ен; Gefühl неприя́т|ный, -ен; **~helligt**: j-n ≈ lassen оставля́ть ⟨оста́в|ить 3 -лю⟩ кого́-н. в поко́е, не трево́жить 3 кого́-н.; **~holfen** неуклю́ж:ий; hilflos беспо́мощ|ный -ен

Unbeholfenheit *f* неуклю́жесть 9; беспо́мощность 9

unbe|irrbar непоколеби́м:ый; ruhig уве́рен:ный, -на; **~irrt** *Adv* уве́ренно; beharrlich непоколеби́мо, твёрдо | ≈ seine Arbeit fortsetzen неукло́нно [споко́йно] продолжа́ть рабо́ту; **~kannt** неизве́ст|ный, -ен *a. Math;* persönlich незнако́м:ый | er ist mir ≈ я его́ не зна́ю, я с ним не знако́м; ich bin hier ≈ я здесь чужо́й, меня́ здесь не зна́ют; es war mir ≈ daß … мне бы́ло неизве́стно, что …

Unbekannte *f* незнако́мка 6; *Math* неизве́стное *Subst* 10; **~r** *m* незнако́м|ец, -ца 2

unbe|kannterweise *Adv* не зна́я, не бу́дучи знако́мым; **~kleidet** неоде́т:ый; Körperteil наг:о́й, -á!; **~kümmert** беззабо́т|ный, -ен, беспе́ч|ный, -ен; **~lebt** *Ling* неодушевлён:ный, -на; Straße неоживлён:ный, малолю́д|ный, -ен; **~lehrbar** неисправи́м:ый, не слу́шащий 11 сове́тов; **~liebt** непопуля́р|ный, -ен, нелюби́м:ый | sich ≈ machen нажи́ть* себе́ враго́в, сде́латься непопуля́рным; **~mannt** Raumschiff безэкипа́жный, без челове́ка (на борту́); Boot без экипа́жа | ~es Flugzeug беспило́тный самолёт; **~merkt 1.** *Adj* незаме́ченный **2.** *Adv* незаме́тно | ≈ bleiben о|става́ться* ⟨-|ста́ться*⟩ незаме́ченным; **~mittelt** несостоя́тел|ьный, -ен, -ьна, неиму́щий 11; без средств (к существова́нию); **~nommen**: es bleibt dir ≈ э́то тебе́ не возбраня́ется, никто́ тебе́ э́того не запреща́ет; **~nutzt** неиспо́льзуемый; noch nicht benutzt не бы́вший в употребле́нии; **~obachtet** *Adv* незаме́тно | er fühlt sich ≈ он счита́ет, что за ним не наблюда́ют; **~quem** неудо́б|ный, -ен; *übertr* неугод|ный, -ен, неприя́т|ный, -ен

Unbequemlichkeit *f* неудо́бство 4

unbe|rechenbar не поддаю́щийся 11 учёту; nicht voraussehbar непредви́денный | er ist ≈ от него́ мо́жно ждать вся́ких неожи́данностей; **~rechtigt** неопра́вданный; Vorwurf несправедли́в:ый, необосно́ван:ный, -на; **~rücksichtigt** оста́вленный без внима́ния | ≈ bleiben о|става́ться* ⟨-|ста́ться*⟩ неучтённым; etw. ≈ lassen оставля́ть ⟨оста́в|ить 3 -лю⟩ без внима́ния что-н., не принима́ть ⟨приня́ть*⟩ во внима́ние что-н.; **~rufen** *Adv* ≈! лишь бы не сгла́зить; **~rührt** нетро́нут:ый; Natur, Landschaft де́вствен:ный, -на; **~schadet** несмотря́ на *A* | ≈ seines guten Rufs без уще́рба для его́ до́брого и́мени; **~schädigt** неповреждённый, це́л:ый -á!; **~schäftigt** ниче́м не за́нятый; ohne Arbeit не име́ющий 11 рабо́ты; **~scheiden** нескро́м|ный -ен | ≈e Forderungen чрезме́рные тре́бования; **~scholten** безупре́ч|ный -ен; Name незапя́тнанный

Unbescholtenheit *f* безупре́чность 9; незапя́тнанность 9

unbe|schränkt неограни́чен:ный, -на; **~schreiblich** неопису́ем:ый, невырази́м:ый; **~schrieben** чи́ст:ый, -á, -о, чи́сты́ | ein ≈es Blatt нео́пытный челове́к 2 j-d der sich noch nicht bewährt hat челове́к, ещё ниче́м себя́ не прояви́вший; **~schwert** неотягчённый, необременённый | ~e Kindheit счастли́вое [беспе́чное] де́тство; **~sehen** без осмо́тра, без прове́рки | er nimmt alles ≈ hin он всё принима́ет на ве́ру; **~setzt** неза́нятый | ≈e Stelle вака́нсия 8; diese Rolle ist noch ≈ для э́той ро́ли ещё нет исполни́теля; **~siegbar** непобеди́м:ый; **~siegt** непобеждённый; **~sonnen** опроме́тчив:ый; unvernünftig безрассу́д|ный, -ен; unüberlegt необду́ман:ный, -на

Unbesonnenheit *f* опроме́тчивость 9; безрассу́дность 9; необду́манность 9

unbe|sorgt беззабо́т|ный, -ен | seien Sie ≈! не беспоко́йтесь!; **~ständig** непостоя́н|ный, -ен, -на; Wetter неусто́йчив:ый, переме́нный

Unbeständigkeit *f* непостоя́нство 4; неусто́йчивость 9

unbestechlich неподку́п|ный, -ен; Urteil беспристра́ст|ный, -ен

Unbestechlichkeit *f* неподку́пность 9; беспристра́стность 9

unbe|stellt Boden необрабо́тан:ный, -а; **~stimmt** неопределён|ный, -ен, -на; undeutlich нея́с|ный, -ен, -на́!, сму́т|ный, -ен, -на́!

Unbestimmtheit *f* неопределённость 9; нея́сность 9

unbe|straft безнака́зан:ый, -на; **~streitbar, ~stritten** бесспо́р|ный, -ен, неоспори́м:ый; **~teiligt** неприча́ст|ный, -ен (bei к *D*), не уча́ствующий 11 (bei в *P*); teilnahmslos равноду́ш|ный, -ен, безуча́ст|ный, -ен; **~tont** безуда́р|ный, -ен, без ударе́ния; **~trächtlich** незначи́тел|ьный, -ен, -ьна

unbeugsam непрекло́н|ный, -ен, -на

unbe|waffnet невооружённый | mit ≈em Auge невооружённым гла́зом; **~wandert** малоо́пыт|ный, -ен, несве́дущий 11 | in etw. ≈ sein ма́ло знать о чём-н., быть несве́дущим в чём-н.; **~weglich**

неподви́ж|ный, -ен; Besitz недви́жим:ый
Unbeweglichkeit *f* неподви́жность 9
unbe|wiesen недока́занный; **~wohnbar** неприго́дный для жилья́; **~wohnt** Gegend, Insel необита́ем:ый; leerstehend: Haus нежило́й; **~wußt** бессозна́тел|ьный, -ен, -ьна; unwillkürlich непроизво́л|ьный, -ен, -ьна, инстинкти́в|ный, -ен; unabsichtlich несозна́тел|ьный, -ен, -ьна; **~zahlbar** бесце́н|ный, -ен, -на, неопла́т|ный, -ен | er ist ≈! он про́сто пре́лесть!; **~zähmbar** неукроти́м:ый; **~zwingbar** непобеди́м:ый, непокори́м:ый; **~zwungen** непокорённый, непобеждённый; Festung не взя́тый
unbiegsam неги́б|кий, -ок, -ка́!
Unbilden *Pl* тя́готы *Pl* 6, невзго́ды *Pl* 6 | die ~ des Wetters нена́стье 5, капри́зы *Pl* 2 пого́ды
un|billig несправедли́в:ый; **~brauchbar** неприго́д|ный, -ен | ≈ machen приводи́ть 3⁺ -вожу́ ⟨-|вести́*⟩ в него́дность
unbürokratisch небюрократи́ческий, без ли́шнего бюрократи́зма
und *Konj anreihend* и; *Math* плюс; *entgegensetzend* а | ~ doch и всё таки́, и всё же; ~ auch а та́кже и; ~ dergleichen mehr и (тому́) подо́бное; ~ anderes mehr и про́чее; ~ so weiter (*Abk* usw.) и так да́лее (*Abk* и т. д.); ~ ob! ещё бы!; zwei ~ zwei ist vier два плюс два – четы́ре; ~ Sie sind einverstanden?! и вы согла́сны?!; er ist gesund, ~ wie geht es dir? он здоро́в, а как ты пожива́ешь?; schreibe mit dem Bleistift ~ nicht mit der Feder пиши́ карандашо́м, а не перо́м; na ~? ну и что?
Undank *m*: ~ ernten встре́|тить *v* 3 -чу неблагода́рность
undankbar неблагода́р|ный, -ен (gegen к *D*)
Undankbarkeit *f* неблагода́рность 9
un|denkbar немы́слим:ый; unvorstellbar невообрази́м:ый; **~denklich**: seit ≈en Zeiten с незапа́мятных времён; **~deutlich** Vorstellung нея́с|ный, -ен, -на́!; Aussprache невня́т|ный, -ен, неотчётлив:ый; **~dicht** непло́т|ный, -ен, -на́! | das Boot ist ≈ ло́дка течёт, в ло́дке течь; das Dach ist ≈ кры́ша течёт [протека́ет]; die Tür ist ≈ дверь непло́тно закрыва́ется; **~diplomatisch** недипломати́чный; **~diszipliniert** недисциплини́рован:ный, -на; **~duldsam** нетерпи́м:ый (gegenüber к *D*)
Unduldsamkeit *f* нетерпи́мость 9
undurch|dringlich непроница́ем:ый; unpassierbar непроходи́м:ый; **~führbar** невыполни́м:ый; **~lässig** непроница́ем:ый; Schuhe, Kleidung непромока́ем:ый, водонепроница́ем:ый; **~sichtig** непрозра́ч|ный, -ен; unklar нея́с|ный, -ен, -на́! | ≈e Person тёмная ли́чность
uneben неро́в|ный, -ен, -на́!
Unebenheit *f* неро́вность 9
un|echt подде́льный; Bild, Dokument a. фальши́в:ый; künstlich иску́сственный | ≈er Bruch *Math* непра́вильная дробь; **~ehelich** внебра́чный; **~ehrenhaft** бесче́ст|ный, -ен; **~ehrerbietig** непочти́тел|ьный, -ен, -ьна; **~ehrlich** нече́ст|ный, -ен, -на́!
Unehrlichkeit *f* нече́стность 9
un|eigennützig бескоры́ст|ный, -ен; **~eingeschränkt** неограни́чен:ный, -на; Zustimmung по́л|ный, -он, -на́, по́лно́; **~eingeweiht** непосвящённый; **~einig**: ≈ sein расхо|ди́ться 3⁺ -жу́сь во мне́ниях; in Streit liegend ссо́риться 3 (по-)
Uneinigkeit *f* несогла́сие 5; Zerwürfnis разла́д 2
un|einnehmbar непристу́п|ный, -ен; **~empfänglich** невосприи́мчив:ый (für к *D*); für Schönheit равноду́ш|ный, -ен к *D*; **~empfindlich** нечувстви́тел|ьный, -ен, -ьна (gegen к *D*); widerstandsfähig (gegen Krankheit) невосприи́мчив:ый; Stoff, Teppich нема́ркий
Unempfindlichkeit *f* нечувстви́тельность 9 (gegen к *D*); невосприи́мчивость 9 (gegen к *D*); нема́ркость 9
unendlich 1. *Adj* бесконе́ч|ный, -ен *a. Math,* беспреде́л|ьный, -ен, -ьна **2.** *Adv* sehr бесконе́чно | bis ins Unendliche до бесконе́чности
Unendlichkeit *f* бесконе́чность 9, беспреде́льность 9
unent|behrlich кра́йне [безусло́вно] необходи́м:ый; Person незамени́м:ый; **~geltlich 1.** *Adj* беспла́т|ный, -ен; Benutzung z. B. von Boden безвозме́зд|ный, -ен **2.** *Adv* не за де́ньги, да́ром; **~schieden 1.** *Adj* Frage нерешённый; *Sport* ниче́йный **2.** *Adv* Sport, Spiel вничью́ | ≈es Spiel ничья́ *Subst* 12; das Spiel endete ≈ игра́ зако́нчилась вничью́; sie trennten sich ≈ они́ сыгра́ли вничью́; **~schlossen** нереши́тел|ьный, -ен, -ьна
Unentschlossenheit *f* нереши́тельность 9
unent|schuldigt: ≈ fehlen отсу́тствовать 2 по неуважи́тельной причи́не [im Unterricht без уважи́тельной причи́ны] | ~es Fehlen отсу́тствие 5 по неуважи́тельной причи́не; **~wegt 1.** *Adj* unverdrossen неукло́н|ный, -ен, -на; unaufhörlich непреры́в|ный, -ен; mit großer Ausdauer сто́|йкий, -ек, -ка́! **2.** *Adv* непреры́вно; сто́йко; trotz alledem невзира́я ни на что | ≈ auf etw. bestehen упо́рно наста́ивать на чём-н.; **~wickelt** неразви́вшийся 11, нера́звит:ый, -а́!;

~wirrbar Rätsel неразреши́м:ый; Probleme кра́йне запу́тан:ный₁ -на

uner|bittlich неумоли́м:ый, безжа́лост|ный₁ -ен; **~fahren** нео́пыт|ный₁ -ен; **~findlich** непоня́т|ный₁ -ен | aus ≈en Gründen по непоня́тным причи́нам; **~forschlich** необъясни́м:ый; **~forscht** неиссле́дованный; **~freulich** неприя́т|ный₁ -ен; Nachricht a. неутеши́тельн|ный₁ -ен₁ -ьна; **~füllbar** невыполни́м:ый, неисполни́м:ый; **~giebig** Boden неплодоро́д|ный₁ -ен; *übertr* беспло́д|ный₁ -ен; Quelle малопродукти́вный; **~gründlich** непостижи́м:ый, необъясни́м:ый; **~heblich** незначи́тел|ьный₁ -ен₁ -ьна; Einwand несуще́ствен:ный₁ -на; **~hört** неслы́хан:ный₁ -на | das ist ja ≈! э́то неслы́ханно!; **~kannt** неу́знанный, неопо́знанный; **~klärlich** необъясни́м:ый; **~läßlich** необходи́м:ый, непреме́н|ный₁ -ен₁ -на; **~laubt 1.** *Adj* непозволи́тел|ьный₁ -ен₁ -ьна, недозво́лен:ный₁ -а **2.** *Adv* без разреше́ния; **~meßlich** Leid, Wert неизмери́м:ый; Raum, Weite необъя́т|ный₁ -ен; **~müdlich 1.** *Adj* неутоми́м:ый, неуста́н|ный₁ -ен₁ -на **2.** *Adv* без у́стали | ≈ arbeiten рабо́тать без у́стали; **~quicklich** неутеши́тел|ьный₁ -ен₁ -ьна, неприя́т|ный₁ -ен; **~reichbar** недостижи́м:ый, недосяга́ем:ый; **~reicht** недости́гнутый; auf best. Gebiet не име́ющий 11 себе́ ра́вных; **~sättlich** ненасы́т|ный₁ -ен; **~schöpflich** неисчерпа́ем:ый, неистощи́м:ый; **~schrocken** бесстра́ш|ный₁ -ен

Unerschrockenheit *f* бесстра́шность 9

unerschütterlich непоколеби́м:ый; gelassen невозмути́м|ый; Glaube незы́блем:ый

Unerschütterlichkeit *f* непоколеби́мость 9; незы́блемость 9

uner|schwinglich недосту́п|ный₁ -ен | ≈ teuer сли́шком до́рого; **~setzlich** незамени́м:ый; Verlust невозврати́м:ый; **~sprießlich** беспло́д|ный₁ -ен, безрезульта́т|ный₁ -ен; **~träglich** невыноси́м:ый, несно́с|ный₁ -ен | j-m das Leben ≈ machen отрав|и́ть *v* 3⁺ -лю́ кому́-н. существова́ние; **~wartet** неожи́дан:ный₁ -на; plötzlich внеза́п|ный₁ -ен; Besuch нежда́нный; **~wünscht** нежела́тел|ьный₁ -ен₁ -ьна; **~zogen** невоспи́тан:ный₁ -на

unfähig неспосо́б|ный₁ -ен (zu к *D*) | er war ~, etw. zu sagen он не мог вы́молвить ни сло́ва

Unfähigkeit *f* неспосо́бность 9 (zu к *D*)

unfair некорре́кт|ный₁ -ен | ~ gegen j-n sein вести́* себя́ некорре́ктно по отноше́нию к кому́-н.; ~es Spiel *Sport* гру́бая [некорре́ктная] игра́

Unfall *m* несча́стный слу́ча|й 1 *G Pl* -ев; Havarie ава́рия 8; Verkehrs~ доро́жно-тра́нспортное происше́ствие 5 | ein tödlicher ~ несча́стный слу́чай со сме́ртельным исхо́дом; ein schwerer ~ тяжёлая ава́рия, катастро́фа 6; er hat einen ~ gehabt с ним произошёл несча́стный слу́чай, im Betrieb, beim Sport он получи́л тра́вму; ein ~ mit dem Auto автомоби́льная ава́рия [катастро́фа]; ein ~ im Betrieb несча́стный слу́чай [ава́рия] на произво́дстве

unfallfrei безавари́йный, без ава́рий, без несча́стных слу́чаев | ~es Fahren безавари́йная езда́; ~e Fahrt рейс без ава́рий

Unfall|kommando *n* авари́йная брига́да 6 [кома́нда]; **~station** *f* пункт 2 [ста́нция] ско́рой по́мощи; **~verhütung** *f* предупрежде́ние несча́стных слу́чаев; **~verletzter** *m* пострада́вший *Subst* 11 в результа́те несча́стного слу́чая [ава́рии, катастро́фы]; **~versicherung** *f* страхова́ние от несча́стных слу́чаев; **~wagen** *m* маши́на ско́рой по́мощи; *umg* ско́рая по́мощь 9; автомоби́ль попа́вший 11 в ава́рию

un|faßbar *übertr* непостижи́м:ый; **~fehlbar** непогреши́м:ый

Unfehlbarkeit *f* непогреши́мость 9

un|fein unhöflich неве́жлив:ый; taktlos неделика́т|ный₁ -ен; **~fertig** недоде́ланный, незако́нченный; Mensch незре́лый; **~flätig** непристо́|йный₁ -ен, скабрёз|ный₁ -ен; **~folgsam** непослу́ш|ный₁ -ен; **~förmig** бесфо́рмен:ный₁ -на, нескла́д|ный₁ -ен; **~frankiert** нефранки́рованный, не опла́ченный (ма́рками); **~frei** несвобо́дный; abhängig зави́симый; **~freiwillig** недоброво́льный; Aufenthalt, Landung вы́нужденный; **~freundlich** неприве́тлив:ый, нелюбе́з|ный₁ -ен (gegen к *D*); Wetter па́смур|ный₁ -ен; Zimmer неую́т|ный₁ -ен

Un|freundlichkeit *f* неприве́тливость 9; **~frieden** *m* раздо́р(ы) 2 (*Pl*), разла́д 2 | ≈ stiften се́|ять₁ -ю₁ -ешь раздо́р

unfruchtbar беспло́д|ный₁ -ен *a. übertr;* Acker неплодоро́д|ный₁ -ен

Unfruchtbarkeit *f* беспло́дие 5, неплодоро́дность 9

Unfug *m* безобра́зие 5; Unsinn (глу́пая) вы́ходка 6; dummes Gerede вздор 2 | grober ~ ужа́сное хулига́нство 4; ~ treiben безобра́зничать, бесчи́нствовать 2

Ungar *m* венгр 2 **~in** *f* венге́рка 6

ungarisch венге́рский

Ungarn Ве́нгрия 8

un|gastlich негостеприи́м|ный₁ -ен; **~geachtet 1.** *Präpos* несмотря́ на *A; gehoben* невзира́я на *A* | ≈ des Verbots невзира́я на запреще́ние **2.** *Konj:* ≈ dessen тем не ме́нее, несмотря́ на э́то; **~geahnt** непредви́денный; unerwartet неожи́дан:ный, -на; **~gebändigt** необу́зданный; **~gebeten** незва́ный, непро́шеный; **~gebildet** необразо́ван:ный -на, некульту́р|ный, -ен; **~gebräuchlich** неупотреби́тел|ьный, -ен, -ьна; **~gebraucht** не бы́вший 11 в употребле́нии; Fahrzeug но́в:ый, -а́, -о, но́вы́; Wäsche све́ж:ий, -а́, -о́, све́жи́; **~gebrochen** не сло́мленный судьбо́й; Mut, Wille несокруши́мый; **~gebührlich** неподоба́ющий 11; Antwort неуме́ст|ный, -ен; **~gebunden** ничём не свя́зан:ный | ein ≈es Leben führen вести́ во́льный о́браз жи́зни; sie ist ≈ она́ неза́мужняя

Unge|bundenheit *f* Freiheit во́льность 9; **~duld** *f* нетерпе́ние 5 | mit ≈ с нетерпе́нием, нетерпели́во

unge|duldig **1.** *Adj* нетерпели́в:ый **2.** *Adv* с нетерпе́нием, нетерпели́во; **~eignet** неприго́д|ный, -ен, неподходя́щий 11 | für diese Arbeit ist er ≈ для э́той рабо́ты он не подхо́дит; **~fähr** **1.** *Adj* приблизи́тел|ьный, -ен, -ьна, приме́р|ный, -ен **2.** *Adv* приблизи́тельно, о́коло | ≈ um sechs приме́рно в шесть (часо́в); von ≈ случа́йно, ненаро́ком; **~fährdet** (находя́щийся 11) вне опа́сности; **~fährlich** неопа́с|ный, -ен; Weg безопа́с|ный, -ен; **~fällig** нелюбе́з|ный, -ен, неуслу́жливый; **~halten** рассе́рженный, раздраж|ённый, -ён, -ена́ | er war ≈ über mich он рассерди́лся на меня́; **~heuer** чудо́вищ|ный, -ен, огро́м|ный, -ен | ~heurer Schmerz ужа́сная боль; ~heure Heiterkeit необыча́йное весе́лье; ~heurer Erfolg огро́мный успе́х

Ungeheuer *n* чудо́вище 4; Unmensch и́зверг 2

unge|heuerlich чудо́вищ|ный, -ен; empörend возмути́тел|ьный, -ен, -ьна; **~hindert** беспрепя́тствен:ный, -на; **~hobelt** Person неотёсан:ный, -на; Brett необтёсан:ный, -а; **~hörig** неуме́ст|ный, -ен, неподоба́ющий 11

Ungehörigkeit *f* неуме́стность 9

ungehorsam непослу́ш|ный, -ен | j-m gegenüber ~ sein не повинова́ться кому́-н., не слу́шаться кого́-н.

Ungehorsam *m* непослуша́ние 5; неповинове́ние 5

unge|künstelt безыску́сствен:ный, -на, есте́ствен:ный, -на; einfach прост:о́й, -а́, -о, про́сты́; **~laden** nicht eingeladen незва́ный, неприглашённый; **~legen** **1.** *Adj* неудо́б|ный, -ен **2.** *Adv* не во́время, некста́ти

Ungelegenheiten *f Pl* неприя́тности *Pl* 9 | machen Sie sich meinetwegen keine ~ не беспоко́йтесь из-за меня́, не хлопочи́те обо мне́

unge|lenkig неги́б|кий, -ок, -ка́!; ungeschickt неуклю́ж:ий; ungewandt нело́в|кий, -ок, -ка́!; Person a. неповоро́тлив:ый; **~lernt** неквалифици́рован:ный, -на, без квалифика́ции; **~logen** *Adv* действи́тельно, правди́во; ohne Übertreibung без преувеличе́ний

Ungemach *n* го́ре 3; Unglück беда́ 6c; Unannehmlichkeiten неприя́тности *Pl* 9

unge|mein необыча́|йный, -ен, -йна, необыкнове́н|ный, -ен, -на; **~gemütlich** неую́т|ный, -ен; unfreundlich, grob неприя́т|ный, -ен; **~genannt** нена́зван:ный, -а́; анони́м|ный, -ен; **~genau** нето́ч|ный, -ен, -на́!

Ungenauigkeit *f* нето́чность 9

unge|niert **1.** *Adj* нескро́м|ный, -ен, -на́!, развя́з|ный, -ен **2.** *Adv* без стесне́ния, развя́зно; **~nießbar** несъедо́б|ный, -ен; verdorben по́рченый, испо́рченный | ≈es Wasser вода́, него́дная для питья́; ≈er Mensch несно́сный челове́к; **~nügend** недоста́точ|ный, -ен; unbefriedigend неудовлетвори́тел|ьный, -ен, -ьна; **~nutzt** неиспо́льзованный | die Zeit ≈ verstreichen lassen не испо́льзовать вре́мя; eine günstige Gelegenheit ≈ vorübergehen lassen не воспо́льзоваться благоприя́тным слу́чаем; **~ordnet** не приведённый в поря́док; **~pflegt** неря́шливый, небре́ж|ный, -ен; Garten запу́щенный; **~rade** Zahl нечётный; **~raten** неуда́ч|ный, -ен; Kind ду́рно воспи́тан:ный, -на, дурно́й, ду́р|ен, -на́, -но, ду́рны́; **~rechnet** **1.** *Adj* несчи́танный, неучтённый **2.** *Adv* не счита́я; **~recht** несправедли́в:ый (gegen j-n к кому́-н.); **~rechtfertigt** необосно́ван:ный, -на, неопра́вданный | es ist ≈ … неопра́вданно …

Ungerechtigkeit *f* несправедли́вость 9 (gegen j-n по отноше́нию к кому́-н.) | schreiende ~ вопию́щая 11 несправедли́вость

ungereimt Gedicht нерифмо́ванный; unsinnig неле́п:ый, вздо́р|ный, -ен | ~e Verse бе́лые стихи́; ~es Zeug reden моло́ть* вздор

ungern *Adv* неохо́тно, не́хотя | etw. ~ tun неохо́тно де́лать (с-) что-н.

unge|salzen несолёный | ≈ essen есть без со́ли; **~sättigt** nicht satt несы́тый; *Chem* ненасы́щенный; **~säuert** Teig незаква́шенный, пре́с|ный, -ен, -на́!; **~schehen:** ich wollte, ich könnte es ≈ machen я хоте́л бы, что́бы э́того не произошло́; das läßt sich nicht ≈ machen что сде́лано, то сде́лано

Ungeschicklichkeit *f* нело́вкость 9

unge|schickt нело́в|кий, -ок, -ка́!; Stil, Arbeit неуме́л:ый; **~schlacht** неуклю́ж:ий 11; Benehmen неотёсанный, -на;

~schlagen непобеждённый | ≈e Mannschaft *Sport* команда, идущая 11 (на соревнованиях) без поражений; **~schliffen** нешлифованный; *übertr* неотёсан:ный, -на, груб:ый, -á!; **~schmälert:** ≈ bleiben Verdienste получ|ать ⟨-ить 3⁺⟩ полное признание; **~schminkt 1.** *Adj* ненакрашенный; *übertr* неприкрашенный **2.** *Adv* без прикрас; **~schoren:** j-n ≈ lassen оставлять ⟨оставить 3 -лю⟩ в покое [не тро|гать ⟨-нуть 4⟩] кого-н.; **~schrieben** ненаписанный | ein ≈es Gesetz неписаный закон; **~gesellig** необщител:ьный, -ен, -ьна, нелюдим:ый | er ist ein ≈er Mensch он нелюдим 2; **~setzlich** незакон|ный, -ен, -на; **~stalt** бесформен:ный, -на; **~stört 1.** *Adj* споко|йный, -ен, -йна; Glück безмятеж|ный, -ен | hier sind wir ≈ здесь нам никто не помешает **2.** *Adv* спокойно, без помех; **~straft** безнаказан:ный, -на; **~stüm** Bewegung, Angriff стремител|ьный, -ен, -ьна; Wesen, Freude, Person бу|йный, -ен, -йна!, неистов:ый; Liebkosung, Umarmung пыл|кий, -ок, -ка!; Meer, Wind бур|ный, -ен, -на! **~sund** нездоров:ый; kränklich болезнен:ный, -на | das Rauchen ist ≈ курение вредно для здоровья; **~teilt** нераздел|ьный, -ен, -ьна; Aufmerksamkeit всеобщий 11 | ≈er Beifall единодушное одобрение; **~trübt** ничем не неомрачённый, безмятеж|ный, -ен | ≈es Familienglück безоблачное семейное счастье

Ungetüm *n* чудовище 4 | ein ~ von einem Schrank монстр 2, а не шкаф

ungewiß неизвест|ный, -ен; unbestimmt неопределён|ный, -ен, -на | j-n über etw. im ungewissen lassen оставить *v* 3 -лю кого-н. в неизвестности относительно чего-н.; im ungewissen sein не знать о чём-н., zweifeln испытывать сомнение относительно чего-н.

Ungewißheit *f* неизвестность 9; неопределённость 9

unge|wöhnlich необыкновен|ный, -ен, -на, необыча|йный, -ен, -йна, unüblich необыч|ный, -ен; **~wohnt** непривы|чный, -ен | zur ≈en Stunde в необычный час; **~zählt 1.** *Adj* unzählig бесчислен:ный, -на; Geld неподсчитанный **2.** *Adv* не подсчитав

Ungeziefer *Pl* вредные насекомые *Pl Subst* 10, паразиты *Pl* 2

ungezogen невоспитан:ный, -на, груб:ый, -á!; Kind непослуш|ный, -ен, избалован:ный

Ungezogenheit *f* невоспитанность 9, грубость 9

unge|zügelt необуздан:ный, -на; **~zwungen** непринуждён:ный, -на, без принуждения

Un|gezwungenheit *f* непринуждённость 9, свобода 6; **~glaube** *m* неверие 5

un|glaubhaft невероят|ный, -ен, недостовер|ный, -ен; **~gläubig** недоверчив:ый, скептический; *Rel* неверующий 11; **~glaublich** unwahrscheinlich невероят|ный, -ен; gewaltig неимовер|ный, -ен; **~glaubwürdig** недостовер|ный, -ен, маловероят|ный, -ен

ungleich 1. *Adj* нерав|ный, -ен, -нá!; qualitativ неодинаков:ый; verschieden разный | von ~er Farbe неодинакового [разного] цвета **2.** *Adv* несравненно, гораздо | ~ schneller несравненно быстрее; **~artig** неоднород|ный, -ен, разнород|ный, -ен; **~förmig** неодинаков:ый, различ|ный, -ен; Beschleunigung неравномер|ный, -ен

Ungleichheit *f* неравенство 4; неодинаковость 9

ungleich|mäßig неравномер|ный, -ен; **~seitig** *Math* разносторонний 11

Unglück *n* несчастье 5, беда 6c; Unfall несчастье, несчастный случа|й 1 *G Pl* ев; schwerer катастрофа 6 | zum ~ к несчастью, на несчастье; j-n ins ~ stürzen на|влечь* *v* беду на кого-н.; ihn hat ein schweres ~ getroffen его постигло большое несчастье; er hatte das ~... он имел несчастье ... zum ~ unglücklicherweise к несчастью ...; das ist eben das ~ вот так беда

unglücklich несчаст|ный, -ен | er hat eine ~e Hand у него несчастливая рука; ich fühle mich ~ я чувствую себя несчастным [несчастливым]; **~erweise** *Adv* к несчастью, на беду

unglückselig verhängnisvoll злополуч|ный, -ен; beklagenswert несчаст|ный, -ен

Unglücks|fall *m* несчастный случай | tödlicher ≈ несчастный случай со смертельным исходом; **~tag** *m* несчастный [чёрный] день

Ungnade *f* немилость 9 | in ~ fallen в|пасть* в немилость

un|gnädig неприветлив:ый | ≈ zu j-m sein быть неблагосклонным к кому-н.; **~gültig** недействител|ьный, -ен, -ьна | etw. für ≈ erklären объяв|лять ⟨-ить⟩ недействительным что-н.; Vertrag, Tor аннулировать *uv, v* 2 что-н.

Ungültigkeit *f* недействительность 9

Ungültigkeitserklärung *f* объявление недействительности (von *G*)

Ungunst *f*: zu meinen ~en не в мою пользу, в ущерб моим интересам

un|günstig неблагоприят|ный, -ен; unbequem неудоб|ный, -ен | im ≈sten Falle в худшем случае, на худой конец | es ist ≈, daß ... плохо, что ...; **~gut** *Adv:* nichts für ≈! не в обиду будь сказано!, простите, пожалуйста!; **~haltbar** haltlos несостоятел|ьный, -ен, -ьна; Zustände непроч|ный, -ен, нетерпим:ый; Ball неотразим:ый, неминуем:ый; **~handlich** неудоб|ный, -ен (для пользования)

Unheil *n* беда 6с, несчастье 5 | großes ~ anrichten натворить *v* 3 бед

unheil|bar неизлечим:ый; **~bringend** злополуч|ный, -ен, пагуб|ный, -ен; **~verkündend** зловещ:ий 11; **~voll** гибел|ьный, -ен, -ьна; Nachricht роковой

un|heimlich жут|кий, -ок, -ка!; unheilverkündend зловещ:ий | es wurde mir ≈ zumute мне стало жутко; ≈en Hunger haben быть* страшно [ужасно] голодным; **~höflich** невежлив:ый

Unhöflichkeit *f* невежливость 9

Unhold *m* чудовище 4

unhygienisch негигиенический, негигиеничный

Uniform *f* форменная одежда 6, *umg* форма 6; *Mil* военная форма; **~hose** *f* форменные брюки

uniformier|en *tr* обмундир|овывать ⟨-овать 2⟩; **~t** в форме, в мундире, в военной форме

Uniformierung *f Mil* обмундирование 5

Uniformjacke *f* форменная тужурка [куртка]

Unikum *n* уникум 2 a. Person

uninteress|ant неинтерес|ный, -ен; **~iert** незаинтересованный | an etw. ≈ sein не быть заинтересованным в чём-н.

Union *f* союз 2 | die ~ der Sozialistischen Sowjetrepubliken (*Abk* UdSSR) Союз Советских Социалистических Республик (*Abk* СССР)

Unionsrepublik *f* союзная республика

universal универсал|ьный, -ен, -ьна

Universal|erbe *m* единственный наследник; **~geschichte** *f* всемирная [всеобщая 11] история; **~kleber** *m* универсальный клей; **~mittel** *n* универсальное средство

universell универсал|ьный, -ен, -ьна

Universität *f* университет 2 | an der ~ studieren учиться в университете; an eine ~ berufen werden получ|ать ⟨-ить 3⁺⟩ приглашение [назначение] на работу в университет

Universitäts|abschluß *m* окончание университета | ≈ haben иметь законченное университетское образование; **~bibliothek** *f* университетская библиотека; **~bildung** *f* университетское образование; **~stadt** *f* университетский город; **~studium** *n* учёба в университете

Universum *n* вселенная *Subst* 10

unkameradschaftlich нетоварищеский

unken *intr umg* каркать, пророчить 3 беду

unkenntlich неузнаваем:ый | ~ machen измен|ять ⟨-ить 3⁺⟩ до неузнаваемости

Unkennt|lichkeit *f*: bis zur ≈ до неузнаваемости; **~nis** *f* незнание 5, неведение 5 (von *G*) | aus ≈ по незнанию; j-n in voller ≈ lassen оставлять ⟨остав|ить 3 -лю⟩ кого-н. в полном неведении

unklar неяс|ный, -ен, -на!; schleierhaft туман|ный, -ен, -на | das ist mir völlig ~ это мне совершенно непонятно; über etw. im ~en sein не иметь ясного представления о чём-н.; j-n über etw. im ~en lassen оставлять ⟨остав|ить 3 -лю⟩ в неведении [в неизвестности] кого-н. относительно чего-н.

Unklarheit *f* неясность 9

un|klug неум|ный, -ен, -на!, не(благо)разум|ный, -ен; **~kollegial** неколлегиальный; **~kontrollierbar** не поддающийся 11 контролю [проверке]; **~kompliziert** неслож|ный, -ен, -на!; **~konventionell** необыч|ный, -ен, нетрадиционный; unförmlich неформальный; **~korrekt** некоррект|ный, -ен; falsch неправил|ьный, -ен, -ьна

Unkosten *Pl* издержки *Pl* 6, расходы *Pl* 2 | die ~ tragen нести расходы; sich in ~ stürzen изрядно тра|титься 3 -чусь (по-) (für на *A*); j-n in ~ stürzen вводить 3⁺ -вожу ⟨-|вести*⟩ в расходы кого-н.; **~beitrag** *m* взнос для покрытия расходов [издержек]

Unkraut *n* сорная трава 6с, сорняк 2е | voller ~ заросший 11 сорняками; ~ vergeht nicht худое споро, не сорвёшь скоро; **~bekämpfung** *f* борьба с сорняками; **~bekämpfungsmittel** *n* гербицид 2

un|kritisch некритический; **~kultiviert** некультур|ный, -ен; **~kündbar** Vertrag нерасторжим:ый; Darlehen несрочный; **~kundig** не сведущий 11 в *P*, не знающий 11 *G* | des Lesens und Schreibens ≈ sein быть неграмотным; **~längst** *Adv* недавно, на днях; **~lauter** нечест|ный, -ен, недобросовест|ный, -ен; **~leidlich** в плохом настроении, раздражител|ьный, -ен; unerträglich несное|ный, -ен; **~leserlich** неразборчив:ый, нечёт|кий, -ок, -ка! | ≈er Buchstabe каракуля 7; **~leugbar** бесспор|ный, -ен, очевид|ный, -ен; **~lieb**: es ist mir nicht ≈, daß er kommt я рад, что он придёт; **~liebsam** неприят|ный, -ен; unerwünscht нежелател|ьный, -ен, -ьна; **~logisch** нелогич|ный, -ен; **~lösbar** Problem, Aufgabe неразрешим:ый; **~löslich** нерастворим:ый

Unlust *f* неохота 6 | mit ~ с неохотой, нехотя; aus ~ по неохоте

un|lustig *Adv* неохотно, без охоты; **~manierlich** с дурными манерами, неотёсан:ный, -на; **~männlich** немужской; eines Mannes unwürdig недостойный

мужчи́ны | ≈ aussehen вы́гля|деть 3 -жу не как мужчи́на [не по-мужски́]
Unmasse *f* = **Unmenge**
un|maßgeblich: nach meiner ≈en Meinung по моему́ скро́мному разуме́нию [мне́нию]; **~mäßig 1.** *Adj* неуме́рен:ный| -на **2.** *Adv* непоме́рно, чрезме́рно
Un|menge *f* у́йма 6 (an *G*), грома́дное коли́чество 4 | eine ≈ von etw. у́йма [ма́сса 6] чего́-н.; **~mensch** *m* и́зверг 2, чудо́вище 4
unmenschlich unerträglich нечелове́ческий; ungeheuer неимове́р|ный| -ен; grausam бесчелове́ч|ный| -ен, жесто́к|ий| -á!
Unmenschlichkeit *f* бесчелове́чность 9, жесто́кость 9
un|merklich незаме́т|ный| -ен| неулови́м:ый; **~mißverständlich** недвусмы́слен:ный| -на; **~mittelbar 1.** *Adj* непосре́дствен:ный| -на **2.** *Adv* direkt пря́мо; sofort сра́зу; **~möbliert** немеблиро́ван:ный, без ме́бели; **~modern** немо́дный, вы́шедший 11 из мо́ды; **~möglich** невозмо́ж:ный| -ен | es ist ≈ невозмо́жно, нельзя́; j-n ≈ machen дискредити́ровать *uv, v* 2 кого́-н.; sich ≈ machen дискредити́ровать себя́; er benimmt sich ≈ он невозмо́жно ведёт себя́; das kann ≈ so gewesen sein невозмо́жно| чтобы э́то бы́ло так; darauf kann ich ≈ eingehen на э́то я ника́к не могу́ согласи́ться; das kannst du ~ von ihm verlangen ты ни в ко́ем слу́чае не мо́жешь тре́бовать э́того от него́
Unmöglichkeit *f* невозмо́жность 9 | das ist ein Ding der ~ э́то невозмо́жное де́ло
un|moralisch безнра́встен:ный| -на; **~motiviert** немотиви́рованный, необосно́ван:ный| -на; **~mündig** несовершенноле́тний 11; **~musikalisch** немузыка́л:ьный| -ен
Unmut *m* доса́да 6, неудово́льствие 5; Unwille негодова́ние 5
un|nachahmlich неподража́см:ый; **~nachgiebig** неусту́пчив:ый; **~nachsichtig 1.** *Adv* не зна́ющий 11 снисхожде́ния; Härte беспоща́д|ный| -ен **2.** *Adv* без снисхожде́ния; **~nahbar** непристу́п|ный| -ен; unzugänglich недосту́п|ный| -ен; Verhalten холо́дный| холо́д|ен| -нá!; **~natürlich** неесте́ствен:ный| -на
Unnatürlichkeit *f* неесте́ственность 9
un|nötig нену́ж|ный| -ен| -нá| -но, нену́жны́; unnütz бесполе́з|ный| -ен; unbegründet напра́с|ный| -ен; **~nötigerweise** *Adv* напра́сно, без нужды́; ohne Notwendigkeit без на́добности; **~nütz 1.** *Adj* бесполе́з|ный| -ен; unnötig нену́ж|ный| -ен| -нá| -но| нену́жны́ **2.** *Adv* umsonst напра́сно, да́ром, зря | ≈es Zeug reden болта́ть вздор, пустосло́в|ить 3 -лю
UNO *f* ООН [оо́н] *m idkl;* **~-Generalsekretär** Генера́льный секрета́рь ООН [оо́н]
un|ökonomisch неэкономи́ч|ный, -ен; **~ordentlich** беспоря́доч|ный| -ен; Kleidung неря́шлив:ый, неаккура́т|ный| -ен | ≈ aussehen неаккура́тно вы́глядеть
Unordnung *f* беспоря́д|ок| -ка 2 | etw. in ~ bringen приводи́ть 3⁺ -вожу́ ⟨-|вести́*⟩ что-н. в беспоря́док; in ~ geraten приходи́ть 3⁺⟨-|йти́*⟩ в беспоря́док
un|organisch неоргани́ческий; **~organisiert** неорганизо́ванный
UNO-Vollversammlung *f* Генера́льная Ассамбле́я 7 ООН [оо́н]
un|paarig непа́рный; **~pädagogisch** непедагоги́ч|ный| -ен; **~parteiisch** беспристра́ст|ный| -ен; **~passend 1.** *Adj* неподходя́щий 11; ungehörig неуме́ст|ный| -ен **2.** *Adv* не как сле́дует, невпопа́д; **~passierbar** непроходи́м:ый; **~päßlich**: ≈ sein чу́вствовать 2 недомога́ние [себя́ нехорошо́]
Unpäßlichkeit *f* недомога́ние 5
un|persönlich безли́ч|ный| -ен *a. Gramm;* kühl официа́л|ьный| -ен| -ьна; **~politisch** неполити́ческий; Person аполити́ч|ный| -ен; **~populär** непопуля́р|ный| -ен; **~praktisch** непракти́ч|ный| -ен; **~produktiv** непродукти́в|ный| -ен, непроизводи́тел|ьный| -ен| -ьна; **~pünktlich** опа́здывающий 11; Eigenschaft непунктуа́л|ьный| -ен| -ьна, неаккура́т|ный| -ен; **~qualifiziert** неквалифици́рован:ный| -на; Bemerkung неуме́ст|ный| -ен; **~rasiert** небри́т:ый
Un|rast *f* беспоко́йство 4, нерво́зность 9; Geschäftigkeit суетли́вость 9; **~rat** *m* Müll, Kehricht му́сор 2; Schmutz нечисто́ты *Pl* 6; Abfälle отбро́сы *Pl* 2
un|rationell нерациона́л|ьный| -ен| -ьна; **~ratsam**: das wäre ≈ я бы (вам) э́того не сове́товал; **~real** нереа́л|ьный| -ен; **~realistisch** нереалисти́ческий; Plan нереа́л|ьный| -ен| -ьна; **~recht** непра́в|ый| -á! | im ≈en Augenblick в неподходя́щий моме́нт; zur ≈en Zeit не во́время; in ≈e Hände fallen по|па́сть* *v* не в те ру́ки; ≈ tun поступ|а́ть ⟨-и́ть⟩ непра́вильно [несправедли́во]; ≈ haben быть* непра́вым, sich irren ошиба́ться ⟨-|шиби́ться*⟩; j-m ≈ geben счита́ть непра́вым кого́-н.; an den Unrechten kommen не на того́ по|па́сть* *v*
Unrecht *n* несправедли́вость 9 | im ~ sein быть непра́вым; ein ~ begehen соверш|а́ть ⟨-и́ть⟩ несправедли́вость; es geschieht ihm ~ его́ обижа́ют, с ним по-

ступа́ют несправедли́во; j-m ein ~ antun поступ|а́ть ⟨-и́ть 3⁺ -лю́⟩ несправедли́во с кем-н.; zu ~ behaupten несправедли́во утвержда́ть

un|rechtmäßig незако́н|ный, -ен, -на; **~redlich** нече́ст|ный, -ен, -на́!; **~regelmäßig** нерегуля́р|ный, -ен; *Gramm* непра́вил|ьный, -ен, -ьна | ≈ atmen неро́вно дыша́ть; **~reif** незре́л:ый, неспе́лый; *übertr* несозревший 11; **~rein** нечи́ст:ый, -а́! | etw. ins ≈e schreiben писа́ть (на-) на́черно; **~reinlich** нечистопло́т|ный, -ен, неопря́т|ный, -ен; **~rentabel** нерента́бел|ьный, -ен, -ьна; **~rettbar** 1. *Adj* пропа́щий 11 2. *Adv:* ≈ verloren sein поги́бнуть *v* 4a безвозвра́тно; **~richtig** непра́вил|ьный, -ен, -ьна, неве́р|ный, -ен, -на́! | im ≈en Augenblick не в тот моме́нт

Unrichtigkeit *f* непра́вильность 9, неве́рность 9

Unruh *f* Uhr бала́нс 2

Unruhe *f* беспоко́йство 4, трево́га 6; **~en** *Pl Pol* беспоря́дки *Pl* 2, волне́ния *Pl* 5 | j-n in ~ versetzen волнова́ть 2 (вз-) кого́-н., всел|я́ть ⟨-и́ть 2⟩ в кого́-н. трево́гу; **~herd** *m* оча́г волне́ний; **~stifter** *m* Störenfried наруши́тель 1 споко́йства; Radaumacher дебоши́р 2, скандали́ст 2; Störer der öffentlichen Ordnung наруши́тель обще́ственного поря́дка

un|ruhig беспоко́|йный, -ен, -йна, неспоко́|йный, -ен, -йна; erregt взволно́ван:ный, -на; hastig суетли́в:ый | ein ≈er Geist, Mensch беспоко́йная душа́; ≈ sitzen не сиде́ть споко́йно, ёрзать *umg;* ≈ schlafen беспоко́йно спать; **~rühmlich** бесcла́в|ный, -ен; **~rund:** der Motor läuft ≈ *Kfz* дви́гатель враща́ется неравноме́рно

uns 1. *Pers Pron D* нам, *A* нас | mit ~ с на́ми; über ~ над на́ми; *übertr* о нас 2. *Refl Pron* себя́, себе́, собо́й | vor ~ sahen wir einen Bus пе́ред собо́й мы уви́дели авто́бус; wir kauften ~ Anzüge мы купи́ли себе́ костю́мы; wir freuen ~ darauf мы ра́ды э́тому

un|sachgemäß 1. *Adj* ненадлежа́щий 2. *Adv* ненадлежа́щим о́бразом; **~sachlich** неделово́й | ≈ werden говори́ть 3 не по-делово́му; **~sagbar** невырази́м:ый, неска́зан:ный *m Kurzf ungebr.*, -на; **~sanft** неделика́т|ый, -ен; grob гру́б:ый, -а́!; brüsk ре́з|кий, -ок, -ка́!; **~sauber** неопря́т|ный, -ен, гря́з|ный, -ен, -на́, -но, гря́зны́; Mensch нечистопло́т|ный, -ен *a. übertr; Sport* некорре́кт|ный, -ен;

Unsauberkeit *f* неопря́тность 9; нечистопло́тность 9 *a. übertr;* некорре́ктность 9

un|schädlich безвре́д|ный, -ен, безопа́с|ный, -ен | ≈ machen обезвре́|живать ⟨-дить 3 -жу⟩; **~scharf** нечёт|кий, -ок, -ка́! *a. TV;* undeutlich нея́с|ный, -ен, -на́! | dieses Foto ist ≈ э́то нере́зкая фотогра́фия; **~schätzbar** бесце́н|ный, -ен, -на *a. übertr;* **~scheinbar** невзра́ч|ный, -ен; **~schicklich** неприли́ч|ный, -ен; **~schlüssig** нереши́тел|ьный, -ен, -ьна | ≈ sein не реша́ться, колеба́ться*; **~schön** некраси́в:ый *a. übertr;* unfair нече́ст|ный, -ен, -на́!

Unschuld *f* неви́нность 9; Schuldlosigkeit невино́вность 9 | seine Hände in ~ waschen умыва́ть ⟨-|мы́ть*⟩ ру́ки

un|schuldig неви́н|ный, -ен, -на; Angeklagte неви́нный, невино́в|ный, -ен | ≈ verurteilen неви́нно осу|жда́ть ⟨-ди́ть⟩; **~schwer** *Adv* нетру́дно | das ist ≈ zu erraten э́то нетру́дно угада́ть; **~selbständig** несамостоя́тел|ьный, -ен, -ьна

unser *Pers Pron* нас; *Poss Pron* наш 14; *refl* свой 14 | ~er Meinung nach по-на́шему (мне́нию); ~es Wissens по на́шим све́дениям, наско́лько нам изве́стно; das ist ~e Sache э́то на́ше де́ло; wir nahmen ~e Bücher мы взя́ли свои́ кни́ги

unser|einer *Pron umg* наш брат, мы | ≈ wird das nicht tun наш брат э́того не сде́лает; **~erseits** *Adv* с на́шей стороны́; **~esgleichen** *Pron* подо́бные нам (лю́ди), таки́е же, как мы; **~[e]twegen** *Adv* из-за нас, ра́ди нас

unsicher Weg опа́с|ный, -ен, небезопа́с|ный, -ен; zweifelhaft ненадёж|ный, -ен, сомни́тел|ьный, -ен, -ьна; Haltung, Gefühl неуве́рен:ный, -на | j-n ~ machen сму|ща́ть ⟨-ти́ть 3 -щу́⟩ кого́-н.; im ~en sein быть неуве́ренным, zweifeln сомнева́ться

Unsicherheit *f* опа́сность 9, небезопа́сность 9; ненадёжность 9, сомни́тельность 9; неуве́ренность 9

unsichtbar неви́дим:ый

Unsinn *m* бессмы́слица 6, вздор 2 | das ist vollkommener ~! э́то чисте́йший вздор!, э́то су́щая чепуха́!; ~ reden болта́ть вздор; ~ treiben де́лать глу́пости

unsinnig 1. *Adj* бессмы́слен:ный, -на; Forderung безрассу́д|ный, -ен; absurd неле́п:ый 2. *Adv* viel, groß невероя́тно, стра́шно

Unsitte *f* дурна́я привы́чка 6

unsittlich безнра́вствен:ный, -на

Unsittlichkeit *f* безнра́вственность 9

un|sozial необще́ственный; Maßnahme антисоциа́льный; **~sportlich** неспорти́вный; **~sterblich** бессме́рт|ный, -ен

Unsterblichkeit *f* бессме́ртие 5

un|stet непостоя́н|ный, -ен, -на, изме́нчив:ый | ≈es Leben бродя́чий 11 о́браз жи́зни; **~stillbar** Durst, Verlangen неутоли́м:ый

Unstimmigkeit *f* Meinungsverschiedenheit разногла́сие 5; Ungenauigkeit нето́чность 9 | es kam zu ~en über etw. возни́кли разногла́сия относи́тельно чего́-н.

unstreitig бесспо́р|ный, -ен, неоспори́м:ый

Unsumme *f* грома́дная су́мма

un|symmetrisch несимметри́ч|ный, -ен; **~sympathisch** несимпати́ч|ный, -ен; **~systematisch** несистемати́ческий, бессисте́мный; **~tadelig** безупре́ч|ный, -ен, безукори́знен:ный, -на

Untat *f* (чудо́вищное) преступле́ние 5, злодея́ние 5

un|tätig безде́ятел|ьный, -ен, -ьна; müßig пра́зд|ный, -ен; **~tauglich** неприго́д|ный, -ен, него́д|ный, -ен, -на́, -но, него́дны́; **~teilbar** недели́м:ый

unten *Adv* внизу́ | nach ~ вниз; von ~ (her) сни́зу; weiter ~ ни́же; siehe ~ смотри́ ни́же; von oben bis ~ све́рху до́низу; ~ wohnen жить внизу́ [в ни́жнем этаже́]; er ist bei ihr ~ durch он упа́л в её глаза́х; **~liegend** лежа́щий 11 [располо́женный] внизу́ [ни́же]; **~stehend** нижестоя́щий 11, стоя́щий внизу́

unter *Präpos* | *wo* под *I;* ~ dem Tisch под столо́м; ~ freiem Himmel под откры́тым не́бом; ~ Tage arbeiten рабо́тать под землёй; ~ Verschluß под замко́м; ~ mir по́до мной | *wohin* под *A;* ~ den Tisch под стол; ein Kissen ~ den Kopf legen подложи́ть под го́лову поду́шку | inmitten среди́ *G;* ~ den Arbeitern среди́ рабо́чих; das bleibt ~ uns э́то остаётся ме́жду на́ми; wir sind hier ~ uns мы здесь одни́, мы здесь свои́ лю́ди; der Lehrer setzte sich ~ die Schüler учи́тель сел среди́ ученико́в | weniger als ни́же *G;* zwei Grad ~ Null два гра́дуса ни́же нуля́; ~ den Gefrierpunkt sinken па́дать ни́же нуля́; die Ware wird ~ ihrem Wert verkauft това́р продаётся ни́же свое́й цены́; ~ dem Durchschnitt ни́же сре́днего; ~ aller Kritik ни́же вся́кой кри́тики; Kinder ~ zehn Jahren де́ти моло́же десяти́ лет | Bedingung, Umstand под *I;* ~ diesem Vorwand под э́тим предло́гом; er stand noch ~ diesem Eindruck он находи́лся ещё под э́тим впечатле́нием; ~ meinem Namen под мои́м и́менем; ~ der Bedingung при усло́вии; ~ Mitwirkung … при соде́йствии …; ~ Protest с проте́стом, протесту́я; ~ Schwierigkeiten с трудо́м; ~ gewissen Umständen при изве́стных обстоя́тельствах; ~ vier Augen с гла́зу на глаз | *Zeit* при *P;* ~ Peter I. при Петре́ Пе́рвом; ~ der Arbeiter-und-Bauern-Macht при рабо́че-крестья́нской вла́сти

Unter|abschnitt *m* im Buch подразде́л 2; **~abteilung** *f* Betrieb, Amt подотде́л 2; **~arm** *m* предпле́чье 5; **~ausschuß** *m* подкомите́т 2, подкоми́ссия 8; **~bau** *m* *Bauw* фунда́мент, основа́ние 5; Brücke, Bahndamm ни́жнее 11 строе́ние 5

unter|belegt Erholungsheim, Hotel с(о) свобо́дными места́ми [номера́ми, Krankenhaus ко́йками]; **~belichten** *tr Foto* недодержа́ть *v* 3⁺

Unter|belichtung *f Foto* недоде́ржка 6; **~bett** *n* (ни́жняя 11) пери́на 6; leichtes пери́нка 6

unterbewußt подсозна́тел|ьный, -ен, -ьна

Unter|bewußtsein *n* подсозна́ние 5 | im ~ в подсозна́нии, подсозна́тельно; **~bezahlung** *f* недоста́точная опла́та

unter|bieten *tr* Leistung превыша́ть ⟨-вы́сить 3 -вы́шу⟩; *Sport* Rekord перекрыва́ть ⟨-|кры́ть*⟩ | einen Preis ≈ сбива́ть ⟨-|бить*, собью́⟩ цену́, предлага́ть ⟨-ложи́ть 3⁺⟩ це́ну ни́же существу́ющей; **~binden** *tr* [-·'-·] *Med* перевя́зывать ⟨-|вяза́ть*⟩; *übertr* препя́тствовать 2 (вос-) *D,* пресека́ть ⟨-|се́чь*⟩; **~bleiben** *intr* не состоя́ться *v* 3 | das wird in Zukunft ≈ э́то бо́льше не повтори́тся; **~brechen** *tr* прерыва́ть ⟨-|рва́ть*⟩; Ruhe u. ä. наруша́ть ⟨-ру́шить 3⟩; ins Wort fallen перебива́ть ⟨-|би́ть*⟩; Telefon разъедин|я́ть ⟨-и́ть 3⟩; *El* раз|мыка́ть ⟨-омкну́ть 4⟩; Produktion (вре́менно) (при)остан|а́вливать ⟨-ови́ть 3⁺ -овлю́⟩

Unterbrech|er *m El* прерыва́тель 1; **~ung** *f* прерыва́ние 5; Störung наруше́ние 5; Arbeit u. ä. переры́в 2; Stillegung остано́вка 6; Produktionsprozeß (вре́менное) прекраще́ние 5 *G; El* размыка́ние | ohne ≈ без переры́ва, безостано́вочно | ohne ≈ der Produktion(sarbeit) без отры́ва от произво́дства

unter|breiten *tr* ['-·-·] подстила́ть ⟨подо|стла́ть*⟩; [-·'-·] Vorschlag предст|авля́ть ⟨-а́вить 3 -а́влю⟩ на рассмотре́ние [на утвержде́ние]; Antrag, Vorschlag вно|си́ть 3⁺ -шу́ ⟨в|нести́*⟩; **~bringen** *tr* Bücher, Sachen по-, разме|ща́ть ⟨-сти́ть 3 -щу́⟩, укла́дывать ⟨ ложи́ть 3⁺⟩; Leute, Gäste поме|ща́ть ⟨-сти́ть⟩, verteilend разме|ща́ть ⟨-сти́ть⟩ a. Auftrag, Artikel; Stellung oder Unterkunft verschaffen устр|а́ивать ⟨-о́ить 3⟩ | ich bin gut untergebracht я хорошо́ устро́ился

Unter|bringung *f* размеще́ние 5 a. eines Auftrages, укла́дывание 5; Leute, Gäste помеще́ние 5, размеще́ние 5; in Quartier устро́йство 4 | ≈ im Krankenhaus помеще́ние в больни́цу, госпитализа́ция 8; **~deck** *n* ни́жняя 11 па́луба

unter|derhand *Adv* тайко́м, укра́дкой | ≈ kaufen покупа́ть ⟨куп|и́ть 3⁺ -лю́⟩ из-под полы́; **~dessen** *Adv* ме́жду тем, тем вре́менем

Unterdruck *m Tech* пони́женное давле́ние
unterdrücken *tr* Aufstand подав|ля́ть ⟨-и́ть 3⁺ -лю⟩; unterjochen угнета́ть; Gefühl сде́рживать ⟨-держа́ть 3⁺⟩, подав|ля́ть ⟨-и́ть⟩; Aufschrei; Initiative заглуш|а́ть ⟨-и́ть 3⟩ | das Lachen ~ сдéрживать ⟨сдержа́ть 3⁺⟩ смех; seinen Unwillen ~ подави́ть *v* в себе́ доса́ду; die Kritik ~ зажима́ть ⟨-|жа́ть¹*⟩ кри́тику
Unterdrücker *m* угнета́тель 1
Unterdruck|kammer *f* бaрока́мера 6; **~leitung** *f* вакуумпрово́д 2
Unterdrückung *f* угнете́ние 5, гнёт 2; Aufstand, polit. Bewegung подавле́ние 5
unterdurchschnittlich ни́же сре́днего
untereinander *Adv* ме́жду собо́й; gegenseitig друг дру́га, взаи́мно | etw. ~ teilen, раздели́ть *v* 3⁺ что-н. ме́жду собо́й; sich ~ helfen помога́ть ⟨-мо́чь⟩ друг дру́гу; sich ~ kennen знать друг дру́га; **~schreiben** *tr* писа́ть* (на-) в столбе́ц
unterentwickelt недора́звит:ый; Länder слабора́звит:ый; *Foto* недопроя́влен:ный
unter|er ни́жний 11; administrativ, sozial ни́зший 11 | die ~e Reihe ни́жний ряд; die ~en Klassen Schule мла́дшие 11 кла́ссы
unterernährt страда́ющий 11 от недоеда́ния, истощ|ённый, -ён, -ена́
Unterernährung *f* недоеда́ние 5
Unterfangen *n* | es wäre ein sinnloses ~ … бы́ло бы бессмы́сленно …
unterfassen *tr* брать* ⟨взять*⟩ по́д руку (j-n кого́-н.)
Unter|führung *f Eisenb* путепрово́д 2 под полотно́м желе́зной доро́ги; für Fußgänger пешехо́дный тунне́ль [нэ] 1; **~funktion** *f* Drüse гипофу́нкция 8; **~futter** *n* подкла́дка 6; **~gang** *m* Sonne зака́т 2, захо́д 2; Schiff ги́бель 9, круше́ние 5; *übertr* ги́бель 9
Untergebener *m* подчинённый *Subst* 10
untergehakt: mit j-m ~ gehen идти́ с кем-н. по́д руку
untergehen *intr* Sonne сади́ться ⟨сесть*⟩, заходи́ть 3⁺ ⟨-|йти́*⟩; Schiff тону́ть 4⁺ (за-), идти́* [по|йти́* *v*] ко дну; ertrinken тону́ть 4⁺ (у-); *übertr* погиба́ть ⟨-ги́бнуть⟩ | die Sonne ist untergegangen со́лнце се́ло [зашло́]; die Worte gingen im Lärm unter шум заглуши́л слова́
unterge|ordnet подчин|ённый, -ён, -ена́ | von ≈er Bedeutung второстепе́нного значе́ния; **~schoben** подставно́й, подло́жный
Unter|geschoß *n* полуподва́льный эта́ж; **~gestell** *n Tech* подста́вка 6; **~gewicht** *n* недове́с 2; *Med* вес ни́же но́рмы
unter|gliedern *tr* подраздел|я́ть ⟨-и́ть 3⟩ (in на *A*); **~graben** *tr* ['----] зака́пывать ⟨-копа́ть⟩; [--'--] *übertr* подрыва́ть ⟨подо|рва́ть*|⟩ подо́рванный⟩, подта́чивать ⟨-точи́ть 3⁺⟩ | seine Gesundheit ist ≈ его́ здоро́вье пошатну́лось [подо́рвано]
Untergrund *m Geol* подпо́чва 6; *Pol* подпо́лье 3; Malerei грунт 2, загрунто́вка 6 | in den ≈ gehen уходи́ть ⟨-йти́⟩ в подпо́лье; **~bahn** *f* метро́ *n idkl*, метрополите́н [тэн] 2; **~bewegung** *f* подпо́лье 5, подпо́льная рабо́та; **~kabel** *n* подзе́мный ка́бель
Untergruppe *f* подгру́ппа 6
unter|haken *tr* брать* ⟨взять*⟩ по́д руку; **~halb 1.** *Adv* внизу́; ни́же | ≈ des Flusses ни́же по тече́нию реки́ **2.** *Präpos* под *I*, ни́же *G*
Unterhalt *m* Unterstützung материа́льная по́мощь 9, посо́бие 5; Lebens~ сре́дства *Pl* 4 к жи́зни; von Baudenkmälern сохране́ние 5 | ~ zahlen плати́ть (у-) алиме́нты
unterhalt|en *tr* [--'--] ernähren содержа́ть 3⁺, име́ть на иждиве́нии; Gesellschaft занима́ть ⟨заня́ть*⟩, развлека́ть ⟨-|вле́чь*⟩; Beziehungen подде́рживать ⟨-держа́ть⟩; *Tech* содержа́ть 3⁺ (в испра́вности) a. Gebäude; sich ≈ *refl* ein Gespräch führen бесе́довать 2 (über о *P*), разгова́ривать (über о *P*); einige Zeit поговори́ть *v* 3; sich amüsieren развлека́ться ⟨-|вле́чься*⟩ | von j-m ≈ werden жить* у кого́-н. на содержа́нии [иждиве́нии]; er hat sich gut ≈ он хорошо́ провёл вре́мя; **~end, ~sam** занима́тел|ьный, -ен, -ьна, развлека́тел|ьный, -ен, -ьна
Unterhalts|anspruch *m* пра́во на получе́ние материа́льной по́мощи, пра́во на алиме́нты; **~beihilfe** *f* посо́бие 5, материа́льная по́мощь; **~kosten** *Pl* расхо́ды по содержа́нию; *Jur* алиме́нты *Pl* 2; **~pflicht** *f* обя́занность содержа́ния
unterhaltspflichtig обя́занный содержа́ть (für *A*)
Unterhaltung *f* Erhaltung содержа́ние 5, поддержа́ние 5; Gespräch бесе́да 6, разгово́р 2 (mit j-m über с кем-н. о *P*); Amüsement развлече́ние 5; Instandhaltung содержа́ние в испра́вности; Wartung техни́ческое обслу́живание 5, ухо́д 2 | ~ eines Gebäudes содержа́ние зда́ния
Unterhaltungs|arbeiten *Pl* ремо́нтные рабо́ты *Pl* 6, теку́щий ремо́нт 11–2; **~beilage** *f* zur Zeitung (литерату́рное) приложе́ние; **~film** *m* развлека́тельный фильм; **~kosten** расхо́ды по содержа́нию *G* [по теку́щему ремо́нту], эксплуатацио́нные расхо́ды; **~musik** *f* лёгкая [эстра́дная] му́зыка; **~orchester** *n* эстра́дный орке́стр; **~programm** *n* эстра́дная [развлека́тельная] програ́мма
Unter|händler *m* посре́дник 2; *Dipl* пред-

стави́тель 1; **~haus** *n Pol* in England пала́та 6 о́бщин; **~hemd** *n* ни́жняя 11 руба́шка; ärmellos ма́йка 6
unterhöhlen *tr* подта́чивать ⟨-точи́ть 3⁺⟩, размыва́ть ⟨-|мы́ть*⟩; *übertr* подрыва́ть ⟨подо|рва́ть*¡ подо́рванный⟩
Unter|holz *n* подле́с|ок, -ка 2; **~hose** *f* кальсо́ны *Pl* 6 | kurze ≈ (ни́жние 11) трусы́ 2
unterirdisch подзе́мный | eine Leitung ~ verlegen укла́дывать ⟨-ложи́ть 3⁺⟩ прово́дку под землёй
Unterjacke *f* (ни́жняя 11) ко́фта, фуфа́йка 6
unterjochen *tr* порабо|ща́ть ⟨-ти́ть 3 -щу́⟩
Unterjochung *f* порабоще́ние 5
unterkellern *tr* стро́ить 3 (по-) подва́л под *I* | das Haus ist nicht unterkellert дом не име́ет подва́ла
Unter|kiefer *m* ни́жняя 11 че́люсть; **~kleid** *n* комбина́ция; **~kleidung** *f* ни́жнее 11 бельё
unter|kommen *intr* находи́ть 3⁺ -хожу́ ⟨-|йти́*⟩ прию́т [кров], прию|ти́ться *v* 3 -чу́сь; Stellung устр|а́иваться ⟨-о́иться 3⟩ на *P;* im Altersheim получ|а́ть ⟨-и́ть 3⁺⟩ ме́сто; **~kriegen** *tr:* sich nicht ≈ lassen не с|дава́ться* ⟨-|да́ться*¡ -дали́сь⟩, не поддава́ться ⟨-да́ться¡ -дали́сь⟩; **~kühlen** *tr* переохла|жда́ть ⟨-ди́ть 3¡ -ждённый⟩
Unter|kühlung *f Med* гипотерми́я 8, переохлажде́ние 5; **~kunft** *f* прию́т 2; Zimmer ко́мната 6; Gemeinschaftswohnung общежи́тие 5 | j-m ≈ gewähren Obdach прию|ти́ть *v* 3 -чу́ кого́-н.; Wohnung предост|авля́ть ⟨-а́вить 3⟩ кому́-н. кварти́ру; ≈ finden приюти́ться *v*, на|йти́* *v* себе́ прию́т; **~lage** *f* aus Stroh, Pappe подсти́лка 6; aus Holz, Metall подста́вка 6; für Säuglinge подгу́зник 2; *Tech* подкла́дка; ≈n *Pl* Belege докуме́нты *Pl* 2; Angaben да́нные *Subst Pl* 10; **~laß** *m:* ohne ≈ непреры́вно, беспреста́нно
unterlassen *tr* не де́лать (с-) *G*, не предпринима́ть ⟨-|приня́ть*⟩ *G* | unterlaß die Albernheiten! брось дура́читься!
Unterlassung *f* упуще́ние 5; *Jur* безде́йствие 5
Unterlassungsfall *m:* im ~e в слу́чае неисполне́ния
Unterlauf *m* ни́жнее 11–5 тече́ние | am ~ на ни́жнем тече́нии, в низо́вьях
unter|laufen *intr* Fehler вкра́дываться ⟨-|кра́сться*⟩ в *A;* mit Blut затека́ть ⟨-|те́чь*⟩ *I;* **~legen 1.** *tr* подкла́дывать ⟨-ложи́ть 3⁺⟩; Decke, Stroh подстила́ть ⟨подо|стла́ть*¡ подо́стланный⟩ | einer Melodie einen Text ≈ писа́ть* (на-) текст [слова́] к му́зыке; einen anderen Sinn ≈ при|дава́ть* ⟨прида́ть*⟩ друго́е значе́ние *D*, непра́вильно истолк|о́вывать ⟨-ова́ть 2⟩ *A* **2.** *Adj:* er ist ihm in Kenntnissen ≈ он не мо́жет с ним равня́ться в зна́ниях; j-m ≈ sein не выде́рживать ⟨вы́держать 3⟩ сравне́ния с ке́м-н.; er ist ihm ≈ он (во мно́гом) ему́ уступа́ет
Unterlegscheibe *f* подкладна́я ша́йба
Unterleib *m* ни́жняя 11 часть 9g живота́
Unterleibs|leiden *n* боле́знь о́рганов брюшно́й по́лости; **~typhus** *m* брюшно́й тиф
Unter|leutnant *m* мла́дший 11 лейтена́нт; **~lid** *n* ни́жнее 11 ве́ко
unterliegen *intr* быть* побеждённым *I*, уступ|а́ть ⟨-и́ть 3⁺ -лю́⟩ *D;* unterworfen sein подлежа́ть 3 *D* | er unterlag seinem Gegner он был побеждён свои́м проти́вником; knapp ~ *Sport* проигра́ть *v* [потерп|е́ть *v* 3⁺ -лю́ пораже́ние] с незначи́тельным переве́сом проти́вника; der Besteuerung ~ подлежа́ть обложе́нию нало́гом; (es) unterliegt keinem Zweifel не подлежи́т сомне́нию
Unterlippe *f* ни́жняя 11 губа́
untermalen *tr Kunst* грунтова́ть 2 (за-) | ~de Begleitung *Mus* сопровожде́ние, даю́щее 11 о́бщий фон
Untermalung *f:* musikalische ~ звуково́й фон 2, фо́новая му́зыка
unter|mauern *tr* подводи́ть 3⁺ -вожу́ ⟨-|вести́*⟩ фунда́мент (под *A*); begründen обосно́вывать ⟨-|снова́ть*⟩, подкреп|ля́ть ⟨-и́ть 3 -лю́⟩ | seine Erwägungen wissenschaftlich ≈ подводи́ть нау́чную ба́зу под свои́ рассужде́ния; **~mengen** *tr* подме́шивать ⟨-меша́ть⟩
Untermiete *f:* bei j-m in ~ wohnen снима́ть у кого́-н. ко́мнату; j-n in ~ nehmen сдава́ть кому́-н. ко́мнату (ча́стным о́бразом); **~r** *m* квартира́нт 2; *Wirtsch* поднанима́тель 1; **~rin** *f* квартира́нтка 6
unter|minieren *tr* мини́ровать *uv*, *v* 2 (*a.* за-); **~nehmen** *tr* предпринима́ть ⟨-|приня́ть*⟩ | er hat es unternommen, die Sache aufzuklären он взя́лся вы́яснить де́ло
Unternehm|en *n* Vorhaben предприя́тие 5 *a. Wirtsch:* **~er** *m* предпринима́тель 1; **~ung** *f* предприя́тие 5
Unternehmungsgeist *m* предприи́мчивость 9
unternehmungslustig предприи́мчив:ый
Unteroffizier *m* у́нтер-офице́р 2; *UdSSR* сержа́нт 2
unterordnen *tr* подчин|я́ть ⟨-и́ть 3⟩; sich ~ *refl* подчин|я́ться ⟨-и́ться⟩ | j-m untergeordnet sein быть* в подчине́нии у кого́-н.
Unter|ordnung *f* подчине́ние 5 (unter *D*); **~pfand** *n* зало́г 2; **~produktion** *f* недопроизво́дство 4; **~putzleitung** *f El*

скры́тая [подштукату́рная] (электро)-проводка

Unterredung *f* разгово́р 2, бесе́да 6; ~en *Pl* Verhandlungen перегово́ры *Pl* 2 (mit с *I*)

Unterricht *m* преподава́ние 5 (in *G*); Ausbildung обуче́ние 5; Stunden; Studium, Hoch- und Fachschule (уче́бные) заня́тия *Pl* 5; Schule уро́ки *Pl* 2 | im ~ на заня́тиях [уро́ках]; neusprachlicher ~ преподава́ние но́вых языко́в; j-m ~ erteilen дава́ть* уро́ки кому́-н., преподава́ть кому́-н.; zum ~ gehen ходи́ть на уро́к; der ~ fällt heute aus сего́дня нет уро́ков [заня́тий]

unterrichte|n *tr* lehren препо|дава́ть* (j-n in etw. кому́-н. что-н.); informieren осведомля́ть ⟨осве́дом|ить 3 -лю⟩ (über, von о *P*), информи́ровать *uv, v* 2 (über, von о *P*); sich ≈ *refl* осведомля́ться ⟨осве́домиться⟩ (*a.* про-) (über о *P*) | j-n in etw. ≈ in Fach обуч|а́ть ⟨-и́ть 3⁺⟩ кого́-н. чему́-н.; die Schüler in Deutsch ≈ преподава́ть ученика́м неме́цкий язы́к; **~t:** gut ≈ хорошо́ осведомл|ённый, -ён, -ена́

Unterrichts|ausfall *m* про́пуск 2 уро́ков (учи́телем), отме́на уро́ков [заня́тий]; **~fach** *n* уче́бный предме́т

unterrichtsfrei свобо́дный от уро́ков [заня́тий] | die ~e Zeit свобо́дное от учёбы вре́мя, внеуче́бное вре́мя

Unterrichts|gespräch *n* бесе́да на уро́ке; **~methode** *f* ме́тод преподава́ния; **~mittel** *n* уче́бное посо́бие 5; **~raum** *m* уче́бное помеще́ние; für Fachunterricht уче́бный кабине́т 2; **~stunde** *f* уро́к 2 | in der ≈ на уро́ке; **~tag** *m:* ≈ in der Produktion уче́бный день на произво́дстве; **~wesen** *n* просвеще́ние 5

Unter|rock *m* комбина́ция 8, ни́жняя 11 ю́бка; **~saat** *f* подсе́в 2

untersagen *tr* запре|ща́ть ⟨-ти́ть 3 -щу́⟩ | das Betreten des … ist untersagt вход на [в] … воспрещён

Untersatz *m* подста́вка 6

Unterschallgeschwindigkeit *f* дозвукова́я ско́рость

unterschätzen *tr* недооц|е́нивать ⟨-ени́ть 3⁺⟩ | das ist nicht zu ~ э́того нельзя́ недооце́нивать

Unterschätzung *f* недооце́нка 6

unterscheiden *tr* различ|а́ть ⟨-и́ть 3⟩; nach Merkmalen erkennen распо́|знава́ть* ⟨-зна́ть⟩; auszeichnen, hervorheben отлич|а́ть ⟨-и́ть 3⟩ (von от *G*); sich ~ *refl* отлича́ться (durch *I*, von от *G*); Stoff различа́ться (durch *I*) | sich im Denken grundsätzlich von j-m ~ свои́м о́бразом мы́слей принципиа́льно отлича́ться от кого́-н.

Unterscheidung *f* различе́ние 5

Unterscheidungsmerkmal *n* отличи́тельный при́знак

Unterschenkel *m* го́лень 9

unterschieben *tr* [ˈ----] подсо́вывать ⟨-су́нуть 4⟩, подки́|дывать ⟨-нуть 4⟩, подмен|я́ть ⟨-и́ть 3⁺⟩; [--ˈ--] unterstellen припи́сывать ⟨-|писа́ть*⟩ (ло́жно)

Unterschied *m* ра́зница 6, разли́чие 5 (zwischen ме́жду *I*) | zum ~ von в отли́чие от *G;* alle ohne ~ все без разбо́ра; der ~ ist, daß … ра́зница в том, что …

unterschiedlich 1. *Adj* разли́ч|ный, -ен, ра́зный **2.** *Adv* по-ра́зному

unterschiedslos 1. *Adj* одина́ков:ый **2.** *Adv* одина́ково, без [не де́лая] исключе́ния [разли́чия[; wahllos без разбо́ра

unterschlagen *tr* [--ˈ--] Brief ута́ивать ⟨-таи́ть 3⟩; Geld присв|а́ивать ⟨-о́ить 3⟩; veruntreuen растра́|чивать ⟨-тить 3 -чу⟩; [ˈ----]: die Beine ~ си|де́ть 3 -жу́, поджа́в под себя́ но́ги

Unter|schlagung *f* присвое́ние 5 [иму́щества [де́нег]; Veruntreuung растра́та 6; **~schlupf** *m* убе́жище 4

unter|schreiben *tr* подпи́сывать ⟨-|писа́ть*⟩, *ohne Objekt* под|пи́сываться ⟨-писа́ться⟩ (под *I*) | das kann ich nicht ≈ с э́тим я не согла́сен; das kann ich (nur) ≈ э́то я одобря́ю; er hat nicht unterschrieben он не подписа́лся; **~schreiten** Verbrauch расхо́довать (ис-) ме́ньше (предусмо́тренного) | den Termin ≈ сокра|ща́ть ⟨-ти́ть 3 -щу́⟩ наме́ченный срок

Unterschrift *f* по́дпись 9 | seine ~ geben дать по́дпись; seine ~ setzen подпи́сываться ⟨-|писа́ться*⟩ (unter под *I*); einen Brief zur ~ vorlegen пред|ставля́ть ⟨-ста́вить 3 -ста́влю⟩ письмо́ на по́дпись; ~en für etw. sammeln собира́ть ⟨-|бра́ть*⟩ по́дписи за что-н.

Unterschriften|liste *f* bei Geldsammlungen u. ä. подписно́й лист 2e; **~mappe** *f* па́пка для по́дписей; **~sammlung** *f* сбор по́дписей (für под *I*, для *G*)

unterschriftsberechtigt име́ющий 11 пра́во по́дписи

Unter|seeboot *n* подво́дная ло́дка; **~seite** *f* ни́жняя 11 сторона́; Kleidung изна́нка 6

untersetzen *tr* подст|авля́ть ⟨-а́вить 3 -а́влю⟩ (unter под)

Untersetzer *m* подста́вка 6

untersetzt призе́мист:ый; stämmig коренаст:ый

unter|sinken *intr* Person тону́ть 4⁺ (у-); Gegenstand погру|жа́ться ⟨-зи́ться 3⟩ (в во́ду); **~spülen** *tr* под-, размыва́ть ⟨-|мы́ть*⟩

Unterstand *m Mil* убе́жище 4; im Schützengraben блинда́ж 2e *G Pl* -е́й

unter|stehen *intr* unterstellt sein подчиня́ться, быть* в подчине́нии (j-m у

Unverschämtheit *f* бессты́дство 4, на́глость 9
unver|schuldet Unfall случи́вшийся 11 не по со́бственной вине́; **~sehens** *Adv* внеза́пно, неожи́данно; **~sehrt** це́л:ый, -а́!, невреди́м:ый; **~siegbar** неиссяка́ем:ый; **~söhnlich** непримири́м:ый; **~sorgt** необеспе́чен:ный, -а
Unverstand *m* безрассу́дство 4 | aus ~ неразу́мно
unver|ständig неразу́м|ный, -ен; **~ständlich** непоня́т|ный, -ен, нея́с|ный, -ен, -на́, -но, нея́сны́
Unverständ|lichkeit *f* непоня́тность 9, нея́сность 9; **~nis** *n* непонима́ние 5
unver|steuert не обло́жен:ный нало́гом; **~sucht**: er hat nichts ≈ gelassen он испыта́л все сре́дства; **~träglich** неужи́вчив:ый; unvereinbar несовмести́м:ый; **~tretbar** недопусти́м:ый, неприе́млем:ый; **~wandt** *Adv* при́стально, не сводя́ глаз; **~wundbar** неуязви́м:ый; **~wüstlich** Stoff про́ч|ный, -ен, -на́, -но, про́чны́; Gesundheit несокруши́м:ый, желе́зный; Humor неистощи́м:ый; **~zagt 1.** *Adj* неустраши́м:ый, бесстра́ш|ный, -ен **2.** *Adv* не па́дая ду́хом, сме́ло, уве́ренно | sei ≈! мужа́йся!, не робе́й!; **~zeihlich** непрости́тел|ьный, -ен, -ьна; **~zinslich** беспроце́нтный; **~züglich** неме́дленный; **~zweigt** неразветвлённый
unvoll|endet незако́нченный; *Gramm* несоверше́нный; **~kommen 1.** *Adj* несоверше́н:ный, -ен, -на **2.** *Adv* не по́лностью
Unvollkommenheit *f* несоверше́нство 4
unvollständig непо́л|ный, -он, -на́! | nach ~en Meldungen по непо́лным да́нным [све́дениям]
unvor|bereitet 1. *Adj* непригото́вленный **2.** *Adv* без подгото́вки; **~denklich**: seit ≈en Zeiten с незапа́мятных времён; **~eingenommen 1.** *Adj* непредубеждён:ный, -на **2.** *Adv* без предубежде́ния, непредвзя́то; **~hergesehen** непредви́денный; **~sichtig** неосторо́ж|ный, -ен
Unvorsichtigkeit *f* неосторо́жность 9 | aus ~ по неосторо́жности
unvor|stellbar: das ist ≈ э́то тру́дно себе́ предста́вить; **~teilhaft** невы́год|ный, -ен
unwahr ло́ж|ный, -ен, неве́р|ный, -ен, -на́!
Unwahrheit *f* непра́вда 6; Lüge ложь, лжи 9 *I* ло́жью
unwahrscheinlich невероя́т|ный, -ен, неправдоподо́б|ный, -ен
Unwahrscheinlichkeit *f* невероя́тность 9, неправдоподо́бность 9
un|wandelbar неизме́н|ный, -ен, -на; **~wegsam** непроходи́м:ый; **~weigerlich** неизбе́ж|ный, -ен; **~weit 1.** *Präpos* недалеко́ от *G* | ≈ der Stadt недалеко́ от го́рода **2.** *Adv* недалеко́, поблизости
Unwesen *n*: sein ~ treiben бесчи́нствовать 2
unwesentlich несуще́ствен:ный, -на, незначи́тел|ьный, -ен, -ьна | nicht ~ дово́льно значи́тельный
Unwetter *n* непого́да 6; Sturm бу́ря 7; Gewitter гроза́ 6c; **~katastrophe** *f* стихи́йное бе́дствие 5
un|wichtig нева́ж|ный, ен, -на́!; **~widerlegbar** неопровержи́м:ый; **~widerruflich 1.** *Adj* категори́ческий, не подлежа́щий 11 отме́не **2.** *Adv* навсегда́; unbedingt непреме́нно **~widerstehlich** неотрази́м:ый; **~wiederbringlich** безвозвра́т|ный, -ен
Unwillen *m* негодова́ние 5; Unzufriedenheit неудово́льствие 5
unwill|ig 1. *Adj* недово́л|ьный -ен, -ьна, раздражённый **2.** *Adv* неохо́тно, с неудово́льствием; ärgerlich с негодова́нием; **~kommen** нежела́нный; Gast непро́шеный; **~kürlich** нево́льный
unwirk|lich нереа́л|ьный, -ен, -ьна; **~sam** безрезульта́т|ный, -ен, неде́йствен:ный;
un|wirsch неприве́тлив:ый, ре́з|кий, -ок, -ка́!; grob гру́б:ый, -а́!; **~wirtlich** Gegend негостеприи́м|ный, -ен; **~wirtschaftlich** неэконо́м|ный, -ен, неэкономи́ч|ный, -ен; unpraktisch неэконо́м|ный; -ен; **~wissend** несве́дущ:ий 11; ungebildet неве́жествен:ный, -на
Unwissenheit *f* незна́ние 5; неве́жественность 9 | aus ~ по незна́нию [неве́дению]
un|wissenschaftlich ненау́ч|ный, -ен; **~wissentlich 1.** *Adj* неумы́шлен:ный, -на **2.** *Adv* по незна́нию; **~wohl** *Adv* пло́хо | ich fühle mich ≈ мне нездоро́вится, я чу́вствую себя́ нехорошо́
Unwohlsein *n* недомога́ние 5
unwürdig недосто́|йный, -ин, -йна
Unzahl *f* несме́тное коли́чество 4, у́йма *umg*
un|zählig бесчи́слен:ный, -на, несме́т|ный, -ен; **~zart** неделика́т|ный, -ен
Unze *f* у́нция 8
Unzeit *f*: zur ~ не во́время, некста́ти
unzeitgemäß несвоевре́мен|ный, -ен, -на, не соотве́тствующий 11 ду́ху вре́мени
unzer|brechlich небью́щийся 11 | die Schallplatte ist ≈ пласти́нка не бьётся; **~reißbar** Strick нерву́щийся 11; **~störbar** неразруши́м:ый; unverbrüchlich неруши́м:ый; **~trennlich** неразлу́ч|ный, -ен
unzivilisiert нецивилизо́ван:ный, -на, некульту́р|ный, -ен
Unzucht *f* развра́т 2
un|züchtig развра́т|ный, -ен, распу́т|ный,

-ен; **~zufrieden** недово́л|ьный, -ен, -ьна (mit *D*)
Unzufriedenheit *f* недово́льство 4, неудово́льствие 5 (mit *D*)
unzu|gänglich недосту́п|ный, -ен; von Menschen a. непристу́п|ный, -ен; **~länglich** недоста́точ|ный, -ен; **~lässig** недопусти́м:ый, непозволи́тел|ьный, -ен, -ьна; **~rechnungsfähig** невменя́ем:ый
Unzurechnungsfähigkeit *f* невменя́емость 9
unzu|reichend недоста́точ|ный, -ен; **~sammenhängend** бессвя́з|ный, -ен, отры́воч|ный, -ен; **~ständig** некомпете́нт|ный, -ен; **~träglich** für die Gesundheit вре́д|ный, -ен, -на́, -но, вре́дны́; Klima нездоро́в:ый; **~treffend** несоотве́тствующий 11 *D* | Unzutreffendes bitte streichen! нену́жное вы́черкнуть!; **~verlässig** ненадёж|ный, -ен; Quellen недостове́р|ный, -ен
Unzuverlässigkeit *f* ненадёжность 9; недостове́рность 9
un|zweckmäßig нецелесообра́з|ный, -ен; **~zweideutig** недвусмы́слен:ный, -на; **~zweifelhaft** несомне́н|ный, -ен, -на
üppig Mahlzeit, Lebensweise роско́ш|ный, -ен; Pflanze пы́шно разро́сшийся 11, бу́|йный, -ен, -йна́!; Figur пы́ш|ный, -ен, -на́! | ~e Vegetation пы́шная расти́тельность; ~e Phantasie бога́тая фанта́зия; ein ~es Leben führen роско́шничать, роско́шествовать 2
Üppigkeit *f* ро́скошь 9, роско́шность 9; пы́шность 9; Figur пы́шные фо́рмы *Pl* 6
Urabstimmung *f* голосова́ние о проведе́нии забасто́вки
Ural *m* Ура́л 2 | im ~ на Ура́ле; jenseits des ~s, hinter dem ~ за Ура́лом
uralt Kunstwerk, Denkmal дре́в|ний 11, -ен, -ня, -не; древне́йший 11; Bräuche стародáвний 11 | in ~en Zeiten в дре́вние времена́; во времена́ о́ны *iron*
Uran *n* ура́н 2; **~bergbau** *m* разрабо́тка 6 ура́новых месторожде́ний; **~erz** *n* ура́новая руда́; **~verbindung** *f* соедине́ние ура́на; **~vorkommen** *n* месторожде́ние ура́на
Uraufführung *f Theat* пе́рвая постано́вка, премье́ра 6
Urbanisierung *f* урбаниза́ция 8
urbar па́хотный | ~ machen распа́хивать ⟨-|паха́ть*⟩; Neuland ~ machen осв|а́ивать ⟨-о́ить 3⟩ целину́
Urbevölkerung *f* коренно́е населе́ние
ureigen иско́н|ный, -ен, -на, коренно́й; Interesse кро́вный
Ur|einwohner *m* коренно́й жи́тель 1, абориге́н 2; **~enkel** *m* пра́внук 2; **~geschichte** *f* исто́рия первобы́тного о́бщества; **~gesellschaft** *f* первобы́тное о́бщество; **~großmutter** *f* праба́бка 6, праба́бушка 6; **~großvater** *m* пра́дед 2, праде́душка 6
Urheber *m* инициа́тор 2; Schuldiger вино́вник 2; Verfasser а́втор 2; **~recht** *n* а́вторское пра́во; **~schaft** *f* а́вторство 4; **~schutz** *m* охра́на а́вторских прав
Urheimat *f* праро́дина
Urin *m* моча́ 6; **~glas** *n* Ente у́тка 6
urinieren *intr* мочи́ться 3⁺ (по-)
Urinuntersuchung *f* иссле́дование мочи́
Urkunde *f* докуме́нт 2, акт 2; Schreiben гра́мота 6
Urkundenfälschung *f* подде́лка [подло́г] докуме́нтов
urkundlich документа́льный
Urlaub *m* о́тпуск 2b *P a.* в -у́, *Pl* -а́ | (un)bezahlter ~ (не)опла́чиваемый о́тпуск; ich habe drei Wochen ~ у меня́ три неде́ли о́тпуска [трёхнедельный о́тпуск]; auf ~ sein быть в о́тпуске [отпуску́]; auf ~ gehen идти́ (у|йти́* *v*) в о́тпуск; **~er** *m* отпускни́к 2e
Urlauber|schiff *n* плаву́чий 11 дом о́тдыха; **~verkehr** *m Eisenb* тра́нспортные [пассажи́рские] перево́зки *Pl* 6 в пери́од (ле́тних) отпуско́в; **~zentrum** *n* куро́ртный центр, тури́стский центр о́тдыха
Urlaubs|antrag *m* заявле́ние о предоставле́нии о́тпуска; **~land** *n* страна́, привлека́тельная для о́тдыха; **~pläne** *m Pl* пла́ны на о́тпуск; **~platz** *m* путёвка 6 (в дом о́тдыха)
urlaubsreif: ~ sein нужда́ться в о́тпуске, быть о́чень уста́лым
Urlaubs|reise *f* пое́здка [путеше́ствие] в о́тпуск; **~schein** *m* отпускно́й докуме́нт 2 [биле́т 2]; **~stimmung** *f* припо́днятое настрое́ние пе́ред о́тпуском; **~zeit** *f* вре́мя о́тпуска, пери́од 2 отпуско́в
Urmensch *m* первобы́тный челове́к
Urne *f* у́рна 6
Urnen|beisetzung *f* захороне́ние 5 у́рны; **~hain** *m* кла́дбище 4 для захороне́ния урн; **~halle** *f* колумба́ри|й 1 *P* -и, *G Pl* -ев
urplötzlich *Adv* соверше́нно неожи́данно, вдруг, внеза́пно
Ursache *f* причи́на 6 | keine ~! не сто́ит (благода́рности)!, не́ за что!; ohne alle ~ без вся́кого по́вода; ~ und Wirkung причи́на и сле́дствие
ursächlich причи́нный
Urschrift *f* по́длинник 2, первонача́льный текст 2
urslawisch праславя́нский
Ur|sprache *f* Sprache des Originals язы́к по́длинника [оригина́ла]; *Ling* праязы́к 2e | etw. in der ≈ lesen чита́ть что-н. в оригина́ле; **~sprung** *m* происхожде́ние 5 | seinen ≈ von etw. nehmen происходи́ть 3⁺ ⟨произо|йти́*⟩ от чего́-н.

беднéть (о-); **~armt** обеднéлый, обнищáлый
Verarmung *f* обнищáние 5, обеднéние 5
ver|ästeln, sich *refl* разветв|ля́ться ⟨-и́ться 3⟩; **~ausgaben** *tr* расхóдовать 2 (из-), издержáть *v* 3⁺; sich ≈ *refl* израсхóдоваться, издержáться *v* | er hat sich seine Kräfte völlig verausgabt он совершéнно обесси́лел
Verb *n* глагóл 2
verbal ýстный; *Gramm* глагóльный
Verbalsubstantiv *n* отглагóльное существи́тельное
Verband *m Med* повя́зка 6; *Pol* сою́з 2; *Mil* часть 9g, соединéние 5 | einen ~ anlegen на|клáдывать ⟨-ложи́ть 3⁺⟩ повя́зку; **~kasten** *m* аптéчка 6, санитáрный я́щик; **~material** *n* перевя́зочный материáл; **~päckchen** *n* индивидуáльный перевя́зочный пакéт 2; **~platz** *m* перевя́зочный пункт 2; **~watte** *f* перевя́зочная вáта; **~zeug** *n* = **Verbandmaterial**
verbannen *tr* ссылáть ⟨со|слáть*⟩
Verbann|ter *m* ссы́льный *Subst* 10; **~ung** *f* ссы́лка 6
ver|barrikadieren *tr* баррикади́ровать 2 (за-); **~bauen** *tr* Geld, Material трá|тить 3 -чу (ис-) на строи́тельство | j-m die Aussicht ≈ закрывáть ⟨-|кры́ть*⟩ комý-н. вид; **~beißen** *tr:* sich etw. ≈ сдéрживать ⟨-держáть 3⁺⟩ что-н.; *übertr* помешáться *v* (in на *P*) | die Hunde verbissen sich ineinander собáки вцепи́лись друг в дрýга; sich die Schmerzen ≈ сдéрживать ⟨-держáть⟩ боль; sich das Lachen ≈ удéрживаться ⟨-держáться⟩ от смéха; **~bergen** *tr* пря́|тать, -чу, -чешь (с-) (vor от *G*); verheimlichen скрывáть ⟨-|кры́ть*⟩ (vor от *G*), утáивать ⟨-тáить 3⟩ (vor от *G*); sich ≈ *refl* скрывáться ⟨-кры́ться⟩ (vor от *G*), пря́таться (с-) (vor от *G*) | hinter diesen Worten ≈ sich ... за э́тими словáми скрывáются ...; **~bessern** *tr* Fehler по-, испр|авля́ть ⟨-áвить 3 -áвлю⟩; Lage; Leistungen улучшáть ⟨улýчшить 3⟩; Maschine совершéнствовать 2 (у-); sich ≈ *refl* улучшáться ⟨-лýчшиться⟩; beruflich улучшáть ⟨-лýчшить⟩ своё служéбное положéние | sich beim Sprechen ≈ попр|авля́ться ⟨-áвиться⟩ в разговóре
Verbesserung *f* исправлéние 5, поправка 6; улучшéние 5; усовершéнствование 5
verbesserungsbedürftig трéбующий 11 улучшéния
Verbesserungsvorschlag *m* рационализáторское предложéние | einen ~ einbringen вно|си́ть 3⁺ -шý ⟨в|нести́*⟩ рационализáторское предложéние
verbeugen, sich *refl* клáняться ⟨поклони́ться 3⁺⟩ (vor *D*)
Verbeugung *f* поклóн 2
verbeult вдáвлен:ный, -а, измя́т:ый
ver|biegen *tr* изгибáть ⟨изогнýть 4⟩, искрив|ля́ть ⟨-и́ть 3 -лю́⟩; sich ≈ *refl* искрив|ля́ться ⟨-и́ться⟩; **~bieten** *tr* запре|щáть ⟨-ти́ть 3 -щý⟩ | Rauchen verboten! кури́ть воспрещáется!; Betreten verboten! вход воспрещён!; **~billigen** *tr* удешев|ля́ть ⟨-и́ть 3 -лю́⟩; **~binden** *tr* свя́зывать ⟨-|вязáть*⟩, соедин|я́ть ⟨-и́ть 3⟩; Telefon соедин|я́ть ⟨-и́ть⟩ *a. Chem; Med* перевя́зывать ⟨-вязáть⟩; sich ≈ *refl* соедин|я́ться ⟨-и́ться⟩ | Theorie und Praxis ≈ сочетáть *uv, v* теóрию с прáктикой; ich bin Ihnen verbunden я вам обя́зан; das Angenehme mit dem Nützlichen ≈ соедин|я́ть ⟨-и́ть⟩ прия́тное с полéзным; das ist mit großen Schwierigkeiten verbunden э́то сопряженó [свя́зано] с больши́ми затруднéниями; **~bindlich 1.** *Adj* Abkommen обязáтел|ьный, -ен, -ьна, обя́зывающий 11; Höflichkeit любéз|ный, -ен **2.** *Adv:* danke ≈st! óчень благодáрен!
Verbindlichkeit *f* Höflichkeit любéзность 9; Schulden обязáтельство 4; Gültigkeit обязáтельность 9
Verbindung *f* связь 9, в свя́зи; Zusammenstellung сочетáние 5; Verkehr сообщéние 5; *Chem* соединéние 5; ~en *Pl* свя́зи *Pl,* протéкция 8 | mit j-m in ~ stehen нахо|ди́ться 3⁺ -жýсь в свя́зи с кем-н.; in ~ treten вступ|áть ⟨-и́ть 3⁺ -лю́⟩ в сношéния, свя́зываться ⟨-|вязáться*⟩; er hat ~ bekommen Telefon егó соедини́ли; in ~ bringen mit стáв|ить 3 -лю (по-) в связь с *I;* die kürzeste ~ сáмый корóткий путь
Verbindungs|glied *n* связýющее 11 звенó; **~linie** *f* ли́ния свя́зи; Straße, Bahn коммуникáция 8; **~stück** *n* соединя́ющая детáль 11–9; **~tür** *f* дверь мéжду смéжными помещéниями
verbissen zäh упóр|ный, -ен; erbittert озлóблен:ный, -на; unbeugsam ожесточён:ный, -на
Verbissenheit *f* упóрство 4; озлоблéние 5; ожесточéние 5
ver|bitten *tr:* ich verbitte mir diesen Ton прошý не говори́ть со мной таки́м тóном; ich verbitte mir das я э́того не потерплю́; **~bittern** *tr* отрав|ля́ть ⟨-и́ть 3⁺ -лю́⟩ [пóртить (ис-)] жизнь *D* | verbittert sein чýвствовать 2 гóречь
Verbitterung *f* озлóбленность 9
verblassen *intr* бледнéть (по-) *a. übertr,* блёкнуть 4а (по-)
ver|bleiben *intr* пребывáть, о|ставáться* ⟨-|стáться*⟩ | wie seid ihr verblieben? на чём вы договори́лись?; **~bleien** *tr* Benzin этили́ровать *uv, v* 2; **~blenden** *tr Arch* облиц|óвывать ⟨-евáть 2;

-óванный⟩; *übertr* ослеп|ля́ть ⟨-и́ть 3 -лю́⟩
Verblendung *f* облицо́вка 6; ослепле́ние 5
ver|blöden *intr* тупе́ть (о-); **~blüffen** *tr* пора|жа́ть ⟨-зи́ть 3 -жу́⟩, ошелом|ля́ть ⟨-и́ть 3 -лю́⟩ | laß dich nicht ≈ не смуща́йся; **~blüffend** порази́тел|ьный, -ен, -ьна, ошеломля́ющий 11; **~blühen** *intr* отцвета́ть ⟨-|цвести́*⟩, увяда́ть *a. übertr* Frau; **~bluten** *intr u.* sich *refl* истека́ть ⟨-|те́чь*⟩ кро́вью; **~bohren, sich** *refl* нера́зу́мно упо́рствовать 2; **~bohrt** твердоло́бый
[1]**verborgen** *tr* Geld дава́ть* ⟨дать*⟩ взаймы́
[2]**verborgen** **1.** *Adj* скры́тый **2.** *Adv:* im ~en та́йно, тайко́м
Verbot *n* запреще́ние 5, запре́т 2 | ein ~ verhängen налага́ть ⟨-ложи́ть 3⁺⟩ запре́т
verboten запре́тный | ~e Früchte schmekken süß запре́тный плод сла́док
Verbotszeichen *n* запреща́ющий 11 знак
verbrämen *tr* опуш|а́ть ⟨-и́ть 3⟩, отор|а́чивать ⟨-очи́ть 3⟩; *übertr* приукра́|шивать ⟨-сить 3 -шу⟩
verbrannt von der Sonne загоре́лый
Verbrauch *m* потребле́ние 5, расхо́д 2
verbrauchen *tr* потреб|ля́ть ⟨-и́ть 3 -лю́⟩, расхо́довать 2 (из-)
Verbraucher *m* потреби́тель 1
verbraucht израсхо́дованный; Luft спёрт:ый; *übertr* Mensch изно́шенный; Nerven истрёпанный
verbrechen *tr* провини́ться *v* 3 в *P*
Verbrech|en *n* преступле́ние 5 | ein ≈ begehen соверш|а́ть ⟨-и́ть 3⟩ преступле́ние; **~er** *m* престу́пник 2
verbrecherisch престу́п|ный, -ен
verbreit|en *tr* распростран|я́ть ⟨-и́ть 3⟩; ausplaudern разгла|ша́ть ⟨-си́ть 3 -шу́⟩; sich ≈ *refl* распростран|я́ться ⟨-и́ться⟩ | er verbreitete sich über das Thema он распространя́лся на те́му; die Meldung wurde über alle Sender verbreitet сообще́ние переда́ли по всем радиоста́нциям; **~ern** *tr* расширя́ть ⟨-ши́рить 3⟩
Verbreit|erung *f* расшире́ние 5; **~ung** *f* распростране́ние 5; **~ungsgebiet** *n* о́бласть распростране́ния
verbrennen **1.** *tr* жечь* (с-, сожгу́, сожгла́), с|жига́ть ⟨-жечь⟩; Leichen пре|дава́ть* ⟨преда́ть*⟩ крема́ции; Haut об|жига́ть ⟨-жёчь*, обожг|у́, -ла́⟩ **2.** *intr* сгор|а́ть ⟨-е́ть 3⟩; sich ~ *refl* об|жига́ться ⟨-жёчься⟩ (an о *A*) | sich den Mund ~ *übertr* обжёчься на чём-н.
Verbrennung *f* сгора́ние 5, сожже́ние 5; Leichen крема́ция 8; Brandwunde ожо́г 2
Verbrennungs|gase *n Pl* га́зы сгора́ния; **~motor** *m* дви́гатель вну́треннего сгора́ния; **~produkte** *Pl* проду́кты *Pl* 2 сгора́ния; **~prozeß** *m* проце́сс горе́ния
ver|brieft: ≈es Recht гаранти́рованное [зако́нное] пра́во; **~bringen** *tr* проводи́ть 3⁺ -вожу́ ⟨-|вести́*⟩; **~brüdern, sich** *refl* брата́ться (по-)
Verbrüderung *f* брата́ние 5
ver|brühen *tr* обва́ривать ⟨-вари́ть 3⁺⟩; sich ≈ *refl* обва́риваться ⟨-вари́ться⟩; **~buchen** *tr* заноси́ть 3⁺ -ношу́ ⟨-|нести́*⟩ в счётную кни́гу; **~bummeln** *tr umg* Zeit прогу́ливать ⟨-гуля́ть⟩; **~bünden, sich** *refl* заключ|а́ть ⟨-и́ть 3⟩ сою́з
Verbundenheit *f* связь 9 | in enger ~ в те́сной свя́зи
verbündet сою́зный
Verbündeter *m* сою́зник 2
Verbund|netz *n*, **~system** *n* объединённая энергосисте́ма 6
ver|bürgen, sich *refl* руча́ться ⟨поручи́ться 3⁺⟩ (für за *A*); **~bürgt** достове́р|ный, -ен; **~büßen** *tr:* eine Strafe ≈ отбыва́ть ⟨отбы́ть*⟩ наказа́ние, нести́* наказа́ние; **~chromen** *tr* хроми́ровать *uv, v* 2
Verdacht *m* подозре́ние 5 | j-n in ~ haben wegen etw. подозрева́ть кого́-н. в чём-н.; gegen j-n wegen etw. ~ schöpfen запод|а́зривать ⟨-о́зрить 3⟩ кого́-н. в чём-н.; im [unter] ~ stehen быть* под подозре́нием; über jeden ~ erhaben sein быть вы́ше вся́ких подозре́ний; ~ erregen возбу|жда́ть ⟨-ди́ть 3⁺ -жу́⟩ подозре́ние
verdächtig подозри́тел|ьный, -ен, -ьна; Person подозрева́емый | sich ~ machen навлека́ть ⟨-|вле́чь*⟩ на себя́ подозре́ние; **~en** *tr* подозрева́ть (wegen в *P*)
Verdächtigung *f* подозре́ние 5
ver|dammen *tr* обрека́ть ⟨-|ре́чь*⟩ (zu на *A*); verfluchen проклина́ть ⟨-|кля́сть*⟩; **~dammt** **1.** *Adj* прокля́тый; vom Schicksal gezeichnet обреч|ённый, -ён, -ена́ **2.** *Adv* дья́вольски, о́чень | ≈ noch mal! чёрт побери́!; **~dampfen** *tr* испар|я́ть ⟨-и́ть 3⟩; *intr* испар|я́ться ⟨-и́ться⟩
Verdampf|er *m* испари́тель 1; **~ung** *f* испаре́ние 5
ver|danken *tr* быть* обя́занным | er verdankt ihr alles он всем обя́зан ей; das hat er sich selbst zu ≈ он сам винова́т в э́том; **~dauen** *tr* усва́ивать ⟨усво́ить 3⟩, перева́ривать ⟨-вари́ть 3⁺⟩ *a. übertr;* **~daulich:** leicht ≈ удобовари́м:ый, легко́ усва́иваемый; schwer ≈ неудобовари́м:ый
Verdau|lichkeit *f* удобовари́мость 9; **~ung** *f* пищеваре́ние 5
Verdauungs|beschwerden *Pl* = **~störung;** **~organe** *n Pl Anat* пищевари́тельные о́рганы; **~prozeß** *m* пищевари́тельный проце́сс; **~störung** *f* расстро́й-

ство 4 пищеваре́ния; **~system** *n* пищевари́тельная систе́ма

Verdeck *n* Wagen верх 2b, на верху́ I das ~ hochklappen поднима́ть ⟨подня́ть*⟩ верх

ver|decken *tr* закрыва́ть ⟨-|кры́ть*⟩; verbergen скрыва́ть ⟨-кры́ть⟩; **~denken** *tr:* das kann ich ihm nicht ≈ в э́том я его́ не могу́ вини́ть

Verderb *m* ги́бель 9

verderben *tr* по́р|тить 3 -чу (ис-); sittlich по́ртить (ис-), развра|ща́ть ⟨-ти́ть 3 -щу́⟩; *intr* по́ртиться (ис-); *übertr* по́ртиться (ис-), развра|ща́ться ⟨-ти́ться⟩ I sich die Augen ~ по́ртить себе́ глаза́ [зре́ние]; j-m die Freude ~ отрав|ля́ть ⟨-и́ть 3⁺ -лю́⟩ кому́-н. ра́дость; es mit j-m ~ по́ртить отноше́ния с кем-н.

Verderben *n* ги́бель 9 I j-m zum ~ gereichen послужи́ть *v* 3⁺ причи́ной ги́бели кого́-н.; ins ~ rennen губ|и́ть 3⁺ -лю́ (по-) себя́

verderblich ги́бел|ьный, -ен, -ьна, па́губ|ный, -ен; Lebensmittel скоропо́ртящийся 11

Verderb|lichkeit *f* ги́бельность 9, па́губность 9; Lebensmittel спосо́бность 9 по́ртиться; **~nis** *f* развращённость 9

ver|deutlichen *tr* по-, разъясн|я́ть ⟨-и́ть 3⟩; **~dichten** *tr* сгу|ща́ть ⟨-сти́ть 3 -щу́⟩; *Tech* сжима́ть ⟨-|жать[1]*⟩; sich ≈ *refl* сгу|ща́ться ⟨-сти́ться⟩

Verdichtung *f* сгуще́ние 5; *Tech* сжа́тие 5

verdicken *tr* eindicken сгу|ща́ть ⟨-сти́ть 3 -щу́⟩; dicker machen утол|ща́ть ⟨-сти́ть 3 -щу́⟩

Verdickung *f* сгуще́ние 5; Wulst утолще́ние 5

verdienen *tr* Geld зараб|а́тывать ⟨-о́тать⟩; nebenbei подзараб|а́тывать ⟨-о́тать⟩; Lob u. a. заслу́живать ⟨-служи́ть 3⁺ *G*⟩ I am Krieg ~ нажива́ться ⟨-|жи́ться*⟩ на войне́; er verdient es nicht besser он лу́чшего не заслу́живает

[1]**Verdienst** *m* за́работ|ок, -ка 2

[2]**Verdienst** *n* заслу́га 6; **~ausfall** *m* уменьше́ние за́работка; **~medaille** *f* меда́ль 9 за заслу́ги; **~möglichkeit** *f* возмо́жность име́ть за́работок; **~orden** *m:* Vaterländischer ≈ о́рден «За заслу́ги пе́ред Оте́чеством» (in Gold пе́рвой сте́пени)

ver|dienstvoll заслу́женный; **~dient** заслу́женный I sich ≈ machen um etw. име́ть заслу́ги пе́ред чем-н.; Verdienter Künstler Заслу́женный де́ятель иску́сств; **~dientermaßen** *Adv* по заслу́гам

ver|dingen, sich *refl* нанима́ться ⟨наня́ться*, нан|я́лся́, -яли́сь⟩; **~doppeln** *tr* удв|а́ивать ⟨-о́ить 3⟩; sich ≈ *refl* удв|а́иваться ⟨-о́иться⟩

Verdoppelung *f* удвое́ние 5

verdorben испо́рченный; sittlich испо́рченный, развращ|ённый, -ён, -ена́

ver|dorren *intr* засыха́ть ⟨-со́хнуть 4a⟩; **~dorrt** засо́хлый; **~drahten** *tr Tech* соедин|я́ть ⟨-и́ть 3⟩ провода́ми; **~drängen** *tr* вытесня́ть ⟨вы́теснить 3⟩

Verdrängung *f* вытесне́ние 5

verdreh|en *tr* Arm, Bein выви́хивать ⟨вы́вихнуть 4⟩; entstellen иска|жа́ть ⟨-зи́ть 3 -жу́⟩, коверка́ть (ис-); *Tech* скру́чивать ⟨скру|ти́ть 3⁺ -чу́⟩ I die Augen ≈ зака́тывать ⟨-кати́ть 3⁺ -качу́⟩ глаза́; j-m den Kopf ≈ вскр|ужи́ть *v* 3 -у́жи́шь кому́-н. го́лову; **~t** Sinn искажённый I j-n ganz ≈ machen с|бива́ть ⟨-|бить*⟩ с то́лку

Verdrehung *f übertr* искаже́ние 5, извраще́ние 5

verdreifachen *tr* утр|а́ивать ⟨-о́ить 3⟩; sich ~ *refl* утр|а́иваться ⟨-о́иться⟩

Verdreifachung *f* утрое́ние 5

verdrieß|en *tr* сер|ди́ть 3⁺ -жу́ (рас-), доса|жда́ть ⟨-ди́ть 3 -жу́⟩ *D* I es verdrießt mich мне доса́дно; es sich nicht ≈ lassen не уныва́ть; **~lich** Vorgänge доса́д|ный, -ен; Personen угрю́м:ый, недово́л|ьный, -ен, -ьна; mürrisch брюзгли́в:ый

Verdrießlichkeit *f* Stimmung дурно́е настрое́ние 5

verdrossen недово́л|ьный, -ен, -ьна, брюзгли́в:ый

Verdruß *m* доса́да 6, огорче́ние 5 I j-m ~ bereiten огорч|а́ть ⟨-и́ть 3⟩ кого́-н.; ~ haben испы́тывать ⟨-пыта́ть⟩ огорче́ние

ver|duften *intr umg* verschwinden испар|я́ться ⟨-и́ться 3⟩; **~dummen** *tr* оглупля́ть; *intr* глупе́ть (по-), тупе́ть (о-); **~dunkeln** *tr* затемн|я́ть ⟨-и́ть 3⟩ *a. übertr*

Verdunk(e)lung *f* затемне́ние 5 *a. übertr*

verdünnen *tr* Flüssigkeiten разбавля́ть ⟨-ба́вить 3 -ба́влю⟩, разжижа́ть ⟨-жиди́ть 3 -жижу́; -жижённый⟩; Luft разре|жа́ть ⟨-ди́ть 3 -жу́⟩

Verdünnung *f* Tätigkeit разбавле́ние 5, разжиже́ние 5; für Farben u. ä. разбави́тель 1

verdunsten *intr* испар|я́ться ⟨-и́ться 3⟩

Verdunstung *f* испаре́ние 5

ver|dursten *intr* умира́ть ⟨-|мере́ть*⟩ от жа́жды; **~dutzt** озада́чен|ный, -а; **~ebben** *intr* спада́ть ⟨-|пасть*⟩ *a. übertr;* **~edeln** *tr* облагор|а́живать ⟨-о́дить 3 -о́жу⟩; Pflanzen окули́ровать *uv, v* 2; *Text* отде́л|ывать ⟨-ать⟩

Veredelung *f* облагора́живание 5; Pflanzen окули́рование 5; *Text* отде́лка

verehren *tr* уважа́ть, почита́ть; schenken преподноси́ть 3⁺ -ношу́ ⟨-|нести́*⟩ I eine Frau ~ уха́живать за же́нщиной

Verehrer *m* почита́тель 1, покло́нник 2; Liebhaber покло́нник

Verehrung *f* почита́ние 5, уваже́ние 5
vereidigen *tr* приводи́ть 3⁺ -вожу́ ⟨-|вести́*⟩ к прися́ге
Vereidigung *f* приведе́ние 5 к прися́ге
Verein *m* о́бщество 4 | im ~ mit j-m вме́сте с кем-н.
vereinbar совмести́м:ый
vereinbaren *tr* соглас|о́вывать ⟨-ова́ть 2⟩; ein Treffen догов|а́риваться ⟨-ори́ться 3⟩ о *P* | mit j-m ein Treffen ~ догова́риваться о встре́че с кем-н.; diese Begriffe lassen sich nicht miteinander ~ э́ти поня́тия несовмести́мы; zum vereinbarten Termin в усло́вленный срок; vereinbartes Zeichen усло́вный знак
Vereinbarung *f* соглаше́ние 5, договорённость 9 | eine ~ treffen заключ|а́ть ⟨-и́ть 3⟩ соглаше́ние
verein|en *tr* соедин|я́ть ⟨-и́ть 3⟩; Eigenschaften сочета́ть (в себе́) *uv, v;* sich ≈ *refl* объедин|я́ться ⟨-и́ться⟩; **~fachen** *tr* упро|ща́ть ⟨-сти́ть 3 -щу́⟩
Vereinfachung *f* упроще́ние 5
vereinheitlichen *tr* унифици́ровать *uv, v* 2
vereinig|en *tr* объедин|я́ть ⟨-и́ть 3⟩; sich ≈ *refl* объедин|я́ться ⟨-и́ться⟩ (zu в *A*); von Wasserläufen слива́ться ⟨-|ли́ться*; -ли́лись⟩; **~t 1.** *Adj* соединённый, -ён, -ена́ **2.** *Adv* сообща́, совме́стно | die Vereinigten Staaten [von Amerika] (*Abk* USA) Соединённые Шта́ты *Pl* 2 [Аме́рики] (*Abk* США); die Vereinigten Arabischen Emirate Объединённые Ара́бские Эмира́ты
Vereinigung *f* соедине́ние 5; Organisation объедине́ние 5 | die ~ der gegenseitigen Bauernhilfe (*Abk* VdgB) Объедине́ние крестья́нской взаимопо́мощи (*Abk* OKB)
vereinsam|en *intr* станов|и́ться 3⁺ -лю́сь ⟨стать*⟩ одино́ким
Vereinsamung *f* уедине́ние 5, одино́чество 4
vereint соедин|ённый, -ён, -ена́, объедин|ённый, -ён, -ена́ | die Vereinten Nationen Объединённые На́ции; mit ~en Kräften объединёнными си́лами
vereinzelt 1. *Adj* едини́ч|ный, -ен, отде́льный **2.** *Adv* örtlich места́ми; zeitlich в отде́льных слу́чаях
vereis|en *tr Med* замор|а́живать ⟨-о́зить 3 -о́жу⟩; *intr* Schiff обледен|ева́ть ⟨-е́ть⟩; See, Fluß покрыва́ться ⟨-|кры́ться*⟩ льдом, замерза́ть ⟨-мёрзнуть 4a⟩; **~t** обледене́лый
Vereisung *f* замора́живание 5; обледене́ние 5
vereit|eln *tr* срыва́ть ⟨со|рва́ть*⟩, расстр|а́ивать ⟨-о́ить 3⟩; **~ern** *intr* за-, нагна́иваться ⟨-гно́иться 3⟩
Vereiterung *f* нагное́ние 5
ver|ekeln *tr* де́лать (с-) проти́вным [неприя́тным]; **~elenden** *intr* нища́ть (об-)
Verelendung *f* обнища́ние 5
ver|enden *intr* до́хнуть 4a (из-), па́дать ⟨пасть*⟩; **~engen** *tr* су́|живать ⟨-зить 3 -жу⟩; sich ≈ *refl* су́|живаться ⟨-зиться⟩; **~erben** *tr* пере|дава́ть* ⟨переда́ть*⟩ по насле́дству; sich ≈ *refl* переходи́ть 3⁺ ⟨-|йти́*⟩ по насле́дству; **~erbt** насле́дственный
Vererbung *f* перехо́д 2 по насле́дству; *Biol* переда́ча 6 по насле́дству
Vererbungslehre *f* гене́тика 6
ver|ewigen *tr* увекове́ч|ивать ⟨-ить 3⟩; **~fahren** *tr* Geld, Zeit прое́здить *v* 3 -е́зжу; *intr* поступ|а́ть ⟨-и́ть 3⁺ -лю́⟩; sich ≈ *refl* сбива́ться ⟨-|би́ться*, собью́сь⟩ с пути́ | mit j-m milde ≈ обхо|ди́ться 3⁺ -жу́сь ⟨обо|йти́сь*⟩ бе́режно с кем-н.
Ver|fahren *n* приём 2; *Tech* спо́соб 2, ме́тод 2; *Jur* де́ло 4b, проце́сс 2 | ein ≈ gegen j-n einleiten [anhängig machen] возбу|жда́ть ⟨-ди́ть 3 -жу́⟩ суде́бное де́ло про́тив кого́-н.; das ≈ einstellen прекра|ща́ть ⟨-ти́ть⟩ де́ло; **~fahrenstechnik** *f* техноло́гия 8; **~fall** *m* упа́д|ок, -ка 2; gesellschaftl. System разва́л 2; Haus разруше́ние 5; *Fin* Wechsel просро́чка 6
verfallen *intr* приходи́ть 3⁺ -хожу́ ⟨-|йти́*⟩ в упа́док, разруша́ться ⟨-ру́шиться 3⟩; Bescheinigung истека́ть ⟨-|те́чь*⟩; *Kunst* па́дать ⟨пасть*, упа́сть⟩; *Med* ча́хнуть 4 *u.* 4a (за-), теря́ть (по-) си́лы | der Wechsel ist ~ ве́ксель просро́чен, mir ~ zwei Karten für heute abend у меня́ пропада́ют два биле́та на сего́дня на ве́чер; in Schwermut ≈ предава́ться ⟨пре|да́ться*; -дали́сь⟩ меланхо́лии; er ist auf den Gedanken ~ ему́ пришла́ в го́лову мысль
ver|fälschen *tr* подде́л|ывать ⟨-ать⟩, фальсифици́ровать *uv, v* 2; **~fangen** *intr:* das verfängt bei mir nicht э́то на меня́ не де́йствует; sich ≈ *refl* запу́т|ываться ⟨-аться⟩; **~fänglich** Frage ка́верз|ный, -ен; Thema, Gespräch неудо́б|ный, -ен; **~färben, sich** *refl* Stoff выцвета́ть ⟨вы́|цвести*⟩; Wangen бледне́ть (по-); **~fassen** *tr* сочин|я́ть ⟨-и́ть 3⟩; Referat, Buch сост|авля́ть ⟨-а́вить 3 -а́влю⟩
Verfass|er *m* а́втор 2, состави́тель 1; **~ung** *f* Zustand состоя́ние 5; Stimmung настрое́ние 5, расположе́ние 5 ду́ха; Gemütsart пси́хика 6; *Pol* конститу́ция 8
verfassunggebend учреди́тельный
verfassungsmäßig конституцио́нный
verfassungswidrig противоре́чащий 11 конститу́ции
ver|faulen *intr* гнить* (с-); **~fault** гнил|о́й, -а́!, ту́хл:ый, -а́!; **~fechten** *tr* защи|ща́ть ⟨-ти́ть 3 -щу́⟩, боро́ться* за *A*
Verfechter *m* побо́рник 2
verfehl|en *tr* Ziel прома́хиваться ⟨-мах-

ну́ться 4⟩; Wirkung не дост|ига́ть ⟨-и́гнуть 4a *u.* 4⟩ *G* | den Weg ≈ сбива́ться ⟨-|би́ться*, собью́сь⟩ с пути́; ich werde nicht ≈ … я не премину́ …; einander ≈ не встр|еча́ться ⟨-е́титься 3⟩, не за|-става́ть* ⟨-|ста́ть*⟩ друг дру́га; er hat seinen Beruf verfehlt он оши́бся в вы́боре профе́ссии; ~**t** неуда́ч|ный, -ен

Verfehlung *f* наруше́ние 5 пра́вил

ver|feinden, sich *refl* рассо́риться *v* 3, ссо́риться (по-); ~**feinern** *tr* утонч|а́ть ⟨-и́ть 3⟩

Verfeinerung *f* утонче́ние 5

ver|femen *tr* объяв|ля́ть ⟨-и́ть 3⁺ -лю́⟩ вне зако́на; ~**fertigen** *tr* изгот|овля́ть ⟨-о́вить 3 -о́влю⟩

ver|feuern *tr* Brennstoff сжига́ть ⟨с|жечь*, сожгу́; сожгла́⟩; Patronen расстр|е́ливать ⟨-еля́ть⟩; ~**filmen** *tr* Literaturwerk экранизи́ровать *uv, v* 2

Verfilmung *f* экраниза́ция 8

ver|filzen *intr* сва́ливаться ⟨свал́яться⟩; ~**finstern** *tr* затемн|я́ть ⟨-и́ть⟩; sich ≈ *refl* темне́ть (по-), омрач|а́ться ⟨-и́ться 3⟩ *a. übertr*

Verfinsterung *f* затемне́ние 5, омраче́ние 5

verflachen *intr übertr* опошля́ться ⟨опо́шлиться 3⟩

Verflachung *f übertr* опошле́ние 5

verflechten *tr* с-, переплета́ть ⟨-|плести́*⟩; *übertr* свя́зывать ⟨-|вяза́ть*⟩

Verflechtung *f* сплете́ние 5, переплете́ние 5

ver|fliegen *intr* Geruch улету́ч|иваться ⟨-иться 3⟩; Nebel рассе́|иваться ⟨-яться, -ется⟩; Zeit бы́стро про|ходи́ть 3⁺ ⟨-|йти́*⟩; sich ≈ *refl* теря́ть (по-) ориентиро́вку; ~**fließen** *intr* Zeit проходи́ть 3⁺ ⟨-|йти́*⟩, протека́ть ⟨-|те́чь*⟩ | der Termin ist verflossen срок истёк; ~**flixt** *umg* **1.** *Adj* прокля́тый **2.** *Adv* черто́вски; ~**fluchen** *tr* проклина́ть ⟨-|кля́сть*⟩; ~**flucht** проклятый; ~**flüchtigen, sich** *refl* улету́ч|иваться ⟨-иться 3⟩, испар|я́ться ⟨-и́ться 3⟩; Nebel рассе́|иваться ⟨-яться, -ется⟩; ~**flüssigen** *tr* сжи|жа́ть ⟨-ди́ть 3; сжи́женный⟩; ~**folgen** *tr* пресле́довать 2; beobachten сле|ди́ть 3 -жу́ за *I* | eine Absicht ≈ име́ть наме́рение; eine Spur ≈ идти́* по сле́ду

Verfolg|er *m* пресле́дователь 1; ~**ter** *m* подверга́ющийся *Subst* 11 (полити́ческим) репре́ссиям; ~**ung** *f* пресле́дование 5, гоне́ние 5 | die ≈ aufnehmen пу|ска́ться ⟨-сти́ться 3⁺ -щу́сь⟩ в пого́ню [вдого́нку]; ≈en ausgesetzt sein подверга́ться пресле́дованиям

Verfolgungswahn *m* ма́ния 8 пресле́дования

Verform|barkeit *f Tech* деформи́руемость 9; ~**ung** *f Tech* деформа́ция 8 | bleibende ≈ оста́точная деформа́ция

verfrachten *tr* отпр|авля́ть ⟨-а́вить 3 -а́влю⟩, перевози́ть 3 -вожу́ ⟨-|везти́*⟩

Verfremdung *f Lit* отчужде́ние 5

ver|fressen прожо́рлив:ый; ~**früht** преждевре́мен:ный, -ен, -на; ~**fügbar** име́ющийся 11 в распоряже́нии; ~**fügen** *tr* постанов|ля́ть ⟨-и́ть 3⁺ -лю́⟩, предпи́сывать ⟨-|писа́ть*⟩; *intr* име́ть в своём распоряже́нии (über *A*), распоря|жа́ться ⟨-ди́ться 3 -жу́сь⟩ (über *I*) | er verfügte, daß … он распоряди́лся, что́бы …

Verfügung *f* распоряже́ние 5 | etw. zu seiner ~ haben име́ть что-н. в (своём) распоряже́нии; auf ~ des Gerichts согла́сно реше́нию суда́; ich stehe dir zur ~ я в твоём распоряже́нии; einstweilige ~ *Jur* вре́менное распоряже́ние; zur besonderen ~ *Mil* для осо́бых поруче́ний

Verfügungsrecht *n* пра́во распоряжа́ться (über *I*)

verführen *tr* соблазн|я́ть ⟨-и́ть 3⟩; sexuell совра|ща́ть ⟨-ти́ть 3 -щу́⟩

Verführer *m* соблазни́тель 1; соврати́тель 1

verführerisch соблазни́тел|ьный, -ен, -ьна; Benehmen обольсти́тел|ьный, -ен, -ьна

Verführung *f* собла́зн 2, совраще́ние 5

ver|fünffachen *tr* упятер|я́ть ⟨-и́ть 3⟩; ~**füttern** *tr* ска́рмливать ⟨скорм|и́ть 3⁺ -лю́⟩ (an *D*)

Vergabe *f* Aufträge переда́ча 6 | ~ von Wohnungen распределе́ние кварти́р

ver|gällen *tr:* die Freude ≈ отрав|ля́ть ⟨-и́ть 3⁺ -лю́⟩ ра́дость; ~**gammeln** *intr* verderben по́ртиться 3 (ис-); ~**gangen** проше́дший 11, про́шлый | längst ≈ давно́ проше́дший

Vergangenheit *f* про́шлое *Subst* 10; *Gramm* проше́дшее 11 вре́мя | in der ~ в про́шлом; das gehört der ~ an э́то отошло́ в про́шлое

vergänglich преходя́щий 11

vergasen *tr* Kohle газифици́ровать *uv, v* 2; durch Giftgas ermorden отрав|ля́ть ⟨-и́ть 3⁺ -лю́⟩ га́зом

Vergas|er *m Tech* карбюра́тор 2; ~**ung** *f* von Kohle газифика́ция 8; Ermordung durch Giftgas отравле́ние 5 га́зом

vergeben *tr* Arbeit пере|дава́ть* ⟨переда́ть*⟩; gewähren предост|авля́ть ⟨-а́вить 3 -а́влю⟩; zuteilen распредел|я́ть ⟨-и́ть 3⟩; verzeihen про|ща́ть ⟨-сти́ть 3 -щу́⟩ | Wohnungen ~ распредел|я́ть ⟨-и́ть⟩ кварти́ры; sich etw. ~ роня́ть ⟨урони́ть 3⁺⟩ своё досто́инство

ver|gebens *Adv* напра́сно, тще́тно; ~**geblich** напра́с|ный, -ен, тще́т|ный, -ен

Vergebung *f* Aufträge переда́ча 6; Verzeihung проще́ние 5

ver|gegenwärtigen *tr:* sich ≈ вообра|жа́ть ⟨-зи́ть 3 -жу́⟩, предст|авля́ть ⟨-а́вить 3

-áвлю⟩ (себé); **~gehen** *intr* Zeit проходи́ть 3⁺ ⟨-|йти́*⟩, протекáть ⟨-|тéчь*⟩; Appetit пропадáть ⟨-|пáсть*⟩ (j-m у *G*); sich ≈ *refl* провин|я́ться ⟨-и́ться 3⟩ (gegen в пéред *I*) | mir ist die Lust dazu vergangen я потеря́л к э́тому охóту; ihr vergingen die Sinne онá потеря́ла сознáние; ihm verging Hören und Sehen у негó головá крýгом пошлá; vor Sehnsucht ≈ том|и́ться 3 -лю́сь от тоски́; vor Durst ≈ умирáть от жáжды

Vergehen *n Jur* простýп|ок₁ -ка 2

vergelten *tr* отпл|áчивать ⟨-ати́ть 3⁺ -ачý⟩ | Böses mit Gutem ~ отплати́ть добрóм за зло; Gleiches mit Gleichem ~ плати́ть тем же

Vergeltung *f* возмéздие 5, отплáта 6

Vergeltungsmaßnahme *f* мéра возмéздия

vergenossenschaftlichen *tr* коопери́ровать *uv, v* 2

vergesellschaften *tr* обобществ|ля́ть ⟨-и́ть 3 -лю́⟩

Vergesellschaftung *f* обобществлéние 5

vergessen *tr* забывáть ⟨-|бы́ть*₁ -бы́ла⟩; sich ~ *refl* забывáться ⟨-бы́ться⟩

Vergessenheit *f* забвéние 5 | in ~ geraten быть* прéданным забвéнию

vergeßlich забы́вчив:ый

Vergeßlichkeit *f* забы́вчивость 9

vergeuden *tr* Geld, Zeit трáтить 3 трáчу (рас-); Kräfte растрá|чивать ⟨-тить⟩

Vergeudung *f* трáта 6; растрáчивание 5

vergewaltigen *tr* наси́ловать 2 (из-)

Vergewaltigung *f* изнаси́лование 5

ver|gewissern, sich *refl* убе|ждáться ⟨-ди́ться 3⟩ (über в *P*); **~gießen** *tr* проливáть ⟨проли́ть*⟩; **~giften** *tr* отрав|ля́ть ⟨-и́ть 3⁺ -лю́⟩; sich ≈ *refl* отрав|ля́ться ⟨-и́ться⟩

Vergiftung *f* отравлéние 5

vergilben *intr* желтéть (по-)

Vergißmeinnicht *n Bot* незабýдка 6

ver|gittern *tr* обноси́ть 3⁺ -ношý ⟨-|нести́*⟩ решёткой; Fenster снаб|жáть ⟨-ди́ть 3 -жý⟩ решёткой; **~gittert** решётчатый; **~glasen** *tr* за-, остекл|я́ть ⟨-и́ть 3⟩

Ver|glasung *f* застеклéние 5; **~gleich** *m* сравнéние 5; *Jur* компроми́сс 2, мировáя сдéлка 6 | im ≈ zu etw. по сравнéнию с чем-н., в сравнéнии с чем-н.; einen ≈ anstellen проводи́ть 3⁺ -вожý ⟨-|вести́*⟩ сравнéние; das hält keinen ≈ aus э́то не идёт ни в какóе сравнéние; der ≈ hinkt сравнéние хромáет

vergleichbar сравни́м:ый

vergleichen *tr* срáвнивать ⟨сравни́ть 3⟩; gegenüberstellen сопост|авля́ть ⟨-áвить 3 -áвлю⟩; sich ~ *refl* сравни́ться *v*, равня́ть себя́ | die Kopie mit dem Original ~ сверя́ть ⟨свéрить 3⟩ кóпию с пóдлинником; vergleichen Sie die Zeit! свéрьте часы́!, провéрьте врéмя!; er kann sich mit ihm nicht ~ он не мóжет равня́ться с ним; **~d** сравни́тельный | ≈e Sprachwissenschaft сравни́тельное языкознáние

Vergleichsdaten *Pl* сравни́тельные дáнные *Pl* 10

vergleichsweise *Adv* сравни́тельно

ver|glimmen *intr* истл|евáть ⟨-éть⟩; **~glühen** *intr* гáснуть 4a, мéдленно потухáть; Abendrot догор|áть ⟨-éть 3⟩ | in der Atmosphäre ≈ Rakete сгор|áть ⟨-éть 3⟩ в атмосфéре; **~gnügen, sich** *refl* развлекáться ⟨-|влéчься*⟩, весели́ться 3

Vergnügen *n* удовóльствие 5 (an в *P*); feierliches прáздник 2; Abendveranstaltung вéчер 2b | zum ~ рáди удовóльствия; viel ~! желáю хорошó повесели́ться!; es ist mir ein ~ э́то доставля́ет мне удовóльствие

ver|gnüglich забáв|ный₁ -ен; **~gnügt** весёлый₁ вéсел₁ веселá!

Vergnügungs|park *m* парк с аттракциóнами; **~reise** *f* увесели́тельная поéздка; **~sucht** *f* страсть 9 к развлечéниям, жáжда 6 развлечéний

vergnügungssüchtig пáд|кий₁ -ок₁ -ка на развлечéния

vergolde|n *tr* золо|ти́ть 3 -чý (по-); **~t** позолóченный

Vergoldung *f* das Vergolden золочéние 5; Goldauflage позолóта 6

ver|gönnen *tr* дозв|оля́ть ⟨-óлить 3⟩ | wenn es mir vergönnt ist éсли мне суждéнó; es war mir nicht vergönnt э́то мне не данó, мне нé было сужденó; **~göttern** *tr* обожáть *u. übertr*, обоготвор|я́ть ⟨-и́ть 3⟩

Vergötterung *f* обожáние 5, обоготворéние 5

ver|graben *tr* закáпывать ⟨-копáть⟩, зарывáть ⟨-|ры́ть*⟩; sich ≈ *refl* закáпываться ⟨-копáться⟩, зарывáться ⟨-ры́ться⟩ | sich in Bücher ≈ погр|ужáться ⟨-узи́ться 3 -ужýсь₁ -ýзишься⟩ в кни́ги; **~grämt** скóрб|ный₁ -ен, печáл|ьный₁ -ен₁ -ьна; **~graulen** *tr* запýгивать ⟨-пугáть⟩; **~greifen, sich** *refl* ошибáться ⟨-|шиби́ться*⟩ | sich an j-m ≈ поднимáть ⟨подня́ть*⟩ рýку на когó-н.; sich an fremdem Eigentum ≈ посяг|áть ⟨-нýть 4⟩ на чужýю сóбственность; sich im Ausdruck ≈ непристóйно выражáться; **~griffen**: das Buch ist ≈ кни́га распрóдана; **~größern** *tr* увели́ч|ивать ⟨-ить 3⟩; erweitern расширя́ть ⟨-ши́рить 3⟩; sich ≈ *refl* увели́ч|иваться ⟨-иться⟩; расширя́ться ⟨-ши́риться⟩

Vergrößerung *f* увеличéние 5 *a. Foto*

Vergrößerungs|gerät *n Foto* увеличи́тель 1; **~glas** *n* увеличи́тельное стеклó

Vergünstigung *f* льгóта 6 | eine ~ gewähren предост|авля́ть ⟨-áвить 3 -áвлю⟩ льгóту
vergüten *tr* возме|щáть ⟨-сти́ть 3 -щý⟩; Objektiv просветл|я́ть ⟨-и́ть 3⟩; Arbeit entlohnen вознагра|ждáть ⟨-ди́ть 3 -жý⟩
Vergütung *f* возмещéние 5; просветлéние 5; вознаграждéние 5
verhaften *tr* арест|óвывать ⟨-овáть 2⟩, задéрживать ⟨-держáть 3⁺⟩
Verhaft|eter *m* арестóванный *Subst* 10; **~ung** *f* арéст 2
ver|hageln *intr* быть* поби́тым грáдом; **~haken, sich** *refl* зацеп|ля́ться ⟨-и́ться 3⁺ -лю́сь⟩; **~hallen** *intr* затихáть ⟨-ти́хнуть 4a⟩, замирáть ⟨-|мерéть*⟩; **~halten** *tr* Lachen, Tränen сдéрживать ⟨-держáть 3⁺⟩; Atem задéрживать ⟨-держáть⟩; sich ≈ *refl* вести́* себя́; относи́ться 3⁺ -ношýсь ⟨-|нести́сь*⟩ (zu к *D*) *a. Math;* Angelegenheit обстоя́ть 3 | sich ruhig ~ вести́ себя́ спокóйно; die Sache verhält sich so дéло обстои́т так
Verhalten *n* отношéние 5 (gegen к *D*); Betragen поведéние 5
Verhältnis *n* отношéние 5 *a. Math;* zueinander соотношéние 5; Proportion пропóрция 8; Liebelei любóвная связь 9; Umstand, *meist Pl* ~se услóвия *Pl* 5 | im ~ zu в отношéнии *G;* freundschaftliches ~ дрýжеские отношéния; er kommt aus kleinen ~sen, er hat in ärmlichen ~sen gelebt он жил в бéдности [в плохи́х услóвиях]; politische ~se полити́ческая обстанóвка 6; unter dem Zwang der ~se в си́лу обстоя́тельств; für meine ~se по мои́м срéдствам; über seine ~se leben жить* вы́ше свои́х средств, жить не по срéдствам
verhältnismäßig *Adv* относи́тельно
Verhältnis|wahl *f* пропорционáльные вы́боры; **~wort** *n Gramm* предлóг 2
Verhaltungsmaßregeln *f Pl* прáвила *Pl* 4 поведéния
verhandeln *intr* вести́* переговóры (mit j-m über с кем-н. о *P*); *Jur* слýшать [разбирáть] дéло
Verhandlung *f Jur* слýшание 5 дéла; ~en *Pl* переговóры *Pl* 2 | ~en anbahnen подгот|овля́ть ⟨-óвить 3 -óвлю⟩ переговóры; ~en führen вести́ переговóры; zu ~en bereit готóв вести́ переговóры; in ~en eintreten вступ|áть ⟨-и́ть 3⁺⟩ в переговóры; bei ~en на переговóрах
Verhandlungs|bereitschaft *f* готóвность 9 вести́ переговóры; **~partner** *m* сторонá 6a в переговóрах; **~sprache** *f* рабóчий 11 язы́к переговóров; **~tisch** *m:* sich an den ≈ setzen сади́ться ⟨сесть*⟩ за стол переговóров; **~weg** *m:* auf dem ≈ путём переговóров
verhängen *tr* Fenster завé|шивать ⟨-сить 3 -шу⟩ | eine Strafe über j-n ~ налагáть ⟨-ложи́ть 3⁺⟩ на когó-н. наказáние
Verhängnis *n* злáя ýчасть 9 | j-m zum ~ werden станов|и́ться 3 -лю́сь ⟨стать*⟩ роковы́м для когó-н.
verhängnisvoll роковóй
verharmlosen *tr* преум|еньшáть ⟨-éньшить 3⟩ серьёзность *G;* Gefahr умал|я́ть ⟨-и́ть 3⟩ (опáсность *G*)
verhärmt удручённый гóрем
ver|harren *intr* auf einer Meinung, Forderung наст|áивать ⟨-оя́ть 3⟩ (auf на *P*), упóрствовать 2 (auf в *P*) ‖ auf seinem Beschluß ≈ о|ставáться* ⟨-|стáться*⟩ при своём решéнии; in Schweigen ≈ храни́ть 3 молчáние; in einer Stellung ≈ застывáть ⟨-|сты́ть*⟩ в однóй пóзе; **~harschen** *intr:* der Schnee ist verharscht снег обледенéл; **~harscht** обледенéлый; **~härten** *intr u.* sich ≈ *refl* затверд|евáть ⟨-éть⟩; *übertr* черствéть (о-, за-)
Verhärtung *f* затвердéние 5 *a. Med; übertr* очерствéние 5
ver|haspeln, sich *refl* запýт|ываться ⟨-аться⟩; **~haßt** ненави́ст|ный, -ен; **~hätscheln** *tr* баловáть 2 (из-)
ver|hauen *tr umg* откол|оти́ть *v* 3⁺ -очý, колоти́ть (по-); sich ≈ *refl umg* дéлать (с-) оши́бку, дать* мáху; **~heben, sich** *refl* над|рывáться ⟨-о|рвáться*⟩; **~heeren** *tr* опустош|áть ⟨-и́ть 3⟩; **~heerend** *umg* разруши́тел|ьный, -ен, -ьна, опустоши́тел|ьный, -ен, -ьна
Verheerung *f* опустошéние 5, разрушéние 5
ver|hehlen *tr* с|крывáть ⟨-кры́ть*⟩, утáивать ⟨-таи́ть 3⟩ | ich konnte ihm nicht ≈, daß ... я не мог скрыть от негó, что ...; **~heilen** *intr* заживáть ⟨зажи́ть*⟩; **~heimlichen** *tr* скрывáть ⟨-кры́ть*⟩ (vor от *G*), утáивать ⟨-таи́ть 3⟩ (vor от *G*) | da gibt's doch nichts zu ≈! здесь и скрывáть нéчего!; **~heiraten** *tr* vom Mann жени́ть *uv, v* 3⁺ на *P;* von der Frau вы|давáть* ⟨вы́|дать*⟩ зáмуж за *A;* sich ≈ *refl* вступ|áть ⟨-и́ть 3⁺ -лю́⟩ в брак; vom Mann жени́ться *uv, v* на *P;* von der Frau вы́|йти* *v* зáмуж за *A* | Ihre Tochter ist glücklich verheiratet вáша дочь удáчно вы́шла зáмуж; sie ist verheiratet онá зáмужем; **~heiratet** Mann женáтый; Frau замýжняя 11 | sie sind ≈ они́ женáты
Verheiratung *f* вступлéние 5 в брак
ver|heißungsvoll многообещáющий 11; **~heizen** *tr* сжигáть ⟨-|жечь*, сожгý⟩; **~helfen** *intr:* j-m zu etw. ≈ помогáть ⟨-|мóчь*⟩ комý-н. в чём-н., устр|áивать ⟨-óить 3⟩ комý-н. что-н.; **~herrlichen** *tr* просл|авля́ть ⟨-áвить 3 -áвлю⟩
Verherrlichung *f* прославлéние 5
ver|hetzen *tr* подстрек|áть ⟨-нýть 4⟩; **~he-**

xen *tr* околд|о́вывать ⟨-ова́ть 2⟩ | das ist (doch rein) wie verhext! э́то чертовщи́на кака́я-то!; **~hindern** *tr* предотвра|ща́ть ⟨-ти́ть 3 -щу́⟩; vereiteln расстр|а́ивать ⟨-о́ить 3⟩ | ich war verhindert, rechtzeitig zu kommen я не мог прийти́ ра́ньше [во́время]; er war dienstlich verhindert (zu kommen) служе́бные дела́ поме-ша́ли ему́ прийти́
Verhinderung *f* предотвраще́ние 5
verhöhnen *tr* издева́ться над *I*, насме-ха́ться над *I*
Verhöhnung *f* издева́тельство 4, насме́-шка 6
verholen *tr Mar* букси́ровать 2 (от-)
Verhör *n* допро́с 2 | ins ~ nehmen допр|а́-шивать ⟨-оси́ть 3⁺ -ошу́⟩
ver|hören *tr Jur* допр|а́шивать ⟨-оси́ть 3⁺ -ошу́⟩; sich ≈ *refl* ослы́шаться *v* 3; **~hor-nen** *intr* орогов|ева́ть ⟨-е́ть⟩; **~hüllen** *tr* за-, по|крыва́ть ⟨-|кры́ть*⟩, за-, о|ку́-тывать ⟨-ку́тать⟩; **~hungern** *intr* уми-ра́ть ⟨-|мере́ть*⟩ с го́лоду | j-n ≈ lassen мори́ть 3 кого́-н. го́лодом; **~hunzen** *tr umg* по́р|тить 3 -чу (ис-), обезобра́|жи-вать ⟨-зить 3 -жу⟩; **~hüten** *tr* предотвра|ща́ть ⟨-ти́ть 3 -щу́⟩, предох-ран|я́ть ⟨-и́ть 3⟩; **~hütten** *tr* Erz пла́в|ить 3 -лю (руду́)
Ver|hüttung *f* металлурги́ческая перера-бо́тка 6; **~hütung** *f* предотвраще́ние 5, предохране́ние 5
Verhütungsmittel *n Med* противозача́точ-ное сре́дство
verirren, sich *refl* заблу|ди́ться *v* 3⁺ -жу́сь
Verirrung *f* заблужде́ние 5
ver|jagen *tr* Tiere прогоня́ть ⟨-|гна́ть*⟩ *a. übertr,* отгоня́ть ⟨ото|гна́ть*, отгоню́, ото́гнанный⟩ *a. übertr;* Menschen из-гоня́ть ⟨-|гна́ть*⟩; **~jähren** *intr Jur* теря́ть (по-) си́лу за да́вностью; **~jährt** просро́-ченный; *Jur* неподсу́дный за да́вностью
Verjährung *f Jur* да́вность 9
Verjährungsfrist *f Jur* срок да́вности
ver|jubeln *tr* Geld растранжи́р|ивать ⟨-ить 3⟩; **~jüngen** *tr* омол|а́живать ⟨-оди́ть 3 -ожу́⟩ *a. übertr; Tech* утонч|а́ть ⟨-и́ть 3⟩; sich ≈ *refl* молоде́ть (по-) | die Säule verjüngt sich коло́нна су́живается
Verjüngung *f* омоложе́ние 5; *Tech* суже́-ние 5
ver|kalken *intr Med* обызвеств|ля́ться ⟨-и́ться 3⟩; **~kalkulieren, sich** *refl* оши-ба́ться ⟨-|шиби́ться*⟩ в расчёте, просч|и́-тываться ⟨-ита́ться⟩
Verkalkung *f Med* склеро́з 2
ver|kanten *tr* beim Schießen сва́ливать ⟨свали́ть 3⁺⟩; **~kappt** скры́тый; Agent та́йный; **~kapseln, sich** *refl Med* инкап-сули́роваться 4; **~käsen** *intr* створ|а́жи-ваться ⟨-о́житься⟩; **~katert:** er sah ≈ aus с похме́лья он име́л потрёпанный вид

Verkauf *m* прода́жа 6 | zum ~ gelangen поступ|а́ть ⟨-и́ть 3⁺⟩ в прода́жу
verkaufen *tr* про|дава́ть* ⟨прода́ть*⟩; sich ~ *refl* продава́ться ⟨прода́ться⟩ | über die Straße ~ продава́ть навы́нос
Verkäufer *m* продав|е́ц, -ца́ 2; **~in** *f* про-давщи́ца 6
verkäuflich прода́жный | leicht ~ хо́д|-кий, -ок, -ка́!; schwer ~ нехо́д|кий, -ок, -ка́!
Verkaufs|ausstellung *f* вы́ставка-про-да́жа 6-6; **~kultur** *f* культу́ра обслу́жи-вания [торго́вли]; **~personal** *n* продав-цы́ *Pl* 2; **~preis** *m* прода́жная цена́; **~raum** *m* торго́вое помеще́ние; **~schla-ger** *m* хо́дкий това́р 2; **~stand** *m* лар|ёк, -ька́ 2, пала́тка 6; **~stelle** *f* магази́н 2; **~stellenausschuß** *m* сове́т 2 покупа́-телей (магази́на); **~stellenleiter** *m* зав-ма́г 2, заве́дующий *Subst* 11 магази́-ном
Verkehr *m* движе́ние 5; Verkehrsverbin-dung сообще́ние 5; Nachrichtenverkehr связь 9; Umgang обще́ние 5 (mit с *I*); Geldumlauf обраще́ние 5; geschlechtli-cher сноше́ния *Pl* | telegrafischer ~ те-легра́фная связь; schwacher ~ неболь-шо́е движе́ние; kreuzungsfreier ~ *Kfz* движе́ние без пересече́ний; aus dem ~ ziehen Geld изыма́ть ⟨изъя́ть*⟩ из обра-ще́ния; gesellschaftlichen ~ pflegen вра-ща́ться в о́бществе; die neue Brücke wurde dem ~ übergeben но́вый мост был откры́т для движе́ния; den ~ um-leiten измен|я́ть ⟨-и́ть 3⁺⟩ направле́ние движе́ния
verkehren *tr:* etw. ins Gegenteil ~ извра|-ща́ть ⟨-ти́ть 3 -щу́⟩ что-н.; *intr* Verkehrs-mittel ходи́ть 3⁺, курси́ровать 2 | mit j-m ~ обща́ться с кем-н.; in einem Lokal ~ (ча́сто) быва́ть в рестора́не
Verkehrs|ader *f* тра́нспортная маги-стра́ль 9; **~ampel** *f* светофо́р 2; **~dichte** *f* пло́тность 9 движе́ния; **~disziplin** *f* со-блюде́ние 5 пра́вил у́личного дви-же́ния; **~erziehung** *f* обуче́ние пра́ви-лам у́личного движе́ния; **~flugzeug** *n* пассажи́рский [тра́нспортный] само-лёт; **~fluß** *m* тра́нспортный пото́к; **~-garten** *m* де́тский автогород|о́к, -ка́; **~hindernis** *n* поме́ха 6 движе́нию, пре-пя́тствие, меша́ющее 11 тра́нспорту; **~insel** *f* остров|о́к, -ка́ 2 безопа́сности; **~karte** *f* ка́рта путе́й сообще́ния; **~kno-ten(punkt)** *m* тра́нспортный у́зел; **~lärm** *m* шум от у́личного движе́ния; **~mittel** *n* тра́нспортное сре́дство; **~ord-nung** *f* поря́док движе́ния; **~planung** *f* плани́рование движе́ния; **~polizei** *f* до-ро́жная поли́ция; **~polizist** *m* регулиро́-вщик 2 (у́личного движе́ния); автоин-спе́ктор 2; **~regel** *f* пра́вило у́личного

движе́ния; **~regelung** *f* регули́рование у́личного движе́ния
verkehrs|reich оживлён:ный, -на; **~schwach:** ~e Zeit часы́ *Pl* 2 наиме́ньшей нагру́зки тра́нспорта; **~sicher** безопа́с|ный, -ен для движе́ния; Fahrzeug испра́в|ный, -ен
Verkehrs|sicherheit *f* безопа́сность движе́ния; **~sprache** *f* язы́к 2e (межнациона́льного) обще́ния; **~stockung** *f* зато́р 2, про́бка 6; **~sünder** *m* нару́шитель 1 (пра́вил у́личного движе́ния); **~teilnehmer** *m* уча́стник доро́жного движе́ния; *Pl* води́тели *Pl* 1 и пешехо́ды *Pl* 2; **~toter** *m* поги́бший *Subst* 11 в результа́те доро́жной катастро́фы; **~träger** *m* вид тра́нспорта; **~unfall** *m* несча́стный слу́чай 1, (доро́жное) происше́ствие 5; mit Personenschaden (доро́жная) катастро́фа 6; **~unterricht** *m*= **~erziehung; ~weg** *m* путь сообще́ния; **~wesen** *n* тра́нспорт 2 | im ≈ на тра́нспорте
verkehrswidrig противоре́чащий 11 пра́вилам у́личного движе́ния | sich ~ verhalten наруша́ть ⟨-ру́шить 3⟩ пра́вила у́личного движе́ния
Verkehrszeichen *n* доро́жный знак
verkehrt 1. *Adj* falsch непра́вил|ьный, -ен, -ьна, неве́р|ный, -ен, -на **2.** *Adv* umgekehrt наоборо́т; Innenseite nach außen anziehen наизна́нку
ver|keilen *tr Tech* закл|и́нивать ⟨-ини́ть 3⟩, закреп|ля́ть ⟨-и́ть 3 -лю́⟩ кли́ньями; **~kennen** *tr* zu gering bewerten недооц|е́нивать ⟨-ени́ть 3⁺⟩; nicht erkennen не осо|знава́ть* ⟨не осозна́ть⟩ | es ist nicht zu ≈ нельзя́ не призна́ть ..., соверше́нно я́вно ...; verkanntes Genie непризна́нный ге́ний; **~ketten** *tr übertr* свя́зывать ⟨-|вяза́ть*⟩
Verkettung *f übertr* стече́ние 5 | eine unglückliche ~ von Umständen неблагоприя́тное стече́ние обстоя́тельств
ver|kitten *tr* зама́зывать ⟨-|ма́зать*⟩; **~klagen** *tr* по|дава́ть* ⟨пода́ть*⟩ жа́лобу [иск] (j-n wegen на кого́-н. за *A*); **~klammern** *tr* скреп|ля́ть ⟨-и́ть 3 -лю́⟩ скоба́ми; **~klausulieren** *tr* огов|а́ривать ⟨-ори́ть 3⟩; **~kleben** *tr* закле́|ивать ⟨-ить 3⟩; **~kleiden** *tr Bauw* обшива́ть ⟨-|ши́ть*, обошью́⟩; sich ≈ *refl* переодева́ться ⟨-о|де́ться*⟩ (als *I*)
Verkleidung *f Bauw* обши́вка 6, облицо́вка 6; mit Kleidung переодева́ние 5
verkleinern *tr* уменьша́ть ⟨уме́ньшить 3⟩; Erfolg умал|я́ть ⟨-и́ть 3⟩
Verkleinerung *f* уменьше́ние 5; умале́ние 5
Verkleinerungsform *f* уменьши́тельная фо́рма
ver|klemmt *übertr* ско́ванный; **~klingen** *intr* отзвуча́ть *v* 3, замира́ть ⟨-|мере́ть*⟩; **~knacksen** *tr:* sich den Fuß ≈ вывихивать ⟨вы́вихнуть 4⟩ себе́ но́гу; **~kneifen** *tr* уде́рживаться ⟨удержа́ться 3⁺⟩ от *G* | das muß ich mir ≈ от э́того мне придётся отказа́ться; sich das Lachen ≈ удержа́ться от сме́ха; den Schmerz ≈ стерп|е́ть *v* 3⁺ -лю́ боль; **~knöchern** *intr* окостен|ева́ть ⟨-е́ть⟩; *übertr* косне́ть (за-); **~knöchert** окостене́лый; *übertr* закосне́лый, окостене́лый
Verknöcherung *f* окостене́ние 5; Zustand окостене́лость 9
ver|knöpfen, sich неве́рно за|стёгиваться ⟨-стегну́ться 4⟩; **~knorpeln** *intr* превра|ща́ться ⟨-ти́ться 3⟩ в хрящ; **~knoten** *tr* завя́зывать ⟨-|вяза́ть*⟩ узло́м; **~knüpfen** *tr* свя́зывать ⟨-|вяза́ть*⟩ *a. übertr* | das ist mit großen Schwierigkeiten verknüpft э́то свя́зано [сопряжено́] с больши́ми затрудне́ниями
Verknüpfung *f* свя́зывание 5; *übertr* связь 9, в связи́
¹verkohlen *tr* обу́гл|ивать ⟨-ить 3⟩; *intr* обу́гл|иваться ⟨-иться⟩
²verkohlen *tr umg* одура́ч|ивать ⟨-ить 3⟩
ver|koken *tr Tech* коксова́ть 2; **~kommen 1.** *Adj* запу́щенный; Mensch опусти́вшийся 11 **2.** *intr* Wirtschaft при|ходи́ть 3⁺ ⟨-|йти́*⟩ в упа́док; Menschen опу|ска́ться ⟨-сти́ться 3⁺ -щу́сь⟩
ver|korken *tr* заку́пор|ивать ⟨-ить 3⟩; **~körpern** *tr* вопло|ща́ть ⟨-ти́ть 3 -щу́⟩, олицетвор|я́ть ⟨-и́ть 3⟩
Verkörperung *f* воплоще́ние 5, олицетворе́ние 5
ver|kosten *tr* дегусти́ровать *uv, v* 2; **~köstigen** *tr* дава́ть* ⟨дать*⟩ стол *D;* **~krachen, sich** *refl umg* рассо́риться *v* 3; **~kracht:** eine ≈e Existenz погу́бленная жизнь; **~krampft** су́дорож|ный, -ен; **~kriechen, sich** *refl* залеза́ть ⟨-|ле́зть*⟩; sich verstecken пря́|таться, -чусь, -чешься (с-) (vor от *G*); **~krümmen** *tr* искрив|ля́ть ⟨-и́ть 3 -лю́⟩
Verkrümmung *f* искривле́ние 5
ver|krüppeln *intr* кале́читься 3 (ис-); **~krüppelt** искале́чен:ный, -а, покале́чен:ный, -а
ver|kümmern *intr* хире́ть (за-), ча́хнуть 4а (са-); **~kümmert** ча́хл:ый; **~künden** *tr* объяв|ля́ть ⟨-и́ть 3⁺ -лю́⟩, провозглаша́ть ⟨-си́ть 3 -шу́⟩; feierlich возве|ща́ть ⟨-сти́ть 3 -щу́⟩
Verkündung *f* объявле́ние 5, провозглаше́ние 5; возвеще́ние 5
ver|kuppeln *tr* Personen сва́тать (со-); **~kürzen** *tr* укор|а́чивать ⟨-оти́ть 3 -очу́⟩; verringern сокра|ща́ть ⟨-ти́ть 3 -щу́⟩; **~kürzt:** ≈e Arbeitszeit сокращённое ра́бочее вре́мя
Verkürzung *f* укороче́ние 5, сокраще́ние 5

Verladebrücke *f* погру́зочная эстака́да 6
verladen *tr* погр|ужа́ть ⟨-узи́ть 3 -ужу́ -у́зишь⟩, грузи́ть (по-)
Verladerampe *f* погру́зочная платфо́рма [площа́дка] 6
Verladung *f* погру́зка 6
Verlag *m* изда́тельство 4
verlagern *tr* переме|ща́ть ⟨-сти́ть 3 -щу́⟩
Verlagerung *f* перемеще́ние 5
Verlags|recht *n* пра́во изда́ния; **~vertrag** *m* изда́тельский догово́р; **~wesen** *n* изда́тельское де́ло 4b
verlanden *intr* See образ|о́вывать ⟨-ова́ть 2⟩ о́тмели
verlangen *tr* тре́бовать 2 (по-) *A*, Zeit, Mut *G;* wünschen про|си́ть 3⁺ -шу́ (по-) *A oder G* | Sie werden am Telefon verlangt вас вызыва́ют к телефо́ну; der Kranke verlangt nach dem Arzt больно́й тре́бует (вы́звать) врача́; diese Ware wird viel verlangt на э́тот това́р (име́ется) большо́й спрос
Verlangen *n* жела́ние 5; Forderung тре́бование 5 | ~ nach etw. жа́жда 6 чего́-н.; auf ~ по тгре́бованию
verlängern *tr* удлин|я́ть ⟨-и́ть 3⟩; zeitlich продл|ева́ть ⟨-и́ть 3⟩, отсро́ч|ивать ⟨-ить 3⟩; Straße продо́лжить *v* 3 | einen Paß ~ отсро́чить па́спорт
Verlängerung *f* удлине́ние 6; продле́ние 5, отсро́чка 6; продолже́ние 5
Verlängerungsschnur *f* удлини́тельный шнур 2e, удлини́тель 1
verlangsamen *tr* за|медля́ть ⟨-ме́длить 3⟩; sich ~ *refl* замедля́ться ⟨-ме́длиться⟩
Verlaß *m:* es ist kein ~ auf ihn на него́ нельзя́ полага́ться
verlassen 1. *Adj* одино́к:ий, поки́нутый **2.** *tr* ост|авля́ть ⟨-а́вить 3 -а́влю⟩, по|кида́ть ⟨-ки́нуть 4⟩; weggehen ухо|ди́ть 3⁺ -жу́ ⟨у|йти́*⟩; abreisen уезжа́ть ⟨-|е́хать*⟩; sich ~ *refl* по|лага́ться ⟨-ложи́ться 3⁺⟩ (auf на *A*)
Verlassenheit *f* одино́чество 4
verläßlich надёж|ный, -ен
Verlaub *m:* mit ~ zu sagen с позволе́ния сказа́ть
Verlauf *m* ход 2, тече́ние 5 | im ~e der Debatte в хо́де пре́ний; ~ der Grenze ли́ния 8 грани́цы; die Krankheit nahm einen ungünstigen ~ боле́знь приняла́ дурно́й оборо́т
ver|laufen *intr* проходи́ть 3⁺ ⟨-|йти́*⟩, протека́ть ⟨-|те́чь*⟩; sich ≈ *refl* заблу|ди́ться *v* 3⁺ -жу́сь; Wasser спада́ть ⟨-|па́сть*⟩ | die Straße verläuft gerade доро́га идёт пря́мо; die Angelegenheit ist gut ≈ де́ло ко́нчилось хорошо́ [благополу́чно]; das Kind hat sich ≈ ребёнок заблуди́лся; die Menge hat sich ≈ толпа́ разошла́сь; die Sache ist im Sand ≈ де́ло загло́хло; **~leben** *tr* Zeit проводи́ть 3⁺ -вожу́ ⟨-|вести́*⟩; Geld прожива́ть ⟨прожи́ть*⟩; **~lebt** пота́сканный; **~legen 1.** *Adj* смущ|ённый, -ён, -ена́ | er wurde ≈ он смути́лся; ich war um eine Antwort ≈ я затрудня́лся дать отве́т; er ist nie um eine Antwort ≈ он за сло́вом в карма́н не ле́зет **2.** *tr* Gegenstände заложи́ть 3⁺ *v,* за|со́вывать ⟨-су́нуть 4⟩ куда́-н.; Termin перенос́ить 3⁺ -ношу́ ⟨-|нести́*⟩; Betrieb переводи́ть 3⁺ -вожу́ ⟨-|вести́*⟩ в друго́е ме́сто; Rohre у|кла́дывать ⟨-ложи́ть 3⁺⟩; Bücher из|дава́ть* ⟨изда́ть*⟩ | j-m den Weg ≈ прегра|жда́ть ⟨-ди́ть 3 -жу́ -ждённый⟩ кому́-н. путь; sich auf etw. ≈ стара́тельно занима́ться ⟨заня́ться; заня́лся́⟩ чем-н.
Verleg|enheit *f* смуще́ние 5; Schwierigkeit затрудне́ние 5 | in ≈ bringen сму|ща́ть ⟨-ти́ть 3 -щу́⟩; in ≈ geraten сму|ща́ться ⟨-ти́ться⟩, застесня́ться *v;* er bringt mich in ≈ он ста́вит меня́ в затрудни́тельное положе́ние; **~er** *m* изда́тель 1; **~ung** *f* перенесе́ние 5; Schienen, Leitung укла́дка 6, прокла́дка; перево́д 2
verleiden *tr* испо́р|тить *v* 3 -чу; Abscheu einflößen внуш|а́ть ⟨-и́ть 3⟩ отвраще́ние к *D* | j-m die Freude an etw. ~ отрав|ля́ть ⟨-и́ть 3⁺ -лю́⟩ кому́-н. ра́дость чего́-н.
Verleih *m* прока́т 2; Ausleihstelle ателье́ *n idkl* прока́та (für *G*)
verleihen *tr* Bücher, Geräte дава́ть* ⟨дать*⟩ напрока́т; Orden награ|жда́ть ⟨-ди́ть 3 -жу́; -ждённый⟩ | einem Gedanken Ausdruck ~ вы́ра|зить *v* 3 -жу мысль; einen Titel ~ присв|а́ивать ⟨-о́ить 3⟩ зва́ние
Verleih|er *m* von Filmen прока́тчик 2; **~ung** *f* Orden награжде́ние 5; Titel присвое́ние 5
ver|leiten *tr* соблазн|я́ть ⟨-и́ть 3⟩; sich ≈ lassen соблазн|я́ться ⟨-и́ться⟩; **~lernen** *tr* раз|у́чиваться ⟨-учи́ться 3⁺⟩ *mit Inf;* Handwerk забыва́ть ⟨-|бы́ть* -бы́ла⟩; **~lesen** *tr* зачи́тывать ⟨-чита́ть⟩; öffentlich огла|ша́ть ⟨-си́ть 3 -шу́⟩; sortieren сортирова́ть 2 (рас-); sich ≈ *refl* оши|ба́ться ⟨-|шиби́ться*⟩ при чте́нии; **~letzbar** уязви́м:ый; **~letzen** *tr* ра́нить *uv, v* 3, повре|жда́ть ⟨-ди́ть 3 -жу́ -ждённый⟩; durch Schlag у|шиба́ть ⟨-|шиби́ть*⟩; kränken оскорб|ля́ть ⟨-и́ть 3 -лю́⟩, задева́ть ⟨-|де́ть*⟩; Gesetz на|руша́ть ⟨-ру́шить 3⟩; sich ≈ *refl* ушиб|а́ться ⟨-и́ться⟩, пора́ниться *v* 3 (an о *A*); **~letzend** оскорби́тел|ьный, -ен, -ьна
Verletzung *f* ране́ние 5, поврежде́ние 5; Quetschwunde уши́б 2; der Gesetze наруше́ние 5 | seinen ~en erliegen умере́ть* *v* от ран
ver|leugnen *tr* etw. отрица́ть; j-n отрека́ться ⟨-|ре́чься*⟩ от *G* | er ließ sich ≈ он проси́л сказа́ть, что его́ нет (до́ма);

~leumden *tr* клеветáть* (на-) на *A*, оклеветáть *v*
Verleumder *m* клеветни́к 2е
verleumderisch клеветни́ческий
Verleumdung *f* клеветá 6
Verleumdungskampagne *f* клеветни́ческая кампáния
ver|lieben, sich *refl* влюб|ля́ться ⟨-и́ться 3⁺ -люсь⟩ (in в *A*); **~liebt** влюбл|ённый, -ён, -енá
Verliebter *m* влюблённый *Subst* 10
Verliebtheit *f* влюблённость 9
verlieren *tr* теря́ть (по-); einbüßen лиш|áться ⟨-и́ться 3⟩ *G;* утрá|чивать ⟨-тить 3 -чу⟩; verlegen затеря́ть *v;* Sport, Wette, Prozeß проигрывать ⟨-игрáть⟩; sich ~ *refl* теря́ться (по-), затеря́ться *v;* Geruch; Konturen пропадáть ⟨-|пáсть*⟩; Klang замирáть ⟨-|мерéть*⟩ | das Aroma ~ выдыхáться ⟨вы́дохнуться 4а⟩; in Gedanken verloren заду́мавшись, погружённый в свои́ мы́сли; verloren geben считáть потéрянным, стáвить (по-) крест на *P;* sich in Einzelheiten ~ раз|мéниваться ⟨-меня́ться⟩ на мéлочи; sich in Träumen ~ пре|давáться* мечтáм
Ver|lierer *m* проигрáвший *Subst* 11; **~lies** *n* подземéлье 5
verloben, sich *refl* обруч|áться ⟨-и́ться 3⟩
Verlob|te *f* невéста 6; **~ter** *m* жени́х 2; **~ung** *f* помóлвка 6, обручéние 5
verlocken *tr* соблазн|я́ть ⟨-и́ть 3⟩; **~d** замáнчив:ый, соблазни́тел|ьный, -ен, -ьна
Verlockung *f* соблáзн 2
verlogen лжи́в:ый, изолгáвшийся 11
Verlogenheit *f* лжи́вость 9
ver|lohnen, sich *refl:* die Mühe verlohnt sich стóит потруди́ться; **~loren:** ≈e Mühe напрáсный труд; der ≈e Sohn блу́дный сын; ≈ geben считáть потéрянным; auf ≈em Posten kämpfen защи|щáть ⟨-ти́ть 3 -щу́⟩ безнадёжное дéло; es ist alles ≈ всё пропáло; **~lorengehen** *intr* теря́ться (по-), пропадáть ⟨-|пáсть*⟩ | an ihm ist ein Arzt verlorengegangen из негó вы́шел бы хорóший врач; **~löschen** *intr* гáснуть 4а (по-, у-), потухáть ⟨-ту́хнуть 4а⟩; **~losen** *tr* разы́грывать ⟨-ыгрáть⟩
Verlosung *f* рóзыгрыш 2
ver|löten *tr* запáивать ⟨-пая́ть⟩; **~lottern** *intr* опу|скáться ⟨-сти́ться 3⁺ -щу́сь⟩
Verlust *m* потéря 7; der Rechte лишéние 5; beim Spiel прóигрыш 2 *G Pl* -еи, finanzieller убы́т|ок, -ка 2 | der Tod des Gelehrten ist ein großer ~ смерть учёного – тяжёлая утрáта; ~ erleiden нести́* (по-) убы́тки, терп|éть 3⁺ -лю́ (по-) убы́тки; das ist für mich ein ~ э́то мне в убы́ток; dieses Geschäft hat ihm nur ~e gebracht э́та сдéлка принеслá емý тóлько убы́тки
Verlustanzeige *f* объявлéние об утéре
verlustlos без потéрь
Verlustzeit *f* врéмя простóя
vermachen *tr* завещáть *uv, v*
Vermächtnis *f* завещáние 5 | nach dem ~ по завéту
Vermählung *f* бракосочетáние 5
ver|masseln *tr umg* пóр|тить 3 -чу (ис-); **~mauern** *tr* замуро́|вывать ⟨-овáть 2⟩; **~mehren** *tr* умн|ожáть ⟨-óжить 3⟩, увели́ч|ивать ⟨-ить 3⟩; zahlenmäßig разм|ожáть ⟨-óжить⟩; sich ≈ *refl* умн|ожáться ⟨-óжиться⟩; *Biol* размн|ожáться ⟨-óжиться⟩
Vermehrung *f* умножéние 5, увеличéние 5; *Biol* размножéние 5
vermeidbar предотврати́м:ый
vermeiden *tr* из|бегáть ⟨-|бежáть*⟩ *G* | das ist nicht zu ~ э́того нельзя́ избежáть; helft Unfälle ~! помогáйте предотвращáть несчáстные слу́чаи!
Vermeidung *f* избежáние 5 | zur ~ von во избежáние *G*
vermeintlich мни́мый, предполагáемый
ver|mengen *tr* смéшивать ⟨смешáть⟩; sich ≈ *refl* смéшиваться ⟨смешáться⟩; **~menschlichen** *tr* очеловéч|ивать ⟨-ить 3⟩
Vermerk *m* за-, отмéтка 6
ver|merken *tr* отмечáть ⟨-мéтить 3 -мéчу⟩, дéлать (с-) замéтки о *P* | übel ≈ отмечáть с неудовóльствием; **~messen 1.** *Adj* Mensch дéрз|кий, -ок, -кá!, занóсчив:ый **2.** *tr* обмеря́ть ⟨-мéрить 3⟩; sich ≈ *refl* falsch messen ошибáться ⟨-|шиби́ться*⟩ при обмéре, промéр|ивать ⟨-ить 3⟩; sich erkühnen имéть смéлость
Ver|messenheit *f* дéрзость 9; **~messung** *f* обмéр 2; Grundstück межевáние 5 | topographische ≈ топографи́ческая съёмка 6
Vermessungs|arbeiten *Pl* геодези́ческие рабóты; **~ingenieur** *m* инженéр-геодези́ст 2-2; **~kunde** *f* геодéзия [дэ] 8
vermieten *tr* Wohnung с|давáть* ⟨-|дать*⟩ внаём; Auto (от)давáть ⟨(от)дáть⟩ напрокáт | Zimmer zu ~ сдаётся кóмната; *Pl* сдаю́тся кóмнаты
Vermiet|er *m* сдаю́щий *Subst* 11 внаём; **~erin** *f* сдаю́щая *Subst* 11 внаём; **~ung** *f* Zimmer сдáча 6 внаём; Gegenstände прокáт 2
vermindern *tr* уменьшáть ⟨-мéньшить 3⟩, сокра|щáть ⟨-ти́ть 3 -щу́⟩
Verminderung *f* уменьшéние 5, сокращéние 5
ver|minen *tr Mil* мини́ровать *uv, v* 2 (а. за-); **≈mischen** *tr* смéшивать ⟨-мешáть⟩; sich ≈ *refl* смéшиваться ⟨-мешáться⟩; **~missen** *tr* замечáть ⟨-мéтить 3 -мéчу⟩ отсу́тствие *G,* жалéть (по-) об отсу-

тствии *G* | wir haben dich sehr vermißt тебя́ нам о́чень недостава́ло; er ist vermißt он пропа́л бе́з вести; **~mißt** *Mil* пропа́вший 11 бе́з вести; **~mitteln** *tr* Erfahrungen пере|дава́ть* ⟨переда́ть*⟩; *intr* im Streit посре́дничать (bei при *P*) | ein Abkommen ≈ посре́дничать при заключе́нии соглаше́ния
Vermittl|er *m* посре́дник 2; **~ung** *f* посре́дничество 4; Erfahrungen, Kenntnisse переда́ча 6; Telefon≈ коммута́тор 2
Vermittlungs|gebühr *f* комиссио́нный сбор, комиссио́нные *Subst* 10; **~vorschlag** *m* предложе́ние посре́дничества
vermodern *intr* истл|ева́ть ⟨-е́ть⟩
vermögen *tr* быть* в состоя́нии, мочь* | ich vermag nichts zu tun я бесси́лен; er hat sie zu bewegen vermocht ... ему́ удало́сь их уговори́ть
Vermögen *n* иму́щество 4, состоя́ние 5; Fähigkeit спосо́бности *Pl* 9, uménie 5 | zu ~ kommen сост|авля́ть ⟨-а́вить 3 -а́влю⟩ себе́ состоя́ние
vermögend зажи́точ|ный, -ен, бога́т:ый
Vermögens|steuer *f* нало́г на иму́щество; **~verhältnisse** *n Pl* иму́щественное положе́ние 5
ver|mummen *tr* заку́т|ывать ⟨-ать⟩; sich ≈ *refl* заку́т|ываться ⟨-аться⟩; **~muten** *tr* предполага́ть ⟨предположи́ть 3⁺⟩; mutmaßen подозрева́ть | das läßt sich nur ≈ об э́том мо́жно лишь дога́дываться; **~mutlich 1.** *Adj* предположи́тел|ьный, -ен, -ьна **2.** *Adv* наве́рно, вероя́тно
Vermutung *f* предположе́ние 5 | die ~ liegt nahe предположе́ние допусти́мо; die ~ haben, daß ... предполага́ть, что ...
vernachlässig|en *tr* пренебрега́ть ⟨пренебре́чь*⟩ *I;* j-n; Wirtschaft забр|а́сывать ⟨-о́сить 3 -о́шу⟩, отно|си́ться 3⁺ -шу́сь небре́жно к *D;* Wirtschaft, Krankheit, Arbeit запу|ска́ть ⟨-сти́ть 3⁺ -щу́⟩ | seine Pflichten ≈ пренебрега́ть свои́ми обя́занностями; **~t** запу́щенный | sie fühlt sich ≈ она чу́вствует себя́ забро́шенной
Vernachlässigung *f* пренебреже́ние 5 *I*, небре́жное отноше́ние 5 к *D*
ver|nageln *tr* закол|а́чивать ⟨-оти́ть 3⁺ -очу́⟩ (гвоздя́ми); **~nagelt:** er ist wie ≈ *umg* он глуп как про́бка; **~narben** *intr* зарубцо́вываться ⟨-рубцева́ться 2⟩, зажива́ть ⟨зажи́ть*⟩ *a. übertr;* **~narrt** до безу́мия влюблён:ный (in в *A*), си́льно увлечён:ный (in *I*); **~naschen** *tr* истра́|чивать ⟨-тить 3 -чу⟩ на ла́комства; **~nebeln** *tr Mil* прикрыва́ть ⟨-|кры́ть*⟩ дымово́й заве́сой; *übertr* затума́н|ивать ⟨-ить 3⟩; **~nehmbar** вня́т|ный, -ен; **~nehmen** *tr* hören слы́шать 3 (у-); *Jur* допр|а́шивать ⟨-оси́ть 3⁺ -ошу́⟩; **~nehmlich** вня́т|ный, -ен
Vernehmung *f Jur* допро́с 2
vernehmungsfähig *Jur:* der Zeuge ist nicht ~ свиде́тель не мо́жет быть допро́шен
verneigen, sich *refl* кла́няться ⟨поклони́ться 3⁺⟩ (vor *D*)
verneinen *tr* отрица́ть | eine Frage ~ отрица́тельно отв|еча́ть ⟨-е́тить 3 -е́чу⟩ на вопро́с; **~d** отрица́тел|ьный, -ен, -ьна
Verneinung *f* отрица́ние 5
vernichten *tr* уничт|ожа́ть ⟨-о́жить 3⟩; zerstören разруша́ть ⟨-ру́шить 3⟩; **~d** уничтожа́ющий 11 *a. übertr* | ≈e Niederlage по́лное пораже́ние
Vernichtung *f* уничтоже́ние 5; Zerstörung разруше́ние 5
ver|nickeln *tr* никели́ровать 2 (от-); **~niedlichen** *vt* Schwierigkeiten преу|меньша́ть ⟨-ме́ньшить 3⟩; **~nieten** *tr* закл|ёпывать ⟨-епа́ть, заклёпанный⟩, соедин|я́ть ⟨-и́ть 3⟩ заклёпками
Vernunft *f* ра́зум 2; gesunder Menschenverstand здра́вый смысл 2, рассу́д|ок, -ка 2; Besonnenheit рассуди́тельность 9 | zur ~ bringen образу́м|ить *v* 3 -лю; zur ~ kommen образу́миться *v*
vernünftig (благо)разу́м|ный, -ен, здравомы́слящий 11; besonnen рассуди́тел|ьный, -ен, -ьна, разу́мный | ~ werden образу́м|иться *v* 3 -люсь; sei ~! будь благоразу́мен!
vernünftigerweise *Adv* разу́мно, благоразу́мно
vernunftwidrig проти́в|ный, -ен здра́вому смы́слу
veröde|n *intr* пусте́ть (о-); **~t** опусте́вший 11, опусте́лый
Verödung *f* опусте́ние 5, запусте́ние 5; Entvölkerung обезлю́дение 5
veröffentlichen *tr* in der Presse публикова́ть 2 (о-); Bücher a. выпуска́ть ⟨вы́пу|стить 3 -щу⟩ (в свет)
Veröffentlichung *f* Tätigkeit опубликова́ние 5; Veröffentlichtes публика́ция 8 | in seinen ~en в его́ опублико́ванных труда́х [рабо́тах]
verordnen *tr* Medikament пропи́сывать ⟨-|писа́ть*⟩; Bettruhe, Diät предпи́сывать ⟨-писа́ть⟩; Kur назн|ача́ть ⟨-а́чить 3⟩
Verordnung *f Jur* постановле́ние 5; Anordnung распоряже́ние 5; *Med* предписа́ние 5
ver|pachten *tr* с|дава́ть* ⟨-|да́ть*⟩ в аре́нду; **~packen** *tr* упак|о́вывать ⟨-ова́ть 2⟩
Verpackung *f* упако́вка 6
Verpackungsmaterial *n* упако́вочный материа́л
ver|passen *tr* Person; Gelegenheit упу|ска́ть ⟨-сти́ть 3⁺ -щу́⟩ | den Zug ≈ оп|а́здывать ⟨-озда́ть⟩ на по́езд; mit dem Vortrag hast du nichts verpaßt ты ничего́ не потеря́л от того́, что не пошёл на

э́тот докла́д; ~**pesten** *tr* отрав|ля́ть ⟨-и́ть 3⁺ -лю́⟩; ~**pfänden** *tr* закла́дывать ⟨-ложи́ть 3⁺⟩
Verpfändung *f* закла́д 2
verpflanzen *tr* переса́живать ⟨-сади́ть 3⁺ -сажу́⟩; *Med* трансплanти́ровать *uv, v* 2
verpflegen *tr* снаб|жа́ть ⟨-ди́ть 3 -жу́⟩ продово́льствием; Gäste корм|и́ть 3⁺ -лю́ (на-); *Mil* обеспе́ч|ивать ⟨-ить 3⟩ дово́льствием
Verpflegung *f* Beköstigung пита́ние 5; Kost продово́льствие 5 | in volle ~ nehmen брать* ⟨взять*⟩ на по́лный пансио́н
Verpflegungsstelle *f* пита́тельный пункт 2
verpflicht|en *tr* об|я́зывать ⟨-яза́ть, -яжу́, -я́жешь⟩; sich ≈ *refl* об|я́зываться ⟨-яза́ться⟩ | ich bin dir zu Dank verpflichtet я тебе́ (о́чень) обя́зан; er hat sich auf vier Jahre verpflichtet он заключи́л догово́р на четы́ре го́да; ~**et** обя́зан:ный, -а
Verpflichtung *f* обяза́тельство 4, обя́занность 9 (gegenüber пе́ред *I*) | eine ~ übernehmen брать* ⟨взять*⟩ на себя́ обяза́тельство; j-m eine ~ auferlegen воз|лага́ть ⟨-ложи́ть 3⁺⟩ на кого́-н. обя́занность; einer ~ nachkommen выполня́ть ⟨вы́полнить 3⟩ обяза́тельство
ver|pfuschen *tr* по́р|тить 3 -чу (ис-); ~**planen** *tr* плани́ровать 2 (за-); sich ≈ ошиба́ться ⟨-|шиби́ться*⟩ в плани́ровании; ~**plappern, sich** *refl umg* проба́лтываться ⟨-болта́ться⟩; ~**pönt** предосуди́тел|ьный, -ен, -ьна; ~**prassen** *tr* растранжи́р|ивать ⟨-ить 3⟩; ~**prügeln** *tr* избива́ть ⟨-|би́ть*, -обью́⟩; ~**puffen** *intr Chem* вспы́х|ивать ⟨-нуть 4⟩; ~**puppen, sich** *refl Zool* оку́кл|иваться ⟨-иться 3⟩
Verputz *m Bauw* штукату́рка 6
ver|putzen *tr Bauw* штукату́рить 3 (о-); ~**quicken** *tr* свя́зывать ⟨-|вяза́ть*⟩; ~**quollen**: seine Augen sind ≈ у него́ глаза́ распу́хли; ~**rammeln** *tr* баррикади́ровать 2 (за-); ~**rannt** поме́шан:ный, -а (in на *P*) | er ist in den Gedanken ≈ он поме́шан на э́той мы́сли
Verrat *m* изме́на 6 (an *D*), преда́тельство 4 (an по отноше́нию к *D*)
verraten *tr* измен|я́ть ⟨-и́ть 3⁺⟩ *D*, пре|дава́ть* ⟨преда́ть*⟩; ausplaudern разгла|ша́ть ⟨-си́ть 3 -шу́⟩; sich ~ *refl* выдава́ть ⟨вы́|дать*⟩ себя́ (durch *I*)
Verräter *m* изме́нник 2 (an *D*), преда́тель 1
verräterisch изме́ннический, преда́тельский
ver|rauchen *tr* Geld проку́ривать ⟨-кури́ть 3⁺⟩; *intr* sein Zorn ist verraucht его́ гнев прошёл; ~**räuchern** *tr* Zimmer проку́ривать ⟨-кури́ть 3⁺⟩; ~**rechnen** *tr* рассч|и́тывать ⟨-ита́ть⟩; sich ≈ *refl* обсч|и́тываться ⟨-ита́ться⟩ (um на *A*), просч|и́тываться ⟨-ита́ться⟩ (um на *A*) *a. übertr*
Verrechnung *f* расчёт 2 | nur zur ~ то́лько для перечисле́ния
Verrechnungs|einheit *f* расчётная едини́ца; ~**konto** *n* расчётный счёт; ~**scheck** *m* расчётный чек
ver|recken *intr vulg* по|дыха́ть ⟨-до́хнуть 4а⟩; ~**regnet** дождли́вый; ~**reiben** *tr* растира́ть ⟨-|тере́ть*, разотру́⟩; ~**reisen** *intr* уезжа́ть ⟨-|е́хать*⟩ | sie ist drei Wochen verreist она́ уе́хала на три неде́ли; ~**reißen** *tr umg* kritisieren раскритикова́ть *v* 2; ~**renken** *tr* выви́хивать ⟨вы́вихнуть 4⟩
Verrenkung *f Med* вы́вих 2
ver|rennen, sich *refl* помеша́ться *v* (in на *P*); ~**richten** *tr* ис|полня́ть ⟨-по́лнить 3⟩; ~**riegeln** *tr* запира́ть ⟨запере́ть*⟩ на засо́в; ~**ringern** *tr* уменьша́ть ⟨уме́ньшить 3⟩ (um на *A;* auf до *G*), сокра|ща́ть ⟨-ти́ть 3 -щу́⟩; sich ≈ *refl* уменьша́ться ⟨уме́ньшиться⟩ (um на *A;* auf до *G*), сокра|ща́ться ⟨-ти́ться⟩
Verringerung *f* уменьше́ние 5 (um на *A;* auf до *G*)
ver|rinnen *intr* Wasser вытека́ть ⟨вы́|течь*⟩; Zeit проходи́ть 3⁺ ⟨-|йти́*⟩, протека́ть ⟨-те́чь⟩; ~**rohen** *intr* огруб|е́ва́ть ⟨-е́ть⟩
Verrohung *f* огрубе́ние 5
ver|rosten *intr* ржаве́ть (за-); ~**rostet** ржа́вый, заржа́влен:ный; ~**rotten** *intr* перепр|ева́ть ⟨-е́ть⟩; ~**rucht** гну́с|ный, -ен, -на́!, прокля́т:ый; ~**rücken** *tr* передв|ига́ть ⟨-и́нуть 4⟩, сдв|ига́ть ⟨-и́нуть⟩; ~**rückt** сумасше́дший 11 | j-n ≈ machen своди́ть 3⁺ -вожу́ ⟨-|вести́*⟩ с ума́ кого́-н.; ≈ werden схо|ди́ть 3⁺ -жу́ ⟨со|йти́*⟩ с ума́, помеша́ться *v;* du bist wohl ≈! да ты с ума́ сошёл!; ≈ sein auf etw. сходи́ть с ума́ по чему́-н.
Verrückt|er *m* сумасше́дший *Subst* 11; ~**heit** *f* безу́мие 5, сумасше́ствие 5
Verruf *m:* in ~ bringen дискредити́ровать *uv, v* 2, опоро́ч|ивать ⟨-ить 3⟩; in ~ geraten приобрета́ть ⟨-|обрести́*⟩ дурну́ю сла́ву [репута́цию]
verrufen по́льзующийся 11 дурно́й сла́вой [репута́цией]
ver|rühren *tr* разме́шивать ⟨-меша́ть⟩; ~**rußen** *intr* копти́ться 3 (за-); ~**rutschen** *intr* sich verschieben: Ladung переме|ща́ться ⟨-сти́ться 3⟩; Mütze съезжа́ть ⟨съ|е́хать*⟩
Vers *m* стих 2е | ~e machen сочин|я́ть ⟨-и́ть 3⟩ [писа́ть* (на-)] стихи́; sich keinen ~ auf etw. machen können ничего́ не понима́ть в чём-н.
ver|sacken *intr* im Morast вя́знуть 4а (у-); feiern ку|ти́ть 3⁺ -чу́ (*mom* кутну́ть 4); ~**sagen** *tr* отка́зывать ⟨-|каза́ть*⟩ в *P*; *intr* отка́зывать ⟨-каза́ть⟩, отка́зываться ⟨-каза́ться⟩ служи́ть | j-m einen Wunsch

≈ отка́зываться вы́полнить чьё-н. жела́ние; die Stimme versagte ihr го́лос отказа́л ей; das Schloß hat versagt замо́к испо́ртился; der Motor [die Bremse] versagte мо́тор [то́рмоз] отказа́л; das Gewehr versagt oft винто́вка ча́сто даёт осе́чку; ihre Nerven versagten её не́рвы не вы́держали; er hat dabei versagt он с э́тим не спра́вился; es bleibt ihm versagt ему́ э́то недосту́пно

Versager *m* Mißerfolg неуда́ча 6 | er ist ein ~ он не спра́вился со свое́й зада́чей

Versal *m* прописна́я бу́ква 6

ver|salzen *tr* переса́ливать ⟨-соли́ть 3 -со́ли́шь⟩; *übertr* по́р|тить 3 -чу (ис-) | j-m die Suppe ≈ *übertr* насоли́ть кому́-н.; **~sammeln** *tr* собира́ть ⟨-|бра́ть*⟩; sich ≈ *refl* собира́ться ⟨со|бра́ться*⟩ | (vollzählig) versammelt sein быть в сбо́ре

Versammlung *f* собра́ние 5 | konstituierende ~ учреди́тельное собра́ние; er sprach auf der ~ он вы́ступил на собра́нии; die ~ war gut [schlecht] besucht на собра́нии бы́ло мно́го [ма́ло] наро́ду

Versammlungs|freiheit *f* свобо́да собра́ний; **~leiter** *m* председа́тель 1 собра́ния; **~lokal** *n* помеще́ние для собра́ний

Versand *m* отпра́вка 6, отсы́лка 6; **~buchhandel** *m* посы́лочная торго́вля кни́гами

versanden *intr* заноси́ться 3⁺ ⟨-|нести́сь*⟩ песко́м; seicht werden меле́ть (об-)

Versand|handel *m* посы́лочная торго́вля, посылто́рг 2; **~haus** *n* посы́лочная торго́вая фи́рма 6; **~ung** *f* обмеле́ние 5

ver|sauern *intr* скиса́ть ⟨ски́снуть 4а⟩ *a. übertr;* **~saufen** *tr umg* пропива́ть ⟨пропи́ть*⟩; **~säumen** *tr* nicht besuchen пропу|ска́ть ⟨-сти́ть 3⁺ -щу́⟩; Gelegenheit упу|ска́ть ⟨-сти́ть⟩; Termin просро́ч|ивать ⟨-ить 3⟩ | den Zug ≈ опа́здывать ⟨опозда́ть⟩ на по́езд; ich habe nichts zu ≈ мне не́куда спеши́ть; das Versäumte nachholen на|вёрстывать ⟨-верста́ть⟩ упу́щенное

Versäumnis *n* про́пуск 2, упуще́ние 5

ver|schachern *umg* разбаза́р|ивать ⟨-ить 3⟩; **~schachtelt:** ≈er Satz сло́жный пери́од; **~schaffen** *tr* добыва́ть ⟨добы́ть*⟩, до|става́ть* ⟨-|ста́ть*⟩; mit Mühe раздо|бы́ть* *v;* sich ≈ *refl* до|бы́ться* *v G;* раздо|быва́ть ⟨-бы́ть*⟩ | sich Recht ≈ до|би́ться* *v* пра́ва; j-m eine Stelle ≈ устр|а́ивать ⟨-о́ить 3⟩ кого́-н. на рабо́ту; **~schalen** *tr* обшива́ть ⟨-|ши́ть*, -ошью́⟩ (доска́ми); *Bauw* опа́луб|ить *v* 3 -лю

Verschalung *f* für Beton опа́лубка 6; Wandverkleidung обши́вка 6

verschämt стыдли́в:ый, засте́нчив:ый

ver|schandeln *tr* обезобра́|зить *v* 3 -жу; **~schanzen, sich** *refl* ока́пываться ⟨окопа́ться⟩ | sich hinter Ausreden ≈ отде́л|ываться ⟨-аться⟩ отгово́рками; **~schärfen** *tr* Aufsicht уси́л|ивать ⟨-ить 3⟩; Lage обостр|я́ть ⟨-и́ть 3⟩; Tempo уск|оря́ть ⟨-о́рить 3⟩; sich ≈ *refl* обостр|я́ться ⟨-и́ться⟩; уси́л|иваться ⟨-иться⟩; **~scharren** *tr* зарыва́ть ⟨-|ры́ть*⟩; **~schenken** *tr* дари́ть 3⁺ (по-), разда́ривать ⟨-дари́ть⟩; **~scherzen** *tr* (по легкомы́слию) теря́ть (по-); **~scheuchen** *tr* спу́гивать ⟨спугну́ть 4⟩; Fliegen; Sorgen от|гоня́ть ⟨-о|гна́ть*, отгоню́, ото́гнанный⟩; **~schicken** *tr* отпр|авля́ть ⟨-а́вить 3 -а́влю⟩ | j-n zur Kur ≈ направля́ть ⟨-авить 3 -авлю⟩ кого́-н. на лече́ние

verschiebbar передвижно́й

Verschiebebahnhof *m* сортиро́вочная (ста́нция)

verschieben *tr* с|двига́ть ⟨-дви́нуть 4⟩; Truppen перебр|а́сывать ⟨-о́сить 3 -о́шу, -о́шенный⟩; Zug пере|води́ть 3⁺ ⟨-|вести́*⟩ на друго́й путь; Termin откла́дывать ⟨-ложи́ть 3⁺⟩; sich ~ *refl* сдв|ига́ться ⟨-и́нуться⟩ | Waren ~ спекули́ровать 2 това́рами

Verschiebung *f* сдвиг 2; перебро́ска 6

verschieden **1.** *Adj* ра́зный, разли́ч|ный, -ен | ~e von ihnen не́которые из них; sie haben ~e Größe у них ра́зный разме́р **2.** *Adv:* ~ lang ра́зной длины́; **~artig** разнообра́з|ный, -ен, разли́ч|ный, -ен

Verschiedenartigkeit *f* разнообра́зие 5, разнообра́зность 9

verschiedenerlei ра́зного ро́да

Verschieden|es *n* ра́зное *Subst* 10, мно́гое *Subst* 10; **~heit** *f* разли́чие 5, ра́зница 6

verschiedentlich неоднокра́тно

ver|schießen *tr* Patronen расстр|е́ливать ⟨-еля́ть⟩; *intr* ausbleichen выцвета́ть ⟨вы́|цвести*⟩; **~schiffen** *tr* отпр|авля́ть ⟨-а́вить 3 -а́влю⟩ во́дным путём; **~schimmeln** *intr* пле́сневеть (за-); **~schimmelt** запле́сневелый; **~schlafen** **1.** *Adj* за́спан:ный, со́нный **2.** *tr u. intr* просыпа́ть ⟨-|спа́ть*⟩

Verschlag *m* Raum чула́н 2

verschlagen **1.** *Adj* хи́т|рый, -ёр, -ра́!, лука́в:ый **2.** *tr* mit Brettern закол|а́чивать ⟨-оти́ть 3⁺ -очу́⟩ доска́ми; weit заноси́ть 3⁺ -ношу́ ⟨-|нести́*⟩ | der Sturm hat das Schiff ~ бу́рей су́дно отнесло́; es verschlug ihm die Sprache он оне́ме́л; es verschlug ihr fast den Atem у неё дух захвати́ло; was hat dich hierher ~? что тебя́ занесло́ сюда́?

Verschlagenheit *f* хи́трость 9, лука́вство 4

verschlammen заи́л|иваться ⟨-иться 3⟩ | die Wege sind verschlammt доро́ги размы́ло [развезло́]

Verschlammung *f* заиле́ние 5, занесе́ние 5 и́лом

verschlechtern *tr* ухудша́ть ⟨уху́дшить 3⟩; sich ~ *refl* ухудша́ться ⟨уху́дшиться⟩
Verschlechterung *f* ухудше́ние 5
verschleiern *tr* Gesicht надева́ть ⟨-|де́ть*⟩ вуа́ль; Absichten вуали́ровать 2 (за-)
Verschleierung *f* (за)вуали́рование 5
verschleimt осли́злый, ослизнённый
Ver|schleimung *f* ослизне́ние 5; **~schleiß** *m Tech* изно́с 2
ver|schleißen *intr u.* sich ≈ *refl* изна́шиваться ⟨-носи́ться 3⁺⟩; **~schleißfest** износосто́|йкий, -ек
Verschleißteil *n* быстро изна́шивающаяся 11 дета́ль
verschleppen *tr* Personen наси́льно у|вози́ть 3⁺ -вожу́ ⟨-везти́*⟩ (за преде́лы ро́дины); Krankheit запу|ска́ть ⟨-сти́ть 3⁺ -щу́⟩; Seuche заноси́ть 3⁺ -ношу́ ⟨-|нести́*⟩; Verhandlungen затя́гивать ⟨-тяну́ть 4⁺⟩ | die Bevölkerung wurde nach ... verschleppt населе́ние бы́ло у́гнано в ...
Verschleppung *f* Krankheit запуска́ние 5; Verzögerung затя́гивание 5; Personen наси́льственный увóз 2
Verschleppungstaktik *f* та́ктика затя́гивания
ver|schleudern *tr* verschwenden растра́|чивать ⟨-тить 3 -чу⟩; *Hdl* про|дава́ть* ⟨прода́ть*⟩ за бесце́нок; **~schließbar** запира́ющийся 11; **~schließen** *tr* запира́ть ⟨запере́ть*⟩ (на замо́к) | die Augen vor etw. ≈ закрыва́ть ⟨-|кры́ть*⟩ глаза́ на что-н.; sich einer Sache ≈ быть* глухи́м к чему́-н.; **~schlimmern** *tr* ухудша́ть ⟨уху́дшить 3⟩; sich ≈ *refl* ухудша́ться ⟨уху́дшиться⟩
[1]**verschlingen** *tr* жа́дно глот|а́ть ⟨-ну́ть 4⟩, прогл|а́тывать ⟨-оти́ть 3⁺ -очу́, -о́ченный⟩ *a. übertr;* Geld, Zeit погло|ща́ть ⟨-ти́ть 3⁺ -щу́; -щённый⟩ | mit den Augen ~ пожира́ть глаза́ми
[2]**verschlingen** *tr* verknüpfen сплета́ть ⟨-|плести́*⟩; sich ~ *refl* с-, переплета́ться ⟨-плести́сь⟩
verschlossen Mensch за́мкнут:ый
verschlucken *tr* Wörter прогл|а́тывать ⟨-оти́ть 3⁺ -очу́; -о́ченный⟩; sich ~ *refl* захлёбываться ⟨-хлебну́ться 4⟩ (an *I*), поперхну́ться *v* 4 (an *I*)
Verschluß *m* затво́р 2 *a. Foto;* Schnalle застёжка 6; Gefäß, Flasche кры́шка 6 | unter ~ halten держа́ть 3⁺ под замко́м
verschlüsseln *tr* шифрова́ть 2 (за-), коди́ровать *uv, v* 2 (*v a.* 3 за-)
Verschluß|kappe *f* колпач|о́к, -ка́ 2; **~laut** *m* смы́чный согла́сный *Subst* 10; **~sache** *f* секре́тный докуме́нт 2
ver|schmähen *tr* пренебрега́ть ⟨пренебре́чь*⟩ *I* | nichts ≈ не отка́зываться ни от чего́; **~schmelzen** *tr Tech* сплавля́ть ⟨-пла́вить 3 -пла́влю⟩; vereinigen объедин|я́ть ⟨-и́ть 3⟩; *intr* расплавля́ться; Töne слива́ться ⟨-|ли́ться*, -ли́ли́сь⟩
Verschmelzung *f übertr* слия́ние 5, объедине́ние 5
ver|schmerzen *tr* переноси́ть 3⁺ -ношу́ ⟨-|нести́*⟩; **~schmieren** *tr* Ritzen зама́зывать ⟨-|ма́зать*⟩; Heft па́чкать (ис-); Butter израсхо́довать *v* 2 (на бутербро́ды); **~schmitzt** хи́т|рый, -ёр, -ра́!, лука́в:ый; **~schmutzen** *tr* загрязн|я́ть ⟨-и́ть 3⟩; *intr* загрязн|я́ться ⟨-и́ться⟩
Verschmutzung *f* загрязне́ние 5
ver|schnaufen *intr u.* sich ≈ *refl* передохну́ть *v* 4, переводи́ть 3⁺ -вожу́ ⟨-|вести́*⟩ дух; **~schneiden** Baum подре́зывать ⟨-|ре́зать*⟩; Stoff по́р|тить 3 -чу (ис-); Wein купажи́ровать 2; kastrieren кастри́ровать *uv, v* 2, холо|сти́ть 3 -щу́ (вы́-); **~schneit** засне́жен:ный
Verschnitt обре́зки *Pl* 2; alkoh. Getränk смесь 9 спиртны́х напи́тков
ver|schnörkelt вы́чур|ный, -ен; **~schnupft:** er ist ≈ у него́ на́сморк; *umg* beleidigt он раздоса́дован, он заде́т; **~schnüren** *tr* перевя́зывать ⟨-|вяза́ть*⟩ (шнурко́м); **~schollen** пропа́вший 11 бе́з вести; **~schonen** *tr* ща|ди́ть 3 -жу́ (по-) | ≈ mit избавля́ть ⟨-ба́вить 3 -ба́влю⟩ от *G;* **~schönern** *tr* приукра́|шивать ⟨-сить 3 -шу⟩
Verschönerung *f* приукра́шивание 5
verschossen блёкл:ый, вы́цветший 11; verliebt влюбл|ённый, -ён, -ена́ | sie ist in ihn ~ она́ без па́мяти от него́
ver|schränken *tr* Arme скре́щивать ⟨скре|сти́ть 3 -щу́⟩; **~schrauben** *tr* при|ви́нчивать ⟨-винти́ть 3 -винчу́; -ви́нченный⟩
Verschraubung *f* винтово́е соедине́ние
ver|schreiben *tr* Papier, Bleistift испи́сывать ⟨-|писа́ть*⟩; Arznei прописывать ⟨-писа́ть⟩; Heilbehandlung назн|ача́ть ⟨-а́чить 3⟩; sich ≈ *refl* де́лать (с-) опи́ску, опи́сываться ⟨о|писа́ться*⟩; einer Arbeit от|дава́ться* ⟨отда́ться*; отда́лся, -ала́сь⟩; **~schroben** стра́н|ный, -ен, -на́!, взба́лмош|ный, -ен; **~schrotten** *tr* превра|ща́ть ⟨-ти́ть 3 -щу́⟩ в лом; **~schrumpeln** *intr* мо́рщиться 3 (с-); **~schüchtern** *tr* запу́гивать ⟨-пуга́ть⟩; **~schulden** *tr* verursachen быть* вино́вником *G*
Verschulden *n:* ohne mein ~ не по моей вине́
verschuldet име́ющий 11 долги́, обременён:ный долга́ми | er ist ~ у него́ долги́
Verschuldung *f* задо́лженность 9
ver|schütten *tr* Salz, Mehl просыпа́ть ⟨-|сы́пать*⟩; Flüssigkeit пролива́ть ⟨проли́ть*⟩ | verschüttet werden *Bergb* быть* засы́панным; **~schweigen** *tr* ума́лчивать ⟨-молча́ть 3⟩ о *P;* **~schweißen** *tr* сва́ривать ⟨свари́ть 3⁺⟩; **~schwenden** *tr*

тра́|тить 3 -чу (да́ром), растра́|чивать ⟨-тить 3 -чу⟩
Verschwender *m* расточи́тель 1
verschwenderisch расточи́тел|ьный, -ен, -ьна
Verschwendung расточи́тельство 4
Verschwendungssucht *f* расточи́тельность 9
verschwiegen молчали́в:ый
Verschwiegenheit *f* молчали́вость 9
ver|schwimmen *intr* расплыва́ться ⟨-|плы́ться*⟩ | mir verschwamm alles vor den Augen у меня́ всё поплы́ло пе́ред глаза́ми; **~schwinden** *intr* исчеза́ть ⟨-че́знуть 4а⟩ | die Sonne verschwand hinter den Wolken со́лнце скры́лось за облака́ми; er verschwand von der Bildfläche он скры́лся из ви́да; **~schwindend:** ≈ klein бесконе́чно ма́лый; **~schwitzen** *tr* Kleider про|пи́тывать ⟨-пита́ть⟩ по́том; vergessen забыва́ть ⟨-|бы́ть*; -бы́ла⟩; **~schwommen** Umrisse расплы́вчат:ый; Formulierung нея́с|ный, -ен, -на́, -но, нея́сны́, тума́н|ный, -ен, -на | ≈es Bild Fernsehen нере́зкое изображе́ние 5
Verschwör|er *m* загово́рщик 2; **~ung** *f* (та́йный) за́говор 2
versehen *tr* снаб|жа́ть ⟨-ди́ть 3 -жу́⟩; Dienst исполня́ть ⟨-по́лнить 3⟩; sich ~ *refl* запаса́ться ⟨-|пасти́сь*⟩ (mit *I*); sich irren ошиба́ться ⟨-|шиби́ться*⟩ | ehe ich mich versah ... не успе́л я огляну́ться, как ...
Versehen *n* оши́бка 6 | aus ~ по оши́бке
versehentlich *Adv* по оши́бке
Versehrter *m* инвали́д 2
ver|selbständigen, sich *refl* обос|обля́ться ⟨-о́биться 3 -о́блюсь⟩; **~senden** *tr* отпр|авля́ть ⟨-а́вить 3 -а́влю⟩; Rundschreiben рассыла́ть ⟨разо|сла́ть*; разо́сланный⟩
Versendung *f* отпра́вка 6; рассы́лка 2
ver|sengen *tr* обжига́ть ⟨-|же́чь*, -ожгу́, -ожгла́⟩, опал|я́ть ⟨-и́ть 3⟩; **~senkbar** Fenster опуска́ющийся 11 | ≈e Nähmaschine кабине́тная шве́йная маши́на; **~senken** *tr* погр|ужа́ть ⟨-узи́ть 3 -ужу́, -у́зи́шь⟩, опу|ска́ть ⟨-сти́ть 3⁺ -щу́⟩; Schiff затоп|ля́ть ⟨-и́ть 3⁺ -лю́⟩; sich ≈ *refl übertr* погру|жа́ться ⟨-зи́ться⟩ (in в *A*)
Versenkung *f* Schiff потопле́ние 5; geistige Konzentration углублённость 9; *Theat* люк 2 | in der ~ verschwinden исчеза́ть ⟨-че́знуть 4а⟩ бессле́дно
versessen па́д|кий, -ок (auf до *G*, на *A*), поме́шан:ный, -а (auf на *P*) | auf etw. ~ sein быть поме́шанным на чём-н.
versetzen *tr* umstellen перест|авля́ть ⟨-а́вить 3 -а́влю⟩; Bäume переса́живать ⟨-сади́ть 3⁺ -сажу́⟩; Schüler переводи́ть 3⁺ -вожу́ ⟨-|вести́*⟩ (в сле́дующий класс); Angestellte пере|води́ть ⟨-вести́⟩ на но́вую до́лжность; verpfänden закла́дывать ⟨-ложи́ть 3⁺⟩; entgegnen возра|жа́ть ⟨-зи́ть 3 -жу́⟩ | in den Ruhestand ~ увольня́ть ⟨уво́лить 3⟩ в отста́вку; in Schrecken ~ наводи́ть 3⁺ -вожу́ ⟨-|вести́*⟩ у́жас на *A;* einen Schlag ~ наноси́ть 3⁺ -ношу́ ⟨-|нести́*⟩ уда́р; j-n in die Lage ~, etw. zu tun дать* *v* кому́-н. возмо́жность что-н. сде́лать; versetze dich in meine Lage войди́ в моё положе́ние
Versetzung *f* Schüler перево́д 2 в сле́дующий класс; Angestellter перево́д на но́вую до́лжность | ~ in den Ruhestand увольне́ние 5 в отста́вку
verseuchen *tr* зара|жа́ть ⟨-зи́ть 3 -жу́⟩
Verseuchung *f* зараже́ние 5
Versfuß *m* (стихотво́рная) стопа́ 6с
versichern *tr* beteuern уверя́ть ⟨-ве́рить 3⟩; Versicherung eingehen страхова́ть 2 (за-) (gegen от *G*); sich ~ *refl* страхова́ться 2 (за-) (gegen от *G*) | j-n seiner Anteilnahme ~ уверя́ть кого́-н. в своём уча́стии; etw. hoch und heilig ~ кля́твенно заверя́ть в чём-н.
Versicher|ter *m* застрахо́ванный *Subst* 10, страхова́тель 1; **~ung** *f* страхова́ние 5 (gegen от *G*); Beteuerung завере́ние 5 | eine ≈ abschließen застрахова́ться *v* 2
Versicherungs|anstalt *f* страхово́е о́бщество 4; **~gebühr** *f* страхово́й взнос; **~prämie** *f* страхова́я пре́мия, *umg* страхо́вка 6; **~vertreter** *m* страхово́й аге́нт
ver|sickern *intr* впи́тываться ⟨впита́ться⟩ (in в *A*); **~siegeln** *tr* Brief запеча́т|ывать ⟨-ать⟩; Raum опеча́т|ывать ⟨-ать⟩
Versiegelung *f* запеча́тывание 5; опеча́тывание 5
versiegen *intr* исс|яка́ть ⟨-я́кнуть 4а⟩ *a. übertr*
versiert о́пыт|ный, -ен, све́дущ:ий 11 (in в *P*)
ver|silbern *tr* серебри́ть 3 (вы́-, по-); **~silbert** серебрёный; **~sinken** *intr* тону́ть 4⁺ (у-), погр|ужа́ться ⟨-узи́ться 3 -ужу́сь, -у́зи́шься⟩ *a. übertr;* im Morast погря́знуть *v* 4а *a. übertr* | in Gedanken ≈ пре|дава́ться* ⟨пре|да́ться*, преда́ли́сь⟩ размышле́ниям; **~sinnbildlichen** *tr* символизи́ровать 2
Version *f* ве́рсия 8, вариа́нт 2
versklaven *tr* порабо|ща́ть ⟨-ти́ть 3 -щу́⟩
Versklavung *f* порабоще́ние 5
Vers|lehre *f* ме́трика 6; **~maß** *n* разме́р 2 стиха́, стихотво́рный разме́р
versöhnen *tr* мири́ть 3 (по-), примир|я́ть ⟨-и́ть⟩; sich ~ *refl* мири́ться (по-), примир|я́ться ⟨-и́ться⟩
Versöhnler *m* примире́н|ец, -ца 2, соглаша́тель 1
versöhnlerisch примире́нческий, соглаша́тельский

Versöhnlertum *n* примирéнчество 4, соглашáтельство 4
versöhnlich примирúтел|ьный, -ен, -ьна
Versöhnung *f* примирéние 5
versonnen задýмчив:ый
versorgen *tr* обеспéч|ивать ⟨-ить 3⟩, снаб|жáть ⟨-дúть 3 -жý⟩ (mit *I*); sich ~ *refl* запасáться ⟨-|пастúсь*⟩ (mit *I*)
Versorgung *f* снабжéние 5, обеспéчение 5
Versorgungsfahrzeug *n* автомобúль 1 снабжéния
ver|spachteln *tr* шпаклевáть 2 (за-); **~späten, sich** *refl* о|пáздывать ⟨-опоздáть⟩ | sich um eine halbe Stunde ≈ опоздáть на полчасá; **~spätet** запоздáлый
Verspätung *f* опоздáние 5 | der Zug hat zehn Minuten ~ пóезд опáздывает на дéсять минýт
ver|speisen *tr* съедáть ⟨-|есть*⟩; **~sperren** *tr* загор|áживать ⟨-одúть 3 -ожý, -óдúшь⟩, прегра|ждáть ⟨-дúть 3 -жý; -ждённый⟩; durch Schlagbaum закрывáть ⟨-|крыть*⟩; **~spielen** *tr* проúгрывать ⟨-игрáть⟩; **~spielt** игрúв:ый | das Kind ist sehr ≈ ребёнок óчень лю́бит игрáть; **~spotten** *tr* насмехáться над *I*, издевáться над *I;* **~sprechen** *tr* обещáть *uv, v;* sich ≈ *refl* огов|áриваться ⟨-орúться 3⟩ | er verspricht etwas zu werden он подаёт надéжды; seine Miene versprach nichts Gutes выражéние егó лицá не предвещáло ничегó хорóшего; ich habe mir viel davon versprochen я мнóгого ожидáл от э́того
Versprech|en *n* обещáние 5 | ein ≈ halten сдéрживать ⟨-держáть 3⁺⟩ обещáние; **~er** *m* оговóрка 6; **~ung** *f:* j-n mit leeren ≈en hinhalten обнадёж|ивать ⟨-ить 3⟩ пусты́ми обещáниями, корм|úть 3⁺ -лю зáвтраками
versprengt отбúвшийся 11
ver|spritzen *tr* разбры́згивать ⟨-бры́згать⟩, распры́ск|ивать ⟨-ать⟩; **~spüren** *tr* чýвствовать 2 (по-) | Lust ≈ испы́тывать ⟨-пытáть⟩ желáние; **~staatlichen** *tr* национализúровать *uv, v* 2
Verstaatlichung *f* национализáция 8
Verstädterung *f* урбанизáция 8
Verstand *m* ум 2, рáзум 2; Denkvermögen рассýд|ок, -ка 2 | mit ~ с умóм, толкóво; ohne Sinn und ~ бессмы́сленно; ich hatte ihm mehr ~ zugetraut я дýмал, что он умнée; das geht über meinen ~ э́то вы́ше моегó понимáния; den ~ verlieren схо|дúть 3⁺ -жý ⟨со|йтú*⟩ с умá; bei vollem ~e sein быть вполнé нормáльным; j-n um den ~ bringen сводúть ⟨-|вестú*⟩ когó-н. с умá
verstandesmäßig рассýдоч|ный, -ен, разýм|ный, -ен
Verstandes|mensch *m* рассýдочный человéк, рационалúст; **~schärfe** *f* проницáтельность 9 умá
verständig разýм|ный, -ен, рассудúтел|ьный, -ен, -ьна
verständigen *tr* изве|щáть ⟨-стúть 3 -щý⟩, уведомля́ть ⟨увéдом|ить 3 -лю⟩; sich ~ *refl* объясня́ться; sich einigen догов|áриваться ⟨-орúться 3⟩ | sie verständigten sich durch Zeichen онú объясня́лись знáками
Verständig|keit *f* разýмность 9, рассудúтельность 9; **~ung** *f* Benachrichtigung извещéние 5, уведомлéние 5; sprachlich объяснéние 5; gegenseitiges Verständnis взаимопонимáние 5; Übereinkunft соглашéние 5
Verständigungs|möglichkeit *f* возмóжность договорúться; **~politik** *f* полúтика взаимопонимáния
verständlich поня́т|ный, -ен, я́с|ный, -ен, -нá, -но, я́сны́ | eine ~e Forderung опрáвданное трéбование; sich ~ machen объясн|я́ться ⟨-úться 3⟩; **~erweise** *Adv* естéственно, сáмо собóй разумéется
Verständ|lichkeit *f* поня́тность 9, я́сность 9; **~nis** *n* понимáние 5 | ihm geht das ≈ für Musik ab он не понимáет мýзыки; für etw. volles ≈ haben целикóм и пóлностью быть* соглáсным с чем-н.; ich habe kein ≈ für solche Späße мне не нрáвятся э́ти шýтки, я не понимáю такúх шýток
verständnis|los непонимáющий 11; **~voll** понимáющий 11
verstärken *tr* усúл|ивать ⟨-ить 3⟩; Mauer укреп|ля́ть ⟨-úть 3 -лю́⟩
Verstärker *m Rad* усилúтель 1
Verstärkung *f* усилéние 5; *Mil, Bauw* подкреплéние 5, укреплéние 5; Verdickung утолщéние 5
ver|stauben *intr* покрывáться ⟨-|кры́ться*⟩ пы́лью, пылúться 3 (за-); **~stauchen** *tr* растя́гивать ⟨-тянýть 4⁺⟩
Verstauchung *f* растяжéние 5
verstauen *tr* уме|щáть ⟨-стúть 3 -щý⟩; verpacken уклáдывать ⟨-ложúть 3⁺⟩
Versteck *n* Zufluchtsort убéжище 4, укры́тое мéсто 4b; verborgene Stelle укры́тие 5 | ~ spielen игрáть в пря́тки *a. übertr*
verstecken *tr* пря́|тать, -чу, -чешь (с-) (vor от *G*); verbergen скрывáть ⟨-|кры́ть*⟩; sich ~ *refl* пря́таться (с-), с|кры́вáться ⟨-кры́ться*⟩ | wir brauchen uns nicht zu ~ *übertr* нам не нáдо стыдúться
Versteckspiel *n* игрá в пря́тки
versteckt *übertr* скры́т|ый, -ен | ~er Vorwurf скры́тый упрёк
ver|stehen *tr* begreifen понимáть ⟨поня́ть*⟩; können умéть | er konnte vor

Lärm kein Wort ≈ из-за шу́ма он не мог разобра́ть ни одного́ сло́ва; der Text ist schwer zu ≈ текст тру́дно поня́ть; er versteht etw. von Musik он разбира́ется в му́зыке; j-m etw. zu ≈ geben дава́ть ⟨дать⟩ поня́ть кому́-н. что-н.; sie versteht zu reden она́ уме́ет говори́ть; sich auf etw. ≈ понима́ть [знать] толк в чём-н.; er versteht seine Kunst он владе́ет свои́м иску́сством; sich zu etw. ≈ снисхо|ди́ть 3⁺ -жу́ ⟨снизо|йти́*⟩ до чего́-н.; die Preise ≈ sich franko це́ны ука́заны фра́нко; das versteht sich von selbst э́то само́ собо́й разуме́ется; hast du verstanden! по́нял!, слы́шишь!; **~steifen** *tr Bauw* укреп|ля́ть ⟨-и́ть 3 -лю́⟩; sich ≈ *refl übertr* упо́рствовать 2 (auf в *P*); **~steigen, sich** *refl:* sich zu der Behauptung ≈ осме́л|иваться ⟨-иться 3⟩ сказа́ть, име́ть сме́лость утвержда́ть; **~steigern** *tr* про|дава́ть* ⟨прода́ть*⟩ с аукцио́на

Versteigerung *f* аукцио́н 2; das Versteigern прода́жа 6 с аукцио́на | öffentliche ~ публи́чные торги́

versteiner|n *intr* камене́ть (о-); **~t** окамене́лый | er stand wie ≈ он остолбене́л

Versteinerung *f* Vorgang окамене́ние 5; Ergebnis окамене́лость 9

verstellbar regelbar регули́руемый | ~e Rückenlehne отки́дывающаяся 11 спи́нка

verstellen *tr* anders einstellen перест|авля́ть ⟨-а́вить 3 -а́влю⟩; regeln регули́ровать 2; versperren заст|авля́ть ⟨-а́вить 3 -а́влю⟩, загор|а́живать ⟨-оди́ть 3 -ожу́, -о́дишь⟩; Schrift, Stimme измен|я́ть ⟨-и́ть 3⁺⟩; sich ~ *refl* притвор|я́ться ⟨-и́ться 3⟩

Verstellung *f* перестано́вка 6; регулиро́вка 6; притво́рство 4

Verstellungskunst *f* уме́ние 5 притворя́ться

versteuern *tr* упл|а́чивать ⟨-ати́ть 3⁺ -ачу́⟩ нало́г на *A*

Versteuerung *f* упла́та 6 нало́гов

verstimm|en *tr Mus* расстр|а́ивать ⟨-о́ить 3⟩ *a. übertr;* sich ≈ *refl Mus* расстр|а́иваться ⟨-о́иться⟩ | die Geige ist ≈ скри́пка расстро́ена; ich bin ≈ я не в ду́хе

Verstimmung *f Mus* расстро́йка 6; *übertr* расстро́йство, дурно́е настрое́ние 5

ver|stockt *übertr* закорене́лый, закосне́лый; **~stohlen 1.** *Adj:* ein ≈er Blick укра́дкой бро́шенный взгляд **2.** *Adv* укра́дкой

verstopfen *tr* затыка́ть ⟨-ткну́ть 4⟩ | ~d wirken *Med* вызыва́ть ⟨вы́|звать*⟩ запо́р; die Straße ist verstopft образова́лась про́бка (в у́личном движе́нии)

Verstopfung *f* Verkehr зато́р 2, про́бка 6; *Med* Stuhl запо́р 2 | er leidet an ~ *Med* его́ крепи́т, он страда́ет запо́ром

verstorben уме́рший 11, поко́йный

Verstorbener *m* уме́рший *Subst* 11, поко́йник 2

verstört растеря́нный

Verstoß наруше́ние 5 (gegen *G*)

ver|stoßen *tr* j-n изгоня́ть ⟨-|гна́ть*⟩; *intr* наруша́ть ⟨-ру́шить 3⟩ (gegen *A*); **~streben** *tr* укреп|ля́ть ⟨-и́ть 3 -лю⟩ [крепи́ть] раско́сами

Verstrebung *f* крепле́ние 5 распо́рками

ver|streichen *tr* Risse зама́зывать ⟨-|ма́зать*⟩; *intr* Zeit проходи́ть 3⁺ ⟨-|йти́*⟩, протека́ть ⟨-|те́чь*⟩; **~streuen** *tr* рассе́|ивать ⟨-ять, -ю, -ешь⟩, разбр|а́сывать ⟨-оса́ть⟩; verschütten рассыпа́ть ⟨-|сы́пать*⟩; **~stricken** *tr* Wolle расхо́довать 2 (из-) при вяза́нии; *übertr* втя́гивать ⟨втяну́ть 4⁺⟩; sich ≈ *refl* запу́т|ываться ⟨-аться⟩ | sich in Widersprüche ≈ запу́т|ываться ⟨-аться⟩ в противоре́чиях; **~stümmeln** *tr* кале́чить 3 (ис-), уро́довать 2 (из-), изуве́ч|ивать ⟨-ить 3⟩; einen Text коверка́ть (ис-), иска|жа́ть ⟨-зи́ть 3 -жу́⟩

Verstümmelung *f* уве́чье 5, изуро́дование 5; eines Textes коверка́нье 5, искаже́ние 5

verstummen *intr* умолка́ть ⟨умо́лкнуть 4а⟩; nicht mehr sprechen замолка́ть ⟨-мо́лкнуть 4а⟩

Versuch *m* попы́тка 6; wissenschaftlicher о́пыт 2 | es käme auf einen ~ an на́до бы́ло бы попыта́ться; einen ~ machen [durchführen] проводи́ть 3⁺ -вожу́ ⟨-|вести́*⟩ о́пыт

versuchen *tr* про́бовать 2 (по-), пыта́ться (по-); kosten про́бовать (по-); sich ~ *refl* про́бовать свои́ си́лы | es mit Güte ~ про́бовать добро́м; sein Glück ~ попыта́ть сча́стья; er versuchte sein Bestes он попыта́лся сде́лать всё, что от него́ зави́сит

Versuchs|anlage *f* эксперимента́льная [о́пытная] устано́вка; **~ballon** *m* (шар-)зонд (2b) 2; *übertr* про́бный шар; **~feld** *n* о́пытное по́ле; **~gelände** *n* полиго́н 3; **~gut** *n* о́пытное хозя́йство 4; **~kaninchen** *n* подо́пытный кро́лик *a. übertr;* **~person** *f* испыту́емый *Subst* 10; **~reaktor** *m* о́пытный реа́ктор; **~reihe** *f* се́рия о́пытов; **~station** *f* о́пытная ста́нция; **~tier** *n* подо́пытное живо́тное

versuchsweise *Adv* для о́пыта, в ви́де о́пыта | j-n ~ anstellen принима́ть ⟨приня́ть*⟩ кого́-н. на рабо́ту с испыта́тельным сро́ком

Versuchung *f* искуше́ние 5 | einer ~ widerstehen устоя́ть *v* 3 пе́ред искуше́нием; in ~ führen вво|ди́ть 3⁺-жу́ ⟨в|вести́*⟩ в искуше́ние

versumpf|en *intr* забол|ачиваться ⟨-отиться 3⟩; *übertr* погр|язать ⟨-язнуть 4a⟩, опу|скаться ⟨-ститься 3⁺ -щусь⟩; **~t** *Adj* заболоченный
ver|sündigen, sich *refl* провиниться *v* 3 (an перед *I*), грешить 3 (со-) (an против *G*); **~süßen** *tr übertr* скрашивать ⟨скра|сить 3 -шу⟩ | eine bittere Pille ≈ золо|тить 3 -чу (по-) пилюлю; **~tagen** *tr* откладывать ⟨-ложить 3⁺⟩ (auf на *A*)
Vertagung *f* перенесение 5
ver|täuen *tr Mar* швартовать 2 (при-), причал|ивать ⟨-ить 3⟩; **~tauschen** *tr* обмениваться ⟨-меняться⟩; auswechseln смен|ять ⟨-ить 3⁺¡ -ённый⟩; **~tausendfachen** *tr* увелич|ивать ⟨-ить 3⟩ в тысячу раз; **~teidigen** *tr* защи|щать ⟨-тить 3 -щу⟩ (gegen от *G*); schützen отст|аивать ⟨-оять 3⟩; *Mil* оборон|ять ⟨-ить 3⟩ (gegen от *G*), защи|щать ⟨-тить⟩; sich ≈ *refl* защи|щаться ⟨-титься⟩
Verteidig|er *m* защитник *a. Jur, Sport;* **~ung** *f Jur, Sport* защита 6; *Mil a.* оборона 6
Verteidigungs|anlagen *f Pl Mil* оборонительные сооружения 5; **~bereitschaft** *f* готовность к обороне; **~fähigkeit** *f* обороноспособность 9; **~krieg** *m* оборонительная война; **~linie** *f Mil* линия обороны; **~maßnahmen** *f Pl* оборонные мероприятия; **~minister** *m* министр обороны; **~rede** *f Jur* защитительная речь; **~stellung** *f Mil* оборонительная позиция
verteilen *tr* распредел|ять ⟨-ить 3⟩; austeilen раз|давать* ⟨раздать*⟩
Verteil|er *m* распределитель 1 *a. Tech;* **~ung** *f* распределение 5; Ausgeben раздача 6 | ≈ der Kräfte расстановка сил; ≈ nach der Leistung распределение по труду
Verteilungsplan *m* план распределения
verteuern *tr* удорож|ать ⟨-ить 3⟩
Verteuerung *f* вздорожание 5, удорожание 5
verteufelt 1. *Adj* чертовский **2.** *Adv:* es ist ~ schwer чертовски трудно
vertiefen *tr* углуб|лять ⟨-ить 3 -лю⟩; sich ~ *refl* углуб|ляться ⟨-иться⟩ *a. übertr*
Vertiefung *f* углубление 5 *a. übertr;* Talsenke лощина 6; Aushöhlung впадина 6 | ~ der Krise обострение кризиса
vertier|en *intr* зверéть (о-); **~t** озверелый
vertikal вертикал|ьный, -ен
Vertikale *f* вертикаль 9
vertilgen *tr* Ungeziefer истреб|лять ⟨-ить 3 -лю⟩; *umg* Speisen погло|щать ⟨-тить 3 -щу¡ -щённый⟩
Vertilgung *f* истребление 5; поглощение 5
ver|tippen, sich *refl* ошибаться ⟨-|шибиться*⟩ (при переписке на машинке); **~tonen** *tr* переложить *v* 3⁺ на музыку
Vertonung *f* переложение 5 на музыку
Vertrag *m* договор 2; *Wirtsch* контракт 2 | laut ~ по [согласно] договору; einen ~ (ab)schließen заключ|ать ⟨-ить 3⟩ договор
ver|tragen *tr* выно|сить 3⁺ -шу ⟨вы|нести*⟩, переносить ⟨-нести⟩; sich ≈ *refl* ла|дить 3 -жу, уживаться ⟨-|житься*¡ -жились⟩ | ich kann kein Eis ≈ мороженое мне вредно; keinen Spaß ≈ не понимать шуток; sich mit j-m wieder ≈ помириться *v* 3 с кем-н.; das verträgt sich nicht mit seinen Ansichten это не вяжется с его взглядами; **~traglich 1.** *Adj* договорный **2.** *Adv* по договору | er ist ≈ gebunden он связан договором; **~träglich** уживчивый
Verträglichkeit *f* уживчивость 9; *Med* переносимость 9
Vertrags|artikel *m* статья договора; **~bestimmung** *f* положение договора; **~bruch** *m* нарушение 5 договора
vertragsbrüchig нарушивший 11 договор | ~ werden нар|ушать ⟨-ушить 3⟩ договор
vertragschließend договаривающийся 11 | die hohen ~en Seiten Высокие Договаривающиеся Стороны
Vertragsgericht *n* арбитраж 2
vertragsmäßig 1. *Adj* соответствующий 11 договору **2.** *Adv* по [согласно] договору
Vertrags|partner *m* сторона 6a в договоре; **~staaten:** die Warschauer ≈ страны-участницы Варшавского договора; **~strafe** *f* неустойка 6; **~treue** *f* выполнение 5 условий договора; **~werkstatt** *f* мастерская гарантийного ремонта
vertragswidrig противоречащий 11 договору
vertrauen *intr* доверять ⟨-верить 3⟩ (auf *D*), верить (по-) (auf в *A*)
Vertrauen *n* доверие 5 | j-m ~ schenken питать к кому-н. доверие; im ~ по секрету; im ~ gesagt между нами говоря; ~ auf die eigene Kraft вера в собственные силы; ~ ist gut, Kontrolle ist besser доверяй, но проверяй; ~ genießen пользоваться 2 (вос-) доверием
vertrauenerweckend вызывающий 11 (к себе) доверие
vertrauensbildend: ~e Maßnahmen меры по укреплению доверия
Vertrauens|bruch *m* нарушение доверия; **~frage** *f* вопрос о доверии; **~mann** *m* Gewerkschaft профорг 2; **~person** *f* доверенное лицо; **~seligkeit** *f* доверчивость 9; **~stellung** *f* ответственная должность

vertrauensvoll довéрчив:ый
Vertrauensvotum *n* вóтум довéрия
vertrauenswürdig достó|йный, -ен довéрия
vertraulich **1.** *Adj* Gespräch интúм|ный, -ен; Beziehungen блúз|кий, -ок, -кá, -ко, блúзкú; Schreiben конфиденциáл|ьный, -ен, -ьна **2.** *Adv:* streng ~ совершéнно секрéтно
Vertraulichkeit *f* интúмность 9; блúзость 9; конфиденциáльность 9
ver|träumt мечтáтел|ьный, -ен, -ьна; **~traut** интúм|ный, -ен, блúз|кий, -ок, -кá, -ко, блúзкú | ≈ mit знакóм:ый с *I;* sich ≈ machen mit etw. знакóм|иться 3 -люсь (о-) с чем-н.
Vertrauter *m* довéренный *Subst* 10
Vertrautheit *f* интúмность 9, блúзость 9; genaue Kenntnis основáтельное знáние 5 (mit *G*)
vertreiben *tr* изгон|я́ть ⟨-|гнáть*⟩, прогон|я́ть ⟨-гнáть⟩; verkaufen про|давáть* ⟨продáть*⟩ | sich die Zeit mit etw. ~ коротáть (с-) врéмя за чем-н., проводúть 3⁺ -вожý ⟨-|вестú*⟩ врéмя за чем-н.; der Wind hat die Wolken vertrieben вéтер разогнáл тýчи
Vertreibung *f* изгнáние 5
vertretbar допустúм:ый; annehmbar приéмлем:ый | nicht ~ не приéмлемый
vertreten *tr* ersetzen замен|я́ть ⟨-úть 3⁺⟩, замещáть; Firma, Land, Wahlkreis предст|авля́ть ⟨-áвить 3 -áвлю⟩; Ansichten защи|щáть ⟨-тúть 3 -щý⟩ | er vertritt die Meinung он придéрживается мнéния; sich den Fuß ~ вы́вихнуть *v* 4 себé нóгу; sich die Beine ~ разминáть ⟨-|мя́ть*, -омнý⟩ нóги
Vertret|er *m* представúтель 1; einer Firma, der Versicherung агéнт 2; Stellvertreter заместúтель 1; *Lit* вырaзúтель 1; **~ung** *f* представúтельство 4; заместúтельство 4 | in ≈ в кáчестве заместúтеля; bei Unterschriften исполня́ющий 11 обя́занности
vertretungsweise *Adv* в кáчестве заместúтеля | ~ Unterricht in einer anderen Klasse geben замен|я́ть ⟨-úть 3⁺⟩ преподавáтеля в другóм клáссе
Vertrieb *m* продáжа 6, сбыт 2
Vertriebsrecht *n* прáво продáжи
ver|trinken *tr* пропивáть ⟨пропúть*⟩; **~trocknen** *intr* Pflanzen засыхáть ⟨-сóхнуть 4a⟩; austrocknen высыхáть ⟨вы́сохнуть⟩, засыхáть ⟨-сóхнуть⟩; **~trödeln** *tr* Zeit трá|тить 3 -чу (ис-) пóпусту; **~trösten** *tr* обнадёж|ивать ⟨-ить 3⟩ (auf *I*); **~tun** *tr* растрá|чивать ⟨-тить 3 -чу⟩ пóпусту; **~tuschen** *tr* заминáть ⟨-|мя́ть*⟩; **~übeln** *tr* обижáться ⟨обú|деться 3 -жусь⟩ (j-m etw. на *A* за *A*); **~üben** *tr* совершáть ⟨-úть 3⟩; **~ulken** *tr* подшýчивать ⟨-шутúть 3⁺ -шучý⟩ над *I;* **~unglimpfen** *tr* срам|úть 3 -лю (о-); beleidigen оскорб|ля́ть ⟨-úть 3 -лю⟩
verunglücken *intr* Fahrzeug попадáть ⟨-|пáсть*⟩ в авáрию; Person пострадáть *v* от несчáстного слýчая; Versuch терп|éть 3⁺ -лю (по-) неудáчу | tödlich ≈ погúбнуть *v* 4a от несчáстного слýчая
Verunglückter *m* пострадáвший *Subst* 11
verun|krauten *vi* зарастáть ⟨-|растú*⟩ сорнякáми; **~reinigen** *tr* загрязн|я́ть ⟨-úть 3⟩
Verunreinigung *f* загрязнéние 5
verunsichern *tr* всел|я́ть ⟨-úть 3⟩ неувéренность в *A,* соз|давáть* ⟨создáть*⟩ атмосфéру неувéренности у *G*
verunstalten *tr* искa|жáть ⟨-зúть 3 -жý⟩, урóдовать 2 (из-)
Verunstaltung *f* обезобрáживание 5, урóдование 5
veruntreuen *tr* растрá|чивать ⟨-тить 3 -чу⟩
Veruntreuung *f* растрáта 6
ver|unzieren *tr* обезобрá|живать ⟨-зить 3 -жу⟩; **~ursachen** *tr* причин|я́ть ⟨-úть 3⟩, быть* причúной *G;* Streit вызывáть ⟨вы́|звать*⟩; **~urteilen** *tr Jur* прису|ждáть ⟨-дúть 3⁺ -жý; -ждённый⟩ (wegen за *A,* zu к *D*); Tat осу|ждáть ⟨-дúть; -ждённый⟩ | das war zum Scheitern verurteilt э́то бы́ло обреченó на неудáчу; wir ≈ diese Tat мы осуждáем э́тот постýпок
Verurteil|ter *m* осуждённый *Subst* 10; **~ung** *f Jur* вынесéние 5 пригóвора; Tadel осуждéние 5
verviel|fachen *tr* умн|ожáть ⟨-óжить 3⟩, увелúч|ивать ⟨-ить 3⟩; **~fältigen** *tr* размн|ожáть ⟨-óжить 3⟩
Vervielfältigung *f* размножéние 5
Vervielfältigungsapparat *m* мнóжительный аппарáт
ver|vierfachen *tr* учетвер|я́ть ⟨-úть 3⟩; **~vollkommnen** *tr* совершéнствовать 2 (у-); sich ≈ *refl* совершéнствоваться (у-)
Vervollkommnung *f* усовершéнствование 5
vervollständigen *tr* до-, по|полня́ть ⟨-пóлнить 3⟩; auf einen kompletten Stand bringen комплектовáть 2 (с-, у-)
Vervollständigung *f* пополнéние 5; укомплектовáние 5
verwachsen **1.** *intr* zuwachsen зарастáть ⟨-|растú*⟩; zusammenwachsen срастáться ⟨-растúсь⟩ *a. übertr;* Wunde заживáть ⟨зажúть*⟩ **2.** *Adj* горбáт:ый; Rücken искривл|ённый, -ён, -енá
Verwachsung *f* срастáние 5; *Med* сращéние 5
verwackeln *tr: Foto* das Bild ist verwackelt изображéние сдвúнуто [смáзано]
verwahr|en *tr* хранúть 3; sich ≈ *refl* про-

тестова́ть 2 (gegen про́тив *G*); **~losen** *intr* приходи́ть 3⁺ -хожу́ ⟨-|йти́*⟩ в состоя́ние запу́щенности; Kinder о|става́ться* ⟨-|ста́ться*⟩ без присмо́тра; **~lost** запу́щенный, забро́шенный; Kind беспризо́р|ный, -ен

Verwahrung *f* Aufbewahrung хране́ние 5; Protest проте́ст 2, возраже́ние 5 | in ~ nehmen принима́ть ⟨приня́ть*⟩ на хране́ние; gegen etw. ~ einlegen заяв|ля́ть ⟨-и́ть 3⁺ -лю́⟩ проте́ст про́тив чего́-н.

verwais|en *intr* сироте́ть (о-); **~t** осироте́лый

verwalten *tr* управля́ть *I;* Lager, Amt заве́довать 2 *I*

Verwalt|er *m* управля́ющий *Subst* 11 *I;* staatlicher администра́тор 2; **~ung** *f* управле́ние 5 *I;* staatliche администра́ция 8 | er arbeitet in der ≈ он рабо́тает в администра́ции

Verwaltungs|angestellter *m* слу́жащий управле́нческого аппара́та; **~apparat** *m* управле́нческий аппара́т; **~behörde** *f* администрати́вное учрежде́ние; **~gebäude** *n* администрати́вный ко́рпус 2b *Pl* -а́; **~kosten** *Pl* администрати́вные расхо́ды *Pl* 2; **~organ** *n* администрати́вный о́рган; **~personal** *n* администра́ция 8; **~recht** *n* администрати́вное пра́во; **~weg:** auf dem ≈ в администрати́вном поря́дке

verwandeln *tr* превра|ща́ть ⟨-ти́ть 3 -щу́⟩; sich ~ *refl* превра|ща́ться ⟨-ти́ться⟩ | er ist wie verwandelt его́ сло́вно подмени́ли; einen Elfmeter ~ реализова́ть *uv, v* 2 одиннадцатиметро́вый (уда́р)

Verwandlung *f* превраще́ние 5 (in в *A*)

verwandt родно́й; von gemeinsamer Herkunft ро́дствен:ный, -на; gleichartig одноро́д|ный, -ен; *übertr* бли́зкий, -ок, -ка́, -ко, бли́зки́, схо́жий 11 | mit j-m nahe ~ sein быть с кем-н. в бли́зком родстве́; wir sind nah ~ мы бли́зкие ро́дственники

Verwandte *f* ро́дственница 6; *Pl a.* родны́е *Subst* 10; **~r** *m* ро́дственник 2 | er ist ein ≈ von mir он мой ро́дственник

Verwandtschaft *f* родство́ 4; Gesamtheit der Verwandten родны́е *Subst* 10, *umg* родня́ 7; Ähnlichkeit in Grundzügen схо́дство 4, сра́дство 4

verwandtschaftlich ро́дственный | in ~e Beziehungen tretenродни́ться 3 (по-)

Verwandtschaftsgrad *m* сте́пень родства́

verwarnen *tr* де́лать (с-) предупрежде́ние *D*

Verwarnung *f* предупрежде́ние *D*

verwaschen *Adj* Kleid вы́цветший 11, линя́лый; *übertr* расплы́вчат:ый

ver|wässern *tr* разбавля́ть ⟨-ба́вить 3 -ба́влю⟩ водо́й; *übertr* опошля́ть ⟨опо́шлить 3⟩; **~weben** *tr* zusammenweben сплета́ть ⟨-|плести́*⟩; *übertr* переплета́ть ⟨-пле́сти⟩; **~wechseln** *tr* Gegenstände пу́тать (пере-); Begriffe сме́шивать ⟨смеша́ть⟩

Verwechslung *f* смеше́ние 5; Irrtum оши́бка 6

verwegen wagemutig де́рз|кий, -ок, -ка́!; Mensch отва́ж|ный, -ен, удало́й, уда́л, -а́!

Verwegenheit *f* отва́га 6, у́даль 9; де́рзость 9

ver|wehren *tr* запре|ща́ть ⟨-ти́ть 3 -щу́⟩; **~weht:** ≈ sein быть занесённым; **~weichlichen** *tr* изне́ж|ивать ⟨-ить 3⟩; *intr* изне́ж|иваться ⟨-иться⟩

Verweichlichung *f* Vorgang изне́живание 5; Resultat изне́женность 9

verweigern *tr* отка́зывать ⟨-|каза́ть*⟩ в *P* | den Gehorsam ~ отка́зываться повинова́ться; j-m Hilfe ~ отка́зывать кому́-н. в по́мощи; die Aussage ~ *Jur* отка́зываться ⟨-каза́ться*⟩ дава́ть показа́ния

Verweigerung *f* отка́з 2

ver|weilen *intr* пребыва́ть, п(р)обы́ть* *v* | bei einem Gedanken ≈ остан|а́вливаться ⟨-ови́ться 3⁺ -овлю́сь⟩ на мы́сли; **~weint** запла́кан:ный, -а

Verweis *m* Hinweis ссы́лка 6 (auf на *A*); Tadel вы́говор 2 | einen ~ erteilen объяв|ля́ть ⟨-и́ть 3⁺ -лю́⟩ вы́говор

verweisen *tr* des Landes изгоня́ть ⟨-|гна́ть*⟩ из *G*, высыла́ть ⟨вы́|слать*⟩ из *G;* an j-n отсыла́ть ⟨ото|сла́ть*; ото́сланный⟩ к *D;* auf etw. де́лать (с-) ссы́лку на *A*, ука́зывать ⟨-|каза́ть*⟩ на *A*

ver|welken *intr* вя́нуть 4a (за-, у-), увяда́ть; **~welkt** увя́дший 11; **~wendbar** го́д|ный, -ен к употребле́нию, примени́м:ый

Verwendbarkeit *f* примени́мость 9, приго́дность 9

verwenden *tr* anwenden употреб|ля́ть ⟨-и́ть 3 -лю́⟩, примен|я́ть ⟨-и́ть 3⁺; -ённый⟩ | benutzen испо́льзовать *uv, v* 2 | viel Mühe auf eine Arbeit ~ прилага́ть мно́го усе́рдия в рабо́те; er will nicht viel Zeit darauf ~ он не хо́чет тра́тить на э́то мно́го вре́мени

Verwendung *f* употребле́ние 5, примене́ние 5; испо́льзование 5; Fürsprache хода́тайство 4 | ~ finden находи́ть ⟨-|йти́*⟩ примене́ние

Verwendungs|möglichkeit *f* возмо́жность примене́ния | ich habe dafür keine ≈ мне не́куда э́то примени́ть; **~zweck** *m* назначе́ние 5

verwerf|en *tr* Antrag отверга́ть ⟨-ве́ргнуть 4a *u.* 4⟩; Theorie, Idee отбр|а́сывать ⟨-о́сить⟩; *Jur* Berufung откл|оня́ть ⟨-они́ть 3⁺; -онённый⟩; sich ≈ *refl* Holz коро́биться 3 (по-, с-); **~lich** недо-

стó|йный| -ин| -йна, предосуди́тел|ьный| -ен| -ьна
Verwerf|lichkeit *f* недостóйность 9, предосуди́тельность 9; **~ung** *f* Ablehnung отклонéние 5; Verziehen короблéние 5; *Geol* сброс 2
verwertbar могýщий 11 быть испóльзованным
verwerten *tr* ausnützen испóльзовать *uv, v* 2; verwenden примен|я́ть ⟨-и́ть 3⟩; Erfindungen внедр|я́ть ⟨-и́ть 3⟩; Altstoffe утилизи́ровать *uv, v* 2
Verwertung *f* испóльзование 5; применéние 5; внедрéние 5; утилизáция 8
verwesen *intr* тлеть; Kadaver раз|лагáться ⟨-ложи́ться 3⁺⟩
Verwesung *f* тлéние 5; разложéние 5
verwetten *tr* Geld про|игрывать ⟨-игрáть⟩ (дéньги) при пари́
verwickel|n *tr* запýт|ывать ⟨-ать⟩; sich ≈ *refl übertr* запýт|ываться ⟨-аться⟩ | j-n in etw. ≈ впýт|ывать ⟨-ать⟩ когó-н. во чтó-н.; sich in Widersprüche ≈ пýтаться (за-) в противорéчиях; **~t** *übertr* слóж|ный| -ен| -нá!; unklar запýтан|ный| -на
Verwicklung *f Pol* осложéние 5; *Theat* запýтанность 9
verwilder|n *intr* дичáть (о-) *a. übertr;* Garten зарастáть ⟨-|расти́*⟩; Kulturpflanzen вырождáться ⟨вы́родиться⟩; **~t** одичáлый; Garten запýщенный, зарóсший 11
Verwilderung *f* одичáние 5; запýщенность 9, запустéние 5
ver|winden *tr* забывáть ⟨-|бы́ть*| -бы́ла⟩; Schmerz преодол|евáть ⟨-éть| -ённый⟩; **~wirken** *tr* лиш|áться ⟨-и́ться 3⟩ *G;* Recht терять (по-) | sein Leben ≈ попла|ти́ться *v* 3⁺ -чýсь жи́знью; **~wirklichen** *tr* осуществл|я́ть ⟨-и́ть 3 -лю́⟩
Verwirklichung *f* осуществлéние 5
verwirr|en *tr* за-, спýт|ывать ⟨-ать⟩; *übertr* приводи́ть 3⁺ -вожý ⟨-|вести́*⟩ в замешáтельство, сбивáть ⟨-|би́ть*| собóю⟩ с тóлку | durch Fragen ≈ запýтать вопрóсами; **~t** сби́тый с тóлку; bestürzt смущённый
Verwirrung *f* Durcheinander пýтаница 6; Bestürzung замешáтельство 4 | in ~ geraten приходи́ть 3⁺ -хожý ⟨-|йти́*⟩ в замешáтельство, сму|щáться ⟨-ти́ться 3 -щýсь⟩; ~ stiften вно|си́ть 3⁺ -шý ⟨в|нести́*⟩ пýтаницу (in в *A*)
ver|wirtschaften *tr* промáтывать ⟨-мотáть⟩; **~wischen** *tr* Schrift, Spuren с|тирáть ⟨-|терéть*| сотрý⟩ *a. übertr;* Gegensätze сглá|живать ⟨-дить 3 -жу⟩; sich ≈ *refl* стирáться ⟨-|терéться⟩ | die Spuren eines Verbrechens ≈ заметáть ⟨-|мести́*⟩ следы́ преступлéния; **~wittern** *intr Geol* выветриваться ⟨вы́ветриться 3⟩; **~wittert** вы́ветренный; baufällig вéтх:ий| -á!
Verwitterung *f Geol* вывéтривание 5
verwitwet овдовéвший 11
verwöhn|en *tr* баловáть 2 (из-) (mit *I*); sich ≈ *refl* изнéж|иваться ⟨-иться 3⟩; **~t** избалóван:ный| -на; verzärtelt изнéженный; Geschmack изы́сканный
Verwöhn|theit *f* избалóванность 9; **~ung** *f* баловствó 4; изнéживание 5
ver|worfen развращ|ённый| -ён| -енá; **~worren** пýтаный | ≈e Lage запýтанное положéние
Verworrenheit *f* запýтанность 9
verwundbar уязви́м:ый *a. übertr*
verwunden *tr* рáнить *uv, v* 3 *a. übertr*
verwunderlich удиви́тел|ьный| -ен| -на
Verwunderung *f* удивлéние 5 | vor ~ от удивлéния; in ~ setzen удив|ля́ть ⟨-и́ть 3 -лю́⟩; in ~ geraten удив|ля́ться ⟨-и́ться⟩
verwundet рáненый
Verwund|eter *m* рáненый *Subst* 10; **~ung** *f* ранéние 5, рáна 6
ver|wunschen заколдóван:ный| -а; **~wünschen** *tr* проклинáть ⟨-|кля́сть*| прóклял| прóклятый⟩; **~wünscht** проклятый; **~wurzeln** *intr* глубокó укорен|я́ться ⟨-и́ться 3⟩ | verwurzelt sein *übertr* быть тéсно свя́занным
Verwurzelung *f übertr* тéсная связь 9| в свя́зи
verwüsten *tr* опустош|áть ⟨-и́ть 3⟩
Verwüstung *f* опустошéние 5
verzag|en *intr* отчá|иваться ⟨-яться| -юсь| -ешься⟩, пáдать дýхом; **~t** отчáявшийся 11, пáвший 11 дýхом
Verzagtheit *f* упáд|ок| -ка 2 дýха
ver|zählen, sich *refl* об-, просчи́тываться ⟨-считáться⟩; **~zahnen** *tr Tech* Zähne einschneiden нарéзывать ⟨-|рéзать*⟩ зýбья (на *P*); *Bauw* соедин|я́ть ⟨-и́ть 3⟩ в зуб; *übertr* сцеп|ля́ть ⟨-и́ть 3⁺ -лю́⟩
Verzahnung *f* зацеплéние 5, соединéние 5 зýбьями; *übertr* сцеплéние 5
ver|zanken, sich *refl* рассóриться *v* 3; **~zapfen** *tr Bauw* соедин|я́ть ⟨-и́ть 3⟩ в шип | Unsinn ≈ болтáть глýпости; **~zärteln** *tr* изнéж|ивать ⟨-ить 3⟩, баловáть 2 (из-)
Verzärtelung *f* изнéживание 5, баловствó 4
ver|zaubern *tr* заколд|óвывать ⟨-овáть 2⟩; *übertr* зачар|óвывать ⟨-овáть 2⟩; **~zehnfachen** *tr* удесятер|я́ть ⟨-и́ть 3⟩; **~zehren** *tr* Essen съедáть ⟨с|ъесть*⟩; Kräfte изнур|я́ть ⟨-и́ть 3⟩ | sich vor Kummer ≈ изводи́ться 3⁺ -вожýсь ⟨-|вести́сь*⟩ от гóря; **~zeichnen** *tr* aufschreiben запи́сывать ⟨-|писáть*⟩; Erfolg отмечáть ⟨-мéтить 3 -мéчу⟩; falsch zeichnen непрáвильно рисовáть 2 (на-)
Verzeichnis *n* спи́с|ок| -ка 2; Register пéре|чень 1 -чня; Inventar≈ óпись 9 | ein ~ anlegen сост|авля́ть ⟨-áвить 3 -áвлю⟩ спи́сок

verzeih|en *tr* про|щáть ⟨-стúть 3 -щý⟩ (j-m *D*), извин|я́ть ⟨-úть 3⟩ (j-m etw. *A* за *A*) | ≈ Sie! извинúте!, простúте!; das ist nicht zu ≈ э́то непростúтельно; **~lich** простúтел|ьный, -ен, -ьна, извинúтел|ьный, -ен, -ьна

Verzeihung *f* прощéние 5, извинéние 5 | j-n um ~ bitten просúть (по-) прощéния у когó-н.; ~! извинúте!, простúте!

verzerren *tr* иска|жáть ⟨-зúть 3 -жý⟩ *a. übertr* | mit verzerrtem Gesicht с перекóшенным лицóм

Verzerrung *f* искажéние 5 *a. Rad*

[1]**verzetteln** *tr* Geld, Kräfte (зря) растрá|чивать ⟨-тить 3 -чу⟩; sich ~ размéниваться [разбрáсываться] на мéлочи

[2]**verzetteln** *tr* Kartei anlegen распúсывать ⟨-|писáть*⟩ на кáрточки

Verzicht *m* откáз 2, отречéние 5 (auf от *G*)

ver|zichten *intr* откáзываться ⟨-|казáться*⟩ (auf от *G*); **~ziehen** *tr* verwöhnen баловáть 2 (из-); Gesicht мóрщить 3 (с-); Mund крив|úть 3 -лю́ (с-); Pflanzen прорéживать ⟨-редúть 3 -режý⟩; *intr* umziehen переезжáть ⟨-|éхать*⟩, пересел|я́ться ⟨-úться 3⟩; sich ≈ Gewitter проходúть 3⁺ ⟨-|йтú*⟩; Nebel рассé|иваться ⟨-яться, -ется⟩; *umg* sich aus dem Staub machen испар|я́ться ⟨-úться 3⟩, улетýч|иваться ⟨-иться 3⟩; Holz корóбиться (по-) | vor Schmerz verzog er sein Gesicht от бóли егó перекосúло; keine Miene ≈ не по|давáть* вúду; **~zieren** *tr* укр|ашáть ⟨-áсить 3 -áшу⟩, отдéл|ывать ⟨-ать⟩

Verzierung *f* украшéние 5, отдéлка 6

ver|zinken *tr* оцинк|óвывать ⟨-овáть 2⟩; **~zinnen** *tr* лу|дúть 3⁺ -жý (вы́-, по-); **~zinsen** *tr* пла|тúть 3⁺ -чý (за-) процéнты за *A oder* с *G;* sich ≈ давáть* ⟨дать*⟩ процéнты | es verzinst sich mit vier Prozent э́то принóсит [даёт] четы́ре процéнта пры́были; **~zinslich** процéнтный, принося́щий 11 процéнты

Verzinsung *f* уплáта 6 процéнтов

ver|zogen Kind избалóван:ный, -а; **~zögern** *tr* затя́гивать ⟨-тянýть 4⁺⟩, задéрживать ⟨-держáть 3⁺⟩; sich ≈ *refl* затя́гиваться ⟨-тянýться⟩

Verzögerung *f* замедлéние 5, затя́гивание 5; Stockung задéржка 6 | ohne ~ (liefern) (пост|авля́ть ⟨-áвить 3 -áвлю⟩) без задéржки

Verzögerungs|taktik *f* тáктика затя́гивания

ver|zollen *tr* упл|áчивать ⟨-атúть 3⁺ -ачý⟩ пóшлину (etw. за *A*); **~zuckern** *tr* mit Zuckerguß überziehen засáхар|ивать ⟨-ить 3⟩; **~zückt** востóржен:ный, -на

Ver|zückung *f* восхищéние 5, экстáз 2; **~zug** *m* задéржка 6 | ohne ≈ без задéржки; mit der Zahlung in ≈ geraten просрóч|ивать ⟨-ить 3⟩ платёж

Verzugszinsen *Pl* пéни *Pl* 7 за просрóчку (платежá)

verzweifel|n *intr* отчá|иваться ⟨-яться, -юсь, -ешься⟩ (an в *P*) | an seinem Talent ≈ потеря́ть *v* вéру в свой талáнт; **~t** отчáян:ный, -на

Verzweiflung *f* отчáяние 5 | aus ~ в отчáянии, от отчáяния; zur ~ bringen приво|дúть 3⁺ -жý ⟨при|вестú*⟩ в отчáяние

verzweigen, sich *refl* разветвл|я́ться ⟨-úться 3⟩

Verzweigung *f* разветвлéние 5

verzwickt запýтан:ный, -на, слóж|ный, -ен, -нá!

Vesper *f Rel* вечéр|ня 7 *G Pl* -ен; Mahlzeit пóлдник 2

vespern *intr* пóлдничать

Vestibül *n* вестибю́ль 1

Vesuv *m* Везýвий 1

Veteran *m* ветерáн 2

Veteranenklub *m* клуб ветерáнов

Veterinär *m* ветеринáр 2; **~medizin** *f* ветеринáрия 8

Veto *n* вéто *n idkl* | ~ einlegen gegen etw. наклáдывать ⟨-ложúть 3⁺⟩ вéто на что-н.; **~recht** *n* прáво вéто

Vetter *m* двою́родный брат 2 *Pl* -ья, -ьев, -ьям

Vetternwirtschaft *f* кумовствó 4, семéйственность 9

Vexierbild *n* картúнка-загáдка 6-6, загáдочная картúнка

Viadukt *m* виадýк 2

Vibration *f* вибрáция 8

vibrieren *intr* вибрúровать 2, колебáться*

Videorecorder *m* видеомагнитофóн 2

Vieh *n* скот 2e; **~bestand** *m* поголóвье 5; **~futter** *n* корм для скотá; **~haltung** *f* содержáние скотá; **~händler** *m* скотопромы́шленник 2; **~herde** *f* стáдо 4b; **~hof** *m* скóтный двор

viehisch звéрский

Vieh|salz *n* кормовáя соль; **~seuche** *f Vet* эпизоóтия 8; **~stall** *m* хлев 2b, в хлевý, *Pl* -á; **~tränke** *f* водопóй 1; **~waage** *f* весы́ для взвéшивания скотá; **~wagen** *m* вагóн для (перевóзки) скотá; **~weide** *f* вы́гон 2; **~zählung** *f* пéрепись 9 скотá; **~zucht** *f* животновóдство 4; **~züchter** *m* животновóд 2

viel 1. Menge мнóго *G;* aus einer Anzahl мнóгие | ~ Gutes мнóго хорóшего; ~e Menschen мнóго нарóду; ~e unserer Mitarbeiter мнóгие из нáших сотрýдников; ~e Studenten sprechen russisch мнóгие студéнты говоря́т по-рýсски; gleich ~ одинáковое колúчество; ~en Dank! большóе спасúбо!; ~ Vergnügen! желáю хорошó провестú врéмя!; ~

Glück! желáю счáстья!; in ~em hat er recht во мнóгом он прав; ~e meinen мнóгие дýмают; in ~en Fällen во мнóгих слýчаях; ich habe ~(es) erlebt я мнóго(е) пéрежи́л; solche wie er gibt es ~e таки́х, как он, мнóго **2.** *Adv* мнóго; *vor Komp* намнóго, горáздо | ~ besser намнóго [горáздо] лýчше; so ~ стóлько; recht ~ немáло; ~ zu ~ сли́шком мнóго; ~ zu gut сли́шком хорошó; das ist ein bißchen ~ э́то уж сли́шком

viel|beschäftigt занятóй; **~besucht:** ≈e Vorstellung спектáкль, привлекáющий 11 большóе коли́чество зри́телей; **~deutig** многознáч|ный, -ен

vieldiskutiert вы́звавший 11 оживлённую дискýссию

Vieleck *n Math* многоугóльник 2

vieler|lei *Adj* различ́ный, разнообрáзный; **~orts** *Adv* во мнóгих местáх

vielfach 1. *Adj* многокрáтный **2.** *Adv* мнóго раз | den Schaden ~ ersetzen возме|щáть ⟨-сти́ть 3 -щý⟩ убы́ток с лихвóй

Viel|faches *n* крáтное *Subst* 10 | um ein ≈s во мнóго раз; **~falt** *f* многообрáзие 5, разнообрáзие 5

vielfältig многообрáз|ный, -ен, разнообрáз|ный, -ен

Viel|flach *n Math* многогрáнник 2; **~fraß** *m Zool* росомáха 6; *übertr umg* обжóра *m, f* 6; **~füßer** *m Zool* многонóжка 6

viel|gebraucht чáсто употребля́емый; **~gefragt** Ware пóльзующийся 11 больши́м спрóсом; **~geprüft** *übertr* многострадáл|ьный, -ен, -ьна; **~gereist** мнóго путешéствовавший 11; **~geschossig** *Bauw* многоэтáжный; **~gestaltig** разнообрáз|ный, -ен, многообрáз|ный, -ен

Vielheit *f* мнóжество 4

viel|jährig многолéтний 11; **~köpfig:** ≈e Menge многочи́сленная толпá

vielleicht *Adv* мóжет быть, возмóжно | ~ weiß er davon nichts мóжет быть [возмóжно], он об э́том ничегó не знáет; ~ hast du recht пожалýй, ты прав

viel|malig многокрáтный; **~mals** *Adv* не рáз, мнóго раз | ich bitte ≈ um Entschuldigung! óчень прошý меня́ извини́ть!

vielmehr 1. *Adv* скорéе **2.** *Konj* im Gegenteil напрóтив

viel|sagend многозначи́тел|ьный, -ен, -ьна; **~schichtig** многослóйный

Vielschichtigkeit *f* многослóйность 9; *übertr* многоплáновость 9

vielseitig многосторóнний 11 *a. Math,* разносторóн|ный 11 -ен, -ня | ~es Wissen обши́рные знáния в рáзных областя́х

Vielseitigkeit *f* многосторóнность 9, разносторóнность 9

viel|sprachig многоязы́чный; **~stellig** *Math* многознáч|ный, -ен; **~stöckig** многоэтáжный; **~versprechend** многообещáющий 11

Viel|völkerstaat *m* многонационáльное госудáрство; **~weiberei** *f* многожёнство 4, полигáмия 8

vielwertig *Chem* многовалéнтный

Vielzahl *f* мáсса 6, большóе коли́чество 4

vier *Num* четы́р|е, -ёх, -ём, -ьмя́, -ёх; *vor Pl im N u. A* чéтверо | ~ Kinderkrippen чéтверо я́слей; ~ Tische четы́ре столá; auf ~ Tischen на четырёх столáх; wir waren ~ нас бы́ло чéтверо [четы́ре человéка]; auf allen ~en на четверéньках; unter ~ Augen с глáзу на глаз

Vier *f* числó 4c четы́ре, четвёрка 6; Straßenbahn четвёрка, четвёртый нóмер 2b

vier|achsig четырёхóсный; **~beinig** четверонóгий

Viereck *n* четырёхугóльник 2

vier|eckig четырёхугóльный; **~einhalb** *Num* четы́ре с полови́ной

Vierer *m Sport* четвёрка 6; **~bob** *m Sport* бобслéй-четвёрка 1-6, четырёхмéстный бобслéй

viererlei четырёх ви́дов [родóв, сортóв]

Viererreihe *f:* sich in ~n aufstellen стрóиться 3 (вы́-, по-) по четы́ре человéка

vierfach 1. *Adj* четырёхкрáтный **2.** *Adv* вчéтверо, в четы́ре рáза

Vier|farbendruck *m* четырёхкрáсочная печáть; **~füßer** *m* четвероногое *Subst* 10; **~ganggetriebe** *n* четырёхступéнчатая корóбка передáч

viergeschossig четырёхэтáжный

vierhändig *Adv Mus* в четы́ре руки́

vierhundert *Num* четы́реста, четырёхсот, четырёмстáм, четырьмястáми, четырёхстáх; **~ster** четырёхсóтый

vierjährig четырёхлéтний 11

vierkantig четырёхгрáнный

Vierlinge *Pl* четверн|я́ 7 *G Pl* -éй

viermal *Adv* четы́ре рáза, четы́режды | ~ soviel в четы́ре рáза бóльше; **~ig** четырёхкрáтный

viermotorig четырёхмотóрный

Vierrad|antrieb *m Tech* привóд на четы́ре колесá [на две оси́]; **~bremse** *f* тóрмоз на четы́ре колесá

vier|rädrig четырёхколёсный; **~saitig** *Mus* четырёхстрýнный; **~schrötig** коренáст:ый; **~seitig** четырёхсторóнний 11; **~silbig** четырёхслóжный

Viersitzer *m* Auto четырёхмéстный автомоби́ль

vier|sitzig четырёхмéстный; **~spännig** запряжённый четвёркой; **~spurig** Tonbandgerät четырёхдорóжечный; Autobahn четырёхпýтный; **~stellig** Zahl четырёхзнáчный; **~stimmig** четырёхголóсный; **~stöckig** четырёхэтáжный; in der UdSSR entsprechend пятиэтáжный; **~stündig** четырёхчасовóй

viert: zu ~ вчетверóм
viertägig четырёхднéвный
Viertaktmotor *m* четырёхтáктный двúгатель
vierteilig состоя́щий 11 из четырёх частéй
Viertel *n* чéтверть 9g, четвёртая часть 9g; Stadt~ квартáл 2, райóн 2 | drei ~ zwei без чéтверти два; ~ zwei чéтверть вторóго; **~finale** *n Sport* четвертьфинáл 2; **~jahr** *n* чéтверть 9g гóда, квартáл 2
vierteljähr|ig трёхмéсячный; **~lich** *Adv* кáждые три мéсяца
Viertel|liter *n* чéтверть 9g лúтра; **~note** *f* четвертнáя нóта, чéтверть 9g; **~pause** *f Mus* четвертнáя пáуза; **~stunde** *f* чéтверть 9g часá
viertens *Adv* в-четвёртых
vierter *Num* четвёртый
Viervierteltakt *m* такт в четы́ре чéтверти
vierzehn четы́рнадцать 9 | vor ~ Tagen две недéли (томý) назáд; **~ter** четы́рнадцатый
Vierzeiler *m* четверостúшие 5
vierzeilig в четы́ре строкú
vierzig *Num* сóрок *G D I P* сорокá, *A* сóрок
Vierziger *m* сорокалéтний мужчúна 11-6 | er ist (hoch) in den ~n емý (далекó) за сóрок лет
vierzig|jährig сорокалéтний 11; **~ster** *Num* сороковóй
Vier|zimmerwohnung *f* четырёхкóмнатная квартúра; **~zylindermotor** *m* четырёхцилúндровый двúгатель
Vietnam Вьетнáм 2; **~ese** *m* вьетнáм|ец, -ца 2; **~esin** *f* вьетнáмка 6
vietnamesisch вьетнáмский
Vignette *f* виньéтка 6
Villa *f* вúлла 6 in der ~ на вúлле
Villenviertel *n* райóн вилл
Vilnius Вúльнюс 2
Viola *f Mus* вúола 6
violett фиолéтовый
Violinbogen *m* (скрипúчный) смыч|óк, -кá 2
Violine *f* скрúпка 6
Violin|konzert *n* скрипúчный концéрт; **~schlüssel** *m* скрипúчный ключ; **~virtuose** *m* скрипáч-виртуóз 2e (*G Pl* -éй)-2
Violoncell|ist *m* виолончелúст 2; **~o** *n* виолончéль 9
Viper *f* гадю́ка 6
Virologie *f* вирусолóгия 8
virtuos 1. *Adj* виртуóз|ный, -ен **2.** *Adv* мастерскú
Virtuos|e *m* виртуóз 2; **~ität** *f* виртуóзность 9, мастерствó 4
virulent вирулéнтный, зарáз|ный, -ен
Virus *m* вúрус 2; **~krankheit** *f* вúрусная болéзнь
visafrei 1. *Adj* безвúзовый **2.** *Adv* без вúзы
Visier *n Mil* прицéл 2; *hist* забрáло 4 | mit offenem ~ kämpfen бúться с открытым забрáлом
Vision *f* видéние 5
Visite *f* врачéбный обхóд 2
Visitenkarte *f* визúтная кáрточка
Viskose *f Chem* вискóза 6; **~faser** *f* вискóзное волокнó
visuell зрúтельный
Visum *n* вúза 6 | das ~ erteilen вы|давáть* (вы́|дать*) вúзу
vital Mensch пóл|ный, -он, -нá жúзни; Interessen жúзнен:ный, -на
Vitalität *f* жúзненная сúла
Vitamin *n* витамúн 2; **~bedarf** *m* потрéбность (органúзма) в витамúнах
vitaminhaltig содержáщий 11 витамúн(ы)
Vitamin|mangel *m* недостáток витамúнов; **~präparat** *n* витамúнный препарáт
vitaminreich богáт:ый витамúнами, витаминóзный
Vitrine *f* Schaukasten витрúна 6
Vize|admiral *m* вúце-адмирáл 2; **~präsident** *m* вúце-президéнт 2
Vlies *n* рунó 4c
Vogel *m* птúца 6 | er hat den ~ abgeschossen он превзошёл всех; friß, ~, oder stirb! хóчешь не хóчешь, а соглашáйся!; **~bauer** *n, m* клéтка для птиц; **~beerbaum** *m,* **~beere** *f* рябúна 6; **~fang** *m* лóвля птиц, птицелóвство 4; **~fänger** *m* птицелóв 2
vogelfrei: j-n für ~ erklären объяв|ля́ть (-úть 3⁺) когó-н. вне закóна
Vogel|futter *n* птúчий 12 корм; **~haus** *n* птúчник 2; **~miere** *f Bot* звездчáтка 6; **~nest** *n* птúчье 12 гнездó; **~perspektive** *f:* aus der ≈ с птúчьего полёта; **~scheuche** *f* чýчело 4; **~schutz** *m* охрáна птиц; **~-Strauß-Politik** *f* полúтика самообмáна [самоуспокоéния]; **~warte** *f* орнитологúческая стáнция; **~zug** *m* перелёт птиц
Voile *m* вуáль 9
Vokabel *f* слóво 4b | ~n lernen учúть (вы́-) нóвые словá; **~heft** *n* словáрик 2, словáрная тетрáдь
Vokabular *n* запáс 2 слов
Vokal *m* глáсный *Subst* 10
vokalisch глáсный
Vokalmusik *f* вокáльная мýзыка
Vokativ *m* звáтельный падéж 2e
Volant *m* обóрка 6, волáн 2
Volk *n* нарóд 2; Bienen~ рой 1b *G Pl* роёв | das ganze ~ весь нарóд
Völkchen *n:* ein lustiges ~ весёлая компáния 8
Völker|bund *m hist* Лúга нáций; **~freundschaft** *f* дрýжба нарóдов; **~kunde** *f* этногрáфия 8

Völkerrecht *n* междунаро́дное пра́во
völkerrechtlich междунаро́дно-правово́й
Völker|schaft *f* наро́дность 9; **~schlacht** *f*: ≈ bei Leipzig Би́тва наро́дов под Ле́йпцигом; **~verständigung** *f* взаимопонима́ние ме́жду наро́дами; **~wanderung** *f hist* вели́кое переселе́ние 5 наро́дов
volkreich многолю́дный
Volks|abstimmung *f* всенаро́дное голосова́ние, плебисци́т 2; **~armee** *f* наро́дная а́рмия ǀ Nationale ≈ Национа́льная Наро́дная А́рмия ГДР; **~aufstand** *m* наро́дное восста́ние; **~ausgabe** *f* Buch ма́ссовое изда́ние; **~befragung** *f* всенаро́дный опро́с, рефере́ндум 2; **~befreiungsarmee** *f* наро́дно-освободи́тельная а́рмия; **~begehren** *f* наро́дная инициати́ва 6; **~belustigung** *f* наро́дное гуля́нье 5; **~bildung** *f* наро́дное образова́ние; **~bücherei** *f* наро́дная библиоте́ка; **~buchhandlung** *f* госуда́рственный кни́жный магази́н; **~demokratie** *f* наро́дная демокра́тия
volksdemokratisch наро́дно-демократи́ческий
Volksdichtung *f* наро́дная поэ́зия
volkseigen: ~er Betrieb наро́дное предприя́тие; ~ werden переходи́ть 3⁺ ⟨-ǀйти́*⟩ в со́бственность наро́да
Volks|eigentum *n* (все)наро́дное достоя́ние; **~einkommen** *n* национа́льный дохо́д; **~entscheid** *m* всенаро́дный опро́с, рефере́ндум 2; **~erhebung** *f* наро́дное восста́ние; **~etymologie** *f* наро́дная [ло́жная] этимоло́гия
volksfeindlich антинаро́дный
Volks|fest *n* наро́дное гуля́нье 5; **~front** *f* наро́дный фронт; **~gut** *n* наро́дное име́ние; **~held** *m* наро́дный геро́й; **~hochschule** *f* вече́рний 11 [наро́дный] университе́т; **~kammer** *f* Наро́дная пала́та; **~kunde** *f* этногра́фия 8; **~kundler** *m* этно́граф 2; **~kunst** *f* наро́дное тво́рчество 4 [иску́сство]
Volks|kunstgruppe *f* анса́мбль 1 худо́жественной самоде́ятельности; **~künstler** *m* наро́дный арти́ст; **~kunstschaffen** *n* наро́дное худо́жественное тво́рчество; **~lied** *n* наро́дная пе́сня; **~märchen** *n* наро́дная ска́зка; **~menge** *f* толпа́ 6с; **~mund** *m* наро́дная погово́рка 6 ǀ im ≈ в наро́де; **~musik** *f* наро́дная му́зыка
volksnah бли́зкий наро́ду
Volks|polizei *f* Наро́дная поли́ция; **~republik** *f* наро́дная респу́блика; **~schule** *f* восьмиле́тняя шко́ла; **~solidarität** *f* Organisation Наро́дная солида́рность; **~sport** *m* ма́ссовый спорт; **~sprache** *f* наро́дный язы́к; **~stamm** *m* пле́мǀя *n G D P* -ениı *I* -енемı *Pl* -ена́ı -ёнı -ена́м
Volkstanz *m* наро́дный та́нец, пля́ска 6; **~gruppe** *f* анса́мбль наро́дного та́нца
Volkstracht *f* национа́льный костю́м
volkstümlich популя́рǀныйı -ен
Volks|tümlichkeit *f* популя́рность 9; **~verbundenheit** *f* (те́сная) связь с наро́дом; **~vermögen** *n* наро́дное достоя́ние; **~vergnügen** *n* наро́дное гуля́нье; **~versammlung** *f* Staatsorgan наро́дное собра́ние; **~vertreter** *m* представи́тель наро́да, депута́т 2; **~vertretung** *f* наро́дное представи́тельство; **~weisheit** *f* наро́дная му́дрость; **~wirtschaft** *f* наро́дное хозя́йство, эконо́мика 6
volkswirtschaftlich народнохозя́йственный, экономи́ческий
Volks|wirtschaftsplan *m* народнохозя́йственный план; **~zählung** *f* пе́репись 9 населе́ния
voll 1. *Adj* по́лǀныйı -онı -на́ı полно́; überfüllt перепо́лнен:ныйı -а; ganz це́л:ыйı -а́! ǀ der Saal ist ganz ~ зал битко́м наби́т; der Saal war voller Menschen зал был по́лон наро́ду; ein ~es Haus перепо́лненный теа́тр; zum Bersten ~ по́лный до отка́за; mit ~en Händen ще́дрой руко́й; alle Hände ~ zu tun haben быть* за́нятым по го́рло; aus dem ~en schöpfen име́ть что-н. в изоби́лии; in ~em Ernst вполне́ серьёзно; mit ~em Recht с по́лным пра́вом; in ~er Blüte в по́лном цвету́; mit ~er Kraft изо всех сил; aus ~em Halse во весь го́лос; ein ~es Jahr це́лый год; die ~e Wahrheit су́щая пра́вда; ~es Haar пы́шные во́лосы; nicht für ~ nehmen не счита́ться с кем-н. **2.** *Adv* по́лностью ǀ ~ und ganz целико́м и по́лностью
vollauf *Adv* вдо́воль, вполне́ ǀ das genügt ~ э́того вполне́ доста́точно; ~ zu tun haben быть* за́нятым по го́рло
vollaufen *intr* наǀполня́ться ⟨-по́лниться 3⟩ (mit *I*)
vollautomatiǀsch, ~siert по́лностью автоматизи́рован:ный [автомати́ческий]
Voll|bad *n* о́бщая 11 ва́нна; **~bart** *m* окла́дистая борода́ 6с
vollberechtigt полнопра́в:ныйı -ен; Vertreter полномо́чǀныйı -ен
Voll|beschäftigung *f* по́лная за́нятость; **~besitz** *m:* im ≈ seiner Kräfte в расцве́те сил; **~blut(pferd)** *n* чистокро́вная ло́шадь
vollbringen *tr* соверш|а́ть ⟨-и́ть 3⟩
Volldampf *m* по́лный ход ǀ mit ~ fahren е́хать на всех пара́х; mit ~ arbeiten рабо́тать вовсю́ [с по́лной нагру́зкой]
vollenden *tr* заверш|а́ть ⟨-и́ть 3⟩, зака́нчивать ⟨-ко́нчить 3⟩ ǀ vollendete Tatsache соверши́вшийся 11 факт; er vollendete sein 50. Lebensjahr ему́ испо́лнилось пятьдеся́т лет

Vollendung *f* завершéние 5, окончáние 5; Vollkommenheit совершéнство 4
Völlerei *f* обжóрство 4
Volleyball *m* волейбóл 2; **~mannschaft** *f* волейбóльная комáнда; **~platz** *m* волейбóльная площáдка; **~spieler** *m* волейболи́ст 2
vollführen *tr* соверш|áть ⟨-и́ть 3⟩, осуществ|ля́ть ⟨-и́ть 3 -лю́⟩
Vollgas *n:* ~ geben давáть ⟨дать⟩ пóлный газ
vollgepfropft биткóм наби́т:ый
voll|gießen *tr* наливáть ⟨-|ли́ть*⟩ дóверху [дополнá]; **~gültig** полноцéн|ный, -ен
Vollgummireifen *m* масси́вная рези́новая ши́на
völlig 1. *Adj* пóл|ный, -он, -нá, пóлнó, совершéн|ный, -ен, -на | ~e Stille пóлная тишинá **2.** *Adv* пóлностью, совершéнно | ~ falsch совершéнно непрáвильно; das genügt mir ~ э́того мне вполнé достáточно; ~ unmöglich никáк [совершéнно] невозмóжно
volljährig совершеннолéтний 11
Volljährigkeit *f* совершеннолéтие 5
vollkommen 1. *Adj* совершéн|ный, -ен, -на **2.** *Adv* вполнé, совершéнно
Voll|kommenheit *f* совершéнство 4; **~kornbrot** *n* ржанóй хлеб из муки́ грýбого помóла; **~macht** *f* полномóчие 5; Bescheinigung довéренность 9 | mit ≈en ausstatten давáть* ⟨дать*⟩ полномóчия *D;* **~matrose** *m* матрóс пéрвого клáсса
Voll|mechanisierung *f* пóлная механизáция; **~milch** *f* цéльное молокó; **~mond** *m* полнолýние 5; **~narkose** *f* óбщий 11 наркóз
vollrauchen *tr* Zimmer накури́ть *v* 3⁺
Vollreife *f Landw* пóлная спéлость
voll|schlank пóлный, -он, -нá, пóлнó; **~schreiben** *tr* Heft u. a. испи́сывать ⟨-|писáть*⟩
vollständig 1. *Adj* пóл|ный, -он, -нá, пóлнó; völlig совершéн|ный, -ен, -на **2.** *Adv* вполнé, совершéнно
Vollständigkeit *f* полнотá | der ~ halber рáди тóчности [полноты́]
voll|stopfen *tr* набивáть ⟨-|би́ть*⟩ до откáза; **~strecken** *tr* Urteil приводи́ть 3⁺ ⟨-|вести́*⟩ в исполнéние
Vollstreckung *f* Urteil приведéние в исполнéние
volltransistoriert пóлностью транзисторизóванный
Voll|treffer *m* прямóе попадáние 5; **~verpflegung** *f* пóлное довóльствие; **~versammlung** *f* плéнум 2; UNO Генерáльная ассамблéя 7; **~waise** *f* Junge крýглый сиротá 6с; Mädchen крýглая сиротá
voll|wertig полноцéн|ный, -ен; **~zählig 1.** *Adj* пóл|ный, -он, -нá, пóлнó **2.** *Adv* пóлностью
Vollzähligkeit *f* пóлный состáв 2
vollziehen *tr* приводи́ть 3⁺ -вожý ⟨-|вести́*⟩ в исполнéние; sich ~ *refl* происходи́ть 3⁺ ⟨произо|йти́*⟩; **~d:** ≈e Gewalt исполни́тельная власть
Vollzug *m* исполнéние 5
Vollzugsorgan *n* исполни́тельный óрган
Volt *n* вольт 2 *G Pl* вольт
Voltampere *n* вольт-ампéр 2
Volte *f Sport* вольт 2
Voltmeter *n* вольтмéтр 2
Volumen *n* объём 2 *a. übertr*
voluminös объёмистый, объём|ный, -ен
von *Präpos Ort woher?* от *G;* aus из *G;* ~ Moskau bis Kiew от Москвы́ до Ки́ева; ~ Moskau nach Kiew из Москвы́ в Ки́ев; 3 km ~ der Stadt в трёх киломéтрах от гóрода; ich komme ~ meinem Freund я идý от своегó дрýга; der Zug kommt ~ Rostock пóезд идёт из Рóстока; ~ dort оттýда; ~ hier (aus) отсю́да; ~ vorn спéреди; ~ hinten сзáди; ~ oben bis unten свéрху дóнизу; ~ weitem и́здали; ~ Anfang bis Ende с [от] начáла до концá; ~ nah und fern отовсю́ду | von ... herunter с *G;* vom Stuhl aufstehen встать со стýла; den Mantel vom Kleiderhaken nehmen снять* пальтó с вéшалки; das Glas vom Tisch nehmen взять стакáн со столá; ~ der Tafel abschreiben списáть с доски́; ~ allen Seiten со всех сторóн | Himmelsrichtung с *G;* ~ Süden с ю́га | vom Rand, von Gewässern с *G;* ~ der Wolga с Вóлги; ~ der Ostsee zurückkehren вернýться с Балти́йского мóря | Betrieb; Veranstaltung с *G;* der Vater kommt ~ der Arbeit [vom Betrieb] отéц идёт с рабóты [с завóда]; vom Vortrag [Fußball] zurückkehren вернýться с лéкции [с футбóла] | von hier ab (sollt ihr übersetzen) с э́того мéста (вы должны́ переводи́ть); ~ der Brücke an от мóста; ~ der Zelle aus anrufen звони́ть из автомáта; vom Fenster aus из окнá; ~ fünf Mark an (начинáя) с пяти́ мáрок; vom Meer her с мóря; ~ der Tür her от двéри | von ... zu *Wiederholung* из *G* в *A;* ~ Haus zu Haus из дóма в дом; ~ Stufe zu Stufe со ступéньки на ступéньку; ~ Jahr zu Jahr из гóда в год; ~ Zeit zu Zeit врéмя от врéмени; ~ Fall zu Fall от слýчая к слýчаю | *Zeit* с *G;* vom 1. bis zum 5. Februar с пéрвого по пя́тое [до пя́того] февраля́; ~ Mittwoch bis Freitag со среды́ до пя́тницы; in der Nacht ~ Dienstag zu Mittwoch в ночь со втóрника на срéду; ~ eins bis drei (Uhr) с чáсу до трёх; ~ früh bis spät с утрá до вéчера | Zeitpunkt der Entstehung от *G;* ein Brief [die Zeitung] vom 6. März письмó [газéта] от шестóго мáрта | von ... an с *G;* ~ Montag an с понедéльника; ~

Anfang an с (са́мого) нача́ла; ~ heute an с сего́дняшнего дня; ~ Kindheit an с де́тства; ~ da an с э́того вре́мени | Handlungsträger im Passivsatz *I;* der Artikel ist ~ Pawel geschrieben статья́ напи́сана Па́влом | Naturgewalt in Passivsätzen: *I mit unpers Verb;* das Boot wurde ~ der Strömung abgetrieben ло́дку отнесло́ тече́нием | Ursache от *G;* er ist müde ~ der Arbeit он уста́л от рабо́ты; das kommt ~ der Krankheit э́то (происхо́дит) от боле́зни; vom Lärm aufwachen просну́ться от шу́ма | gleichbedeutend mit *G;* eine Oper ~ Wagner о́пера Ва́гнера; ein Gedicht ~ Majakowski стихотворе́ние Маяко́вского; ein Vater ~ drei Kindern оте́ц трои́х дете́й; ein Freund ~ mir оди́н мой друг; die Hälfte ~ dem Geld полови́на де́нег; ein Teil ~ den Sachen часть веще́й | Beschaffenheit, Merkmal *meist G;* eine Frau ~ seltener Schönheit же́нщина ре́дкой красоты́; eine Frage ~ großer Wichtigkeit вопро́с большо́й ва́жности; ein Mann ~ Charakter челове́к с хара́ктером; eine Seele ~ einem Menschen душа́ челове́к; ~ Beruf по профе́ссии | Bereich von ... bis от *G* до *G;* bei Temperaturen von 40 bis 50° при температу́ре от сорока́ до пятидесяти гра́дусов; Kinder ~ drei bis sechs Jahren де́ти от трёх до шести́ лет | quantitatives Merkmal *I* в [с] *A;* Fäden ~ der Stärke eines Haares ни́ти толщино́й в [с] во́лос | genaue Größenangabe в *A;* ein Winkel ~ 45° у́гол в со́рок пять гра́дусов; eine Summe ~ hundert Mark су́мма в сто ма́рок; eine Mehrheit ~ einer Stimme большинство́ в оди́н го́лос | bei Größenangaben nach *I* в *A oder N;* mit einer Länge [Breite] ~ fünf Metern длино́й [шириной] (в) пять ме́тров; mit einem Gewicht ~ einer Tonne ве́сом в то́нну [то́нна] | ein Brief vom Bruder письмо́ от бра́та; vom Original abschreiben списа́ть* с оригина́ла; ein Bild ~ j-m malen писа́ть карти́ну с кого́-н.; ~ mir aus что каса́ется меня́

von|einander *Adv* друг от дру́га; sprechen друг о дру́ге; **~statten** *Adv:* ≈ gehen проходи́ть 3⁺ ⟨-|йти́*⟩ | alles ging glatt ≈ всё протека́ло гла́дко

vor 1. *Adv:* nach wie ~ по-пре́жнему **2.** *Präpos Ort wo(hin)?* пе́ред *I;* ~ der Tür пе́ред две́рью; ~ die Tür stellen поста́вить пе́ред две́рью; ~ mir пе́редо мно́й; 100 m ~ dem Ziel за сто ме́тров до фи́ниша; 2 km ~ der Stadt в двух киломе́трах от го́рода | in Gegenwart von при *P;* ~ Zeugen [den Kindern] при свиде́телях [де́тях] | *Zeit* до *G;* unmittelbar ~ пе́ред *I;* ~ der Revolution war Rußland ein rückständiges Land до револю́ции Росси́я была́ отста́лой страно́й; ~ der Oktoberrevolution kam Lenin nach Petrograd пе́ред Октя́брьской револю́цией Ле́нин прие́хал в Петрогра́д; er ist ~ mir gekommen он пришёл пе́редо мной [ра́ньше меня́]; ~ dem Mittagessen пе́ред обе́дом; nicht ~ zwei (Uhr) не ра́ньше двух (часо́в); fünf Minuten ~ zwei без пяти́ (мину́т) два; ~ kurzem до неда́внего вре́мени; ~ der Zeit пре́жде вре́мени | zeitlicher Abstand vor einem Ereignis за *A* до *G;* fünf Tage ~ der Prüfung за пять дней до экза́мена | Zeitspanne, um die etwas zurückliegt *A* (тому́) наза́д; ~ einer Woche неде́лю (тому́) наза́д | Ursache от *G;* ~ Angst [Kälte] zittern дрожа́ть от стра́ха [хо́лода]; ~ Freude от ра́дости; ~ Kummer с го́ря; ~ Scham со стыда́ | gegenüber j-m: ein Geheimnis ~ j-m haben име́ть та́йну от кого́-н.; Achtung ~ j-m уваже́ние к кому́-н.; Furcht ~ j-m страх пе́ред кем-н.; sich ~ j-m schämen стыди́ться пе́ред кем-н. | ~ allem пре́жде всего́

Vor|abdruck *m* предвари́тельное опублико́вание 5; **~abend** *m* кану́н 2 | am ≈ накану́не *G;* **~ahnung** *f* предчу́вствие 5

voran *Adv* nach vorn вперёд; vorn впереди́ | immer langsam ~ ти́ше е́дешь, да́льше бу́дешь

voran|bringen *tr* дви́|гать ⟨-нуть 4⟩ вперёд; **~gehen** *intr* идти́ впереди́ [во главе́]; zeitlich vorausgehen предше́ствовать 2 (einer Sache *D*) | mit gutem Beispiel ≈ по|дава́ть* ⟨пода́ть*⟩ хоро́ший приме́р; die Arbeit geht gut voran рабо́та идёт хорошо́, рабо́та спори́тся; **~kommen** *intr* продвига́ться ⟨-дви́нуться 4⟩ вперёд; erfolgreich sein де́лать (с-) успе́хи

Voran|meldung *f* (предвари́тельная) зая́вка 6 (zu на *A*) | Gespräch mit ≈ (телефо́нный) разгово́р с предвари́тельным вы́зовом; **~schlag** *m* (предвари́тельная) сме́та 6

vorantreiben *tr* продв|ига́ть ⟨-и́нуть 4⟩, форси́ровать *uv, v* 2

Vor|anzeige *f* предвари́тельное объявле́ние; **~arbeit** *f* подготови́тельная рабо́та

vorarbeiten *tr u. intr* Arbeitszeit зара́нее отраб|а́тывать ⟨-о́тать⟩; *übertr* подгот|а́вливать ⟨-о́вить 3 -о́влю⟩ по́чву (для *G*)

voraus *Adv* впереди́ | im ~ зара́нее; er war den anderen immer (weit) ~ он был всегда́ (далеко́) впереди́ всех *a. übertr;* im ~ erraten преду|га́дывать ⟨-гада́ть⟩; mit bestem Dank im ~ зара́нее благодарю́ [благодари́м]

Vorausabteilung *f* передово́й отря́д

voraus|berechnen *tr* зара́нее высчи́тывать ⟨вы́считать⟩ | die Bahn ≈ Sputnik рассчи́тывать ⟨-счита́ть⟩ орби́ту;

~**bestimmen** *tr* предназн|ача́ть ⟨-а́чить 3⟩; ~**bezahlen** *tr* пла|ти́ть 3⁺ -чу́ (за-) вперёд за *A;* ~**datieren** *tr* пом|еча́ть ⟨-е́тить 3 -е́чу⟩ бо́лее ра́нним число́м; ~**eilen** *intr* спеши́ть 3 вперёд; *übertr* опере|жа́ть ⟨-ди́ть 3 -жу́⟩ *A;* ~**gehen** *intr* идти́* вперёд; *übertr* предше́ствовать 2; ~**gesetzt:** ≈, daß при усло́вии, что; ~**haben** *tr:* etw. vor j-m ≈ превосхо|ди́ть 3⁺ -жу́ кого́-н. в чём-н.

Voraussage *f* предсказа́ние 5, прогно́з 2

voraus|sagen *tr* предска́зывать ⟨-с|каза́ть*⟩; ~**schauend** дальнови́д|ный, -ен; ~**schicken** *tr* посыла́ть ⟨-|сла́ть*⟩ вперёд; Bemerkungen предпосыла́ть ⟨-|сла́ть*⟩; ~**sehen** *tr* предви́|деть 3 -жу; ~**setzen** *tr* предполага́ть ⟨-ложи́ть 3⁺⟩ | vorausgesetzt, daß … предполо́жим, что …

Voraus|setzung *f* предположе́ние 5, предпосы́лка 6 | unter der ≈, daß при усло́вии, что; die ≈en für etw. schaffen создава́ть ⟨созда́ть⟩ предпосы́лки [усло́вия] для *G;* ~**sicht** *f* предви́дение | aller ≈ nach по всей ви́димости

voraussichtlich 1. *Adj* предполага́емый, вероя́т|ный, -ен **2.** *Adv* вероя́тно, по-ви́димому

Vorauszahlung *f* о-, упла́та вперёд

Vorbau *m Bauw* вы́ступ 2, выступа́ющая часть 11-9g зда́ния

vor|bauen *tr* стро́ить 3 (по-) пе́ред *I; intr übertr* предупре|жда́ть ⟨-ди́ть 3 -жу́⟩; ~**bedacht** умы́шленный, преднаме́рен|ный, -на

Vor|bedacht *m:* mit ≈ умы́шленно, с у́мыслом; ~**bedeutung** *f* предве́стие 5, предзнаменова́ние 5; ~**bedingung** *f* предвари́тельное усло́вие; ~**behalt** *m* огово́рка 6 | unter ≈ с огово́ркой; einen ≈ machen ста́в|ить 3 -лю (по-) усло́вие

vorbe|halten *tr:* sich das Recht ≈ ост|авля́ть ⟨-а́вить 3 -а́влю⟩ за собо́й пра́во; alle Rechte ≈ все (а́вторские) права́ сохраня́ются; ~**haltlich** *Adv* при усло́вии; ~**haltlos** безогово́рочный

vorbei *Adv* ми́мо (an *G*) | das ist ~ э́то прошло́; ich kann nicht ~ я не могу́ пройти́ [прое́хать]

vorbei|fahren *intr* проезжа́ть ⟨-|е́хать*⟩ ми́мо (an *G*); ~**gehen** *intr* проходи́ть 3⁺ -хожу́ ми́мо (an *G*) | an etw. achtlos ≈ не удел|я́ть ⟨-и́ть 3⟩ внима́ния чему́-н.; bei j-m ≈ загл|я́дывать ⟨-яну́ть 4⟩ к кому́-н.; die Gefahr ist an uns vorbeigegangen опа́сность нас минова́ла

Vorbeigehen *n:* im ~ мимохо́дом

vorbei|kommen *intr:* bei j-m ≈ загл|я́дывать ⟨-яну́ть 4⟩ к кому́-н.; ~**können** *intr:* er kann hier ~ он мо́жет здесь пройти́; ~**lassen** *tr* пропу|ска́ть ⟨-сти́ть 3⁺-щу́⟩

Vorbeimarsch *m* прохожде́ние 5 торже́ственным ма́ршем (an ми́мо *G*)

vorbei|marschieren *intr* проходи́ть 3⁺ -хожу́ ⟨-|йти́*⟩ торже́ственным ма́ршем (an ми́мо *G*); ~**müssen** *intr:* er muß hier vorbei он до́лжен здесь пройти́; ~**reden** *intr:* aneinander ≈ говори́ть 3 не слу́шая [не понима́я] друг дру́га; an etw. ≈ говори́ть не по существу́

Vorbemerkung *f* предвари́тельное замеча́ние; Vorwort предисло́вие 5

vorbereiten *tr* гото́в|ить 3 -лю (под-); sich ~ *refl* гото́виться (под-) (auf к *D*); ~**d** подготови́тельный, предвари́тельный

Vorbereitung *f* подгото́вка 6 (auf к *D*); -en *Pl* приготовле́ния 5 (auf к *D*) | ~en treffen гото́виться (auf к *D*)

Vorbereitungslehrgang *m* подготови́тельные ку́рсы

Vorbesprechung *f* предвари́тельное совеща́ние

vorbestellen *tr* де́лать (с-) предвари́тельный зака́з (на *A*)

Vorbestellung *f* предвари́тельный зака́з (на *A*)

vor|bestraft име́ющий 11 суди́мость; ~**beugen** *intr* einer Sache предупре|жда́ть ⟨-ди́ть 3 -жу́, -ждённый⟩ *A,* предотвра|ща́ть ⟨-ти́ть 3 -щу́⟩ *A;* ~**beugend** предупреди́тел|ьный, -ен, -на | ≈e Gesundheitskur профилакти́ческая путёвка; ~er Brandschutz противопожа́рные ме́ры *Pl* 6

Vorbeugung *f* Verhütung предупрежде́ние 5, предотвраще́ние 5; *Med* профила́ктика 6

Vorbeugungsmaßnahme *f* предупреди́тельная ме́ра

Vorbild *n* приме́р 2, образ|е́ц, -ца́ 2 | sich j-n zum ~ nehmen брать* ⟨взять*⟩ с кого́-н. приме́р; als ~ dienen служи́ть 3⁺ приме́ром

vorbildlich приме́р|ный, -ен, образцо́вый

Vor|bildung *f* подгото́вка 6, первонача́льное образова́ние; ~**bote** *m* предве́стник 2; einer Krankheit при́знак 2

vorbringen *tr* darlegen излага́ть ⟨-ложи́ть 3⁺⟩; Forderungen выдвига́ть ⟨вы́двинуть 4⟩ | eine Beschuldigung gegen j-n ~ возводи́ть 3⁺ -вожу́ ⟨-|вести́*⟩ обвине́ние на кого́-н.

vorchristlich дохристиа́нский

Vordach *n* наве́с 2

vor|datieren = **vorausdatieren;** ~**dem** *Adv* пре́жде

Vorder|achse *f* пере́дняя 11 ось; ~**ansicht** *f* вид спе́реди; *Bauw* фаса́д 2

vorderasiatisch переднеазиа́тский

Vorder|asien *n* Пере́дняя А́зия 11-8; ~**deck** *n* бак 2

vorderer пере́дний 11 | in vorderster Linie в пе́рвых ряда́х

Vorder|gebäude *n* пере́днее 11 зда́ние; **~grund** *m* пере́дний 11 план | im ≈ stehen *übertr* быть на пе́рвом пла́не; in den ≈ rücken выдвига́ть ⟨вы́двинуть 4⟩ на пе́рвый план
vorderhand *Adv* пока́
Vordermann *m* стоя́щий *Subst* 11 впереди́ | j-n auf ~ bringen заст|авля́ть ⟨-а́вить 3 -а́влю⟩ кого́-н. поторопи́ться
Vorderrad *n* пере́днее 11 колесо́; **~antrieb** *m* приво́д на пере́дние колёса; **~gabel** *f* ви́лка пере́днего колеса́
Vorder|seite *f* пере́дняя 11 сторона́; Medaille лицева́я сторона́; **~sitz** *m* im Auto пере́днее 11 сиде́нье
Vorder|steven *m* форште́в|ень$_{I}$ -ня 1; **~teil** *m, n* пере́дняя часть; Schiff носова́я часть; **~tür** *f* пара́дная дверь, гла́вный вход; **~wagen** *m* Straßenbahn мото́рный ваго́н; **~zahn** *m* пере́дний 11 зуб; **~zungenlaut** *m Phon* переднеязы́чный звук
vor|drängen, sich *refl* проти́с|киваться ⟨-нуться 4⟩ вперёд; **~dringen** *intr* продвига́ться ⟨-дви́нуться 4⟩ вперёд *a. Mil;* **~dringlich 1.** *Adj* первоочередно́й, са́мый ва́жный **2.** *Adv* в пе́рвую о́чередь
Vor|dringlichkeit *f* первоочерёдность 9; **~druck** *m* бланк 2
voreilig поспе́ш|ный$_{I}$ -ен, опроме́тчив:ый
vorein|ander *Adv* друг пе́ред дру́гом | ≈ verheimlichen скрыва́ть друг от дру́га; **~genommen** предупрежд|ённый$_{I}$ -ён$_{I}$ -ена́ (gegen про́тив *G*); parteiisch приче́стный$_{I}$ -ен (für к *D*)
Voreingenommenheit *f* предубежде́ние 5; приче́стие 5
vorenthalten *tr* nicht geben заде́рживать ⟨-держа́ть 3⁺⟩, не дава́ть* ⟨дать*⟩; Nachrichten ута́ивать ⟨-таи́ть 3⟩
Vorentscheidung *f* предреше́ние 5; *Sport* полуфина́л 2
vorerst *Adv* пока́
Vorfahr *m* пре́д|ок$_{I}$ -ка 2
vorfahren *intr* vor einem Haus подъезжа́ть ⟨-|е́хать*⟩ к *D;* bei j-m заезжа́ть ⟨-е́хать⟩ к *D;* nach vorn fahren проезжа́ть ⟨-е́хать⟩ вперёд
Vor|fahrt *f* Vorfahrtsrecht приорите́т 2 прое́зда | die ≈ haben име́ть приорите́т; **~fall** *m* слу́ча|й 1 *G Pl* -ев; *Med* выпаде́ние 5
vorfallen *intr* случ|а́ться ⟨-и́ться 3⟩, происходи́ть 3⁺ ⟨-изо|йти́*⟩
Vor|feld *n Mil* предпо́лье 5; *Sport* передова́я зо́на; **~fertigung** *f* предвари́тельная загото́вка; **~film** *m* (короткометра́жный) фильм$_{I}$ демонстри́руемый пе́ред основны́м фи́льмом
vorfinden *tr* j-n за|става́ть* ⟨-|ста́ть*⟩; etw. находи́ть 3⁺ -хожу́ ⟨-|йти́*⟩
Vorfreude *f* предвкуше́ние 5 ра́дости
vorfristig досро́чный
Vorfrühling *m* ра́нняя 11 весна́
vor|fühlen *intr* прощу́п|ывать ⟨-ать⟩, зонди́ровать (про-) по́чву; **~führen** *tr* демонстри́ровать 2 (про-), пока́зывать ⟨-|каза́ть*⟩
Vorführ|gelände *f* демонстрацио́нная площа́дка 6; **~raum** *m* демонстрацио́нный зал; im Kino (кино)проекцио́нная *Subst* 10; im Filmstudio просмо́тровый зал; **~ung** *f* демонстра́ция 8, пока́з 2; *Film* сеа́нс 2
Vor|gabe *f Sport* фо́ра 6 | staatliche ≈n госуда́рственные (пла́новые) зада́ния; **~gang** *m* собы́тие 5; Akte де́ло 4b; *Tech* проце́сс; beim Computer опера́ция 8; **~gänger** *m* предше́ственник 2; **~garten** *m* палиса́дник 2
vorgeben *tr Sport* дава́ть* ⟨дать*⟩ фо́ру; *Tech* задава́ть ⟨зада́ть*⟩; schwindeln (ло́жно) утвержда́ть | ~, krank zu sein притвор|я́ться ⟨-и́ться 3⟩ больны́м
Vorgebirge *n* предго́рье 5; Kap мыс 2
vorgefaßt: ~e Meinung предвзя́тое мне́ние
Vorgefühl *n* предчу́вствие 5
vorgehen *intr* идти́* впереди́; *Mil* продв|ига́ться ⟨-и́нуться 4⟩; handeln поступ|а́ть ⟨-и́ть 3⁺ -лю́⟩; gegen etw., j-n принима́ть ⟨приня́ть*⟩ ме́ры (gegen про́тив *G*); sich ereignen происходи́ть 3⁺ ⟨-изо|йти́*⟩; Uhr спеши́ть 3 | die Uhr geht zwei Minuten vor часы́ спеша́т на две мину́ты; das geht jetzt vor э́то тепе́рь важне́е (всего́)
Vorgehen *n* о́браз 2 де́йствий; einzelne Handlung посту́п|ок$_{I}$ -ка 2; *Mil* продвиже́ние 5
vorgenannt вышеупомя́нут:ый
vorgerückt Zeit по́здний 11; Alter преклонный
Vorgeschichte *f hist* доистори́ческая эпо́ха; einer Sache предысто́рия 8; *Med* исто́рия боле́зни, анамне́з [нэ] 2
vorgeschichtlich доистори́ческий
Vorgeschmack *m:* einen ~ von etw. bekommen получи́ть *v* 3⁺ пе́рвое представле́ние о чём-н.
vorgeschoben *Mil* передово́й
Vorgesetzter *m* нача́льник 2
vor|gestern *Adv* позавчера́; **~gestrig** позавчера́шний 11; **~greifen** *intr* beim Erzählen забега́ть ⟨-|бежа́ть*⟩ вперёд; einer Erfindung u. a. предвосх|ища́ть ⟨-и́тить 3 -щу́⟩; **~haben** *tr* beabsichtigen намерева́ться *mit Inf,* собира́ться *mit Inf* | was haben Sie heute abend vor? что вы собира́етесь де́лать сего́дня ве́чером?; er hat eine Reise vor он намерева́ется [собира́ется] уе́хать
Vor|haben *n* наме́рение 5, за́мыс|ел$_{I}$ -ла 2

~hafen *m* аванпо́рт 2; **~halle** *f* вестибю́ль 1
vorhalten *tr* vorwerfen упрек|а́ть ⟨-ну́ть 4⟩ (j-m etw. кого́-н. в чём-н.) | sie hielt ihm seinen Leichtsinn vor она́ упрекну́ла его́ в легкомы́слии; das wird nicht lange ~ э́того хва́тит ненадо́лго; der gute Vorsatz hat nicht lange vorgehalten благо́е наме́рение бы́ло ско́ро забы́то
Vor|haltung *f:* j-m ≈en machen wegen etw. упрек|а́ть ⟨-ну́ть 4⟩ кого́-н. в чём-н.; **~hand** *m* Kartenspiel пе́рвый ход 2; Tennis уда́р 2 спра́ва
vorhanden име́ющийся 11 | ~ sein име́ться; существова́ть
Vor|handensein *n* нали́чие 5; **~handschlag** *m* Tennis уда́р спра́ва; **~hang** *m* *Theat* за́навес 2; am Fenster занаве́ска 6 | vor den ≈ treten *Theat* вы́|йти* *v* на авансце́ну
vorhängen *tr* Vorhang; Schloß ве́шать ⟨пове́|сить 3 -шу⟩
Vor|hängeschloß *n* вися́чий 11 замо́к; **~haut** *n* кра́йняя плоть 11-9
vorher *Adv* früher ра́ньше; rechtzeitig зара́нее | einige Tage ~ за не́сколько дней до э́того; lange ~ задо́лго до э́того; **~bestimmen** *tr* предопредел|я́ть ⟨-и́ть 3⟩; **~gehen** *intr* предше́ствовать 2; **~gehend** предыду́щий 11; **~ig** пре́жний 11
Vorherrschaft *f* госпо́дство 4
vorherrschen *intr* преоблада́ть; **~d** преоблада́ющий 11
Vorhersage *f* предсказа́ние 5, прогно́з 2
vorher|sagen *tr* предска́зывать ⟨-с|каза́ть*⟩ **~sehen** *tr* предви́|деть 3 -жу | das war vorherzusehen э́то предви́делось
vorhin *Adv* то́лько что; unlängst неда́вно; **~ein** *Adv:* im ≈ зара́нее, напере́д
Vor|hof *m* пере́дний 11 двор; *Anat* Herz предсе́рдие 5; **~hut** *f* аванга́рд 2
vorig про́шлый | ~e Woche на про́шлой неде́ле
Vorjahr *n* про́шлый год
vorjährig прошлого́дний 11
Vorkämpfer *m* передово́й бор|е́ц|, -ца́ 2, побо́рник 2
vorkauen *tr übertr umg* разжёвывать ⟨-|жева́ть*⟩
Vor|kaufsrecht *n* пра́во преиму́щественной поку́пки; **~kehrung** *f:* ≈en treffen принима́ть ⟨приня́ть*⟩ ме́ры; **~kenntnisse** *Pl* предвари́тельные зна́ния (in по *D*); für eine Tätigkeit предвари́тельная подгото́вка 6 (in по *D*)
vorkommen *intr* hervorkommen выхо|ди́ть 3⁺ -жу́ ⟨вы́|йти*⟩; sich ereignen случ|а́ться ⟨-и́ться 3⟩; zu sein pflegen быва́ть; sich finden встр|еча́ться ⟨-е́титься 3⟩; erscheinen каза́ться* *I* | so etwas ist mir noch nicht vorgekommen тако́го со мной ещё не случа́лось [быва́ло]; das darf nicht wieder ~! что́бы э́того бо́льше не́ бы́ло!; das Wort kommt oft vor сло́во ча́сто встреча́ется; er kommt mir bekannt vor он мне ка́жется знако́мым; er kommt sich sehr klug vor он мнит себя́ о́чень у́мным
Vorkomm|en *n* нали́чие 5; *Geol* месторожде́ние 5; **~nis** *n* происше́ствие 5
Vorkriegs|stand *m* довое́нный у́ров|ень| -ня 1; **~zeit** *f* довое́нное вре́мя
vorladen *tr Jur* вызыва́ть ⟨вы́|звать*⟩ (в суд)
Vor|ladung *f Jur* вы́зов 2 (в суд); Schriftstück суде́бная пове́стка 6; **~lage** *f* von Dokumenten представле́ние 5; Projekt прое́кт [оэ] 2; Muster образ|е́ц| -ца́ 2; Fußball пода́ча 6
vorlassen *tr* den Vortritt lassen пропу|ска́ть ⟨-сти́ть 3⁺ -щу́⟩ вне о́череди; eintreten lassen допу|ска́ть ⟨-сти́ть⟩ (на приём)
Vor|lauf *m Sport* (предвари́тельный) забе́г 2 | wissenschaftlicher ≈ нау́чный заде́л 2; beschleunigter ≈ Tonbandgerät ускоренная перемо́тка 6 вперёд; **~läufer** *m* предше́ственник 2
vor|läufig 1. *Adj* предвари́тельный **2.** *Adv* пока́; **~laut** нескро́м|ный| -ен| -на́!, дёрз|кий| -ок| -ка́!; **~legen** *tr* класть* ⟨положи́ть 3⁺⟩; Speisen по|дава́ть* ⟨пода́ть*⟩; Waren пока́зывать ⟨-|каза́ть*⟩; Bericht, Zeugnis предст|авля́ть ⟨-а́вить 3 -а́влю⟩ | ein Schloß ≈ пове́|сить 3 -шу замо́к; eine Vollmacht ≈ предъяв|и́ть 3⁺ -лю́ дове́ренность
Vorleger *m* ко́врик 2
vorlesen *tr* чита́ть (про-) (вслух)
Vorlesung *f* ле́кция 8 | eine ~ halten чита́ть (про-)ле́кцию
Vorlesungs|nachschrift *f* за́пись 9 [конспе́кт 2] ле́кций; **~verzeichnis** *n* расписа́ние 5 ле́кций
vorletzter предпосле́дний 11
Vorliebe *f* пристра́стие 5 (für к *D*) | er ißt mit ~ Schwarzbrot он предпочита́ет чёрный хлеб
vor|liebnehmen *intr* дово́льствоваться (у-) *I;* **~liegen** име́ться; Projekt быть* предста́вленным | es liegt kein Grund vor нет причи́н; gegen ihn liegt nichts vor про́тив него́ нет никаки́х обвине́ний; **~liegend** име́ющийся 11 | im ≈en Falle в да́нном слу́чае; **~lügen** *tr* врать* (на-); **~machen** *tr* пока́зывать ⟨-|каза́ть*⟩ как де́лать; irreführen вво|ди́ть 3⁺ -жу́ ⟨з|вести́*⟩ в заблужде́ние, обма́нывать ⟨-ману́ть 4⁺⟩ | er läßt sich nichts ≈ его́ не проведёшь
Vormachtstellung *f* госпо́дствующее 11 положе́ние
vormalig пре́жний 11, бы́вший 11
Vormarsch *m* наступа́тельный марш 2

vormarxistisch домаркси́стский
vor|merken *tr* запи́сывать ⟨-|писа́ть*⟩ | sich ≈ lassen für etw. запи́сываться ⟨-|писа́ться*⟩ на что-н.; **~militärisch:** ≈e Ausbildung допризы́вная подгото́вка
Vormittag *m* дообе́денное вре́м|я *G D P* -ени, *I* -енем | am ~ у́тром, до обе́да; heute ~ сего́дня у́тром
vormittags *Adv* у́тром, до обе́да | um zehn Uhr ~ в де́сять часо́в утра́
Vormund *m* опеку́н 2e; **~schaft** *f* опе́ка 6 | die ≈ über j-n übernehmen принима́ть ⟨приня́ть*⟩ в опе́ку кого́-н.
vorn *Adv* впереди́ | nach ~ вперёд; von ~ спе́реди; von ~ anfangen начина́ть снача́ла, von neuem сно́ва
Vorname *m* и́м|я *n G D P* -ени, *I* -енем, *Pl* им|ена́, -ён, -ена́м
vor|nehm благоро́д|ный, -ен | ≈ tun ва́жничать; ≈ste Aufgabe гла́вная зада́ча; **~nehmen** *tr* Arbeit проводи́ть 3⁺ -вожу́ ⟨-|вести́*⟩; sich ≈ sich zu beschäftigen beginnen принима́ться ⟨приня́ться*⟩; прин|ялся́, -яли́зь⟩ за *A;* planen наме́ча́ть ⟨-ме́тить 3 -ме́чу⟩ | sich j-n ≈ взя́ться* *v* за кого́-н.; **~nehmlich** *Adv* пре́жде всего́
vornherein *Adv:* von ~ с са́мого нача́ла, sofort сра́зу
vorn|über *Adv* голово́й вперёд; **~weg** *Adv* früher зара́нее | ≈ gehen идти́ ⟨пойти́⟩ впереди́
Vorort *m* при́город 2, предме́стье 5; **~bahn** *f* при́городная желе́зная доро́га; **~verkehr** *m* при́городное сообще́ние; **~zug** *m* при́городный по́езд
Vorposten *m Mil* аванпо́ст 2
vorragen *intr* вы|дава́ться* (вперёд), торча́ть 3
Vorrang *m* преиму́щество 4 | j-m den ~ einräumen vor уступ|а́ть ⟨-и́ть 3⁺ -лю́⟩ кому́-н. преиму́щество
vorrangig 1. *Adj* преиму́щественный **2.** *Adv* в пе́рвую о́чередь, преиму́щественно
Vorrangstellung *f* преиму́щественное положе́ние
Vorrat *m* запа́с 2 (an *G*); Vorräte *a.* припа́сы *Pl*2 | auf ~ про запа́с; sich Vorräte anschaffen де́лать (с-) запа́сы; solange der ~ reicht пока́ хва́тит запа́са [запа́сов]
vorrätig име́ющийся 11 в запа́се [*Hdl* на скла́де] | dieses Buch ist nicht ~ э́той кни́ги нет на скла́де
Vorratskammer *f* кладова́я *Subst* 10, *umg* кладо́вка 6
Vorraum *m* пере́дняя *Subst* 11
vorrechnen *tr* Kosten подсч|и́тывать ⟨-ита́ть⟩ | der Lehrer hat den Schülern die Aufgabe vorgerechnet учи́тель показа́л ученика́м как реша́ется зада́ча
Vor|recht *n* привиле́гия 8 | ein ≈ genießen по́льзоваться привиле́гией; j-m ein ≈ einräumen предост|авля́ть ⟨-а́вить 3 -а́влю⟩ кому́-н. привиле́гию; **~rede** *f* предисло́вие 5; **~redner** *m* преды́дущий 11 ора́тор
vorrevolutionär дореволюцио́нный
vorrichten *tr* Zimmer де́лать (с-) ремо́нт в *P*
Vorrichtung *f* устро́йство 4; zusätzliche приспособле́ние 5
vorrücken *tr* по|двига́ть ⟨-дви́нуть 4⟩ вперёд; *intr Mil* продвига́ться ⟨-дви́нуться⟩ вперёд
Vor|rundenspiel *n Sport* отбо́рочная игра́ 6c; **~saal** *m* пере́дняя *Subst* 11, прихо́жая *Subst* 11
vorsagen *tr* подска́зывать ⟨-с|каза́ть*⟩
Vor|saison *f* вре́мя до нача́ла сезо́на; **~sänger** *m* запева́ла *m* 6; **~satz** *m* наме́рение 5; *Typ* фо́рзац 2 | guter ≈ благо́е наме́рение; einen ≈ fassen принима́ть ⟨приня́ть*⟩ реше́ние
vorsätzlich 1. *Adj* умы́шленный, преднаме́рен:ный, -на **2.** *Adv* наро́чно, умы́шленно
Vorsatzlinse *f Foto* наса́дочная ли́нза
vorschalten *tr El* предвключ|а́ть ⟨-и́ть 3⟩
Vorschein *m:* zum ~ kommen появ|ля́ться ⟨-и́ться 3⁺⟩
vor|schieben *tr* продв|ига́ть ⟨-и́нуть 4⟩ (вперёд); Riegel задвига́ть ⟨-дви́нуть⟩; *übertr* Ausrede отгов|а́риваться ⟨-овори́ться 3⟩ *I* | er schob eine Sitzung vor он отговори́лся тем, что у него́ заседа́ние; einer Sache einen Riegel ≈ препя́тствовать 2 (вос-) чему́-н.; **~schießen** *tr* Geld вы|дава́ть* ⟨вы́|дать*⟩ ава́нс
Vor|schiff *n Mar* носова́я часть 9g су́дна; **~schlag** *m* предложе́ние 5; *Mus* форшла́г 2 | auf meinen ≈ по моему́ предложе́нию; einen ≈ machen де́лать (с-) предложе́ние; auf einen ≈ eingehen согла|ша́ться ⟨-си́ться⟩ с предложе́нием
vorschlagen *tr* пред|лага́ть ⟨-ложи́ть 3⁺⟩
Vorschlaghammer *m* кузне́чный мо́лот,
Vorschlußrunde *f* полуфина́л 2
vorschnell опроме́тчив:ый
vor|schnellen *intr* выска́кивать ⟨вы́скочить 3⟩ вперёд; **~schreiben** *tr* предпи́сывать ⟨-|писа́ть*⟩ | ich lasse mir nichts ≈ я не позво́лю собо́й кома́ндовать
Vorschrift *f* предписа́ние 5 | sich genau an die ~en halten стро́го приде́рживаться предписа́ний; j-m ~en machen дава́ть* ⟨дать*⟩ кому́-н. предписа́ния; nach ~ *Mil* по уста́ву
vorschrifts|mäßig 1. *Adj* соотве́тствующий 11 предписа́нию **2.** *Adv* согла́сно [по] предписа́нию; **~widrig** противоре́чащий 11 предписа́нию
Vorschub *m Tech* пода́ча 6 | einer Sache ~ leisten соде́йствовать *uv, v* 2 чему́-н.

Vorschul|alter *n* дошко́льный во́зраст; **~einrichtung** *f* дошко́льное учрежде́ние
vorschulisch дошко́льный
Vorschulkind *n* дошко́льник 2
Vorschuß *m* ава́нс 2 (auf на *A*) | einen ~ geben вы|дава́ть* ⟨вы́|дать*⟩ ава́нс; als ~ ава́нсом; **~lorbeeren** *Pl* преждевре́менные похва́лы *Pl* 6
vor|schützen *tr* отгов|а́риваться ⟨-ори́ться 3⟩ *I;* **~schweben** *intr* мере́щиться 3 | ihm schwebt vor ему́ представля́тся; **~schwindeln** *tr* врать* (на-)
Vorsegel *n* пере́дний 11 па́рус
vorsehen *tr* предусм|а́тривать ⟨-отре́ть 3⁺⟩; sich ~ *refl* бере́чься*, остерега́ться ⟨-|стере́чься*⟩ (vor *G*)
Vorsehung *f Rel* провиде́ние 5
vorsetzen *tr* Speisen по|дава́ть* ⟨пода́ть*⟩, уго|ща́ть ⟨-сти́ть 3 -щу́⟩ (j-m etw. кого́-н. чем-н.)
Vorsicht *f* осторо́жность 9 | ~! осторо́жно!
vor|sichtig осторо́ж|ный, -ен, предусмотри́тел|ьный, -ен, -ьна; **~sichtshalber** *Adv* ра́ди [из] осторо́жности
Vorsichtsmaßnahme *f* ме́ра предосторо́жности
Vorsilbe *f Gramm* приста́вка 6, пре́фикс 2
vor|singen *tr* петь (с-); **~sintflutlich** допото́пный
Vor|sitz *m* председа́тельство 4 | den ≈ führen председа́тельствовать 4; unter dem ≈ von под председа́тельством *G;* **~sitzender** *m* председа́тель 1; **~sorge** *f* предусмотри́тельность 9 | ≈ treffen für забо́|титься 3 -чусь (по-) зара́нее о *P;* medizinische ≈ медици́нская профила́ктика 6
vorsorg|en *intr* забо́|титься 3 -чусь (по-) зара́нее (für о *P*); **~lich** предусмотри́тел|ьный, -ен, -ьна
Vorspann *m* Film загла́вные ти́тры *Pl* 2
vorspannen *tr* Pferd запряга́ть ⟨-|пря́чь*⟩ (vor в *A*)
Vorspeise *f* заку́ска 6
vorspiegeln *tr* моро́чить 3 (об-) (j-m etw. кого́-н. чем-н.)
Vor|spiegelung *f:* ≈ falscher Tatsachen подтасо́вка 6 фа́ктов; **~spiel** *n Mus* прелю́дия 8; zur Oper увертю́ра 6; *Theat* проло́г 2; *Sport* предвари́тельная игра́; *übertr* нача́ло (zu *G*)
vor|spielen *tr* игра́ть ⟨сыгра́ть⟩; **~sprechen** *tr* произ|носи́ть 3⁺ -ношу́ ⟨-|нести́*⟩; *intr:* bei j-m ≈ заходи́ть 3⁺ -хожу́ ⟨-|йти́*⟩ к кому́-н.; **~springen** *intr* выска́кивать ⟨вы́скочить 3⟩ (hinter из-за *G*) hervorstehen вы|дава́ться* (вперёд)
Vor|sprung *m* Gebäude вы́ступ 2; Abstand преиму́щество 4; in Wissenschaft опереже́ние 5 | er hat seinen ≈ gehalten он удержа́л своё преиму́щество; einen ≈ vor j-m haben in der Forschung опере|жа́ть ⟨-ди́ть 3 -жу́⟩ кого́-н.; er kann unseren ≈ nicht aufholen он не мо́жет нас догна́ть; **~stadt** *f* при́город 2
Vorstand *m* Kollektiv правле́ние 5; Person председа́тель 1
Vorstandsmitglied *n* член правле́ния
vor|stehen *intr* выступа́ть, вы|дава́ться* (вперёд); einem Amt возглавля́ть *A,* заве́довать 2 *I;* **~stehend** выступа́ющий 11 (вперёд); obengenannt вышеука́занный
Vorsteher *m* нача́льник 2; **~drüse** *f Anat* предста́тельная железа́, проста́та 6
vorstellen *tr* Uhr ста́вить (по-) вперёд; bekanntmachen предст|авля́ть ⟨-а́вить 3 -а́влю⟩; darstellen, sein представля́ть собо́й *A* | sich etw. ~ предст|авля́ть ⟨-а́вить⟩ (себе́) что-н.; stell dir vor ... предста́вь себе́ . .; darunter kann ich mir nichts ~ я себе́ э́того не могу́ предста́вить; ich habe ihn mir immer als großen Menschen vorgestellt я всегда́ представля́л его́ себе́ высо́ким челове́ком
vorstellig: bei j-m ~ werden по|дава́ть* ⟨пода́ть*⟩ заявле́ние кому́-н.
Vorstellung *f Theat* спекта́кль 1; Kino сеа́нс 2; Zirkus представле́ние 5; *übertr* представле́ние | ich habe keine richtige ~ davon я не име́ю я́сного представле́ния об э́том; j-m eine ~ von etw. vermitteln дава́ть* ⟨дать*⟩ кому́-н представле́ние о чём-н.
Vorstellungskraft *f* си́ла воображе́ния
Vorstoß *m Mil* ата́ка 6 | ~ in den Weltraum проникнове́ние 5 в ко́смос
vorstoßen *intr Sport* прорыва́ться ⟨-|рва́ться*, -рвали́сь⟩ вперёд; *Mil* атакова́ть *uv, v* 2, наступ|а́ть ⟨-и́ть 3⁺ -лю́⟩
Vorstrafe *f* суди́мость 9
vorstrecken *tr* протя́гивать ⟨-тяну́ть 4⁺⟩; Geld дава́ть* ⟨дать*⟩ взаймы́ | den Kopf ~ вы́тянуть *v* 4 ше́ю
vorstreichen *tr* mit Farbe наноси́ть 3⁺ -ношу́ ⟨-|нести́*⟩ грунто́вку на *A*
Vor|streichfarbe *f* грунто́вка 6; **~stufe** *f* пе́рвая ступе́нь
vorstürzen *intr* броса́ться ⟨бро|си́ться 3 -шусь⟩ вперёд
Vortag *m* предыду́щий 11 день | am ~ в предыду́щий день
vortäuschen *tr* симули́ровать *uv, v* 2
Vorteil *m* вы́года 6; Nutzen по́льза 6; Vorzug преиму́щество 4 | einen ~ aus etw. ziehen извлека́ть ⟨-|вле́чь*⟩ вы́году [по́льзу] из чего́-н.; zum ~ gereichen идти́* на по́льзу; sie hat sich sehr zu ihrem ~ verändert она́ о́чень измени́лась к лу́чшему; auf seinen ~ bedacht sein забо́|титься 3 -чусь (по-) о свое́й вы́годе
vorteilhaft 1. *Adj* вы́год|ный, -ен 2. *Adv:*

sie ist ~ gekleidet туалéт вы́годно подчёркивает её внéшность
Vortrag *m* доклáд 2; Ausdrucksweise манéра 6 исполнéния; Rezitation деклама́ция 8; *Mus* исполнéние 8 | einen ~ halten читáть (про-) лéкцию, дéлать (с-) доклáд
vortragen *tr* читáть (про-); Gedicht деклами́ровать 2 (про-); Lied исполня́ть ⟨-пóлнить 3⟩; Meinung выскáзывать ⟨вы́с|казать*⟩
Vortragender *m* доклáдчик 2; Schauspieler; Musiker исполни́тель 1
Vortrags|kunst *f* декламáторское искýсство; in Musik исполни́тельское искýсство; **~reihe** *f* цикл 2 лéкций; **~saal** *m* лектóри|й 1 *P* -и, *G Pl* -ев
vortrefflich превосхóд|ный, -ен, отли́ч|ный, -ен
vortreten *intr* выступáть ⟨вы́ступ|ить 3 -лю⟩ вперёд
Vor|trieb *m Bergb* прохóдка 6; **~tritt** *m* преимýщество 4 | j-m den ≈ lassen пропу|скáть ⟨-сти́ть 3⁺ -щý⟩ когó-н. вперёд; **~trupp** *m Mil* головнóй отря́д 2
vorturnen *intr* покáзывать ⟨-|казáть*⟩ гимнасти́ческие упражнéния
Vorturner *m* инстрýктор по гимнáстике
vorüber *Adv* ми́мо | die Gefahr ist ~ опáсность миновáла; **~gehen** *intr* проходи́ть 3⁺ -хожý ⟨-|йти́*⟩ (an ми́мо *G*); Zeit проходи́ть 3⁺ ⟨-|йти́*⟩, миновáть *v* 2 | das Gewitter ≈ lassen пережидáть ⟨-|ждáть*⟩ грозý; **~gehend 1.** *Adj* врéмен|ный, -ен, -на, проходя́щий 11 **2.** *Adv* врéменно, на врéмя; **~huschen** *intr* прошм|ы́гивать ⟨-ыгнýть 4⟩ (an ми́мо *G*)
Vor|übung *f* предвари́тельное упражнéние; **~untersuchung** *f Jur* предвари́тельное слéдствие 5; **~urteil** *n* предрассý|д|ок, -ка 2; persönliches предубеждéние 5
vorurteilsfrei, vorurteilslos свобóд|ный, -ен от предрассýдков
Vorver|handlungen *Pl* предвари́тельные переговóры; **~kauf** *m* предвари́тельная продáжа (билéтов) (für на *A*)
vorverlegen *tr* переноси́ть 3⁺ -ношý ⟨-|нести́*⟩ на бóлее рáнний срок
vor|vorgestern *Adv* три дня томý назáд; **~vorig** позапрóшлый; **~wagen, sich** *refl* осмéл|иваться ⟨-иться 3⟩ продви́нуться вперёд
Vorwahlnummer *f* (телефóнный) код 2
Vorwand *m* предлóг 2 | unter dem ~ под предлóгом *G;* etw. zum ~ nehmen пóльзоваться 2 (вос-) чем-н. в кáчестве предлóга
vor|wärmen *tr* подогр|евáть ⟨-éть⟩; **~wärts** *Adv* вперёд
Vorwärtsbewegung *f* поступáтельное движéние, движéние вперёд
vorwärts|bringen *tr* способствовать 2 разви́тию [продвижéнию] *G;* **~gehen** *intr* продв|игáться ⟨-и́нуться 4⟩ вперёд; **~kommen** *intr* преусп|евáть ⟨-éть⟩; mit der Arbeit продвигáться ⟨-дви́нуться 4⟩; **~schreiten** *intr* продвигáться ⟨-дви́нуться 4⟩
vorweg *Adv* im voraus зарáнее
Vorwegnahme *f* превосхищéние 5
vorwegnehmen *tr* предвосхи|щáть ⟨-ти́ть 3 -щý⟩
Vorwegweiser *m* предвари́тельный укáзатель 1 направлéний
vorweihnachtlich предрождéственский
vor|weisen *tr* предъяв|ля́ть ⟨-и́ть 3⁺ -лю́⟩; Wissen обладáть *I;* **~werfen** *tr* упрек|áть ⟨-нýть 4⟩ (j-m etwas *A* в *P*) | sie haben einander nichts vorzuwerfen они́ не мóгут ни в чём упрекнýть друг дрýга; **~wiegen** *intr* преобладáть; **~wiegend** *Adv* преимýщественно, глáвным óбразом; **~witzig** нескрóм|ный, -ен, -нá!
Vor|wort *n* предислóвие 6; **~wurf** *m* упрёк 2 | sich gegenseitig Vorwürfe machen упрекáть друг дрýга
vorwurfsvoll укори́зненный
Vorzeichen *n* предзнаменовáние 5; *Math* знак 2; *Mus* знак альтерáции
vor|zeichnen *tr* рисовáть 2 (на-) для образцá; **~zeigen** *tr* Dokument предъяв|ля́ть ⟨-и́ть 3⁺ -лю́⟩
Vorzeit *f:* in grauer ~ в седýю старинý
vor|zeitig 1. *Adj* преждеврéмен|ный, -ен, -на **2.** *Adv* рáньше врéмени; **~ziehen** *tr* тащи́ть 3 (по-) вперёд; Vorhang задёр|гивать ⟨-нуть 4⟩; bevorzugen предпо|читáть ⟨-|чéсть*⟩
Vor|zimmer *n* приёмная *Subst* 10; **~zug** *m* преимýщество 4, достóинство 4 | sie hat viele Vorzüge у неё мнóго достóинств; etw. den ≈ geben предпо|читáть ⟨-|чéсть*⟩ что-н.
vorzüglich превосхóд|ный, -ен, отли́ч|ный, -ен
Vorzugs|bedingung *f* льгóта 6; **~preis** *m* льгóтная ценá; **~stellung** *f* привилеги́рóванное положéние
vorzugsweise *Adv* преимýщественно
Votum *n* вóтум 2
vulgär вульгáр|ный, -ен
Vulkan *m* вулкáн 2; **~ausbruch** *m* извержéние 5 вулкáна
vulkan|isch вулкани́ческий; **~isieren** *tr* вулканизовáть *uv, v* 2
Vulkanisier|ung *f* вулканизáция 8; **~werkstatt** *f* вулканизациóнная мастерскáя *Subst* 10

W

Waage *f* весы́ *Pl* 2; *Sport* положе́ние 5 «равнове́сие»; *Astr* Весы́ | sich die ~ halten взаи́мно уравнов|е́шиваться, уравнове́шивать друг дру́га
waagerecht горизонта́л|ьный, -ен, -ьна
Waagerechte *f* горизонта́льная ли́ния
Waagschale *f* ча́шка 6 (весо́в) | legen Sie seine Worte nicht auf die ~ не придава́йте большо́го значе́ния его́ слова́м
Wabe *f* (пчели́ный) сот 2
Wabenhonig *m* со́товый мёд
wach бо́дрствующий 11 | ~ sein не спать*, бо́дрствовать 2; ~ werden прос|ыпа́ться ⟨-ну́ться 4⟩; sie lag die ganze Nacht ~ она́ всю ночь не могла́ усну́ть
Wach|ablösung *f* сме́на карау́ла; **~aufzug** *m* разво́д 2 карау́ла; **~dienst** *m* карау́льная слу́жба
Wache *f* Zivilbereich охра́на 6; *Mil* карау́л 2; *Mar* ва́хта 6; Posten: Polizist постово́й *Subst* 10; *Mil* часово́й *Subst* 10 | auf ~ stehen стоя́ть на часа́х [на ва́хте]; auf ~ ziehen заступ|а́ть ⟨-и́ть 3⁺ -лю⟩ в карау́л; aufziehende ~ заступа́ющий 11 [иду́щий 11 на сме́ну] карау́л; bei einem Kranken ~ halten дежу́рить 3 у посте́ли больно́го
wachen *intr* nicht schlafen не спать*, бо́дрствовать 2; aufpassen наблюда́ть (über за *I*), сле|ди́ть 3 -жу́ (über за *I*); Obacht geben забо́|титься 3 -чусь (über о *P*) | die Nacht bei einem Kranken ~ дежу́рить 3 всю ночь у посте́ли больно́го
wachhabend *Mil* карау́льный; *Mar* ва́хтенный | ~er Offizier дежу́рный *Subst* 10 по карау́лам
Wachhabender *m Mil* нача́льник 2 карау́ла
Wachhund *m* сторожева́я соба́ка
Wachholder *m* можжеве́льник 2; **~beere** *f* я́года можжеве́льника; **~schnaps** *m* можжевёловая во́дка
Wachposten *m* часово́й *Subst* 10
Wachs *m* воск 2; Ski~ лы́жная мазь 9; **~abdruck** *m* восково́й сле́пок
wachsam бди́тел|ьный, -ен, -ьна; aufmerksam зо́р|кий, -ок, -ка́!, -че; Hund чу́т|кий, -ок, -ка́!, -че
Wachsamkeit *f* бди́тельность 9; зо́ркость 9; чу́ткость 9
¹**wachsen** *tr* mit Wachs glätten натира́ть ⟨-|тере́ть*⟩ во́ском, вощи́ть 3 (на-); Ski сма́зывать ⟨-|ма́зать*⟩
²**wachsen** *intr* расти́* (вы́-); *übertr* расти́ (вы́-), возраста́ть ⟨-расти́⟩, увели́ч|иваться ⟨-иться 3⟩ | sich einen Bart ~ lassen отпу|ска́ть ⟨-сти́ть 3⁺ -щу́⟩ (себе́) бо́роду; gut gewachsen sein быть хорошо́ сложённым; er ist der Sache nicht gewachsen э́то де́ло ему́ не по плечу́; er ist jeder schwierigen Lage gewachsen он спра́вится в любо́м тру́дном положе́нии; die Einwohnerzahl wuchs ständig число́ жи́телей постоя́нно росло́ [возраста́ло]; Neubauten ~ aus dem Boden выраста́ют но́вые зда́ния; die Industrie ist gewaltig gewachsen гига́нтски вы́росла промы́шленность; in ~dem Maße во всё возраста́ющей сте́пени
wächsern восково́й *a. übertr*
Wachstation *f Med* отделе́ние для тяжелобольны́х; für frisch Operierte послеоперацио́нное отделе́ние
Wachs|figur *f* восково́я фигу́ра; **~figurenkabinett** *n* музе́й восковы́х фигу́р; **~kerze** *f* восково́я свеча́; **~tuch** *n* клеёнка 6
Wachstum *n* рост 2 *a. übertr;* eines Menschen a. физи́ческое разви́тие 5
wachstums|fördernd стимули́рующий 11 рост; **~hemmend** задерживающий 11 рост
Wachstums|prozeß *m* проце́сс ро́ста; **~rate** *f Wirtsch* но́рма ро́ста; **~störung** *f* наруше́ние ро́ста [разви́тия]
Wachtel *f* пе́репел 2b *Pl* -а́
Wächter *m* сто́рож 2b *Pl* -а́, -е́й
Wachtmeister *m* у́нтер-офице́р 2 поли́ции, полице́йский *Subst* 10
Wachturm *m* сторожева́я ба́шня [вы́шка 6]
wack[e]lig ша́т|кий, -ок, -ка; Zahn шата́ющийся 11 | ~ auf den Beinen sein с трудо́м держа́ться на нога́х
Wackelkontakt *m* плохо́й [непло́тный] конта́кт
wackeln *intr* шат|а́ться ⟨-ну́ться *mom* 4⟩; hin und her кач|а́ться ⟨-ну́ться *mom* 4⟩; locker sitzen z. B. (Schrauben-) Mutter хля́бать | mit dem Kopf ~ кача́ть [пока́чивать] голово́й
Wade *f* икра́ 6c
Waden|bein *n* ма́лая берцо́вая кость 9g; **~krampf** *m* су́дорога икроно́жных мышц; **~strumpf** *m* дли́нный нос|о́к, -ка́ 2
Waffe *f* ору́жие 5; ~n *Pl a.* вооруже́ние 5 | nukleare ~n я́дерное ору́жие; konventionelle ~n обы́чное вооруже́ние; zu den ~n greifen бра́ться*, бра́ли́сь ⟨взя́ться*, взяли́сь⟩ за ору́жие; die ~n strecken слага́ть ⟨сложи́ть 3⁺⟩ ору́жие; unter ~n под ружьём; j-n mit seinen eigenen ~n schlagen бить кого́-н. его́ же со́бственным ору́жием
Waffel *f* ва́ф|ля 7 *G Pl* -ель; **~eisen** *n* ва́фельница 6
Waffen|bruder *m* това́рищ 2 по ору́жию; **~gattung** *f* род 2 во́йск; **~gewalt** *f* си́ла 6 ору́жия | etw. mit ≈ erzwingen до|би́ться* чего́-н. си́лой ору́жия [путём

вооружённого вмеша́тельства]; **~lieferung** *f* поста́вка вооруже́ния; **~ruhe** *f* переми́рие 5; **~schein** *m* разреше́ние 5 на ору́жие; **~schmied** *m* оруже́йный ма́стер 2b *Pl* -а́; **~stillstand** *m* переми́рие 5

Waffenstillstandsverhandlungen *f Pl* перегово́ры *Pl* 2 о заключе́нии переми́рия

wag[e]halsig отча́ян:ный, -на, сме́л:ый, -а́!

Wagemut *m* сме́лость 9, отва́га 6

wagemutig сме́л:ый, -а́!, отва́ж|ный, -ен

wagen *tr* sich getrauen осме́л|иваться ⟨-иться 3⟩ на *A*; riskieren риск|ова́ть 2 ⟨-ну́ть 4⟩ *I*; sich ~ *refl* сметь (по-), отва́ж|иваться ⟨-иться 3⟩ | er wagte kein Wort zu sagen он не осме́лился [не реши́лся] сказа́ть ни сло́ва; ich wage nicht zu behaupten я не сме́ю утвержда́ть; ich will es ~ я хочу́ рискну́ть; sein Leben ~ рискова́ть свое́й жи́знью

Wagen *m* Fuhrwerk пово́зка 6; mit Plane фурго́н 2; Leiter~ теле́га 6; Hand~ теле́жка 6; Kutsche экипа́ж 2 *G Pl* -е́й, коля́ска 6; Auto автомоби́ль 1, (авто)маши́на 6; *Eisenb* ваго́н 2; Schreibmaschinen~ каре́тка 6 | der Große ~ Больша́я Медве́дица 6

Wagen|führer *m* Straßenbahn вагоновожа́тый *Subst* 10; **~heber** *m* Auto (автомоби́льный) домкра́т 2; **~kolonne** *f* von Autos коло́нна автомоби́лей [автомаши́н]; **~korso** *n* корте́ж [тэ] 2 автомоби́лей [(авто)маши́н]; **~ladung** *f Eisenb* ваго́нный груз; *Kfz* груз (авто)маши́ны | eine ≈ von etw. Sand маши́на чего́-н.; **~park** *m* автомоби́льный парк, автопа́рк 2; **~pflege** *f* обслу́живание 5 автомоби́лей [(авто)маши́н], ухо́д 2 за автомоби́лем; **~reinigung** *f Kfz* чи́стка и мо́йка 6 (авто)маши́н [автомоби́лей]; **~schlag** *m* две́р|ца 6 *G Pl* -ец; **~schmiere** *f* колёсная мазь; **~waschanlage** *f Kfz* (автомоби́льная) мо́ечная устано́вка 6; **~wäsche** *f Kfz* мо́йка 6 автомаши́н; **~winde** *f* ваго́нный домкра́т 2

Waggon *m* ваго́н 2

waggonweise *Adv* ваго́нами

Wagnis *n* риско́ванное предприя́тие 5; Risiko риск 2

Wahl *f* Aus~, Entscheidung вы́бор 2; Güteklasse сорт 2b *N Pl* -а́; *Pol meist Pl* вы́боры *Pl* | Waren erster ~ това́ры пе́рвого со́рта; Strümpfe erster ~ первосо́ртные чулки́; nach ~ по вы́бору; ich stehe vor der ~ … я стою́ пе́ред вы́бором …; j-m etw. zur ~ vorlegen предложи́ть 3⁺ кому́-н. что-н. на вы́бор; geheime ~en вы́боры при та́йном голосова́нии; bei den ~en на вы́борах; mir bleibt keine ~ у меня́ нет вы́бора; **~aufruf** *m* предвы́борное обраще́ние [воззва́ние]; **~ausgang** *m* исхо́д [результа́т] вы́боров; **~ausschuß** *m* избира́тельная коми́ссия

wählbar могу́щий 11 быть и́збранным, избира́емый; Organ вы́борный

wahlberechtigt име́ющий 11 пра́во го́лоса | ~ sein име́ть пра́во го́лоса на вы́борах

Wahl|berechtigter *m* име́ющий *Subst* 11 пра́во го́лоса; **~berechtigung** *f* пра́во уча́стия в вы́борах; **~beteiligung** *f* уча́стие в вы́борах; **~bezirk** *m* избира́тельный уча́ст|ок, -ка 2 [о́круг]; **~bündnis** *n* объедине́ние 5 па́ртий на вы́борах

wählen *tr* выбира́ть ⟨вы́|брать*⟩ (zwischen ме́жду *I*); *Pol* избира́ть ⟨-бра́ть⟩, выбира́ть ⟨вы́брать⟩; Telefon набира́ть ⟨-бра́ть⟩ (но́мер)

Wähler *m* избира́тель 1; **~auftrag** *m* нака́з 2 избира́телей

Wahlergebnis *n* результа́т(ы) вы́боров

wählerisch разбо́рчив:ый; im Essen привере́длив:ый

Wähler|liste *f* спи́сок избира́телей; **~schaft** *f* избира́тели *Pl* 1; **~scheibe** *f* диск номеронабира́теля; **~vertreter** *m* представи́тель избира́телей

Wahl|essen *n* блю́до на вы́бор [на зака́з]; **~fach** *n* факультати́вный [уче́бный] предме́т

wahlfrei факультати́в|ный, -ен, необяза́тел|ьный, -ен, -ьна

Wahl|gang *m* избира́тельный тур 2 | beim ersten ≈ в пе́рвом ту́ре вы́боров [голосова́ния]; **~gesetz** *n* зако́н о вы́борах; **~helfer** *m* помо́щник на вы́борах; **~kabine** *f* каби́на на избира́тельном уча́стке; **~kampagne** *f* предвы́борная кампа́ния; **~kampf** *m* предвы́борная борьба́; **~leiter** *m* председа́тель 1 избира́тельной коми́ссии; **~liste** *f* спи́сок кандида́тов на вы́борах; **~lokal** *n* избира́тельный пункт 2 | im ≈ на избира́тельном пу́нкте [уча́стке]

wahllos *Adv* без разбо́ра

Wahl|pflicht *f* обя́занность уча́стия в вы́борах; **~programm** *n* предвы́борная програ́мма; **~propaganda** *f* предвы́борная агита́ция 8; **~recht** *n* избира́тельное пра́во; **~rede** *f* предвы́борная речь; **~sieg** *m* побе́да на вы́борах; **~spruch** *m* деви́з 2, ло́зунг 2; **~system** *n* избира́тельная систе́ма; **~tag** *m* день вы́боров; **~urne** *f* избира́тельная у́рна; **~versammlung** *f* предвы́борное собра́ние; **~vorschlag** *m*: einen ≈ machen выдвига́ть ⟨вы́двинуть 4⟩ кандидату́ру на вы́борах

wahlweise на вы́бор

Wahlzettel *m* избира́тельный бюллете́нь 1

Wahn *m* Irrglaube иллю́зия 8; Selbsttäuschung самообма́н 2; Irrtum заблужде́ние 5 | eitler ~ химе́ра 6; **~bild** *n* химе́ра 6, при́зрак 2

Wahnsinn *m Med* помеша́тельство 4; *übertr* безу́мие 5 | das ist ja heller ~ э́то я́вное безу́мие

wahnsinnig поме́шан:ный, -а, сумасше́дший 11; Leidenschaft безу́м|ный, -ен; Schmerz ужа́с|ный, -ен | bist du ~? ты с ума́ сошёл?

Wahn|vorstellung *f* химе́ра 6, при́зрак 2; **~witz** *m* безу́мие 5, безрассу́дство 4

wahnwitzig сумасбро́д|ный, -ен, безрассу́д|ный, -ен

wahr 1. *Adj* wirklich, echt настоя́щий 11, и́стин|ный, -ен, -на; richtig пра́вил|ьный, -ен, -ьна, правди́в:ый | ein ~er Freund настоя́щий 11 [и́стинный] друг; eine ~e Behauptung пра́вильное [ве́рное] утвержде́ние; ich möchte den ~en Grund wissen я хоте́л бы знать по́длинную [и́стинную] причи́ну; das ist ~ э́то пра́вда; (das ist) sehr ~ соверше́нно ве́рно; nicht ~? не пра́вда ли?, пра́вда?; etw. ~ machen осуществ|ля́ть ⟨-и́ть 3 -лю́⟩ что-н. **2.** *Adv:* so ~ ich lebe! (э́то) так же ве́рно, как то, что я жив(у́)!

wahren *tr* храни́ть 3; genau befolgen соблюда́ть | ein Geheimnis ~ храни́ть та́йну; seine Rechte ~ защи|ща́ть ⟨-ти́ть 3 -щу́⟩ свои́ права́; den Anstand ~ соблюда́ть приличие; Ruhe ~ сохраня́ть споко́йствие

währen *intr* дли́ться 3 (про-), продолжа́ться ⟨-до́лжиться 3⟩

während 1. *Präpos* во вре́мя *G;* im Verlauf в продолже́ние *G,* в тече́ние *G;* за *A,* в *A* | ~ des Tages в тече́ние дня, за́ день; ~ der Ferien во вре́мя кани́кул, за кани́кулы; ~ dieser Zeit за э́то вре́мя; ~ seiner Abwesenheit в его́ отсу́тствие **2.** *Konj* Zeit в то вре́мя как; solange пока́; Gegensatz в то вре́мя как, тогда́ как, ме́жду тем как

wahrhaben *tr:* er will es nicht ~ он не допуска́ет возмо́жности э́того

wahrhaft 1. *Adj* и́стин|ный, -ен, -на **2.** *Adv* пои́стине | ~ menschlich и́стинно челове́ческий

wahrhaftig 1. *Adj* правди́в:ый **2.** *Adv* действи́тельно, в са́мом де́ле

Wahrhaftigkeit *f* правди́вость 9

Wahrheit *f* пра́вда 6; meist wissenschaftliche и́стина 6 | die reine ~ чи́стая пра́вда; das ist eine bittere ~ э́то го́рькая и́стина; im Interesse der ~ в интере́сах и́стины; die ~ sagen говори́ть пра́вду; das ist die volle ~ э́то су́щая пра́вда; um die ~ zu sagen … по пра́вде говоря́ …

wahrheits|gemäß, ~ getreu 1. *Adj* правди́в:ый **2.** *Adv* правди́во, по пра́вде

Wahrheitsliebe *f* правди́вость 9, любо́вь к и́стине

wahrheitsliebend правди́в:ый

wahrlich *Adv* пои́стине, действи́тельно | das geht ~ zu weit! э́то, пра́во, уж сли́шком!

wahrnehmbar восприни́маемый (für j-n кем-н.), ощути́м:ый

wahrnehmen *tr* bemerken замеча́ть ⟨-ме́тить 3 -ме́чу⟩; durch Sinnesorgane воспринима́ть ⟨-|приня́ть*⟩; Termin, Interessen соблюда́ть | die Gelegenheit ~ по́льзоваться 2 (вос-) слу́чаем

Wahrnehmung *f* Beobachtung наблюде́ние 5; durch Sinnesorgane восприя́тие 5; Einhaltung соблюде́ние 5 | ~ einer Funktion выполне́ние 5 фу́нкции; in ~ seiner Interessen соблюда́я свои́ интере́сы

wahrsagen *tr u. intr* предска́зывать ⟨-с|каза́ть*⟩ (бу́дущее) | aus den Karten ~ гада́ть (по-) на ка́ртах

Wahrsag|er *m* предсказа́тель 1; **~erin** *f* предсказа́тельница 6; Kartenlegerin гада́лка 6; **~ung** *f* предсказа́ние 5

wahrscheinlich 1. *Adj* вероя́т|ный, -ен | es ist sehr ~, daß er kommen wird о́чень возмо́жно, что он придёт; es ist nicht ~, daß … вряд ли …, маловероя́тно, что … **2.** *Adv* вероя́тно, должно́ быть, наве́рно | am ~sten вероя́тнее всего́

Wahrscheinlichkeit *f* вероя́тность 9 | aller ~ nach по всей вероя́тности

Wahrscheinlichkeitsrechnung *f* расчёт 2 вероя́тностей

Wahrung *f* Einhaltung соблюде́ние 5 | unter ~ von etw. при сохране́нии чего́-н., соблюда́я что-н.; ~ von Interessen защи́та 6 интере́сов

Währung *f* валю́та 6 | freikonvertierbare ~ свобо́дно конверти́руемая валю́та; zehn Mark in neuer ~ де́сять ма́рок но́выми деньга́ми

Währungs|einheit *f* валю́тная [де́нежная] едини́ца; **~krise** *f* валю́тный кри́зис; **~reform** *f* валю́тно-фина́нсовая рефо́рма

Wahrzeichen *n* си́мвол 2, приме́та 6

Waise *f* сирота́ *m, f* 6c

Waisen|haus *n* дом [интерна́т 2] для сиро́т; **~kind** *n* сирота́ *m, f* 6c; **~knabe** *m* ма́льчик-сирота́ 2-6c | gegen dich ist er ein ≈ по сравне́нию с тобо́й он по́лный профа́н, он тебе́ в подмётки не годи́тся

Wal *m* кит 2e

Wald *m* лес 2bj в лесу́ *Pl* -а́ | durch den ~ gehen идти́ по лесу́ [ле́сом, че́рез лес]; **~anpflanzung** *f* лесонасажде́ние 5; **~arbeiter** *m* лесору́б 2; **~bestand** *m* лесно́е насажде́ние 5, пло́щадь 9g под ле́сом; **~brand** *m* лесно́й пожа́р; **~brandgefahr** *f* опа́сность возникнове́ния лесны́х пожа́ров; ~**erdbeere** *f* земляни́ка лесна́я; ~**frevel** *m* лесонаруше́ние 5; ~**grenze** *f* грани́ца ле́са; ~**grundstück** *n* лесно́й (земе́льный) уча́сток; ~**horn** *n* валто́рна 6

waldig леси́ст:ый

Wald|landschaft *f* леси́стая ме́стность 9; ~**lauf** *m* бег по́ лесу; *Sport* бег по пересечённой лесно́й ме́стности; ~**lichtung** *f* лесна́я поля́на; ~**meister** *m* (паху́чий) ясме́нник 11-2; ~**rand** *m* опу́шка 6 ле́са | am ≈ на опу́шке ле́са

waldreich леси́ст:ый, бога́т:ый ле́сом

Wald|reichtum *m* лесны́е бога́тства *Pl;* ~**revier** *n* лесоуча́ст|ок$_1$ -ка 2; ~**schnepfe** *f* ва́льдшнеп [нэ] 2; ~**schutzgebiet** *n* лесно́й запове́дник 2; ~**schutzstreifen** *m* лесозащи́тная полоса́, (поле)защи́тная лесна́я полоса́; ~**spaziergang** *m* прогу́лка по́ лесу; ~**steppe** *f* лесосте́пь 9; ~**ung** *f* лес 2b$_1$ в лесу́ *Pl* -а́, лесно́й масси́в 2; ~**weg** *m* лесна́я доро́га [Pfad тропа́ 6h]; ~**wiese** *f* поля́на 6, kleine лужа́йка 6; ~**wirtschaft** *f* лесно́е хозя́йство; ~**zone** *f* лесна́я зо́на

Wal|fang *m* китобо́йный про́мыс|ел$_1$ -ла 2; ~**fänger** *m* Mensch китобо́|й 1 *G Pl* -ев; Schiff китобо́йное су́дно, китобо́|ец$_1$ -йца 2; ~**fangmutterschiff** *n* ма́тка 6 китобо́йной флоти́лии, китоба́за 6

walken *tr* Filz, Hut валя́ть (с-); Häute мять* (раз-$_1$ разомну́)

Wall *m* (земляно́й) вал 2b, на́сыпь 9

Wallach *m* ме́рин 2

wallen *intr* kochen кип|е́ть 3 -лю́ (вс-); Meer, Blut *a.* бурли́ть 3; Gewänder мя́гко ниспада́ть; ~**d** Haar развева́ющийся 11

wallfahren *intr* пало́мничать

Wall|fahrer *m* пало́мник 2; ~**fahrt** *f* пало́мничество 4

Wallfahrtsort *m* ме́сто пало́мничества

Wallung *f* бурле́ние 5; *übertr* возбужде́ние 5, волне́ние 5 | in ~ geraten волнова́ться 2 (вз-), приходи́ть 3^+ -хожу́ ⟨-|йти́*$_1$ приду́⟩ в си́льное возбужде́ние

Walmdach *n* ва́льмовая кры́ша

Wal|nuß *f* оре́х (гре́цкий); ~**nußbaum** *m* гре́цкий оре́х; ~**roß** *n* морж 2e *G Pl* -е́й

walten *intr* госпо́дствовать 2 (über над *I*); Hausfrau хозя́йничать | er waltet seines Amtes он исполня́ет свои́ обя́занности; etw. ~ lassen проявл|я́ть ⟨-и́ть 3^+ -лю⟩ что-н.

Walzblech *n* листово́й прока́т

Walze *f Tech* вал 2b *P a.* -у́, ва́лик 2 *a. Typ;* Form цили́ндр 2; Rolle, Straßen~ кат|о́к$_1$ -ка́ 2 *a. Landw*

walzen *tr* Metallurgie прока́тывать ⟨-ката́ть⟩; *Tech* вальцева́ть 2$_1$ вальцо́ванный; Straße, Feld ука́тывать ⟨-ката́ть⟩

wälzen *tr* ката́ть, *best* ка|ти́ть 3^+ -чу́ (по-); sich ~ *refl* валя́ться (вы́-), ката́ться | sich vor Lachen ~ пока́тываться со́ смеху; in Büchern ~ копа́ться в кни́гах; Bücher ~ прочи́тывать ⟨-чита́ть⟩ ма́ссу книг; Probleme ~ реша́ть сло́жные пробле́мы

walzenförmig име́ющий 11 фо́рму ва́лика; *Math* цилиндри́ческий

Walzer *m* вальс 2 | ~ tanzen танцева́ть вальс; langsamer ~ ме́дленный вальс

Wälzer *m umg* пу́хлый том 2b *Pl* -а́

Walzer|melodie *f* мело́дия ва́льса; ~**takt** *m* ритм 2 ва́льса

Wälzlager *n* подши́пник каче́ния

Walz|stahl *m* ка́таная сталь, стально́й прока́т; ~**straße** *f* прока́тный стан 2; ~**werk** *n* прока́тный заво́д [Abteilung im Werk цех 2 *P a.* -у́]

Wamme *f,* **Wampe** *f Anat* подгру́д|ок$_1$ -ка 2; Bauch брю́хо 4, пу́зо 4

Wand *f* стена́ 6a; eines Gefäßes сте́нка 6 *a. Bergb; Anat* Trennwand перегоро́дка 6; Fels~ (отве́сная) скала́ 6c | an der ~ на стене́; an die ~ stellen к стене́; у стены́; an die ~ hängen пове́|сить *v* 3 -шу на́ стену; j-n an die ~ drücken *a. übertr* при|пере́ть* *v* кого́-н. к стене́; ~ an ~ wohnen жить стена́ в сте́ну; ~**behang** *m* декорати́вный насте́нный ко́врик 2; ~**brett** *n* по́лка 6

Wandel *m* переме́на 6, измене́ние 6

wandelbar переме́нчив:ый

Wandel|gang *m* галере́я 7, (кры́тый) прохо́д 2; *Theat* кулуа́ры *Pl* 2; ~**halle** *f* кры́тая галере́я 7; *Theat* фойе́ *n idkl*

wandeln *intr* langsam gehen шага́ть, бро|ди́ть 3^+ -жу́, расха́живать; sich ~ *refl* измен|я́ться ⟨-и́ться 3^+⟩; превра|ща́ться ⟨-ти́ться 3 -щу́сь⟩ (zu, in в *A*)

Wander|ausstellung *f* передвижна́я вы́ставка; ~**bibliothek** *f* библиоте́ка-передви́жка 6-6; ~**bühne** *f* передвижно́й [выездно́й] теа́тр; ~**bursche** *m hist* стра́нствующий подмасте́рь|е 11-5 *G Pl* -ев; ~**düne** *f* кочу́ющая 11 дю́на

Wanderer *m* путеше́ственник 2; тури́ст 2 (иду́щий 11 [путеше́ствующий 11] пешко́м) | ein einsamer ~ *a.* одино́кий пу́тник 2

Wander|fahne *f* переходя́щее 11 зна́мя; ~**gruppe** *f* гру́ппа тури́стов [путеше́ственников]; ~**hütte** *f* тури́стская ба́за 6; Schutzhütte прию́т 2; ~**jahre** *n Pl* го́ды стра́нствований; ~**karte** *f* маршру́тная (тури́стская) ка́рта; ~**kino** *n* кинопередви́жка 6; ~**lust** *f* страсть 9 к путеше́ствиям

wandern *intr* zu Fuß reisen путеше́ствовать 2 (пешко́м); zur Erholung соверш|а́ть ⟨-и́ть 3⟩ прогу́лку; von einer Touristengruppe идти́* ⟨по|йти́*⟩ в тури́стский похо́д [в турпохо́д]; ständig unterwegs sein стра́нствовать 2; bes.

von Nomaden кочевáть 2 | er wanderte allein он ходи́л (гуля́ть) [он гуля́л] оди́н; am Ufer entlang ~ идти́ (пешкóм) вдоль бéрега; am Sonnabend wollen wir ~ в суббóту мы пойдём в (тур)похóд [гуля́ть]; durch Wälder und Felder ~ бро|ди́ть 3⁺ -жý по лесáм и поля́м; er ließ den Blick von einem zum anderen ~ он переводи́л взгляд с одногó на другóго; die Gedanken wanderten in die Ferne мы́сли бы́ли где-то далекó

Wander|niere *f* блуждáющая 11 пóчка; **~pokal** *m* переходя́щий 11 кýбок; **~preis** *m* переходя́щий 11 приз; **~ratte** *f* пасю́к 2e; **~route** *f* тури́стский маршрýт; **~schaft** *f* путешéствие 5 (пешкóм), стрáнствие 5; **~sport** *m* тури́зм 2; **~tag** *m* экскурсиóнный день; **~ung** *f* экскýрсия 8 (пешкóм); Spaziergang прогýлка 6; Touristengruppe тури́стский похóд 2 | eine ≈ machen соверш|áть ⟨-и́ть 3⟩ экскýрсию [zur Erholung прогýлку], отпр|авля́ться ⟨-áвиться 3 -áвлюсь⟩ в похóд; **~weg** *m* тури́стская тропá 6h, маршрýт 2 тури́стского похóда; **~wetter** *n* (хорóшая) погóда для прогýлки [для турпохóда]

Wand|gemälde *n* фрéска 6; **~haken** *m* крюк в стенé; **~kalender** *m* стеннóй календáрь; **~karte** *f* стеннáя (географи́ческая) кáрта; **~klappbett** *n* откиднáя кровáть; **~leuchte** *f* бра *n idkl,* стеннáя лáмпа

Wandlung *f* перемéна 6, изменéние 5; Umgestaltung превращéние 5; Umbildung преобразовáние 5

Wand|malerei *f* настéнная жи́вопись; Bilder фрéски *Pl* 6; **~platte** *f* стеновáя панéль 9; **~schmuck** *m* настéнное украшéние; **~schrank** *m* встрóенный [стеннóй] шкаф; **~schränkchen** *n* подвеснóй шкáфчик 2; **~tafel** *f* стеннáя [клáссная] доскá; **~täfelung** *f* деревя́нная обши́вка (стен); **~teller** *m* стеннáя тарéлка; **~teppich** *m* стеннóй ковёр; gewebter гобелéн 2; **~uhr** *f* стенны́е [настéнные] часы́; **~verkleidung** *f* обши́вка 6 [облицóвка 6] стен; **~zeitung** *f* стеннáя газéта, стенгазéта 6

Wange *f* щекá 6a *A* щёку *Pl* щёки, щёк, щекáм; *Tech* щекá; Maschinenbau продóльная стéнка 6 стани́ны; *Bauw* тетивá 6 | rote ~n румя́ные [крáсные] щёки

Wankelmut *m* нереши́тельность 9

wankelmütig нереши́тел|ьный, -ен, -ьна

wanken *intr* шатáться, колебáться* (по-); ins Wanken geraten пошатнýться *v* 4, покачнýться *v* 4; *übertr* колебáться, не решáться; unschlüssig sein быть* нереши́тельным; nachgeben дрóгнуть *v* 4 | nicht ~ und nicht weichen твёрдо стоя́ть 3, не дрóгнуть; ihm wankten die Knie у негó задрожáли колéни; ins Wanken geraten зашатáться, заколебáться; etw. ins Wanken bringen шат|áть ⟨-нýть *тэт* 4⟩ что-н.; Glauben колебáть* (по-) что-н.

wann *Adv* когдá | seit ~? с каки́х пор?; bis ~? до каки́х пор?, до какóго врéмени?; Datum до какóго числá?

Wanne *f* Bade≈ вáнна 6; Wasch≈ чан 2b, лохáнь 9

Wannenbad *n* вáнна 6

Wanst *m* Bauch брю́хо 4, пýзо 4; freches Kind озорни́к 2e

Wanten *f Pl Mar* вáнты *Pl* 6

Wanze *f* клоп 2e

Wappen *n* герб 2e; **~kunde** *f* герáльдика 6, гербовéдение 5

wappnen, sich *refl* mit Argumenten вооруж|áться ⟨-и́ться 3⟩ | sich mit Geduld ~ вооружáться терпéнием; sich gegen den Angriff wappnen подготовл|я́ться ⟨-óвиться 3 -óвлюсь⟩ к отражéнию нападéния

Ware *f* товáр 2; ~n *Pl a.* издéлия *Pl* 5 | wir führen diese ~ nicht мы не торгýем э́тим товáром, мы не дéржим э́того товáра; ~n für den Bevölkerungsbedarf товáры нарóдного потреблéния; ~n des täglichen Bedarfs товáры ежеднéвного спрóса

Waren|abkommen *n* соглашéние о товарообмéне [товарооборóте]; **~angebot** *n* предложéние [ассортимéнт 2] товáров, товáры *Pl* 2 имéющиеся 11 в продáже; **~annahme** *f* приём товáра [товáров]; **~austausch** *m* товарообмéн 2; **~begleitschein** *m* накладнáя *Subst* 10; **~bestand** *m* нали́чный товáр 2; **~bestandsaufnahme** *f* инвентаризáция товáра; **~eingang** *m* поступлéние товáров; **~fonds** *m* товáрный фонд; **~haus** *n* универсáльный магази́н 2, универмáг 2; **~kunde** *f* товаровéдение 5; **~lager** *n* товáрный склад; **~muster** *n* образéц товáра; **~produktion** *f* товáрное произвóдство; **~prüfung** *f* контрóль 1 кáчества товáров; **~sendung** *f* пáртия 8 товáра; **~streuung** *f* (равномéрное) распределéние товáров; **~übernahme** *f*: wegen ≈ geschlossen закры́то в связи́ с приёмом товáра [товáров]; **~umsatz** *m* товарооборóт 2; **~umschlag** *m* перевáлка 6 товáров; *Wirtsch* товарооборóт 2; **~wirtschaft** *f* товáрное хозя́йство; **~zeichen** *n* товáрный знак; **~zirkulation** *f* товáрное обращéние

warm 1. *Adj* тёплый, тёпел, теплá; Speisen, Getränke горя́ч|ий, 11 -á | ~e Würstchen горя́чие соси́ски; etw. ~ stellen стáвить (по-) что-н. в тёплое мéсто; etw. ~ halten Speisen держáть что-н. горя́чим; ~ machen разо|гревáть ⟨-грéть⟩; Wasser нагревáть ⟨-грéть⟩; mit j-m nicht ~ werden быть* сдéржанным с кем-н. **2.** *Adv* тепло́ | ~ schlafen спать в теплé; ~ essen есть горя́чее; etw. Warmes essen есть (съ-) чегó-н. горя́чего; sich ~ anziehen теплó одевáться ⟨-дéться⟩; er wurde mir wärmstens empfohlen мне егó горя́чо рекомендовáли

Warm|bad *n* тёплая вáнна; **~blut** *n* лёгкая лóшадь 9g *I Pl* -мú; **~blüter** *m* теплокрóвное *Subst* 10

warmblütig теплокрóвный

Wärme *f* теплó 4, теплотá 6 | heute sind 30 Grad ~ сегóдня трúдцать грáдусов теплá; **~abgabe** *f* теплоотдáча 6; **~äquivalent** *n* теплово́й эквивалéнт; **~ausstrahlung** *f* теплово́е излучéние; **~austausch** *m* теплообмéн 2

wärme|bedürftig нуждáющийся 11 в теплé; **~beständig** теплостóйкий; **~dämmend** теплоизолúрующий 11

Wärme|decke *f* электроодея́ло 4; **~einheit** *f* единúца теплá; **~energie** *f* тепловáя энéргия; **~entwicklung** *f* выделéние 5 теплá; **~erzeugung** *f* теплообразовáние 5; **~grade** *m Pl* плю́совая температýра 6; **~haushalt** *m* теплово́й обмéн 2; *Phys* теплово́й балáнс 2; **~isolierung** *f* теплоизоля́ция 8; **~kraftwerk** *n* тепловáя электростáнция, теплоэлектростáнция 8; **~lehre** *f* учéние о теплотé; **~leiter** *m* проводнúк теплá; **~leitfähigkeit** *f* теплопровóдность 9; **~mechanik** *f* термодинáмика 6; **~messung** *f* калориме́трия 8

wärmen *tr* греть (со-); Person, Raum a. согр|евáть ⟨-éть⟩; sich ~ *refl* грéться (со-), согр|евáться ⟨-éться⟩ | die Speisen ~ разогр|евáть ⟨-éть⟩ кýшанья; gewärmt Speise разогрéтый, подогрéтый

Wärme|regler *m* терморегуля́тор 2, термостáт [тэ] 2; **~schutz** *m* теплоизоля́ция 8; **~speicher** *m* теплово́й аккумуля́тор 2; **~stau** *m* накоплéние 5 теплá; Überhitzung перегрéв 2; **~strahlung** *f* теплово́е излучéние; **~technik** *f* теплотéхника 6; **~verlust** *m* потéря теплá; **~zufuhr** *f* подвóд 2 теплá

Wärmflasche *f* грéлка 6

Warmfront *f Met* тёплый фронт

warmhalten *tr:* sich j-n ~ не пóр|тить 3 -чу (ис-) с кем-н. отношéния

warmherzig добросердéч|ный, -ен

warmlaufen *intr Motor* прогревáться ⟨-грéться⟩; sich ~ *refl Sport* дéлать (с-) размúнку | den Motor ~ lassen давáть* ⟨дать*⟩ нагрéться двúгателю, прогревáть ⟨-грéть⟩ двúгатель

Warm|luftheizung *f* калорúферное отоплéние; **~verpflegung** *f* горя́чая пúща 11-6

Warmwasser|bereiter *m*, **~boiler** *m* водоподогревáтель 1; **~heizung** *f* водянóе отоплéние (нúзкого давлéния); **~speicher** *m* подогревáтель 1 (для горя́чего водоснабжéния), бóйлер 2; **~versorgung** *f* горя́чее 11 водоснабжéние

Warn|anlage *f* предупредúтельная сигнáльная устанóвка; **~dienst** *m* слýжба оповещéния

warnen *tr* предостерегáть ⟨-|стерéчь*⟩ (vor от *G*), предупре|ждáть ⟨-дúть 3 -жý, -ждённый⟩ (vor о *P*) | vor Taschendieben wird gewarnt! берегúтесь [остерегáйтесь] ворóв!; **~d:** ≈ seine Stimme erheben поднимáть ⟨поднять⟩ предостерегáющий гóлос

Warn|lichtanlage *f Kfz* (предупреждáющее 11) светосигнáльное устрóйство; **~ruf** *m* предостерегáющий óклик 11-2; **~signal** *n* предупредúтельный сигнáл; **~streik** *m* предупредúтельная забастóвка; **~ung** *f* предостережéние 5, предупреждéние 5 | ohne ≈ без предупреждéния; **~zeichen** *n* Straßenverkehr сигнáльный дорóжный предупреждáющий 11 знак

Warschau Варшáва 6

Warte *f*: von dieser ~ aus gesehen … éсли взглянýть на дéло с э́той тóчки зрéния …; von höherer ~ aus исходя́ из вы́сших соображéний

Wartehäuschen *n* павильóн 2 ожидáния

warten *tr* versorgen сле|дúть 3 -жý [хо|дúть 3⁺ -жý] за *I*; Maschine ухáживать за *I*, содержáть 3⁺ в исправности *A*; *intr* ждать* (auf j-n *A*, auf etw. *G*); eine Zeitlang подождáть (auf *G, A*) | warten Sie bitte einen Augenblick! подождúте, пожáлуйста, минýтку; warte mal! постóй-ка!; auf sich ~ lassen заст|авля́ть ⟨-áвить 3 -áвлю⟩ себя́ ждать; ich habe gestern auf Sie gewartet я ждал [ожидáл] вас вчерá

Wärter *m* смотрúтель 1; Bahn~ стóрож 2b *Pl* -á, -éй; Kranken~ санитáр 2, больнúчный служúтель 1; Tierpfleger рабóтник 2 зоопáрка

Warte|saal *m* зал ожидáния; **~zeit** *f* врéмя ожидáния; Lieferfrist срок достáвки [постáвки]; Maschine простó|й 1 *G Pl* -ев; **~zimmer** *n* приёмная *Subst* 10

Wartung *f Tech* (техни́ческое) обслýживание 5 [*umg* техобслýживание 5] (и ремóнт 2), (техни́ческий) ухóд 2 | die Pflege und ~ der Maschinen (техни́ческое) обслýживание (и ремóнт) машúн

wartungsfrei не трéбующий 11 обслýживания [ухóда], без обслýживания

Wartungs|kosten *Pl* стóимость обслýживания [ухóда]; **~personal** *n* обслýживающий 11 персонáл

warum **1.** *Adv* почемý, отчегó | ~ nicht gar! вот ещё!, как бы не так! **2.** *Konj*: ich weiß nicht, ~ er nicht gekommen ist я не знáю, почемý он не пришёл

Warze *f Med* борода́вка 6; Brust~ сос|о́к, -ка́ 2

warzenförmig в ви́де борода́вки

was 1. *Fragepron* что [што]; wieviel ско́лько | ~ ist los? что случи́лось?; ~ gibt's? что но́вого?; ~ kostet das? ско́лько э́то сто́ит?; ~ ist das? что э́то (тако́е)?; ~ wünschen Sie? что вам уго́дно?; ~ für ein ...? что за ...? | *als Ausruf* ~, das weißt du nicht?, как, ты э́того не зна́ешь? 2. *Rel Pron* что | alles, ~ ich sehe всё, что я ви́жу; ich weiß nicht, ~ er will я не зна́ю, чего́ он хо́чет; ~ auch immer что бы ни 3. *unbestimmtes Pron umg* что́-нибудь, что́-то; не́что | ~ Neues что́-то но́вое; kann ich noch ~ für dich tun? я могу́ ещё что́-нибудь для тебя́ сде́лать?; da kannst du ~ erleben! ты узна́ешь не́что неожи́данное!; das ist immerhin ~ э́то всё же (составля́ет) кое-что́

Wasch|anlage *f Kfz* мо́ечная устано́вка; **~anstalt** *f* пра́чечная [шн] *Subst* 10; **~automat** *m* автомати́ческая стира́льная маши́на; **~bär** *m* ено́т 2; **~becken** *n* умыва́льник 2; **~benzin** *n* промы́вочный бензи́н; **~blau** *n* си́нька 6; **~brett** *n* стира́льная доска́

Wäsche *f* Kleidung бельё 3; Waschen сти́рка 6; Auto мо́йка 6 | ~ wechseln меня́ть бельё; wir haben ~ у нас сти́рка; in die ~ geben от|дава́ть* ⟨отда́ть*⟩ в сти́рку; **~beutel** *m* мешо́к, -ка́ 2 для (гря́зного) белья́; **~boden** *m* черда́к для су́шки белья́

waschecht Farbe, Stoff нелиня́ющий 11; sich nicht auswaschend сто́йкий, -ек, -ка́! к сти́рке; *übertr* настоя́щий 11, по́длинный

Wäsche|fach *n* отделе́ние для белья́; **~geschäft** *n* бельево́й магази́н; **~klammer** *f* бельева́я прище́пка 6, зажи́мка 6; **~korb** *m* корзи́на для белья́; **~leine** *f* бельева́я верёвка; **~mangel** *f* като́к для белья́ | eine elektrische ≈ электри́ческая глади́льная маши́на 6

waschen *tr* мыть* (вы́-, по-); Gesicht, Hände a. умыва́ть ⟨-мы́ть⟩ (mit *I*); Wäsche стира́ть (вы́-, по-); Gold промыва́ть ⟨-мы́ть⟩; sich ~ *refl* мы́ться (вы́-, по-) | ich habe mir den Kopf gewaschen я помы́л [вы́мыл] себе́ го́лову; ich wasche mich kalt я мо́юсь холо́дной водо́й; Wäsche ~ lassen от|дава́ть* ⟨отда́ть*⟩ бельё в сти́рку; j-m den Kopf ~ *umg* намы́лить *v* 3 го́лову кому́-н.; eine Hand wäscht die andere рука́ ру́ку мо́ет

Wäsche|puff *m* пуф 2 [ту́мбочка 6] для белья́; **~rei** *f* пра́чечная [шн] *Subst* 10; **~rin** *f* Waschfrau пра́чка 6; **~rolle** *f* като́к для белья́; **~schleuder** *f* центрифу́га для отжима́ния белья́

wäscheschonend: ~es Mittel мя́гкое [мягкоде́йствующее 11] мо́ющее 11 сре́дство

Wäsche|schrank *m* бельево́й шкаф; **~stütze** *f* подпо́рка для бельево́й верёвки; **~zeichen** *n* ме́тка на белье́

Wasch|faß *n* уша́т 2, лоха́нь 9; **~haus** *n* пра́чечная [шн] *Subst* 10; **~kessel** *m* стира́льный котёл; **~küche** *f* = **Waschhaus** | draußen ist eine richtige ≈ на у́лице сплошно́й тума́н; **~lappen** *m* тря́пка 6 *a. übertr;* **~leder** *n* за́мша 6; **~maschine** *f* стира́льная маши́на; **~mittel** *n* мо́ющее 11 сре́дство; **~pulver** *n* мо́ющий 11 [стира́льный] порошо́к; **~raum** *m* умыва́льная *Subst* 10; mit Dusche душева́я *Subst* 10; **~schüssel** *f* умыва́льный таз; **~seife** *f* хозя́йственное мы́ло; **~stützpunkt** *m* обще́ственная пра́чечная [шн] *Subst* 10, пра́чечная самообслу́живания; **~ung** *f* умыва́ние 5, мытьё 3; *Med* обмыва́ние 5; **~wanne** *f* лоха́нь 9; **~wasser** *n* вода́ для умыва́ния [для мытья́]; benutztes мы́льные помо́|и, -ев *Pl* 1; **~zeug** *n* умыва́льные принадле́жности *Pl* 9

Washington Вашингто́н 2

Wasser *n* вода́ 6c *A* во́ду, *Pl D* во́дам, *I* во́дами, *P* во́дах | zu ~ по воде́; zu ~ und zu Lande на мо́ре и на су́ше; ~ lassen мочи́ться 3⁺ (по-); das ~ nicht halten können страда́ть недержа́нием мочи́; sich kaum über ~ halten *übertr* едва́ своди́ть 3⁺ -вожу́ концы́ с конца́ми; ins ~ fallen *übertr* про-, разва́ливаться ⟨-вали́ться 3⁺⟩; das ~ läuft ihm im Munde zusammen у него́ слю́нки теку́т; das ist ~ auf seine Mühle э́то ему́ на́ руку; er kann ihm nicht das ~ reichen он ему́ в подмётки не годи́тся; das ~ steht ihm bis an den Hals он в стеснённом [тяжёлом] положе́нии; j-m das ~ abgraben си́льно вре|ди́ть 3 -жу́ кому́-н.; er ist mit allen ~n gewaschen он тёртый кала́ч; **~abfluß** *m* сток воды́

wasserabstoßend водоотта́лкивающий 11

Wasser|ader *f* водоно́сная жи́ла; **~anschluß** *n* подключе́ние 5 к водопрово́ду; **~bad** *n Kochk, Chem* водяна́я ба́ня; **~ball** *m* во́дное по́ло *n idkl,* ватерпо́ло; **~ballspieler** *m* ватерполи́ст [тэ] 2; **~bau** *m* гидротехни́ческое строи́тельство; **~bauwerk** *n* гидротехни́ческое сооруже́ние; **~becken** во́дный бассе́йн; Speicherbecken водохрани́лище 4, резервуа́р 2 для воды́; **~behälter** *m* резервуа́р 2 для воды́, водоём 2; Kanister бак 2 для воды́; **~blase** *f* пузырёк воды́; **~bombe** *f* глуби́нная бо́мба

Wässerchen *n*: er sieht aus, als könnte er kein ~ trüben с ви́ду он и воды́ не замути́т

Wasserdampf *m* водяно́й пар
wasserdicht водонепроница́ем:ый; Kleidung a. непромока́ем:ый
Wasserdruck *m Phys* давле́ние воды́
wasserdurchlässig водопроница́ем:ый
Wasser|eimer *m* ведро́ (для воды́); **~energie** *f* эне́ргия воды́, гидравли́ческая эне́ргия; **~entnahme** *f* водозабо́р 2; **~fall** *m* водопа́д 2; **~farbe** *f* аквапе́льная кра́ска; **~fläche** *f* Oberfläche во́дная пове́рхность; gekräuselte рябь 9; **~flasche** *f* буты́ль 9 [Karaffe графи́н 2] для воды́; **~floh** *m* водяна́я блоха́; ~flöhe *Pl* ветвисто́усые *Subst Pl* 10; **~flugzeug** *n* гидросамолёт 2; **~frosch** *m*: Grüner ≈ *Zool* зелёная лягу́шка; **~gehalt** *m* содержа́ние воды́
wassergekühlt с водяны́м охлажде́нием
Wasser|glas *n* стака́н 2 (для воды́); *Chem* раствори́мое стекло́; **~graben** *m* кана́ва 6; **~hahn** *m* (водопрово́дный) кран
wasserhaltig содержа́щий 11 во́ду; Bodenschicht водоно́с|ный, -ен
Wasser|haushalt *m* во́дный бала́нс 2; *Med* во́дный обме́н 2; **~heilkunde** *f* гидротерапи́я 8; **~höhe** *f* высота́ у́ровня воды́; **~hose** *f* (водяно́й) смерч 2 *G Pl* -ей; **~huhn** *n* лысу́ха 6
wässerig = **wäßrig**
Wasser|jungfer *f* стрекоза́ 6c; **~kessel** *m* Teekessel ча́йник 2; **~klosett** *n* ватерклозе́т [тэ] 2; **~kraft** *f* гидравли́ческая си́ла [эне́ргия]; **~kraftwerk** *n* гидро(электро)ста́нция 8, ГЭС [гэс] *f idkl;* **~krug** *m* кувши́н для воды́; **~kühlung** *f* водяно́е охлажде́ние; **~kur** *f* водолече́ние 5; **~lache** *f* лу́жа 6; **~leitung** *f* водопрово́д 2; **~leitungsrohr** *n* водопрово́дная труба́; **~linie** *f Mar* ватерли́ния [тэ] 8
wasserlöslich раствори́м:ый в воде́, водораствори́м:ый
Wasser|mangel *m* недоста́ток воды́; **~mann** *m Astr* Водоле́й 1; **~melone** *f* арбу́з 2; **~mühle** *f* водяна́я ме́льница
wassern *intr Flugw* соверш|а́ть ⟨-и́ть 3⟩ поса́дку на́ воду, приводн|я́ться ⟨-и́ться 3⟩
wässern *tr* Fleisch, Hering выма́чивать ⟨вы́мочить 3⟩, промыва́ть ⟨-|мы́ть*⟩ в воде́ *a. Foto;* bewässern оро|ша́ть ⟨-си́ть 3 -шу́⟩; Bäume полива́ть ⟨поли́ть*⟩
Wasser|nixe *f* руса́лка 6; *übertr* купа́льщица 6; **~oberfläche** *f* водяна́я пове́рхность; **~pest** *f* элоде́я 7; **~pfeife** *f* наргиле́ *m, n idkl*; **~pflanze** *f* во́дное [водяно́е] расте́ние; **~polizei** *f* речна́я поли́ция; **~pumpe** *f* водяно́й насо́с; **~ratte** *f Zool* водяна́я кры́са; Schwimmer люби́тель 1 пла́вания
wasserreich полново́д|ный, -ен, многово́д|ный, -ен
Wasser|rohr *n* водопрово́дная труба́; **~rohrbruch** *m* разры́в водопрово́дной трубы́; **~rose** *f* кувши́нка 6 (бе́лая); **~säule** *f Phys* водяно́й столб; **~schaden** *m* поврежде́ние, причинённое водо́й; **~scheide** *f* водоразде́л 2
wasserscheu страда́ющий 11 водобоя́знью | ~ sein страда́ть водобоя́знью, боя́ться 3 воды́
Wasser|schicht *f* сой воды́; **~schlauch** *m* (рези́новый) шланг для воды́; **~schutzpolizei** *f* речна́я поли́ция; **~ski** *m* Gerät во́дная лы́жа; Sportart воднолы́жный спорт | ≈ laufen ката́ться на во́дных лы́жах; **~skilaufen** *n* воднолы́жный спорт; **~skiläufer** *m* воднолы́жник 2; **~spiegel** *m* зе́ркало (свобо́дной пове́рхности) воды́; Wasserstand у́ров|ень, -ня 1 воды́; **~sport** *m* во́дный спорт; **~spülung** *f* промы́вка водо́й | ein Klosett mit ≈ промывно́й клозе́т, убо́рная с водопрово́дом; **~stand** *m* у́ровень воды́; Hydrologie горизо́нт 2 воды́; **~stiefel** *f Pl* боло́тные (непромока́емые) сапоги́
Wasserstoff *m* водоро́д 2; **~bombe** *f* водоро́дная бо́мба; **~superoxid** *n* пе́рекись 9 водоро́да
Wasser|strahl *m* струя́ воды́; **~straße** *f* во́дный путь; Sund проли́в 2; **~sucht** *f* водя́нка 6
wassersüchtig страда́ющий 11 водя́нкой, опу́хший 11 от водя́нки
Wasser|suppe *f* водяни́стая похлёбка; **~tank(wagen)** *m* водяна́я цисте́рна; **~topf** *m* кастрю́ля 7 [бак 2] для воды́; **~träger** *m* водоно́с 2; **~treten** *n Med* переступа́ние 5 нога́ми в воде́; **~tretrad** *n* во́дный [морско́й] велосипе́д 2; **~turbine** *f* гидротурби́на 6; **~turm** *m* водона́порная ба́шня; **~uhr** *f* водоме́р 2; **~ung** *f Flugw* поса́дка 6 на́ воду, приводне́ние 5; **~verbrauch** *m* потребле́ние [Durchflußmenge расхо́д] воды́; **~verdrängung** *f Mar* водоизмеще́ние 5; **~verkehr** *m* во́дное сообще́ние; **~versorgung** *f* водоснабже́ние 5; **~vogel** *m* водопла́вающая 11 пти́ца; **~waage** *f* ватерпа́с [тэ] 2, у́ров|ень, -ня 1; **~wanderer** *m* во́дный тури́ст, тури́ст на ло́дке; **~weg** *m* во́дный путь; **~welle(n)** *f (Pl)* Frisur холо́дная зави́вка 6; **~werfer** *m* водомёт 2; **~werk** *n* водопрово́дная (насо́сная) ста́нция; **~wirtschaft** *f* во́дное хозя́йство; **~zeichen** *n* водяно́й знак; **~zufuhr** *f* подво́д воды́
wäßrig водяни́ст:ый; Suppe a. жи́д|кий, -ок, -ка́! | ~ schmecken быть* водяни́стым (на вкус); j-m den Mund ~ machen соблазн|я́ть ⟨-и́ть 3⟩ кого́-н. чем-н., разжига́ть ⟨-|жечь*, -ожгу́, -ожгла́⟩ чей-н. аппети́т
waten *intr* переходи́ть 3⁺ -хожу́ ⟨-|йти́*⟩

вброд (durch *A*, чéрез *A*); durch Pfützen, Wasser шлёпать по *D* | durch den Sumpf ~ идти́*, увязáя в болóте
watscheln *intr* идти́*, перевáливаясь с бóку нá бок, идти́ вперевáлку
¹Watt *n El* ватт 2 *G Pl* ватт
²Watt *n Geogr* вáтты *Pl* 2
Watte *f* вáта 6; **~anzug** *m* вáтный костю́м, ку́ртка 6 и брю́ки *Pl* 6 на вáте; **~bausch** *m* клоч|óк, -кá 2 вáты; *Med* вáтный тампóн 2; **~jacke** *f*: gesteppte ≈ (стёганый) вáтник 2, стёганая ку́ртка на вáте
Wattenmeer *n* вáтты *Pl* 2
Wattepfropf *m Med* вáтная прóбка 6, вáтный тампóн 2
wattier|en *tr* подбивáть ⟨-|би́ть*, -обью́⟩ вáтой; **~t** на вати́не, на вáте, подби́тый вáтой
Wattierung *f* Futter вáтная подклáдка 6; Tätigkeit подби́вка 6 вáтой
Watt|leistung *f* акти́вная мóщность; **~stunde** *f* ватт *idkl* -чáс
Webart *f* спóсоб ткáчества
weben *tr* ткать* (со-); Spitze плести́* (с-)
Weber *m* ткач 2е *G Pl* -éй; **~baum** *m Text* ткáцкий навó|й 1 *G Pl* -ев; **~ei** *f* Fabrik ткáцкая фáбрика; Gewerbe ткáчество 4; **~schiffchen** *n* (ткáцкий) челнóк 2е
Web|stuhl *m* ткáцкий станóк; **~waren** *f Pl* ткáцкие издéлия
Wechsel *m* Veränderung перемéна 6; in der Leitung, der Politik изменéние 5; Ablösung смéна 6; regelmäßig wiederkehrend чередовáние 5; Arbeits~, Wohnungs~ перехóд 2 на *A*; *Sport* Stafette передáча 6 эстафéты; *Hdl* вéксел|ь 1b *Pl* -я́; *Jagd* тропá 6h, след 2b *P a.* -у́ | im ~ поочерёдно; ~ des Wohnortes переéзд 2 на дургóе мéсто; einen ~ ausstellen вы́|давáть* ⟨вы́|дать*⟩ вéксель; **~automat** *m* автомáт для размéна дéнег; **~bad** *n* перемéнные вáнны *Pl* 6; **~beziehung** *f* взаимосвя́зь 9, взаимоотношéние 5; **~fälle** *m Pl*: für alle ≈ des Lebens на все слу́чаи жи́зни; **~fieber** *n* перемежáющаяся 11 лихорáдка; **~geld** *n* сдáча 6; Kleingeld размéнная монéта 6, мéлочь 9g; **~getriebe** *n Kfz* корóбка 6 передáч; *Tech* реверси́вный привóд 2
wechselhaft: ~es Wetter измéнчивая [неустóйчивая] погóда
Wechsel|jahre *n Pl* климактери́ческий перúод 2; **~kurs** *m* валю́тный курс
wechseln *tr* Beruf, Wohnung, Kleidung u. a. меня́ть, перемен|я́ть ⟨-и́ть *v* 3⁺⟩; Geld меня́ть, размéнивать ⟨-меня́ть⟩; Ringe, Worte обмéниваться ⟨-меня́ться⟩ *I*; *intr* меня́ться ⟨из-, перемени́ться⟩; abwechseln, einander ablösen смен|я́ть ⟨-и́ть 3⁺⟩ друг дру́га, чередовáться 2 | Wäsche ~ меня́ть ⟨смени́ть⟩ бельё; Pferde ~ меня́ть ⟨смени́ть⟩ лошадéй; einige Worte ~ перекú|дываться ⟨-нуться 4⟩ нéсколькими словáми; das Wetter wechselte погóда перемени́лась [измени́лась]; die Farbe ~ измен|я́ться ⟨-и́ться⟩ в лицé; den Betrieb ~ переходи́ть 3⁺ -хожу́ ⟨-|йти́*⟩ на другóе предприя́тие; **~d**: mit ≈em Erfolg с перемéнным успéхом; ≈ bewölkt перемéнная óблачность
Wechsel|objektiv *n* смéнный объекти́в; **~schalter** *m* переключáтель на два направлéния; **~schritt** *m*: im ≈ перемéнным шáгом
wechselseitig взаи́м|ный, -ен | ~ bedingt взаимообуслóвлен|ный, -а
Wechsel|sprechanlage *f* переговóрное устрóйство для двусторóнней свя́зи; **~stelle** *f* пункт 2 обмéна валю́ты; **~strom** *m* перемéнный ток
wechselweise *Adv* abwechselnd попеременно; beiderseitig взаи́мно, обою́дно
Wechselwirkung *f* взаимодéйствие 5 | in ~ stehen взаимодéйствовать 2
wecken *tr* бу|ди́ть 3⁺ -жу́ (раз-); *übertr* пробуждáть ⟨-буди́ть 3, -буждённый⟩ (in [bei] j-m в ком-н. что-н.) | j-n aus dem Schlafe ~ разбуди́ть когó-н.
¹Wecken *m* Weißbrot, Semmel бу́лка 6, сáйка 6
²Wecken *n Mil* побу́дка 6
Wecker *m* буди́льник 2 | den ~ stellen стáвить (по-) буди́льник (auf на *A*)
Weckglas *n* стекля́нная бáнка 6 (для консерви́рования)
Wedel *m* Staub~ метёлка 6 из пéрьев (для смáхивания пы́ли); Fächer вéер 2b *Pl* -á, опахáло 4; *Jagd* Schwanz хвост 2е
wedeln *intr* виля́ть ⟨вильну́ть *mom* 4⟩ mit dem Schwanz ~ виля́ть хвостóм
weder *Konj*: ~ … noch ни… ни | er hat dafür ~ Zeit noch Geld у негó для э́того нет ни врéмени, ни дéнег
weg *Adv* прочь; entfernt далекó | weit ~ von der Stadt далекó от гóрода, в сторонé от гóрода; das muß ~! убери́те [убери́] (э́то) прочь!; Hände ~! ру́ки прочь!; geh ~! иди́ прочь!; das Buch ist ~ кни́га исчéзла [пропáла]; er ist [war] ~ егó нет [нé было]; der Zug war schon ~ пóезд ужé отошёл; er war ganz ~ vor Freude он был вне себя́ от рáдости
Weg *m* дорóга 6, пут|ь *m* 9е *I* -ём; Fuß~ (пешехóдная) дорóжка 6; Pfad тропá 6h, тропи́нка 6; Fahr~ проéзжая 11 дорóга; Reise~ маршру́т 2 (поéздки); *übertr* путь | auf diesem ~e э́тим путём, э́тим спóсобом; auf dem ~e по дорóге; mittels путём; auf halbem ~e на полпути́; auf friedlichem ~e ми́рным путём; sich auf den ~ machen отпр|авля́ться ⟨-áвиться 3 -áвлюсь⟩ в путь [в дорóгу]; j-m aus dem

~e gehen уступ|áть ⟨-и́ть 3⁺ -лю́⟩ доро́гу кому́-н.; meiden избега́ть кого́-н.; er lief mir in den ~ он попа́лся мне навстре́чу; etw. in die ~e leiten подгот|а́вливать ⟨-о́вить 3 -о́влю⟩ что-н.; j-m im ~e stehen стоя́ть на чьём-н. пути́ *a. übertr*, стоя́ть кому́-н. попере́к доро́ги; j-m nicht über den ~ trauen не доверя́ть ⟨-ве́рить 3⟩ кому́-н. ни на грош; vom ~e abkommen сбива́ться ⟨-|би́ться*¡ собью́сь⟩ с пути́ [с доро́ги]; auf dem besten ~ *Inf mit zu* быть* без пяти́ мину́т *I; umg* име́ть шанс *mit Inf*

weg|begeben, sich *refl* удал|я́ться ⟨-и́ться 3⟩; **~bekommen** *tr umg* begreifen понима́ть ⟨поня́ть*⟩; erfahren, herausfinden проню́х|ивать ⟨-ать⟩ *A u.* о *P;* entfernen können у|дава́ться* ⟨-|да́ться*¡ -дали́сь⟩; Fleck выво|ди́ть 3⁺ -жу́ ⟨вы́|вести*⟩ | er ist vom Buch nicht wegzubekommen его́ не оторвёшь от кни́ги

Wegbereiter *m* пионе́р 2, нова́тор 2; einer Epoche, des Sozialismus зачина́тель 1

weg|blasen *tr* сдува́ть ⟨-|дуть*⟩; **~bleiben** *intr* отсу́тствовать 2, не яв|и́ться *v* 3⁺ -лю́сь; **~blicken** *intr* смотре́ть 3⁺ (по-) в сто́рону, отводи́ть 3⁺ -вожу́ ⟨-|вести́*⟩ взгляд; **~bringen** *tr* уноси́ть 3⁺ -ношу́ ⟨-|нести́*⟩ прочь; fahrend увози́ть 3⁺ -вожу́ ⟨-|везти́*⟩; **~drängen** *tr* оттесн|я́ть ⟨-и́ть 3⟩ (von от *G*)

Wege|bau *m* доро́жное строи́тельство; **~gabelung** *f* разветвле́ние доро́ги, разви́лка 6; **~markierung** *f* маркиро́вка пути́ [тропы́]

wegen *Präpos* (meist negative) Ursache из-за *G;* ~ des schlechten Wetters из-за плохо́й пого́ды; ~ Zeitmangel из-за недоста́тка [за недоста́тком] вре́мени; ~ Krankheit fehlen отсу́тствовать по боле́зни | positive Ursache: dank благодаря́ *D;* ~ ihres Vitamingehaltes sind Tomaten gesund благодаря́ содержа́нию витами́нов помидо́ры о́чень поле́зны для здоро́вья | infolge всле́дствие *G;* ~ des Unfalls war die Straße gesperrt всле́дствие доро́жного происше́ствия доро́га была́ закры́та | anläßlich по слу́чаю *G;* ~ des Feiertags die Straßen schmücken по слу́чаю пра́здника украша́ть у́лицы | hinsichtlich, über насчёт *G;* frag sie ~ des Mittagessens спроси́ её насчёт обе́да; kommen Sie ~ Wanja? вы насчёт Ва́ни? | Zweck ра́ди *G;* nur ~ des Geldes, nur des Geldes ~ то́лько ра́ди де́нег | positive oder negative Reaktion auf eine Handlung за *A;* ~ eines Verbrechens verurteilen осуди́ть за преступле́ние; ~ bürokratischen Verhaltens kritisieren критикова́ть за бюрократи́зм; alle lieben ihn ~ seiner Ehrlichkeit все лю́бят его́ за его́ че́стность | von Amts ~ по дела́м слу́жбы; von ~! Antwort как бы не так!

Wegerich *m* подоро́жник 2

wegessen *tr* съ|есть* *v* | j-m alles ~ съесть всё у кого́-н.

Wegeunfall *m* несча́стный слу́чай по доро́ге на рабо́ту и́ли с рабо́ты домо́й

wegfahren *tr* от-, увози́ть 3⁺ -вожу́ ⟨-|везти́*⟩; *intr* уезжа́ть ⟨-|е́хать*⟩

Wegfall *m* упраздне́ние 5, отме́на 6

weg|fallen *intr* отпада́ть ⟨-|па́сть*⟩, не состо́яться *v 3;* **~fliegen** *intr* уле|та́ть ⟨-те́ть 3 -чу́⟩; **~führen** *tr* уводи́ть 3⁺ -вожу́ ⟨-|вести́*⟩

Weggang *m* ухо́д 2

weg|geben *tr* от|дава́ть* ⟨отда́ть*⟩ (в чьё-н. распоряже́ние); **~gehen** *intr* уходи́ть 3⁺ -хожу́ ⟨-|йти́*⟩, отходи́ть ⟨отo|йти́*⟩; **~gießen** *tr* вылива́ть ⟨вы́|лить*⟩; **~haben** *tr umg* Grippe схва́тывать ⟨схва|ти́ть 3⁺ -чу́⟩; verstehen понима́ть ⟨поня́ть*⟩ | der hat einen weg он не в своём уме́; betrunken ну и пьян же он!; **~holen** *tr* уноси́ть 3⁺ -ношу́ ⟨-|нести́*⟩, уводи́ть 3⁺ -вожу́ ⟨-|вести́*⟩; **~kommen** *intr* уходи́ть 3⁺ -хожу́ ⟨-|йти́*⟩; wegfahren уезжа́ть ⟨-|е́хать*⟩; verlorengehen пропада́ть ⟨-|па́сть*⟩; er ist gut weggekommen он легко́ [сча́стливо] отде́лался; **~können** *intr* име́ть возмо́жность уйти́ | sie kann nicht weg она́ не мо́жет уйти́ [уе́хать]; **~kundig** хорошо́ зна́ющий 11 доро́гу; **~lassen** *tr* gehen lassen отпу|ска́ть ⟨-сти́ть 3⁺ -щу́⟩; etw. übergehen пропу|ска́ть ⟨-сти́ть⟩; **~laufen** *intr* убега́ть ⟨у|бежа́ть*⟩; **~legen** *tr* beiseite откла́дывать ⟨-ложи́ть 3⁺⟩, класть* ⟨положи́ть 3⁺⟩ (в сто́рону); **~müssen** *intr* быть* вы́нужденным уйти́ [уе́хать]; zur Seite legen убира́ть ⟨-|бра́ть*⟩ | der Brief muß heute noch weg письмо́ сле́дует отпра́вить ещё сего́дня

Wegnahme *f* отня́тие 5, конфиска́ция 8

weg|nehmen *tr* zur Seite legen убира́ть ⟨-|бра́ть*⟩; mit Gewalt отнима́ть ⟨отня́ть*⟩ (j-m у *G*); an sich nehmen отбира́ть ⟨ото|бра́ть*, отберу́¡ ото́бранный⟩ (j-m у *G*), брать* ⟨взять*⟩ (j-m у *G*) | viel Platz ≈ занима́ть ⟨заня́ть*⟩ мно́го ме́ста; **~räumen** *tr* убира́ть ⟨-|бра́ть*⟩ (von с *G*); Hindernisse устран|я́ть ⟨-и́ть 3⟩; **~reißen** *tr* entreißen вырыва́ть ⟨вы́|рвать*⟩ (j-m у *G*); Gebäude сноси́ть 3⁺ -ношу́ ⟨-|нести́*⟩; **~rollen** *tr* отка́тывать ⟨отка|ти́ть 3⁺ -чу́⟩; **~schaffen** *tr* убира́ть ⟨-|бра́ть*⟩; tragend уноси́ть 3⁺ -ношу́ ⟨-|нести́*⟩; fahrend увози́ть 3⁺ -вожу́ ⟨-|везти́*⟩; **~scheren, sich** *refl* убира́ться ⟨-|бра́ться*¡ -брали́сь⟩; **~schicken** *tr* отсыла́ть ⟨ото|сла́ть*¡ ото́сланный⟩, отпр|авля́ть

⟨-áвить 3 -áвлю⟩; **~schieben** *tr* отодв|игáть ⟨-и́нуть 4⟩ (в стóрону) (von от *G*); **~schnappen** *tr* выхвáтывать ⟨вы́хва|тить 3 -чу⟩ | j-m etw. vor der Nase ≈ вы́хватить у кóго-н. что-н. из-под нóса; **~schwemmen** *tr* уноси́ть 3⁺ ⟨-|нести́*⟩ (водóй); **~sehen** *intr* отворáчиваться ⟨-вернýться 4⟩; **~stehlen, sich** *refl* незамéтно [укрáдкой] у|йти́* *v*, улизнýть *v* 4; **~stoßen** *tr* оттáлкивать ⟨-толкнýть 4⟩ (mit *I*); **~tragen** *tr* уноси́ть 3⁺ -ношý ⟨-|нести́*⟩; **~treten** *intr Mil*: weggetreten! разойди́сь! | ≈ lassen давáть* ⟨дать*⟩ комáнду разойти́сь; **~tun** *tr* wegstellen удал|я́ть ⟨-и́ть 3⟩; aufräumen убирáть ⟨-|брáть*⟩ (на мéсто); zurücklegen: Geld отклáдывать ⟨-ложи́ть 3⁺⟩; wegwerfen выбрáсывать ⟨вы́бро|сить 3 -шу⟩

Weg|warte *f* цикóри|й 1 *P* -и; **~weiser** *m* указáтель 1 дорóги; Handbuch путеводи́тель 1

weg|wenden *tr* отворáчивать ⟨-вернýть 4⟩; sich ≈ *refl* отворáчиваться ⟨-вернýться⟩ (von от *G*); **~werfen** *tr* выбрáсывать ⟨вы́бро|сить 3 -шу⟩; von sich werfen отбр|áсывать ⟨-óсить⟩ (от себя́) | das ist weggeworfenes Geld э́то напрáсно вы́брошенные дéньги; **~werfend** презри́тел|ьный, -ен, -ьна, пренебрежи́тел|ьный, -ен, -ьна

Wegwerfpackung *f* однорáзовая упакóвка; *Wirtsch* рáзовая тáра 6

wegziehen *tr* оттáскивать ⟨-тащи́ть 3⁺⟩ (von от *G*); Vorhang отдёр|гивать ⟨-нуть 4⟩; Decke стáскивать ⟨-тащи́ть 3⁺⟩; *intr* den Wohnsitz verlegen переезжáть ⟨-|éхать*⟩; Vögel улет|áть ⟨-éть 3⟩

weh 1. *Adj* Augen, Finger больнóй; Empfindung болéзнен|ный, -на | mir ist ~ ums Herz у меня́ тяжелó на душé; **2.** *Adv:* mir tut der Kopf ~ у меня́ боли́т головá; tut es noch ~? боли́т [бóльно] ещё?; ich habe dir nicht ~ tun wollen я не хотéл сдéлать тебé бóльно, я не хотéл причини́ть боль тебé; *übertr a.* я не хотéл тебя́ оби́деть; das tut aber ~! как бóльно! **3.** *Interj* о ~! увы́!, ах!

¹Wehe *f* Schnee снéжный сугрóб 2 [занóс 2]; Sand песчáный занóс 2

²Wehe *f Med meist Pl* схвáт|ки *Pl* 6 *G* -ок | in den ~n liegen испы́тывать ⟨-пытáть⟩ родовы́е мýки

wehen *tr* сдувáть ⟨-|дуть*⟩ (auf на *A*, von с *G*); *intr* Wind дуть (по-), вé|ять, -ет; flattern развевáться (на ветрý) | die Fahnen ~ im Wind развевáются (рéют) знамёна [флáги]; **~d** Fahne, Haare развевáющийся 11

Wehklage *f* сéтование 5, грóмкие стенáния *Pl* 5 [причитáния *Pl* 5]

weh|klagen *intr* сéтовать 2 (по-), причитáть; **~leidig** сверхчувстви́тел|ьный, -ен, -ьна к любóй бóли; Lächeln жáлост|ный, -ен

Wehmut *f* грусть 9, уны́ние 5

wehmütig грýст|ный, -ен, -нá, -но, грýстны́, уны́л|ый

¹Wehr *n* Stauanlage плоти́на 6, запрýда 6

²Wehr *f:* sich zur ~ setzen окáзывать ⟨-|казáть*⟩ сопротивлéние, защи|щáться ⟨-ти́ться 3 -щýсь⟩

Wehrbezirk *m* призывнóй райóн, воéнный óкруг

Wehrbezirkskommando *n* окружнóй воéнный комиссариáт 2, комáндование воéнного óкруга

Wehrdienst *m* воéнная слýжба | aktiver ~ действи́тельная воéнная слýжба; **~ausweis** *m* воéнный билéт

wehrdiensttauglich гóдный к воéнной слýжбе

Wehrdienstverweigerung *f* откáз 2 от несéния воéнной слýжбы

wehren, sich *refl* защи|щáться ⟨-ти́ться 3 -щýсь⟩, оборон|я́ться ⟨-и́ться 3⟩ (gegen от *G*) | sich mit Händen und Füßen gegen etw. ~ сопротивля́ться чемý-н. изо всех сил

Wehrerziehung *f* воéнная подготóвка 6

wehrfähig гóдный к воéнной слýжбе

wehrhaft обороноспосóб|ный, -ен

Wehrkreis *m* воéнный óкруг 2b *Pl* -á; **~kommando** *n* комáндование воéнного óкруга

wehrlos беззащи́т|ный, -ен

Wehrpflicht *f* вóинская обя́занность 9 [пови́нность 9] | allgemeine ≈ всеóбщая 11 вóинская обя́занность

wehrpflichtig военнообя́занный | ~es Alter призывнóй вóзраст

Wehr|pflichtiger *m* военнообя́занный *Subst* 10; **~sold** *m* дéнежное содержáние 5; **~sport** *m* воéнно-приклáдные ви́ды *Pl* 2 спóрта

Weib *n* жéнщина 6; Ehefrau женá 6c *Pl* жёны, жён | mit ~ und Kind со всей семьёй; **~chen** *n Zool* сáмка 6

Weiber|feind *m* женоненави́стник 2; **~geschichten** *f Pl* любóвные интри́жки *Pl* 6; **~held** *m* бáбник 2

weib|isch изнéженный; Benehmen бáбий 12; **~lich** жéнский; fraulich жéнственный | ≈es Geschlecht жéнский пол; *Gramm* жéнский род

Weiblichkeit *f* жéнственность 9 | die holde ~ ми́лый [слáбый] пол

Weibsbild *n* бáба 6, бабёнка 6

weich мя́г|кий [хк] -ок, -кá [хк]!, -че; zart, sanft мя́гкий, нéж|ный, -ен, -нá, -но, нéжны́ | ~e Landung мя́гкая посáдка; ~ werden станови́ться ⟨стать⟩ мя́гким; beim Kochen развáриваться ⟨-вари́ться 3⁺⟩, свари́ться *v;* das Fleisch ~ klopfen *Kochk* отбивáть ⟨-|би́ть*, отобью́⟩ мя́со

(до мя́гкости); ein ~es Herz haben быть* мягкосерде́чным
Weichbild *n* черта́ 6 [террито́рия 8] го́рода
[1]**Weiche** *f Anat* бок 2b *P a.* -у́, пах 2$_{\mathrm{j}}$ в паху́
[2]**Weiche** *f Eisenb* стре́лка 6
[1]**weichen** *tr* weich machen раз-, смягч|а́ть [хч] ⟨-и́ть 3⟩; ein~ зама́чивать ⟨-мочи́ть 3⁺⟩; *intr* weich werden раз-, смягч|а́ться ⟨-и́ться⟩; durch~ мо́кнуть 4a ⟨вы́-⟩
[2]**weichen** *intr* zurück~ отступ|а́ть ⟨-и́ть 3⁺ -лю́⟩ (vor пе́ред *I*); nachgeben уступ|а́ть ⟨-и́ть⟩ | j-m nicht von der Seite ~ не отходи́ть 3⁺ -хожу́ ⟨-о|йти́*⟩ ни на ша́г от кого́-н.; nicht von der Stelle ~ не тро́гаться ⟨не тро́нуться 4⟩ с ме́ста
Weichensteller *m* стре́лочник 2
weichgekocht: ein ~es Ei яйцо́ всмя́тку
Weichheit *f* мя́гкость 9; *übertr a.* не́жность 9
weichherzig мягкосерде́ч|ный [хк]$_{\mathrm{l}}$ -ен
Weichkäse *m* мя́гкий [хк] сыр
weichlich verweichlicht изне́женный; willensschwach слабово́л|ьный$_{\mathrm{l}}$ -ен
Weichling *m* не́женка *m, f* 6
Weichselkirsche *f* магале́бка 6, анти́пка 6
Weich|spülmittel *n* сре́дство 4 для прида́ния мя́гкости [хк] тексти́льным изде́лиям; **~teile** *m Pl* мя́гкие [хк] ча́сти [тка́ни *Pl* 9]; **~tier** *n* моллю́ск 2
[1]**Weide** *f* Baum и́ва 6
[2]**Weide** *f Landw* вы́гон 2, па́стбище 4; **~land** *n* па́стбищные уго́дья *Pl* 5
weiden *tr* Vieh пасти́*; *intr* пасти́сь; sich ~ *refl* насла|жда́ться ⟨-ди́ться 3 -жу́сь⟩ (an *I*) | die Kühe weideten auf der Wiese коро́вы пасли́сь на лугу́
Weiden|kätzchen *n* ве́рбная серёжка; **~korb** *m* корзи́на из и́вовых пру́тьев; **~rute** *f* и́вовый прут
Weide|platz *m* вы́гон 2, па́стбище 4; **~wirtschaft** *f* па́стбищное хозя́йство
weidlich поря́дочно, как сле́дует
Weidmann *m* охо́тник 2
weidmännisch охо́тничий 12
Weidwerk *n* охо́та 6 | das ~ ausüben быть* охо́тником
weigern, sich *refl* отка́зываться ⟨-|каза́ться*⟩ *mit Inf*; Widerstand leisten сопротивля́ться
Weigerung *f* отка́з 2
[1]**Weihe** *m Zool* лунь 1e
[2]**Weihe** *f Rel* посвяще́ние 5, рукоположе́ние 5
weihen *tr* Hostie, Gegenstand освя|ща́ть ⟨-ти́ть 3 -щу́⟩, свя|ти́ть 3 -чу́ (о-); widmen посвя|ща́ть ⟨-ти́ть⟩ | j-m zum Priester ~ посвяща́ть [рукополага́ть] кого́-н. в сан свяще́нника; dem Untergang geweiht обречённый на ги́бель; geweihtes Wasser свята́я вода́
Weiher *m* (небольшо́й) пруд 2e$_{\mathrm{j}}$ в$_{\mathrm{l}}$ на пруду́
Weihnachten *n* рождество́ 4 | zu ~ на рождество́; vor ~ до рождества́; frohe ~! весёлого рождества́!
weihnachtlich рожде́ственский
Weihnachts|abend *m* рожде́ственский сочéльник 2, кану́н 2 рождества́; **~baum** *m* рожде́ственская ёлка 6; *UdSSR* новогóдняя 11 ёлка | den ≈ putzen наря|жа́ть ⟨-ди́ть⟩ ёлку; **~fest** *n* рождество́ 4, пра́здник рождества́; **~geschenk** *n* рожде́ственский пода́рок; **~lied** *n* рожде́ственская пе́сня; **~mann** *m* рожде́ственский дед 2; *UdSSR* дед-моро́з 2-2; **~markt** *m* рожде́ственская я́рмарка; **~oratorium** *n* Рожде́ственская орато́рия; **~pyramide** *f* рожде́ственское украше́ние 5 в ви́де пирами́ды; **~zeit** *f* рожде́ственские дни *Pl* 1
Weih|rauch *m* ла́дан 2; **~wasser** *n* свята́я вода́
weil *Konj* потому́ что, так как | ~ es regnete, blieben wir zu Hause так как [поско́льку] шёл дождь$_{\mathrm{l}}$ мы оста́лись до́ма
Weilchen *n*: warte ein ~! подожди́ мину́тку [немно́жко]!
Weile *f* не́которое вре́м|я *G D P* -ени$_{\mathrm{l}}$ *I* -енем | lange ~ до́лгое вре́мя, до́лго; damit hat es (noch) gute ~ э́то не к спе́ху, вре́мя те́рпит
weilen *intr* нахо|ди́ться 3⁺ -жу́сь, побыва́ть *v*
Weimar Ве́ймар 2
Wein *m* Getränk вино́ 4c; Weinstock, ~trauben виногра́д 2 | j-m reinen ~ einschenken говори́ть 3 ⟨с|каза́ть*⟩ кому́-н. всю пра́вду; **~(an)bau** *m* виногра́дарство 4, разведе́ние 5 виногра́да; **~bauer** *m* виногра́дарь 1; **~beere** *f* einzelne виногра́дина 6; **~berg** *m* виногра́дник 2; **~bergschnecke** *f* виногра́дная ули́тка; **~brand** *m* конья́к 2e$_{\mathrm{l}}$ bei Mengenangaben *G* -у́; **~brandbohnen** *f Pl* драже́ *n idkl* с коньяко́м; **~brandverschnitt** *m* купа́ж 2 коньяка́
weinen *intr* пла́кать* (um, über o *P*) | um j-n ~ опла́к|ивать ⟨-ать⟩ кого́-н.; bittere Tränen ~ пла́кать го́рькими слеза́ми; vor Freude ~ пла́кать от ра́дости
weinerlich плакси́в:ный
Wein|ernte *f* сбор 2 виногра́да; **~faß** *n* ви́нная бо́чка, бо́чка для вина́; **~flasche** *f* ви́нная буты́лка; **~garten** *m* виногра́дник 2; **~gegend** *f* виноде́льческий райо́н 2; **~geist** *m* ви́нный спирт 2; **~glas** *n* рю́мка 6 (для вина́); großes бока́л 2 (для вина́); **~karte** *f* прейскура́нт 2 вин; **~keller** *m* ви́нный по́греб; **~kellerei** *f* ви́нный заво́д 2; Lagerraum

ви́нные погреба́ *Pl* 2b; **~kelter** *f* виногра́дный пресс 2; **~kenner** *m* знато́к вин; **~krampf** *m* истери́чный плач 2; **~kühler** *m* ведёрко 4 со льдом (для вина́); **~lese** *f* сбор 2 виногра́да; **~lokal** *n* небольшо́й ви́нный рестора́н; **~probe** *f* Verkostung дегуста́ция [дэ] 8 вин; **~rebe** *f* виногра́дная лоза́

weinrot цве́та кра́сного вина́, бордо́

weinselig в весёлом настрое́нии (от вина́)

Wein|sorte *f* сорт вина́ [Traubensorte виногра́да]; **~stock** *m* = **Weinrebe;** **~stube** *f* ви́нный погреб|о́к| -ка́ 2 [рестора́н 2]; **~traube** *f* виногра́дная кисть 9g; ≈en *Pl* виногра́д 2; **~trinker** *m* люби́тель 1 вина́

weise му́др:ый| -а́!

Weise *f* Art спо́соб 2; des Auftretens мане́ра 6; *Mus* мело́дия 8, напе́в 2 | auf diese ~ так, таки́м о́бразом; auf welche ~? каки́м о́бразом?; auf jede ~ вся́чески, любы́м спо́собом, все́ми спо́собами; auf keine ~ нико́им о́бразом, ника́к; in keiner ~ ни в како́й сте́пени, ника́к; auf seine ~ по-сво́ему; auf neue ~ но́вым спо́собом, по-но́вому; in liebenswürdiger ~ са́мым любе́зным о́бразом, любе́зно

Weisel *f* пчели́ная ма́тка 6

weisen *tr, intr* zeigen по-, ука́зывать ⟨-|каза́ть*⟩ (auf на *A*) | j-m die Tür ~ выпрова́живать ⟨вы́прово|дить 3 -жу⟩ кого́-н., пока́зывать ⟨-|каза́ть*⟩ кому́-н. на дверь; das läßt sich nicht von der Hand ~ от э́того нельзя́ отмахну́ться, э́то нельзя́ игнори́ровать; etw. von sich ~ отклон|я́ть ⟨-и́ть 3⁺⟩ что-н.

Weisheit *f* му́дрость 9 | ich bin mit meiner ~ am Ende не зна́ю| что де́лать да́льше, я испро́бовал все сре́дства; behalte deine ~ für dich! оста́вь при себе́ свои́ сове́ты!, не вме́шивайся!

Weisheitszahn *m* зуб му́дрости

weismachen *tr.* j-m etw. ~ заст|авля́ть ⟨-а́вить 3 -а́влю⟩ кого́-н. ве́рить небыли́це; ich lasse mir nichts ~! меня́ не обма́нешь!

weiß бе́л:ый| -а́!; Haar сед:о́й| -а́! | ~ werden беле́ть (по-); ~ wie Schnee бе́лый как снег; Weißes Meer Бе́лое мо́ре; er ist ganz ~ im Gesicht он бле́ден как полотно́; eine ~e Weste haben име́ть незапя́тнанную репута́цию; schwarz auf ~ *übertr* чёрным по бе́лому

weissagen *tr* предска́зывать ⟨-с|каза́ть*⟩, проро́чествовать 2

Weissagung *f* предсказа́ние 5, проро́чество 4

Weiß|blech *n* бе́лая жесть; **~brot** *n* бе́лый хлеб; längliches бато́н 2; **~buch** *n* бе́лая кни́га; **~dorn** *m* боя́рышник 2

Weiße *f* Farbe белизна́ 6; Weißbier све́тлое пи́во 4 | Berliner ~ (mit Schuß) берли́нское све́тлое пи́во (с со́ком)

weißen *tr* бели́ть 3⁺ (по-)

Weiß|fuchs *m* пес|е́ц| -ца́ 2; **~gardist** *m hist* белогварде́|ец| -йца 2; **~glut** *f* бе́лое кале́ние | j-n zur ≈ bringen доводи́ть 3⁺ -вожу́ ⟨-|вести́*⟩ кого́-н. до бе́лого кале́ния

weißhaarig сед:о́й| -а́!

Weißkohl *m* белоко́ча́нная капу́ста

weißlich белова́тый

Weiß|näherin *f* белошве́йка 6; **~stickerei** *f* вы́шивка бе́лыми ни́тками; **~waren** *f Pl* бельево́й това́р; **~wäsche** *f* бе́лое бельё; **~wein** *m* бе́лое вино́

Weisung *f* указа́ние 5, распоряже́ние 5

weisungsberechtigt: ~ sein име́ть пра́во дава́ть указа́ния

weit 1. *Adj* entfernt дал|ёкий| -ёк| -ека́| -ёко *u.* -еко́, да́льний 11; ausgedehnt просто́р|ный| -ен, шир|о́кий| -о́к| -ока́| -о́ко́| ши́ре| широча́йший 11 | ~e Täler обши́рные доли́ны; ~e Ärmel широ́кие рукава́; der Mantel ist ihm zu ~ пальто́ ему́ (о́чень) широко́; das Kleid muß ~er gemacht werden пла́тье ну́жно сде́лать (по)ши́ре; eine ~e Reise далёкое путеше́ствие; im ~esten Sinne des Wortes в са́мом широ́ком смы́сле сло́ва **2.** *Adv* далеко́, вдали́; geöffnet широко́; *mit Komp* намно́го, гора́здо | von ~em и́здали; von ~ her издалека́; bei ~em nicht далеко́ не; ~ und breit повсю́ду; die Tür steht ~ offen дверь откры́та на́стежь; den Mund ~ aufreißen широко́ раскрыва́ть ⟨-|кры́ть*⟩ рот; ich bin ~ davon entfernt я во́все не ду́маю, я далёк от э́того; die Meinungen gehen ~ auseinander мне́ния си́льно расхо́дятся; wie ~ bist du mit der Arbeit? ско́лько ты уже сде́лал?; er hat es ~ gebracht он дости́г мно́гого, он далеко́ пошёл; ~ gefehlt! ничего́ подо́бного!; das ist ~ mehr э́то гора́здо [намно́го] бо́льше; **~ab** *Adv* далеко́ (von от *G*); **~aus** *Adv* намно́го, гора́здо | ≈ besser намно́го лу́чше; ≈ der Beste са́мый лу́чший

Weitblick *m* дальнови́дность 9; weite Aussicht вид 2

weitblickend дальнови́д|ный| -ен

[1]**Weite** *f* Ferne даль 9; weiter Raum просто́р 2; Breite ширина́ 6 *a.* bei Kleidungsstücken; Kragen~ разме́р 2 | lichte ~ ширина́ в свету́; die ~ des Meeres просто́р мо́ря

[2]**Weite** *n:* das ~ suchen броса́ться ⟨бро́|ситься 3 -шусь⟩ бежа́ть, иска́ть спасе́ния в бе́гстве

weiten *tr* dehnen расширя́ть ⟨-ши́рить 3⟩ | den Schuh ~ растя́гивать ⟨-тяну́ть 4⁺⟩

ботинок; sich ~ *refl* расширяться ⟨-шириться⟩ *a. übertr*

weiter 1. *Adj* zusätzlich дальнейший 11 | ~e Verhandlungen дальнейшие переговоры; ~e Tatsachen дополнительные [новые] факты; das Weit re wird sich finden дальнейшее покажет **2.** *Adv* далее; sonst дальше, больше | nichts ~ больше ничего; ~ niemand больше никто; ohne ~es сразу, без разговоров; bis auf ~es впредь до особого распоряжения; bis später пока (что); und so ~ и так далее; das kannst du ohne ~es tun ты вполне можешь это сделать; **~arbeiten** *intr* продолжать работать [работу]; **~befördern** *tr* отпр|авлять ⟨-авить 3 -авлю⟩; Post, *Wirtsch* переотправлять ⟨-править⟩; **~bestehen** *intr* продолжать существовать; **~bilden, sich** *refl* fachlich повышать ⟨-высить 3 -вышу⟩ (свою) квалификацию | sich wissenschaftlich weiterbilden повышать ⟨-высить⟩ уровень своих научных знаний

Weiterbildung *f* переподготовка 6; das Sichweiterbilden повышение 5 уровня знания; fachliche повышение квалификации | postgraduale ~ последипломная квалификация

weiterentwickeln *tr* Theorie развивать ⟨-|вить*, -овью⟩ дальше; Produkt, Konstruktion совершенствовать 2 (у-); Verfahren продолжать разработку *G*

Weiterentwicklung *f* дальнейшее 11 развитие; Produkt, Konstruktion совершенствование 5, (техническое) усовершенствование; Verfahren дальнейшая разработка 6

weiter|erzählen *tr* пере|давать* ⟨передать*⟩ (дальше), рассказывать ⟨-с|казать*⟩; **~fahren** *intr* ехать* (по-) дальше; Reise продолжать путь [поездку]; **~führen** *tr* продолжать (вести), вести* дальше; **~geben** *tr* пере|давать* ⟨передать*⟩; **~gehen** *intr* идти* ⟨по|йти*⟩ дальше; fortgesetzt werden продолжаться ⟨-должиться 3⟩ | nicht ≈ Weg кончаться ⟨кончиться 3⟩; bitte ≈! пожалуйста, проходите!; wie soll das nur ≈? что же будет дальше?; **~helfen** *intr:* j-m ≈ помогать ⟨-|мочь*⟩ кому-н.; in heikler Lage помочь кому-н. выйти из тяжёлого положения

weiterhin *Adv* дальше, по-прежнему | auch ~ и в дальнейшем, и далее

weiter|kommen *intr* продви|гаться ⟨-нуться 4⟩ вперёд; *übertr* делать (с-) успехи, преусп|евать ⟨-еть⟩ | wie komme ich von hier aus weiter? как мне отсюда ехать [идти] дальше?; so kommen wir nicht weiter! так мы далеко не уйдём!, так дело не пойдёт; **~leiten** *tr* пере|давать* ⟨передать*⟩ дальше; **~machen** *tr* продолжать делать что-н.; ≈! *Mil* продолжай!

Weiterreise *f* продолжение 5 путешествия [поездки] | angenehme ~! приятного продолжения поездки!

weiter|reisen *intr* ехать* (по-) дальше; von Fahrt продолжать поездку [путь]; **~sagen** *tr* пере|давать* ⟨передать*⟩ (дальше) | bitte sage es nicht weiter! никому не передавай [рассказывай], пожалуйста!; **~verkaufen** *tr* перепро|давать* ⟨пере|продать*⟩; **~vermieten** *tr* с|давать* ⟨-|дать*⟩ в поднаём; **~ziehen** *intr* идти* ⟨по|йти*⟩ [weiterfahren ехать* (по-)] дальше; Nomaden перекоч|ёвывать ⟨-евать 2⟩

weit|gehend далеко идущий 11, значител|ьный, -ен, -ьна; Pläne, Vollmachten шир|окий, -ок, -ока, -око; Verständnis глубокий; **~gereist** побывавший 11 в далёких краях; **~her** *Adv:* von ~ издалека; **~herzig** щедр:ый, -а!, великодуш|ный, -ен; **~hin** *Adv* allgemein кругом, (по)всюду; **~läufig** простран|ный, -ен, -на; Verwandter дальний 11; **~maschig** с крупными петлями; Netz с крупными ячеями; **~reichend** обшир|ный, -ен; Pläne далеко идущий 11, шир|окий, -ок, -ока, -око; *Mil* дальнобойный; **~schweifig** многоречив:ый, многослов|ный, -ен; **~sichtig** дальнозор|кий, -ок; *übertr* дальновид|ный, -ен

Weit|sichtigkeit *f Med* дальнозоркость 9; **~springer** *m* прыгун в длину; **~sprung** *m* прыжки в длину

weit|tragend *Mil* дальнобойный; *übertr* имеющий 11 серьёзные последствия, важ|ный, -ен, -на, -но, важны; **~verbreitet** широко распространённый; **~verzweigt** Kanäle (сильно) разветвл|ённый, -ён, -ена; Baum ветвист:ый | ≈e Verbindungen широкие связи

Weitwinkelobjektiv *n* широкоугольный объектив

Weizen *m* пшеница 6; **~brot** *n* пшеничный хлеб; **~mehl** *n* пшеничная мука

welch|er (~e, ~es, *Pl* **~e)** *Fragepron* как|ой 10 (-ая, -ое, *Pl* -ие), котор|ый 10 (-ая, -ое, *Pl* -ые) | ~es Kleid ...? какое платье ...?; ~er von deinen Brüdern какой [который] из твоих братьев?; aus ~em Grunde? по какой причине?, на каком основании?; mit ~em Recht? по какому праву?; in ~em Jahr ...? в каком [в котором] году ...?; welch schöner Tag! какой чудесный день! | *Rel Pron* котор|ый (-ая, -ое, *Pl* -ые); der Mann, ~er gestern da war человек, который приходил вчера; derjenige, welcher тот, который | *unbestimmtes Pron* кое-что; Per-

sonen кое-кто́; hast du Geld? Ja, ich habe ~es. есть у тебя́ де́ньги? Да, у меня́ кое-каки́е име́ются.
welcherart *Adv* како́го (бы то ни́ было) ро́да [ви́да]
welk увя́дший 11, вя́л:ый; Haut дря́бл:ый, -а́!; Blatt вя́л:ый
welken *intr* вя́нуть 4 (за-), увяда́ть ⟨увя́нуть⟩ | die Blumen ~ schon цветы́ уже́ вя́нут [увяда́ют]
Wellblech *n* гофриро́ванная листова́я сталь
Welle *f Mar, Rad* волна́ 6h *oder* с *G Pl* волн *a. übertr, Tech* вал 2b; Achse ось 9g; *Sport* оборо́т 2 | grüne ~ *Kfz* зелёная у́лица 6
wellen *tr* де́лать (с-) волни́стым; Haare завива́ть ⟨-|ви́ть*⟩; sich ~ *refl* ви́ться*, вили́сь, кудря́виться 3; Pappe коро́биться 3 (по-) | gewellt Blech, Haar волни́стый
Wellen|bad *n* бассе́йн 2 с иску́сственным волнообразова́нием; **~bereich** *m Rad* диапазо́н 2 волн; **~berg** *m* гре́б|ень, -ня 1 волны́; **~brecher** *m* волноло́м 2; Schiff волноре́з 2
wellenförmig волнообра́з|ный, -ен
Wellen|gang *m* волне́ние 5 (на мо́ре); **~länge** *f* длина́ волны́; **~linie** *f* волни́стая ли́ния; **~reiten** *n* сёрфинг 2; hinter einem Boot ката́ние 5 на акваплане; **~schlag** *m* прибо́й 1 [уда́р] волны́; **~sittich** *m* волни́стый попуга́йчик 2
Wellfleisch *n* бужени́на 6
wellig волни́ст:ый; Gelände холми́ст:ый
Wellpappe *f* гофриро́ванный карто́н
Wels *m* сом 2e
Welschkraut *n* = **Wirsing**
Welt *f* мир 2b; Erde *a.* свет 2 | die ganze ~ все (лю́ди); auf der ~ в ми́ре; на све́те; alle ~ весь мир; die Alte ~ Ста́рый свет; am Ende der ~ на краю́ све́та; eine Reise um die ~ путеше́ствие вокру́г све́та; nicht um alles in der ~ ни за что́ на све́те; in [auf] der weiten ~ на бе́лом све́те; etw. aus der ~ schaffen поко́нчить *v* 3 с чем-н., ликвиди́ровать *uv, v* 2 что́-н.; Kinder zur ~ bringen производи́ть 3⁺ -вожу́ на свет [рожда́ть] дете́й; die ~ des Kindes мир ребёнка; **~all** *n* Universum вселе́нная *Subst* 10, ко́смос 2
weltanschaulich мировоззре́нческий
Welt|anschauung *f* мировоззре́ние 5; **~atlas** *m* а́тлас ми́ра; **~ausstellung** *f* всеми́рная вы́ставка
welt|bekannt всеми́рно изве́стный; **~berühmt** по́льзующийся 11 всеми́рной сла́вой
Weltbestleistung *f* вы́сшее 11 мирово́е достиже́ние
weltbewegend потряса́ющий 11, волну́ющий 11 мир
Welt|bild *n* представле́ние 5 о ми́ре; *Astr* систе́ма 6 ми́ра; *übertr* мировоззре́ние 5; **~bund** *m* всеми́рный сою́з | ≈ der Demokratischen Jugend (*Abk* WBDJ) Всеми́рная федера́ция демократи́ческой молодёжи (*Abk* ВФДМ); **~erfolg** *m* мирово́й успе́х
Weltergewicht *n* полусре́дний 11 вес; Boxen второ́й полусре́дний 11 вес
Weltfestspiele *Pl* всеми́рный фестива́ль
weltfremd 1. *Adj* ото́рван:ный -а [дал|ёкий, -ёк, -ека́, -ёко *u.* -еко́] от жи́зни **2.** *Adv* не от ми́ра сего́
Weltfrieden *m* мир во всём ми́ре
Weltfriedens|bewegung *f* (всеми́рное) движе́ние сторо́нников ми́ра; **~rat** *m* Всеми́рный Сове́т Ми́ра
Welt|geltung *f* мирово́е значе́ние | von ≈ с мировы́м и́менем; **~geschichte** *f* всеми́рная исто́рия
welt|geschichtlich всеми́рно-истори́ческий; **~gewandt** о́пыт|ный, -ен, иску́ш|ённый, -ён, -ена́
Welt|gewerkschaftsbund *m* (*Abk* WGB) Всеми́рная федера́ция 8 профсою́зов (*Abk* ВФП); **~handel** *m* мирова́я торго́вля; **~handelsplatz** *m* центр 2 мирово́й торго́вли; **~herrschaft** *f* мирово́е госпо́дство; **~jugend** *f* молодёжь всего́ ми́ра; **~jugendfestspiele** *n Pl* Всеми́рный фестива́ль молодёжи; **~karte** *f* ка́рта ми́ра; **~klassemannschaft** *f Sport* кома́нда мирово́го [междунаро́дного] кла́сса; **~krieg** *m* мирова́я война́; **~kugel** *f* земно́й шар; **~lage** *f* междунаро́дное положе́ние
weltlich мирско́й; nicht kirchlich све́тский
Welt|literatur *f* мирова́я литерату́ра; Gesamtheit der Literaturen всеми́рная литерату́ра; **~macht** *f* мирова́я держа́ва; **~mann** *m* све́тский челове́к 2
weltmännisch све́тский
Welt|markt *m* мирово́й ры́нок; **~marktpreis** *m* цена́ мирово́го ры́нка; **~maßstab** *m*: im ≈ в мирово́м масшта́бе; **~meer** *n* мирово́й океа́н 2; **~meister** *m* чемпио́н ми́ра (in etw. по чему́-н.); **~meisterschaft** *f* пе́рвенство [чемпиона́т] ми́ра; **~meisterschaftskür** *f* произво́льная програ́мма 6 на пе́рвенстве ми́ра; **~niveau** *n* у́ровень лу́чших мировы́х станда́ртов, мирово́й у́ровень [станда́рт 2]
weltoffen Land откры́тый для госте́й со всего́ ми́ра; Person с широ́кими интере́сами | der ~e Handel торго́вля со все́ми стра́нами ми́ра
Weltöffentlichkeit *f* мирово́е обще́ственное мне́ние 5
weltpolitisch име́ющий 11 полити́ческое

значе́ние 5 для всего́ ми́ра, всеми́рно-политѝческий
Weltrang *m*: von ~ мирово́го значе́ния; Person с мировы́м и́менем, всеми́рно изве́стный
Weltraum *m* косми́ческое простра́нство, ко́смос 2; **~fahrer** *m* космона́вт 2; *USA* астрона́вт 2; **~fahrt** *f*, **~flug** *m* косми́ческий полёт, полёт в ко́смос; **~forscher** *m* иссле́дователь ко́смоса; **~forschung** *f* иссле́дование ко́смоса; **~laboratorium** *n* косми́ческая лаборато́рия; **~schiff** *n* косми́ческий кора́бль; **~station** *f* косми́ческая ста́нция
Welt|reise *f* путеше́ствие вокру́г све́та; mit dem Schiff кругосве́тное пла́вание 5; **~rekord** *m* мирово́й реко́рд (in по *D*); **~rekordhalter** *m* рекордсме́н 2 ми́ра; **~ruf** *m* всеми́рная изве́стность 9 | ein Wissenschaftler von ≈ учёный с мировы́м и́менем; **~schmerz** *m* мирова́я скорбь 9g; **~spitze** *f* мирово́й станда́рт 2; Erzeugnis вы́сшее 11 мирово́е достиже́ние 5; *Sport* облада́тели *Pl* 1 вы́сших мировы́х достиже́ний; **~spitzenerzeugnis** *n* изде́лие на у́ровне мировы́х станда́ртов; **~sprache** *f* язы́к мирово́го обще́ния [значе́ния]; **~stadt** *f* го́род мирово́го значе́ния; **~star** *m* мирова́я звезда́ 6c, су́перстар 2; **~system** *n*: das sozialistische ≈ мирова́я систе́ма социали́зма
weltumfassend всеми́рный, охва́тывающий 11 весь мир
Weltumsegelung *f* кругосве́тное пла́вание 5 (под паруса́ми)
weltweit охва́тывающий 11 весь мир, мирово́й; in der ganzen Welt: Zustimmung, Protest во всём ми́ре | ~e Anerkennung всеми́рное призна́ние
Welt|wirtschaft *f* мирово́е хозя́йство; **~wirtschaftskrise** *f* мирово́й экономи́ческий кри́зис; **~wunder** *n* чу́до све́та; **~zeit** *f* всеми́рное [мирово́е] вре́мя
Wende *f* Umschwung, Änderung поворо́т 2, переме́на 6; Anfang, Beginn нача́ло 4; Turnen прыж|о́к$_\text{I}$ -ка́ 2 бо́ком с поворо́том круго́м; Schwimmen поворо́т; Wendepunkt поворо́тный щит 2e | um die ~ des Jahrhunderts на рубеже́ двух столе́тий [двух веко́в]; **~kreis** *m* *Astr* тро́пик 2; *Tech* поворо́тный круг 2b
Wendeltreppe *f* винтова́я ле́стница
Wendemarke *f* *Sport* поворо́тный знак [пункт 2]
wenden *tr* Fahrzeug; Gesicht повора́чивать ⟨-верну́ть 4$_\text{I}$ -вёрнутый⟩; Gesicht a. обра|ща́ть ⟨-ти́ть 3 -щу́⟩; umstülpen, -drehen z. B. Braten перевора́чивать ⟨-верну́ть⟩; Kleidungsstück лицева́ть 2$_\text{I}$ лицо́ванный (пере-); Heu вороши́ть 3 (раз-); *intr* Fahrzeug, Schiff повора́чивать ⟨-верну́ть⟩ (обра́тно, наза́д), де́лать (с-) поворо́т [разворо́т]; sich ~ *refl* повора́чиваться ⟨-верну́ться⟩; mit einer Frage, Bitte обра|ща́ться ⟨-ти́ться⟩ (an к *D*); auftreten выступа́ть ⟨вы́ступ|ить 3 -лю⟩ возраже́ниями (gegen про́тив *G*) | er wandte mir den Rücken он поверну́лся ко мне спино́й; der Wagen wendet (авто)маши́на повора́чивает обра́тно; er wandte kein Auge von ihr он не своди́л с неё глаз; das Buch wendet sich nur an Spezialisten кни́га предназна́чена то́лько для специали́стов; alles wird sich noch zum Guten ~ всё ещё изме́нится к лу́чшему; bitte ~! смотри́ на оборо́те!
Wendepunkt *m* поворо́тный пункт [круг 2b]; *Astr* то́чка поворо́та; *übertr* поворо́тный пункт [моме́нт 2]
Wendeverbot *n* *Kfz* запреще́ние разворо́та
wendig Fahrzeug поворо́тлив:ый; flink изворо́тлив:ый, ло́в|кий$_\text{I}$ -ок$_\text{I}$ -ка́!$_\text{I}$ -че; Verkäufer расторо́п|ный$_\text{I}$ -ен
Wendigkeit *f* поворо́тливость 9; изворо́тливость 9, ло́вкость 9; расторо́пность 9
Wendung *f* Drehung, Umkehr поворо́т 2; Veränderung переме́на 6; einer Sache оборо́т 2; Fahrzeug разворо́т 2; Rede- выраже́ние 5, оборо́т ре́чи | dem Gespräch eine andere ~ geben дать друго́е направле́ние разгово́ру; die Sache nimmt eine andere ~ де́ло принима́ет друго́й оборо́т; eine feste ~ усто́йчивое выраже́ние
wenig **1.** *Adj* ~e немно́гие *Pl*, не́сколько; alleinstehend немно́гое, ма́ло кто | in ~en Tagen че́рез не́сколько дней; mit ~en Worten в не́скольких слова́х; das ist nur wenigen bekannt э́то изве́стно лишь немно́гим; nur ~e wissen das ма́ло кто зна́ет э́то; ~e Briefe немно́гие пи́сьма, немно́го [ма́ло] пи́сем; ich habe ~ freie Zeit у меня́ ма́ло свобо́дного вре́мени; ~ Gutes ма́ло хоро́шего; das ~e, was ... то немно́гое$_\text{I}$ что ... **2.** *Adv* ма́ло, немно́го; nicht sehr не о́чень | das ist herzlich ~ э́то сли́шком ма́ло; so ~ wie möglich как мо́жно ме́ньше; ein ~ немно́го, немно́жко; danach frage ich ~ об э́том я не о́чень расспра́шиваю; er arbeitet jetzt ~er als früher он рабо́тает тепе́рь ме́ньше$_\text{I}$ чем ра́ньше
weniger *Adv* ме́ньше, ме́нее; *Math* ми́нус | er war nicht ~ erstaunt als ich он был удивлён не ме́ньше [ме́нее] меня́ [чем я]; mehr oder ~ бо́лее и́ли ме́нее; desto ~, um so ~ тем ме́нее; nicht mehr und nicht ~ als ни бо́льше$_\text{I}$ ни ме́ньше как; fünf ~ drei ist zwei пять ми́нус три равня́ется двум
Wenigkeit *f* небольшо́е коли́чество 4; Kleinigkeit ма́лость 9, пустя́к 2e | meine ~ моя́ скро́мная осо́ба

wenigst 1. *Adj:* das wissen die ~en э́то ма́ло кто зна́ет; das ist das ~e, was du tun kannst э́то минима́льное, что ты мо́жешь сде́лать; ..., wo die ~en Menschen sind ..., где ме́ньше всего́ люде́й **2.** *Adv:* am ~en ме́ньше всего́

wenigstens *Adv* по кра́йней [ме́ньшей] ме́ре, хотя́ бы

wenn *Konj* Zeit когда́; Bedingung е́сли | ~ der Herbst beginnt ... когда́ наступа́ет [насту́пит] о́сень ...; ~ er gesund wäre, würde er in die Schule kommen е́сли бы он был здоро́в, он пришёл бы в шко́лу; ~ er nicht dagewesen wäre, hätten wir uns verirrt е́сли бы не он, мы заблуди́лись бы; ~ er schon einmal da ist... раз он пришёл, ...; selbst ~ да́же е́сли; ~ auch да́же е́сли, хотя́ (и); ~ doch nur хотя́ бы; ~ es auch noch so schwer ist, ... как бы тру́дно э́то ни́ было, ...; **~gleich** *Konj* хоть, хотя́; **~schon** *Konj:* na ≈! ну и что́ же!; ≈, dennschon! уж де́лать – так де́лать!

wer *Fragepron* кто, кого́ [во] 15 *I* кем | wessen? чей, чьего́ [во]? 14, *f* чья, чьей?, *n* чьё, чьего́ [во]?, *Pl* чьи, чьих?; ~ ist das? кто э́то?; ~ sind Sie? кто вы?; ~ ist da? кто тут?, кто там?; ~ anders als du? кто, как не ты?; ~ wen? кто кого́?; ~ es auch sein mag кто бы то ни́ был; von wem? от кого́?, über wen о ком?; wessen Buch ist das? чья э́то кни́га?; *Rel Pron* кто | ~ das tut, der ... кто э́то сде́лает, тот ...

Werbe|abteilung *f* отде́л рекла́мы; **~aktion** *f* мероприя́тие по вербо́вке; агита́ция 8; *Wirtsch* рекла́мная кампа́ния; **~anzeige** *f* рекла́мное объявле́ние; **~fachmann** *m* специали́ст по рекла́ме [в о́бласти рекла́мы]; **~fernsehen** *n* переда́ча 6 [трансля́ция] рекла́мы по телеви́дению; **~film** *m* рекла́мный фильм; **~kosten** *Pl* расхо́ды по рекла́ме; **~leiter** *m* руководи́тель отде́ла рекла́мы

werben *tr* Arbeitskräfte, Mitglieder вербова́ть 2 (за-) *a. Mil;* Käufer, Leser привлека́ть ⟨-|вле́чь*⟩; *intr Wirtsch* рекламирова́ть *uv, v* 2 (für *A*) | für eine best. Partei ~ агити́ровать 2 за каку́ю-н. па́ртию; j-n für die Teilnahme an einer Veranstaltung ~ привлека́ть ⟨-|вле́чь*⟩ кого́-н. к уча́стию в како́м-н. мероприя́тии; um ein Mädchen ~ freien свата́ться (по-) к де́вушке; den Hof machen уха́живать за де́вушкой; um j-s Liebe ~ добива́ться ⟨-|би́ться*⟩ чьей-н. любви́

Werbe|plakat *n* рекла́мный плака́т; **~prospekt** *m* рекла́мный проспе́кт; **~sendung** *f* рекла́мная радиопереда́ча [телепереда́ча]; **~slogan** *m* рекла́мный ло́зунг 2 [при́зыв]; **~text** *m* рекла́мный текст; **~texter** *m* состави́тель 1 рекла́мных те́кстов; **~trommel** *f:* die ≈ rühren гро́мко [навя́зчиво] реклами́ровать

werbewirksam де́йственный в рекла́мном отноше́нии

Werbung *f Wirtsch* рекла́ма 6 (für *G*); Werbetätigkeit реклами́рование 5; von Lesern, Käufern привлече́ние 5; Arbeitskräfte, Mitglieder вербо́вка 6 *a. Mil;* Werbeabteilung отде́л 2 рекла́мы; Braut~ сватовство́ 4 | ~ für eine best. Partei агита́ция 8 за каку́ю-н. па́ртию; ~ um ein Mädchen уха́живание 5 за де́вушкой

Werdegang *m* проце́сс 2 становле́ния [разви́тия] | der berufliche ~ путь 9е профессиона́льного разви́тия

werden *intr* станов|и́ться 3⁺ -лю́сь ⟨стать*⟩, быть* *I* | sie wurde seine Frau она́ ста́ла его́ жено́й; es wird warm стано́вится тепло́, тепле́ет; was soll aus dir ~? что из тебя́ полу́чится?; was will er ~? кем он хо́чет стать [быть]?; was wird daraus? что из э́того вы́йдет?; was soll denn nun ~? что же тепе́рь бу́дет?; ich werde zwanzig Jahre alt мне бу́дет два́дцать лет; morgen wird es ein Jahr, daß ... за́втра бу́дет год, как ...; die ~de Mutter бу́дущая 11 мать; mir wird schlecht мне нехорошо́; es wird Zeit! пора́!; es wird Winter наступа́ет зима́; hier wird ein Haus gebaut здесь стро́ится дом

Werden *m* становле́ние 5; Entstehung возникнове́ние 5 | im ~ sein быть в проце́ссе становле́ния, возника́ть

werfen *tr* броса́ть ⟨бро́|сить 3 -шу⟩, кида́ть ⟨ки́нуть 4⟩ (nach в *A*); Sport Speer, Diskus u. a. мета́ть* ⟨метну́ть *mom* 4⟩; *Mar* Anker броса́ть ⟨бро́сить⟩; Schatten отбра́сывать ⟨-бро́сить⟩; *Biol* приноси́ть 3⁺ ⟨-|нести́*⟩ (припло́д), рожа́ть; Hund, Hase мета́ть ⟨вы́-⟩; sich ~ *refl* броса́ться ⟨бро́ситься⟩ (auf на *A*), кида́ться ⟨ки́нуться⟩ (auf на *A*) | einen Stein ~ броса́ть ка́мень; die Tür ins Schloß ~ захло́пнуть *v* 4 дверь; Waren auf den Markt ~ выбра́сывать ⟨вы́бросить⟩ това́ры на ры́нок; j-n auf die Straße ~ вы́бросить *v* кого́-н. на у́лицу; den Mantel über die Schultern ~ набро́сить *v* [наки́нуть *v*] пальто́ на пле́чи; in die Höhe ~ (под)бра́сывать ⟨-бро́сить⟩ вверх; über den Zaun ~ (пере)бро́сить *v* че́рез забо́р; das Tuch wirft Falten плато́к ложи́тся скла́дками; mit Geld um sich ~ швыря́ть деньга́ми

Werft *f* верфь 9; **~arbeiter** *m* судострои́тельный рабо́чий

Werg *n* па́кля 7, костра́ 6

Werk *n* Tätigkeit; Tat де́ло 4b; Arbeit рабо́та 6, труд 2e; Schaffen тво́рчество 4;

Erzeugnis, Produkt произведе́ние 5 a. Kunst; Betrieb, Fabrik заво́д 2, фа́брика 6, предприя́тие 5; *Lit* сочине́ние 5, произведе́ние 5 *a. Mus;* wissenschaftliches (нау́чный) труд; *Tech* механи́зм 2 | im ~ на заво́де; ins ~ gehen идти́ [пойти́ *v*] на заво́д; ans ~ gehen принима́ться ⟨приня́ться*¡ -ня́лся́, -няли́сь⟩ за де́ло [за рабо́ту]; ein gutes ~ tun де́лать (с-) хоро́шее [до́брое] де́ло; das war sein ~ э́то бы́ло де́лом его́ рук; ins ~ setzen осуществ|ля́ть ⟨-и́ть 3 -лю́⟩; das künstlerische ~ худо́жественное тво́рчество; ausgewählte ~e и́збранные произведе́ния; gesammelte ~e собра́ние 5 сочине́ний; **~bank** *f* верста́к 2е; **~en** *n* Schulfach труд 2е, уро́ки *Pl* 2е труда́; **~gelände** *n* террито́рия 8 заво́да; **~halle** *f* цех 2¡ *a.* в цеху́, *Pl a.* -а́ 2b; **~küche** *f* Kantine заводска́я [фабри́чная] столо́вая *Subst* 10, пищебло́к 2; **~leiter** *m* руководи́тель заво́да [фа́брики]; **~leitung** *f* руково́дство заво́да [фа́брики]; **~meister** *m* ма́стер на заво́де [на фа́брике]; **~schutz** *m* заводска́я охра́на

werkseigen заводско́й, явля́ющийся 11 со́бственностью заво́да

Werk|statt *f* мастерска́я *Subst* 10; einer Fabrik цех 2¡ *a.* в цеху́, *Pl a.* -а́ 2b; **~stoff** *m* материа́л [рья] 2; **~stoffprüfung** *f* испыта́ние материа́лов; **~stück** *n* обраба́тываемое изде́лие 5; дета́ль 9; **~tag** *m* рабо́чий 11 день | an ≈en в рабо́чие дни

werktags *Adv* по рабо́чим дням, в рабо́чие дни

Werktagskleidung *f* бу́дничная оде́жда

werktätig трудя́щийся 11 | ~e Bevölkerung акти́вное населе́ние

Werk|tätiger *m* трудя́щийся *Subst* 11; **~tisch** верста́к 2е; **~unterricht** *m* Schulfach труд 2е; Unterrichtsstunde уро́к 2 (ручно́го) труда́; **~vertrag** *m* догово́р подря́да; **~wohnung** *f* жило́е помеще́ние 5, предоставля́емое предприя́тием рабо́тнику; **~zeitung** *f* заводска́я газе́та

Werkzeug *n* инструме́нт 2, ору́дие 5 | ein willenloses ~ in j-s Händen sein быть безво́льным [слепы́м] ору́дием в чьих-н. рука́х; **~bau** *m* произво́дство 4 инструме́нтов; **~fabrik** *f* инструмента́льный заво́д; **~kasten** *m* я́щик для хране́ния инструме́нтов; инструмента́льный я́щик; **~macher** *m* инструмента́льщик 2; **~maschine** *f* (металлообраба́тывающий 11) стан|о́к, -ка́; **~maschinenfabrik** *f* станкострои́тельный заво́д; **~schlosser** *m* сле́сарь-инструмента́льщик 1-2; **~tasche** *f* су́мка для хране́ния инструме́нтов

Wermut *m Bot* полы́нь 9 (го́рькая); Wein ве́рмут 2

Wermutstropfen *m* ка́пля го́речи

wert teuer, lieb дорого́й, до́рог, -а́!¡ доро́же, ми́л:ый, -а́, -о, ми́лы́; verehrt уважа́емый; würdig досто́|йный, -ин, -йна | das ist nichts ~ э́то не представля́ет собо́й никако́й це́нности; das ist fünf Mark ~ э́то сто́ит пять ма́рок; das ist nicht der Rede ~ об э́том не сто́ит говори́ть; das ist nicht der Mühe ~ э́то не сто́ит труда́; er ist nicht ~, daß man ihm hilft он не досто́ин по́мощи; ~er Herr Brief (глубоко)уважа́емый господи́н

Wert *m Wirtsch* сто́имость 9; Wertgegenstand, -sache це́нность 9 *a. übertr;* Preis цена́ 6c *A* це́ну; Bedeutung; Zahlen≈ значе́ние 5; *Sport* оце́нка 6 | der ~ einer Ware сто́имость [цена́] това́ра; im ~e von zehn Mark сто́имостью [цено́й] в де́сять ма́рок; ohne ~ не име́ющий 11 це́нности; von geringem ~ малоце́н|ный, -ен, -на; ich lege großen ~ darauf я придаю́ э́тому большо́е значе́ние; im ~ steigen [sinken] поднима́ться ⟨подня́ться⟩ [па́дать ⟨у|па́сть*⟩] в цене́; er ist sich seines ~es bewußt он зна́ет себе́ це́ну; **~angabe** *f* оце́нка 6, объявле́ние 5 це́нности; **~arbeit** *f* высокока́чественная рабо́та

wertbeständig це́н|ный, -ен, -на, со стаби́льной це́нностью

Wert|bestimmung *f* определе́ние сто́имости; **~brief** *m* це́нное письмо́, письмо́ с объя́вленной це́нностью

werten *tr* цени́ть 3⁺, оце́нивать ⟨-цени́ть⟩; *Sport* выставля́ть ⟨вы́став|ить 3 -лю⟩ оце́нку | niedrig ~ ни́зко оце́нивать

Wert|erhaltung *f* сохране́ние материа́льных це́нностей; **~gegenstand** *m* це́нность 9, це́нный предме́т

wertgemindert неполноце́н|ный, -ен, -на, со сни́женной сто́имостью

Wertgesetz *n* зако́н сто́имости

Wertigkeit *f Chem, Ling* вале́нтность 9

wertlos не име́ющий 11 це́нности, ничего́ не сто́ящий 11; Banknote, Briefmarke обесце́ненный

Wert|maßstab *m* масшта́б оце́нки [*Wirtsch* сто́имости]; **~minderung** *f* сниже́ние 5 сто́имости; **~paket** *n* це́нная посы́лка; **~papiere** *n Pl* це́нные бума́ги; **~sachen** *f Pl* це́нности *Pl* 9, це́нные ве́щи; **~schätzung** *f:* ≈ genießen по́льзоваться 2 (больши́м) уваже́нием

Wert|ung *f* оце́нка 6 *a. Sport* (nach Punkten по очка́м); **~urteil** *n* оце́нка 6 *G*

wertvoll (весьма́) це́н|ный, -ен, -на *a. übertr*; Schmuck драгоце́н|ный, -ен, -на

Wertzuwachs *m* приро́ст [увеличе́ние 5] сто́имости

Wesen *n* Lebe≈ существо́ 4; Natur der

Dinge, Kern, Gehalt су́щность 9, существо́ 4, суть 9; Art, Charakter нрав 2, хара́ктер 2 | ein liebes ~ ми́лое созда́ние [существо́]; sein ganzes ~ ist verändert он соверше́нно измени́лся; seinem innersten ~ nach по самому́ своему́ существу́; das ~ der Sache су́щность де́ла; das gehört zum ~ des Sozialismus э́то явля́ется отличи́тельной черто́й социали́зма
wesenlos unbedeutend несу́щественːный| -на; leer пустːо́й| -а́!
Wesensart *f* душе́вный склад 2, склад хара́ктера
wesens|fremd чу́ждːый, -а́! (по ду́ху); **~gleich** Mensch одина́ковый [бли́зкий] по хара́ктеру; **~verwandt** ро́дственный [бли́зкий] по хара́ктеру [по ду́ху]
Wesenszug *m* хара́ктерная [основна́я] черта́
wesentlich суще́ственːный| -на; bedeutsam, wichtig значи́тельн|ный| -ен| -ьна, ва́ж|ный| -ен| -на́| -но| ва́жны́ | im ~en по существу́; im Prinzip в основно́м
Wesentliches *n* су́щность 9, гла́вное *Subst* 10 | das Wesentlichste са́мое суще́ственное [ва́жное]; etwas ~ не́что суще́ственное; nichts ~ ничего́ суще́ственного; das ist das Wesentliche в э́том суть
weshalb *Adv* почему́; warum отчего́; wozu заче́м
Wespe *f* оса́ 6c
Wespen|nest *n* оси́ное гнездо́; **~stich** *m* уку́с осы́; **~taille** *f* оси́ная та́лия
West *m* Himmelsrichtung за́пад 2; Westwind за́падный ве́т|ер| -ра 2, вест 2
Weste *f* жиле́т 2 | eine reine ~ haben име́ть незапя́тнанное и́мя
Westen *m* за́пад 2 | im ~ на за́паде; nach ~ на за́пад; aus dem ~ с за́пада
Westentasche *f* жиле́тный карма́н | etw. wie seine ~ kennen знать что-н. как свои́ пять па́льцев
Westentaschenformat *n* миниатю́рный форма́т
westeuropäisch западноевропе́йский
Westfalen Вестфа́лия 8
westfälisch вестфа́льский
Westküste *f* за́падный бе́рег
westlich 1. *Adj* за́падный **2.** *Adv:* ~ von etw. за́паднее чего́-н., на за́пад [к за́паду] от чего́-н.
Westover *m* трикота́жная [(дли́нная) вя́заная] безрука́вка 6
Westseite *f* за́падная сторона́
westwärts к за́паду, в за́падном направле́нии
Westwind *m* за́падный ве́тер
weswegen *Adv* = **weshalb**
Wettbewerb *m* соревнова́ние 5; *Sport meist* соревнова́ния *Pl,* состяза́ния *Pl* 5; (Volkskunst-) Ausscheid, Architekten-, Schönheits- u. a. ко́нкурс 2; Konkurrenzkampf конкуре́нция 8 | sozialistischer ~ социалисти́ческое соревнова́ние; im ~ mit j-m stehen соревнова́ться 2 с кем-н.; einen ~ ausschreiben объяв|ля́ть ⟨-и́ть⟩ ко́нкурс; außer ~ вне ко́нкурса; ein ~ für Graphiker ко́нкурс гра́фиков
Wettbewerbs|aufruf *m* призы́в к (социалисти́ческому) соревнова́нию; **~bewegung** *f* движе́ние за (социалисти́ческое) соревнова́ние
wettbewerbsfähig конкурентоспосо́б|ный| -ен
Wettbewerbsverpflichtung *f* обяза́тельство по догово́ру о (социалисти́ческом) соревнова́нии
Wette *f* пари́ *n idkl* | eine ~ eingehen держа́ть 3⁺ пари́; was gilt die ~? на что спо́рим [де́ржим пари́]?; eine ~ verlieren проспо́рить *v* 3; um die ~ laufen бе́гать вза́пуски [наперегонки́]
Wetteifer *m* рве́ние 5, стара́ние 5
wetteifern *intr* соревнова́ться 2 (mit j-m in etw. um etw. с кем-н. в чём-н. за что-н.); *Sport* состяза́ться
wetten *intr* держа́ть 3⁺ пари́ (mit j-m um etw. с кем-н. на что-н.) | um zehn Mark ~ держа́ть пари́ на де́сять ма́рок; so haben wir nicht gewettet! так мы не угова́ривались!
Wetter *n* пого́да 6; Un- непого́да 6; Sturm бу́ря 7; Gewitter гроза́ 5c | wie ist das ~ heute? кака́я сего́дня пого́да?; es ist (anhaltend) schönes ~ стои́т хоро́шая пого́да; bei jedem [trockenem] ~ в любу́ю [в суху́ю] пого́ду; schlagende ~ *Bergb* рудни́чный газ 2; alle ~! чёрт возьми́!, вот э́то да!; **~aussichten** *f Pl* прогно́з 2 пого́ды, ви́ды *Pl* 2 на пого́ду; **~bericht** *m* метеорологи́ческая сво́дка 6, сво́дка пого́ды; **~besserung** *f* улучше́ние пого́ды; **~dienst** *m* метеорологи́ческая слу́жба, слу́жба пого́ды; **~fahne** *f* флю́гер 2b *Pl* -а́
wetter|fest погодосто́|йкий| -ек, усто́йчивːый про́тив атмосфе́рных влия́ний; **~fühlig** чувстви́тел|ьный| -ен| -ьна к измене́ниям пого́ды
Wetter|führung *f Bergb* прове́тривание 5; **~häuschen** *n* метеорологи́ческая бу́дка 6, метеобу́дка 6; **~karte** *f* синопти́ческая ка́рта; **~kunde** *f* метеороло́гия 8; **~lage** *f* метеорологи́ческая обстано́вка, метеорологи́ческие усло́вия *Pl* 5
wetterleuchten *intr:* es wetterleuchtet сверка́ет зарни́ца
Wetterleuchten *n* зарни́ца 6
wettern *intr* schimpfen обру́ш|иваться ⟨-иться 3⟩ (gegen на *A*), разбушева́ться *v*2
Wetter|satellit *m* метеорологи́ческий

спу́тник, метеоспу́тник 2; **~schacht** *m* вентиляцио́нный ша́хтный ствол 2e; **~scheide** *f* метеорологи́ческий разде́л 2; **~seite** *f* наве́тренная сторона́; **~umschlag** *m* ре́зкая переме́на 6 пого́ды; **~verschlechterung** *f* ухудше́ние 5 пого́ды; **~vorhersage** *f* прогно́з пого́ды; **~warte** *f* метеорологи́ческая ста́нция 8, метеоста́нция 8; **~wechsel** *m* переме́на пого́ды

wetterwendisch изме́нчив:ый, непостоя́н|ный, -ен, -на

Wetterwolke *f* грозово́е о́блако

Wett|fahrt *f* го́нки *Pl* 6; **~kampf** *m* соревнова́ние 5, состяза́ние 5 *a. Sport meist Pl;* Fußball, Schach матч 2 *G Pl* -ей; **~kämpfer** *m* уча́стник 2 соревнова́ний; **~lauf** *m* состяза́ние 5 в бе́ге; einzelner Lauf забе́г 2; *übertr* го́нка 6

wettmachen *tr* Verlust возме|ща́ть ⟨-сти́ть 3 -щу́⟩; Fehler испр|авля́ть ⟨-а́вить 3 -а́влю⟩

Wett|rennen *n* Pferde ска́ч|ки *Pl* 6 *G* -ек; Trab бег|а́ *Pl* 2 -о́в; **~rudern** *n* соревнова́ния *Pl* 5 по гре́бле; **~rüsten** *n* го́нка 6 вооруже́ний; **~schwimmen** *n* состяза́ния *Pl* 5 в пла́вании, соревнова́ния *Pl* 5 по пла́ванию; **~spiel** *n* игра́-состяза́ние 6c-5; Spielwettbewerb игра́-ко́нкурс 6c-2; **~streit** *m* состяза́ние 5; ökonomischer соревнова́ние 5

wetzen *tr* точи́ть 3⁺ (на-), зата́чивать ⟨-точи́ть⟩

Wetzstein *m* осел|о́к, -ка́ 2

Whisky *m* ви́ски *n idkl*

Wichse *f* гутали́н 2, сапо́жный крем 2; Prügel побо́|и *Pl* 1 *G Pl* -ев

wichsen *tr* ва́к|сить 3 -шу (на-), натира́ть ⟨-|тере́ть*⟩

Wicht *m* малы́ш 2e *G Pl* -е́й | armer ~ бедня́га *m* 6; elender ~ негодя́|й 1 *G Pl* -ев

wichtig ва́ж|ный, -ен, -на́, -но, ва́жны́ | ~ tun ва́жничать; sie kommt sich furchtbar ~ vor она́ стра́шно мно́го вообража́ет о себе́, она́ о себе́ о́чень высо́кого мне́ния; ich halte es für äußerst ~ я счита́ю э́то чрезвыча́йно ва́жным

Wichtig|keit *f* ва́жность 9, значе́ние 5 | das ist nicht von ≈ э́то не име́ет значе́ния; **~tuer** *m* тщесла́вный челове́к 2; *umg* вообража́ла *m, f* 6; **~tuerei** *f* ва́жничанье 5

Wicke *f Bot* горо́ш|ек, -ка 2, ви́ка 6 | in die ~n gehen *umg* пропада́ть ⟨-|па́сть*⟩

Wickel *m* Knäuel клуб|о́к, -ка́ 2; *Med* компре́сс 2 (с повя́зкой); Haar бигуди́ *idkl n u. Pl; Text* мот|о́к, -ка́ 2; **~gamaschen** *f Pl* обмо́тки *Pl* 6; **~kind** *n* грудно́й ребёнок, младе́н|ец, -ца 2

wickeln *tr* Garn нама́тывать ⟨-мота́ть⟩ (auf на *A*); in Papier завёртывать *u.* завора́чивать ⟨-верну́ть 4 -вёрнутый⟩ (во *A*); Kind пелена́ть (за-, с-) | j-n um den Finger ~ обводи́ть 3⁺ -вожу́ ⟨-|вести́*⟩ кого́-н. вокру́г па́льца

Wickel|schürze *f* пла́тье-хала́т 5-2 без застёжки; **~tuch** *n* де́тская просты́нка 6

¹**Wickler** *m* Locken~ бигуди́ *idkl n u. Pl*

²**Wickler** *m Zool* листовёртка 6

Wicklung *f El* обмо́тка 6; *Med* обёртывание 5, компре́сс 2

Widder *m* бара́н 2; *Astr* Ове́н 2

wider *Präpos* про́тив *G,* вопреки́ *D* | ~ Willen вопреки́ во́ле [жела́нию], про́тив во́ли; das Für und Wider erwägen взве́|шивать ⟨-сить⟩ всё за и про́тив

widerfahren *intr* случ|а́ться ⟨-и́ться 3⟩ (j-m с *I*) | j-m Gerechtigkeit ~ lassen поступ|а́ть ⟨-и́ть 3⁺ -лю́⟩ с кем-н. справедли́во; mir ist ein Unglück ~ со мной случи́лось несча́стье

Wider|haken *m* зазу́брина 6 | Angelhaken mit ≈ рыболо́вный крюч|о́к, -ка́ 2; **~hall** *m* э́хо 4; Nachklang о́тзвук 2, отголо́с|ок, -ка 2; *übertr* о́тклик 2, резона́нс 2

widerhallen *intr* von Lauten от|дава́ться*, ⟨-|да́ться*, -дали́сь⟩ (э́хом) (in, von в *P*)

Widerlager *n Tech* упо́р 2; Auflager опо́ра 6

widerlegbar опровержи́мый

widerlegen *tr* опроверга́ть ⟨-ве́ргнуть 4a *u.* 4⟩

Widerlegung *f* опроверже́ние 5

wider|lich проти́в|ный, -ен, отврати́тел|ьный, -ен, -ьна; **~natürlich** противоесте́ствен:ный, -на; **~rechtlich** противопра́вный; gesetzwidrig противоза-ко́н|ный, -ен, -на

Wider|rede *f*: ohne ≈! без возраже́ний!; **~rist** *m Anat* хо́лка 6; **~ruf** *m* Befehl, Urteil отме́на 6; Geständnis отка́з 2 (von от *G*); Dementi опроверже́ние 5 | bis auf ≈ впредь до отме́ны

widerrufen *tr* Befehl, Urteil отмен|я́ть ⟨-и́ть 3⁺, -ённый⟩; Nachricht опроверга́ть ⟨-ве́ргнуть 4a *u.* 4⟩; Geständnis отка́зываться ⟨-|каза́ться*⟩

Wider|sacher *m* проти́вник 2; **~schein** *m* о́тблеск 2, отраже́ние 5

widersetzen, sich *refl* проти́в|иться 3 -люсь (вос-) *D,* сопротивля́ться *D*

Widersinn *m* бессмы́слица 6, неле́пость 9 | welch ein ~! что за абсу́рд!

wider|sinnig бессмы́слен|ный, -ен, -на, неле́п:ый, абсу́рд|ный, -ен; **~spenstig** стропти́в:ый | ≈ sein упря́м|иться 3 -люсь

widerspiegeln *tr* отра|жа́ть ⟨-зи́ть 3 -жу́⟩; sich ~ *refl* отра|жа́ться ⟨-зи́ться⟩ (in в *P*)

Widerspiegelung *f* отраже́ние 5

widersprechen *intr* противоре́чить 3; Einspruch erheben возра|жа́ть ⟨-зи́ть 3 -жу́⟩; **~d** противоречи́в:ый

Widerspruch *m* противоре́чие 5; Einspruch, Einwand возраже́ние 5 | in ~ mit etwas stehen нахо|ди́ться 3⁺ -жу́сь в противоре́чии с чем-н., противоре́чить 3 чему́-н.
widersprüchlich противоречи́в:ый
widerspruchs|los **1.** *Adj* беспрекосло́в|ный, -ен **2.** *Adv* беспрекосло́вно, без возраже́ний; **~voll** противоречи́в:ый
Widerstand *m* сопротивле́ние 5 (gegen *D*); *El* реоста́т 2 | j-m ~ leisten ока́зывать ⟨-|каза́ть*⟩ сопротивле́ние кому́-н.; auf ~ stoßen ната́лкиваться ⟨-толкну́ться 4⟩ на сопротивле́ние; ohne ~ не сопротивля́ясь, не ока́зывая сопротивле́ния; allen Widerständen zum Trotz … несмотря́ ни на каки́е препя́тствия …
Widerstandsbewegung *f* движе́ние сопротивле́ния
widerstandsfähig выно́слив:ый, спосо́бный сопротивля́ться; Pflanzen усто́йчив:ый
Widerstands|fähigkeit *f* выно́сливость 9, сопротивля́емость 9; усто́йчивость 9; **~kampf** *m* движе́ние сопротивле́ния; **~kämpfer** *m* уча́стник 2 [бое́ц] движе́ния сопротивле́ния; **~kraft** *f* сопротивля́емость 9, си́ла сопротивле́ния
widerstandslos без сопротивле́ния, не ока́зывая сопротивле́ния
wider|stehen *intr* сопротивля́ться D; nicht erliegen усто́ять *v* 3 пе́ред *I;* der Belastung выде́рживать ⟨вы́держать 3⟩ *A* | ich konnte der Versuchung nicht ≈ я подда́лся искуше́нию; **~strahlen** *tr* отра|жа́ть ⟨-зи́ть 3⟩, отсве́чивать; **~streben** *intr* сопротивля́ться, проти́виться 3 (вос-) | das widerstrebt mir э́то мне проти́вно; **~strebend** *Adv* неохо́тно, не́хотя
Widerstreit *m* столкнове́ние 5, спор 2
wider|streitend противоречи́в:ый; **~wärtig** проти́в|ный, -ен, отврати́тел|ьный, -ен, -ьна; unangenehm неприя́т|ный, -ен
Wider|wärtigkeit *f* превра́тность 9, отврати́тельность 9; (больша́я) неприя́тность 9; **~wille** *m* отвраще́ние 5 (gegen к *D*) | einen ≈n gegen etw. haben пита́ть отвраще́ние к чему́-н.
widerwillig с отвраще́нием; mit Unlust неохо́тно
widmen *tr* посвя|ща́ть ⟨-ти́ть 3 -щу́⟩; sich ~ *refl* от|дава́ться* ⟨отда́ться*, -да́лся, -дали́сь⟩, посвя|ща́ть ⟨-ти́ть⟩ себя́
Widmung *f* посвяще́ние 5
widrig проти́в|ный, -ен; Geschick превра́т|ный, -ен; Umstände неблагоприя́т|ный, -ен
wie **1.** *Adv* Frage как | ~ geht es dir? как ты пожива́ешь?; ~ ist der neue Kollege? како́в но́вый сотру́дник?; ~ spät ist es? кото́рый час?; ~ alt ist sie? ско́лько ей лет?; ~ lange? ско́лько вре́мени?, как до́лго?; ~ bitte? прости́те, что вы сказа́ли?; ~ kommt es, daß …? как случи́лось, что …?; ~ sieht er aus? как он вы́глядит? **2.** *Konj* vergleichend как | sie ist nicht so groß ~ er она́ ме́ньше его́; ein Mann ~ er тако́й челове́к, как он | aufzählend ка́к-то, а и́менно gleichwie то́чно; das ist so gut ~ sicher э́то (соверше́нно) то́чно; er schreit ~ ein Verrückter он кричи́т, то́чно сумасше́дший | ~ dem auch sei как бы то ни́ было; ~ man's nimmt в зави́симости от того́, как к э́тому отнести́сь [как на э́то посмотре́ть]; die Großen ~ die Kleinen (как) взро́слые (, так) и де́ти
Wiedehopf *m* удо́д 2
wieder *Adv* опя́ть, сно́ва, вновь | immer ~ (всё) сно́ва и сно́ва; hin und ~ иногда́; nie ~ никогда́ бо́льше; ~ einmal ещё раз
Wieder|anpassung *f Kosm* реадапта́ция 8 (an к *D*); **~aufbau** *m* Wiederherstellung восстановле́ние 5; Umbau реконстру́кция 8, перестро́йка 6
wieder|aufbauen *tr* восстан|а́вливать ⟨-ови́ть 3⁺ -овлю́⟩, реставри́ровать *uv, v* 2; umbauen перестр|а́ивать ⟨-о́ить 3⟩; **~aufführen** *tr Theat* возобнов|ля́ть ⟨-и́ть 3 -лю́⟩ постано́вку *G*
Wiederaufnahme *f* in Organisation возобновле́ние 5 [восстановле́ние 5] чле́нства в *P;* der Arbeit; eines (Gerichts-) Verfahrens возобновле́ние 5 *G*
wiederaufnehmen *tr* возобнов|ля́ть ⟨-и́ть 3 -лю́⟩ чле́нство в *P,* восстан|а́вливать ⟨-ови́ть 3⁺ -овлю́⟩ (in в *P*); Arbeit возобнов|ля́ть ⟨-и́ть 3 -лю́⟩
Wiederaufrüstung *f* ремилитариза́ция 8
wieder|bekommen *tr* получ|а́ть ⟨-и́ть 3⁺⟩ обра́тно; **~beleben** *tr Med* ожив|ля́ть ⟨-и́ть 3 -лю́⟩; *a. übertr;* Sitten, Kunstform возро|жда́ть ⟨-ди́ть 3 -жу́; -ждённый⟩
Wiederbelebungsversuch *m* попы́тка оживле́ния
wieder|bringen *tr* приноси́ть 3⁺ -ношу́ ⟨-|нести́*⟩ обра́тно; **~einführen** *tr* вводи́ть 3⁺ -вожу́ ⟨-|вести́*⟩ вновь; Bräuche возро|жда́ть ⟨-ди́ть 3 -жу́; -ждённый⟩
Wiedereingliederung *f* трудоустро́йство 4 по́сле боле́зни; *Jur* восстановле́ние 5 в права́х чле́на о́бщества
wieder|einsetzen *tr* восстан|а́вливать ⟨-ови́ть 3⁺ -овлю́⟩ (ins Amt в до́лжности, in die Rechte в права́х); **~einstellen** *tr* восстан|а́вливать ⟨-ови́ть 3⁺ -овлю́⟩ на рабо́те
Wiedereinstellung *f* восстановле́ние 5 на рабо́те
wieder|erkennen *tr* у|знава́ть* ⟨узна́ть⟩; **~erlangen** *tr* восстан|а́вливать ⟨-ови́ть 3⁺ -овлю́⟩; Bewußtsein приходи́ть 3⁺

-хожу́ ⟨-|йти́*ˌ приду́⟩ в созна́ние; **~eröffnen** *tr* вновь открыва́ть ⟨-|кры́ть*⟩
Wiedereröffnung *f* откры́тие 5 вновь
wieder|erstatten *tr* возме|ща́ть ⟨-сти́ть 3 -щу́⟩; **~erzählen** *tr* переска́зывать ⟨-с|каза́ть*⟩; ausplaudern разба́лтывать ⟨-болта́ть⟩; **~finden** *tr* находи́ть 3⁺ -хожу́ ⟨-|йти́*⟩ (вновь)
Wiedergabe *f* Ton~, Bild~ воспроизведе́ние 5; *Theat, Film* отображе́ние 5; *Rad, Mus,* Nacherzählung переда́ча 6; das Vortragen исполне́ние 5; Reproduktion репроду́кция 8, ко́пия 8
wiedergeben *tr* zurückgeben возвра|ща́ть ⟨-ти́ть 3 -щу́⟩; *Theat, Mus, Ton, Bild* воспроизводи́ть 3⁺ -вожу́ ⟨-|вести́*⟩; *Theat, Film* darstellen отобра|жа́ть ⟨-зи́ть 3 -жу́⟩; Gespräch, Stimmung, *Rad, Lit* пере|дава́ть* ⟨переда́ть*⟩; vortragen исполня́ть ⟨-по́лнить 3⟩ *a. Mus* | er hat das Gedicht ausgezeichnet wiedergegeben он отли́чно испо́лнил стихотворе́ние
Wiedergeburt *f* возрожде́ние 5
wieder|gewinnen *tr* вновь обрета́ть ⟨обрести́*⟩; Leistungfähigkeit восстан|а́вливать ⟨-ови́ть 3⁺ -овлю́⟩; **~gutmachen** *tr* Fehler испр|авля́ть ⟨-а́вить 3 -а́влю⟩; Schaden возме|ща́ть ⟨-сти́ть 3 -щу́⟩
Wiedergutmachung *f* исправле́ние 5; возмеще́ние 5
wiederherstellen *tr* восстан|а́вливать ⟨-ови́ть 3⁺ -овлю́⟩ a. Gesundheit | er ist völlig wiederhergestellt он совсе́м попра́вился
Wiederherstellung *f* восстановле́ние 5; *Med* восстановле́ние, попра́вка 6
wiederholen *tr* [ˈ----] сно́ва приноси́ть 3⁺ -ношу́ ⟨-|нести́*⟩; [--ˈ--] повтор|я́ть ⟨-и́ть 3⟩; sich ~ *refl* повтор|я́ться ⟨-и́ться⟩ | das läßt sich nicht ~ э́то нельзя́ повтори́ть
wiederholt 1. *Adj* повто́рный **2.** *Adv* неоднокра́тно
Wiederholung *f* повторе́ние 5; *Mus, Theat* репри́за 6
Wiederholungs|fall *m:* im ≈e в слу́чае повторе́ния, е́сли э́то случи́тся втори́чно; **~prüfung** *f* повто́рный экза́мен; **~spiel** *n Sport* повто́рная игра́, переигро́вка 6; **~zeichen** *n Mus* знак повторе́ния
Wiederhören *n:* auf ~! до свида́ния!, до сле́дующего ра́за!; Telefon звони́(те)!
Wieder|inbetriebnahme *f* ввод в эксплуата́цию, пуск 2; **~instandsetzung** *f* ремо́нт 2, приведе́ние в испра́вность
wiederkäuen *tr u. intr* пережёвывать (одно́ и то же)
Wieder|käuer *m* жва́чное живо́тное *Subst* 10; **~kehr** *f* Heimkehr возвраще́ние 5; Jahrestag годовщи́на 6, юбиле́|й 1 *G Pl* -ев
wiederkehren *intr* возвра|ща́ться ⟨-ти́ться 3 -щу́сь⟩ | solch eine günstige Gelegenheit kehrt nicht wieder тако́й благоприя́тный слу́чай бо́льше не предста́вится [не повтори́тся]
wieder|kommen *intr* возвра|ща́ться ⟨-ти́ться 3 -щу́сь⟩; sich wiederholen повтор|я́ться ⟨-и́ться 3⟩; **~sagen** *tr* повтор|я́ть ⟨-и́ть 3⟩; nacherzählen переска́зывать ⟨-с|каза́ть*⟩; **~sehen** *tr* вновь уви́|деть *v* 3 -жу | wann sehen wir uns wieder? когда́ мы опя́ть уви́димся?
Wiedersehen *n* свида́ние 5 | auf (baldiges) ~! до (ско́рого) свида́ния!
wiederum *Adv* сно́ва, опя́ть; andererseits с друго́й стороны́; dagegen наоборо́т, напро́тив | die anderen ~ … други́е в свою́ о́чередь …
wiedervereinigen *tr* воссоедин|я́ть ⟨-и́ть 3⟩
Wiedervereinigung *f* воссоедине́ние 5
wiederverheiraten, sich *refl* вновь [сно́ва] вступ|а́ть ⟨-и́ть 3⁺-лю́⟩ в брак
Wiederverkauf *m* перепрода́жа 6
wiederverkaufen *tr* перепро|дава́ть* ⟨пере|прода́ть*⟩
wiederverwendbar повто́рного [многокра́тного] испо́льзования
Wieder|verwendung *f* повто́рное испо́льзование; **~wahl** *f* переизбра́ние 5
wiederwählen *tr* переизбира́ть ⟨-из|бра́ть*ˌ -и́збранный⟩
Wiege *f* колыбе́ль 9 *a. übertr* | von der ~ an с колыбе́ли, с ра́ннего де́тства; von der ~ bis zur Bahre от колыбе́ли до моги́лы, всю жизнь; **~messer** *n* кача́ющийся 11 нож для ре́зки зе́лени
¹**wiegen** *tr* abwiegen взве́шивать ⟨взве́|сить 3 -шу⟩; *intr* Gewicht haben ве́|сить 3 -шу; sich ~ *refl* взве́шиваться ⟨взве́ситься⟩ | wieviel wiegst du? ско́лько ты ве́сишь?, како́й у тебя́ вес?; sein Urteil wog am schwersten его́ сужде́ние име́ло са́мый большо́й вес
²**wiegen** *tr* bewegen кача́ть (по-); in den Schlaf singen баю́кать (у-), убаю́к|ивать ⟨-ать⟩; *Kochk* ме́лко ре́зать* (по-) [руб|и́ть 3⁺ -лю́ (по-)]; sich ~ *refl* кача́ться (по-) | sich in Träumen ~ убаю́кивать себя́ мечта́ми; sich in Sicherheit ~ чу́вствовать 2 [мнить 3] себя́ в по́лной безопа́сности; sich in der Hoffnung ~ ль|стить 3 -щу себя́ наде́ждой
Wiegenlied *n* колыбе́льная пе́сня
wiehern *intr* ржать* | ~des Gelächter хо́хот 2
Wien Ве́на 6
Wiesbaden Висба́ден [дэ] 2
Wiese *f* луг 2bˌ на лугу́ˌ *Pl* -а́; kleine лу́жайка 6
Wiesel *n* ла́с|ка 6 *G Pl* -ок
Wiesen|blume *f* лугово́й цвето́к; **~champignon** *m* обыкнове́нный шампиньо́н; **~schaumkraut** *n* лугово́й серде́чник 2

wie|so *Adv:* ≈? каки́м о́бразом?, как так?; ≈ denn? (э́то) почему́?; **~viel** *Adv* ско́лько | ≈ Uhr ist es? кото́рый час?; (um) ≈ schöner ist dieses Haus! наско́лько краси́вее э́тот дом!; ≈ Studenten zählt die Gruppe? ско́лько студе́нтов в гру́ппе?; mit ≈ Menschen hat er gesprochen? со ско́лькими людьми́ он говори́л?; ≈ ist ...? ско́лько бу́дет ...?; **~vielmal** *Adv* ско́лько раз; **~vielte** кото́рый | den ≈n haben wir heute? како́е сего́дня число́?; das ≈ Mal? кото́рый раз?; zum ≈n Mal habe ich dir das schon gesagt! кото́рый раз я тебе́ уже́ говорю́ об э́том!, ско́лько раз я тебе́ уже́ говори́л об э́том!

wild ди́к:ий, -á!; Pflanze a. дикорасту́щий 11; eigenwillig, ungestüm бу́|йный, -ен, -йна́!; Kampf, Sturm стра́ш|ный, -ен, -нá, -но, стра́шны́; Freude, Verlangen, Sehnsucht бу́р|ный, -ен, -нá!; Garten, Grundstück забро́шенный, запу́щенный | ~es Fleisch ди́кое мя́со; ~e Ehe свобо́дный брак; eine ~e Flucht пани́ческое бе́гство; ein ~er Knabe неугомо́нный ма́льчик; den ~en Mann spielen разы́грывать из себя́ нелюди́ма; j-n ~ machen доводи́ть 3⁺ -вожу́ ⟨-|вести́*⟩ до бе́шенства кого́-н., бе|си́ть 3⁺ -шу́ (вз-) кого́-н.; da könnte man ~ werden! *umg* с ума́ сойти́ мо́жно!

Wild *n* дичь 9; Fleisch дичь, дичи́на 6; **~bret** *n* дичь 9, дичи́на 6; **~dieb** *m* браконье́р 2; **~ente** *f* ди́кая у́тка

Wilder *m* дика́рь 1e

Wilder|ei *f* браконье́рство 4; **~er** *m* браконье́р 2

wildern *intr* занима́ться браконье́рством

Wildfang *m* сорван|е́ц, -цá 2

wildfremd соверше́нно чужо́й [незнако́мый]

Wild|gans *f* ди́кий гусь; **~gehege** *n* зака́зник 2

Wildheit *f* ди́кость 9

Wildkaninchen *n* ди́кий кро́лик

Wildleder *n* за́мша 6; **~schuh** *m* за́мшевая ту́фля

Wild|ling *m Bot* дич|о́к, -кá 2, ди́кое де́рево 4; **~nis** *f* ди́кая [глуха́я] ме́стность 9, пу́стошь 9; Gesträuch за́росли *Pl* 9; verwildertes Land ме́стность, зарóсшая 11 ди́кой расти́тельностью; **~park** *m* запове́дник 2, зоопа́рк 2; **~schwein** *n* каба́н 2e a. Eber; Bache ди́кая свинья́; **~verbiß** *m* поврежде́ние 5 ди́чью

wildwachsend дикорасту́щий 11, ди́к:ий, -á!

Wildwechsel *m* звери́ная тропа́ 6h, ме́сто постоя́нного перехо́да ди́чи

Wille *m* во́ля 7 | der Letzte ~ *Jur* завеща́ние 5; wider ~n notgedrungen понево́ле; wider seinen ~n про́тив его́ во́ли; das ist beim besten ~n nicht möglich э́то при всём жела́нии невозмо́жно; er soll seinen ~n haben пусть бу́дет так как он хо́чет; seinen ~n durchsetzen настоя́ть *v* 3 на своём; j-m seinen ~n tun испо́лнить *v* 3 чьё-н. жела́ние, сде́лать *v* так, как кто хо́чет; etw. mit ~n tun де́лать что-н. наме́ренно [умы́шленно]; er ist voll guten ~ns он по́лон до́брых наме́рений; ohne ~n seines Vaters без согла́сия отца́; j-m seinen ~n lassen предоста́в|ить *v* 3 -лю кому́-н. свобо́ду поступа́ть, как ему́ хо́чется; er hat den festen ~n, sich zu ändern он твёрдо наме́рен испра́виться

willen *Präpos:* um ... ~ ра́ди *G* | um des Kindes ~ ра́ди [из-за] ребёнка; **~los** безво́л|ьный, -ен, -ьна

willens *Adv:* ~ sein намерева́ться, быть наме́ренным [согла́сным] | ich bin nicht ~, meinen Plan aufzugeben я не собира́юсь отка́зываться от своего́ пла́на

Willens|äußerung *f* изъявле́ние 5 во́ли; **~erklärung** *f* волеизъявле́ние 5; **~kraft** *f* си́ла во́ли

willensschwach слабово́л|ьный, -ен, -ьна

Willensstärke *f* = **Willenskraft**

willfährig послу́ш|ный, -ен; dienstfertig услу́жлив:ый

willig 1. *Adj* согла́с|ный, -ен (zu на *A*), гото́в:ый (zu к *D*); dienstfertig услу́жлив:ый **2.** *Adv* охо́тно; gehorsam послу́шно; bereitwillig с гото́вностью

willkommen Nachricht, Gast жела́нный; Anlaß, Gelegenheit удо́б|ный, -ен | j-n ~ heißen приве́тствовать 2 кого́-н.; Sie sind uns zu jeder Zeit ~ мы всегда́ ра́ды вас ви́деть; herzlich ~! добро́ пожа́ловать!

Willkommen *n* приве́т 2, приве́тствие 5 | j-m ein herzliches ~ bereiten ока́зывать ⟨-|каза́ть*⟩ кому́-н. серде́чный приём

Willkommensgruß *m* приве́тствие 5 | als ~ в знак приве́тствия

Willkür *f* произво́л 2

willkürlich произво́л|ьный, -ен, -ьна; eigenmächtig самово́л|ьный, -ен, -ьна

Wilnjus Ви́льнюс 2

wimmeln *intr* кише́ть 3 (von *I*) | die Straßen ~ von Menschen у́лицы кишáт людьми́, на у́лице (кишмя́) киши́т наро́д

wimmern *intr* жа́лобно стона́ть* (vor от *G*); schluchzen хны́|кать, -чу, -чешь (vor от *G*)

Wimpel *m* вы́мпел 2; *Mar* (сигна́льный) флаж|о́к, -кá 2

Wimper *f Anat* ресни́ца 6 | ohne mit der ~ zu zucken не моргну́в гла́зом

Wimperntusche *f* тушь для ресни́ц

Wind *m* ве́т|ер, -ра 2 | leichter ~ ветер|о́к, -кá 2 | günstiger ~ попу́тный ве́тер; der

~ kommt von Osten ве́тер ду́ет с восто́ка; der ~ hat sich aufgemacht подня́лся ве́тер; der ~ hat sich gelegt ве́тер утих; der ~ hat sich gedreht ве́тер перемени́лся; bei ~ und Wetter в непого́ду, в нена́стье; vor dem ~ segeln идти́* по ве́тру; hier weht ein andrer ~ здесь цари́т друго́е настрое́ние [друга́я атмосфе́ра]; in den ~ reden броса́ть слова́ на́ ветер; er weiß woher der ~ weht он зна́ет₁ отку́да ве́тер ду́ет; viel ~ wegen einer Sache machen *umg* подня́ть* *v* мно́го шу́ма из-за чего́-н.; versetzte ~e не находя́щие 11 вы́хода га́зы; **~beutel** *m* Gebäck заварно́е пиро́жное *Subst* 10 со взби́тыми сли́вками; *übertr* ветрого́н 2; **~bruch** *m* бурело́м 2; **~druck** *m* давле́ние ве́тра

Winde *f Bot* вьюн|о́к₁ -ка́ 2; *Tech* во́рот 2; Seil~ лебёдка 6; Wagen~, Hebe~ домкра́т 2; Garn~ мотови́ло 4

Windei *n* Ei ohne Schale яйцо́ без скорлупы́

Windel *f* пелёнка 6

windeln *tr* пелена́ть (за-)

windelweich: j-n ~ schlagen избива́ть ⟨-|би́ть*⟩ кого́-н. до полусме́рти

winden *tr* Garn мота́ть (на-), нама́тывать ⟨-мота́ть⟩; um etw. обвива́ть ⟨-|ви́ть*₁ обовью́⟩; Kranz плести́* (с-); *Tech* поднима́ть ⟨подня́ть*⟩ лебёдкой; sich ~ *refl* Schlange, Wurm извива́ться; Efeu, Fluß ви́ться*₁ вили́сь; Ausflüchte machen извора́чиваться I ein Tuch um etw. ~ обма́тывать ⟨-мота́ть⟩ что-н. платко́м; der Efeu windet sich um die Bäume плющ обвива́ется вокру́г дере́вьев; der Pfad windet sich zur Höhe тропи́нка вьётся вверх; sich vor Schmerzen ~ извива́ться от бо́ли

Windeseile *f:* in ~ с быстрото́й мо́лнии

Windfang *m* bei Eingangstüren та́мбур 2; **~tür** *f* дверь с та́мбуром

Wind|hauch *m* дунове́ние ве́тра; **~hose** *f* смерч 2 *G Pl* -ей; **~hund** *m* борза́я *Subst* 10

windig ве́трен:ый₁ -а *a. übertr* I heute ist es sehr ~ сего́дня о́чень ве́трено

Wind|jacke *f* непромока́емая спорти́вная ку́ртка; **~kanal** *m* аэродинами́ческая труба́ 6с; **~messer** *m* анемо́метр 2, ветроме́р 2; **~mühle** *f* ветряна́я ме́льница; **~pocken** *f Pl* ветряна́я о́спа, ветря́нка 6 *umg;* **~richtung** *f* направле́ние ве́тра; **~rose** *f* am Kompaß карту́шка 6; *Met* ро́за ве́тров; **~sack** *m Met* ко́нусный ветроуказа́тель 1; **~schatten** *m* подве́тренная сторона́ 6а

windschief покоси́вшийся 11; Fenster переко́шен:ный

Windschutz *m* защи́та от ве́тра; **~scheibe** *f Kfz* ветрово́е стекло́

Wind|seite *f* наве́тренная сторона́; **~stärke** *f* си́ла ве́тра I ≈ sechs ве́тер в шесть ба́ллов

windstill безве́тренный; *Mar* штилево́й I ~es Wetter ти́хая пого́да; heute ist es ~ сего́дня безве́трие

Wind|stille *f* безве́трие 5, зати́шье 5; *Mar* штиль 1; **~stoß** *m* поры́в ве́тра; Bö шквал 2; **~surfing** *n Sport* виндсёрфинг 2

Windung *f* изви́лина 6; Fluß a. изги́б 2, изви́в 2; *Tech* оборо́т 2, изги́б 2; Spirale вит|о́к₁ -ка́ 2 *a. El;* Schraube шаг 2b

Wind|zug *m* дунове́ние 5 ве́тра; leichter Wind ветер|о́к₁ -ка́ 2; **~zunahme** *f* усиле́ние 5 ве́тра

Wink *m* Zeichen знак 2; mit dem Kopf кив|о́к₁ -ка́ 2; *übertr* Fingerzeig намёк 2; Hinweis, Rat указа́ние 5, сове́т 2 I einen ~ geben де́лать (с-) знак; Hinweis дава́ть ⟨дать⟩ указа́ние [сове́т]

Winkel *m* Ecke у́гол₁ угла́ 2е₁ на₁ в углу́₁ *Math* на₁ в угле́; Gegend, Ort usw. уго-л|о́к₁ -ка́ 2; stille Nebengasse; versteckter ~ im Haus u. ä. закоу́л|ок₁ -ка 2; Meßzeichen уго́льник 2 I im rechten ~ под прямы́м угло́м; ein ~ von 90° у́гол в 90°; in allen Ecken und ~n по всем угла́м (и закоу́лкам), повсю́ду; **~eisen** *n* углово́е желе́зо; Eisenbeschlag науго́льник 2

winkelförmig 1. *Adj* име́ющий 11 фо́рму угла́ **2.** *Adv* под угло́м, накло́нно

Winkel|geschwindigkeit *f* углова́я ско́рость; **~haken** *m Typ* верста́тка 6; **~halbierende** *f* биссектри́са 6

wink[e]lig: ~e Straße у́лица с закоу́лками [с мно́жеством поворо́тов], изви́листая у́лица

Winkel|maß *n Tech* уго́льник 2; **~messer** *m* угломе́р 2, транспорти́р 2; **~züge** *m Pl* уло́вки *Pl* 6, увёртки *Pl* 6 I ≈ machen виля́ть, уви́ливать от отве́та

winken *intr* Hand, Augen де́лать (с-) знак; Hand, (Taschen-)Tuch маха́ть* ⟨махну́ть *mom* 4⟩ *I;* Flaggenzeichen geben сигнализи́ровать *uv, v* 2 (a. про-) (флажка́ми); *übertr* ждать, ожида́ть, сули́ть 3 (по-) I dem Kellner ~ подзыва́ть ⟨подо|зва́ть*₁ подзову́⟩ официа́нта зна́ком; j-n zu sich ~ мани́ть 3⁺ (по-) кого́-н., подозва́ть кого́-н. к себе́ (же́стом); ihm winkt eine Belohnung его ждёт награ́да

Winker *m* указа́тель 1 поворо́та; *Mar, Eisenb* семафо́р 2

winseln *intr* Hund визжа́ть 3, скули́ть 3

Winter *m* зима́ 6с *A* зи́му I im ~ зимо́й; den (ganzen) ~ über всю зи́му; für den ~ на́ зиму; den ~ über bleibe ich hier зи́му я проведу́ здесь; in diesem ~ в э́ту зи́му; **~aufenthalt** *m* зи́мнее 11 пребыва́ние;

~**camping** *n* зи́мний 11 ке́мпинг; ~**dienst** *m* зи́мняя 11 техни́ческая слу́жба (на автодоро́гах); ~**fahrplan** *m* зи́мнее 11 расписа́ние движе́ния поезд́ов; ~**fell** *n* подшёрст|ок| -ка 2; ~**ferien** *Pl* зи́мние 11 кани́кулы

winterfest зи́мний 11, приспосо́бленный для прожива́ния зимо́й | ~ machen подгот|а́вливать ⟨-о́вить 3 -о́влю⟩ к зиме́ [к рабо́те в зи́мних усло́виях]

Winter|garten *m* зи́мний 11 сад; ~**getreide** *n* ози́мые зерновы́е *Subst Pl* 10; ~**halbjahr** *n* зи́мнее 11 полуго́дие

winterhart *Bot* зимосто́|йкий| -ек| -йка

Winter|kartoffel *f* карто́фель на́ зиму; ~**kleidung** *f* зи́мняя 11 оде́жда; ~**kulturen** *f Pl* зимосто́йкие культу́ры; ~**kurort** *m* зи́мний 11 куро́рт; ~**lager** *n* зимо́вка 6, зимо́вье 5 a. von Tieren; ~**landschaft** *f* зи́мний 11 ландша́фт [пейза́ж]

winterlich 1. *Adj* зи́мний 11 | es ist schon sehr ~ зима́ уже́ даёт себя́ знать **2.** *Adv* по-зи́мнему

Winter|mantel *m* зи́мнее 11 пальто́; ~**mode** *f* мо́да на́ зиму; ~**monat** *m* зи́мний 11 ме́сяц; ~**morgen** *m* зи́мнее 11 у́тро

wintern *unpers:* es wintert зима́ наступа́ет

Winter|reifen *m* зи́мняя 11 ши́на; ~**saat** *f* ози́мый посе́в, о́зимь 9; ~**schlaf** *m* зи́мняя спя́чка 11-6; ~**schlußverkauf** *m* распрода́жа 6 това́ров зи́мнего сезо́на, весе́нняя 11 распрода́жа; ~**semester** *n* зи́мний 11 семе́стр, зи́мнее 11 полуго́дие 5; ~**spiele** *f Pl:* Olympische ≈ Зи́мние 11 олимпи́йские и́гры; ~**sport** *m* зи́мний 11 спорт, зи́мние 11 ви́ды *Pl* 2 спо́рта; ~**sportzentrum** *n* ме́сто 4b ма́ссового ката́ния; ~**urlaub** *m* о́тпуск зимо́й; ~**vorrat** *m* запа́с на́ зиму; ~**wetter** *n* зи́мняя 11 пого́да; ~**zeit** *f* зи́мнее 11 вре́мя | zur ≈ зимо́й

Winzer *m* виногра́дарь 1; Weinleser сбо́рщик 2 виногра́да; ~**fest** *n* пра́здник сбо́ра виногра́да

winzig 1. *Adj* кро́хотный, кро́шечный; unbedeutend ничто́ж|ный| -ен **2.** *Adv:* ~ klein кро́шечный

Wipfel *m* верши́на 6, верху́шка 6

Wippe *f* каче́ли *Pl* 9

wippen *intr* кач|а́ться ⟨-ну́ться *mom* 4⟩, пока́чиваться ⟨-кача́ться⟩; auf einer Wippe кача́ться [пока́чиваться] на каче́лях | mit den Füßen ~ болта́ть нога́ми; mit dem Schwanz ~ Vögel трясти́* хво́стом

wir 1. *Pers Pron* мы| нас| нам| нас| на́ми| о нас | ~ alle мы все; er ist mit uns zufrieden он на́ми дово́лен; ~ waren fünf нас бы́ло пя́теро; ~ haben es nötig нам необходи́мо **2.** *Refl Pron* себя́; wir sind zufrieden mit uns мы дово́льны собо́й

Wirbel *m* Drehbewegung, (Ab-) Lauf круговоро́т 2, (вихрево́е) круже́ние 5; Wind вихрь 1; Strudel водоворо́т 2 *a. übertr;* Rauch, Staub клубы́ *Pl* 2b; Haar≁ вих|о́р| -ра́ 2; Trommel бараба́нная дробь 9g; *Anat* позвон|о́к -ка́ 2; Fenster≁ ру́чка 6; an Saiteninstrumenten кол|о́к| -ка́ 2 | in ~n клуба́ми; im ~ der Ereignisse в ви́хре собы́тий; ~ machen вызыва́ть ⟨вы́|звать*⟩ возбужде́ние; ~**lose** *Pl m Zool* беспозвоно́чные *Subst* 10

wirbeln *intr* кружи́ться 3 кру́жишься, вер|те́ться 3⁺ -чу́сь; Wasser бурли́ть 3; Rauch, Staub клуби́ться 3, вихри́ться 3 (вз-); *tr* Trommel выбива́ть ⟨вы́|бить*⟩ дробь | mir wirbelt der Kopf у меня́ голова́ идёт кру́гом

Wirbel|säule *f* позвоно́чный столб, позвоно́чник 2; ~**säulenverkrümmung** *f* искривле́ние позвоно́чника; ~**sturm** *m* урага́н 2, цикло́н 2; ~**tier** *n* позвоно́чное живо́тное; ~**wind** *m* вихрь 1 | wie ein ≈ как вихрь, ви́хрем

wirken *tr Text* вяза́ть*; *übertr* tun де́лать (с-); *intr* eine Wirkung ausüben де́йствовать 2 (по-); Eindruck machen, Einfluß ausüben де́йствовать (воз-, по-) (auf на *A*), производи́ть 3⁺ -вожу́ ⟨-|вести́*⟩ (на кого́-н.) како́е-н. впечатле́ние; tätig sein рабо́тать (als в ка́честве *G*) | die Arznei wirkt nur schwach лека́рство де́йствует дово́льно сла́бо [ока́зывает дово́льно сла́бое де́йствие]; er wirkte als Arzt он рабо́тал врачо́м [в ка́честве врача́]; das wirkt Wunder э́то твори́т чудеса́; sie wirkt lächerlich она́ произво́дит смешно́е впечатле́ние

Wirker *m* вяза́льщик 2; Strumpf≁ чуло́чник 2; ~**ei** *f* тка́цкая [трикота́жная] фа́брика 6

wirklich 1. *Adj* действи́тел|ьный| -ен| -ьна, настоя́щий 11; wahrhaft и́стин|ный| -ен| -на, факти́ческий | die ~e Sachlage и́стинное положе́ние веще́й **2.** *Adv* действи́тельно, на [в] са́мом де́ле | er ist ~ krank он действи́тельно [в са́мом де́ле] заболе́л [бо́лен]; ich bin ~ zufrieden я в са́мом де́ле дово́лен; ~? неуже́ли?

Wirklichkeit *f* действи́тельность 9 | in ~ в действи́тельности, на са́мом де́ле

Wirklichkeitsform *f* изъяви́тельное наклоне́ние 5

wirklichkeits|fremd далёкий от действи́тельности [от жи́зни]; ~**nah** бли́зкий к действи́тельности; *Kunst* бли́зкий к реа́льному [нату́рному] | ≈e Kunst реалисти́ческое иску́сство

Wirkmaschine *f Tech* трикота́жная [вяза́льная] маши́на

wirksam де́йствен|ный| -на, эффекти́в|ный₁ -ен; *Med* де́йствующий 11 | ~ sein де́йствовать (по-) 2

Wirksamkeit *f* де́йственность 9, эффекти́вность 9; Tätigkeit де́ятельность 9

Wirkung *f* де́йствие 5 *G;* Einwirkung, Einfluß возде́йствие 5, влия́ние 5; Folge (по)сле́дствие 5; Ergebnis результа́т 2, эффе́кт 2 | mit ~ vom ersten Januar Vertrag действи́тельный с пе́рвого января́; in ~ treten вступ|а́ть ⟨-и́ть 3⁺⟩ в де́йствие [в си́лу]; seine ~ tun ока́зывать ⟨-|каза́ть*⟩ [производи́ть 3⁺ ⟨-|вести́*⟩] своё де́йствие [свой (ожида́емый) эффе́кт]

Wirkungs|bereich *m* сфе́ра [круг 2b₁ в кругу́] де́ятельности; *übertr* сфе́ра влия́ния; **~grad** *m* эффекти́вность 9, де́йственность 9; *Tech* коэффицие́нт [эн] 2 поле́зного де́йствия; **~kreis** *m* = **Wirkungsbereich**

wirkungslos не даю́щий 11 эффе́кта, безрезульта́т|ный₁ -ен; erfolglos безуспе́ш|ный₁ -ен

Wirkungsstätte *f* ме́сто де́ятельности

wirkungsvoll эффе́кт|ный₁ -ен; Maßnahme эффекти́в|ный₁ -ен

Wirkwaren *f Pl* вя́заные изде́лия *Pl* 5, трикота́ж 2

wirr Haar спу́танный; verworren, unklar сумбу́р|ный₁ -ен, (за)пу́тан:ный₁ -на; Gerüchte смут|ный₁ -ен₁ -на́! | ein ~es Durcheinander (стра́шный) беспоря́д|ок₁ -ка 2, хао́с 2; ich bin ganz ~ im Kopf у меня́ всё спу́талось в голове́

Wirren *f Pl* неуря́дицы *Pl* 6, раздо́ры *Pl* 2, сму́та 6 | Zeit der ~ *hist* сму́тное вре́мя

Wirr|kopf *m* бестолко́вый челове́к 2, пу́таник 2; **~warr** *m* пу́таница 6, неразбери́ха 6; Hin- und Herlaufen сумато́ха 6

Wirsing *m* саво́йская капу́ста 6

Wirt *m* хозя́|ин 2 *Pl* -ева 4; Gastwirt владе́л|ец₁ -ьца 2 рестора́на | die Rechnung ohne den ~ machen упу|сти́ть *v* 3⁺ -щу́ из виду реша́ющее обстоя́тельство, просч|и́тываться ⟨-ита́ться⟩; **~in** *f* хозя́йка 6; Gastwirtin владе́лица 6 рестора́на

Wirtschaft *f* хозя́йство 4; eines Landes, eines Gebiets a. эконо́мика 6; Gasthaus рестора́н 2, тракти́р 2 | die ~ führen занима́ться (дома́шним) хозя́йством, вести́ хозя́йство; schöne ~! хороши́ поря́дки!

wirtschaften *intr* Wirtschaft leiten хозя́йствовать 2, вести́* хозя́йство; Haushalt führen, beschäftigt sein, arbeiten хозя́йничать, вести́ хозя́йство | sparsam ~ эконо́м|ить 3 -лю (с-) (mit на *P*); zugrunde ~ до|вести́* *v* что-н. до разоре́ния; gut ~ können Frau быть* хоро́шей хозя́йкой

Wirtschaft|erin *f* эконо́мка 6; **~ler** *m* экономи́ст 2

wirtschaftlich хозя́йствен:ный₁ -на, экономи́ческий; rentabel рента́бел|ьный₁ -ен₁ -ьна, дохо́д|ный₁ -ен; sparsam экономи́ч|ный₁ -ен; Person эконо́м|ный₁ -ен | ~e Rechnungsführung хозя́йственный расчёт 2, хозрасчёт 2; ~e Zusammenarbeit экономи́ческое сотру́дничество

Wirtschaftlichkeit *f* хозя́йственность 9, экономи́чность 9; эконо́мность 9; рента́бельность

Wirtschafts|abkommen *n* экономи́ческое [торго́вое] соглаше́ние; **~beziehungen** *f Pl* экономи́ческие свя́зи [отноше́ния]; **~embargo** *n* экономи́ческое эмба́рго; **~einheit** *f* хозя́йственная едини́ца; **~entwicklung** экономи́ческое разви́тие; **~form** *f* экономи́ческий укла́д 2, хара́ктер 2 эконо́мики [хозя́йства]; **~führung** *f* Lenkung управле́ние наро́дным хозя́йством, управле́ние эконо́микой; Haushaltsführung веде́ние хозя́йства; **~funktionär** *m* хозя́йственный рабо́тник, хозя́йственник 2; **~gebäude** *n* хозя́йственная постро́йка; **~gebiet** *n* экономи́ческий райо́н | nichtsozialistisches ≈ несоциалисти́ческие стра́ны 6c; **~geld** *n* де́ньги на хозя́йственные расхо́ды; **~gemeinschaft** *f* экономи́ческое соо́бщество 4; **~geschichte** *f* исто́рия эконо́мики; **~hilfe** *f* экономи́ческая по́мощь | der Rat für Gegenseitige ≈ (*Abk* RGW) Сове́т Экономи́ческой Взаимопо́мощи (*Abk* СЭВ); **~integration** *f* экономи́ческая интегра́ция; **~jahr** *n* хозя́йственный [отчётный] год; **~krise** *f* экономи́ческий кри́зис; **~lage** *f* экономи́ческое [хозя́йственное] положе́ние; **~ordnung** *f* экономи́ческий строй, эконо́мика 6; **~organ** *n* хозя́йственный о́рган; **~partner** *m* [экономи́ческий] партнёр; **~plan** *m* хозя́йственный план; **~planung** *f* плани́рование хозя́йства [эконо́мики]; **~politik** *f* экономи́ческая поли́тика

wirtschaftspolitisch поли́тико-экономи́ческий

Wirtschafts|potential *n* экономи́ческий потенциа́л [тэ] 2; **~prüfer** *m* ауди́тор 2; **~rat** *m* экономи́ческий сове́т; **~sabotage** *f* экономи́ческий сабота́ж; **~system** *n* экономи́ческая систе́ма | sozialistisches ≈ социалисти́ческая систе́ма хозя́йства; **~verbindungen** *f Pl* экономи́ческие свя́зи; **~verbrechen** *n* хозя́йственное преступле́ние; **~verhandlungen** *f Pl* перегово́ры по экономи́ческим вопро́сам; **~wachstum** *n* экономи́ческий рост; **~wissenschaft** *f* экономи́ческая нау́ка, эконо́мика 6; **~wis-**

senschaftler *m* экономи́ст 2; ~**zweig** *m* о́трасль хозя́йства [эконо́мики]
Wirts|haus *n* тракти́р 2, рестора́н 2; ~**leute** *Pl* хоз|я́ева, -я́ев *Pl* 4, хозя́ин 2 и хозя́йка 6
Wisch *m* Stück Papier бумажо́нка 6; Geschreibsel мазня́ 7
wischen *tr* вытира́ть ⟨вы́|тереть*⟩ | sich den Mund ~ вытира́ть (себе́) рот; den Schweiß von der Stirn ~ вытира́ть пот со лба; Tränen aus den Augen ~ вытира́ть слёзы на глаза́х; Staub ~ стира́ть ⟨-тере́ть, сотру́⟩ пыль
Wischer *m Kfz* стеклоочисти́тель 1; Hieb уда́р 2
Wisch|lappen *m* тря́пка 6; ~**tuch** *n* Geschirrtuch ку́хонное [посу́дное] полоте́н|це 4 *G Pl* -ец
Wisent *m* зубр 2
Wismut *n* ви́смут 2
wispern *intr* шепта́ть*; miteinander шепта́ться
Wißbegier(de) *f* жа́жда 6 зна́ний, любозна́тельность 9
wißbegierig любозна́тел|ьный, -ен, -ьна
wissen *tr u. intr* Kenntnis haben; kennen знать (von, um о *P*); können, verstehen уме́ть (с-), мочь* (с-) | j-n etw. ~ lassen изве|ща́ть ⟨-сти́ть 3 -щу́⟩ кого́-н. о чём-н., дава́ть* ⟨дать*⟩ знать кому́-н. о чём-н.; er weiß (es) schon он уже́ (э́то [об э́том]) зна́ет; er weiß nichts он ничего́ не зна́ет; weiß er denn nicht, daß … ра́зве он не зна́ет, что …; soviel ich weiß наско́лько мне изве́стно; wie man weiß как изве́стно; nicht, daß ich wüßte а я и не знал, я ничего́ о э́том не зна́ю; wer kann es~?, wer weiß? как знать?; weißt du noch, wie … по́мнишь, как …; ich weiß ihn glücklich я зна́ю, что он сча́стлив; man will ~, daß … говоря́т, что …, хо́дит слух, что …; er weiß maßzuhalten он зна́ет ме́ру; er weiß zu schweigen он уме́ет молча́ть; ich werde ihn schon zu finden ~ я суме́ю его́ найти́; ich wußte mir nicht zu helfen я не знал, что де́лать
Wissen зна́ние 5 (um о *P*); Kenntnisse зна́ния *Pl* 5 | er hat ein großes ~ у него́ больши́е зна́ния; das ~ um etw. зна́ние чего́-н.; meines ~s наско́лько я зна́ю [мне изве́стно]; unseres ~s по на́шим све́дениям; ohne mein ~ без моего́ ве́дома; nach bestem ~ und Gewissen че́стно, по со́вести; wider besseres ~ вопреки́ рассу́дку
Wissenschaft *f* нау́ка 6; ~**ler** *m* нау́чный сотру́дник 2, де́ятель 1 нау́ки; Gelehrter учёный *Subst* 10; ~**lerin** *f* нау́чный сотру́дник 2; *umg* нау́чная сотру́дница 6; Gelehrte учёный *Subst* 10
wissenschaftlich нау́ч|ный, -ен | ~er Sozialismus нау́чный социали́зм; ~es Forschungsinstitut нау́чно-иссле́довательский институ́т; ~er Mitarbeiter нау́чный сотру́дник
Wissenschaftlichkeit *f* нау́чность 9
wissenschaftlich-technisch нау́чно-техни́ческий
Wissenschafts|organisation *f* организа́ция нау́ки, планоме́рная и системати́ческая организа́ция в о́бласти како́й-н. нау́ки; ~**theorie** *f* тео́рия нау́ки; ~**zweig** *m* о́трасль нау́ки
Wissens|drang *m* стремле́ние к зна́ниям; ~**gebiet** *n* о́бласть зна́ний; ~**lücke** *f* пробе́л в зна́ниях; ~**speicher** *m* (спра́вочная) картоте́ка 6; in Buchform спра́вочник 2 (für по *D*); ~**stand** *m* у́ровень зна́ний; ~**vermittlung** *f* сообще́ние 5 зна́ний
wissenswert интере́с|ный, -ен, зна-чи́м|ый
wissentlich *Adv* созна́тельно, умы́шленно
wittern *tr* чу́ять* (по-); vermuten предчу́вствовать [ус] 2
Witterung *f Met* пого́да 6; bei Tieren чутьё 3 | ~ von etw. bekommen чу́ять* (по-) за́пах чего́-н.
Witterungs|umschlag *m* (по́лная) переме́на пого́ды; ~**verhältnisse** *n Pl* усло́вия пого́ды; ~**wechsel** *m* сме́на пого́ды
Witwe *f* вдова́ 6с; ~**r** *m* вдов|е́ц, -ца́ 2
Witz *m* Geist остроу́мие 5; Scherz анекдо́т 2; Spaß шу́тка 6; witzige Bemerkung остро́та 6 | ein fauler ~ пло́ская шу́тка [остро́та]; ein guter ~ уда́чный анекдо́т; ~e machen отпу|ска́ть ⟨-сти́ть 3⁺ -щу́⟩ шу́тки [остро́ты], остри́ть 3 (с-); mach keine ~e! не шути́!, шу́тки в сто́рону!; ~e erzählen расска́зывать ⟨расс|каза́ть*⟩ анекдо́ты; der ~ ist der, daß … всё де́ло [вся шту́ка] в том, что …; ~**blatt** *n* юмористи́ческий журна́л 2; ~**bold** *m* остря́к 2е, шутни́к 2е
witz|eln *intr* подшу́чивать ⟨-шути́ть 3⁺ -шучу́⟩ (über над *I*); остри́ть 3 (с-); ~**ig** остроу́м|ный, -ен; spaßig заба́в|ный, -ен
Wladiwostok Владивосто́к 2
wo **1.** *Adv* где; zeitlich когда́ | ~ ist sie? где она́?; von ~ stammt er? отку́да он ро́дом?; von ~ (aus)? отку́да*; sieh, ~ er hingeht! посмотри́, куда́ он идёт!; ~ soll er sich schon erkundigen! где ему́ спра́виться!; ~ immer es sei где бы то ни́ было; der Tag, ~ er sie das erste Mal sah день, когда́ он её впервы́е уви́дел **2.** *Konj* е́сли | ~ nicht für immer, so doch für längere Zeit е́сли не навсегда́, то во вся́ком слу́чае надо́лго **3.** *Interj* ach ~! куда́ там!, вот ещё!; ~**anders** *Adv* (где́-либо) в друго́м ме́сте

wobei *Adv* причём | ~ ist das passiert? где [как] э́то случи́лось?

Woche *f* неде́ля 7 | in dieser ~ на э́той неде́ле; in der nächsten ~ на бу́дущей неде́ле; in den nächsten ~n в ближа́йшие неде́ли; in der ~ werktags в бу́дни; heute in drei ~n ро́вно че́рез три неде́ли; vor zwei ~n две неде́ли тому́ наза́д; es ist eine ~ her, daß ... тому́ неде́ля, как ...; sie kommt bald in die ~n она́ ско́ро роди́т [разреши́тся от бре́мени]

Wochenbett *n* послеродово́й пери́од 2; **~fieber** *n* роди́льная горя́чка 6

Wochen|blatt *n* еженеде́льник 2; **~ende** *n* коне́ц неде́ли; суббо́та 6 и воскресе́нье 5 | am ≈ в суббо́ту и воскресе́нье; **~endgrundstück** *n* да́чный (садо́вый) уча́сток; **~endhaus** *n* за́городный до́мик 2 для о́тдыха, да́ча 6; **~karte** *f* неде́льный проездно́й абонеме́нт 2 [биле́т]; **~krippe** *f* круглосу́точные я́сли; **~siedlung** *f* да́чный посёлок

wochenlang *Adv* неде́лями, по це́лым неде́лям

Wochen|lohn *m* неде́льная за́работная пла́та; **~schrift** *f* еженеде́льник 2, еженеде́льный журна́л 2; **~tag** *m* бу́дничный [рабо́чий 11] день | an einem ≈ в бу́дничный [рабо́чий] день

wochentags *Adv* по бу́дням, в бу́дни, в рабо́чий день

wöchentlich **1.** *Adj* еженеде́льный; Plan, Zahlung понеде́льный **2.** *Adv* еженеде́льно | einmal ~ раз в неде́лю

Wochenzeitschrift *f* еженеде́льный журна́л, еженеде́льник 2

Wöchnerin *f* роже́ница 6, роди́льница 6

Wodka *m* во́дка 6

wo|durch *Adv* всле́дствие [из-за] чего́, благодаря́ чему́; **~für** *Adv* за что; anstelle вме́сто чего́; Zweck для чего́

Woge *f* волна́ 6h *oder* c *G Pl* волн

wogegen **1.** *Adv* про́тив чего́; worauf на что **2.** *Konj* напро́тив

wogen *intr* Meer волнова́ться (вз-), бушева́ть 2; Getreide колыха́ться*

wo|her *Adv* отку́да | ≈ hast du das? отку́да ты э́то взял?; ≈ er auch immer kommen mag отку́да бы он ни пришёл; ≈ des Wegs? отку́да вы?; **~hin** *Adv* куда́; **~hingegen** *Konj* напро́тив

wohl *Adv* gesund, gut хорошо́; vielleicht пожа́луй, вероя́тно | ich fühle mich recht [nicht ganz] ~ я чу́вствую себя́ дово́льно хорошо́ [нева́жно, не совсе́м хорошо́]; mir ist ~ zumute мне хорошо́, у меня́ хорошо́ на душе́; ~ oder übel во́лей-нево́лей; ihm ist dabei nicht recht ~ он себя́ при э́том нело́вко чу́вствует; was wird er ~ sagen? что же он ска́жет?; leben Sie ~! проща́йте!, всего́ наилу́чшего!; das ist ~ das beste э́то, пожа́луй, лу́чше всего́; er wird ~ nicht kommen он, вероя́тно, не придёт; ich werde ~ kommen я, пожа́луй, приду́; ~ bekomm's! на здоро́вье!

Wohl *n* бла́го 4; Wohlergehen благополу́чие 5 | zum ~ на бла́го, для бла́га; für das ~ der Menschheit на бла́го челове́чества; das allgemeine ~ обще́ственное бла́го; zum ~e! на здоро́вье!; auf dein ~! за твоё здоро́вье!

wohl|auf *Adv* в до́бром здра́вии | er ist ≈ он вполне́ здоро́в; **~bedacht** (хорошо́) обду́ман:ный, -на

Wohl|befinden *n* здоро́вье 5; Wohlgefühl хоро́шее самочу́вствие [ус] 11-5; **~behagen** *n* хоро́шее самочу́вствие 11-5 [настрое́ние 5]; Vergnügen удово́льствие 5

wohl|behalten неповреждённый, невреди́м:ый; glücklich благополу́ч|ный, -ен; **~bekannt** хорошо́ изве́стный; **~beleibt** по́л|ный, -он, -на́, по́лно́, доро́д|ный, -ен

Wohlergehen *n* благополу́чие 5; Gesundheit здоро́вье 5

wohlerzogen хорошо́ воспи́тан:ный, -на

Wohlfahrt *f* обще́ственное вспомоществова́ние 5 | ~ beziehen получ|а́ть ⟨-и́ть 3⁺⟩ посо́бие благотвори́тельных учрежде́ний

Wohlgefallen *n* удовлетворе́ние 5; удово́льствие 5 | sich in ~ auflösen ко́нчиться *v* 3 к о́бщему удовлетворе́нию [удово́льствию]

wohl|gefällig прия́т|ный, -ен; wohlgeneigt благоскло́н|ный, -ен, -на; **~gemeint** доброжела́тел|ьный, -ен, -ьна; **~genährt** упи́тан:ный, -на; **~geordnet** благоустро́ен:ный, -а; Verhältnisse благоприя́т|ный, -ен

Wohl|geruch *m* благоуха́ние 5; **~geschmack** *m* прия́тный вкус

wohl|gestaltet благообра́з|ный, -ен, хорошо́ сложён:ный, -ена́; **~habend** зажи́точ|ный, -ен

Wohlhabenheit *f* зажи́точность 9

wohlig прия́т|ный, -ен | mir ist so ~ zumute мне так хорошо́, у меня́ тако́е прия́тное самочу́вствие

Wohlklang *m* благозву́чие 5

wohlklingend благозву́ч|ный, -ен

Wohl|laut *m* благозву́чие 5; **~leben** *n* беззабо́тная жизнь, зажи́точная пра́здная жизнь

wohl|meinend доброжела́тел|ьный, -ен, -ьна; **~riechend** благоуха́ющий 11, благоуха́н|ный, -ен, -на; **~schmeckend** вку́с|ный, -ен, -на́, -но, вку́сны́, прия́т|ный, -ен на вкус

Wohl|sein *n* (zum) ≈! на здоро́вье!; **~stand** *m* благосостоя́ние 5 | im ≈ le-

ben жить в довóльствие; ~**tat** *f* благодея́ние 5; ~**täter** *m* благотвори́тель 1
wohltätig Veranstaltung благотвори́тельный
Wohltätigkeit *f* благотвори́тельность 9
Wohltätigkeitsveranstaltung *f* мероприя́тие с благотвори́тельными це́лями
wohltuend прия́т|ный, -ен; Behandlung; Einfluß благотвóр|ный, -ен
wohl|tun *intr* быть* прия́тным; angenehm wirken окáзывать ⟨-|казáть*⟩ благотвóрное де́йствие (j-m на когó-н.) | das hat mir wohlgetan э́то пошлó мне на пóльзу; ~**überlegt** хорошó обду́манный; ~**unterrichtet** хорошó осведомлённый; ~**verdient** заслу́женный; ~**weislich** *Adv* благоразу́мно
Wohlwollen *n* благосклóнность 9, доброжелáтельность 9 | j-m ~ entgegenbringen благосклóнно [доброжелáтельно] отно|си́ться 3⁺ -шу́сь к кому́-н.
wohlwollend благосклóн|ный, -ен, -на, доброжелáтел|ьный, -ен, -ьна
Wohn|anhänger *m* автодáча 6, дáча-прицéп 6-2; ~**bedingungen** *f Pl* жили́щные услóвия; ~**bezirk** *m* жилóй райóн; ~**block** *m* (жилóй) квартáл 2, комплéкс 2 жилы́х домóв
wohnen *intr* жить*; wohnhaft sein a. проживáть (in в *P*, bei у *G*); vorübergehend прожи́ть* | möbliert ~ жить в меблирóванных кóмнатах; billig ~ дёшево пла|ти́ть 3⁺ -чу́ за кварти́ру; in welcher Straße wohnst du? на какóй у́лице ты живёшь?; Tür an Tür ~ жить дверь в дверь; ich habe in diesem Zimmer fünf Jahre gewohnt я прóжил в э́той кóмнате пять лет
Wohn|fläche *f* жилáя плóщадь, жилплóщадь 9; ~**gebäude** *n* жилóй дом 2b *Pl* -á, жилóе здáние; ~**gebiet** *n* жилóй райóн; in der Stadt городскóй квартáл 2, микрорайóн 2; ~**gemeinschaft** *f* совмéстное проживáние 5; коллекти́в 2 жильцóв; Wohnung, Zimmer грýппа 6 совмéстно проживáющих людéй
wohnhaft проживáющий 11 (in в *P*, bei у *G*) | ~ sein in … жить* [проживáть] по áдресу в …
Wohn|haus *n* жилóй дом; ~**heim** *n* общежи́тие 5; ~**komfort** *m* жили́щный комфóрт, благоустрóйство 4; ~**komplex** *m* жилóй микрорайóн 2 [кóмплекс]; ~**küche** *f* кýхня-столóвая 7 *G Pl* кýхонь-*Subst* 10; ~**kultur** *f* благоустрóйство 4 (жилья́), культýра бы́та; ~**lage** *f* (рас)положéние кварти́ры; ~**laube** *f* дáча 6
wohnlich ую́т|ный, -ен
Wohn|ort *m* местожи́тельство 4, мéсто жи́тельства; ~**parteiorganisation** *f* парти́йная организáция по мéсту жи́тельства
Wohnraum *m* жилóе помещéние, жилплóщадь 9; ~**lenkung** *f* распределéние 5 жилóй плóщади [жилплóщади]; ~**vergabe** *f* предоставлéние 5 жилóй плóщади [жилплóщади]
Wohn|recht *n* прáво проживáния ~**sitz** *m* местожи́тельство 4, мéсто жи́тельства | ich habe meinen ≈ in Leipzig я постоя́нно живý в Лéйпциге; ich habe meinen ≈ nach Berlin verlegt я переéхал на постоя́нное жи́тельство в Берли́н; ~**ung** *f* кварти́ра 6; Wohnraum жили́ще 4, жильё 3 | in der ≈ на кварти́ре; sich nach einer ≈ umsehen искáть* кварти́ру; gut eingerichtete ≈ благоустрóенная кварти́ра; eine neue ≈ beziehen въ|éхать* *v* в нóвую кварти́ру; umziehen переéхать *v* в [на] нóвую кварти́ру
Wohnungsamt *n* жили́щный отдéл 2, жилотдéл 2
Wohnungsbau *m* жили́щное строи́тельство; ~**genossenschaft** *f* жили́щно-строи́тельный кооперати́в
Wohnungs|einrichtung *f* обстанóвка кварти́ры; ~**inhaber** *m* Mieter квартиросъёмщик 2; ~**kommission** *f* жили́щная коми́ссия; ~**miete** *f* квартирная плáта, квартплáта 6; ~**not** *f* жили́щный кри́зис 2, недостáт|ок, -ка 2 жилóй плóщади; ~**schlüssel** *m* ключ от кварти́ры; ~**suche** *f* пóиски жилья́ [кварти́ры]; ~**suchender** *m* и́щущий 11 кварти́ру, нуждáющийся *Subst* 11 в жилплóщади; ~**tausch** *m* обмéн жилплóщади [кварти́р]; ~**wechsel** *m* перемéна кварти́ры, переéзд 2 из однóй кварти́ры в другýю
Wohn|verhältnisse *n Pl* жили́щные услóвия; ~**viertel** *n* жилóй квартáл; ~**wagen** *m* für Bauarbeiter жилóй вагóн [вагóнчик 2]; Auto дáча-прицéп 6-2; ~**zimmer** *n* (жилáя) кóмната
wölben *tr* выво|ди́ть 3⁺ -жý ⟨вы́|вести*⟩ свод *G*; sich ~ *refl* образóвывать свод, изгибáться | gewölbt Stirn вы́пуклый; *Bauw* Brücke свóдчатый; Straße вы́пуклый
Wölbung *f* Straße вы́пуклость 9; Brücke свóдчатость 9; Gewölbe; Stirn свод 2
Wolf *m* волк 2g; junger волчóн|ок, -ка 2 *Pl* волч|áта, -áт; *Med* опрéлость 9; Küchenmaschine мясорýбка 6 | Fleisch durch den ~ drehen провёртывать ⟨-вернýть 4⟩ мя́со чéрез мясорýбку; der ~ im Schafspelz волк в овéчьей шкýре
Wölfin *f* волчи́ца 6
wölfisch вóлчий 12
Wolfram *n* вольфрáм 2; ~**faden** *m* вольфрáмовая нить; ~**stahl** *m* вольфрáмовая сталь
Wolfs|hund *m* немéцкая овчáрка 6; irischer волкодáв 2; ~**hunger** *m* вóлчий 12 аппети́т; ~**jagd** *f* охóта на волкóв;

~**milch** *f Bot* молоча́й 1; ~**pelz** *m* во́лчий 12 мех; ~**rachen** *m Med* во́лчья 12 пасть
Wolga Во́лга 6
Wolgograd Волгогра́д 2
Wolke *f* о́блак|о 4b *G Pl* -о́в; Regen~, Gewitter~ *meist* ту́ча 6 | der Himmel ist ganz mit ~n bedeckt не́бо заволокло́сь облака́ми; die ~n ziehen sich zusammen ту́чи сгуща́ются; er war wie aus den ~n gefallen он как бу́дто с не́ба свали́лся
Wolken|bruch *m* (си́льный) ли́в|ень, -ня 1; ~**decke** *f* о́блачный покро́в; ~**kratzer** *m* небоскрёб 2
wolkenlos безо́блач|ный, -ен
Wolkenwand *f* гряда́ 6h облако́в
wolkig о́блач|ный, -ен
Wolldecke *f* шерстяно́е одея́ло
Wolle *f* шерсть 9g | reine ~ чи́стая шерсть
¹**wollen** Tuch шерстяно́й
²**wollen** *tr u. intr* хоте́ть* (за-); wünschen жела́ть (по-); fordern тре́бовать 2 (по-) | er will arbeiten он хо́чет [ему́ хо́чется, он собира́ется] рабо́тать; was ~ Sie von mir? что [чего́] вы от меня́ хоти́те?; das habe ich nicht gewollt! я э́того не хоте́л!; er weiß nicht, was er will он (сам) не зна́ет, чего́ [что] он хо́чет [ему́ хо́чется]; ich habe es gewollt я хоте́л э́того; zu wem ~ Sie? вы к кому́?; wie Sie ~ как хоти́те; was ~ Sie damit sagen? что вы хоти́те э́тим сказа́ть?; hier ist nichts zu ~ здесь ничего́ не добьёшься; er will es nicht getan haben он говори́т [утвержда́ет], что он э́того не де́лал; er will nichts gesagt haben он (де́лает вид, что) ничего́ не сказа́л; das will überlegt sein об э́том на́до поду́мать; es will mir nicht einleuchten я ника́к не могу́ поня́ть; ~ Sie mir bitte helfen! помоги́те мне, пожа́луйста!; die Sache will nicht vorwärtsgehen де́ло не дви́гается; es scheint ein schöner Tag werden zu ~ день обеща́ет быть хоро́шим
Woll|faden *m* шерстяна́я нить; ~**garn** *n* шерстяна́я пря́жа, шерсть 9g; ~**gewebe** *n* шерстяна́я ткань
wollhaltig содержа́щий 11 шерсть
wollig шерсти́ст:ый, пуши́ст:ый; aus Wolle hergestellt шерстяно́й
Woll|industrie *f* шерстеобраба́тывающая 11 промы́шленность; ~**jacke** *f* шерстяна́я ко́фточка; ~**kämmerei** *f* чеса́льная фа́брика 6 гребенно́й ше́рсти; ~**mischgewebe** *n* полушерстяна́я ткань; ~**mütze** *f* (вя́заная) шерстяна́я ша́пка; ~**pullover** *m* шерстяно́й пуло́вер [сви́тер (тэ)] 2; ~**spinnerei** *f* Werk шерстопряди́льная фа́брика 6; ~**stoff** *m* шерсть 9g, шерстяна́я ткань
Wollust *f* сладостра́стие 5; Wonne наслажде́ние 5
wollüstig сладостра́ст|ный, -ен
Wolpryla *f* вольпри́ла 6; ~**pullover** *m* сви́тер [тэ] из вольпри́лы
wo|mit *Adv* чем; с чем | ≈ zeichnest du? чем ты рису́ешь?; ≈ beginnst du? с чего́ ты начина́ешь?; ~**möglich** *Adv* возмо́жно; etwa gar чего́ до́брого | hast du es ≈ verloren? быть мо́жет, ты э́то потеря́л?; ~**nach** *Adv* в связи́ [сообра́зно] с чем | ≈ fragt er? о чём он спра́шивает?
Wonne *f* блаже́нство 4, наслажде́ние 5 | vor ~ от блаже́нства; mit ~ zuhören слу́шать с наслажде́нием
wonnetrunken опьянённый ра́достью [восто́ргом]
wonnig entzückend преле́ст|ный, -ен; glückselig блаже́н:ный, -на; ~**lich** блаже́н:ный, -на
wor|an *Adv* на чём; на что | ≈ liegt es? в чём де́ло?, за чем де́ло ста́ло?, от чего́ э́то зави́сит?; ≈ denkst du? о чём ты (то́лько) ду́маешь?; ich weiß nicht, ≈ ich bin (я) не зна́ю, как быть [на что я могу́ рассчи́тывать]; ~**auf** **1.** *Adv* на чём; на что; по́сле чего́ | ≈ besteht er? на чём он наста́ивает?; ≈ ich entgegnete, daß ... на что я возрази́л, что ...; ≈ bezieht es sich? к чему́ э́то отно́сится? **2.** *Konj* по́сле чего́; ~**aus** *Adv* из чего́, отку́да | ≈ schließt du das? из чего́ ты э́то заключа́ешь?; ~**rin** *Adv* в чём, где
Wort *n* Einzelwort сло́во 4b; Text, Zitat слова́ *Pl;* Wortzusammenhang сло́во; Ausspruch изрече́ние 5, выска́зывание 5; Versprechen сло́во, обеща́ние 5 | mit einem ~ одни́м сло́вом; mit wenigen ~en в немно́гих слова́х; mit eigenen ~en свои́ми слова́ми; mit anderen ~en други́ми [ины́ми] слова́ми; ~ für ~ сло́во в сло́во; in ~en von Zahlen про́писью; um das ~ bitten проси́ть (по-) сло́ва; das ~ ergreifen взять* *v* сло́во; j-m das ~ entziehen лиш|а́ть ⟨-и́ть 3⟩ кого́-н. сло́ва; j-m das ~ erteilen предост|авля́ть ⟨-а́вить 3 -а́влю⟩ [дава́ть* ⟨дать*⟩] сло́во кому́-н.; sein ~ halten держа́ть (с-) (своё) сло́во; j-m aufs ~ glauben ве́рить (по-) кому́-н. на́ слово; er sagte kein ~ он не сказа́л ни (одного́) сло́ва; ich habe kein ~ verstanden ни сло́ва не по́нял; j-n nicht zu ~e kommen lassen не дава́ть* ⟨дать*⟩ кому́-н. говори́ть [и сло́ва сказа́ть]; das letzte ~ hat sie после́днее сло́во за ней; ein (gutes) ~ für j-n einlegen замо́лв|ить *v* 3 -лю за кого́-н. слове́чко; j-m ins ~ fallen перебива́ть ⟨-|би́ть*⟩ кого́-н.; j-n beim ~ nehmen лов|и́ть 3⁺ -лю́ ⟨пойма́ть⟩ кого́-н. на сло́ве; hochtrabende ~e гро́мкие фра́зы *Pl* 6

Wort|art *f Ling* часть 9g ре́чи; ~**bildung** *f* словообразова́ние 5; ~**bruch** *m* наруше́ние (да́нного) сло́ва
wortbrüchig вероло́м|ный, -ен
Wörter|buch *n* слова́рь 1e | mit ≈ arbeiten со словарём; erklärendes ≈ толко́вый слова́рь; ein ≈ mit 40000 Stichwörtern слова́рь на со́рок ты́сяч слов; ~**verzeichnis** *n* спи́сок слов; für ein Wörterbuch сло́вник 2
Wort|folge *f* поря́док слов; ~**fügung** *f* словосочета́ние 5; ~**führer** *m* представи́тель 1; *Lit* вырази́тель 1 (von j-s Ansichten чьих-н. взгля́дов); ~**gebrauch** *m* словоупотребле́ние 5; ~**gefecht** *n* спор 2 | sich ein ≈ liefern спо́рить 3
wortgetreu **1.** *Adj* досло́вный **2.** *Adv a.* сло́во в сло́во
Wortgut *n* слова́рный соста́в (языка́), ле́ксика 6
wortkarg неразгово́рчив:ый | ~ sein скуп|и́ться 3 -лю́сь на слова́
Wort|klauberei *f* буквое́дство 4; ~**laut** *m* досло́вный [то́чный] текст 2 | im vollen ≈ по́лностью
wörtlich досло́вный, буква́л|ьный, -ен
Wortliste *f* сло́вник 2
wortlos **1.** *Adj* безмо́лв|ный, -ен **2.** *Adv* без еди́ного сло́ва, не говоря́ ни сло́ва, мо́лча
Wort|meldung *f:* ≈en liegen bisher nicht vor сло́ва пока́ никто́ не проси́л; ich bitte um ≈en! кто про́сит сло́ва?
wortreich многосло́в|ный, -ен; Sprache бога́т:ый
Wort|reichtum *m* бога́тство языка́; ~**schatz** *m* eines Menschen запа́с 2 слов; der Sprache ле́ксика 6, слова́рный соста́в (языка́); ~**schöpfung** *f* словотво́рчество 4; ~**schwall** *m* пото́к 2 слов; ~**spiel** *n* игра́ слов; ~**stellung** *f* поря́д|ок, -ка 2 слов; ~**streit** *m* пререка́ние 5, препира́тельство 4; ~**verbindung** *f* словосочета́ние 5; ~**wechsel** *m* пререка́ния *Pl* 5, препира́тельство 4 | es kam zu einem ≈ zwischen j-m und j-m кто-н. на́чал препира́ться с кем-н.
wortwörtlich *Adv* сло́во в сло́во, буква́льно
Wort|zusammenhang *m* взаимосвя́зь 9 слов; ~**zusammensetzung** *f* словосложе́ние 5; Wort сло́жное сло́во 4b
wor|über *Adv* над чем; о чём; в чём | ≈ freut er sich? чему́ он ра́дуется?; ≈ klagt er? на что он жа́луется?; ≈ lachst du? над чем ты смеёшься?; ≈ habt ihr gesprochen? о чём вы разгова́ривали?; ~**um** *Adv* о чём | ≈ handelt es sich? за чем де́ло ста́ло?, в чём де́ло?, о чём идёт речь?; ~**unter** *Adv* под чем; подо что; среди́ чего́, ме́жду кото́рыми | ≈ liegt es? под чем э́то лежи́т?
wo|von *Adv* из чего́; от чего́; о чём | ≈ sprechen Sie? о чём вы говори́те?; ~**vor** *Adv* пе́ред чем; behüten от чего́ | ≈ fürchtest du dich? чего́ ты бои́шься?; ~**zu** *Adv* к чему́; weshalb заче́м, для чего́ | ≈ das? к чему́ э́то?; ≈ brauchst du das? для чего́ э́то тебе́ ну́жно?; es gibt nichts, ≈ er nicht bereit wäre нет ничего́, к чему́ бы он не был гото́в
Wrack *n* Schiff, Fahrzeug обло́мки *Pl* 2 *G;* gesunkenes Schiffs~ затону́вшее су́дно 11-4 *Pl* суда́ 2b; *übertr* разва́лина 6
wringen *tr* выжима́ть ⟨вы́|жать 1*⟩, выкру́чивать ⟨вы́кру|тить 3 -чу⟩
Wucher *m* ростовщи́чество 4 | ~ treiben занима́ться ростовщи́чеством; ~**er** *m* ростовщи́к 2e; ~**geschäft** *n* ростовщи́ческая сде́лка
wucherisch ростовщи́ческий
wuchern *intr Bot* си́льно [бу́йно] разраста́ться ⟨-|расти́сь*⟩; *Hdl* дава́ть* ⟨дать*⟩ в рост (mit Geld де́ньги); ~**d** Geschwulst разраста́ющийся 11
Wucher|preis *m* чрезме́рная цена́; ~**ung** *f* Wuchern разраста́ние 5; Geschwulst наро́ст 2; ~**zinsen** *m Pl* ростовщи́ческие проце́нты
Wuchs *m* рост 2 | von hohem ~ высо́кого ро́ста, ро́слый
Wucht *f* Schwere, Last тя́жесть 9 *a. übertr;* Kraft, Stärke си́ла 6; große Anzahl у́йма 6, гора́ 6a | mit voller ~ изо всей си́лы, со всей си́лой; mit voller ~ zuschlagen уда́рить 3 изо всей си́лы [с разма́ху]
wuchtig Gang, Schlag, Wirkung полнове́с|ный, -ен, тяжелове́с|ный, -ен, a. Möbel; *umg* уве́сист:ый; Denkmal u. a. громо́зд|кий, -ок; massiv масси́в|ный, -ен
Wühlarbeit *f* Hetztätigkeit подрывна́я де́ятельность 9
wühlen *intr* копа́ться (in в *P*), ры́ться* (in в *P*); aufwiegeln подстрека́ть (gegen про́тив *G*), подка́пываться (gegen под *A*) | sich in etw. ~ зака́пываться ⟨-копа́ться⟩ во что-н. in Erde, Schnee; зарыва́ться ⟨-ры́ться⟩ во что-н.
Wühl|erei *f* Graben копа́ние 5, рытьё 3; ~**maus** *f* полёвка 6
Wulst *m* утолще́ние 5
wulstig утолщ|ённый, -ён, -ена́ | ~e Lippen то́лстые гу́бы
wund натёртый [стёртый] до кро́ви | ~e Stelle больно́е ме́сто; einen ~en Punkt berühren ⟨затр|а́гивать, -о́нуть 4⟩ больно́е [сла́бое] ме́сто 4b; sich die Füße ~ laufen на|тере́ть* *v* себе́ но́ги до кро́ви
Wunde *f* ра́на 6 | klaffende ~ зия́ющая 11 ра́на; an seinen ~n sterben умере́ть *v* от ран

Wunder *n* чу́до 4 *Pl* чудеса́ 4b | ~ tun де́лать чудеса́; kein ~, daß ... неудиви́тельно, что ..., ничего́ удиви́тельного в том, что ...; sein blaues ~ erleben насмотре́ться *v* 3⁺ чуде́с, наслу́шаться *v* небыли́ц; ich dachte, wunder was es wäre я ожида́л чего́-то необыкнове́нного; er bildet sich wunder was darauf ein он вообража́ет, что э́то неве́сть что

wunderbar чуде́с|ный, -ен, удиви́тел|ьный, -ен, -ьна | es ist etw. Wunderbares, ... чуде́сно ...

Wunder|ding *n* дико́винка 6; **~glaube** *m* ве́ра в чудеса́

wunderhübsch удиви́тельно краси́вый

Wunder|kerze *f* бенга́льский ог|о́нь, -ня́ 1; **~kind** *n* вундерки́нд [дэ] 2; **~land** *n* страна́ чуде́с

wunderlich стра́н|ный, -ен, -на́!, причу́длив:ый; Person a. чудакова́т:ый | ein ~er Kauz чуда́к 2e

Wunderlichkeit *f* стра́нность 9, причу́дливость 9

wundern *tr:* es wundert mich, daß ... меня́ удивля́ет, что ...; sich ~ *refl* удив|ля́ться ⟨-и́ться 3 -лю́сь⟩ (über *D*) | ich muß mich doch sehr ~! я э́того не ожида́л!; du wirst dich noch einmal ~! ты ещё уви́дишь!

wunder|schön удиви́тельно краси́вый, чуде́с|ный, -ен; **~tätig** чудотво́рный, чудоде́йствен:ный, -на; **~voll** чуде́с|ный, -ен

Wunderwerk *n* чу́до 4 *Pl* чудеса́ 4b

Wund|fieber *n* травмати́ческая горя́чка 6; **~mal** *n* откры́тая ра́на 6, шрам 2; **~rose** *f* ро́жа 6; **~salbe** *f* мазь для ран; **~starrkrampf** *m* столбня́к 2e

Wunsch *m* жела́ние 5; Glück~ пожела́ние 5 | mein sehnlichster ~ моё са́мое си́льное жела́ние; auf seinen ~ по его́ жела́нию; sich nach j-s Wünschen richten руково́дствоваться 2 чьи́ми-н. жела́ниями; es geht alles ganz nach ~ всё идёт как нельзя́ лу́чше; die besten Wünsche zum Geburtstag наилу́чшие пожела́ния по слу́чаю дня рожде́ния; **~bild** *n* фанто́м 2

Wünschelrute *f* рудоиска́тельная лоза́ 6c

wünschen *tr* жела́ть (по-) (j-m etw. кому́ *G u. A*); wollen хоте́ть* (за-) (j-m etw. кому́ *G u. A*) | was ~ Sie (bitte)? что вы хоти́те?, что вам уго́дно?; j-m guten Morgen ~ пожела́ть кому́-н. до́брого у́тра; das ließ viel zu ~ übrig э́то оставля́ло жела́ть (мно́го) лу́чшего; er wünscht ihn zu sehen он хо́чет его́ ви́деть; ich wünschte, er käme я хоте́л бы, что́бы он пришёл; ich wünsche mir ein neues Kleid мне хо́чется име́ть но́вое пла́тье

wünschenswert жела́тел|ьный, -ен, -ьна

Wunschform *f* жела́тельное наклоне́ние

wunschgemäß согла́сно жела́нию, в соотве́тствии с жела́нием

Wunsch|konzert *n* конце́рт по зая́вкам радиослу́шателей [*TV* телезри́телей]; **~kost** *f* меню́ *n idkl* по вы́бору

wunschlos не име́ющий 11 жела́ний | er ist ~ glücklich ему́ бо́льше ничего́ не на́до

Wunsch|traum *m* (сокрове́нная) мечта́ 6 *G Pl* -ний; **~zettel** *m* пе́реч|ень, -ня 1 пожела́ний [жела́емых пода́рков]

Würde *f* досто́инство 4; Amt, Rang зва́ние 5; *hist* сан 2 | er hielt es unter seiner ~ он счита́л э́то ни́же своего́ досто́инства; er trat mit ~ auf он держа́л себя́ с досто́инством; in Amt und ~n sein состоя́ть 3 на слу́жбе, занима́ть высо́кое положе́ние

würdelos недосто́|йный, -ин, -йна, лишённый досто́инства

Würdenträger *m* высокопоста́вленное лицо́ 4c

würdevoll испо́лненный досто́инства; feierlich торже́ствен:ный, -на

würdig 1. *Adj* wert досто́|йный, -ин, -йна; Haltung испо́лненный досто́инства; ehrwürdig почте́н|ный, -ен, -на; feierlich торже́ствен:ный, -на | das ist deiner nicht ~ э́то недосто́йно тебя́ **2.** *Adv* с досто́инством, го́рдо

würdigen *tr* ehren удост|а́ивать ⟨-о́ить 3⟩; anerkennen цени́ть 3⁺, оце́нивать ⟨-цени́ть⟩; feiern отмеча́ть ⟨-ме́тить 3 -ме́чу⟩ | j-n keines Blickes ~ не удосто́ить кого́-н. взгля́дом; er würdigte mich keiner Antwort он не удосто́ил меня́ отве́том

Würdigung *f* призна́ние 5; Beurteilung оце́нка 6 | bei aller ~ seiner Verdienste ... признава́я [отмеча́я] все его́ заслу́ги ...

Wurf *m* брос|о́к, -ка́ 2; Würfelspiel вы́брос 2; *Biol* помёт 2; *Sport* бросо́к, мета́ние 5 | einen großen ~ tun достига́ть ⟨-|сти́чь*⟩ большо́го успе́ха

Würfel *m* ку́бик 2; beim Würfelspiel *meist Pl* игра́льная кость 9g; *Math* куб 2b; Kinderspielzeug; Speck, Fleisch ку́бики *Pl* | in ~ schneiden нареза́ть ⟨-|ре́зать*⟩ ку́биками; ~ spielen игра́ть в ко́сти; die ~ sind gefallen! решено́! жре́бий бро́шен!; **~becher** *m* стака́н 2 для игра́льных косте́й

würfelförmig 1. *Adj* куби́ческий **2.** *Adv* schneiden ку́биками

würfeln *intr* игра́ть ⟨сыгра́ть⟩ в ко́сти (um на *A*); losen броса́ть ⟨бро́|сить 3 -шу⟩ жре́бий

Würfel|spiel *n* игра́ в ко́сти; **~zucker** *m* са́хар-рафина́д 2–2

Wurf|geschoß *n* мета́тельный снаря́д; **~kreis** *m* Leichtathletik круг для мета́ния; Handball ли́ния 8 броска́; **~scheibe** *f* диск 2 (для мета́ния); **~sendung** *f* рассы́лка 6 рекла́мных проспе́ктов (по по́чте); **~spieß** *m* дро́тик 2; **~taubenschießen** *n* стрельба́ по таре́лочкам; **~weite** *f* да́льность мета́ния [броска́]

Würgegriff *m* приём сда́вливания

würgen *tr* дав|и́ть 3⁺ -лю́ (у-), души́ть 3⁺ (за-); *intr* дави́ться | er wird vom Husten gewürgt он да́вится ка́шлем; er würgt an einem Bissen он подави́лся куско́м

Würger *m Zool* сорокопу́т 2

¹Wurm *m* червь 1h, червя́к 2e; Eingeweide~ глист 2e; *umg* глиста́ 6 | sich wie ein ~ krümmen извива́ться червяко́м; das Kind hat Würmer у ребёнка глисты́; da ist der ~ drin *umg* тут что́-то нела́дно, тут есть како́й-то дефе́кт

²Wurm *n umg* [беспо́мощный] ребён|ок, -ка 2

wurmartig червеобра́з|ный, -ен

wurmen *unpers:* es wurmt mich ärgert mich меня́ берёт доса́да; beunruhigt mich э́то не даёт мне поко́я

Wurmfortsatz *m* червеобра́зный отро́ст|ок, -ка 2

wurmig черви́в:ый

Wurm|kur *f* глистого́нное лече́ние; **~mittel** *n* глистого́нное сре́дство

wurmstichig исто́ченный червя́ми, черви́в:ый | ~ werden черви́веть (за-, о-)

Wurst *f* колбаса́ 6c; Rolle ва́лик 2 | es ist mir alles ~ мне всё равно́, мне (на всё) наплева́ть; es geht um die ~! *umg* реша́ется ва́жное де́ло!, наступи́л реша́ющий моме́нт!; ~ wider ~ долг платежо́м кра́сен, услу́га 6 за услу́гу

Würstchen *n* соси́ска 6, колба́ска 6 | Wiener ~ соси́ски по-ве́нски; **~bude** *f* соси́сочная *Subst* 10

wursteln *intr umg* тяну́ть 4⁺ волы́нку, рабо́тать кое-ка́к [спустя́ рукава́]; dahinleben рабо́тать и жить без пла́на и це́ли, жить* помалёньку

wurstig безразли́ч|ный, -ен, наплева́тельский

Wurst|scheibe *f* ло́мтик колбасы́; **~suppe** *f* суп из колбасы́; **~waren** *f Pl* колба́сные изде́лия; **~zipfel** *m* ко́нчик колбасы́

Würze *f* пря́ность 9; in Speise, Getränk припра́ва 6; Bier су́сло 4; Pointe изю́минка 6, соль 9

Wurzel *f* ко́р|ень, -ня 1g *a. Med* | ~n schlagen [treiben] пуска́ть ⟨пусти́ть 3⁺⟩ ко́рни; die ~ ziehen *Math* извлека́ть ⟨-|вле́чь*⟩ ко́рень; ein Übel an der ~ pakken пре|се́чь* *v* зло в ко́рне; **~behandlung** *f* лече́ние корне́й зубо́в; **~füßler** *m Zool* корнено́жка 6; **~gemüse** *n* корнепло́дные овощны́е расте́ния *Pl* 5

Wurzelhaut *f* надко́стница 6 зу́ба; **~entzündung** *f* воспале́ние надко́стницы (че́люсти)

wurzellos ohne Wurzel не име́ющий 11 ко́рня

wurzeln *intr* пуска́ть ⟨пусти́ть 3⁺⟩ ко́рни; Ursprung, Ursache haben корени́ться (in в *P*); verwurzelt sein быть* свя́занным всем свои́м существо́м с чем-н.

Wurzel|stock *m* корневи́ще 4; **~trieb** *m* корнево́й побе́г; **~werk** *n* ко́рни *Pl* 1g; **~zeichen** радика́л 2

würzen *tr* припр|авля́ть ⟨-а́вить 3 -а́влю⟩ (mit *I*) *a. übertr*

würzig пря́ный; pikant пика́нт|ный, -ен

wuschelig кудря́в:ый

Wuschelkopf *m* кудря́вая голова́

Wust *m* беспоря́д|ок, -ка 2, (беспоря́дочное) нагроможде́ние 5 *G;* Haufen во́рох 2, ку́ча 6

wüst öde, verwildert пусты́н|ный, -ен, -на; unbewohnt необита́ем:ый; unordentlich беспоря́доч|ный, -ен; Leben распу́т|ный, -ен, беспу́т|ный, -ен | ein ~es Durcheinander стра́шный хао́с, пу́таница 6; dort ging es ~ her там бы́ло бу́йное весе́лье

Wüste *f* пусты́ня 7

wüsten *intr* растр|а́чивать ⟨-а́тить 3 -а́чу⟩ (mit *A*), мота́ть (про-) (mit *A*) | mit der Gesundheit ~ разруша́ть ⟨-ру́шить 3⟩ своё здоро́вье

Wüstenei *f* Einöde пусты́нное ме́сто 4b, пусты́ня 7

Wüsten|klima *n* пусты́нный кли́мат; **~sand** *m* песо́к пусты́ни

Wüstling *m* развра́тник 2, распу́тник 2

Wut *f* я́рость 9; Raserei бе́шенство 4; Bosheit зло́ба 6; maßlose неи́стовство 4, свире́пость 9 | aus [vor] ~ со зло́сти; in ~ geraten приходи́ть 3⁺ -хожу́ ⟨-|йти́*, приду́⟩ в бе́шенство [в я́рость]; seine ~ an j-m auslassen вымеща́ть ⟨вы́ме|стить 3 -щу⟩ свою́ зло́бу на кого́-н.; ~ auf j-n haben пита́ть бе́шеную зло́бу к кому́-н., зли́ться 3 (обо-, разо-) на кого́-н.; vor ~ kochen кипе́ть зло́бой; **~anfall** *m* припа́док бе́шенства; **~ausbruch** *m* при́ступ бе́шенства

wüten *intr* бушева́ть 2 a. Meer, Feuer usw.; Person a. бу́йствовать 2; grausam неи́стовствовать 2; Unwetter, Terror, Seuchen свире́пствовать 2; **~d** я́рост|ный, -ен, свире́пый, неи́стов:ый; Blick зло́б|ный, -ен | ≈ sein быть (о́чень) злым (auf на *A*, wegen за *A*), зли́ться 3 (разо-) (auf на *A*)

wutentbrannt взбеш|ённый, -ён, -ена́, разъярённый

Wüterich *m* неистовый человек 2 | ein grausamer ~ изверг 2
wutschnaubend ярост|ный, -ен, вне себя от ярости

X

X, x *n Math* x [икс] | j-m ein X für ein U vormachen втирать ⟨-|тереть*, вотру⟩ очки кому-н.; er wohnte in der Stadt X он жил в городе Н
x-Achse *f* ось абсцисс
x-Beine *n Pl* кривые ноги, х-образные ноги
x-beinig кривоног:ий
x-beliebig любой | jeder ~e любой
Xerokopie *f* ксерокопия 8
x-mal *Adv* многократно, много раз | das habe ich dir schon ~ gesagt я тебе это тысячу раз говорил
Xylographie *f* ксилография 8
Xylophon *n* ксилофон 2

Y

Y, y *Math* y [игрек]
y-Achse *f* ось ординат
Yankee *m* янки *m idkl*
Yard *n* ярд 2

Z

Zacke *f* зуб|ец, -ца 2; *Tech* зуб 2 *Pl* зубь|я, -ев; Scharte зазубрина 6
zacken *tr* вырезать ⟨вы|резать*⟩ зубцы на *A*, снаб|жать ⟨-дить 3 -жу⟩ зубцами
zackig зубчатый, с зубцами; *umg* schneidig молодцеват:ый
zaghaft роб|кий, -ок, -ка!, робче; unentschlossen нерешител|ьный, -ен, -ьна
Zaghaftigkeit *f* робость 9; нерешительность 9
Zagreb Загреб 2
zäh Fleisch жёст|кий, -ок, жестка!, жёстче; ~flüssig тягуч:ий 11, вяз|кий, -ок, -ка!, вязче; klebrig лип|кий, -ок, -ка!; *übertr* сто|йкий, -ек, -йка!, вынослив:ый; **~flüssig** густ:ой, -а, густо, густы, гуще; *Tech* вяз|кий, -ок, -ка!, вязче, вязкотекуч:ий 11
Zähigkeit *f* жёсткость 9; вязкость 9; *übertr* стойкость 9, выносливость 9
Zahl *f* чис|ло 4c *G Pl* -ел; Ziffer цифра 6; Menge, Anzahl число, количество 4 | der ~ nach по числу, по количеству; ohne ~ бесчисленное множество 4; in großer ~ в большом количестве; gerade ~ чётное число; sie waren zehn an der ~ их было десять (человек); mit ~en versehen нумеровать 2 (про-)
zahlbar подлежащий 11 уплате
zählbar исчислимый
Zahlbox *f* касса 6 (в городском транспорте, работающем без кондуктора)
zahlen *tr* пла|тить 3⁺ -чу ⟨за-, у-⟩ (für за *A*) | eine Rechnung ~ платить (за-, у-) по счёту; mit Scheck ~ (за)платить чеком; einen hohen Preis für etw. ~ уплатить за что-н. большую цену; wieviel habe ich zu ~? сколько с меня (следуе|т)?, сколько я должен уплатить?; bitte ~! im Restaurant рассчитайтесь со мной, пожалуйста!, дайте, пожалуйста, счёт!
zählen *tr* Geld u. a. считать (со-, по-); считать (по-) (zu *I*); rechnen причислять ⟨-числить 3 (zu, unter к *D*); haben насч|итывать ⟨-итать⟩; *intr* считать (по-); gehören считаться (zu *I*); rechnen рассчитывать (auf на *A*) | er zählt zu den Besten его считают одним из лучших; er zählt zu den besten Schülern он считается одним из лучших учеников; ihre Tage sind gezählt её дни сочтены; er zählt nicht mehr als dreißig ему не больше тридцати лет; die Stadt zählt hunderttausend Einwohner город насчитывает сто тысяч жителей; dazu zählt man ... к этому принадлежат [относятся] ...; das zählt nicht это не считается; hier zählt nur die Leistung здесь принимают во внимание только результаты труда; er zählt ihn zu seinen besten Freunden он относит [причисляет] его к своим лучшим друзьям
Zahlen|angaben *f Pl* цифровые данные; **~folge** *f* числовая последовательность; **~gedächtnis** *n* память на числа; **~lotto** *n* цифровое лото, цифровая лотерея 7
zahlenmäßig численный, количественный
Zahlen|material *n* цифровой материал; **~reihe** *f* числовой ряд, ряд чисел; **~system** *n* система чисел; **~verhältnis** *n* числовое соотношение; **~wert** *m* численное [числовое] значение
Zähler *Tech* счётчик 2; *Math* числитель 1
Zahlkarte *f* почтово-чековый переводный бланк 2
Zählkarte *f* счётная карточка; *Sport* протокол 2 судьи
Zahlkellner *m* официант-инкассатор 2-2

zahllos бесчи́слен:ный₁ -на, несме́т|ный₁ -ен

Zahlmeister *m* казначе́|й 1 *G Pl* -ев

zahlreich 1. *Adj* многочи́слен:ный₁ -на **2.** *Adv* в большо́м коли́честве [числе́]

Zahl|stelle *f* Schalter ка́сса 6, око́ш|ко 4 *Pl* -ки₁ -ек ка́ссы; Auszahlungsstelle ме́сто вы́платы; **~tag** *m* платёжный день; Lohnzahlung день вы́дачи зарпла́ты; **~ung** *f* плат|ёж 2e *G Pl* -ежей; Einzahlung, Beitrag взнос 2; Schulden упла́та 6 | eine ≈ leisten производи́ть 3⁺ -вожу́ ⟨-|вести́*⟩ платёж

Zählung *f* подсчёт 2; der Bevölkerung пе́репись 9

Zahlungs|abkommen *n* платёжное соглаше́ние; **~anweisung** *f* платёжное поруче́ние 5, платёжный о́рдер; **~aufforderung** *f* тре́бование произвести́ платёж; **~aufschub** *m* отсро́чка платежа́; **~bedingungen** *f Pl* усло́вия платежа́; **~befehl** *m* прика́з об упла́те; **~bilanz** *f* платёжный бала́нс; **~einstellung** *f* приостановле́ние 5 [прекраще́ние] платеже́й; **~erleichterung** *f* облегче́ние усло́вий платежа́

zahlungsfähig платёжеспосо́б|ный₁ -ен

Zahlungs|fähigkeit *f* платёжеспосо́бность 9; **~frist** *f* срок платежа́; **~mittel** *n* платёжное сре́дство; **~schwierigkeiten** *f Pl* платёжные затрудне́ния; **~stundung** *f* отсро́чка платежа́

zahlungsunfähig неплатёжеспосо́б|ный₁ -ен, несостоя́тел|ьный₁ -ен₁ -ьна | ~ werden обанкро́|титься *v* 3 -чусь

Zahlungs|unfähigkeit *f* неплатёжеспосо́бность 9, несостоя́тельность 9; **~verkehr** *m* систе́ма 6 расчётов | bargeldloser ≈ безнали́чные расчёты *Pl* 2; **~verpflichtung** *f* обяза́тельство произвести́ платёж; **~verzug** *m* просро́чка [заде́ржка 6] платежа́

Zählwerk *n* счётный механи́зм, счётчик 2

Zahlwort *n* и́мя числи́тельное

zahm ручно́й, укрощ|ённый₁ -ён₁ -ена́ | er ist eine ~e Natur у него́ о́чень мя́гкий хара́ктер; eine ~e Kritik беззу́бая [ро́бкая] кри́тика

zähmbar (легко́) приручаемый; *übertr* укроти́мый

zähmen *tr* прируч|а́ть ⟨-и́ть 3⟩; *übertr* укро|ща́ть ⟨-ти́ть 3 -щу́⟩, обу́здывать ⟨обузда́ть⟩

Zahn *m* зуб 2g; Kamm, Säge, Zahnrad, Briefmarke зуб|е́ц₁ -ца́ 2; *Bot* зу́бчик 2 | die Zähne putzen чи́стить зу́бы; ich muß mir einen ~ ziehen lassen мне ну́жно удали́ть зуб; sich einen ~ ausbrechen слома́ть *v* себе́ зуб; j-m auf den ~ fühlen прощу́п|ывать ⟨-ать⟩ кого́-н.; die Zähne zeigen *übertr* пока́зывать ⟨-каза́ть⟩ зу́бы; sich an etw. die Zähne ausbeißen обло-ма́ть *v* себе́ зу́бы обо что-н.; bis an die Zähne bewaffnet sein быть вооружённым до зубо́в; **~arzt** *m* зубно́й врач

zahnärztlich зубоврачебный, зуболече́бный | ich bin in ~er Behandlung я хожу́ к зубно́му врачу́, я лечу́ зу́бы

Zahn|behandlung *f* лече́ние 5 зубо́в; **~belag** *m* налёт на зуба́х; **~bürste** *f* зубна́я щётка; **~creme** *f* зубна́я па́ста 6

zähneknirschend скрежеща́ зуба́ми, с (большо́й) неохо́той

zahnen *intr:* das Kind zahnt у ребёнка ре́жутся зу́бы

Zahn|ersatz *m* зубно́й проте́з [тэ] 2; **~fäule** *f* костое́да 6 зубо́в; **~fistel** *f* зубно́й свищ, зубна́я фи́стула; **~fleisch** *n* десна́ 6c *G Pl* дёсен; **~fleischblutung** *f* кровотече́ние дёсен; **~füllung** *f* зубна́я пло́мба; **~geschwür** *n* абсце́сс 2 че́люсти; **~höhle** *f* зубна́я по́лость; **~klinik** *f* зубна́я кли́ника; **~karpfen** *m* гамбу́зия 8; **~krone** *f* коро́нка 6 (зу́ба); **~laut** *m* зубно́й звук

zahnlos беззу́бый

Zahn|lücke *f* отсу́тствие 5 зу́ба, щерби́на 6; **~medizin** *f* стоматоло́гия 8; **~mediziner** *m* стомато́лог 2; **~pasta** *f* зубна́я па́ста 6; **~pflege** *f* ухо́д за зуба́ми; **~prothese** *f* зубно́й проте́з [тэ]; **~putzglas** *n* стака́н для полоска́ния зубо́в

Zahnrad *n* шестер|ня́ 7 *G Pl* -ён, зубча́тое колесо́; **~antrieb** *m* зубча́тый приво́д; **~bahn** *f* зубча́тая желе́зная доро́га 6; **~getriebe** *n Tech* зубча́тая переда́ча; *Kfz a.* коро́бка переда́ч

Zahn|reihe *f* ряд зубо́в; **~schmelz** *m* зубна́я эма́ль; **~schmerzen** *m Pl* зубна́я боль | ich hatte starke ≈ у меня́ о́чень боле́ли зу́бы; **~stein** *m* зубно́й ка́мень; **~stocher** *m* зубочи́стка 6; **~techniker** *m* зубно́й те́хник; **~ung** *f Tech* систе́ма 6 зу́бьев, зу́бь|я *Pl* -ев; *Med* проре́зывание 5 зубо́в; **~wechsel** *m* сме́на зубо́в; **~wurzel** *f* ко́рень зу́ба

Zaire Заи́р 2; **~r** *m* жи́тель 1 Заи́ра

zairisch заи́рский

Zander *m* суда́к 2e

Zange *f Tech* щипцы́ *Pl* 2, кле́щ|и *Pl* 2g *G* -е́й *u.* клещи́ *Pl* 2; Beiß≈ остроrу́бцы *Pl* 2, куса́ч|ки *Pl* 6 *G* -ек; kleine щи́пчики *Pl* 2; *Med* хирурги́ческие щипцы́; Greifwerkzeug von Krebs клешн|я́ 7 *G Pl* -е́й | in die ~ nehmen брать ⟨взять⟩ в кле́щи [в оборо́т]

Zangengeburt *f* ро́ды *Pl* с наложе́нием щипцо́в

Zank *m* ссо́ра 6; Zänkerei перебра́нка 6, брань 9; **~apfel** *m* я́блоко раздо́ра

zanken *intr* брани́ть 3 (вы-) (mit *A*, um, über из-за *G*); sich ~ *refl* ссо́риться 3

(по-) (mit j-m über с кем о чём-н., um из-за чегó-н.)
Zankerei *f* перебрáнка 6, брань 9
zänkisch сварли́в:ый
Zäpfchen *n Anat* язычlóкı -кá 2; *Pharm* свéчка 6, суппозитóри|й 1 *P* -и
zapfen *tr* Bier, Wein це|ди́ть 3⁺ -жý; Faß откýпор|ивать ⟨-ить 3⟩; Holzbearbeitung запу|скáть ⟨-сти́ть 3⁺ -щý⟩ в паз | etw. in Flaschen ~ разливáть ⟨-|ли́ть*ı разолью́⟩ что-н. (из бóчки) в буты́лки
Zapfen *m* Faß заты́чка 6, прóбка 6; *Tech* шéйка 6, шип 2е; Spund втýлка 6; *Bot* ши́шка 6; Eis~ (ледянáя) сосýлька 6; **~lager** *n Tech* подши́пник 2 [опóра 6] цáпфы; **~streich** *m* (вечéрняя 11) зарá *A* зóрю
Zapf|säule *f* бензоколóнка 6; **~stelle** *f* für Wasser (водо)забóрный пункт 2
zappeln *intr* барáхтаться; Fisch би́ться*, трепыхáться | vor Ungeduld ~ дрожáть 3 от нетерпéния; er hat sie ~ lassen он истоми́л её ожидáнием
zapplig непосéдлив:ый; unruhig вертля́в:ый
Zar *m* царь 1е | als ~ regieren цáрствовать 2
Zaren|reich *n* цáрство 4; **~sohn** *m* царéвич 2 *G Pl* -ей; **~tochter** *f* царéвна 6
Zarge *f* Fenster, Tür рáма 6, корóбка 6; Seitenwand der Streichinstrumente обечáйка 6; Einfassung опрáва 6
Zarin *f* цари́ца 6
Zarismus *m* цари́зм 2
zaristisch цáрский
zart нéж|ныйı -енı -нáı -ноı нéжны́; Haut, Fleisch мя́г|кий [хк]ı -окı -кá [хк]!ı -чеı мягчáйший 11; Gewebe тóн|кийı -окı -кá!ı -ьше | ein ~er Hauch лёгкое дуновéние; sie ist von ~er Gesundheit онá слáбого здорóвья; **~besaitet** *übertr* чувстви́тел|ьныйı -енı -ьна, нéж|ныйı -енı -нáı -ноı нéжны́
Zart|gefühl *n* деликáтность 9, чýткость 9; **~heit** *f* нéжность 9; мя́гкость 9; тóнкость 9; хрýпкость 9
zärtlich нéж|ныйı -енı -нáı -ноı нéжны́, лáсков:ый | ~ tun нéжничать *umg*
Zärtlichkeit *f* нéжность 9; Zuneigung лáсковость 9 | mit ~en überhäufen осыпáть ⟨о|сы́пать*⟩ когó-н. лáсками, заласкáть *v* когó-н.
Zäsur *f Lit, Mus* цезýра 6; wichtiger Einschnitt перелóмный moméнт 2
Zauber *m* Persönlichkeit, Jugend обая́ние 5; Lächeln, Neuheit, Landschaft, Reiz прéлесть 9, очаровáние 5 | der ~ des Geldes маги́ческое дéйствие 5 дéнег; er ist ihrem ~ erlegen он не устоя́л пéред её чáрами; das ist fauler ~! *übertr* э́то сплошнóй обмáн!; **~ei** *f* колдовствó 4, волшебствó 4; Kunststück фóкус 2; **~er** *m* колдýн 2е, волшéбник 2; Zauberkünstler, Gaukler фóкусник 2
Zauberformel *f* заклинáние 5, волшéбное слóво 4b
zauberhaft Geschichte удиви́тел|ьныйı -енı -ьна; Gegend очаровáтел|ьныйı -енı -ьна, волшéб|ныйı -ен
Zauberin *f* колдýнья 7, волшéбница 6
zauberisch = **zauberhaft**
Zauber|kraft *f* волшéбная си́ла; **~kunst** *f* волшебствó 4, колдовствó 4; Artistik фóкусничество 4; **~künstler** *m* фóкусник 2, иллюзиони́ст 2; **~kunststück** *n* фóкус 2
zaubern *intr* колдовáть 2; Zauberkunststücke vorführen покáзывать ⟨-|казáть*⟩ фóкусы; *tr:* Töne aus dem Klavier ~ извлекáть из роя́ля волшéбные звýки
Zauber|spruch *m* заклинáние 5, зáговор 2; **~stab** *m* волшéбная пáлочка 6; **~trank** *m* волшéбный напи́ток
zaudern *intr* мéдлить 3 (mit с *I*) | ohne zu ~ не мéдля, не колéблясь
Zaum *m* уздá 6с, уздéчка 6 | im ~ halten *übertr* обýздывать ⟨обуздáть⟩, держáть в уздé
zäumen *tr* взнýздывать ⟨взнуздáть⟩
Zaumzeug *n* уздéчка 6 с набóром
Zaun *m* забóр 2; Staketen~ a. штакéтник 2; aus Maschendraht прóволочный забóр; Umzäunung огрáда 6; Hecke живáя и́згородь 9 | einen Streit vom ~e brechen затевáть ⟨-тéятьı -тéюı -тéешь⟩ ссóру [спор]; **~gast** *m* безбилéтный зри́тель; *übertr* сторóнний наблюдáтель 11-1; **~könig** *m* крапи́вник 2; **~latte** *f* плáнка забóра; **~pfahl** *m* забóрный столб 2е, жердь 9g | ein Wink mit dem ≈ грýбый [прозрáчный] намёк
zausen *tr* трепáть* (по-), драть* | j-m die Haare ~ трепáть когó-н. зá волосы
Zebra *n* зéбра 6; **~streifen** *m* пешехóдный перехóд 2 «зéбра»
Zebu *n* зéбу *n indekl*
Zechbruder *m* Trinkgenosse собуты́льник 2
Zeche *f* Rechnung счёт 2bı *P nach* на *a.* счетýı *Pl* счет|áı -óв; *Bergb* шáхта 6 | (den Wirt um) die ~ prellen улизнýть *v* 4ı не уплати́в по счёту; er mußte die ~ bezahlen емý пришлóсь поплати́ться за други́х; eine ~ stillegen переводи́ть 3⁺ -вожý ⟨-|вести́*⟩ шáхту на консервáцию
zechen *intr* ку|ти́ть 3⁺ -чý, устр|áивать ⟨-óить 3⟩ попóйку
Zecher *m* кути́ла *m* 6
Zech|gelage *n* кут|ёж 2е *G Pl* -ежéй, попóйка 6; **~kumpan** *m* собуты́льник 2; **~preller** *m* не уплати́вший *Subst* 11 по счёту
Zecke *f* клещ 2е
Zeder *f* кедр 2

Zedernwald *m* кедро́вый лес

Zehe *f Anat* па́л|ец₁ -ьца 2 (на ноге́); Knoblauch зуб|о́к₁ -ка́ 2 (чеснока́) | die kleine ~ мизи́н|ец₁ -ца 2 (на ноге́); die große ~ большо́й па́лец (ноги́); j-m auf die ~n treten наступ|а́ть ⟨-и́ть 3⁺ -лю́⟩ кому́-н. на́ ногу; *übertr* задева́ть ⟨-|де́ть*⟩ кого́-н.

Zehen|nagel *m* но́готь па́льца ноги́; **~spitze** *f:* auf ≈n на цы́почках, на носка́х

zehn *Num* де́сять 9e; zusammen десяте́р|о₁ -ы́х 10; Stück деся́т|ок₁ -ка 2 | wir sind zu ~ нас де́сять челове́к; wir waren ~ нас бы́ло де́сять челове́к; ~ Jahre alt десятиле́тний 11, десяти́ лет

Zehn *f:* число́ 4c де́сять, деся́тка 6; Straßenbahn деся́тка, деся́тый но́мер 2b | dort kommt die ~ вот идёт деся́тка [деся́тый но́мер]; **~eck** *n* десятиуго́льник 2; **~ender** *m Zool* оле́нь 1 с десятью отро́стками

Zehner *m* деся́тка 6; *Math* деся́т|ок₁ -ка 2; Zehnpfennigstück (моне́та 6 в) де́сять пфе́ннигов; 10 Mark де́сять 9e ма́рок; Omnibus деся́тка, деся́тый но́мер 2b; **~packung** *f* па́чка в [по] де́сять штук; **~system** *n* десяти́чная систе́ма

zehnfach 1. *Adj* десятикра́тный **2.** *Adv* в де́сять раз, вде́сятеро

Zehn|füßer *m Pl Zool* десятино́гие *Subst Pl* 10; **~jahrfeier** *f* десятиле́тний 11 юбиле́й 1, десятиле́тие 5

zehnjährig десятиле́тний 11

Zehn|kampf *m* десятибо́рье 5; **~kämpfer** *m* десятибо́р|ец₁ -ца 2; **~klassenschule** *f* (шко́ла-)десятиле́тка (6-)6

zehnmal *Adv* де́сять раз; bei Vergleich в де́сять раз

Zehn|markschein *m* купю́ра 6 [банкно́т 2] в де́сять ма́рок; **~meterturm** *m* десятиметро́вая вы́шка; **~pfennigstück** *n* моне́та 6 в де́сять пфе́ннигов

zehnstöckig десятиэта́жный; in der UdSSR entsprechend одиннадцатиэта́жный

zehn|tägig десятидне́вный; **~tausend** *Num* де́сять ты́сяч | Zehntausende lauschten seinen Worten деся́тки ты́сяч внима́ли его́ слова́м

zehnter *Num* деся́тый | zu zehnt вдесяте-ро́м; der zehnte Jahrestag деся́тая годовщи́на, десятиле́тие 5

Zehnter *m hist* десяти́на 6

zehnteilig (состоя́щий 11) из десяти́ часте́й; Sendefolge десятисери́йный

zehntel *Num:* ein ~ одна́ деся́тая (часть) *G*

Zehntel *n* деся́тая часть 9g | zwei ~ две деся́тые

zehntens *Adv* в-деся́тых

zehren *intr* sich nähren пита́ться (von *I*), жить* (von *I*); schwächen, mager machen изнур|я́ть ⟨-и́ть 3⟩, подта́чивать ⟨-точи́ть 3⁺⟩ | das Fieber zehrt an ihrer Gesundheit лихора́дка подта́чивает её здоро́вье; von den Erinnerungen ~ жить воспомина́ниями; Seeluft zehrt на морско́м во́здухе худе́ют

Zeichen *n* знак 2; Merkmal, An≈ при́знак 2; Kenn≈ приме́та 6; *Med* симпто́м 2; auf Wäsche usw. ме́тка 6; Merk≈ заме́тка 6, поме́тка 6; Waren≈, Stempel, Marke знак, клеймо́ 4c; Satz≈ знак препина́ния; Signal сигна́л 2; и́мпульс 2; *Math, Mus* знак; *Chem* знак, си́мвол 2 | im ~ под зна́ком *G;* zum ~ в знак *G;* sich durch ~ miteinander verständigen объясн|я́ться ⟨-и́ться 3⟩ зна́ками; **~block** *m* блокно́т 2 для рисова́ния; **~brett** *n* чертёжная доска́; **~erklärung** *f* объясне́ние усло́вных зна́ков; **~feder** *f* перо́ для рисова́ния; **~heft** *n* тетра́дь для рисова́ния; **~kohle** *f* у́гольный каранда́ш 2e *G Pl* -е́й; **~kunst** *f* рисова́ние 5, черче́ние 5; **~lehrer** *m* учи́тель рисова́ния; **~papier** *n* чертёжная бума́га; dickes ва́тман 2; **~saal** *m* чертёжная *Subst* 10; Schule рисова́льный зал; **~setzung** *f* пунктуа́ция 8; **~sprache** *f* Gebärdenspiel язы́к же́стов; System von (Hand-) Zeichen z. B. bei Gehörlosen язы́к зна́ков; **~stift** *m* рисова́льный каранда́ш; **~tisch** *m* чертёжный стол; **~trickfilm** *m* рисо́ванный мультипликацио́нный фильм; **~unterricht** *m* обуче́ние рисова́нию; Stunde уро́к рисова́ния; **~vorlage** *f* образе́ц для рисова́ния [для срисо́вывания]

zeichnen *tr* рисова́ть 2 (на-); *Tech* черт|и́ть 3⁺ -чу́ (на-); in einer Zeichnung festhalten, skizzieren зарис|о́вывать ⟨-ова́ть⟩; flüchtig де́лать (с-) набро́сок [эски́з]; Waren, Vieh клейм|и́ть 3 -лю́ (за-); Wäsche ме́|тить 3 -чу (на-, по-); Brief подпи́сывать ⟨-|писа́ть*⟩; Anleihe подпи́сываться ⟨-писа́ться⟩ (на заём); darstellen рисова́ть (на-), изобра|жа́ть ⟨-зи́ть 3 -жу́⟩ | wieviel darf ich für Sie ~? на ско́лько вас подписа́ть?; 100 Mark ~ bei einer Sammlung подпи́сываться на сто ма́рок

Zeichnen *n* рисова́ние 5 | technisches ~ черче́ние 5; im ~ ist er gut с рисова́нием у него́ хорошо́

Zeichner *m* рисова́льщик 2 | technischer ~ чертёжник 2

zeichnerisch рисова́льный

Zeichnung *f* рису́н|ок₁ -ка 2; *Tech* черт|ёж 2e *G Pl* -еже́й; Skizze набро́с|ок₁ -ка 2, эски́з 2; Muster(ung) рису́нок, расцве́тка 6; *übertr* Darstellung зарисо́вка 6, изображе́ние 5; Anleihe подпи́ска 6 на *A*

zeichnungsberechtigt имéющий 11 прáво пóдписи
Zeigefinger *m* указáтельный пáлец
zeigen *tr* покáзывать ⟨-|казáть*⟩; Weg a. укáзывать ⟨-казáть⟩; vorführen демонстри́ровать *uv, v* 2 ⟨*a.* про-⟩; Haltung, Talent прояв|ля́ть ⟨-и́ть 3⁺ -лю́⟩, обнарý-ж|ивать ⟨-ить 3⟩; *intr* по-, укáзывать ⟨-казáть⟩ (auf на *A*); sich ~ *refl* покáзываться ⟨-казáться⟩; zutage treten обнарýж|иваться ⟨-иться⟩; zum Ausdruck kommen скáзываться ⟨-казáться⟩ | es wird sich ~ (потóм) ви́дно бýдет; sich besorgt ~ проявля́ть беспокóйство; sich dankbar ~ выражáть ⟨вы́ра|зить 3 -жу⟩ благодáрность; sich tapfer ~ прояви́ть хрáбрость, показáть себя́ хрáбрым; sich bereit ~ вы́ра|зить *v* 3 -жу готóвность; du hast dich als guter Freund gezeigt ты показáл себя́ хорóшим дрýгом
Zeiger *m* стрéлка 6; Anzeiger указáтель 1; **~waage** *f* циферблáтные весы́
Zeigestock *m* укáзка 6
Zeile *f* строкá 6h *a. TV,* стрóчка 6 | zwischen den ~n lesen читáть мéжду строк; in der vierten ~ von oben на четвёртой строкé свéрху
Zeilen|abstand *m* bei Schreibmaschine интервáл 2; *Typ a.* интерлиньяж 2; **~breite** *f Typ* формáт 2 строки́; **~einsteller** *m* Schreibmaschine рычáг 2e интервáлов; **~honorar** *n* пострóчная плáта 6; **~länge** *f* длинá строки́
zeilenweise пострóчно
Zeilenzahl *f* числó строк
Zeisig *m* чиж 2e *G Pl* -éй
zeit *Adv:* ~ meines Lebens (за) всю мою́ жизнь; solange ich lebe покá я живý
Zeit *f* врéм|я *n GDP* -ени, *I* -енем, *Pl* -енá, -ён, -енáм; ~alter век 2b *Pl* -á; ~raum пери́од 2; ~punkt момéнт 2; Frist врéмя, срок 2 | von ~ zu ~ врéмя от врéмени, по временáм; zur ~ während во врéмя *G;* jetzt в настоя́щее врéмя; mit der ~ со врéменем; seit einiger ~ с нéкоторого врéмени; im Laufe der ~ с течéнием врéмени; zu seiner ~ в своё врéмя; für kurze ~ ненадóлго; seit kurzer ~ недáвно; seit der ~ с э́тих пор; auf einige ~ на врéмя; zur selben ~ тем врéменем; zur rechten ~ вóвремя, своеврéменно; vor der ~ прéжде врéмени; die ganze ~ всё врéмя; gerade zur rechten ~ в сáмую пóру, кстáти; ich habe keine ~ у меня́ нет врéмени, мне нéкогда; es ist (an der) ~ порá; geben Sie mir nur ~ дáйте срок; die ~ drängt врéмя не тéрпит; die ~ ist nicht mehr weit врéмя ужé недалекó; das hat ~ э́то не к спéху, э́то неспéшно; wir haben keine ~ zu verlieren нам нельзя́ теря́ть врéмени; laß dir ~! не торопи́сь!; sich die ~ vertreiben коротáть (с-) врéмя; zu verschiedenen ~en разновремéнно; **~abschnitt** *m* пери́од 2, отрéзок врéмени; **~alter** *n* век 2b *Pl* -á, э́ра 6 | in unserem ≈ в нáше врéмя, в нáшу эпóху, в наш век; **~angabe** *f* указáние 5 врéмени; **~ansage** *f* сообщéние 5 тóчного врéмени; **~aufnahme** *f* фотографи́рование 5 с дли́тельной вы́держкой; **~aufwand** *m* затрáты *Pl* врéмени (für на *A*)
zeitbedingt обуслóвленный врéменем
Zeit|bombe *f* бóмба замéдленного дéйствия; **~dauer** *f* продолжи́тельность врéмени, срок 2; **~dokument** *n* истори́ческий докумéнт; **~druck** *m:* unter ≈ под давлéнием срóков; **~einheit** *f* едини́ца врéмени; **~einteilung** *f* распределéние [организáция 8] врéмени
Zeiten|folge *f Gramm* послéдовательность времён; **~wende** *f:* an der ≈ на рубежé; vor der ≈ до нóвой э́ры
Zeit|ersparnis *f* эконóмия врéмени; **~fahren** *n* Radsport гóнка 6 на врéмя; **~folge** *f* хронологи́ческий поря́док; **~form** *f Gramm* временнáя фóрма; **~frage** *f* вопрóс врéмени
zeitgemäß соотвéтствующий 11 дýху [трéбованиям] врéмени, соврeмéн|ный, -ен, -на | das ist nicht mehr ~ э́то ужé не отвечáет дýху нáшего врéмени
Zeitgenosse *m* соврeмéнник 2
zeitgenössisch соврeмéн|ный, -ен, -на
Zeit|geschehen *n* текýщие собы́тия *Pl* 11-5; **~geschichte** *f* соврeмéнная истóрия; **~geschmack** *m* вкус эпóхи; **~gewinn** *m* вы́игрыш врéмени; **~grund** *m:* aus ~gründen за недостáтком врéмени
zeitig 1. *Adj* früh рáнний 11; рáньше; rechtzeitig своеврéмен|ный, -ен, -на **2.** *Adv* beizeiten заблаговрéменно; früh рáно; rechtzeitig вóвремя | zu ~ сли́шком рáно
zeitigen *tr* давáть* ⟨дать*⟩ (etw. что-н.) | seine Bemühungen haben ein gutes Ergebnis gezeitigt егó старáния привели́ к хорóшим результáтам; die gemeinsame Arbeit hat schöne Früchte gezeitigt совмéстная рабóта далá [принеслá] хорóшие плоды́
Zeitkarte *f Verk* (сезóнный) проезднóй билéт
Zeitkino *n* кинотеáтр 2 хроникáльного фи́льма (с непреры́вной демонстрáцией фи́льмов)
Zeitlang *f:* eine ~ нéкоторое врéмя
zeit|lebens *Adv* всю жизнь; **~lich 1.** *Adj* временнóй, преходя́щий 11 | das Zeitliche segnen покидáть ⟨-ки́нуть 4⟩ брéнный мир **2.** *Adv* по врéмени
Zeitlohn *m* повремéнная оплáта трудá | im ~ stehen рабóтать на услóвиях повремéнной оплáты (трудá)

zeitlos не свя́занный ни с каки́м вре́менем, вневре́менный; Kleidung незави́симый от мо́ды | ein ~er Mantel пальто́ нейтра́льного фасо́на
Zeitlupe *f:* in ~ vorführen заме́дленной съёмкой
Zeitlupen|aufnahme *f* скоростна́я [высокочасто́тная] (кино)съёмка; **~tempo** *n:* im ~ о́чень ме́дленно
Zeit|mangel *m* недоста́ток вре́мени | aus ≈ за недоста́тком вре́мени; **~maß** *n Mus* темп [тэ] 2, такт 2; **~messer** *m* хроно́метр 2; **~messung** *f* хронометра́ж 2
zeitnah[e] отвеча́ющий 11 тре́бованиям совреме́нности, актуа́л|ьный, -ен, -ьна
Zeit|nehmer *m Sport* судья́-секундомети́ст 7c-2, судья́-счётчик 7c-2; Arbeitsnormer хронометражи́ст 2; **~plan** *m* календа́рный план, гра́фик 2; **~punkt** *m* вре́мя | einen ≈ für etw. festsetzen назн|ача́ть ⟨-а́чить 3⟩ вре́мя чего́-н.; von diesem ≈ an с э́того вре́мени [моме́нта]; zu diesem ≈ в э́то вре́мя, к э́тому вре́мени; zum geeigneten ≈ в удо́бный [подходя́щий] моме́нт
Zeitraffer *m:* im ~ zeigen уско́ренной съёмкой; **~aufnahme** *f* заме́дленная (кино)съёмка
Zeit|raum *m* пери́од 2 [промежу́т|ок, -ка 2] (вре́мени) | im ≈ в пери́од; **~rechnung** *f* летоисчисле́ние 5, э́ра 6 | vor unserer ≈ до на́шей э́ры; (nach) unserer ≈ на́шей э́ры; **~schrift** *f* журна́л 2 | ≈ für … журна́л по вопро́сам …; eine ≈ für Mode журна́л мод
Zeit|spanne *f* промежу́ток (вре́мени), срок 2; **~stück** *n Theat* злободне́вная [совреме́нная] пье́са; **~umstände** *m Pl* обстано́вка 6 вре́мени, обстоя́тельства, характе́рные для да́нного вре́мени
Zeitung *f* газе́та 6 | eine ~ abonnieren подпи́сываться ⟨-|писа́ться*⟩ на газе́ту; an einer ~ mitarbeiten сотру́дничать в газе́те; eine ~ halten получа́ть газе́ту
Zeitungs|anzeige *f* объявле́ние в газе́те; **~artikel** *m* газе́тная статья́; **~ausschnitt** *m* газе́тная вы́резка; **~austräger** *m* = **Zeitungsträger; ~beilage** *f* приложе́ние к газе́те; **~bericht** *m* (газе́тная) корреспонде́нция 8; **~ente** *f* газе́тная у́тка; **~kiosk** *m* газе́тный кио́ск; **~kopf** *m* заголо́вок 2 газе́ты; **~korrespondent** *m* корреспонде́нт газе́ты; **~notiz** *f* газе́тная заме́тка; **~papier** *n* газе́тная бума́га; als Verpackungsmaterial газе́та 6; **~roman** *m* рома́н, печа́тающийся 11 в газе́те; **~träger** *m* разно́счик 2 газе́т; **~verkäufer** *m* продаве́ц газе́т, газе́тчик 2; **~verkäuferin** *f* продавщи́ца газе́т, газе́тчица 6; **~wesen** *n* газе́тное де́ло 4b, печа́ть 9
Zeit|unterschied *m* ра́зница во вре́мени | ein ≈ von zwei Stunden ра́зница во вре́мени (в) два часа́; **~verlust** *m* поте́ря вре́мени; **~verschwendung** *f* бесполе́зная тра́та 6 вре́мени; **~vertreib** *m* времяпрепровожде́ние 5 | zum ≈ для времяпрепровожде́ния
zeit|weilig 1. *Adj* вре́менный; vorübergehend преходя́щий 11 **2.** *Adv* вре́менно, вре́мя от вре́мени; **~weise** *Adv* вре́мя от вре́мени, по времена́м
Zeit|wert *m Wirtsch* реа́льная сто́имость; **~wort** *n Gramm* глаго́л 2; **~zeichen** *n Rad* сигна́л пове́рки вре́мени, пове́рка 6 вре́мени; **~zünder** *m* дистанцио́нный взрыва́тель 1
zelebrieren *tr Rel* служи́ть 3⁺ (от-) ме́ссу
Zelle *f Biol* кле́тка 6; Gefängnis ка́мера 6; Mönchs~ ке́л|ья 7 *G Pl* -ий; *El* элеме́нт 2 *a. Foto; Pol* яче́йка 6; Honigwabe яче|я́ 7 *G Pl* -е́й; Telefon телефо́нная каби́на 6 [бу́дка 6]
Zell|faser *f* целлюло́зное волокно́; **~gewebe** *n* кле́точная ткань; **~glas** *n* целлофа́н 2; **~kern** *m* кле́точное ядро́
Zellophan *n* целлофа́н 2; **~beutel** *m* целлофа́новый мешо́чек; **~folie** *f* целлофа́н 4, целлофа́новая бума́га 6
Zellstoff *m* целлюло́за 6, клетча́тка 6; Verbandstoff лигни́н 2; **~taschentuch** *n* бума́жный носово́й плато́к
Zellteilung *f* деле́ние кле́тки
Zellu|loid *n* целлуло́ид 2; **~lose** *f* целлюло́за 6
Zell|wand *f* сте́нка кле́тки; **~wolle** *f* (целлюло́зное) шта́пельное волок|но́ 4c *G Pl* -он; Stoff шта́пельная ткань 9; *umg* шта́пель 1
Zelt *n* пала́тка 6; großes шат|ёр, -ра́ 2 | ~e aufbauen ста́в|ить 3 -лю (по-) пала́тки, разбива́ть ⟨раз|би́ть*, -обью́⟩ пала́тки; ~e abbrechen свёртывать ⟨-верну́ть 4, -вёрнутый⟩ пала́тки; seine ~e abbrechen снима́ться ⟨сня́ться*, сняли́сь⟩ с ме́ста; im ~ wohnen жить в пала́тке [в пала́тках]; **~ausrüstung** *f* пала́точное обору́дование; **~bahn** *f* Stoffart брезе́нт 2; zum Zeltbau поло́тнище 4 пала́тки; Regenumhang плащ-пала́тка 2e-6; **~dach** *n Bauw* шатро́вая кры́ша
zelten *intr* жить* в пала́тке [в пала́тках]
Zelt|lager *n* пала́точный ла́герь; **~leinwand** *f* пала́точный холст, брезе́нт 2
Zeltler *m* челове́к 2, проводя́щий 11 свой о́тдых в пала́тке, тури́ст, 2 живу́щий 11 в пала́тке; жи́тель 1 ке́мпинга
Zelt|pflock *m* ко́лышек (для устано́вки пала́тки); **~plane** *f* брезе́нт 2; zum Zeltbau поло́тнище 4 пала́тки; **~platz** *m* площа́дка для разби́вки пала́ток; bewohnt пала́точный ла́гер|ь 1 *Pl* -я́, -е́й 1b [ке́мпинг 2]; **~stadt** *f* пала́точный го-

род|óк₁ -кá 2; ~**stange** *f* стóйка 6 (для установки палáтки)
Zement *n* цемéнт 2; ~**fabrik** *f* цемéнтный завóд
zementieren *tr* цементи́ровать *uv, v* 2 *a. übertr*
Zementierung *f* цементи́рование 5
Zement|mischer *m* мешáлка 6 (для цемéнтного раствóра); ~**putz** *m* цемéнтная штукатýрка; ~**sack** *m* мешóк для цемéнта; voll мешóк с цемéнтом; ~**werk** *n* цемéнтный завóд
Zenit *m, n Astr* зени́т 2 *a. übertr* | im ~ seines Ruhmes в зени́те своéй слáвы
zensieren *tr* подвергáть ⟨-вéргнуть 4a *u.* 4⟩ цензýре, цензуровáть 2; Schule оцéнивать ⟨-цени́ть 3⁺₍ -ценённый⟩, стáв|ить 3 -лю (по-) отмéтку [оцéнку, балл]
Zens|or *m* цéнзор 2; ~**ur** *f* цензýра 6; Schule отмéтка 6, оцéнка 6, балл 2 | eine ≈ in etw. bekommen Schulfach получ|áть ⟨-и́ть 3⁺⟩ отмéтку [оцéнку, балл] по чемý-н.
Zentesimalwaage *f* сóтенные весы́
Zentimeter *n* (*Abk* cm) сантимéтр 2 (*Abk* см); ~**maß** *n* мéрная лéнта 6; Bandmaß рулéтка 6
Zentner *m* полцéнтнера, пятьдеся́т килогрáмм(ов); ~**last** *f übertr* тяжёлое брéмя | eine ≈ fiel mir vom Herzen у меня́ слóвно кáмень с души́ свали́лся
zentnerschwer вéсом в полцéнтнера [в нéсколько цéнтнеров]; *übertr* óчень тяжёлый
zentral центрáльный
Zentralafrikanische Republik Центральноафрикáнская Респýблика 6
zentralbeheizt с центрáльным отоплéнием
Zentrale *f* leitende Stelle центрáльное [глáвное] отделéние 5; Telefon≈ in Betrieben коммутáтор 2
zentralgeleitet: ~e Industrie промы́шленность центрáльного подчинéния
Zentral|gewalt *f* центрáльная власть; ~**heizung** *f* центрáльное отоплéние
Zentralisation *f* централизáция 8
zentralisieren *tr* централизовáть *uv, v* 2
Zentralis|ierung *f* централизáция 8; ~**mus** *m* централи́зм 2
zentralistisch централисти́ческий
Zentral|komitee *n* (*Abk* ZK) центрáльный комитéт (*Abk* ЦК); ~**nervensystem** *n* центрáльная нéрвная систéма; ~**organ** *n* Zeitung центрáльная газéта 6; ~**rat** *m* центрáльный совéт; ~**stelle** *f* центрáльное отделéние 5, центрáльный пункт 2; ~**verwaltung** *f* центрáльное управлéние
zentrieren *tr* центри́ровать *uv, v* 2
Zentrifugalkraft *f* центробéжная си́ла
Zentrifuge *f* центрифýга 6; Milch≈ молóчный сепарáтор 2
Zentripetalkraft *f* центростреми́тельная си́ла
zentrisch центрáльный | nicht ~ эксцентри́ческий
Zentrum *n* центр 2; Stadt≈ центр (гóрода) | im ~ des Interesses stehen быть* в цéнтре (всеóбщего) внимáния; ein ~ für etw. центр чегó-н. [по чемý-н.]
Zephir *m* зефи́р 2
Zeppelin *m* цеппели́н 2, дирижáбль 1
Zepter *n* ски́петр 2
zer|beißen *tr* раскýсывать ⟨-кусúть 3⁺ -кушý⟩, разгрызáть ⟨-|гры́зть*⟩; ~**bersten** *intr* растрéск|иваться ⟨-аться⟩; explodieren разрывáться ⟨разо|рвáться*₍ -рвали́сь⟩; ~**bomben** *tr* разбомб|и́ть *v* 3 -лю; ~**brechen** *tr* Geschirr разбивáть ⟨-|би́ть*₍ -обью́⟩ *a. übertr;* Stock разлáмывать ⟨-ломáть *u.* -ломи́ть 3⁺ -ломлю́⟩; in zwei Teile перелáмывать ⟨-ломи́ть⟩, переломáть *v;* Brett, Spielzeug ломáть (с-); *intr* разбивáться ⟨-би́ться⟩; разлáмываться ⟨-ломáться *u.* -ломи́ться⟩; ломáться (с-) | ein zerbrochenes Glas разби́тый стакáн; ein zerbrochenes Spielzeug слóманная игрýшка; ~**brechlich** лóм|кий₍ -ок₍ -кá!, хрýп|кий₍ -ок₍ -кá!; Geschirr бьющийся 11
Zerbrechlichkeit *f* лóмкость 9, хрýпкость 9
zer|bröckeln *tr* кроши́ть 3⁺ (ис-, рас-); *intr* кроши́ться (ис-, рас-); ~**drücken** *tr* дав|и́ть 3⁺ -лю́ (раз-); Kleid мять* (по-, из-); Kartoffeln, Gemüse разминáть ⟨-мя́ть⟩ | zerdrückt помя́тый
Zeremonie *f* церемóния 8; Brauch обря́д 2
zeremoniell церемониáльный; förmlich церемóн|ный₍ -ен₍ -на
Zeremoniell *n* церемониáл 2
zerfahren Weg разъéзженный; zerstreut рассéян:ный₍ -на; wirr бессвя́з|ный₍ -ен
Zerfall *m* Gebäude разрушéние 5, развáл 2; *Phys, Biol;* Untergang распáд 2; *Chem, Biol a.* разложéние 5; Moral упáд|ок₍ -ка 2
zer|fallen *intr* Gemäuer разрушáться ⟨-рýшиться 3⟩, развáливаться ⟨-вали́ться 3⁺⟩; in mehrere Teile распадáться ⟨-|пáсться*⟩ (in на *A*) *a. Chem u. übertr;* sich zersetzen разлагáться ⟨-ложи́ться 3⁺⟩ (in на *A*) *a. übertr;* eingeteilt werden подразделя́ться (in на *A*)
Zerfalls|produkt *n Chem* продýкт распáда | radioaktive ≈e радиоакти́вные продýкты распáда; ~**prozess** *m* процéсс распáда
zer|fetzen *tr* разрывáть ⟨-о|рвáть*₍ -óрванный⟩ на куски́ [в *oder* на клочки́]; ~**fleischen** *tr* растерзáть *v;* sich ≈ *refl* терзáться, мýчить 3 себя́ упрёками;

~fließen *intr* расплыва́ться ‹-|плы́ться*¡ -плы́ли́сь› | in Tränen ≈ облива́ться ‹-|ли́ться*¡ -олью́сь¡ -ли́ли́сь› слеза́ми; **~fressen** *tr* Säure разъеда́ть ‹-|е́сть*¡ -е́денный›; Mäuse, Motten проеда́ть ‹-е́сть›; **~furcht** Stirn изборожд|ённый¡ -ён¡ -ена́ (морщи́нами); **~gehen** *intr* sich auflösen (in) раствор|я́ться ‹-и́ться 3›; schmelzen та́|ять¡ -ет (рас-); **~gliedern** *tr* расчлен|я́ть ‹-и́ть 3›; Vorgang разбира́ть ‹-о|бра́ть*¡ разберу́¡ разо́бранный› *a. Gramm*
Zergliederung *f* расчлене́ние 5; разбо́р 2 *a. Gramm*
zer|hacken *tr* руб|и́ть 3⁺ -лю́; in kleine Stücke a. изруб|а́ть ‹-и́ть› на куски́; **~hauen** *tr* разруб|а́ть ‹-и́ть 3⁺ -лю́›; **~kauen** *tr* пере-, разжёвывать ‹-|жева́ть*›; **~kleinern** *tr* из-, размельч|а́ть ‹-и́ть 3›, дроб|и́ть 3 -лю́ (раз-) (на ме́лькие ча́сти); Holz, Gestein раска́лывать ‹-|коло́ть*›; **~klüftet** Küste изре́занный (уще́льями); Gebirge рассечённый, уще́лист:ый; **~knirscht** пода́вленный, сокрушённый
Zerknirschung *f* пода́вленность 9 (über *I*), сокрушённость 9 (über по по́воду чего́-н.)
zer|knittern, ~knüllen *tr* мять* (с-¡ сомну́), ко́мкать (с-) | zerknittert помя́тый, измя́тый; **~kochen** *tr* разва́ривать ‹-вари́ть 3⁺›; *intr* разва́риваться ‹-вари́ться›; **~kocht** разва́ренный; **~kratzen** *tr* ис-, расцара́п|ывать ‹-ать›; **~krümeln** *tr* кроши́ть 3⁺ (ис-, рас-); **~lassen** *tr Kochk* растапливать ‹-топи́ть 3⁺ -топлю́›; **~legbar** *Chem, Phys* разложи́мый; *Tech* разбо́рный; **~legen** *tr Chem, Phys* разлага́ть ‹-ложи́ть 3⁺›; *Tech, Gramm* разбира́ть ‹разо|бра́ть*¡ разберу́¡ разо́бранный› *a. übertr;* Wild разреза́ть ‹-|ре́зать*› (на куски́); **~lesen** растрёпан:ный¡ -а; *umg* зачи́тан:ный¡ -а; **~lumpt** обо́рван:ный¡ -а, оде́тый в лохмо́тья; Kleidung рва́ный, обтрёпан:ный¡ -а; **~mahlen** *tr* разма́лывать ‹-|моло́ть*›; **~malmen** *tr* Stein раздроб|ля́ть ‹-и́ть 3 -лю́›; zerquetschen раздав|и́ть *v* 3⁺ -лу́; feindliches Heer сокруш|а́ть ‹-и́ть 3› | das Haus wurde von der Lawine zermalmt дом разру́шило лави́ной; **~mürben** *tr* Kräfte выма́тывать ‹вы́мотать›; körperlich, seelisch изм|а́тывать ‹-ота́ть›; Gegner обесси́л|ивать ‹-ить 3›; **~pflücken** *tr* обрыва́ть ‹обо|рва́ть*¡ обо́рванный›; *übertr* разбира́ть ‹разо|бра́ть*¡ разберу́¡ разо́бранный› по ко́сточкам; **~platzen** *intr* Granate разрыва́ться ‹разо|рва́ться*¡ -рва́ли́сь›; Seifenblase, Glas ло́п|аться ‹-нуть 4›; **~quetschen** *tr* Insekten разда́вливать ‹-дави́ть *v* 3⁺-давлю́›; Kartoffeln, Gemüse размина́ть ‹-|мя́ть*›
Zerrbild *n* искажённое изображе́ние 5, искажённая карти́на
zer|reiben *tr* растира́ть ‹-|тере́ть*¡ разотру́¡ рас|тере́в *u.* -тёрши› (zu Pulver в порошо́к); *übertr* выма́тывать ‹вы́мотать›, изнур|я́ть ‹-и́ть 3›; **~reißen** *tr* разрыва́ть ‹разо|рва́ть*¡ разо́рванный›, раздира́ть ‹разо|дра́ть*¡ раздеру́¡ разо́дранный›; *intr* разрыва́ться ‹разорва́ться¡ -рва́ли́сь›, по|рва́ться* *v*¡ -рва́ли́сь; ganz und gar изорва́ться *v*¡ -рва́ли́сь; zerfleischen растерза́ть *v* | ich kann mich doch nicht ≈! я же не могу́ разорва́ться!
Zerreiß|festigkeit *f Tech* про́чность 9 на разры́в; **~probe** *f Tech* испыта́ние на разры́в; *übertr* испыта́ние не́рвов [терпе́ния]
zerren *tr* дёр|гать ‹-нуть *mom* 4›, тащи́ть 3⁺, тяну́ть 4⁺; *intr* дёр|гать ‹-нуть› (an за *A*); *Med* растя́гивать ‹-тяну́ть› | j-n an den Haaren ~ трепа́ть* кого́-н. за́ волосы; der Lärm zerrte an seinen Nerven шум де́йствовал ему́ на не́рвы; j-n irgendwohin ~ зата́скивать ‹-тащи́ть› кого́-н. куда́-н.
zerrinnen *intr* растека́ться ‹-|те́чься*›, расплыва́ться ‹-|плы́ться*¡ -плы́ли́сь›; Traum, Geld, Eis a. та́|ять¡ -ет (рас-); *übertr* (постепе́нно) исчеза́ть ‹-че́знуть 4a› ‖ wie gewonnen, so zerronnen как на́жито¡ так и про́жито
Zerrissenheit *f* раздво́енность 9
Zerrung *f* растяже́ние 5
zerrütten *tr* расстр|а́ивать ‹-о́ить 3›, расша́тывать ‹-шата́ть› | zerrüttet расстро́ен:ный; Ehe a. непро́ч|ный¡ -ен; Nerven a. измо́тан:ный
Zerrüttung *f* расстро́йство 4 (von *G*); *Wirtsch* разру́ха 6 (von в *P*)
zer|sägen *tr* распи́ливать ‹-пили́ть 3⁺›; **~schellen** *intr* разбива́ться ‹-|би́ться*¡ -обью́сь› (an о *A*); **~schießen** *tr* расстр|е́ливать ‹-еля́ть›, разруша́ть ‹-ру́шить 3› огнём; **~schlagen** *tr* разбива́ть ‹-|би́ть*¡ -обью́› *a. übertr,* поби́ть *v a. übertr;* in Stücke перебива́ть ‹-би́ть›; sich ≈ *refl übertr* расстра́иваться ‹-стро́иться 3›, терпе́ть 3⁺ (по-) круше́ние | ich fühle mich wie ≈ я чу́вствую себя́ разби́тым
Zerschlagung *f* разруше́ние 5, разгро́м 2
zer|schmettern *tr* разбива́ть ‹-|би́ть¡ -обью́›; Knochen a. раздроб|ля́ть ‹-и́ть 3 -лю́›; Bein размозжи́ть *v* 3; **~schneiden** *tr* разреза́ть ‹-|ре́зать*› (in на *A*); in mehrere Teile изре́зывать ‹-ре́зать›; **~setzen** *tr* разлага́ть ‹-ложи́ть 3⁺› *a. übertr;* sich ≈ *refl Chem* разлага́ться ‹-ложи́ться› *a. übertr*
Zersetzung *f* разложе́ние 5 *a. übertr*
Zersetzungsprozeß *m* проце́сс разложе́ния

zer|spalten *tr* колóть* (рас-); *übertr* раскáлывать ⟨-колóть⟩; *Chem* расщеп|ля́ть ⟨-и́ть 3 -лю́⟩; **~spanen** *tr* Holz расщеп|ля́ть ⟨-и́ть 3 -лю́⟩; *Tech* обраб|áтывать ⟨-óтать⟩ рéзанием; **~splittern** *tr* дроб|и́ть 3 -лю́ (раз-), расщеп|ля́ть ⟨-и́ть 3 -лю́⟩; Kräfte распыл|я́ть ⟨-и́ть 3⟩; *intr* раскáлываться ⟨-|колóться*⟩ на мéлкие куски́; sich ≈ *refl* распыл|я́ться ⟨-и́ться⟩; *übertr* распыл|я́ть ⟨-и́ть⟩ свои́ си́лы

Zersplitterung *f* раздроблéние 5, расщеплéние 5; *übertr* распылéние 5; Staat раздрóбленность 9

zer|sprengen *tr* Felsen взрывáть ⟨взо|рвáть*⟩; Menschenansammlung рассé|ивать ⟨-ять, -ю, -ешь⟩, разгоня́ть ⟨разо|гнáть*, разгоню́; разóгнанный⟩; **~springen** *intr* Glas, Saite лóпаться ⟨лóпнуть 4⟩, трéснуть *v* 4; Herz разрывáться | der Kopf zerspringt mir fast vor Schmerzen у меня́ головá раскáлывается [трещи́т от бóли]; **~stampfen** *tr* растáптывать ⟨-|топтáть*⟩; Rasen потоптáть *v;* zu Pulver толóчь* (ис-, рас-); **~stäuben** *tr* распыл|я́ть ⟨-и́ть 3⟩

Zerstäuber *m* распыли́тель 1; Flüssigkeit пульверизáтор 2

zerstören *tr* разрушáть ⟨-рýшить 3⟩ *a. übertr;* vernichten уничт|ожáть ⟨-óжить 3⟩; Existenz подрывáть ⟨подо|рвáть*; подóрванный⟩; **~d** разруши́тел|ьный, -ен, -ьна

Zerstör|er *m Mar* эскáдренный миноно́с|ец, -ца 2, эсми́н|ец, -ца 2; **~ung** *f* разрушéние 5; уничтожéние 5

Zerstörungs|kraft *f* разруши́тельная си́ла; **~wut** *f* вандали́зм 2, жáжда 6 разрушéния

zer|stoßen *tr* толóчь* (ис-, рас-); **~streuen** *tr* рассé|ивать ⟨-ять, -ю, -ешь⟩ *a. übertr;* unterhalten развлекáть ⟨-|влéчь*⟩; sich ≈ *refl* рассé|иваться ⟨-яться⟩; Menschenmenge расходи́ться 3⁺ ⟨разо|йти́сь*⟩; sich unterhalten развлекáться ⟨-влéчься⟩; **~streut** разбрóсанный; *übertr* рассéян:ный, -на

Zerstreutheit *f* рассéянность 9 | aus ~ по рассéянности

Zerstreuung *f* Vergnügen развлечéние 5

zerstückeln *tr* zerschneiden разрезáть ⟨-|рéзать*⟩, разрывáть ⟨разо|рвáть*; разóрванный⟩ (на куски́); (Bau-) Land, Akker дели́ть 3⁺ (раз-) на чáсти

Zerstückelung *f* (раз)делéние 5 на чáсти

zer|teilen *tr* дели́ть 3⁺ (раз-) (на чáсти); zerschneiden разрезáть ⟨-|рéзать*⟩ (на чáсти); Wellen рассекáть ⟨-|сéчь*⟩; Wolken прорывáть ⟨-|рвáть*⟩; Zuschauermenge расходи́ться 3⁺ ⟨разо|йти́сь*⟩ | die Wolken haben sich zerteilt тýчи рассéялись; **~trennen** *tr* Naht распáрывать ⟨-|порóть*⟩; **~treten** *tr* за-, растáптывать ⟨-|топтáть*⟩, раздав|и́ть *v* 3⁺ -лю́ ногóй; **~trümmern** *tr* разрушáть ⟨-рýшить⟩; Tür разноси́ть 3⁺ -ношý ⟨-|нести́*⟩; Atome расщеп|ля́ть ⟨-и́ть 3 -лю́⟩

Zertrümmerung *f* разрушéние 5; разнесéние 5; расщеплéние 5

Zervelatwurst *f* сервелáт 2

zerwühlen *tr* разрывáть ⟨-|ры́ть*⟩; Bett приводи́ть 3⁺ -вожý ⟨-|вести́*⟩ в беспоря́док; Haare растрёпывать ⟨-|трепáть*⟩, взъерóш|ивать ⟨-ить 3⟩

Zerwürfnis *n* Bruch разры́в 2; Streit спор 2, ссóра 6; Unstimmigkeit размóлвка 6

zerzausen *tr* рас|трепáть*, взъерóш|ивать ⟨-ить 3⟩

Zetergeschrei *n* вóпли *Pl* 1

zetern *intr* (грóмко) причитáть, воп|и́ть 3 -лю́, ныть*

Zettel *m* Papierblatt лист|óк, -кá 2; Stück Papier бумáжка 6; Kartei~ кáрточка 6; Notiz~ запи́ска 6; Etikett наклéйка 6, ярлы́к 2e; Reklame~ афи́ша 6; **~kartei** *f* картотéка 6; **~kasten** *m* картотéка 6, картотéчный я́щик

Zeug *n* Stoff матéрия 8; Gewebe ткань 9; Wäsche, Kleidung вéщи *Pl* 9g; Gerät, Zubehör принадлéжности *Pl* 9; Kram хлам 2 | dummes ~ ерундá 6, глýпости *Pl* 9; ungereimtes ~ несклáдина 6; sein ~ in Ordnung halten держáть свои́ вéщи в поря́дке; was soll ich mit dem ~ anfangen? что мне с э́тим дéлать?; das ~ zu etw. haben быть* спосóбным к чемý-н.; sich ins ~ legen горячó брáться*; брали́сь ⟨взя́ться*; взяли́сь⟩ за дéло

Zeuge *m* свидéтель 1

zeugen *tr* Kind рождáть, ро|ди́ть *uv, v* 3 -жý; роди́ла, *v* родилá; рождённый; *intr Jur* давáть* ⟨дать*⟩ свидéтельское показáние (für в пóльзу *G*, gegen прóтив *G*), покáзывать ⟨-|казáть*⟩; *übertr* свидéтельствовать 2 (von о *P*)

Zeugen|aussage *f* свидéтельские показáния; **~bank** *f* свидéтельская скамья́; **~vernehmung** *f* допрóс свидéтелей

Zeugin *f* свидéтельница 6

Zeugnis *n Jur* показáние 5; Bescheinigung свидéтельство 4; Schule тáбель 1 успевáемости; Abgangs~ аттестáт 2 | ein ärztliches ~ медици́нское свидéтельство; **~abschrift** *f* кóпия свидéтельства [тáбеля]

Zeugung *f* v. Kind зачáтие 5

Zeugungsakt *m* акт зачáтия

zeugungsfähig спосóбный к оплодотворéнию

Zeugungs|fähigkeit *f* спосóбность к оплодотворéнию; **~kraft** *f* спосóбность 9 производи́ть потóмство; **~organe** *n Pl* деторóдные [половы́е] óрганы; **~trieb** *m* половóй инсти́нкт

zeugungsunfähig неспособный к оплодотворению
Zichorie *f Bot* цикори|й 1 *P* -и
Zicke *f* коза 6с
Zicken *f Pl umg:* ~ machen проказничать, выкидывать штучки
Zicklein *n* козлён|ок, -ка 2 *Pl* козл|ята, -ят 4
Zickzack *m* зигзаг 2 | im ~ laufen бежать зигзагом [зигзагами]
zickzackförmig зигзагообраз|ный, -ен
Ziege *f* коза 6с
Ziegel *m* кирпич 2е *G Pl* -ей; Dach~ черепица 6; **~bau** *m* Gebäude кирпичная постройка; **~dach** *n* черепичная крыша; **~ei** *f* кирпичный [für Dachziegel черепичный] завод 2; **~mauer** *f* кирпичная стена
ziegelrot кирпичного цвета
Ziegelstein *m* кирпич 2е *G Pl* -ей
Ziegen|bart *m* козлиная бородка; *Bot* рогатик 2 жёлтый; **~bock** *m* коз|ёл, -ла 2; **~käse** *m* козий 12 сыр; **~leder** *n* кожа из козьих шкур, шевро *n idkl;* **~milch** *f* козье 12 молоко; **~peter** *m* свинка 6
Ziehbrunnen *m* колодец с журавлём
ziehen *tr* etw. (hinter sich) fortbewegen, zerren тянуть 4⁺ (по-) (за собой), таскать, *best* тащить 3⁺ (по-); heraus~ вытаскивать ⟨вытащить 3⟩; *Tech* Metall волочить 3⁺, тянуть; Leine; über sich ziehen (z. B. eine Decke) натягивать ⟨-тянуть⟩; Bilanz подводить 3⁺ -вожу ⟨-|вести*⟩; Zahn рвать*, вырывать ⟨вырвать⟩; Linie, Grenze проводить ⟨-вести⟩; Leitung протягивать ⟨-тянуть⟩; Gräben прокапывать ⟨-копать⟩; Lehre, Nutzen извлекать ⟨-|влечь*⟩; zur Verantwortung, zur Rechenschaft; Aufmerksamkeit привлекать ⟨-влечь⟩; Brettspiel хо|дить 3⁺ -жу, *best* идти*; aufziehen, züchten выращивать ⟨выра|стить 3 -щу⟩; *intr* Ofen, Luft тянуть; Zugluft сквозить 3; wandern; sich begeben идти, двигаться, напр|авляться ⟨-авиться 3 -авлюсь⟩; Tee наст|аиваться ⟨-ояться 3⟩; Vögel переле|тать ⟨-теть 3⟩; umziehen переезжать ⟨-|ехать*⟩; sich ~ *refl* sich dehnen тянуться, растягиваться ⟨-тянуться⟩; sich erstrecken простираться ⟨-|стереться*⟩ | das Boot ans Ufer ~ (под)тянуть лодку к берегу; j-n am Ärmel ~ потянуть кого-н. за рукав; j-n an den Haaren ~ тянуть [таскать] кого-н. за волосы; den Degen ~ обнаж|ать ⟨-ить 3⟩ саблю; eine Jacke unter den Mantel ~ под|деть* *v* под пальто куртку, надевать ⟨-деть⟩ куртку под пальто; den Hut vor j-m ~ снимать ⟨снять*⟩ шляпу перед кем-н.; an der Zigarette ~ затягиваться ⟨-тянуться⟩ папиросой; die Notbremse ~ дёр|гать ⟨-нуть *mom* 4⟩ стоп-кран; nach Berlin ~ пере|ехать* *v* в Берлин; es zieht hier здесь сквозит, здесь сквозняк; nach sich ~ Folgen по|влечь* *v* за собой; sich in die Länge ~ затягиваться ⟨-тянуться⟩; den Verdacht auf sich ~ навлекать ⟨-влечь⟩ подозрение на себя; j-s Zorn auf sich ~ навлечь на себя чей-н. гнев
Ziehharmonika *f* гармоника 6; *umg* гармонь 9, гармошка 6 | ~ spielen играть на гармонике [на гармошке]
Ziehung *f* Lotterie тираж 2е *G Pl* -ей, розыгрыш 2 *G Pl* -ей
Ziel *n* цель 9 *a. übertr; Sport* финиш 2 | sich ein ~ setzen став|ить 3 -лю (по-) перед собой цель, ставить себе целью; ein Leben ohne ~ бесцельная жизнь; das ~ verfehlen не попадать ⟨-|пасть*⟩ в цель, промахиваться ⟨-махнуться 4⟩; er erreichte das ~ als Zweiter *Sport* он пришёл к финишу вторым; durchs ~ gehen финишировать *uv, v* 2; **~bahnhof** *m* станция назначения; **~band** *n Sport* финишная лента [ленточка 6]
zielbewußt целеустремлён|ный, -на
zielen *intr* целить(ся) 3 (на-) (nach, auf в *A*), прицел|иваться ⟨-иться⟩ (nach, auf в *A*); anspielen намек|ать ⟨-нуть 4⟩ (auf на *A*) | ein ~des Verb переходный глагол; gezielt Schuß цельный
Ziel|fernrohr *n* оптический прицел 2; **~foto** *n* фотосним|ок, -ка 2 финиша; **~gerade** *f Sport* финишная прямая
zielgerichtet целенаправлен|ный, -на
Ziel|kurve *f Sport* финишный вираж; **~linie** *f Sport* финишная черта
ziellos бесцел|ьный, -ен, -ьна, без цели
Ziel|prämie *f* целевая премия; **~richter** *m* судья на финише; **~scheibe** *f* мишень 9 *a. übertr;* **~setzung** *f* постановка 6 цели; Ziel цель 9, целевая установка 6
zielsicher beim Schießen, Werfen мет|кий, -ок, -ка!
Zielsprache *f* язык перевода
Zielstellung *f* = **Zielsetzung**
zielstrebig целеустремлён|ный, -на
Ziel|strebigkeit *f* целеустремлённость 9; **~wurf** *m* бросок на точность
ziemen *intr u.* sich ~ *refl* подобать *D* | es ziemt sich nicht für dich это тебе не подобает; es ziemt mir nicht, darüber zu urteilen мне не положено [мне не подобает] судить об этом
ziemlich **1.** *Adj* порядоч|ный -ен, изряд|ный, -ен **2.** *Adv* довольно; annähernd примерно | ~ fertig почти готов; ~ gut [klein] довольно хорошо [маленький]
Zierat *m* украшение 5, убранство 4
Zierde *f* украшение 5; *übertr* краса 6
zieren *tr* schmücken украшать ⟨укра|сить 3 -шу⟩; sich ~ *refl* церемониться 3, же-

ма́ниться 3 | ~ Sie sich nicht! без церемо́ний, пожа́луйста!

Ziererei *f* жема́нство 4, церемо́нии *Pl* 8

Zier|fisch *m* декорати́вная ры́ба; **~garten** *m* декорати́вный сад; **~leiste** *f* Tür декорати́вная пла́нка; Tapete декорати́вный бордю́р 2

zierlich изя́щ|ный, -ен; anmutig граци́оз|ный, -ен

Zierlichkeit *f* изя́щество 4; граци́озность 9, гра́ция 8

Zier|pflanze *f* декорати́вное расте́ние; **~puppe** *f* жема́нница 6, кисе́йная ба́рышня 7; **~schrift** *f Typ* вязь 9; **~strauch** *m* декорати́вный куст

Ziesel *m* су́слик 2

Ziffer *f* ци́фра 6; **~blatt** *n* цифербла́т 2

Zigarette *f* сигаре́та 6; mit Pappmundstück папиро́са 6 | selbstgedrehte ~ цига́рка 6, самокру́тка 6; sich eine ~ drehen кру|ти́ть 3⁺ -чу́ (с-) цига́рку

Zigaretten|etui *n* портсига́р 2; **~fabrik** *f* таба́чная [папиро́сная] фа́брика; **~packung** *f* па́чка сигаре́т [папиро́с]; **~papier** *n* папиро́сная бума́га; **~pause** *f umg* переку́р 2; **~rauch** *m* сигаре́тный [папиро́сный] дым; **~schachtel** *f* сигаре́тная [папиро́сная] коро́бка; **~spitze** *f* мундшту́к [нш] 2е для сигаре́т; **~stummel** *m* оку́р|ок, -ка 2; **~tabak** *m* сигаре́тный [папиро́сный] таба́к

Zigarillo *m* сига́рка 6, сигари́лла 6

Zigarre *f* сига́ра 6

Zigarren|abschneider *m* прибо́р 2 для обре́зывания сига́р, гильоти́нка 6; **~etui** *n* портсига́р 2; **~kiste** *f* сига́рный я́щич|ек, -ка 2, коро́бка 6 с сига́рами; **~rauch** *m* сига́рный дым; **~schere** *f* но́жницы для обре́зывания сига́р; **~spitze** *f* Mundstück мундшту́к [нш] 2е для сига́р; **~stummel** *m* оку́рок сига́ры

Zigeuner *m* цыга́н 2 *Pl* -е, *G* цыга́н

zigeunerhaft цыга́нский

Zigeuner|in цыга́нка 6; **~lager** *n* цыга́нский та́бор 2; **~leben** *n* цыга́нская [кочева́я] жизнь; **~musik** *f* цыга́нская му́зыка; **~sprache** *f* цыга́нский язы́к

Zimbel *f* цимба́лы *Pl* 6

Zimmer *n* ко́мната 6; Leiter~, Arbeits~ кабине́т 2; Hotel~ но́мер 2b *N Pl* -а́ | ein ~ mit zwei Betten ко́мната [но́мер] на двои́х; ein ~ nach der Straße ко́мната с о́кнами на у́лицу; **~antenne** *f* ко́мнатная [вну́тренняя 11] анте́нна; **~bestellung** *f* (предвари́тельный) зака́з на но́мер (в гости́нице); **~decke** *f* потол|о́к, -ка́ 2; mit Stuck verziert плафо́н 2; **~einrichtung** *f* обстано́вка ко́мнаты

Zimmererhandwerk *n* пло́тничное де́ло 4b [ремесло́]

Zimmer|flucht *f* анфила́да 6 (ко́мнат); **~kellner** *m* официа́нт, обслу́живающий 11 в но́мере; **~lautstärke** *f* уме́ренная гро́мкость 9 | bitte, stellen Sie ihr Gerät auf ≈ про́сим уме́ньшить гро́мкость ва́шего радиоприёмника [телеви́зора, магнитофо́на]; **~mädchen** *n* го́рничная *Subst* 10; **~mann** *m* пло́тник 2 | als ≈ arbeiten пло́тничать; angestellt рабо́тать пло́тником

Zimmermanns|arbeit *f* пло́тничная рабо́та; **~bleistift** *m* пло́тничий 12 каранда́ш; **~brigade** *f* пло́тничья 12 брига́да, брига́да пло́тников

zimmern *tr* скола́чивать ⟨сколо|ти́ть 3⁺ -чу́⟩; (auf)bauen стро́ить 3 *a. übertr* | sich sein Leben ~ устр|а́ивать ⟨-о́ить 3⟩ свою́ жизнь; er zimmert gern он лю́бит пло́тничать

Zimmer|nachbar *m* сосе́д по ко́мнате; **~nachweis** *m* конто́ра 6 по подыска́нию кварти́ры, кварти́рное бюро́ *n idkl;* **~pflanze** *f* ко́мнатное расте́ние; **~preis** *m* пла́та за но́мер, сто́имость 9 прожива́ния в но́мере гости́ницы; **~schlüssel** *m* ключ от ко́мнаты; **~temperatur** *f* ко́мнатная температу́ра; **~ung** *f Bergb* деревя́нная крепь 9

zimperlich übertrieben empfindlich сли́шком чувстви́тел|ьный, -ен, -ьна; verweichlicht изне́женный; prüde, affektiert жема́н|ный, -ен, -на | ~ sein жема́ниться 3; mit j-m nicht ~ umspringen не церемо́ниться 3 с кем-н.

Zimperlichkeit *f* повы́шенная чувстви́тельность 9; изне́женность 9; жема́нство 4

Zimt *m* кори́ца 6

zimtfarben кори́чневый, цве́та кори́цы

Zink *n* цинк 2; **~blech** *n* листово́й цинк 2; **~blende** ци́нковая обма́нка

Zinke *f* Gabel зуб|е́ц, -ца́ 2; Kamm, Säge зуб 2 *Pl* зу́бь|я, -ев

Zink|eimer *m* ци́нковое ведро́; **~erz** *n* ци́нковая руда́; **~legierung** *f* сплав ци́нка; **~ographie** *f* цинкогра́фия 8; **~oxid** *n* о́кись ци́нка; **~salbe** *f* ци́нковая мазь; **~weiß** *n* ци́нковые бели́ла *Pl* 4

Zinn *n* о́лово 4; **~bergwerk** *n* оловя́нный рудни́к 2е; **~figur** *f* оловя́нная фигу́рка 6; **~folie** *f* оловя́нная фо́льга, станио́ль 1; **~kraut** *n* полево́й хвощ 2е

Zinnober *n* Farbe ки́новарь 9 *a. Min;* Kram хлам 2 | mach nicht solchen ~! дава́й без церемо́ний!

zinnoberrot цве́та кра́сной ки́новари

Zinsen *Pl* проце́нты *Pl* 2 | ~ bringen прино́сить ⟨-нести́⟩ проце́нты; Geld auf ~ geben дава́ть ⟨дать⟩ де́ньги в рост; zu hohen ~ под больши́е проце́нты

Zinsenberechnung *f* исчисле́ние 5 проце́нтов

zinsenfrei zinslos беспроце́нтный

Zinseszinsen *f Pl* сло́жные проце́нты
Zinsfuß *m* проце́нтная ста́вка 6
zinslos беспроце́нтный
Zins|rechnung *f* исчисле́ние 5 проце́нтов; **~satz** *m* проце́нтная ста́вка
Zipfel *m* Wurst~ ко́нчик 2; Tuch, Decke у́г|ол| -ла́ 2e; Kleidung кра́еш|ек| -ка 2; **~mütze** *f* ша́почка 6 с ки́сточкой
Zirbel|drüse *f* шишкови́дная железа́; **~kiefer** *f* сиби́рский кедр 2; **~nuß** *f* кедро́вый оре́х
zirka *Adv* о́коло *G*, приблизи́тельно
Zirkel *m* ци́ркуль 1; *übertr* круг 2b| в кругу́, о́бщество 4; Arbeitsgemeinschaft круж|о́к| -ка́ 2 | im ~ behandeln обсужда́ть на кружке́; in unserem ~ sind fünf Mann в на́шем кружке́ пять челове́к; an einem ~ teilnehmen уча́ствовать в рабо́те кружка́; **~abend** *m* (вече́рнее 11) заня́тие 5 кружка́; **~arbeit** *f* кружкова́я рабо́та, кружковы́е заня́тия; **~kasten** *m* гото́ва́л|ьня 7 *G Pl* -ен; **~leiter** *m* руководи́тель кружка́
zirkeln *tr* измеря́ть ⟨-ме́рить 3⟩, определ|я́ть ⟨-и́ть 3⟩ со скрупулёзной то́чностью, де́лать (с-) (что-н.) то́чно
Zirkelteilnehmer *m* уча́стник кружка́
Zirkulation *f* циркуля́ция 8 *a. Med; Wirtsch* обраще́ние 5
Zirkulationsmittel *n Pl Wirtsch* сре́дства обраще́ния
zirkulieren *tr* циркули́ровать 2; kursieren быть* в обраще́нии
Zirkus *m* цирк 2 | er arbeitet im ~ он рабо́тает в ци́рке; der ~ beginnt um 20 Uhr представле́ние в ци́рке начина́ется в два́дцать часо́в; der ~ ist ausverkauft все биле́ты в цирк про́даны; **~bau** *m* зда́ние ци́рка; **~künstler** *m* циркова́й арти́ст; **~nummer** *f* циркова́й но́мер; **~reiter** *m* циркова́й нае́здник; **~vorstellung** *f* циркова́е представле́ние | in einer ≈ на циркову́м представле́нии; **~zelt** *n* циркова́й шатёр
zirpen *intr* Grillen стреко|та́ть| -очу́| -о́чешь; Zikaden треща́ть 3
Zirrhose *f* цирро́з 2
zischen *intr* шип|е́ть 3 -лю́; etw. erbost sagen шипе́ть (про-); im Theater ши́к|ать ⟨-нуть *mom* 4⟩
Zischlaut *m* шипя́щий *Subst* 11
Ziselierarbeit *f* гравю́ра 6, чека́нка 6
ziselieren *tr* гравирова́ть 2 (на-, от-, вы́-), чека́нить 3 (вы́-)
Zisterne *f* цисте́рна 6; *Tech a.* резервуа́р 2
Zitadelle *f* цитаде́ль 9
Zitat *n* цита́та 6
Zither *f* ци́тра 6 | die ~ schlagen игра́ть на ци́тре; zur ~ singen петь под ци́тру; **~spieler** *m* игра́ющий *Subst* 11 на ци́тре
zitieren *tr* цити́ровать 2 (про-); vorladen вызыва́ть ⟨вы́|звать*⟩
Zitro|nat *n* цука́т 2 из апельси́новых [поме́ранцевых, лимо́нных] ко́рочек; **~ne** *f* лимо́н 2
Zitronen|baum *m* лимо́н 2, лимо́нное де́рево; **~falter** *m* круши́нница 6
zitronengelb лимо́нного цве́та, лимо́нно-жёлтый
Zitronen|presse *f* лимо́нный пресс, лимоновыжима́лка 6; **~saft** *m* лимо́нный сок; **~schale** *f* лимо́нная ко́рка; als Gewürz це́дра 6; **~wasser** *n* лимо́нная вода́
Zitrus|frucht *f* ци́трусовый плод; **~gewächse** *n Pl* ци́трусовые *Subst Pl* 10
Zitter|aal *m* у́горь электри́ческий; **~gras** *n* трясу́нка 6
zittern *intr* дрожа́ть 3 (von от *G*), трясти́сь* (von от *G*); beben трепета́ть* | vor Kälte ~ дрожа́ть от хо́лода
Zittern *n* дрожа́ние 5, тре́пет 2 | mit ~ und Zagen со стра́хом и тре́петом
Zitter|pappel *f* оси́на 6; **~rochen** *m* электри́ческий скат
zittrig дрожа́щий 11, трясу́щийся 11
Zitze *f* сос|о́к| -ка́ 2
zivil гражда́нский; Kleidung шта́тский
Zivil *n* Stand шта́тские *Subst Pl* 10; Kleidung гражда́нская [шта́тская] оде́жда 6, шта́тское *Pl* 10 | in ~ в шта́тском [пла́тье]; **~bevölkerung** *f* гражда́нское населе́ние; **~courage** *f* гражда́нское му́жество 4; **~ehe** *f* гражда́нский брак; **~gesetzbuch** *n* гражда́нский ко́декс [дэ]
Zivilisation *f* цивилиза́ция 8
Zivilisationskrankheiten *f Pl* боле́зни цивилиза́ции
zivilisatorisch цивилиза́торский
zivilisier|en *tr* цивилизова́ть *uv, v* 2; **~t** цивилизо́ван:ный| -на
Zivilist *m* шта́тский *Subst* 10, гражда́нский челове́к 2
Zivil|kleidung *f* шта́тская [гражда́нская] оде́жда; **~person** *f* шта́тское [гражда́нское] лицо́; **~prozeß** *m* гражда́нский проце́сс; **~recht** *n* гражда́нское пра́во; **~sache** *f Jur* гражда́нское де́ло; **~verteidigung** *f* гражда́нская оборо́на
Zobel *m* со́бол|ь 1 *Pl a.* -я́ 1b; **~fell** *n* со́болий 12 мех 2b, собо́лья 12 шку́рка 6; **~pelz** *m* со́бол|ь 1 *Pl a.* -я́ 1b | einen ≈ tragen хо|ди́ть 3⁺ -жу́ в соболя́х
Zofe *f* камери́стка 6
zögern *intr* ме́длить 3 (mit с *I*); unschlüssig sein колеба́ться*, не реш|а́ться ⟨-и́ться 3⟩ | ohne zu ~ не коле́блясь, не ме́для; **~d 1.** *Adj* коле́блющийся 11, нереши́тел|ьный| -ен| -ьна **2.** *Adv a.* ме́дленно
Zögling *m* воспи́танник 2
Zölibat *n* целиба́т 2

¹**Zoll** *m* Längenmaß дюйм 2 | zwei ~ breit шириной в два дюйма
²**Zoll** *m* Abgabe (таможенная) пошлина 6 | ~ (be)zahlen платить (у-) пошлину (für за *A*); **~abfertigung** *f* таможенное оформление 5, таможенная очистка 6; **~amt** *f* тамож|ня 7 *G Pl* -ен, таможенное ведомство
zollamtlich таможенный
Zolldienststelle *f* таможня 7 *G Pl* -ен, таможенный орган 2
zollen *tr:* j-m Beifall ~ выражать ⟨выра|зить 3 -жу⟩ кому-н. одобрение; j-m Achtung ~ оказывать ⟨-|казать*⟩ кому-н. (должное) уважение
Zoll|erklärung *f* таможенная декларация; **~formalitäten** *f Pl* таможенные формальности
zollfrei беспошлинный, не облагаемый пошлиной
Zoll|gebühr *f* таможенная пошлина 6; **~grenze** *f* таможенная граница; **~kontrolle** *f* таможенный досмотр 2
Zöllner *m* таможенник 2
zollpflichtig облагаемый пошлиной
Zoll|schranken *f Pl* таможенные барьеры; **~stock** *m* складной метр 2; **~tarif** *m* таможенный тариф; **~union** *f* таможенная уния 8; **~wesen** *n* таможенное дело
zonal зональный
Zone *f* зона 6, полоса 6 *Pl* полосы, полос, полосам; *Geogr* пояс 2b *Pl* -а
Zonentarif *m Verk* зональный тариф; *Tel* тариф для отдельных зон
Zoo *m umg* зоосад 2b, зоопарк 2; **~loge** *m* зоолог 2; **~logie** *f* зоология 8
zoologisch зоологический | ~er Garten зоологический сад [парк 2], зоосад 2
Zootechnik *f* зоотехника 6; **~er** *m* зоотехник 2
Zopf *m* коса 6c *A* косу; Gebäck плетёнка 6, хала 6 | falscher ~ накладная коса; das Haar zu einem ~ flechten заплетать ⟨-|плести*⟩ волосы в косу; ein alter ~ пережит|ок, -ка 2 прошлого
Zorn *m* гнев 2, ярость 9 | in ~ geraten приходить 3⁺ -хожу ⟨-|йти*, приду⟩ в ярость; **~esausbruch** *m* вспышка гнева
zorn|glühend пылающий 11 гневом; **~ig** гнев|ный, -ен, -на!, сердит:ый
Zote *f* сальность 9 | ~n reißen говорить 3 скабрёзности [сальности]
zotig скабрёз|ный, -ен, сал|ьный, -ен, -ьна
zottelig лохмат:ый, космат:ый
zotteln *intr* langsam fahren еле двигаться, медленно идти*; schlendern слоняться, шляться
zottig лохмат:ый, космат:ый; Fell a. мохнат:ый
zu 1. *Adv* allzu слишком; ~ teuer слишком дорого; die Tür ist ~ дверь закрыта; ab und ~ иногда; das geht ~ weit, das ist ~ viel это уж чересчур; nur ~!, immer ~! продолжай(те)!; er kam auf mich ~ он подошёл ко мне **2.** *Präpos* in Richtung к *D;* ~m Fenster gehen идти* к окну | zu j-m к *D;* ~m Arzt gehen идти* к врачу; ~ mir ко мне | Institution в *A;* на *A;* ~r Bank [Sparkasse, Apotheke] gehen идти* в банк [сберкассу, аптеку]; ~m Bahnhof [Stadion] fahren ехать* на вокзал [стадион]; ein Paket ~r Post bringen отнести* *v* посылку на почту | Veranstaltung *wohin?* на *A; wo?* на *P;* ~r Prüfung [Versammlung, Vorlesung] gehen идти* на экзамен [собрание, лекцию]; ~r Versammlung [Beerdigung] sein быть на собрании [похоронах]; ~ beiden Seiten по обе стороны; ~ ebener Erde на первом этаже | *übertr* к *D;* gehören ~ принадлежать к *D;* Sahne ~m Kaffee nehmen взять* *v* сливки к кофе; ~ allem Unglück ко всем несчастьям; ~r Rechten по правую руку | *Zeit* в *A;* ~ dieser Zeit в это время; ~ Anfang des Jahres в начале года; ~r rechten Zeit вовремя, в самую пору; ~r Zeit в настоящее время, сейчас; ~ jeder Tages- und Nachtzeit в любое время дня и ночи; ~ Mitternacht в полночь; in der Nacht ~m 1. Mai в ночь на первое мая; ~m Geburtstag bekommen получить ко дню рождения; ~m Wochenende [~ Weihnachten] kommen приехать* *v* на субботу и воскресенье [рождество]; alles ~ seiner Zeit всякому овощу своё время | *Art und Weise:* ~ Hunderten сотнями; ~r Hälfte наполовину; ~ einem Drittel на треть; ~ 40% на сорок процентов; ~ zweit вдвоём | Preis: zu je по *D, sonst* по *A;* das Kilo ~ einer Mark [zwei Mark] кило по марке [по две марки]; zwei Briefmarken ~ einer Kopeke две марки по копейке; ~m halben Preis за полцены | Verhältnis: die Mannschaft gewann 8:2 команда выиграла со счётом восемь два; das Spiel steht 3:1 счёт игры три один | Zweck для *G;* в *A;* ~r Belohnung [Strafe] в награду [наказание]; ~m Vergnügen для удовольствия; ~m Beweis в доказательство; ~m Trost в утешение; ~r Hilfe eilen спешить на помощь; Gesellschaft ~r Verbreitung wissenschaftlicher Kenntnisse Общество по распространению научных знаний | Ergebnis eines Prozesses в *A;* Holz ~ Papier verarbeiten переработать древесину в бумагу; sich ~ einer Genossenschaft vereinigen объединиться *v* в кооператив | vor Ortsnamen: Humboldt-Universität ~ Berlin Берлинский университет имени Гумбольдта | ~m Erstaunen к удивлению

zualler|erst *Adv* прéжде всегó; **~letzt** *Adv* в (сáмую) послéднюю óчередь, наконéц, напослéдок
zuarbeiten *intr:* j-m ~ производúть 3⁺ -вожý ⟨-|вестú*⟩ частúчные [вспомогáтельные] разрабóтки для когó-н.
Zubehör *n* принадлéжности *Pl* 9, прибóры *Pl* 2; *Tech* арматýра 6, оборýдование 5; **~teile** *m Pl* комплектýющие детáли *Pl* 11-9, добóры *Pl* 2
zu|beißen *intr* в|пúться* *v*| -пилúсь зубáми, укусúть *v* 3⁺; **~bekommen** *tr* получ|áть ⟨-úть 3⁺⟩ в придáчу; Tür, Koffer закрывáть ⟨-|крыть*⟩ с усúлием [с трудóм]
Zuber *m* ушáт 2; Bottich (деревя́нный) чан 2b
zubereiten *tr* готóв|ить 3 -лю, под-, приготовля́ть ⟨-óвить⟩
Zubereitung *f* приготовлéние 5, спóсоб 2 приготовлéния
zu|billigen *tr* давáть* ⟨дать*⟩ соглáсие на *A; Jur* признавáть ⟨-|знáть*⟩; **~binden** *tr* завя́зывать ⟨-|вязáть*⟩; **~bleiben** *intr* о|ставáться* ⟨-|стáться*⟩ закры́тым; **~blinzeln** *intr* подмúгивать ⟨-мигнýть 4⟩; **~bringen** *tr* Zeit проводúть 3⁺ -вожý 3⁺ ⟨-|вестú*⟩; Deckel, Koffer закрывáть ⟨-|кры́ть*⟩ с усúлием
Zubringer|betrieb *m* завóд-поставщúк 2-2e; **~bus** *m* автóбус для достáвки пассажúров к мéсту дальнéйшего слéдования [в аэропóрт]; **~dienst** *m* (организóванный) подвóз пассажúров к основны́м трáнспортным магистрáлям (в аэропóрт, к прúстани); **~verkehr** *m* достáвка 6 пассажúров к мéсту дальнéйшего слéдования
Zucht *f Biol* разведéние 5; Bakterien культивáция 8; von Tieren порóда 6; Ordnung, Disziplin дисциплúна 6; **~bulle** *m* племеннóй бык; **~eber** *m* племеннóй хряк
züchten *tr Biol* разводúть 3⁺ -вожý ⟨-|вестú*⟩, вырáщивать ⟨вы́ра|стить 3 -щу⟩; Pflanzen, Bakterien культивúровать 2 | eine neue Sorte ~ выводúть ⟨вы́вести⟩ нóвый сорт
Züchter *m* Tiere животновóд 2; Pflanzen растениевóд 2
Zuchthaus *n* (кáторжная) тюр|ьмá 6c *G Pl* -ем | acht Jahre ~ bekommen получ|áть ⟨-úть⟩ вóсемь лет кáторги
Zuchthausstrafe *f* заключéние 5 в кáторжной тюрьмé | lebenslängliche ~ пожúзненная кáторга 6
Zucht|hengst *m* племеннóй жеребéц; **~herde** *f* племеннóе стáдо
züchtig благонрáв|ный| -ен, благопристó|йный| -ен| -йна
züchtigen *tr* накáзывать ⟨-|казáть*⟩; durch Schläge порóть* (вы-)
Züchtigung *f* наказáние 5; пóрка 6
zuchtlos развя́з|ный| -ен, распýщен|ный| -на
Zucht|stute *f* племеннáя кобы́ла; **~tier** *n* племеннóе живóтное; männlches Tier производúтель 1
Züchtung *f Biol* разведéние 5, вырáщивание 5; Neu~ селéкция 8
Zucht|vieh *n* племеннóй скот; **~wahl** *f:* natürliche ≈ естéственный отбóр 2
zucken *intr* вздр|áгивать ⟨-óгнуть 4⟩; leicht подёргиваться | die Achseln ~ пожимáть ⟨-|жать¹*⟩ плечáми; ohne mit der Wimper zu ~ и глáзом не моргнýв
zücken *tr* Waffe обнаж|áть ⟨-úть 3⟩; Bleistift вы́нуть *v* 4
Zucken *n* вздрáгивание 5; *Med* сýдорога 6
Zucker *m* сáхар 2 *G a.* -у; Diabetes сáхарная болéзнь 9; **~dose** *f* сáхарница 6; **~fabrik** *f* сáхарный завóд; **~gehalt** *m* содержáние сáхара; **~guß** *m* (сáхарная) глазýрь 9
zuckerhaltig сáхарист|ый
Zuckerhut *m* сáхарная головá 6a
zuckerkrank страдáющий 11 сáхарной болéзнью
Zuckerkrank|er *m* страдáющий *Subst* 11 сáхарной болéзнью, диабéтик 2; **~heit** *f* сáхарная болéзнь, сáхарный диабéт 2
Zuckermelone *f* ды́ня 7
zuckern *tr* süßen подсл|áщивать ⟨-астúть 3 -ащý⟩; mit Zucker bestreuen сáхарить 3 (по-), посыпáть ⟨-|сы́пать*⟩ сáхаром
Zucker|plätzchen *n* сáхарная лепёшка; **~raffinerie** *f* сахарорафинáдный завóд 2; **~rohr** *n* сáхарный тростнúк; **~rübe** *f* сáхарная свёкла, свекловúца 6; **~spiegel** *m* содержáние 5 сáхара (в кровú)
zuckersüß слáдкий как сáхар, óчень слáдкий; *übertr* слащáв|ый
Zucker|tüte *f* подáр|ок| -ка 2 со слáдостями для первоклáссников (в вúде большóго крáсочного кóнуса из картóна; **~werk** *n* сáхарные издéлия *Pl* 5, слáдости *Pl* 9; **~zange** *f* щипцы́ для сáхара; **~zeug** *n* = **Zuckerwerk**
Zuckung *f* вздрáгивание 5; *Med* сýдорога 6, конвýльсия 8
zudecken *tr* за-, на-, прикрывáть ⟨-|кры́ть*⟩; verhüllen укрывáть ⟨-кры́ть⟩; sich ~ *refl* накрывáться ⟨-кры́ться⟩ (mit *I*), укрывáться ⟨-кры́ться⟩ (mit *I*)
zudem *Adv* крóме тогó, к томý же
Zudrang *m* Publikum наплы́в 2 (zu в *A*)
zudrehen *tr* Wasserhahn завёртывать ⟨-вернýть 4| -вёрнутый⟩; Ofen завúнчивать ⟨завин|тúть 3 -чý⟩ | j-m den Rücken ~ повёртываться ⟨-вернýться⟩ спинóй к комý-н.
zudringlich назóйлив|ый, навя́зчив|ый
Zudringlichkeit *f* назóйливость 9, навя́зчивость 9

zu|drücken *tr* зажимáть ⟨-|жáть[1]*⟩; Tür плóтно закрывáть ⟨-|кры́ть*⟩; Augen закрывáть ⟨-кры́ть⟩ | ein Auge bei etw. ≈ смотрéть 3⁺ сквозь пáльцы на что-н.; **~eignen** *tr* посвя|щáть ⟨-ти́ть 3 -щý⟩
Zueignung *f* посвящéние 5
zueinander *Adv* друг к дрýгу; **~finden** *intr* сближáться ⟨сбли́зиться 3⟩; **~gehören** *intr* быть* свя́занным друг с дрýгом
zuerkennen *tr* Belohnung, Preis прису|ждáть ⟨-ди́ть 3⁺ -жý| -ждённый⟩; Würde, Recht при|знавáть* ⟨-знáть⟩
zuerst *Adv* сначáла, спервá; vor allem прéжде всегó | wer war ~ da? кто был пéрвым?
Zufahrt *f* подъéзд 2; Weg, Straße подъезднáя дорóга 6
Zufahrts|straße *f* подъезднáя дорóга 6; **~weg** *m* подъезднóй путь 9e
Zufall *m* слýча|й 1 *G Pl* -ев, случáйность 9 | durch ~ случáйно; dem ~ überlassen предост|авля́ть ⟨-áвить 3 -áвлю⟩ слýчаю
zufallen *intr* sich schließen захлóп|ываться ⟨-нуться 4⟩; Augen смыкáться ⟨сомкнýться 4⟩; zuteil werden до|ставáться* ⟨-|стáться*⟩, выпадáть ⟨вы́|пасть*⟩ (на дóлю)
zufällig случá|йный| -ен| -йна | ich war ~ da мне случи́лось быть там, я случáйно оказáлся там; **~erweise** *Adv* случáйно
Zufälligkeit *f* случáйность 9
Zufallstreffer *m* Einschlag случáйное попадáние 5; Ballspiele случáйный гол 2b; Los случáйный вы́игрыш
zu|fassen *intr* anpacken схвáтывать ⟨схва|ти́ть 3⁺ -чý⟩; bei der Arbeit helfen помогáть ⟨-|мóчь*⟩; **~fließen** *intr* dem Schwimmbecken fließt ständig frisches Wasser zu в бассéйне постоя́нный притóк свéжей воды́; kaltes Wasser in die Wanne ≈ lassen доливáть ⟨доли́ть*⟩ в вáнну холóдной воды́
Zuflucht *f* убéжище 4 | bei j-m ~ finden находи́ть ⟨-йти́⟩ убéжище [приют] у когó-н.; seine ~ nehmen zu etw. прибéгнуть *v* 4a *u.* 4 к пóмощи чегó-н.
Zufluchtsort *m* убéжище 4; Obdach прию́т 2
Zufluß *m* притóк 2 *a. übertr*
zuflüstern *tr* нашёптывать ⟨-|шептáть*⟩ *A oder G*
zufolge *Präp* соглáсно *D oder* с *I*, по *D* | dem Wunsch ~ по [соглáсно] желáнию
zufrieden довóл|ьный| -ен| -ьна (mit *I*) | er ist mit nichts ~ он ничéм не довóлен; **~geben, sich** *refl* довóльствоваться (у-) (mit *I*); einverstanden sein быть* соглáсным (mit с *I*)
Zufriedenheit *f* удовлетворéние 5
zufrieden|lassen *tr* ост|авля́ть ⟨-áвить 3 -áвлю⟩ в покóе (mit с *I*); **~stellen** *tr* удовлетвор|я́ть ⟨-и́ть 3⟩; **~stellend** удовлетвори́тел|ьный| -ен| -ьна
zu|frieren *intr* замерзáть ⟨-мёрзнуть 4a⟩; **~fügen** *tr* прибавля́ть ⟨-бáвить 3 -бáвлю⟩; antun причин|я́ть ⟨-и́ть 3⟩ | großen Schaden ≈ причини́ть большóй убы́ток [ущéрб]
Zufuhr *f* подвóз 2; Versorgung снабжéние; 5; Energie, Treibstoff питáние 5; von Kaltluft притóк 2; *Tech* подвóд 2, подáча 6; *Med* введéние 5
zuführen *tr* подводи́ть 3⁺ -вожý ⟨-|вести́*⟩ *a. Tech;* fahrend подвози́ть 3⁺ -вожý ⟨-|везти́*⟩; Waren a. снаб|жáть ⟨-ди́ть 3 -жý⟩ *I*; Energie, Benzin питáть *I; Tech* по|давáть* ⟨подáть*⟩ | die Straße führt auf den Steinbruch zu дорóга ведёт к каменолóмне
Zuführung *f* Waren подвóз 2; снабжéние 5; *El* питáние 5; *Tech* подвóд 2, подáча 6; *Wirtsch* взнос 2 | planmäßige ~en *Wirtsch* плáновые отчислéния *Pl* 5
Zug *m Eisenb* пóезд 2b *Pl* -á; Luftbewegung, Ofen движéние 5, струя́ 7 (вóздуха), тя́га 6; Luftzug сквозня́к 2e, сквознóй вéт|ер| -ра 2; beim Rauchen затя́жка 6; feierlicher шéствие 5, процéссия 8; Gruppe колóнна 6, грýппа 6; *Mil* взвод 2; Brettspiel ход 2 *Pl* ходы́; Vogel~ перелёт 2; Kette верени́ца 6; Schwarm стáя 7; Charakter, Gesicht чертá 6; Schluck глот|óк| -кá 2; Gewinde нарéз 2; Bestrebung тендéнция [тэндэ] 8, стремлéние 5; Hang тя́га; starke Neigung влечéние 5 | der Ofen hat keinen guten ~ у пéчки плохáя тя́га; ~ der Fische ход рыб; ein ~ Enten верени́ца 6 ýток; in kurzen Zügen вкрáтце; in knappen Zügen в крáтких чертáх; in großen Zügen в óбщих чертáх; ~ um ~ постепéнно, послéдовательно; mit dem ~ fahren éхать на пóездке [пóездом]; den ~ verpassen опоздáть *v* на пóезд; in den ~ steigen са|ди́ться 3 -жýсь ⟨сесть*⟩ на пóезд; einen ~ machen Schach дéлать (с-) ход; wer ist am ~? чей ход сейчáс?; in einem ~ зáлпом, срáзу, одни́м глоткóм; in drei Zügen austrinken вы́пить *v* в три глоткá; er zündete die Pfeife an und tat einen ~ он закури́л трýбку и затянýлся; in vollen Zügen atmen дышáть пóлной грýдью; in den letzten Zügen liegen быть* при послéднем издыхáнии; das Leben in vollen Zügen genießen насла|ждáться ⟨-ди́ться 3 -жýсь⟩ жи́знью всéми фи́брами своегó существá; im ~e von etw. im Ablauf, Verlauf в хóде [в процéссе] чегó-н.; zum ~e kommen приступ|áть ⟨-и́ть 3⁺ -лю́⟩ к дéйствиям, развивáть ⟨-|ви́ть*| -овью́⟩ дéятельность
Zugabe *f* придáча 6; Gewicht довéс|ок|

-ка 2; eines Künstlers исполне́ние 5 на бис
Zugabfertigung *f* отпра́вка по́езда
Zugang *m* Meer, Luft, Zutritt до́ступ 2 (zu к *D*); Eingang вход 2; Durchgang прохо́д 2; Annäherungsweg по́дступ 2, подхо́д; 2; Zuwachs приро́ст 2; Bibliothek; *Wirtsch* поступле́ние 5; neue Patienten но́вые поступле́ния *Pl* 5, но́вые пацие́нты *Pl* 2
zugänglich досту́п|ный, -ен
Zugänglichkeit *f* досту́пность 9
Zugangsstraße *f* подъездна́я доро́га
Zug|anschluß *m* согласо́ванность 9 (расписа́ния) поездо́в; **~dichte** *f* густота́ движе́ния поездо́в; **~brücke** *f* подъёмный мост
zugeben *tr* zulegen дава́ть* ⟨дать*⟩ в прида́чу, придава́ть ⟨прида́ть*⟩; eingestehen при-, со|знава́ться* ⟨-зна́ться⟩ в *P*; zustimmen согла|ша́ться ⟨-си́ться 3 -шу́сь⟩ с *I*; *Theat* исполня́ть ⟨-по́лнить 3⟩ на бис
zugegen *Adv:* ~ sein прису́тствовать 2 (bei etw. при чём-н.)
zugehen *intr* in Richtung auf etw. идти́*, направля́ться ⟨напра́в|иться 3 -люсь⟩ к *D*; sich nähern прибл|ижа́ться ⟨-и́зиться 3 -и́жусь⟩ (auf к *D*); eine Nachricht прибыва́ть ⟨прибы́ть*⟩; Tür, Koffer закрыва́ться ⟨-|кры́ться*⟩ | die Arbeit geht dem Ende zu рабо́та бли́зится к концу́; ein Brief ging mir zu я получи́л письмо́; auf dem Fest ging es lustig zu на пра́зднике бы́ло ве́село; hier geht's nicht mit rechten Dingen zu здесь что-то не чи́сто
zugehörig принадлежа́щий 11 (zu *D*)
Zugehörigkeit *f* принадле́жность 9 (zu к *D*)
zugeknöpft *übertr* за́мкнут:ый, скрыт|ный, -ен
Zügel *m* узда́ 6c, по́вод 2b *Pl* -а́ *oder* пово́дь|я, -ев 1f | die ~ straff anziehen натяну́ть *v* 4⁺ во́жжи [пово́дья] *a. übertr*
zügellos *übertr* распу́щен:ный, -на; Leidenschaft необу́здан:ный, -на; ausschweifend распу́т|ный, -ен
Zügellosigkeit *f* распу́щенность 9; необу́зданность 9; распу́тство 4
zügeln *tr* уде́рживать ⟨-держа́ть 3⁺⟩; *übertr* сде́рживать ⟨-держа́ть⟩, обу́здывать ⟨обузда́ть⟩
zugesellen, sich *refl* присоедин|я́ться ⟨-и́ться 3⟩ (j-m к *D*)
Zugeständnis *n* усту́пка 6 | ~se machen идти́* [по|йти́*] на усту́пки
zuge|stehen *tr* при|знава́ть* ⟨-зна́ть⟩; zugeben при-, сознава́ться ⟨-зна́ться⟩ в *P*; **~tan** пре́дан:ный, -на *D*, привя́зан:ный к *D*; gewogen располо́жен:ный, -а к *D* | j-m (herzlich) ≈ sein быть (серде́чно) располо́женным к кому́-н.
Zug|feder *f* пружи́на растяже́ния; **~festigkeit** *f* про́чность 9 на растяже́ние [разры́в]; **~führer** *m Eisenb* нача́льник 2 по́езда; *Mil* команди́р 2 взво́да; **~funk** *m* поездно́й радиоу́з|ел, -ла́ 2e
zugießen *tr* подлива́ть ⟨подли́ть*⟩, долива́ть ⟨доли́ть*⟩
zugig 1. *Adj* продува́емый сквозняко́м | das ist eine ~e Baracke в э́том бара́ке всегда́ сквози́т [сквозня́к] **2.** *Adv* на сквозно́м ветру́, на сквозняке́
zügig 1. *Adj* бы́стр:ый, -а́! **2.** *Adv* в бы́стром те́мпе | die Arbeit geht ~ voran рабо́та продвига́ется хорошо́; ~ arbeiten бы́стро рабо́тать
Zugkraft *f Phys* си́ла растяже́ния; Anziehungskraft притяга́тельная си́ла
zugkräftig притяга́тел|ьный, -ен, -ьна, име́ющий 11 успе́х; Film a. популя́р|ный, -ен
zugleich *Adv* одновре́менно, в то же вре́мя; gleichzeitig заодно́, вме́сте с тем | alle ~ все ра́зом
Zug|loch *n* отду́шина 6; **~luft** *f* сквозня́к 2e | in der ≈ на сквозняке́; **~maschine** *f* тра́ктор 2, тяга́ч 2e *G Pl* -е́й; **~nummer** *f Theat* сенсацио́нный но́мер, гвоздь 1h програ́ммы; **~personal** *n* поездна́я [конду́кторская] брига́да 6; **~pflaster** вытяжно́й пла́стырь
zugreifen *intr* хвата́ть ⟨схва|ти́ть 3⁺ -чу́ *u.* хвати́ть⟩; bei Kauf брать* ⟨взять*⟩; energisch де́йствовать 2; tatkräftig helfen помога́ть ⟨-|мо́чь*⟩ | greifen Sie zu! beim Essen ку́шайте!, угоща́йтесь!; er sah die Chance seines Lebens und griff zu он уви́дел шанс свое́й жи́зни и воспо́льзовался им
Zugriemen *m* тяж 2e *G Pl* -е́й
zugrunde *Adv:* ~ gehen погиба́ть ⟨-ги́бнуть 4a⟩, ги́бнуть (по-) (an от *G*, из-за *G*); er wird nicht ~ gehen он не пропадёт; ~ richten губ|и́ть 3⁺ -лю́ (по-); ruinieren разор|я́ть ⟨-и́ть 3⟩; einer Sache etw. ~ legen класть ⟨положи́ть⟩ что-н. в осно́ву чего́-н.; ~ liegen einer Sache лежа́ть 3 в осно́ве чего́-н.
Zugrundelegung *f:* unter ~ (von) на основа́нии *G*, взяв за осно́ву *A*
Zug|schaffner *m* конду́ктор по́езда; **~schalter** *m El* натяжно́й выключа́тель; **~seil** *n* тя́говый кана́т [трос]; **~stück** *n Theat* пье́са, де́лающая 11 сбо́ры, боеви́к 2e; **~tier** *n* упряжно́е живо́тное; **~unglück** *n* ава́рия [круше́ние] по́езда
zugunsten *Präpos* в по́льзу *G*
zugute *Adv:* j-m etw. ~ halten зачи́тывать ⟨-|че́сть*⟩ что-н. в чью-н. по́льзу; ~ kommen идти́* [по|йти* *v*] на по́льзу; seine langjährige Erfahrung kommt ihm

nun ~ его́ долголе́тний о́пыт тепе́рь ему́ пригоди́лся; j-m etw. ~ tun де́лать (с-) кому́-н. что-н. хоро́шее

Zug|verbindung *f* железнодоро́жное сообще́ние; **~verkehr** *m* движе́ние поездо́в; **~verspätung** *f* опозда́ние по́езда; **~vieh** *n* упряжно́й [рабо́чий 11] скот; **~vogel** *m* перелётная пти́ца; **~vorrichtung** *f Tech* тя́говое приспособле́ние

zu|haben *intr:* die Geschäfte haben sonntags zu магази́ны по воскре́сеным дням закры́ты; **~haken** *tr* Tür запира́ть ⟨запере́ть*⟩ на крючо́к; Kleid заст|ёгивать ⟨-егну́ть 4; -ёгнутый⟩ на крючки́; **~halten** *tr* держа́ть 3⁺ закры́тым | sich die Ohren ≈ зажима́ть ⟨-|жа́ть¹*⟩ у́ши; j-m den Mund ≈ зажима́ть ⟨-жа́ть⟩ кому́-н. рот

Zuhälter *m* сутенёр 2

zu|hängen *tr* заве́шивать ⟨заве́|сить 3 -шу⟩; **~hauen** *tr* Steine обтёсывать ⟨-|теса́ть*⟩; *intr* ударя́ть ⟨уда́рить 3⟩

Zuhause *n* свой у́г|ол, -ла́ 2е; в углу́, дома́шний оча́г 11-2е | er hat kein ~ у него́ нет своего́ угла́

zuheilen *intr* зажива́ть ⟨зажи́ть*⟩

Zuhilfenahme *f*: unter ~ von ... с испо́льзованнием ... *G*, с по́мощью ... (*G*), при по́мощи ... (*G*); ohne ~ без по́мощи

zuhören *intr* слу́шать; lauschen прислу́ш|иваться ⟨-аться⟩ | hören Sie zu! слу́шайте!; einem Referenten ~ заслу́ш|ивать ⟨-ать⟩ докла́дчика

Zuhörer *m* слу́шатель 1; **~schaft** *f* слу́шатели *Pl* 1, аудито́рия 8

zu|jubeln *intr* (восто́рженно) приве́тствовать 2 [встреча́ть] (j-m кого́-н.); **~kehren** *tr:* j-m den Rücken ≈ поверну́ться *v* 4 спино́й к кому́-н.; **~klappen** *tr* захло́п|ывать ⟨-нуть 4⟩; *intr* захло́п|ываться ⟨-нуться⟩; **~kleben** *tr* закле́|ивать ⟨-ить 3⟩; **~klinken** *tr* затвор|я́ть ⟨-и́ть 3⁺⟩, защёлк|ивать ⟨-нуть 4⟩; **~kneifen** *tr* Augen прищу́р|ивать ⟨-ить 3⟩; Lippen сжима́ть ⟨-|жать¹*⟩; **~knöpfen** *tr* заст|ёгивать ⟨-егну́ть 4; -ёгнутый⟩ (на пу́говицы); **~kommen** *intr* подхо|ди́ть 3⁺ -жу́ ⟨подо|йти́*⟩ (auf к *D*); zustehen подходи́ть ⟨подойти́⟩, подоба́ть; Geld причита́ться | j-m etw. ≈ lassen дост|авля́ть ⟨-а́вить 3 -а́влю⟩ кому́-н. что-н.; es kommt Ihnen nicht zu ... вам не подоба́ет ...; es kommt mir nicht zu, darüber zu urteilen не моё де́ло суди́ть об э́том; ich werde Ihnen Nachricht ≈ lassen я вас извещу́; j-m Geld ≈ lassen дава́ть* ⟨дать*⟩ де́ньги кому́-н.; **~korken** *tr* заку́пор|ивать ⟨-ить 3⟩

Zukunft *f* бу́дущее *Subst* 11, бу́дущность 9; *Gramm* бу́дущее вре́мя | für die ~ на бу́дущее; in nächster ~ в ближа́йшем бу́дущем; er hat eine glänzende ~ у него́ блестя́щая 11 бу́дущность; in ~ werde ich das anders machen впредь я бу́ду де́лать э́то ина́че

zukünftig 1. *Adj* бу́дущий 11 | ~e Zeiten [Generationen] гряду́щие 11 времена́ [поколе́ния] **2.** *Adv* в бу́дущем, на бу́дущее вре́мя

Zukünftige *f*: seine ~ его́ су́женая *Subst* 10, его́ бу́дущая 11 супру́га

Zukunfts|aussichten *f Pl* ви́ды на бу́дущее; **~musik** *f*: das ist ≈! *übertr* э́то де́ло далёкого бу́дущего; **~pläne** *m Pl* пла́ны на бу́дущее; **~roman** *m* нау́чно-фантасти́ческий рома́н

zukunftweisend ука́зывающий 11 (путь) в бу́дущее; Forschung перспекти́вный

zulächeln *intr* улыб|а́ться ⟨-ну́ться 4⟩

Zulage *f* надба́вка 6

zulande *Adv*: bei uns ~ в на́шей стране́, у нас; hier ~ здесь

zu|langen *intr* брать* ⟨взять*⟩; (aus)reichen, langen хват|а́ть ⟨-и́ть 3⁺⟩ *G*, быть* доста́точным | bitte langen Sie zu! бери́те [е́шьте], пожа́луйста!; tüchtig ≈ beim Essen уплета́ть за о́бе щеки́ *umg*; **~länglich** доста́точ|ный, -ен; **~lassen** *tr* gestatten допу|ска́ть ⟨-сти́ть 3⁺ -щу́⟩ (zu до *G*, к *D*); geschlossen halten оставля́ть ⟨оста́в|ить 3 -лю⟩ закры́тым | zum Studium ≈ допуска́ть к учёбе; ich kann das auf keinen Fall ≈ я ни в ко́ем слу́чае не могу́ э́того допусти́ть; **~lässig** допусти́м:ый

Zu|lässigkeit *f* допусти́мость 9; **~lassung** *f* до́пуск 2 (zu к *D*) *a. Tech;* Dipl, *Kfz* допуще́ние 5, регистра́ция 8; Erlaubnis, Genehmigung разреше́ние 5; zum Studium допуще́ние к *D* [zur Prüfung a. до *G*]

Zulassungs|prüfung *f* вступи́тельный [приёмный] экза́мен; **~schein** *m Kfz* свиде́тельство допуще́ния (автомаши́ны)

Zulauf *m*: großen ~ haben име́ть мно́го клие́нтов [покупа́телей]; Arzt име́ть большу́ю пра́ктику; Theaterstück име́ть большо́й успе́х, по́льзоваться 2 больши́м успе́хом | dieser Redner hat immer starken ~ э́тот ора́тор всегда́ собира́ет большу́ю аудито́рию

zu|laufen *intr* Menschen, Flüssigkeit притека́ть ⟨-|те́чь*⟩; сбега́ться ⟨-|бежа́ться*⟩ | lauf zu! беги́ быстре́е!; auf j-n ≈ подбега́ть ⟨-|бежа́ть⟩ к кому́-н.; mir ist eine Katze zugelaufen ко мне приста́ла бездо́мная ко́шка; **~legen** *tr* добавля́ть ⟨-ба́вить 3 -ба́влю⟩; Geld a. докла́дывать ⟨-ложи́ть 3⁺⟩; Tempo прибавля́ть ⟨-ба́вить⟩ темп [тэ] | sich etw. ≈ приобрета́ть ⟨-|обрести́*⟩ что-н., обзаво|ди́ться 3⁺ -жу́сь ⟨обза|вести́сь*⟩ чем-н. *umg*

zuleide *Adv:* j-m etw. ~ tun обижа́ть ⟨оби́|деть 3 -жу⟩ кого́-н. че́м-н.
zu|leimen *tr* закле́|ивать ⟨-ить 3⟩; **~leiten** *tr* Wasser подводи́ть 3⁺ -вожу́ ⟨-|вести́*⟩; *übertr* напр|авля́ть ⟨-а́вить 3 -а́влю⟩
Zuleitung *f* подво́д 2; *El* подводя́щий 11 [пита́ющий 11] про́вод 2; *Tech* ввод 2; Rohr подводя́щая труба́ 6c
Zuleitungsrohr *n* подводя́щая 11 труба́
zu|letzt *Adv* als letzter, an letzter Stelle совсе́м позади́, сза́ди всех; schließlich, endlich наконе́ц, в конце́ концо́в; zum Schluß, zu guter Letzt напосле́док, под коне́ц | ich kam ≈ я пришёл после́дним; wann sahen Sie ihn ≈? когда́ вы его́ ви́дели в после́дний раз?; **~liebe** *Adv:* j-m etw. ≈ tun де́лать (с-) что-н. ра́ди кого́-н. [в уго́ду кому́-н.]
Zulieferbetrieb *m* предприя́тие-поставщи́к 5-2e (промежу́точной проду́кции)
Zulieferer *m* поставщи́к 2e
zumachen *tr* Tür, Geschäft закрыва́ть ⟨-|кры́ть*⟩; verschließen запира́ть ⟨запере́ть*⟩, затвор|я́ть ⟨-и́ть 3⟩; zuknöpfen заст|ёгивать ⟨-егну́ть 4₍ -ёгнутый⟩; Augen смыка́ть ⟨сомкну́ть 4⟩; Brief закле́|ивать ⟨-ить 3⟩; Flasche заку́пор|ивать ⟨-ить 3⟩
zu|mal **1.** *Adj* осо́бенно, в осо́бенности **2.** *Konj* тем бо́лее что, так как; **~meist** *Adv* ча́ще всего́, преиму́щественно
zumessen *tr* отмеря́ть ⟨отме́рить 3⟩; Anteil, Strafe назн|ача́ть ⟨-а́чить 3⟩; Bedeutung припи́сывать ⟨-|писа́ть*⟩
zu|mindest *Adv* по ме́ньшей ме́ре; **~mute** *Adv:* wie ist Ihnen ≈? како́е у вас настрое́ние?; mir ist wohl [nicht wohl] ≈ у меня́ хорошо́ [нехорошо́] на душе́
zumuten *tr* счита́ть ⟨счесть*⟩ спосо́бным (j-m etw. кого́-н. к чему́-н.) | j-m zuviel ~ тре́бовать 2 (по-) от кого́-н. сли́шком мно́го; sich zuviel ~ переоц|е́нивать ⟨-ени́ть 3⁺⟩ свои́ си́лы [возмо́жности], сли́шком мно́го брать* ⟨взять*⟩ на себя́
Zumutung *f* тре́бование 5 | das ist doch eine (starke) ~! э́то уж сли́шком!, э́то уж чересчу́р
zunächst *Adv* пре́жде всего́, снача́ла; vorläufig, einstweilen пока́
zu|nageln *tr* закол|а́чивать ⟨-оти́ть 3⁺ -очу́⟩ гвоздя́ми; **~nähen** *tr* зашива́ть ⟨-|ши́ть*⟩
Zu|nahme *f* увеличе́ние 5; Kriminalität, Erkrankungen рост 2 | ≈ des Gewichts увеличе́ние ве́са, прибавле́ние 5 в ве́се; **~name** *m* фами́лия 8 | mit (dem) ≈n по фами́лии
Zündblättchen *n* писто́н 2
zünden *intr* Rakete воспламен|я́ться ⟨-и́ться 3⟩; Motor запу|ска́ться ⟨-сти́ться 3⁺⟩; Feuerzeug зажига́ться ⟨-|же́чься*⟩, загор|а́ться ⟨-е́ться 3⟩; **~d** *übertr* зажига́тел|ьный₍ -ен₍ -ьна
Zunder *m* Zündstoff трут 2; *Tech* ока́лина 6 | das brennt wie ~ э́то гори́т как соло́ма
Zünder *m* взрыва́тель 1
Zünd|holz *n* спи́чка 6; **~hütchen** *n* ка́псюль 1, писто́н 2; **~kerze** *f Kfz* запа́льная свеча́; **-schloß** *n Kfz* замо́к зажига́ния; **~schlüssel** *m Kfz* ключ от зажига́ния; **~schnur** *f* запа́льный шнур, фити́ль 1e; **~spule** *f* кату́шка 6 зажига́ния; **~stoff** *m* воспламени́тель 1; Streitobjekt причи́на 6 конфли́кта; **~ung** *f Tech* воспламене́ние 5, вспы́шка 6; Geschoß взрыва́ние 5; *Kfz* зажига́ние 5, запа́л 2; Zünden за́пуск 2
Zündverteiler *m Kfz* распредели́тель зажига́ния
zunehmen *intr* Wasser, Mond прибыва́ть ⟨прибы́ть*⟩; Zahl, Umfang увели́чиваться ⟨-иться 3⟩; Kräfte возраста́ть ⟨-|расти́*⟩; dicker werden полне́ть (по-); Wind уси́л|иваться ⟨-иться 3⟩ | sie hat einige Pfund zugenommen она́ приба́вила в ве́се не́сколько килогра́ммов; **~d:** mit ≈er Geschwindigkeit с возраста́ющей ско́ростью; mit ≈em Alter с года́ми; bei ≈em Mond при ново́й луне́; in ≈em Maße в возраста́ющей сте́пени
zuneigen *intr:* das Jahr neigt sich dem Ende zu год кло́нится [приближа́ется] к концу́; j-m zugeneigt sein быть располо́женным к кому́-н.
Zuneigung *f* расположе́ние 5, симпа́тия 8, скло́нность 9 | für j-n ~ empfinden испы́тывать ⟨-пыта́ть⟩ [чу́вствовать 2 (по-)] симпа́тию к кому́-н.
Zunft *f hist* цех 2 *Pl a.* -а́ 2b
zünftig tüchtig, geschickt иску́с|ный₍ -ен; prima первокла́ссный; Kleidung, zweckentsprechend подоба́ющий 11, надлежа́щий 11 | ~ feiern здо́рово весели́ться
Zunge *f Anat;* Sprache язы́к 2e; am Schuh язычо́|к₍ -ка́ 2; *Mus* Blasinstrument пи́щик 2; Waage стре́лка 6; Fleischspeise язы́к | sich in die ~ beißen прику́сывать ⟨прику|си́ть 3⁺ -шу́⟩ язы́к; die ~ im Zaum halten держа́ть язы́к за зуба́ми; das Wort schwebt mir auf der ~ э́то сло́во ве́ртится у меня́ на языке́; eine spitze ~ haben быть о́стрым на язы́к
züngeln *intr* Flammen колеба́ться*
Zungen|brecher *m* труднопроизноси́мое сло́во 4b; скорогово́рка 6; **~fertigkeit** *f* бо́йкость 9 на язы́к, уме́ние 5 хорошо́ говори́ть; **~laut** *m Phon* язы́чный звук; **~schlag** *m:* ein falscher ≈ огово́рка 6, оши́бка 6 в ре́чи; **~spitze** *f* ко́нчик языка́; **~wurst** *f* языко́вая колбаса́
Zünglein *n* язычо́|к₍ -ка́ 2; Waage

стрéлка 6 | das ~ an der Waage sein имéть решáющее значéние
zunichte: ~ machen уничт|ожáть ⟨-óжить 3⟩, сводúть 3⁺ ⟨-|вестú*⟩ на нет; Pläne ~ machen раз|бúть* *v*₁ -обью́ [со|-рвáть* *v*] плáны; Hoffnungen ~ machen разбúть надéжды
zunicken *intr* кив|áть ⟨-нýть *mom* 4⟩ (головóй)
zu|nutze *Adv:* sich etw. ≈ machen воспóльзоваться *v* 2 чем-н. (в своúх щéлях); ~**oberst** *Adv* на сáмом верхý | das Unterste ≈ kehren перевернýть *v* 4 всё вверх дном
zupfen *tr* дёр|гать ⟨-нуть *mom* 4⟩ (an, bei за *A*), тереб|úть 3 -лю́ (an, bei за *A*); Wolle, Mus щипáть* | j-n am Ärmel ~ потянýть *v* 4⁺ [дёргать] когó-н. за рукáв; die Gitarre ~ щипáть стрýны гитáры, игрáть на гитáре
Zupfinstrument *n* щипкóвый (музыкáльный) иструмéнт
zu|propfen *tr* закýпор|ивать ⟨-ить 3⟩, затыкáть ⟨-ткнýть 4⟩; ~**prosten** *intr:* j-m ≈ поднимáть ⟨поднять*⟩ бокáл за чьё-н. здорóвье; ~**raten** *intr:* er riet mir weder ab noch zu он мне ни посовéтовал, ни отсовéтовал; ~**rechnen** *tr* причислять ⟨-чúслить 3⟩ (j-n etw. einer Sache когó--н., что-н. к чемý-н.); anlasten, zuschreiben припúсывать ⟨-|писáть*⟩; ~**rechnungsfähig** в здрáвом умé, отвечáющий 11 за свои постýпки; *Jur* вменяéм:ый | nicht ≈ невменяéм:ый
Zurechnungsfähigkeit *f Jur* вменяéмость 9
zurecht|biegen *tr* выпрямлять ⟨вы́прям|ить 3 -лю⟩; in Ordnung bringen налá|живать ⟨-дить 3 -жу⟩; ~**bringen** *tr* приводúть 3⁺ -вожý ⟨-|вестú*⟩ в поря́док; ~**finden, sich** *refl* ориентúроваться *uv, v* 2 (*v. a.* с-); sich auskennen разбирáться ⟨-о|брáться*₁ -обрались⟩ (in в *P*); ~**kommen** *intr* прихо|дúть 3⁺ -жý ⟨при|йтú*₁ придý⟩ вóвремя; fertig werden mit etw. справляться ⟨спрáв|иться 3 -люсь⟩ с *I*; ~**legen** *tr* vorbereiten пригот|овлять ⟨-óвить 3 -óвлю⟩; geordnet приводúть 3⁺ -вожý ⟨-|вестú*⟩ в поря́док, прибирáть ⟨-|брáть*⟩; ausdenken (зарáнее) придýм|ывать ⟨-ать⟩; ~**machen** *tr* при-, подгот|áвливать ⟨-óвить 3 -óвлю⟩; sich ≈ *refl umg* прихорáшиваться | sie war sehr zurechtgemacht онá былá сúльно накрáшена; ~**rücken** *tr* Krawatte, Brille попр|авлять ⟨-áвить 3 -áвлю⟩; Möbel, Besteck постáв|ить *v* 3 -лю [подвигáть ⟨-двúнуть 4⟩] на мéсто; ~**setzen** *tr* попр|авлять ⟨-áвить 3 -áвлю⟩; sich ≈ садúться 3 сажýсь ⟨сесть*⟩ | j-m den Kopf ≈ вправлять ⟨впрáв|ить 3 -лю⟩ мозгú комý-н.; ~**stellen** *tr* положúть *v* 3⁺ [постáв|ить *v* 3 -лю] на мéсто; ordnen попр|авлять ⟨-áвить 3 -áвлю⟩; ~**weisen** *tr übertr* дéлать (с-) вы́говор *D*, стáв|ить 3 -лю (по-) на мéсто *A*
Zurechtweisung *f* рéзкое замечáние 5, вы́говор 2
zureden *intr* угов|áривать ⟨-орúть 3⟩ *A*; überreden убеждáть *A*
Zureden *n:* trotz allem ~ несмотря́ на все уговóры [убеждéния]
zu|reichen *tr* по|давáть* ⟨подáть*⟩; *intr* хват|áть ⟨-úть 3⁺⟩ *G*, быть достáточным *G*; ~**reisen** *intr* приезжáть ⟨-|éхать*⟩, прибывáть ⟨прибы́ть*⟩; ~**reiten** *tr* Pferd объезжáть ⟨объéз|дить 3 -жу⟩
Zureiter *tr* берéйтор 2
Zürich Цю́рих 2
zurichten *tr* пригот|овлять ⟨-óвить 3 -óвлю⟩; Leder отдéл|ывать ⟨-ать⟩ нáчерно; Holz грýбо обтёсывать ⟨-|тесáть*⟩; *Typ* припр|авлять ⟨-áвить 3 -áвлю⟩; übel отдéлать *v*, отколо|тúть *v* 3⁺ -чý
Zurichtung *f Typ* припрáвка 6; *Text* отдéлка 6
zuriegeln *tr* запирáть ⟨заперéть*⟩ на засóв
zürnen *intr* сер|дúться 3⁺ -жýсь (рас-) (j-m на *A*), злúться 3 (обо-) (j-m на *A*)
Zurschaustellung *f* выставлéние 5 напокáз
zurück *Adv* назáд, обрáтно; hinterher позадú | er ist noch nicht ~ он ещё не вернýлся; ein paar Jahre ~ нéсколько лет томý назáд; weit ~ Entfernung далекó позадú; er ist im Russischen sehr ~ он óчень отстáл по рýсскому языкý
Zurück *n:* es gibt kein ~ mehr обрáтного путú ужé нет, возврáта бóльше нет
zurück|begleiten *tr* прово|жáть ⟨-дúть 3⁺ -жý⟩ обрáтно; ~**behalten** *tr* оставлять ⟨остáв|ить 3 -лю⟩ себé; Geld удéрживать ⟨удержáть 3⁺⟩ за собóй; ~**bekommen** *tr* получ|áть ⟨-úть 3⁺⟩ обрáтно; ~**beugen, sich** *refl* наклон|я́ться ⟨-úться 3⁺⟩ назáд; ~**bleiben** *intr* Uhr; Schule; Läufer от|ставáть* ⟨-|стáть*⟩ (hinter от *G*); Gefühl; Spuren der Krankheit оставáться ⟨остáться⟩ | einer von uns muß im Lager ≈ одúн из нас дóлжен остáться в лáгере; in seinen Leistungen ≈ отставáть по результáтам трудá [Schule по успевáемости]; ~**blicken** *intr* огл|я́дываться ⟨-янýться 4⁺⟩; ~**bringen** *tr* приносúть 3⁺ -ношý ⟨-|нестú*⟩ обрáтно; zurückgeben возвра|щáть ⟨-тúть 3 -щý⟩; ~**datieren** *tr* датúровать *uv, v* 2 зáдним числóм; ~**denken** *intr* вспоминáть ⟨вспóмнить 3⟩ (an *A oder* о *P*); ~**drängen** *tr* оттесн|я́ть ⟨-úть 3⟩; Wunsch, Gefühl подав|ля́ть ⟨-úть 3⁺⟩; ~**drehen** *tr* поворáчивать *u.* повёртывать ⟨-вернýть 4⟩ назáд [обрáтно]; Uhrzeiger переводúть 3⁺ -вожý

⟨-|вести́*⟩ наза́д; (Rad der) Geschichte повёртывать ⟨-верну́ть⟩ вспять; **~erbitten** *tr* про|си́ть 3⁺ -шу́ (по-) верну́ть; **~erhalten** *tr* получ|а́ть ⟨-и́ть 3⁺⟩ обра́тно; **~erinnern, sich** *refl* вспомина́ть ⟨-по́мнить 3⟩ (an etw. что-н.); **~erobern** *tr* отво|ёвывать ⟨-ева́ть 2ⱼ -ёванный⟩; **~erstatten** *tr* возме|ща́ть ⟨-сти́ть 3 -щу́⟩, верну́ть *v* 4; **~fahren** *intr* е́хать* (по-) обра́тно, верну́ться *v* 4 наза́д [обра́тно]; *übertr* отпря́нуть *v* 4; **~fallen** *intr* zurückbleiben *tr* от|става́ть* ⟨-|ста́ть*⟩ *a. Sport* | in die alten Fehler ≈ повтор|я́ть ⟨-и́ть 3⟩ ста́рые оши́бки; der Vorwurf fällt auf ihn zurück э́тот упрёк он мог бы сде́лать самому́ себе́; **~finden** *intr* на|йти́* *v* доро́гу обра́тно; in die Heimat вновь возвра|ща́ться ⟨-ти́ться 3 -щу́сь⟩; **~fliegen** *intr* лете́ть (по-) наза́д; **~fluten** *intr* отка́тываться ⟨откати́ться 3⁺⟩; **~fordern** *tr* тре́бовать 2 (по-) обра́тно (von от *G*); **~führen** *tr* отводи́ть 3⁺ -вожу́ ⟨-|вести́*⟩ [вести́] обра́тно; *übertr* сво|ди́ть 3⁺ -жу́ ⟨свести́⟩ (auf к *D oder* на *A*); zuschreiben припи́сывать ⟨-|писа́ть*⟩ *D* | worauf ist das zurückzuführen? чем э́то объясня́ется?; **~geben** *tr* возвра|ща́ть ⟨-ти́ть 3 -щу́⟩, верну́ть *v* 4; **~geblieben** отста́лый; beschränkt малора́звит:ыйⱼ -а; **~gehen** *intr* идти́ обра́тно [наза́д], возвра|ща́ться ⟨-ти́ться 3 -щу́сь⟩; Feind отступ|а́ть ⟨-и́ть 3⁺ -лю́⟩; Wasser спада́ть ⟨-|па́сть*⟩; Preise, Umsatz па́дать ⟨упа́сть⟩; seinen Ursprung haben восхо|ди́ть 3⁺ -жу́ (auf к *D*); **~gewinnen** *tr* приобрета́ть ⟨-|обрести́*⟩ вновь; beim Spiel оты́грывать ⟨отыгра́ть⟩; **~gezogen** уединён:ныйⱼ -на

Zurückgezogenheit *f* уедине́ние 5, уединённость 9

zurück|greifen *intr* верну́ться *v* 4 к *D*, прибега́ть ⟨-бе́гнуть 4a *u.* 4⟩ к *D*; **~halten** *tr* уде́рживать ⟨-держа́ть 3⁺⟩; Postsendung заде́рживать ⟨-держа́ть⟩; Gefühl сде́рживать ⟨-держа́ть⟩; sich ≈ *refl* возде́рживаться ⟨-держа́ться⟩ (von от *G*); sich beherrschen сде́рживаться ⟨-держа́ться⟩; **~haltend** сде́ржан:ныйⱼ -на; verschlossen скры́т|ныйⱼ -ен, за́мкнут:ый

Zurückhaltung *f übertr* сде́ржанность 9; übergroße скры́тность 9, за́мкнутость 9

zurück|kehren *intr* возвра|ща́ться ⟨-ти́ться 3 -щу́сь⟩, верну́ться *v* 4; **~kommen** *intr* = **zurückkehren;** *übertr* вновь заговори́ть *v* 3 (auf о *P*) | auf eine Frage ≈ верну́ться *v* 4 к како́му-н. вопро́су; **~lassen** *tr* оставля́ть ⟨оста́в|ить 3 -лю⟩; **~legen** *tr* класть* ⟨положи́ть 3⁺⟩ обра́тно; Geld откла́дывать ⟨-ложи́ть 3⁺⟩; eine best. Strecke (gehend oder fahrend) проходи́ть 3⁺ -хожу́ ⟨-|йти́*⟩, (fahrend oder reitend) про|езжа́ть ⟨-|е́хать*⟩; **~nehmen** *tr* брать* ⟨взять*⟩ обра́тно; Auftrag; Versprechen; Maßnahme отмен|я́ть ⟨-и́ть 3⁺ⱼ -ённый⟩; Ware принима́ть ⟨приня́ть*⟩ обра́тно; **~prallen** *intr* отска́кивать ⟨-качи́ть 3⁺⟩; vor Schreck отпря́нуть *v* 4; **~rufen** *tr* звать* (по-) наза́д; rufend antworten крича́ть 3 ⟨кри́кнуть *mom* 4⟩ в отве́т, откл|ика́ться ⟨-и́кнуться 4⟩ на *A*; einen Fortgehenden возвра|ща́ть ⟨-ти́ть 3 -щу́⟩ | er wurde aus dem Urlaub zurückgerufen его́ отозва́ли [верну́ли] из о́тпуска; ins Gedächtnis ≈ припомина́ть ⟨-по́мнить 3⟩; **~schaudern** *intr* отшатну́ться *v* 4 в у́жасе (vor от *G*); **~schicken** *tr* посыла́ть ⟨-|сла́ть*⟩ наза́д [обра́тно]; **~schlagen** *tr* Ball отбива́ть ⟨-|би́ть*ⱼ отобью́⟩; Feind отра|жа́ть ⟨-зи́ть 3 -жу́⟩; Decke отки́|дывать ⟨-нуть 4⟩; einen Teil der Kleidung отвора́чивать ⟨-верну́ть 4ⱼ -вёрнутый⟩; **~schrauben** *tr* ослабля́ть ⟨осла́б|ить 3 -лю⟩ *a. übertr;* **~schrecken** *tr* отпу́гивать ⟨-пугну́ть 4⟩; *intr* пуга́ться (ис-) (vor *G*), боя́ться 3 (vor *G*) | zurückfahren отпря́нуть *v* 4 в стра́хе [в испу́ге]; seine Drohungen schreckten mich nicht zurück его́ угро́зы не испуга́ли меня́; vor Schwierigkeiten nicht ≈ не боя́ться тру́дностей; **~setzen** *tr übertr* Person пренебрега́ть ⟨пренебре́чь*⟩ *I*; herabsetzen: Preis снижа́ть ⟨сни́|зить 3 -жу⟩ | sie fühlte sich zurückgesetzt она́ (по)чу́вствовала себя́ обойдённой

Zurücksetzung *f* пренебреже́ние 5 *I*, оби́да 6, оттесне́ние 5 на за́дний план

zurück|springen *intr* отск|а́кивать ⟨-очи́ть 3⁺ -очу́⟩; **~stehen** *intr* уступ|а́ть ⟨-и́ть 3⁺ -лю́⟩ (hinter *D*); **~stellen** *tr* ста́в|ить 3 -лю (по-) обра́тно [наза́д]; aufschieben отсро́ч|ивать ⟨-ить 3⟩, откла́дывать ⟨-ложи́ть 3⁺⟩, отодв|ига́ть ⟨-и́нуть 4⟩; *Mil* дава́ть* ⟨дать*⟩ отсро́чку *D*; Zweifel отбр|а́сывать ⟨-о́сить 3 -о́шу⟩ | die Uhr ≈ переводи́ть 3⁺ -вожу́ ⟨-|вести́*⟩ часы́ наза́д

Zurückstellung *f* отсро́чка 6

zurück|stoßen *tr* отта́лкивать ⟨-толкну́ть 4⟩ наза́д; *übertr* отта́лкивать ⟨-толкну́ть⟩ (от себя́), вызыва́ть ⟨вы́|звать*⟩ отвраще́ние; **~strahlen** *tr* отра|жа́ть ⟨-зи́ть 3 -жу́⟩; *intr* отра|жа́ться ⟨-зи́ться⟩; **~stufen** *tr:* (in eine niedrigere Gehaltsstufe) ≈ определ|я́ть ⟨-и́ть 3⟩ зарпла́ту по бо́лее ни́зкому разря́ду; **~taumeln** *intr* отшатну́ться *v* 4 (vor от *G*); **~treten** *intr* отступ|а́ть ⟨-и́ть 3⁺ -лю́⟩; verzichten отка́зываться ⟨-|каза́ться*⟩ (von от *G*); Amt, Pflicht слага́ть ⟨сложи́ть 3⁺⟩ (von *A*); Regierung, Minister ухо|ди́ть 3⁺ -жу́ ⟨у|йти́*⟩ в отста́вку; *übertr* отходи́ть ⟨отойти́⟩ на за́дний план | sein Einfluß trat immer mehr zurück его́ влия́ние всё уменьша́лось; **~versetzen** *tr* возвра|-

щáть ⟨-тúть 3 -щý⟩ в прéжнее состоя́ние; sich ≈ *refl* перено|сúться 3⁺ -шýсь ⟨-|нестúсь*⟩ (in в *A*); **~weichen** *intr* jäh отшатнýться *v* 4 (vor от *G*); Feind отступ|áть ⟨-úть 3⁺ -лю́⟩ (назáд); **~weisen** *tr* откáзывать ⟨-|казáть*⟩ (j-n *D*, etw. в *P*), отклон|я́ть ⟨-úть 3⁺⟩; Verdacht отвергáть ⟨-вéргнуть 4a *u.* 4⟩ | j-n in seine Grenzen [an seinen Platz] ≈ стáв|ить 3 -лю (по-) когó-н. на мéсто; **~werfen** *tr* Kopf, Haar отбр|áсывать ⟨-óсить 3 -óшу⟩ назáд; Licht отра|жáть ⟨-зúть 3⟩; Feind; in der Entwicklung отбр|áсывать ⟨-óсить⟩; **~zahlen** *tr* уплáчивать ⟨упла|-тúть 3⁺ -чý⟩, возвра|щáть ⟨-тúть 3 -щý⟩; **~ziehen** *tr* тянýть *v* 4⁺ назáд; Hand, Vorhang отдёр|гивать ⟨-нуть 4⟩; Klage брать* ⟨взять*⟩ обрáтно; *Mil* оття́гивать ⟨-тянýть⟩; z. B. in sein Heimatdorf переезжáть ⟨-|éхать*⟩; sich ≈ *refl* von einer Gesellschaft удал|я́ться ⟨-úться 3⟩, уедин|я́ться ⟨-úться 3⟩; von etw. отхо|дúть 3⁺ -жý ⟨ото|йтú*⟩ *a. Mil;* отступ|áть ⟨-úть 3⁺ -лю́⟩ | seinen Antrag ≈ снимáть ⟨снять*⟩ своё предложéние; sie lebt sehr zurückgezogen онá живёт óчень уединённо; sich von der Bühne ≈ *Theat* покúнуть *v* 4 сцéну; sich zur Beratung ≈ удалúться на совещáние; sich von Geschäften ≈ отойтú *v* от дел

Zuruf *m* крик 2, вóзглас 2; Anruf óклик 2

zurufen *tr u. intr* кричáть 3 ⟨крúкнуть *mom* 4⟩; anrufen окл|икáть ⟨-úкнуть 4⟩ *A*

Zusage *f* соглáсие 5; Versprechen обещáние 5

zusagen *tr* обещáть *uv, v* (*a.* по-), давáть* ⟨дать*⟩ соглáсие на *A; intr* согла|шáться ⟨-сúться 3 -шýсь⟩ на *A*; Einladung annehmen принимáть ⟨приня́ть*⟩ приглашéние; gefallen нрáв|иться 3 -люсь (по-), быть* по вкýсу | das sagt mir zu э́то мне нрáвится

zusammen *Adv* вмéсте, сообщá; insgesamt в сýмме, итогó | ~ mit ihm совмéстно [вмéсте] с ним; das macht ~ hundert Mark э́то составля́ет в итóге сто мáрок, итогó сто мáрок

Zusammenarbeit *f* сотрýдничество 4 | in ~ mit j-m в сотрýдничестве с кем-н.

zusammen|arbeiten *intr* сотрýдничать, рабóтать совмéстно; **~ballen** *tr* Faust сжимáть ⟨-|жать¹*₁ сожмý⟩; Papier кóмкать (ис-, с-); sich ≈ *refl* сжимáться ⟨сжáться⟩ (zu в *A*); Menschen, Wolken собирáться ⟨-|брáться*ᵢ -брáлúсь⟩; **~beißen** *tr:* die Zähne ≈ vor Schmerzen стúс|кивать ⟨-нуть 4⟩ зýбы; in schwierigen Situationen брать* ⟨взять*⟩ себя́ в рýки, овлад|евáть ⟨-дéть⟩ собóй; **~binden** *tr* свя́зывать ⟨-|вязáть*⟩ **~brechen** *intr* обрýш|иваться ⟨-иться 3⟩, развáливаться ⟨-валúться 3⁺⟩; mit Getöse рýхнуть *v* 4; *übertr* разрушáться ⟨-рýшиться 3⟩; eines Unternehmens обанкрó|титься *v* 3 -чусь, окóнчиться *v* 3 провáлом | der feindliche Angriff ist (völlig) zusammengebrochen наступлéние протúвника бы́ло сóрвано; er ist gänzlich zusammengebrochen он совсéм разбúт [слóмлен]; **~bringen** *tr* собирáть ⟨-|брáть*⟩; Teile скол|áчивать ⟨-отúть 3⁺ -очý⟩; Menschen сводúть 3⁺ -вожý ⟨-|вестú*⟩ вмéсте | er brachte keine drei Sätze zusammen он не мог связáть и двух слов

Zusammenbruch *m* der Hoffnungen кpушéние 5; völliger Mißerfolg крах 2, банкрóтство 4, провáл 2; Zerfall распáд 2, развáл 2; *Verk* остановлéние 5; völlige Erschöpfung изнеможéние 5

zusammen|drängen *tr* Bericht, Thema сжимáть ⟨-|жать¹*₁ сожмý⟩ *a. übertr*, Menschen стесн|я́ть ⟨-úть 3⟩; Mieter уплотн|я́ть ⟨-úть 3⟩; *übertr* сокра|щáть ⟨-тúть 3 -щý⟩; sich ≈ *refl* теснúться 3, толпúться 3, скýчиваться ⟨скýчиться 3⟩; **~drücken** *tr* сжимáть ⟨-|жать¹*₁ сожмý⟩, сдáвливать ⟨сдав|úть 3⁺ -лю́⟩; **~fahren** *intr* Züge, Autos стáлкиваться ⟨столкнýться 4⟩; *übertr* вздрáгивать ⟨-óгнуть 4⟩ (vor от *G*); **~fallen** *intr* обрýш|иваться ⟨-иться 3⟩; zeitlich совпадáть ⟨-|пáсть*⟩ *a. Math*; **~falten** *tr* склáдывать ⟨сложúть 3⁺⟩; **~fassen** *tr* zusammenstellen сводúть 3⁺ -вожý ⟨-|вестú*⟩ (воедúно); vereinigen объедин|я́ть ⟨-úть 3⟩; erfassen охвáтывать ⟨охва|тúть 3⁺ -чý⟩; *Mil* сосредотóч|ивать ⟨-ить 3⟩; *übertr* резюмúровать *uv, v* 2, обобщ|áть ⟨-úть 3⟩ | die Ergebnisse einer Untersuchung ≈ подводúть 3⁺ -вожý ⟨-|вестú*⟩ итóги исслéдования, подытóж|ивать ⟨-ить 3⟩ результáты исслéдования

Zusammenfassung *f* резюмé *n idkl*, обобщéние 5; сосредотóчение 5; подведéние 5 итóгов; Vereinigung объединéние 5

zusammenfließen *intr* сливáться ⟨-|лúться*ᵢ -лúлúсь⟩

Zusammenfluß *m* von Flüssen слия́ние 5

zusammen|fügen *tr* соедин|я́ть ⟨-úть 3⟩; Bretter скол|áчивать ⟨-отúть 3⁺ -очý⟩, сплáчивать ⟨спло|тúть 3 -чý⟩ | alles fügt sich gut zusammen всё склáдывается хорошó; **~führen** *tr* an einen Ort сводúть 3⁺ -вожý ⟨-|вестú*⟩ | das Schicksal führte uns zufällig zusammen судьбá случáйно свелá нас; **~gehören** *intr* принадлежáть 3 друг дрýгу, быть* свя́занным друг с дрýгом; ein Ganzes bilden сост|авля́ть ⟨-áвить 3⟩ однó цéлое; **~gehörig** принадлежáщий 11 друг дрýгу; von Gegenständen составля́ющий 11 комплéкт

Zusammengehörigkeit *f* сплочённость 9, солидáрность 9

zusammengesetzt сло́ж|ный, -ен, -на́!, составно́й | ~er Satz *Gramm* сло́жное предложе́ние

Zusammenhalt *m* свя́зность 9 *a. Tech,* сплочённость 9, солида́рность 9

zusammenhalten *tr* держа́ть 3⁺ вме́сте; vergleichen держа́ть ря́дом, сра́внивать ⟨сравни́ть 3⟩, прикла́дывать ⟨-ложи́ть 3⁺⟩ друг к дру́гу; Stoffe u. a. *intr* sich nicht loslösen держа́ться, быть* кре́пко соединённым; *übertr* стоя́ть 3 друг за дру́га, держа́ться вме́сте | er hält sein Geld sehr zusammen он зря де́ньги не тра́тит, он о́чень бережли́в

Zusammenhang *m* связь 9; в свя́зи, в связи́, свя́зность 9 (mit с *I*); Text- конте́кст 2 | im ~ mit etw. в связи́ с чем-н.; in diesem ~ в связи́ с э́тим, в э́той связи́; im engen ~ в те́сной свя́зи; in ~ bringen mit etw. свя́зывать ⟨-|вяза́ть*⟩ с чем-н.; mit etw. in ~ stehen быть свя́занным с чем-н.

zusammen|hängen *intr* быть* свя́занным (mit с *I*), находи́ться 3⁺ в связи́ (mit с *I*); **~hängend** Rede, Satz свя́з|ный, -ен, скла́д|ный, -ен, -на́! | er kann nicht ≈ sprechen двух [трёх] слов связа́ть не мо́жет; **~hangslos** бессвя́з|ный, -ен

Zusammenhangslosigkeit *f* бессвя́зность 9

zusammen|holen *tr* собира́ть ⟨-|бра́ть*⟩ отовсю́ду [с ра́зных концо́в]; **~kauern, sich** *refl* свёртываться ⟨сверну́ться 4⟩ в клубо́к, скo̓рчиться *v* 3

Zusammenklang *m Mus* созву́чие 5 *a. übertr*

zusammenklappbar складно́й

zusammen|klappen *tr* скла́дывать ⟨сложи́ть 3⁺⟩; *intr* изнемога́ть ⟨изне|мо́чь*⟩ | er ist mit den Nerven zusammengeklappt его́ не́рвы не вы́держали, не́рвы у него́ сда́ли; **~kleben** *tr* скле́ивать ⟨скле́ить 3⟩; **~kommen** *intr* схо|ди́ться 3⁺ -жу́сь ⟨со|йти́сь*⟩, собира́ться ⟨-|бра́ться*, -брали́сь⟩; **~kratzen** *tr* наскреба́ть ⟨-|скрести́*⟩

Zusammenkunft *f* свида́ние 5, встре́ча 6; Versammlung собра́ние 5

zusammen|laufen *intr* сбега́ться ⟨-|бежа́ться*⟩; Flüsse, Farben, Linien слива́ться ⟨-|ли́ться*; -лили́сь⟩; Milch свёртываться ⟨-верну́ться 4⟩ | alle Fäden laufen in seiner Hand zusammen все ни́ти (схо́дятся) в его́ рука́х; das Wasser lief mir im Mund zusammen у меня́ слю́нки потекли́; **~leben** *intr* жить* совме́стно [вме́сте], сожи́тельствовать 2

Zusammenleben *n* совме́стная жизнь, сожи́тельство 4 *a. Biol*

Zusammenlegen *tr* zusammenstellen, aufstapeln скла́дывать ⟨-ложи́ть 3⁺⟩; Geld устр|а́ивать ⟨-о́ить 3⟩ скла́дчину; vereinigen соедин|я́ть ⟨-и́ть 3⟩, объедин|я́ть ⟨-и́ть 3⟩; Betriebe a. укрупн|я́ть ⟨-и́ть 3⟩

Zusammenlegung *f* объедине́ние 5; von Betrieben a. укрупне́ние 5 *G*

zusammen|leimen *tr* скле́ивать ⟨скле́ить 3⟩; **~nähen** *tr* сшива́ть ⟨-|ши́ть*, сошью́⟩; **~nehmen** *tr* Gedanken, Kraft собира́ть ⟨-|бра́ть*⟩; sich ≈ *refl* брать* ⟨взять*⟩ себя́ в ру́ки | seine Kräfte ≈ собира́ться ⟨собра́ться; -брали́сь⟩ с си́лами; alles zusammengenommen всё вме́сте; er hat sich heute sehr zusammengenommen сего́дня он хорошо́ владе́л собо́й; **~packen** *tr* скла́дывать ⟨-ложи́ть 3⁺⟩, укла́дывать ⟨-ложи́ть 3⁺⟩, упак|о́вывать ⟨-ова́ть 2⟩ (вме́сте); **~passen** *intr* подхо|ди́ть 3⁺ -жу́ ⟨подо|йти́*⟩ друг к дру́гу; harmonieren сочета́ться *uv, v*

Zusammenprall *m* столкнове́ние 5; Interessen a. колли́зия 8

zusammen|prallen *intr* ста́лкиваться ⟨столкну́ться 4⟩; **~pressen** *tr* сжима́ть ⟨-|жать[1]*, сожму́⟩, сти́с|кивать ⟨-нуть 4⟩; *Tech* прессова́ть 2 (с-, от); **~raffen** *tr* собира́ть ⟨-|бра́ть*⟩ *a. übertr;* sich ≈ *refl* собира́ться ⟨собр|а́ться; -али́сь⟩ с си́лами; **~rechnen** *tr* под-, сосч|и́тывать ⟨-ита́ть⟩, сумми́ровать 2; **~reimen** *tr übertr* увя́зывать ⟨-|вяза́ть*⟩; verstehen сообра|жа́ть ⟨-зи́ть 3 -жу́⟩; sich ≈ *refl* соглас|о́вываться ⟨-ова́ться 2⟩ | wie reimt sich das zusammen? как э́то поня́ть?; das kann ich mir nicht ≈ э́того я не понима́ю; **~reißen, sich** *refl* брать* ⟨взять*⟩ себя́ в ру́ки, (с трудо́м) овладе|ва́ть ⟨-е́ть⟩ собо́й; **~rollen** *tr* свёртывать *u.* свора́чивать ⟨-верну́ть 4; -вёрнутый⟩; zu einer Rolle ска́тывать ⟨-ката́ть⟩ (в тру́бку); sich ≈ *refl* свёртываться *u.* свора́чиваться ⟨-верну́ться⟩ в клубо́к; **~rotten, sich** *refl* собира́ться ⟨-бра́ться*; -брали́сь⟩ толпо́й; **~rücken** *tr* сдвига́ть ⟨сдви́нуть 4⟩; *intr* сдвига́ться ⟨сдви́нуться⟩; придв|ига́ться ⟨-и́нуться⟩ друг к дру́гу; **~rufen** *tr* созыва́ть *u.* сзыва́ть ⟨со|зва́ть*⟩; **~schaudern** *intr* содрог|а́ться ⟨-ну́ться 4⟩; **~schauern** *intr* ёжиться 3 (съ-); **~schießen** *tr* сно|си́ть 3⁺ -шу́ ⟨с|нести́*⟩ (вы́стрелами), разруша́ть ⟨-ру́шить 3⟩; Menschen гром|и́ть 3 -лю́ (раз-), расстр|е́ливать ⟨-еля́ть⟩; **~schlagen** *tr* разбива́ть ⟨-|би́ть*, -обью́⟩ (вдре́безги), перебива́ть ⟨-би́ть⟩; Zeitung скла́дывать ⟨-ложи́ть 3⁺⟩; Hände всплёскивать ⟨-плесну́ть 4⟩; Kleidung запа́хивать ⟨-пахну́ть 4⟩; zusammenhämmern скола́чивать ⟨сколо|ти́ть 3⁺ -чу́⟩; brutal niederschlagen избива́ть ⟨-|би́ть*, изобью́⟩, отколо|ти́ть *v* 3⁺ -чу́ | die Wellen schlugen über ihm zusammen во́лны захлестну́ли его́; **~schließen** *tr* объ-

един|я́ть ⟨-и́ть 3⟩ (zu в *A*); sich ≈ *refl* объедин|я́ться ⟨-и́ться⟩ (zu в *A*); einmütig спла́чиваться ⟨спло|ти́ться 3 -чу́сь⟩; fest спа́ивать ⟨спая́ть⟩
Zusammenschluß *m* объедине́ние 5 (zu в *A*), соедине́ние 5 (mit с *I*, zu в *A*); Bündnis смы́чка 6, сплоче́ние 5
zusammen|schmelzen *intr* weniger werden ста́ивать ⟨стая́ть₁ стáет⟩; *tr Tech* сплавля́ть ⟨спла́в|ить 3 -лю⟩ | unsere Vorräte sind zusammengeschmolzen на́ши запа́сы та́яли; **~schmieden** *tr* ско́вывать ⟨-|кова́ть*⟩; **~schrumpfen** *intr* съёж|иваться ⟨-иться 3⟩, смо́рщ|иваться ⟨-иться 3⟩; Kapital, Vorräte уменьша́ться ⟨уме́ньшиться 3⟩, сокра|ща́ться ⟨-ти́ться 3⟩; Geld та́ять₁ та́ет; **~schweißen** *tr Tech* сва́ривать ⟨-вари́ть 3⁺⟩; *übertr* спла́чивать ⟨спло|ти́ть 3 -чу́⟩; **~setzen** *tr* составля́ть ⟨соста́в|ить 3 -лю⟩; Mechanismus собира́ть ⟨-|бра́ть*⟩; sich ≈ *refl* состоя́ть 3 (aus из *G*) | sie setzten sich zusammen, um etw. zu besprechen они́ собрали́сь₁ что́бы кое-что́ обсуди́ть
Zusammensetzung *f* соста́в 2 *a. Chem; Gramm* сло́жное сло́во 4b; *Tech* сбо́рка 6, составле́ние 5
zusammensparen *tr* на-, ска́пливать ⟨-копи́ть 3⁺ -коплю́⟩
Zusammenspiel *n Theat* анса́мбль 1; *von* Muskeln согласо́ванность 9; *Sport* сы́гранность 9; комбина́ция 8
zusammen|stecken *tr* ска́лывать ⟨-|коло́ть*⟩ була́вками, скреп|ля́ть ⟨-и́ть 3 -лю́⟩; **~stellen** *tr* составля́ть ⟨соста́в|ить 3 -лю⟩ вме́сте, ста́в|ить 3 -лю (по-) ря́дом; Programm, Menü u. a. составля́ть ⟨соста́вить⟩; geordnet скла́дывать ⟨сложи́ть 3⁺⟩; Teller собира́ть ⟨со|бра́ть*⟩ *a. Tech;* zum Vergleich сопост|авля́ть ⟨-а́вить 3 -а́влю⟩, сра́внивать ⟨-равни́ть 3⟩
Zusammen|stellung *f* составле́ние 5; passende Auswahl подбо́р 2; Übersicht обзо́р 2; **~stoß** *m* столкнове́ние 5; *übertr* столкнове́ние, сты́чка 6, перебра́нка 6
zusammen|stoßen *intr* ста́лкиваться ⟨столкну́ться 4⟩ (mit с *I*) *a. übertr;* Grundstücke соприкаса́ться ⟨-коснуться 4⟩; **~strömen** *intr übertr* стека́ться ⟨-|те́чься*⟩; **~stürzen** *intr* ру́шиться *uv, v* 3 (*a.* об-), разва́ливаться ⟨-вали́ться 3⁺⟩; *übertr* потерп|е́ть *v* 3⁺ -лю́ крах [прова́л]; Hoffnung ру́хнуть *v* 4; **~suchen** *tr* собира́ть ⟨-|бра́ть*⟩; **~tragen** *tr* сно|си́ть 3⁺ -шу́ ⟨с|нести́*⟩ в одно́ ме́сто; Stoff, Material, Fakten собира́ть ⟨-|бра́ть*⟩; компили́ровать 2 (с-); **~treffen** *intr* схо|ди́ться 3⁺ -жу́сь ⟨со|йти́сь*⟩; begegnen встреча́ться ⟨встре́|титься 3 -чусь⟩; zusammenfallen совпада́ть ⟨-|па́сть*⟩; Umstände скла́дываться ⟨сложи́ться 3⁺⟩
Zusammentreffen *n* встре́ча 6 (mit с *I*); *übertr* совпаде́ние 5, стече́ние 5 | ~ der Umstände стече́ние обстоя́тельств
zusammen|treten *intr* схо|ди́ться 3⁺ -жу́сь ⟨со|йти́сь*⟩ (zu на *A*); sich versammeln собира́ться ⟨-|бра́ться*₁ -брали́сь⟩ (zu на *A*); **~trommeln** *tr übertr* созыва́ть ⟨-|зва́ть*⟩, собира́ть ⟨-|бра́ть*⟩; **~tun, sich** *refl* собира́ться ⟨-|бра́ться*₁ -брали́сь⟩; sich vereinen соедин|я́ться ⟨-и́ться 3⟩; объедин|я́ться ⟨-и́ться 3⟩; **~wachsen** *intr* средства́ться ⟨-|расти́сь*₁ сро́сся⟩ | ≈ lassen сра́щивать ⟨сра|сти́ть 3 -щу́⟩; **~werfen** *tr* броса́ть ⟨бро́|сить 3 -шу⟩ (в одно́ ме́сто); durcheinanderwerfen с-, переме́шивать ⟨-меша́ть⟩; **~wickeln** *tr* сма́тывать ⟨-мота́ть⟩ (в клубо́к), свёртывать ⟨-верну́ть 4₁ -вёрнутый⟩; **~wirken** *tr* де́йствовать 2 сообща́; **~zählen** *tr* под-, сосч|и́тывать ⟨-ита́ть⟩; **~ziehen** *tr* стя́гивать ⟨-тяну́ть 4⁺⟩; beim Zubinden затя́гивать ⟨-тяну́ть⟩; mit einer Schnur шнурова́ть 2 (за-); enger machen су́живать ⟨су́|зить 3 -жу⟩; verkürzen сокра|ща́ть ⟨-ти́ть 3 -щу́⟩; Truppen сосредото́ч|ивать ⟨-ить 3⟩; Summen подсч|и́тывать ⟨-ита́ть⟩; *intr* посели́ться *v* 3 в одно́й кварти́ре (mit с *I*); *refl* sich ≈ Wunde затя́гиваться ⟨-тяну́ться⟩; Gewitter собира́ться ⟨-|бра́ться*₁ -брали́сь⟩, надв|ига́ться ⟨-и́нуться 4⟩; **~zucken** *intr* вздр|а́гивать ⟨-о́гнуть 4⟩
Zusatz *m* доба́вка 6, добавле́ние 5 (zu к *D*); Ergänzung, Nachtrag припи́ска 6; Beimischung при́месь 9; **~abkommen** *n* дополни́тельное соглаше́ние; **~aggregat** *n El* доба́вочный агрега́т; **~antrag** *m* дополни́тельное предложе́ние
zusätzlich дополни́тельный; сверх пла́на
Zusatz|lohn *m* доба́вочная пла́та; **~rente** *f* дополни́тельная пе́нсия; **~studium** *n* дополни́тельная учёба; **~versicherung** *f* дополни́тельное страхова́ние
zuschanden *Adv:* ~ machen по́р|тить 3 -чу (ис-) | seine Hoffnungen wurden ~ gemacht его́ наде́жды не оправда́лись [не сбыли́сь]; ein Pferd ~ reiten загоня́ть ⟨-|гна́ть*⟩ ло́шадь
zuschauen *intr* смотре́ть 3⁺ (по-) на *A*; наблюда́ть *A*, за *I* | beim Spiel ~ смотре́ть на игру́
Zuschauer *m* зри́тель 1; **~in** *f* зри́тельница 6; **~raum** *m* зри́тельный зал
zu|schicken *tr* присыла́ть ⟨-|сла́ть*⟩, доставля́ть ⟨доста́в|ить 3 -лю⟩ на́ дом; **~schieben** *tr* Schublade задв|ига́ть ⟨-и́нуть 4⟩; *übertr* вз-, сва́ливать ⟨-вали́ть 3⁺⟩ (j-m на *A*), перекла́дывать ⟨-ложи́ть 3⁺⟩ (j-m на *A*) | j-m die Schuld ≈ свали́ть вину́ на кого́-н.; **~schießen** *tr* dazugeben доб|авля́ть ⟨-а́вить 3 -а́влю⟩ (zu на *A*), вноси́ть 3⁺ -ношу́ ⟨-|нести́*⟩ (zu в *A*) |

zu einem Unternehmen Geld ≈ вкла́дывать ⟨-ложи́ть⟩ де́ньги в како́е-н. предприя́тие
Zuschlag *m* Fahrgeld, Porto допла́та 6; Gehalt надба́вка 6; Preis нацéнка 6
zuschlagen *tr* Tür за-, прихло́п|ывать ⟨-нуть 4⟩; Augen, Buch закрыва́ть ⟨-|кры́ть*⟩; zum Preis на(д)бавля́ть ⟨-а́вить 3 -а́влю⟩; де́лать (с-) наце́нку; *intr* ударя́ть ⟨уда́рить 3⟩, бить* | schlag zu! бей!
zuschlag(s)frei без надба́вки, без наце́нки
Zuschlag[s]‖gebühr *f* дополни́тельный (к тари́фу) сбор; **~karte** *f Eisenb* доплатно́й биле́т 2, биле́т с допла́той
zuschlag[s]pflichtig подлежа́щий 11 допла́те
zu|schließen *tr* запира́ть ⟨запере́ть*⟩ | die Tür ≈ запере́ть дверь на ключ; **~schnallen** *tr* застёгивать ⟨-стегну́ть 4¡ -стёгнутый⟩; **~schnappen** *intr* mit den Zähnen хвата́ть ⟨схва|ти́ть 3⁺ -чу́⟩ зуба́ми; beißen уку|си́ть *v* 3⁺ -шу́; Schloß защёлк|иваться ⟨-нуться 4⟩; **~schneiden** *tr* Kleid крои́ть 3 ⟨вы́-⟩; Stoff раскр|а́ивать ⟨-ои́ть⟩; Holz обреза́ть *u.* обре́зывать ⟨-|ре́зать*⟩; *übertr* принор|а́вливать ⟨-ови́ть 3⟩, приспос|а́бливать ⟨-о́бить 3 -о́блю⟩ (auf etw., für etw. что-н., к чему́-н.)
Zuschneider *m* закро́йщик 2; **~in** *f* закро́йщица 6
Zuschnitt *m* zuschneiden кро́йка 6; von Kleidern u. a. покро́й 1, фасо́н 2; *übertr* фо́рма 6; о́браз 2 (жи́зни)
zu|schnüren *tr* Schuh зашнур|о́вывать ⟨-ова́ть 2⟩; Paket завя́зывать ⟨-|вяза́ть*⟩; fest zusammenziehen стя́гивать ⟨-тяну́ть 4⁺⟩; **~schrauben** *tr u. intr* зави́нчивать ⟨завин|ти́ть 3 -чу́¡ зави́нченный⟩; **~schreiben** *tr* припи́сывать ⟨-|писа́ть*⟩ *a. übertr* | j-m die Schuld ≈ возлага́ть ⟨-ложи́ть 3⁺⟩ вину́ на кого́-н.; den Unfall hast du dir selbst zuzuschreiben ты сам винова́т в том¡ что произошёл несча́стный слу́чай
Zuschrift *f* письмо́ 4c *G Pl* пи́сем; amtliche: отноше́ние 5 | ~ auf etw. письмо́-о́тклик на что-н.
zuschulden *Adv*: sich etw. ~ kommen lassen провини́ться *v* 3 в чём-н.
Zuschuß *m* субси́дия 8; Zulage приба́вка 6; Unterstützung посо́бие 5 | ~ gewähren предост|авля́ть ⟨-а́вить 3 -а́влю⟩ субси́дию; **~betrieb** *m* бюдже́тное предприя́тие
zu|schütten *tr* засыпа́ть ⟨-|сы́пать*⟩; **~sehen** *intr* гля|де́ть 3 -жу́ (по-) на *A;* смотре́ть 3⁺ (по-) на *A*; einem Spiel наблюда́ть за *I*, сле|ди́ть 3 -жу́ за *I* | j-m bei der Arbeit ≈ наблюда́ть за кем-н. во вре́мя рабо́ты; ich werde ≈, daß ich kommen kann я постара́юсь прийти́; da mag er ≈, wie er damit fertig wird пусть сам справля́ется, пусть сам забо́тится об э́том; sieh zu! смотри́!; **~sehends** *Adv* заме́тно | er wird ≈ dicker он заме́тно полне́ет; **~senden** *tr* присыла́ть ⟨-|сла́ть*⟩; **~setzen** *tr* приб|авля́ть ⟨-а́вить 3 -а́влю⟩; Geld теря́ть (по-) *A*, лиш|а́ться ⟨-и́ться 3⟩ *G; intr* angreifen наседа́ть ⟨-|се́сть*⟩ (j-m на *A*); надоеда́ть ⟨-|е́сть*⟩, при|става́ть* ⟨-|ста́ть*⟩ (j-m mit etw. кому́-н. чем-н.) | bei dem Geschäft hat er viel Geld zugesetzt э́то де́ло ему́ до́рого обошло́сь; j-m mit Fragen ~ пристава́ть к кому́-н. с вопро́сами; **~sichern** *tr* за-, уверя́ть ⟨-ве́рить 3⟩ (j-m etw. кого́-н. в чём-н.); versprechen обеща́ть *uv, v* (*a.* по-) (j-m etw. что-н. кому́-н.)
Zusicherung *f* завере́ние 5, увере́ние 5; обеща́ние 5
Zuspiel *n Sport* переда́ча 6 (мяча́), пас 2 | auf ~ с пода́чи
zu|spielen *tr Sport* пере|дава́ть* ⟨переда́ть*⟩, пас|ова́ть 2 ⟨-ну́ть *mom* 4⟩; по|дава́ть* ⟨пода́ть*⟩ | j-m etw. ≈ *übertr* игра́ть ⟨сыгра́ть⟩ на́ руку кому́-н.; **~spitzen** *tr* заостр|я́ть ⟨-и́ть 3⟩; *übertr* обостр|я́ть ⟨-и́ть 3⟩; sich ≈ *refl* обостр|я́ться ⟨-и́ться⟩ *a. übertr*
Zuspitzung *f* обостре́ние 5
zu|sprechen *tr* Preis прису|жда́ть ⟨-ди́ть 3⁺ -жу́¡ -жённый⟩ *a. Jur* | j-m Trost ≈ утеша́ть ⟨уте́шить 3⟩ кого́-н.; j-m Mut ≈ подбодр|я́ть ⟨-и́ть 3⟩ кого́-н.; *intr:* dem Essen und Trinken tüchtig ≈ налега́ть ⟨-|ле́чь*⟩ на еду́ и питьё; **~springen** *intr* подск|а́кивать ⟨-очи́ть 3⁺⟩ (auf к *D*); Schloß защёлк|иваться ⟨-нуться 4⟩
Zuspruch *m* Trost утеше́ние 5; Ermutigung ободре́ние 5 | die Ausstellung hat viel ~ вы́ставка по́льзуется большо́й популя́рностью [больши́м успе́хом]
Zustand *m* состоя́ние 5; *Pl* Verhältnisse, Lage положе́ние 5 (веще́й), обстоя́тельства *Pl* 4 | das sind Zustände! ну и поря́дки!; sie hat wieder ihre Zustände с ней сно́ва припа́док, она́ сно́ва не в ду́хе
zustande *Adv*: ~ bringen осуществ|ля́ть ⟨-и́ть 3 -лю́⟩, соверш|а́ть ⟨-и́ть 3⟩ | ~ kommen осуществ|ля́ться ⟨-и́ться⟩
zuständig компете́нт|ный¡ -ен, подлежа́щий 11 компете́нции; *Jur* подсу́д|ный¡ -ен | ich bin dafür nicht ~ э́то не в мое́й компете́нции; wer ist dafür ~? кто ве́дает э́тим?
Zuständigkeit *f* компете́нтность 9; *Jur* подсу́дность 9
Zuständigkeitsbereich *m* компете́нция 8
zustatten *Adv*: ~ kommen быть* кста́ти, пригоди́ться *v* 3
zu|stecken *tr* heimlich подсо́вывать ⟨-су́-

нуть 4⟩; **~stehen** *intr* von einer zu zahlenden Summe слéдовать 2, причитáться; berechtigt sein принадлежáть 3 по прáву | wieviel steht Ihnen dafür zu? скóлько слéдует вам за э́то?, скóлько вам за э́то причитáется; es steht mir nicht zu я не вправе, э́то не в моéй компетéнции; **~stellen** *tr* доставля́ть ⟨достáв|ить 3 -лю⟩; aushändigen вруч|áть ⟨-и́ть 3⟩; Rechnung, Klage по|давáть* ⟨подáть*⟩

Zustell|gebühr *f* плáта за достáвку; **~ung** *f* достáвка 6, привóз 2; *Jur* вручéние 5 (докумéнтов)

zu|steuern *intr Mar* держáть 3⁺ курс на *A* | dem Hafen ≈ плыть* [напр|авля́ться ⟨-áвиться 3 -áвлюсь⟩ к гáвани; auf j-n ≈ напрáвиться к комý-н.; **~stimmen** *intr* согла|шáться ⟨-си́ться 3 шýсь⟩ с *I*; billigen од|обря́ть ⟨-óбрить 3⟩ *A*

Zustimmung *f* соглáсие 5 (zu на *A*), одобрéние 5 (zu *G*)

zu|stopfen *tr* затыкáть ⟨-ткнýть 4⟩; Strumpfloch заштóпать *v*; **~stöpseln** *tr* закýпор|ивать ⟨-ить 3⟩; **~stoßen** *tr* Tür захлóп|ывать ⟨-нуть 4⟩; *intr* случ|áться ⟨-и́ться 3⟩ (j-m с *I*) | wenn mir etwas ≈ sollte éсли со мной что-н. случи́тся

Zustrom *m übertr* притóк 2, прили́в 2; Andrang напли́в 2

zu|strömen *intr* течь* в *A*; притекáть ⟨-тéчь⟩ к *D*; Menschen стекáться ⟨-тéчься⟩ к *D* | dem Meere ≈ течь в мóре; **~stürzen** *intr* бросáться ⟨брó|-ситься 3 -шусь⟩ навстрéчу (auf j-n *D*)

zutage *Adv*: ~ bringen [fördern] обнарýж|ивать ⟨-ить 3⟩;~ treten обнарýж|иваться ⟨-иться⟩, выявля́ться ⟨вы́явиться 3⟩; seine Schuld liegt offen ~ егó винá очеви́дна

Zutat *f* Kochkunst припрáва 6 (zu к *D*); zum Teig сдóба 6; Gemüsebeilage гарни́р 2 (zu к *D*); Schneiderei приклáд 2

zuteil *Adv*: j-m ~ werden выпадáть ⟨вы́|пасть*; вы́павший 11⟩ на чью-н. дóлю, до|ставáться* ⟨-|стáться*⟩ комý-н.

zuteilen *tr* nach best. Ordnung распредел|я́ть ⟨-и́ть 3⟩; einen Teil abgeben удел|я́ть ⟨-и́ть 3⟩; rationieren вы|давáть* ⟨вы́|дать*⟩ по кáрточкам; Lebensmittel a. раз|давáть* ⟨раздáть*⟩; Land, Geschenke надел|я́ть ⟨-и́ть⟩ (j-m etw. когó-н. чем-н.); Aufgabe поруч|áть ⟨-и́ть 3⁺⟩; einsetzen als назн|ачáть ⟨-áчить 3⟩ *I*; einer Abteilung, Organistation прикреп|ля́ть ⟨-и́ть 3 -лю́⟩ (j-m к *D*); dienstlich прикомандир|óвывать ⟨-овáть 2⟩

Zuteilung *f* распределéние 5; раздáча 6; Menge нóрма 6 вы́дачи | auf ~ по кáрточкам

zutiefst *Adv* im Innersten, sehr глубокó, весьмá

zutragen *tr* mitteilen сообщ|áть ⟨-и́ть 3⟩; Gehörtes пере|давáть* ⟨передáть*⟩; sich ~ *refl* случ|áться ⟨-и́ться 3⟩

Zuträger *m* донóсчик 2

zuträglich полéз|ный, -ен; Nahrung здорóв:ый; Klima благотвóр|ный, -ен | j-m nicht ~ sein идти́* во вред комý-н.

zutrauen *tr*: j-m etw. ~ считáть ⟨счесть*⟩ когó-н. спосóбным на что-н.; das hätte ich ihm nicht zugetraut э́того я от негó не ожидáл; es ist ihm alles zuzutrauen от негó всегó мóжно ожидáть, он на всё спосóбен; ich hätte ihm einen besseren Geschmack zugetraut я предполагáл, что у негó лýчший вкус

Zutrauen *n* довéрие 5 (zu к *D*) | ich habe kein rechtes ~ zu ihm у меня́ нет к немý пóлного довéрия

zutraulich довéрчив:ый; Tier ручнóй | zu j-m ~ sein довéрчиво отно|си́ться 3⁺ -шýсь к комý-н.

zutreffen *intr* соотвéтствовать 2 действи́тельности; Voraussage сбывáться ⟨-|бы́ться*; -бы́лись⟩, опр|áвдываться ⟨-авдáться⟩ | das dürfte nicht ganz ~ э́то не вполнé соотвéтствует действи́тельности, э́то не совсéм так; dies trifft für alle Mitarbeiter zu э́то онóсится ко всем сотрýдникам; **~d** соотвéтствующий 11, прáвил|ьный, -ен, -ьна

zutrinken *intr*: j-m ~ пить* ⟨вы́пить⟩ за чьё-н. здорóвье

Zutritt *m* дóступ 2; Betreten вход 2 | kein ~! вхóда нет!; ~ verboten! вход воспрещён!

Zutun *n*: ohne mein ~ без моегó содéйствия [учáстия]

zu|ungunsten *Adv* не в пóльзу; **~unterst** *Adv* в сáмом низý, под всéми другúми

zuverlässig надёж|ный, -ен; glaubwürdig достовéр|ный, -ен

Zuverlässigkeit *f* надёжность 9; достовéрность 9

Zuversicht *f* увéренность 9; Hoffnung надéжда 6 | in der ~, daß … бýдучи увéренным, что …; er ist voller ~ … он испóлнен вéры …

zuversichtlich 1. *Adj* увéрен:ный, -на 2. *Adv* с увéренностью; с надéждой

zuviel *Adv* сли́шком мнóго | viel ~ чересчýр мнóго; das ist ~ des Guten! э́то уж чересчýр!; er hat einen ~ getrunken *umg* он хлебнýл ли́шнего

zuvor *Adv* прéжде, до сегó врéмени, рáньше | kurz ~ незадóлго до тогó

zuvorkommen *intr* опере|жáть ⟨-ди́ть 3 -жý⟩ *A*; j-s Wünschen, einer Sache предупре|ждáть ⟨-ди́ть 3 -жý; -ждённый⟩ *A*; **~d** предупреди́тел|ьный, -ен, -ьна; aufmerksam внимáтел|ьный, -ен, -ьна

Zuvorkommenheit *f* предупреди́тельность 9; внимáтельность 9

zuvortun *tr:* es j-m an etw. ~ превосхо|ди́ть 3⁺ -жу́ ⟨превзо|йти́*⟩ кого́-н. в чём-н.
Zuwachs *m* приро́ст 2 (an *G*) | wir haben ~ bekommen у нас прибавле́ние семе́йства; auf ~ kaufen на вы́рост
zuwachsen *intr* mit Pflanzen; Wunde зараста́ть ⟨-|расти́*⟩
Zuwachsrate *f* до́ля приро́ста
zuwandern *intr* иммигри́ровать *uv, v* 2; entgegenwandern нап|равля́ться ⟨-а́виться 3 -а́влюсь⟩ к *D*
zu|wege *Adv:* ≈ bringen приводи́ть 3⁺ -вожу́ ⟨-|вести́*⟩ в исполне́ние, осуществ|ля́ть ⟨-и́ть 3 -лю́⟩; **~weilen** *Adv* иногда́, по времена́м
zuweisen *tr* Arbeit напр|авля́ть ⟨-а́вить 3 -а́влю⟩, назн|ача́ть ⟨-а́чить 3⟩ на *A*; Anteil, Wohnung предост|авля́ть ⟨-а́вить 3 -а́влю⟩; zuteilen надел|я́ть ⟨-и́ть 3⟩ (j-m etw. кого́-н. чем-н.); Geldmittel отчисля́ть ⟨-чи́слить 3⟩
Zuweisung *f* für eine Arbeit направле́ние 5; Posten, Arbeitsstelle назначе́ние 5; Zuteilung предоставле́ние 5 | ~ einer Wohnung предоставле́ние кварти́ры [жилья́], Schriftstück о́рдер 2 *Pl* -а́ на кварти́ру
zuwenden *tr* обра|ща́ть ⟨-ти́ть 3 -щу́⟩, напр|авля́ть ⟨-а́вить 3 -а́влю⟩; zuteil werden lassen предост|авля́ть ⟨-а́вить 3 -а́влю⟩, удел|я́ть ⟨-и́ть 3⟩; *übertr* от|дава́ть* ⟨отда́ть*⟩; sich ≈ *refl* обра|ща́ться ⟨-ти́ться⟩ (j-m к *D*); Studium, Beschäftigung переходи́ть 3⁺ -хожу́ ⟨-|йти́*⟩ к *D* | j-m den Rücken ~ повёртываться ⟨-верну́ться 4⟩ спино́й к кому́-н.
Zuwendung *f* посо́бие 5, ссу́да 6 | ~en machen предоставля́ть ⟨-а́вить 3 -а́влю⟩ посо́бия
zuwenig *Adv* сли́шком ма́ло, недоста́точно
zuwerfen *tr* броса́ть ⟨бро́|сить 3 -шу⟩; zuschütten заки́дывать ⟨-кида́ть⟩ землёй, засыпа́ть ⟨-|сы́пать*⟩ | j-m einen Blick ~ бро́сить взгляд на кого́-н.
zuwider 1. *Adv* вразре́з, про́тив, проти́вно | er ist mir ~ он мне неприя́тен [проти́вен]; ~ werden опроти́веть *v*; das ist dem Gesetz ~ э́то идёт вразре́з с зако́ном **2.** *Präpos* наперекор *D*, вопреки́ *D* | dem Befehl ~ вопреки́ прика́зу; **~handeln** *intr* поступ|а́ть ⟨-и́ть 3⁺ -лю́⟩ вопреки́, противоде́йствовать 2; **~laufen** *intr* противоре́чить *D*, идти́* вразре́з с *I*
zu|winken *intr* кив|а́ть ⟨-ну́ть *mom* 4⟩; herbeirufen зна́ком подзыва́ть ⟨подо-|зва́ть*₁ подзову́₁ подзовёшь:₁ подо́званный⟩; **~zahlen** *intr* до- припл|а́чивать ⟨-ати́ть 3⁺ -ачу́⟩; **~zählen** *tr* присч|и́тывать ⟨-ита́ть⟩, причисля́ть ⟨-чи́слить 3⟩
zuzeiten *Adv* иногда́, по времена́м
zuziehen *tr* Vorhang задёр|гивать ⟨-нуть 4⟩; Knoten затя́гивать ⟨-тяну́ть 4⁺⟩; zu Rate ziehen привлека́ть ⟨-|вле́чь*⟩; sich ~ *refl* Krankheit нажива́ть ⟨нажи́ть*⟩ | er wurde zur Beratung hinzugezogen он был привлечён для консульта́ции; sich Unannehmlichkeiten ~ навлека́ть ⟨-вле́чь⟩ на себя́ неприя́тности; sich einen Tadel ~ заслу́живать ⟨-служи́ть 3⁺⟩ порица́ние; aus einer anderen Stadt hierher ~ пересел|я́ться ⟨-и́ться 3⟩ сюда́ из друго́го го́рода
Zuzug *m* прито́к 2; Zuwanderr переселе́ние 5
zuzüglich *Präpos* с прибавле́нием | ~ der Zinsen включа́я проце́нты
zwacken *tr u. intr* щипа́ть* *u.* 1 ⟨щипну́ть *mom* 4⟩
Zwang *m* принужде́ние 5; Gewalt наси́лие 5 | auf j-n ~ ausüben ока́зывать ⟨-|каза́ть*⟩ на кого́-н. давле́ние; etw. aus ~ tun де́лать (с-) что-н. по принужде́нию; tun Sie sich keinen ~ an! не стесня́йтесь!
zwängen *tr* проти́с|кивать ⟨-нуть 4⟩; einpressen вти́с|кивать ⟨-нуть⟩
zwanglos непринуждён:ный₁ -на; ungeordnet свобо́д|ный₁ -ен
Zwangs|arbeit *f hist* ка́торжные рабо́ты, ка́торга 6; **~jacke** *f* смири́тельная руба́шка 6; **~lage** *f* стеснённое положе́ние
zwangsläufig 1. *Adj* неизбе́ж|ный₁ -ен **2.** *Adv* неизбе́жно; erzwungen в принуди́тельном поря́дке
Zwangs|maßnahmen *f Pl* ме́ры принужде́ния, ме́ры принуди́тельного хара́ктера; **~versteigerung** *f alt* принуди́тельная прода́жа с аукцио́на [с торго́в]; **~verwaltung** *f alt* принуди́тельное управле́ние, суде́бный секве́стр 2; **~vollstreckung** *f alt* принуди́тельное приведе́ние 5 в исполне́ние суде́бного реше́ния; **~vorstellung** *f* навя́зчивая иде́я 7
zwangsweise *Adv* в принуди́тельном поря́дке
zwanzig *Num* два́дцать 9e | er wurde ~ (Jahre alt) ему́ испо́лнилось два́дцать лет; er ist über ~ ему́ пошёл тре́тий деся́ток
zwanziger: in den ~ Jahren в двадца́тых года́х
zwanzigfach двадцатикра́тный
Zwanzigjahrfeier *f* двадцатиле́тие 5
zwanzigjährig двадцатиле́тний 11
Zwanzigmarkschein *m* купю́ра 6 [банкно́т] в два́дцать ма́рок
zwanzigster *Num* двадца́тый | ~ Jahrestag двадцатиле́тие
zwar *Adv* пра́вда, хотя́ | und ~ (а) и́менно; er kam ~, doch war's zu spät он хотя́ и пришёл, но (бы́ло уже́) сли́шком по́здно

Zweck *m* цель 9 | zu diesem ~ для э́того, для э́той це́ли; zum ~ в це́лях; zu welchem ~? заче́м?, с како́й це́лью?; das hat keinen ~ э́то не име́ет смы́сла
zweckdienlich целесообра́з|ный, -ен
Zwecke *f* кно́пка 6
zweck|entfremdet испо́льзуемый не по назначе́нию; **~entsprechend** целесообра́з|ный, -ен; **~gebunden** име́ющий 11 определённую цель; целево́й; **~los** бесце́л|ьный, -ен, -ьна; unnütz бесполе́з|ный, -ен
Zwecklosigkeit *f* бесце́льность 9; бесполе́зность 9
zweckmäßig целесообра́з|ный, -ен
Zweckmäßigkeit *f* целесообра́зность 9
zwecks *Präpos* с це́лью *G oder mit Inf*, в це́лях *G*; для *G*, для того́, что́бы ...
zwei *Num* два *m, n*| две *f*| двух, двум, двумя́, двух; *kollektives Num* двое, двои́х 11 *mit G Pl* | je ~ по́ два; ~ Kinder дво́е 11 дете́й; alle ~ Jahre ка́ждые два го́да
Zwei *f* число́ 4c два, дво́йка 6; Straßenbahn дво́йка, второ́й но́мер 2b; Prüfungsnote дво́йка
zwei|achsig двухо́сный; **~armig** с двумя́ ответвле́ниями; Leuchter двусве́чный; **~atomig** двуха́томный; **~bändig** двухто́мный; **~beinig** двуно́гий
Zweibettzimmer *n* ко́мната [но́мер] на двои́х
zweideutig двусмы́слен:ный, -на
Zweideutigkeit *f* двусмы́сленность 9
zweidimensional двух(раз)ме́рный
Zweidrittelmehrheit *f* большинство́ в две тре́ти
zweieinhalb *Num* два с полови́ной
Zweier *m Sport* дво́йка 6
zwei|erlei: auf ≈ Art двоя́ким о́бразом, двоя́ко, двумя́ спо́собами; **~fach** **1.** *Adj* двойно́й | ein ≈er Held der Arbeit два́жды Геро́й Труда́; in ≈er Ausfertigung в двух экземпля́рах; ≈e Bedeutung двойно́е значе́ние **2.** *Adv* в два ра́за, вдво́е, вдвойне́
Zwei|familienhaus *n* двухкварти́рный дом; **~farbendruck** *m* двухкра́сочная печа́ть
zweifarbig двухцве́тный
Zweifel *m* сомне́ние 5 | es unterliegt keinem ~ э́то не подлежи́т сомне́нию; ohne ~ несомне́нно; ich bin im ~ darüber я сомнева́юсь насчёт э́того; keinen ~ aufkommen lassen не допу|ска́ть ⟨-сти́ть 3⁺ -щу́⟩ сомне́ния
zweifel|haft сомни́тел|ьный, -ен, -ьна; unbestimmt неопределён|ный, -ен, -на; **~los** несомне́н|ный, -ен, -на | ≈ richtig несомне́нно пра́вильно
zweifeln *intr* сомнева́ться (an в *P*), испы́тывать ⟨-пыта́ть⟩ сомне́ние (an в *P*)
Zweifelsfall *m* сомни́тельный слу́чай | im ~ в слу́чае сомне́ния
zweifelsohne *Adv* без сомне́ния
Zweifler *m* ске́птик 2
zweiflügig Tür двуство́рчатый; Insekt двукры́лый
Zweig *m* ветвь 9g; kleiner ве́тка 6; *übertr* о́трасль 9; einer Familie ветвь, побо́чная ли́ния 8 | er kommt auf keinen grünen ~ он не име́ет успе́ха (в дела́х), ему́ не везёт в жи́зни; **~bahn** *f* железнодоро́жная ве́тка 6; **~betrieb** *m* филиа́л 2 (предприя́тия, заво́да)
zwei|geschossig двухэта́жный; in der UdSSR entsprechend трёхэта́жный; **~gleisig** двухколе́йный, двухпу́тный; *übertr* дво́йствен:ный, -на; **~gliedrig** двучле́нный *a. Math*
Zweig|postamt *n* почто́вое отделе́ние 5; **~station** *f* подста́нция 8; **~stelle** *f* отделе́ние 5, филиа́л 2; **~werk** *n* заво́д-филиа́л 2-2
zwei|händig *Mus* в две руки́; **~höckerig** двугорбый
Zweihufer *m* двукопы́тное живо́тное *Subst* 10
zweihundert *Num* две́сти, двухсо́т, двумста́м, двумяста́ми, о двухста́х
Zweihundertjahrfeier *f* двухсотле́тие 5
zweihundertster *Num* двухсо́тый
zweijährig двухле́тний 11
Zwei|kammersystem *n* двухпала́тная парла́ментская систе́ма; **~kampf** *m* единобо́рство 4; Duell поеди́н|ок, -ка 2, дуэ́ль 9; *Sport* двоебо́рье 5
zwei|mal *Adv* два ра́за, два́жды | ≈ so groß в два ра́за бо́льше, вдво́е бо́льше; **~malig** двукра́тный; **~motorig** двухмото́рный
Zweiphasenstrom *m* двухфа́зный ток
zwei|polig двухпо́люсный; **~rädrig** двухколёсный | ≈er Wagen двуко́лка 6; **~reihig** двухря́дный; Mantel двубо́ртный
zwei|schneidig обоюдоо́стрый *a. übertr* | das ist ein ≈es Schwert э́то па́лка о двух конца́х; **~seitig** двусторо́нний 11; **~silbig** двусло́жный
Zweisitzer *m* Auto двухме́стный автомоби́ль 1
zwei|sitzig двухме́стный; **~spännig** парóко́нный, запряжённый па́рой (лошаде́й); **~sprachig** двуязы́ч|ный, -ен, на двух языка́х; **~spurig** Straße двухпу́тный; *Eisenb a.* двухколе́йный; **~stellig** двузна́чный; **~stimmig** **1.** *Adj* дву(х)голо́сный, для двух голосо́в **2.** *Adv* на [в] два го́лоса; **~stöckig** двухэта́жный; in der UdSSR entsprechend трёхэта́жный | ≈es Gebäude зда́ние в два [*bzw* в три] этажа́; **~stufig** двухступе́нчатый; **~stündig** двухчасово́й;

~stündlich *Adv* ка́ждые два часа́, раз в два часа́
zweit: zu ~ вдвоём
zweitägig *Adv* двухдне́вный
Zweitaktmotor *m* двухта́ктный дви́гатель
zweitältester второ́й (по старшинству́)
zweitausend *Num* две ты́сячи | ~ Mann stark двухты́сячный
zweitbester второ́й, занима́ющий 11 второ́е ме́сто
zweiter *Num* второ́й | zum zweiten Mal во второ́й раз; aus ~ Hand из вторы́х рук; ~ Gang beim Essen второ́е *Subst* 10; *Kfz* втора́я переда́ча 6 [ско́рость 9]
zweiteilig (состоя́щий 11) из двух часте́й | ~er Badeanzug купа́льный костю́м, состоя́щий 11 из двух часте́й
zweitens *Adv* во-вторы́х
zweit|größt второ́й по величине́ | ≈e Stadt второ́й по числу́ жи́телей го́род; **~höchst** Berg u. a. второ́й по высоте́; Zahl u. a. второ́й по коли́честву; **~klassig** второсо́ртный; Restaurant второразря́дный; **~letzt** предпосле́дний 11, второ́й с конца́ [с кра́я]; **~rangig** второстепе́н|ный, -ен, -на; второразря́дный
Zweitschrift *f* ко́пия 8,
zweitürig двухдве́рный
Zweitwohnung *f* втора́я кварти́ра
zwei|wertig *Chem* двухвале́нтный; **~wöchig** двухнеде́льный
Zwei|zimmerwohnung *f* двухко́мнатная кварти́ра; **~zylindermotor** *m* двухцили́ндровый дви́гатель
Zwerchfell *n* диафра́гма 6
Zwerg *m* ка́рлик 2
zwergenhaft ка́рликовый
Zwerg|huhn *n* бента́мка 6, корол|ёк, -ька́ 2; **~kiefer** *f* сосна́ го́рная; **~wuchs** *m* ка́рликовый рост
Zwetsche *f* сли́ва 6 (дома́шняя 11)
Zwickel *m* Schneiderei клин 2 *Pl* кли́н|ья, -ьев, вста́вка 6
zwicken *tr* щипа́ть* *u.* 1 ⟨щипну́ть *mom* 4⟩ | in die Wange ~ ущипну́ть *v* за́ щеку
Zwicker *m alt* пенсне́ [не] *n idkl*
Zwickmühle *f*: in eine ~ geraten *übertr* по|па́сть* *v* в переплёт [в переде́лку]
Zwieback *m* суха́рь 1е
Zwiebel *f* лук 2 *G a.* -у; Knolle лу́ковица 6; **~geruch** *m* за́пах лу́ка; **~gewächse** *n Pl* лу́ковичные расте́ния; **~soße** *f* лу́ковый со́ус; **~turm** *m* византи́йский ку́пол, лу́ковица 6
Zwie|gespräch *n* диало́г 2; **~licht** *n* полумра́к 2, полусве́т 2; zweierlei Licht двойно́й свет; **~spalt** *m* разла́д 2, раздо́р 2 | sich in einem inneren ≈ befinden испы́тывать ⟨-пыта́ть⟩ состоя́ние душе́вного разла́да
zwiespältig раздво́ен|ный, -а, противоречи́в|ый | er ist ein ~er Mensch он в разла́де с сами́м собо́й
Zwie|spältigkeit *f* вну́треннее противоре́чие 11-5, противоречи́вость 9; **~tracht** *f* раздо́р 2 | ≈ säen се́ять раздо́р
Zwilling *m* близне́ц 2е; ~e *Pl Astr* Близнецы́
Zwillingspaar *n* близнецы́ *Pl* 2е, дво́йня 7 *G Pl* дво́ен
Zwinge *f Tech* тиски́ Pl 2; Schraub~ стру́бци́на 6; Stock наконе́чник 2
zwingen *tr* заставля́ть ⟨заста́в|ить 3 -лю⟩, принужда́ть ⟨-ну́дить 3 -ну́жу, -нуждённый⟩ (zu к *D*) | sich zu einem Lächeln ~ заста́вить себя́ улыбну́ться; ich sehe mich gezwungen … я вы́нужден …; er zwingt mich zu diesem Schritt он вынужда́ет меня́ к э́тому шагу́; **~d** Notwendigkeit настоя́тел|ьный, -ен, -ьна; Beweis неоспори́м|ый | ≈e Gründe ва́жные [неотло́жные] причи́ны
Zwinger *m* Hunde~ псар|ня 7 *G Pl* -ен; Bären~ медвежа́тник 2
zwinkern *intr* миг|а́ть ⟨-ну́ть *mom* 4⟩
Zwirn *m* ни́тки *Pl* 6
zwirnen *tr* сучи́ть 3⁺ ⟨с-⟩, кру|ти́ть 3⁺ -чу́ ⟨с-⟩
Zwirn|maschine *f* крути́льная маши́на; **~rolle** *f* = **Zwirnspule**
Zwirnsfaden *m* кручёная нить 9, ни́тка 6
Zwirnspule *f* бобина 6 [кату́шка 6] ни́ток
zwischen *Präpos* ме́жду *I*; unter среди́ *G* | ~ den Bäumen ме́жду дере́вьями; ~ den Vorlesungen ме́жду ле́кциями; ~ den Zeilen lesen чита́ть ме́жду строк; sich ~ zwei Stühle setzen сесть ме́жду двух сту́льев; ~ zwei Feuern *übertr* ме́жду двух огне́й; es steht viel Unkraut ~ den Kartoffeln среди́ кусто́в карто́феля растёт мно́го сорняко́в; ~ sieben und acht (Uhr) ме́жду семью́ и восьмью́ (часа́ми), в восьмо́м часу́
Zwischen|akt *m Theat* антра́кт 2; **~bericht** *m* промежу́точный отчёт; **~bemerkung** *f* попу́тное замеча́ние, ре́плика 6
zwischenbetrieblich межзаводско́й, ме́жду предприя́тиями
Zwischen|bilanz *f* промежу́точный бала́нс; **~deck** *n Mar* сре́дняя 11 па́луба
zwischendurch *Adv* manchmal иногда́; abwechselnd вперемéжку
Zwischen|fall *m* инциде́нт 2, происше́ствие 5, слу́ча|й 1 *G Pl* -ев; **~frequenz** *f Rad* промежу́точная частота́; **~frucht** *f Landw* промежу́точная культу́ра; **~fruchtbau** *m Landw* возде́лывание 5 промежу́точных культу́р; **~geschoß** *n* полуэта́ж 2е *G Pl* -е́й, антресо́ль 9; **~größe** *f* промежу́точный разме́р; промежу́точная величина́; **~handel** *m* по-

срéдническая торгóвля; Weiterverkauf перепродáжа 6; **~händler** *m* перекýпщик 2, перепродав|éц₁ -цá 2; комиссионéр 2

zwischenlanden *intr* дéлать (с-) промежýточную посáдку

Zwischen|landung *f* промежýточная посáдка, посáдка в путú | Flug ohne ≈ беспосáдочный перелёт; **~mahlzeit** *f* Frühstück вторóй зáвтрак 2; Vesper пóлдник 2

zwischenmenschlich: ~e Beziehungen межлúчностные отношéния *Pl* 5, отношéния мéжду людьмú

Zwischen|produkt *n* промежýточный продýкт, полупродýкт 2; **~prüfung** *f* перехóдные экзáмены *Pl* 2; **~raum** *m* промежýт|ок₁ -ка 2, расстоя́ние 5; интервáл 2; zeitlich промежýток, отрéз|ок₁ -ка 2 врéмени; zwischen Buchstaben пробéл 2; **~ruf** *m* рéплика 6; **~schicht** *f* проклáдка 6, прослóйка 6 *a. übertr; Geol* промежýточный слой; **~spiel** *n Theat* интермéдия [тэ] 8, интерлю́дия [тэ] 8; **~spurt** *m Sport* рыв|óк₁ -кá 2 на дистáнции

zwischenstaatlich межгосудáрственный, мéжду госудáрствами

Zwischen|station *f* подстáнция 8; **~stekker** *m El* промежýточный штéпсель; **~stock** *m* = **Zwischengeschoß; ~stück** *n* встáвка 6, проклáдка 6; промежýточная часть, соединúтельная детáль 9; **~stufe** *f* перехóдная [промежýточная] ступéнь; **~termin** *m* промежýточный срок; **~wand** *f* перегорóдка 6, перебóрка 6; zwischen zwei Türen простéн|ок₁ -ка 2; **~wert** *m* промежýточный результáт 2; **~wertung** *f Sport* предварúтельный итóг 2 [результáт 2]; предварúтельное подведéние 5 итóгов; **~zeit** *f* промежýт|ок₁ -ка 2 (врéмени), интервáл 2 | in der ≈ мéжду тем, в э́то врéмя; в промежýтке

Zwist *m* ссóра 6, раздóр 2 | mit j-m in ~ leben быть* с кем-н. в ссóре

zwitschern *intr* щебетáть*, чирúк|ать ⟨-нуть *mom* 4⟩

Zwitter *m* гермафродúт 2; **~bildung** *f* гермафродитúзм 2; **~blüte** *f* двупóлый цветóк

zwitterhaft обоепóлый, двупóлый

zwölf *Num* двенáдцать 9 | um ~ Uhr mittags в пóлдень; nachts в пóлночь

Zwölffingerdarm *m* двенадцатипéрстная кишкá; **~geschwür** *n* я́зва двенадцатипéрстной кишкú

zwölfjährig двенадцатилéтний 11

zwölfter *Num* двенáдцатый

Zwölftel *n* двенáдцатая часть 9g

zwölftens *Adv* в-двенáдцатых

Zyan *n* циáн 2; **~kali** *n* циáнистый кáлий

zyklisch циклúч|ный₁ -ен, циклúческий

Zyklon *m* циклóн 2

zyklonisch циклонúческий

Zyklotron *n Phys* циклотрóн 2

Zyklus *m* цикл 2

Zylinder *m* цилúндр 2; **~block** *m* блок цилúндров; **~bohrer** *m* цилиндрúческий бур; **~hut** *m* цилúндр 2; **~kopf** *m* голóвка цилúндра; **~mantel** *m Kfz* рубáшка 6 цилúндра

zylindrisch цилиндрúческий

Zyniker *m* цúник 2

zynisch цинúческий, цинúч|ный₁ -ен

Zynismus *m* цинúзм 2

Zyp|ern Кипр 2 | in ~ на Кúпре; **~rer** *m* киприóт 2; **~rerin** *f* киприóтка 6

Zypresse *f* кипарúс 2

zypriotisch кúпрский

Zyste *f* кистá 6

Zytologie *f* цитолóгия 8

Grammatik der russischen Wörter

Lautregeln

I. In der Flexion folgen, unabhängig von den Flexionstypen, auf bestimmte Konsonanten nur bestimmte Vokalbuchstaben.
Im Schema kennzeichnet → die mögliche Folge von Konsonant und Vokal; trennt die Vokalbuchstaben von den Konsonanten, auf die sie nicht folgen können.

я ю	| ц ж ш ч щ г к х	→	а у
и ←	ж ш ч щ г к х	|	ы
и |	ц	→	ы
е ←	ц ж ш ч щ	|	о in unbetonter Endung

II. е - ё - о wechseln bei der Wortveränderung miteinander; ё kommt nur in betonter Silbe vor.
a) Statt е unbetonter Endungen steht in den entsprechenden betonten Endungen ё; in den Endungen der Deklination steht nach ц ж ч ш щ ein ó.
b) In den Deklinationstypen 2, 4 und 6 steht nach ц ж ч ш щ in den unbetonten Endungen е gegenüber sonstigem о.
c) Bei Akzentwechsel wird е zu ё; z. B. звездá 6c bedeutet, daß der Plural звёзды usw. lautet.

III. Bei der Wortveränderung (Flexion und Wortbildung) können Konsonanten in folgender Weise miteinander wechseln:

б	mit	бл	ск	mit	ст, щ
в	„	вл	ст	„	ск, щ
г	„	ж, з	т	„	ч, щ
д	„	жд, ж	ф	„	фл
ж	„	г, д, з	х	„	ш
з	„	г, ж	ц	„	к, ч
к	„	ц, ч	ч	„	к, т
м	„	мл	ш	„	с, х
п	„	пл	щ	„	ск, ст, т
с	„	ш			

Substantive

Reihenfolge der grammatischen Beschreibung: Form des Nominativs, Angabe des Numerus (falls nicht Sg), des Genus (s. unter Regel I), des Deklinationstyps (1–9), des Akzenttyps (a–h), vom Typ abweichende Kasus.
Die Kasus werden in der festen Reihenfolge N, G, D, A, I, P genannt. Der nach dem russischen Äquivalent genannte Kasus ist, wenn nicht anders vermerkt, der G Sg, ebenso bei Wörtern, die nur im Pl gebräuchlich sind, der G Pl. – Formen, die nur als Pl bezeichnet werden, sind N.

Regeln

I. Das Genus der Substantive ist meistens durch die Deklinationstypen bestimmt (Typenzahlen bei Pluralformen meinen jedoch keine Genusbestimmung).

Typen 1, 2	m	Nur bei Abweichungen
Typen 3, 4, 5	n	hiervon wird das Genus
Typen 6, 7, 8, 9	f	gekennzeichnet.

Typen 10, 11 (Substantiv in der Form eines Adjektivs)

auf -ый, -ий, -óй	m
auf -ая, -яя	f
auf -ое, -ее	n

II. Der A gleicht dem G bei Wörtern, die Belebtes bezeichnen: im Sg der Maskulina und im Pl aller Deklinationstypen. Sonst gleicht (außer im Sg der Typen 6–8) der A immer dem N.

III. Zusammengesetzte Wörter mit Bindestrich werden in beiden Teilen dekliniert, wenn zwei Typenzahlen stehen, z. B. инженéр-строитель 2-1, dagegen nur im letzten Teil, wenn nur eine Typenzahl steht, z. B. контр-адмирáл 2.

Akzenttypen der Substantiv-Deklination

Typ	Sg		Pl	
Ohne Markierung	alle Kasus wie N	я́щик, -а	wie Sg	я́щики, -ов
	bei flüchtigem о, е wie G	молотóк, молоткá		молоткú, молоткóв
b	alle Kasus wie N	сад, -а	endbetont	сады́, -óв
c	alle Kasus wie N	лицó, -á долотó, -á	um eine Silbe zum Wortanfang verschoben	ли́ца, лиц долóта, долóт
f	alle Kasus wie N	кóлос, -а	um eine Silbe zum Wortende verschoben	колóсья, -ьев
g	alle Kasus wie N	нóвость, -и	endbetont, nur N (A) wie Sg	нóвости, новостéй
h	alle Kasus wie N	губá, -ы́	wie Sg, nur N (A) um eine Silbe zum Wortanfang verschoben	гу́бы, губ, -áм
	bei einsilbigen endbetont	гвоздь, -я́		гвóзди, гвоздéй
a	alle Kasus wie N nur A erste Silbe	рукá, -и́ ру́ку	wie N Sg, nur N (A) erste Silbe	ру́ки, рук, рукáм
e	alle Kasus endbetont	стол, -á	wie Sg	столы́, -óв

Typen der Deklination

	Typ 1	Typ 2
Sg N	**прия́тел|ь сарá|й**	**барáн**
G	**-я**[1]	**-а**[1]
D	**-ю**	**-у**
A	*	*
I	**-ем, -ём**[3]	**-ом, -ем**[4]
P	**-е**[1]	**-е**[1]
Pl N	**-и**	**-ы, -и**[5]
G	**-ей**[2]	**-ов, -ев**[4]
D	**-ям**	**-ам**
A	*	*
I	**-ями**	**-ами**
P	**-ях**	**-ах**

[1] Viele Wörter haben daneben im Typ 2 G -у, P -у́; im Typ 1 G -ю, P -ю́; im P steht diese Form nach в und на.
[2] G Pl: die Wörter auf -й haben -ев oder -ёв (nach Lautregel II a, S. 695).
[3] s. Lautregel II a (S. 695) [5] s. Lautregel I (S. 695)
[4] s. Lautregel II b (S. 695) * s. Regel II (S. 696)

Der Ausfall eines Vokals des N Sg in den übrigen Kasus ist im Wörterbuch jedesmal gekennzeichnet, z. B. купéц – купцá, у́горь – угря́, лёд – льда, соловéй – соловья́.
Die Wörter auf -ан|ин, -ян|ин (z. B. англичáнин) haben im Plural N -е, G -, D -ам, I -ами, P -ах.

	Typ 3	Typ 4	Typ 5
Sg N	пóл|е питьǀё	госудáрств|о учи́лищ|е	мнéни|е ущéль|е
G	-я	-а	-я
D	-ю	-у	-ю
A	wie N	-о, -е[3]	-е
I	-ем, -ём[4]	-ом, -ем[3]	-ем
P	-е	-е	-и[2]
Pl N	-я́	-а	-я
G	-éй[1]	--[1]	-й[1]
D	-я́м	-ам	-ям
A	-я́	-а	-я
I	-я́ми	-ами	-ями
P	-я́х	-ах	-ях

[1] zu Typ 3: -ь fällt vor -ей aus: питéй
zu Typ 5: vor -й steht -и statt -ь: ущéлий
zu Typ 4: endet der G Pl auf zwei Konsonanten, so wird zwischen diesen eingeschoben:
e vor к, л, м, н, р, ц: числó – чи́сел, окóшко – окóшек, сéрдце – сердéц
o nach г, к: окнó – óкон

[2] nach -ь steht -е: ущéлье

[3] s. Lautregel II b (S. 695)

[4] s. Lautregel II a (S. 695)

	Typ 6	Typ 7
Sg N	рабóт|а	недéл|я шé|я стать|я́
G	-ы, -и[4]	-и
D	-е	-е
A	-у	-ю
I	-ой, -ей[3]	-ей, -ёй[2]
oder	-ою, -ею	-ею -ёю
P	-е	-е
Pl N	-ы -и[4]	-и
G	--[1]	-ь[1]
D	-ам	-ям
A	*	*
I	-ами	-ями
P	-ах	-ях

[1] G Pl zu Typ 6: endet der G Pl auf zwei Konsonanten, so wird zwischen diesen o oder e eingeschoben;
vor к wird o eingeschoben: доскá – досóк;
aber wenn vor к ein weicher Konsonant ж, ш, ц oder й steht, so wird e eingeschoben: кни́жка – кни́жек; dabei fallen ь und й aus: шпи́лька – шпи́лек, чáйка – чáек;
aber immer gilt Lautregel II a (S. 695): кишкá – кишóк
zu Typ 7: statt -ь steht -й
wenn der Stamm auf Vokal endet: шей
wenn der Stamm auf ь endet; dabei wird ь des Stammes
> e in betonter Endung: статéй
> и in unbetonter Endung:
колду́ний – колду́нья.

[2] s. Lautregel II a (S. 695)

[3] s. Lautregel II b (S. 695)

[4] s. Lautregel I (S. 695)

* s. Regel II (S. 702)

	Typ 8	Typ 9
Sg N	**па́рти|я**	**сла́бост|ь**
G	**-и**	**-и**
D	**-и**	**-и**
A	**-ю**	wie N
I	**-ей** oder **-ею**	**-ью**
P	**-и**	**-и**[1]
Pl N	**-и**	**-и**
G	**-й**	**-ей**
D	**-ям**	**-ям**
A	*	*
I	**-ями**	**-ями**
P	**-ях**	**-ях**

[1] Einige Wörter haben daneben, abweichend von ihrem Akzenttyp, betontes и́.
* s. Regel II (S. 696)

Adjektive

Reihenfolge der grammatischen Beschreibung: Form des Nominativs, Deklinationstyp (10–13), Kurzform, Komparativ, Superlativ; dabei erscheinen Adjektive, die nach Typ 10 flektiert werden, in der Regel ohne Typenzahl.
Die K u r z f o r m e n werden im Wörterbuch in ihrer m Form genannt. Andere Formen werden nur angeführt, wenn sie vom Bildungstyp abweichen. Bei der Betonung der Kurzformen gilt der Akzent der zuletzt genannten Form für die übrigen Kurzformen, z. B.: смеш|но́й, -о́н, -на́ (ergänze: -но́, -ны́); wenn im Akzent nur das f vom m abweicht, so ist die f Form mit ! versehen, z. B.: прям:о́й, -а́! (ergänze: пря́мо, пря́мы). Ist die n Kurzform doppelt betont, so gilt dieser Akzent auch für die Kurzform des Plurals, z. B.: высо́к:ий, -а́, высо́ко́ (ergänze: высо́ки́).
Von den S t e i g e r u n g s f o r m e n werden die vom Typ abweichenden, außer den Verbindungen mit бо́лее, са́мый u. a. und den Bildungen mit наи- u. a., im Wörterbuch genannt.

Typen der Deklination

Die Kasus des Sg n gleichen mit Ausnahme des N u. A (= N) dem Sg m.

Typ 10

	Sg m	Sg n	Sg f	Pl m, n, f
N	**краси́в|ый**	**-ое**	**-ая**	**-ые**
	крив|о́й	**-о́е**	**-а́я**	**-ы́е**
	стро́г|ий[1]	**-ое**	**-ая**	**-ие**[1]
G	**-ого** [ово]		**-ой**	**-ых, -их**[1]
D	**-ому**		**-ой**	**-ым, -им**[1]
A	*		**-ую**	*
I	**-ым, -им**[1]		**-ой, -ою**	**-ыми, -ими**[1]
P	**-ом**		**-ой**	**-ых, -их**[1]
Kurzform	—	**-о**	**-а**	**-ы, -и**[1]
Komparativ	**-ее, -ей** ohne Deklination			
Superlativ	**-ейш|ий**; aber **-айший** nach г, к, х, mit Umwandlung von г > ж, к > ч, х > ш: строж|а́й|ший; Deklination nach Typ 11			

[1] s. Lautregel I (S. 695) [2] s. Regel II (S. 696)

Typ 11

	Sg m	Sg n	Sg f	Pl m, n, f
N	**си́н|ий**	**си́н|ее**	**си́н|яя**	**си́н|ие**
	хоро́ш|ий	**хоро́ш|ее**	**хоро́ш|ая**[1]	**хоро́ш|ие**
G	**-его** [ево]		**-ей**	**-их**
D	**-ему**		**-ей**	**-им**
A	*		**-юю, -ую**[1]	*
I	**-им**		**-ей, -ею**	**-ими**
P	**-ем**		**-ей**	**-их**
Kurzform	**-ь**[3]	**-е, -о́**[2]	**-я, -а**[1]	**-и**

Komp und Sup wie Typ 10

[1] s. Lautregel I (S. 695)
[2] Lautregel II a (S. 695)
[3] nach ж, ч, ш, щ ohne ь
* s. Regel II (S. 696)

Typ 12

	Sg m	Sg n	Sg f	Pl m, n, f
N	**ли́с|ий**	**ли́с|ье**	**ли́с|ья**	**ли́с|ьи**
G	**-ьего** [ево]		**-ьей**	**-ьих**
D	**-ьему**		**-ьей**	**-ьим**
A	*		**-ью**	*
I	**-ьим**		**-ьей, -ьею**	**-ьими**
P	**-ьем**		**-ьей**	**-ьих**

Typ 13

	Sg m	Sg n	Sg f	Pl m, n, f
N	**дя́дин|**	**дя́дин|о**	**дя́дин|а**	**дя́дин|ы**
G	**-а**		**-ой**	**-ых**
D	**-у**		**-ой**	**-ым**
A	*		**-у**	*
I	**-ым**		**-ой, -ою**	**-ыми**
P	**-ом**[1]		**-ой**	**-ых**

[1] Männliche Familiennamen auf -ев, -ов, -ин, -ын haben -е: Петро́ве.
* s. Regel II (S. 695)

Pronomen

Typen der Deklination

Die Kasus des Sg n gleichen mit Ausnahme des N u. A (= N) dem Sg m.

Typ 14

	Sg m	Sg n	Sg f	Pl m, n, f
N	**наш тво|й**	**на́ш|е тво|ё**	**на́ш|а тво|я́**	**на́ш|и тво|и́**
G	**-его** [ево]		**-ей**	**-их**
D	**-ему**		**-ей**	**-им**
A	*		**-у, -ю**[1]	*
I	**-им**		**-ей, -ею**	**-ими**
P	**-ем, -ём**[2]		**-ей**	**-их**

[1] s. Lautregel I (S. 696)
[2] s. Lautregel II a (S. 696)

Typ 15

	Sg m	Sg n	Sg f	Pl m, n, f
N	**э́т|от**	**э́т|о**	**э́т|а**	**э́т|и**
G	**-ого** [ово]		**-ой**	**-их**
D	**-ому**		**-ой**	**-им**
A	*		**-у**	*
I	**-им**		**-ой, -ою**	**-ими**
P	**-ом**		**-ой**	**-их**

* s. Regel II (S. 696)

Verben

Reihenfolge der grammatischen Beschreibung:

1. Kennzeichnung des Aspektes.

2. Kennzeichnung der Konjugation

A) durch Hinweis auf die Typen 1–4 a; dabei erscheinen Verben, die nach Typ 1 flektiert werden, in der Regel ohne Typenzahl.

B) Verben, deren Konjugation in der Liste der unregelmäßigen Verben (S. 704) genannt ist, werden im Wörterbuch mit einem Stern (*) versehen.

C) Verben auf -ся bzw. -сь gleichen in der Konjugation dem entsprechenden Verb ohne -ся bzw. сь.
Grundsätzlich gelten die «Regeln» (s. u.).

D) Abweichende Konjugationsformen werden im Wörterbuch bei dem jeweiligen Verb genannt, und zwar nach der in den «Regeln» befolgten Reihenfolge.

3. Die Rektion eines russischen Verbs ist nur angegeben, wenn sie von der des deutschen Stichworts abweicht. In diesen Fällen wird sie unmittelbar nach dem russischen Verb angeführt, entweder durch die Abkürzung des verlangten Falles (G, D, A, I, P) oder durch eine Präposition mit der Angabe des Falles, den sie erfordert; bei Verben, die auch im Deutschen eine bestimmte Präposition erfordern, wird diese mit der russischen Rektionsangabe in runden Klammern nach dem Verb angeführt, zu dem sie gehört.

Regeln der Konjugation

	Form	Akzent
		Vollendete Verben mit вы́- haben den Akzent ständig auf dem Präfix.
Präs	Abweichung von den Typen 1–4a werden durch Nennung der 1. und 2. Pers Sg Präs hinter dem Stichwort gekennzeichnet.	Wie Infinitiv. Die Zurückziehung des Tones im Präs von der 2. Pers Sg an ist durch ein hochgestelltes Kreuz hinter der Typenzahl (⁺) gekennzeichnet.

Imp	Sg: an Stelle des -ют, -ут, -ят, -ат der 3. Pers Pl Präs tritt a) -й, wenn ein Vokal vorangeht: де́лай – де́лают. b) -ь, wenn nur *ein* Konsonant vorangeht und die 1. Pers. Sg Präs nicht endbetont ist: верь – ве́рят – ве́рю. c) -и in allen anderen Fällen. Pl: an die Form des Sg wird -те angehängt: де́лайте, ве́рьте.	Wie 1. Pers Sg Präs.
Prät	An Stelle des -ть des Inf treten -л, -ла, -ло, -ли: де́лал – де́лать. Aber anders Typ 4 a.	Wie Infinitiv. – Abweichende Formen werden im Wörterbuch genannt; dabei zeigt die zuletzt genannte auch den Akzent der übrigen Formen an
Ptz Präs Akt	An Stelle des -т der 3. Pers Pl Präs tritt -щий: де́лающий – де́лают. Dekl nach Typ 11.	Bei e-Konjugation: wie 3. Pers Pl Präs. Bei i-Konjugation: wie 1. Pers Sg Präs.
Adv Ptz uv	An Stelle des -ют, -ут, -ят, -ат der 3. Pers Pl Präs tritt -я (-а, s. Lautregel I, S. 695): де́лая – де́лают.	Wie 1. Pers Sg Präs.
Ptz Präs Pass	An die 1. Pers Pl Präs tritt -ый: де́лаемый – де́лаем. Dekl nach Typ 10.	Wie 1. Pers Sg Präs.
Ptz Prät Akt	An Stelle des -л des Prät Mask tritt -вший: де́лавший – де́лал; an das Prät Mask ohne -л tritt -ший: нёсший – нёс. Dekl nach Typ 11.	Wie Prät Mask.
Adv Ptz v	An Stelle des -вший des Ptz Prät Akt tritt -в oder -вши: де́лав(ши) – де́лавший. An Stelle des -ший tritt -ши: стёрши – стёрший.	Wie Prät Mask.
Ptz Prät Pass	(von uv Verben selten gebräuchlich) a) Bei mehrsilbigen auf -ать, -ять, -еть tritt -нный an Stelle des -ть des Inf: сде́ланный – сде́лать. b) -енный (-ённый, s. Lautregel II a, S. 695) tritt an Stelle des -ю, -у der 1. Pers Präs bei mehrsilbigen auf -ить: изжа́ренный – изжа́рю, an Stelle des -ешь (-ёшь) der 2. Pers Präs bei Verben auf -чь und auf -ти, -ть mit voraufgehenden Konsonanten: укра́денный – укра́сть – украдёшь, вы́везенный – вы́везти – вы́везешь, вы́печенный – вы́печь – вы́печешь. c) Bei den Verben auf -уть, -ыть, -оть sowie den einsilbigen auf -ать, -ять, -еть, -ить und ihren Komposita tritt an Stelle des -ть des Inf -тый: би́тый – бить. Dekl für a, b u. c nach Typ 10.	A) Wie Inf. Bei Stammbetonung: захло́пнуть – захло́пнутый, переби́ть – переби́тый, распя́ть – распя́тый. Bei Betonung der Endung: подговори́ть – подговорённый, унести́ – унесённый. B) Aber bei endbetontem (also ohne Zählung des Präfixes mehrsilbigem) Inf wird der Akzent des Ptz um eine Silbe zum Anfang gerückt: 1) bei allen Verben auf -а́ть, -я́ть, -е́ть, -у́ть, -о́ть; рисова́ть – рисо́ванный. 2) bei allen anderen Verben, wenn der Akzent in einer der anderen Konjugationsformen zurückgezogen wird: схва́ченный – схвати́ть – схва́тишь.

Kurzformen des Ptz Prät Pass zu a) und b):-н, -на, -но, -ны (nicht -нн-) zu c) -т, -та, -то, -ты	Wie Langform. Vom Ptz auf -ённый sind bei unbewegl. Akzent im Präs alle Kurzf endbetont: подговор|и́ть, -я́т – -ён, -ена́, -о́, -ы́.

Typen der Konjugation

Typ 1

Inf	**де́ла-ть** **гуля́-ть** **красне́-ть**
Präs (Fut)	**-ю, -ешь, -ет, -ем, -ете, -ют**
Imp	**-й, -йте**
Ptz Präs Akt	**-ющий**
Adv Ptz uv	**-я**
Ptz Präs Pass	**-емый**
Prät	**-л, -ла, -ло, -ли**
Ptz Prät Akt	**-вший**
Adv Ptz v	**-в(ши)**
Ptz Prät Pass	**-нный**

Typ 2

Inf	**насле́д** **вор** **мал**	**-ова** **-ова́** **-ева́**	**-ть** **-ть** **-ть**
Präs (Fut) Imp Ptz Präs Akt Adv Ptz uv Ptz Präs Pass.		**-у** **-ю́**[1]	**-ю, -ешь, -ет, -ем, -ете, -ют** **-й, -йте** **-ющий** **-я** **-емый**
Prät Ptz Prät Akt Adv Ptz v Ptz Prät Pass		**-ова** **-ова́** **-ева́**	**-л, -ла, -ло, -ли** **-вший** **-в** **-нный**[2]

[1] Verben auf -евать haben -ю-, nach ц, ж, ч, ш, щ jedoch -у-; alle anderen haben -у-: мал -ю́ -ю usw., танц-у́-ю, насле́д-у-ю.
Endbetonte Verben haben betontes -у́- (bzw. -ю́-): ворýю, малю́ю.

[2] Zum Akzent s. Regeln S. 701: намал -ёва -нный – намалева́ть (Lautregel II, S. 695).

Typ 3

Inf	**говор** **гор** **крич** **сто**	**-и́** **-е́** **-а́** **-я́**	**-ть** **-ть** **-ть** **-ть**
Prät			**-л, -ла, -ло, -ли**
Ptz Prät Akt			**-вший**
Adv Ptz v			**-в**
Ptz Prät Pass[3]	**-енный (-ённый)**[1]		
Präs (Fut)[2]	**-ю (-у)**[1], **-ишь,-ит, -им, -ите, -ят (-ат)**[1]		
Imp	**-и, -ите; -й, -йте; -ь, -ьте;** s. Regeln (S. 701)		
Ptz Präs Akt	**-ящий (-ащий)**[1]		
Adv Ptz uv	**-я (-а)**[1]		
Ptz Präs Pass	**-имый**		

[1] s. Lautregeln (S. 695)

[2] Findet in der 2. Pers Sg Akzentzurückziehung statt, so wird dieser Akzent im ganzen Präs beibehalten. Diese Akzentzurückziehung wird durch ein hochgestelltes Kreuz (⁺) hinter der Typenzahl gekennzeichnet, wodurch sich die Anführung der 2. Pers Sg im Wörterbuch erübrigt. Konsonantenwechsel bzw. л-Einschub kommt nur in der 1. Pers Sg Präs vor.

[3] Konsonantenwechsel bzw. л-Einschub findet hier in der gleichen Weise statt wie in der 1. Pers Sg Präs.

Typ 4

Inf	**кри́кн**	**-у-ть**
	махн	**-у́-ть**[1]
Präs Fut	**-у, -ешь**[2]**, -ет, -ем, -ете, -ут**	
Imp	**-и, -ите; -ь, -ьте;** s. Regeln (S. 701)	
Prät		**-у-л, -ла, -ло, -ли**
Ptz Prät Akt		**-у-вший**
Adv Ptz v		**-у-в**
Ptz Prät Pass		**-у-тый**[1]

[1] Der Akzent ist in allen Konjugationsformen unveränderlich, außer dem Ptz Prät Pass (s. Regeln S. 701) und den Formen des Präs bzw. Fut einiger Verben. Die Akzentzurückziehung dieser Verben wird durch ein hochgestelltes Kreuz (⁺) hinter der Typenzahl gekennzeichnet, wodurch sich die Anführung der 2. Pers Sg im Wörterbuch erübrigt.

[2] Bei endbetonten Verben steht -ё statt -е: махну́, махнёшь usw.

Typ 4 a

Inf	**привы́к**	**-ну-ть**
	га́с	**-ну-ть**
Prät	**-, -ла, -ло, -ли**	
Ptz Prät Akt	**-ший**	
Adv Ptz v	**-ши***	

* Aber von einfachen Verben ohne Präfix meist: -нув, z. B. га́с-нув.

Bildung der übrigen Formen von привы́к-, га́сн- usw. wie Typ 4.

Konjugation der wichtigsten unregelmäßigen Verben[1]

Infinitiv	Präs bzw. Fut	Imp	Ptz Präs Akt	Adv Ptz uv
бежáть	бегý, бежи́шь	беги́	бегýщий	—
берéчь	берегý, -жёшь	береги́	берегýщий	—
бить	бью, бьёшь	бей	бью́щий	бия́ *alt*
блестéть	блещý, -сти́шь, -стя́т; *daneben* блéщешь, -щут	блести́	блéщущий *oder* блестя́щий	блестя́
бормотáть	бормочý, -óчешь	бормочи́	бормóчущий	бормочá
борóться	борю́сь, бóрешься	бори́сь	бóрющийся	боря́сь
брать	берý, -ёшь	бери́	берýщий	беря́
брести́	бредý, -ёшь	бреди́	бредýщий	бредя́
брить	брéю, -éешь	брей	брéющий	брéя
бры́згать *auch Typ 1*	бры́зжу, -зжешь	бры́згай	бры́зжущий	бры́зжа
быть	—, (есть), (суть); *Fut* бýду, -ешь	будь	—	бýдучи
-быть *v*	-бýду, -ешь	-будь	—	—
везти́	везý, -ёшь	вези́	везýщий	везя́
вести́	ведý, -ёшь	веди́	ведýщий	ведя́
взять *v*	возьмý, -ёшь	возьми́	—	—
вить	вью, вьёшь	вей	вью́щий	вия́ *alt*
влечь	влекý, влечёшь	влеки́	влекýщий	влечá
волóчь	волокý, волочёшь	волоки́	волокýщий	волочá
врать	вру, врёшь	ври	врýщий	—
выть	вóю, вóешь	вой	вóющий	вóя
вязáть	вяжý, вя́жешь	вяжи́	вя́жущий	—
вя́нуть	вя́ну, -ешь	вянь	вя́нущий	—
глодáть	гложý, глóжешь	глодáй	глóжущий	глодáя *o.* гложá
гнать	гоню́, гóнишь	гони́	гоня́щий	гоня́
гнить	гнию́, -ёшь	—	гнию́щий	гния́

[1] Mit – beginnende Formen gelten für die betreffenden Verben mit Präfixen (Vorsil-
kommen, ist nur aus dem Wörterbuch zu ersehen. Klammern weisen auf einge-
ten Form auch für die übrigen Formen; das Ausrufezeichen bedeutet, daß nur diese
praktischen Gründen wurde in diese Tabelle eine Reihe präfigierter Verben aufge-
deutlich zu machen.

Ptz Präs Pass	Prät	Ptz Prät Akt	Adv Ptz v	Ptz Prät Pass Langform	Kurzform
—	бежáл, -а	бежáвший	-бежáв	—	—
берегóмый	берёг, береглá	берёгший	-берёгши	-бережённый	-бережён, -бережена́
—	бил, -а	би́вший	-бив	би́тый	бит, -а
—	блестéл, -а	блестéвший	блестéв	—	—
—	бормотáл, -а	бормотáвший	-бормотáв	-бормóтанный	-бормóтан, -а
—	борóлся, -ась	борóвшийся	-борóвшись	—	—
—	брал, -á!	брáвший	-брав	-бранный	-бран, -а
—	брёл, бреля́	брéдший	-брéдши	(-бредённый)	(-бредён, -бредена́)
—	брил, -а	бри́вший	-брив	бри́тый	брит, -а
бры́згаемый	бры́згал, -а	бры́згавший	-бры́згав	-бры́зганный	-бры́зган, -а
—	был, -á!	бы́вший	—	—	—
—	-был, -á!	-бы́вший	-бы́в(ши)	-бы́тый	-бы́т, -а
(везóмый)	вёз, везлá	вёзший	-вёзши	-везённый	-везён, -везена́
ведóмый	вёл, велá	вéдший	-вéдши	-вéдённый	-ведён, -ведена
—	взял, -á!	взя́вший	взяв	взя́тый	взят, взятá!
—	вил, вилá!	ви́вший	-вив	ви́тый	вит, витá!
влекóмый	влёк, влеклá	влёкший	-влёкши	-влечённый	-влечён, -влечена́
—	волóк, -лá	волóкщий	-волóкши	—	—
—	врал, вралá!	врáвший	-врав	-вранный	-вран, -а
—	выл, -а	вы́вший	-выв	—	—
—	вязáл, -а	вязáвший	-вязáв	вя́занный	вя́зан, -а
—	вя́нул, -а *о.* вял, -а	вя́дший *о.* вя́нувший	-вя́дши	—	—
—	глодáл, -а	глодáвший	-глодáв	глóданный	глóдан, -а
гони́мый	гнал, гналá!	гнáвший	-гнáв	-гнанный	-гнан, -а
—	гнил, -á!	гни́вший	-гнив	—	—

ben). Daß einige Konjugationsformen nur in Verbindung mit Präfixen oder -ся vorschränkten Gebrauch der Form. — Im Prät und Ptz Prät Pass gilt der Akzent der letz-Form von der vorher genannten abweicht, z. B. былá! — ergänze бы́ло, бы́ли. — Ausnommen, um besonders die Betonung ihrer Formen im Prät und Ptz Prät Pass

Infinitiv	Präs bzw. Fut	Imp	Ptz Präs Akt	Adv Ptz uv
грести́	гребу́, -ёшь	греби́	гребу́щий	гребя́
грохота́ть	грохочу́, -о́чешь	грохочи́	грохо́чущий	грохоча́
грызть	грызу́, -ёшь	грызи́	грызу́щий	грызя́
дава́ть	даю́, даёшь	дава́й	даю́щий	дава́я
дать *v*	дам, дашь, даст, дади́м, дади́те, даду́т	дай	—	—
дви́гать	дви́гаю, -ешь; *daneben* дви́жу, -жешь	дви́гай	дви́жущий, дви́гающий	дви́гая
деть *v*	де́ну, -ешь	день	—	—
добы́ть *v*	добу́ду, -ешь	добу́дь	—	—
дожи́ть *v*	доживу́, -ёшь	доживи́	—	—
доли́ть *v*	долью́, -льёшь	доле́й	—	—
доня́ть *v*	дойму́, -ёшь	дойми́	—	—
допи́ть *v*	допью́, -пьёшь	допей	—	—
драть	деру́, -ёшь	дери́	деру́ший	деря́
дрема́ть	дремлю́, -е́млешь	дремли́	дре́млющий	дремля́
дуть	ду́ю, ду́ешь	дуй	ду́ющий	ду́я
есть	ем, ешь, ест, еди́м, еди́те, едя́т	ешь	едя́щий	едя́
е́хать	е́ду, е́дешь	(поезжа́й)	е́дущий	е́дучи
жа́ждать	жа́жду, -ешь	(жа́жди)	жа́ждущий	жа́ждя
[1]**жать**	жму, жмёшь	жми	жму́щий	—
[2]**жать**	жну, жнёшь	жни	жну́щий	—
ждать	жду, ждёшь	жди	жду́щий	—
жева́ть	жую́, жуёшь	жуй	жую́щий	жуя́
жечь	жгу, жжёшь	жги	жгу́щий	—
жить	живу́, -ёшь	живи́	живу́щий	живя́
жрать	жру, жрёшь	жри	жру́щий	—
зада́ть *v*	зада́м, -да́шь, -да́ст, -дади́м, -дади́те, -даду́т	зада́й	—	—
зажи́ть *v*	заживу́, -ёшь	заживи́	—	—
зали́ть *v*	залью́, -льёшь	зале́й	—	—

Ptz Präs Pass	Prät	Ptz Prät Akt	Adv Ptz v	Ptz Prät Pass Langform	Kurzform
—	грёб, гребла́	грёбший	-грёбши	-гребённый	-гребён, -гребена́
—	грохота́л	грохота́в-ший	-грохота́в	—	—
грызо́мый	грыз, гры́зла	гры́зший	-гры́зши	-гры́зен-ный	-гры́зен, -гры́зена
дава́емый	дава́л, -а	дава́вший	-дава́в(ши)	—	—
—	дал, дала́!	да́вший	-дав	да́нный -данный	дан, -а́ -дан, -а́!
дви́жимый	дви́гал, -а	дви́гавший	-дви́гав	—	—
—	дел, -а	-де́вший	-де́в(ши)	-де́тый	-де́т, -а
—	до́был, добыла́!	добы́вший	добы́в	до́бытый	до́быт, добыта́!
—	до́жил, дожила́!	дожи́вший	дожи́в	до́жи́тый	до́жи́т, дожита́!
—	до́ли́л, долила́!	доли́вший	доли́в(ши)	до́ли́тый	до́ли́т, долита́!
—	до́нял, доняла́!	доня́вший	доня́в	до́нятый	до́нят, донята́!
—	до́пи́л, допила́!	допи́вший	допи́в	до́пи́тый	до́пи́т, допита́!
—	драл, драла́!	дра́вший	-драв	-дранный	-дран, -а
—	дрема́л	дрема́вший	-дрема́в	—	—
—	дул, -а	ду́вший	-дув	-ду́тый	-дут, -а
едо́мый	ел, -а	е́вший	-е́в(ши)	-е́денный	-е́ден, -а
—	е́хал, -а	е́хавший	-е́хав	—	—
—	жа́ждал, -а	жа́ждав-ший	-жа́ждав	—	—
—	жал, -а	жа́вший	-жав	-жа́тый	-жат, -а
—	жал, -а	жа́вший	-жав	-жа́тый	-жат, -а
—	ждал, -а́!	жда́вший	-ждав	-жданный	—
—	жева́л, -а	жева́вший	-жева́в	жёванный	жёван, -а
—	жёг, жгла	(-жёгший)	(-жёгши)	-жжённый	-жжён, -жжена́
—	жил, -а́!	жи́вший	-жив	-житый	-жит, -а́!
—	жрал, -а́	жра́вший	-жрав	-жранный	-жран, -а
—	за́дал, задала́!	зада́вший	зада́в	за́данный	за́дан, задана́!
—	за́жил, зажила́!	зажи́вший	зажи́в(ши)	—	—
—	за́ли́л, залила́!	зали́вший	зали́в	за́ли́тый	за́ли́т, залита́!

Infinitiv	Präs bzw. Fut	Imp	Ptz Präs Akt	Adv Ptz uv
заня́ть *v*	займу́, -ёшь	займи́	—	—
запере́ть *v*	запру́, -ёшь	запри́	запру́щий	—
застря́ть *v*	застря́ну, -ешь	застря́нь	—	—
зача́ть *v*	зачну́, -ёшь	зачни́	—	—
звать	зову́, -ёшь	зови́	зову́щий	зовя́
-знава́ть	-знаю, -знаёшь	-знава́й	-знающий	-знава́я
идти́	иду́, идёшь	иди́	иду́щий	идя́ *o.* и́дучи
изда́ть *v*	изда́м, -да́шь, -да́ст, -дади́м, -дади́те, -даду́т	изда́й	—	—
изъя́ть *v*	изыму́, изы́мешь	изыми́	—	—
иска́ть	ищу́, и́щешь	ищи́	и́щущий	ища́
-йти́ *v*	-йду́, -йдёшь	-йди́	—	—
-каза́ть *v*	-кажу́, -ка́жешь	-кажи́	—	—
ка́пать	ка́паю, -ешь; *daneben* ка́плю, -лешь	ка́пай	ка́пающий	ка́пая
класть	кладу́, -дёшь	клади́	кладу́щий	кладя́
клева́ть	клюю́, -юёшь	клюй	клюю́щий	клюя́
клевета́ть	клевещу́, -е́щешь	клевещи́	клеве́щущий	клевеща́
клясть	кляну́, -ёшь	кляни́	кляну́щий	кляня́
кова́ть	кую́, куёшь	куй	кую́щий	куя́
колеба́ть	коле́блю, -лешь	коле́бли	коле́блющий	коле́бля
коло́ть	колю́, ко́лешь	коли́	ко́лющий	коля́
колыха́ть *auch Typ 1*	колы́шу, -ешь	колыши́	колы́шущий	колы́ша
красть	краду́, -ёшь	кради́	краду́щий	крадя́
крыть	кро́ю, -ешь	крой	кро́ющий	кро́я
лгать	лгу, лжёшь	лги	лгу́щий	—
лезть	ле́зу, -ешь	лезь	ле́зущий	ле́зя
лепета́ть	лепечу́, -е́чешь	лепечи́	лепе́чущий	лепеча́
лечь *v*	ля́гу, ля́жешь	ляг	—	—
лить	лью, льёшь	лей	лью́щий	лия́ *alt*
ма́зать	ма́жу, -ешь	мажь	ма́жущий	—
маха́ть *auch Typ 1*	машу́, ма́шешь	маши́	ма́шущий	(маша́)

Ptz Präs Pass	Prät	Ptz Prät Akt	Adv Ptz v	Ptz Prät Pass Langform	Kurzform
—	за́нял, -а́!	заня́вший	заня́в	за́нятый	за́нят, -а́!
—	за́пер, -ла́!	за́перший	запере́в	за́пертый	за́перт, -а́!
—	застря́л, -а	застря́вший	застря́в	—	—
—	зача́л, -а́!	зача́вший	зача́в	зача́тый	зача́т, зачата́!
—	звал, -а́!	зва́вший	-звав	зва́нный -званный	зван, -а́! -зван, -а
-знава́емый	-знава́л, -а	-знава́вший	—	—	—
—	шёл, шла	ше́дший	-ше́дши	—	—
—	изда́л, издала́!	изда́вший	изда́в	и́зданный	и́здан, и́здана!
—	изъя́л, -а	изъя́вший	изъя́в	изъя́тый	изъя́т, -а
иско́мый	иска́л, -а	иска́вший	-иска́в	-и́сканный	-и́скан, -а
—	-шёл, -шла́	-ше́дший	-ше́дши *o.* -йдя́	-йденный	-йден, -а
—	-каза́л, -а	-каза́вший	-каза́в	-ка́занный	-ка́зан, -а
—	ка́пал, -а	ка́павший	-ка́пав	—	—
—	клал, -а	кла́вший	-клав	кла́денный	кла́ден, -а
—	клева́л, -а	клева́вший	-клева́в	-клёванный	-клёван, -а
—	клевета́л, -а	клевета́вший	-клевета́в	—	—
—	клял, -а́!	кля́вший	-кляв	-кля́тый	-клят, -а́!
—	кова́л, -а	кова́вший	-кова́в	ко́ванный	ко́ван, -а
коле́блемый	колеба́л, -а	колеба́вший	-колеба́в	—	—
—	коло́л, -а	коло́вший	-коло́в	ко́лотый	ко́лот, -а
—	колыха́л, -а	колыха́вший	-колыха́в	—	—
—	крал, кра́ла	кра́вший	-крав	кра́денный	кра́ден, -а
—	крыл, -а	кры́вший	-крыв	кры́тый	крыт, -а
—	лгал, -а́!	лга́вший	-лгав	-лганный	-лган, -а
—	лез, ле́зла	ле́зший	-ле́зши	—	—
—	лепета́л, -а	лепета́вший	-лепета́в	—	—
—	лёг, легла́	лёгший	-лёгши	—	—
—	лил, -а́!	ли́вший	-лив	ли́тый	лит, -а́!
—	ма́зал, -а	ма́завший	-ма́зав	ма́занный	ма́зан -а
—	маха́л, -а	маха́вший	-маха́в	—	—

Infinitiv	Präs bzw. Fut	Imp	Ptz Präs Akt	Adv Ptz uv
-мере́ть *v*	-мру́, -мрёшь	-мри́	-мру́щий	—
мести́	мету́, -ёшь	мети́	мету́щий	метя́
мета́ть	мечу́, ме́чешь	мечи́	ме́чущий	меча́
моло́ть	мелю́, ме́лешь	мели́	ме́лющий	меля́
(-)мочь	могу́, мо́жешь	(-)моги́	могу́щий	—
мыть	мо́ю, мо́ешь	мой	мо́ющий	мо́я
мять	мну, мнёшь	мни	мну́щий	—
нажи́ть *v*	наживу́, -ёшь	наживи́	—	—
нали́ть *v*	налью́, -льёшь	нале́й	—	—
наня́ть *v*	найму́, -мёшь	найми́	—	—
нача́ть *v*	начну́, -ёшь	начни́	—	—
нести́	несу́, -ёшь	неси́	несу́щий	неся́
низа́ть	нижу́, ни́жешь	нижи́	ни́жущий	—
ныть	но́ю, но́ешь	ной	но́ющий	но́я
облéчь *v*	облеку́, -чёшь	облеки́	—	—
обли́ть *v*	оболью́, -льёшь	обле́й	—	—
обня́ть *v*	обниму́, обни́мешь; *daneben* обойму́, обоймёшь	обними́	—	—
обрести́ *v*	обрету́, -ёшь	обрети́	—	—
обу́ть *v*	обу́ю, -у́ешь	обу́й	—	—
оперéть *v*	обопру́, -ёшь	обопри́	—	—
ора́ть	ору́, орёшь	ори́	ору́щий	(оря́)
отбы́ть *v*	отбу́ду, -ешь	отбу́дь	—	—
отда́ть *v*	отда́м, -да́шь, -да́ст, -дади́м, -дади́те, -даду́т	отда́й	—	—
отжи́ть *v*	отживу́, -ёшь	отживи́	—	—
отли́ть *v*	отолью́, -льёшь	отле́й	—	—
отня́ть *v*	отниму́, отни́мешь	отними́	—	—
отпере́ть *v*	отопру́, -ёшь	отопри́	—	—

Ptz Präs Pass	Prät	Ptz Prät Akt	Adv Ptz v	Ptz Prät Pass Langform	Kurzform
—	-мер, -мерла́!	ме́рший	-ме́рши	—	—
—	мёл, мела́	мётший	-мётши	метённый	метён, -ена́
—	мета́л, -а	мета́вший	-мета́в	-мётанный	-мётан, -а
—	моло́л, -а	моло́вший	-моло́в	мо́лотый	мо́лот, -а
—	мог, могла́	мо́гший	-мо́гши	(изне)можённый	-можён, -можена́
—	мыл, -а	мы́вший	-мыв	мы́тый	мыт, -а
—	мял, -а	мя́вший	-мяв	мя́тый	мят, -а
—	на́жил, нажила́!	нажи́вший	нажи́в	на́жи́тый	на́жи́т, нажита́!
—	на́ли́л, налила́!	нали́вший	нали́в	на́ли́тый	на́ли́т, налита́!
—	на́нял, -а́!	наня́вший	наня́в	на́нятый	на́нят, -а́!
—	на́чал, начала́!	нача́вший	нача́в	на́чатый	на́чат, -а́!
несо́мый	нёс, несла́	нёсший	-нёсши	несённый	несён, несена́
—	низа́л, -а	низа́вший	-низа́в	-ни́занный	-ни́зан, -а
	ныл, -а	ны́вший	-ныв	—	—
— —	облёк, облекла́	облёкший	облёкши	облечённый	облечён, облечена́
—	о́бли́л, облила́!	обли́вший	обли́в	о́бли́тый	о́бли́т, облита́!
—	о́бнял, обняла́!	обня́вший	обня́в	о́бнятый	о́бнят, -а́!
—	обрёл, обрела́	обре́тший	обре́тши *о.* обретя́	обретённый	обретён, обретена́
—	обу́л, -а	обу́вший	обу́в	обу́тый	обу́т, -а
—	опёр, оперла́ *и.* опёрла, опёрло	опёрший	опёрши, опере́в	опёртый	опёрт, оперта́ *и.* опёрта, опёрто
—	ора́л, -а	ора́вший	-ора́в	—	—
—	о́тбыл, отбыла́!	отбы́вший	отбы́в	—	—
—	о́тдал, отдала́!	отда́вший	отда́в	о́тданный	о́тдан, отдана́!
—	о́тжил, отжила́!	отжи́вший	отжи́в(ши)	о́тжи́тый	о́тжи́т, отжита́!
—	о́тли́л, отлила́!	отли́вший	отли́в(ши)	о́тли́тый	о́тли́т, отлита́!
—	о́тнял, отняла́!	отня́вший	отня́в	о́тнятый	о́тнят, -а́!
—	о́тпер, отперла́!	отпёрший	отпере́в *о.* о́тперши	о́тпертый	о́тперт, отперта́!

Infinitiv	Präs bzw. Fut	Imp	Ptz Präs Akt	Adv Ptz uv
пасти́	пасу́, -ёшь	паси́	пасу́щий	пася́
пасть *v*	паду́, -ёшь	пади́	—	—
паха́ть	пашу́, па́шешь	паши́	па́шущий	(вспа́хивая)
переда́ть *v*	переда́м, -да́шь, -да́ст, -дади́м, -дади́те, -даду́т	переда́й	—	—
пережи́ть *v*	переживу́, -ёшь	переживи́	—	—
переня́ть *v*	перейму́, -ёшь	перейми́	—	—
пере́ть	пру, прёшь	при	—	—
петь	пою́, поёшь	пой	пою́щий	—
печь	пеку́, печёшь	пеки́	пеку́щий	—
писа́ть	пишу́, пи́шешь	пиши́	пи́шущий	—
пить	пью, пьёшь	пей	пью́щий	—
пла́кать	пла́чу, -чешь	плачь	пла́чущий	пла́ча
плева́ть	плюю́, -юёшь	плюй	плюю́щий	плюя́
плеска́ть *auch Typ 1*	плещу́, пле́щешь	плещи́	пле́щущий	плеща́
плести́	плету́, -ёшь	плети́	плету́щий	плетя́
плыть	плыву́, -ёшь	плыви́	плыву́щий	плывя́
пляса́ть	пляшу́, пля́шешь	пляши́	пля́шущий	—
побы́ть *v*	побу́ду, -ешь	побу́дь	—	—
пода́ть *v*	пода́м, -да́шь, -да́ст, -дади́м, -дади́те, -даду́т	пода́й	—	—
подли́ть *v*	подолью́, -льёшь	подле́й	—	—
подня́ть *v*	подниму́, подни́мешь	подними́	—	—
подпере́ть *v*	подопру́, -ёшь	подопри́	—	—
ползти́	ползу́, -ёшь	ползи́	ползу́щий	ползя́
поли́ть *v*	полью́, -льёшь	поле́й	—	—
полоска́ть *auch Typ 1*	полощу́, -о́щешь	полощи́	поло́щущий	полоща́
поло́ть	полю́, по́лешь	поли́	по́лющий	—

Ptz Präs Pass	Prät	Ptz Prät Akt	Adv Ptz v	Ptz Prät Pass Langform	Kurzform
(пасо́мый)	пас, пасла́	па́сший	-па́сши	-пасённый	-пасён, -пасена́
—	пал, па́ла	па́вший *o.* па́дший	-пав	—	—
(вспа́хива-емый)	паха́л, -а	паха́вший	-паха́в(ши)	па́ханный	па́хан, -а
—	пе́редал, передала́!	переда́в-ший	переда́в	пе́редан-ный	пе́редан, передана́!
—	пе́режи́л, пережила́!	пережи́в-ший	пережи́в	пе́режи́тый	пе́режи́т, пережита́!
—	пе́ренял, -а́!	пере-ня́вший	переня́в	пе́ренятый	пе́ренят, -а́!
—	пёр, -ла	пёрший	-пёрши	пёртый	—
—	пел, -а	пе́вший	-пев	-пе́тый	-пет, -а
—	пёк, пекла́	пёкший	-пёкши	печённый	печён, печена́
—	писа́л, -а	писа́вший	-писа́в	пи́санный	пи́сан, -а
—	пил, -а́!	пи́вший	-пив	пи́тый	пит, -а́!
—	пла́кал, -а	пла́кавший	-пла́кав	-пла́канный	-пла́кан, -а
—	плева́л, -а	плева́вший	-плева́в	-плёван-ный	-плёван, -а
—	плеска́л, -а	плеска́в-ший	-плеска́в	—	—
—	плёл, плела́	плётший	-плётши	плетённый	плетён, плетена́
—	плыл, -а́!	плы́вший	-плыв	—	—
—	пляса́л, -а	пляса́вший	-пляса́в	-пля́сан-ный	-пля́сан, -а
—	по́бы́л, побыла́!	побы́вший	побы́в	—	—
—	по́дал, подала́!	пода́вший	пода́в	по́данный	по́дан, подана́!
—	по́дли́л, подлила́!	подли́вший	подли́в	—	—
—	по́днял, подняла́!	подня́вший	подня́в	по́днятый	по́днят, -а́!
—	подпёр, -ла	подпёрший	подпере́в *oder* подпёрши	подпёртый	подпёрт, -а
—	полз, ползла́	по́лзший	-по́лзши	—	—
—	по́ли́л, полила́!	поли́вший	поли́в(ши)	по́ли́тый	по́ли́т, полита́!
—	полоска́л, -а	полоска́в-ший	-полоска́в	поло́скан-ный	поло́скан, -а
—	поло́л, -а	поло́вший	-поло́в	по́лотый	по́лот, -а

Infinitiv	Präs bzw. Fut	Imp	Ptz Präs Akt	Adv Ptz uv
поня́ть *v*	пойму́, -ёшь	пойми́		—
поро́ть	порю́, по́решь	пори́	по́рющий	поря́
преда́ть *v*	преда́м, -да́шь, -да́ст, -дади́м, -дади́те, -даду́т	преда́й	—	—
пренебре́чь *v*	пренебрегу́, -жёшь	пренебреги́	—	—
прибы́ть *v*	прибу́ду, -ешь	прибу́дь	—	—
прида́ть *v*	прида́м, -да́шь, -да́ст, -дади́м, -дади́те, -даду́т	прида́й	—	—
приня́ть *v*	приму́, при́мешь	прими́	—	—
пробы́ть *v*	пробу́ду, -ешь	пробу́дь	—	—
прода́ть *v*	прода́м, -да́шь, -да́ст, -дади́м, -дади́те, -даду́т	прода́й	—	—
прожи́ть *v*	проживу́, -ёшь	проживи́	—	—
проли́ть *v*	пролью́, -льёшь	проле́й	—	—
пропи́ть *v*	пропью́, -пьёшь	пропе́й	—	—
прясть	пряду́, -ёшь	пряди́	пряду́щий	пряде́
-прячь *v*	-прягу́, -пряжёшь	-пряги́	—	—
разда́ть *v*	разда́м, -да́шь, -да́ст, -дади́м, -дади́те, -даду́т	разда́й	—	—
разня́ть *v*	разниму́, разни́мешь	разними́	—	—
разу́ть *v*	разу́ю, -ешь	разу́й	—	—
распя́ть *v*	распну́, -ёшь	распни́	—	—
рассвести́ *v*	рассветёт	—	—	—
расти́	расту́, -ёшь	расти́	расту́щий	растя́
расче́сть *v*	разочту́, -ёшь	разочти́	—	—
рвать	рву, рвёшь	рви	рву́щий	рвя
реве́ть	реву́, -ёшь	реви́	реву́щий	ревя́
ре́зать	ре́жу, -ешь	режь	ре́жущий	—
-речь *v*	-реку́, -речёшь	-реки́	—	—
ржать	ржу, ржёшь	ржи	ржу́щий	—

Ptz Präs Pass	Prät	Ptz Prät Akt	Adv Ptz v	Ptz Prät Pass Langform	Kurzform
—	по́нял, поняла́!	поня́вший	поня́в	по́нятый	по́нят, -а́!
—	поро́л, -а	поро́вший	-поро́в	по́ротый	по́рот, -а
—	пре́дал, предала́!	преда́вший	преда́в	пре́данный	пре́дан, предана́!
—	пренебрёг, -брегла́	пренебре́гший	пренебре́гши	пренебрежённый	пренебрежён, -ена́
—	при́был, прибыла́!	прибы́вший	прибы́в	—	—
—	при́дал, придала́!	прида́вший	прида́в	при́данный	при́дан, придана́!
—	при́нял, приняла́!	приня́вший	приня́в	при́нятый	при́нят, -а́!
—	про́был, пробыла́!	пробы́вший	пробы́в	—	—
—	про́дал, продала́!	прода́вший	прода́в	про́данный	про́дан, продана́!
—	про́жил, прожила́!	прожи́вший	прожи́в	про́жи́тый	про́жи́т, прожита́!
—	про́ли́л, пролила́!	проли́вший	проли́в	про́ли́тый	про́ли́т, пролита́!
—	про́пи́л, пропила́!	пропи́вший	пропи́в	про́пи́тый	про́пи́т, пропита́!
—	прял, -а́!	пря́дший	-пря́дши	-пря́денный	-пря́ден, -а
—	-пря́г, -прягла́	-пря́гший	-пря́гши	-пряжённый	-пряжён, пряжена́
—	ро́здал, раздала́, ро́здало	разда́вший	разда́в	ро́зданный	ро́здан, раздана́, ро́здано
—	разня́л, -а́!	разня́вший	разня́в	разня́тый	разня́т, разнята́!
—	разу́л, -а	разу́вший	разу́в	разу́тый	разу́т, -а
—	распя́л, -а	распя́вший	распя́в	распя́тый	распя́т, -а
—	рассвело́	—	—	—	—
—	рос, росла́	ро́сший	-ро́сши	—	—
—	расчёл, разочла́	—	разочтя́	разочтённый	разочтён, -ена́
—	рвал, рвала́!	рва́вший	-рвав	-рванный	-рван, -а
—	реве́л, -а	реве́вший	-реве́в	—	—
—	ре́зал, -а	ре́завший	-ре́зав	ре́занный	ре́зан, -а
—	-рёк, -рекла́	-ре́кший	-ре́кши	-речённый	-речён, -речена́
—	ржал, ржа́ла	ржа́вший	-ржав	—	—

Infinitiv	Präs bzw. Fut	Imp	Ptz Präs Akt	Adv Ptz uv
роптáть	ропщý, рóпщешь	ропщи́	рóпщущий	ропщá
рыть	рóю, -ешь	рой	рóющий	рóя
свистáть	свищý, сви́щешь	свисти́	сви́щущий	свистя́
сесть *v*	ся́ду, -ешь	сядь	—	—
сечь	секý, сечёшь	секи́	секýщий	(сечá)
скакáть	скачý, скáчешь	скачи́	скáчущий	скачá
скрежетáть	скрежещý, скрежéщешь	(скреже-щи́)	—	(скреже-щá)
скрести́	скеребý, -ёшь	скреби́	скребýщий	скребя́
слать	шлю, шлёшь	шли	шлю́щий	—
слыть	слывý, -ёшь	слыви́	слывýщий	слывя́
смея́ться	смею́сь, -ёшься	смéйся	смею́щийся	смея́сь
сновáть	сную́, снуёшь	(снуй)	сную́щий	снуя́
снять *v*	снимý, сни́мешь	сними́	—	—
соблюсти́ *v*	соблюдý, -ёшь	соблюди́	—	—
совáть	сую́, -ёшь	суй	сую́щий	(сýя́)
создáть *v*	создáм, -дáшь, -дáст, -дади́м, -дади́те, -дадýт	создáй	—	—
сосáть	сосý, -ёшь	соси́	сосýщий	сося́
спать	сплю, спишь, спят	спи	спя́щий	—
-ставáть	-стаю́, -стаёшь	-ставáй	-стаю́щий	-ставáя
стать *v*	стáну, -ешь	стань	—	—
стерéчь	стерегý, -жёшь	стереги́	стерегýщий	стережá
-стичь *v (neben* -сти́гнуть)	-сти́гну, -ешь	-сти́гни	—	—
стлать	стелю́, стéлешь	стели́	стéлющий	стеля́
стонáть *auch Typ 1*	стонý, стóнешь	стони́	стóнущий	стонáя
страдáть	страдáю, -áешь	страдáй	страдáющий, стрáждущий	страдáя
стричь	стригý, -жёшь	стриги́	стригýщий	—
сты́нуть *u.* **стыть**	сты́ну, -ешь	стынь	сты́нущий	—
счесть *v*	сочтý, -ёшь	сочти́	—	—

Ptz Präs Pass	Prät	Ptz Prät Akt	Adv Ptz v	Ptz Prät Pass Langform	Kurzform
—	роптáл, -а	роптáвший	-роптáв	—	—
—	рыл, -а	ры́вший	-рыв	ры́тый	рыт, -а
—	свистáл, -а	свистáв-ший	-свистáв	—	—
—	сел, -а	сéвший	сев	—	—
(сeкóмый)	сек, сéкла (prügeln) *oder* секлá (abschlagen)	сéкший	-сéкши	сéченный -сечённый	сéчен, -а -сечён, -енá
—	скакáл, -а	скакáвший	-скакáв	—	—
—	скрежетáл, -а	скрежетáв-ший	-скрежетáв	—	—
—	скрёб, скреблá	скрёбший	-скрёбши	-скребён-ный	-скребён, -скребенá
—	слал, -а	-слáвший	-слав	-сланный	-слан, -а
—	слыл, -á!	слы́вший	-слыв	—	—
—	смея́лся, -ась	смея́в-шийся	-смея́в-шись	—	—
—	сновáл, -а	сновáвший	-сновáв	-снóван-ный	-снóван, -а
—	снял, -á!	сня́вший	сняв	сня́тый	снят, -á!
—	соблю́л, соблюлá	соблю́д-ший	соблюдя́	соблюдён-ный	соблюдён, -енá
—	совáл, -а	совáвший	-совáв	-сóванный	-сóван, -а
—	сóздал, создалá!	создáвший	создáв	сóзданный	сóздан, -á!
—	сосáл, -а	сосáвший	-сосáв	-сóсанный	-сóсан, -а
—	спал, -á!	спáвший	-спав	-спанный	-спан, -а
—	-ставáл, -а	-ставáвший	-ставáв	—	—
—	стал, -а	стáвший	став	—	—
—	стерёг, стереглá	стерёгший	-стерёгши	стережён-ный	стережён, -енá
—	-сти́г, -сти́гла	-сти́гший	-сти́гши	-сти́гнутый	-сти́гнут, -а
—	-стлáл, -а	-стлáвший	-стлáв	-стланный	-стлан, -а
—	стонáл, -а	стонáвший	-стонáв	—	—
—	страдáл, -а	страдáв-ший	-страдáв	—	—
—	стриг, стри́гла	стри́гший	-стри́гши	стри́жен-ный	стри́жен, -а
—	стыл, -а	сты́вший *о.* сты́нувший	-стыв	—	—
—	счёл, сочлá	счётший	сочтя́	сочтённый	сочтён, -енá

Infinitiv	Präs bzw. Fut	Imp	Ptz Präs Akt	Adv Ptz uv
сыпать	сыплю, -ешь	сыпь	сыплющий	сыпля
тере́ть	тру, трёшь	три	тру́щий	—
теса́ть	тешу́, те́шешь	теши́	те́шущий	теша́
течь	теку́, течёшь	теки́	теку́щий	—
ткать	тку, ткёшь	тки	тку́щий	—
толо́чь	толку́, -чёшь	толки́	толку́щий	толча́
топта́ть	топчу́, то́пчешь	топчи́	то́пчущий	топча́
трепа́ть	треплю́, тре́плешь	трепли́	тре́плющий	трепля́
трепета́ть	трепещу́, трепе́щешь	трепещи́	трепе́щущий	трепеща́
трясти́	трясу́, -ёшь	тряси́	трясу́щий	трясь́
ты́кать	ты́чу, -ешь	тычь	ты́чущий	ты́ча
убы́ть *v*	убу́ду, -ешь	убу́дь	—	—
уня́ть *v*	уйму́, -ёшь	уйми́	—	—
упере́ть *v*	упру́, -ёшь	упри́	—	—
хлеста́ть	хлещу́, хле́щешь	хлещи́	хле́щущий	хлеща́
хлопота́ть	хлопочу́, -о́чешь	хлопочи́	хлопо́чущий	хлопоча́
хоте́ть	хочу́, хо́чешь, хо́чет, хоти́м, -ти́те, -тя́т	(хоти́)	хотя́щий	(хотя́)
хохота́ть	хохочу́, -о́чешь	хохочи́	хохо́чущий	хохоча́
цвести́	цвету́, -ёшь	цвети́	цвету́щий	цветя́
чеса́ть	чешу́, че́шешь	чеши́	че́шущий	чеша́
-честь *v*	-чту́, -чтёшь	-чти́	—	—
чтить	чту, чтишь, чтят *u.* чтут	чти	чту́щий	чтя
чу́ять	чу́ю, чу́ешь	чуй	чу́ющий	чу́я
шепта́ть	шепчу́, ше́пчешь	шепчи́	ше́пчущий	шепча́
-шиби́ть *v*	-шибу́, -шибёшь	-шиби́	—	—
шить	шью, шьёшь	шей	шью́щий	—
щебета́ть	щебечу́, -е́чешь	щебечи́	щебе́чущий	щебеча́
щекота́ть	щекочу́, -о́чешь	щекочи́	щеко́чущий	щекоча́
щипа́ть	щиплю́, щи́плешь	щипли́	щи́плющий	щипля́
-ыска́ть *v*	-ыщу́, -ы́щешь	-ыщи́	—	—

Ptz Präs Pass	Prät	Ptz Prät Akt	Adv Ptz v	Ptz Prät Pass Langform	Kurzform
—	сы́пал, -а	сы́павший	-сы́пав	-сы́панный	-сы́пан, -а
—	тёр, тёрла	тёрший	-тёрши	тёртый	тёрт, -а
—	теса́л	теса́вший	-теса́в	тёсанный	тёсан, -а
—	тёк, текла́	тёкший	-тёкши	—	—
—	ткал, ткала́!	тка́вший	-ткав	тка́нный	ткан, -а́!
—	толо́к толкла́	толо́кший	-толо́кши	толчённый	толчён, -ена́
(зата́птываемый)	топта́л, -а	топта́вший	-топта́в	то́птанный	то́птан, -а
—	трепа́л, -а	трепа́вший	-трепа́в	трёпанный	трёпан, -а
—	трепета́л, -а	трепета́вший	-трепета́в	—	—
—	тряс, трясла́	тря́сший	-тря́сши	-трясённый	-трясён, -ена́
—	ты́кал, -а	ты́кавший	-ты́кав	-ты́канный	-ты́кан, -а
—	у́был, убыла́!	убы́вший	убы́в	—	—
—	уня́л, уняла́!	уня́вший	уня́в	уня́тый	уня́т, -а́!
—	упёр, -ла	упёрший	упере́в *о.* упёрши	упёртый	упёрт, -а
—	хлеста́л, -а	хлеста́вший	-хлеста́в	хлёстанный	хлёстан, -а
—	хлопота́л, -а	хлопота́вший	-хлопота́в	—	—
—	хоте́л, -а	хоте́вший	-хоте́в	—	—
—	хохота́л -а	хохота́вший	-хохота́в	—	—
—	цвёл, цвела́	цве́тший	-цве́тши	—	—
(почёсываемый)	чеса́л, -а	чеса́вший	-чеса́в	чёсанный	чёсан, -а
—	-чёл, -чла́	-чётший	-чтя́	-чтённый	-чтён, -чтена́
чти́мый	чтил, -а	чти́вший	-чтив	—	—
—	чу́ял, -а	чу́явший	-чу́яв	чу́янный	—
—	шепта́л, -а	шепта́вший	шепта́в	-шёптанный	-шёптан, -а
—	-ши́б, -ши́бла	-ши́бший	-ши́бши	-ши́бленный	-ши́блен, -а
—	шил, -а	ши́вший	-шив	ши́тый	шит, -а
—	щебета́л, -а	щебета́вший	-щебета́в	—	—
—	щекота́л, -а	щекота́вший	-щекота́в	—	—
—	щипа́л, -а	щипа́вший	-щипа́в	щи́панный	щи́пан, -а
—	-ыска́л, -а	-ыска́вший	-ыска́в	-ы́сканный	-ы́скан -а

Zur Reform
der deutschen Rechtschreibung

Wir bedanken uns beim Bibliographischen Institut,
F.A. Brockhaus, Mannheim,
für die freundliche Unterstützung
bei der Erstellung des Anhangs
„Zur Reform der deutschen Rechtschreibung".

Zur Neuregelung der deutschen Rechtschreibung

Zur deutschen Rechtschreibung wird es ab dem 1. 8. 1998 nach einem Beschluß der Kultusminister eine Reihe von neuen Regeln geben. Der folgende Text informiert über die Rechtschreibreform und stellt die wichtigsten Neuerungen anhand einer Wörterliste exemplarisch vor.

Die Schreibung des Deutschen hat sich über einen langen Zeitraum hinweg entwickelt, in dem es keine verbindlichen Rechtschreibregeln gab. Zwar geschah dies nicht willkürlich, es haben sich jedoch viele Schreibweisen herausgebildet, die sich nicht in ein einfaches Regelsystem einordnen lassen und die heute selbst routinierte Schreibende verunsichern und typische Fehlerquellen sind. Warum zum Beispiel schreibt man *radfahren* in einem Wort, *Auto fahren* aber in zwei Wörtern? Wieso trennt man einerseits zwar *Dra-ma-turg*, andererseits aber *Chir-urg*? Warum wird zwischen *alles übrige* (Kleinschreibung) und *alles Weitere* (Großschreibung) unterschieden?

Die Neuregelung der deutschen Rechtschreibung wird die Zahl dieser Problemfälle verringern. Sie zielt grundsätzlich darauf ab, die Regeln zur Laut-Buchstaben-Zuordnung, zur Getrennt- und Zusammenschreibung, zur Groß- und Kleinschreibung, zur Zeichensetzung und zur Worttrennung am Zeilenende zu systematisieren und damit das Schreiben und Schreibenlernen zu erleichtern. Dadurch, daß der Geltungsbereich der Grundregeln ausgeweitet wird, entfallen viele Ausnahmen. Die Neuregelung bricht aber nicht mit der historisch gewachsenen Schreibtradition. Deshalb wird das vertraute Schriftbild im großen und ganzen unverändert bleiben.

Die neuen Regeln werden das amtliche Regelwerk aus den Jahren 1901/02 ersetzen. Damals wurde erstmals überhaupt eine einheitliche Rechtschreibung für den ganzen deutschen Sprachraum herbeigeführt. Obwohl es seitdem immer wieder Verbesserungsvorschläge gab, konnte erst jetzt – nahezu ein Jahrhundert später und nach jahrelangen wissenschaftlichen Vorarbeiten von Experten aus allen deutschsprachigen Ländern – ein neues Regelwerk verabschiedet werden. Die zwischenstaatliche Absichtserklärung zur Neuregelung der deutschen Rechtschreibung ist im Sommer 1996 von Deutschland, Österreich, der Schweiz und einigen weiteren Ländern in Wien unterzeichnet worden.

Am 1. 8. 1998 wird die neue deutsche Rechtschreibung offiziell in Kraft treten und spätestens dann an den Schulen gelehrt und von den staatlichen Institutionen verwendet werden. Da die neue Rechtschreibung freilich nicht von einem Tag auf den anderen eingeführt werden kann, ist eine siebenjährige Übergangsfrist vorgesehen, während der die alte Orthographie zwar als überholt, nicht aber als falsch gelten soll. Bis zum 31. 7. 2005 haben alle Schreibenden Zeit, sich mit der Neuregelung vertraut zu machen. Übrigens können sie gerade bei Fremdwörtern in einigen Fällen auch nach 2005 selbst entscheiden, wie sie schreiben wollen: *Delphin* oder *Delfin*, *Portemonnaie* oder *Portmonee* u. a.

Auf eine genauere Darstellung der zahlreichen inhaltlichen Bestimmungen des neuen Regelwerks wird an dieser Stelle verzichtet. Alle neuen Regeln sind leicht und übersichtlich zugänglich im *DUDEN – Die deutsche Rechtschreibung, 21. Auflage 1996*. Sie sind dort – wie übrigens auch alle neuen Schreibungen – rot hervorgehoben und können damit ganz gezielt nachgeschlagen und gelernt werden.

Die folgende Liste bietet eine Auswahl von häufig gebrauchten Wörtern aus dem deutschen Allgemeinwortschatz, deren Schreibung sich durch die Neuregelung ändert. Nicht ersichtlich werden daraus die neuen Möglichkeiten der Worttrennung (Silbentrennung) sowie die der Zeichensetzung. Die mit * markierten Formen gelten in Zukunft als die Vorzugsschreibungen.

alt	neu
A	
[gestern, heute, morgen] abend	[gestern, heute, morgen] **A**bend
Abfluß	Abflu**ss**
Abguß	Abgu**ss**
Ablaß	Abla**ss**
Abriß	Abri**ss**
Abschluß	Abschlu**ss**
Abschuß	Abschu**ss**
absein	ab sein [*getrennt*]
abwärtsgehen	abwärts gehen [*getrennt*]
in acht nehmen	in **A**cht nehmen
außer acht lassen	außer **A**cht lassen
der/die achte, den/die ich sehe	der/die **A**chte, den /die ich sehe
jeder/jede achte kommt mit	jeder/jede **A**chte kommt mit
8fach	*weiterhin*: 8fach
achtgeben	**A**cht geben [*getrennt*]
achthaben	**A**cht haben [*getrennt*]
8jährig	8**-**jährig
der/die 8jährige	der/die 8**-J**ährige
8mal	8**-**mal
achtmillionenmal	acht **M**illionen **M**al
8tonner	8**-T**onner
achtunggebietend	**A**chtung gebietend [*getrennt*]
über Achtzig	über **a**chtzig
Mitte [der] Achtzig	Mitte [der] **a**chtzig
in die Achtzig kommen	in die **a**chtzig kommen
die achtziger Jahre	die **A**chtziger**j**ahre*, *auch*: die achtziger Jahre
die Achtzigerjahre	die Achtzigerjahre, *auch*: die **a**chtziger **J**ahre
Adreßbuch	Adre**ss**buch
After-shave	Aftershave [*zusammen*]
ich habe ähnliches erlebt	ich habe **Ä**hnliches erlebt
und/oder ähnliches (u.ä./o.ä.)	und/oder **Ä**hnliches (u.**Ä.**/o.**Ä.**)
Alkoholmißbrauch	Alkoholmi**ss**brauch
alleinerziehend	allein erziehend [*getrennt*]
alleinseligmachend	allein selig machend [*getrennt*]
alleinstehend	allein stehend [*getrennt*]

alt	neu
es ist das allerbeste, daß ...	es ist das **A**llerbeste, da**ss** ...
im allgemeinen	im **A**llgemeinen
allgemeingültig	allgemein gültig [*getrennt*]
allgemeinverständlich	allgemein verständlich [*getrennt*]
allzulange	allzu lange [*getrennt*]
allzumal	*weiterhin*: allzumal
allzuoft	allzu oft [*getrennt*]
allzusehr	allzu sehr [*getrennt*]
allzuweit	allzu weit [*getrennt*]
Alptraum	Alptraum, *auch*: Al**b**traum
als daß	als da**ss**
aus alt mach neu	aus **A**lt mach **N**eu
für alt und jung	für **A**lt und **J**ung
er ist immer der alte geblieben	er ist immer der **A**lte geblieben
alles beim alten lassen	alles beim **A**lten lassen
Alter ego	Alter **E**go
Amboß	Ambo**ss**
andersdenkend	anders denkend [*getrennt*]
andersgeartet	anders geartet [*getrennt*]
anderslautend	anders lautend [*getrennt*]
aneinandergeraten	aneinander geraten [*getrennt*]
aneinandergrenzen	aneinander grenzen [*getrennt*]
aneinanderreihen	aneinander reihen [*getrennt*]
angepaßt	angepa**ss**t
jmdm. angst machen	jmdm. **A**ngst machen
anheimfallen	anheim fallen [*getrennt*]
anheimstellen	anheim stellen [*getrennt*]
Anlaß	Anla**ss**
anläßlich	anlä**ss**lich
Anschiß	Anschi**ss**
Anschluß	Anschlu**ss**
ansein	an sein [*getrennt*]
im argen liegen	im **A**rgen liegen
bei arm und reich	bei **A**rm und **R**eich
As	A**ss**
aufeinanderbeißen	aufeinander beißen [*getrennt*]
aufeinanderfolgen	aufeinander folgen [*getrennt*]
aufeinandertreffen	aufeinander treffen [*getrennt*]

alt	neu
aufgepaßt!	aufgepa**ss**t!
Aufguß	Aufgu**ss**
aufrauhen	aufrauen [*ohne h*]
Aufriß	Aufri**ss**
aufschlußreich	aufschlu**ss**reich
ein aufsehenerregendes Ereignis	ein **A**ufsehen erregendes Ereignis [*getrennt*]
aufsein	auf sein [*getrennt*]
auf seiten	aufseiten [*zusammen*], *auch*: auf **S**eiten
aufwärtsgehen	aufwärts gehen [*getrennt*]
aufwendig	aufwendig, *auch*: aufw**ä**ndig
Au-pair-Mädchen	Au-pair-Mädchen, *auch*: Aupair**m**ädchen [*zusammen*]
auseinandergehen	auseinander gehen [*getrennt*]
auseinanderhalten	auseinander halten [*getrennt*]
auseinandersetzen	auseinander setzen [*getrennt*]
Ausfluß	Ausflu**ss**
Ausguß	Ausgu**ss**
Ausschluß	Ausschlu**ss**
Ausschuß	Ausschu**ss**
aussein	aus sein [*getrennt*]
aufs äußerste gespannt	aufs äußerste gespannt, *auch*: aufs **Ä**ußerste gespannt
außerstande	außerstande, *auch*: außer **S**tande
B	
Ballettänzerin	Balle**ttt**änzerin, *auch*: Ballett-**T**änzerin
Bänderriß	Bänderri**ss**
jmdm. [angst und] bange machen	jmdm. [**A**ngst und] **B**ange machen
mir ist angst und bange	*weiterhin*: mir ist angst und bange
bankrott gehen	**B**ankrott gehen
bankrott sein	*weiterhin*: bankrott sein
Baß	Ba**ss**
Baßsänger	Ba**sss**änger, *auch*: Bass-**S**änger

alt	neu
beeinflußbar	beeinflu**ss**bar
beeinflußt	beeinflu**ss**t
befaßt	befa**ss**t
behende	beh**ä**nde
Behendigkeit	Beh**ä**ndigkeit
beieinanderhaben	beieinander haben [*getrennt*]
beieinandersein	beieinander sein [*getrennt*]
beieinanderstehen	beieinander stehen [*getrennt*]
beisammensein	beisammen sein [*getrennt*]
bekanntgeben	bekannt geben [*getrennt*]
belemmert	bel**ä**mmert
jeder beliebige	jeder **B**eliebige
Bendel	B**ä**ndel
Beschiß	Beschi**ss**
Beschluß	Beschlu**ss**
Beschuß	Beschu**ss**
ich will im besonderen erwähnen ...	ich will im **B**esonderen erwähnen ...
bessergehen	besser gehen [*getrennt*]
es ist das beste, wenn ...	es ist das **B**este, wenn ...
aufs beste geregelt sein	aufs beste geregelt sein, *auch*: aufs **B**este geregelt sein
zum besten geben/halten	zum **B**esten geben/halten
das erste beste	das erste **B**este
bestehenbleiben	bestehen bleiben [*getrennt*]
Bestelliste	Beste**lll**iste, *auch*: Bestell-**L**iste
um ein beträchtliches höher	um ein **B**eträchtliches höher
in betreff	in **B**etreff
Bettuch [*zu*: *Bett*]	Be**ttt**uch, *auch*: Bett-**T**uch
bewußt	bewu**ss**t
Bewußtlosigkeit	Bewu**ss**tlosigkeit
Bewußtsein	Bewu**ss**tsein
in bezug auf	in **B**ezug auf
Bibliographie	Bibliographie, *auch*: Bibliogra**f**ie
Bierfaß	Bierfa**ss**
Biß	Bi**ss**
bißchen	bi**ss**chen
du sollst bitte sagen	du sollst **B**itte sagen*, *auch*: du sollst bitte sagen
es ist bitter kalt	es ist bitterkalt [*zusammen*]
Blackout	Black-out*, *auch*: Blackout

alt	**neu**
blankpoliert	blank poliert [*getrennt*]
blaß	bla**ss**
bläßlich	blä**ss**lich
der blaue Planet [*die Erde*]	der **B**laue Planet
bleibenlassen	bleiben lassen [*getrennt*]
Bluterguß	Blutergu**ss**
Bonbonniere	Bonbonniere, *auch*: Bonboniere [*kein doppeltes n*]
Börsentip	Börsentip**p**
im bösen wie im guten	im **B**ösen wie im **G**uten
Boß	Bo**ss**
breitgefächert	breit gefächert [*getrennt*]
Brennessel	Bre**nnn**essel, *auch*: Brenn-**N**essel
brütendheiß	brütend heiß [*getrennt*]
buntschillernd	bunt schillernd [*getrennt*]
Büroschluß	Büroschlu**ss**
Busineß	Busine**ss**
C	
Centre Court	Centre**c**ourt [*zusammen*], *auch*: Centre-Court
Chansonnier	Chansonnier, *auch*: Chansonier [*kein doppeltes n*]
Choreographie	Choreographie, *auch*: Choreogra**f**ie
Cleverneß	Cleverne**ss**
Comeback	Come-back*, *auch*: Comeback
Corpus delicti	Corpus **D**elicti
Countdown	Count-down*, *auch*: Countdown
D	
dabeisein	dabei sein [*getrennt*]
Dachgeschoß	Dachgescho**ss** [*in Österreich weiterhin mit ß*]
dahinterklemmen	dahinter klemmen [*getrennt*]
dahinterkommen	dahinter kommen [*getrennt*]
darauffolgend	darauf folgend [*getrennt*]
darüberstehen	darüber stehen [*getrennt*]
darunterliegen	darunter liegen [*getrennt*]
dasein	da sein [*getrennt*]

alt	neu
daß	da**ss**
daß-Satz	da**ss**-Satz, *auch*: Da**sss**atz
datenverarbeitend	**D**aten verarbeitend [*getrennt*]
Dein [*in Briefen*]	**d**ein
mein und dein verwechseln	**M**ein und **D**ein verwechseln
die Deinen	die Deinen, *auch*: die **d**einen
Dekolleté	Dekolleté, *auch*: Dekollet**ee**
Delphin	Delphin, *auch*: Del**f**in
deplaciert, *auch*: deplaziert	deplaciert, *auch*: depla**tz**iert
wir haben derartiges nicht bemerkt	wir haben **D**erartiges nicht bemerkt
dessenungeachtet	dessen ungeachtet [*getrennt*]
auf deutsch	auf **D**eutsch
der deutsche Schäferhund	der **D**eutsche Schäferhund
deutschsprechend	**D**eutsch sprechend [*getrennt*]
diät leben	**D**iät leben
Dich [*in Briefen*]	**d**ich
dichtbevölkert	dicht bevölkert [*getrennt*]
dichtgedrängt	dicht gedrängt [*getrennt*]
Differential	Differen**z**ial*, *auch*: Differential
Dir [*in Briefen*]	**d**ir
dortbleiben	dort bleiben [*getrennt*]
draufsein	drauf sein [*getrennt*]
Dreß	Dre**ss**
etwas aufs dringendste fordern	etwas aufs dringendste fordern, *auch*: etwas aufs **D**ringendste fordern
drinsein	drin sein [*getrennt*]
jeder dritte, der mitwollte	jeder **D**ritte, der mitwollte
die dritte Welt	die **D**ritte Welt
Du [*in Briefen*]	**d**u
auf du und du stehen	auf **D**u und **D**u stehen
im dunkeln tappen	im **D**unkeln tappen
im dunkeln bleiben	im **D**unkeln bleiben
dünnbesiedelt	dünn besiedelt [*getrennt*]
Dünnschiß	Dünnschi**ss**
durcheinanderbringen	durcheinander bringen [*getrennt*]
durcheinandergeraten	durcheinander geraten [*getrennt*]

alt	neu
durcheinanderlaufen	durcheinander laufen [*getrennt*]
Durchfluß	Durchflu**ss**
Durchlaß	Durchla**ss**
durchnumerieren	durchnum**m**erieren
durchsein	durch sein [*getrennt*]
dußlig	du**ss**lig
Dutzende (von) Reklamationen	Dutzende (von) Reklamationen, *auch*: **d**utzende (von) Reklamationen
E	
ebensosehr	ebenso sehr [*getrennt*]
ebensoviel	ebenso viel [*getrennt*]
ebensowenig	ebenso wenig [*getrennt*]
an Eides Statt	an Eides **s**tatt
sein eigen nennen	sein **E**igen nennen
sich zu eigen machen	sich zu **E**igen machen
einbleuen	einbl**ä**uen
aufs eindringlichste warnen	aufs eindringlichste warnen, *auch*: aufs **E**indringlichste warnen
das einfachste ist, wenn ...	das **E**infachste ist, wenn ...
Einfluß	Einflu**ss**
einflußreich	einflu**ss**reich
Einlaß	Einla**ss**
Einriß	Einri**ss**
Einschluß	Einschlu**ss**
Einschuß	Einschu**ss**
Einschußstelle	Einschu**ss**stelle, *auch*: Einschuss-**S**telle
Einsendeschluß	Einsendeschlu**ss**
der/die/das einzelne	der/die/das **E**inzelne
jeder einzelne von uns	jeder **E**inzelne von uns
bis ins einzelne geregelt	bis ins **E**inzelne geregelt
der/die/das einzige wäre ...	der/die/das **E**inzige wäre ...
kein einziger war gekommen	kein **E**inziger war gekommen
er als einziger hatte ...	er als **E**inziger hatte ...
das einzigartige ist, daß ...	das **E**inzigartige ist, da**ss** ...
die eisenverarbeitende Industrie	die **E**isen verarbeitende Industrie [*getrennt*]
eisigkalt	eisig kalt [*getrennt*]
eislaufen	**E**is laufen [*getrennt*]
Eisschnellauf	Eisschnel**lll**auf

alt	neu
energiebewußt	energiebewu**ss**t
aufs engste verflochten	aufs engste verflochten, *auch*: aufs **E**ngste verflochten
engbefreundet	eng befreundet [*getrennt*]
engbedruckt	eng bedruckt [*getrennt*]
Engpaß	Engpa**ss**
nicht im entferntesten beabsichtigen	nicht im entferntesten beabsichtigen, *auch*: nicht im **E**ntferntesten beabsichtigen
auf das entschiedenste	auf das entschiedenste, *auch*: auf das **E**ntschiedenste
Entschluß	Entschlu**ss**
ein Entweder-Oder gibt es hier nicht	ein Entweder-**o**der gibt es hier nicht
Erdgeschoß	Erdgescho**ss** [*in Österreich weiterhin mit ß*]
Erdnuß	Erdnu**ss**
erfaßbar	erfa**ss**bar
erfaßt	erfa**ss**t
Erguß	Ergu**ss**
erholungsuchende Großstädter	**E**rholung suchende [*getrennt*] . Großstädter
Erlaß	Erla**ss**
ermeßbar	erme**ss**bar
ernstgemeint	ernst gemeint [*getrennt*]
ernstzunehmend	ernst zu nehmend [*getrennt*]
erpreßbar	erpre**ss**bar
nicht den erstbesten nehmen	nicht den **E**rstbesten nehmen
der erste, der gekommen ist	der **E**rste, der gekommen ist
das reicht fürs erste	das reicht fürs **E**rste
zum ersten, zum zweiten, zum dritten	zum **E**rsten, zum **Z**weiten, zum **D**ritten
die Erste Hilfe	die **e**rste Hilfe
das erstemal	das erste **M**al [*getrennt*]
zum erstenmal	zum ersten **M**al [*getrennt*]
Erstkläßler	Erstklä**ss**ler
die Erstplazierten	die Erstpla**tz**ierten
eßbar	e**ss**bar
Eßbesteck	E**ss**besteck
essentiell	essen**z**iell*, *auch*: essentiell
Eßtisch	E**ss**tisch
etlichemal	etliche **M**al [*getrennt*]

alt	neu
Euch [*in Briefen*]	euch
Euer [*in Briefen*]	euer
die Euren	die Euren, *auch*: die euren
Existentialismus	Existenzialismus*, *auch*: Existentialismus
existentialistisch	existenzialistisch*, *auch*: existentialistisch
existentiell	existenziell*, *auch*: existentiell
Exposé	Exposé, *auch*: Exposee
expreß	express
Exzeß	Exzess
F	
Facette	Facette, *auch*: Fassette
fahrenlassen	fahren lassen [*getrennt*]
Fairneß	Fairness
Fair play	Fairplay [*zusammen*], *auch*: Fair Play
fallenlassen	fallen lassen [*getrennt*]
Faß	Fass
faßbar	fassbar
Fäßchen	Fässchen
du faßt	du fasst
Fast food	Fastfood [*zusammen*], *auch*: Fast Food
Feedback	Feed-back*, *auch*: Feedback
jmdm. feind sein	jmdm. Feind sein
feingemahlen	fein gemahlen [*getrennt*]
fernliegen	fern liegen [*getrennt*]
fertigbringen	fertig bringen [*getrennt*]
fertigstellen	fertig stellen [*getrennt*]
Fertigungsprozeß	Fertigungsprozess
festangestellt	fest angestellt [*getrennt*]
festumrissen	fest umrissen [*getrennt*]
fettgedruckt	fett gedruckt [*getrennt*]
Fitneß	Fitness
fleischfressende Pflanzen	Fleisch fressende [*getrennt*] Pflanzen
flötengehen	flöten gehen [*getrennt*]
Fluß	Fluss
flußaufwärts	flussaufwärts
Flüßchen	Flüsschen

alt	neu
flüssigmachen	flüssig machen [*getrennt*]
Flußschiffahrt	Flu**ss**schi**fff**ahrt, *auch*: Flu**ss**-Schi**fff**ahrt
Fön (*zum Haaretrocknen*)	Fö**h**n, *als Gerät des eingetragenen Warenzeichens weiterhin*: Fön
die Haare fönen	die Haare fö**h**nen
folgendes ist zu beachten	**F**olgendes ist zu beachten
wie im folgenden erläutert	wie im **F**olgenden erläutert
Freßsack	Fre**ss**sack, *auch*: Fre**ss**-**S**ack
Friedensschluß	Friedensschlu**ss**
frischgebacken	frisch gebacken [*getrennt*]
fritieren	fri**tt**ieren
frohgelaunt	froh gelaunt [*getrennt*]
frühverstorben	früh verstorben [*getrennt*]
Full-time-Job	Fulltime**j**ob [*zusammen*], *auch*: Full-**T**ime-Job
funkensprühend	**F**unken sprühend [*getrennt*]
furchterregend	furchterregend, *auch*: **F**urcht erregend [*getrennt*]
Fußballänderspiel	Fußba**lll**änderspiel, *auch*: Fußball-**L**änderspiel
G	
Gangsterboß	Gangsterbo**ss**
im ganzen gesehen	im **G**anzen gesehen
Gäßchen	Gä**ss**chen
gefangenhalten	gefangen halten [*getrennt*]
gefangennehmen	gefangen nehmen [*getrennt*]
gegeneinanderprallen	gegeneinander prallen [*getrennt*]
gegeneinanderstoßen	gegeneinander stoßen [*getrennt*]
geheimhalten	geheim halten [*getrennt*]
gehenlassen	gehen lassen [*getrennt*]
gutgelaunt	gut gelaunt [*getrennt*]
gelblichgrün	gelblich grün [*getrennt*]
Gemse	G**ä**mse
genaugenommen	genau genommen [*getrennt*]
genausogut	genauso gut [*getrennt*]
genausowenig	genauso wenig [*getrennt*]
Genuß	Genu**ss**
genüßlich	genü**ss**lich

alt	neu
genußsüchtig	genu**ss**süchtig
Geographie	Geographie, *auch*: Geogra**f**ie
geradesitzen	gerade sitzen [*getrennt*]
geradestellen	gerade stellen [*getrennt*]
Gerichtsbeschluß	Gerichtsbeschlu**ss**
um ein geringes weniger	um ein **G**eringes weniger
es geht ihn nicht das geringste an	es geht ihn nicht das **G**eringste an
nicht im geringsten stören	nicht im **G**eringsten stören
geringachten	gering achten [*getrennt*]
geringschätzen	gering schätzen [*getrennt*]
Geschäftsschluß	Geschäftsschlu**ss**
Geschoß	Gescho**ss** [*in Österreich weiterhin mit ß*]
gestern abend/morgen/nacht	gestern **A**bend/**M**orgen/**N**acht
getrenntlebend	getrennt lebend [*getrennt*]
gewiß	gewi**ss**
Gewissensbiß	Gewissensbi**ss**
Gewißheit	Gewi**ss**heit
glänzendschwarz	glänzend schwarz [*getrennt*]
glattgehen	glatt gehen [*getrennt*]
glatthobeln	glatt hobeln [*getrennt*]
das gleiche tun	das **G**leiche tun
aufs gleiche hinauskommen	aufs **G**leiche hinauskommen
gleich und gleich gesellt sich gern	**G**leich und **G**leich gesellt sich gern
gleichlautend	gleich lautend [*getrennt*]
Glimmstengel	Glimmst**ä**ngel
glühendheiß	glühend heiß [*getrennt*]
die Goetheschen Dramen	die **g**oetheschen Dramen, *auch*: die Goethe**'**schen Dramen
Graphit	Graphit, *auch*: Gra**f**it
Graphologie	Graphologie, *auch*: Gra**f**ologie
gräßlich	grä**ss**lich
Greuel	Gr**ä**uel
greulich	gr**ä**ulich
griffest	gri**fff**est
grobgemahlen	grob gemahlen [*getrennt*]
ein Programm für groß und klein	ein Programm für **G**roß und **K**lein

alt	neu
im großen und ganzen	im **G**roßen und **G**anzen
das größte wäre, wenn ...	das **G**rößte wäre, wenn ...
groß schreiben [*mit großem Anfangsbuchstaben*]	großschreiben [*zusammen*]
Guß	Gu**ss**
gußeisern	gu**ss**eisern
guten Tag sagen	**G**uten Tag sagen*, *auch*: guten Tag sagen
es im guten versuchen	es im **G**uten versuchen
gutaussehend	gut aussehend [*getrennt*]
gutbezahlt	gut bezahlt [*getrennt*]
gutgehen	gut gehen [*getrennt*]
gutgelaunt	gut gelaunt [*getrennt*]
gutgemeint	gut gemeint [*getrennt*]
guttun	gut tun [*getrennt*]
H	
haftenbleiben	haften bleiben [*getrennt*]
haltmachen	**H**alt machen [*getrennt*]
Hämorrhoide	Hämorrhoide, *auch*: Hämorride [*-ho- entfällt*]
händchenhaltend	**H**ändchen haltend [*getrennt*]
handeltreibend	**H**andel treibend [*getrennt*]
Handkuß	Handku**ss**
Handout	Hand**-**out*, *auch*: Handout
hängenbleiben	hängen bleiben [*getrennt*]
hängenlassen	hängen lassen [*getrennt*]
Happy-End	Happyend [*zusammen*], *auch*: Happy End [*ohne Bindestrich*]
Hard cover	Hardcover [*zusammen*], *auch*: Hard **C**over
hartgekocht	hart gekocht [*getrennt*]
Haselnuß	Haselnu**ss**
Haselnußstrauch	Haselnu**sss**trauch, *auch*: Haselnu**ss-**Strauch
Haß	Ha**ss**
häßlich	hä**ss**lich
du haßt	du ha**ss**t
nach Hause	nach Hause, *in Österreich und der Schweiz auch*: nach**h**ause [*zusammen*]

alt	neu
zu Hause	zu Hause, *in Österreich und der Schweiz auch*: zu**h**ause [*zusammen*]
haushalten	haushalten, *auch*: **H**aus halten [*getrennt*]
heiligsprechen	heilig sprechen [*getrennt*]
heimlichtun	heimlich tun [*getrennt*]
heißgeliebt	heiß geliebt [*getrennt*]
heißumkämpft	heiß umkämpft [*getrennt*]
helleuchtend	hell leuchtend [*getrennt*]
hellicht	hell**l**icht
hellodernd	hell lodernd [*getrennt*]
heransein	heran sein [*getrennt*]
heraussein	heraus sein [*getrennt*]
hersein	her sein [*getrennt*]
herumsein	herum sein [*getrennt*]
heruntersein	herunter sein [*getrennt*]
jmdn. auf das herzlichste begrüßen	jmdn. auf das herzlichste begrüßen, *auch*: jmdn. auf das **H**erzlichste begrüßen
heute abend/mittag/nacht	heute **A**bend/**M**ittag/**N**acht
Hexenschuß	Hexenschu**ss**
hierbleiben	hier bleiben [*getrennt*]
hierlassen	hier lassen [*getrennt*]
hiersein	hier sein [*getrennt*]
hierzulande	hierzulande, *auch*: hier zu **L**ande [*getrennt*]
High-Society	High**s**ociety [*zusammen*], *auch*: High Society [*ohne Bindestrich*]
hilfesuchend	**H**ilfe suchend [*getrennt*]
hinaussein	hinaus sein [*getrennt*]
hinsein	hin sein [*getrennt*]
hintereinandergehen	hintereinander gehen [*getrennt*]
hintereinanderschalten	hintereinander schalten [*getrennt*]
hinterhersein	hinterher sein [*getrennt*]
hinübersein	hinüber sein [*getrennt*]
Hochgenuß	Hochgenu**ss**
Hochschulabschluß	Hochschulabschlu**ss**
aufs höchste erfreut sein	aufs höchste erfreut sein, *auch*: aufs **H**öchste erfreut sein

alt	neu
hofhalten	**H**of halten [*getrennt*]
die Hohe Schule	die **h**ohe Schule
Hoheit	*weiterhin*: Hoheit
Hosteß	Hoste**ss**
Hot dog	Hotdog [*zusammen*], *auch*: Hot **D**og
ein paar hundert	ein paar hundert, *auch*: ein paar **H**undert
viele Hunderte	viele Hunderte, *auch*: viele **h**underte
Hunderte von Zuschauern	Hunderte von Zuschauern, *auch*: **h**underte von Zuschauern
hurra schreien	**H**urra schreien*, *auch*: hurra schreien
I	
Ich-Erzähler	Ich**e**rzähler [*zusammen*], *auch*: Ich-Erzähler
im allgemeinen	im **A**llgemeinen
im besonderen	im **B**esonderen
Imbiß	Imbi**ss**
Imbißstand	Imbi**ss**stand, *auch*: Imbiss-Stand
im einzelnen	im **E**inzelnen
im nachhinein	im **N**achhinein
imstande	imstande, *auch*: im **S**tande [*getrennt*]
im übrigen	im **Ü**brigen
im voraus	im **V**oraus
in betreff	in **B**etreff
in bezug auf	in **B**ezug auf
ineinanderfließen	ineinander fließen [*getrennt*]
ineinandergreifen	ineinander greifen [*getrennt*]
Informationsfluß	Informationsflu**ss**
in Frage stellen	in Frage stellen, *auch*: in**f**rage [*zusammen*] stellen
in Frage kommen	in Frage kommen, *auch*: in**f**rage [*zusammen*] kommen
innesein	inne sein [*getrennt*]
instand halten/setzen	instand halten/setzen, *auch*: in **S**tand halten/setzen
I-Punkt	**i**-Punkt

alt	neu
irgend etwas	irgendetwas [*zusammen*]
irgend jemand	irgendjemand [*zusammen*]
I-Tüpfelchen	**i**-Tüpfelchen
J	
ja sagen	**J**a sagen*, *auch*: ja sagen
Jäheit	Jäh**h**eit
2jährig, 3jährig, 4jährig ...	2**-**jährig, 3**-**jährig, 4**-**jährig ...
ein 2jähriger, 3jähriger, 4jähriger	ein 2**-J**ähriger, 3**-J**ähriger, 4**-J**ähriger
jedesmal	jedes **M**al [*getrennt*]
Job-sharing	Jobsharing [*zusammen*]
Joghurt	Joghurt, *auch*: Jogurt [*ohne h*]
Jumbo-Jet	Jumbo**j**et [*zusammen*]
für jung und alt	für **J**ung und **A**lt
K	
Kabelanschluß	Kabelanschlu**ss**
Kaffee-Ernte	Kaffee-Ernte, *auch*: Kaff**eee**rnte
Kalligraphie	Kalligraphie, *auch*: Kalligra**f**ie
kalorienbewußt	kalorienbewu**ss**t
kaltlächelnd	kalt lächelnd [*getrennt*]
Känguruh	Känguru [*ohne h*]
Karamel	Karame**ll**
karamelisieren	karame**ll**isieren
2karäter, 3karäter, 4karäter ...	2**-K**aräter, 3**-K**aräter, 4**-K**aräter ...
2karätig, 3karätig, 4karätig ...	2**-k**arätig, 3**-k**arätig, 4**-k**arätig ...
Kartographie	Kartographie, *auch*: Kartogra**f**ie
Kaßler	Ka**ss**ler
Katarrh	Katarrh, *auch*: Katarr [*ohne h*]
kegelschieben	**K**egel schieben [*getrennt*]
kennenlernen	kennen lernen [*getrennt*]
Kennummer	Ke**nnn**ummer, *auch*: Kenn-**N**ummer
keß	ke**ss**
Ketchup	Ke**ts**chup*, *auch*: Ketchup
Kindesmißhandlung	Kindesmi**ss**handlung

alt	neu
sich über etwas im klaren sein	sich über etwas im **K**laren sein
klardenkend	klar denkend [*getrennt*]
klarsehen	klar sehen [*getrennt*]
klarwerden	klar werden [*getrennt*]
klatschnaß	klatschna**ss**
klebenbleiben	kleben bleiben [*getrennt*]
bis ins kleinste geregelt	bis ins **K**leinste geregelt
kleingedruckt	klein gedruckt [*getrennt*]
kleinschneiden	klein schneiden [*getrennt*]
klein schreiben [*mit kleinem Anfangsbuchstaben*]	kleinschreiben [*zusammen*]
Klettverschluß	Klettverschlu**ss**
es wäre das klügste, wenn ...	es wäre das **K**lügste, wenn ...
knapphalten	knapp halten [*getrennt*]
Knockout	Knock-out*, *auch*: Knockout
kochendheiß	kochend heiß [*getrennt*]
Koloß	Kolo**ss**
Kommißbrot	Kommi**ss**brot
Kommuniqué	Kommuniqué, *auch*: Kommuni**kee**
Kompaß	Kompa**ss**
Kompromiß	Kompromi**ss**
kompromißbereit	kompromi**ss**bereit
Kongreß	Kongre**ss**
Kongreßsaal	Kongre**sss**aal, *auch*: Kongre**ss-S**aal
Kongreßstadt	Kongre**sss**tadt, *auch*: Kongre**ss-S**tadt
Königsschloß	Königsschlo**ss**
Kontrabaß	Kontraba**ss**
Kontrollampe	Kontro**lll**ampe, *auch*: Kontroll**-L**ampe
Kopfschuß	Kopfschu**ss**
kopfstehen	**K**opf stehen [*getrennt*]
krank schreiben	krankschreiben [*zusammen*]
kraß	kra**ss**
Kreppapier	Kre**ppp**apier, *auch*: Krepp**-P**apier
die kriegführenden Parteien	die **K**rieg führenden Parteien [*getrennt*]
kroß	kro**ss**
krummnehmen	krumm nehmen [*getrennt*]

alt	neu
den kürzeren ziehen	den **K**ürzeren ziehen
kürzertreten	kürzer treten [*getrennt*]
kurzgebraten	kurz gebraten [*getrennt*]
kurzhalten	kurz halten [*getrennt*]
Kurzschluß	Kurzschlu**ss**
kurztreten	kurz treten [*getrennt*]
Kuß	Ku**ss**
Küßchen	Kü**ss**chen
kußecht	ku**ss**echt
du/er/sie küßt	du/er/sie kü**ss**t
L	
Ladenschluß	Ladenschlu**ss**
langgestreckt	lang gestreckt [*getrennt*]
länglichrund	länglich rund [*getrennt*]
langstengelig	langst**ä**ngelig
langziehen	lang ziehen [*getrennt*]
du läßt	du lä**ss**t
zu Lasten	zu Lasten, *auch*: zu**l**asten [*zusammen*]
auf dem laufenden sein	auf dem **L**aufenden sein
laufenlassen	laufen lassen [*getrennt*]
Laufpaß	Laufpa**ss**
Layout	Lay-out*, *auch*: Layout
leerstehend	leer stehend [*getrennt*]
leichenblaß	leichenbla**ss**
es ist mir ein leichtes, das zu tun	es ist mir ein **L**eichtes, das zu tun
leichtentzündlich	leicht entzündlich [*getrennt*]
leichtfallen	leicht fallen [*getrennt*]
leichtmachen	leicht machen [*getrennt*]
leichtnehmen	leicht nehmen [*getrennt*]
leichtverderblich	leicht verderblich [*getrennt*]
leichtverständlich	leicht verständlich [*getrennt*]
jmdm. leid tun	jmdm. **L**eid tun
der letzte, der gekommen ist	der **L**etzte, der gekommen ist
als letzter fertig sein	als **L**etzter fertig sein
bis ins letzte geklärt	bis ins **L**etzte geklärt
letzteres trifft zu	**L**etzteres trifft zu
zum letztenmal	zum letzten **M**al [*getrennt*]
leuchtendblau	leuchtend blau [*getrennt*]
es wäre uns das liebste, wenn ...	es wäre uns das **L**iebste, wenn ...

alt	neu
liebenlernen	lieben lernen [*getrennt*]
liebgewinnen	lieb gewinnen [*getrennt*]
liebhaben	lieb haben [*getrennt*]
liegenbleiben	liegen bleiben [*getrennt*]
liegenlassen	liegen lassen [*getrennt*]
Litfaßsäule	*weiterhin*: Litfaßsäule
Live-Mitschnitt	Live-Mitschnitt, *auch*: Livemitschnitt [*zusammen*]
Love-Story	Love-Story, *auch*: Lovestory [*zusammen*]
Luftschloß	Luftschloss
M	
2mal, 3mal, 4mal ...	2-mal, 3-mal, 4-mal ...
maschineschreiben	**M**aschine schreiben [*getrennt*]
maßhalten	**M**aß halten [*getrennt*]
Megaphon	Megaphon, *auch*: Megafon
Mehrheitsbeschluß	Mehrheitsbeschluss
wir haben das menschenmögliche getan	wir haben das **M**enschenmögliche getan
Mesner	Mesner, *auch*: Messner
meßbar	messbar
Meßbecher	Messbecher
Meßdiener	Messdiener
Meßinstrument	Messinstrument
Meßopfer	Messopfer
Midlife-crisis	Midlifecrisis [*zusammen*], *auch*: Midlife-Crisis
millionenmal	**M**illionen **M**al [*getrennt*]
nicht im mindesten	nicht im **M**indesten
mißachten	missachten
Mißbildung	Missbildung
mißbilligen	missbilligen
Mißbrauch	Missbrauch
Mißerfolg	Misserfolg
mißfallen	missfallen
Mißgeburt	Missgeburt
Mißgeschick	Missgeschick
mißglücken	missglücken
Mißgunst	Missgunst
Mißklang	Missklang
Mißkredit	Misskredit

alt	neu
mißlich	mi**ss**lich
mißlingen	mi**ss**lingen
mißmutig	mi**ss**mutig
Mißstand	Mi**ss**stand
mißtrauisch	mi**ss**trauisch
Mißverständnis	Mi**ss**verständnis
mit Hilfe	mit Hilfe, *auch*: mit**h**ilfe [*zusammen*]
[gestern, heute, morgen] mittag	[gestern, heute, morgen] **M**ittag
wir sprachen über alles mögliche	wir sprachen über alles **M**ögliche
sein möglichstes tun	sein **M**öglichstes tun
3monatig, 4monatig, 5monatig ...	3-monatig, 4-monatig, 5-monatig ...
3monatlich, 4monatlich, 5monatlich ...	3-monatlich, 4-monatlich, 5-monatlich ...
Monographie	Monographie, *auch*: Monogra**f**ie
Mop	Mo**pp**
Mordprozeß	Mordproze**ss**
morgen abend, mittag, nacht	morgen **A**bend, **M**ittag, **N**acht
[gestern, heute] morgen	[gestern, heute] **M**orgen
Multiple-choice-Verfahren	Multiplechoice**v**erfahren [*zusammen*], *auch*: Multiple-**C**hoice-Verfahren
Muskelriß	Muskelri**ss**
ich muß, du mußt, er muß	ich mu**ss**, du mu**ss**t, er mu**ss**
ich müßte, du müßtest, er müßte	ich mü**ss**te, du mü**ss**test, er mü**ss**te
müßiggehen	müßig gehen [*getrennt*]
Myrrhe	Myrrhe, *auch*: Myrre [*ohne h*]
N	
nach Hause	nach Hause, *in Österreich und der Schweiz auch*: nach**h**ause [*zusammen*]
im nachhinein	im **N**achhinein
Nachlaß	Nachla**ss**
[gestern, heute, morgen] nachmittag	[gestern, heute, morgen] **N**achmittag
Nachschuß	Nachschu**ss**

alt	neu
der nächste, bitte!	der **N**ächste, bitte!
als nächstes wollen wir ...	als **N**ächstes wollen wir ...
im nachstehenden heißt es ...	im **N**achstehenden heißt es ...
[gestern, heute, morgen] nacht	[gestern, heute, morgen] **N**acht
nahebringen	nahe bringen [*getrennt*]
nahelegen	nahe legen [*getrennt*]
naheliegen	nahe liegen [*getrennt*]
naheliegend	nahe liegend [*getrennt*]
etwas des näheren erläutern	etwas des **N**äheren erläutern
näherliegen	näher liegen [*getrennt*]
nahestehen	nahe stehen [*getrennt*]
Narziß	Narzi**ss**
narzißtisch	narzi**ss**tisch
naß	na**ss**
naßgeschwitzt	na**ss** geschwitzt [*getrennt*]
naßkalt	na**ss**kalt
Naßrasur	Na**ss**rasur
nebeneinandersitzen	nebeneinander sitzen [*getrennt*]
nebeneinanderstehen	nebeneinander stehen [*getrennt*]
nebeneinanderstellen	nebeneinander stellen [*getrennt*]
Nebenfluß	Nebenflu**ss**
im nebenstehenden wird gezeigt ...	im **N**ebenstehenden wird gezeigt ...
Negligé	Negligé, *auch*: Neglig**ee**
nein sagen	**N**ein sagen*, *auch*: nein sagen
es aufs neue versuchen	es aufs **N**eue versuchen
auf ein neues!	auf ein **N**eues!
neueröffnet	neu eröffnet [*getrennt*]
New Yorker	New Yorker, *auch*: New-Yorker
nichtrostend	nichtrostend, *auch*: nicht rostend [*getrennt*]
Nichtseßhafte	Nichtse**ss**hafte
nichtssagend	nichts sagend [*getrennt*]
No-future-Generation	No-**F**uture-Generation
die notleidende Bevölkerung	die **N**ot leidende [*getrennt*] Bevölkerung
in Null Komma nichts	in **n**ull Komma nichts

alt	neu
das Thermometer steht auf Null	das Thermometer steht auf **n**ull
Nullösung	Nu**lll**ösung, *auch*: Null-**L**ösung
numerieren	nu**mm**erieren
Numerierung	Nu**mm**erierung
Nuß	Nu**ss**
Nußschale	Nu**sss**chale, *auch*: Nu**ss-S**chale
O	
O-beinig	O-beinig, *auch*: **o**-beinig
obenerwähnt	oben erwähnt [*getrennt*]
obengenannt	oben genannt [*getrennt*]
obenstehend	oben stehend [*getrennt*]
offenbleiben	offen bleiben [*getrennt*]
offenlassen	offen lassen [*getrennt*]
offenstehen	offen stehen [*getrennt*]
des öfteren	des **Ö**fteren
Orthographie	Orthographie, *auch*: Orthogra**f**ie
Oxyd	Oxyd, *auch*: Ox**i**d
P	
Panther	Panther, *auch*: Panter [*ohne h*]
Pappmaché	Pappmaché, *auch*: Pappma**schee**
parallellaufend	parallel laufend [*getrennt*]
parallelschalten	parallel schalten [*getrennt*]
Parlamentsbeschluß	Parlamentsbeschlu**ss**
Parteikongreß	Parteikongre**ss**
Parteitagsbeschluß	Parteitagsbeschlu**ss**
Partys, Parties [*Plural von* Party]	Partys
Paß	Pa**ss**
passé	passé, *auch*: pass**ee**
paßgerecht	pa**ss**gerecht
Paßkontrolle	Pa**ss**kontrolle
Paßstelle	Pa**sss**telle, *auch*: Pa**ss-S**telle
Paßstraße	Pa**sss**traße, *auch*: Pa**ss-S**traße
Paßwort	Pa**ss**wort
pflichtbewußt	pflichtbewu**ss**t

alt	neu
er pißt	er pisst
Platitüde	Plat**t**itüde, *auch*: Platit**u**de
Playback	Play-back*, *auch*: Playback
plazieren	pla**tz**ieren
pleite gehen	**P**leite gehen
pleite sein	*weiterhin*: pleite sein
polyphon	polyphon, *auch*: poly**f**on
Pornographie	Pornographie, *auch*: Porno**gra**fie
Portemonnaie	Portemonnaie, *auch*: Port**monee**
potentiell	poten**z**iell*, *auch*: potentiell
potthäßlich	potthä**ss**lich
Preisnachlaß	Preisnachla**ss**
Preßlufthammer	Pre**ss**lufthammer
du preßt	du pre**ss**t
Preßwehe	Pre**ss**wehe
privatversichert	privat versichert [*getrennt*]
probefahren	**P**robe fahren [*getrennt*]
Problembewußtsein	Problembewu**ss**tsein
Programmusik	Progra**mmm**usik, *auch*: Programm-**M**usik
Progreß	Progre**ss**
Prozeß	Proze**ss**
Prozeßkosten	Proze**ss**kosten
Prozeßrechner	Proze**ss**rechner
pudelnaß	pudelna**ss**
Pulverfaß	Pulverfa**ss**
Q	
Quentchen	Qu**ä**ntchen
Quickstep	Quickste**pp**
R	
radfahren	**R**ad fahren [*getrennt*]
radschlagen	**R**ad schlagen [*getrennt*]
zu Rande kommen	zu Rande kommen, *auch*: zu**r**ande [*zusammen*] kommen
Rassenhaß	Rassenha**ss**
zu Rate ziehen	zu Rate ziehen, *auch*: zu**r**ate [*zusammen*] ziehen
rauh	rau [*ohne h*]

alt	neu
rauhbeinig	raubeinig [*ohne h*]
Rauhfasertapete	Raufasertapete [*ohne h*]
Rauhhaardackel	Rauhaardackel [*kein doppeltes h*]
Rauhputz	Rauputz [*ohne h*]
Rauhreif	Raureif [*ohne h*]
Rausschmiß	Rausschmi**ss**
recht haben	**R**echt haben
recht behalten	**R**echt behalten
recht bekommen	**R**echt bekommen
jmdm. recht geben	jmdm. **R**echt geben
recht sein	*weiterhin*: recht sein
Rechtens sein	**r**echtens sein
Rechtsbewußtsein	Rechtsbewu**ss**tsein
Redaktionsschluß	Redaktionsschlu**ss**
Regenguß	Regengu**ss**
regennaß	regenna**ss**
Regreß	Regre**ss**
Regreßpflicht	Regre**ss**pflicht
reichgeschmückt	reich geschmückt [*getrennt*]
reichverziert	reich verziert [*getrennt*]
Reifungsprozeß	Reifungsproze**ss**
Reisepaß	Reisepa**ss**
Reißverschluß	Reißverschlu**ss**
Reißverschlußsystem	Reißverschlu**sss**ystem, *auch*: Reißverschlu**ss-S**ystem
das ist genau das richtige für mich	das ist genau das **R**ichtige für mich
mit etwas richtigliegen	mit etwas richtig liegen [*getrennt*]
richtigstellen	richtig stellen [*getrennt*]
Riß	Ri**ss**
rißfest	ri**ss**fest
Roheit	Roh**h**eit
Rolladen	Ro**lll**aden, *auch*: Roll-**L**aden
Rommé	Rommé, *auch*: Romm**ee**
Roß	Ro**ss**
Roßkastanie	Ro**ss**kastanie
Rößl	Rö**ss**l
der rote Planet [*Mars*]	der **R**ote Planet
rotglühend	rot glühend [*getrennt*]
Rückfluß	Rückflu**ss**
Rückschluß	Rückschlu**ss**

alt	**neu**
rückwärtsgewandt	rückwärts gewandt [*getrennt*]
ruhenlassen	ruhen lassen [*getrennt*]
ruhigstellen	ruhig stellen [*getrennt*]
Rußland	Ru**ss**land
S	
Saisonschluß	Saisonschlu**ss**
Salzfaß	Salzfa**ss**
Samenerguß	Samenergu**ss**
sauberhalten	sauber halten [*getrennt*]
saubermachen	sauber machen [*getrennt*]
sausenlassen	sausen lassen [*getrennt*]
Saxophon	Saxophon, *auch*: Saxo**f**on
Schalloch	Scha**lll**och, *auch*: Schall-**L**och
Schalterschluß	Schalterschlu**ss**
etwas auf das schärfste verurteilen	etwas auf das schärfste verurteilen, *auch*: etwas auf das **S**chärfste verurteilen
ein schattenspendender Baum	ein **S**chatten spendender [*getrennt*] Baum
schätzenlernen	schätzen lernen [*getrennt*]
Schauprozeß	Schauproze**ss**
schießenlassen	schießen lassen [*getrennt*]
Schiffahrt	Schi**fff**ahrt, *auch*: Schiff-**F**ahrt
Schiß	Schi**ss**
Schlammasse	Schla**mmm**asse, *auch*: Schlamm-**M**asse
schlechtgehen	schlecht gehen [*getrennt*]
schlechtgelaunt	schlecht gelaunt [*getrennt*]
das schlimmste ist, daß ...	das **S**chlimmste ist, da**ss** ...
sie haben ihn auf das schlimmste getäuscht	sie haben ihn auf das schlimmste getäuscht, *auch*: sie haben ihn auf das **S**chlimmste getäuscht
Schloß	Schlo**ss**
Schlößchen	Schlö**ss**chen
Schloßherr	Schlo**ss**herr
Schloßpark	Schlo**ss**park
Schluß	Schlu**ss**
schlußendlich	schlu**ss**endlich
Schlußfolgerung	Schlu**ss**folgerung

alt	neu
Schlußstrich	Schlussstrich, *auch*: Schluss-Strich
Schlußwort	Schlusswort
sie schmiß mit Steinen	sie schmiss mit Steinen
Schnappschuß	Schnappschuss
Schnellimbiß	Schnellimbiss
Schnelläufer	Schnellläufer, *auch*: Schnell-Läufer
schnellebig	schnelllebig
Schnellschuß	Schnellschuss
Schnepper	Schnepper, *auch*: Schnäpper
schneuzen	schnäuzen
Schokoladenguß	Schokoladenguss
aufs schönste übereinstimmen	aufs schönste übereinstimmen, *auch*: aufs Schönste übereinstimmen
er schoß	er schoss
Schraubverschluß	Schraubverschluss
Schreckschußpistole	Schreckschusspistole
Schrittempo	Schritttempo, *auch*: Schritt-Tempo
Schulabschluß	Schulabschluss
an etwas schuld haben	an etwas Schuld haben
sich etwas zuschulden kommen lassen	sich etwas zuschulden kommen lassen, *auch*: sich etwas zu Schulden [*getrennt*] kommen lassen
schuldbewußt	schuldbewusst
Schulschluß	Schulschluss
Schulstreß	Schulstress
Schulterschluß	Schulterschluss
Schuß	Schuss
schußlig	schusslig
Schußlinie	Schusslinie
Schußwaffe	Schusswaffe
Schußwechsel	Schusswechsel
schwachbetont	schwach betont [*getrennt*]
schwachbevölkert	schwach bevölkert [*getrennt*]
aus schwarz weiß machen	aus Schwarz Weiß machen
das Schwarze Brett	das schwarze Brett
Schwarze Magie	schwarze Magie
der Schwarze Peter	der schwarze Peter
schwarzgefärbt	schwarz gefärbt [*getrennt*]

alt	neu
schwarzrotgolden	schwarzrotgolden, *auch*: schwarz-rot-golden
schwerfallen	schwer fallen [*getrennt*]
schwernehmen	schwer nehmen [*getrennt*]
schwertun	schwer tun [*getrennt*]
schwerverständlich	schwer verständlich [*getrennt*]
Science-fiction	Sciencefiction [*zusammen*], *auch*: Science-**F**iction
See-Elefant	See-Elefant, *auch*: Se**ee**lefant
jedem das Seine	jedem das Seine, *auch*: jedem das **s**eine
das Seine beitragen	das Seine beitragen, *auch*: das **s**eine beitragen
die Seinen	die Seinen, *auch*: die **s**einen
seinlassen	sein lassen [*getrennt*]
auf seiten	aufseiten [*zusammen*], *auch*: auf **S**eiten
von seiten	vonseiten [*zusammen*], *auch*: von **S**eiten
selbständig	selbständig, *auch*: selbs**t**ständig
Selbständigkeit	Selbständigkeit, *auch*: Selbs**t**ständigkeit
selbstbewußt	selbstbewu**ss**t
selbsternannt	selbst ernannt [*getrennt*]
selbstgebacken	selbst gebacken [*getrennt*]
selbstgemacht	selbst gemacht [*getrennt*]
selbstverdient	selbst verdient [*getrennt*]
seligpreisen	selig preisen [*getrennt*]
seligsprechen	selig sprechen [*getrennt*]
Sendeschluß	Sendeschlu**ss**
Sendungsbewußtsein	Sendungsbewu**ss**tsein
sequentiell	sequen**z**iell*, *auch*: sequentiell
seßhaft	se**ss**haft
S-förmig	S-förmig, *auch*: **s**-förmig
die Shakespeareschen Sonette	die **s**hakespeareschen Sonette, *auch*: die Shakespeare**'**schen Sonette
Short story	Shortstory [*zusammen*], *auch*: Short **S**tory
Showbusineß	Showbusine**ss**

alt	**neu**
auf Nummer Sicher gehen	auf Nummer Sicher gehen, *auch*: auf Nummer **s**icher gehen
Sicherheitsverschluß	Sicherheitsverschlu**ss**
siedendheiß	siedend hei**ß** [*getrennt*]
siegesgewiß	siegesgewi**ss**
sitzenbleiben	sitzen bleiben [*getrennt*]
sitzenlassen	sitzen lassen [*getrennt*]
Small talk	Smalltalk [*zusammen*], *auch*: Small **T**alk
so daß	sodass [*zusammen*], *auch*: so da**ss**
Sommerschlußverkauf	Sommerschlu**ss**verkauf
Soufflé	Soufflé, *auch*: Souffl**ee**
soviel	so viel [*getrennt*]
soweit	so weit [*getrennt*]
sowenig	so wenig [*getrennt*]
Spaghetti	Spaghetti, *auch*: Spagetti [*ohne h*]
spazierenfahren	spazieren fahren [*getrennt*]
spazieren gehen	spazieren gehen [*getrennt*]
Spliß	Spli**ss**
Sportdreß	Sportdre**ss**
Sproß	Spro**ss**
Sprößchen	Sprö**ss**chen
Sprößling	Sprö**ss**ling
standesbewußt	standesbewu**ss**t
Startschuß	Startschu**ss**
steckenbleiben	stecken bleiben [*getrennt*]
steckenlassen	stecken lassen [*getrennt*]
stehenbleiben	stehen bleiben [*getrennt*]
stehenlassen	stehen lassen [*getrennt*]
Stengel	St**ä**ngel
Steptanz	Ste**pp**tanz
Steuererlaß	Steuererla**ss**
Stewardeß	Stewarde**ss**
stiftengehen	stiften gehen [*getrennt*]
etwas im stillen vorbereiten	etwas im **S**tillen vorbereiten
Stilleben	Sti**lll**eben, *auch*: Still-**L**eben
stillegen	sti**lll**egen
Stoffetzen	Sto**fff**etzen, *auch*: Stoff-**F**etzen
Stop	Sto**pp**

alt	neu
Straferlaß	Straferla**ss**
strenggenommen	streng genommen [*getrennt*]
strengnehmen	streng nehmen [*getrennt*]
aufs strengste unterschieden	aufs strengste unterschieden, *auch*: aufs **S**trengste unterschieden
Streß	Stre**ss**
der Lärm streßt	der Lärm stre**ss**t
Streßsituation	Stre**sss**ituation, *auch*: Stre**ss-S**ituation
Stukkateur	Stu**ck**ateur
2stündig, 3stündig, 4stündig ...	2**-**stündig, 3**-**stündig, 4**-**stündig ...
2stündlich, 3stündlich, 4stündlich ...	2**-**stündlich, 3**-**stündlich, 4**-**stündlich ...
Stuß	Stu**ss**
substantiell	substan**z**iell*, *auch*: substantiell

T

alt	neu
tabula rasa machen	**T**abula rasa machen
zutage treten	zutage treten, *auch*: zu **T**age [*getrennt*] treten
2tägig, 3tägig, 4tägig ...	2**-**tägig, 3**-**tägig, 4**-**tägig ...
Tankschloß	Tankschlo**ss**
Tarifabschluß	Tarifabschlu**ss**
Täßchen	Tä**ss**chen
ein paar tausend	ein paar tausend, *auch*: ein paar **T**ausend
Tee-Ei	Tee-Ei, *auch*: T**eee**i
Tee-Ernte	Tee-Ernte, *auch*: T**eee**rnte
Telephon	Tele**f**on
Telephonanschluß	Tele**f**onanschlu**ss**
Thunfisch	Thunfisch, *auch*: Tunfisch [*ohne h*]
Tie-Break	Tie-Break, *auch*: Tie**b**reak [*zusammen*]
aufs tiefste gekränkt	aufs tiefste gekränkt, *auch*: aufs **T**iefste gekränkt
tiefbewegt	tief bewegt [*getrennt*]
tiefempfunden	tief empfunden [*getrennt*]
tiefverschneit	tief verschneit [*getrennt*]
Tintenfaß	Tintenfa**ss**

alt	neu
Tip	Tipp
Tolpatsch	Tollpatsch
tolpatschig	tollpatschig
Topographie	Topographie, *auch*: Topografie
Torschlußpanik	Torschlusspanik
Torschuß	Torschuss
totenblaß	totenblass
totgeboren	tot geboren [*getrennt*]
Tränenfluß	Tränenfluss
Trekking	Trekking, *auch*: Trecking
treuergeben	treu ergeben [*getrennt*]
triefnaß	triefnass
auf dem trockenen sitzen	auf dem Trockenen sitzen
seine Schäfchen ins trockene bringen	seine Schäfchen ins Trockene bringen
im trüben fischen	im Trüben fischen
Trugschluß	Trugschluss
Türschloß	Türschloss
U	
übelgelaunt	übel gelaunt [*getrennt*]
übelnehmen	übel nehmen [*getrennt*]
übelriechend	übel riechend [*getrennt*]
Überbiß	Überbiss
Überdruß	Überdruss
übereinanderlegen	übereinander legen [*getrennt*]
übereinanderliegen	übereinander liegen [*getrennt*]
übereinanderwerfen	übereinander werfen [*getrennt*]
Überfluß	Überfluss
überhandnehmen	überhand nehmen [*getrennt*]
übermorgen abend, nachmittag	übermorgen Abend, Nachmittag
Überschuß	Überschuss
überschwenglich	überschwänglich
ein übriges tun	ein Übriges tun
im übrigen wissen wir doch alle ...	im Übrigen wissen wir doch alle ...
alles übrige später	alles Übrige später
die übrigen kommen nach	die Übrigen kommen nach

alt	neu
übrigbehalten	übrig behalten [*getrennt*]
übrigbleiben	übrig bleiben [*getrennt*]
übriglassen	übrig lassen [*getrennt*]
Umriß	Umri**ss**
umsein	um sein [*getrennt*]
um so [mehr, größer, weniger ...]	umso [*zusammen*] [mehr, größer, weniger ...]
Umwelteinfluß	Umwelteinflu**ss**
sich ins unabsehbare ausweiten	sich ins **U**nabsehbare ausweiten
unangepaßt	unangepa**ss**t
unbeeinflußt	unbeeinflu**ss**t
Anzeige gegen Unbekannt	Anzeige gegen **u**nbekannt
unbewußt	unbewu**ss**t
und ähnliches (u.ä.)	und **Ä**hnliches (u.**Ä**.)
unendlichemal	unendliche **M**al [*getrennt*]
unerläßlich	unerlä**ss**lich
unermeßlich	unerme**ss**lich
unfaßbar	unfa**ss**bar
ungewiß	ungewi**ss**
im unklaren bleiben	im **U**nklaren bleiben
im unklaren lassen	im **U**nklaren lassen
unmißverständlich	unmi**ss**verständlich
unrecht haben	**U**nrecht haben
unrecht behalten	**U**nrecht behalten
unrecht bekommen	**U**nrecht bekommen
unrecht sein	*weiterhin*: unrecht sein
unselbständig	unselbständig, *auch*: unselbs**t**ständig
Unselbständigkeit	Unselbständigkeit, *auch*: Unselbs**t**ständigkeit
die Unseren	die Unseren, *auch*: die **u**nseren
untenerwähnt	unten erwähnt [*getrennt*]
untenstehend	unten stehend [*getrennt*]
unterbewußt	unterbewu**ss**t
unterderhand	unter der **H**and [*getrennt*]
untereinanderstehen	untereinander stehen [*getrennt*]
ohne Unterlaß	ohne Unterla**ss**
Untersuchungsausschuß	Untersuchungsausschu**ss**
unvergeßlich	unverge**ss**lich
unverläßlich	unverlä**ss**lich

alt	neu
V	
Varieté	Varieté, *auch*: Variet**ee**
veranlaßt	veranla**ss**t
verantwortungsbewußt	verantwortungsbewu**ss**t
verblaßt	verbla**ss**t
im verborgenen blühen	im **V**erborgenen blühen
Verdruß	Verdru**ss**
vergeßlich	verge**ss**lich
Vergißmeinnicht	Vergi**ss**meinnicht
du vergißt	du vergi**ss**t
verhaßt	verha**ss**t
auf jmdn. ist Verlaß	auf jmdn. ist Verla**ss**
verläßlich	verlä**ss**lich
verlorengehen	verloren gehen [*getrennt*]
vermißt	vermi**ss**t
Vermißtenanzeige	Vermi**ss**tenanzeige
er hat den Zug verpaßt	er hat den Zug verpa**ss**t
Verriß	Verri**ss**
verschiedenes war noch unklar	**V**erschiedenes war noch unklar
verschiedenemal	verschiedene **M**al [*getrennt*]
Verschluß	Verschlu**ss**
Verschlußsache	Verschlu**sss**ache, *auch*: Verschlu**ss-S**ache
verselbständigen	verselbständigen, *auch*: verselbst**st**ändigen
Vertragsabschluß	Vertragsabschlu**ss**
viel zuviel	viel zu viel [*getrennt*]
viel zuwenig	viel zu wenig [*getrennt*]
vielbefahren	viel befahren [*getrennt*]
vielgelesen	viel gelesen [*getrennt*]
aus dem vollen schöpfen	aus dem **V**ollen schöpfen
voneinandergehen	voneinander gehen [*getrennt*]
von seiten	vonseiten [*zusammen*], *auch*: von **S**eiten
vorangehendes gilt auch ...	**V**orangehendes gilt auch ...
im vorangehenden heißt es ...	im **V**orangehenden heißt es ...
im voraus	im **V**oraus
vorgefaßt	vorgefa**ss**t
vorgestern abend, mittag, morgen	vorgestern **A**bend, **M**ittag, **M**orgen

alt	neu
Vorhängeschloß	Vorhängeschlo**ss**
im vorhinein	im **V**orhinein
das vorige gilt auch ...	das **V**orige gilt auch ...
im vorigen heißt es ...	im **V**origen heißt es ...
vorliebnehmen	vorlieb nehmen [*getrennt*]
[gestern, heute, morgen] vormittag	[gestern, heute, morgen] **V**ormittag
Vorschuß	Vorschu**ss**
Vorschußlorbeeren	Vorschu**ss**lorbeeren
vorwärtsgehen	vorwärts gehen [*getrennt*]
vorwärtskommen	vorwärts kommen [*getrennt*]
W	
Waggon	Waggon, *auch*: Wagon [*kein doppeltes g*]
Walkie-talkie	Walkie-**T**alkie
Walroß	Walro**ss**
Warnschuß	Warnschu**ss**
Wasserschloß	Wasserschlo**ss**
wäßrig	wä**ss**rig
weichgekocht	weich gekocht [*getrennt*]
Weinfaß	Weinfa**ss**
aus schwarz weiß machen	aus **S**chwarz **W**eiß machen
des weiteren	des **W**eiteren
bis auf weiteres	*weiterhin*: bis auf weiteres
weitgereist	weit gereist [*getrennt*]
weitreichend	weit reichend [*getrennt*]
weitverbreitet	weit verbreitet [*getrennt*]
es besteht im wesentlichen aus ...	es besteht im **W**esentlichen aus ...
Wetturnen	We**ttt**urnen, *auch*: Wett-**T**urnen
wieviel	wie viel [*getrennt*]
wie viele	*weiterhin*: wie viele
Winterschlußverkauf	Winterschlu**ss**verkauf
wißbegierig	wi**ss**begierig
ihr wißt	ihr wi**ss**t
du wußtest	du wu**ss**test
wir wüßten gern ...	wir wü**ss**ten gern ...
Witterungseinfluß	Witterungseinflu**ss**
als ob er wunder was getan hätte	als ob er **W**under was getan hätte
sich wundliegen	sich wund liegen [*getrennt*]

alt	neu
X	
X-beinig	X-beinig, *auch*: **x**-beinig
X-förmig	X-förmig, *auch*: **x**-förmig
zum x-tenmal	zum x-ten **M**al [*getrennt*]
Z	
Zäheit	Zäh**h**eit
Zahlenschloß	Zahlenschlo**ss**
2zeilig, 3zeilig, 4zeilig ...	2-zeilig, 3-zeilig, 4-zeilig ...
eine Zeitlang	eine Zeit lang [*getrennt*]
zur Zeit [*derzeit*]	zur**z**eit [*zusammen*]
zielbewußt	zielbewu**ss**t
Zierat	Zier**r**at
zigtausend	zigtausend, *auch*: **Z**igtausend
Zigtausende	Zigtausende, *auch*: **z**igtausende
Zivilprozeß	Zivilproze**ss**
zueinanderfinden	zueinander finden [*getrennt*]
Zufluß	Zuflu**ss**
sich zufriedengeben	sich zufrieden geben [*getrennt*]
zufriedenlassen	zufrieden lassen [*getrennt*]
zufriedenstellen	zufrieden stellen [*getrennt*]
zugrunde gehen	zugrunde gehen, *auch*: zu **G**runde gehen
zugrunde liegen	zugrunde liegen, *auch*: zu **G**runde liegen
zugrundeliegend	zugrundeliegend, *auch*: zu **G**runde liegend
zugrunde richten	zugrunde richten, *auch*: zu **G**runde richten
zugunsten	zugunsten, *auch*: zu **G**unsten
zu Hause	zu Hause, *in Österreich und der Schweiz auch*: zu**h**ause [*zusammen*]
bei uns zulande	bei uns zu **L**ande
zulasten	zulasten, *auch*: zu **L**asten
jmdm. etwas zuleide tun	jmdm. etwas zuleide tun, *auch*: jmdm. etwas zu **L**eide tun
zumute sein	zumute sein, *auch*: zu **M**ute sein

alt	**neu**
Zungenkuß	Zungenku**ss**
sich etwas zunutze machen	sich etwas zunutze machen, *auch*: sich etwas zu **N**utze machen
jmdm. zupaß kommen	jmdm. zupa**ss** kommen
zu Rande kommen	zu Rande kommen, *auch*: zu**r**ande [*zusammen*] kommen
jmdn. zu Rate ziehen	jmdn. zu Rate ziehen, *auch*: jmdn. zu**r**ate [*zusammen*] ziehen
zur Zeit [*derzeit*]	zu**r**zeit [*zusammen*]
Zusammenfluß	Zusammenflu**ss**
zusammengefaßt	zusammengefa**ss**t
zusammengepaßt	zusammengepa**ss**t
zusammengepreßt	zusammengepre**ss**t
Zusammenschluß	Zusammenschlu**ss**
zusammensein	zusammen sein [*getrennt*]
sich etwas zuschulden kommen lassen	sich etwas zuschulden kommen lassen, *auch*: sich etwas zu **S**chulden kommen lassen
Zuschuß	Zuschu**ss**
zusein	zu sein [*getrennt*]
zustande kommen	zustande kommen, *auch*: zu **S**tande kommen
zutage treten	zutage treten, *auch*: zu **T**age treten
zuviel	zu viel [*getrennt*]
zu viele	*weiterhin*: zu viele
zuwege bringen	zuwege bringen, *auch*: zu **W**ege bringen
zuwenig	zu wenig [*getrennt*]
jeder zweite war krank	jeder **Z**weite war krank

Notizen

Notizen

Notizen

Notizen

Notizen

Notizen

Notizen

Notizen

Notizen

Notizen

Notizen

Notizen

Notizen

Notizen

Notizen

Notizen

Notizen

Notizen